БОЛЬШОЙ АНГЛО-РУССКИЙ МЕДИЦИНСКИЙ СЛОВАРЬ

COMPREHENSIVE ENGLISH-RUSSIAN MEDICAL DICTIONARY

G. N. Akzhiguitov

R. G. Akzhiguitov

COMPREHENSIVE ENGLISH-RUSSIAN
MEDICAL DICTIONARY

3rd edition revised & supplemented

Approx. 100 000 terms & 25 000 abbreviations

Moscow

GEOTAR-Media
publishing group
2012

Г. Н. Акжигитов

Р. Г. Акжигитов

БОЛЬШОЙ АНГЛО-РУССКИЙ МЕДИЦИНСКИЙ СЛОВАРЬ

3-е издание, исправленное и дополненное

Около 100 000 терминов и 25 000 сокращений

Москва

ИЗДАТЕЛЬСКАЯ ГРУППА
«ГЭОТАР-Медиа»

2012

УДК 61(038)=111=161.1
ББК 5я21
А38

Издано при финансовой поддержке Федерального агентства по печати и массовым коммуникациям в рамках Федеральной целевой программы «Культура России»

Акжигитов Г.Н., Акжигитов Р.Г.

А38   **Большой англо-русский медицинский словарь.** – 3-е изд., испр. и доп. – М.: ГЭОТАР-Медиа, 2012. – 1728 с.

ISBN 978-5-9704-2005-8

Словарь содержит около 100 тыс. терминов и терминологических словосочетаний, а также 25 тыс. сокращений. В ряде случаев даны краткие пояснения и комментарии к переводам, способствующие лучшему пониманию смысловой нагрузки приводимых понятий. Широкий синонимический ряд обеспечивает быстрый поиск необходимого переводного эквивалента.

В словаре представлена интегративная терминология по основным разделам клинической медицины, смежных наук и отраслей — генетике, иммунологии, фармакологии, психологии, демографии, страхованию. Проведена перекомпоновка общеупотребительной и традиционной медицинской терминологии. Приложения содержат расшифровки и переводы наиболее часто встречающихся в медицинской литературе аббревиатур, другие справочные сведения.

Предназначен для врачей, фармакологов, биологов, преподавателей и студентов медицинских, биологических, журналистских факультетов, институтов иностранных языков, а также переводчиков, работников СМИ и издательств.

УДК 61(038)=111=161.1
ББК 5я21

ISBN 978-5-9704-2005-8

G.N. Akzhiguitov, R.G. Akzhiguitov

Comprehensive English-Russian Medical Dictionary. – 3rd ed., revised & supplemented. – М.: GEOTAR-Media, 2012. – 1728 pages.

ISBN 978-5-9704-2005-8

The dictionary contains over 100 thousand terms and terminological word combinations and 25 thousand abbreviations. In some cases translations are briefly explained or commented in order to contribute to a better apprehension of the meaning of the given notions. A long synonymic line provides for a prompt search of the required equivalent in translation.

The dictionary features integrative terminology for basic sections of clinical medicine, interdisciplinary sciences and sectors — genetics, immunology, pharmacology, psychology, demography, insurance. Moreover, commonly used and traditional medical terms have been rearranged in the dictionary. Abbreviations and reference data most commonly used in the medical books are deciphered and translated in the annexes to the dictionary.

The dictionary is targeted at doctors, pharmacologists, biologists; lecturers and students of medical, biological and journalistic faculties of universities, foreign languages universities, as well as translators, mass media reporters and publishers.

ISBN 978-5-9704-2005-8

ОГЛАВЛЕНИЕ

Предисловие 7

О структуре словаря и пользовании им 8

Благодарности 12

Список условных обозначений 13

Алфавит (русский, английский, латинский, греческий)......... 14

A 15

B 141

C 195

D 312

E 394

F 456

G 505

H 534

I 579

J 630

K 635

L 642

M 682

N 749

O 777

P 810

Q 930

R 933

S 986

T 1138

U 1219

V 1235

W 1261

X 1272

Y 1274

Z 1275

ПРИЛОЖЕНИЯ

Англо-русский словарь медицинских сокращений

A 1280

B 1317

C 1331

D 1363

E 1383

F 1400

G 1415

H 1424

I 1440

J 1459

K 1461

L 1464

M 1477

N 1500

O 1516

P 1524

Q 1551

R 1554

S 1569

T 1591

U 1607

V 1612

W 1620

X 1624

Y 1626

Z 1627

Медицинская этимология 1629

Основные международные и национальные организации 1684

Англоязычные медицинские журналы 1692

Рецептурные сокращения 1695

Знаки и символы, используемые в медицине 1696

Перечень английских и американских медицинских должностей 1697

Лексикографические источники 1697

Лауреаты Нобелевской премии по медицине и физиологии 1698

Единицы измерений и лабораторные показатели 1703

Очерк 1717

ПРЕДИСЛОВИЕ

Уважаемый коллега!

Мы живём в век высоких технологий, стремительных скоростей и уплотнённых информационных потоков. Модернизация технологий, апгрейд программных обеспечений и внедрение инноваций в медицине с каждым годом происходят всё масштабнее и чаще. Характерно для наших дней и существенно возросшее количество международных связей – сегодня редкий конгресс в России обходится без участия иностранных учёных, равно как и редкий симпозиум за рубежом проходит без представительства российских врачей. Интернет сделал доступной информацию практически по любой медицинской тематике, в основном она публикуется по-английски. В свете изложенного жизненно необходимым и важным стало изучение и знание английского языка – универсального средства общения между врачами всего мира.

В 2005 году вышло первое издание «Большого англо-русского медицинского словаря». Его авторы принимали участие в создании ряда англо-русских словарей, переживших по несколько изданий с 80-х годов прошлого столетия. Разумеется, с течением времени медицинская терминология значительно расширилась, возникли новые реалии, изменилось отношение к ряду фактов прошлого. С учётом этого нами проделана большая работа не только по дополнению, но и по переработке терминов и приведению их в соответствие с настоящим положением дел в медицине. Собственный многолетний опыт по переводу и редактированию специальной литературы убедил нас в необходимости включения в словарь ряда применяемых в медицине общеупотребительных и сленговых слов, которые не требуют разъяснений для носителей языка, но для иностранцев представляют значительные трудности. В конце словаря приведены приложения, содержащие справочную информацию, полезную при работе с медицинскими текстами. Эпиграфами к каждой букве служат крылатые латинские выражения, используемые в медицине. В итоге «Большой англо-русский медицинский словарь» вырос в принципиально новый справочник, кардинально отличающийся от своих предшественников как по объёму, так и по содержанию.

В 2007 году увидело свет второе издание словаря, выпущенное по заказу британской фармацевтической компании «АстраЗенека», преподнёсшей книгу в подарок ведущим специалистам в различных отраслях медицины по всей России. Большое количество положительных отзывов и конструктивных замечаний подвигло нас на подготовку третьего издания, которое в настоящее время Вы держите в руках. Прежде всего, к основным гнездовым терминам была написана транскрипция. Развитие медицинской науки происходит столь стремительно, что за последние годы возникли и были включены в словарь новые термины, выявлены и исправлены прежние недочёты. Наконец, существенно расширены приложения, в основном за счёт аббревиатур и терминоэлементов. Своей работой мы стремились предоставить специалистам универсальный инструмент, позволяющий ориентироваться в безбрежном море английской медицинской литературы. При этом очевидной является невозможность достижения совершенства в подобной работе. Ещё в XIX веке знаменитым филологом-славистом И.И. Срезневским было отмечено, что «хороший, достаточно полный словарь не может быть составлен с одного раза... Ни в одной книге пропуски и неверности, вольные или невольные, не столько возможны и простительны, как в словаре, а самый удовлетворительный словарь теряет со временем своё достоинство, всё более требует поправок». В связи с этим Ваши критические замечания и дополнения будут с благодарностью приняты и учтены. Мы постарались сделать всё от нас зависящее, чтобы работа с «Большим англо-русским медицинским словарём» была для Вас лёгкой и продуктивной, и надеемся, что настоящий труд отвечает самым высоким требованиям и станет настольной книгой для широкого круга медиков – врачей, научных сотрудников, фармакологов, преподавателей, студентов.

Р. Г. Акжигитов

О СТРУКТУРЕ СЛОВАРЯ И ПОЛЬЗОВАНИИ ИМ

Словарь построен по алфавитно-гнездовой системе в американском варианте языка. Так, за исключением случаев употребления терминов в латинской транскрипции, слова, имеющие корни **hem** (кровь), **esthesia** (чувствительность), написаны без дифтонга **ae**, а имеющие корни **behavior** (поведение), **color** (цвет), **flavor** (запах), **labor** (труд) и другие – без дифтонга **ou**, употребляемых в классическом английском языке. Приведено американское написание слов **center** вместо английского **centre** и **skepticism** вместо **scepticism**. Из существующих вариантов написания русскоязычных терминов нами выбраны: допплер вместо доплер, сэндвич вместо сандвич, флуоресценция вместо флюоресценция, но флюорография и флюороскопия, койкодень, котерапевт и человеколет вместо койко-день, ко-терапевт и человеко-лет соответственно.

Ключевые термины в нашем словаре следуют в алфавитном порядке, производные термины, состоящие из определяемого слова и определяющих компонентов, приведены прямым порядком слов, соответствующим естественному пользованию ими. Термины, имеющие в своей структуре дефис, позиционированы как целое слово. Однокоренные и близкие по смыслу слова иногда даны через запятую как одно ключевое понятие: **allergopathy, allergosis** (аллергическая болезнь, аллергоз). С заглавной буквы приведены названия видов, родов и т. п. При наличии возможности написания как с прописной, так и со строчной букв вначале даны гнёзда со строчными, а следом за ними – с прописными буквами. К ключевым терминам общеупотребительных слов даны основные значения, вслед за ними – их медицинские понятия. Вслед за ключевым словом, которое обозначено знаком тильда (~), вначале идут устойчивые словосочетания, выделенные ромбиком (◊). Затем в гнезде – составные термины, начинающиеся с ключевого слова, и, наконец, – словосочетания по алфавиту определяющих слов. Слитно с тильдой в ряде случаев написаны окончания, обозначающие множественное число: ~s, ~es, ~i, ~ies, ~e.

Русские абсолютные синонимы отделены запятой, отдалённые синонимы – точкой с запятой, различные значения термина – цифрами. Также синонимы как английских, так и русских слов приведены в квадратных скобках [ ], уточнения и части слов, которые могут быть опущены, даны в скобках круглых прямым шрифтом ( ). Курсивные круглые скобки содержат примеры и пояснения. В терминах-сокращениях аббревиатура дана полужирным шрифтом, её расшифровка – обычным, перевод – после квадратика (□). Полужирным шрифтом набрана нумерация нескольких расшифровок одной аббревиатуры, обычным – нескольких значений внутри одной расшифровки. В отдельных случаях последовательность слов расшифровки не совпадает с последовательностью букв аббревиатуры – таково устоявшееся написание, сформировавшееся, вероятно, в целях благозвучия или удобства написания. Довольно часто расшифрованные по-английски термины приведены в единственном числе, тогда как по-русски их принято давать во множественном.

В отличие от некоторых издательств, практикующих подачу терминов по алфавиту искусственно взятого первого слова в двух- и многосложных терминах, наш словарь позволяет представить системно словосочетания с ключевым термином в одном гнезде. Это минимизирует вероятность повторов, расширяет познавательную ценность словаря, избавляет его от многочисленных ссылок на ключевые термины по всему словарю, делает его компактным и тем самым значительно сберегает время пользователя.

В соответствии с принципом «словам – тесно, мыслям – просторно» нами:

1) максимально опущены анатомические термины, но из них оставлены термины, имеющие прикладное значение для практикующего врача;

2) не взяты названия многих аппаратов, приборов и других технических изделий (**ophthalmoscope, rhinoscope** и пр.), или они заменены на однокоренные термины, характеризующие их функционирование (**ophthalmoscopy, rhinoscopy** и пр.);

3) исключены многие прозрачные интернациональные термины, которые в точности транскрибируются на русский язык, но оставлены или включены термины с изменённой транскрипцией либо требующие пояснений; исключены также термины, которые можно перевести по аналогии, например: при наличии термина **2-way catheter** (двухпросветный катетер) не взят подобный термин **3-way catheter**;

4) при наличии английских синонимов в гнёздах приведены ссылки на более употребительные или лучше раскрывающие суть понятий синонимы (*напр.* **amylolythic enzyme** *см.* **amyloclastic ~**; **natural amputation** *см.* **amniotic ~**). Ссылки на идентичные термины на близкорасположенных страницах осуществлены указанием *см.* или *см. тж.* на соответствующий синоним в данных или близко расположенных гнёздах. На дальних страницах приведён соответствующий перевод;

5) сокращено количество терминов-эпонимов, но оставлены устоявшиеся (тетрада и пентада Фалло, синдром Лютамбаше и др.); в последних мы также стремились представить разнородные по определяющему слову термины;

6) при подборе русских эквивалентов ограничено применение слов уничижительного характера (уродство, заячья губа, волчья пасть и пр.), которые заменены на нейтральные (аномалия развития, расщелина нёба или губы и пр.). Термины, несущие негативную окраску (трупная кровь, спинномозговая пункция, недержание мочи, кала и пр.), замещены эвфемизмами иностранного происхождения (кадаверная кровь, люмбальная пункция, энурез, энкопрез и пр.);

7) при переводе принята следующая система разделительных знаков: близкие значения термина отделены запятой, несколько отдалённые – точкой с запятой, различные значения – арабскими цифрами с точкой. Английские термины, переводимые на русский язык разными частями речи, даны с использованием параллелек (∥);

8) термины-омонимы обозначены малыми арабскими цифрами сверху справа, вплотную с термином: **section**[1] (сечение; срез; разрез) **section**[2] (отдел; секция; подразделение);

9) сноски с дополнительными комментариями к терминам обозначены звёздочкой (*).

Осознавая необходимость не только понимать печатные английские тексты, но и правильно произносить и записывать звуки речи, мы снабдили все гнездовые слова транскрипцией, которая приведена в квадратных скобках непосредственно после самого слова. Фонетика русского и английского языков существенно различаются, а имеющееся сходство некоторых звуков является приблизительным, поэтому лучшим способом обучения разговорной речи во все времена считалось живое общение с носителями языка. В Великобритании существует несколько диалектов, ряд особенностей имеет и американский английский, поэтому предложенные нами варианты произношения не могут считаться эталонными. Тем не менее мы постарались привести наиболее употребительные варианты произношения.

В транскрипции ударение ставится перед ударным слогом: главное [ʹ…] – сверху, второстепенное [ˌ…] – снизу. В некоторых терминах возможны два варианта произношения, которые даны внутри одних квадратных скобок через запятую. Ниже приведены основные сведения о звуках английского языка.

Гласные		
Символ	Произношение	Примеры
iː	долгий и	cheese, field, receive, see
i	краткий, открытый и	bit, ink, is, pin
e	э	bed, desk, men, seven
æ	более открытый, чем э	bag, cat, land, pad
ʌ	краткий а	blood, love, son, gun
aː	долгий, глубокий а	ask, heart, plant, task
ʊ	краткий у	book, pull, put
uː	долгий у	blue, group, spoon, tumor
ɒ	краткий о	clock, long, not
ɔː	долгий о	for, more, tall
ə, ɛ	безударный гласный, напоминающий э	above, mother, pen
əː	долгий гласный, напоминающий ё	birth, her, serve
Двугласные		
ei	эй	day, grey, pain
əʊ	оу	cold, phone, slow
ai	ай	child, mind, my, write
aʊ	ау	count, down, house
ɒi	ой	boil, coin, enjoy
iə	иэ	ear, fear, here
ɛə	ээ	care, there, pair
ʊə	уэ	cruel, pure, sure
Трёхгласные		
aiə	айэ	admire, diary, fire, liable
aʊə	ауэ	flower, hour, shower
Согласные		
p	п	map, park, stopped
b	б	big, book, table
m	м	dam, man, mouse
w	губной серединный согласный	swim, we, wound
f	ф	fill, fog, life
v	в	gave, vein
θ	глухой звук, образуемый при помощи языка, помещённого между зубами	theme, thick, thin
ð	звонкий звук, образуемый при помощи языка, помещённого между зубами	then, they, with
s	с	lips, same, sign
z	з	beds, phase, rose
t	т	city, time, sitting
d	д	did, door, intend

n	н		gun, new, nine
l	л		ill, look, meal
r	звук, промежуточный между р и ж		dry, red, sorry
∫	ш		she, show, shy
ʒ	ж		measure, pleasure
t∫	ч		chance, change, choose
ʤ	озвонченный ч		age, bridge, jam
k	к		cart, kind, pick
g	г		get, girl, give
ŋ	заднеязычный н		bring, long, tongue
h	простой выдох		hat, heart, he
j	й		yacht, yes

Значительное место в научной литературе занимают термины-аббревиатуры или термины-сокращения. Они являются одной из форм словообразования, и в связи с появлением новых понятий их количество с каждым годом увеличивается. В 1998 и 2001 годах нами были выпущены два издания «Англо-русского словаря медико-биологических сокращений», получивших высокую оценку специалистов. Разумеется, за прошедшие годы количество аббревиатур в медицине заметно возросло, поэтому, расширив и переработав предыдущий словарь, мы решили включить в настоящее издание и их.

Аббревиатура – термин, составленный из отдельных элементов (морфем) слова, словосочетания или из начальных букв слов или начальных звуков. Как и условные обозначения (например, символы, +, –, ° – плюс, минус, градус), аббревиатуры применяют с идентичной целью – экономного использования языка. Для большинства аббревиатур характерна мотивированная связь с исходным словом. Символами же обозначают те или иные понятия совершенно произвольно, независимо от звуковой и графической формы лексической единицы.

Как в русской, так и в английской лексике все сокращения по употребительности целесообразно разделять на три вида:

1) общепринятые (стандартные) в различных областях науки (ВОЗ, кг, г, мг, ммоль и т. п.);
2) распространённые, устоявшиеся сокращения в определённой отрасли, например в медицине (АД – артериальное давление, ИБС – ишемическая болезнь сердца, МАО – моноаминоксидаза, НЛА – нейролептанальгезия, ССС – сердечно-сосудистая система, ЦНС – центральная нервная система);
3) текстовые (окказиональные) или специфические, используемые в какой-либо отдельной работе (МА – микроагрегаты, ТГС – тромбогеморрагический синдром, УОС – ударный объём сердца, ФАН – фагоцитарная активность нейтрофилов, ОК – опсонический коэффициент, ХНК – хроническая недостаточность кровообращения).

Вместе с тем следует подчеркнуть, что язык – динамическая категория. Некоторые часто употребляемые в литературе сокращения из последней группы имеют тенденцию к переходу в предыдущие группы. И наоборот, со временем часть аббревиатур всех групп постепенно выходит из употребления.

По структуре выделяют несколько типов сокращений:

а) однобуквенные – по первой букве слова: **A** (acid – кислота), **A** (actinomyces – актиномицеты), **B** (bar – бар), **C** (Celcius – температурная шкала Цельсия);
б) инициальные сокращения, акронимы, образованные из начальных букв сокращаемых слов, например: **AAA** American Academy of Allergy – Американская академия аллергии), **BT** (bleeding time – время кровотечения), **CAM** (chorionallantoic membrane – хорионаллантоисная оболочка). Данный тип сокращений является наиболее распространённым;
в) по сочетанию отдельных букв слова: **EBD** (eyeball-down – глазное яблоко смещено вниз), **edn** (education 1. образование, просвещение; 2. воспитание);
г) слоговые – по первому слогу слова, реже – по первым двум слогам: **caps** – capsule; **insol** – insoluble;
д) комбинированные (сложные) сокращения – по первым буквам начальных слов и слогам последующих слов: **BA Phys Med** (British Association of Physical Medicine – Британская ассоциация физиотерапевтов), а также по сочетанию букв или слогов с цифрами. Трудны для расшифровки сложные термины-сокращения, начальная часть которых составлена из начальных букв первых слов, последующая часть – из полного слова; при этом некоторые слова могут быть опущены: **CODye** (cardiac output dye dilution technique – определение работы сердца методом разведения красителя);
е) условные сокращения – произвольно взятыми знаками, буквами (**O, A, B, AB** – I, II, III, IV группы крови), буквами в сочетании с цифрами (**AI, AII, A-I-0** – виды военно-учётной категории кадров) или в сочетании с несокращённым термином (**A₂ England** — 1. грипп A_2-Англия; 2. эпидемия гриппа в Англии в 1978 году). Условные сокращения обычно даются без мотивации, независимо от графической или звуковой формы терминов, которую они обозначают;

ж) гибриды – термины, составленные из первых букв термина и химической формулы: **CN_2** (nitrogen concentration – концентрация азота), **MbCO** (carboxymyoglobin – карбоксимиоглобин), **MbO_2** (oxymyoglobin – оксимиоглобин). В эту же группу входят аббревиатуры, образованные из первых букв начальных слов и символа, обозначающего последнее слово: **ARX** (American Red Cross – Американский Красный Крест).

Встречаются и другие способы образования сокращений: к примеру, они могут быть составлены из морфем одних слов, но расшифровка их представлена другими словами-синонимами: **Autobac** (Automicrobic system – автоматизированная система выявления бактерий в моче). Трудности расшифровки усугубляются еще тем, что термины-аббревиатуры изредка создаются из синонимов, имеющих другое написание. Так, например, в программах химиотерапии онкологических больных часто применяют препарат фторурацил. Однако в создании термина-аббревиатуры при этом используют начальную букву не латинского названия, а его английского синонима – Fluoruracil, например, в программе **FA** – Phtoruracilum, Adriamycinum.

В ряде случаев в английской литературе встречаются аббревиатуры, заимствованные из других языков: французского (**FIPU** – Federation Internationale Pharmaceutique Unit – единица Международной фармацевтической федерации), немецкого (**ATK** – alt tuberculin Koch – старый туберкулин Коха). Одни и те же понятия могут быть переданы несколькими аббревиатурами. Так, bad conduct discharge (увольнение из войск за плохое поведение) может быть передано двумя формами: **BCD** и **BCDis.** Можно встретить 4 формы сокращений термина association: **ass, assn, assoc, assocn.** Всё это вызывает значительные трудности при расшифровке терминов-аббревиатур. Расшифровка английских аббревиатур возможна лишь по глоссариям и оригиналам работ. Без последних, как показывают вышеприведённые примеры, логические рассуждения не могут оказать существенной помощи.

К сожалению, в английской литературе нет унификации и в написании аббревиатур: последние пишут прописными и строчными буквами, с точками или без них. Следуя тенденции последних лет к отказу от точек при аббревиации, мы в большинстве случаев избегали их, за исключением некоторых традиционных аббревиатур. Подавляющее большинство терминов-аббревиатур являются именами существительными. Простые образованы из одного, исходного слова; составные, или сложные, – из определений и определяемых (ведущих) слов. В отдельных случаях, вероятно для лучшего запоминания, сокращения создаются по аналогии с существующими словами, порой с пропусками отдельных слов: **HELLP** – hemolysis, elevated liver, enzymes, low platelets; **REAL** – Revised European-American classification of lymphoid neoplasms.

В своей повседневной работе специалисты различных отраслей медицины практически постоянно сталкиваются с греческими и латинскими терминоэлементами. Многие из них органично вошли в анатомические и клинические термины, описания болезней, лекарственных средств, используются при составлении рецептов и химических соединений. В связи с этим мы посчитали полезным привести в приложениях этимологический справочник греко-латинских терминоэлементов, участвующих в медицинском словообразовании. По каждому терминоэлементу даны его происхождение, перевод, а также примеры применения.

В завершение приведены общемедицинские справочные материалы, перечень фобий, список лауреатов Нобелевской премии по медицине – 101 номинация (с 1901 по 2010 год) и очерк о профессоре Г. Н. Акжигитове – авторе идеи и основного текста словаря.

БЛАГОДАРНОСТИ

Я глубоко благодарен советнику ректора Первого МГМУ им. И. М. Сеченова академику РАМН И. Н. Денисову, заместителю директора по научной работе Российского онкологического центра РАМН им. Н. Н. Блохина профессору Б. И. Долгушину, главному научному сотруднику НИИ нейрохирургии РАМН им. Н. Н. Бурденко заслуженному деятелю науки РФ профессору Л. Б. Лихтерману и многим другим коллегам за ценные советы, данные ими в процессе нашей работы над словарём.

Естественно, не могу не отметить с благодарностью и свою супругу Ш. Х. Акжигитову, работавшую преподавателем английского языка в высшей школе, которая на протяжении свыше 40 лет, в период моей работы с английскими источниками, постоянно оказывала неоценимую помощь в переводе нюансов английского языка.

Г. Н. Акжигитов

ACKNOWLEDGEMENTS

I am very grateful to I. N. Denisov, Academician of the Russian Academy of Medical Sciences, Rector´s councillor of the I. M. Sechenov First Moscow State Medical University; Professor B. I. Dolgushin, Deputy Director for Research of the Russian Oncology Center of the Russian Academy of Medical Sciences named after N. N. Blokhin; Professor L. B. Liechterman, Honored Scientist of the Russian Federation, Senior Researcher of the Neurosurgery Research Institute named after N.N. Burdenko and many other colleagues for their valuable advice given in the course of our work on the Dictionary.

Naturally, I cannot but express my gratitude to my wife Sh. Kh. Akzhiguitova who worked as a lecturer of English in a higher educational institution and has been of invaluable assistance to me in the translation of nuances of English language during 40 years of my work with English-language sources.

G. N. Akzhiguitov

СПИСОК УСЛОВНЫХ ОБОЗНАЧЕНИЙ

аббр.	аббревиатура
австр.	австралийский термин
акуш.	акушерство
аллерг.	аллергология
амер.	американский термин
анат.	анатомия
англ.	английский термин
анест.	анестезиология
бакт.	бактериология
биол.	биология
биом.	биометрия
биофиз.	биофизика
биохим.	биохимия
бтх.	биотехнология
венерол.	венерология
вет.	ветеринарный термин
вирус.	вирусология
в т. ч.	в том числе
г., гг.	год, годы
г	грамм
гастр.	гастроэнтерология
гельм.	гельминтология
гемат.	гематология
ген.	генетика
гиг.	гигиена
гинек.	гинекология
гист.	гистология
гл. обр.	главным образом
гр.	греческий термин
дем.	демография
дерм.	дерматология
здр.	здравоохранение
и др.	и другие
иммун.	иммунология
инф.	инфекционные болезни
и пр.	и прочие
исп.	испанский термин
ист.	относящийся к истории
и т. п.	и тому подобное
кард.	кардиология
комп.	компьютерный
кр. метр.	краниометрия
лаб.	лабораторное оборудование
лат.	латинский термин
мед. тех.	медицинская техника, оборудование, инструментарий
местн.	местный, принятый в определённом месте
метео.	метеорология
хир.	хирургия
микол.	микология
микр.	микробиология
млн.	миллион
мм рт. ст.	миллиметров ртутного столба
мол. биол.	молекулярная биология
мОсм/л или кг	миллиосмоль на литр или килограмм
напр.	например
нарк.	наркология
невр.	неврология
нейрохир.	нейрохирургия
нем.	немецкий термин
нефр.	нефрология
норм.	нормативный термин
нрк.	нерекомендуемый термин
онк.	онкология
опт.	оптика
ортоп.	ортопедия
особ.	особенно
ото.	оториноларингология
офт.	офтальмология
параз.	паразитология
пат. анат.	патологическая анатомия
пед.	педиатрия
порт.	португальский термин
преим.	преимущественно
прокт.	проктология
псих.	психиатрия
психоан.	психоанализ
психол.	психология
пульм.	пульмонология
рад.	радиология
разг.	разговорное слово, выражение
рентг.	рентгенология
с	секунда
секс.	сексопатология
син.	синоним
см.	смотри
см. тж.	смотри также
стат.	статистика
стом.	стоматология
страх.	страхование
суд. мед.	судебная медицина
сут.	сутки
такс.	таксономия
терат.	тератология
токс.	токсикология
травм.	травматология
трансп.	трансплантология
уд./мин.	ударов в минуту
узи	ультразвуковое исследование, относящийся к ультразвуковой технике
урол.	урология
уст.	устаревший термин
фарм.	фармакология, фармация
физиол.	физиология
фирм.	фирменное название
фр.	французский термин
хим.	химия
цитол.	цитология
ч	час, часов
эксп.	экспериментальный
экол.	экология
экон.	экономика
эмбр.	эмбриология
энд.	эндокринология
ядерн.	ядерный
япон.	японский термин
a. adjective	имя прилагательное
adv. adverb	наречие
n. noun	имя существительное
pl.	множественное число
p.p.	past perfect
sing.	единственное число
sl.	сленг, жаргон
v. verb	глагол

АЛФАВИТ

Английский		Русский		Латинский		Греческий		
Написание	Транскрипция	Написание	Транскрипция	Написание	Транскрипция	Написание	Название	
							Английское	Русское
A a	ei:	А а	а	A a	а	A α	alpha	альфа
B b	bi:	Б б	бэ	B b	бэ	B β	beta	бета
C c	si:	В в	вэ	C c	цэ	Γ γ	gamma	гамма
D d	di:	Г г	гэ	D d	дэ	Δ δ	delta	дельта
E e	i:	Д д	дэ	E e	е	E ε	epsilon	эпсилон
F f	ef	Е е	е	F f	эф	Z ζ	zeta	зета
G g	dʒi:	Ё ё	ё	G g	гэ	H η	eta	эта
H h	eitʃ	Ж ж	жэ	H h	аш	Θ θ	theta	тета
I i	ai	З з	зэ	I i	и	I ι	iota	йота
J j	dʒei	И и	и	J j	ж	K κ	kappa	каппа
K k	kei	Й й	и краткое	K k	ка	Λ λ	lambda	лямбда
L l	el	К к	ка	L l	эл	M μ	mu	мю
M m	em	Л л	эл	M m	эм	N ν	nu	ню
N n	en	М м	эм	N n	эн	Ξ ξ	xi	кси
O o	ou	Н н	эн	O o	о	O o	omicron	омикрон
P p	pi:	О о	о	P p	пэ	Π π	pi	пи
Q q	kju:	П п	пэ	Q q	ку	P ρ	rho	ро
R r	a:	Р р	эр	R r	эр	Σ σ	sigma	сигма
S s	es	С с	эс	S s	эс	T τ	tau	тау
T t	ti:	Т т	тэ	T t	тэ	Y υ	upsilon	ипсилон
U u	ju:	У у	у	U u	у	Φ φ	phi	фи
V v	vi:	Ф ф	эф	V v	вэ	X χ	chi	кси
W w	dublju:	Х х	ха	W	дубль-вэ	Ψ ψ	psi	пси
X x	eks	Ц ц	це	X x	экс	Ω ω	omega	омега
Y y	wai	Ч ч	че	Y y	игрек			
Z z	zed	Ш ш	ша	Z z	зэт			
		Щ щ	ща					
		Ъ ъ	твёрдый знак					
		Ы ы	ы					
		Ь ь	мягкий знак					
		Э э	э					
		Ю ю	ю					
		Я я	я					

A

a приставка, указывающая на отсутствие чего-л.
(напр. amorphic – не имеющий определённой формы)

aasmus ['aːsmɘs] *уст.* бронхиальная астма

ab:

~ **initio** *лат.* в начале

~ **ovo** *лат.* от яйца *(начать с начала)*

abacillation [ɘˌbæsiˈleiʃɘn] абациллирование

~ **of bacillary excretion** прекращение выделения больным микобактерий

abacterial [ɘbækˈtiɘriɘl] стерильный, не содержащий бактерий, асептический

abactio [ɘˈbækʃiɐ] искусственно вызванный аборт или роды

abaissement [ɘˌbeisˈmɔː] *фр.* 1. угнетение, подавление 2. смещение хрусталика

abalienatio [ɘˌbeilieˈneiʃiɐ]:

~ **mentis** *лат.* психическое расстройство

abalienation [ɘˌbeilieˈneiʃɘn] 1. психическое расстройство 2. психотравма

abandonment [ɘˈbændɘnmɘnt] *психоан.* покинутость

abapical [ɘbˈæpikɘl] абапикальный, направленный от верхушки; расположенный у нижнего полюса

abaptiston [ˌæbɘpˈtistɘn] *мед. тех.* трепан конической формы

abarognosis [ˌæbærɘɡˈnousis] абарогнозия *(потеря способности оценивать на ощупь массу предмета)*

abarthrosis [ˌæbaːrˈθrousis] сустав, диартроз, синовиальное соединение

abarticular [ˌæbaːrˈtikjʊlɘ] 1. внесуставной 2. вывихнутый

abarticulation [ˌæbaːrˌtikjʊˈleiʃɘn] 1. вывих 2. *см.* **abarthrosis**

abasement [ɘˈbeismɘnt] 1. опущение; понижение; выпадение *(органа)* 2. уничтожение; подавление 3. экстракция катаракты

abasia [ɘˈbeiziɐ] абазия *(неспособность ходить, обусловленная расстройством координации движений)*

choreic ~ хореическая абазия

spastic ~ спастическая абазия

trembling [trepidant] ~ дрожательная абазия *(с компонентом дрожания конечностей)*

abasia-astasia [ɘˈbeiziɐ-ɘsˈteiziɐ] астазия-абазия *(невозможность стоять и ходить при сохранении силы и объёма движений конечностей в положении лёжа)*

abatardissement [ɘˌbætaːdiːsˈmɔː] *фр.* вырождение, дегенерация

abate [ɘˈbeit] уменьшать, ослаблять, смягчать; стихать, ослабевать *(напр. о проявлениях болезни)*

abatement [ɘˈbeitmɘnt] 1. уменьшение, ослабление, смягчение 2. снижение; устранение 3. уничтожение *(напр. отходов)*; борьба с загрязнением

pollution ~ очистка *(напр. окружающей среды)*

abaxial [ɘbˈæksiɐl] абаксиальный *(лежащий вне оси; находящийся на противоположном конце оси)*

abbau ['aːbbaʊ] *нем.* 1. распад, разложение, деструкция; расщепление 2. продукт распада

abbokinase [ɘbɘkiˈneis] урокиназа

abbreviated [ɘˌbriːviˈeitid] 1. сокращённый, укороченный *(напр. курс лечения)* 2. ослабленный *(напр. об инфекции)*

abdomen ['æbdɘmɘn, æbˈdɐʊmɘn] брюшная полость, живот

~ **inflatum** *лат.* вздутие живота

~ **obstipum** *лат.* деформация живота вследствие укорочения прямых мышц

~ **tumidum** *лат., см.* ~ **inflatum**

accordion ~ вздутие живота неврогенного характера

acute ~ острый живот

boat-shaped ~ западение живота; запавший [ладьевидный] живот

burst ~ *см.* **acute** ~

carinate ~ *см.* **boat-shaped** ~

distended ~ *см.* ~ **inflatum**

"empty" ~ *рентг.* «пустой» живот *(невидимость очертаний желудка)*

flat ~ плоский живот

fluid filled ~ асцит

frog ~ лягушачий живот *(с дряблой брюшной стенкой)*

immobile ~ неподвижный живот

lax ~ вялая брюшная стенка

mobile ~ подвижный живот

navicular ~ *см.* **boat-shaped** ~

non-tender ~ безболезненный живот

open ~ открытый метод лечения перитонита, лапаростомия

pendulous ~ отвислый живот

protuberant ~ выпуклый живот, выступающий живот

retracted ~ впалый [втянутый] живот

scaphoid ~ *см.* **boat-shaped** ~

septic ~ общий гнойный перитонит

silent ~ спокойный [бессимптомный] живот

sunken ~ *см.* **retracted** ~

surgical ~ *см.* **acute** ~

swollen ~ *см.* ~ **inflatum**

tender ~ болезненный живот

tense ~ напряжённый живот

unremarkable ~ *см.* **silent** ~

upper ~ верхний отдел брюшной полости

abdominalgia [æbˈdɐʊminɐlʤiɐ] боли в животе

periodic ~ периодическая болезнь, семейная средиземноморская лихорадка, доброкачественный пароксизмальный перитонит

---

* В настоящее время афоризм Гиппократа чаще употребляют применительно к изобразительному искусству, в то время как древнегреческий врач выразил в этих словах мысль о краткости отдельной жизни и о продлении ее через научные знания, передаваемые из поколения в поколение.

abdominocentesis [æbˌdɒmɪnəʊsenˈtiːsɪs] лапароцентез, пункция живота, абдоминальный парацентез

abdominocyesis [æbˌdɒmɪnəʊsaiˈiːsɪs] внематочная беременность

abdominogenital [æbˌdɒmɪnəʊˈʤenɪtl] относящийся к брюшной полости и половым органам

abdominohysterectomy [æbˌdɒmɪnəʊˌhɪsterekˈtəʊmɪ] абдоминальная экстирпация матки, чрезбрюшинная гистерэктомия

abdominohysterotomy [æbˌdɒmɪnəʊˌhɪsteroˈtəʊmɪ] классическое кесарево сечение

abdominometry [ˌæbdɒmɪˈnɒmətrɪ] измерение окружности живота

abdominoperineal [æbˌdɒmɪnəʊperiˈniːəl] брюшно-промежностный

abdominoplasty [æbˈdɒmɪnəʊˌplæstɪ] абдоминопластика *(пластика передней брюшной стенки)*

abdominoscopy [æbdɒmɪˈnɒskəpɪ] лапароскопия, перитонеоскопия

abdominoscrotal [æbˌdɒmɪnəʊˈskrəʊtəl] брюшно-мошоночный

abdominothoracic [æbˌdɒmɪnəʊθəˈræcik] грудобрюшинный, торакоабдоминальный

abdominouterotomy [æbˌdɒmɪnəʊjuːteˈrɒtəmɪ] см. **abdominohysterotomy**

abdominovaginal [æbˌdɒmɪnəʊˈvæʤɪnəl] брюшно-влагалищный, абдоминовагинальный

abducens [æbˈdjuːsenz] отводящий нерв

abducent [æbˈdjuːsent] отводящий кнаружи *(о мышце)*

abduction [æbˈdʌkʃən] 1. отведение, абдукция *(конечности)* 2. косоглазие 3. *суд. мед.* похищение *(женщин, детей)*

  forced ~ насильственное отведение

abductor [æbˈdʌktə] абдуктор, отводящая мышца

abenteric [æbenˈterik] внекишечный

abepithymia [ˌæbepɪˈθaimɪə] 1. анорексия, отсутствие аппетита 2. паралич солнечного сплетения

aberrant [æˈberənt] 1. аберрантный, отклоняющийся от нормы, аномальный, необычный 2. искажённый, нарушенный, неправильный *(напр. о восприятии)*

aberration [ˌæbəˈreiʃn] 1. аберрация, аномалия развития, отклонение от нормы 2. психическое расстройство

  ~ **of iron metabolism** нарушение [расстройство] обмена железа

  ~ **of testis** эктопия яичка, отклонение опущения яичка от нормального хода

  autosomal ~ аутосомная аберрация

  chromatic ~ хроматическая аберрация глаза

  chromosome ~ хромосомная аберрация *(отклонение от нормального числа и морфологии хромосом)*

  dioptric ~ сферическая аберрация глаза

  distortion ~ неправильное восприятие образа вследствие различной степени увеличения центрального и периферического участков объекта при просмотре через линзу

  heterosomal ~ гетеросомальная аберрация *(перестройка в двух негомологичных хромосомах)*

  homosomal ~ гомосомальная аберрация *(перестройка в пределах одной хромосомы)*

  mental ~ психическое расстройство

  meridional ~ меридиональная аберрация *(в плоскости одного из меридианов хрусталика)*

  monochromatic ~ монохроматическая аберрация *(оптическое искажение образа из-за свойств линз)*

  neoplastic ~ опухолевая трансформация, малигнизация новообразования

  optical ~ оптическая аберрация

  personality ~ личностное расстройство

aberrometry [ˌæbeˈrɒmətrɪ] измерение ошибок тонких исследований

abetalipoproteinemia [əˌbeitəˌlipəʊprəʊtiˈniːmɪə] абеталипопротеинемия, акантоцитоз, Бассена–Корнцвейга синдром

abevacuation [ˌæbivækjʊˈeiʃn] 1. нарушение эвакуации *(задержка или ускоренное выделение экскрементов)* 2. метастазирование

abeyance [əˈbeiəns] 1. состояние неопределённости или неизвестности 2. скрытое [латентное] состояние 3. временное прекращение

abhorrence [əbˈhɒrəns] отвращение; ненависть

abience [ˈæbiəns] стремление отдалиться от источника раздражения

abient [ˈæbiənt] отодвигающийся [уходящий] от источника раздражения

abilitation [əbiliˈteiʃən] абилитация *(хирургическое воссоздание функционального состояния органа, которое отсутствовало вследствие аномалии развития, напр. при плечелучевом синостозе)*

ability [əˈbiliti] 1. способность; умение; свойство 2. *суд. мед.* дееспособность; компетентность

  ~ **of hepar** функция печени; утилизация [усвоение] печенью *(напр. инсулина)*

  ~ **to conceive** способность к зачатию

  ~ **to drive** пригодность к вождению автомобиля

  ~ **to work** трудоспособность

  absorbing ~ абсорбционная [поглощающая] способность

  alternative ~ возможность альтернативного варианта *(напр. лечения)*

  blood clotting ~ свёртываемость крови; коагулируемость

  coating ~ обволакивающая способность

  colonizing [colony-forming] ~ колонизирующая способность микрофлоры

  compensation ~**ies** компенсаторные возможности *(напр. сердца)*

  competitive ~ конкурентная способность

  complement-fixing ~ комплемент-связывающая [комплементфиксирующая] способность

  concentrating ~ концентрационная способность *(напр. почек)*

  conjugating ~ **of bile acids** конъюгационная способность жёлчных кислот

  discriminating ~ способность к распознаванию, дискриминирующая способность *(напр. молекулярного зонда)*

  fecundating ~ оплодотворяющая способность, способность к оплодотворению

  genetic ~ генетическая возможность

  human spatial ~ ориентировка человека в пространстве

  intellectual ~**ies** умственные способности

  learned ~ *психол.* приобретённая способность

marginal ~ies крайне низкие свойства

mental ~ies *см.* **intellectual ~ies**

mothering ~ies материнство

reducing ~ восстановительная способность

reproductive ~ репродуктивная способность

regenerative ~ регенерационная [регенеративная] способность

running ~ *мед. тех.* эксплуатационные свойства

specific mental ~ когнитивное свойство *(человека в отличие от общего интеллекта)*

survival ~ выживаемость, выживание

test subject's ~ies способности [возможности] испытуемого

training ~ способность к обучению, тренингу

verbal ~ies речевые возможности

abiochemistry [ˌeibaiəʊˈkemistri] неорганическая химия

AbioCor *фирм.* «искусственное сердце»

abiogenesis [ˌeibaiəʊˈʤenəsis] абиогенез *(1. теория о происхождении жизни из неживой материи 2. образование веществ, характерных для живых организмов, биотехнологическими методами)*

abiology [ˌeibaiˈɒləʤi] учение о неорганической природе

abionarce [ˌeibaiɒˈnɑːsi] снижение психической и физической активности *(вследствие старческих изменений)*

abionergy [eibaiˈɒnəʤi] *см.* **abiotrophy**

abiophysiology [ˌæbaiəʊˌfiziˈɒləʤi] абиофизиология *(изучение неорганических процессов в живых организмах)*

abiosis [ˌeibaiˈɒsis] 1. нежизнеспособность 2. абиотрофия

abiotic [ˌeibaiˈɒtic] 1. абиотический, неприродный 2. нежизнеспособный; нежизненный

abiotrophy [ˌeibaiˈɒtrəfi] абиотрофия *(прогрессирующая дегенерация ткани или органа, обусловленная метаболическими нарушениями)*

cerebellar ~ нарушение трофики мозжечка; дегенерация [абиотрофия] мозжечка

retinal ~ тапеторетинальная дегенерация, абиотрофия сетчатки глаза

abirritant [æbˈiritənt] 1. средство, снимающее раздражение || успокаивающий 2. уменьшающий рефлекторную возбудимость

abiuret [əˈbaijʊrət] *биохим.* отрицательная биуретовая реакция

abjunction [æbˈʤʌnkʃn] отделение, отчленение

ablactation [ˌæblækˈteiʃn] 1. аблактация, прекращение секреции молока 2. отнятие (ребёнка) от груди

ablast [əˈblæst] полное подавление функции мозжечка

cytotoxic ~ нарушение цитотоксичности, цитотоксический дефект

lymphoid ~ дегенерация лимфоидной ткани

ablastins [əˈblæstins] абластины *(специфические антитела, подавляющие размножение микроорганизмов)*

ablastous [əˈblæstəs] абластический *(неспособный к образованию зародыша)*

ablate [æbˈleit] ампутировать, удалять; отсекать; иссекать

ablatio [æbˈleiʃiəʊ] *лат.* отделение; отторжение; отслойка

~ retinae отслойка сетчатки

ablation [æbˈleiʃən] 1. ампутация, отсечение; экстирпация; удаление; иссечение 2. разрушение органа или прекращение его функции воздействием повреждающего агента

~ of pylorus пилорэктомия, иссечение привратника желудка

catheter ~ чрескатетерная аблация *(напр. патологического очага в миокарде)*

ciliary body ~ деструкция цилиарного тела

ear ~ радикальная операция на среднем ухе *(при опухоли)*

laser endometrial ~ удаление слоя эндометрия с помощью лазера

laser disk ~ разрушение (межпозвонкового) диска лазером

pituitary ~ деструкция гипофиза

radiofrequency catheter ~ высокочастотная чрескатетерная аблация *(напр. очага импульсации при суправентрикулярной тахикардии)*

retinal ~ *см.* **ablatio retinae**

surface ~ снятие поверхностного слоя *(напр. с кожи)*

sympathetic ~ симпатическая денервация; периартериальная симпатэктомия

able [ˈeibl] умелый, способный

~ for duty годный к военной службе

able-bodied [ˈeibl-ˌbɒdid] крепкий, здоровый; трудоспособный

ablepharia [ˌeibleˈfæriə], **ablepharon** [əˈblefərɒn], **ablephary** [əˈblefæry] аблефария *(врождённое отсутствие век и глазной щели)*

ablepsia [əˈblepsiə], **ablepsy** [əˈblepsi] слепота, потеря зрения

abluent [æbˈluːənt] 1. очищающее средство, детергент || очищающий, очистительный 2. дезинфицирующее средство || дезинфицирующий

ablution [æˈbluːʃn] обмывание; очищение; орошение; промывание, промывка

ablutomania [æbˌluːtəʊˈmeiniə] аблютомания *(навязчивое стремление к мытью рук)*

abnerval [æbˈnɜːvəl] 1. экстраневральный 2. эфферентный, центробежный *(о проведении возбуждения в мышцу)*

abnet [əbˈnet] круговая [опоясывающая] повязка

abnormality [ˌæbnɔːˈmæliti] 1. аномалия; отклонение от нормы; порок развития 2. патология; нарушение; девиация; расстройство

~ in bleeding time нарушение времени кровотечения

~ in focusing images нарушение фокусировки *(глаза)*

~ies in fracture healing атипичное течение сращения перелома *(напр. при гиповитаминозе)*

~ in local host defenses нарушение местных защитных механизмов

~ of blood rheology нарушения реологических свойств крови

~ies of central white matter поражение белого вещества мозга

~ies of chest wall motion расстройство движений грудной стенки

~ies of chromosomal sex нарушение дифференцировки пола на хромосомном уровне

~ies of hearing нарушение слуха *(напр. при отите)*

~ of heart порок сердца

~ies of menstruation дисменорея

arteriovenous ~ артериовенозный свищ

autoimmune ~ies аутоиммунные расстройства; аутоиммунные болезни

biomechanical ~ нарушение биомеханики

bony ~ies отклонения в развитии кости или скелета от нормы

characteristic ~ies of prostheses характерные [основные] неисправности протеза

chromosomal ~ хромосомные аберрации

circulatory ~ies расстройства кровообращения

conformational ~ies врождённые пороки развития

cognitive ~ нарушение познавательных способностей, когнитивное расстройство

congenital ~ врождённый порок [аномалия] развития

craniofascial ~ies аномалии черепно-лицевой области

cytotoxic ~ нарушение (механизмов) цитотоксичности, цитотоксический дефект

electrocardiographic ~ies отклонения электрокардиограммы

electrolyte ~ies электролитные нарушения

focal ~ies очаговые изменения

functional ~ нарушение функции; недостаточность какого-л. органа

gait ~ нарушение походки

gastric wall ~ поражение стенки желудка

growth ~ of cartilage нарушение роста хрящевой ткани

intersex ~ гермафродитизм

karyotypic ~ кариотипный патологический признак

laboratory ~ 1. лабораторная «находка» (отклонение лабораторных показателей при отсутствии других проявлений) 2. неудовлетворительные результаты [изменения] лабораторных анализов

mechanical ~ механическое повреждение (напр. разрыв)

mental ~ies психические отклонения

metabolic ~ метаболическое расстройство; вид метаболического расстройства

occlusion ~ неправильный прикус

physiologic ~ физиологическое нарушение функции

pinpoint ~ies точечные повреждения; незначительные нарушения

postural ~ 1. нарушение осанки 2. постуральное нарушение (связанное с изменением положения тела)

radiologic ~ies рентгенологические изменения

reversible ~ies обратимые изменения

sex chromosome ~ аномалия половой хромосомы

sonographic ~ies нарушения на эхограмме

speech ~ дефект речи, нарушение речи

steroid ~ нарушение экскреции стероидов

swallowing ~ нарушение глотания

systemic ~ies общие [системные] расстройства

testicular ~ 1. аномалия яичек 2. поражение яичек

urine ~ies патологические изменения мочи

vitreous ~ 1. аномалия стекловидного тела 2. осложнение со стороны стекловидного тела (напр. разжижение)

abocclusion [ˌæbəˈkluːʒən] уст. открытый прикус

abode [əˈbəʊd] местопребывание; локализация

abolition [ˌæbəˈlɪʃən] устранение, уничтожение; аннулирование

~ of child adoption отмена усыновления/удочерения

~ of function потеря функции

abolitionist [ˌæbəˈlɪʃiənɪst] аболиционист (сторонник отмены, напр., «сухого закона», смертной казни и пр.)

abominable [əˈbɒmɪnəbl] отвратительный, отталкивающий, противный

aborad [əˈbɔːrəd] 1. изо рта 2. аборальный (в направлении от ротового отверстия)

aboral [æbˈɔːrəl] 1. аборальный, удалённый от ротового отверстия 2. каудальный

aboriginal [ˌæbəˈrɪdʒɪnəl] 1. коренной житель; абориген ‖ первобытный; исконный, коренной 2. аутохтонный; местный (напр. о происхождении тромба)

abort [əˈbɔːt] 1. аборт (прерывание беременности в первые 22 недели, когда плод ещё не жизнеспособен), выкидыш; преждевременные роды ‖ делать аборт 2. остановка [задержка] роста или развития; рудиментарное состояние (органа) 3. раннее купирование заболевания 4. мед. тех. аварийная остановка

aborter [əˈbɔːtə] 1. см. **abortionist** 2. женщина, производящая аборт себе

chronic ~ женщина, страдающая хроническими выкидышами

aborticide [əˈbɔːtisaid], **abortient** [əˈbɔːʃnet], **abortifacient** [əˌbɔːtiˈfeiʃnt], **abortigenic** [əˌbɔːtiˈdʒenik] средство, вызывающее аборт или искусственное прерывание беременности ‖ вызывающий аборт

abortion [əˈbɔːʃn] 1. аборт 2. абортирование

~ in progress аборт в ходу

~ of epidemic прекращение или ликвидация эпидемии

accidental ~ самопроизвольный аборт, обусловленный травмой

afebrile ~ неосложнённый аборт

ampullar ~ трубный аборт

artificial ~ искусственный аборт

attempted ~ несостоявшийся аборт

cervical ~ шеечный аборт

complete ~ завершённый [полный] аборт

contagious ~ инфекционный аборт

criminal ~ криминальный [внебольничный] аборт

embryonic ~ аборт в первые три месяца беременности

fabricated ~ симулированный аборт

fetal ~ аборт на четвёртом месяце беременности

habitual ~ см. **recurrent ~**

illegal ~ см. **criminal ~**

imminent ~ см. **threatened ~**

incipient ~ начавшийся аборт

incomplete ~ неполный [незаконченный] аборт

induced ~ см. **artificial ~**

inevitable ~ неизбежный аборт

justifiable [legal] ~ аборт по медицинским показаниям

late ~ поздний аборт (от 16 до 28 недель беременности)

mimic ~ имитация выкидыша

missed ~ несостоявшийся выкидыш

multiple ~s множественные выкидыши

natural ~ см. **spontaneous ~**

ovular ~ см. **embrionic ~**

recurrent ~ привычный выкидыш

septic ~ септический аборт

spontaneous ~ самопроизвольный аборт

therapeutic ~ *см.* **justifiable [legal]** ~

threatened ~ угрожающий аборт; аборт в ходу

tubal ~ *см.* **ampullar** ~

unlawful ~ *см.* **criminal** ~

abortionist [ə'bɔːʃənist] человек, производящий (криминальный) аборт

abortive [ə'bɔːtiv] 1. преждевременный (*о родах*); абортированный, относящийся к выкидышу 2. вызывающий аборт 3. абортивный, быстро приостанавливающий развитие 4. бесплодный 5. недоразвитый

abortus [ə'bɔːtəs] абортированный плод, абортус, выкидыш

abouchement [əbuːʃmɔ] *фр.* анастомоз мелкого кровеносного сосуда с крупным

aboulia [ə'buːliə] *см.* **abulia**

abrachia(tism) [ə'breikiə(tizm)] абрахия (*врождённое отсутствие верхних конечностей*)

abradability [əb'reidəbiliti] истираемость (*зубов*)

abradant [ə'breidənt] абразив, абразивный материал

abrade [ə'breid] 1. выскабливать; соскабливать 2. производить экскориацию, снимать поверхностный слой (*напр. кожи*)

abrasion [ə'breiʒn] 1. ссадина, царапина 2. выскабливание; соскабливание 3. очистка (*напр. раны*) 4. (патологическая) стираемость (*зубов*) 5. абразия 6. выравнивание [сглаживание] поверхности

~ **of epicardium** скарификация эпикарда (*для образования сращений*)

corneal ~ повреждение роговицы

gingival ~ эрозия десны

skin ~ ссадина кожи

surgical ~ дермабразия

abrasive [ə'breisiv] *см.* **abradant**

abrasor [ə'breizɔ] распатор; кюретка

abreaction [ˌæbriː'ækʃən] эмоциональная разрядка, отреагирование, абреакция (*разрядка подавленного аффекта*)

motor ~ снятие напряжения с помощью физической активности

abrogation [ˌæbrəʊ'geiʃən] отмена (*напр. лечения*); аннулирование

~ **of species specifity** устранение видовой специфичности

~ **of tolerance** нейтрализация [подавление] толерантности

abrosia [ə'brəʊziə] 1. голодание 2. истощение, изнурение

abrupt [ə'brʌpt] 1. острый, внезапный; мгновенный 2. резкий; отрывистый (*напр. звук*)

abruption [ə'brʌpʃn] 1. отторжение; отрыв; отслойка; отделение; прерывание 2. поперечный перелом

placental ~ преждевременное отторжение [отслойка] плаценты

abscess ['æbses] абсцесс (*осумкованный гнойник*)

alveolar ~ (поднадкостничный) абсцесс альвеолярного отростка

amoebic ~ амёбный абсцесс

anal sac ~ парапроктит

anorectal ~ аноректальный абсцесс, парапроктит

apical ~ *стом.* апикальный [околоверхушечный, прикорневой] абсцесс

appendiceal [appendicular] ~ аппендикулярный абсцесс

arthrifluent ~ натёчник, возникший в суставе

atheromatous ~ нагноившаяся атерома

axillary ~ гнойный гидраденит, абсцесс подмышечной впадины

Bartholinian ~ абсцесс большой железы преддверия влагалища – бартолиновой железы

bicameral ~ двухкамерный абсцесс

biliary ~ абсцесс печени

blind ~ невскрывшийся абсцесс

bone [Brodie's] ~ остеомиелит; Броди абсцесс

bursal ~ гнойный бурсит

canalicular ~ абсцесс, вскрывшийся в просвет молочных протоков

caseous [cheesy] ~ творожистый распад

circumscribed [circumtonsillar] ~ околоминдаликовый [пери- или паратонзиллярный] абсцесс

cold ~ *см.* **hypostatic** ~

collar-button ~ запоночный абсцесс

congestive ~ *см.* **hypostatic** ~

diffuse ~ флегмона

draining ~ прорвавшийся абсцесс

emphysematous ~ *см.* **gas** ~

encysted ~ осумкованный абсцесс

endamebic [entamebic] ~ *см.* **amoebic** ~

epiploic ~ абсцесс сальника

fecal ~ абсцесс толстой кишки

gas ~ газовый гангренозный абсцесс

gastric ~ флегмонозный гастрит

glandular ~ гнойный лимфаденит

gummatous ~ гуммозный абсцесс

hematic ~ абсцедирующая гематома

hot ~ острый абсцесс

hypostatic ~ натёчный [холодный] абсцесс, натёчник

intramammary ~ интрамаммарный абсцесс

intracranial ~ внутричерепной абсцесс

ischiorectal ~ ишиоректальный абсцесс (*между мышцами тазового дна и тазовой кости*)

lacrimal ~ абсцесс слёзного мешка

lacunar ~ парауретральный абсцесс

lateral ~ одонтогенный периостит

lateral alveolar ~ парадентальный абсцесс

lumbar ~ абсцесс поясничной области

mammary ~ абсцедирующий мастит

mastoid ~ гнойный мастоидит

mediastinal ~ абсцесс средостения, гнойный медиастинит

mesenteric ~ абсцесс брыжейки

metastatic ~ метастатический абсцесс, гнойный метастаз

migrating ~ *см.* **hypostatic** ~

miliary ~ милиарный абсцесс (*при диссеминации гнойничков в органе или ткани*)

milk ~ послеродовой [лактационный] мастит

mother ~ первичный абсцесс

mural ~ интрамуральный [внутристеночный] абсцесс

omental ~ абсцесс сальника

orbital ~ абсцесс глазницы

otic ~ отогенный абсцесс головного мозга

paranephric ~ гнойный паранефрит

parotid ~ гнойный паротит

pelvirectal ~ тазово-прямокишечный абсцесс

perinephric ~ *см.* **paranephric** ~

periodontal ~ альвеолярный абсцесс

perisin(uo)us ~ перисинуозный абсцесс

peritoneal ~ внутрибрюшинный абсцесс, абсцесс брюшной полости

peritonsillar ~ перитонзиллярный абсцесс

pilar ~ абсцесс, вызванный внедрением волоса

Pott's ~ *см.* **hypostatic** ~

retroorbital ~ ретробульбарный абсцесс

retropharyngeal ~ заглоточный [позадиглоточный, ретрофарингеальный] абсцесс

retrouterine ~ позадиматочный абсцесс

ring ~ *офт.* кольцевидный абсцесс *(роговицы, при котором зона некроза окружена поясом лейкоцитарной инфильтрации)*

root ~ *стом.* апикальный [околоверхушечный, прикорневой] абсцесс

satellite ~ дочерний абсцесс, сателлит-абсцесс

scrofulous ~ *см.* **hypostatic** ~

secondary ~ метастатический абсцесс, гнойный метастаз

shirt-stud ~ *см.* **collar-button** ~

stercoral ~ каловая флегмона

stitch ~ шовный абсцесс *(сформировавшийся вокруг швов)*

subperiosteal ~ поднадкостничный [субпериостальный] абсцесс

subperitoneal ~ забрюшинный абсцесс

subphrenic ~ поддиафрагмальный абсцесс

sudoriparous ~ абсцесс потовых желёз

syphilitic ~ размягчение гуммы *(при третичном сифилисе)*

thecal ~ гнойный тендовагинит

thymus ~ абсцесс вилочковой железы, Дюбуа абсцесс, Беднара киста

tonsillar ~ миндаликовый [тонзиллярный] абсцесс

tropical ~ амёбный абсцесс

tympanitic ~ газовый гангренозный абсцесс

tympanomastoid ~ абсцесс барабанной полости, гнойный мастоидит

verminous ~ абсцесс, вызываемый личинками гельминтов

wandering ~ *см.* **hypostatic** ~

Welch's ~ *см.* **tympanitic** ~

zygomatic ~ абсцесс скуловой области

abscessation [ˌæbsəˈseɪʃn] абсцедирование

abscessotomy [ˈæbsəsətəmɪ] вскрытие гнойника

abscission [æbsˈiʃən] 1. ампутация, отсечение 2. прерывание, прекращение

~ **of placenta** отделение плаценты

abscond [əbˈskɒnd] побег ǁ совершать побег; скрываться *(от суда и пр.)*

to ~ **from a psychiatric unit** скрываться от психиатрического наблюдения

absconded [əbˈskɒndɪd] скрытый, маскирующийся *(напр. вирус)*

absconsio [əbˈskɒnʃɪəʊ] полость; углубление

abscopal [æbˈskəʊpəl] тормозящий, ингибирующий *(напр. о влиянии рентгеновского облучения)*

abscure [æbˈskjuːə] скрытый *(напр. об отёке)*; бессимптомный

absence [ˈæbsəns] 1. отсутствие 2. безразличие 3. абсанс, кратковременная потеря сознания *(при эпилепсии)*

~ **of cervical spine** Клиппеля – Фейля синдром *(короткая шея вследствие уменьшения числа или слияния шейных позвонков)*

~ **of iron stores** истощение запасов железа *(в костном мозге)*

~ **of mind** рассеянность

~ **of will** отсутствие воли, нерешительность

sickness ~ неявка на работу по болезни; нетрудоспособность по болезни

simple ~ простой абсанс *(приступ кратковременного отключения сознания)*

subclinical ~ субклинический абсанс *(преходящее нарушение сознания без выраженных клинических проявлений)*

absentee [ˌæbsənˈtiː] лицо, проживающее за пределами своего постоянного места жительства

absenteeism [ˌæbsənˈtiːɪzm] абсентеизм, отключение *(сознания)*

absentia [æbˈsenʃɪə] *лат.,* *см.* **absence**

absent-mindedness [ˈæbsənt-ˈmaɪndədnəs] рассеянность

Absidia [æbˈsidiə] *лат.* род патогенных грибов

absolute [ˈæbsəˌluːt] 1. полный, безусловный, совершенный 2. чистый, беспримесный, абсолютный, неразбавленный *(спирт)*

absorb [æbˈsɔːb] абсорбировать, поглощать, впитывать, всасывать

absorbability [æbˌsɔːbəˈbiliti] абсорбционная способность; гигроскопичность; рассасываемость

absorbance [æbˈsɔːbəns] спектральная поглощательная способность

absorbancy [æbˈsɔːbənsi] оптическая плотность *(в спектрофотометрии)*

absorbate [æbsɔːˈbeit] абсорбат, абсорбируемое вещество

absorbefacient [əbˌsɔːbiˈfeiʃənt] 1. вызывающий абсорбцию, поглощение, впитывание, всасывание 2. любое вещество, обладающее свойством абсорбции

absorbent [æbˈsɔːbənt] абсорбент, поглотитель, всасывающее вещество ǁ абсорбирующий, впитывающий, всасывающий; гигроскопический

antigen-coupled ~ антигенный сорбент, (иммуно)сорбент с иммобилизованным антигеном

exhausted ~ *анест.* истощение абсорбента

pollutant ~ вещество, абсорбирующее загрязнители

spent ~ отработавший абсорбент

absorber [æbˈsɔːbə] абсорбер, поглотитель

acoustic shock ~ поглотитель акустического [звукового, шумового] удара

degrading ~ *рад.* поглотитель, снижающий энергию частиц

solar energy ~ поглотитель солнечной энергии

vibration ~ демпфер колебаний, динамический виброгаситель

absorbifacient [æbˌsɔːbaiˈfeiʃənt] повышающий всасывание

absorptance [æbˈsɔːptəns] коэффициент поглощения

absorptiometer [æbˌsɔːpʃiˈɒmitə] 1. абсорбциометр 2. газоанализатор

absorptiometry [æbˌsɔːpʃiˈɒmitri]:

  dual energy X-ray ~ двухэнергетическая рентгеновская абсорбциометрия

absorption [æbˈsɔːpʃən] 1. поглощение, впитывание, всасывание, абсорбция *(1. образование комплекса антиген – антитело 2. истощение сыворотки антигенами или вакцины антителами 3. специфическая сорбция вируса клеткой)* 2. резорбция, рассасывание 3. *псих.* фиксация; поглощённость *(чем-то)*; погружённость *(в себя)*

  ~ of proteins всасывание белков *(пищи)*

  ~ of radiation поглощение лучистой энергии

  acoustic ~ шумопоглощение

  alveolar ~ *стом.* резорбция альвеолярного отростка

  cross ~ перекрёстная абсорбция *(антител из сыворотки)*

  dermal ~ всасывание через кожу, проницаемость кожи

  digestive ~ всасывание в пищеварительном тракте

  dose-dependent ~ всасывание в зависимости от дозы *(лекарственного средства)*

  dual energy X-ray ~ двухэнергетическая рентгеновская абсорбциометрия

  internal [intestinal] ~ внутренняя [кишечная] абсорбция; пристеночное пищеварение

  intrabasin ~ абсорбция (геля) внутри лунки

  nutritive ~ всасывание питательных веществ

  parenteral ~ парентеральная абсорбция

  X-ray ~ поглощение рентгеновских лучей

absorptive [æbˈsɔːptiv] абсорбирующий, поглощающий, впитывающий, всасывающий; гигроскопический

absorptivity [æbˌsɔːpˈtiviti] 1. абсорбирующая способность 2. коэффициент поглощения

abstainer [əbˈsteinə] трезвенник

abstergent [əbˈstɜːdʒənt] 1. дезинфицирующее [очищающее] средство || очищающий 2. детергент 3. слабительное средство

abstersive [əbˈstɜːsiv] 1. очистительный 2. моющий, очищающий

abstinence [ˈæbstinəns] 1. абстиненция *(патологическое состояние, возникающее при внезапном прекращении приёма наркотических или некоторых лекарственных средств)*; «ломка» 2. воздержание; умеренность 3. *психоан.* пассивность *(относительная молчаливость психоаналитика)*

  ~ from food воздержание от пищи; голодание

  periodic ~ периодическое воздержание *(напр. от секса)*

  total ~ трезвенность

abstract [ˈæbstrækt] 1. экстракт || экстрагировать, перегонять, дистиллировать, извлекать 2. отчёт, резюме; краткий обзор; выписка

  statistical ~ краткий статистический обзор

abstraction [æbˈstrækʃn] 1. извлечение; экстракция 2. кровопускание; взятие крови 3. аномалия прикуса с расположением зубов ниже плоскости нормального прикуса

  heat ~ *мед. тех.* отбор [отвод] тепла

  mental ~ потеря сознания

abterminal [æbˈtɜːminəl] афферентный, центростремительный; приносящий

abulia [əˈbuːliə] *псих.* абулия, дисбулия, безволие

abundance [əˈbʌndəns] 1. обилие, избыток *(напр. чувств)*; изобилие; множество; богатство 2. распространённость; содержание *(напр. микроэлементов)* 3. *параз.* численность, относительное содержание *(число особей на единицу пространства)*

  ~ of species обилие видов *(напр. биоты)*, видовое богатство

  isotope ~ распространённость изотопов; скопление [очаг] изотопа *(в определённом органе)*

abundant [əˈbʌndənt] распространённый *(напр. катион в организме)*; обильный; часто встречающийся

abuse [əˈbjuːz] 1. неправильное или ошибочное употребление *(напр. лекарственного средства)* || неверно употреблять 2. злоупотребление || злоупотреблять 3. эксплуатация с нарушением правил

  ~ of authority злоупотребление властью

  ~ of confidence злоупотребление доверием

  ~ of narcotics наркомания

  ~ of non-dependence-producing substances злоупотребление веществами, не вызывающими зависимость

  ~ of power *см.* ~ **of authority**

  adult ~ жестокое обращение с пожилыми

  alcohol ~ злоупотребление алкоголем, алкоголизм

  cathartic ~ злоупотребление слабительными средствами

  child ~ жестокое обращение с ребёнком *(оскорбления, пренебрежение, побои)*

  child sexual ~ сексуальное насилие над ребёнком

  drug ~ 1. злоупотребление лекарственными средствами 2. токсикомания, наркомания

  elder ~ старческий маразм

  emotional ~ эмоциональное насилие *(недостаток любви и/или враждебное отношение к ребёнку близких людей)*

  environmental ~ нерациональное использование ресурсов окружающей среды

  polydrug ~ комбинированное злоупотребление психоактивными веществами

  rape ~ изнасилование

  sexual ~ 1. половое насилие 2. изнасилование; сексуальное правонарушение, сексуальное нападение

  siblings ~ насилие между братьями и сёстрами

  solvent ~ злоупотребление растворителями

  substance ~ употребление различных веществ *(кофеинсодержащие напитки, табак, препараты бытовой химии и пр.)*, изменяющих психическую активность

  virulent ~ злобные выпады, оскорбления

abuser [əˈbjuːzə] 1. насильник 2. лицо, злоупотребляющее какими-л. веществами

abutment [əˈbʌtmənt] 1. *стом.* опора, упор, контрфорс; прикрепление 2. опорный зуб *(для фиксации протеза)*

  overdenture ~s опорные ткани, удерживающие зубной протез

academic[1] [ˌækəˈdemik] 1. академический, научно-исследовательский; учебный 2. теоретический, умозрительный; отвлечённый; абстрактный

academic² учёный, преподаватель вуза

Academy [ə'kædəmi] *см.* Приложение

acairia [ə'kɛəriə] *псих.* акайрия *(назойливость, склонность к повторению одних и тех же вопросов, просьб)*

acalculia [ˌəkæl'kjuːliə] алькалькулия, дискалькулия *(неспособность производить арифметические действия)*

acampsia [ə'kæmpsiə] анкилоз; тугоподвижность сустава

acantha [ə'kænθə] **1.** остистый отросток **2.** позвоночный столб **3.** расщепление позвонков

acantham(o)eba [əˌkænθə'miːbə] акантамёба *(возбудитель экзогенного амёбиаза)*

acanthesthesia [əˌkænθəs'θiziə] чувство покалывания

acanthion [ə'kænθiən] *кр. метр.* передняя носовая ость

Acanthocephala [əˌkænθəʊ'sefələ] скребни *(гельминты желудочно-кишечного тракта, характеризующиеся наличием хоботка с крючьями)*

acanthocephaliasis [əˌkænθəʊˌsefə'laiəsis] *гельм.* акантоцефалёз

acanthocheilonemiasis [əˌkænθəʊˌkailəʊni'maiəsis] *параз.* акантохейлонематоз, дипеталонематоз *(гельминтоз из группы филяриатозов)*

acanthocyte [ə'kænθəʊsait] акантоцит *(шиповидный эритроцит)*

acanthocytosis [əˌkænθəʊsai'təʊsis] абеталипопротеинемия, акантоцитоз, Бассена – Корнцвейга синдром

acanthokeratodermia [əˌkænθəʊˌkerətʌ'dəːmiə] акантокератодермия, гиперкератоз

acantholysis [əˌkæn'θʊlisis] акантолиз *(дегенеративное изменение шиповатого слоя эпидермиса)*

  ~ **bullosa** *лат.* буллёзный акантолиз, буллёзный эпидермолиз

acanthoma [ˌækæn'θəʊmə] акантома

  ~ **adenoides cysticum** трихоэпителиома, Анселля опухоль

  ~ **inguinale** паховая акантома

  ~ **verrucosum** старческая кератома, старческая бородавка, кератопапиллома

  malignant ~ злокачественная эпителиома

  pale cell ~ светлоклеточная акантома

acanthopelvis [əˌkænθəʊ'pelvis], **acanthopelyx** [əˌkænθəʊ'peliks] экзостозы лонных костей

acanthosis [ˌækæn'θəʊsis] акантоз *(утолщение шиповатого слоя эпидермиса или эпителия слизистых оболочек)*

  ~ **nigricans** чёрный акантоз *(гиперпигментация кожи и приобретение ею бархатистого оттенка)*

  glicogen ~ гликогеновый акантоз *(поражение слизистой нижнего отдела пищевода)*

acanthrax [ə'kænθrəks] несибиреязвенный карбункул

acanthrocyte [ə'kænθrəʊsait] *см.* **acanthocyte**

acanthus [ə'kænθəs] шип, колючка

acapnia [ə'kæpniə] гипокапния, *уст.* акапния

acardiacus [ˌeikɑː'diəkəs] *терат.* плод, не имеющий сердца

acardiotrophia [əˌkɑːdiʌ'trɒfiə] атрофия миокарда

acariasis [ˌækə'raiəsis] акариаз, акародерматит *(общее название дерматозоонозов – чесотка, демодекоз, мигрирующая эритема и пр.)*

acaricides [ə'kæriˌsaidz] акарициды *(препараты для уничтожения клещей)*

acarid [ˈəkærid] акарид *(клещ семейства Acaridae)*

acaridiasis [əˌkæri'daiəsis], **acarinosis** [əˌkæri'nəʊsis] *см.* **acariasis**

Acarina [ˌækə'rainə] клещи

acarodermatitis [ˌækərəʊˌdəːmə'taitis] акародерматит *(воспалительные кожные реакции, вызванные клещами)*

acaroid [ˌækə'rɔid] клещеобразный *(напоминающий клеща)*

acarology [ˌækə'rɒləʤi] акарология *(наука о клещах)*

acarophobia [ˌækərəʊ'fəʊbiə] акарофобия, скабиофобия *(патологическая боязнь клещей и/или заболевания чесоткой)*

acarotoxic [ˌækərəʊ'tɒksik] оказывающий токсическое воздействие на клещей

acarus ['ækərəs], *pl.* **acari** ['ækərai] клещ

  ~ **folliculorum** *лат.* угревая железица

  ~ **scabies** *лат.* чесоточный клещ

acaryote [ə'kæriəʊt] акариоцит, безъядерная клетка ‖ безъядерный

acatagraphia [æˌkætə'græfiə] акатаграфия *(нарушение правильного чередования слов в предложении или слогов в словах)*

acatalasemia [ˌeikætə'leisimiə], **acatalasia** [ˌeikætə'leiziə] акаталазия, акаталаземия, Такахары болезнь *(обусловлена дефицитом каталазы)*

acatalepsia [ˌeikætə'lepsiə], **acatalepsy** [ˌeikætə'lepsi] **1.** слабоумие, деменция **2.** неопределённость, неточность *(напр. диагноза)*

acatamathesia [ˌækætæmei'θiːziə] акатаматезия *(полное непонимание речи собеседника)*

acataphasia [əˌkætə'feiziə] акатафазия *(употребление сходных по звучанию, но не подходящих по смыслу слов)*

acathexis [ækə'θeksis] *псих.* акатексис *(потеря адекватной эмоциональной реакции)*

acathisia [ˌækə'θiziə] акатизия *(общее двигательное беспокойство)*

acaulinosis [ˌeikɒli'nəʊsis] разновидность микоза

accelerant [æk'selərənt] ускоритель; катализатор

acceleration [ækˌselə'reiʃn] **1.** акселерация *(ускорение роста и развития)* **2.** учащение, ускорение **3.** перегрузка

  centripetal ~ афферентный, центростремительный

  developmental ~ опережающее развитие, акселерация

  negative ~ замедление; задержка

  positive ~ ускорение

accelerator [æk'seləˌreitə] **1.** ускоритель; катализатор; *иммун.* акселератор **2.** *уст.* «ускоряющий нерв сердца» **3.** *мед. тех.* стенд ускорений

  ~ **partus** стимулятор родовой деятельности; плодоизгоняющий фактор

  atomic ~ ускоритель атомных частиц

  linear ~ линейный ускоритель *(для получения заряженных частиц с высокой энергией излучения)*

  prothrombin ~ фактор V *(свёртывающей системы крови)*

  serum prothrombin conversion ~ фактор VII *(свёртывающей системы крови)*, антифибринолизин, проконвертин

accelerin [æk'selərin] протромбин

accent ['æksənt] акцент *(1. особенность произношения 2. главный признак)*

writing ~ *суд. мед.* характерные особенности почерка

accentuation [æk͵sentʃʊ'eiʃn] акцентуация *(1. заострённая личностная черта 2. усиление, напр., тонов сердца)*

accentuator [æk'sentʃu͵eitə] усилитель избирательности или интенсивности окраски; акцентуатор *(фактор, усиливающий интенсивность действия или признака)*

accept [ək'sept] **1.** воспринимать; акцептировать **2.** связывать

acceptability [ək'septəbiliti] **1.** переносимость *(напр. вакцин)* **2.** восприятие; приемлемость

acceptance [ək'septəns] **1.** принятие; приемлемость; совместимость; соответствие **2.** аттестация, сертификация **3.** одобрение *(напр. программы регулирования рождаемости)*

  ~ of contraception применение противозачаточных средств

  graft ~ приживаемость трансплантата

acceptor [ək'septə] акцептор *(1. вещество, принимающее группу атомов или электронов 2. вещество, способствующее окислению субстрата путём принятия дополнительного количества ионов водорода)*

  primary electron ~ первичный акцептор электронов

  splice ~ акцепторная точка [акцепторный сайт] сплайсинга

access ['æksəs] **1.** начало болезни **2.** припадок; приступ **3.** (оперативный) доступ **4.** сожительство

  ~ to pets контакт с животными

  ~ to public health services доступность услуг здравоохранения

  free ~ свободный доступ

  minimal ~ (хирургический) мини-доступ

accessible [ək'səsəbl] доступный, открытый

  visually ~ доступный обзору, видимый

accessibility [ək'sesibiliti] доступность *(медицинских услуг)*

accession [ək'seʃn] **1.** (операционный) доступ **2.** *уст.* приступ; рецидив **3.** вступление в права, должность

accessory [ək'sesəri] **1.** добавочный, дополнительный; придаточный; побочный **2.** *pl.* принадлежности; дополнительные приспособления **3.** одиннадцатый черепной нерв

  surgical ~ies дополнительное хирургическое оборудование

accident ['æksidənt] **1.** несчастный случай; травма **2.** приступ; осложнение **3.** авария; поломка, выход из строя; нарушение

  ~ & emergency экстренная травматология

  ~s in childhood несчастные случаи в детском возрасте

  ~ in production несчастный случай на производстве

  aeronautic ~ несчастный случай на воздушном транспорте

  automobile ~ *см.* **motor ~**

  cardiac [cardiovascular] ~ сердечный приступ *(стенокардия, инфаркт миокарда)*

  cerebral [cerebrovascular] ~ нарушение мозгового кровообращения; инсульт

  class 1 reactor ~ авария ядерного реактора 1-го класса, или категории *(авария без выброса радиоактивности согласно определению Комиссии по ядерному регулированию, США)*

  class 8 reactor ~ авария ядерного реактора 8-го класса, или категории *(авария при условиях, инициирующих максимальные проектные аварии)*

  class 9 reactor ~ авария ядерного реактора 9-го класса, или категории *(гипотетически тяжёлая авария)*

  electrical ~ электротравма

  factory ~ *см.* **professional ~**

  fatal ~ несчастный случай со смертельным исходом

  home ~ бытовая травма

  human-factor ~ несчастный случай [авария], обусловленный человеческим фактором

  industrial ~ *см.* **professional ~**

  motor ~ *см.* **road ~**

  near miss ~ несостоявшаяся травма *(повреждение, не потребовавшее медицинской помощи)*

  nuclear power plant ~ авария на атомной станции

  pedestrian ~ *см.* **road ~**

  professional ~ производственная травма

  radiation ~ радиационная авария

  road ~ дорожно-транспортное происшествие, ДТП

  serum ~ гемолитический криз *(напр. реакция на введение гетерологической сыворотки)*

  traffic ~s *см.* **road ~s**

  vascular ~ острое сосудистое расстройство *(тромбоз, ишемия, спазм)*

  vehicle ~s *см.* **road ~s**

accidental [͵æksi'dentl] **1.** случайность; несущественная черта || случайный; временный **2.** второстепенный; побочный; самопроизвольный

accident-proneness ['æksidənt-'prəʊnənəs] предрасположенность к несчастным случаям, происшествиям

acclima(tiza)tion [͵ækli'meiʃn] акклиматизация; адаптация

  altitude ~ высотная акклиматизация, или адаптация

accommodation [ə͵kɒmə'deiʃn] **1.** *физиол.* аккомодация; приспособление, приспособляемость **2.** обеспечение временного ухода

  absolute ~ абсолютная аккомодация глаза *(диапазон аккомодации для каждого глаза в отдельности)*

  histologic ~ гистологическая [тканевая] аккомодация *(изменение морфологической структуры в процессе приспособления к изменившимся условиям)*

  hospital ~ **1.** количество больничных коек **2.** адаптация [приспособление, привыкание] к больничным условиям

  ill-sustain ~ ослабление аккомодации глаза

  negative ~ изменение формы зрачка вследствие расслабления ресничных мышц при взгляде вдаль

  nerve ~ повышение порога возбудимости нерва

  physiologic ~ физиологическая аккомодация *(приспособление мышечной и нервной ткани к действию медленно нарастающего по силе раздражителя)*

  positive ~ аккомодация при рассмотрении близкого объекта, обусловленная сокращением цилиарных мышц

  relative ~ относительная аккомодация *(диапазон аккомодации при бинокулярной фиксации предмета)*

  subnormal ~ недостаточная аккомодация глаз

accommodometry [ə͵kɒmə'dɒmətri] аккомодометрия *(исследование аккомодации глаза)*

accompaniment [ə'kʌmpənimənt] **1.** *биохим.* сопутствующий продукт **2.** сопровождающий симптом

accompanying [əˈkʌmpəniiŋ] сопровождающий, сопутствующий

accomplishment [əˈkʌmpliʃmənt] 1. выполнение; достижение 2. благоустройство (*напр. города*)

accord [əˈkɔːd] 1. согласие 2. созвучие

to ~ **the dying patient some dignity** помочь умирающему больному сохранить достоинство

accouchement [əkuˈʃmɔː] *фр.* 1. разрешение от бремени 2. роды, рождение, родовой акт

hydrostatic ~ роды в воде (*с частичным погружением роженицы в ванну*)

accoucheur [əkuˈʃer] *фр.* акушер

accoucheuse [əkuˈsuːz] *фр.* акушерка

account [əˈkaʊnt] 1. счёт; подсчёт; отчёт 2. оценка 3. выгода, польза

~**s of death** сведения о смертности

~ **of pathogenesis** обсуждение патогенеза

annual ~ годовой отчёт

of no ~ незначительный

on ~ **for** быть причиной

accountability [əˌkaʊntəˈbiliti] 1. ответственность; вменяемость 2. отчётность

cost ~ калькуляция стоимости (*напр. обследования*)

accretion [əkˈriːʃən] 1. рост 2. срастание, сращение; обрастание 3. приращение; прирост; разрастание (*напр. остеофитов*) 4. отложение (*инородного материала*); образование скоплений (*напр. внутриклеточных включений*) 5. *страх.* включение новых лиц

~ **cordis** слипчивый перикард

accrochage [ækrəʊˈʃædʒ] *фр.* продольная [атриовентрикулярная] диссоциация

accrual [əˈkruːəl] накопительный фонд (*создаваемый для покрытия затрат на медицинские услуги*)

accubation [əkjuːˈbeiʃn] 1. положение на боку 2. роды

accumulate [əˈkjuːmjʊˌleit] накапливать; аккумулировать; скапливать(ся)

accumulation [əˌkjuːmjʊˈleiʃən] 1. накопление; аккумуляция; скопление 2. кумуляция (*напр. препарата*)

~ **of age** возрастная аккумуляция

~ **of cytokines** скопление цитокинов

~ **of secretion** накопление секрета

abnormal ~ **of vitamin** избыточное накопление витамина

coupling ~ сопряжённое накопление

fibrin ~ отложение фибрина

plaque ~ 1. скопление бляшек 2. налёт (*на зубах*)

pulmonary ~ кумуляция в лёгких

tartar ~ увеличение [нарастание] зубного камня

accuracy [ˈækjʊrəsi] точность, правильность, достоверность

actual ~ фактическая точность

clinical ~ клиническая достоверность, совпадение клинических данных

diagnostic ~ диагностическая достоверность

high ~ высокая достоверность

low ~ низкая достоверность

pinpoint [split-hair] ~ прецизионность, очень высокая точность

accurate [ˈækjʊrət] точный, правильный, достоверный; прецизионный

accuse [əˈkjuːz] *суд. мед.* обвинять; предъявлять обвинение

accused [əˈkjuːzd] обвиняемый; подсудимый

~ **of crime** обвиняемый в совершении преступления

accustom [əˈkʌstəm] 1. приучать, тренировать (*напр. мышцы*) 2. привыкать, адаптироваться

acedia [əˈsiːdiə] подавленное состояние, депрессия

acellular [eiˈseljʊlə] 1. бесклеточный, ацеллюлярный 2. одноклеточный организм (*о простейших*)

acenesthesia [eiˌsiːnəsˈθiːziə] отсутствие ощущения физического существования или осознания функционирования собственного организма

acentric [əˈsentrik] 1. краевой, периферический 2. ацентрический (*о фрагменте хромосомы*)

acephalocheiria [əˌsefələʊˈkairiə] ацефалохейрия (*врождённое отсутствие головы и дистальных отделов рук*)

acephalocyst [əˈsefələʊˌsist] ацефалоциста (*стерильная форма однокамерного эхинококка*)

acephalus [əˈsefələs] *терат.* плод без головы

aceratosis [əˌserəˈtəʊsis] недостаточное ороговение ткани

acercous [əˈsəːkəs] игловидный; игольчатый; заострённый

acervate [əˈsəːveit] сгруппированный, скученный

acervuline [əˈsəːvjʊlain] скученный, сгруппированный (*о железах*)

acervuloma [əˈsəːvjʊləʊmə] псаммома, ацервулома

acervulus [əˈsəːvjʊləs] 1. *гист.* псаммозные [псаммомные] тельца, «мозговой песок» 2. *микол.* ложе (*конидиеносцев*) 3. пучок

acescence [əˈsesəns] 1. окисление 2. скисание, закисание

acescent [əˈsesənt] 1. слабокислый, кисловатый 2. прокисший

acesodyne [əˈsesəʊdain] обезболивающее средство ‖ обезболивающий, болеутоляющий

acetabular [ˌæsəˈtæbjʊlə] относящийся к вертлужной впадине

acetabuloplasty [æsəˈtæbjʊləˈplɑːsti] ацетабулопластика; восстановительная операция тазобедренного сустава

acetabulum [ˌæsəˈtæbjʊləm], *pl.* **acetabula** [ˌæsəˈtæbjʊlə] 1. вертлужная впадина 2. *гельм.* брюшная присоска

~ **humeri** гленовидная полость

dysplastic ~ дисплазия тазобедренного сустава

false ~ псевдоацетабулюм, неоацетабулюм (*ложный тазобедренный сустав*)

acetaldehyde [ˌæsiˈtældiˌhaid] ацетальдегид (*токсический продукт в метаболизме этанола*)

acetification [əˌsetifiˈkeiʃn] ацетификация, образование уксуса, уксуснокислое брожение

acetobacterium [əˌsitəʊbækˈtiəriəm] уксусная бактерия

acetomorphine [əˌsitəʊˈmɔːfin] героин

acetonemia [ˌæsitəʊˈniːmiə] ацетонемия, кетонемия

acetonuria [ˌæsiːtəʊnˈjʊriə] ацетонурия, кетонурия

acetosoluble [ˌæsitəʊˈsɒljʊbl] растворимый в уксусной кислоте

acetylation [əˌsetaiˈleiʃn] ацетилирование (*реакция введения в молекулу ацетильного радикала*)

acetylcholine [ˌæsitilˈkəʊliːn] ацетилхолин, АЦХ (*нейромедиатор в холинергических синапсах*)

acetylcholinesterase [ˌæsətilˌkəʊliːnˈestəreis] ацетил-холинэстераза *(фермент, осуществляющий гидролиз ацетилхолина)*

acetylglucosamine [ˌæsətilgluːˈkəʊzamiːn] ацетилглюкозамин

acetyltransferase [ˌæsətilˈtrænsfəˌreiz]:

   aminoacid ~ ацетилтрансфераза аминокислот

achalasia [ˌækəˈleiziə] ахалазия, спазм *(сфинктеров)*

   ~ **of cardia** ахалазия кардии, кардиоспазм

   ~ **of pharyngoesophageal sphincter** спазм глоточно-пищеводного жома

ache [eik] боль *(продолжительная, тупая, но не интенсивная)* || болеть

   belly ~ спастическая боль в животе

   dull ~ тупая [ноющая] боль

   persistent ~ постоянная [стойкая] боль

acheilia [əˈkailiə] ахейлия *(врождённое отсутствие губ)*

acheiria [əˈkairiə] ахейрия *(1. отсутствие кисти 2. анестезия с утратой ощущения обладания одной или обеими руками)*

acheirokinesis [əˌkairəʊkaiˈniːsis] ахейрокинез *(отсутствие содружественных движений рук при ходьбе)*

acheiropody [əˌkairɒˈpəʊdi] ахейроподия *(врождённое отсутствие дистальных отделов ног)*

acheless [ˈeikləs] безболезненный

achievement [əˈtʃiːvmənt] **1.** достижение; успех **2.** выполнение

   ~ **of human potential** реализация человеческих возможностей

achillobursitis [əˌkiləʊbəˈsaitis] ахиллобурсит

achillodynia [ˌækiləʊdiˈniə] ахиллодиния *(боль в области пяточного сухожилия)*

achillo(teno)tomy [əˌkiləʊtəˈnɒtəmi] ахиллотомия

aching [ˈeikiŋ] колющий; болящий, больной

achlorhydria [ˌeiklɔːˈhaidriə] *гастр.* ахлоргидрия

achloropsia [ˌeiklɔːˈɒpsiə] дальтонизм

Acholeplasmas [əˌkəʊliˈplæzməz] *микол.* ахолеплазмы

acholia [əˈkəʊliə] *гастр.* ахолия

acholic [eiˈkəʊlik], **acholous** [eiˈkəʊləs] ахолический, не содержащий жёлчи

acholuria [əkəʊˈljuːriə] ахолурия *(отсутствие жёлчных пигментов в моче при желтухе)*

achondroplasia [əˌkɒndrəʊˈpleiziə], **achondroplasty** [əˈkɒndrəʊˌplæsti] хондродистрофия, ахондроплазия, Парро–Мари болезнь *(нарушение энхондрального остеогенеза)*

achroacyte [əˈkrəʊəsait] неокрашивающаяся кровяная клетка, лимфоцит

achroacytosis [əˌkrəʊəsaiˈtəʊsis] лимфоцитоз

achromacyte [əˈkrəʊməsait] ахромацит, «тень» эритроцита *(эритроцит, лишённый гемоглобина)*

achromasia [ˌækrəʊˈmeisiə] **1.** ахромия, отсутствие пигментации кожи **2.** ахроматопсия, ахромазия, цветовая слепота **3.** бледность; бесцветность

achromat [ˈækrəˌmæt] **1.** *мед. тех.* ахроматический объектив, ахромат **2.** человек, страдающий цветовой слепотой

achromatic [ˌækrəˈmætik] **1.** ахроматический, неокрашенный, бесцветный **2.** страдающий цветовой слепотой

achromatin [əˈkrəʊmətin] слабоокрашиваемые части ядра клетки

achromatophil [əkrəʊˈmætəʊfil] *гист.* неокрашивающийся, не воспринимающий окраску

achromatopsia [əˈkrəʊməˈtɒpsiə], **achromatopsy** [əkˌrəʊməˈtɒpsi] *см.* **achromasia 2**

achromatosis [əˌkrəʊməˈtəʊsis], **achromia** [əˈkrəʊmiə] **1.** ахромия, ахроматоз *(1. отсутствие пигмента в коже 2. неспособность клеток или тканей воспринимать красители 3. поседение)* **2.** бледность

   ~ **parasitica** паразитарная ахромия, тропический жёлтый лишай

   acquired ~ витилиго

   congenital ~ альбинизм, врождённая лейкопатия, лейкизм

achromic [əˈkrəʊmik] ахроматический, неокрашенный, бесцветный

achromocyte [əˈkrəʊməʊsait] *см.* **achromacyte**

achromoderma [əˌkrəʊməʊˈdəːmə] (первичная) лейкодерма, лейкопатия

achromophilous [eikrəˈmɒfiləs] трудноокрашивающийся

achromous [eiˈkrəʊməs] **1.** непигментированный **2.** ахроматический, бесцветный, неокрашенный

achylia [əˈkailiə] ахилия *(отсутствие секреции желудка)*

acid [ˈæsid] **1.** кислота || кислый; кислотный **2.** *sl.* наркотик ЛСД

   abiet(in)ic ~ абистиновая кислота

   acetic ~ уксусная кислота

   acetoacetic ~ ацетоуксусная кислота

   acetylneuraminic ~ сиаловая кислота

   acetylsalicylic ~ ацетилсалициловая кислота

   acroleic [**acrylic**] ~ акриловая кислота

   adenosine diphosphoric ~ аденозиндифосфорная кислота, АДФ

   adenosine triphosphoric ~ аденозинтрифосфорная кислота, АТФ

   adenylic ~ адениловая [аденозинмонофосфорная] кислота, АМФ

   adipic ~ адипиновая кислота

   agaric(ic) ~ агарициновая кислота

   aldobionic ~ альдобионовая кислота

   alginic ~ альгиновая кислота

   aliphatic ~ алифатическая [жирная] кислота

   allonic ~ аллоновая кислота

   allophanic ~ аллофановая кислота

   amino ~ аминокислота *(органическая кислота, содержащая аминогруппу – «строительный блок» белковой молекулы)*

   aminobenzoic ~ аминобензойная кислота

   aminobutyric ~ аминомасляная кислота

   aminocaproic ~ аминокапроновая кислота, норлейцин

   aminoglutaric ~ аминоглутаровая [глутаминовая] кислота

   aminolevulinic ~ аминолевулиновая кислота

   anisic ~ анисовая кислота

   arachidonic ~ арахидоновая кислота

   arsenic ~ мышьяковая кислота

   arsenous ~ мышьяковистая кислота

   ascorbic ~ аскорбиновая кислота, витамин C

   asparaginic [**aspartic**] ~ аспарагиновая [α-аминоянтарная] кислота

basic amino ~s основные аминокислоты, диаминокислоты

barbituric ~ барбитуровая кислота

behenic ~ бегеновая кислота

benzoic ~ бензойная кислота

bile ~ жёлчная кислота

binary ~ кислота, содержащая только два химических элемента (*напр. соляная кислота*)

blotter ~ *sl.* кислота на фильтре (*обычно ЛСД*)

boracic [boric] ~ борная кислота

borophenylic ~ фенилборная кислота

butyric ~ масляная кислота

camphoric ~ камфорная кислота

capro(n)ic ~ капроновая кислота

carbamic ~ карбаминовая кислота

carbolic ~ карболовая кислота, фенол

carbonic ~ угольная кислота

cevitamic ~ *см.* **ascorbic ~**

chain-terminal amino ~ концевая аминокислота

chenodeoxycholic ~ хенодезоксихолевая кислота

chinic ~ хинная кислота

chloric ~ хлорноватая кислота

chlorogenic ~ хлорогеновая кислота

cho(la)lic ~ холевая кислота

chromic ~ хромовая кислота

cinchotannic ~ хинодубильная кислота

cinnamic ~ коричная кислота

citric ~ лимонная кислота

complementary deoxyribonucleic ~ комплементарная дезоксирибонуклеиновая кислота, кДНК

complementary ribonucleic ~ комплементарная РНК

contiguous amino ~ заменимая аминокислота

coumaric ~ кумаровая кислота

crotonic ~ кротоновая кислота

crude carbolic ~ неочищенная карболовая кислота

C-terminal amino ~ С-концевая аминокислота

cyanhydric ~ синильная [цианисто-водородная] кислота

cyanic ~ циановая [синеродистая] кислота

cyanuric ~ циануровая кислота

cysteic ~ цистеиновая кислота, цистеин

cytidylic ~ цитидиловая кислота

cytoplasmic nucleic ~s цитоплазматические нуклеиновые кислоты

decanoic ~ декановая [каприновая] кислота

dehydrocholic ~ дегидрохолевая кислота

deoxyadenylic ~ дезоксиадениловая [дезоксиаденозинмонофосфорная] кислота

deoxycholic ~ дезоксихолевая кислота

deoxycytidylic ~ дезоксицитидиловая кислота, дезоксицитидилат

deoxyguanylic ~ дезоксигуаниловая кислота, дезоксигуанилат

deoxyribonucleic ~ дезоксирибонуклеиновая кислота, ДНК (*видоспецифичный носитель генетической информации*)

dialuric ~ диалуровая кислота

dibasic [dihydric] ~ двухосновная кислота

dihydroxy ~ диоксикислота

diprotic ~ двухосновная кислота (*способная к диссоциации с образованием двух протонов*)

dodecanoic ~ додекановая кислота

double-stranded deoxyribonucleic ~ двухцепочечная ДНК

eicosapentaenoic ~ эйкозапентаноевая кислота

elaidic ~ элаидиновая кислота

enanth(yl)ic ~ энантовая кислота

erucic ~ эруковая кислота

essential amino ~s незаменимые [основные, эссенциальные] аминокислоты

ethacrynic ~ этакриновая кислота

ethanal ~ глиоксиловая кислота

ethylene diamine tetraacetic ~ этилендиаминотетрауксусная кислота, ЭДТА

fatty ~ жирная кислота

fluorhydric ~ фтористоводородная [плавиковая] кислота

folic ~ фолиевая кислота

formic ~ муравьиная кислота

free fatty ~s свободные жирные кислоты

fumaric ~ фумаровая кислота

galacturonic ~ галактуроновая кислота

gamma-aminobutyric ~ гамма-аминомасляная кислота, ГАМК

gluconic ~ глюконовая кислота

glucuronic ~ глюкуроновая кислота

glutami(ni)c ~ глютаминовая кислота

glutaric ~ глутаровая кислота

glyceric ~ глицериновая кислота

glycocholic ~ гликохолевая кислота

glucogenic amino ~s глюкогенные аминокислоты (*углеродная цепь которых может быть превращена в процессе метаболизма в глюкозу или гликоген*)

glycolic ~ гликолевая кислота

glyoxylic ~ глиоксиловая кислота

guanidinosuccinic ~ гуанидинянтарная кислота

guanylic ~ гуаниловая кислота

gulonic ~ гулоновая кислота

halogen ~ галогенная кислота; галоидоводородная кислота

heptanoic [heptylic] ~ гептановая кислота

hexuronic ~ гексуроновая кислота

higher fatty ~s высшие жирные кислоты

high-molecular weight ribonucleic ~ высокомолекулярная РНК, РНК с высокой молекулярной массой

high-polymeric ribonucleic ~ высокополимерная РНК

hippuric ~ гиппуровая кислота

homogentisic ~ гомогентизиновая кислота

hyaluronic ~ гиалуроновая кислота

hydantoic ~ гидантоиновая кислота

hydnocarpic ~ гиднокарповая кислота

hydracrylic ~ гидракриловая [β-оксипропионовая] кислота

hydrazoic ~ азотисто-водородная кислота

hydrobromic ~ бромисто-водородная кислота

hydrochloric ~ соляная кислота

hydrocyanic ~ синильная [цианисто-водородная] кислота

hydroiodic ~ йодисто-водородная кислота

hydrosulfuric ~ сероводородная кислота

hydroxyacetic ~ гликолевая кислота

hypochlorous ~ хлорноватистая кислота
hyponitrous ~ азотноватистая кислота
hypophosphorous ~ фосфорноватистая кислота
immediate-early ribonucleic ~ предранняя рибонуклеиновая кислота
indoleacetic ~ индолилуксусная кислота
indolebutyric ~ индолилмасляная кислота
infectious nucleic ~ инфекционная нуклеиновая кислота
informational ribonucleic ~ информационная [матричная] рибонуклеиновая кислота, иРНК, мРНК
inorganic ~ неорганическая кислота
iodic ~ йодноватая кислота
iothalamic ~ иоталамическая кислота
isobutyric ~ изомасляная кислота
isocitric ~ изолимонная кислота
isonicotinic ~ изоникотиновая кислота
isovaler(ian)ic ~ изовалериановая кислота
keto ~ кетокислота
ketogenic amino ~s кетогенные аминокислоты (предшественники кетоновых тел)
ketoglutaric ~ кетоглутаровая кислота
ketonic ~ кетокислота
kinic ~ хинная кислота
lactic ~ молочная кислота
laricic ~ агарициновая кислота
lauric ~ лауриновая кислота
levulinic ~ левулиновая кислота
linoleic ~ линолевая кислота
lipoic ~ липоевая кислота
lithic ~ мочевая кислота
lysergic ~ лизергиновая кислота
lyxonic ~ ликсоновая кислота
maleic ~ малеиновая кислота
malic ~ яблочная [оксиянтарная] кислота
malonic ~ малоновая кислота
mandelic ~ миндальная кислота
manganic ~ марганцовистая кислота
mefenamic ~ мефенамовая кислота (ингибитор синтеза простагландинов)
mercaptan ~ меркаптокарбоновая кислота
mercapturic ~ меркаптуровая кислота
messenger ribonucleic ~ см. **informational ribonucleic** ~
metaphosphoric ~ метафосфорная кислота
methylguanidinoacetic ~ метилгуанидинуксусная кислота
methylmalonic ~ метилмалоновая кислота
methylsuccinic ~ метилянтарная [пировиноградная] кислота
mevalonic ~ мевалоновая кислота
mitochondrial ribonucleic ~ митохондриальная рибонуклеиновая кислота
monobasic [monoprotic] ~ одноосновная кислота
mucic ~ слизевая [муциновая] кислота
muconic ~ муконовая кислота
muramic ~ мурамовая кислота
muriatic ~ уст. хлористоводородная [соляная] кислота
myristic ~ миристиновая [тетрадекановая] кислота
nalidixic ~ налидиксовая кислота
nervonic ~ ацетэруковая кислота

neuraminic ~ нейраминовая кислота
nicotinic ~ никотиновая кислота, витамин РР
nitrilmalonic ~ цианоуксусная кислота
nitrohydrochloric [nitromuriatic] ~ «царская водка» (смесь азотной и соляной кислот)
nitrous ~ азотистая кислота
nitroxanthic ~ пикриновая кислота
noncontiguous amino ~s незаменимые аминокислоты
nonessential amino ~s заменимые аминокислоты (синтезирующиеся в организме)
nuclei(ni)c ~ нуклеиновая кислота
N-terminal amino ~ N-концевая аминокислота
octanoic ~ октановая кислота
oleic ~ олеиновая кислота
opianic ~ опиановая кислота
organic ~ органическая кислота (молекула которой содержит органические радикалы)
ornithyric ~ орнитуровая кислота
orotic ~ оротовая кислота
orotidylic ~ оротидиловая кислота, оротодилат
orthophosphoric ~ ортофосфорная кислота
osmic ~ осмиевая кислота
oxalic ~ щавелевая кислота
oxaloacetic ~ щавелево-уксусная кислота
oxaluric ~ оксалуровая кислота
oxolinic ~ оксолиновая кислота
oxyindoleacetic ~ оксииндолилуксусная кислота
palmitic ~ пальмитиновая кислота
palmitoleic ~ пальмитолеиновая кислота
p-aminobenzoic ~ парааминобензойная кислота
panaxic ~ панаксовая кислота
pantothenic ~ пантотеновая кислота, витамин B_3
parabanic ~ парабановая кислота, оксалилмочевина, оксалилкарбамид
paralactic ~ парамолочная кислота
pectic ~ пектиновая кислота
pelargonic ~ пеларгоновая кислота
pentanoic ~ пентановая [валериановая] кислота
pentosenucleic ~ пентозонуклеиновая кислота
perchloric ~ хлорная кислота
permanganic ~ марганцовая кислота
phen(yl)ic ~ карболовая кислота, фенол
phosphoric ~ фосфорная кислота
phosphorous ~ фосфористая кислота
phrenosinic ~ цереброновая кислота
phthalic ~ фталевая кислота
phytic ~ фитиновая кислота
picric ~ пикриновая кислота
pimaric ~ пимаровая кислота
pimelic ~ пимелиновая кислота
pipecolic ~ пипеколиновая кислота
polybasic ~ многоосновная кислота
polyunsaturated fatty ~s полиненасыщенные жирные кислоты
pre-early ribonucleic ~ см. **immediate-early ribonucleic** ~
primer ribonucleic ~ РНК-затравка
propionic ~ пропионовая кислота

protein amino ~ белковая [природная] аминокислота

prussic ~ синильная [цианистоводородная] кислота

pteroylglutamic ~ птероилглютаминовая [синтетическая фолиевая] кислота, фолацин

3-pyridinecarboxylic ~ никотиновая кислота

4-pyridinecarboxylic ~ изоникотиновая кислота

pyrogallic ~ пирогалловая кислота, пирогаллол

pyroligneous ~ древесный уксус

pyroracemic [pyruvic] ~ пировиноградная кислота

quinic ~ хинная кислота

quinolinic ~ хинолиновая кислота

quinotannic ~ хинодубильная кислота

racernic ~ виноградная кислота

recombinant deoxyribonucleic ~ рекомбинантная дезоксирибонуклеиновая кислота

replaceable amino ~ заменимая аминокислота

replication ribonucleic ~ репликативная рибонуклеиновая кислота

ribonucleic ~ рибонуклеиновая кислота, РНК

ribosomal [ribosome] ribonucleic ~ рибосомальная рибонуклеиновая кислота, рРНК

ricinoleic ~ рицинолевая [рицинолеиновая] кислота

saccharic ~ сахарная кислота

salicylic ~ салициловая кислота

santoninic ~ сантониновая кислота

saturated fatty ~ насыщенная жирная кислота

sialic ~ сиаловая кислота

silicic ~ кремниевая кислота

soluble ribonucleic ~ *см.* **transferribonucleic ~**

sorbic ~ сорбиновая кислота

stearic ~ стеариновая кислота

strong ~ крепкая кислота

succinic ~ янтарная кислота

sulfonic ~ сульфоновая кислота, сульфокислота

sulfovinic ~ 1. серно-винная [алкилсерная] кислота 2. этилсерная кислота

tartaric ~ винная кислота

taurocholic ~ таурохолевая кислота

template ribonucleic ~ *см.* **informational ribonucleic ~**

terminal amino ~ концевая аминокислота

tetraacetic ~ *см.* **ethylene diamine tetraacetic ~**

thioctic ~ липоевая кислота

transfatty ~s трансжирные кислоты (*компоненты маргарина*)

transfecting deoxyribonucleic ~ трансформирующая (*бактериальные клетки*) вирусная ДНК

transfer ribonucleic ~ транспортная РНК, тРНК

translation ribonucleic ~ *см.* **informational ribonucleic ~**

tricarboxylic ~ трикарбоновая кислота

tropic ~ троповая кислота

tungstic ~ вольфрамовая кислота

undecenoic [undecylenic] ~ ундеценовая [ундециленовая] кислота

uric ~ мочевая кислота

uridylic ~ уридинфосфорная кислота, уридинмонофосфат

urobenzoic ~ гиппуровая кислота, бензоил-гликокол

urocanic ~ уроканиновая кислота

uronic ~ уроновая кислота

valer(ian)ic ~ валериановая [пентановая] кислота

valproic ~ вальпроевая [дипропилуксусная] кислота, конвулекс

vanillic ~ ванилиновая кислота

vanillylmandelic ~ ванилилминдальная кислота

violuric ~ виолуровая [изонитрозобарбитуровая] кислота

volatile fatty ~ летучая жирная кислота

xyloascorbic ~ *см.* **ascorbic ~**

acidaemia [ˌæsiˈdiːmiə] *см.* **acidemia**

acidaminuria [ˌæsidæmiˈnjuːriə] (гипер)аминоацидурия (*экскреция с мочой повышенного количества аминокислот*)

acidate [ˈæsideit] подкислять

acid-base [ˈæsid-beis] кислотно-основный, *уст.* кислотно-щелочной

acid-clearance [ˈæsid-ˈkliərəns] клиренс кислоты

acidemia [ˌæsidˈiːmiə] ацидемия (*наличие в крови кислот*)

lactic ~ повышенное содержание молочной кислоты в крови

acid-exposed [ˈæsid-iksˈpəʊzd] подвергнутый действию кислоты

acid-fast [ˈæsid-fɑːst] кислотоупорный, кислотоустойчивый, кислотостойкий (*напр. о бактериях*)

acid-head [ˈæsid-hed] *sl.* наркоман, принимающий ЛСД

acidic [əˈsidik] кислый; кислотный

acidiferous [əˈsidifərəs] обладающий кислотными свойствами

acidifiable [əˈsidiˌfaiəbl] способный к кислотообразованию; поддающийся подкислению

acidification [əˌsidifiˈkeiʃn] окисление; подкисление; превращение в кислоту

mucosal ~ подкисление слизистой оболочки

urinary ~ подкисление мочи

acidifier [əˌsidiˈfaə]:

urine ~ вещество, повышающее кислотность мочи

acidify [əˈsidifai] 1. окислять; подкислять 2. повышать кислотность ◊ **~ with** подкислять (*чем-л.*)

acidifying [əˈsidifaiiŋ]:

urine ~ подкисление мочи (*напр. диетой*)

acidimeter [ˌæsiˈdimətə] ацидометр, кислотомер

acidism [ˈæsidizm], **acidismus** [ˌæsiˈdizməs] отравление кислотой

acidity [əˈsiditi] кислотность, величина pH

actual ~ *см.* **true ~**

excessive ~ повышенная кислотность

exchange ~ обменная кислотность

gastric ~ кислотность желудочного сока

intrajejunal ~ кислотность в тощей кишке

stomach ~ кислотность желудочного сока

titratable ~ титруемая кислотность

total ~ общая титрационная кислотность (*желудочного сока*)

true ~ активная [истинная] кислотность

acidize [ˈæsidaiz] подкислять

acidogenic [ˌæsidəʊˈʤenik] кислотопродуцирующий

acidophile [əˈsidəʊfail] 1. ацидофильный организм 2. ацидофильная клетка (*напр. передней доли гипофиза*); ацидофильный лейкоцит (*эозинофил*)

acidophilic [ˌæsidəʊˈfilik] ацидофильный *(1. о тканях и клетках, окрашивающихся кислыми красителями 2. о бактериях, хорошо размножающихся в кислой среде)*

acidophilism [ˌæsidəʊˈfilism] состояние, обусловленное ацидофильной аденомой гипофиза

Acidophilus [ˌæsidəʊˈfiləs] ацидофилус *(эубиотик, нормализатор микрофлоры толстой кишки)*

acidophobe [ˈæsidəʊˈfəʊb] ацидофобный организм

acidosis [ˌæsiˈdəʊsis] ацидоз *(pH крови < 7,35)*

~ **texturalis** *лат.* тканевый ацидоз

carbon dioxide ~ газовый [дыхательный, респираторный] ацидоз

compensated ~ компенсированный ацидоз

decompensated ~ декомпенсированный ацидоз *(характеризующийся сдвигом pH крови < 7,24)*

diabetic ~ диабетический ацидоз, кетоацидоз *(накопление в крови продуктов неполного окисления жиров)*

dilution ~ ацидоз вследствие разведения

excretory ~ выделительный ацидоз *(вследствие потери значительных количеств оснований или нарушения выведения нелетучих кислот)*

exogenous ~ экзогенный ацидоз *(при избыточном поступлении или образовании кислот в процессе метаболизма)*

gaseous [hypercapnic] ~ газовый [дыхательный, респираторный] ацидоз

hyperchloremic ~ метаболический [обменный] ацидоз *(при усиленном образовании, недостаточном окислении или связывании нелетучих кислот)*

lactic [lactat acid] ~ молочнокислый ацидоз, лактоацидоз

metabolic, nonrespiratory ~ *см.* **hyperchloremic** ~

outlying ~ тканевой ацидоз

physiological ~ физиологический ацидоз *(временно возникающий при интенсивной физической нагрузке)*

renal tubular ~ почечно-канальцевый ацидоз

respiratory ~ газовый [дыхательный, респираторный] ацидоз

subcompensated ~ субкомпенсированный ацидоз *(pH крови в пределах 7,34–7,25)*

tissue ~ тканевой ацидоз *(характеризующийся снижением pH межклеточной жидкости)*

uncompensated ~ декомпенсированный ацидоз

worsening ~ прогрессирующий [нарастающий] ацидоз

acidproof [ˈæsidpruːf], **acid-resistant** [ˈæsid-riˈzistənt], **acid-seal** [ˈæsid-siːl] кислотостойкий, кислотоустойчивый, кислотоупорный

acid-soluble [ˈæsid-ˈsɒljʊbl] кислоторастворимый

acid-stable [ˈæsid-ˈsteibl] *см.* **acidproof**

acid-test [ˈæsid-test] тест-полоска на определение кислотности, лакмусовая бумажка

acid-treated [ˈæsid-ˈtriːtid] обработанный кислотой

acid-trip [ˈæsid-trip] *sl.* галлюцинация после приёма ЛСД

acidula [ˈæsidjʊlə] *лат.* углекислые минеральные воды

acidulate [ˈæsidjʊˌleit] подкислять

aciduria [ˌæsidˈjuːriə] ацидурия *(выделение мочи с избыточно кислой реакцией)*

amino ~ аминоацидурия *(наличие аминокислот в моче)*

persistent ~ постоянная ацидурия

aciduric [ˌæsidˈjuːrik] относящийся к бактериям, устойчивым к кислой реакции среды

acinar [ˈæsinaː] **1.** гроздевидный *(о железах)* **2.** ацинозный, относящийся к ацинусу

acinetic [ˌæsiˈnetik] *см.* **akinetic**

acini [ˈæsinai] *см.* **acinus**

acinic [æˈsinik] ацинозный, относящийся к ацинусу

aciniform [əˈsiniˌfɔːm], **acinous** [ˈæsinəs] гроздевидный *(о железах)*

acinus [ˈæsinəs], *pl.* **acini** [ˈæsinai] ацинус *(1. структурная единица лёгкого 2. концевой отдел некоторых желёз)*

liver ~ печёночная долька

pulmonary ~ паренхима лёгкого, относящаяся к респираторной бронхиоле

acknowledgement [əkˈnɒliʤmənt] **1.** признание **2.** подтверждение **3.** признательность, благодарность

aclacinomycin [əkˈleisiˈnəʊmisin] аклациномицин *(стимулятор фагоцитоза)*

acladiosis [əˌklædiˈəʊsis] язвенный дерматомикоз

aclasia [əˈkleiziə], **aclasis** [əˈkleisis] аклазия *(конгломерат нормальной и патологически изменённой тканей)*

diaphysial ~ множественные костно-хрящевые экзостозы, наружный хондроматоз кости, Эренфрида болезнь

tarso-epyphyseal ~ гемиплегическая эпифизарная дисплазия, тарзоэпифизарная аклазия

acleistocardia [əˌkliːstəʊˈkaːdiə] незаращение овального отверстия сердца

aclimation [əˌkliˈmeiʃən]:

~ **to hospital environment** адаптация к больничной обстановке

aclusion [əˈkluːʒən] отсутствие прикуса

acme [ˈækmi] **1.** высшая точка развития, апогей *(напр. температуры)* **2.** кульминация болезни **3.** зрелый возраст

acmesthesia [ˌækmesˈθiːziə] акместезия *(1. повышенная чувствительность к покалываниям кожи 2. кожное ощущение точечного покалывания)*

acne [ˈækni] угри, акне

~ **atrophica** рубцующиеся угри

~ **conglobata** шаровидные угри, фолликулярный дерматит, псевдоскрофулодерма

~ **erythematosa** розовые [красные] угри

~ **indurata** индуративные угри *(с вовлечением в процесс перифолликулярной ткани)*

~ **keloidea** келоидный фолликулит, сосочковый дерматит головы, Капоши дерматит

~ **medicamentosa** угреподобные образования, вызываемые медикаментами

~ **punctata** точечные угри *(сходные с хлоракне по наличию чёрных комедонов)*

~ **pustulosa** нагноившиеся угри

~ **rosacea** розовые [красные] угри

~ **urticata** экскориированные [уртикарные] угри

~ **varioliformis** оспоподобные угри *(фолликулит на лбу и висках, завершающийся образованием рубчиков)*

~ **vulgaris** обыкновенные [юношеские] угри

ciliary ~ ограниченное воспаление сальных желёз ресниц

common ~ *см.* ~ **vulgaris**

cystic ~ кистозные угри *(с преобладанием кистозных поражений и глубокими рубцами)*

excoriated ~ *см.* ~ **urticata**

acne(i)form [ˈækniˈfɔːm] угреподобный, напоминающий угри

acnemia [ækˈniːmiə] 1. атрофия икроножных мышц 2. врождённое отсутствие ног

acnitis [ækˈnaitis] папулонекротический туберкулёз кожи, акнит, Гамбургера туберкулоид

acoasma [ˈækəʊˌæsmə] *см.* **acousma**

acology [əˈkɒləʊʤi] клиническая фармакология

acolous [əˈkəʊləs] не имеющий [лишённый] конечностей

acomplementemia [əˈkɒmpliməntəmiə] недостаточность [дефицит] комплемента

aconite [ˈækənait] *фарм.* аконит, борец *(Aconitum)*

acontoid [ˈækəntɔid] шиповидный; напоминающий шип, остов

acor [ˈæikə] 1. кислотность 2. жёлчность *(характера)*

acorea [əˈkəʊriə] акория *(отсутствие зрачка)*

acorus [ˈækəʊrəs]:

~ **calamus** *лат., фит.* аир обыкновенный; аир болотный

acoumetry [əˈkuːmətri] *см.* **acumetry**

acousma [əˈkuːzmə] акоазмы *(слуховые галлюцинации в виде шорохов, стуков, шумов и пр.)*

acousmatagnosia [əˌkuːsmætægˈnəʊziə] корковая глухота

acousmatamnesia [əˌkuːsmætæmˈniːziə] звуковая амнезия

acoustics [əˈkuːstiks] акустика; акустические свойства

audio ~ 1. физиологическая акустика 2. акустика в диапазоне звуковых частот

acoustimeter [əˈkuːstimitə] измеритель силы звука

acquired [əˈkwaiəd] приобретённый, появившийся после рождения

acquirement [əˈkwaiəmənt] 1. приобретение *(напр. навыков)* 2. приобретённые свойства *(организма)*

acquisition [ˌækwiˈziʃən] 1. усвоение; приобретение *(напр. привычек, болезней)* 2. восприимчивость

~ **of chromosomal markers** приобретение хромосомных маркёров

automatic data ~ автоматический сбор данных

knowledge ~ приобретение знаний

language ~ усвоение языковых навыков

acquisitive [əkwiˈzitiv] восприимчивый; впитывающий

acquitee [ˈækwitiː] 1. оправданный 2. освобождённый от ответственности

acral [ˈækrəl] относящийся к периферии *(конечностям, пальцам, ушам и пр.)*

acrania [əˈkreiniə] акрания *(врождённое отсутствие костей свода черепа)*

acraturesis [əˌkrætjʊˈriːsis] недержание мочи; нарушение мочеиспускания

acremoniosis [ˌækreməʊniˈəʊsis] цефалоспориоз, акремониоз *(плесневой микоз)*

acrid [ˈækrid] едкий, резкий, острый; раздражающий

acridine [ˈækriˈdiːn] акридин *(краситель и предшественник красителей)*

~ **orange** акридиновый оранжевый

~ **yellow** акридиновый жёлтый *(флуоресцентный краситель)*

acriflavine [ˌækriˈfleivin] акрифлавин, флавакридин, трипафлавин *(люминесцентный краситель)*

acrimony [ˈækriməni] повышенная раздражительность

acritical [əˈkritikl] 1. бескризисный, литический *(о течении болезни)* 2. неизвестный, неопределённый *(напр. прогноз)*

acroanesthesia [ˌækrəʊˌænisˈθiːziə] акроанестезия *(отсутствие чувствительности в дистальных отделах конечностей)*

acroasphyxia [ˌækrəʊæsˈfiksiə] акроасфиксия, симптом «мёртвых пальцев»

acroblast [ˈækrəʊblɑːst] акробласт *(зачаток акросомы в сперматидах)*

acrobrachycephaly [ˌækrəʊˌbrækiˈsefəli] краниостеноз с преждевременным заращением венечного шва

acrobystia [ˌækrəʊˈbistiə] крайняя плоть

acrocentric [ˌækrəʊˈsentrik] акроцентрический *(о хромосоме)*

acrocephalia [ˌækrəʊsəˈfæliə], **acrocephaly** [ˌækrəʊˈsefəli] акроцефалия, оксицефалия, башенный череп

acrocephalopolysyndactyly [ˌækrəʊsefələˌpɒlisinˈdæktili] акроцефалополисиндактилия, Ноака синдром

acrocephalosyndactyly [ˌækrəʊsefələsinˈdæktili] акроцефалосиндактилия, Апера синдром *(врождённый порок развития костей в сочетании с умственной отсталостью)*

acrochordon [ˌækrəʊˈkɔːdən] мягкая бородавка

acrocontracture [ˌækrəʊkənˈtræktʃə] контрактура суставов кисти или стопы

acrocyanosis [ˌækrəʊˌsaiəˈnəʊsis] акроцианоз

acrodermatitis [ˌækrəʊˌdəːmətaitis] акродерматит *(дерматит дистальных отделов конечностей)*

~ **continua** пустулёзный [персистирующий] акродерматит

~ **enteropathica** энтеропатический акродерматит, Данболта – Клосса синдром

~ **perstence** *см.* **continua**

infantile papular ~ эруптивный ретикулоэндотелиоз конечностей, Крости – Джанотти болезнь

acrodolichomelia [ˌækrəʊˌdɒlikəʊˈmiːliə] акродолихомелия *(патологическое увеличение размеров кистей и стоп)*

acrodynia [ˌækrəʊˈdiniə] акродиния, полинейропатическая эритродермия, Свифта – Феера синдром

acrodysostosis [ˌækrəʊdisɒsˈtəʊsis] акродизостоз *(укорочение конечностей в сочетании с умственной отсталостью)*

acroedema [ˌækrəʊiˈdiːmə] отёк кистей и стоп

acroerythrosis [ˌækrəʊeriˈθrəʊsis] акроэритроз *(эритема ушной раковины, лица, ладоней в юношеском возрасте)*

acroesthesia [ˌækrəʊəsˈθiːziə] акроэстезия *(повышенная чувствительность дистальных частей тела)*

acrogeria [ˌækrəʊˈʤiːriə] акрогерия, Готтрона синдром *(врождённая атрофия кожи конечностей в сочетании с гипоплазией кистей и стоп)*

acrohypothermy [ˌækrəʊˌhaipəʊˈθɜːmi] патологическая зябкость конечностей

acrokeratoelastoidosis [ˌækrəʊˌkerətəʊilaːstɔiˈdəʊsis] акрокератоидоз *(семейный гиперкератоз с характерным наличием жёлтых узлов на ладонях и подошвах)*

acrokeratosis [ˌækrəʊˌkerəˈtəʊsis] акрокератоз *(узловатые разрастания рогового слоя кожи на пальцах рук и ног, иногда по краю уха, на кончике носа)*

~ **verruciformis** *лат.* бородавчатый акрокератоз

acroleukopathy [ˌækrəʊluːˈkɒpəθɪ] акролейкопатия, депигментация

acromacria [ˌækrəʊˈmækrɪə] арахнодактилия, долихостеномелия, «паучья кисть»

acromastitis [ˌækrəʊməˈstaitis] воспаление соска *(молочной железы)*

acromegalia [ˌækrəʊˈmegəlɪə], **acromegaly** [ˌækrəʊˈmegəli] акромегалия, Мари – Лери синдром

acromelalgia [ˌækrəʊmeləlˈdʒɪə] эритромелалгия; акромелалгия *(приступы жгучей боли в коже конечностей)*

acromelia [ˌækrəʊˈmiːlɪə] акромелия *(врождённое укорочение дистальных отделов конечностей)*

acromicria [ˌækrəʊˈmikrɪə] акромикрия *(недоразвитие костей лицевого черепа и конечностей)*

acromion [əˈkrəʊmɪɒn] *кр. метр.* акромион *(латеральный конец ости лопатки, нависающий над её суставной впадиной)*

acroneuropathy [ˌækrəʊnjuˈrɒpəθɪ] невропатия с поражением конечностей

acronyx [ækˈrəʊniks] вросший ноготь

acroosteolysis [ˌækrəʊˌɒstɪɒˈlisis] акроостеолиз *(лизис костной ткани дистальных отделов конечностей)*

acropachyderma [ˌækrəʊˌpækiˈdəːmə] акропахидермия *(утолщение кожи головы, конечностей, концевых фаланг пальцев и деформация костей конечностей)*

acroparesthesia [ˌækrəʊˌpaːrəˈsθiːzɪə] акропарестезия

acrophobia [ˌækrəʊˈfəʊbɪə] акрофобия *(патологическая боязнь высоты или высоких мест)*

acroposthitis [ˌækrəʊpɒsˈθaitis] постит *(воспаление внутреннего листка крайней плоти)*

acropustulosis [ˌækrəʊpʌstjuˈləʊsis] акропустулёз *(пустулёзные высыпания на кистях и стопах)*

acroscleroderma [ˌækrəʊsklirəʊˈdəːmə] склеродактилия *(поражение пальцев при системной склеродермии)*

acrosclerosis [ˌækrəʊskliˈrəʊsis] акросклероз *(прогрессирующая форма системной склеродермии)*

acrosome [ˌækrəʊˈsəʊm] акросома, перфораторий, апикальное тельце *(головки сперматозоида)*

acrosphenosyndactylia [ˌækrəʊsfiːnəʊˌsindækˈtiliə] акрокраниодисфалангия, акросфеносиндактилия, Апера синдром

acrosyndese [ˌækrəʊsinˈdiːz], **acrosyndesis** [ˌækrəʊsinˈdiːsis] акросиндез *(неполная конъюгация хромосом в мейозе)*

acroteric [ˌækrəʊˈterik] находящийся на конце какого-л. органа *(напр. пальца, носа и т. п.)*

acrotism [ˌækrəʊˈtizm] акротизм, асфигмия, отсутствие пульса

acrotrophoneurosis [ˌækrəʊˌtrɒfəʊnjuˈrəʊsis] акротрофоневроз *(нарушение трофики дистальных отделов конечностей)*

act [ækt] **1.** акт; действие, воздействие; влияние ‖ действовать, поступать; оказывать действие **2.** акт; закон; указ **3.** событие, мероприятие

~ **of civil state** акт гражданского состояния

~ **of delivery** роды, родовой акт

~**s of emptiness** самоповреждающие действия

~ **of nature** природное явление

~ **of removing hair** процесс удаления волос

~ **of war** военные действия

complex reflex ~ сложнорефлекторный акт

compulsive ~ компульсивный акт; навязчивое действие

delinquent ~ делинквентный акт *(антисоциальное действие, правонарушение)*

forcible ~**s** насильственные действия *(напр. сексуального характера)*

habitual ~ привычное действие, или реагирование

ideomotor ~ идеомоторный акт *(движение, возникшее как следствие представления о нём)*

illegal ~ незаконное действие

lawful ~ правомерное действие

normative ~ нормативный акт

obsessional ~**s** навязчивые действия

prompt ~ мгновенное срабатывание

safety ~ правила техники безопасности

socially dangerous ~ *суд. мед.* общественно опасное деяние, ООД

violent ~ насильственное действие

voluntary ~ произвольный [добровольный] акт

Act:

~ **of God 1.** форс-мажор, стихийное бедствие, «дело рук господних» *(обстоятельство, освобождающее страхователя от ответственности)* **2.** непредвиденная реакция организма *(напр. на вакцину)*

~ **of Idemnity** закон об освобождении от уголовной ответственности

Abortion ~ Закон об абортах *(США, 1968 г. – разрешение на аборт при подтверждении опасности продолжения беременности для здоровья женщины, плода или при риске рождения ребёнка с серьёзными пороками развития)*

Air Quality ~ Закон о качестве воздуха *(США)*

Atomic Energy ~ Закон об атомной энергии *(США)*

Baby ~ Закон об охране прав несовершеннолетних

Births and Deaths Registration ~ Закон о регистрации рождений и смертей *(Великобритания)*

Census ~ Закон о проведении переписи

Children's ~ Закон о детях *(Великобритания)*

Clean Air ~ Закон о чистом воздухе *(Великобритания)*

Clean Water Restoration ~ Закон о восстановлении чистоты вод *(США)*

Controlled Substances ~ Закон о психотропных препаратах *(США)*

Employer's Liability ~ Закон об ответственности предпринимателей *(предоставляющий работнику право получить от работодателя компенсацию за производственную травму)*

Environmental Cleanup Responsibility ~ Закон об ответственности за ухудшение состояния окружающей среды *(США)*

Food, Drug and Cosmetic ~ Закон о производстве и продаже качественных пищевых продуктов, медикаментов и косметических средств

Health and Medicines ~ Законодательство по здравоохранению *(Великобритания)*

Human Fertilization and Embryology ~ Закон об искусственном оплодотворении и дальнейшем развитии эмбриологии *(Великобритания)*

Medical Waste Tracking ~ Закон о транспортировке и влиянии медицинских отходов *(США)*

Mental Health ~ Закон о психическом здоровье *(США)*

National Environmental Policy ~ Закон о национальной политике по охране окружающей среды *(США)*

National Health (Vocational Training) ~ Закон о медицинской службе (подготовка профессионалов) *(Великобритания)*

National Organ Transplantation ~ Национальный законодательный акт по трансплантации органов *(США)*

Public Health ~ Закон об общественном (государственном) здравоохранении *(Великобритания)*

Radiation Control for Health and Safety ~ Закон о контроле над радиацией в области здравоохранения и безопасности *(США)*

Registration Service ~ Закон о регистрации актов гражданского состояния *(Великобритания)*

Rivers Prevention of Pollution ~ Закон о предупреждении загрязнения рек *(США)*

Selective Service and Training ~ Закон о воинской повинности и военной подготовке *(США)*

Social Security ~ Закон о социальном обеспечении *(США)*

Toxic Substances Control ~ Закон о контроле над токсичными веществами *(США)*

Uniform Anatomical Gift ~ Единый закон о дарении органа или части органа *(для трансплантации, США)*

Uniform Determination of Death ~ Единый законодательный акт о смерти *(США)*

Victims of Trafficking and Violence Protection ~ Закон о защите жертв торговли людьми и насилия

Acthiops ['ækθiɒps]:

~ **cercopithecus** *лат.* африканская зелёная мартышка *(природный резервуар вируса иммунодефицита)*

actin ['æktin] актин *(ключевой белок в актомиозиновом хемомеханическом преобразователе, а также важный компонент цитоскелета)*

acting ['æktiŋ] **1.** активная деятельность **2.** действие

~ **out** *см.* **acting-out**

long ~ пролонгированного действия, дюрантный *(о препарате)*

orally ~ активный при приёме внутрь

acting-out ['æktiŋ-aʊt] *психол.* отреагирование

actinia [æk'tiniə] актиния

~ **equina** *токс.* актиния обыкновенная

actiniaria [æk'tiniəriə] *токс.* отряд актиний

actinic [æk'tinik] актинический, фотохимически активный

actinides [ˌækti'naidz] актиноиды, актиноидные элементы *(химические элементы с атомными номерами от 89 до 103)*

actinobacillosis [ˌæktiːnəʊˌbæsil'əʊsis] *инф. бол.* актинобациллёз, псевдоактиномикоз

actinobacillus [ˌæktinəʊbə'siləs]:

~ **mallei** возбудитель [палочка] сапа

actinobiology [ˌæktinəʊbai'ɒlədʒi] актинобиология *(наука о влиянии излучения на организм)*

actinodermatitis [ˌæktinəʊˌdəːmə'taitis] **1.** лучевой [радиационный] дерматит **2.** фотодерматоз, актинодерматоз

actinogen [æk'tinəʊdʒen] **1.** радиоактивный элемент **2.** источник излучения

actinogenesis [ˌæktinəʊ'dʒenisis] образование лучистой энергии

actinogenic [ˌæktinəʊ'dʒenik] радиогенный

actinogram [ækti'nəʊgræm] **1.** рентгенограмма, рентгеновский снимок **2.** гаммаграмма

actinography [ækti'nɒgrəfi] **1.** рентгенография, рентгеносъёмка **2.** гаммаграфия

actinoid ['æktinɒid] актиноидный, лучеобразный

actinokymography [ˌæktinəʊkai'mɒgrəfi] рентгенокимография

actinology [ˌækti'nɒlədʒi] радиология

Actinomadura [ˌæktinəʊ'mædjuːrə]:

~ **pelletieri** *микол.* возбудитель мицетомы

actinometer [ˌækti'nɒmətə]:

gamma-ray ~ гамма-актинометр

actinomorphic [ˌæktinəʊ'mɔːfik], **actinomorphous** [ˌæktinəʊ'mɔːfəs] актиноморфный; радиально-симметричный, правильный

Actinomyces [ˌæktinəʊ'maisiz] род неподвижных, неспорообразующих, анаэробных или факультативно анаэробных патогенных бактерий

Actinomycetes [ˌæktinəʊmai'siːtiːz] актиномицеты, лучистые грибы

actinomycoma [ˌæktinəʊmai'kəʊmə] актиномикома *(гранулёма, образующаяся при актиномикозе)*

actinomycosis [ˌæktinəʊmai'kəʊsis] актиномикоз, лучисто-грибковая болезнь

~ **atypica** нокардиоз, атипичный актиномикоз

cervicofacial ~ шейно-лицевой актиномикоз

actinon ['æktinɒn] радон-219, актинон *(продукт распада урана-235 с периодом полураспада 3,8 с)*

actinoneuritis [ˌæktinəʊnjʊ'raitis] лучевой [радиационный] неврит

actinophage [ək'tinəʊf'eidʒ] актинофаг *(вирус, поражающий актиномицеты)*

actinotherapy [ˌæktinəʊ'θerəpi] актинотерапия *(лечение инфракрасным или ультрафиолетовым облучением)*

action ['ækʃən] **1.** действие; воздействие, влияние; эффект **2.** работа, деятельность

~ **of the heart** работа [деятельность] сердца

addition ~ *см.* **cumulative** ~

antibiotic ~ антибиотикотерапия

ball-valve ~ клапанное действие, клапанный эффект *(напр. при пневмотораксе)*

bowel ~ функция кишечника, стул

brake ~ торможение, затормаживание

calorigenic ~ теплопродуцирующее действие, тепловой эффект

catalytic ~ каталитическая активность

chemical ~ химическая реакция

control ~ регуляция; осуществление контроля; управляющее действие

cumulative ~ кумулятивное действие *(токсический эффект воздействия небольших доз ксенобиотического вещества при периодическом применении)*

damaging ~ повреждающее действие *(напр. на слизистую желудка)*

dangerous ~ опасное действие или деяние

deep ~ глубокое воздействие *(напр. рентгеновского излучения)*

delay(ed) ~ **1.** замедленное действие **2.** отдалённый эффект

detergent ~ **of saliva** обезвреживающее [очищающее] действие слюны

diastatic ~ расщепляющее действие *(фермента)*

emergency ~ **1.** чрезвычайные [экстренные, аварийные] действия **2.** оказание неотложной медицинской помощи

facilitary ~ облегчающее действие *(лекарственного средства)*

harmful ~ вредное [побочное] действие; поражающее действие

hip ~ функция тазобедренного сустава

inhibitory ~ задерживающее [тормозящее, подавляющее, ингибирующее] действие

involuntary ~s непроизвольные действия

medium-duration ~ средняя продолжительность действия

non-interactive ~ независимое действие

opposed ~ противоположное действие, действие антагониста

psychomotor ~ психомоторная реакция, психомоторное действие

pulling ~ нагнетательное действие

reflex ~ рефлекторное воздействие; рефлекторная деятельность

salt ~ осмотический эффект

selective ~ специфическое [избирательное] действие *(напр. яда)*

self-tapering ~ самоослабляющееся действие; снижение эффективности *(лекарственного средства)*; привыкание

sparing ~ сберегающее действие *(напр. заменимый пищевой компонент включается в диету и тем самым снижает потребность в незаменимом компоненте)*

specific dynamic ~ специфическое динамическое действие *(повышение выделения тепла, связанное с приёмом пищи, особенно белковой)*

step-like ~ *физиол.* ступенчатое воздействие *(мгновенно нарастающее воздействие значительной интенсивности и длительности)*

sump ~ отсасывающее [аспирирующее] действие

synergistic ~ синергичное [совместное] действие

time-lag ~ замедленное действие

trigger ~ провоцирующее действие

weak ~ синдром «слабого сердца», острая сердечная недостаточность

action-thought ['ækʃən-'θɔːt] *психол.* поступок-мысль

activation [ˌækti'veiʃən] **1.** активация, активирование; возбуждение; стимуляция **2.** радиоактивация

~ **of right ventricle** деполяризация правого желудочка

allosteric ~ аллостерическая активация

antibody-mediated ~ антитело-опосредуемая [антителозависимая] активация *(лимфоцитов)*

antidromic ~ антидромное возбуждение

asynchronous ~ **of ventricles** неодновременная деполяризация желудочков

bypass ~ активация по альтернативному пути; активация вспомогательным сигналом

cardiac ~ стимуляция сердца

cognate ~ активация аутоиммунных механизмов

delayed ~ **of left ventricule** деполяризация левого желудочка *(уменьшение мембранного потенциала)*

gene ~ активация генов

inciting ~ies провоцирующие ситуации

interfacial ~ активность на поверхности [на границе] раздела

ovum ~ активация яйцеклетки

radiation ~ активация облучением

reciprocal ~ реципрокная активация, взаимоактивация

self-~ самопроизвольная активация

sequential ~ **of immunoglobulin genes** последовательная [поэтапная] активация иммуноглобулиновых генов

sequential enzyme ~s серия последовательных ферментных реакций

synaptic ~ синаптическое возбуждение

activator [ækti'veitɔː] **1.** активатор *(1. аппарат 2. вещество [белок], стимулирующее транскрипцию гена или оперона 3. молекула, активирующая фермент)* **2.** возбудитель секреторной деятельности

alternative pathway ~ активатор альтернативного пути *(комплемента)*

leukoagglutinating ~ лейкоагглютинин *(активатор агглютинации лейкоцитов)*

plasminogen ~ активатор плазминогена *(протеиназа, превращающая плазминоген в плазмин)*

tissue profibrinolysin ~ тканевой активатор профибринолизина

tissue-type plasminogen ~ тканевый активатор плазминогена

active ['æktiv] **1.** действенный, эффективный **2.** действующий, активный **3.** радиоактивный

lineage-specific ~ область линиеспецифической дифференцировки *(клеток)*

"rocket" ~ «рокет-зона», «рокет-область» *(в методе ракетного иммуноэлектрофореза площадь ила, ограниченная зоной преципитата антиген-антитело, имеющего ракетообразную форму)*

transcriptionally ~ транскрипционно активный

thymus-dependent ~ тимусзависимая зона *(зона вторичных лимфоидных органов, заселённая Т-лимфоцитами)*

activin ['æktivin] активин *(фактор роста из семейства Т-клеточных ростовых факторов)*

activity [æk'tiviti] **1.** активность, интенсивность действия; движения *(напр. в суставе)* **2.** работа, деятельность; жизнедеятельность **3.** радиоактивность

~ **of daily living** активность повседневной жизни

~ **of pancreatic enzymes** активация панкреатических ферментов

~ of transmitting agent активность переносчика инфекции

~ of water in urine осмотическое давление мочи

to display ~ проявлять активность

airborne ~ радиоактивность атмосферы

alpha- ~ альфа-ритм, альфа-волны *(на ЭЭГ)*

alpha-1-antitrypsin ~ альфа-1-антитрипсиновая активность *(маркёр радиационного повреждения плазмы крови)*

anticariogenic ~ антикариесогенное действие

anti-idiotype ~ антиидиотипическая активность *(напр. антителообразующая активность гибридомы)*

antimalaria ~ies противомалярийные мероприятия

antimicrobial ~ антимикробная [антибактериальная] активность

antineoplastic [antioncotic] ~ противоопухолевая активность *(препарата)*

antioncotic ~ противоопухолевая активность

antioxidant [antioxidative] ~ антиокислительная [антиоксидантная] активность

antiradiation ~ радиопротекторная активность

anti-smoking ~ies кампания по борьбе с курением

antitrypsin ~ антитрипсиновая активность

background ~ фоновая активность

bacterial growth-inhibitory ~ бактериостатическое действие

B-cell ~ies функционирование B-клеток

beta ~ бета-ритм, бета-волны *(на ЭЭГ)*

blocking ~ блокирующая активность *(напр. феномен подавления или исчезновения электрической активности мозга вследствие сенсорной стимуляции)*

brenisstrahlung ~ интенсивность тормозного излучения *(бетатрона)*

burst-feeder ~ активность бурстподдерживающего подслоя, бурстфидерная активность

burst-promoting ~ бурстпромоторная активность *(напр. фактора роста)*

carcinogenic ~ канцерогенная активность, канцерогенное действие

centromeric ~ *мол. биол.* центромерная активность

ciliary ~ активность мерцательного эпителия

clotting ~ коагулирующая активность

colony-promoting ~ колониестимулирующая активность

corrupt ~ преступная деятельность

cortical ~ активность коры головного мозга, корковая активность

creative ~ies for the mentally handicapped творческая способность умственно отсталых

defective ~ of testes нарушенная функция яичек

degenerative ~ разрушающее действие *(напр. при электрокоагуляции)*

dental ~ies зубоврачебное обслуживание

diastatic ~ расщепляющая активность

disordered motor ~ расстройство моторики *(напр. желудка)*, нарушение двигательной функции

educative ~ies санитарно-просветительная работа

electrobiological ~ биоэлектрическая активность

electrodermic ~ электрокожная активность

emotional ~ эмоциональное возбуждение

factor eight bypassing ~ фактор VIII, антигемофильный глобулин A, тромбоцитарный кофактор

family planning ~ies мероприятия по планированию семьи

fibrinolytic ~ фибринолитическая активность

field ~ деятельность на местах

gamma ~ гамма-ритм, гамма-волны *(на ЭЭГ)*

germicidal ~ бактерицидная активность

gross motor ~ выраженная двигательная активность

group ~ *псих.* групповая активность; групповое занятие

habitual ~ естественная активность

health ~ies деятельность в области здравоохранения; медико-санитарные мероприятия

helper ~ хелперная активность, активность (лимфоцитов-)хелперов

"heteroclitic" ~ «гетероклитическая» активность *(более высокая реактивность гетероантисыворотки по сравнению с аллоантисывороткой)*

higher nervous ~ высшая нервная деятельность

impulse ~ импульсная активность

inciting ~ies провоцирующие ситуации *(напр. к катаплексии)*

induced ~ искусственная радиоактивность

insulin-like ~, ILA инсулиноподобная активность

intrinsic ~ собственная активность *(препарата)*

isotope specific ~ удельная активность изотопа

killer ~ киллерная активность, активность клеток-киллеров

killing ~ies of carbopenems бактерицидность карбопенемов

kinin forming ~ кининобразующая активность

leaching ~ выщелачивающая активность

life ~ жизнедеятельность

lypolytic ~ липолитическая активность, активность липазы

medical and pharmacentical ~ медицинская и фармацевтическая деятельность

metabolic ~ies of the lung обменные функции лёгких

milk-ejecting ~ лактация, молокоотделение

myoelectrical ~ электрическая активность мышц, биопотенциалы мышц

natural killer ~ естественная киллерная активность, активность естественных [природных] клеток-киллеров

neuropsychic ~ нервно-психическая активность

occupational physical ~ интенсивность физического труда

ongoing seizures ~ сохранение судорожной активности

overall physical ~ общая двигательная активность

pacemaker ~ работа [функционирование] искусственного водителя ритма

particulate ~ радиоактивность частиц или частичек

physical ~ 1. физическая активность 2. физическая нагрузка

plasma renin ~ активность ренина плазмы *(по скорости образования ангиотензина I или II)*

platelet coagulant ~ свёртывающая активность тромбоцитов

potent ~ сильное действие *(напр. пептида)*

practice ~ies практическая деятельность *(напр. медсестры)*

preterm uterine ~ преждевременная родовая активность *(матки)*

preventive ~ies профилактические мероприятия *(санитарно-противоэпидемические)*

priming ~ активность затравки, прайминг-активность; затравочная активность

promoting ~ усиливающая [стимулирующая, промоторная] активность

radionuclide ~ активность нуклида в радиоактивном источнике

recreation ~ оздоровительные мероприятия

reproductive ~ репродуктивная способность

research ~ies научно-исследовательская деятельность

residual ~ остаточная активность

restrict ~ ограничение двигательной активности, ограниченная активность

reticuloendothelial ~ активность клеток системы мононуклеарных фагоцитов, *уст.* ретикулоэндотелиальной системы

sexual ~ половая жизнь, сексуальная активность

short-lived ~ короткоживущая радиоактивность

skin-sensitizing ~ кожно-сенсибилизирующая активность

solitary ~ *псих.* уединённая деятельность

specific enzyme ~ удельная активность фермента *(количество микромолей субстрата, преобразуемое препаратом фермента в 1 мин в расчёте на 1 мг белка при 25 °C)*

supressor ~ супрессорная активность, активность (лимфоцитов-)супрессоров

surface ~ сурфактантная активность

template ~ матричная активность

tonic-clonic muscle ~ клонико-тонические судороги

triggered ~ триггерная активность *(сердечных сокращений, инициируемых потенциалом действия)*

tumoricidal ~ *см.* **antineoplastic** ~

uniform linear ~ линейная активность в одной плоскости

unit ~ единичная активность *(импульсация одного нейрона)*

urine ~ подкисление мочи *(напр. диетой)*

uterine ~ сократительная деятельность матки

vital ~ жизнедеятельность

walking ~ies активная ходьба

whole complement ~ суммарная активность *(сывороточного)* комплемента

workshop ~ трудотерапия

actor ['æktə] 1. *псих.* субъект действия; субъект деятельности; действующее лицо 2. реагент, участвующий одновременно в сопряжённых реакциях

actual ['æktʃʊəl] 1. фактический, истинный *(напр. о частоте болезни)* 2. собственный *(напр. отец)*

actuary ['æktʃʊəri] сотрудник страхового общества, актуарий || актуриальный *(о методе исследования)*; относящийся к страховому делу

actuate ['æktʃʊ‚eit] побуждать, приводить в движение, возбуждать

acufilopressure [‚ækjʊfiləʊ'preʃə] прошивание и перевязка кровоточащего сосуда

acuition [ækjʊ'i:ʃən] усиление действия одного средства влиянием другого *(напр. о медикаментах)*

acuity [ək'ju:iti] 1. острота *(напр. слуха, зрения)* 2. острый период *(болезни)* 3. ясность, чёткость; определённость

~ **of vision** острота зрения

dark adaption visual ~ острота зрения при адаптации к темноте

distance visual ~ острота зрения вдаль

impaired visual ~ снижение остроты зрения

sensory ~ острота ощущения

aculeate [ə'kju:li:eit] 1. имеющий жало 2. имеющий шипы или колючки 3. остроконечный *(об инструменте)*

acumen [ək'ju:mən] проницательность, сообразительность

diagnostic ~ диагностическая интуиция

acumetry [ək'ju:metri] аудиометрия, акуметрия *(измерение остроты слуха)*

acuminate [ək'ju:mineit] 1. остроконечный, суживающийся в точку, остроконечный 2. проницательный

acupoint ['ækjʊ‚pɒint] точка акупунктуры

acupressure ['ækjʊ‚preʃə] 1. акупрессура *(метод рефлексотерапии)* 2. остановка кровотечения путём прошивания кровоточащего сосуда

acupuncture ['ækjʊ‚pʌŋktʃə] 1. иглоукалывание, игло(рефлексо)терапия, акупунктура, чжень-цзю-терапия 2. укол, пункция

~ **with smouldering moxa** акупунктура с использованием тлеющей ваты

electric ~ электроакупунктура, электрорефлексотерапия

real ~ фактическая акупунктура

sham ~ имитируемая акупунктура

transmyocardial ~ пункция сердца

acus ['ækəs] 1. игла; хирургическая игла 2. отросток

acusection [‚ækjʊ'sekʃən] рассечение с помощью электроножа в виде иглы

acusis [ə'kju:sis] нормальный слух

acusophobia [ə'ku:səʊ‚fəʊbiə], **acusticophobia** [ə'ku:stikʊ‚fəʊbiə] акузофобия, фонофобия *(боязнь шума, громкого разговора)*

acute [ə'kju:t] 1. острый, внезапный *(приступ болезни)* 2. острый, резкий *(о боли)* 3. неотложный, экстренный, срочный, ургентный *(о медицинской помощи)*

acutenaculum [ækjʊt'neikələm] иглодержатель

acuteness ['əkju:tnis] острота *(напр. зрения, слуха)*

acuticostal [ə‚ku:ti'kɒstəl] с резко выступающими рёбрами

acutorsion ['ækjʊtɔ:ʃən] скручивание артерии с окружающими тканями *(с целью гемостаза)*

acyano(ble)psia [ə‚siənəʊblep'siə] тританопия *(отсутствие восприятия синего цвета)*

acyanotic [ə‚siə'nɒtik] ацианотичный, бледный *(тип порока сердца)*

acyesis [əsai'i:sis] 1. женское бесплодие, инфертильность 2. неспособность к нормальным родам

acyetic [ə‚sai'i:tik] бесплодный, стерильный

acyl ['æsil] ацил *(кислотный остаток органической кислоты)*

acylation [‚æsi'leiʃən] ацилирование

fatty ~ ацилирование жирными кислотами

acyltransferase [‚æsil'trænsfereis] ацилтрансфераза *(фермент, катализирующий перенос ацильной группы)*

acystia [ə'sistiə] ацистия *(отсутствие мочевого пузыря)*

ad:

~ **hoc** *лат.* на данный случай

~ **infinitum** *лат.* до бесконечности

~ **interim** *лат.* в промежутке; временно

~ **libidum** *лат.* до насыщения

~ **maximum** *лат.* до предела, максимально

~ **nauseum** *лат.* до тошноты, до отвращения

~ **oculus** *лат.* видимый невооружённым глазом

adacry [ə'dækri] сухой конъюнктивит, Съегрена синдром

adactyl [ə'dæktil] беспалый, не имеющий пальцев

adactylia [ə'dæktiliə], **adactylism** [ə'dæktilizm] адактилия *(врождённое отсутствие пальцев)*

adactylous [ə'dæktiləs] *см.* **adactyl**

Adam ['ædem] *sl.* галлюциногенный наркотик МДМА (метилендиоксиметамфетамин)

adamantine [ædə'mænti:n] 1. относящийся к зубной эмали 2. очень твёрдый; несгибаемый *(характер)*

adamantinocarcinoma [ædəmæntainəu,ka:si'nəumə], **adamantinoma** [ædəmænti'nəumə] злокачественная адамантинома, адамантобластома

adamantoblast [ædə'mæntəubla:st] энамелобласт, амелобласт, адамантобласт

adamas ['ædəma:s]

~ **dentis** эмаль зуба

adaptability [ædəptə'biliti] 1. пригодность, применимость 2. приспособляемость, способность адаптироваться

~ **of clone** адаптационная устойчивость клона *(на фоне соматических мутаций)*

adaptation [ædæpt'eiʃən] 1. адаптация, приспособление 2. *физиол.* аккомодация 3. усовершенствование; полезные изменения в структуре или функции органа в новых условиях 4. свойство структур не отвечать или реагировать в меньшей степени на повторный стимул

~ **of restorative materials** закрепление пломбировочных материалов

~ **to external conditions** приспособление к условиям среды

background ~ адаптация к фону

chromatic ~ цветовая адаптация

complementary ~ дополнительная адаптация

dark ~ темновая адаптация *(глаз к слабому освещению)*

developmental ~ адаптация в процессе развития *(организма)*

ecobiotic ~ экобиотическое приспособление

enzymatic ~ энзиматическая адаптация *(повышение активности фермента в клетке под влиянием внеклеточного субстрата)*

light ~ световая [фотопическая] адаптация *(глаз к сильному освещению)*

long-range ~ широкая [разносторонняя] адаптация

marginal ~ формирование пломбы по контуру десневого края

morphological ~ морфологическое приспособление *(напр. о микроорганизмах в ответ на изменение окружающей среды)*

mutual ~ взаимная [обоюдная] адаптация

photopic ~ *см.* **light** ~

postnatal ~ адаптация в постнатальном периоде

postural ~ выбор удобного положения тела *(больным, напр., при одышке)*

prospective ~ проспективное приспособление, преадаптация

restrain ~ адаптация к ограничению движений

retinal ~ зрительная адаптация *(глаз к разной степени освещённости)*

scotopic ~ *см.* **dark** ~

sensory ~ сенсорная адаптация

socio-environmental ~ социальная адаптация

structural ~ *см.* **morphological** ~

threshold ~ пороговая адаптация

adaptedness [ə'dæptədnis] адаптированность

adapter [ə'dæptə] *мед. тех.* 1. адаптер, переходник, соединительное устройство 2. наконечник 3. кассета

cone ~ запор тубуса

endotracheal ~ переходник трахеальной трубки

flow ~ проточный адаптер *(в хроматографической колонке)*

Luer lock ~ адаптер с люэровской насадкой

syringe ~ переходная канюля или насадка шприца

tube ~ 1. держатель пробирок *(о центрифуге)* 2. штатив

adaptive [ə'dæptiv] адаптивный *(о стадиях адаптации)*

adaptogen [ə'dæptəuʤen] адаптоген *(вещество, стимулирующее иммунитет)*

adaptometer [ədæp'tɒmətə] адаптометр *(прибор для исследования темновой адаптации глаза)*

recording ~ регистрирующий адаптометр

adaptor [ə'dæptə] *ген. инж.* адаптор *(синтетический одно- или двухцепочечный олигонуклеотид, встраиваемый в ДНК-мишень)*

adaxial [æd'æksiəl] направленный к оси

add [æd] прибавлять, присоединять; складывать || прибавь *(в рецептах)*

addendum [ə'dendəm], *pl.* **addenda** [ə'dendə] добавление; приложение

addephagia [æde'feiʤiə] булимия, кинорексия *(резко усиленное чувство голода)*

adder[1] ['æde] 1. гадюка обыкновенная *(Vipera berus)* 2. *амер.* уж

burrowing ~ земляная гадюка *(Atractaspis)*

deaf ~ медяница, ломкая веретеница *(Anguis fragilis)*

death ~ смертельная змея *(Acanthophis)*

demon ~ ромбическая жабья гадюка *(Causus rhombeatus)*

hilling ~ африканская гадюка *(Bitis)*; шумящая гадюка *(Bitis arietans)*

hornes ~ рогатая гадюка *(Cerastes cornutus)*

sea ~ 1. колюшка *(любой морской вид Gasterosteidae)* 2. морская игла *(Syngnathus)*

adder[2] *выч. тех.* суммирующее устройство

addict [æ'dikt] наркоман; токсикоман; алкоголик || увлекаться *(обыкновенно дурным)*

to ~ **oneself to smth.** предаваться чему-л.

drug ~ человек, привыкший к чрезмерному употреблению лекарственных средств; наркозависимый

addiction [ə'dikʃən] 1. аддикция *(психологическая или физическая зависимость от различных веществ — алкоголь, наркотик и др. — или деятельности — азартные игры, переедание и пр.)*, пагубная привычка, пристрастие 2. наркомания

alcohol ~ хронический алкоголизм

drug ~ 1. привыкание к чрезмерному употреблению лекарственных средств **2.** *уст.* наркомания; привыкание к наркотическим средствам

garment ~ *псих.* болезненное пристрастие к одежде противоположного пола

Indian hemp ~ злоупотребление гашишем

opium ~ опиомания, опийная наркомания

addictology [ədik'tɒlədʒi] наркология

addisonism(us) ['ædisɒnizməs] аддиссонизм (*наличие симптомов аддисоновой болезни без поражения коры надпочечников*)

addition [ə'diʃən] **1.** введение; добавление, прибавление **2.** присоединение (*о реакции*)

~ of starter *микр.* заквашивание; прибавление посевного материала

additional [ə'diʃənl] дополнительный, аддитивный (*о действии медикамента*)

additive ['æditiv] **1.** добавка; примесь; присадка; наполнитель || аддитивный, добавляющий **2.** консервант (*напр. крови*) **3.** кумулятивный (*о суммировании свойств веществ*)

~s to improve nutritional standarts добавки, повышающие питательную ценность (*продукта*)

~s to increase storage life добавки, увеличивающие время хранения (*продукта*)

dietary ~s пищевые добавки (*красители, наполнители и т. п.*), см. тж. **dietary supplements**

flavor ~s вкусовые добавки

food ~s *см.* **dietary ~s**

growth ~s ростовые добавки, стимуляторы роста

unintentional food ~s непреднамеренные пищевые загрязнители

additment ['æditmənt] *иммун.* комплемент

address [ə'dres]:

tissue ~ хоминг-сайт, «тканевый адрес» (*область хоминга лимфоцитов*)

addressin [ədre'sin]:

vascular ~ белок стенки сосудов; участвующий в хоминге лимфоцитов

adduction [ə'dʌkʃən] **1.** аддукция, приведение (*движение конечности или её сегмента к срединной линии*) **2.** сходящееся косоглазие

adductor [ə'dʌktə] аддуктор, приводящая мышца

~ longus длинная приводящая мышца

Adeleina [ædəli:'inə] аделины (*род паразитических простейших – перспективных микроорганизмов для борьбы с насекомыми-вредителями*)

adelomorphous [ə,deləu'mɔ:fəs] неопределённой формы или строения (*напр. эмбрион*)

adelphosite [ə'delfəusait] паразитический близнец, адельфозит

adelphotaxis [ə,delfəu'tæksis] группировка родственных клеток или организмов

ademonia [æde'məuniə] эндогенная депрессия, меланхолия

adenallene ['ædenəli:n] аденален (*производное аденина, способное блокировать вирусное инфицирование хелперных Т-лимфоцитов*)

adenasthenia [,ædənæs'θi:niə] функциональная недостаточность железы

adenemphraxis [,ædənem'fræksis] закупорка протока железы

adenine ['ædənin] аденин (*пуриновое основание, входящее в состав ДНК*), G-аминопурин, витамин B$_4$

~ deaminase адениндезаминаза

~ phosphoribosyltransferase аденинфосфорибозилтрансфераза

adenitis [,ædə'naitis] аденит (*воспаление железы или лимфатического узла*)

~ urethralis воспаление желёз мочеиспускательного канала

lymphatic ~ лимфаденит, воспаление лимфатических узлов

mesenteric ~ мезаденит, брыжеечный [мезентеральный] лимфаденит

phlegmonous ~ аденофлегмона

salivary ~ сиалоаденит, воспаление слюнной железы

sebaceous ~ угри (*воспаление сальных желёз и волосяных фолликулов на фоне себореи*)

adenization [,ædənai'zeiʃən] аденоидное [железистое] перерождение

adenoacanthoma [,ædinəuækən'θəumə] аденоакантома, аденоканкроид

adenoameloblastoma [,ædinəuə,meləublæ'stəumə] адамантинома, адамантобластома, (адено)амелобластома

adenoblast ['ædinəu,blɑ:st] **1.** *эмбр.* аденобласт **2.** активная [секретирующая] клетка железы

adenocarcinoma [,ædinəu,kɑ:si'nəumə] аденокарцинома, железистый рак

acinar [acinous] ~ ацинозная аденокарцинома

clear cell ~ светлоклеточная аденокарцинома

feminizing ~ феминизирующая аденокарцинома

mammary ~ аденокарцинома молочной железы

mucinous ~ слизистая аденокарцинома

occult ~ «непроявляющаяся аденокарцинома»; рак «in situ», предрак

papillary [polypoid] ~ папиллярная аденокарцинома

virilizing ~ вирилизирующая аденокарцинома

adenocele ['ædinəu,si:l] киста железы

adenocellulitis [,ædinəu,selju'laitis] аденоцеллюлит (*воспаление железы и окружающей её ткани*)

adenochondrosarcoma [,ædinəu,kɒndrəusa:'kəumə] аденохондросаркома

adenoculture [,ædinəu'kʌltʃə] микрофлора из лимфатического узла, лимфобактериальная культура

adenocyst(oma) [,ædinəusis'təumə] цистаденома, аденокистома

adenocyte ['ædənəusait] аденоцит (*железистая клетка передней доли гипофиза*)

adenodynia [,ædənəu'di:niə] боль в железе

adenofibroma [,ædinəufai'brəumə] фиброаденома

adenofibrosis [,ædinəufai'brəusis] аденофиброз, кистозно-фиброзная дегенерация

adenogenic [,ædənəu'dʒenik], **adenogenous** [,ædənəu'dʒenəs] развившийся из железы, железистого происхождения

adenography [,ædə'nɒgræfi] рентгенография железы

adenohypersthenia [,ædənəu,haipəs'θi:niə] гиперфункция железы

adenohypophysis [ˌædənəʊhaiˈpɒfisis] аденогипофиз, передняя [железистая] доля гипофиза

adenoid [ˈædənɒid] аденоид; *pl.* аденоидные разрастания, или вегетации ‖ аденоидный

adenoiditis [ˌædənɒiˈdaitis] аденоидит, ангина носоглоточной миндалины, ретроназальная ангина

adenoleukodystrophy [ˌædənəʊˌluːkəʊdistˈrəʊfi] аденолейкодистрофия

adenolipoma [ˌædənəʊliˈpəʊmə] аденолипома

adenolipomatosis [ˌædənəʊliˌpəʊməˈtəʊsis] аденолипоматоз *(множественные липомы подкожной клетчатки)*

adenology [ædəˈnɒlədʒi] учение о железах

adenolymphitis [ˌædənəʊlimˈfaitis] лимфаденит

adenolymphocele [ˌædənəʊˈlimfəʊsiːl] киста лимфатического сосуда

adenolymphoma [ˌædənəʊlimˈfəʊmə] аденолимфома, бранхиогенная аденома

adenoma [ædəˈnəʊmə] аденома

~ **fibrosum** фиброаденома

~ **of pineal gland** пинеалома, аденома шишковидного тела

~ **of the nipple** аденома соска молочной железы

~ **sebaceum** аденома сальной железы

acidophilic ~ ацидофильная [оксифильная, эозинофильная] аденома *(гипофиза)*

adamantine ~ адамантинома, адамантобластома, амелобластома

alveolar ~ аденома альвеолярной железы

basophilic ~ базофильная аденома, опухоль гипофиза

chromophobic ~ хромофобная аденома, доброкачественная опухоль гипофиза

eosinophilic ~ **of pituitary gland** эозинофильная опухоль передней доли гипофиза

growth hormone-producing ~ соматотропинпродуцирующая аденома

hidradenoid ~ сирингоцистаденома

Hurthle cell ~ оксифильная аденома щитовидной железы, аденома из клеток Асканази – Гюртле

islet [langerhansian] ~ инсулома, аденома островковой ткани, незидиобластома

malignant ~ 1. аденокарцинома, железистый рак 2. злокачественная [деструирующая] аденома

mixed acidophil-basophil pituitary ~ смешанная ацидофильно-базофильная аденома гипофиза

multiple endocrine ~ *см.* endocrine adenomatosis

oxyphilic ~ *см.* acidophilic ~

parathyroid ~ аденома околощитовидной железы

pituitary ~ аденома гипофиза

pleomorphic ~ смешанная опухоль, плеоморфная [сложная] аденома, рецидивирующая эпителиома

sebaceous ~ аденома сальной железы

toxic ~ **of the thyroid gland** токсическая аденома щитовидной железы, Пламмера болезнь

tubulovillous ~ ворсинчатотрубчатая аденома

villous ~ ворсинчатая опухоль, волосатый полип *(толстой кишки)*

adenomammectomy [ˌædənəʊmæmˈektəmi] удаление фиброаденомы молочной железы

adenomatosis [ˌædənəʊməˈtəʊsis] аденоматоз

multiple endocrine [pluriglandular, polyendocrine] ~ полиэндокринный аденоматоз

pulmonary ~ альвеолярно-клеточный рак, цистопапиллярная опухоль лёгкого

adenomectomy [ˌædənəʊmˈektəmi] аденомэктомия, простатэктомия

adenomere [ˌædənəʊˈmiə] концевой отдел железы, аденомер

adenomyosarcoma [ˌædənəʊˌmaiəʊsaˈkəʊmə] аденомиосаркома [аденосаркома] почки, Вильмса опухоль

adenomyosis [ˌædənəʊmaiˈəʊsis] внутренний эндометриоз, аденомиоз *(внедрение эпителиальных клеток в мышечные слои других органов)*

adenoncus [ædəˈnɒŋkəs] железистая опухоль

adenopathy [ædəˈnɒpəθi] аденопатия *(увеличение лимфатических узлов)*

hilar ~ прикорневой лимфаденит

multiple endocrine ~ полигландулярная эндокринопатия, Симмондса болезнь

adenophlegmon [ˌædənəʊˈflegmɒn] аденофлегмона

adenosinediphosphate [əˌdənəʊsiːndiˈfɒsfeit] аденозиндифосфат, АДФ

adenosinetriphosphate [əˌdənəʊsiːntraiˈfɒsfeit] аденозинтрифосфат, АТФ

adenosis [ædəˈnəʊsis] аденоз *(поражение железы или лимфатического узла)*

fibrosing ~ фиброаденоматоз

adenosylhomocysteinase [əˌdənəʊsilˌhəʊməʊsisˈtiːineis] аденозилгомоцистеиназа

adenotomy [ædəˈnɒtəʊmi] аденотомия, аденомэктомия

adenotrichia [ædənɒˈtriːkaiə] аденотрихия *(нарушение роста волос вследствие изменения роста фолликулов)*

adenous [ˈædənəs] железистый, относящийся к железе

Adenovirus [ˌædənəʊˈvairəs] аденоассоциированный вирус, аденовирус *(представитель ДНК-вирусов, вызывающий воспаление верхних дыхательных путей)*

adentia [əˈdentiə] адентия *(отсутствие зубов)*

adenylyltranspherase [ædənililˈtrænsfereis] аденилилтрансфераза

adeps [ˈædeps] свиной жир *(для приготовления мазей)*

adept [əˈdept] 1. сведущий, опытный ‖ знаток 2. адепт *(1. антитело-направленный фермент пролекарственной терапии 2. ревностный приверженец учения, идеи; посвящённый в тайны)*

adequacy [ˈædikwəsi] 1. адекватность *(мер, услуг, технологий и используемых ресурсов)*, соответствие, идентичность 2. компетентность

~ **in quality** соответствие качества

~ **of consumer choice** адекватность потребительского выбора *(информированный выбор)*

~ **of decontamination** адекватность обеззараживания *(дегазации, дезактивации, дезинфекции)*

airway ~ адекватность воздухоносных путей

immunochemical ~ иммунохимическая идентичность

immunologic ~ иммунологическая компетентность

adequate [ˈædikwit] адекватный, соответствующий; правильный *(напр. о лечении)*

adermia [əˈdəːmiə] адермия *(врождённый дефект кожи)*

adermine [əˈdəːmiːn] пиридоксин, витамин B$_6$, адермин

adermogenesis [əˌdəːməʊˈʤenəsis] недостаточная регенерация кожи

adermotrophia [əˌdəːməʊˈtrɒfiə] атрофия кожи

adesmosis [ədisˈməʊsis] соединение тканей кожи

adhere [ədˈhiə] **1.** склеиваться; прилипать, прилегать **2.** срастаться **3.** соблюдать указания *(врача)*

   to ~ to underlaying tissue прорастать в подлежащие ткани *(об опухоли)*

adherence [ədˈhiərəns] **1.** адгезия; прилипание, сцепление; плотное соединение **2.** сращение **3.** соблюдение указаний *(врача)*

   ~ of endothelium сцепление с эндотелием

   ~ of tumor cells прилипание опухолевых клеток

   ~ to contract specifications соблюдение условий контракта

   ~ to social conventions привязанность к социальным условностям

   "active" ~ «активная» адгезия *(специфическая адгезия к поверхности активно метаболизирующих клеток)*

   bacterial ~ бактериальное прилипание

   faithful ~ строгое соблюдение *(правил приёма медикамента)*

   glass ~ адгезия к стеклу, адгезия на стекле

   neutrophil ~ прилипание нейтрофилов

   nonspecific ~ неспецифическое прилипание; спонтанная адгезия *(клеток в культуре)*

   physical ~ физическая адгезия *(метод выделения лимфоцитов на стеклянных бусах)*

   plastic ~ адгезия к пластмассе

   red cell ~ адгезия эритроцитов, сладж эритроцитов

   rigid ~ жёсткая приверженность

   specific ~ специфическая адгезия *(напр. антителозависимая)*

adherent [ədˈhiərənt] **1.** сращённый; сросшийся, приросший; присоединённый, прикреплённый *(к субстрату)* **2.** клейкий, липкий **3.** вязкий **4.** приверженный [комплаентный] лечению || комплаентный пациент

   ~ to other organs прорастающий в другие органы *(о раке)*

adhesin [ˈædhiːzin] адгезин *(белок клеточной мембраны, участвующий в процессах межклеточной адгезии)*

adhesiolysis [ədˌhiːziːˈɒlisis] адгезиолиз *(устранение спаек)*; пересечение спаек

adhesion [ədˈhiːʒən] **1.** адгезия, слипание; склеивание; соединение; сцепление **2.** сращение; спайка; спайкообразование **3.** заживление *(раны)* **4.** молекулярное притяжение

   ~ of platelets адгезия тромбоцитов

   abdominal ~ спаечный процесс в брюшной полости

   allergen-specific ~ аллергензависимая адгезия

   amniotic ~s амниотические перетяжки, или спайки, тяжи Симонара

   bacterial ~ бактериальное прилипание

   band ~ перетяжка, штранг *(причина спаечной непроходимости)*

   cell-cell ~ межклеточная адгезия; слипание клеток *(в культуре)*

   extensive ~s *см.* **multiple ~**

   homotypic ~ гомотипическое сцепление *(напр. моноцитов человека)*

   immune ~ иммуноприлипание, иммунная адгезия

   intrauterine ~s внутриматочные синехии

   lineage-specific ~ линиеспецифическая адгезия *(клеток к субстрату)*

   multiple ~ множественные спайки, обширный спаечный процесс

   obstructing ~ спаечная (обтурационная) непроходимость кишечника

   piarachnoid ~ сращение мягкой и паутинной оболочек мозга

   pleural ~s слипчивый плеврит; плевральные сращения, плевральные спайки

   primary ~ заживление *(раны)* первичным натяжением

   secondary ~ заживление *(раны)* вторичным натяжением, заживление грануляциями

   serological ~ иммунное прилипание, иммунная адгезия

   sidewall ~ пристеночная спайка

   stage-specific ~ стадиеспецифическая адгезия *(клеток в эмбриогенезе)*

adhesiotomy [ədˌhiːziˈɒtəmi] разделение [пересечение] спаек

adhesive [ædˈhiːsiv] **1.** адгезив, связующее [связывающее] вещество || спаечный; адгезивный **2.** клей; клейкое вещество; клейкая лента || клейкий, липкий, слипчивый, прилипающий

   biologic ~ биологический клей

   cyanoacrylate ~ цианакрилатный клей

   fibrin ~ фибриновый клей *(для гемостаза)*

   rapidly polymerizing ~ быстрозатвердевающий клей

   self ~ самоклеящаяся пленка

   synthetic resin ~ клей из синтетической смолы

   tissue ~ тканевой клей

adhesiveness [ædˈhiːsivnəs] **1.** адгезивность, слипаемость; клейкость, липкость **2.** способность к ассоциативному мышлению

   ~ of the libido способность к либидо

   baseline ~ 1. природные адгезивные свойства **2.** слабая адгезивность

   intercellular ~ межклеточная адгезивность

   platelet ~ адгезивность (прилипаемость) тромбоцитов

adhyoid [ədˈhaivid] прилежащий к подъязычной кости

adiactinic [ˌeidaiˈæktinik] адиактинический, не пропускающий фотохимически активного излучения

adiadochokinesia [əˌdaiəˌdəʊkəʊkiˈniːsiə], **adiadochokinesis** [əˌdaiəˌdəʊkəʊkiˈniːsis] адиадохокинез *(невозможность выполнять чередующиеся, противоположные по направлению движения)*

adiagnosis [əˌdaiəgˈnəʊsis] диагноз исключается; диагноз маловероятен

   ~ of hemorrhage диагноз кровоизлияния маловероятен

adiaphoresis [ˌeidaiəfəˈriːsis] отсутствие или снижение потоотделения

adiaphoretic [ˌeidaiəfəʊˈretik] средство, подавляющее потоотделение

adiaphoria [əˌdaiəfəʊˈriːə] рефрактерный период, рефрактерная фаза; рефрактерность к дальнейшему раздражению

adiaphorous [əˌdaiəˈfəʊrəs] нейтральный, безвредный, безразличный, индифферентный

adiaspiromycosis [ˌædaiəˌspairəʊmaiˈkəʊsis], **adiaspirosis** [ˌædaiəˌspaiˈrəʊsis] адиаспиромикоз *(висцеральный микоз мелких грызунов)*

adiastole [ædaiəˈstəʊli:] *кард.* адиастолия, выпадение [отсутствие] диастолы

adiathetic [əˌdaiəˈθetik] не связанный с диатезом

adiathermance [ˌeidaiəˈθə:məns], **adiathermancy** [ˌeidaiəˈθə:mənsi] отсутствие теплопроводности

adicity [æˈdisiti:]:

   antibody ~ валентность антител

adiemorrhysis [əˌdaiəˈmɒrisis] прекращение микроциркуляции, капилляростаз; кровяной стаз

adience [ˈædiəns] стремление к источнику раздражения

adietetic [ˌædaietˈetik] 1. относящийся к разнообразной пище 2. не соблюдающий диеты

adipectomy [ˌædiˈpektəmi] удаление жировой ткани

adipocele [ˈædipəʊˌsi:l] грыжа, содержащая жировую ткань

adipocellular [ˌædipəʊˈselju:lə] относящийся к подкожной клетчатке

adipoceration [ˌædipəʊsəˈreiʃn] образование жировоска

adipocere [ˈædipəʊˌsiə] жировоск, трупный воск

adipocyte [ˈædipəʊˌsait] адипоцит, жировая клетка

adipogenesis [ˌædipəʊˈʤenəsis] липогенез, образование жира

adipogenic [ˌædipəʊˈʤenik], **adipogenous** [ˌædipəʊˈʤenəs] липогенный, образующий жир

adipoid [ˈædipɒid] липоидный, жировой

adipokinin [ˌædipəʊˈkainin] адипокинин *(гормон аденогипофиза, способствующий мобилизации жира)*

adipolysis [ˌædiˈpɒlisis] расщепление жира

adipoma [ˌædiˈpəʊmə] липома, жировик

adipometer [ˌædiˈpɒmətə] инструмент для определения толщины кожных складок

adiponecrosis [ˌædipəʊnəkˈrəʊsis] жировой некроз, адипонекроз

   ~ **subcutanea neonatorum** *лат.* подкожный адипонекроз новорождённых; узловатая склерома новорождённых

adipopexia [ˌædipəʊˈpeksiə] отложение [накопление] жира

adiposalgia [ˌædipəʊsˈælʤiə] адипозалгия, болезненное ожирение, Деркума болезнь

adipose [ˈædipəʊs] 1. жир ‖ жировой; жирный 2. относящийся к жировой ткани

adiposis [ˌædiˈpəʊsis] 1. ожирение, тучность 2. жировое изменение какого-л. органа или ткани

   ~ **dolorosa** *лат., см.* adiposalgia

adipositas [ˌædiˈpɒsitəs] *см.* adiposis

adipósitis [ˌædipəʊˈsaitis] панникулит, целлюлит, гиподермит, жировая гранулёма

adiposity [ˌædiˈpɒsiti] ожирение, тучность

adipsin [ˈædipsin] адипсин *(фермент, предохраняющий от ожирения)*

aditus [ˈæditəs], *pl.* **aditus** [ˈæditəs] *лат.* вход; анатомическое отверстие

adjacent [əˈʤeisənt] примыкающий, прилегающий, смежный, соседний *(об органе)*; сопредельный ‖ смежная область

adjunct [ˈædʤʌŋkt] 1. помощник; адъюнкт 2. вспомогательное средство *(при лечении)* 3. адъювант; приложение, дополнение ‖ вспомогательный

an ~ **to internal fixation** дополнение к внутренней фиксации *(при остеосинтезе)*

   neuroanesthetic ~**s** приспособление для нейроанестезии

adjustable [əˈʤʌstəbl] 1. регулируемый; управляемый; приспособляемый, приспосабливаемый, совмещаемый 2. переставной, передвижной 3. усовершенствованный *(напр. метод лечения)*

adjusted-dose [əˈʤʌstid-ˈdəʊs] индивидуально подобранная доза

adjuster [əˈʤʌstə] 1. орган регуляции 2. нейрон, регулирующий реакцию в рефлекторной дуге 3. инструмент для захватывания концов проволоки *(при наложении шва)*

adjustment [əˈʤʌstmənt] 1. регулировка; корректировка; коррекция; поправка; настройка, наладка, юстировка *(напр. микроскопа)* 2. установка, пригонка, подгонка 3. приспособление; приноровленность; адаптация; соответствие 4. аккомодация 5. корреляция *(напр. по сопутствующим факторам)*

   ~ **and fitting of removable denture** установка и подгонка съёмной челюсти

   ~ **for total energy intake** коррекция по фактору общей калорийности

   ~ **of blood volume** восстановление объёма крови

   ~ **of diet** подбор диеты

   ~ **of dressing** наложение повязки

   ~ **of drug dosage** индивидуальный подбор дозы *(лекарственного средства)*

   ~ **of the stand** регулировка штатива микроскопа

   binocular ~ бинокулярная насадка

   cardiovascular ~ адаптация (приспособление) сердечно-сосудистой системы *(человека)*

   coarse ~ грубая регулировка

   community ~ адаптация к жизни в обществе

   delicate ~ точная [тонкая] регулировка *(напр. микроскопа)*

   dietary ~ коррекция диеты

   emotional ~ эмоциональная совместимость *(напр. супружеской пары)*

   fair ~ *см.* delicate ~

   hemodynamic ~ коррекция гемодинамики

   initial-condition ~ установка начальных условий *(опыта)*

   marital ~ совместимость брачной пары, супружеская совместимость

   occlusal ~ окклюзионный контакт *(зубов)*

   post-discharge ~ реабилитация *(больного)* после выписки

   psychological ~ 1. психологическая реабилитация 2. психологическое соответствие

   slit-width ~ регулировка ширины щели *(при спектрофотометрии)*

   social ~ социальная адаптация

adjutage [ˈædʒətiʤ] насадка, удлинительная трубка *(для микроскопа)*

adjuvant [ˈæʤəvənt, əˈʤu:vənt] адъювант *(1. вещество, повышающее иммуногенность 2. вспомогательное средство при приготовлении лекарственной формы 3. вспомогательный метод лечения, напр. ГБО; синергист)* ‖ адъювантный; вспомогательный; полезный

   bacterial ~ бактериальный адъювант

   centrally acting ~ адъювант прямого действия

   complete Freund's ~ полный адъювант Фрейнда *(водно-масляная взвесь БЦЖ с солями алюминия)*

depot-forming ~ депо-адъювант *(длительно сохраняющийся в организме высокоиммуногенный материал)*

Freund's particular [mycobacterial, incomplete] ~ Фрейнда неполный адъювант

non-pyrogenic ~ непирогенный адъювант

pertussis-type ~ коклюшный адъювант

adjuvanticity [ˌæʤəvənˈtisiti] иммуногенность; адъювантность, адъювантные свойства

built-in ~ встроенная адъювантность; приобретённый адъювантный потенциал *(создаваемый путём встраивания в молекулу иммуногена адъювантной группы)*

adlerian [ˈædlərjən] адлерианец *(последователь теории Альфреда Адлера)* || адлеровский, относящийся к адлеровской теории – индивидуальной психологии

admedial [ædˈmiːdiəl], **admedian** [ædˈmiːdiən] расположенный вблизи срединной плоскости или центральной оси тела

administer [ədˈministə] 1. давать, назначать, применять *(лечебное средство)*; вводить 2. оказывать помощь 3. управлять, руководить, вести дела 4. применять *(нормы, права)*

to ~ **artificial respiration** проводить искусственное дыхание

to ~ **a medicine** назначать [давать] лекарство

administration [ədminiˈstreiʃn] 1. назначение; введение или приём *(лекарственного средства)*; применение *(напр. диеты)* 2. оказание помощи *(больному)* 3. управление, администрирование; руководство; администрация; ведомство 4. исполнительная власть 5. *амер.* правительство

~ **of anesthetics** введение обезболивающих веществ; проведение обезболивания

~ **of anticoagulants** применение антикоагулянтов

~ **of opium** приготовление опия *(настаиванием в уксусной кислоте с сахаром)*

~ **of radium therapy** применение [использование] радиотерапии

acute ~ однократный экстренный приём

adulticide ~ применение препаратов, воздействующих на половозрелые особи

agressive diuretic ~ массивное введение диуретиков; форсированный диурез

alternate-day glucocorticoid ~ альтернативное [прерывистое] введение глюкокортикоидов *(напр. через день)*

automatic drug ~ автоматическое введение лекарства

chronic ethanol ~ хроническое потребление этилового спирта

contract ~ контроль за исполнением контракта

dietary ~ введение с пищей

drop-by-drop ~ капельный способ введения

drug ~ медикаментозное лечение; приём лекарств

enema ~ применение клизмы

extrabuccal ~ парентеральное введение лекарства

fluid ~ инфузионная терапия

general ~ системное введение *(напр. антибиотика)*

health ~ 1. административное руководство здравоохранением 2. орган здравоохранения

hospital ~ 1. организация больничного обслуживания 2. администрация больницы

intermediate health ~ промежуточная администрация здравоохранения

intermittent ~ дробное введение

intradermal ~ внутрикожная инъекция

intrajejunal ~ энтеральное введение

intrathecal ~ интратекальное введение *(в субарахноидальное пространство спинного мозга)*

local ~ местное [локальное] введение

medical ~ 1. управление здравоохранением 2. администрация лечебного учреждения

nursing ~ организация сестринского дела

once daily ~ однократный приём в день *(лекарства)*

oral ~ пероральный приём; назначение для приёма внутрь

oxygen ~ оксигенация, введение кислорода

parenteral ~ парентеральное введение

prophylactic ~ профилактическое введение *(напр. антикоагулянтов)*

repeated ~ повторное введение

single-and-intermittent, single-and-repeated ~ однократное и дробное введение *(препарата)*

test ~ применение теста, тестирование

topical ~ местное введение

administrator [ədˈminiˌstreitə]:

dental ~ руководитель зубоврачебной службы

health ~ организатор здравоохранения

hospital ~ больничный администратор

medical record ~ медицинский регистратор

nurse ~ медицинская сестра-администратор

public health ~ организатор общественного здравоохранения

registered records ~ дипломированный администратор

admission [ədˈmiʃən] 1. приём, поступление, госпитализация *(больного)*; приток *(воздуха)* 2. доступ, допуск 3. применение методов регулирования рождаемости 4. признание

~ **of sick report** приём сведений о больных

~ **of guilt** признание вины

~ **to hospital** помещение в больницу

~ **to intensive care unit** госпитализация в отделение интенсивной терапии

compulsory ~ 1. принудительное признание 2. принудительная госпитализация

earlier ~ предыдущая госпитализация

emergency ~ экстренная госпитализация

first-time ~ первичная госпитализация

informal ~ неофициальное признание

inpatient ~ стационарная госпитализация

involuntary ~ недобровольная госпитализация

original ~ *см.* first-time ~

planned hospital ~ плановая госпитализация

postpartum ~ госпитализация после родов

single-and-intermittent ~ однократное и дробное введение медикамента

surgical ~ поступление в хирургическое отделение

voluntary ~ добровольная госпитализация

admission-room [ədˈmiʃən-rʊm] приёмное отделение

admit [ədˈmit] 1. принимать *(в больницу)*; поступать, госпитализировать 2. впускать, допускать

~ **for treatment** принимать на лечение

admittance [ədˈmitəns] 1. поступление *(в больницу)*; госпитализация 2. вход, доступ; подход

admix [əd'miks] примешивать; смешивать

admixture [əd'mikstʃə] 1. примесь; смесь; добавка 2. примешивание; смешивание

   admissible ~ допустимая примесь

   objectionable ~ нежелательная примесь

   parenteral ~s стерильные вещества, добавляемые к готовым парентеральным растворам

adnasal [æd'neizəl] прилегающий к носу

adnation [æd'neiʃn] сращение; спайка; приращение

adnerval [æd'nə:vəl], **adneural** [æd'nju:rəl] 1. прилежащий к нерву 2. направленный к нерву

adnexa [æd'neksə] 1. придатки 2. прилежащие [смежные] органы 3. экстраэмбриональные структуры (плодные оболочки, плацента)

   skin ~ae придатки кожи

adnexal [æd'neksəl] придаточный

adnexectomy [,ædneks'ektəmi] удаление придатков

adnexitis [,ædnek'saitis] аднексит, сальпингоофорит

adnexum [æd'neksəm]:

   ~ mastoideum лат. сосцевидный отросток (место расположения структур среднего уха)

adolescaria [,ædəʊ'leskæriə] гельм. адолескария

adolescence [,ædəʊ'lesəns] пубертатный [подростковый] возраст, юношество (период полового созревания)

adolescent [,ædəʊ'lesənt] 1. адолесцент, подросток (12–18 лет) 2. пубертатный, подростковый

   crisis ~ эмоциональные нарушения в пубертатном периоде

   female ~ девочка-подросток

   obese ~ пубертатное ожирение

adolescentia [,ædəʊ'lesəntjə]:

   ~ virilitas возмужалый возраст

Adonis [ə'dɒnis]:

   ~ vernalis лат. адонис [горицвет] весенний, черногорка, стародубка

adonitol [ədʊ'naitɒl] адонит

adontia [æ'dɒnʃiə] адонтия

adopt [ə'dɒpt] 1. усыновлять, удочерять 2. усваивать; воспринимать (об иммунитете) 3. перенимать (методы)

   to ~ a decision принимать решение

adoptation [ədɒp'teiʃn] см. adoption

adoptee [ədɒp'ti:] усыновлённый, удочерённый || приёмный ребёнок

   extrafamily ~ принятый в семью

adopter [ə'dɒptə] усыновитель

adoption [ə'dɒpʃn] 1. усыновление, удочерение 2. адопция (1. внедрение определённого гена в клетку 2. стойкое приживление чужеродных тканей при трансплантации)

   ~ of approach освоение метода

   ~ of sitting posture приобретение сидячего положения

adoptive [ə'dɒptiv] 1. приёмный, усыновлённый 2. восприимчивый, усваивающий; адекватный 3. адоптивный (напр. иммунитет)

adoral [æd'əʊrəl] адоральный (вблизи рта или по направлению ко рту)

adorbital [æd'ɔ:bital] находящийся около глазницы

adrectal [æd'rektəl] пара- или периректальный

adrenal [æd'ri:nəl] надпочечник || расположенный около или над почкой

   accessory ~ добавочный надпочечник (Маршана), маршанов орган

   butterfly ~ надпочечник

   Marchand's ~ см. accessory ~

adrenalectomy [əd,ri:nəl'ektəʊmi] адрен(ал)эктомия; резекция надпочечника

adrenalitis [ə,dri:nə'laitis] воспаление надпочечника

adrenalone [ə'drenələʊn] адреналон

adrenalopathy [ə,dri:nəl'ɒpəθi] заболевание надпочечников, адреналопатия

adrenarche [,ædrən'a:ki] 1. преждевременное половое созревание, вызванное гиперфункцией коры надпочечников 2. физиологическое половое созревание

adrenergic [,ædri'nə:ʤik] адренергический (1. относящийся к нервам, выделяющим адреналиноподобное вещество 2. относящийся к лекарствам, взаимодействующим с адренорецепторами)

adrenoceptive [ə,drinəʊ'septiv] адренореактивный, адреномиметический, адренергический

adrenoceptor [ə,dri:nəʊ'septə] см. adrenoreceptor

adrenoceptor-coupled [ə,dri:nəʊ'septə-kʌpld] сопряжённый с адренорецепторами

adrenocortical [ə,dri:nəʊ'kɔ:tikəl] относящийся к коре надпочечников, адренокортикальный

adrenocorticotrop(h)in [ə,dri:nəʊ,kɔ:tikəʊ'trəʊfin] адренокортикотропный гормон, АКТГ; адренокортикотропин (гормон гипофиза)

adrenogenic [ə,dri:nəʊ'ʤenik], **adrenogenous** [,ædre'nɒʤənəs] надпочечникового происхождения

adrenokinetic [ə,dri:nəʊki'netik] стимулирующий функцию надпочечников

adrenoleukodystrophy [ə,dri:nəʊ,lʊkəʊ'distrəʊfi] адренолейкодистрофия, Семерлинга – Крейнцфельда болезнь

adrenolytic [,ædri:nəʊ'litik] адренолитическое вещество, адренолитик || адренолитический (подавляющий активность адренергических нервов)

adrenomedullary [,ædri:nəʊ'medjʊləri] мозговой [медуллярный] слой надпочечников

adrenomedullin [,ædri:nəʊ'medjʊlin] адреномедуллин (гипертензивный нейропептид, выделяющийся при феохромоцитоме, церебральном вазоспазме)

adrenomimetic [ə,dri:nəʊ'maimetik] адреномиметическое средство || адреномиметический

adrenomyeloneuropathy [ə,dri:nəʊ,maieləʊnju:'rɒpəθi] адреномиелоневропатия (наследственная лейкодистрофия с преимущественным поражением белого вещества спинного мозга и недостаточностью коры надпочечников)

adrenopathy [,ædre'nɒpəθi] адренопатия, заболевание надпочечника

adrenoreceptor [ə,dri:nəʊri'septə] адренорецептор, адреноцептор

adrenosterone [ə,dri:nəʊsti'rəʊn] адреностерон

adrenotropism [ə,dri:nəʊ'trəʊpizm] гиперфункция надпочечников

adroitness [ə'drɒitnəs] ловкость, проворность, находчивость

adromia [ə'drəʊmiə] нарушение иннервации мышц

adsorbability [əd,sɔ:bə'biliti] адсорбирующая способность, адсорбируемость

adsorbate [æd'sɔːbeit] адсорбированное вещество, адсорбируемое вещество, адсорбат

adsorbent [æd'sɔːbənt] адсорбирующее вещество, адсорбент, поглотитель ‖ адсорбирующий

exhausted CO₂ ~ истощение адсорбента углекислого газа

thiophilic ~ (аффинный) сорбент со свободными тиоловыми группами

adsorbent-desiccant [æd'sɔːbənt-'desikənt] адсорбент-осушитель

adsorption [æd'sɔːpʃn] адсорбция

~ from solution адсорбция из раствора

activated ~ активированная адсорбция, хемосорбция на твёрдом сорбенте

cell monolayer ~ формирование монослоя (в культуре клеток)

exchange ~ обменная адсорбция

gas-solid ~ адсорбция газа твёрдым сорбентом

interfacial-surface ~ 1. адсорбция на поверхности раздела 2. межплоскостная адсорбция

ion-exchange resin ~ адсорбция на ионообменной смоле

nutrient ~ поглощение питательных веществ

reductive ~ восстановительная адсорбция

reversible ~ обратимая адсорбция

selective ~ избирательная адсорбция

specific ~ 1. удельная адсорбция 2. избирательная адсорбция

stepwise ~ ступенчатая адсорбция

adsorptivity [æd,sɔː'ptiviti] адсорбирующая способность

adsternal [æd'stɜːnəl] прилегающий к грудине

adterminal [æd'tɜːminəl] направленный к периферии

adulation [,ædjʊ'leiʃn] лесть

adult ['ædəlt] 1. взрослый (достигший 18 лет, в США право употреблять алкогольные напитки возникает с 21 года, что раньше ассоциировалось с совершеннолетием); зрелый, возмужалый; развитой 2. имаго; взрослая особь

mature ~ человек зрелого возраста (старше 45 лет)

older ~ пожилой человек

sterile ~ стерильная взрослая особь

young ~ молодой человек (19–25 лет)

adulterant [ə'dʌltərənt] 1. балластный наполнитель, утяжелитель 2. нежелательная примесь (к веществу) 3. заменитель, суррогат

~ of digitalis заменитель наперстянки (коровяк)

adulterate [ə'dʌltəˌreit] 1. подделывать, подмешивать; sl. «бадяжить» (смешивать наркотик с другим веществом) 2. ложный, фальсифицированный; с отклонением от прописи (о лекарственном средстве) 3. внебрачный, незаконнорождённый

adulterated [ə'dʌltəˌreitid] поддельный, фальсифицированный (напр. продукт)

adulteration [ə'dʌltəˌreiʃn] примешивание, подмешивание (о продуктах питания); фальсификация

~ of food фальсификация пищевых продуктов

adultery [ə'dʌltəri] 1. адюльтер, нарушение супружеской верности 2. распад семьи

adulthood ['ædəlthʊd] 1. период полового созревания 2. состояние зрелости (организма)

late ~ 1. пожилой возраст (старше 60 лет) 2. больные пожилого возраста

legal ~ совершеннолетие

adulticide [,ædʌlti'said] средство для уничтожения взрослых особей (гельминтов, насекомых, грызунов)

adultomorphism [ədʌltəʊ'mɔːfism] психол. интерпретация поведения детей через нормы поведения взрослых

adumbration [,ædəm'breiʃn] зарисовка границ (сердца, печени)

advanced [əd'vænst] 1. продвинутый, развитый; современный; прогрессивный; передовой; высокотехнологичный 2. усовершенствованный, модифицированный 3. осложнённый, запущенный (о болезни); застарелый (напр. перелом) 4. пожилой, старческий

moderately ~ умеренно развитый (напр. атеросклероз)

advancement [əd'vænsmənt] 1. успех, прогресс, улучшение 2. перемещение (напр. пластика дефекта лоскутом на ножке) 3. прогрессирование (заболевания)

mandibular ~ выдвижение нижней челюсти вперёд (приём в анестезиологической практике)

meatal ~ расширение наружного отверстия (напр. мочеиспускательного канала)

myocutaneous ~ пересадка кожно-мышечного лоскута

surgical ~ of the lip хирургическое перемещение губы кпереди

technological ~ научно-технический прогресс

transanal rectal ~ трансанальное перемещение ректального лоскута

advancer [əd'vɑːnsə] направитель, проводник (катетера)

advantage [əd'vɑːntidʒ] психол. польза; преимущество (выгода, извлекаемая из общения с людьми)

selective ~ селективное преимущество; преимущество при отборе

adventitia [,ædven'tiʃiə] адвентициальная оболочка

adventitious [,ædven'tiʃəs], **adventive** [æd'ventiv] 1. адвентициальный, добавочный, придаточный, приобретённый 2. наружный 3. случайный, побочный, возникающий время от времени

adventurous [əd'ventʃərəs] смелый; опасный, рискованный

adventurousness [əd'ventʃərəsnəs] склонность к приключениям (преимущественно в детском возрасте)

adverse [æd'vɜːs] 1. враждебный 2. неблагоприятный, вредный; побочный (о действии лекарственного средства) 3. находящийся напротив

adversity [æd'vɜːsiti] 1. несчастье, бедствие 2. неблагоприятная обстановка

adversus [æd'vɜːsəs] лат. против ‖ противоположный

advertent [æd'vɜːtənt] обратимый

advertising [,ædvə'taiziŋ]:

drugs ~ рекламирование лекарств

pharmaceutical ~ рекламирование фармацевтической продукции

advice [əd'vais] 1. совет (врача); консультация (у врача) 2. извещение, уведомление

health [medical] ~ медицинские рекомендации

vaccination requirements and health ~ свидетельство о вакцинации и здоровье

advisability [əd'vaizəbiliti] желательность; целесообразность (напр. операции)

advisable [əd'vaizəbl] рекомендуемый; целесообразный

advise [əd'vaiz] 1. консультировать, советовать, рекомендовать 2. извещать, уведомлять, сообщать; авизовать

adviser [əd'vaizə] советник; консультант

~ **on environmental sanitation** советник [консультант] по вопросам оздоровления окружающей среды

~ **on leprosy** советник-лепролог, консультант-лепролог

medical ~ врач-консультант, медицинский советник

public health ~ консультант по вопросам здравоохранения

senior ~ старший советник

visiting ~ консультант по вызову

advocacy ['ædvəkəsi]:

patient ~ защита интересов больного

advocate ['ædvə‚keit] 1. предлагать, рекомендовать 2. защищать, отстаивать

to ~ **a programme of psychotherapy** рекомендовать программу психотерапии

adynamia [‚ædai'næmiə] адинамия; слабость, бессилие; астения

~ **episodica hereditaria** эпизодические периоды астении, адинамии (проявления аутосомно-доминантного заболевания)

adynamic [‚ædai'næmik] адинамичный; атоничный

Aedes [ei'i:di:z] род мелких комаров – переносчиков ряда возбудителей инфекционных заболеваний

aeger ['i:dʒə] лат. болезненный, нездоровый

aegis ['i:dʒis] защита

aegophony [i:gɒ'fɒni] 1. резонанс голоса, эгофония 2. козье блеяние (бронхофония с дрожащим звуком)

aeipathy ['aipəθi] состояние, характеризующееся постоянными или периодическими болями

aelurophobia [i:‚ljʊərəʊ'fəʊbi:ə] айлурофобия, галеофобия, гатофобия (патологическая боязнь кошек)

aerate ['ɛə‚reit] аэрировать; продувать воздухом; газировать

aeration [‚ɛə'reiʃn] 1. аэрация (проветривание, вентилирование) 2. насыщение жидкости газом 3. оксигенация; превращение венозной крови в артериальную в лёгких 4. насыщение кислородом

bubble-free ~ аэрация беспузырьковым потоком

aerator [‚ɛə'reitə] 1. вентиляционная установка 2. аппарат для газирования жидкости

aeremia [‚ɛə'ri:miə] 1. воздушная эмболия, аэроэмболия 2. кессонная болезнь

aerendocardia [‚ɛər‚endəʊ'kɑ:diə] воздушная эмболия сердца

aerenterectasia [‚ɛər‚entək'teiziə] тимпанит

aerhemoctonia [‚ɛə‚heməʊ'ktəʊniə] смерть в результате воздушной эмболии

aerial ['ɛəriəl] воздушный; передаваемый [переносимый] воздушным путём

aeriferous ['ɛəri‚ferəs] воздухоносный

aeriform ['ɛəri‚fɔ:m] газообразный; воздушный

aeroallergen [‚ɛərəʊ'æləʤən] аэроаллерген, аллерген воздуха

aerobe ['ɛərəʊb] аэроб, аэробный микроорганизм

facultative ~ факультативный аэроб

obligate ~ аэрофил, облигатный аэроб

aerobian [ɛə'rəʊbiən], **aerobic** [ɛə'rəʊbik] аэробный

aerobioscope [‚ɛərəʊbaiə'skəʊp] аэробиоскоп (прибор для определения количества бактерий в воздухе)

aerobiosis [‚ɛərəʊbai'əʊsis] аэробиоз, существование в присутствии кислорода

aerocele [‚ɛərəʊ‚si:l] воздушная киста; воздушная полость

aerocolia ['ɛərəʊ‚kəʊliə] метеоризм

aerocyst ['ɛərəʊsist] воздушная киста

aerocystography [‚ɛərəʊsis'tɒgrəfi] пневмоцисто(рентгено)графия

aerocystoscope [‚ɛərəʊ'sistəʊ‚skəʊp] аэроцистоскоп (цистоскоп с устройством для введения воздуха в мочевой пузырь)

aerodermectasia [‚ɛərəʊdə:mək'teiziə] подкожная эмфизема

aerodontalgia [‚ɛərəʊdɒn'tældʒiə] аэродонталгия (боль в зубах, вызванная резким перепадом атмосферного давления)

aeroembolism [‚ɛərəʊ'embəʊlizm] 1. воздушная эмболия, аэроэмболия 2. декомпрессионная болезнь

aeroemphysema [‚ɛərəʊ‚emfi'zi:mə] 1. воздушная эмфизема (при декомпрессионной болезни) 2. хроническая эмфизема лёгких у лётчиков

aerogastria [‚ɛərəʊ'gæstriə] растяжение желудка воздухом

aerogen ['ɛərəʊʤen] газообразующий микроорганизм

aerogenic [‚ɛərəʊ'ʤenik], **aerogenous** [‚ɛərəʊ'ʤenəs] аэрогенный, газообразующий (о микроорганизме)

aerogoniscope [‚ɛərəʊ'gəʊniskəʊp] прибор для собирания органической пыли в воздухе

aerogram ['ɛərəʊ‚græm] пневмо(рентгено)грамма

aeroionotherapy [‚ɛərəʊ‚aiəʊnəʊ'θerəpi] аэроионотерапия

aeromammography [‚ɛərəʊmæ'mɒgrəfi] рентг. пневмомаммография, пневмография молочной железы

aerometer [ɛə'rɒmətə] прибор для измерения плотности газов

aeromorphosis [‚ɛərɒmɔ:'fəʊsis] аэроморфоз (изменение формы или строения под воздействием атмосферных явлений)

aeroneurosis [‚ɛərəʊnu:'rəʊsis] аэроневроз (невротическое расстройство лётчиков)

aerootitis [‚ɛərəʊəʊ'taitis] аэроотит; баротит

aeropack [ɛərəʊ'pæk] аэротенк-отстойник

aeropathy [ɛə'rɒpəθi] аэропатия (патологическое состояние, обусловленное воздействием атмосферных явлений)

aeroperitoneum [‚ɛərəʊperi'təʊniəm], **aeroperitonia** [‚ɛərəʊperi'təʊniə] пневмоперитонеум, аэроперитонеум

aerophagia [‚ɛərəʊ'feiʤiə], **aerophagy** [‚ɛərəʊ'feiʤi] аэрофагия (заглатывание воздуха)

aerophil ['ɛərəʊfil] аэрофил, облигатный аэроб

aerophilous [ɛə'rɒfiləs] бакт. аэрофильный, аэробный, нуждающийся в кислороде

aerophobia ['ɛərəʊ'fəʊbiə] аэрофобия (1. патологическая боязнь свежего воздуха или сквозняков 2. боязнь полёта)

aerophyte ['ɛərəʊfait] аэрофит (аэробный растительный организм)

aeropiesotherapy [‚ɛərəʊpai‚isəʊ'θerəpi] аэропьезотерапия (лечение при помощи сжатого или разреженного воздуха)

aeropleura [ˌɛərəʊˈpluːrə] пневмоторакс

aeroscope [ˈɛərəʊˌskəʊp] аэроскоп *(прибор для исследования загрязнений воздуха)*

aerosinusitis [ˌɛərəʊˌsainəˈsaitis] аэросинусит *(баротравма придаточных пазух носа)*

aerosis [ˌɛəˈrəʊsis] образование газа в тканях

aerosol [ˈɛərəʊsɒl] аэрозоль

  bland ~ мелкодисперсный аэрозоль

  charged ~ заряженный аэрозоль

  detergent ~ очищающий аэрозоль

  isodisperse ~ изодисперсный аэрозоль

  nebulized ~ распылённый аэрозоль

  pollutant ~s загрязняющие аэрозоли

  standard reference ~ стандартный [эталонный] аэрозоль

aerosolization [ˌɛərəʊˌsɒliˈzeiʃn] 1. применение аэрозолей 2. образование аэрозолей

aerostatotherapy [ˌɛərəʊˌstætəʊˈθerəpi] лечение разреженным воздухом, гипобаротерапия

aerotank [ˌɛərəʊˈtæŋk] аэротенк, аэрокоагулятор *(сооружение для биохимической очистки сточных вод)*

aerotaxis [ˌɛərəʊˈtæksis] аэротаксис *(движение микроорганизмов к источнику кислорода)*

aerotherapeutics [ˌɛərəʊˌθerəˈpjuːtiks], **aerotherapy** [ˌɛərəʊˈθerəpi] 1. аэротерапия, лечение воздушными ваннами 2. лечение воздействием повышенного или пониженного давления 3. искусственная вентиляция лёгких

aerotitis [ˌɛərəʊˈtaitis] *см.* **aerootitis**

aerotonometer [ˌɛərəʊtəˈnɒmətə] 1. манометр 2. прибор для измерения парциального давления газов в крови

aerotropic [ˌɛəˈrɒtrəʊpik] *микр.* аэротропный

aerotropism [ˌɛəˈrɒtrəʊpizm] *микр.* аэротропизм

aerstates [ɛəˈsteits] 1. веснушки 2. солнечный ожог

aeruginous [iˈruːʤinəs] медно-зелёный

aerumna [iˈrʌmnə] депрессия в сочетании с физическим недомоганием

aesculapian [ˌeskjʊˈleipiən] 1. эскулапов *(относящийся к Эскулапу, искусству врачевания и врачу)* 2. врач

Aesculapius [ˌeskjʊˈleipiəs] Эскулап *(бог врачевания и медицины в греческой мифологии)*

aesthesia [iːsˈθiːziə] чувствование, ощущение

aesthesic [iːsˈθezik] *см.* **aesthetic**

aesthesiography [iːsˌθeziˈɒɡrəfi] *см.* **esthesiography**

aesthesiomania [iːsˌθiːziəʊˈmeiniə] психотическое расстройство, характеризующееся нарушением моральных и поведенческих правил

aesthesioneurosis [iːsˌθiːziəʊnuːˈrəʊsis], **aesthesionosus** [esˌθiːziːˈɒnəʊsəs] *см.* **esthesioneurosis**

aesthetic(al) [esˈθetikəl] 1. эстетический *(о косметической операции)* 2. относящийся к чувствительности или ощущению

aesthetics [esˈθetiks] эстетика

aestho-physiology [ˌiːsθəʊfiziˈɒləʤi] физиология органов чувств

aestival [ˈestivəl] летний

aestus [ˈestəs] внезапные приливы жара или покраснения лица

aetinymous [iˈtainiməs] относящийся к терминам-эпонимам болезней *(названных по собственным именам)*

aetiology [ˌiːtiˈɒləʤi] *англ.* этиология; *см. тж.* **etiology**

~ of shunt colonization причина бактериальной колонизации шунта

  uncertain ~ неизвестной [невыясненной] этиологии

afebrile [əˈfebril] безлихорадочный, апиретический

aferesis [əˈferisis] аферез *(1. устранение, напр., избыточного холестерина из крови 2. выделение компонентов крови)*

afetal [æˈfiːtəl] 1. афетальный *(не относящийся к плоду или его внутриутробному развитию)* 2. не содержащий плода; бесплодный

affair [əˈfɛə] дело; занятие

  extramarital ~s внебрачные связи

  social ~s социальное обеспечение

affect [ˈæfekt] 1. аффект *(внезапно возникшее, относительно кратковременное, сильно и бурно протекающее эмоциональное переживание)*; эмоциональная реакция 2. поражение; повреждение ‖ поражать; влиять; воздействовать

  ~ of the foot поражение стопы

  abnormal ~ патологический аффект

  adverse ~ нежелательное повреждение, побочное действие

  blunted ~ притуплённость эмоциональной реакции

  flat ~ уплощённый аффект

  floating ~ *психоан.* несвязанный аффект

  lesions ~ патологический процесс

  psychological ~ выражение психологического состояния *(эмоций, страстей, чувств, мыслей)*

  restricted ~ ограниченный [сдержанный] аффект

  strangulated ~ стеснённый [подавленный] аффект

affectability [əˌfektəˈbiliti] возбудимость; вспыльчивость; аффективность; эмотивность

affectate [əfekˈteit] аффектировать, изображать аффект

affectation [əfekˈteiʃn] *психол.* аффектация; наигрыш

affect-charged [əˈfekt-tʃaːʤd] сопровождаемый аффектом *(об идеях, образах и пр.)*; аффектированный

affectdelikt [əˈfektdəlikt] *нем.* правонарушение в состоянии аффекта

affected [əˈfektid] страдающий *(каким-л. недугом)*; поражённый *(болезнью)*; больной

  ~ by environment conditions находящийся под воздействием окружающей среды

affecter [əˈfektə] аффектор

  ~ of delayed hypersensitivity аффектор гиперчувствительности замедленного типа

affecting [əˈfektiŋ] 1. поражающий; ухудшающий 2. оказывающий действие, воздействующий, влияющий

affection [əˈfekʃn] 1. болезнь; патологический процесс; повреждение 2. аффективная сфера; аффектация 3. любовь; привязанность; расположение 4. влияние

  ~s cardiovasculares сердечно-сосудистые болезни

  ~ of mammae поражение молочной железы *(напр. опухолью)*

  adnexal ~ болезнь придатков матки

  apical ~ of the lung патологический процесс в верхушке лёгкого

  coexistent ~ сочетанное поражение

  febrile ~ приступ лихорадки; лихорадка

focal-cicatrical ~ очагово-рубцовый процесс

glomerular ~ поражение почечных клубочков

increased ~ 1. *псих.* повышенная эмоциональность 2. повышенная привязанность

mental ~ психоз

overall ~ тотальное поражение

painful ~ сильная болевая реакция *(напр. при невралгии)*

partial ~ частичная привязанность

reciprocal ~ взаимная привязанность

respiratory ~ затруднение [нарушение] дыхания

shock ~ аффективно-шоковая психогенная реакция, «двигательная буря»

valvular ~ порок клапанов *(сердца)*

affectionate [ə'fekʃnit] *псих.* любящий, нежный, ласковый

affective [ə'fektiv] аффективный; эмоциональный; возбудимый

affectivity [æfek'tiviti]:

flattened ~ уплощённая аффективность

shallow ~ поверхностная аффективность

affectless [ə'fektləs] ареактивный

affectomotor [ə,fektəʊ'məʊtə] эмоционально-двигательный

afferent ['æfərənt] афферентный, приносящий, восходящий, центростремительный; притекающий *(о лимфе)*

afferentation [,æfərən'teiʃn] афферентация *(1. поток нервных импульсов, поступающих от рецепторов в ЦНС 2. поток импульсов, поступающих к клетке)*

affiliate [ə'filieit] **1.** усыновлять **2.** устанавливать отцовство **3.** присоединять **4.** коллега; член *(напр. ассоциации)*

affiliation [əfili'eiʃn] **1.** аффилиация *(1. усыновление 2. потребность в общении, эмоциональной эмпатии, контактах с другими людьми 3. присоединение к группе; приём в члены общества)* **2.** установление отцовства **3.** объединение; установление связи

affinae [ə'finə] *демогр.* находящийся в родстве *(по браку)*

affined [ə'faind] родственный, сходный *(вследствие родства)*

affinity [ə'finiti] **1.** аффинитет *(сродство, напр., кислорода и гемоглобина)* **2.** родство; филогенетическая близость; связь **3.** сходство, подобие **4.** влечение; симпатия; дружеское расположение; общительность

~ of aggregation молекулярное притяжение

~ of composition способность к образованию соединений

~ of hemoglobin oxygenium аффинитет [сродство] кислорода к гемоглобину

apparent ~ кажущееся сродство

appreciable ~ заметное сродство

differential ~ дифференциальное сродство

dye ~ *гист.* сродство к красителю

elective ~ избирательное сродство

fluorescein-protein ~**ies of tumors** поглощение опухолями белка, меченного флуоресцином

genetic ~ (фило)генетическое родство, генетическая связь

hemoglobin oxygen ~ сродство гемоглобина к кислороду

multifiber ~ сродство ко многим видам волокон

mutual ~ взаимное сродство

oxidation ~ окислительное сродство

reduction ~ восстановительное сродство

Rh ~ резус-принадлежность

selective ~ избирательное сродство

substrate ~ сродство к субстрату

testosterone-binding ~ тестостерон-связующее сродство

affirmation [,æfə'meiʃn] **1.** утверждение; подтверждение **2.** самовнушение в аутотренинге

affixion [əfik'seiʃn] **1.** прикрепление **2.** связанность

afflict [ə'flikt] **1.** поражать *(болезнью)* **2.** огорчать; беспокоить; причинять боль, страдание

affliction [ə'flikʃn] **1.** болезнь, недуг; поражение; физический недостаток **2.** печаль, скорбь

unexplained ~ необъяснимое [неустановленное] поражение

affluence ['æfluəns] **1.** изобилие, избыток **2.** наплыв, приток, прилив *(крови)*

affluenza [,æflu'enzə] аффлюэнца *(нарушение психики, обусловленное богатством)*

afflux(ion) ['æflʌks(ʃn)] приток, прилив *(крови)*; скопление *(жидкости)*

affusion [ə'fju:ʒn] обливание водой *(в лечебных целях)*

Afgan ['æfgʌn] *sl.* гашиш из Афганистана

afibrinogenemia [ə,faibrinəʊʤə'ni:mi:ə] гипо- или афибриногенемия

aflagellar [ə'fleiʤelə] лишённый жгутиков

aflame [ə'fleim] в огне; пылающий

aflatoxicosis [,æflə,tɒksi'kəʊsis] афлатоксикоз *(отравление афлатоксином грибов)*

aflatoxin [,æflə'tɒksin] афлатоксин *(токсичный продукт обмена грибков Aspergillus)*

afraid [ə'freid] бояться ‖ боязливый, испуганный

afteraction ['a:ftə,ækʃn] последействие *(напр. раздражителя)*

afterbirth ['a:ftə,bə:θ] **1.** *акуш.* плацента, послед **2.** ребёнок, родившийся у пожилых родителей

after-born ['a:ftə,bɔ:n] **1.** родившийся последним, «послед» **2.** родившийся после смерти отца

afterbrain ['a:ftə,brein] задний мозг

aftercare ['a:ftə,keə] **1.** уход за выздоравливающим; ведение больного после операции или женщины после родов **2.** реабилитация

aftercataract ['a:ftə,kætərækt] вторичная катаракта, рецидив катаракты

aftercoming ['a:ftə,kʌmiŋ]:

~ of head прорезывание головки

after-damp ['a:ftə-dæmp] рудничный газ *(с большим содержанием углекислоты)*

afterdischarge [,a:ftə'distʃʌʤ] следовая реакция после прекращения раздражения, разряд последействия

aftereffect [,a:ftə'ifekt] последействие; гистерезис

~s of head injury остаточные явления черепно-мозговой травмы

~ of poisons последействие ядов

after-effectiveness ['a:ftə-i'fektivnəs] последействие *(напр. приёма лекарств)*

after-examination ['a:ftə-igzæmi'neiʃn] последующее наблюдение за больным

after-fever ['ɑːftə-'fiːvə] травматическая лихорадка

afterfiltration [ˌɑːftəfil'treiʃn] вторичная [контрольная] фильтрация; последующая фильтрация

aftergolding [ˌɑːftə'gəuldiŋ] *гист.* обработка ткани солями золота

afterhearing ['ɑːftəˌhiəriŋ] субъективное ощущение уже отсутствующего звука

afterhistory ['ɑːftəˌhistəri] отдалённые результаты лечения

afterimage ['ɑːftərimiʤ] **1.** *офт.* последовательный образ **2.** *психол.* послеобраз *(субъективное зрительное ощущение, сохраняющееся по прекращении действия раздражителя)*

afterimpression ['ɑːftərimpreʃn] следовая реакция

after-life ['ɑːftəlaif] позднейший период жизни

afterload ['ɑːftələud] **1.** зарядка радиоактивным источником **2.** нагрузка, преодолеваемая мышцей при сокращении **3.** сила, регистрируемая при сокращении мышцы **4.** постнагрузка *(давление крови в магистральных артериях в момент систолы)*

  increased ~ увеличение нагрузки *(напр. вследствие высокого давления)*

  ventricular ~ рефрактерная фаза желудочков сердца; правожелудочковая постнагрузка

afterloader ['ɑːftəˌləudə] радиоактивный препарат для последовательного введения

afterloading ['ɑːftəˌləudiŋ] афтерлодинг *(введение через эндостат радионосных игл в опухоль)*

  remote ~ дистанционное введение радиоактивного препарата

  simple ~ ручное последовательное введение радиоактивного препарата

aftermath ['ɑːftəˌmæθ] **1.** последствие **2.** послеродовые схватки

  ~ of a depressive illness последствия депрессивного состояния

  ~ of epidemics 1. последствия эпидемии **2.** меры по ликвидации последствий эпидемии

aftermovement [ˌɑːftə'muːvmənt] последвижение, Конштамма феномен *(непроизвольное сокращение мышц руки после освобождения её от прижатого состояния)*

afternystagmus ['ɑːftənisˌtægməs] *физиол.* постнистагм

afterpain ['ɑːftəˌpein] боль, испытываемая после чего-л.; *pl.* болезненные послеродовые схватки

after-perception [ˌɑːftəpə'sepʃən] **1.** последовательное восприятие *(ощущение)* **2.** ощущение стимула *(запаха, вкуса)* после устранения его источника

afterpotential [ˌɑːftəpə'tenʃəl] следовой потенциал *(напр. на электрокардиограмме)*, потенциал последействия

  depolarizing ~ следовой потенциал деполяризации

  negative ~ отрицательный потенциал последействия

aftersensation [ˌɑːftəsen'seiʃn] следовая реакция *(сохранение ощущения после прекращения действия возбудителя)*

aftersound ['ɑːftəˌsaund] послезвучание *(субъективное ощущение уже отсутствующего звука)*

afterstain ['ɑːftəˌstein] дополнительная окраска; контрастная окраска *(напр. для выявления цитоплазматических включений)*

aftertaste ['ɑːftə'teist] последовательное вкусовое ощущение; остающийся привкус *(после еды, курения и т. п.)*

aftertreatment [ˌɑːftə'triːtmənt] **1.** последующее лечение, долечивание **2.** реабилитация

aftertrouble ['ɑːftəˌtrʌbl] осложнение, последствие болезни

aftervision [ˌɑːftə'viʒən] *офт.* последовательный образ

afterwrist ['ɑːftərist] запястье

aftosa [ɑ:f'təuzə] ящур

afunction [ə'fʌŋkʃn] нефункционирование, прекращение функции, действия

agalactia [ˌægə'lækʃiə] агалактия *(отсутствие секреции молока после родов)*

agalaxia [ˌægə'læksiə], **agalaxy** [ˌægə'læksi], **agalorrhea** [əˌgæ'ləuriə] *см.* **agalactia**

agalma [ə'gælmə] *психоан.* фаллический блеск объекта

agammaglobulinemia [æˌgæməˌglɒbjuli'niːmiə] агаммаглобулинемия, гипогаммаглобулинемия, синдром дефицита антител

  swiss-type ~ агаммаглобулинемия швейцарского типа

  X-linked ~ сцепленная с Х-хромосомой агаммаглобулинемия

agamogenesis [ˌægəməu'ʤenəsis], **agamogony** [ˌægə'mɒgəni] агамогенез, бесполое размножение, партеногенез

agamont ['ægəmɒnt] шизонт

agamospecies [ˌægæmə'spiːʃiːz] *биол.* агамный вид, вид с бесполым размножением

agamospirura [ˌægæməspai'ruːrə] агамоспирура *(личинка нематод)*

agamy [ə'gæmi] **1.** врождённое отсутствие половых органов **2.** *демогр.* безбрачие, постепенное исчезновение браков

aganglionosis [əgˌæŋgliːɒ'nəusis]:

  intestinal ~ аганглиоз кишечника

  rectocolic ~ аганглиоз прямой и ободочной кишок, Гиршпрунга болезнь

agape [ə'geip] агапэ *(жертвенная и снисходящая любовь к ближнему)*

agar ['ægɑː]:

  base ~ основной агар *(основа питательной среды без добавок)*

  beef-extract ~ мясопептонный агар

  beer-wort ~ агар на пивном сусле

  bile salt ~ жёлчный агар

  bismuth-sulfite ~ висмут-сульфитный агар

  blood ~ кровяной агар

  cetrimide ~ питательный агар с цетримидом

  chocolate ~ «шоколадный» агар

  corn-meal ~ агар на отваре из кукурузной муки

  crystal violet blood ~ кровяной агар с кристаллвиолетом

  cystine blood ~ кровяной агар с цистином

  Czapek's ~ Чапека агар *(полусинтетическая твёрдая среда для культивирования грибов и актиномицетов)*

  desoxycholate-citrate ~ цитратный агар с дезоксихолатом натрия

  egg yolk ~ яично-желточный агар

  Endo ~ фуксиновый агар, Эндо среда

  eosin-methylene blue ~ агар с эозином и метиленовым синим

  glucose ~ глюкозный агар

iron(-sulfite) ~ железосульфитный агар, Вильсона – Блера среда

Kligler iron ~ агар Клиглера с цитратным железом

lactose-litmus ~ лактозолакмусовый агар

laked blood ~ агар с лаковой кровью

liver ~ печёночный агар *(для выделения газообразующих анаэробов)*

lysed blood ~ *см.* **laked blood** ~

malt ~ солодовый агар

meat infusion ~ *см.* **beef-extract** ~

milk double-digest ~ молочный агар двойного переваривания *(ферментами)*

nutrient ~ питательный агар

oblique ~ косой [скошенный] агар

phenolphthalein phosphate ~ агар с фенолфталеином

plain ~ *см.* **base** ~

potato blood ~ картофельно-глицериновый кровяной агар, Борде – Жангу среда

potato dextrose ~ картофельный агар с декстрозой

purple lactose ~ *лаб.* агар для выделения колиформ

rabbit-blood ~ агар с кроличьей кровью

Sabouraud ~ Сабуро агар *(с глюкозой)*

selective enteric ~ селективный агар для кишечных микроорганизмов

semisolid ~ полужидкий агар

sensitivity ~ индикаторный агар *(содержащий антибиотики для анализа чувствительности к ним размножаемых микроорганизмов)*

serum ~ агар с сывороткой крови, сывороточный агар

slant [slope] ~ скошенный [косой] агар

soft ~ мягкий агар *(верхний слой агара при двухслойном методе посева)*

soy glucose ~ агар с глюкозой и соей

starvation ~ «голодный» агар *(на минимальной питательной среде или воде)*

stiff ~ твёрдый агар

sugar ~ сахарный агар, мясопептонный агар с сахарами

tributyrin ~ агар с глицерил-трибутиратом *(дрожжевой)*

tryptone-glucose extract ~ триптоноглюкозный агар

viole-red bile ~ агар с жёлчью и фиолетовым красным

wort ~ сусло-агар, сусловый агар

yeast extract ~ агар с дрожжевым экстрактом

agar-dilution ['æga:-dai'lu:ʃn] метод серийных разведений в агаре

agaric[1] [ə'gærik] агаровый

agaric[2] **1.** съедобный гриб **2.** *pl., микол.* пластинниковые (Agaricaceae)

fly ~ мухомор (Amanita muscaria)

honey ~ опёнок настоящий (Armillfria mellea)

male ~ трутовик ложный (Phellinus igniarius)

white ~ губка медицинская, губка лиственничная (Fomitopsis officinalis)

agaricole [ə'gæri,kəʊl], **agaricolous** [ə'gæri,kəʊləs] живущий на грибах

Agaricus [ə'gærikəs]:

~ **xanthoderma** *токс.* шампиньон карболовый, или чернильный

agarose ['ægərəʊs] *биохим.* агароза

beaded ~ гранулированная агароза

low-electroendosmotic flow ~ агароза с низким электроэндосмосом, изогельагароза

molten ~ расплавленная агароза

agar-producing ['æga:-prə'dju:siŋ] агарообразующий

agar-streak ['æga:-stri:k] штриховая культура бактерий на агаре

agar-tube ['æga:-tju:b] пробирка с агаром *(для реакции иммунодиффузии в агаровом геле)*

agastria [ə'gæstriə] агастрия *(врождённое отсутствие верхней части брюшной стенки и органов верхнего отдела брюшной полости)*

agave [ə'geiv] агава американская, столетник, американское алоэ

age ['eidʒ] **1.** возраст || определять возраст **2.** период, эпоха **3.** старость || стареть; изменяться во времени **4.** совершеннолетие **5.** поколение **6.** срок службы, срок годности *(лекарственного препарата)*

~ **of bloodstain** *суд. мед.* давность пятна крови

~ **of consent 1.** совершеннолетие **2.** брачный возраст; «возраст согласия» *(в котором человек легитимно может вступить в брак или половые отношения)*

~ **of discretion** *см.* ~ **of innocence**

~ **of human life** средняя продолжительность жизни человека

~ **of innocence** возраст, с которого человек считается ответственным за свои поступки *(в Англии – 14 лет)*

~ **of majority** *англ.* совершеннолетие

~ **of onset** возраст начала, дебюта *(заболевания)*

~ **of process** давность (патологического) процесса

~ **of teething** время прорезывания зубов

~ **of transitions** переходный период *(напр. от детского возраста к юношеству)*

to act [to be] one's ~ вести себя сообразно своему возрасту

to be [to come] of ~ достигать совершеннолетия *(в Англии – 21 год)*

achievement ~ соответствие умственного развития ребёнка среднему уровню развития в данном возрасте

actual ~ календарный [хронологический, паспортный] возраст

adult ~ взрослость, возмужалость; совершеннолетие

advanced ~ пожилой возраст; старческий возраст, старость

anatomical ~ морфологический [соматический] возраст

awkward ~ переходный возраст

Binet ~ *см.* **developmental** ~

bone ~ *рентг.* костный возраст

breeding ~ *биол.* возраст полового созревания; срок первого спаривания; случной возраст

childbearing [child-producing] ~ детородный [репродуктивный] возраст *(15–44 года)*

chronologic(al) ~ календарный [хронологический, фактический] возраст

coital ~ сроки зачатия

conceptional ~ *см.* **gestational** ~

critique ~ климактерический период

culture ~ возраст культуры; клеточная плотность культуры

dependent ~ непроизводительный возраст *(до 15 и после 65 лет)*

development ~ подростковый возраст

developmental ~ Бине – Симона психический возраст *(уровень умственного развития ребёнка по отношению к стандартизованным группам)*

distribution ~ пенсионный возрастной состав

ecological ~ экологический возраст

elementary school ~ младший школьный возраст

estimated ~ оценка достоверности возраста, возраст по оценке

extreme old ~ престарелый возраст, глубокая старость

fertile ~ *см.* **childbearing** ~

fertilization [fetal] ~ *см.* **gestational** ~

full ~ совершеннолетие; возмужалость

gestational ~ внутриутробный [гестационный] возраст *(число недель от 1 дня последней менструации до рождения ребёнка – 38–42 недели)*

giving ~ возраст трудовой деятельности

high [increasing] ~ преклонный [пожилой] возраст

infantile ~ детский возраст

juvenile ~ юношеский возраст *(у мужчин с 17 до 21 года, у женщин с 16 до 20 лет)*

lawful ~ гражданское совершеннолетие

legal ~ *см.* ~ **of consent**

limiting ~ предельный возраст *(для приёма на страхование)*

marriage ~, **marriageable** ~ *см.* ~ **of consent**

mature ~ зрелый возраст *(у мужчин с 21 до 60 лет, у женщин с 20 до 55 лет)*

maximum ~ наибольший срок службы, максимальный возраст

mean ~ **at death** средний возраст умерших

mean ~ **of childbearing in the population** средний возраст женщины при рождении ребёнка

mean ~ **of population** средний возраст живущих

median ~ медиана возрастного состава населения; медианный возраст; средний

mental ~ *см.* **developmental** ~

menstrual ~ срок беременности, возраст эмбриона *(плода)*

middle ~ средний возраст

military ~ призывной возраст

minimum ~ **of marriage** минимальный возраст вступления в брак

modal ~ **at death** наиболее вероятный возраст смерти

neonatal ~ неонатальный возрастной период, период новорождённости *(до 4 недель)*

old ~ старческий возраст *(выше 70 лет)*

ovulational ~ возраст плода *(исчисляется с момента овуляции)*

parental ~ возраст родителей

past retiring ~ старше пенсионного возраста

perimenopausal ~ климактерический возраст, в менопаузе

physical ~ морфологический [соматический] возраст

physiological ~ биологический [анатомо-физиологический] возраст

pivotal ~ граница возрастного интервала

postchildbearing ~ возраст за пределами детородного периода

postnatal ~ постнатальный возрастной период

premenopausal ~ предклимактерический возраст, в пременопаузе

prepubertal ~ препубертатный возраст

presenile ~ пожилой возраст *(у мужчин с 60 до 75 лет, у женщин с 55 до 75 лет)*

primary school ~ младший школьный возраст

productive ~ производительный возраст *(15–65 лет)*

pubertate ~ пубертатный [подростковый] возрастной период, период полового созревания *(у мальчиков с 13 до 18 лет, у девочек – с 12 до 16 лет)*

rebellious ~ возрастное упрямство, «трудный» возраст

reproductive ~ возраст половой зрелости

retirement ~ пенсионный возраст *(65 лет для мужчин, 60 – для женщин, США)*

school leaving ~ минимальный возраст выпускника средней школы *(16 лет)*

secondary school ~ средний и старший школьный возраст *(12–17 лет)*

senescent ~ стареющий

service ~ призывной возраст

singulate mean ~ **at marriage** расчётный средний возраст вступления в первый брак

sulky ~ возрастной криз *(упрямство, непослушание и пр.)*

tender ~ ранний возраст

very low gestational ~ глубокая недоношенность

weaning ~ возрастной отъём *(от грудного кормления)*

young [younger] ~ молодой возраст

youthful ~ юношеский возраст

age-adjusted [ˈeiʤ-əˈdjʌstid] стандартизованный по возрастам

age-associated [ˈeiʤ-əˈsəuʃieitid] связанный, или обусловленный, возрастом *(напр. о памяти)*

age-bracket [ˈeiʤ-ˈbrækit] молодой возраст *(20–30 лет)*

age-composition [ˈeiʤ-ˈkɒmpəziʃn] возрастной состав

aged [ˈeiʤd] лица пожилого и старческого возраста ‖ старый, достигший пожилого возраста, старческий

age-grade [ˈeiʤ-greid], **age-group** [ˈeiʤ-gruːp] возрастная группа

age-heaping [ˈeiʤ-ˈhiːpiŋ] возрастная аккумуляция *(объединение возрастов в группы, обычно оканчивающиеся на 0 или на 5)*

ageism [ˈeiʤizm] **1.** межвозрастная конкуренция *(у детей)* **2.** возрастная дискриминация *(особенно по отношению к лицам пожилого возраста)*

age-matched [ˈeiʤ-mætʃid] соответствующего *(одинакового)* возраста

agency [ˈeiʤənsi] **1.** агентство; орган *(учреждение)* **2.** действие, влияние, деятельность; сила, фактор **3.** средство **4.** содействие, посредничество

adoption ~ орган усыновления

benefit ~ исполнительный орган *(власти)*

environmental ~ фактор окружающей среды

government ~ правительственная организация

health ~ учреждение здравоохранения, лечебно-профилактическое учреждение

insurance ~ страховая компания

AGE

law enforcement ~ орган по поддержанию порядка, правоохранительный орган

regulatory ~ контрольный орган

specialized ~ies специализированные учреждения *(ООН)*

voluntary social ~ добровольное социальное учреждение

welfare ~ благотворительный орган

Agency *см.* Приложение

agenda [ə'ʤendə] **1.** повестка дня *(конференции, съезда)* **2.** последовательность операций *(в ЭВМ)*

agenesia [ˌæʤə'niːzɪə], **agenesis** [ə'ʤenəsɪs] **1.** агенезия *(врождённое отсутствие закладки органа)* **2.** бесплодие

anorectal ~ агенезия анального канала и прямой кишки

bilateral renal ~ двусторонняя агенезия почек, Поттера синдром

callosal ~ агенезия мозолистого тела

gonadal ~ агенезия гонад

sacral ~ агенезия [отсутствие] крестца

segmental ~ сегментарная агенезия *(напр. тонкой кишки)*

agenitalism [ə'ʤenitəlizm] агенитализм, евнухоидизм *(аномалия, связанная с нарушением внутренней секреции яичек)*

agenosomia [əˌʤenəʊ'səʊmɪə] врождённое отсутствие или дефект развития генитилий

agent ['eiʤənt] **1.** агент; фактор; способ, средство; действующая сила **2.** возбудитель болезни; микроорганизм *(микроб, вирус)* **3.** представитель; посредник **4.** отравляющее вещество

~ **of disease** болезнетворный [патогенный] агент, возбудитель болезни

~ **of infection** возбудитель инфекционного заболевания

absorbing [absorptive] ~ абсорбент, абсорбирующее вещество

acidifying ~ средство, повышающее кислотность

acquisition ~ страховой агент

activating ~ активирующий агент

adrenergic ~s адренергические средства

adrenoceptor blocking ~ адреноблокирующее [адренолитическое] средство, адреноблокатор, адренолитик

aggregating ~ препарат, вызывающий агрегацию *(напр. тромбоцитов)*

alkaline ~ щелочное вещество

alkylating ~ алкилирующее вещество, алкилирующий агент

anorectic ~ анорексант *(средство, угнетающее аппетит)*

antiallergic ~ противоаллергический препарат

antianxiety ~ противотревожное [анксиолитическое, антифобическое] средство, анксиолитик; транквилизатор

antibacterial ~ бактерицидный препарат

antiblocking ~ антиадгезивное вещество

anticancer ~s противоопухолевые средства

anticaries ~ противокариозное средство

anticomplementary ~ антикомплементарное вещество

antidepressant GABA-ergic ~ ГАМК-ергический антидепрессант

antifouling ~ средство, препятствующее обрастанию микроорганизмами

antifungal ~ фунгицидное [противогрибковое] средство

antihypertensive ~ антигипертензивный препарат

anti-infective ~ дезинфицирующее средство

antimicrobial ~ антимикробное [противомикробное] средство

antimosquito ~ антикомариное средство

antimycotic ~ *см.* **antifungal** ~

antipersonal biological ~ биологический возбудитель болезни человека

antiplatelet ~ агент, препятствующий склеиванию тромбоцитов

antistatic ~ антистатик

antitussive ~ противокашлевый препарат

antiviral ~ противовирусное средство

augmenting ~s наиболее эффективные средства

betasympathomimetic ~ бета-симпатомиметический препарат

biocontrol ~ биоконтролирующий агент *(средство биологической борьбы с вредными организмами)*

bridging ~ *ген.* мостикообразующий [перекрёстно-сшивающий] агент

bulking ~ *фарм.* наполнитель

calcium channel-blocking ~ блокатор кальциевых каналов *(антагонист кальция)*

calcium mobilizing ~ кальциймобилизующий агент; кальцийионофор

carrying ~ **1.** переносчик *(напр. инфекции)* **2.** носитель *(напр. радиоактивной метки)*

catalytic ~ катализатор

causal [causative] ~ **1.** возбудитель, переносчик *(болезни)* **2.** этиологический [причинный] фактор *(заболевания)*

caustic ~ едкое вещество

chelating ~ комплексон, хелатирующее [соединение] вещество, хелатообразующий агент *(образующий стабильный водорастворимый комплекс с ионами металлов и ядами; используют как антидот)*

chemical ~ химический агент; реагент; реактив

chemotherapeutic ~ химиопрепарат

clarifying [cleaning] ~ **1.** осветлитель, реагент для осветления **2.** моющее средство

cleaving ~ расщепляющий агент

coagulating ~ коагулянт

coloring ~ пигмент, краситель

competitive blocking ~ *см.* **neuromuscular blocking** ~

complexing ~ *см.* **chelating** ~

conserving ~ консервирующее средство, стабилизатор

contrast ~ контрастное средство

cooling ~ хладагент, охлаждающее средство

corrosive ~ вещество, вызывающее коррозию

coupling ~ **1.** *ген.* смешивающий [сшивающий, связывающий] агент, линкер **2.** *биохим.* сопрягающий фактор

credit ~ *см.* **acquisition** ~

cross-linking ~ перекрёстно-смешивающий [бифункциональный] агент

cryoprotective ~ криопротекторный агент *(предупреждающий повреждение клеток при замораживании)*

cytostatic ~ цитостатик *(агент, приостанавливающий рост и деление клеток)*

cytotoxic ~ цитотоксический агент

decontamination ~ дезактивационное [обеззараживающее] средство

depilating ~ депилятор *(средство для удаления волос)*

50

diagnostic ~ диагностическое средство

disease ~ *см.* **causal** ~

dispersion ~ диспергатор, диспергирующее средство

dissolving ~ растворитель, растворяющий агент

drying ~ осушитель, десиккант

Eaton ~ микоплазма Итона, микоплазма пневмонии

environmental ~s факторы окружающей среды

effective ~ действующее начало

etiologic ~ *см.* **causal** ~ 2

filling ~ наполнитель; добавка

fixing ~ 1. закрепитель, фиксатор 2. склеивающий агент

flavoring ~s вкусовые вещества, ароматизаторы

fluoration ~ фторирующий реагент

food coloring ~s пищевые красители

fusing ~ фактор, вызывающий слияние клеток

gadolin-based contrast ~ рентгеноконтрастный препарат на основе гадолиния

gelling ~ желатинирующий агент

germicidal ~ бактерицидное средство

gonadotropin-releasing ~ гонадотропный рилизинг-фактор

hardening ~ 1. отвердитель 2. дубильное вещество

heat-carrying ~ теплоноситель

heat-removing ~ хладагент, охладитель

hemostatic ~ гемостатическое средство

hypoglycemic ~ сахароснижающее средство

immune-response modulating ~ иммуномодулирующий фактор, иммуномодулятор, иммунокорректор

immunizing ~ иммунизирующее вещество *(напр. антиген; вакцина)*

immunosuppressive ~ иммунодепрессивное средство, иммунодепрессант, иммуносупрессор

induction ~ средство для вводного наркоза

infectious ~ возбудитель инфекции, инфекционный агент

initiating ~ провоцирующий фактор; первичный агент

insurance ~ страховой агент

iron-chelating ~ агент, образующий комплексные соединения с железом, хелоны

larvicidal ~ ларвицид

linking ~ *см.* **coupling** ~

medicinal ~ лекарственное средство, лекарственный препарат

membrane-acting ~ мембранотропный агент

metalchelating ~ металлохелирующий агент

moistering ~ *фарм.* увлажняющее средство

mutagenic ~ мутаген *(агент, способный вызывать изменения в гене, мутацию)*

neoplastic ~ канцероген, онкоген

neuromuscular blocking ~ миорелаксант

noxious ~ вредный [болевой, токсический] фактор

offending ~ 1. аллерген 2. повреждающий [раздражающий, провоцирующий] фактор

Orange ~ Орандж *(гербицид и дефолиант, применявшийся американской армией во Вьетнаме; способствует терато- и канцерогенезу)*

oxidizing ~ окисляющий агент, окислитель, оксидант

penetrating ~ проникающий агент *(напр. в рану)*

pest-control ~s вещества, лимитирующие численность насекомых-вредителей

pharmacologic ~ лекарственное средство, медикамент

phase-specific ~ фазоспецифический агент *(проявляющий специфическую активность в определённой фазе клеточного цикла)*

phylactic ~ иммунное вещество

physical ~s физические факторы *(лечения)*

pollution ~s факторы, вызывающие загрязнение внешней среды

positive inotropic ~ препарат с положительным инотропным действием

potent ~ сильнодействующее средство

preserving ~ консервант

priming ~ сенсибилизирующий [примирующий] фактор *(напр. антиген)*

pro-kinetic ~s средства, ускоряющие перистальтику

promoting ~ стимулятор, провоцирующий агент

protective ~ защитное вещество

radioprotective ~ радиопротектор

redox ~ окислительно-восстановительный агент

remove sealing ~ *стом.* временный пломбировочный материал

reducing ~s in urine восстановители в моче

retarding ~ ингибитор; добавка, замедляющая процесс

sensitizing ~ сенсибилизатор

sequestering ~s вещества, связывающие примесные металлы в пищевых продуктах

sexually transmissible ~s микроорганизмы, передающиеся половым путём

shielding ~ защитное [экранирующее] вещество

slow channel-blocking ~ *см.* **calcium channel-blocking** ~

social insurance ~ страховой агент

sonographic contrast ~ *см.* **ultrasound contrast** ~

soothing ~ успокаивающее средство

staining ~ красящее вещество, краситель, краска

stopping ~ ингибитор

strengthening ~ укрепляющее [тонизирующее] вещество

surface-active ~ *фарм.* поверхностно-активное вещество; детергент

suspending ~ *фарм.* суспендирующее средство

sweeting ~ подсластитель *(напр. сахарин)*

swelling ~ *фарм.* вещество, способствующее набуханию

tanning ~ *см.* **hardening** ~ 2

therapeutic ~ лечебное средство, лечебный фактор

thermal ~s тепловые процедуры, термальные факторы

thickening ~ *фарм.* загуститель, сгущающий агент

thrombolytic ~ тромболитическое средство

topical ~s местнодействующие средства *(напр. мази, анестетики и т. п.)*

toxic ~ отравляющее [ядовитое] вещество, токсикант

tracer ~ индикатор

transient ~ нестойкое отравляющее вещество

transforming ~ превращающий агент

transmitting ~ 1. переносчик *(напр. инфекции)* 2. носитель *(напр. радиоактивной метки)*

triggering ~ 1. фактор, запускающий реакцию, триггер-сигнал 2. хелперный фактор, хелперный сигнал

ultrasound contrast ~ эхоконтрастный препарат

uncoupling ~ разобщающий агент *(вещество, которое разобщает процессы фосфорилирования АДФ и транспорта электронов)*

urinary acidifying ~ средство, повышающее кислотность мочи

vacuolating ~ вакуолизирующий вирус

vasoconstrictor ~ сосудосуживающее [вазоконстрикторное] средство

virus inactivating ~ антивирусное средство

viscous ~ вяжущее средство

warning ~ сигнальное вещество; одорант

wetting ~ **1.** смачивающий реагент **2.** *фарм.* увлажняющее средство

agerasia [ə͵ʤe'reizi:ə] *псих.* агеразия, симптом Феофраста *(моложавость в старческом возрасте)*

age-related [eiʤ-ri'leitid] обусловленный возрастом

age-sex [eiʤ-seks] возрастно-половой

age-specific [eiʤ-spi'sifik] *стат.* повозрастной, зависящий от возраста

age-structure [eiʤ-'strʌktʃə] возрастная структура населения

ageusia [ə'gu:siə] агевзия *(утрата вкусовой чувствительности)*

agger ['æʤə], *pl.* **aggeres** ['æʤərəs]:

~ **nasi** *лат.* решётчатый гребень

agglutinable [əg'lu:tinəbl] способный к агглютинации

agglutinability [ə͵glu:tinə'biliti] агглютинабельность, способность к агглютинации

agglutinant [ə'glu:tinənt] агглютинирующее вещество || агглютинирующий

agglutination [ə͵glu:ti'neiʃn] **1.** агглютинация; агрегация клеток **2.** сращение **3.** образование групп или скоплений *(микроорганизмов)* **4.** склеивание раны

acid ~ кислотная агглютинация, агглютинация в кислой среде

bacteriogenic ~ бактериогенная агглютинация *(агрегация эритроцитов при сепсисе)*

cold ~ холодовая агглютинация, криоагглютинация

cross ~ перекрёстная агглютинация, групповая агглютинация

flagellar ~ Н-агглютинация, жгутиковая агглютинация

group ~ *см.* **cross** ~

head-to-tail ~ (сперм)агглютинация «головка-в-хвост»

high-titer ~ неспецифическая агглютинация

immediate ~ заживление первичным натяжением

indirect ~ пассивная [непрямая] агглютинация

intravascular ~ внутрисосудистая агрегация эритроцитов

L~ L-агглютинация *(метод обнаружения ревматоидного фактора агглютинацией живых штаммов бактерий)*

latex ~ **of parasites** реакция латекс-агглютинации антител к паразитам

macroscopic ~ макроскопическая агглютинация, макроагглютинация

mediate ~ заживление вторичным натяжением

mixed antigen [mixed-field] ~ смешанная агглютинация *(ложноположительная реакция агглютинации при определении группы крови)*

0 ~ *см.* **somatic** ~

partial ~ неполная агглютинация *(при типировании антигенов АВ0 в случае низкой иммуногенности одного из агглютиногенов)*

passive ~ пассивная агглютинация

reversible ~ обратимая изоагглютинация, панагглютинация *(эритроцитов)*

salt ~ агглютинация в концентрированном растворе

sensitized tanned red cell ~ агглютинация сенсибилизированных танином эритроцитов

serospecific ~ серотип-специфическая агглютинация

slide ~ реакция агглютинации на предметном стекле

"small-flake" ~ мелкозернистая агглютинация

somatic ~ 0-агглютинация, соматическая [полярная] агглютинация

spontaneous ~ самопроизвольная агглютинация

tip-to-tail ~ *см.* **head-to-tail** ~

tube ~ пробирочная реакция агглютинации

Vi ~ Vi-агглютинация

viral-latex particle ~ латексная агглютинация вирусных частиц

agglutinator [ə'glu:tineitə] агглютинирующая частица *(напр. сенсибилизированный эритроцит)*

agglutinin [ə'glu:tinin] агглютинин *(антитело, вызывающее агглютинацию бактерий, клеток крови и других антигенных частиц)*, агглютинирующее вещество

anti-Rh ~ антирезус агглютинин

anti-tail ~ антихвостовой агглютинин *(сперматозоидов)*

blocked ~ неполное [непреципитирующее, блокирующее] антитело

cold ~**s** холодовые агглютинины или гемолизины *(антитела, агглютинирующие эритроциты при 4 °С и вызывающие пароксизмальную ночную гемоглобинурию)*

head-to-head ~ агглютинин против головки сперматозоида

incomplete ~ неполноценный агглютинин

irregular ~ иррегулярные агглютинины

major ~ макроагглютинин

minor [partial] ~ микроагглютинин, частичный агглютинин, коагглютинин

saline ~ солевой агглютинин

somatic and flagellar ~**s** соматические и жгутиковые агглютинины

soybean ~ агглютинин соевых бобов

T ~**s** Т-агглютинины *(естественные сывороточные антитела, способные агглютинировать эритроциты человека, обработанные нейраминидазой)*

urtica dioca ~ агглютинин из крапивы двудомной

wheatgerm ~ агглютинин из проростков пшеницы

agglutinogen [͵æglʊ'tinəʊʤən] агглютиноген *(любой антиген, вызывающий образование агглютинина в сыворотке крови и участвующий в процессе агглютинации)*

agglutinogram [͵æglʊ'tinəʊgræm] агглютинограмма

agglut(in)ometer [͵æglʊti'nɒmətə] агглютометр *(прибор для проведения и количественной оценки реакции агглютинации)*

agglutinophilic [ə͵glʊtinəʊ'filik] быстроагглютинирующий

aggravation [͵ægrə'veiʃn] **1.** ухудшение *(состояния здоровья)*, обострение *(болезни)* **2.** аггравация *(преувеличение больным симптомов имеющегося заболевания)* **3.** отягчающее обстоятельство

~ effects усугубление последствий

~ of signs during eating усугубление признаков (нарушения дыхания) во время еды

aggregability [ˌægrɪgəˈbiliti] способность к агрегации *(напр. тромбоцитов)*

aggregate [ˈægrɪgət] совокупность, скопление, масса ‖ собирать в одно целое, соединять ‖ собранный; сгруппированный, скученный, совокупный ‖ *бот.* сборный

~ of crime совокупность преступлений

~ of favorable conditions совокупность благоприятных условий

~ of symptoms синдром, симптомокомплекс

aggregation [ˌægrɪˈgeiʃn] **1.** агрегация, соединение; объединение **2.** группа; группировка **3.** *экол.* ассоциация

~ of bowel loops конгломерат кишечных петель

adoptive ~ нейтралистическая агрегация *(группировка независимых друг от друга нейтральных организмов)*

basophilic ~s базофильная зернистость

familial ~ *ген.* семейное накопление, сосредоточение заболеваний в семье

homotypical ~ одновидовая ассоциация

impaired ~ нарушение агрегации *(напр. тромбоцитов)*

irreciprocal ~ агрегация автономных организмов

mating ~ брачное скопление

monolayer ~ агрегация *(клеток)* в монослое

primary ~ первичная ассоциация *(возникающая из потомства, группирующегося вблизи места рождения)*

red blood cell ~ агрегация [сладж] эритроцитов

spontaneous platelet ~ спонтанная агрегация тромбоцитов

aggression [əˈgreʃn] **1.** агрессия; агрессивность; нападение **2.** насильственное вмешательство **3.** клеточная цитотоксическая реакция

~ and violence агрессия и насилие

covert ~ скрытая агрессия

criminal ~ криминально-агрессивное действие

dominance-related ~ агрессия власти

fearful ~ агрессия страха

irritable ~ агрессия раздражения

offensive ~ агрессия нападения

overt ~ явная агрессия

relational ~ косвенная агрессия

surgical ~ операция, оперативное вмешательство

aggressive [əˈgresiv] **1.** агрессивный, активный; вызывающий *(о поведении)* **2.** массивный, форсированный *(диурез)*, интенсивный; радикальный, кровавый, инвазивный *(о вмешательстве)* **3.** энергичный, настойчивый

agilent [ˈæʤailənt] **1.** *психол.* сообразительный, находчивый **2.** динамичный, хорошо координированный *(напр. об оказании медицинской помощи)*

agility [əˈʤiləti] ловкость, быстрота, проворность, живость

ageing [ˈeiʤiŋ] **1.** созревание, вызревание **2.** старение *(населения)* **3.** устаревание, износ *(оборудования)* **4.** окисление *(напр. масла)* **5.** определение возраста **6.** потеря качества от времени

~ of killer cells старение клеток-киллеров *(изменения антигенной специфичности клонированных in vitro Т-клеток-киллеров)*

~ of population демографическое старение

~ of the brain and dementia старение головного мозга и слабоумие

abnormal ~ патологическое старение

accelerated ~ ускоренное старение

catalyst ~ 1. потеря активности катализатора **2.** дезактивирование катализатора

chronological ~ возрастное старение

immunologic ~ старение иммунной системы *(оцениваемое по степени инволюции тимуса)*

individual ~ физиологическое старение

natural ~ естественное старение

premature ~ преждевременное старение **service ~** старение в процессе эксплуатации

total ~ полное старение населения

ultraviolet ~ старение под влиянием ультрафиолетовых лучей

agitated [ˈæʤiˈteitid] возбуждённый, взволнованный, обеспокоенный, ажитированный

agitation [ˌæʤiˈteiʃn] **1.** *псих.* ажитация, тревожное возбуждение **2.** активация, стимуляция **3.** взбалтывание, перемешивание, встряхивание

catatonic ~ кататоническое возбуждение

depressive ~ ажитированная депрессия

psychomotor ~ психомоторное смятение, психомоторное возбуждение

psychopathic ~ психопатическое возбуждение

agitator [ˈæʤiteitə] *лаб.* мешалка

intermittent ~ периодическая мешалка *(для культуры тканей)*

aglandular [əˈglændjʊlə] лишённый желёз

aglia [əˈgliə] помутнение роговицы, пятно на роговой оболочке

aglobulia [əgləʊˈbjuːliə] резко выраженная эритропения

aglomerular [əgləʊˈmɔːjʊlə] агломерулярный, бесклубочковый

aglossia [əˈglɒsiə] **1.** аглоссия *(врождённое отсутствие языка)* **2.** немота; мутизм

aglutition [ægluːˈtiʃn] дисфагия, расстройство глотания

aglycogenosis [əˌglaikəʊʤeˈnəʊsis] агликогеноз *(заболевание с частыми приступами гипогликемии)*

agmatoploidy [ægˌmætəʊˈplɪdi] агматоплоидия *(увеличение числа хромосом за счёт их фрагментации)*

agmina [ˈægminə] *pl. от* **agmen** [ˈægmən]:

~ peyeriana групповые лимфатические фолликулы, пейеровы бляшки

agnail [ˈægneil] **1.** заусенец, заусеница **2.** подногтевой панариций

agnate [ˈægneit] родственник по мужской линии ‖ родственный по отцу

agnathia [ægˈneiθiə], **agnathy** [ægˈneiθi] агнатия *(врождённое отсутствие нижней челюсти)*

agnation [ægˈneiʃn] агнация *(родство по мужской линии)*

agnea [ægˈniːə] *см.* **agnosia**

agnogenic [ægnəʊˈʤenik] идиопатический, неизвестного происхождения, неясной этиологии

agnosia [ægˈnəʊziə] агнозия *(нарушение процесса узнавания предметов и явлений)*

apperceptive ~ апперцептивная агнозия (*неспособность узнавать предмет в целом при сохранении восприятия отдельных его частей*)

auditory ~ слуховая агнозия

body-image ~ агнозия тела

finger ~ пальцевая агнозия (*неспособность узнавания, выбора и дифференцированного показа пальцев руки*)

olfactory ~ обонятельная агнозия

simultanic ~ симультанная агнозия (*неспособность воспринимать группы объектов или ситуацию в целом при сохранности узнавания отдельных объектов*)

spatial ~ пространственная агнозия (*неспособность ориентироваться в пространстве*)

tactile ~ потеря тактильной чувствительности; тактильная слепота, или паралич

verbal-auditory ~ словесно-слуховая агнозия

visual-spatial ~ зрительно-пространственная агнозия

agomphiasis [ˌægɒmˈfaiəsis] **1.** выпадение зубов **2.** отсутствие зубов

agonad [əˈgəunæd] лишённый половых желёз

agonadism [əˈgəunədizm] агонадизм (*отсутствие половых желёз*)

agonal [ˈægənəl] агональный; агонирующий; предсмертный

agonism [ˈægənizm]:

~ **and antagonism** синергизм и антагонизм

agonist [ˈægənist] агонист (*1. мышца-синергист 2. вещество, обладающее сродством к рецептору*)

adrenoceptor [adrenoreceptor] ~s агонисты адренорецепторов

alpha-adrenergic ~s альфа-адреномиметики, альфа-адренергические агонисты

beta-adrenergic ~s бета-адреномиметики, бета-адренергические агонисты

dopamine ~ дофаминомиметический препарат

nebulised beta ~s аэрозольные бета-агонисты

opiate ~ агонист опиатных рецепторов

agonistic [ˌægəˈnistik] **1.** способствующий, действующий в одном направлении **2.** конфликтующий; агонистический, конкурентный (*о поведении*)

agony [ˈægəni] **1.** агония **2.** боль, мучение, страдание **3.** *pl., sl.* состояние наркотической абстиненции

death [mortal] ~ предсмертная агония

agoraphobia [ˌægərəˈfəubiə] агорафобия (*патологическая боязнь открытых пространств*)

agraffe [əˈgræf] сшивающая [хирургическая] скобка или скрепка

agrammatism [əˈgræməˌtism] аграмматизм, аграммафазия (*нарушение грамматического строя речи*)

agranulemia [əˈgrænjuːlimiə] *см.* **agranulocytosis**

agranulocyte [əˈgrænjuːləsait] агранулоцит, незернистый лейкоцит

agranulocytosis [əˌgrænjuːləsaiˈtəusis] агранулоцитоз

Schultz's ~ аллергический агранулоцитоз, агранулоцитоз Шульца

terminal ~ агранулоцитоз в терминальной стадии лейкоза

agraphia [əˈgræfiə] аграфия (*нарушение способности писать*)

agravic [əˈgrævik] невесомый; находящийся в состоянии невесомости

agreement [əˈgriːmənt] соглашение, контракт, договор

~ **of parents** согласие родителей (*напр. на операцию*)

to make an ~ заключать договор, вступать в соглашение

to repudiate ~ аннулировать договор

maintenance ~ соглашение по техническому обслуживанию

professional service ~ договор о предоставлении профессиональных услуг (*между ЛПУ и страховой компанией*)

significant scientific ~ достоверное научное соглашение (*стандарт, информирующий об ингредиентах продуктов питания*)

standard ~ типовое соглашение

agressin [əˈgresin] **1.** агрессин (*фактор вирулентного организма*) **2.** капсульный липополисахарид (*бактерий*)

agretop [əˈgriːtɒp] агретоп (*процессированная антигенная детерминанта, распознаваемая Т-клеточным рецептором*)

agria [ˈægriə] **1.** гнойничковое высыпание **2.** лишай

agromania [ˌægrəuˈmeiniə] агромания (*стремление к жизни в одиночестве на лоне природы*)

agrowaste [ˌægrəuˈweist] сельскохозяйственные отходы

agrypnia [əˈgripniə] бессонница, агрипния, диссомния

agrypnocoma [əˌgripnəuˈkəumə] **1.** апатия, анормия, болезненное безразличие **2.** бодрствующая кома

agrypnode [əˈgripnəud], **agrypnotic** [ˌægripˈnɒtik] средство, стимулирующее бодрствование (*напр. кофеин*)

ague [ˈeigjuː] **1.** малярия; приступ малярии **2.** озноб; дрожь

Aden ~ аденская лихорадка

brassfounder's ~ меднопротравная лихорадка

brow ~ перемежающаяся невралгия надглазничного нерва

cake ~ увеличение селезёнки при малярии

dumb ~ подострая малярия

face ~ невралгия тройничного нерва

quartan ~ четырёхдневная малярия

shaking ~ лихорадочный озноб

tertian ~ трёхдневная малярия

ague-fit [ˈeigjuː-fit] приступ лихорадки

aguish [eigˈjuːiʃ] **1.** малярийный, лихорадочный; подверженный малярии **2.** перемежающийся (*о лихорадке*)

agyria [əˈdʒiriə] агирия, лиссэнцефалия (*врождённое отсутствие извилин коры мозга*)

ahaptoglobinemia [æˌhæptəugləubiˈniːmiə] агаптоглобинемия

ahistidasia [əhistiˈdeiziə] гистидинемия (*наследственная болезнь обмена гистидина*)

ahypnia [əhipˈniə] бессонница, агрипния, диссомния

ahypnognosia [əhipnəuˈgnəusiə] агипногнозия (*отсутствие осознавания сна*)

ahypnosis [əhipˈnəusis] *см.* **ahypnia**

aid [eid] **1.** помощь; содействие ‖ помогать, оказывать помощь **2.** вспомогательное средство **3.** протез, аппарат **4.** помощник, ассистент

to render first ~ оказать первую помощь

~ **in the diagnosis** вспомогательный метод в диагностике

~ **to families of dependent children** пособие многодетным семьям

~ to healing of ulcer средство, способствующее заживлению язвы

blind ~ тифлотехнический прибор *(для чтения или ориентации слабовидящих или слепых)*

body worn hearing ~ слуховой аппарат, носимый на теле

deaf ~ слуховой аппарат

dental ~ стоматологическая помощь

diagnostic ~ диагностический критерий; диагностическое средство

domiciliary ~ помощь на дому

ear fitting hearing ~ слуховой аппарат, укреплённый в ухе

emergency ~ экстренная помощь

filter ~ ускоритель фильтрования; вспомогательное фильтровальное средство

first ~ первая помощь *(до прибытия врача)*

first medical ~ скорая медицинская помощь

first medico-sanitary ~ первичная медико-санитарная помощь

guiding ~ прибор для ориентации слепых

head-worn hearing ~ слуховой аппарат, носимый на голове

health-and-beauty ~s санитарно-гигиенические и косметические средства

hearing ~ *см.* **deaf ~**

home health ~s лица, обслуживающие хронических больных на дому и выполняющие простейшие медицинские процедуры

life saving first ~ первая врачебная помощь при спасении жизни

maternity ~ 1. помощница акушерки **2.** пособие в связи с родами

medical ~ медицинская помощь

mutual ~ взаимопомощь

nursing ~ санитарка; няня; младшая медсестра

obstetric ~ родовспоможение

physiotherapy ~ физиотерапевтическое лечение, физиотерапевтическое пособие

pocket hearing ~ карманный слуховой аппарат

protein diagnostic ~s порошковый тест для определения белка в моче

reading ~ прибор для чтения *(слабовидящими или слепыми)*

safe diagnostic ~ безопасный метод диагностики

sanitary ~ младший санитарный помощник

specialized medical ~ специализированная медицинская помощь

speech ~ обтуратор, закрывающий расщелину нёба

surgical ~ хирургический аппарат или инструмент

teaching ~ наглядное пособие, техническое средство обучения

ultrasonic ~ for the blinds ультразвуковой аппарат для ориентации слепых

visual ~ помощь зрению

aiding ['eidiŋ] способствующий; провоцирующий

aidman ['eidmæn] санитар

aidoiomania [ei͵dɔiəʊ'meiniə] айдойомания *(повышенное половое влечение у мужчин)*

aid-woman [eid-'wʊmən] санитарка

AID – AIR

ail ['eil] **1.** болеть; чувствовать недомогание **2.** беспокоить; причинять страдание

ailing ['eiliŋ] болезненный, хилый, нездоровый

chronically ~ длительно болеющий; хронически больной

ailment ['eilmənt] недомогание, нездоровье; болезнь

common surgical ~s распространённые хирургические болезни

minor ~s небольшие патологические образования *(бородавка, вросший ноготь и пр.)*

ailurophilia [͵ailu:rəʊ'filiə] айлурофилия, галеофилия, габофилия *(патологическая привязанность к кошкам)*

ailurophobia [͵ailu:rəʊ'fəʊbiə] айлурофобия, галеофобия, габофобия *(навязчивый страх кошек)*

aim [eim] **1.** цель **2.** намерение

inhibited ~ *психол.* блокированная цель

instinctual ~ инстинктивное стремление

aim-inhibition [eim-inhi'biʃən] *психоан.* вытеснение цели *(неприемлемой для «Я»)*

ainhum ['ainju:m] аньюм, айнгум, спонтанный дактилолиз *(характеризующийся дегенеративными изменениями пальцев)*

air [ɛə] **1.** воздух; атмосфера ‖ воздушный; пневматический **2.** проветривать, вентилировать **3.** сушить, просушивать

~ trapped объём задержанного газа *(при вдохе)*

"~ viva" дыхательный мешок для реанимации

alveolar ~ воздух в лёгочных альвеолах, альвеолярный воздух

ambient ~ 1. атмосферный [окружающий] воздух **2.** состояние воздуха

blast ~ взрывная волна

breathable [breathing] ~ вдыхаемый и выдыхаемый воздух

cleaned ~ очищенный воздух

complemental [complementary] ~ резервный объём вдоха

compressed ~ сжатый газ *(напр. в баллоне под давлением)*

conditioned ~ кондиционированный воздух

conducting ~ ионизированный воздух

contaminated ~ *см.* **polluted ~**

dead ~ воздух с высоким содержанием углекислого газа, застойный воздух

dust-laden ~ запылённый воздух

exhaust ~ отработанный воздух

expired ~ выдыхаемый воздух

filtered ~ очищенный воздух

forcing ~ воздух под повышенным давлением; нагнетаемый воздух

foul ~ *см.* **polluted ~**

functional residual ~ функциональный остаточный объём лёгких

heavy ~ сжатый воздух

high efficiency particulate ~ высокоочищенный от пылевых частиц воздух

indoor ~ воздух помещений

inlet ~ приточный воздух

inspired ~ вдыхаемый воздух

liquid ~ жидкий воздух

minimal ~ остаточный воздух

open ~ наружный воздух

"phlogisticated" ~ использованный (при дыхании) воздух

pollutant-loaded [polluted] ~ загрязнённый воздух

preheated ~ предварительно подогретый воздух

rarefied ~ разрежённый воздух

residual ~ остаточный объём лёгких

respiratory ~ *см.* tidal ~

return ~ возвратный [рециркулирующий] воздух

stagnant [stale] ~ спёртый [застойный] воздух

standard ~ воздух стандартного состава при нормальных условиях

stationary ~ *см.* residual ~

supplemental ~ резервный объём вдоха

tidal ~ дыхательный объём воздуха

"trapped" ~ «захваченный воздух» *(симптом перигастрита)*

air-accident [ɛə-'æksidənt] несчастный случай в воздухе

air-bath [ɛə-baːθ] 1. воздушная ванна, воздушная баня 2. сушильный шкаф

airborne ['ɛəˌbɔːn], **air-borne** 1. переносимый по воздуху, аэрогенный, воздушно-капельный *(об инфекции)* 2. присутствующий в воздухе *(о загрязнениях)*

air-cell [ɛə-sel] воздушная ячейка, лёгочная альвеола

air-clearing [ɛə-'kliːərɪŋ] воздухоочиститель

air-conditioner [ɛə-kən'dɪʃənə] кондиционер

air-contrast [ɛə-'kɒntræst] двойной контраст, контрастное вещество на фоне воздуха

air-cooled [ɛə-kuːld] с воздушным охлаждением

aircraft ['ɛəkrɑːft]:

ambulance [hospital] ~ санитарный самолёт

litter ~ самолёт для перевозки носилочных раненых и больных

air-cure [ɛə-kjʊə] лечение на воздухе, аэротерапия

air-cystography [ɛə-sis'tɒgrəfi] пневмоцисто(рентгено)графия

air-dose [ɛə-dəʊz] доза радиации в воздухе, воздушная доза

air-dressing [ɛə-'dresɪŋ] бесповязочное [открытое] лечение ран

air-dried [ɛə-draid] высушенный на воздухе *(о лекарственном препарате)*

airflow ['ɛəfləʊ]:

impaired nasal ~ затруднённое носовое дыхание

laryngeal ~ поток воздуха через гортань

unobstructed ~ свободная проходимость дыхательных путей

airfuge [ɛə'fjuːʤ] ультрацентрифуга с воздушным приводом

air-in [ɛə-'in] подача воздуха

airless ['ɛələs] безветренный; безвоздушный

airlifting ['ɛəˌliftiŋ] воздушная транспортировка, медицинская эвакуация по воздуху

air-lock ['ɛə-ˌlɒk] воздушный шлюз *(напр. абактериального изолятора)*

air-locked ['ɛə-ˌlɒkt] воздухонепроницаемый, герметичный

airmyelography [ɛəˌmaie'lɒgrəfi] *рентг.* пневмомиелография

air-out ['ɛəraut] выходящий воздух

air-permeable [ɛə-'pəːmiəbl] воздухопроницаемый, пропускающий воздух

airproof ['ɛəˌpruːf] *см.* air-locked

air-related [ɛə-ri'leitid] *см.* airborne

air-shed [ɛə-'ʃed] воздушный бассейн

airsick ['ɛəˌsik] страдающий воздушной болезнью

airsickness ['ɛəˌsiknəs] воздушная болезнь, укачивание

airstrip ['ɛəstrip] аэрэстрип *(непромокаемая, но пропускающая воздух повязка)*

air-tester [ɛə-ˌtestə] прибор для определения содержания углекислого газа в воздухе

airtight ['ɛəˌtait] воздухонепроницаемый, герметичный; герметизирующий

airway ['ɛəˌwei] 1. дыхательные [воздухоносные] пути 2. воздуховод *(напр. интубационная трубка)*

adequate ~ свободная проходимость воздухоносных [дыхательных] путей

artificial ~ воздуховод

central ~ нижние дыхательные пути

conducting ~ воздухоносные пути, в которых не происходит газообмен *(трахея, бронхи)*

esophageal obturator ~ пищеводный обтуратор, способствующий проведению ИВЛ

large [major] ~ верхние дыхательные пути

mouth-to-lung ~ оротрахеальная интубационная трубка

nasopharyngeal ~ носоглоточный [назофарингеальный] воздуховод

neonatal ~ воздухоносные пути новорождённого

open ~ *см.* patent ~

oropharyngeal ~ ротоглоточный [орофарингеальный] воздуховод

patent ~ свободная проходимость дыхательных путей

plugged with mucus ~**s** дыхательные пути, закупоренные слизью

respiratory ~ дыхательные пути, в которых происходит газообмен *(дыхательные бронхиолы и альвеолы)*

Safar ~ Сафара воздуховод *(для дыхания рот в рот)*

ajar [ə'ʤɑː] зияющий *(о ране)*; приоткрытый

akairia [ə'keiriə] назойливость, вязкость, акайрия *(стремление к повторным стереотипным обращениям, просьбам, вопросам)*

akaryote [ə'kæriəʊt] безъядерная клетка ‖ безъядерный

akathisia [ˌækə'θiːziə] *псих.* акатизия *(неусидчивость больного с постоянным стремлением к движениям)*

akin [ə'kin] 1. родственный 2. похожий, сходный

akinesia [ˌeiki'niːsiə], **akinesis** [ˌeiki'niːzis] паралич; акинезия, акинез *(1. отсутствие активных движений 2. наличие в миокарде несокращающихся участков)*

~ **amnestica** потеря двигательной функции при поражении мышц

cerebral ~ паралич при поражении мозжечка

spinal ~ паралич, обусловленный поражением спинного мозга

akinetic [ˌeiki'netik] 1. акинетический, неподвижный; страдающий акинезией 2. амитотический

akinospermia [ˌeikinəʊ'spəːmiə] акиноспермия *(неподвижность сперматозоидов в сперме)*

akiyami [əki'jɑːmi] осенняя [семидневная] лихорадка, акийами, лептоспироз

aknephascopia [ˌæknefə'skəʊpiə] нарушение зрения в сумерках или при неадекватном искусственном освещении

ala ['eilə], *pl.* **alae** [ei'liː] *анат.* крыло; крыловидная структура

  ~ **nasi** *лат.* крыло носа

alacrity [ə'lækriti] **1.** весёлость, живость **2.** готовность

alactasia [ˌəlæk'teisiə] алактазия (*1. врождённый дефицит лактазы в организме, проявляющийся поносом и болями в животе*)

alalia [ə'leiliə] алалия (*неспособность к членораздельной речи*)

  ~ **cophica** глухонемота

  ~ **organica** алалия органического происхождения

  ~ **prolongata** *лат.* затянувшееся отсутствие речи

  logographic ~ отсутствие способности к письменной речи

  relative ~ резко выраженное заикание

alanine ['ælənˌiːn] аланин, альфа-аминопропионовая кислота

alanine-aminotransferase [ˈæləˌniːn-əminəʊ'trænsfəreis] аланинаминотрансфераза

alanine-racemase ['æləˌniːn-'reisimeis] аланинрацемаза

alar ['eilə] **1.** крыловидный; крылатый; относящийся к крыльям **2.** подмышечный

alarm [ə'lɑːm] **1.** тревога; сигнал тревоги ‖ встревожить; вызвать тревогу **2.** сигнальный звонок; сигнализатор; датчик ‖ предупреждать об опасности **3.** смятение, страх

  apneic ~ сигнализатор тревоги при остановке дыхания

  audible [audio, bell] ~ звуковой сигнал тревоги, аварийная сигнализация

  enuresis ~ сигнальное устройство, которое будит ребёнка, как только он начинает мочиться

  fire ~ противопожарная сигнализация

  gas ~ **1.** сигнализатор утечки газа **2.** химическая тревога

  radiation ~ монитор радиационной опасности

  resistance bulb ~ сигнализатор температуры, работающий в комплекте с термометром сопротивления

  sound ~ **1.** *см.* **audible** ~ **2.** воздействие звука, звуковой эффект

  thermocouple ~ сигнализатор температуры, работающий в комплекте с термопарой

  ventilation failure ~ сигнализатор неадекватной вентиляции

  visual ~ визуальный сигнал тревоги

  warning ~ предупредительный сигнал

alarmed [ə'lɑːmd] встревоженный

alarmone [ə'lɑːməʊn] *pl.* алармоны (*низкомолекулярные соединения, синтезируемые клеткой при нарушении метаболизма и способствующие её выживанию*)

alarm-reaction [ə'lɑːm-ri'ækʃn] сигнал [реакция] тревоги

alastrim [ə'lɑːstrim] аластрим, белая оспа, оспа кафров (*разновидность натуральной оспы, отличающаяся лёгким течением*)

alba ['ælbə] белое вещество (*головного и спинного мозга*)

albany-hemp ['ælbəni-'hemp] крапива растопыренная (*Urtica divaricata*)

albedo [æl'biːdəʊ] **1.** белизна **2.** альбедо (*отношение потока излучения, отражённого поверхностью к потоку излучения, падающему на неё*)

  ~ **retinae** *лат.* отёк сетчатки (*глаза*)

  ~ **unguis**, ~ **unguium** ногтевая луночка

albedometry [ˌælbiː'dɒmətri] альбедометрия (*измерение интенсивности рассеянной солнечной радиации*)

albefaction [ˌælbi'fækʃn], **albication** [ˌælbi'keiʃn] побеление, поседение, приобретение белой окраски

albiduria [ˌæl'bidjuˌriə] белое окрашивание мочи

albinism ['ælbiˌnizm] альбинизм, врождённая лейкопатия (*отсутствие пигментации*)

  brown oculocutaneous ~ бурый глазо-кожный альбинизм

  Hermansky – Pudlak ~ альбинизм с геморрагическим диатезом и пигментацией ретикулоэндотелиальных клеток, синдром Германски–Пудлака

albino [æl'biːnəʊ] альбинос, лейкопат

albinoism [æl'biːdəʊizm] *см.* **albinism**

albuginea [ˌælbjʊ'ʤiːniə] белочная оболочка (*яичка*)

albugo [æl'biːgəʊ] бельмо, лейкома

albumin ['ælbjʊmin] альбумин; белок

  bovine serum ~ сывороточный альбумин крупного рогатого скота

  egg ~ овальбумин, яичный альбумин

  floating ~ содержание белка в биологической жидкости

  imperfect ~ неполноценный белок

  iodinated serum ~ йодированный сывороточный альбумин

  macroaggregated ~ макроагрегированный альбумин (*суспензия конгломератов сывороточного альбумина размерами 10–50 мкм*)

  milk ~ лактоальбумин, альбумин молока

  normal serum ~ нативный сывороточный альбумин

  ovi ~ *см.* **egg** ~

  radioiodinated ~ радиойодальбумин

  salt poor ~ обессоленный альбумин

  serum ~ сывороточный альбумин

  tracer ~ меченый [индикаторный] альбумин

albuminiferous [ˌæl'bjuːminifərəs] содержащий белок; образующий белок

albuminoid [æl'bjuːmiˌnɒid] **1.** белковоподобный **2.** склеропротеин

albuminolysis [ˌælˌbjuːmi'nɒlisis] альбуминолиз, протеолиз, расщепление [распад] белка

albuminometry [ˌælˌbjuːmi'nɒmətri] альбуминометрия (*количественное определение белка в моче*)

albuminosis [ˌælˌbjuːmi'nəʊsis] гиперпротеинемия

albuminous [æl'bjuːminəs] альбуминовый; белковый

albuminuria [ˌælˌbjʊmin'juːriə] протеинурия (*повышенное содержание белка в моче*)

  adventitious ~ периодическое выделение белка в моче

  intrinsic ~ истинная альбуминурия

  lordotic ~ форма ортостатической альбуминурии, обусловленной лордозом

  orthostatic [postural] ~ ортостатическая [циклическая] протеинурия

Alcaligenes [ˌælkə'liʤəni:z]:

~ **faecalis** *бакт.* фекальный щелочеобразователь

alcapton [æl'kæptən] гомогентизиновая кислота

alcaptonuria [æl,kæptəʊn'juːriə] алкаптонурия *(наследственное расстройство обмена тирозина)*

alcohol ['ælkəhɒl] алкоголь *(любой одноатомный спирт – бутиловый, метиловый, этиловый и др.)*

  anisyl ~ анисовый спирт

  dehydrated ~ абсолютный спирт

  denatur(at)ed ~ денатурированный спирт, денатурат

  dihydric ~ двухатомный спирт *(содержащий две ОН-группы, напр. этиленгликоль)*

  ethyl ~ этанол, этиловый спирт, C_2H_5OH

  graded ~s набор спиртов повышающейся концентрации

  grain ~ спирт, вырабатываемый из зерна

  melissyi ~ мирициловый [мелиссиловый] спирт

  methyl ~ метиловый [древесный] спирт

  methylic ~ этиловый спирт, денатурированный метиловым

  monoatomic [monohydric] ~ одноатомный спирт

  non-beverage ~ непитьевой алкоголь *(продукт, содержащий этиловый спирт, не предназначенный для питья, – гидролизный, синтетический)*

  pyroligneous ~ *см.* **methyl** ~

  solidified ~ сухой спирт

  sulfur ~ меркаптан, тиоспирт

  tertiary ~ третичный [трёхатомный] спирт

  toxic ~s токсичные спирты *(метанол, этиленгликоль, пропанол)*

  wood ~ *см.* **methyl** ~

alcoholate [ælkə'hɒleit] **1.** спиртовая настойка **2.** алкоголят

alcoholature [ˌælkəhɒ'lætjuːə] спиртовая настойка

alcoholemia [ˌælkəhɒ'liːmiə] наличие алкоголя в крови

alcoholic [ˌælkə'hɒlik] **1.** спиртовой **2.** заспиртованный **3.** алкоголик

  Anonymous ~s Анонимные алкоголики *(добровольное содружество лиц, объединившихся с целью избавления от алкоголизма)*

  essential ~ *психоан.* эссенциальный алкоголик *(чей алкоголизм обусловлен «превалирующей оральной фиксацией»)*

  integrated ~s преалкоголики, алкоголики вообще

  skid row ~ социально деградировавший алкоголик

alcoholism ['ælkəhɒlizm] **1.** хронический алкоголизм, алкогольная токсикомания **2.** алкогольное опьянение

  acute ~ алкогольное отравление

  alpha ~ альфа-алкоголизм *(психологическая зависимость от алкоголя)*, пристрастие к алкоголю

  beta ~ бета-алкоголизм *(частое употребление алкоголя в связи с обычаями)*

  familial ~ семейный алкоголизм

  gamma ~ гамма-алкоголизм *(физическая и психологическая зависимость от алкоголя)*

alcoholization [ˌælkəhɒli'zeiʃn] алкоголизация *(1. лечение инъекциями спирта – напр., гемангиом 2. распространённость алкоголизма)*

alcohologist [ˌælkə'hɒlɒʤist] алколог *(специалист, занимающийся изучением взаимоотношений человека с алкоголем)*

alcoholize ['ælkəhɒˌlaiz] **1.** обрабатывать или пропитывать спиртом **2.** превращать в спирт

alcoholomania [ˌælkəhɒləʊ'meiniə] **1.** алкоголизм, злоупотребление спиртными напитками **2.** алкогольный делирий, белая горячка

alcoholometer [ˌælkəhɒ'lɒmətə] спиртометр

alcoholometry [ˌælkəhɒ'lɒmətri] определение концентрации спирта

alcoholophilia [ˌælkəhɒləʊ'fili:ə] *см.* **alcoholomania 1**

alcohol-related ['ælkəhɒl-ri'leitid] связанный с употреблением алкоголя

alcoholysis [ˌælkə'hɒlisis] алкоголиз *(реакция разложения спиртом)*, спиртовой гидролиз

Alcoscan [ˌælkə'skæn], **Alcoscreen** [ˌælkə'skri:n] *фирм.* Алкоскан, Алкоскрин *(индикаторные полоски, применяемые для определения алкогольного опьянения)*

aldehyde ['ældə,haid] альдегид

  acetic ~ ацетальдегид, уксусный альдегид

  acrylic ~ акролеин

  angular ~ циклический альдегид

  formic ~ формальдегид, муравьиный альдегид

alder ['ɔːldə]:

  black ~ крушина ольховидная, крушина ломкая (*Rhamnus frangula*)

aldose ['ældəʊz] альдоза *(простой сахар)*

aldosteronism [æl'dɒstərəʊˌnizm] первичный гиперальдостеронизм, Конна синдром

aldosteronoma [ˌældəʊˌstəˌrəʊ'nəʊmə] альдостерома *(гормонально-активная опухоль надпочечников)*

alembic [ə'lembik] дистиллятор, перегонный куб

alert [ə'lə:t] **1.** тревога; сигнал тревоги; тревожное состояние **2.** бдительный, настороженный; бодрствующий **3.** живой, проворный, активный

alertness [ə'lə:tnəs] **1.** настороженность; бдительность, внимательность **2.** живость, проворство, расторопность **3.** сметливость, понятливость

alestin [ə'lestin] алестин *(микробиологический инсектицидный биопрепарат на основе Bacillus thuringiensis)*

aletocyte [ə'li:təsait] блуждающая клетка

aleukemia [əluː'kiːmi:ə] алейкемический лейкоз

aleukia [ə'luːkiːə] агранулоцитоз, лейкопения, *уст.* алейкия

  alimentary toxic ~ алиментарно-токсический агранулоцитоз, АТА, *уст.* септическая ангина

aleurie [ə'luːriə], **aleuriospore** [ə'luːriəʊspɔː] *микол.* алейриоспора, алейроспора

aleurismosis [əˌluːriz'məʊsis] *микол.* алеуризмоз

alexia [ə'leksiə] *невр.* алексия, вербальная слепота

  acquired ~ приобретённая алексия

  congenital ~ врождённая алексия

  literal ~ литеральная алексия *(неразличение отдельных букв)*

  motor ~ моторная алексия *(неспособность к чтению)*

  optical [sensor] ~ оптическая [сенсорная] алексия

alexin [ə'leksin] *серол.* комплемент, *уст.* алексин

alexin-fixation [ə'leksin-fik'seiʃn] связывание комплемента

alexipyretic [ə,leksipai'retik] *уст.* жаропонижающее [противолихорадочное] средство, антипиретик

alexithymia [əleksi'θaimiə] *псих.* алекситимия (*затруднение в передаче и психологическом описании своего состояния*)

  state ~ устойчивая алекситимия

  trait ~ состояние алекситимии (*обусловленное депрессией или тревогой*)

aleze [ə'li:z] простыня, сложенная в несколько слоёв и защищающая постель больного от выделений

alfa-fetoprotein ['ælfə,fi:təʊ'prəʊti:n] *см.* **fetoprotein**

alga ['ælgə] морская водоросль

algae ['ældʒi:] водоросли

  blanket ~ масса водорослей, плавающая в стоячей воде; тина

  blue-green ~ цианобактерии (*Cyanobacteriae*)

  yellow-green ~ золотистые водоросли (*Chlorophyta*)

algefacient [,ældʒə'feiʃənt] фактор, оказывающий охлаждающее действие; хладагент || освежающий, охлаждающий

algesia [æl'dʒi:ziə] повышенная чувствительность к боли

algesimeter [ældʒə'zimətə] алгезиметр (*прибор для определения порога болевой чувствительности*)

algesthesia [,ældʒes'θi:ziə] болевая чувствительность; повышенная чувствительность к боли

algetic [æl'dʒetik] болевой; болезненный

algid ['ældʒid] **1.** алгид (*симптомокомплекс, обусловленный обезвоживанием и судорогами*) **2.** алгидный; холодный, ледяной; похолодевший **3.** озноб

alginuresis [,ældʒi'nju:ri:sis] болезненное мочеиспускание

algiomotor [,ældʒiəʊ'məʊtə] вызывающий болезненное мышечное сокращение

algogenesia [,ælgəʊdʒe'ni:ziə], **algogenesis** [,ælgəʊdʒe'ni:zis] образование или происхождение боли

algogenic [,ælgəʊ'dʒenik] **1.** вызывающий боль; болезненный **2.** снижающий температуру тела

algolagnia [,ælgəʊ'lægniə] алголагния (*наслаждение болью*)

  active ~ садизм, активная алголагния

  passive ~ мазохизм, пассивная алголагния, алгофилия, пассивизм

algomenorrhea [,ælgəʊmenəʊ'riə] альго(дис)менорея, болезненная менструация

algophilia [,ælgəʊ'filiə] *см.* **passive algolagnia**

algophobia [,ælgəʊ'fəʊbiə] алгофобия, страх боли

algor ['ælgɔ:]:

  ~ **mortis** трупное окоченение

algorhithm ['ælgə,riθəm] алгоритм (*план, порядок и последовательность действий*)

algospasm ['ælgəʊ,spæsm] болезненный спазм; спазм, вызванный болью

algovascular [,ælgəʊ'va:skjʊlə] относящийся к вазоспазму, вызванному болью

alias ['eiliəs] результаты эксперимента, безразличные к проверяемым гипотезам; побочный результат исследования

aliasing ['eiliəsiŋ] неоднозначность оценки допплеровского сдвига частоты

alible ['ælibl] **1.** питательный **2.** всасываемый, усвояемый

alien ['eiljən] **1.** индуцированный вид, экзот **2.** чужой; чужеродный, пришлый **3.** инородный (*об объекте*)

alienated ['eili:əneitid] отчуждённый

alienation [,eili:ə'neiʃn] **1.** психоз; психическое заболевание **2.** отчуждение, отдаление

  ~ **of affections** охлаждение чувств

  adolescent ~ подростковая отчуждённость

  mental ~ психотическое расстройство

  thought ~ вмешательство в мыслительный процесс

alienator [,eili:ə'neitə] *уст.* психиатр

alienia [eili'i:niə] аспления (*врождённое отсутствие селезёнки*)

alienism ['eiljənizm] **1.** психоз **2.** судебная психиатрия

alienist ['eiljənist] *см.* **alienator**

aliform ['æli,fɔ:m] крыловидный

align [ə'lain] осуществлять остеосинтез

aligned [ə'laind] выпрямленный, выравненный, находящийся на одной линии

alignment [ə'lainmənt] **1.** выпрямление, выравнивание; регулировка, придание правильного положения (*напр. отломкам кости*) **2.** линия, ряд **3.** зубной ряд

  arm/leg ~ выравнивание положения рук и ног

  cardiac ~**s** контуры сердца

  desorganized ~ **of myocytes** нарушение расположения миоцитов

  foot ~ исправление неправильного положения стопы

  orthopedic ~ ортопедическое лечение, коррекция (*напр. аномалии прикуса*)

aliment ['ælimənt] **1.** пища, питание **2.** материальная и моральная поддержка; алименты || содержать (*кого-л.*)

alimentary [,æli'mentəri] алиментарный, пищевой; пищеварительный; питательный

alimentation [,ælimen'teiʃn] кормление, питание

  artificial ~ искусственное питание

  forced ~ принудительное кормление

  oral ~ пероральное питание, обычный приём пищи

alimentology [,ælimen'tɒlədʒi] диетика, наука о питании

alimony ['æliməni] алименты

alinasal [,æli'neizl] относящийся к крыльям носа

aliphatic [,æli'fætik] неорганический, алифатический; жирный

alipoidic [,æli'pɒidik] не содержащий жиры

alipotropic [,ælipɒ'trɒpik] не влияющий на обмен жиров

aliptic ['æliptik] **1.** мазь **2.** относящийся к втиранию **3.** относящийся к лечебной гимнастике

aliquot ['ælikwɒt] аликвотный (*содержащийся в чём-л. целое число раз, делящийся без остатка*)

alive [ə'laiv] **1.** живой **2.** изобилующий, кишащий (*паразитами*) **3.** действующий, существующий

alkalemia ['ælkə,li:miə] алкалоз, алкалемия (*высокое содержание оснований в крови*)

alkalescence [æl'kəlisens] **1.** слабая щёлочность **2.** образование щёлочи; ощелачивание

alkali ['ælkəlai] **1.** щёлочь **2.** щелочной металл; щелочной катион **3.** зола

  caustic ~ едкая щёлочь; едкий натр

  fixed ~ щёлочь, не испаряющаяся при нормальных условиях

  mineral ~ карбонат натрия

  standard ~ титрованный раствор щёлочи

volatile ~ летучее соединение щелочного характера *(напр. гидроксид аммония и др.)*

alkali-burn [ˈælkəlai-ˈbəːn] **1.** ожог щёлочью **2.** прижигание едким веществом

alkalify [ælˈkælifai] подщелачивать, ощелачивать

alkaline [ˈælkəlin] щелочной, активированный щёлочью

  highly ~ высокая щелочность *(напр. мочи)*

  weakly ~ слабощелочной

alkalinity [ˌælkəˈliniti] щёлочность, основность, щелочные свойства

alkalinization [ˌælkəliniˈzeiʃn] подщелачивание

alkalinizing [ˌælkəliˈniziŋ] ощелачивающий || ощелачивание

  urinary ~ ощелачивание мочи, повышение рН мочи (> 6,0)

alkalipenia [ˌælkəliˈpiːniə] **1.** дефицит оснований *(в плазме крови)* **2.** метаболический ацидоз

alkalization [ˌælkəliˈzeiʃn] *см.* **alkalinization**

alkaloid [ˈælkəˌlɔid] *pl.* алкалоиды *(азотсодержащие органические соединения, обладающие высокой биологической активностью)*

  cadaveric ~ «трупный яд» *(птомаин)*

  ergot ~s алкалоиды спорыньи

alkalophile [ˈælkələʊˈfil] *pl.* алкалофилы *(микроорганизмы, способные расти в щелочной среде)*

alkalosis [ˌælkəˈləʊsis] алкалоз *(нарушение кислотно-щелочного баланса в организме рН > 7,35)*

  acapnial ~ *см.* **carbon dioxide** ~

  altitude ~ высотный алкалоз

  carbon dioxide ~ газовый [дыхательный, респираторный] алкалоз *(вследствие чрезмерного выведения углекислоты)*

  chlorid-resistant ~ хлорид-резистентный алкалоз

  chlorid-responsive ~ хлорид-чувствительный алкалоз

  compensated ~ компенсированный алкалоз *(рН крови в пределах 7,35–7,45)*

  contraction ~ выделительный алкалоз

  decompensated ~ декомпенсированный алкалоз *(рН крови > 7,45)*

  gaseous ~ *см.* **carbon dioxide** ~

  hypokalemia induced ~ гипокалиемический алкалоз

  metabolic ~ метаболический [обменный] алкалоз

  respiratory ~ *см.* **carbon dioxide** ~

  transient ~ временный [преходящий] алкалоз

  uncompensated ~ *см.* **decompensated** ~

alkalotherapy [ˈælkələʊˈθerəpi] ощелачивание организма, лечение растворами щелочей

alkaluretic [ˈælkəljʊˈretik] способствующий ощелачиванию мочи

alkaluria [ˌælkəlˈjuːriə] выделение щелочной мочи; щелочная реакция мочи

alkaptonuria [ˌælkæptəʊˈnjuːriə] алкаптонурия *(экскреция гомогентизиновой кислоты с мочой, обусловленная нарушением обмена фенилаланина и тирозина)*

alkylation [ˌælkiˈleiʃn] алкилирование

  free radical ~ свободнорадикальное алкилирование

  reductive ~ гидроалкилирование, восстановительное алкилирование

allantiasis [ˌælænˈtaiəsis] ботулизм, аллантиазис

allantoic [ˌælænˈtɒik] аллантоидный *(имеющий мочевой пузырь)*

allantoid [əˈlæntɒid] **1.** аллантоидный **2.** колбасовидный *(о спорах бактерии)*

allantois [əˈlæntɒis] *эмбр.* аллантоис, мочевой мешок

allassotherapy [əˌlæsəʊˈθerəpi] аллассотерапия *(лечение метаболитами организма)*

allaxis [əˈlæksis] трансформация, метаморфоза

allay [əˈlei] уменьшать, ослаблять *(напр. боль)*

allegation [ˌæliˈgeiʃn] *суд. мед.* обвинение

allele [əˈliːl] аллель, аллельный ген, аллеломорф *(один из двух генов, занимающих гомологичные локусы)*

  blank ~ *см.* **silent** ~

  compatibility ~s аллели совместимости

  dominant ~s доминантные аллели

  environmental ~s аллели, проявление которых обусловлено средой

  multiple ~s множественные аллели

  null ~ *см.* **silent** ~

  potency ~s потенциальные аллели, изоаллели

  rearranged ~ перестроенный [реаранжированный] аллельный сегмент *(гена)*

  recessive ~s рецессивные аллели

  silent ~ пустой [незаполненный, «немой», молчащий] аллель

allelogenesis [əˌliːləʊʤenəsis] аллелогения *(появление в потомстве только самцов или только самок, обусловленное сцепленным с полом летальным фактором)*

allelomorph [əˌliːləʊˈmɔːf] *см.* **allele**

allel(omorph)ism [əˌliːləʊˈmɔːfizm] аллельность, аллелизм, аллеломорфизм *(явление парности или множественности генов)*

allelonomy [əˌliːləʊˈnəʊmi] аллелономия *(состояние общества, при котором каждый его член сам является носителем порядка, поддерживаемого посредством взаимного контроля)*

allelotaxis [əˌliːləʊˈtæksis], **allelotaxy** [əˌliːləʊˈtæksi] аллелотаксис *(развитие органа из разных зародышевых образований)*

allelotype [əˌliːləʊˈtaip] аллелотип *(генетическая структура популяции, определяемая по относительной частоте аллелей каждого гена)*

  ~s **of bladder cancer** аллелотипы рака мочевого пузыря

allenthesis [əˈlenθisis] проникновение или введение в организм инородного тела

allergen [ˈæləʤen] аллерген

  airborne ~ ингаляционный аллерген, аэроаллерген

  food-based [food-borne] ~ пищевой аллерген

  ingestant ~s пищевые аллергены

  mite ~ клещевой аллерген

  nickel ~ аллерген никелевой руды

  offend [offending] ~ специфический [причинный] аллерген *(вызывающий специфическую аллергическую реакцию)*

  perfume ~ аллерген духов

  polymer-coupled ~ иммобилизированный на полимерной подложке аллерген

  primary ~ первичный аллерген

solid phase ~ твёрдофазный аллергосорбент *(иммобилизированный на твёрдой фазе аллерген)*

allergen-challenged ['æləʤen-'tʃælinʤd] аллергизированный, сенсибилизированный аллергеном

allergenicity [ˌæləʤe'nisiti] аллергенность

allergia [ˌælə'ʤiə] *см.* **allergy**

allergic [ə'lɔ:ʤik] аллергический

to be ~ to pollen аллергия на цветочную пыльцу

allergid ['æləʤid] аллергид *(сыпь аллергической природы)*

allergist ['æləʤist] аллерголог

allergization [ˌæləʤi'zeiʃn] аллергизация, сенсибилизация *(процесс развития гиперчувствительности)*

allergodermia [ˌæləgəʊ'də:miə] аллергический контактный дерматит, аллергодерматит

allergoid [ˌælə'gəʊid] аллергоид *(химически модифицированный аллерген)*

allergology [ˌælə'gɒləʤi] аллергология

allergometry [ˌælə'gɒmətri] количественная оценка выраженности аллергической реакции, аллергометрия

allergopathy [ˌæləgəʊpə'θi], **allergosis** [ˌælə'gəʊsis] аллергическая болезнь, аллергоз

~ alienus *лат.* аллергозы, не связанные с пыльцевой сенсибилизацией

allergosorbent [ˌæləgəʊ'sɔ:bənt] аллергосорбент

allergotest [ˌæləgəʊ'test] аллергическая проба, аллерготест

Noguchi's ~ Ногучи аллергическая проба *(серодиагностика позднего сифилиса)*

allergy ['æləʤi] аллергия *(повышенная реактивность организма на повторное воздействие аллергенов)*

~ to pollen *см.* **grass pollen ~**

alimentary ~ пищевая [алиментарная] аллергия

anaphylactic ~ аллергия анафилактического типа *(опосредуемая реагинами)*

atopic ~ атопическая аллергия, атопия

bee sting ~ аллергия на пчелиный укус

bronchial ~ бронхиальная астма

cockroach ~ аллергия на тараканов

cold ~ холодовая аллергия

contact-type ~ аллергический контактный дерматит, кожная аллергия, аллергодерматит

cytotoxic ~ цитотоксическая аллергия

definitive ~ характерная аллергическая реакция

delayed ~ аллергическая реакция замедленного типа

dermatologic ~ *см.* **contact-type ~**

dietary ~ *см.* **alimentary ~**

drug ~ лекарственная аллергия

egg-yolk ~ аллергия на яичный желток

egg-white ~ аллергия на яичный белок

familiar non-reaginic food ~ семейная нереагиновая пищевая аллергия

flea ~ аллергия, вызванная мелкими насекомыми *(напр. блохами)*

fungal ~ *микол.* грибковая аллергия

gastrointestinal ~ *см.* **alimentary ~**

grass pollen ~ поллиноз, аллергия на пыльцу; сенная лихорадка, сенной насморк

hereditary ~ наследственная аллергия

honeybee body dust ~ аллергия к пыли пчелиных тел *(на заводах по переработке мёда)*

house dust ~ аллергия к домашней пыли

immediate ~ аллергическая реакция немедленного типа

immunoglobulin-mediated ~ аллергическая реакция, опосредуемая иммуноглобулинами

inhalant ~ лёгочная [респираторная] аллергия; аллергия дыхательных путей; аллергический альвеолит

kiss-type ~ аллергия на укус насекомого

lichen ~ аллергический лишай, грибковая аллергия

medicamentous ~ лекарственная аллергия, *уст.* медикаментозная аллергия

multiple ~ полиаллергическая реакция *(на несколько аллергенов)*

nasal ~ *см.* **grass pollen ~**

occupational ~ профессиональная аллергия

ocular ~ аллергические заболевания глаз

physical ~ аллергия на воздействие физических факторов *(тепловая, холодовая, световая)*

pollen ~ *см.* **grass pollen ~**

polyvalent ~ перекрёстная аллергия

spontaneous ~ *см.* **hereditary ~**

workplace ~ *см.* **occupational ~**

allesthesia [ˌæləs'θi:ziə] аллоэстезия *(расстройство ощущения, при котором раздражение на одной конечности ощущается в противоположной)*

alleviate [ə'li:vieit] облегчать, смягчать *(боль)*

alleviation [əˌli:vi'eiʃn] облегчение, смягчение *(боли)*

~ by reducing of dose смягчение [облегчение] действия снижением дозы

~ of disease облегчение состояния больного, смягчение течения болезни

~ of pain обезболивание, устранение боли

~ of spasm купирование спазма

all-glass ['ɔ:l-'gla:s] цельностеклянный

alliance [ə'laiəns] 1. родственная связь, родство 2. экологически близкие группы ассоциаций 3. союз, альянс; сотрудничество

family caregiver ~ союз сохранения семьи

therapeutic [working] ~ *псих.* терапевтический [рабочий] альянс *(союз между пациентом и психотерапевтом для достижения оптимальных результатов лечения)*

Alliance [ə'laiəns] *см.* Приложение

allied [ə'laid] 1. родственный, близкий, смежный; пограничный *(о болезнях)* 2. связанный, соединённый

alligation [ˌæli'geiʃn] смешение разных лекарственных растворов

alloactivated [ˌæləʊ'æktiveitid] аллоактивированный

alloaggression [ˌæləʊə'greʃn] аллоиммунная реакция; аллоагрессия *(по Ерне)*

alloalbuminemia [ˌæləʊæl,bju:min'i:miə] аллоальбуминемия, параальбуминемия; бисальбуминемия

alloantibody [ˌæləʊ'ænti,bɒdi] аллоантитело, аллогенное антитело *(антитело, специфичное по отношению к аллоантигенам)*

alloantigen [ˌæləʊ'æntiʤen] аллоантиген, аллотипический [аллогенетический] антиген *(от неродственного донора)*, изоантиген

B-cell ~s В-клеточные аллоантигены

alloantiserum [ˌæləʊ,ænti'si:rəm]:

anti I-J ~ анти-I-J-аллоантисыворотка

allobiosis [ˌæləʊbaiˈəʊsis] аллобиоз *(изменение характера реакций организма при изменении внутренней или внешней среды)*

allobrephograft [ˌæləʊbrəfəʊˈgrɑːft] аллобрефотрансплантат *(из плодной кости другой особи того же вида)*

allocation [ˌæləˈkeiʃn] **1.** размещение, распределение; выделение *(средств)* **2.** локализация **3.** классификация

random ~ случайное распределение

allocheiria [ˌæləʊˈkairiə] *невр.* аллохейрия *(расстройство чувствительности, при котором раздражение ощущается в симметричном участке противоположной стороны)*

allochetia [ˌæləʊˈkiːtiə], **allochezia** [ˌæləʊˈkiːziə] *уст.* **1.** выделение испражнений через свищ **2.** прохождение инородного тела по кишечнику

allocholesterol [ˌæləʊkəʊˈlesterɒl] аллохолестерин

allochromous [ˌæləʊˈkrəʊməs] изменяющий окраску

allochthonic [ˌælɒkˈθɒnik], **allochthonous** [ælɒkˈθɒnəs] **1.** приобретённый; внешний **2.** аллохтонус *(вещество, транспортируемое в экосистему из других систем)* **3.** аллохтонный *(не являющийся коренным обитателем)*

allocortex [ˌæləʊˈkɔːteks] аллокортекс *(часть коры полушарий большого мозга, которая в эмбриогенезе объединяет древнюю, старую и межуточную формы коры)*

allocytotoxicity [ˌæləʊˌsaitəʊtɒksisiti] аллогенная цитотоксичность

allodeterminant [ˌæləʊdiˈtəːminənt] аллоантигенная детерминанта, аллодетерминанта, аллоэпитоп

serological ~ сывороточная (серологически выявляемая) аллодетерминанта

allodiscrimination [ˌæləʊˌdiskrimiˈneiʃn] аллогенная дискриминация; типирование аллогенными сыворотками

allodromy [ˌæləʊˈdrəʊmi] аллоритмия, аллоритмическая экстрасистолия, аритмичный пульс

allodynia [ˌæləʊˈdiniə] аллодиния *(расстройство функций, вызванное болевыми стимулами)*

alloeosis [ˌæliˈəʊsis] *уст.* **1.** изменение *(напр. характера болезни)* **2.** выздоровление

alloepitope [ˌæləʊˈepitəʊp] аллоантигенная детерминанта, аллодетерминанта, аллоэпитоп

alloerotism [ˌæləʊˈerɒtizm] *психоан.* аллоэротизм

allogene [ˌæləʊˈdʒiːn] рецессивный ген

allogeneic [ˌæləʊˈdʒenik] аллогенный *(1. вызванный внешними факторами 2. происходящий извне 3. относящийся к тому же виду, но другого генетического строения)*; чужеродный

allogenesis [ˌæləʊˈdʒenisis] аллогенез *(образование половых и бесполых форм в процессе размножения)*

allogenotyping [ˌæləʊˈdʒenəʊtaipiŋ] аллогенотипирование

allograft [ˈæləʊgrɑːft] аллотрансплантат, аллогенный трансплантат, *уст.* гомотрансплантат *(от другой особи того же вида)*

cadaver ~ кадаверный [трупный] аллотрансплантат

cultured ~ культуральный аллотрансплантат

fetal ~ фетальный [эмбриональный] аллотрансплантат

first-set ~ первично пересаженный аллотрансплантат

incompatible ~ отторгающийся аллотрансплантат

penetrating corneal ~ сквозной роговичный аллотрансплантат

renal ~ почечный аллотрансплантат, аллопочка

skin ~ кожный аллотрансплантат

secondary-set ~ вторично пересаженный аллотрансплантат

allografting [ˈæləʊgrɑːftiŋ] аллотрансплантация

combined organ ~ совместная (двух или более органов) аллотрансплантация

marrow ~ алломиелотрансплантация, пересадка [трансплантация] аллогенного костного мозга

allogroup [ˈæləʊgruːp] кластер [совокупность] аллелей для маркёров *(тяжёлой цепи иммуноглобулина)*

alloheptulose [ˌæləʊˈheptjʊləʊz] аллогептулоза

alloimmunization [ˌæləʊˌimjʊnaiˈzeiʃn] аллоиммунизация

~ to platelet antigens аллоиммунизация к антигенам тромбоцитов

fetus-maternal ~ аллоиммунизация в системе мать — плод, трансплацентарная аллоиммунизация

neonatal ~ аллоиммунизация новорождённых

reciprocal ~ реципрокная [взаимная] аллоиммунизация *(в системе мать – плод)*

red-cell ~ аллоиммунизация эритроцитов

alloimmunoglobulin [ˌæləʊimjʊnəʊˈglɒbjʊlin] аллоиммуноглобулин, аллоиммуноглобулиновый препарат

alloincompatibility [ˌæləʊˌinkɒmˈpætibiliti] аллогенная несовместимость

alloisoleucine [ˌæləʊˌaisəʊˈluːsiːn] аллоизолейцин *(один из изомеров изолейцина – аминокислоты, присутствующей в большинстве белков)*

alloisomerism [ˌæləʊaiˈsɒmərizm] аллоизомерия

allokinesis [ˌæləʊkaiˈniːsis] **1.** рефлекторное движение **2.** пассивное движение

allokinetic [ˌæləʊkaiˈnetik] движение, вызванное внешними силами

allolalia [ˌæləʊˈleiliːə] аллолалия, нарушение речи

allometry [æˈlɒmətri] аллометрия *(1. изучение относительного роста различных органов или частей организма 2. изменение пропорций с ростом организма)*

allomone [ˌæləʊˈməʊn] *pl.* алломоны *(биологически активные вещества, вырабатываемые организмом и воздействующие на другие особи)*

allomorphism [ˌæləʊˈmɔːfizm] алломорфизм *(1. изменение формы клеток механическим путём 2. различие в структуре кристаллов веществ при сходном химическом строении)*

allomyelotransplantation [ˌæləʊˌmaiələʊˌtrænsplænˈteiʃn] пересадка костного мозга

allongement [ælɒnˈʒmɔː] *фр.* хирургическое удлинение органа *(напр. сухожилия)*

allopath [ˈæləʊpæθ] врач-лечебник, врач общей практики, *нрк.* аллопат *(практикующий средствами официальной медицины)*

allopathy [æˈlɒpəθi] общепринятая медицина, аллопатия *(в отличие от гомеопатии)*

allophycocyanin [ˌæləʊˌfaikəʊˈsaiənin] аллофикоцианин

alloplant [ˈæləʊplɑːt] аллоплант *(трансплантат из кадаверной ткани)*

alloplasm [ˈæləʊplæzm] аллоплазма *(производное цитоплазмы)*

alloplastics [ˌæləʊˈplæstiks] аллопластические материалы

alloplasty ['æləʊplæsti] аллопластика, аллотрансплантация (*1. пластика с применением тканей другого человека 2. уст. пластика с применением искусственных материалов*)

alloploidy [,æləʊ'plɒidi] аллоплоидия (*наличие у особи различных хромосомных наборов*)

alloproliferation [,æləʊprəʊlifə'reiʃn] пролиферация аллогенных клеток (*в культуре*)

allopsychic [,æləʊ'saikik] Вернике аллопсихоз

allorecognition [,æləʊ,rekəg'niʃn] аллогенное распознавание

alloresistance [,æləʊri'zistəns] аллогенная резистентность, аллорезистентность

alloresponse [,æləʊris'pɒns] аллоиммунный ответ, иммунная реакция на аллоантиген

allorhythmia [,æləʊ'riðmiə] аллоритмия, аллоритмическая экстрасистолия (*сопровождающаяся регулярными импульсами из эктопического очага и характеризующаяся би-, три- или квадригеминией*)

allorhythmic [,æləʊ'riðmik] аллоритмический, неправильный, нерегулярный; аритмичный

all-or-none ['ɔːl-ɔː-'nʌn], **all-or-nothing** ['ɔːl-ɔː-'nʌθiŋ] физиол. «всё или ничего»

allosensitization [,æləʊsensəti'zeiʃn] аллогенная сенсибилизация, аллосенсибилизация

allosome ['æləʊsəʊm] 1. половая хромосома, аллосома 2. инородное включение в цитоплазме

allosomal ['æləʊsəʊməl] ген. аллосомный

allosteam ['æləʊstiːm] аллостим (*стволовая клетка одного генетического вида*)

allosterism ['æləʊ,sterizm], **allostery** ['æləʊ,steri] аллостерия (*способ контроля скорости протекания метаболических процессов с помощью изменения активности регуляторных ферментов*)

allosuppression [,æləʊsə'preʃn] аллогенная супрессия

allosyndesis [,æləʊsin'diːsis] аллосиндезис (*конъюгация гомологичных хромосом, происходящих от разных родителей*)

allotment [æ'lɒtmənt] 1. выделение; назначение; распределение 2. часть; контингент

allotolerance [,æləʊ'tɒlərəns] аллотолерантность, аллогенная толерантность

allotope ['æləʊtəʊp] аллотопическая детерминанта, аллотоп

allotopia [,æləʊ'təʊpiə] дистопия, атопия, аллотопия (*аномальное расположение органа, ткани или отдельных клеток*)

allotransplantat [,æləʊtræns'plæntət] аллотрансплантат (*орган или ткань от особи того же вида*)

　　hepatic ~ аллотрансплантат печени

allotransplantation [,æləʊ,trænsplæn'teiʃn] аллотрансплантация, уст. гомотрансплантация

allotropic [,æləʊ'trɒpik] аллотропный (*1. относящийся к аллотропии 2. псих. обозначающий тип личности, излишне озабоченной реакцией окружающих*)

allotropism [ə'lɒtrəʊpizm], **allotropy** [ə'lɒtrəʊpi] аллотропия (*существование одного элемента в виде различных веществ, отличающихся друг от друга по физическим свойствам*)

allotype ['æləʊtaip] аллотип (*любые генетически кодируемые различия между иммуноглобулинами одного класса*)

Gm-~ Gm-маркёры, Gm-аллотипы (*аллотипические детерминанты IgG человека*)

　　heavy-chain ~ аллотип тяжёлой цепи (*иммуноглобулина*)

　　latent ~ молчащий (неэкспрессируемый) аллотип

allotype-M ['æləʊtaip-em] обозначение аллотипа человеческого иммуноглобулина

allovariant [,æləʊ'vɛəriənt] аллотипический вариант (*генного локуса*)

all-overishness [ɔːl-'əʊvəriʃnəs] общее недомогание

allow [ə'laʊ] допускать, позволять, разрешать; предоставлять

allowable [ə'laʊəbl] допустимый (*напр. о дозе лекарственного средства*)

allowance [ə'laʊəns] 1. допущение, дозволение, разрешение; принятие в расчёт 2. необлагаемый налогом минимум пособия 3. поправка 4. рацион; порция

　　children's ~ пособие многодетным семьям

　　constant attendance ~ постоянное пособие или пенсия по инвалидности

　　day's ~ суточное пособие

　　dietary ~s установки [рекомендации] по диете

　　disability living ~ пособие инвалидам, нуждающимся в уходе

　　disability working ~ пособие работающим инвалидам

　　family ~ пособие многосемейным

　　hospital treatment ~ пособие на период стационарного лечения

　　living ~ средства на жизнь; пособие на жизнь; стипендия

　　maternity ~ пособие по беременности и родам

　　mobility ~ пособие на транспорт или передвижение

　　substitence ~ суточные, командировочные

alloxuremia [,ælɒksjʊ'riːmiə] повышенное содержание ксантиновых оснований в крови

alloxuria [,ælɒks'juːriə] аллоксурия (*наличие пуринов в моче*)

alloy ['æləi] стом. 1. сплав ‖ сплавить 2. примесь, лигатура 3. проба драгоценного металла

　　as-cast ~ 1. литой сплав 2. литейный сплав

　　Co-Cr ~s хромо-кобальтовые сплавы

　　composite ~ композиционный сплав, композит

　　fancy ~ декоративный сплав

　　Ni-Ti ~ сплав на основе никелида титана

　　nonnoble ~ неблагородный сплав

　　shape memory ~ сплав с памятью формы

alloyage [æ'lɒiidʒ] лигирование, введение лигирующих добавок

allozygote [,æləʊ'zaigəʊt] аллозигота (*гомозигота по рецессивному гену*)

allozygous [,æləʊ'zaigəʊs] (фенотипически) гомозиготный

allozyme [,æləʊ'zaim] аллозим (*видоизменённая форма фермента, кодируемая разными аллелями одного и того же гена*)

allusion [ə'luːʒn] 1. признак 2. ссылка, упоминание

ally [ə'lai] 1. биол. вид 2. союзник, помощник 3. связывать браком, общностью происхождения

almond ['ɔːmənd] 1. миндаль 2. анат. миндалина

　　Bitter ~ обыкновенный горький миндаль

almoner ['ælmənə] администратор, ведающий оплатой лечения и пребывания в больнице; больничный социальный работник

alochia [ə'ləʊkiə] отсутствие лохий *(после родов)*

aloe ['æləʊ] алоэ *(Aloe)*

   American ~ алоэ американское, столетник

aloes ['æləʊs] сабур *(слабительное)*

alogia [ə'ləʊʤiə] алогия *(1. афазия 2. немота вследствие умственной отсталости или спутанности сознания)*

alone [ə'ləʊn] один || одинокий; изолированный *(о действии медикамента)*; отдельный *(напр. порок развития)*; одиночный

alopecia [ˌæləʊ'piːʃiə] алопеция, облысение

   ~ **adnata** врождённая алопеция

   ~ **areata** гнёздная [круговая, очаговая] алопеция

   ~ **capitis totalis** тотальное облысение

   ~ **generalisata** *см.* ~ **universalis**

   ~ **localis** *см.* **patchy** ~

   ~ **liminaris frontalis** облысение по границе роста волос на голове

   ~ **prematura [presenilis]** преждевременная [пресенильная] алопеция

   ~ **seborrhoeica** себорейная алопеция

   ~ **universalis** общая [генерализованная, универсальная] алопеция

   androgenic ~ гирсутизм *(облысение по мужскому типу у женщин)*

   cicatrical ~ рубцовая алопеция

   circular ~ гнёздное облысение

   dilution ~ диффузная алопеция

   eyebrow ~ выпадение бровей

   growth hormone-related ~ алопеция, обусловленная гормоном роста

   marginal ~ краевое облысение

   patchy ~ пятнистая [очаговая] алопеция

   reflex ~ рефлекторная алопеция

   senile ~ старческая [сенильная] алопеция

   syphilitic ~ сифилитическая алопеция

   traumatic ~ травматическая [гренландская] алопеция

   truncal ~ облысение на туловище

   X-ray ~ рентгеновская алопеция

aloud [ə'laʊd] громко, вслух

alpha-fetoprotein [ˌælfəˌfiːtəʊ'prəʊtiːn] альфа-фетопротеин, АФП

alpha-virus [ˌælfə'vairəs] альфа-вирус *(группы арбовирусов)*

alphodermia [ˌælfəʊ'dəːmiə] отсутствие пигментации кожи, депигментация

alphos ['ælfəs] **1.** витилиго **2.** псориаз

alphosis [æl'fəʊsis] *см.* **alphodermia**

alteplase ['ɔːltəpleiz] альтеплаза *(тканевой плазминогенный активатор, получаемый методом рекомбинантной ДНК-технологии)*

alter ['ɔːltə] **1.** менять, изменять, переделывать **2.** кастрировать

alterant ['ɔːltərənt] способный вызвать изменения; благоприятно влияющий

alteration [ˌɔːltə'reiʃn] **1.** альтерация; изменение, перестройка *(организма)* **2.** иммун. сдвиг

   ~ **of consciousness** нарушение сознания, изменение сознания

   ~ **of generations** чередование поколений

   antibody-induced conformational ~ антителоиндуцированный конформационный переход *(в молекуле антигена)*

   electric ~ электрическая альтерация сердца *(чередование высоко- и низкоамплитудных комплексов QRS)*

   genital ~ изменение пола, секстрансформирующая операция

   irreversible ~ необратимое изменение

   oral tissue ~**s** изменения тканей ротовой полости

   qualitative ~ одинаковое сокращение мышцы после применения как анода, так и катода

   quantitative ~ количественное изменение электровозбудимости мышцы; постепенная потеря сократительной способности на электрическое раздражение

   reversible ~ обратимое повреждение

   serotonin-induced ~ индуцированное серотонином изменение

   virus-induced ~ изменение, вызванное вирусом

alter-ego ['ɔːltər-'iːgəʊ] альтер эго, второе «Я» *(1. заместитель, пользующийся полным доверием и облечённый всеми правомочиями, «правая рука» 2. скрытая сущность человека)*

alterity [ɔː'lteriti] *психол.* противостояние; инобытие

alternant ['ɔːltənənt] **1.** укрепляющее средство **2.** попеременный

alternate ['ɔːltəneit] чередоваться, сменяться, перемежаться, чередующийся, очередной, переменный, вариантный || заменитель, вариант

   ~**s for pain** заменители *(напр. опиатов)* для облегчения болей

alternate-day ['ɔːltəˌneit-dei] через день *(о приёме лекарств)*

alternation [ˌɔːltə'neiʃn] альтернация, чередование; смена, перемена

   ~ **of generations** смена [чередование] поколений

   cardiac ~ альтернация сердца, альтернирующий пульс *(чередование относительно сильных сокращений с более слабыми)*

   concordant ~ конкордантная альтернация *(механической или электрической активности сердца)*

   discordant ~ дискордантная альтернация *(сердечной активности)*

   electrical ~ **of the heart** электрическая альтернация ритма сердца

alternative [ɔː'ltənətiv] **1.** альтернатива, замена; метод выбора; иной путь || альтернативный, нетрадиционный, заменяющий; избранный; взаимоисключающий **2.** переменно действующий, перемежающийся; изменяющийся

   ~ **to conventional treatment** альтернатива традиционного лечения

   to have no ~ не иметь выбора

   contraceptive ~**s** альтернативный метод контрацепции

   drug ~**s** выбор лекарств

   holistic ~ холистическая альтернатива *(гуманистический, целостный подход к больному в противоположность техногенной медицине)*

surgical ~s показания к операции

therapeutic ~s альтернативный метод лечения

transfusion ~s альтернативное переливание крови *(о кровезаменителях)*

Althea [æl'θi:ə]:

~ **officinalis** *лат.* алтей лекарственный

altichamber [ˌælti'tʃeimbə] барокамера

altitude ['ælti,tju:d] возвышенность, высота *(горы)*; высота над уровнем моря

~ **of intelligence** предел возможностей интеллекта

high ~ высокогорье

altricious [æl'triʃəs] требующий длительного ухода *(о больном)*

altruism ['æltru:izm] *этол.* альтруизм

evolutionary ~ эволюционный альтруизм *(влияющий на репродуктивный успех)*

Alu-family ['æljʊ-'fæmili] *Alu*-семейство *(специфическая повторяющаяся последовательность нуклеотидов в геноме человека)*

alum(en) ['æləmən] квасцы *(кристаллогидраты двойных сульфатов)*

burnt [dried, exsiccated] ~ жжёные квасцы

iron ~ железоаммиачные квасцы

potassium ~ алюмокалиевые квасцы

sodium ~ алюмонатриевые квасцы

alumina [ə'lu:minə] оксид алюминия, глинозём

aluminate [ə'lu:mineit] алюминат; глинозёмное соединение; алюминиевое соединение

aluminosis [ə,lu:mi'nəʊsis] алюминоз, «алюминиевые лёгкие»

alusia [ə'lu:siə] галлюцинация; галлюциноз

alveary ['ælvieri] наружный слуховой проход

alveated ['ælvi,eitid] ячеистый

alveo-algia ['ælviʊ-'ælʤiə] луночковая боль *(после экстракции зуба)*

alveobronchiolitis [ˌælviʊˌbrɒŋkiəʊ'laitis] альвеобронхиолит

alveococcosis [ˌælviəkʊ'kəʊsis] альвеококкоз, альвеолярный [многокамерный] эхинококкоз

Alveococcus [ˌælviəʊ'kɒkəs]:

~ **multilocularis** многокамерный альвеококк

alveolate [æl'vi:əleit] ячеистый, подобный сотам, альвеолярный

alveolectomy [ˌælvi:əʊl'ektəmi] альвеолэктомия *(удаление краёв альвеолы зуба и межальвеолярных перегородок)*

alveolitis [ˌælviəʊ'laitis] альвеолит *(1. альвеолярная пневмония 2. воспаление стенок альвеолы зуба)*

cryptogenic fibrosing ~ криптогенный фиброзирующий альвеолит, идиопатический лёгочный фиброз

extrinsic allergic (bronchiolo) ~ экзогенный аллергический альвеолит

fibrinosing ~ фиброзирующий альвеолит

intrinsic ~ эндогенный [иммунокомплексный] альвеолит

lymphocytic ~ аутоиммунный альвеолит

multifocal ~ многоочаговый альвеолит

alveoloclasia [ælˌviəʊləʊ'kleiziə] резорбция кости альвеолы зуба

alveolodental [ælˌviəʊləʊ'dentəl] альвеолозубной

alveolopalatal [ælˌviəʊləʊ'pælətəl] альвеолонёбный

alveolotomy [ˌælviə'lɒtəmi] альвеолотомия *(рассечение стенки альвеолы зуба)*

alveolus [ˌælviæ'əʊləs], *pl.* **alveoli** [æl'vi:əʊli] альвеола; ячейка; луночка

alveolysis [æl'viəʊlisis] пародонтоз, альвеолярная пиорея, амфодонтоз, парадентит, Фошара болезнь

alveus ['ælviəs], *pl.* **alvei** ['ælvii] канал, трубка, проток; полость

~ **hippocampi** гиппокампов канал

alvine ['ælvain] кишечный, брюшной

alvus ['ælvʌs] **1.** живот; брюшная полость **2.** внутренности, органы брюшной полости

alymphia [e'limfiə] алимфия *(1. недостаточность общего количества лимфы в организме 2. отсутствие лимфы в каком-л. органе или ткани)*

alymphocytosis [ə,limfəʊsai'təʊsis] алимфоцитоз, лимфоцитарная аплазия, Незелофа синдром *(наследственное иммунодефицитное состояние)*

alymphoplasia [ə,limfəʊ'pleiziə] алимфоплазия, аплазия вилочковой железы

amaas ['æmɑːs] аластрим, белая оспа, оспа кафров

amalgam [ə'mælgəm] *стом.* амальгама

composite ~ сложная амальгама

copper ~ амальгама меди

dental ~ амальгама для зубной пломбы

multicomponent ~ многокомпонентная амальгама

single-phase ~ однофазная амальгама

tarnished ~ потемневшая амальгама

amalgamate [ə'mælgəˌmeit] амальгамировать; замешивать амальгамовую пломбу; соединяться с ртутью

amalgamation [əˌmælgə'meiʃn] амальгамирование; слияние, смешение, соединение

amalgamator [ə'mælgəˌmeitə] амальгамосмеситель

Amanita [ˌæmə'naitə]:

~ **citrina** поганковый мухомор

~ **muscarina** мухомор красный

~ **pantherina** мухомор пантерный

~ **phalloides** бледная поганка

~ **verna** мухомор вонючий

amanitotoxin [ə'mænitəʊˌtɒksin] аманитотоксин *(токсин бледной поганки)*

amara [ə'mɑːrə], *pl.* **amarine** ['æməriːn] горечи *(препараты растительного происхождения, возбуждающие аппетит)*

amaril ['æməril] токсин возбудителя жёлтой лихорадки

amarillosis [ˌæməri'ləʊsis] амариллёз, жёлтая лихорадка

amarine ['æməriːn] *pl. от* amara

amaroid ['æmərɔid] *фарм.* действующее начало горечи

amarthritis [ˌæmə'θraitis] полиартрит, множественный артрит

amasesis [ˌæmə'siːsis] неспособность пережёвывать пищу

amastia [ə'mæstiə] амастия *(врождённое отсутствие одной или обеих молочных желёз)*

amastigote [ə'mæstigəʊt] *параз.* амастигота *(внутриклеточная стадия возбудителя трипаносомоза)*

amathophobia [ə,mæθəʊ'fəʊbiə] аматофобия *(патологическая боязнь пыли)*

amativeness ['æmə,tivnəs] эротизм, афродизия *(половое влечение)*

amaurosis [,æmɔ:'rəusis] амавроз, слепота

~ **fugax** преходящая слепота, кратковременное нарушение зрения *(тёмная или светлая пелена, застилающая глаза)*

albuminuric ~ почечная ретинопатия

cat's eye ~ «амавротический кошачий глаз» *(симптом глиомы сетчатки)*

central [cerebral] ~ слепота центрального происхождения

dimidiate ~ амблиопия на половину поля зрения

hysteric ~ истерическая амблиопия, истерический амавроз, психогенная слепота

simulation ~ симулятивная слепота

toxic ~ токсическая слепота

amaxophobia [ə,mæksəu'fəubiə] амаксофобия, гамаксофобия *(патологическая боязнь колёсного транспорта)*

amazia [ə'meiziə] см. **amastia**

ambageusia [,æmbə'gju:siə] амбигевзия *(потеря вкусовой чувствительности с обеих сторон языка)*

amber-colored ['æmbə-'kʌləd] янтарный-жёлтый

ambidexterity [,æmbidek'steriti], **ambidextrism** [,æmbi'dekstrizm] амбидекстрия *(способность одинаково хорошо владеть обеими руками)*

ambidextrous [,æmbi'dekstrəs] двуправорукий, владеющий правой и левой рукой одинаково

ambient ['æmbiənt] окружающий; обтекающий; обволакивающий; внешний || окружающая среда *(напр. желудочная)*

ambiguity [,æmbi'gju:iti] неясность, сомнительность *(симптоматики, диагноза)*; неопределённость, двусмысленность

ambilateral [,æmbi'lætərəl] двусторонний, относящийся к обеим сторонам

ambilevosity [,æmbilə'vɒsiti] неспособность выполнять слаженные действия обеими руками

ambilevous [,æmbi'li:vəs] не способный к слаженным действиям обеими руками

ambiopia [,æmbi'əupiə] диплопия, двойное зрение, двоение *(в глазах)*

ambisexual [,æmbi'seksfuəl] амбисексуальный, двуполый || страдающий амбисексуальностью, истинным гермафродитизмом

ambisexuality [,æmbi'seksfuəliti] амбисексуальность, бисексуальность; гермафродитизм

ambitendence [,æmbi'tendəns] двойственность, полярность поступков, эмоций

ambitendency [,æmbi'tendənsi] амбитендентность

ambition [æm'biʃən]:

negative ~ негативная амбиция

self-assertive ~ стремление к самоутверждению

ambitious [æm'biʃəs] властолюбивый, тщеславный

ambivalence [æm'bivələns] амбивалентность *(испытывание противоположных чувств к одному объекту)*; амбитендентность *(антагонистические тенденции в психической деятельности)*, амбитимия

~ **of the intellect** раздвоение сознания

ambivalent [æm'bivələnt] противоположный *(о чувствах)*, амбивалентный

ambiversion [,æmbi'və:ʃn] *псих.* амбиверсия *(совмещение черт экстра- и интраверсии)*

ambloma [,æm'bləumə] выкидыш, абортус *(плод)*

amblyacousia ['æmbliəku:ziə] ухудшение [ослабление] слуха, тугоухость

amblyopia [,æmbli'əupiə] амблиопия, ослабление зрения

~ **alcoholica [crapulosa]** алкогольная амблиопия

nocturnal ~ гемералопия, куриная [ночная] слепота

amblyoscope [æm'bli:əu,skəup] амблиоскоп *(стереоскоп для измерения и тренировки бинокулярного зрения)*

amboceptor [æm'bəuseptə] амбоцептор, комплементсвязывающее антитело

bacteriolytic ~ амбоцептор бактериолиза

hemolytic ~ гемолитический амбоцептор *(антитело, направленное против антигенов мембраны эритроцитов)*

ambomalleal [,æmbəu'mæliəl] *ото.* относящийся к наковальне и молоточку

ambos ['æmbəs] *нем.* наковальня

ambosexual [,æmbəu'seksjuəl] см. **ambisexual**

ambrosia [æm'brəuziə] 1. перга 2. амброзия *(высокоаллергенная трава; Ambrosia)*

ambulance ['æmbjuləns] 1. полевой госпиталь; амбулатория 2. автомобиль скорой медицинской помощи 3. врачебный пункт 4. отряд первой медицинской помощи

to call in an ~ вызвать скорую медицинскую помощь

aerial [air] ~ санитарный самолёт

army ~ полевой лазарет

field ~ 1. медицинский отряд 2. полевое хозяйство

helicopter ~ санитарный вертолёт

jack-lift ~ санитарный автомобиль с приспособлением для погрузки раненых в самолёт

medical ~ санитарный транспорт

ambulant ['æmbjulənt] 1. перемещающийся; перемещающийся *(о болях)* 2. амбулаторный, ходячий *(о больном)* 3. не требующий постельного режима *(о болезни)* 4. мигрирующий, блуждающий *(о роже)*

ambulation [,æmbju'leiʃn] способность передвигаться *(после операции)*; ходьба

earlier ~ 1. раннее обращение к врачу 2. раннее вставание *(после операции)*

supported ~ тренировка шаговых движений парализованного пациента с поддержкой массы тела в специальном аппарате *(на тредмиле)*

ambulatory ['æmbjulətəri] амбулаторный больной || амбулаторный, двигающийся, ходячий *(о больном)*; передвижной *(об аппарате)*

ambus ['æmbʌs] *амер.* санитарный автобус

ambustial [æm'bʌstiəl] относящийся к ожогу, ожоговый

ambustion [æm'bʌstʃən] ожог

ameba [ə'mi:bə], *pl.* **amebae** [ə'mi:bi:] амёба, амёбы и амёбообразные саркодовые

amebiasis [,æmi:'baiəsis], **amebiosis** [,æmi:bai'əusis] амёбиаз, амёбная дизентерия

hepatic ~ амёбиаз печени

intestinal ~ амёбиаз, амёбная дизентерия

amebic [ə'mi:bic] амёбный

amebicide [ə'mi:bisaid] амёбицид *(агент, убивающий амёб)*

amebism ['æmi:bizm] амёбная инвазия

amebocyte [ə'mi:bəu,sait] блуждающая клетка, амёбоцит

circulating ~ гемоцит

ameboid [ə'miːbɔɪd] амёбообразный, амёбовидный

ameboma [ˌæmiːˈbəʊmə] амёбома, амёбная гранулёма

ameiosis [ˌeimaiˈəʊsis] амейоз

amelanotic [əˌmeləˈnɒtik] не содержащий меланина; беспигментный

ameleia [æmələˈaiə] психотическая индифферентность, апатия

amelia [əˈmiːliə] амелия (врождённое отсутствие конечностей)

amelification [əˌmelifiˈkeiʃn] эмалеобразование

amelioration [əˌmiːljəˈreiʃn] 1. улучшение; уменьшение интенсивности (симптомов заболевания) 2. нейтрализация, устранение (вредного фактора) 3. мелиорация

~ **of cristalluria** уменьшение кристаллурии

~ **of pain** устранение [облегчение, купирование] боли

~ **of signs** 1. улучшение течения болезни, состояния больного 2. устранение клинических проявлений

~ **of underlying cause** устранение основной причины (напр. запора)

ameloblast [ˈæmələʊblaːst] энамелобласт, амелобласт, адамантобласт (клетка, продуцирующая зубную эмаль)

ameloblastoma [ˌæmeləʊblaːˈstəʊmə] адамантинома, амелобластома

amelodentinal [ˌæmeləʊˈdentinəl] эмалеводентинный

amelogenesis [ˌæmeləʊˈʤenəsis] амелогенез (развитие зубной эмали)

~ **imperfecta** лат. несовершенное эмалеобразование

amelogenic [ˌæmeləʊˈʤenik] эмалеобразующий

amelus [ˈæmələs] человек с врождённым отсутствием конечностей

amenability [əˌmiːnəˈbiləti] ответственность (перед законом)

~ **for violation** ответственность за нарушение

~ **in respect of a suit** ответственность по иску

amenable [əˈmiːnəbl] 1. подверженный (заболеваниям); податливый; восприимчивый (к болезням) 2. соответствующий; подлежащий; поддающийся (лечению) 3. управляемый; контролируемый (напр. об инфекции) 4. ответственный (перед законом); подсудный; подлежащий наказанию

~ **to surgery** подлежащий хирургическому лечению

~ **to diseases** восприимчивый к болезням

amend [əˈmend] 1. возмещение, замещение, компенсация 2. поправка, исправление || вносить поправки, исправлять

amendment [əˈmendmənt] 1. улучшение, исправление, коррекция (напр. порока) 2. стихание, ослабление (напр. приступа)

~**s to constitution** поправки к уставу

~**s to rules of procedure** поправки к правилам процедуры

~**s to statute of International Agency for Research on Cancer** поправки к статусу Международного агентства по изучению рака

Eighteenth ~ восемнадцатая поправка (к Конституции США: о введении «сухого закона» с 1920 г.; была отменена 21-й поправкой в 1933 г.)

Social Security ~**s** поправки к Закону по социальному обеспечению

amenism [əˈmiːnizm] отсутствие сегментного деления

amenity [əˈmiːniti] нематериальные блага, эстетическое восприятие окружающей среды

amenorrhea [əˌmenəʊˈriə] аменорея (отсутствие менструаций в течение шести месяцев и более)

emotional ~ психогенная аменорея

hypophysial ~ гипофизарная аменорея

hypothalamic ~ гипогонадотропный гипогонадизм, «гипоталамическая аменорея»

jogger's ~ джогер-аменорея (временное прекращение менструальной функции, обусловленное физической тренировкой, упражнениями, напр. бегом трусцой)

lactation ~ лактационная аменорея (физиологическое прекращение месячных во время кормления грудью)

permanent ~ стойкая аменорея

physiologic ~ физиологическая аменорея

primary ~ первичная аменорея (у женщин старше 18 лет при наличии признаков полового созревания и отсутствии в анамнезе менструаций)

psychogenic ~ психогенная аменорея

secondary ~ вторичная аменорея (отсутствие менструаций при их наличии в анамнезе)

traumatic ~ травматическая аменорея (прекращение месячных, вызванное выскабливанием полости матки)

ament [əˈment] больной аменцией || слабоумный

amentia [əˈmenʃiə] псих. аменция, аментивный синдром (состояние острой спутанности сознания с полной дезориентировкой, бессвязностью мышления, галлюцинаторными и бредовыми переживаниями)

nevoid ~ энцефалотригеминальный ангиоматоз, невоидная аменция, Стерджа–Вебера–Краббе синдром

Steams' alcoholic ~ алкогольный психоз, напоминающий белую горячку, но превосходящий её по тяжести

Amerasian [əˌmerˈeiʃn] лицо, рождённое в смешанном браке граждан США и Азиатского региона (напр. во время войны во Вьетнаме)

American [əˈmerikən]:

Native ~**s** коренные американцы (самоназвание американских индейцев)

amethopterin [ˌæməθˈɒptərin] метотрексат, аметоптерин (химиотерапевтический препарат)

ametoecious [ˌæmeˈtəʊɪsiəs] однохозяйный (паразитирующий на или в одном хозяине)

ametria [əˈmetriə] аплазия матки

ametrohemia [ˌæmetrəʊˈhiːmiə] ишемия матки

ametropia [ˌæmeˈtrəʊpiə] аметропия (дефект рефракции глаза)

ametrous [æˈmetrəs] лишённая матки

amianthinopsy [ˌæmiənˈθinəpsi] слепота на фиолетовый цвет

amianthosis [ˌæmiənˈθəʊsis] асбестоз

amicrobic [əˌmaiˈkrəʊbik] безмикробный, стерильный, асептический

amicron(e) [əˈmaikrɒn] амикрон (коллоидная частица, не различаемая ультрамикроскопом, 10^{-8} мм)

amidase [ˈæmideis] амидаза (фермент, катализирующий гидролиз амидов монокарбоновых кислот с образованием карбоновой кислоты и аммиака)

amidation [ˌæmai'deiʃn] аминирование *(введение аминогруппы в молекулы органических соединений)*

amide ['æmaid]:

  cyclic ~s циклические амиды

  primary ~s первичные амиды

  secondary ~s вторичные амиды

amidine-lyase ['æmidi:n-'laieis] амидин-лиаза

amidolytic [ˌæmidəʊ'litik] амидолитический, расщепляющий крахмал

amiloidosis [ˌæmiləʊ'idəʊsis]:

  medullary ~ амилоидоз мозгового вещества почек

amimia [ə'mimiə] амимия *(утрата мимической и жестикулярной выразительности)*

amination [əmi'neiʃn] аминирование *(введение аминогруппы реакцией замещения или присоединения)*

amine [ə'mi:n] аминогруппа; *pl.* амины *(производные аммиака)*

  biogenic ~s биогенные амины

  cyclic ~s циклические амины

  fat ~s жирные амины

  mixed ~s смешанные амины

  pressor ~ прессорный амин

  quarternary ~s четвертичные амины

  simple ~s простые амины

  unsaturated ~s ненасыщенные амины

  vasoactive ~s вазоактивные амины *(напр. гистамин, серотонин)*

aminoacid [əˌmi:nəʊ'æsid]:

  branched-chain ~s аминокислоты с разветвлённой цепью

  essential ~s незаменимые аминокислоты

aminoacidaemia [əˌmi:nəʊˌæsid'i:miə] аминоацидемия *(повышенное содержание аминокислот в сыворотке крови)*

aminoaciduria [əˌmi:nəʊˌæsid'ju:riə] аминоацидурия *(экскреция аминокислот с мочой)*

aminoacylation [əˌmi:nəʊˌæsi'leiʃn] аминоацилирование *(введение амино-ацильной группы в молекулу органического соединения)*

aminoglycosides [əˌmi:nəʊglai'kəʊsaidz] аминогликозиды *(антибиотики)*

aminoguanidine [əˌmi:nəʊ'gwænidi:n] аргинин, аминогуанидин

aminopeptidase [əˌmi:nəʊ'peptideiz] аминопептидаза *(фермент, вызывающий расщепление пептидов в кишечнике)*

  aspartate ~ аспартат-аминопептидаза

  cystine ~ цистин-аминопептидаза

aminosorbent [əˌmi:nəʊ'sɔ:bnet] аминосорбент

amino-terminal [əˌmi:nəʊ'tə:minəl] амино-конец *(молекулы)*

aminotransferase [əˌmi:nəʊ'trænsfəreiz] аминотрансфераза, *нрк.* трансаминаза *(фермент, катализирующий перенос аминогрупп от одного метаболита к другому)*

  alanine ~ аланин-аминотрансфераза, АЛТ

  asparagine ~ аспарагин-аминотрансфераза

  aspartate ~ аспартат-аминотрансфераза, АСТ

  tryptophan ~ триптофан-аминотрансфераза

amitosis [ˌæmi'təʊsis] амитоз *(прямое деление клетки)*

amixia [ˌæmik'siə] перекрёстная стерильность, амиксия

ammeter ['æm'mi:tə]:

  thermocouple ~ термоэлектрический амперметр с термопарой

ammonemia [əˌməʊ'ni:miə] *см.* **ammoniemia**

ammoniac [ə'məʊniək] аммиачный

ammoniemia [əˌməʊni'i:miə] гипераммониемия *(повышенное содержание в крови свободных ионов аммония)*

ammonification [əˌməʊnifi'keiʃn] аммонификация

ammoniotelism [ə'məʊniəʊtelizm] выделение аммиака в качестве конечного продукта обмена

ammonisation [əˌməʊni'zeiʃn] превращение органических соединений в аммиачные соли под действием бактерий

ammonium [ə'məʊniəm] аммиак

  ahydrous ~ безводный аммиак

  aqua ~ *см.* **liquid ~**

  fixed ~ связанный аммиак

  gas ~ газообразный аммиак

  high blood ~ высокое содержание аммиака в крови

  liquid ~ нашатырный спирт

  nitrogen ~ аммиачный азот

ammonolysis [ˌæməʊ'nɒlisis] аммонолиз *(расщепление органического соединения под действием аммиака)*

ammotherapy [ˌæməʊ'θæгəpi] лечение песочными ваннами

amnemonic [ˌæmni'mɒnik] относящийся к ухудшению или потере памяти

amnesia [æ'mni:ziə] амнезия, утрата памяти

  acute ~ острая амнезия, провал памяти

  anterograde ~ антероградная амнезия *(на события с момента расстройства сознания)*

  anteroretrograde ~ антероретроградная амнезия *(на события и до, и после расстройства сознания)*

  auditory ~ слуховая агнозия

  axial ~ корсаковский [амнестический] синдром

  congrade ~ конградная амнезия *(пробелы памяти на период нарушения сознания, сохраняющиеся всю последующую жизнь)*

  dissociative ~ диссоциативная амнезия

  episodic ~ эпизодическая [периодическая] амнезия

  infantile ~ инфантильная амнезия

  lacunar [localized] ~ лакунарная [локальная] амнезия *(на отдельные события)*

  psychogenic ~ психогенная амнезия

  retrograde ~ ретроградная амнезия *(на события, предшествовавшие расстройству сознания)*

  selective ~ селективная [избирательная] амнезия

  tactile ~ астереогноз

  verbal ~ вербальная [словесная] амнезия

  visual ~ 1. зрительная агнозия *(неспособность узнавать предметы, виденные раньше)* 2. алексия, вербальная [словесная] слепота *(нарушение понимания текста)*

amnesic [æ'mni:sik] страдающий потерей памяти, утративший память

amnestic [æ'mnestik] вызывающий потерю памяти

Amnesty ['æmnisti]:

  ~ International организация Международная амнистия *(общество свободы личности)*

amniocentesis [ˌæmniəʊsen'ti:sis] амниоцентез *(пункция плодного пузыря)*

genetic ~ амниоцентез по генетическим показаниям

transabdominal ~ чрезбрюшинный амниоцентез

vaginal ~ влагалищный амниоцентез

amniochorial [ˌæmniəʊˈkəʊriəl], **amniochorionic** [ˌæmniəʊˈkəʊriɒnik] относящийся к амниону и хориону

amnioclepsis [ˌæmniəʊˈklepsis] постепенное излитие [отхождение] околоплодных вод

amniocyte [ˈæmniəʊˈsait] амниоцит

amniography [ˌæmniˈɒɡrəfi] *рентг.* амниография *(рентгенологическое исследование амниона)*

amnion [ˈæmniən] 1. амнион, амниотическая, или водная, оболочка *(плода)* 2. амниотическая жидкость

amnionitis [ˌæmniəʊˈnaitis] амнионит *(воспаление амниона)*

amniorrhea [ˌæmniəˈriːə] излитие [отхождение] околоплодных вод

amniorrhexis [ˌæmniəˈreksis] разрыв амниона

amnioscopy [ˌæmniˈɒskəpi] амниоскопия *(эндоскопия канала шейки матки)*

Amniota [ˌæmniˈəʊtə] амниота *(высшие позвоночные, развитие которых связано с образованием амниона)*

amniotic [ˌæmniˈəʊtik] амниотический, околоплодный

amniotomy [ˌæmniˈɒtəmi] амниотомия *(вскрытие плодного пузыря для индукции родов)*

A-mode [eiˈməʊd] *узи* А-режим *(метод одномерной эхолокации)*

Amoeba [əˈmiːbə], *pl.* **Amoebae** [əˈmiːbi]:

~ **buccalis** щёчная амёба

~ **coli** кишечная амёба

~ **urogenitalis** урогенитальная амёба

amoebiasis [ˌəˌmiːbaiˈæsis] амебиаз

amoebicidal [əˌmiːbaiˈsaidl] амебоцидный

amoebocyte [əˌmiːbɒˈsait] блуждающая клетка, амёбоцит *(клетка многоклеточного организма, способная к движению)*

amoeboid [əmiːˈbɒid] амёбовидный, амёбообразный

amok [əˈmɒk] амок *(сумеречное состояние эпилептического или психогенного происхождения)*

amolad [əˈməʊlæd] амолад *(незначительно выраженный порок развития, напр. раздвоение яичка)*

amor [əˈmɔː] любовь

~ **insanus** *псих.* эротомания, гиперафродизия

~ **lesbicus** лесбианство, лесбийская любовь, женский гомосексуализм

~ **sui** *лат.* нарциссизм, самолюбование

~ **veneris** клитор

amoral [eiˈmɒrəl] антиобщественный, аморальный

amorous [əˈmɔːrəs] 1. любовный 2. половой

amorph [əˈmɔːf] аморф *(рецессивный неактивный мутантный ген)*

amorpha [əˈmɔːfə] функциональное расстройство

amorphia [əˈmɔːfiə], **amorphism** [əˈmɔːfizm] аморфное состояние; бесформенность

amorphous [əˈmɔːfəs] аморфный; бесформенный

amotio [əˈməʊʃiə] отделение, отслойка *(напр. сетчатки)*

amount [əˈmaunt] 1. количество; объём; величина; доза; степень 2. общая сумма; итог ‖ равняться; простираться; доходить; достигать *(чего-л.)*

~ **of bend** объём сгибания *(напр. в суставе)*

~ **of error** величина погрешности

~ **of hospital accommodation** пропускная способность больницы

~ **of growth** прирост

catalytic ~ каталитическая активность

detectable ~ обнаруживаемое количество

equivalent ~ эквивалентное количество

gross ~ общее количество; валовая сумма

lethal ~ смертельная доза

maximum permissible ~ предельно допустимая доза

minute ~ малое количество

precise ~ прецизионное [точное] количество

primary insurance ~ первичный страховой взнос

substantial ~ значительное количество

trace ~**s** следовые количества, следы; микропримеси *(напр. радионуклидов)*

ampelotherapy [ˌæmpeləʊˈθerəpi] виноградолечение, ампелотерапия

amperage [ˈæmpəridʒ] 1. сила тока *(в амперах)* 2. ток короткого замыкания гальванического элемента, амперная нагрузка

amperometry [ˌæmpəˈrɒmətri] амперометрия; амперометрическое титрование

amphemerous [æmˈfemərəs] дневной

amphetamine [æmˈfetəmin] амфетамин *(синтетический наркотик, стимулирующего действия)*, *sl.* «спид», «быстрый»

amphiarthrosis [ˌæmfiaˈθrəʊsis] амфиартроз; плоский [тугоподвижный] сустав

amphiaster [ˌæmfiˈæstə] амфиастер, амфиастральное веретено, стадия звезды *(фаза митоза)*

amphibaric [ˌæmfiˈbærik] понижающий или повышающий кровяное давление в зависимости от дозы *(о препарате)*

amphibian [æmˈfibiən] амфибия, *pl.* земноводные

amphibiotic [ˌæmfibaiˈɒtik] амфибиотический *(микроорганизм, способный к симбионтной и паразитической формам существования)*

amphiblestritis [ˌæmfiblesˈtraitis] воспаление сетчатки

amphiblestrodes [ˌæmfiblesˈtrəʊdis] сетчатка *(глаза)*

amphibolic [ˌæmfiˈbɒlik], **amphibolous** [æmˈfibələs] двусмысленный; сомнительный, неопределённый *(напр. прогноз болезни)*

amphicelous [ˌæmfiˈsiːləs] двояковогнутый, имеющий вогнутые поверхности на двух концах *(напр. позвонок)*

amphicyte [ˈæmfisait] клетка-сателлит, мантийная клетка

amphigenesis [ˌæmfiˈdʒenisis] амфигенез, половое размножение

amphikaryon [ˌæmfiˈkæriɒn] 1. амфикарион *(ядро зиготы)* 2. амфинуклеус *(ядро с крупной кариосомой)*

amphilepsis [ˌæmfiˈlepsis] амфилепсис, наследование черт обоих родителей

amphimicrobian [ˌæmfimaiˈkrəʊbiən] факультативный анаэроб

amphimixis [ˌæmfiˈmiksis] амфимиксис *(слияние двух гамет при половом размножении)*

amphinucleolus [ˌæmfinjuˈkliːələs] ядрышко, содержащее оксифильный и базофильный компоненты

amphipathicity [ˌæmfipæˈθisiti]:

~ of protein antigens амфипатичность белковых антигенов

amphithymia [ˌæmfi'θaimiə] маниакально-депрессивный [интермиттирующий] психоз, циклофрения

amphitrichate [ˌæm'fitrikeit], **amphitrichous** [ˌæm'fitrikəs] амфитрихиальный *(о бактериях, имеющих жгутики на обоих концах клетки)*

amphochromatophil [ˌæmfəʊkrəʊ'mætəfil] см. **amphophilic**

amphodontosis [ˌæmfəʊdɒn'təʊsis] пародонтоз, альвеолярная пиорея, парадентит, Фошара болезнь

ampholyte ['æmfəʊlait] амфолит, амфотерный электролит

    carrier ~ амфолит-носитель

amphophilic [ˌæmfəʊ'filik], **amphophilous** [æm'fɒfailəs] лаб. амфофил ‖ амфофильный *(окрашивающийся основными и кислыми красителями)*

amphoric [æm'fɒrik] амфорический *(подобный звуку, раздающемуся над пустым сосудом)*

amphorophony [ˌæmfə'rɒfəni] амфорофония *(оттенок звука при аускультации лёгких)*

amphoteric [ˌæmfə'terik] 1. амфотерный *(обладающий свойствами кислоты и основания)* 2. двусторонний; двойственный

amphoterism [ˌæmfə'terizm] амфотерия, амфотерность

amphotonia [ˌæmfə'təʊniə], **amphotony** [æm'fɒtəʊni] амфотония *(повышенная возбудимость вегетативной нервной системы)*

ampin ['æmpin] шприц-тюбик

ample ['æmpl] 1. достаточный *(напр. оперативный доступ)* 2. обильный *(о кровоснабжении)*

amplexatio [ˌæmplek'seiʃiə] половое сношение

amplexation [ˌæmplek'seiʃn] фиксация при переломе ключицы иммобилизирующим аппаратом

ampliation [ˌæmpli'eiʃn] растяжение, расширение полости

amplicon ['æmplikən] ампликон *(плазмидный вектор вируса простого герпеса)*

amplification [ˌæmplifi'keiʃn] 1. расширение; увеличение численности; усиление *(напр. рентгеновского изображения)*; размножение *(плазмиды)* 2. амплификация *(умножение числа копий генетических признаков)*, экстракопирование *(гена)* 3. усложнение *(структуры или функции)*

    ~ of sensitivity гиперчувствительность *(напр. при контактном дерматите)*

    biological ~ биологическое концентрирование, аккумулирование веществ в организме

    clone ~ амплификация [экспансия, размножение] клона

    enzyme ~ амплификация ферментной активности

    image ~ увеличение рентгеновского изображения посредством электронного преобразователя

    immune ~ анамнестическая реакция, вторичный иммунный ответ, бустер-эффект

    plasmid ~ амплификация плазмид

    power ~ усиление мощности

    solid phase ~ твёрдофазное усиление, твёрдофазная амплификация

    somatosensory ~ соматосенсорное усиление *(о восприятии телесных ощущений)*

    virus ~ размножение вируса

amplifier ['æmpliˌfaiə] 1. среда преобразования и накопления возбудителя в дозах, достаточных для развития токсикоинфекции 2. дополнительная линза к объективу микроскопа 3. индикаторный фермент *(в иммуноферментном анализе)* 4. амплификатор, усилитель

    audio(-frequency) ~ усилитель звуковой частоты

    balanced ~ симметричный усилитель

    bioelectrical [biological] ~ усилитель биопотенциалов

    cytotoxic ~ цитотоксическая клетка-амплификатор

    differential ~ дифференциальный усилитель

    direct-coupled ~ усилитель с прямой связью

    DNA ~ ДНК-амплификатор *(автоматическое устройство для синтеза ДНК)*

    electric pulse ~ усилитель электрических импульсов

    electron-beam ~ электронно-лучевой усилитель

    feedback ~ усилитель с обратной связью

    image ~ электронно-оптический преобразователь изображения

    light ~ 1. см. **image** ~ 2. лазерный [оптический, квантовый] усилитель

    power ~ усилитель мощности

    pulse ~ импульсный усилитель, усилитель импульсных сигналов

    T-~ промоторная клетка, Т-амплификатор

amplify ['æmpliˌfai] расширять; увеличивать; усиливать

amplitude ['æmpliˌtjuːd] 1. амплитуда [размах] колебаний 2. полнота *(пульса)*; обилие *(кровоснабжения)* 3. радиус действия

    ~ of adaptation полнота адаптации

    accomodation ~ объём [диапазон, амплитуда] аккомодации *(глаза)*

    mean-square ~ среднеквадратичная амплитуда *(колебаний)*

    movement ~ амплитуда движений *(в суставе)*

    peak ~ максимальная амплитуда

    ripple ~ амплитуда пульсации

amplivox ['æmplivɒks] фирм. ампливокс *(слуховой аппарат)*

ampule ['æmpjuːl] фарм. ампула

    break-seal ~ ампула с отбиваемым кончиком

    flame-sealed ~ запаянная ампула

    storage ~ ампула для хранения *(образцов)*

    vacuum-sealed ~ см. **flame-sealed** ~

ampulla [æm'pʊlə], pl. **ampullae** [æm'pʊli] анат. ампула

    ~ chyli цистерна [ампула] грудного лимфатического протока

    ~ of the deferent duct ампула семявыносящего протока

    ~ of the uterine tube ампула маточной трубы

    Bryant's ~ тромбированная часть артерии

    duodenal [hepaticopancreatic] ~ печёночно-поджелудочная [фатерова] ампула, большой дуоденальный сосок, фатеров сосочек

    phrenic ~ наддиафрагмальное расширение пищевода

    Vater's ~ см. **duodenal** ~

ampullitis [ˌæmpʊ'laitis] ампулит *(воспаление семявыносящего протока)*

amputate ['æmpjuˌteit] ампутировать; удалять

amputation [ˌæmpjʊ'teiʃn] ампутация, отсечение; удаление

~ in contiguity экзартикуляция, вычленение

~ in continuity ампутация в пределах сегмента конечности *(вне сустава)*

~ interileoabdominalis межподвздошно-брюшная ампутация

above knee ~ надколенная ампутация

Alanson's ~ круговая ампутация по Алансону

Alouette's ~ ампутация бедра по Алюэтту

amniotic ~ амниотическая [внутриутробная] ампутация

aperiosteal ~ *см.* **subperiosteal ~**

below knee ~ подколенная ампутация

Bier's ~ костно-пластическая ампутация голени по Биру

birth ~ *см.* **amniotic ~**

bloodless ~ бескровная ампутация

Callander's ~ тендопластическая [сухожильно-пластическая] ампутация бедра по Каллендеру

Carden's ~ чрезмыщелковая ампутация бедра по Кардену

central ~ ампутация с расположением рубца в центре культи

chop ~ *см.* **circular ~**

cinematic [cineplastic] ~ кинепластическая ампутация

circular ~ круговая ампутация

closed ~ *см.* **flap ~**

coat-sleeve ~ ампутация с выкраиванием лоскута по типу манжетки

complete ~ экзартикуляция, вычленение

congenital ~ *см.* **amniotic ~**

consecutive ~ реампутация, повторная ампутация

cutaneous ~ кожно-лоскутная ампутация

definitive ~ *см.* **final ~**

double-flap ~ двулоскутная ампутация

dry ~ *см.* **bloodless ~**

eccentric ~ ампутация с расположением рубца на нерабочей поверхности культи

elliptical ~ эллипсовидная [эллипсоидная] ампутация

final ~ поздняя ампутация

flap ~ лоскутная ампутация

flapless ~ *см.* **guillotine ~**

forequarter ~ *см.* **interscapulothoracic ~**

guillotine ~ гильотинная ампутация

hindquarter ~ *см.* **interilioabdominal ~**

immediate ~ срочная ампутация *(в пределах 12 часов после травмы)*

incomplete ~ частичная ампутация

interilioabdominal ~ ампутация нижней конечности с обширной резекцией тазового пояса

intermediary [intermediate] ~ отсроченная ампутация *(до развития воспалительного процесса)*

interscapulothoracic ~ ампутация верхней конечности с обширной резекцией плечевого пояса

intrapyretic ~ *см.* **intermediary ~**

intrauterine ~ *см.* **amniotic ~**

Jaboulay's ~ *см.* **interilioabdominal ~**

kineplastic ~ *см.* **cinematic ~**

Kirk's ~ тендопластическая ампутация бедра по Кирку

Krukenberg's ~ Крукенберга ампутация *(на уровне запястья с формированием клешни)*

Langenbeck's ~ ампутация стопы по Лангенбеку

Larrey's ~ высокая ампутация верхней конечности

linear ~ *см.* **guillotine ~**

major ~ большая ампутация *(нижней или верхней конечности над лодыжкой или запястьем)*

midleg ~ ампутация в средней трети голени

minor ~ малая ампутация *(кисти, стопы или пальцев)*

musculocutaneous ~ ампутация с образованием кожно-мышечного лоскута

natural ~ *см.* **amniotic ~**

oblique ~ косонаправленная [косая] ампутация *(разрез проходит не под прямым углом к конечности)*

open ~ *см.* **guillotine ~**

osteoplastic ~ костно-пластическая ампутация

pathologic ~ ампутация по поводу заболевания *(но не травмы)*

periosteoplastic ~ *см.* **subperiosteal ~**

primary [provisional] ~ первичная ампутация

pulp ~ удаление коронковой пульпы *(зуба)*

quadruple ~ ампутация рук и ног

root ~ гемисекция зубных корней

secondary ~ вторичная ампутация

spontaneous ~ 1. *см.* **amniotic ~** 2. мутиляция

subperiosteal ~ поднадкостничная ампутация

tertiary ~ повторная ампутация после купирования воспалительного процесса

transverse ~ поперечная ампутация *(под прямым углом к оси конечности)*

amputee [ˌæmpjʊˈtiː] человек с ампутированной конечностью

amuck [əˈmʌk] *см.* **amok**

amurakh [əˈmjuːræk] *ист.* меряченье *(массовые психогенные истерические реакции)*

amusia [əˈmjuːzɪə] амузия *(слуховая агнозия с нарушением музыкальных способностей)*

amyasthenia [əˌmaɪəsˈθiːnɪə] амиастения; слабость мышц

amychophobia [ˌæmaɪkəʊˈfəʊbɪə] амихофобия *(патологическая боязнь повреждения кожи)*

amyctic [əˈmɪktik] 1. вызывающий раздражение, воспаление или зуд; раздражающий; разъедающий 2. прижигающий *(о лекарственном средстве)*

amyelencephalic [əˌmaɪələnsiˈfælik], **amyelencephalous** [əˌmaɪələnˈsiːfələs] *терат.* лишённый головного и спинного мозга

amyelia [ˌæmaɪˈiːlɪə] амиелия *(врождённое отсутствие спинного мозга)*

amyelination [əˌmaɪəlɪˈneɪʃn] демиелинизация, разрушение миелиновой оболочки *(нервных волокон)*

amyelinic [əˌmaɪəˈlɪnik] безмиелиновый, не имеющий миелиновой оболочки

amyelonic [əˌmaɪəˈlɒnik] *терат.* 1. лишённый спинного мозга 2. лишённый костного мозга

amyelotrophy [əˌmaɪəˈlɒtrəfɪ] спинная сухотка, сухотка спинного мозга, tabes dorsalis

amygdala [əˈmɪɡdələ], *pl.* **amygdalae** [əˈmɪɡdəliː] 1. миндалина 2. миндалевидное тело

~ accessoria язычная миндалина

~ of cerebellum миндалина мозжечка

amygdalectomy [əˌmɪɡdəˈlektəmi] тонзиллэктомия

amygdaline [ə'miɡdəlin] **1.** относящийся к миндалине, тонзиллярный **2.** миндалевидный

amygdalitis [ə,miɡdə'laitis] тонзиллит, амигдалит

amygdaloid [ə,miɡdə'lɒid] миндалевидный

amygdalopathy [ə,miɡdə'lɒpəθi] болезнь миндалин

amylaceous [,æmi'leiʃəs] крахмальный

amylase ['æmileiz] амилаза, *уст.* диастаза

　high ~ высокая активность амилазы

　salivary ~ амилаза слюны

　vegetable ~ амилаза растительного происхождения

amylasuria [,æmileis'juːriə] амилазурия

amylatic [,æmi'lætik] превращающий крахмал в сахар

amylocellulose [,æmiləʊ'seljʊləʊz] амилоцеллюлоза, амилопектин

amyloclastic [,æmiləʊ'klɑːstik] *см.* **amylolytic**

amylodyspepsia [,æmiləʊdis'pepsiə] неспособность к перевариванию крахмалсодержащей пищи

amylogenesis [,æmilə'dʒenəsis] образование крахмала

amyloid ['æmi,lɒid] **1.** амилоид *(комплекс разнообразных протеидов)* || амилоидный **2.** крахмальный; крахмалоподобный

amyloidosis [,æmilɒi'dəʊsis] амилоидоз, амилоидная дистрофия

　acquired ~ приобретённый амилоидоз

　familial [hereditary] ~ наследственный амилоидоз

　Indian-type ~ индийский амилоидоз *(с относительно доброкачественным течением)*

　nodular pulmonary ~ узелковый амилоидоз лёгких

　Portuguese-type ~ португальский амилоидоз *(со злокачественным течением)*

　primary ~ первичный [генуинный, идиопатический] амилоидоз

　secondary ~ вторичный [приобретённый] амилоидоз

amylolysis [,æmi'lɒləsis] амилолиз *(процесс расщепления крахмала)*

amylolytic [,æmiləʊ'litik] амилолитический, расщепляющий крахмал

amylon ['æmilɒn] гликоген

amylopectin [,æmiləʊ'pektin] амилопектин *(полисахарид)*

amylopectinosis [,æmiləʊ,pekti'nəʊsis] гликогеноз IV типа, амилопектиноз, диффузный гликогеноз с циррозом печени

amyloplast [ə'miləʊ,plæst] амилопласт *(пластида, аккумулирующая крахмал)*

amyloplastic [,æmiləʊ'plæstik] образующий крахмал

amylopsin [,æmiləʊ'psin] амилопсин *(панкреатическая α-амилаза)*

amylorrhea [,æmiləʊ'riə] амилорея *(выделение с испражнениями непереваренного крахмала)*

amylorrhexis [,æmiləʊ'reksis] расщепление крахмала

amylose ['æmi,ləʊs] амилоза *(клетчатка крахмала)*

amylum ['æmiləm] крахмал

amyocardia [ə,miəʊ'kɑːdiə] слабость сердечной мышцы

amyoesthesia [ə,maiəʊes'θiːsiə], **amyoesthesis** [ə,maiəʊes'θiːsis] амиоэстезия *(потеря мышечного чувства)*

amyostasia [ə,maiəʊ'steiziə] амиостазия *(затруднение при стоянии, связанное с мышечным тремором или дискоординацией)*

amyotaxia [ə,maiəʊ'tæksiə], **amyotaxy** [ə,maiəʊ'tæksi] динамическая [локомоторная] атаксия

amyotonia [ə,maiəʊ'təʊniə] амиотония, миатония, отсутствие тонуса мышц

amyotrophia [ə,maiəʊ'trəʊfiə], **amyotrophy** [ə,mai'ɒtrəfi] амиотрофия, атрофия мышечной ткани

　~ **hereditaria neuralis** наследственная невральная амиотрофия, Шарко – Мари – Тута болезнь

　~ **hypoglycaemica** гипогликемическая амиотрофия

　~ **spinalis progressiva** наследственная спинальная амиотрофия, Верднига – Гоффмана болезнь

　scapuloperoneal ~ скапуло-перонеальная амиотрофия

amyous ['æmiəs] относящийся к врождённой недостаточности мышечной ткани

amyxia [ə'miksiə] отсутствие слизи

amyxorrhea [ə,miksɒ'riːə] амиксорея *(отсутствие выделения слизи железами желудочно-кишечного тракта)*

an [æn]:

　~ **gro** *лат., фарм.* в нерасфасованном виде

anabasis [ən'æbəsis] ухудшение течения заболевания

anabatic [,ænə'bætik] относящийся к ухудшению течения болезни

anabiosis [,ænəbai'əʊsis] анабиоз

anabiotic [,ænəbai'ɒtik] **1.** приводимый в сознание, возвращаемый к жизни **2.** фактор, стимулирующий [восстанавливающий] силы

anabolic [,ænə'bɒlik] анаболический, усиливающий синтез белка

anabolism [ə'næbə,lism] ассимиляция, анаболизм

anabrosis [ənə'brəʊsis] эрозия, поверхностная язва; поверхностное изъязвление

anacamptometer [,ænəkæm'tɒmətə] анакамптометр *(прибор для измерения глубоких рефлексов)*

anacatharsis [,ænəkə'θɑːsis] неукротимая рвота, гиперемезис

anacathartic [,ænəkə'θɑːtik] рвотный; вызывающий рвоту

anacholia [,ænəkəʊ'liə] ахолия *(снижение секреции жёлчи)*

anachoresis [,ænəkəʊ'riːsis] анахорез *(1. скопление микроорганизмов в очаге воспаления, напр., при туберкулёзе 2. скопление клеток крови в тканях)*

anacidity [,ænə'siditi] *гастр.* ахлоргидрия

anaclasis [ən'ækləsis] **1.** рефракция **2.** рефлекторное действие **3.** *хир.* остеоклазия, рефрактура *(1. корригирующий перелом в месте неправильно срастающегося или сросшегося перелома 2. повторный перелом)*

anaclitic [,ænə'klitik] *псих.* анаклитический, опорный *(относящийся к младенческой зависимости от других людей и её психогенетическим производным)*

anacmesis [æn'ækmiːsis] *см.* **anakmesis**

anacousia [,ænə'kuːziə] *см.* **anacusis**

anacre [ən'ækri] гунду, анакре *(образование остеофитов на носовых отростках верхней челюсти после перенесённой фрамбезии)*

anacrotism [ən'ækrəʊtizm] анакрота *(наличие добавочного зубца на восходящей части пульсовой волны)*

anacusis [,ænə'kuːsis] анакузия, полная глухота

　unilateral ~ односторонняя глухота

anadicrotism [,ænədai'krɒʊtizm] наличие двух добавочных зубцов на восходящей части пульсовой волны

anadidymus [ˌænəˈdidiməs] близнецы, сросшиеся нижней частью туловища

anadipsia [ænəˈdipsiə] полидипсия, чрезмерная жажда

anadrenalism [ˌænəˈdriːnəlizm] акортицизм *(врождённое отсутствие или тотальное поражение коркового вещества надпочечников)*

anaerobe [ˈæˈnɛərəʊb] *микр.* анаэроб

  facultative ~ факультативный анаэроб

  obligate ~ облигатный анаэроб *(обитающий лишь в бескислородной среде)*

  putrefactive ~ гнилостный анаэроб

  strict ~ *см.* **obligate** ~

anaerobic [ænɛəˈrəʊbik] анаэробный ‖ анаэробный организм

anaerobiosis [æˌnɛərəʊbaiˈəʊsis] *микр.* анаэробиоз, аноксибиоз *(жизнь без доступа кислорода)*

anaerogenic [æˌnɛərəʊˈʤenik] не продуцирующий газ *(о микроорганизме)*

anaeroplasty [æˈnɛərəʊˌplæsti] лечение ран без доступа воздуха

anagen [ˌænəˈʤen] анаген *(фаза роста в цикле развития волоса)*

anagenesis [ˌænəˈʤenəsis] **1.** анагенез *(специализация и появление новых организмов в процессе эволюции)* **2.** регенерация ткани

anahormone [ˌænəˈhɔːməʊn] анагормон, дериват [производное] гормона

anakatadidymus [ˌænəˌkætəˈdidiməs] близнецы, частично сросшиеся по средней линии

anakmesis [ænˈækmiːsis] угнетение созревания гранулоцитов в костном мозге

anal [əˈnæl] анальный, заднепроходный

analbuminaemia [ənælbjʊminˈiːmiə] анальбуминемия

analeptic [ˌænəˈleptik] аналептическое средство, аналептик; стимулирующее средство ‖ аналептический, восстанавливающий, укрепляющий

analgesia [ˌænəlˈʤiːziə] аналгезия *(1. обезболивание 2. отсутствие болевой чувствительности)*

  ~ **algera** спонтанная боль в потерявшей чувствительность части тела

  acupuncture ~ аналгезия иглоукалыванием, акупунктурная аналгезия

  continuous spinal ~ продлённая спинальная анестезия

  electroacupuncture ~ электроиглоаналгезия

  epidural ~ эпидуральная [перидуральная] анестезия

  gas-air ~ аналгезическая стадия наркоза

  infiltration ~ инфильтрационная анестезия

  inhalation ~ *см.* **gas-air** ~

  intercostal ~ межрёберная блокада

  intradural spinal ~ интрадуральная люмбальная анестезия

  local ~ местное обезболивание, местная анестезия

  nerve-blocking ~ проводниковая анестезия

  patient-controlled ~ контролируемое пациентом обезболивание

  peridural ~ *см.* **epidural** ~

  plexus ~ блокада нервного сплетения

  regional ~ регионарное обезболивание, регионарная блокада

  sacral epidural ~ эпидермально-сакральная анестезия

spinal ~ спинальная [люмбальная, *нрк.* спинномозговая] анестезия

analgesic [ˌænəlˈʤiːzik], **analgetic** [ˌænəlˈʤetik] **1.** аналгезирующее [болеутоляющее] средство, аналгетик ‖ аналгезирующий, болеутоляющий **2.** нечувствительный к боли

  opioid ~ опиоидный аналгетик

analgia [ænˈælʤiə] аналгия, аналгезия

analgic [æˈnælʤik] безболезненный; нечувствительный к боли

analgize [ˌænælˈgaiz] обезболивать, анестезировать

anality [æˈnæliti] *психоан.* анальность

anallergic [ænəˈlɜːʤik] не вызывающий аллергию

analog [ˈænəˌlɒg] аналог, модель ‖ аналоговый, моделирующий

  food ~ заменитель пищевого продукта

  isotop-coupled somatostatin ~s аналог соматостатина *(октреотид)*, меченный радиоизотопом

  purine ~s аналоги пурина

  transition state ~ аналог переходного состояния *(соединения)*

analog-digital [ˈænəˌlɒg-ˈdiʤitəl] аналого-цифровой

analogous [əˈnæləgəs] **1.** аналогичный, подобный, напоминающий *(не идентичный)* **2.** симулирующий

analysability [ˌænəlaizəˈbiliti] *психоан.* анализируемость

analysand [əˈnæliˌsænd] объект психоанализа, больной, подвергаемый психоанализу, анализант

analyse [ˈænəlaiz] *см.* **analyze**

analysis [əˈnælisis] **1.** анализ, проба, исследование **2.** статистическая таблица **3.** химический состав **4.** психоанализ

  ~ **of variance** *стат.* дисперсионный анализ

  acid-base ~ ацидиметрический анализ, анализ кислот и оснований

  activation ~ радиоактивационный анализ

  actuarial ~ анализ страховой статистики

  alcohol ~ анализ на наличие алкоголя

  age-period-cohort ~ *дем.* возрастно-когортно-временной анализ

  amino-terminal ~ анализ аминокислотных окончаний

  as treated ~ анализ результатов фактического лечения больных *(которые не получили предписанного рандомизацией объёма терапии)*

  association ~ анализ сопряжённости, ассоциативный анализ

  atomic spectral ~ атомный спектральный анализ, атомная спектроскопия

  backcross ~ анализ методом обратного скрещивания

  basal ~ исследование основного обмена

  base ratio ~ *мол. биол.* анализ нуклеотидного состава

  Bayesian ~ анализ, или оценка *(напр. ЭКГ)*, с применением теоремы Бейеса

  biochemical enzyme ~ биохимическое исследование ферментов

  bite ~ исследование прикуса

  blot(ting) ~ блот-анализ, блоттинг *(метод определения макромолекул путём гибридизации содержимого образцов с различными зондами, напр. антителами)*

  bradykinetic ~ исследование *(роста)* при помощи замедленной киносъёмки

breath ~ анализ выдыхаемого воздуха *(напр. на алкоголь)*

bulk ~ валовой [общий] анализ

case-control ~ анализ случаев с последующим контролем

check ~ контрольный анализ

chemiluminescent blood ~ хемилюминесценция крови

chromatographic adsorption ~ хроматографический адсорбционный анализ

cluster ~ кластер-анализ, кластерный [групповой] анализ; классификация

cohort disaggregation ~ *демогр.* продольный анализ с разделением когорт на более мелкие группы

cohort survival ~ *дем.* продольный анализ долговечности

comparative determinant ~ сравнительный анализ антигенных детерминант

compartmental ~ системный анализ

compositional ~ композиционный анализ, анализ состава *(вещества)*

computer [computer-aided] ~ компьютерный [машинный] анализ

computer-aided infrared ~ компьютеризированный инфракрасный анализ

conductometric ~ кондуктометрический анализ

confrontation ~ анализ посредством сопоставления *(напр. теории и практики психотерапии)*

content ~ *психол.* контент-анализ *(метод выявления и оценки специфических характеристик носителей информации)*

continuous-flow ~ непрерывный [постоянный] анализ

correlation ~ корреляционный анализ

cost ~ анализ затрат

cost-benefit [cost-effectiveness] ~ метод цена-польза, или затраты-выгода; анализ полезности затрат *(напр. на лечение)*

cost-minimization ~ анализ «минимизации затрат»

cost-utility ~ *см.* cost-benefit ~

countercurrent ~ метод противопоточного распределения *(электрофореза)*

covariance ~ ковариационный анализ

critical path ~ анализ критического пути

cryoscopic ~ криоскопический анализ

cyclic nuclear activation ~ циклический ядерно-активационный анализ

cytometric DNA ~ метод проточной цитометрии ДНК

decision ~ анализ принятия решений

demographic ~ демографический анализ

densimetric ~ денсиметрия

diagnostic ~ диагностический контроль

diffraction ~ структурный анализ

dipstick ~ исследование с помощью индикаторных полосок

discontinuous ~ прерывистый анализ

displacement chromatographic ~ вытеснительный хроматографический анализ

doppler spectral ~ допплеровская спектральная характеристика *(напр. кровотока в опухоли)*

dot ~ анализ отдельных проб биоматериала *(нанесённых каплями, пятнами)*

dot-blot ~ дот-блот анализ *(метод гибридизации макромолекул путём диффузии через точечные отверстия в матрице)*

dream ~ толкование сновидений

dry ~ сухая проба

dual fluorochrome ~ двойной флуорохромный анализ

electron microprobe ~ анализ методом электронного микрозондирования

electronophoretic transfer blotting ~ блоттинг-анализ электрофоретической подвижности

elementary ~ элементарный анализ

elution ~ элюентный анализ

emission ~ эмиссионный спектрохимический анализ

end group ~ анализ концевых групп

end-point ~ анализ конечных результатов

energy dispersive X-ray ~ электродисперсионный рентгеновский анализ

environmental ~ анализ условий окружающей среды; анализ воздействия на окружающую среду

enzyme ~ определение активности ферментов

enzyme-linked immunosorbent ~ иммуноферментный анализ, ИФА

error ~ анализ погрешностей, анализ ошибок

evolved gas ~ анализ выделяемых газов

existential ~ экзистенциальный анализ, экзистенциально-ориентированная психотерапия

FACS scattergram ~ анализ диаграммы рассеяния возбуждённой флуоресценции сортированных клеток

filter-paper ~ капельный анализ

fingerprint ~ метод «отпечатков пальцев» *(двумерный анализ в хроматографии и электрофорезе)*

flow cytometric ~ *мол. биол.* проточно-цитометрический анализ, метод проточной цитометрии

flow-injection ~ проточно-инъекционный анализ

Fourier ~ гармоничный анализ

fluorescence [fluoroscopic, fluorometric] ~ флуоресцентный [флуороскопический, люминесцентный] анализ, флуорометрия

force-velocity ~ of pulse анализ данных о скорости и силе пульса

frequency ~ частотный анализ *(напр. сердечных шумов)*

frontal ~ фронтальный (хроматографический) анализ

game ~ *психол.* анализ игр, скрытых трансакций

gastric aspirate ~ исследование содержимого желудка

gel-blotting ~ гель-блоттинг *(анализ методом блоттинга в геле)*

gravimetric ~ весовой [гравиметрический] анализ

group ~ структурно-групповой анализ

hair-root ~ исследование волосяных луковиц

heteroduplex ~ анализ гетеродуплексов *(образующихся при амплификации фрагмента ДНК с мутацией, находящейся в исходной матричной молекуле в компаунде или в гетерозиготном состоянии)*

high performance liquid chromatographic ~ высокопроизводительная жидкостная хроматография

household ~ анализ состава семей

immune marker ~ иммуногенетический [иммунофенотипический] анализ

immunoblot ~ иммуноанализ пятна крови, анализ методом иммуноблота, или Вестерн-блота

immunoelectron microscopic ~ иммуноэлектронно-микроскопический анализ

immunogenotypic ~ иммуногенетический анализ, HLA-типирование

immunometric ~ количественный иммуноанализ

immunophenotypic ~ иммунохимический [иммуно-фенотипический] анализ

immunoreplica ~ метод иммунных отпечатков, метод иммунных реплик

impurity ~ определение содержания примесей

in-depth ~ глубокий [глубинный, исчерпывающий] анализ

infrared spectroscopy ~ анализ методом инфракрасной спектроскопии

integrated ~ полный анализ

intention-to-treat ~ анализ в зависимости от назначенного лечения

intravital ~ прижизненный анализ

ion chromatographic ~ ионно-хроматографический анализ

isotope dilution ~ анализ методом изотопного разбавления

job ~ анализ работы

laser microprobe ~ лазерный микроанализ

lay ~ психоанализ, практикуемый лицом без медицинского образования

light scatter ~ анализ светорассеяния

limiting dilution ~ метод предельных разведений

linear regression ~ *стат.* линейно-регрессионный анализ

linkage ~ анализ групп сцепления между генными локусами *(метод исследования локализации генов)*

luminescent ~ *см.* **fluorescence** ~

mass-spectrographic [mass-specrtometric] ~ масс-спектрометрический анализ

means-end ~ *психол.* анализ средств-цели

measure ~ объёмный анализ

melting curve ~ анализ кривой плавления *(исследование точечных мутаций)*

mental ~ 1. анализ психики 2. психоанализ

meta ~ метаанализ *(ретроспективный анализ результатов многоцентровых клинических исследований)*

microprobe ~ зондовый микроанализ *(электронный, лазерный)*

microvolumetric ~ объёмный микроанализ

minute ~ микроскопический анализ, микроанализ

mobility-shift ~ *мол. биол.* анализ по сдвигу пятна при двумерном разделении веществ *(напр. при установлении первичной структуры олигонуклеотидов)*

moisture ~ определение влажности

molecular spectrum ~ анализ методом молекулярной спектроскопии

morphometric ~ морфометрический анализ

motion time ~ хронометрирование (трудовых) движений

multicolor ~ многоцветный [мультиколориметрический] анализ

multiple genotype ~ анализ генотипа по многим генам

multiple isotype ~ скрининг изотипа

multiple logistic regression ~ многократный логистический регрессионный анализ

multivariance ~ многомерный [многофакторный, многовариантный] анализ

narcotic ~ наркоанализ *(с применением расторма-живающих наркотических средств)*

nearest-neighbor ~ анализ последовательности нуклеотидов ДНК методом «ближайших соседей»

nested case-control ~ статистический анализ в парах «случай – контроль»

network ~ 1. сетевой анализ 2. сетевое планирование

neutron activation ~ нейтронный активационный анализ

nuclear magnetic resonance ~ исследование методом ядерного магнитного резонанса

observational gait ~ *травм.* анализ наблюдения шага

occlusal ~ исследование прикуса

off-line ~ лабораторный анализ

on-line ~ оперативный [непрерывный] анализ

optical rotation ~ анализ методом оптического вращения

overall ~ общий анализ

particle [particulate] size ~ ситовый анализ

partition ~ 1. анализ методом диффузионного разделения *(через полунепроницаемую мембрану)* 2. распределительная хроматография

path ~ метод траекторий

pattern ~ модельный анализ

pedigree ~ генеалогический анализ

per protocol ~ анализ в соответствии с выполнением протокола *(напр. с исключением больных, прекративших лечение)*

phase solubility ~ *фарм.* анализ методом фазовой растворимости

pilot ~ предварительный анализ

plague ~ анализ бляшкообразования; реакция гликолиза в геле

population ~ демографический анализ

posttest ~ апостериорный анализ

pretest ~ априорный анализ

primer-directed DNA sequence ~ секвенирование ДНК с использованием праймера

primer-extension ~ анализ методом удлинения затравки [праймера]

priority ~ анализ приоритета, или первоочерёдности *(назначений)*

probabilistic risk ~ вероятностный анализ риска

project systems ~ системный анализ проектов

protein ~ 1. анализ белка 2. аналитический метод исследования белков

proximate ~ приближённый анализ; экспресс-анализ

pulse ~ импульсный анализ

qualitative ~ качественный анализ

quantitative ~ количественный анализ

queu(e)ing ~ анализ системы массового обслуживания

radioactivation ~ радиоактивационный анализ

radioimmunochemical ~ радиоиммунохимический анализ

rapid ~ экспресс-анализ

recombination ~ рекомбинационный анализ *(напр. хромосом)*

regression ~ регрессионный анализ

restriction enzyme digest ~ рестрикционный анализ; рестрикционное картирование *(генома)*

ring oven ~ кольцевой термический анализ

risk ~ анализ степени риска

risk-benefit ~ анализ соотношения риска и пользы

run-on ~ кинетический анализ

sample ~ анализ образцов

sampling ~ выборочный анализ; дискретный анализ

saturation ~ сатурационный тест

sensitivity ~ анализ чувствительности к смещениям

scintillation ~ сцинтилляционный анализ

screen ~ *см.* **particle size** ~

sedimentation ~ седиментационный [седиментометрический] анализ

segragation ~ *мол. биол.* сегрегационный анализ

segregation ~ **of multiple markers** анализ расщепления множественных маркёров

sequence ~ секвенирование *(определение последовательности нуклеотидов в нуклеиновых кислотах и аминокислот в белках)*

sequential ~ последовательный анализ

self-displacement ~ анализ методом самозамещения

sensitivity ~ *стат.* анализ чувствительности к смещениям

serial blood ~ повторные [серийные] анализы крови

short turn around time ~ экспресс-диагностика *(по многим параметрам)*

single burst ~ количественный анализ потомства вируса из одной лизированной клетки

situation ~ анализ ситуации

snap ~ *см.* **rapid** ~

sonographic ~ ультразвуковое исследование

spectroscopic [spectrum] ~ спектральный анализ

stream chromatography ~ хроматографический струйный анализ

structure-function ~ структурно-функциональный анализ

survival ~ анализ дожития, или выживания

system ~ системный анализ *(анализ организации и функционирования систем)*

thermal ~ термический анализ

thermogravimetric ~ термогравиметрический анализ

time-series ~ *эпид.* метод временных рядов

trace ~ исследование [анализ] микроэлементов, микропримесей, следов

trace metal ~ анализатор металлических микроэлементов

tracer ~ 1. ауторадиография 2. исследование методом меченых атомов

transverse ~ *демогр.* поперечный анализ

tubeless ~ беззондовый метод исследования

two-color fluorescence ~ двухцветовой [биколориметрический] флуоресцентный анализ

two-dimensional ~ двумерный анализ

ultimate ~ элементный анализ

ultracentrifugal ~ седиментационный анализ *(ультрацентрифугированием)*

ultrasound Doppler spectral ~ спектральный анализ ультразвуковых допплеровских колебаний

variance ~ *стат.* дисперсионный анализ

virtual organ computer-aided ~ *узи* анализ воссозданного компьютером виртуального органа

volumetric ~ объёмный анализ

wandering spot ~ анализ методом «блуждающего пятна» *(метод установления первичной структуры олигонуклеотидов)*

weather ~ синоптический анализ

wild ~ анализ, сделанный наугад

worst-case ~ анализ наихудшего случая

X² ~ *стат.* анализ методом кси-квадратов

X-ray diffraction ~ рентгеноструктурный анализ

X-ray picture ~ анализ рентгенограммы

analyst ['ænəlist] 1. химик-аналитик; химик-лаборант 2. психоаналитик 3. аналитик-профессионал, эксперт

computer ~ система диагностического анализа с помощью ЭВМ

economic ~ специалист по экономическим вопросам

lay ~ недипломированный психоаналитик

public ~ санитарный врач, санинспектор

analyte ['ænəlait] анализируемое [исследуемое] вещество

analytically-pure [ænə'litikəli-pjυə]чистый для анализа

analyze ['ænəlaiz] делать анализ, подвергать анализу, подробно исследовать, анализировать

to ~ the various interactions between members of a group анализировать варианты взаимоотношений между членами группы

analyzer ['ænə,laizə] 1. *мед. тех.* анализатор *(напр. биопотенциалов электрокардиограммы, электроэнцефалограммы)* 2. призма Николя 3. лицо, производящее анализ 4. анализатор *(вкусовой, зрительный и пр.)*

acoustic ~ 1. слуховой анализатор 2. анализатор спектра шума

automated blood ~ автоматический гемоанализатор *(счётчик элементов крови)*

automated coagulation ~ автоматический анализатор коагуляции, коагулограф

automated hematology ~ *см.* **automated blood** ~

BGE [blood, gas, electrolytes] ~ анализатор газов и электролитов крови

"Blood ~" *см.* **automated blood** ~

breath ~ 1. индикаторная трубка *(для выявления алкоголя в выдыхаемом воздухе)* 2. анализатор дыхания

centrifugal ~ центрифужный анализатор

chromatographic ~ хроматограф

coagulation ~ коагулограф

colorimetric ~ колориметрический анализатор

conditioned stimulus ~ анализатор условных раздражителей

cutaneous ~ кожный анализатор молока

desk top ~ настольный анализатор

differential ~ дифференциальный анализатор

distillating ~ дистилляционный анализатор

ECG ~ (авто)анализатор электрокардиограммы

EEG ~ (авто)анализатор электроэнцефалограммы

electron paramagnetic ~ электронно-парамагнитный анализатор

enzyme ~ анализатор ферментов

flame photometric ~ пламенный фотометр

fluorometric ~ флуорометрический анализатор

follow-back ~ ретроспективный анализ

follow-through ~ проспективный анализ

gas ~ газоанализатор

hematology ~ анадизатор крови

hemo-matic ~ анализатор «гемо-матик» *(для выявления скрытой крови)*

immunochemistry ~ иммунохимический анализатор

infrared ~ инфракрасный анализатор

interphase ~ межфазный анализатор

ionizing ~ ионизационный анализатор

luminescence ~ люминесцентный анализатор

magnetic gas ~ магнитный газоанализатор

mass ~ масс-спектрометр

Medilog ECG ~ *фирм.* анализатор «Медилог» *(для амбулаторного мониторинга ЭКГ)*

microcentrifugal ~ микроцентрифужный анализатор

motor ~ двигательный анализатор

motor-kinesthetic ~ двигательно-кинестетический анализатор

multichannel ~ многоканальный анализатор

noise ~ анализатор шумов

nuclear magnetic resonance ~ анализатор ядерного магнитного резонанса

olfactory ~ обонятельный анализатор

polarizable ~ поляризационный анализатор

polarographic ~ полярограф

proprioceptive ~ проприоцептивный анализатор

pulse-height ~ амплитудный анализатор импульсов; анализатор гистограмм

radiation ~ анализатор радиоактивности

ratio ~ анализатор относительного содержания *(элементов)*

reaction rate ~ анализатор скорости реакции, рефлексометр

recording gas ~ регистрирующий газоанализатор

respiratory gas ~ анализатор состава дыхательной смеси

routine pulmonary function ~ анализатор основных функций лёгких

self-recording interferometric gas ~ самопишущий интерференционный газоанализатор

sequential ~ **for protein** анализатор последовательности аминокислот в белках

spectrum ~ спектроанализатор

speech motor ~ речедвигательный анализатор

tactile ~ тактильный анализатор

taste ~ вкусовой анализатор

vestibular ~ вестибулярный анализатор

visual ~ зрительный анализатор

water-quality ~ анализатор качества или загрязнения воды

anamnesis [ˌænæmˈniːsis] 1. анамнез 2. процесс запоминания, память

cellular ~ *иммун.* клеточная анамнестическая реакция *(форма иммунологической памяти)*

anamnestic [ˌænæmˈnestik] 1. анамнестический 2. укрепляющий память; облегчающий запоминание, мнемонический

anamorphosis [ˌænəməˈfəʊsis] анаморфоз, искажённое изображение

anancastia [ˌænænˈkæstiə] 1. ананкастия *(тип личности со склонностью к навязчивым мыслям и действиям, ананказмам)* 2. ананкастичность

anancastic [ænænˈkæstik] ананкаст ‖ ананкастический *(о личности)*

anangioplasia [ænˌændʒiːəʊˈpleiziə] аплазия сосудов

anaphalantiasis [ænæfəlænˈtaiəsis] врождённое отсутствие бровей

anaphase [ˈænəˈfeiz] анафаза *(третья стадия митоза и мейоза)*

anaphia [ænəˈfiːə] потеря или ослабление осязания

anaphoria [ˌænəˈfəʊəriə] *офт.* анафория

anaphrodisia [ˌænæfrəʊˈdiziə] половая холодность, фригидность

anaphrodisiac [ˌænæfrəʊˈdiziæk] анафродизиак *(средство, понижающее половое влечение)* ‖ понижающий [подавляющий] половое влечение

anaphylactic [ˌænəfiˈlæktik] 1. анафилактический 2. находящийся в состоянии повышенной чувствительности

anaphylatoxin [ˌænəfiləˈtɒksin] анафилатоксин *(вещество, образующееся при анафилактической реакции)*

anaphylaxia [ˌænəfiˈlæksiə], **anaphylaxis** [ˌænəfiˈlæksis] анафилаксия *(аллергическая реакция немедленного типа)*

acquired ~ приобретённая анафилаксия

acute ~ анафилактический шок

aggregate ~ иммунокомплексная анафилаксия

antiserum ~ пассивная анафилаксия

generalized ~ генерализованная анафилаксия

local ~ местная [локальная] анафилаксия, Артюса феномен

passive ~ *см.* **antiserum** ~

recurrent ~ рецидивирующая анафилаксия

reversed (passive) ~ обратная пассивная анафилаксия

sexual intercourse-provoked ~ коитусспровоцированная анафилаксия *(аллергическая реакция при половом сношении)*

sting-induced ~ анафилаксия к укусам насекомых

systemic ~ общая анафилактическая реакция

anaplasia [ˌænəˈpleiziə] анаплазия, катаплазия *(стойкая дедифференцировка клеток злокачественной опухоли)*

anaplastic [ˌænəˈplæstik] *уст.* 1. относящийся к восстановительной хирургии 2. анапластический *(рост без образования формы или структуры)*

anaplasty [ˈænəˌplæsti] *уст.* восстановительная [пластическая, реконструктивная] хирургия

anaplerosis [ˌænəpliˈrəʊsis] пластическое закрытие дефекта

anapnotherapy [ˌænæpnəʊˈθerəpi] 1. искусственная вентиляция лёгких, искусственное дыхание 2. ингаляционное введение лекарственного средства

anaptic [ænˈæptik] страдающий потерей или ослаблением осязания

anarthria [ænˈɑːθriə] анартрия *(утрата членораздельной речи)*

anarthrosis [ænˈɑːθrəʊsis] синостоз, анкилоз

anarthrous [ænˈɑːθrəs] бессуставной

anasarca [ˌænəˈsɑːkə] анасарка *(генерализованный отёк подкожной клетчатки)*

anaspadias [ænə'speidiəs] эписпадия *(незаращение передней стенки мочеиспускательного канала)*

anastalsis [ˌænəs'tælsis] **1.** антиперистальтика; обратное движение **2.** сокращение; сжатие; сдавление **3.** действие вяжущих лекарственных средств

anastaltic [ˌænəs'tæltik] **1.** антиперистальтический **2.** восстанавливающий; укрепляющий; лечащий **3.** вяжущий; кровоостанавливающий

anastomat [ə'næstəmæt] аппарат для наложения анастомоза

anastomose [ə'næstəˌməʊs] **1.** *хир.* соединять полые органы образованием соустья **2.** срастаться; переплетаться; анастомозировать

anastomosing [ə'næstəˌməʊsiŋ] анастомозирующий; разветвляющийся

anastomosis [əˌnæstə'məʊsis], *pl.* **anastomoses** [əˌnæstə'məʊsiːz] анастомоз, соустье

~ **of Riolani** риоланова дуга *(анастомоз между ветвями верхней и нижней брыжеечных артерий)*

aortocoronary ~ аортокоронарный анастомоз

arteriovenous ~ артериовенозный анастомоз

Blalock – Taussig ~ подключично-лёгочный анастомоз по Блелоку – Тауссиг

bypass ~ обходной анастомоз, байпас

carotid-basilar ~ каротидно-базилярный анастомоз

closed-ends ~ кишечный анастомоз «бок в бок» *(с зашитыми культями)*

colonic ~ толстокишечный анастомоз

colorectal ~ колоректальный анастомоз

compressive ~ компрессионный анастомоз *(создаваемый двумя магнитными кольцами)*

conjoined ~ бифуркационный анастомоз

cross ~ **of nerve** перекрёстный анастомоз нерва

crucial ~ крестообразный анастомоз

diamond-shaped ~ ромбовидный анастомоз

end-to-end ~ анастомоз «конец в конец»

end-to-side ~ анастомоз «конец в бок»

graft-to-vein ~ анастомоз протеза с веной

heterocladic ~ анастомоз между ветвями различных артерий

homocladic ~ анастомоз между ветвями одной артерии

ileal pouch-anal [ileal reservoir-anal] ~ анастомоз между подвздошным резервуаром и задним проходом

ileorectal ~ илеоректальный анастомоз

intestinal ~ межкишечный анастомоз

leak-proof ~ герметичный шов анастомоза

magnetic compression ~ анастомозирование пережатием магнитными кольцами

mammary coronary artery ~ маммарно-коронарный анастомоз

nonstented ~ нешинированный [недренируемый] анастомоз

posterior Polya ~ задний гастроэнтероанастомоз по Полиа

pyeloureterovesical ~ пиелоуретеропузырный анастомоз

side-to-end ~ анастомоз «бок в конец»

side-to-side ~ анастомоз «бок в бок»

single layer intestinal ~ однорядный кишечный анастомоз

Soave endorectal ~ эндоректальный анастомоз по Соаве

splenorenal ~ спленоренальный анастомоз

stapled [stapler] ~ анастомоз, наложенный сшивающим аппаратом

subclavian-pulmonary ~ *см.* **Blalock – Taussig** ~

transureteroureteral ~ трансплантация одного мочеточника в другой

ureteroureteral ~ межмочеточниковый анастомоз

anastomositis [əˌnæstəməʊ'saitis] анастомозит *(воспаление в области искусственного анастомоза)*

anatomic(al) [ˌænə'tɒmikəl] анатомический; морфологический, структурный

anatomicopathological [ˌænəˈtɒmikəʊpæθəˈlɒʤikl] патологоанатомический

anatomist [ə'nætəmist] **1.** анатом **2.** прозектор **3.** исследователь

anatomization [əˌnætəmi'zeiʃn] препарирование, анатомирование

anatomy [ə'nætəmi] **1.** анатомия **2.** препарирование, анатомирование

~ **of body water** состав жидких сред организма, содержание воды в теле

~ **of a hospital** структура лечебного учреждения

applied ~ прикладная [клиническая] анатомия; оперативная хирургия с топографической анатомией

artificial ~ изучение анатомии на муляжах

artistic ~ пластическая анатомия *(для художников и скульпторов)*

cellular ~ строение клетки

clinically oriented ~ *см.* **applied** ~

comparative ~ сравнительная анатомия

cross-sectional ~ анатомия поперечных срезов; поперечные срезы основных анатомических областей

descriptive ~ описательная [системная] анатомия

development(al) ~ **1.** возрастная анатомия **2.** анатомические изменения в период роста ребёнка

dimensional ~ анатомические параметры

elementary ~ элементарная [упрощённая] анатомия

essential surface ~ основы анатомии поверхностно расположенных структур

general ~ нормальная [системная] анатомия

gross ~ макроскопическая анатомия, макроанатомия

gynecological operative ~ топографическая анатомия женских половых органов, оперативная гинекология

histologic ~ гистология

interactive ~ функциональная анатомия

minute ~ частная гистология, микроскопическая анатомия

morbid ~ **1.** патологическая анатомия, патологическая морфология, патоморфология **2.** секционные данные, патологоанатомические данные

multiplanar ~ многомерная анатомия

oral ~ анатомия ротовой полости

oriented ~ *см.* **applied** ~

pathological ~ *см.* **morbid** ~

physiognomonic ~ изучение выраженности поверхностно расположенных органов, особенно выражений лица

physiologic ~ функциональная анатомия

predisposing ~ анатомические предпосылки

radiological ~ рентгенологическая анатомия, рентгеноанатомия

regional ~ топографическая анатомия (*описание отдельных органов*)

roentgenologic ~ *см.* **radiological** ~

segmental ~ сегментарная анатомия; сегментарное строение какого-л. органа

special ~ частная анатомия, анатомия отдельных органов

surface ~ 1. пластическая анатомия 2. поверхностные анатомические образования

surgical ~ оперативная хирургия, хирургическая анатомия

systematic ~ *см.* **general** ~

ultrastructural ~ ультраструктурная анатомия; ультраструктура органов

valve ~ строение клапана

X-ray ~ рентгенологическая анатомия, рентгеноанатомия

anatoxin [ˌænəˈtɒksin] анатоксин, токсоид (*дериват экзотоксина, лишённый токсических свойств, но обладающий иммуногенностью*)

diphteria ~ дифтерийный анатоксин

anatricrotism [ˌænəˈtrikrəʊtizm] тройной пульс

anatripsis [ˌænəˈtripsis] *уст.* 1. растирание 2. втирание

anatriptic [ˌænəˈtriptik] 1. лекарственное средство для втирания 2. относящийся к втиранию или растиранию

anavaccine [ˌænəˈvæksi:n] анавакцина, убитая [инактивированная] вакцина

anavenin [ˌænəˈvenin] инактивированный яд, сохраняющий антигенные свойства

anaxial [ænˈæksiəl] анаксиальный, асимметричный

anaxon [ænˈæksɒn] нервная клетка без осевого цилиндра (*клетка Рамон-и-Кахаля*)

ancestor [ˈænsestə] 1. исходное явление 2. предок, прародитель

common ~ общий предшественник

remote ~ отдалённый предок

ancestral [ænˈsestriəl] 1. наследственный (*о признаке*); унаследованный от предка 2. родовой 3. атавистический

ancestry [ˈænsestri] 1. происхождение; родословная; наследственность 2. предки; прародители

common ~ общее происхождение, происхождение от общих предков

anchone [ænˈkəʊni] спазм гортани (*часто при истерии*)

anchor [ˈæŋkə] 1. *мед. тех.* якорь; крючок; фиксатор; страхующее приспособление || скреплять, закреплять; фиксировать 2. *психол.* якорь (*стимул, вызывающий определённую реакцию – используется в НЛП*)

steel rods ~ внутрикостное закрепление стальными спицами (*напр. рёбер при переломе*)

anchorage [ˈæŋkərid͡ʒ] 1. фиксация; закрепление; сцепление; подшивание (*напр. цекопексия*) 2. *стом.* опорная часть 3. *психол.* отправная точка (опоры)

~ **of bridge** опорная часть мостовидного протеза

cervical ~ шейная эластичная лента (*для внеротовой ортодонтической тяги*)

improved ~ **of catheter** улучшенное прикрепление [закрепление] катетера (*к телу больного*)

membrane-seeking ~ мембраносвязывающий фрагмент (*молекулы иммуноглобулина*), «мембранный якорь»

reinforced ~ усиленное закрепление

transmembrane ~ трансмембранный домен (*иммуноглобулиновой молекулы*)

anchor-minus [ˈæŋkə-mainəs] безъякорный (*о форме рецептора*)

anchylosis [ˌæŋkiˈləʊsis] *см.* **ankylosis**

ancient [ˈeinʃənt] древний; ископаемый

ancillary [ænˈsiləri] вспомогательный, подсобный, дополнительный; альтернативный

ancipital [ænˈsipitl], **ancipitate** [ænˈsipiteit], **ancipitous** [ænˈsipitəs] двухвершинный; двухголовый; двузубый

anconagra [ˌæŋkənˈægrə] подагра локтевого сустава

ancon(e)al [ænˈkəʊniəl] локтевой

anconeus [ænˈkəʊniəs] локтевая мышца

anconitis [ˌæŋkəʊˈnaitis] воспаление локтевого сустава

ancyloglossia [ˌæŋkiləʊˈglɒsiə] анкилоглоссия (*приращение языка*)

Ancylostoma [ˌæŋkiˈlɒstəmə] *гельм.* род кривоголовки, анкилостомы (*паразитирующие в двенадцатиперстной кишке*)

~ **braziliense** *гельм.* бразильская анкилостома

~ **duodenale** возбудитель анкилостомоза человека

ancylostomiasis [ˌæŋkiˌləʊstəʊˈmaiəsis] *гельм.* анкилостомоз

ancyroid [ˈæŋsiroid] *см.* **ankyroid**

andreioma [ˌændriːˈəʊmə] *см.* **androblastoma**

andriatrics [ˌændriːˈætriks], **andriatry** [ænˈdraiətri] андрология (*раздел урологии, изучающий заболевания мужских мочеполовых органов*)

androblastoma [ˌændrəʊblæsˈtəʊmə] арренобластома, андробластома, аденома сети яичника

androchorous [ˌændrəʊˈkəʊrəs] распространяемый человеком, расселяющийся при помощи человека

Androctonus [ˈændrɒktɒnəs]:

~ **crassicauda** *токс.* толстохвостый скорпион

androcyte [ˈændrəʊsait] сперматогенная клетка

androecy [ˌændrəʊˈiːsi] андроэция (*встречаемость только мужских особей вида*)

androgen [ˈændrəʊd͡ʒen] андроген, андрогенный [мужской половой] гормон (*вырабатываемый тестикулами, корой надпочечников и яичниками*)

androgenesis [ˌændrəʊˈd͡ʒenisis] андрогенез (*развитие мужской особи из зиготы*)

androgenization [ˌændrəʊd͡ʒeniˈzeiʃn] андрогенизация, вирилизация, маскулинизация (*развитие мужских черт у женщины, вызванное действием андрогенов*)

androglossia [ˌændrəʊˈglɒsiə] огрубление [маскулинизация] голоса у женщин

androgone [ˌændrəˈgəʊn] сперматозоид

androgyne [ˌændrəʊˈd͡ʒain] страдающая женским псевдогермафродитизмом

androgynety [ˌændrəʊd͡ʒiˈniːiti] 1. гермафродитизм 2. феминизм

androgynism [ænˈdrɒd͡ʒinizm] *см.* **androgyny**

androgynous [ænˈdrɒd͡ʒinəs] относящийся к женскому ложному гермафродитизму

androgyny [æn'drɒʤini] женский ложный гермафродитизм

android ['ændrɔɪd] мужеподобный

andrology [æn'drɒləʤi] андрология

andromania [ˌændrəʊ'meɪnɪə] нимфомания, андромания

andromimetic [ˌændrəʊmi'metik] имеющий маскулинизирующий эффект, сходный с действием андрогенов

andromorphous [ˌændrəʊ'mɔːfəs] мужеподобный

andropause [ˌændrəʊ'pɔːz] синдром андрогенодефицита пожилых мужчин; *нрк.* андропауза, мужской климакс

androphany [ˌændrəʊ'feɪni] вирилизм (*1. гермафродитизм 2. адреногенитальный синдром*)

androphilous [æn'drɒfɪləs] антропофильный, андрофильный (*связанный с поселениями человека*)

androphobia [ˌændrəʊ'fəʊbɪə] андрофобия; боязнь мужчин (*навязчивый страх полового акта у женщин*)

androsome ['ændrɒ'səʊm] андросома (*хромосома, встречающаяся только у мужских особей*)

androstanediolone [ˌændrəʊ'steɪndɪələʊn] андростандиолон

androsterone [æn'drɒstə,rəʊn] андростерон

anechogenicity [æn'i:kəʊʤi,nisiti] *узи* отсутствие эхогенности, анэхогенность

anechoid [ænə'kɒɪd] *узи* анэхоидный, эхонегативный (*о структуре*)

anecphoria [ˌænek'fəʊrɪə] анэкфория (*нарушение памяти, при котором отдельные события, образы вспоминаются лишь при напоминании о них*)

anectasis [æn'ektəsis] врождённый [первичный] ателектаз

anedeous [ə'ni:dɪəs] *терат.* лишённый наружных половых органов

anelectrotonus [æni:lek'trɒtənəs] анэлектротон (*пониженная возбудимость ткани в области анода*)

anematize [ə'ni:mətaɪz] вызывать анемию, анемизировать

anemia [ə'ni:mɪə] анемия, *разг.* малокровие

  acantocytic ~ акантоцитарная анемия (*с шиповидными эритроцитами*)

  achrestic ~ ахрестическая анемия (*форма хронической макроцитарной анемии*)

  Addison – Biermer ~ пернициозная [злокачественная] анемия, Аддисона – Бирмера болезнь

  ankylostome ~ анкилостомная [горная] анемия, египетский хлороз

  antiglobulin test-negative autoimmune hemolytic ~ аутоиммунная гемолитическая анемия с синдромом холодовых агглютининов

  aplastic ~ гипопластическая [апластическая] анемия

  asiderotic ~ железодефицитная [сидеропеническая] анемия

  atrophic ~ *см.* **aplastic ~**

  autoallergic hemolytic ~ (warm-antibody type) аутоаллергическая гемолитическая анемия, тип тепловых антител (*вызванная антителами*)

  autoimmune hemolytic ~ аутоиммунная гемолитическая анемия

  bleeding ~ *см.* **hemorrhagic ~**

  certain ~s известные виды анемии; различные виды анемии

  chronic normochromic normocytic ~ хроническая нормохромоцитная анемия (*моноклональная гаммапатия*)

  combined cold-warm-antibody autoimmune hemolytic ~ аутоиммунная гемолитическая анемия с комбинированным синдромом холодовых и тепловых агглютининов

  congenital ~ of newborn *см.* **fetal hemolytic ~**

  congenital hypoplastic ~ врождённая гипопластическая анемия (*несовершенный эритрогенез, Даймонда – Блекфана синдром*)

  Cooley's ~ большая талассемия, эритробластическая [средиземноморская] анемия, Кули анемия

  Coombs' positive ~ 1. аутоиммунная гемолитическая анемия **2.** положительная реакция Кумбса (*на выявление неполных тепловых агглютининов*)

  cow's milk ~ анемия при нерационально длительном молочном вскармливании

  crescent cell ~ *см.* **sickle cell ~**

  CRF-related ~ анемия, обусловленная хронической почечной недостаточностью

  cytogenic ~ *см.* **Addison – Biermer ~**

  deficiency ~ алиментарная анемия

  dilution ~ гидремия, гемодилюция

  diphyllobothrium ~ дифиллоботриозная [ботриоцефальная, глистная B$_{12}$-дефицитная] анемия

  drepanocytic ~ *см.* **sickle cell ~**

  erythroblastic ~ *см.* **Cooley ~**

  erythronormoblastic ~ гипохромная анемия

  essential ~ эссенциальная [первичная] анемия

  Faber's ~ ахлоргидрическая анемия

  false ~ псевдоанемия, ложная анемия

  Fanconi's ~ врождённая гипопластическая анемия с панцитопенией и другими аномалиями, Фанкони синдром

  fetal hemolytic ~ эритробластоз, гемолитическая анемия новорождённых

  folate deficiency ~ фолат-дефицитная анемия

  globular ~ олигоцитемия

  hemolytic ~ гемолитическая анемия

  hemorrhagic ~ постгеморрагическая анемия

  hepatitis-associated aplastic ~ апластическая печёночная анемия

  hookworm ~ *см.* **ankylostome ~**

  hypochromic microcytic ~ гипохромная микроцитарная анемия

  hypoferric ~ *см.* **iron deficiency ~**

  hypoplastic ~ гипопластическая анемия (*обусловленная угнетением красного костного мозга*)

  icterohemolytic ~ гемолитическая микросфероцитарная анемия, Минковского – Шоффара болезнь

  immune hemolytic [immune-mediated] ~ *см.* **hemolytic ~**

  iron deficiency ~ железодефицитная [сидеропеническая] анемия

  iron responsive ~ железореактивная анемия

  local ~ ишемия, местная анемия

  macrocytic ~ макроцит(ар)ная [мегалобластная] анемия (*наследственная гемолитическая анемия*)

  malignant ~ *см.* **Addison – Biermer ~**

  Mediterranean ~ *см.* **Cooley ~**

  megaloblastic [megalocytic] ~ *см.* **macrocytic ~**

  metabolic ~ *см.* **acantocytic ~**

microangiopathic hemolytic ~ микроангиопатическая гемолитическая анемия

milk ~ *см.* **cow's milk ~**

miner's ~ *см.* **ankylostome ~**

myelophthisic ~ миелотоксическая анемия *(развивающаяся при интоксикациях)*

neonatal ~ *см.* **fetal hemolytic ~**

nonregenerative ~ *см.* **hypoplastic ~**

nutritional ~ алиментарная [нутритивная] анемия

nutritional megaloblastic ~ алиментарная мегалобластическая анемия

pernicious ~ *см.* **Addison – Biermer ~**

primary ~ первичная аутоиммунная анемия *(обусловленная разрушением нормальных эритроцитов)*

refractory ~ рефрактерная анемия *(резистентная к лечению)*

regeneratory ~ регенераторная анемия

secondary immune mediated hemolytic ~ вторичная аутоиммунная анемия *(обусловленная разрушением изменённых эритроцитов)*

sickle cell ~ серповидно-клеточная [дрепаноцитарная, менискоцитарная] анемия

sideroblastic ~ сидеробластная анемия

sideropenic ~ *см.* **iron deficiency ~**

spherocytic ~ гемолитическая (микро)сфероцитарная анемия

splenic ~ спленомегалическая анемия

tapeworm ~ *см.* **diphyllobothrium ~**

T-cell ~ Т-клеточная лимфопролиферативная анемия

unstable hemoglobin hemolytic ~ гемолитическая анемия, обусловленная нестабильностью гемоглобина

vitamin E dependent ~ анемия, связанная с недостатком витамина Е, Е-дефицитная анемия

(warm-antibody) autoimmune hemolytic ~ аутоиммунная гемолитическая анемия

anemic [ə'ni:mik] анемичный, бескровный, обескровленный

anemoentomophilius [ə,nimə'entəmɒfiliəs] анемоэнтомофильный *(распространяемый ветром и насекомыми)*

anemometer [æni'mɒmətə]:

cup ~ чашечный анемометр

hot-wire ~ тепловой анемометр

ionized-gas ~ ионизационный анемометр

pendulum ~ маятниковый анемометр

propeller-type [vane] ~ крыльчатый анемометр

anemopathy [æni'mɒpəθi] болезненное состояние, развивающееся при воздействии сильного ветра

anemophobia [,æniməʊ'fəʊbiə] анемофобия *(патологическая боязнь ветра)*

anemoplankton [,æniməʊ'plæŋktən] воздушный планктон, аэропланктон

anemotrophy [,ænə'mɒtrəʊfi] гипопластическая [апластическая] анемия

anencephalemia [,ænensefə'li:miə] ишемия головного мозга, недостаточное кровоснабжение головного мозга

anencephalia [,ænensi'feiliə], **anencephaly** [,ænen'sefə-li] анэнцефалия *(врождённое отсутствие головного мозга)*

anenteric [,ænen'terik], **anenterous** [,ænen'entərəs] не имеющий кишечника *(напр. о плоде-паразите)*

anepia [æ'nepiə] афазия *(нарушение речи)*

anepithymia [,ænepi'θi:miə] *псих.* отсутствие влечений

anergasia [,ænə'geiziə] анэргазия, снижение [отсутствие] психической активности

anergic [æn'ɜːʤik] анергический, характеризующийся подавленным иммунитетом

anergy ['ænəʤi] анергия *(1. отсутствие реакций организма на аллергены 2. снижение психической, двигательной и речевой активности 3. иммунологическая толерантность)*

clonal ~ клональная толерантность

skin test ~ нечувствительность к аппликационным аллергенам, отсутствие кожной реактивности к аллергенам

anerythrocyte [,ænə'riθrəʊsait] зрелый эритроцит без гемоглобина

anerythroplasia [,ænə,riθrəʊ'pleiziə] анэритроплазия *(состояние, при котором резко подавлен эритропоэз)*

anerythropoiesis [,ænə,riθrəʊ'pɒiːsis] недостаточное образование эритроцитов

anesis ['ænesis] уменьшение интенсивности проявлений болезни

anesthekinesia [,æn,esθi'ki'ni:ziə] паралич в сочетании с потерей чувствительности

anesthesia [,ænes'θi:ziə] анестезия *(1. отсутствие чувствительности 2. обезболивание; наркоз)*

~ dolorosa болезненная анестезия *(напр. при сирингомиелии)*

~ psychica dolorosa *лат. псих.* патологическая психическая бесчувственность *(утрата чувств по отношению к окружающим)*

angiospastic ~ ангиоспастическая анестезия

balanced ~ *см.* **mixed ~**

basal ~ базис-наркоз

Bier's local ~ местная внутривенная анестезия по Биру

block ~ проводниковая анестезия; блокада нерва

cardiac ~ обезболивание при операциях на сердце; анестезия в кардиохирургии

cardiovascular ~ анестезия в сердечно-сосудистой хирургии

caudal ~ сакральная [каудальная] анестезия

cerebral ~ церебральная анестезия *(потеря чувствительности вследствие повреждения коры головного мозга)*

closed-circuit ~ наркоз по закрытому контуру *(с использованием выдыхаемого воздуха)*

conduction ~ *см.* **block ~**

continuous spinal ~ пролонгированная спинномозговая анестезия

crossed ~ альтернирующая [перекрёстная] гемианестезия

dissociated [dissociation] ~ диссоциированная анестезия

dissociative ~ диссоциативная анестезия *(вид общего обезболивания с неполным отключением сознания, но с развитием каталепсии, кататонического синдрома и амнезии)*

electric ~ электроанестезия, электронаркоз

endobronchial ~ эндобронхиальный наркоз

endotracheal ~ эндотрахеальный наркоз

epidural ~ эпидуральная [перидуральная] анестезия

feeble ~ недостаточное обезболивание

field block ~ регионарная анестезия

frost ~ *см.* **ice** ~

gas-oxygen ~ наркоз смесью закиси азота с кислородом

gauntlet ~ *см.* **glove** ~

general ~ наркоз, общая анестезия, общее обезболивание

girdle ~ *нерв.* опоясывающая анестезия

glove ~ анестезия по типу перчаток; полиневритическая анестезия

heavy ~ глубокий наркоз

hypnosis ~ обезболивание гипнозом

hysterical ~ истерическая анестезия

ice ~ местная анестезия льдом

independent lung ~ наркоз с независимой вентиляцией лёгких

infiltration ~ инфильтрационная [послойная] анестезия, местное обезболивание

infusion ~ внутривенная анестезия

inhalation ~ ингаляционный наркоз

insufflation ~ инсуффляционный наркоз

intranasal ~ интраназальная анестезия

intraspinal ~ *см.* **spinal** ~

Kulenkampff's ~ проводниковая блокада плечевого сплетения, Куленкампффа анестезия

light ~ поверхностный наркоз

local ~ местная анестезия, местное обезболивание

low flow ~ низкопоточная анестезия

minimal flow ~ анестезия по минимальному потоку газов

mixed ~ **1.** смешанный наркоз *(с использованием смеси различных анестезирующих средств)* **2.** комбинированный наркоз *(с использованием различных способов введения анестезирующих средств)*

multiple ~ многократная анестезия *(напр. при перевязках)*

muscular ~ *невр.* мышечная анестезия *(потеря мышечного ощущения)*

nonrebreathing ~ *см.* **open-circuit** ~

no-relaxant ~ наркоз без применения миорелаксантов

obstetric ~ обезболивание при родах, анестезия в акушерстве

olfactory ~ *нерв.* обонятельная анестезия

one-lung ~ однолёгочный наркоз

open-circuit ~ наркоз по открытому контуру

open drop ~ *ист.* открытый капельный метод наркоза *(напр. маской Эсмарха)*

pediatric ~ обезболивание у детей, детская анестезиология

permeation ~ поверхностная анестезия

rebreathing ~ *см.* **closed-circuit** ~

refrigeration ~ *ист.* общая анестезия охлаждением; криоанестезия

regional ~ *см.* **nerve block** ~

reinforcing ~ потенцированный наркоз

saddle block ~ седловидная блокада *(промежности)*

segmental ~ *невр.* сегментарная анестезия

semiclosed circuit ~ наркоз по полузакрытому контуру *(с удалением части выдыхаемого воздуха)*

semi-open ~ наркоз по полуоткрытому контуру *(с добавлением во вдыхаемые газы окружающего воздуха)*

sensory ~ потеря чувствительности

sexual ~ половая холодность, фригидность

spinal ~ спинномозговая [спинальная, субарахноидальная] анестезия

splanchnic ~ висцеральная анестезия

stocking ~ анестезия по типу чулок *(ограниченная областью ношения чулок)*

stress free ~ спокойно проводимая анестезия

surface ~ терминальная [поверхностная] анестезия

surgical ~ хирургическая [третья] стадия наркоза

synergistic ~ *см.* **reinforcing** ~

tactile ~ исчезновение или уменьшение тактильной чувствительности

thermal [thermic] ~ потеря термочувствительности

thoracic ~ обезболивание в грудной хирургии при торакальных операциях

topical [transverse section] ~ местное обезболивание, местная послойная анестезия *(по Вишневскому)*

traumatic ~ травматическая анестезия *(в результате повреждения нерва)*

twilight ~ поверхностный наркоз *(сумеречное состояние, полусон)*

under ~ под наркозом *(о манипуляциях)*

unilateral ~ гемианестезия *(потеря чувствительности в одной половине тела)*

anesthesiologist [ˌænesˌθiːziˈɒlədʒist] (врач-)анестезиолог

anesthesiology [ˌænesˌθiːziˈɒlədʒi] анестезиология

peritoneal ~ обезболивание в абдоминальной хирургии или при абдоминальных операциях

anesthetic [ˌænesˈθetik] анестезирующее средство, анестетик ‖ анестезирующий, обезболивающий

gaseous ~s летучие анестетики

general ~ анестезирующее средство общего действия, средство для наркоза

infiltration ~ инфильтрационный анестетик

local ~s местные анестетики

plexus-blocking ~s анестетики, блокирующие нервное сплетение

primary ~ основной анестетик *(при смешанном наркозе)*

rectal ~ ректальный анестетик

secondary ~ вторичный анестетик *(вызывающий потерю чувствительности за счёт вспомогательного действия при смешанном наркозе)*

short-acting ~ анестезирующее средство кратковременного действия

spinal ~s препараты для спинномозговой анестезии

surface ~ анестетик поверхностного действия

volatile ~ жидкое легкоиспаряющееся анестезирующее средство

anesthetist [əˈnesθətist] **1.** *англ.* (врач-)анестезиолог **2.** *амер.* (врач-)анестезист

nurse ~ сестра-анестезист

senior resident ~ старший анестезиолог стационара

anesthetization [əˌnesθətiˈzeiʃn] проведение наркоза

anesthetise [æˈnesθətaiz]:

to ~ **the patient** давать наркоз больному

anethopath [əˈniːθəʊpæθ] анэтопат *(личность с отсутствием контроля этического поведения)*

anetic [ə'netik] успокаивающий; болеутоляющий

anetodermia [ˌænitəʊ'dəːmiə] пятнистая атрофия кожи

anetus [ə'netəs] перемежающаяся [интермиттирующая] лихорадка

aneuploidy ['ænjʊplɒidi] анеуплоидия *(изменение числа хромосом, не кратное гаплоидному)*

~ in man анеуплоидия у человека

aneurine [ə'njuːrin] тиамин, витамин B₁, аневрин

aneurysm ['ænjʊrizm] аневризма *(расширение просвета кровеносного сосуда или полости сердца)*

~ of membranous septum аневризма мембранозной части (межжелудочковой) перегородки

ampullar ~ *см.* **saccular ~**

anastomotic ~ аневризма оперированного сосуда, аневризма анастомоза

antero-septo-apical ~ переднеперегородочно-верхушечная аневризма сердца

aortic ~ аневризма аорты

arteriovenous ~ артериовенозная аневризма

bacterial ~ септическая [микотическая] аневризма

benign bone ~ аневризматическая киста кости

berry ~ гроздевидная аневризма

cardiac ~ аневризма сердца

circumscribed ~ ограниченная [очаговая] аневризма

cirsoid ~ *см.* **racemose ~**

compound ~ *см.* **dissecting ~**

consecutive ~ диффузная аневризма

coronary ~ аневризма венечной [коронарной] артерии

dissecting ~ расслаивающая [интрамуральная] аневризма *(аорты)*

extensive flat ~ узи обширная плоскостная аневризма *(межжелудочковой перегородки)*

false ~ ложная аневризма *(травматическая гематома)*

fusiform ~ веретенообразная аневризма

hernial ~ грыжевидная [обнажённая] аневризма

intramural ~ *см.* **dissecting ~**

medical ~ аневризма, подлежащая наблюдению

miliary ~s милиарные [просовидные] аневризмы

mural ~ *см.* **cardiac ~**

mycotic ~ инфицированная [микотическая] аневризма

myocardial ~ *см.* **cardiac ~**

Park's ~s артериовенозные аневризмы нижней конечности, Паркса – Вебера синдром

phantom ~ фантомная аневризма *(пульсирующая аорта, ошибочно принимаемая за аневризму)*

post-stenotic ~ постстенотическая аневризма

primary ~ истинная аневризма

pseudomyocardial ~ ложная аневризма сердца

racemose ~ пещеристая [гроздевидная] аневризма

ruptured abdominal aortic ~ разрыв аневризмы брюшной аорты

saccular [sacculated] ~ мешковидная аневризма

septal ~ аневризма (межжелудочковой) перегородки

serpentine ~ змеевидная аневризма

silent ~ бессимптомная аневризма

spurious ~ *см.* **false ~**

student's ~ *см.* **phantom ~**

surgical ~ аневризма, подлежащая хирургическому лечению

thoracoabdominal ~ аневризма торакоабдоминального отдела аорты

true ~ истинная аневризма

unruptured ~ неразорвавшаяся аневризма

varicose ~ варикозная аневризма *(аневризмальный мешок, сообщающийся с артерией и веной)*

aneurysmal [ˌænjʊ'rizml] аневризматический, относящийся к аневризме

aneurysmoplasty [ˌænjʊ'rizməˌplæsti] эндоаневризморафия, Матаса операция

aneurysmorraphy [ˌænjʊriz'mɔːrəfi] ушивание мешка аневризмы

angel ['eindʒəl]:

death ~ поганка бледная *(Amanita phalloides)*

angel-dust ['eindʒəl-'dʌst] *sl.* «ангельская пыль» *(порошок наркотика)*

angelica [æn'dʒəlikə]:

cultivated ~ дягиль [дудник] лекарственный *(Archangelica officinalis Hoffman)*

angenesis [æn'dʒenisis] регенерация тканей

anger ['æŋgə] гнев, ярость, раздражение || вызывать гнев; раздражать, сердить

angialgia [ˌændʒi'ældʒiə] ангиалгия *(боль по ходу артерии)*

angiasthenia [ˌændʒiæs'θiːniə] ломкость [хрупкость] сосудов

Angie ['ændʒi] *sl.* кокаин

angiectasia [ˌændʒi'ektəziə], **angiectasis** [ˌændʒi'ektəsis] ангиэктазия, расширение сосудов

congenital dysplastic ~ врождённая дисплазия сосудов; Клиппеля – Треноне синдром *(дисплазия с блокадой глубоких вен)*

angiectomy [ˌændʒi'ektəmi] иссечение сегмента сосуда

angiectopy [ˌændʒi'ektəpi] эктопия сосуда

angiitis [ˌændʒi'aitis] васкулит, ангиит

allergic [hypersensitivity] ~ аллергический васкулит *(напр. болезнь Шенлейна – Геноха)*

pulmonary ~ лёгочный ангиит

angina[1] [æn'dʒainə] ангина *(воспаление горла любой природы)*

~ follicularis фолликулярная ангина

~ lymphomatosa агранулоцитарная ангина

fusospirochetal ~ язвенно-плёнчатая ангина, Симановского – Плаута – Венсана ангина

Henoch's ~ (язвенно-)некротическая ангина, Геноха ангина

hippocratic ~ заглоточный абсцесс

Ludwig's ~ флегмона дна полости рта, гнилостная аденофлегмона, Людвига ангина

lymphatic [monocytic] ~ инфекционный мононуклеоз, лимфоидно-клеточная [моноцитарная] ангина, мультигландулярный аденоз, Филатова болезнь

neutropenic ~ агранулоцитарная ангина

Plaut's [pseudomembranous] ~ *см.* **fusospirochetal ~**

septic ~ алиментарно-токсическая алейкия, алиментарно-геморрагическая ангина, эндемическая аплазия кроветворных органов

ulceromembranous ~ *см.* **fusospirochetal ~**

Vincent's ~ *см.* **fusospirochetal ~**

angina² [æn'ʤainə] стенокардия, грудная жаба

~ **decubitus** стенокардия покоя, постуральная стенокардия *(возникающая в горизонтальном положении больного, особенно вследствие повышения тонуса блуждающего нерва во время сна)*

~ **capitis** головная боль вследствие нарушений рефракции глаза

~ **cruris** перемежающаяся хромота

~ **inversa** *см.* **Prinzmetal's** ~

~ **of effort** *см.* **stable effort** ~

~ **pectoris** стенокардия, грудная жаба

~ **pulmonale** коронароподобные боли при хроническом лёгочном сердце

~ **sine dolore** безболевая форма ишемической болезни сердца

~ **spuria** кардиалгия *(боли в груди некоронарного происхождения)*

abdominal ~ абдоминальный ишемический синдром, брюшная жаба

effort ~ стабильная стенокардия, стенокардия напряжения *(возникающая при физической нагрузке)*

exercise-induced ~ стенокардия напряжения, вызванная физической нагрузкой

false ~ *см.* ~ **spuria**

hypercyanotic ~ ишемическо-цианотический синдром

intestinal ~ *см.* **abdominal** ~

intreatable ~ **pectoris** стенокардия, не поддающаяся лечению

microvascular ~ микрососудистая стенокардия

mild ~ стенокардия средней степени

mock ~ *см.* ~ **spuria**

nocturnal ~ **pectoris** ночные приступы стенокардии

postinfarction ~ постинфарктная стенокардия

preinfarction ~ предынфарктная стенокардия

Prinzmetal's ~ вариантная стенокардия, Принцметала стенокардия *(приступы ангинозных болей в покое, сопровождающиеся преходящими изменениями ЭКГ)*

stable ~ **pectoris, stable effort** ~ *см.* **effort** ~

unstable ~ **pectoris** нестабильная стенокардия *(предынфарктное состояние)*

variant ~ *см.* **Prinzmetal's** ~

vasomotor ~ вазомоторная стенокардия *(обусловленная спазмом неизменённых коронарных артерий)*

walk-through ~ обстановка, при которой активность *(напр. прогулка)* приносит ослабление боли при грудной жабе

anginal [æn'ʤainəl] ангинозный; стенокардитический

anginoid ['ænʤinɒid] напоминающий ангину или стенокардию

anginophobia [ˌænʤinəʊ'fəʊbiə] ангинофобия *(патологическая боязнь приступов стенокардии)*

anginose ['ænʤinəʊs], **anginous** ['ænʤinəs] ангинозный *(1. относящийся к ангине 2. относящийся к стенокардии)*

angioarchitecture [ˌænʤiəʊ'ɑːkitektʃə] ангиоархитектоника

angioblast [ˌænʤiəʊ'blɑːst] ангиобласт *(клетка мезенхимы)*

angioblastoma [ˌænʤiəʊblæs'təʊmə] ангиосаркома, ангиобластома, ангиобластическая саркома

angiocardiography [ˌænʤiəʊˌkɑːdi'ɒɡrəfi] ангиокардиография, кардиоангиография, рентгеновазокардиография

~ **through venous catheter** ангиокардиография через венозный катетер

biplane ~ синхронная ангиокардиография в двух проекциях

selective ~ избирательная [селективная] ангиокардиография

angiochalasis [ˌænʤiəʊkə'leisis] расширение кровеносного сосуда

angiocholitis [ˌænʤiəʊkɒ'laitis] холангит, ангиохолит

angioclast [ˌænʤiəʊ'klɑːst] кровоостанавливающий зажим

angioderm [ˌænʤiəʊ'dəːm] ангиобласт, ангиодерм

angiodiastasis [ˌænʤiəʊdai'æstəsis] расхождение концов пересечённого кровеносного сосуда

angiodysplasia [ˌænʤiəʊdis'pleiziə] ангиодисплазия *(порок развития сосудистой сети – вен, артерий)*

colonic ~ ангиодисплазия ободочной кишки

gastrointestinal ~ ангиодисплазия желудочно-кишечного тракта

angioedema [ˌænʤiəʊ'idiːmə] ангионевротический отёк, гигантская крапивница, Квинке болезнь

hereditary ~ наследственный ангионевротический отёк

angiofibroma [ˌænʤiəʊfai'brəʊmə] ангиофиброма, склерозирующая ангиома, гемангиофиброма

juvenile ~ юношеская ангиофиброма

angiogenesis [ˌænʤiəʊ'ʤenisis], **angiogeny** [ˌænʤiəʊ'ʤiːni] развитие кровеносных сосудов

angiogenin [ˌænʤiəʊ'ʤinin] ангиогенин, фактор ангиогенеза *(продуцируемый макрофагами при воспалении, гипоксии)*

angioglioma [ˌænʤiəʊglai'əʊmə] ангиоглиома, ангиоретикулёма *(опухоль, состоящая из сосудистой и ретикулярной ткани)*

angiogliomastosis [ˌænʤiəʊˌglaiənə'təʊsis] ангиоглиоматоз, ангиоретикулёматоз

angiogram [ˌænʤiəʊ'græm] ангиограмма

angiography [ˌænʤi'ɒɡrəfi] **1.** (рентгено)ангиография; вазография **2.** сфигмография

cerebral ~ ангиография головного мозга, церебральная артериография

digital coronary ~ цифровая коронарография

digital subtraction ~ цифровая субтракционная ангиография *(позволяющая получать изображение сердечно-сосудистой системы без окружающих тканей)*

fluorescent ~ флуоресцентная ангиография

intravenous ~ флебография, венография

magnetic resonance ~ магнитно-резонансная ангиография, МРА

nonselective ~ общая ангиография *(напр. аорты)*

orbital fluorescent ~ флуоресцентная ангиография глаза

pulmonary ~ ангиография лёгочной артерии, лёгочная ангиография

radionuclide coronary ~ радиоизотопная коронарография

rapid-series ~ скоростная серийная ангиография

selective ~ селективная [избирательная, целенаправленная] ангиография *(определённой ветви сосуда)*

superselective ~ суперселективная ангиография *(разветвлений какого-л. сосуда)*

angiohemophilia [ˌænʤiəʊˌhiːməˈfiliə] ангиогемофилия, сосудистая гемофилия, Виллебранда болезнь

angiohyalinosis [ˌænʤiəʊˌhaiəliˈnəʊsis] ангиогиалиноз *(гиалиновая дегенерация кровеносных сосудов)*

angiohypertonia [ˌænʤiəʊˌhaipəˈtəʊniə] ангиоспазм

angioid [ˈænʤiɔid] напоминающий кровеносный сосуд, ангиоидный

   Kaposi's ~ Капоши ангиоматоз, сосудистая форма саркомы Капоши

angiokeratoma [ˌænʤiəʊˌkerəˈtəʊmə] *дерм.* ангиокератома *(множественные гемангиомы кожи)*

   ~ **corporis diffusum** диффузная ангиокератома

angiokinesis [ˌænʤiəʊkiˈniːsis] сосудодвигательная реакция

angiolaminography [ˌænʤiəʊˌlæmiˈnɒgrəfi] ангиотомография

angiolith [ˈænʤiəʊˈliθ] ангиолит *(1. очаговая кальцификация кровеносного сосуда 2. тромб)*

angiologia [ˌænʤiəʊˈləʊʤiə], **angiology** [ˌænʤiˈɒləʤi] ангиология

angiolupoid [ˌænʤiəʊˈluːpɔid] ангиолюпоид *(форма саркоидоза, характеризующаяся образованием на лице плоского инфильтрата с телеангиэктазиями)*

angiolymphoma [ˌænʤiəʊlimˈfəʊmə] ангиолимфома

angiolysis [ˌænʤiˈɒlisis] ангиолиз *(1. обратное развитие [облитерация] кровеносных сосудов 2. выделение кровеносного сосуда из рубца или спаек)*

angioma [ˌænʤiˈəʊmə] ангиома, сосудистая опухоль

   ~ **racemosum venosum** ветвистая венозная ангиома

   ~ **serpinginosum** ползучая ангиома *(наличие колец из красных пятен на коже, имеющих тенденцию к распространению)*

   cavernous ~ кавернозная ангиома

   cherry ~ сенильная [старческая] гемангиома

   spider [stellate] ~ паукообразная [звёздчатая] гемангиома, паукообразный невус

angiomatosis [ˌænʤiəʊəməˈtəʊsis] (гем)ангиоматоз

   ~ **of retina** ангиоматоз сетчатки

   cerebroretinal ~ цереброретинальный ангиоматоз, Гиппеля – Линдау болезнь

   congenital dysplastic ~ врождённая ангиодисплазия

   encephalotrigeminal ~ энцефалотригеминальный ангиоматоз, невоидная аменция, Стержа – Вебера – Краббе синдром

   retinocerebral ~ цереброретинальный ангиоматоз, Линдау болезнь

angiomegaly [ˌænʤiəʊˈmegəli] увеличение размеров кровеносных или лимфатических сосудов

angiometry [ˌænʤiəʊˈmetri] *мед. тех.* ангиометрия *(измерение диаметра сосуда)*

angiomyoma [ˌænʤiəʊmaiˈəʊmə] ангио(лейо)миома, сосудистая лейомиома

angiomyoneuroma [ˌænʤiəʊˌmaiəʊnjuːˈrəʊmə] гломусная опухоль, Барре – Массона опухоль

angiomyopathy [ˌænʤiəʊmaiˈɒpəθi] ангиомиопатия *(поражение мышечного слоя сосудистой стенки)*

angionecrosis [ˌænʤiəʊniˈkrəʊsis] ангионекроз, некроз стенок кровеносного сосуда

angioneoplasm [ˌænʤiəʊˈniːəʊplæzm] ангиома, сосудистая опухоль

angioneurectomy [ˌænʤiəʊnuːˈrektəʊmi] иссечение сосудов и нервов

angioneuredema [ˌænʤiəʊˌnuːrəˈdiːmʌ] отёк на почве ангионевроза или сосудодвигательных нарушений

angioneuromyoma [ˌænʤiəʊˌnuːrɒmaiˈəʊmʌ] *см.* **angiomyoneuroma**

angioneurosis [ˌænʤiəʊnuːˈrəʊsis] вегетативно-сосудистая дистония, ангионевроз, вазомоторная лабильность

angioneurotomy [ˌænʤiəʊnuːˈrɒtəʊmi] препаровка сосудисто-нервного пучка

angiopalsy [ˌænʤiəʊˈpɔːlzi] вазомоторный паралич

angioparalysis [ˌænʤiəʊpəˈrælisis], **angioparesis** [ˌænʤiəʊˈpæresis] ангиопарез, вазоплегия, парез сосудов

angiopathy [ˌænʤiˈɒpəθi] ангиопатия, вазопатия *(1. поражение кровеносных или лимфатических сосудов 2. нарушение тонуса кровеносных сосудов)*

   amyloid ~ амилоидная ангиопатия

   diabetic ~ периферическая диабетическая ангиопатия

angiophacomatosis [ˌænʤiəʊˌfækəʊməˈtəʊsis] Гиппель–Линдау болезнь, ангиофакоматоз

angioplany [ˈænʤiəʊˌpleini] дистопия сосуда

angioplasty [ˈænʤiəʊˌplæsti] ангиопластика *(1. пластическая операция на сосудах 2. см.* **ballon** ~)

   ballon ~ баллонная ангиопластика; баллонная дилатация [реканализация] сосуда

   coronary ~ коронарная ангиопластика

   delayed ~ отсроченная ангиопластика

   endoluminal ~ *см.* **ballon** ~

   femoral ~ пластика бедренной артерии, бедренная ангиопластика

   laser coronary ~ лазерная ангиопластика венечных сосудов

   nonsurgery ~ *см.* **ballon** ~

   patch ~ ангиопластика с применением заплаты, или лоскута

   (percutaneous) transluminal coronary ~ *см.* **ballon** ~

   rescue ~ ангиопластика по жизненным показаниям

angiopneumography [ˌænʤiəʊnjuˈmɒgrəfi] *рентг.* ангиопульмонография

angiopoetin [ˌænʤiəʊˈpɔiːtin] ангиопоэтин *(белок, увеличивающий количество эритроцитов и ускоряющий рост кровеносных сосудов)*

angiopoiesis [ˌænʤiəʊɒpiˈiːsis] образование сосудов

angiopsathyrosis [ˌænʤiəʊsəˈθairəʊsis] ангиопсатироз *(хрупкость мелких кровеносных сосудов)*

angioreticuloma [ˌænʤiəʊriˌtikjʊˈləʊmə] ангиоретикулёма, ангиоглиома, гемангиобластома, Линдау киста

angiorrhaphy [ˌænʤiˈɒrəfi] наложение сосудистого шва

angiorrhexia [ˌænʤiəʊˈreksiə] разрыв сосуда

angiosarcoma [ˌænʤiəʊsaːˈkəʊmə] ангиосаркома, ангиобластома

angioscintigraphy [ˌænʤiəʊsinˈtigrəfi] ангиосцинтиграфия

angiosclerosis [ˌænʤiəʊskliˈrəʊsis] ангиосклероз, склероз кровеносных сосудов

angioscopy [ˌænʤiˈɒskəʊpi] ангиоскопия, эндоскопия сосуда; капилляроскопия

angioscotoma [ˌænʤiəʊskɒˈtəʊmə] *офт.* ангиоскотома, сосудистая скотома

angiosialitts [ˌænʤiəʊ'saiəlitis] сиалодохит *(воспаление слюнного протока)*

angiosis [ˌænʤi'ɒsis] ангиопатия, вазопатия *(нарушение тонуса кровеносных сосудов)*

angiospasm [ˌænʤiəʊ'spæzm] ангиоспазм, вазоспазм

angiostaxis [ˌænʤiəʊ'stæksis] **1.** кровоточивость; геморрагический диатез **2.** гемофилия

angiosteosis [ˌænʤiəʊsti:'əʊsis] кальцификация сосудов

angiostomy [ˌænʤi'ɒstəʊmi] ангиостома, ангиостомия

angiostrongylosis [ˌænʤiəʊstrɒnʤi'ləʊsis] *гельм.* ангиостронгилёз

angiostrophe [ˌænʤi'ɒstrəʊf], **angiostrophy** [ˌænʤi'ɒstrəʊfi] способ гемостаза скручиванием концов сосуда

angiotelectasia [ˌænʤiəʊte'lekteisiə], **angiotelectasis** [ˌænʤiəte'lektəsis] телеангиэктазия *(локальное чрезмерное расширение капилляров и мелких сосудов)*

angiotensin [ˌænʤiəʊ'tensin] ангиотензин *(сосудосуживающий пептид, образующийся под действием ренина)*

angiotomy [ˌænʤi'ɒtəʊmi] **1.** вскрытие сосуда **2.** препарирование сосудов

angiotonic [ˌænʤiəʊ'tɒnik] повышающий тонус сосудов, вазопрессорный

angiotonin [ˌænʤiəʊ'tɒnin] ангиотензин, гипертензин

angiotribe [ˌænʤiəʊ'traib] ангиотриб *(кровоостанавливающий зажим)*

angiotrypsia [ˌænʤiəʊ'tripsiə] ангиотрипсия *(раздавливание мелких сосудов для остановки кровотечения)*

angitis [æn'ʤaitis] *см.* **angiitis**

angle [æŋgl] **1.** угол **2.** положение тела, согнутого в тазобедренных суставах под углом 90°

~ of deviation угол косоглазия, или отклонения *(глазного яблока)*

~ of incidence угол падения

~ of iris радужно-роговичный угол, угол передней камеры *(глазного яблока)*

alpha ~ угол альфа *(между зрительной осью и осью роговицы)*

anterior chamber ~ радужно-роговичный угол, угол передней камеры *(глазного яблока)*

axial ~ аксиальный угол *(зубной полости)*

basal ~ угол между основной костью и скатом мозжечка

cardiophrenic ~ сердечно-диафрагмальный угол

craniofacial ~ черепно-лицевой угол

distoincisal ~ дистальный угол режущего края резца

filtration ~ *см.* **anterior chamber ~**

gnathic ~ лицевой угол

gonial ~ угол нижней челюсти

ileocolic ~ подвздошно-ободочный угол

iridocorneal ~ радужно-роговичный угол, угол передней камеры *(глазного яблока)*

lumbosacral ~ пояснично-крестцовый угол

mandibular ~ угол нижней челюсти

mesioincisal ~ мезиальный угол режущего края резца

meter ~ *офт.* метроугол *(единица измерения конвергенции)*

neck-shaft ~ шеечно-диафизарный угол

occipital ~ затылочный угол

phase ~ фазовый угол *(разность фаз двух ритмов)*

rotation ~ угол поворота *(глазного яблока)*

sacrovertebral ~ пояснично-крестцовый угол

scan ~ *узи* угол ротации датчика

squint ~ угол косоглазия

sternal ~ угол грудины

tilt ~ угол наклона

visual ~ зрительный угол, угол зрения

angled ['æŋgld] изогнутый под углом *(напр. о щипцах)*

angor ['æŋgɔ:] **1.** сжатие, стеснение *(напр. в груди)* **2.** ангина

~ abdominalis абдоминальный ишемический синдром, брюшная жаба

~ animi сильнейший [животный] страх с чувством приближения смерти

~ nocturnus стенокардия в покое, ночью

~ ocularis внезапная «чёрная пелена» перед глазами и страх слепоты

~ pectoris стенокардия, грудная жаба

angry ['æŋgri] **1.** раздражённый, яростный, сердитый **2.** гиперемированный, покрасневший; воспалённый *(о ране)*

angst ['æŋst] *нем.* страх, беспокойство

angstrom ['æŋstrem], **angström** ['ɔ:ŋgstrem] ангстрем *(уст. единица длины, 10 Å = 1 нм = 10^{-9} м)*

anguish ['æŋgwiʃ] боль; страдание; мука; тоска

mind ~ душевные страдания

angular ['æŋgjʊlə] **1.** ангулярный, угловой; коленчатый **2.** худой, костлявый

angulation [ˌæŋgjʊ'leiʃn] угловая деформация; угловое искривление *(напр. пальца)*; перегиб *(мочеточника)*; ангуляция; образование угла; расположение под углом

~ of ureter угловое искривление мочеточника

valgus/varus ~ фронтальная угловая деформация; вальгусное/варусное искривление

anhedonia [ˌænhi:'dəʊniə] *псих.* ангедония *(неспособность испытывать удовольствие, наслаждение)*

pervasive ~ полное равнодушие к радостям жизни

sexual ~ сексуальная ангедония

anhela [æn'hi:lə], *лат.* **anhelatio** [ænhi:'leiʃə] одышка; нарушение дыхания

~ clamosa *лат.* коклюш

anhepatogenic [ˌænhepətə'ʤenik] не продуцируемый печенью

anhidrosis [ˌænhi'drəʊsis] ангидроз, отсутствие потоотделения

anhidrotic [ˌænhi'drɒtik] средство, уменьшающее потоотделение || уменьшающий потоотделение

anhistic [æn'histik], **anhistous** [æn'histəs] бесструктурный

anhormonia [ˌænhɔ:'məʊniə] эндокринная [гормональная] недостаточность

anhydremia [ˌænhai'dri:miə] ангидремия *(уменьшение содержания воды в плазме крови)*

anhydrase [æn'haidreis] ангидраза *(фермент, катализирующий удаление воды из соединения)*

carbonic ~ карбоангидраза

carbonic acid ~ ангидраза угольной кислоты

anhydration [ænhai'dreiʃn] обезвоживание, гипогидратация, дегидратация

anhydrochloric [ˌænhaidrəʊ'kləʊrik] не содержащий соляной кислоты

anhydrous [æn'haidrəs] безводный

anhypnosis [ˌænhip'nəʊsis] бессонница, агрипния, диссомния

anianthinopsy [ˌæniːˈænθiˌnɒpsi] слепота на фиолетовый цвет

anicteric [ˌænik'terik] безжелтушный (напр. о форме гепатита)

anidean [ə'nidiən] аморфный; неоформленный, несформировавшийся

anideus [ə'nidiəs] несформировавшийся плод

anidrosis [ˌæni'drəʊsis] см. **anhidrosis**

anilinophilous [ˌænili'nɒfiləs] анилинофильный

anilism ['ænilizm] хроническое отравление анилином

anility [ə'niliti] 1. старость, дряхлость 2. деменция; имбецильность

anima ['ænimə], pl. **animae** ['ænimiː] лат. 1. дыхание, жизнь, душа 2. психол. анима (в юнгианской психологии персонификация женских тенденций в бессознательном, женский архетип) 3. активный ингредиент в медикаменте

  ~ **brutalis** кровь

  ~ **deliquium** синкопе

  ~ **gravitas** одышка

animal ['æniməl] животное; зверь

  affected ~ поражённое [больное] животное

  breeding ~ племенное животное; производитель

  carrier ~ животное-носитель (напр. патологического гена, инфекции)

  control ~ контрольное животное, контрольная особь

  conventional ~ стандартное лабораторное животное

  germfree [germless] ~ безмикробное [асептическое, стерильное] животное, гнотобионт

  grafted ~ животное с трансплантированным органом

  hyperphagic ~ гиперфагичное животное (с поражением вентрикуломедиальных ядер гипоталамуса, характеризующееся свирепостью и ненасытностью)

  immune ~ иммунизированное [иммуноустойчивое] животное

  inbred ~ инбредное животное (полученное в результате многократного скрещивания близкородственных особей)

  intact ~ интактное животное (не подвергавшееся экспериментальному воздействию)

  neglected ~ безнадзорное животное

  normal ~ см. **intact** ~

  potentially rabid ~ животное, подозрительное на бешенство

  primed ~ примированное [сенсибилизированное] животное

  pure-line ~ чистолинейное животное, чистолинейная особь

  reservoir ~ животное – носитель возбудителя инфекции в природе

  spinal ~ спинальное животное (с удалённым головным мозгом)

  surveillance ~ индикаторное животное (для эпидемиологического надзора)

  test ~ подопытное животное

  thalamic ~ таламическое животное (с пересечённым продолговатым мозгом выше зрительного бугра)

  transgenic ~ трансгенное животное (развившееся из зародышевой клетки, в ядро которой была введена чужеродная ДНК)

  untreated ~ неухоженное животное

  whole ~ см. **intact** ~

animal-borne ['æniməl-'bɔːn] передающийся [переносимый] животными (об инфекции)

animal-derived ['æniməl-di'raivd] животного происхождения

Animalia ['æniˈməliə] лат. животные (царство гетеротрофных организмов)

animate ['æniˌmeit] 1. живой 2. оживлённый; воодушевлённый

animation [ˌæni'meiʃn] 1. оживление; живость; воодушевление; жизнелюбие, высокая духовность 2. реанимация, оживление 3. анимация (временное прекращение жизненных функций организма) 4. мультипликация, анимация

  suspended ~ 1. бесчувствие, временное прекращение жизненных функций; бессознательное состояние, «мнимая смерть» 2. оживление суспендированием (замороженных клеток)

animism ['æniˌmizm] анимизм (1. доктрина, согласно которой душа является источником развития и стимулом поведения всего живого 2. детское представление об одушевлённости неживых объектов, напр. облаков)

animistic [ˌæni'mistik] анимистский

animus ['æniməs] 1. намерение 2. враждебность 3. психол. анимус (в юнгианской психологии персонализация мужских тенденций в бессознательном, мужской архетип)

animosity [ˌæni'mɒsiti] враждебность

anion ['ænaiən] анион (ион с отрицательным зарядом)

  abundant ~ основной [главный] анион (натрий в интерстициальном секторе); распространённый анион

  external ~ внеклеточный анион

  hydrated ~ гидратированный анион

  oxygen-bearing [oxygen-containing] ~ кислородсодержащий анион

  reference ~ анион сравнения

anionic [ˌænai'ɒnik] анионный; анионоактивный

aniridia [ˌæni'ridiə] аниридия, иридеремия (отсутствие радужки)

anisakiasis [ˌænaisə'kaiəsis] анизакиоз (инвазия кишечника личинками нематод Anisakis marina)

anisate ['æniseit] соль анисовой кислоты

anise ['ænis] анис обыкновенный (Anisum vulgare)

aniseikonia [ˌænaisai'kəʊniə] анизейкония (неравенство величин изображения на сетчатке правого и левого глаза)

anism ['ænizm] анизм (спазм мышц промежности, препятствующий эвакуации кала)

anisochromasia [æˌnaisəʊkrəʊ'meiziə] анизохром(аз)ия (различная степень окрашиваемости клеток)

anisochrom(at)ic [æˌnaisəʊkrəʊ'mætik] неравномерно окрашенный (о клетках)

anisocoria [æˌnaisəʊ'kəʊriə] анизокория (неравенство диаметров зрачков)

anisocytosis [æˌnaisəʊsai'təʊsis] гемат. анизоцитоз

anisodactyly [ˌænaisəʊˈdæktili] неравная длина одноимённых пальцев

anisodont [æˌnaisəʊˈdɒnt] имеющий зубы различной длины

anisogamy [ˌænaiˈsɒgəmi] анизогамия *(наличие гамет, различающихся по размеру или форме)*

anisognathous [æˌnaiˈsɒgnæθəs] имеющий неравномерно развитые челюсти

anisomastia [æˌnaisəʊˈmæstiə] асимметрия молочных желёз

anisomelia [æˌnaisəʊˈmiːliə] анизомелия *(различие в размерах и форме парных конечностей – рук или ног)*

anisomery [æˌnaiˈsɒmeri] анизомерия *(различие в действии полимерных генов)*

anisometric [æˌnaisəʊˈmetrik] имеющий несимметричные части, анизометрический

anisometropia [ˌænaisəʊmiˈtrəʊpiə], **aniosotropy** [ˌænaisəʊˈtrəʊpi] анизометропия, анизотропия, гетерометропия *(различная рефракция глаз)*; анизотропность

anisopia [ænaiˈsəʊpiə] неодинаковое зрение в глазах

anisopiesis [æˌnaisəʊpaiˈiːsis] неравное артериальное давление в парных органах

anisoreflexia [æˌnaisəʊriˈfleksiə] анизорефлексия *(различие рефлексов на левой и на правой стороне тела)*

anisorhythmia [æˌnaisəʊˈriðmiə] аритмия

anisosphygmia [æˌnaisəʊˈsfigmiə] различие в пульсации соответствующих артерий

anisotropia [æˌnaisəʊˈtrəʊpiə] анизотропия *(неоднородность физических свойств вещества)*

anisotropic [æˌnaisəʊˈtrɒpik], **anisotropous** [æˌnaisəʊˈtrɒpəs] анизотропный; неравный; имеющий разные физические характеристики *(напр. об электропроводности)*

anisuria [æˌnaisˈjuːriə] выделение неравного количества мочи в равные промежутки времени

anitrogenous [ənaiˈtrɒʤənəs] безазотистый

ankle [ˈæŋkl] **1.** голеностопный сустав **2.** лодыжка **3.** таранная кость

~ **mortis** вилка голеностопного сустава

turned ~ растяжение связки голеностопного сустава

twisted ~ вывих в голеностопном суставе

weak ~ слабость связок голеностопного сустава

anklet [ˈæŋklit]:

identification ~ маркировочный браслет новорождённого

ankyloblepharon [ˌæŋkiləʊˈblefərɒn] анкилоблефарон *(сращение краёв век)*

ankylocheilia [ˌæŋkiləʊˈkailiə] заращение ротового отверстия, адгезия губ

ankylocolpos [ˌæŋkiləʊˈkɒlpəs] сращение стенок влагалища; атрезия влагалища

ankylodactylia [ˌæŋkiləʊˈdæktiliə], **ankylodactyly** [ˌæŋkiləʊˈdæktili] синдактилия, сращение пальцев

ankyloglossia [ˌæŋkiləʊˈglɒsiə] анкилоглоссия *(укорочение уздечки языка)*

ankylomele [ˌæŋkiləʊˈmiːli] изогнутый зонд

ankylopoietic [ˌæŋkiləʊpɒiˈetik] вызываемый анкилозом

ankyloproctia [ˌæŋkiləʊˈprɒktiə] **1.** атрезия заднего прохода, неперфорированный анус **2.** сужение анального отверстия

ankylosing [ˌæŋkiˈləʊsiŋ] анкилозирующий

ankylosis [ˌæŋkiˈləʊsis] анкилоз *(неподвижность в суставе)*

artificial ~ артродез *(фиксация сустава в неподвижном состоянии)*

bony ~ костный анкилоз

extra-articular [**extracapsular**] ~ внесуставной анкилоз

false [**fibrous**] ~ фиброзный анкилоз

hereditary ~ **of proximal phalangeal joints** проксимальная синфалангия *(анкилоз межфаланговых суставов)*

intra-articular [**intracapsular**] ~ внутрисуставной анкилоз

ligamentous [**spurious**] ~ *см.* **false** ~

stapedial ~ *ото.* анкилоз стремени

true ~ костный анкилоз

ankylostomiasis [ˌæŋkiləʊstəʊˈmaiəsis] *параз.* анкилостомоз

ankylotia [ˌæŋkiˈləʊʃiə] анкилотия *(врождённое заращение наружного слухового прохода)*

ankylotomy [æŋkiˈlɒtəmi] *хир.* рассечение уздечки языка

ankylurethria [ˌæŋkiljʊˈriːθriə] сужение [стеноз] мочеиспускательного канала

ankyrin [ˈæŋkirin] анкирин *(белок клеточной мембраны, участвующий в прикреплении клетки к подложке при культивировании)*

ankyroid [ˈæŋkirɔid] крючкообразный, крючковидный

anlag [ˈænlæg] рудимент

anlage [ænˈlɑːgə], **anlagen** [ænˈlɑːgən] *нем.* **1.** зачаток, закладка *(органа или ткани)*, бластема **2.** фабрициева сумка *(у птиц)*

Ann [æn]:

resusci ~ *фирм.* «оживляемая Анна» *(манекен для отработки навыков реанимации)*

annealing [əˈniːliŋ] отжиг, аннелирование *(процесс образования двухцепочечных молекул ДНК-ДНК или ДНК-РНК из одиночных полинуклеотидных цепей путём охлаждения)*

annectent [əˈnektent] связующий; соединяющий

Annelides [ˈænelidz] кольчатые черви *(Anelida)*

annexa [æˈneksə] *см.* **adnexa**

annexitis [ˌænekˈsaitis] *см.* **adnexitis**

anni [ˈænni]:

~ **curentis** *лат.* текущего года

annihilation [əˌnaiəˈleiʃn] **1.** уничтожение, истребление **2.** отмена

war ~ война на истребление

annihilated [əˌnaiəˈleitid] *sl.* опьяневший от алкоголя или наркотиков

announcer [əˈnaʊnsə]:

call ~ указатель вызова *(напр. дежурного медперсонала к больному)*

annoyance [əˈnɔiəns] **1.** надоедание, приставание **2.** раздражение

annoyer [əˈnɔiə] неприятный раздражитель

annual [ˈænjʊəl] **1.** ежегодный, годовой ‖ ежегодник **2.** однолетний *(о растении)*

clinical laboratory ~ ежегодник по лабораторной диагностике

annuity [əˈnjuːiti] ежегодная рента, аннуитет

accident ~ ежегодная выплата за травму

life ~ пожизненная рента, пожизненный аннуитет

old age ~ пенсия по старости

annul [əˈnʌl] **1.** отменять, аннулировать **2.** уничтожать

annular [ˈænjʊlə] кольцевидный

annulment [əˈnʌlmənt] *психол.* аннулирование *(средство защиты: признание неприемлемого содержания нереальным)*

annulocyte [ˌænjʊləʊˈsait] сфероцит *(эритроцит сферической формы)*

annuloplasty [æˈnjuːləʊˌplæsti] аннулопластика *(митрального клапана)*

annulus [ˈænjʊləs] кольцо, колечко

~ **fibrosus** фиброзное кольцо, циркулярная связка межпозвонкового диска

aortic ~ отверстие аортального клапана

atrioventricular ~ предсердно-желудочковое отверстие

dorsal ~ **of disk** дорсальный отдел фиброзного кольца межпозвонкового диска

fibrosus ~ фиброзное кольцо *(сердца)*

mitral ~ митральное [кольцо] отверстие

annunciator [əˈnʌnsiˌeitə] сигнальное устройство; световой нумератор *(табло вызова медперсонала)*

anochlesia [ˌænəʊˈkliːziə] каталепсия

anochromasia [ˌænəʊkrəʊˈmeiziə] анохромазия, непрокрашиваемость тканей или клеток

anociassociation [əˌnəʊsiəˌsəʊsiˈeiʃn], **anocithesia** [əˌnəʊsiˈθiːziə] премедикация

anode [ˈænəʊd]:

blade ~ пластинчатый анод

booster ~ вспомогательный анод

brush ~ щёточный анод, анод-щётка

carbon ~ угольный анод

anoderm [ˈeinəʊdəːm] эпителиальная выстилка анального канала

anodontia [ˌænəʊˈdɒnʃiə] адентия, анодонтия

partial ~ гиподонтия *(уменьшенное по сравнению с нормой количество зубов)*

anodontous [ˌænəʊˈdɒntəs] беззубый, лишённый зубов

anodyne [ˈænəʊdain] анальгезирующее [болеутоляющее] средство, анальгетик || анальгезирующий, болеутоляющий

anodynia [ˌænəʊˈdiniə] устранение боли, обезболивание

anogyny [ˌænəʊˈdʒaini] женское бесплодие

anoia [əˈnɒiə] слабоумие, деменция

anoint [əˈnɒint] смазывать; растирать

anointment [əˈnɒintmənt] смазывание; растирание

anoioplasty [əˈnɒiəʊˌplæsti] пластическая хирургия сосудов

anolyte [ˌænəʊˈlait] анолит, анодный раствор

anomalad [əˈnɒmələd] аномалад *(комплекс врождённых нарушений, обусловленных одной ошибкой морфогенеза, напр. расщелина нёба и дефект носовой перегородки)*

anomaloscope [əˈnɒmələˌskəʊp] аномалоскоп *(прибор для исследования цветового зрения)*

anomalotrophy [əˈnɒmələʊˌtrəʊfi] нарушение питания

anomalous [əˈnɒmələs] аномальный, неправильный, атипичный

anomaly [əˈnɒməli] аномалия *(развития)*; нерегулярность

anorectal ~**ies** аноректальные пороки развития

branchial ~**ies** бранхиогенные аномалии

cardiac ~ порок сердца

cardiac conduction ~**ies** нарушения проводимости сердца

congenital ~ врождённый порок развития

congenital cystic ~**ies of the biliary tract** врождённый поликистоз жёлчных путей

dentofacial ~ челюстно-лицевая аномалия

developmental ~ аномалия [порок] развития

Ebstein ~ Эбштейна аномалия

heterozygous ~ гетерозиготная форма аномалии

homozygous ~ гомозиготная форма аномалии

inherited pigmentary ~ врождённая гиперпигментация Фульдауэра и Куйперса

May – Hegglin ~ Мей – Хегглина аномалия *(гигантские тромбоциты и РНК-содержащие включения в цитоплазме лейкоцитов)*

minor ~**ies** микроаномалии, аномалии минорные, незначительные дефекты, являющиеся обычно количественными градациями, не приводящие к существенному нарушению структуры и функции органа

mullerian ~**ies** аномалии паранефрического [мюллерова] протока

Pegler – Huet ~ Пельгера – Хейта аномалия *(гиперсегментация ядер нейтрофилов)*

renal, genital and middle ear ~**ies** аномалии почек, гениталий и среднего уха

structural ~ морфологический порок развития, поражение органа

unstable vertebral ~**ies** нестабильность позвоночника при врождённых пороках развития

vascular ring ~ врождённый порок развития «сосудистое кольцо» *(охватывающее пищевод)*

vestibulovaginal ~ порок развития преддверия влагалища

anomia [əˈnəʊmiə] *невр.* амнестическая [номинативная] афазия

anomy [ˈænəʊmi] аномия; падение нравов; крах традиционных устоев; состояние отчуждения *(человека или группы лиц)*, вызванное аномалией; личностный распад

anonychia [ˌænəʊˈnikiə], **anonychosis** [ˌænəʊniˈkəʊsis] анонихия *(отсутствие ногтевых пластин)*

anonymia [ˌænəˈnimiə] *псих.* анонимия *(отрицание больным существования у него имени, фамилии)*

anonymous [əˈnɒniməs] анонимный; неизвестный *(напр. о микроорганизмах)*; невыясненной этиологии *(напр. остеомиелит)*

Anopheles [əˈnɒfəliz] род кровососущих комаров

anophthalmia [ˌænɒfˈθælmiə] анофтальмия

anophthalmus [ˌænɒfˈθælməs] человек с отсутствием одного или обоих глазных яблок

anopia [æˈnəʊpiə] **1.** анопия *(нарушение цветового зрения, напр. тританопия)* **2.** косоглазие

ipsilateral monocular ~ ипсилатеральный амавроз *(слепота на один глаз)*

anoplasty [ˈeinəʊˌplæsti] анопластика *(восстановление сфинктера заднего прохода)*; проктопластика

primary ~ первичная пластика ануса

anopsia [ænˈɒpsiə] **1.** анопсия *(отсутствие или дефект зрения)* **2.** косоглазие

anorchia [æn'ɔ:kiə], **anorchi(di)sm** [æn'ɔ:ki,dizm] анорхия, анорхизм (*врождённое отсутствие яичек*)

anorectal [,ænəʊ'rektəl] аноректальный (*относящийся к заднему проходу и прямой кишке*)

anorectic [,ænəʊ'rektik] 1. относящийся к анорексии 2. (*лекарственное*) средство, снижающее аппетит

anorectum [,einəʊ'rektəm] задний проход и прямая кишка

anorexia [,einəʊ'reksiə] анорексия (*отсутствие аппетита*)

~ **nervosa** нервная анорексия (*упорный отказ от еды, обычно являющийся отражением дисморфофобических переживаний*)

~ **psychica** утрата чувства голода или отказ от приёма пищи в связи с психотическим состоянием (*бред отравления, кататонический ступор и т. д.*)

activity-based ~ анорексия, предопределённая активностью (*экспериментальная модель с лишением мышей пищи, способствующим их активности*)

persistent ~ стойкая анорексия

truly ~ истинная анорексия

anorexiant [,einəʊ'reksiənt]:

central ~s центральные анорексанты

anorgasmia [æno:'gæzmiə], **anorgasmy** [æno:'gæzmi] отсутствие оргазма

drug-induced ~ медикаментозная аноргазмия

anormogenesis [ə,no:məʊ'ʤenesis] атипичное развитие

anorthosis [,ænɔ:'θəʊsis] эректильная дисфункция, отсутствие эрекции

anoscope [,einəʊ'skəʊp] аноскоп, ректальное зеркало

anosigmoidoscopy [,einəʊsig,mɒi'dɒskəpi] ректороманоскопия

anosmatic [,ænɒz'mætik] лишённый обоняния, не чувствующий запахи

anosmia [æn'ɒzmiə] аносмия (*отсутствие обоняния*)

lifelong ~ постоянная аносмия

anosognosia [ənəʊsəʊ'gnəʊsiə] *псих.* анозогнозия, Антона – Бабинского синдром (*некритичная оценка больным своего состояния, отрицание болезни*)

anosteoplasia [æn,ɒstiɒ'pleiziə] нарушение костеобразования

anostosis [,ænɒs'təʊsis] нарушение окостенения

anotia [,æn'əʊʃiə] анотия (*отсутствие ушной раковины*)

anovaria [,ænəʊ'veiriə], **anovarism** [æn'əʊværizm]ановария (*отсутствие яичников*)

anovular [æn'ɒvjʊlə] не сопровождающийся овуляцией, ановуляторный

anovulation [ænɒvjʊ'leiʃn] ановуляция (*отсутствие овуляции*)

refractory ~ стойкая ановуляция

anoxemia [,ænɒk'si:miə] гипоксемия

anoxia [ə'nɒksiə] гипоксия, кислородное голодание

altitude ~ высотная [гипобарическая] гипоксия

anemic ~ анемическая гипоксия

anoxic ~ гипоксическая гипоксия

diffusion ~ диффузионная гипоксия

fulminant ~ молниеносная гипоксия

histotoxic ~ гистотоксическая гипоксия

anoxic [ə'nɒksik] 1. бескислородный 2. окисляющийся за счёт кислородсодержащих соединений

anoxybiont [ænɒksi'baiɒnt] анаэроб(ный организм)

anoxybiosis [,ænɒksibai'əʊsis] анаэробиоз

ansa ['ænsə], *pl.* **ansae** ['ænsi:] *анат.* петля, петлеобразная структура

~ **hypoglossi** петля подъязычного нерва

~ **nephroni** *лат.* петля нефрона

ansate ['ænseit], **ansiform** ['ænsifɔ:m] петлеобразный, петлевидный; ушковидный

Antabuse ['æntə,bju:s] Антабус (*торговое наименование препарата дисульфирам, вызывающего тягостные вегетативно-соматические и психические расстройства при приёме алкоголя*)

antacid [ænt'æsid] *см.* **antiacid**

antagglutinin [æntə'glu:tinin] антагглютинин (*агглютинин семенной плазмы, подавляющий аутоагглютинацию отмытых сперматозоидов*)

antagonism [æn'tægə,nizm] антагонизм (*напр. микроорганизмов, лекарств и др.*); противодействие

competitive ~ конкурентный антагонизм

direct ~ прямой антагонизм

indirect ~ косвенный антагонизм

antagonist [æn'tægənist]:

β-**adrenergic** ~ β-адреноблокатор

calcuim channel ~s антагонисты кальциевых каналов

competitive ~ антиметаболит

enzyme ~ ингибитор фермента

folic acid ~s антагонисты фолиевой кислоты

glucocorticoid receptor ~ антагонист глюкокортикоидных рецепторов

H_2 **receptor** ~s блокаторы [антагонисты] гистаминовых H_2-рецепторов

heavy metal ~s антагонисты тяжёлых металлов

leukotriene ~s лейкотриеновые антагонисты

narcotic ~ антагонист опиоидов

antagonistic [æn,tægə'nistik] обратно направленный; противодействующий; противоположный; враждебный; антагонистичный

antagonizer [æn'tægə,naizə] антагонист (*напр. гормона*)

antalgesic [æntæl'ʤi:zik], **antalgic** [æn'tælʤik] 1. щадящий (*напр. о походке*) 2. болеутоляющий, обезболивающий, аналгезический

antalkaline [æn'tælkə,lain] нейтрализующий щёлочь

antanemic [æntə'ni:mik] антианемическое средство || антианемический

antasthenic [,æntæs'θenik] укрепляющее [тонизирующее] средство || восстанавливающий силы; облегчающий боль

antasthmatic [,æntæz'mætik] противоастматическое средство || противоастматический

ante ['ænti]:

~ **cibum, ac** *лат.* до еды, перед едой

~ **meridiem** *лат.* до полудня

~ **mortem** *лат.* предсмертный, возникающий перед смертью, прижизненный

~ **partum** *лат.* дородовой, предродовой, предшествующий родам

antebrachium [,ænti'breikiəm] предплечье

antecedent [,ænti'si:dənt] предвестник болезни, продром || предшествующий, продромальный

electrocardiographic ~s электрокардиографические предвестники (*напр. инфаркта миокарда*)

plasma thromboplastin ~ фактор XI, предшественник плазменного тромбопластина

antecornu [ˌænti'kɔːnʊ] передний рог

antecubital [ˌænti'kjuːbitəl] находящийся впереди локтевого сустава

antediluvian [ˌæntidi'ljuːviən] глубокий старик

antedisplacement [ˌæntidis'pleismənt] смещение кпереди

anteflexion [ˌænti'flekʃn] перегиб кпереди, антефлексия *(положение матки в норме)*

antegrade [ˌænti'greid] антеградный *(в нормальном направлении, напр., о проведении нервных импульсов)*

antehypophysis [ˌæntihai'pɒfisis] аденогипофиз, передняя доля гипофиза

antemetic [ˌænti'metik], **antiemetic** [ˌæntii'metik] противорвотное средство, противорвотное

antenatal [ˌænti'neitəl] антенатальный, внутриутробный, дородовой, предродовой, предшествующий родам

antenodal [ˌænti'nəʊdəl] *кард.* предузловой

antenuptial [ˌænti'nʌpʃəl] добрачный

antepartum [ˌænti'pɑːtəm] дородовой *(напр. об инфекции)*

anteposition [ˌæntipə'ziʃn] смещение (органа) кпереди

antepyretic [ˌæntipai'retik] предшествующий лихорадке, предлихорадочный

anterior [æn'tiəriə] 1. первый во времени или пространстве 2. относящийся к передней поверхности 3. *эмбр.* близкий к головному концу

occiput ~ передний вид затылочного предлежания

left sacrum ~ тазовое предлежание, передняя позиция, передний вид

anteriority [æntiəri'ɒriti] первенство, старшинство

anterior-pituitary [æn'tiəriə-pi'tjuːitəri] относящийся к передней доле гипофиза

anteriors [æn'tiəriəz] передняя группа зубов

anteroclusion [ˌænterəʊ'kluːʒn] прогения *(выступание нижней челюсти вперёд)*

anterograde [ˌænterəʊ'greid] антероградный *(1. перемещающийся вперёд, направленный по аксону к его терминалям 2. характеризующий амнезию на события, происшедшие после расстройства сознания)*

anteroinferior [ˌænterəʊin'fiəriə] передненижний

anterolateral [ˌænterəʊ'lætərəl] переднебоковой

anteroom [ˈænti,ruːm] вестибюль, приёмная *(врача)*

anteroposterior [ˌænterəʊpɒs'steriə] переднезадний

anteroventral [ˌænterəʊ'ventrəl] относящийся к передней брюшной стенке

antesepsis [ˌænti'sepsis] антисептика, дезинфекция, обеззараживание

antesystoly [ˌænti'sistəʊli] антесистолия *(преждевременное сокращение желудочков сердца)*

antetope [ˌænti'təʊp] антетоп *(иммуноглобулиноподобный рецептор Т-клеток)*

anteversion [ˌænti'vɜːʒən] 1. смещение (органа) кпереди 2. антеверсия матки *(отклонение матки кпереди)*

anthelix [ænt'hiːliks] *ото.* противозавиток ушной

anthelmint(h)ic [ˌænthel'minθik] противоглистный, антигельминтный

adulticide ~ антигельминтное средство, убивающее взрослых глистов

larvacide ~ антигельминтное средство, убивающее личинок глистов

anthelone [ænt'hiːləʊn] урогастрон *(гормон, подавляющий желудочную секрецию)*

~ **E** энтерогастрон

anthelotic [ænthiː'lɒtik] средство против мозолей || действенный против мозолей

anthemorrhagic [ˌænt,heməʊ'ræʤik] кровоостанавливающий

anther [ˈænθə] пыльца *(цветов)*

anthocyanin [ˌænθəʊ'saiənin] антоциан *(растительный пигмент)*

anthology [æn'θɒləʤi]:

~ **of terms** перечень наиболее распространённых терминов

anthracoid [ˈænθrəkɒid] антракоид || антракоидный, напоминающий сибиреязвенный карбункул

anthracometer [ˌænθrə'kɒmətə] прибор для измерения содержания углекислоты в воздухе

anthracosilicosis [ˌænθrə,kəʊsili'kəʊsis] силикоантракоз, антракосиликоз

anthracosis [ˌænθrə'kəʊsis] антракоз *(отложение каменноугольной пыли в органах и тканях)*

~ **linguae** антракоз языка, «чёрный» язык

anthracotic [ˌænθrə'kɒtik] относящиеся к антракозу

anthrax [æn'θræks] 1. сибирская язва; сибиреязвенный карбункул 2. карбункул

apoplectic ~ молниеносная форма сибирской язвы

chronic ~ хроническая форма сибирской язвы *(с поражением языка и глотки)*

cutaneous [localized] ~ кожная форма сибирской язвы

malignant ~ сибирская язва

pulmonary ~ лёгочная форма сибирской язвы

anthropic [æn'θrɒpik] обусловленный влиянием человека

anthropocentric [ˌænθrəʊpəʊ'sentrik] антропоцентрический *(считающий человека центром Вселенной)*

anthropogenesis [ˌænθrəʊpəʊ'ʤenesis] антропогенез *(1. изменение и саморазвитие природных объектов и явлений под воздействием человека 2. происхождение человека, становление его как вида)*

anthropogenic [ˌænθrəʊpəʊ'ʤenik], **anthropogenous** [ˌænθrəʊpəʊ'ʤenəs] антропогенный, обусловленный влиянием человека

anthropography [ˌænθrəʊ'pɒgrəfi] энтография

anthropological [ˌænθrəʊpəʊ'lɒʤikəl] антропологический, антропонозный

anthropology [ˌænθrəʊ'pɒləʤi]:

criminal ~ судебно-медицинская антропология

cultural ~ биосоциальная антропология

physical ~ физическая антропология

anthropometer [ˌænθrəʊ'pɒmətə] антропометр *(инструмент для антропологических измерений)*

anthropomorphism [ˌænθrəʊpəʊ'mɔːfism] антропоморфизм *(приписывание человеческих характеристик животным или неодушевлённым предметам)*

anthroponomics [ˌænθrəʊpəʊ'nəʊmiks], **anthroponomy** [ˌænθrəʊ'pɒnəʊmi] антропономия *(наука о законах развития человечества, взаимоотношениях человека с окружающей средой и др. организмами)*

anthroponosis [͵ænθrəʊpəʊˈnəʊsis] *pl.* антропонозы *(инфекционные болезни, поражающие только человека)*

anthropophagy [͵ænθrəʊpɒˈfeʤi] каннибализм, людоедство

anthropophobia [͵ænθrəʊpəʊˈfəʊbiə] антропофобия *(патологическая боязнь людей)*

anthroposomatology [͵ænθrəʊpəʊsəʊməˈtɒləʤi] биология человека, антропосоматология

anthropotechnics [͵ænθrəʊpəʊˈtekniks], **anthropotechnology** [͵ænθrəʊpəʊtekˈnɒləʤi] инженерная психофизиология, антропотехника

anthropotomy [͵ænθrəʊpɒˈtəʊmi] анатомия человека

anthropozoonosis [͵ænθrəʊpəʊzəʊəˈnəʊsis] *pl.* антропозоонозы *(инфекционные заболевания, передающиеся от животных к человеку)*

anthropurgic [͵ænθrəʊˈpɜːʤik] антропургический *(о природном очаге инфекции, обусловленном деятельностью человека)*

antiacid [͵æntiˈæsid] антацидное средство ‖ антацидный

antiactivator [͵æntiæktiˈveitə]:
   lymphocyte ~ антиактиватор лимфоцитов

antiadhesins [͵æntiædˈhiːzinz] антиадгезиновые [антиадгезионные] антитела, антиадгезины

antialexin [͵æntiəˈleksin] антикомплемент

antianaphylaxis [͵æntiænəfaiˈlæksis] антианафилаксия, десенсибилизация

antiandrogen [͵æntiənˈdrəʊʤen] *pl.* антиандрогены *(соединения, способные подавлять действия мужских половых гормонов)*

anti-anginal [͵æntiˈænʤainəl] противостенокардитический *(препарат)*

antiantibody [͵æntiˈæntibɒdi] антиантитело *(антитело, специфичное к другому антителу)*
   complementary ~ комплиментарное антиантитело, антиидиотипическое антитело

antiantidote [͵æntiˈæntidəʊt] вещество, нейтрализующее действие антидота

antianxiety [͵æntiænˈzaiəti] анксиолитический, антифобический, противотревожный, нейтрализующий страх, тревогу

anti-apoptotic [͵æntiæpəpˈtɒtik] тормозящий [ингибирующий] апоптоз

antibacterial [͵æntibækˈtiːriəl] антибактериальный, обладающий антибактериальным действием

antibacterials [͵æntibækˈtiəriəlz] антибактериальные средства, антибиотики

antibechic [͵æntiˈbekik] противокашлевое средство ‖ противокашлевый

antibiogram [͵æntiˈbaiəgræm] антибио(тико)грамма *(спектр чувствительности бактерий к антибиотикам)*

antibiosis [͵æntibaiˈəʊsis] антибиоз *(1. ассоциация двух организмов, гибельная для одного из них 2. выработка микроорганизмами антибиотиков, подавляющих жизнедеятельность других живых существ)*

antibiotic [͵æntibaiˈɒtik] **1.** антибиотик; относящийся к антибиозу **2.** пагубный [вредный] для жизни
   ~s used locally антибиотики местного действия
   antifungal ~s противогрибковые антибиотики

antihelmintic ~s антигельминтные антибиотики

antimycobacterial ~s антимикобактериальные антибиотики

antineoplastic ~s противоопухолевые антибиотики

antiprotozoal ~s антибиотики, подавляющие простейших

broad-spectrum ~ антибиотик широкого спектра действия

insecticidal ~s инсектицидные антибиотики

macrocyclic lactone (macrolide) ~s макролиды, макролидные антибиотики *(содержащие в структуре макроциклический лактон)*

preventive [prophylactic] ~s антибиотикопрофилактика, профилактическая антибиотикотерапия

systemic ~s общая [системная] антибиотикотерапия

topical ~s местное применение антибиотиков

used locally ~s см. **~s used locally**

wrong ~s нерациональный выбор антибиотика, неадекватная антибиотикотерапия

antibiotic-resistant [͵æntibaiˈɒtik-riˈzistənt] антибиотикорезистентный, устойчивый к антибиотику

antiblastic [͵æntiˈblæstik] антибластический, препятствующий росту *(микробов, опухолевых клеток)*

antibody [͵æntiˈbɒdi], *pl.* **antibodies** [͵æntiˈbɒdiz] антитело, иммуноглобулин
   ~ies against herpesvirus антитела к герпесвирусу
   ~ies to normal tissue varieties антитела к нормальной ткани
   aborter's [abortifacient] ~ аборгогенное [контрацептивное] антитело
   acetylcholine receptor ~ антитела к рецепторам ацетилхолина
   acetylcholine antireceptor ~ies антитела против ацетилхолиновых рецепторов
   adhesion-blocking ~ies см. **antiadhesive ~ies**
   aggregated ~ies агрегированные [слипшиеся] антитела
   albumin-agglutinating ~ альбуминагглютинирующее антитело
   anaphylactic ~ анафилактогенное антитело
   anti-actin ~ies антитела к актину
   antiallotypic ~ антиаллотипическое антитело
   anti-aminopeptidase ~ies антитела к аминопептидазе
   antianti-idiotypic ~ антианти-идиотипическое антитело *(третьего порядка в теории сети)*
   anti-antiself ~ антиидиотипическое антитело
   anti-B ~ В-клеточное антитело
   anti-basement membrane ~s аутоантитела к базальной мембране почечных клубочков
   anti-Candida ~ противогрибковое антитело
   anticardiolipin ~ies антитела к кардиолипину
   anticarrier ~ антитело против носителя *(входящего в комплекс гаптен – носитель)*
   anti-centromere ~ies антицентромерные антитела
   antichlamydial ~ антихламидийное антитело
   anticlass ~ антиклассовое антитело *(антитело против определённого класса иммуноглобулинов)*
   anticlonotypic ~ антиклонотипическое антитело
   antidigoxin ~ies антитела к дигоксину
   anti-DNA ~ антитело против ДНК
   antierythropoietin ~ антиэритропоэтиновое антитело

anti-fluorescein ~ies антитела к флуоресцину, анти-ФИТЦ-антитело

antiforeign ~ антитело против чужеродного антигена

anti-Forssman ~ антитело против гаптена Форссмана

antifusion ~ антитело, блокирующее слияние клеток

anti-hapten IgG ~ies антигаптенные IgG-антитела

antiheart ~ies антитела к миокарду

antihemagglutination ~ гемагглютинирующее антитело, гемагглютинин

antihistone ~ies противоядерные антитела

antiidiotype ~es антиидиотипические антитела

anti-immunoglobulin ~ies антитела к иммуноглобулину

anti-influenza virus ~ антитела к вирусу гриппа

anti-intermediate filament ~ies антитела к промежуточным тканям

anti-insulin ~ies антитела к инсулину

anti-isotypic ~ies антиизотипические антитела

antikidney ~ противопочечное [антинефральное, нефрогенное] антитело

antilymphocyte ~ies антитела к лимфоцитам

antimelanoma ~ антимеланомное антитело

antimicrosomal ~ антимикросомное антитело

antimuscle ~ антимышечное антитело

antinative DNA [anti nDNA] ~ антитело против нативной ДНК

antineurofilament ~ антитела к нейрофиламентам

antineuronal ~ies антитела против нервной ткани

anti-NK cell ~ антитела против естественных клеток-киллеров

antinuclear ~ аутоантитела к ядрам клеток; антинуклеарные антитела; антинуклеарный фактор

anti-oestrogen ~ies антитела к эстрогену

antipan T cell ~ies антитела к суммарной популяции Т-клеток, антипан-Т-клеточные антитела

anti-peptide monoclonal ~ies антипептидные моноклональные антитела

antiphage ~ антифаговое антитело

antipilus ~ антитело против жгутикового [фимбрального] антигена

antiplacental ~ антиплацентарное антитело

anti-RBC ~ *см.* **antired-cell ~**

anti-Rh ~ антирезусное антитело, резус-изогемагглютинин

antireceptor ~ антитело к рецептору

antired-cell ~ антиэритроцитное антитело

antireproductive hormone ~ антитело против полового гормона, антирепродуктивное антитело

antiretinal ~ies антитела к клеткам сетчатки

antiself ~ аутоантитело

antispermatozoal ~ антиспермальное антитело

anti-SRBC ~ies антитела к эритроцитам овцы

antistriated muscle ~ies антитела против поперечно-полосатых мышц

anti-T ~ Т-клеточное антитело

anti-target cell ~ антитело против клетки-мишени

anti-T cell receptor ~ies антитела против рецепторов Т-клеток

antitetanus ~ противостолбнячное антитело

antithyroglobulin ~ антитела против тироглобулина

antithyroid ~ies антитиреоидные антитела

antitoxic ~ токсиннейтрализующее антитело, антитоксин

antitrophoblast ~ антитрофобластическое антитело

antitubulin ~ антитубулиновое антитело

antiuveal ~ies антиувеальные антитела *(антитела против антигенов сосудистой оболочки глаза)*

antiviral ~ вируснейтрализующее антитело

antivirion ~ антивирионное антитело

arming ~ «вооружающее» антитело *(В-клеточный иммуноглобулиновый раствор, появление которого в онтогенезе означает приобретение клеткой признаков зрелости)*

attached ~ связанное [конъюгированное] антитело

autoanti-idiotypic ~ аутоантиидиотипическое антитело *(антитело, имитирующее аутоантигенные эффекты)*

autologous [autoreactive] ~ies аутоантитела, аутогенные антитела *(к собственным антигенам)*

bactericidal ~ антитело с бактерицидными свойствами

basement membrane ~ антитело против базальной мембраны

basophil-attached ~ связанное с базофилом антитело

bifunctional ~ гетеровалентное антитело *(гибридное антитело, построенное из Fab-фрагментов с различной специфичностью)*

biotin-conjugated ~ биотинилированное антитело

biospecific ~ биоспецифическое *(обычно гибридное)* антитело

bivalent ~ двухвалентное [нормальное] антитело

blocking ~ неполное [непреципитирующее, блокирующее] антитело

capture ~ иммобилизованное антитело *(антитело на твёрдой подложке для анализа антигенов методом захвата)*

carrier-bound ~ связанное с носителем антитело

catalytic ~ies каталитические антитела, антитела-катализаторы, абзимы

catcher ~ связывающее [фиксирующее] антитело *(обычно «первое», специфически связывающее антиген в методе двойных антител)*

cavity-type ~ антитело к полостной (сформированной полостью молекулы антигена) детерминанте

cell-bound [cell-fixed] ~ клеточное антитело; антитело, связанное с клетками *(ткани)*

chelate-tagged ~ хелатизированное *(нагруженное хелатирующим агентом)* антитело

chemically modified ~ies модифицированные [химически обработанные] антитела

chimeric ~ химерное [гибридное] антитело *(имеющее антидетерминанты различной специфичности или состоящее из различных цепей)*

chlamydial ~ антитела к хламидиям

classical ~ природное [естественное] антитело

cluster-labelled ~ies антитела, меченные кластерами *(золота)*

coated ~ies нагруженные [покрытые] антитела

cold ~ холодовое (ауто)антитело

cold-reactive lymphocytotoxic ~ холодовое лимфоцитотоксическое антитело

collagen type-specific ~ антитело против коллагена

colostrum ~ies молозивные антитела

complement-fixing ~ комплемент-связывающее антитело

complete ~ полное антитело

complexed ~ связанное [конъюгированное] антитело

conformation-sensitive ~ антитело против конформационно-зависимой антигенной детерминанты

conjugated ~ связанное [конъюгированное] антитело

conjugated-specific ~ антиконъюгатное [конъюгат-специфическое] антитело *(антитело со специфичностью к комплексу гаптен – носитель)*

cross reactive [cross-reacting] ~ перекрёстно-реагирующее антитело *(1. специфичное для группы антигенов, имеющих идентичные функциональные группы 2. специфичное для группы антигенов, которые имеют близкую, но не идентичную химическую структуру)*

cytostatic ~ цитостатическое антитело

cytotropic ~ies цитотропные антитела *(антитела IgE- или IgG-классов, сенсибилизирующие клетки для последующей анафилаксии)*

detector ~ идентифицирующее антитело *(напр. диагностическое)*

DL ~ies *см.* **Donath – Landsteiner** ~ies

domain-specific ~ домен-специфическое антитело *(антитело против доменов молекулы иммуноглобулина или антигена)*

Donath – Landsteiner ~ies бифазные [битермальные, смешанного типа] гемолизины, антитела [агглютинины] Доната – Ландштейнера

donor ~ донорское антитело

early ~ раннее (иммунное) антитело *(антитело первой фазы иммунного ответа)*

early immune ~ies нормальные [постоянные, ранние] иммунные антитела *(составная часть естественно иммунитета)*

enhancing ~ усиливающее антитело

entrapped ~ инкапсулированное [заключённое в липосому] антитело; арестованное антитело

envelope-specific ~ антитело против оболочки *(вируса)*

enzyme-labelled [enzyme-linked, enzyme-tagged] ~ies антитела, меченные ферментом

epitope-binding ~ антидетерминантное антитело

facilitating ~ вспомогательное [разрешающее] антитело *(в реакциях гемолиза)*

ferritin-conjugated [ferritin-labelled] ~ies антитела, меченные ферритином

fiber-entrapped ~ies антитела, адсорбированные на фибриллах *(напр. триацетата целлюлозы)*, сорбированные антитела

firbin-specific ~ антифибриновое антитело

first(-layer) [first-stage] ~ «первое» антитело *(меченое антитело, входящее в состав первичного комплекса антиген – антитело и являющееся идентифицирующим компонентом при иммуноанализе)*

FITS-labelled ~ies антитела, меченные флуоресцеин-изотиоцианатом, ФИТЦ-конъюгат иммуноглобулины

fluid-phase ~ies растворимые антитела; антитела гомогенной фазы

fluoresceinated [fluorescent-labelled, fluorochrome-conjugated] ~ies меченные флуоресцином [флуоресцирующие] антитела

fluoruscent treponemal ~ флуоресцентная реакция с трепонемными антителами

foci-forming ~ies фокус-формирующие антитела *(образующие локальные клеточные агрегаты)*

framework monoclonal ~ моноклональное антитело, направленное к каркасу антигенной молекулы

free ~ies нормальные [естественные] антитела

germline ~ies антитела гаметического [эмбрионального] типа, *уст.* антитела Ерне

graft-specific ~ антитело против трансплантата, анти-трансплантационное антитело

group-specific ~ группоспецифические антитела

Hanganutziu – Deicher ~ies антитела к гетерофильным антигенам системы Ханганутцу – Дейчера

hapten-specific ~ies антитела, специфичные к гаптену

HD ~ies антитела к вирусу гепатита D

head-binding ~ Clg-связывающее антитело *(антитело против «головки» Clg-субкомпонента комплемента)*

hemolytic ~ гемолитическое антитело, гемолизин

heteroclonal ~ гетероклональное антитело

heteroclytic ~ гетероклитическое антитело

heterocytotropic ~ гетероцитотропное антитело *(обладающее большей аффинностью к клеткам других видов, чем к клеткам своего вида)*

heteroligating ~ гетероспецифическое антитело *(с двумя антидетерминантами различной специфичности)*

heterophile ~ гетерофильные антитела

Heymann's ~ies Хейманна антитела *(противоклубочковые антитела, вызывающие комплементзависимую деструкцию клубочков почки)*

high-grade ~ высокоавидное антитело

homocytotropic ~ гомоцитотропное антитело *(при взаимодействии со специфическим аллергеном опосредует высвобождение медиаторов анафилаксии из тучных клеток)*

homogeneous ~ies моноклональные антитела

homotypic ~ гомотипическое антитело

"house keeping" ~ аутоантитело

humoral ~ гуморальное [сывороточное] антитело

"humouse" ~ies химерные [рекомбинантные] антитела «мышь-человек»

hybridoma ~ies моноклональные антитела

idiotype-bearing [idiotipic] ~ идиотипическое антитело, антитело первого порядка *(несущее идиотипическую детерминанту)*

IgG antiguanosine ~ies IgG-антитела к антигуанозину

immune ~ (ауто)иммунное антитело

immunofluorescent ~ies иммуно-флуоресцентные антитела, иммунофлуоресцентный анализ, ИФА

indicator ~ индикаторное [«проявляющее»] антитело *(используемое для идентификации и визуализации специфического комплекса антиген – антитело)*

incomplete ~ неполное [непреципитирующее, блокирующее, моновалентное] антитело

indirect fluorescent rabies ~ (test) непрямая иммунофлуоресценция антирабических антител

inhibiting [inhibitory] ~ ингибиторное [ингибирующее] антитело

irregular ~ транзиторное антитело

"in-saline agglutinating" ~ полное антитело

insulin(-binding) ~ антиинсулиновое антитело

"internal image" ~ антитело, несущее «внутренний образ» (антигена)

iodinated ~ йодированное антитело

irregular ~ транзиторное антитело

isophile ~ изофильное антитело (реагирующее только с соответствующим антигеном аутологических эритроцитов)

killer ~**ies** цитотоксические антитела

killer-blocking ~ антитела против клеток-киллеров

labelled ~ меченое антитело

labelled second ~ меченое «второе» антитело

late ~ позднее (иммунное) антитело (вторичной фазы иммунного ответа)

leucoagglutinating ~ лейкоагглютинин, лейкоагглютинирующее антитело

leucocyte ~**ies** антитела к лейкоцитам

local ~ секреторное антитело

locus-specific ~**ies** антилокусные антитела, локус-специфические антитела (против антигенных локусов главного комплекса гистосовместимости)

low-grade ~ низкоавидное антитело

lupus ~ волчаночный антикоагулянт (антитело с антикоагулирующими свойствами от больного красной волчанкой)

lymphocyte-dependent ~ лимфоцитзависимое антитело

lymphocyte function-associated ~ антиген, связанный с функцией лимфоцитов (интегрин)

lymphocytotoxic ~ лимфоцитотоксическое антитело

maternal [maternally derived] ~**ies** материнские антитела

mature ~ «созревшее» антитело (антитело с полностью сформированной трёхмерной структурой)

mercury labelled ~**ies** меченные ртутью антитела, меркуриальные антитела

minute ~**ies** следовые антитела

mitochondrial ~**ies** антитела против митохондрий

modified ~ модифицированное антитело

molecular ~ гуморальное [сывороточное] антитело

monoclonal ~**ies** моноклональные антитела (продуцируемые клоном или гибридомными клетками, специфичные в отношении одного эпитопа – антигенной детерминанты)

monoclonal anti-μ ~**ies** моноклональные анти-μ-антитела

monoclonal hybridoma IgG ~**ies** моноклональные IgG-антитела гибридомы

monomorphic ~ мономорфное [моноантидетерминантное] антитело (к уникальной антигенной детерминанте)

monotypic ~ моноспецифическое антитело

monovalent ~ см. **incomplete** ~

multivalent ~**ies** см. **complete** ~

mutant ~ мутантное антитело (полученное методом сайт-направленного мутагенеза)

natural ~ нормальное [естественное] антитело

nephrogenic ~ противопочечное [антиренальное, нефрогенное] антитело

neurofilament ~**ies** антитела к аутоантигенам, содержащимся в нервных волокнах

nonagglutinating ~ неагглютинирующее антитело

nonavid ~**ies** антитела низкой специфичности (к антигену), антитела с низким авидитетом

non-cross-reactive monoclonal ~**ies** перекрёстно не реагирующие моноклональные антитела

non-cytotoxic ~ антитоксическое антитело

non-organospecific cytoplasmatic ~**ies** органонеспецифические цитоплазматические антитела

nonprecipitating ~ неполное [непреципитирующее, блокирующее] антитело

normal ~ см. **nature** ~

nuclear matrix ~**ies** антитела против матрицы ядра

pan-B-cell ~ пан-В-клеточное антитело

panel-reactive ~**ies** тест-антигеновые [панелированные] антитела

pancreatic islet cell ~**ies** антитела против островковых клеток (Лангерганса)

Paul – Bunnell ~**ies** Пауля – Буннелля антитела (гетероагглютинины сыворотки больных инфекционным мононуклеозом)

pemphigus ~ антитела против пузырчатки

penicilloyl ~ антипенициллоиловое антитело

peroxidase-labelled ~**ies** антитела, меченные пероксидазой

phytoerythrin-labelled ~**ies** антитела, меченные фитоэритрином

plaque reduction ~ антилимфоцит(ар)ное антитело, подавляющее реакцию розеткообразования

platelet ~**ies** антитела к тромбоцитам

polyclonal ~ поликлональное антитело

polymorphic ~ полиморфное [полиантидетерминантное] антитело

precipitating ~ преципитирующее антитело, преципитин

preimmune ~ преиммунное [естественное] антитело

primary ~ первое антитело (связывающееся с молекулой-мишенью при проведении иммунологического анализа)

protective ~ защитное антитело (напр. вируснейтрализующее антитело)

quencher-labelled ~**ies** антитела, меченые тушителем флуоресценции, «гасящие» антитела

radiolabelled ~ меченное антитело

radiolabelled anti-B ~ меченые ^{131}I-антитела против вируса гепатита В

ragweed-binding ~ антитело, связывающее агглютинин амброзии

reaginic ~ реагин, атопическое [кожно-сенсибилизирующее] антитело

reagin-like ~ реагиноподобное антитело

recall ~ антитело против ткани трансплантата, антитело против «воскресшего» антигена

recombinant ~ 1. рекомбинантное [генноинженерное] антитело 2. гибридное [химерное] антитело

red-cell ~ антиэритроцит(ар)ное антитело

restricted ~**ies** антитела с узкой иммунохимической специфичностью

reticulin ~ антиретикулиновое антитело

rhodamine-labelled [RITC-conjugated] ~**ies** антитела, меченные родамином

saline (agglutinating) ~ *см.* **complete** ~

screening ~ **1.** диагностическое антитело, антитело-зонд **2.** антитело для скрининга (*большого числа проб*)

second(-layer) [second-stage] ~ies вторые антитела (*обычно меченые, используемые для визуализации первичного комплекса антиген – антитело*)

sensitizing ~ сенсибилизирующее [анафилактогенное] антитело (*обычно IgE-типа*)

sequence-specific ~ антитело, специфичное к последовательности (*нуклеотидов, аминокислот и т. д.*); сайт-специфическое антитело; антитело к детерминанте секвенциального типа

serotype-specific ~ серотипическое антитело

serum milk protein ~ сывороточные антитела к молочному белку

serum neutralizing ~ сывороточное нейтрализующее антитело

serum sickness ~ies *см.* **Hanganutziu – Deicher ~ies**

sessile ~ сессильное [сидячее] антитело (*фиксированное на клетке*)

sex-specific ~ies антитела, определяемые полом (*индивидуума*)

short-lasting ~ непостоянное быстроисчезающее антитело

short-term sensitizing ~ импульсно-сенсибилизирующее антитело (*анафилактогенное антитело IgG-типа*)

site-directed [site-specific] ~ сайт-специфическое антитело (*обычно моноклонального происхождения*)

skin-sensitizing ~ кожно-сенсибилизирующее антитело

SM [smooth muscle] ~ антитело против гладких мышц, гладкомышечное антитело

solid-phase ~ иммобилизованное антитело, твёрдофазное антитело

species-specific ~ies видоспецифические антитела

specific ~ специфическое антитело

sperm-coating ~ антиспермальное антитело

sperm-immobilizing ~ антитело, иммобилизующее сперматозоид

sperm-reacting ~ *см.* **sperm-coating** ~

steroid receptor ~ies антитела против рецепторов стероидных гормонов

strain-specific ~ies штаммоспецифические антитела

"tagged" ~ меченое антитело

targeting ~s антитела против клетки-мишени

test tube ~ антитело в реакциях in vitro

therapeutic ~ies антитела для лечебных целей (*иммунная плазма*)

thymocytotoxic ~ тимоцитотоксическое антитело

thyroglobulin ~ies антитела против тиреоглобулина

thyroid-stimulating ~ies антитела, стимулирующие щитовидную железу (*вызывают неконтролируемую продукцию тироксина у больных тиреотоксикозом*)

timothy-specific ~ антитело против пыльцы тимофеевки

tissue-fixed ~ *см.* **sessile** ~

transplacentally acquired ~ трансплацентарное (аллогенное) антитело

transplant ~ies (моноклональные) антитела для трансплантации

true anti-idiotypic ~ies истинные антиидиотипические антитела третьего порядка (*неспособные связывать антигены*)

tumor-associated ~ опухолеспецифическое антитело

type-specific neutralizing ~ типоспецифическое нейтрализующее антитело

"unblocking" ~ *см.* **complete** ~

univalent ~ моновалентное [одновалентное] антитело

unlabelled ~ies немеченые антитела

vaccine-induced ~ поствакцинальное антитело

vibriocidal [viricidal] ~ вибрицидное [вирусинактивирующее] антитело

warm ~ies тепловые антитела (*антитела с максимумом активности при 37 °С и выше*)

warm-reactive ~ies тепловые гемолизины, тепловые агглютинины

whole ~ полное [двухвалентное] антитело

zone-precipitating [zone-reacting] ~ противозонное антитело (*преципитирующее белки зоны пеллюцида*)

antibody-blocking [ˌænti'bɒdi-'blɒkiŋ] антителоблокирующий

antibody-dependent [ˌænti'bɒdi-di'pendənt] антителозависимый

antibody-negative [ˌænti'bɒdi-'negətiv] серонегативный (*о лицах, не имеющих в крови антител к иммуногенным агентам, напр. вирусам*)

antibody-positive [ˌænti'bɒdi-'pɒsitiv] серопозитивный (*о лицах, имеющих в крови антитела к иммуногенному агенту*)

antibody-producing [ˌænti'bɒdi-prə'dju:siŋ] антителообразующий, антителопродуцирующий

antibromic [ˌænti'brəʊmik] дезодоратор ‖ дезодорирующий, уничтожающий неприятный запах

antibubonic [ˌæntibuː'bɒnik] противочумный

anticalculous [ˌænti'kælkjʊləs] **1.** предотвращающий [предупреждающий] образование конкрементов **2.** растворяющий конкременты

anticancer [ˌænti'kænsə], **anticarcinogenic** [ˌænti-kɑːˌsinəʊ'ʤenik] противораковый, противоопухолевый

anticardium [ˌænti'kɑːdiəm] подложечная область

anticariogenic [ˌæntikɑːriə'ʤenik], **anticarious** [ˌænti-'kɛəriəs] антикариозный

anticedent [ˌænti'siːdənt] предшествующий фактор (*напр. переживание происшедшей катастрофы*)

anticephalalgic [ˌæntisefə'lælʤik] снимающий головную боль (*о средстве*)

anticheirotonus [ˌæntikai'rɒtəʊnəs] рефлекторная контрактура большого пальца кисти

anticholagogue [ˌænti'kəʊləɡɒɡ] фактор, снижающий выделение жёлчи

anticholilythogenic [ˌænti,kəʊliliθə'ʤenik] предотвращающий образование жёлчных камней

anticholinergic [ˌænti,kəʊli'nɜːʤik] антихолинергическое [холинолитическое] средство ‖ антихолинергический, холинолитический

anticholinesterase [ˌæntikəʊlin'estəreiz] антихолинэстеразное средство; антихолинэстераза

anticipate [æn'tisipeit] **1.** рецидивировать (*о болезни*) **2.** ожидать, предчувствовать, предвидеть; предупреждать; опережать to ~ **a period of slow progress** предвидеть период медленного улучшения состояния

anticipated [æntisi'peitid] ожидаемый *(напр. о смерти)*

anticipation [æntisi'peiʃn] **1.** предвидение **2.** антиципация *(1. проявление признаков болезни в последующих поколениях в более раннем возрасте 2. прогнозирование развития ситуации и разработка стратегии поведения в связи с этим)*

anticlonotype [ænti'kləʋnə͵taip] набор антиклонотипических антител; антиклонотипическая панель

anticlotting [͵ænti'klɒtiŋ] препятствующий свёртыванию крови, противосвёртывающий

anticoagulant [͵æntikəʋæɡ'ju:lənt] антикоагулянт; противосвёртывающее средство

coumarine-derivative ~s антикоагулянты кумаринового ряда

lupus ~ волчаночный антикоагулянт *(антифосфолипидное антитело — маркёр предрасположенности к тромбозу)*

anticoagulant-induced [͵æntikəʋæɡ'ju:lənt-in'dju:sd] вызванный антикоагулянтами *(о гипопротромбинемии)*

anticoagulation [͵æntikəʋæɡjʋ'leiʃn] антикоагулянтная терапия, лечение антикоагулянтами

full ~ полный курс антикоагулянтной терапии

anticoagulin [͵æntikəʋ'æɡjʋlin] *см.* **anticoagulant**

anticodon [͵ænti'kəʋdən] антикодон *(последовательность трёх нуклеотидов тРНК, комплементарная кодону мРНК в процессе биосинтеза белка)*

anticomplementary [͵ænti͵kɒmple'mentəri] **1.** направленный против компонентов комплемента **2.** антикомплементарный *(о полинуклеотидных цепях в молекуле ДНК)*

anticoncipiens [͵æntikɒn'sipiənz] противозачаточное средство

anticontagious [͵æntikɒn'teidʒəs] противоинфекционный

anticonvulsant [͵æntikɒn'vʌlsænt] противосудорожное [антиконвульсивное] средство ‖ противосудорожный, антиконвульсивный

succinimide ~s противосудорожная группа сукцинимида

anticraving [͵ænti'kreiviŋ] средство, купирующее патологическое влечение *(напр. к алкоголю)*

antideoxyribonuclease [͵æntidi:͵ɒksiribəʋ'nʋkli:eiz] антидезоксирибонуклеаза

antidepressant [͵æntidi'presənt] антидепрессант, тимолептическое средство ‖ антидепрессивный

dual action ~s антидепрессанты с двойным механизмом действия *(норадренергическим и серотонинергическим)*

tricyclic ~s трициклические антидепрессанты, ТЦА

antideterminant [͵æntidi'tə:minənt] антигенсвязывающий [активный] центр *(антитела)*, рецепторная зона, паратоп, антидетерминанта

antidiarrheal [͵ænti͵daiə'riəl] антидиарейный препарат

antidigestive [͵æntidi'dʒestiv] тормозящий пищеварение

antidinic [͵ænti'dinik] средство от головокружения ‖ устраняющий головокружение

antidiuresis [͵ænti͵daijʋ'ri:sis] угнетение выделения мочи почками

antidiuretic [͵ænti͵daijʋ'retik] антидиуретическое средство ‖ антидиуретический, понижающий мочеотделение

antidotary [͵ænti'dəʋtəri] антидотарий *(сборник рецептов противоядий)*

antidote [͵ænti'dəʋt] противоядие, антидот

chemical ~ химический антидот *(вещество, связывающее токсины с образованием безвредного соединения)*

mechanical ~ механический антидот *(предотвращающий всасывание ядовитого вещества)*

physiologic ~ физиологический антидот *(реакция организма, направленная на нейтрализацию яда)*

antidotism [͵ænti'dəʋtizm] действие противоядия

antidromic [͵ænti'drɒmik] антидромный, противоположно направленный *(напр. о нервных импульсах)*

antidynamic [͵æntidai'næmik] ослабляющий, расслабляющий

antidysrhythmic [͵æntidis'riðmik] антиаритмический препарат ‖ антиаритмический

antiedematous [͵ænti'də:mətəs], **antiedemic** [͵ænti'də:mik] противоотёчное средство ‖ противоотёчный

antiemetic [͵æntii:'metik] противорвотное *(средство)* ‖ противорвотный

antiendotoxic [͵ænti͵endəʋ'tɒksik] антитоксическая сыворотка ‖ направленный против эндотоксинов

antienzyme [͵ænti'enzim] *см.* **antiferment**

antiepileptic [͵ænti͵epi'leptik] противоэпилептический препарат, антиконвульсант ‖ противосудорожный

antifat [͵ænti'fæt] средство, уменьшающее отложение жира

antifebrile [͵ænti'febril] жаропонижающее средство, антипиретик ‖ жаропонижающий, противолихорадочный

antifeedant [͵ænti'fi:dənt] вещество, нарушающее способность насекомых к питанию; антифидант

antiferment [͵ænti'fə:mənt] ингибитор фермента, антифермент

antifertility [͵æntifə:'tiliti] **1.** вызывающий выкидыш **2.** противозачаточный

antifertilizin [͵ænti'fə:ti͵laizin] антифертилизин, противозачаточное *(средство)*

antifibrinolysin [͵ænti͵faibri'nɒlizin] антифибринолизин

antifibrinolytic [͵ænti͵faibri'nəʋlitik] антифибринолитический *(уменьшающий разрушение фибрина)*

antiflatulent [͵ænti'flætjʋlent] ветрогонное средство ‖ ветрогонный; устраняющий метеоризм

antifreeze [͵ænti'fri:z] **1.** антифриз *(низкозамерзающая жидкость)* **2.** *sl.* героин; крепкий алкогольный напиток

antifungal [͵ænti'fʌngəl] фунгицид, противогрибковое средство ‖ противогрибковый, антимикотический *(препарат)*

systemic ~s системная [общая] противогрибковая терапия

antigalactic [͵æntigə'læktik] уменьшающий секрецию молока

anti-gas [ænti'gæs] противохимическая защита

antigen ['æntiʤen] антиген *(чужеродный пептид, при появлении которого лимфоциты вырабатывают антитела, обеспечивающие иммунную защиту)*

A ~ A-антиген, *см. тж.* **AB0 ~ies**

AB0 ~ies антигены групп крови AB0

acrosome ~ акросомальный антиген *(антиген шапочки сперматозоида)*

activated lymphocyte ~-1 аллоантиген, содержащийся на стимулированных антигеном или митогеном лимфоцитах мышей

adult(-specific) ~ антиген дефинитивной ткани

age-restricted ~ антиген определённого возрастного периода

allo-cell [allogeneic] ~ изоантиген, аллогенный антиген

allostimulating ~ сенсибилизирующий аллоантиген

antibody-complexed ~ комплекс антиген – антитело, иммунный комплекс

antibody-defined ~ серологически типируемый антиген

"acquired B" ~ трансформантный [ложноположительный] B-антиген *(образующийся при спонтанной модификации A-антигена на эритроцитах под действием деацилазы в ходе AB0-типирования крови)*

armed ~ комплекс (процессированного) антигена со специфическим иммуномедиатором

artificial ~ синтетический [искусственный] антиген

Australia ~ *см.* **hepatitis B surface ~**

autoimmune ~ аутоантиген

B-~ B-антиген, *см. тж.* **AB0 ~ies**

beef heart ~ цитохолевый антиген *(экстракт из мышцы бычьего сердца, используемый в серодиагностике сифилиса)*

binding ~ связывающий антиген

bladder tumor ~ антиген рака мочевого пузыря

blank ~s «потенциальные антигены», «бланк»-антигены *(неидентифицированные антигены HLA-системы)*

B lineage-associated ~ антиген B-клеточной линии дифференцировки, B-клеточный дифференцировочный антиген

blockading ~ блокирующий антиген *(препятствующий связыванию лиганда с рецептором)*

blood-group ~s антигены групп крови

body ~ O-антиген, соматический антиген

boosted ~ антиген, подвергнутый повторной антигенной стимуляции

bovine serum ~ антиген бычьей сыворотки

bridged ~ мостиковый антиген *(напр. молекула антигена, связывающая T- и B-клетки)*

broad ~s широкие антигены

"buried ~" замаскированный антиген *(напр. минорный антиген в составе обширного пула клеточных мембранных белков)*

C ~ C-антиген *(клеточной стенки стрептококка и пневмококка)*

capsular ~ K-антиген, капсульный антиген *(бактерий)*

carcinoembryonic ~ раково-эмбриональный антиген, РЭА *(белок, вырабатываемый в организме плода; иногда при раке печени)*

cell differentiation ~ дифференцированный клеточный антиген

cell lineage-related ~ линиеспецифический дифференцировочный антиген

cell-sap ~ цитоплазматический антиген

cell-surface ~ мембранный [оболочечный] антиген; поверхностный антиген

certified ~ стандартизованный [эталонный] антиген, референс антиген

challenged ~ сенсибилизированный антиген

class I ~s антигены I класса *(гистосовместимости, кодируемые у человека локусами A, B, C)*

class II ~s антигены II класса *(гистосовместимости, кодируемые у человека локусами DR, MB, MT и Te)*

class III ~s антигены III класса *(B-фактор и C-4-компонент системы комплемента, кодируемые генами главного комплекса гистосовместимости)*

cloned ~ клонированный антиген

closely related ~s 1. близкородственные [перекрёстно реагирующие] антигены **2.** идентичные антигены двух штаммов бактерий

coat ~ антиген оболочки *(вируса)*

cold ~ холодовый антиген

colon carcinoma ~ антиген рака толстой кишки

colonization ~s антигены колонизации *(вирулентных бактериальных штаммов, экспрессируемые в процессе заражения)*

common ~s гетерогенные [гетерофильные, перекрёстно реагирующие] антигены *(грамотрицательных микроорганизмов)*

common acute lymphatic leukemia ~ общий антиген острых лимфобластных лейкозов

competing ~s конкурирующие антигены

complete ~ полный антиген

complex ~ сложный антиген *(напр. комплекс белка с липополисахаридом)*

core ~ антигенная детерминанта

cortical-specific ~ кортикальный антиген *(вилочковой железы)*

cross-reacting ~s *см.* **closely related ~s 1**

crude ~ неочищенный антиген

dander ~ антиген [аллерген] перхоти

dead ~ инактивированный антиген

diagnostic ~ диагностический антиген; антигенный диагностикум

dietary ~s пищевые антигены

differential ~ дифференцировочный антиген

distantly related ~s (эволюционно) далёкие антигены; антигены с низкой степенью родства

dried ~ лиофилизированный антиген

drug-mediated tumor ~ антигенная детерминанта, модифицированная химиопрепаратами *(опухолевая неоантигенная детерминанта, сформировавшаяся в результате модификации исходного эпитопа химиопрепаратом)*

early activation ~ ранний активирующий антиген *(специфичный для ранних стадий иммунного ответа)*

early embryonic stage ~ антиген ранней стадии эмбрионального развития

enhancement ~s антигены локуса H-2, антигены главной системы гистосовместимости

entrapped ~ инкапсулированный (заключённый в иммунолипосому) антиген; «арестованный» [интегральный] антиген

envelope ~ K-антиген, капсульный антиген

environmental ~ антиген окружающей среды, природный антиген

epidemic hepatitis-associated ~ антиген эпидемического гепатита (A)

extracellular ~ внеклеточный антиген

fed ~ абсорбированный (макрофагом) антиген

fetal leukemic ~ лейкофетальный антиген, антигенный маркёр лейкоза

fixed ~**s** 1. фиксированные антигены (мембранные, органоидные и др.) 2. иммобилизованные антигены (в радиоиммуноанализе)

flagellar ~ H-антиген, жгутиковый антиген

flexible ~ конформационно-лабильный антиген

formalinized ~ формалинизированный антиген

geterogenetic ~**s** см. **heterogenetic** ~**s**

glycoprotein ~ гликопротеидный антиген

grafted ~ 1. трансплантированный антиген (в составе трансплантата) 2. антиген, преодолевший трансплантационный барьер

graft-specific ~ трансплантационный антиген

grass pollen ~ пыльцевой антиген

group-specific complement-fixing ~ группоспецифический комплементфиксирующий антиген

H~ H-антиген, жгутиковый антиген

harmless ~ безопасный антиген (не имеющий токсичных или инфекционных свойств)

HBcor ~ см. **hepatitis B core** ~

HBs ~ см. **hepatitis B surface** ~

heat-labile ~ термолабильный антиген

helminth ~ антиген гельминтов, глистный антиген

hepatitis-associated ~ см. **hepatitis B surface** ~

hepatitis B core ~ HB-cor-антиген, глубинный [ядерный] антиген гепатита B

hepatitis B surface ~ HBs-антиген, поверхностный антиген гепатита B, австралийский [гепатит-ассоциированный] антиген

hetero-cell ~ гетероклеточный антиген, гетероантиген (с широкой клеточной специфичностью)

heterogenetic ~**s** гетерогенетические антигены (иммунологически сходные антигены неродственных организмов)

heterophile [heterophilic] ~**s** гетерофильные антигены (реагирующие с антителами, стимулированными неродственными видами антигенов)

high frequency ~**s** широко распространённые антигены

histocompatibility ~ антиген тканевой совместимости

histotype-specific ~ тканеспецифический антиген

HLA ~**s** HLA-антигены, антигены главного комплекса гистосовместимости, общие антигены лейкоцитов

human B-lymphocyte ~ антиген [маркёр] B-лимфоцитов человека

human T-lymphocyte ~ антиген [маркёр] T-лимфоцитов человека

immunodominant ~ 1. высокоиммуногенный антиген 2. иммунодоминантный [ключевой] антиген (в смеси антигенов)

inaccessible ~ см. **sequestered** ~

inciting ~ провоцирующий антиген

incoming ~ экзогенный антиген

inhaled ~ вдыхаемый [ингаляционный] антиген, аэроантиген

innate ~ генетически детерминированный антиген, естественный антиген организма

interfering ~**s** см. **closely related** ~**s** 1

internal image ~ «внутренний образ» антигена (переносимый антиидиотипическим антителом)

"jumping" ~**s** «прыгающие» [мигрирующие] антигены (встречающиеся на клетках различных линий дифференцировки)

K ~ K-антиген, капсульный антиген

Kell ~**s** Келл изоантигены (группы крови)

Kidd ~**s** Кидд изоантигены (группы крови)

L ~ L-антиген (энтеробактерий)

late differentiation ~**s** поздние дифференцировочные антигены

LD~**s** LD-антигены, LD-детерминанты (антигены гистосовместимости, выявляемые с помощью метода типирования лимфоцитами)

leukocyte function associated ~ лейкоцит(ар)ный функциональный антиген

Lewis ~**s** Льюиса изоантигены (групп крови)

listerial ~ листериозный антиген

low-density ~ антиген с низкой плотностью (на клеточной поверхности)

lymphoblast-specific ~ антигенный маркёр лимфобластов, лимфобластный антиген

lymphocyte-function associated ~ функционально связанный антиген лимфоцитов, функциональный антигенный маркёр лимфоцитов

lymphoma-associated ~ лимфоматозный антиген

M ~ M-антиген (1. гемолитического стрептококка группы A 2. капсульный антиген у мукоидных микроорганизмов)

main histocompatibility ~**s** см. **HLA** ~**s**

major ~ основной антиген, антиген тканевой совместимости

male-specific ~ антиген, специфичный для особи мужского пола

membrane ~ поверхностный [мембранный] антиген

metabolic ~ антиген-метаболит (антигенный маркёр продуктов жизнедеятельности клеток)

minor H~**s** минорные H-антигены (групп крови)

mixed ~**s** комплексные антигены

modified self ~ модифицированный аутоантиген

monofunctional ~ 1. монодетерминантный [моновалентный] антиген 2. (поливалентный) антиген с одной функционально активной (иммунореактивной) детерминантой

monovalent ~ монодетерминантный [моновалентный] антиген

mutant ~ антиген, кодируемый мутантным аллелем

natural ~ антиген окружающей среды, природный антиген; аллерг. экзоантиген

neuroblastoma-associates ~ нейробластомный антиген, антигенный маркёр нейробластомы

neuroendocrine ~ антиген нейроэндокринной ткани (напр. гипоталамо-гипофизарной области)

neutrophil ~**s** антигены нейтрофильных гранулоцитов

nominal ~ псевдоантиген (антиген, кодируемый молчащей областью генома)

nonshared ~s чужеродные [неродственные] антигены *(не имеющие общих детерминант)*

non specific crossreacting ~ перекрёстно реагирующий неспецифичный антиген

not cell-bound complement fixing ~ антиген, фиксирующий неклеточный комплемент

O ~ О-антиген, соматический антиген

oncofetal ~ *см.* **carcinoembryonic ~**

outer membrane ~ антиген наружной мембраны, антиген плазмалеммы

outer-shell ~ антиген вирусной оболочки

partial ~ компонент сложного антигена, парциальный антиген

particulate ~ корпускулярный антиген

paternal-genome-derived ~ отцовский антиген *(антиген ребёнка, обладающий значимостью при установлении отцовства)*

plasma cell specific ~ плазмацитарный антиген *(маркёр плазматической клетки)*

platelet ~ тромбоцит(ар)ный антиген

polyagglutinable ~ полиагглютинабельный антиген

potent ~ высокоиммуногенный антиген

pregnancy associated [pregnancy zone] ~ антиген зоны беременности, гравидальный антиген

preserved latex ~ консервированный латексный антиген

private ~ антиген, определяющий индивидуальную специфичность

prostatic specific ~ специфический антиген предстательной железы *(гликопротеид, биологический маркёр рака)*

protective ~ защитный [протективный] антиген

protein ~ белковый антиген

public ~s «общие» [убиквитарные] антигены *(мембраны эритроцитов, встречающиеся у 99,9 % людей)*

Q-~ Q-антиген *(выполняющий функцию клеток иммунологической памяти)*

radioactive ~ меченный изотопом антиген, радиоактивный антиген

recalcitrant ~ эволюционно стабильный [консервативный] антиген

recall ~ «воскресший» [«знакомый»] антиген *(ткани донора, способный вызвать иммунную реакцию реципиента)*

red cell surface ~s поверхностные антигены эритроцитов

reference ~ эталонный [контрольный, стандартный] антиген

reproductive (tract) ~s антигены репродуктивных органов

residue ~ остаточный антиген

restricted ~ эволюционно стабильный [консервативный] антиген

Rh ~ резус-антиген, резус-агглютинин, Rh-антиген

S-~ S-антиген *(маркёр сперматозоидов при аспермагенезе)*

secondary B-cell [SB] ~ вторичный В-клеточный антиген *(определяемый в тесте пролиферации лимфоцитов при вторичном ответе)*

self-tissue ~ тканевый аутоантиген, антиген аутологичной ткани

semen-specific [seminal] ~ антиген семенной жидкости

sensitizing ~ сенсибилизирующий антиген

sequestered ~ секвестрированный [«забарьерный»] антиген *(аутоантиген, недоступный для системы иммунологического распознавания)*

serogroup-specific ~ антигены серологических групп, сероварные антигены

serological detectable ~s серологически определяемые антигены

sex-associated [sex-limited, sex-linked] ~ сцепленный с полом антиген

SH ~ *см.* **hepatitis B surface ~**

shared ~s *см.* **closely related ~s 1**

shed ~s антигены культуральной жидкости *(напр. диффундировавшие из клетки в среду культивирования)*

skin-test ~ кожный [кожно-аппликационный] тест-антиген

small-sized ~ низкомолекулярный антиген

somatic ~ соматический [цитоплазматический] антиген

species-common [species-specific] ~ видоспецифический антиген

"speckled" ~ антиген клеточного ядра *(лишённый нуклеиновых компонентов)*

split ~s «общие» [убиквитарные] антигены *(системы HLA)*

standard ~ эталонный [контрольный, стандартный] антиген

subcapsular ~s внутрикапсульные [субкапсульные] антигены *(бактериальных клеток)*

subtypic ~ антиген, определяющий индивидуальную специфичность; *pl.* «частные» [уникальные, субтипируемые] антигены *(системы HLA)*

supertypic ~s *см.* **split ~s**

surface ~ поверхностный антиген

surrogate ~ антиген-имитатор *(напр. антиидиотипическое антитело)*

symmetrical bifunctional ~ гомодетерминантный (природный) антиген *(с двумя собственными эпитопами)*

syngenic ~ сингенный антиген

synthetic(al) ~ синтетический антиген

T-~ 1. Т-клеточный антиген *(антиген Т-клеточной линии дифференцировки)* **2.** супер-Т-антиген *(антигенный надмолекулярный комплекс вируса SV40)* **3.** Т-антиген *(сперматозоидов)*

target ~ антиген-мишень; антиген (клетки)-мишени

test ~ тест-антиген; контрольный антиген

Thy 1 ~ Thy-1-антиген *(дифференцировочный антиген, локализованный на мембране тимоцитов)*

thymic-independent ~ тимуснезависимый антиген

T-lineage-associated ~ Т-клеточный дифференцировочный антиген *(антиген Т-клеточной линии дифференцировки)*

tolerance-conferring ~ толерогенный антиген, толероген

transgene-encoded [transgenic] ~ трансгенизированный [трансгенный] антиген

transient [transitory] ~ стадиеспецифический [транзиторный] антиген

treponemal ~ трепонемальный [спирохетозный] антиген, паллида-антиген

tumor [tumor-associated] ~ опухолевый [опухоле-ассоциированный] антиген, или маркёр *(белок, выра-батываемый злокачественными клетками)*

tumor-associated transplantation ~s транспланта-ционные опухолеассоциированные антигены

tumor rejection ~ антиген отторжения опухоли

tumor-specific transplantation ~s см. **tumor-associated transplantation** ~s

unexposed ~ интактный антиген

unlike ~s чужеродные [неродственные] антигены *(не имеющие общих детерминант)*

V-~ V-антиген *(антиген вириона)*

vaccine ~ антиген, используемый для приготовления вакцины

Vi ~ Vi-антиген, антиген вирулентности *(бактерий)*

viral ~ вирусный антиген

"weak" ~ «слабый» [низкоиммуногенный] антиген

antigen-boosted [ˈæntidʒen-ˈbuːstid] подвергнутый повторной антигенной стимуляции

antigenemia [ˌæntidʒeˈniːmiə] антигенемия *(обнаруже-ние антигена в крови)*

antigenicity [ˌæntidʒeˈnisiti] антигенность, антигенные свойства *(способность вызывать образование антител)*

carrier ~ антигенные свойства носителя

cross ~ перекрёстная антигенность

envelope ~ антигенные свойства оболочки

shared ~ два различных антигена, имеющие по одной идентичной детерминанте

antigenome [æntiˈdʒiːnəʊm] антигеном *(дополнитель-ный положительный тяж РНК)*

antigenotherapy [ˌæntiˌdʒenəʊˈθerəpi] вакцинация; се-ротерапия

antigeny [ˌæntiˈdʒeni] 1. половой диморфизм 2. относя-щийся ко вторичным половым признакам

antihelix [ˌæntiˈhiːliks] противозавиток *(ушной раковины)*

antihelminthic [ˌæntihelˈminθik] см. **anthelmint(h)ic**

antihemolytic [ˌæntiˌhiməʊˈlitik] антигемолитический *(препятствующий гемолизу)*

antihemorrhagic [ˌæntiˌheməˈrædʒik] кровоостанавли-вающее [гемостатическое] средство

antihistaminic [ˌæntihistəˈminik] антигистаминное [противогистаминное] средство || антигистаминный, противогистаминный

antihormone [ˌæntiˈhɔːməʊn] *pl.* антигормоны *(вещества, подавляющие синтез, секрецию или действие гормонов)*

antihydropic [ˌæntihaiˈdrɒpik] противоотёчное средство || противоотёчный

antihypertensive [ˌæntiˌhaipəˈtensiv] гипотензивное средство || снижающий артериальное давление

antihypnotic [ˌæntihipˈnɒtik] 1. средство против сна 2. антигипнотический

antihypoxant [ˌæntiˌhaipəʊˈzænt] антигипоксант *(веще-ство, снижающее чувствительность к дефициту кис-лорода)*

anti-Ia-immunotoxins [ˈænti-aiei-imjʊnəʊˈtɒksinz] имму-нотоксины против антигена Ia

anti-idiotype [ˈænti-ˌidiəˈtaip] антиидиотипические ан-титела, антиидиотипы или детерминанты

internal image-bearing ~ антиидиотип, несущий «внутренний образ» антигена

monoclonal ~ моноклональный антиидиотип

paratope-associated ~ антиидиотип против антиген-связывающего центра *(антитела)*

antiimmunoglobulin [ˌæntiˌimjʊnəʊˈglɒbjʊlin] антиим-муноглобулин; иммуноглобулиновое антитело

anti-infective [ˈænti-inˈfektiv] антибактериальное сред-ство || антибактериальный, противоинфекционный

anti-inflammatory [ˈænti-inˈflæmətəri] противовоспали-тельное средство || противовоспалительный

non-steroid ~ нестероидное [негормональное] проти-вовоспалительное средство, НПВС

antilactic [æntiˈlæktik] уменьшающий секрецию молока

antilepsis [æntiˈlepsis] отвлекающее лечение

antilethargic [æntileˈθɑːdʒik] средство, препятствую-щее засыпанию

antileukotriene [ˌæntiluːkəʊˈtraiiːn]:

monoclonal ~ моноклональный антилейкотриен

Anti-Lewisite [ˈænti-ˈljuːzit]:

British ~ Британский антилюизит

antiligand [ˌæntiˈligənd] антитело к лиганду, антили-гандное антитело

antilithic [ˌæntiˈliθik] средство, предотвращающее об-разование конкрементов || предупреждающий образо-вание конкрементов

antilobium [ˌæntiˈləʊbiəm] козелок *(ушной раковины)*

antiluteogenic [ˌænti,luːtiəʊˈdʒenik] подавляющий рост жёлтого тела или ускоряющий его инволюцию

antilysin [ˌæntiˈlaisin] антилизин

antilyssic [ˌæntiˈlisik] см. **antirabic**

antimere [ˈæntimiə] 1. один из одинаковых или сходных по строению сегментов организма 2. одна из симметрич-ных частей билатерального организма 3. правая или левая половина тела животного с двусторонней симметрией

antimesenteric [ˌæntiˈmezenˌterik] противобрыжеечный *(край кишки)*

antimetabolite [ˌæntimeˈtæbəlit] антиметаболит *(сред-ство, блокирующее обмен веществ)*

antimetropia [ˌæntimetˈrəʊpiə] *офт.* сложная [смешан-ная] анизометропия, антиметропия

antimicrobial [ˌæntimaiˈkrəʊbiəl] антимикробный, про-тивомикробный

antimitotic [ˌæntimaiˈtɒtik] антимитотический, кари-окластический, предотвращающий или тормозящий процесс деления клеток

antimongoloid [ˌæntiˈmɒngəlɔid] обозначающий ско-шенность глазных щелей латерально вниз, см. тж. **mongolism**

antimonial [ˌæntiˈməʊniəl] сурьмяный

antimoniosis [ˌæntiˌməʊniəʊsis] сурьмяный пневмоко-ниоз

antimutagen [ˌæntiˈmjʊtədʒən] антимутаген *(фактор, препятствующий возникновению и снижающий час-тоту мутаций)*

antimycotic [ˌæntimaiˈkɒtik] фунгицид || противогрибко-вый, фунгицидный

antineoplastic [ˌæntiniəˈplæstik] противоопухолевое средство || противоопухолевый, антибластомный

antinion [ænˈtiniən] лобный полюс черепа

antioncogen [ˌænti:ˈɒnkəʊʤen] антионкоген, противораковое средство

antioxidant [ˌænti:ˈɒksidənt] антиоксидант, ингибитор окисления

antipaludian [ˌæntipəˈljuːdiən] противомалярийный

antiparasitic [ˌæntiˌpærəˈsitik] противопаразитарное средство || противопаразитарный

antiparastata [ˌæntipəˈræstətə] бульбоуретральные железы

antipathic [ˌæntiˈpæθik] антагонистический

antipathy [ænˈtipəθi] 1. антипатия, неприязнь 2. антагонизм

antipediculotic [ˌæntipeˌdikjʊˈlɒtik] антипедикулёзный (фактор)

antiperiodic [ˌæntiˌpiːriˈɒdik] предотвращающий регулярные рецидивы (о болезни)

antiperspirant [ˌæntipəˈspirənt] средство от потения, антиперспирант

antiphagocytic [ˌæntifægəˈsitik] антифагоцитарный, подавляющий фагоцитоз

antiphlogistic [ˌæntifləʊˈʤistik] противовоспалительное средство || противовоспалительный

antiphthisic [ˌæntiˈtizik] противотуберкулёзный

antiplasmin [ˌæntiˈplæzmin] гемат. антиплазмин

  platelet ~ тромбоцитарный антиплазмин

antiplastic [ˌæntiˈplæstik] предотвращающий рубцевание или образование грануляций

antipoison [ˌæntiˈpɔizən] противоядие, антидот

antiport [ˈæntipɔːt] антипорт (сочетанный перенос двух разных молекул или ионов через мембрану в противоположных направлениях)

antipraxia [ˌæntiˈpræksiə] симптомы, противоположные друг другу

antipregnancy [ˌæntiˈpregnənsi] противозачаточный

antipruritic [ˌæntipruˈritik] противозудное средство || противозудный, снимающий зуд

antipsychiatry [ˌæntisaiˈkaiətri] антипсихиатрия (движение, основанное на домыслах о бездоказательности психических заболеваний и неправомерности психиатрии)

antipsychotic [ˌæntisaiˈkɒtik] антипсихотическое средство, нейролептик

  atypical ~s атипичные нейролептики (лишённые побочных эффектов «типичных»)

antiputrescent [ˌæntiˈpjʊtrisənt] противогнилостный; антисептический

antipyretic [ˌæntiˌpaiˈretik] жаропонижающее средство, антипиретик || противолихорадочный

antipyrotic [ˌæntiˌpaiˈrɒtik] 1. средство для лечения ожогов 2. противовоспалительный

antirabic [ˌæntiˈreibik] средство против бешенства || антирабический, предупреждающий бешенство

antiradiation [ˌæntireidiˈeiʃn] противолучевой, противорадиационный

anti-reflux [ˌæntiˈriːflʌks] антирефлюксный метод || антирефлюксный (об операции)

antiretroviral [ˌæntiˈretrəʊˌvairəl] антиретровирусный

antirheumatic [ˌæntirjuːˈmætik] средство от ревматизма || противоревматический

antiscabietic [ˌæntiˌskeibiˈætik] средство для предупреждения чесотки || противочесоточный

antiscorbutic [ˌæntikɔːˈbjuːtik] противоцинготный

antisense [ˌæntiˈsens] антисмысловой ген

antisensitizer [ˌæntiˈsensitaizə] десенсибилизирующее [противоаллергическое] средство

antisepsis [ˌæntiˈsepsis] антисептика

  intestinal ~ кишечная антисептика

  physiologic ~ физиологическая антисептика деятельность организма по обезвреживанию патогенных бактерий)

antiseptic [ˌæntiˈseptik] антисептическое средство, антисептик || антисептический, обеззараживающий

  skin ~s кожные антисептики

antiserum [ˌæntiˈsiːrʊm] иммунная сыворотка, антисыворотка

  to collect [to harvest] ~ получать иммунную сыворотку (в результате иммунизации)

  adsorbed ~ адсорбированная [истощённая] иммунная сыворотка

  anthrax ~ противосибиреязвенная иммунная сыворотка

  antimetabolic ~ антиметаболическая антисыворотка (против ключевых ферментов метаболизма клетки)

  anti-idiotypic ~ антиидиотипическая антисыворотка

  class-specific ~ классоспецифическая антисыворотка

  conjugated ~ коньюгированная [меченая] антисыворотка

  Coombs-type ~ Кумбса (человеческая) антиглобулиновая антисыворотка

  cross-reactive ~ перекрёстно реагирующая антисыворотка

  "dirty" ~ см. unadsorbed ~

  exhausted ~ см. adsorbed ~

  first-stage ~ антисыворотка, содержащая «первые» антитела

  foreign ~ чужеродная иммунная сыворотка

  framework ~ антисыворотка к каркасной части (антитела)

  heat-inactivated ~ термоинактивированная антисыворотка

  high-avid ~ высокоавидная [высокоспецифичная] антисыворотка

  high-titered ~ антисыворотка с высоким титром (антител)

  leukocytotoxic ~ иммунная лейкоцитотоксическая сыворотка

  low-titered ~ антисыворотка с низким титром (антител)

  monospecific ~ моноспецифическая антисыворотка

  monovalent ~ моновалентная антисыворотка (содержащая антитела к одному антигену)

  multispecific ~ поливалентная [полиспецифическая] иммунная сыворотка

  nonavid ~ низкоавидная антисыворотка

  specific ~ (моно)специфичная антисыворотка

  subtype specific ~ подтип-специфическая антисыворотка, субтипическая антисыворотка

  strain-specific ~ штаммоспецифическая иммунная сыворотка

  syngeneic anti-idiotypic ~ сингенная антиидиотипическая антисыворотка

  unadsorbed ~ неадсорбированная иммунная сыворотка (для агглютинации на стекле)

antisialagogue [ˌæntisaiˈæləgɒg] средство, уменьшающее или подавляющее слюноотделение ‖ уменьшающий или подавляющий слюноотделение

antisialic [ˌæntisaiˈælik] уменьшающий слюноотделение

antisocial [ˌæntiˈsəʊʃəl] 1. антисоциальный 2. психопатический

antisocialism [ˌæntiˈsəʊʃælizm] патологическая конфликтность, неуживчивость; асоциальные проявления

antispasmodic [ˌæntispæzˈmɒdik] спазмолитическое средство ‖ спазмолитический, противосудорожный

antisporulant [ˌæntiˈspɔːrjʊlent] антиспорулянт (вещество, препятствующее спорообразованию у микроорганизмов)

antistalsis [ˌæntiˈstælsis] антиперистальтика, обратная перистальтика

antisubstance [ˌæntiˈsʌbstəns] антитело

antisudorific [ˌæntisjʊdəˈrifik] уменьшающий потоотделение

antisuppression [ˌæntisəpˈreʃn] контрсупрессия (нейтрализация супрессии иммунного ответа особой популяцией Т-лимфоцитов)

antitapeworm [ˌæntiˈteipwɔːm] антисолитёрный

antitemplate [ˌæntiˈtempleit] антиматрица (нить нуклеиновой кислоты, комплементарная матричной, или кодирующей, нити)

antitetanic [ˌæntitiˈtænik] противосудорожный

antithenar [ˌæntiˈθiːnə] возвышение мизинца, гипотенар

antithermic [ˌæntiˈθɜːmik] жаропонижающий

antithrombin [ˌæntiˈθrɒmbin] антитромбин (группа антагонистов тромбина)

~ I антитромбин I, фибриноген

~ II антитромбин II, кофактор гепарина

~ III антитромбин III, прогрессивный антитромбин

~ IV антитромбин IV (продукты расщепления фибриногена или фибрина)

antithrombogenic [ˌæntiˌθrɒmbəʊˈdʒenik] антитромбогенный

antithrombotic [ˌæntiθrɒmˈbɒtik] антитромботический; противосвёртывающий, антикоагулянтный

antitonic [ˌæntiˈtɒnik] антиспастический, антиспазматический

antitoxigen [ˌæntiˈtɒksidʒən] антитоксиген (антиген, стимулирующий образование антитоксина)

antitoxin [ˌæntiˈtɒksin] 1. антитоксин (иммуноглобулины класса G, образующиеся в ответ на антигенные яды — экзотоксины, зоотоксины и пр.) 2. антидот, противоядие

botulism ~ ботулинистический анатоксин

diphtheria ~ противодифтерийная антитоксическая сыворотка

staphylococcus ~ стафилококковый анатоксин (нативная сыворотка, содержащая токсиннейтрализующие глобулины или их производные)

tetanus ~ противостолбнячный иммуноглобулин, или анатоксин; противостолбнячная сыворотка

trivalent ~ трёхвалентный антитоксин (от трёх видов ядов)

antitoxineinheit [ˌæntiˈtɒksineinhait] нем. антитоксическая единица

antitoxinogen [ˌæntiˈtɒksinəʊdʒən] см. **antitoxigen**

antitoxoid [ˌæntiˈtɒksɔid] антитоксическая сыворотка

antitragus [ˌæntiˈtreigəs] противокозелок (ушной раковины)

antitrope [ˈæntitrəʊp] 1. симметричная пара органов 2. уст. антитело

antitropic [ˌæntiˈtrɒpik] 1. противоположно направленный; зеркально симметричный (как одноимённые пальцы рук) 2. не имеющий сродства, не обладающий тропизмом

antitrypsic [ˌæntiˈtripsik] антитриптический, препятствующий перевариванию белков

antitrypsin [ˌæntiˈtripsin] ингибитор трипсина, антитрипсин

α-1~ α-1-антитрипсин (гликопротеид, ингибитор протеазы сыворотки крови)

antitumorigenesis [ˌæntitjʊmɒriˈdʒenəsis] ингибирование [угнетение, подавление] роста опухоли

antitussic [ˌæntiˈtʌsik], **antitussive** [ˌæntiˈtʌsiv] противокашлевое средство ‖ противокашлевый

antityphoid [ˌæntiˈtaifɔid] противотифозный

antivenene [ˌæntiveˈniːn], **antivenin** [ˌæntiˈvenin], **antivenom** [ˌæntiˈvenəm] 1. противоядие 2. антитоксическая иммунная сыворотка

Lyovac [Latrodectus] ~ противокаракуртовая антитоксическая сыворотка

snake ~ антитоксическая сыворотка против змеиного яда

specific ~ специфическая противозмеиная сыворотка

antivermicular [ˌæntiˈvɜːmikjʊlə] противоглистный, антигельминтный

antiviral [ˌæntiˈvairəl] антивирусный, разрушающий вирус

antivirus [ˌæntiˈvairəs] противовирусная вакцина

antixenic [ˌæntiˈziːnik] относящийся к реакции живой ткани на инородное вещество

antizymotic [ˌæntizaiˈmɒtik] ингибитор фермента ‖ ингибирующий [подавляющий] действие фермента

antodontalgic [ˌæntəʊdɒnˈtældʒik] средство, снимающее зубную боль ‖ снимающий зубную боль

antracele [ˈæntrəsiːl] см. **antrocele**

antral [ˈæntrəl] анат. антральный, относящийся к пещере или пазухе

antralgastric [ˈæntrəlˌgæstrik] относящийся к антральному отделу желудка

antrectomy [ænˈtrektəmi] 1. удаление стенок пазухи 2. резекция антрального отдела желудка, антрумэктомия

antritis [ænˈtraitis] ото. антрит (воспаление слизистой оболочки пещеры сосцевидного отростка)

antrocele [ˈæntrəʊsiːl] накопление жидкости в верхнечелюстной пазухе

antrodynia [ˌæntrəʊˈdiniə] боль в околоносовых пазухах

antromastoidotomy [ˌæntrəʊmæsˈtɔidəʊtəmi] антромастоидотомия (вскрытие пещеры и ячеек сосцевидного отростка)

antronasal [ˌæntrəʊˈneizəl] относящийся к верхнечелюстной пазухе и носовой впадине

antrophore [ˈæntrəʊfɔː] буж с лекарственным средством

antropometry [ˌæntrəʊˈpɒmətri] антропометрия (способ измерения частей тела с целью идентификации лиц)

antropophobia [ˌæntrɒpəʊˈfəʊbiə] псих. антропофобия (навязчивый страх людей, особенно незнакомых)

antroscopy [ænˈtrɒskəpi] антроскопия (эндоскопическое обследование гайморовой пазухи)

antrostomy [æn'trɒstəʊmi] гайморотомия с дренированием в носовую полость, антростомия

antrotomy [æn'trɒtəmi] антротомия *(вскрытие пещеры)*

  external maxillary ~ наружная верхнечелюстная антротомия

  mastoid ~ антротомия сосцевидного отростка

antrum ['æntrəm], *pl.* **antra** ['æntrə] *анат.* полость; пазуха; пещера

  ~ **mastoideum** *лат.* пещера сосцевидного отростка височной кости

  ~ **pyloricum** *лат.* привратниковая полость *(ближайшая к телу желудка часть привратника)*

  maxillary ~ верхнечелюстная [гайморова] пазуха

  opaque ~ *рентг.* непрозрачная (гайморова) пазуха

anuclear [ə'njʊkliə] безъядерный, не имеющий ядра

anucleolate [æ'nju:kliəʊleit] безъядрышковый

anulus ['ænjʊləs] *анат.* кольцо, кольцевидная структура

  ~ **of conjunctiva** кольцо конъюнктивы, конъюнктивальное кольцо

anuresis [ˌænjʊ'ri:sis] непроходимость мочевых путей

anuria [ə'nju:riə] анурия *(непоступление мочи в мочевой пузырь)*

  prerenal ~ преренальная [внепочечная, экстраренальная] анурия

  renal ~ ренальная [почечная, секреторная] анурия

  subrenal ~ субренальная [постренальная, экскреторная] анурия

anus ['einəs], *pl.* **anus** ['einəs] задний проход, анальное отверстие, анус

  artificial ~ искусственный задний проход

  covered [imperforate] ~ атрезия заднего прохода, неперфорированный анус

  patulous ~ анальное недержание, энкопрез

  preternatural ~ *см.* **artificial** ~

  skin-covered ~ атрезия заднего прохода, неперфорированный анус

  umbilical ~ пупочный кишечный свищ

  vestibular ~ ректовестибулярный свищ

  vulvovaginal ~ атрезия прямой кишки с вульвовагинальным свищом

anusitis [einə'saitis] ректит, воспаление клетчатки вокруг заднего прохода

anvil ['ænvil] наковальня *(слуховая косточка)*

anxiety [æŋ'zaiiti] тревога *(эмоциональный дискомфорт, предчувствие неопределённой опасности)*; страх, боязнь

  annihilation ~ тревога уничтожения

  anticipatory ~ **1.** тревога ожидания ‖ приступ тревоги ожидания **2.** предварительная тревога

  basic ~ базальная тревога

  castration ~ *психоан.* страх кастрации, кастрационный комплекс

  death ~ страх смерти

  ego ~ *психоан.* тревога из «Я», или эго

  endogenous ~ эндогенная тревожность

  evident ~ явная обеспокоенность, тревога

  exogenous ~ экзогенная тревожность

  free-floating ~ беспредметная [немотивированная] тревога

  generalized ~ генерализованная тревога

  high ~ высокая импульсивность, состояние повышенной тревоги

  id ~ *психоан.* тревога из «Оно», или Ид

  low ~ низкая тревожность, беззаботность

  performance ~ волнение [тревога] перед выступлением

  preoperative ~ выраженный страх операции, предоперационное беспокойство

  realistic ~ реальный страх, тревога перед реальной опасностью

  separation ~ **1.** страх разлуки *(детский страх оказаться разлучённым с родителями или близкими)* **2.** беспокойство, вызванное вынужденной изоляцией

  situational ~ ситуационная тревога, ситуационное беспокойство

  somatic ~ тревога за физическое здоровье

  stranger ~ страх посторонних *(у ребёнка)*

  superego ~ *психоан.* сверх-Я-тревога, суперэготревога

  tense ~ нервное напряжение

  unpredictable ~ непрогнозируемая тревога *(одна из заключительных стадий тревожного расстройства)*

  virginal ~ страх девственницы

anxiogen [æŋ'zaiəʤen] анксиоген *(средство, вызывающее страх)* ‖ анксиогенный

anxiolytic [ˌæŋzaiə'litik] **1.** (малый) транквилизатор, анксиолитик **2.** подавляющий патологический страх, обладающий успокаивающим действием

anxious ['æŋkʃəs] беспокойный, тревожный; находящийся в состоянии патологического страха

aorta [ei'ɔ:tə], *pl.* **aortae** [ei'ɔ:ti] аорта

  ~ **angusta** коарктация аорты, аорта с узким просветом

  abdominal ~ брюшной отдел аорты

  buckled ~ псевдокоарктация аорты

  descending thoracic ~ нисходящий отдел грудной аорты

  dextrapositioned ~ декстрапозиция аорты *(левый желудочек с перемычкой выходного отверстия)*

  double ~ удвоение аорты

  dynamic ~ патологически пульсирующая аорта

  kinked [kinking] ~ извитая аорта

  overriding ~ «верхом сидящая» аорта, «аорта-наездник» *(на межжелудочковой перегородке)*

  primitive ~ первичная [примитивная] аорта

  thoracic ~ грудной отдел аорты

  throbbing ~ усиленная пульсация аорты

aortalgia [ˌeiɔ:'tælʤiə] аорталгия *(боль, обусловленная аневризмой или другим поражением аорты)*

aortar(c)tia [eiɔ:'ta:kʃiə] коарктация аорты

aortic [ei'ɔ:tik] аортальный *(относящийся к аорте или аортальному отверстию желудочка сердца)*

aortitis [eiɔ:'taitis] аортит *(воспаление аорты)*

aortoclasia [eiɔ:tə'kleiziə] разрыв аорты

aortocoronary [ei,ɔ:təʊ'kɔːrənəri] аортокоронарный *(относящийся к аорте и венечным артериям)*

aortofemoral [ei,ɔ:təʊ'fi:mɔːrəl] аортобедренный

aortography [ˌeiɔ:'tɒgrəfi] *рентг.* аортография

  direct translumbar ~ прямая чреспоясничная аортография

  femoral ~ чрезбедренная аортография

  retrograde abdominal ~ ретроградная брюшная аортография

translumbar ~ транслюмбальная аортография

aortomalacia [ei,ɔ:təʊmæˈleiʃiə] размягчение стенок аорты

aortoplasty [ei'ɔ:tɒˌplæsti] аортопластика *(хирургическая операция на аорте)*

aortorrhaphy [eiɔ:'tɒrəfi] аортрорафия *(наложение шва на аорту)*

aortosclerosis [ei,ɔ:təʊskliˈrəʊsis] аортосклероз *(артериосклероз аорты)*

aortotomy [eiɔ:'tɒtəʊmi] **1.** вскрытие аорты **2.** препаровка аорты

apandria [ə'pændriə] *псих.* неприязнь к мужчинам

aparathyreosis [ə,pærəθairi'əʊsis] апаратиреоз *(врождённое отсутствие околощитовидных желёз)*

apareunia [,æpær'ju:niə] неспособность к половому акту

aparthrosis [,æpɑ:'θrəʊsis] **1.** прикрепление синовиальной оболочки **2.** дезартикуляция

apastia [ə'pæstiə] *псих.* отказ от пищи; голодание

apathetic [,æpə'θetik] апатичный, проявляющий апатию, индифферентный, безучастный

apathism ['æpəθizm] апатия, болезненное безразличие

apathy ['æpəθi] апатия, безразличие, равнодушие; отсутствие эмоций

apectomy [æp'ektəmi] *стом.* апикотомия, апикэктомия *(удаление верхушки корня зуба)*

apeidosis [æpai'dəʊsis] клинический и гистологический метаморфоз; атипичность болезни

apeirophobia [ə,peirɒ'fəʊbiə] апейрофобия *(патологическая боязнь бесконечности)*

apellous [æ'peləs] **1.** без кожи **2.** без крайней плоти, обрезанный

aperient [ə'pi:riənt] лёгкое слабительное

aperiodic [,æpiəri'ɒdik] апериодический *(не имеющий цикличности)*

aperistalsis [,æperi'stælsis] отсутствие перистальтики

aperitive [ə'peritiv] **1.** аперитив *(спиртной напиток, подаваемый до еды с целью улучшения аппетита)* **2.** лёгкое слабительное *(средство)*

apertognathia [əpə:tɒg'neiθiə] открытый прикус

aperture ['æpə:tju:r] **1.** *анат.* апертура, отверстие, щель **2.** диаметр объектива микроскопа

~ **of the larynx** голосовая щель

~ **of the sphenoidal sinus** апертура решётчатой пазухи

~ **pelvis inferior** нижнее [выходное] отверстие малого таза, нижняя апертура таза

~ **pelvis superior** верхнее [входное] отверстие малого таза, верхняя апертура таза

abnormal ~ патологическое отверстие *(напр. в диафрагме)*

branchial ~ жаберная щель

cloacal ~ клоакальное отверстие

palpebral ~ глазная щель

apex ['æpeks], *pl.* **apices** ['æpisi:z] **1.** верхушка *(напр. лёгкого)* **2.** сосок молочной железы

~ **nasi** *лат.* верхушка носа

~ **of fang** *см.* **root** ~

~ **of heart** верхушка сердца

~ **of lung** верхушка лёгкого

~ **of nose** кончик носа

~ **of urinary bladder** дно мочевого пузыря

cardiac ~ верхушка сердца

open ~ несформированная верхушка корня зуба

root ~ верхушка корня зуба

apexcardiogram [,æpeks'kɑ:diəʊgræm] апекскардиограмма *(запись верхушечного толчка сердца)*

Apgar ['æpɑ:] (шкала) Апгар *(метод быстрой оценки общего состояния новорождённого по пяти параметрам жизнедеятельности)*

initial ~ начальная оценка по шкале Апгар

aphagia [ə'feidʒiə] афагия *(невозможность глотания)*

aphakia [ə'feikiə] афакия *(отсутствие хрусталика)*

aphakial [ə'feikiəl], **aphakic** [ə'feikik] лишённый хрусталика, афакический

aphalangia [,æfæ'lændʒiə] афалангия *(врождённое отсутствие пальца или одной-двух его фаланг)*

aphanisis [,æfə'ni:sis] афаниз *(страх крайней степени перед полной потерей способности к удовольствию)*

aphasia [ə'feiziə] афазия *(снижение или утрата способности говорить, писать, формулировать мысли)*

acoustic ~ *см.* **auditory** ~

adult ~ афазия у взрослых

amnesic [amnestic] ~ амнестическая [номинативная] афазия

anomic ~ *см.* **nominal** ~

associative ~ проводниковая афазия

ataxic ~ *см.* **motor** ~

auditory ~ слуховая [акустическая] афазия *(нарушение способности понимать услышанную речь и говорить при сохранности слуха)*

Broca's ~ *см.* **motor** ~

conduction ~ *см.* **associative** ~

expressive ~ *см.* **motor** ~

global ~ смешанная сенсомоторная [глобальная] афазия *(близка к тотальной афазии, однако моторные и сенсорные нарушения выражены в меньшей степени)*

impressive ~ сенсорная афазия

intermittent ~ рецидивирующая афазия

jargon ~ парафазия; жаргонафазия

motor ~ моторная [вербальная, экспрессивная] афазия, Брока афазия

motor subcortical ~ субкортикальная моторная афазия, афемия *(нарушение устной речи при сохранности внутренней речи, чтения и письма)*

motor transcortical ~ транскортикальная моторная афазия *(нарушение активной речи и письма при сохранении возможности повторения слов и переписывания текста)*

nominal ~ номинативная [аномическая] афазия *(на имена и предметы)*

receptive ~ *см.* **sensory cortical** ~

semantic ~ семантическая афазия *(нарушение понимания смысла сложных словесных конструкций при сохранности понимания значений отдельных слов)*

sensory cortical ~ корковая сенсорная афазия, словесная глухота, афазия Вернике *(нарушение понимания устной речи)*

transient ~ преходящая [кратковременная] афазия

verbal ~ моторная [вербальная, экспрессивная] афазия, афазия Брока *(нарушение активной речи при сохранении понимания устной и письменной речи)*

visual ~ алексия, вербальная [словесная] слепота

Wernicke ~ *см.* **sensory cortical** ~

aphasic [ə'feizik] страдающий афазией; относящийся к афазии

aphasiology [ə,feizi'ɒləʤi] афазиология (*раздел неврологии о расстройствах речи*)

aphemesthesia [,æfi:mes'θi:ziə] алексия, вербальная [словесная] слепота

aphemia [æ'fi:miə] субкортикальная моторная афазия, *уст.* афемия

aphercotropism [ə,fə:kəʊ'trəʊpizm] отклонение от препятствия

apheresis [ə'fiərisis] 1. аферез (*процесс извлечения определённых форменных элементов из крови и обратного переливания донору её оставшейся части*) 2. удаление [отсечение] какого-л. органа (*напр. ампутация конечности*)

  centrifugal ~ центробежный способ плазмафереза

  membrane-based ~ мембранный способ плазмафереза

  therapeutic ~ лечебный плазмаферез (*напр. изъятие плазмы с лечебной целью*)

aphicide ['æfisaid] *pl.* афициды (*пестициды для уничтожения тлей*)

aphid ['eifid] тля; *pl.* тли (*Aphididae*)

aphilanthropy [æfi'lænθrəpi] 1. афилантропия 2. антропофобия (*патологическая боязнь людей*)

aphlogistic [æfləʊ'ʤistik] 1. невоспалительный 2. невоспламеняющийся, негорючий

aphonia [æ'fəʊniə] афония (*отсутствие звучности голоса при сохранности шёпотной речи*)

aphoria [æ'fɔ:riə] женское бесплодие

  ~ **incogrua** стерильность, обусловленная недостаточным количеством спермы

  ~ **paramenica** бесплодие, обусловленное нарушением менструального цикла

aphrasia [æ'freiziə] 1. немота; мутизм 2. афазия; расстройство речи; неразборчивость произносимых слов

  ~ **paranoica** мутизм при паранойе

aphrenia [æ'fri:niə] слабоумие, деменция

aphrodisia [,æfrəʊ'diziə] эротизм, афродизия (*половое влечение*)

aphrodisiac [æfrəʊ'diziək] *pl.* афродизиаки (*средства, возбуждающие половое влечение*)

aphrodisiomania [æfrəʊ,diziəʊ'meiniə] *псих.* афродизиомания (*фиксация на поисках средств, повышающих половую активность*)

aphronesia [æfrəʊ'ni:ziə] *см.* **aphrenia**

aphronia [æ'frəʊniə] нарушение мышления

aphthae ['æfθi] *pl. от* **aphtha** ['æfθə] афты (*высыпания и изъязвления на слизистой оболочке*)

  ~ **majores** большие афты

  ~ **syphiliticae** афтозное поражение мягкого нёба при вторичном сифилисе

  ~ **tropicae** спру, тропические афты

  Bednar's ~ афты новорождённых, крыловидные афты, Беднара афты

  contagious [epizootic] ~ ящур

  herpetiform ~ герпетиформные афты

  minor [recurrent] ~ рецидивирующие афты

aphthosis [æf'θəʊsis] афтоз (*болезнь слизистой оболочки*)

aphylactic [,æfai'læktik] лишённый иммунитета

aphylaxis [,æfai'læksis] иммунодефицит, иммунологическая недостаточность

aphytria [əfai'triə]:

  ~ **retina** потеря пигмента радужной оболочки

apical ['æpikəl] апикальный, верхушечный; относящийся к верхушке

  anterior ~ узи передневерхушечный (*сегмент миокарда*)

apicitis [,æpi'saitis] околоверхушечный периодонтит

apicoectomy [,æpikəʊ'ektəmi] апикэктомия (*вскрытие и удаление верхушечных клеток височной кости*)

apicolysis [,æpikəʊ'lisis] *хир.* выделение из сращений верхушки лёгкого

apiectomy [,æpiek'təʊmi] 1. апикотомия, апикэктомия (*удаление верхушки корня зуба*) 2. резекция верхушечного сегмента (*лёгкого*)

apinealism [æpi'niəlism] апинеализм (*отсутствие шишковидного тела*)

apiotherapy [,æpiəʊ'θeгəpi] апитерапия (*лечебное применение пчелиного яда и его препаратов*)

apiphobia [,æpi'fəʊbiə] апиофобия (*навязчивая боязнь ос и пчёл*)

apisination [,æpisi'neiʃən] токсическое действие пчелиных укусов

apitoxin [,æpi'tɒksin] пчелиный яд

apituitarism [,æpi'tjʊitərizm] гипопитуитаризм (*недостаточность функций гипофиза*)

aplacental [,æplə'sentəl] не имеющий плаценты

aplanatism [ə'plænətizm] отсутствие сферической аберрации (*у линзы*)

aplasia [ə'pleiziə] 1. аплазия (*врождённое отсутствие органа или части тела при наличии закладки*) 2. недоразвитие, отсутствие развития

  Freikorn's ~ врождённая агаммаглобулинемия с лимфоцитопенией, Фрейкорна лимфоцитарная аплазия

  germinal ~ герминативная аплазия, аплазия половых желёз

  pure red-cell ~ истинная эритроцитарная аплазия

  retinal ~ аплазия сетчатки

  thymic ~ аплазия вилочковой железы; синдром дефицита иммуноцитов, Ди Джорджи синдром

aplasmic [ə'plæzmik] не имеющий протоплазмы

aplastic [ə'plæstik] 1. относящийся к аплазии 2. апластический, бесструктурный, бесформенный

apleuria [ə'plu:riə] врождённое отсутствие одного или двух рёбер

apnea [æp'niə] 1. апноэ (*остановка дыхания*) 2. асфиксия, удушье

  central ~ центральное апноэ (*центрального генеза*)

  deglutition ~ задержка дыхания во время глотания

  expiratory ~ экспираторное апноэ, остановка дыхания на выдохе

  induced ~ произвольное апноэ

  inspiratory ~ инспираторное апноэ, остановка дыхания на вдохе

  obstructive ~ обструктивное апноэ

  sleep ~ приступ апноэ во сне

apneumatic [,æpnjʊ'mætik] безвоздушный, спавшийся (*о лёгком*)

apneumatosis [ˌæpnjʊmə'təʊsis] апневматоз *(отсутствие воздуха в лёгком или его части)*

apneumia [æp'nju:miə] врождённое отсутствие лёгких

apneusis [æp'nju:sis] патологическое дыхание с удлинённым вдохом и укороченным выдохом

apobiosis [ˌæpəʊbai'əʊsis] 1. смерть 2. некроз, омертвение

apocarteresis [ˌæpəʊˌka:tə'ri:sis] апокартерез *(голодание с целью самоубийства)*

apocathartic [ˌæpəʊkə'θa:tik] слабительное (средство)

apochromatic [ˌæpəʊkrəʊ'mætik] апохроматический *(объектив микроскопа)*

apocleisis [ˌæpəʊ'kli:sis] отвращение к пище

apocope [ə'pəʊkəʊp] *см.* **amputation**

apocrine [æ'pəʊkrin] апокринный, апокриновый *(о потовых железах)*

apodal [ə'pəʊdəl] безногий; лишённый нижних конечностей

apodemialgia [ˌæpəʊdimi'ældʒiə] *уст.* дромомания, приомания *(влечение к перемене мест)*

apodia [ə'pəʊdiə] аподия *(врождённое отсутствие нижних конечностей)*

apoenzyme [ˌæpəʊ'enzim] апофермент *(белковая часть молекулы фермента, обусловливающая его специфичность)*

apogyny [ˌæpəʊ'dʒini], **apogeny** [ˌæpəʊ'dʒeni] женская стерильность, апогиния

apolepsis [ˌæpəʊ'lepsis] задержка [подавление] экскреции или секреции

apolexis [ˌæpəʊ'leksis] процесс распада *(в обмене веществ)*

apolipoprotein [ˌæpəʊˌlipəʊ'prəʊti:n] аполипопротеид *(белковая часть липопротеида)*

aponeurosis [ˌæpəʊnu:'rəʊsis] *анат.* апоневроз
  bicipital ~ апоневроз двуглавой мышцы плеча
  Denonvillier's ~ брюшинно-промежностная фасция, Денонвилье апоневроз
  epicranial ~ сухожильный шлем
  falciform ~ **of rectus abdominis muscle** паховый серп, серповидный апоневроз, связка Генле
  pharyngobasilar ~ глоточно-основной апоневроз
  temporal ~ височный апоневроз

aponeurositis [ˌæpəʊnu:rəʊ'saitis] апоневрозит

aponia [ə'pəʊniə] аналгия, аналгезия

aponic [ə'pəʊnik] 1. аналгезирующий, болеутоляющий 2. устраняющий усталость, тонизирующий

apophysary [ə'pɒfizəri], **apophyseal** [ˌæpəʊ'fiziəl] апофизарный

apophysis [ə'pɒfizis], *pl.* **apophyses** [ə'pɒfisi:z] апофиз *(выступ кости вблизи эпифиза)* ◊ ~ **helicis** бугорок ушной раковины, дарвинов бугорок
  ~ **cerebri** шишковидное тело

apophysitis [ə‚pɒfi'saitis] апофизит *(воспаление дугоотростчатых суставов позвоночника)*

apoplasmia [ˌæpəʊ'plæzmiə] уменьшение объёма циркулирующей плазмы

apoplectiform [ˌæpəʊ'plektifɔ:m], **apoplectoid** [ˌæpəʊ'plektɔid] напоминающий апоплексию, апоплектиформный

apoplexy [ˌæpəʊˌpleksi] 1. геморрагический инсульт; паралич 2. апоплексия *(кровоизлияние в какой-л. орган)*
  abdominal ~ инфаркт органа брюшной полости
  adrenal ~ кровоизлияние в надпочечник
  cutaneous ~ кровоизлияние в кожу и подкожную клетчатку
  embolic ~ эмболический инсульт
  functional ~ динамическое [преходящее] нарушение мозгового кровообращения
  heat ~ тепловой удар
  ovarian ~ апоплексия яичника, разрыв жёлтого тела
  pulmonary ~ инфаркт лёгкого
  thrombotic ~ тромботический [ишемический] инсульт

apoprotein [ˌæpəʊ'prəʊti:n] апопротеид, апопротеин *(белковый компонент аполипопротеида)*
  surfactant ~s апопротеиды сурфактанта *(лёгких)*

apoptosis[1] [ˌæpɒp'təʊsis] апоптоз *(запрограммированная в эмбриогенезе гибель клеток в процессе дифференцировки и преобразования тканей)*
  ~ **in nervous cells** апоптоз нейронов

apoptosis[2] [ˌæpɒp'təʊsis] 1. выпадение волос 2. снятие скальпа *(с волосами)*

apospory [ə'pɒspɔ:ri] апоспория, неспособность к спорообразованию

apostasis [ə'pɒstəsis] 1. кризис болезни 2. абсцесс, гнойник

apostaxis [ˌæpəʊ'stæksis] избыточная экссудация

apostem(a) ['æpɒstem, ‚æpɒs'ti:mə] абсцесс, гнойник

aposymbiosis [ˌæpəʊsimbi'əʊsis] аписимбиоз *(исчезновение микросимбионтов у животных, приводящее к нарушению пищеварения, дефициту питательных веществ)*

apothecary [ə'pɒθikəri] *уст.* аптекарь, провизор, фармацевт; владелец аптеки
  surgeon ~ *англ.* клинический фармацевт хирургического профиля

apozem(a) ['æpəʊzem, æ'pɒzi:mə] лечебный отвар, декокт

apparatotherapy [ˌæpəreitɒ'θerəpi] механотерапия

apparatus ['æpəreitəs], *pl.* **apparatus** ['æpəreitəs] 1. прибор; аппарат; устройство; приспособление; установка 2. *анат.* аппарат *(функциональное объединение систем организма или отдельных органов)*
  ~ **for the production of artificial pneumothorax** аппарат для наложения искусственного пневмоторакса
  Abbe – Zeiss ~ *гемат.* Аббе – Цейсса камера
  aerosol therapy ~ аэрозольный аппарат, аппарат для аэрозольтерапии
  anaerobic culture ~ анаэростат *(аппарат для культивирования анаэробов)*
  analgesia [anesthesia] ~ 1. наркозный аппарат, аппарат для ингаляционного наркоза 2. аналгайзер *(устройство для самонаркоза)*
  basal metabolism ~ метаболиметр *(прибор для измерения основного обмена)*
  bronchial ~ бронхиальное дерево
  caliper traction ~ шарнирный аппарат для вытяжения *(при переломах)*
  canalicular ~ *см.* **segregation** ~
  ciliary ~ ресничное тело
  cryosurgical ~ аппарат для криохирургии
  cryotherapy ~ аппарат для криотерапии, криодеструктор
  cupping ~ искусственная пиявка
  dental ~ жевательный аппарат

detection ~ 1. средство обнаружения 2. детектор

diathermy ~ 1. аппарат для диатермии 2. аппарат для электрохирургии

diffusion ~ диффузор, диффузионный аппарат

digestive ~ пищеварительный аппарат, пищеварительная система

dispensing ~ дозатор, дозирующее устройство

dot-blot ~ устройство для дот-блоттинга

drying ~ сушильный шкаф

extention ~ приспособление для (накожного) вытяжения; аппарат для скелетного вытяжения

extracorporeal ~ аппарат экстракорпорального кровообращения

fixed roentgen-ray ~ стационарный рентгеновский аппарат

genitourinary ~ мочеполовой аппарат, мочеполовая система

Golgi ~ *см.* **segregation** ~

halopelvic ~ аппарат в виде обруча для коррекции смещения костей таза

incubation ~ медицинский инкубатор, кувез *(для выхаживания недоношенных детей)*

inhalation therapy ~ ингалятор, аппарат для ингаляционной терапии

lacrimal ~ слёзный аппарат, слёзные органы

locomotor ~ опорно-двигательный аппарат, аппарат движения

masticatory ~ жевательный аппарат

microtiter ~ *биохим.* аппарат-микротитратор

mobile ~ *мед. тех.* передвижная [портативная] установка

otolithic ~ отолитовый аппарат *(внутреннего уха)*

oxygen breathing ~ кислородно-дыхательный аппарат, респиратор

peritoneal dialysis ~ перитонеальный диализатор

portable ~ *см.* **mobile** ~

Potter – Elvenheim-type ~ Поттера – Эльвенгейма гомогенизатор

preparative gel electrophoresis ~ аппарат для препаративного электрофореза

radiation detection ~ детектор излучения

radiation-measuring ~ радиометр; дозиметр

radiological ~ рентгеновский аппарат, рентгеноустановка

recording measuring ~ регистрирующий измерительный прибор

rescue breathing ~ дыхательный аппарат для спасательных работ

respiratory ~ дыхательный аппарат, органы дыхания, дыхательная система

rocking ~ качающаяся кровать *(для искусственной вентиляции лёгких)*

roller culture ~ аппарат для вращающихся колб, аппарат для культур роллерного типа

segregation ~ пластинчатый комплекс, Гольджи [комплекс] аппарат, внутриклеточный сетчатый аппарат

shaking ~ аппарат для встряхивания *(напр. меланжеров крови)*

short-wave diathermy [short-wave therapy] ~ аппарат для индуктотермии, аппарат для коротковолновой терапии

sound-conducting ~ звукопроводящий аппарат *(органа слуха)*

sound-perceiving ~ звуковоспринимающий аппарат *(органа слуха)*

stapling ~ сшивающий аппарат, ушиватель

suction ~ аспиратор, отсасыватель

supersonic diagnostic ~ ультразвуковой диагностический аппарат

traction ~ аппарат для вытяжения *(при переломах)*

ultrahigh frequency therapy ~ аппарат для ультравысокочастотной терапии, аппарат для УВЧ-терапии

urogenital ~ мочеполовой аппарат, мочеполовая система

vestibular ~ вестибулярный аппарат

vocal ~ голосовой аппарат

volumetric ~ аппарат для титрования

wall suction ~ стационарный отсасывающий аппарат

ward mobile ~ палатный передвижной аппарат

water treating ~ установка для гидротерапии

apparent [ə'pærənt] 1. клинически проявляющийся, явный, аппарентный 2. бесспорный *(напр. о смерти)*

appeal [ə'pi:l] 1. притягательность, привлекательность 2. апелляция || апеллировать, обращаться

sex ~ сексуальная привлекательность, сексапильность

Appeal:

United Nations ~ **for Children** призыв ООН к помощи детям

appearance [ə'piərəns] 1. внешний вид, наружность, внешность 2. признак, проявление, феномен 3. появление

~ **of blood** появление крови

~ **of somit** *эмбр.* образование сомитов

chalky white ~ меловые пятна эмали *(при флюорозе)*

clinical ~ клинические проявления, симптоматика

cobblestone ~ симптом «булыжной мостовой» *(при дуодените)*

grinning ~ сардоническая гримаса *(при столбняке)*

gross ~ макроскопическая картина, внешний вид препарата

"ground grass" ~ *рентг.* зернистый вид «тающего сахара»

histological ~ **of tumors** гистологическое строение опухолей

honeycombed ~ вид, напоминающий пчелиные соты *(напр. сотовое лёгкое)*

hypochromic ~ пониженное насыщение эритроцитов гемоглобином

mammographic ~ рентгенографическое изображение молочной железы

milklike ~ молочного цвета *(напр. о лимфе)*

prenatal sonographic ~ пренатальное ультразвуковое изображение

radiographic ~ рентгенологическое изображение; рентгенологический признак

sonographic ~ ультразвуковое изображение; сонографический признак; эхографические проявления

stippled ~ исчерченная поверхность *(напр. эритроцита)*

ultrastructural ~s **of tumors** ультраструктурные особенности опухолевой ткани

unkempt ~ неопрятный внешний вид

appease [ə'piːz] успокаивать, смягчать, облегчать *(боль)*

appendage [ə'pendɪdʒ] придаток; отросток *(часть, морфологически близкая к основной структуре)*; дериват *(напр. кожи)*

~**s of the eye** придатки глаза *(веки, слёзный аппарат и т. п.)*

~**s of the fetus** плацента с пуповиной и плодными оболочками

atrial [auricular] ~ ушко предсердия

cecal ~ червеобразный отросток, аппендикс

cell ~ жгутик клетки или микроорганизма

epiploic ~ жировой привесок *(ободочной кишки)*

uterine ~**s** придатки матки

appendagitis [ə,pendə'dʒaɪtɪs] 1. воспаление придатка 2. воспаление жирового привеска

appendalgia [ə,pend'ældʒɪə] аппендикулярная колика

appendectomy [ə,pendek'təʊmɪ] аппендэктомия

atrial ~ рассечение ушка предсердия

incidental ~ попутная [сопутствующая] аппендэктомия

open ~ открытая аппендэктомия *(в противоположность лапароскопической)*

unnecessary ~ напрасная [неоправданная] аппендэктомия

appendical [ə'pendɪkəl], **appendiceal** [əpen'dɪsɪəl] аппендикулярный, относящийся к червеобразному отростку

appendices [ə'pendɪsiːz] *pl. от* **appendix**

~ **epiploicae** *лат.* жировые подвески [привески] толстой кишки

appendicism [ə'pendɪsiːzm] хронический аппендицит

appendicitis [ə,pendɪsaɪtɪs] аппендицит

~ **by contiguity** вторичный аппендицит

acute ~ острый аппендицит

concomitant ~ сопутствующий [вторичный] аппендицит, возникший на фоне воспаления смежного органа

extraperitoneal ~ ретроперитонеальный [забрюшинный] аппендицит

fatal ~ аппендицит с летальным исходом

focal ~ очаговый аппендицит

foreign body ~ аппендицит, вызванный инородным телом

gangrenous ~ гангренозный аппендицит

helminthic ~ аппендицит, обусловленный глистной инвазией

left-side ~ левосторонний аппендицит

lumbar ~ ретроцекальный аппендицит

masked ~ аппендицит, протекающий под маской другой болезни

negative ~ отсутствие признаков аппендицита

obstructive ~ обтурационный аппендицит

pelvic ~ тазовый аппендицит

perforating ~ перфоративный аппендицит

protective ~ аппендицит на фоне облитерации отростка

scrotal acute ~ острый аппендицит в мошоночной грыже

skip ~ аппендицит с вовлечением в воспалительный процесс двух и более сегментов

stercoral ~ аппендицит, вызванный каловыми конкрементами

subperitoneal ~ *см.* **extraperitoneal** ~

syncongestive ~ застойный аппендицит, серозная инфильтрация червеобразного отростка

verminous ~ аппендицит, вызванный паразитическими червями

appendiclausis [ə,pendɪ'klɔːsɪs] атрофия или облитерация червеобразного отростка

appendicocele [ə'pendɪkəʊˌsiːl] грыжа Литтре *(расположение червеобразного отростка в грыжевом мешке)*

appendicolithiasis [ə,pendɪˌkəʊlɪ'θaɪəsɪs] наличие конкрементов в червеобразном отростке

appendicoprostasis [ə,pendɪkəʊprɒs'tæsɪs] стаз кишечного содержимого в червеобразном отростке

appendicular [,æpen'dɪkjʊlə] 1. аппендикулярный, относящийся к червеобразному отростку 2. относящийся к придаткам *(различных органов)*

appendiculate [,æpendɪkjʊ'leɪt] имеющий [образующий] придатки или отростки

appendix [ə'pendɪks], *pl.* **appendices** [ə'pendɪsiːz] 1. червеобразный отросток, аппендикс 2. придаток; отросток

~ **epididymidis** привесок придатка яичка

~ **epiploica** жировой привесок *(ободочной кишки)*

~ **testis** подвеска [гидатида] яичка; Морганьи гидатида *(рудимент мюллерова протока)*

~ **vermiformis** червеобразный отросток

~ **vesiculosae** *лат.* гидатида маточной трубы

auricular ~ ушко предсердия

ensiform ~ мечевидный отросток грудины

Morgagni's ~ перешеек щитовидной железы

pelvic ~ тазоворасположенный червеобразный отросток

perforated ~ перфорация червеобразного отростка, перфоративный аппендицит

retrocecal ~ ретроцекальнорасположенный червеобразный отросток

ruptured ~ *см.* **perforated** ~

undescended ~ высокорасположенный червеобразный отросток

vesicular ~ киста маточной трубы

apperception [,æpə'sepʃən] апперцепция *(осознанное восприятие, обусловленное предшествующим опытом)*

appersonation [,æpəsəʊ'neɪʃən], **appersonification** [,æpɒsɒnɪfɪ'keɪʃən] неосознаваемое отождествление с другой личностью

appertization [,æpəti'zeɪʃən] пастеризация *(пищевых продуктов)*

appetite ['æpɪˌtaɪt] 1. аппетит 2. влечение, инстинктивная потребность *(в пище, питье и т. п.)* 3. склонность

carnal ~ сексуальное влечение

depraved ~ *см.* **perverted** ~

excessive ~ булимия, кинорексия

excessive sexual ~ повышенное сексуальное влечение

gargantuan ~ зверский [волчий] аппетит

perverted ~ извращённый аппетит, парорексия

poor ~ плохой аппетит; снижение аппетита

ravenous ~ повышенный аппетит

sexual ~ половое влечение, либидо

appetizer ['æpɪˌtaɪzə] средство, усиливающее аппетит

applanation [,æplə'neɪʃən] патологическое уплощение *(напр. роговицы)*

applanometry [ˌæpləˈnɒmətri] аппланометрия (*измере-ние внутриглазного давления*)

apple [ˈæpl] **1.** яблоко **2.** *sl.* (красная) капсула барбиту-рового препарата секонала

~ of the eye глазное яблоко

~ of Peru *см.* **thorn ~**

Adam's ~ выступ гортани, адамово яблоко, кадык

bitter ~ колоцинт (*Citrullus colocynthis Schrad*)

May ~ подофил (*Podophyllum*)

thorn ~ дурман обыкновенный, дурман вонючий (*Datura stramonium*)

appliance [æˈplaiəns] приспособление; устройство; прибор (*напр. обтуратор, шина и т. д.*)

active orthodontic ~ ортодонтический активатор

arm ~ приспособление для руки, протез руки

colostomy ~ кишечный обтуратор

dental ~ стоматологический инструмент

flexible ~ гибкое устройство для фиксации смещённых фрагментов кости

gastric suture ~ ушиватель культи желудка

lung hilum suture ~ ушиватель корня лёгкого

medical ~ медицинские принадлежности

orthopedic ~ ортопедический аппарат

prosthetic ~ протез

removable ~ съёмный ортодонтический аппарат

Roger-Anderson pin fixation ~ аппарат для внеротовой фиксации отломков нижней челюсти

sanitary ~s санитарно-техническое оборудование

setting ~ проволочная лестничная шина, Крамера шина

single-staple tissue suture ~ односкобочный сшиваю-щий аппарат

applicant [ˈæplikənt] соискатель (*напр. учёной степени или стипендии*)

application [ˌæpliˈkeiʃən] **1.** применение, использование, употребление **2.** компресс; примочка **3.** *pl.* аппликации (*препараты, наносимые на кожу*)

~ of dressing наложение повязки

~ of forceps применение щипцов (*при родах*)

~ of plaster jacket наложение гипсового корсета

~ of sling наложение поддерживающей повязки

analgesic ~ применение обезболивания

cast ~ наложение гипсовой повязки

caustic ~ аппликация едкого вещества (*напр. на бородавку*)

cranial ~ of current пропускание тока через мозг

insecticide ~ использование инсектицидов

intranasal ~ смазывание полости носа

local ~ местное прикладывание, локальная аппликация (*напр. мази*)

moist ~ влажный компресс

new drug ~ заявка на новое лекарственное средство (*США*)

partial-body ~ аппликация части тела

practical ~ внедрение в практику (*напр. новых пре-паратов*)

relative ~ относительное показание к применению (*напр. к эндоскопии*)

routine clinical ~ применение в повседневной клини-ческой практике

single ~ одноразовое применение (*лекарственного средства*)

skin ~ накожная аппликация

spray ~ внесение разбрызгиванием (*напр. биоинсек-тицидов*)

temperament ~ определение темперамента

topical fluoride ~ местное применение фтора

applicator [ˈæpliˌkeitə] **1.** аппликатор (*1. устройство, на-кладываемое на поверхность тела в качестве источ-ника энергии 2. см.* **intracavitary ~**) **2.** герметичный контейнер с радиоактивным препаратом

beam-therapy ~ тубус аппарата дистанционной луче-вой терапии

β-ray ~ бета-аппликатор

clip ~ инструмент для наложения клипс или скобок

intracavitary ~ внутриполостной аппликатор

sample ~ аппликационная пипетка (*для внесения образцов в гель*); аппликатор

sandwich-mold ~ двухслойный аппликатор

X-ray therapy ~ коллиматор (*устройство, ограничи-вающее поток излучения в заданных пределах*); тубус, локализатор облучения

applied [əˈplaid] прикладной, клинический

apply [əˈplai] **1.** использовать, употреблять, применять **2.** обращаться (*за помощью*) **3.** прикладывать; накладывать

to ~ a ligature перевязывать; накладывать лигатуру

to ~ to the hospital обратиться в больницу

appointment [əˈpɔintmənt] **1.** назначение (*напр. больных на операцию*) **2.** должность, место **3.** встреча; приём (*врача*)

~ with the doctor запись к врачу

apportionment [əˈpɔːʃənmənt] распределение

source ~ установление источника (*напр. свинцового отравления*)

appose [əˈpəuz] смыкать, соединять, сближать (*напр. края раны*)

apposition [ˌæpəˈziʃən] **1.** *биол.* аппозиция, наложение, подгонка **2.** репозиция, сопоставление (*отломков кос-ти*); противопоставление (*краёв раны*) **3.** соприкосно-вение; контакт

~ of chromosomes сцепление хромосом

~ of ileum to left colon анастомоз подвздошной кишки с левой половиной толстой кишки

~ of organs сопоставление органов

"bayonette" ~ штыкообразное состояние (*отломков*)

cement ~ новообразование цемента (*на корне зуба*)

dentin ~ образование дентина

partial ~ частичное сопоставление

periosteal ~ утолщение надкостницы, периостальные наложения

surgical ~ хирургическая коррекция, оперативное по-собие

appraisal [əˈpreizl] оценка

accuracy ~ оценка точности или погрешности

evidence-based ~ оценка, основанная на доказатель-ствах

appreciable [əˈpriːʃəbl] **1.** существенный, значительный; заметный, ощутимый **2.** поддающийся оценке

appreciate [əˈpriːʃieit] **1.** оценивать **2.** ощущать; раз-личать (*напр. интенсивность света*) **3.** принимать во внимание; понимать

appreciation [ə'pri:ʃieiʃən] **1.** признание, высокая оценка **2.** понимание **3.** повышение ценности

apprehend [ˌæpri'hend] **1.** предчувствовать **2.** постигать, понимать

apprehension [ˌæpri'henʃən] **1.** *псих.* ощущение тревоги, чувство страха, негативная эмоция **2.** осознание, понимание **3.** арест, задержание

apprehensive [ˌæpri'hensiv] опасающийся, испытывающий тревогу

apprehensiveness [ˌæpri'hensivnəs] предчувствие страха

approach [ə'prəʊtʃ] **1.** подход; способ, метод **2.** *хир.* доступ **3.** попытка || пытаться сделать *(что-л.)*

~**s to anti-inflammatory drugs** показания к применению противовоспалительных препаратов

~**s to management of obesity** способ избавления от ожирения

~ **to psychiatry** метод в психиатрии *(напр. Адлера метод психоанализа)*

~**s to recognition of psychiatric disorders** методы выявления психических расстройств

aggressive ~ инвазивный [кровавый, хирургический] метод диагностики или лечения

algorithmic ~ **to diagnosis** алгоритмический подход к диагностике

analogy ~ подход к решению методом аналогии

ancestry ~ изучение происхождения *(напр. медикамента)*

behavioral ~**s** поведенческая терапия

better ~ оптимальный подход *(к лечению)*

community based ~ подход, основанный на принципах работы с сообществами

comprehensive ~ **to the patient** всестороннее обследование больного

cut-down ~ оперативный доступ

direct ~ прямой (оперативный) доступ

epidemiological ~ **to asthma mortality** эпидемиологический анализ летальности при астме

Fowler-Wier ~ поперечный разрез *(при аппендэктомии)*

gestalt ~ гештальт-подход, метод гештальт-терапии

holistic ~ комплексный [целостный, холистический] подход *(к реабилитации)*

idiographic ~ *псих.* всестороннее изучение индивидуума как основа понимания поведения человека

information-processing ~ подход к мышлению как к процессу переработки информации

intercostal ~ межрёберный доступ

"management" ~ рациональный подход

maternity centers ~ **to family planning** роль службы родовспоможения в планировании семьи

medical ~**s** медикаментозное лечение

mental ~ психологический настрой

metabolic ~ изучение метаболизма; *pl.* метаболические аспекты

minimax ~ минимально-максимальный подход *(напр. к методу дозирования препарата)*

morphometric ~ морфометрический подход

multidisciplinary ~ междисциплинарный подход

multifaceted [multimodal] ~ комплексный [многосторонний] подход *(напр. к скринингу рака)*

noninvasive ~ неинвазивный метод

pharmacological ~ фармакологический подход *(напр. к лечению боли)*

plain film ~ метод обзорной рентгенографии

practical ~ **to pediatric endocrinology** практические основы детской эндокринологии

primary health care ~ внедрение первичной медико-санитарной помощи

probabilistic ~ вероятностный подход

reality therapy ~**s** приближение к реальности *(создание реальной обстановки)*

risk ~ подход к группе риска

selective ~ альтернативный метод выбора *(способа лечения)*

stepwise ~ ступенчатый подход *(напр. к лечению гипертензии)*

sternal splitting ~ оперативный доступ через стернотомию

subxiphoid ~ доступ под мечевидным отростком

surgical ~ **1.** оперативный приём; оперативный доступ **2.** подход к хирургическому лечению

surgical ~ **to radiation injury** хирургическое лечение радиационных повреждений *(напр. кишечника)*

team ~ **1.** комплексный подход *(напр. к диагностике)* **2.** бригадный метод *(напр. лечения)*

"trap door" ~ оперативный доступ в виде люка

"wait and see" ~ принцип бдительного наблюдения или онкологической настороженности

approach – avoidance [ə'prəʊtʃ – ə'vɒidəns] *этол.* приближение – избегание

approaching [ə'prəʊtʃiŋ] начинающийся *(о болезни)*

appropriate [ə'prəʊpriət] **1.** адекватный *(напр. о лечении)*, подходящий, соответствующий **2.** свойственный, присущий **3.** рациональный; целесообразный

appropriateness [ə'prəʊpriətnəs] адекватность *(мер, услуг, технологий, ресурсов)*

appropriations [əˌprəʊpri'eiʃn] бюджетные ассигнования; сметы расходов *(на лечение)*

contingency ~ ассигнования на покрытие чрезвычайных расходов

approximate [ə'prɒksimit] **1.** *стом.* контактные поверхности зубов || сводить вместе **2.** близко расположенный; находящийся близко; смежный

approximation [əˌprɒksi'meiʃən] **1.** аппроксимация, приближение **2.** сопоставление *(напр. краёв раны)*, сближение

immunological ~ иммунокоррекция; нормализация иммунного статуса

successive ~ *биом.* последовательная аппроксимация, последовательное приближение

tissue ~ сопоставление, сближение (разъединённых) тканей

approximator [ə'prɒksimeitə]:

rib ~ инструмент для сближения рёбер

sternal ~ инструмент для сближения [сведения] краёв грудины

apractic [ə'præktik] относящийся к апраксии

apragmatism [ə'præɡmətizəm] апрагматизм *(больший интерес к теориям и догмам, чем к практическому результату)*

apraxia [ə'præksiə] апраксия *(нарушение целенаправленных движений при сохранении силы и координации)*

afferent ~ афферентная [кинестетическая] апраксия *(обусловленная расстройством мышечно-суставного чувства)*

akinetic ~ акинетическая [психомоторная] апраксия

amnestic ~ амнестическая апраксия

constructional ~ структурная апраксия

constructive ~ конструктивная апраксия *(невозможность сконструировать целое из частей)*

frontal ~ лобная апраксия *(нарушение сложных двигательных актов)*

gait ~ апраксия ходьбы

ideational [ideatory] ~ идеаторная апраксия, Бонгеффера ассоциативная апраксия

ideokinetic [ideomotor] ~ идеокинетическая апраксия *(при которой могут выполняться лишь простые действия)*

kinesthetic ~ *см.* **afferent** ~

transcortical ~ *см.* **ideokinetic** ~

apraxic [ə'præksik] *см.* **apractic**

aproctia [ə'prɒkʃiə] атрезия заднего прохода, неперфорированный анус

apron ['eiprən] фартук, передник

lead-rubber ~ *см.* **X-ray protection** ~

protective ~ рентгенозащитный фартук *(из просвинцованной резины)*

pudendal ~ патологическое удлинение малых половых губ, «готтентотский передник»

X-ray protection ~ рентгенозащитный фартук

aprosexia [,æprəʊ'seksiə] апрозексия *(патологическое снижение внимания)*

aprosopia [,æprəʊ'səʊpiə] апрозопия *(врождённая деформация лица)*

apselaphesia [,æpsələ'fi:ziə], **apselaphesis** [,æpsələ'fi:sis] потеря тактильной чувствительности

apsychia [ə'saikiə] потеря сознания; обморок, синкопе

aptitude ['æpti,tju:d] **1.** пригодность; соответствие **2.** склонность; предрасположенность **3.** *pl.* способности

spatial ~ способность воспринимать пространственные отношения; пространственное восприятие

vocational ~ профессиональная пригодность

aptyalia [,æp'taiəliə], **aptyalism** [,æp'taiəlizm] асиалия, аптиализм *(отсутствие слюноотделения)*

apudoma [,æprʌ'dəʊmə] апудома *(опухоль из клеток APUD-системы, напр. инсулинома)*

apus ['æprʌs] апус *(отсутствие обеих нижних конечностей)*

apy(et)ous [ə'paiətəs] негнойный, протекающий без нагноения

apyretic [,æpai'retik] безлихорадочный, апиретический

apyrexia [,æpai'reksiə] апирексия *(отсутствие повышенной температуры при лихорадочном заболевании)*

aqua ['ækwə] **1.** вода, жидкость **2.** *фарм.* лекарственный раствор

~ **amnii** *лат.* амниотическая жидкость

~ **camphore concentrata** *лат.* камфорный спирт

aquaculture ['ækwəkʌltʃə] аквакультура; водное хозяйство

aquaphobia [,ækwə'fəʊbiə] водобоязнь *(страх возникновения глотательных судорог при бешенстве, столбняке, истерии)*

aqueduct ['ækwədʌkt] *анат.* канал, проход; проток; водопровод

~ **of Cotunnius 1.** водопровод преддверия *(место прохождения эндолимфатического протока)* **2.** *см.* **cochlear** ~

cerebral ~ *см.* **mesencefalic** ~

cochlear ~ каналец [водопровод] улитки

Fallopian ~ лицевой канал, канал лицевого нерва, фаллопиев канал

mesencefalic [Sylvian, ventricular] ~ водопровод (среднего) мозга, сильвиев водопровод

aqueous ['ækwiəs] **1.** водянистость, водянистая консистенция **2.** передняя камера глаза

arachnephobia [ə,rækni'fəʊbiə] патологическая боязнь пауков

Arachnida [ə'ræknidə] *параз.* паукообразные *(класс членистоногих, включающий пауков, скорпионов, сенокосцев, клещей и пр.)*

arachnidism [ə'ræknidizm] аранейдизм, арахнидизм *(интоксикация, обусловленная укусом паука)*

necrotic ~ некротический аранейдизм

systemic ~ системный аранейдизм

arachnitis [ə,ræk'naitis] *см.* **arachnoiditis**

arachnodactylia [ə,ræknəʊ'dæktailiə], **arachnodactyly** [ə,ræknəʊ'dæktaili] арахнодактилия, «паучья кисть»

arachnogastria [ə,ræknəʊ'gæstriə] «голова Медузы» *(расширение подкожных вен передней брюшной стенки со змеевидным ветвлением вокруг пупка)*

arachnoid [ə'ræknɒid] **1.** *невр.* относящийся к паутинной оболочке мозга **2.** паутинный; напоминающий паутину

arachnoidendotheliomatosis [ə,ræknɒid,endəʊθi:li:əʊmə'təʊsis] арахноидэндотелиоматоз *(множественные первичные менингиомы мозга)*

arachnoiditis [ə,ræknɒid'aitis] арахноидит, арахноменингит, наружный лептоменингит

~ **adhaesiva** *лат.* слипчивый арахноидит, слипчивая отграниченная менингопатия

~ **convexitalis** конвекситальный арахноидит *(выпуклой поверхности полушарий большого мозга)*

chiasmal ~ оптохиазмальный арахноидит *(область перекрёста зрительного нерва)*

circumscribed ~ ограниченный арахноидит

Aralia [ə'reiliə]:

~ **manchurica** аралия манчжурская

arbitrary ['a:bitrəri] **1.** произвольный, случайный, условный *(напр. о дозе лекарственного средства)* **2.** своевольный, деспотичный **3.** *псих.* критичный, способный к осмыслению

arbor ['a:bə] *анат.* древовидная, или ветвистая, структура

~ **vitae** древо жизни *(ход извилин на разрезе мозжечка)*

arboricides [a:'bɒrisaidz] арборициды *(средства для уничтожения кустарников)*

arborization [,a:bɔ:ri'zeiʃən] арборизация, концевое разветвление *(кровеносных сосудов, нервных отростков)*

terminal ~ концевое разветвление *(нерва)*

vascular ~ ангиоархитектоника

arbovirus [ˈaːbəʊˌvairəs] *pl.* арбовирусы, артропонозные [трансмиссивные] вирусы *(передаваемые членистоногими)*

arc [ˈaːk] арка, дуга; изгиб

juvenile ~ *офт.* юношеская дуга

pulmonary ~ дуга лёгочной артерии

reflex ~ рефлекторная дуга

senile ~ *офт.* старческая дуга

zygomatic ~ скуловая дуга

arcade [aːˈkeid] аркада, серия дуг *(кровеносных сосудов)*

arch [ˈaːʧ] *анат.* свод; дуга; дугоподобная структура

~es of Corti кортиевы дуги

~ of cranium черепной свод

~ of pelvis пояс нижней конечности, тазовый пояс

afferent ~ *невр.* афферентная дуга

alveolar ~ альвеолярная дуга *(челюсти)*

azygous ~ дуга непарной вены

branchial ~ *эмбр.* жаберная [висцеральная] дуга *(хрящевая пластинка скелета зародыша)*

carpal ~ ладонная артериальная дуга

cervical aortic ~ врождённая извитость дуги аорты

costal ~ рёберная дуга

dental ~ зубная дуга

double aortic ~ двойная дуга аорты

expansion ~ расширяющая ортодонтическая дуга

femoral ~ паховая связка

gill ~ *см.* **branchial ~**

glossopalatine ~ нёбно-язычная дужка

hyoid ~ *эмбр.* вторая жаберная [глоточная] дуга

inguinal ~ паховая [пупартова] связка

interrupted aortic ~ прерванная дуга аорты

jugular venous ~ угол ярёмной вены

labial ~ губная ортодонтическая дуга

lingual ~ лингвальная ортодонтическая дуга

longitudinal ~ of the foot продольный свод стопы

lower tarsal ~ дугообразный анастомоз артерии нижнего века

malar ~ скуловая дуга

mandibular ~ 1. нижнечелюстная дуга

2. *эмбр.* первая жаберная дуга

nasal ~ спинка носа

neural ~ of vertebra дуга позвонка

oral (palatal) ~ *см.* **palatomaxillary ~**

palatine ~es нёбные дужки

palatomaxillary ~ свод нёба

palmar ~ ладонная дуга

pectoral ~ пояс верхней конечности, плечевой пояс

pelvic ~ тазовый пояс, пояс нижних конечностей

pharyngeal ~ *см.* **hyoid ~**

pharyngopalatine ~ глоточно-нёбная дужка

plantar arterial ~ подошвенная артериальная дуга

postaural ~ *см.* **branchial ~**

posterior neural ~ задняя часть дуги позвонка

ribbon ~ лентовидная проволочная ортодонтическая дуга

segmental ~ сегментарная ортодонтическая дуга

Shenton's ~ *рентг.* Шентона линия

stapedial ~ дуга стремени

subocular ~ скуловая дуга

superciliary ~ надбровная дуга

tarsal ~ дуга века

thyroid ~ *эмбр.* третья жаберная дуга

upper ~ верхнечелюстная зубная дуга

visceral ~ *см.* **branchial ~**

wire ~ ортодонтическая проволочная дуга

archaic [aːˈkeiik] старый; древний, архаический

archebacteria [ˌaːkibækˈtiəriə] архебактерии *(древнейшие бактерии)*

archebiosis [ˌaːkibaiˈəʊsis] архебиоз, возникновение жизни

arched [aːʧt] куполообразный, сводчатый, выгнутый

archencephalon [ˌaːrkenˈsefələn] *эмбр.* передний мозговой пузырь

archenteron [ˌaːrkˈenterɒn] *эмбр.* первичная кишка, архэнтерон

archeocyte [ˈaːkiəʊsait] блуждающая клетка, амёбоцит

archeology [ˌaːkiˈɒləʤi]:

serologic ~ сероэпидемиологический поиск исходного штамма, «ретросерология»

archetype [ˈaːkitaip] архетип *(по Юнгу – первичная психическая структура, содержащаяся в коллективном бессознательном и лежащая в основе мифологии)*

archiater [ˈaːkieitə] *ист.* 1. архиатр; главный врач 2. врач королевской семьи, придворный врач

archiblast [ˈaːkiblaːst] эмбриобласт, архибласт *(зародышевая клеточная масса)*

archicortex [ˌaːkiˈkɔːteks] старая кора *(мозга)*, архикортекс

archigaster [aːkiˈgæstə] *см.* **archenteron**

archigonocyte [aːkiˈgɒnəʊsait] архигоноцит *(первичная половая клетка)*

archinephron [ˈaːkinefrɒn] *эмбр.* мезонефрос, вольфово тело, первичная почка

architectonic [ˌaːkitekˈtɒnik] *невр.* архитектоника; построение, структура

architecture [ˈaːkitektʃə] (ультра)структура органа; архитектоника

gingival ~ форма десны

hepatic ~ структура печени

lymphoid tissue ~ микроструктура лимфоидной ткани

renal ~ строение [структура] почек

arch-loop-whorl [ˈaːk-luːp-wəːl] дуга-петля-завиток *(классификация отпечатков пальцев в системе Гамильтона)*

archocystosyrinx [ˌaːkəʊˌsistəʊˈsiriŋks] пузырно-прямокишечный свищ

archoptosia [ˌaːkəʊˈtəʊziə], **archoptosis** [ˌaːkəʊˈtəʊsis] *уст.* выпадение прямой кишки

archorrhea [ˌaːkəʊˈriə] *уст.* жидкие выделения из прямой кишки

archostenosis [ˌaːkəʊstiˈnəʊsis] *уст.* стеноз прямой кишки или заднего прохода

archosyrinx [ˌaːkəʊˈsiriŋks] *уст.* свищ прямой кишки

archwire [ˌaːkˈwaiə] ортодонтическая проволочная дуга

arctation [aːkˈteiʃən] 1. сужение, стриктура, стеноз 2. сокращение *(полого органа)*

arcual [ˈaːkjʊəl] дугообразный

arcuation [ˌaːkjʊˈəiʃən] изгиб, искривление

arcula [ˈaːkjʊlə] глазница, глазная впадина, орбита

arcus [ˈaːkəs] *лат.* 1. дуга; свод 2. искривление

~ aorta bicurvatus врождённая извитость дуги аорты

~ cornealis *офт.* старческая дуга

~ juvenilis *офт.* юношеская дуга

~ lipoides corneae *офт.* липоидная дуга роговицы *(пропитывание роговой оболочки липидами)*

~ palatopharyngealis *лат.* нёбно-глоточная дужка

~ plantaris подошвенная [артериальная] дуга

~ senilis *см.* **~ cornealis**

ardanesthesia [ˌɑːdænesˈθiːziə] терманестезия *(отсутствие температурной чувствительности)*

ardent [ˈɑːdənt] горячий, пылающий; лихорадочный

ardor [ˈɑːdɔː] **1.** чувство тепла или жжения; жар **2.** страсть, пылкость

~ urinae чувство жжения при мочеиспускании

area [ˈɛəriə], *pl.* **areae** [ˈɛəriːi] **1.** площадь; территория; участок **2.** район, область; зона **3.** сфера применения

~ nuda *лат.* внебрюшинный участок печени

~ of brim плоскость входа малого таза

~ of cardiac dullness область абсолютной сердечной тупости

~ of high prevalence регион с высокой эндемичностью

~ of intelligence графическое выражение уровня интеллекта *(по Торндайку)*

~ of normal abundance область постоянного обилия; область постоянной вредоносности; резервация *(насекомых)*

~ of occasional abundance область эпизодического обилия *(насекомых, дающих вспышки массового размножения)*

~ of pelvic outlet плоскость выхода таза

~ of specific abundance область ограниченного обилия *(насекомых)*

~ under curve площадь под кривой концентрация – время *(для оценки степени и скорости всасывания лекарственного препарата)*

acoustic ~ преддверное [слуховое] поле, вестибуло-кохлеарная область

active ~ *иммун.* зона гемолиза

affected ~ 1. поражённая зона **2.** опасная зона

aortic ejection ~ область аортального изгнания *(на эхокардиограмме)*

association ~s ассоциативные зоны *(коры головного мозга)*

auditory ~ *см.* **acoustic ~**

baroreceptor ~ барорецепторная зона

basal seat ~ внутриротовое протезное ложе

biogeographic ~s биогеографическая территория

body ~ участок тела

body surface ~ площадь поверхности тела

Broca's ~ 1. подмозолистое поле, обонятельное поле Брока **2.** Брока центр речи

Brodmann ~s Бродмана цитоархитектонические поля *(выделенные по гистологическим признакам 50 участков коры головного мозга)*

catchment ~ 1. район, обслуживаемый лечебным учреждением **2.** зона заражения **3.** бассейн реки; водосборная плотина

clinical ~ клиническая отрасль, или дисциплина

clinical focus ~ 1. междисциплинарная совместная сфера лечения **2.** очаг поражения на теле *(на котором проводят операции различные специалисты)*

contact ~ контактная зона *(зуба)*

contaminated ~ 1. участок заражения **2.** район, подверженный загрязнению

control ~ 1. санитарно-защитная зона **2.** зона наблюдения *(напр. на АЭС)*

cortical projection ~ корковая проекционная зона

cortical speech ~s речевые области коры *(головного мозга)*

cribriform ~ of retinal papilla решётчатая пластинка диска зрительного нерва

critical air-pollution ~ критическая зона по загрязнённости атмосферы

cross-sectional ~ площадь поперечного сечения *(напр. левого желудочка)*

cultural [culture] ~ культуральный ареал

delinquency ~ район высокой преступности

denture-bearing ~ опорное ложе съёмного зубного протеза

disaster ~ район бедствия

diseased ~ поражённый участок *(напр. при раке кишечника)*

disease-free ~ район, свободный от заболевания *(эндемического, инфекционного)*

dispensing ~ отдел отпуска лекарств по рецептам

display ~ область проявления *(биопотенциалов)*

distinct ~ of consolidation выраженная зона уплотнения

echo-free ~ *узи* анэхогенная зона

edentulous ~s беззубые участки *(челюсти)*

effective disease ~ эпидемический очаг

effective radiative ~ *см.* **emitting ~**

effective regurgitant office ~ эффективная площадь отверстия регургитации

electrode ~ площадь электрода

embryonic ~ эмбриональный [зародышевый] диск

emitting ~ площадь излучающей поверхности

endemic ~ эндемичный район; эндемичная территория

frontal ~ of scalp передняя зона скальпа

germinal ~ *см.* **embryonic ~**

high-incidence ~ район высокой заболеваемости

holoendemic ~ голоэндемичная зона

hospital support ~ больничное вспомогательное помещение

hypoechoic ~ *узи* гипоэхогенная зона

impression ~ *стом.* протезное ложе

infarct ~ поражённый инфарктом участок

infected local ~ заражённая местность

interdigital ~s межпальцевые промежутки

interproximal ~s межзубные промежутки

involvement ~ 1. вовлечённая зона **2.** поражённый участок *(напр. конечности)*

landenture ~ основание зуботехнической модели

maxillo-facial ~ челюстно-лицевая область

medullary ~ мозговой слой *(напр. почки)*

mitral ~ точка аускультации митрального клапана

mitral valve orifice ~ *узи* площадь отверстия митрального клапана

motor ~ двигательная зона *(коры головного мозга)*

nurse's ~ пост медсестры

olfactory ~ *анат.* переднее продырявленное вещество, обонятельное поле

operative ~ операционное поле

patchy ~s **1.** *рентг.* очаговые тени **2.** пятнистые участки

peak ~ площадь пика *(напр. в газожидкостной хроматографии)*

pear-shaped ~ ретромолярная зона

population ~ жилой район

preoptic ~ предзрительное поле переднего гипоталамуса

pressoreceptive ~ зона рецепции давления, прессорецепторная зона

projection ~ сенсорная зона *(коры мозга)*

proximal isovelocity surface ~ площадь проксимальной струи регургитации *(крови)*

public access ~ зона общественного пользования *(пляжи, берега рек и озёр)*

pulmonic ~ область выслушивания клапана лёгочного ствола

rabies-free ~s территория, свободная от бешенства

rabies-infected ~s территория, поражённая бешенством

radiation ~ зона облучения

reception ~ рецептурный отдел *(в аптеке)*

recreation ~ рекреационная зона, зона отдыха

relief ~s *стом.* разгружающие зоны *(слизистой оболочки протезного ложа)*

remote ~ отдалённая территория, или область *(от города)*

retromolar pad ~ область ретромолярного треугольника

"rocket" ~ «рокет»-зона, «рокет»-область *(в методе ракетного иммуноэлектрофореза)*

Rolando's ~ роландова борозда, центральная борозда *(большого мозга)*

saddle ~s *стом.* протезное ложе концевого и промежуточного сёдел *(частично съёмного протеза)*

service ~ обслуживаемая территория *(напр. врачом)*

sick ~ эндемичный очаг

silent ~ немая зона *(коры головного мозга)*

skip ~ непоражённый сегмент

somaesthetic ~ сомэстетическое поле *(коры головного мозга)*

stenotic ~ участок сужения, стенозированный участок *(напр. кишки)*

subcallosal ~ подмозолистое поле, обонятельное поле Брока

suppressive ~ тормозная зона

swollen ~ припухлость; набухание

thymus-dependent ~ тимусзависимая зона

tricuspid ~ точка аускультации трёхстворчатого клапана

trigeminal ~ зона иннервации тройничного нерва

trigger ~ триггерная [пусковая] зона

ulcer-bearing ~ зона предрасположенности к язвенному поражению желудка

underdoctored ~ район с недостатком врачебных кадров

visitor ~ помещение для свиданий *(в больнице)*

vocal ~ область голосовых складок

water catchment ~ водозабор

Wernicke's ~ Вернике центр речи

area ['ɛərɪə], *pl.* **areae** ['ɛərɪi] **1.** площадь; территория; участок **2.** район, область; зона **3.** сфера применения

areflexia [ˌærɪ'fleksɪə] арефлексия, отсутствие рефлексов

anal ~ отсутствие рефлексов анального сфинктера

arenation [ˌærɛ'neiʃən] псаммотерапия *(лечение песочными ваннами)*

arenavirus [ˌæriː'nə'vairəs] ареновирус *(РНК-содержащий вирус)*

areocardia [ə,riə'ka:diə] брадикардия

areola [ə'riːəʊlə], *pl.* **areolae** [ə'riːəʊli] **1.** небольшая область **2.** межклеточный промежуток в рыхлой волокнистой соединительной ткани **3.** околососковый кружок **4.** пигментированный или гиперемированный участок над очагом воспаления или опухоли

~ **umbilicus** пигментированное кольцо вокруг пупка у беременной

Chaussier's ~ кольцевидные уплотнения ткани, окружающие очаги поражения при кожной форме сибирской язвы

areolar [ə'riːəʊlə] **1.** относящийся к околососковому кружку **2.** ареолярный *(о рыхлой волокнистой соединительной ткани)*

Argas ['a:gæs] род «мягких» клещей *(не имеющих жёсткого хитинового панциря)*

argentaffin [a:'ʤentəfin] аргентофильный *(имеющий сродство и окрашивающийся солями серебра)*

argentaffinoma [ˌaːʤen,təfi'nəʊmə] карциноид, карциноидная опухоль, аргентаффинома

argentation [ˌaːʤen'teiʃən] *гист.* импрегнация (тканей) солями серебра, серебрение, окраска серебром

argentic [a:'ʤentik] содержащий серебро

arginase ['a:ʤineis] аргиназа *(фермент печени, катализирующий гидролиз аргинина с образованием орнитина и мочевины)*

arginine ['a:ʤinin] аргинин *(эссенциальная аминокислота)*

argininosuccinicaciduria [ˌaːʤi,ninəʊsʌk,sinik,æsid'juːriə] аргинин-янтарная амино-ацидурия, аргининосукцинурия *(врождённый дефект метаболизма)*

argyria [a:'ʤiriə], **argyriasis** [ˌaːʤi'raiəsis], **argyrism** ['a:ʤirizm] аргироз, аргирия *(пигментация тканей, обусловленная отложением в них серебра)*

argyrophil [a:'ʤairəʊfil] *см.* **argentaffin**

argyrosiderosis [a:ˌʤairəʊsidə'rəʊsis] пневмокониоз, вызываемый железом в смеси с серебром

ariboflavinosis [æ,raibəʊfleivi'nəʊsis] арибофлавиноз *(заболевание, обусловленное недостатком рибофлавина)*

aristocardia [ə,ristəʊ'ka:diə] смещение сердца в правую сторону

aristogenics [ə,ristəʊ'ʤeniks] евгеника

arithmomania [ə,riθməʊ'meiniə] арифмомания, навязчивый счёт

arm [a:m] **1.** рука, верхняя конечность *(исключая кисть)* **2.** плечо *(сегмент верхней конечности от туловища до локтя)* **3.** отросток, ветвь; луч; вырост **4.** плечо *(хромосомы)* **5.** *мед. тех.* фиксирующая дуга кламмера

~ **of the law** сила закона

artificial ~ протез руки

bird ~ птичья [когтистая] лапа, когтистая кисть, симптом когтистой руки

bracing ~ Т-образный отросток *(кламмера Роуча)*

brawny ~ лимфатический отёк плеча

cord ~ рукав для бормашины

dynein ~s денейновые ручки *(ультраструктура мерцательного эпителия)*

ear ~ заушник *(у очков)*

electrode ~ держатель [фиксатор] электрода

Fab ~ антигенсвязывающий домен *(антитела)*, Fab-фрагмент, Fab-область

golf ~ дискинезия игроков в гольф, лучеплечевой бурсит

lawn tennis ~ теннисный локоть, лучеплечевой бурсит

lower ~ предплечье ·

mixer ~ лопасть смесителя

offensive ~s наступательное вооружение

retentive ~ ретенционный отросток кламмера

swollen ~ послеоперационный лимфостаз, отёк плеча *(напр. после мастэктомии)*

tube-carrier ~ штатив [держатель] (рентгеновской) трубки

upper ~ плечо

arma(menta)rium [ˌɑːməmenˈteiriəm] 1. медицинское обеспечение или оснащение 2. набор инструментов и лекарственных средств

surgeon ~ хирургический инструментарий

Armillifer [ɑːˈmillifə] род гельминтоподобные членистоногие – пятиустки *(взрослые особи которых обитают в респираторном тракте рептилий, личинки и нимфы выделены у млекопитающих, включая человека)*

armpit [ˈɑːmpit] подмышечная [подкрыльцовая] ямка

arnica [ˈɑːnikə]:

mountain ~ арника *(Arnica montana)*

aroma [əˈrəʊmə] ароматическое вещество

aromatic [ˌærəˈmætik] 1. ароматический 2. соединение ароматического ряда 3. растение с пряным запахом

arousal [əˈraʊzəl] 1. возбуждение, настороженность *(повышенная реакция на внешнее раздражение)* 2. активация, реакция активации *(на электроэнцефалограмме)* || активизирующий; пробуждающий

behavioral ~ поведенческая активация

clitoral ~ клитор в состоянии эрекции

cortical ~ корковая активация

electrodermal ~ электродермальная активация

emotional ~ эмоциональное возбуждение, эмоциональный всплеск

2-hourly ~ пробуждение через каждые два часа

sexual ~ половое возбуждение

arouse [əˈraʊz] активизировать; побуждать; возбуждать

arrachement [ˌɑːræʃˈmɔː] *фр.* извлечение капсулы хрусталика

arrange [əˈreinʤ] 1. приводить в порядок; располагать; классифицировать, систематизировать 2. принимать меры; проводить подготовку 3. монтировать; размещать, устанавливать

arrangement [əˈreinʤmənt] 1. приведение в порядок; расположение; классификация, систематизация 2. *pl.* меры, мероприятия; приготовления

~ **of free effusion** *рентг.* локализация свободного экссудата

~ **of sensors** расположение датчиков *(на теле)*

~ **of special diet** обеспечение специальной диетой

~ **of teeth** постановка (искусственных) зубов

alveolar ~ ячеистое строение

anatomical ~s анатомические соотношения

cumbersome ~ затруднительная настройка *(микроскопа)*

endotracheal ~ устройство эндотрахеальной манжеты

food ~ пищевая раскладка; диетическое предписание

gene ~ местоположение генов в хромосомах

medical ~ медицинское обеспечение

neurotic ~ *псих.* невротическая аранжировка *(поведения больного)*

other weird ~ ещё одна странная схема *(об уловке, выдуманной страховой организацией)*

sanitary ~s санитарно-профилактические мероприятия

screen ~ защитный экран; защитное устройство

suspension ~ подвесная обойма для флаконов *(инфузионной системы)*

array [əˈrei] упорядоченный [ранжированный] ряд

arrector [əˈrektə], *pl.* **arrectores** [əˈrektɒriːz] *лат.*, см. **erector**

arrest [əˈrest] остановка; задержка; угнетение; прекращение || останавливать; задерживать; угнетать, подавлять

~ **of fibrillation** устранение фибрилляции

~ **of hemopoiesis** угнетение гемопоэза

to ~ **decay** предотвратить кариес *(зубов)*

circulatory ~ недостаточность кровообращения

diastolic ~ остановка сердца в диастоле

DNA ~ остановка репликации ДНК

epiphysial ~ сращение эпифиза с диафизом

growth ~ **of cells** *ген.* остановка клеточного цикла *(при повреждении ДНК)*

imminent cardiac ~ угрожающая асистолия

maturation ~ остановка [прекращение] созревания *(напр. клеток)*

sinoatrial [sinus] ~ прекращение активности синусного узла *(в отличие от блокады характеризуется наличием на ЭКГ удвоенных интервалов между сокращениями сердца)*

total ~ полное оцепенение или заторможенность

unexpected cardiorespiratory ~ внезапная остановка кровообращения и дыхания

vagal cardiac ~ вагусная остановка сердца

arrested [əˈrestid] задержанный *(о развитии)*; подавленный; приостановленный

arrhaphia [əˈreifiə] арафия *(незамыкание эмбриональной нервной трубки)*

arrheno(blasto)ma [əˌrinəʊblæsˈtəʊmə] арренобластома, аденома сети яичника, андробластома *(опухоль яичника, состоящая из Сертоли-Лейдиговских клеток)*

arrhenogenic [ˌærinəʊˈʤenik] арреногенетический *(организм, дающий потомство преимущественно мужского пола)*

arrhenoid [ˈærinɒid] арреноид *(генетически женский организм, проявляющийся признаками мужского пола)*

arrhinia [əˈriniə] агенезия [отсутствие] носа

arrhythmia [əˈriðmiə] 1. аритмия 2. отсутствие чёткого биологического ритма

ciliary ~ мерцательная аритмия

continuous ~ постоянная аритмия

marked sinus ~ выраженная синусная аритмия

near-fatal sustained ventricular ~ жизнеугрожающая устойчивая вентрикулярная аритмия

nodal ~ синусные нарушения сердечного ритма

ominous ~ угрожающая жизни аритмия

perpetual ~ постоянная аритмия

phasic ~ *см.* **sinus** ~

profound ~s тяжёлая аритмия

reentrant ~ аритмия, обусловленная циркуляцией импульсов возбуждения в предсердиях по кругу

respiratory ~ дыхательная аритмия, Геринга феномен

sinus ~ синусовая аритмия

supraventricular ~s суправентрикулярная [наджелудочковая] аритмия

ventricular ~ желудочковая экстрасистолия

arrhythmogenesis [əˌrɪðməʊʤe'nisis] аритмогенез, возникновение аритмий

arrhythmogenic [əˌrɪðməʊ'ʤenik], **arrhythmological** [əˌrɪðməʊ'lɒʤikəl] аритмогенный, вызывающий аритмию

arrogance ['ærəɡəns] высокомерие, надменность, самонадеянность

arrosion [æ'rəʊʒəɪ] аррозия *(«разъедание» стенки, обычно сосуда)*

arrowgraph ['ærəʊˌɡræf] карта ассоциативных связей

arseniasis [ˌaːse'naiəsis] арсениаз *(хроническое отравление мышьяком)*

arsenic ['aːsenik] мышьяк, As *(радиоактивные изотопы $^{69}As – ^{81}As$ с периодом полураспада от 9 мин. до 80 сут.)* ‖ мышьяковый; содержащий мышьяк

white ~ триоксид мышьяка, белый мышьяк

arsenical [aː'senikəl] мышьяковый; содержащий мышьяк

arsenicalism [aː'senikəlizm] хроническое отравление мышьяком

arsenic-cured ['aːsenik-'kjuːəd] обработанный [дезинфицированный] мышьяком

arsenic-fast ['aːsenik-'faːst] устойчивый [резистентный] к препаратам мышьяка

arsenous [aː'siːnəs] мышьяковистый *(о препарате)*

arsine ['aːsiːn] мышьяковистый водород, AsH_3

arson ['aːsən] поджог; поджигательство

arsonvalization [ˌaːsənˌvæli'zeiʃən] дарсонвализация, применение токов д’Арсонваля

art ['aːt] умение, искусство, мастерство

~ **of healing** искусство врачевания

~ **of medicine** медицинская деятельность; искусство врачевания

apothecary's ~ фармация

medical ~s медицинские навыки

nursing ~s навыки ухода за больными

artefact ['aːtiˌfækt] *см.* **artifact**

ECG ~ артефакты на электрокардиограмме

arteria [aː'tiəriə] *лат., pl.* **arteriae** [aː'tiərii:], *см. тж.* **artery**

~ **arcuata** дугообразная артерия *(стопы)*

~ **celiaca** чревная артерия, чревный ствол

~ **choroidea** ворсинчатая артерия

~ **circumflexa femoris** артерия, огибающая бедренную кость

~ **colica** ободочная артерия

~ **collateralis** коллатеральная артерия

~ **comitans nervi mediani** артерия, сопровождающая срединный нерв

~ **communicans** соединительная артерия

~ **cremasterica** кремастерная артерия

~ **ethmoidalis** решётчатая артерия

~ **iliolumbalis** подвздошно-поясничная артерия

~ **interossea** межкостная артерия

~ **lusoria** сосудистое «кольцо», образованное удвоением аорты и пережимающее пищевод, вызывая дисфагию

~ **masseterica** жевательная артерия

~ **mediana** артерия, сопровождающая срединный нерв

~ **meningea** менингеальная артерия

~ **mentalis** подбородочная артерия

~ **metacarpalis** пястная артерия

~ **metatarsea** плюсневая артерия

~ **perinealis** промежностная артерия

~ **peronea** малоберцовая артерия

~ **profunda brachii** глубокая артерия плеча

~ **pudenda interna** внутренняя половая артерия

~ **rectalis** прямокишечная артерия

~ **recurrens radialis** лучевая возвратная артерия

~ **spinalis** спинномозговая артерия

~ **subclavia** подключичная артерия

~ **subcostalis** подрёберная артерия

~ **suprarenalis** надпочечниковая артерия

~ **suralis** икроножная артерия

~ **tarsea** предплюсневая артерия

allantoic ~ аллантоидная [пупочная] артерия

glomerular ~ клубочковая артерия

umbilical ~ *см.* **allantoic** ~

vitelline ~ желточная артерия

arteriae [aː'tiərii:] *pl. от* **artery**

~ **jejunales** тощекишечные артерии

~ **perforantes** прободающие артерии

cooper-wire ~ склерозированные артерии радужной оболочки, имеющие вид медной проволоки *(при офтальмоскопии)*

arterial [aː'tiəriəl] артериальный

arterialization [aːˌtiəriəlai'zeiʃən] **1.** артериализация *(трансформация вены в артерию)* **2.** васкуляризация, кровоснабжение

~ **of saphenous vein** артериализация трансплантата подкожной вены

arteriarctia [aːˌtiəri'aːkʃiə] *уст.* сужение артерии; спазм [констрикция] артерии

arteriasis [aːˌtiəri'eisis] генерализованный артериосклероз

arteriectomy [aːˌtiəri'ektəʊmi] резекция [пересечение] артерии

arteriocapillary [aːˌtiəriəʊ'kæpilɛəri] относящийся к артериям и капиллярам

arteriodiastasis [aːˌtiəriəʊdai'æstəsis] **1.** эктопия артерии **2.** ретракция пересечённых концов артерии с образованием между ними диастаза

arteriography [aːˌtiəri'ɒɡrəfi] *рентг.* артериография

biplane ~ двухпроекционная артериография

cerebral ~ церебральная артериография

coronary ~ коронарная артериография

multiple-gated ~ *рад.* многовходная артериография

quantitative coronary ~ количественная оценка коронарографии

selective ~ селективная артериография

arteriola [aːˌtiəriˈəʊlə], *pl.* **arteriolae** [aːˌtiəriˈəʊli], **arteriole** [aːˈtiəriəʊl] артериола

~ **glomerularis afferens** *лат.* приносящая клубочковая артериола

arteriolith [aːˈtiəriəʊˌliθ] известковые отложения в стенке артерий или тромбах

arteriolitis [aːˌtiəriəʊˈlaitis] артериолит (*воспаление артериол*)

arteriolonecrosis [aːˌtiəriəʊˌləʊniˈkrəʊsis] артериолонекроз, некротизирующий артериолит

arteriolosclerosis [aːˌtiəriˌəʊləʊskleˈrəʊsis] артериолосклероз (*склероз артериол и мелких артерий мышечного типа*)

arteriolovenular [aːˌtiəriəʊləʊˈvenjʊlə] относящийся к артериолам и венулам

arteriomotor [aːˌtiəriəʊˈməʊtə] вызывающий изменения просвета артерий; вазомоторный

arteriomyomatosis [aːˌtiəriəʊˌmaiəʊməˈtəʊsis] гиперплазия мышечной оболочки артерии

arteriopalmus [aːˌtiəriəʊˈpælməs] субъективное ощущение пульсации артерии

arteriopathy [aːˌtiəriˈɒpəθi] поражение артерии

cerebral autosomal dominant ~ церебральная аутосомно-доминантная артериопатия

arterioplania [aːˌtiəriəʊˈpleiniə] *уст.* дистопия артерии

arterioplasty [aːˈtiəriəʊˌplæsti] 1. хирургическая реконструкция артерии 2. операция на артерии (*напр. операция Матаса при аневризме*)

arteriopressor [aːˌtiəriəʊˈpresə] средство, повышающее артериальное давление

arteriorrhagia [aːˌtiəriəʊˈreiʤiə] артериальное кровотечение

arteriorrhaphy [aːˌtiəriˈɒrəfi] артериальный шов

arteriorrhexis [aːˌtiəriəʊˈreksis] разрыв артерии

arteriosclerosis [aːˌtiəriəʊskleˈrəʊsis] артериосклероз (*уплотнение и утолщение стенок артерий*)

~ **obliterans** *лат.* облитерирующий атеросклероз, или артериосклероз

hypertensive ~ прогрессирующая гиперплазия мышечной и эластической тканей в стенке артерий

media [Monckeberg's] ~ Монкеберга артериосклероз (*кальцификация и деструкция мышечно-эластического слоя артерий*)

secondary retinal ~ вторичный артериосклероз сосудов сетчатки

arteriosity [aːˌtiəriˈɒsiti] артериализация; оксигенация, аэрация (*венозной крови*)

arteriostenosis [aːˌtiəriəʊstəˈnəʊsis] сужение артерии (1. *спазм артерии* 2. *стеноз артерии*)

arteriosteogenesis [aːˌtiəriˌɒstiəʊˈʤenəsis] кальцификация артерий

arteriostrepsis [aːˌtiəriəʊˈstrepsis] гемостаз скручиванием пересечённых концов артерии; артериотрипсия

arteriosympathectomy [aːˌtiəriəʊˌsimpəˈθektəʊmi] периартериальная симпатэктомия (*снятие наружного слоя артерии*)

arteriotome [aːˌtiəriˈɒtəʊm] сосудистый скальпель

arteriotomy [aːˌtiəriˈɒtəʊmi] 1. артериотомия, вскрытие просвета артерии 2. препаровка артерии

arteriotony [aːˌtiəriˈɒtəʊni] артериальное давление

arterioversion [aːˌtiəriˈɒːvəˌʃən] *см.* **arteriostrepsis**

arteritis [ˌaːtəˈraitis] артериит (*воспаление стенки артерии*)

~ **obliterans** облитерирующий эндартериит

cranial [giant-cell] ~ гигантоклеточный [височный, краниальный] артериит, Хортона – Магата – Брауна синдром (*дистрофические некротические изменения средней оболочки артерий*)

Takayasu's ~ болезнь отсутствия пульса, Такаясу синдром

temporal ~ артериит височных артерий

artery [ˈaːtəri], *pl.* **arteriae** [aːˈtiəriiː] артерия

aberrant ~ аномальная [аберрантная] артерия

angular ~ угловая артерия

anterior interventricular ~ левая венечная артерия

arcuate ~ дугообразная артерия

basilar ~ основная [базилярная] артерия

brachiocephalic ~ плечеголовной ствол, безымянная артерия

carotid ~ сонная артерия

celiac ~ чревный ствол, чревная артерия

cephalic ~ общая сонная артерия

circumflex ~ огибающая ветвь левой венечной артерии

common carotid ~ *см.* **cephalic** ~

conducting (elastic) ~ артерия эластического типа

coronary ~ венечная [коронарная] артерия

end ~ конечная артерия (*при закупорке которой нарушается питание соответствующего участка ткани*)

freeze-dried ~ лиофилизированная артерия

infarct-related ~ артерия, вызвавшая инфаркт

innominate ~ *см.* **brachiocephalic** ~

internal mammary ~ внутренняя грудная артерия

intramural ~ внутристеночная [интрамуральная] артерия

left anterior descending coronary ~ нисходящая ветвь левой передней венечной артерии

left main coronary ~ главный ствол левой венечной артерии

main coronary ~ главная венечная артерия

main pulmonary ~ *см.* **pulmonary** ~

native [normal] ~ интактная артерия

nutrient [parent] ~ питающая (кость) артерия

perforating ~ перфорантная [прободающая] артерия

prominent pulmonary ~ *рентг.* выбухание лёгочного ствола

pulmonary ~ лёгочный ствол, лёгочная артерия

spermatic ~ яичковая артерия

tibial ~ большеберцовая артерия

Wilkie's ~ правая ободочная артерия при её атипичном пересечении двенадцатиперстной кишкой

Willis' ~ артериальный круг большого мозга, виллизиев круг

arthragra [aːˈθrægrə] подагра

arthral ['ɑːθrəl] суставной

arthralgia [ɑːˈθrældʒiə] артралгия

arthrectomy [ɑːˈθrektəʋmi] артрэктомия (резекция суставных концов костей)

arthrempyesis [ˌɑːθrempaiˈiːsis] гнойный артрит

arthresthesia [ɑːresˈθiːziə] суставно-мышечное чувство

arthrifuge ['ɑːθrifjuːdʒ] противоподагрическое средство

arthritic [ɑːˈθritik] **1.** относящийся к артриту; подагрический **2.** человек, страдающий артритом

arthritide ['ɑːθritid] поражение кожи ревматического или подагрического происхождения

arthritis [ɑːˈθraitis], *pl.* **arthritides** [ɑːˈθritidiːz]:

~ **mutilans** деформирующий [калечащий] артрит (вариант ревматоидного артрита)

~ **nodosa 1.** см. **rheumatic** ~ **2.** см. ~ **urica**

~ **urica** подагрический артрит, подагра

acute rheumatic ~ острый суставной ревматизм

adjuvant-induced ~ адъювантный артрит

antigen-induced ~ аутоиммунный артрит

atrophic ~ см. **rheumatic** ~

blennorrhagic ~ гонорейный артрит

chronic infectious ~ см. **rheumatic** ~ **2**

degenerative ~ дегенеративный артроз

gouty ~ подагра; подагрический артрит

hemophilic ~ гемофилический артрит

hypertrophic ~ остеоартроз

intervertebral ~ межпозвонковый остеоартроз

juvenile rheumatoid ~ Стилла (– Шоффара) болезнь

Lyme ~ Лайма артрит, лайм-артрит (по названию города, где впервые было зарегистрировано поражение суставов боррелиозом)

menopausal ~ климактерический артрит

mixed ~ артрозоартрит

neurogenic [neuropathic] ~ нейрогенная [нейропатическая] артропатия (при сирингомиелии, лепре)

palindromic ~ палиндромный ревматизм

proliferative ~ см. **rheumatic** ~ **2**

psoriatic ~ псориатический артрит

pyogenic ~ гнойный артрит

rheumatic ~ **1.** ревматический артрит **2.** ревматоидный [инфекционный неспецифический, прогрессирующий деформирующий] артрит, инфектартрит, ревматоидный полиартрит

rheumatoid ~ см. **rheumatic** ~ **2**

seronegative ~ серонегативный артрит (напр. анкилозирующий спондилит)

serum ~ аллергический артрит

simple ~ банальный артрит

uratic ~ см. **gouty** ~

villous ~ ворсинчатый артрит, климактерическая артропатия

arthrocele [ɑːˈθrəʋsiːl] **1.** суставная грыжа (выпячивание синовиальной оболочки через капсулу сустава) **2.** припухлость сустава

arthrocentesis [ˌɑːθrəʋsinˈtiːsis] пункция [прокол] сустава

arthrocholasis [ˌɑːθrəʋˈkɒləsis]:

~ **multiplex congenita** разболтанность суставов

arthrochondritis [ˌɑːθrəʋkɒnˈdraitis] воспаление суставного хряща

arthroclasia [ˌɑːθrəʋˈkleiziə] см. **arthrolysis**

arthroclisis [ˌɑːθrəʋˈkliːsis] **1.** анкилоз **2.** хирургическое анкилозирование (резекция суставных концов и фиксация их в неподвижном состоянии)

arthroconidium [ˌɑːθrəʋkəˈnidiːem] см. **arthrospore**

arthrodesia [ˌɑːθrəʋˈdiːziə], **arthrodesis** [ˌɑːθrəʋˈdiːsis] хир. артродез (фиксация сустава)

arthrodia [ɑːˈθrəʋdiə] плоский сустав, артродия

arthrodynia [ˌɑːθrəʋˈdiniə] артралгия

arthrodysplasia [ˌɑːθrəʋdisˈpleiziə] артродисплазия (врождённое отсутствие ногтей, вывих головок лучевых костей и недоразвитие надколенников)

arthroempyesis [ˌɑːθrəʋempiˈiːsis] гнойный артрит

arthroendoscopy [ˌɑːθrəʋenˈdɒskəʋpi] артроскопия

arthrography [ɑːˈθrɒɡrəfi] рентг. артрография

double contrast ~ артрография с двойным контрастированием

arthrogryposis [ˌɑːθrəʋɡrəˈpəʋsis] артрогрипоз, врождённая амиоплазия (множественная контрактура суставов)

arthrokatadysis [ˌɑːθrəʋkəˈtædəsis] выступание вертлужной впадины внутрь таза, протрузия вертлужной впадины

arthrolith ['ɑːθrəʋliθ] **1.** подагрический узел в суставе **2.** суставная мышь, артремфит

arthrolithiasis [ˌɑːθrəʋliˈθaiəsis] подагра, подагрический артрит

arthrolysis [ɑːˈθrɒləsis] хир. артролиз (восстановление подвижности в суставе)

arthromeningitis [ˌɑːθrəʋˌmeninˈdʒaitis] синовит

arthrometry [ɑːˈθrɒmətri] измерение степени подвижности сустава

arthroncus [ɑːˈθrɒŋkəs] **1.** опухоль сустава **2.** опухлость сустава

arthronosos [ˌɑːθrəʋˈnəʋsɒs] болезни суставов

arthroonychodysplasia [ˌɑːθrəʋˌɒnikɒdisˈpleiziə] наследственная артро(остео)-ониходисплазия, наследственный онихоартроз, Тернера – Кизера синдром

arthropathia [ˌɑːθrəʋˈpæθiə], **arthropathy** [ɑːˈθrɒpəθi] артропатия (совокупность болезней суставов)

inflammatory ~ артрит

neurogenic [neuropathic] ~ нейрогенная артропатия, Шарко сустав

arthrophlysis [ɑːˈθrɒflisis] экзематозное поражение сустава при подагре или ревматизме

arthrophyma [ˌɑːθrəʋˈfaimə] опухание сустава

arthroplasty [ˈɑːθrəʋˌplæsti] артропластика (восстановление функций сустава)

gap ~ щелевая артропластика (с оставлением зазора между суставными поверхностями с целью профилактики их сращения)

hand ~ артропластика кисти

hip ~ эндопротезирование тазобедренного сустава

hip-mold ~ амниотическая артропластика тазобедренного сустава (с использованием амниотической прокладки)

interposition ~ интерпозиционная артропластика (с включением фасции, металлической или пластмассовой пластинки)

knee ~ восстановление движений в коленном суставе

mold ~ *см.* **interposition** ~

replacement ~ заместительная артропластика *(с заменой одного или обоих суставных концов протезом)*

silicone replacement ~ артропластика с применением силиконового трансплантата

unicompartmental knee ~ гемиартропластика коленного сустава

arthropod [a:'θrəʊpɒd] представитель членистоногих

bloodsucking ~**s** кровососущие членистоногие

Arthropoda [a:'θrɒpədə] тип членистоногие *(насекомые, имеющие твёрдый внешний остов и членистые ноги)*

arthropod-borne [a:'θrɒpɒd-'bɔ:n] переносимый членистоногими *(напр. о вирусах)*

arthropyosis [ˌa:θrəʊpai'əʊsis] нагноение сустава

arthrorisis [ˌa:θrəʊ'raisis] *хир.* артрориз *(ограничение патологической подвижности в суставе)*

arthrorrhagia [ˌa:θrəʊ'reiʤiə] кровоизлияние сустава

arthrosclerosis [ˌa:θrəʊskli'rəʊsis] артросклероз *(склероз тканей суставной капсулы)*

arthroscopy [a:'θrɒ'skəʊpi]:

elbow ~ артроскопия [эндоскопия] локтевого сустава

arthrosis [a:'θrəʊsis] **1.** артроз *(болезнь суставов)* **2.** сустав, диартроз, синовиальное соединение

arthrospore ['a:θrəʊspɔ:] *pl.* артроспоры *(спороподобные клетки грибов, образующиеся в результате деления нитей мицелия на фрагменты – гифы; паразитируют на животных и человеке)*

arthrosteitis [ˌa:θrɒsti:'i:tis] эпифизарный остеомиелит, эпифизит

arthrostenosis [ˌa:θrəʊsti'nəʊsis] контрактура сустава

arthrostomy [a:'θrɒstəʊmi] образование временного отверстия в суставной капсуле *(для дренирования)*

arthrosyrinx [a:θrɒ'sirinks] свищ сустава

arthrotomy [a:'θrɒtəʊmi] артротомия, капсулотомия *(вскрытие полости сустава)*

arthrotropic [ˌa:θrəʊ'trɒpik] поражающий суставы

arthrotyphoid [ˌa:θrəʊ'taifɒid] относящийся к поражению суставов при брюшном тифе

arthroxesis [a:'θrɒksəsis] артроксезис *(удаление поражённых тканей с суставных поверхностей)*

article ['a:tikl] предмет, изделие, вещь

accessory ~**s of diet** приправы, вкусовые добавки, возбуждающие аппетит вещества

articulate [a:'tikjʊleit] **1.** связывать; соединять; сочленять **2.** смыкать *(зубы в правильном соотношении)* **3.** производить звуки речи, артикулировать

articulatio [a:ˌtikjʊ'leiʃiə], *pl.* **articulationes** [a:ˌtikjʊleiʃi:'əʊni:z] *лат., см.* **articulation 1, 2:**

~ **nes carpometacarpeae** запястно-пястные суставы

~ **cartilaginea** хрящевое соединение *(в котором соприкасающиеся поверхности костей связаны посредством хряща)*

~ **composita** сложный сустав *(образованный тремя или более костями)*

~ **coxae** тазобедренный сустав

~ **genus** коленный сустав

~ **plana** плоский сустав *(с небольшой амплитудой движений)*

~ **radiocarpea** лучезапястный сустав

~ **sellaris** седловидный сустав

~ **spheroidea** шаровидный сустав

~ **subtalaris** подтаранный сустав

~ **talocruralis** голеностопный сустав

articulation [a:ˌtikjʊ'leiʃən] **1.** сочленение; прикрепление **2.** сустав, диартроз, синовиальное соединение **3.** смыкание *(зубных рядов)* **4.** артикуляция, чёткое произношение

false ~ ложный сустав, псевдоартроз

gliding ~ плоский сустав

prosthetic ~ протез сустава, суставной протез

pubic ~ лобковый симфиз

scapulothoracic ~ соединение лопатки с грудной стенкой

supplementary ~ ложный сустав, псевдоартроз

trochoidal ~ вращательный сустав

artifact ['a:tifækt] артефакт *(1. структура, вызванная дефектом обработки и не отражающая реальность 2. искажение рентгеновской плёнки или окрашивания гистологического препарата)*

artifactitious [ˌa:tifæk'tiʃəs], **artifactual** [a:ti'fæktʃu:əl] артифициальный *(искусственно вызванный или обусловленный наличием артефакта)*

artificial [ˌa:ti'fiʃel] искусственный, синтетический

artillery [a:'tileri] *sl.* принадлежности для инъекции наркотиков

Arymowot ['a:riməwɒt] арумовот *(арбовирус)*

arytenoideus [ˌa:riti'nɒidiəs] черпаловидная мышца

arytenoidopexy [ˌa:riti'nɒidəʊˌpeksi] *хир.* фиксация черпаловидного хряща или черпаловидной мышцы

asanguinous [əsæn'gwiniəs] бескровный; без применения крови *(о перфузии с АИК)*

asaphia [ə'seifiə] невнятная речь *(напр. при расщелине нёба)*

asarcia [ə'sa:siə] истощение

asbestos [æs'bestɒs] асбест *(волокнистый минерал, состоящий из силикатов кальция и магния)*

asbestosis [ˌæsbes'təʊsis] асбестоз, асбестовый пневмокониоз

ascariasis [ˌæskə'raiəsis] *параз.* аскаридоз

ascaricide [æs'ka:risaid] противоаскаридное средство, аскарицид

Ascaris [æs'kæris] аскарида *(род кишечных нематод)*

~ **lumbricoides** человеческая аскарида, струнец

ascending [ə'sendiŋ] восходящий *(напр. о направлении нервных пучков)*

ascertain [ˌæsə'tein] **1.** устанавливать, выяснять, определять **2.** восстанавливать *(напр. функцию мочевого пузыря)*

to ~ **the cause of death** установить причину смерти

asceticism [ə'seti,sizəm] аскетизм

Aschelminthes [ˌæskhel'minθi:z] тип многоклеточных, включающий класс *Nematoda* и других круглых червей

aschistodactylia [ə'skistəʊdæk'tiliə], **aschistodactyly** [ə'kistəʊ'dæktili] синдактилия

ascites [ə'saiti:z] асцит *(скопление транссудата в брюшной полости)*

bloody ~ геморрагический асцит

chyliform [chylous, fatty] ~ хилёзный асцит

gelatinous ~ псевдомуцинозный асцит

milky ~ *см.* **chyliform** ~

neutrocytic ~ нейтроцит(ар)ный асцит

Ascomycetes [ˌæskəʊmaiˈsiːtiːz] аскомицеты *(класс грибов)*

ascorbase [æsˈkɔːbeiz] аскорбаза *(оксидаза аскорбиновой кислоты, аскорбатоксидаза)*

asecretory [əsiˈkriːtəri] лишённый секрета, несекреторный

asemia [əˈsiːmiə] асемия *(расстройство способности рисования, срисовывания)*

asepsis [əˈsepsis] **1.** стерильность, асептичность, асепсис **2.** асептика, обеззараживание

integral ~ тотальная асептика, или стерильность *(включает обеззараживание воздуха окружающей среды)*

aseptic [əˈseptik] обеззараживающее средство ‖ асептический

asepticize [əˈseptisaiz] стерилизовать; дезинфицировать

asequence [əˈsikwəns] нарушение проводимости *(сердца)*; отсутствие последовательности *(между сокращениями предсердий и желудочков)*

asexual [əˈseksjuəl] **1.** бесполый, вегетативный *(о размножении)* **2.** асексуальный *(не имеющий сексуального желания или интереса)*

asexualization [ˌæseksʊəliˈzeiʃn] стерилизация; кастрация

ash [æʃ] зола

ashen [ˈæʃən] пепельный, мертвенно-бледный

asialadenism [æˌsaiələˈdenizmʃ] недостаточность секреции слюнных желёз

asialia [æˈsaiəliə], **asialism** [æˈsaiəlizm] асиалия, аптиализм *(полное отсутствие слюноотделения)*

asiderosis [æsidəˈrəʊsis] уменьшение содержания железа *(в организме)*

asitia [əˈsiʃiə] отвращение к пище

asjike [əsˈdʒaik] бери-бери, алиментарный полиневрит

askiatia [əˈskiəʃiə] отсутствие тени или контрастности *(на рентгенограмме)*

asleep [əˈsliːp] **1.** спящий **2.** вялый, тупой, апатичный **3.** затёкший, онемевший *(о сдавленной во сне конечности)*

trouble falling ~ расстройство засыпания

asocial [eiˈsəʊʃəl] асоциальный, нарушающий общепринятые нормы поведения в обществе; удалённый из общества

asociality [əˌsəʊʃiˈæliti] **1.** асоциальность **2.** замкнутость

asomnia [əˈsɒmniə] бессонница, асомния

asomus [əˈsəʊməs] *терат.* плод с недоразвитым телом

asp [æsp] **1.** гадюка *(Vipera; Cerastes)* **2.** кобра *(Naja)* **3.** жерех *(Aspius)*

asparaginase [æsˈpærədʒiˌneis] аспарагиназа *(1. фермент, катализирующий гидролиз аспарагина на аспарагиновую кислоту и аммиак 2. фермент Escherichia coli, используемый в терапии гемобластозов)*

aspartame [əˈspaːteim] аспартам *(подсластитель, примерно в 200 раз слаще сахарозы)*

aspartate [əsˈpaːteit]:

~ **aminotransferase, AST** аспартат аминотрансфераза *(фермент, катализирующий перенос аминогруппы с глутаминовой кислоты на щавелево-уксусную)*

aspect [ˈæspekt] **1.** аспект; точка зрения **2.** (внешний) вид **3.** часть поверхности; сторона; отдел *(напр. органа, кости и пр.)*

~**s of cell regulation** проблемы клеточной регуляции

~ **of disease** картина заболевания

~**s of personality** черты [особенности] личности

aesthetic ~**s** эстетические впечатления

anterosuperior ~ **of the vertebral body** передневерхний угол тела позвонка

clinical ~**s** клинические аспекты; клинические проявления *(напр. ВИЧ-инфекции)*

controversial ~**s of diagnosis** спорные вопросы диагностики

genetical ~**s of anxiety** генетические основы страха

lateral ~ **of the scalp** боковая поверхность волосистой части головы

medial ~ внутренняя [медиальная] сторона

mental health ~**s of adoption** вопросы психического здоровья, связанные с усыновлением

microbiological ~**s** микробиологические аспекты; микрофлора

perceptual ~ аспект восприятия, сенсорный аспект

radiologic ~**s** рентгенологические данные, рентгенологическая характеристика

supradiaphragmatic ~**s of pancreatitis** поражение над диафрагмой при панкреатите

aspergilloma [ˌæspədʒiˈləʊmə] *микол.* аспергиллома; аспергиллёзная мицетома

aspergillomycosis [ˌæspədʒiləʊmaiˈkəʊsis], **aspergillosis** [ˌæspədʒiˈləʊsis] *микол.* аспергиллёз

aural ~ отомикоз

opportunistic pulmonary ~ оппортунистический аспергиллёз лёгких

pulmonary ~ аспергиллёз лёгких, бронхолёгочный аспергиллёз

Aspergillus [ˌæspəˈdʒiləs] род грибов

~ **in persistent lung cavity** персистенция аспергилл в лёгочной полости

asperity [æˈsperiti] жестокость

aspermatism [əˈspəːmətizm], **aspermia** [əˈspəːmiə] аспермия

aspersion [əˈspəːʃən] обрызгивание, разбрызгивание *(форма гидротерапии)*; опыление

asphygmia [æsˈfigmiə] акротизм, асфигмия *(отсутствие или неосязаемость пульса)*

asphyxia [æsˈfiksiə] **1.** асфиксия, удушье **2.** цианоз, синюшность **3.** прекращение пульсации, отсутствие пульса

~ **livida** *см.* **blue** ~

~ **pallida** бледная асфиксия

blue ~ синяя асфиксия

fetal ~ асфиксия плода, внутриутробная асфиксия

lethargic ~ летаргическая асфиксия *(кома с угнетением дыхания)*

local ~ ишемия

traumatic ~ травматическая асфиксия

white ~ белая асфиксия

asphyxial [æsˈfiksiəl] асфиктический

asphyxiant [æsˈfiksiənt] **1.** фактор, вызывающий асфиксию **2.** удушающее отравляющее вещество

asphyxiation [æsfiksiˈeiʃən] асфиксия, удушье

~ **at birth** интранатальная асфиксия новорождённого

autoerotic ~ *суд. мед., псих.* аутоэротическая асфиксия

food ~ асфиксия, обусловленная застреванием пищи в глотке

aspirate ['æspireit] биологический материал, удаляемый путём аспирации || аспирировать, вдыхать; отсасывать

bone marrow ~s пунктат костного мозга

fasting gastric ~ желудочный сок, взятый натощак

fine-needle ~ биоптат, полученный тонкоигольной аспирацией; тонкоигольный [пункционный] аспират

node ~ пунктат из лимфатического узла

prostatic ~ аспирационный биоптат предстательной железы

aspiration [ˌæspiˈreiʃən] **1.** аспирация, вдыхание *(1. инородного тела 2. отсасывание жидкости)* **2.** *психол.* жизненные интересы; притязания

~ of cataracts аспирационный метод в лечении катаракты

~ of cul-de-sac пункция и аспирация абсцесса дугласова пространства

bladder ~ пункционное опорожнение мочевого пузыря

bone marrow ~ костно-мозговая аспирация

bronchial ~ аспирация из бронхиального дерева

chest ~ плевральная аспирация

meconium ~ мекониевая аспирация

needle ~ пункционная биопсия

occult foreign-body ~ незамеченное вдыхание инородного тела

penile ~ аспирация крови из кавернозных тел

percutaneous hepatic ~ чрескожная биопсия печени

shared ~s неразлучная жизнь *(о сросшихся, или сиамских, близнецах)*

suprapubic bladder ~ надлобковая пункция мочевого пузыря

uterine [vacuum] ~ мини-аборт *(прерывание беременности вакуумным отсосом)*

aspirator [ˌæspiˈreitə] аспиратор *(1. отсасыватель 2. прибор для забора проб воздуха или газа)*

asplenia [əˈspliːniə] аспл発ения *(врождённое отсутствие селезёнки)*

asplenism [əspliːˈnizm] аспленизм *(состояние, возникшее после спленэктомии и проявляющееся развитием плеоцитоза)*

asporogenic [ˌæspəʊrəʊˈʤenik], **asporogenous** [æspəʊrɒˈʤiːnəs] не образующий спор, бесспоровый

assailant [əˈseilənt] лицо, совершающее преступное нападение

assanation [ˌæsəˈneiʃən] улучшение санитарных условий, оздоровление, санация

assassination [əˌsæsiˈneiʃən] **1.** убийство **2.** террористический акт

assault [əˈsɔːlt] **1.** приступ *(болезни, ярости)* **2.** изнасилование || изнасиловать **3.** грозить физическим насилием

~ and battery оскорбление действием; изнасилование

indecent ~ развратные действия

murderous ~ нападение с целью убийства

sexual ~ сексуальное нападение; изнасилование

assaulter [əˈsɔːltə] **1.** зачинщик **2.** лицо, оскорбившее кого-л. действием или угрожавшее насилием

assay [əˈsei] **1.** анализ; пробирный анализ; (биологическое) испытание, тест; количественный анализ || производить анализ; испытывать **2.** проба; образец для анализа

~ for serum trypsin-like immunoreactivity иммунологическое определение протеолитической активности сыворотки крови

adherence inhibition ~ реакция подавления адгезии *(клеток)*

adherent phagocytosis ~ анализ фагоцитоза методом адгезивного монослоя

adhesion ~ адгезионный анализ

adoptive transfer ~ анализ путём адоптивного переноса *(иммунокомпетентных клеток)*

agarose based chemotactic ~ анализ хемотаксиса в агарозе

agarose microdroplet ~ анализ на микропланшетах с агарозой

agglutination ~ реакция агглютинации

antibody-against ~s набор диагностических антител

antibody-screening ~ анализ с использованием панели антител

anti-C3 ~ анти-С3-анализ *(метод определения циркулирующих иммунных комплексов)*

anti-DNA ~ метод тестирования антител к ДНК

antigen-binding ~ реакция связывания [иммобилизации] антигена

antigen-capture ~ метод «антигенной ловушки» *(вариант иммуносорбентного анализа с иммобилизацией антигена)*

antigen-labelled fluorescence protection ~ непрямой иммунофлуоресцентный анализ с тушением флуоресценции

antigen-stimulated rosett-forming T-cells ~ реакция образования иммунных [антигенстимулированных] Т-розеток

antiglobulin-augmented lymphocytotoxicity ~ лимфоцитотоксический анализ с антиглобулином

antinuclear antibody ~, ANA анализ антиядерного фактора, АНФ-анализ

automated ~ of effective heparine activity in plasma автоматический метод определения активности гепарина в плазме крови

band shift ~ (электрофоретический) анализ на замедление подвижности в геле

Bethesda ~ Бетезда-анализ *(определение ингибиторов фактора VIII свёртывания крови)*

bioimmunoabsorbent ~ биоиммуноабсорбентный анализ *(с использованием биологически активного лиганда)*

biological ~ количественное определение биологической активности *(напр. лекарственного препарата)*

biotin radioligand ~ анализ радиолигандов биотина

blocking enzyme-linked immunosorbent ~ блокирующий твёрдофазный иммуноферментный анализ

blood-bank ~ скрининг донорского банка крови, эпидемически массовое типирование групп крови

blood-grouping ~ определение группы крови

capillary tube ~ капиллярный анализ

capture immunoradiometric ~ количественный радиоиммуноанализ с захватом антигена или антитела

cell-agglutination ~ реакция клеточной агглютинации

cell attachement ~ анализ методом иммобилизации клеток, адгезионно-клеточный анализ

cell cytolysis neutralization ~ анализ подавления цитолитической активности

cell cytotoxicity ~ анализ клеточной [клеточно-опосредованной] цитотоксичности

cell mediated lympholysis ~ реакция клеточно-опосредованного лимфолизиса

cell reaggregation ~ клеточно-реагрегационный анализ

cell viability ~ анализ жизнеспособности клеток

"checker board" ~ метод «шахматного анализа» *(подбор оптимального разведения антисыворотки путём последовательного тестирования в жидкой и твёрдой фазах)*

chemiluminescent labelled-antibody ~ хемолюминесцентный метод с использованием меченых антител

chemotaxis ~ хемотаксический анализ

CHO cell ~ анализ с использованием клеток яичника китайского хомячка *(метод определения свойств бактериального токсина)*

chromium release microcytotoxicity ~ микроцитотоксический тест с радиоактивным хромом *(определение активности клеток-киллеров)*

cloning efficiency ~ анализ эффективности клонирования

coagulation ~ определение свёртывающих факторов крови

cold-target competition ~ конкурентный анализ с использованием «холодных» (несенсибилизированных) мишеней

colony ~ анализ колониеобразования *(в культуре)*

comet ~ *мол. биол.* кометный метод *(индикации генотипического воздействия)*

competitive protein binding ~ метод [способ] конкурентного связывания белков

complement-activation [complement-binding, complement-consumption] ~ реакция связывания комплемента, Борде – Жангу реакция

computer assisted ~ компьютерный анализ

Con A-induced suppressor cell ~ анализ клеток-супрессоров, индуцированных конканавалином А

conglutinin ~ конглютинин-специфический анализ *(метод определения циркулирующих иммунных комплексов)*

culture ~ анализ в культуре; анализ in vitro

cytotoxicity ~ реакция на цитотоксичность

direct-binding ~ анализ прямого связывания *(антиген – антитело)*

divided colony ~ метод дискретных колоний, анализ колониеобразующей активности

dot immunoblotting ~ метод гибридизации макромолекул путём диффузии через точечные отверстия, дот-блоттинг

dot immunoperoxidase ~ иммунопероксидазный дот-анализ

double-antibody ~ метод двойных антител, метод двойной системы антител

dray ~s гравиметрический анализ

DRIB ~ DRIB-анализ *(иммуносорбентный анализ с иммобилизованными на мембране мечеными антигенами или антителами)*

EA-rosette ~ анализ ЕА-розеткообразования, метод розеток с предсенсибилизированными бараньими эритроцитами

ear swelling ~ ушной тест *(для выявления контактной гиперчувствительности)*

electrophoretic plaque ~ электрофоретический анализ реакции гемолиза

enzymatic ~ ферментативный метод анализа

enzyme-linked coagulation ~ иммуноферментный анализ факторов свёртывания крови

enzyme-linked immunofiltration ~ фильтрационный иммуноферментный анализ

enzyme-linked immunosorbent ~ твёрдофазный иммуноферментный анализ

enzyme-linked immunospot ~ иммуносорбентный спот-анализ

erythropoiesis inhibition ~ метод подавления эритропоэза

Farr's ~ метод Фарра *(определение связывания антигенов антисыворотками)*

fibrin plaque [fibrin plate lysis] ~ чашечный тест определения гемолиза

flouroallergosorbent ~ флуоресцентный аллергосорбентный анализ

gastrin ~ определение концентрации гастрина

gel retardation ~ (электрофоретический) анализ на замедление подвижности в геле *(для оценки белково-нуклеиновых взаимодействий)*

graft-versus-host ~ анализ гистосовместимости донора и реципиента по реакции «трансплантат против хозяина»

granulocyte aggregation ~ реакция агрегации нейтрофилов

GVH ~ *см.* graft-versus-host ~

hemagglutinin yield reduction ~ реакция торможения гемагглютинации

hemolysis-in-gel [hemolytic plaque] ~ метод локального гемолиза в геле *(для выявления антителопродуцирующих клеток)*

hemolytic complement ~ титрование гемолитического комплемента

homotypic adhesion ~ реакция гомотипической адгезии *(моноцитов)*

idiotype ~ определение [типирование] идиотипа, идиотипирование

immobilized template ~ *ген.* метод иммобилизованной матрицы

immune slot-blot ~ иммуноанализ методом слот-блоттинга

immunoblotting ~ анализ методом иммуноблоттинга

immunocapture ~ (твёрдофазный) анализ с захватом антигена или антитела

immunoenzymometric ~ количественный иммуноферментный анализ

immunofluorescence ~ иммунофлуоресцентный анализ

immunofluorometric ~ количественный иммунофлуоресцентный анализ

immunoluminometric ~ количественный иммунолюминесцентный анализ

immunoradiobinding ~ радиоиммуноанализ со связыванием антитела или антигена

immunoradiometric ~ радиоиммунный анализ

immunospot ~ спот-иммуноанализ

immunoturbidimetric ~ иммунонефелометрический анализ

infectiuos cell center ~ метод инфицированных клеточных фокусов

intradermal neutralization ~ внутрикожная проба на нейтрализацию *(токсина)*

in vivo ~ анализ пациента

killing ~ киллинг-анализ *(напр. активности Т-киллеров)*

Kimble – Anderson reversed ~ обращённо-фазовый анализ по Кимблу – Андерсену *(иммуно-электрофоретическое определение стафилококкового энтеротоксина)*

latex agglutination ~ реакция [метод] латексной агглютинации

lectin-binding ~ **on cells** метод определения лектинсвязывающей способности клеток

leucocyte adherence inhibition ~ тест ингибирования прилипания лейкоцитов

liquid-phase ~ анализ в жидкой среде

localised-in-gel hemolysis ~ метод бляшек по Ерне, реакция локального гемолиза в геле

long-term lymphocyte cytotoxicity ~ долговременный лимфоцитотоксический тест *(напр. анализ активности предшественников клеток-киллеров)*

lymphocyte blastogenic ~ анализ бластогенеза [бласт-трансформации] лимфоцитов

lymphocyte cytotoxicity ~ лимфоцитотоксический тест

lymphocyte transformation ~ *см.* **lymphocyte blastogenic** ~

lyposome (immune) lysis ~ метод (иммунного) лизиса с использованием липосом, тест (иммунного) лизиса липосом

lysate amebocyte ~ проба с лизатом амёбоцитов (мечехвоста) *(метод обнаружения амёбного эндотоксина)*

lysoplate ~ экспресс-анализ лизоцима *(на планшетах)*

macrophage electrophoretic mobility ~ тест электрофоретической подвижности макрофагов, ЭПМ-тест

microbe killing ~ анализ микробного киллинга *(для оценки антибактериальной цитотоксической функции клеток-киллеров)*

microculture infectivity ~ микроанализ инфекционности культуры *(метод стимулированных лимфоцитов, заражённых вирусом)*

microcytotoxicity ~ микроцитотоксический анализ

microdroplet ~ (микро)капельный анализ

microfiltration ~ микрофильтрационный анализ *(напр. антиферментных антител)*

microlymphocytotoxicity ~ лимфоцитотоксический микротест

microplate ~ метод микроплат *(для микробиологической оценки токсичности тяжёлых металлов)*

microtiter infection ~ микротипирование инфекционности *(напр. вируса)*

mitogen-driven in vitro ~ реакция митогенной стимуляции в культуре

mixed colony ~ анализ смешанного колониеобразования, метод смешанных колоний

monoclonal antibody-based enzyme-linked immunosorbent ~ ферментоиммуносорбентный метод с использованием моноклональных антител

multidot immunobinding ~ многоточечный метод иммунного связывания

multiple antigen ~ метод скрининга антигенов

neutralization ~ нейтрализующий тест, тест на нейтрализацию

nonspecific cytolytic ~ система лизиса клеток с неспецифическим фактором *(цитолиза)*

oligonucleotide ligation ~ метод детекции точечных мутаций *(основанный на лигировании синтетических олигонуклеотидных зондов)*

opsonophagocytic ~ анализ опсонофагоцитирующей активности, определение опсонического индекса фагоцитоза

parallel-line ~ параллельная группа анализов, экспериментальная дубль-серия

parasite-infected-cell-agglutination ~ реакция агглютинации клеток, инфицированных паразитами *(метод определения титра специфических антител в эндемичных зонах)*

particle-enhanced direct agglutination ~ реакция прямой латекс-агглютинации

peroxidase-antiperoxidase ~ пероксидазно-антипероксидазный тест

plate ~ метод анализа на бактериологических чашках

plating efficiency ~ анализ эффективности выращивания

plaque ~ реакция розеткообразования, метод розеток

precipitation ~ преципитационный анализ, реакция преципитации

primary antibody ~ первичная проба на антитела

progesteron ~ исследование [определение] содержания прогестерона

quantitative carnitine ~ количественное определение карнитина

quantitative immunoblotting ~ количественный метод иммуноблоттинга

radioactive antigen-binding ~ метод связывания меченных радиоизотопами антигенов

radioantigen-binding inhibition ~ анализ подавления связывания радиоактивного антигена

radio-enzymatic ~ радиоферментный анализ

radioligand receptor ~ метод меченых атомов с использованием радиоактивного лиганда

radioimmunoprecipitation ~ метод радиоиммунопреципитации

radioimmunosorbent ~ радиоиммуносорбентный анализ

rapid ~ экспресс-анализ

rate-of-lysis ~ определение литической активности *(напр. клеток-киллеров)*

rosette ~ *см.* **plaque** ~

Scattchard plot ~ Скэтчарда построение графиков *(для изучения лигандрецепторного взаимодействия)*

sequential dilution ~ система лимитирующих разведений

serodiagnostic ~ серодиагностика; серодиагностический метод

short-lable immunofluorescence ~ мономаркёрный иммунофлуоресцентный анализ *(метод идентификации одного антигена или антитела)*

simplified ~ упрощённая проба

single cell cytotoxicity ~ анализ цитотоксичности методом серийных разведений

skin neutralization ~ внутрикожная проба на нейтрализацию *(токсина)*

solid phase antibody ~ твёрдофазный иммуноанализ антител

solid phase clotting ~ твёрдофазный метод анализа факторов свёртывания крови

solid phase sandwich enzyme-linked immunosorbent ~ твёрдофазный сэндвичный ферментно-иммуносорбентный метод

splenic focus [splenic fragment] ~ анализ селезёночных фрагментов *(метод оценки антителопродуцирующей активности единичных В-клеток)*

Stossel's ~ Стоссела реакция *(тест 3-го уровня для оценки фагоцитарной функции)*

supressor cell ~ анализ клеток-супрессоров

T-cell-accessory cell binding ~ метод межклеточных взаимодействий между Т- и А-клетками

test-tube ~ лабораторный анализ; анализ in vitro

thymus-regeneration [thymus-repopulation] ~ анализ регенерационной [репопуляционной] способности тимуса *(метод оценки пострадиационных потенций тимуса)*

total hemolytic complement ~ метод титрования гемолитического комплемента

Treponema pallidum hemagglutination ~ реакция пассивной гемагглютинации, РПГА *(на сифилис)*

trypsin ~ определение активности трипсина

tube ~ анализ в пробирке

turbidimetric ~ турбидиметрический метод

two-site immunoradiometric ~ метод двойных антител, метод двойной системы антител

type-specific ~ типоспецифический анализ

urease-linked cellular immunosorbent ~ уреазный клеточный иммуносорбентный тест

vesicle immunolysis ~ метод иммунного лизиса с использованием (иммуно)липосом

virus plaque ~ вирусологический тест бляшкообразования

vitamin ~s анализ содержания витаминов

Western-blot ~ вестерн-блот анализ

wet ~ реакция преципитации

assayer [ə'seiə] химик-аналитик; лаборант-химик

assemblage [ə'semblidʒ] 1. сообщество 2. скопление; группа 3. сборка в структуру *(молекул или единиц)*

assembler [ə'semblə]:

bottom plug ~ запирающий модуль *(хроматографической колонки)*

gene ~ устройство для автоматизированного синтеза полинуклеотидов

membrane ~ сборка мембран *(из белково-липидных комплексов)*

assembling [ə'semblin] 1. сборка 2. установка, монтаж

~ of immunoassay постановка иммуноанализа

assembly [ə'sembli] 1. комплект, набор; совокупность 2. скопление, сосредоточение *(клеток, микроорганизмов)* 3. сборка, самосборка *(напр. макромолекулы)* 4. *мол. биол.* упорядоченная структура

biosensor ~ комплект биологических датчиков

breathing ~ дыхательный комплекс

centrifugation ~ies центрифужный набор, или комплект

clinical ~ клиническая секция

implant ~ набор имплантатов

intensive care ~ секция интенсивной терапии

mask ~ набор (кислородных) масок

object ~ совокупность предметов

radiation analyzing ~ анализатор ионизирующих излучений

radiation measuring ~ установка для измерения ионизирующих излучений

standard flux ~ эталонная установка для воспроизведения единицы потока ионизирующих частиц

variable-region gene ~ сборка изменчиво-регионного гена

warning ~ установка предупредительной сигнализации

World Health ~ Всемирная ассамблея здравоохранения

assertion [ə'sə:ʃən] претензия; притязание

patient's incorrect ~ некорректные заявления больного

assess [ə'ses] оценка ‖ оценивать, определять *(напр. расходы)*

renal ~ оценка функции почек

to ~ injuries определять степень [объём] повреждений

assessment [ə'sesmənt] 1. определение, установление *(напр. сроков беременности)*; обследование 2. экспертная оценка *(жизнеспособности, потребностей, инвалидности и пр.)* 3. взнос; определение размера взносов *(ВОЗ)*

~ of accuracy оценка точности или погрешности

~ of tissue compatibility определение тканевой совместимости

carotid ~ оценка состояния сонных артерий

clinical withdrawal ~ **for alcohol** клиническая шкала оценки алкогольного синдрома отмены

computerized ~ компьютерный анализ *(напр. нейротоксичности)*

development ~ оценка развития *(физического, психического, эмоционального и пр.)*

environmental impact ~ 1. оценка воздействия на окружающую среду 2. оценка воздействия окружающей среды

forensic psychiatric ~ судебно-психиатрическая оценка, или экспертиза

health technology ~ оценка медицинских технологий

immunologic ~ определение иммунного статуса

impact ~ оценка влияния *(напр. окружающей среды на здоровье человека)*

initial ~ первичная оценка состояния больного; первичное обследование

neurovascular ~ определение состояния кровообращения и чувствительности

office ~ **of chronic lung disease** диагностика хронического заболевания лёгких в поликлинике

patient's global ~ всесторонняя оценка пациентом *(эффективности лекарственного средства)*

personality ~ оценка личности

psychiatric ~ психиатрическое заключение

quality ~ обеспечение качества

risk ~ оценка риска

risk behavior ~ оценка поведенческого риска

safety ~ **of marketed medicines** оценка безопасности медикамента

sepsis oriented failure ~ шкала оценки сепсиса по тяжести *(Европейского общества интенсивной терапии)*

sepsis-related organ failure ~ шкала оценки органной недостаточности, обусловленной сепсисом

toxicological ~ оценка на токсичность

ultrasonic blood flow ~ ультразвуковое исследование кровотока

assessor [əˈsesə] эксперт; консультант

medical ~ судебно-медицинский эксперт

asset [ˈæset] *pl.* **1.** активы; средства; капитал **2.** фонды; имущество

capital ~ основные (материальные) фонды

genetic ~ генетическое наследие

assignment [əˈsainmənt] **1.** выделение, распределение **2.** ассигнование **3.** передача *(напр. по наследству)*

~ **of angiotensin-II receptor gene** картирование гена рецептора ангиотензина-II

~ **of benefits** прямые выплаты медицинских страховых обществ

~ **of dose** дозировка; дозирование

~ **of priorities** выделение приоритетов *(при оказании помощи пострадавшим)*

genotype ~ **1.** выявление генотипа **2.** распределение генотипа *(в популяции)* **3.** генетическое качество *(напр. о носительстве гена гемофилии)*

assimilation [əsimiˈleiʃən] **1.** ассимиляция, усвоение **2.** включение и модификация новой информации в контексте познавательной схемы

genetic ~ генетическая ассимиляция, канализация признака *(переход признака, вызванного внешней средой, в контролируемый генетически)*

net(te) [**real**] ~ истинная ассимиляция

oxidative ~ окислительная ассимиляция

assistance [əˈsistəns] помощь, содействие

breathing ~ вспомогательное дыхание

cardiovascular [**circulatory**] ~ вспомогательное кровообращение

Directory ~ справочная служба

emergency ~ экстренная помощь

endotracheal respiratory ~ эндотрахеальная вентиляция лёгких

family ~ помощь многодетным семьям

Family Planning International ~ Международная помощь планированию семьи *(США)*

intraaortic balloon ~ внутриаортальная контрпульсация

long-term ~ долговременная помощь

mechanical heart ~ **1.** вспомогательное механическое сердце **2.** искусственное кровообращение

mechanical ventricular ~ внутриаортальная баллонная контрпульсация, помощь искусственным желудочком

old age ~ помощь престарелым

operational ~ оперативная помощь

assistant [əˈsistənt] **1.** помощник врача; врач-стажёр; младший хирург **2.** ассистент *(преподаватель вуза)*

~ **to the surgeon general** помощник главного хирурга

dental chairside ~ помощник стоматолога

doctor's ~ помощник врача; фельдшер

health ~ помощник санитарного врача

medical ~ **1.** помощник врача; фельдшер **2.** младший врач *(обычно работающий под руководством старшего врача)*

nurse's ~ помощница медсестры

ophthalmic ~ ассистент врача-офтальмолога

physician's ~ *см.* **medical** ~

registry ~ статистик, регистратор

sacrum ~ полная сакрализация V поясничного позвонка

sanitary ~ помощник санитарного врача, фельдшер

spinal ~ корсет *(для фиксации позвоночника)*

surgical ~ хирургический ассистент *(нередко лицо со средним медицинским образованием)*

X-ray laboratory ~ рентген-лаборант

assister [əˈsistə]:

pressure breathing ~ аппарат искусственной вентиляции лёгких

associate [əˈsəuʃieit] **1.** коллега, партнёр; соучастник; младший член; член-корреспондент *(общества)* **2.** объединённый; связанный; ассоциированный *(напр. с болезнью)*, сопряжённый **3.** способствовать *(возникновению заболевания)*; обусловить, вызвать *(напр. гематому)* **4.** сочетаться, связываться, ассоциироваться **5.** сопровождать(ся) *(напр. частым стулом)*; осложняться *(напр. нагноением)*

~ **of the Linnaean Society** член-корреспондент Линнеевского общества

~ **of the Pharmaceutical Society** член-корреспондент Фармацевтического общества

clinical research ~ руководитель [координатор] клинических испытаний

research ~ научный сотрудник

associated [əˈsəuʃieitid] **1.** ассоциированный, сочетанный, связанный; сопровождающий, сопутствующий *(напр. о симптоме)* **2.** вызванный, индуцированный, обусловленный *(напр. о заболевании)* **3.** протекающий параллельно *(напр. гепатит в сочетании с циррозом одноимённой природы)*

~ **with abnormality** обусловленный пороком развития

association [əˌsəusiˈeiʃən] **1.** общество, ассоциация, объединение, союз **2.** связь *(напр. курения и болезни)*; близость; соединение; общение **3.** *биол.* ассоциация, жизненное сообщество *(растений, животных)* **4.** *психол.* ассоциация

~ **between peptic ulceration and drug use** взаимосвязь изъязвления желудка с приёмом лекарства

~ **by contiguity** ассоциация по смежности

~ **by similarity** ассоциация по сходству

~ **of ideas 1.** мысленные ассоциации, цепь идей **2.** ассоциация понятий *(связь различных понятий для создания правильного образа)*

~ of medical education ассоциация работников медицинского образования

~ of microorganisms ассоциация [сочетание] микроорганизмов

~ of orthostatic blood pressure fall with systolic hypertension взаимосвязь снижения ортостатического давления с уровнем систолической гипертензии

chromosome ~ ассоциация хромосом *(расположенных поблизости друг от друга)*

clang ~s ассоциация слов по звуковому сходству

closed ~ замкнутая ассоциация

drug ~ сочетание [комбинация] лекарственных препаратов

free ~s *психол.* свободные ассоциации *(вербализация пациентом без запретов и обдумывания всего, о чём он думает)*

homotypical ~ одновидовая ассоциация

independent practice ~ независимая врачебная ассоциация

microbial ~ сообщество микроорганизмов

primary ~ первичная ассоциация *(возникающая из потомства, группирующегося вблизи места рождения)*

segregate ~ производная ассоциация *(возникающая под воздействием условий окружающей среды)*

sexual ~ сексуальная связь

strong and consistent ~ выраженная и последовательная связь *(напр. туберкулёза и наследственности)*

weak negative ~ слабая отрицательная зависимость, или связь *(напр. СПИДа и социального положения)*

word ~ *псих.* называние слов по свободной ассоциации *(тест)*

Association см. Приложение

assortment [əˈsɔːtmənt] 1. сортировка, подбор; классификация 2. ассортимент, выбор 3. расхождение генов или хромосом в мейозе

haploid ~ гаплоидный набор

independent ~ независимое [случайное] распределение генов или хромосом в мейозе

nonrandom ~ неслучайное расхождение генов или хромосом в мейозе

random ~ *см.* **independent ~**

assuage [əˈsweiʤ] 1. успокаивать, смягчать *(боль)* 2. утолять *(голод, жажду)*

to ~ the patient's feelings щадить чувства больного

assuagement [əˈsweiʤmənt] 1. болеутоляющее средство 2. успокоение, смягчение *(боли)*

assume [əˈsjuːm] 1. допускать, предполагать 2. принимать, приобретать *(определённый характер, напр., о болезни)* 3. *психол.* притворяться, важничать

assumption [əˈsʌmpʃən] 1. предположение, допущение 2. притворство

actuarial ~ *страх.* актуарные прогнозы *(на основании которых рассчитывают объёмы ожидаемых затрат и поступлений за оказание медицинских услуг)*

basic ~s *психол.* основные установки

fight-flight ~ *психол.* установка «борьба-бегство»

assurance [əˈʃʊərəns] 1. гарантия, заверение; уверенность 2. *психол.* твёрдость, неустрашимость; самоуверенность, самонадеянность 3. страхование

~ of life страхование жизни

endowment ~ страхование на дожитие

performance ~ обеспечение технических характеристик

quality ~ гарантия качества; контроль за качеством

assure [əˈʃʊə] 1. обеспечивать, гарантировать 2. страховать *(жизнь)*

assured [əˈʃʊəd] страхователь, владелец страхового полиса, застрахованный

assurer [əˈʃʊərə] страховщик

astasia-abasia [æsˈteiziə-əˈbeiziə] см. **abasia-astasia**

astatic [æˈstætik] относящийся к астазии

astatine [ˈæstetiːn], At астат *(искусственный радиоактивный элемент из группы галогенов)*

asteatodes [ˌæstiəˈtəʊdiːz], **asteatosis** [ˌæstiəˈtəʊsis] ксеродермия, астеатоз *(снижение или прекращение функций сальных желёз)*

aster [ˈæstə] звездообразное расположение хромосом

astereognosis [əˌsterɪŋˈnəʊsis] астереогноз, астереогнозия, тактильная слепота *(невозможность определения формы предмета на ощупь)*

asterion [æˈstiːriɒn] *кр. метр.* астерион *(точка пересечения ламбдовидного, затылочно-сосцевидного и теменно-сосцевидного швов черепа)*

asterixis [ˌæstəˈriksis] «порхающее» дрожание, «порхающий» тремор *(обычно при гепатаргии)*

asternal [eiˈstəːnəl] 1. не связанный с грудиной 2. не имеющий грудины

asthenia [æsˈθiːniə] 1. астения, астенический синдром; бессилие 2. общая мышечная слабость

~ hypophyseogenea гипофизарная недостаточность

cutaneus ~ несовершенный десмогенез, Элерса – Данлоса синдром

neurocirculatory ~ нейроциркуляторная дистония

asthenobiosis [æsˌθiːnəʊbaiˈəʊsis] астенобиоз *(выраженное сокращение физической или метаболической активности)*

asthenocoria [æsˌθiːnəʊˈkɔːriə] медленная реакция зрачка на свет

asthenopia [ˌæsθəˈnəʊpiə] астенопия *(быстрая утомляемость глаз во время зрительной работы)*

accommodative ~ аккомодативная астенопия

reflex ~ симптоматическая [вторичная] астенопия

asthenopyra [æsˌθenəʊˈpaiə] слабо выраженная лихорадка

asthenospermia [æsˌθenəʊˈspəːmiə] астеноспермия, олигоспермия

asthma [ˈæzmə] астма; удушье

acute severe ~ 1. тяжёлая форма бронхиальной астмы 2. астматическое состояние

adult ~ астма у взрослых

atopic ~ неинфекционно-аллергическая [атопическая] бронхиальная астма

bacterial ~ инфекционно-аллергическая бронхиальная астма

bronchial ~ бронхиальная астма

cardiac ~ сердечная астма *(острая левожелудочковая недостаточность)*

Elsner's ~ *см.* **Heberden's ~**

exercise-induced ~ астма напряжения

extrinsic ~ приобретённая [экзогенная] бронхиальная астма

hay ~ сенная лихорадка, или астма, сенной насморк, летний катар

Heberden's ~ стенокардия, грудная жаба

humidifier ~ астма на сырость, астматический синдром в помещениях с кондиционируемым воздухом

intrinsic ~ наследственная [эндогенная] бронхиальная астма

locomotor ~ двигательная [динамическая] атаксия *(проявляющаяся нарушением координации движений)*

miner's ~ антракоз

mite ~ бронхиальная астма, вызванная клещами

nasal ~ вазомоторный [нейровегетативный, нервно-рефлекторный] ринит

nocturnal ~ ночной приступ астмы; обостряющаяся ночью астма; ночная одышка

persistent ~ резистентная, не поддающаяся лечению бронхиальная астма

printer's ~ астма печатников

reflex-induced bronchial ~ рефлекс-индуцированная бронхиальная астма

renal ~ одышка при хронической почечной недостаточности

spasmodic ~ *см.* **bronchial ~**

stone ~ бронхиальная астма, обусловленная бронхолитиазом

stripper's ~ астма, индуцированная биссинозом *(от вдыхания хлопковой пыли)*

asthmogenic [ˌæzməʊˈʤenik] вызывающий астму

astigmatic [ˌæstigˈmætik] относящийся к астигматизму, астигматический

astigmatism [æˈstigmətizm], **astigmia** [əˈstigmiə] *офт.* астигматизм

corneal ~ роговичный астигматизм

hyper(metr)opic ~ гиперметропический астигматизм

lenticular ~ хрусталиковый астигматизм

mixed ~ смешанный [миопо-гиперметропический] астигматизм

myopic ~ миопический астигматизм

oblique ~ астигматизм с косыми осями

regular ~ правильный астигматизм

astigmatoscopy [ˌæstigməˈtɒskəʊpi], **astigmoscopy** [ˌæstigməˈskəʊpi] астигмоофтальмометрия

astigmometry [ˌæstigˈmɒmətri] астигмометрия *(определение характера и степени астигматизма)*

astomia [əˈstəʊmiə] атрезия ротового отверстия

astomus [əˈstəʊməs] новорождённый с атрезией ротового отверстия

astragalocalcanean [æsˌtrægələʊkælˈkeiniən] таранно-пяточный

astragalus [əˈstrægələs] таранная кость

astrapophobia [ˌæstrəpəʊˈfəʊbiə] астрапофобия, кераунофобия *(патологическая боязнь молний)*

astrict [əˈstrikt] 1. вызывать запор 2. сдавливать для остановки кровотечения

astriction [əˈstrikʃn] 1. запор 2. вяжущее действие *(лекарственного средства)* 3. сдавление или сжатие для остановки кровотечения

astringent [əˈstrinʤənt] 1. вяжущее [высушивающее] средство 2. подавляющий секрецию или останавливающий кровотечение, гемостатический 3. вызывающий сокращение тканей; стягивающий

astroblast [ˈæstrəʊblæst] астробласт *(предшественник астроцита)*

astrocele [əˈstrəʊsiːl] центросома, центральное тельце, центросфера, центриоль

astrocyte [əˈstrəʊsait] астроцит, астроглиоцит, астроглиальная клетка

fibrous ~ волокнистый [фибрилло-образующий, фиброзный] астроцит

protoplasmic ~ (прото)плазматический астроцит

astrocytoma астроцитома *(глиальная опухоль)*

anaplastic ~ атипическая [анапластическая, малигнизированная] астроцитома

pilocytic ~ пилоидная [волосовидная] астроцитома

astroglia [əˈstrɒgliə] астроцитарная (нейро)глия, *уст.* микроглия

astrophobia [ˌæstrəʊˈfəʊbiə] астрофобия *(патологическая боязнь звёзд и звёздного неба)*

Astrovirus [ˌæstrəʊˈvairəs] род астровирусы

astyclinic [ˌæstiˈklinik] городское [муниципальное] лечебное учреждение

astysia [əˈstiziːə] эректильная дисфункция, импотенция

asylum [əˈsailəm] 1. психиатрическая больница 2. интернат для инвалидов; *ист.* приют; богадельня

deaf-and-dumb ~ интернат для глухонемых

lunatic ~ психиатрическая больница

orphan ~ детский дом; сиротский дом, приют

royal military ~ дом ветеранов военнослужащих

asymbolia [əsimˈbəʊliə] асимболия, асимволия *(непонимание значения условных знаков)*

visual ~ зрительная асимволия *(потеря способности читать и писать)*

asymmetry [ˈæsimətri]:

~ of cerebral hemispheres межполушарная асимметрия

chromatic ~ хроматическая асимметрия *(нарушение цветовосприятия)*

encephalic ~ функциональная асимметрия головного мозга

asymphytous [əˈsimfitəs] несросшийся *(перелом)*

asymptomatic [ˌeisimptəʊˈmætik] бессимптомный, субклинический, скрытый, латентный

highest ~ подпороговая *(доза)*

asynapsis [əsiˈnæpsis] асинапсис *(отсутствие конъюгации хромосом в мейозе)*

asynchronia [eiˈsinkrəʊniə] асинхроноз *(1. отсутствие согласованности во времени 2. разновременное сокращение отдельных участков миокарда)*

cricopharyngeal ~ кольцевидно-глоточная асинхрония

nuclear-cytoplasmic ~ ядерно-цитоплазматический асинхроноз

asynclitism [əˈsinklitizm] *акуш.* асинклитизм *(вставление головки плода в верхнюю апертуру малого таза, при котором сагиттальный шов отклонён к крестцу или симфизу)*

anterior ~ передний асинклитизм, передне-теменное вставление головки плода

posterior ~ задний асинклитизм, задне-теменное вставление головки плода

asyndesis [ə'sindəsis] потеря способности соединять отдельные мысли в понятия

asynechia [əsi'nekiə] асинехия *(несвязность структуры)*

asynergia [əsi'nɔːʤiə], **asynergy** [ə'sinɔːʤi] асинергия, диссинергия *(нарушение содружественной деятельности мышц)*

appendicular ~ диссинергия функций верхних и нижних конечностей

motor ~ локомоторная атаксия

truncal ~ поражение мышц туловища

ventricular ~ асинергия желудочка сердца *(отдельных зон миокарда)*

verbal ~ асинергия мышц гортани

asynesia [əsi'niːziə] интеллектуальная ограниченность

asynodia [əsi'nɔudiə] *см.* **astysia**

asystole [ə'sistɔuli], **asystolia** [æsis'tɔuliə] асистолия, остановка сердца

atactic [ə'tæktik] несогласованный, некоординированный; страдающий атаксией; атаксический

atactilia [ə'tæktiliə] потеря тактильной чувствительности

ataractic [ˌætə'ræktik] (малый) транквилизатор, анксиолитик || подавляющий патологический страх, обладающий успокаивающим действием

ataralgesia [ˌætəræl'ʤiːziə] атаралгезия *(наркоз, индуцируемый применением аналгетиков и транквилизаторов)*

ataraxia [ˌætə'ræksiə] атараксия *(снятие тревоги, страха и напряжения психотропными средствами)*

ataraxic [ˌætə'ræksik] *см.* **ataractic**

ataxia [ə'tæksiə] атаксия *(расстройство координации движений)*

cerebellar ~ мозжечковая атаксия

episodic ~ преходящие расстройства движений

Friedreich's ~ Фридрейха наследственная атаксия

intermittent ~ *см.* **episodic** ~

intrapsychic ~ интрапсихическая атаксия, дискордантность (Шаслена)

kinetic [locomotor] ~ двигательная [статико-локомоторная, динамическая] атаксия

Marie's ~ Пьера Мари наследственная мозжечковая атаксия

ocular ~ нистагм

proprioceptive [sensitive, sensory] ~ сенситивная [проприоцептивная] атаксия

static [trunkal] ~ статическая атаксия, атаксия туловища *(нарушения равновесия в положении сидя и стоя)*

ataxia-telangiectasia [ə'tæksiə-teˌlænʤiek'teiziə] атаксия-телеангиэктазия, Луи – Бар синдром *(аутосомно-рецессивно наследуемая болезнь, характеризующаяся прогрессивной мозжечковой атаксией, телеангиэктазами и иммунодефицитом)*

atax(i)ophemia [əˌtæksiəu'fiːmiə] дизартрия

ataxy [ə'tæksi] *см.* **ataxia**

atelectasis [ˌætə'lektəsis] *пульм.* ателектаз

compression ~ компрессионный ателектаз, коллапс лёгкого

congestive ~ *см.* **obstructive** ~

linear ~ листовидный [пластинчатый] ателектаз

lobar ~ долевой ателектаз

lobular ~ ацинозный [дольковый] ателектаз

obstructive ~ обтурационный ателектаз

patchy ~ *см.* **lobular** ~

primary ~ врождённый [первичный] ателектаз

secondary ~ приобретённый [вторичный] ателектаз *(у младенцев на фоне болезни гиалиновых мембран)*

ateleiosis [əˌteli'əusis] гипофизарная [церебрально-гипофизарная] карликовость, гипофизарный инфантилизм

atelia [ə'tiːliə] ателия, ателиоз *(незавершённое развитие какого-л. органа или ткани, напр. сосков)*

atelic [ə'tiːlik] нефункционирующий

ateliosis [əˌtiːli'əusis] *см.* **ateleiosis**

atelocardia [ˌætələu'kaːdiə] врождённый порок сердца

atelocheilia [ˌætələu'kailiə] врождённый дефект развития губы

atelodontia [ˌætələu'dɒntiə] ателодонтия *(врождённое недоразвитие зубочелюстной системы)*

atelomyelia [ˌætələu'maiəliə] ателомиелия *(врождённое недоразвитие какого-л. участка спинного мозга)*

atelopodia [ˌætələu'pəudiə] ателоподия *(врождённый дефект развития стопы)*

atelorachidia [ˌætələurei'kidiə] ателорахидия, врождённое недоразвитие позвоночника

atelostomia [ˌætələus'təumiə] врождённый дефект развития органов ротовой полости

athelia [ə'θiːliə] ателия *(врождённое отсутствие сосков молочной железы)*

atherectomy [æθer'ektəmi]:

pullback ~ извлечение атеросклеротической бляшки *(через стент)*

athermic [ə'θɔːmik] безлихорадочный, апиретический

atherocheuma [æθərəu'kjuːmə] атероматозный абсцесс

atherogenesis [æθərəu'ʤenəsis] атерогенез, развитие атеросклероза

atherogenic [æθərəu'ʤenik] атерогенный, способствующий развитию атеросклероза

atheroma [æθə'rəumə] **1.** атеросклеротическая бляшка **2.** атерома *(киста сальной железы)*

~ **and thrombosis** тромбоз артерии, поражённой атеросклерозом

atheronecrosis [æθəˌrəuni'krəusis] атеронекроз *(некроз стенки артерии, поражённой атеросклерозом)*

atherosclerosis [æθəˌrəusklə'rəusis]:

attenuation ~ снижение [уменьшение] атеросклеротического поражения; обратное развитие атеросклероза

early ~ рано диагностированный атеросклероз

femoral ~ атеросклероз бедренной артерии

athetoid ['æθətɔid], **athetosic** [æθə'təusik] атетоидный, атетозный

athetosis [æθə'təusis] атетоз, атетоидный гиперкинез *(вычурные непроизвольные движения пальцев рук и иногда ног)*

double ~ двойной [двусторонний] атетоз

athlete ['æθliːt]:

competitive ~ спортсмен, выступающий на соревнованиях

young ~ молодой спортсмен

athletic [æθ'letik] 1. спортивный (*о занятиях*) 2. атлетический (*о строении тела*); тяжёлый (*напр. о нагрузке на сустав*)

athrepsia [æ'θrepsiə] *см.* **atrepsy**

athrombia [æ'θrɒmbiə] гипокоагуляция

athymia [ə'θaimiə] 1. аменция (*форма помрачения сознания*) 2. атимия (*отсутствие или снижение эмоциональных реакций*) 3. врождённое отсутствие вилочковой железы

athymic [ə'θaimik] не имеющий вилочковой железы

athyreosis [ə,θairi'əusis] 1. атиреоз, отсутствие щитовидной железы 2. гипофункция щитовидной железы

atlantal [ət'læntəl] относящийся к атланту, или к первому шейному позвонку

atlantoaxial [ət,læntəu'æksiəl] атлантоосевой, относящийся к первому и второму шейным позвонкам

atlantodidymus [ət,læntəu'didiməs] *см.* **atlodidymus**

atlantooccipital [ət,læntəuɒk'sipitəl] атлантозатылочный

atlas ['ætləs] 1. атлант, первый шейный позвонок 2. атлас

health ~ медико-санитарный атлас; атлас здравоохранения

atlo-axoid ['ætləu-'æksɒid] *см.* **atlantooccipital**

atlodidymus [,ætləu'didiməs] *терат.* двуглавый плод

atloido-occipital [ət,lɒidɒ-ɒk'sipitəl] *см.* **atlantooccipital**

atmiatrics [,ætmai'ætriks] *см.* **atmotherapy 1**

atmobios [,ætmɒ'baiɒs] организмы, обитающие в воздухе

atmocausis [,ætmɒ'kɔːsis] 1. лечение горячим паром 2. коагуляция паром

atmography [æt'mɒgrəfi] пневмография (*регистрация дыхательных движений*)

atmosphere ['ætməsfiə] 1. атмосфера, воздух 2. окружающие условия, обстановка 3. внесистемная единица давления, атм

artificial ~ кондиционированный воздух

controlled ~ регулируемая газовая среда

ICAO standard ~ ICAO стандартная атмосфера (*стандарт, принятый Международной организацией гражданской авиации (ICAO), США*)

modified ~ регулируемый состав воздуха

simulated ~ моделируемая атмосфера; атмосфера с искусственным климатом

standard ~ физическая [нормальная] атмосфера (*единица давления, атм*)

technical ~ техническая атмосфера (*единица давления, ат*)

tenuous ~ разреженная атмосфера

atmospherization [,ætməsfiərai'zeiʃn] артериализация венозной крови

atmotherapy [,ætmɒ'θerəpi] 1. аэрозольтерапия (*лечение ингаляциями*) 2. лечение невротического спазма снижением дыхания

atocia [ə'təusiə] женское бесплодие

atocous ['ætɒkəs] бесплодный, не дающий потомства

atomization [,ætəmi'zeiʃən] 1. распыление, пульверизация 2. аэроионизация

atomizer ['ætəmaizə] 1. распылитель, пульверизатор; опрыскиватель 2. аэроионизатор, аэрозольный ингалятор

atonia [ə'təuniə] *см.* **atony**

atonic [ə'tɒnik] атонический; вялый; слабый

atony ['ætəni] атония, отсутствие тонуса; вялость; слабость, бессилие

atopen ['ætəupen] атопен, аллерген

atopic [ə'tɒpik] 1. атопический, характеризующийся необычной локализацией; перемещённый (*напр. орган*); эктопический; дистопический 2. аллергический, относящийся к атопии

atopognosia [ə,tɒpɒg'nəuziə], **atopognosis** [ə,tɒpɒg'nəusis] атопогнозия (*неспособность точно локализовать ощущения*)

atopomenorrhea [ə,tɒpəumenəu'riə] викарная менструация

atopy ['ætəupi] атопия (*наследственная предрасположенность к аллергии; аллергия*)

atoxic [ə'tɒksik] нетоксичный, неядовитый

atrabiliary [,ætrə'biliəri] 1. желтушный 2. подавленный, угнетённый; меланхоличный; жёлчный

atraugrip [,ætrɔːˈgrip] атравматический [атравматичный] зажим

atraumatic [,ætrɔːˈmætik] 1. атравматичный, не наносящий повреждения 2. спонтанный, самопроизвольный

atremia [ə'triːmiə] атремия (*нервно-психическое расстройство, характеризующееся нарушением способности стоять, сидеть, ходить*)

atrepsy ['ætrəpsi] атрепсия (*расстройство трофики*); недостаточность питания; маразм

atresia [ə'triːziə]

~ **tubalis** *лат.* атрезия маточных труб

anal ~ атрезия заднего прохода, неперфорированный анус

aortic ~ заращение аортального клапана

biliary ~ атрезия жёлчных протоков

esophageal ~ атрезия пищевода

meatal ~ атрезия наружного отверстия мочеиспускательного канала

pulmonary ~ атрезия лёгочного ствола

segmental ~ сегментарная атрезия (*напр. тонкой кишки*)

tricuspid ~ атрезия трёхстворчатого клапана

atresic [ə'triːzik], **atretic** [ə'triːtik] относящийся к атрезии

atrial ['ætriəl] предсердный

atrichia [ə'trikiə] 1. отсутствие волос; алопеция, облысение 2. отсутствие ресниц

atrichous [ə'trikəs] не имеющий волос; лысый

atriomegaly [,eitriəu'megəli] атриомегалия (*резкое увеличение левого предсердия*)

atrionector [,ætriəu'nektə] синусно-предсердный [синусный] узел, Киса – Флека узел

atrioseptopexy [,eitriəu,septə'peksi] атриосептопексия (*ушивание дефекта межпредсердной перегородки*)

atriotomy [,eitri'ɒtəmi] вскрытие предсердия

atrioventricular [,eitriəuven'trikjulə] предсердно-желудочковый, атриовентрикулярный

atrium ['eitriəm], *pl.* **atria** ['eitriə] 1. полость; пазуха; синус 2. предсердие 3. отверстие бронхиолы (*открывающееся в альвеолы*) 4. преддверие; входные ворота инфекции

~ **dextrum** *лат.* правое предсердие

prominent ~ увеличение предсердия

atrophedema [ə͵trɒfə'diːmə] ангионевротический [ограниченный острый] отёк, гигантская крапивница, болезнь Квинке

atrophied ['ætrəʊfiːd] 1. атрофированный 2. истощённый

atrophoderma [͵ætrəʊfəʊ'dɜːmə] атрофодермия

atropholysis [͵ætrəʊfəʊ'laisis] трофическое поражение ткани, трофический распад ткани

atrophy ['ætrəʊfi] 1. атрофия || атрофироваться 2. ослабление (функции); истощение

~ **of disuse** атрофия от бездействия, дисфункциональная атрофия

bone ~ костная атрофия

brown ~ бурая атрофия (напр. миокарда)

Charcot – Marie ~ наследственная невральная амиотрофия, Шарко – Мари мышечная атрофия (перонеального типа)

circumscribed ~ **of brain** ограниченная предстарческая атрофия головного мозга, Пика [синдром] болезнь

compression ~ атрофия от давления, компрессионная атрофия

convolutional (cerebral) ~ см. **circumscribed** ~ **of brain**

correlated ~ атрофия после удаления или повреждения части органа

cyanotic ~ застойная атрофия печени, сердечный цирроз печени

Dejerine – Sottas type ~ интерстициальный гипертрофический прогрессирующий полиневрит, Дежерина – Сотта гипертрофический неврит

Dejerine – Thomas ~ оливопонто-церебеллярная [дистрофия] атрофия; Дежерина – Тома болезнь

dentatorubral-pallidoluysian ~ дентаторубро-паллидольюисова атрофия

Erb's ~ см. **juvenile muscular** ~

glandular ~ железистая атрофия

gyrate ~ спиралевидная атрофия сетчатки

healed yellow ~ постнекротический цирроз печени

Hoffmann's ~ наследственная спинальная амиотрофия, Вердинга – Гоффманна прогрессирующая мышечная атрофия

infantile heredofamilial optic ~ детская наследственная атрофия зрительного нерва, Бера синдром

ischemia muscular ~ ишемическая контрактура (Фолькманна)

Jadassohn's macular ~ эритематозная анетодермия, Ядассона атрофическая анетодермия

juvenile muscular ~ юношеская миопатия, Эрба болезнь, Эрба – Рота миодистрофия

leaping ~ восходящая мышечная атрофия

Leber's optic ~ атрофия зрительного нерва, Лебера [синдром] болезнь

linear ~ линейная атрофия кожи

lobar ~ ограниченная предстарческая атрофия головного мозга, Пика синдром, или болезнь

macular ~ см. **Jadassohn's macular** ~

multiple system ~ множественная системная атрофия

neural [neuritic, neuropathic, neurotic] ~ амиотрофия

olivopontocerebellar ~ оливопонтоцеребеллярная атрофия

optic ~ атрофия зрительного нерва

Parrot's ~ Парро атрофия (непропорциональная карликовость при хондродистрофии плода)

peroneal muscular ~ перонеальная мышечная атрофия

pressure ~ см. **compression** ~

progressive retinal ~ прогрессирующая атрофия сетчатки

reversionary ~ анаплазия, катаплазия (стойкая дедифференцировка клеток злокачественной опухоли)

roentgen ~ **of the skin** лучевая атрофия кожи, хронический рентгеновский дерматит

spinal and bulbar muscular ~ спинально-бульбарная мышечная атрофия

Sudeck's ~ острая костная атрофия, Зудека [атрофия, болезнь] синдром

villous ~ атрофия кишечных ворсинок

yellow ~ жёлтая дистрофия, или острая жёлтая атрофия, печени

atropinism ['ætrəʊpinizm] синдром отравления атропином

atropinize ['ætrəʊpinaiz] применять атропин, воздействовать атропином

attach [ə'tætʃ] прикреплять; присоединять; фиксировать; скреплять || распространять(ся), прорастать (об опухоли)

attachment [ə'tætʃmənt] 1. привязанность; прикрепление; присоединение; фиксация; скрепление 2. приспособление, устройство; приставка; насадка; атачмен (устройство для скрепления частей зубного протеза) 3. присасывание (клеща)

~ **of an artificial crown** прикрепление искусственной коронки

~ **of feelings** чувственная связь

~ **of implant to bone** фиксация имплантата к кости

~ **of nerve** пересадка нерва (об операции)

~ **of one gene to another** сплайсинг (присоединение одного гена к другому)

~ **of risk** наступление риска

~ **of testosterone** связывание тестостерона (рецепторами андрогенов)

angle ~ угловой наконечник (для бормашины)

biopsy ~ насадка к биопсийному инструменту

connective tissue ~ соединительно-тканная связка (десневого кармана)

epithelial ~ эпителиальная связка (десневого кармана)

external ~s стом. кламмеры, окклюзионные накладки и крючки (дугового протеза)

gingival ~ краевое прилегание десны к зубу

internal ~s решётка, дуга и отростки каркаса (дугового протеза)

irrigation ~ стом. насадка для ирригационной системы

lobe ~ приращение мочки уха

multivalent ~ 1. мультиспецифическое связывание (антигена с антителом) 2. хим. поливалентная сорбция (лиганда)

nipple ~ поведение ребёнка, направленное на контакт с соском матери

operating sealing ~ хирургическая уплотняющая насадка

periodontal ~ периодонтальная связка

pike-mouth ~ насадные щипцы в форме «щучьей пасти»

pin-and-socket-type ~ штифтовое крепление *(мостовидного протеза)*

refractometric ~ рефрактометрическая насадка

serial radiographic ~ *рентг.* сериограф

single-site ~ связывание в одном участке, моносайтовое связывание *(антигена с клеткой)*

social ~ привязанность внутри сообщества

tomography ~ томографическая приставка

ventilating ~ дыхательная приставка *(к бронхоскопу)*

zonular ~s прикрепление к ресничному пояску *(хрусталика глаза)*

attack [ə'tæk] **1.** приступ; припадок || поражать; разрушать; разъедать; воздействовать **2.** нападение; атака

~ of vascular headache приступ [атака] головной боли сосудистого происхождения

~s or spells приступы или ремиссии *(болезни)*

acute ~ острое начало заболевания, острый приступ

anxiety ~ тревожная [паническая] атака, вегетативный [симпато-адреналовый] криз

apnoeic ~ остановка дыхания *(напр. во сне)*

apoplectic ~ инсульт

breath-holding ~ приступ задержки дыхания *(приступы детского плача, при которых ребёнок задерживает дыхание и синеет)*

cataplectic ~ приступ катаплексии

cerebrovascular ~ нарушение мозгового кровообращения; инсульт

convulsive ~ судорожный приступ, приступ судорог

cytolytic ~ цитолитическое действие

drop ~ 1. синкопальный вертебральный синдром, внезапная потеря сознания при шейном остеохондрозе **2.** припадок [приступ] падения *(без потери сознания)*

fainting ~ приступ эпилепсии

febrile ~ приступ лихорадки

full-blown panic ~ развёрнутая паническая атака

heart ~ стенокардия, ишемическая болезнь сердца, сердечный приступ, ИБС

limited-symptom ~s бедные симптомами приступы

panic ~ *см.* **anxiety ~**

reversible ischemic ~ обратимая ишемическая атака

salaam ~s младенческие [салаамовы] судороги *(разновидность эпилепсии)*

sneezing ~ приступ чихания

surgical ~ операция, хирургическое вмешательство

transient ischemic ~ преходящее ишемическое нарушение; преходящее нарушение мозгового кровообращения, ПНМК

vagal [vasovagal] ~ (вазо)вагальный криз, Говерса синдром

attacker [ə'tækə] «атакующая» клетка *(напр. активированная Т-клетка-киллер)*

attack-like [ə'tæk-'laik] приступообразно-прогредиентный *(напр. о течении психического расстройства)*

attainment [ə'teinmənt] **1.** достижение **2.** *pl.* навыки; знания

~ of health for all достижение здоровья для всех

attaque [ə'tæk]:

~ de nerveuse *фр.* нервный приступ

attemperation [ˌætempə'reiʃən] регулирование температуры

attempt [ə'tempt] **1.** попытка; проба; опыт || пытаться; пробовать **2.** покушение

suicidal ~ суицидальная попытка, попытка самоубийства

attempter [ə'temptə] лицо, совершившее суицидальную попытку

attend [ə'tend] **1.** заботиться, ухаживать; оказывать помощь **2.** посещать

to ~ the meeting присутствовать на консилиуме

attendance [ə'tendəns] **1.** забота, уход, присмотр; помощь, обслуживание **2.** посещение *(больного)* **3.** приём *(у врача)*

medical ~ медицинская помощь, медицинское обслуживание; уход за больным

attendant [ə'tendənt] сиделка; *pl.* обслуживающий персонал || сопровождающий, сопутствующий

medical ~s 1. младший медицинский персонал **2.** участковый медицинский работник *(врач, медсестра)*; лечащий [палатный] врач

sick ~ сиделка; няня; санитарка

traditional birth ~ 1. работник, проводящий наблюдение за беременной **2.** традиционный метод принятия родов

trained ~ квалифицированная сиделка

ward ~ санитар

attention [ə'tenʃən] **1.** внимание **2.** уход *(за больным)*; помощь *(больному)*

~ span limited объём внимания ограничен

broadband ultrasonic ~ *узи* широкополосное рассеивание

concentrated ~ сосредоточенное внимание

diminished ~ ослабленное внимание

distractable ~ рассеянное внимание

initial medical ~ первичное медицинское обследование

selective ~ избирательное внимание

subsequent medical ~ последующее медицинское наблюдение

attention-getting [ə'tenʃən-'getiŋ] привлечение внимания

attenuation [əˌtenjʊ'eiʃən] **1.** растворение, разжижение **2.** ослабление, смягчение *(боли)* **3.** аттенуация *(ослабление вирулентности микроорганизмов)* **4.** истощение, ослабление; смягчение; уменьшение *(холестерина)* **5.** потеря энергии *(излучения)*

~ of the patient's impulses ослабление импульсивности больного

~ of ultrasound затухание ультразвука

interaural ~ понижение слуха, обусловленное поражением внутреннего уха

attestation [ˌætes'teiʃən] **1.** аттестация **2.** удостоверение, подтверждение; засвидетельствование

attic ['ætik] надбарабанное пространство, аттик

atticotomy [ˌæti'kɒtəʊmi] аттикотомия *(операция удаления холестеатомы из уха)*

attitude ['ætiˌtjuːd] **1.** положение, поза; осанка **2.** расположение *(плода в матке)*; позиция, отношение **3.** *психол.* установка

~ of mind склад ума

alcohol ~ алкогольная установка *(отношение к алкоголю, питейным обычаям, проявлениям пьянства и собственное поведение в ситуациях употребления алкоголя)*

captative ~ *псих.* нарциссическая установка

crucifixion ~ поза распятия *(напр. при истероэпилепсии)*

defense ~ защитное [вынужденное] положение *(принимаемое больным для уменьшения боли)*

deflexion ~ положение разгибания *(головки плода)*

fear ~ *псих.* «установка страха», готовность к страху

forced ~ вынужденное положение тела *(напр. при контрактурах суставов)*

illogical ~ странная [своеобразная] поза

lustful ~ *см.* **sexual** ~

positive health ~ позитивное отношение к здоровью

pugilistic ~ поза гладиатора, поза боксёра *(у обгоревшего трупа)*

sexual ~ половое влечение, сексуальность

social ~ социальная установка

stereotyped ~ шаблонная поза, длительное сохранение одной позы *(при психических расстройствах)*

submissive ~ *психол.* поза подчинения

attorney [ə'tə:ni] 1. поверенный 2. адвокат 3. прокурор

attractable [ə'træktəbl] 1. обладающий сродством или тропностью 2. обладающий привлекательностью для особей противоположного пола

attractant [ə'træktənt] аттрактант *(вещество, привлекающее животных или насекомых запахом)*

attraction [ə'trækʃən] 1. влечение; притяжение 2. аттракция *(движение конечности, направленное к туловищу)*

adhesive ~ молекулярное притяжение между поверхностями соприкасающихся тел, адгезивность

capillary ~ капиллярное давление

chemical ~ химическое сродство *(сила, побуждающая атомы или молекулы соединяться с образованием новых соединений)*

erotic ~ *см.* **sex** ~

morbid ~ патологическое влечение

platelet ~ прилипание тромбоцитов

selective ~ селективное притяжение *(напр. Т-лимфоцитов)*

sex ~ половое [сексуальное] влечение, либидо

attribute 1. ['ætribju:t] свойство, характерный признак, отличительная черта 2. [ə'tribju:t] приписывать; относить *(к чему-л.)*; объяснять *(чем-л.)*

~s of virulence критерии вирулентности

disease ~ свойство болезни *(напр. контагиозность)*

protective ~ защитное свойство

temperamental ~ черта характера

attribution [ˌætri'bju:ʃən] 1. атрибуция *(приписывание социальным объектам характеристик, не представленных в поле восприятия)* 2. власть, компетенция

situational ~ ситуационная атрибуция *(объяснение наблюдаемого поведения исходя из объективных обстоятельств)*

attrition [ə'triʃən] 1. истощение, изнурение 2. истирание; истёртость; стираемость

~ by forces of normal mastication физиологическая стираемость зубов

dental ~ истёртость зубов

excessive ~ **of teeth** патологическая стираемость зубов

atylosis [əti'ləusis] атипичная форма туберкулёза

atypia [ə'tipiə] атипия; отклонение от нормы

cell ~ атипизм клеток; относящийся к злокачественности клеток, малигнизации

atypical [ə'tipikəl] атипичный; альтернативный *(напр. лекарственный препарат)*

au:

~ **courant** *фр.* в курсе *(событий)*

audibility [ɔ:di'biliti] слышимость, внятность, различимость *(речи)*

minimum ~ порог слышимости

audible ['ɔ:dibl] слышимый, внятный, различимый *(о речи)*

audile ['ɔ:dail] слуховой; обладающий хорошей слуховой памятью, легко воспринимающий на слух

audio ['ɔ:di,əu] 1. слуховой 2. аудиальный; озвученный 3. частота звука

audiogenic [ˌɔ:diəu'ʤenik] аудиогенный *(вызываемый звуком, особенно громким)*

audiogram ['ɔ:diəugræm] аудиограмма *(графическое изображение слуховых порогов)*

pure tone ~ тональная аудиограмма

audiology [ˌɔ:di'ɒləʤi] аудиология *(раздел оториноларингологии, изучающий слух и его нарушения)*

forensic ~ судебно-медицинская аудиология

reabilitative ~ реабилитационная аудиология *(теория и практика восстановления слуха)*

audiometry [ˌɔ:di'ɒmetri] 1. аудиометрия, акуметрия *(измерение остроты слуха)* 2. пороговая аудиометрия *(измерение порогов восприятия звука)*

behavioral ~ поведенческая аудиометрия

brainstem evoked response (BSER) ~ слуховые вызванные потенциалы мозгового ствола

cortical ~ корковая аудиометрия *(определение потенциалов звукопроводящей системы выше уровня ствола мозга)*

electrodermal ~ электрокожная [объективная] аудиометрия

impedance ~ импедансная аудиометрия; аудиометрия полного сопротивления

pure-tone ~ тональная аудиометрия

speech ~ речевая аудиометрия

audiophone ['ɔ:di,fəun] аудифон *(тип слухового аппарата)*

audit ['ɔ:dit] аудит, аудиторская проверка, ревизия, анализ || проводить аудит или аудиторскую проверку

~ **in diabetes (planning)** планирование обследования больных с сахарным диабетом

~ **of astma therapy** анализ лечения бронхиальной астмы

~ **of patients** анализ основных функциональных показателей больных

~ **quality** осуществлять надзор за качеством

clinical ~ **of antibiotic use** клинический аудит использования антибиотиков

medical ~ медицинская отчётность, медицинский аудит

national ~ государственный аудит

nursing ~ посещение (больного) медицинской сестрой

prenatal ~ пренатальный аудит *(анализ обследования, лечения и смертности новорождённых и беременных)*

quality ~ надзор качества

audition [ɔ:'diʃən] 1. слух, чувство слуха 2. слушание, выслушивание

chromatic ~ фонопсия, цветной слух

gustatory ~ вкусовой слух

auditognosis [ˌɔːditɒˈgnəʊsis] **1.** понимание и толкование звуков **2.** распознавание болезни с помощью перкуссии и аускультации

auditory [ˈɔːditəri] **1.** слуховой, относящийся к органу слуха **2.** звуковой *(напр. сигнал)*

auger [ˈɔːgə] **1.** сверло, (дриль)бор **2.** бормашина

electric ~ электрическая бормашина

augmentation [ˌɔːgmenˈteiʃən] аугментация *(1. увеличение; нарастание, напр., температуры 2. усиление терапии, напр., добавление антипсихотика или второго антидепрессанта при лечении резистентной депрессии)*

~ **of antibody response** усиление [стимуляция] антителогенеза

~ **of bladder, bladder** ~ увеличение размеров мочевого пузыря

augmentor [ɔːgˈmentə] аугментор *(1. стимулятор митоза или роста клеток 2. агент, усиливающий эффект терапии)*

augnathus [ɔːgˈneiθəs] *терат.* плод с двойной нижней челюстью

aula [ˈɔːlə] **1.** передний отдел третьего желудочка головного мозга **2.** очаг гиперемии *(в месте прививки)*

auliplexus [ˌɔːliˈpleksəs] *уст.* сосудистое сплетение третьего желудочка

aulix [ˈɔːliks] гипоталамическая [подбугорная, монроева] борозда

aura [ˈɔːrə] аура *(1. предвестник эпилептического припадка 2. микроатмосфера)*

~ **asthmatica** астматическая аура

~ **cure** *лат.* концепция ощущения заботы *(создание неспецифической лечебной среды)*

acoustic ~ слуховая аура

epileptic ~ эпилептическая аура

migrainous ~ мигренозная аура

motor ~ моторная [двигательная] аура *(при эпилепсии)*

psychic ~ психическая аура

visual ~ зрительная аура

aural [ˈɔːrəl] **1.** ушной; слуховой **2.** относящийся к ауре

auralism [ˈɔːrəlizm]:

natural ~ ранняя стимуляция слуха у младенцев с врождённой глухотой

aurantiasis [ɔːˈrænʃiəsis]:

~ **cutis** *лат.* аурантиаз кожи, каротиновая желтуха *(обусловленная чрезмерным потреблением моркови)*

auric [ˈɔːrik] золотой, относящийся к золоту

auricle [ˈɔːrikl], *лат.* **auricula** [ɔːˈrikjʊlə], *pl.* **auriculae** [ɔːˈrikjʊli] **1.** ушная раковина, ухо **2.** ушко предсердия

cervical ~ эктодермальный бранхиогенный свищ, боковой свищ шеи

auricular [ɔːˈrikjʊlə] **1.** относящийся к ушной раковине || ушной; аурикулярный *(о точке при иглорефлексотерапии)* **2.** относящийся к ушку предсердия

auriculare [ɔːˌrikjʊˈlɛə] *кр. метр.* центр отверстия наружного слухового прохода

auriculotherapy [ɔːˈrikjʊləʊˈθerəpi] аурикулопунктура, аурикулотерапия *(иглоукалывание в активные точки ушной раковины)*

auriform [ˈɔːrifɔːm] напоминающий ушную раковину

aurilave [ˈɔːrileiv] аппарат для промывания уха

aurin [ˈɔːrin] аурин, розоловая кислота

auripuncture [ˌɔːriˈpʌŋktʃə] тимпанопункция *(прокол барабанной перепонки)*

auris [ˈɔːris] *лат., pl.* **aures** [ˈɔːriːz] ухо *см.* **ear**

auriscalp(ium) [ɔːriˈskælpiəm] ушной пинцет

auriscope [ˈɔːriskəʊp] отоскоп, ушное зеркало

auristillae [ˈɔːristiliː] ушные капли

aurococcus [ˌɔːriəʊˈkɒkəs] золотистый стафилококк

aurometry [ɔːˈrɒmətri] *см.* **audiometry**

aurotherapy [ˌɔːrəʊˈθerəpi] ауротерапия *(лечение препаратами золота)*

auscultation [ˌɔːskəlˈteiʃən] аускультация, выслушивание

careful ~ внимательная аускультация

direct [immediate] ~ прямая [непосредственная] аускультация

mediate ~ непрямая аускультация

auscultoscope [ɔːsˈkʌltəʊskəʊp] стетоскоп; фонендоскоп

austere [ɒˈstiə] суровый, аскетичный

autacoid [ˈɔːtəkɔid] физиологически активное вещество *(гормон, трансмиттер и др.)*

chalonic ~**s** кейлоны, халоны *(вещества, специфически подавляющие деление клеток и синтез ДНК в тканях)*

duodenal ~ секретин

excitatory [hormonal] ~ возбуждающий гормон

inhibitory [restraining] ~ ингибирующий [тормозящий] фактор

autarcesiology [ˌɔːtɑːsiziˈɒlədʒi] наука о врождённом иммунитете

autarcesis [ɔːˈtɑːsizis] наследственный [врождённый, естественный, конституциональный] иммунитет, естественная резистентность

autecic [ɔːˈtiːsik] *см.* **autoecious**

autecology [ˌɔːtiˈkɒlədʒi] аутэкология, синэкология

autemesia [ɔːtəˈmiːziə] идиопатическая или функциональная рвота

authentic [ɔːˈθentik] аутентичный *(1. подлинный, достоверный, искренний 2. исходящий из первоисточника)*

authentication [ɔːˌθentiˈkeiʃən] идентификация, засвидетельствование подлинности

~ **of clone** аутентичность клона

~ **of sample** установление аутентичности препарата, верификация идентичности образца

authenticator [ɔːˈθentiˈkeitə] устройство опознавания

authoritarian [ɔːˌθɒriˈtɛəriən] авторитарная личность || авторитарный

authority [ɔːˈθɒrəti] **1.** власть, орган власти **2.** закон, прецедент, доказательство **3.** полномочия **4.** руководство, администрация **5.** авторитет, крупный специалист

executive ~ исполнительная власть

health ~**ies 1.** врачебная комиссия **2.** служба [орган, администрация] здравоохранения

human fertilization and embryology ~ комитет по искусственному оплодотворению и дальнейшему развитию эмбриологии

hygiene ~**ies** органы санитарного надзора

national ~ государственное учреждение

public health ~ орган здравоохранения

psychiatric ~**ies** психиатрический персонал

purchasing ~ies служба по финансово-хозяйственной деятельности *(больницы)*

standardizing ~ метрологическое [ведомство] учреждение

supervising ~ies органы надзора

voluntary licensing ~ общественная лицензионная комиссия

authorization [ˌɔːθəraɪˈzeɪʃən] **1.** уполномочивание **2.** санкция, разрешение **3.** лицензирование *(напр. лечебного учреждения)* **4.** сертификация *(напр. медикаментов)*

marketing ~ допуск лекарственного препарата на рынок *(государственная регистрация)*

statutory ~ уполномоченный законом

authorize [ˈɔːθəˌraɪz] **1.** уполномочивать **2.** санкционировать, разрешать

authorized [ˈɒθəraɪzd] разрешённый *(напр. о выбросах сточных вод и опасных отходов в окружающую среду)*

autism [ˈɔːtɪzm] *псих.* аутизм, самоизоляция *(погружение в мир личных переживаний)*

akinetic ~ *псих.* «бодрствующая» кома

childhood [infantile] ~ (ранний) детский аутизм, Каннера синдром

autistic [ɔːˈtɪstɪk] аутический, аутичный; неконтактный

autoactivation [ˌɔːtəʊˌæktiˈveɪʃən] аутокатализ, самоактивация

autoagglutination [ˌɔːtəʊəˌɡluːtiˈneɪʃən] **1.** аутоагглютинация эритроцитов *(собственной плазмой или сывороткой)* **2.** неспецифическая агглютинация *(клеток)*

autoaggression [ˌɔːtəʊəˈɡreʃən] **1.** аутоагрессия, саморазрушение *(членовредительство, суицид и пр.)* **2.** клеточная аутоиммунная реакция, аутоагрессия

autoallergy [ˌɔːtəʊˈæləʤi] аутоаллергия, эндоаллергия, аутоагрессия *(повышенная чувствительность к ряду компонентов собственных тканей)*

autoamputation [ˌɔːtəʊˌæmpjuˈteɪʃən] мутиляция *(отторжение некротизированной части тела или органа)*

autoanalysis [ˌɔːtəʊəˈnælisis] *псих.* самоанализ

autoanalyzer [ɔːtəʊˈænəlaɪzə] автоанализатор *(автоматизированная система для биохимических, морфологических и других исследований)*

autoantibody [ˌɔːtəʊˈæntiˈbɒdi] аутоантитело, аутоиммунное антитело *(аффинное к какой-л. ткани организма)*

~ies **with autoantigenic targets** комплексы аутоантигенов с аутоантителами в качестве мишеней

adrenal ~ies аутоантитела к надпочечникам

cold ~ холодовое аутоантитело

Donath – Landsteiner cold ~s Доната – Ландштейнера двухфазные гемолизины

encoded ~ies закодированные аутоантитела

epitope-specific ~ эпитоп-специфическое аутоантитело

immunoglobulin M ~ies аутоантитела против М-иммуноглобулина

lupus-~ies волчаночные (ауто)антитела *(в сыворотке больных красной волчанкой)*

natural ~ естественное аутоантитело

pathogenic ~ патогенетически значимое аутоантитело *(играющее важную роль в развитии заболевания)*

polyreactive ~ies полиреактивные *(реагирующие с различными органами или тканями)* аутоантитела

precipitating ~ преципитирующее антитело

serological ~ серологически выявляемое аутоантитело

true ~ естественное аутоантитело

warm ~ тепловое аутоантитело

autoantigen [ˌɔːtəʊˈæntiʤen] аутологичный антиген, аутоантиген *(нормальные антигены, а также компоненты клеток и тканей организма, приобретающие агрессивные свойства)*

tissue-specific ~ тканеспецифичные аутоантигены

autoantigenicity [ˌɔːtəʊˌæntiʤeˈnisiti] аутоантигенные свойства, аутоантигенность

autoantisepsis [ˌɔːtəʊˌæntiˈsepsis] физиологический антисепсис *(обезвреживание бактерий самим организмом)*

autobiology [ˌɔːtəʊbaiˈɒləʤi] биология особи

autoblast [ˈɔːtəʊblɑːst] *биол.* независимый элементарный микроорганизм

autoblood [ˈɔːtəʊblʌd] аутокровь *(кровь больного, используемая для него самого)*

autocatalysis [ˌɔːtəʊkəˈtælisis] аутокатализ

autochemist [ɔːtəʊˈkemist] биохимический автоанализатор

autocholecystoduódenostomy [ˌɔːtəʊˌkəʊləsɪstəʊˌduːədə-ˈnɒstəʊmi] образование холецистодуоденального свища

autochthonous [ɔːˈtɒkθɒnəs] **1.** аутохтонный *(1. местный, находящийся в месте возникновения, напр., тромб 2. эндогенный, напр., пигмент)* **2.** аутогенный, собственный *(об органе, ткани индивидуума)* **3.** коренной *(напр. житель)*

autocinesia [ˌɔːtəʊsiˈniːsiə], **autocinesis** [ˌɔːtəʊsiˈniːsis] см. **autokinesia**

autoclave [ˈɔːtəʊkleɪv] паровой стерилизатор, автоклав || стерилизовать [обрабатывать] в автоклаве

double-ended ~ двусторонний паровой стерилизатор *(имеющий двери на противоположных сторонах)*

high vacuum ~ паровой стерилизатор, работающий в режиме глубокого вакуума

autoclaving [ˌɔːtəʊˈkleɪvɪŋ] автоклавирование

autocoid [ˈɔːtəʊkɔid] см. **autacoid**

autocollimator [ˌɔːtəʊˈkɒliˈmeitə]:

monochromatic ~ автоколлиматор для монохроматического излучения

autocondensation [ˌɔːtəʊkɒndenˈseiʃən], **autoconduction** [ˌɔːtəʊkənˈdʌkʃən] лечебное применение токов высокой частоты; общая диатермия

autocrine [ˈɔːtəʊkrin] аутокринный, обозначающий аутостимуляцию

auto-cuff [ˈɔːtəʊ-kʌf] суточный мониторинг артериального [кровяного] давления

autocytolysis [ɔːtəʊsaiˈtɒlisis] см. **autolysis**

autocytotoxicity [ˌɔːtəʊˌsaitəʊtɒkˈsisiti]:

allergic ~ реагиновая аутоцитотоксичность

autodecomposition [ˌɔːtəʊˌdiːkɒmpəʊˈziʃən] самопроизвольный распад *(напр. таблетки при длительном хранении)*

autodigestion [ˌɔːtəʊdaiˈʤestʃən] самопереваривание, аутолиз, аутодигестивный процесс *(напр. при остром панкреонекрозе)*

autodropper [ˌɔːtəʊˈdrɒpə] автоматический диспенсер

autoecholalia [ˌɔːtəʊˌekəʊˈleiliə] аутоэхолалия

autoecious [ɔ:'ti:ʃəs] однохозяйный (*о паразите, все стадии развития которого протекают в одном хозяине*)

autoecology [ˌɔ:təʊi'kɒlədʒi] аутоэкология (*отрасль, исследующая взаимоотношения организма с окружающей средой; взаимоотношения вида с окружающей средой*)

autoepilation [ˌɔ:təʊepi'leiʃən] спонтанное [самопроизвольное] выпадение волос

autoepitope [ˌɔ:təʊ,epi'təʊp] аутоантигенная детерминанта, аутоэпитоп

autoeroticism [ˌɔ:təʊə'rɒtisizm], **autoerotism** [ˌɔ:təʊ'erəʊtizm] нарциссизм, аутомоносексуализм, аутоэротизм

autofluorescence [ˌɔ:təʊ,flu:'resəns] фоновая [эндогенная] флуоресценция, аутофлуоресценция

autofluoroscope [ˌɔ:təʊ'flu:rəʊˌskəʊp] гамма-топограф, сцинтиграф (*радиометрический прибор для регистрации распределения радиоактивного изотопа в организме*)

autofundoscope [ˌɔ:təʊ'fʌndəʊskəʊp] прибор для аутоофтальмоскопии

autogenous [ɔ:'tɒʤənəs] аутогенный (*1. эндогенный, возникающий в организме 2. полученный из культуры микробов, выделенных от самого больного*)

autograft ['ɔ:təʊgra:ft] аутотрансплантат, аутогенный [аутологический] трансплантат

full-thickness skin ~ аутотрансплантат на всю толщу кожи, полнослойный кожный аутотрансплантат

vascularized ~ васкуляризованный аутотрансплантат, аутотрансплантат на сосудистых связях

autografting [ɔ:təʊ'gra:ftiŋ] аутотрансплантация, аутопластика, аутогенная трансплантация

one-stage ~ одномоментная аутотрансплантация

autographism [ɔ:'tɒgrəfizm] дермографизм (*изменение окраски кожи при её штриховом раздражении*)

autohemagglutination [ˌɔ:təʊhemə,glu:ti'neiʃən] аутоагглютинация эритроцитов (*собственной плазмой или сывороткой*)

autohemagglutinin [ˌɔ:təʊhemə'glu:tinin] аутогемагглютинин, гемагглютинирующее аутоантитело

cold ~ холодовой аутогемагглютинин

autohemic [ˌɔ:təʊ'hi:mik] изготовленный из аутокрови

autohemolysin [ˌɔ:təʊhi:'mɒlisin] аутогемолизин, гемолитическое [антиэритроцитарное] аутоантитело

autohemolysis [ˌɔ:təʊhi:'mɒlisis] аутоиммунный гемолиз, лизис аутологичных эритроцитов

autohemotherapy [ˌɔ:təʊˌhi:məʊ'θerəpi] аутогемотерапия

autohemotransfusion [ˌɔ:təʊhi:ˌməʊtræns'fju:ʒən] аутогемотрансфузия (*введение больному его собственной крови*)

autohistoradiography [ˌɔ:təʊˌhistəʊreidi'ɒgrəfi] ауторадиография

autohypnosis [ˌɔ:təʊhip'nəʊsis] аутогипноз, самогипноз, трансцедентальная медитация, нирвана

autoidentification [ˌɔ:təʊˌaidentifi'keiʃən] аутоидентификация, определение самосознания (*напр. полового при транссексуализме*)

autoimmunity [ɔ:təʊi'mju:niti] патологическая реакция, направленная против собственных тканей и аутоантигенов

clinical ~ аутоиммунное заболевание

humoral ~ гуморальный аутоиммунитет

autoimmunity-prone [ɔ:təʊi'mju:niti-'prəʊn] с высоким риском аутоиммунных нарушений (*об организме*)

autoimmunization [ˌɔ:təʊimju:ni'zeiʃən] иммунизация аутоантигеном; аутоаллергизация

autoimmunize [ɔ:təʊi'mju:naiz] иммунизировать аутоантигеном

autoimmunogen [ɔ:təʊi'mju:nəʊʤen] аутоиммуноген (*антиидиотипическое антитело любого порядка в теории сети*)

autoinfection [ɔ:təʊin'fekʃən] аутоинфекция, аутогенная [эндогенная] инфекция

autoinfusion [ɔ:təʊin'fju:ʒən] перераспределение крови из конечностей в жизненно важные органы (*наложением эластических бинтов*)

autoinhibition [ɔ:təʊinhi'biʃən] аутоингибирование, самоподавление

autoinoculation [ˌɔ:təʊˌinɒkjʊ'leiʃən] аутоинокуляция (*перенос инокулированного материала из одного участка тела на другой*)

autointerviewer [ɔ:təʊ'intəvju:ə] автоинтервьюер (*устройство для автоматического сбора анамнеза*)

autoinvasion [ɔ:təʊin'veiʒən] самозаражение

autoisolysin [ɔ:təʊai'sɒlisin] pl. аутоизолизины (*антитела, вызывающие вместе с комплементом лизис клеток*)

autokinesia [ˌɔ:təʊki'ni:siə], **autokinesis** [ˌɔ:təʊki'ni:sis] произвольное движение

autolavage [ɔ:təʊlæ'va:ʒ] промывание желудка самим больным

autolesion [ɔ:təʊ'li:ʒən] членовредительство, самоповреждение

autoloader [ɔ:təʊ'ləʊdə] автоматическая пипетка

autologous [ɔ:təʊ'ləʊgəs] аутогенный, аутологический, собственный (*об органах, о крови*)

autolysis [ɔ:'tɒlisis] 1. аутолиз, самопереваривание 2. аутоцитолиз (*разрушение клеток ткани собственной плазмой индивидуума*)

autolyze ['ɔ:təʊlaiz] подвергать(ся) аутолизу

automatically [ˌɔ:təʊ'mætikəli] 1. спонтанно, непроизвольно (*напр. о мочеиспускании*) 2. автоматически

automation [ɔ:təʊ'meiʃən]:

clinical ~ автоматизация данных клинического исследования

modular and work-cell ~ модульная автоматизация отдельных лабораторий и подразделений

total laboratory ~ полностью автоматизированная система лабораторных исследований

automatism [ɔ:'tɒmətizm] автоматизм, автоматия

~ **of atrial myocardial fibers** автоматизм мышечных волокон предсердий

ambulatory ~ амбулаторный автоматизм (*помрачение сознания с длительным непроизвольным блужданием*)

command ~ командный автоматизм

ideational ~ идеаторный [ассоциативный] автоматизм

modular and work-cell ~ модульная автоматизация отдельных лабораторий и подразделений

psychic ~ психический автоматизм

total laboratory ~ полностью автоматизированная система лабораторных исследований

automatograph [ɔ:təʊ'mætəʊgræf] прибор для записи непроизвольных движений

automutation [ˌɔːtəʊmjuːˈteiʃən] аутомутация, спонтанная мутация

automutilation [ˌɔːtəʊmjuːtiˈleiʃən] членовредительство, самоповреждение

autonephrectomy [ˌɔːtəʊneˈfrektəʊmi] *уст.* выключение функции почки в результате облитерации мочеточника

autonomic [ˌɔːtəʊˈnɒmik] 1. автономный, функционально независимый 2. относящийся к вегетативной нервной системе

autonomotropic [ˌɔːtəʊnɒməʊˈtrɒpik] вегетотропный *(воздействующий на вегетативную нервную систему)*

autonomy [ɔːˈtɒnəmi] 1. самоуправление, автономия 2. самостоятельность *(о ребёнке)*; независимость, автономность *(о вегетативной нервной системе)*

   functional ~ *психол.* функциональная автономность *(вторичных мотивов по отношению к первичным)*

   physician's ~ профессиональная автономность врача

autooxidation [ˌɔːtəʊɒksiˈdeiʃən] самоокисление *(прямое соединение вещества с молекулярным кислородом)*

autoparasite [ˌɔːtəʊˈpærəsait] 1. гиперпаразит, паразит второго порядка 2. аутопаразит *(паразит, которым хозяин заражается от самого себя)*

autoparasitism [ˌɔːtəʊˈpærəsaitizm] сверхпаразитизм, гиперпаразитизм, паразитизм второго порядка

autopathic [ˌɔːtəʊˈpæθik] идиопатический, неясного происхождения *(о заболевании)*

autopathography [ˌɔːtəʊpəˈθɒɡrəfi] описание собственной истории болезни

autopathy [ɔːˈtɒpəθi] идиопатическое заболевание

autoperfusion [ˌɔːtəʊpəˈfjuːʒn] ауто(гемо)перфузия

autophagia [ˌɔːtəʊˈfeidʒiə] *см.* **autophagy**

autophagosome [ˌɔːtəʊˈfægəʊsəʊm] аутолизосома, аутофагосома, цитолизосома, аутофагическая вакуоль

autophagy [ɔːˈtɒfədʒi] аутофагия *(разрушение частей клеток или целых клеток лизосомами данных или других клеток организма)*

autophilia [ɔːtəʊˈfiliə] *см.* **autoerotism**

autophobia [ɔːtəʊˈfəʊbiə] аутофобия *(патологическая боязнь одиночества)*

autophony [ɔːˈtɒfəni] аутофония, тимпанофония *(усиленное восприятие собственного голоса)*

autopipetting [ˌɔːtəʊpiˈpetiŋ] автоматический разлив пипеткой

autoplast [ɔːtəʊˈplæst] аутотрансплантат, аутогенный трансплантат

autoplastic [ˌɔːtəʊˈplæstik] *психоан.* аутопластический *(способный осуществлять внутренние, или психические модификации в ответ на воздействия окружающей среды; подразумевает способность к внутреннему компромиссу и отсрочке удовлетворения)*

autoplasty [ˈɔːtəʊˌplæsti] аутопластика *(пластика с использованием собственных тканей организма)*

autoploidy [ˈɔːtəʊplɒidi] аутоплоидия *(состояние клеток организма, содержащих гомологичные пары хромосом, при котором возможно нормальное деление)*

autopneumonectomy [ˌɔːtəʊˌnjuːməʊˈnektəmi] выключение функции лёгкого *(в результате блокады главного бронха)*

autopoisonous [ɔːtəʊˈpɒizənəs] относящийся к аутоинтоксикации, аутотоксичный

autopolyploid [ɔːtəʊˈpɒliplɒid] аутополиплоид *(клетка, имеющая более двух одинаковых наборов хромосом)*

autoproteolysis [ˌɔːtəʊprəʊtiˈɒlisis] аутопротеолиз *(расщепление собственных белков под действием протеолитических ферментов)*

autoprothrombin [ˌɔːtəʊprəʊˈθrɒmbin] фактор V *(свёртывающей системы крови)*

autopsy [ˈɔːtɒpsi] вскрытие трупа, аутопсия ‖ производить вскрытие трупа

   ~ **in vivo** биопсия *(прижизненное взятие образца ткани для исследования)*

   biochemical ~ биохимическое исследование

   burn ~ аутопсия [вскрытие] погибших от ожогов

   medicolegal ~ судебно-медицинское вскрытие трупа

   random ~ случайное обнаружение при аутопсии *(напр. рака)*

autoradiography [ˌɔːtəʊreidiˈɒɡrəfi] ауторадиография *(радиоизотопный метод)*

   coated ~ ауторадиография методом покрытия

   electron microscopic ~ электронно-микроскопическая ауторадиография

   mounted ~ ауторадиография наклонных срезов

   whole-body ~ общая [тотальная] ауторадиография

autoreactive [ˌɔːtəʊriˈæktiv] аутоиммунный, аутоагрессивный *(направленный против собственной ткани)*

autoreactivity [ˌɔːtəʊriækˈtiviti] аутоиммунная реактивность

autorecognition [ˌɔːtəʊrekəɡˈniʃən] распознавание «своего», аутогенное распознавание, самораспознавание

autoreconstitution [ˌɔːtəʊriˌkɒnstiˈtjuːʃən] самовосстановление *(напр. функции системы)*

autoregulation [ˌɔːtəʊreɡjʊˈleiʃən] ауторегуляция *(поддержание постоянства функционирования биологических систем)*

   heterometric ~ гетерометрическая ауторегуляция *(силы сокращений желудочков)*

   homeometric ~ гомеометрическая ауторегуляция *(силы сокращений желудочков посредством механизмов, не зависящих от изменений длины мышечных волокон в диастоле)*

autoreinfusion [ɔːtəʊˌriːinˈfjuːʒn] обратное переливание [реинфузия] собственной крови *(собранной во время операции)*

autoreproduction [ˌɔːtəʊˌriːprəˈdʌkʃən] 1. *ген.* аутодупликация, ауторепродукция, аутосинтез 2. репликация

autoresponse [ɔːtəʊriˈspɒns] аутоиммунная реакция, аутоиммунный ответ

autorrhaphy [ɔːˈtɔːrəfi] *уст.* закрытие раны местными тканями

autosampler [ˌɔːtəʊˈsæmplə] 1. автоматический пробоотборник 2. автоматическая пипетка

autoscope [ɔːtəʊˈskəʊp] аутоскоп *(прибор для осмотра полости гортани и нижележащих дыхательных путей)*

autosensitization [ˌɔːtəʊˌsensitiˈzeiʃən] аутоаллергизация, аутосенсибилизация

autoserotherapy [ˌɔːtəʊˌsiːrəʊˈθerəpi] аутосеротерапия *(введение больному сыворотки его крови)*

autoserum [ɔːtəʊˈsiːrəm] аутосыворотка, аутологичная сыворотка *(используемая для аутосеротерапии)*

autosexualism [ɔːtəʊ'sekʃuːəlizm] см. **autoerotism**

autosite ['ɔːtəʊsait] (плод-)аутозит (на котором или в теле которого существует близнец-паразит)

autoslipper [ɔːtəʊ'slipə] автослиппер (автоматическое устройство для заклеивания препаратов покровными стёклами)

autosomatognosis [ɔːtəʊ,səʊmətəʊ'gnəʊsis] фантомное ощущение, фантом ампутированных

autosome ['ɔːtəʊsəʊm] аутосома, неполовая хромосома

autosplenectomy [ɔːtəʊspli:'nektəʊmi] выключение функции селезёнки (в результате нарушения притока крови)

autosuggestion [ɔːtəʊsə'ʤestʃən] самовнушение, аутосуггестия

autosuppression [ɔːtəʊsə'preʃən] спонтанная супрессия (иммунного ответа), (иммуно)супрессия идиотипом

autotherapy [ɔːtəʊ'θerəpi] 1. спонтанное выздоровление, самоизлечение 2. самолечение 3. аутосеротерапия (введение больному сыворотки его крови)

autotolerance [ɔːtəʊ'tɒlərəns] аутотолерантность, толерантность к «своему»

autotomy [ɔː'tɒtəʊmi] деление, спонтанное деление; самораспад

autotopagnosia [,ɔːtəʊ,tɒpræg'nəʊziə] аутотопагнозия (неспособность узнавать части собственного тела)

autotoxemia [,ɔːtəʊtɒk'siːmiə], **autotoxicosis** [,ɔːtəʊ,tɒksi'kəʊsis], **autotoxis** [,ɔːtəʊ'tɒksis] аутоинтоксикация, эндотоксикоз

 horror ~ «ужас самоотравления»

autotraining [,ɔːtəʊ'treiniŋ] аутогенная тренировка, аутотренинг

autotransfusion [,ɔːtəʊtræns'fjuːʒen] 1. обратное переливание [реинфузия] крови 2. аутогемотрансфузия (введение больному его ранее взятой крови)

autotransplantation [,ɔːtəʊtrænsplæn'teiʃən] аутотрансплантация, аутопластика, аутогенная трансплантация (своего органа или его части, напр. пальца со стопы на кисть)

 splenic ~ аутотрансплантация селезёнки (обычно срезов или клеток)

autotroph [ɔːtəʊ'trəʊf] автотроф (микроорганизм, способный жить на таких простых источниках, как углекислый газ и аммиак)

autotrophic [ɔːtəʊ'trəʊfik] автотрофный (синтезирующий органические вещества из углекислого газа и нитратов, используя внешний источник энергии)

autovaccine [,ɔːtəʊ'væksiːn] аутовакцина (полученная из организма, заболевание которого вызвано тем же возбудителем)

autoxidation [ɔːtəʊksi'deiʃən] самоокисление

autozygous [ɔːtəʊ'zaigəs] аутогомозиготный, генотипически гомозиготный

auxanography [ɔːksæ'nɒgrəfi] определение оптимальной среды для культивирования микроорганизмов

auxanometer [ɔːksæ'nɒmətə] прибор для изучения роста микроорганизмов

auxesis [ɔːk'siːsis] 1. увеличение размера или массы 2. гипертрофия, рост без деления клеток

auxiliary [ɔːg'ziljəri] вспомогательный; усиливающий; добавочный; запасной

 dental ~ помощник стоматолога; вспомогательный зубоврачебный персонал

 nursing ~ вспомогательный средний медицинский персонал

auxilytic [ɔːksi'litik] способствующий растворению или лизису

auxocardia [,ɔːksəʊ'kaːdiə] 1. диастола сердца 2. дилатация сердца

auxocyte ['ɔːksəʊsait] ауксоцит, мейоцит (половая клетка, вступающая в мейоз)

auxoflore ['ɔːksəʊflɔː] флуоресцирующая молекула

auxology [ɔːk'sɒləʤi] ауксология (учение о росте)

auxotroph ['ɔːksəʊtrəʊf] ауксотроф (микроорганизм, утративший способность к самостоятельному синтезу какого-л. метаболита)

availability [əveilə'biliti] 1. наличие и доступность (перечень медицинских услуг, применяемых в деятельности лечебного учреждения) 2. усвояемость (напр. белков)

 bed ~ наличие свободных коек (в больнице)

 drug biological ~ биологическая доступность лекарственного средства

 iron ~ доступность железа (для эритроцитов)

 myocardial oxygen ~ усвоение кислорода миокардом

 total-body oxygen ~ общая усвояемость кислорода

avalvular [ə'vælvjʊlə] бесклапанный, лишённый клапанов (напр. о вене)

avaricious [əvə'riʃəs] алчный, жадный, скупой

avascular [ə'væskjʊlə] 1. бессосудистый, лишённый сосудов 2. ишемический (напр. некроз); аваскулярный

avascularization [ə,væskjʊlərai'zeiʃən] 1. обескровливание 2. уменьшение количества кровеносных сосудов

avens ['ævinz] гравилат городской (Geum urbanum)

avenue ['ævinjuː] путь; средство

 ~ for nutritional support средства для парентерального питания

average ['ævriʤ] 1. среднее число; средняя величина || усреднять 2. средний, обычный, нормальный (напр. рост) 3. страх. ущерб от аварии

 ~ out вычислять среднюю величину

 ~ per capita cost объём подушевых затрат (на оказание медицинской помощи застрахованным в рамках программы Медикэр)

 adjusted ~ скорректированная средняя

 arythmetic ~ среднее арифметическое

 quadratic ~ среднее квадратическое

 sample ~ выборочное среднее

 weighted ~ взвешенная средняя величина

averaging ['ævriʤiŋ]:

 frame ~ узи усреднение кадров

aversion [ə'vəːʃən] 1. отвращение, неприязнь; антипатия 2. предмет отвращения 3. отсутствие желания

 learned food ~ приобретённая пищевая аверсия; выработанное отвращение к данному продукту

 morbid ~ патологическая неприязнь

 sexual ~ сексуальная аверсия, сексуальное отвращение

 taste ~ извращённый вкус

 unreasoning ~ беспричинное отвращение, антипатия

aversive [ə'vɜːsiv] создающий [вызывающий] отвращение (напр. к алкоголю)

avian ['eiviən] птичий (напр. о яйце); относящийся к птицам (напр. о пути передачи инфекции)

avid ['ævid] тропный к чему-л., авидный

avidin ['ævidin] авидин (гликопротеид яичного белка птиц)

avidity [ə'viditi] авидитет (степень сродства антител к антигену)

   antibody ~ авидность антител

avirulent [æ'virʊlent] авирулентный, лишённый вирулентности

avitaminosis [æˌvitəmi'nəʊsis] авитаминоз

avivement [əviːv'mɔː] иссечение [освежение] краёв раны

avoid [ə'vɒid] **1.** избегать, уклоняться **2.** отменять, аннулировать

avoidance [ə'vɒidəns] **1.** избегание, уклонение **2.** отмена, аннулирование

   ~ **of anxiety** избегание тревоги

   ~ **of gastric stasis** предотвращение застоя в желудке

   ~ **of hypoxic damage** профилактика гипоксического повреждения

   ~ **of pitfalls in resuscitation** профилактика ошибок при проведении реанимации

   ~ **of radiation injuries** избежание [профилактика] лучевых повреждений

   ~ **of spina bifida birth** предотвращение рождения ребёнка с расщелиной позвонков

   ~ **of sunlight** избегание солнечного облучения, предотвращение инсоляции

   conditioned ~ физиол. условно-рефлекторное избегание

avoidant [ə'vɒidənt] уклоняющийся, уклончивый; избегающий людей, застенчивый, аскетичный

avoiding [ə'vɒidiŋ]:

   ~ **complications** избегание [профилактика] осложнений

avoirdupois [ˌævədə'pɒiz] английская система единиц массы (16 унций = 1 фунт = 453,6 г)

avowal [ə'vaʊəl] психол. признание

   ~ **of guilt** признание вины

avulsion [ə'vʌlʃən] хир. экзерез, авульсия

   ~ **of epiphysis** эпифизеолиз, отрыв эпифиза

   ~ **of eyeball** отрыв глазного яблока

   ~ **of tooth** травматический вывих зуба

   complete scalp ~ полное [тотальное] скальпирование

   phrenic ~ френикоэкзерез (хирургический отрыв диафрагмального нерва)

awake [ə'weik] **1.** бодрствующий; ненаркотизированный **2.** настороженный

awakening [ə'weikəniŋ] пробуждение

award [ə'wɔːd]:

   ~ **of damages** решение суда о возмещении убытков

   expert's ~ заключение экспертизы

   physician's recognition ~ сертификат, выдаваемый врачам, прошедшим курсы повышения квалификации

   WHO ~ премии, присуждаемые ВОЗ

aware [ə'wɛə] сознающий; осведомлённый || знать, сознавать

   to be ~ **of danger** сознавать грозящую опасность

awareness [ə'wɛənəs] **1.** осознание, сознавание **2.** осведомлённость; узнавание

   ~ **during bronchoscopy** бронхоскопия в состоянии сознания больного

   ~ **of danger** осведомлённость об опасности

   ~ **of position** чувство положения тела (в пространстве)

   ~ **of sensation** восприятие раздражения; ощущение

   ~ **of smb.'s illness** психол. осознавание своего заболевания

   environmental ~ экологическое сознание

   hazard ~ осведомлённость об опасности

awareness-inducing [ə'wɛənəs-in'djuːsiŋ] психостимулирующий (напр. о лекарственном средстве)

awkward ['ɔːkwəd] **1.** затруднительный; неудобный (напр. о положении, интубации) **2.** неуклюжий, неловкий (человек)

axenic [ei'zenik] **1.** аксенический, стерильный, не содержащий других живых организмов (о культуре) **2.** абактериальный, гнотобионтный

axenization [eizeni'zeiʃən] очищение (культуры) от сопутствующих микроорганизмов

axerophthol [eize'rɒfθɒl] витамин А, ретинол

axial ['æksiəl] **1.** аксиальный, осевой **2.** относящийся ко второму шейному [осевому] позвонку

axifugal [æksi'fjuːgəl] эфферентный, выносящий, центробежный; исходящий, или удаляющийся, от оси

axilla ['æksilə], pl. **axillae** [æk'siliː] подмышечная [подкрыльцовая] ямка

   negative ~ лимфоузлы в подмышечной впадине не определяются

axillary ['æksiləri] подмышечный, подкрыльцовый

axiocervical [ˌæksiːəʊ'sɜːvikəl] относящийся к продольной оси и шеечной поверхности зуба

axiodistal [ˌæksiːəʊ'distəl] относящийся к продольной оси и дистальной поверхности зуба

axiodisto-occlusal [ˌæksiːəʊ'distəʊ-ək'luːzəl] относящийся к продольной оси и дистоокклюзионной поверхности зуба

axiolinguo-occlusal [ˌæksiːəʊ'liŋgwɒ-ək'luːzəl] относящийся к продольной оси и язычноокклюзионной поверхности зуба

axiom ['æksiɒm] аксиома; принцип

   Burnet's ~ принцип Барнета (феномен толерантности организма к собственным тканям)

   precommitment ~ теория прекоммитированных лимфоцитов, теория Лёфковица

axion ['æksiɒn] головной и спинной мозг, центральная нервная система

axio-occlusal ['æksiɒ-ək'luːzəl] относящийся к продольной оси и окклюзионной поверхности зуба

axipetal [æk'sipetəl] афферентный, приносящий, центростремительный

axiphoidia [ˌæksi'fɔʊidiə] аксифоидия (врождённое отсутствие нижней части грудины)

axis ['æksis] **1.** ось; ствол **2.** позвоночник, позвоночный столб **3.** система (взаимосвязанных органов) **4.** второй шейный [осевой] позвонок, эпистрофей **5.** зубовидный отросток второго шейного позвонка

~ of evacuation of casualties система эвакуации раненых

~ of pelvis проводная ось таза

anatomical ~ анатомическая ось *(сердца)*

basibregmatic ~ вертикальная линия от базиона к брегме

basicranial ~ линия между базионом и углом нижней челюсти

body ~ ось вращения тела

brain ~ ствол мозга

brain – gut ~ ось головной мозг – кишечник

broad ~ поперечная ось

celiac ~ чревный ствол

central ~ *см.* **long ~**

cerebrospinal ~ *см.* **axion**

dorso-ventral ~ горизонтальная ось

electric(al) ~ электрическая ось *(сердца)*

entero-insular ~ энтеро-инсулиновая система

external ~ of eye наружная ось глазного яблока

femoral-neck-femoral ~ угол между шейкой и продольной осью бедренной кости

fulcrum ~ of clasp *стом.* ретенционная пришеечная кламмерная зона

helix ~ ось спирали *(ДНК)*

hypothalamic-hypophyseal-ovarian ~ система гипоталамус – гипофиз – яичники

internal ~ of eye внутренняя ось глазного яблока

laser ~ ось лазера

lens ~ оптическая ось линзы

long ~ продольная [центральная] ось *(напр. желудка)*

neural ~ *см.* **axion**

optical ~ зрительная [оптическая] ось

pituitary-adrenal ~ система гипофиз – надпочечники

principal ~ главная ось

renin-angiotensin-aldosterone ~ ренин-ангиотензин-альдостероновая система

sensitivity ~ ось максимальной чувствительности

thyroid ~ щитошейный ствол *(артерия)*

visual ~ зрительная линия, зрительная ось, линия [ось] фиксации

axis-cylinder ['æksis-'silində] осевой цилиндр, аксон нервной клетки *(проводящий импульсы к другим нейронам или эффекторам)*

axite ['æksait] концевые волокна аксона

axoaxonic [‚æksəʊæk'sɒnik] аксо-аксонный *(относящийся к синапсу между аксонами двух нейронов)*

axodendrite [‚æksəʊ'dendrait] отросток, отходящий от аксона

axoid ['æksɒid] относящийся ко второму шейному [осевому] позвонку

axolemma [‚æksəʊ'lemə] аксолемма *(клеточная мембрана, окружающая протоплазму аксона)*

axolysis [æk'sɒlisis] разрушение аксонов

axon ['æksɒn] аксон, нейрит, осевой цилиндр *(основной отросток нейрона)*

myelinated ~ миелинизированный аксон

axoneme ['æksəʊni:m] осевая нить хромосомы

axoneuron [‚æksəʊ'nju:rən] нейрон центральной нервной системы

axonography [æksəʊ'nɒgrəfi] запись электрической активности в аксонах

axonometry [æksəʊ'nɒmətri] аксонометрия *(определение оси астигматизма в очковых линзах)*

axonopathy [æksɒ'nɒpəθi] аксонопатия *(неврологические нарушения, обусловленные поражением межнейронных аксонов)*

peripherial ~ периферическая аксонопатия

axonotmesis [‚æksɒnɒ'tmi:sis] перерыв аксона с последующим полным перерождением периферических отделов без нарушения опорных структур нерва

axopetal [æk'sɒpətl] аксопетальный *(распространяющийся в направлении к аксону)*

axoplasm ['æksəʊplæzm] аксоплазма *(цитоплазма аксона)*

ayurvedism [‚aiju'veidizm] лечение по индийской методике Аюрведа *(травами и туземными средствами)*

azeotrope [ei'zi:ətrəʊp] азеотроп *(смесь двух жидкостей, соотношение которых не меняется при кипении и одинаково в жидкой и газообразной фазах)*

azoic [ə'zəʊik] **1.** безжизненный **2.** не содержащий живых организмов

azoospermia [ei‚zəʊə'spə:miə] азооспермия *(отсутствие сперматозоидов или подвижных сперматозоидов в сперме)*

~ radialis лучевая [радиационная] азооспермия

~ spuria *лат.* ложная азооспермия *(при нарушении проходимости семявыносящего протока)*

~ vera истинная азооспермия *(при нарушении образования сперматозоидов)*

azoprotein [æzəʊ'prəʊti:n] *pl.* азобелки

azotemia [æzəʊ'ti:miə] (гипер)азотемия *(повышенное содержание азота в крови)*

prerenal ~ преренальная азотемия

renal ~ почечная недостаточность, ренальная азотемия

azotenesis [‚æzəʊte'ni:sis] нарушения, связанные с азотемией

azothermia [æzəʊ'θə:miə] гипертермия, обусловленная азотемией

azotized ['æzəʊtaizd] нитрифицированный, содержащий азот

Azotobacter [ə'zəʊtəʊ‚bæktə] азотобактер

azotorrhea [‚æzəʊtəʊ'ri:ə] азоторея *(повышенное выделение с испражнениями и мочой азотистых веществ)*

azoturia [‚æzəʊt'ju:riə] гиперазотурия *(повышенное выделение с мочой азотистых веществ)*

azure ['æʒjʊə] азур *(краситель)*

azurin ['æʒʊrin] азурин *(1. медьсодержащий белок 2. аммиачный раствор медного купороса, используемый как фунгицид)*

azygography [‚æzi'ɒgrəfi] азигография *(рентгенография непарной вены)*

azygomorphous [‚æzigɒ'mɔ:fəs] азигоморфный, асимметричный

azygos ['æzaigɒs] непарный орган *(напр. вена)*

azygous ['æzigəs] непарный, одиночный *(об органе)*

azymia [ə'zaimiə] **1.** отсутствие фермента **2.** недостаточная активность фермента

azymic [ə'zaimik], **azymous** [ə'zaiməs] не вызывающий брожения, или ферментации

B

Brevis esse laboro, obscurus fio
Если я стараюсь быть кратким,
я становлюсь непонятным

babble ['bæbl] *псих.* **1.** лепет, лепетание *(обычно у младенцев)* **2.** бормотание ‖ говорить невнятно

~ **of voices** невнятный говор

Babesia [bə'bi:ziə] *уст.* **Piroplasma** род простейших, представители которых размножаются в эритроцитах теплокровных; переносчики – клещи

babesiasis [bəbi:'zaiəsis], **babesiosis** [bə,bi:zi:'əusis] бабезиоз *(высокопатогенная болезнь домашних животных; характерны лихорадка, недомогание, нарушение координации, анемия и гемоглобинурия)*

Babesiella [bə,bi:zi:'elə] *см.* **Babesia**

baby ['beibi] **1.** младенец; малыш *(младший в семье)* **2.** детёныш *(животных)*, *см. тж.* **neonate, infant**

battered ~ синдром избитого ребёнка *(обусловлен травмой из-за жестокого обращения)*

black ~**ies** «чёрные малютки» *(новорождённые с потемнением кожи, рождённые от матерей, перенесших отравление полихлорированными бифенилами)*

blue ~ синюшный [цианотичный] ребёнок *(с врождённым пороком сердца)*

blueberry muffin ~ желтушность и геморрагическая сыпь у новорождённых, перенёсших внутриутробную вирусную инфекцию

bottle ~ искусственно вскармливаемый ребёнок

breast-fed ~ ребёнок на грудном вскармливании

collodion ~ ребёнок с врождённым ихтиозом

crying ~ плачущий ребёнок

formula-fed ~ *см.* **bottle** ~ .

newborn ~ новорождённый ребёнок, новорождённый

postterm ~ переношенный новорождённый *(ребёнок, родившийся после 40 недель)*

premature [preterm] ~ недоношенный ребёнок

sleepy ~ асфиксия новорождённого

small-for-gestational-age ~ гипотрофия новорождённого

thalidomide ~ «талидомидный ребёнок» *(ребёнок с врождённым пороком, обусловленным приёмом беременной женщиной транквилизатора талидомида)*

test-tube ~ ребёнок, родившийся в результате искусственного оплодотворения

unborn ~ плод *(внутриутробный)*

well ~ здоровый ребёнок

baby-boom ['beibi-'bu:m] «бэйби-бум» *(всплеск рождаемости в США в 1946–1964 гг.)*

baby-boomer ['beibi-'bu:mə] рождённый в период бума в США

baby-crash ['beibi-'kræʃ] «бэйби-краш» *(спад рождаемости в США в 1965–1976 гг.)*

babyhood ['beibihud] **1.** младенчество, раннее детство **2.** *псих.* ребячество; ребячливость

babyish ['beibiiʃ] ребяческий, детский

baby-minding ['beibi-'maindiŋ] уход за ребёнком

babynap ['beibinæp] похитить ребёнка

baby-sitter ['beibi-'sitə] **1.** няня **2.** *sl.* помощник для принявшего ЛСД

baby-soups ['beibi-'su:ps] продукты детского питания

baby-talk ['beibi-'tɔ:k] невнятная [детская] речь; бормотание, лепет

bacciform ['bæksifɔ:m] ягодообразный *(напр. о гемангиоме)*

bachelor ['bætʃələ] **1.** холостяк **2.** бакалавр *(обладатель первой научной степени в университете)*

~ **of pharmacy** бакалавр фармации

~ **of science** бакалавр естественных наук

bachelorhood ['bætʃələhud], **bachelorship** ['bætʃələʃip] **1.** холостая [холостяцкая] жизнь **2.** степень бакалавра; бакалавриат

bacillary ['bæsileri] бактериальный; палочковидный, палочкообразный

bacillemia [bæsi'li:miə] бактериемия *(наличие бактерий в крови)*

bacilli [bə'silai] *pl. от* **bacillus**

acid-fast ~ кислотоустойчивые бактерии

bacillicarrier [bəsili'kæriə] бактерионоситель, бацилоноситель

bacillicide [bə'silisaid] бациллоцид *(название бактерицидных веществ)*

bacilliculture [bəsili'kʌltʃə] **1.** культивирование [выращивание] бацилл **2.** культура бацилл

bacilliform [bə'silifɔ:m] палочковидный, напоминающий бациллу

bacilliparous [bəsi'lipərəs] бациллообразующий

bacillogenous [,bæsi'lɒʤenəs] вызываемый бациллами

bacillosis [bæsi'ləusis] бактериальная инфекция

Bacillus [bə'siləs], *pl.* **bacilli** [bə'silai] **1.** микроб рода бациллы **2.** любая палочковидная спорообразующая бактерия

~ **abortus** возбудитель бруцеллёза коровьего типа, Банга палочка

~ **aerogenosum** *см.* ~ **pyocyaneus**

~ **anthracis** *см.* **anthrax** ~

~ **Bulgaricus** лактобацилла, болгарская ацидофильная палочка

~ **cereus** бациллы, вызывающие пищевое отравление

~ **enteritidis** возбудитель сальмонеллёза

~ **perfringens** палочка газовой гангрены

~ **pyocyaneus** палочка сине-зелёного гноя, псевдомонас

~ **sphaericus** вид патогенных для насекомых бацилл *(возможно инфицирование человека и животных)*

~ **subtilis** сенная палочка

Abel's ~ палочка озены

anthrax ~ сибиреязвенная бацилла, или палочка

Bang's ~ *см.* ~ **abortus**

blue pus ~ *см.* ~ **pyocyaneus**

141

Boas – Oppler ~ Боаса – Опплера молочнокислая палочка *(возникающая при раке желудка и симулирующая болгарскую лактобациллу)*

Borde – Gengou ~ возбудитель коклюша, Борде – Жангу бацилла

Calmette – Guerin ~ Кальметта – Герена бацилла, туберкулёзная вакцина *(аттенуированные микобактерии туберкулёза)*, БЦЖ

cholera ~ холерный вибрион

colon ~ кишечная палочка

comma ~ *см.* **cholera** ~

diphtheria ~ дифтерийная палочка

diphtheroid ~ ложная дифтерийная палочка, Гофмана палочка

drumstick ~ столбнячная палочка

dysentery ~ дизентерийная бактерия, дизентерийная палочка

Ebert ~ палочка брюшного тифа, Эберта палочка

Friedlander's ~ клебсиелла пневмонии, Фридлендера диплобактерия

Gartner ~ Гартнера палочка *(возбудитель пищевой токсикоинфекции)*

gas-producing ~ газообразующая палочка

glanders ~ палочка сапа

Hansen's ~ Ганзена палочка, *см. тж.* **Mycobacterium**

hay ~ сенная палочка

Klebs – Löffler ~ Клебса – Лёффлера палочка *(возбудитель дифтерии)*

Koch's ~ 1. микобактерия туберкулёза, бактерия Коха 2. холерный вибрион

lactic acid ~ лактобактерия, лактобацилла

leprosy ~ возбудитель лепры, Ганзена палочка

plague ~ палочка [бацилла] чумы

typhoid ~ брюшнотифозная палочка

back [bæk] 1. спина 2. задняя [тыльная] часть *(чего-л.)*; спинка

~ **of the hand** тыльная поверхность кисти

~ **of the head** задняя часть головы, затылок

~ **of the knee** тыльная поверхность колена

~ **of neck** задний отдел шеи, выя

~ **of the throat** задняя стенка глотки

~ **of the tongue** спинка языка

arched ~ дугообразная спина

flash ~ *псих.* вспышка пережитого

flat ~ плоская спина

functional ~ (функциональная) нестабильность позвоночника

hollow ~ патологический лордоз

hump [hunch] ~ патологический кифоз; горб

looking ~ ретроспективный анализ

low ~ поясница, нижний отдел спины

pocker ~ анкилозирующий спондилоартрит, Бехтерева – Штрюмпелля – Мари болезнь

round ~ сутулость, круглая спина *(напр. вследствие старческой атрофии мыши)*

saddle ~ патологический лордоз

small ~ поясница

stiff ~ негибкая спина

backache ['bækeik] боль в пояснице, *pl.* поясничные боли; люмбаго

backalgia [bæk'ælʤiə] боль в спине функционального характера

backboard ['bækbɔːd] 1. спинодержатель; щит под спину 2. корсет для выпрямления позвоночника

backbone ['bækbəʊn] 1. позвоночник, позвоночный столб 2. остов, каркас, скелет *(макромолекулы)* 3. основа, суть, сущность

~ **of a polypeptide chain** остов полипептидной цепи

primitive ~ спинная струна, хорда

sugar-phosphate ~ сахарофосфатный остов *(нуклеиновых кислот)*

backboned ['bækbəʊnd] 1. позвоночный *(о животном)* 2. твёрдый, решительный

back-breaking ['bæk,breikiŋ] изнурительный, требующий огромного напряжения сил *(труд)*

back-displacement ['bæk-dis'pleismənt] смещение кзади *(напр. позвонка)*

backfiltration [,bækfil'treiʃən] обратная фильтрация *(при гемодиализе)*

backflow ['bækfləʊ] 1. обратный ток *(жидкости)*, противоток 2. рефлюкс; обратное забрасывание *(напр. жёлчи)*; ретроградный кровоток

pyelolymphatic ~ пиелолимфатический рефлюкс

pyelovenous ~ пиеловенозный рефлюкс

background ['bækgraʊnd] 1. фон; исходный уровень; общая информация || фоновый; исходный, базовый *(напр. о данных)* 2. обстановка 3. подготовка; квалификация

~ **of illness** анамнез

~ **of radioactivity** фон радиоактивности

~ **of transplantation** основы трансплантации

B-cell ~ В-клеточный теневой фенотип *(распределение неспецифических маркёров на поверхности В-клетки)*

cultural ~ культурный уровень *(больного)*

experimental ~ экспериментальное обоснование

family ~ семейный анамнез; наследственность

genetic ~ генетическая среда *(все гены клетки, не являющиеся объектом данного исследования)*

matrix-indused fluorescent ~ фоновая [эндогенная] флуоресценция, аутофлуоресценция

natural ~ естественный фон

noise ~ шумовой фон

radiation ~ радиационный фон

social ~ социальное происхождение

somatoform disorders ~ основы [причины] соматоформных расстройств

T-cell ~ Т-клеточный теневой фенотип, *см. тж.* **B-cell** ~

backing ['bækiŋ] 1. основа; подложка 2. рассеивающее вещество 3. перенос фотоизображения на постоянную подложку 4. металлический каркас *(зубной фасетки)*

backlash ['bæklæʃ] отрицательное последствие

back-mutation [,bæk-mju:'teiʃən] обратная мутация *(приводящая к появлению в мутантном гене нуклеотидной последовательности дикого типа)*

backpack ['bækpæk] ранец; рюкзак

chemacon ~ ранцевая система обеспечения кислородом

backpain ['bæk,pein] боль в спине

backrest ['bæk,rest] спинка; опора для спины *(для полусидячих больных)*

backset ['bæk͵set] рецидив *(болезни)*

backslab ['bæk͵slæb] задняя гипсовая лонгета

back-up, backup ['bækʌp] **1.** помощь, содействие, поддержка **2.** дублирование, повторное проведение *(напр. лечения)* ‖ резервный; дублирующий

　radiologic ~ повторный радиологический контроль

　"golden ~" лучший альтернативный метод *(напр. диагностики)*, «золотой стандарт»

backward ['bækwəd] обратный, ретроградный *(напр. о сердечной недостаточности)*

　arch ~ наклон назад *(напр. ЛФК)*

　hold pulling ~s отведение рук назад

backwardness ['bækwədnəs] отставание в развитии, отсталость

backwashing ['bæk͵wɒʃɪŋ] промывка (фильтра) обратным потоком

bacmid ['bækmɪd] *бтх.* бакмида *(челночный вектор, способный существовать в клетках E. Coli и клетках насекомых)*

Bactec 9000 ['bæktek] флуоресцентный сенсор *(встроенный в днище флакона, в котором культивируют микроорганизмы)*

bacteremia [͵bækte'ri:miə] бактериемия

　meningococcal ~ менингококциемия

　persistent ~ стойкая [постоянная] бактериемия

　puerperal ~ послеродовая бактериемия; послеродовой сепсис

backteremic [͵bækte'ri:mik] септический, бактериемийный, бактериальный *(напр. эндокардит)*

bacteria [bæk'tiəriə] *pl. от* **bacterium**

　abnormal ~ патогенные бактерии

　acetic acid ~ уксуснокислые бактерии

　acid-fast ~ кислотоустойчивые бактерии

　acidophilic [acipuric] ~ ацидофильные бактерии *(pH 4,0 и выше)*

　aerobic ~ аэробные бактерии

　ammonifying ~ аммонифицирующие бактерии

　anaerobic ~ анаэробные бактерии

　antibody-coated ~ нагруженные [покрытые] антителами бактерии

　associated ~ сопутствующие бактерии

　autotrophic ~ аутотрофные бактерии

　blue-green ~ цианобактерии, сине-зелёные «водоросли»

　coliform ~ колиподобные [колиформные] бактерии

　colon ~ **1.** группа бактерий микрофлоры толстой кишки *(лакто- и ацидобациллы; возбудители брюшного тифа, сальмонеллёза, токсикоинфекций)* **2.** кишечная палочка

　coryneform ~ дифтериеподобные бактерии

　endosporeforming ~ эндоспорообразующие бактерии

　endoteric ~ бактерии, содержащие эндотоксины в оболочке клетки

　enterotoxigenic ~ энтеротоксигенные бактерии *(стрептококковые бактерии, обитающие в кишечнике)*

　exoteric ~ бактерии, выделяющие экзотоксины

　filamentous ~ нитчатые бактерии

　gas-producing ~ газообразующие бактерии

　gram-negative ~ грамотрицательные бактерии

　gram-positive ~ грамположительные бактерии

　introdused ~ привнесённые бактерии *(напр. в организм)*

lactic-acid ~ молочнокислые бактерии

luminescent ~ люминесцирующие бактерии

malignant [medical] ~ патогенная бактерия

mesophilic ~ мезофильные бактерии, мезофилы

moldlike ~ плесневидные бактерии

motile ~ подвижные бактерии

nonfermentative ~ неферментирующие (небродильные) бактерии

osmophilic ~ осмофильные бактерии

photogenic ~ *см.* **luminescent** ~

photosynthetic ~ фототрофные [фотосинтезирующие] бактерии

pigmented ~ окрашенные бактерии

psychrophilic ~ психрофильные бактерии, психрофилы

purple ~ пурпурные бактерии

putrefaction [putrefactive] ~ гнилостные бактерии

pyogenic ~ гноеродные [пиогенные] бактерии

reducing ~ восстанавливающие бактерии

resident ~ постоянно обитающие бактерии

R [rough]-form ~ R-форма бактерий *(образующих колонии с шероховатой поверхностью)*

round ~ кокки

saprophitic ~ сапрофитные бактерии

selected ~ полученные (избирательно) штаммы бактерий

S-form ~ S-форма бактерий *(образующих колонии с гладкой поверхностью)*

slime-forming ~ слизеобразующие бактерии

smooth ~ *см.* **S-form** ~

spore-bearing [spore-forming, sporing] ~ спороносные [спорообразующие, спорогенные] бактерии

symbiotic ~ бактерии-симбионты

test ~ тест-бактерии, индикаторные бактерии

thermoduric ~ термостойкие [термоустойчивые] бактерии

thermophilic ~ термофильные бактерии, термофилы

thread ~ нитчатые бактерии

unicellular ~ одноклеточные бактерии

unusual pathogenic ~ нетривиальные [необычные] патогенные бактерии

bacteria-contaminated [bæk'tiəriə-kən'tæmineitid] загрязнённый бактериями

bacterial [bæk'tiəriəl] бактериальный, септический *(напр. эндокардит)*

bacteriaproof [bæk'tiəriəpru:f] непроницаемый для бактерий

bactericidal [bæktiəri'saidəl] бактерицидный; дезинфицирующий

bactericide [bæk'tiərisaid] бактерицид *(общее наименование препаратов для борьбы с бактериями)*; дезинфицирующее вещество

bacterid ['bæktərid] бактерид *(кожная сыпь инфекционно-аллергического характера)*

bacterin ['bæktərin] убитая бактериальная вакцина

　autogenous ~ аутогенная вакцина

bacterination [͵bæktəri'neiʃən] вакцинация

bacterinia [bækte'riniə] реакция на введение вакцины

bacterioagglutinin [bæk͵ti:riəʊə'glu:tinin] антитело, агглютинирующее бактерии

bacteriochlorophillide-serine [ˌbækˌtiːriəʊˈkləʊrəʊfilid-ˈseriːn] бактериохлорофилид-серин *(фотосенсибилизатор в фотодинамической терапии)*

bacteriocidal [bækˌtiːriəʊˈsaidəl] *см.* **bactericidal**

bacteriocin [bækˈtiːriəʊsin] бактериоцин *(вещество, синтезируемое одним микроорганизмом и убивающее клетки другого микроорганизма)*

bacteriocinogen [bækˌtiːriəʊˈsinəʊʤen] бактериоциноген *(микроорганизм, продуцирующий бактериоцин, или плазмида, кодирующая биосинтез бактериоцина)*

bacterioclasis [bækˌtiːriˈɒkləsis] фрагментация бактерий

bacteriodiagnosis [bækˌtiːriəʊdaiəɡˈnəʊsis] бактериологическая диагностика

bacteriofluorescin [bækˌtiːriəʊfluˈresin] флуоресцентное вещество, продуцируемое бактериями

bacteriogenic [bækˌtiːriəʊˈʤenik], **bacteriogenous** [bækˌtiːriəʊˈʤenəs] бактериогенный, микробного происхождения

bacteriohemolysin [bækˌtiːriəʊhiˈmɒlisin] бактериальный гемотоксин, бактериогемолизин, гемолизин бактерий

bacterioid [bækˈtiːriːɒid] подобный бактериям

bacteriology [bækˌtiːriˈɒləʤi] 1. бактериология, микробиология 2. микрофлора, микробиоценоз 3. исследование микрофлоры *(напр. при ожогах)*

  ~ **of lung abscess** микрофлора абсцесса лёгкого

  ~ **of operating room** микрофлора операционной

  ~ **of pneumonia** микрофлора при пневмонии

  clinical ~ медицинская [клиническая] бактериология

  determinative ~ 1. идентификация [определение] бактерий 2. определитель бактерий *(Берги)*

  quantitative ~ количественная оценка микрофлоры *(при цитологическом исследовании)*

  systemic ~ раздел бактериологии, изучающий классификацию и взаимосвязь микроорганизмов

bacteriolysin [bækˌtiːriˈɒlisin] бактериолизин

bacteriolysis [bækˌtiːriˈɒlisis] бактериолиз, лизис [деструкция] микроорганизмов

  IgM-mediated ~ бактериолиз, опосредованный IgM

  immune ~ иммунный (индуцированный бактериолизинами) бактериолиз

bacteriolyze [bækˈtiːriəʊlaiz] лизировать бактерии

bacteriopathology [bækˌtiːriəʊpəˈθɒləʤi] бактериопатология *(наука о болезнях, вызываемых бактериями или их токсинами)*

bacteriopexia [bækˈtiːriəʊˌpeksiə], **bacteriopexy** [bækˈtiːriəʊˌpeksi] обездвиживание бактерий фагоцитами

bacteriophage [bækˈtiːriːəʊˌfeiʤ] бактериофаг, фаг *(вирус, проникающий в бактериальную клетку и разрушающий её)*

  defective ~ дефектный бактериофаг *(в геноме которого отсутствуют компоненты, необходимые для полной контагиозности вируса)*

  lysogenic ~ лизогенный [умеренный] бактериофаг *(ДНК которого встраивается в хромосому клетки-хозяина и в таком состоянии фенотипически не проявляется)*

  lytic ~ вирулентный бактериофаг

  mature ~ зрелый бактериофаг *(способный к инфицированию)*

  RNA-containing ~ РНК-содержащий бактериофаг

  tablet-form ~ таблетированный бактериофаг

  temperate ~ *см.* **lysogenic** ~

  vegetative ~ вегетативный бактериофаг

  virulent ~ вирулентный бактериофаг *(вызывающий лизис инфицированных им бактерий)*

bacteriophage-infected [bækˌtiːriːəʊˌfeiʤ-inˈfektid] заражённый бактериофагом *(напр. штамм бактерий)*

bacteriophagology [bækˌtiːriːəʊfəˈɡɒləʤi] раздел вирусологии, изучающий бактериофаги

bacteriophytoma [bækˌtiːriːəʊfaiˈtəʊmə] воспалительная опухоль *(инфекционной природы)*

bacteriosis [bækˌtiːriːˈəʊsis] бактериоз *(бактериальная инфекция)*

bacteriosolvent [bækˌtiːriːəʊˈsɒlvənt] бактериолитическое вещество

bacteriostasis [bækˌtiːriːˈɒstəsis] бактериостаз *(временное прекращение размножения бактериальной популяции)*

bacteriostat [bækˈtiːriːəʊˌstæt] бактериостатический фактор

bacteriostatic [bækˌtiːriːəʊˈstætik] бактериостатический, препятствующий размножению бактерий

bacteriotherapeutic(al) [bækˌtiːriːəʊˌθerəˈpjuːtikəl] относящийся к лечебному применению бактерий

bacteriotherapy [bækˌtiːriːəʊˈθerəpit] лечение с помощью бактерий или продуктов их жизнедеятельности *(напр. с применением бифидо- и лактобацилл)*

bacteriotoxemia [bækˌtiːriːəʊtɒkˈsiːmiə] бактериальная токсемия

bacteriotoxic [bækˌtiːriːəʊˈtɒksik] 1. ядовитый для микроорганизмов 2. обусловленный действием бактериальных токсинов

bacteriotropin [bækˌtiːriːˈɒtrəʊpin] 1. бактериотропин *(теплоустойчивый компонент иммунной сыворотки)* 2. *pl.* опсонины *(защитные антитела плазмы крови)*

bacteriotrypsin [bækˌtiːriːəʊˈtripsin] бактериальный трипсин

bacteritic [ˌbækteˈritik] микробный, бактерийный, бактериальный

Bacterium [bækˈtiːriːəm], *pl.* **bacteria** [bækˈtiəriə] бактерия

  ~ **aerugenosum** синегнойная палочка

  ~ **botulinus** палочка ботулизма

  ~ **conjunctivitidis** Коха – Уикса палочка

  ~ **diphtheriae** дифтерийная палочка

  ~ **dysenteriae (Flexner)** Флекснера бактерия дизентерии

  ~ **dysenteriae (Grigoriewi – Shiga)** Григорьева – Шиги бактерия дизентерии

  ~ **dysenteriae (Shmitz)** Штуцера – Шмитца бактерия дизентерии

  ~ **dysenteriae (Sonne)** Крузе – Зонне дизентерийная палочка

  ~ **enteritidis (Gaertner)** Гертнера палочка

  ~ **fecalis alcaligenes** фекальный щёлочеобразователь

  ~ **hirshfeldii** (Хиршфелда) палочка паратифа С

  ~ **leprae** палочка лепры

  ~ **mallei** палочка сапа

  ~ **morgani** Моргана палочка

  ~ **ozaenae** палочка озены

  ~ **paratyphi** A палочка паратифа А

~ **paratyphi B** палочка паратифа B

~ **perfringens** палочка газовой гангрены

~ **pertussis** палочка коклюша

~ **pestis** палочка чумы

~ **proteus vulgaris** вульгарный протей

~ **pyocyaneum** синегнойная палочка

~ **Rettgeri** Реттгера палочка

~ **tetani** палочка столбняка

~ **tuberculosis, type avium** туберкулёзная палочка, птичий тип

~ **tuberculosis, type bovinus** туберкулёзная палочка, бычий тип

~ **tuberculosis, type humanus** туберкулёзная палочка, человеческий тип; Коха палочка

~ **tuberculosis, type muris** туберкулёзная палочка, мышиный тип

~ **typhi** палочка брюшного тифа

~ **typhimurium** палочка мышиного тифа

aerobic ~ аэробная бактерия

autotrophic ~ автотрофная бактерия

bifid ~ бифидобактерия

blue-green ~ сине-зелёные бактерии

butyric-acid ~ маслянокислая бактерия

chromogenic ~ пигментообразующая бактерия

coliform ~ колиформная бактерия

filamentous ~ нитчатая бактерия

gas-producing ~ газообразующая бактерия

gram-variable ~ грамвариабельная бактерия

hay ~ сенная палочка

heterofermentative lactic-acid ~ гетероферментативная молочнокислая бактерия

indologenic ~ индолообразующая бактерия

lactic-acid ~ молочнокислая бактерия, лактобацилла

luminescent [luminous] ~ люминесцирующая [светящаяся] бактерия

lysogenic ~ лизогенные бактерии (*находящиеся в состоянии симбиоза с умеренным бактериофагом – профагом, геном которого входит в состав бактериального*)

nonexacting ~ бактерия с простыми потребностями в питательных веществах

nonfermentative ~ неферментирующая бактерия

opportunistic pathogenic ~ условно-патогенная бактерия

putrefactive ~ гнилостная бактерия

receptive ~ бактерия, способная адсорбировать фаг

rod ~ бацилла, палочка

rodlike [rod-shaped] ~ палочковидная бактерия

slime-forming ~ слизеобразующая бактерия

spore-forming ~ спорообразующая бактерия

test ~ тест-бактерия

unnamed ~ неидентифицированная бактерия

bacteriuria [bækˌtiːriˈjuːriə] бактериурия, бациллурия

covert ~ скрытая бактериурия

bacterized [ˈbæktəraizd] обсеменённый бактериями

Bacteroides* [bækteˈrɒidiːz] бактероиды (*бактерии-сапрофиты*)

~ **bivivus** вид бактероидов, выделяемых при инфекциях брюшной полости и мочеполовой системы

---

* Названия бактероидов переименованы: Bacteroides на Porphyromona.

~ **capillosus** вид бактероидов, выделяемый из кист, ран, ротовой полости и кишечника

~ **urolyticus** вид бактероидов, выделяемый из пищеварительного тракта, мочеполовых и дыхательных путей и из крови после удаления зубов

bactofugation [ˌbæktəʊfjuːˈgeiʃən] бактофугирование (*стерилизация молока нагреванием с последующим удалением микроорганизмов центрифугированием*)

bactopepton [ˌbæktəʊˈpeptɒn] бактопептон (*питательная среда для микроорганизмов*)

bactotripton [ˌbæktəʊˈtriptɒn] бактотриптон (*питательная среда для микроорганизмов*)

Bacturcult [ˈbæktəˌkʌlt] *фирм.* химический метод определения степени бактериурии

baculiform [bəˈkjuːlifɔːm] палочковидный (*напр. о хромосоме*)

Baculovirus [bəˌkjuːləʊˈvairəs] *pl.* бакуловирусы (*используются для защиты растений и контроля численности насекомых-вредителей*)

bad [bæd] 1. больной, нездоровый 2. тяжёлый (*о состоянии больного*), сильный (*о кашле*) 3. плохой; испорченный; недоброкачественный, неполноценный 4. вредный; неблагоприятный (*напр. о погоде*) ◊ **to be taken** ~ заболеть

to feel ~ плохо себя чувствовать

public ~ ущерб для общества

badge [bæʤ] знак; символ; бэдж

film ~ плоский [плёночный] дозиметр, карманный дозиметр

badged [bæʤd] отмеченный знаком (*напр. Красного Креста*)

baffle [bæfl] экран, щит; отражатель; перегородка

interatrial ~ межпредсердная перегородка

bag [bæg] 1. мешок; пакет 2. *sl.* контейнер с наркотиком

~ **of waters** плодный пузырь, амниотическая оболочка

air ~ аварийная предохранительная подушка (*надувающаяся автоматически при столкновении автомобиля*)

body ~ похоронный мешок, мешок для транспортировки тела погибшего

breathing ~ самораздувающийся дыхательный мешок (*наркозного аппарата*), фирм. Амбу мешок

catheter ~ катетерный резервуар (*напр. для мочи*)

centrifuge ~ центрифужный пакет, центрифужный стакан; центрифужная ячейка

collodion ~ коллодиевая гильза, коллодиевый мешочек

colostomy ~ калоприемник, калостомический пакет

culture ~ культуральный пакет (*напр. для выращивания культуры клеток*)

dilatable ~ пневматический баллон (*напр. кардиодилататора*)

disposable ~ пакет разового [однократного] применения (*о пылесборнике*)

douche ~ баллон для промывания влагалища

Douglas ~ Дугласа мешок (*для исследования выдыхаемого воздуха*)

drainage ~ дренажная ёмкость

dressing ~ санитарная сумка

dust collecting ~ пылеприёмник, пылесборник

filter ~ мешочный [рукавный] фильтр

gas ~ 1. газовый мешок; газовый баллон 2. пузырёк газа

high compliance reservoir ~ дыхательный мешок с высокой податливостью

hot-water ~ грелка

hydrostatic ~ гидростатический мешок

ileostomy ~ илеостомический пакет, или резервуар

impact ~ *см.* **air** ~

inflated ~ раздутый баллон

incontinence ~ 1. мочеприёмник 2. калоприёмник

infusion ~ инфузионный пакет, инфузионная система

latex ~ резиновый баллон, или мешок

leg ~ мочеприемник, прикрепляемый к ноге

micturition ~ *см.* **incontinence** ~ 1

medicine ~ *см.* **dressing** ~

obstetrical ~ 1. акушерская сумка 2. метрейринтер *(приспособление для возбуждения и усиления родовой деятельности)*

oxygen ~ кислородная подушка

physician's ~ врачебная сумка

Politzer's ~ Политцера баллон *(используемый для продувания слуховой трубы)*

pooling ~ контейнер, контейнер-коллектор *(напр. мусора)*

reservoir ~ *см.* **breathing** ~

rubber ~ резиновый баллон; резиновая груша

self-inflating ~ *см.* **breathing** ~

specimen-retrieval ~ лапароскопический эвакуатор, или мешок

surgical ~ санитарная сумка; хирургическая сумка

testicular ~ мошонка

urine(-collecting) [urine-drainage] ~ *см.* **incontinence** ~ 1

yolk ~ желточный мешок

bag-and-mask [bæg-ən-maːsk] *см.* **breathing bag**

bagassosis [bægə'səʊsis] багассоз *(аллергический альвеолит, обусловленный вдыханием пыли отходов сахарного тростника)*

bagged [bægd] инкапсулированный

bagging [bægiŋ] инкапсуляция

~ **of uterus** *акуш.* метрейриз

Bahig ~ Бахиг *(арбовирус)*

bail ~ *суд. мед.* 1. поручительство 2. преступник, взятый на поруки || брать на поруки

bagman ['bægmən] *sl.* продавец наркотиков

bait [beit] 1. приманка, отрава; инсектицид 2. еда; закуска *(в дороге)*

Slug ~ приманка *(для уничтожения слизней)*

bake [beik] 1. выпекать, печь 2. загорать на солнце

Balagodu ['bæləɡɒdʊ] Балагоду *(арбовирус)*

balance ['bæləns] 1. баланс, равновесие || уравновешивать 2. весы || взвешивать, определять массу 3. душевное равновесие, спокойствие 4. решающий фактор 5. различие между приходом и расходом || компенсировать, нейтрализовать ◊ **to be in** ~ быть в критическом состоянии, висеть на волоске

~ **of excitation and inhibition** уравновешенность основных нервных процессов – возбуждения и торможения

~ **of mind** психическое здоровье

~ **of nature** экологическое [природное] равновесие, экологический баланс

acid-alkali [acid-base] ~ кислотно-основное состояние, КОС

analytical ~ аналитические весы

assay ~ 1. приборные весы 2. аналитические весы

baby ~ весы для грудных детей

biotic ~ биотическое равновесие

body ~ пропорциональное телосложение

body fluid ~ водный баланс организма, водно-электролитный гомеостаз

caloric ~ тепловой баланс

carbohydrate ~ углеводный баланс

chemical ~ 1. *см.* **acid-alkali** ~ 2. *см.* **analytical** ~

counter ~ настольные весы

delicate ~ точное соотношение *(напр. между выработкой и отделением слизи)*

equiloudness ~ равновесие громкости

eye ~ баланс зрительных осей

fluid-and-electrolyte ~ водно-солевой баланс

gene [genetic(al), genic] ~ генетический [генный] баланс

heat ~ тепловой баланс, тепловое равновесие

hydrophile-lypophile ~ гидрофильно-липофильный баланс

immunoregulatory ~ иммуно-регуляторный индекс *(соотношение Т-хелперов и Т-супрессоров)*

intrachromosomal ~ внутрихромосомный баланс

muscle ~ равнодействие мышц

neural-endocrine ~ нейроэндокринное равновесие

nitrogen ~ азотистый баланс

nutritional ~ рациональное сочетание питательных веществ, пищевой баланс

occlusal ~ окклюзионное равновесие *(зубных дуг)*

oculomotor ~ баланс зрительных осей

oxidant ~ окислительный [оксидантный] баланс

polygenic ~ полигенный баланс

profit ~ балансовая прибыль

secondary (genic) ~ вторичный генный баланс *(возникший в результате изменения соотношения генов в исходном балансе)*

sedimentation ~ степень осаждения

static standing ~ статическое равновесие в положении стоя

torsion ~ крутильные [торсионные] весы

white ~ *рентг.* баланс белого цвета *(электронная коррекция цвета)*

balanced ['bælənst] 1. спокойный, уравновешенный 2. гармоничный, пропорциональный, соразмерный, рациональный 3. балансированный, сбалансированный *(о диете и пр.)* 4. демпферный *(напр. о вытяжении)*

balanic [bə'lænik] относящийся к головке полового члена или клитора

balanitis [ˌbælə'naitis] баланит *(воспаление головки полового члена)*

phagedenic ~ гангренозный [фагеденический] баланит

balanoblennorrhea [ˌbælənəʊˌblenəʊ'riːə] баланобленнорея

balanochlamyditis [ˌbælənəʊˌklæmi'daitis] баланохламидиоз

balanoplasty ['bælənəʊˌplæsti] баланопластика

balanoposthitis [ˈbælənəʊpɒsˌθaitis] баланопостит *(воспаление кожи головки полового члена и внутреннего листка крайней плоти)*

balanoposthomycosis [ˌbælənəʊˌpɒsθəʊmaiˈkəusis] грибковый баланопостит

balanorrh(o)ea [ˈbælənəʊriːə] гнойный баланит

balantidiasis [ˌbæləntiˈdaiəsis] балантидиаз, инфузорная дизентерия

Balantidium [ˌbælənˈtidiːəm] балантидии *(род паразитических инфузорий)*

~ **coli** вид паразитических инфузорий, обитающих в толстой кишке

balanus [ˈbælənəs] головка полового члена

balbuties [bælˈbjuːʃiːiːz] заикание, логоневроз

baldness [ˈbɔːldnəs] 1. алопеция, облысение, плешивость, безволосость 2. безостость

baleful [ˈbeilfʊl] гибельный, губительный; вредный

ball [bɔːl] 1. шар; шарик; комок; клубок; округлое тело 2. подушечка пальца

~ **of eye** глазное яблоко

~ **of foot** подъём свода стопы

~ **of knee** надколенник, надколенная чашка

~ **of thumb** возвышение большого пальца *(руки)*, тенар

back-pressure ~ баллончик для контрпульсации *(крови)*

chondrin ~s изогенные группы клеток в хряще

cotton ~ ватный шарик, ватный тампон

egg ~ *гельм.* шар из склеенных яиц

fat ~ **of Bichat** *анат.* жировой комок Биша

"fluff ~**"** *микр.* «пушистый комочек»

food ~ фитобезоар

fungus ~ грибковый шар, аспергиллёма лёгких *(компактная масса грибкового мицелия и клеточного детрита в лёгочной ткани)*

germ ~ *гельм.* зародышевый шар

hair ~ трихобезоар, волосяная «опухоль»

stuffed ~ набивной мяч, медицинбол

touch ~ мякоть [подушечка] пальца *(руки)*

wool ~ трихофитобезоар

ballism [ˈbælizm] крупноразмашистый гиперкинез конечностей

ballistics [bəˈlistiks]:

wound ~ раневая баллистика *(ход раневого канала)*

ballistocardiogram [bəˌlistəʊˈkɑːdiəʊˌgræm] баллистокардиограмма

ultra-low frequency ~ ультранизкочастотная баллистокардиограмма

ballistocardiography [bəˌlistəʊˌkɑːdiˈɒgrəfi] баллистокардиография *(регистрация перемещений тела человека, обусловленных сокращениями сердца и движением крови в крупных сосудах)*

ballistophobia [bəˌlistəʊˈfəʊbiə] баллистофобия *(навязчивая боязнь поражения бомбой, снарядом)*

balloon [bəˈluːn] 1. баллон *(колба, ёмкость)* 2. надувной баллон, вводимый в полость тела *(напр. баллонный катетер)*

glass ~ стеклянная колба

kissing ~s «целующиеся баллоны» *(техника двухбаллонной дилатации при поражении бифуркации коронарных артерий)*

obstetrical ~ метрейринтер

Shea-Anthony [sinus] ~ резиновый баллончик для вправления отломков костей верхнечелюстной пазухи

ballooning [bəˈluːniŋ] 1. вздутие, шаровидное расширение *(напр. об уретероцеле)* 2. баллонирование *(расширение стенотического участка сосуда с помощью баллонного катетера)*

~ **of prepuce** отёк крайней плоти

ballottement [bəˈlɒtmənt] баллотирование *(диагностический приём)*

abdominal [indirect] ~ баллотирование плода, выявляемое через брюшную стенку

fetal ~ баллотирование плода

balm [bɑːm] 1. бальзам; целебное средство 2. болеутоляющее средство ‖ успокаивать боль 3. бальзамировать

sweet ~ мелисса лекарственная *(Melissa officinalis)*

balmy [ˈbɑːmi] целебный; успокоительный

balneary [ˈbælniəri] 1. водолечебница; бальнеологическое отделение 2. лечебный минеральный источник

balneation [bælniˈeiʃən], **balneotherapeutics** [ˌbælniəʊθerəˈpjuːtiks], **balneotherapy** [ˌbælniəʊˈθerəpi] бальнеотерапия

balneum [ˈbælniəm] *лат.* бальнеопроцедура *(ванна, баня)*

arenae ~ песочная ванна

balneutics [bælniˈʊtiks] бальнеология

balsam [ˈbɔːlsəm] *см.* **balm 1, 2**

bammy [ˈbæmi] *sl.* марихуана, сигарета с марихуаной

ban [bæn] запрет ‖ запрещать

bancroftosis [ˌbænkrɒfˈtəʊsis] *параз.* банкрофтоз, вухерериоз

band [bænd] 1. перевязка; бандаж ‖ перевязывать; связывать, соединять 2. *анат.* связка; длинный тонкий пучок волокон 3. фасция; тяж, спайка 4. ортодонтическое назубное кольцо 5. палочкоядерный нейтрофил

~ **of colon** лента ободочной кишки

~ **of fatty tissue** прослойка жировой ткани

~ **of fibrous tissue** фиброзные тяжи

~ **of hyperesthesia** множество зон гиперестезии

abdominal ~ бандаж-набрюшник *(при грыже живота)*

absorption ~ полоса [спектр] поглощения *(напр. в спектрофотометрии)*

alpha ~ альфа-диапазон частот *(на ЭЭГ)*

amniotic ~s амниотические перетяжки, или тяжи, нити, сращения, спайки; Симонара тяжи

anchor ~ фиксирующее ортодонтическое приспособление

atrioventricular ~ предсердно-желудочковый [атриовентрикулярный] пучок, Гиса пучок

attenuation ~ полоса ослабления; полоса затухания

chromosome ~ хромосомный диск *(контрастно окрашивающаяся область хромосомы дисковидной формы)*

clamp ~ фиксирующий назубный узел с зажимом

compression ~ давящая повязка

conduction ~ зона проводимости

congenital constricting ~ врождённая сдавливающая перетяжка

connecting ~ повязка, ограничивающая движения; иммобилизирующая повязка

containing ~ сдерживающий [поддерживающий] бандаж

dead ~ мёртвая зона, зона нечувствительности

dental ~ зубчатая извилина *(мозга)*

emission ~ полоса испускания; полоса излучения *(напр. радиоактивности)*

error ~ интервал значений погрешностей

fibrous ~ фиброзная связка

frequence ~ полоса частот; диапазон частот

fuzzy ~ электрофоретическая зона неясных очертаний, «размытый» бэнд

Gimsa ~ Гимза-диск *(участок хромосомы, окрашивающийся раствором Гимза)*

His' ~ *см.* **atrioventricular** ~

iliotibial ~ *анат.* подвздошно-большеберцовый тракт

M~ полоска М, мезофрагма *(в мышечном волокне)*

matrix ~ металлическая матрица для контурных пломб

moderator ~ мышечная перекладина

molar ~ ортодонтическое опорное кольцо для моляров

muscular ~ мышечный тяж

neck ~ 1. ворот; воротничок 2. *(высыпания на шее)*

noise ~ полоса шумов

oligoclonal ~ зоны олигоклональных иммуноглобулинов *(на электрофореграмме)*

orthodontic ~ ортодонтический поясок, ортодонтический обруч

orthodontic arch ~ ортодонтическая дуга, Энгла дуга

osteoid ~**s** остеоидные пучки *(признак остеогенной саркомы)*

pecten ~ заднепроходной [анальный] гребень, гребешковая линия

phonotary ~ *см.* **vocal** ~

protein ~ белковая зона, область локализации белка *(при электрофорезе)*

rubber ~ резиновая тесёмка; резиновый бинт

single ~ одиночный штранг *(при спаечной непроходимости)*

skewed ~ деформированная полоса *(на электрофореграмме)*

spectral ~ спектральная полоса

theta ~ тета-диапазон частот *(на ЭЭГ)*

ventricular ~ **of larynx** складка преддверия полости гортани

vocal ~ голосовая складка

Band [bænd]:

~ **of Hope** «Отряд надежды» *(общество трезвости)*

bandage ['bændidʒ] 1. бинт; повязка, перевязочный материал ‖ бинтовать, перевязывать; накладывать повязку 2. перевязка; бандаж, поддерживающая повязка, суспензорий ◊ **to apply a** ~ накладывать повязку

ace ~ 1. очковая повязка *(напр. на один глаз)* 2. маленькая повязка

adhesive (plaster) ~ лейкопластырная повязка; наклейка

Barton's ~ Бартона бандаж *(двойная восьмиобразная шина при переломе нижней челюсти)*

belly ~ бандаж или повязка для живота

bridged plaster ~ мостовидная гипсовая повязка

capeline ~ *см.* **Hippocrates'** ~

circular ~ круговая повязка

cohesive ~ *см.* **adhesive** ~

compressing [compressive] ~ давящая повязка

cotton ~ ватная прокладка

cravat ~ *см.* **triangular** ~

crepe ~ эластический бинт, эластическая повязка

cross ~ крестообразная [восьмиобразная] повязка

demigauntlet ~ кистевая [полуперчаточная] повязка с открытыми пальцами

Desault's ~ Дезо повязка *(при переломах ключицы)*

Esmarch ~ Эсмарха (резиновый) жгут

fenestrated ~ окончатая (гипсовая) повязка

figure-of-eight ~ *см.* **cross** ~

finger ~ узкий бинт; бинт для пальца

first-aid ~ первичная повязка

fixed ~ иммобилизирующая [фиксирующая] повязка

four-tailed ~ пращевидная повязка

Galen's ~ Галена повязка *(на голову)*

gauntlet ~ перчаточная повязка *(на кисть и пальцы)*

gauze ~ марлевый бинт, марлевая [сетчатая] повязка

glue ~ клеевая повязка, наклейка

Hamilton's ~ шина при переломе нижней челюсти

head ~ повязка-чепец, повязка на голову

heavily padded crepe ~ тугая эластическая повязка

Hippocrates' ~ Гиппократа [митра] шапка *(повязка на голову в виде шапочки)*

knitted net ~ трикотажная сетчатая повязка

many-tailed ~ многоугольная повязка, косыночная повязка

open plaster splint ~ гипсовая лонгета

plaster ~ гипсовая повязка

provisional ~ временная повязка

recurrent ~ вид спиральной повязки на конец культи

recurrent ~ **for head** возвращающаяся повязка головы

retaining [retentive] ~ *см.* **fixed** ~

roller ~ скатанный бинт

sanilastic ~ лейкопластырная повязка

scarf ~ *см.* **triangular** ~

sling ~ *см.* **four-tailed** ~

spica ~ колосовидная повязка

spiral ~ спиральная повязка

spiral reverse ~ колосовидная повязка

sterilastic ~ *см.* **sanilastic** ~

suspensory ~ суспензорий, поддерживающая повязка

T ~ Т-образная повязка

traction ~ повязка для вытяжения

triangular ~ косыночная повязка

Velpeau's ~ Вельпо повязка *(фиксирующая руку к туловищу)*

bandager ['bændədʒə] специалист по наложению повязок

bandaging ['bændədʒiŋ] накладывание [наложение] повязки; перевязка; перевязывание; бинтование

~ **of pulmonary artery** стягивание [затягивание] лёгочной артерии *(с целью уменьшения кровотока по ней)*

Band-Aid [bænd-eid] *фирм.* «Бэнд-Эйд» *(бактерицидный лейкопластырь)*

banding ['bændiŋ] 1. бэндинг, исчерченность хромосом; распределение дисков на хромосомах 2. окрашивание и идентификация хромосом *(по их исчерченности)* 3. расслоение жидкости при центрифугировании

gastric ~ бандажирование желудка

band-spectrum [ˈbænd-ˈspektrəm] полоса спектра, полосатый спектр

bandy [ˈbændi], **bandy-legged** [ˈbændi-ˈlegd] страдающий искривлением ног, кривоногий; рахитичный

bane [ˈbein] **1.** яд **2.** паслён (*Solanum*)

leopard's [wolf's] ~ арника горная (*Arnica montana*)

baneful [ˈbeinfʊl] гибельный, губительный; вредный

bang [bæŋ] **1.** удар, звук выстрела, взрыва ‖ ударить, бить **2.** *sl.* индийская конопля (*наркотик-галлюциноген*); инъекция [доза] наркотика

Bang [bæŋ]:

Big ~ «большой взрыв» (*теория происхождения Вселенной*)

banger [ˈbæŋgə] *sl.* шприц для инъекции

bangster [ˈbæŋstə] *sl.* наркоман, принимающий наркотики внутривенно

Banji [ˈbænʤi] *sl.* разновидность марихуаны

bank [ˈbæŋk] банк органов и тканей (*для пересадки*); банк крови

blood ~ **1.** банк крови **2.** донорский пункт с запасами консервированной крови **3.** отделение переливания крови **4.** холодильник для хранения крови **5.** ампула с кровью или её компонентами

bone ~ лаборатория заготовки и консервации костных трансплантатов

"casual" ~ децентрализованный банк крови (*напр. внутрибольничный*)

clone ~ клонотека, банк [библиотека] клонов

community blood ~ объединённый [централизованный] банк крови

data ~ банк данных

expression ~ банк экспрессируемых генов, экспрессирующий банк генов

eye ~ банк роговицы

genomic DNA ~ банк геномной ДНК, геномный банк

health data ~ компьютеризованный [автоматизированный] архив историй болезни

institutional ~ централизованный банк органов

memory ~ банк данных, блок памяти в (*компьютере*)

milk ~ хранилище донорского молока

New England Organ ~ банк органов Новой Англии

Nobel Sperm ~ *ист.* банк спермы лауреатов Нобелевской премии

ordered clone ~ систематизированная клонотека

protein ~ банк данных о белках

restriction site ~ банк рестрикционных фрагментов

seed ~ фонд вакцинных штаммов

semen ~ банк спермы, спермофонд

serum reference ~ набор стандартных сывороток

banking [ˈbæŋkiŋ] **1.** консервация органов и тканей **2.** заготовка крови

tissue ~ **for transplantatin** заготовка ткани для трансплантации

banko-kerende [ˈbæŋkʊ-kerendə] спонтанный дактилолиз, айнгум

banned [ˈbænnd] запрещённый

bantingism [ˈbæntiŋgizm] бантингизм (*диетотерапия ожирения по методу Бантинга, 1863 г.*)

baptorrhea [ˈbæptʊriə] инфицированное отделяемое слизистой оболочки

bar [ba:] **1.** преграда, перемычка, препятствие; барьер (*напр. цветной*) **2.** пластинка; штанга (*металлический*) каркас, дуга (*напр. съёмного протеза*) **3.** *физ.* бар (*единица атмосферного или акустического давления*)

~ **of bladder** межмочеточниковая складка

~ **of osteophytes** барьер [заслон] из остеофитов

anterior palatal ~ передняя нёбная дуга ортодонтического протеза

arch ~ **1.** *стом.* бюгельная дуга **2.** назубная металлическая шина

connecting ~ соединительное звено дугового протеза

hot ~ *фарм.* нагревательная скамья

hyoid ~ *эмбр.* гиоидный хрящ, из которого развивается подъязычная кость

labial ~ *стом.* соединительная губная дуга

lingual ~ язычная дуга (*ортодонтического протеза*)

median [Mercier's] ~ *см.* ~ **of bladder**

metal ~ металлическая пластинка или накладка (*для остеосинтеза*)

occlusal rest ~ дополнительное соединительное звено для окклюзионной опоры (*в бюгельном протезе*)

petroalar ~ крыловидно-каменистый гребень или край (*овального отверстия*)

traction ~ скоба для вытяжения

baragnosis [ˌbærægˈnəʊsis] барагнозия (*потеря способности воспринимать массу предмета*)

barba [ˈbaːbə] борода; растительность на лице

barbaralalia [ˌbaːbaːəˈleiliə] дислалия при попытке говорить на иностранном языке

barbarous [ˈbaːbərəs] **1.** варварский; жестокий, бесчеловечный **2.** оглушительный (*напр. звук*)

barbel [ˈbaːbl] *разг.* ящур

Barbie [ˈbaːbi] *sl.* таблетка [капсула] с барбитуратом

barbitalism [ˈbaːbaitɔːlizm], **barbitu(r)ism** [ˈbaːbaitʃuːərizm] барбитур(ат)изм, барбитуромания (*форма токсикомании*)

barborygmos [ˈbaːbəʊrigməs] урчание в животе

barbotage [baːbəʊˈtaːʒ] *анест.* барботаж, барботирование

bare [ˈbɛə] **1.** голый; обнажённый; пустой; лишённый чего-л. (*напр. бесшёрстные мыши*) **2.** неизолированный (*электропровод*)

bareing [ˈbɛəriŋ] обнажение, раскрытие

blind spot's ~ обнажение слепого пятна (*при глаукоме*)

baresthesia [baːresˈθiːziə] барестезия (*способность ощущать давление*)

bariatrics [baːriˈætriks] область медицины, разрабатывающая методы предупреждения и лечения ожирения

baric [ˈbɛərik] содержащий барий, бариевый

baritosis [baːriˈtəʊsis] барит(ин)оз (*разновидность пневмокониоза, обусловленного вдыханием бариевой пыли*)

barium, Ba [ˈbɛəriəm] барий

~ **food** бариевая взвесь, «бариевый завтрак»

opaque ~ рентгеноконтрастная бариевая взвесь

bariumize [ˈbɛərimaiz] применять барий или бариевую взвесь

bark[1] [ba:k] **1.** кора, корка **2.** хинная кора

cinchona [Jesuits'] ~ хинная кора, кора хинного дерева; хина oak ~ дубовая кора

bark² лающий [резкий, отрывистый] звук

rasping ~ лающий кашель

baroceptor [ˌbærəʊ'septə] *см.* **baroreceptor**

barodontalgia [ˌbærəʊdɒnt'ælʤiə] боль в зубах, обусловленная изменением атмосферного давления

baroelectroesthesiometry [ˌbærəʊiˌlektrəʊesˌθiːzi'ɒmetri] барестезиометрия *(исследование чувствительности к давлению)*

barognosis [ˌbærɒ'gnəʊsis] барогнозия *(способность воспринимать массу предмета)*

baromacrometer [ˌbærəʊmə'krəʊmətə] прибор для измерения и взвешивания новорождённых

barophilic [ˌbærəʊ'filik] барофильный *(о микроорганизмах, предпочитающих высокое барометрическое давление)*

baroreceptor [ˌbærəʊri'septə] баро(ре)цептор, прессорецептор, прессорный рецептор

aortic arch ~ барорецептор аортальной зоны

carotid sinus ~ барорецептор синокаротидной зоны

ventricular ~ внутрижелудочковый барорецептор *(сердца)*

barospirator [ˌbærəʊ'spaireitə] боксовый респиратор

barostat ['bærəʊstæt] баростат; барореле, барометрический контактный датчик

barotalgia [ˌbærɒt'ælʤiə] бароотит

barotaxis [ˌbærəʊri'tæksis] баротаксис *(реакция живых структур на изменение давления)*

barotherapy [ˌbærəʊ'θerəpi] баротерапия *(лечение пониженным или повышенным давлением воздуха и/или кислорода)*

barotitis [ˌbærəʊ'taitis] бароотит

barotrauma [ˌbærəʊ'trɔːmə] баротравма *(поражение, вызванное резкими колебаниями атмосферного давления)*

explosion ~ взрывная баротравма

otitic ~ бароотит

sinus ~ баросинусит

barpressing [ˌbær'presiŋ] нажатие на рычаг *(в опытах по изучению поведения животных)*

Barr-bodies [bær-'bɒdiz] Барра тельца *(половой хроматин)*

barrage ['bæraːʒ] 1. преграда; блок 2. плотина, запруда

~ of sensory signals блокада сенсорных сигналов

barrel ['bærəl] 1. цилиндр *(шприца)* 2. ёмкость, бочка ‖ бочкообразный *(о грудной клетке)* 3. баррель *(мера объёма)* 4. барабанная полость *(уха)* 5. ствол *(колостомы)*

double ~ двойная полость *(напр. дупликатуры кишки)*

barren ['bærən] 1. бесплодный; неплодородный 2. стерильный; обеспложенный 3. лишённый чего-л.; пустой

barrenness ['bærənəs]:

~ of intellect умственная ограниченность, убогость

barrier ['bæriə] 1. барьер, преграда; препятствие 2. заслон; граница; экран *(защитный)*; перегородка

adhesion ~ введение в брюшную полость жидкости, предотвращающей образование спаек

alveolar [blood-air] ~ альвеолярно-капиллярная мембрана

biogeographical ~ to dispersal биогеографический барьер распределения

blood-aqueous ~ гематоофтальмический барьер

blood-brain ~ гематоэнцефалический барьер, ГЭБ

blood-cerebrospinal fluid ~ гематоликворный барьер

blood-gas ~ *см.* blood-air

blood-testis ~ гематотестикулярный барьер

cicatrical ~ рубцовый барьер, грануляции

gas-impermeable ~ газонепроницаемый [герметичный] барьер

gastric mucosal ~ слизистый [защитный] барьер желудка

histohematic connective tissue ~ гистогематический соединительно-тканный барьер

incestuous ~ *психоан.* инцестный барьер

latex ~s латексные барьеры

one-way ~ однонаправленный барьер *(напр. для ионов водорода)*

placental ~ плацентарный барьер

protective ~ защитный барьер, защитный экран

psychological ~ психологический барьер

radiation ~ радиационный барьер; защитный экран от излучения

resisting ~ защитный барьер *(биологический)*

species ~ видовой барьер *(у организмов)*

transplantation ~ трансплантационный барьер; трансплантационный иммунитет

barrow ['bærəʊ] 1. носилки 2. коляска для больных, носилки-каталка

bartholinitis [ˌbætəʊli'naitis] бартолинит *(воспаление большой железы преддверия влагалища)*

Bartonella [ˌbaːtə'nelə] риккетсии, *уст.* бартонеллы *(род паразитических микроорганизмов)*

bartonellosis [ˌbaːtəne'ləʊsis] бартонеллёз, перуанская бородавка, Карриона болезнь, Ороя лихорадка

baruria [bæ'rjuːriə] гиперстенурия *(высокая плотность мочи, > 1030)*

baryecoia [ˌbæriə'kɔiə] тугоухость

baryencephalia [ˌbæriənsə'feiliə] слабоумие, деменция

baryesthesia [ˌbæriəs'θiːziə] барестезия *(способность ощущать давление)*

baryglossia [ˌbæri'glɒsiə], **barylalia** [ˌbæri'leiliə] барилалия *(неразборчивое произношение слов вследствие дизартрии)*

baryphonia [ˌbæri'fəʊniə] глубокий низкий голос

barythymia [ˌbæri'θaimiə] *псих.* угрюмость, замкнутость, меланхолия, депрессия

basad ['beisæd] по направлению к основанию объекта

basal ['beisəl] 1. базальный, расположенный у основания 2. основной *(напр. обмен)*, базальный; фоновый 3. относящийся ко дну полости зуба

basal(i)oma [beisə'ləʊmə] базалиома, канкроид [карциноид] кожи, базально-клеточный рак

basculation [ˌbæskjuː'leiʃən] устранение [коррекция] ретрофлексии матки

base [beis] 1. основа, основание; базис ‖ основной, главный, базисный 2. *хим.* щёлочь, основание ‖ основный ◊ ~ for filling защитная прокладка *(зубной пломбы)*

~ of bladder дно мочевого пузыря

~ of hair корень волоса

~ of heart основание сердца

~ of kidney почечная лоханка

~ of scull основание черепа

~ of tongue корень языка

absorption [absorptive] ~ абсорбирующая мазевая основа

acrylic resin ~ *стом.* базис из акрилата

blood buffer ~ *pl.* буферные основания *(капиллярной крови)*

cardiac ~ основание сердца

cement ~ цементная защитная прокладка *(зубной пломбы)*

cranial ~ основание мозга

data ~ база данных *(совокупность различных данных – историй болезни, регистров, расчётов и др., систематизированных и хранящихся с помощью ЭВМ)*

denture ~ базис [основа] зубного протеза

eye ~ межзрачковое расстояние, расстояние между зрачками

Medicaid ~**s** база данных Медикейда

minimum ~ минимальный объём исследований *(клинические и биохимические анализы крови и мочи)*

minor ~ минорное основание

nucleic acid ~ основания нуклеиновых кислот, нуклеиновые [нуклеотидные] основания

ointment ~ мазевая основа

permanent denture ~ постоянный базис зубного протеза

powder ~ основа порошка

purine ~ пуриновое основание

pyrimidine ~ пиримидиновое основание

record [temporary] ~ временный базис зубного протеза

tinted denture ~ зубной базис, придающий цвет и оттенок зубам

tooth-borne ~ зубной базис для восстановления промежутка между двумя опорными зубами

total ~ сумма катионов (Na^+, K^+, Ca^{2+}, Mg^{2+}) в крови

total exchangeable ~**s** сумма обменных оснований

trial ~ временный базис зубного протеза

vaccine ~ неиммуногенные компоненты вакцины

vegetable ~ алкалоид-основание растительного происхождения

water-soluble ~ водорастворимая (мазевая) основа

xanthine ~ ксантиновое основание

base-catalysis ['beis-kə'tælisis] основный катализ

basedoid ['bæzədɔɪd] *см.* **basedowiform**

basedowian [bæzə'dɔʋiːən] больной диффузным токсическим зобом

basedowiform [ˌbæzə'dɔʋifɔːm] напоминающий диффузный токсический зоб

baseline ['beisˌlaɪn] 1. исходное состояние; исходный уровень *(напр. гормона)* 2. изоэлектрическая линия *(на ЭКГ)*

base-pairing ['beis-'pɛəriŋ] *мол. биол.* спаривание оснований

baseplate ['beispleit] *стом.* (индивидуальная) оттискная ложка

bas-fond [bæ-'fɔːd] *фр.* дно *(напр. мочевого пузыря)*

bash ['bæʃ] удар ‖ бить, ударять

basher ['bæʃə]:

gay ~ избивающий гомосексуалистов

basialveolar [ˌbeisi'æl'viːəʊlə] относящийся к расстоянию между точкой базион и альвеолярной точкой *(о зоне центральных верхних резцов)*

basiarachnitis [ˌbeisiˌæræk'naitis] воспаление базальной части паутинной оболочки *(головного или спинного мозга)*

basibregmatic [ˌbeisibrəg'mætik] расстояние между точками базион и соединением лобной и теменной костей

basic ['beisik] 1. основной, главный, базисный, фундаментальный, теоретический 2. основные сведения *(напр. о пациенте)* 3. хим. основный, щелочной

basichromatin [ˌbeisi'krəʊmətin] основной хроматин *(окрашивающийся основными красками)*

basicranial [ˌbeisi'kreiniːəl] относящийся к основанию черепа

"Basics" ['beisiks] Бэйсикс *(программа улучшения информированности населения в вопросах здравоохранения, США)*

basicytoparaplastin [ˌbeisiˌsaitəʋˌpærə'plæstin] базофильный парапластин цитоплазмы

basidiobolomycosis [ˌbeisiːdiŋˌbəʋləmai'kəʋsis] базидиоболомикоз, подкожный фикомикоз

Basidiocarp [bə,si:dəʋ'kɑːp] базидиокарп *(представитель базидиальных грибов Basidiomycetes)*

Basidiomycetes [bə,si:di:əʊmai'si:təz] базидиальные грибы, базидиомицеты

basifacial [beisi:'feiʃəl] относящийся к нижней части лица

basifixed [beisi:'fikst] прикреплённый основанием

basify ['beisi,fai] 1. повышать [усиливать] основность, подщелачивать 2. превращать в основание

basigene [bəsi'dʒiŋ] базиген *(нормальный аллель в серии множественных аллелей)*

basihyoid [ˌbeisi'haiɔid] тело подъязычной кости

basikaryotype [ˌbeisiˌkæriə'taip] основной кариотип *(число хромосом которого соответствует основному числу)*

basilad ['bæsiled] по направлению к основанию

basilar ['bæsilə] 1. базилярный *(напр. об артерии)* 2. основной, главный 3. базилярный, относящийся к основанию головного мозга или к основанию артерии

basilateral [ˌbeisi'lætərəl] относящийся к основанию и боковой поверхности *(части тела)*

basilemma [beisi'lemə] базальная [основная] мембрана

basiloma [beisi'ləʊmə] базалиома, канкроид [карциноид] кожи, базально-клеточный рак

basilysis [bei'silisis] *см.* **basiotripsy**

basin ['beisin] 1. бассейн *(коллектор кровеносных сосудов)* 2. анат. таз 3. третий желудочек головного мозга 4. колодец, лунка *(в геле на иммунодиффузных планшетах)* 5. резервуар, водоём

cutoff ~ замкнутый бассейн

dropping ~ капельница

filtering ~ 1. фильтр для очистки сточных вод 2. фильтровальный сосуд

hand ~ тазик для мытья рук

kidney ~ почковидный тазик *(для гноя)*

lymph nodal ~ лимфатический коллектор, или бассейн

pus ~ *см.* **kidney** ~

upword-flow ~ отстойник с восходящим потоком

basinshaped ['beisinˌʃeipt] тазообразный

basi-occiput [ˌbeisi'ɒksipʋt] основание черепа

basion ['beisiːɒn] *кр. метр.* базион *(точка на середине переднего края большого затылочного отверстия)*

basiotic [ˌbeisi'ɒtik] относящийся к основанию уха

basiotribe ['beisiːəʊˌtraib] акушерские костные щипцы

basiotripsy ['beisiːəʊˌtripsi] *уст.* краниотомия (плодоразрушающая операция)

basiotriptor ['beisiːəʊˌtriptə] *см.* **basiotribe**

basipetal [bei'sipetəl] базипетальный (направленный от основания черепа)

basiphil ['beisiːfit] *см.* **basophil**

basiphobia [ˌbeisi'fəʊbiə] *см.* **basophobia**

basis ['beisis] 1. основа, основание, базис, база 2. действующее [активное] начало лекарственного средства

~ **cranii** основание черепа

~ **stapedis** основание стремени

ambulatory ~ амбулаторные условия

dry ~ сухое вещество

familial ~ наследственная основа

heritable ~ наследственность; наследуемые признаки

impatient ~ стационарные условия лечения

outpatient ~ амбулаторные условия лечения

poor ~ дефицит [недостаточность] оснований

rotating ~ ротационная подготовка (врача)

basisphenoid [ˌbeisi'sfiːnɒid] относящийся к телу клиновидной кости

basivertebral [ˌbeisi'vɜːtəbrəl] относящийся к телу позвонка

basket ['baːskit] 1. корзина 2. петля-корзинка Дормиа (для извлечения камней из мочеточника) 3. нейрон, волокна аксона которого образуют сеть вокруг тела другой клетки 4. конденсация внутриклеточных нейрофибрилл при болезни Альцгеймера

fiber ~ *pl.* остов сетчатки (представленный волокнами Мюллера)

fibrillar ~s разветвление нейроглиальных волокон, окружающих проксимальные отделы палочковидных и колбочковидных зрительных клеток

intubation ~ интубационный набор

market ~ **of farm foods** минимальная потребительская корзина (стоимость самых необходимых продовольственных продуктов, покупаемых семьёй в течение месяца)

basocyte ['beisəʊsait] базофил, базофильный лейкоцит

antigenically-responsive ~ иммунореактивный [антигенотвечающий] базофил

basocytopenia [ˌbeisəʊˌsaitəʊ'piːniə] базоцитопения, базофильная лейкопения

basocytosis [ˌbeisəʊsai'təʊsis] базофильный лейкоцитоз

basograph ['beisəʊgræf] подометр (прибор для графической регистрации аномалий походки)

basophil(e) ['beisəʊfil] 1. базофильная клетка 2. базофил, базофильный лейкоцит 3. базофильный аденоцит (гипофиза)

antigenically responsive ~ иммуннореактивный базофил

basophilia [ˌbeisəʊ'filiə] 1. базофильный лейкоцитоз; базофилия 2. появление базофильных зёрен в эритроцитах

pituitary ~ гипофизарный базофилизм, Иценко – Кушинга болезнь

basophilic [ˌbeisəʊ'filik] базофильный, окрашивающийся основными красителями

basophilism [bei'sɒfilizm] *см.* **basophilia 1**

Cushing's [pituitary] ~ базофильная аденома гипофиза; гиперадренокортицизм, Иценко – Кушинга синдром

basophilous [bei'sɒfiləs] *см.* **basophilic**

basophobia [ˌbeisəʊ'fəʊbiə] базофобия (патологическая боязнь ходьбы)

bastard ['bæstəd] 1. внебрачный ребёнок 2. *биол.* гибрид; помесь 3. худшего качества; неправильной формы; необычного размера

bastardy ['bæstədi] рождение ребёнка вне брака

baste ['beist] накладывать временный шов, намётывать, предварительно сшивать

basuco [bə'zuːkəʊ] *sl.* базука (паста, получаемая из листьев коки)

batch [bætʃ] 1. доза; навеска 2. серия, партия (напр. лекарственных препаратов) 3. группа (требований) 4. лекарственная субстанция (подготовленная для дальнейшего производства)

purified, inactivated HBsAg ~ очищенная инактивированная серия поверхностного антигена гепатита В

batcher ['bætʃə] дозатор, дозирующее устройство

dosing ~ дозатор

batching ['bætʃiŋ] дозирование (компонентов смеси); составление лекарственной субстанции

volume ~ дозирование (смеси) по объёму составляющих

bath ['baːθ] 1. ванна, купание, баня 2. ванна, ванная комната 3. *pl.* водолечебница

to take [to have] a ~ принимать ванну

acid ~ 1. кислая ванна 2. *хим.* кислотный раствор

actinothermal ~ *мед. тех.* светотепловая ванна (инфракрасное облучение)

air ~ 1. воздушная ванна 2. сушильный шкаф; термостат

alternating ~s *см.* **hot-and-cold** ~s

bed ~ длительная ванна, «водяная постель»

blanket ~ *см.* **sheet** ~

bog ~ *см.* **moor** ~

boiling-water ~ *см.* **heating** ~

brine ~ соляная [рапная] ванна

bubble ~ *см.* **gas-bubble** ~

cabinet ~ *см.* **electrothermal** ~

carbon dioxide ~ углекислая ванна

chalybeate ~ железистая ванна

constant-temperature ~ термостатическая ванна, термостат

cold [cool] ~ прохладная ванна (около 20 °C)

dialysis ~ диализная ванна, ванна для диализа

douche ~ душ

dry-ice ~ баня с сухим льдом

earth ~ грязевая ванна, песочная ванна

effervescent ~ углекислая ванна

electrothermal ~ горячевоздушная ванна с электрическим обогревом

foam ~ пенистая ванна

four-cell ~ четырёхкамерная ванна

full ~ общая ванна (с погружением всего тела)

gas-bubble ~ жемчужная ванна (обусловленная подводной подачей воздуха под давлением)

graduated ~ общая ванна с постепенным снижением температуры воды

half [hip] ~ сидячая ванна, полуванна

heating ~ водяная баня (лабораторная)

hot ~ *см.* **thermal** ~

hot-and-cold ~s контрастные ванны

immersion ~ *см.* **full** ~

light ~ световая ванна

medicated ~ ванна с добавлением лекарственных веществ

moor [mud] ~ грязевая ванна; иловая ванна, торфяная ванна

mustard ~ горчичная ванна

Nauheim ~ *см.* **carbon dioxide** ~

oil ~ масляная баня

pearl ~ *см.* **gas-bubble** ~

peaty mud ~ торфяная ванна

pine needle ~ хвойная ванна

quarts-light ~ ртутно-кварцевая световая ванна

radiant-heat ~ инфракрасная ванна

radioactive ~ радоновая [радиоактивная] ванна

sea-water ~s морские ванны

sedative ~ успокаивающая ванна

shaking ~ термостатированная качалка

shaking water ~ водяная баня-шейкер

sheet ~ влажное обёртывание

shower ~ 1. душевая 2. душ

sitz ~ *см.* **half** ~

sponge ~ обтирание тела мокрой губкой

steam [swedish] ~ 1. паровая ванна 2. паровая [русская, шведская] баня

stimulating ~ тонизирующая ванна

sulfurated hydrogen ~ сульфидная [сероводородная] ванна

sun ~ солнечная ванна, солнечное облучение

sweating ~ сауна

thermal ~ горячая [термальная] ванна *(выше 40 °C)*

turkish ~ турецкая баня

vapor ~ *см.* **steam** ~ 1

water ~ *см.* **heating** ~

wax ~ парафиновые аппликации

whirlpool ~ 1. вихревая ванна 2. вибрационная ванна

whole-body light ~ общая световая ванна

bathe ['beɪð] мыть, обмывать *(тело)*, промывать *(глаза, рану)*

bathmotropic [ˌbæθməʊ'trɒpik] батмотропный, изменяющий возбудимость ткани *(чаще мышечной)*

bathmotropism [bæθ'mɒtrəʊpizm] влияние на возбудимость ткани *(мышечной, нервной)*

bathophobia [ˌbæθəʊ'fəʊbɪə] батофобия *(патологическая боязнь глубоких водоёмов)*

bathrocephaly [ˌbæθrəʊ'sefəlɪ] батроцефалия *(ступенеобразная форма затылочной кости черепа)*

bath-water ['bæθ-'wɑːtə] плавательный бассейн

bathyanesthesia [ˌbæθɪ;ænes'θiːzɪə] батианестезия *(отсутствие проприоцептивной, или глубокой, чувствительности)*

bathycardia [ˌbæθɪ'kɑːdɪə] батикардия *(низкое положение сердца)*

bathycentesis [ˌbæθɪsen'tiːsis] пункция глубинных структур

bathyesthesia [ˌbæθɪes'θiːzɪə] проприоцептивная [глубокая] чувствительность, батиэстезия

bathygastry [ˌbæθɪ'gæstrɪ] гастроптоз

bathyhyperesthesia [ˌbæθɪˌhaɪpəes'θiːzɪə] батигиперестезия *(повышение проприоцептивной чувствительности)*

bathypnea [ˌbæθɪ'niːə] батипноэ, глубокое дыхание

batonet [bætʊ'net] *ген.* псевдохромосома

batrachophobia [ˌbætrəkəʊ'fəʊbɪə] патологическая боязнь лягушек

batrachoplasty ['bætrəkəʊˌplæsti] удаление ранулы *(подъязычной ретенционной кисты)*

battalion [bə'tæljən] бригада, группа *(напр. хирургов)*

medical ~ медицинский [медико-санитарный] батальон

battarism ['bætərizm] баттаризм *(разновидность заикания)*

battered ['bætəd] избитый, подвергшийся жестокому обращению

battering ['bætərɪŋ]:

wife ~ избиение жены

battery ['bætərɪ] 1. набор, комплект, группа одинаковых деталей *(напр. аккумуляторная батарея и т. п.)* 2. система линз 3. избиение, нанесение побоев ◊ ~ **of tests** *психол.* комплекс [серия, батарея] тестов *(напр. физических упражнений)*

~ **of laboratory tests** набор лабораторных проб

anchor ~ эталонный набор тестов *(напр. для стандартизации)*

classificating test's ~ набор тестов для отбора личного состава

Halstead – Reitan ~ совокупность нейропсихологических тестов Холстеда – Рейтана *(на восприятие, тремор, растяжение, кистевую динамометрию для определения поражения ЦНС)*

multiple aptitude ~ набор тестов для многосторонней оценки способностей

neuropsychological test ~ нейропсихологический набор тестов

battle [bætl] 1. относящийся к боевым действиям 2. огнестрельный

batu ['bætʊ] *sl.* метамфетамин *(стимулятор ЦНС)*

baunsheidtism ['bɔːnʃidtizm] *нем.* разновидность акупунктуры *(предложенной Baunscheidt)*

bay [beɪ] 1. залив; запруда 2. отсек; помещение 3. судовой лазарет 4. *анат.* углубление, лакуна

lacrimal ~ слёзное озеро

bayol ['beɪɒl] байоль *(масляный компонент адъюванта Фрейнда)*

bayonet [beɪə'net] штыковой, байонетный *(напр. тип пинцета, вид перелома)*

bazin ['beɪzin] контагиозный моллюск

bazooka [bə'zuːkə] *см.* **basuco**

Bdella ['delə] пиявка

bdellometer [de'lɒmətə] искусственная пиявка

bdellotomy [de'lɒtəmɪ] гирудотерапия, бделлотерапия *(применение медицинских пиявок с лечебной целью)*

bdelygmia [de'ligmɪə] 1. рвота 2. отвращение к пище

bead ['biːd] 1. гранула; бусина; *pl.* бусы; бисер 2. пузырёк *(газа, воздуха)* 3. капля *(пота)* ◊ ~ **on a string** линейное расположение генов в хромосоме в виде «нитей жемчуга»; теория «бусин на нити»

allergen-coated ~s нагруженные аллергеном гранулы

antibody-coupled [antibody-charged] ~s нагруженные [сенсибилизированные] антителами гранулы

153

cell sorting ~s (аффинные) гранулы для фракционирования [сортировки] клеток

colored marker ~s окрашенные маркёрные шарики *(для визуально-цветового контроля разделения клеток в градиенте плотности)*

controlled-pore ~s гранула [сферы] с контролируемым размером пор

fluorescent ~s флуоресцентные бусины

glass ~s *pl.* стеклянные бусы, гранулы или шарики *(атрибут некоторых иммунологических и биохимических методик)*

micron latex ~ *лаб.* латексные микрогранулы

monosized ~s однородные [мономорфные] гранулы

polylysine-coated ~s покрытые полилизином гранулы, полилизиновые (микро)сферы

rachitic ~s рахитические чётки

terminal ~ концевая олива *(дуоденального зонда)*

worry ~s «чётки для нервных» *(перебирают для снятия напряжения)*

beaded [ˈbiːdid] чёткообразный *(напр. о росте микроорганизмов)*

beading [ˈbiːdiŋ] неравномерность окраски бактерий *(чередование светлых и тёмных зон)*

~ of ribs рахитические «чётки» *(утолщение рёберных хрящей в месте их соединения с костной частью)*

beady [ˈbiːdi] покрытый мелкими узелками

beak [ˈbiːk] 1. клюв *(напр. зажима)*; клювовидный отросток 2. утолщённая часть мозолистого тела 3. *pl.* щёчки зубных щипцов

~ of catheter клюв катетера

beaked [ˈbiːkt] 1. имеющий клюв 2. крючковатый; изогнутый; клювовидный *(напр. таз)*

beaker [ˈbiːkə] мензурка, лабораторный стакан; чаша

beam [ˈbiːm] 1. луч, пучок лучей ‖ испускать лучи 2. сигнал *(ультразвука)* 3. балка, брус, перекладина

balkan ~ балканская рама

charged ~ пучок заряженных частиц

electron ~ электронный пучок

exit ~ выходной пучок лучей

external ~ with internal radiotherapy сочетание наружного облучения с внутренней лучевой терапией

incident ~ падающий луч света *(напр. при спектрофотометрии)*

laser ~ лазерный луч, пучок лазерного излучения

pencil ~ 1. (узкий) параллельный пучок лучей 2. острый луч

plasma ~ плазменный луч

reflected ~ отражённый [луч] пучок

sample ~ пучок, проходящий через образец *(напр. при спектрофотометрии)*

scanning ~ сканирующий луч

subject ~ рабочий пучок

support ~ *травм.* опорная балка

beaming [ˈbiːmiŋ] 1. излучение 2. облучение

beam-on-time [ˈbiːm-ɒn-taim] период нахождения соответствующего пространства под лучом

bear [ˈbɛə] 1. рожать; производить 2. нести груз, бремя 3. иметь *(болезнь)*

bearberry [ˈbɛəbəri] толокнянка обыкновенная, медвежья ягода, медвежье ушко *(Arctostaphylos uva-ursi)*

beard [ˈbiəd] борода; растительность на лице

bearing[1] [ˈbɛəriŋ] 1. гнойник 2. нагноение

bearing[2] рождение, произведение на свет ‖ рождающий, производящий на свет

~ down родовые потуги *(сокращения мускулатуры матки, передней брюшной стенки, диафрагмы во втором периоде родов)*

nonweight ~ полная разгрузка *(напр. конечности при переломе)*

poison ~ ядоносительство *(наличие ядов в организме при отсутствии симптомов интоксикации)*

weight ~ нагрузка массы тела *(на нижнюю конечность)*

bearing-down [ˈbɛəriŋ-daun] потуги *(сокращения матки, передней брюшной стенки, диафрагмы во время родов)*

beast [biːst] 1. зверь; чудовище 2. *sl.* ЛСД

beat [ˈbiːt] 1. удар, толчок, биение, сокращение, импульс, пульсация ‖ биться, пульсировать 2. систола *(сердца)* 3. систолический шум 4. ритм, такт

apex [apical] ~ верхушечный (сердечный) толчок

atrial premature ~ предсердная экстрасистола

atrioventricular nodal ~ атриовентрикулярная [предсердно-желудочковая] экстрасистола

capture ~ восстановление синусового ритма после периода атриовентрикулярной диссоциации, захваченное сокращение

ciliary ~ колебания ресничек *(эпителия)*

coupled ~ бигеминия

dropped ~ выпадение сокращения сердца

ectopic ~ экстрасистолия; эктопический ритм *(сокращение сердца от эктопического возбуждения)*

escape(d) ~ запаздывающее сокращение желудочков *(сердца)*

forced ~ экстрасистола при искусственной стимуляции сердца

fusion ~ сливные [комбинированные] желудочковые комплексы *(на ЭКГ)*

nodal ~ узловой [атриовентрикулярный] ритм

premature ~ экстрасистола *(преждевременное сокращение средца)*

retrograde ~ возвратная [ретроградная] систола

ventricular ~ желудочковая экстрасистола, желудочковый эктопический ритм

beaten [ˈbiːtn] битый, избитый

beating [ˈbiːtiŋ] пульсация, ритмическое биение, сокращение ‖ пульсирующий, бьющийся, ритмически сокращающийся

beautician [bjuːˈtiʃən] *разг.* косметолог

bechesthesis [ˌbekiːsˈθiːsis] раздражение в горле, вызывающее кашель

becloud [biˈklaud] затемнять, затуманивать *(зрение, рассудок)*

becoming [biˈkʌmiŋ] становление, появление, возникновение

becquerel [bekəˈrel] беккерель, Бк

bed [bed] 1. койка, кушетка 2. ложе *(структура, служащая подложкой)* 3. поддерживающая ткань 4. придонный слой 5. наполнитель ◊ **brought to ~** рожающая

~ of cancer tumor ложе раковой опухоли

~ of sickness больничная койка

to be brought to ~ родить

to keep one's ~ лежать в постели, не вставать *(о больном)*

to leave one's ~ выздороветь

to take one's ~ слечь, заболеть

adsorbent ~ слой адсорбента

air ~ надувной матрац *(для предупреждения пролежней)*

air-fluidized ~ воздушно-жидкостный матрац

amenity ~ койка с улучшенным обслуживанием *(за дополнительную плату)*

Arnott's ~ гидростатический матрац

bacteria ~ биологический фильтр

capillary ~ *см.* **microvascular ~s**

cardiac ~ кардиологическая кровать

charcoal ~ фильтр-поглотитель из активированного угля

cognate vascular ~ участок тела, кровоснабжаемый данной артерией

contact ~ *см.* **filter ~**

coronary ~ коронарное русло

ether ~ «наркозная койка» *(на период пробуждения больного от наркоза)*

fetoplacental vascular ~ плодноплацентарное сосудистое ложе

filter ~ контактный фильтр, фильтрующий слой, тело фильтра

filtration ~s поля фильтрации

flat ~ 1. плоский слой *(напр. агара)* **2.** плоская подставка, ячейка с плоским дном *(для изофокусировки)*

fracture ~ травматологическая кровать

healthy ~ интактное ложе *(напр. опухоли)*

high air loss ~ удержание больного в постели воздухом, подаваемым под высоким давлением

hospital ~ *стат.* больничная койка

Klondike ~ кровать для сна на открытом воздухе *(с защитой от ветра)*

labor [lying-in] ~ кровать для рожениц

mesenteric vascular ~ сосудистое ложе брыжейки

microvascular ~s капиллярная система, микроциркуляторное русло

nail ~ ногтевое ложе

obstetric ~ кровать для рожениц

operating ~s штатные койки *(в больнице, в госпитале)*

original ~ донорское ложе *(при пересадке ткани)*

oscillating ~ вибростенд, осциллирующее [качающееся, вибрирующее] ложе

pay ~ *англ.* платная койка *(в государственной больнице)*

placental ~ плацентарная площадка

plaster [plaster of Paris] ~ гипсовая кроватка

splanchnic ~ брыжейка *(сосудистое ложе органов брюшной полости)*

surgical ~ функциональная кровать

test ~ испытательный стенд

tilting ~ кровать с изменяющимся углом наклона

ulcer ~ основание [ложе] язвы

vascular ~ сосудистое ложе

ward ~ стационарная койка

wheeled ~ передвижная кровать, кровать на колёсах

bedboard ['bedbɔ:d] кушетка

bedbound ['bedbaʊnd] *см.* **bedridden**

bedbug ['bedbʌg] клоп

big ~ клоп-хищнец кровососущий

common ~ постельный [обычный] клоп

bedclothes ['bedkləʊðs] постельное бельё

bedcradle ['bedkreidl] ожоговая палатка

bedding ['bediŋ] постельные принадлежности

hospital ~ госпитальное постельное имущество

treated ~ обработанная подстилка

bedfast ['bedfa:st] прикованный к постели, постельный больной

bed-gallows ['bed-'gæləʊz], **bed-gibbet** ['bed-'ʤibi] устройство для подвешивания *(в кровати)*

bedlam ['bedləm] **1.** бедлам *(по названию приюта Св. Марии, основанного в 1402 г. в Бедлахеме, Англия)* **2.** психиатрическая больница

bedlamism ['bedləmizm] состояние сильного душевного волнения

bedlamite ['bedlə‚mait] *уст.* психически больной

bed-net ['bed-'net] прикроватная сетка

bedpan ['bedpæn] подкладное судно

bedrest ['bedrest] постельный режим

absolute ~ строгий постельный режим

prolonged ~ длительное пребывание в постели

bedridden ['bedridn] **1.** прикованный к постели, нетранспортабельный **2.** находящийся на постельном режиме

bedside ['bedsaid]:

at the ~ у постели больного

to sit [to watch] at a person's ~ ухаживать за больным

bedsore ['bedsɔ:] пролежень

bedspace ['bed‚speis] коечный фонд *(в больнице)*

bedstand ['bed‚stænd] прикроватный столик или тумбочка

bedstate ['bed‚steit] *см.* **bedspace**

bedwetting ['bedwetiŋ] энурез; ночное недержание мочи

bee [bi:] пчела *(Apis)*

beef [bi:f] мясо, говядина

beestings ['bi:stiŋs] молозиво

beeswax ['bi:wæks] воск

bleached ~ белый воск

unbleached ~ жёлтый воск

beget [bi'get] рожать, рождать; воспроизводить

beggar ['begə] попрошайка, нищий

emotional ~ *психол.* эмоциональный «попрошайка»

beggary ['begəri] **1.** нищета, нужда; крайняя бедность **2.** нищие

begging ['begiŋ] нищенство, нищета

diagnosis ~ трудности диагностирования

begma ['begmə] **1.** кашель **2.** мокрота

behave [be'heiv] поступать, вести себя

coronary-prone ~ поведение, предрасполагающее к возникновению ИБС

behaving [be'heiviŋ] **1.** поведенческий, характеризующий поведение **2.** функционирующий подобно поведению *(об органе, клапане, структуре)*

behavior [be'heivjə] **1.** поведение; манеры; поступки **2.** отношение; обращение *(с кем-л.)* **3.** работа, деятельность; режим работы *(прибора)* **4.** *биохим.* свойство, состояние, активность *(напр. фермента)*

~ and therapy исследование и коррекция поведения

~ of cytokines поведение цитокинов *(напр. при аутоиммунном гепатите)*

~ of environmental pollutants круговорот загрязняющих веществ в окружающей среде

~ of lungs изменение положения лёгких

~ of neoplasm течение опухолевого процесса

~ of squamous cell carcinoma особенности плоскоклеточного рака

aberrant ~ *см.* anomal ~

abient ~ *см.* avoidance ~

abnormal ~ *см.* anomal ~

abusive ~ оскорбительное поведение

adaptive ~ приспособительное [адаптивное] поведение

affiliative ~ аффилиативное поведение *(способствующее поддержанию и укреплению дружеских связей)*

agitated ~ *псих.* ажитированное поведение

aid-giving ~ помощь; взаимопомощь

anomal ~ аномальное поведение *(выходящее за рамки социальных норм)*

antisocial 1. антиобщественное [асоциальное] поведение **2.** замкнутое [аутичное] поведение

appeasement ~ умиротворяющее поведение

appetitive ~ реакция стремления к чему-л.

assaultive ~ агрессивное поведение

autistic-like ~ аутичноподобное поведение

automatic ~ автоматизм, автоматия

avoidance ~ реакция избегания

benign ~ доброкачественное течение

biological ~ биологическое свойство

bizarre ~ эксцентричное поведение человека

brutal ~ грубое [жестокое, брутальное] поведение

caregiving ~ забота *(обычно о потомстве)*

careless ~ беззаботное [беспечное, легкомысленное] поведение

chain ~ цепная поведенческая реакция

challenging ~ вызывающее поведение

chaotic ~ хаотичное поведение

choice(-point) ~ реакция выбора

collective ~ коллективное поведение

compulsive ~ компульсивное поведение

conformation ~ подчинённое поведение

consort ~ супружеское [брачное] поведение; брачная связь *(обычно временная)*

contractile ~ сократительная функция мышц *(напр. кишечника)*

coping ~ практическое поведение *(направленное на приспособление к обстоятельствам)*

covert ~ *псих.* внутреннее [скрытное] поведение

criminal ~ преступное поведение, правонарушение

dangerous ~ опасное поведение

defensive ~ защитное поведение

dependent ~ зависимое поведение

destructive ~ *см.* disruption ~

deviant ~ отклоняющееся от нормы [девиантное] поведение

disordered ~ расстройство поведения

disorganized ~ неадекватное поведение

displacement ~ смещённое поведение *(под действием вновь появившегося стимула)*

display ~ демонстративное поведение

disruption ~ деструктивное поведение *(стремление к разрушению; склонность разрушать)*

domineering ~ властное [деспотичное, доминирующее] поведение

drug ~ свойства лекарственного средства

drug seeking ~ стремление к наркотикам

dynamic ~ поведение вида, влияющее на состояние сообщества

eating ~ пищевое поведение

eccentric ~ странное [эксцентричное] поведение

elastic ~ состояние эластичности *(напр. лёгкого)*

electrochemical ~ электрохимическое свойство *(напр. миоцитов)*

elicited ~ реактивное поведение

emitted ~ спонтанное поведение

enigmatical ~ загадочное поведение

erratic ~ сумасбродное поведение; необычное поведение

escape ~ 1. бегство **2.** поведение, связанное с уходом от опасности

exercise ~ физическая активность

exploratory ~ *психол.* исследовательское поведение

expressive ~ экспрессивное [выразительное] поведение

extravertal ~ экспансивность

fixated ~ стереотипное поведение

flamboyant ~ вычурное поведение

frigid ~ равнодушное [холодное] поведение

game ~ *психол.* игровое [манипулятивное] поведение *(рассчитанное на извлечение выгоды)*

goal-seeking ~ целеустремленное поведение

grooming ~ поведение ухода за собой

hazardous ~ поведение с высоким риском вредных последствий

health risk ~ поведенческие факторы риска

high-risk ~ поведение, ведущее к повышенному риску *(напр. заражения)*

histrionic ~ неестественное [лицемерное] поведение

homosexual ~ гомосексуальное поведение; гомосексуальная ориентация

hydrophilic ~ гидрофильность

hydrophobic ~ гидрофобность

illness ~ поведение, обусловленное болезнью

impetuous ~ необдуманное [порывистое] поведение

implicit ~ *см.* covert ~

inappropriate ~ неадекватное поведение

innate ~ врождённое свойство

institutional ~ институциональное поведение *(регулируемое общественными установками)*

intentional unvoluntary ~ интенционно-вынужденное поведение

interpersonal ~ межличностное общение

invasive ~ инвазивность; инвазивный рост, инвазивное распространение

irregular ~ неадекватное поведение

language ~ речевая деятельность

long-time ~ продолжительный режим

maladaptive ~ неадаптивное поведение, плохо приспособленное поведение

manipulative ~ *см.* **game** ~

marital ~ брачное поведение *(система действий и отношений, опосредующих вступление в брак)*

maternal ~ материнский инстинкт

medication ~ метаболизм медикамента

metastatic ~ метастазирование

moral ~ высоконравственное поведение

multidetermined ~ мультидетерминированное [обусловленное множеством факторов] поведение

operant ~ оперантное поведение *(спонтанное, не вызванное определённым стимулом)*

overt ~ внешнее поведение

pathologic ~ патогенез, развитие патологического процесса

perceptual-motor ~ перцептуально-моторное [сенсомоторное] поведение

peripheral ~ периферическое действие *(напр. медикамента)*

pointless ~ бессмысленное [бесцельное] поведение

postcopulatory ~ поведение после спаривания

proliferative ~ пролиферация, пролиферативное свойство

puerile ~ ребяческое поведение

quarrelsome ~ вздорное поведение

querulous ~ брюзгливое [недовольное] поведение

reproductive ~ репродуктивное поведение *(система действий и отношений, опосредующих рождение или отказ от рождения ребёнка)*

rigid ~ непреклонное [негибкое] поведение

risk reduction ~ типы поведения, снижающие риск

risk-taking [risky] ~ рискованное поведение *(обычно половое)*

ritualistic ~ ритуалистичное поведение

role ~ ролевое поведение

sadistic ~ садизм, садистское поведение

safe professional ~ навыки профессиональной безопасности

searching ~ поисковое поведение

self-destructing ~ саморазрушительное [аутодеструктивное] поведение

sexual ~ сексуальное поведение *(система действий и отношений, опосредующих удовлетворение полового влечения)*

sexually deviant ~ поведение с сексуальными отклонениями

sexually perverted ~ сексуально извращённое поведение

sexual risk ~ сексуальный поведенческий риск

smoking ~ привычка к курению

solitary ~ самостоятельное поведение

species specific ~ видоспецифическое поведение

stereotype ~ стереотипное поведение

stereotyped motor ~ двигательные стереотипы; двигательные автоматизмы

substitute ~ заместительное поведение

suicidal ~ суицидальное поведение

superstitious ~ «суеверное» поведение *(реакции, выученные при их случайном совпадении с подкреплением)*

threatening ~ угрожающее поведение *(напр. психически больного)*

transsexual ~ транссексуализм

turning ~ поведение «вращения» *(напр. у крыс)*; вращательные движения

type A ~ тип поведения А *(характеризуется агрессивностью, амбициозностью, возбудимостью и обострённым чувством нехватки времени)*

type B ~ тип поведения В *(форма поведения, характеризующаяся отсутствием черт типа поведения А)*

uncontrollable ~ неконтролируемое [неуправляемое] поведение

verbal ~ *см.* **language** ~

victimal ~ виктимное поведение *(поведение жертвы, провоцирующее нападение)*

violent ~ буйное [несдержанное] поведение; вспыльчивый характер

visually guided ~ зрительно-опосредованное поведение

waking ~ поведение в бодрствующем состоянии

ward ~ *псих.* поведение в больнице

behavioral [be'heivjərəl] поведенческий, бихевиористический *(напр. о терапии)*; связанный с поведенческими характеристиками

behaviorism [be'heivjərizəm] бихевиоризм *(направление в психологии, рассматривающее психическую деятельность человека на основе поведенческих реакций, обусловленных воздействием окружающей среды, и отрицающее важность неосознанного поведения)*

purposive ~ целевой бихевиоризм, целевая теория *(признающая поведение целенаправленным, а не только реактивным)*

beheading [bi'hedin] декапитация, обезглавливание *(плода)*

being ['bi:in] 1. существование, жизнь; бытие 2. существо, человек; организм 3. суть; плоть и кровь || существующий в настоящее время

human ~ (человеческое) существо

bejel ['beʤəl] беджель, эндемический [арабский] сифилис, распространяемый непосредственно телесным контактом

treponema ~ возбудитель беджеля

bel [bel] бел, Б *(единица интенсивности звука)*

belch [beltʃ] отрыжка || отрыгивать

belcher ['beltʃə] страдающий отрыжкой

belching ['beltʃin] отрыжка

belemnoid [bi'lemnɒid] 1. остроконечный; шиловидный 2. шиловидный отросток

belief [bi'li:f] 1. вера, доверие 2. мнение, убеждение

cultural ~ культуральное представление

delusional ~ бредовое убеждение

bell [bel] звонок *(сигнал)*

~ **and pad** метод «звонка и подушки» *(лечения энуреза)*

belladonna [ˌbelə'dɒnə] красавка, белладонна обыкновенная *(Atropa belladonna)*

bell-crowned [bel-'kraund] имеющий несоразмерно развитые окклюзионные поверхности *(зубов)*

belle [bel]:

~ **indifference** *фр., псих.* великолепное безразличие, прекрасное равнодушие *(неадекватное отсутствие эмоций или беспокойства в ответ на трагическое известие, выражаемое улыбкой и спокойным видом)*

belled ['beld] расширенный, имеющий раструб

bellows ['beləʊz] гофрированная трубка; сильфон, гофрированная мембрана

   "~ in the bottle" «мех в бутылке» *(механический волюметр респиратора)*

   inflating ~ аппарат искусственного дыхания

   self-inflating ~ ручной дыхательный мешок

belly ['beli] 1. живот 2. брюшко *(средний утолщённый участок мышцы)* 3. надуваться; вспучиваться; раздуваться

   anterior ~ of the digastric muscle переднее брюшко двубрюшной мышцы

   drum ~ вздутие живота

   frog ~ лягушачий живот

   inferior ~ of the omohyoid muscle нижнее брюшко лопаточно-подъязычной мышцы

   prune ~ прун-синдром *(живот, сморщенный подобно черносливу, – триада симптомов: дряблость передней брюшной стенки, аномалии мочевых органов и крипторхизм)*

   spider ~ «паучий живот» *(выбухание живота у истощённого больного с асцитом)*

   wooden ~ «доскообразный живот» *(резкое напряжение мышц передней брюшной стенки)*

bellyache ['beli,eik] боль в животе, кишечная колика

   dry ~ свинцовая колика с запорами

belly-bound ['beli-,baʊnd] страдающий запором

belly-button ['beli-'bʌtən] пупок

belly-pinched ['beli-'pintʃt] резко исхудавший, тощий

belonephobia [,beləʊni'fəʊbiə] белонофобия *(патологическая боязнь острых предметов)*

belonging [bi'lɒŋiŋ] прилежащий, пограничный, смежный

belonoid ['beləʊnɔid] шиловидный *(напр. отросток)*

belt¹ ['belt] ремень, пояс, бандаж

   abdominal ~ брюшной бандаж

   body ~ 1. набрюшник, бандаж на живот 2. массажный пояс

   engine ~ трансмиссионный шнур для бормашины

   hip ~ *см.* **pelvic ~**

   maternity ~ бандаж для беременных

   pelvic ~ тазовый бандаж, фиксирующая тазовая повязка

   safety ~ ремень безопасности

belt² район, (климатическая) зона

   African meningitis ~ африканский пояс [регион] менингита

   biomedical ~ биомедицинский пояс

   confidence ~ *биом.* доверительный пояс

   "green ~" «зелёный пояс», пояс зелёных насаждений *(вокруг городов)*

   inner (radiation) ~ внутренний (радиационный) пояс

   outer (radiation) ~ внешний (радиационный) пояс

belt³ *sl.* прилив опьянения от инъекции наркотика

bench ['bentʃ] 1. стенд 2. скамья

   clean ~ рабочее место в аптеке для асептического приготовления лекарственных средств

   clean air ~ ламинарный шкаф, ламинар *(лабораторный шкаф с горизонтальным ламинарным потоком воздуха для создания асептических условий в рабочей зоне)*

   laminar clean ~ ламинарный бокс

benchmark ['bentʃ,ma:k] эталонное число, эталон

bend ['bend] 1. сгиб, изгиб, кривизна ‖ гнуть, сгибать 2. *pl.* высотные боли *(при декомпрессионной болезни)*

   ~ at hips согнуться в тазобедренных суставах

   ~ of elbow локтевой сгиб

   ~ of knee коленный сгиб

   β-~ β-складка *(элемент вторичной структуры белка)*

   first order ~ горизонтальный элемент ортодонтической дуги

   head ~ головной изгиб *(у зародыша)*

   lateral ~ наклон вбок, боковой наклон *(напр. позвоночника)*

   neck ~ шейный изгиб *(позвоночника)*

   quarter ~ отвод под углом 90°

   return ~ Y-образное колено

   second order ~ вертикальный элемент ортодонтической дуги

   third order ~ торсионный элемент ортодонтической дуги

   varolian ~s кессонная [декомпрессионная] болезнь

bending ['bendiŋ] 1. сгибание, изгибание 2. изгиб, кривизна, изогнутость

   forward ~ наклон вперёд

   lateral ~ наклон вбок *(напр. головы)*

beneficence [bə'nefiʃəns] 1. общественная польза 2. добродеяние; благодеяние; благотворительность *(один из принципов биоэтики)*

beneficial [,beni'fiʃl] 1. благотворный, полезный, целебный 2. эффективный *(напр. метод лечения)*

benefit ['benifit] 1. выгода, польза, благо, эффективность ‖ приносить пользу, помогать, оказывать благоприятное (воз)действие 2. преимущество; *pl.* льготы *(страховка, отпуск, пенсия, пособие)* ◊ **~s and risks** польза и риск, достоинства и недостатки, за и против *(напр. об операции)*

   ~ from treatment благоприятный результат лечения

   ~ of carotid endarterectomy благоприятный исход эндартерэктомии

   ~s of endocardiographic monitoring преимущества эхокардиографического мониторинга

   ~s of one's experience поделиться опытом

   to ~ health укреплять здоровье

   accident ~ страховое пособие в связи с несчастным случаем

   clinical ~ клиническая эффективность

   contributory ~s пособие, основывающееся на вкладах

   cost ~s стоимость анализов *(напр. на скрытую кровь)*

   death ~ *страх.* пособие, выплачиваемое в случае смерти

   disability ~ пенсия [пособие] по инвалидности

   double indemnity ~ *страх.* выплата удвоенной страховой суммы *(за последствия несчастного случая)*

   extracontractual ~s *страх.* внедоговорные услуги

   fringe ~s дополнительные выплаты, льготы

   future death ~s страхование на случай смерти

   health ~s 1. укрепление здоровья 2. польза для здоровья

   incapacity ~ пособие по нетрудоспособности

   injury ~ пособие в связи с травмой

   insurance ~ страховое пособие

intangible ~s нематериальные выгоды (напр. эстетические)

invalidity ~ см. **incapacity** ~

key ~s главные достоинства (медикамента, метода и пр.)

limited ~ незначительный эффект (напр. остеотомии)

little ~ небольшое значение (напр. в диагностике) || малоэффективный

mandated ~s страх. обязательные услуги

maternity ~ пособие роженице

medical ~ пособие по болезни

national insurance ~s базовое пособие (назначаемое независимо от дохода)

non-stress test ~ достоинство нестрессового теста

palliative ~ временное улучшение

potential ~s большие шансы, или преимущества, на успех (напр. операции)

questionable ~ спорность [дискутабельность] благоприятного действия

retirement ~ пенсия по старости

sick [sickness] ~ пособие по болезни

statutory ~ пособие по месту работы

survivors' ~ пособие в связи с потерей кормильца

symptomatic ~ симптоматическое [паллиативное] лечение

therapeutic ~ 1. лечебное действие 2. благоприятный результат лечения; полезность вмешательства

unemployment ~ пособие по безработице

welfare ~ пособие по социальному обеспечению

widows ~ пособие вдовам

withdrawal ~ выходное пособие (при уходе до пенсионного возраста)

Benefit:

Medicare Hospice ~ Общество паллиативной помощи в хосписах

benevolence [bə'nevələns] доброжелательность; щедрость; благотворительность

benign [bi'nain] 1. доброкачественный 2. лёгкой формы (о болезни); слабого действия (о лекарстве) 3. благотворный, благоприятный, мягкий (климат)

bent ['bent] sl. опьяневший от алкоголя или наркотика

bentnose ['bentnəʊz] sl. преступник-наркоман

benumb [bi'nʌm] 1. притуплять чувства 2. вызывать оцепенение, парализовать

benumbed [bi'nʌmd] 1. окоченевший от холода 2. оцепенелый

benzene ['benzi:n] бензол (высокотоксичный углеводород из каменноугольной смолы)

benzo[a]pyrene [,benzəʊ'pairin] бензо[а]пирен

benzolism ['benzəʊlizm] отравление бензолом

benzos ['benzɒs] sl. бензодиазепины

ber [bə:] бэр, биологический эквивалент рентгена

berdache ['bə:deik] псих. человек, подверженный трансвестизму

bereave [bi'ri:v] отнимать, лишать (напр. ребёнка)

bereavement [bi'ri:vmənt] 1. скорбь, переживание тяжёлой утраты 2. психотерапевтическая помощь при переживании утраты

cultural ~ переживание утраты своей культурной среды

bereft [bi'reft] лишённый

~ **of reason** 1. психически больной 2. без сознания, без чувств

beriberi [,beri'beri] бери-бери, алиментарный полиневрит (вызванный недостаточностью витамина B₁)

dry ~ сухая бери-бери

wet ~ отёчная бери-бери

berry ['beri] 1. ягода 2. икринка 3. зерно

bear ~ медвежьи ушки (Uva ursi)

spice ~ аралия (Aralia)

bertiellosis [,bə:tiə'ləʊsis] гельм. бертиеллёз

berylliosis [birili'əʊsis] бериллиоз (хроническая интоксикация бериллием)

berylium, Be [biri'li:əm] берилий

besetment [bi'setmənt] навязчивая идея, навязчивый невроз

bestiality [besti'æliti] зоофилия, скотоложество

beta-adrenergic [,beitə-ædrə'nə:dʒik] бета-адренергический (напр. рецептор)

betablocker [,beitə'blɒkə] β-адреноблокирующее средство, бета-блокатор

betacism ['beitəsizm] дефект дикции при произношении звука «б»

betaine ['bi:təin] бетаин (низкомолекулярное соединение, служащее донором метильной группы при биосинтезе метионина)

beta-radiation ['beitə-reidi'eiʃən] бета-излучение, бета-лучи

beta-thalassemia ['beitə-θælə'si:miə]:

heterozygous ~ гетерозиготная бета-талассемия

betatron ['beitətrɒn] бетатрон (циклический ускоритель электронов, применяемый в лучевой терапии)

betel ['bi:tl] бетель (растительная жевательная смесь, возбуждающая нервную систему)

betony ['betəni]:

wood ~ буквица лекарственная (Betonica officinalis)

betweenbrain [bi'twi:n,brein] промежуточный мозг

bevel ['bevl] 1. правка ножа микротома 2. скашивание эмали зуба (кариозной полости)

~ **of needle** (концевой) срез инъекционной иглы

beverage ['bevəriʤ] питье; напиток

fermented food ~s ферментированные напитки

intoxicating ~s опьяняющие напитки

beware [bi'wɛə]:

~ **of brain herniation** беречься, остерегаться вклинения ствола мозга

bezoar ['bi:zəʊr] безоар (конкремент, напр., из волос и непереваримых частиц пищи в желудке)

giant colonic ~ гигантский безоар толстой кишки

bhang [bæŋ] банг, гашиш, план, каннабис, анаша (высушенная индийская конопля)

biarticular [,baia:'tikjʊlə] двухсуставной

bias ['baiəs] 1. биом. смещение, отклонение; уклон, наклон 2. необъективность, систематическая ошибка [погрешность] оценки 3. склонность, пристрастное отношение, предубеждённость 4. оказывать влияние; склонять

~ **between Enzymatic Method and the Reference Method** сравнение между ферментативным и стандартным методами (напр. определения холестерина)

~s in measurment of arterial pressure отклонения при измерении артериального давления

~ in pharmacokinetics ошибки при оценке фармакокинетики

~ of sample представительность выборки

centripetal ~ центростремительная ошибка (*системная ошибка, связанная с концентрацией тяжёлых и хронических больных в специализированных центрах*)

codon ~ неоднозначность кодона

constraint ~ системная ошибка, обусловленная ограничениями формирования контрольной и опытной групп

diagnostic access ~ системная ошибка вследствие различной доступности диагностики

direction ~ систематическая ошибка, связанная с выявлением или подтверждением клинического исхода

downward ~ смещение вниз

exclusion ~ смещение от исключения

expectation ~ систематическая ошибка (*обусловленная знанием каких-л. признаков объекта, процесса и пр.*)

experimenter ~ пристрастие экспериментатора (*человеческий фактор*)

language ~ системная ошибка, обусловленная включением в мета-анализ публикаций только на одном языке

lead time [length] ~ систематическая ошибка в результате биологических и клинических особенностей болезни

migration ~ системная ошибка, связанная с непостоянством состава исследуемых групп

popularity ~ системная ошибка, обусловленная популярностью лечебного учреждения

procedural ~ погрешность метода

recall ~ системная ошибка, обусловленная ошибкой памяти

referral ~ системная ошибка вследствие непреднамеренного отбора, «смещение вследствие фильтрации»

sampling ~ системная ошибка, возникающая при отборе больных

selection ~ системная ошибка, связанная с отбором исследований

small sample ~ *стат.* отклонение при малой выборке

statistical "~s" статистические «пристрастия»

suspicion ~ систематическая ошибка, связанная с наличием подозрения

transfer ~ *см.* **migration** ~

uncorrected ~ неуточнённая систематическая погрешность

volunteer ~ ошибки, обусловленные личностью наблюдателя

bibasic [bai'beisik] двухосновный; двухбазисный

biblioklept [ˌbibliəʊ'klept] клептоман, ворующий книги; книжный вор

bibliomania [ˌbibliəʊ'meiniə] библиомания (*патологическая страсть к коллекционированию книг*)

bibliome ['bibliəʊm] библиом (*виртуальная совокупность опубликованной биохимической информации*)

bibliophobia [ˌbibliəʊ'fəʊbiə] патологическая боязнь книг

bibliotheque [ˌbibliəʊ'θiːk]:

gene ~ клонотека генов, генотека

bibliotherapy [ˌbibliəʊ'θerəpi] *псих.* библиотерапия

bibulous ['bibjʊləs] впитывающий влагу, гигроскопичный; поглощающий, всасывающий

bicameral [ˌbai'kæmərəl] двуполостный; двухкамерный

bicapsular [ˌbai'kæpsjʊlə] имеющий двойную оболочку

bicarbonate [ˌbai'kɑːbəʊneit] гидрокарбонат, *уст.* бикарбонат (*кислая углекислая соль*)

potassium ~ гидрокарбонат калия

sodium ~ гидрокарбонат натрия

standard ~ стандартный гидрокарбонат

bicellular [ˌbai'seljʊlə] 1. двухкамерный; двухполостной 2. состоящий из двух клеток

biceps ['baiseps] двуглавая мышца

bicho ['bitʃəʊ] эпидемический гангренозный проктит

biclonality [baikləʊ'næliti] биклональность (*состояние, при котором часть клеток имеет маркёры одной клеточной линии, а другая – иной линии, напр. при биклональной лейкемии*)

biconcave [bai'kɒnkeiv] двояковогнутый

biconcavity [bai'kɒnkeiviti] двояковогнутость (*напр. эритроцитов*)

biconvex [bai'kɒnveks] двояковыпуклый

bicornuate [bai'kɔːnjʊeit] двурогий (*имеющий два похожих на рога отростка*)

bicultural [bai'kʌltʃərəl] бикультуральный, встречающийся в двух культурах

bicuspid [ˌbai'kʌspid] 1. двустворчатый; двухвершинный, двузубчатый 2. двустворчатый клапан 3. *амер.* малый коренной зуб, премоляр

permanent ~ постоянный малый коренной зуб

bidactyly [bai'dæktili] бидактилия (*аномалия кисти или стопы с наличием только первого и пятого пальцев*)

bidermoma [ˌbaidə'məʊmə] бигерминальная тератома, бигерминома, бидермома

bidirectionality [ˌbaidirekʃə'næliti] двунаправленность (*реакции смешанной культуры лимфоцитов*)

biermerin ['biːrmerin] гастромукопротеид, желудочный мукопротеид, внутренний фактор Касла

bifid ['baifid] расщеплённый или разделённый на две части; бифуркационный, двураздельный

bifocals [bai'fəʊkəlz] бифокальные очки

biforate [bai'fəʊreit] имеющий два отверстия

biformity [bai'fɔːmiti] диморфизм (*наличие у одной популяции двух морфологических форм*)

bifurcation [baifə'keiʃən] бифуркация, разветвление, раздвоение

~ of His bundle бифуркация атриовентрикулярного пучка Гиса на ножки

carotid ~ бифуркация сонной артерии

graft ~ бифуркационный протез

hepatic duct ~ бифуркация печёночного протока

big [big] 1. большой, крупный, широкий, обширный 2. высокий; громкий (*голос*) 3. взрослый 4. беременная

~ with child беременная

bigamy ['baigəmi] бигамия (1. двоебрачие, двоежёнство 2. взаимодействие антитела с антигеном при участии более чем одного антигенсвязывающего центра антитела)

bigeminal [bai'ʤeminəl] сдвоенный, двойной, парный; спаренный

bigeminum [ˌbaiˈʤeminən] один из пары, один из двойни

bigeminy [baiˈʤemini] бигеминия, удвоение, спаривание, парность; аллоритмия, при которой за нормальным сокращением сердца следует экстрасистола

escape-capture ~ синусовые комплексы, регистрирующиеся вслед за выскальзывающими комплексами из AV-соединения

bigerminal [baiˈʤəːminəl] двузародышевый, относящийся к двум яйцеклеткам

bighead [bigˈhed] 1. аллергический отёк лица 2. гидроцефалия; водянка мозга

bilabe [baiˈleib] щипцы для удаления конкрементов из мочеточника и мочевого пузыря

bilberry [ˈbilbəri] 1. черника (Vaccinium myrtillus) 2. калина голоцветковая (Viburnem nudum) 3. ирга канадская (Amelanchier Canadensis)

bilaminar [baiˈlæminə], **bilaminate** [baiˈlæmineit] двухслойный, двупластинчатый

bilateral [baiˈlætərəl] двусторонний

bilateralism [baiˈlætərəlizm] билатеральность, двусторонняя симметрия

bilayer [baiˈleiə] биослой; двойной слой

lipid ~ липидные биослои

multistranded ~ многотяжевый [многоцелевой] биослой (на мембране клетки)

bile [bail] 1. жёлчь 2. жёлчность, раздражительность

A ~ дуоденальная жёлчь, порция A жёлчи

B ~ пузырная жёлчь, порция B жёлчи

C ~ печёночная жёлчь, порция C жёлчи

cystic ~ см. **B** ~

inspissated [limy] ~ застойная [сгущённая, вязкая] жёлчь

bile-expelling [ˈbail-iksˈpeliŋ] желчегонный

bile-stained [ˈbail-ˈsteind], **bile-tinged** [ˈbail-ˈtinʤd] иктерический, иктеричный, желтушный

Bilharzia [bilˈhaːziə]:

~ **haematobium** шистосома мочеполовая, шистосома Бильгарца (по имени врача Bilharz, открывшего её, 1851 г.)

bilharziasis [ˌbilhaˈzaiəsis] параз. Мансона шистосомоз, бильгарциоз

intestinal ~ кишечный шистосомоз

bilharzic [bilˈhaːzik] относящийся к шистосомозу

biliary [ˈbiliəri] билиарный, относящийся к жёлчи, жёлчный

biliation [biliˈeiʃən] желчеобразование, желчеотделение, холерез

bilicyanin [biliˈsaiənin] синий пигмент жёлчи

bilification [bilifiˈkeiʃən] см. **biliation**

bilificia [biliˈfaisiə] наличие жёлчи в испражнениях

bilifulvin [ˌbiliˈfʌlvin] смесь билирубина с другими веществами жёлчи

bilifuscin [biliˈfʌsin] тёмно-зелёный пигмент жёлчи

biliodigestive [ˌbiliɒdaiˈʤestiv] билиодигестивный, относящийся к жёлчным путям и пищеварительному тракту

bilioenteric [ˌbiliɒnˈterik] жёлчно-кишечный

bilious [ˈbiljəs] 1. иктеричный, желтушный; содержащий жёлчь 2. страдающий дисфункцией печени

biliousness [ˈbiljəsnəs] желтуха

biliptysis [bilipˈtaisis] выделение жёлчи с мокротой, мокрота с жёлчью

bilirubin [ˌbiliˈruːbin] билирубин

conjugated [direct] ~ прямой [связанный] билирубин, билирубинглюкуронид

indirect ~ непрямой [свободный] билирубин

total ~ общее содержание билирубина

urine ~ уробилин, билирубин мочи

unconjugated ~ см. **indirect** ~

bilitherapy [biliˈθerəpi] лечение жёлчью или солями жёлчных кислот

biliverdin [ˌbiliˈvəːdin] биливердин (жёлчный пигмент)

billeting [ˈbilitiŋ] размещение (больных)

bill [bil] 1. суд. мед. билль, законопроект, закон, акт 2. иск, исковое заявление 3. обвинительный акт

~ **of health** 1. карантинное [санитарное] свидетельство 2. удостоверение [справка] о здоровье

~ **of mortality** запись актов о смерти

clean ~ **of health** карантинное свидетельство, фиксирующее отсутствие инфекционных заболеваний

doctor's ~s врачебный гонорар, оплата врачу

foul ~ **of health** карантинное свидетельство, фиксирующее наличие инфекционных заболеваний

medical ~ медицинское страхование

patient's ~ **of rights** билль о правах больного

billing [ˈbiliŋ]:

balance ~ страх. выставление счетов больному (за услуги, не оплаченные страховой компанией)

bilobular [baiˈlɒbjʊlə] двухдольковый

bilocal-transosseous [baiˈləʊkl-trænsˈɒsiəs] чрескостно-билокальный (остеосинтез)

bilocular [baiˈlɒkjʊlə] двухкамерный, двухгнёздный, двухклеточный

bimanual [baiˈmænjʊəl] бимануальный, двуручный

binary [ˈbainəri] 1. двоичный (о коде), двойной, сдвоенный 2. бинарный (напр. сплав)

binaural [biˈnɔːrəl] бинауральный (относящийся к обоим ушам)

bind [ˈbaind] связывать; схватываться, затвердевать

to ~ **up** перевязывать (рану)

binder [ˈbaində] 1. широкая повязка; бандаж; набрюшник 2. связыватель (напр. фосфора в кишечнике) 3. временное соглашение, накладывающее обязательства на страховую компанию до оформления страхового полиса

abdominal ~ бандаж-набрюшник

intestinal ~ энтеросорбент

mammary ~ подвешивающая повязка для молочной железы

obstetrical ~ бандаж для беременных

phosphorus ~ фосфоросвязывающее вещество

binding [ˈbaindiŋ] 1. связь, связывание, фиксация ǁ связывающий 2. связь

bivalent ~ двухсайтовое [бивалентное] связывание (антитела с клеткой)

competitive ~ конкурентное связывание

complement ~ иммун. реакция связывания комплемента

equilibrium ~ равновесное связывание

heme ~ связывание гема

high-avidity ~ высокоавидное [высокоспецифическое] связывание

hydrogen ~ водородная связь

immune cell ~ иммунное цитосвязывание

persistent ~ постоянное прилипание

residual ~ остаточное связывание

single-site ~ моносайтовое связывание, связывание в одном участке

target ~ связывание мишеней

bindweb ['baindweb] 1. соединительная ткань, матрикс 2. нейроглия

bing ['biŋ] *sl.* доза [инъекция] наркотика; эйфория от введённого наркотика

binge ['bindʒ] выпивка; кутёж; загул

binge-eating ['bindʒ-'i:tiŋ] обильная еда с выпивкой

binocular [bin'ɒkjʊlə] бинокулярный (*о зрении*)

binomial [bai'nəʊminəl] биномиальный (*состоящий из двух элементов, напр. о бинарной номенклатуре*)

binominalism [bai'nəʊminəlizm] бинарная номенклатура

binotic [bai'nɒtik] бинауральный (*относящийся к обоим ушам*)

binovular [bin'ɒvjʊlə] двуяйцовый, дизиготный

binoxide [bin'ɒksaid] диоксид, двуокись

binuclear [bai'nju:kliə], **binucleate** [bai'njʊklieit] двуядерный, имеющий два ядра

binucleolate [bai'njʊkliːəʊleit] двуядрышковый, имеющий два ядрышка

bioaccumulation [ˌbaiəʊəˌkjuːmjʊ'leiʃən] биоаккумулирование, биоаккумуляция (*процесс накопления в организме химических веществ из воды, пищи и других источников*)

bioactivation [ˌbaiəʊˌækti'veiʃən] биоактивация (*процесс биотрансформации, способствующий образованию биологически активных метаболитов*)

bioactive [ˌbaiəʊ'æktiv] биологически активный

bioacoustics [ˌbaiəʊə'ku:stiks] биоакустика (*раздел науки, изучающий влияние звука или механической вибрации на живые организмы*)

bioaffinity [ˌbaiəʊə'finiti] биологическое сродство

bioaggression [ˌbaiəʊə'greʃən] биологическая агрессия

bioanalyst [ˌbaiəʊ'ænəlist] *фирм.* биохимический автоанализатор

bioassay [ˌbaiəʊə'sei] биологический анализ, биотест (*количественное определение биологической активности, напр., лекарства*)

crude ~ предварительная биопроба; низкочувствительный биотест

rosette-inhibition ~ биоанализ с использованием реакции подавления розеткообразования

bioastronautics [ˌbaiəʊˌæstrə'nɔ:tiks] космическая биология

bioavailability [ˌbaiəʊəˌveilə'biliti] 1. биологическая ценность (*пищи*) 2. биологическая доступность (*напр. лекарственного вещества*); биологическая усвояемость (*поступление препарата в кровь из желудочно-кишечного тракта*)

oral ~ биодоступность при пероральном приёме

rapid ~ ускоренная биологическая активность (*напр. инсулина*)

Biobank [ˌbaiəʊ'bæŋk] Биобанк (*генетическая база данных, Великобритания*)

biobead [ˌbaiəʊ'bi:d] биогранула

biobehavioral [ˌbaiəʊbi'heivjərəl] биобихевиоральный (*о методе*)

bio-bubble [ˌbaiəʊ-'bʌbl] экосфера, «биологический пузырь»

biocatalyst [ˌbaiəʊ'kætəlist], **biocatalyzer** [ˌbaiəʊ'kætəlaizə] фермент, биокатализатор, энзим

immobilized ~ иммобилизованный биокатализатор

primordial ~ первичный биокатализатор, первичный фермент

biocell [ˌbaiəʊ'sel] биоэлемент

biocenose [ˌbaiəʊsi'nəʊs], **biocenosis** [ˌbaiəʊsi'nəʊsis] биоценоз (*совокупность растений, животных и микроорганизмов, населяющих один биотоп*)

biocenotics [ˌbaiəʊsi'nɒtiks] биоценология

biochemical [ˌbaiəʊ'kemikl] 1. биохимический 2. *pl.* биохимические реактивы

biochemistry [ˌbaiəʊ'kemistri] 1. биохимия; биохимическое исследование 2. биохимические свойства 3. метаболизм

~ **of blood** биохимическое исследование крови

~ **of food** биохимический состав пищи

cerebrospinal fluid ~ биохимические показатели спинномозговой жидкости

descriptive ~ описательная биохимия

enzymatic ~ 1. биохимия ферментов 2. биохимический анализ активности ферментов

nutritional ~ биохимия питания

serum ~ биохимическое исследование сыворотки крови

biochip [ˌbaiəʊ'tʃip] биочип (*элемент электронной системы, в которой микрополупроводником является молекула органического происхождения*)

biocidal [ˌbaiəʊ'saidəl] биоцидный, вредный для жизнедеятельности (*иногда применяется по отношению к мик-роорганизмам*)

biocide [ˌbaiəʊ'said] биоцид (*вещество, агент, уничтожающий всё живое*)

bioclimatics [ˌbaiəʊklai'mætiks], **bioclimatology** [ˌbaiəʊklaimə'tɒlədʒi] биоклиматология

biocolloid [ˌbaiəʊ'kɒlɔid] биоколлоид (*напр. коллагеновая структура*)

biocommunity [ˌbaiəʊkə'mju:niti] *см.* **biocenose**

biocompatibility [ˌbaiəʊkəm'pætibiliti] биосовместимость, биологическая совместимость (*свойство материала, изделия или системы не вызывать реакцию организма хозяина*)

biocontrol [ˌbaiəʊkən'trəʊl] биоконтроль (*использование живых организмов для ограничения роста патогенных микроорганизмов*)

bioconductor [ˌbaiəʊkən'dʌktə] кондуктометрический биосенсор

biocrime [ˌbaiəʊ'kraim] биокриминал (*преступление с использованием биологических средств*)

biocriminology [ˌbaiəʊˌkrimi'nɒlədʒi] биокриминология (*отрасль криминологии, объясняющая преступность биологическими факторами*)

biocurrent [ˌbaiəʊ'kʌrənt] биопотенциал, *уст.* биоток

biocybernetics [ˌbaiəʊsaibə'netiks] биологическая кибернетика, биокибернетика

biocycle [ˌbaiəʊ'saikl] биоцикл, жизненный цикл

biocytoculture [ˌbaiəʊˌsaitəʊ'kʌltʃə] культура клеток

biodegradation [ˌbaiəʊˌdegrəˈdeiʃən] **1.** биологический распад, биологическое разложение **2.** разрушение материала *(напр. имплантата)* вследствие биологической активности

biodemography [ˌbaiəʊdiˈmɒɡrəfi] биодемография *(наука об экологии и генетике популяций)*

biodeterioration [ˌbaiəʊdiˌtiəriəˈreiʃən] биодеградация, биоповреждение

biodetritus [ˌbaiəʊdiˈtraitəs] детрит

biodisposition [ˌbaiəʊˌdispəˈziʃən] распределение [локализация] в организме

biodistribution [ˌbaiəʊˌdistriˈbjuːʃən] поиск тканей-мишеней *(биораспределение вещества после его введения в организм)*

biodynamics [ˌbaiəʊdaiˈnæmiks] изучение воздействия динамического процесса *(акселерации, радиации, невесомости)* на живую материю

biodyne [ˌbaiəʊˈdain] клеточный секрет, оказывающий стимулирующее влияние на рост и метаболизм соседних клеток

bioefficacy [ˌbaiəʊˈefikəsi] биологическая эффективность

bioelectricity [ˌbaiəʊilekˈtrisiti] биопотенциалы, *уст.* биотоки

bioelectrocatalysis [ˌbaiəʊˌilektrəʊkəˈtælisis] биоэлектрокатализ

bioelement [ˌbaiəʊˈeliment] *pl.* биоэлементы *(входят в состав органических молекул в количестве, превышающем 1 %, – H, O, N, C, P, S)*

bioenergetics [ˌbaiəʊenəˈdʒetiks] биоэнергетика *(1. энергетика, основанная на использовании биотоплива 2. раздел биологии, изучающий энергетические процессы в живых организмах и экосистемах)*

   exercise ~ биоэнергетика физической нагрузки

bioenergotherapy [ˌbaiəʊenədʒəʊˈθerəpi] биоэнерготерапия *(воздействие на акупунктурные точки)*

bioengineering [ˌbaiəʊendʒiˈniəriŋ] биоинженерия *(совокупность инженерных приёмов в биотехнологии)*; клеточная инженерия

bioethics [ˌbaiəʊˈeθiks] биоэтика *(наука о жизни и смерти, гуманном использовании научных и технических достижений в медицине)*

biofeedback [ˌbaiəʊˈfiːdbæk], **biofeed-back 1.** биологическая обратная связь *(методика тренировки, позволяющая сознательно управлять вегетативными функциями организма с помощью компьютерной аппаратуры; основана на сознании того, что комплекс специфических мыслей или действий вызывают желаемую реакцию)* **2.** условный рефлекс

   alpha ~ мониторинг за индивидуумом *(обычно по альфа-потенциалам ЭЭГ)*

   pattern ~ комплексная биологическая обратная связь

biofilm [ˌbaiəʊˈfilm] биологическая плёнка, биоплёнка

biofilter [ˌbaiəʊˈfiltə] биофильтр *(устройство биологической очистки сточных вод)*

biogen [ˈbaiəʊdʒen] **1.** биоген **2.** *уст.* протоплазма

biogenesis [ˌbaiəʊˈdʒenəsis] биогенез *(1. происхождение жизни 2. концепция, согласно которой живое может происходить только от живого)*

biogenetics [ˌbaiəʊdʒəˈnetiks] биогенетика

biogenous [baiˈɒdʒənəs] биогенный, биологического происхождения

biogeny [baiˈɒdʒini] биогения *(наука о развитии организмов)*

biogeocenose [ˌbaiəʊˌdʒiəʊsiˈnəʊz], **biogeocenosis** [ˌbaiəʊˌdʒiəʊsiˈnəʊsis], **biogeocoenose** [ˌbaiəʊˌdʒiəʊˈsinəʊz] биогеоценоз *(однородная природная система организмов и среды)*

biogeochemistry [ˌbaiəʊˌdʒiəʊˈkemistri] биогеохимия

biognosis [ˌbaiəʊˈgnəʊsis] биология

biograft [ˌbaiəʊˈgraːft] биотрансплантат; биосинтетический протез

biohazard [ˌbaiəʊˈhæzəd] **1.** биологическая опасность **2.** биологически опасное вещество

bioimmunosorbent [ˌbaiəʊˌimjʊnəʊˈsɔːbənt] биоиммуносорбент *(иммуносорбент с биологически активным лигандом)*

bioimplant [ˌbaiəʊimpˈlaːnt] биоимплантат *(протез из биосинтетического материала)*

bioinstrument [ˌbaiəʊˈinstrəmənt] датчик или устройство, закрепляющееся на поверхности или внедряемое в ткани организма для записи и передачи физиологических данных в приёмное или контролирующее устройство

bioinstrumentation [ˌbaiəʊˌinstrəmənˈteiʃən] **1.** контрольно-измерительная медико-биологическая аппаратура **2.** медицинская телеметрия

   ultrasonic ~ ультразвуковое биооборудование

biokinetics [ˌbaiəʊkiˈnetiks] биокинетика *(изменения, происходящие в организме в период его развития)*

biolistics [ˌbaiəʊˈlistiks] *см.* **microprojectile bombardment**

biologic [baiəʊˈlɒdʒik] биопрепарат ‖ биологический

biologicals [baiəʊˈlɒdʒikəlz] биологические средства, или агенты *(напр. модификаторы иммунного ответа)*

   pharm ~ биологические препараты

biology [baiˈɒlədʒi] биология

   ~ **of human reproduction** биологические аспекты воспроизводства населения

   cell ~ цитология, клеточная биология

   developmental ~ эволюционная биология

   germ-free ~ гнотобиотика, гнотобиология

   graft ~ совместимость тканей при пересадке

   marine ~ биология моря

   molecular ~ молекулярная биология; биотехнология, генная инженерия *(раздел биологии, занимающийся химическими процессами, лежащими в основе синтеза белка: репликацией, транскрипцией, трансляцией – и превращениями, связывающими генотип и фенотип)*

   oral ~ биология органов ротовой полости

   radiation ~ радиационная биология

   space ~ космическая биология

   vector ~ жизнедеятельность

bioluminescence [ˌbaiəʊluːmiˈnesəns] биолюминесценция *(видимое глазом свечение живых организмов)*

biolysis [baiˈɒlisis] биолизис *(разрушение органических веществ живыми организмами)*

biomagnification [ˌbaiəʊˌmægnifiˈkeiʃən] биомагнификация *(накопление токсина при движении по пищевой цепочке – от низших организмов к высшим)*

biomarker [ˌbaiəʊˈmaːkə] биологический маркёр *(орган или ткань, наиболее подверженная какому-л. воздействию)*

ecologic ~s экологические биомаркёры, или биоиндикаторы

biomass [ˌbaiəʊˈmæs] биомасса (*1. суммарная масса особей вида, группы видов или сообщества организмов, популяции 2. мера биологической продуктивности*)

biomaterials [ˌbaiəʊməˈtiəriəlz] биоматериалы (*индифферентные материалы, предназначенные для введения или вживления в организм*)

blood ~ биологические препараты и компоненты крови

biome [ˈbaiəʊm] биом (*совокупность групп организмов и среды их обитания в определённой ландшафтно-географической зоне, напр. пустыня, саванна, листопадный лес*)

biomechanics [ˌbaiəʊmiˈkæniks] биомеханика

biomedicine [ˌbaiəʊˈmedsin] 1. биомедицина (*отрасль клинической медицины, основанная на принципах биологических наук*) 2. медико-биологические исследования

biomembrane [ˌbaiəʊˈmembrein] биомембрана

biometeorology [ˌbaiəʊˌmiːtiəˈrɒlədʒi] биометеорология (*отрасль экологии, изучающая воздействие окружающей среды на живые организмы*)

biometer [baiˈɒmətə] 1. прибор для исследования тканевого дыхания (*по выделению углекислоты*) 2. биологический индикатор

biomethane [ˌbaiəʊˈmiθein] *см.* **biogas**

biometry [baiˈɒmətri], **biometrics** [ˌbaiəʊˈmetriks] 1. биометрия (*измерение процессов жизнедеятельности с использованием математических методов; статистический анализ биологических данных*) 2. демографическая статистика 3. количественная оценка живых существ во времени и пространстве 4. прижизненная морфометрия различных органов (*напр. ультразвуковое измерение размеров глаза и хрусталика*)

biomicroscopy [ˌbaiəʊmaiˈkrɒskəʊpi] биомикроскопия (*напр. глаза*), прижизненная микроскопия

biomimetism [ˌbaiəʊmiˈmetizm] биоимитация, биомиметика

biomodel [ˌbaiəʊˈmɒdl] биомодель, животная модель

biomolecule [ˌbaiəʊˈmɒliˌkjuːl] биомолекула (*содержащая органические соединения*)

biomonitoring [ˌbaiəʊˈmɒnitəriŋ] биомониторинг (*напр. периодическое исследование содержания токсических веществ метаболитов в тканях и биологических жидкостях*)

biomotor [ˌbaiəʊˈməʊtə] аппарат искусственной вентиляции лёгких, респиратор

bion [ˈbaiɒn] бион (*морфологически и физиологически независимая особь*)

bionecrosis [ˌbaiəʊniˈkrəʊsis] некробиоз

bionics [baiˈɒniks] бионика (*наука, изучающая возможности использования в технике принципов, реализованных в живых организмах*)

bionomics [baiəʊˈnɒmiks] биономика, экология

vector ~ экологические факторы передачи заболеваний

bionosis [baiəʊˈnəʊsis] заболевание, вызываемое живыми организмами (*простейшими, микробами и т. д.*)

biont [ˈbaiɒnt] *см.* **bion**

bioorganics [ˌbaiəʊɔːˈgæniks] биохимия, биоорганическая химия

biopathology [ˌbaiəʊpəˈθɒlədʒi] патофизиология (*напр. печени*)

biophilia [ˌbaiəʊˈfiliə] биофилия, инстинкт самосохранения

biophysics [ˌbaiəʊˈfiziks] биофизика

environmental ~ биофизическая среда, биофизическое окружение

bioplasm [ˈbaiəʊplæzm] 1. протоплазма клетки, гиалоплазма 2. живая материя

biopotential [ˌbaiəʊpəˈtenʃəl] биопотенциал, биоэлектрический потенциал

biopsy [ˈbaiɒpsi] 1. биопсия (*прижизненное изъятие и микроскопическое исследование кусочка ткани*) 2. биоптат

~ by endoscopy эндоскопическая биопсия

~ of the lining of the uterus диагностическое выскабливание полости матки

~ of mass тотальная биопсия

~ of nasal cavity биопсия слизистой носа

biochemical ~ биохимическое исследование биоптата

blind ~ шифрованная биопсия

breast ~ биопсия молочной железы

brush ~ браш-биопсия, щёточная биопсия, взятие соскоба

burn wound ~ биопсия из ожоговой раны

cervical ~ биопсия шейки матки

chorion villus ~ биопсия ворсин хориона

cone ~ конизация (*шейки матки*)

core ~ 1. тонкоигольная [аспирационная] биопсия 2. трепанобиопсия (*биопсия костного мозга*)

currette ~ кюретажная биопсия

cutting ~ инцизионная биопсия

cutting-needle ~ биопсия иглой с режущими краями

cytological aspiration ~ цитологическая аспирационная биопсия

diathermy ~ биопсия диатермическими щипцами; коагуляция по Вильямсу

direct ~ прицельная биопсия

drill ~ *см.* **core ~ 2**

excisional ~ *см.* **~ of mass**

fine-needle aspiration ~ тонкоигольная аспирационная биопсия

frozen section ~ исследование биоптата методом замороженных срезов

full thickness ~ биопсия на всю толщу стенки полого органа

functional ~ функциональная биопсия (*напр. эндометрия*)

guided ~ нешифрованная биопсия, биопсия под контролем

incisional ~ инцизионная биопсия

insufficient ~ сомнительные [недостаточные] данные биопсии

large-needle ~ биопсия широкопросветной иглой

negative ~ негативный результат биопсии

needle core ~ пункционная [тонкоигольная] биопсия

negative ~ негативный результат биопсии

open-brain ~ операционная биопсия мозга

percutaneous fine needle ~ чрескожная тонкоигольная биопсия

punch ~ *см.* **trephine ~**

ring ~ of cervix циркулярная биопсия шейки матки

scalene node ~ прескаленная биопсия

serial ~ серийная биопсия

shave ~ биопсия лезвием *(образцов с верхнего слоя дермы)*

snare ~ петельная биопсия

sponge ~ спонг-биопсия; скарификационная биопсия

stereotaxic ~ стереотаксическая биопсия

suction ~ аспирационная биопсия

surface ~ *см.* **shave ~**

surgical ~ операционная биопсия

target ~ прицельная биопсия

thymic ~ биопсия вилочковой железы

total ~ *см.* **~ of mass**

transbronchoscopic ~ чрезбронхиальная биопсия

transjugular ~ трансюгулярная биопсия *(через ярёмную вену)*

trephine ~ трепанобиопсия

ultrasonic guided ~ *см.* **US-guided ~**

unqualified ~ *см.* **insufficient ~**

US-guided ~ биопсия под контролем ультразвука

wedge ~ краевая биопсия *(иссечение по краю органа или опухоли)*

bioptate ['baiɒpteit] биоптат *(материал, взятый при биопсии)*

bioptic [bai'ɒptik] относящийся к биопсии, биопсийный

biopyoculture [ˌbaiəʊˌpaiəʊ'kʌltʃə] посев гноя

bioradiology [ˌbaiəʊˌreidi'ɒləʤi] радиационная биология, радиобиология

bioreactor [ˌbaiəʊri'æktə] биореактор, ферментёр *(ёмкость, в которой с помощью бактерий производят биологические продукты — лекарства, витамины, белки)*

lymph perfused ~ биореактор, перфузируемый лимфой *(для выращивания гибридомных клеток)*

bioregulation [ˌbaiəʊˌreɡjʊ'leiʃn]:

~ of reproduction биологическая регуляция размножения

bioremediation [ˌbaiəʊrəmi:di'eiʃən] биодеградация *(разрушение загрязняющих веществ с помощью микроорганизмов)*

biorhythm [ˌbaiəʊ'riðəm] биоритм, биологический ритм

biorhythmology [ˌbaiəʊrið'mɒləʤi] биоритмология *(изучение структуры колебаний биологических показателей)*

bios ['baiɒs] бактериальные факторы роста

biosafety [ˌbaiəʊ'seifti] биологическая безопасность *(меры профилактики инфицирования населения)*

laboratory ~ безопасность при работе в (микробиологической) лаборатории

bioscrubbing [ˌbaiəʊ'skrʌbiŋ] биологическая промывка, биологическая очистка

biosensor [ˌbaiəʊ'sensə] биодатчик, биосенсор *(датчик, созданный на основе биологической и микроэлектронной структур)*

cholesterol ~ биосенсор для определения холестерина

implantable ~ вживлённый биосенсор

on-line ~ биосенсор, функционирующий в режиме реального времени

semiconductor ~ полупроводниковый биосенсор

whole cell ~ биосенсор с использованием иммобилизованных клеток

bioserotype [ˌbaiəʊ'siərəʊˌtaip] биосеровар, *уст.* биосеротип

biosociology [ˌbaiəʊˌsəʊʃi'ɒləʤi] **1.** биоценология **2.** биосоциология

biosoluble [ˌbaiəʊ'sɒljʊbl] **1.** биологически совместимый **2.** водорастворимый *(напр. стент)*

biosome [ˌbaiəʊ'səʊm] *биол., pl.* биосомы, структурные и функциональные единицы цитоплазмы *(хондросомы, хромидии, пластиды)*

biospectrometry [ˌbaiəʊspek'trɒmətri] биоспектрометрия

biostatic [ˌbaiəʊ'stætik] биостатический, тормозящий рост и развитие организма

biostatistics [ˌbaiəʊstə'tistiks] **1.** биостатистика **2.** медико-санитарная статистика **3.** демографическая статистика, статистика народонаселения

vital ~ витальная статистика *(рождаемости и смертности)*

biosteel [ˌbaiəʊ'sti:l] «биосталь» *(сверхпрочный шовный материал, полученный трансгенным методом)*

biostereometrics [ˌbaiəʊsti:riəʊ'metriks] биостереометрия *(раздел медицины, применяющий геометрические методы для определения точного расположения органов или их частей)*

biosterin [ˌbaiəʊ'sterin] концентрированный витамин А

biostimulation [ˌbaiəʊˌstimjʊ'leiʃən] моделирование биологических явлений

biosynchronized [ˌbaiəʊ'siŋkrəˌnaizd] биосинхронизированный; биологически управляемый

biosynthesis [ˌbaiəʊsin'θesis] биосинтез

~ of catecholamines биосинтез катехоламинов

unprimed ~ беззатравочный биосинтез

biosystematics [ˌbaiəʊˌsistə'mætiks] биосистематика, таксономия

biota [bai'əʊtə] биота *(совокупность организмов определённого места обитания)*

reference ~ совокупность индикаторных организмов

biotechnology [ˌbaiəʊtek'nɒləʤi] биотехнология *(комплексная научно-прикладная отрасль, использующая достижения молекулярной генетики и генной инженерии в производственных и лечебных процессах)*

biotelemetry [ˌbaiəʊtə'lemətri] биотелеметрия *(дистанционное изучение жизнедеятельности организмов)*

biotelescanner [ˌbaiəʊˌtelə'skænə] «биотелесканер» *(устройство для биотелеметрии)*

bioterrorism [ˌbaiəʊ'terərizm] биотерроризм *(использование биологических агентов в террористических целях)*

biotest [ˌbaiəʊ'test] биологическая проба, биотест

biotesting [ˌbaiəʊ'testiŋ] биотестирование *(интегральная оценка качества объектов окружающей среды по состоянию живых организмов — птиц, рыб и пр.)*

biotherapy [ˌbaiəʊ'θerəpi] лечение биопрепаратами *(кровь, сыворотка, гормоны, интерферон)*

biotic [bai'ɒtik] биотик ‖ биотический, жизненный, биологический, природный

biotin ['baiəʊtin] биотин, витамин Н

biotinylation [ˌbaiəʊtinai'leiʃən] биотинилирование, обработка биотином

biotomy [bai'ɒtəmi] **1.** вивисекция **2.** анатомирование, препарирование

biotonus [ˌbaiəʊ'təʊnəs] биотонус *(соотношение ассимилируемых и диссимилируемых биогенных веществ)*

biotope [ˌbaiəʊ'təʊp] биотоп *(наименьшее и однородное по абиотическим факторам среды пространство в пределах биосферы, занятое одним биоценозом, – физическая часть экосистемы)*

biotoxication [ˌbaiəʊˌtɒksi'keiʃən] интоксикация продуктами биологического происхождения

biotoxicology [ˌbaiəʊˌtɒksi'kɒlədʒi] биотоксикология *(наука о ядах, вырабатываемых живыми организмами)*

biotransformation [ˌbaiəʊˌtrænsfɔ:'meiʃən] биотрансформация, метаболизм

  xenobiotic ~ биотрансформация ксенобиотика

biotron ['baiətrɒn] камера искусственного климата, биотрон

biotropism [ˌbaiəʊ'trəʊpizəm] переход латентных возбудителей в вирулентное состояние

biotype [ˌbaiəʊ'taip] биотип *(1. совокупность индивидуальных свойств человека 2. один из штаммов микроорганизмов, отличающийся от других некоторыми свойствами)*

biotypology [ˌbaiəʊˌtai'pɒlədʒi] **1.** биотипология *(изучение вариантов организмов; сопоставление геномов)* **2.** биотипологическая [конституциональная] медицина

biovar [bai'əʊva:] биовар, биотип *(различие штаммов микроорганизмов по биологическим свойствам)*

biovial [ˌbaiəʊ'vaiəl] биоампула

biovision [ˌbaiəʊ'viʒən] биологическое видение *(о перспективах выживания человечества)*

bioweapons [ˌbaiəʊ'wepəns] биологическое оружие; биологическая война

bipara ['bipærə] женщина, родившая двух детей

biparasite [ˌbai'pærəˌsait] гиперпаразит

biparental [ˌbaipə'rentl] относящийся к обоим родителям; унаследованный от обоих родителей

biparietal [ˌbaipə'riətl] межтеменной *(напр. о размере головки плода)*; относящийся к обеим теменным костям, бипариетальный

biparous ['baipərəs] **1.** близнецовый *(относящийся к двум близнецам)*; дизиготный, двуплодный **2.** родившая двойню

bipartite [bai'pa:tait] имеющий две части; раздвоенный *(напр. о матке)*

biphasic [bai'feizik] двухфазный *(напр. зубец на ЭКГ)*

biphenotypy [bai'fi:nəʊˌtaipi] бифенотипия *(экспрессия клеткой двух и более маркёров дифференцировки, свойственных разным клеточным популяциям, напр., при некоторых лейкемиях)*

biphenyl [bai'fenil] бифенил, дифенил *(ароматический углеводород)*

  polychlorinated ~ **(PCB)** полихлорированный бифенил *(промышленный канцероген, содержащий хлор)*

bipolar [bai'pəʊlə] биполярный *(1. имеющий два полюса – о нейроне, отростки которого отходят от двух, часто противоположных, частей перикариона 2. относящийся к обоим концам или полюсам клетки 3. имеющий как маниакальные, так и депрессивные проявления – об аффективном расстройстве)*

bipotentiality [baipəʊˌtenʃi'æliti] бипотенциальность *(способность дифференцироваться по двум направлениям – о клеточных популяциях)*

birbinia ['bə:biniə] врождённое расщепление носа

"bird" [bə:d] анест. разновидность дыхательного мешка

bird-arm [bə:d-a:m] атрофическое укорочение предплечья

birdwood ['bə:dwu:d] *sl.* марихуана

birefringence [bairi'frindʒəns] двойное лучепреломление *(при микроскопии)*

birth [bə:θ] **1.** роды; рождение **2.** родовой; наследственный, врождённый

  ~ **in time** срочные [своевременные] роды

  cesarium ~ роды с помощью кесарева сечения

  complete ~ завершённые роды

  cross ~ роды при поперечном положении плода

  dead ~ **1.** роды мёртвым плодом **2.** мертворождённость, мертворождение

  difficult ~ патологические роды, дистоция

  head ~ роды при головном предлежании плода

  illegitimate ~ внебрачное деторождение

  immature ~ поздний выкидыш *(при массе тела плода 500–900 г)*

  live ~ **1.** живорождённость, вивипария **2.** рождение живого ребёнка

  multiple ~ многоплодные роды

  partial ~ незавершённые роды *(задержка ребёнка в родовых путях)*

  posthumous ~ рождение ребёнка после смерти отца

  postmature [post-term] ~ роды переношенным ребёнком *(рождение при сроке беременности более 40 недель)*

  premature [preterm] ~ преждевременные роды *(после 6 месяцев беременности, но до завершения её срока – менее 37 недель)*

  retarded ~ запоздалые роды

  single ~ роды при одноплодной беременности

  still ~ *см.* **dead** ~

  term ~ своевременные [срочные] роды

  triplet ~ роды тройней

  twin ~ роды двойней

  two at a ~ двойня

  viable ~ роды жизнеспособным плодом

birth-control [bə:θ-kən'trəʊl] регулирование рождаемости *(1. планирование семьи 2. применение противозачаточных средств)*

birthmark ['bə:θma:k] **1.** родимое пятно, врождённый невус **2.** след родовой травмы

  pigmented ~ пигментированное родимое пятно

  vascular ~ гемангиома, сосудистое родимое пятно, сосудистый невус

birth-pil ['bə:θ-pil] противозачаточная таблетка

birth-place ['bə:θ-pleis] место рождения

birth-rate ['bə:θ-reit] коэффициент рождаемости, рождаемость

  completed ~ коэффициент исчерпанной плодовитости

birthweight ['bə:θweit] масса тела при рождении

birthwort ['bə:θwə:t] кирказон вьющийся, змеиный корень *(Aristolochia serpentaria)*

bisalbuminemia [ˌbisælˌbjʊmiˈniːmiə] бисальбуминемия, аллоальбуминемия, параальбуминемия *(генетический полиморфизм, характеризующийся наличием в крови двух вариантов альбуминов)*

biscuit [ˈbiskit] *sl.* пейотль, пейотный кактус

bisection [baiˈsekʃən] 1. двустороннее иссечение, двустороннее удаление 2. деление [рассечение] пополам; деление на две равные части; гемисекция

bisexual [baiˈseksjuːəl] 1. гермафродит ‖ гермафродитный, двуполый, бисексуальный 2. человек, вступающий в гетеро- и гомосексуальные связи; бисексуал

bisexuality [baiˌseksjuːˈæliti] бисексуальность

bisferious [bisˈfiːriəs] дикротический *(о пульсе)*

bishe [biʃ] биш *(форма дизентерии Шига с гангреной толстой кишки)*

Bismarck [bizˈmaːk]:

~ **brown** краситель Бисмарка коричневый

bismuthosis [ˌbisməˈθəʊsis] хроническая интоксикация висмутом

bistoury [ˈbistʊri] *уст.* бистури *(узкий хирургический нож с прямым или закруглённым лезвием)*

bit¹ [bit] 1. частица, доля 2. кусок, кусочек; небольшое количество

~ **of gravel** осколок камня *(инородное тело)*

bit² бит *(единица информации)*

least significant ~ самый младший [двоичный] разряд

bitartrate [baiˈtaːtreit] битартрат *(остаток винной кислоты, входящий в состав её солей и сложных эфиров)*

bite [bait] 1. прикус 2. оттиск зубного ряда или альвеолярного гребня беззубой челюсти 3. острая боль ‖ причинять боль 4. укус; след укуса ‖ кусать, откусывать 5. травить; разъедать *(о кислотах)*

balanced ~ уравновешенный [сбалансированный] прикус

bilateral posterior open ~ открытый прикус в области жевательных зубов

closed ~ глубокий прикус

cross ~ перекрёстный [латеральный] прикус

deep over ~ глубокое верхнечелюстное зубное перекрытие; глубокий прикус

dual ~ *стом.* двойное смыкание

edge-to-edge [end-to-end] ~ ортогенический [прямой] прикус

electric (cord) ~ электрическое поражение, электротравма

fatal ~ смертельный укус

human ~ укус человеком

inefficient ~ неправильный прикус

locked ~ замкнутый прикус клыков *(с ограниченными латеральными движениями нижней челюсти)*

open ~ *см.* **closed** ~

over ~ глубокий прикус

raised ~ завышенный прикус *(после протезирования)*

snake ~ укус змеи, ужаление змеёй

wax ~ восковой прикусной шаблон

working ~ функциональный контакт зубов-антагонистов

bite-block [ˈbait-blɒk] прикусной валик *(для определения окклюзионного соотношения челюстей)*

biteboard [ˈbaitbɔːd] загубник

bitegage [ˈbaitgeiʤ] *стом.* прикусной шаблон *(с прикусным валиком)*

bitelock [ˈbaitlɒk] *мед. тех.* окклюдатор

bitemporal [baiˈtempərəl] битемпоральный *(относящийся к обоим вискам или височным костям)*

biteplate [ˈbaitpleit] ортодонтическая нёбная накусочная пластинка

biteraiser [ˈbaitreizə] *см.* **bitegage**

bitewing [ˈbaitwiŋ] *амер.* прикусное устройство *(для рентгенографии зубов)*

biting [ˈbaitiŋ] кусание; прикусывание

~ **of tongue** прикусывание языка

cheek ~ прикусывание слизистой оболочки щеки

nail ~ грызение ногтей

bitter [ˈbitə] 1. горечь ‖ горький; неприятный на вкус 2. *pl.* горечи, горькие лекарственные средства

bittern-root [ˈbitəːn-ruːt] корень горечавки

bivalent [baiˈveilent] 1. бивалент *(пара гомологичных хромосом)* ‖ бивалентный, двухвалентный 2. двухвалентное антитело *(обладающее способностью образовывать специфические связи сразу с двумя эпитопами одного и того же антигена)*

hybrid ~ двухвалентное гибридное антитело *(антитело, сформированное из двух Fab-фрагментов с различной специфичностью)*

bivalve [ˈbaivælv] двустворчатый; двухклапанный

bivariate [baiˈvɛəreit] дву(х)мерный

biventer [baiˈventə] двубрюшная мышца

biz [biz] *sl.* шприц для инъекции наркотиков

bizarre [biˈzaː] 1. странный, чудной 2. эксцентричный *(напр. о мышлении)* 3. деформированный, патологический *(напр. комплекс QRS на ЭКГ)*, атипичный, аномальный, неправильный *(напр. о форме органа)*

bizygomatic [ˌbaizaigəʊˈmætik] относящийся к обеим скуловым костям

black [blæk] 1. сажа 2. чёрный объект *(напр. о краске)* 3. дёготь 4. *гист.* краситель чёрного цвета

"~ **and blue**" кровоподтёки, синяки

alizarin ~ ализариновый чёрный

amido ~ амидочёрный *(краситель)*

Buffalo ~ Буффало чёрный *(краситель)*

carbon ~ газовая сажа

channel ~ канальная газовая сажа

Janus ~ Янус чёрный *(краситель)*

natural ~ гематоксилин

osmium ~ осадок тетроксида осмия *(на микрофотографиях)*, «осмиевая чернь»

sudan ~ судановый чёрный

blackdamp [ˈblækˌdæmp] удушливый углекислый газ *(в горном деле)*

"**black-death**" [ˈblæk-ˈdeθ] *ист.* 1. чума в Европе *(1348–1349 гг.)* 2. эпидемия; мор

blackening [ˈblækəniŋ] *рентг.* затемнение

film ~ потемнение плёнки

blackhead [ˈblækhed] комедон, чёрный угорь *(пробка сальных желёз)*

blackleg [ˈblækleg] 1. острая анаэробная инфекция крупного рогатого скота и овец 2. штрейкбрехер

blackout [ˈblækaʊt] 1. потемнение в глазах, временное ослепление; «чёрная пелена» 2. временная потеря сознания, провал памяти; алкогольная амнезия **3.** системная авария с нарушением энергоснабжения

blackquarter [ˌblæk'kwɔːtə] *см.* **blackleg**

bladder ['blædə] **1.** пузырь; мочевой пузырь **2.** полость **3.** циста

   atonic ~ атоничный мочевой пузырь

   automatic [autonomic] ~ *см.* **unstable** ~

   bilocular ~ *см.* **double** ~

   contracted ~ сморщенный мочевой пузырь

   cord ~ нейрогенный мочевой пузырь, *см. тж.*

expressed urinary ~

   double ~ удвоение мочевого пузыря

   dwarf ~ гипоплазия мочевого пузыря

   excretory ~ мочевой пузырь

   expressed urinary ~ расслабленный мочевой пузырь *(после спинальной травмы)*

   gall ~ жёлчный пузырь

   germ ~ зародышевый пузырь, бластоциста

   hour-glass ~ мочевой пузырь в виде песочных часов

   hypercontractile [hypertonic] ~ *см.* **instable** ~

   inhibited neurogenic ~ гипорефлекторный мочевой пузырь

   low-compliance ~ пузырь, имеющий повышенное давление при малом объёме и атонии детрузора

   nervous ~ частые позывы на мочеиспускание, сочетающиеся с невозможностью опорожнить пузырь полностью

   neurogenic [neuropathic] ~ *см.* **unstable** ~

   occult neuropathic ~ бессимптомный мочевой пузырь

   rectal ~ отведение мочи через прямую кишку

   strawberry gall ~ холестероз, «земляничный жёлчный пузырь»

   uninhibited neurogenic ~ нарушение нервной регуляции детрузора *(с неконтролируемым мочеиспусканием)*

   unstable ~ нестабильный [незаторможенный] мочевой пузырь *(с частыми позывами на мочеиспускание и неполным опорожнением)*

bladderworm ['blædəwɜːm] *гельм.* финна; цистицерк

blade [bleid] **1.** зеркало *(ранорасширителя)* **2.** клинок *(ларингоскопа)* **3.** лезвие

   blunt scissors ~ тупоконечные ножницы

   curved ~ изогнутый клинок ларингоскопа

   diamond ~ алмазное лезвие

   disposable ~ сменное [съёмное] лезвие *(напр. скальпеля)*

   shoulder ~ тело лопатки

   tongue ~ шпатель, лопаточка для языка

bladebone ['bleidbəʊn] лопатка

blain [blein] **1.** пустула, булла **2.** сибирская язва; сибиреязвенный карбункул

blame [bleim] *суд. мед.* **1.** вина ‖ обвинять, порицать, винить **2.** ответственность

blanching ['blɑːntʃiŋ]:

   ~ **of skin** обескровливание

   tissue ~ побеление [побледнение] тканей

bland [blænd] **1.** щадящий *(о диете)*, мягкий *(климат)* **2.** лёгкий, слабый *(приступ болезни)* **3.** облегчающий, успокаивающий **4.** ласковый; вкрадчивый *(о психически больном)*

blank [blæŋk] **1.** контроль, контрольная проба **2.** слепой опыт **3.** пробел ‖ чистый *(бланк)* **4.** пустота *(душевная)* ‖ пустой **5.** *sl.* поддельный героин

   prescription ~ рецептурный бланк

blanket ['blæŋkit] **1.** защитный слой; покрытие **2.** взвешенный слой *(осадка)* **3.** заглушать шум

   electric ~ электрическое одеяло

   hyper/hypothermia ~ одеяло для нагревания и охлаждения

blankness ['blæŋknəs]:

   fleeting mental ~ кратковременное нарушение сознания

blast[1] ['blɑːst] **1.** первичная [бластная] клетка ‖ незрелый, бластный **2.** малодифференцированная клетка

   B(-cell) ~ В-лимфобласт, В-бластная клетка

   leukemic ~ лейкобласт, лейкозная бластная клетка

blast[2] взрыв; взрывная [ударная] волна; струя

   air ~ **1.** мощный поток воздуха **2.** взрывная волна

   lung ~ травма лёгкого взрывной волной *(контузия, разрывы)*

   shell ~ взрыв снаряда

blast[3] *sl.* принять наркотик; прилив опьянения от наркотика

blastema [blæs'tiːmə] бластема *(1. участок эмбриональной ткани, из которой формируется отдельный орган 2. неспециализированные клетки, образующиеся в процессе заживления раны)*

   nodular renal ~ метанефрогенная бластема *(структура, из которой развивается окончательная почка)*

blastochyle ['blæstəʊkail] жидкость, заполняющая бластоцель

blastocoele ['blæstəʊsiːl] бластоцель *(полость, окружённая клетками-бластомерами внутри бластоцисты)*

blastoconidia [ˌblæstəʊkə'nidiə] *pl. от* **blastoconidium** *микол.* бластоконидии, бластоспоры

blastocyst ['blæstəʊsist] бластоциста, зародышевый [бластодермальный] пузырёк *(стадия эмбриогенеза, завершающая дробление зиготы)*

blastocyte ['blæstəʊsait] бластоцит, недифференцированная эмбриональная клетка

blastodisk ['blæstəʊdisk] зародышевый [эмбриональный] диск, бластодиск, зародышевый щиток

blastogenesis [ˌblæstəʊ'dʒenəsis] трансформация лимфоцитов, бласттрансформация, бластогенез *(превращение малых В- и Т-лимфоцитов в большие незрелые лимфобласты)*

blastolysis [blæs'tɒlisis] растворение или разрушение зародышевой клетки

blastoma [blæs'təʊmə] опухоль, бластома, новообразование

blastomatosis [ˌblæstəʊmə'təʊsis] онкогенез, канцерогенез

blastomere ['blæstəʊˌmiə] бластомер *(клетка, образующаяся при дроблении зиготы на ранней стадии эмбриогенеза)*

blastomogen [ˌblæstəʊməʊ'dʒen] канцероген, опухолеродное вещество

Blastomyces [ˌblæstəʊ'maisiːz] бластомицеты, дрожжевые грибки

   ~ **dermatidis** вид дрожжеподобных грибов, вызывающих бластомикозы

blastomycetic [ˌblæstəʊmaiˈsitik] относящийся к грибам; вызванный грибами

blastomycosis [ˌblæstəʊmaiˈkəʊsis] *параз.* бластомикоз, аскомикоз

  Brazilian ~ паракокцидиоидоз, бразильский [южно-американский] бластомикоз

  cutaneous ~ кожный бластомикоз

  European ~ криптококкоз, Буссе – Бушке бластомикоз

  keloidal ~ келоидный бластомикоз

  North American ~ североамериканский бластомикоз, Гилкриста глубокий бластомикоз

  South American ~ *см.* **Brazilian** ~

blastula [ˈblæstjuːlə] *эмбр.* бластула

blastulation [ˌblæstjʊˈleiʃən] образование бластулы

blathering [ˈblæðəriŋ] *псих.* «салонная болтливость» *(хорошие речевые навыки у лиц с умственной отсталостью)*

bleach [bliːtʃ] 1. отбеливающее средство 2. раствор хлорной извести

  dilute ~ осветлённый раствор хлорной извести

  household ~ хлорная известь *(в разведении 1:32)*

blear-eyedness [ˈbliər-ˈaidnəs] слезотечение

bleb [bleb] 1. булла, вздутие, волдырь, пузырёк жидкости *(напр. на коже после ожога)* 2. *pl.* пузырчатка, пемфигус

  subpleural ~s субплевральные буллы

blebby [ˈblebi] буллёзный, пузырчатый

bleed [bliːd] 1. кровоточить; истекать кровью 2. сочиться, просачиваться ◊ **to** ~ **to death** истечь кровью, умереть от кровопотери; ◊ **to** ~ **white** обескровить

  nose ~s носовое кровотечение

bleeder [ˈbliːdə] 1. больной с кровотечением 2. кровоточащий сосуд 3. *уст.* лицо, производящее кровопускание

  uncontrolled ~ больной с профузным кровотечением

bleeding [ˈbliːdiŋ] 1. кровотечение ‖ истекающий кровью; кровоточащий 2. кровопускание, кровоизвлечение; взятие крови 3. плач *(растений)* 4. обескровливание

  ~ **into mucous membranes** кровоточивость слизистых оболочек

  ~ **into skin** кровоизлияния на коже

  abnormal ~ патологическое кровотечение

  alveolar ~ луночковое кровотечение *(после экстракции зуба)*

  brisk ~ кровотечение свежей кровью

  concealed ~ скрытое кровотечение

  delayed ~ позднее кровотечение

  dysfunctional uterine ~ дисфункциональное маточное кровотечение

  hidden ~ *см.* **concealed** ~

  "hysterical" ~ истерическое [невропатическое] кровотечение

  internal ~ кровотечение из внутренних органов

  intractable ~ *см.* **profuse** ~

  occult ~ *см.* **concealed** ~

  oozing ~ капиллярное [паренхиматозное] кровотечение

  ovulation ~ 1. кровотечение при апоплексии яичника 2. разрыв яичника в период овуляции

  persistent ~ продолжающееся кровотечение; постоянные кровотечения

  postmenopausal ~ маточное постклимактерическое кровотечение

  profuse ~ профузное [некупируемое, обильное] кровотечение

  torrential ~ *см.* **profuse** ~

  troublesome ~ опасное кровотечение

  uncontrollable ~ неостанавливаемое кровотечение

  varical ~ кровотечение из варикозно расширенных вен

bleep [bliːp] звонок для вызова *(медсестры)*

blemish [ˈblemiʃ] 1. недостаток 2. пятно

  skin ~es пятна на коже

blender [ˈblendə] 1. смеситель; измельчитель; блендер 2. смесь

  oxygen ~ кислородный смеситель

  vibrating ~ вибрационный смеситель

  Waring ~ *мед. тех.* Уоринга гомогенизатор

blendling [ˈblendiŋ] межрасовый гибрид

blenna [ˈblenə] слизь

blennadenitis [ˌblenædəˈnaitis] воспаление слизистых желёз

blennenteritis [ˌblenentəˈraitis] катаральный энтерит

blennocystitis [ˌblenəʊsisˈtaitis] воспаление мочевого пузыря

blennogenic [ˌblenəʊˈdʒenik] слизеобразующий, продуцирующий слизь

blennoptysis [ˌblenəʊˈtaisis] выделение слизистой мокроты

blennorrhagia [ˌblenəʊˈreidʒiə], **blennorhea** [ˌblenəʊˈriə] 1. патологические слизистые выделения 2. *уст.* гонорея

blennorrhinia [ˌblenəʊˈrainiə] насморк; ринит

blennosis [bleˈnəʊsis] поражение слизистой оболочки

blennostatic [ˌblenəʊˈstætik] 1. задержка отделения слизи 2. лекарственное средство, уменьшающее секрецию слизи

blennotorrhea [ˌblenəʊtəʊˈriːə] выделение слизи из уха

blennurethria [blenˈjuːriˌθriə] гонорея

blepharadenitis [ˌblefəˌrædəˈnaitis] мейбомит, блефараденит *(воспаление желёз хряща века)*

blepharal [ˈblefərəl] относящийся к веку

blepharedema [ˌblefərəˈdiːmə] отёчность век

blepharelosis [ˈblefəreˈləʊsis] энтропион

blepharism [ˈblefərizm] клонический блефароспазм

blepharitis [ˈblefəraitisl] блефарит *(воспаление краёв век)*

blepharochalasis [ˌblefərəʊˈkæləsis] блефарохалазия *(атрофия кожи верхних век)*

blepharocleisis [ˌblefərəʊˈkleisis] анкилоблефарон *(сращение краёв век)*

blepharoclonus [ˌblefəˈrɒkləʊnəs] клонический блефароспазм

blepharon [ˈblefərɒn] веко

blepharoncus [ˌblefəˈrɒŋkəs] опухоль века

blepharophimosis [ˌblefərəʊfiˈməʊsis] блефарофимоз *(сужение глазной щели)*

blepharoplast [ˈblefərəʊplæst] базальное тельце, базальная гранула

blepharoplegia [ˌblefərəʊˈpliːdʒiə] блефароплегия, паралич век

blepharoptosis [ˌblefərəʊˈtəʊsis] (блефаро)птоз *(стойкое опущение верхнего века)*

blepharospasm [ˈblefərəʊˌspæzm] тонический блефароспазм

blepharostat ['blefərəʊˌstæt] *мед. тех.* векорасширитель, блефаростат

blepharosynechia [ˌblefərəʊsi'nekiə] сращение век

blessedness ['blesidnəs] счастье, блаженство

blight [blaɪt] 1. болезнь растений *(с увяданием и опаданием листьев)* 2. вредное, пагубное влияние

  australian ~ ангионевротический отёк

blind [blaɪnd] 1. слепой ‖ ослеплять, лишать зрения 2. невидимый, скрытый 3. *опт.* диафрагма, бленда 4. ширма, штора 5. *sl.* опьяневший от алкоголя или наркотика

  to go [to become] ~ ослепнуть

  color ~ *разг.* страдающий цветовой слепотой, не различающий цветов

blind-ended ['blaɪnd-'endɪd] слепо заканчивающийся, несквозной

blindgut ['blaɪndˌgʌt] слепая кишка

blindism ['blaɪndɪzm] привычные стереотипные движения слепых

blindness ['blaɪndnəs] слепота

  ~ **to child abuse** невнимание к насилию над детьми

  blue ~ тританопия, слепота на синий цвет

  central ~ *см.* **cortical** ~

  color ~ ахроматопсия, цветовая слепота, монохромазия

  concussion ~ постконтузионное преходящее ухудшение зрения

  cortical ~ корковая слепота

  day ~ дневная слепота *(ухудшение зрения при ярком свете)*

  developmental word ~ нарушение способности к чтению

  eclipse ~ потеря зрения при солнечном затмении

  flash ~ временная потеря зрения, вызванная световой вспышкой

  green ~ дейтеранопия, слепота на зелёный цвет

  legal ~ практическая [гражданская] слепота

  mind ~ зрительная агнозия

  moon [night] ~ гемералопия, куриная [ночная] слепота

  psychic ~ зрительная агнозия

  psychogenic ~ истерическая амблиопия, истерический амавроз, психогенная слепота

  red ~ протанопия, слепота на красный цвет

  river ~ онхоцеркоз, «речная» слепота

  snow ~ снежная офтальмия, или слепота, глетчерный катар

  solar ~ *см.* **eclipse** ~

  soul ~ *см.* **word** ~

  sun ~ солнечная слепота *(в результате ожога сетчатки от длительного смотрения на солнце без защитных очков)*

  text [word] ~ алексия, вербальная [словесная] слепота

blink [blɪŋk] 1. миг 2. мерцание 3. мигание ‖ мигать, закрывать глаза

blinking ['blɪŋkɪŋ] моргание

blister ['blɪstə] 1. волдырь *(ожоговый)*, водяной пузырь ‖ покрываться пузырями, вызывать волдыри *(на коже)* 2. *pl.* буллёзное поражение 3. блистер *(лекарственная форма)* 4. *pl.* головнёвые грибы *(Ustilaginaceae)*

  ambulant ~ пузыри, образующиеся по разным частям тела

  blood ~s геморрагические пузырьки

  fever ~ простой герпес, герпетическая лихорадка, пузырьковый лишай

  fly ~s пузыри, возникающие вокруг угла глаза вследствие раздражения жидкостью, выделяемой некоторыми насекомыми *(напр. шпанской мухой)*

  friction-made ~ мозоль, омозолелость

  skin ~ 1. кожный волдырь, волдырь на коже 2. кожный пластырь

  water ~ водяной пузырь *(на коже)*

blister-gas ['blɪstə-'gæs] отравляющее вещество кожно-нарывного действия

blistering ['blɪstərɪŋ] образование пузырей ‖ вызывающий образование пузырей

blistery ['blɪstərɪ] покрытый волдырями или пузырями

bloat ['bləʊt] 1. вздутие, вспучивание 2. метеоризм 3. тимпанит

bloated ['bləʊtɪd] 1. жирный; обрюзгший 2. чрезмерный

block [blɒk] 1. блок, закупорка; препятствие, заграждение, тормоз ‖ блокировать, закупоривать, тормозить; препятствовать 2. *анест.* блокада *(напр. нерва)* 3. узел, блок *(прибора)*

  advanced heart ~ прогрессирующая блокада сердца

  air ~ напряжённый пневмоторакс

  antegrade ~ атриовентрикулярная [предсердно-желудочковая] блокада

  anterior palatine nerve ~ нёбная анестезия

  arborization ~ интравентрикулярная [внутрижелудочковая, арборизационная] блокада *(разветвления ножек пучка Гиса)*

  atrioventricular [AV] ~ атриовентрикулярная блокада, AV-блокада

  Bier ~ Бира анестезия, или блокада

  bifascicular ~ двухпучковая блокада

  biochemical ~ токсическая [биохимическая] блокада

  bite ~ прикусной шаблон

  brachial plexus ~ блокада плечевого сплетения

  bundle-branch ~ блокада ножки пучка Гиса

  caudal ~ спинальная блокада

  comparator ~ компаратор *(прибор для колориметрического определения реакции среды)*

  complete ~ полная блокада *(напр. проводимости)*

  conduction ~ 1. проводниковая анестезия 2. блок проведения *(по периферическому нерву)*

  constant heart ~ постоянная блокада сердца

  dual ~ двойной блок *(при действии мышечны релаксантов)*

  en ~ *лат.* опухоль в блоке, опухоль целиком с окружающими тканями

  exit ~ блокада, закупорка

  fascicular ~ пучковая блокада

  field ~ местная анестезия

  first degree heart ~ блокада сердца первой степени

  heart ~ атриовентрикулярная [поперечная] блокада

  inferior alveolar nerve ~ мандибулярная [нижнечелюстная] анестезия

  inferior dental ~ анестезия зубов нижней челюсти

  infraorbital ~ подглазничная [инфраорбитальная] анестезия

  intermittent heart ~ альтернирующая блокада сердца

  intra-atrial ~ внутрипредсердная блокада

intraventricular ~ внутрижелудочковая блокада

lung ~ защитный экран для лёгкого *(в лучевой терапии)*

left anterior fascicular ~ блокада передней ветви левой ножки пучка Гиса

main hospital ~ основной больничный блок, основное здание стационара

maturational ~ блок созревания *(подавление клеточной дифференцировки на промежуточном этапе)*

mental ~ психическая заторможенность

mental nerve ~ блокада подбородочного нерва, ментальная анестезия

metacarpal ~ блокада межпястного промежутка

nerve [neural] ~ проводниковая анестезия

neuromuscular ~ нервно-мышечная блокада, нервно-мышечный блок

parietal ~ пристеночная блокада

partial heart ~ частичная [неполная] блокада сердца

peridural ~ перидуральная [эпидуральная] блокада

peri-infarction ~ перинфарктная блокада *(задержка активации миокарда)*

posterior superior alveolar nerve ~ *стом.* туберальная [бугровая] анестезия

postural heart ~ постуральная блокада сердца *(связанная с положением тела)*

prolonged ~ 1. длительный блок 2. пролонгированная местная анестезия

pyloric ~ непроходимость привратника, стеноз привратника

randomized ~ рандомизированный блок

regional ~ регионарная блокада

ring ~ круговая блокада, циркулярное обезболивание *(пальца под жгутом)*

second-degree atrioventricular nodal ~ узловая атриовентрикулярная блокада II степени

sinoatrial [sinoauricular, sinus] ~ слабость синусового узла; синоаурикулярная блокада

snap frozen ~ мгновенно замороженный блок, криостатный срез

splanchnic ~ блокада чревных нервов

stellate ganglion ~ блокада звёздчатого ганглия

sun ~ средство против загара

sympathetic ~ блокада симпатического ствола

wrist ~ блокада запястья

blockade [blɒˈkeid] 1. блокада [прекращение] проводимости *(передачи импульсов)* 2. нарушение проходимости, закупорка 3. перегрузка; насыщение

afferent ~ афферентное усиление

efferent ~ эфферентное усилие

H-(BH)- ~ стволовая блокада

HV- ~ двусторонняя блокада ножки пучка Гиса

receptor ~ экранирование рецепторов *(путём связывания с лигандами)*

blockader [blɒˈkeidə] 1. эмбол 2. блокирующее средство

blockage [ˈblɒkidʒ] заграждение, препятствие; блокада

~ **of catheter** закупорка катетера

biliary stent ~ закупорка трубки-стента жёлчного протока

blockapnea [blɒkˈæpniə] остановка дыхания; задержка дыхания

blocker [ˈblɒkə] *мед. тех.* блокатор

α-adrenoreceptor [alfa, alpha-adrenergic] ~ α-блокатор, альфа-блокатор, альфа-адреноблокатор, альфа-адренергический блокатор

β-adrenoreceptor [beta, beta-adrenergic] ~ β-блокатор, бета-блокатор, бета-адреноблокатор, бета-адренергический блокатор

bronchial ~ блокатор бронха, бронхоблокатор

calcium channel ~ блокатор кальциевых канальцев

radiation ~ радиопротектор *(химическое вещество, защищающее от действия ионизирующего излучения)*

serotonine reuptake ~ ингибитор обратного захвата серотонина

testing beta ~ испытание бета-блокаторов

blocking [ˈblɒkiŋ] 1. блокирование, закупорка, непроходимость, обструкция, обтурация 2. блок, блокада *(напр. в анестезиологии, кардиологии)* 3. *гист.* заливка 4. *псих.* внезапная остановка речи; перерыв ассоциаций, обрыв мыслей

antibody ~ антителозависимая супрессия *(иммунного ответа)*; ингибирование антителами *(напр. цитотоксической активности Т-лимфоцитов)*

shunt ~ блокада [закупорка] шунта

thought ~ провал памяти; блокада [задержка] мыслей, или мышления

blond [blɒnd] 1. блондин; блондинка 2. жёлтый; коричневый

blood [blʌd] 1. кровь ‖ брать кровь 2. род, происхождение; родство 3. темперамент, страстность, характер 4. кровопролитие; убийство ◊ ~ **on one's head** быть виновным в чьей-л. смерти; ◊ ~ **to blood** переливание крови, гемотрансфузия; ◊ **to let** ~ делать кровопускание; брать кровь

aerated ~ артериальная кровь

aged ~ длительно хранившаяся кровь

altered ~ изменённая кровь

ampula ~ *см.* **contaminated** ~

arterialized-venous ~ артериализованная венозная кровь

artificial ~ искусственная кровь, кровезаменитель

autologous ~ аутокровь, аутологичная кровь

autotransfused ~ аутотрансфузируемая кровь; переливаемая собственная кровь

bank(ed) ~ донорская кровь, полученная по международному регистру банков крови

base ~ незаконнорождённость

black ~ венозная кровь

blue ~ родовитость, «голубая кровь»

bright-red ~ алая [артериальная] кровь

buffy coat-poor ~ лейкопеническая кровь *(обеднённая лейкоцитами)*

cadaveric [cadaver] ~ *см.* **defibrinated** ~

citrated ~ цитратная кровь

clotted ~ свернувшаяся кровь

cold ~ 1. охлаждённая кровь 2. хладнокровие

compatible ~ совместимая кровь

congealed ~ застывшая [замороженная] кровь

contained ~ консервированная кровь

contaminated ~ примесь крови *(напр. в аспирате)*

cord ~ кровь из пупочного канатика

crusted ~ с засохшей корочкой *(о ране)*

dark(-red) ~ венозная кровь

defibrinated ~ дефибринированная [фибринолизная, кадаверная] кровь *(трупная кровь)*

digested ~ переваренная кровь *(в желудке)*; кровь, напоминающая «кофейную гущу»

donated ~ донорская кровь

dripping ~ капающая кровь

earlobe ~ кровь из мочки ушной раковины

fecal-occult ~ *лаб.* скрытая кровь в кале

fingertip ~ кровь, взятая из пальца

frank ~ носовое кровотечение

fresh ~ свежезаготовленная кровь

freshly drawn ~ свежевзятая кровь

frotty ~ пенистая кровь *(напр. о выделениях из носа)*

hot ~ вспыльчивость, горячность

impoverished ~ *см.* **poor** ~

incoagulable ~ несвёртывающаяся кровь

incoagulated ~ несвернувшаяся кровь

incompatible ~ несовместимая кровь

laky ~ гемолизированная [лаковая] кровь

leukocyte-depleted ~ лейкоцитобеднённая кровь

matched whole ~ совместимая кровь

native ~ нативная кровь

occult ~ скрытая кровь

overdue ~ длительно хранившаяся кровь

oxygenated ~ оксигенированная [артериализованная] кровь

pooled ~ смешанная кровь, пул крови *(от нескольких доноров)*

poor ~ анемия, малокровие

predeposited [preserve] ~ *см.* **contained** ~

pure fetal ~ цельная кровь эмбрионов

Rh-negative ~ резус-отрицательная кровь

Rh-positive ~ резус-положительная кровь

sludged ~ кровь с агрегированными эритроцитами

stale ~ засохшая кровь

stored ~ *см.* **contained** ~

storing ~ депонированная кровь *(напр. в селезёнке)*

strawberry-cream ~ «хилёзная» кровь

supersaturated ~ перенасыщенная кислородом кровь

time-expired ~ *см.* **aged** ~

titrated ACD ~ титрованная цитратная кровь

to spit ~ отхаркивать кровь

vomited ~ кровь в рвотных массах

virus-positive ~ 1. вирусинфицированная кровь 2. вирусемия

white cell-poor ~ *см.* **leukocyte-depleted** ~

whole ~ 1. цельная кровь; кровь, стабилизированная консервантом или антикоагулянтом 2. происхождение от одних и тех же родителей; чистокровность 3. чистокровное животное

blood-blend [ˈblʌd-ˈblend] кровосмешение, инцест *(единовременная половая связь или фактически брачные отношения ближайших кровных родственников)*

bloodborn [ˈblʌdbɔːn] гематогенный *(напр. о генерализации инфекции)*

blooded [ˈblʌdid] 1. окровавленный 2. обескровленный

bloodflow [ˈblʌdfləʊ]:

cutaneous ~ кожный кровоток

blood-forming [ˈblʌd-ˈfɔːmiŋ] гемопоэз, кроветворение || кровеобразующий

blood-guilty [ˈblʌd-ˈgilti] виновный в убийстве или в чьей-л. смерти

bloodless [ˈblʌdləs] 1. бескровный *(об операции)* 2. обескровленный 3. безжизненный, вялый, анемичный

bloodletting [ˈblʌdˌletiŋ] кровопускание путём венесекции

local [topical] ~ 1. скарификация 2. применение пиявок

bloodline [ˈblʌdˌlain] 1. система для гемотрансфузии 2. род, родословная

blood-making [ˈblʌd-ˈmeikiŋ] *см.* **blood-forming**

bloodoozing [blʌduːziŋ] просачивание крови

blood-pool [ˈblʌd-ˈpuːl] кровяное депо, пул крови

~ **of liver** пул крови в печени

blood-pressure [ˈblʌd-ˈpreʃə]:

ambulatory ~ амбулаторная [больничная] гипертония; гипертония на белый халат

bloodroot [ˈblʌdrʊt] *бот.* сангвинария, волчья стопа канадская *(Sanguinaria canadensis)*

blood-shed [ˈblʌd-ʃed] кровопролитие; убийство

bloodshot [ˈblʌdʃɒt] гиперемированный, покрасневший, воспалённый

bloodshunting [ˈblʌdʃʌntiŋ] 1. шунтирование крови 2. врождённый венозный шунт

bloodstain [ˈblʌdstein] кровяное пятно

bloodstained [ˈblʌdsteind] 1. окровавленный, запачканный кровью 2. виновный в убийстве

blood-stanching [ˈblʌd-ˈstæntʃiŋ], **blood-stopping** [ˈblʌd-ˈstɒpiŋ] кровоостанавливающий

bloodstreak [ˈblʌdˌstriːk] прожилка крови *(напр. в мокроте)*

bloodstream [ˈblʌdˌstriːm] 1. кровяное русло 2. кровоток

bloodstroke [ˈblʌdˌstrəʊk] кровоизлияние; геморрагический инсульт; апоплексия

bloodsucker [ˈblʌdsʌkə] пиявка

bloodsucking [ˈblʌdsʌkiŋ] кровососущий *(о паразите)*

blood-thining [ˈblʌd-ˈθiniŋ] разжижение крови

blood-tinged [ˈblʌd-tindʒd] кровянистый *(об окраске)*

blood-typing [ˈblʌd-ˌtaipiŋ] типирование крови, определение групп крови

bloodurea [ˈblʌdjuːriə] гематурия

bloodworm [blʌdˈwəːm] паразит крови *(напр. шистосома)*

bloody [ˈblʌdi] 1. кровяной; кровянистый; кровавый 2. кровоточащий

bloom [bluːm] 1. поверхностный налёт 2. цвет; цветение *(воды)* 3. излучение; флуоресценция 4. румянец; здоровый цвет лица

blooster [ˈbluːstə]:

blood-cell ~ стимулятор образования клеток крови

blot [blɒt] 1. пятно; клякса; помарка 2. уязвимое, слабое место 3. блот, реакция иммунного блоттинга *(названа по картине окрашенных полос в местах соединений антител с антигенами ВИЧ на электрофореграмме)*

enzyme-linked immunoelectrotransfer ~ ферментно-иммуноэлектроперенос пятна

blotch [blɒtʃ] 1. пятно, пятнистость; сыпь 2. нарост; фурункул; угорь

blotting [ˈblɒtiŋ] 1. блоттинг, блот-анализ *(метод определения содержания макромолекул в образцах посредством гибридизации содержимого образцов с зондами,* антителами) **2.** получение реплики пятен *(метод иммунохимической идентификации полипептидов, фрагментов ДНК, РНК, белков и пр.)*

capillary ~ капилляро-блоттинг *(гибридизация путём пассивной диффузии в капиллярах)*

contact diffusion ~ аппликационно-диффузный блоттинг

dot ~ дот-блоттинг *(гибридизация макромолекул путём диффузии через точечные отверстия в матрице)*

electroforetic ~ электрофоретическое блоттирование

nothern ~ **1.** нозерн-блоттинг *(метод определения фрагмента РНК, содержащего искомую последовательность, путём гибридизации разделённых электрофорезом фрагментов с радиоактивным зондом)* **2.** определение анти-ВИЧ антител *(методом электрофореза нуклеиновых кислот)*

press ~ пресс-блоттинг *(метод отпечатков путём плотного контакта)*

slot ~ слот-блоттинг *(гибридизация макромолекул путём диффузии через щелеобразные отверстия в матрице)*

southern ~ саузерн-блоттинг *(метод иммунохимического анализа путём переноса потоком буфера, восходящего от геля к мембране под действием капиллярных сил)*

western ~ вестерн-блоттинг *(метод определения искомого белка в белковой смеси путём гибридизации разделённых электрофорезом белков с меченым зондом-антителом)*

"blotto" ['blɒtɒ] реагент для проведения анализа методом вестерн-блоттинг

blow [bləʊ] **1.** выход наружу *(напр. рефлюкс крови из глубоких вен в поверхностные)* **2.** травма; удар; несчастье **3.** звук при сморкании **4.** кладка яиц мухами **5.** выдувать; продувать, прочищать воздухом **6.** тяжело дышать **7.** *sl.* понюшка наркотика в виде порошка

"~ on blow" приём лекарства малыми дозами через короткие интервалы *(для быстрого насыщения)*

~ **per minute** *(столько-то)* ударов в минуту

~ **out a match** *невр.* тест «задуть спичку»

to ~ person's mind *sl.* вызывать галлюцинации *(о действии ЛСД)*

direct ~ прямой удар

blower¹ ['bləʊə]:

air ~ приточный вентилятор; компрессор

cannula ~ устройство для продувки канюли

powder ~ порошковдуватель, инсуффлятор

blower² *sl.* потребитель порошка кокаина

blowfly ['bləʊflai] падальная [мясная] муха

blowgun ['bləʊɡʌn] распылитель, разбрызгиватель

blowing ['bləʊiŋ]:

~ **of uterine tubes** продувание маточных труб

gentle ~ лёгкое [умеренное] натуживание *(напр. при выполнении пробы Вальсальвы)*

blow-out ['bləʊaʊt] **1.** рефлюкс крови *(напр. из глубоких вен голени в поверхностные)* **2.** задувать, надувать *(щёки)* **3.** аневризмальная киста

blue¹ [blu:] **1.** голубой, лазурный, синий *(краситель)*, аквамарин **2.** синюшный *(о цвете кожи, губ)*; с кровоподтёками **3.** *гист.* краситель синего или голубого цвета

alcian ~ алциановый голубой *(краситель)*

Berlin ~ см. **Paris** ~

brilliant (cresyl) ~ бриллиантовый крезиловый голубой

bromphenol ~ бромфеноловый синий *(краситель)*

cibacron ~ цибакрон синий *(краситель)*

deep ~ тёмно-синий

Evans ~ Эвансовый синий или голубой *(краситель)*

methylen(e) ~ метиленовый синий *(краситель)*

Paris [Prussian] ~ берлинская [железная] лазурь, парижская синяя, прусская синь

pontamine sky ~ голубой Чикаго *(краситель)*

pyrrhol ~ пирроловый синий *(краситель)*

toluidine ~ толуидиновый синий *(краситель)*

trypan ~ трипановый синий *(краситель)*

ultramarine ~ синий ультрамарин

Victoria ~ трифенилметановый краситель

vitriol ~ медный купорос

blue² **1.** *pl.* меланхолия *(подавленное настроение, хандра)* **2.** испуганный, подавленный **3.** непристойный; порнографический

baby [maternity] ~**s** синдром «грусти рожениц», послеродовое уныние

to be in ~s быть в плохом настроении, хандрить

blue³ *sl.* таблетка валиума, амфетамина или ЛСД

blue-stained [blu:-'steind] окрашенный кумаси-голубым

bluishness ['blu:iʃnəs] цианоз, синюшность

blunt [blʌnt] **1.** тупой *(напр. о лезвии)*; округлённый *(о почечных чашечках)* **2.** смутный; притуплённый *(об ощущениях)* **3.** грубый; резкий

blunt-edged ['blʌnt-'eʤd] с неровными краями *(напр. о ране)*

blunting ['blʌntiŋ]:

~ **of affect** притупление эмоциональной реакции

emotional ~ эмоциональная уплощённость

blunt-pointed ['blʌnt-'pɒintid] тупоконечный *(напр. об инструменте)*

blunt-witted ['blʌnt-'witid] плохо понимающий; плохо воспринимающий

blurring ['blə:riŋ] **1.** затуманивание, затемнение *(зрения, сознания)* **2.** расплывчатость; нечёткость, неясность, стёртость *(напр. рентгеновского изображения)*

~ **of cardiac silhouette** нечёткость контуров сердца

~ **of optic disk margin** стёртость границ зрительного диска

~ **of vision** неясность зрения, «пелена перед глазами»

transversal ~ поперечное размазывание *(при томографии)*

blush [blʌʃ] **1.** покраснение кожи *(лица, шеи)*; прилив *(крови)* || краснеть **2.** гиперемия

contrast ~ контрастное покраснение

inflammatory ~ воспалительная гиперемия

blusher ['blʌʃə] поганка серо-розовая *(Amanita rubescens)*

blust [blʌst] *sl.* опьянение от наркотика

boa [bəʊə] удав; обыкновенный удав *(Boa constrictor)*

rosy ~ североамериканский [розовый] удав *(Lichanura)*

water ~ анаконда *(Eunectes)*

board¹ [bɔːd] **1.** доска **2.** стол; питание **3.** полка

arm ~ **1.** подлокотник **2.** *мед. тех.* подставки для рук

caution ~ предупредительная табличка *(об опасности)*

head ~ **1.** подголовник *(напр. функциональной кровати)* **2.** подставка для головы

papoose ~ for infant immobilazation приспособление для фиксации младенца *(3–4 месяцев)*

pill ~ пилюльная доска

sounding ~ звукоотражатель, звукоотражающий экран

board² правление; совет; коллегия; департамент; министерство; комитет

~ of doctors консилиум

~ of health департамент [отдел] здравоохранения

~ of inspection and survey управление инспекции и наблюдения

~ of pharmacy *амер.* фармацевтическое управление

~ of trustees совет попечителей *(больницы)*

classification ~ аттестационная комиссия

executive ~ правление *(в различных фондах)*

inter-agency consultative ~ межведомственный консультативный совет *(МКС)*

mediation ~ конфликтная комиссия

nursing advisory ~ консультативный совет медицинских сестёр

patient ~ группа [круг] больных

physician advisory ~ консультативный совет врачей

review ~ информационный совет *(напр. для проведения клинических исследований)*

selection ~ аттестационная комиссия

training ~ совет по повышению квалификации

Board *см.* Приложение

boastfulness [ˈbəʊstfʊlnəs] *психол.* хвастливость

boat [bəʊt] *лаб.* фарфоровая лодочка

bobbin [ˈbɒbin] катушка *(напр. сшивающего аппарата)*

bobbing [ˈbɒbiŋ] 1. удар; битьё 2. приседание

head ~ кивательный гиперкинез головы

bodily [ˈbɒdili] телесный, соматический *(напр. симптом)*; относящийся к телу, туловищу

body [ˈbɒdi] 1. тело; туловище; труп 2. организация; корпорация 3. предмет, вещество 4. большое количество; масса; *лаб.* сухой остаток 5. корпус аппарата

~ of cell тело клетки

~ of interest изучаемый объект

~ of nail ногтевая пластинка

~ of specialists группа [бригада] специалистов

~ of thymus gland Гассаля тельце, тельце вилочковой железы

~ of water водная масса; водоём

~ of womb тело матки

acetone ~ies ацетоновые [кетоновые] тела

adrenal ~ надпочечник, надпочечная железа

amyloid ~ies амилоидные тельца

anococcygeal ~ заднепроходно-копчиковая связка

anti-intermediary ~ антиантитело

aortic ~ аортальный поясничный параганглий, Цуккеркандля орган *(скопление гормонально-активных клеток)*

apical ~ акросома, перфораторий, апикальное тельце *(сперматозоида)*

argyrophilic ~ies аргирофильные тельца *(цитоплазматические включения)*

Aschoff's ~ Ашоффа – Талалаева гранулёма *(воспалительный узелок при ревматизме)*

asteroid ~ies звёздчатые зёрна *(при Вегенера грануломатозе)*

authorized inspection ~ уполномоченная проверяющая инстанция

Babes – Ernst ~ies Бабеша зёрна, метахроматические зёрнышки

Barr ~ies женский половой хроматин, гранулы Х-хроматина, Барра тельца *(определяемые в щёчном эпителии)*

basal ~ *цитол.* базальное тельце, базальная гранула

Bunina ~ies Буниной тельца *(цитомазматические включения, характерные для бокового амиотрофического склероза и других поражений мотонейронов)*

calcified ~ies обызвествлённые образования

carotid ~ сонное тельце; каротидный клубочек, или гломус

cavernous ~ пещеристое тело

central ~ *цитол.* 1. центросома, центральное тельце, центросфера 2. центриоль

chromaffin ~ параганглий, гломус

ciliary ~ ресничное [цилиарное] тело

citron ~ies *бакт.* лимоноподобные тельца

coccoid ~ies *микол.* коккоидные тела

coccygeal ~ копчиковое тельце, копчиковый гломус

conoid ~ шишковидное тело

corneal foreign ~ инородное тело роговицы

crescent ~ серповидный эритроцит

cytoplasmic inclusion ~ies цитоплазматические включения

dead ~ труп

Deetjen's ~ тромбоцит

demilune ~ *цитол.* ахромацит *(неокрашивающийся эритроцит)*

dentate ~ зубчатое ядро, олива мозжечка

directing ~ *цитол.* полярное [редукционное] тельце, полоцит

Dochle's ~ies Доли тельца *(базофильные участки в цитоплазме нейтрофильных лейкоцитов)*

Donne's ~ молозивные тельца, Донне тельца

elementary ~ 1. тромбоцит 2. элементарное тельце *(вируса)*

epithelial ~ околощитовидная [паратиреоидная] железа, эпителиальное тельце

esophageal ~ непосредственно пищевод

falciform ~ спорозоит

fat ~ 1. жировой комок 2. жировое тело *(седалищно-прямокишечной ямки)*

foreign ~ инородное тело

fruiting ~ of capfungus плодовое тело *(напр. шляпочного гриба)*

Gamna – Favre ~ies Гамны – Фавра тельца, цитоплазматические включения *(характерные для венерической лимфогранулёмы)*

geniculate ~ *анат.* коленчатое тело

Giannuzzi's ~ серозное полулуние, Джианнуцци полулуние *(скопление серозоцитов в больших слюнных железах)*

Golgi ~ пластинчатый комплекс, внутренний сетчатый аппарат, Гольджи [комплекс] аппарат

Guarnieri's ~ies Гварньери тельца *(внутриклеточные включения при оспе)*

Hamazaki – Wesenberg ~ies *см.* **yellow-brown ~ies**

Hassal's ~ies Гассаля тельца, или эпителиальные жемчужины *(скопления ороговевших клеток эпителия в вилочковой железе)*

Heinz's ~ies Хайнца – Эрлиха тельца *(осадок гемоглобина в стареющих эритроцитах)*

Henderson – Paterson ~ies Гендерсона – Патерсона тельца *(внутриклеточные включения при заболевании контагиозным моллюском)*

Highmore's ~ средостение яичка

human ~ организм человека

hyalin ~ies of the optic nerve head друзы диска зрительного нерва

hyaloid ~ стекловидное тело

immune ~s антитела

impacted foreign ~ фиксированное инородное тело

inclusion ~ies внутриклеточные вирусные включения *(представляющие собой скопления вирионов)*

infundibular ~ нейрогипофиз, задняя доля гипофиза

inhaled foreign ~ аспирированное инородное тело

intercarotid ~ сонный [каротидный] гломус, или клубочек

intracellular ~ies внутриклеточные включения *(напр. меланосомы)*

Jolly's ~ies Жолли тельца, базофильные зёрна *(в эритроцитах – осколки ядер нормобластов)*

ketone ~ies *см.* **acetone ~ies**

large ~ of data большой массив данных

Leishman – Donovan ~ies Лейшмана – Донована тельца

Lewy ~ies Леви тельца *(цитоплазматические включения, характерные для болезни Паркинсона)*

living ~ живой организм

loose ~ 1. суставная мышь, артремфит 2. *иммун.* свободные частицы

malformed vertebral ~ врождённый порок развития тела позвонка

Malpighian ~ 1. лимфатический фолликул *(селезёнки)* 2. мальпигиев клубочек *(почки)*

mammillary ~ *анат.* сосцевидное [мамиллярное] тело

mandibular ~ тело нижней челюсти

medial geniculate ~ *анат.* медиальное коленчатое тело

melon-seed ~ies рисовидные тельца

metaplasmic ~ies гранулы цитоплазмы

microscope ~ корпус микроскопа

mulberry ~ *эмбр.* морула *(стадия, предшествующая бластуле)*

national licensing ~ государственная [национальная] лицензионная система

negative contrast foreign ~ рентгенонеконтрастное инородное тело

Negri ~ies Бабеша – Негри тельца *(цитоплазматические вирусные тельца в нервных клетках, содержащих антиген вируса бешенства)*

nuclear ~ нуклеоид *(ядерная зона в прокариотической клетке)*

Oken's ~ мезонефрос, вольфово тело

olivary ~ олива *(продолговатого мозга)*

onion ~ies *см.* **Hassal's ~ies**

Pacchionian ~ies арахноидальные [пахионовы] грануляции, грануляции паутинной оболочки, арахноидальные ворсинки

Pappenheimer ~ies Паппенхайма тельца *(гранулы железосодержащего белка в эритроцитах)*

parabasal ~ *цитол.* парабазальное тельце

parolivary ~ies дополнительные ядра в продолговатом мозге, тесно прилежащие к оливе

Paschen ~ies вирусные частицы, обнаруживаемые у больных оспой

pearly ~ies «жемчужные зёрна» *(комплексы мелких, интенсивно окрашиваемых клеток, напоминающих клетки базального слоя эпидермиса, обнаруживаемые в эпителиоме)*

perineal ~ сухожильный центр промежности

pheochrome ~ параганглий, гломус

Pick ~ Пика тельце *(аргирофильное включение, характерное для Пика болезни)*

pineal ~ шишковидное тело

pituitary ~ гипофиз

polar ~ *цитол.* полярное [редукционное] тельце, полоцит

psammoma ~ies псаммозные [псаммомные] тельца, «мозговой песок»

quadrigeminal ~ies *анат.* четверохолмие

receptive ~ рецептор

registering ~ аттестационная комиссия *(выдающая сертификат на право врачебной деятельности, Англия)*

restiform ~ верёвчатое тело, нижняя мозжечковая ножка

Russell ~ies *пат. анат.* фуксинофильные [русселевские] тельца

sand ~ies *см.* **psammoma ~ies**

sense ~ 1. орган чувств 2. рецептор

space-occupying ~ объёмное образование

spongy ~ *анат.* губчатое тело

stem ~ стволовая [экваториальная] часть ахроматического веретена *(в телофазе)*

striate ~ *анат.* полосатое тело

syringe ~ корпус шприца

thyroid ~ щитовидная железа

tigroid ~ies базофильное [тигроидное] вещество, базофильная субстанция, Ниссля [субстанция, хроматофильные глыбки] зернистость

tingible ~ пикнотичные, интенсивно окрашенные гематоксилином остатки клеточных ядер

touch ~ осязательное тельце, чувствительное Мейснера тельце

transgenic ~ трансгенный организм *(развившийся из стволовой клетки, в геном которой введён ген особи другого вида)*

turbinated ~ носовая раковина

tympanic ~ железа слизистой оболочки барабанной полости

underweight ~ дефицит массы тела *(новорождённого)*

vascular ~ сосудистый клубочек, гломус

vertebral ~ тело позвонка

virus synthesizing ~ies вируссинтезирующие частицы

vitelline ~ *эмбр.* желточное ядро

vitreous ~ *офт.* стекловидное тело

whole ~ целостный организм

whole dose ~ лицо, получившее тотальную дозу облучения

Wolffian ~ мезонефрос, вольфово тело, первичная почка

yeast ~**ies** *лаб.* дрожжевые клетки

yellow ~ жёлтое тело

yellow-brown (Hamazaki – Wesenberg) ~**ies** жёлто-зелёные тельца (Хамазаки – Везенберга) *(имитирующие грибковые организмы в лимфоузлах)*

Zuckerkandl's ~ *см.* **aortic** ~

body-mind ['bɒdi-'maind] психосоматический

body-packer ['bɒdi-'pækə] перевозчик наркотиков в собственном теле

body-shaping ['bɒdi-'ʃeipiŋ] формирующий фигуру; плотно облегающий тело

boggy ['bɒgi] мягкий *(при пальпации)*; дряблый

bogue ['bəʊg] наркотическое голодание, абстиненция

boil¹ ['bɔil] 1. кипение, точка кипения ‖ кипеть, кипятить 2. выпаривание ‖ выпаривать ◊ **to** ~ **under reflux** *фарм.* кипятить с обратным холодильником

~ **of blood** образование свободных газов в крови, «закипание» крови *(при декомпрессионной болезни)*

boil² фурункул

Aleppo [Baghdad, Biskra] ~ кожный лейшманиоз, пендинская язва, Алеппо бугорки, багдадский [делийский] фурункул

blind ~ невскрывшийся фурункул

blood ~ гематома

cat ~ небольшой фурункул

Delhi ~ *см.* **Aleppo** ~

gum ~ острый одонтогенный периостит

Madura ~ мицетома, мадуромикоз, мадурская стопа

Oriental ~ *см.* **Aleppo** ~

pian ~ гвианский кожно-слизистый лейшманиоз

shoe ~ гигрома локтевой области

boldness ['bəʊldnəs] смелость

boletus [bəʊ'li:təs]:

~ **Satanas** *лат.* сатанинский гриб

bolometer [bəʊ'lɒmətə] 1. прибор для измерения силы сердечных сокращений 2. прибор для измерения интенсивности лучистой энергии

boloscope ['bəʊləʊˌskəʊp] аппарат для обнаружения инородных тел в тканях

bolt ['bəʊlt] болт, стержень ‖ скреплять болтом, укреплять стержнем *(при переломе кости)*

compression ~ стягивающий винт

hold-down ~ винт для фиксации отломков кости

bolus ['bəʊləs] 1. болюс; пилюля 2. большая [ударная] доза раствора для внутривенного струйного одномоментного введения

~ **of food** (заглатываемый) крупный кусок пищи, крупный пищевой комок

peristaltic transport of a solid ~ перистальтическое движение твёрдого пищевого комка

bolus-chasing ['bəʊləs-'tʃeisiŋ] отслеживание контрастного болюса

bomb [bɒm] 1. бомба; взрывчатка 2. баллон *(для сжатого воздуха)* 3. источник ионизирующего излучения *(для лучевой терапии)* 4. автоклав

iris ~ «бомбардированная» радужка *(выпячивание радужной оболочки вперёд)*

letter ~ взрывчатка в конверте, или пакете

radium ~ радиевая установка

bombard [bɒm'ba:d] облучать, воздействовать лучистой энергией

bombardment [bɒm'ba:dmənt] 1. бомбардировка 2. облучение частицами

alpha ~ бомбардировка альфа-частицами, альфа-облучение

charged-particle ~ бомбардировка заряженными частицами *(ионами)*

fast atom ~ бомбардировка быстрыми атомами

iris ~ бомбаж радужной оболочки

microprojectile ~ баллистическая трансфекция *(введение ДНК в растительные и животные клетки с помощью вольфрамовых или золотых шариков, которыми «обстреливают» клетки)*

neutron ~ бомбардировка нейтронами

bombed [bɒmd]:

~ **out** *sl.* под воздействием наркотика или алкоголя, «под кайфом»

bomber ['bɒmə]:

black ~ *sl.* таблетка амфетамина

bond [bɒnd] 1. связь; связность; зависимость; соединение, сцепление ‖ связывать, соединять, сцеплять 2. связующий материал, или агент

carbon ~ углеродная связь

chelate ~ хелатная [комплексобразующая] связь *(в антидотах)*

conjugated ~ сопряжённая связь

cross-linking ~ сшивание

disulfide ~ дисульфидный мостик

double ~ двойная связь

energy-rich [high-energy] phosphate ~ макроэргическая фосфатная связь

hydrogen ~ водородная связь

isopeptide ~ изопептидная связь

olefinic ~ *см.* **double** ~

ordinary ~ простая [ординарная] связь

scissile ~ неустойчивая химическая связь

single ~ одинарная связь *(образованная одной парой электронов)*

solid ~ *стом.* адгезив-бонд *(смола, усиливающая связь с эмалью и базовым слоем)*

bonding ['bɒndiŋ]:

~ **in orthodontics** фиксация [ретенция, удерживание] ортодонтических аппаратов

direct ~ замещение (дефекта зубного ряда) непосредственно в полости рта

impaired mother-infant ~ *психол.* нарушение связи «мать – дитя»

wet ~ *стом.* влажное связывание

bone [bəʊn] 1. кость; выступ [отросток] кости 2. *pl.* скелет, костяк 3. *pl.* останки, прах

~ **of face** кость лицевого черепа

~ **of heel** пяточная кость

~s of pelvic girdle кости тазового пояса

~s of shoulder girdle кости плечевого пояса

~ of upper arm плечевая кость

acetabular ~ вертлужная впадина

acromial ~ акромиальный отросток

alar ~ клиновидная кость

alveolar ~ альвеолярный отросток

angulated ~ искривлённая под углом кость

ankle ~ таранная кость

anvil ~ наковальня *(слуховая косточка)*

autogenous ~ костный аутотрансплантат

back ~ позвоночник, позвоночный столб

basidigital ~ пястная кость

basihyal ~ тело подъязычной кости

basioccipital ~ базилярная часть затылочной кости

bowed ~ изогнутая кость

breast ~ грудина

bregma ~ *см.* **parietal** ~

brittle ~s несовершенный остеогенез, (идиопатический) остеопсатироз

bundle ~ костная стенка (лунки зуба) с шарпеевыми волокнами

calf ~ малоберцовая кость

calvary ~ оссифицирующий миозит бёдер *(от частой верховой езды)*

cancellous ~ **1.** губчатое вещество кости **2.** разрежение кости, остеопороз

capitate ~ головчатая кость

carpal ~ кость запястья

cartilage ~ кость, образованная на месте хряща

chalky ~s *см.* **ivory** ~s

cheek ~ скуловая кость

collar ~ ключица

compact ~ компактный слой кости

convoluted ~ носовая раковина

cortical ~ кортикальный слой кости

costal ~ рёберная кость

crazy ~ внутренний мыщелок плечевой кости

cribriform ~ решётчатая кость

cuneiform ~ трёхгранная кость

cylindrical ~ трубчатая кость

dead ~ костный секвестр

dense ~ уплотнение кости

dermal ~ оссификация кожи

ear ~ слуховая косточка

epactal ~s вставочные [вормиевы, шовные] кости черепа

eroded ~ разрушенная кость

finger ~ фаланга пальца кисти

flank ~ подвздошная кость

flat ~ плоская кость

fontanel ~s родничковые кости

frontal ~ лобная кость

funny ~ бороздка локтевого нерва в области внутреннего мыщелка *(плечевой кости)*

hamate ~ крючковидная кость

hammer ~ молоточек *(слуховая косточка)*

haunch ~ *см.* **hip** ~

haunchback carpal ~ запястно-костный выступ, «горбатое» запястье

healing ~ регенерирующая кость

hip ~ тазовая кость

homologous ~ костный аллотрансплантат

hooked ~ *см.* **hamate** ~

hyoid ~ подъязычная кость

inca(rial) ~ кость инков, межтеменная кость

incisive ~ резцовая (верхнечелюстная) кость

instep ~s плюсневые кости

intermaxillary ~ межчелюстная кость

investing ~ покровная кость *(напр. свода черепа)*

ivory ~s врождённый системный остеопетроз, мраморная болезнь

jugal ~ скуловая кость

lenticular ~ чечевицеобразный отросток наковальни

lingual ~ *см.* **hyoid** ~

long ~ длинная (трубчатая) кость

lower jaw ~ нижняя челюсть

lunate ~ полулунная кость

malaligned ~ плохо сопоставимый костный отломок

malar ~ *см.* **zygomatic** ~

marble ~s *см.* **ivory** ~s

maxilloturbinal ~ нижняя носовая раковина

membranous [membrane] ~ эндесмальная кость *(развившаяся из мезенхимы, минуя хрящевую стадию)*

metaplastic ~ кость, образовавшаяся из надкостницы

mosaic ~ мозаичная кость *(характеризующаяся неравномерным остеопорозом)*

nail ~ дистальная фаланга

neoformed ~ вновь сформированная [новообразованная] кость

new reactive ~ остеоидная реакция; новообразованная кость

nonlamellated ~ волокнистая стадия остеогенеза

nuchal ~ остистый отросток *(VII шейного позвонка)*

odontoid ~ зубовидный отросток *(II шейного позвонка)*

orbital ~ скуловая кость

palatal [palatine] ~ нёбная кость

parietal ~ теменная кость

periosteal new ~ периостальная костная мозоль

periotic ~ пирамида [каменистая часть] височной кости

peroneal ~ малоберцовая кость

petrosal ~ *см.* **periotic** ~

pipe ~ *см.* **cylindrical** ~

plowshare ~ сошник

pneumatic ~ воздухоносная [пневматическая] кость *(черепа)*

postulnar ~ гороховидная кость

premaxillary ~ резцовая кость

pterygoid ~ крыловидный отросток *(клиновидной кости)*

pyramidal ~ трёхгранная кость

resurrection ~ крестец

reticulated ~ волокнистая стадия остеогенеза

ridge ~ гребень альвеолярного отростка челюсти

scroll ~ носовая раковина

share ~ лобковая кость

shield ~ лопатка

shin ~s кости голени

sieve ~ *см.* **cribriform** ~

"soup" ~ вываренный костный трансплантат

sphenoturbinal ~ раковина клиновидной кости

splint [splinter] ~ **1.** шинированная кость **2.** малоберцовая кость

spoke ~ лучевая кость

spongy ~ **1.** губчатый [спонгиозный] слой кости **2.** носовая раковина

stationary ~ неподвижная [фиксированная] кость

stirrup-shaped ~ стремечко *(слуховая косточка)*

tail ~ копчик

tarsal ~ кость предплюсны, предплюсневая кость

toe ~ фаланга пальца стопы

tooth ~ дентин

trabecular ~ трабекулярная структура кости, костные балки

trapezium ~ большая многоугольная кость

trapezoid ~ трапециевидная [малая многоугольная] кость

triquetrous ~ **1.** предмежтеменная кость **2.** трёхгранная кость

unciform ~ крючковидная кость

underlying ~ подлежащая кость

united ~ сросшаяся кость

upper jaw ~ верхняя челюсть

weight-bearing ~ кость, несущая нагрузку

wormian ~s вставочные [вормиевы, шовные] кости черепа

wrongly healing ~ неправильно срастающийся перелом кости

Yoke [zygomatic] ~ скуловая кость

bone-dry [ˌbəʊn-'draɪ] **1.** абсолютно сухой **2.** «сухой закон»

boneimplant ['bəʊnɪmˌplænt] костный трансплантат

bonelet ['bəʊnlet] косточка

bone-salt [bəʊn-sɔːlt] гидроксиапатит *(основное минеральное вещество костной ткани)*

bone-seeker ['bəʊn-'siːkə] остеотроп *(радионуклид, имеющий сродство к костной ткани)*

bone-seeking ['bəʊn-'siːkɪŋ] обладающий тропностью к костной ткани, остеотропный

bone-wax ['bəʊn-'wæks] воск для остановки костного кровотечения

bongienage [bɒn'dʒiːnɪdʒ] бужирование

bonitation [bəʊni'teiʃən] бонитировка, качественная оценка

bonus ['bəʊnəs] бонус, премия, вознаграждение

boo [buː] *sl.* сигарета с марихуаной

book [bʊk]:

~ of reference справочник

accident ~ журнал для регистрации несчастных случаев

appointmens ~ *см.* **order** ~

log ~ формуляр

order ~ журнал назначений *(врача)*

self-assessment ~ книга с вопросами для самопроверки

service record ~ солдатская книжка

sick ~ журнал регистрации больных

statutory ~s уставные документы

weight ~ журнал регистрации результатов взвешивания *(больных)*

Book:

Blue ~ Синяя книга *(отчеты министерств, комиссий, издаваемые с разрешения правительства, Великобритания)*

Discharge ~ журнал записи демобилизованных по болезни

European lung white ~ Европейская белая книга лёгких

Leech ~ *ист.* Лекарская книга *(около 920 г. нашей эры)*

Medical Field ~ *англ.* наставление по военно-медицинской службе

Orange ~ Отчёт министерства земледелия *(в оранжевом переплёте)*

Red ~ Красная книга

White ~ «Белая книга» *(правительственные документы, США)*

booking ['bʊkɪŋ] размещение заказов, букировка

~ of appointment предварительная запись

book-shop ['bʊk-'ʃɒp]:

second-hand medical ~ букинистический магазин медицинской книги

boom [buːm] **1.** бум, быстрый подъём ‖ резко повышаться **2.** шумная реклама, сенсация, ажиотаж

baby ~ «бэйби-бум» *(всплеск рождаемости в США после II мировой войны в 1946–1964 гг.)*

echo ~ повторный скачок рождаемости *(в США в 1987 г.)*

boomer [buːmə]:

baby ~ человек, родившийся в период пика рождаемости в США

boost [buːst] **1.** поддержка, проталкивание **2.** усиление ‖ усиливать **3.** колебание определённых частот по сравнению с остальным диапазоном

to ~ the patient's self-esteem стимулировать самооценку больного

afterloading ~ последовательное дополнительное введение *(напр. источника ионизирующего излучения)*

booster ['buːstə] **1.** усилитель, бустер, активатор, побудитель **2.** бустер-доза, ревакцинационная доза **3.** помощник

heart ~ «вспомогательное сердце»

heat ~ нагреватель

tetanus ~ активная противостолбнячная иммунизация

"wound" ~ бустер-инъекция на пике анафилактической реакции

booster-effect ['buːstə-'ifekt], **boosting** ['buːstɪŋ] бустинг, бустер-эффект *(1. повторная иммунизация с целью усиления иммунного ответа 2. ревакцинация)*

·repeated ~ многократная [многостадийная] иммунизация

boot [buːt] ботинок; сапог

abduction ~s отводящие сапожки

plaster ~ гипсовый сапожок

surgical ~ ортопедический ботинок

bootee ['buːtiː] бахилы

borage ['bɒrɪdʒ] бурачник лекарственный *(Borago officinalis)*

borborygmus [bɔːbəʊ'rɪgməs], *pl.* **borborygmi** [bɔːbəʊ-'rɪgmaɪ] урчание

bordeaux [bɔː'dəʊ] бордосская жидкость

border ['bɔːdə] **1.** граница, предел **2.** кайма, каёмка; край

~ between genius and insanity грань между гениальностью и безумием

~ of heart *рентг.* контур сердца

antimesenteric ~ противобрыжеечный край *(кишки)*

brush ~ каёмчатый эпителий, щёточная кайма *(напр. почки)*

cardiac ~ граница сердца

ciliated ~ реснитчатый край *(клетки)*

clear ~s *узи* чёткие края

denture ~ граница базиса съёмного протеза

gingival ~ фестончатый край десны, пришеечная (околозубная) часть десны

graft ~ пограничный слой пересаженного лоскута ткани

hyperechoic ~ гиперэхогенные очертания, гиперэхогенный контур *(напр. жёлчного пузыря при УЗИ)*

irregular ~s нечёткие края

lateral ~ наружный край *(органа)*

vermilion ~ красная кайма *(губы)*

bordered [ˈbɔːdərəd] окаймлённый, отороченный

borderland [ˈbɔːdəˌlænd] пограничное состояние

borderline [ˈbɔːdəˌlain] 1. пограничная [демаркационная] линия || пограничный *(напр. о болезни)*; атипичный *(напр. о ткани)*, смежный *(напр. об органах)* 2. *псих.* пациент, страдающий пограничным расстройством

Bordetella [ˌbɔːdəˈtelə] бордетеллы *(род аэробных грамотрицательных бактерий)*

~ parapertusis палочка паракоклюша

~ pertusis палочка коклюша

bore [bɔː] 1. высверленное отверстие *(напр. остеоперфорация)*, дыра || сверлить, буравить 2. просвет *(напр. зонда)*; диаметр отверстия; калибр

boredom [ˈbɔːdəm] скука

borer [ˈbɔːrə] 1. бурав, сверло 2. бор; бормашина

dental ~ стоматологический бор

root-canal ~ дрильбор для расширения корневого канала зуба

boring [ˈbɔːriŋ] бурение; сверление || сверлящий

~ of tooth препаровка зуба

borism [ˈbɔʊrizm] интоксикация борной кислотой, бором или бурой

born [ˈbɔːn] 1. рождённый, родившийся 2. вызванный *(напр. о болезни)*

~ before arrival родившийся до оказания акушерской помощи

first ~ родившийся первым

permaturely ~ недоношенный

Borrelia [bɒˈreliə] боррелии *(род спирохет семейства трепонем; передаются при укусах членистоногих)*

~ burgdorferi возбудитель Ку-лихорадки

borreliosis [bɒˌreliˈəʊsis] боррелиоз

Lyme ~ иксодовый клещевой боррелиоз, Лайма болезнь

borrowing-lending [ˈbɒrəʊiŋ-ˈlendiŋ] «феномен заимствования» крови *(компенсаторное перемещение крови из одной части тела в другую)*

boss [bɒs] бугорок, выпуклость, шишка; выступ; округлое возвышение

carpe ~ 1. запястно-пястный выступ, 2. запястная шишечка

parietal ~es теменные бугры

bossed [bɒst], **bosselated** [ˈbɒsəleitid] покрытый бугорками, бугристый

bothriocephaliasis [ˌbɒθriːəʊˌsefəˈlaiəsis] *параз.* дифиллоботриоз, диботриоцефалёз

bothrium [ˈbɒθriəm], *pl.* **botria** [ˈbɒθriə] *гельм.* ботрии *(присоска)*

botryoid(al) [ˈbɒtriːɔidəl] кистевидный, кистеобразный, гроздевидный *(о форме опухоли)*, с крупными или многочисленными кистами или гроздьями

botryomycoma [ˌbɒtriːəʊmaiˈkəʊmə] пиогенная [телеангиэктатическая] гранулёма, ботриомикома

botryotherapy [ˌbɒtriːəʊˈθerəpi] ампелотерапия, виноградолечение

bots-ball [bɒts-bɔl] влажно-шаровой термометр *(для оценки воздействия микроклимата)*

bottle [bɒtl] 1. бутыль; баллон, сосуд; флакон, колба *(для роллерных культур)* 2. микробиологический матрас || разливать по бутылкам

air ~ баллон со сжатым воздухом

baby ~ бутылочка для кормления ребёнка

blood ~ пробирка с кровью *(100 мл или меньше)*

carry-around oxygen ~ портативный кислородный баллончик

density ~ пикнометр *(прибор для определения плотности газов, жидкостей и твёрдых веществ)*

drop ~ капельница

dropping ~ 1. капельный дозатор *(жидкостей)* 2. промывочный сосуд

drying ~ эксикатор

feeding ~ *см.* **baby ~**

fermenting ~ ёмкость для брожения или ферментации

flat-sided ~ (культуральный) флакон с плоской стенкой

flattened ~ микробиологический матрац, матрац для культуры тканей

glass-stoppered ~ склянка с притёртой пробкой

graduated glass ~ градуированная стеклянная ёмкость, Боброва банка

hot-water ~ грелка; резиновый пузырь *(напр. со льдом)*

killing ~ морилка *(для насекомых)*

manual blood culture ~ флакон для ручного культивирования микроорганизмов из крови

McCarthneys' ~ МакКартни пробирка *(пробирка с плотной крышкой для центрифугирования)*

measure ~ мерная колба

medicine ~ склянка для жидкого лекарственного средства

Mycobacteria Process ~ флаконы со средой для выделения микобактерий в биологических жидкостях

Mycobacteria Blood ~ флаконы со средой для выделения микобактерий в крови

nursery [nursing] ~ бутылочка с питательной смесью *(для грудных детей)*

powder ~ склянка для порошка

reagent ~ флакон для реактивов

roller ~ бутыль, содержимое которой перемешивается при вращении

sample ~ склянка для отбора проб

screw-top ~ флакон с завинчивающейся крышкой

specific gravity ~ *см.* **density ~**

specimen ~ *см.* **sample ~**

standard ~ стандартный флакон

Standard Aerobic ~ флаконы со средой для выделения аэробных гемокультур

Standard Anaerobic ~ флаконы со средой для выделения анаэробных гемокультур

stopped ~ склянка с притёртой пробкой

three-necked ~ трёхгорлая склянка

universal ~ универсальная бутылочка (*коническая склянка на 25 мл с завинчивающейся крышкой*)

water ~ батометр (*прибор для забора проб воды из водоёмов*)

Bottlebrush ['bɒtlbrʌʃ] хвощ полевой (*Equisetum arvense*)

bottle-fed [bɒtl-fed] искусственно вскармливаемый (*грудной ребёнок*)

bottom ['bɒtəm] 1. суть, основа, основание || добираться до сути; вникать, давать обоснование 2. дно, низ, нижняя часть 3. запас жизненных сил, выносливость 4. ягодица

pit ~ дно язвы

bottom-dwelling ['bɒtəm-'dwelɪŋ] донный, бентический

botulin ['bɒtjuːlɪn] ботулотоксин

botulism ['bɒtjuːlɪzm] ботулизм, аллантиазис

wound ~ раневой ботулизм

bouba ['buːbə] кожный лейшманиоз

boucnemia [bʊk'niːmɪə] элефантиаз, слоновость

bouffee ['buːfiː]:

~ **de chaleur** *фр.* приступ жара, прилив крови к лицу

~ **delirante** *фр.* «бредовая вспышка» (*промежуточная стадия психоза*)

bougie [buː'ʒiː] 1. буж, расширитель; зонд 2. *pl.* палочки (*лекарственная форма*)

~ **a boule** буж с булавовидным кончиком

acorn-tipped ~ *см.* **olive-tipped** ~

armed ~ *см.* **caustic** ~

bellied [**bulbous(-end)**] ~ пуговчатый зонд, веретенообразный буж

caustic ~ зонд для прижигания

conic ~ конический буж

elbowed ~ изогнутый зонд с острым изгибом у конца

esophageal ~ 1. пищеводный буж 2. желудочный зонд

filiform ~ нитевидный [филиформный] буж

olive-tipped ~ зонд [буж] с оливовидным [желудевидным] кончиком

probe-pointed ~ *см.* **bellied** ~

rosary ~ буж в виде чёток (*для расширения стриктуры*)

wip ~ нитевидный буж

bougi(e)nage [buːʒiː'naːʒ] бужирование

bouillon [buː'jɔːn] бульон, мясной отвар

bouillon-tube [buː'jɔːn-'tjuːb] пробирка с бульоном для культивирования микроорганизмов

boulimia [buː'lɪmɪə] булимия (*нарушение пищевого поведения, характеризующееся повторяющимися приступами обжорства*)

bounce ['baʊns]:

~ **back** оправиться (*от удара и т. п.*), прийти в норму (*после болезни и т. п.*)

bound ['baʊnd] граница, предел || ограничивать

acceptable ~s допустимые пределы

dose upper ~ верхняя граница дозы

boundary ['baʊndəri] 1. предел, порог, граница, пограничный слой 2. тень (*на рентгенограмме*); контур

~**ies of consciousness** пределы [границы] сознания

acceptable ~**ies** допустимые пределы

at the ~ на грани (*напр. нормы и патологии*)

ego ~**ies** самоограничение

epitopy ~ (аминокислотное) эпитопное микроокружение (*антигенной детерминанты*)

exon-intron ~ *ген.* экзон-интронное сочленение, граница [точка] сплайсинга

heating ~ граница допустимого нагрева

marking ~**ies** *псих.* установление [разметка] границ

moving ~ движущаяся граница (*в электрофорезе*)

permeative ~ граница проницаемости

random niche ~ случайная [произвольная] граница ниши

safe ~**ies** безопасные границы (*радиоактивной зоны*)

bounding ['baʊndɪŋ]:

~ **with energy** ограниченный в движении

bouquet ['buːkeɪ] 1. букет; запах (*специфической болезни*) 2. совокупность сосудов; пучок волокон

~ **de malades** *фр., псих.* «аромат больного»

bourdonnement 1. [bʊrdɒn'mɔː] жужжащий шум (*сердца*) 2. шум в ушах

bout [baʊt] 1. круговорот, цикл 2. запой 3. приступ, припадок 4. *псих.* шуб (*острый шизофренический приступ*)

~ **of depression** депрессивное состояние

~ **of diarrhea** периодический понос

~ **of endocarditis** обострение эндокардита

~ **of gastrointestinal signs** признаки желудочно-кишечного заболевания

~ **of influenza** гриппозная инфекция

coughing ~s приступ кашля

drinking ~ *псих.* дипсомания, запой

repeated ~ повторный приступ, рецидив

bouton [buː'tɒn] 1. пустула или опухоль, похожая на бутон или шишку 2. фурункул, тропическая язва при кожном лейшманиозе

~s **terminaux** *фр.* синаптические окончания нервных волокон, имеющие форму бутона

boutonnière [buːtə'njɛə] *фр.* бутоньерка (*форма деформации проксимальной фаланги пальца*)

bovarism ['bəʊvərɪzm] *псих.* боваризм (*смешение с реальностью грёз, преимущественно сентиментально-го, романтического характера*)

bovine ['bəʊvaɪn] *иммун.* относящийся к крупному рогатому скоту; бычий, коровий (*о сыворотке*)

bovril ['bɒvrɪl] мясной экстракт

bow [bəʊ] 1. отклонение; искривление || наклонять; гнуть 2. дугообразная структура

~ **of articulator** *стом.* рама артикулятора

Birnberg ~ внутриматочное контрацептивное кольцо

face ~ (ортодонтическая) лицевая дуга

lateral ~ наружный изгиб (*напр. лучевой кости*)

Logan ~ Логана дуга (*предотвращающая расхождение швов при хейлопластике*)

bowel ['bəʊəl] 1. кишка, *pl.* кишечник; пищеварительный тракт 2. *pl.* внутренности || извлекать

distal ~ дистальный отдел кишечника

infarcted ~ инфаркт кишечника

irritable ~ синдром раздражённой толстой кишки

large ~ толстая кишка

loose ~s диарея, склонность к поносу, «слабый кишечник»

obstructed ~ обтурационная непроходимость кишечника

proximal ~ проксимальный отдел тонкой кишки

small ~ тонкая кишка

strangulated ~ странгуляционная непроходимость кишечника

bowing ['bəʊɪŋ] кривизна, искривление

~ **of distal tibia** искривление дистального отдела большеберцовой кости

anterior ~ **of tibia** саблевидная голень *(искривление большеберцовой кости кпереди)*

lateral ~ **of limb** боковое искривление конечности

bowl [bəʊl] 1. чаша; углубление; резервуар 2. сферическая часть; купол 3. *sl.* трубка для курения каннабиса

dust ~ «пыльная чаша», территория, подвергающаяся пыльным бурям и засухе

filter ~ корпус фильтра

drinking ~ поильник

mastoid ~ пещера сосцевидного отростка

bowleg ['bəʊleg] отклонённое кнаружи колено, О-образное [варусное] искривление ног

bowl-fire ['bəʊl-'faɪə] источник инфракрасного излучения

box [bɒks] 1. ящик, коробка, кассета, чехол, футляр 2. *анат.* приёмник; вместилище 3. бокс, боксированная палата

aluminium ~ алюминиевый пенал *(для стерилизации чашек Петри или пипеток)*

ambulance ~ сумка первой помощи, походная аптечка

anatomic snuff ~ анатомическая табакерка

black ~ «чёрный ящик» *(1. психол. модель описания, основанная на сопоставлении наблюдаемых реакций объекта на внешние воздействия 2. бортовой накопитель самолёта)*

cell ~ корпус элемента

collecting ~ приёмник; сборник

condensig ~ конденсационная камера

dressing ~ 1. ящик с перевязочным материалом 2. стерилизационная коробка, бикс

drug dosage ~ коробка с лекарствами

dry ~ 1. вытяжной шкаф 2. перчаточный бокс *(для работы с радиоактивными веществами)*

drying ~ сушильный шкаф

fracture ~ шина в виде жёлоба для иммобилизации нижней конечности

lead-lined ~ *рентг.* свинцовая кассета

mud ~ грязевик; отстойник

noise ~ шумомер, измеритель шумов

picnic ~ сумка-холодильник

problem ~ камера для изучения поведения животных

puzzle ~ клетка-головоломка *(для изучения поведения животных)*

Rh-typing ~ камера для определения резус-принадлежности *(крови)*

settling ~ отстойник

sharp's ~ коробка с иглами

Skinner ~ Скиннера [ящик] клетка *(для выработки условных рефлексов)*

sterilizer dressings ~ стерилизационная коробка, бикс

vacuum ~ вакуумный сосуд, вакуум-контейнер

X-ray view ~ негатоскоп

boxing ['bɒksɪŋ] 1. изоляция больного *(в боксе)* 2. восковая оттискная ложка *(для снятия зубных слепков)*

box-note ['bɒks-'nəʊt] коробочный перкуторный звук *(при эмфиземе лёгких)*

boy[1] [bɔɪ]:

alligator ~ разновидность врождённого ихтиоза, Карини синдром *(тёмно-красная кожа новорождённого, покрытая трещинками и чешуйками на сгибательных поверхностях конечностей)*

borstal ~ малолетний преступник, находящийся в борстальном [пенитенциарном] учреждении *(для малолетних преступников)*

pansy ~ педераст

teenaged ~ подросток; юноша, тинейджер

whipping ~ «мальчик для битья», «козёл отпущения»

boy[2] *sl.* героин

brace [breɪs] 1. бандаж; корсет, фиксирующее устройство, ортопедический аппарат 2. скоба 3. скреплять, связывать; стягивать 4. *pl.* ортодонтическая скоба

bone-drilling ~ дрель для просверливания кости

cast ~ 1. ортопедический аппарат 2. *pl.* гипсовая повязка с перекладиной или подтяжками *(используемая при врождённом вывихе бедра)*

hinged cast ~ шарнирный ортопедический аппарат *(допускающий движения, напр., в коленном суставе)*

neck ~ шейный воротник *(для иммобилизации)*

wrist ~ напульсник

brachial ['breɪkɪəl] плечевой ‖ воздействующий на плечо

brachiate ['breɪkɪeɪt], **brachiferous** ['breɪkɪfərəs] разветвлённый

brachiform ['breɪkɪfɔːm] имеющий форму руки

brachiocephalic [ˌbrækɪəʊsə'fælɪk] 1. брахиоцефальный, корот코головый 2. плечеголовной

brachiocubital [ˌbrækɪəʊ'kjuːbɪtəl] плечелоктевой

brachiogram [ˌbræ'kɪəʊˌgræm] сфигмограмма плечевой артерии

brachionectin [ˌbrækɪəʊ'nektɪn] брахионектин *(внеклеточный гликопротеид, обеспечивающий контакт нейронов и глиальных клеток)*

brachiplex [ˌbrækɪ'pleks] плечевое сплетение

brachitherapy [ˌbrækɪ'θerəpɪ] короткофокусная лучевая терапия *(лечение введением радионосных игл в орган)*

brachium ['breɪkɪəm], *pl.* **brachia** ['breɪkɪə] 1. плечо *(между плечевым и локтевым суставами)* 2. рука

brachybasia [ˌbrækɪ'beɪsɪə] брахибазия *(походка, при которой нога волочится и отмечается частичная параплегия)*

brachycamptodactyly [ˌbrækɪˌkæmptəʊ'dæktɪlɪ] брахикамптодактилия *(укорочение метатарзальных костей и средних фаланг в сочетании с искривлением одного или нескольких пальцев)*

brachycardia [ˌbrækɪ'kɑːdɪə] см. **bradycardia**

brachycephaly [ˌbrækɪ'sefəlɪ] брахицефалия *(увеличение поперечного размера головы при относительном уменьшении продольного размера)*

brachycheilia [ˌbrækɪ'kaɪlɪə], **brachychily** [ˌbrækɪ'kɪlɪ] брахихейлия *(врождённое укорочение средней части верхней губы)*

brachydactylia [ˌbræki'dæktiliə], **brachydactyly** [ˌbræki-'dæktili] брахидактилия (врождённое укорочение пальцев рук и ног)

brachygnathia [ˌbrækig'neiθiə] брахигнатия (врождённое недоразвитие нижней челюсти)

brachymeiosis [ˌbrækimai'əusis] брахимейоз (укороченный мейоз, состоящий из одного деления)

brachymelia [ˌbræki'mi:liə] брахимелия (укорочение конечностей)

brachymesophalangy [ˌbrækiˌmezəu'fælənʤi] брахимезофалангия (укорочение пальцев за счёт недоразвития средних фаланг)

brachymetropia [ˌbrækimə'trəupiə] миопия

brachymorphic [ˌbræki'mɔ:fik] брахиморфный, пикнический (тип телосложения)

brachyodont ['brækiəudɒnt] имеющий короткие зубы

brachyoesophagus [ˌbrækii'sɒfəgəs] короткий врождённый пищевод

brachypodous [brei'kipɒdəs] имеющий короткие ноги

brachyprosopic [ˌbrækiprəu'sɒpik] имеющий недоразвитое по длине лицо

brachytherapy [ˌbræki'θerəpi] близкофокусная лучевая терапия

   afterloading ~ аппликационная лучевая терапия

   endobronchial ~ эндобронхиальная коротковолновая лучевая терапия

brachyuranic [ˌbrækiju:'rænik] имеющий недоразвитую верхнюю челюсть

bracing ['breisiŋ] 1. иммобилизация, фиксация 2. сопротивляемость горизонтальным жевательным движениям 3. общеукрепляющий, тонизирующий, возбуждающий

   external ~ травм. наружная фиксация

   functional ~ функциональный метод лечения

bracket ['brækit] 1. скоба, кронштейн, консоль, подставка 2. диапазон

   age ~ возрастная группа

   edgewise ~ фиксирующая назубная скоба

   orthodontic ~ ортодонтический кронштейн, ортодонтическая назубная скоба

   salary ~ разряд заработной платы (персонала)

brackish ['brækiʃ] 1. солоноватый; морской (о воде) 2. противный (на вкус)

bradyacusia [ˌbrædiə'kju:siə] тугоухость, брадиакузия

bradyarthria [brædi'a:θriə] брадиартрия (замедленная и/или скандированная речь)

bradyauxesis [ˌbrædiɔ:k'si:sis] брадиауксия (замедленный рост одного органа по сравнению с другими)

bradycardia [ˌbrædi'ka:diə] брадикардия

   cardiomuscular ~ брадикардия, обусловленная поражением миокарда

   central ~ брадикардия центрального происхождения

   nodal ~ узловая брадикардия

   sinus ~ синусовая брадикардия

bradycardia-tachicardia [ˌbrædi'ka:diə-ˌtæki:'ka:diə] синдром бради-тахикардии

bradycrotic [ˌbrædi'krɒtik] имеющий редкий пульс

bradydiastole [ˌbrædi'dai'æstəuli:] брадидиастола, удлинённая [замедленная] диастола

bradygenesis [ˌbrædi'ʤenəsis] замедленное развитие (в онто- и филогенезе)

bradyhemorrhage [ˌbrædi'heməriʤ] застой [замедление] тока крови

bradykinesia [ˌbrædiki'ni:ziə] брадикинезия (общая замедленность движений)

bradykinetic [ˌbrædiki'netik] медленно движущийся

bradykinin [ˌbrædi'kainin] брадикинин (биологически активный полипептид, вызывающий расслабление гладких мышц)

bradylexia [ˌbrædi'leksiə] брадилексия (замедленность чтения)

bradylogia [ˌbrædi'ləuʤiə] см. **bradyarthria**

bradypepsia [ˌbrædi'pepsiə] брадипепсия (замедленность целенаправленного действия)

bradyphasia [ˌbrædi'feiziə] брадифазия (замедленная речь)

bradyphrenia [ˌbrædi'fri:niə] брадифрения, брадипсихизм (замедленное протекание психических процессов)

bradypnea [ˌbrædi'ni:ə] брадипноэ (редкое дыхание)

bradypsychia [ˌbrædi'saikiə] см. **bradyphrenia**

bradyrhythmia [ˌbrædi'riðmiə] см. **bradycardia**

bradyspermatism [ˌbrædi'spə:mətizm] замедленная выработка спермы

bradysphygmia [ˌbrædi'sfigmiə] брадисфигмия (замедление пульса, напр., при брадикардии)

bradystalsis [ˌbrædi'stælsis] ослабленная перистальтика кишечника

bradysystole [ˌbrædi'sistəuli] брадисистола, удлинённая систола

bradyteleocinesia [ˌbræditeli:'əusi'ni:siə] брадителекинез (замедление движения при приближении к конечной его цели, напр. при пальце-носовой пробе в случае поражения мозжечка)

bradytocia [ˌbrædi'təusiə] брадитоция, родовая слабость, медленные [затянувшиеся] роды; слабость схваток или потуг

bradytrophia [ˌbrædi'trəufiə] брадитрофия, замедление трофических процессов

braid-cutting ['breid-'klʌtiŋ] псих. отрезание волос жертвы (разновидность парафилии)

braidism ['breidizm] гипнотизм

braille [breil] Брайля азбука (тактильный алфавит, используемый слепыми людьми)

brain [brein] 1. головной мозг 2. pl. интеллект, ум; психическая деятельность; умственные способности, рассудок, разум

   abdominal ~ чревное [солнечное] сплетение

   beyond ~ за пределами мозга (о бессознательных процессах)

   conscious ~ бодрствующий мозг

   dual ~ асимметрия полушарий мозга

   great ~ большие полушария головного мозга

   little ~ мозжечок, малый мозг

   olfactory ~ обонятельный мозг

   respiratory ~ «респираторный» мозг (патоморфологические изменения головного мозга при длительной ИВЛ)

   smell ~ обонятельный мозг, ринэнцефалон

   visceral ~ лимбическая система, лимбикоретикулярный комплекс, «висцеральный мозг»

wet ~ отёк (головного) мозга

brain-burner ['brein-'bə:nə] *sl.* метамфетамин, вводимый внутривенно

braincase ['breinkeis] мозговой череп

brainfag ['breinfæg] неврастения, *уст.* нервное истощение

brainpan ['breinpæn] череп

brainpenetrating [,brein'peni,treitiŋ] проникающий в мозг

brainpower ['breinpauə] умственные способности

brainsand ['breinsænd] мельчайшие кальцификаты шишковидной железы

brainsick ['breinsik] психически больной

brainstem ['breinstem] мозговой ствол, ствол (головного) мозга

brain-stones ['brein-'stəunz] кальцификаты головного мозга

brainstorming [,brein'stɔ:miŋ] «мозговой штурм» (коллективный поиск творческих идей)

brainward ['breinwɔ:d] по направлению к головному мозгу

brainwashing ['breinwɒʃiŋ] «промывание мозгов»

bran [bræn] отруби (содержат около 20 % клетчатки и используются в качестве слабительного)

   unprocessed ~ неободранные отруби

branch [bra:ntʃ] 1. ветвь (сосуда, бронха), ответвление || разветвляться, разделяться 2. отделение; филиал 3. линия родства

   ~ **of ecology** отрасль [направление] экологии

   ~ **of toxicology** раздел токсикологии

   additives evaluation ~ сектор оценки пищевых добавок

   anastomotic ~ анастомотическая ветвь

   bundle ~ ножка пучка Гиса

   conservation ~ отдел охраны природы

   dead ~ «ветвь сухого дерева» (рентгенологический симптом)

   dental ~ зубоврачебная служба

   health protection ~ сектор профилактического здравоохранения

   laboratory ~ отделение лаборатории

   medical ~ 1. медицинская служба 2. медицинский отдел; медицинское ведомство || по линии медицинской службы

   primary ~ *микол.* первичная ветвь

   risk assessment ~ сектор безопасности

   secondary ~ *микол.* вторичная ветвь

branched-chain ['bra:ntʃt-'tʃein] с разветвлённой цепью (напр. об аминокислоте); разветвлённо-цепочный

branchia ['bræŋkiə] жабры (эмбриона)

branchial ['bræŋkiəl], **branchiogenic** [,bræŋkiəʊ'dʒenik] бранхиогенный, жаберный (об органах, происходящих из эмбриональной жаберной дуги или щели)

branchioma [,bræŋki:'əʊmə] бранхиогенная опухоль, бранхиогенный рак

branchlet ['bra:ntʃlet] мелкая веточка (артерии, нерва)

brand [brænd] 1. сорт, качество 2. бренд (новый оригинальный лекарственный препарат и его торговая марка)

Branhamella [,brænhə'melə] род аэробных, неподвижных, споронеобразующих бактерий

branks [bræŋks] паротит (воспаление околоушной железы)

branny ['bræni] обозначающий отслойку мелких чешуек в виде перхоти

brash [bræʃ] 1. изжога 2. хрупкий, ломкий

   water ~ изжога

   weaning ~ диспептические явления (у детей) при отнятии от груди

brassard ['bræsa:d] нарукавная повязка

   Cross [Geneva] ~ нарукавная повязка Красного Креста

braunula ['brɔ:nu:lə] бранула (пластиковая канюля с металлической иглой для пункции вены)

brawny ['brɔ:ni] сильный, мускулистый

brazilin [brə'zilin] бразилин (естественный основный краситель, аналогичный гематоксилину)

breach [bri:tʃ] нарушение (напр. права, обязанности)

   ~ **of conditions** нарушение условий

   ~ **of probation** нарушение правил пробации

   ~ **of secrecy** нарушение (врачебной) тайны

   ~ **of the peace** нарушение общественного порядка

break [breik] 1. прорыв, разрыв; отверстие; трещина || разрывать, прорывать(ся); лопаться, вскрываться (напр. о гнойнике) 2. разрушение; поломка || разрушаться; ломаться 3. освобождать; выключать (аппарат) 4. подорвать (силы, здоровье)

   ~ **in the skin** разрыв кожи (напр. при открытом переломе)

   ~ **in rhythm** нарушение ритма

   to ~ **a leg** сломать ногу

   to ~ **out** *инф.* высыпать; покрываться (сыпью)

   to ~ **under the strain** не выдерживать напряжения

   to ~ **up** фракционировать; размельчать; диспергировать; расщеплять

   baby ~ освобождение женщины на период ухода за ребёнком

   chromatid ~ хроматидный разрыв

   chromosome ~ разрыв хромосомы

   DNA ~ ДНК-разрыв, ДНК-брешь

   DNA double-strand ~s парный разрыв двутяжевой ДНК, двухнитевой [двухцепочечный] разрыв ДНК

   double ~s **in ring** двойной [двусторонний] перелом (тазового) кольца (его передней и задней частей), Мальгеня перелом

   double-standed ~ *см.* DNA double-strand ~s

   single-stranded ~ однонитевой [одноцепочечный] разрыв (в ДНК)

   vaccine ~ спонтанная инактивация вакцины

   voice ~ ломка голоса

breakage ['breikidʒ] 1. ломка; авария; нарушение (напр. овуляции); разрыв || *цитол.* образование разрывов 2. измельчение, дробление

   ~ **of emulsion** расслоение эмульсии

   chromosome ~ разрыв хромосомы

   deferred ~ запаздывающие разрывы (хромосом)

   niche ~ разделение ниши

   secondary ~ вторичные разрывы (хромосом)

breakdown ['breikdaʊn] 1. ухудшение (здоровья); (нервный) срыв 2. распад, разложение, расщепление; гниение 3. выход из строя; деформация (напр. сердечного клапана); авария 4. деление на категории 5. анализ

   ~ **in health** внезапное расстройство здоровья

~ **of a single protein** распад [разложение] белка одного вида

~ **of collagen** расщепление [деструкция] коллагена

~ **of day** нарушение режима дня (*напр. в больнице*)

~ **of duodenal stump** недостаточность культи двенадцатиперстной кишки

~ **of hydrogen peroxide** расщепление перекиси водорода

~ **of organic matter** распад органического субстрата

~ **of tolerance** утрата толерантности

cartilage ~ разрушение хряща

chromosome ~ разрыв хромосомы

family ~ распад семьи

food ~ *стом.* разжёвывание пищи

glucose oxidative ~ окислительное расщепление глюкозы

nervous ~ «нервный срыв» (*проявляющийся в форме депрессии, невроза или психоза*)

polyphosphoinositidine ~ расщепление полифосфоинозитидина

short-lived ~ *ген.* транзиторный разрыв (*в полинуклеотидной цепи*)

thermal ~ термическое разрушение

tissue ~ отторжение ткани

breaker [ˈbreikə]:

plaster cast ~ щипцы для разрезания гипсовых повязок

stress ~ дробитель нагрузки (*зубного протеза*)

breaking [ˈbreikiŋ] 1. разрыв, разрывание 2. разрушение, распад 3. дробление, фрагментация, фрагментирование

~ **of emulsion** расслоение эмульсии

~ **of vacuum** нарушение вакуума

~ **of voice** мутация [ломка] голоса

~ **of waters** разрыв плодных оболочек

breaking-down [ˈbreikiŋ-daʊn]:

~ **of vertebra** разрушение позвонка

breaking-out [ˈbreikiŋ-aʊt] высыпание, появление сыпи, сыпь

breakout [ˈbreikaʊt] вспышка (*инфекции*)

breakpoint [ˈbreikˌpɔint] 1. критический уровень (*напр. бактериальной обсеменённости раны – 10^5 микробных тел на 1 г ткани*) 2. точка разрыва (*напр. хромосомы*)

chromosomal ~ место разрывов хромосом

breakthrough [ˈbreikˌθruː] 1. прорыв (*в области науки*) 2. проскок 3. *ген.* индивидуум, избежавший негативного влияния мутации 4. критическая точка

medical technical ~ совершенствование медицинской техники

breakup [ˈbreikʌp] 1. разрыв; разрушение; распад 2. фракционный состав; количественное распределение 3. измельчение

coarse ~ 1. грубая дисперсность 2. грубое измельчение

fine ~ 1. тонкая дисперсность 2. тонкое измельчение

breast [brest] 1. молочная [грудная] железа, грудь 2. грудная клетка

accessory ~ добавочная молочная железа; полимастия

aesthetic ~ молочная железа после косметической операции

bad ~ *психоан.* «злая» грудь

broken ~ мастопатия

caked ~ застойный мастит

cathered ~ *см.* **broken** ~

chicken ~ *см.* **pigeon** ~

cystic ~ фиброзно-кистозная мастопатия; Реклю болезнь, киста молочной железы

funnel ~ воронкообразная грудная клетка

gathered ~ флегмонозный мастит

keeled ~ *см.* **pigeon** ~

male ~ грудная железа (*у мужчин*)

pendulous ~ отвислая молочная железа

pigeon ~ килевидная грудная клетка, «куриная грудь»

removable replacement ~ съёмный замещающий протез молочной железы

sagging ~ *см.* **pendulous**

shoemakers' ~ воронкообразная грудь, «грудь сапожника»

shotty ~ *см.* **cystic** ~

supernumerary ~ *см.* **accessory** ~

thrush ~ вид больного при жировой дистрофии миокарда

breastbone [ˈbrestˌbəʊn] грудина

breast-feeding [ˈbrest-ˈfiːdiŋ] вскармливание грудью, грудное вскармливание

breastings [ˈbrestiŋz] молозиво

breast-milk [ˈbrest-milk] грудное молоко

breast-pang [ˈbrest-pæŋ] стенокардия

breath [breθ] 1. дыхание 2. вдыхаемый и/или выдыхаемый воздух 3. жизнь

~ **in** вдох

~ **normally** равномерное дыхание

~ **out** выдох

to be out of ~ задыхаться

to be short of ~ страдать одышкой

to draw ~ дышать

acetone ~ ацетоновый запах изо рта (*при ацетонемии*)

apneustic ~ 1. апноэ 2. глубокое редкое дыхание

assisted ~ вспомогательное дыхание

bad ~ неприятный запах изо рта

“can't ~” «невозможность дышать»

exhaled ~ выдыхаемый воздух

fetid ~ *см.* **bad** ~

first ~ первый вдох (*новорождённого*)

foul ~ *см.* **bad** ~

holotropic ~ голотропное дыхание (*психотерапевтическая система, основанная на сочетании глубокого и интенсивного дыхания и музыки*)

lead ~ «металлический запах» (*при свинцовом отравлении*)

liver ~ *см.* **fetor hepaticus**

luxus ~ чрезмерно глубокий вдох

manual ~ ручной вдох

mouth ~ ротовое дыхание

noisy ~ шумное дыхание

offensive ~ 1. одышка 2. неприятный запах изо рта

positive-negative pressure ~ искусственная вентиляция лёгких по положительно-отрицательному давлению

shallow ~ поверхностное дыхание; одышка

single ~ одиночное дыхание (*вдох-выдох*)

uriniferous ~ запах мочи изо рта (*при уремии*)

Breathalyzer [ˈbreθəlaizə] *фирм.* 1. индикатор алкоголя в выдыхаемом воздухе 2. анализатор газов

breathe [briːð] 1. дышать 2. жить, существовать ◊ **to ~ for victim** проводить искусственное дыхание

~ **in** вдох

~ **normally** равномерное дыхание

~ **one's last** умирать

~ **out** выдох

~ **with comfort** свободное дыхание

"can't ~" *анест.* тест «невозможность дышать»

"won't ~" *анест.* тест «нежелание дышать»

breather ['bri:ðə] **1.** дыхательный аппарат, респиратор **2.** дыхательное упражнение

"eaver ~" респиратор для искусственной вентиляции лёгких у больных полиомиелитом

breath-holding ['breθ-'həʊldiŋ] задержка дыхания

breathing ['bri:ðiŋ] **1.** дыхание, дыхательный цикл *(вдох и выдох)* ‖ дыхательный **2.** проницаемость воздуха *(через упаковку)*

abdominal ~ брюшной [диафрагмальный] тип дыхания

accelerated ~ учащённое дыхание; одышка

all-or-nothing ~ дыхание по типу «всё или ничего», дыхание максимальной глубины

ataxic ~ атаксическое дыхание

automatic ~ *см.* **controlled** ~

cavern(ous) ~ амфорическое дыхание

cogwheel ~ саккадированное [прерывистое] дыхание

controlled ~ управляемое дыхание

convulsive ~ судорожное дыхание

deep ~ глубокое дыхание

even ~ *см.* **quiet** ~

glossopharyngeal ~ глоссофарингеальное [«лягушачье»] дыхание

goose ~ свистящее дыхание

grouped ~ биотовское дыхание, Биота дыхание

harsh ~ жёсткое дыхание

heavy ~ *см.* **labored** ~

hurried ~ *см.* **accelerated** ~

indeterminate ~ неопределяемое дыхание

intermittent positive pressure ~ **(IPPB) 1.** *см.* **cogwheel** ~ **2.** дыхание при перемежающемся положительном давлении

irregular ~ неравномерное дыхание

Kussmaul ~ Куссмауля дыхание

labored [loaded] ~ затруднённое дыхание, одышка, диспноэ

mouth-to-mouth ~ дыхание рот в рот *(реанимационный приём)*

negative pressure ~ искусственное дыхание под отрицательным давлением

noisy ~ шумное дыхание

paradoxical ~ парадоксальное дыхание *(при котором объём грудной клетки уменьшается во время вдоха и увеличивается во время выдоха)*

periodic ~ Чейна – Стокса дыхание

prolonged ~ удлинённое дыхание

pursed lips ~ дыхание через сжатые губы *(у пациентов с хроническими обструктивными заболеваниями лёгких)*

quiet ~ спокойное дыхание

rapid shallow ~ частое поверхностное дыхание

regular ~ правильное дыхание

rough ~ *см.* **labored** ~

scraping ~ хрипящее дыхание

shallow ~ поверхностное дыхание

sleep-disordered ~ нарушения [расстройства] дыхания во сне

smooth ~ ровное дыхание

stertorous ~ стерторозное дыхание

stredulous ~ *см.* **goose** ~

thoracic ~ грудное дыхание

tubular ~ бронхиальное дыхание

ventral ~ *см.* **abdominal** ~

vesicular ~ везикулярное дыхание

breathlessness ['breθləsnəs] одышка, диспноэ

disabling ~ одышка, приводящая к инвалидности

understanding ~ патогенез остановки дыхания

breathwork ['breθwə:k]:

holotropic ~ *см.* **holotropic breath**

bredouillement [ˌbredwiˈmɔːn] *фр.* выпадение слогов при быстрой речи

breech [briːtʃ] ягодицы

breed [briːd] **1.** потомство, поколение **2.** порождать; воспитывать **3.** скрещивать; заниматься селекцией; разводить

~ **in** заключать браки между родственниками

~ **of physician** поколение врачей

random ~ беспородный

breeder ['briːdə] дающий потомство

bird ~ птицевод

breeding ['briːdiŋ] **1.** селекция, отбор; скрещивание **2.** разведение **3.** размножение

controlled ~ направленная селекция

in ~ *см.* **breed in**

pure ~ чистопородное скрещивание

breedy ['briːdi] плодовитый

breeze [briːz] **1.** лёгкий ветерок, бриз **2.** шелестящий *(о сердечном тоне)*

bregma ['bregmə] *кр. метр.* брегма *(место соединения лобной и обеих теменных костей)*, темя

brei ['brai] пульпа

brenneroma ['brenərəʊtə] коллоидная [псевдомуцинозная] аденофиброма яичника, Бреннера опухоль

brephoplastic ['brefəʊˌplæstik] относящийся к трансплантату из эмбриональной ткани, брефопластический

brevicollis [ˌbreviˈkɒlis] короткая шея

brewage ['bruːidʒ] продукт или процесс сбраживания

brewery ['bruːəri] **1.** пивоварня **2.** *sl.* место нелегального изготовления наркотиков

bridge [bridʒ] **1.** *анат.* перемычка, переход между двумя или несколькими структурами **2.** варолиев мост **3.** мостовидный зубной протез **4.** *рентг.* «скобки» *(признак сращения тел позвонков)* **5.** шунт ‖ шунтировать

~ **of nose** спинка носа, переносица

antibody bipolar ~ образование антительного биполярного мостика *(между двумя антигенами)*

antibody anti-Ig ~ антитело-антииммуноглобулиновый мостик *(комплекс антитела с антииммуноглобулином)*

antigen ~ антигенная связь

arteriolovenular ~ капиллярная сеть

broad nasal ~ широкая переносица

cantilever ~ консольный мостовидный зубной протез

cell ~ межклеточный мостик

185

cementum ~ новообразованный цементный слой *(вокруг линии перелома корня зуба)*

chemisorptive ~ хемосорбционная связь

chromatid ~ хроматидный мост

conductivity ~ *мед. тех.* мост для измерения электропроводности

criss-cross ~ *ген.* перекрещенный мост *(образуемый двумя дицентрическими хромосомами при аберрации)*

dental ~ мостовидный зубной протез

enzyme-linked avidin ~ меченный ферментом авидиновый мостик *(сшивка между антителом и ферментом)*

extension ~ многоопорный мостовидный протез с консольными зубами

filter-paper ~ «мостик» из фильтровальной бумаги *(используемый при электрофорезе)*; бумажный фитиль

fixed ~ несъёмный мостовидный зубной протез

intercellular ~ межклеточное вещество; межклеточные мостики, десмосома

interchain disulfide ~ межцепочечная дисульфидная связь *(в молекуле иммуноглобулина)*

jugal ~ скуловая дуга

kidney ~ *мед. тех.* почечный валик *(на операционном столе)*

matrix ~ ложный мост *(образующийся при слипании матриксов хромосом)*

myocardial ~ мышечные мостики миокарда *(глубоко ныряющий ход коронарных артерий)*

partial ~ частичный мостовидный зубной протез

removable ~ съёмный мостовидный зубной протез

spring cantilever ~ пружинящий консольный мостовидный зубной протез

stationary ~ несъёмный мостовидный зубной протез

bridgework ['briʤwəːk] 1. протезирование, замещение дефекта *(напр. трахеи)* 2. мостовидный зубной протез 3. изготовление мостовидного зубного протеза

bridging ['briʤiŋ] 1. соединение мостиком двух структур; шунтирование 2. *психол.* «наведение мостов»

~ **of the sella** перемычка над турецким седлом, закрытое турецкое седло

antibody bipolar ~ биполярные мостики антител

double ~ двойное мостиковое конъюгирование *(метод создания реагентов для многоступенчатого иммуноанализа)*

single ~ простое мостиковое конъюгирование *(метод создания реагентов для сэндвич-анализа)*

tissue ~ (аллогенная) сшивка тканей *(форма иммунного ответа)*

bridle ['braidl] 1. уздечка *(напр. языка)* 2. фиброзный тяж *(язвы или раны)*

bridou [bri'duː] заеда, ангулярный хейлит

brief [briːf] 1. короткий 2. сжатый 3. грубый

briefing ['briːfiŋ] 1. собеседование *(с больным)* 2. брифинг; административное совещание; инструктаж

briefringence ['briːf,rinʤəns] двойное лучепреломление

briefringement ['briːf,rinʤmənt] обладающий свойством двойного лучепреломления

brier ['braiə] шиповник *(Rosa canina)*

brigade [bri'geid]:

ambulance ~ бригада скорой медицинской помощи

St. John Ambulance ~ бригада скорой помощи Св. Иоганна *(благотворительное общество, оказывающее первую медицинскую помощь пострадавшим во время пожара)*

bright [brait] 1. ясный; чёткий *(звук)* 2. светлый, прозрачный *(о воде)* 3. находящийся в сознании

bright-eyed [brait-aid] с осмысленным взглядом; в сознании

brim [brim] 1. верхний край 2. граница входа в таз

pelvic ~ верхний край входа в таз

brine [brain] 1. рапа; соляной раствор ‖ погружать в соляной раствор 2. морская вода

bring [briŋ] 1. приносить 2. вводить в действие; возбуждать

to ~ **a suit** предъявить иск

to ~ **back to life** реанимировать, оживлять

to ~ **into life** 1. родить 2. вызывать к жизни

to ~ **to consciousness** приводить в сознание

to ~ **to trial** предать суду

to ~ **up the phlegm** вызвать отделение слизи

bringing ['briŋiŋ]:

◊ ~ **down an arm** *акуш.* низведение ручки *(плода)*

brisket ['briskət] грудина

bristle [brisl] 1. щетина 2. рассердиться, рассвирепеть

nylon ~s нейлоновые щетинки *(биопсийной щёточки)*

brittleness ['britlnəs] ломкость, хрупкость

~ **of bone** ломкость [хрупкость] кости

~ **of nails** ломкость ногтей

broach [brəʊtʃ] 1. *мед. тех.* пульпоэкстрактор 2. зонд *(для исследования корневого канала)*

smooth ~ *стом.* корневая игла

broadcast ['brɔːd,kaːst]:

epidemiological ~s эпидемиологические радиопередачи

broadcasting ['brɔːd,kaːstiŋ] передача, трансляция

thought ~ *псих.* передача [трансляция, открытость] мыслей

broaden [brɔːdn] расширять *(кругозор)*

to ~ **the therapist't perspective** расширить лечебный арсенал

Broadmoor ['brɔːdmʊə] Бродмур *(название психиатрической больницы в Великобритании)*

broad-reactive ['brɔːd-ri'æktiv] широкий спектр действия

broken ['brəʊkən] 1. сломанный, разбитый 2. подорванный, ослабленный, расстроенный *(о здоровье)* 3. нарушенный, с перерывами *(о сне)* 4. приостановленный, прекращённый, купированный *(о приступе, болезни)*

broken-backed ['brəʊkən-bækt] с переломом позвоночника

broken-bellied ['brəʊkən-'belid], **broken-bodied** ['brəʊkən-'bɒdid] страдающий грыжей

broken-down ['brəʊkən-'daʊn] 1. надломленный, разбитый *(болезнью)* 2. остановившийся, недействующий, вышедший из строя *(напр. прибор)*

broken-hearted ['brəʊkən-'haːtid] убитый горем

broken-winded ['brəʊkən-'windid] страдающий одышкой

broker ['brəʊkə] страховой агент, брокер

bromhidrosis [,brəʊmi'drəʊsis] бромидроз, осмидроз, зловонный пот

brominated [ˌbrəʊmiˈneitid] бромированный *(напр. о жирной кислоте)*; содержащий бром

bromine [ˈbrəʊmiːn] бром, Br *(имеет радиоактивные изотопы с периодом полураспада от 1,4 с до 58 ч)*

bromi(ni)sm [ˈbrəʊminizm] бромизм *(хроническое отравление бромом)*

bromocresol [ˌbrəʊməʊˈkriːsɒl]:

  ~ purple бромокрезоловый пурпурный *(краситель)*

bromomenorrhea [ˌbrəʊməʊmenəˈriə] дурнопахнущие менструальные выделения

bromopnea [ˌbrəʊmɒpˈniːə] неприятный запах изо рта

bromurated [ˈbrəʊmjuːˌreitid] *см.* **brominated**

bronchial [ˈbrɒŋkiəl] бронхиальный; бронхогенный *(напр. рак)*

bronchiarctia [ˌbrɒŋkiˈaːkʃiə] бронхостеноз

bronchiectasia [ˌbrɒŋkiekˈteiziə], **bronchiectasis** [ˌbrɒŋkiˈektəsis] бронхоэктаз

  capillary ~ бронхиолоэктаз

  cylindrical ~ цилиндрический бронхоэктаз

  cystic ~ *см.* **saccular ~**

  dry ~ сухой бронхоэктаз

  moniliform ~ кандидозный бронхоэктаз

  saccular [sacculated] ~ мешотчатый бронхоэктаз

  tubular ~ *см.* **cylindrical ~**

bronchiloquy [brɒŋˈkiləʊkwiː] бронхофония

bronchiocele [ˈbrɒŋkiəʊsiːl] *см.* **bronchocele**

bronchiogenic [ˌbrɒŋkiəʊˈdʒenik] бронхогенный

bronchiole [ˈbrɒŋkiəʊl] бронхиола

bronchiolitis [ˌbrɒŋkiəʊˈlaitis] бронхиолит, капиллярный бронхит

  constrictive [obliterative] ~ констриктивный [облитерирующий] бронхиолит

bronchismus [brɒŋˈkisməs] бронх(иол)оспазм

bronchitis [brɒŋˈkaitis]:

  asthmatoid ~ астматический бронхит

  capillary ~ бронхиолит, капиллярный бронхит

  Castellani's ~ бронхиальный спирохетоз, геморрагический бронхит, Кастеллани болезнь

  cheesy ~ казеозный бронхит

  congestive ~ застойный бронхит

  croupous [fibrinous] ~ крупозный [острый фибринозный] бронхит

  hypercapnic chronic ~ хронический бронхит с гиперкапнией

  mechanic ~ пылевой бронхит

  membranous ~ *см.* **croupous ~**

  phthinoid ~ гнойный туберкулёзный бронхит

  productive ~ первичный пластический бронхит

  protracting ~ затяжной бронхит

  putrid ~ гнилостный бронхит

  wheezy ~ стридорозный бронхит

bronchium [ˈbrɒŋkiəm], *pl.* **bronchia** [ˈbrɒŋkiə], *см.* **bronchus**

bronchoalveolitis [ˌbrɒŋkəʊˌælviəʊˈlaitis] очаговая пневмония, бронхопневмония

bronchocele [ˈbrɒŋkəʊsiːl] бронхоцеле, киста лёгкого

bronchoclysis [ˌbrɒŋkəʊˈklaisis] бронхоальвеолярный лаваж, промывание бронхов

bronchoconstriction [ˌbrɒŋkəʊkɒnˈstrikʃən] бронхоспазм, бронхоконстрикция

bradykinin-induced ~ бронхоспазм, индуцированный брадикинином

  exogenous ~ экзогенный бронхоспазм

bronchoconstrictor [ˌbrɒŋkəʊkɒnˈstriktə] бронхосуживающее средство

bronchodilator [ˌbrɒŋkəʊdaiˈleitə] бронхолитическое [бронхорасширяющее] средство

  short-acting ~ бронходилятатор короткого действия

bronchofiberscopy [ˌbrɒŋkəʊˈfaibəskəpi] фибробронхоскопия

  bedside ~ фибробронхоскопия в палате, или у постели больного

bronchography [brɒŋˈkɒgrəfi]:

  bilateral transglottic ~ двусторонняя [чрезгортанная] бронхография

  selective ~ селективная [избирательная] бронхография

broncholith [ˈbrɒŋkəʊliθ] бронхолит, бронхиальный конкремент

bronchomegaly [ˌbrɒŋkəʊˈmegəli] бронхомегалия *(расширение просвета главных бронхов)*

bronchomotor [ˌbrɒŋkəʊˈməʊtə] фактор, вызывающий изменение просвета бронхов

bronchophony [brɒŋˈkɒfəʊni] бронхофония, вокальный резонанс

bronchoplasty [ˈbrɒŋkəʊˌplæsti] пластическая операция на бронхе, пластика бронха

bronchoplegia [ˌbrɒŋkəʊˈpliːdʒiə] бронхоплегия, паралич стенок бронхов

bronchopneumomycosis [ˌbrɒŋkəʊˌnjʊməʊˈmaikəʊsis] бронхопневмомикоз *(поражение лёгких паразитическим грибом)*

bronchopneumonia [ˌbrɒŋkəʊnjʊˈməʊniə], **bronchopneumonitis** [ˌbrɒŋkəʊˌnjuːməʊˈnaitis] очаговая интерстициальная пневмония, бронхопневмонит

  cheesy ~ творожистая пневмония, «решётчатое [сотовое] лёгкое»

bronchoprovocation [ˌbrɒŋkəʊprɒvəˈkeiʃən] бронхопровокационная проба, аэрозольный тест

  antigen-specific ~ бронхопровокация со специфическим антигеном

bronchorrhagia [ˌbrɒŋkəʊˈreidʒiə] лёгочное кровотечение; кровотечение из сосудов бронхов

bronchorrhea [ˌbrɒŋkəʊˈriːə] выделение обильной мокроты, бронхоррея

bronchoscope [ˈbrɒŋkəʊskəʊp]:

  fiberoptic [flexible] ~ фибробронхоскоп, бронхоскоп с волоконной оптикой

  rigid ~ жёсткий бронхоскоп

  respiration [ventilating] ~ дыхательный бронхоскоп

bronchoscopy [brɒŋˈkɒskəʊpi] бронхоскопия, трахеобронхоскопия

  telescopic ~ телескопическая бронхоскопия

  therapeutic [toilet] ~ лечебная бронхоскопия; санация бронхов

bronchospasm [ˈbrɒŋkəʊspæzm]:

  induced ~ индуцированный бронхоспазм

bronchostaxis [ˌbrɒŋkəʊˈstæksis] *см.* **bronchorrhagia**

bronchovesicular [ˌbrɒŋkəʊvəˈsikjuːlə] бронхоальвеолярный

bronchus ['brɒŋkəs], *pl.* **bronchi** ['brɒŋkai] **1.** бронх **2.** главный бронх

  blind ~ аплазия [отсутствие] доли лёгкого

  collapsing ~ коллабированный бронх

  distal ~ нижнедолевой бронх

  extrapulmonary ~ *см.* **main** ~

  hyparterial ~ подартериальный бронх

  main [mainstem, primary] ~ главный бронх

  proximal ~ верхнедолевой бронх

  uparterial ~ надартериальный бронх

brontophobia [,brɒntəʊ'fəʊbiə] бронтофобия *(патологическая боязнь грома)*

brooding ['bru:diŋ] тягостные раздумья

broth [brɒθ] **1.** *микр.* бульон; отвар **2.** содержимое ферментёра

  beef-extract ~ мясопептонный бульон, МПБ

  beef-infusion ~ мясной бульон

  brain-heart-ifusion ~ бульон с сердечно-мозговым экстрактом

  brilliant-green bile ~ жёлчный бульон с бриллиантовым зелёным

  calcium-carbonate ~ бульон с углекислым кальцием

  culture ~ культуральная жидкость

  cyanide ~ бульон с цианидом калия *(Мюллера среда)*

  dextrose phosphate ~ глюкозофосфатный бульон

  egg-infusion ~ яичный бульон

  fermentation ~ ферментационный бульон, ферментационная питательная среда

  Fildes' peptic-blood ~ Файлдса бульон с экстрактом *(для клостридий)*

  glucose serum ~ глюкозосывороточный бульон

  glucose trypsin ~ глюкозотрипсиновый бульон

  glycerol ~ бульон с глицерином

  Hartley's ~ (триптический) Хартли перевар

  hay ~ сенной отвар, или настой

  infusion ~ бульон, мясная вода

  Kelsey – Marshall-nutrient ~ Келси – Маршалла питательный бульон

  lactose ricinoleate ~ лактозный бульон с рицинолеатом натрия

  Lemco ~ Лемко бульон *(водный экстракт мяса)*

  liquid ~ жидкая питательная среда

  liver ~ печёночный бульон

  Mc-Veigh – Morton ~ Мак-Вея – Мортона бульон *(для выращивания кокцидий)*

  meat infusion ~ *см.* **beef-extract** ~

  nutrient ~ питательный бульон

  papain ~ папаинизированный бульон

  peptone ~ пептонный бульон, пептонная вода

  plain ~ *см.* **beef-extract** ~

  potato ~ картофельный отвар

  Schaedler's anaerobic ~ Шедлера бульон для анаэробов

  selenite "F" ~ селенитовый бульон *(для сальмонелл)*

  serum ~ сывороточный бульон

  sugar ~ сахарный бульон *(мясопептонный бульон с сахарами)*

  tetrathionate ~ тетратионатный бульон

  thioglycolate ~ тиогликолевый бульон

  Todd – Hewitt ~ Тодда – Гевитта бульон *(для гемолитического стрептококка)*

  triptone ~ триптоновая среда

  trypsin ~ трипсинизированный бульон

  trypticase-soy ~ триптиказо-соевый бульон

  whey ~ пептонизированное молоко

brother ['brʌðə] **1.** брат **2.** коллега

  ~s uterine единоутробные братья, сибсы

brother-consanguinean ['brʌðə-,kɒnsæn'gwiniən], **brother-german** ['brʌðə'dʒə:mən] родной брат

brotiocolous [,brəʊʃiə'kɒləs] *биол.* обитающий в жилище человека

brotochore ['brɒtəʊtʃə] антропохорный [распространяемый человеком] организм

brow [brəʊ] **1.** бровь **2.** надбровная дуга **3.** лоб

  olympic ~ олимпийский лоб *(чрезмерное развитие лба, обусловленное врождённым сифилисом)*

browache ['brəʊeik] **1.** перемежающаяся невралгия тройничного нерва **2.** мигрень

browlift ['brəʊlift] хирургическое подтягивание бровей и устранение за счёт этого излишней кожной складки

brown ['braʊn] **1.** коричневый, бурый; карий *(о глазах)* **2.** смуглый; загорелый **3.** *гист.* краситель коричневого цвета

  mexican ~ *sl.* «мексиканский коричневый» *(героиновая смола, получаемая из опиумного мака)*

Brucella [bru:'selə] бруцелла *(род капсулированных микроорганизмов, представленных мелкими грамотрицательными палочко- и кокковидными клетками)*

  ~ abortus *лат.* Банга палочка *(возбудитель бруцеллёза)*

  ~ suis возбудитель бруцеллёза у свиней и человека

brucellergen [bru:'seləʤin], **brucellin** [bru:'selin] бруцеллин *(бруцеллёзный аллерген)*

brucellosis [bru:se'ləʊsis] бруцеллёз, мальтийская [средиземноморская, ундулирующая] лихорадка, Банга болезнь

Brugia ['bru:ʤiə] бругия *(род гельминтов, возбудителей бругиоза, передаваемых комарами)*

  ~ malayi филярия *(возбудитель бругиоза и элефантиаза)*

bruise [bru:z] **1.** гематома, синяк, кровоподтёк **2.** ушиб ǁ ушибать

  external ~ наружная гематома, кровоизлияние

  local ~ местный ушиб

bruising ['bru:ziŋ]:

  simple easy ~ лёгкая кровоточивость

bruissement [brwis'mɔ:] *фр.* «кошачье мурлыканье»

bruit [bru:'i:] *фр.* шум, звук *(при аускультации)*

  ~ de galop ритм галопа

  aneurysmal ~ аневризматический шум

  carotid ~ шум над сонной артерией

  cracling ~ треск; крепитация

  placental ~ плацентарный шум

  thyroid ~ (сосудистый) шум над щитовидной железой

brunch [brʌntʃ] бранч *(поздний плотный завтрак)*

brush [brʌʃ] **1.** щётка ǁ чистка щёткой **2.** ссадина

  bronchial ~ биопсийная бронхиальная щёточка

  cytology ~ биопсийная щёточка

  denture ~ щёточка для чистки и полировки зубных протезов

  faradic ~ электрод-щётка

  Haidinger's ~**s** *офт.* Гайдингера щётки, Гайдингера феномен hand ~ **1.** щётка для мытья рук **2.** ручная зубная щётка

prophylactic ~ щёточка для профилактической обработки *(пульповой камеры)*

screw stem ~ полировочная щёточка для бормашины

test-tube ~ ёршик *(для мойки химической посуды)*

tooth-cleaning ~ щётка для чистки и полировки зубов бормашиной

brushing ['brʌʃiŋ] **1.** соскабливание *(напр. грануляций)* **2.** щёточная биопсия; обработка щёткой *(напр. рук хирурга)*

~**s for cytologic examination** соскоб щёткой для цитологического исследования

airway [bronchial] ~ **1.** браш-биопсия из воздухоносных путей **2.** щёточная санация бронхов

brute [bru:t] **1.** неразумный, бессмысленный; жестокий **2.** грубый человек; жестокий человек

bruxism ['brʌksizm] бруксизм, одонтеризм *(скрежетание зубами во время сна)*

brygmus ['brigməs] стирание зубов

buba ['bju:bə] *инф. бол.* (тропическая) фрамбезия, тропическая гранулёма, кожно-слизистый лейшманиоз

bubble ['bʌbl] **1.** пузырь, пузырёк; вздутие **2.** пузырьковое включение **3.** кипеть; барботировать

air ~ воздушный пузырь; пузырёк воздуха

double ~ *рентг.* два газовых пузыря, два уровня жидкости *(при дуоденальной непроходимости)*

gas ~**s in urine** пузырьки газа в моче

gastric air ~ *рентг.* газовый пузырь желудка

nucleus ~ *эмбр.* зародышевый пузырёк

bubbler ['bʌblə] барботер

bubbling ['bʌbliŋ] **1.** кипение; выделение пузырьков **2.** барботирование, барботаж || барботажный

bubo ['bju:bəʊ] бубон *(воспаление лимфатического узла, обычно пахового или подмышечного)*

bullet ~ сифилитический лимфаденит, твёрдый шанкр

chancroidal ~ шанкроидный лимфаденит, или бубон *(при мягком шанкре)*

climatic ~ *см.* **tropical** ~

indolent ~ *см.* **bullet** ~

malignant ~ чумной [злокачественный] бубон

nonveneral ~ *см.* **tropical** ~

pestilential ~ *см.* **malignant** ~

strumous ~ струмозный бубон *(по типу «холодного абсцесса»)*

sympathetic ~ травматический лимфаденит

tropical ~ паховый лимфогранулематоз, паховая лимфогранулёма, четвёртая венерическая болезнь, болезнь Никола – Фавра

virulent ~ *см.* **chancroidal** ~

bubon [bju:'bɔ:] *фр.* бубон, лимфаденит

~ **d'embée** *фр.* первичный бубон

~ **malignus [pestilentialis] primaries/secundarius** *лат.* чумной бубон первичный/вторичный

~ **syphiliticus** *лат.* сифилитический бубон, сифилитический лимфаденит

~ **tularaemicus primaries/secundarius** *лат.* туляремийный бубон первичный/вторичный

bubonadenitis [ˌbju:bɔnˌædə'naitis] паховый лимфаденит

bubonalgia [ˌbju:bɔn'ældʒiə] боль в паху

bubonocele [bju:'bɔnəʊsi:l] припухлость в паху, обусловленная паховой или бедренной грыжей

bubonulus [bju:'bɔnjuləs] гнойный лимфангиит

bucardia [ˌbju:'ka:diə] выраженное расширение сердца, «бычье сердце»

bucca ['bʌkə], *pl.* **buccae** ['bʌki] щека

buccal ['bʌkəl] **1.** щёчный, трансбуккальный *(метод введения лекарственного средства)* **2.** внутриротовой

buccellation [ˌbʌksi'leiʃən] остановка кровотечения тампонадой

buccinator [bʌksi'neitə] щёчная мышца

buccoaxiogingival [ˌbʌkəʊˌæksiəʊ'dʒindʒivəl] *стом.* относящийся к щёчно-десневой оси

buccocervical [ˌbʌkəʊ'sə:vikəl] щёчно-шеечный

buccoclination [ˌbʌkəʊkli'neiʃən] щёчное положение зуба

buccoclusion [ˌbʌkə'klu:ʒn] щёчное смещение *(зубной дуги или группы зубов)*

buccogingival [ˌbʌkəʊ'dʒindʒivəl] щёчно-десневой

buccolabial [ˌbʌkəʊ'leibiəl] щёчно-губной

buccoversion [ˌbʌkəʊ'və:ʒən] щёчное положение зуба

buccula ['bʌkjʊlə] двойной подбородок

buck [bʌk] **1.** самец *(оленя, зайца)* **2.** брыкание || брыкаться

buck-eye ['bʌkai] каштан конский *(Aesculus hippocastanum)*

bucking ['bʌkiŋ] **1.** двигательная реакция на введение эндотрахеальной трубки **2.** дробление, измельчение

buckle [bʌkl] *мед. тех.* **1.** пряжка; хомут; скоба **2.** выпячивание, выбухание || образовывать выпячивание

buckling ['bʌkliŋ] перегиб *(напр. дуги аорты)*

scleral ~ операция вдавления склеры *(при отслойке сетчатки)*

buckthorn ['bʌkθɔ:n] **1.** жостер слабительный, крушина слабительная *(Rhamnus cathartica)* **2.** крушина *(Rhamnus)*

alder ~ крушина ольховидная, крушина ломкая *(Rhamnus frangula)*

purging ~ жостер слабительный, крушина слабительная *(Rhamnus cathartica)*

sea ~ облепиха крушиновидная *(Hippophae rhamnoides)*

bucnemia [bʌk'nimiə] слоновость нижней конечности

bud [bʌd] **1.** *эмбр.* почка, зачаток; сосочек **2.** *sl.* марихуана, содержащая бутоны конопли

bronchial ~ зачаток лёгкого

cotton wool ~ ватный шарик

end ~ *эмбр.* концевое утолщение

farcy ~ сапная опухоль

gustatory ~ вкусовая почка, вкусовая луковица, вкусовая чашка

limb ~ зачаток конечности

tail ~ хвостовая почка *(эмбриона)*

taste ~ вкусовой сосочек *(языка)*

tooth ~ зубной зачаток

budding ['bʌdiŋ] **1.** почкование, отделение дочерней клетки **2.** прорастание *(напр. кровеносных сосудов)* **3.** захват вирусом фрагмента клеточной мембраны при проникновении в клетку, баддинг

multiple ~ множественное почкование

viral ~ активная репликация вируса в результате проникновения в клетку, баддинг

budget [ˈbʌʤid] 1. бюджет 2. запас; баланс

central ~ *здрав.* основной бюджет

effective working ~ действующий рабочий бюджет

heat ~ тепловой баланс

mineral and hydrologic ~s водно-электролитный баланс

nutrient ~ рацион

operating ~ действующий бюджет

pooled ~ общий бюджет

budgeting [ˈbʌʤitiŋ] составление бюджета, бюджетирование

output [performance] ~ бюджетный расчёт результатов

buffer [ˈbʌfə] буфер; буферный раствор *(поддерживающий постоянную концентрацию ионов водорода при добавлении кислоты или раствора гидрокарбоната)*

Baker's ~ Бейкера буфер *(для проведения реакции спермагглютинации)*

borate succinate ~ боратно-сукцинатный буфер

carbonate ~ карбонатный буфер

circulatory ~s буферная система крови

coating ~ буфер для сенсибилизации поверхностей

crystallization ~ буфер для кристаллизации *(белков)*

electrode ~ буфер *(для электрофоретических ячеек, ванн и т. п.)*, буферный раствор

extraction ~ буфер для экстракции *(белков)*, экстракционный буфер

lysing [lysis] ~ лизирующий буфер *(клетки)*

normal strength ~ однократный [рабочий] буфер

sample ~ буфер для образца

starting ~ стартовый буфер

transfer ~ гибридизационный буфер, буфер для блоттинга

tris-detergent ~ трис-буфер с детергентом, трис-экстрагирующий буфер

veronal ~ вероналовый [натрийбарбиталовый] буфер

volatile ~ летучий буфер

buffered [ˈbʌfərd] содержащий буферный раствор или буферное вещество, буферный

buffy-coat [ˈbʌfiˌkəʊt] слой лейкоцитов в отстоявшейся крови

bug [bʌg] 1. клоп 2. мелкое насекомое; мелкое членистоногое

assasin [barber] ~ триатомовый клоп *(переносчик американского трипаносомоза)*

bed ~ постельный клоп

kissing ~ *см.* **assasin** ~

reduviid ~s редувиитные [триатомовые, или «поцелуйные»] клопы

bugbane [ˈbʌgbein] клопогон вонючий *(Cimicifuga foetida)*

bugger [ˈbʌgə] мужеложец, содомит

buggery [ˈbʌgəri] содомия *(1. зоофилия, скотоложество 2. педерастия, мужеложество)*

buggy [ˈbʌgi] каталка

to wheel a patient on a ~ везти больного на каталке

bughouse [ˈbʌghaʊs] *sl.* сумасшедший дом ‖ ненормальный, сумасшедший

build [bild] 1. телосложение ‖ укреплять *(здоровье)* 2. конструкция, форма

to ~ **a good rapport** наладить взаимодействие с больным; установить взаимопонимание, раппорт

body ~ телосложение; строение тела

tartar ~ **up** образование [отложение] зубного камня

builder [ˈbildə] компонент, составная часть

chest ~ упражнение для развития мышц грудной клетки

building [ˈbildiŋ] 1. строительство; формирование 2. здание, сооружение

body ~ атлетизм, культуризм, формирование тела *(атлетическая гимнастика)*

headquqrters ~ здание штаб-квартиры *(ВОЗ)*

team ~ формирование команды

build-up [ˈbild-ʌp] 1. увеличение; наращивание; накопление 2. образование; формирование *(напр. жёлчных камней)*

~ **of radionuclides** накопление радионуклидов

tartar ~ отложение зубного камня

vapor ~ накопление паров

built-in [ˈbilt-in] 1. встроенный, вмонтированный, вживлённый, имплантированный *(напр. электрод)* 2. врождённый, генетически кодированный

bulb [bʌlb] 1. *анат.* луковица 2. шаровидное или луковицеобразное вздутие, выпуклость 3. баллон, сосуд, пузырёк 4. шарик *(термометра)*

~ **of aorta** луковица аорты

~ **of eye** глазное яблоко

~ **of jugular vien** луковица ярёмной вены

~ **of penis** *см.* **urethral** ~

~ **of vestibule** луковица преддверия *(влагалища)*

dental ~ дентинообразующий сосочек зубного зачатка

drip ~ капельница

duodenal ~ луковица 12-перстной кишки

end ~ 1. чувствительное нервное окончание, или тельце 2. колба [луковица] Краузе *(разновидность рецептора)*

force ~ нагнетательный баллон

glass ~ стеклянная колба, стеклянная ампула

hair ~ луковица волоса, волосяная луковица

insufflation ~ надувной баллон *(катетера)*

irrigation ~ баллон для спринцевания, спринцовка

Krause's terminal ~ *см.* **end** ~

nerve ~ выбухание окончания моторного нерва *(из сарколеммы)*

olfactory ~ обонятельная луковица

onion ~ луковицеобразное вздутие *(нерва)*

pulsating ~ пульсирующее вздутие

rachidian ~ *см.* **spinal** ~

sediment ~ отстойник

sensory ~ концевая луковица чувствительного нерва

spinal ~ продолговатый мозг

taste ~ вкусовая почка, вкусовая луковица, вкусовая чашка *(языка)*

thermometer ~ шарик [резервуар] термометра

urethral ~ луковица мочеиспускательного канала

bulbar [ˈbʌlbər] 1. *анат.* относящийся к луковице 2. относящийся к продолговатому мозгу, бульбарный 3. относящийся к глазному яблоку

bulboid [ˈbʌlbɔid] напоминающий луковицу

bulbonuclear [ˈbʌlbəʊˌnjuːkliə] относящийся к продолговатому мозгу и ядрам черепных нервов

bulbus [ˈbʌlbəs], *pl.* **bulbi** [ˈbʌlbi]:

~ pili *лат.* луковица волоса, волосяная луковица

~ i vestibuli *лат.* луковицы преддверия *(влагалища)*

bulesis [bjuˈliːsis] воля, проявление воли

bulge [bʌldʒ] 1. выпуклость; выпячивание ‖ выбухать, пролабировать, выпячиваться 2. варикозное расширение *(сосуда)*, расширенное образование 3. отёк, набухание *(межпозвонкового диска)* ‖ отёчный, опухший *(напр. о веках)* 4. демографический взрыв, скачок рождаемости

~ along of left cardiac silhouette *рентг.* выпуклость левого контура сердца

aneurismal ~ of aortic arch *рентг.* расширенная дуга аорты

peritonsillar ~ перитонзиллярный отёк

poststenotic ~ постстенотическое расширение *(напр. лёгочного ствола)*

bulging [ˈbʌldʒiŋ] 1. вспучивание, выпячивание, выбухание; вздутие; образование пузырей 2. разбухший, выпуклый, выпяченный, оттопыривающийся

~ of fontanel(le) выбухание родничка

~ of mitral valve провисание [пролапс] митрального клапана

~ of the disk вздутие межпозвоночного диска

~ of the paraspinal выбухание околопозвоночной линии

abdomen ~ выступающий вперёд живот

bulimia [buˈliːmiə] булимия, кинорексия *(патологическое чувство голода, чрезмерный аппетит)*

~ nervosa нервная булимия *(состояние, обычно сопровождающее нервную анорексию, когда больные после длительного воздержания от приёма пищи потребляют её в избыточном количестве, а впоследствии вызывают у себя рвоту)*

bulk [bʌlk] 1. объём, вместимость; величина; масса ‖ объёмный 2. содержимое толстого кишечника 3. основная масса, большое количество *(напр. крови)* 4. грубая [объёмная] пища *(для стимуляции кишечника)*

in ~ 1. целиком, в массе, без упаковки, «ангро», «ин балк» 2. валовой, общий, суммарный, оптом

~ of food основная масса пищи

~ of material основная часть материала *(напр. о радионуклидах)*

aqueous ~ нерасфасованный водный раствор *(напр. анатоксина)*

final ~ 1. конечный продукт производства 2. нерасфасованная лекарственная субстанция *(напр. вакцинная масса)*

bulking [ˈbʌlkiŋ] объёмное образование *(напр. рост опухоли)*

dressing ~ толстый слой *(повязки)*

fecal ~ объём каловых масс

bulla [ˈbʌlə], *pl.* **bullae** [ˈbʌli] 1. пузырь, волдырь, булла, вздутие 2. ячейка

cystic ~e кистозные буллы *(в лёгких)*

hemorrhagic ~e кровянистые пузырьки

traumatic ~ травматическое вздутие лёгкого

tympanic ~e *лаб.* ячейки барабанной полости височной кости; барабанная полость

bullate [ˈbʌleit] 1. покрытый волдырями 2. пузыреобразный, пузырчатый 3. с полушаровидными наростами 4. сморщенный

bullation [bəˈleiʃən] 1. образование крупных пузырей, или волдырей 2. вздутие; припухлость

bullet [ˈbulit] 1. пуля 2. *sl.* капсула с наркотиком

bulletin [ˈbulətin] бюллетень, сводка

medical ~ бюллетень о состоянии здоровья

price list ~ прейскурантный бюллетень

bullet-shaped [ˈbulit-ˈʃeipt] пулевидная [палочковидная] форма *(вируса)*

bump [bʌmp] 1. столкновение, глухой удар ‖ ударять(ся); получить травму, повреждение 2. припухлость, узелок, выпуклость 3. *pl.* возмущения атмосферы, «воздушные ямы»

pruritic ~ зудящий волдырь

bumper-fracture [ˈbʌmpə-ˈfræktʃə] бампер-перелом *(перелом костей голени бампером автомашины)*

bumptious [ˈbʌmpʃəs] самоуверенный, надменный

bunch [bʌntʃ] 1. связка, пучок *(лучей)* 2. группа *(однородных объектов)*

bunching [ˈbʌntʃiŋ] 1. выпячивание, выбухание 2. возрастная аккумуляция

~ of the muscle выбухание мышц

bundle [ˈbʌndl] пучок, связка; тяж

~ of nerves комок нервов

~ of Vicq d'Azyr *невр.* сосцевидно-таламический пучок, пучок Вик-д'Азира

anterior fascicle of left ~ передняя ветвь левой ножки *(пучка Гиса)*

atrioventricular ~ *см.* **His ~**

conducting ~ проводящий пучок

electron ~ *мед. тех.* электронный пучок

fibrovascular ~ сосудисто-волокнистый пучок

ground ~ основной пучок *(нервных волокон)*

His' ~ предсердно-желудочковый [атриовентрикулярный] пучок, Гиса пучок

Killian's ~ нижние волокна нижнего сфинктера глотки

Monakow's ~ монаков [красноядерноспинальный] пучок

bung [bʌŋ] *лаб.* 1. пробка; лабораторная пробирка с отверстиями ‖ закупоривать, затыкать 2. образование, припухлость

bungle [ˈbʌŋgl] 1. ошибка, путаница 2. плохая работа

bungpagga [ˈbʌŋˌrægə] тропический пиомиозит

buninoid [ˈbuːninɒid] образование шаровидной формы

bunion [ˈbʌnjən] 1. бурсит большого пальца стопы 2. отморожение большого пальца стопы

tailor ~ бурсит V плюсне-фалангового сустава

bunionectomy [ˌbʌnjənˈektəmi] бурсэктомия *(иссечение синовиальной сумки)*

bunionette [ˈbʌnjənet] *см.* **tailor bunion**

bunodont [ˈbjuːnəudɒnt] с коническими или закруглёнными буграми *(о молярах)*

buphthalmia [bjuˈfθælmiə], **buphthalmos** [bjuˈfθælmɒs] буфтальм, «бычий глаз» *(при врождённой глаукоме)*

bur [bə] 1. *(стоматологический)* бор 2. трепанационное сверло 3. шип, колючка 4. колючее растение

ball-shaped ~ шаровидный бор

bone-drilling ~ костная фреза

cross-cut fissure ~ копьевидный бор

dentate ~ режущий бор

diamond ~ алмазный бор

finishing ~ полировочный бор

fissure plain ~ фиссурный цилиндрический бор

flame-shaped finishing ~ пламеневидный бор

inverted cone ~ обратноконический бор

long-shanked ~ бор для прямого наконечника

nerve canal ~ бор для обработки зубного канала

round ~ шаровидный бор

short-shanked ~ бор для углового наконечника

straight-fissure cross-cut ~ *см.* fissure plain ~

surgical ~ режущий бор

tapered-fissure cross-cut ~ конусовидный фиссурный бор

burden ['bəːdn] 1. груз, нагрузка, тяжесть, ноша; бремя || отягощать, усугублять; обременять 2. предрасположенность 3. накладные расходы

~ **of care** бремя забот

~ **of proof** *суд. мед.* бремя доказывания, обязанность доказывания

~ **of stroke** опасность инсульта

body ~ содержание в организме радионуклидов

economic ~ **of depression** экономические затраты на больных с депрессией

flea ~ страдания от укусов блох

genetic [hereditary] ~ аномалии генома предшествующих поколений; наследственная отягощённость

global ~ 1. глобальное бремя *(о нарушениях экологии)* 2. глобальный груз *(о смертности и инвалидности от определённой болезни)*

high worm ~s высокая инвазивность нематод

human tissue ~s **of chemicals** накопление химикалий в тканях человека

ischemic ~ ишемическая отягощённость, наличие ишемии

lead body ~ содержание свинца в организме *(при отравлении)*

maximum permissible body ~ максимально допустимое количество в теле человека *(напр. радиоактивного нуклида)*

mental ~ (тягостное) переживание

parasite ~ заражение паразитами *(напр. плода)*

radiant ~ лучевая нагрузка

stone ~ предрасположенность к камнеобразованию

tax ~ налоговое бремя

total ischemic ~ крупноочаговая ишемия миокарда

tumor ~ опухолевая масса *(общая масса опухолевой ткани в организме)*; отягощённость опухолью

worm ~ заражение паразитом, инвазия

bureau ['bjʊərəʊ] бюро; отдел; управление

service ~ бюро услуг *(оказывающее медицинскую помощь)*

Bureau *см.* Приложение

burette [bjʊ'ret] *лаб.* бюретка

calibrating ~ калибровочная бюретка

dispensing ~ дозирующая бюретка

float ~ поплавковая бюретка

measuring ~ измерительная бюретка

stopcock ~ бюретка с краном

titrating ~ титровальная бюретка

volume ~ градуированная бюретка

burial ['beriəl] 1. похороны; погребение 2. захоронение *(напр. радиоактивных отходов)*

burial-ground ['beriəl-graʊnd], **burial-place** ['beriəl-pleis] 1. кладбище 2. место для захоронения радиоактивных отходов

buried ['berid] 1. скрытый, непроявляющийся; погружной *(напр. шов)* 2. захороненный

burly ['bəːli] 1. дородный, плотный 2. большой и сильный

bur-marigold ['bəːmærigəʊld] череда *(Bidens)*

burn ['bəːn] 1. ожог *(исключая ожог кипятком)* || обжигать, получать ожог; гореть, сгорать, прижигать; загорать 2. чувство жжения 3. клеймо ◊ **to** ~ **with fever** быть в лихорадочном состоянии, лихорадить

acid ~ ожог, причинённый кислотой

alkali ~ 1. ожог щёлочью 2. прижигание едким веществом

Becquerel's ~ профессиональный ожог кожи у рентгенологов

brush ~ ожог от трения

circular [circumferential] ~ круговой [циркулярный] ожог

corrosive ~ химический ожог

extensive ~ обширный ожог

flash ~ ожог, обусловленный мощной вспышкой *(напр. при ядерном взрыве)*

full-thickness thermal ~ глубокий термический ожог *(на всю толщу кожи)*

inhalation ~ ожог дыхательных путей

ion ~ ионное пятно

lightning ~ поражение молнией

lime ~ ожог негашёной известью

radiation [radioactive] ~ радиационный [лучевой] ожог

thermoelectrical ~ диатермический ожог

burned-out ['bəːndaʊt] 1. дистрофически изменённый 2. эмоционально выгоревший 3. *sl.* наркоман с испорченными от инъекций венами

burner ['bəːnə] 1. горелка 2. *pl.* жгучая, колющая боль

Bunsen's ~ газовый рожок, бунзеновская горелка

"Fat ~" фирм. «сжигатель жира» *(пищевая добавка, способствующая похуданию)*

fish-tail ~ горелка с насадкой типа «ласточкин хвост»

burnet ['bəːnet] кровохлёбка *(Sanguisorba)*

great ~ кровохлёбка лекарственная *(Sanguisorba officinalis)*

burning ['bəːniŋ] 1. прижигание; электрокоагуляция 2. жжение, горение 3. горячий, жгучий

epigastric ~ изжога

urethral ~ чувство жжения при мочеиспускании

burnisher ['bəːniʃə] финир-бор *(для полировки зубных пломб)*

burnishing ['bəːniʃiŋ] препаровка зуба

burnout ['bəːnaʊt] 1. прекращение горения 2. «перегорание», (эмоциональное) «выгорание» *(на работе)* 3. *sl.* наркоман, на которого перестал действовать наркотик

stress ~ стрессовая усталость

burnt ['bəːnt] обожжённый

burr [bəː] 1. шум, грохот 2. картавость

burrow ['bʌrəʊ] 1. нора; гнездо 2. червоточина

lemming brooding ~ выводковое гнездо лемминга *(резервуар хантавируса)*

burrowing [ˈbʌrǝʊiŋ] образование свища или пазухи, содержащих гной

bursa [ˈbǝːsǝ], *pl.* **bursae** [ˈbǝːsiː] *анат.* сумка, мешок; синовиальная сумка

~ of Fabricius фабрициева сумка

~ omentalis сальниковая сумка

~ pili *лат.* волосяная сумка

~ tendinis calcanei сумка пяточного сухожилия

ileopectinal ~ подвздошногребешковая [подвздошно-поясничная] синовиальная сумка

popliteal ~ подколенное углубление

trochanter ~ вертельная синовиальная сумка

bursacyte [ˈbǝːsǝsait] B-лимфоцит

bursal [bǝːsl] относящийся к синовиальной сумке, или фабрициевой сумке у птиц

bursectomy [bǝːsˈektǝʊmi] бурсэктомия *(иссечение синовиальной сумки)*

functional ~ функциональная бурсэктомия *(стероид-зависимое подавление функции фабрициевой сумки)*

bursitis [bǝːˈsaitis] бурсит

~ infrapatellaris бурсит под надколенником, «колено домработницы»

~ olecrani бурсит локтевого сустава, «шахтёрский бурсит»

~ prepatellaris бурсит над надколенником «колено богомольца»

Achilles (tendon) ~ ахиллобурсит, бурсит пяточного сухожилия

adhesive ~ слипчивый бурсит

anserine ~ бурсит гусиной лапки

calcareous ~ известковый бурсит

radiohumeral ~ лучеплечевой бурсит, теннисный локоть

retrocalcaneal ~ *см.* **Achilles ~**

subacromial ~ плечелопаточный периартрит, Дюплея [болезнь] синдром

bursolith [ˈbǝːsǝʊliθ] бурсолит *(конкремент в полости синовиальной сумки)*

burst [bǝːst] 1. вспышка; взрыв; всплеск *(внезапное увеличение частоты какого-л. явления, напр. инфекции)* 2. прорыв, прободение, перфорация ‖ прорываться, лопаться, вскрываться 3. бурст *(большая колония, напр., клеток крови)* 4. *pl.* залпы импульсов *(при электрокардиостимуляци)* 5. внезапно появляться; вылупляться; прорастать; раскрываться; лопаться; растрескиваться 6. бурст(-очаг) дифференцировки клеток-предшественниц

to ~ blood vessel разорвать [ранить] кровеносный сосуд

to ~ into tears *псих.* расплакаться

~ of activity вспышка [всплеск] активности *(электроэнцефалограммы)*

~ of the cell division бурное деление клеток

~ out вспыхивать *(об эпидемии)*

carbon dioxide ~ выброс углекислого газа *(растениями)*

hormone secretory ~ пик секреции гормона

metabolic ~ метаболический «взрыв» *(резкая активация клеточного метаболизма)*

neutrophil oxidative ~ окислительный взрыв нейтрофилов

oxidative ~ оксидантная реакция

phage ~ выход фага при лизисе бактерий

radiation ~ радиационный импульс

respiratory ~ of leucocytes респираторный бурст [рост дыхательной активности] лейкоцитов

spider ~ видимая сеть капилляров при расширении вен, но без признаков варикоза

underground ~ подземный взрыв

burst-duration [ˈbǝːst-djʊˈreiʃn] длительность вспышек *(напр. импульсации нейронов)*

bursting [ˈbǝːstiŋ] 1. разрыв, надрыв *(органа)* 2. прободение, перфорация

~ of abscess прорыв [вскрытие] абсцесса

~ of the vertebral body разрушение тела позвонка

~ of the waters отхождение околоплодных вод

bury [ˈberi] 1. хоронить 2. вводить (иглу) в толщу тканей; закрывать, погружать *(культю аппендикса)*

business [ˈbiznǝs] 1. дело, занятие 2. профессия, специализация 3. бизнес, коммерческая деятельность

ordinary ~ *страх.* обычное страхование жизни

doctor's ~ обязанности врача

business-to-customer [ˈbiznǝs-tǝ-kʌstǝmǝ] взаимоотношения между потребителями и производителями лекарственных средств

bust[1] [bʌst] неудача, поражение, провал

baby ~ резкое падение рождаемости

bust[2] 1. бюст 2. женская грудь

buster [ˈbʌstǝ] *sl.* барбитурат

butch [bʊtʃ] *sl.* мужеподобная женщина

butt [bʌt] 1. столбик полиуглеводной среды в пробирке *(напр. Ресселя и т. п.)* 2. нависающий край зубной пломбы *(контактирующий с десной)*

butter [ˈbʌtǝ] полутвёрдый жир; масло

mineral ~ *см.* **petroleum ~**

palm ~ пальмовое масло

petroleum ~ вазелин

Butter-bur [ˈbʌtǝbǝː] белокопытник, подбел *(Petasites Mill)*

butterfly [ˈbʌtǝflai] 1. бабочка *(1. кожный лоскут в виде крыльев 2. себорейный дерматит и угри вокруг носа при красной волчанке)* 2. *pl.*, *разг.* внутренняя дрожь

buttock [ˈbʌtǝk] ягодица

button [bʌtn] 1. пуговица; *псих.* «кнопка» *(внутренний или внешний стимул, запускающий игровое или сценарное поведение)* 2. бутон 3. *sl.* шарик опия

~ J. Murphy *ист.* Мёрфи пуговка

Aleppo [Bagdad, Biskra] ~ кожный лейшманиоз

belly ~ пупок

dog ~ рвотный орех, чилибуха *(Strychnos nux vomica)*

farcy ~ сапной узелок *(в коже)*

gustatory ~ вкусовой сосочек *(языка)*

oriental ~ кожный лейшманиоз

push ~ кнопочный переключатель

quaker ~ *см.* **dog ~**

reset ~ регулировочная ручка или кнопка настройки *(аппарата)*

scram ~ аварийный выключатель, аварийная кнопка

buttonhole ['bʌtnhəʊl] дырчатый *(напр. перелом)*

mitral ~ щелевидный стеноз митрального отверстия, «бутоньерка»

buttress ['bʌtrəs] закреплять, иммобилизовать *(перелом)*

butylation [bju:tə'leiʃn] бутилирование

buxom ['bʌksəm] полный, пышущий здоровьем

buzz [bʌz] **1.** состояние наркотического опьянения **2.** жужжание *(в ушах)* || жужжать; гул *(голосов)*

buzzed [bʌzd] *sl.* опьяневший от алкоголя или наркотика

buzzer ['bʌzə] сирена; зуммер, сигнал вызова *(напр. медсестры)*

buzzing ['bʌziŋ] шум *(в ушах)*

by [bai]:

~ **continuity** на протяжении *(напр. о воспалительном процессе)*

~ **exclusion** диагностика методом исключения

~ **mouth** перорально, через рот

by-blow ['bai-bləʊ] **1.** случайный удар **2.** непредвиденный случай **3.** внебрачный ребёнок

by-effect ['bai-ˌifekt] побочный эффект; побочная реакция; побочное явление

bypass ['baipa:s] **1.** обход, обвод **2.** искусственное [экстракорпоральное] кровообращение || проходить мимо *(напр. мочевого пузыря при аномалии мочеточника)* **3.** аппарат искусственного кровообращения, АИК

~ **with an oxygenator** аппарат искусственного кровообращения с оксигенатором

aortocoronary saphenous vein ~ аортокоронарное шунтирование подкожной веной бедра

aortoiliac ~ аортоподвздошный обходной анастомоз, аортоподвздошное шунтирование

aorto-renal ~ аорто-ренальное обходное шунтирование

autogenous in situ saphenous vein ~ обходной трансплантат из подкожной аутовены, используемой на месте

axillofemoral ~ подмышечно-бедренный (обходной) анастомоз; подмышечно-бедренное шунтирование

cardia [**cardiopulmonary**] ~ **1.** искусственное [экстракорпоральное] кровообращение **2.** аппарат искусственного кровообращения, АИК

colon ~ **of the esophagus** эзофагопластика толстой кишкой

complete ~ искусственное [экстракорпоральное] кровообращение

esophageal ~ обходной эзофагогастро(еюно)анастомоз; шунтирование пищевода

extracorporal ~ **1.** экстракорпоральное кровообращение **2.** экстракорпоральный шунт

femoropopliteal ~ бедренно-подколенный (обходной) анастомоз

gastric ~ гастрошунтирование *(при ожирении)*

heart-lung ~ искусственное [экстракорпоральное] кровообращение

ileal ~ шунтирование тощей кишки

in situ saphenous vein ~ подкожная аутовена для шунтирования с сохранением её естественного расположения

intestinal ~ шунтирование [выключение] тонкой кишки *(напр. при ожирении)*; тонкокишечный обходной анастомоз

jejunoileal ~ шунтирование тощей кишки с подвздошной; еюноилеальный обходной анастомоз

laparoscopic ~ **for inoperable cancer** эндоскопическое шунтирование кишки при иноперабельном раке

left and right heart ~ двойное шунтирование сердца

mammary-coronary ~ маммарно-коронарный анастомоз

nonreversed saphenous vein ~ (обходное) шунтирование без реверсии подкожной вены

partial ~ **1.** вспомогательное обходное кровообращение **2.** частичное илеошунтирование

pulsatile cardiopulmonary ~ экстракорпоральное кровообращение с пульсирующим кровотоком

triple ~ тройной анастомоз *(напр. на органах пищеварительного тракта)*, тройное шунтирование *(на коронарных сосудах)*

vein ~ обходное венозное шунтирование

bypass-enteritis ['baipa:sentə'raitis] воспаление выключенного (операцией) отдела тонкой кишки, байпас-энтерит

bypath ['baipa:θ] окольный [коллатеральный] путь

by-product ['bai-ˌprɒdəkt] **1.** побочный [промежуточный] продукт **2.** побочный результат *(опыта)*

metabolic ~ промежуточные продукты метаболизма

by-reaction ['bairiˌækʃn] *см.* **by-effect**

bysma ['bizmə] **1.** пробка **2.** тампон

byssaceous [bi'seiʃəs] хлопковидный

byssinosis [bisi'nəʊsis] биссиноз *(фиброз лёгких, развивающийся при воздействии пыли хлопка, льна, пеньки и пр.)*

bystander ['baistændə] **1.** свидетель *(происходящих событий)*; случайно оказавшийся рядом человек **2.** пассивная часть петли повторного входа электрического возбуждения – риэнтри

byte [bait] байт *(единица информации, применяемая в вычислительной технике)*

C

cabbage ['kæbiʤ] обходное шунтирование *(напр. коронарной артерии)*

cabinet ['kæbinət] **1.** кабинет; камера **2.** шкаф **3.** бокс

~ **for dressings** шкаф для перевязочного материала

class 1 safety ~ бокс 1-го типа безопасности

deep freeze ~ камера для глубокого замораживания

drying ~ сушильный шкаф

environmental ~ биотрон, камера искусственного климата

file ~ бюро хранения карт больных, бюро-картотека

first-aid ~ аптечка первой помощи

glove ~ перчаточный бокс *(для работы с радиоактивными веществами)*

growth ~ камера роста

medicine ~ аптечка

oxygen ~ кислородная камера *(для новорождённых и грудных детей)*

pneumatic ~ барокамера

poison ~ шкаф для хранения ядовитых лекарственных средств

safety ~ вытяжной шкаф

temperature-controlled ~ термостат

cabinet-bath ['kæbinətba:θ] камерная [световая] ванна; горячевоздушная ванна

cable ['keibl]:

torque ~ *мед. тех.* проводник с крутящейся головкой *(на конце бужа)*

cacanthrax [kæk'ænθræks] сибирская язва

cacation [kæ'keiʃən] дефекация

cacatory ['kækətɒri] сопровождающийся поносом или усилением перистальтики кишечника

cacergasia [kækə'geiziə] *амер.* мерергазия, какергазия *(парциальные расстройства поведения)*

cacesthesia [kæsəs'θi:ziə] **1.** расстройство чувствительности **2.** недомогание

caché [kæ'ʃei] *фр.* свинцовый контейнер для хранения радиоактивных веществ

cachectic [kæ'kektik] болезненный, истощённый, кахектичный

cachectin [kæ'kektin] кахетин *(фактор некроза опухолей)*

cachet [kæ'ʃei] *фр.* крахмальная облатка, крахмальная капсула

cachexia [kæk'eksiə] **1.** кахексия, общее истощение **2.** деградация; разложение

~ **strumipriva** микседема, развившаяся в результате потери ткани щитовидной железы

aphthous ~ спру, злокачественные [тропические] афты

cancerous ~ опухолевая [раковая] кахексия

hypophyseal ~ гипофизарная кахексия, Симмондса болезнь

mercurial ~ меркуриализм *(хроническое отравление ртутью)*

pachydermic ~ микседема

pituitary ~ *см.* **hypophyseal** ~

suprarenal ~ надпочечниковая кахексия

urinary ~ кахексия при хронической почечной недостаточности

cachinnation [,kæki'neiʃn] истерический смех, беспричинный смех в результате психического заболевания

cacocholia [,kækəʊ'kəʊliə] патологические изменения жёлчи

cacochylia [kækəʊ'kailiə] **1.** патологические изменения желудочного сока **2.** диспепсия

cacodemonomania [,kækəʊ,dimɒnəʊ'meiniə] *псих.* демономания

cacodorous [,kæk'əʊdərəs] неприятно пахнущий, зловонный

cacoethes [,kækəʊ'i:θi:z] **1.** вредная привычка, вредное пристрастие **2.** непреодолимое влечение

cacoethic [,kækəʊ'i:θik] болезненный, постепенно ухудшающийся, злокачественный

cacogenesis [,kækəʊ'ʤenəsis] патологический рост, патологическое развитие

cacogenic [,kækəʊ'ʤenik] относящийся к патологическому росту или развитию

cacogeusia [,kækəʊ'gu:siə] извращённый вкус

cacolet [,kækəʊ'lei] вьючные носилки

cacology [kə'kɒləʤi] плохая речь *(с плохим произношением, ошибками)*

cacomelia [,kækəʊ'mi:liə] порок развития конечности, какомелия

cacophony [kæ'kɒfəni] какофония, неблагозвучие

cacorhythmic [,kækəʊ'riðmik] аритмичный

cacosmia [kæ'kɒzmiə] какосмия, обонятельная дизестезия *(ощущение неприятного запаха)*

cacotrophy [kæk'ɒtrəfi] *уст.* недоедание; недостаточное питание; гипотрофия

cactus ['kæktəs] *sl.* пейотный кактус, содержащий мескалин

cacuminal [kæk'ju:minəl] верхушечный

cadaver [kə'dævə] труп

cadaverous [kæ'dævərəs] **1.** трупный **2.** мертвенно-бледный

cadet [kə'det] *sl.* начинающий потребитель наркотиков

cadmium ['kædmiəm] кадмий, Cd *(металлический элемент, соединения которого токсичны для человека)*

caduca [kə'dju:kə] отпадающая [децидуальная] оболочка *(матки)*

caduceus [kə'dju:siəs] посох Асклепия, жезл Эскулапа, кадуцей *(обвитый двумя змеями и увенчанный двумя крыльями жезл – символ медицинской службы армии США)*

caelotherapy [,si:ləʊ'θerəpi] клерикальная терапия *(проводимая духовным лицом)*

cafard ['kæfa:] острая депрессия

caffei(ni)sm ['kæfinizm] кофеинизм, кофеинофагия

cage ['keiʤ] **1.** клетка; садок **2.** клеточный каркас; ядерный каркас **3.** ниша **4.** кейдж *(цилиндрическая ёмкость из титана, заполняемая костной стружкой и имплантируемая на место удалённого позвонка)*

airtight metabolism ~ герметическая обменная камера *(для исследования метаболизма)*

Bollman ~ Больмана камера *(клетка для иммобилизации мелких лабораторных животных)*

bony ~ костный остов

check ~ клетка [садок] для контрольных животных

Faraday ~ *биофиз.* экранированная камера

jiggle ~ «танцующая клетка» *(для регистрации двигательной активности мелких подопытных животных)*

nuclear ~ внутриядерный каркас *(к которому крепится ядерная ДНК)*

O₂ [oxygen] ~ **1.** кислородная палатка **2.** оксигенизация в кислородной палатке

restraining ~ *см.* **Bollman** ~

rib ~ грудная клетка; рёберный каркас

thoracic ~ грудная клетка

cake [keik] **1.** свёрток, сгусток *(крови)* **2.** слой осадка **3.** кусок; брикет ‖ затвердевать, спекаться, слёживаться

~ **of coagulated blood** сгусток крови

uterine ~ плацента, детское место

yeast ~ прессованные дрожжи

caked [keikt] **1.** отвердевший, затвердевший **2.** свернувшийся *(напр. белок)*

calamity [kə'læmiti]:

natural ~ стихийное бедствие

calcaneoapophysitis [kæl,keiniəʊə,pɒfi'saitis] воспаление апофиза пяточной кости

calcaneoastragaloid [kæl,keiniəʊə'strægəlɒid] таранно-пяточный

calcaneodynia [kæl,keiniəʊ'diniə] кальканодиния *(боль в пяточной области)*

calcaneoscaphoid [kæl,keiniəʊ'skæfɒid] пяточно-ладьевидный *(обычно сустав)*

calcaneus [kæl'keiniəs], *pl.* **calcanei** [kæl'keinii] пяточная кость

calcar ['kælkə] **1.** остеофит; костная шпора **2.** отросток

calcareous [kæl'keiriəs] **1.** кальцифицированный, обызвествлённый **2.** известковый

calcarine ['kælkəri:n] шпоровидный, шпороподобный

calcariuria [kæl,ka:'ri'ju:riə] калькариурия, кальцинурия

calcergen ['kælsəʤən] кальцерген *(вещество, вызывающее кальцификацию тканей на месте инъекции)*

calcicosis [,kælsi'kəʊsis] кальцикоз *(разновидность пневмокониоза, часто наблюдаемая у резчиков мрамора)*

calcifamine [,kælsi'fæmin] кальциевый дефицит, или голод

calciferol [kæl'sifərɒl] кальциферол, витамин Д

calciferous [kæl'sifərəs] содержащий кальций или известковые структуры; образующий кальциевые соли

calcific [kæl'sifik] кальцифицированный *(о створках клапана)*

calcification [kælsifi'keiʃn] кальциноз, обызвествление, кальцификация; отложение кальция в тканях

~ **of pancreas 1.** кальциноз поджелудочной железы **2.** калькулёзный панкреатит

abdominal ~**s** кальцификация органов брюшной полости

artery ~ артериосклероз

enamel ~ обызвествление эмали

heavy ~ плотный кальцификат

intracerebral ~ внутричерепное обызвествление

irregular ~ неравномерная кальцификация

vesical ~ кальциноз мочевого пузыря, мочекаменная болезнь

calcify ['kælsifai] подвергаться кальцинозу, обызвествлению

calcinosis [,kælsi'nəʊsis] *см.* **calcification**

~ **circumscripta** ограниченный кальциноз

~ **universalis** системный кальциноз *(диффузное отложение солей кальция в коже, подкожной клетчатке, соединительной ткани)*

intersticial ~ интерстициальный кальциноз

tumoral ~ опухолевый кальциноз

calcipexis [,kælsi'peksis], **calcipexy** ['kælsi,peksi] *см.* **calcification**

calciphilia [,kælsi'filiə] кальцифилия *(повышенная способность тканей связывать и фиксировать соли кальция)*

calciphylaxis [,kælsifə'læksis] кальцифилаксия *(повышенная чувствительность организма к кальцию)*

calciprivic [,kælsi'privik] лишённый кальция

calcitonin [,kælsi'təʊnin] кальцитонин *(полипептидный гормон, регулирующий обмен кальция в костной ткани)*

calcium-entry ['kælsiəm,entri] проникновение в кальциевые каналы

calcoglobule [,kælkə'glɒbju:l] включения кальция в образующемся дентине

calcoid ['kælkɒid] опухоль зубной пульпы

calculary [kæl'kju:ləri] калькулёзный

calculation [,kælkjʊ'leiʃn] вычисление, подсчёт, расчёт

~ **of percutaneous drug absorption** расчёт чрескожного всасывания лекарственных препаратов

~ **of secretory antibodies** определение содержания антител в секрете

axis-deviation ~ расчёт отклонения электрической оси сердца *(по электрокардиограмме)*

calculosis [,kælkjʊ'ləʊsis] калькулёз *(склонность к образованию конкрементов, обычно в почках и жёлчном пузыре)*

calculus ['kælkjʊləs], *pl.* **calculi** ['kælkju:lai] **1.** конкремент, камень **2.** зубной камень, твёрдые назубные отложения

~ **of urates** мочекислый конкремент

alternating ~ конкремент смешанного строения *(состоящий из чередующихся слоёв)*

alvine ~ каловый конкремент, копролит

appendicular ~**i** аппендикулярные камни

arthritic ~ подагрический узелок

aural ~ серная пробка

biliary ~ жёлчный конкремент

blood ~ венный конкремент, флеболит, тромб

combination ~ комбинированный [смешанный] конкремент

coral [dendritic] ~ коралловидный камень

decubitus ~ декубитальный конкремент *(образующийся в мочевом тракте при длительном обездвиживании больного)*

dental ~ зубной камень; минерализованная микробная зубная бляшка

encysted ~ инкапсулированный конкремент *(напр. в стенке мочевого пузыря)*

extragingival ~ зубодесневой камень

foreign body ~i камни, образованные на инородных телах

fusible ~ растворимый мочевой конкремент

hemic ~ венный конкремент, флеболит, тромб

hempseed ~ мочевой песок; мелкие конкременты

intestinal ~ кишечный конкремент, энтеролит

lacrimal ~ конкремент слёзного мешочка, дакриолит

nonopaque ~ (рентгено)неконтрастный конкремент

pancreatic ~ панкреатический конкремент

renal ~ почечный конкремент

salivary ~ слюнный конкремент

serumal ~ сывороточный зубной камень *(при заболевании дёсен)*

staghorn ~ коралловидный конкремент

stasi ~i камни застойного происхождения

subgingival dental ~ поддесневой зубной камень

supragingival dental ~ наддесневой зубной камень

urinary ~ мочевой конкремент, уролит

calefacient [ˌkælə'feiʃnt] *фарм.* согревающее средство || согревающий

calelectrin [ˌkælə'lektrin] кальэлектрин, эндонексин *(низкомолекулярный белок, способный к связыванию с мембранами хромаффинных гранул в присутствии кальция и относящийся к семейству хромобиндинов)*

calendula [kə,len'djuːlə] календула, ноготки *(Calendula officinalis)*

calenture ['kælentʃuːə] 1. тропическая лихорадка с бредом 2. солнечный удар

calf [kaːf], *pl.* **calves** [kaːvz] 1. телёнок, тёлка 2. задняя часть голени, икроножная область

lateral ~ наружная поверхность голени

calf-bone ['kaːfbəʊn] малоберцовая кость

caliber ['kælibə]:

~ of the pylorus отверстие [просвет] привратника

eustachian tube ~ диаметр слуховой трубы

calibrate ['kælibreit] 1. градуировать, калибровать, тарировать, стандартизовать 2. измерять диаметр *(трубки)*

calibration [ˌkæli'breiʃn] 1. калибрование, градуировка 2. тарирование 3. измерение просвета

age ~ возрастная калибровка *(теста)*

meatal ~ калибровка отверстия мочеиспускательного канала

postural ~ постуральная калибровка

radionuclide ~ калибровка [проверка] радиоактивных источников

calibrator [ˌkæli'breitə] 1. калибровочный стандарт, калибровочный маркёр 2. буж-измеритель

cholesterol ~ калибровочный раствор для определения общего холестерина

caliceal [ˌkæli'siːəl] относящийся к почечной чашке

calicectasis [ˌkæli'sektəsis] каликоэктазия, расширение почечных чашек

Calicivirus [kə'lisi,vairəs] калицивирусы *(род семейства пикорнавирусов)*

caliculus [kə'likjʊləs] малая почечная чашка

gustatory ~ вкусовой бокал

caligation [ˌkæli'geiʃn], **caligo** ['kæligʊ] затуманивание поля зрения

caliper(s) ['kælipəz] 1. циркуль *(напр. акушерский)*; штангенциркуль; калипер *(инструмент для измерения кожно-подкожной складки)* 2. шарнирное устройство *(напр. аппарата для вытяжения)*

inside ~ нутромер *(для измерения диаметра полостных органов)*

micrometer ~ микрометр

skinfold thickness ~ инструмент для определения толщины кожной складки

calisthenics [ˌkælis'θeniks] художественная гимнастика; упражнения для разминки; общеразвивающие упражнения

calix ['keiliks], *pl.* **calices** ['kælisiːz] 1. чашевидная структура 2. почечная чашка 3. стенка фолликула яичника

calk [kɔːk] 1. негашёная известь 2. калькировать

call [kɔːl] вызов; запрос || вызывать *(к больному)*

~ **for caution** сигнал для соблюдения предосторожности

emergency ~ неотложный [срочный] вызов

house ~s вызовы на дом

sick ~ 1. вызов к больному, посещение (врачом) больного 2. врачебный приём больных

call-in ['kɔːl-in] сигнал вызова

callisection [kæli'sekʃn] вивисекция под наркозом

callosal [kə'ləʊsəl] относящийся к мозолистому телу

callosity [kæ'lɒsiti] 1. мозоль, омозолелость 2. келоид, келоидный рубец 3. *pl.* каллозит *(избыточный рост эпидермиса)*

cardiac ~ обширный постинфарктный рубец миокарда

callous ['kæləs] 1. мозолистый, жёсткий 2. уплотнённый, индуративный 3. бессердечный, чёрствый

call-up ['kɔːlʌp]:

~ **for military service** призыв на военную службу

callus ['kæləs] 1. мозоль, омозолелость 2. костная мозоль

central ~ внутренняя [эндостальная] костная мозоль *(образующаяся в костномозговом канале)*

definitive ~ окончательная костная мозоль *(образующаяся между костными отломками)*

ensheathing ~ наружная костная мозоль

excess(ive) ~ избыточная костная мозоль

immature ~ неокрепшая костная мозоль

provisional ~ провизорная [временная] костная мозоль

callusogenesis [kæləsəʊ'dʒenisis] развитие костной мозоли

calm [kaːm] спокойствие, тишина || успокаивать

calmative ['kaːmətiv] успокаивающее [седативное] средство || успокаивающий, седативный

calmness ['kaːmnəs] 1. тишина; спокойствие 2. успокоение, облегчение; снятие *(боли)* 3. невозмутимость, хладнокровие

calmodulin [kæl'mɒdjʊlin] кальмодулин *(кальцийсвязывающий белок)*

calor ['kælɔː] жар *(один из четырёх признаков воспаления по Цельсу – calor, rubor, tumor, dolor)*

Caloreen ['kæləʊriːn] *фирм.* модуль *(пищевой ингредиент, содержащий олигосахариды)*

caloric(al) [kə'lɒrikəl] 1. тепловой, термический 2. калорийный

caloricity [ˌkæləˈrisiti] калорийность; теплотворная способность

calorie [ˈkæləri] калория *(единица количества теплоты и энергии; 0,2388458 калории = 1 джоулю)* ◊ **to watch one's ~s** следить за диетой, не переедать

  gram ~ *см.* **international ~**

  grand ~ *см.* **kilogram ~**

  international ~ международная калория *(4,1868 Дж)*

  kilogram [large] ~ килокалория, большая калория *(4186,8 Дж)*

  mean ~ средняя калория *(количество энергии, необходимое для нагревания 1 г воды от 0 до 100 °C)*

  net dietary protein ~ усвояемая калорийность белка

  small [standard, steam] ~ *см.* **international ~**

calorie-free [ˈkæləri-friː] низкокалорийный, малокалорийный *(о пище, диете)*

calorigenic [kəˌlɒriˈʤenik] тепловой; теплотворный, теплопродуцирующий

calorimeter [ˌkæləʊˈrimətə] калориметр

  absorbed dose ~ калориметр для измерения поглощённой дозы излучения

  constant temperature ~ калориметр с постоянной температурой

  drop ~ капельный калориметр

  flow-through ~ проточный калориметр

  glow ~ газовый калориметр

  stirred-water ~ водяной калориметр

  ultrasonic ~ калориметр для измерения мощности ультразвуковых колебаний

caloripuncture [ˌkælɒriˈrʌŋktʃə] точечная термокоагуляция, прижигание *(вид акупунктуры)*

calorization [ˌkælɒriˈzeiʃn] применение тепловых лечебных процедур

calorstat [ˈkælɔːstæt] термостат

calpactin [ˈkælpæktin] кальпактин *(кальцийзависимый фосфолипидсвязывающий белок)*

calvaria [kælˈveiriə] свод [крыша] черепа

calves [kævz] *pl. от* **calf**

calvities [kælˈviʃiːz] алопеция, облысение

calx [kælks], *pl.* **calices** [ˈkælisiːz] 1. известь 2. пятка

calyceal [ˌkæliˈsiːəl] относящийся к почечной чашке

calycectasis [kælisˈektæsis] каликоэктазия, расширение почечных чашек

calyculus [kæˈlikjuːləs] *см.* **caliculus**

calyx [ˈkeiliks], *pl.* **calyces** [ˈkælisiːz] *см.* **calix**

cameline [ˈkæməlain] буро-жёлтый

camera [ˈkæmərə], *pl.* **cameras** 1. камера *(кино, фото)* 2. сводчатая структура; полость *(напр. желудочка мозга)* ◊ **in ~** *лат.* без посторонних; при закрытых дверях; с глазу на глаз *(о враче и больном)*

  ~ anterior bulbi передняя камера глазного яблока

  ~ cordis полость перикарда

  ~ posterior bulbi задняя камера глазного яблока

  electron diffraction ~ электронная дифракционная камера

  infrared image-forming ~ 1. фотокамера для съёмки в инфракрасной области 2. камера тепловизора

  retinal ~ аппарат для фотографирования сетчатки

  scintillation ~ сцинтилляционная камера

  thermovision ~ тепловизор

  time-of-flight ~ времяпролётная камера

  tomographic scintillation ~ томографическая сцинтилляционная камера

  ultrasonic image ~ ультразвуковой аппарат

  X-ray ~ рентгеновская дифракционная камера

camerated [ˈkæməˈreitid] перегороженный стенками; сводчатый, разделённый на камеры

camisole [ˈkæmisəʊl] *ист., псих.* смирительная рубашка

camouflage [ˈkæməflaːʒ] 1. маска *(напр. заболевания)* ‖ маскировать; скрывать 2. феномен «закамуфлированного ускользания» *(внутриклеточного вируса от иммунологического надзора)*

camp [kæmp] лагерь; стан; пункт

  detention ~ 1. карантинный лагерь 2. карантин для новобранцев

  emergency ~ временный лагерь *(созданный в чрезвычайных условиях)*

  health ~ оздоровительный [спортивный] лагерь

  reception ~ приёмный пункт *(больных; беженцев)*

campaign [kæmˈpein] кампания ‖ проводить кампанию, участвовать в кампании

  antimalaria ~ антималярийная кампания

  eradication ~ кампания по искоренению какой-л. инфекционной болезни

  health promotion ~s кампании по пропаганде здорового образа жизни

  media ~s кампании в средствах массовой информации

Campaign:

  British empire cancer ~ for research Королевская научно-исследовательская группа по изучению рака *(Великобритания)*

  World ~ against Hunger, Disease and Ignorance Всемирное движение против голода, болезней и невежества

  World AIDS ~ мировое движение против распространения СПИДа

campheal [ˈkæmfiːl] школа-интернат, кэмпхилл *(центр социальной терапии для детей и подростков с пороками развития)*

camphoromania [ˌkæmfɒrəʊˈmeiniə] болезненное пристрастие к камфоре

campimetry [kæmˈpimətri] кампиметрия *(исследование полей зрения)*

  remotely controlled projection ~ проекционный кампиметр с дистанционным управлением

campomelia [ˈkæmpəʊˈmiːliə] кампомелия *(искривление конечности)*

campotomy [kæmˈpɒtəmi] кампотомия *(Фореля стереотаксическая деструкция полей)*

camptocormia [ˌkæmptəʊˈkɔːmiə] *псих.* камптокормия

camptodactylia [ˌkæmptəʊdækˈtiliə], **camptodactyly** [ˌkæmptəʊˈdæktəli] камптодактилия *(сгибательная контрактура V пальца кисти)*

campylobacter [ˌkæmpələʊˈbæktə] хеликобактер, кампилобактер *(подвижные, грамотрицательные, неспорообразующие бактерии)*

  ~ jejuni кампилобактер тонкой кишки *(микроорганизм-комменсал млекопитающих)*

  ~ pyloridis пилорический хеликобактер

can [kæn] **1.** банка, жестяная коробка; контейнер **2.** консервировать; герметизировать **3.** *sl.* доза наркотика

canal [kə'næl] *анат.* **1.** проход, канал **2.** (выводной) проток, трубка, жёлоб

abdominal ~ паховый канал

abnormal pelvic ~ патологические родовые пути

alimentary ~ пищеварительный тракт

anal ~ заднепроходный [анальный] канал, анальная часть прямой кишки

anterior vaginal ~ передний свод влагалища

arterial ~ открытый артериальный [боталлов] проток

atrioventricular ~ общее предсердно-желудочковое отверстие, предсердно-желудочковая коммуникация

Bernard's ~ *см.* **Santorini's** ~

birth ~ родовые пути, родовой канал

carpal ~ запястный канал, канал запястья

caudal ~ крестцовое расширение эпидурального пространства

central ~ **1.** спинномозговой [позвоночный, центральный] канал **2.** центральный [гаверсов] канал *(остеона)*

cervical ~ **of the uterus** канал шейки матки

ciliary ~ венозный синус склеры, шлеммов канал

cochlear ~ спиральный канал улитки

Corti's ~ внутренний [кортиев] туннель

Cotunnius' ~ эндолимфатический проток, вестибулярный водопровод

crural ~ бедренный канал

deferent ~ семявыносящий проток

deformation birth ~ деформация родовых путей

dentinal ~s дентинные канальцы

ear ~ наружный слуховой проход

entodermal ~ *эмбр.* кишечная трубка

facial [fallopian] ~ лицевой [фаллопиев] канал *(височной кости)*

femoral ~ бедренный канал

ganglionic ~ спиральный канал улитки

Haversian ~ *см.* **central** ~ 2

Hensen's ~ Гензена соединяющий проток *(вестибулярного лабиринта)*

Hirschfeld's ~s межкорневые канальцы резцов верхней или нижней челюсти

His's ~ щитовидно-язычный проток, Гиса канал

Hoyer's ~s артериовенозные анастомозы

incisive ~ резцовый [носонёбный, стенонов] канал

inferior dental ~ нижнечелюстной канал

infraorbital ~ подглазничный [нижнеглазничный] канал

interdental ~s резцовые канальцы нижней челюсти

intestinal ~ кишечник

lumbar ~ поясничная часть позвоночного канала

mandibular ~ нижнечелюстной канал

medullary ~ **1.** *см.* **central** ~ 1 **2.** костномозговая полость

nasal ~ **1.** носослёзный канал **2.** добавочный канал в задней части носовой кости

nasopalatine ~ резцовый [носонёбный, стенонов] канал

neural ~ *см.* **central** ~ 1

neurenteric ~ *эмбр.* нервно-кишечный канал

notochordal ~ *эмбр.* хордальный канал

Nuck's ~ Нука канал *(влагалищный отросток брюшины, проникающий в паховый канал)*

nutrient ~ *см.* **perforated** ~s

obstetrical ~ *см.* **birth** ~

optic ~ канал зрительного нерва

parturient [pelvigenital] ~ *см.* **birth** ~

perforated ~s прободающие [питательные] каналы *(связывают каналы остеонов между собой, а также с сосудами и нервами надкостницы)*

postdraining ~ постдренажный канал, канал после дренирования

pterygoid ~ крыловидный канал, канал видиева нерва *(клиновидной кости)*

pterygopalatine ~ большой нёбный канал, крылонёбный канал

pulp ~ *см.* **root** ~

pyloric ~ канал привратника

root ~ корневой канал *(пульпы зуба)*

Rosenthal's ~ спиральный канал стержня *(улитки)*, Розенталя канал

sacculocochlear ~ Гензена соединяющий проток *(вестибулярного лабиринта)*

Santorini's ~ добавочный проток поджелудочной железы, санториниев проток, Бернара проток

Schlemm's ~ венозный синус склеры, шлеммов канал

semicircular ~s костные полукружные каналы *(костного лабиринта)*

sensory ~ сенсорный канал, канал сенсорного [чувственного] восприятия

spinal ~ *см.* **vertebralis** ~

Van Hoorne's ~ грудной проток

ventricular ~ желудочный канал, желудочная дорожка

vestibular ~ лестница преддверия, вестибулярная лестница

vertebral ~ позвоночный канал

vitelline ~ желточный проток

Volkmann's ~ *уст.* Фолькманов канал, см.

perforated ~s

zygomaticotemporal ~ скуловисочное отверстие

canaliculate [kə'næ'likjʊleit] с продольными ложбинками

canaliculi [kə'næ'likjʊli] *pl. от* **canaliculus**

dental ~ дентинные канальцы

canaliculization [kə'næ,likjʊli'zeiʃn] образование канальцев в ткани *(напр. сосудистых)*

lacrimal duct ~ зондирование слёзного протока

canaliculus [kə'næ'likjʊləs] *анат.* каналец

~ **bilifer** жёлчный капилляр, или каналец

~ **cochleae** каналец [водопровод] улитки

~ **reuniens** соединительный проток

~ **tympanicus** барабанный каналец

canalis [kə'nælis], *pl.* **canales** [kə'neili:z]:

~ **carpi** *лат.* запястный канал

~ **centralis** *лат.* спинномозговой канал *(центральный канал спинного мозга)*

~ **vertebralis** *лат.* позвоночный канал *(содержимым которого являются спинной мозг, его корешки и оболочки)*

canalization [,kænəlai'zeiʃn] **1.** реканализация *(напр. образование просвета в тромбированном сосуде)*; образование канальцев в ткани **2.** *физиол.* формирование рефлекторной дуги **3.** дренирование полости или полого органа; зондирование

laser ~ лазерная реканализация

cancel ['kænsl] 1. вычёркивать, стирать (запись); уничтожать 2. отменять, аннулировать (показания прибора)

cancellated [,kænsə'leitid] 1. решётчатый, сетчатый; губчатый (о строении кости) 2. разреженный, порозный (о кости)

cancellation [,kænsə'leiʃn] 1. анат. сетчатое [губчатое] строение 2. физиол. взаимопогашение (потенциалов); затухание, ослабление 3. вычёркивание, стирание (записи) 4. отмена (напр. назначения врача); аннулирование (показаний прибора)

cancellous ['kænseləs] см. **cancellated**

cancellus [kæn'seləs], pl. **cancelli** [kæn'selai] любая решётчатая структура (напр. губчатая кость)

cancer ['kænsə] 1. рак, карцинома ‖ онкологический 2. злокачественная опухоль, злокачественное новообразование

 ~ **a deux** лат. семейный рак

 ~ **atrophicans** лат. фиброзный [скиррозный] рак, скирр

 ~ **en cuirass** лат. 1. инфильтрирующий рак грудной стенки 2. распространённый рак плевры

 ~ **in situ** лат., **stage zero** преинвазивный [внутриэпителиальный] рак (локализованный в пределах слизистой оболочки)

 ~ **today** современное состояние проблемы рака

 Aran's ~ хлорлейкоз, хлорома

 associated ~ сопутствующий рак

 black ~ см. **melanotic** ~

 borderline ~ паранеоплазия (1. предрак 2. патологический процесс, поверхностно напоминающий опухоль)

 breast ~ рак молочной железы

 Butter's ~ рак печёночного угла ободочной кишки, Баттера опухоль

 cellular [cerebriform] ~ медуллярный [мозговидный] рак, мозговик

 childhood ~ рак в детском возрасте

 clay pipe ~ рак губы или языка, обусловленный длительным курением трубки

 colorectal ~ колоректальный рак (ободочной и прямой кишки)

 conjugal ~ рак у супругов (возникший одновременно или почти одновременно)

 contact ~ контактный рак (возникающий при соприкосновении опухоли с неопухолевой тканью, напр. на губе)

 dendritic ~ папиллярный [сосочковый] рак, папиллокарцинома

 dermoid ~ плоскоклеточный [эпидермоидный] рак

 early ~ начальная стадия рака

 encephaloid ~ см. **medullary** ~

 endometrial ~ рак эндометрия; рак матки

 environmental ~ рак, вызванный факторами окружающей среды

 familial ~ 1. семейный рак 2. генетические аспекты рака

 functioning ~ гормонально активный рак

 glandular ~ аденокарцинома, железистый рак

 green ~ хлорлейкоз, хлорома

 hard ~ фиброзный [скиррозный] рак, скирр

 hormone sensitive ~ гормоночувствительный рак

 intraoral ~ рак полости рта

 kang(ri) ~ рак «кангри» (у жителей Гималаев)

 medullary ~ медуллярный [мозговидный] рак, мозговик

 melanotic ~ меланома, меланобластома, меланосаркома

 metachronous ~ метахронный рак (первично возникающий через определённый промежуток времени)

 minimal [minute] ~s начальные формы рака

 mule-spinners' ~ рак прядильщиков хлопка

 multiple (primary) ~ первично-множественный рак

 non-small cell ~ немелкоклеточный рак

 oat cell ~ овсяноклеточный рак (лёгкого)

 obstructing esophageal ~ стенозирующий рак пищевода

 occult ~ скрытый [бессимптомный] рак (проявляющийся отдалёнными метастазами)

 occupational ~ профессиональный рак

 Paget's ~ экземоподобный рак молочной железы, Педжета [болезнь] рак

 penile ~ рак полового члена

 persistent ~ опухолевый очаг, сохранившийся после лечения

 pipe-smokers' ~ рак губы или языка, обусловленный длительным курением трубки

 pitch-workers' ~ ист. дегтярный рак, рак смолокуров

 pultaceous ~ слизеобразующий [коллоидный, перстневидно-клеточный] рак

 rodent ~ базалиома, базально-клеточный рак, базально-клеточная эпителиома

 scirrhous ~ фиброзный [скиррозный] рак, скирр

 second colorectal ~ рецидивный [вторичный] колоректальный рак

 small-cell lung ~ мелкоклеточный рак лёгких; см. тж. **oat cell** ~

 soft ~ см. **medullary** ~

 spider ~ рак с телеангиэктазиями

 terminal ~ терминальная стадия развития злокачественной опухоли

 urinary bladder ~ рак мочевого пузыря

 urologic ~ рак органов мочеполовой системы

 vaterian ~ рак большого дуоденального, или фатерова, соска

 X-ray ~ рентгеновский [лучевой] рак

cancer-associated ['kænsə-ə'səuʃieitid] обусловленный [вызванный, связанный] раковой опухолью (напр. о гиперкальциемии)

cancerate ['kænsəreit] приобретать характер раковой опухоли, малигнизироваться

canceration [,kænsə'reiʃn] малигнизация, появление признаков озлокачествления

canceremia [,kænsə'ri:miə] канцеремия (наличие раковых клеток в крови)

cancericidal [,kænsəri'saidəl] разрушающий раковые клетки

cancerigenic [,kænsəri'dʒenik] канцерогенный

cancerism ['kænsərizm] наклонность к злокачественному перерождению

cancerogen ['kænsərəudʒen] см. **carcinogen**

cancerology [,kænsə'rɒlədʒi] уст. онкология

cancerous ['kænsərəs] злокачественный, раковый

cancer-register ['kænsə-'redʒistə] канцер-регистр (государственная информационно-статистическая система по учёту и наблюдению за онкологическими больными)

cancriform [ˈkæŋkrifɔːm] напоминающий злокачественную опухоль

cancroid [ˈkæŋkrɔid] 1. *см.* **cancriform** 2. рак кожи, канкроид

cancrology [kæŋˈkrɒlədʒi] онкология

cancrum [ˈkæŋkrəm], *pl.* **cancra** [ˈkæŋkrə]:

~ **oris** нома, язвенно-некротический стоматит, «водяной рак»

Candida [ˈkændidə] кандида (*род грибов*)

~ **albicans** *лат.* дрожжеподобный белый гриб (*наиболее частый возбудитель кандидоза*)

candidacidal [ˈkændidəsaidl] кандидоцидный, разрушающий грибы

candidate [ˈkændideit]:

poor surgical ~ больной с плохим прогнозом хирургической операции

candidemia [ˌkændiˈdiːmiə] кандидемия (*наличие грибов в крови*)

candidiasis [ˌkændiˈdaiəsis] кандидоз, кандидамикоз, монилиаз, дрожжевой микоз (*среди которых Candida albicans составляет 75 %*)

~ **of glans** кандидозный баланит

~ **of mouth** кандидозный стоматит

acute pseudomembranous ~ острый кандидозный стоматит, молочница

chronic mucocutaneous ~ хронический кандидоз кожи и слизистых

disseminated ~ диссеминированный [системный] кандидоз

focal hepatic ~ очаговый кандидоз печени

mucocutaneous ~ кандидоз, поражающий кожу и слизистые оболочки

multifocal ~ многоочаговый кандидоз

systemic ~ *см.* **disseminated** ~

vaginal ~ вагинальный кандидоз

candidin [ˈkændidin] кандидин (*антиген из клеток candida, используемый в кожных аллергических пробах*)

candle [kændl] 1. свеча; «свечка» (*название типа бактериального фильтра*) 2. кандела

bacteriological filter ~**s** бактериологические фильтры-свечи (Шамберлана) (*изготовленные из каолина*)

candy [ˈkændi] 1. конфета, леденец, сладость 2. *sl.* наркотик

canebrake [ˈkeinbreik] гемоглобинурийная лихорадка, хинно-малярийная гемоглобинурия

canine¹ [ˈkeinain] клык (*третий зуб*) || относящийся к клыкам

canine² [ˈkeinain] относящийся к собаке; собачий

canister [ˈkænistə] фильтрующая коробка (*напр. респиратора*)

canities [kæˈniʃiːz] поседение; седина

rapid ~ преждевременное поседение (*за одну ночь или несколько дней*)

canker [ˈkæŋkə] 1. язвенное поражение (*губ или слизистой оболочки полости рта*) || изъязвляться, разъедать 2. афтозный стоматит

cankering [ˈkæŋkəriŋ] изъязвление; разъедание

Cannabaceae [ˈkænəbeisi:] *токс.* семейство коноплёвые

cannabinoid [kəˈnæbinɔid] каннабиноид (*активное вещество дикой конопли*)

cannabis [ˈkænəbis] марихуана, гашиш, каннабис, анаша, план (*наркотик-галлюциноген, добываемый из листьев и цветов дикой конопли Cannabis sativa*)

cannabism [ˈkænəbizm] каннабизм, гашишная наркомания

cannibalism [ˈkænibəˌlizəm] каннибализм (*поедание особей своего вида*); людоедство

reciprocal ~ взаимное поедание, реципрокный каннибализм (*вид иммунной аллоцитотоксичности у беспозвоночных*)

canning [ˈkæniŋ] консервирование

cannula [ˈkænjʊlə] *мед. тех.* канюля

artery ~ артериальный катетер

blunt ~ канюля с тупым кончиком

button ~ пуговчатая канюля

directed ~ направленный катетер

irrigation ~ ирригационная [орошающая] канюля

puncture ~ пункционная канюля

suction ~ аспирационная канюля

tonsil ~ канюля для промывания лакун миндалин

trachea ~ трахеотомическая трубка или канюля

Trendelenburg's ~ Тренделенбурга интубационная трубка с надувной манжетой

trocar ~ канюля троакара

uterine ~ маточный наконечник

vacuum-uterine ~ маточный наконечник вакуум-экстрактора

cannulation [ˌkænjʊˈleiʃn] катетеризация; канюлирование, канюляция

percutaneous ~ чрескожное канюлирование

peritoneal ~ канюлирование брюшной полости

thoracic duct ~ канюлирование грудного протока

transcervical ~ **of fallopian tube** трансцервикальная катетеризация маточной трубы

canon [ˈkænən] 1. жёсткое правило, предписание, канон 2. критерий

~ **of agreement** метод единственного сходства

~ **of concomitant variation** метод сопутствующих изменений

canthal [ˈkænθəl] относящийся к углу глазной щели

canthotomy [kænˈθɒtəmi] кантотомия (*рассечение наружной спайки век*)

canthus [ˈkænθəs], *pl.* **canthi** [ˈkænθai] угол глазной щели

medial ~ медиальный угол глазной щели

outer ~ латеральный [наружный] угол глазной щели

canvass [ˈkænvəs] опрос || обсуждать, дебатировать

cap [kæp] 1. колпак, колпачок, крышка || надевать колпачок, покрывать 2. медицинская шапочка 3. противозачаточный колпачок 4. защитная прокладка на обнажённую пульпу зуба || покрывать обнажённую пульпу зуба 5. головка 6. кэп-группировка (*5'-концевая группировка эукариотических мРНК*)

acrosomal ~ головной чехлик, акросомный колпачок (*сперматозоида*)

apical ~ **of lung** утолщение плевры верхушки лёгкого

bishop's ~ *см.* **duodenal** ~

cartilago ~ хрящевое покрытие (*напр. экзостоза*)

cradle ~ «колыбельная шапочка» *(себорейный дерматит у новорождённого)*

duodenal ~ *рентг.* дуоденальная шапочка *(контрастированное изображение луковицы двенадцатиперстной кишки)*

dust ~ пылезащитный колпачок

enamel ~ эмалевый орган зубного зачатка *(эмалевое покрытие коронки зуба)*

Hippocrates' ~ Гиппократа [шапка, повязка] чепчик

ice ~ пузырь со льдом

immunoglobulin ~ иммуноглобулиновая «шапочка» *(комплексы антиген – рецептор на поверхности В-лимфоцитов)*

knee ~ надколенник

peel-off ~ отрывной колпачок *(на флаконе лекарственного средства)*

phrygian ~ «фригийский колпак» *(изображение жёлчного пузыря на рентгенограмме)*

pyloric ~ луковица двенадцатиперстной кишки

screw ~ завинчивающаяся пробка

skull ~ свод [крыша] черепа

volume dispensing ~ объёмный мерник-насадка

capability [ˌkeipəˈbiləti] **1.** способность; одарённость **2.** *pl.* возможности

hospital emergency ~ies возможности больничной неотложной помощи

innstrument ~ies характеристики прибора, аппарата

overload ~ способность переносить перегрузки

performance ~ **1.** работоспособность **2.** соответствие назначению

phagocytic ~ies фагоцитарная способность

regeneration ~ регенерационная способность

social ~ies социальная активность

syncytia-induced ~ синцитий-индуцирующая способность *(вируса)*

testing ~ эффективность реакции

capacity [kəˈpæsiti] **1.** ёмкость, вместимость; объём **2.** пропускная способность **3.** мощность, нагрузка, производительность **4.** состоятельность *(напр. сфинктера)* **5.** проводимость; расход **6.** функциональная активность, потенциал

~ **of bladder** вместимость [объём] мочевого пузыря

~ **of body to buffer** буферная ёмкость тела

~ **to control behavior** способность контролировать поведение

~ **to metastasize** свойство *(опухоли)* к метастазированию

~ **to stand trial** *суд. мед.* способность предстать перед судом

absorbing ~ поглотительная [абсорбционная] способность

acid ~ способность основания нейтрализовать кислоту

adhesive ~ способность к сцеплению *(напр. тромбоцитов)*

allergenic ~ аллергенность, аллергизирующий потенциал

antigen-binding ~ **1.** антигенсвязывающая способность *(антисыворотки)* **2.** антигенсвязывающая ёмкость *(иммуносорбента)*

antiserum ~ титр антител; титр иммунной сыворотки; активность антисыворотки

aortic arch ~ ёмкость [вместимость] дуги аорты

basic ~ основность *(концентрация водородных ионов)*

bed ~ число коек *(в больнице)*

blotting ~ всасываемость, впитываемость, впитывающая способность

breathing ~ дыхательный объём *(лёгких)*

buffer ~ буферность

calorific ~ **1.** теплотворная способность **2.** теплоёмкость

carrying ~ максимальная численность населения

coding ~ кодирующая ёмкость *(равна молекулярной массе белка, кодируемого данной нуклеотидной последовательностью)*

coping ~ приспособительная способность *(индивидуума)*

coupling ~ **1.** связывающая ёмкость *(сорбента)* **2.** связывающая активность *(сыворотки)*

cranial ~ объём черепа

crying vital ~ жизненная ёмкость лёгких при крике *(у грудного ребёнка)*

drug metabolizing ~ метаболическое действие лекарственного средства

emissive ~ излучательная способность

equilibrium ~ *см.* functional residual ~

exchange ~ ёмкость [производительность] обмена

exercise ~ способность переносить физическую нагрузку

fibrinolytic ~ фибринолитическая активность

filter ~ производительность фильтра

forced vital ~ форсированная жизненная ёмкость лёгких, ФЖЕЛ

functional ~ функциональное состояние; (потенциальные) возможности органа

functional residual ~ функциональная остаточная ёмкость *(лёгких)*, ФОЕ

growing ~ энергия роста

healing ~ свойство приживления *(имплантата)*

heat ~ теплоёмкость

hereditary ~ препотентность *(способность к наследственной передаче)*

holding ~ удерживающая способность, функциональная ёмкость

homing ~ хоминг-индекс *(отношение числа клеток, репопулировавших данную территорию или орган, к общему числу клеток данного типа)*

immune complex solubilizing ~ иммуно-комплексная диссоциирующая активность *(сыворотки, обусловленная избыточностью антигенов или антител)*

increased gastric secretory ~ повышенная желудочная секреция

inspiratory ~ ёмкость вдоха

iron-binding ~ железосвязывающая способность *(крови)*

learning ~ способность к обучению, обучаемость

legal ~ правоспособность, дееспособность

locomotor ~ **of lymphocytes** способность лимфоцитов к движению

lung ~ жизненная ёмкость лёгких, ЖЕЛ

maximum breathing ~ максимальная вентиляция лёгких, МВЛ

mental ~ **1.** умственные [интеллектуальные] способности **2.** психический статус

mid-vital ~ средняя жизненная ёмкость *(лёгких)*

moisture ~ влагоёмкость

net ~ 1. полезный объём **2.** производительность

neutrophil iodination ~ степень йодирования нейтрофилов *(показатель фагоцитарной активности нейтрофилов в тестах in vitro)*

night vision ~ способность ночного зрения

normal bed ~ штатное число коек *(в больнице)*

oxygen-carrying ~ кислородная ёмкость *(крови)*

patient ~ 1. пропускная способность *(больницы, госпиталя)* **2.** число коек *(в больнице)*

physical ~ физические данные

predicted vital ~ должная жизненная ёмкость *(лёгких)*

producing ~ продуктивность, производительная способность

proliferative ~ пролиферативный потенциал

pulmonary ~ *см.* **lung ~**

radiating ~ излучательная способность

recycling ~ способность к рециклингу *(способность эффекторной цитотоксической клетки участвовать в нескольких последовательных циклах лизиса клеток-мишеней)*

reducing ~ восстанавливающая способность

regeneration ~ способность к регенерации

repopulation ~ репопулирующая способность *(напр. клеток костного мозга при пересадке)*

reproductive ~ репродуктивный потенциал

resident medical ~ должность врача-резидента *(проходящего специализацию)*

residual lung ~ остаточная ёмкость лёгких

residual pouch ~ остаточная ёмкость малого желудочка

respiratory ~ дыхательный объём *(лёгких)*

restorative ~ способность *(ткани)* к регенерации, регенеративный потенциал

self-maintaining ~ способность к самоподдержанию

semen fertilizing ~ оплодотворяющая способность спермы

serum trypsin inhibition ~ ингибирующая активность сыворотки *(крови)*

solvent ~ растворяющая способность

storage ~ объём памяти компьютера

suction ~ мощность аспирации или вакуумирования

testamentary ~ завещательная право- и дееспособность

timed expiratory ~ время задержки дыхания на выдохе, Генча проба

timed inspiratory ~ время задержки дыхания на вдохе, Штанге проба

timed vital ~ объём воздуха, выдыхаемого за определённый промежуток времени

total lung ~ общая [полная] ёмкость лёгких

total serum ion binding ~ общая способность сыворотки связывать железо

vector ~ ёмкость вектора *(максимальный размер участка ДНК, который может быть клонирован в данном векторе)*

vectorial ~ свойство переносчика инфекции

vital ~ *см.* **lung ~**

water-absorbing ~ водопоглощающая способность

working ~ трудоспособность; работоспособность

cap-formation [kæp-fɔːˈmeɪʃn] образование «шапочки» *(концентрация комплексов рецептор – антиген на клетке)*

capillaceous [ˌkæpiˈleɪʃəs] капиллярный; волосной

capillariasis [ˌkæpiləˈriəsis] капилляриоз *(нематодоз кишечника)*

capillary [ˈkæpiˌlɑːri] **1.** капилляр; капиллярная трубка ‖ капиллярный **2.** относящийся к волосам; подобный волосу

arteriolar ~ прекапиллярная артериола, метартериола, прекапилляр

continuous ~ капилляр с непрерывным эндотелием *(в стенке которого наблюдаются многочисленные пузырьки – кавеолы, но поры отсутствуют)*

fenestrated ~ капилляр с пористой стенкой

venous ~ посткапиллярная венула

capillator [ˈkæpileitə] прибор для колориметрического определения pH

capilliculture [kəˈpilikʌltʃə] **1.** уход за волосами **2.** лечение плешивости или других болезней волос

capilliform [kəˈpilifɔːm] волосовидный

capillurgy [kəˈpiləːʤi] эпиляция

capillus [kəˈpiləs], *pl.* **capilli** [kəˈpili] волос головы

capistration [kæpisˈtreɪʃn] фимоз

capita [ˈkæpitə] *pl. от* **caput:**

per ~ *лат.* на человека, на душу населения

capital [ˈkæpitəl] главный, основной, наиболее важный

capitate [ˈkæpiteit] головчатый, в форме головки

capitation [kæpiˈteiʃn] *страх.* подушевое финансирование, подушевой норматив

capitatum [kæpiˈteitəm] головчатая кость

capitium [kəˈpitiːəm] повязка на голову

capitonnage [ˌkæpitəʊˈnɑːʒ] *хир.* капитонаж *(резекция части кисты с её тампонадой)*

capitular [kəˈpitjʊlə] относящийся к головке кости

capitulum [kəˈpitjʊləm], *pl.* **capitula** [kəˈpitjʊlə] головка; головочка

~ humeri головка мыщелка плечевой кости

capotement [kaˌrəʊtˈmɔː] *фр.* шум плеска *(при аускультации)*

capping [ˈkæpiŋ] **1.** покрытие, оболочка **2.** кэппинг *(феномен образования «шапочки» из иммуноглобулинов на полюсах клеток)* **3.** надевание коронки на зуб

antibody-induced ~ антителоиндуцированный кэппинг

mutual ~ феномен двойной «шапочки», феномен парного кэппинга *(при взаимодействии антигена сразу с двумя видами рецепторов)*

pulp ~ защитное покрытие пульпы зуба

capsid [ˈkæpsid] капсид *(белковая оболочка вириона)*

double-shelled ~ двухслойный капсид

filamentous ~ нитевидный капсид

capsidation [ˌkæpsiˈdeiʃn] капсидирование *(процесс упаковки вирионной нуклеиновой кислоты в капсид)*

capsitis [kæpˈsaitis] воспаление капсулы хрусталика

capsomere [ˈkæpsəʊmiə] капсомер *(белковая структурная единица оболочки вириона)*

capsule [ˈkæpsəl], *лат.* **capsula** [ˈkæpsjʊlə] **1.** *анат.* оболочка; капсула; сумка **2.** *фарм.* желатиновая капсула лекарственных средств

adipose ~ жировая (почечная) капсула

baby fixing ~ укладка для (рентгенологического) исследования) грудного ребёнка

Bowman's ~ боуменова капсула *(нефрона)*

brood ~ зародышевый [герминативный] слой *(эхинококковой кисты)*

crystalline ~ *см.* **lenticular ~**

dental ~ периодонт, корневая оболочка, перицемент

environmental ~ кабина с регулируемым микроклиматом

gamma-ray ~ капсула с гамма-излучателем

Glisson's ~ фиброзная капсула печени, глиссонова капсула

glomerular ~ капсула почечного клубочка

joint ~ суставная капсула

lax ~ растянутая суставная капсула

lenticular ~ капсула хрусталика

microculture ~ культуральная микрокапсула

nasal [nose] ~ *эмбр.* носовая капсула

olfactory ~ обонятельная капсула

radiotelemetring ~ радиотелеметрическая капсула *(для исследования желудочно-кишечного тракта)*

Tenon's ~ влагалище глазного яблока, тенонова капсула

thymic ~ капсула вилочковой железы

capsulectomy [ˌkæpsjʊlˈektəmi] удаление капсулы, декапсуляция *(напр. почки)*

capsuliferous [ˈkæpsjʊliˌferəs] имеющий капсулу, заключённый в капсулу

capsulitis [ˌkæpsjʊˈlaitis] 1. воспаление оболочки или капсулы *(напр. сустава)* 2. тенонит, капсулит *(воспаление влагалища глазного яблока)*

hepatic ~ перигепатит

capsulize [ˌkæpsjʊˈlaiz] заключать в капсулу

capsulogenous [ˌkæpsjʊləʊˈdʒenəs] *микр.* образующий капсулу или спору

capsulolenticular [ˌkæpsjʊləʊlenˈtikjʊlə] относящийся к хрусталику и его сумке

capsuloplasty [ˌkæpsjʊləʊˈplæsti] пластическое восстановление суставной капсулы

capsulotomy [ˌkæpsjʊˈlɒtəmi] 1. артротомия, капсулотомия 2. вскрытие влагалища глазного яблока 3. цистотомия

renal ~ декапсуляция почек

captation [kæpˈteiʃn] первая стадия гипноза

capture [ˈkæptʃə] 1. захват *(восстановление контроля предсердий после периода независимых сокращений)* 2. поглощение ‖ поглощать

~ of tumor cells улавливание опухолевых клеток

antigen ~ тест для обнаружения антигенов

atrial ~ распространение ретроградного импульса на предсердия

immunological ~ of nucleic acid иммунологический захват гибридов нуклеиновых кислот

radioactive ~ радиационный захват

ventricular ~ желудочковый захват, *уст.* интерференция *(возбуждение желудочков импульсом из синусового узла при предсердно-желудочковой диссоциации)*

caput [ˈkæpət], *pl.* **capita** [ˈkæpitə] 1. голова 2. головка *(1. верхний или больший конец органа 2. конечная часть мышцы, прикрепляемая к менее подвижному отделу скелета)*

~ distorum кривошея

~ medusae *лат.* «голова медузы» *(расширение подкожных вен передней брюшной стенки)*

~ obstipum *см.* **~ distorum**

~ succedaneum кефалогематома *(скопление крови под надкостницей в результате родовой травмы)*

car [kɑ:] 1. транспортное средство 2. кабина лифта

ambulance ~ санитарный автомобиль, автомобиль скорой медицинской помощи

hospital [medical, ward] ~ санитарный вагон

carate [kəˈreiti] пинта *(грибковое поражение кожи)*

caravan [ˈkærəvæn] фургон, автоприцеп

mobile dental ~ передвижная зубоврачебная амбулатория

carbamide [ˈkɑ:bəmaid] мочевина

carbamoyltransferase [kɑ:ˌbæməʊəlˈtrænsfəreis] карбамоилтрансфераза

carbinol [ˈkɑ:binɒl] метиловый [древесный] спирт

carboangiocardiography [ˌkɑ:bəʊˌænʤiəʊkɑ:diˈɒɡrəfi] капноангиография, газовая ангиография *(с использованием углекислого газа)*

carbohemia [ˌkɑ:bəʊˈhi:miə] метгемоглобинемия

carbohydrate [ˌkɑ:bəʊˈhaidreit]:

available ~s усвояемые углеводы

high complex ~s сложные углеводы

reserve ~ запасной углевод

carbohydraturia [ˌkɑ:bəʊhaidrətˈju:riə] гликозурия, гликурия

carbolism [kɑ:ˈbɒlizm] отравление фенолом

carbolize [ˈkɑ:bəlaiz] обрабатывание фенолом

carbon [ˈkɑ:bɒn] 1. углерод *(уголь; графит; сажа; кокс)* 2. химически чистый уголь 3. угольный электрод

~ dioxide двуокись [диоксид] углерода, CO_2

~ monoxide окись [моноксид] углерода, CO

absorbent [activated] ~ активированный уголь

combined ~ химически связанный углерод

medicinal ~ карболен *(медицинский уголь)*

recovered ~ регенерированный уголь; активированный [обесцвечивающий] уголь

"vegetable ~" растительный уголь

carbonaceous [ˌkɑ:bɒnˈeisiəs] 1. углеродный, углеродистый, карбонатный 2. содержащий уголь

carbonization [ˌkɑ:bɒnaiˈzeiʃn] 1. обугливание, карбонизация 2. сухая перегонка

carbon-labelled [ˌkɑ:bɒnˈleibld]:

radioactive ~ меченный радиоактивным углеродом

carboxyhemoglobin [kɑ:ˌbɒksiˈhi:məʊˌɡləʊbin] карбоксигемоглобин *(стабильное соединение моноксида углерода с гемоглобином, препятствующее переносу диоксида углерода и кислорода при циркуляции крови)*

carboxylation [kɑ:ˌbɒksiˈleiʃn] карбоксилирование *(присоединение CO_2 к органическому акцептору с образованием группы COO^-, напр. при фотосинтезе)*

reductive ~ восстановительное карбоксилирование

carboxylesterase [kɑ:ˌbɒksəlˈestəreis] карбоксилэстераза

carboxyltransferase [kɑ:ˌbɒksəlˈtrænsfəreis] карбоксилтрансфераза

carboxylyase [kɑ:ˌbɒksiˈlaieis] карбоксилаза

carboy [ˈkɑ:bɒi] стеклянная оплетённая бутыль *(для кислот)*

carbuncle [ˈkɑ:bʌŋkl] 1. карбункул 2. сибирская язва

malignant ~ 1. сибиреязвенный [злокачественный] карбункул 2. сибирская язва

carbunculosis [ka:ˌbʌŋkjʊˈləʊsis] множественные карбункулы

carburator [ˌkɑːbəˈreitə] *sl.* устройство для курения каннабиса, в котором дым смешивается с воздухом

carcass [ˈkɑːkəs] **1.** тело **2.** труп

carcinectomy [ˌkɑːsinˈektəmi] удаление раковой опухоли

carcinelcosis [ˌkɑːsinelˈkəʊsis] изъязвление раковой опухоли

carcinoembryonic [ˌkɑːsinəʊˌembriˈɒnik] канцероэмбриональный *(об антигене)*

carcinogen [kɑːˈsinəʤen] канцероген, онкоген, канцерогенное вещество

   environmental ~s канцерогенные факторы окружающей среды

   genotoxic ~ генотоксичный канцероген

   industrial ~ промышленный канцероген

   potent ~ сильный канцероген

   suspected ~s потенциальные канцерогены, проканцерогены

carcinogenesis [ˌkɑːsinəʊˈʤenəsis] онкогенез, канцерогенез, бластомогенез

   multigeneration ~ полигенеративный канцерогенез

carcinogenicity [ˌkɑːsinəʊʤəˈnisiti] онкогенность, канцерогенность, канцерогенное действие

carcinoid [ˈkɑːsinɔid] аргентаффинома, карциноид *(опухоль, исходящая из аргентаффиноцитов кишечника)*

   ~ argentaffin карциноид, аргентаффинома

   appendiceal ~ карциноид червеобразного отростка

   bronchial ~ карциноид бронха

   goblet cell ~ бокаловидноклеточный карциноид

carcinology [ˌkɑːsiˈnɒləʤi] онкология

carcinolysis [ˌkɑːsiˈnɒlisis] онколиз, распад раковой опухоли

carcinolytic [ˌkɑːsinəʊˈlitik] разрушающий раковые клетки

carcinoma [ˌkɑːsiˈnəʊmə] эпителиома, *уст.* карцинома

   ~ cutaneum рак кожи

   ~ ex pleomorphic adenoma карцинома из плеоморфной аденомы *(возникающая в смешанной опухоли слюнной железы; характеризуется агрессивным течением)*

   ~ in situ преинвазивный [внутриэпителиальный] рак, «рак на месте»

   ~ of ceruminous gland рак серной железы

   ~ of cervix рак шейки матки

   ~ simplex недифференцированный рак

   ~ twice множественный рак *(исходящий из двух и более органов)*

   acinar [acinous] ~ аденокарцинома, железистый рак

   adenoid cystic ~ аденоидно-кистозный рак, цилиндрома

   adenoid squamous cell ~ аденоидный плоскоклеточный рак

   advanced ~ запущенный рак

   alveolar cell ~ альвеолярно-клеточный рак; аденоматоз лёгкого

   ampullary ~ рак ампулы двенадцатиперстной кишки

   anaplastic ~ недифференцированный мелкоклеточный рак

   apocrine ~ экстрамамиллярный рак Педжета, экстрамедуллярный дерматоз Педжета *(апокринных желёз)*

   basal cell ~ базалиома, базально-клеточный рак, базально-клеточная эпителиома

   breast ~ рак молочной железы

   bronchiolar [bronchogenic] ~ бронхогенный рак, рак бронха

   central lung ~ центральный рак лёгкого *(исходящий из главных, долевых и сегментарных бронхов)*

   chorionic ~ хориокарцинома, хорионэпителиома

   clear-cell ~ *см.* **renal cell ~**

   colorectal ~ рак ободочной и прямой кишки

   columnarcell ~ *см.* **acinar ~**

   cortical ~ рак коры надпочечника

   cylindric cell ~ цилиндроклеточный [неороговевающий] рак

   diffuse lung ~ бронхиолярный рак

   ductal ~ внутрипротоковый рак *(молочной железы)*

   eccrine ~ аденокарцинома экзокринных желёз

   embryonal ~ эмбриональный рак, тератокарцинома

   endometrial ~ рак эндометрия

   epidermoid ~ плоскоклеточный [эпидермоидный] рак

   extramammary Paget's ~ *см.* **apocrine ~**

   fibroepithelial basal cell ~ фиброэпителиальный базально-клеточный рак

   focal ~ очаговый местный рак, фокальная карцинома *(начальная неинвазивная форма рака, T_0)*

   freely moveable ~ свободно подвижная карцинома, не спаянная с окружающими тканями

   gelatinous ~ *см.* **mucinous ~**

   giant cell ~ гигантоклеточный рак

   gill cleft ~ бранхиогенная опухоль, бранхиогенный рак

   hair-matrix ~ *см.* **basal cell ~**

   hepatocellular ~ печёночноклеточный рак, гепатоцеллюлярная карцинома

   Hürthle cell ~ оксифильная карцинома щитовидной железы, рак из Хюртля клеток

   induced ~ искусственно вызванный [индуцированный, экспериментальный] рак

   inoperable ~ неоперабельный рак

   intraepithelial ~ *см.* **in situ ~**

   keratinizing squamous cell ~ неороговевающий плоскоклеточный рак

   large cell ~ *см.* **giant cell ~**

   lenticular ~ эндофитная форма рака

   lobular ~ of the breast дольчатый рак молочной железы

   low rectal ~ рак нижнего отдела прямой кишки

   medullary ~ медулярный [мозговидный] рак

   mimic squamous cell ~ подобный плоскоклеточному раку

   morphoea type basal cell ~ тип морфеа базально-клеточного рака

   mucinous ~ слизеобразующий [коллоидный, перстневидно-клеточный] рак

   multicentric [multifocal] ~ первично-множественный [многоочаговый] рак

   nonfunctioning ~ гормонально не активный рак *(островкового аппарата)*

   non-small-cell ~ немелкоклеточный рак *(лёгкого — самое частое злокачественное новообразование у мужчин и частое у женщин)*

   oat cell ~ овсяноклеточный рак

   oropharyngeal ~ рак ротоглотки

papilliferous ~ папиллярный [сосочковый] рак, папиллокарцинома

pedunculated ~ карцинома на ножке

primary bronchial ~ первичный рак бронхов

rectal ~ рак прямой кишки

renal cell ~ рак почки, гипернефрома

respiratory epithelial ~ эпителиальный цилиндроклеточный, неороговевающий рак бронха

scirrous ~ фиброзный рак, скирр *(при котором соединительно-тканная структура преобладает над опухолевыми клетками)*

seminal ~ семинома (яичка), сперматоцитома

small-cell ~ мелкоклеточный рак

spindle cell ~ веретеноклеточный рак

squamous cell ~ плоскоклеточный [эпидермоидный] рак

superficial spreaded [surface] ~ поверхностно-локализованный рак

symptomatic ~ клинически проявляющийся рак

syncytial ~ хориокарцинома, хорионэпителиома

transitional cell ~ переходноклеточный [смешанный] рак *(развивающийся из переходного эпителия)*

tuberous ~ экзофитная форма рака

undifferentiated ~ недифференцированный рак

urothelial ~ рак уротелия, переходно-клеточный рак почки

verrucous ~ **of the esophagus** бородавчатый рак пищевода

verrucous squamous ~ сосочково-плоскоклеточный рак *(органов полости рта)*

villous ~ ворсинчатое новообразование с малигнизацией

carcinomatosis [ˌkaːsinəʊməˈtəʊsis] карциноматоз *(множественное метастазирование рака)*

carcinomelcosis [ˌkaːsinəʊməlˈkəʊsis] *уст.* раковое изъязвление

carcinosarcoma [ˌkaːsinəʊsaːˈkəʊmə] карциносаркома *(смешанная опухоль)*

embryonal ~ аденосаркома почки, эмбриональная нефрома, Вильмса опухоль

polypoid ~ полипоидная карциносаркома

carcinosis [kaːsiˈnəʊsis] карциноматоз, карциноз

~ **pleurae** карциноматоз плевры

miliary ~ милиарный карциноматоз

carcinostatic [ˌkaːsinəʊˈstætik] канцеростатическое средство ‖ задерживающий рост опухоли, канцеростатический

card [kaːd] карта; карточка *(напр. регистрационная)*, бланк

~**s per minute** *выч. тех.* (число) карт в минуту *(единица скорости считывания, записи или передачи информации)*

business ~ *см.* **visiting** ~

emergency ~ карточка скорой медицинской помощи

field medical ~ медицинская карточка передового района *(военно-полевой медицины)*

health ~ медицинская карта, карта здоровья

healthcare professional ~ *комп.* карточка (данных на) медицинского работника

immunization record ~ 1. карта вакцинации *(пациента)* 2. календарь вакцинации или прививок

identity ~ 1. идентификационная карточка *(напр. врача)* 2. удостоверение личности

medical ~ 1. температурный лист 2. бланк истории болезни, медицинская карта

medication ~ *амер.* карта лекарственных средств; лист врачебных назначений

microprocessor health ~ индивидуальная электронная медицинская карточка

optical ~ оптическая медицинская карточка *(информация о здоровье человека на оптическом носителе)*

patient ~ *комп.* медицинская карточка больного *(электронная история болезни)*

record ~ регистрационная карточка

request ~ карта-запрос

result ~ карта-ответ

school health ~ санитарная карта школьника

serum ~ тканевый паспорт *(пациента)*, HLA-карта, HLA-паспорт

smallpox recognition ~s карточки для идентификации оспы

smart ~ *см.* **microprocessor health**~

visiting ~ визитная карточка

Card:

Green ~ «Грин карт» *(иммиграционная виза в США)*

National Health ~ медицинская карта лиц, обслуживаемых государственной службой здравоохранения *(Великобритания)*

cardia [ˈkaːdiə] кардиальное отверстие, кардия *(желудка)*

cardiac [ˈkaːdiæk] 1. кардиотоническое средство ‖ стимулирующий деятельность сердца 2. больной с заболеванием сердца ‖ сердечный, кардиологический 3. кардиальный, относящийся к кардии желудка

black ~ больной с синдромом лёгочной, гипертензии

positive inotropic ~ кардиотоническое средство

cardiac-phase-controlled [ˈkaːdiæk-feiz-kənˈtrəʊld] синхронизированный с фазами сердца *(напр. об электростимуляции)*

cardialgia [kaːdiˈældʒiə] 1. кардиалгия, боль в сердце 2. *уст.* изжога

cardianastrophe [ˌkaːdiænˈæstrəʊfi] декстрокардия

cardiant [ˈkaːdiænt] средство, стимулирующее деятельность сердца

cardiectasis [ˌkaːdiˈektəsis] расширение сердца

cardiectomy [ˌkaːdiˈektəmi] проксимальная резекция желудка, резекция кардии

cardioacceleration [ˌkaːdiəʊˌækseləˈreiʃn] кардиостимуляция, электростимуляция сердца

cardioaccelerator [ˌkaːdiəʊækˈseləreitə] кардиотоническое средство ‖ кардиотропный, стимулирующий деятельность сердца

cardioactive [ˌkaːdiəʊˈæktiv] кардиотонический, стимулирующий деятельность сердца

cardioangiography [ˌkaːdiəʊˌænʤiˈɒɡrəfi] ангиокардиография, рентгеновазокардиография

cardiocele [ˈkaːdiəʊsiːl] кардиоцеле *(протрузия [выбухание] сердца по типу грыжи через отверстие в диафрагме или в рану)*

cardiocentesis [ˌkaːdiəʊsenˈtiːsis] пункция сердца

cardiochalasia [ˌkaːdiəʊkəˈleiziə] недостаточность кардиального сфинктера *(желудка)*

cardiocinetic [ˌkaːdiəʊsiˈnetik] *см.* **cardioaccelerator**

cardioclasia [ˌkaːdiəʊˈkleiziə] разрыв сердца

cardiodilator [ˌkaːdiəʊˈdaileitə] *мед. тех.* кардиодилататор

cardiodiosis [ˌkɑːdiəʊdaiˈəʊsis] кардиодилатация, расширение кардии *(желудка)*

cardiodynia [ˌkɑːdiəʊˈdiniə] кардиалгия, боль в сердце

cardio-esophageal [ˌkɑːdiəʊˌiˌsɒfəˈdʒiəl] кардиально-эзофагеальный, относящийся к кардии и пищеводу

cardiogenic [ˌkɑːdiəʊˈdʒenik] кардиогенный, обусловленный деятельностью сердца, сердечного происхождения

cardiogram [ˈkɑːdiəʊˌgræm] **1.** кардиограмма **2.** электрокардиограмма

apex ~ верхушечная кардиограмма

esophageal ~ запись сокращений левого предсердия через пищевод

exercise ~ кардиограмма при нагрузке

impedance ~ реокардиограмма, импедансная кардиограмма

ultrasonic ~ эхокардиограмма

cardiography [kɑːdiˈɒgrəfi] **1.** кардиография **2.** электрокардиография

impedance ~ реокардиография, импедансная кардиография

ultrasonic ~ эхокардиография, ультразвуковая кардиография

vector ~ вектор(электро)кардиография

cardiohemothrombus [ˌkɑːdiəʊˌhiˈməʊˈθrɒmbəs] тромбоз предсердия сердца

cardioinhibitor [ˌkɑːdiəʊinˈhibitə] агент, тормозящий деятельность сердца; кардиодепрессант

cardiokinetic [ˌkɑːdiəʊˈkinetik] кардиотоническое средство ‖ кардиотонический, стимулирующий деятельность сердца

cardiolipin [ˌkɑːdiəʊˈlipin] **1.** кардиолипин *(экстракт сердечной мышцы крупного рогатого скота)* **2.** *pl.* кардиолипины *(группа липидов, содержащихся в мембране митохондрий и участвующих в процессе окислительного фосфорилирования)*

cardiolith [ˌkɑːdiəʊˈliθ] кальцификат (клапанов) сердца; кардиолит *(конкремент в сердце или в области обызвествлённой дегенерации его стенки или клапанов)*

cardiology [ˌkɑːdiˈɒlədʒi] кардиология

noninvasive ~ неинвазивная кардиология; атравматичные бескровные методы исследования и лечения в кардиологии

nuclear ~ радиоизотопное исследование сердца

cardiolysis [ˌkɑːdiˈɒlisis] (пери)кардиолиз, Рена – Делорма операция *(освобождение сердца от спаек с перикардом)*

cardiomalacia [ˌkɑːdiəʊməˈleiʃə] кардиомаляция, размягчение сердечной мышцы

cardiomegaly [ˌkɑːdiəʊˈmegəli] кардиомегалия, расширение полостей сердца, «бычье сердце»

enlargement ~ выраженная кардиомегалия

glycogenic ~ гликогенная кардиомиопатия, гликогеноз миокарда

moderate ~ умеренно выраженная кардиомегалия

cardiomensurator [ˌkɑːdinˈmensəˈreitə] кардиомензуратор *(прибор для сопоставления поперечного диаметра сердца, массы тела и роста)*

cardiometry [kɑːdiˈɒmətri] определение размеров сердца или его сократительной способности

cardiomotility [ˌkɑːdiəʊməʊˈtiliti] перемещение сердца во время сердечного цикла

cardiomyocyte [ˌkɑːdiəʊˌmaiəʊˈsait]:

hypoxia ~s кардиомиоциты в состоянии ишемии

cardiomyoliposis [ˌkɑːdiəʊˌmaiəʊliˈpəʊsis] жировая дистрофия миокарда

cardiomyopathy [ˌkɑːdiəʊmaiˈɒpəθi] кардиомиопатия *(заболевание миокарда неустановленной природы)*

beer-drinker's ~ кардиомиопатия от чрезмерного употребления пива, «пивное сердце»

congestive ~ застойная [дилатационная] миокардиопатия

constrictive ~ *см.* **restrictive** ~

dilatation ~ *см.* **congestive** ~

hypertrophic ~ идиопатическая гипертрофическая кардиомиопатия

peripartum [post-partum] ~ кардиомиопатия, связанная с родами

restrictive ~ рестриктивная кардиомиопатия, фиброзный эндокардит, Беккера болезнь

cardiomyoplasty [ˌkɑːdiəʊˈmaiəˌplæsti] кардиомиопластика *(операция замены или укрепления скелетными мышцами поражённого участка миокарда)*

cardiomyotomy [ˌkɑːdiəʊˌmaiˈɒtəmi] кардиомиотомия *(рассечение кардиального сфинктера желудка)*

cardionecrosis [ˌkɑːdiəʊnekˈrəʊsis] очаговый некроз миокарда

cardionector [ˌkɑːdiəʊˈnektɔ] проводящая система сердца

cardioneurosis [ˌkɑːdiəʊnjuˈrəʊsis] *псих.* кардионевроз, нейроциркуляторная дистония

cardio-omentopexy [ˌkɑːdiəʊ-əʊˈmentəʊpeksi] оментокардиопексия

cardiopalmus [ˌkɑːdiəʊˈpælməs] **1.** учащённое сердцебиение **2.** фибрилляция сердца

cardiopaludism [ˌkɑːdiəʊˈpæljʊdizm] аритмия сердца малярийного происхождения

cardiopathia [ˌkɑːdiəʊˈpæθiə]:

~ **genitalias,** ~ **uterina** *лат.* климактерическая кардиопатия, кардиопатия периода менопаузы

cardiopathy [ˌkɑːdiˈɒpəθi] **1.** кардиопатия *(заболевание сердца)* **2.** кардиомиопатия *(поражение миокарда неясной этиологии)*

cardiophobia [ˌkɑːdiəʊˈfəʊbiə] кардиофобия *(патологическая боязнь смерти от сердечного заболевания)*

cardiophonography [ˌkɑːdiəʊfəʊˈnɒgrəfi] фонокардиография

cardiophony [ˌkɑːdiəʊˈfəʊni] **1.** аускультация сердца **2.** воспроизведение звуков сердца

cardioplasty [ˈkɑːdiəʊˌplæsti] кардиопластика *(пластическая операция на кардиальном отделе желудка)*

cardioplegia [ˌkɑːdiəʊˈpiːdʒiə] **1.** кардиоплегия *(остановка сердца, обычно индуцированная во время операции)* **2.** травма [повреждение] сердца

~ **subitus** внезапная остановка сердца

ice-chip ~ холодовая кардиоплегия *(вызванная льдом)*

cardiopneumatic [ˌkɑːdiəʊnjuˈmætik] *см.* **cardiopulmonary**

cardioprotection [ˌkɑːdiəʊprəˈtekʃn] защита сердца; профилактика сердечно-сосудистых заболеваний

cardiopsychoneurosis [ˌkɑːdiəʊˌsaikəʊnjuˈrəʊsis] нейроциркуляторная дистония

cardioptosia [ˌkɑːdiɒpˈtəʊsiə], **cardioptosis** [ˌkɑːdiɒpˈtəʊsis] капельное [висячее] сердце, опущение сердца

cardiopulmonary [ˌkɑːdiəʊˈpʌlmənəri] сердечно-лёгочный

cardiopyloric [ˌkɑːdiəʊpaiˈlɒrik] относящийся к кардиальному и пилорическому отделам желудка или к кардиальному и пилорическому жомам

cardiorrhaphy [ˌkɑːdiˈɒrəfi] ушивание раны сердца

cardiorrhexis [ˌkɑːdiəʊˈreksis] разрыв сердца

cardioschisis [ˌkɑːdiˈɒskisis] рассечение сращений между миокардом и перикардом

cardioscope [ˈkɑːdiəʊskəʊp] электрокардиоскоп

cardioselectivity [ˌkɑːdiəʊsəlekˈtiviti] избирательность действия на сердце (фармпрепаратов)

cardiospasm [ˌkɑːdiəʊˈspæsm] кардиоспазм, ахалазия кардии

cardiostimulatory [ˌkɑːdiəʊstimjʊˈleitəri] кардиотонический, стимулирующий деятельность сердца

cardiosynchronized [ˌkɑːdiəʊˈsiŋkrənaizd] синхронизированный с фазами сердечного цикла

cardiotachometer [ˌkɑːdiəʊtəˈkɒmətə] кардиотахометр

  beat-by-beat ~ кардиотахометр, учитывающий каждое сокращение сердца

cardiothyrotoxicosis [ˌkɑːdiəʊˌθairəʊtɒksiˈkəʊsis] тиреотоксическое сердце

cardiotocography [ˌkɑːdiəʊtəʊˈkɒgrəfi], **cardiotokography** [ˌkɑːdiəʊtəʊˈkɒgrəfi] кардиотокография (электрокардиомониторинг плода в процессе родов)

cardiotomy [ˌkɑːdiˈɒtəmi] 1. кардиотомия, вскрытие полости сердца 2. резекция кардии (желудка)

cardiotonic [ˌkɑːdiəʊˈtɒnik] кардиотоническое средство || стимулирующий деятельность сердца

cardiotopometry [ˌkɑːdiəʊtəˈpɒmətri] определение границ сердечной тупости

cardiotoxicity [ˌkɑːdiəʊtɒkˈsisiti]:

  hyperkalemic ~ кардиотоксичность, обусловленная гиперкалиемией

cardiovalvulitis [ˌkɑːdiəʊˌvælvjʊˈlaitis] воспаление клапанов сердца

cardiovalvulotomy [ˌkɑːdiəʊˌvælvjʊˈlɒtəmi] хирургическая коррекция клапана сердца

cardiovasology [ˌkɑːdiəʊvæˈsɒlədʒi] кардиоангиология

cardioversion [ˌkɑːdiəʊˈvɜːʃn] электрокардиоверсия, электроимпульсная терапия (аритмий)

  ~ **of atrial fibrillation** электрическая дефибрилляция предсердий

  external ~ наружная электрокардиоверсия

cardioverter [ˌkɑːdiəʊˈvɜːtə] кардиовертер (электрический дефибриллятор сердца)

  inplantable ~ имплантируемый кардиовертер

carditis [kɑːˈdaitis] кардит (воспаление какой-л. структуры сердца)

  rheumatic ~ ревмокардит

  verrucous ~ бородавчатый [абактериальный] эндокардит

care [keə] 1. забота, попечение, оказание помощи; выхаживание (больного) || заботиться, ухаживать 2. осторожность, тщательность 3. диагностика, лечение, реабилитация 4. просветительно-гигиеническая работа, гигиеническое воспитание (напр. школьников)

~ **of airway** обеспечение проходимости воздухносных путей

  ~ **and treatment** уход и лечение

  ~ **of instruments** обработка (хирургических) инструментов

  ~ **of vascular endothelium** щажение сосудистого эндотелия

  acute ~ экстренная помощь; лечение острого заболевания

  ambulatory ~ см. **out-patient** ~

  anesthetic ~ ведение [проведение] наркоза

  antenatal ~ дородовое наблюдение; дородовый уход

  appropriate ~ патронажное наблюдение (напр. женщин)

  basic health ~ начальная медико-санитарная помощь

  bed ~ 1. лечение стационарных больных 2. уход за лежачими больными 3. постельный режим

  best supportive ~ эффективная симптоматическая терапия

  body ~ уход за телом

  child ~ попечительство над ребёнком

  child health ~ педиатрическая помощь

  community health ~ медико-санитарная помощь в общине

  comprehensive health ~ всеобъемлющая медико-санитарная помощь

  convalescent ~ уход за выздоравливающим, реабилитация

  coordinated patient ~ скоординированное обслуживание пациентов

  coronary ~ лечение коронарных больных; помощь при острых заболеваниях сердца

  crisis [critical] ~ интенсивная терапия и реанимация, экстренное лечение критических состояний

  custodial ~ попечительская помощь (призрение, опека, патронаж)

  day ~ 1. лечение в дневном стационаре 2. наблюдение на протяжении дня

  definitive ~ последующее наблюдение; наблюдение в отдалённые сроки

  dental ~ стоматологическая помощь

  district day ~ местный дневной стационар

  domiciliary ~ медицинская помощь на дому; домашний уход (за больным)

  elective ~ лечение планового больного

  emergency ~ скорая [неотложная, экстренная] медицинская помощь

  essential health ~ основные элементы медико-санитарной помощи

  expert ~ специализированное лечение

  extended ~ расширенная медицинская помощь (стационарное лечение с последующей реабилитацией)

  extensive nursing ~ тщательный уход (за больным)

  eye ~ лечение заболеваний глаз, офтальмологическая помощь

  family ~ семейная медицина (охрана здоровья семьи; лечение всех членов семьи, независимо от пола и возраста)

  follow-up ~ 1. наблюдение во внебольничных условиях 2. послебольничное лечение; реабилитация

  forward surgical ~ первичная хирургическая помощь

  foster ~ 1. воспитание приёмного ребёнка 2. вынашивание приёмного ребёнка

free ~ бесплатная медицинская помощь

great ~ пристальное наблюдение

health ~ 1. забота о здоровье 2. здравоохранение; медико-санитарная служба

holding ~ уход за ранеными, эвакуация которых временно задержана

home ~ 1. домашний уход 2. медицинская помощь на дому; стационар на дому

home nursing ~ сестринский уход и помощь на дому

hospice ~ лечение и уход в хосписе

hospital ~ больничная помощь; стационарное лечение

immediate ~ *см.* **emergency** ~

incontinence ~ уход при недержании (*напр. мочи*)

individual ~ комплекс лечебных мер, применяемых в отношении отдельных лиц или групп лиц

infant ~ 1. уход за детьми раннего возраста 2. охрана детства

in-hospital newborn ~ помощь госпитализированному новорождённому

initial ~ первая помощь (*напр. при ожогах*); первоначальное лечение

in-patient ~ *см.* **hospital** ~

international health ~ международное здравоохранение

lay ~ уход, осуществляемый немедицинскими работниками

"less-than-optimum ~" менее чем оптимальное лечение

long-term ~ лечение хронических больных; долгосрочная медицинская помощь

managed ~ управляемая медицинская помощь

manipulative foot ~ мануальная терапия заболеваний стоп

maternal [maternity] ~ 1. охрана материнства 2. материнская забота 3. помощь при родах

medical ~ 1. медицинское обслуживание; медицинская помощь 2. внебольничная медицинская помощь

mental health ~ психогигиена

metabolic ~ коррекция метаболических нарушений, метаболическая терапия

mobile medical ~ передвижная амбулатория

national health ~ национальная служба здравоохранения

neonatal [newborn] respiratory ~ лечение респираторных нарушений у новорождённых

night hospital ~ ночной стационар

nursing ~ сестринские наблюдение и помощь

nutritional ~ лечебное питание, диета

obstetric ~ акушерская помощь

operative ~ операция; хирургическое лечение

orthodontic ~ ортодонтическое лечение

out-patient ~ амбулаторное [внебольничное, поликлиническое] лечение; амбулаторная помощь

perinatal ~ перинатальная терапия; перинатальный уход (*напр. за роженицей*)

periodontal ~ удаление зубодесневых отложений, кюретаж десневых карманов

postnatal ~ уход в постнатальном периоде (*за новорождённым*)

postoperative ~ ведение послеоперационного периода

postpartum ~ уход за родильницей; ведение в послеродовом периоде

precoronary ~ лечение предынфарктного состояния

predoctor ~ доврачебная помощь

prenatal ~ 1. гигиена беременных 2. медицинское обслуживание беременных 3. наблюдение за состоянием плода

preschool child health ~ медицинское наблюдение за ребёнком дошкольного возраста

preventive health ~ профилактическая медицина

primary health [medical] ~ 1. первичная медико-санитарная помощь (*оказываемая лицом без медицинского образования*) 2. первичная врачебная помощь (*оказываемая врачом общего профиля*)

psychiatric day ~ лечение в психиатрическом дневном стационаре

psychological ~ психотерапия

rational ~ эффективное лечение

rescue emergency ~ неотложная медицинская помощь (*напр. при несчастных случаях*)

residential ~ лечение на дому; семейная медицинская практика

respiratory ~ искусственная вентиляция лёгких

roadside ~ помощь при дорожно-транспортных происшествиях

routine postoperative ~ обычное ведение больного после операции

rural health ~ медицинское обслуживание сельского населения

scaling ~ *см.* **periodontal** ~

school child health ~ профилактическое [гигиеническое] наблюдение за ребёнком школьного возраста

secondary (medical) ~ вторичная медицинская помощь (*в стационарах общего типа*)

skin ~ уход за кожей

sophisticated ~ умелый [квалифицированный] уход

spinal-fusion ~ спондилодез (*операция стабилизации позвонков*)

stoma ~ уход за стомой (*напр. кишечной, желудочной*)

stroke ~ лечение инсульта

subacute ~ лечение болезни в подострой стадии, или фазе

subsiquent ~ **of healthy newborn** последующее медицинское наблюдение за здоровым новорождённым

supportive ~ заместительная терапия; поддерживающее [симптоматическое] лечение

talking ~ лечение беседой (*метод психотерапии*)

team ~ бригадный метод лечения

terminal ~ лечение больных в терминальном состоянии; уход за неизлечимым больным

tertiary ~ высокоспециализированная [третичная] медицинская помощь

total health ~ общая медицинская помощь

under the ~ of a physician под наблюдением врача

unqualified nursing ~ неквалифицированный сестринский уход

vision ~ лечение нарушений зрения

well baby health ~ уход за здоровым новорождённым

Care:

National Medical ~ корпорация «Национальная медицинская помощь» (*центр по диализу, США*)

CAR

caregiver ['keəgivə] лицо, осуществляющее уход или лечение

carelessness ['keələsnəs] небрежность, неосторожность, халатность *(напр. врача)*

Carenet ['keənet] *комп.* система регистрации пациента, планирование лечебного процесса

carer ['keərə] лицо, осуществляющее уход за больным, за детьми; служитель

caribi [kə'riːbi] эпидемический гангренозный проктит

Carica ['kærikə]:

~ **Papaya** дынное дерево *(плоды которого содержат папаин – протеолитический фермент)*

caries ['keəriːz] кариес *(локальная деструкция кости с инфицированием и образованием полости)*

~ **fungosa** *лат.* туберкулёз кости

~ **of first degree** кариес зуба I степени *(поражение эмали)*

~ **of fourth degree** кариес зуба IV степени *(поражение с гнойно-гнилостным разрушением пульпы)*

~ **of petrosus bone** остеомиелит каменистой части височной кости

~ **of second degree** кариес зуба II степени *(поражение эмали и дентина)*

~ **of third degree** кариес зуба III степени *(поражение с вовлечением пульпы)*

~ **sicca** сухой кариес; сухая костоеда *(туберкулёз кости без нагноения и без образования свища)*

cemental ~ кариес цемента

enamel ~ кариес эмали *(зуба)*

extensive ~ осложнённый кариес зубов

interproximal ~ кариес проксимальной поверхности зуба

necrotic ~ костный секвестр в гнойной полости

occlusal ~ кариес жевательных поверхностей зубов

Pott's ~ *уст. см.* **spinal** ~

rampant dental ~ выраженный кариес зубов

spinal ~ туберкулёз позвоночника, туберкулёзный спондилит, Потта болезнь

undetected ~ скрытая кариозная полость зуба

caries-associated ['keəriːz-ə'səʊʃieitid] присущий кариесу *(о микрофлоре)*

carina [kə'rainə], *pl.* **carinae** [kə'raini] *анат.* киль

~ **of trachea** киль трахеи

urethral ~ **of vagina** уретральный киль влагалища

carinate ['kærineit] килевидный; ладьевидный

cariogenesis [ˌkeəriːəʊ'ʤenəsis] патогенез кариеса

cariogenicity [ˌkeəriːəʊʤə'nisiti] кариесогенное свойство, кариесогенность

potential ~ потенциальная кариесогенность *(напр. диеты)*

cariology [ˌkeəri'ɒləʤi] **1.** кариесология *(изучение возникновения и развития кариеса)* **2.** кариология *(раздел цитологии, изучающий развитие, структуру и функции клеточного ядра и хромосом)*

cariosity [ˌkeəri'ɒsiti] кариес, кариозное состояние

cariostatic [ˌkeəriɒ'stætik] кариостатический

carious ['keəriəs] кариозный

C-arm [si'aːm] *рентг.* комплекс «С-дуга»

carminative [ka'minətiv] ветрогонное средство *(вызывающее отхождение газов)*

carmine ['kaːmin] красный пигмент, кармин

carnal ['kaːnl] плотский, чувственный; с сильно выраженным половым влечением

carnality [ka'næliti] **1.** чувственность; похоть **2.** *эвф.* половое сношение

carneous ['kaːniəs] мясистый; толстый

carnification [ˌkaːnifi'keiʃn] карнификация *(патологическое уплотнение лёгочной ткани)*

congestive ~ **of the lungs** бурая индурация лёгких, застойное уплотнение лёгких

carnivore ['kaːnivɔː] хищник *(1. плотоядное животное 2. насекомоядное растение)*

carnosine ['kaːnəʊsiːn] карнозин *(дипептид мышц, участвующий в регуляции процесса апоптоза в нейронах головного мозга)*

carnosity [ka'nɒsiti] патологическое разрастание грануляций, «дикое мясо»

carotene ['kaːrəʊtiːn] каротин, провитамин А

carotenemia [ˌkaːrəʊtə'niːmiə] каротинемия *(повышенное содержание каротина в крови)*

carotenoid [kə'rɒtənɔid] каротиноид *(природный пигмент жёлтого цвета)*

carotic [kə'rɒtik] **1.** каротидный **2.** ступорозный

carotid [kə'rɒtid] сонная артерия || каротидный, относящийся к сонной артерии

carotigram [kəˌrɒti'græm] запись пульсации сонной артерии

carotidynia [kəˌrɒti'diniə] каротодиния *(боль, возникающая при сдавлении сонной артерии)*

carpal [kaːpl] кость запястья || запястный; карпальный, кистевой *(напр. сустав)*

carphologia [ˌkaːfəʊ'ləʊʤiə], **carphology** [ka'fɒləʤi] карфология *(разновидность гиперкинеза при глубоком помрачении сознания)*

carpocarpal [ˌkaːpəʊ'kaːpəl] запястно-запястный, срединно-запястный, межзапястный

carpo-kyphotico [ˌkaːpəʊkai'fəʊtikəʊ] *лат.* запястно-пястный выступ «кифотическое» запястье

carpoptosia [ˌkaːpəʊp'təʊziə] «свисающая кисть» *(при параличе лучевого нерва)*

carpometacarpal [ˌkaːpəʊ'metəˌkaːpəl] запястно-пястный

carpus ['kaːpəs], *pl.* **carpi** ['kaːpai], *син.* **wrist** запястье; кости запястья

carrageenans [kaːrə'giːnænz], **carragheenins** [kaːrə'giːninz] коллоидные экстракты из морских водорослей *(используемые в приготовлении пищевых продуктов, лекарственных и косметических средств)*

carriage ['kæriʤ] **1.** перевозка, транспортировка **2.** носительство *(бактерий)* **3.** осанка, походка

~ **of carbon dioxide** перенос углекислоты *(кровью)*

babies ~ тележка для новорождённых

cassette ~ кассетная задвижка *(в рентгеновском аппарате)*

invalid ~ кресло на колёсах *(для больных)*; инвалидная коляска; каталка

carriageable ['kæriʤəbl] годный для перевозки, транспортабельный

carried ['kærid]:

◊ ~ **to full time** доношенный *(о новорождённом)*
carrier [ˈkærɪə] 1. носитель *(напр. рецессивного аллеля)*, переносчик *(возбудителей болезни)* 2. близнец-носитель *(более развитый из двух сросшихся близнецов)* 3. подставка, поддерживающее устройство 4. контейнер *(для транспортировки радиоактивных веществ)* 5. транспортный *(напр. о функции эритроцитов)* 6. каретка *(микроскопа)* 7. стабильный изотоп-носитель, содержащийся в препарате радиоактивного изотопа 8. *sl.* перевозчик наркотиков

  ~ of hemophilia кондуктор [передатчик] гемофилии
  allergen ~s носители аллергенов
  amalgam ~ инструмент для введения амальгамы в полость зуба
  asymptomatic ~ асимптоматический [бессимптомный] носитель *(напр. вируса)*
  cancer ~ раковый больной
  centrifuge plate ~ планшет-адаптер *(носитель для центрифужных планшетов)*
  charge ~ носитель заряда
  chronic hepatitis B virus ~ хронический носитель вируса гепатита B
  convalescent ~ бактерионоситель в стадии выздоровления
  drug ~ переносчик лекарственных средств
  Duchenne ~ индивидуум с патологической X-сцепленной хромосомой *(при Дюшена мышечной дистрофии)*
  electron ~ переносчик электронов *(белок типа флавопротеина или цитохрома, который может обратимо приобретать и терять электроны от органических субстратов и кислорода)*
  free ~ свободный [неконъюгированный, несвязанный] носитель
  gamete ~ гаметоноситель
  germ ~ бактерионоситель, бациллоноситель
  healthy ~ здоровый носитель *(1. обычно мутантного гена 2. переносчик патогенного микроорганизма без клинических проявлений болезни)*
  hepatitis B surface antigen ~ носитель поверхностного антигена гепатита B
  homologous ~ гомологичный носитель
  immune ~ иммунный носитель *(серопозитивный индивидуум, обладающий иммунитетом к имеющемуся в организме возбудителю болезни)*
  immunogenic ~ иммуногенный носитель *(соединение с иммуногенными свойствами, используемое для приготовления конъюгатов с гаптеном)*
  inapparant ~ бессимптомный носитель болезни
  intermittent ~ периодический бактерионоситель
  intestinal ~ бактерионоситель, выделяющий патогенные микроорганизмы с фекалиями
  isotope ~ 1. контейнер для транспортировки изотопов 2. носитель изотопа
  ligature ~ лигатурная игла, лигатурный проводник
  litter ~ двухколёсная каталка для носилок
  matrix ~ структурный носитель
  mineral ~s минеральные компоненты
  multifunctional ~ 1. полифункциональный [многоцелевой] носитель 2. матрица *(в синтезе биополимеров)*
  object ~ предметное стекло

  obligatory ~ облигатный носитель
  oxygen ~ *биохим.* переносчик кислорода *(напр. перфторуглероды)*
  patient ~ средство санитарного транспорта
  payment credits-other ~ страховой взнос за больного *(оплачиваемый кем-л.)*
  primary ~ исходный носитель *(в экспериментах с заменой белков-носителей в комплексе гаптен – носитель)*
  radionuclide ~ носитель радионуклида, носитель меченых атомов
  related ~ близкородственный носитель
  solid-phase ~ твёрдофазный носитель
  symport ~ симпортный носитель *(переносящий вещества через мембрану в одном направлении)*
  symptom-free ~ бессимптомный носитель *(напр. вируса)*
  transmembrane ATP ~ трансмембранный переносчик АТФ
  unconjugated ~ свободный [неконъюгированный, несвязанный] носитель
  unrelated ~ чужеродный [неродственный] носитель
  virus ~ 1. клетка-хозяин вируса 2. *эпидем.* вирусоноситель
  voice ~ звуковая несущая
carrier-free [ˈkærɪəfriː] 1. свободный от бактерионосительства *(период времени)* 2. без носителя *(о радионуклиде)*
carry [ˈkæri] 1. нести; переносить; служить носителем 2. протекать *(о реакции)*
carry-down [ˈkæridaʊn] осаждение, выпадение в осадок
carry-over [ˈkærɪəʊvə] 1. унос, вынос *(напр. радиоактивности)* 2. перенос, передача *(напр. вируса)*
cart [kɑːt] транспортное средство ‖ ехать; везти
  crash ~ каталка [тележка] для перевозки тяжелобольных
  dressing ~ передвижной перевязочный столик
cartilage [ˈkɑːtɪlɪʤ] хрящ
  accessory ~ сесамовидный [добавочный] хрящ
  alar ~s хрящи крыльев *(носа)*
  annular ~ *см.* **innominate ~**
  arytenoid ~ черпаловидный хрящ
  bone ~ оссеин
  branchial ~ *эмбр.* жаберный [бранхиогенный] хрящ
  conchal ~ хрящ ушной раковины
  costal ~ рёберный хрящ
  crescentic ~ суставной мениск *(в коленном суставе)*
  dentinal ~ декальцинированный дентин
  epactile ~s добавочные носовые хрящи
  floating ~ *см.* **loose ~**
  greater ~ большой хрящ крыла *(наружного носа)*
  hypsiloid ~ *см.* **Y-~**
  innominate ~ перстневидный [кольцевидный] хрящ
  intervertebral ~ межпозвонковый диск
  investing ~ суставной хрящ
  loose ~ суставная мышь, артремфит
  Luschka's ~ хрящевые узелки на голосовых складках, «певческие узелки»
  meatal ~ хрящ слухового прохода
  Meckel's ~ хрящ мандибулярной дуги эмбриона
  Morgagni's ~ клиновидный хрящ *(гортани)*
  mucronate ~ мечевидный отросток

paraseptal ~ хрящ сошника

permanent ~ постоянный [неокостеневающий] хрящ

prominent costal ~ Титце синдром, псевдоопухоли рёберных хрящей

quadrangular ~ хрящ перегородки носа

reticular ~ волокнистая хрящевая ткань

secondary ~ хрящ, трансформирующийся в костную ткань

semilunar ~ полулунной формы суставной мениск *(в коленном суставе)*

septal ~ хрящ перегородки носа

shield-like ~ щитовидный хрящ *(гортани)*

slipping rib ~ **1.** ослабление сочленения ребра с грудиной **2.** *pl.* колеблющиеся рёбра

temporary ~ временный [предшествующий костной ткани] хрящ

triradiate ~ *см.* Y-~

tubal ~ хрящ слуховой трубы

tympanomandibular ~ хрящ мандибулярной дуги эмбриона

xiphoid ~ хрящевой [мечевидный] отросток *(грудины)*

Y-~ Y-образный хрящ *(седалищной, лонной и подвздошной костей)*

yellow ~ хрящевая эластическая ткань, эластический хрящ

cartilaginification [ˌkɑːtiləˌdʒinifiˈkeiʃn] образование хряща

cartilaginoid [ˌkɑːtiˈlædʒinɒid] хрящевидный, напоминающий хрящ

cartilago [ˌkɑːtiˈlɑːgəʊ], *pl.* **cartilagines** [ˌkɑːtiˈlɑːdʒiːz] лат., *см.* **cartilage**

carton [kɑːtn] картон; изделие из картона

wax ~ парафинированный стаканчик *(напр. для сбора фекалий)*

cartoon [kɑːˈtuːn] *sl.* мультики *(галлюцинации, вызванные наркотиком, обычно ЛСД)*

cartridge [ˈkɑːtriʤ] **1.** патрон, гильза *(напр. пружины катетера)* **2.** картридж, кассета *(напр. с кровью)*

clarifier ~ патронный фильтр

dialyzer ~ кассета для диализа, диализная трубка

dust ~ патронный противопылевой фильтр; патронный противодымный фильтр

fluid filter ~ фильтрующий элемент патронного типа

neurocentral ~ хрящевая пластинка *(между телом позвонка и корнем дужки, участвующая в формировании позвоночного канала)*

silica ~s силикагелевая колонка *(для разделения фосфолипидов)*

caruncle [ˈkɑːrəŋkl] карункула, сосочек *(мелкое мясистое возвышение ткани)*

hymenal ~s лоскуты [остатки] девственной плевы *(после первого полового акта)*

lacrimal ~ слёзное мясцо

Morgagni's ~ средняя доля предстательной железы

Santorini's minor ~ малый сосочек двенадцатиперстной кишки

sublingual ~ подъязычный сосочек

urethral ~s разрастания слизистой оболочки уретры

carve-out [ˈkɑːv-aʊt] *страх.* нестандартная медицинская услуга, выведенная за пределы базового набора страховой программы

carver [ˈkɑːvə] моделировочный зуботехнический шпатель; стоматологическая гладилка

amalgam ~ инструмент для моделирования амальгамовой пломбы

Caryophyllaceae [ˌkæriˈɒfiləsiə] *токс.* семейство гвоздичные

caryotype [ˈkæriɒtaip] кариотип *(специфический для биологического вида набор хромосом)*

cascade [kæsˈkeid] каскад *(серия из последовательных событий, каждое из которых вызывается предыдущим)* || каскадный *(напр. желудок)*

arachidonic acid ~ система [процесс] превращения арахидоновой кислоты

classical complement ~ классический путь активации комплемента

clotting ~ коагулограмма *(совокупность показателей свёртывающих факторов крови)*

case¹ [keis] **1.** случай заболевания **2.** человек, находящийся под наблюдением *(напр. врача)*; больной, пациент; раненый **3.** история болезни **4.** ситуация, обстоятельство

out of ~ в плохом состоянии, нездоровый

~ **of and death from notifiable diseases** случаи болезни и смерти, подлежащие обязательной регистрации

~ **of causalty** случай скоропостижной смерти

~ **of excessive testing** избыточно обследованный больной

~ **of emergency** заболевание, требующее неотложной помощи

advanced ~ запущенная болезнь

ambulant ~ ходячий [амбулаторный] больной; легкораненый

arrested ~ купированная болезнь

bed ~ **1.** клиномания *(стремление психически больного оставаться всё время в кровати)* **2.** постельный [лежачий] больной

borderline ~ пограничное состояние, смежное заболевание

chest surgical ~ раненный в грудь

clear ~ типичный случай *(заболевания)*

clinical ~ клиническое наблюдение

contact ~ контактный [вторичный] случай инфекционного заболевания

cot ~ постельный [лежачий] больной

criminal ~ преступление, криминальное деяние

dental ~ *см.* jaw – 1

depressed ~ шоковое состояние

dispensary ~ ходячий [амбулаторный] больной

fatal ~ **1.** тяжелобольной; безнадёжный больной **2.** смертельный [летальный] исход

hospital ~ больничный случай *(заболевания)*; стационарный больной

fresh ~ **of disease** ранняя стадия болезни

gastroenterology ~ гастроэнтерологический больной

incipient ~ первый случай заболевания

index ~ первый установленный больной с инфекционным заболеванием

individual ~ конкретный случай

infectious ~ **of tuberculosis** открытая форма туберкулёза

imported [introduced] ~ занесённый, или завозной, случай заболевания

jaw ~ **1.** раненый с повреждением челюсти **2.** челюстно-лицевое ранение

lying-down ~ постельный [лежачий] больной

medical ~ клинический случай

mentally abnormal ~ психически больной

mild ~ лёгкая [неострая, вялая] форма болезни, лёгкая степень заболевания

missed ~ нераспознанное заболевание

neglected ~ запущенное заболевание (*обычно по халатности*)

nonresponsive ~ *см.* **refractory** ~

occasional ~ отдельный случай (*напр. о перитоните*)

personal ~ личное наблюдение

priority ~ случай (заболевания), требующий срочной медицинской помощи

refractory ~ резистентный [рефрактерный] случай || не поддающийся лечению

selected ~ отдельный [выборочный, подобранный] случай (*заболевания*)

similar ~ подобный [аналогичный] случай

subclinical ~ **1.** субклиническая форма заболевания **2.** пациент со стёртой формой заболевания

terminal ~ умирающий больной, больной в терминальной стадии заболевания

transient ~ случай преходящего течения заболевания

walking ~ амбулаторный больной; легкораненый

case² **1.** набор (*медицинских инструментов*) **2.** коробка, контейнер **3.** футляр, чехол

cartridge ~ гильза (*для взятия биологического материала*)

dressing ~ **1.** стерилизационная коробка, бикс **2.** ящик с перевязочным материалом

pocket ~ карманный набор (*напр. инструментов*)

pocket medicine ~ карманная аптечка

poison water testing ~ индикаторный набор для определения ОВ в воде

postmortem ~ набор секционных инструментов

sealed ~ герметичный корпус

sterilizing ~ **for syringes** стерилизатор-укладка для шприцов

surgical pocket dressing ~ индивидуальный перевязочный пакет

syringe ~ футляр для шприца

syringe immersion ~ сосуд для холодной стерилизации шприцов

trial ~ набор пробных очковых линз

caseate ['keisieit] подвергаться творожистому некрозу

caseation [keisi'eiʃn] **1.** творожистый [казеозный] некроз, казеоз **2.** створаживание; осаждение казеина (*молока*)

casebook ['keisbʊk] журнал для регистрации больных; патронажный журнал; лабораторный журнал

case-control ['keis-kənˌtrəʊl] случай-контроль (*метод исследования*)

case-finding ['keis-'faindiŋ] выявление случаев болезни; эпидемиологическое исследование

case-holding ['keis-'həʊldiŋ] ведение [лечение] больных

casein ['keisi:n] казеин (*белок, содержащийся в коровьем молоке*)

caseous ['keisi:əs] творожистый, казеозный

case-record ['keis-ˌrekɔ:d] карта больного, история болезни

cases ['keisis] *фирм.* белковый модуль [пищевой ингредиент], содержащий казеинат кальция

casework ['keiswə:k] патронаж, патронажная работа

problem-solving ~ индивидуальная работа по оказанию помощи пациенту в решении отдельной проблемы

task-centerd ~ индивидуальная работа по решению конкретной задачи

caseworker ['keiswə:kə] патронажная сестра; социальный работник (*выполняющий социально-гигиенические обязанности*)

caseworm ['keiswə:m] эхинококк

caspid ['kæspid] створка клапана

cassette [kə'set] **1.** *мед. тех.* кассета **2.** *ген.* группа тандемных тесно сцепленных, функционально связанных локусов

expression ~ полигенный экспрессирующий кластер

multitrack immunoblotting ~ многоячейковая [мультитрековая] кассета для иммуноблоттинга

rapid-series ~ *рентг.* кассета для серийных снимков

reswelling ~ кассета [форма] для вторичного набухания (*геля*)

tissue processing ~ кассета для проводки образцов (*ткани*)

cassia ['kæʃjə] *фарм.* александрийский лист (*Cassia*)

cassure ['kæʃʊə] скачкообразная антигенная конверсия; спонтанная сероконверсия (*штамма*)

cast¹ [ka:st] **1.** шина, съёмный протез; иммобилизующий аппарат; гипсовая повязка **2.** слепок (*гипсовый*) **3.** литой зуб или протез **4.** форма; образец, тип ◊ **to take a** ~ снимать форму, делать слепок (*напр. с зубов*)

~ **of bronchial tube** бронхиальный слепок

air ~ воздуха (*в системе переливания крови*)

arm cylinder ~ гипсовый тутор на локтевой сустав

bilateral long-leg hip spica ~ двусторонняя тазобедренная повязка

bivalved ~ двустворчатая гипсовая повязка

checking ~ контроль за гипсовой повязкой

circumferential [cylinder] ~ циркулярная [круговая] гипсовая повязка

dental ~ зубной слепок; гипсовая модель полости рта

diagnostic ~ диагностическая гипсовая модель зубного ряда

equinus ~ гипсовая повязка на стопу в положении эквинуса

fiberglass ~ *травм.* повязка из стекловолокна

fibrinous ~ *см.* ~ **of bronchial tube**

flexible ~ эластическая повязка

hair ~ **1.** волосяной слепок (*узелковое скопление эпителиальных клеток вдоль стержня волоса*) **2.** трихобезоар, волосяной шар или опухоль (*в желудке*)

hanging ~ подвешенная [висящая] гипсовая повязка

hollow central airway ~ полый слепок центральных воздухоносных путей

leg ~ **1.** гипсовая повязка на голень **2.** гипсовый тутор на коленный сустав

leg walking ~ гипсовый сапожок

long arm ~ циркулярная гипсовая повязка на предплечье, фиксирующая смежные суставы

long leg ~ высокий гипсовый сапожок

master ~ рабочая гипсовая модель для зубных протезов

plaster ~ гипсовая повязка

Risser localizer ~ Риссера окончательная гипсовая повязка *(для фиксации шейного отдела позвоночника)*

short arm ~ циркулярная гипсовая повязка на предплечье и лучезапястный сустав

short leg ~ with walker гипсовый сапожок со стременем

shoulder spica ~ торакобрахиальная гипсовая повязка

skintight ~ гипсовая повязка без прокладки *(непосредственно на кожу)*

spica ~ колосовидная гипсовая повязка

stone ~ гипсовая модель

study ~ диагностическая гипсовая модель зубного ряда

cast² 1. оттенок **2.** тип; склад *(ума, характера)* **3.** выражение *(лица)* **4.** отклонение; аномалия **5.** риск ‖ рисковать ◊ **~ in the eye** лёгкое косоглазие

~ of countenance облик [внешность] человека

~ of mind склад ума

cast³ 1. цилиндр *(скопление мёртвых клеток, жировых и других тканей, образующееся в полых органах и принимающее их форму)* **2.** то, что отбрасывается, теряется *(напр. зубы)* ◊ **to ~ one's teeth** терять зубы

bile ~ жёлчный цилиндр

blood ~s кровяные цилиндры; слепки сосудов

coma ~ мочевые цилиндры, появляющиеся при коматозном состоянии

cylindrical ~s гиалиновые цилиндры *(в моче)*

epithelial ~s эпителиальные цилиндры

finely granular ~s мелкозернистые цилиндры

hemoglobin ~ хромопротеид крови

mucous [spuricous] ~s ложные цилиндры *(в мочевом осадке)*

protein ~ *см.* **tube ~**

renal ~s почечные цилиндры

tube [tubular, urinary] ~s цилиндры *(мочевые)*

waxy ~s восковидные цилиндры

caste ['ka:st] каста

casting ['ka:stɪŋ] формирование *(напр. гипсовой повязки)*, формообразование

gel ~ формирование геля

casting-off ['ka:stɪŋɒf] **1.** отторжение **2.** отверженный

castrate ['kæstreɪt] кастрат ‖ кастрировать

castration [kæs'treɪʃn] кастрация, стерилизация *(удаление гонад)*

functional ~ гормональная кастрация

medical ~ медикаментозная кастрация

parasitic ~ паразитарная кастрация

X-rays ~ лучевая кастрация

casualty ['kæʒʊəltɪ] **1.** несчастный случай; авария **2.** смерть от ранения или несчастного случая **3.** раненый; поражённый; погибший; убитый **4.** *pl.* санитарные потери ◊ **in case of ~** в случае скоропостижной смерти

to administer ~ies ведать операциями по сбору, лечению и эвакуации раненых

to hold ~ies ухаживать за ранеными или больными

battle ~ies боевые потери

chest ~ повреждение грудной клетки; ранение в грудь

heat ~ тепловое поражение *(удар, обморок и пр.)*

immediate ~ies непосредственные потери

radiation ~ies 1. несчастные случаи, связанные с облучением **2.** радиационные потери

seriously wounded ~ies тяжелораненые

casualty-room ['kæʒʊəltɪrʊm] кабинет неотложной помощи

catabolergy [kətæ'bɒlədʒɪ] энергия, расходуемая организмом при катаболизме

catabolism [kə'tæbəʊlɪzm] катаболизм, диссимиляция, разложение

energy-yielding ~ высвобождение энергии в процессе метаболизма

fibrinogen ~ деградация фибриногена

lysosomal ~ лизосомальный катаболизм

catacrotic [ˌkætə'krɒtik] дикротичный

catadidymus [ˌkætə'dɪdɪməs] близнецы, сросшиеся в верхней части туловища

catadrome [ˌkætə'drəʊm] приступ или ухудшение в течение болезни

catagen ['kætədʒən] катаген *(фаза регрессии в цикле развития волоса)*

catagenesis [ˌkætə'dʒenəsis] катагенез, катаморфоз, ретрогрессивная эволюция; инволюция

catagmatic [ˌkætəg'mætik] способствующий сращению перелома

catalepsy ['kætəlepsɪ] каталепсия; оцепенение, восковая гибкость

artificial ~ искусственная [гипнотическая] каталепсия

catalysis [kə'tælisis] катализ

acid-base ~ кислотно-основный катализ

covalent ~ ковалентный катализ *(при котором в промежуточном комплексе фермент и субстрат связаны ковалентно)*

enzyme ~ ферментативный катализ

irreversible ~ необратимый катализ

multistep ~ многоступенчатый катализ

catalyst ['kætəlist] катализатор

biological ~ биологический катализатор *(напр. фермент)*

fix-bed ~ 1. стационарный катализатор **2.** иммобилизованный катализатор

initiator ~ инициирующий катализатор, инициатор

live ~ активный катализатор

negative ~ ингибитор

organic ~ органический катализатор *(напр. фермент-ингибитор)*

pelleted ~ таблетированный, гранулированный катализатор

"platinized asbestos" ~ асбестоплатиновый катализатор

polyfunctional ~ многофункциональный катализатор

positive ~ катализатор, ускоряющий реакцию

redox ~ окислительно-восстановительный катализатор

supported ~ катализатор на носителе; катализатор, нанесённый на подложку

versatile ~ многосторонний катализатор

catamenia [ˌkætə'mi:niə] менструация

catamenial [ˌkætə'mi:niəl] менструальный

catamnesis [ˌkætəm'ni:sis] катамнез *(совокупность сведений о дальнейшем течении болезни после установления диагноза и выписки из стационара)*

cataphasia [ˌkætə'feiziə] *псих.* катафазия *(многократное стереотипное повторение ответа на один заданный вопрос)*

cataphora [kətæ'fəʊrə] летаргия с периодами неполного пробуждения

cataphoresis [ˌkætəfəʊ'riːsis] ионогальванизация, ионофорез, ионотерапия

cataphoria [ˌkætə'fɔːriə] катафория *(форма гетерофории, проявляющаяся тенденцией к одновременному опусканию обоих глаз книзу)*

cataphylaxis [ˌkætəfə'læksis] истощение естественных защитных механизмов, определяющих противоинфекционную резистентность организма

cataplasia [ˌkætə'pleiziə] анаплазия, катаплазия *(дедифференцировка клеток или ткани)*

cataplasm ['kætəˌplæzm] *уст.* припарка *(лекарственная форма)*

cataplexy ['kætəˌpleksi] катаплексия *(эмоциональная астения с потерей мышечного тонуса)*

~ **of awakening** катаплексия при пробуждении

hereditary ~ врождённая катаплексия *(пароксизмальные приступы слабости)*

cataract ['kætəˌrækt] катаракта *(помутнение хрусталика)*

adherent ~ катаракта с синехиями

after ~ состояние после катаракты

axial ~ центральная катаракта

black [brown, brunescent] ~ чёрная [бурая] катаракта

capsular ~ капсулярная [сумочная] катаракта

complicated ~ осложнённая катаракта

congenital ~ *см.* **genetic** ~

contusion ~ контузионная катаракта

cortical ~ корковая [кортикальная] катаракта

cupuliform ~ чашевидная катаракта

diabetic ~ диабетическая катаракта

embryonal ~ врождённая катаракта

floriform ~ розеточная катаракта

fluid ~ *см.* **milky** ~

fusiform ~ *см.* **spindle** ~

general ~ помутнение всех слоёв хрусталика

genetic ~ наследственная катаракта

green ~ глаукома

hypermature ~ перезрелая катаракта *(с разжижением хрусталика)*

immature [intumescent] ~ незрелая [набухающая] катаракта

irradiation ~ лучевая катаракта

juvenile ~ юношеская катаракта

lacteal ~ *см.* **milky** ~

lamellar ~ зонулярная [слоистая] катаракта

mature ~ зрелая катаракта *(полное помутнение хрусталика)*

membranous ~ плёнчатая катаракта

milky [morgagniani] ~ молочная [морганиева] катаракта

nuclear ~ ядерная катаракта

overripe ~ *см.* **hypermature** ~

perinuclear ~ зонулярная [слоистая] катаракта

peripheral ~ периферическая катаракта

posterior polar ~ задняя полярная катаракта

progressive ~ прогрессирующая катаракта

secondary ~ вторичная [последовательная] катаракта

siliculose [siliquose] ~ катаракта с сухой капсулой

soft ~ мягкая катаракта

spindle ~ веретенообразная катаракта

total ~ полная [тотальная] катаракта

zonular ~ *см.* **lamellar** ~

cataractopiesis [ˌkætəˌræktəʊpai'iːsis] экстракция [удаление] катаракты

cataractous [ˌkætə'ræktəs] катарактный

catarrh [kə'tɑː] **1.** катаральное воспаление, катар **2.** катар верхних дыхательных путей

atrophic ~ атрофический ринит

autumn ~ *см.* **hay** ~

bronchial ~ катаральный бронхит

febrile ~ *см.* **respiratory** ~

hay ~ поллиноз, сенная лихорадка

laryngeal ~ катаральный ларингит

nasal ~ катаральный ринит

pharyngeal ~ катаральный фарингит

pituitous ~ слизисто-гнойный бронхит

postnasal ~ хронический ринофарингит

Rostock's ~ *см.* **hay** ~

Russian ~ грипп; острое респираторное заболевание

spring ~ аллергический ринит и конъюнктивит

suffocative ~ бронхиальная астма

summer ~ *см.* **hay** ~

vasomotor ~ вазомоторный [нервно-рефлекторный] ринит

vernal ~ *см.* **spring** ~

catastalsis [ˌkætə'stælsis] сокращение *(кишечника)*, напоминающее перистальтику *(без предшествующей волны угнетения)*

catastaltic [ˌkætə'stæltik] успокаивающий фактор || успокаивающий, подавляющий, тормозящий

catastasis [kə'tæstəsis] **1.** состояние, положение **2.** возвращение к нормальному состоянию, восстановление исходного положения

catastate ['kætə'steit] катаболит

catastatic [ˌkætə'stætik] катаболический

catastrophe [kə'tæstrəfi] катастрофа, гибель, несчастье

abdominal ~ острый живот

abdominal septic ~s разлитой гнойный перитонит *(часто осложняющийся шоком)*

catastrophism [kə'tæstrəfizm] теория катастроф

catathermometer [ˌkætəθə'mɒmɪtə] кататермометр *(прибор для оценки охлаждающей способности воздуха)*

catathymia [ˌkætə'θaimiə] *псих.* кататимия *(видоизменение психических процессов под воздействием эмоций)*

catatonia [ˌkætə'təʊniə] *псих.* кататония *(расстройство с преобладанием заторможенности или возбуждения)*

deadly ~ смертельная [пернициозная, фебрильная] кататония

catch [kætʃ] **1.** захват; захватывающее устройство; ловушка || захватывать, улавливать **2.** задержка, приостановка *(дыхания)* **3.** тормоз; стопор; арретир; запирающее устройство **4.** заболеть; подхватить *(болезнь)* **5.** кетч *(борьба, допускающая запрещённые приёмы)* ◊ **to ~ a chill, to ~ a cold** простудиться

to ~ a disease заболеть

to ~ moisture впитывать влагу

safety ~ предохранитель; защёлка

sliding ~ зажим

catcher ['kætʃə] 1. ограничитель 2. (грязе)уловитель; ловушка 3. сборник; отстойник

dust ~ пылеуловитель; пылеосадитель

catching ['kætʃiŋ] 1. контагиозный; инфекционный 2. притягательный

catchment ['kætʃmənt] 1. дренаж 2. водосборная площадь

epidemiologic ~ эпидемиологический охват *(напр. больных психозами)*

catchment-area ['kætʃmənt‚eəriə], **catchment-basin** ['kætʃmənt‚beisin] 1. бассейн реки 2. водосборная площадь

catch-up ['kætʃʌp]:

~ of brain growth задержка роста головного мозга *(у плода)*

catecholamine [‚kætə'kɒləmi:n] *pl.* катехоламины *(гормоны мозгового вещества надпочечников, медиаторы нервной системы)*

categorize ['kætəgəraiz] распределять, группировать; классифицировать

category ['kætəgəri] 1. категория; разряд; класс 2. нозологическая форма

~ of personality disorders раздел [рубрика] личностных расстройств

air pollution ~ категория загрязнённости воздуха *(A – очень низкая, B – низкая, C – умеренная, D – высокая)*

diagnostic ~ 1. диагностический критерий 2. диагностическая категория, нозологическая форма

taxonomic ~ies таксономические категории

Catenabacterium [‚kætənəbæk'tiəriəm] катенабактерии *(род условно-патогенных анаэробных бактерий)*

catenate ['kætəneit] 1. расположенный цепочками; цепочковидный 2. сцеплять, связывать

catering ['keitəriŋ] 1. организация питания 2. больничное питание

catgut ['kætgʌt] кетгут

chromic ~ хромированный кетгут

silverized ~ кетгут, стерилизованный в коллоидном растворе серебра

catharometer [‚kæθə'rɒmətə] прибор для определения теплопроводности воздуха

catharsis [kə'θɑ:sis] 1. очищение кишечника *(при помощи слабительных средств)* 2. (психо)катарсис *(осознание бессознательных мотивов, сопровождающееся бурными эмоциональными проявлениями)*, отреагирование

cathartic [kə'θɑ:tik] 1. слабительное средство ‖ слабительный, очистительный 2. относящийся к катарсису, катартический

bulk ~s объёмные [солевые] слабительные средства

emollient ~s смягчающие слабительные средства

irritant ~s слабительные средства раздражающего действия

plant mucilage ~ слабительное растительного происхождения

saline ~ *см.* **bulk ~**

strong ~ сильное слабительное

cathepsin [kə'θepsin] *pl.* катепсины *(внутриклеточные протеолитические ферменты)*

catheresis [kə'θi:rəsis] 1. слабость от применения лекарственного средства 2. прижигающее действие *(лекарственного средства)*

catheter ['kæθətə] катетер

~ in situ постоянный катетер *(с прикреплением его к дренирующей системе)*

3-way ~ трёхходовой катетер

18 F ~ катетер 18-го калибра по шкале Шаррьера *(Франция; 1F = ¹/₃ мм)*

bag [balloon(-tipped)] ~ катетер-баллон *(для удаления тромбов, конкрементов и расширения стриктур)*

basket ~ корзиночный катетер

bicoudate [bicoude] ~ *фр.* катетер с двойным изгибом

butterfly ~ катетер-бабочка *(специальное устройство, фиксирующее катетер к коже)*

Carlen's ~ двухпросветная Карленса трубка

central-line ~ катетер в центральной вене

chronic ~ *см.* **~ in situ**

curved elastic ~ Тиманна катетер *(эластичный уретральный катетер с изогнутым концом конической формы)*

double- current [double lumen ballon] ~ двухпросветный баллонный катетер

embolization ~ катетер для эмболизации

eustachian ~ ушной катетер

faucial ~ катетер для бужирования слухового прохода

flexible ~ гибкий катетер

fluoroscopically controlled ~ рентгеноскопически контролируемый катетер

Fogarty ~ Фогарти баллонный катетер *(для удаления тромбов, конкрементов)*

Foley ~ Фолея баллонный катетер *(для дренирования мочевого пузыря)*

G ~ размер катетера по шкале G *(1G = 0,1 мм)*

heart ~ сердечный катетер, сердечный зонд

indifferent ~ *кард.* нейтральный катетер *(для картирования аритмогенной зоны)*

indwelling ~ *см.* **~ in situ**

large bore ~ катетер с широким просветом

loop ~ катетер-петля *(для удаления камней)*

mapping ~ картирующий катетер

multihole [multisidehole] ~ катетер с множественными боковыми отверстиями

mushroom ~ катетер с грибовидной головкой

Nelaton's ~ Нелатона эластичный катетер

noncontact ~ бесконтактный катетер

one-way ~ однопросветный катетер

pacing ~ катетер с электродами водителя ритма

permanent ~ *см.* **~ in situ**

Pezzer ~ Петцера катетер *(с расширением на конце)*

pigtail ~ спиралевидный катетер, напоминающий свиной хвостик

plastic ~ эластичный [пластиковый] катетер

plugge ~ катетер с заглушкой

radio-opaque [radiopaque] ~ (рентгено)контрастный катетер

recording ~ катетер для записи внутриполостного давления, регистрирующий катетер

retention [self-retaining] ~ *см.* **~ in situ**

sling ~ катетер-петля

suction ~ отсасывающий [дренажный, аспирационный] катетер

Thiemann ~ *см.* **curved elastic** ~

trocar ~ троакар-катетер

ureteral ~ мочеточниковый катетер

wedged balloontipped ~ конусный катетер с баллонным наконечником

woven ~ тканый катетер

catheterization [ˌkæθətərɪˈzeɪʃn] катетеризация

balloon ~ баллонная катетеризация

chronic ~ длительная катетеризация

guided ~ селективная катетеризация, направленное зондирование

interventional cardiac ~ катетеризационные вмешательства на сердце

percutaneous transhepatic portal ~ чрескожная чреспечёночная катетеризация воротной вены

selective ~ селективная [избирательная] катетеризация

suprapubic ~ надлобковая катетеризация мочевого пузыря

urethral ~ катетеризация мочеиспускательного канала

catheter-urine [ˈkæθətə-juːrɪn] моча, взятая катетером

cathexis [kəˈθeksɪs] *психоан.* привязанность к объекту; фиксированность [«прилипчивость»] либидо к объекту

counter ~ противодействие, «контрзахват», «контрзаполнение»

catholysis [kəˈθɒlɪsɪs] электролиз *(катодной иглой)*

cation [ˈkætɪɒn] катион *(положительно заряженный ион)*

complex ~ комплексный [многоатомный] катион, поликатион

polyvalent ~ многозарядный катион

cationization [ˌkætɪɒnaɪˈzeɪʃn] катионизация; нуклеофильное замещение

~ **of protein antigens** катионизация белковых антигенов

catlin(g) [ˈkætlɪn, ˈkætlɪŋ] **1.** хирургический нож с двойным лезвием; ампутационный нож **2.** тонкий кетгут

catnap [ˈkætnæp] сон урывками; дремота || спать урывками; дремать

catoptric [kəˈtɒptrɪk] *биофиз.* катоптрический, отражательный

catoteric [kætəʊˈterɪk] слабительный, очистительный

catotropia [ˌkætəʊˈtrəʊpɪə] *см.* **cataphoria**

catsleep [ˈkætsliːp] *см.* **catnap**

cauda [ˈkɔːdə], *pl.* **caudae** [ˈkɔːdi] *лат.* хвост; хвостик, жгутик

~ **equina** *лат., анат.* конский хвост

caudad [ˈkɔːdæd] каудально, по направлению к нижней части тела

caudatum [kɔːˈdeɪtəm] *анат.* хвостатое ядро

caul [kɔːl] **1.** водная [амниотическая] оболочка плода; «сорочка новорождённого» **2.** оболочка, перепонка **3.** большой сальник

cauma [ˈkɔːmə] воспалительная лихорадка, жар

causa [ˈkɔːzə] *лат., см.* **cause**

~ **finalis** конечная причина

~ **interna** внутренняя опосредованность *(проявлений болезни)*

causal [kɔːzl] **1.** причинный, каузальный **2.** случайный, непреднамеренный; эпизодический **3.** пострадавший от несчастного случая

causalgia [kɔːˈzældʒɪə] каузалгия *(сильная жгучая боль)*, Пирогова – Митчелла болезнь

cardiac ~ стенокардия, *уст.* сердечная каузалгия

causation [kɔːˈzeɪʃn] **1.** причинность, этиология, этиологическая роль **2.** причинная связь, зависимость

obscure ~ неизвестная причина, неустановленное происхождение *(болезни)*

causative [ˈkɔːzətɪv] являющийся причиной *(болезни)*; вызывающий *(болезнь)*; этиологический *(фактор)*

battle ~ ранения и повреждения в боевых условиях

cause [kɔːz] **1.** причина; этиология || быть причиной; причинять; вызывать *(напр. гипергликемию)* **2.** основание; повод **3.** дело; процесс

~ **of death** причина смерти *(болезнь или событие, вызвавшее смерть)*

accident ~ причина несчастного случая

anatomic ~ морфологическая причина

associated ~ **of death** дополнительная причина смерти

behavioral ~s поведенческие причины

certified ~ **of death** экспертная оценка причин смерти

charitable ~ благотворительность

commonest ~ наиболее частая причина *(напр. сепсиса)*

constitutional ~ врождённый [конституциональный] фактор

contributory ~ предрасполагающий фактор; дополнительная причина

dame-related ~s причины, обусловленные матерью *(напр. влияющие на новорождённого)*

efficient ~ действующая причина

first ~ первопричина, основной фактор

ill-defined and unspecified ~s **of death** неточно обозначенные и неустановленные причины смерти

immediate ~ непосредственная причина

inciting ~s предрасполагающие и провоцирующие факторы; первоначальная причина

initiating ~s **of behavior** инициирующие причины [детерминанты] поведения

internal ~ эндогенный фактор

major ~ **of morbidity** основная причина заболеваемости

natural ~ естественная причина *(напр. смерти)*

obvious ~ известная причина *(напр. гипертензии)*

potential ~ возможная причина

precipitating ~ **1.** *см.* **immediate** ~ **2.** преципитирующий агент; фактор, способствующий преципитации

predisposing ~ предрасполагающий фактор

primary [**principal**] ~ первопричина, основная причина *(напр. смерти)*

proximate ~ ускоряющий [способствующий] фактор

psychologic ~s **of anorexia** нейрогенная [психологическая] причина анорексии

renal ~ почечный фактор *(гипертензии)*

root ~ *см.* **primary** ~

secondary ~ **of death** *см.* **associated** ~ **of death**

substantial ~ причинная связь

sufficient ~ достаточная причина

trigger ~ пусковой момент

ultimate ~ *см.* **primary** ~

underlying ~ основное заболевание

undetermined [unspecified] ~ неизвестной этиологии, невыясненной причины *(напр. кровотечение)*

unspecified ~ неустановленная причина

cause-and-effect ['kɔːzəniˌfekt] причинно-следственный

caustic ['kɔːstik] каустическая сода, щёлочь, едкое вещество ‖ каустический, едкий, прижигающий, разъедающий, разрушающий

  local ~ местное прижигающее средство или вещество

  lunar ~ нитрат серебра, *уст.* ляпис

  standard ~ титрованный раствор едкой щёлочи

  strong ~ едкая щёлочь

  volatile ~ гидроокись аммония, нашатырный спирт

causticity [kɔːsˈtisiti] едкость, щёлочность

causticize ['kɔːstisaiz] прижигать едким веществом

cauter ['kɔːtə] термокаутер, гальванокаутер

  glow ~ гальванокаутер с прямым подогревом

  high-frequency ~ высокочастотный электрохирургический аппарат

cauterization [ˌkɔːtəraiˈzeiʃn] каутеризация, прижигание

  silver nitrate ~ прижигание нитратом серебра

cauterant ['kɔːtərənt] **1.** любое средство, оказывающее прижигающее действие на ткань **2.** *см.* **caustic**

cauterodyne [ˌkɔːtərəˈdain] электронож

cautery ['kɔːtəri] **1.** каутеризация, прижигание **2.** прижигающее устройство *(термокаутер, гальванокаутер)*

  actual ~ термокоагуляция

  chemical ~ прижигание химическим веществом

  cold ~ криотерапия *(жидким азотом)*

  electric ~ **1.** прижигание с помощью электрического тока, электрокаустика, гальванокаустика **2.** гальванокаутер

  gas ~ прижигание газом

  inherent ~ глубокое прижигание

  potential ~ прижигание едкими веществами

  solar ~ прижигание солнечными лучами *(с помощью линз)*

  straight-loop ~ каутер с прямой петлёй

  virtual ~ *см.* **potential** ~

caution [kɔːʃn] **1.** осторожность, предусмотрительность **2.** предостережение, предупреждение

  extreme ~ меры крайней предосторожности *(напр. при работе с токсикантами)*

cava ['keivə] полая вена

  large vena ~ расширение полой вены

caval ['keivəl] кавальный *(относящийся к полой вене)*

cavascope ['kævəskəʊp] ангиоскоп

cave [keiv] **1.** полость небольшого размера **2.** экранированная [защитная] камера *(для радиоактивных веществ)*

  radiation ~ камера для облучения

caveat ['kæviæt] предостережение; предупреждение

  ~s in genetic counselling предостережения в генетической консультации

  clinical ~ **1.** опасная ситуация; серьёзное состояние **2.** случай, сопряжённый с риском *(для больного)*

caveola [keiviˈəʊlə] ямка *(на поверхности клетки)*

cavern ['kævən], *лат.* **caverna** [kəˈvɜːnə], *pl.* **cavernae** [kəˈvɜːni] **1.** *анат.* полость, впадина **2.** каверна

  apical ~ верхушечная каверна

  osteal ~ костная каверна

caverniloquy [ˌkævəˈniləkwi] низкий звук, выслушиваемый над лёгочной каверной

cavernitis [ˌkævəˈnaitis] кавернит *(воспаление пещеристых тел полового члена или клитора)*

cavernoma [ˌkævəˈnəʊmə] кавернозная [пещеристая] гемангиома

cavernoscope [kæˈvɜːnəʊskəʊp] эндоскоп для осмотра каверны

cavernositis [ˌkævəˈnəʊˈsaitis] *см.* **cavernitis**

cavernosometry [ˌkævəˈnəʊˈsɒmətri] кавернозометрия *(измерение давления внутри кавернозных тел полового члена)*

cavernostomy [ˌkævəˈnɒstəmi] дренирование каверны

cavernosum [ˌkævəˈnəʊsəm] пещеристое [кавернозное] тело

cavernous ['kævənəs] (много)полостной, кавернозный

cavitas ['kævitəs], *pl.* **cavitates** [kæviˈteitəs] *см.* **cavity**

cavitation [ˌkæviˈteiʃn] **1.** образование полости, или каверны **2.** препаровка кариозной полости

  temporary ~ временная пульсация *(в раневом канале)*; временно пульсирующая полость

cavity ['kæviti] **1.** *анат.* полость, впадина, лунка **2.** кариозная полость **3.** лунка *(предметного стекла)*

  ~ of decay кариозная полость

  ~ of skull полость черепа, черепная полость

  abdominal ~ брюшинная [брюшная] полость

  abscess ~ **containing a fluid level** *рентг.* полость абсцесса с уровнем жидкости

  amniotic ~ амниотическая полость плодного мешка

  anterior mediastinal ~ переднее средостение

  arachnoid ~ подпаутинное пространство

  articular ~ суставная полость

  axillary ~ подмышечная [подкрыльцовая] ямка

  body ~ *см.* **visceral** ~

  buccal ~ **1.** преддверие рта, щёчный карман **2.** кариес щёчной поверхности зуба

  catyloid ~ вертлужная впадина

  cerebral ~ желудочек головного мозга

  cheek ~ ротовая полость

  cleavage ~ бластоцель, полость дробления, сегментационная полость

  complex ~ кариозное поражение трёх и более поверхностей коронки зуба

  compound ~ кариозное поражение двух поверхностей коронки зуба

  cotyloid [cup-like] ~ вертлужная впадина

  dental ~ кариес эмали и дентина

  digestive ~ полость пищеварительного тракта

  faucial ~ полость глотки

  gaping uterine ~ зияющая полость матки

  glenoid ~ суставная впадина *(лопатки)*

  heart ~ полость сердца

  hip joint ~ полость тазобедренного сустава

  hollow-ground ~ лунка на предметном стекле

  infraglottic ~ подскладочное пространство гортани

  irradiation ~ камера для облучения

  nasal ~ полость носа, носовая полость

  nerve ~ (пульповая) полость зуба

  orbital ~ глазница, орбита

  oronasal ~**ies** носоглотка

paratopic ~ полость в активном центре антитела, антидетерминантная полость

pelvic ~ полость таза, тазовая полость

peritoneal ~ *см.* **abdominal** ~

pharyngonasal ~ носовая часть глотки, носоглотка

posterior mediastinal ~ заднее средостение

prepared ~ препарированная кариозная полость зуба

pulp ~ (пульповая) полость зуба, пульпа зуба

residual ~ остаточная полость

Retzius's ~ залобковое [предпузырное] пространство, Ретциуса пространство

sap ~ вакуоль

segmentation ~ бластоцель, полость дробления, сегментационная полость

serous ~ лимфатическое пространство

simple ~ кариозное поражение одной поверхности коронки зуба

splanchnic ~ полость тела (*брюшная, грудная и т. п.*)

subarachnoid ~ подпаутинная [субарахноидальная] полость

tension ~ напряжённый пневмоторакс

tooth ~ *см.* **nerve** ~

visceral ~ полость тела (*брюшная, грудная и т. п.*)

cavography [kei'vɒgrəfi] кавография (*ангиография полой вены*)

cavosurface [kei'vəʊˌsəːfis] поверхность полости

cavum ['keivəm] *см.* **cavity**

~ **douglasi** дугласово пространство

~ **medullary ossium** костномозговая полость

cavus ['keivəs] **1.** пустой, полый **2.** полая стопа (*высокий свод стопы*)

cavy ['keivi] морская свинка

cease [siːs] **1.** прекращать(ся); останавливать(ся) **2.** запрещать; отменять

signs ~ исчезновение клинических проявлений; отсутствие клинических проявлений

ceasmic [siː'æsmik] сохранивший после рождения щели, существовавшие в эмбриональном состоянии

cebione ['siːbiəʊn] кристаллический витамин C

cecal [siːkl] **1.** слепокишечный **2.** слепой мешок (*напр. дивертикул*)

cecectomy [siː'sektəmi] резекция слепой кишки

cecitas [siː'saitəs] слепота

cecitis [siː'saitis] тифлит (*воспаление слепой кишки*)

cecocele ['siːkəʊsiːl] наличие слепой кишки в грыжевом мешке

cecofixation [ˌsiːkəʊfik'seiʃn], **cecopexy** ['siːkəʊˌpeksi] цекопексия (*фиксация слепой кишки к париетальной брюшине*)

cecostomy [siː'kɒstəmi] **1.** цекостомия (*наложение наружного свища на слепую кишку*) **2.** цекостома (*свищ слепой кишки*)

continent ~ контролируемая цекостома

tube ~ трубчатая цекостомия

cecum ['siːkəm] **1.** слепая кишка **2.** *гельм.* кишечный ствол (*у сосальщиков*)

~ **altum** высокое расположение слепой кишки

~ **mobile** подвижность слепой кишки

cecutient [siː'kjuːʃənt] человек с частичной потерей зрения, слабовидящий

cedo ['siːdəʊ] сдавать; уступать, передавать

~ **vita** *лат.* расставаться с жизнью, умирать

ceiling ['siːliŋ] **1.** предельный уровень **2.** максимальная высота

celation [se'leiʃn] сокрытие беременности или рождения ребёнка

celectome [si'lektəʊm] инструмент для биопсии (*в виде гарпуна*)

celenteron [sə'lentərɒn] *эмбр.* первичная клетка, архэктерон

celiac ['siːliːæk] чревный, относящийся к брюшной полости

celiaca ['siːliːəkə] **1.** *уст.* болезнь органов брюшной полости **2.** целиакия

celiadelphus [siːliːə'delfəs] близнецы, сросшиеся в области брюшной стенки

celiagra [ˌsiːliː'ægrə] висцеральная форма подагры

celibacy ['seləbəsi] безбрачие (*невступление в брак на протяжении всей жизни*)

celiectomy [ˌsiːliː'ektəmi] удаление или резекция какого-л. органа брюшной полости

celiocentesis [ˌsiːliːəʊsen'tiːsis] *см.* **celioparacentesis**

celiocolpotomy [ˌsiːliːəʊkɒl'pɒtəmi] чрезбрюшинная кольпотомия

celiodynia [ˌsiːliːəʊ'diniə] боль в животе

celioelytrotomy [ˌsiːliːəʊeli'trɒtəmi] *см.* **celiocolpotomy**

celiogastrostomy [ˌsiːliːəʊˌgæs'trɒstəmi] чрезбрюшинная гастростомия

celiohysterectomy [ˌsiːliːəʊhister'ektəmi] чрезбрюшинная гистерэктомия, кесарево сечение

celiohystero-oothecectomy [ˌsiːliːəʊˌhisterə-ˌəʊəʊθi'sektəmi] абдоминальная гистерэктомия с двусторонней оофорэктомией

celiohysterotomy [ˌsiːliːəʊˌhiste'rɒtəmi] абдоминальная гистеротомия

celioma [ˌsiːliː'əʊmə] мезотелиома, целотелиома

celiomyomectomy [ˌsiːliːəʊˌmaiəʊ'mektəmi] целиомиомэктомия, абдоминальная миомэктомия

celiomyositis [ˌsiːliːəʊˌmaiəʊ'saitis] миозит брюшной стенки

celioparacentesis [ˌsiːliːəʊˌpærəsen'tiːsis] лапароцентез, парацентез, пункция живота

celiopathy [ˌsiːliː'ɒpəθi] абдоминопатия (*болезни органов брюшной полости*)

celiorrhaphy [ˌsiːliː'ɒrəθi] ушивание брюшной стенки

celioscopy [ˌsiːliː'ɒskəpi] лапароскопия, перитонеоскопия

celiotomy [ˌsiːliː'ɒtəmi] лапаротомия, чревосечение

epigastric ~ лапаротомия в эпигастральной области, верхняя лапаротомия

exploratory ~ диагностическая лапаротомия

vaginal ~ чрезвлагалищная лапаротомия

celite ['siːlait] целит (*инертный носитель*)

cell [sel] **1.** *биол.* клетка **2.** камера, секция; ячейка **3.** элемент (*гальванический*) **4.** полость (*особ. в кости*)

~**s in culture** культивируемые клетки

A ~**s** A-клетки (*1. ацидофильные инсулоциты, a-клетки поджелудочной железы 2. макрофаги или моноциты, участвующие в иммунных реакциях*)

accessory ~**s** *см.* **A** ~**s** 2

219

aberrant ~ мутагенная [аберрантная] клетка *(напр. раковая клетка)*

abnormal ~s атипичные [злокачественные] клетки

acid ~ париетальный гландулоцит, париетальная [обкладочная] клетка

acidophilic ~ ацидофильная [оксифильная, эозинофильная] клетка *(передней доли гипофиза)*

acinar [acinous] ~ ацинарная [гроздевидная] клетка

acoustic hair ~ *см.* **auditory receptor** ~

actively sensitized ~ активно-сенсибилизированная клетка

active rosette-borning T ~ активная (иммунная) розеткообразующая Т-клетка

adelomorphous ~ главная клетка желудка

adherent accessory ~ прилипающая вспомогательная клетка

adipose ~ липоцит, жировая клетка

adult ~ дифференцированная [зрелая] клетка

adventitional ~ перицит, адвентициальная [периваскулярная, маршанова] клетка

afferent supressor ~ афферентная (Т-)клетка-супрессор *(подавляющая рекрутинг эффекторных и хелперных Т-лимфоцитов)*

air ~ 1. лёгочная альвеола 2. *pl.* околоносовые [придаточные] пазухи носа 3. *pl.* воздухоносные полости *(в костях черепа)* 4. *pl.* воздухоносные ячейки слуховой трубы

albuminous ~ 1. экзокринный панкреоцит, зимогенная (панкреатическая) клетка 2. серо(зо)цит

algoid ~ клетка, напоминающая клетку водоросли *(обнаруживается в кале при хроническом энтерите)*

allergized ~ сенсибилизированная клетка

alveolar ~ эпителиальная клетка лёгочной альвеолы

amacrine *см.* **association** ~

ameboid wandering ~ амёбовидная блуждающая клетка, амёбоцит

amplifier ~ промоторная клетка, Т-амплификатор

anabiotic ~s «дремлющие» клетки *(обычно опухолевые)*

anchorage-dependent ~ «заякоренная» клетка *(зависимая от культуральной подложки)*

antibody-armed [antibody-coated] ~ пассивно-сенсибилизированная клетка; клетка, нагруженная [покрытая] антителами

antibody-containing ~ антителосодержащая клетка *(напр. пре-В-клетка, синтезирующая цитоплазматическую форму иммуноглобулинов)*

antibody-forming ~s продуценты антител, антителообразующие клетки

antibody-produced ~ плазматическая [антителообразующая] клетка, плазмоцит, 2-клетка

antigen-educated [antigen-experienced] ~ «обученная» [примированная] антигеном клетка, коммитированный [детерминированный] иммуноцит *(после контакта с антигеном)*, клетка иммунологической памяти

antigen-presenting ~ антиген-представляющая клетка *(макрофаг, который воздействует на антиген с его последующей доставкой Т-лимфоцитам)*

antigen-primed ~ *см.* **antigen-educated** ~

antigen-processing ~ клетка, процессирующая антиген *(обычно макрофаг)*

antigen-pulsed ~ *см.* **antigen-educated** ~

antigen reactive [responsive] memory T-~s антигенореактивные [антигенотвечающие] Т-клетки памяти

antigen-recognized [antigen-sensitive] ~ антиген-чувствительная клетка, проиммуноцит, Х-клетка *(несущая на своей поверхности иммуноглобулиновые рецепторы к антигену и распознающая его детерминанту)*

antigen-specific supressor ~ антиген-специфическая клетка-супрессор

antigen-trapping ~ антигензахватывающая клетка, «клетка-ловушка» для антигена *(обычно макрофаг)*

anucleated ~ безъядерная клетка; клетка, лишённая ядра

APUD ~s АПУД-клетки, Кульчицкого клетки *(отвечающие за потребление проаминов в ходе метаболизма и участвующие в процессе декарбоксилирования)*

argentaffin ~ кишечный аргентаффиноцит, аргирофильная клетка, энтерохромаффиноцит, Кульчицкого клетка

argyrophilic ~ аргирофильная клетка *(содержащая гранулы серебра)*

artificial target ~ искусственная [модельная] клетка-мишень *(напр. билипидный сферический шарик с нейлоновым матриксом)*

association ~ клетка сетчатки, лишённая аксона

astroglial ~ астроглиальная клетка, астроцит

attacker ~ 1. клетка-эффектор 2. клетка-киллер

atypical ~s *см.* **abnormal** ~s

auditory receptor ~ волосковая сенсорная клетка *(внутреннего уха)*

autoaggressive T ~ аутоагрессивная Т-клетка *(напр. эффекторный аутореактивный Т-лимфоцит с цитотоксическими функциями)*

autogenerated killer ~ аутологичная клетка-киллер

autoimmune helper ~ аутореактивная клетка-хелпер

autologous ~ аутологичная клетка

autologous responding ~ *см.* **autoresponsive** ~

autologous rosette-forming ~ аутологичная розеткообразующая клетка

autoresponsive ~ аутореактивная клетка

auxilliary ~ вспомогательная клетка *(напр. «клетка-кормушка» в культуре)*

B ~ 1. базофильный инсулоцит, бета-клетка *(поджелудочной железы, аденогипофиза)* 2. В-клетка *(лимфоцит, продуцирующий антитела и происходящий из клеток костного мозга)*

band ~ 1. базальная клетка, клетка нижнего слоя эпителия 2. метамиелоцит, юный гранулоцит, палочкоядерный нейтрофил

basket ~ 1. миоэпителиоцит, корзинчатая клетка 2. нейрон, волокна аксона которого образуют сеть вокруг тела другой клетки

basophilic ~ базофильный гранулоцит, базофил

beaker ~ бокаловидная (эпителиальная) клетка

Betz [Sevan-Lewis] ~ гигантопирамидальный нейрон, гигантская пирамидальная клетка, Беца клетка *(коры большого мозга)*

binucleate ~ двухъядерная клетка

biogalvanic ~ биогальванический элемент

blast ~ бластная [стволовая, родоначальная] клетка *(клетка-предшественница всех ростков гемопоэза)*

blood ~ клетка крови, гемоцит

body ~ соматическая клетка

Bombay red ~s эритроциты группы крови Бомбей *(вариант группы крови АВ0)*

bone ~ остеоцит, костная клетка

boosted memory ~ (антиген)стимулированная клетка памяти *(после бустер-инъекции антигена)*

border ~ пограничная клетка *(внутреннего уха)*

bovine kidney ~ бычья почечная культура клеток

bristle ~ *см.* **auditory receptor** ~

bronchic ~ лёгочная альвеола

brood ~ *см.* **parent** ~

brush-border ~ каёмчатая клетка

burr ~ пойкилоцит с шиловидными отростками, акантоцит

burst-forming ~ бурстобразующая клетка *(созревающая клетка-предшественница эритроидного ряда дифференцировки, способная к образованию скоплений бурстов)*

bystander B ~ «фоновая» В-клетка *(не отвечающая на данный антиген)*

bystander tumor ~ опухолевая клетка с неканоническим (антигенным) фенотипом

C ~s С-клетки *(парафолликулярные клетки щитовидной железы, синтезирующие кальцитонин)*

Cajal ~ 1. Кахаля горизонтальная клетка *(коры головного мозга)* 2. *см.* **astroglial** ~

caliciform ~ *см.* **chalice** ~

calcitonin ~s *см.* **C** ~s

calomel half ~ каломельный электрод

cameloid ~ овалоцит, эллиптоцит

capsule ~ мантийный глиоцит, клетка-сателлит, амфицит *(нервного узла)*

carmine ~ изменённая альфа-клетка аденогипофиза *(окрашиваемая в красный цвет азокармином)*

carrier-primed ~ примированная носителем клетка

carrier-specific T helper ~ специфичная к носителю Т-клетка-хелпер

castration ~ клетка кастрации, перстневидная клетка *(аденогипофиза после кастрации)*

CD$_4$$^+$ ~ CD$_4$$^+$ клетка *(Т-клетка-хелпер человека, являющаяся мишенью для вируса СПИДа)*

central ~ *см.* **chief** ~ 1

centroacinar ~ центроацинозный эпителиоцит, центроацинозная клетка *(поджелудочной железы.)*

chalice ~ бокаловидная клетка

chemical ~ химический источник тока, гальванический элемент

chief ~ 1. главная клетка *(слизистой оболочки желудка)* 2. хромофобный аденоцит, хромофобная клетка 3. главная клетка околощитовидной железы

chromatophore ~ хроматофор, хроматобласт, пигментофор

chromosome-marked ~ клетка с хромосомным маркёром

chronic lymphatic leukemia T ~ клетка при хроническом Т-лимфолейкозе

ciliated ~ реснитчатая эпителиальная клетка, клетка мерцательного эпителия

Clarke's ~ секреторная клетка бронхиолы, Кларка клетка

class-switched ~ лимфоцит с переключенным синтезом изотипа

clear ~ 1. *см.* **chief** ~ 3. 2. клетка-родоначальница меланоцитов кожи 3. паренхиматозная клетка новообразований *(напр. почки)* 4. «прозрачные клетки» *(гормонально-активные клетки эпителия тонкой кишки)*

cleavage ~ *эмбр.* бластомер

clonal memory ~ клональная клетка иммунологической памяти

cloned inducer T ~s клонированные Т-клетки-индукторы

clumped ~s агглютинированные клетки

cluster-forming ~s кластеробразующие клетки

coelomic ~ клетка целомической полости, целомоцит

"cold target" NK ~ неактивная естественная клетка-киллер

collagen-producing ~ фибробласт, коллаген-синтезирующая клетка

colony-forming ~s колониеформирующие [колониеобразующие] клетки

columnar ~ цилиндрическая клетка; столбчатый эпителиоцит

commissural ~ нейрон спинного мозга с аксоном на противоположной стороне

committed ~ *см.* **antigen-educated** ~

common lymphoid stem ~ стволовая лимфоидная клетка *(общий предшественник лимфопоэза)*

competent ~ компетентная клетка *(1. обладающая способностью к трансформации – поглощению плазмид со встроенным в их геном фрагментом чужеродной ДНК 2. вырабатывающая антитела в ответ на введение антигена)*

Con A induced suppressor ~ индуцированная конканавалином А-клетка-супрессор, Кон-А-супрессор

concentrated red ~s эритроцит(ар)ная масса

cone ~ колбочковидная зрительная клетка, колбочка сетчатки

confluent ~s сливающиеся клетки

connective tissue ~s клетки соединительной ткани

convoluted ~ большой лимфоцит со «складчатым» ядром

Coombs' positive red ~ эритроцит, нагруженный изогемагглютининами

cornified ~ ороговевшая клетка

cortical ~ корковая клетка, клетка коры *(напр. надпочечника)*

Corti's ~ *см.* **hair** ~s

counting ~ счётная камера, цитометр

couple ~ зигота

Craig-type dialysis ~ ячейка для микродиализа, Крейга диализатор

crescent ~ дрепаноцит, менискоцит, серповидный эритроцит

Crooke's ~s альфа-клетки [базофилы] аденогипофиза *(подвергшиеся гиалинизации)*

cuboid(al) ~ кубовидная клетка; кубический эпителиоцит

cultured ~s культивируемые клетки

culture-origin ~ клетка культурального происхождения

cytophagocytic mononuclear ~ цитофагоцитарная одноядерная клетка

cytotoxic-educated ~ цитотоксический лимфоцит, клетка с цитотоксической функцией

D ~ дефинитивный инсулоцит, D-клетка, дельта-клетка *(поджелудочной железы, аденогипофиза)*

Daudi ~ Дауди клетка *(клетка одной из линий лимфокинактивированных клеток-киллеров)*

daughter ~ дочерняя клетка

dead-end ~ **1.** клетка на терминальной стадии дифференцировки **2.** переживающая клетка *(в культуре)*

decidual ~ децидуальная клетка

deep ~ мезангиоцит, мезангиальная клетка

Deiters' ~s наружные фаланговые клетки, Дейтерса клетки *(внутреннего уха)*

delomorphous ~ обкладочная [париетальная] клетка *(желудка)*, париетальный гландулоцит

demilune ~s клетки серозных полулуний *(слюнных желёз)*

dentinal ~ одонтобласт

detector ~ регистрирующая [измерительная] ячейка

dielectrophoretic ~ ячейка для диэлектрофореза

differentiated ~ дифференцированная [специализированная] клетка

diploid ~ диплоидная клетка *(содержащая в ядре полный набор пар гомологичных хромосом)*

direct labelled ~ меченая клетка

dispersed single ~s изолированные клетки в суспензии

distorted ~ деформированная клетка

dividing ~ делящаяся [реплицирующаяся] клетка

dome ~ клетка купола *(кишечных лимфоузлов)*

dormant ~s «дремлющие» клетки *(обычно опухолевые)*

double bearing ~ биизотипическая клетка *(клетка, несущая на поверхности иммуноглобулины двух изотипов)*

Downey ~s Дауни клетки *(изменённые лимфоциты при инфекционном мононуклеозе)*

"drinking by ~s" поглощение жидкости клетками

drug-resistant ~ лекарственноустойчивая [фармакорезистентная] клетка

durable [durative] ~s *см.* **dormant** ~s

dust ~ кониофаг, пылевая клетка

early ~ недифференцированная [«ранняя»] клетка, клетка-предшественница

eating by ~s поглощение клетками чужеродных частиц, фагоцитоз

"educated" ~ «обученная» (антигеном или фактором) клетка

effector ~s клетки-эффекторы, Т-эффекторы *(участвующие в иммунном ответе непосредственно или опосредованно – через лимфокины)*

effector-target ~ клетка-мишень-эффектор

efferent suppressor ~ эфферентная (Т-)клетка-супрессор *(подавляющая функции эффекторных и хелперных Т-лимфоцитов)*

egg ~ яйцеклетка

electroluminescent ~ *мед. тех.* электролюминесцентная панель

electrophoresis ~ ячейка для электрофореза

elementary [embryonic] ~ эмбриональная [зародышевая] клетка

embryonic stem ~s эмбриональные стволовые клетки

enamel ~ энамелобласт, амелобласт, адамантобласт

end ~ клетка на терминальной стадии дифференцировки

endocrine ~ эндокринная клетка

enterochromaffin [enteroendo-crine] ~ *см.* **argentaffin** ~

entrapped ~ механически захваченная или включённая в инертный носитель клетка

enucleated ~ цитопласт, безъядерная клетка

enzyme-premodified test ~ обработанная ферментом клетка-стандарт

ependymal ~ эпендимоцит, эпендимная клетка

epidermal ~ эпидермальная клетка, эпидермоцит

epithelial ~ эпителиоцит, эпителиальная клетка

epo-stimulated [epo-treated] ~ клетка, стимулированная эритропоэтином

erythroid colony forming [erythropoietin-responsive] ~ эритропоэтинзависимая колониеобразующая клетка

ethmoidal air ~s решётчатые ячейки *(решётчатой кости)*

extant ~ **1.** живая клетка **2.** отличная от других клетка в популяции

F⁻ ~ бактериальная клетка, лишённая F-фактора

F⁺ ~ бактериальная клетка, содержащая F-фактор

facultative ~s факультативные клетки *(способные жить как в аэробных, так и в анаэробных условиях)*

"faggot" ~ клетка-«грязнуля» *(клетка с выраженной нафтилбутиратэстеразной активностью)*

fat ~ липоцит, жировая клетка

feeder ~ питающая [подкармливающая] клетка *(в культуре)*, клетка-кормушка, клетка-фидер

Ferrat's ~ Феррата клетка, гранулярный гистиобласт

filling ~s дегенерирующие глиальные клетки

filter-collected ~s клеточный сепаратор *(для проведения плазмафереза)*

flat-angulated ~ клетка округлой формы; овалоцит

flattened ~ плоская клетка

flow(-through) ~ проточная кювета *(хроматографа)*

fluorescence-bright ~ флуоресцирующая клетка *(напр. при разделении на клеточном сортере)*

fluorescence-dull ~ нефлуоресцирующая [«потухшая»] клетка

foam ~ пенистая [ксантомная] клетка *(патологически изменённый моноцит трансплантированной реципиенту почки)*

follicle center ~ клетка центрального фолликула

follicular dendritic ~ фолликулярная дендритная клетка

food ~s *см.* **sustentacular** ~s

formative ~ *см.* **germinal** ~

founder ~ стволовая клетка

free living ~ свободно живущая клетка

freeze-dried ~ лиофилизированная клетка

freeze/thawlysed ~s клетки, подвергшиеся лизису в результате замораживания и оттаивания

fusogenic ~s способные к слиянию клетки

ganglion ~ **1.** ганглиозная [ганглионарная] клетка, ганглиоцит **2.** нейрон, нервная клетка, нейроцит

gemistocytic ~ (прото)плазматический астроцит

generative ~ *см.* germ ~

genetical storage ~s генетические ячейки памяти

germ [germinal, germline] ~ эмбриональная [зародышевая, родоначальная] клетка *(из которой развиваются яйцеклетка или сперматозоид)*; гоноцит *(зрелая половая клетка)*

ghost ~ мёртвая клетка, сохранившая наружные очертания, «тень» клетки *(гемолизированный эритроцит)*

Giannuzzi's ~ серозные полулуния, Джианнуцци полулуния

giant ~ гигантская клетка

gitter ~s микроглия

gland ~ гландулоцит, железистая клетка

glia ~ глиоцит, (нейро)глиальная клетка

goblet ~ бокаловидная (эпителиальная) клетка

Golgi's ~ Гольджи клетка *(длинноаксонный или короткоаксонный мультиполярный нейрон коры мозжечка)*

Goole's ~ тифозная клетка, клетка Гуле *(гистиоцит, обнаруживаемый в тканях больного брюшным тифом)*

graft rejection ~s клетки, отторгающие трансплантат *(цитотоксические Т-лимфоциты)*

gram-negative ~ грамотрицательная клетка

gram-positive ~ грамположительная клетка

granule ~s клетки-зёрна *(нейроны зернистого слоя коры головного мозга и мозжечка)*

granulocyte-monocyte precursor ~ клетка-прешественница гранулоцитарно-макрофагального ростка *(кроветворения)*

granulocytic ~ гранулоцит, гранулоцитарный [зернистый] лейкоцит

granulosa ~ зернистая клетка фолликулов *(яичника)*

growing ~ растущая клетка

gustatory ~ вкусовая клетка

hair ~ волосковая сенсорная клетка *(внутреннего уха)*

hairy ~ «волосатая» [ворсинчатая] клетка *(лейкозного ретикулоэндотелиоза)*

hand-mirror ~ клетка в форме ручного зеркала *(одна из форм лимфобластов при остром Т8+-лимфобластном лейкозе)*

haploid ~ гаплоидная клетка *(содержащая в ядре одинарный набор хромосом)*

hapten-binding ~ клетка, связывающая гаптен

hapten-primed ~ клетка, примированная гаптеном

haptenylated target ~ гаптенилированная клетка-мишень *(нагруженная гаптеном)*

heart disease [heart failure] ~s клетки сердечных пороков

HELa ~s клетки HELa *(чистая линия опухолевых клеток человека)*

helper ~ клетка-помощник, (клетка-)хелпер, кооперирующая Т-клетка

hemolysin-coated ~ нагруженная [покрытая] гемолизином клетка

hemopoietic ~ кроветворная [гемопоэтическая] клетка

HEMPAS ~s HEMPAS клетки *(hereditary erythroblastic multinuclearity associated with positive acidified serum* — дефектные эритроциты, выявляемые при врождённой дизэритропоэтической анемии II типа)*

hepar star ~ звёздчатая клетка печени

hepatic ~ гепатоцит, паренхиматозная [эпителиальная] печёночная клетка

heteromeric ~ нейрон спинного мозга с аксоном на противоположной стороне

high-producer ~ клетка-суперпродуцент

hilus ~s Бергера клетки *(в области ворот яичника, образующие андрогены)*

histoincompatible ~s клетки, несовместимые по тканевым антигенам, несингенные клетки

HLA-matched ~s сингенные по HLA-антигенам клетки

hobnail ~s клетки «типа обойных гвоздей» *(характерные для мезонефромы)*

homozygous typing ~ гомозиготная типирующая клетка

horizontal ~ of retina горизонтальный нейроцит сетчатки

host ~ 1. клетка-«хозяин» 2. клетка «хозяина» *(организма-носителя паразита)*

Hurtle ~s клетки Асканази – Гюртле *(онкоциты в щитовидной железе)*

hybrid ~ гибридная клетка, клетка-гибрид

hybridoma ~ клетка гибридомы

Ia-bearing ~ клетка с Ia-фенотипом

Ig-secreting ~ клетка, секретирующая иммуноглобулины *(напр. зрелая плазматическая клетка)*

ill-defined ~ аномальная клетка *(патологически изменённая)*

immature ~ незрелая клетка

immobilized ~ иммобилизованная [закреплённая на носителе] клетка

immune[immunocompetent] ~ иммунокомпетентная клетка *(вырабатывающая антитела в ответ на введение антигена)*

immunologically committed lymphoid ~ иммунокомпетентный коммитированный лимфоцит

implanted ~ пересаженная клетка

inclusion ~ культивируемые фибробласты кожи, содержащие ассоциированные с мембранами включения

inclusion-bearing ~ клетка с включениями

indicator ~ индикаторный элемент; индикаторная ячейка

indirect plaque-forming ~s клетки, образующие непрямые [пассивные] розетки

individual ~ отдельная клетка

inducer ~ индукторная клетка, клетка-индуктор

inducible suppressor ~ спонтанная [индуцированная] клетка-супрессор

inflammatory ~s клетки зоны воспаления, клетки воспалительного инфильтрата *(макрофаги, нейтрофильные лейкоциты и др.)*

infused ~ 1. клетка после микроинъекции *(препарата)* 2. пиноцитировавшая клетка

initial ~ первичная клетка

intercalated ~ вставочная клетка

interdigitating ~s добавочные клетки

interphase ~ клетка в фазе синтеза, интерфазная клетка

interstitial ~ интерстициальный эндокриноцит, гранулоцит яичка, Лейдига клетка *(синтезирующая андрогены)*

iris ~ пигментоцит радужки

irritation ~ клетка раздражения, Тюрка клетка

islet ~ инсулоцит, Лангерганса островковая [инсулярная] клетка

isotype-uncommitted B ~ В-клетка, не рестриктированная по изотипу *(напр. В-клетка-предшественница на ранней стадии дифференцировки)*

Ito ~s жиросодержащие клетки выстилки печёночных синусоид, Ито клетки

juvenile ~ метамиелоцит, юный гранулоцит

juxtaglomerular ~ юкстагломерулярная клетка

K ~ 1. К-клетка *(цитотоксический В-лимфоцит, относящийся к категории нулевых клеток)* **2.** клетка-киллер, «клетка-убийца»

karyochrome ~ нейрон с высоким ядерно-цитоплазматическим отношением *(с интенсивно окрашенным ядром)*

keratinized ~ ороговевшая клетка

killed ~ погибшая клетка

killer ~ клетка-киллер, «клетка-убийца», лимфоцит-киллер, нулевая клетка

Kupffer's ~ звёздчатый (ретикуло)эндотелиоцит, береговая [синусоидная] клетка *(печени)*, Купфера клетка

Kurloff ~ Курлова клетка *(видоизменённый лимфоцит с неизвестными функциями у беременных или получавших эстрогенотерапию женщин)*

labelled target ~ меченая клетка-мишень

LAK ~s лимфокинактивированные клетки-киллеры, ЛАК-клетки

Langerhans ~ Лангерганса клетка, макрофаг дермы

large pre-B ~ большой пре-В-лимфоцит

late ~ дифференцированная клетка, «поздняя» клетка

L ~s L-клетки *(для выращивания вирусов)*

LE ~s клетки красной волчанки, LE-клетки, Харгрейвса клетки

leukemia ~ лейкозная клетка

Leydig's ~ *см.* **interstitial ~**

lining [littoral] ~ выстилающая клетка, клетка выстилки

living ~ жизнеспособная [живая] клетка

loaded red blood ~s нагруженные эритроциты *(напр. антигенами)*

Loevit ~ эритробласт, нормобласт

luteal [lutein] ~ лютеиновая клетка *(жёлтого тела яичника)*

lymph ~ лимфоцит

lymphocyte progenitor ~ предшественник лимфоцитов

lymphoid wandering ~ блуждающая лимфоидная клетка

lymphokine-activated killer ~s *см.* **LAK ~s**

macroglia ~ астро(глио)цит, астроглиальная клетка

macrophage-looking ~ макрофагоподобная клетка

major mastoid air ~ сосцевидная пещера *(височной кости)*

male ~ мужская половая клетка, сперматозоид

malignant ~ опухолевая [малигнизированная] клетка

marker-positive ~ 1. клетка, экспрессирующая маркёр **2.** меченая [маркированная] клетка

marrow ~ клетка костного мозга

mast ~ мастоцит, тканевой базофил, *уст.* тучная клетка

mastoid (air) ~s сосцевидные ячейки *(височной кости)*

mature plasma ~ плазмацит, зрелая плазматическая клетка

measuring ~ измерительная ячейка, измерительная кювета

mediator ~ клетка-мишень *(напр. тучная клетка)*

mediator-releasing ~ клетка, секретирующая медиатор

megoxyphile ~ крупнозернистый базофильный лимфоцит

memory ~ Т-лимфоцит *(ответственный за иммунологическую память)*

Mexican hat ~ *см.* **target ~**

microfold ~ складчатая клетка, М-клетка *(клетка эпителия пейеровых бляшек)*

microglia(l) ~ глиальный макрофаг, Ортеги клетка, микроглиоцит, *pl.* микроглия

midget bipolar ~ биполярный нейроцит внутреннего ядерного слоя *(сетчатки)*

migratory ~ блуждающая клетка, амёбоцит

mirror-image ~ 1. Рида – Штернберга двухъядерная клетка **2.** *pl.* клетки с одинаковыми характеристиками ядер

mitogen-responsive ~ митоген-реактивная клетка

mitotic ~ делящаяся клетка *(в фазе митоза)*

mitral ~ митральная клетка *(обонятельной луковицы)*

mixed-lineage ~s популяция клеток, принадлежащих к различным линиям дифференцировки

monocytic [monocytoid] ~ моноцит, моноцитарный лейкоцит

mononuclear ~ одноядерная клетка, мононуклеар

mossy ~ (прото)плазматический астроцит

mother ~ 1. родительская клетка, метроцит **2.** хромофобная клетка аденогипофиза

motile phagocytic ~ мигрирующий макрофаг, полибласт

motile swarmer ~s клетки, растущие на поверхности твёрдой питательной среды в форме концентрических окружностей

motor ~ двигательная клетка, мотонейрон

Mott ~ Мотта клетка *(плазматическая клетка, содержащая множество крупных эозинофильных включений, сходных с Рассела тельцами)*

mucoalbuminous [mucoserous] ~ *см.* **tropochrome ~**

mucous ~ мукоцит, мукоидная [слизистая, бокаловидная] клетка *(кишечника)*

multinucleated ~ многоядерная клетка

multipotent hematopoietic stem ~ мультипотентная гемопоэтическая стволовая клетка

mutagenized [mutated] ~ мутировавшая клетка

myeloid progenitor ~ миелоидная клетка-предшественница

naked ~ «голая» клетка *(клетка, лишённая плазмолеммы)*

Namalna ~ Намальны клетка *(клетка линии В-лимфобластов, трансформированных Эпштейна – Барр вирусом)*

natural cytotoxic ~ естественная цитотоксическая клетка, NC-клетка

natural suppressor ~ естественная клетка-супрессор, NS-клетка

NC ~ *см.* **natural cytotoxic ~**

neoplastic ~s опухолевые клетки; атипичные клетки

neoplastic plasma ~ миеломная клетка

neutrophil ~ нейтрофильный гранулоцит

NK-sensitive ~ клетка-мишень, чувствительная к лизису естественными клетками-киллерами, NK-чувствительная клетка-мишень

nerve ~ нейрон, нервная клетка, нейроцит

neural stem ~ нервная стволовая клетка

neuroglial ~s клетки нейроглии *(астроцит, олиго-дендроцит)*

nobble ~ *уст.* дифференцированная клетка

non-cleaved ~ малая с нерасщеплённым ядром клетка

noncorrectly fused ~s **1.** слившиеся нежизнеспособ-ные клетки **2.** гибрид, образовавшийся при слиянии клеток различных гистогенетических рядов

noncycling ~ клетка в фазе G$_0$, покоящаяся клетка

noninteracting T ~s независимые Т-клетки

nonproliferating ~ неделящаяся клетка

nontreated ~ интактная клетка

normal blood B ~ зрелая В-клетка *(периферической крови)*

NS ~ *см.* **natural suppressor** ~

nucleated ~ клетка с ядром, ядросодержащая клетка

null ~ «нулевой» лимфоцит, «нулевая» клетка

nurse [nursing] ~s *см.* **sustentacular** ~s

oat(-shaped) ~s овсяновидные клетки *(рака лёгких)*

olfactory receptor ~ (нейросенсорная) обонятельная клетка, Шультце клетка

original ~ исходная [первоначальная] клетка

osseous ~ остеоцит, костная клетка

osteogenic ~ остеобласт

osteoprogenitor ~ мезенхимная клетка *(коммитиро-ванная к развитию в остеогенные клетки)*

oxyntic ~ *см.* **parietal** ~

P ~ Р-клетка водителя цикла *(миоцит с просветлённой цитоплазмой)*

packed red blood ~s эритроцит(ар)ная масса

pairing ~ гамета

parasitized ~ **1.** клетка, инфицированная паразитом **2.** клетка, примированная паразитарным антигеном

parent ~ родительская [материнская] клетка, метроцит

parietal ~ обкладочная [париетальная] клетка *(желудка)*, париетальный гландулоцит

"passenger" ~s клетки-«пассажиры» *(инородные клетки в составе обогащённой популяции или трансплантата)*

passively sensitized ~ пассивно-сенсибилизированная клетка *(нагруженная антителами)*

pavement ~ клетка мостовидного [плоского] эпителия

peptic ~ зимогенная клетка *(образующая фермент)*

pericapillary [perithelial] ~ перицит, адвентициальная [периваскулярная, маршанова] клетка, Руже клетка

peritoneal exudate ~s клетки перитонеального экссудата

permeabilized ~ клетка с искусственно увеличенной проницаемостью мембраны

pessary ~ пессариевидный эритроцит

petite ~ мелкая (карликовая) клетка

petrous apex ~s ячейки верхушки пирамиды височной кости

phagocytosed ~ фагоцитированная клетка

phalangeal ~s фаланговые клетки *(опора для волоско-вых сенсорных клеток кортиева органа)*

phantom ~ *см.* **ghost** ~

pheochrome ~ хромаффиноцит, феохромная клетка, феохромоцит

photoelectric ~ фотоэлемент

physaliphorous ~ крупная вакуолизированная клетка в опухолях *(напр. в хордоме)*

pillar ~ столбовая клетка *(кортиева органа)*

pineal ~ пинеалоцит

pit ~ большой зернистый лимфоцит, «клетка-ловушка» *(печени)*

plaque-forming ~ бляшкообразующая клетка

plasma ~ плазматическая клетка, плазмацит, Z-клетка

plated ~s высеянные на чашках клетки

pluripotent ~ плюрипотентная [полипотентная] клетка *(способная к дифференциации)*

polar ~ полярное [редукционное] тельце, полоцит

polymorphonuclear ~s with lobulation полиморфно-ядерные клетки с дольчатостью

postfusional ~ клетка, образованная в результате слияния *(напр. клетки гибридомы)*

postmitotic mature ~ зрелая дифференцированная клетка

postthymic precursor ~s посттимусные клетки-предшественницы *(после освобождения из тимуса на периферии превращаются в Т-лимфоциты)*

PP ~ РР-клетки *(вырабатывающие панкреатические полипептиды)*

prebursal stem ~ стволовая пре-В-клетка *(клетка-предшественница В-клеточной линии дифференцировки)*

precursor ~ клетка-предшественница *(любая клетка, способная к дальнейшей дифференциации)*

preimmune B ~ В-клетка-«девственница» *(неприми-рованный зрелый В-лимфоцит)*

prekiller ~ предшественница клетки-киллера

premalignant [preneoplastic] ~ клетка в состоянии злокачественного перерождения

presenter ~ антигенпредставляющая [антигенпрезен-тирующая] клетка

preserved ~s консервированные клетки

prickle ~ шиповатый эпидермоцит

primary [primitive] ~ *см.* **germ cell** ~

primed lymphoid ~ примированный лимфоцит *(активированный, или сенсибилизированный, лимфо-цитом и способный реагировать с тем же антигеном либо синтезировать антитела)*

primed responder ~ примированная (иммуно)реак-тивная клетка, примированная клетка-респондер

primed typing ~ примированная типирующая клетка *(в тестах по HLA-типированию)*

primitive sperm ~s сперматогонии

primordial germ ~ гоноцит, первичная половая клетка

principal ~ главная клетка

producer ~ клетка-продуцент

progenitor ~ *см.* **precursor** ~

promotor ~ промоторная клетка, Т-амплификатор

pseudomonopolar ~ псевдомонополярная клетка

pulpar ~ макрофаг селезёнки

PWM-stimulated B ~ стимулированный митогеном лаконоса В-лимфоцит

pyramidal ~ пирамид(аль)ный нейрон *(коры большого мозга)*

pyrr(h)ol ~ *см.* **scavenger** ~

quiescent ~ в фазе G_0, покоящаяся клетка

rat-mouse T ~ Т-клетки «крыса-мышь» *(гибридомы)*

reconstituated ~ реконструированная клетка *(образованная слиянием энуклеированной клетки с ядром другой клетки)*

red (blood) ~ эритроцит

Reed – Sternberg ~ Рида – Штернберга клетка *(при лимфогранулематозе – Ходжкина болезни)*

reference ~ **1.** образцовый нормальный элемент **2.** электрод-сравнение, каломельный электрод *(pH-метра)*

reflector ~ организующая А-клетка *(иммунокомпетентная вспомогательная клетка)*

renal ~ клетка почечного эпителия

repopulating ~ репопулирующая клетка

resident ~s резидентные клетки *(постоянно находящиеся в тканях, напр. тучные клетки)*

resident Kupffer ~s неподвижные купферовские клетки

responder ~s клетки, отвечающие за дифференциацию в смешанной культуре лимфоцитов

resting ~ **1.** клетка, выбывшая из цикла деления **2.** *pl.* «дремлющие» клетки *(обычно опухолевые)*

restricted stem ~ рестриктированная стволовая клетка, стволовая клетка с ограниченными потенциями

Rieder ~ полиморфный лимфоцит, Ридера клетка

reticulum ~ ретикулярная клетка

rod ~ палочковидная зрительная клетка, палочка сетчатки

rod nuclear ~ нейтрофильный палочкоядерный гранулоцит, палочкоядерный лейкоцит

rosette-forming ~s розеткообразующие клетки *(способные к специфическому связыванию других клеток)*

sacrificing ~ лизируемая клетка-мишень

sampler ~ ячейка с образцом

sarcogenic ~ саркобласт, миобласт

satellite ~ **1.** мантийный глиоцит, клетка-сателлит, амфицит *(нервного узла)* **2.** миосателлитоцит **3.** перицит, адвентициальная клетка, Руже клетка

scavenger ~s (гистиоцит-)макрофаги, макрофагоциты *(клетки-уборщицы мусора)*

Schwann ~ (нейро)леммоцит, шванновская клетка *(макрофаг глии)*

secondary B ~ **1.** В-клетка памяти **2.** вторичная В-клетка-стимулянт *(В-лимфоцит, способный стимулировать вторичную смешанную культуру лимфоцита)*

segmentated ~ нейтрофильный (сегментоядерный) гранулоцит

segmentation ~ бластомер

self ~ аутоантигенная [аутологичная] клетка

self-duplicating ~ делящаяся [реплицирующаяся] клетка

self-killer [self-reactor] ~ аутореактивная клетка-киллер

self-recognizing T ~ самораспознающая Т-клетка

self-resricted [self-specific] ~ аутоантигенная [аутологичная] клетка

semiallogenic ~ семиаллогенная клетка

senescent ~ стареющая клетка *(клетка, не способная к активному размножению)*

sensitized ~ сенсибилизирующая клетка *(стимулирующая к антигензависимой пролиферации)*

sensory ~ **1.** афферентный [рецепторный, сенсорный, чувствительный] нейрон **2.** нейроэпителиальная клетка

serosal mast ~ серозный мастоцит, тучная клетка серозной оболочки

Sertoli ~ *см.* **sustentacular** ~

serum-starved ~ клетка, находящаяся в бессывороточной среде

sessile phagocytic ~ осёдлый макрофаг, гистиоцит, блуждающая клетка в покое

sex ~ половая клетка *(яйцеклетка, сперматозоид)*

Sezary ~ Сезари клетка *(атипичный мононуклеар со скрученным ядром при синдроме Сезари)*

shadow ~ **1.** гемолизированный эритроцит, «тень» эритроцита **2.** Малерба клетка обызвествляющейся эпителиомы кожи **3.** *pl.* Боткина – Гумпрехта тельца, Гумпрехта «тени»

sheep red blood ~ эритроциты барана

sickle ~ дрепаноцит, менискоцит, серповидный эритроцит

signet ring ~ перстневидная клетка

"silent" idiotype-positive B ~ «молчащая» [«немая»] идиотип-позитивная В-клетка

single ~ отдельная клетка

singly-marked ~ клетка с уникальным *(единственным)* фенотипическим маркёром *(напр. СД$_4^+$-клетка)*

sinusoidal ~s лакунарная клетка

skein ~ ретикулоцит

smudge ~ *см.* **shadow** ~

somatic ~ соматическая клетка

sonicated ~s клетки, обработанные ультразвуком

spectrophotometer ~ спектрофотометрическа ячейка

sonicated ~s «озвученные» клетки *(подвергнутые действию ультразвука)*

sperm ~ сперматозоид

spiculated ~ шиповидная клетка

spider ~ **1.** астроцит, астроглиальная клетка **2.** перицит, адвентициальная клетка

spindle ~ веретенообразная клетка

spine ~ шиповатый эпидермоцит

spot-forming ~ клетка, образующая «ореол» *(после обработки специфическими антителами к клеточной поверхности)*

squamous epithelial ~ клетка плоского эпителия

stab [staff] ~ (нейтрофильный) палочкоядерный гранулоцит, палочкоядерный лейкоцит

stellate ~s звёздчатые клетки

stem ~ **1.** стволовая клетка **2.** эмбриональная [зародышевая] клетка

Sternberg – Reed ~ *см.* **Reed – Sternberg** ~

stichochrome ~ нейрон с исчерченностью клеточного тела, стихохром

storage ~s консервированные клетки

strain-gauge load ~ тензометрический динамометр; тензометрический динамометрический преобразователь

strap ~ клетка рабдомиосаркомы

supporting ~ *см.* **sustentacular** ~

suppressor ~ клетка-супрессор, супрессорная клетка *(ингибирующая синтез антител плазматическими клетками)*

sustentacular ~ сустентоцит, Сертоли клетка, поддерживающая клетка яичка *(выполняет трофическую* *и опорную функции для сперматогенного эпителия семенных канальцев яичка)*

switch T ~ Т-лимфоцит-«переключатель» *(участвующий в переключении синтеза тяжёлых цепей иммуноглобулинов в В-лимфоцитах)*

syncitial giant ~ 1. синцитиальный поликариоцит **2.** гигантская клетка синцития

T~ Т-лимфоцит

tactile ~ осязательная клетка, Меркеля клетка

tadpole ~s слущенные, неправильно удлинённые клетки плоского эпителия *(при раке шейки матки)*

tanned red ~s эритроциты, подвергшиеся воздействию таниновой кислоты

target ~ 1. клетка-мишень *(носитель мембранных антигенов)* **2.** мишеневидный эритроцит *(появляющийся при анемии)*

tart ~ 1. моноцит, фагоцитирующий ядро другой клетки **2.** артефакт клетки красной волчанки

taste ~ вкусовая клетка

tendon ~ сухожильная клетка

theca ~ of stomach поверхностная клетка слизистой оболочки желудка

T-helper ~ Т-хелпер-лимфоцит, Т-клетка-помощник

thin-film ~ тонкоплёночный элемент

third-population ~ клетка третьей популяции *(могут дифференцироваться в В- и Т-лимфоциты, а также в гранулоциты и эритроциты)*

thymic epithelial ~s эпителиальные клетки вилочковой железы

thymic nurse ~ тимическая клетка-«няня» *(участвующая в дифференцировке и созревании Т-лимфоцитов)*

thymic supressor ~ тимоцит-супрессор

thymus-dependent [thymus-derived, thymus-processed] ~ Т-клетка, Т-лимфоцит

thymus-repopulating ~ клетка, репопулирующая тимус *(обычно претимоцит)*

tissue culture ~s клетки культуры тканей, культивируемые клетки

T-lineage ~ клетка Т-линии дифференцировки

totipotential ~ тотипотентная [полипотентная] клетка *(способная к дифференцировке в различных направлениях)*

touch ~ осязательная клетка, Меркеля клетка

T-progenitor ~ Т-клетка-предшественница, пре-Т-клетка *(напр. Т-лимфобласт)*

T-proliferative ~ промоторная клетка, Т-клетка-амплификатор

transformed ~s трансформированные клетки *(фенотип которых изменён в опухолевые под действием онкогенов или канцерогенов)*

transitional ~ переходная клетка *(на промежуточной стадии иммунологической дифференцировки)*

treated ~ обработанная клетка

triggered ~ стимулированная клетка

trophochrome ~ слизисто-серозная клетка

T-rosette forming ~ розеткообразующая клетка

tumorigenic ~ озлокачествлённая [малигнизированная] клетка;

Turk's ~ клетка раздражения, Тюрка [лейкоцит] клетка

two-color labelled ~ клетка с двухцветовой меткой

Tzanck ~s Тзанка клетки *(многоядерные гигантские клетки, обнаруживаемые при герпесной инфекции)*

uncommitted ~ некоммитированная клетка

uncultured ~ некультивированная дуга

unipotential ~ коммитированная [унипотенциальная, детерминированная] клетка-предшественница

unprimed ~ непримированная клетка *(не имевшая контакта с антигеном)*

vacuolated ~ вакуолизированная клетка

vasoformative ~ ангиобласт

veiled ~s клетки пограничной вуали; покрытые пеленой клетки

veto ~ «вето»-клетка *(распознающая аутореактивные клоны Т-лимфоцитов и участвующая в их элиминации)*

viable ~s жизнеспособные клетки

Virchow's ~ лепрозная клетка, Вирхова клетка

virgin B ~ В-клетка-«девственница» *(непримированный зрелый В-лимфоцит)*

virus-transformed ~ трансформированная вирусом клетка *(напр. приобретающая свойства опухолевой)*

visual receptor ~ светочувствительная [фоторецепторная] клетка *(палочковидная или колбочковидная зрительная клетка)*

wandering ~ блуждающая клетка, амёбоцит

washed red ~s отмытые эритроциты

water-clear ~ of parathyroid главная [светлая] клетка околощитовидной железы

white blood ~ лейкоцит

wing ~ 1. многоугольная [полигональная] клетка *(эпидермиса)* **2.** «крылатая» клетка *(заднего эпителия роговицы)*

X~ иммунокомпетентная некоммитированная клетка *(иммунологической памяти)*

Y~ иммунокомпетентная коммитированная клетка *(иммунологической памяти)*

yolk ~ *эмбр.* желточная клетка

Z~ иммунокомпетентная плазматическая клетка, продуцирующая антитела

zymogenic ~ клетка, образующая фермент *(обычно ацинозная клетка поджелудочной железы)*

cella ['selə], *pl.* **cellae** ['seliː] *лат.* целла *(1. внутреннее помещение 2. полость внутреннего органа)*

~ media центральная часть бокового желудочка *(головного мозга)*

cell-cultured ['sel-ˌkʌltʃəd] выращенный в клеточной культуре

cell-free ['sel-ˌfriː] бесклеточный

cellicolous [se'likəʊləs] внутриклеточный

cellifugal [seli'fjuːgəl] движущийся от клетки

cellipetal [seli'petl] движущийся к клетке

cell-mediated [sel-'medieitid] клеточнообусловленный, клеточноопосредованный

cellobiose [ˌseləʊ'baiəʊs] целлобиоза *(структурная единица целлюлозы)*

cellomics [se'lɒmiks] целломика *(раздел молекулярной биологии, изучающий функции клеток организма)*

Cell-Saver [sel'seivə] *фирм.* «спасатель эритроцитов» *(1. аппарат для сбора крови во время операции, отде-*

ления эритроцитов и их аутотрансфузии 2. методика изъятия и сохранения крови для аутогемотрансфузии)

cellula ['selju:lə] *лат.*, *pl.* **cellulae** ['selju:li] **1.** малая клетка **2.** ячейка

~ **mastoidea** *лат.* сосцевидные ячейки

cellular ['selju:lə] **1.** клеточный; цитологический **2.** ячеистый, сотообразный **3.** пористый; сетчатый

cellularity [ˌselju:'læriti] насыщенность клетками *(напр. костного мозга, ткани опухоли)*

cellulate ['selju:leit] **1.** состоящий из клеток, клеточный **2.** ячеистый, сотообразный

cellulicidal [ˌselju:'lisidl] убивающий клетки, цитоцидный

cellulitis [ˌselju:'laitis] панникулит, целлюлит *(воспаление рыхлой соединительной ткани)*

crepitant ~ анаэробная инфекция, газовый [крепитирующий] целлюлит

panfacial ~ разлитое воспаление подкожной клетчатки лица

pelvic ~ параметрит

phlegmonous ~ диффузная флегмона

celluloneuritis [ˌselju:ləʊnjuː'raitis]:

acute anterior ~ полиневрит, Ландри паралич

cellulose ['selju:ləʊs] целлюлоза, клетчатка *(основа растительных волокон)*

cristalline ~ кристаллическая целлюлоза *(устойчивая природная форма целлюлозы)*

oligo(dT)~ олиго(dT)-целлюлоза *(сорбент для аффинной хроматографии нуклеиновых кислот)*

cellulotoxic ['selju:ləʊˌtɒksik] цитотоксический

celology [si:'lɒlədʒi] герниология

celom [si:'ləm], **celoma** [si:'ləʊmə] **1.** *эмбр.* целом, вторичная полость, дейтероцель *(выстланная мезотелием полость зародыша, из которой образуется брюшинная, перикардиальная и плевральная полости)* **2.** совокупность серозных полостей человека

extraembryonic ~ внезародышевый целом, экзоцелом

intraembryonic ~ внутризародышевый целом, эндоцелом

celonychia [ˌsi:ləʊ'nikiə] койлонихия, ложкообразный [вогнутый] ноготь

celophlebitis [ˌsi:ləʊflə'baitis] воспаление полой вены

celoschisis [si:'lɒskisis] гастрошизис *(врождённая расщелина передней брюшной стенки)*

celosom(i)a [ˌsi:ləʊ'səʊmiə] врождённое расщепление грудной или брюшной стенки с эвентрацией

celotomy [si:'lɒtəmi] грыжесечение

cement [sə'ment] **1.** цементное вещество зуба **2.** *стом.* цемент; связующая ткань; вяжущее [цементирующее] вещество **3.** *sl.* крупная партия наркотиков

acrylic resin ~ самотвердеющая пластмасса *(для пломбирования зуба)*

bone ~ костный цемент

bridge ~ цемент для фиксации мостовидного протеза

crown ~ цемент для фиксации коронок

fluoride-containing ~ фторсодержащий пломбировочный цемент

silicate-zinc ~s цинксиликатные цементы

cementation [ˌsi:mən'teiʃn] наложение изолирующей цементной прокладки под пломбу

cementicle [sə'məntikl] *стом.* цементикль

cementoblast [sə'məntəʊblæst] цементобласт

cementoblastoma [səˌməntəʊblæs'təʊmə] цементобластома, истинная цементома

cementoclasia [səˌmentəʊ'kleiziə] цементоклазия *(разрушение цемента цементокластами)*

cementocyte [sə'mentəʊsait] цементоцит *(зрелые клетки цемента зуба)*

cementoma [si:men'təʊmə] цементома, одонтома

true ~ цементобластома, истинная цементома

cementopathia [səˌmentəʊ'ræθiə] цементопатия *(дегенерация цемента, окружающего зуб, обычно при пародонтозе)*

cementosis [ˌsi:mən'təʊsis] гиперцементоз, оссифицирующий периодонтит

cenesthesia [ˌsi:nes'θiziə] сенестезия *(общее самочувствие)*

cenogenesis [ˌsi:nəʊ'dʒenəsis] *эмбр.* ценогенез *(появление у зародыша признаков, отсутствующих у взрослых особей, напр. оболочки у плода)*

cenophobia [ˌsi:nəʊ'fəʊbiə] кенофобия *(патологическая боязнь открытых пространств)*, см. тж. **agoraphobia**

cenosis [si:'nəʊsis] патологические выделения

cenosite ['si:nəʊsait] ценозит *(факультативный комменсал)*

censor ['sensɔ:] **1.** сенсор, датчик, чувствительный элемент **2.** цензор *(1. просматриватель 2. по Фрейду, механизм, подавляющий или изменяющий неосознанные мысли и желания)*

censored ['sensɔ:d] выжившие больные

censoring ['sensəriŋ] «цензура», селекционный контроль и отбор *(в тимусе)*

self-reactive ~ элиминация аутореактивных клонов

censorship ['sensə:ʃip] *псих.* самоконтроль

census ['sensəs] **1.** перепись *(населения)*; учёт *(животных)* **2.** число *(госпитализированных больных)*

average daily ~ среднее число больных в день

de facto ~ перепись наличного населения

de jure ~ перепись зарегистрированного населения

in-patient ~ число стационарных больных

overcrowded ~ перегруженность *(напр. больницы)*

population ~ перепись населения

centenarian [ˌsenti'neəriən] человек ста лет ‖ столетний

center[1] ['sentə] **1.** центр; зона **2.** средняя точка тела

~ **for post basis nursing education** центр повышения квалификации медсестёр

~ **of lens** оптический центр линзы или хрусталика

advice ~ диагностический [консультационный] центр

automatic data processing ~ *выч. тех.* центр автоматической обработки данных

blood donor ~ центр крови, донорский пункт

cancer detection ~ онкологический диспансер

child guidance ~ детский медико-педагогический центр

child health ~ детская консультация, детская поликлиника

communicable disease ~ кожно-венерологический диспансер; центр по борьбе с инфекционными заболеваниями

community blood ~ центр по заготовке крови

community mental health ~ психиатрическое учреждение микрорайона

comprehensive trauma ~ комплексный центр реабилитации больных, перенёсших травму

computer [computering] ~ вычислительный центр

coordinating ~ координационный центр

crisis (intervention) ~ центр помощи при психоэмоциональных критических ситуациях

day care [day-care] ~ **1.** дневной стационар **2.** дневной детский комбинат

demonstration ~ *здрав.* показательный центр

detention ~ коррекционный центр *(для юношей в возрасте от 14 до 20 лет)*

detoxification ~ **for alcoholics** детоксикационный центр *(снятия алкогольного отравления)*

dialysis ~ центр [клиника] гемодиализа

drug control [monitoring] ~ *амер.* центр сбора и учёта информации о побочных реакциях лекарственных средств

emergency ~ центр неотложной помощи; травматологический пункт

enzyme active ~ активный центр фермента

evidence-based practice ~ центр доказательной медицины

first-aid ~ центр или пункт первой медицинской помощи

health ~ **1.** *англ.* центр здоровья *(учреждение, в котором оказывают консультативную и поликлиническую медицинскую помощь)* **2.** лечебно-диагностический центр **3.** здравпункт

influenza virus typing ~ центр типирования вируса гриппа

laser spine ~ лазерный центр вертебрологии

maternity welfare ~ женская консультация

medical concentration ~ медицинский городок

mobile health ~ *англ.* передвижной здравпункт

narcotics addiction rehabilitation ~ центр реабилитации наркоманов

newborn ~ отделение новорождённых, неонатологический центр

nursing ~ детский сад, ясли

pharmaceutical ~ фармацевтический центр *(аптека, в которой продают только лекарства и предметы санитарии и гигиены, США)*

plastic ~ центр восстановительной хирургии

poison (control) ~ токсикологический центр

primary care ~ центр или пункт первичной медико-санитарной помощи

primary stroke ~ центр первичной помощи больному с инсультом

reconditioning ~ центр реабилитации

reference ~ справочный центр *(ВОЗ)*

research and training ~ научно-исследовательский и учебный центр

rural health demonstration and training ~ учебно-показательный центр сельского здравоохранения

search and rescue control ~ центр управления поисково-спасательными операциями

senior ~ **1.** дом престарелых **2.** гериатрический центр

sexual assault referral ~ центр консультативной помощи изнасилованным

spinal trauma ~ центр спинальной травмы

sterilization ~ централизованное стерилизационное отделение

strain-typing ~ **(poliomyelitis)** центр типирования штаммов вируса полиомиелита

tissue embedding ~ устройство для заливки образцов ткани

vaccinating ~ прививочный пункт

verification ~ поверочный центр; метрологический центр

yeast genetic stock ~ центр по изучению генетики дрожжей

youth ~ подростковый центр; подростковый кабинет

center² **1.** группа специализированных клеток, выполняющая определённую функцию **2.** средоточие; концентрация каких-л. объектов

~ of infection очаг инфекции

activation ~ центр активации

auditopsychic ~ центр интерпретации звуков

auditory ~ слуховой центр

Broca's ~ моторная речевая зона, центр [зона] Брока

cardioinhibitory ~ дорсальное моторное ядро блуждающего нерва, угнетающее деятельность сердца

cell ~ центросома, центросфера, центральное тельце

cheirokinesthetic ~ центр письма

coughing ~ кашлевой центр

deglutition ~ центр глотания

epiotic ~ точка [центр] окостенения пирамиды височной кости

erection ~ центр эрекции

germinal ~ герминативный [зародышевый] центр лимфатического узла

facial ~ центр, координирующий мимику

heat-regulating ~ центр терморегуляции

infectious cell ~ инфицированный клеточный очаг

ossification ~ точка [центр] окостенения

salivary ~ центр слюноотделения

vital ~ жизненно важный центр *(контролирует дыхание, частоту сердечных сокращений, артериальное давление, температуру тела и т. д.)*

Wernicke's [word] ~ сенсорная речевая зона, центр [зона] речи Вернике

centesis [sen'tiːsis] пункция, прокол, перфорация

centibar ['sentibaː] сантибар

centibell ['sentibel] сантибелл

centile ['sentil] центиль, центильный метод *(основан на процентном распределении частоты встречаемости величин данного признака у 3,10, 25, 75, 90 и 97 % лиц данной возрастно-половой группы)*

centimorgan [ˌsenti'mɔːgən] сантиморганида, сМ *(единица измерения на генетической карте)*

centipoise ['sentipɒiz] сантипуаз *(единица вязкости)*

central ['sentrəl] **1.** центральный; основной, главный **2.** верифицированный *(напр. диагноз)*

central-line ['sentrəl'lain] **1.** система для переливания *(крови, растворов)* **2.** инфузия [вливание] в центральную вену

centre ['sentə] *см.* **center**

centriciput [sen'trisipət] часть черепа между теменем и затылком

centrifugal [sen'trifjʊgəl] **1.** эфферентный, выносящий, центробежный *(направленный к периферии)* **2.** центрифужный, относящийся к центрифуге

centrifugation [senˌtrifju:ˈgeiʃn] *биохим.* центрифугирование

back-and-forth ~ 1. маятниковое центрифугирование *(по типу «взад-вперёд»)*

Band ~ зональное центрифугирование

continuous-flow ~ центрифугирование в непрерывном потоке

counterflow ~ противоточное [изопикническое] центрифугирование

density gradient ~ центрифугирование в градиенте плотности

differential ~ дифференциальное центрифугирование

high-speed ~ скоростное центрифугирование

settling ~ отстойное центрифугирование

spin-drying ~ дегидратационное центрифугирование

sucrose density gradient ~ центрифугирование в градиенте плотности сахарозы *(метод разделения молекул по форме и размеру)*

zonal ~ зональное центрифугирование

centrifuge [ˈsentrifjuʤ] центрифуга ‖ центрифугировать

air-driven ~ центрифуга с воздушным приводом, воздушная центрифуга

angle ~ центрифуга с угловым расположением пробирок

basket ~ корзиночная центрифуга, центрифуга с сетчатым барабаном

batch ~ центрифуга периодического действия, импульсная центрифуга

center-slung ~ центрифуга с подвеской на колонках

concurrent ~ проточная центрифуга

decanter ~ декантирующая центрифуга; осадительная центрифуга

evaporative ~ испарительная центрифуга

flow-through coil planet ~ проточная спиральная планетарная центрифуга

hand-discharge ~ центрифуга с ручной выгрузкой

high-speed ~ быстропроходная центрифуга

horizontally mounted ~ горизонтальная центрифуга

human ~ центрифуга-тренажёр

imperforated bucked ~ центрифуга со сплошным ротором-барабаном

nozzle-discharge ~ центрифуга с инерционной выгрузкой

oscillating-basket ~ центрифуга с вибрирующим ротором

oscillating-screen ~ центрифуга с вибрационной выгрузкой

pneumatic discharge ~ центрифуга с пневматической выгрузкой

reciprocating-conveyor ~ центрифуга с выгрузкой осадка пульсирующим поршнем

refrigerated superspeed ~ рефрижераторная ультрацентрифуга

sedimentation ~ осадительная [препаративная] центрифуга

settling ~ отстойная центрифуга

short-arm [short-radius] ~ центрифуга короткого радиуса

superspeed ~ ультрацентрифуга

suspended ~ подвесная центрифуга

test-tube ~ лабораторная [пробирочная] центрифуга

two-liquid ~ центрифуга, обеспечивающая разделение твёрдой и двух жидких фаз *(воды и масла)*

valve ~ вентильная центрифуга

water-driven ~ центрифуга с гидравлическим приводом

centriole [ˈsentriəul] *цитол.* центриоль

centripetal [senˈtripətl] афферентный, приносящий, центростремительный *(направленный к центру)*

centrocyte [ˈsentrəuˌsait] центроцит *(клетка, содержащая одиночные или спаренные гранулы)*

centrokinesia [ˈsentrəuˌkiˈni:siə] центрокинезия *(движение, вызванное импульсами центрального происхождения)*

centromere [ˈsentrəumiə] центромера, кинетохор *(центральный участок хромосомы, в котором сестринские хромосомы соединены между собой и в котором прикреплены веретена, обеспечивающие движение хромосом к полюсам деления)*

centrosome [ˈsentrəusəum] *цитол.* центросома, центросфера *(плотный участок цитоплазмы, окружающий центриоли и образующий с ними клеточный центр)*

centrum [ˈsentrəm], *pl.* **centra** [ˈsentrə] *см.* **center[1]**

cephalad [ˈsefəlæd] краниальный, по направлению к головному концу

cephalalgia [ˌsefəˈælʤiə], **cephalea** [sefəˈliə] головная боль, цефалгия

histamine ~ гистаминовая цефалгия, мигрень, или Хортона синдром

pharyngotympanic ~ головная боль в сочетании с болями в глотке и ухе

quadrantal ~ головная боль, поражающая одну четверть головы

cephaledema [ˌsefələˈdi:mə] отёк головного мозга

cephalhematoma [ˌsefəlhi:məˈtəumə] кефалогематома *(поднадкостничное кровоизлияние в области свода черепа у новорождённого)*

cephalic [səˈfælik] относящийся к голове; краниальный

cephalin [ˈsefəlin] кефалин

cephalitis [ˌsefəˈlaitis] энцефалит

cephalization [ˌsefəliˈzeiʃn] цефализация *(образование головного конца эмбриона)*

cephalocele [ˈsefələuˌsi:l] черепно-мозговая грыжа, цефалоцеле

cephalocentesis [ˌsefələusənˈti:sis] пункция [прокол] черепа

cephalodiprosopus [ˌsefələudaiˈprɒsəupəs] *терат.* плод с наличием добавочной [паразитической] головы

cephalodymus [ˌsefəˈlɒdəməs] *см.* **cephalopagus**

cephalodynia [ˌsefələuˈdiniə] головная боль, цефалгия

cefalography [ˌsefəˈlɒgrəfi]:

fetal ~ изображение головы; рентгенография черепа плода

cephalogyric [ˌsefələuˈʤirik] относящийся к поворотам головы

cephalohemometer [ˌsefələuhiˈmɒmətə] прибор для определения внутричерепного давления

cephalomenia [ˌsefələuˈmi:niə] викарное носовое кровотечение

cephalomeningitis [ˌsefələumeninˈʤaitis] лептопахименингит *(воспаление оболочек головного мозга)*

cephalometric [ˌsefələuˈmetrik] краниометрический

cephalometry [ˌsefəˈlɒmətri] **1.** краниометрия, цефалометрия **2.** изображение головы

   laminographic [radiographic] ~ томография черепа

cephalonia [ˌsefəˈləʊniə] макроцефалия с гипертрофией головного мозга

cephalopagus [ˌsefəˈlɒpəgəs] краниопаг, цефалопаг *(близнецы, сросшиеся в области головы)*

cephalopathy [ˌsefəˈlɒpəθi] энцефалопатия, церебропатия

cephalopelvimetry [ˌsefələʊpəlˈvimetri] цефалопельвиметрия *(измерение таза беременной и головки плода по рентгенограмме)*

cephalopyosis [ˌsefələʊˌpaiˈəʊsis] абсцесс головного мозга

cephalosporiosis [ˌsefələʊˌspɒriˈəʊsis] *микол.* цефалоспориоз

cephalothoracic [ˌsefələʊθəˈræsik] относящийся к голове и груди

cephalothoracopagus [ˌsefələʊˌθɔːrəˈkɒpəgəs] цефалоторакопаг *(близнецы, сросшиеся в области головы и груди)*

cephalotomy [ˌsefəˈlɒtəmi] *акуш.* краниотомия, цефалотомия

cephalotractor [ˌsefələʊˈtræktə] акушерские костные щипцы

cephalotripsy [ˌsefələʊˈtripsi] *акуш.* кефалотрипсия

cephalotrypesis [ˌsefələʊtraiˈpiːsis] трепанация черепа

ceptor [ˈseptə] рецептор

   chemical ~ хемо(ре)цептор

ceramet [ˈserəmet] *стом.* металлокерамика

ceramics [seˈræmiks] *мед. тех.* **1.** керамический материал **2.** керамическая коронка

   dental ~ зуботехнический фарфор

   ultra fast ~ ультраскоростной детектор на керамических композитах

cerate [ˈsiːreit] мазь

cercaria [səˈkeiriə], *pl.* **cercariae** [səˈkeiriːiː] церкарии *(конечная стадия развития личинок трематод)*

cercaricidal [səːˈkæriˈsaidl] церкарийцидный, уничтожающий церкарий

cerclage [səˈklɑːʒ] *фр.* серкляж *(1. метод скрепления костных отломков проволокой 2. вид операции при отслойке сетчатки)*

   cervical ~ цервикальный серкляж *(наложение нерассасывающегося кругового шва вокруг отверстия матки при истмико-цервикальной недостаточности)*

cerebellar [ˌserəˈbelər] мозжечковый

cerebellopontine [ˌserəˌbeləʊˈpɒntiːn] мосто-мозжечковый

cerebralgia [serəbrˈældʒiə] головная боль, цефалгия

cerebration [ˌserəˈbreiʃn] деятельность [функционирование] головного мозга

cerebrifugal [ˌserəˈbrifjuːgəl] эфферентный, центробежный

cerebripetal [ˌserəˈbripətəl] афферентный, центростремительный

cerebritis [ˌserəˈbraitis] энцефалит

cerebromedullary [ˌserəbrəʊˈmedjuːləri] цереброспинальный, спинномозговой

cerebromeningitis [ˌserəbrəʊˌmeninˈdʒaitis] менингоэнцефалит

cerebropathia [ˌserəbrəʊˈpæθiə] энцефалопатия, церебропатия

cerebrophysiology [ˌserəbrəʊˌfiziˈɒlədʒi] физиология головного мозга

cerebropontile [ˌserəbrəʊˈpɒntail], **cerebropontine** [ˌserəbrəʊˈpɒntain] относящийся к конечному мозгу и варолиеву мосту

cerebrorrhachidian [ˌserəˌbrəʊrəˈkidiən] *см.* **cerebromedullary**

cerebrose [ˈserəbrəʊz] галактоза, цереброза

cerebroside [ˈserəbrəʊˌsaid] цереброзид *(соединение, входящее в состав миелиновой оболочки нервных волокон)*

cerebrosidosis [ˌserəbrəʊsiˈdəʊsis] цереброзидоз, Гоше болезнь

cerebrospinal [ˌserəbrəʊˈspainəl] *см.* **cerebromedullary**

cerebrotonia [ˌserəbrəʊˈtəʊniə] церебротония *(тип темперамента с функциональным преобладанием высших нервных центров), см. тж.* **somatotonia** и **viscerotonia**

cerebrovascular [ˌserəbrəʊˈvæskjuːlə] цереброваскулярный *(относящийся к сосудам головного мозга)*

cerebrum [ˈserəbrəm], *pl.* **cerebra** [ˈserəbrə] большой мозг

cerecloth [ˈsiəˈklɒθ] антисептический перевязочный материал

ceremonial [ˌserəˈməʊniəl]:

   compulsive ~ компульсивный церемониал, или ритуал

   defensive ~ защитный церемониал

cerinous [ˈserinəs] восково-жёлтый

ceroid [siˈrɒid] цероид *(липидный пигмент)*

   neuronal ~ нейрональный цероид; липофусциноз *(прогрессирующая деменция, миоклонические судороги, накопление липопигмента в тканях прямой кишки и мозга)*

ceroplasty [ˈsiərəʊplæsti] изготовление восковых муляжей поражений кожи

certifiable [ˌsəːtiˈfaiəbl] **1.** подлежащий обязательной сертификации, сертифицируемый **2.** подлежащий обязательной регистрации *(об инфекционном или профессиональном заболевании)* **3.** подлежащий принудительной госпитализации *(о психически больном)*; могущий быть признанным невменяемым

certificate [səˈtifikət] сертификат *(1. качества продукта и пр. 2. определённой специальности врача 3. пригодности к применению аппарата, прибора)*

   ~ of age разрешение на работу несовершеннолетним

   ~ of coverage свидетельство о наличии страхового медицинского покрытия

   ~ of disability for discharge свидетельство о непригодности к военной службе по состоянию здоровья

   ~ of free pratique свидетельство о снятии карантина

   ~ of health справка о состоянии здоровья

   ~ of incapacity of work листок нетрудоспособности, больничный лист

   ~ of insurability страховое свидетельство

   ~ of quality сертификат качества

   ~ of sampling сертификат отбора проб

   ~ of vaccination свидетельство о вакцинации

   author's ~ авторское свидетельство

   birth ~ свидетельство о рождении

   death ~ свидетельство о смерти

   deratting ~ свидетельство о дератизации

   final ~ 1. полный сертификат, полная лицензия *(право на самостоятельную врачебную практику, США)* **2.** обладатель полной лицензии

health insurance ~ медицинский страховой полис

insurance ~ страховое свидетельство

interim ~ временное удостоверение *(напр. на право лечебной практики)*

international ~ of vaccination международный сертификат о вакцинации

medical ~ заключение о состоянии здоровья человека и его возможности выполнять ту или иную работу

nurse ~ аттестат медсестры

premarriage [prenuptial] ~ врачебное свидетельство перед вступлением в брак

rabies ~ сертификат о прививке от бешенства

registration ~ регистрационное удостоверение

release ~ паспорт предприятия-изготовителя *(напр. пищевого предприятия)*

sanitary ~ санитарное свидетельство

sickness ~ справка о заболевании; листок нетрудоспособности, больничный лист

test [verification] ~ *мед. тех.* свидетельство о поверке

vaccination ~ свидетельство о прививке

Certificate:

~ of Qualification in Social Work квалификационный сертификат социального работника

"~ of recognition" «Свидетельство о признании» *(выдающихся заслуг учёного, США)*

General ~ of Education аттестат зрелости *(Англия)*

Surgeon's ~ of Disability медицинское свидетельство о непригодности к военной службе

certificated [sə'tifikeitid] дипломированный, сертифицированный, имеющий сертификат

certification [ˌsə:tifi'keiʃn] 1. сертификация, аттестация *(получение удостоверения о приобретении специальности)* 2. принудительная госпитализация в психиатрическую больницу 3. извещение органов здравоохранения о заболевании, подлежащем обязательной регистрации

~ of products сертификация продукции

certified ['sə:tifaid] 1. апробированный, проверенный, сертифицированный *(препарат, метод)* 2. обладающий сертификатом *(на право самостоятельной работы)* 3. признанный невменяемым или неправоспособным; помещённый в психиатрическую больницу

certify ['sə:tifai] 1. удостоверять, подтверждать, заверять 2. выдавать удостоверение о заболевании *(особ. психическом)* 3. помещать в психиатрическую больницу

ceruleus [sə'ru:liəs] голубой

ceruloplasmin [sə,ru:ləʊ'plæzmin] церулоплазмин *(медьсодержащий белок сыворотки крови)*

cerumen [sə'ru:mən] ушная сера

impacted ~ серная пробка

cerumenolytics [sə,ru:mənəʊ'litiks] разжижающие серные пробки средства

ceruminoma [sə,ru:mi'nəʊmə] церуминома *(опухоль железы, продуцирующей ушную серу)*

ceruminosis [sə,ru:mi'nəʊsis] чрезмерное образование ушной серы

cervical ['sə:vikəl] цервикальный *(1. относящийся к области шеи 2. относящийся к шейке органа)*

cervicectomy [ˌsə:vi'sektəmi] ампутация шейки матки, трахелэктомия

cervicitis [ˌsə:vi'saitis] цервицит, трахелит *(воспаление шейки матки)*

cervicocollar [ˌsə:vikəʊ'kɒlə] фиксирующий воротник *(при повреждении шейного отдела позвоночника)*

cervicocolpitis [ˌsə:vikəʊkɒl'paitis] эндоцервикокольпит *(воспаление шейки матки и влагалища)*

cervicodynia [ˌsə:vikəʊ'diniə] боль в шейном отделе позвоночника

cervicofacial [ˌsə:vikəʊ'feiʃl] шейно-лицевой

cervicomuscular [ˌsə:vikəʊ'mʌskjʊlə] относящийся к мышцам шеи

cervicoplasty [ˌsə:vikəʊ'plæsti] 1. пластическая операция на шее 2. пластическая операция на шейке матки

cervicovaginal [ˌsə:vikəʊvæ'dʒainəl] шеечно-влагалищный

cervicovesical [ˌsə:vikəʊ'vesikəl] относящийся к шейке матки и мочевому пузырю

cervimeter [sə:'vimətə] цервикометр *(прибор для измерения открытия шейки матки в родах)*

cervix ['sə:viks], *pl.* **cervices** ['sə:vaisi:z] 1. шея 2. шейка *(какого-л. органа)*

~ of the axon суженная часть аксона у начала миелинового слоя

closed ~ закрытая шейка матки

competent ~ нормальное состояние шейки матки

incompetent ~ цервикальная недостаточность

cervixbrush ['sə:viksbrʌʃ] *гинек.* шпатель со щёточкой *(для взятия шеечных мазков)*

cesarean [sə'zæriən] кесарево сечение

abdominal ~ абдоминальное кесарево сечение

low-section ~ ретровезикальное [низкое] кесарево сечение *(в нижнем маточном сегменте)*

cesious ['si:ziəs] серо-голубой, сизый

cesium ['si:ziəm]:

~-137 цезий-137 *(искусственный радиоактивный изотоп, используемый в рентгенотерапии)*

cessation [sə'seiʃn] 1. прекращение, обрыв; отмена 2. остановка; перерыв

~ of bacillary excretion прекращение выделения бактерий *(больным)*

~ of circumstances прекращение действия (психотравмирующих) обстоятельств

~ of venous flow прекращение венозного кровотока

abrupt ~ внезапная отмена *(медикамента)*, см. тж. **rebound effect**

smoking ~ прекращение курения

spontaneous ~ спонтанное исчезновение *(напр. рефлюкса)*

temporary ~ временное прекращение функции

cesspool ['sespu:l] отстойник; выгребная яма

cestodes ['sestəʊdz] цестоды, ленточные черви

cetaceum [sə'teiʃi:əm] спермацет

chafe [tʃeif] 1. ссадина 2. раздражение ‖ раздражаться

chagoma [tʃə'gəʊmə] «шагома» *(поражение кожи при Шагаса болезни)*

Chagres [tʃə'gres] Чагрес *(арбовирус)*

chain [tʃein] 1. цепь; цепочка ‖ цепной 2. *бакт.* линейное соединение двух и более клеток

~ of transmission цепь передачи (*напр. инфекции*)

antisense ~ «антисмысловая» цепь

backbone ~ основная цепь макромолекулы

branched ~ разветвлённая углеводистая цепь

collateral ~ цепь радиоактивных превращений; радиоактивный ряд

conjugate ~ сопряжённая цепь

double stranded ~ двухтяжевая [двойная] цепь (*молекулы*)

electron transport ~ цепь переноса электронов (*ряд ферментов и белков, по которым передаются электроны*)

food ~ **"water – vegetable plankton – fish – birds"** пищевая (экологическая) цепь: «вода – растительный планктон – рыбы – птицы»

H ~, heavy ~ генный комплекс Н-цепей, или тяжёлых цепей (*иммуноглобулина*)

helix ~ спиральная цепь

hemolytic ~ гемолитическая цепь (*гемолиз, наблюдаемый при реакции связывания комплемента*)

idiotype-bearing ~ (полипептидная) цепь, содержащая идиотипическую детерминанту

jointing ~ соединительная цепь, J-цепь (*синтезируемая плазматическими клетками*)

light ~ генный комплекс L-цепей, или лёгких цепей (*иммуноглобулина*)

linear ~ *см.* **unbranched ~**

long ~ длинная цепь (*более 8 особей бактерий*)

macromolecular ~ полимерная [макромолекулярная] цепь

nascent polypeptide ~ растущая [синтезируемая] полипептидная цепь

one ~ одноцепочечный

ossiclar ~ цепь слуховых косточек (*молоточек, наковальня, стремя*)

phosphate transfer ~ цепь переноса фосфата (*в клетке, органелле*)

reaction ~ цепная реакция

redox ~ окислительно-восстановительная цепь

respiratory ~ (клеточная) дыхательная цепь (*переноса электрона*)

short ~ короткая цепь (*2–8 особей бактерий*)

toxihoric ~ полипептидная цепь, несущая токсические свойства (*о холерном токсине*)

transformation ~ *см.* **collateral ~**

unbranched ~ неразветвлённая цепь

chaining ['tʃeiʃniŋ] привязывание (*приём, применяемый в модификации поведения, при котором в процессе обучения сложному навыку он разделяется на отдельные части*)

chair [tʃeə]:

~ of biochemistry кафедра биохимии

to be appointed to a ~ получить звание профессора

to hold a ~ заведовать кафедрой

action ~ рабочее кресло (*инвалида*)

Barany ~ *см.* **rotation(al) ~**

convalescence ~ кресло для выздоравливающих

damped ~ кресло с амортизацией, амортизирующее кресло

dental ~ стоматологическое [зубоврачебное] кресло

hydraulic ~ (врачебное) кресло с гидравлическим приводом

invalid's wheel ~ кресло-каталка, инвалидная коляска

net support ~ кресло с сетчатой системой фиксации

operation ~ операционное кресло

pedal (hand) powered wheeled ~ кресло на колёсах, приводимое в движение педалью (рукой)

powered wheeled ~ кресло на колёсах, оснащённое силовым двигателем

restraining ~ станок для фиксации (*экспериментальных животных*)

rotation(al) ~ вращающееся кресло, Барани кресло (*для проверки вестибулярного аппарата*)

tilt(ing) ~ кресло с изменяющимся углом наклона (*для исследования вестибулярного аппарата*)

treatment ~ кресло для осмотра и проведения лечебных процедур

chalasia [kə'leiʒə], **chalasis** [kə'leisis] халазия (*расслабление группы мышц*)

chalazion [kə'leiziɒn] халазион (*киста мейбомиевой железы*)

chalazodermia [kə‚leizəʊ'də:miə] вялая кожа, халазодермия

chalcosis [kæl'kəʊsis] 1. хроническое отравление медью 2. халькоз (*отложение частичек меди в органах и тканях*)

chalicosis [kæli'kəʊsis] халикоз (*разновидность пневмокониоза*)

chalk [tʃɔ:k] мел

French ~ тальк

chalkstone ['tʃɔ:kstəʊn] подагрический тофус

challenge ['tʃælənʤ] 1. совокупность признаков; симптоматика 2. повторная иммунизация; провокационная проба; антигенный стимул 3. контрольное заражение (*напр. для проверки эффективности иммунизации*) 4. вызов || бросать вызов

~ with gluten воздействие глютеном

airury ~ провокационная проба на болезни дыхательных путей

antigen ~ стимуляция антигеном (*при аллергии*)

cold air ~ действие холодного воздуха

diagnostic ~ диагностическая проблема (*при муковисцидозе*)

footpad ~ иммунизация путём инъекции (антигена) в подушечки лап (*кролика*)

global ~ глобальное изменение

glucose ~ сахарная нагрузка

lactate ~ провокационная проба с лактатом

lethal ~ заражение смертельной дозой, летальная инокуляция

lymph node ~ введение разрешающей дозы в лимфоузлы

oxygen ~ with O₂ проба с вдыханием 100 % кислорода

post ~ после проверочного [контрольного] заражения

surgical ~ операция отчаяния, хирургический вызов

challenged ['tʃælənʤd]:

physically ~ соматически отягощённый

visually ~ с нарушенным зрением

chalone ['kæləʊn] кейлон, халон (*выделяемый тканями ингибитор, подавляющий деление клеток и синтез ДНК*)

chalybeate [kə'libieit] импрегнированный солями железа, содержащий соли железа

chamaecephalic [ˌkæmisəˈfælik] имеющий плоскую форму черепа

chamber [ˈtʃeimbə] **1.** камера; отсек **2.** палата **3.** полость (*напр. сердца*); резервуар

  air ~ *см.* **suction** ~

  Algire's ~ Алгира (диффузионная) камера

  altitude ~ барокамера

  anaerobic environmental ~ камера для анаэробных микробов

  aqueous ~s передняя и задняя камеры глаза

  baffle ~ *экол.* отводная камера

  barrel ~ большая ионизационная камера

  blinol well ~ хемотаксический планшет

  blood-counting ~ счётная камера, гематоцитометр

  Boyden ~ *см.* **double** ~

  chlorination (contact) ~ резервуар для хлорирования (*воды*)

  chromatographic ~ хроматографическая камера

  climatic ~ камера искусственного климата, биотрон

  counting ~ *см.* **blood-counting** ~

  culture ~ культуральная камера

  dark-light ~ камера «свет-темнота» (*эксперимен- тальная модель, вызывающая страх у животных*)

  developing ~ камера для проявления

  diffusion ~ диффузионная камера (*для культивирова- ния клеток*)

  double ~ камера Бойдена (*двухполостная камера с полупроницаемой перегородкой для изучения фагоци- тоза и хемотаксиса in vitro*)

  drip ~ *экол.* сточная камера, отстойник

  drying ~ сушильная камера; сушильный шкаф

  dust ~ пылесборная [пылеосадительная] камера, пылеуловитель, пылеосадитель

  exposure ~ **1.** камера для облучения **2.** затравочная камера

  filter-and-drip ~ капельница с фильтром

  Finn's ~ Финна [колодец] лунка (*для аллергена в окклюзионных аппликационных пробах*)

  free-air ionization ~ ионизационная камера

  freezing ~ морозильная камера

  fume ~ вытяжной шкаф

  health-protection ~ дозиметрическая камера

  heated ~ горячевоздушная дезинфекционная камера

  hybridization ~ камера для гибридизации, блот-ячейка

  hyperbaric ~ барокамера

  immunoassay ~ камера для иммуноанализа

  lethal ~ «камера смерти» (*для усыпления животных*)

  Makler counting ~ Маклера счётная камера, сперма- тоцитометр

  Marbrook ~ Марбрука камера (*для культивирования лейкоцитов*)

  metabolism ~ обменная камера

  microculture ~ камера для микрокультивирования

  monitor ~ контрольная камера, камера-регистратор

  mosquito exposure ~s специальные садки для комаров

  pocket ~ карманный дозиметр

  pressure ~ *см.* **hyperbaric** ~

  pulp ~ полость коронки (*зуба*)

  refrigerating ~ холодильная камера

  sample ~ ящик для образцов

  sealed ~ герметическая камера

  settling ~ *см.* **dust** ~

  skin window ~ метод «кожного окна», Ребука камера (*для оценки кожной реакции замедленной гиперчув- ствительности*)

  sludge ~ отстойник

  suction ~ нёбная присасывающая камера (*съёмного зубного протеза*)

  temperature-regulated ~ **1.** термостат **2.** инкубатор

  vacuum ~ **1.** вакуумная [разреженная] камера **2.** *см.* **suction** ~

  X-ray ~ дозиметр ионизирующего [рентгеновского] излучения

  Zigmond ~ Зигмонда камера (*камера для изучения хе- мотаксиса лимфоцитов*)

chambered [ˈtʃeimbərd] разделённый на камеры или по- лости

chamfer [ˈtʃæmfə] желобок, паз, фаска (*на препариро- ванном зубе*)

chamomile [ˈkæməmail]:

  wild ~ ромашка лекарственная (*Matricaria chamomilla*)

chance [tʃɑːns]:

  ~s **of success** шансы на успех (*операции*)

chancre [ˈʃæŋkə] **1.** шанкр (*язва или эрозия, возникаю- щая на месте внедрения возбудителя при некоторых инфекционных болезнях*) **2.** твёрдый шанкр, первичная сифилома; сифилитическая язва

  ~ **redux** *лат.* рецидив твёрдого шанкра в месте быв- шей первичной сифиломы

  fungating ~ возвышающийся [грибовидный] мягкий шанкр (*при шанкроиде*)

  hard [indurated] ~ твёрдый [гунтеровский] шанкр, первичная сифилома, сифилитическая язва

  hunterian ~ *см.* **hard** ~

  mixed ~ смешанный шанкр

  monorecidive ~ *см.* **redux**

  phagedenic ~ мягкий [гангренозный, фагеденичный] шанкр

  Rollet ~ *см.* **mixed** ~

  serpiginous ~ мягкий серпигинозный шанкр

  soft ~ мягкий шанкр, шанкроид, венерическая язва

  sporotrichotic ~ споротрихозный шанкр

  trypanosome ~ трипаносомный шанкр

chancriform [ˈʃæŋkrifɔːm] шанкроподобный, напомина- ющий твёрдый шанкр

chancroid [ˈʃæŋkrɔid] мягкий шанкр, шанкроид, вене- рическая язва

  true ~ *см.* **chancre 2**

chancrous [ˈʃæŋkrəs] относящийся к твёрдому шанкру

Chandipura [ˈtʃændɾipjʊə] Чандипура (*арбовирус*)

change [ˈtʃeinʤ] **1.** изменение; превращение; альтера- ция ‖ изменять, превращать **2.** трансформация (*напр. микроволновой фибрилляции желудочков в крупновол- новую*) **3.** замена, перемена

  ~s **in appearance of amniotic fluid** изменение внешнего вида околоплодных вод

  ~ **of air 1.** перемена обстановки **2.** воздухообмен

  ~ **of inactive trypsinogen into trypsin** превращение трипсиногена в трипсин

~ of life климактерический период, климакс, климактерий

~s of population демографические изменения

~ of self-esteem *псих.* изменение самооценки

to ~ into bone окостеневать

age-related ~s возрастные изменения

ameloblastomatous ~ амелобластозное перерождение

anion ~ анионный обмен

behavioral ~s нарушения поведения

characteristic ~s специфические изменения *(напр. при гистологическом исследовании)*

chemical ~ химическая реакция

Crooke's ~ *см.* hyaline ~

cyclical ~s циклические колебания

cystic ~s кистозное перерождение

diurnal ~s суточные [циркадные] изменения

enduring personality ~s стойкие изменения личности

environmental ~s изменения окружающей среды

epileptic mental ~s эпилептические изменения личности

fatty ~ жировое перерождение

graded ~s ступенчатые изменения

heat ~ теплоперенос

heritable ~ наследуемое изменение

hyaline ~ гиалиноз и вакуолизация цитоплазмы базофилов гипофиза *(напр. при Кушинга синдроме)*

identical ~s одинаковые изменения

intergenic ~ хромосомная мутация, межгенная перестройка

irreversible ischemic ~s необратимые ишемические изменения

isotopic constitution ~ изменение изотопного состава

malignant ~ малигнизация, злокачественное перерождение

man-made ~s антропогенные изменения *(окружающей среды)*

mental ~ изменение психического статуса

overt pathologic ~s явные патологические изменения

postmortem ~ посмертное изменение

postural ~s изменение позы; изменение положения

random ~s случайные изменения

reproductive ~ естественный прирост *(абсолютная величина разности между родившимися и умершими за определённый период)*

social ~s изменения в социальном положении

standard free-energy ~ изменение стандартной свободной энергии *(происходящее при превращении 1 моля реагирующих веществ в 1 моль продуктов)*

sudden ~ of diet резкая смена диеты

systemic ~ системное поражение, системные изменения

changeability [ˌtʃeindʒə'biliti] изменчивость

changer ['tʃeindʒə] переключатель

(rapid) film [serial] ~ *рентг.* сериограф

channel [tʃænl] 1. проток, канал; проход; путь 2. *sl.* крупная вена, в которую инъецируется наркотик

~s of infection пути инфекции

blood ~ кровеносный капилляр

bypass ~ шунт, обходной [байпасный] канал

calcium ~ кальциевый канал *(в клеточной мембране)*

diploic ~s каналы губчатого вещества *(кости)*

hydrophilic ~ гидрофильный канал *(в клеточной мембране)*

ionic ~ ионный канал *(молекулярная структура в мембране клетки, селективно проницаемая для отдельных ионов)*

lacrimal-nasal ~ слёзно-носовой канал

lymphatic ~ лимфатический проток

phagocytosis-associated ~s *(трансмембранные ионные) каналы, участвующие в фагоцитозе*

potassium ~ калиевый канал

sodium ~ натриевый канал

sprue ~ *стом.* литниковый канал

vascular ~ сосудистая борозда, сосудистый канал *(в костях черепа)*

voltage-dependent ~ потенциал-зависимый канал

channel-blocker ['tʃænl-'blɒkə]:

calcium ~ блокатор кальциевых каналов

channelled ['tʃænld] 1. изрезанный каналами 2. желобоватый *(напр. зонд)* 3. изборождённый

chanelling ['tʃænəliŋ]:

trance ~ гипнотизирование, введение в транс

chap [tʃæp] 1. ссадина 2. щель, трещина, расщелина ‖ трескаться *(о коже)*

character ['kærəktə] 1. характерная черта; признак; особенность; свойство 2. характер 3. личность; фигура

~ of broken bone вид перелома кости

~s of parents *ген.* признаки родителей

acquired ~ приобретённое свойство, приобретённый признак

anal ~ *психоан.* анальный характер *(упрямство, аккуратность и скупость, но может включать и противоположные им принудительную уступчивость, неопрятность и щедрость)*

antigenic ~s антигенный признак

basic ~ *хим.* основный характер

blending ~s сливающиеся признаки при отсутствии их чёткого разделения

cenogenetic ~ ценогенетический признак

constellational ~ признак, обусловленный наследственностью и средой

continuous ~ *ген.* полигенный [количественный] признак

developmental ~ характер развития

discontinuous ~ *ген.* олигогенный [качественный] признак

distinguishing ~ отличительный признак

epileptic ~ эпилептический характер, эпилептоидность

extra ~ крайний характер

genital ~ *психоан.* генитальный характер *(зрелый тип личности, формирующийся на генитальной стадии психосексуального развития)*

hereditary [heritable] ~ наследственный признак, врождённый характер

hoarding ~ накопительный тип характера *(по Фромму)*

holandric ~ голандрический признак *(передающийся только по мужской линии)*

hologynic ~ гологинный признак *(передающийся только по женской линии)*

incipient ~ начальный признак

independent ~ *ген.* независимо наследуемый признак

inherited ~ наследуемый признак

innate ~ *см.* **herditary ~**

lithogenic ~ литогенное свойство

mendelian ~ менделирующий признак

minor ~ второстепенный признак

obsolete ~ исчезающий (вырождающийся) признак

oligogenic ~ *ген.* олигогенный [качественный] признак (*детерминируемый небольшим числом генов*)

oral ~ *психоан.* 1. оральная характеристика 2. оральный характер

poligenic ~ *ген.* полигенный [количественный] признак

recessive ~ *ген.* рецессивный признак

sex-controlled ~ признак, контролируемый полом

sex-limited ~ признак, ограниченный полом

sex-linked ~ признак, сцепленный с полом (*детерминируемый геном, локализованным в половой хромосоме*)

sexual ~s половые признаки

social ~ социальный характер (*формируемый средой путём вытеснения неприемлемого для общества содержания в бессознательное, Фромм*)

unit ~ неделимый [менделевский] признак

characteristic [ˌkærəktəˈristik] 1. характеристика 2. характерная черта; признак; особенность; свойство || присущий; характерный; типичный

acquired ~s приобретённые черты

dose-survival ~s зависимость «выживаемость – доза» (*воздействия*)

essential ~s основная характеристика

flow ~s текучесть; реологические свойства

natural ~ собственная характеристика

noise ~ шумовая характеристика

particular ~s основные показатели (*возраст, пол и т. д.*)

performance ~ характеристика работоспособности; рабочая характеристика

personal ~ характеристика человека (*напр. сотрудника*)

personality ~s особенности личности

practical design ~ *травм.* конструкционные свойства (*материала*)

psychosocial ~s психосоциальные факторы

secondary sexual ~s вторичные половые признаки

specific ~ характерная особенность

steady state ~ характеристика установившегося процесса

surge ~ характеристика переходного периода

thermal radiation ~ характеристика теплового излучения

characterization [kærəktəraiˈzeiʃn] 1. характеристика 2. идентификация

characterology [ˌkærəktəˈrɒlədʒi] изучение характера

charbon [ʃaːˈbɒʊ] *фр., вет.* сибирская язва

charcoal [ˈtʃaːkəʊl] древесный уголь

activated ~ активированный уголь

active ~ активный уголь

animal ~ животный уголь (*напр. костяной, кровяной*)

dextran-coated ~ нагруженная декстраном угольная пыль

charge [tʃaːdʒ] 1. нагрузка; бремя 2. *мед. тех.* заряд, заправка 3. забота, уход (*за больным*); надзор; ответственность; бремя 4. лицо, состоящее на попечении 5. предписание; рекомендация 6. *суд. мед.* обвинять; возлагать ответственность 7. цена; расходы, издержки 8. *sl.* доза наркотика

~ of abuse обвинение в злоупотреблении

~ with (of) murder обвинять в убийстве

at smb.'s own за свой счёт

criminal ~ уголовное обвинение

doctor's ~ посещение врачом на дому

energy ~ *мол. биол.* энергетический заряд (*степень заполнения системы АТФ – АДФ – АМФ высокоэнергетическими фосфатными связями*)

epileptic neuron ~ разряд эпилептических нейронов

fixed ~s and claims *здрав.* фиксированные расходы и требования (*иски, претензии*)

free of ~ бесплатно

hospital ~s плата за пребывание в больнице

insurance ~ страховой сбор, *pl.* расходы по страхованию

maximum allowable ~ 1. максимальный гонорар (*за медицинские услуги*) 2. максимально допустимый тариф (*за медикаменты*)

net ~ суммарный заряд

overwhelming ~ избыточный заряд

sterilization ~ обменная партия стерилизуемого материала

zero net ~ суммарный нулевой заряд (*о незаряженной молекуле*)

charger [ˈtʃaːdʒə] 1. зарядное устройство (*для дозиметров*) 2. кассета (*напр. для рентгеновской плёнки*)

charging [ˈtʃaːdʒiŋ]:

radioactive ~ загрузка [введение] радиоактивного источника (*больному*)

charity [ˈtʃærəti] 1. милосердие; благотворительность 2. благотворительные средства 3. благотворительная организация

Charles [tʃaːlz], **Charley** [tʃaːli] *sl.* кокаин

charley-horse [ˈtʃaːli-hɔːs], **charleyhorse** 1. ушиб четырёхглавой мышцы бедра (*всадника*) 2. судорога икроножной мышцы

charm [tʃaːm] 1. обаяние, очарование 2. очень эффективное действие (*напр. медикамента*) ◊ **to ~ away** снимать, облегчать (*боль*)

charon [ˈkeirɒn] харон (*рекомбинантная ДНК*)

chart [tʃaːt] 1. таблица; график; диаграмма; схема; номограмма || составлять график или диаграмму 2. медицинская карта, история болезни || заносить в карту (*клинические данные*)

~ of eyegrounds таблица с изображением глазного дна

barr ~ столбиковая диаграмма

blank ~ бланк истории болезни

clinical ~ *см.* **hospital ~**

color [chromatic] ~ цветовая диаграмма; таблица цветов

exposure ~ таблица длительности облучения

eye ~ оптометрическая таблица

flow ~ программа действий, технологическая схема

growth ~ карта физического развития

hospital ~ карта стационарного больного; история болезни

hourly ~ почасовой график наблюдения за больными

pedigree ~ генеалогическое [родословное] дерево

prescription ~ карта назначений

psychrometric ~ психрометрическая диаграмма (*влажности воздуха*)

Rinelmann ~ Рингельмана шкала (*шкала дымности*)

scoring ~ карта оценки *(тяжести повреждений)*

sight-testing ~ *см.* **eye** ~

Snellen ~ Снеллена таблица *(для проверки остроты зрения)*

Tanner growth ~ Таннера диаграмма развития *(серия графических построений, отображающих физическое развитие детей в соответствии с полом, возрастом и стадией полового созревания)*

test performance ~ график проведения испытаний

visual ~ таблица для исследования остроты зрения

wave front ~ диаграмма направленности излучения

weight ~ карта регистрации массы тела

charta ['ka:tə] 1. листок бумаги, пропитанный индикатором или покрытый лекарственным веществом *(напр. горчичник)* 2. бумажный пакетик, содержащий лекарственное средство для однократного употребления

~ **exploratoria caerulea** синяя лакмусовая полоска

~ **exploratoria rubra** красная лакмусовая полоска

charter ['tʃa:tə] 1. хартия, грамота; устав 2. сдача в аренду *(напр. медицинского оборудования)*

Charter:

Business ~ **for Sustainable Development** Хартия деловых кругов по вопросам устойчивого развития

Ottawa ~ **for health promotion** Оттавская хартия по укреплению здоровья

UN ~ устав ООН

chartered ['tʃa:tərd] 1. дипломированный *(напр. врач)* 2. разрешённый правительством, государственный

charterhouse ['tʃa:təhaʊs] дом для престарелых пенсионеров *(Лондон)*

chartula ['ka:tjʊlə] пакетик, содержащий однократную дозу лекарства

chase [tʃeiz] вытеснение, замещение

chasma ['kæzmə] 1. зевание, зевота 2. зазор; разрыв; промежуток

chastity [tʃæstəti] 1. целомудрие, девственность 2. воздержанность

conjugal ~ супружеская верность

chatter ['tʃætə] 1. *псих.* болтовня || болтать 2. стучать *(напр. зубами)* 3. дребезжать

chatting-up [tʃætiŋʌp] дезинсекция

chaude-pisse [ʃɔ:diˈpi:z] *фр.* чувство жжения при мочеиспускании

check [tʃek] 1. контроль, проверка *(напр. положения катетера)* || контролировать, проверять || контрольный, проверочный 2. задержка; препятствие || приостанавливать; препятствовать 3. остановка *(напр. кровотечения)* 4. обследование; анализ *(напр. крови)* 5. *sl.* наркотик в капсуле или упаковке

~ **out** выезжать из больницы, гостиницы и пр., заплатив по счёту; рассчитаться

bar ~ контрольный образец

diagnostic ~ диагностическое испытание

experimental ~ экспериментальная проверка, проверка на опыте

health ~ медицинский осмотр

exposure X-ray ~ эталон единицы экспозиционной дозы рентгеновского излучения

functional ~ проверка (контроль) работы прибора

gas ~ газоанализатор

occasional spot ~**s** выборочные контрольные проверки анализов

pay ~ платёжный чек

routine ~ 1. текущая [повседневная] проверка [поверка] 2. проверка с невысокой точностью

validity ~ контроль правильности, проверка достоверности

viability ~ тест на жизнеспособность

visual fields ~ исследование полей зрения

check-bite ['tʃekbait] прикусной восковой валик *(для определения окклюзионного соотношения зубов)*

checking ['tʃekiŋ] испытание, контроль

~ **cast** контроль за гипсовой повязкой

clinical ~ клинические исследования или испытания *(фармпрепарата)*

cross ~ **of blood films** перекрёстная проверка или перепроверка *(путём сравнения)* мазков крови

efficiency ~ проверка эффективности *(напр. новой технологии)*

purity ~ анализ на отсутствие посторонних примесей

check-list ['tʃeklist] 1. опросник, чек-лист, контрольный список 2. технологическая карта

~ **of signs and symptoms** перечень признаков заболевания, симптоматика

criterion performance ~ контрольный лист критерия исполнения

patient counselling ~ консультативный лист больного

preoperative ~ предоперационная карта больного

symptom ~ *псих.* лист симптомов *(основа составления квантификации психопатологических синдромов)*

checkout ['tʃekaʊt] *см.* **checkup**

checkpoint ['tʃekpɔint] 1. контрольно-пропускной пункт *(напр. при карантине)* 2. чек-пойнт *(регуляторный ген, мутация которого приводит к неконтролируемому делению клеток и развитию опухоли)* 3. *мол. биол.* сверочная точка *(в митотическом цикле клетки)*

checkup ['tʃekʌp] осмотр, обследование; контроль; проверка *(состояния)*

cancer-related ~ обследование на рак

multiphasic health ~ многофазная проверка состояния здоровья

cheek [tʃi:k] щека

cleft ~ врождённая расщелина щеки

loose ~**s** обвислые щёки

sunken ~**s** впалые щёки

cheekbiting ['tʃi:kbaitiŋ] прикусывание щеки

cheekbone ['tʃi:kbəʊn] скуловая кость

cheeck-tooth ['tʃi:ktu:θ] коренной зуб, моляр

cheerless ['tʃiələs] *психол.* унылый, мрачный

cheesecloth ['tʃi:zklɒθ] марля

cheesy ['tʃi:zi] творожистый, казеозный

cheilectomy [kail'ektəmi] 1. иссечение части губы 2. иссечение костного отростка *(препятствующего движениям в суставе)*

cheilectropion [ˌkailek'trəʊpi:ɒn] выворот губы

cheilion ['kailiɒn] хейлион *(точка угла рта)*

cheilitis [kai'laitis] хейлит *(воспаление губы)*

~ **venenata** химический хейлит

actinic ~ актинический [световой] хейлит

angular ~ заеда, ангулярный хейлит, или стоматит

commissural ~ ангулярный стоматит с образованием трещин

impetiginous ~ гнойный хейлит

cheiloalveoloschisis [ˌkailəʊˌælviə'lɒskisis] расщелина губы и десны

cheilognathopalatoschisis [kailəʊˌnæθəʊpælə'tɒskisis] расщелина губы и нёба

cheiloncus [kai'lɒŋkəs] опухоль губы

cheilophagia [ˌkailəʊ'feidʒiə] хейлофагия (навязчивое прикусывание губы)

cheiloplasty ['kailəʊˌplæsti] хейлопластика, пластическая операция на губе

cheilorrhaphy [kai'lɒrəfi] шов губы

cheiloschisis [kai'lɒskisis] расщелина [незаращение] губы, «заячья губа»

cheilosis [kai'ləʊsis] хейлоз (дистрофия красной каймы губ)

angular ~ заеда, ангулярный хейлит

cheilostomatoplasty [ˌkailəʊstəʊ'mætəʊˌplæsti] пластика губ и рта

cheilotomy [kai'lɒtəmi] иссечение патологического образования губы

cheimaphobia [ˌkaimə'fəʊbiə] психрофобия, хеймофобия (патологическая боязнь холода)

cheiragra [kai'rægrə] узелки на кисти, особые подагрические узлы на пальцах кисти, подагра пальцев

cheiralgia [kai'rældʒiə] боли в кисти

cheirarthritis [ˌkaira:'θraitis] воспаление суставов кисти

cheiroarthropathy [ˌkairəʊa:'θrəʊpəθi] артропатия верхних конечностей

cheirobrachialgia [ˌkairəʊˌbreiki'ældʒiə] болевой синдром верхней конечности

cheirognomy [ˌkairəʊ'gnəʊmi] хиромантия

cheirology [kai'rɒlədʒi] дактилология (способ общения глухонемых с помощью ручной азбуки)

cheiromegaly [ˌkairəʊ'megəli] хейромегалия, макрохейрия (чрезмерная величина кистей рук)

cheiroplasty ['kairəʊˌplæsti] хейропластика (пластическая операция на руке)

cheiropodalgia [ˌkairəʊpəʊd'ældʒiə] боли в кистях и стопах

cheiropompholyx [ˌkairəʊˌpɒm'fəʊliks] дисгидроз

cheirospasm [ˌkairəʊ'spæzm] писчий спазм, писчая судорога, графоспазм

chelate ['ki:leit] хим. комплексон, хелат, хелатор, хелатирующее вещество || хелатный

mixed ligand ~ хелат со смешанными [неодинаковыми] лигандами

screening ~s поиск комплексонов (напр. для применения при отравлениях)

chelation [ki'leiʃn] 1. хелатообразование, хелатирование, образование комплекса (напр. со ртутью) 2. лечение хелатообразующими соединениями (обычно отравлений)

iron ~ хелатирование железа (при его избыточном содержании в организме)

chelator ['ki:leitə] см. **chelate**

chelidon ['kelədɒn] локтевая ямка

Chelidonium [keli'dəʊniəm]:

~ majus фарм. чистотел большой

cheloid ['ki:lɔid], **cheloma** [ki:'ləʊmə] келоид

chemexfoliation [ˌki:meksfəʊli'eiʃn] удаление участка эпидермиса воздействием химических средств

chemical ['kemikl] 1. химическое вещество, химикат || химический 2. pl. химикалии

allergenic ~s химические аллергены

bulk ~s крупнотоннажные химикаты

environmental ~ химический загрязнитель окружающей среды

fine ~s 1. чистые химикаты; тонкие химические реактивы; 2. химические продукты тонкого органического синтеза (антибиотики, аминокислоты, витамины, ферменты)

reagent grade ~ химически чистое вещество

regulated ~ химическое вещество с установленным гигиеническим нормативом

safe ~ безопасный реактив

X-ray ~s реактивы для обработки рентгеновских плёнок

chemicalization [kemikəlai'zeiʃn] обработка химикалиями

chemicocautery [ˌkemikəʊ'kɒtəri] см. **chemocautery**

chemiluminescence [ˌkemiˌlu:mi'nesəns] хемилюминесценция

laser ~ лазерная хемилюминесценция

phagocyte ~ хемилюминесценция фагоцитов

cheminosis [kemi'nəʊsis] заболевание, вызываемое химическими факторами

cheminucleolysis [ˌkemiˌnju:kliəʊ'lisis] химионуклеолиз (разрушение межпозвонкового диска при его грыже)

chemiotaxis [ˌkemiəʊ'tæksis] см. **chemotaxis**

chemise [ʃe'mi:z] тампон с катетером в центре (для тампонады глубоких ран)

chemist ['kemist] 1. химик 2. англ. фармацевт; провизор

pharmaceutical ~ 1. химик-фармацевт 2. аптекарь; владелец аптеки

chemistry ['kemistri] 1. химические методы исследования; биохимический анализ 2. химическое строение, химическая структура вещества 3. (био)химические показатели (напр. билирубина, глюкозы и пр.)

~ of erythropoietin химический состав эритропоэтина

~ of the brain химия головного мозга

applied ~ 1. прикладная химия 2. химическая технология

clinical ~ клиническая биохимия, медицинская химия

electroorganic ~ электроорганическая химия, электрохимия органических соединений

environmental ~ химия окружающей среды

food ~ пищевая химия

forensic ~ судебная [токсикологическая] химия

histological ~ гистологическая химия, гистохимия

inorganic ~ неорганическая химия

laser ~ лазерохимия (реакции под действием лазеров)

macromolecular ~ макромолекулярная химия (напр. белков)

medical [metabolic] ~ клиническая биохимия, медицинская химия

mineral ~ см. **inorganic ~**

physiological ~ биохимия

plant ~ фитохимия

radiation ~ радиационная химия

routine liver function ~s обычные химические функциональные пробы печени

serum ~ биохимический анализ плазмы крови

chemoattractants [ˌkiːməʊə'træktəns] аттрактанты *(химические вещества, притягивающие к себе какие-л. объекты)*

eosinophil ~ хемоаттрактанты эозинофилов

leukocyte ~ хемоаттрактанты лейкоцитов

chemoattractant-induced [ˌkiːməʊə'træktənt-in'djuːst] индуцируемый хемоаттрактантом

chemoattraction [ˌkiːməʊə'trækʃn] хемоаттракция *(адгезия клеток к поверхности хемоаттрактантов)*

chemobiotic [ˌkiːməʊbai'ɒtik] комбинация антибиотика с химиотерапевтическим агентом

chemocarcinogenesis [ˌkiːməʊˌkaːsinəʊ'ʤenisis] химический канцерогенез

chemocautery [ˌkiːməʊ'kɔːtəri] прижигание химическим веществом

chemoceptor [ˌkiːməʊ'septɔː] хемо(ре)цептор, химиорецептор

chemodectoma [ˌkiːməʊdek'təʊmə] хемодектома, нехромаффинная параганглиома *(опухоль каротидного клубочка)*

chemodifferentiation [ˌkiːməʊˌdifərənʃi'eiʃn] хемодифференцировка *(химичес-кие изменения, предшествующие морфологической дифференцировке клеток)*

chemoembolization [ˌkiːməʊemˌbəʊli'zeiʃn]:

transcatheter arterial ~ чрескатетерная химиоэмболизация артерии

chemogenic [ˌkiːməʊ'ʤenik] вызванный [обусловленный] химическим воздействием

chemoimmunity [ˌkiːməʊim'juːniti] иммунохимия, химия иммунитета

chemoimmunotherapy [ˌkiːməʊimˌjuːnəʊ'θerəpi] химиоиммунотерапия *(лечение цитостатиками и иммунокорректорами)*

adoptive ~ адоптивная химиоиммунотерапия

chemokinesis [ˌkiːməʊki'niːsis] хемокинез *(стимуляция активности организма химическим агентом)*

chemoluminescence [ˌkiːməʊˌluːmi'nesəns] хемолюминесценция

chemolysis [kiː'mɒlisis] химическое растворение *(напр. камней при уролитиазе)*

chemometrics [ˌkiːməʊ'metriks] хемометрия *(обработка экспериментальных данных на ЭВМ в процессе эксперимента)*

chemonucleolysis [ˌkiːməʊˌnjuːkli'ɒləsis] химионуклеолиз *(напр. деструкция межпозвоночного диска введением в него папаина)*

chemopeel [ˌkiːməʊ'piːl] химическая отслойка

chemophysiology [ˌkiːməʊˌfizi'ɒləʤi] биохимия

chemoprophylaxis [ˌkiːməʊˌprəʊfi'læksis] химиопрофилактика *(инфекционных болезней)*

intermittent ~ прерывистая химиопрофилактика

chemopsychiatry [ˌkiːməʊsai'kaiətri] психофармакология

chemo-radiotherapy [ˌkiːməʊˌreidiəʊ'θerəpi] химиорадиотерапия *(комбинация химиотерапии с лучевой терапией)*

chemoreceptor [ˌkiːməʊri'septə] хемо(ре)цептор, химиорецептор

chemoreflex [ˌkiːməʊ'riːfleks] реакция организма на изменение химического состава наружной или внутренней среды

sympathetic ~ симпатический хеморефлекс

chemoresistance [ˌkiːməʊri'zistəns] устойчивость [резистентность] к химическому воздействию *(напр. бактерий)*

chemosensitivity [ˌkiːməʊsensi'tiviti] чувствительность к химиотерапевтическим препаратам, чувствительность к химиотерапии

chemoserotherapy [ˌkiːməʊˌsiːrəʊ'θerəpi] сочетание химио- и серотерапии

chemosis [kiː'məʊsis] хемоз *(отёк конъюнктивы глазного яблока)*

chemostat ['kiːməʊstæt] хемостат *(аппарат для непрерывного культивирования бактерий)*

chemosterilants [ˌkiːməʊ'sterilənts], **chemosterilizers** [ˌkiːməʊsteri'laizəz] химическая стерилизация *(использование пестицидов для вызывания бесплодия у насекомых, грызунов, клещей)*

chemosurgery [ˌkiːməʊ'səːʤeri] химиохирургия *(разрушение патологического образования химическим агентом)*

chemotactic [ˌkiːməʊ'tæktik] хемотаксический

chemotaxis [ˌkiːməʊ'tæksis] хемотаксис, хемотропизм

leukocyte ~ хемотаксис лейкоцитов

chemothalamectomy [ˌkiːməʊˌθæləm'ektəmi] разрушение таламуса инъекцией химического препарата

chemotherapeutics [ˌkiːməʊˌθerə'pjuːtiks], **chemotherapy** [ˌkiːməʊ'θerəpi] химиотерапия

adjuvant ~ вспомогательная [дополнительная] химиотерапия

high dose ~ высокодозная химиотерапия

maintenance ~ поддерживающая химиотерапия

multiple ~ комбинированная химиотерапия

neoadjuvant ~ неоадъювантная химиотерапия *(проводимая непосредственно перед хирургическим удалением опухоли)*

regional ~ регионарная химиотерапия

selective ~ селективная [избирательная] химиотерапия

short-course ~ краткосрочная химиотерапия

total body ~ системная [общая] химиотерапия

chemotropism [kiː'məʊtrəʊpizm] *см.* **chemotaxis**

cherubism ['tʃerəbizm] херувизм *(1. семейная поликистозная болезнь, семейная фиброзная дисплазия 2. внутрикостные фиброзные опухоли челюстей)*

chest [tʃest] 1. грудная клетка, грудь 2. ящик

alar ~ астеническая грудная клетка

barrel ~ *см.* **emphysematous** ~

blast ~ травмирование органов грудной клетки взрывной волной

cobbler's ~ *см.* **foveated** ~

emphysematous ~ эмфизематозная [бочкообразная] грудная клетка

flail ~ флотирующая грудная клетка; синдром окончатого перелома рёбер

flat ~ плоская грудь

foveated [**funnel, hollow**] ~ воронкообразная грудная клетка, «грудь сапожника»

keeled ~ килевидная грудная клетка, «куриная грудь»

medicine ~ домашняя аптечка

paralitic ~ паралитическая грудная клетка

phthinoid [**phthisical**] ~ астеническая грудная клетка

pigeon ~ *см.* **keeled** ~

pterygoid ~ *см.* **phthinoid** ~

shoemaker' s ~ *нрк.* «грудь сапожника», *см.* **foveated** ~

chest-trouble ['tʃest'trʌbl] хроническая болезнь лёгких

chewing ['tʃuːiŋ]:

  betel-quid ~ жевание табака

  excessive ~ тщательное пережёвывание

cheyletiellosis [ˌkiːləˌteeləʊsis] хейлетиеллёз *(паразитоз млекопитающих, поражающих кожу)*

chiasm [kaiæzm], **chiasma** [kai'æzmə], *pl.* **chiasmata** [kai'æzmətə] **1.** перекрёст *(напр. нервов, сухожилий)* **2.** *ген.* хиазма *(обмен между гомологичными хромосомами генетическим материалом в процессе мейоза)*

  ~ **tendinum** *лат.* перекрёст сухожилий

  imperfect ~ несовершенная хиазма

  optic ~ перекрёст зрительных нервов, хиазма

  reversed ~ перевёрнутая хиазма

  terminal ~ терминальная хиазма

chichism ['tʃiːkizm] болезнь, напоминающая пеллагру

chickenpox ['tʃiːkənpɒks] ветряная оспа, ветрянка

chigger ['tʃigə] клещ-тромбикулид *(переносчик кустарникового «скрэб»-тифа)*

chigoe ['tʃigəʊ] песчаная блоха

chikungunya [ˌtʃikən'ɡʌnjə] чикунгунья *(лихорадка с поражением суставов, вызываемая арбовирусами группы А или альфа-вирусами)*

chilalgia [ˌtʃil'ælʤiə] боль в губах

child [tʃaild] ребёнок *(англ. в возрасте до 15 лет)*; младенец ◊ ~ **of alcoholism** ребёнок родителей-алкоголиков; ◊ **to be with** ~ быть беременной

  ~ **from previous relationship** дети от предшествующего брака

  ~ **in need** ребёнок, нуждающийся в защите

  ~ **looked after by the local authority** ребёнок, находящийся в ведении местных органов власти

  ~ **of an alcoholic** ребёнок лица, страдающего алкоголизмом

  adopted ~ приёмный [усыновлённый/удочерённый] ребёнок

  anxious ~ беспокойный [боящийся] ребёнок

  atopic ~ ребёнок с атопией

  backward ~ психически или физически отсталый ребёнок

  battered ~ истязаемый [избиваемый] ребёнок

  delicate ~ слабый [болезненный] ребёнок

  disabled ~ ребёнок-инвалид

  disturbed ~ дефективный ребёнок

  dysmorfie ~ ребёнок с дизморфией

  emotionally handicapped ~ эмоционально ущербный ребёнок

  exceptional ~ трудный ребёнок *(в помощь родителям)*

  foster ~ приёмный ребёнок, приёмыш; воспитанник

  fretfull ~ капризный ребёнок

  illegitimate ~ внебрачный [незаконнорождённый] ребёнок

  infirm ~ *см.* **delicate** ~

  injured ~ **1.** травмированный ребёнок **2.** детский травматизм

irregular ~ *см.* **illegitimate** ~

long-lasting ~ длительно и часто болеющий ребёнок

love ~ дитя любви *(о внебрачном ребёнке)*

malnourished ~ ребёнок с недостаточностью питания; истощённый ребёнок

mongoloid ~ ребёнок с Дауна болезнью

multiply handicapped ~ ребёнок с множественными дефектами развития

Munechausen's ~ ребёнок с синдромом Мюнхгаузена *(с неправдоподобными рассказами)*

nursery ~ ребёнок, посещающий детский сад

obese ~ ребёнок с ожирением

older ~ дети старшего возраста *(с 2 лет)*

only ~ единственный ребёнок

preschool ~ ребёнок дошкольного возраста *(2–6 лет)*

problem ~ трудновоспитуемый [трудный] ребёнок

retarded ~ умственно отсталый ребёнок

school ~ ребёнок школьного возраста, школьник *(6–12 лет)*

spoilt ~ избалованный ребёнок

sub-normal ~ отсталый ребёнок

unborn ~ (внутриутробный) плод

underweight ~ маловесный ребёнок; истощённый ребёнок

wanted ~ желанный ребёнок

young ~ **1.** новорождённый *(в возрасте до одного месяца)* **2.** ребёнок младшего возраста *(амер. в возрасте 12–14 месяцев)*

childbearing ['tʃaildbeəriŋ] **1.** роды, родовой акт **2.** родовой период **3.** беременность

childbed ['tʃaildbed] **1.** роды, родовой акт **2.** послеродовой период; послеродовое состояние ◊ **to die in** ~ умереть во время родов

childbirth ['tʃaildbəːθ] **1.** роды, родовой акт **2.** рождаемость

  natural ~ естественные роды

  tardy ~ запоздалые роды

childhood ['tʃaildhʊd] **1.** детство; детский возраст **2.** отрочество; подростковый период

  early ~ ранний детский возраст

childish ['tʃaildiʃ] **1.** детский **2.** ребяческий; несерьёзный

childishness ['tʃaildiʃnəs] *псих.* ребячество

childlessness ['tʃaildləsnəs] бездетность *(отсутствие детей у лица или супружеской пары)*

childlike ['tʃaildlaik] подобный ребёнку; инфантильный

childline ['tʃaildlain] телефонная служба помощи детям

childing ['tʃaildiŋ] рожающая

children ['tʃildrən], *pl. от* **child**

  ~ **at risk** дети с повышенным риском *(заболевания)*

  ~ **ever born** число рождённых детей *(женщиной на протяжении жизни)*

  ~ **in care** дети под опекой местных властей

  disadvantaged ~ неблагополучные дети

  handicapped ~ дети-инвалиды

  illegitimate ~ внебрачные дети

  vulnerable ~ уязвимые дети

chilectomy [tʃil'ektəmi] *см.* **cheilectomy**

chilblain ['tʃilblein] **1.** отморожение *(I степени)* **2.** ознобление *(патологическое состояние кожи, развивающееся при длительном воздействии низкой температуры и повышенной влажности воздуха)*; ознобыш

chill [tʃil] **1.** простуда; озноб; лихорадка ‖ чувствовать озноб **2.** холод **3.** охлаждение ‖ охлаждать ◊ **to catch a ~** простудиться

~ of death трупное окоченение

congestive ~ злокачественная малярия, протекающая с ознобом и абдоминальным синдромом

chilling ['tʃiliŋ] **1.** охлаждение; замораживание **2.** познабливание

controlled ~ регулируемое охлаждение

chillum ['tʃiləm] *sl.* трубка или другое устройство для курения марихуаны

chiloalveoloschisis [ˌkailəʊˌælviəʊ'lɒskisis] *см.* **cheiloalveoloschisis**

chilomastigiasis [ˌkailəʊˌmæsti'gaiəsis] *параз.* хиломастигиаз

chilomicron [ˌkailəʊ'maikrɒn] хиломикрон *(компонент плазмы крови, представляющий собой крупную каплю триацилглицеролов, стабилизированную оболочкой из белка и фосфолипида)*

chilophagia [ˌkailəʊ'feidʒiə] *см.* **cheilophagia**

chiloplasty [ˌkailəʊ'plæsti] *см.* **cheiloplasty**

chilous ['kailəs] лимфатический *(напр. сосуд, система)*, хилёзный *(напр. асцит)*

chimera [kai'miərə] химера *(1. организм, состоящий из генетически различных тканей или клеток; мозаик, полученный в эксперименте и способный воспринимать трансплантируемые ткани и органы без иммунной реакции 2. реципиент, несущий генетически чужеродный трансплантат, напр. костный мозг 3. близнецы, обладающие различным иммунологическим фенотипом эритроцитов 4. в древнегреческой мифологии чудовище с головой льва, козьим туловищем и хвостом дракона)*

bone marrow ~s химеры клеток костного мозга

graft ~ организм с приживлённым ксенотрансплантатом

radiation ~ радиационная химера

rat-into-mouse ~ крысино-мышиная химера

chimeric [kai'merik] химерический *(1. относящийся к химере 2. состоящий из частей различного происхождения)*

chimerism [kai'mi:rizm]:

allogenic ~ аллогенный химеризм

intrathymic ~ внутритимусный химеризм

mixed allogenic ~ аллогенный химеризм мозаичного типа

chimney ['tʃimni]:

air ~ вентиляционная труба

chin [tʃin] подбородок

contour-deficient ~ недоразвитый [сглаженный] подбородок

retreat ~ срезанный подбородок

trembling ~ дрожание подбородка

chin-bandage ['tʃin-ˈbændidʒ] пращевидная повязка для подбородка

chinch [tʃintʃ] клоп постельный *(Cimex lectularius)*

chink[1] [tʃiŋk] щель; трещина *(напр. кости)*

chink[2] припадок судорожного кашля ‖ судорожно кашлять; задыхаться от кашля

chinrest ['tʃinrest] *мед. тех.* опора [упор] для подбородка

chionablepsia [ˌkaiəʊnə'blepsiə] снежная офтальмия, снежная слепота

chip[1] [tʃip] *травм.* **1.** щепка; стружка ‖ расщеплять; строгать; дробить **2.** отломок кости; осколок стекла **3.** изъян; зазубрина **4.** *sl.* малая доза наркотика ‖ разбавлять наркотик

bone ~s костная стружка

cancellous ~s *травм.* губчатые чипсы

chocolate ~s *sl.* ЛСД

chip[2] чип *(микропроцессор, электронный носитель информации)*

chipper [tʃipə] случайный [неопытный] потребитель наркотика

chiralic [kai'rælik] хиральный, ассиметричный

chirality [kai'ræliti] *хим.* хиральность *(свойство молекулы, обусловленное оптической стереоизомерией и существованием двух зеркальных структурных конформаций – антиподов или энантиомеров)*

chirobrachialgia [ˌkairəʊˌbreiki'ældʒiə] боли в руке

chirodactylism [ˌkairəʊ'dæktilizm], **chirodactyly** [ˌkairəʊ'dæktili] искривление пальцев

chirogenic [ˌkairəʊ'dʒænik] обусловленный хирургическим вмешательством

chiromegaly [ˌkairəʊ'megəli] *см.* **cheiromegaly**

chiropodalgia [ˌkairəʊpəʊ'dældʒiə] боли в дистальных отделах конечностей

chiropodist [kai'rɒpədist] **1.** врач-ортопед, специалист в области подиатрии, подиатр **2.** мастер по педикюру, педикюрша

chiropody [kai'rɒpədi] **1.** *уст.* подиатрия *(раздел ортопедии, освещающий диагностику и лечение заболеваний стоп)* **2.** педикюр, уход за ногами

surgical ~ хирургические болезни ног

chiropompholyx [ˌkairəʊpɒm'fəʊliks] дисгидроз

chiropractic [ˌkairəʊ'præktik] **1.** хиропрактика, мануальная терапия, манипуляционная рефлексотерапия или вертебрология **2.** хиропрактик

chiropractor [ˌkairəʊ'præktər] хиропрактик *(специалист по мануальной терапии)*

chiropraxis [ˌkairəʊ'præksis], **chiropraxy** [ˌkairəʊ'præksi] *см.* **chiropractic 1**

chirorrheuma [ˌkairəʊ'rʊmə] воспаление суставов кисти

chisel ['tʃizəl] *травм.* долото; резец ‖ вскрывать полость кости долотом; работать долотом

binangled ~ (зубное) долото с рабочей частью под углом

flat ~ остеотом *(плоское долото)*

rachiotomy [spinal] ~ рахиотом *(долото для вскрытия позвоночного канала)*

straight ~ прямое (зубное) долото

turbinate ~ конхотом

chiselling ['tʃizəliŋ] выдалбливание, иссечение *(фрагмента кости)*

chi-square ['kaiskweə] хи-квадрат, критерий согласия

chiufa [tʃi:'u:fə] острый гангренозный проктит и колит; эндемичен для Африки и Южной Америки

chlamydemia [ˌklæmi'di:miə] хламидемия *(наличие хламидий в кровеносном русле)*

Chlamydiae [klə'midiə] хламидии *(кокковидные микроорганизмы с облигатно внутриклеточным способом размножения)*

chloasma [klǝʊ'æzmǝ] хлоазма *(гиперпигментация кожи лица)*

chloracne [klɔː'rækni] хлоракне *(угревидные образования, развивающиеся при воздействии хлора)*

chloralism ['klɒrǝlizm] хлорализм, хлораломания *(вид токсикомании)*

chlorate ['klɒreit] хлорат *(соль хлорноватой кислоты)*

chloremia [klɒ'riːmiǝ] **1.** хлороз *(железодефицитная анемия)* **2.** гиперхлоремия

chloridate ['klɒrideit] хлорировать

chloride ['klɒraid] хлорид

   ~ of lime хлорная известь

   polyvinyl ~ поливинилхлорид, ПВХ

   sodium ~ поваренная соль

chloridimetry [ˌklɒri'dimǝtri] хлоридометрия *(определение количества хлоридов, напр., в сыворотке крови и в моче)*

chlorination [ˌklɒri'neiʃn] хлорирование

   break-point ~ хлорирование до минимального содержания остаточного хлора

   marginal ~ хлорирование до заранее установленного количества остаточного хлора

   chlorinator хлоратор

   solution-feed ~ хлоратор, подающий раствор хлора

chlorine ['klɒriːn] хлор, Cl *(один из основных компонентов водно-электролитного баланса в организме; также используется для дезинфекции и отбеливания, в производстве лаков и красок; является фактором разрушения озонового слоя земли, токсичен)*

chlorinity [klɒ'riːniti] содержание хлора в воде

chlorohemin [ˌklɒrǝʊ'hiːmin] *биохим.* солянокислый гемин, геминхлорид

chloroleukemia [ˌklɒrǝʊlju:'kiːmiǝ], **chloroma** [klɒ'rǝʊmǝ], **chloromyeloma** [ˌklɒrǝʊmaiǝ'lǝʊmǝ] *см.* **chlorosarcoma**

chloropenia [ˌklɒrǝʊ'piːniǝ] гипохлоремия

chloropia [klɒ'rǝʊpiǝ] *см.* **chloropsia**

chloroprivic [ˌklɒrǝʊ'privik] хлоропривный, лишённый хлоридов или соляной кислоты

chloropsia [klɒr'ɒpsiǝ] хлоропсия *(восприятие предметов зелёными)*

chlorosarcoma [ˌklɒrǝʊsa:'kǝʊmǝ] хлорлейкоз, хлорлейкемия, гранулоцитарная саркома, Бальфура болезнь

chlorosis [klɒ'rǝʊsis] хлороз *(железодефицитная анемия)*

   Egyptian ~ анкилостомная анемия, египетский хлороз

   late ~ поздний хлороз, эссенциальная железодефицитная анемия

chlorotic [klɒ'rǝʊtik] **1.** относящийся к хлорозу **2.** страдающий хлорозом

chlorox ['klɒrɒks] водный раствор гипохлорита

chloruremia [ˌklɒrju:'riːmiǝ] гиперхлоремия

chloruresis [ˌklɒrju:'riːsis], **chloruria** [klɒr'ju:riǝ] хлор(ид)урия

choana ['kǝʊǝnǝ], *pl.* **choanae** [kǝʊ'eini] *анат.* **1.** хоана **2.** углубление, воронка

choanal ['kǝʊǝnǝl] относящийся к хоанам

choanoid ['kǝʊǝnɒid] воронкообразный

chocolate ['tʃɒklǝt] *sl.* гашиш

choice [tʃɒis] выбор, отбор, альтернатива

   good ~s метод выбора; препарат выбора

   object ~ психоан. выбор объекта *(либидо)*

choke [tʃǝʊk] **1.** удушье, приступ удушья; удушение ǁ душить; давиться *(от кашля)*; задыхаться **2.** вызвать асфиксию *(закупоркой или сдавлением гортани или трахеи)* **3.** приступ дисфагии, затруднение глотания ǁ подавиться **4.** засорять, заглушать; запруживать

   thoracic ~ закупорка грудного отдела пищевода инородным телом

choker ['tʃǝʊkǝ] **1.** сосудистый зажим **2.** *sl.* сигарета с добавкой кокаина

choking ['tʃǝʊkiŋ] удушающий, удушливый *(напр. газ)*

choky ['tʃǝʊki] **1.** задыхающийся **2.** удушливый

cholagogue ['kɒlǝgɒg] желчегонное средство ǁ желчегонный

cholalic [kǝʊ'leilik] жёлчный

cholangiectasis [kǝʊˌlænʤi'ektǝsis] холангиоэктазия *(расширение общего жёлчного протока)*

cholangiocarcinoma [kǝʊˌlænʤiǝʊˌka:si'nǝʊtǝmǝ] холангиоцеллюлярный [холангиогенный] рак, холангиокарцинома

cholangiography [kǝʊˌlænʤi'ɒgrǝfi] холангиография

   catheter ~ (чрес)катетерная холангиография

   cystic duct ~ холангиография через пузырный проток

   operative ~ (интра)операционная холангиография

   percutaneous transhepatic ~ чрескожная чреспечёночная холангиография

cholangiolitis [kǝʊˌlænʤiǝʊ'laitis] холангиолит *(воспаление мелких жёлчных протоков)*

cholangioma [kǝʊˌlænʤi'ǝʊmǝ] холангиома, аденома жёлчных путей

cholangiopancreatography [kǝʊˌlænʤiǝʊˌpænkriǝ'tɒgrǝfi] *рентг.* холангиопанкреатография

   endoscopic retrograde ~ эндоскопическая ретроградная холангиопанкреатография

   percutaneous transhepatic ~ чрескожная чреспечёночная холангиопанкреатография

cholangitis [ˌkǝʊlæn'ʤaitis] холангит, ангиохолит *(воспаление жёлчных протоков)*

   sclerosing ~ склерозирующий холангит

   suppurative ~ гнойный холангит

cholanopoiesis [ˌkǝʊlænǝʊpɒi'iːsis] выработка печенью жёлчных кислот и жёлчных солей

cholascos [kǝʊ'læskǝs] поступление жёлчи в свободную брюшную полость

cholecalciferol [ˌkǝʊlikæl'sifǝrɒl] холекальциферол, витамин Д₃

cholecele [kǝʊli'siːl] растянутый [увеличенный] жёлчный пузырь

cholechrome [kǝʊli'krǝʊm] жёлчный пигмент

cholechromopoiesis [ˌkǝʊliˌkrǝʊmǝʊpɒi'iːsis] выработка жёлчных пигментов печенью

cholecystagogue [ˌkǝʊli'sistǝgɒg] вещество, стимулирующее жёлчный пузырь

cholecystectomy [ˌkǝʊlisist'ektǝmi] холецистэктомия

   laparoscopic ~ лапароскопическая холецистэктомия

   minilap ~ холецистэктомия из мини-доступа или через мини-лапаротомию

   open ~ традиционная [открытая] холецистэктомия

   percutaneous laparoscopic ~ лапароскопическая холецистэктомия

cholecystendysis [ˌkǝʊlisis'tendisis] холецистотомия

cholecystenterostomy [ˌkəʊliˌsistentə'rɒstəmi] холецистоеюноанастомоз

cholecystis [ˌkəʊli'sistis] жёлчный пузырь

cholecystitis [ˌkəʊlisis'taitis] холецистит *(воспаление
жёлчного пузыря)*

   acalculous ~ бескаменный холецистит

   calculous ~ калькулёзный холецистит

   emphysematous [gaseous] ~ газовый [эмфизематоз-
ный] холецистит *(при анаэробной инфекции)*

cholecystocentesis [ˌkəʊliˌsistəʊsen'tiːsis] пункция жёлчного пузыря

cholecystoduodenostomy [ˌkəʊliˌsistəʊˌduːəʊdə'nɒstəmi]
холецистодуоденоанастомоз

cholecystokinin [ˌkəʊliˌsistəʊ'kainin] холецистокинин
*(гормон, секретируемый железами двенадцатиперст-
ной кишки)*

cholecystolithotripsy [ˌkəʊliˌsistəʊ'liθəʊˌtripsi] холеци-
столитотрипсия *(раздробление камней в жёлчном пузыре)*

cholecystosonography [ˌkəʊliˌsistəʊsəʊ'nɒɡrəfi] УЗИ
жёлчного пузыря

cholecystostomy [ˌkəʊliˌsistɒs'təʊmi] холецистостомия

   elective ~ плановая холецистостомия

choledocharctia [ˌkəʊledəʊ'tʃɑːkʃiə] стеноз общего жёлчного протока

choledochendysis [ˌkɒlədəʊ'kendəsis] холедохотомия

choledochocele [kəʊ'ledəkəʊsiːl] киста общего жёлчного
протока, холедохоцеле

choledochoduodenostomy [kəʊˌledəkəʊˌdʊəʊdə'nɒstəmi]
холедоходуоденоанастомоз

choledocholith [kəʊ'ledəkəʊliθ] холедохолит, конкремент общего жёлчного протока

choledocholithiasis [kəʊˌledəkəʊli'θaiəsis] холедохолитиаз *(наличие камней в общем жёлчном протоке)*

choledocholithotomy [kəʊˌledəkəʊli'θɒtəmi] холедохо-
литотомия

choledocholithotripsy [kəʊˌledəkəʊ'liθəʊˌtripsi] холе-
дохолитотрипсия *(дробление конкрементов в общем
жёлчном протоке)*

choledochoplasty [kəʊ'ledəkəʊˌplæsti] холедохопластика
(реконструктивная операция на общем жёлчном протоке)

choledochoscopy [kəʊˌledə'kɒskəpi]:

   operative ~ операционная холедохоскопия

choledochostomy [kəʊˌledə'kɒstəmi] холедохостомия
(рассечение и дренирование общего жёлчного протока)

choledochus [kəʊ'ledəkəs] общий жёлчный проток, хо-
ледох

choleglobin [ˌkəʊli'ɡləʊbin] вердо(гемо)глобин, холеглобин, псевдогемоглобин

cholehemia [ˌkəʊli'hiːmiə] холемия *(повышенное содержание в крови компонентов жёлчи)*

cholelith ['kəʊləliθ] жёлчный конкремент, жёлчный камень

   radiodense ~ рентгеноконтрастные жёлчные камни

cholelithiasis [ˌkəʊləli'θaiəsis] жёлчно-каменная болезнь, холелитиаз

cholelithotomy [ˌkəʊləli'θɒtəmi] холелитотомия *(удаление жёлчных конкрементов)*

cholelithotripsy [ˌkəʊləli'liθəʊtripsi], **cholelithotrity**
[ˌkəʊləli'θɒtriti] холелитотрипсия
(дробление жёлчных конкрементов)

cholemesis [kəʊ'leməsis] рвота жёлчью

cholemia [kəʊ'liːmiə] *см.* **cholehemia**

cholepathia [kəʊli'pæθiə] 1. заболевание жёлчных протоков 2. дискинезия жёлчных протоков

choleperitoneum [kəʊliˌperitəʊ'niəm] наличие жёлчи в
брюшной полости

choleperitonitis [ˌkəʊliˌperitə'naitis] жёлчный [билиар-
ный] перитонит

cholepoiesis [ˌkəʊlipɒi'iːsis] *см.* **choleresis**

cholepyrrhin [kəʊli'pirin] *уст.* билирубин

cholera ['kɒlərə] 1. (азиатская) холера 2. заболевание,
сопровождающееся диареей

   ~ **infantum** летний понос, холерина

   ~ **sicca**, ~ **siderans** сухая [молниеносная] холера

   algid ~ алгидная стадия холеры

   Asiatic ~ азиатская холера

   automatic ~ клонические судороги при холере

   dry ~ *см.* ~ **siderans**

   El Tor ~ Эль-Тор холера

   malignant ~ *см.* **Asiatic** ~

   pancreatic ~ небетаклеточная аденома поджелудочной
железы, Вернера – Моррисона синдром *(сопровождается профузной диареей)*

   summer ~ *см.* ~ **infantum**

choleragen ['kɒlərədʒen] холероген, холерный экзотоксин

choleraic [kɒlə'reiik] холерный

choleresis [kɒ'lerəsis] желчеобразование, желчеотделение, холерез

choleretic [ˌkɒlə'retik] холеретик *(желчегонное средство)* ‖ желчегонный

choleric ['kɒlərik] холерический; раздражительный,
жёлчный

cholerigenic [ˌkɒləri'dʒenik], **cholerigenous** [ˌkɒlə'ridʒə-
nəs] вызывающий холеру *(о микроорганизмах)*

cholerine ['kɒləriːn] холерина *(стёртая форма холеры)*

Cholerix ['kɒləriks] *фирм.* Холерикс *(смесь убитого холерного вибриона и рекомбинантного токсина)*

choleroid ['kɒlərɔid] холероподобный, напоминающий
холеру

cholerrhagia [kɒlə'reidʒiə] избыточная секреция жёлчи

cholestasia [ˌkəʊli'steiʒə], **cholestasis** [ˌkəʊli'steisis] холестаз, жёлчный стаз, застой жёлчи

   cyclosporin-induced ~ индуцированный циклоспори-
ном холестаз

   intrahepatic ~ внутрипечёночный холестаз

   neonatal ~ холестаз новорождённых

cholesteatoma [ˌkəʊlistiə'təʊmə] холестеатома, жемчуж-
ное опухолеподобное образование *(среднего уха)*

   ~ **of ovary** тератома с эпидермальными кистами

   epidermoid ~ эпидермоидная холестеатома

cholesteatosis [ˌkəʊlistiə'təʊsis] холестеатоз *(избыток
холестерина в очаге дегенерации в интиме аорты)*

cholesteremia [ˌkəʊleste'riːmiə] (гипер)холестеринемия

cholesterol [kə'lestərɒl] холестерин, холестерол

   biliary ~ холестерин жёлчи

   dietary-derived ~ холестерин пищевого происхождения

   free ~ неэстерифицированный холестерин

   high-density-lipoprotein ~ холестерин липопротеида
высокой плотности

total ~ общее содержание холестерина

cholesterolemia [kəˌlestərɒlˈiːmiə] *см.* **cholesteremia**

cholesteroleresis [kəˌlestərɒlˈerəsis] повышенное выведение холестерина с жёлчью

cholesterosis [kəˌlestəˈrəʊsis] холестероз *(патологическое отложение холестерина в слизистой жёлчного пузыря)*

choleverdin [kəʊləˈvəːdin] биливердин *(зелёный жёлчный пигмент, образующийся из гемоглобина)*

cholic [ˈkəʊlik] жёлчный

choline [ˈkəʊliːn] холин, витамин В₄ *(играет важную роль в синтезе лецитина и ацетилхолина; принимает участие в транспорте жиров в организме)*

acetyl ~ ацетилхолин, АЦХ

cholinergic [ˌkəʊlinˈəːdʒik] *см.* **cholinoceptive**

cholinergy [ˌkəʊliˈnəːdʒi] холинергическая [холиномиметическая] активность

cholinesterase [ˌkəʊliˈnestəreis] холинэстераза *(медиатор, инактивирующий ацетилхолин в синаптической щели)*

cholinoceptive [ˌkəʊlinəʊˈseptiv] холиномиметический, холинергический

cholistic [kəʊˈlistik] холистический *(системное, целостное отношение, напр., к человеку, больному)*

cholly [ˈkɒli] *sl.* кокаин

cholochrome [ˈkɒləʊkrəʊm] жёлчный пигмент

chol[ogenic [ˌkɒləʊˈdʒenik] желчеобразующий

chololithiasis [ˌkɒləʊliˈθaiəsis] *см.* **cholelithiasis**

cholorrhea [ˈkɒləʊriə] избыточная секреция жёлчи

choluria [kɒlˈjʊriə] холеурия, билиурия *(наличие в моче жёлчного пигмента)*

chondral [ˈkɒndrəl] хрящевой

chondralloplasia [ˌkɒndræləʊˈpleiziə] хондроматоз костей, дисхондроплазия

chondrification [ˌkɒndrifiˈkeiʃn] образование хряща

chondriokinesis [ˌkɒndriəʊkiˈniːsis] *цитол.* хондриокинез *(деление митохондриального комплекса во время кариокинеза)*

chondriosome [ˈkɒndriəʊˌsəʊm] *цитол.* митохондрия

chondroalbuminoid [ˌkɒndrəʊælˈbjʊminɒid] белковый компонент хрящевой ткани

chondroblast [ˈkɒndrəʊblæst] хондробласт *(незрелая хрящевая клетка)*

chondroblastoma [ˌkɒndrəʊblæsˈtəʊmə] хондробластома *(опухоль, возникающая в эпифизе трубчатых костей)*

chondrocalcinosis [ˌkɒndrəʊˌkælsiˈnəʊsis] хондрокальциноз *(обызвествление хряща)*, псевдоподагра

chondrocalcinovitis [ˌkɒndrəʊˌkælsinɒˈvaitis] **1.** отложение солей кальция в хрящевых и синовиальных тканях **2.** псевдоподагра

chondroclast [ˈkɒndrəʊklæst] хондрокласт *(способствует резорбции хрящевой ткани)*

chondrocranium [ˌkɒndrəʊˈkreiniəm] *эмбр.* хрящевой череп

chondrocyte [ˈkɒndrəʊsait] хондроцит, хрящевая клетка

chondrodermatitis [ˌkɒndrəʊˌdəːməˈtaitis]:

~ nodulans helicis узелковый хондродерматит *(на ушной раковине)*

chondrodysplasia [ˌkɒndrəʊdisˈpleiziə], **chondrodystrophy** [ˌkɒndrəʊˈdistrəfi] хондродисплазия, дистрофия хрящевой ткани

metaphyseal ~, type Jansen метафизарная хондродисплазия, тип Янсена

metaphyseal ~, type McKusic метафизарная хондродисплазия, тип Мак-Кьюзика, гипоплазия волос и хрящей

metaphyseal ~, type Schmid метафизарная хондродисплазия, тип Шмидта, метафизарный дизостоз

metaphyseal ~ with thymolymphopenia метафизарная хондродисплазия с тимолимфопенией, метафизарный дизостоз с агаммаглобулинемией швейцарского типа

chondrofibroma [ˌkɒndrəʊfaiˈbrəʊmə] хондрофиброма *(опухоль из фиброзной и хрящевой ткани)*

chondrogenesis [ˌkɒndrəʊˈdʒenisis]:

~ imperfecta несовершенный хондрогенез

chondrogenic [ˌkɒndrəʊˈdʒenik] хондрогенный, хрящеобразующий

chondroid [ˈkɒndrɒid] хрящеподобный, хрящевидный

chondrolysis [kɒnˈdrɒlisis] хондролиз, разрушение хряща

chondroma [kɒnˈdrəʊmə] хондрома

medullary ~ энхондрома

chondromalacia [ˌkɒndrəʊməˈleiʃiə] хондромаляция *(размягчение хрящевой ткани)*

generalized ~ рецидивирующий полихондрит, генерализованная хондромаляция

inheritable ~ врождённая хондромаляция

chondromatosis [ˌkɒndrəʊməˈtəʊsis] хондроматоз, множественные хондромы

chondrome [ˈkɒndrəʊm] хондром *(генетическая информация, содержащаяся в митохондриях клетки)*

chondromyxoma [ˌkɒndrəʊmikˈsəʊmə] хондромиксома *(миксома с хрящевыми элементами)*

chondro-osteodystrophy [ˌkɒndrəʊˌɒstiəʊˈdistrəfi] хондроостеодистрофия, хондродисплазия, полисахаридоз IV типа, Моркио синдром

chondrophyte [ˈkɒndrəʊfait] хондрофит *(гипертрофическое разрастание хрящевой ткани)*

chondroplast [ˈkɒndrəʊplæst] *см.* **chondroblast**

chondroplasty [ˈkɒndrəʊˌplæsti] пластическая операция на хряще

chondroprotective [ˌkɒndrəʊprəˈtektiv] хондропротективный, оказывающий защитное действие на хрящ

chondroprotein [ˌkɒndrəʊˈprəʊtiːn] хондропротеин, белок хряща

chondrosarcoma [ˌkɒndrəʊsɑːˈkəʊmə] хондросаркома

chondrosis [kɒnˈdrəʊsis] хондрогенез, образование хряща

chondrosceleton [ˌkɒndrəʊˈskelətən] скелет, образующийся из гиалинового хряща

chondrotomy [ˌkɒndrəʊˈtəʊmi] рассечение хряща

chonechondrosternon [ˌkəʊnikɒndrəʊˈstəːnɒn] воронкообразная грудная клетка

choose [tʃuːz] **1.** выбирать **2.** решать; предпочитать

choosing [ˈtʃuːziŋ]:

anonymous ~ слепой [рандомизированный] метод

chord [kɔːd] **1.** струна; связка **2.** *эмбр.* спинная струна, хорда

vocal ~ голосовая складка

chorda [ˈkɔːdə], *pl.* **chordae** [ˈkɔːdiː] **1.** спинная струна, хорда **2.** сухожилие **3.** клеточный тяж

~ tendineae *лат.* сухожильные хорды *(сосочковых мышц сердца)*

chordee [kɔːˈdiː] **1.** искривление полового члена **2.** патологическая эрекция полового члена *(при гонорее или болезни Пейрони)*

chorditis [kɔːˈdaitis] **1.** воспаление связок семенного канатика **2.** воспаление голосовых складок

chordosceleton [kɔːdəʊˈskelətən] *эмбр.* хрящевой скелет

chorea [kəˈriːə] *невр.* хорея, хореический гиперкинез

~ **insaniens** хорея с симптомами невменяемости

~ **major** большая хорея, хореомания *(коллективный психоз с интенсивным двигательным возбуждением и судорогами)*

acute ~ *см.* **juvenile** ~

benign hereditary ~ наследственная непрогрессирующая хорея

bergeron's ~ *ист.* эпилепсия, большая хорея

chronic progressive [degenerative] ~ *см.* **Huntington** ~

dancing ~ *см.* **procursive** ~

diaphragmatic ~ вскрикивания при безболезненном тике

electric ~ Дубини электрическая [молниеносная] хорея, Дубини синдром

fibrillary ~ Морвана [синдром] хорея

habit ~ тик

Henoch's ~ спазматический тик

Huntington ~ хроническая прогрессирующая хорея, Гентингтона [болезнь] хорея, хореическая деменция

hysterical ~ истерическая хорея

juvenile ~ малая [обыкновенная, ревматическая] хорея, Сиденгама хорея

laryngeal ~ спазматический тик мышц гортани

limp ~ паралитическая [мягкая] хорея

maniacal ~ хореический гиперкинез, сопровождающийся психическими нарушениями

mimetic ~ миметическая хорея *(хореические движения, осуществляемые другим лицом при подражании больному)*

paralytic ~ мягкая [паралитическая] хорея

procursive ~ «танцующая» [ротационная] хорея *(с круговыми движениями, напоминающими танец, или бегом вперёд)*

rheumatic ~ *см.* **juvenile** ~

rhythmic ~ хорееподобные движения при истерии

rotary [saltatory] ~ *см.* **procursive** ~

senile ~ старческая хорея

Sydenham's ~ *см.* **juvenile** ~

chorea-akanthocytosis [kəˈriːə-əˌkænθəʊsaiˈtəʊsis] хорея-акантоцитоз *(хорея с амиотрофией и появлением в крови акантоцитов)*

choreal [ˈkəʊriəl], **choreic** [kəʊˈriːik] хореический

choreiform [kəʊˈriːiˌfɔːm] хорееподобный, хореоформный

choreoathetosis [kəʊˌriəʊˌæθəˈtəʊsis] хореоатетоз

chorial [ˈkəʊriəl] хорионический, хориальный

chorioangiosis [ˌkəʊriəʊˌænʤiˈəʊsis] хориоангиоз *(снижение васкуляризации ворсин хориона)*

choriocarcinoma [ˌkəʊriəʊˌɑːsiˈnəʊmə] хориокарцинома, хорионэпителиома

~ **of testis** хориокарцинома яичка

gestational ~ хориокарцинома матки

nongestational ~ эктопическая хориокарцинома

choriodermia [ˌkəʊriəʊˈdəːmiə] тапето-хориоидальная хориодермия *(врождённое отсутствие сосудистой оболочки; прогрессирующая атрофия сосудистой оболочки)*

choriogonadotropin [ˌkəʊriəʊɡɒnədəʊˈtrəʊpin] хориогонадотропин *(гормон, секретируемый во время беременности)*

choriomeningitis [ˌkəʊriəʊˌmeninˈʤaitis] хориоменингит

lymphocytic ~ лимфоцитарный хориоменингит, Армстронга острый серозный менингит

chorion [ˈkəʊriɒn] *эмбр.* хорион *(многослойная наружная зародышевая оболочка)*

~ **frondosum** *см.* **shaggy** ~

~ **laeve** *см.* **smooth** ~

previllous [primitive] ~ первичный хорион

shaggy ~ ворсинчатый хорион

smooth ~ гладкий [безворсинчатый] хорион

chorionadenoma [ˌkəʊriɒnˌædəˈnəʊmə] пузырный занос

chorionepithelioma [ˌkəʊriɒnˌepiˈθiːnliəʊmə] хориокарцинома, хорионэпителиома, *уст.* злокачественная децидуома

chorionic [ˌkəʊriˈɒnik] хорионический, хориальный

chorioretinal [ˌkəʊriəʊˈretinəl] хориоретинальный *(относящийся к сосудистой оболочке и сетчатке глаза)*

chorioretinitis [ˌkəʊriəʊˌretiˈnaitis] хориоретинит, ретинохориоидит

chorista [kəʊˈristə] хористия *(эктопический участок ткани нормального строения)*

choristoblastoma [kəʊrˌistəʊblæsˈtəʊmə] хористобластома, злокачественная хористома

choristoma [kəʊrisˈtəʊmə] хористома *(опухоль, развивающаяся из хористии)*

choroid [kəʊˈrɒid] **1.** собственно сосудистая оболочка глаза **2.** хориоидальная оболочка *(напоминающая хорион, эпидермис или любую оболочечную структуру)*

choroidal [kəʊˈrɒidl] относящийся к собственно сосудистой оболочке глаза, хориоидальный

choroiditis [ˌkəʊrɒiˈdaitis] хориоидит *(воспаление собственно сосудистой оболочки глаза)*

areolar ~ очаговый хориоидит

diffuse ~ диффузный хориоидит

disseminated ~ диссеминированный [рассеянный] хориоидит

metastatic ~ эмболический хориоидит

choroidocyclitis [kəʊˌrɒidəʊsikˈlaitis] увеит, циклохориоидит

choroidoretinitis [kəʊˌrɒidəʊretiˈnaitis] хориоретинит, ретинохориоидит

choromania [ˌkəʊrəʊˈmeiniə] хоромания *(патологическая страсть к танцам или ритмическим движениям)*

chow [ʧaʊ] **1.** еда, пища; рацион **2.** корм

normal ~ обычный рацион

chromaffin [krəʊˈmæfin] хромаффинная ткань *(дающая коричнево-жёлтую реакцию с солями хрома, напр., о клетках мозгового слоя надпочечника)*

chromaffinoma [krəʊˌmæfiˈnəʊmə] феохромоцитома, хромаффинная опухоль, феохромобластома, хромаффиноцитома

chromaffinopathy [krəʊˌmæfiˈnɒrəθi] поражение хромаффинной ткани

chromasia [krəʊˈmeiziə] хромазия

chromatank [ˈkrəʊmətæŋk] сосуд [камера] для хроматографии

chromatid [ˈkrəʊmətɪd] *ген.* хроматида, полухромосома *(одна из двух копий реплицировавшейся хромосомы, соединённых в области центромеры)* ‖ хроматидный

nonsister ~s негомологичные хроматиды

sibling [sister] ~s сестринские хроматиды

chromatin [ˈkrəʊmətɪn] *цитол.* хроматин *(хромосомный материал, окрашиваемый основными красителями, в состав которого входят ДНК, РНК)*

chromatinic [ˌkrəʊməˈtɪnɪk] хроматиновый

sex ~ (женский) половой хроматин, Х-хроматин, Барра тельца

chromatin-negative [ˈkrəʊmətɪnˈneɡətɪv] лишённый полового хроматина

chromatinorrhexis [ˌkrəʊmətɪnəʊˈreksɪs] фрагментация хроматина

chromatin-positive [ˈkrəʊmətɪn-ˈpɒzɪtɪv] имеющий половой хроматин

chromatism [ˈkrəʊməˌtɪzm] 1. патологическая пигментация 2. хроматическая аберрация глаза 3. цветовые галлюцинации

chromatodermatosis [krəʊˌmætəʊˌdəːməˈtəʊsɪs] дисхромия кожи

chromatofuge [krəʊˌmætəʊˈfjuːʤ] хроматографическая центрифуга

chromatogenous [ˌkrəʊməˈtɒʤənəs] вызывающий окрашивание или пигментацию

chromatogram [krəʊˈmætəʊɡræm]:

breakthrough ~ выходная хроматограмма, кривая проскока

fingerprint ~ характеристическая хроматограмма

reference ~ стандартная [сравнительная] хроматограмма

chromatography [ˌkrəʊməˈtɒɡrəfɪ] хроматография, хроматографический анализ

adsorption ~ адсорбционная хроматография

affinity ~ аффинная хроматография, хроматография по сродству

anaerobic ~ хроматография в анаэробных условиях

antibody-agarose affinity ~ аффинная хроматография на агарозной матрице, конъюгированной с антителами

ascending paper ~ восходящая хроматография на бумаге

band displacement ~ вытеснительная хроматография

biobead ~ аффинная хроматография на биогранулах

charge-transfer ~ хроматография с переносом заряда; ионообменная хроматография

circular ~ круговая хроматография

column ~ колоночная хроматография, хроматография на колонках

constant-humidity ~ хроматография при постоянной влажности, хроматография с регулированием влажности

continuous gas ~ непрерывная газовая хроматография

countercurrent droplet ~ капельная противоточная хроматография

countercurrent foam ~ пенная противоточная хроматография

descending paper ~ нисходящая хроматография на бумаге

displacement ~ вытеснительная хроматография

electromigration ~ электромиграционная хроматография

electrophoretic ~ электрофоретическая хроматография

elution ~ элюентная хроматография

exclusion ~ вытеснительная хроматография

fast-performance liquid ~ жидкостная экспресс-хроматография белков

flow-programmed ~ хроматография с программированием потока

gas ~ газовая хроматография

gas-liquid ~ газожидкостная хроматография

gas-solid ~ газоадсорбционная [газотвёрдая] хроматография

gel ~ гель-хроматография, гель-фильтрация

gel penetrating [gel permeation] ~ гель-проникающая хроматография; гель-фильтрация

gel-sieving ~ гель-фильтрация

high-performance liquid ~ жидкостная хроматография высокого разрешения

high-performance thin-layer ~ высокоразрешающая тонкослойная хроматография

high-pressure liquid ~ жидкостная хроматография высокого давления

hydrophobic ~ гидрофобная хроматография

idiotype affinity ~ идиотип-специфическая аффинная хроматография

immunoadsorption [immunoaffinity] ~ иммуносорбционная [иммуноаффинная] хроматография *(аффинная хроматография на сорбентах с закреплёнными антителами или антигенами)*

immunoexchange ~ иммунообменная хроматография

inverse ~ обращённая [обращённо-фазовая] хроматография

ion-exchange ~ ионообменная хроматография

ion-exclusion column ~ ионоисключающая [эксклюзионная] колоночная хроматография

ion-pair ~ ионопарная хроматография *(хроматография с использованием ионных пар растворителей)*

liquid ~ жидкостная хроматография

liquid partition ~ жидкостная распределительная хроматография

magnetic affinity ~ аффинная хроматография на магнитогранулах

methylated albumin kieselguhs column ~ хроматография на колонках с метилированным альбумин-кизельгуром

molecular sieve ~ хроматография на молекулярных ситах

paper ~ бумажная хроматография, хроматография на бумаге

partition ~ распределительная хроматография

potential barrier ~ хроматография потенциального барьера

quasi-column ~ квазиколоночная хроматография

recycling ~ рециркуляционная хроматография

reversed-phase ~ хроматография с обращённой фазой

salting-out ~ хроматография с высаливанием

salt-mediated hydrophobic ~ ионозависимая гидрофобная хроматография

salt-promoted adsorption ~ солеградиентная адсорбционная хроматография

slab ~ хроматография на пластинках

step-exclusion ~ хроматография со ступенчатым вытеснением

steric exclusion ~ пространственно-эксклюзионная хроматография

stream ~ хроматография в потоке

thin-layer ~ тонкослойная хроматография, хроматография в тонком слое сорбента

three-directional thin layer ~ трёхнаправленная тонкослойная хроматография

two-dimensional ~ двумерная хроматография

chromatolysis [ˌkrəʊməˈtɒlisis] хроматолиз, тигролиз *(разрушение базофильного вещества цитоплазмы нейрона)*

chromatometer [ˌkrəʊməˈtɒmətə] колориметр *(прибор для измерения цветового восприятия)*

chromatopathy [ˌkrəʊməˈtɒpəθi] см. **chromatosis 1**

chromatophore [krəʊˈmætəʊfɔː] *цитол.* хроматофор, пигментофор, хроматобласт

chromatophoroma [ˌkrəʊmætəʊfəˈrəʊmə] злокачественная меланома, хроматофорома

~ **tosis** злокачественный меланоматоз

chromatopsia [ˌkrəʊməˈtɒpsiə] 1. цветоощущение, цветоразличение 2. хроматопсия *(нарушение цветового восприятия)*

chromatosis [ˌkrəʊməˈtəʊsis] 1. дисхромия кожи 2. пигментация

chromaturia [ˌkrəʊmətˈjuːriə] хроматурия *(патологически изменённая окраска мочи)*

chromhidrosis [ˌkrəʊmhaiˈdrəʊsis] хромидроз *(выделение окрашенного пота)*

chromicize [ˈkrəʊmisaiz] обрабатывать хромовым препаратом, хромировать

chromidium [krəʊˈmidiəm] 1. частица цитоплазмы, легко воспринимающая краситель *(напр. базофильная гранула)* 2. частицы хроматина в цитоплазме

chromium [ˈkrəʊmiəm] хром, Cr *(металлический элемент; изотопы ^{48}Cr — ^{55}Cr имеют периоды полураспада 0,4 с – 28 сут.)*

chromobacterium [ˌkrəʊməʊbækˈtiːriəm] хромобактерия, пигментная бактерия

chromoblast [ˈkrəʊməʊblæst] 1. хромобласт *(предшественник пигментной клетки)* 2. *цитол.* хроматофор, пигментофор

chromoblastomycosis [ˌkrəʊməʊˌblæstəʊmaiˈkəʊsis] хромо(бласто)микоз, веррукозный дерматит, Педрозо болезнь

chromocenter [ˈkrəʊməʊˌsentə] хромоцентр, кариосома

chromocrinia [ˌkrəʊməʊˈkriniə] хромокриния *(секреция или экскреция окрашенных веществ)*

chromocyte [ˈkrəʊməʊsait] хромоцит, любая пигментная клетка

chromocytometry [ˌkrəʊməʊsaiˈtɒmətri] хромоцитометрия *(определение цветного показателя крови)*

chromogenesis [ˌkrəʊməʊˈdʒenəsis] хромогенез *(образование окрашенного вещества или пигмента)*

chromogenic [ˌkrəʊməʊˈdʒenik] хромогенный, пигментообразующий

chromolipoid [ˌkrəʊməʊˈlipɒid] 1. липофусцин, хромолипоид, пигмент изнашивания, пигмент старения 2. пигментированный липид *(напр. каротен, лютеин)*

chromolysis [krəʊˈmɒlisis] см. **chromatolysis**

chromoma [krəʊˈməʊmə] хромома, изъязвлённая меланома

chromomycosis [ˌkrəʊməʊmaiˈkəʊsis] см. **chromoblastomycosis**

chromonichia [ˌkrəʊməʊˈnikiə] хромонихия *(патологическое окрашивание ногтей)*

chromoparic [ˌkrəʊməʊˈpærik] см. **chromogenic**

chromophil(e) [ˈkrəʊməʊfil] 1. хром(ат)офил ‖ хромофильный *(легко окрашивающаяся клетка)* 2. хромаф-финный *(дающий коричнево-жёлтую реакцию с солями хрома)*

chromophobe [ˈkrəʊməʊfəʊb] 1. хром(ат)офоб *(неокрашивающаяся клетка или клеточная структура)* 2. хромофобный аденоцит, хромофобная клетка

chromophobia [ˌkrəʊməʊˈfəʊbiə] 1. хром(ат)офобия, цветобоязнь 2. *гист.* слабое окрашивание клетки или ткани

chromophototherapy [ˌkrəʊməʊˌfəʊtəʊˈθerəpi] цветолечение, хромофототерапия

chromophytosis [ˌkrəʊməʊfaiˈtəʊsis] отрубевидный [разноцветный] лишай

chromoplasm [ˈkrəʊməʊplæzm] *цитол.* хроматин

chromoprotein [ˌkrəʊməʊˈprəʊtiːn] хромопротеид, хромопротеин

chromosome [ˈkrəʊməʊsəʊm] хромосома *(молекула ДНК, находящаяся в клеточном ядре и выполняющая функцию хранения и передачи генетической информации)*

A- ~ А-хромосома, хромосома нормального хромосомного набора организма

accessory ~ добавочная [сверхкомплектная] хромосома

acentric ~ ацентрическая хромосома

acrocentric ~ акроцентрическая хромосома

atelomitic ~ ателомитическая хромосома

attached X- ~ сцепленные Х-хромосомы

B- ~ В-хромосома, добавочная хромосома *(сверх нормального диплоидного числа)*

bivalent ~ бивалент *(временно соединённая пара хромосом)*

branched ~ разветвлённая хромосома

circulary permuted ~ хромосома с кольцевой перестановкой генов

compound ~ сложная [сборная] хромосома

daughter ~ дочерняя хромосома

dicentric ~ дицентрическая хромосома

extra X ~ дополнительная Х-хромосома

folded ~ конденсированная хромосома

fragile ~ ломкая хромосома *(несущая нестабильный сайт)*

heterotropic ~ гетеротропная хромосома *(половая хромосома, лишённая гомологичного партнёра)*

homologous ~**s** гомологичные хромосомы *(включающие идентичные наборы генов, одинаково расположенных относительно друг друга)*

human artificial ~ искусственная хромосома человека

lamp-brush [lateral-loop] ~ хромосома типа «ламповой щётки»

limited ~ лимитированная хромосома *(встречающаяся только в определённой ткани)*

marker ~s маркёрные хромосомы, хромосомы-маркёры

megameric ~ мегамерная хромосома *(с увеличенными гетерохроматиновыми сегментами)*

metacentric ~ метацентрическая хромосома

multiple sex ~s множественные системы половой хромосомы

nucleolar ~ ядрышковая хромосома

odd ~ *см.* **accessory** ~

Ph [Philadelphia] ~ филадельфийская хромосома *(аномалия, возникающая в результате транслокации части плеча 22-й хромосомы на другую хромосому и обуславливающая развитие миелогенного лейкоза и других заболеваний)*

polymeric ~ полимерная хромосома *(хромосома с повышенным числом хромонем)*

polytene ~ политенная [многонитчатая] хромосома

recombinant ~ рекомбинантная хромосома

ring ~ кольцевая хромосома *(с «липкими» концами, образующими циркулярную структуру)*

sex ~ половая хромосома, алло(хромо)сома, гетеро(хромо)сома, гоно(хромо)сома

sex-limited ~ хромосома, ограниченная полом

sibling ~ сестринская хромосома

yeast artificial ~ искусственная дрожжевая хромосома *(рекомбинантная молекула, включающая длинные участки изучаемой ДНК, состоящие из многих генов)*

chromotherapy [ˌkrəʊməʊˈθerəpi] светолечение, фототерапия

chromotoxic [ˈkrəʊməʊˌtɒksik] 1. оказывающий разрушающее действие на гемоглобин 2. распад гемоглобина

chromotrope [ˈkrəʊməʊˌtrəʊp] хромотроп *(1. компонент ткани, окрашивающийся метахроматическим красителем 2. диазокраситель, способный изменять свой цвет при хромировании)*

chromotype [ˌkrəʊməʊˈtaip] хромотип, хромосомный набор

chromoureteroscopy [ˌkrəʊməʊjʊriːtəˈrɒskəpi] хромоцистоскопия

chronaxia [ˈkrəʊnæksiə], **chronaxie** [ˈkrəʊnæksi], **chronaxy** [ˈkrəʊnæksi] хронаксия *(временной показатель возбудимости мышечной или нервной ткани)*

chronic [ˈkrɒnik] 1. постоянный, длительный; хронический; затяжной *(о болезни)*; застарелый 2. человек, страдающий хронической болезнью

chronicity [krəʊˈnisiti] 1. хроническое состояние, хронический характер *(болезни)* 2. хронизация

~ **of obstruction** продолжительная обтурация *(напр. непроходимость кишечника)*

chronicle [ˈkrɒnikl] хроника событий ‖ вести хронику

~ **of the heart's action** запись сердечной деятельности

chronobiology [ˌkrəʊnəʊbaiˈɒləʤi] хронобиология *(раздел биологии, изучающий повторяющиеся и/или циклические процессы)*

chronodesm [ˈkrɒnəʊdesm] хронодесм ‖ хронодесмический, гипобарический импульс

chronofusor [ˈkrɒnəʊˈfjuːzə] аппарат для хронометрической инфузии

chronometry [krəʊˈnɒmətriː] хронометраж

mental ~ изучение временных характеристик психических процессов

chronomyometry [ˌkrɒnəʊmaiˈɒmətri] хронаксиметрия

chronooncology [ˌkrɒnəʊɒnˈkɒləʤi] хроноонкология *(1. изучение влияния биологических ритмов на рост опухоли 2. противораковая терапия, основанная на синхронизации применения лекарственных препаратов)*

chronophotography [ˌkrɒnəʊfəˈtɒɡrəfi] хронофотография *(метод изучения биологических процессов путём периодического фотографирования)*

chronopsy [ˈkrɒnɒpsi] хронопсия *(сбор и проверка временных колебаний, меняющихся во времени)*

chronoscopy [krəˈnɒskəpi]:

X-ray ~ рентгеновская хронофотография

chronotaraxis [ˌkrɒnəʊtərˈæksis] *псих.* дезориентация во времени

chronotolerance [ˌkrɒnəʊˈtɒlərəns] хронотолерантность *(устойчивость в определённые моменты времени, когда сопротивляемость организма к воздействиям достаточно велика)*

chronotropism [krəʊˈnɒtrəʊpizm] хронотропное действие *(изменение частоты периодических движений)*

negative ~ отрицательное хронотропное действие, замедление движений

positive ~ положительное хронотропное действие, ускорение движений

chrysiasis [kriˈsaiəsis] патологическая пигментация тканей при лечении солями золота

chthonophagia [ˌθɒnəʊˈfeiʤiə] геофагия, хтонофагия *(патологическое влечение к поеданию земли)*

chubby [ˈtʃʌbi] круглолицый, полнощёкий

churning [ˈtʃəːniŋ] 1. перемешивание 2. продвижение

haustral ~ движение содержимого ободочной кишки при сокращении её гаустр

chute [ʃuːt]:

air ~ вентиляционный канал

chylaceous [kaiˈleiʃəs] хилёзный; имеющий свойства лимфы

chylangioma [kaiˌlænʤiˈəʊmə] 1. лимфангиома, хилангиома 2. лимфангиоэктазия тонкой кишки

chylaqueous [kaiˈleikwiəs] водянисто-хилёзный

chyle [kail] хилус, хилёзная жидкость *(молочно-белая лимфа, содержащаяся в лимфатических сосудах тонкой кишки после всасывания пищи)*

chylemia [kaiˈliːmiə] хилемия *(наличие лимфы в крови)*

chylifaction [ˌkailiˈfækʃn] *см.* **chylopoiesis**

chylifactive [ˌkailiˈfæktiv] образующий лимфу

chyliform [ˈkailifɔːm] лимфоподобный, напоминающий лимфу

chylocyst [ˈkailəʊsist] млечная [хилёзная] цистерна, Пеке цистерна

chyloderma [ˌkailəʊˈdəːmə] лимфэдема

chylomicron [ˌkailəʊˈmaikrɒn] *биохим., pl.* хиломикроны, гемоконии *(микроскопические частицы жира в лимфе и крови диаметром около 1 мм)*

chyloperitoneum [ˌkailəʊperitəʊˈniəm] хилёзный асцит

chylopoiesis [ˌkailəʊpɒiˈiːsis] хилопоэз *(образование лимфы)*

chylorrhea [ˌkailəʊˈriə] лимфорея, истечение лимфы

chylothorax [ˌkailəʊˈθɔːræks] хилоторакс *(скопление лимфы в плевральной полости)*

chylous ['kailəs] лимфатический, хилёзный *(напр. о кисте)*

chyluria [kail'juːriə] хилурия, лимфурия, галактурия, лактацидурия

chymase ['kaimeis] химаза *(химотрипсиноподобная протеаза)*

chyme [kaim] химус *(пищевая кашица в желудке или кишечнике)*

chymification [ˌkaimifi'keiʃn] 1. образование химуса 2. переваривание пищи в желудке

chymosin ['kaiməusin] химозин, сычужный фермент

chymotrypsin [ˌkaiməu'tripsin] химотрипсин *(протеиназа желудочно-кишечного тракта)*

chymous ['kaiməs] химусный

cibophobia [sibəu'fəubiə] патологическое отвращение к пище

cicatrical [sikət'rikəl] рубцовый, сопровождающийся образованием рубцов

cicatricotomy [ˌsikətrai'kɒtəmi] иссечение или рассечение рубцов

cicatrix ['sikətriks, si'ketriks], *pl.* **cicatrices** [sikə'traisiːz] рубец, шрам

   ~ optima *лат.* оптимальное заживление [рубцевание] ран

   filtering ~ фильтрующий рубец

   vicious ~ деформирующий рубец

cicatrization [sikətri'zeiʃn] 1. рубцевание, образование рубца 2. заживление раны *(с образованием рубца)*

cicatrize ['sikətriz] вызывать образование рубца; зарубцовываться; заживать

cicuta [sik'juːtə]:

   ~ virosa *токс.* Вех ядовитый

cid [sid] *sl.* ЛСД

cigarette [ˌsigə'ret]:

   no brand ~, no name ~ *sl.* сигарета с марихуаной

ciliarotomy [ˌsiliə'rɒtəmi] цилиаротомия *(рассечение ресничного тела)*

ciliary [sili'æri], **ciliate(d)** ['silieitid] реснитчатый; ресничный; цилиарный

ciliogenesis [ˌsiliəu'ʤenəsis] развитие ресничек

cilium ['siliəm], *pl.* **cilia** ['siliə] 1. ресница 2. *цитол.* ресничка, кинетоцилия

   immotile ~a нарушение подвижности ресничек, неподвижные реснички

   nasal ~a реснички слизистой носа

   respiratory ~a реснички респираторного эпителия

cillosis [si'ləusis] спастическое подёргивание века

cimex ['saiməks] постельный клоп

cimicosis [ˌsimi'kəusis] следы укусов постельного клопа

cinchonism [sinkəu'nizm] отравление хинином

cinclisis ['sinklisis] быстрое повторение движений *(напр. быстрое моргание)*

cineangiocardiography [ˌsinəˌænʤiəuˌkaːdi'ɒgrəfi] киноангиокардиография

   computerized ~ компьютерная киноангиокардиография

cinecamera ['siniˌkæmərə] кинокамера

   X-ray ~ рентгеновский аппарат с видеозаписью

cinefluorography [ˌsiniflu'rɒgrəfi] рентгенокинематография

cinegastroscopy [ˌsinigæs'trɒskəpi] гастрокинематография

cinematization [ˌsinəˌmæti'zeiʃn] кинематизация, кинепластика *(метод ампутации конечности с сохранением мышц, отчасти обеспечивающих движения протеза)*

cinemicrography [ˌsinigæs'trɒskəpi]:

   high resolution ~ микрокиносъёмка с высоким разрешением

cineplastics [ˌsinə'plæstiks], **cineplasty** ['sinəˌplæsti] *см.* **cinematization**

cineradiography [ˌsinəˌreidi'ɒgrəfi] рентгенокинематография

cinerea [si'niːriə] серое вещество *(головного или спинного мозга)*

cinetious [si'niːʃəs] 1. пепельного цвета 2. серый *(о веществе головного мозга)* 3. относящийся к золе, пеплу

cingulectomy [ˌsingjuːl'ektəmi] цингулотомия *(иссечение поясной извилины, контролирующее эмоциональное состояние)*

cingulin ['singjulin] цингулин *(белок, входящий в состав плотных межклеточных контактов)*

cingulum ['singjuləm], *pl.* **cingula** ['singjulə] пояс *(1. анатомическая структура, напоминающая ремень или пояс 2. пучок нервных волокон в белом веществе поясной извилины мозга)*

cionitis [saiɒ'naitis] воспаление нёбного язычка

circa ['səːkə] *лат.* приблизительно, около

circadian [ˌsəː'keidiən] циркадный, циркадианный, околосуточный *(биологический ритм)*

circannual [səː'kænjuəl] цирканнуальный *(с частотой биологических колебаний ритма 1 г. ± 2 мес.)*

circaseptan [ˌsəːkə'septən] циркасептидианность *(частота одного цикла биологических колебаний или ритма 7 ± 3 дня)*

circinate ['səːsineit] кольцеобразный, кольцевидный

circle [səːkl] 1. круг, окружность 2. группа людей 3. круговорот, цикл || проводить круговые движения; завершать цикл

   ~ of hips круговые движения в тазобедренных суставах

   ~ of Willis артериальное кольцо большого мозга, виллизиев круг

   arterial ~ of iris артериальный круг радужки

   Baudelocque's uterine ~ *гинек.* патологическое пограничное [контракционное] кольцо

   bowl-shaped ~ стоматологический чашечный шлифовальный диск

   defensive ~ создание патологического состояния, препятствующего развитию основного заболевания *(напр. пневмоторакса при туберкулёзе лёгких)*

   dotted ~ пунктирный круг *(метка при рентгенографии)*

   Huguier's ~ анастомоз между правой и левой маточными артериями *(в области перешейка)*

   vicious ~ порочный круг; безвыходное положение

circling ['səːkliŋ] вращение, кружение; поворот *(напр. головы)*

   trunk ~ круговые движения туловищем

   vestibular ~ кружение при вестибулярном синдроме

circuit ['səːkit] 1. замкнутая цепь; кругооборот; циркуляция 2. кровообращение 3. цепь; контур; схема; сеть 4. область, сфера 5. система для парентерального питания

   anesthetic ~ 1. наркозный аппарат закрытого типа 2. замкнутая цепь; дыхательный контур

   breathing [closed] ~ закрытый контур *(наркоза)*

comparisons ~ *мед. тех.* компаратор

complex ~**s** множественно-цикловое (*о трепетании предсердий*)

conference ~ диспетчерская связь

earth ~ цепь заземления (*электромедицинского аппарата*)

earth-free output [floating output] ~ незаземлённая выходная цепь

feedback ~ схема обратной связи

immunoregulatory ~ иммунорегуляторный контур, или цикл

integrated ~ *узи* интегрированная схема

nonbreathing [open] ~ наркозный аппарат открытого типа **2.** незамкнутая цепь; открытый контур (*напр. наркоза*)

patient ~ цепь пациента; контур пациента (*в электромедицинском аппарате*)

pulmonary ~ малый [лёгочный] круг кровообращения

pump ~ принудительная циркуляция с помощью насоса

rebreathing ~ *см.* **breathing** ~

recycle ~ рециркуляционный поток

reentrant [re-entry] ~ цикл [петля] риэнтри (*повторный вход циркулирующей волны возбуждения в предсердиях*)

reflex ~ рефлекторная дуга

respiratory ~ *см.* **open** ~

semiopen ~ полуоткрытый способ (*ведения наркоза*), полуоткрытый контур

shunt ~ обходной путь (*напр. химуса*); шунт (*кровотока*)

symbolic ~ функциональная схема

systemic ~ большой круг кровообращения

trigger ~ *мед. тех.* пусковая цепь

ventilator ~ дыхательный контур

circular¹ ['sɜːkjʊlə] **1.** кольцевой, круговой; циркулярный **2.** круглый

circular² [sɜːˈkjuːlə] циркуляр; методические рекомендации

Ministry of Health ~ **on extravagant prescribing** циркуляр министерства здравоохранения об экономии лекарственных средств

circulate ['sɜːkjʊleit] совершать круговое движение; циркулировать

circulation [ˌsɜːkjʊˈleiʃn] **1.** циркуляция (*напр. воздуха*); движение по замкнутой цепи, круговорот **2.** кровообращение, кровоток

allantoic ~ *см.* **fetal** ~

artificial ~ *см.* **extracorporeal** ~

assisted ~ вспомогательное (искусственное) кровообращение

capillary ~ капиллярное кровообращение

cerebral ~ мозговое кровообращение

collateral [compensatory] ~ коллатеральное [окольное] кровообращение

controlled ~ регулируемое кровообращение

coronary ~ венечное кровообращение

cross ~ перекрёстное кровообращение (*в эксперименте*)

derivative ~ артериовенозный сброс

disturbed ~ нарушение кровообращения

enterohepatic ~ циркуляция в кишечнике и печени (*напр. витамина*)

extracorporeal ~ экстракорпоральное [искусственное] кровообращение, перфузия

fetal ~ кровообращение плода, фетальное кровообращение

general ~ общий кровоток, системное кровообращение

greater ~ большой круг кровообращения

hyperdynamic ~ гиперфункция кровообращения

lesser ~ малый круг кровообращения

lymph ~ лимфообращение, лимфоток

persistent transitional ~ персистирующее шунтирование кровообращения (*напр. при открытом артериальном протоке*)

placental ~ *см.* **fetal** ~

poor ~ недостаточность сердца, или кровообращения

primitive ~ *см.* эмбриональное кровооообращение

pulmonary ~ малый круг кровообращения

reduced ~ редуцированное [сниженное] кровообращение

regional ~ регионарное кровообращение

splanchnic ~ брыжеечное [мезентериальное] кровообращение

umbilical ~ *см.* **fetal** ~

vitelline ~ желточное кровообращение (*на 2–6-й неделе зародыша через пупочно-брыжеечные сосуды*)

circulatory ['sɜːkjʊləˌtəʊri] **1.** циркуляторный, относящийся к кровообращению **2.** кровеносный

circulus ['sɜːkjʊləs]:

~ **vitiosus, vicious** ~ порочный круг

circumambience [ˌsɜːkəmˈæmbiəns] окружающая среда

circumanal [ˌsɜːkəmˈeinl] перианальный

circumcision [ˌsɜːkəmˈsiʒn] иссечение крайней плоти, обрезание, циркумцизия

female ~ иссечение клитора, малых и больших половых губ

circumduction [ˌsɜːkəmˈdʌkʃn] циркумдукция (*круговое движение части тела или органа*)

circumference [səˈkʌmfərəns] **1.** окружность ‖ круговой (*напр. об облысении*) **2.** периферия

arm ~ размер плеча

chest ~ окружность груди

fetal abdomen ~ окружность живота плода

waist ~ обхват [окружность] талии

circumferential [ˌsɜːkəmfəˈrenʃl] циркулярный, круговой, охватывающий, окружающий

circumflex ['sɜːkəmfleks] огибающий (*напр. сосуд*); описывающий дугу

circumgemmal [ˌsɜːkəmˈdʒeml] окружающий почковидное или луковицеподобное тельце (*о нервных окончаниях, окружающих вкусовую почку*)

circumrenal [ˌsɜːkəmˈriːnəl] околопочечный

circumscribed [ˌsɜːkəmˈskraibd] **1.** ограниченный (*в пространстве*), очерченный, контурированный **2.** округлый, шаровидный (*о новообразованиях в лёгких*)

circumstance ['sɜːkəmstəns] **1.** обстоятельство, условие, обстановка, среда **2.** случай, факт **3.** подробность, деталь

~**s aggravating of penalty** *суд. мед.* обстоятельства, отягчающие наказание

~**s attenuating of responsibility** *суд. мед.* обстоятельства, смягчающие вину

~**s of death** обстоятельства смерти

epidemiological ~s эпидемиологические условия

force majeure ~s форс-мажорные обстоятельства

home ~s семейные обстоятельства

ordinary ~s обычное окружение *(человека)*

predisposing ~ предрасполагающий фактор; предрасполагающие обстоятельства

socio-economic ~s социально-экономическая среда или условия

circumstantiality [,sə:kəm,stænʃi:'æliti] *псих.* обстоятельность *(использование чрезмерного количества излишне подробных и несущественных деталей)*

circumvallate [,sə:kəm'væleit] окружённый валом или валиком

circumvention [,sə:kəm'venʃn]:

~ of immunological tolerance нарушение иммунологической устойчивости

cirrhosis [si'rəusis] цирроз

alcoholic ~ алкогольный цирроз печени

biliary ~ билиарный [холангиолитический] цирроз печени

cardiac [central] ~ сердечный [кардиальный] цирроз печени

childhood ~ цирроз у детей

coarse nodular ~ крупноузловой цирроз печени

diffuse nodular ~ портальный [септальный] цирроз печени *(Лаэннека)*

fatty ~ жировой цирроз печени

Hanot's ~ *см.* **biliary ~**

instant ~ быстро развивающийся цирроз

juvenile ~ активный хронический гепатит

Laennec's ~ *см.* **diffuse nodular ~**

micronodular ~ микронодулярный цирроз

pigmentary ~ пигментный цирроз печени

stasis ~ *см.* **cardiac ~**

cirrhotic [si'rɒtik] цирротический

cirsectomy [sə:'sektəmi] иссечение варикозно расширенных вен

cirsocele ['sə:səusi:l] варикозное расширение вен

cirsodesis [,sə:səu'di:sis] перевязка варикозно расширенной вены

cirsoid ['sə:sɔid] напоминающий варикозное расширение вен

cirsomphalos [sə:'sɒmfələs] «голова Медузы» *(расширение варикозных вен передней брюшной стенки при портальной гипертензии)*

cirsotomy [sə:'sɒtəmi] *см.* **cirsectomy**

cissa ['sisə] извращённый аппетит, пирорексия, пикацизм

cistern ['sistən], **cisterna** [sis'tə:nə], *pl.* **cisternae** [sis-'tə:ni] *анат.* цистерна; полость

~ magna *см.* **cerebellomedullary ~**

~ of cytoplasmic reticulum цистерна эндоплазматической сети

~ of nuclear envelope цистерна ядерной оболочки

~ quadrigeminalis цистерна четверохолмия

ambient ~ *невр., узи* обводная цистерна

cerebellomedullary ~ мозжечково-мозговая цистерна

chiasmatic ~ хиазмальная цистерна

chyle ~ цистерна грудного лимфатического протока

supracellar ~ *невр.* базальная цистерна

cisternography [,sistə'nɒgrəfi] *рентг.* цистернография

isotope [radionuclide] ~ изотопная цистернография

cistron ['sistrɒn] *ген.* цистрон *(нуклеотидная последовательность, кодирующая целиком одну белковую цепь; участок ДНК)*

cisvestitism [sis'vestitizm] трансвестизм, травестизм, эонизм

citobrush ['saitəubrʌʃ] щётка для соскоба клеток

citrate ['sitreit] цитрат, соль лимонной кислоты

iron ~ лимоннокислое железо

sodium ~ лимоннокислый натрий

citrulline ['sitrʊli:n] цитруллин *(аминокислота, образующаяся из орнитина в цикле мочевины)*

citrullinemia [sit,rʊli'ni:miə] цитруллинемия *(врождённый недостаток фермента, способствующего расщеплению белков в моче, накоплению аммиака и аминокислоты цитруллина)*

citta ['sitə], **cittosis** [si'təusis] *см.* **cissa**

civilian [sə'viliən] 1. гражданский; в условиях мирного времени; бытовой *(напр. о травме)* 2. административный, внесудебный 3. *pl.* гражданское население

cladiosis [,klædi'əusis] дерматомикоз с веррукозными разрастаниями и восходящим лимфангиитом

cladosporiosis [,klædəu,spɔ:ri'əusis] *микол.* кладоспориоз *(инфекция, вызываемая грибами рода Cladosporium)*

claim [kleim] 1. требование, претензия, иск || требовать, претендовать 2. счёт 3. утверждение, заявление

cold ~ *страх.* мёртвый счёт *(полученный страховой организацией за услуги, оказанные без её разрешения)*

neurotic ~ *псих.* невротическое притязание

statistical ~ *страх.* статистический счёт *(документальное свидетельство об оказании услуги)*

clairvoyance [kleə'vɒiəns] 1. проницательность; предвидение 2. ясновидение

clam [klæm] 1. моллюск 2. липнуть, прилипать

clammy ['klæmi] влажный, липкий *(напр. о коже)*

clamorous ['klæmərəs] 1. *психол.* шумный, крикливый 2. настоятельный, неотложный

clamp [klæmp] зажим; скобка; клипс; струбцина || зажимать, пережимать *(сосуд)*; фиксировать

aortic ~ аортальный зажим

bed-rail ~ струбцина для крепления (прибора) к спинке кровати, краю стола и пр.

bone ~ скобка для скрепления отломков кости

bone-holding ~ костедержатель

bronchus ~ бронхофиксатор, бронхоудерживатель

bulldog ~ зажим «бульдог»

burette ~ зажим для бюретки

crushing ~ раздавливающий жом

curved Kocher's ~ изогнутый зажим Кохера

erasing ~ *см.* **crushing ~**

head ~ зажим для удержания головы *(на операционном столе)*

Lin liver ~ Лина печёночный зажим

Luer's ~ Люэра окончатый зажим

Michel's ~s металлические скобки, Мишеля скобки

non-crushing clip ~ мягкий [атравматичный] зажим

occlusion ~ кровоостанавливающий зажим

Payer ~ Пайра раздавливающий жом

pressure ~ прикрепляющее [захватывающее] устройство

ring ~ кольцевой зажим; кольцевая скоба

rubber dam ~s назубные кольца для удерживания влагозащитной резиновой прокладки

stiff intestinal ~ жёсткий кишечный зажим

table ~ зажимное устройство операционного стола

traction ~ зажим для вытяжения

vessels ~ сосудистый зажим

clamping ['klæmpɪŋ] агглютинация *(процесс слипания микрочастиц – эритроцитов, взвешенных бактерий – под действием антител)*

clap [klæp] *разг.* гонорея ‖ заразить гонореей

clarificant [klæ'rifikənt] осветляющее средство ‖ осветляющий

clarification [ˌklærifi'keiʃn] **1.** просветление; осветление **2.** очищение, очистка

clarifier ['klærifaiə] **1.** осветлитель, отстойник **2.** осветляющее средство **3.** фильтр; очиститель

centrifugal ~ осветляющая центрифуга

upflow contact ~ контактный осветлитель с восходящим потоком жидкости

water air ~ водяной воздухоочиститель

clasmatocyte [klæz'mætəusait] осёдлый макрофаг, клазмоцит, гистиоцит, блуждающая клетка в покое

clasmatosis [ˌklæzmə'təusis] клазматоз *(расширение выступов цитоплазмы, напоминающих псевдоподии)*

clasmocytoma [ˌklæzməusai'təumə] ретикулосаркома, ретикулоклеточная саркома

clasp [klɑːsp] кламмер *(деталь съёмного зубного протеза)*

Adams crib ~ лингвально-проксимальный запирающий кламмер

back action ~ кламмер обратного действия

combination [compound] ~ комбинированный (опорно-удерживающий) кламмер

continuous ~ многозвенный [непрерывный] кламмер

double ~ двуплечий кламмер

extended arm ~ продлённый кламмер

mesiodistal grip ~ перекидной удерживающий кламмер

molar ~ опорно-удерживающий кламмер моляра

proximal grip ~ перекидной удерживающий кламмер

reverse back-action ~ кламмер обратного действия

rigid ~ жёсткий кламмер

ring ~ (одноплечий) кольцевой кламмер

single-arm ~ одноплечий кламмер

tooth-supported ~ опирающийся кламмер

class [klɑːs] класс; разряд; группа; категория ‖ классифицировать; оценивать

social ~ социальный слой

year ~ возрастная группа

classification [ˌklæsifi'keiʃn] классификация; систематизация

anatomical therapeutic chemical ~ анатомо-терапевтическо-химическая классификация

monothetic ~ монотеичная классификация *(по одному признаку)*

morbid anatomical and histological ~ патологоанатомическая и гистологическая классификация

polythetic ~ политеичная классификация *(основанная на сравнении нескольких признаков)*

serological ~ классификация серотипов, серологическая классификация

Walter – Reed staging ~ Уолтера – Рида классификация стадий развития СПИДа

Classification:

Angle's ~ **of malocclusion** Энгля классификация зубочелюстных аномалий

Caldwell – Moloy ~ Калдуелла – Молоя классификация *(вариантов женского таза – гинекоидный, андроидный, антропоидный и плателоидный)*

French-American-British ~ **of Acute Leukemias** Франко-Американо-Британская классификация лейкозов

International ~ **of diseases, ICD** Международная классификация болезней, МКБ *(перечень всех известных в медицине заболеваний и синдромов, пересматриваемый примерно через каждые 10 лет)*

International ~ **of musculosceletal disorders** Международная классификация нервно-мышечных нарушений

International ~ **of procedures in medicine** Международная классификация процедур в медицине

New York heart association ~ Классификация сердечной недостаточности Нью-Йоркской кардиологической ассоциации

Red Cross Wound ~ Классификация огнестрельных ран Международного Красного Креста

TNM ~ классификация TNM *(Tumor – размер опухоли, Nodule – наличие и степень поражения лимфатических узлов, Metastases – наличие отдалённых метастазов)*

classis ['klæsis] *лат.* класс; разряд *(таксономическая единица)*

class-switching [ˌklæs-'switʃɪŋ] переключение класса *(напр. выработки иммуноглобулинов)*

clastic ['klæstik] вызывающий расщепление или разделение на части

clastogenic [ˌklæstəu'dʒenik] кластогенный *(способный вызывать разрывы хромосом)*

clastothrix ['klæstəuθriks] *дерм.* узловатая трихоклазия

claudication [ˌklɔːdi'keiʃn] хромота; перемежающаяся хромота

cerebral ~ преходящее нарушение мозгового кровообращения

intermittent ~ **1.** перемежающаяся хромота, Шарко синдром **2.** перемежающаяся боль *(напр. в руке)*

neurogenic ~ нейрогенная хромота

venous ~ хромота, обусловленная нарушением венозного кровотока

claudicatory ['klɔːdikəˌtɔːri] относящийся к хромоте и к перемежающейся хромоте

clause [klɔːz] статья, пункт, условие

escape ~ пункт договора, освобождающий сторону от ответственности

payment ~ пункт (контракта) об условиях оплаты

claustrophilia [ˌklɔːstrəu'filiə] клаустрофилия *(патологическое стремление запирать окна и двери)*

claustrophobia [ˌklɔːstrəu'fəubiə] клаустрофобия *(патологическая боязнь замкнутого пространства)*

claustrum ['klɔːstrəm], *лат.* **claustra** ['klɔːstrə] *анат.* ограда *(одно из подкорковых ядер головного мозга)*

~ **guttis,** ~ **oris** мягкое нёбо

~ of the basal ganglia ограда базальных ганглиев *(анатомическая структура конечного мозга)*

Claviceps ['klæviseps]:

~ purpurea *токс.* спорынья

clavicula [kləˈvikjʊlə] ключица

clavisternomastoid [ˌklævɪˌstɜːnəʊˈmæstɔɪd] грудино-ключично-сосцевидный

clavus ['kleivəs] **1.** потёртость; мозоль, омозолелость; натоптыш **2.** сильная головная боль

~ hystericus *псих.* ощущение впившихся в голову когтей

claw [klɔː] **1.** коготь **2.** лапа с когтями ‖ царапать; рвать когтями **3.** *мед. тех.* клешня

claw-foot ['klɔː-fʊt] «когтистая» стопа *(чрезвычайно высокая стопа с неестественно высоким подъёмом)*

claw-hand ['klɔː-hænd] «когтистая» кисть *(сгибательная контрактура пальцев кисти с разгибанием пястно-фаланговых суставов)*

clawing ['klɔːɪŋ]:

~ of finger когтеобразная деформация пальца

clay [klei] *sl.* гашиш хорошего качества

clean [kliːn] **1.** чистый, беспримесный; непорочный **2.** хорошо сложенный **3.** асептический *(напр. метод катетеризации)* **4.** *sl.* прекративший употребление наркотиков

cleaner ['kliːnə] **1.** моющее средство; детергент **2.** фильтр; очиститель

air ~ воздухоочиститель

alkaline ~ щелочной обезжиривающий раствор

tooth ~ инструмент для снятия зубного камня *(напр. экскаватор, крючок)*

cleaning ['kliːnɪŋ] **1.** очистка; мойка ‖ очищающий; моющий **2.** осветление; фильтрация, регенерация

flame ~ обработка [обезвреживание] пламенем *(для дезинфекции)*

ultrasonic ~ ультразвуковая очистка

"Cleanroom" ['kliːnrʊm] *фирм.* «Клинрум», «чистая комната» *(счётчик пылевых частиц)*

cleanse [klenz] **1.** чистить, очищать; промывать *(желудок)* **2.** дезинфицировать

cleanser ['klenzə] очищающее или дезинфицирующее средство

active ~ очиститель кожи

cleansing ['klenzɪŋ] **1.** очистка ‖ очистительный *(о клизме)* ‖ очищающий **2.** дезинфекция ‖ дезинфицирующий **3.** *pl.* лохии

birth canal ~ обработка [обезвреживание] родовых путей *(напр. хлоргексидином)*

colon ~ очистка [промывание] ободочной кишки

clear [kliə] **1.** чистый, прозрачный; светлый ‖ очищать; устранять, выводить; элиминировать *(напр. хеликобактер)* **2.** чёткий; типичный *(напр. о проявлениях заболевания)* **3.** устранение препятствия

clearance ['kliːrəns] **1.** очищение **2.** клиренс, коэффициент очищения *(скорость очищения крови от какого-л. вещества, мл/мин)* **3.** очищающая способность диализатора **4.** нормализация

~ of bacteria 1. элиминация бактерий **2.** обезвреживание бактериальных токсинов

~ of complete heart block восстановление нормального ритма сердца посредством устранения полной блокады

bacterial ~ *см.* **~ of bacteria**

complete ~ of parasites полное избавление от паразитов

decreased ~ of platelets сниженный клиренс (отживающих) тромбоцитов в крови

drug ~ выведение лекарственных веществ *(из организма)*

esophageal ~ опорожнение пищевода *(от пищи)*

free water ~ очищение от осмотически свободной воды

immune ~ иммунное очищение, иммунный клиренс *(почечная фильтрация комплексов антиген – антитело)*

lymphatic ~ лимфатический клиренс, лимфоклиренс *(элиминация антигена из лимфатической системы)*

medical ~ медицинский осмотр; клиническое обследование *(напр. на ВИЧ-инфекцию)*

mucocilliare ~ мукоцилиарный клиренс *(процесс очищения, напр., бронха ворсинчатым эпителием)*

nasal mucosis ~ очищение слизистой оболочки носа

plasmatic ~ плазменный клиренс

receptor ~ слущивание рецепторов *(с поверхности клетки)*

suction ~ of middle ear очищение среднего уха путём аспирации

sputum ~ исчезновение микобактерий из мокроты

tissue ~ тканевой клиренс

transurethral ~ of ureter трансуретральное восстановление проходимости мочеточника

urea ~ коэффициент очищения от мочевины

virus ~ очищение от вируса

clear-cell ['kliəsel] светлоклеточный *(о раковых клетках)*

clearer ['kliərə] **1.** средство для очистки или просветления *(гистологического препарата)* **2.** очистное устройство

clear-eyed ['kliəraid] имеющий хорошее зрение

clearing ['kliərɪŋ] **1.** очистка; очищение; устранение **2.** просветление *(гистологического препарата)* **3.** эвакуация *(напр. раненых)*

complete ~ of the lesions полное заживление повреждения

Clearinghouse ['kliərɪŋˌhaʊs]:

National ~ on Alcoholism Национальный просветительский центр [клирингхаус] по профилактике алкоголизма

National ~ on Smoking and Health Национальный просветительный центр здоровья и профилактики курения

National Guideline ~ Национальный центр анализа и синтеза клинических рекомендаций *(США)*

cleat [kliːt] зажим; клемма

cleavage ['kliːvɪdʒ] **1.** деление; дробление *(клетки)* **2.** расщепление, сегментация **3.** деградация; распад; гидролиз **4.** линии на коже, соответствующие ориентации дермальных волокон

~ into classes разделение на классы

~ of fibrinopeptides отщепление фибринопептидов *(напр. от фибриногена)*

abnormal ~ of cardiac valve врождённое расщепление створок клапанов сердца

abortive ~ абортивное дробление

alkaline ~ щелочное расщепление

chemical mismatch ~ метод химического расщепления некомплементарных сайтов *(основан на способности* *некоторых химических агентов разрывать нить ДНК в месте локализации неспаренного основания)*

complete ~ полное дробление *(яйцеклетки)*

cyanogen bromide ~ расщепление цианистым бромидом

disulfide bond ~ разрушение дисульфидных межцепочечных связей

enzymatic ~ ферментативное расщепление

equal ~ равномерное дробление *(яйцеклетки)*

holoblastic ~ полное дробление *(яйцеклетки)*

incomplete ~ неполное [частичное] дробление *(яйцеклетки)*

invasive ~ of oligonucleotide probes расщепление с внедрением в ДНК с помощью олигонуклеотида

meroblastic ~ *см.* **incomplete** ~

phosphoroclastic ~ фосфоролиз

polyembryonic ~ полиэмбриональное дробление

proteolytic ~ протеолитическое расщепление, протеолиз

protein ~ расщепление белков

reductive ~ восстановительное расщепление

site-directed ~ сайт-специфический гидролиз

total ~ полное дробление *(яйцеклетки)*

tryptic ~ триптический гидролиз, трипсинолиз; протеолиз

unequal ~ неравномерное дробление *(яйцеклетки)*

cleaving ['kliːviŋ]:

freeze ~ *гист.* замораживание – скалывание

cleft [kleft] щель, расщелина || расщеплённый, раздвоенный

anal ~ анальная щель

anogenital ~ аногенитальный свищ

branchial ~ *эмбр.* жаберная щель

cholesterol ~ *гист.* пространство, образующееся в результате растворения кристаллов холестерина в срезах *(заключённых в парафин)*

facial ~ расщелина лица

hyobranchial ~ *см.* **branchial** ~

intraepidermal ~ расщепление слоёв эпидермиса

Larrey's ~ грудино-рёберный треугольник, или щель, Ларрея

Maurer's ~s Маурера пятнистость *(эритроцитов при малярии)*

middle-ear ~ барабанная полость

naso-ocular ~ носо-глазная расщелина

natal ~ ягодичная борозда

nuclear ~ ядерная «расщелина» *(патология ядра клетки при лимфобластном лейкозе)*

oroocular ~ *терат.* глазнично-ротовая расщелина

orofacial ~s расщелины губы и носа

paratopic ~ карман [щель, углубление] в молекуле антитела

pharyngeal ~ *см.* **branchial** ~

pudendal ~ отверстие влагалища

suprabasilar ~ отслойка эпидермиса над базальным слоем

synaptic ~ синаптическая щель, синапс

visceral ~ *см.* **branchial** ~

vulvar ~ половая [срамная] щель

cleidal ['klaidəl] ключичный, относящийся к ключице

cleidocostal [ˌklaidəʊ'kɒstəl] ключично-рёберный

cleoid ['kliːɔid] *мед. тех.* клювовидный экскаватор

clerical ['klerikl] клерикальный, духовный, церковный

clerk [klaːk]:

inpatients' ~ больничный регистратор, работник справочной службы больницы

junior record ~ старший регистратор

medical record ~ медицинский статистик

midwifery ~ субординатор-акушер

outpatients' ~ регистратор поликлиники

surgical ~ субординатор-хирург

clerking ['klaːkiŋ], **clerckship** ['klaːkʃip] студенческая практика

clinical ~ клиническая практика

psychiatry ~ практика в психиатрической больнице

clever ['klevə] 1. умный, способный, даровитый 2. ловкий

click [klik] 1. лёгкий резкий звук, щелчок *(аускультативный феномен)*; добавочный сердечный тон; клик *(щелчок мышью компьютера)* 2. щёлканье, потрескивание *(в суставе)*

ejection [mitral] ~ тон [щелчок] открытия митрального клапана

Ortolani's ~ Ортолани щелчок *(симптом врождённого вывиха бедра)*

systolic ~ *см.* **ejection** ~

click-syndrome ['klik-sin'drəʊm] синдром пролабирования створок митрального клапана, клик-синдром

client ['klaiənt] клиент *(пациент, обращающийся за платной лечебно-диагностической помощью)*

climacophobia [ˌklaiməkəʊ'fəʊbiə] климакофобия *(патологическая боязнь ходьбы по лестнице)*

climacteric [klai'mæktərik], **climacterium** [ˌklaimæk'tiːriəm] менопауза; климактерический период, климакс, климактерий || климактерический

~ **praecox** ранний климактерий *(у женщин до 45 лет, у мужчин – до 50)*

~ **virile** мужской климактерический период

climate ['klaimət]:

rigorous ~ суровый климат

salubrious ~ здоровый климат

temperate ~ умеренный климат

variable ~s изменяющиеся климатические условия

working ~ рабочая обстановка

climatizer [ˌklaimə'taizə] климатрон, камера искусственного климата

climatotherapy [ˌklaimətəʊ'θerəpi] климатотерапия

climatotron [ˌklaimətəʊ'trɒn] климатотрон, климатокамера *(помещение, в котором поддерживаются заданные температура, влажность и различное содержание воздуха)*

climax ['klaimæks] 1. кульминация, кризис *(разгар [пик, критическая точка] заболевания, состояние наибольшей тяжести)* 2. климакс *(период угасания половых функций с возрастом; у женщин характеризуется нарушением периодичности, а затем и прекращением менструаций)* 3. оргазм

climbing ['klaimiŋ]:

~ **of steps** подъём по лестнице *(нагрузочный тест)*

climograph ['klaiməʊgræf] диаграмма, показывающая влияние климата на здоровье

clinic ['klinik] **1.** клиника **2.** поликлиника **3.** групповая врачебная практика **4.** клиническая лекция; клинический разбор; назначения у постели больного

~ for women 1. гинекологическая клиника **2.** женская консультация

ambulant ~ поликлиника; амбулаторная служба

antenatal ~ дородовая женская консультация

chest ~ торакальное отделение; клиника грудной хирургии

child guidance ~ консультация для детей с неустойчивой психикой

day and night ~ *см.* **inpatient ~**

dry ~ клиническая лекция без демонстрации больных

emergency medicine ~ клиника неотложной медицинской помощи

family planning ~ клиника [центр, служба] планирования семьи

fertility ~ отделение для больных бесплодием

follow up ~ диспансер; реабилитационное отделение

general medical ~ общее терапевтическое отделение

hangover ~s отделения лечения абстинентного синдрома *(состояния «похмелья»)*

inpatient ~ стационар

mental health ~ психиатрическая клиника

mental hygiene ~ клиника психогигиены

mobil donor ~ передвижной донорский пункт

multipurpous ~ многопрофильное лечебно-профилактическое учреждение

occupational health ~ клиника профессиональных болезней

outpatient ~ поликлиника; амбулатория

pain ~ отделение болевых синдромов

prenatal ~ *см.* **antenatal ~**

preliminary diagnostic ~ отделение предварительной диагностики

preschool ~ дошкольная детская консультация

primary care ~ амбулатория первичной медицинской помощи

private ~ частная клиника

rural outpatient ~ сельский фельдшерско-акушерский пункт

sports medicine ~ лечебный центр по спортивной медицине

teaching ~ клиническая больница *(база медицинского института)*

well-baby ~ детская консультация

clinical ['klinikl] **1.** клинический **2.** относящийся к течению или симптомам болезни **3.** поликлинический

clinician [kli'niʃn] **1.** клиницист *(1. врач-преподаватель, сотрудник клиники 2. практикующий врач)* **2.** врач-консультант **3.** социальный медицинский работник *(в развивающихся странах)*

nurse ~ высококвалифицированная медицинская сестра

sport ~ спортивный врач

clinicopathologic [ˌklinikəʊˌpæθə'lɒdʒik] клинико-патологический

clinicoradiologic(al) [ˌklinikəʊˌreidiə'lɒdʒikl], **clinicoroentgenologic(al)** [ˌklinikəʊˌrentgenə'lɒdʒikl] клинико-радиологический, клинико-рентгенологический

clinitest [ˌklini'test] *фирм.* клинитест *(экспресс-метод определения сахара в моче)*

clinocephalic [ˌklainəʊse'fælik], **clinocephalous** [ˌklainə'sefələs] относящийся к клиноцефалии, имеющий седловидную форму головы

clinodactyly [ˌklainəʊ'dæktili] клинодактилия *(деформация одного или более пальцев)*

clinography [klin'ɒgrəfi] графическое изображение симптомов

clinoid ['klinɒid] наклонённый отросток *(тела клиновидной кости)*

clinostatic [ˌklinəʊ'stætik] положение лёжа ‖ возникающий при длительном лежачем положении

clinostatism ['klinəʊˌstætizm] клиностаз *(горизонтальное положение тела)*

clinotherapy [ˌklinəʊ'θerəpi] лечение в лежачем положении; постельный режим

clip [klip] **1.** зажим ‖ зажимать **2.** скоба; скобка; клипс, клипса; скрепка ‖ накладывать скобки; клипировать; скреплять **3.** зажимные клещи; обойма *(сшивающего аппарата)*

ECG ~ электрод [присоска] электрокардиографа

Filshie [Hulka – Clemens] ~s Филши [Хулка – Клеменса] клипсы *(для перекрытия маточных труб с целью стерилизации)*

hemostatic ~ кровоостанавливающий зажим

metal ~s металлические скобки *(для наложения шва)*

skin [suture] ~s кожные [шовные] скобки

teflon vena cava ~ тефлоновая клипса для полой вены

towel ~ бельевой зажим *(для прикрепления операционного белья)*

vascular ~ сосудистый зажим

wound ~ кламмер или устройство для сближения краёв кожной раны

clip-clamp ['klip'klæmp] скобка-зажим

clipping ['klipiŋ] наложение скобок, клипсов; клиппирование

cliseometry [ˌklisi'ɒmətri] клизометрия *(измерение угла наклона таза)*

clithrophobia [ˌkliθrəʊ'fəʊbiə] клаустрофобия, домофобия *(патологическая боязнь замкнутого пространства)*

Clitocybe [klai'tɒsibi] *токс.* говорушки *(грибы)*

clitoridauxe ['klitərid,ɒksi] *см.* **clitorism 1**

clitoridectomy [ˌklitərid'ektəʊmi] клиторэктомия *(удаление клитора)*

clitoris ['klitəris, kli'tɒris], *pl.* **clitorides** [klitə'ridi:z] *анат.* клитор

clitorism ['klitərizm] **1.** гипертрофия клитора **2.** длительная болезненная эрекция клитора

clitoromania [ˌklitərəʊ'meiniə] *псих.* нимфомания, андромания

clival ['klaivəl] относящийся к скату *(мозжечка)*

clivus ['klaivəs], *pl.* **clivi** ['klaivi] *анат.* наклонная поверхность, скат *(напр. черепа)*

cloaca [kləʊ'eikə] **1.** *эмбр.* клоака **2.** *sl.* место, загрязнённое нечистотами; канализация **3.** уборная

cloacin [kləʊ'eisin] клоацин *(бактериальный белок-антибиотик)*

CLO

clock [klɒk]:

biological ~ биологические часы *(механизм регуляции периодических изменений ритма жизнедеятельности и физиологических функций)*

time-marking ~ таймер, отметчик времени

clockwatching ['klɒkwɒtʃɪŋ] «поглядывание на часы» *(в тревожном ожидании времени приёма медикамента)*

clockwise ['klɒkwaiz] движущийся по часовой стрелке

clog [klɒg] **1.** препятствие; блок **2.** сгусток *(напр. слизи)*

clogging ['klɒgɪŋ] блокада *(напр. мочеточника)*

clonable ['kləʊnəbl] клонируемый

"Clonaid" ['kləʊnaid] коммерческая компания, занимающаяся клонированием

clonal ['kləʊnəl] *ген., цитол.* клональный, клоновый, имеющий отношение к клону

clonality [kləʊ'næliti] клональность; клоногенность; клональные свойства

reversing ~ обратимое клонирование

clone [kləʊn] *ген., цитол.* клон *(совокупность клеток или организмов, происходящих от общего предка путём бесполого размножения и имеющих идентичные признаки)*

avirulent ~ **of parasite** авирулентный клон паразита

aberrant ~ мутантный [аберрантный] клон

ancestral ~ предковый клон, клон-предшественник

anti-idiotype secreting ~ антидиотипсекретирующий клон *(гибридома, секретирующая антиидиотипические антитела)*

cell ~ клеточный клон

cosmid ~ космидный клон

cytotoxic T lymphocyte ~ клон цитотоксических Т-лимфоцитов

dual-reactive T-cell ~ клон Т-клеток с двойной реактивностью

forbidden ~ «запрещённый» клон *(иммунокомпетентных клеток, обладающий специфичностью к аутоантителам)*

gene ~ генный клон *(группа идентичных генов, полученных методами генной инженерии)*

hybrid ~ гибридный клон

limiting dilution [low density] ~ клонирование методом серийных разведений, клонирование при низкой плотности *(клеток)*, клонирование по Паку

malignant ~ клон злокачественных опухолевых клеток, неопластический клон

maturationally defective ~ (клеточный) клон с дефектом созревания

mutated ~ мутированный клон

neuroblastoma ~ клон нейробластомы

original ~ исходный клон

parent ~ родительский клон

preexisting ~ предсуществующий клон *(иммунокомпетентных клеток)*

preimmune ~ преиммунный клонотип *(набор поверхностных детерминант клетки до стимуляции её антигеном)*

productive ~ продуктивный клон

resistant ~ резистентный [устойчивый] клон

self-maintaining ~ самоподдерживающийся клон *(напр. стволовых клеток)*

silent ~ «молчащий» клон *(напр. клон нестимулированных В-клеток)*

tissue ~ тканевый клон

tolerant ~ толерантный клон

tumor specific T supressor cell ~ опухолеспецифичный клон Т-супрессорных клеток

virus-free ~ безвирусный клон

clonemate ['kləʊnmeit] клональный партнёр

clonic ['klɒnik] клонический *(о судорогах)*

cloning ['kləʊnɪŋ] клонирование *(1. получение генетически однородного потомства одной клетки 2. пересадка ядра соматической клетки в яйцеклетку, развивающуюся в эмбрион и клон)*

~ **of transferrin receptors** клонирование рецептора трансферрина

candidate gene ~ *мол. биол.* кандидатное картирование *(стратегия идентификации гена конкретного заболевания)*

cell ~ клонирование клеток

DNA ~ клонирование ДНК *(размножение рекомбинантных ДНК путём клонирования содержащих их клеток)*

gene ~ клонирование генов *(выделение и амплификация отдельных генов в реципиентных клетках)*

molecular ~ молекулярное клонирование *(совокупность методов молекулярной биологии, связанных с исследованием макромолекул, напр. ДНК или РНК)*

nuclear ~ клонирование ядер *(пересадка ядра в неоплодотворённую безъядерную яйцеклетку)*

positional ~ позиционное клонирование, реверсивная [обратная] генетика *(технология идентификации генов по их ориентировочной хромосомной локализации)*

shot-gun ~ шот-ган клонирование, тотальное клонирование *(фрагментированного генома)*

single-cell ~ клонирование потомства одной клетки

sub-~ субклонирование

therapeutic ~ лечебное клонирование *(пересадка ядра соматической клетки в яйцеклетку, предварительно лишённую генетического материала)*

tissue ~ клонирование ткани

clonism ['klɒnizm] длительные клонические судороги

clonogenic [ˌkləʊnəʊ'dʒenik] **1.** клоногенный *(способный производить клон клеток, имеющих предварительно заданный параметр)* **2.** имеющий клональное происхождение

clonograph [ˌklɒnəʊ'græf] мозговой топограф, клонограф

clonorchiasis [ˌkləʊnɔ:'kaiəsis], **clonorchiosis** [ˌkləʊnɒki'əʊsis] *параз.* клонорхоз *(инвазия китайским сосальщиком Cl. sinensis)*

clonotype ['kləʊnəʊtaip]:

~ **of anti-DNA antibodies** клонотип антител к ДНК

clontech ['klɒntek] техника клонирования *(ДНК)*

clonus ['kləʊnəs] клонус *(быстрые ритмические сокращения мышц или группы мышц)*

foot ~ клонус стопы

knee (patellar) ~ клонус надколенника

close 1. [n., v. kləʊz, a., adv. kləʊs] закрывать; сближаться || закрытый; близкий; интимный **2.** отгороженное место **3.** замыкательный *(напр. механизм уретры)* **4.** тщательный, подробный

~ **to normal levels** приближаться к нормальному уровню

closet ['klɒzit] **1.** личная комната, чулан, ниша **2.** туалет, уборная, ватерклозет

~ of ease «комната для облегчения», туалет

clostridium [klɒs'tridiəm], *pl.* **clostridia** [klɒs'tridiə]:

~ botulinum *лат.* палочка ботулизма

~ perfringens *лат.* возбудитель газовой гангрены

~ septicum *лат.* септическая клостридия

~ tetani *лат.* палочка столбняка

butyric ~a маслянокислые клостридии

closure ['kləʊʒə] **1.** закрытие *(раны)* **2.** замыкание *(напр. рефлекторной дуги, створок клапана)*

~ of coronal suture заращение коронарного шва черепа

~ of fistula закрытие свища

~ of gastrostomy закрытие гастростомы

~ of mastoid fistule закрытие свища сосцевидного отростка

alternative ~ метод выбора закрытия *(напр. раневого дефекта)*

cavity ~ закрытие [исчезновение] полости, или каверны *(напр. в ткани лёгкого)*

court-mandated ~ *суд. мед.* помещение в больницу по решению суда

defect ~ ушивание разрыва; закрытие дефекта *(напр. кожи)*

delayed ~ отсроченный шов

glottis ~ смыкание голосовых складок

incompact [incomplete] ~ of aortic cusps *узи* неполное смыкание аортальных створок

layer ~ послойное ушивание *(раны)*

massive ~ шов через все слои раны

mid-systolic ~ *узи* среднесистолическое прикрытие створки *(аортального клапана)*

non-surgical ~ нехирургический метод закрытия *(напр. бронхиального свища)*

plug ~ of patent ductus arteriosus окклюзия открытого артериального протока

premature ~ of radial physes преждевременное закрытие зоны роста лучевой кости

septal perforation ~ закрытие перфорации носовой перегородки

two-layer ~ зашивание двухрядным швом *(напр. раны кишки)*

urethral ~ 1. замыкательный аппарат, или сфинктер, мочеиспускательного канала **2.** замыкание сфинктера уретры

vein patch ~ закрытие вены лоскутом

wound ~ заживление раны

clot [klɒt] **1.** комок; свёрток; сгусток *(напр. крови)* || свёртываться; коагулировать **2.** тромб

adherent ~ прилипший тромб

agony [antemortem] ~ предсмертный тромб

blood ~ свёрток [сгусток] крови

chicken fat ~ посмертный сгусток крови, напоминающий желток

currant jelly ~ красный сгусток крови, или тромб

laminated ~ слоистый сгусток

overlying ~ фиксированный [несмываемый] сгусток крови

passive ~ пассивный тромб *(образующийся в аневризме)*

plastic ~ тромб в месте перевязки артерии

postmortem ~ посмертный сгусток крови

propagating ~ распространяющийся тромб

cloth [klɒθ] ткань, материя

airproof ~ воздухонепроницаемая ткань

blood-stained ~es запачканная кровью одежда

filter ~ фильтровальная ткань

rubber ~ прорезиненная ткань

split ~ пращевидная повязка, повязка с несколькими концами *(для лица или головы)*

sterile ~ стерильный материал

working ~s спецодежда

clothes-born ['kləʊðz'bɔːn] передающийся через одежду *(об инфекции)*

clothing ['kləʊðiŋ]:

antigas ~ противохимическая одежда

protective ~ защитная одежда

clottage ['klɒtidʒ] тромбоз

clotting ['klɒtiŋ] свёртывание, коагуляция *(крови)* || свёртывающий, коагулирующий, способствующий тромбообразованию

cloud [klaʊd] **1.** *рентг.* затемнение, тень; пятно **2.** облако **3.** муть, взвесь

~ of dust клубы дыма

mushroom ~ грибовидное облако *(в результате взрыва атомной бомбы)*

particulate ~ отравляющий дым

cloudiness ['klaʊdinəs] **1.** облачность; хлопьевидное помутнение *(в ходе реакции флоккуляции)* **2.** помрачение

~ of urine разбрызгивание мочи

clouding ['klaʊdiŋ] помрачение; потускнение

~ of consciousness, ~ of understanding *псих.* помрачение сознания, обнубиляция, оглушённость

~ of urine помутнение мочи

albuminous ~ белковая муть

corneal ~ помутнение роговицы

factitious ~ *рентг.* кажущееся [ложное] затемнение *(напр. лобного синуса)*

mental ~ психическая заторможенность

clover ['kləʊvə]:

sweet ~ донник *(Melilotus)*

clownish ['klaʊniʃ] **1.** шутовской **2.** грубый, неотёсанный

clownism ['klaʊnizm] *псих.* клоунизм, паясничанье

club [klʌb] *анат.* булавовидное образование

clubbing ['klʌbiŋ] пролиферативные изменения мягких тканей ногтевых фаланг пальцев

digital ~ утолщение пальцев в виде барабанных палочек

clubfoot ['klʌbfʊt] косолапость; деформированная стопа

clubhand ['klʌbhænd] косорукость; деформация кисти; искривлённая рука

radial ~ лучевая косорукость

clue [kluː] **1.** ключ; основные сведения **2.** признак, симптом

diagnostic ~ диагностический критерий, диагностический «ключ»

clump [klʌmp] группа, группировка *(напр. организмов)*

~ of denaturated hemoglobin скопление денатурированного гемоглобина

~ of fluid levels множественные уровни жидкости *(на рентгенограмме)*

blast ~ скопление бластных клеток, бласт-очаг

clumping ['klʌmpiŋ] группировка, сращение, слипание, агрегация (*напр. клеток, бактерий*)

 ~ **of red cells** агглютинация эритроцитов

clumping-factor ['klʌmpiŋ-'fæktə] связанная (внутриклеточная) плазмокоагулаза

clumsy ['klʌmzi] **1.** неуклюжий, неловкий **2.** грубый, бестактный

cluneal ['klu:niəl] ягодичный

clunis ['klu:nis], *pl.* **clunes** ['klu:ni:z] ягодица

cluster ['klʌstə] **1.** совокупность, скученность, концентрация; кластер (*группа, скопление подобных объектов, явлений, симптомов*) ‖ образовывать скопления, группы ‖ кластерный (*напр. о головной боли*); групповой (*напр. об иммунизации населения*) **2.** скопление лимфоцитов вокруг тканевого макрофага

 ~ **of designation,** ~ **of differentiation** *pl.* кластеры дифференцировки (*обозначения мембранных маркёров клеток, определяемых с помощью моноклональных антител*)

 ~ **of receptors** образование рецепторных кластеров

 ~**s of small echodense formations** узи скопления мелких, эхоплотных образований

 ~ **of strains** группа штаммов (*выделенных по фенотипическим особенностям*)

 anxious-fearful ~ тревожно-фобический кластер, классификационная группа больных с тревожно-фобическими расстройствами

 borderline ~ пограничный симптомокомплекс

 "erratic" ~ «неустойчивый» кластер (*личностных расстройств; включает истерический, нарциссический и пр.*)

 flat bottom tissue culture ~ плашка (планшет) для культивирования клеток ткани

 gene ~ скопление генов

 group average ~ *стат.* объединение групповых средних

 hysterical ~ истерический симптомокомплекс

 multiple nodules ~ скопление множества узелков (*опухоли*)

 obsessional ~ навязчивый [обсессивный] симптомокомплекс

 "odd" ~ «странный» кластер (*личностных расстройств; включает параноидный, шизоидный, шизотипический*)

 open ~ рассеянное скопление (*клеток*)

 paranoid ~ параноидный симптомокомплекс

 personality disorders ~ кластер [комплекс] личностных расстройств

 schizoid ~ шизоидный тип (*личности*)

 symptom ~ симптомокомплекс

 tunnel ~ кистозная гиперплазия, «пучок туннелей» (*шейки матки*)

cluster-cephalgia ['klʌstə-ˌsefə'lædʒiə] пучковая головная боль

cluster-effect ['klʌstə-i'fekt] кластер-эффект (*заметное повышение случаев возникновения злокачественных новообразований в какой-л. местности*)

cluster-forming ['klʌstə-'fɔ:miŋ] образующий скопления (*напр. о клетках*)

clustering ['klʌstəriŋ] **1.** *стат.* группировка, сосредоточение **2.** образование скоплений (*напр. лимфоидных клеток вокруг макрофага*)

 cancer ~ *стат.* кластер-эффект (*временное повышение заболеваемости раком в пределах района, региона и т. п.*)

 familial ~ семейное скопление (*напр. генетического груза*)

 macrophage-lymphocyte ~ макрофагально-лимфоцитарные скопления

clutch [klʌtʃ] зажимное устройство

cluttering ['klʌtəriŋ] хаотичная [захлёбывающаяся] речь (*неритмичная манера говорить отрывистыми краткими вспышками*)

clyde [klaid] субтип, клайд (*нуклеотидные последовательности генов*)

clysis ['klaisis] **1.** промывание полости **2.** парентеральное введение жидкости **3.** раствор для парентерального введения

 subcutaneous ~ **of isotonic saline** подкожное введение изотонического солевого раствора

clyster ['klistə] клизма ‖ ставить клизму

cnemial ['ni:miəl] **1.** относящийся к голени **2.** относящийся к большеберцовой кости

cnemis ['ni:mis] **1.** голень **2.** большеберцовая кость

cnemoscoliosis [ˌni:məʊˌskəʊli'əʊsis] *уст.* искривление костей голени

co-abhängigkeit ['kəʊæbhɛːngigkait] *нем., см.* **co-dependence**

coacervate [kəʊ'æsəːveit] *биохим.* коацерват (*агрегат коллоидных частиц*) ‖ сливаться (в капли)

coacervation [ˌkəʊæsəː'veiʃn] *биохим.* коацервация (*возникновение в растворе капель, обогащённых растворённым веществом*)

coaching ['kəʊtʃiŋ] тренировка, наставление, коучинг, натаскивание

coadaptation [kəʊˌædæp'teiʃn] *биол.* коадаптация

 genetic ~ генетическая коадаптация

coaggregation [kəʊˌægri'geiʃn] коагрегация (*одновременная агрегация двух взаимодействующих агентов*)

coagulability [kəʊˌægjʊlə'biliti] коагулянтность, коагулирующая способность; коагулабельность; свёртываемость

coagulant [kəʊ'ægjʊlənt] **1.** коагулянт ‖ способствующий коагуляции или свёртыванию **2.** агент, вызывающий образование коагулянта

coagulase [kəʊ'ægjʊleis] коагулаза (*фермент, вызывающий свёртывание крови*)

coagulation [kəʊˌægjʊ'leiʃn] **1.** коагуляция, коагулирование; свёртывание **2.** коагулянт, свёрток, сгусток (*крови*)

 arc light ~ **of retina** коагуляция сетчатки дуговой лампой

 argon beam ~ аргоновая термокоагуляция

 bipolar ~ биполярная электрокоагуляция (*ткани*)

 blood ~ свёртываемость крови

 cold ~ криокоагуляция

 consumption ~ коагуляция потребления

 delayed ~ замедленная коагуляция

 disseminated intravascular ~ диссеминированное внутрисосудистое свёртывание, ДВС-синдром; генерализованный тромбогеморрагический синдром

 impaired blood ~ нарушение свёртываемости крови

 interpolar ~ *см.* **bipolar** ~

laser beam [light] ~ лазерная коагуляция, фотокоагуляция

microwave tissue ~ микроволновая коагуляция ткани

premature ~ преждевременная коагуляция

punctual ~ точечная электрокоагуляция *(гемангиом)*

shock ~ коагуляция встряхиванием

two-point ~ *см.* **bipolar** ~

unipolar ~ монополярная электрокоагуляция *(ткани)*

coagulin [kəʊ'ægjʊlin] преципитирующее антитело, преципитин

coagulometer [kəʊˌægjʊ'lɒmətə] коагулометр; тромбоэластограф; коагулограф

coagulopathy/ies [kəʊˌægjʊ'lɒprəθi/i:z] коагулопатия *(нарушение свёртывающей системы крови)*

consumption [disseminated intravascular] ~ диссеминированное внутрисосудистое свёртывание (ДВС) крови, коагулопатия потребления *(истощение свёртывающих факторов крови)*

coagulum [kəʊ'ægjʊləm] коагулум *(скопление свернувшегося вещества, напр. крови)*

intrapelvic ~ извлечение камней из почечной лоханки с помощью «слепка»

coalesce [kəʊə'les] соединяться; срастаться

coalescence [kəʊə'lesəns] соединение *(напр. костей)*; срастание, сращение

coaptation [kəʊæp'teiʃn] 1. присоединение, коаптация 2. сопоставление, сближение *(напр. краёв костных отломков)*

coarctate [kəʊ'a:kteit] 1. сжатый; тесно связанный 2. сжимать(ся), суживать(ся)

coarctation [kəʊa:k'teiʃn] сужение, стеноз; стриктура *(сосуда, канала, отверстия)*

~ **of aorta** коарктация аорты *(сужение перешейка аорты)*

mild ~ *см.* **subclinical** ~

reversed ~ инвертированная коарктация аорты; синдром дуги аорты; Такаясу болезнь, или синдром

subclinical ~ врождённая извитость дуги аорты, субклиническая коарктация

coarctotomy [kəʊa:k'tɒtəmi] иссечение стенозированного участка *(напр. аорты)*

coarse [kɔ:s] 1. шероховатый, грубый *(штамм бактерий)* 2. крупнозернистый 3. сырой, необработанный

coat [kəʊt] 1. покров *(наружный)*, оболочка *(органа, клетки)* ‖ покрывать; обволакивать 2. изоляционный слой 3. верхний [наружный] покров

~ **of dust** слой пыли

adventicial ~ адвентициальная оболочка

antibody ~ плёнка [покрытие] из антител, иммуноглобулиновая плёнка

buffy ~ светлый слой, лейкоцитная плёнка *(образующаяся в результате центрифугирования цельной крови)*

emollient ~ мягчительный [смягчающий] слой

explanted buffy ~ обогащённый светлый слой кровяного сгустка

fibrous ~ фиброзная оболочка

middle ~ **of aorta** средняя оболочка аорты

moth-eaten hair ~ битый волос («съеденный молью» волосяной покров при пиодермии)

mucous ~ слизистая оболочка

outer ~ наружная оболочка *(напр. желудка)*

pharyngobasilar ~ глоточно-базилярная фасция

sclerotic ~ склера, наружная фиброзная оболочка глаза

serous ~ серозная оболочка

white ~ 1. «белые одежды» *(халат медицинского работника)* 2. эффект белого халата *(напр. на больного при измерении АД)*

coated ['kəʊtid] 1. покрытый оболочкой *(о таблетке, стенте и пр.)* 2. изолированный *(напр. провод)*

enteric ~ энтеросолюбильный; покрытый оболочкой, растворимой в тонкой кишке *(о лекарственной форме)*

coating ['kəʊtiŋ] 1. *анат.* оболочка, плева 2. слой, покров; облицовка; одежда

~ **of cells with antibodies** обволакивание [нагрузка] клеток антителами

~ **of teeth** налёт на зубах

adhering ~ защитное покрытие

compression ~ *фарм.* покрытие оболочкой путём прессования

enteric ~ кишечно-растворимое [энтеросолюбильное] покрытие таблетки *(с защитным кислотным слоем)*

non-thrombogenic ~ антитромбогенное покрытие

polyethylene ~ полиэтиленовое покрытие *(напр. катетера)*

polymer ~ полимерное покрытие *(напр. таблеток)*

coaxial [kəʊ'æksi:əl] соосный, телескопический, коаксиальный, имеющий общую ось *(напр. о сосудистых катетерах)*

cobalamin [kəʊ'bæləmin] *pl.* кобаламины *(группа витамина B_4 и родственных ему соединений)*

cobalt ['kəʊbɔ:lt] кобальт, Co *(искусственно созданный «радиокобальт» применяется при облучении злокачественных опухолей)*

cobalt-chromium ['kəʊbɔ:lt-'krəʊmiəm] сплав кобальта с хромом *(об имплантате)*

cocaine [kəʊ'kein] кокаин *sl.* «кок», «крэк», «рокк» *(алкалоид, обладающий мощным психоактивирующим действием)*

cocainism [kəʊ'keinizm] кокаинизм, кокаиномания

cocancerogen [kəʊˌkænsərəʊ'ʤen], **cocarcinogen** [kəʊ'ka:sinəʊʤen] коканцероген, активатор развития опухоли

cocarde [kəʊ'ka:d] туберкулиновая папула, папула Манту

Coccidia [kɒk'sidiə] *параз.* род кокцидии

coccidioidoma [kɒkˌsidi:ɒi'dəʊmə] кокцидиоидома *(воспалительное образование, вызываемое глубоким микозом)*

coccidioidomycosis [kɒkˌsidi:ɒidəʊmai'kəʊsis] кокцидиоидомикоз, кокцидиоидоз *(глубокий системный микоз)*

pulmonary ~ лёгочный кокцидиоидомикоз

coccobacillus [ˌkɒkəʊbə'siləs] коккобактерия

coccogenic [ˌkɒkəʊ'ʤenik], **coccogenous** [ˌkɒkəʊ'ʤenəs] вызванный кокками

coccoid ['kɒkɒid] коккоподобный

coccus ['kɒkəs], *pl.* **cocci** ['kɒksai] кокк

chain ~ стрептококк

coccyalgia [ˌkɒksi'ælʤiə], **coccydynia** [ˌkɒksə'diniə], **coccygodynia** [ˌkɒksigəʊ'diniə] кокцигодиния *(боль в области копчика)*

coccyx ['kɒksiks], *pl.* **coccyges** ['kɒksiʤi:z] копчик

painful ~ *см.* **coccialgia**

cochlea ['kɒkliə], *pl.* **cochleae** ['kɒklii] улитка *(внутреннего уха)*

cochleare [kɒkli'eiri] (чайная) ложка *(мера дозы жидкого лекарственного средства)*

cochromatography [kəʊ,krəʊmə'tɒɡrəfi] комбинированная хроматография

cockroach ['kɒkrəʊtʃ] таракан

cocktail[1] ['kɒkteil]:

lytic ~ литическая смесь *(комбинация лекарственных средств, применяемая для стабилизации вегетативных функций)*

nutritional ~ питательная смесь *(для культуральной среды)*

thrombogenic sclerosant ~ тромбогенная склерозирующая смесь

cocktail[2] *sl.* смесь табака с марихуаной

coconscious [kəʊ'kɒnʃəs] *псих.* подсознательный

coctolabile [,kɒktəʊ'leibil] термолабильный

coctostabile [,kɒktəʊ'steibil], **coctostable** [,kɒktəʊ'steibl] термостойкий; термостабильный

coculture [kəʊ'kʌltʃə] сокультура *(культура бактерий, сопутствующая основной в процессе культивирования)*

code [kəʊd] **1.** код, шифровка ‖ кодировать, шифровать **2.** кодекс; свод законов, правил, норм **3.** определённая последовательность импульсов

~s and standards нормы и стандарты *(напр. для работы с ионизирующим излучением)*

~ of conduct нормы поведения

~ of ethics моральный кодекс, нормы этики

~ of good practice правила работы *(напр. с химическими веществами)*

~ of hygienic practice свод гигиенических правил

amino acid ~ *см.* **genetic ~**

antipollution ~ законодательство по борьбе с загрязнениями окружающей среды

broken ~ нарушенный генетический код

classification ~ классификационный код, инструкция по классификации

degenerated ~ вырождённый генетический код

deontological ~ деонтологический кодекс

genetic ~ генетический код *(информация в молекулах ДНК и иРНК, определяющая последовательность аминокислот в белковых молекулах)*

identifying ~ опознавательный код

nucleotide doubled ~ нуклеотидный дублетный код

nucleotide triplet ~ нуклеотидный триплетный код

overlapping ~ перекрывающийся генетический код

safety ~ правила техники безопасности

sanitary ~ санитарные нормы

timing ~ временный генетический код

triplet ~ триплетный код

universal production ~ универсальный товарный код *(США, 1973 г.)*

Code:

Minnesota ~ Миннесотский код *(ишемических критериев ЭКГ)*

"No ~" нет необходимости в вызове кардиологической бригады реанимации *(США)*

"~ Blue", "~99" вызов кардиологической бригады реанимации *(по системе оповещения, США)*

~ of Good Manufacturing Practice for sterile device Свод нормативных актов по производству стерильных изделий

~ of Criminal Procedure Уголовно-процессуальный кодекс

Country ~ Экологический кодекс *(правила поведения для туристов и экскурсантов, рекомендующие бережное отношение к природе)*

International Public Health ~ Международный кодекс общественного здравоохранения

Marriage and Family ~ Кодекс семьи и брака

Medical Ethics ~ Кодекс медицинской этики

National Drug ~ Национальная классификация лекарственных средств *(США)*

coded ['kəʊdid] закодированный

co-dependence [kəʊdi'pendəns] созависимость *(аномальное психологическое состояние, испытываемое близким больного алкоголизмом или наркоманией)*

co-dependent [kəʊ-di'pendənt] созависимый *(родственник или близкий друг страдающего зависимостью, своим поведением способствующий сохранению зависимости больного и задерживающий процесс его выздоровления)*

"codepid" ['kəʊdpid] «кодэпид» *(эпидемиологический код ВОЗ)*

Codex ['kəʊdeks] *см.* **code 2**

~ Alimentarius «Кодекс алиментариус» *(стандарты на продовольственные товары, ФАО/ВОЗ)*

British Pharmaceutical ~ Британский фармацевтический кодекс

coding ['kəʊdiŋ] **1.** кодирование **2.** генетическое кодирование

color ~ кодирование цветом, цветная маркировка или метка

tumor ~ шифрование [кодирование] опухолей

verbal ~ вербальная память

codominancy [kəʊ'dɒminənsi] кодоминантность *(тип наследования, при котором экспрессия признака у гетерозиготы определяется обоими аллелями, напр. в группах крови AB0)*

codominant [kəʊ'dɒminənt] *ген.* кодоминантный *(обозначающий равную степень доминирования двух генов, совместно проявляющихся в фенотипе особи)*

codon ['kəʊdɒn] *мол. ген.* кодон, триплет *(последовательность трёх смежных нуклеотидов в цепи ДНК или РНК – единица генетического кода; существует 64 сочетания нуклеотидов, 61 из которых кодируют 20 аминокислот, 3 являются нонсенс-кодонами)*

initiation ~ инициирующий [инициаторный] кодон, старт-кодон

nonsense ~ нонсенс-кодон *(указывает место окончания синтеза полипептидной цепи)*

start ~ *см.* **initiation ~**

stop [terminating] ~ терминирующий кодон, стоп-кодон *(служит сигналом окончания синтеза полипептидной цепи)*

coefficient [kəʊi'fiʃnt] коэффициент; показатель

~ of agreement коэффициент согласования

~ of coincidence коэффициент совпадения

~ of concordance *стат.* коэффициент согласия

~ of contingency *стат.* коэффициент сопряжённости

~ of demineralization коэффициент деминерализации

~ of efficiency коэффициент полезного действия, эффективности

~ of penetration коэффициент проницаемости

~ of performance показатель работоспособности

~ of refraction коэффициент преломления

~ of specific differential action коэффициент [зона] специфичного или избирательного действия

~ of variation *стат.* коэффициент вариаций

acoustic absorption ~ коэффициент звукопоглощения

affinity ~ константа скорости реакции

alternate-form reliability ~ *психол.* коэффициент эквивалентности

biological ~ биологический коэффициент *(показатель энергии, расходуемой организмом в состоянии покоя)*

confidence ~ доверительный коэффициент

conversion ~ 1. коэффициент конверсии 2. степень превращения

cutaneous-oral ~ кожно-оральный коэффициент

decay ~ постоянная радиоактивного распада

dispersion ~ коэффициент рассеяния

divergence ~ коэффициент расхождения

extinction ~ 1. коэффициент оптического поглощения, или экстинкции 2. коэффициент затухания

extraction ~ коэффициент очищения

gas transfer ~ коэффициент газообмена

intelligence ~ коэффициент умственного развития, или интеллектуальности

mass attenuation ~ *рад.* массовый коэффициент ослабления

partition ~ *биохим.* коэффициент распределения

permeability ~ коэффициент фильтрации; коэффициент проницаемости

phenol ~ феноловый коэффициент

radiation ~ коэффициент лучеиспускания; коэффициент теплопередачи путём радиации

reflection ~ показатель относительной проницаемости мембран

regression ~ *стат.* коэффициент регрессии

rejection ~ коэффициент отсечки *(характеризующий часть вещества, которая во время диализа не проникла в фильтрат)*

reliability ~ коэффициент надёжности

respiratory ~ дыхательный коэффициент

scatter(ing) ~ коэффициент рассеивания

selection ~ *ген.* коэффициент отбора

sieving ~ коэффициент просеивания

similarity ~ *стат.* коэффициент сходства

solubility ~ коэффициент растворимости

sound absorbtion ~ коэффициент звукопоглощения

transparency ~ коэффициент прозрачности

variation ~ коэффициент изменчивости

volume ~ гематокрит *(соотношение объёма форменных элементов к плазме в 100 мл крови)*

coeliac ['si:liæk] чревный *(относящийся к брюшной полости)*

coeliacia ['si:liækiə] *лат.* целиакия, глютеновая энтеропатия *(вид аллергии на неполное расщепление глютена злаковых)*

coelioscopy [si:li'ɒskəpi] лапароскопия

coeliotomy [si:li'ɒtəmi] лапаротомия

coelom ['si:lɒm] *см.* celom

coenurus [si:'nju:rəs] 1. ценура *(личинка ленточного гельминта)* 2. личиночная стадия *Coenurus cerebralis*

coenzyme [kəʊ'enzaim] кофермент, коэнзим *(вещество, усиливающее активность фермента)*

~ A (CoA) кофермент А (Ко-А) *(участвующий в переносе ацильных групп)*

~ Q убихинон *(осуществляющий перенос электронов от флавопротеидов к цитохрому)*

coercion ['kəʊə:ʃn] принуждение

indirect ~ косвенное принуждение *(напр. к лечению)*

coeur [kə:r] *фр.* сердце

~ en sabot *фр., рентг.* сердце в виде «деревянного башмака» *(признак тетрады Фалло)*

coevolution [kəʊˌi:və'lu:ʃn] 1. одновременная эволюция *(напр. генов, организмов)* 2. сопряжённая эволюция *(связанных друг с другом)* биологических видов

co-existence [ˌkəʊig'zistəns] сосуществование, наличие; сочетание двух или более объектов, явлений

~ of gallbladder and morbid obesity сочетание заболеваний жёлчного пузыря и патологического ожирения

~ of von Willebrand's disease and hemophilia наличие болезни фон Виллебранда и гемофилии

coexistent [ˌkəʊig'zistənt] сопутствующий *(напр. о пневмонии)*; совместно существующий *(напр. паразит)*

coexpression [kəʊik'spreʃn]:

~ of cytolytic activity одновременная экспрессия цитолитической активности

cofactor [kəʊ'fæktə:] 1. кофактор *(небольшие молекулы, образующие в комплексе с соответствующими апоферментами активные сложные ферменты)* 2. кофермент, коэнзим

heparin ~ кофактор гепарина – антитромбин II

cognate ['kɒgneit] 1. кровный родственник 2. родственник по материнской линии || родственный; сходный; близкий; общего происхождения 3. узнаваемый; соответствующий

cognation [kɒg'neiʃn] кровное родство

cognition [kɒg'niʃn] 1. знание 2. познавательная способность, познание, умственная деятельность, интеллект; когнитивные функции

paranormal ~ паранормальная когнитивность *(магия, экстрасенсорика, кликушество и пр.)*

cognitive ['kɒgnitiv] познавательный, интеллектуальный, когнитивный *(относящийся к мышлению, памяти)*

cohabit [kəʊ'hæbit] сожительствовать *(в браке или вне его)*

cohabitation [kəʊhæbi'teiʃn] 1. сосуществование 2. сожительство *(половой и хозяйственно-бытовой союз мужчины и женщины вне брака)*

coherence [kəʊ'hiərəns] 1. когерентность, согласованность, связность 2. связь, сцепление

cohesion [kəʊ'hi:ʒn] сцепление; связь; когезия *(сцепление молекул или частиц вещества межмолекулярными или межатомными силами)*

group ~ сплочённость (психотерапевтической) группы

social ~ социальная сплочённость

cohesive [kəʊ'hi:siv] 1. способный к сцеплению; слипанию (*напр. о поверхности лёгкого и грудной стенке*) 2. связанный

cohort ['kəʊhɔ:t] 1. популяция, контингент 2. когорта (*группа лиц, определяемая общим признаком, за которой ведётся наблюдение на протяжении определённого периода*) 3. таксономическая единица, соответствующая отряду или подотряду

~ **of children** контингент детей (*напр. эндемичной области*)

~ **of homosexual** группа гомосексуалистов

alcoholic ~ контингент алкоголиков

birth ~ субнаселение (*совокупность лиц, рождённых в одном и том же году или в один и тот же период времени*)

hypothetical ~ гипотетическая когорта (*искусственно сконструированная на основе коэффициентов демографического процесса – рождаемости, брачности, смертности и пр.*)

inception ~ исходная группа больных

marriage ~ когорта вступивших в брак

coil [kɔil] 1. виток, завиток, спираль; рулон; катушка ‖ сворачиваться в клубок; закручиваться; переходить в глобулярное состояние 2. змеевик

cooling ~ охлаждающий змеевик

detachable ~s *мед. тех.* отщепляющаяся спираль (*для эмболизации*)

heat ~ нагревательная спираль

helical ~ *мед. тех.* спиральная катушка; (резонансный) индуктор, электрод вихревых токов

nitinol ~ нитиноловая спираль (*для стентирования сосуда*)

coiling ['kɔiliŋ] 1. кольцеобразование 2. извитость (*напр. дуги аорты*)

coimmunization [kəʊˌimjʊni'zeiʃn] иммунизация одновременно двумя антигенами

coimmunoprecipitation [kəʊiˌmjʊnəʊpriˌsipi'teiʃn] коиммунопреципитация (*одновременная преципитация антисывороткой двух антигенов с различной специфичностью*)

coincidence [kəʊ'insidəns] 1. совпадение 2. сопутствующее состояние; совмещение

chance ~ случайное совпадение

false ~ ложное совпадение

pulse ~ совпадение импульсов

true ~ истинное совпадение

coinfection [kəʊin'fekʃn] коинфекция (*сопутствующая инфекция*)

sinergistic ~ синергентная коинфекция

coinsurance [kəʊin'ʃʊərəns] неполная страховка (*разделение риска между страховщиком и страхователем*)

cointegrate [kəʊ'intəgreit] коинтеграт (*1. продукт интеграции 2. рекомбинантный продукт*)

cointervention [kəʊintə'venʃn] применение дополнительного, побочного и неконтролируемого лечения у больных опытной группы (*при клинических испытаниях*)

coition [kəʊ'iʃn], **coitus** ['kəʊitʊs] коитус, половой акт

~ **interruptus** прерванный половой акт

~ **reservatus** пролонгированный половой акт

coke [kəʊk] *sl.* кокаин, «кокос», «кока»

cokeaholic [kəʊkə'hɒlik], **coke-friend** ['kəʊk-'frend], **coke-head** ['kəʊk-'hed], **coke-user** ['kəʊk-'ju:zə] потребляющий кокаин, кокаинист, наркоман

cola ['kəʊlə] *sl.* кокаин

cold [kəʊld] 1. холод ‖ холодный; холодовой (*напр. гемагглютинин*) 2. не содержащий радиоактивных веществ 3. слабый, еле заметный 4. фригидный

~ **in the head** *разг.* простуда

common ~ *разг.* насморк

hay ~ аллергический ринит (*на пыльцу растений*); сенная лихорадка, сенной насморк

cold-blooded ['kəʊld-'blʌdid] 1. хладнокровный; невозмутимый 2. бесчувственный, равнодушный 3. *биол.* холоднокровный

cold-hardened ['kəʊld-'ha:dnd] закалённый холодом

cold-killed ['kəʊld-'kild] погибший от холода

coldness ['kəʊldnəs]:

~ **of lower extremities** похолодание нижних конечностей

coldsore ['kəʊldˌsɔ:] простой герпес

coldstore ['kəʊldstɔ:] хранить в холодильнике

colectomy [kəʊ'lektəmi] колэктомия; резекция ободочной кишки

abdominal ~ чрезбрюшинная колэктомия

laparoscopic-assisted ~ лапароскопически ассистируемая колэктомия

partial ~ резекция ободочной кишки

coleitis [kəʊli'aitis] кольпит, вагинит (*воспаление слизистой оболочки влагалища*)

coleocele ['kəʊliəʊsi:l] кольпоцеле, грыжа влагалища

coleoptosis [kəʊliɒp'təʊsis] выпадение [выворот] влагалища

coleotomy [kəʊli'ɒtəʊmi] 1. перикардэктомия (*иссечение перикарда*) 2. кольпотомия (*рассечение стенки влагалища*)

coles ['kəʊli:z] половой член

~ **femininus** клитор

coli ['kəʊli] *sl.* марихуана

colibacillosis [ˌkəʊlibæsi'ləʊsis] коли-инфекция, колибактериоз, эшерихиоз

colibacillus [ˌkəʊliba'siləs], *pl.* **colibacilli** [ˌkəʊliba'silai] кишечная палочка

colic ['kɒlik], *pl.* **colica** ['kɒlikə] 1. спастические боли в животе 2. относящийся к толстой кишке

Devonshire ~ *см.* **lead**

gallstone ~ жёлчная [печёночная] колика

gastric ~ желудочные боли при гастрите

infantile ~ пароксизмальная боль, «детская» колика (*боль в животе у детей первых трёх месяцев жизни*)

intestinal ~ кишечная колика

lead ~ свинцовая колика

meconial ~ мекониевая колика

menstrual ~ альго(дис)менорея, менструальные боли

painter's ~ *см.* **lead** ~

renal ~ почечная колика

salivary ~ слюнная колика

saturnine ~ *см.* **lead** ~

uterine ~ боль в нижней части живота при болезнях матки или во время менструации

vermicular ~ аппендикулярная колика

colicinogeny [ˌkɒlisiˈnɒʤəni] колициногения *(способность некоторых бактерий вырабатывать колицины, убивающие бактерии того же рода)*

colicky [ˈkɒliki] **1.** коликообразный, имеющий характер колики **2.** вызванный коликой

coliectomy [ˌkəʊliˈektəmi] **1.** удаление [резекция] органа брюшной полости **2.** устранение высокого давления при артериальной гипертензии хирургическим вмешательством

coli-factor [ˈkəʊlifæktə] колиценогенный фактор, Coli-фактор

coliform [ˈkəʊlifɔːm] относящийся к бактериям кишечной группы, колиформный

colinearity [ˌkəʊliniˈæriti] колинеарность *(линейное соответствие между последовательностью аминокислотных остатков в полипептидной цепи и последовательностью нуклеотидов в молекуле ДНК)*

coliphage [ˈkəʊlifeiʤ] колифаг *(бактериофаг, паразитирующий на кишечной палочке)*

colitis [kəʊˈlaitis] колит

  ~ gravis неспецифический язвенный колит

  adaptive ~ *см.* **mucous ~**

  Crohn's ~ Крона болезнь

  evanescent ~ быстро преходящий колит

  fulminant amebic ~ молниеносный амёбный колит

  granulomatous ~ гранулематозный колит

  histiocystic ulcerative ~ гистиоцитарный язвенный колит

  left-sided ~ левосторонний колит

  mucous ~ синдром раздражённой кишки, СРК, слизистый колит

  nonocclusive ischemic ~ неокклюзионный ишемический колит

  pseudomembranous ~ псевдомембранозный колит

  radiation ~ лучевой колит

  recurrent aphthoid ~ рецидивирующий афтозный колит

  transmural ~ трансмуральный колит

  ulcerative ~ *см.* **~ gravis**

collaboration [kəˌlæbəˈreiʃn] сотрудничество; совместная работа

  cell-cell ~ межклеточное взаимодействие, межклеточная кооперация

  Cochrane ~ Кокрановское сотрудничество *(международное сообщество исследователей, объединённых целью обобщения результатов клинических испытаний)*

collagen [ˈkɒləʤen] коллаген

  disoriented ~ неправильное расположение коллагеновых волокон

  fibrill-associated ~ волоконно-связанный коллаген

collagenase [kəˈlæʤeneiz] коллагеназа *(протеолитический фермент, гидролизующий коллаген)*

collagenolysis [ˌkɒləʤeˈnɒlisis] растворение [лизис] коллагена

collagenoses [kɒləʤiˈnəʊsis] коллагенозы, коллагеновые болезни *(диффузное поражение соединительной ткани)*

collapse [kəˈlæps] **1.** коллапс; шок; потеря сознания **2.** депрессия *(соматогенная или психогенная)* **3.** спадение стенок полого органа **4.** сплющивание [сдавление] кости *(при болезни Кинбека)*

  ~ into lateral recumbency падение на бок

  ~ into sternal recumbency падение на грудь

  ~ of confidence ~ кризис доверия

  ~ of lung ателектаз лёгкого

  ~ of the vertebra сплющивание тела позвонка

  absorption ~ *см.* **~ of lung**

  anaphylactic ~ анафилактический шок

  circulatory ~ сердечно-сосудистая недостаточность

  compression ~ *см.* **~ of lung**

  massive ~ выраженный ателектаз всего лёгкого или его доли

  nipple ~ втяжение соска

  relaxation ~ *см.* **~ of lung**

  respiratory ~ остановка дыхания

  sudden ~ острая сосудистая недостаточность, внезапный коллапс

  surgical ~ of lung хирургический пневмоторакс или коллапс лёгкого

  tracheal ~ западение, или инспираторный стеноз, трахеи *(обусловленный врождённой трахеомаляцией)*

collapsed [kəˈlæpst] **1.** коллабированный, спавшийся *(орган)* **2.** находящийся в коллапсе; коллаптоидный

collapsible [kəˈlæpsəbl] **1.** спадающийся *(напр. о трубке для холангиографии)* **2.** складной; разборный; убирающийся; телескопический

collapsotherapy [kəˌlæpsəʊˈθerəpi] коллапсотерапия

collar [ˈkɔːlə] **1.** (гипсовый) воротник; фиксатор; круговая повязка *(обычно на шею)*; ожерелье **2.** *мед. тех.* хомут; фланец; кольцо; втулка; переходник **3.** след на шее *(при болезни, травме)*

  ~ of pearls сифилитическая лейкодерма на шее

  ~ of stokes синдром верхней полой вены

  ~ of venus *см.* **~ of pearls**

  abrasion ~ *суд. мед.* поясок [ободок] осаднения

  cervical ~ корсет для фиксации шейных позвонков

  cervical ~ for head traction шейный воротник для вытяжения за голову

  contusion ~ *см.* **abrasion ~**

  hard [rigid] ~ *травм.* жёсткий воротник *(для иммобилизации шеи)*; гипсовый воротник

  soft cervical ~s мягкий шейный корсет; повязка на шею

  Spanish ~ *урол.* парафимоз

collar-bone [ˈkɒləbəʊn] *анат.* ключица

collaretes [ˌkɒləˈrets] гнёздное облысение

collateral [kəʊˈlætərəl] **1.** коллатераль *(обходной путь)* || коллатеральный **2.** добавочный, боковой; вспомогательный

  gastroesophageal ~s желудочно-пищеводные сосудистые коллатерали

collateralization [kəʊˌlætərəlaiˈzeiʃn]:

  poor ~ недостаточное коллатеральное кровообращение

collation [kəˈleiʃn] сопоставление; обработка данных наблюдения; статистическая сводка

collecting [kəˈlektiŋ]:

  injustice ~ *психол.* коллекционирование несправедливостей

collection [kˈlekʃn] **1.** коллекция; скопление; совокупность **2.** сбор данных; забор образца **3.** скопление; семейство

~ of abnormalities совокупность различных нарушений

~ of microorganisms взятие материала на микрофлору

~ of piece of tissue биопсия, взятие кусочка ткани

~s of specimen забор [взятие] образцов *(для анализов)*

~ of urine скопление мочи

blood ~ взятие [забор] крови

charity ~ сбор денег в благотворительных целях

data ~ сбор информации, сбор данных

fluid ~s скопление жидкости *(в брюшной полости)*

gastric biopsy ~ взятие биоптата из желудка

inflammatory ~s воспалительный выпот

international culture ~s международные коллекции культур *(микроорганизмов)*

localized ~ ограниченное скопление *(напр. гноя)*

minimum data base ~ необходимый минимум исследований

pancreatic fluid ~ 1. панкреатическая киста 2. скопление сока поджелудочной железы

perianal ~ **of ova** перианальный забор на яйца *(глист)*

specimen ~s *см.* ~s of specimen

stock culture ~ базовая коллекция культур микроорганизмов

subdural ~ субдуральная гематома

Collection:

American Typical ~ **of Cultures** Американская коллекция типовых культур *(микроорганизмов)*

McCarthy ~ Маккарти собрание *(научной литературы по проблеме алкоголя)*

collector [kə'lektə] коллектор, сборник, отстойник

chamber dust ~ пылесборник, пылевая камера, пылеуловитель

cyclone dust ~ центробежный коллектор пыли, твёрдых частиц

fraction ~ коллектор фракций *(в системе хроматографической очистки)*

gas ~ газоуловитель; газосборник, газгольдер, газоприёмник

urine ~ мочеприёмник

college ['kɒlidʒ] 1. колледж *(четырёхгодичный вуз)* 2. корпорация; союз; объединение; общество; коллегия 3. частная средняя школа 4. *амер.* специальный курс лекций *(для получения степени)*

~ **of medicine** медицинский колледж

~ **of nursing** школа сестёр университетского профиля

~ **of physicians and surgeons** общество терапевтов и хирургов

colliculectomy [kəʊˌlikjuː'lektəmi] колликулэктомия *(иссечение семенного бугорка)*

colliculitis [kəʊˌlikjʊ'laitis] *урол.* колликулит

colliculus [kəʊ'likjʊləs], *pl.* **colliculi** [kəʊ'likjʊlai] *анат., лат.* бугорок, холмик

~ **seminalis** *лат.* семенной холмик

collifixation [ˌkəʊlifik'seiʃn] хирургическая фиксация шейки матки

collimation [ˌkɒli'meiʃn] *рентг.* коллимация, коллимирование *(формирование тонкого параллельно идущего потока излучения)*

collimator [ˌkɒli'meitə] *мед. тех.* коллиматор; диафрагма

diverging ~ рассеивающий коллиматор

focusing ~ фокусирующий коллиматор

high-resolution ~ коллиматор с высокой разрешающей способностью

pinhole ~ точечный коллиматор

colliotomy [ˌkɒli'ɒtəmi] рассечение спаек

colliquation [ˌkɒli'kweiʃn] 1. разжижение; ненормальное выделение жидкости 2. размягчение

ballooning ~ фокальный колликвационный некроз, баллонная дистрофия, баллонирующая дегенерация *(клетки)*

reticulating ~ ретикулярная дегенерация *(образование кожных пузырей в эпидермисе)*

colliquat ['kɒlikwə]:

◊ ~ **ve** *лат.* влажный, колликвационный *(некроз)*

collision [kəʊ'liʒn] 1. столкновение, соударение; сцепление *(напр. плодов во время родов при входе в малый таз* 2. коллизия; необычное явление

~ **of interests** столкновение интересов

automobile ~ столкновение автомобиля; автодорожное происшествие

collodion [kəʊ'ləʊdiɒn] коллодий *(раствор нитроклетчатки со спиртоэфирной смесью)*

flexible ~ эластический коллодий

styptic ~ гемостатический коллодий

colloid-milium ['kɒlɒid'miliəm] коллоидная дегенерация кожи Бенье – Бальзера

colloidoclasia [ˌkɒlɒidəʊ'kleiziə], **colloidoclasis** [ˌkɒlɒidəʊ'kleisis] коллоидоклазия, нарушение коллоидного состояния

collo(ne)ma [kɒ'ləʊmə, kɒlɒ'ni:mə] липома со слизистой дегенерацией

collotoxism [ˌkɒləʊ'tɒksizm] отравление морскими моллюсками

collum ['kɒləm], *pl.* **colla** ['kɒlə] 1. шея 2. шейка

~ **valgum** *лат.* вальгусное искривление шейки бедренной кости

collunarium [ˌkɒljʊ'neiriəm] раствор для орошения полости носа

collutory ['kɒljʊtəri] полоскание рта

collyrium [kɒ'liriəm] 1. *уст.* примочка для глаз 2. суппозиторий, свеча

coloboma [ˌkɒləʊ'bəʊmə] *терат.* колобома *(щелевидный дефект)*

~ **of vitreous** колобома стекловидного тела

macular ~ колобома слепого пятна

optic nerve ~ колобома зрительного нерва

colocolostomy [ˌkəʊləʊkəʊ'lɒstəmi] толстокишечный анастомоз

colocystoplasty [ˌkəʊləʊ'sistəʊˌplæsti] колоцистопластика *(формирование мочевого пузыря из толстой кишки)*

coloenteritis [ˌkəʊləʊˌentə'raitis] энтероколит

cololysis [kəʊ'lɒləsis] рассечение спаек ободочной кишки

colon ['kəʊlɒn] ободочная [толстая] кишка

acutely obstructed ~ острая толстокишечная непроходимость

descending ~ нисходящая ободочная кишка

distal ~ дистальный отдел толстой кишки

giant ~ мегаколон

irritable ~ синдром раздражённой толстой кишки, слизистый колит

lead-pipe ~ симптом «водопроводной трубы» (*рубцово-изменённая толстая кишка при язвенном колите*)

left ~ *см.* **descending ~**

pelvic ~ тазовый отдел толстой кишки

proximal ~ проксимальный отдел толстой кишки

right ~ *см.* **ascending ~**

sigmoid ~ сигмовидная ободочная кишка

spastic ~ *см.* **irritable ~**

transverse ~ поперечная ободочная кишка

unstable ~ *см.* **irritable ~**

colonclysis [ˈkəʊlənˌklaisis] клизма

steroid ~ введение стероидных гормонов клизмой

colonic [kəʊˈlɒnik] относящийся к ободочной [толстой] кишке

colonization [ˌkɒlənɪˈzeiʃn] 1. колонизация, заселение (*напр. какого-л. органа микроорганизмами*) 2. деление и образование колоний опухолевыми клетками, занесёнными в другой орган 3. место обитания и лечения изолированных групп больных (*напр. лепрой или психически больных*)

~ of the gastric contents колонизация микроорганизмами желудка

cross ~ перекрёстное инфицирование

deep ~ системная колонизация; колонизация внутренних органов (*микроорганизмами*)

embryonic thymus ~ колонизация тимуса в эмбриогенезе (*стволовыми клетками*)

fungal ~ колонизация грибами, грибковая колонизация

intracavitary ~ внутриполостная колонизация

colonizer [kɒlɒˈnaizə] вселенец (*1. мигрирующая колониеобразующая клетка 2. инвазивный микроб*)

colonofiberscopy [kəʊˌlɒnəʊˈfaibəˌskəpi] фиброколоноскопия

colonometer [kəʊlɒˈnɒmətə] счётчик колоний (*микроорганизмов*)

colo(no)pathy [kəʊlɒˈnɒpəθi] коло(но)патия, заболевание ободочной или толстой кишки

fibrosing ~ стенозирование ободочной кишки; фиброзирующая колонопатия

colony [ˈkɒləni] колония (*бактерий, животных клеток*)

~ies of anopheles популяция комаров анофелесов

clonal ~ клональная колония, колония клоногенных клеток

cultured ~ies культивируемые колонии

effuse ~ плоская колония

fried-egg ~ колония микоплазмы, напоминающая по форме яичницу-глазунью

genuine ~ истинная колония

glossy ~ блестящая колония (*капсулированных бактерий с блестящей поверхностью*)

gonidial ~ гонидиальная колония (*карликовые колонии стафилококков*)

hemopoietic ~ колония кроветворных клеток

high proliferative capacity ~ колония с высоким пролиферативным потенциалом

incompatible ~ies несовместимые колонии (*самодеградирующие сообщества*)

matt ~ матовая колония

minute ~ крошечная колония (*микроорганизмов*)

mixed(-lineage) ~ колония смешанного типа

mother ~ материнская колония (*по краю которой возникают вторичные колонии*)

mould-like fungal ~ies колонии плесневых грибов

mucoid ~ слизистая колония

multilineage ~ *см.* **mixed(-lineage) ~**

neoplastic ~ колония злокачественных клеток

oligolineage ~ олиголинейная колония (*клеток нескольких линий дифференциации*)

"κ-only ~" монокаппа-клеточная колония (*В-лимфоцитов, секретирующих только κ-цепи иммуноглобулинов*)

"λ-only ~" монолямбда-клеточная колония (*В-лимфоцитов, секретирующих только λ-цепи иммуноглобулинов*)

petite ~ колония мелких особей (*бактерий*)

pinpoint ~ точечная колония

ray-fungus ~ *микол.* развитие колонии лучистого гриба

rough [R-type] ~ шероховатая колония, колония R-типа

satellite ~ дочерняя колония, колония-сателлит (*колония ауксотрофа, питающаяся с помощью соседней колонии другого штамма*)

single lineage ~ монолиниеспецифическая колония (*колония клеток одной линии дифференцировки*)

smooth [S-type] ~ гладкая колония, колония S-типа

subordinate ~ второстепенная колония

tight cell ~ колония с высокой клеточной плотностью

colony-forming [ˈkɒləni-ˈfɔːmiŋ] колониеобразующий (*о клетках*)

colopexostomy [ˌkəʊləʊpekˈsɒtəmi] 1. наложение искусственного заднего прохода 2. колостома

colopexy [ˈkəʊləʊˌpeksi] колопексия (*фиксация ободочной кишки*)

coloproctitis [ˌkəʊləʊprɒkˈtaitis] колопроктит (*воспаление ободочной и прямой кишки*)

coloptosia [ˌkəʊlɒpˈtəʊsiə], **coloptosis** [ˌkəʊlɒpˈtəʊsis] колоптоз (*опущение ободочной кишки*)

color [ˈkʌlə] 1. цвет; окраска; тон; румянец 2. краска, пигмент ‖ красить, окрашивать 3. колориметрическая характеристика

to gain ~ порозоветь

to lose ~ побледнеть

background ~ *гиг.* цвет фона

basic ~ основной цвет

body ~ пигмент

cold ~s холодные цвета

confusion ~s набор цветов для оценки цветового зрения

fluorescent ~ цвет флуоресценции

food ~ *см.* **colorant**

object ~ *психол.* цвет предмета

pink skin ~ гиперемия кожи

primary [reference] ~ основной цвет

test ~ образец цвета

true ~ полноцветный режим

colorant [ˈkʌlərənt] *pl.* окрашивающие добавки (*к пищевым продуктам*), пищевые красители

coloration [kʌləˈreiʃn] окраска; расцветка; окрашивание

iridal ~ цвет радужной оболочки глаза

pink ~ of skin трупные пятна

substractive ~ цифровая колориметрия

color-blind ['kʌlə'blaind] страдающий цветовой слепотой

color-coded ['kʌlə-'kəubid] цветная маркировка *(напр. раненых)*

colorectal [ˌkʌuləu'rektəl] колоректальный, относящийся к прямой и ободочной кишке *(обычно об опухоли)*

colorimetry [ˌkʌlʊ'rimətri] колориметрия

photoelectric ~ фотоэлектроколориметрия

trichromatic ~ трёхцветная колориметрия

coloring ['kʌlərɪŋ]:

artificial ~ *см.* **colorant**

colorrhagia [ˌkʌuləu'reiʤiə] колоррагия *(патологическое отделяемое из ободочной кишки)*

colorrhea [ˌkʌuləu'riə] диарея, колорея

colostomy [kəu'lɒstəmi] 1. колостома 2. наложение свища на ободочную кишку

associated ~ сочетанная колостома *(дополнительно к основной операции)*

bridge ~ *см.* **loop** ~

continent ~ замыкательная [удерживающая] колостома *(с наличием хирургически созданного сфинктера)*

double-barrel ~ двуствольная колостома

end ~ концевая [терминальная] колостома

loop ~ петлевая [мостовидная] колостома

split loop ~ расщеплённая петлевая колостома

transverse loop ~ поперечно-петельная колостома

wet ~ колостома, служащая для одновременного отведения мочи

colostration [kəulɒ'streɪʃn] диарея новорождённого, вызванная молозивом

colostrum [kəu'lɒstrəm] молозиво *(секрет молочных желёз с высоким содержанием белка и иммуноглобулинов, выделяемый в первые дни после родов)*

colour ['kʌlə] *см.* **color**

colpectomy [kɒl'pektəmi] кольпэктомия *(иссечение влагалища)*

colpeurysis [kɒl'pjurisis] *акуш.* кольпейриз

colpitis [kɒl'paitis] кольпит, вагинит

colpocele ['kɒlpəusiːl] 1. кольпоцеле, грыжа влагалища 2. опущение влагалища

colpoceliotomy [ˌkɒlpəuˌsiːli'ɒtəmi] кольпоцелиотомия *(рассечение заднего свода влагалища и брюшины прямокишечно-маточного углубления)*

colpocystocele [ˌkɒlpəu'sistəuˌsiːl] грыжа влагалища и мочевого пузыря

colpocystosyrinx [ˌkɒlpəuˌsistəu'sirinks] *уст.* пузырно-влагалищный свищ

colpodynia [ˌkɒlpəu'diniə] боль во влагалище

colpohysterectomy [ˌkɒlpəuhistə'rektəmi] кольпогистерэктомия, влагалищная экстирпация матки

colpohysteropexy [ˌkɒlpəuhistərəu'peksi] кольпогистеропексия *(фиксация матки при её выпадении)*

colpohysterotomy [ˌkɒlpəuhistə'rɒtəmi] чрезвлагалищное кесарево сечение, кольпогистеротомия

colpoiesis [ˌkɒlpɒi'iːsis] кольпоэз *(восстановление недоразвитого или формирование отсутствующего влагалища)*; вагинопластика

colpomyomectomy [ˌkɒlpəuˌmaiəu'mektəmi] чрезвлагалищное удаление миомы матки

colpoperineoplasty [ˌkɒlpəuˌperi'niəuˌplæsti], **colpoperineorrhaphy** [ˌkɒlpəuˌperini'ɒrəfi] кольпоперинеопластика, кольпоперинеорафия *(ушивание разрыва влагалища и промежности)*

colpoplasty ['kɒlpəuˌplæsti], **colpopoiesis** [ˌkɒlpəuɒi'iːsis] *хир.* вагинопластика, кольпопластика *(формирование искусственного влагалища)*

colpoptosis [ˌkɒlpəu'təusis] выпадение влагалища

colporrhaphy [kɒl'pɒrəfi] кольпорафия *(шов разрыва влагалища)*

colporrhexis [ˌkɒlpəu'reksis] разрыв влагалища, кольпорексис

colpos ['kɒlpɒs] влагалище, вагина

colpospasm ['kɒlpəuspæzm] вагинизм, вульвизм, кольпоспазм

colposuspension [ˌkɒlpəusəs'penʃn] кольпосуспензия *(фиксация влагалища к передней брюшной стенке)*

colpotomy [kɒl'pɒtəmi] кольпотомия *(вскрытие дугласова пространства)*

columella [ˌkɒlju'melə], *pl.* **columellae** [ˌkɒlju'meli] колумелла *(1. перегородка преддверия носа 2. центральная ось улитки внутреннего уха 3. микол. столбик)*

~ cochleae стержень улитки

column ['kɒləmn] 1. *анат.* столбчатая структура 2. позвоночник, позвоночный столб 3. колонка *(хроматографическая)* 4. столбик *(матрицы)*

~of fornix столб свода *(головного мозга)*

adherence ~ адгезионная колонка *(наполненная аффинным материалом)*

affinity ~ колонка для проведения хроматографии по сродству

anal ~s заднепроходные [прямокишечные, морганиевы] столбы *(складки слизистой оболочки прямой кишки)*

anterior ~ of the spinal cord передний столб серого вещества спинного мозга

Bertin's ~s *см.* **renal ~s**

branchial efferent ~ *эмбр.* восходящий жаберный [особый висцеральный, восходящий висцеральный] столб

Burdach's ~ клиновидный пучок, Бурдаха пучок *(спинного мозга)*

cation-exchange resin ~ (хроматографическая) колонка с катионообменной смолой

chromatograph ~ хроматографическая колонка

Clarke's ~ грудной столб, грудное ядро *(спинного мозга)*

cured ~ кондиционированная колонка *(в газожидкостной хроматографии)*

dorsal ~ позвоночник

enamel ~ эмалевая призма *(зуба)*

ferric-ion chromatographic ~ хроматографическая колонка, содержащая ионы трёхвалентного железа

glass capillary ~ стеклянная капиллярная колонка

haptenated bead ~ колонка с гаптенилированными гранулами

immune complex ~ колонка с иммобилизованными иммунокомплексами

ion exchange [ionic] ~ ионообменная колонка; ионитовый фильтр

lecitin affinity ~ колонка со сродством к лецитину

Morgagni's ~s *см.* **anal ~s**

muscle ~ миофибриллярное поле, мышечный столбик, Кронгейма поле

nylon wool ~ колонка с нейлоновой ватой

packed ~ наполненная колонка *(при газожидкостной хроматографии)*

prepacked ~ упакованная [заполненная] колонка

recovery ~ регенерационная колонна

rectal ~s *см.* **anal ~s**

renal ~s почечные столбы, Бертена столбы

Sertoli's ~s сустентоциты, Сертоли клетки

special visceral ~ *см.* **branchial efferent ~**

splanchnic efferent ~ *эмбр.* восходящий жаберный [особый висцеральный, восходящий висцеральный] столб

Stilling's ~ грудной столб, грудное ядро *(спинного мозга)*

T-cell recovery ~ (хроматографическая) колонка для выделения Т-клеток *(из смешанных образцов)*

vaginal ~s столбы складок *(влагалища)*

water-jacketed ~ колонка с водяной рубашкой

columnar-celled [kɒˈlʊmnaˈ-ˈseld] столбчато-клеточный, цилиндроклеточный *(эпителий)*

columnar-lined [kɒˈlʊmnaˈ-ˈlaind] цилиндроклеточно-плоский *(эпителий)*

column-buffer [ˈkɒləmn-ˈbʌfə] колонки с буфером *(хроматографа)*

colyone [ˈkəʊliəʊn] кейлон, хейлон *(передатчик, медиатор, трансмиттер)*

coma [ˈkəʊmə] 1. кома *(глубокое бессознательное состояние с расстройством жизненно важных функций)* 2. *опт., офт.* несимметричная аберрация, кома

~ de passé *фр.* атоническая [глубокая, запредельная] кома

agrypnodal ~ *псих.* бодрствующая кома, псевдокома, синдром «окружения»

alpha ~ кома с α-волновой активностью мозга

apoplectic ~ апоплектическая кома *(обусловленная острым нарушением мозгового кровообращения)*

diabetic ~ кетоацидотическая [диабетическая] кома; кетоацидоз

irreversible ~ необратимая кома

Kussmaul's ~ диабетическая кома

myxedema ~ гипотиреоидная [микседематозная] кома *(обусловлена резким уменьшением секреции или утилизации тиреоидных гормонов)*

trance ~ летаргический гипноз, запредельная кома *(глубокий сон после большого гипноза)*

uremic ~ уремическая кома

vigil ~ *см.* **agrypnodal ~**

comatose [ˈkəʊmətəʊs] коматозный

combat [ˈkɒmbæt] бой; борьба || боевой *(о потерях)*; фронтовой; огнестрельный *(о ранении)* || вести бой; бороться

attitude ~ *психол.* агрессивная поза

combative [ˈkɒmbətiv] 1. боевой 2. *психол.* воинственный; драчливый

combination [ˌkɒmbiˈneiʃn] 1. комбинация, комбинирование *(напр. медикаментов)*; соединение *(о реакции)* 2. совокупность; сочетание; комплекс

~s of cord and root damage сочетание повреждения спинного мозга и корешков

~ of sliding and paraesophageal скользящая и параэзофагеальная грыжа

drug/light ~ сочетание медикаментозной и фотодинамической терапии

fixed drug ~ утверждённая или общепринятая комбинация лекарственных препаратов

combuster [kəmˈbʌstʃə]:

hospital waste ~ больничный мусоросжигатель

combustion [kəmˈbʌstʃən] 1. горение; сгорание; сжигание 2. ожог 3. окисление *(органических веществ)*

come [kʌm]:

"~ and go" амбулаторное обследование

"~ and stay" стационарное обследование

~ down *sl.* приходить в себя после алкоголя или наркотиков

~ on *sl.* войти в состояние наркотической эйфории

come-back [ˈkʌmˈbæk] выздоровление, возвращение в нормальное состояние

co-medication [ˌkəʊmediˈkeiʃn] сочетанное медикаментозное лечение *(напр. сердечно-сосудистыми и антидиабетическими средствами)*; полихимиотерапия

comedo [ˈkɒmədəʊ], *pl.* **comedones** [kɒməˈdəʊniːz] угорь чёрный, комедон

comedocarcinoma [ˌkɒmədəʊˌkaːsiˈnəʊmə] угревидный рак, комедокарцинома *(молочной железы)*

comfort [ˈkʌmfət]:

anatomical ~ анатомический комфорт, физический покой

foot ~ удобство для стопы *(о гипсовой повязке)*

rising ~ рост благосостояния

command [kəˈmaːnd]:

~ of emotions способность контролировать чувства || сдерживать, контролировать чувства

commensal [kəʊˈmensəl] комменсал *(организм, живущий в тесной взаимосвязи с другими, не причиняя им ни вреда, ни пользы)*

commensalism [kəʊˈmensəˌlizm] комменсализм, сосуществование *(напр. микроорганизмов, не причиняя вреда друг другу)*

comment [ˈkɒment]:

medical ~ врачебное заключение

commercial [kəˈməːʃl] 1. коммерческий 2. *мед. тех.* промышленного производства, серийный *(напр. аппарат)*

comminution [ˌkɒmiˈnjuːʃn] 1. измельчение; раздробление *(кости)*; фрагментация 2. распыление 3. оскольчатый перелом

commission [kəˈmiʃn] 1. комиссия 2. осуществление

~ of murder совершение убийства, убийство

charity ~ комиссия по делам благотворительных организаций

health sanitation and nutririon ~ комиссия по вопросам санитарно-профилактических мероприятий и питания

commissure [ˈkɒmisjʊə] 1. *анат.* спайка, соединение; комиссура 2. спайка, шварта, синехия *(в результате воспаления или травмы)* 3. угол рта

~ of fornix спайка свода мозга, спайка морского конька, Давида лира

grey ~ of spinal cord серая спайка спинного мозга

commissurotomy [ˌkɒmɪʃəˈrɒtəmɪ] **1.** комиссуротомия **2.** срединная [комиссуральная] миелотомия

mitral ~ митральная комиссуротомия

open ~ открытая комиссуротомия *(на сердце)*

commit [kəˈmɪt] **1.** совершать *(напр. преступление)* **2.** фиксировать **3.** помещать *(в больницу)*; госпитализировать **4.** обученный; коммитированный *(лимфоцит)*

to ~ crime *суд. мед.* совершить преступление

to ~ suicide покончить жизнь самоубийством, осуществить суицид

commitent [ˈkɒmɪtənt] коммитированный, «обученный» антигеном *(лимфоцит)*

commitment [kəˈmɪtmənt] **1.** освидетельствование психического состояния; передача на комиссию **2.** принудительная госпитализация *(напр. психически больного)* **3.** *иммун.* коммитирование, детерминация *(приобретение клеткой способности дифференцироваться в специфическом направлении)* **4.** совершение *(напр. преступления)*

involuntary civil ~ недобровольная госпитализация в гражданском порядке

involuntary criminal ~ принудительная уголовная госпитализация

first ~ первичная госпитализация

voluntary ~ добровольная госпитализация

committee [kəˈmɪtɪ] **1.** комитет **2.** комиссия

~ of supervision орган надзора

~ on health policy комитет здравоохранения

~ on malaria prevention комитет по профилактике малярии

advisory ~ on medical research консультативный комитет по медицинским исследованиям

child protection ~ комитет по защите детей

joint expert ~ объединённый комитет экспертов

common [ˈkɒmən] **1.** общий; системный **2.** (широко) распространённый *(о болезнях)*; типичный *(напр. перелом)* **3.** общинный; общественный; общепринятый

~ in men свойственно мужчинам

less ~ редкий, малораспространённый *(напр. об опухоли)*

commonwealth [ˈkɒmənwelθ] **1.** государство; содружество || государственный; федеральный *(напр. орган здравоохранения)* **2.** всеобъемлющий, тотальный

commotion [kəˈməʊʃn] волнение, потрясение

~ of ren ушиб почки

~ of retinae *лат.* тупая травма сетчатки

communicable [kəˈmjuːnɪkəbl] **1.** передаваемый; контагиозный; передающийся контактным путём *(об инфекции)* **2.** коммуникабельный, общительный

communicant [kəˈmjuːnɪkənt] *pl.* коммуникативные сосуды *(артерии, вены)*

communication [kəˌmjuːnɪˈkeɪʃn] **1.** *анат.* соединение; свищ **2.** связь; передача, распространение *(напр. болезни)* **3.** общение; коммуникация; интеракция

arteriovenous ~ артериовенозный свищ, или шунт, артериовенозное соустье

atrioventricular ~ атриовентрикулярная проводящая система

cell ~ межклеточная связь

digital imaging and ~ цифровая визуализация и взаимосвязь *(лечебных учреждений)*

emotional ~ эмоциональная коммуникация

face-to-face ~ *психол.* непосредственный контакт, личное общение

interauricular ~ межпредсердное сообщение

interhemispheric ~ межполушарное взаимодействие

lymphovenous ~ лимфовенозный анастомоз

man-computer ~ человеко-машинное взаимодействие, связь человека с компьютером

medical research society ~ сообщение научно-медицинского общества

nonverbal ~ невербальное общение

physician-patient ~ взаимоотношения между врачом и больным, общение доктора с пациентом

science ~ научные связи *(международные съезды, конгрессы, симпозиумы, конференции)*

communicative [kəˈmjuːnɪkətɪv] передающийся контактным путём; инфекционный; контагиозный

community [kəˈmjuːnɪtɪ] **1.** община; общество; коллектив || коммунальный, общественный **2.** население [популяция] данного района; группа населения **3.** сообщество, ценоз; зооценоз

endemic ~ эндемичное сообщество

homosexual ~ies сообщество гомосексуалистов

international ~ международное сообщество *(напр. по борьбе с туберкулёзом)*

invaccinated ~ невакцинированный контингент

marine benthic ~ морское бентосное сообщество

microbial ~ микрофлора

retirement ~ интернат для престарелых

settled ~ устойчивая группа; осёдлая группа *(о людях, проживающих в одном районе или стране)*

species-poor ~ популяция, бедная видами

therapeutic ~ терапевтическая община *(структурированная среда из лиц с психическими расстройствами или зависимостями, проживающими вместе с целью достижения реабилитации)*

underprivileged ~ *суд. мед.* контингент, лишённый прав

urban ~ies городское население

community-acquired [kəˈmjuːnɪtɪ-əkˈwaɪəd] внебольничный, заболевший вне лечебного учреждения

comorbidity [ˌkɒmɔːˈbɪdɪtɪ] коморбидность; сочетанная заболеваемость, сопутствующий патологический процесс

~ of anxiety phobic and compulsion коморбидность тревожно-фобических и компульсивных расстройств

~ of mood [affective] and anxiety disorders коморбидность аффективных и тревожных расстройств

~ of personality disorders сосуществование личностных расстройств

psychiatric ~ коморбидное психическое расстройство

compact [kəmˈpækt] компактный, портативный *(напр. монитор)*

compactotomy [kəmˈpæktəʊtəmɪ] компактотомия, кортикотомия *(рассечение кортикального слоя кости с сохранением надкостницы)*

companion [kəmˈpænjən] спутник; соучастник; компаньон

clinical ~ справочник клинициста

pharmacology pocket ~ карманный фармакологический справочник

Companion:

Oxford ~ to Medicine Оксфордский медицинский справочник

company ['kʌmpəni] общество, объединённое одной целью

airborne medical ~ воздушно-десантная медицинская рота

assistance ~ посредническая медицинская компания *(между больными и лечебными учреждениями)*

fumigation and bath ~ дезинфекционно-банная рота

health insurance ~ медицинская страховая компания

joint-stock ~ акционерное общество

medical depot ~ рота обслуживания медико-санитарного имущества

physician practice management ~ отдел по управлению врачебной практикой

comparable ['kɒmpərəbl] 1. сравнимый; сопоставимый; соизмеримый 2. аналогичный

comparascope [kəm'pærəskəʊp] микроскоп сравнения *(для одновременного исследования двух препаратов)*

comparator [kəm'pærətə] *мед. тех.* компаратор *(прибор сравнения)*

color ~ компаратор цветов

optical ~ оптический компаратор

comparison [kəm'pærisən] сравнение

crossover ~ сравнительное изучение

economic ~ сравнительная оценка с экономической точки зрения

compartment [kəm'pɑːtmənt] 1. отделение; отсек; футляр; сектор; бокс; ограниченное пространство 2. компартамент *(одна из структур клетки – плазматическая мембрана, ядро и цитоплазма)* 3. влагалище сухожилий *(напр. разгибателей пальцев)*

~ of mattress отделение [секция] воздушного матраца

abdominal ~ этаж [отдел] брюшной полости

body fluid ~ жидкостное [водное] пространство тела, или организма

extracellular fluid ~ внеклеточное жидкостное пространство

fascial ~ фасциальное влагалище

flexor ~ влагалище сгибателя

intracellular fluid ~ внутриклеточное жидкостное пространство

leaktight ~ герметичное помещение

mitochondrial ~ of isolated liver cells митохондриальная область изолированных клеток печени

muscle ~ 1. саркомер 2. мышечная лакуна

musculature ~ влагалище [ложе] мышц

osseofascial ~ остеофасциальный футляр

refrigeration ~ for corpses холодильная камера для трупов

reinforced leaktight ~ прочноплотный бак

sealed ~ герметичное помещение

upper abdominal ~ верхний отдел живота

vascular ~ сосудистый отдел

compartmentalization [kɒm,pɑːtmentəli'zeiʃn] компартментализация *(распределение клеточных структур по специфическим местам, отделам)*

~ of medicine узкая специализация в медицине

metabolic ~ метаболическое пространственное распределение *(напр. пирувата)*

protein ~ распределение белков в организме

compatibility [kəm'pætibiliti] совместимость

cross ~ перекрёстная совместимость *(напр. крови, тканей)*

ecological ~ экологическая совместимость

electromagnetic ~ электромагнитная совместимость *(свойство электронного оборудования работать в окружении других электронных приборов)*

marital ~ супружеская совместимость

compatible [kəm'pætibl] совместимый *(напр. о крови, о тканях)*

compendium [kəm'pendiəm] 1. компендиум 2. краткое руководство, справочник 3. резюме, реферат

birth defects ~ справочник по врождённым порокам развития

compensation [,kɒmpən'seiʃn] компенсация; возмещение

~ for damage caused by bread-winner's death возмещение вреда в связи со смертью кормильца

~ for illness of staff *страх.* компенсация персоналу в случае заболевания

~ for illness, accident or death компенсация в случае болезни, несчастного случая или смерти

~ of damage caused to life or health of citizen возмещение вреда, причиненного жизни или здоровью гражданина

~ to effect of chemicals компенсация воздействия химических веществ

depth ~ глубинная компенсация *(при эхокардиографии)*

dosage ~ компенсация доз *(генов)*

insurance ~ страховое возмещение

load ~ компенсация нагрузки

modeling ~ модельная оттискная масса *(для изготовления слепков зубных протезов)*

orthopedic ~ for deformity ортопедическая компенсация деформации

respiratory ~ компенсаторная реакция дыхания

unemployment ~ пособие по безработице

worker's ~ *страх.* компенсация в случае производственной травмы или профессионального заболевания

compensator [,kɒmpən'seitə] *рад.* компенсатор *(в лучевой терапии)*

competence ['kɒmpətəns] 1. компетенция *(1. функционирование, напр. организма или его части 2. свойство группы эмбриональных клеток реагировать на организующий стимул)* 2. *псих.* компетентность, адекватность поведения

~ of an infectio agent свойство инфекционного возбудителя

~ to be executed способность понести наказание

~ to stand trial способность предстать перед судом, вменяемость

cardiac ~ нормальная работа сердца

immunological ~ иммунологическая компетентность

law ~ of juvenile дееспособность малолетних

mental ~ вменяемость

sphincter ~ состоятельность сфинктера

to be within ~ входить в компетенцию

transcriptional ~ *ген.* транскрипционная компетентность

urethral ~ функция мочеиспускательного канала

vector ~ *инф.* свойство [способность] переносчика

competition [ˌkɒmpəˈtiʃn] конкуренция, соперничество, антагонизм

antigenic ~ конкурентность антигенов

enzymes ~ конкурентное действие ферментов

extrinsic ~ косвенная конкуренция

interspecific ~ межвидовая конкуренция

intraspecific ~ внутривидовая конкуренция

normal rate ~ конкурирующий с нормальной частотой *(об электрокардиостимуляции)*

perfect ~ совершенная конкуренция

competitive [kəmˈpetətiv] конкурентный; конкурирующий; противодействующий

comphosis [kɒmˈfəʊsis] *лат.* 1. вколачивание 2. зубоальвеолярное соединение

compilation [ˌkɒmpiˈleiʃn] сбор, собрание *(материалов, фактов и пр.)*

~ of proceedings сборник (научных) трудов

~ of drugs перечень лекарственных средств

complain [kəmˈplein] 1. жаловаться 2. подавать судебный иск

complaint [kəmˈpleint] 1. жалоба 2. болезнь, недомогание, боль

chief ~ основная жалоба

historical ~ жалоба в анамнезе

premenstrual ~ синдром предменструального напряжения

primary ~ *см.* **chief ~**

prostatic ~s жалобы, обусловленные предстательной железой

spinal ~ жалобы на беспокойство в спине

summer ~ острый «летний» гастроэнтерит *(обычно у детей)*

symptom ~ субъективная жалоба

unexplained physical ~s необъяснимые соматические жалобы *(не имеющие органического субстрата)*

complement [ˈkɒmpləmənt] 1. комплект, набор; совокупность 2. *иммун.* комплемент *(группа белков крови, обусловливающих иммунную защиту)*

bed ~ укомплектованность больничными койками

bound ~ *иммун.* связанный комплемент

chromosome ~ набор [комплекс] хромосом

gene ~ набор генов

total hemolytic ~ общий гемолитический комплемент

complementariness [ˌkɒmpləˈmentərinəs], **complementarity** [ˌkɒmpləˈmentəriti] соответствие, комплементарность *(1. степень сродства основных последовательностей между молекулами ДНК и РНК 2. степень совместимости между антителом и антигеном)*

interdomain ~ междоменная комплементарность

idiotypic ~ идиотипическая комплементарность

complementary [ˌkɒmpləˈmentəri] 1. комплементарный; адъювантный; реципрокный 2. дополнительный, добавочный

complementation [ˌkɒmpləmenˈteiʃn] *вирусол., ген.* комплементация *(1. свойство нуклеотидов соединяться в парные комплексы 2. взаимодействие двух дефектных вирусов, опосредующее возможность их репликации, что невозможно по отдельности)*

gene [genetic] ~ генетическая комплементация *(восстановление утраченного в результате мутации фенотипа другой, комплементирующей мутацией)*

complement-binding [ˈkɒmpləmənt'baindiŋ], **complement-deviating** [ˈkɒmpləmənt-ˌdiːviˈeitiŋ], **complement-fixing** [ˈkɒmpləmənt'fiksiŋ] связывающий [фиксирующий] комплемент

complementophil [ˌkɒmpləməntəʊˈfil] комплементофильный, имеющий сродство к комплементу

complete [kəmˈpliːt] заканчивать; завершать || полный; законченный; завершённый; цельный *(напр. о вирусной частице)*

completer [kəmˈpliːtə] лицо, осуществившее завершённый суицид

completion [kəmˈpliːʃn] завершение, окончание

~ of fracture заживление [консолидация] перелома

~ of surgical excision радикальность операции; полнота иссечения поражённой ткани

task ~ выполнение [завершение] задачи

complex [ˈkɒmpleks] 1. комплекс, симптомокомплекс || комплексный; сочетанный *(напр. о травме)*; комбинированный *(напр. о пороке сердца)* 2. сложный, запутанный 3. *психол.* комплекс *(неосознанные мотивы поведения)*

~ of eczema, asthma and hay fever симптомокомплекс экземы, астмы и сенной лихорадки

aberrant [anomalous] ~ аберрантный [изменённый] комплекс *(QRS на ЭКГ)*

AIDS related ~ СПИД-ассоциированный комплекс *(с присоединением оппортунистических инфекций и пр.)*

antigen-antibody ~ *см.* **circulating immune ~es**

atrial premature ~es предсердная экстрасистолия

authority ~ *психол.* комплекс власти

Cain ~ Каина комплекс *(сильная зависть к брату, приводящая к ненависти)*

castration ~ *психоан.* кастрационный комплекс

circulating immune ~es циркулирующие иммунные комплексы, ЦИК

computer-apparatus ~ программно-аппаратный комплекс

craniofacial ~ черепно-лицевой комплекс

Diana ~ Дианы комплекс *(приобретение женщиной характерных мужских черт и особенностей поведения)*

Eisenmenger ~ *кард.* Эйзенменгера синдром

Electra ~ Электры комплекс *(женский эквивалент Эдипова комплекса)*

entire ~ of enzymes полный набор ферментов

enzyme-substrate ~ фермент-субстратный комплекс

eosinophilic granuloma ~ эозинофильный гранулёматоз

erythrocyte-antibody-comlement ~ *иммун.* розетки [комплекс] эритроцит – антитело – комплемент

esophagogastric polyp-fold ~ комплекс полип-складки в области кардии

fear ~ *псих.* страх, комплекс боязни

gene ~ генный комплекс

Golgi ~ внутренний сетчатый аппарат *(цитоплазмы)*, Гольджи комплекс

high grade calcium ~ нутрицевтик с высоким содержанием кальция в комплексе с другими минералами и витаминами С и D *(назначается с целью профилактики остеопороза)*

inferiority ~ *псих.* комплекс неполноценности

initiation ~ инициирующий комплекс *(рибосомы с мРНК)*

Jocasta ~ Иокасты комплекс *(фиксация материнского полового влечения на сыне)*

jumped process ~ смещение суставных отростков позвонков *(напр. у спортсменов-прыгунов)*

Lear ~ Лира комплекс *(фиксация отцовского полового влечения на дочери)*

ligament ~ связочный аппарат

major histocompatibility ~ главный комплекс гистосовместимости *(группа генов на 6-й хромосоме, кодирующих антигены гистосовместимости)*

minor histocompatibility ~**s** малые комплексы гистосовместимости

monophasic ~ монофазная волна, монофазная кривая *(электрокардиограммы)*

multienzyme ~ полиферментный комплекс

non-conducted atrial premature ~ блокированные предсердные экстрасистолы

notched QRS ~ зазубренность комплекса QRS

Oedipus ~ *психоан.* Эдипов комплекс *(бессознательное эротическое влечение ребёнка к родителю противоположного пола и связанное с этим соперничество с родителем того же пола)*

Orestes ~ комплекс Ореста *(желание сына убить мать)*

parkinsonism-dementia ~ сочетание паркинсонизма с деменцией

persecution ~ бред преследования, персекуторный бред

premature atrial ~ преждевременный предсердный комплекс

premature atrioventricular junctional ~ преждевременный импульс из атриовентрикулярного узла

premature ventricular ~ желудочковая экстрасистолия

primary (tuberculous) ~ первичный туберкулёзный комплекс

QRS ~ желудочковый комплекс QRS *(на ЭКГ)*

spike-and-wave ~ комплекс медленной и быстрой волны, «зубец-волна» на ЭЭГ

Steidele's ~ врождённое отсутствие дуги аорты, Штейделя синдром

stromata-protective ~ антигенный комплекс, защищающий строму

superiority ~ *псих.* комплекс собственного превосходства

supraventricular premature ~ наджелудочковая [суправентрикулярная] экстрасистолия

symptom ~ 1. синдром, симптомокомплекс 2. психический комплекс

temporomandibular ~ область височно-нижнечелюстного сустава

terminal lytic complement ~ литический комплекс терминальных компонентов комплемента

ternary ~ трёхкомпонентный комплекс *(напр. фермент – кофактор – субстрат)*

tissue-fixed immune ~ фиксированный в тканях иммунный комплекс

triple symptom ~ тройной симптомокомплекс, Бехчета болезнь, *(афтозно-язвенное поражение слизистой ротовой полости, половых органов и воспаление глаз)*

without QRS ~ выпадение комплекса QRS

complexion [kəm'plekʃn] цвет и внешний вид кожи лица

complexity [kəm'pleksəti]:

functional ~ функциональная сложность

compliance[1] [kəm'plaiəns] 1. пластичность, податливость *(напр. мышцы)*; растяжимость, эластичность *(ткани или органа)* 2. изменение объёма лёгких при колебаниях давления

~ **of the heart** диастолическое расслабление желудочков сердца

resting ~ расслабление (мышцы) в покое

somatic ~ телесная [соматическая] пластичность

static ~ статическая эластичность *(ткани без нагрузки)*

thoracic ~ растяжимость грудной клетки

compliance[2] согласие; комплаенс, комплаентность *(соблюдение больным режима и схемы лечения)*

drug regimen ~ схема приёма лекарственного средства

patient ~ 1. точное соблюдение больным терапевтических рекомендаций 2. согласие на операцию

poor ~ **with patient** плохое соблюдение больным врачебных предписаний

treatment ~ комплаентность лечению, согласие (больного) с проводимым лечением

complicated [ˌkɒmpli'keitid] 1. сложный, трудный 2. осложнённый *(напр. о заболевании)*

complication [ˌkɒmpli'keiʃn] осложнение *(напр. заболевания)*

~ **of puerperium** осложнение послеродового периода

corneal ~**s** помутнение роговицы

devastating ~ серьёзное осложнение, тяжёлое расстройство *(напр. функции органа)*

local septic ~**s** местные гнойные осложнения

medical ~**s** ятрогенные осложнения

mental ~**s** осложнения в виде психических расстройств

postvaccinal neuroparalytic ~ поствакцинальное нейропаралитическое осложнение

complimentary [ˌkɒmpli'meniəri] дополнительный, добавочный

component [kɒm'pəʊnənt] компонент, составная часть

~**s of population change** компоненты демографического роста *(рождения, смерти, иммиграция, эмиграция)*

anatomical ~ анатомическое образование, анатомическая структура

bed ~ коечный фонд

complement ~**s** система комплемента

hemorheological ~ гемореологическая составляющая *(инсульта)*

inoculum ~ компонент инокулята

liquid tumor ~ *узи* жидкостный компонент опухоли

major ~ основной компонент

medium ~ компонент питательной среды

minor ~ второстепенный компонент

pharmacologically relevant ~ фармакологически активный компонент

plasma thromboplastin ~ плазменный компонент тромбопластина, кристмас-фактор, антигемофильный глобулин B, фактор IX

principal ~ главный [основной] компонент

pure blood ~ очищенный компонент крови

secretory ~ секреторный компонент

compos ['kɒmpəs]:

~ **mentis** *лат.* психически здоровый, разумный, вменяемый, находящийся в здравом уме

non ~ **mentis** *лат.* умственно отсталый, невменяемый

composite ['kɒmpəzit] 1. смесь, соединение ‖ состоящий из нескольких веществ, сочетанный; композитный (*напр. о пломбе*); комбинированный 2. популяция

composition [ˌkɒmpəˈziʃn] 1. структура, состав 2. соединение, образование 3. склад ума, характер

~ **of air** состав воздуха

~ **of fecal water** состав воды кала

~ **of inflammatory infiltrate** структура воспалительного инфильтрата

~ **of speech** построение речи

alloy ~ *мед. тех.* состав сплава

antigenic ~ антигенный состав

amino-acid ~ аминокислотный состав

biodegradable ~s биоразлагаемые композиции

body ~ телосложение

body fluid ~ жидкостный состав тела (*60 % массы тела, из которых 40 % приходится на внутриклеточную, 20 % — на внеклеточную, 15 % — на интерстициальную жидкость и 5 % на плазму*)

chemical ~ **of bone** химический состав костной ткани

dietary ~ состав пищи

fatty acid ~ жирно-кислотный состав (*напр. клеточных мембран*)

qualitative ~ качественный состав

quantitative ~ количественный состав

compound ['kɒmpaʊnd] 1. смесь; состав; композиция ‖ смешивать ‖ составной, сложный; осложнённый 2. соединение, состав, вещество

acyclic ~ алифатическое [ациклическое] соединение, соединение жирного ряда

addition ~ продукт присоединения двух и более веществ, элементов; аддукт

additive ~ дополнительный компонент

aliphatic ~ *см.* acyclic ~

amphoteric ~ амфотерное соединение (*способное быть и донором, и акцептором протонов*)

antiviral ~s противовирусные препараты; антивирусные компоненты

antithyroid ~ антитиреоидное соединение

arsenic-containing ~ мышьяк-содержащее вещество

binary ~ бинарное [двойное] соединение

biologic active ~s биологически активные вещества

carcinogenic ~s канцерогенные соединения

degradable ~ подвергающиеся (биологическому) распаду соединения

energy-rich ~s *см.* **high-energy** ~s

estrogen ~s производные эстрогенов, эстрогенные препараты

high-energy phosphate ~s макроэргические [высокоэргические] соединения фосфатов (*накапливающие энергию и отдающие её в процессе метаболизма*)

impression ~ оттискная масса (*для изготовления слепков зубных протезов*)

labelled ~ меченое соединение

lapping ~s шлифующий порошок (*для микротома*)

low-energy phosphate ~ низкоэргическое фосфатное соединение

middle molecular weight ~s вещества средней молекулярной массы

myocardiotoxic ~ кардиотоксическое средство

natural ~ природное соединение

nucleic acid-related ~ производное нуклеиновых кислот

offending ~ вещество, вызывающее отвращение (*к алкоголю*)

organometallic ~ металлорганическое соединение

parent ~ неизменное состояние вещества (*при элиминации из организма*)

quaternary ~ четвертичное соединение

racemic ~ рацемическое соединение (*смесь оптических изомеров одного соединения*)

radioactive ~s

raw ~ неочищенное вещество

reference ~s эталонные препараты; контрольные препараты

ring ~ циклическое соединение

sister ~s соединения, близкие по строению

straight-chain ~ соединение с неразветвлённой [нормальной] цепью; соединение с открытой цепью

tagged ~ *см.* **labelled** ~

ternary ~ тройное соединение

compounding ['kɒmpaʊndiŋ] 1. составление, приготовление (*напр. лекарственного средства*) 2. ингредиент, составная часть (*смеси*)

ex temporaneous ~ приготовление (*лекарственного средства*) по индивидуальному рецепту, *уст.* экстемпоральное приготовление

comprehension [ˌkɒmpriˈhenʃn] 1. понимание; апперцепция 2. включение, охват

auditory ~ понимание на слух

comprehensive [ˌkɒmpriˈhensiv] 1. всеобъемлющий, обширный, полный (*напр. план работы*); исчерпывающий 2. комплексный; всесторонний; многопрофильный

compress ['kɒmprəs] 1. давление, сдавление 2. компресс; мягкая давящая повязка ‖ сжимать; сдавливать

cribriform ~ компресс с перфорированной [сетчатой] тканью

damp ~ влажное обёртывание, влажное укутывание; влажный компресс

drip ~ влажный компресс

graduated ~ компресс с дозированным сдавлением

hot ~ согревающий компресс; горячий компресс

ice ~ холодовый компресс

pressure ~ давящая повязка

compressibility [ˌkɒmpresiˈbiliti]:

~ **of mucosa** *стом.* податливость слизистой оболочки альвеолярного отростка (*под съёмным протезом*)

compression [ˌkəmˈpreʃn] **1.** сжатие; компрессия; вдавление **2.** сдавление

  acute spinal ~ острое сдавление спинного мозга

  arteriomesenteric duodenal ~ артериомезентериальное сдавление двенадцатиперстной кишки; артериомезентериальная непроходимость двенадцатиперстной кишки

  axial ~ давление по оси

  cardiac ~ **1.** сдавление сердца (*напр. при перикардите*) **2.** массаж сердца

  cerebral ~ сдавление головного мозга (*напр. опухолью*)

  chest ~ **1.** сдавление грудной клетки **2.** закрытый массаж сердца

  chronic cardial ~ констриктивный [сдавливающий] перикардит

  external cardiac ~ наружный массаж сердца

  extrinsic ~ **of common bile duct** сдавление общего жёлчного протока извне

  high frequency chest wall ~ сдавление грудной стенки с высокой частотой

  intermittent pneumatic ~ перемежающаяся пневматическая компрессия (*механическим респиратором*)

  magnetic ~ пережатие парой магнитных колец (*при создании анастомоза*); компрессионное анастомозирование магнитами

  manual ~ **1.** ручное сдавление (*напр. кровоточащего сосуда*) **2.** см. **cardiac** ~ 2

  opposing-lateral ~ встречно-боковая компрессия

  spinal cord ~ сдавление спинного мозга

compressive [ˌkəmˈpresiv] схватывающий (*о свойстве гипса в стоматологии*)

compressor [ˌkəmˈpresɒ] **1.** сжимающая мышца, мышца-сжиматель **2.** зажим (*напр. сосудистый*) **3.** *мед. тех.* компрессор

compromise [ˈkɒmprəmaiz] **1.** риск, опасность ‖ подвергать риску, опасности **2.** осложнение; расстройство; вовлечение в патологический процесс; нарушение (*функции*) ‖ нарушать, повреждать, компрометировать **3.** угнетение (*напр. дыхания*)

  arterial ~ **1.** артериальная недостаточность **2.** повреждение артерии

  cord ~ поражение [сдавление, повреждение] спинного мозга

  hemodynamic ~ гемодинамическое расстройство, нарушение кровообращения

  hepatic ~ печёночная недостаточность

  ligament ~ повреждение [нарушение] связки

  nerve ~ повреждение нерва (*сдавление, парез*)

  respiratory ~ дыхательная недостаточность; нарушение [расстройство] дыхания

  threatening vascular ~ угрожающее жизни повреждение сосуда

compromised [ˈkɒmprəmaizd] **1.** подвергнутый риску (*о больном*); ослабленный (*организм*) **2.** нарушенный (*напр. о дыхании*); извращённый (*напр. о реакции*) **3.** иммунодефицитный

compulsion [kəmˈpʌlʃn] **1.** принуждение, императив, насилие **2.** *псих.* компульсивное побуждение; компуль-сивность, навязчивое действие (*напр. частое мытьё рук из страха заражения*)

  ~ **to set fires** пиромания, импульсивное поджигательство

  mental ~ психическое принуждение

  physical ~ физическое принуждение

  repetition ~ навязчивые повторения (*слов, движений*)

compulsive [kəmˈpʌlsiv] *псих.* компульсивный, навязчивый

compulsory [kəmˈpʌlsəri] принудительный (*о лечении*); обязательный

computer [kəmˈpjuːtə] компьютер, электронно-вычислительная машина

  cardiac output ~ компьютер, измеряющий минутный объём сердца

  digital ~ цифровая вычислительная техника

computer-assisted [kəmˈpjuːtə-əˈsistid] (проведённый) с помощью ЭВМ; машинный (*напр. об обработке данных*)

computer-based [kəmˈpjuːtə-ˈbeizd] компьютерный; компьютеризованный; на базе ЭВМ

computerization [kəmˌpjuːtəraiˈzeiʃn]:

  ~ **of diagnostic data** компьютерная обработка диагностических данных

computerized [kəmˈpjuːtəraizd] автоматизированный, относящийся к компьютерной системе

conarium [kəʊˈneiriəm], *pl.* **conaria** [kəʊˈneiriə] шишковидная железа

conation [kəʊˈneiʃn] активное действие (*совокупность умственной активности, энергии, воли и инстинктов, приводящая к целенаправленной деятельности*)

conative [ˈkɒnətiv] относящийся к волевому усилию

concanavalin [ˌkɒnkəˈnævəlin]:

  ~ **A** конканавалин A (*глобулин растений, обладающий выраженной литогенной активностью; связывается с мембранными гликопротеидами и вызывает агглютинацию клеток многих типов*)

concatenate [kənˈkætəneit] конкатенат (*комплекс, состоящий из нескольких топологически связанных замкнутых кольцевых молекул ДНК*)

concatenation [kənˌkætəˈneiʃn] сцепление, каскад

concavity [kɒnˈkæviti] вогнутость; впалость; вогнутая поверхность

  thoracic ~ западение грудной клетки

concavoconcave [kənˌkeivəʊˈkɒnkeiv] двояковогнутый (*о линзах*)

concavoconvex [kənˌkeivəʊˈkɒnveks] вогнуто-выпуклый

concealed [kənˈsiːld] **1.** скрытый; замаскированный, невидимый (*напр. пенис под кожей*) **2.** потенциальный

conceive [kənˈsiːv] **1.** зачать, забеременеть **2.** понимать; думать; задумывать; замышлять

concentrate [ˈkɒnsəntreit] **1.** концентрат, обогащённый продукт **2.** пищевой концентрат

  factor VIII ~ концентрат антигемофильного (VIII) фактора

  platelet ~ концентрат тромбоцитов, тромбоцитарная масса

concentration [ˌkɒnsənˈtreiʃn] **1.** концентрация, внимание, сосредоточенность **2.** содержание, крепость раствора; сгущение

~ in the blood stream концентрация (вещества) в крови

basal ~ базальная [исходная] концентрация

bulk ~ объёмная (общая, валовая) концентрация

controlled oxygen ~ регулируемая концентрация кислорода

corrected calcium ion ~ скорректированная концентрация кальция

critical organ ~ концентрация веществ в критическом органе

delivered anesthetic ~ концентрация анестетика на выходе из испарителя

derived air ~ условно допустимая концентрация в воздухе *(напр. радионуклидов)*

diminished ~ снижение внимания

equilibrium ~ равновесная концентрация

food chain ~ концентрирование [кумуляция] в пищевой цепи

ground level ~ концентрация в приземном слое атмосферы *(загрязняющих веществ)*

killing ~ смертельная концентрация

maximum acceptable [allowable, permissible] ~ предельно допустимая концентрация, ПДК *(напр. загрязняющих веществ)*

mean corpuscular hemoglobin ~ средняя концентрация гемоглобина в эритроците

minimum inhibiting ~ минимальная доза [концентрация] антибиотика, подавляющая рост бактерий, МПК

molal ~ моляльная концентрация

molar ~ молярная концентрация

mole-fraction ~ концентрация в мольных долях

monitoring cyclosporin ~s контролирование концентрации циклоспорина

peak blood ~s максимальная концентрация (вещества) в крови

permissible ~ допустимая концентрация

plasma drug ~ содержание лекарственного вещества в плазме

poor ~ низкая [слабая] способность концентрировать внимание

radioisotope ~ концентрация радиоактивного изотопа

reference ~ референтная концентрация

risk-based ~ концентрации, основанные на риске

steady-state drug ~ равновесная концентрация препарата в крови

super-life Aloe Vera ~ *фирм.* парафармацевтик, содержащий стабилизированный концентрат алоэ *(99,6 %)*

suspended materials ~ *гиг.* 1. мутность *(воды)* 2. запылённость *(воздуха)*

threshold limit ~ предельно пороговая концентрация, ППК

total bilirubin ~ общее содержание билирубина *(в крови)*

trace ~ следовая концентрация, микроконцентрация

urine ~ плотность [удельный вес] мочи

volume ~ объёмная концентрация

weight ~ весовая концентрация

concentrator ['kɒnsəntreitə]:

oxygen ~ оксигенатор

concept ['kɒnsept] понятие *(1. абстрактная мысль или представление 2. объясняющий принцип в системе научных знаний)*; концепция; идея; общее представление

~ for lobectomy показания [обоснования] для лобэктомии

~ of collagen-vascular diseases гипотеза коллагеново-сосудистых заболеваний

~ of directional help концепция двусторонней помощи *(создания вакцин на основе гибридной иммуногенной молекулы, содержащей спаренные Т- и В-клеточные антигенные детерминанты)*

~ of nature понимание природы *(напр. болезней)*

~s in immunology понятия в иммунологии

"allergic breakthrough" ~ концепция «всплеска аллергической реактивности»

current ~s современные представления *(напр. об артериальной гипертонии)*

diagnostic ~ диагностическая концепция

disease ~ of alcoholism концепция болезни алкоголизмом

medico-biological ~ медико-биологические представления, или концепция

multidimensional ~ of health концепция многомерности здоровья

physical ~s наименования физических величин *(длина, масса, время и пр.)*

three-column ~ концепция трёхопорных структур *(позвоночника)*

conception [kən'sepʃn] 1. концепция; идея; замысел; представление; понятие 2. оплодотворение, зачатие

antenuptial ~ добрачное [предбрачное] зачатие

imperative ~ навязчивая идея

conceptus [kən'septəs] концептус *(развивающийся плод и окружающие его плодные оболочки, на всех стадиях беременности)*

concern [kən'sɜːn] 1. тревога, беспокойство 2. участие, интерес

nutritional ~s проблемы питания

concha ['kɒŋkə], *pl.* **conchae** ['kɒŋki] *анат.* раковина

~ of auricle ушная раковина

~ of cranium носовая раковина

inferior ~ нижняя носовая раковина

middle ~ средняя носовая раковина

Morgagni's [superior] ~ верхняя носовая раковина

conclusion [kən'kluːʒn] 1. окончание; завершение; заключение 2. исход; результат *(напр. лечения)*

concomitant [kən'kɒmitənt] 1. сопутствующий *(напр. о симптоме)*; сопутствующий фактор или обстоятельство 2. содружественный *(о косоглазии)*; совместный; одновременный 3. сопровождающий, дополнительный

concordance [kən'kɔːdəns] 1. *ген.* сходство, конкордантность *(совпадение анализируемых признаков, напр., у сибсов)* 2. согласие, соответствие

patient-physician ~ взаимопонимание врача и больного, комплаентность

concordant [kən'kɔːdənt] 1. совместимый, сходный, конкордантный 2. гармоничный

concrement ['kɒnkrəmənt] конкремент, камень

salivary ~s камни слюнной железы

concrescence [kən'kresəns] сращение *(напр. фрагментов кости)*, конкресценция *(напр. корней зубов)*

concretion [kən'kri:ʃn] **1.** конкреция; уплотнение ткани, образование конкремента; сгущение; коагуляция **2.** конкремент, камень; отложение **3.** разделённые в норме части тела *(напр. пальцы)*

alvine ~ каловый камень, копролит

prostatic ~s амилоидные тельца в ацинусах предстательной железы

stomach ~ (трихо)безоар желудка

concupiscence [kən'kju:pisəns] похоть, похотливость

concurrent [kən'kʌrənt] **1.** сопутствующий *(напр. о гипоальбуминемии)*; дополнительный *(о болезни)* **2.** совпадающий; согласованный; синергентный || действующий совместно, параллельно или одновременно **3.** конкурентный

concussion [kən'kʌʃn] **1.** сотрясение; толчок; ушиб **2.** контузия

~ of the brain сотрясение головного мозга

air ~ повреждение взрывной волной

brain ~ *см.* **~ of the brain**

spinal ~ 1. контузия спинного мозга **2.** вибротерапия при заболеваниях спинного мозга

concussor [kən'kʌsə] аппарат для вибрационного массажа, вибромассажёр

condemn [kən'dem] **1.** признавать виновным, осуждать **2.** признавать негодным, выбраковывать

condensation [‚kɒndən'seiʃn] **1.** конденсация; уплотнение; сжатие **2.** *психоан.* бессознательный психический процесс, когда за одним символом подразумевается другой

condensed [kən'denst] *узи* высокой плотности, уплотнённый *(о структуре ткани)*

condenser [kən'densə] **1.** конденсатор; холодильник **2.** *опт.* конденсор **3.** *мед. тех.* штопфер

amalgam ~ амальгамотрегер, штопфер для амальгамовой пломбы

dark-field ~ конденсор для микроскопии в тёмном поле

condition [kən'diʃn] **1.** условие; состояние **2.** болезнь **3.** *pl.* режим **4.** кондиционирование || кондиционировать *(воздух)* **5.** обусловливать, определять

~s of labor особенности родов

~s of temperature температурный режим

abnormal ~s of eye патологические процессы в глазу; болезни глаз

abnormal exposure ~s аномальные условия облучения

actinic ~ фотодерматоз

acute ~ неотложное состояние; острое заболевание

adverse ~s неблагоприятные условия

alarm ~ of a patient состояние, опасное для жизни больного

allied ~s системные заболевания; родственные болезни

ambient ~s *см.* **environmental ~s**

aseptic ~s асептические [стерильные] условия

associated ~ сопутствующая болезнь *(напр. сахарный диабет)*

benign gynecologic ~ доброкачественная опухоль женских органов

clinical ~ болезнь; патологический процесс

coexisting medical ~ *см.* **associated ~**

common ~ распространённое [типичное] заболевание

congenital ~ врождённая аномалия развития

controlled ~s 1. управляемые условия **2.** управляемые инфекции *(скарлатина, дифтерия, корь, краснуха)*

dietary ~s режим питания

dimly lighted ~s никталопия, гемералопия, *уст.* куриная слепота

diploid ~ диплоидное состояние хромосом *(в котором каждый тип хромосом воспроизведён дважды)*

double recessive ~ двойное рецессивное состояние *(наличие двух рецессивных генов в одной аллельной паре)*

environmental ~s окружающие условия, условия окружающей среды

equilibrium ~ состояние равновесия, гомеостаз

fatal ~ смертельное осложнение; смертельное заболевание

favorable ~s благоприятные условия

general ~ of patient общее состояние больного

handicapping ~ нарушение развития, инвалидность

healthy life ~s благоприятные условия жизнедеятельности человека

hygienic and sanitary ~s санитарно-гигиенические условия

immunosupressive ~ иммунодефицитное состояние, иммунодефицит

improving culture ~s оптимизированные условия культивирования

inflammatory ~ воспалительный процесс

influenza-like ~s гриппоподобные болезни; острые респираторно-вирусные инфекции, ОРВИ

initial ~s исходные условия

ischemic ~ ишемия, ишемическое состояние

malignant ~ злокачественное новообразование

mandatory ~ обязательное условие

medical ~ *см.* **morbid ~**

miscellaneous ~s прочие болезни

morbid ~ патологический процесс, болезненное состояние

narcotic ~s наркотическое состояние

non-specific inflammatory ~

nutrient ~s 1. условия питания **2.** состав питательной среды *(напр. микрофлоры)*

nutritional ~s расстройства алиментарного происхождения

painful ~ болезненный процесс

pathological ~ *см.* **morbid ~**

pelvic inflammatory ~ воспалительный процесс тазовых органов

perfect ~ идеальное состояние

poor body ~ 1. пониженное питание, исхудание **2.** астенизация

precancerous ~ *см.* **premalignant ~**

preexisting ~ 1. предшествующее заболевание, заболевание в анамнезе **2.** преклиническое состояние, предболезнь

premalignant ~ предопухолевое состояние, предраковое заболевание

previous ~ предшествующее [исходное] состояние

self-limiting ~ самокупирующееся заболевание *(напр. ОРВИ)*

sexually active ~ состояние сексуального возбуждения

simulated ~s искусственно созданные условия

standard ~s нормальные [стандартные] условия

storage ~s условия хранения

surgical ~s in pediatrics хирургические болезни у детей

stress(ful) ~s 1. стрессовые [психотравмирующие] ситуации 2. в условиях нагрузки

symmetrical ~ of cornea симметричное поражение роговой оболочки глаз

top physical ~ высокая степень физической подготовленности

underlying ~ 1. основные факторы, или условия 2. основное заболевание 3. сопутствующее заболевание

unfavorable ecologic ~s экологически неблагополучные условия

unrestricted ~s нелимитированные условия *(напр. роста организмов)*

conditioning [kən'diʃniŋ] 1. установление требуемого режима или состава 2. выработка условного рефлекса; закаливание; обусловливание 3. кондиционирование *(развитие новых поведенческих навыков под влиянием определённых стимулов)*

~ of medium стандартизация среды

antigen-free air ~ кондиционированный, свободный от антигенов воздух

classical ~ выработка условного рефлекса по методу Павлова

instrumental [operant, operative] ~ *психол.* выработка инструментального [оперантного] условного рефлекса; оперантное научение *(целенаправленное подкрепление желаемого поведения)*

respondent ~ выработка условного рефлекса

condom ['kɒndəm] презерватив, кондом

conduct ['kɒndʌkt] 1. поведение; образ действий 2. руководство, ведение 3. кондуит, лист для записей

~ of delivery ведение родов

abusive ~ грубое поведение; злоупотребление

criminal ~ криминальное поведение

deflecting ~ отклоняющееся поведение

disorderly ~ нарушение общественного порядка

ethical ~ этичное поведение

infamous ~ 1. постыдное поведение 2. нарушение профессиональной этики

conductance [kən'dʌktəns], **conductibility** [kən,dʌkti-'biliti] *физиол.* проводимость, электропроводность

airways ~ сопротивление дыханию

centrifugal ~ центробежная проводимость *(нерва)*

centripetal ~ центростремительная проводимость *(нерва)*

ionic ~ ионная проводимость

membrane ~ мембранная проводимость

noise ~ проводимость импульсов, коэффициент проводимости шумов

specific ~ удельная проводимость

thermal ~ теплопроводность; коэффициент теплопроводности

conduction [kən'dʌkʃn] 1. ведение; руководство ‖ вести; руководить 2. поведение 3. *физиол.* проведение; проводимость

aberrant ventricular ~ аберрантное проведение импульсов по желудочкам

accelerated ~ ускоренное проведение *(напр. эндоскопии)*

accessory AV ~ дополнительные атриовентрикулярные проводящие пути

air ~ воздушное звукопроведение *(при аудиометрии)*

anterograde ~ антероградная проводимость *(от синусового узла к желудочкам сердца)*

atrial ~ внутрипредсердная проводимость

atrioventricular ~ предсердно-желудочковая [атрио-вентрикулярная] проводимость

bone ~ костное звукопроведение *(при аудиометрии)*

concealed AV ~ скрытое АВ-проведение

delayed ~ предсердно-желудочковая [атриовентрику-лярная] блокада I степени

forward ~ *см.* **anterograde ~**

infamous ~ *см.* **infamous conduct**

intra-atrial ~ внутрипредсердная проводимость

intraventricular ~ внутрижелудочковая проводимость

nerve ~ проведение по нерву

nerve-terminal ~ проводимость синапса

postoperative ~ of patients послеоперационное ведение больных

saltatory ~ сальтаторная проводимость *(скачкообразное распространение возбуждения между перехватами Ранвье в мякотном нервном волокне)*

specific airway ~ удельная проводимость дыхательных путей

transosseous tightener wires ~ *мед. тех.* чрескостное проведение спицы

unseemly ~ непристойное поведение

ventricular ~ внутрижелудочковая проводимость

ventriculoatrial ~ ретроградное проведение *(возбуждения в сердце)*

conductometry [kəndʌk'tɒmətri] кондуктометрия *(измерение электропроводности жидких сред, напр. крови)*

conductor [kən'dʌktə] 1. проводник *(вещество)* 2. провод *(напр. электрический)* 3. молниеотвод

earth ~ провод заземления

functional earth ~ провод рабочего заземления

protective earth ~ провод защитного заземления

conduit ['kɒndʊit] 1. *анат.* канал 2. шунт, обходной анастомоз

colonic ~ резервуар из толстой кишки *(созданный хирургически для отведения мочи)*

coronary artery ~ аортокоронарный шунт, или анастомоз

extracardiac ~ экстракардиальный кондуит *(клапаносодержащий протез между магистральным сосудом и полостью сердца)*

ileal ~ участок подвздошной кишки, используемый для создания искусственного мочевого пузыря

non-refluxing colon ~ антирефлюксный резервуар мочи из ободочной кишки

vascular ~ сосудистый протез, аутотрансплантат *(напр. аутовена вместо артерии)*

condylarthrosis [ˌkɒndələ:ˈθrəʊsis] мыщелковый сустав *(напр. коленный)*

condyle [ˈkɒnˈdail] *анат.* мыщелок

  shin-bone ~ мыщелок большеберцовой кости

  tibial ~ мыщелок большеберцовой кости

condylion [kɒnˈdiliən] *кр. метр.* кондилион *(точка на наружной или внутренней поверхности мыщелкового отростка нижней челюсти)*

condyloma [ˌkɒndəˈləʊmə], *pl.* **condylomata** [ˌkɒndəˈləʊmətə] кондилома *(бородавчатое разрастание в области половых органов или заднего прохода)*

  ~ **acuminatum** остроконечная бородавка, остроконечная кондилома

  ~ **latum, flat** ~ широкая [плоская, сифилитическая] кондилома

  penile ~**ta** кондиломатоз полового члена

  pointed ~ *см.* ~ **acuminatum**

cone [kəʊn] 1. *анат.* конус 2. *pl.* колбочки *(сетчатки)*, колбочковидные зрительные клетки

  ~ **of light** 1. *ото.* световой конус, световой рефлекс, Политцера конус 2. пучок световых лучей, фокусирующийся на сетчатке

  ceramic ~ *стом.* керамический стержень

  elastic ~ перстнещитовидная связка

  felt ~ войлочный конус *(для полировки зубных протезов)*

  fertilization ~ яйцевой бугорок, бугорок оплодотворения *(яйцеклетки)*

  keratosic ~**s** участки ороговения на кистях и стопах *(чаще при гонорейном артрите)*

  ocular ~ *см.* ~ **of light**

  pulmonary ~ артериальный конус, воронка *(правого желудочка сердца)*

  radiographic ~ тубус рентгеновской трубки

  retinal ~ *см.* **visual** ~ 1

  skull ~ *мед. тех.* головодержатель

  treatment ~ 1. тубус аппарата лучевой терапии 2. конус облучения

  vascular ~**s** дольки [конусы] придатка яичка

  visual ~ 1. зрительный конус 2. миопический конус

confabulation [kənˌfæbjʊˈleiʃn] *псих.* конфабуляция *(ложное воспоминание, «галлюцинация воспоминания»)*

confection [kənˈfekʃn] *уст.* подслащенное лекарственное средство в смеси с мёдом или в сиропе

conference [ˈkɒnfrəns] 1. конференция, съезд, совещание 2. ассоциация, союз 3. общение; обмен мнениями

  ~ **on Public Health Aspects of Air Pollution** Конференция по вопросам здравоохранения и загрязнения атмосферного воздуха

  case ~ клинический разбор; конференция с разбором клинического случая

  consensus ~ **of American college of chest physicians** Согласительная конференция Американской коллегии кардиопульмонологов и реаниматологов *(по сепсису, 1991 г.)*

  International Audiology ~ Международная конференция по аудиологии

  International Health ~ Международная конференция по здравоохранению

  Joint FAO/WHO ~ **on Food Additives**

  surgical mortality ~ клинико-анатомическая конференция *(с разбором летальных исходов операций)*

  World population ~ Всемирная конференция по проблемам народонаселения

confidence [ˈkɒnfidəns] 1. доверие 2. уверенность; гарантия; точность 3. самоуверенность, самонадеянность

  diagnostic ~ диагностическая точность

  professional ~**s** профессиональная тайна

confidential [ˌkɒnfiˈdenʃl] 1. конфиденциальный, секретный 2. доверяющий, пользующийся доверием

confidentiality [ˌkɒnfidənʃiˈæliti] 1. секрет, конфиденциальность 2. соблюдение врачебной тайны

configuration [kənˌfigjʊˈreiʃn] 1. очертание, форма 2. конфигурация

  ~ **of P waves** форма зубцов Р *(на ЭКГ)*

  QRS ~ комплекс QRS

confine [kənˈfain] 1. лишать свободы; заключать в тюрьму 2. помещать *(в больницу)*

  ~ **of gland** замкнутое пространство железы

confined [kənˈfaind] 1. ограниченный, тесный 2. заключённый 3. рожающая 4. страдающий запором

  ~ **to bed strictly** прикованный к постели

confinement [kənˈfainmənt] 1. ограничение *(свободы, движений)* 2. использование средств удерживания психически больного *(напр. сетка над кроватью)* 3. *разг.* роды, родовой акт

  ~ **of patient in hospital** помещение пациента в больницу

  radioactive materials ~ строгое хранение радиоактивных материалов

  solitary ~ одиночное содержание

confirm [kənˈfɜːm] подтверждать, докладывать; верифицировать *(диагноз)*

confirmation [ˌkɒnfəˈmeiʃn] подтверждение

conflict [ˈkɒnflikt] 1. конфликт 2. *психол.* состояние, когда в ответ на стимул возникают две противоположные реакции; столкновение противоположно направленных целей, интересов, позиций, мнений

  ~ **of feelings** противоречивость чувств

  ~ **of interests** столкновение интересов

  ~ **of rhesus factors** резус-конфликт

  ~ **with radiographic findings** несоответствие рентгенологических данных *(с клинической картиной)*

  approach-approach ~ конфликт подход-подход *(когда человека привлекают две несовместимые между собой цели)*

  approach-avoidance ~ конфликт подход-избегание *(когда, с одной стороны, человека привлекает определённая цель, а с другой, он хочет уклониться от её достижения)*

  avoidance-avoidance ~ конфликт избегание-избегание *(когда человек стремится уклониться от достижения некоторой цели, приближаясь тем самым к одинаково неприятному для него стимулу)*

  experimental ~ экспериментальный конфликт

  interpersonal ~ межличностный конфликт

  intrapersonal [mental] ~ внутриличностный [внутрипсихический] конфликт

  role ~ ролевой конфликт

  root ~ *психоан.* первичный конфликт *(пережитый в детстве и сыгравший определяющую роль в последующем развитии)*

social role ~ социально-ролевой конфликт

confluence ['kɒnfluəns] конфлюэнс, слияние (кровеносных сосудов, жёлчных протоков)

~ **sinum** лат. синусный сток, слияние синусов

hepatic duct ~ слияние печёночных протоков

confluent ['kɒnfluənt] сливающийся (напр. о пустулах); сливной (напр. об оспе)

conformation [ˌkɒnfɔ:'meiʃn] 1. структура; форма; конформация 2. приспособление, приведение в соответствие

antigen ~ структура антигенов

body ~ телосложение

facial ~ форма лица

faulty ~ 1. порочная структура 2. врождённый порок развития

native enzyme ~ конформация нативного фермента

nucleosomal ~s конформация нуклеосом

physical ~ морфологическая структура или форма (органа)

conformer [kən'fɔ:mə] конформер (пространственный изомер)

conformity [ˌkən'fɔ:miti] 1. соответствие, согласованность 2. конформность (усвоение индивидом определённых групповых норм, привычек, ценностей – необходимый аспект социализации личности)

confounding [kɒn'faundiŋ] вмешивающий [искажающий] фактор (результатов исследования)

confrontation [ˌkɒnfrən'teiʃn] 1. противостояние, противоборство 2. псих. конфронтация 3. приблизительное определение границ полей зрения (обычно перемещением объекта от периферии в поле зрения)

reality ~ психол. столкновение с реальностью

confusion [kən'fju:ʒn] 1. ошибка, смущение, конфуз; замешательство 2. спутанность сознания; дезориентация во времени и в пространстве 3. беспорядок, хаос, дезорганизация

diagnostic ~ диагностическая ошибка

mental ~ спутанность сознания; угнетение сознания

moral ~ нравственные [моральные] переживания

nocturnal ~ ночное помрачение сознания

reactive ~ (психогенное) реактивное состояние (в отличие от эндогенного или органического)

congelation [ˌkɒndʒə'leiʃn] 1. гист. замораживание 2. коагуляция; свёртывание

congener ['kɒndʒənə] 1. родственник 2. мышца-синергист 3. лекарственное средство однотипного действия 4. компоненты процесса ферментации (смесь одноатомных спиртов, альдегидов и эфиров, содержащаяся в алкогольных напитках)

anabolic ~s родственные анаболические вещества

congenerous [kən'dʒenərəs] 1. родственный; однородный 2. характеризующийся синергизмом

congenial [kən'dʒi:niəl] 1. близкий, родственный; конгенный (генетически идентичный за исключением одного генного локуса) 2. благоприятный

congenital [kən'dʒenitəl] 1. врождённый; наследственный 2. внутриутробный (напр. об инфицированности)

congestion [kɒn'dʒestʃən] 1. застой (напр. крови, жёлчи); гиперемия; отёк 2. перенаселённость; скученность

active ~ артериальная [активная] гиперемия

brain ~ застойное полнокровие головного мозга

hepatotoxic ~ гепатотоксический застой (жидкости)

nasal ~ заложенность носа

passive ~ венозная [застойная] гиперемия; пассивный застой (крови)

physiological ~ рабочая [функциональная] гиперемия

conglutination [kənˌglu:ti'neiʃn] 1. склеивание; адгезия, сцепление (клеток) 2. иммун. конглютинация; агглютинация (частиц – бактерий, клеток, нагруженных комплементом) 3. спайка, сращение

conglutinin [kən'glu:tinin] иммун. конглютинин

congregation [ˌkɒŋgri'geiʃn]:

susceptibility ~ скопление восприимчивых людей (напр. к гриппу)

congress ['kɒŋgres], лат. **congressus** съезд, конгресс

sexual ~ коитус, половой акт

congruence ['kɒŋgruəns] 1. соответствие; согласованность 2. конгруэнтность (напр. суставных концов костей)

conidiophore [kɒ'nidiəufɔ:] конидиофор, конидиеносец (гифа, несущая конидиоспоры)

coniine ['kɒnii:n] кониин (ядовитый нервнопаралитический алкалоид, присутствующий в растении болиголов, – Conium maculatum)

coniofibrosis [ˌkəuniəufai'brəusis] пылевой фиброз (лёгких; обусловлен вдыханием пыли)

coniophage ['kəuniəuˌfeidʒ] кониофаг, пылевая клетка

coniosis [ˌkəuni'əusis] кониоз (заболевание, вызванное воздействием пыли)

coniosporosis [ˌkəuniəuspəu'rəusis] кониоспороз (острый пневмонит, вызванный ингаляцией спор Coniosporium corticate)

conization [kɒni'zeiʃn] конизация (иссечение конусовидного участка ткани); клиновидная биопсия

~ **of the cervix** конизация шейки матки

conjoin [kən'dʒɔin] 1. соединять(ся); сочетать(ся) 2. срастаться (напр. головами – о близнецах)

conjugate ['kɒndʒugeit] 1. конъюгат (1. конъюгированный геном 2. специфический комплекс, напр. антиген – антитело 3. продукт химического синтеза) || конъюгировать; соединяться; сливаться 2. пара || парный, сопряжённый; соединённый, связанный 3. акуш. конъюгата (таза) 4. pl. бакт. конъюгаты

bead-antibody ~ антитело, иммобилизованное на грануле

cell-bridging ~ антитело-сформированный «мостиковый» цитоконъюгат, гетероконъюгат

disulfide-linked immunotoxin ~s дисульфидносвязанные конъюгаты иммунотоксина

enzyme tagged ~ конъюгат, меченный ферментом

infantile allergic ~ аллергический конъюнктивит новорождённых

true ~ истинная [акушерская] конъюгата

vernal ~ весенний конъюнктивит, весенний катар глаз

conjugation [ˌkɒndʒu'geiʃn] 1. конъюгация (соединение двух микроорганизмов с переходом ДНК от одного организма к другому) 2. слияние; спаривание

~ **of chromosomes** конъюгация хромосом, синапсис (сближение сестринских хроматид, при котором возможен обмен генетическим материалом)

acid ~ синтез конъюгатов аминокислот

glucoronide ~ образование конъюгатов глюкуроновой кислоты

conjugon ['kɒnʤʊʤɒn] конъюгон *(генетический элемент, определяющий способность к конъюгации)*

conjunction [kən'ʤʌŋkʃn]:

~ **with clinical signs** сочетание клинических симптомов *(напр. инфекции с идентификацией возбудителя)*

in ~ в сочетании *(напр. о гиперхолестеринемии с протеинурией)*

conjunctiva [ˌkɒnʤʌŋk'taivə], *pl.* **conjunctivae** [ˌkɒnʤʌŋk'taivi:] конъюнктива, слизистая оболочка глаза

bulbar ~ конъюнктива глазного яблока

palpebral ~ конъюнктива век

conjunctivitis [kənˌʤʌŋkti'vaitis] конъюнктивит

contagious granular ~ трахома

inclusion ~ конъюнктивит [бленнорея] с включениями, паратрахома

membranous ~ дифтерия глаза, дифтерийный конъюнктив

mucopurulent ~ острый катаральный конъюнктивит

mycoplasmal ~ микоплазменный конъюнктивит

neonatal ~ конъюнктивит новорождённых

trachoma-inclusion ~ конъюнктивит с включениями при трахоме

vernal ~ весенний конъюнктивит, или катар

conjunctivoplasty [kən'ʤʌŋktivəʊˌplæsti] пластика конъюнктивы

conjunctivorhinostomy [kənˌʤʌŋktivəʊrai'nɒstəmi] конъюнктивориностомия

connate ['kɒneit] врождённый; прирождённый; конгенитальный

connection [kə'nekʃn] 1. связь, соединение, присоединение 2. родство, свойство 3. половая связь 4. сочленение, сустав

partial anomalous pulmonary venous ~ частичный аномальный дренаж лёгочных вен *(в верхнюю полую вену)*

connective [kə'nektiv] соединительный, связующий

connector [kə'nektə] 1. соединительный узел, коннектор 2. соединительная часть зубного моста 3. бифункциональный [перекрёстносшивающий] агент 4. *ген.* линкер

conoid ['kəʊnɒid] конический *(напр. о связке)*; конусовидный

consanguinean [ˌkɒnsæŋ'gwiniən] единокровный, родной *(напр. брат)*

consanguineous [ˌkɒnsæŋ'gwiniəs] 1. единокровный; родственный 2. совместимый по крови *(донор и реципиент)*

consanguinity [ˌkɒnsæŋ'gwinəti] 1. кровное родство; близость 2. *хим.* сродство

conscience ['kɒnʃəns] 1. сознание 2. совесть

guilty ~ отягощённая совесть

surgical ~ совесть хирурга

conscientious [ˌkɒnʃi'enʃəs] добросовестный; честный

conscious ['kɒnʃəs] 1. находящийся в сознании, бодрствующий 2. сознательный *(в отличие от автоматического)*; осознанный

~ **of pain** ощущающий [чувствующий] боль

consciousless ['kɒnʃəsləs] *психоан.* бéссознательный

consciousness ['kɒnʃəsnəs] 1. сознание 2. сознательность, осознание, понимание

~ **of guilt** осознание вины

alternating ~ заместительное [переменное] сознание

clouded ~ помрачение сознания

double ~ раздвоение сознания

reduced ~ снижение интеллекта

subliminal ~ подпороговый уровень подсознания

consciousness-raising ['kɒnʃəsnəsˌreiziŋ] воспитание самосознания, осознания собственной роли, взглядов, потребностей в связи с имеющейся проблематикой *(психотерапевтическая цель)*

consensual [kən'sənʃuəl] 1. непроизвольный *(о возбуждении движения)* 2. содружественный *(о реакции зрачков)*

consensus [kən'sensəs] 1. согласие, консенсус *(1. общее типичное свойство 2. обобщающий типичный элемент структуры)*; согласие 2. согласованность функций различных органов

medical-legal ~ *суд. мед.* согласованное мнение

consent [kən'sent] согласие || соглашаться

to ~ **to an operation** давать согласие на операцию

~ **for embolectomy** согласие больного на эмболэктомию

implicit ~ молчаливое согласие

informed ~ информированное согласие *(ознакомление больного или испытуемого с условиями и риском диагностического, лечебного или экспериментального воздействия и получение его согласия на это)*

prior ~ предварительное согласие

valid ~ достоверное [компетентное] согласие

consequence ['kɒnsikwəns]:

cardiopulmonary ~s **of acute pulmonary embolic disease** влияние острой эмболии лёгочной артерии на функцию сердца и лёгких

clinical ~ клинические последствия, или проявления; клиническая симптоматика

immune ~s иммунные последствия

surgical ~s хирургические последствия

consequtive ['kɒnsikwətiv] 1. последовательный, ступенчатый *(напр. о реакции)* 2. повторный, рецидивирующий *(напр. вывих)*

conservancy [kən'səːvənsi] 1. санитарное законодательство 2. система удаления нечистот

conservation [ˌkɒnsə'veiʃn] 1. консервирование *(напр. крови)* 2. сохранение; консервация 3. охрана природы; рациональное природоиспользование

conservative [kən'səːvətiv] 1. консервативный *(о методе лечения)* 2. щадящий, сберегательный *(напр. о гемипельвэктомии)* 3. скромный, аккуратный, сдержанный

consideration [kənˌsidə'reiʃn] 1. обсуждение; обоснование; соображение 2. возмещение; компенсация 3. внимание 4. возмещение, компенсация

~ **of consequences** осмысление последствий

anatomical ~ анатомические данные *(к обоснованию хирургического доступа)*

anesthetic ~ анестезиологическая оценка *(напр. состояния больного)*

diagnostic ~ диагностическая ценность

epidemiological ~s эпидемиологические данные; эпидобстановка

ethical ~s этические соображения

fundamental ~s теоретический анализ *(напр. операции)*

general ~ общие положения, или данные

pathologic ~s патологические изменения

perioperative ~ обсуждение проведения послеоперационного периода и операции

physiological ~s физиологические аспекты (*напр. эндохирургии*)

preoperative ~s предоперационная подготовка

special ~ рациональная [продуманная] тактика (*напр. в назначении антибиотиков*)

surgical ~ обсуждение показаний и противопоказаний к операции

technical ~s обсуждение техники (*операции*)

urologic ~s in treating bladder cancer урологические аспекты лечения рака мочевого пузыря

consistency [kən'sistənsi] 1. консистенция 2. типичное течение (*болезни*) 3. постоянство; стойкость

interitem ~ согласованность между заданиями (*теста*)

consolation [ˌkɒnsəˈleiʃn] *психол.* утешение || утешительный

consolidant [kən'sɒlidənt] вещество, способствующее заживлению (*раны*) или консолидации (*кости*)

consolidation [kənˌsɒliˈdeiʃn] 1. объединение, укрепление 2. консолидация (*1. процесс перехода введённой в мозг информации из кратковременной памяти в долговременную 2. сращение кости*) 3. затвердевание, отвердевание

~ of lung parenchyma уплотнение лёгочной паренхимы

consortium [kən'sɔ:tiəm] 1. консорциум, сообщество 2. консорция (*совокупность взаимозависимых микроорганизмов, способных расти на определённых субстратах только коллективно*)

microbial ~ сообщество микроорганизмов

conspecific [ˌkɒnspəˈsifik] принадлежащий к одному виду

conspergere [ˌkɒnˈspɜːgerə] *лат.* присыпать, припудрить (*порошком*); распылять (*аэрозоли*); разбрызгивать

conspicuous [kən'spikjʊəs] явный, видный, бросающийся в глаза (*напр. симптом*)

constancy ['kɒnstənsi] константность, постоянство, стойкость, неизменность

location ~ *психол.* константность местоположения (*в зрительном восприятии предмета*)

perceptual ~ константность восприятия

shape ~ *психол.* константность формы (*в зрительном восприятии*)

constant ['kɒnstənt] константа, постоянная (величина) || постоянный

affinity ~ константа сродства

antigen-antibody ~ константа связывания антигена с антителом

association ~ 1. *хим.* константа ассоциации 2. константа взаимодействия гаптена с антителом

decay ~ 1. коэффициент ослабления 2. постоянная радиоактивного распада

dissociation ~ *хим.* константа диссоциации

equilibrium ~ *хим.* константа равновесия

flotation ~ константа флотации (*для оценки оседания липопротеидов сыворотки*)

growth ~ константа роста

inhibition ~ константа ингибирования

Michaelis ~ Михаэлиса константа (*в стационарной ферментативной системе равна концентрации субстрата, при которой скорость реакции составляет половину максимальной скорости*)

mutation ~ мутационная константа

proportionality ~ константа пропорциональности

radiation [radioactive] ~ постоянная излучения; радиационная постоянная; постоянная радиоактивного распада

rate ~ константа скорости (*реакции, процесса*)

specific gamma-ray ~ гамма-постоянная, ионизационная постоянная

velocity ~ константа скорости (*реакции, процесса*)

constellation [ˌkɒnstəˈleiʃn] 1. констелляция (*совокупность нескольких факторов или признаков, воздействующих на организм в сложном взаимодействии*) 2. *псих.* хаос мыслей

~ of diagnostic findings совокупное диагностическое исследование (*напр. грудной клетки и шеи*)

~ of symptoms and signs комплекс симптомов, сложный симптомокомплекс

constipate ['kɒnstiˌpeit] вызывать запор

constipation [ˌkɒnstiˈpeiʃn] запор, констипация, обстипация

absolute ~ абсолютное отсутствие стула

habitual ~ привычный запор

inflammatory ~ воспалительный запор

proctogenous ~ проктогенный запор

slow transit ~ замедленная перистальтика кишечника

spastic ~ спастический [гиперкинетический] запор

constituent [kən'stitjʊənt] составная часть, структурный элемент, ингредиент

~ of drug 1. формообразующий ингредиент; наполнитель 2. компонент (*медикамента*)

~ of duct компонент пищи

carbohydrate ~s of blood углеводные компоненты крови

cell-wall ~s компоненты клеточной оболочки

lipid ~s of salive содержание липидов в слюне

major ~ основной ингредиент

nitrogenous ~s of blood азотистые компоненты крови

constitution [ˌkɒnstiˈtjuːʃn] 1. строение, структура; состав 2. конституция, телосложение, габитус 3. генотип, идиотип, генетическая конституция, морфотип

characterological ~ характерологический склад характера

genetic [genotypic] ~ генетическая структура, геном

strong ~ крепкий организм

weak ~ слабого телосложения

constitutional [ˌkɒnstiˈtjuːʃnl] 1. органический; конституциональный 2. общий, системный, генерализованный (*напр. о сепсисе*)

constraint [kən'streint] 1. напряжённость, скованность 2. принуждение, стеснение; ограничение; сдерживающий фактор 3. *суд. мед.* заключение, изоляция

moral ~ моральное ограничение

structural ~s структурные [морфологические] ограничения

constriction [kən'strikʃn] 1. сужение, сокращение, спазм 2. стягивание; сжатие; перехват, перетяжка 3. неспирализованный сегмент хромосомы в метафазе

~ of cranial arteries спазм [сужение] черепных артерий

~ of globe атрофия [сморщивание] глазного яблока

~ of subclavian artery сдавление подключичной артерии

duodenopyloric ~ пилоростеноз

Ranvie's ~ Ранвье перехват

ring ~s амниотические перетяжки

temporary ~ временное пережатие *(напр. жгутом)*

constrictor [kən'striktə] 1. констриктор, сжимающая мышца; сфинктер 2. зажим, жгут

construct [kən'strʌkt] 1. (генно-инженерный) конструкт *(векторная ДНК, несущая клонированные последовательности искомого гена)* 2. психол. (личностный) конструкт *(создаваемый субъектом классификационно-оценочный эталон, с помощью которого осуществляется понимание объектов)*

phage-based ~ конструкт на основе фагового вектора

plasmid-based ~ конструкт на основе плазмидного вектора

construction [kən'strʌkʃn] 1. сооружение; конструкция 2. составление *(напр. программы лечения)*

~ of artificial denture изготовление [конструирование] зубного имплантата

~ of anastomosis создание анастомоза

~ of prosthesis устройство [конструкция] протеза

ileal J-pouch ~ формирование подвздошного j-образного кармана

mammary ~ пластическая операция на молочной железе

penis ~ формирование [воссоздание] полового члена *(напр. при транссексуализме)*

plasmid ~ плазмидный комплекс

urethral ~ строение мочеиспускательного канала

constructive [kən'strʌktiv] 1. *биохим.* анаболический; рестриктивный 2. созидательный, конструктивный

consultant [kən'sʌltənt]:

independent ~ независимый эксперт

principal ~ главный консультант

consultation [ˌkɒnsl'teiʃn] 1. консилиум 2. консультация *(напр. врача-специалиста)*

domiciliary ~ консультация по месту жительства

emergent ~ срочная консультация

public ~ медицинская консультация населения

surgery ~ консультация хирурга

consume [kən'sjuːm] 1. потреблять, расходовать; поглощать 2. истреблять, уничтожать 3. чахнуть

consumer [kən'sjuːmə] потребитель *(напр. медицинских услуг)*

consumption [kən'sʌmpʃn] 1. потребление; расход 2. общее истощение *(обычно при туберкулёзе)*

~ of fat diets приём [потребление] жирной пищи

~ of harmful foods приём [потребление] недоброкачественной пищи

endogenous ~ эндогенное потребление *(напр. запасных углеводов)*

excessive ~ неумеренное потребление *(напр. медикаментов)*

galloping ~ *разг.* скоротечная чахотка, быстрое течение туберкулёза лёгких с плохим прогнозом

household food ~ потребительская корзина

human ~ питание человека

oxygen ~ поглощение [потребление] кислорода

water ~ потребление воды

consumptive [kən'sʌmptiv] истощающий, изнурительный *(напр. о болезни)* ǁ истощённый

contact ['kɒntækt] 1. контакт; соприкосновение ǁ быть в контакте; соприкасаться 2. воздействие [передача] инфекционного начала 3. лицо, подвергшееся воздействию заразного начала

~ of infected patient контакт инфекционного больного

~ of lid соприкосновение века *(с глазным яблоком)*

balancing ~ сбалансированный окклюзионный контакт зубов-антагонистов

complete ~ плотный контакт проксимальных поверхностей зубов

deflecting ~ девиантное поведение

eye ~ зрительный контакт

household ~ бытовой [домашний] контакт

inhibited ~ подавляемый контакт

occlusal ~ окклюзионный контакт, смыкание зубных рядов

primary source ~ 1. источник инфекции первого порядка 2. первичный контакт

proximate ~ контакт проксимальных поверхностей двух соседних зубов

secondary source ~ источник инфекции второго порядка

simultaneous occlusal ~ полный контакт зубов-антагонистов обеих челюстей

T–B-cell ~ контакт между Т- и В-лимфоцитами

working ~ контакт зубов-антагонистов на стороне жевания

contactant [kən'tæktənt] контактный аллерген

contagion [kən'teidʒən] 1. заразное начало, инфекционный агент; инфекция 2. передача инфекционной болезни контактным путём 3. вредное влияние; моральное разложение

airborne ~ воздушно-капельная инфекция

immediate ~ распространение инфекционной болезни прямым контактом

mediate ~ распространение инфекционной болезни непрямым контактом

psychic ~ распространение невроза или психоза путём подражания; психическая эпидемия; массовое поветрие

contagious [kən'teidʒəs] контагиозный, инфекционный

contagium [kən'teidʒiəm] возбудитель инфекции, заразное начало, инфект

container [kən'teinə] 1. приёмник; резервуар 2. контейнер; тара

aerosol ~ аэрозольный баллончик

anaerobic ~ анаэростат *(контейнер для выращивания анаэробов)*

gamma-ray source ~ контейнер с источником гамма-излучения

glass intravenous fluid ~ стеклянная ёмкость для жидкостей, вводимых внутривенно

light-resistant ~ светонепроницаемая упаковка *(для лекарственных средств)*

multidose [multiple-dose] ~ упаковка лекарственных средств для многократного приёма

opaque ~ *см.* **light-resistant ~**

plastic ~ пластиковый пакет; пластиковый контейнер

prescription ~ ёмкость, предусмотренная рецептом

pressured ~ баллон под давлением

rodent-proof ~ недоступный для грызунов контейнер

single-dose ~ упаковка на один приём *(лекарственного средства)*

containment [kən'teinmənt] 1. сдерживание [локализация] распространения *(болезни)* 2. уменьшение *(напр. инфицирования)* 3. защита, ограждение, укрытие 4. меры предосторожности

~ of chronic infection купирование хронической инфекции

~ of the femoral head удержание головки бедренной кости

cost ~ of health care сдерживание роста стоимости медицинского обслуживания

contaminant [kən'tæminənt] 1. примесь *(физической, химической или биологической природы)*; загрязнитель, контаминант 2. микрофлора

food ~s пищевые контаминанты; загрязнители пищи

laboratory ~ лабораторные загрязнители *(посторонние микроорганизмы)*

contamination [kən,tæmi'neiʃn] 1. контаминация *(1. загрязнение 2. инфицирование, заражение)* 2. псих. контаминация *(ошибочное воспроизведение слов, заключающееся в объединении в одно слово слогов, относящихся к различным словам)*

~ of the ground загрязнение местности

~ of water bodies загрязнение водоёмов

acceptable ~ приемлемые уровни загрязнения *(напр. радионуклидами)*

aerial ~ 1. воздушное загрязнение *(питательной среды)* 2. воздушная инфекция

airborne ~ 1. воздушно-капельное инфицирование 2. поражение с воздуха *(БОВ)*

biological ~ 1. биологическое загрязнение 2. биологическое заражение

chemical ~ химическое отравление

cigarette smoke ~ загрязнение воздуха табачным дымом

cross ~ контаминирование (поверхности) в результате многократных манипуляций с образцом

culture ~ загрязнение исследуемого образца посторонними микроорганизмами

endotoxin ~ наличие эндотоксина *(напр. в организме)*

environmental ~ загрязнение окружающей среды

fecal-oral ~ заражение фекально-оральным путём

ground ~ заражение почвы

inapparent circuit ~ скрытое загрязнение наркозной системы

microbial ~ 1. микробное заражение 2. микробное загрязнение

mycotic ~ микотическая контаминация, загрязнение грибами *(напр. культуры)*

post-pasteurization ~ загрязнение после пастеризации

radioactive ~ 1. радиоактивное загрязнение 2. радиоактивное поражение

verbal ~ пресенсорная афазия, словесная окрошка

contemporary [kən'temprəri] 1. современный *(напр. стандарт лечения)* 2. одного возраста; одной эпохи

contender [kən'tendə] 1. соперник 2. организм-хозяин *(напр. при клонировании генов)*

content [kən'tent] 1. содержание 2. объём, вместимость, ёмкость 3. *pl.* содержимое

~s of bladder содержимое мочевого пузыря

~ of the spermatic cord содержимое семенного канатика

abdominal ~s органы брюшной полости

body ~ of selenium содержание селена в организме

caloric ~ калорийность *(пищи)*

current ~s текущие оглавления

dream ~ *психол.* содержание сна, сновидение

energy ~s энергетическая ценность, калорийность *(напр. пищи)*

equilibrium moisture ~ устойчивое содержание влажности; постоянная влажность

latent ~ *психол.* скрытое [неосознаваемое] содержание

manifest ~ *психол.* явное содержание *(сознания)*

mineral ~ минеральный состав, содержание минеральных солей

moisture ~ влагосодержание, абсолютная влажность

total nucleic acid ~ общее содержание

residual radionuclide ~ остаточная радиоактивность

contentment [kən'tentmənt] удовлетворённость, довольство

context ['kɒntekst] 1. контекст 2. ситуация, среда, окружение

~ of some medical illness ситуация при данной болезни

social ~s of health социальные аспекты здоровья

contig ['kɒntig] *ген.* контиг *(непрерывный набор клонов, охватывающих всю хромосому или её область)*

contiguity [kɒnti'gjʊiti] 1. смежность, соприкосновение, близость 2. *психол.* ассоциация идей

contiguous [kən'tigjʊəs] соприкасающийся, контактирующий; смежный, соседний, прилегающий

continence ['kɒntinens] 1. умеренность; самоограничение; воздержание *(особ. половое)* 2. регуляция функции мочевого пузыря или кишечника *(удержание, подавление позывов)*

fecal ~ анальная континенция, удерживание каловых масс

urinary ~ удержание мочи; подавление позыва на мочеиспускание

contingent [kən'tinʤənt] 1. группа, контингент 2. случайный, непредвиденный 3. доля; пропорциональное количество

decreed ~s декретированные контингенты

continuity [,kɒnti'njuːiti] непрерывность, неразрывность, целостность

~ of care непрерывность [преемственность] медицинской помощи

intestinal ~ непрерывность кишечника

reestablishing ~ восстановление непрерывности *(напр. пищеварительного тракта)*

continuous [kən'tinjʊəs] 1. постоянный; непрерывный; продолжающийся 2. продолжительный *(напр. гемодиализ)*; длительный, хронический

continuum [kən'tinjʊəm]:

~ of dominance to uniform distribution непрерывный переход от доминирования к равномерному распределению

nosological ~ нозологический континуум, или длинник

contortion [kən'tɔːʃn] **1.** искривление; искажение (напр. лица) **2.** вывих **3.** растяжение связок

contour ['kɒntʊə] форма, контур; конфигурация || наносить контур

loudness ~ диаграмма громкости

pulse ~ кривая пульсации

signal echo ~ узи форма отражённого сигнала (напр. от камней в почках)

contouring ['kɒntʊərɪŋ]:

~ **of pattern in wax** снятие воскового оттиска (прикуса)

contraception [ˌkɒntrə'sepʃn] контрацепция (предотвращение беременности)

emergency ~ см. **postcoital** ~

male ~ контрацепция у мужчины

postcoital ~ посткоитальная [неотложная, экстренная] контрацепция

steroid ~ контрацепция стероидами

surgical ~ хир. стерилизация (напр. вазэктомия, перевязка маточных труб)

contraceptive [ˌkɒntrə'septiv] противозачаточное средство, контрацептив || противозачаточный

"combination" oral ~ комбинированный оральный контрацептив (ежедневный приём одной таблетки 21 день в соответствии с менструальным циклом)

intrauterine ~ внутриматочное средство

"sequential" oral ~ «последовательный» оральный контрацептив (первый вид таблеток принимают ежедневно с 5-го по 19-й день менструального цикла; второй – с 20-го по 24-й)

contract [kən'trækt, 'kɒntrækt] **1.** контракт, договор **2.** сокращаться; сжиматься; сморщиваться **3.** sl. заразиться инфекционной болезнью

~ **of personal insurance** договор личного страхования

direct ~ прямое заключение договоров (предприятия с ЛПУ минуя страховую компанию)

health management ~ договор обязательного медицинского страхования (ОМС)

insurance ~ договор страхования

master group ~ базовый групповой контракт (между страховой организацией и группой, приобретающей страховку)

risk ~ страх. договор о распределении риска

work ~ трудовой договор

contractility [ˌkɒntræk'tiliti] сократимость, сократительная способность, контрактильность (напр. мышцы)

bile canalicular ~ сократимость жёлчных канальцев

depressed ~ снижение сократительной способности мышц

contraction [kən'trækʃn] **1.** спазм; сокращение; сжатие; сморщивание **2.** сужение, стеноз **3.** контрактура **4.** экстрасистола

~ **of lacrimal duct** стеноз [сужение] слёзного канала

~ **of scar tissue** рубцовое сужение

~ **of thorax** сжатие грудной клетки (напр. при выдохе)

abdominal ~ сокращения мышц брюшной стенки

anodal [anodic] closure ~ физиол. анодно-замыкательное сокращение (мышц)

anodic opening ~ физиол. анодно-размыкательное сокращение (мышц)

auricular premature ~ экстрасистола из ушка предсердия

cathodal closure ~ физиол. катодно-замыкательное сокращение (мышц)

cathodal opening ~ физиол. катодно-размыкательное сокращение (мышц)

cicatricial ~ стом. рубцовая контрактура

closing ~ сокращение (мышц) при замыкании электрического тока

coarse ~s сильные [выраженные] сокращения (мышц)

escape(d) ~ запаздывающее сокращение желудочков (сердца)

fibrillary ~s фибриллярные подёргивания, фибрилляция мышечных волокон

isovolumic ~ изометрическое сокращение

hourglass ~ **1.** сокращение средней части полого органа (напр. матки, желудка), придающее органу форму песочных часов **2.** стеноз в форме песочных часов

hunger ~ голодная перистальтика (желудка, кишечника)

idiomuscular ~ сокращение, вызванное прямой электрической стимуляцией мышцы

involuntary ~ непроизвольное сокращение

isometric ~ сокращение мышц, при котором напряжение в них увеличивается, а длина не изменяется

myotatic ~ рефлекс растяжения

peripheral ~ периферическое сужение (поля зрения)

poor ~s слабые сокращения (напр. матки)

postural ~ постуральный [позотонический, статический] рефлекс

premature ~ экстрасистола

smooth muscle ~s спазм гладкой мускулатуры (напр. при анафилаксии)

tetanic ~ судороги (при столбняке)

tonic ~ тоническая судорога (длительное напряжение сокращённых мышц при тетании, столбняке, эпилепсии)

ventricular premature ~s желудочковая экстрасистолия

contracture [kən'træktʃə] контрактура (стойкое сокращение мышц, связанное со спазмом или фиброзом, рубцеванием)

~ **of bowel** спазм кишечника

burn scar ~s рубцовая контрактура вследствие ожогов

Dupuytren's ~ контрактура ладонного апоневроза, Дюпюитрена контрактура

extensive ~ разгибательная контрактура

flexion ~ сгибательная контрактура

ischemic ~ ишемическая контрактура

Volkmann's ~ Фолькманна ишемическая контрактура

contradiction [ˌkɒntrə'dikʃn] противоречие; опровержение

contrafissura ['kɒntrəfiʃʊə] перелом или трещина в точке, противоположной месту удара, перелом от противоудара

contraindication [ˌkɒntrəindi'keiʃn] противопоказание

contralateral [ˌkɒntrə'lætərəl] расположенный или поражающий противоположную сторону тела, контралатеральный

contrariness ['kɒntrərinəs] упрямство, своенравие

contrast ['kɒntræst] **1.** рентг. контрастирование || контрастировать **2.** зрительный контраст

radiographic ~ контрастность рентгенограммы

simultaneous ~ одновременный зрительный контраст

successive ~ последовательный зрительный контраст

contrast-enhanced ['kɒntræst-in'ha:nst] с контрастным усилением (напр. МРТ)

contrastimulant [ˌkɒntrə'stimjʊlənt] 1. антагонист стимулирующего действия 2. депрессант

contrecoup [kɔːntrə'kuː] повреждение в точке, противоположной месту удара, повреждение от противоудара (напр. черепно-мозговая травма)

contribute [kən'tribjuːt] 1. содействовать, способствовать (напр. возникновению болезни); играть роль (напр. в недостаточности сфинктера) 2. жертвовать; усугублять; ухудшать

contribution [ˌkɒntri'bjuːʃn] 1. пожертвование; взнос; вклад 2. содействие

~ **of anode to ventricular excitation** роль анода в возбуждении миокарда желудочков

~ **of B-cell proliferation** роль пролиферации В-клеток (напр. в увеличении селезёнки)

~ **of mediastinotomy in the diagnosis** значение медиастинотомии в диагностике (напр. заболеваний средостения)

~ **of products** обеспечение продуктами (населения)

~ **of protein to calorie** расход калорий, покрываемый белками

insurance ~ страховой взнос

percent atrial ~ **to ventricular filling** процент предсердного наполнения желудочков

contributor [kən'tribjʊtə] 1. жертвователь 2. страхователь

control [kən'trəʊl] 1. контроль, регуляция, управление || контролировать, регулировать, управлять; купировать 2. pl. контрольная группа (в эксперименте)

~ **of calcium** регуляция уровня кальция

~ **of disease** контроль, управление болезнью (с помощью профилактических и противоэпидемических мероприятий)

~ **of enuresis** лечение энуреза

~ **of focus** регулировка фокусного расстояния

~ **of hemorrhage** остановка кровотечения (напр. баллонным катетером)

~ **of insect vectors** борьба с насекомыми-переносчиками

~ **of substances hazardous to health** учёт опасных для здоровья человека веществ

abdominal blooding ~ остановка внутрибрюшного кровотечения

age-matched ~ контроль по возрастным группам

biological ~ биологическая борьба (напр. с возбудителями болезни)

birth ~ регулирование рождаемости, планирование семьи (контрацепция, стерилизация)

cancer ~ противораковые мероприятия

color-matched ~ цветовой контроль

community ~ **of diseases** борьба с болезнями среди населения

conception ~ см. **birth** ~

concurrent ~ параллельный контроль (при исследовании)

curricula quality ~ контроль качества жизни

current ~ текущий (санитарный) надзор

death ~ мероприятия по уменьшению смертности

drug ~ контроль за лекарственными средствами

electrostatic ~ **of enzyme reactions** электростатическое управление ферментными реакциями

endocrine ~ гормональная [эндокринная] регуляция

environmental ~ контроль за состоянием окружающей среды; охрана окружающей среды

eye ~ визуальный контроль

feed-back ~ регуляция с обратной связью

fertility ~ см. **birth** ~

follow-up ~ последующий контроль, контроль в отдалённые сроки

food ~ пищевой (санитарный) контроль

foot ~ мед. тех. 1. ножное включение (аппарата) 2. ножная педаль включения

gastrointestinal bleeding ~ остановка желудочно-кишечного кровотечения

gate ~ теория контролируемых ворот, или входного контроля (теория боли и анальгезии)

genotypic ~ генотипический контроль, контроль, осуществляемый генотипом

healthy ~ контрольная группа из здоровых лиц

home ~ **of vectors** борьба с переносчиками инфекций внутри помещений

idiodynamic ~ идиодинамическая регуляция (трофики мышц продолговатым мозгом)

impaired ~ нарушенный контроль; снижение контроля

impulse ~ контроль побуждений

incontinence ~ использование приёмных устройств при недержании (напр. кала)

indoor pest ~ борьба с вредными насекомыми внутри помещений

intraoperative ~ интраоперационный контроль

IR ~ генетический контроль иммунного ответа, IR-контроль

legal ~ правовой контроль

manual ~ 1. ручное управление 2. ручной регулятор

metabolic ~ метаболический контроль; регуляция обмена (веществ)

metastasis ~ профилактика метастазирования

nervous ~ нервная регуляция

neural ~ **of the sphincter of Oddi** нервная регуляция сфинктера Одди

noise (pollution) ~ борьба с шумами, снижение уровня шума

odor ~ дезодорация, нейтрализация неприятного запаха

pain ~ снятие [устранение] боли

pest ~ контроль численности насекомых-вредителей (поддержание популяции вредителей ниже численности, причиняющей экономический ущерб)

pharmacy ~ внутриаптечный контроль (напр. качества медикаментов)

pollution ~ контроль за загрязнением окружающей среды; борьба с загрязнением

poor impulse ~ плохое контролирование импульсов

population ~ см. **birth** ~

positive ~ позитивная регуляция (тип регуляции, при котором регулируемый ген транскрибируется только в присутствии белка-активатора)

preventive ~ гиг. 1. профилактические [предупредительные] мероприятия 2. предупредительный надзор

quality ~ контроль качества *(поддержание результатов лабораторных измерений в пределах ± 2 стандартных отклонения от контрольного значения)*

remote ~ *рентг.* 1. дистанционное управление 2. дистанционный контроль

Schick ~ Шика реакция *(при дифтерии)*

seizures ~ купирование судорог

sex ~ *см.* **birth** ~

social ~ общественный контроль *(напр. за поведением индивидуума)*

sophistical chemical ~ изощрённые химические средства борьбы *(напр. с вредителями)*

stringent ~ строгий контроль

synergic ~ импульсы из мозжечка, регулирующие активность синергических мышц

tonic ~ нервная регуляция тонуса мышц

total quality ~ всеобщий контроль качества

transcriptional ~ транскрипционный контроль *(регуляция белкового синтеза посредством образования мРНК)*

translational ~ трансляционный контроль *(регуляция синтеза белка изменением скорости его трансляции в рибосоме)*

Trendelenburg ~ придание положения Тренделенбурга *(на операционном столе)*

urinary ~ контроль за мочеиспусканием; удержание мочи

volume ~ регуляция дыхательного цикла по объёму

voluntary ~ произвольная регуляция *(напр. поведения)*

controlled-release [kən'trəʊld-ri'li:s] продлённого [пролонгированного] действия *(о препарате)*

controller [kən'trəʊlə] контролирующее устройство

temperature ~ терморегулятор

controversial [ˌkɒntrə'vɜ:ʃl] противоречивый, спорный, дискуссионный

controversy ['kɒntrəvɜ:si] 1. отсутствие единства, дискутабельность, противоречивость 2. проблема, конфликт

~ **in anesthesiology** дискуссионные вопросы анестезиологии

calcium antagonist ~ дискуссионность [спорность] применения антагонистов кальция

contrusion [kɒntr'ju:ʒn] скрученность зубов

contusion [kən'tju:ʒn] 1. ушиб; контузия 2. закрытая травма

contrecoup ~ ушиб мозга на противоположной стороне *(от места приложения удара)*

coup ~ ушиб мозга на месте приложения силы удара

lung [pulmonary] ~ ушиб лёгких

conus ['kəʊnəs] 1. *анат.* конус 2. склеральный конус *(при близорукости)*

~ **arteriosus** артериальный конус *(начало лёгочного ствола в правом желудочке мозга)*

~ **medullaris** мозговой конус *(дистальный сегмент спинного мозга, располагающийся на уровне нижнего края первого поясничного позвонка)*

---

* Гаагская, 1912 г., является первым договором по контролируемым лекарственным средствам; Единая конвенция по наркотикам, Нью-Йорк, 1961 г., изменения 1972 г.; Конвенция по психотропным веществам, Вена, 1971 г.; Конвенция против незаконного оборота наркотиков и психоактивных веществ, Вена, 1988 г.

convalescence [ˌkɒnvə'lesəns] 1. выздоровление, реконвалесценция 2. период выздоровления ◊ **to make** ~ выздоравливать, поправляться

convalescent [ˌkɒnvə'lesənt] 1. реконвалесцент, выздоравливающий 2. относящийся к периоду выздоровления

convention [kən'venʃn] 1. собрание; съезд 2. договор; соглашение 3. обычай

Convention:

Bioethics ~ (Европейская) конвенция по биоэтике

Geneva ~ Женевская конвенция 1864 г. *(о нейтралитете медицинского персонала воюющих сторон при оказании помощи раненым)*

International ~ **on the Rights of the Child** Международная конвенция по правам ребёнка

International Drug ~s Международные конвенции по лекарственным средствам*

Pan American Sanitary ~ панамериканская санитарная конвенция

Single ~ **on Narcotic Drugs** Единая конвенция по наркотикам *(1961 г.)*

United States Pharmacopeial ~ Фармакопейная конвенция США

conventional [kən'venʃnəl] 1. общепринятый, обычный, традиционный *(напр. о гистерэктомии)* 2. нормальный; стандартный; соответствующий условиям 3. условный *(рефлекс)*

convergence [kən'vɜ:dʒəns] конвергенция *(1. объединение нервных волокон, отходящих от различных участков головного мозга, в единое целое 2. сведение зрительных осей обоих глаз на одном предмете 3. сходство формы тела и строения органов у относительно далёких видов)*

near point ~ ближайшая точка конвергенции

conversion [kən'vɜ:ʃn] 1. изменение, превращение, трансформация 2. изменение положения тела плода *(для облегчения родов)* 3. *психол.* конверсия *(выражение конфликта как физического симптома болезни)* 4. *микр.* фаговая [лизогенная] конверсия 5. конверсия, переход *(напр. от лапароскопической операции к открытой)*

~ **from small to large guide wires** переход от проводника с малым калибром на проводник с большим *(напр. при методике Сельдингера)*

~ **into cartilage** превращение в хрящ

~ **of acute to chronic pulmonary tuberculosis** переход острого туберкулёза в хронический *(напр. в результате неадекватной терапии)*

~ **of external bilis drain to stent** переход от наружного дренирования жёлчи к стентированию

~ **to laparotomy** переход к лапаротомии *(напр. при безуспешности лапароскопической операции)*

gene ~ 1. конверсия [трансмутация] гена *(процесс, в результате которого аллель в хромосоме заменяется другим аллелем из гомологичной хромосомы)* 2. необратимая рекомбинация

lysogenic ~ лизогенное превращение *(приобретение бактерией фаговых генетических признаков)*

Mantoux ~ конверсия реакции Манту, туберкулин-конверсия, туберкулиновый вираж *(переход туберкулиновой реакции из негативной в положительную)*

metabolic ~ метаболическое превращение, биотрансформация

percutaneous ~ **of gastrostomy** чрескожное преобразование гастростомы

phage ~ *см.* **lysogenic** ~

sputum ~ исчезновение туберкулёзных палочек из мокроты

temperature ~ пересчёт температур *(с одной шкалы на другую)*

convertant [kən'və:tənt] конвертант *(продукт генной конверсии)*

converter [kən'və:tə]:

digital-to-analog ~ *мед. тех.* аналогово-цифровой преобразователь, АЦП

image ~ *рентг.* электронно-оптический преобразователь

thermal ~ термопреобразователь, тепловой датчик

convex [ˌkɒn'veks] выпуклый, выгнутый

periscopic ~ перископическая выпуклая [собирающая] линза

convexity [ˌkɒn'veksəti]:

thoracic ~ выбухание [выступание] грудной клетки

convexo-concave [ˌkɒn'veksəu-kɒn'keiv] выпукло-вогнутый

convexo-convex [ˌkɒn'veksəu-ˌkɒn'veks] двояковыпуклый *(о линзах)*

convey [kən'vei] 1. передавать *(запах, звук)* 2. переносить *(инфекцию)* 3. выражать *(идею)*

conviction [kən'vikʃn] 1. убеждение, убеждённость 2. уверенность 3. *суд. мед.* осуждение

to carry ~ убеждать

unfounded ~ *псих.* необъяснимое убеждение пациента *(напр. в мнимой болезни)*

convolution [ˌkɒnvəu'lu:ʃn] 1. изгиб, скручивание *(напр. органа, органеллы)* 2. извилина большого мозга

angular ~ угловая извилина *(теменной доли)*

anterior central ~ предцентральная извилина *(лобной доли)*

ascending frontal ~ предцентральная извилина *(лобной доли)*

Broca's ~ нижняя лобная извилина, Брока извилина

callosal [cingulate] ~ поясная извилина *(медиальной и нижней поверхностей полушария большого мозга)*

first temporal ~ верхняя височная извилина

second temporal ~ средняя височная извилина

supramarginal ~ надкраевая извилина *(теменной доли)*

third temporal ~ нижняя височная извилина

Zuckerkandl's ~ Цуккеркандля паратерминальная [подмозолистая] извилина *(обонятельного мозга)*

convulsant [kən'vʌlsnt] конвульсант ‖ вызывающий судороги

convulsion [kən'vʌlʃn] судорога; конвульсия

alcohol related ~ алкогольный эписиндром, эпилептиформные пароксизмы у больного алкоголизмом

clonic ~ клоническая судорога *(быстрое попеременное сокращение и расслабление мышц)*

coordinate ~ координированная конвульсия *(напоминающая направленное движение)*

crowing ~ стридорозный ларингоспазм

drug related ~ экзогенный эписиндром *(связанный с приёмом наркотиков или психоактивных веществ)*

ether ~ судорога при эфирном наркозе

febrile ~s *см.* **infantile** ~s

grand mal ~s большой судорожный припадок

infantile ~s афебрильные судороги *(у младенцев)*

mimic ~ лицевой тик

puerperal ~ эклампсия в послеродовом периоде

salaam ~ кивательная [салаамова] судорога, салаамов тик

tetanic ~s судороги при столбняке

tonic ~ тоническая судорога *(длительное напряжение сократительных мышц)*

ulcinate ~s эпилепсия, вызванная поражением извилины

co-occurrence [ˌkəu-ə'kʌrəns] сосуществование *(о коморбидности)*

cooker ['kukə] стерилизатор

cooking ['kukiŋ] 1. приготовление пищи 2. вываривание

cool [ku:l] 1. прохладный свежий 2. спокойный, невозмутимый 3. равнодушный; безучастный; апатичный 4. беззастенчивый, нахальный 5. *sl.* крутой, клёвый, классный

to keep ~ сохранять спокойствие

~ **pain** охлаждать; умерять боль

coolant ['ku:lənt] охладитель; хладагент

liquid ~ охлаждающая жидкость; жидкий хладагент

cool-dehumidified [kuldihju'midifaid] высушенный при низкой температуре, лиофилизированный

cooler ['ku:lə] 1. холодильник 2. холодильная камера *(напр. для биохимических исследований)*

stage ~ охладительный столик

thermostatic ~ криостат

cooling ['ku:liŋ]:

forced ~ принудительное охлаждение

general ~ общее охлаждение

coolness ['ku:lnəs] 1. прохлада, свежесть 2. ощущение прохлады, холодность 3. хладнокровие, спокойствие

~ **of extremities** похолодание конечностей

co-operate [kəu'ɒpəreit] 1. совместно действовать; сотрудничать 2. содействовать, способствовать 3. объединяться; кооперироваться

cooperation [kəuˌɒpə'reiʃn] 1. объединение, кооперация, взаимодействие 2. сотрудничество

~ **of patient** сотрудничество больного *(с врачом)*

international ~ международное сотрудничество *(напр. в изучении инсульта)*

coordination [kəuˌɔ:di'neiʃn] 1. согласованность; координация 2. согласованное движение *(напр. мышц)*, содействие, синергизм

~ **within health sector** координация в рамках сектора здравоохранения

relative ~ модуляция периода *(свободно текущего ритма)*

coordinator [kəuˌɔ:di'neitə]:

disease manager ~ координатор проекта по профилактике, терапии и реабилитации больных

coossification [kəuˌɒsifi'keiʃn] костное сращение, синостоз; образование синостоза

coossify [kəu'ɒsifai] образовывать костное сращение

cop [kɒp] *sl.* состояние наркотического опьянения

co-payments [kəu'peimənts] соплатежи *(доля стоимости лечения, которую больной должен оплатить сам)*

cope [kəʊp] *психол.* совладать, обращаться к имеющимся страхам и противоречиям с целью их разрешения

coping[1] ['kəʊpiŋ] металлическая основа коронки с облицовкой

coping[2] копинг (*приспособление к стрессовым обстоятельствам, совладание с ними*), психологическая [психофизиологическая] адаптация

stress ~ адаптация к стрессу, способность справляться со стрессом

copiopia [ˌkɒpiˈəʊpiə] усталость глаз (*после напряжённой зрительной работы*)

copper ['kɒpə] *см.* **cuprum**

coprecipitation [ˌkəʊprisipiˈteiʃn] копреципитация (*двух или более антигенов полиспецифической иммунной сыворотки*)

copremesis [kɒpˈreməsis] каловая рвота, копремезис

coproantibody [ˌkɒprəʊˈænti'bɒdi] копроантитело

coprolagnia [ˌkɒprəʊˈlægniə] копролагния (*форма полового извращения*)

coprolalia [ˌkɒprəʊˈleiliə] *псих.* копролалия (*навязчивое употребление вульгарных и нецензурных слов*)

coprolith ['kɒprəʊliθ] каловый конкремент, копролит

coprology [kɒpˈrɒlədʒi] *лаб.* копрология

coprophagy [kɒpˈrɒfədʒi] *псих.* копрофагия

coprophil(ic) [ˌkɒprəʊˈfilik] копрофильный, обитающий в кале

coprophrasia [ˌkɒprəʊˈfreiziə] *см.* **coprolalia**

coproplanesia [ˌkɒprəʊplæˈniːziə] выделение кала через свищ или искусственный задний проход

copropraxia [ˌkɒprəʊˈpræksiə] копропраксия (*импульсивная непроизвольная демонстрация непристойных жестов, напр., при синдроме Туретта*)

coprostasia [ˌkɒprəʊˈsteiziə] копростаз, каловый стаз; запор, констипация

coprostasophobia [ˌkɒprɒˌsteizəʊˈfəʊbiə] копростазофобия

copula ['kɒpjʊlə] 1. связка; узкая часть, соединяющая два образования 2. *уст. эмбр.* зигота

copulation [ˌkɒpjʊˈleiʃn] 1. случка, спаривание, совокупление 2. копуляция (*у простейших*)

copy ['kɒpi] *ген.* копия, реплика; копировать, реплицировать

acceptor ~ акцепторная копия (*сегмента гена при рекомбинации*)

donor ~ донорская копия (*сегмента гена при рекомбинации*)

single ~ уникальная копия (*гена*)

copy-choice ['kɒpiˈtʃɒis] обмен матрицами (*при репликативной рекомбинации*)

cor [kɔː], *pl.* **corda** ['kɔːdə] *лат.* сердце

~ **adiposum** *лат.* жировая дистрофия миокарда

~ **biloculare** *лат.* двухкамерное сердце (*с отсутствующими или неполноценными перегородками*)

~ **bovinum** *лат.* «бычье» сердце

~ **dextrum** декстракардия

~ **hirsutum** ворсинчатое [волосатое] сердце (*покрытое волокнами фибрина при перикардите*)

~ **pendulum** сердце астеника, висячее сердце

~ **pulmonale** *лат.* лёгочное сердце (*вследствие гипертензии малого круга кровообращения*)

~ **taurinum** *см.* ~ **bovinum**

~ **tometosum** *см.* ~ **hirsutum**

~ **triatriatum** *лат.* трёхпредсердное сердце (*при котором левое предсердие разделено поперечной перегородкой*)

~ **triloculare** *лат.* трёхкамерное сердце (*при отсутствии межпредсердной или межжелудочковой перегородки*)

~ **venosum** правое сердце (*правые камеры сердца*)

~ **villosum** *см.* ~ **hirsutum**

coracidium [kɔːrəˈsidiəm] *параз.* корацидий

coracoid ['kɔːrəkɔid] клювовидный отросток (*лопатки*) || клювовидный

cord [kɔːd] 1. *анат.* канатик; тяж; струна; хорда 2. клеточный столбик (*напр. в трофобласте*) 3. спинной мозг; нервный пучок

Bergmann's ~ слуховые полоски (*четвёртого желудочка головного мозга*)

Billroth's ~s *см.* red pulp ~s

cervical ~ шейный отдел спинного мозга

dental ~ зачаток эмалевого органа

enamel ~ эмалевый тяж

false vocal ~s складки преддверия (*гортани*), ложные голосовые складки

Ferrein's ~s *см.* vocal ~s

gangliated ~ (пограничный) симпатический ствол

genital ~ половой шнур или тяж (*содержащий парамезонефрический проток и проток первичной почки*)

germinal ~s *эмбр.* зародышевые шнуры, зародышевые тяжи

heel ~ пяточное сухожилие

hepatic ~s печёночные пластинки (*на срезе*)

lateral ~ латеральный пучок (*плечевого сплетения*)

ovigerous ~s зачатки яйцеклеток и фолликулов яичника

posterior ~ задний канатик белого вещества спинного мозга

psalterial ~s сосудистые полоски (*улиткового лабиринта*)

red pulp ~s тяжи красной пульпы селезёнки, красная пульпа селезёнки

spermatic ~ семенной канатик

spinal [spine] ~ спинной мозг

splenic ~s *см.* red pulp ~s

tendinous ~s сухожильные хорды (*сосочковых мышц сердца*)

testicular ~ *см.* **spermatic** ~

testis ~s зачатки яичка

tethered ~ фиксированный спинной мозг (*при врождённом незаращении позвоночника*)

umbilical ~ пуповина, пупочный канатик

upper ~ верхний отдел спинного мозга

vocal ~s голосовые складки

cordial ['kɔːdiəl] 1. сердечный; искренний; радушный 2. сердечное средство

corditis [kɔːˈdaitis] *невр., урол.* фуникулит

cordocentesis [ˌkɒdəʊsenˈtiːsis] кордоцентез (*взятие на анализ крови из пупочной вены плода*)

cordopexy ['kɔːdrəʊˈpeksi] хордопексия (*фиксация смещённых анатомических тяжей*)

cordotomy [kɔː'dɒtəmi] 1. хордотомия (*пересечение проводящих путей спинного мозга*) 2. иссечение хорды полового члена

core [kɔː] 1. сердцевина; ядро (*клетки, фага*) 2. штифт (*искусственного зуба*) 3. гипсовый слепок (*напр. зубных коронок*) 4. нуклеокапсид (*элемент структуры вируса*) 5. сущность психотерапевтической группы (*в противоположность фасаду – front*)

  ischemic ~ ишемическое ядро (*при инсульте*)

  plastic pin ~s пластические полые штифты (*зубов*)

  retained endochondral ~s поздно появившиеся ядра окостенения

corecognition [ˌkəʊrikɒg'niʃn] *иммун.* двойное распознавание (*чужеродной детерминанты Т-лимфоцитами*)

corectasia [kɔː'ektəziə], **corectasis** [kɔː'ektəsis] мидриаз

corectomy [kəʊr'ektəmi] иридэктомия (*иссечение части радужки*)

corectopia [ˌkɔːek'təʊpiə] корэктопия (*смещение зрачка в сторону по сравнению с его нормальным положением в центре радужной оболочки*)

core-enzyme [kɔː'enzaim] минимальный фермент (*минимальный набор субъединиц сложного фермента, необходимый для его активации*)

coreometry [ˌkɔːri'ɒmətri] пупиллометрия (*измерение величины зрачка*)

coreoplasty ['kɔːriəʊˌplæsti] пластическая операция на радужке

corepressor [ˌkəʊri'presə] корепрессор (*метаболит, активирующий репрессор синтеза иРНК*)

corestenoma [ˌkɔːristə'nəʊmə] миоз (*сужение зрачка*)

corium ['kɔːriəm] дерма, собственно кожа, кориум

corn [kɔːn] 1. мозоль, омозолелость 2. зерно; кукуруза

  hard ~ твёрдая мозоль

  seed ~ папиллома или бородавка на подошве стопы

  soft ~ артифициальный буллёзный дерматит, водяная мозоль

cornea ['kɔːniə] роговица (*передняя прозрачная часть фиброзной оболочки глаза*)

  conical ~ кератоконус (*дефект роговицы в форме конуса*)

  limbal ~ перилимбальные отделы роговицы

  paracentral ~ парацентральная часть (*роговицы*)

corneitis [ˌkɔːni'aitis] кератит

cornerstone ['kɔːnəstəʊn]:

  ~ of treatment основа, краеугольный камень лечения

corneosclera [ˌkɔːniəʊ'sklerə] наружный покров глазного яблока (*роговица и склера*)

corneous ['kɔːniəs] роговой, роговидный

corner ['kɔːnə] 1. угол 2. часть, район ◊ **tight ~** затруднительное [опасное] положение

corneum ['kɔːniəm]:

  ~ sequestrium отторгнувшаяся роговая оболочка (*глаза*)

cornification [ˌkɔːnifi'keiʃn] кератинизация (*1. превращение в кератин 2. превращение эпителиальной ткани в многослойный плоскоклеточный эпителий*), ороговение

  ~ of vaginal epithelium ороговение влагалищного эпителия

cornu ['kɔːnuː] *лат., pl.* **cornua** ['kɔːnʊə] 1. любая структура роговидной формы или имеющая рогоподобную часть 2. одна из частей бокового желудочка мозга (*лобный, затылочный или височный рог*)

  uterine ~a маточные рога; двурогая матка (*наличие перегородки в теле матки, разделяющей её полость на две части*)

corollary [kə'rɒləri] следствие, результат

  ~ to infection последствие инфекционного процесса

corona [kə'rəʊnə], *pl.* **coronae** [kə'rəʊni] венец (*структура, напоминающая корону*)

  ~ capitis венечный шов

  ~ dentis коронка зуба

  ~ of glans penis венец головки полового члена

  ~ radiata лучистый венец (*1. совокупность радиальных волокон – восходящих проводящих путей к коре головного мозга 2. слой фолликулярных клеток, окружающих овулированную яйцеклетку*)

coronal ['kɔːrəʊnəl] 1. коронковый (*относящийся к коронке зуба*) 2. относящийся к венечному шву; фронтальный (*о плоскости тела*) 3. имеющий форму тела

coronarism ['kɔːrənærizm] 1. коронарная недостаточность 2. стенокардия, грудная жаба

coronary ['kɔːrəˌnæri] венечная [коронарная] артерия || венечный, коронарный (*о сосудах сердца*)

coronary-prone ['kɔːrənæri-ˌprəʊn] предрасположенность к коронарной болезни

Coronaviridae [kəˌrəʊnə'viridi] семейство коронавирусов

coronaviruses [kə'rəʊnəˌvairəsiz] коронавирусы (*семейство РНК-содержащих плеоморфных вирусов*)

coroner ['kɔːrənə] коронер (*следователь, возглавляющий комиссию по аутопсии умерших от внезапной насильственной смерти или смерти при неясных обстоятельствах*)

coronion [kə'rəʊniɒn] *кр. метр.* коронион (*верхушка венечного отростка нижней челюсти*)

coroscopy [kə'rɒskəpi] офтальмоскопия в бескрасном свете; ретиноскопия

corpora ['kɔːpərə] *pl. от* **corpus**:

  ~ paraaortica аортальный поясничный параганглий, Цуккеркандля орган

corporation [ˌkɔːpə'reiʃn]:

  insurance ~ страховое общество

  trustee ~ опекунская корпорация

Corporation:

  International Development ~ Корпорация международного развития (*США*)

corps [kɔː], *pl.* **corps** [kɔːz] 1. корпус (*организация*); служба 2. медицинские кадры в армии и на флоте 3. команда, группа лиц

  aerial nurse ~ служба медицинских сестёр

  dental ~ зубоврачебная служба

  field ambulance Royal Army Medical ~ медико-санитарный отряд Королевских войск (*Англия*)

  Royal Army Dental ~ зубоврачебная служба Королевских войск (*Англия*)

  Peace ~ «Корпус мира»

  pharmacy ~ военно-фармацевтическая служба

  sanitary ~ санитарно-эпидемиологическая служба

corpse [kɔːps] труп

corpulence ['kɔːpjʊlens], **corpulency** ['kɔːpjʊlensi] ожирение

corpus¹ ['kɔːpəs], *pl.* **corpora** ['kɔːpərə] тело (*1. большая часть анатомической структуры 2. любое физическое тело*)

~ **albicans** беловатое тело (*зарубцевавшаяся ткань, заместившая жёлтое тело*)

~ **alienum** инородное тело

~ **amygdaloideum** миндалевидное тело (*скопление серого вещества в височной доле большого мозга*)

~**ora arenacea** псаммозные [псаммомные] тельца, «мозговой песок»

~ **calcanei** тело пяточной кости

~ **callosum** мозолистое тело

~ **cavernosum** пещеристое [кавернозное] тело

~ **ciliare** *офт.* ресничное тело

~ **coccygeum** копчиковое тело (*клубочковый артериовенозный анастомоз*)

~ **delicti** *лат.* состав преступления

~ **luteum** жёлтое тело (*эндокринная железа яичника, вырабатывающая прогестерон*)

~ **luteum aretica** *см.* ~ **albicans**

~ **spongiosum** губчатое тело (*окружающее уретру*)

~ **striatum** полосатое тело (*головного мозга*)

ethmoid ~ средняя носовая раковина

corpus² 1. корпус, школа; собрание 2. свод законов, кодекс

~ **Hippocraticum** Школа Гиппократа

corpuscle ['kɔːpəsl], *лат.* **corpusculum** [kɔːˈpʌskjʊləm], *pl.* **corpuscula** [kɔːˈpʌskjʊlə] 1. частица, тельце 2. капсулированное (чувствительное) нервное окончание 3. клетка крови 4. атом; электрон; корпускула

amylaceous [amyloid] ~s амилоидные [крахмалоподобные] тельца

articular ~s капсулированные нервные окончания в суставной сумке

basal ~ базальное тельце, блефаропласт

blood ~ форменный элемент крови

bone ~ остеоцит, костная клетка

bridge ~ *цитол.* десмосома, пятно слипания

cancroid ~s канкроидные тельца, «раковые жемчужины»

cartilage ~ хондроцит, хрящевая клетка

cement ~ цементоцит (*зрелая клетка цемента зуба*)

chyle ~s лимфоциты, обнаруживаемые в лимфе

colloid ~s *см.* **amylaceous** ~s

colostrum ~s молозивные тельца, Донне тельца

corneal ~s соединительно-тканные клетки роговицы, Вирхова тельца

Donne's ~s *см.* **colostrum** ~s

dust ~s гемоконии, кровяные пылинки

end ~ концевое нервное тельце

genital ~s генитальные [половые] тельца

ghost ~ ахромацит, «тень» эритроцита (*эритроцит, лишённый гемоглобина*)

Golgi's ~s луковицеобразные (нервные) тельца, Гольджи – Маццони тельца

Hassall's ~ тельце вилочковой железы, Гассаля тельце

Krause's ~ Краузе колба, или луковица (*нервные окончания чувствительных нервов*)

lamellated ~s пластинчатые (нервные) тельца, Фатера – Пачини тельца (*сенсорные механорецепторы*)

lymph [lymphatic, lymphoid] ~ лимфоцит

Malpighian ~ мальпигиево тельце (*1. лимфатический узелок селезёнки 2. почечное тельце*)

Meissner's ~ осязательное (нервное) тельце, Мейснера чувствительное тельце

milk ~ молочный шарик (*жировая капля в грудном молоке*)

Pacinian ~es *см.* **lamellated** ~s

phantom ~ *см.* **ghost** ~

pus ~ пиоцит (*нейтрофильный гранулоцит, обнаруживаемый в гное*)

red (blood) ~ эритроцит

renal ~ почечное тельце

reticulated ~ ретикулоцит

salivary ~ лейкоцит, присутствующий в слюне

shadow ~ *см.* **ghost** ~

tactile ~ *см.* **Meissner's** ~

taste ~ вкусовая почка

terminal ~ концевое нервное тельце

third ~ тромбоцит, кровяная пластинка

thymus ~ *см.* **Hassall's** ~

touch ~ *см.* **Meissner's** ~

Traube's ~ *см.* **ghost** ~

Vater-Pacini ~s *см.* **lamellated** ~s

white (blood) ~ лейкоцит

Zimmermann's ~ тромбоцит, кровяная пластинка

corpuscular [kɔːˈpʌskjʊlə] относящийся к частицам или тельцам, корпускулярный

correction [kəˈrekʃn] 1. исправление, коррекция 2. устранение (*дефекта*)

~ **for grouping** *стат.* поправка на группировку, Шеппарда поправка

~ **of breech presentation** выправление ягодичного предлежания (*плода*)

~ **of buccal deformity** выправление ягодичного предлежания

~ **of dislocation** вправление вывиха

~ **of endodonic root perforation** *стом.* ликвидация перфорации корневого канала зуба

~ **of pectus excavatum** пластическая операция по поводу воронкообразной грудной клетки

attenuation ~ коррекция ослабления

forcible ~ **of adhesions** разъединение сращений

physical ~ физические меры воздействия

scatter ~ коррекция рассеивания

targeted ~ 1. направленная [адресованная, антимишеневая] терапия (*с использованием систем доставки лекарств к тканям*) 2. направленная коррекция (*генетических или иммунологических сдвигов*)

corrective [kəˈrektiv] 1. корригирующий, исправляющий 2. ортопедический

correlation [ˌkɒrəˈleiʃn] корреляция; взаимодействие, (взаимо)связь

~s **between heart rate and oxygen consumption** взаимосвязь между частотой сердечных сокращений и потреблением кислорода

endoscopic ~ сопоставление [корреляция] эндоскопических данных (*с клинической симптоматикой*)

image ~ визуальная корреляция

invert ~ обратная корреляция

pathogenic and pathophysiologic ~ патогенетические (бактериологические) и патофизиологические параллели

product-moment ~ коэффициент корреляции Пирсона

rank ~ *стат.* ранговая корреляция

spurious ~ ложная корреляция

correspondence [ˌkɒrəˈspɒndəns] соответствие; соответственность

corresponding [ˌkɒrəˈspɒndɪŋ] аналогичный, соответствующий (*напр. об эндемии и энзоотии*)

corrigenda [ˈkɒrɪʤəndə] *лат.* список ошибок

corrigent [ˈkɒrɪʤənt] корригент (*вещество, улучшающее вкус, запах*)

corrin [ˈkɒrɪn] коррин (*циклическая система четырёх колец витамина B$_{12}$*)

corrosion [kəˈrəʊʒn] коррозия, разъедание (*напр. слизистой оболочки под влиянием щёлочи*)

corrosive [kəˈrəʊsɪv] агент, вызывающий коррозию, разъедание || разъедающий

corrugation [ˌkɒrəˈgeɪʃn] 1. складка, морщина (*напр. на лбу*) 2. *мед. тех.* сморщивание, гофрирование (*об интубационной трубке*)

corrugator [ˈkɒrəgeɪtɒ] мышца, вызывающая сморщивание кожи

corrupt [kəˈrʌpt] испорченный, тухлый

corruption [kəˈrʌpʃn] 1. порча, гниение 2. развращённость, моральное разложение 3. коррупция, продажность

~ **of body** разложение трупа

corset [ˈkɔːsɪt] *ортоп.* корсет

trunk ~ корсет для туловища

cortex [ˈkɔːteks], *pl.* **cortices** [ˈkɔːtisiːz] 1. наружный покров, корковое вещество, корковый [кортикальный] слой (*органа*) 2. кора головного мозга

~ **frangulae** кора крушины

~ **of hair shaft** кора [корковое вещество] волоса

~ **of ovary** корковое вещество яичника

adrenal ~ корковое вещество [кора] надпочечника

association ~ ассоциативная зона коры головного мозга

auditory ~ слуховая зона коры головного мозга

cell ~ кортикальный слой клетки

cerebral ~ кора головного мозга

deep ~ околокорковое вещество, тимозависимая зона, паракортекс (*лимфатического узла*)

fetal ~ *эмбр.* плодная кора надпочечника

heterotypical ~ *эмбр.* аллокортекс

homogenetic ~ новая гомогенетическая кора, изокортекс, неокортекс

motor ~ двигательная область [зона] коры головного мозга

posterior ~ **of body** кортикальный слой задней части тела (*позвонка*)

provisional ~ *см.* **fetal** ~

renal ~ корковое вещество почки

sensory ~ чувствительная зона коры головного мозга

visual ~ зрительная зона коры головного мозга

corticalization [ˌkɔːtikəlaiˈzeiʃn] кортикализация функций (*перемещение регуляторных функций от подкорковых узлов в кору головного мозга*)

corticifugal [ˌkɔːtisiˈfjuːgəl] кортикофугальный, эфферентный (*направленный от коры органа, чаще применительно к коре головного мозга*)

corticipetal [ˌkɔːtiˈsipetəl], **corticoafferent** [ˌkɔːtikəʊˈæfərənt] кортикопетальный, афферентный (*направленный к коре органа, чаще применительно к коре головного мозга*)

corticoefferent [ˌkɔːtikəʊˈefərənt] *см.* **corticifugal**

corticoid [ˈkɔːtikɔid] *см.* **corticosteroid**

corticoliberin [ˌkɔːtikəʊˈlibərin] кортиколиберин, кортикотропинвысвобождающий фактор

corticosubcortical [ˌkɔːtikəʊsʌbˈkɔːtikl] корково-подкорковый

corticotomy [ˌkɔːtiˈkɔtəmi] кортикотомия, компактотомия (*рассечение только кортикального слоя кости с максимальным сохранением надкостницы и костного мозга*)

corticotropin [ˌkɔːtikəʊˈtrəʊpin] адренокортикотропный гормон, кортикотропин, АКТГ (*гормон передней доли гипофиза, стимулирующий функционирование коры надпочечников*)

coruscation [ˌkɔːrəsˈkeiʃn] *псих.* ощущение вспышки света перед глазами

corymbiform [kəʊˈrimbifɔːm] щиткообразный, щитковидный (*о поражении кожи при гранулематозе*)

corynebacteriophage [kəʊˌrainibækˌtiːriəʊˈfeiʤ] коринебактериофаг

Corynebacterium [kəʊˌrainibækˈtiːriəm] род неподвижных аэробных или анаэробных, неравномерно окрашивающихся грам-позитивных палочек

~ **diphtheriae** палочка Клебса – Лёффлера (*возбудитель дифтерии, синтезирует мощный экзотоксин, повреждающий различные ткани*)

~ **vaginalis** влагалищная коринебактерия

coryza [kəʊˈraizə] острый ринит, насморк

pollen ~ аллергический ринит

coryzavirus [kəʊˌraizəˈvairəs] риновирус

cosedimentation [ˌkəʊsedimənˈteiʃn] соосаждение

cosinor [kəʊˈsainə] косинор-анализ (*оценка параметров биоритмов методом наименьших квадратов*)

cosmesis [kɔzˈmiːsis] косметическая операция

cosmetician [ˌkɔzməˈtiʃn] косметолог

cosmid [ˈkɔzmid] космида (*разновидность генетического вектора, представляющая собой плазмиду со встроенным специфическим участком фага*)

cosmo-beauty [ˈkɔzməʊ-ˈbjuːti] цветоароматерапия

cosmobion [ˌkɔzməbaiˈɒn], *pl.* **cosmobia** [kɔzməˈbaiə] однояйцовый близнец

cost [kɔst] 1. цена, стоимость 2. затраты, расход; издержки

~ **of illness** «стоимость болезни»

~ **of living index** индекс прожиточного минимума

~ **of treatment** расходы на лечение, стоимость лечения

adverse events ~**s** цена побочных реакций, «ятрогенная стоимость»

all inclusive ~**s** тариф «включая всё», или «всё включено»

assessed local ~ местные расходы, датируемые правительством

common staff ~**s** общие дополнительные расходы на персонал

direct ~ прямые затраты (*на лечение*)

drug ~ стоимость лекарства

endoscopic ~s стоимость эндоскопического исследования

energy ~s затраты энергии (напр. при дыхании)

fixed ~s постоянные издержки

health care ~s затраты на здравоохранение

hospital ~s больничные расходы

indirect ~ косвенные затраты (на лечение)

insurance ~ страховая стоимость

intangible ~ моральные издержки (боль, страдания, переживания)

lifetime economic ~s **of rheumatoid arthritis** экономическая «стоимость» ревматоидного артрита в течение жизни

marginal ~s предельные издержки

maximum allowable ~ 1. максимальный гонорар за медицинские услуги 2. максимально допустимый тариф (напр. за медикаменты)

maximum out-of-pocket ~ страх. максимальный объём доплат (доплачиваемый за получение медицинских услуг в рамках страховой программы)

statutory staff ~s предусмотренные (уставом) штатные расходы

total ~ общая [суммарная] стоимость (напр. койкодня)

variable ~s переменные издержки

costa ['kɔstə] лат., pl. **costae** ['kɔsti:]:

~ **fenestrata** дырчатый дефект ребра

~**ae fluctuans, ~ae fluitantes** колеблющиеся рёбра (не прикрепляющиеся передним концом)

~**ae spuriae** ложные рёбра (прикрепляющиеся впереди к хрящу VII ребра)

~**ae verae** истинные рёбра (хрящи которых непосредственно соединяются с грудиной)

costalgia [kɔst'ældʒiə] плевродиния, плевралгия

cost-benefit ['kɔst-ˌbenifit] выгодность затрат (соотношение цены и выгоды)

costectomy [kɔst'ektəmi] резекция ребра

cost-effective [ˌkɔst-i'fektiv] рентабельный

cost-effectiveness [ˌkɔst-i'fektivnəs], **cost/efficiency** [ˌkɔst/i'fiʃnsi] эффективность затрат; рентабельность; соотношение стоимость/эффективность или цена/качество

costicartilage [ˌkɔsti'ka:tiliʤ] рёберный хрящ

costiform ['kɔstifɔ:m] имеющий форму ребра, реброобразный

costimulus [kəʊ'stimjʊləs] дополнительный стимул; вспомогательный сигнал

costing ['kɔstiŋ]:

hospital ~ расчёт стоимости больничной помощи

costive ['kɔstiv] 1. страдающий запорами 2. медлительный

costiveness ['kɔstivnəs] запор

costochondral [ˌkɔstəʊ'kɔndrəl] рёберно-хрящевой

costochondritis [ˌkɔstəʊkɔn'draitis] воспаление рёберных хрящей, рёберный хондрит, Титце синдром

costoclavicular [ˌkɔstəʊklə'vikjʊlə] рёберно-ключичный

costophrenic [ˌkɔstəʊ'frenik] рёберно-диафрагмальный

costosternoplasty [ˌkɔstəʊ'stə:nəʊˌplæsti] костостернопластическая коррекция (врождённого порока развития передней грудной стенки)

costotomy [kɔs'tɔtəmi] резекция ребра

costoxiphoid [kɔstəʊ'zaifɔid] относящийся к рёбрам и мечевидному отростку

cost/potency [ˌkɔst'pəʊtnsi] см. **cost-effectiveness**

cost-utility ['kɔst-ju:'tiləti] стоимость/полезность (выгода в единицах полезности или оценка взвешенной полезности по отношению к другому показателю)

co-survivors [kəʊ-sə'vaivəz] группа оставшихся в живых или уцелевших (напр. после аварии)

cosynthesis [kəʊ'sinθəsi:z] совместный [сопряжённый] синтез

cot [kɔt] 1. (резиновый) напальчник 2. носилки-каталка 3. детская кроватка; койка

finger ~ (резиновый) напальчник

co-therapist [kəʊ-'θerəpist] псих. котерапевт (один из двух терапевтов, работающих в одной группе и по своим позициям и квалификации дополняющих друг друга)

co-therapy [kəʊ-'θerəpi]:

ACE inhibitor ~ дополнительное лечение ингибитором ангиотензина (при сердечной недостаточности)

cothromboplastin [kəʊˌθrɔmbəʊ'plæstin] фактор VII (свёртывающей системы крови), котромбопластин, конвертин

cotransfer [kəʊ'trænsfə:] котрансгенный перенос (двух или более генетических единиц в одном векторе)

cotransport [kəʊ'trænspɔ:t] котранспорт (параллельный и однонаправленный транспорт через мембрану другого вещества)

cotton ['kɔtən] 1. вата 2. хлопчатобумажная ткань; одежда из хлопчато-бумажной ткани

absorbent ~ гигроскопическая вата

artificial ~ лигнин, целлюлозная вата

nonabsorbent ~ негигроскопическая вата

purified ~ см. **absorbent** ~

raw ~ негигроскопическая вата

styptic ~ гемостатическая вата

cottony ['kɔtəni] микол. ватообразный (о культуре гриба)

co-twin ['kəʊ-twin] однояйцовый близнец

cotyle ['kɔtili] вертлужная впадина

cotyledon [ˌkɔtə'li:dən] котиледон (макроскопическая структурная единица, или доля, плаценты)

cotyloid ['kɔtəlɔid] 1. чашеобразный 2. относящийся к вертлужной впадине

cotylopubic [ˌkɔtiləʊ'pju:bik] относящийся к вертлужной впадине и лобковой кости

couch¹ [kaʊtʃ] 1. кушетка (напр. для обследования больного); топчан 2. лечение психоанализом

examination ~ кушетка для обследования больного

radiographic ~ стол для рентгенографии

treatment ~ процедурный стол или кушетка

couch² удалять [снимать] помутневший хрусталик или катаракту

couching ['kaʊtʃiŋ] экстракция, удаление или реклинация катаракты

cough [kɔ:f] кашель || кашлять ◊ **to** ~ **up** откашливать; отхаркивать

~ **out** откашливать, отхаркивать

to give a bad ~ сильно кашлять

to give a slight ~ откашляться

barking ~ лающий кашель

brassy ~ громкий кашель с металлическим оттенком (при сдавлении трахеи или гортанных нервов) chin ~ *разг.* коклюш

compression ~ кашель при сдавлении крупных бронхов

ear ~ рефлекторный кашель при раздражении наружного слухового прохода

harsh ~ грубый кашель

honking ~ *см.* barking ~

huff ~ резкий кашель *(методика откашливания после серии форсированных выдохов)*

mild productive ~ умеренный продуктивный кашель, умеренный кашель с мокротой

moist ~ влажный [продуктивный] кашель

nonproductive ~ сухой кашель

nose ~ кашель вследствие раздражения слизистой носа

persistent ~ постоянный [хронический] кашель

reflex ~ рефлекторный кашель

"smarting ~" саднящий кашель

Sydenham's ~ истерический спазм дыхательных мышц

trigeminal ~ рефлекторный кашель при раздражении окончаний тройничного нерва

whooping ~ 1. судорожный [приступообразный] кашель *(при коклюше)* 2. коклюш

winter ~ хронический бронхит

cough-exciting [ˌkɔːf-ik'saitiŋ] вызывающий кашель

coughing ['kɔːfiŋ]:

violent ~ неукротимый кашель, приступ кашля

cough-lozenge [ˌkɔːf-'lɔzenʤ] таблетка от кашля

coulomb ['kuːlɔm] кулон, Кл *(единица количества электричества)*

coumarin ['kuːmərin] *pl.* кумарины *(токсичные соединения, вырабатываемые плесневыми грибами)*

council [kaʊnsl] совет *(1. учреждение, организация 2. совещание)*

~ of nurses совет медицинских сестёр

~ of physicians консилиум врачей, врачебный консилиум

academic ~ учёный совет

executive ~ исполнительный совет

inter-agency ~ межведомственный совет

local executive ~ местный исполнительный комитет

population ~ совет по народонаселению

security ~ совет безопасности

trusteeship ~ совет по опеке

counsel [kaʊnsl] 1. обсуждение, совещание, консультация 2. совет, рекомендация || давать совет, рекомендовать

counselling ['kaʊnsəliŋ] консультация, консультирование *(обычно психологическое)*

~ of family консультирование семьи

family ~ семейное консультирование

genetic ~ медико-генетическое консультирование

group ~ групповая психотерапия

job ~ консультирование по профессиональной ориентации

nondirective ~ косвенное консультирование

pastoral ~ пастырское консультирование

pre and post test ~ консультирование до и после тестирования *(напр. на ВИЧ)*

semantic ~ смысло-корректирующая психотерапия

sexual ~ консультирование по вопросам сексуальных отношений

vocational ~ *см.* job ~

counsellor ['kaʊnsələ] 1. советник; консультант 2. *суд. мед.* адвокат 3. воспитатель

psychological ~ психолог-консультант, консультирующий психолог

count [kaʊnt] счёт; определение количества || считать

Addis ~ Каковского – Аддиса проба *(на воспаление почек: определение лейкоцитов и эритроцитов в 12-часовой пробе мочи)*

agar plate ~ подсчёт колоний на агаре

background ~ показатель фона *(напр. фоновая радиационная активность)*

bacterial ~ 1. определение количества бактерий 2. количество бактерий

bacteria plate ~ чашечный подсчёт бактерий

blast cell ~ количество бластных клеток

blood ~ 1. гемограмма, анализ [формула, картина] крови; подсчёт форменных элементов крови 2. число форменных элементов крови

colony ~ 1. определение числа колоний *(микроорганизмов, клеток)* 2. количество колоний

complete blood ~ клинический анализ крови

compulsive ~ навязчивый счёт

corrected ~ относительная величина *(напр. ретикулоцитов, %)*

depressed neutrophil ~s снижение числа нейтрофилов

differential ~ *см.* Schilling blood ~

direct ~ метод прямого подсчёта, прямой подсчёт

false platelet ~ ошибка при подсчёте тромбоцитов

full blood ~ полный анализ крови

high basophil ~ базофилия

high neutrophil ~ нейтрофилёз

high platelet ~ тромбоцитоз

leucocyte ~ количество лейкоцитов, лейкоцитарная формула

low platelet ~ низкое число тромбоцитов

membrane-filter ~ определение числа клеток на мембранном фильтре

mitotic ~s подсчёт микозов

plate ~ определение титра (микроорганизмов) чашечным методом

reticulocyte ~ количество ретикулоцитов

Schilling blood ~ определение лейкоцитарной формулы по Шиллингу *(разделение лейкоцитов на четыре группы по особенностям ядер)*

sperm ~ анализ семенной жидкости *(для оценки фертильности)*

total body radiation ~ определение общей радиоактивности тела

urine ova ~s подсчёт в моче яиц *(гельминта)*

counter[1] ['kaʊntə] 1. счётчик; считывающее устройство 2. детектор радиации

alpha ~ счётчик альфа-частиц

automated differential ~ автоматизированный анализатор форменных элементов крови

Beckmann biogamma ~ Бекманна биогамма-счётчик

beta ~ счётчик бета-частиц

blood (cell) ~ счётчик форменных элементов крови

charged-particle ~ счётчик заряженных частиц

coincidence ~ счётчик парных частиц

colony ~ **1.** пластинка для счёта колоний в чашке Петри **2.** счётчик колоний

contamination ~ счётчик загрязнений; радиометр

crystal ~ кристаллический детектор *(ионизирующего излучения)*

directional ~ направленный детектор *(ионизирующего излучения)*

drop ~ **1.** капельница **2.** счётчик капель *(в хроматографе)*

dust ~ пылемер, конимер

electronic cell ~ электронный счётчик клеток *(крови)*

end-window ~ торцовый счётчик *(ионизирующего излучения)*

extrasystole ~ счётчик экстрасистол

gamma ~ счётчик гамма-квантов

gas ~ счётчик для газообразных радиоактивных веществ

Geiger – Mueller ~ *рад.* Гейгера – Мюллера счётчик

hand ~ счётчик для проверки радиоактивного загрязнения рук

human ~ счётчик для определения радиоактивности в организме человека

immersible scintillation ~ погружной сцинтилляционный счётчик

impulse ~ импульсный счётчик

jet dust ~ счётчик радиоактивных частиц в воздухе

liquid whole body ~ счётчик для измерения жидкостей в организме *(человека)*

microculture ~ счётчик бактерий в культуре

"open booth" body ~ счётчик радиоактивности всего организма типа «открытой будки»

pill ~ устройство для отсчёта пилюль

profile ~ профильный счётчик

pulse beat ~ пульсотахометр

radioactive ~ индикатор [счётчик] радиоактивного излучения

scintillation ~ сцинтилляционный счётчик *(радиоактивности)*, сцинтиллоскоп, сцинтиллятор

self-quenching ~ самогасящийся счётчик

semiconductor ~ полупроводниковый счётчик

whole-body ~ счётчик для измерения радиоактивности всего тела

counter[2] противостоять, противодействовать ‖ противоположный, обратный

counteraction [ˌkaʊntərˈækʃn] противодействие

counterblow [ˈkaʊntəˌbləʊ] контрудар, встречный удар *(при черепно-мозговой травме)*

counterclockwise [ˌkaʊntəˈklɒkwaiz] против часовой стрелки *(напр. о повороте сердца, о направлении разреза)*

counter-current [ˈkaʊntə-ˌkʌrənt] противоток ‖ противоточный

counterdepressant [ˈkaʊntədiˌpresnt] антидепрессант, тимолептик

counterelectrophoresis [ˌkaʊntəiˌlektrəʊfəˈresis] встречный электрофорез

counterextension [ˌkaʊntəeksˈtenʃn] *травм.* противовытяжение

counterfeint [ˈkaʊntəfeint] подделка, фальсификат *(напр. лекарственного препарата)* ‖ фальшивый

counterimmunoelectrophoresis [ˌkaʊntəˌimjʊnəʊiˌlektrəʊfəˈresis] встречный [противоточный] иммуноэлектрофорез, иммуноэлектроосмофорез

counterincision [ˌkaʊntərinˈsiʒn] контрапертура *(дополнительный разрез, напр., при вскрытии гнойной полости)*

counterindication [ˌkaʊntərindiˈkeiʃn] противопоказание

counterinhibition [ˌkaʊntərinhiˈbiʃn] расторможение; антиингибирование

counterirritant [ˌkaʊntərˈiritənt] отвлекающее средство *(горчичники, банки)*

counterirritation [ˌkaʊntəririˈteiʃn] лечебное раздражение, отвлечение *(для облегчения боли, нейтрализации воспаления)*

counteropening [ˌkaʊntərˈəʊpəniŋ] контрапертура *(дополнительный разрез при вскрытии, напр., гнойной полости)*

counterpart [ˌkaʊntəˈpaːt]:

  malignant ~ злокачественный аналог опухолей

counterpoison [ˈkaʊntəˌpɒizn] яд, нейтрализующий действие другого яда; антидот

counterprescribing [ˈkaʊntəpriˈskraibiŋ] рекомендация (фармацевта) о свойствах лекарства, отпускаемого без рецепта

counterpressure [ˌkaʊntəˈpreʃə]:

  external ~ наружная компрессия, противодавление *(обычно тела в комплексе противошоковой терапии)*

counterpulsation [ˌkaʊntəpəlˈseiʃn] **1.** контрпульсация **2.** ретроградный кровоток *(вспомогательное кровообращение при недостаточности сердца)*

  intra-aortic balloon ~ внутриаортальная баллонная контрпульсация

counterpuncture [ˌkaʊntəˈpʌnktʃə] *см.* **counteropening**

countershock [ˈkaʊntəˌʃɒk] электроимпульсная терапия

  direct current [electric] ~ электроимпульсная дефибрилляция *(сердца)*

  external ~ наружный разряд дефибриллятора *(воздействие через грудную клетку)*

  internal ~ *см.* **direct current** ~

counterstain [ˈkaʊntəˌstein] **1.** контрастный краситель **2.** контрастирующая окраска; контрастирующее окрашивание

countertraction [ˌkaʊntəˈtrækʃn] *см.* **counterextension**

countertransference [ˌkaʊntəˈtrænsfrəns] *психоан.* контрперенос, контртрансфер *(перенос собственного аффекта аналитика с некоего объекта на анализируемого)*

  concordant ~ конкордантный [согласующийся] контртрансфер *(идентификация терапевта с эмоциональным опытом пациента)*

  narcissic ~ нарциссический контртрансфер

countertransport [ˌkaʊntəˈtrænspɔːt] транспорт вещества через мембрану, параллельно транспорту другого вещества в противоположном направлении

counting [ˈkaʊntiŋ]:

  compulsive ~ *псих.* навязчивый счёт

  liquid scintillation ~ жидкостное сцинтилляционное считывание *(радионуклидов)*

  whole body ~ **for radionuclides** подсчёт радионуклидов всего тела

counting-tube [ˈkaʊntiŋ-tjuːb] *рад.* счётчик Гейгера

country ['kʌntri] **1.** страна **2.** деревня, сельская местность **3.** область, сфера **4.** местность, территория

county ['kaʊnti] **1.** графство (в Англии); округ (в США) || муниципальный; окружной **2.** жители графства или округа

coup [ku:] фр. **1.** удачный ход или исход **2.** удар

~ **de fouet** фр. разрыв ахиллова сухожилия, «удар хлыстом», «щёлканье кнута»

~ **de grâce** фр. завершающий смертельный удар

~ **de sang** фр. отёк мозга

~ **de soleil** фр. тепловой [солнечный] удар

~ **sur coup** фр. приём лекарства малыми дозами через короткие интервалы

coupage ['ku:piʤ] перкуссия грудной клетки

chest wall ~ поколачивание по грудной стенке

couple [kʌpl] **1.** два, пара || связываться, соединяться, спариваться || совместный, сопряжённый **2.** меняющийся **3.** электрический элемент

dinky [**infertile**] ~ бесплодная супружеская пара; бесплодный брак

infertile ~ бесплодный брак

marital ~ брачная пара

coupled [kʌpld] спаренный, сочетанный (напр. зонд с измерителем)

couplet ['kʌplət] pl. парасистолия (одновременное проявление автоматизма основного водителя ритма и импульсации из гетеротипического очага)

coupling ['kʌpliŋ] **1.** присоединение; спаривание; сцепление; связь **2.** кард. бигеминия **3.** совокупление, коитус **4.** сопряжение [синхронизация] осцилляторов (их взаимное захватывание) **5.** приставка, насадка (напр. к микроскопу)

~ **of both receptors to muscle contraction** взаимодействие двух рецепторов в сокращении мышцы

~ **of external to internal respiration** связь внешнего и внутреннего дыхания

~ **the antigen to fntiimmunoglobulin** сопряжение антигена с антииммуноглобулином

~ **with biochemical effectors** конъюгирование с биохимическими эффекторами

chemiosmotic ~ хемиосмотическое сопряжение (синтеза АТФ и переноса электронов через мембрану за счёт электролитического градиента H^+)

electrical ~ **in cell pairs** электрическое сопряжение клеточных пар

energy ~ энергетическое сопряжение (перенос энергии от одного процесса к другому)

stimulus-response ~ сопряжение стимула и реакции

course [kɔ:s] **1.** ход, течение (болезни) **2.** курс, направление **3.** менструация

~**s in hospital and medical services administration** курсы по руководству больничными и медицинскими службами

~ **of blood vessels** ход кровеносных сосудов

~ **of fistula** свищевой ход

~ **of movement** процесс выполнения движения

~ **of patients** ведение больных

~ **of the disease** течение болезни

~ **of the patella** экскурсия [подвижность] надколенника

~ **of surgery** проведение операции; ход операции

accustomed ~ нормальное местоположение, привычный ход (напр. артерии)

air ~ движение воздуха; поток воздуха

bizarre ~ необычное течение (патологического процесса)

certificate ~ курсы специализации

clinical ~ течение болезни

expected ~ ожидаемое [прогнозируемое] течение болезни

first ~ первый этап лечения

graduate ~ курс подготовки (для получения диплома)

in ~ **of sternum** на протяжении грудины

post-basic ~ курсы повышения квалификации; курсы специализации

prenatal ~ предродовой период

refresher ~s курсы переподготовки

self-limiting ~ самокупирование (напр. болезни)

split ~ дробный курс (лучевой терапии)

stormy ~ бурное течение (болезни)

time ~ **of drug** период действия лекарственного средства

court [kɔ:t] **1.** двор **2.** суд; судебный процесс **3.** очаг

civil ~ гражданский суд

criminal ~ уголовный суд

crown ~ уголовный суд присяжных

district ~ федеральный районный суд (первой инстанции); местный суд

higher ~ вышестоящий суд (более высокой инстанции)

infection ~ очаг инфекции

juvenile ~ суд по делам несовершеннолетних

cousin [kʌzn] **1.** двоюродный брат или сестра, кузен или кузина **2.** родственник

~ **Betty** sl. слабоумный человек

~ **german, first** ~ см. **cousin** 1

forty-second ~ дальний родственник

full ~ двоюродный брат, двоюродная сестра

second ~ троюродный брат

couvercle ['ku:vəːkl] фр. экстраваскулярный тромб

couveuse [ku:'vəːz] фр. кувез (инкубационный аппарат для выхаживания недоношенных и больных новорождённых)

covariance [kəʊ'veəriəns] ковариация

Covenant ['kʌvənənt]:

International ~ **on Human Rights** Международный пакт о правах человека

cover ['kʌvə] **1.** убежище; укрытие; прикрытие **2.** страхование, страховка **3.** покров **4.** сжиматься, съёживаться (от страха, холода)

antibiotic ~ прикрытие антибиотиками, профилактическое применение антибиотиков

endometrial ~ покров эндометрием

life ~ страхование жизни

coverage ['kʌvəriʤ] **1.** охват, зона действия **2.** закрытие; покрытие **3.** страх. общая сумма риска, покрытая договором страхования

~ **of abutment teeth** покрытие опорных зубов (искусственными коронками)

~ **with free tissue transfer** закрытие (дефекта) свободным тканевым лоскутом

comprehensive ~ всесторонний охват (напр. вакцинацией)

insurance ~ страховое покрытие

medical ~ охват медицинским обслуживанием

paramedical ~ медико-техническое обеспечение

periosteal ~ надкостница, периост; периостальная оболочка

physician ~ врачебное наблюдение; врачебный контроль

silicon carbide ~ покрытие из карбида кремния

wound ~ закрытие раны; шов раны

X-ray ~ облучение рентгеновскими лучами

coverglass ['kʌvəglɑːs] покровное стекло

coverslip ['kʌvəslip] покровное стекло

covert ['kʌvəːt] бессимптомный, замаскированный, скрытый, латентный (напр. о бактериурии)

covetous ['kʌvitəs] жадный, скупой, алчный; завистливый

covictim [kəʊ'viktim] pl. потерпевшие по одному уголовному делу

covirus [kəʊ'vairəs] ковирус, смешанный вирус

cow [kaʊ] запугивать; терроризировать

cowl [kaʊl] 1. колпак 2. амнион, амниотическая оболочка 3. большой сальник

cowperitis [ˌkaʊpə'raitis] куперит (воспаление бульбоуретральных желёз)

cowpox ['kaʊpɒks] коровья оспа, вакциния

cowwheat ['kaʊwiːt]:

blue ~ марьянник дубравный (Melampyrum nemorosum)

coxa ['kɒksə], pl. **coxae** ['kɒksiː] 1. тазовая кость 2. тазобедренный сустав

~ **magna** увеличение и деформация головки бедренной кости

~ **valga** деформация угла оси шейки бедренной кости по отношению к оси последней вплоть до 180° (Х-образное искривление ног)

~ **vara** деформация угла оси шейки бедренной кости по отношению к оси последней до 90° или менее (О-образное искривление ног)

essential ~ **plana** Легга – Кальве – Пертеса болезнь

coxalgia [kɒks'ælʤiə], **coxalgy** ['kɒksælʤi] коксалгия, коксодиния

coxarthrosis [ˌkɒksɑː'θrəʊsis] 1. коксартроз 2. коксит (артрит тазобедренного сустава)

Coxiella [ˌkɒksi'elə]:

~ **burnetti** возбудитель Q-лихорадки

coxofemoral [ˌkɒksəʊ'feməʊrəl] тазобедренный

coxsackie-virus [kɒk'sæki-ˌvairəs] вирус Коксаки (рода энтеровирусов, семейства пикорнавирусов; по названию города в США, в котором был впервые идентифицирован)

C-plane ['si-plein] узи коронарное сечение, коронарная плоскость

crack[1] [kræk] 1. перелом, трещина, щель ‖ давать трещину, растрескиваться 2. удар 3. слабоумие, психическая неполноценность

crack[2] sl. «крэк» (кокаин в кристаллической форме), см. тж. **cocaine**

crackhead ['krækhed] sl. потребитель крэка (кокаина)

crackle [krækl] 1. потрескивание, треск, хруст 2. крепитация, крепитирующие хрипы

coarse ~ грубые крепитирующие звуки

fine inspiratory ~ нежные крепитирующие звуки

respiratory ~ дыхательные звуки

crackling ['krækliŋ] 1. треск, хрустение, скрипение 2. крепитация

cradle [kreidl] шина, рама; подвешенная секция (для лечения перелома кости)

~ **for pelvis recess** перекрывающая секция для тазовой вырезки (операционного стола)

electric [**heat**] ~ туннелеобразный проволочный каркас с электролампами (обычно для бесповязочного лечения ожогов)

craft [krɑːft] ловкость, умение

~ **of surgery** искусство хирургии

cramp [kræmp] 1. судорога; спазм; pl. колики ‖ вызывать судорогу или спазм 2. профессиональный невроз 3. скоба; зажим; струбцина ‖ сжимать, суживать

~ **in leg** крампи (судорожное стягивание икроножной мышцы)

abdominal ~s спастические боли в животе (колики)

accessory ~ кривошея

anapeiratic ~s судороги при перенапряжении мышц

focal muscle ~s очаговые мышечные судороги

heat ~s судороги при перенапряжении мышц в условиях перегрева

intermittent ~ тетанические судороги (на фоне постоянного гипертонуса мышц)

nocturnal muscle ~s ночные мышечные судороги

occupational ~ профессиональный спазм

recumbency ~s судороги, возникающие от сдавления в лежачем положении

stokers ~ см. **heat** ~

writer's ~ писчий спазм, писчая судорога

cramp-like [kræmp-laik] схваткообразный

craniad ['kreiniæd] 1. см. **cephalad** 2. расположенный в головном конце тела

cranial ['kreiniəl] 1. краниальный, в направлении головы 2. черепной, относящийся к голове

craniectomy [ˌkreini'ektəmi] удаление фрагментов костей черепа

linear ~ операция создания искусственных швов черепа (при его преждевременном окостенении)

craniocele ['kreiniəʊˌsiːl] черепно-мозговая грыжа, краниоцеле, энцефалоцеле

craniocerebral [ˌkreiniəʊ'serəbrəl] черепно-мозговой

cranioclasia [ˌkreiniəʊ'kleiʒiə], **cranioclasis** [ˌkreini'ɒkləsis] акуш. краниоклазия

cranioclast ['kreiniəʊklæst] краниокласт, краниотрактор, акушерские костные щипцы

cranioclasty [ˌkreiniəʊ'klæsti] см. **cranioclasia**

craniodidymus [ˌkreiniəʊ'didiməs] близнецы, сросшиеся туловищами

craniofacial [ˌkreiniəʊ'feiʃl] черепно-лицевой

craniography [ˌkreini'ɒgrəfi] рентгенография черепа

craniomalacia [ˌkreiniəʊmə'leiʃiə] размягчение костей черепа

craniomandibular [ˌkreiniəʊmən'dibjʊlə] относящийся к черепу и нижней челюсти

craniomaxillofacial [ˌkreiniəʊmækˌsiləʊ'feiʃl] черепно-челюстно-лицевой

craniomeningocele ['kreiniəʊmə'niŋgəʊsi:l] краниоменингоцеле *(грыжа оболочек мозга)*

craniometry [ˌkreini'ɒmətri] краниометрия

craniopagus [ˌkreini'ɒpəgəs] краниопаг *(близнецы, сросшиеся в области головы)*

craniopharyngioma [ˌkreiniəʊfəˌrindʒi'əʊmə] краниофарингиома, опухоль Ратке кармана

craniorrhachischisis ['kreiniəʊræk'iskisis] *терат.* краниорахишизис *(незаращение позвоночного канала и черепа)*

cranioscopy [kreini'ɒskəpi] краниоскопия

craniospinal [ˌkreiniəʊ'spainl] краниоспинальный *(относящийся к черепу и позвоночнику)*

craniostenosis [ˌkreiniəʊstə'nəʊsis] краниостеноз

craniosynostosis [ˌkreiniəʊˌsinɒ'stəʊsis] краниосиностоз *(преждевременное сращение костей черепа во внутриутробном периоде)*

craniotabes [ˌkreiniəʊ'teibi:z] краниотабес *(размягчение или атрофия костей черепа)*

craniotomy [ˌkreini'ɒtəmi] 1. трепанация черепа 2. *акуш.* краниотомия

    elective supratentorial ~ плановая супратенториальная краниотомия

craniotrypesis [ˌkreiniəʊtri'pi:sis] *см.* **craniotomy 1**

craniotympanic [ˌkreiniəʊtim'pænik] относящийся к своду черепа и среднему уху

cranitis ['kreinaitis] *уст.* остеомиелит костей черепа

cranium ['kreiniəm], *pl.* **crania** ['kreiniə]:

    bifid ~ врождённое незаращение швов черепа

    cerebral ~ мозговой череп

    domed ~ куполообразный череп

    visceral ~ лицевой [висцеральный] череп

crank [kræŋk]:

    ~ **up** *sl.* «уколоться» *(ввести наркотик)*

cranker ['kræŋkə] *sl.* потребитель наркотиков, наркоман

crap [kræp] *sl.* некачественный героин

crash [kræʃ] 1. грохот, треск 2. сильный удар; столкновение; авария; поломка; крушение ‖ потерпеть аварию; разбиться 3. срочный, экстренный, неотложный

crateriform [krei'terifɔ:m] 1. кратерообразный; чашеобразный 2. конический, конусообразный

craterization [kreitərai'zeiʃn] *хир.* формирование кратерообразного углубления

cravat [krə'væt] *фр.* косыночная повязка

craving ['kreiviŋ] 1. страстное желание 2. пристрастие, патологическое влечение, тяга *(напр. к алкоголю)*

    carbohydrate ~ страсть к сладостям

    insane ~ патологическое пристрастие к медикаментам и самолечению

    morbid ~ болезненное [патологическое] пристрастие *(напр. к наркотикам)*

craw-craw [krɔ:-krɔ:] зудящий пузырно-пустулёзный дерматоз *(в Западной Африке)*

crawl [krɔ:l] 1. ползать на четвереньках; еле передвигать ноги *(о больном)* 2. кишеть *(насекомыми)* 3. ощущать «ползание мурашек» по телу

    cross ~ перекрёстный шаг *(при приводящей контрактуре тазобедренных суставов)*

craze [kreiz] 1. *псих.* мания ‖ заболеть психическим расстройством 2. сильное увлечение чем-л.

crazy ['kreizi] 1. *разг.* сумасшедший, спятивший, безумный 2. сильно увлечённый чем-л., «помешанный»

cream [kri:m]:

    barrier ~ защитный крем *(используемый для защиты кожи)*

    electrode ~ электродная паста

    fade ~ косметический крем, придающий коже бледную окраску *(подавляя выработку меланина)*

    leukocyte ~ лейкоцитная плёнка

crease морщина, складка ‖ мять, складывать

    flexion ~ сгибательная борозда *(пальца)*

    palmar ~ ладонная складка

creatinase [kri'ætineiz] креатиназа, креатинкиназа *(фермент, расщепляющий креатин)*

creatinephosphate ['kri:tin,fɒsfeit] креатинфосфат, фосфокреатин *(запасное макроэргическое вещество в клетках мышц и мозга)*

creation [kri'eiʃn] 1. создание; формирование, (со)творение 2. произведение *(напр. научное)*

    ~ **of anastomosis** наложение [создание] анастомоза

    ~ **of compression gastroenterostomy** формирование гастроэнтероанастомоза магнитной парой

    ~ **of ileostomy** формирование илеостомы

    surgical ~ хирургическая операция или процедура *(коррекция; создание, напр., отверстия в перегородке)*

creative [kri'eitiv] творческий работник ‖ творческий, креативный

creativity [kriə'tiviti] *психол.* творчество, созидательная деятельность, креативность

crèche [krɛʃ] *фр.* детские ясли *(используемые в европейских странах)*

credit ['kredit] 1. доверие; вера ‖ доверять, верить 2. кредит; долг; пособие

    family ~ пособие семье на ребёнка

    payment ~ страховой взнос

creepy ['kri:pi] 1. вызывающий мурашки; бросающий в дрожь 2. ползающий; медленно двигающийся

cremation [krə'meiʃn] кремация *(погребение мёртвых путём сжигания трупа и захоронения пепла)*

crena ['kri:nə], *pl.* **crenae** ['kri:ni] щель *(вырезки швов черепа, в которые входят выступы противоположной кости, образуя шов)*

crenation [kri'neiʃn] приобретение зазубренных очертаний *(напр. эритроцитом)*

crenocyte ['kri:nəʊsait] зазубренный эритроцит *(в гипертоническом растворе)*

creole [kri'əʊl] креол, креолка *(1. потомки первых европейцев, рождённые туземными женщинами Америки 2. выходцы из Луизианы)*

crepitation [krepi'teiʃn] крепитация, хруст, треск *(выявляемый при пальпации или аускультации)*

    grating ~ резкая крепитация

    scattered ~ рассеянные крепитирующие хрипы

    widespread ~ распространённые крепитирующие хрипы

crepitus ['krepitəs]:

    ~ **index** хрипы в лёгких в начале пневмонии

    ~ **redux** хрипы в лёгких при разрешении пневмонии

    articular ~ крепитация в суставе

bony ~ крепитация отломков кости *(при переломе)*

false ~ ложная крепитация *(при движении в суставе)*

crescent ['kresənt] структура в форме полумесяца; полукруг || полулунный, серповидный *(напр. о форме эритроцитов)*

  articular ~ суставной мениск

  Giannuzzi's ~ *см.* **serous** ~

  malarial ~ полулунная форма гаметоцитов *Plasmodium falciparum*

  Red ~ Красный Полумесяц

  serous ~ серозное полулуние *(скопление сероцитов в больших слюнных железах)*, Джианнущи полулуние

  sublingual ~ полулунная зона дна полости рта

crest [krest] гребень, гребешок *(напр. кости)*; выступ, отросток

  ~ of ridge шероховатая линия *(бедренной кости)*

  acoustic ~ *ото.* ампулярный гребешок

  alveolar ~ верхушка альвеолярного отростка *(кости)*

  ampullar(y) ~ *см.* **acoustic** ~

  cross ~ поперечный эмалевый выступ *(коронки зуба)*

  deltoid ~ дельтовидная бугристость *(плечевой кости)*

  dental ~ десневой край альвеолярных отростков челюстей

  external occipital ~ наружный затылочный гребень

  gluteal ~ ягодичная бугристость *(бедренной кости)*

  iliac ~ подвздошный гребень

  infratemporal ~ подвисочный гребень *(клиновидной кости)*

  interosseous ~ межкостный край

  nasal ~ носовой гребень

  neural ~ *эмбр.* нервный валик, нервный гребешок

  palatine ~ нёбный гребень

  pubic ~ лобковый гребень

  seminal ~ семенной холмик *(мужской уретры)*

  sphenoid ~ клиновидный гребень *(тела клиновидной кости)*

  spinal ~ остистый отросток *(позвонка)*

  supramastoid ~ надсосцевидный гребень *(чешуйчатой части височной кости)*

  urethral ~ гребень мочеиспускательного канала

cretinism ['kri:tinizəm] кретинизм, врождённый гипотиреоз, Фагге болезнь

  endemic [goitrous] ~ эндемический кретинизм

  pituitary ~ гипофизарный кретинизм

  sporadic ~ спорадический кретинизм

cretinous ['kri:tinəs] страдающий кретинизмом

crevice ['krevis] 1. щель, трещина 2. углубление, вдавление

  gingival ~ десневая борозда

crevicular [krə'vikjʊlə] относящийся к десневой борозде

crib [krib] съёмный фиксатор для ортодонтических приспособлений

cribrate ['kribreit] решётчатый, решётчатовидный

cribrum ['kribrəm] решётчатая пластинка *(решётчатой кости)*

crick [krik] *разг.* 1. болезненный спазм *(напр. мышц шеи или спины)* 2. растяжение мышц

  ~ in the neck спазм мышц шеи

cricoarytenoid [ˌkraikəʊˌæri'ti:nɔid] перстнечерпаловидный *(хрящ)*

cricoarytenoiditis [ˌkraikəʊˌæritinɒi'daitis] крикоаритеноидит

cricotomy [krai'kɒtəmi] крикотомия *(рассечение перстневидного хряща гортани)*

"cri-du-chat" [kri-dʊ-'ʃæ] *фр.* синдром «кошачий крик»

crime [kraim] 1. преступление 2. преступность, криминальная обстановка

  ~s against humanity преступления против человечества

  ~ of violence насильственное преступление

  ~ of negligence преступная небрежность

  alleged ~ инкриминируемое преступление

  bad [capital] ~ *см.* **heavy** ~

  ecology ~ экологическое преступление

  heavy ~ тяжкое преступление

  petty ~ незначительное по тяжести преступление

  premediated ~ умышленное преступление

  serious ~ *см.* **heavy** ~

  specially grave ~s особо тяжкие преступления

  victimless ~ преступление без потерпевших

  war ~ военное преступление

criminal ['kriminl] преступник || преступный

  habitual ~ профессиональный преступник; рецидивист

  potential ~ потенциальный преступник

criminality [ˌkrimi'næliti] преступность, криминогенность

  registered ~ зарегистрированная преступность

crinckle [kriŋkl] 1. изгиб; извилина 2. складка; морщина

crink [kriŋk] *sl.* амфетамины

cripple [kripl] 1. инвалид, калека || инвалидизировать, калечить 2. хромать 3. приводить в негодность; повреждать; наносить вред

  immunologic ~ расстройство иммунитета, иммунодефицит

cript [kript]:

  ~s of Morgagni заднепроходные [морганиевы] пазухи, или крипты

cripta ['kriptə]:

  ~ tonsillaris *лат.* крипта миндалины

criptogenic [ˌkriptəʊ'ʤenik] криптогенный, идиопатический, эссенциальный, неизвестного происхождения, неизвестной этиологии

crisis ['kraisis], *pl.* **crises** ['kraisi:z] 1. кризис *(болезни)* 2. криз 3. приступ судорог

  acute ~ острый приступ *(напр. асфиксии)*

  addisonian ~ острая недостаточность коры надпочечников, надпочечниковый [аддисонический] криз

  adolescent ~ подростковый [пубертатный] критический период

  anaphylactoid ~ анафилактоидный шок

  asthmatic ~ астматическое состояние, астматический статус

  blast(ic) ~ бластный криз *(в течении острого лейкоза)*

  blood ~ 1. ретикулоцитарный криз 2. остро возникающий лейкоцитоз *(при заболевании крови)*

  bronchial ~ табетический криз, проявляющийся приступами одышки

  cardiac ~ табетический криз, проявляющийся приступами сердцебиения

  celiac ~ целиакия, нетропическое спру

  cerebral ~ инсульт

clinical ~ криз (*внезапное усиление симптомов болезни с резким ухудшением состояния больного*)

Dietl's ~ синдром ущемления блуждающей почки, Дитля синдром

diencephal ~ *см.* **hypothalamic** ~

false ~ псевдокриз

fatal carcinoid ~ летальный криз у больного карциноидом

gastric ~ желудочный криз (*при спинной сухотке*)

genital ~ **of newborn** половой криз новорождённых (*нагрубание молочных желёз, отёчность половых органов и серозно-кровянистые выделения из влагалища у девочек, обусловленные гормональным воздействием матери*)

glaucomacyclitic ~ глаукомоциклитический криз (*одностороннее повышение внутриглазного давления*)

growth ~ снижение рождаемости; снижение роста численности населения

hemolytic ~ гемолитический криз, сывороточный шок

hyperparathyroid ~ гиперпаратиреоидный криз

hypertensive ~ гипертонический криз

hypothalamic ~ гипоталамический [диэнцефальный] криз

identity ~ *псих.* личностный кризис (*у подростков*)

intestinal ~ кишечный криз (*интенсивная колика при свинцовом отравлении или при спинной сухотке*)

laryngeal ~ пароксизмальный спазм гортани (*при спинной сухотке*)

midlife ~ кризис среднего возраста

nephralgic ~ нефралгический криз (*пароксизмальная боль по ходу мочеточника при спинной сухотке*)

oculogyric ~ судорога [спазм] взора, окулогирный криз

Owren ~ Оврена синдром (*инфекционно-аллергическая аплазия костного мозга*)

parathyroid ~ гиперпаратиреоидный криз

promyelocytic blast ~ промиелоцитарный бластный криз (*при гранулоцитарном лейкозе*)

rectal ~ пароксизмальная прокталгия (*напр. при спинной сухотке*)

salt-depletion ~ солетеряющий криз

tabetic ~ табетический криз

thoracic ~ табетический криз, напоминающий стенокардию

thyroid [thyrotoxic] ~ тиреотоксический криз

transient aplastic ~ преходящий апластический криз

uremic ~ уремический криз, уремия

vesical ~ табетический криз, проявляющийся приступами болей в мочевом пузыре

visceral ~ висцеральный криз (*приступ болей в каком-л. органе при спинной сухотке*)

crispation [krɪs'peɪʃn] 1. ощущение «мурашек», обусловленное лёгкими фибриллярными мышечными сокращениями 2. сокращение пересечённых концов артерии или мышечных волокон

crispo ['krɪspɒ], **crispy** ['krɪspɪ] *sl.* наркоман, изнурённый употреблением марихуаны

criss-cross [krɪs-krɒs] 1. перекрещивающийся; перекрёстный 2. раздражительный; ворчливый 3. «крисс-кросс» (*редкая аномалия сердца, при которой желудочки располагаются на противоположной стороне от предсердий*)

crista ['krɪstə], *pl.* **cristae** ['krɪstɪ] 1. выступ, гребень, край 2. выступающая структура

~ **pubica** *лат.* лобковый гребень

~ **supraventricularis** *лат.* наджелудочковый гребень

~ **urethralis** *лат.* гребень мочеиспускательного канала

cristalloid [ˌkrɪstə'lɔɪd] кристаллоидный (раствор)

cristalls ['krɪstəlz] *sl.* метамфетамин (*искусственно синтезируемый психостимулятор*)

criteria [kraɪ'tɪərɪə] *pl. от* **criterion**

~ **for risk acceptance** критерии приемлемого риска

~ **of malignancy** критерии злокачественности; признаки малигнизации (*напр. плазмоцитов*)

admission ~ критерии приёма в больницу

damage ~ критерии повреждения

diagnostic ~ диагностические показатели

discharge ~ показания для выписки или перевода (*напр. из послеоперационной палаты*)

environmental health ~ критерии в оценке гигиены окружающей среды

essential ~ основные критерии (*напр. оценки качества жизни*)

exclusion ~ критерии исключения (*из исследования*)

health ~ **for water supplies** гигиенические нормы водоснабжения

inclusion ~ **for the diagnosis** дополнительные критерии диагноза

noise pollution ~ критерии зашумлённости

criterion [kraɪ'tɪərɪən], *pl.* **criteria** [kraɪ'tɪərɪə] 1. критерий, признак 2. показатель

damage ~ критерий повреждения (*напр. радиацией*)

examination ~ диагностический [исследовательский] критерий

least-squares ~ *стат.* критерий наименьших квадратов

noise annoyance ~ критерий раздражающего действия шума

noise stress tolerance ~ критерий устойчивости к шумовому стрессу

solubility ~ **of purity** определение чистоты (фермента) по кривой растворимости

student ~ *стат.* критерий Стьюдента

crithidia [krɪ'θɪdɪə] критидий (*стадия развития жгутиковых – паразитов позвоночных в организме хозяина, напр. трипаносом в мухах цеце*)

critical ['krɪtɪkl] 1. критический 2. основной, главный, принципиальный (*напр. о требованиях к лечению*)

criticality [krɪtɪ'kælɪtɪ] критичность, способность к критике

Crocus ['krəʊkəs]:

~ **Saticus** шафран посевной (*бутоны*)

crook [krʊk]:

~ **of the arm** локтевая ямка

crooked ['krʊkɪd] кривой, изогнутый, искривлённый

crop [krɒp]:

~ **of cells** 1. культура клеток 2. посев микроорганизмов

cross [krɒs] 1. гибридизация, скрещивание 2. крестообразная структура, перекрёсток (*напр. зрительных нервов*) ‖ пересекать, переходить ‖ перекрёстный, пересекающийся 3. гибрид; помесь

Cross:

Blue ~ «Синий крест» (*некоммерческая организация, страхующая преимущественно случай больничного лечения*)

Green ~ «Зелёный крест» (*символ общества по охране окружающей среды*)

International Red ~ Международный Красный Крест

Red ~ крест св. Георгия (*национальная эмблема Англии*)

Red ~ & Red Crescent Красный Крест и Красный Полумесяц

Yellow ~ «Жёлтый крест» (*иприт, горчичный газ*)

crossbite ['krɒsbaɪt] перекрёстный прикус

cross-bones ['krɒs-bəʊnz] эмблема смерти (*изображение двух скрещенных костей под черепом*)

crossbreed ['krɒsbriːd] гибрид || гибридизировать

cross-breeding ['krɒs-'briːdɪŋ] скрещивание

cross-checking ['krɒs-'tʃekɪŋ]:

external ~ of blood film внешняя перекрёстная проверка мазков крови

cross-circulation ['krɒs-səːkjʊ'leɪʃn] перекрёстное кровообращение

crossclamping ['krɒs,klæmpɪŋ] пережатие (*сосуда*)

cross-contamination ['krɒs-kəntæmi'neɪʃn] перекрёстное загрязнение

mycobacterial ~ микобактериальное перекрёстное заражение

cross-cultural [,krɒs-'kʌltʃrəl] транскультуральный

cross-dependence ['krɒs-di'pendəns] перекрёстная зависимость (*свойство одного вещества угнетать симптоматику отмены другого вещества*)

cross-disciplinary ['krɒs-disəp'linəri] находящийся на стыке наук

cross-division ['krɒs-di'viʒn] классификация по нескольким признакам

cross-dressing ['krɒs-'dresɪŋ] трансвестизм, травестизм (*форма полового извращения с переодеванием в одежду противоположного пола*)

cross-examination ['krɒs-igzæmi'neɪʃn] **1.** *психол.* перекрёстное обследование **2.** *суд. мед.* перекрёстный допрос

cross-eye ['krɒs-ai] сходящееся [конвергирующее] косоглазие, эзотропия

cross-feeding ['krɒs-'fiːdɪŋ] симбиотический рост бактерий на минимальной среде

cross-fertilization ['krɒs-fəːtəlai'zeɪʃn]:

~ of ideas взаимное обогащение идеями

cross-immunity ['krɒs-im'juːniti] перекрёстный иммунитет

cross-infection ['krɒs-in'fekʃn] перекрёстная [госпитальная, внутрибольничная] нозокомиальная инфекция

crossing ['krɒsɪŋ] **1.** пересечение **2.** скрещивание, гибридизация

interspecies ~ межвидовое скрещивание

unselective ~ свободное скрещивание

crossing-over ['krɒsɪŋ-'əʊvə] кроссинговер, перекрёст хромосом (*обмен гомологичных хромосом идентичными хроматидами*)

double ~ двойной кроссинговер (*происходящий одновременно в двух точках пары гомологичных хромосом*)

cross-legged [,krɒs-'legd] скрестив ноги

cross-link ['krɒs-,lɪŋk]:

collagen ~ коллагеновые поперечные [перекрёстные] соединения

intermolecular ~ межмолекулярное скрещивание

cross-linking ['krɒs-,lɪŋkɪŋ]:

~ of immune complexes перекрёстное связывание иммунных комплексов

~ of lens protein образование сшивок между молекулами

antigen-receptor ~ перекрёстное сшивание антигена с рецептором

photo-induced ~ фотополимеризация

cross-matched [,krɒs-'mætʃt] подходящий, совместимый (*напр. о группах крови*)

cross-match(ing), crossmatching [krɒs-'mætʃɪŋ] перекрёстная проба (*1. тест на совместимость крови донора и реципиента 2. тест на идентификацию в сыворотке реципиента антител, реагирующих с антигенами потенциального донора*)

antiglobulin ~ антиглобулиновая перекрёстная проба

pretransplantat ~ дотрансплантационная проба на гистосовместимость

remote ~ перекрёстная проба у неродственной пары (*донор – реципиент*)

crossness ['krɒsnəs] раздражительность, сварливость

cross-neutralization [,krɒs-,njuːtrəlai'zeɪʃn] перекрёстная нейтрализация (*токсина*)

crossover ['krɒsəʊvə] **1.** переход || перекрёстный (*напр. метод изучения*) **2.** кроссовер (*генотип, образующийся в результате перекрёстной рекомбинации*) **3.** рекомбинировать

cross-reacting [,krɒs-ri'æktɪŋ] перекрёстно-реагирующий

cross-reaction [,krɒs-ri'ækʃn]:

widespread ~ перекрёстная реакция широкой специфичности

cross-reactivity [,krɒs-riæk'tiviti] перекрёстная реактивность (*напр. с амилазой поджелудочной железы человека и свиньи*)

allergenic ~ перекрёстная реактивность на антиген

interspecies ~ межвидовая перекрёстная реактивность (*напр. моноклональных антител к различным эпитопам плазминогенеза*)

cross-section [,krɒs-'sekʃn] поперечный разрез, или срез

cross-sectional [,krɒs-'sekʃnəl] **1.** поперечный срез || послойный, ламинарный **2.** перекрёстный (*напр. анализ*)

cross-striation [,krɒs-strai'eɪʃn] наличие поперечной исчерченности (*у мышцы*)

cross-tolerance [,krɒs-'tɒlərəns] перекрёстная толерантность (*при которой новое наркотическое вещество не вызывает эффекта у наркомана, употреблявшего ранее другой наркотик*)

cross-wall [,krɒs-'wɔːl] поперечная перегородка (*при делении клеток*)

crossway ['krɒswei] перекрёст двух нервных путей

crotch [krɒtʃ] промежность

crotchet ['krɒtʃit] крючок для удаления плода после краниотомии

croup [kruːp] круп (*острый стенозирующий ларинготрахеит*)

catarrhal ~ ложный круп, псевдокруп

diphtheritic ~ дифтерийный [истинный] круп

false ~ *см.* **catarrhal ~**

membranous ~ *см.* **diphtheritic** ~

spasmodic ~ *см.* **catarrhal** ~

croupous ['kru:pəs] крупозный

crow-bill ['krəʊ-bil] хирургические щипцы

crowd [kraʊd] **1.** толпа; масса *(людей)* ‖ толпиться; теснить **2.** давка **3.** *амер.* оказывать давление; приставать *(с чем-л.)*

crowding ['kraʊdiŋ] скученность *(зубов при прорезывании, частично перекрывающих друг друга и смещённых в различных направлениях)*

~ **out of normal cell lines** подавление линий нормальных клеток *(при лимфолейкозе)*

thought ~ *псих.* наплывы мыслей, ментизм

crown [kraʊn] **1.** вершина **2.** коронка *(зуба)* ‖ поставить коронку *(на зуб)* **3.** темя, макушка

~ **down** *стом.* шаг вниз *(расщепление канала начиная от устья)*

~ – **heel** длина плода *(темя – пятка)*

~ **of head** темя, макушка

~ **of hooks** *гельм.* венчик из крючьев

~ **of tooth** коронка зуба

acrylic veneer ~ коронка с пластмассовой фасеткой

anatomic ~ анатомическая коронка зуба

banded ~ коронка по кольцу

banded cast occlusal ~ коронка по кольцу с литой окклюзионной поверхностью

banded swaged occlusal ~ коронка по кольцу со штампованной окклюзионной поверхностью

bell ~ зуб с несоразмерно увеличенной окклюзионной поверхностью, «гигантский зуб»

cap ~ защитная колпачковая [напёрсточная] коронка

cast ~ литая коронка

cast bonded ~ литая шовная коронка

cast gold veneer ~ литая комбинированная коронка из золотого сплава с фасеткой

cast veneer ~ литая комбинированная коронка с фасеткой

ciliary ~ ресничный венец

clinical ~ клиническая коронка *(зуба)*

collar ~ штифтовой зуб с наружным кольцом, Ричмонда коронка

Davis ~ полукоронка со штифтом

dowel ~ коронка с опорно-удерживающим штифтом

fused porcelain ~ фарфоровая (жакетная) коронка

gold ~ коронка из золотого сплава

jacket ~ жакетная коронка

molded ~ *см.* **cast** ~

partial veneer abutment ~ опорная коронка с фасеткой мостовидного протеза

physiologic ~ физиологическая коронка зуба

pivot ~ коронка штифтового зуба

portion ~ полукоронка

post ~ *см.* **collar** ~

radiate ~ лучистый венец *(1. внутренней капсулы конечного мозга 2. овоцита)*

Richmond ~ *см.* **collar** ~

shell ~ защитная колпачковая [напёрсточная] коронка

shoulder circumscribing ~ коронка с пришеечным уступом

swaged ~ штампованная коронка

temporary ~ временная коронка

three-quarter ~ полукоронка

three-quarter abutment ~ опорная полукоронка мостовидного протеза

three-quarter cast gold ~ литая полукоронка из золотого сплава

veneer(ed) ~ коронка с фасеткой, коронка с облицовкой

window ~ коронка с облицовкой из пластмассы или фарфора

crowned [kraʊnd] покрытый искусственной коронкой *(о зубе)*

crowning ['kraʊniŋ] **1.** прорезывание головки *(плода)* **2.** надевание коронки *(на зуб)*

crown-prisoner ['kraʊn-ˌpriznə] *суд. мед.* уголовник, находящийся в заключении

crownwork ['kraʊnwə:k] **1.** (искусственная) коронка *(зуба)* **2.** изготовление коронки *(зуба)*; примерка коронки *(зуба)*

crucial [kru:ʃl] **1.** критический **2.** решающий *(напр. эксперимент)* **3.** *анат.* крестообразный

cruciate ['kru:ʃieit] крестообразный, относящийся к крестообразной структуре *(напр. связке)*

crucible ['kru:sibl] **1.** тигель **2.** суровое испытание

sintered (filter) ~ тигель для фильтрования, фильтр-тигель, Бюхнера воронка

crude [kru:d] **1.** сырой, незрелый **2.** неочищенный, необработанный **3.** грубый, невежественный **4.** общий *(напр. о летальности)*

cruel ['kru:əl] жестокий

cruelty ['kru:əlti]:

shocking ~ страшная жестокость

crural ['kru:rəl] **1.** *анат.* относящийся к ножке **2.** относящийся к ноге

crurotomy [krʊ'rɒtəmi]:

~ **of stapes** *ото.* круротомия стремечка

crus ['krʌs], *pl.* **crura** ['kru:rə] **1.** голень **2.** ножка *(анатомическая структура, напоминающая голень нижней конечности или представленная парой расходящихся пучков или тяжей)*

~ **cerebri** ножка мозга

~ **of diaphragm** ножка диафрагмы

crush [krʌʃ] **1.** раздавливание; раздробление; измельчение ‖ давить; дробить; размозжить **2.** давка, толчея **3.** фруктовый сок

phrenic ~ раздавливание диафрагмального нерва *(вызывает паралич диафрагмы и выпячивание её купола в грудную полость)*

crushing ['krʌʃiŋ]

~ **of calculi** дробление камней *(напр. в жёлчном пузыре)*

~ **of umbilical cord** раздавливание пуповины *(в родах)*

~ **the cord** разрушение спинного мозга

open ~ размозжённая рана

crust [krʌst], *лат.* **crusta** ['krʌstə], *pl.* **crustae** ['krʌsti] корка, струп ‖ покрываться струпьями

hemorrhagic ~s геморрагический струп

milk ~ молочный струп *(у грудных детей)*

nasal ~ корки в носу

scaly ~ слущенный эпителий, чешуйка

crutch [krʌtʃ] костыль ‖ ходить на костылях

crux [krʌks] затруднение

~ of the heart место соединения стенок четырёх камер сердца

cry [kraɪ] **1.** крик **2.** вопль, плач ‖ кричать; вопить; звать на помощь; плакать

cat's ~ синдром кошачьего крика, Лежена синдром *(комплекс врождённых нарушений, включающий аномалию развития гортани, в результате которой крик ребёнка напоминает кошачий)*

epileptic ~ эпилептический крик

weak ~ слабый стон

cryalgesia [ˌkraɪəl'dʒiːzɪə] криоалгезия *(боль, вызванная холодом)*

cryanesthesia [kraɪˌænəs'θiːzɪə] анестезия охлаждением

cryesthesia [ˌkraɪəs'θiːzɪə] **1.** способность ощущать холод **2.** холодовая гиперестезия *(1. очень высокая чувствительность организма к низким температурам 2. чувство холода)*

crymodynia [ˌkraɪməʊ'dɪnɪə] *см.* **cryalgesia**

crymophylactic [ˌkraɪməʊfə'læktɪk] холодоустойчивый

crymotherapy [ˌkraɪməʊ'θerəpɪ] криотерапия

cryoablation [ˌkraɪəʊæb'leɪʃn] криодеструкция, криоабляция

pituitary ~ криохирургическое разрушение гипофиза

cryobiology [ˌkraɪəʊbaɪ'ɒlədʒɪ] **1.** криобиология *(наука о влиянии низких температур на живые организмы)* **2.** консервирование органов или живых организмов холодом

cryocautery [ˌkraɪəʊ'kɔːtərɪ] криокоагуляция, криокаустика *(тканей)*

cryoconization [ˌkraɪəʊˌkɒnɪ'zeɪʃn] криоконизация *(конусовидное иссечение шейки матки)*

cryode ['kraɪəʊd] *мед. тех.* криоэкстрактор, криокарандаш

cryoenzymology [ˌkraɪəʊˌenzɪ'mɒlədʒɪ] криоэнзимология *(метод изучения механизмов действия ферментов при низких температурах)*

cryoextraction [ˌkraɪəʊeks'trækʃn] криоэкстракция *(катаракты)*

cryogen ['kraɪəʊdʒen] криогенное вещество

cryoglobulin [ˌkraɪəʊ'glɒbjʊlɪn] *pl.* криоглобулины *(патологические белки плазмы, или парапротеины, переходящие из жидкого в гелеобразное состояние при температуре 4 °C; встречаются у больных множественной миеломой)*

cryohypophysectomy [ˌkraɪəʊˌkaɪpəʊfɪz'ektəmɪ] криогипофизэктомия, криодеструкция гипофиза

cryoinjury [ˌkraɪəʊ'ɪndʒərɪ] **1.** холодовое повреждение, обморожение **2.** криодеструкция, криохирургическое вмешательство

cryoknife [ˌkraɪəʊ'naɪf] микротомный нож с глубоким охлаждением, криотомный нож

cryolysis [kraɪ'ɒlɪsɪs] криодеструкция

cryometry [kraɪ'ɒmətrɪ] криометрия *(измерение низких температур)*

cryonics [kraɪ'ɒnɪks] криоконсервирование, замораживание *(напр. умерших в надежде их оживления в будущем)*

cryopathy [kraɪ'ɒpəθɪ] криопатия *(патологическое состояние, возникающее под воздействием холода)*

cryopexia [ˌkraɪəʊ'peksɪə] *офт.* криопексия

cryophylactic [ˌkraɪəʊfə'læktɪk] холодоустойчивый

cryoprecipitate [ˌkraɪəʊprɪ'sɪpɪteɪt] криопреципитат *(замороженная плазма, содержащая антигемофильный фактор)*

cryoprecipitation [ˌkraɪəʊprɪˌsɪpɪ'teɪʃn] криопреципитация, осаждение замораживанием

cryopreservation [ˌkraɪəʊˌpresə'veɪʃn] криоконсервация *(тканей)*

~ of monocytes криоконсервация моноцитов

cryopreserved [ˌkraɪəʊprɪ'zɜːvd] хранящийся в замороженном состоянии

cryoprobe ['kraɪəʊprəʊb] криозонд

cryoprotectant [ˌkraɪəʊprəʊ'tektənt] криопротектор *(вещество, защищающее клетки при замораживании)*

cryoprotection [ˌkraɪəʊprəʊ'tekʃn] криозащита, криопротекция

cryoprotein [ˌkraɪəʊ'prəʊtiːn] криопротеин *(белок, выпадающий в осадок при охлаждении раствора и вновь переходящий в раствор при нагревании)*

cryoscopy [kraɪ'ɒskəpɪ] криоскопия *(определение точки замерзания жидкости, напр. крови)*

cryospasm [ˌkraɪəʊ'spæzm] спазм, вызванный холодом, холодовый спазм

cryospray ['kraɪəʊspreɪ] криотерапия жидким азотом

cryostat ['kraɪəʊstæt] криостат *(1. камера, в которой производят срезы замороженных тканей 2. прибор, поддерживающий низкую температуру)*

cryostylet [ˌkraɪəʊ'staɪlət] *мед. тех.* криоэкстрактор, криокарандаш

cryosurgery [ˌkraɪəʊ'sɜːdʒərɪ] криохирургия; криовоздействие; криодеструкция

hepatic ~ криорезекция печени

cryothalamotherapy [ˌkraɪəʊˌθæləməʊ'θerəpɪ] криоабляция таламуса, криодеструкция зрительного бугра

cryotherapy [ˌkraɪəʊ'θerəpɪ] криотерапия

cryotube ['kraɪɒtjuːb] криопробирка

crypt [krɪpt], *лат.* **crypta** ['krɪptə], *pl.* **cryptae** ['krɪptɪ] **1.** *анат.* крипта, углубление **2.** железистая полость

dental ~ лакунарное пространство развивающегося зуба

enamel ~ мезенхимальное пространство эмалевого органа

Lieberkuhn's ~s тонкокишечные, или либеркюновы, крипты, либеркюновы железы

lingual ~ крипта язычной миндалины

Morgagni's ~s морганиевы пазухи; заднепроходные пазухи

mucus-filled ~ крипта, заполненная жидкостью

cryptanamnesia [ˌkrɪptænæ'mniːzɪə] *см.* **cryptomnesia**

cryptic ['krɪptɪk] **1.** скрытый, латентный, ларвированный **2.** неясного происхождения

crypticity [krɪp'tɪsɪtɪ] замаскированность *(напр. антигенной детерминанты)*

cryptitis [krɪp'taɪtɪs]:

anal ~ криптит заднего прохода

cryptobiosis [ˌkrɪptəʊbaɪ'ɒsɪs] криптобиоз *(замедление жизненных функций при низкой температуре в экстремальных условиях)*

cryptococcosis [ˌkrɪptəʊkɒ'kəʊsɪs] криптококкоз, торулёз, европейский бластомикоз

esophageal ~ *параз.* криптококкоз пищевода

Cryptococcus [ˌkrɪptəʊ'kɒkəs] род дрожжеподобные грибы, размножающиеся почкованием

~ **neoformans** возбудитель криптококкоза

cryptocrystalline [ˌkrɪptəʊ'krɪstəli:n] микрокристаллический

cryptodidymus [ˌkrɪptəʊ'dɪdəməs] криптодидимус (*сросшиеся близнецы, один из которых находится внутри другого*)

cryptogenic [ˌkrɪptəʊ'dʒenik] криптогенный, неопределённый, точно не установленный, неизвестного происхождения (*напр. сепсис*)

cryptolith ['krɪptəʊliθ] конкремент, образующийся в крипте

cryptomenorrhea [ˌkrɪptəʊˌmenɒ'ri:ə] ложная аменорея, криптоменорея (*при атрезии цервикального канала*)

cryptomerorachischisis [ˌkrɪptəʊˌmi:rəʊrə'kiskisis] скрытая расщелина дужек позвонков

cryptomnesia [ˌkrɪptɒm'ni:ziə] криптомнезия, искажение памяти

cryptophthalmia [ˌkrɪptɒf'θælmiə] *эмбр.* криптофтальмия (*недоразвитие глазной щели*)

cryptophthalmos [ˌkrɪptɒf'θælmɒs] *эмбр.* криптофтальмоз, кажущееся отсутствие глаз вследствие недоразвития век

cryptorchid [krɪp'tɔ:kid] **1.** относящийся к крипторхизму **2.** страдающий крипторхизмом

cryptorchidism [krɪp'tɔ:kiˌdizəm] крипторхи(ди)зм (*неопущение яичка*)

artificial ~ приобретённый крипторхизм

bilateral ~ двусторонний крипторхизм

unilateral ~ односторонний крипторхизм

cryptoscope ['krɪptəʊskəʊp] криптоскоп (*приспособление к экрану рентгеновского аппарата для проведения рентгеноскопии в незатемнённом помещении*)

cryptosporidiosis ['krɪptəʊspəʊˌridi'əʊsis] криптоспоридиоз (*инвазия простейших, бурно размножающихся в эпителии желудочно-кишечного тракта при иммунодефиците*)

cryptotope [ˌkrɪptəʊ'təʊp] внутримолекулярная [латентная] антигенная детерминанта, криптотоп

cryptotoxic ['krɪptəʊˌtɒksik] обладающий скрытой токсичностью, потенциально токсичный

cryptozygous [krɪp'tɒzəgəs] имеющий широкий череп и узкое лицо

crysotherapy [ˌkrizəʊ'θerəpi] кризотерапия (*лечение золотом или его препаратами*)

crystal ['krɪstəl]:

asthma ~s Шарко – Лейдена кристаллы (*в мокроте при бронхиальной астме*)

dumbbell ~s гантелевидные кристаллы (*в моче*)

ear ~s статоконии, отолиты, статолиты

knife-rest ~s кристаллы трипель-фосфатов в форме рогатки (*в моче*)

sperm(in) ~s кристаллы фосфата спермина в семенной жидкости

thorn-apple ~s кристаллы мочекислого аммония в виде округлых телец с мелкими выступами (*в моче*)

whetstone ~s кристаллы ксантина в виде оселка (*в моче*)

crystalline ['krɪstəli:n] кристаллический; прозрачный

crystallography [ˌkrɪstə'lɒgrəfi]:

X-ray ~ рентгеноструктурный анализ

crystallophobia [ˌkrɪstələʊ'fəʊbiə] кристаллофобия (*патологическая боязнь стеклянных предметов*)

crystalluria [ˌkrɪstəl'jʊriə]:

struvite ~ выделение кристаллов струвита с мочой

ctetosome ['titəʊsəʊm] ктетосома (*избыточная хромосома, связанная с половой хромосомой во время мейоза*)

cube [kju:b] *sl.* кусочек сахара, пропитанный ЛСД

cubehead ['kju:bhed] *sl.* потребитель ЛСД на сахаре

cubicle ['kju:bikl] **1.** больничный бокс, изолятор **2.** одноместная больничная палата

cubital ['kju:bitl] локтевой

cubitus [kju:bitəs], *pl.* **cubiti** [kju:biti] **1.** предплечье **2.** локтевая кость **3.** локтевой сустав

~ **valgus** вальгусная деформация локтя (*внутреннее отклонение предплечья при разгибании*)

~ **varus** варусная деформация локтя (*наружное отклонение предплечья при разгибании*)

cuboid ['kju:bɔid] **1.** *анат.* структура, напоминающая куб **2.** кубовидная кость

cuculla ['kju:kjʊlə] **1.** нижняя часть трапециевидной мышцы **2.** носовой хрящ

cucullaris [ˌkju:kjʊ'læris] трапециевидная мышца

cucumaria [kju:kjʊ'meəriə]:

~ **japonica** *токс.* голотурия, японский морской огурец

cue [kju:] **1.** стимул, стимулятор **2.** знак, сигнал; сенсорный раздражитель

monocular ~ *психол.* монокулярный признак (*при зрительном восприятии глубины*)

nonverbal ~s визуальные [невербальные] знаки; жестикулирование

cuff [kʌf] **1.** *мед. тех.* манжетка, манжета **2.** скопление лейкоцитов вокруг кровеносного сосуда (*обычно при экссудации*) **3.** небольшая циркулярная повязка; подвешивающая повязка в виде муфты **4.** наносить удары рукой

arm [**blood pressure**] ~ манжетка для измерения кровяного давления

buckle ~ застёгивающаяся надувная манжета

inflatable ~ раздуваемая манжета (*напр. катетера*)

musculotendinous ~ мышечно-сухожильная манжета

neck ~ шейная манжета

pressure ~ сдавливающая манжета

rotator ~ влагалище мышц-вращателей (*шеи*)

slip ~ скользящая манжетка (*в ортопедическом аппарате*)

slip-on tracheal ~ сменная трахеальная манжета

cuffing ['kʌfiŋ] образование скоплений лейкоцитов вокруг кровеносного сосуда (*обычно при экссудации*)

cul-de-sac [kʌldə-'sæk] **1.** *анат.* слепой мешок; замкнутое пространство **2.** слепая кишка

conjunctival ~ свод конъюнктивы

Douglas' ~ прямокишечно-маточное углубление, дугласово пространство

greater ~ дно [свод] желудка

isolated ~ **of stomach** малый «желудочек» Павлова

lesser ~ привратниковая пещера (*желудка*)

culdocentesis [ˌkʌldəʊsənˈtiːsis] пункция прямокишечно-маточного углубления

culdoscope [ˈkʌldəʊskəʊp] кульдоскоп

culdoscopy-adjunct [kʌlˈdɒskəpi-ˈædʒʌŋkt] дополнительная кульдоскопия

culdotomy [kəlˈdɒtəmi] кульдотомия (*вскрытие прямокишечно-маточного углубления*)

culicide [ˈkjʊlisaid] кулицид, инсектицид

cull [kʌl] отбросы; бракованный материал

culling [ˈkʌliŋ] избирательное выделение, изъятие, удаление (*напр. сфероцитов или отживающих эритроцитов селезёнкой*)

culmen [ˈkʌlmən], *pl.* **culmina** [ˈkʌlminə] вершина (*часть червя мозжечка между центральной долькой и первой щелью*)

culpable [ˈkʌlpəbl] 1. виновный 2. преступный

culprit [ˈkʌlprit] 1. обвиняемый; виновный; компрометирующий 2. преступник

cult [kʌlt] культ, поклонение, обожествление

~ **of individual** культ личности

cultivation [kʌltiˈveiʃn] культивирование, выращивание (*напр. микроорганизмов*)

~ **of memory** улучшение памяти путём тренировки

continuous ~ непрерывное культивирование

cultural [ˈkʌltʃrəl] культуральный (*1. относящийся к культуре, напр., микроорганизмов или питательной среде 2. этнический, относящийся к нормам определённой популяции людей*)

culture [ˈkʌltʃə] 1. культура (*напр. клеток*) 2. культивирование, выращивание || культивировать, выращивать

~ **of blastdermal cells** культивирование бластодермальных клеток

~ **of hepatocytes** культивирование гепатоцитов

~ **of vaginal fluids** 1. посев влагалищных выделений 2. микрофлора влагалища

~ **of Sabouraud's** посев на среду Сабуро

acidophylic broth ~ ацидофильная бульонная культура, АБК

adhesive ~ культура в капле среды на покровном стекле

aerobic ~ аэробная культура

agar-streak ~ «штриховая» культура на агаре (*нанесённая штрихом*)

anaerobic ~ анаэробная культура

anchored ~ закреплённая [иммобилизованная] на настиле культура

attenuated ~ аттенуированная [ослабленная] культура микробов

axenic ~ 1. аксеническая [чистая] культура, монокультура 2. стерильная [безбактериальная] культура

bacterial ~ 1. бактериальная культура, микрофлора 2. культивирование бактерий 3. бактериологическое исследование, баканализ

batch ~ серийное культивирование

biopsy ~ биоптат на микрофлору

blood ~ гемокультура

broth ~ бульонная культура

cell-depleted ~ бесклеточная культура

charcoal ~ культивирование с древесным углем (*для обнаружения личинок анкилостомид*)

chick-embryo ~ культивирование (вирусов) на курином эмбрионе

civilized cell ~ культура нормальных [здоровых] клеток

clonal ~ клонированная культура

colony-forming unit ~ колониеобразующая единица, или клетка

continuous ~ переживаемая культура

differentiated ~ дифференцированная культура

droplet ~ капельная культура

excised embryo ~ культура изолированных эмбрионов

excised organ ~ культура изолированных органов

explant ~ культура ткани

fecal ~ копрокультура

flask ~ культура на матраце, или в узкогорлой колбе, или во флаконе

freeze-dried ~ лиофилизированная культура

fungal ~ 1. культура грибов 2. посев на грибы; культивирование грибов 3. выделение грибов

germ ~ 1. бактериальная культура 2. закваска

habituated ~ адаптированная культура

hanging block ~ культура в агаровом блоке

hanging-drop ~ культура в висячей капле

Harada – Mori fecal ~ культура фекалий (*для диагностики нематодозов*)

Helene Lake ~ культура опухолевых клеток Элен Лейк (*названа по имени умершей женщины, на основе клеток которой созданы банки генов человека*)

high density ~ концентрированная культура

housing patent ~ коллекционная патентованная культура

human cell ~ культура клеток человека

hybridoma ~**s** гибридома в культуре

impure ~ загрязнённая культура

inactivated hamster-cell ~ инактивированная (вакцина) на культуре хомячков

indigenous family ~ традиционная семейная культура

late-loge ~ культура, находящаяся в поздней стадии логарифмического роста

liquid ~ культура в жидкой среде, жидкостная культура

log [logarithmic] phase ~ культура в логарифмической фазе роста

long-term bone marrow ~**s** долгосрочная переживаемая культура костного мозга

lysogenic ~ лизогенная культура (*заражённая умеренным бактериофагом*)

maintaining ~ поддерживаемая [сохраняемая] культура

microcarrier ~ культура клеток на микроносителях

mixed lymphocyte ~ смешанная культура лимфоцитов

monolayer ~ монослойная [однослойная] культура

monospecies ~ монокультура

monoxenic ~ моноксеническая культура (*с одним симбионтом*)

multiple ~**s** повторные посевы на микрофлору

needle ~ культивирование с введением материала прокалыванием (*плотной питательной среды*)

negative ~ культура с отсутствием роста

one-way mixed lymphocyte ~ однонаправленная смешанная культура лимфоцитов

organ ~ органная культура *(выращивание тканей или частей органа in vitro)*

passaged ~ пересеваемая [перевиваемая] культура

Petri dish ~ культура на чашках Петри

plate ~ культура на твёрдой среде *(напр. на чашках Петри)*

positive ~ культура с наличием роста

positive bile ~ наличие микрофлоры в жёлчи

positive blood ~s рост микрофлоры из крови, положительный результат посева крови

primary ~ первичная культура *(взятая непосредственно от организма)*

prompt ~ затравочная культура, закваска

pure ~ *см.* **axenic** ~

quantitative urine ~ количественное определение бактерий в моче

reference ~ тест-культура, стандартная культура *(используемая для оценки действия биологически активных веществ)*

roll-tube ~ культивирование во вращающихся пробирках

semen ~ посев спермы *(для бактериологического исследования)*

serum-free ~ бессывороточная культура

shake ~ культивирование с использованием перемешивания

short-term ~ суточная [молодая] культура

single-cell ~ моноклональная культура *(выделенная из одной клетки)*

slant ~ *см.* **slope** ~

slide ~ культура на предметном стекле

slope ~ культивирование на скошенной питательной среде

smear ~ культивирование с введением материала размазыванием *(по твёрдой питательной среде)*

solid-state ~ культура микроорганизмов, выращенная на твёрдом субстрате

stab ~ культивирование с введением материала прокалыванием

starter ~ закваска

steady-state ~ стационарная культура

stock ~ 1. посев уколом 2. маточная [запасная] культура

stock yeast ~ маточные дрожжи

streak ~ культивирование с нанесением материала на питательную среду в виде полосок

suspended cell ~ суспензионная культура

synovial organ ~s синовиальная органная культура

test-tube ~ пробирочная культура

three consecutive ~s трёхкратный посев

thrust ~ *см.* **stab** ~

tissue ~ 1. культура тканей 2. культивирование цельной ткани

tube ~ пробирочная культура

two-membered ~ смешанная культура двух видов организмов

two-way mixed lymphocyte ~ двунаправленная смешанная культура лимфоцитов

type ~ типовая [стандартная] культура

urine ~s 1. микрофлора мочи 2. посев мочи *(на микрофлору)*

cultured ['kʌltʃəd] культивируемый, выращиваемый вне организма *(напр. о клетках)*

cum [kʌm] *лат.* с, включая

cumulation [ˌkjuːmjʊˈleiʃn] кумуляция, (ак)кумулирование *(накопление веществ в организме)*

cumulative ['kjuːmjʊlətiv] кумулятивный, накапливающийся

cumulus ['kjuːmjʊləs]:

~ **oophoricus** яйценосный бугорок *(структура, образованная фолликулярными клетками, окружающими яйцеклетку)*

cuneate(d) ['kjuːnieitid], **cuneiform** [kjuːˈniːifɔːm] клиновидный, клинообразный

cuneonavicular [ˌkjuːniəʊnəˈvikjʊlə] относящийся к клиновидной и ладьевидной костям

cuniculus [kjuːˈnikjʊləs], *pl.* **cuniculi** [kjuːˈnikjʊlai] образование ходов в коже клещами, вызывающими зуд

cup [kʌp] 1. чаша; углубление 2. костно-хрящевой аллоколпачок на головку бедренной кости 3. банка

acetabulum prosthesis ~ протез вертлужной впадины

death ~ бледная поганка *(один из видов наиболее ядовитых грибов)*

Dixie ~ картонный парафинированный стаканчик для сбора фекалий

dry ~ сухие банки

eye ~ глазная ванночка

feeding ~ поильник

glaucomatous ~ глаукоматозное углубление [глаукоматозное вдавление] соска зрительного нерва

optic ~ эмбр. глазной бокал *(из которого развивается сетчатка глаза)*

physiologic ~ физиологическая экскавация, углубление диска *(зрительного нерва)*

suction ~ присоска *(напр. электрода)*

wet ~s кровоизвлекающие банки

cupboard ['kʌpbɔːd]:

fume ~ вытяжной шкаф, лабораторная тяга

cupola ['kʊpələ] *см.* **cupula**

cupping ['kʌpiŋ] 1. применение банок 2. образование чашеобразного углубления *(напр. в ткани)*

cuprum ['kjuːprəm] медь, Cu *(метаболический микроэлемент; имеет радиоактивные изотопы ^{57}Cu – ^{68}Cu с периодом полураспада от 0,18 с до 58,5 ч)*

cupula ['kuːpjʊlə] анат. купол *(любое возвышение куполообразной формы)*

~ **of diaphragm** купол диафрагмы

~ **of pleura** купол плевры

cupular ['kʊpjʊlə] анат. относящийся к куполу

curability [ˌkjʊərəˈbiləti] излечимость

curage [kjʊˈraːdʒ] кюретаж, выскабливание

curare [kʊˈraːri] кураре *(экстракт из растений, вызывающий паралич скелетных мышц)*

curariform [kʊˈraːrifɔːm] курареподобный *(препарат)*

curative ['kjʊərətiv] лечебный; целебный

cure [kjʊə] 1. лечение || лечить 2. курс или метод лечения

to undergo a ~ пройти курс лечения

air-~ аэротерапия

faith ~ исцеление верой

milk ~ (га)лактотерапия

mind ~ лечение внушением, гипнотерапия

permanent ~ стойкое выздоровление

rest ~ лечение покоем

spontaneous ~ **of disease** спонтанное выздоровление, самоизлечение

starvation ~ лечебное голодание, лечение голодом

work ~ трудотерапия

cureless [ˈkjʊələs] неизлечимый

curet [kjʊˈret] *фр., см.* **curette**

curettage [ˌkjʊrəˈtɑːʒ] кюретаж, выскабливание

antecedent ~ предшествующий кюретаж; выскабливание матки в анамнезе

outpatient ~ выскабливание в амбулаторных условиях

periapical ~ *стом.* периапикальный кюретаж

puerperal ~ послеродовой кюретаж

subgingival ~ поддесневой кюретаж, апоксезис

suction ~ вакуум-экскохлеация, вакуум-аборт

curette [kjʊˈret] 1. кюретка 2. кюретажная ложка 3. производить кюретаж

biopsy ~ биопсийная кюретка

Hartmann's ~ Гартмана кюретка (*для аденотомии*), аденотом

suction ~ отсасывающая (маточная) кюретка

curettement [kjʊˈretmənt] кюретаж, выскабливание

physiologic ~ удаление повреждённых, мацерированных, инфицированных тканей воздействием ферментов

curie [ˈkjʊri] кюри, Ки, Ci (*единица радиоактивности, соответствующая радиоактивности 1 г радия; заменена на беккерель*)

curiegram [ˈkjʊrigræm] кюриграмма

curietherapy [ˌkjʊriˈθerəpi] кюритерапия, радиевая терапия

intermediate-distance ~ среднедистанционная радиотерапия

curing [ˈkjʊəriŋ] лечение

hybridoma ~ обработка (культуры) гибридомы антибиотиками

curiosity [ˌkjʊəriˈɒsəti]:

infantile ~ инфантильное [детское] любопытство

curling [ˈkɜːliŋ] пищевод конической или спиралеобразной формы при кардиоспазме

current [ˈkʌrənt] 1. ток (*электрический*) 2. поток; течение 3. современный; текущий; существующий; имеющийся 4. находящийся в обращении; циркулирующий

~s to Bernard *см.* **diadynamic ~s**

abnerval ~ нервно-мышечные биопотенциалы

action ~ потенциал действия, ПД (*электрогенная реакция возбудимых структур – скелетного мышечного или нервного волокна*)

alternating ~ переменный ток

ascending ~ центростремительное [восходящее] проведение импульсов (*по нервному волокну*)

axial ~ осевой [центральный] поток крови в артерии

axoplasmatic ~ аксоплазматический ток

blood ~ кровоток, ток крови

brain action ~s биотоки головного мозга

coagulating ~ коагулирующий ток, ток коагуляции (*электрохирургического аппарата*)

cutting ~ ток рассечения, ток резания (*электрохирургического аппарата*)

d'Arsonval ~s высокочастотные импульсно-модулированные токи, д'Арсонваля [Дарсонваля] токи (*вид электролечения*)

demarcation ~ демаркационный ток, ток повреждения

descending ~ центробежное [нисходящее] проведение импульсов (*по нервному волокну*)

diadynamic ~s диадинамические токи, токи Бернара (*вид электролечения*)

direct ~ постоянный ток

earth leakage ~ ток утечки на землю (*электромедицинского аппарата*)

enclosure leakage ~ ток утечки на корпус (*электромедицинского аппарата*)

faradic ~ импульсный [фарадический] ток

galvanic ~ гальванический ток

high-frequency ~ ток высокой частоты

interferential ~ интерференциальный ток (*ток двух различных частот для интерферентерапии*)

patient functional ~ рабочий ток пациента, ток, проходящий через пациента (*для получения лечебного эффекта*)

patient leakage ~ ток утечки на землю, проходящий через пациента

curriculum [kəˈrikjʊləm] программа обучения, учебная программа; расписание

~ in a medical college обучение в медицинском колледже

~ vitae описание жизни, автобиография

curse [kɜːs] проклятие, заклятие; отлучение от церкви

Ondin's ~ «проклятие русалки» (*первичный гиповентиляционный синдром, гипореспираторное расстройство*)

curvature [ˈkɜːvətʃə] искривление, изгиб

angular ~ угловой горб (*при туберкулёзном спондилите*)

anterior ~ кифоз

backward ~ лордоз

greater ~ **of stomach** большая кривизна желудка

lateral ~ сколиоз

Pott's ~ угловой горб

principal ~ главная кривизна

spinal ~ искривление позвоночника

curve [kɜːv] 1. изгиб 2. кривая; график

~ of Spec Шпея боковая окклюзионная кривая

activity ~ (графическая) кривая активности (*напр. организма*)

antigen elimination ~ кривая клиренса антигена

bell-shaped ~ колоколообразная кривая

binding ~ кривая связывания (*напр. антигена с антителом*)

calibration ~ калибровочная кривая

concentration ~ кривая изменения концентрации

decay ~ 1. кривая затухания 2. кривая (радиоактивного) распада

dental ~ окклюзионная кривизна зубных дуг

distribution ~ кривая распределения по частоте

dose-effect ~ кривая зависимости «доза – эффект»

dose-mortality ~ кривая зависимости «доза – летальность»

dose-response ~ *см.* **dose-effect** ~

dose-survival ~ кривая зависимости «доза – выживаемость»

dye-dilution ~ кривая разведения красителя *(после введения в сосудистое русло)*

epidemic ~ эпидемическая кривая *(график появления новых случаев заболевания)*

equiprobability ~ кривая равных вероятностей

exponential ~ экспоненциальная [показательная] кривая *(в графике)*

frequency ~ кривая распределения по частоте

growth ~ графическая функция роста микроорганизмов

indicator-dilution ~ *см.* dye-dilution ~

isodose ~ изодозная кривая

learning ~ «учебная кривая» *(наличие неудач у обучающегося чему-то)*

mitotic labelling ~ кривая меченых митозов

muscle ~ миограмма

phase response ~ кривая подострой фазы *(о биоритмах)*

plasma concentration-time ~ кривая зависимости «концентрация – время»

precipitation ~ преципитационная кривая, кривая связывания антител

Price-Jones ~ эритроцитометрическая кривая, Прайс-Джонса кривая

probability ~ кривая распределения вероятностей

pulse ~ сфигмограмма, пульсовая кривая

radioactive decay ~ кривая радиоактивного распада

reciever-operating characteristic ~ анализ с помощью построения характеристической кривой

recovery ~ кривая выздоровления *(в эксперименте)*

standard ~ калибровочная кривая

Starling's ~ график сопоставления сердечного выброса и давления в предсердиях

strength-duration ~ кривая зависимости «сила – длительность»

survival ~ кривая выживаемости

curve-fitting [kəːvˈfitiŋ] *стат.* обработка кривых

cushion [kʊʃn] 1. подушка, матрац *(для ожоговых больных)* 2. упругая прокладка 3. *анат.* бугорок, выступ, возвышение

~ of epiglottis надгортанный бугорок

endocardial ~ *эмбр.* закладка эндокарда

eustachian ~ трубный валик *(носоглотки)*

levator ~ валик мышцы, поднимающей мягкое нёбо

sucking ~ жировое тело щеки, комочки Биша

cusp [kʌsp] 1. остриё зуба 2. бугорок коронки зуба 3. створка клапана сердца или сосуда

buccal ~ щёчный бугорок *(премоляра)*

distal ~ дистальный бугорок *(коронки первого нижнего моляра)*

distal intermediate ~ дистально-промежуточный бугорок *(верхнечелюстного моляра)*

distobuccal ~ дистально-щёчный бугорок *(моляра)*

distolingual ~ дистально-язычный бугорок *(моляра)*

lingual ~ язычный бугорок *(премоляра)*

mesiobuccal ~ медиально-щёчный бугорок *(моляра)*

mesiolingual ~ медиально-язычный бугорок *(моляра)*

cuspid [ˈkʌspid] клык

cuspidate [ˈkʌspideit] 1. остроконечный 2. бугорковый *(о коронке зуба)*

cuspidor [ˈkʌspidə] плевательница

custody [ˈkʌstədi] 1. опека, попечительство 2. заключение, заточение

legal ~ родительская опека *(закреплённая юридически)*

custom [ˈkʌstəm] обычай; привычка

hereditary ~ традиционный обычай *(напр. обрезание)*

cut [kʌt] 1. разрез; разрыв ‖ разрезать 2. разрыв *(напр. двойной спирали ДНК)*

to ~ down *sl.* «завязать», бросить пить

cutaneous [kjʊˈteiniəs] кожный

cutdown [ˈkʌtdaʊn] 1. веносекция, венесекция 2. вскрытие вен *(с целью суицида)*

cuticle [ˈkjʊtəkl] 1. кутикула; тонкая плёнка 2. надногтевая пластинка, эпонихий 3. эпидермис

dental [enamel] ~ кутикула эмали

cuticularization [ˌkjʊtikjʊləriˈzeiʃn] эпителизация

cutification [ˌkjʊtifiˈkeiʃn] образование кутикулы

cutireaction [ˌkjʊtiriˈækʃn] кожная реакция

cutis [ˈkjʊtis] тонкая кожа; кожура

~ anserina «гусиная» кожа *(при охлаждении, испуге и т. д.)*

~ hyperelastica несовершенный десмогенез, Элерса – Данлоса синдром *(сверхэластичная кожа)*

~ laxa дряблая [вялая] кожа; генерализованный эластолиз

~ marmorata мраморная кожа *(возникающая при охлаждении и проявляющаяся синевато-фиолетовой пятнистостью)*

~ vera собственно кожа

~ verticis girata складчатая пахидермия

cutisector [ˌkjʊtiˈsektə] *мед. тех.* дерматом *(инструмент для срезов тонких слоёв кожи)*

cutization [ˌkjʊtiˈzeiʃn] кутизация *(ороговение слизистой оболочки на границе с кожей)*

cut-off [ˈkʌt-ɒf] 1. пограничный, «отрезающий» *(титр антител)* 2. верхний предел концентрации [пороговая концентрация] нормы онкомаркёра 3. граница риска, или вероятность, положительной реакции

cutter [ˈkʌtə] 1. режущий инструмент; фреза 2. бор; бормашина 3. резец *(зуб)*

acetabulum milling ~ фреза для обработки вертлужной впадины

ampule ~ резак для (вскрытия) ампул

bone ~ трепанационная [костная] фреза

cast ~ (электро)пила для разрезания гипсовых повязок

cranial ~ нейрохирургическая фреза

cylinder-shaped bone ~ цилиндрическая костная фреза

gauze ~ аппарат для разрезания марли, марлерезка

section ~ микротом

spherical dental ~ шаровидный зубной бор

surgical ~ хирургические кусачки

teeth ~ зубная фреза

cuvet(te) [kjʊˈvet] кювета

cyanemia [ˌsaiəˈniːmiə] *уст.* цианоз

cyanide [ˈsaiənaid] цианид *(соль синильной кислоты)*

Cyanobacteria [ˌsaiənəʊbækˈtiːriə] цианобактерии *(одноклеточные бактерии, фотосинтезирующие с выработкой кислорода)*

cyanochroic [ˌsaiənəʊˈkrəʊnik], **cyanochrous** [ˌsaiæˈnɒkrəs] цианотичный, синюшный

cyanopsia [ˌsaiəˈnɒpsiə] цианопсия *(временное состояние, при котором все предметы кажутся голубыми)*

cyanosis [saiəˈnəusis] цианоз *(проявляющийся при уменьшении гемоглобина крови не ниже 5 г на 100 мл)*

   compression ~ компрессионный цианоз *(вызванный сильным сдавлением грудной клетки)*

cyanotic [saiəˈnɒtik] цианотичный, синюшный

cyanuria [saiənˈjʊriə] цианурия *(синяя или фиолетовая окраска мочи)*

cybernetics [ˌsaibəˈnetiks] кибернетика

cyborg [saiˈbɔːg] киборг, кибернетический организм *(1. биологический организм, содержащий механические компоненты 2. робот, содержащие биологические компоненты)*

cybrid [saiˈbrid] цибрид *(клетка, полученная слиянием интактной клетки с протоплазмой другой клетки)*

cyclamate [ˈsaikləmeit] цикламат *(использовались в качестве подсластителей)*

cyclarthrosis [ˌsaiklaˈθrəusis] цилиндрический сустав

cycle [saikl] цикл; кругооборот || проходить цикл развития

   anovulatory ~ ановуляторный цикл

   cardiac ~ сердечный цикл

   cell ~ клеточный цикл, цикл деления клетки

   chewing ~ жевательный цикл

   circadian ~ *физиол.* околосуточный [циркадный] цикл

   circannian ~ *физиол.* годичный цикл

   citric acid ~ цикл трикарбоновых кислот, лимоннокислый цикл, Кребса цикл

   closed ~ замкнутый цикл, круговой процесс

   Cori ~ Кори цикл *(совокупность фаз обмена углеводов)*

   endogenous ~ эндогенный цикл *(развития паразита в организме)*

   estrous ~ эстральный цикл *(половой цикл млекопитающих, последовательно состоящий из: проэструс – предтечка, эструс – течка, метаэструс – послетечка, диэструс – межтечка)*

   exogenous ~ экзогенный цикл *(развития паразита вне организма)*

   futile ~ «холостой цикл» *(катализируемая ферментами группа реакций, в ходе которых энергия гидролиза АТФ высвобождается в виде тепла)*

   genesial ~ репродуктивный цикл *(от зачатия до родов)*; цикл размножения; репродукция

   hair ~ цикл развития волоса (анаген, катаген, телоген)

   Krebs ~ *см.* **citric acid** ~

   Krebs urea ~ *см.* **ornithine** ~

   life ~ цикл жизни организма, жизненный цикл

   limit ~ предельный цикл

   lytic ~ литический цикл *(размножение вируса в клетке-хозяине, оканчивающееся лизисом клетки)*

   manic-depressive ~ маниакально-депрессивный цикл

   menstrual ~ менструальный цикл

   ornithine ~ цикл образования мочевины *(в печени)*, орнитиновый цикл

   ovarian ~ яичниковый [овариальный] цикл

   positive-feedback ~ (функциональный) цикл с позитивной обратной связью

   program ~ программный цикл *(включающий анализ, планирование, реализацию и оценку)*

   rapid ~s *см.* **rapid cycling**

   replication ~ репликативный цикл *(клетки)*

   sleep ~s фазы сна

   temperature/time ~ цикл зависимости «температура – время» *(при стерилизации)*

   tricarboxylic acid ~ *см.* **citric acid** ~

   urea ~ *см.* **ornithine** ~

   visual ~ цикл превращений родопсина *(в сетчатке)*

cyclectomy [saiklˈektəmi] циклэктомия *(иссечение части ресничного тела глаза)*

cycling [ˈsaikliŋ]:

   rapid ~ частая смена фаз *(маниакально-депрессивных)*, «быстрая» цикличность, бытроцикличное течение *(биполярного аффективного расстройства)*

cyclitis [saiˈklaitis] циклит *(воспаление ресничного тела глаза)*

   heterochromic ~ гетерохромный циклит *(при Фукса синдроме)*

   pure ~ неосложнённый циклит

   purulent ~ гнойный циклит

cyclochoroiditis [ˌsaikləʊˌkəʊrɒiˈdaitis] хориоциклит *(воспаление цилиарного тела и сосудистой оболочки глаза)*

cyclocriotherapy [ˌsaikləʊˌkraiəʊˈθerəpi] циклокриотерапия, криотерапия ресничного тела

cyclodialysis [ˌsaikləʊdaiˈælisis] *хир.* циклодиализ *(отслаивание ресничного тела от склеры при глаукоме)*

cycloid [ˈsaiklɒid] больной с маниакально-депрессивным [циркулярным] психозом || страдающий маниакально-депрессивным [циркулярным] психозом

cyclomastopathy [ˌsaikləʊmæsˈtɒpəθi] *уст.* фиброкистозная болезнь молочной железы

cyclone [ˈsaikləʊn] *sl.* фенциклидин

cyclooxygenase [ˌsaikləʊˈɒksəʤəneis] циклооксигеназа *(фермент, катализирующий включение обоих атомов кислорода в клетку)*

   ~ 1, ~ 2 циклооксигеназа 1, 2

   isoenzyme-specific ~ изоэнзимоспецифическая циклооксигеназа

cyclophorase [ˌsaikləʊˈfɒreiz] *pl.* группа ферментов митохондрий, катализирующих полное окисление пировиноградной кислоты до двуокиси углерода и воды; включены в цикл трикарбоновых кислот

cyclophoria [ˌsaikləʊˈfɔːriə] циклофория *(разновидность косоглазия, при которой глаз во время обследования немного вращается)*

cyclophotocoagulation [ˌsaikləʊˌfəʊtəʊkəʊˌægjʊˈleiʃn] циклофотокоагуляция *(лазерная фотокоагуляция отростков цилиарного тела)*

cyclophrenia [ˌsaikləʊˈfriːniə] маниакально-депрессивный [циркулярный] психоз, циклофрения

cycloplegia [ˌsaikləʊˈpliːʤiə] паралич аккомодации, циклоплегия

cycloscope [ˈsaikləʊskəʊp] прибор для измерения поля зрения

cyclosis [saiˈkləʊsis] циклоз *(движение протоплазмы, у простейших)*

cyclospasm ['saikləʊspæsm] спазм аккомодации, циклоспазм

cyclothymia [ˌsaikləʊ'θaimiə] *псих.* циклотимия (*колебания настроения, не доходящие до уровня
маниакально-депрессивного психоза*)

cyclotomy [saikl'ɒtəmi] циклотомия (*рассечение ресничной мышцы*)

cyclotropia [ˌsaikləʊ'trəʊpiə] циклотропия (*редкая разновидность косоглазия*)

cyema [sai'i:mə] продукт зачатия во всех стадиях развития

cyemology [saii'mɒlədʒi] эмбриология

cyesedema [ˌsaiisə'di:mə] *уст.* водянка [отёк] беременных

cyesis [sai'i:sis] *уст.* беременность

cyetic [sai'i:tik] относящийся к беременности, вызванный беременностью

cylinder ['silində] **1.** цилиндрическая линза **2.** почечный
[мочевой] цилиндр **3.** баллон для газа

axis ~ аксон, нейрит, осевой цилиндр

Bence-Jones ~**s** Бенс-Джонса цилиндры

graduated ~ мерный цилиндр

Kulz's ~ Кюльца песочный цилиндр (*при диабетической коме*)

urinary ~ почечный [мочевой] цилиндр

cylindruria [ˌsilindr'jʊriə] цилиндрурия (*выделение цилиндров с мочой*)

cyllosis [sə'ləʊsis] деформация стопы (*особ. косолапость*)

cymbiform ['simbifɔ:m] *анат.* ладьевидный, ладьеобразный, скафоидный

cymbocephalic [ˌsimbəʊsə'fælik], **cymbocephalous**
[ˌsimbəʊ'sefələs] цимбоцефалический (*вариант формы
черепа, резко вытянутого в сагиттальном направлении*)

cynanche [sai'næŋki] *уст.* острая боль в горле (*напр.
при дифтерии*)

~ **maligna** гангренозный фарингит

cynophobia [ˌsainəʊ'fəʊbiə] кинофобия (*патологическая боязнь собак, укуса бешеной собаки*)

cynorexia [ˌsainəʊ'reksiə] булимия, кинорексия (*резко
усиленное чувство голода*)

cyophoria [ˌsaiəʊ'fɔ:riə] беременность

cyotrophy [sai'ɒtrəfi] питание плода

cypridology [ˌsipri'dɒlədʒi] венерология

cypridopathy [ˌsipri'dɒpæθi] заболевание, передаваемое половым путём; ЗППП

cypridophobia [ˌsipridəʊ'fəʊbiə] кипридофобия (*патологическая боязнь заразиться ЗППП*)

cyrtometer [sə:'tɒmətə] инструмент для определения
формы и размеров грудной клетки

cyrtosis [sə:'tɒsis] **1.** кифоз **2.** искривление; перекашивание; извращение

cyst [sist] **1.** киста **2.** *параз.* циста (*временная форма существования многих одноклеточных*), защитная оболочка

adventitious ~ ложная киста, кистоид

allantoic ~ киста мочевого протока, киста урахуса

aneurysmal bone ~ аневризмальная [простая] киста
кости, доброкачественная костная аневризма

apical ~ апикальная зубная киста

Baker's ~ Бейкера киста (*околосуставная киста*)

Bartholin's ~ киста бартолиновой железы

bile ~ **1.** киста общего жёлчного протока **2.** жёлчный
пузырь

Boyer's ~ киста в области подъязычной кости

branchial [**branchial cleft, branchiogenetic,
branchiogenous**] ~ бранхиогенная [жаберная] киста
(*развивающаяся на месте глоточного кармана эмбриона*), боковая киста шеи

carinal ~ бранхиогенная киста бифуркации трахеи

cervical ~ *см.* **branchial** ~

chocolate ~ эндометриоидная кистома яичника,
«шоколадная» киста

chylous ~ хилёзная киста

compound ~ многокамерная киста

Cowper's ~ киста бульбоуретральной [куперовой]
железы

daughter ~ вторичная [дочерняя] эхинококковая киста

dental [**dentigerous**] ~ зубная киста

dermoid ~ дермоидная киста (*содержащая волосы и
сальные железы*), дермоид, дермоидная опухоль

distention ~ ретенционная киста

duplication ~ энтерогенная киста

echinococcus ~ эхинококковая [гидатидная] киста

endometrial ~ эндометриоидная кистома яичника,
«шоколадная» киста

enteric [**enterogenous**] ~ энтерогенная киста

epidermal ~ эпидермальная [имплантированная] киста

epidermoid ~ эпидермоидная киста

epoophoron ~ киста придатка яичника

false ~ ложная киста, кистоид

follicular ~ **1.** фолликулярная киста (*напр. граафова
фолликула*) **2.** фолликулярная [околокоронковая] зубная
киста

gas ~ газовая киста (*напр. брыжейки*)

glandular proliferous ~ листовидная [филлоидная]
цистосаркома (*молочной железы*)

globulomaxillary ~ носоальвеолярная киста

granddaughter ~ третичная киста (*обычно эхинококковая*)

hydatid ~ *см.* **echinococcus** ~

hydatid daughter ~ вторичная [дочерняя] эхинококковая киста

hypophyseal stalk ~ краниофарингиома, опухоль гипофизарного хода, Ратке опухоль кармана

implantation ~ *см.* **inclusion** ~

incisive canal ~ киста резцового [носонёбного] канала

inclusion ~ эпидермальная [имплантированная] киста

lacteal ~ галактоцеле, молочная киста

Meibomian ~ халазион, киста мейбомиевой железы

milk ~ галактоцеле, молочная киста

mixed ~ кистозная тератома

mother ~ *см.* **parent** ~

multilocular hydatid ~ альвеококкоз, многокамерный
эхинококкоз

multiple liver ~**s** поликистоз печени

myxoid ~ миксоидная [синовиальная] киста, синовиальный ганглий

nabothian ~ киста наботовой железы

nasoalveolar [**nasolabial**] ~ носоальвеолярная киста

nasopalatine duct ~ киста резцового [носонёбного]
канала

neoplastic ~ опухолевая [неопластическая] киста

neurenteric ~ кистозная опухоль из сохранившейся эмбриональной нервной трубки

nevoid ~ невоидная киста *(с конгломератами кровеносных сосудов в стенке)*

odontogenic ~ зубная киста

oil ~ киста с жировым содержимым

oophoritic [ovarian] ~ киста яичника

parasitic ~ паразитарная киста

parent ~ первичная [материнская] эхинококковая киста

parovarian ~ пар(а)овариальная киста

parvilocular ~ кистозная опухоль

piliferous ~ дермоидная киста *(содержащая волосы и сальные железы)*

pilonidal ~ эпителиальный копчиковый ход, пилонидальная киста, пилонидальный синус

preauricular ~ преаурикулярная киста *(киста первой и второй эмбриональных жаберных дуг)*

proliferation [proliferative] ~ пролиферирующая киста *(1. эхинококковая киста с дочерними кистами 2. киста с перерождением в опухоль)*

pseudomucinous ~ псевдомуцинозная киста *(яичника)*

radicular [radiculodental] ~ корневая зубная киста

reduplication ~ редупликационная киста *(киста, образующаяся из удвоенного сегмента полого органа)*

residual ~ резидуальная [остаточная] киста

rete ~ **of ovary** киста из зародышевых тяжей в области ворот яичника

root end ~ корневая [радикулярная] зубная киста

sanguineous ~ гематоциста, кровяная [геморрагическая] киста

sebaceous ~ атерома, киста сальной железы

secondary ~ вторичная [дочерняя] эхинококковая киста

secretory ~ ретенционная киста

smooth ~ циста с гладкой оболочкой

solitary ~ одиночная киста

sterile ~ стерильная киста *(1. эхинококковая киста без зародышевого слоя 2. асептическая киста)*

sublingual ~ ранула, ретенционная подъязычная киста

tarsal ~ *см.* **Meibomian** ~

teratomatous ~ тератоидная киста

thyroglossal [thyrolingual] duct ~ киста щитовидно-язычного протока, срединная киста шеи

trichilemmal ~ *см.* **sebaceous** ~

tubular ~ канальцевая киста *(расширение закупоренного канала или протока)*

unicameral [unilocular] ~ однокамерная [солитарная] киста

urachal ~ киста мочевого протока, киста урахуса

vitellointestinal ~ киста пупка

cystadenocarcinoma [sist‚ædənəʊ‚kɑːsiˈnəʊmə] цистаденокарцинома

cystadenoma [‚sistædəˈnəʊmə] цистаденома, кистозная аденома

papillary ~ сосочковая цистаденома

papillary ~ **lymphomatosum** аденолимфома

cystalgia [sistˈælʤiə] цисталгия *(болезненное мочеиспускание)*

cystauchenitis [‚sistɒkəˈnaitis] шеечный цистит

cystectomy [sistˈektəmi] цистэктомия *(1. резекция стенки или удаление мочевого пузыря 2. холецистэктомия 3. удаление кисты 4. удаление части капсулы хрусталика)*

ovarian ~ удаление кисты яичника

cysteine [ˈsistiːin] цистеин *(одна из 20 аминокислот, входящих в состав белков)*

cystencephalus [‚sistənˈsefələs] *терат.* плод с выраженной гидроцефалией

cystendesis [sistənˈdiːsis] ушивание раны мочевого пузыря

cystic [ˈsistik] 1. кистозный 2. пузырный *(относящийся к мочевому или жёлчному пузырю)* 3. относящийся к цисте

cysticercoid [‚sistiˈsəːkɔid] *параз.* цистицеркоид

cysticercosis [‚sistiɔːˈkəʊsis] *параз.* цистицеркоз

cysticolithectomy [‚sisti‚kəʊliˈθektəmi] удаление конкремента из пузырного протока

cysticotomy [‚sistiˈkɒtəmi] вскрытие пузырного протока

cystidoceliotomy [‚sistidəʊsiliˈɒtəmi], **cystidolaparotomy** [‚sistidəʊ‚læpəˈrɒtəmi] чрезбрюшинная цистотомия

cystifelleotomy [‚sistifeliˈɒtəmi] холецистотомия

cystiform [ˈsistifɔːm] 1. кистоподобный 2. пузыревидный

cystine [ˈsistiːn] цистин *(серосодержащая заменимая аминокислота)*

cystinosis [‚sistiˈnəʊsis] цистиноз, гликофосфаминный диабет, Линьяка – Фанкони синдром

cystiphorous [sisˈtifərəs] *см.* **cystophorous**

cystistaxis [‚sistisˈtæksis] кровотечение из мочевого пузыря

cystitis [sisˈtaitis] цистит *(воспаление мочевого пузыря)*

cystitomy [sisˈtitəmi] рассечение капсулы хрусталика *(для удаления катаракты)*

cystocele [ˈsistəʊsiːl] грыжа мочевого пузыря

cystocentesis [‚sistəʊsenˈtiːsis] пункция *(обычно мочевого пузыря)*

cystochromoscopy [‚sistəʊ‚krəʊˈmɒskəʊpi] хромоцистоскопия

cystodynia [‚sistəʊˈdiniə] приступы болей в мочевом пузыре

cystoelytroplasty [ˈsistəʊ‚elitrəʊ‚plæsti] пластическая операция при пузырно-влагалищном свище

cystoenterocele [‚sistəʊˈentərəʊsiːl] грыжа мочевого пузыря и кишечника

cystofix [ˈsistəʊfiks] набор для троакарной эпицистостомии

cystoflowmetry [‚sistəʊˈfləʊmətri] цистофлоуметрия *(измерение интенсивности мочеиспускания)*

cystography [sisˈtɒɡrəfi] (рентгено)цистография

radionuclide ~ радиотопная цистиграфия

cystoid [sisˈtɔid] 1. напоминающий кисту, кистоидный 2. цистоид мочеточника *(участок с наиболее выраженной перистальтикой)*

cystolithiasis [‚sistəʊliˈθaiəsis] цистолитиаз *(образование конкрементов в мочевом пузыре)*

cystolithotripsy [‚sistəʊliˈθɒtripsi] *урол.* цистолитотрипсия *(дробление камней в мочевом пузыре)*

electrohydraulic ~ электрогидравлическая цистолитотрипсия

cystoma [sisˈtəʊmə] кистома, цистома, кистозная опухоль

cystometry [sis'tɒmətri] цистометрия *(измерение давления в мочевом пузыре)*

cystopexy ['sistəʊˌpeksi] цистопексия *(фиксация мочевого пузыря к брюшной стенке)*

cystophorous [sis'tɒfərəs] кистозный

cystoplasty ['sistəʊˌplæsti] пластическая операция на мочевом пузыре

cystoptosia [ˌsistəʊ'ptəʊziə] цистоптоз *(выпадение слизистой оболочки мочевого пузыря в уретру)*

cystorrhagia [ˌsistəʊ'reiʤiə] кровотечение из мочевого пузыря

cystosarcoma [ˌsistəʊsaːˈkəʊmə] цистосаркома

  ~ phylloides, gelatinous ~ листовидная [филлоидная] цистосаркома *(молочной железы)*

cystoscope ['sistəʊskəʊp]:

  continuous-flow ~ цистоскоп с постоянным орошением

  straight operation ~ прямой хирургический цистоскоп

cystoscopy [sis'tɒskəpi]:

  ultraviolet ~ цистоскопия в ультрафиолетовом свете

cystotomy [sis'tɒtəmi]:

  suprapubic ~ надлобковая цистотомия

cystourethrocele [ˌsistəʊjʊə'riːθrəʊsiːl] уретроцеле *(киста мочеточника в мочевом пузыре)*

cystourethrography [ˌsistəʊjʊərəˈθrɒɡrəfi]:

  micturating [voiding] ~ цистоуретрография во время мочеиспускания

cytaster ['saitæstə] *цитол.* звезда

cytoanalyzer [ˌsaitəʊ'ænəˌlaizə] цитоанализатор *(устройство для выявления атипичных клеток в мазке по электронному изображению)*

cytoarchitectonics [ˌsaitəʊˌaːkitek'tɒniks] цитоархитектоника *(расположение клеток в ткани органа)*

cytobrush ['saitəʊbrʌʃ] *гинек.* шпатель со щёточкой *(для взятия шеечных мазков)*

cytocentrum [ˌsaitəʊ'sentrəm] клеточный центр

cytochemistry [ˌsaitəʊ'kemistri] цитохимия *(1. раздел науки, изучающий химические соединения живых клеток 2. цитохимическое исследование)*

  electron microscope ~ электронная цитохимия

cytochrome ['saitəʊkrəʊm] *pl.* цитохромы *(гемсодержащие белки, выполняющие роль переносчика электронов и участвующих в большинстве окислительно-восстановительных процессов)*

  ~-450 цитохром-450 *(обладает высоким сродством к CO, осуществляет реакцию окисления молекулярным кислородом и детоксикации ксенобиотиков)*

cytocidal [ˌsaitəʊ'saidəl] разрушающий клетки

cytocinesis [ˌsaitəʊsi'niːsis] цитокинез, клеточное деление

cytoclasis [sai'tɒkləsis] фрагментация и разрушение клеток

cytoclesis [ˌsaitəʊ'kliːsis] цитоклезис *(взаимодействие между клетками)*

cytodiagnosis [ˌsaitəʊdaiəɡ'nəʊsis] цитодиагностика *(диагностика по данным исследования клеток)*

cytodieresis [ˌsaitəʊ'daiərəsis] цитокинез, клеточное деление

cytofunnel ['saitəʊfʌnl] *лаб.* пробирка объёмом 0,5 мл

cytogene ['saitəʊʤiːn] плазмоген *(общее название генов, расположенных в цитоплазме)*

cytogenetics [ˌsaitəʊʤə'netiks] цитогенетика *(раздел генетики, изучающий закономерности наследственности и изменчивости в основном на уровне хромосом)*

  interphase ~ интерфазная цитогенетика

cytogeny [sai'tɒʤəni] цитогенез *(происхождение и дифференцировка клеток)*

cytoglucopenia [ˌsaitəʊˌɡluːkəʊ'piːniə] цитоглюкопения *(внутриклеточный дефицит глюкозы)*

cytogram ['saitəʊɡræm] цитограмма *(данные микроскопического анализа клеточной суспензии, мазка или отпечатка ткани, напр. крови, костного мозга)*

cytoid ['saitɒid] напоминающий клетку

cytoimmunotherapy [ˌsaitəʊˌimjuːnəʊ'θerəpi] цитоиммунотерапия *(метод лечения с использованием цитотоксических Т-клеток-эффекторов)*

cytokine ['saitəʊkain] *pl.* цитокины *(низкомолекулярные регуляторные белки, продуцируемые клетками)*

  associated ~s ассоциированные цитокины

  immunoregulatory ~ иммунорегуляторный цитокин

  proinflammatory ~s провоспалительные цитокины

cytokine-induced ['saitəʊkain-in'djuːsd] индуцированный цитокинами *(напр. о макрофагах)*

cytokinesis [ˌsaitəʊki'niːsis] цитокинез, клеточное деление *(во время которого в цитоплазме происходит образование клеточной перегородки между дочерними клетками)*

cytokinin [ˌsaitəʊ'kainin] *pl.* цитокинины *(растительные гормоны, стимулирующие деление клеток и развитие растений)*

cytolemma ['saitəʊlemə] плазмолемма, плазматическая мембрана

cytoleosis [ˌsaitəʊli'əʊsis] цитолеоз *(терминальная дифференцировка клеток)*

cytolergy [saitɒ'lɜːʤi] клеточная активность

cytology [sai'tɒləʤi] цитология *(1. раздел науки, изучающий клетки 2. цитологическое исследование, цитологическая диагностика)*

  ~ of exudate микроскопия экссудата

  aspiration biopsy ~ цитологическое исследование аспирационного биоптата

  cervical ~ цитологическое исследование мазка из шейки матки

  exfoliative ~ эксфолиативная цитология *(изучение слущенных клеток)*

  fine-needle aspiration ~ тонкоигольная аспирационная цитология

cytolysin [sai'tɒləsin] *pl.* цитолизины *(антитела, приводящие при взаимодействии с комплементом к деструкции клеток-мишеней)*

cytolysosome [ˌsaitəʊ'laisəʊsəʊm] аутолизосома, цитолизосома, аутофагическая вакуоль

cytolytic [ˌsaitəʊ'litik] цитолитический, разрушающий клетки

cytomegalovirus [ˌsaitəʊˌmeɡələʊ'vairəs] вирус цитомегалии, цитомегаловирус *(из группы герпеса)*

cytomegaly [ˌsaitəʊ'meɡəli] цитомегалия, инклюзионная болезнь

cytomembrane [ˌsaitəʊ'membrein] клеточная мембрана, цитолемма, плазмалемма

cytomere ['saitəʊmiə] цитомер *(структура при экзо-эритроцитарной шизогонии, напр., у малярийного плазмодия)*

cytometry [sai'tɒmətri] цитометрия *(количественное изучение клеток)*

flow ~ поточная цитометрия *(лазерная методика с маркировкой клеток флуоресцентным красителем)*

multiparametric flow ~ проточная цитометрия с мультипараметрической оценкой

two-color flow ~ проточная цитометрия с использованием двухцветовой маркировки

cytomorphology [ˌsaitəʊmɔːˈfɒləʤi] цитоморфология *(изучение строения клеток)*

cytomorphosis [ˌsaitəʊmɔːˈfəʊsis] цитоморфоз *(изменения, претерпеваемые клетками на разных стадиях существования)*

cytomycosis [ˌsaitəʊmaikˈkəʊsis] гистоплазмоз, ретикулоэндотелиальный цитомикоз *(Дарлинга)*

cytopathic [ˌsaitəʊˈpæθik] относящийся к поражению клетки

cytopathogenic [ˌsaitəʊˌpæθəʊˈʤenik] цитопатогенный, вызывающий заболевание клетки

cytopathology [ˌsaitəʊpəˈθɒləʤi] цитопатология, клеточная патология

cytophagous [sai'tɒfəgəs] фагоцитарный

cytophilous ['saitəʊfiləs] цитофильный, цитотропный *(обладающий сродством к клетке)*

cytophotometry [ˌsaitəʊfəʊˈtɒmətri] цитофотометрия, фотометрия живых клеток

cytophylaxis [ˌsaitəʊfəˈlæksis] защита клеток от повреждающего агента

cytophysiology [ˌsaitəʊfiziˈɒləʤi] цитофизиология, физиология клетки

cytopipette [ˌsaitəʊpiˈpet] пипетка для взятия влагалищного содержимого на цитологическое исследование

cytoplasm ['saitəʊplæsm] цитоплазма, протоплазма клетки

cytoplast ['saitəʊplæst] цитопласт, безъядерная клетка

cytopoiesis [ˌsaitəʊpɔiˈiːsis] цитопоэз, образование клеток

cytoscopy [ˌsaitəʊˈskəʊpi] цитоскопия, цитодиагностика

cytoscreen [ˌsaitəʊˈskriːn] система автоматизированного приготовления тонкослойных цитологических мазков

cytosine ['saitəʊsiːn] цитозин *(азотсодержащее основание, присутствующее в ДНК и РНК)*

cytosis [sai'təʊsis] цитоз *(1. клеточный состав цереброспинальной жидкости 2. повышенное содержание клеток в ней)*

cytoskeleton [ˌsaitəʊˈskelətən] цитоскелет, клеточный скелет *(опорные структуры цитоплазмы)*

fenestrae-associated ~ цитоскелет с наличием пор, или фенестр

cytosmear [ˌsaitəʊˈsmiə] мазок для цитологического исследования

cytosol ['saitəʊsɒl] цитозоль *(водная фаза цитоплазмы с растворёнными в ней веществами)*

cytosome ['saitəʊsəʊm] цитосома *(1. тело клетки без ядра 2. многопластинчатое тельце в альвеолярных клетках лёгкого)*

cytospin ['saitəʊspin] *лат.* монослойный микропрепарат

cytostasis [sai'tɒstəsis] **1.** цитостаз *(остановка клеточного деления)* **2.** стаз клеток крови, закупоривающих капилляры

tumor ~ приостановка опухолевого роста

cytotaxis [ˌsaitəʊˈtæksis] цитотаксис *(взаимодействие между клетками)*

negative ~ отрицательный цитотаксис *(отталкивание клеток)*

positive ~ положительный цитотаксис *(взаимное притяжение клеток)*

cytothesis [sai'tɒθəsis] восстановление клеток после повреждения

cytotoxicants [ˌsaitəʊˈtɒksikənts] цитотоксиканты *(лимфокины)*

cytotoxicity [ˌsaitəʊtɒkˈsisiti]:

allo(antigen-)specific ~ аллоантигензависимая цитотоксичность, аллоцитотоксичность

antibody-dependent ~ антителозависимая цитотоксичность

antibody-mediated ~

background ~ **1.** фоновая цитотоксичность *(в опытах с определением активности клеток-киллеров)* **2.** физиологическая цитотоксичность *(организма)*

cell-mediated ~ клеточно-опосредованная цитотоксичность

differential staining ~ цитотоксичность с дифференциальной окраской *(метод оценки чувствительности клеток опухоли к препаратам)*

humoral ~ цитотоксическая активность сыворотки *(опосредованная антителами и/или комплементом)*

lymphocyte-mediated ~ лимфоцитозависимая цитотоксичность

natural cell-mediated ~ естественная [природная] клеточно-опосредованная цитотоксичность

self-restricted ~ аутоцитотоксичность

serum-induced ~ индуцированная сывороткой цитотоксичность

cytotoxin ['saitəʊˌtɒksin] *pl.* цитотоксины *(антитела, угнетающие функции клеток либо вызывающие их разрушение)*

cytotropism [sai'tɒtrəʊpizm] цитотропизм, сродство к клетке *(напр. аффинитет вирусов к повреждённым клеткам)*

cytozoic [ˌsaitəʊˈzəʊik] живущий в клетке *(о простейших)*

cytozoon [ˌsaitəʊˈzəʊɒn] одноклеточный организм

cytrone ['sitrəʊn] цитрон *(структурно-функциональная единица гена, несущая информацию о строении белковой молекулы)*

cyturia [sai'tjuːriə] цитурия *(увеличение количества клеток в моче)*

D

dab [dæb] *лаб.* мазок, намазывать

dabble [dæbl] **1.** увлажнять, смачивать **2.** опрыскивать

dacnomania [ˌdæknəʊˈmeiniə] дакномания *(навязчивое стремление кусать окружающих)*

dacryagogue [dækˈriːəgɒg] **1.** агент, вызывающий слёзоотделение **2.** слёзотечение **3.** слёзный каналец, слёзный проток

dacryoadenitis [ˌdækriəʊˌædəˈnaitis] дакриоаденит *(воспаление слёзной железы)*

immune-mediated ~ аутоиммунный дакриоаденит

dacryocele [ˈdækriəʊˌsiːl] *см.* **dacryocystocele**

dacryocyst [ˈdækriəʊˌsist], **dacryocystis** [ˌdækriəʊˈsistis] слёзный мешок

dacryocystitis [ˌdækriəʊsisˈtaitis] дакриоцистит

dacryocystoblennorrhea [ˌdækriəʊˌsistəʊˌblenəˈriːə] дакрио(цисто)бленнорея, *(постоянное выделение слизи из слёзного мешка)*

dacryocystocele [ˌdækriəʊˈsistəʊsiːl] дакриоцистоцеле *(киста слёзного мешка)*

dacryocystography [ˌdækriəʊsisˈtɒgrəfi] *рентг.* дакриоцистография

dacryocystorhinostenosis [ˌdækriəʊˌsistəʊˌrainəʊstəˈnəʊsis] стеноз носослёзного протока

dacryocystorhinostomy [ˌdækriəʊˌsistəʊraiˈnɒstəmi] дакриоцисториноанастомоз, дакриоцисториностомия *(создание сообщения слёзного мешка с полостью носа)*

dacryocystotomy [ˌdækriəʊsisˈtɒtəmi] вскрытие слёзного мешка

dacryohelcosis [ˌdækriəʊhelˈkəʊsis] изъязвление слёзного мешка или протока

dacryolith [ˈdækriəʊˌliθ] слёзный конкремент, дакриолит

dacryoma [ˌdækriˈəʊmə] дакриома *(1. ретенционная киста слёзных путей 2. опухоль слёзного аппарата)*

dacryon [ˈdækriɒn] *кр. метр.* дакрион *(место соединения верхней челюсти со слёзной и лобной костями)*

dacryops [ˈdækriɒps] **1.** непрерывное слёзотечение **2.** дакриопс *(киста слёзной железы или её выводного протока)*

dacryoscintigraphy [ˌdækriəʊsinˈtigrəfi] дакриосцинтиграфия *(тест определения функционального состояния слёзной системы)*

dacryosolenitis [ˌdækriəʊsɒləˈnaitis] воспаление слёзных путей

dacryostenosis [ˌdækriəʊstəˈnəʊsis] дакриостеноз *(сужение слёзного канальца или носослёзного протока)*

dacryosyrinx [ˈdækriəʊˈsirinks] **1.** свищ слёзной железы **2.** шприц для промывания слёзных путей

dactyl [ˈdæktil] палец

dactylalgia [ˌdæktilˈælʤiə] дактилалгия, дактилодиния *(боль в пальцах)*

dactylar [ˈdæktilə] пальцевой, относящийся к пальцу

dactylate [ˈdæktileit], **dactylic** [dækˈtilik] пальцевидный

dactylion [dækˈtiliɒn] **1.** синдактилия *(врождённое сращение пальцев)* **2.** *кр. метр.* пальцевая точка, дактилион *(наиболее выступающая точка мякоти ногтевой фаланги III пальца кисти)*

dactylitis [ˌdæktiˈlaitis] дактилит *(воспаление фаланги пальца, обычно туберкулёзной этиологии)*

sarcoid ~ саркоидный дактилит

dactylocampsis [ˌdæktiləʊˈkæmpsis] сгибательная контрактура пальцев

dactylocampsodynia [ˌdæktiləʊˌkæmpsəʊˈdiniə] болезненная контрактура пальцев

dactylography [ˌdæktiˈlɒgrəfi] **1.** отпечатки пальцев, дактилоскопия **2.** общение со слепоглухонемыми с помощью тактильных раздражителей

dactylogryposis [ˌdæktiləʊgriˈpəʊsis] дактилогрипоз *(врождённое искривление пальцев)*

dactylologist [ˌdæktiˈlɒləʤist] дактилолог-переводчик

dactylology [ˌdæktiˈlɒləʤi] дактилология *(общение глухонемых с помощью ручной азбуки, язык жестов)*

dactylolysis [ˌdæktiˈlɒlisis] дактилолиз *(1. хирургическое разъединение пальцев при синдактилии 2. ампутация пальца или его утрата в результате патологического процесса)*

dactylomegaly [ˌdæktiləʊˈmegəli] дактиломегалия *(чрезмерно большие размеры пальцев)*

dactyloscopy [ˌdæktiˈlɒskəpi] дактилоскопия *(1. раздел криминалистики, ставящей своей целью исследование узоров папиллярных линий 2. взятие отпечатков пальцев)*

~ of corpse дактилоскопирование трупа *(снятие отпечатков пальцев трупа или исследование рисунка папиллярных линий)*

dactylospasm [ˈdæktiləʊspæzm] спастическое сокращение мышц пальцев

daf [dæf] ген, контролирующий выделение инсулина

Dagrofil [ˈdægrəfil] *фирм.* нерассасывающаяся плетёная полимерная нить

daily [ˈdeili] **1.** ежедневный || ежедневно **2.** суточный *(напр. о дозе)*

dairy [ˈdeəri] молочный

daisy [ˈdeizi] *разг.* малярийный плазмодий на стадии меруляции

dalton [ˈdɔːltən] дальтон *(единица шкалы атомных масс, равная $^{1}/_{12}$ массы атома углерода-12, ^{12}C)*

daltonian [dɔːlˈtəʊniən] страдающий дальтонизмом

daltonism [ˈdɔːltənizm] дальтонизм *(врождённое расстройство цветового зрения)*

dam [dæm] **1.** тонкая резиновая (защитная) прокладка *(для изолирования зуба от попадания слюны во время лечения)* **2.** матка *(1. самка четвероногих животных – кошка, кобыла, корова 2. женский половой орган млекопитающих)* **3.** препятствие току жидкости

damage ['dæmiʤ] **1.** вред, ущерб **2.** повреждение; поражение; нарушение || повреждать; поражать; ушибать

~ to health ущерб [вред] здоровью

accidental ~ *страх.* случайное повреждение

alcohol related brain ~ церебральное расстройство, связанное с алкоголизмом *(алкогольная деменция)*

antibody-mediated ~ антителоопосредованный лизис *(клеток)*

cryptic ~ скрытый ущерб

cytogenetic ~ цитогенетическое повреждение

drug-induced ~ поражение, вызванное лекарственным средством

excitotoxic ~ эксайтотоксическое поражение *(вызванное токсическим воздействием возбуждающих аминокислот)*

free-radical ~ свободнорадикальное поражение; поражение, вызванное свободными радикалами

freezing ~ криоповреждение

health ~ ущерб для здоровья

hepatocellular ~ повреждение паренхимы печени

innocent ~ непреднамеренное причинение вреда

irreversible ~ *см.* **permanent ~**

ischemic tubular ~ ишемическое повреждение канальцев *(почек)*

lysosomal ~ повреждение лизосом

meniscal ~ повреждение мениска

moral ~ моральный ущерб

neuronal ~ повреждение нейронов, нейрональное повреждение

neurovascular ~ повреждение нервно-сосудистого пучка

ocular ~ «симптом очков», периорбитальное кровоизлияние

permanent ~ необратимое повреждение *(напр. почки)*

psychological ~ психическая травма, моральный ущерб

radiation ~ лучевое поражение

remaining ~ остаточное повреждение

visual ~ поражение зрения

dame-related ['deim-ri'leitid] обусловленный материнским организмом; обусловленный маткой *(напр. об отторжении зародыша)*

damp [dæmp] **1.** подавленное [угнетённое] состояние, уныние || подавлять, угнетать **2.** сырость, влажность; испарения || смачивать, увлажнять || влажный, сырой **3.** рудничный газ *(встречающийся под землёй)*

dampening ['dæmpənɪŋ]:

~ of QRS-complex снижение высоты комплекса QRS электрокардиограммы

damper ['dæmpə] **1.** что-л., действующее угнетающе **2.** увлажнитель *(воздуха)* **3.** глушитель, амортизатор, демпфер

breathing air ~ увлажнитель вдыхаемого воздуха

damp-proof ['dæmp-'pru:f] влагостойкий, влагонепроницаемый

dance [da:ns] танец; кружиться; прыгать

hilar [hilus] ~ патологическая пульсация [«пляска»] корней лёгких *(при некоторых пороках сердца)*

St. Vitus' ~ малая [ревматическая] хорея, Сиденгама хорея; *уст.* пляска св. Вита

dander ['dændə], **dandruff** ['dændrəf] перхоть

animal ~ перхоть животных *(аллерген)*

danger ['deinʤə] опасность, угроза

imminent ~ непосредственная социальная опасность

nuclear ~ ядерная угроза

probable ~ потенциальная опасность

public ~ общественная [социальная] угроза

Daphne ['dæfni]:

~ mezereum *токс.* волчник обыкновенный

dare [deə] риск || рисковать, пренебрегать опасностью

estimated [expected] ~ in confinement ожидаемый риск в родах

darkroom ['da:kru:m] рентгеновский кабинет

d'arsonvalization [,da:sɔ:væli'zeiʃn] дарсонвализация

punctual ~ местная дарсонвализация

dartoid ['da:tɔid] напоминающий мясистую оболочку

dartos ['da:tɒs] мясистая оболочка *(мошонки)*

dartre ['da:tə] **1.** лишай **2.** сыпь, высыпание

dartrous ['da:trəs] герпетиформный; экзематозный

data ['deitə] *pl. от* **datum** ['deitəm] данные; показатели; параметры; характеристики; сведения; информация

~ of birth особенности течения родов

animal ~ данные экспериментов на животных

assembling ~ группировка данных

base [basic] ~ исходные [первичные, первоначальные] данные

cardiac ~ характеристика сердечной деятельности

certified ~ проверенные [сертифицированные] данные

confidential ~ конфиденциальная информация, врачебная тайна

crude ~ исходные данные

dose-response ~ зависимость между дозой и эффектом лекарственного вещества

economic evaluation ~ база данных по экономической оценке медицинских вмешательств

field ~ полевые данные *(результаты испытаний в полевых условиях)*

health ~ 1. данные о здоровье **2.** архив историй болезней

historical ~ анамнестические сведения

human motion ~ двигательные параметры человека

initial ~ *см.* **base ~**

interview ~ данные опроса

medical ~ клинические данные

national ~ государственные данные *(напр. о миграции населения)*

optical ~ of digitalization глазные симптомы дигитализации

output ~ выходные данные

patient's ~ данные [информация] о пациенте

perceptional ~ характеристики восприятия; информация, поступающая посредством восприятия

personal ~ личные данные

physiological ~ физиологические параметры или показатели

pooled ~ база данных *(напр. о результатах клинических исследований)*

reference ~ справочные данные

reliable ~ достоверные данные

sample ~ собранные данные *(образцов)*

serological ~ результаты серологического исследования

test ~ 1. результаты тестирования **2.** экспериментальные данные

vital ~ данные о народонаселении, демографическая статистика

database ['deitəbeis] база [банк] данных; основные сведения

health care ~ база данных по оказанию медицинской помощи

minimum ~ минимальный объём исследований; минимальный набор *(анализов)*

wireless genome information ~ база данных геномной информации

worldwide ~ всемирная база данных

Database:

Cochrane ~ база данных Кохрановской библиотеки

London Dysmorphological ~ Лондонская база данных по дисморфологии

London Neurogenetics ~ Лондонская база данных по нейрогенетике

data-input ['deitə-'input] ввод данных *(в ЭВМ)*

date [deit] 1. дата, число ‖ обозначить дату, датировать 2. срок, период; эпоха

~ **of admission** время поступления *(больного в лечебное учреждение)*

~ **of release** дата выпуска *(лекарственного средства)*

delivery ~ срок родов

effective ~ дата вступления в силу *(медицинской страховки)*

estimated [expected] ~ **of confinement** ожидаемые сроки родов

expiration [expiry] ~ 1. выходные данные 2. дата смерти 3. срок годности

label ~ дата на этикетке *(лекарственного препарата)*

out of ~ устаревший; с прошедшим сроком годности

social ~ данные о социальном составе населения

targets ~ контрольные сроки *(планового задания)*

termination ~ дата прекращения действия, истечения срока

up to ~ современный период

Datura [də'tjuərə]:

~ **stratorium** *токс.* дурман обыкновенный

daturism [də'tjuərizm] отравление дурманом

dauby ['dɔ:bi] клейкий, липкий

dauerschlaf ['dauərʃlɑ:f] *нем.* пролонгированный сон *(сонная терапия)*

daughter ['dɔ:tə] дочернее ядро ‖ дочерний *(продукт радиоактивного распада)*

decay ~ продукт распада

radioactive ~s дочерние радиоактивные нуклиды

radon ~s дочерние продукты распада радона

day [dei] 1. день, сутки 2. дневное время

~ **of entry** дата поступления *(больного в лечебное учреждение)*

~s **per thousand** число койкодней в году на тысячу застрахованных

alternate ~s через день, чередующиеся дни *(напр. лечения)*

bed(-population) ~ койкодень

consulting ~ консультационный день

fertile ~s благоприятные для зачатия дни

green ~ день растительной диеты *(при лечении сахарного диабета)*

hospital ~s *см.* **bed** ~

ovulation ~ день овуляции

patient ~ *см.* **bed** ~

per ~ в сутки

visiting ~ приёмный день *(врача)*

World Health ~ Всемирный день здоровья

Word Population ~ Всемирный день народонаселения

day-blindness [,dei-'blaindnəs] дневная слепота

day-care ['dei-,keə]:

pediatric ~ детский дневной стационар

day-dream ['dei-,dri:m] грёзы, мечты, фантазии; «сон наяву»

daylight ['deilait] дневной свет, естественное освещение

daymare ['deimeə] *псих.* дневные кошмары *(панические атаки)*

day-surgery [,dei-'sə:ʤəri] хирургия одного дня

daze [deiz] оцепенение; сумеречное [полубессознательное] состояние

dazzle [dæzl] 1. ослепительный свет ‖ ослеплять ярким светом 2. ослепление

acoustic ~ оглушительный звук

de [de]:

~ **facto** *лат.* фактически; реально; де-факто

~ **jure** *лат.* юридически; по праву, по закону; де-юре

~ **novo** *лат.* вновь; созданный заново; впервые возникший

deacidification [diə,sidifi'keiʃn] снижение кислотности; нейтрализация кислоты

deactivation [di,ækti'veiʃn] дезактивация, дезактивирование

fast ~ быстрая дезактивация

dead [ded] 1. мёртвый; безжизненный; *pl.* умершие; покойники 2. омертвевший, некротический *(напр. секвестр)* 3. вызывать онемение или окоченение ‖ онемевший, потерявший чувствительность; окоченевший

◊ ~ **on arrival** доставленный мёртвым

full term born ~ умерший при родах в срок *(ребёнок)*

deadbeat ['dedbi:t] 1. апериодический *(об измерительном приборе)* 2. клиент, оформивший заказ и не оплативший его

deadborn [ded'bɔ:n] мертворождённый

deadline ['dedlain] крайний срок *(напр. динамического наблюдения)*

~ **for a claim** срок для предъявления претензии

deadly ['dedli] смертельный, смертоносный

dead-water ['ded-'wɔ:tə] стоячая вода

deaeration [dieə'reiʃn] деаэрация, удаление воздуха

deaf [def] 1. глухой, неслышащий 2. тугоухий

◊ **to become [to grow]** ~ глохнуть, терять слух

deaf-aid ['def-'eid] слуховой аппарат

deaf-and-dumb ['def-ən-,dʌm] 1. глухонемой 2. предназначенный для глухонемых

deaf-dumbness ['def-'dʌmnəs] глухонемота

deafening ['defniŋ] 1. оглушение 2. звуконепроницаемый

deafferentation [di,æfərən'teiʃn] деафферентация *(прерывание афферентной иннервации)*

deaf-mute ['def-mju:t] глухонемой

deaf-mutism ['def-'mju:tizm] глухонемота

deafness ['defnəs] глухота

acoustic trauma ~ контузионная [детонационная] глухота *(обусловлена поражением кортиева органа)*

bass ~ глухота на низкие тона

central [cerebral] ~ центральная [ретролабиринтная] глухота

conduction [conductive] ~ кондуктивная глухота *(обусловленная поражением звукопроводящего аппарата)*

congenitive nerve ~ врождённая нейросенсорная глухота

cortical ~ корковая глухота

growing ~ прогрессирующая глухота

high-frequency ~ глухота на высокие тона

labyrinthine ~ периферическая [лабиринтная, улитковая] глухота

mind ~ *см.* **psychic ~** 1

music(al) ~ сенсорная амузия, музыкальная глухота, отсутствие музыкального слуха

nerve [neurosensory] ~ перцептивная [нейросенсорная, невральная] глухота *(обусловленная поражением звуковоспринимающего аппарата)*

occupational ~ профессиональная глухота

perceptive ~ *см.* **nerve ~**

prelingual ~ доречевая глухота

profound ~ абсолютная глухота

progressive hereditary perceptive ~ (невральная) прогрессирующая перцептивная глухота

psychic ~ 1. слуховая [акустическая] агнозия, «душевная глухота» 2. психогенная глухота

sensorineural [sensory] ~ *см.* **nerve ~**

tone ~ *см.* **musical ~**

word ~ сенсорная корковая афазия, словесная глухота *(нарушенная способность к пониманию речи)*

dealbation [diæl'beiʃn] обесцвечивание, отбеливание

dealer ['di:lə] дилер, торговец

drug ~ наркоторговец, наркодилер

dealkalization [diˌælkəlai'zeiʃn] снижение основности

deallergization [diˌæləʤi'zeiʃn] гипосенсибилизация, десенсибилизация

deallergize [di:'æləʤaiz] проводить гипосенсибилизацию, десенсибилизировать

deaminase [di:'æmineiz] *pl.* дезаминазы *(ферменты, отщепляющие аминную группу)*

adenosine ~ аденозиндезаминаза *(фермент, дефект которого приводит к тяжёлой иммунной недостаточности)*

cytidine ~ цитидиндезаминаза

deamination [diˌæmi'neiʃn], **deaminization** [diˌæmini-'zeiʃn] дезаминирование *(ферментативное удаление аминогрупп из аминокислот в печени)*

deanesthesiant [diˌænes'θiːziənt] пробуждающее средство *(для выхода из наркоза)*

deaquation [diˌæk'weiʃn] обезвоживание, дегидратация

dearterialization [diˌaːtiəriəlai'zeiʃn] превращение артериальной крови в венозную

~ for carcinoma деартериализация раковой опухоли *(перевязка или эмболизация питающей артерии)*

dearth [dəːθ] нехватка продуктов, голод

dearticulation [diˌaːˌtikjʊ'leiʃn] 1. вывих 2. нарушение артикуляции, неправильная артикуляция *(речи)*

death [deθ] 1. смерть 2. отмирание, омертвление, некроз; гибель 3. смертный случай, летальный исход 4. *pl.* смертность

~ by drowning *суд. мед.* смерть от утопления

~ by misadventure *см.* **accidental ~**

~ of a bone некроз костной ткани

~ of the subject *психоан.* смерть субъекта *(страдания психотического больного от идентификации с трупом)*

~ without lesions смерть без видимых повреждений

accidental ~ смерть в результате несчастного случая

allergic ~ смерть от анафилактического шока

amenable ~ контролируемая смертность *(напр. при ряде детских инфекций)*

apparent ~ 1. клиническая смерть 2. мнимая смерть

biological ~ биологическая смерть *(необратимое прекращение жизнедеятельности организма, обычно после трёх минут остановки кровообращения)*

Black ~ чёрная смерть *(эпидемия чумы в Европе в 1348–1349 гг.)*

brain ~ смерть мозга *(необратимое прекращение деятельности головного мозга при сохранной сердечной деятельности и искусственном поддержании дыхания)*

cell ~ некроз клеток; гибель клеток

cholera ~ смерть от холеры

clinical ~ клиническая смерть *(обратимое прекращение жизнедеятельности организма, обусловленное кратковременной остановкой сердца и дыхания)*

cot [crib] ~ «смерть в колыбели» *(скоропостижная смерть внешне здорового ребёнка в возрасте от недели до года)*

dry ~ 1. любая смерть, кроме смерти от утопления 2. насильственная смерть без пролития крови

early fetal ~ внутриутробная смерть плода до 20 недель беременности

fetal ~ внутриутробная смерть плода

genetic ~ генетическая смерть *(гибель особи без оставления потомства)*

impending ~ приближающаяся [неминуемая] смерть

instantaneous ~ мгновенная смерть

intermediate fetal ~ внутриутробная смерть плода между 21–28-й неделями беременности

intranatal [intrapartum] ~ интранатальная смерть

intrauterine ~ *см.* **fetal ~**

late ~ поздний летальный исход

late fetal ~ внутриутробная смерть плода *(после 28 недель беременности)*

late sudden ~ внезапная смерть в отдалённом периоде *(напр. после операции)*

lingering ~ медленная смерть

local ~ некроз органа или его части

lymphocyte ~ гибель лимфоцитов

molecular ~ смерть ткани *(выявляется при отсутствии реакции на электрическое раздражение)*

natural ~ естественная [физиологическая] смерть

naturally occurring neuronal ~ естественная гибель нейронов

“near ~” *см.* **clinical ~**

premature ~ преждевременная смерть

prenatal ~ *см.* **fetal ~**

programmed cell ~ (генетически) программированная гибель клеток, апоптоз

road ~ *см.* **traffic** ~

serum ~ смерть от анафилактического шока

shamming ~ притворная смерть

social ~ *психол.* социальная смерть *(невосполнимая потеря человека или группы людей, входивших ранее в круг общения индивидуума)*

somatic ~ смерть организма

sudden cardiac ~ скоропостижная [внезапная] коронарная смерть

thermal ~ температурная гибель, тепловая смерть, термоинактивация *(напр. микроорганизмов)*

thymic ~ *уст.* внезапная смерть при тимико-лимфатическом статусе *(от острой недостаточности коры надпочечников)*

total ~ общее число летальных исходов

traffic ~ смерть в результате дорожно-транспортного происшествия

trance ~ «мнимая смерть» *(при истерии, кататонии)*

unexpected [unfortunate] ~ скоропостижная [внезапная] смерть

unexplained ~ смерть от неустановленной причины

utero fetal ~ *см.* **prenatal** ~

violent ~ насильственная смерть

white ~ «белая смерть», смерть от наркотиков

death-agony ['deθ-,ægəni] предсмертная агония

deathbed ['deθbed] смертное ложе

on one's ~ на смертном одре

death-cap ['deθ-,kæp] бледная поганка

death-damp ['deθ-,dæm] холодный пот *(у умирающего)*

death-roll ['deθ-,rɒl] список убитых или погибших

deaths [deθs] смертность *(число умерших среди населения на 1000, 10000 или 100000)*

~ **from maternal causes** послеродовая смертность вследствие материнской патологии

early neonatal ~ ранняя неонатальная смерть *(число умерших в первую неделю жизни на 1000 живорождённых)*

"excess ~" избыточная смертность

infant ~ младенческая смертность *(число умерших до 1 года на 1000 живорождённых)*

intranatal ~ интранатальная смертность *(число умерших жизнеспособных плодов во время родов)*

maternal ~ материнская смертность *(число умерших беременных на 100000 женщин репродуктивного возраста)*

neonatal ~ неонатальная смертность *(число умерших в течение месяца после рождения на 1000 живорождённых)*

neuronal ~ гибель нейронов

perinatal ~ перинатальная смертность *(включает анте-, интра- и постнатальную смертность)*

postnatal ~ постнатальная смертность *(смертность новорождённых на первой неделе жизни)*

death's-head ['deθs-,hed] череп со скрещёнными костями *(эмблема смерти)*

death-struggle ['deθ-,strʌgl] *см.* **death-agonia**

death-toll ['deθ-,tɒl] *см.* **death-roll**

debanding [di'bændiŋ] удаление несъёмного ортодонтического устройства

debauchery [di'bɔːtʃəri] **1.** пьянство, невоздержанность, обжорство **2.** разврат, распущенность

debilitant [də'bilitənt] **1.** ослабляющий, обессиливающий; истощающий **2.** успокаивающее средство

debilitate [də'biliteit] ослаблять, расслаблять; изнурять, истощать; расстраивать *(здоровье)*

debility [də'biliti] **1.** дебильность **2.** слабость; бессилие, истощение; астения

~ **of the aged** старческое слабоумие

general ~ ухудшение общего состояния; общая слабость

little ~ незначительные нарушения *(напр. функции конечности после перелома)*

mental ~ слабоумие, деменция

nervous ~ неврастения

sexual ~ половая дисфункция, половое бессилие, импотенция

debitmetry ['debitmətri] дебитметрия *(измерение скорости потока, напр., крови)*

debridement [deibrid'mɔː] *фр.* хирургическая обработка раны, санация раны

aortic ~ аортальная комиссуротомия

bone ~ чистка кости

dental ~ удаление зубного налёта или камня

enzymatic ~ ферментное очищение раны

local ~ первичная хирургическая обработка раны; местное иссечение краёв раны

debris [də'briː] *фр.* **1.** инородные вещества или остатки органических веществ *(в ране)*; некротическая ткань; химус **2.** зубной налёт **3.** осадок *(при центрифугировании)*

calcified ~ зубной камень

cellular ~ продукты распада клеток

epidermal ~ отмерший [слущенный] слой эпидермиса

food ~ остатки пищи *(в полости рта)*

intercellular ~ межклеточные продукты распада

pulp ~ *стом.* пульпарный распад

debt [det] **1.** долг, задолженность **2.** недостаток, дефицит

oxygen ~ дефицит кислорода; кислородная задолженность

debulking [di'bʌlkiŋ] **1.** уменьшение *(массы, размеров)* **2.** иссечение растущей опухоли

~ **of mass** удаление объёмного образования

radiotherapy ~ исчезновение опухоли после радиотерапии

tumor ~ уменьшение опухоли в размерах; сморщивание опухоли

debut ['deibjuː] начало, дебют *(заболевания)*

decalcification [di,kælsifi'keiʃn] **1.** декальцификация **2.** удаление [иссечение] кальцификатов

decalcify [di'kælsifai] декальцинировать, удалять соли кальция

decalvant [di'kælvənt] разрушающий или удаляющий волосы *(напр. о лекарственном средстве)*

decannulation [di,kænjʊ'leiʃn] деканюляция

decant [di'kænt] декантировать, сцеживать, сливать *(жидкость с осадка)*

decantation [di,kæn'teiʃn] декантация, сцеживание

decapacitation [di,kəpæsi'teiʃn] стерилизация спермы

decapitate [di'kæpiteit] декапитировать, обезглавливать *(погибший плод)*

decapitation [di,kæpi'teiʃn] **1.** декапитация, обезглавливание *(плодоразрушающая операция)* **2.** удаление головки кости

decapsidation [di͵kæpsi'deiʃn] декапсидирование

decapsulation [di͵kæpsjʊ'leiʃn] декапсуляция (*удаление фиброзной капсулы органа*)

decarboxylase [͵di:ka:'bɒksəleis] *pl.* декарбоксилазы (*ферменты, отщепляющие карбоксильную группу у некоторых органических кислот*)

decarboxylation [͵di:ka:bɒksə'leiʃn] декарбоксилирование
amine and precursor uptake and ~ поглощение и декарбоксилирование биогенных аминов и их предшественников

decay [di'kei] 1. гниение, разложение, распад; разрушение ‖ гнить, разлагаться, распадаться; разрушаться 2. кариес, кариозный распад 3. ослабление [расстройство] здоровья 4. глубокая старость, дряхлость; одряхление 5. радиоактивный распад ‖ затухать (*о радионуклидах*)
~ of amplitude of the responses уменьшение амплитуды биопотенциалов
~ of bone деструкция кости
~ of calcium content снижение содержания кальция
~ of fission product распад продуктов деления
~ of fluorescence затухание флуоресценции
~s per minute распадов в минуту
alpha ~ альфа-распад
anile ~ старческая деменция
primary ~ первичный кариес зуба
radioactive ~ радиоактивный распад
secondary ~ вторичный кариес, кариес пломбированного зуба

deceased [di'si:st] умерший, скончавшийся

decedent [də'si:dənt] *амер.* умерший

deceleration [di͵selə'reiʃn] 1. замедление 2. торможение, угнетение
early ~ начальная брадикардия (у плода) в начале сокращения матки
late ~ брадикардия (у плода) на высоте сокращения матки
variable ~ брадикардия (у плода) при сокращении пуповины

deception [di'sepʃn] 1. обман (*зрения*); иллюзия 2. симуляция

decerebration [di:serə'breiʃn] 1. децеребрация, удаление головного мозга (*в эксперименте на животном*) 2. гибель коры головного мозга в результате ишемии

dechloridation [di:klɔ:ri'deiʃn] дехлорирование, отщепление хлора

dechloruration [͵di:klɔ:jʊ'reiʃn] снижение содержания хлоридов в моче

decholesterolization [͵di:kə͵lestərɒli'zeiʃn] снижение содержания холестерина в крови

decibel ['desibel] децибел (*единица интенсивности звука*)

decidua [də'sidjʊə] отпадающая [децидуальная] оболочка (*матки*)
~ basalis основная [базальная] оболочка (*часть слизистой оболочки матки между миометрием и имплантированным зародышем, позднее преобразуется в плаценту*)
~ capsularis капсульная оболочка (*тонкий слой, покрывающий развивающийся эмбрион*)
~ menstrualis менструальная оболочка (*набухшая слизистая оболочка без имплантированного зародыша перед менструацией*)

deciduation [də͵sidjʊ'eiʃn] децидуация (*отпадение ткани эндометрия при менструации*)

deciduitis [də͵sidjʊ'aitis] децидуит (*воспаление отпадающей оболочки матки*)

deciduocyte [də'sidjʊəʊ͵sait] децидуальная клетка

deciduoma [də͵sidjʊ'əʊmə] 1. децидуальная ткань, образующаяся в матке в отсутствии эмбриона 2. опухоль матки, содержащая остатки децидуальной оболочки
~ malignum злокачественная хорионэпителиома, хорионкарцинома
Loeb's ~ децидуальные опухолевидные изменения в матке (*индуцированные прогестероном*)

deciduous [də'sidjʊəs] 1. временный 2. отпадающий, молочный (*о зубе*)

decile ['desail] *стат.* дециль (*одна из девяти точек условной шкалы, которые делят распределение баллов на десять равных частей*)

decipara [də'sipərə] женщина, родившая десятерых детей

decision [di'siʒn] 1. решение 2. решимость, решительность
~ to hospitalize показания к госпитализации
compulsory ~ обязательное решение
final diagnostic ~ постановка окончательного диагноза
initial diagnostic ~ диагностическое заключение на начальном этапе лечения
lysogeny ~ процесс лизогении
therapeutic ~ выбор метода лечения
under risk решение, связанное с риском

decision-making [di'siʒn-͵meikiŋ], **decision-taking** [di'siʒn-͵teikiŋ] принятие решения
~ in resectional surgery определение объёма резекции (*напр. печени*)
medical ~ принятие решений в медицине

declamping [di:'klæmpiŋ] снятие зажима

Declaration [͵deklə'reiʃn]:
~ of the Rights of the Child Декларация о правах ребёнка (*ООН*)
Maritime ~ of Health Морская санитарная декларация

declination [͵dekli'neiʃn] снижение; отклонение (*от нормы*)
~ of fever понижение температуры тела, ослабление лихорадки

decline [di'klain] 1. уменьшение, снижение, падение (*напр. жизненного уровня*) 2. хроническое прогрессирующее заболевание; ухудшение здоровья 3. стадия стихания острого заболевания, период обратного развития болезни 4. период катаболизма или инволюции
~ in bone mass уменьшение костной массы
~ in congenital rubella syndrome уменьшение [случаев] синдрома врождённой краснухи
~ in mortality снижение летальности
~ in transmission уменьшение контагиозности, уменьшение заразности
~ of birth снижение рождаемости
~ of life инволюция; старение
~ of tuberculosis снижение заболеваемости туберкулёзом
abrupt ~ внезапное прекращение (*напр. выделения мочи*)
age-related ~s in motor function возрастное снижение двигательной функции

317

antibody ~ падение титра антител

judgment ~ *псих.* ухудшение способности к умозаключениям, снижение критики

persistent ~ постоянное снижение (*напр. титра антител*)

sharp ~ резкое снижение (*напр. содержания прогестерона*)

declining [di'klainiŋ] **1.** падение, снижение **2.** ухудшение (*здоровья*)

growth ~ замедление роста

declive [di'klaiv], **declivis** [di'klaivis] *анат.* скат (*червя мозжечка*)

decoction [di:'kɒkʃn] **1.** вываривание **2.** декокт, отвар

~ **of cinchona** хинный отвар, отвар хинной коры

decoding [di:'kəʊdiŋ] декодирование, расшифровка, дешифровка

decollation [ˌdi:kəʊ'leiʃn] *акуш.* декапитация (*плодоразрушающая операция*)

decollator [di:'kɒleitə] инструмент для декапитации (*плода*)

decollement [deikəl'mɒn] *фр.* разъединение, разделение (*сращений, спаек*)

decolorant [di:'kʌlɒrənt] обесцвечивающее средство; отбеливатель; обесцвечивающий реактив

decompensation [di:ˌkɒmpen'seiʃn] декомпенсация (*недостаточность или срыв функциональных механизмов в организме*)

cardiac ~ сердечная недостаточность, декомпенсация кровообращения

liver ~ печёночная недостаточность

schizophrenic ~ **1.** декомпенсация у больного шизофренией **2.** дебют шизофрении (*спровоцированный стрессом*)

decomposer [di:kɒm'pəʊzə] *pl.* редуценты (*микроорганизмы, минерализующие органические вещества*)

decomposition [ˌdi:kɒmpə'ziʃn] **1.** расщепление **2.** разложение, распад, гниение; лизис

~ **of fetus** рассасывание мёртвого плода

~ **of movement** расстройство координации

~ **of protein** распад белка

bacterial ~ разложение под влиянием бактерий, микробный процесс распада

enzymic ~ ферментативное расщепление

thermal ~ термическое разложение, пиролиз

decompression [ˌdi:kɒm'preʃn] декомпрессия (*1. снижение барометрического давления 2. лечебные мероприятия, снижающие избыточное давление в тканях, органах или жидких средах*)

~ **of heart**, ~ **of pericardium** декомпрессия сердца (*при тампонаде*)

abdominal ~ декомпрессия желудочно-кишечного тракта

cerebral ~ снижение внутричерепного давления

explosive ~ взрывная [внезапная] декомпрессия

fast ~ экстренная декомпрессия (*напр. в барокамере*)

interrupted ~ прерывистая декомпрессия

deconditioning [ˌdi:kən'diʃniŋ] ухудшение физического состояния; детренированность

decongest [ˌdi:kən'dʒest] уменьшать, снижать, подавлять; устранять застойные явления или отёки

decongestant [ˌdi:kən'dʒestənt] противоотёчное (*лекарственное*) средство ǁ устраняющий застойные явления, противозастойный, противоотёчный

mucosal ~s средство, устраняющее отёк слизистых

deconjugation [ˌdi:kəndʒʊ'geiʃn]:

~ **of bile acids** разрушение жёлчных кислот

decontaminant [ˌdi:kən'tæminənt] дезактивирующее, дегазирующее или дезинфицирующее средство

decontamination [ˌdi:kənˌtæmi'neiʃn] **1.** специальная обработка, деконтаминация; обезвреживание; очистка; дезактивация; обеззараживание **2.** обеспложивание, стерилизация

~ **of viruses** эрадикация вируса

chemical ~ **1.** дегазация **2.** химическая стерилизация

laboratory ~ лабораторные методы обезвреживания

radiological ~ дезактивация

decontaminator [ˌdi:kənˌtæmi'neitə] **1.** дегазационный прибор или дегазационная машина **2.** стерилизатор, деконтаминатор

decorporation [di:ˌkɔ:pə'reiʃn] декорпорация, выведение, изгнание из тела (*обычно радионуклидов, токсикантов*)

decortication [di:ˌkɔ:ti'keiʃn], **decortization** [di:ˌkɔ:ti'zeiʃn] декортикация (*1. удаление или гибель коры головного мозга 2. удаление коркового слоя [органа] 3. освобождение от спаек*)

~ **of adventitial coat of artery** *см.* **arterial** ~

~ **of lung** плеврэктомия, декортикация лёгкого (*освобождение от спаек фиброзно-изменённой плевры*)

arterial ~ периартериальная симпатэктомия, денудация [денервация] артерии

reversible ~ обратимая декортикация (*временное выключение функций коры головного мозга*)

decrease ['di:kri:s] снижение, уменьшение, понижение, ослабление; спад ǁ снижаться, уменьшаться, понижаться, ослабевать; спадать

~ **in cohesion** разрыхление связи клеток

~ **in performance** ухудшение общего состояния

~ **of function** гипофункция (*ослабление деятельности*)

~ **of temperature** снижение [падение] температуры

~ **tenesmus** устранение тенезмов

decree [di'kri:] **1.** указ, декрет **2.** постановление, решение ǁ выносить постановление, судебное решение

~ **of nature** закон природы

accident prevention ~ правила техники безопасности

decreed [di'kri:d] декретированный (*о контингенте населения – детях, работниках общепита и т. д.*)

decrement ['dekrəmənt] **1.** уменьшение, снижение, угасание; ухудшение **2.** стадия уменьшения болезненных явлений, фаза стихания заболевания

~ **in visual acuity** снижение остроты зрения

~ **of life** годовая смертность

performance ~ снижение работоспособности

response ~ угасание реакции

sensory ~ снижение [ухудшение] чувствительности

work ~ снижение трудоспособности; снижение продуктивности

decrepit [di'krepit] **1.** дряхлый, престарелый **2.** ветхий

decrepitude [di'krepitjuːd] старческая немощность, дряхлость

decriminalization [diːˌkriminəli'zeiʃn] декриминализация *(отмена законов или регламентов, которые определяют поведение или условия как криминальные)*

~ **of abortion** отмена запрещения абортов

decrudescence [ˌdiːkruːˈdesəns] ослабление [смягчение] проявлений болезни

decrustation [ˌdiːkrʌsˈteiʃn] *дерм.* удаление корки

decubation [diːkjʊˈbeiʃn] период реконвалесценции *(при инфекционной болезни)*

decubitus [diˈkjuːbitəs] 1. лежачее положение 2. пролежень

Andral's ~ Андрала симптом *(вынужденное положение больного на здоровом боку при плеврите)*

dorsal ~ положение лёжа на спине

left lateral ~ положение лёжа на левом боку

ventral ~ положение лёжа на животе

decussation [ˌdikəˈseiʃn], *лат.* **decussatio** [ˌdikəˈseiʃə], *pl.* **decussationes** [ˌdikəˈseiʃniːz] 1. перекрёст 2. кроссинговер, перекрещивание *(хромосом)*

~ **of fillet** перекрёст петель, чувствительный перекрёст *(в продолговатом мозге)*

~ **of rubrospinal tracts** перекрёст руброспинального тракта

~ **of superior cerebellar peduncles** перекрёст верхних мозжечковых ножек, Вернекинга перекрёст

~ **of trochlear nerves** перекрёст блоковых нервов

Forel's ~ вентральный перекрёст покрышки среднего мозга, Фореля перекрёст

fountain ~ **of Meynert** дорсальный перекрёст покрышки среднего мозга, Мейнерта перекрёст

motor ~ перекрёст пирамид, двигательный перекрёст

optic ~ перекрёст зрительных нервов

pyramidal ~ *см.* **motor** ~

dedentition [ˌdiːdenˈtiʃn] выпадение зубов

dedifferentiation [diːˌdifərenʃiˈeiʃn] дедифференцировка, дисдифференцировка; анаплазия *(возврат системы к более раннему однородному состоянию)*

deductible [diˈdʌktibl] доля участия *(доля расходов за медицинские услуги, которую страхователь должен оплатить до момента выплаты страхового возмещения)*

deduster [diːˈdʌstə] обеспыливающее устройство

deefferentation [diˌefərənˈteiʃn] деэфферентация *(прерывание эфферентной иннервации)*

deemanate [diˈeməneit] лишённый радиоактивности

deep [diːp] 1. глубина ‖ глубокий, глубоко расположенный *(орган)* 2. низкий *(звук)* 3. густой *(цвет)* 4. *псих.* подсознательный 5. серьёзный; фундаментальный; основательный

deep-dwelling [ˌdiːp-ˈdweliŋ] обитающий в глубинах

de-epicardialization [di-ˌepiˌkaːdiəlaiˈzeiʃn] экскориация эпикарда *(с целью улучшения коллатерального кровообращения миокарда)*

deep-rooted [ˌdiːp-ˈruːtid] хронический, застарелый *(о болезни)*

deep-seated [ˌdiːp-ˈsiːtid] 1. глубоко расположенный 2. бессимптомный

defatigation [diˌfætiˈgeiʃn] переутомление, крайняя усталость, перенапряжение

defatting [diˈfætiŋ] 1. иссечение подкожно-жирового слоя; удаление жира 2. обезжиривание

default [diˈfɔːlt] 1. обрыв, прекращение *(о лечении)* 2. отсутствие, недостаток; несостоятельность ‖ не выполнять своих обязательств 3. халатность, недосмотр

defaulter [diˈfɔːltə] пациент, прервавший лечение

defecate ['defəkeit] 1. очищать, осветлять, отстаивать *(жидкость)* 2. испражняться

defecation [ˌdefəˈkeiʃn] 1. очищение, осветление, отстаивание *(жидкости)* 2. дефекация, испражнение, опорожнение кишечника

conscious ~ произвольная дефекация

defect [diˈfekt] 1. дефект, врождённый порок *(развития)*; недостаток; отсутствие *(напр. части тела)* 2. повреждение, нарушение 3. недостаточность функции *(физической или умственной)*

~s **of segmentation** нарушения сегментации *(напр. позвоночника)*

alcohol-related birth ~ алкогольный синдром у плода

atrial septal ~ врождённый дефект межпредсердной перегородки, ДМПП

cell-mediated immunoregulatory ~ нарушение клеточного иммунитета

cognitive ~ нарушение познавательной способности

color-vision ~ нарушение цветового зрения

complex heart ~ комбинированный порок сердца

concentrating ~ нарушение концентрационной способности *(почек)*

conduction ~ нарушение проводимости *(напр. нерва)*

congenital palatal ~ врождённая расщелина нёба

corporal ~s физические недостатки, или дефекты

developmental ~ *см.* **birth** ~

enzyme ~ энзимопатия, ферментопатия

field ~ дефект поля *(комплекс врождённых пороков, возникший вследствие повреждения какого-л. поля развития)*

filling ~ *рентг.* дефект наполнения

finger pulp ~ дефект мякоти пальца

gross anatomic ~s грубые анатомические дефекты

hereditary enamel ~s врождённый несовершенный эмалегенез

interatrial septal ~ *см.* **atrial septal** ~

intraventricular conduction ~ нарушение внутрижелудочковой проводимости

memory ~s расстройства памяти

mental ~ дефект умственной [психической] деятельности

microanatomic ~ микроаномалия; порок развития на тканевом уровне *(напр. дискинезия ресничек эпителия кишечника)*

neural tube ~ порок развития невральной трубки

neurologic ~s неврологические нарушения, или расстройства

obstructive ventilatory ~s обструктивные нарушения лёгочной вентиляции

ostium secundum ~ *лат.* вторичный дефект (межпредсердной) перегородки *(вблизи овальной ямки)*

oxygen ~ гипоксия, кислородное голодание, недостаток кислорода

panconductional ~ 1. диффузное склеродегенеративное нарушение проводящей системы 2. блокада выхода импульсов из синусового узла

peritoneal ~ дефект в брюшине

plasmassociated ~ of phagocytosis дефект фагоцитоза, Лейнера болезнь

postural ~ дефект осанки

radial ~s дефекты лучевой кости

reduction ~ *мол. биол.* редукционный порок развития

retention ~ дефект памяти *(признак развития деменции)*

right-sided congenital cardiac ~ врождённый порок сердца со сбросом справа налево

salt-losing ~ синдром потери солей, синдром солевого истощения

secundum atrial septal ~ вторичный дефект предсердной перегородки

separate genetic ~ изолированный генетический дефект

septal ~ дефект [незаращение] перегородки *(сердца)*

sinus-septum [sinus venous] ~ дефект перегородки венозного синуса сердца

thyroid peroxidase ~ дефицит пероксидазы щитовидной железы, врождённый гипотиреоз, семейный зоб

valve ~ порок [поражение] клапанного аппарата *(сердца)*

ventricular septal ~ врождённый дефект межжелудочковой перегородки, ДМЖП

defective [di'fektiv] 1. несовершенный; недостаточный; повреждённый, дефектный, нарушенный, расстроенный 2. дефективный; недоразвитый

mentally ~ умственно отсталый, слабоумный

moral ~ аморальная личность

defemin(iz)ation [ˌdiːfemini'zeiʃn] дефеминизация *(утрата или ослабление женских вторичных половых признаков)*

defence [di'fens] *см.* **defense**

defendant [di'fendənt] обвиняемый, подсудимый, ответчик

defense [di'fens] 1. оборона; защита *(в т. ч. психологическая)* 2. защитные средства 3. *суд. мед.* оправдание, реабилитация

~ against gas противохимическая защита

antibacterial ~ противомикробная защита

body [host] ~ 1. *pl.* защитные силы организма 2. иммунная защита организма *(при трансплантации)*

insanity ~ способ защиты от уголовного обвинения со ссылкой на невменяемость обвиняемого

mental ~ психологическая защита *(способ мышления, направленный на смягчение неприятных аффектов и удерживание бессознательных конфликтов вне сознания)*

muscular ~ напряжение мышц брюшной стенки

radiological ~ радиационная защита

deferens ['defərens] семявыносящий [семенной] проток

deferent ['defərənt] 1. выносящий, выводящий; отводящий *(напр. о сосуде)* 2. эфферентный, выносящий, центробежный *(о нервном импульсе)*

deferentectomy [ˌdefərent'ektəʊmi] вазэктомия

deferential [ˌdefə'renʃəl] относящийся к семявыносящему протоку

deferentitis [ˌdefəren'taitis] деферентит *(воспаление семявыносящего протока)*

deferred [di'fəːd] 1. отсроченный *(напр. шов)* 2. замедленный 3. запланированный

defervescence [diːfəˈvesəns] снижение высокой температуры тела, ослабление лихорадки

defervescent [diːfəˈvesənt] средство, снижающее высокую температуру тела или ослабляющее лихорадку

defiance [di'faiəns] *психол.* вызывающее поведение, открытое неповиновение, полное пренебрежение

defibrillation [diːˌfibri'leiʃn] дефибрилляция *(сердца)*

external ~ наружная [закрытая] дефибрилляция

public access ~ дефибрилляция в общественных местах *(использование портативных дефибрилляторов парамедиками при внезапной остановке сердца)*

synchronized ~ синхронизированная дефибрилляция

defibrillator [diːˌfibri'leitə] *мед. тех.* дефибриллятор

antiarrhythmic versus implantable ~ сравнительное изучение антиаритмиков и действия имплантированного кардиовертер-дефибриллятора

cardiac [cardioverter] ~ кардиодефибриллятор, кардиовертер-дефибриллятор

implantable ~ имплантируемый кардиовертер-дефибриллятор

defibrin(iz)ation [diːˌfibrini'zeiʃn] дефибринизация, удаление фибрина

deficiency [di'fiʃənsi] 1. недостаточность, недостаток, дефицит; отсутствие *(напр. потеря терминального участка хромосомы или хроматиды)* 2. дефект *(порок развития)*

~ of blood анемия, малокровие

acid maltase ~ гликогеноз II типа, генерализованный гликогеноз, Помпе болезнь

adenosine deaminase ~ дефицит аденозиндезаминазы, АДА-дефицит *(наследственное заболевание)*

antitrypsin ~ дефицит ингибитора трипсина

brain ~ функциональные нарушения головного мозга

cellular immune ~ клеточный иммунодефицит

cerebroside sulfatase ~ метахроматическая [Шольца – Гринфилда] лейкодистрофия

circulatory ~ недостаточность кровообращения

clotting [coagulation] factor ~ дефицит факторов свёртывания крови

cognitive ~ когнитивный дефицит, нарушение познавательной деятельности

color vision ~ies нарушения цветового зрения

combined immune ~ комбинированный иммунодефицит

congenital fibrinogen ~ врождённая недостаточность фибриногена

congenital lower limb ~ врождённый порок развития нижних конечностей

dietary ~ *см.* **nutritional ~**

fibrin-stabilizing-factor ~ недостаточность фибрин-стабилизирующего фактора *(фактора XIII)*

gay-related immune ~ иммунодефицит гомосексуалистов

genetic ~ генетический дефект, дефицит определённого гена

glucose-6-phosphate dehydrogenase ~ дефицит глюкозо-6-фосфат-дегидрогеназы *(наследственное заболевание)*

immunity ~ иммунологическая недостаточность, иммунодефицит; иммунопарез

iodine ~ йодная недостаточность

iron ~ 1. недостаток [дефицит] железа 2. железодефицитная [сидеропеническая] анемия

leukocyte adhesion ~ дефицит адгезии лейкоцитов

mental ~ умственная неполноценность

multiple ~**ies** дефицит многих факторов, мультифакториальная недостаточность

nitrogen ~ азотное голодание

nutritional ~ недостаточность питания, дефицит питательных веществ

oxygen ~ гипоксия, кислородное голодание

partial androgen ~ **in aging male** частичный андрогенодефицит у пожилых мужчин

phosphofructokinase ~ гликогенез VII типа, дефицит фосфофруктокиназы

platelet ~ тромбо(цито)пения

platelet storage pool ~ дефицит пула тромбоцитов

profound limb ~ тяжёлая аномалия конечностей

protein-calorie ~ белково-энергетическая [белково-калорийная] недостаточность

selective IgA ~ избирательная недостаточность IgA

selenium ~ недостаточность селена

surfactant ~ недостаточность сурфактанта

taste ~ агевзия *(утрата вкусовой чувствительности)*

taurine ~ недостаточность таурина

vitamin ~ витаминная недостаточность, гиповитаминоз

deficient [di'fiʃnt] 1. недостаточный; недостающий; неполный 2. несовершенный

~ **in sensation** низкая чувствительность

mentally ~ умственно отсталый, умственно неполноценный

deficit ['defisit] 1. недостаточность, недостаток, дефицит; отсутствие 2. поражение, нарушение; расстройство

attention ~ **with hyperactivity** синдром дефицита внимания с гиперактивностью

behavioral ~ нарушение поведения

cognitive ~ нарушение познавательной способности

contralateral ~ (неврологические) контралатеральные расстройства *(на противоположной поражению стороне мозга)*

cranial nerve ~ выпадение функции черепного нерва

focal neurologic ~ очаговая неврологическая симптоматика

intelligence ~**s** снижение умственных способностей; недостаточность познавательных способностей

(neuro)motor ~**s** двигательные расстройства, или нарушения *(парез, паралич)*

permanent neurologic ~**s** продолжающиеся [сохраняющиеся] неврологические расстройства

proprioceptive ~**s** расстройства проприоцептивной чувствительности

pulse ~ дефицит пульса *(пульс меньше числа сердечных сокращений)*

residual neurologic ~**s** остаточные неврологические явления

reversible ischemic neurological ~ преходящий [обратимый] ишемический неврологический дефицит

sensory [sensitive] ~ потеря [нарушение] чувствительности

vestibular ~**s** поражение вестибулярного аппарата

visual ~ недостаточная острота зрения

define [di'fain] 1. определять; выявлять, устанавливать, распознавать *(заболевание)* 2. очерчивать, обозначать границы *(напр. операционного поля)*

serologically ~**ed** типированный по сывороточным маркёрам, типированный антисывороткой

definition [ˌdefə'niʃn] 1. определение; дефиниция 2. идентификация; выявление, распознавание, диагностика *(заболевания)* 3. определённость; чёткость; ясность; резкость *(изображения)*

~ **of abnormality** определение [дефиниция] нозологической формы

~ **of criminal behavior** квалификация преступного поведения

~ **of disease** идентификация болезни

~ **of human cytomegalovirus target antigens** выявление специфических антигенов – мишеней цитомегаловирусов

~ **of inhalable dust** распознавание ингалируемой пыли

~ **of inoperability** выявление инoperaбельности

~ **of intima of arteries** исследование интимы артерий

Caracas case ~ критерии диагностики СПИДа «Каракас» *(по названию столицы Венесуэлы)*

histological ~ **of cancer types** гистологическая характеристика типов рака

pathogenic subtype ~ определение патогенетических субтипов *(напр. инсульта)*

preoperative ~ предоперационная оценка; предоперационная диагностика *(напр. ранения аорты)*

definitive [di'finitiv] 1. отличительный, характерный 2. точный; безусловный; заключительный *(напр. диагноз)* 3. вполне развитой, дефинитивный 4. избирательный; адекватный, рациональный 5. достоверный *(об идентификации)*

deflation [di'fleiʃn] 1. выпускание, выкачивание *(воздуха)* 2. спадение *(лёгкого)*

deflection [di'flekʃn] 1. смещение; деформация; изгиб; искривление 2. *опт.* преломление 3. зубец или волна *(электрокардиограммы)*

~ **of nasal septum** искривление носовой перегородки

auricular ~ зубец P, предсердный зубец

complement ~ отклонение комплемента

final ventricular ~ зубец T, желудочковый зубец

full scale ~ диапазон показаний прибора

deflector [di'flektə] 1. дефлектор; отражатель 2. отклоняющее устройство

guide wire ~ поисковый пружинный направитель *(для катетеризации сосудов и сердца)*

deflocculant [di'flɒkjʊlənt] дефлоккулянт, дефлоккулирующий [диспергирующий] агент

deflocculation [diˌflɒkjʊ'leiʃn] дефлоккуляция, распад [исчезновение] хлопьев

defloration [diˌflɔ'reiʃn] дефлорация, нарушение целостности девственной плевы

deflorescence [ˌdiːfləʊ'resəns] исчезновение сыпи

deflower [ˌdiː'flaʊə] 1. дефлорировать; нарушать целостность девственной плевы 2. изнасиловать

defluorination [diːˌflʊɒri'neiʃn] дефторирование, обесфторивание *(воды)*

defluviem [diː'fluːviəm] 1. выделение *(слизи)*, истечение *(жидкости)* 2. выпадение

~ **capillorum** алопеция *(выпадение волос)*

~ unguinum выпадение [потеря] ногтей

defluxion [di:'flʌkʃn] алопеция, облысение

telogen ~ выпадение телогеновых волос

defoliant [di:'fəuliənt] *pl.* дефолианты *(пестициды, вызывающие опадение листьев растений)*

deformation [di:fɔ:'meiʃn] деформация, деформирование, изменение формы; обезображивание

red blood cell ~ деформация эритроцитов

valgus ~ вальгусная [Х-образная] деформация *(конечности)*

varus ~ варусная [О-образная] деформация *(конечности)*

deformity [di:'fɔ:miti] 1. порок развития 2. деформация; недостаток, изъян, дефект

angulatory ~ угловая деформация, смещение под углом *(отломка кости)*

bony ~ костная деформация

boutonniere ~ ревматоидная деформация кисти в виде бутоньерки

congenital contractural ~ врождённая контрактура

cubitus valgus ~ вальгусная деформация локтевого сустава

dumbbell ~ деформация по типу гантели

fetal ~ аномалия развития плода *(напр. сообщение урахуса с пупком)*

fixed ~ стойкая деформация

hereditary ~ врождённый порок [аномалия] развития

Kierner's ~ дистелефалангия, Кирнера деформация

lobster-claw ~ расщеплённая кисть, или стопа

Madelung's ~ Маделунга [болезнь] деформация *(врождённое нарушение окостенения и роста лучевой кости с развитием косорукости)*

pelvic ~ деформация таза

seal-fin ~ деформация пальцев кисти в виде «тюленьих ласт» *(при ревматоидном артрите)*

silver fork ~ штыкообразная деформация в области лучезапястного сустава *(при переломе Коллиса)*

spine ~ деформация позвоночника

Sprengel's ~ крыловидные лопатки, Шпренгеля болезнь

swan-neck ~ деформация пальцев в виде «шеи лебедя» *(при ревматоидном артрите)*

torsion ~ деформация от растяжения; растяжение

trefoil ~ деформация в виде трилистника *(луковицы двенадцатиперстной кишки)*

Volkmann's ~ Фолькманна синдром *(врождённый вывих голеностопного сустава)*

defrostion [di:'frɒsʃn] дефростация, размораживание *(компонентов для трансплантации)*

defunctionalization [di:ˌfʌŋkʃənəlai'zeiʃn] утрата или полное отсутствие функции *(какого-л. органа)*

defundation [di:fʌn'deiʃn] дефундация матки

defurfuration [di:ˌfə:fə:r'eiʃn] *дерм.* отрубевидное шелушение

deganglionate [di:'gæŋgliɒneit] удалять нервные узлы

degas(s)ing [di:'gæsiŋ] 1. оказание помощи лицам, поражённым отравляющим газом 2. дегазация

degeneracy [ˌdi:'ʤenərəsi], **degeneration** [ˌdi:ʤenə'reiʃn] 1. дегенерация, вырождение; перерождение 2. маразм, деградация

Abercombie's ~ системный амилоидоз, Аберкромби синдром

adipose ~ жировая дистрофия

adiposogenital ~ адипозогенитальная дистрофия, гипофизарное ожирение, Фрелиха болезнь

albuminoid [albuminous] ~ *см.* **granular ~**

alcoholic foamy ~ алкогольная пенистая дегенерация *(печени)*

amyloid ~ амилоидоз, амилоидная дистрофия

angiolithic ~ кальцификация сосудистой стенки

anterograde ~ антероградная дегенерация *(нейронов)*

ascending ~ вторичная дегенерация восходящих увствительных путей *(при поражении спинного мозга)*

bacony ~ *см.* **amyloid ~**

ballooning ~ баллонирующая [баллонная] дистрофия

basic [basophilic] ~ базофильная дегенерация

blastophthoric ~ дегенерация зародышевых клеток

calcareous ~ петрификация, известковая [кальцинозная] дистрофия

captivity ~ обеднение поведения животных при их клеточном содержании

carcinomatous ~ малигнизация, злокачественное превращение

carneous ~ карнификация *(патологическое изменение лёгочной ткани)*

cerebromacular [cerebroretinal] ~ амавротическая идиотия, церебромакулярная дегенерация

cheesy ~ творожистый [казеозный] некроз, казеоз

chondroid ~ дегенерация хряща, хрящевая дегенерация *(межпозвонкового диска)*

choroidoretinal ~ пигментный ретинит, хориоретинальная дегенерация

colliquative ~ влажный [колликвационный] некроз

congenital macular ~ *см.* **viteliform ~**

corticobasal ganglionic ~ кортикобазальная ганглионарная дегенерация

corticostriatal-spinal ~ кортико-стриоспинальная дегенерация, спастический псевдосклероз, Крейтцфельда – Якоба болезнь

cystic ~ кистозная дегенерация, кистозное перерождение

cystic heredomacular ~ кистевидная дегенерация сетчатки

descending ~ вторичная дегенерация нисходящих чувствительных путей *(при поражении спинного мозга)*

disciform macular ~ дисковидная дегенерация сетчатки, дисковидная дегенерация жёлтого пятна, Кунта – Юниуса болезнь

fascicular ~ дегенерация мышечных волокон *(при поражении моторной иннервации)*

fatty ~ of viscera жировая дегенерация внутренних органов, Рея синдром

fibrinoid ~ фибриноидный некроз

fibrous ~ фиброз

floccular ~ *см.* **granular ~**

glassy ~ гиалиноз, гиалиновое перерождение, гиалиновая дистрофия

granular ~ зернистая дистрофия, мутное набухание

hepatolenticular ~ гепатоцеребральная дистрофия, гепатолентикулярная дегенерация, Вильсона – Коновалова болезнь

hereditary congenital macular ~ полиморфная дегенерация жёлтого пятна

heredomacular ~ Бера синдром *(наследственно-семейная атрофия зрительных нервов и некоторых отделов центральной нервной системы)*

hydropic ~ водяночная [вакуольная, гидропическая] дистрофия, или дегенерация

lattice ~ решётчатая дегенерация *(роговицы)*

malignant [neoplastic] ~ *см.* **carcinomatous** ~

parenchymatous ~ *см.* **granular** ~

pulpal ~ распад зубной пульпы

red ~ карнификация *(патологическое уплотнение лёгочной ткани)*

retinal ~ дегенерация сетчатки, ретинодистрофия

rod-cone ~ дегенерация палочек и колбочек

secondary ~ *см.* **Wallerian** ~

spinocerebellar ~ дегенерация спинного мозга и мозжечка

spongy ~ **of white matter** спонгиозная [губчатая] дегенерация белого вещества головного мозга, Канавана болезнь

striato-nigral ~ стриато-нигральная дегенерация

subacute combined ~ **of spinal cord** сочетанная дегенерация задних и боковых рогов спинного мозга

transneuronal ~ транснейрональная дегенерация

transsynaptic ~ атрофия нервной клетки, обусловленная повреждением аксона, имеющего с ней синаптическую связь

traumatic ~ травматическая дегенерация

Turck's ~ Тюрка вторичное перерождение *(дегенерация нервного волокна, отделённого от нейрона в центральной нервной системе)*

vitelliform ~ **of Best** Беста синдром *(наследственная дегенерация жёлтого пятна)*

vitreous ~ гиалиноз, гиалиновое перерождение, гиалиновая дистрофия

Wallerian(-type) ~ валлеровское перерождение *(вторичная дегенерация нервных волокон при поражении тел нейронов или при пересечении нерва)*

waxy ~ *см.* **amyloid** ~

"wear-and-tear" ~ дегенерация, обусловленная изнашиванием или старением

Zenker's ~ восковидный [ценкеровский] некроз, восковидная [стекловидная] дистрофия

degenerative [dɪˈdʒenərətɪv] дегенеративный, вырождающийся; перерождённый

degerm [diːˈdʒəːm] дезинфицировать; подавлять развитие зародыша или семени

degloving [diːˈɡlʌvɪŋ]:

forearm ~ скальпирование кожи предплечья *(подобно снятию перчатки)*

deglutition [ˌdiːɡluˈtɪʃn] глотание, проглатывание

deglutitive [diːˈɡluːtitɪv], **deglutitory** [ˌdiːɡluːˈtitəʊri] глотательный *(напр. рефлекс)*

degradation [ˌdeɡrəˈdeɪʃn] 1. деградация, разрушение; расщепление, распад 2. дегенерация, вырождение

chemical ~ химический распад

enzymatic ~ ферментативное расщепление

hydrolytic ~ гидролиз, гидролитическое расщепление

oxidative ~ **of fatty acids** окислительное расщепление жирных кислот

performance ~ потеря профессиональных навыков; ухудшение работоспособности

plasmic ~ **of fibrinogen** распад фибриногена в плазме

solvolytic ~ разложение под действием растворителя

starch ~ расщепление крахмала

degranulation [diːˌɡrænjʊˈleɪʃn] потеря зернистости, дегрануляция *(напр. лейкоцитов)*

degreasant [diːˈɡriːsənt] обезжиривающее средство

degreasing [diːˈɡriːsɪŋ] обезжиривание

degree [dɪˈɡriː] 1. градус 2. степень; степень родства 3. качество 4. коэффициент

~ **of acidity** степень кислотности

~ **of approximation** степень приближения

~ **of aridity** степень аридности

~ **of consanguinity** степень кровного родства

~ **of crowding** плотность заселения

~ **of decomposition** степень распада, степень разложения

~ **of density** 1. степень плотности 2. *бот.* степень сомкнутости

~ **of development** степень развития

~ **of freedom** степень свободы

~ **of ground infection** инфекционный фон

~ **of manifestation** степень выраженности *(признака)*

~ **of purity** степень очистки

~ **of stenosis** степень стеноза *(напр. артерии)*

~ **of treatment** 1. степень очистки 2. качество лечения

academic ~ учёная степень

bachelor's ~ степень бакалавра *(выпускника вуза)*

cover ~ степень покрытия

doctor's ~ степень доктора (наук) *(высшая учёная степень)*

forbidden ~s *см.* **prohibited** ~s

honorary ~ почётная учёная степень *(присуждаемая университетом за особые научные достижения без защиты диссертации)*

internal ~ *см.* **bachelor's** ~

joint ~ двойной диплом *(наличие двух высших образований)*

master's ~ степень магистра *(присуждается университетом лицам, успешно завершившим постдипломную подготовку и исследовательскую работу)*

prohibited ~s степени родства, при которых запрещается брак

university ~ университетское [высшее] образование

viscometry ~ градус условной вязкости жидкостей, Энглера градус

degustation [ˌdiɡəsˈteɪʃn] дегустация *(1. выяснение вкусовых свойств 2. вкусовое ощущение)*

dehelmintization [diːˌhelmintiˈzeɪʃn] дегельминтизация

dehematize [diːˈhiməˈtaɪz] обескровливать *(об эксперименте на животном)*

dehiscence [dɪˈhisəns] 1. разрыв; расхождение; расщепление 2. дегисценция *(щель в костном канале)* 3. частичное обнажение *(пришеечного участка корня зуба)*

anastomotic ~ несостоятельность [расхождение] швов анастомоза

wound ~ расхождение раны

dehiscent [di'hisənt] спонтанно раскрывающийся (напр. о ране)

dehumanization [di:ˌhjʊмəni'zeiʃn] обесчеловечивание

dehumidification [di:ˌhjʊmidifi'keiʃn] осушение (воздуха, газа), удаление избытка влаги; высушивание

  cool ~ лиофилизация, лиофильное высушивание

dehumidifier [ˌdi:hjʊ'midiˌfaiə] осушитель (установка для понижения влажности воздуха)

dehydrate [di:'haidreit] 1. обезвоживать, дегидратировать 2. терять воду

dehydration [ˌdi:hai'dreiʃn] 1. обезвоживание, дегидратация (1. удаление влаги из ткани 2. сублимация 3. ограничение воды в рационе) 2. дегидрирование (реакция отщепления водорода)

dehydrobilirubin [di:ˌhaidrəʊbili'ru:bin] биливердин (пигмент)

dehydroepiandrosterone [di:ˌhaidrəʊˌepiæn'drɒstərəʊn] дегидроэпиандростерон (андроген, выделенный из мочи мужчин)

dehydrogenase [di:'haidrəʊdʒeneis]:

  alcohol ~ алкогольдегидрогеназа

  flavin-linked ~**s** флавиндегидрогеназы

  formaldehyde ~ формальдегиддегидрогеназа

  glutamate ~ глутаматдегидрогеназа

  glutamic acid ~ гидрогеназа глутаминовой кислоты

  malate ~ малатдегидрогеназа

  pyruvate ~ пируватдегидрогеназа

  succinate ~ сукцинатдегидрогеназа

dehydrogenation [di:ˌhaidrəʊdʒə'neiʃn] дегидрогенизация, дегидрирование

dehydroxylation [di:ˌhaidrəʊ'zileiʃn]:

  ~ **of fatty acids** дегидроксилирование жирных кислот

dehypnotize [di:'hipnəʊtaiz] выводить из гипнотического состояния

deindividualization [di:ˌindividʒʊəlai'zeiʃn] деиндивидуализация (растворение индивида в группе)

deinebriating [di:ini:'bri:eitiŋ] отрезвляющий, выводящий из состояния алкогольного опьянения (о средстве)

deinstitutionalization [di:ˌinstiˌtju:ʃnəlai'zeiʃn] перевод стационарных больных на амбулаторное обслуживание

deintoxication [di:inˌtɒksi'keiʃn] дезинтоксикация, детоксикация

deionization [di:ˌaiɒnai'zeiʃn] деионизация

déjà [dei'ʒa:] фр.:

  ~ **étendu** фр., псих. «уже слышанное, воспринятое» (восприятие слышимого, как уже бывшего ранее)

  ~ **éprouvé** фр., псих. «уже испытанное» (утверждение о переживании события, в котором больной не участвовал)

  ~ **fait** фр., псих. «уже сделанное» (уверенность в том, что происходящее в данный момент уже было когда-то)

  ~ **pensé** фр., псих. «уже бывших мыслей» (ощущение воспроизведения прежних рассуждений, мыслей)

  ~ **raconté** фр., псих. «уже рассказанное» (убеждённость больного в том, что он рассказывал о каком-л. эпизоде, хотя в действительности этого не было)

  ~ **vecu** фр., псих. «уже пережитое» (ложное ощущение того, что переживаемое в настоящее время состояние наблюдалось и в прошлом)

  ~ **voulu** фр., псих. «уже бывшее желанным»

  ~ **vu** фр., псих. «уже виденное» (видя что-л. впервые в жизни, больной утверждает, что это знакомо ему по прошлому)

dejected [di:'dʒektid] подавленный

dejection [di:'dʒekʃn] 1. испражнения, фекалии 2. отхождение кала, дефекация 3. меланхолия, депрессия, подавленное состояние

dejecture [di:'dʒektʃə] испражнения, фекалии

delacrimation [di:ˌlækri'meiʃn] гиперсекреторное слезотечение, лакримация

delactation [di:læk'teiʃn] 1. отнятие ребёнка от груди 2. прекращение лактации

delamination [diˌlæmi'neiʃn] деламинация (1. разделение слоёв клеток 2. образование гаструлы расщеплением бластодермы на два слоя клеток)

delay [di'lei] 1. задержка; запаздывание; замедление; промедление || задерживать; запаздывать; медлить 2. откладывание, отсрочка || откладывать, отсрочивать, переносить

  ~ **in the multiplication** задержка размножения (микроорганизмов)

  ~ **in diagnosis** поздняя диагностика; запаздывание в диагностике (напр. рака)

  ~ **of mensis** 1. задержка менструации 2. отсрочка менструации (проба на эффективность гестагенов)

  ~ **of movement** замедленные движения

  ~ **of ovulation** задержка овуляции

  ~ **of postpartum uterine involution** задержка инволюции матки после родов

  conduction ~ замедление [нарушение] проводимости (импульсов в проводящей системе)

  developmental ~ отставание [задержка] в развитии

  intraventricular conduction ~ нарушение внутрижелудочковой проводимости

  operative ~ **versus prognosis** зависимость прогноза от задержки операции

  synaptic ~ синаптическая задержка (интервал времени, за который осуществляется проведение возбуждения в синапсе)

delayed-release [di'leid-ri'li:z] депонированный (напр. препарат)

delead [di:'li:d] проводить мобилизацию и экскрецию свинца из организма (при помощи хелатов)

deletant ['dilitənt] мутант, полученный в результате делеции в ДНК

deleterious [ˌdeli'tiəriəs] вредный, пагубный, губительный, разрушительный; ядовитый

deletion [di'li:ʃn] 1. сглаживание, стирание, уничтожение 2. делеция (потеря участка хромосомы, несущего один или несколько генов)

  clonal ~ ген. клональная делеция

  gene ~ делеция генов

deliberate [di'libərət] 1. суд. мед. преднамеренный, умышленный (напр. об увечье) 2. осторожный, осмотрительный; неторопливый (о движении, речи)

deliberation [diˌlibə'reiʃn] 1. обдумывание, взвешивание 2. осмотрительность, осторожность 3. медлительность, неторопливость

  ~ **of a working group** заключение (рабочей) группы экспертов

delicate ['delikət] 1. хрупкий (*о телосложении*); слабый, болезненный 2. тонкий, острый (*слух*) 3. чувствительный, точный (*прибор*) 4. вкусный, лёгкий (*о пище*)

delict ['di:likt] *суд. мед.* деликт (*1. правонарушение; проступок; преступление 2. деяние, за которое предусмотрено материальное возмещение, напр. врачебная халатность*)

deligation [dili'geiʃn] наложение лигатуры, лигирование, перевязка (*сосудов*)

delimit [di'limit] 1. разграничивать, размежёвывать, определять границы (*поражённого участка*) 2. предотвращать [купировать] распространение (*патологического процесса*)

delineation [di͵lini'eiʃn] 1. очерчивание, установление (*напр. размера или объёма поражения*) 2. изображение, описание (*напр. опухоли*) 3. *ген.* трансдифференцировка

~ **of fetal malformation** круг пороков развития плода

~ **of the major regions** *иммун.* делинеаризация главных участков

delinquency [di'liŋkwənsi] 1. проступок 2. преступность, делинквентность 3. неуплата по долговому обязательству

juvenile ~ преступность несовершеннолетних

delinquent [di'liŋkwənt] правонарушитель; преступник; лицо, совершившее правонарушение || виновный; не выполняющий своих обязанностей; криминальный, делинквентный

defective ~ правонарушитель с психическими аномалиями

psychopathic ~ психопатизированный правонарушитель

deliquescent [dili'kwesənt] 1. гигроскопическое вещество 2. смягчающее средство 3. растворяющийся; распадающийся

deliquium [de'likwiəm] обморок, синкопе

delire ['diliri] *фр., псих.*:

~ **des actes** *фр., псих.* бред поступков

~ **de toucher** *фр., псих.* мания прикосновения

deliriant [di'liriənt] 1. (токсический) агент, вызывающий делирий || вызывающий делирий 2. больной с делирием

deliriante [diliri'a:nt]:

bouffée ~ *фр., псих.* реактивный психоз, острый шизофренический эпизод

delirifacient [diliri'feiʃnt] *см.* **deliriant 1**

delirious [di'li:riəs] 1. делириозный, находящийся в бреду, бредовой 2. психически больной

delirium [di'li:riəm] делирий, делириозный синдром; бред, бредовое расстройство

~ **abortivum** *лат.* абортивный алкогольный делирий (*проявляющийся на протяжении непродолжительного времени и редуцирующийся без лечения*)

~ **sine delirio** *лат.* люцидный делирий, «делирий без делирия»

~ **superimposed on dementia** делирий вследствие слабоумия

~ **tremens** алкогольный делирий, белая горячка

abstinence ~ абстинентный делирий

active ~ делирий, сопровождающийся резким возбуждением

acute ~ 1. острый делирий 2. острая азотемическая психотическая энцефалопатия, Белла мания

cocaine ~ кокаиновый делирий

collapse ~ делирий коллапса

exhaustion ~ психоз [делирий] истощения

febrile ~ лихорадочный делирий

grave ~ *см.* **acute** ~

hypochondriac ~ ипохондрический бред

impending ~ надвигающийся бред

induced ~ индуцированный бред

oneiric ~ Режи онирический бред, ониризм

senile ~ старческий делирий, острая пресбиофрения

violent ~ буйный бред

delitescence [deli'tesəns] 1. инкубационный [скрытый, латентный] период 2. внезапное исчезновение симптомов

deliver [di'livə] 1. снабжать, доставлять (*напр. лекарственное средство*) 2. представление, оказание (*напр. помощи*) 3. удалять (*напр. хрусталик*), извлекать (*напр. плаценту*) 4. создавать, вызывать (*напр. влажность*) 5. рожать 6. принимать младенца

to ~ **from death** спасти от смерти

~ **radiation** облучать, проводить облучение

delivery [di'livəri] 1. доставка (*напр. лекарственного средства к тканям*); снабжение; подача; реализация 2. родоразрешение; роды 3. произнесение речи; манера произнесения

~ **at term** срочные [своевременные] роды

~ **of bile** поступление жёлчи (*напр. в двенадцатиперстную кишку*)

~ **of family planning services** создание служб планирования семьи

~ **of health care** оказание медицинской помощи

~ **of medical equipment** поставки медицинского оборудования

~ **of multiple fetuses** многоплодные роды

~ **of nebulized beta-agonists** подача аэрозолей бета-агонистов

~ **of oligonucleotides** доставка олигонуклеотидов (*в клетку при генной терапии*)

~ **of volume** восполнение объёма (*напр. циркулирующей крови*)

abdominal ~ *см.* **Cesarean** ~

air ~ подача воздуха, впуск воздуха

breech ~ роды при ягодичном [тазовом] предлежании плода

care ~ осуществление [проведение] лечения

Cesarean ~ родоразрешение путём кесарева сечения

controlled ~ **of drugs** контролируемое поступление лекарственных препаратов в организм

delayed ~ запоздалые роды

drug ~ **to the respiratory tract** транспорт [доставка] лекарств в дыхательные пути

easy ~ нормальные роды

erisophake cataract ~ удаление катаракты с помощью эризофака

forceps ~ родоразрешение при помощи щипцов

full term normal ~ роды в срок

good ~ хорошая дикция

head ~ роды при головном предлежании плода

immature ~ *см.* **premature** ~

induced ~ провоцированные роды

insulin ~ введение инсулина

laser power ~ лечение лазером, лазеротерапия

liposome ~ доставка [транспорт] в липосомах *(напр. антибиотиков)*

manually assisted vaginal ~ ручное пособие при родах

medication ~ снабжение [обеспечение] лекарственными препаратами

obstetric ~ акушерское родоразрешение

occipital ~ роды при затылочном предлежании плода

operative ~ родоразрешение путём оперативного вмешательства

oxygen ~ **1.** обеспечение кислородом *(напр. тканей)* **2.** снабжение, доставка кислорода

postmature ~ запоздалые роды

postmortem ~ **1.** извлечение плода после смерти роженицы **2.** *суд. мед.* посмертные «роды»

premature [preterm] ~ преждевременные роды *(при незрелости плода – до 38 недель)*

selective ~ **of drugs** избирательное [рациональное] применение лекарственных средств

spontaneous ~ самопроизвольные [спонтанные] роды

systemic oxygen ~ оксигенация, системная подача кислорода

term ~ *см.* **full term normal** ~

twin ~ роды двойней

unqualified ~ неквалифицированное ведение родов

untimely ~ выкидыш

vaginal ~ роды через естественные родовые пути; влагалищное родоразрешение

vertex ~ роды при теменном предлежании плода

delle ['delə] центральная [светлая] область цитоплазмы эритроцита *(в окрашенном мазке)*

delta ['deltə] *анат.* трёхгранная поверхность; соединение треугольником

deltoid ['deltɒid] дельтовидная мышца ‖ дельтовидный

delusion [de'lu:ʒən] *псих.* **1.** ошибочная идея, заблуждение, иллюзия **2.** бред *(совокупность болезненных представлений, искажённо отражающих действительность)*; мания

~ **of accusation** бред обвинения

~ **of bodily change** *см.* **somatic**~

~ **of contagion** бред заражения

~ **of control** бред воздействия, бред контроля

~ **of culpability** бред виновности

~ **of grandeur** мания величия, мегаломанический [экспансивный] бред, мегаломания

~ **of guilt** *см.* ~ **of culpability**

~ **of influence** бред воздействия

~ **of littleness** микроманический бред, микромания

~ **of messianic mission** бред мессианства *(богоизбранности)*

~ **of misidentification and misinterpretation** бред неправильной идентификации и интерпретации

~ **of negation** нигилистический бред, бред отрицания; Котара ипохондрический бред

~ **of orientation** бред двойной ориентировки *(убеждение больного в том, что он одновременно находится в двух местах, например в больнице и в тюрьме, что* его окружают больные и в то же время подосланные шпионы и т. п.)

~ **of persecution** бред преследования, персекуторный бред

~ **of reference** бред отношения *(неверная оценка больным отношения к нему других людей)*

~ **of reformism** бред реформаторства *(формулировка, которая могла некорректно использоваться в отношении «инакомыслящих», в связи с чем снискавшая славу инструмента «карательной психиатрии»)*

~ **of thought interference** бред вмешательства в мышление

depressive ~ мания печали

expansive ~ *см.* ~ **of grandeur**

explanatory ~ интерпретативный бред

fixed ~ фиксированный бред

fragmentary ~ фрагментарный бред

grandiose ~ *см.* ~ **of grandeur**

hypochondriacal ~ ипохондрический бред

induced ~ индуцированный [наведённый] бред

infestation ~ бред заражения паразитами

infidelity ~ бред неверности

jealous ~ бред ревности

large ~ *см.* ~ **of grandeur**

marital infidelity ~ бред супружеской измены

messianic ~ мессианский бред

mood-(in)congruent ~ бред (не)конгруэнтный аффекту

multiple ~**s** множественные бредовые идеи

nihilistic ~ *см.* ~ **of negation**

paranoiac ~ паранойяльный бред

paranoid ~ параноидный бред

persecutory ~ *см.* ~ **of persecution**

reference ~ *см.* ~ **of reference**

religious ~ религиозный бред

self-referential ~ бред отнесения к себе

sensitive ~ **of reference** чувственный [сенситивный] бред отношения

somatic ~ чувство соматического [телесного] изменения

systematized ~ систематизированный бред

delusional [de'lu:ʒənəl] **1.** бредовой, бредовый **2.** галлюцинаторный

demand [di'ma:nd] потребность, нужда, необходимость; запрос ‖ по потребности *(напр. о назначении лечения)*; по запросу *(о работе электрокардиостимулятора)* ‖ требовать, нуждаться

~ **of fire safety** требования пожарной безопасности

biochemical oxygen ~ окисляемость, биохимическая потребность в кислороде, БПК

chemical oxygen ~ химическая потребность в кислороде, ХПК

energy ~ энергетическая потребность

health ~ потребность в медицинской помощи

volumetric oxygen ~ объёмный расход кислорода

demarcation [ˌdi:ma:'keiʃn] демаркация, отграничение

~ **of unhealthy tissue** граница поражённой ткани

geographical ~ районирование

sharp ~ чёткое очертание *(напр. очага на рентгенограмме)*

demasculinization [diˌmæskjʊˌlini'zeiʃn] утрата или ослабление вторичных мужских половых признаков

deme [di:m] **1.** дим (*элементарная размножающаяся единица вида*) **2.** скопление, или группа, клеток

demeanour [di'mi:nə] поведение, манера вести себя

demedication [di:,medi'keiʃn] удаление [выведение] лекарственных веществ из организма

demembration [di:,mem'breiʃn] членовредительство

demented [di'mentid] страдающий слабоумием

dementia [di'menʃiə] слабоумие, деменция

~ **apoplectica** апоплектическая деменция

~ **in Alzheimer's disease** слабоумие при болезни Альцгеймера, пресенильная деменция

~ **paranoides** параноидная шизофрения

~ **praecox** *лат.* раннее [преждевременное] слабоумие (*выделено Крепелином, что явилось этапом в создании концепции шизофрении*)

acute onset vascular ~ острая сосудистая деменция (*напр. вследствие инсульта*)

alcoholic ~ алкогольное слабоумие, алкогольная деменция

arteriosclerotic ~ склеротическое слабоумие

boxer's ~ деменция боксёров

cortical Lewy body ~ деменция, развивающаяся при болезни диффузных телец Леви

epileptic ~ эпилептическое слабоумие

mixed cortical and subcortical vascular ~ смешанная корково-подкорковая сосудистая деменция

multi-infarct ~ слабоумие вследствие множественных инфарктов

paralytic ~ паралитическая [диффузная, тотальная] деменция

paretic ~ поздний сифилитический психоз, прогрессивный паралич

presenile ~ *см.* ~ **in Alzheimer's disease**

secondary ~ вторичное слабоумие (*конечная стадия «единого психоза»*)

senile ~ **of Alzheimer type** старческая [сенильная] деменция альцгеймеровского типа

terminal ~ *см.* **secondary** ~

vascular ~ слабоумие сосудистого генеза, сосудистая деменция

demigauntlet [,demi'gɔ:ntlət] повязка-полуперчатка (*оставляющая пальцы свободными*)

demilune ['demilu:n] **1.** серозное полулуние (*больших слюнных желёз*), Джианнуцци полулуние **2.** полулунные формы гаметоцитов (*в крови больных тропической малярией*)

demimonstrosity [,demimɒn'strɒsiti] порок развития без нарушения функций

demineralization [di,minərəli'zeiʃn] деминерализация (*костей*); остеопороз

demise [di'maiz] смерть, кончина, гибель (*напр. плода*)

Demodex ['deməudeks]:

~ **folliculorum** *лат.* клещ-железница

demodicosis [,deməudi'kəusis] *микол.* демодикоз

demographics [,demə'græfiks] демографические показатели

demography [di'mɒgrəfi] демография (*1. наука о воспроизводстве и миграции населения 2. распространение болезней 3. изучаемый контингент больных*)

~ **of anal cancer** эпидемиология анального рака

patient ~ демографические данные больного (*пол, возраст, предки и др.*)

demonstrable [di'mɒnstrəbl] явный, очевидный; видимый (*напр. симптом*)

demonstration [,demən'streiʃn] **1.** выявление, обнаружение, распознавание **2.** показ, демонстрация; подтверждение

~ **of a pancreatic fistula** визуализация [выявление] панкреатического свища (*напр. с помощью фистулографии*)

~ **of pepsinogen** обнаружение пепсиногена

~ **of protease-antiprotease complexes** определение протеазно-антипротеазной активности

~ **of suppressor cells** выявление клеток-супрессоров

angiographic ~ ангиографическая диагностика; ангиографическая визуализация

color Doppler ~ цветная допплерография

immunohistochemical ~ **of chlamydial antigens** иммуногистохимическая идентификация хламидийных антигенов

sonographic ~ ультразвуковая [сонографическая] визуализация

demonstrator [,demən'streitə] лекционный ассистент (*демонстрирующий опыты*)

demucosation [di,mju:kəu'seiʃn] демукозация (*отслоение, или снятие, слизистой оболочки*)

demulcent [di'mʌlsənt] средство, уменьшающее раздражение || уменьшающий раздражение

demulsification [di,mʌlsifi'keiʃn] разрушение эмульсии

demulsifying [di,mʌlsi'faiiŋ] разрушающий эмульсию, демульгирующий

demure [di'mjuə] **1.** колеблющийся, сомневающийся **2.** скромный, сдержанный

demyelin(iz)ation [di:,maiəlini'zeiʃn] демиелинизация, разрушение миелинового слоя (*нервных волокон*)

~ **in ventral nerve roots** демиелинизация передних корешков спинного мозга

concentric ~ концентрическая демиелинизация

focal ~ местная [очаговая] демиелинизация

segmental ~ сегментарная демиелинизация

virus-induced ~ индуцированная вирусами демиелинизация

den [den] **1.** логово, нора, пещера **2.** притон

opium ~ притон курильщиков опия

denarcotize [di:'na:kəutaiz] **1.** лишать наркотических свойств; извлекать наркотическое вещество (*из опия*) **2.** постепенно уменьшать дозу наркотика (*при лечении наркомании*)

denaturant [di:'neitjʊrənt] средство для денатурирования (*спирта*), денатурирующий агент

denaturation [di:,neitjʊ'reiʃn] *биохим.* денатурация (*1. расхождение цепей двухцепочечной молекулы ДНК или РНК 2. нарушение нативной конформации биологических макромолекул*)

freeze ~ денатурация замораживанием

thermal ~ тепловая денатурация

denature [di:'neitʃə] **1.** изменять естественные свойства **2.** денатурировать; фальсифицировать (*напр. спирт*)

dendrite ['dendrait] дендрит *(отросток нервной клетки)*

dendritic [den'dritik] 1. дендритный 2. ветвящийся; древовидный; коралловидный *(о печёночном конкременте)*

dendrogliocyte [ˌdendrəʊ'glaiɒsait] дендроглиальная клетка, дендроглиоцит

dendron ['dendrɒn] *см.* **dendrite**

denervation [ˌdiːnə'veiʃn] денервация

  autonomic ~ вегетативная денервация

  distal ~ нисходящий характер денервации

  paracervical uterine ~ парацервикальная денервация матки

  vagal ~ денервация [пересечение] ветвей блуждающего нерва

dengue ['deŋgi] *инф.* (лихорадка) денге

denial [di'naiəl] 1. отрицание; отказ 2. отклонение

denidation [ˌdiːni'deiʃn] отторжение поверхностного слоя эндометрия

denitrification [diˌnaitrifi'keiʃn] *биохим.* денитрификация *(превращение соединений азота в газообразный азот или его оксиды)*

denitrify [di'naitrifai] *биохим.* денитрифицировать, разлагать нитраты

denomination [diˌnɒmi'neiʃn] 1. название, обозначение 2. отнесение к определённой систематической категории

denominator [diˌnɒmi'neitə]:

  common ~ общее действующее вещество *(напр. пептиды в метаболизме белка)*

dens [denz], *pl.* **dentes** ['dentiːz] 1. зуб 2. зубец 3. зубовидный отросток *(осевого позвонка)*

  ~ **in dente** *см.* ~ **invaginatus**

  ~ **bicornis** *рентг.* двурогий зуб *(С₂ позвонка)* — ~ **bicornis** *рентг.* двурогий зуб (C_2 позвонка)

  ~ **caninus** клык

  ~ **deciduous** выпадающий [молочный] зуб *(прорезывающиеся от 6 до 28 месяцев)*

  ~ **evaginatus** зубной выступ, выпячивание зуба

  ~ **incisivus** резец

  ~ **invaginatus** замурованный [инвагинированный] зуб

  ~ **molaris** большой коренной зуб

  ~ **permanentis** постоянный зуб

  ~ **premolaris** малый коренной зуб

  ~ **serotinus [Wisdom]** ~ зуб мудрости

dense [dens] плотный, толстый; массивный *(о сращениях)*; густой; непроницаемый; компактный

densitography [ˌdensi'tɒgrəfi] денситография, денсография

densitometry [ˌdensi'tɒmətri] 1. денситометрия *(«золотой стандарт» диагностики остеопороза)*, измерение оптической плотности 2. пикнометрия

  body ~ определение плотности тела

  bone ~ денситометрия кости

  computerized ~ компьютеризованная денситометрия

  noise ~ плотность шумов

  scanning ~ сканирующая денситометрия

density ['densiti] 1. толщина; компактность 2. концентрация; густота 3. плотность *(кг/м³)*, *уст.* удельный вес

  ~ **of blood** плотность [удельный вес] крови

  ~ **of medium** плотность среды

  ~ **of plating** плотность засева

  ~ **of shadow** *рентг.* плотность тени

  accommodation ~ плотность жилья *(число комнат на единицу площади)*

  average population ~ средняя плотность популяции, или населения

  bacterial optical ~ оптическая плотность бактерий

  birth ~ плотность рождений

  body ~ плотность [масса] вещества

  bone mineral ~ 1. минеральная плотность костной ткани 2. денситометрия кости

  bulk ~ объёмная плотность

  buoyant ~ **of nuclear DNA** плотность ядерной ДНК, определяемая по плавучести

  charge ~ электронная плотность

  diffuse pulmonary ~ диффузное затемнение лёгких

  diminished ~ *рентг.* уменьшенная плотность *(тканей)*

  electric current ~ плотность электрического тока

  fluid ~ загустевание жидкости *(напр. на рентгенограмме)*

  hyperechoic ~**ies** гиперэхогенные уплотнения *(напр. камни при УЗИ)*

  increased soft tissue ~ повышенная плотность мягких тканей

  lobe ~ *рентг.* затемнение доли лёгкого

  localized pulmonary ~ очаговое затемнение лёгкого

  low bone ~ остеопороз, низкая плотность кости

  microvessel ~ плотность микрососудов

  mineral ~ плотность минеральных веществ *(в костях)*

  multinodular thoracic ~**ies** многоузловые уплотнения в грудной полости

  parasite ~ плотность популяции паразита

  probability ~ плотность вероятности

  prostatic-specific antigen ~ плотность простатспецифического антигена

  radiant flux (surface) ~ (поверхностная) плотность потока излучения

  relative ~ *см.* **specific** ~

  saturation ~ 1. плотность насыщения *(раствора)* 2. максимальная плотность популяции

  soft tissue ~ мягкотканная тень *(на рентгенограмме)*

  specific ~ удельная плотность

  suspension culture ~ оптическая плотность суспензионной культуры

  tissue ~ *рентг.* плотность тканей

  undulating ~ волнистая полоса затемнения *(на рентгенограмме)*

  X-ray film ~ плотность теней на рентгенограмме

dentagra [den'tægrə] 1. зубная боль 2. щипцы или элеватор для удаления зуба

dental ['dentəl] 1. зубной 2. зубоврачебный, стоматологический

dental-hygienist ['dentəl-hai'ʤiːnist] врач по гигиене зубов; стоматолог-гигиенист

dentate ['denteit] зубчатый; пилообразный; зазубренный

dentatum [den'teitəm] зубчатое ядро мозжечка

dentelation [dentə'leiʃn] наличие зубовидных отростков, зубчатость

denticle ['dentikəl] *стом.* дентикль *(камень пульпы)*

dentification [ˌdentifi'keiʃn] дентинообразование, формирование зубной структуры

dentifrice ['dentifris] средство для чистки зубов *(зубной порошок, зубная паста)*

caries inhibitory ~ антикариесный [противокариозный] препарат для чистки зубов

fluoride ~ фторированная зубная паста

dentigerous [den'tidʒərəs] **1.** имеющий зубы; содержащий зубы (напр. о тератоме) **2.** одонтогенный, относящийся к зубам

dentilabial [ˌdenti'leibiəl] зубогубной

dentilave ['dentileiv] зубной эликсир; жидкость для полоскания рта

dentimetry [den'timətri] измерение окружности шейки зуба

dentin(e) ['dentin] дентин (твёрдая ткань зуба)

  adherent ~ ложный дентин

  adventitious ~ вторичный [иррегулярный] дентин

  attached ~ см. **adherent** ~

  circumpulpar ~ околопульпарный дентин

  cover ~ плащевой дентин

  freeze-dried ~ лиофилизированный дентин

  hypersensitive ~ гиперчувствительный дентин

  interglobular ~ интерглобулярный дентин

  intermediate ~ мягкая матрица предентина

  mantle ~ см. **cover** ~

  root ~ корневой дентин

  sclerotic ~ прозрачный дентин

  softened ~ размягчённый дентин

dentinogenesis [ˌdentinəʊ'dʒenəsis] дентиногенез (процесс образования дентина одонтобластами)

  ~ **inperfecta** незавершённый дентиногенез

dentinoid ['dentinɔid] дентинообразный, напоминающий дентин

dentinoma [denti'nəʊmə] одонтома, дентинома

dentiparous [den'tipərəs] имеющий зубы

dentist ['dentist] стоматолог; зубной врач; дантист

  practicing general ~ практикующий стоматолог

  surgeon ~ стоматолог-хирург

dentist-physician ['dentist-fi'ziʃn] стоматолог-терапевт

dentistry ['dentistri] **1.** одонтология; стоматология **2.** стоматологическая помощь; зубоврачевание **3.** стоматологическое учреждение

  ceramic ~ керамическое протезирование зубов

  conservative ~ терапевтическая [консервативная] одонтология

  cosmetic ~ косметическое восстановление разрушенных зубов

  forensic ~ судебно-медицинская стоматология

  general ~ общая стоматология

  geriatric ~ гериатрическая стоматология

  operative ~ хирургическая [оперативная] стоматология

  pediatric ~ детская стоматология

  preventive ~ профилактическая стоматология

  prosthetic ~ ортопедическая стоматология

  restorative ~ см. **conservative** ~

  routine ~ обычные стоматологические процедуры

dentition [den'tiʃn] **1.** расположение зубов; зубной ряд **2.** зубной прикус **3.** прорезывание зубов **4.** зубочелюстная система; зубной аппарат

  compromised ~ аномалия роста или расположения зубов

  deciduous ~ **1.** молочный зубной ряд **2.** молочный прикус **3.** прорезывание молочных зубов

  delayed ~ запоздалое [позднее] прорезывание зубов

  missing ~ зубной ряд с дефектом после удаления зубов

  mixed ~ сменный [смешанный] ряд зубов (наличие молочных и постоянных зубов)

  natural ~ ряд естественных зубов

  permanent ~ **1.** постоянный прикус **2.** прорезывание постоянных зубов

  postpermanent ~ третье прорезывание зубов (после удаления постоянных зубов)

  precocious ~ ускоренное [преждевременное] прорезывание зубов

  predeciduous ~ десневой валик над прорезывающимися зубами

  primary ~ **1.** молочный прикус **2.** прорезывание молочных зубов

  retarded ~ см. **delayed** ~

  secondary ~ см. **permanent** ~

  transitional ~ сменный [смешанный] прикус

dentoalveolitis [ˌdentəʊˌælviə'laitis] простой [неосложнённый] периодонтит

dentogenous [ˌdentəʊ'dʒenəs] одонтогенный

dentoid ['dentɔid] напоминающий зуб, имеющий форму зуба

dentolegal [ˌdentəʊ'li:gəl] относящийся к судебно-медицинской стоматологии

denture ['dentʃə] **1.** зубной ряд **2.** зубной протез; набор [гарнитур] искусственных зубов **3.** зубное протезирование

  bar-fixation ~ зубной протез с замковой фиксацией

  clasp ~ кламмерный зубной протез

  complete ~ полносъёмный зубной протез

  continuous gum ~ базисный зубной протез

  conventional immediate complete ~ стандартный полносъёмный иммедиат-протез

  crown ~ мостовидный зубной протез (с опорными коронками)

  final ~ (постоянный) зубной протез

  full ~ см. **complete** ~

  immediate(-insertion) ~ иммедиат-протез, непосредственный зубной протез

  implant ~ зубной протез-имплантат

  inlay ~ мостовидный зубной протез на опорных вкладках

  lower ~ нижнечелюстной зубной протез

  partial ~ частично съёмный зубной протез

  provisional ~ см. **immediate**~

  removable replacement ~ съёмный зубной протез

  roofless ~ верхнечелюстной съёмный зубной протез без базиса

  spoon ~ съёмный иммедиат-протез передних зубов (верхней челюсти у детей)

  transitional ~ см. **immediate** ~

  trial ~ временный пробный зубной протез

  upper ~ верхнечелюстной зубной протез

denudation [ˌdenjʊ'deiʃn] **1.** обнажение, оголение **2.** денудация (снятие поверхностного слоя, напр., при операции, травме) **3.** десимпатизация (артерии) **4.** эрозия

  arterial ~ денудация артерии, периартериальная симпатэктомия

denuded [de'njuːdid] обнажённый, оголённый; денудированный *(о сосуде)*

denutrition [ˌdiːnjʊ'triʃn] недостаток питания, истощение

deny [di'nai] отрицать, отказываться, отрекаться

deodorization [diːˌəʊdərai'zeiʃn] дезодорация

deodorizer [diːˌəʊdə'raizə] дезодорант

deontology [diːɒn'tɒlədʒi] деонтология *(теория и практические аспекты медицинской этики)*

deossification [diːˌɒsifi'keiʃn] деминерализация костной ткани

deoxidizer [diː'ɒksidaizə] восстановитель, раскислитель

deoxyadenosine [diːˌɒksiə'denəʊsain] дезоксиаденозин *(одна из основных структурных единиц ДНК)*

deoxycholate [diːˌɒksi'kəʊleit] дезоксихолат *(соль или эфир дезоксихолевой кислоты)*

deoxycorticosterone [diːˌɒksiˌkɔ:tikəʊ'sterəʊn] дезоксикортикостерон *(гормон, синтезируемый корой надпочечников и регулирующий водно-солевой баланс)*

deoxyhemoglobin [diːˌɒksiˌhi:məʊ'gləʊbin] дезоксигемоглобин, восстановленный гемоглобин

deoxynucleoside [diːˌɒksi'njʊkliəʊzid] дезокси(рибо)нуклеозид

deoxyribonuclease [diːˌɒksiˌraibəʊ'nju:klieis] дезоксирибонуклеаза *(фермент, присутствующий в лизосомах клеток и расщепляющий ДНК)*

deoxyribonucleotide [diːˌɒksiˌraibəʊ'nju:kliɒtid] дезоксирибонуклеотид *(нуклеотид, содержащий 2-дезоксирибозу в качестве пентозного компонента)*

deoxyribose [diː'ɒksi'raibəʊs] дезоксирибоза

deoxythymidine [diːˌɒksi'θaimidi:n] дезокситимидин

Deoxyvira (Jenneria) [diːˌɒksi'vairə dʒe'niːriə] подтип вирусов, содержащих ДНК

depancreatize [diːˌpænkriə'taiz] удалять поджелудочную железу

department [di'pɑːtmənt], *см. тж.* Приложение **1.** отделение *(в больнице)*; отдел; помещение **2.** ведомство, департамент; министерство **3.** факультет

~ **of hygiene** отрасль [раздел] гигиены

~ **of internal medicine** клиника внутренних болезней *(напр. университета)*

~ **of medicine and surgery** отдел терапии и хирургии

~ **of pathology** кафедра патологии

accident and emergency ~ отделение травматологии и скорой медицинской помощи

admission ~ приёмное отделение

air pollution control ~ департамент борьбы с загрязнением воздуха

central sterile supplies ~ централизованное стерилизационное отделение

chemist's ~ отдел ручной продажи лекарственных средств

day-time inpatient ~ дневной стационар

dental ~ стоматологическое отделение; зубоврачебный кабинет

dialysis ~ отделение гемодиализа, отделение искусственной почки; почечный центр

emergency ~ отделение неотложной помощи

gauge inspection ~ метрологическая лаборатория

heart disease ~ кардиологическое отделение

hospital ~ стационарное отделение больницы

hospital outpatient ~ амбулаторное отделение больницы

in-patient ~ *см.* hospital ~

integrative ~ интегрированное отделение многопрофильной больницы

internal curative ~ терапевтическое отделение

maternity ~ родильное отделение

midwifery ~ акушерское отделение

operating ~ операционный блок

outpatient ~ поликлиника, поликлиническое отделение; амбулатория

pharmaceutical ~ фармацевтическое [аптечное] отделение в больнице

quality control ~ отдел контроля качества *(напр. лекарственных средств)*

radiology ~ **1.** радиологическое отделение **2.** рентгенологическое отделение

record ~ регистратура

sanitation-hygiene ~ санитарно-гигиенический факультет

X-ray ~ рентгенологическое отделение; рентгеновский кабинет

dependant [di'pəndənt] *страх.* иждивенец *(лицо, которое, будучи членом семьи застрахованного, имеет право на получение медицинских услуг в рамках его страховки)*

dependence [di'pəndəns] **1.** зависимость *(необходимость постоянного приёма наркотического вещества)* **2.** обусловленность **3.** источник существования

alcohol ~ алкогольная зависимость, алкоголизм

curvilinear ~ нелинейная зависимость

dose ~ зависимость от дозировки

drug ~ **1.** лекарственная зависимость **2.** наркомания *(в т. ч. алкоголизм)*

exponential ~ экспоненциальная зависимость

field ~ *психол.* зависимость от поля *(о восприятии или поведении, определяемых внешними побудителями)*

hypnotic drug ~ зависимость от снотворных препаратов

inverse ~ обратная зависимость

logarithmic ~ логарифмическая зависимость

low dose ~ зависимость от низких доз

morbid ~ болезненная зависимость

nicotine ~ *см.* tobacco ~

polysubstance ~ зависимость от нескольких психоактивных веществ

physical ~ физическая зависимость *(проявляющаяся сочетанием соматических, поведенческих и когнитивных явлений)*

psychic ~ психическая зависимость *(непреодолимое желание принять психоактивное вещество с отказом от альтернативных форм наслаждения)*

psychological ~ психологическая зависимость *(от определённых лиц или обстоятельств)*

pyridoxine ~ *см.* vitamin B$_6$ ~

tobacco ~ табачная [никотиновая] зависимость

vitamin B$_6$ ~ витамин-B$_6$-зависимость с судорожным синдромом

dependent [di'pəndənt]:

drug ~ наркозависимый

depersonalization [di͵pəːsənəli'zeiʃn] *псих.* деперсонали-
зация *(нарушение самосознания личности)*

dephosphorylation [di͵fɒsfɔːrə'leiʃn] *биохим.* дефосфо-
рилирование

depigmentation [di͵pigmən'teiʃn] депигментация *(частичное или полное отсутствие пигмента в ткани)*

  mediosternal ~ депигментация по среднегрудинной
линии

depilate ['depileit] депилировать, удалять волосы

depilation [͵depi'leiʃn] депиляция *(1. удаление волос
2. выпадение волос)*

depilator(y) [di'pilə͵tɒri] депиляторий *(средство, удаляющее или разрушающее волосы)* ‖ способствующий удалению волос

depilous ['depiles] лишённый волос, не имеющий волосяного покрова, безволосый

depletion [di'pliːʃn] **1.** деплеция, уменьшение *(напр.
числа Т-хелперов)* **2.** процесс опорожнения *(напр. кишечника)*, эвакуации или удаления; кровопускание,
кровоизвлечение **3.** состояние изнурения, истощения

  ~ of plasma proteins уменьшение содержания белка
в плазме

  complement ~ истощение комплемента

  generalized lymphocyte ~ тотальная [глубокая]
лимфопения

  lethal ~ снижение летальности; уменьшение гибели
(напр. Т-лимфоцитов)

  lymphocyte ~ потеря лимфоцитов; исчезновение
лимфоцитов

  myocardial catecholamine ~ угнетение катехоламинов
миокарда

  neurotransmitter ~ нарушение проводимости синапса

  ovarian cholesterol ~ дефицит холестерина в яичниках *(тест)*

  plasma ~ плазмаферез

  potassium ~ выведение калия

  salt ~ потеря избыточной соли

  selective ~ избирательный дефицит *(напр. крупных
мультимеров при Виллебранда болезни)*

  total body potassium ~ абсолютный дефицит калия в
организме

  water ~ **1.** дегидратация, обезвоживание *(организма)*
2. удаление жидкости *(при диализе)*

depletive [dip'liːtiv] слабительное средство

deplumation [di͵plʊ'meiʃn] выпадение ресниц

depolarization [di͵pəʊlərai'zeiʃn] *физиол.* деполяризация
(уменьшение или нейтрализация мембранного потенциала)

  delayed fluorescence ~ метод замедленной флуорес-
центной деполяризации

  premature ~ преждевременная деполяризация

  threshold ~ пороговая деполяризация

  trace ~ следовая деполяризация

depolarizer [di'pəʊlə͵raizə] деполяризующий агент
(напр. миорелаксант)

depolymerization [͵di:pəʊlimərai'zeiʃn] деполимериза-
ция *(напр. нутриентов до олиго-, три-, ди- и мономеров)*

depopulation [di͵pɒpjʊ'leiʃn] депопуляция *(систематическое уменьшение численности населения)*

deportment [di'pɔːtmənt] **1.** поведение; манеры **2.** осанка

  poor ~ неправильная осанка

deposit [di'pɒzit] **1.** осадок, отстой; отложение; преци-
питат ‖ давать осадок; откладываться **2.** откладывать
(яйца); метать *(икру)* **3.** налёт *(зубной)* **3.** иммунный
комплекс; депозит *(напр. холестерина)*

  ~ of autoantibody 1. иммунный комплекс, иммунокомплекс, иммунодепозит **2.** отложение аутоантител
(в тканях)

  ~ of rust частица ржавчины *(инородное тело)*

  active ~ радиоактивный осадок

  amyloid ~s отложения амилоида

  brick-dust ~ осадок уратов в моче

  calcareous [calculus] ~ зубной камень

  carcinomatous ~ *см.* **malignant** ~

  cardiac iron ~s гемохроматоз сердца *(отложение
железа в миокарде)*

  fatty ~ жировые отложения; жировое перерождение
(напр. мозга)

  gouty ~s отложения при подагре

  immunoglobulin ~s депозиты иммуноглобулинов
(напр. в клубочках почек)

  lipid ~s отложение липидов

  malignant [neoplastic] ~ метастаз опухоли

  radioactive ~ **1.** радиоактивный осадок **2.** *амер.* хранилище радиоактивных препаратов

  subgingival ~ поддесневой зубной камень

deposition [di͵pəʊ'ziʃn] депонирование, накопление, отложение *(напр. химического вещества в каком-л. органе)*

  ~ of drug-antibody complexes депозиты из лекарственных средств с антителами

  ~ of dust оседание пыли

  ~ of poisons депонирование [инкорпорация] токсикантов

  ~ of radiofrequency energy наложение радиочастот-
ной энергии

  autoantibody ~ депонирование аутоантител

  bone ~ отложение в костях *(напр. алюминия)*

  extracellular ~ внеклеточное отложение *(напр. амилоида)*

  immune complex ~ накопление [отложение] иммунных комплексов

  internal ~ внутреннее поглощение *(радионуклидов)*

  lipid ~ липидная инфильтрация

  pulmonary platelet ~ оседание тромбоцитов в лёгких

  retrogressive ~ удаление наносов, размывов

depot ['depəʊ] **1.** склад, хранилище **2.** *физиол.* депо
(напр. крови) ‖ депонированный *(1. препарат пролонгированного действия 2. скопление, напр., эритроцитов в селезёнке)*

  fat ~ жировое депо

  medical ~ склад медицинского имущества

  sanitary ~ склад медико-санитарного имущества

depot-forming ['depəʊ-'fɔːmiŋ] депообразующий *(напр.
адъювант)*

depot-neuroleptic ['depəʊ-͵njuːrəʊ'leptik] депонированная форма нейролептика *(пролонгированного действия)*

deprementia [di'pri'menʃiə] психоз, характеризующийся депрессией и нарушением памяти

depress [di'pres] **1.** подавлять, угнетать; ослаблять;
снижать [уменьшать] действие **2.** сдавливать; давить
(напр. о кровоизлиянии в мозг)

DEP

depressant [di'presənt] депрессант, супрессор || депрессорный; ослабляющий; успокаивающий

cardiac ~ препарат, вызывающий кардиодепрессивное (побочное) действие

central nervous muscletone ~s центральные миорелаксанты

respiratory ~ препарат, угнетающий дыхательный центр

depression [di'preʃn] **1.** вдавление, западение, сплющивание; подавление **2.** депрессия, депрессивный синдром; подавленность; угнетение сознания **3.** ослабление; уменьшение, снижение действия; вялость **4.** понижение уровня **5.** разрежение; вакуум

~ **in the circulating blood volume** снижение объёма циркулирующей крови

~ **of biceps reflex** угнетение рефлекса с двуглавой мышцы

~ **of cataract** хир. реклинация, или экстракция, катаракты

~ **of fracture** вдавленный перелом

~ **of freezing point** понижение точки замерзания

~ **of function** снижение [подавление] функции

~ **of strength** упадок сил

~**s of teeth** зубные межбугорковые фиссуры

~ **sine depression** маскированная депрессия, «депрессия без депрессии»

abandonment ~ депрессия покинутого

agitated ~ ажитированная депрессия (сопровождающаяся беспокойством и возбуждением)

anaclitic ~ анаклитическая депрессия (у детей 6–12 месяцев, вызванная разлукой с матерью)

bone marrow ~ угнетение костного мозга

circulatory ~ недостаточность кровообращения

comorbid ~ коморбидная [сопутствующая] депрессия

double ~ двойная депрессия (присоединение большого депрессивного эпизода к дистимии)

endogenous [endogenomorphic] ~ эндогенная депрессия

general ~ общая слабость (напр. при перитоните)

hidden ~ см. **masked** ~

humoral immunologic ~ депрессия [угнетение] гуморального иммунитета

ictal ~ пароксизмальная [стремительно развившаяся] депрессия

infrasternal ~ надчревная [подложечная] ямка

involutional ~ инволюционная [пресенильная] депрессия, или меланхолия

major ~ большой депрессивный эпизод, большая [тяжёлая] депрессия

manic ~ маниакальная [биполярная] депрессия

marked ~ выраженная депрессия

masked ~ маскированная [ларвированная] депрессия

mental ~ **1.** угнетение умственной деятельности; заторможенность **2.** психогенная [реактивная] депрессия **3.** потеря сознания

metabolic ~ угнетение метаболизма, метаболическая депрессия

mild ~ лёгкая степень депрессии

neurotic ~ невротическая [реактивная] депрессия

otic ~ эмбр. слуховая ямка

pacchionian ~**s** ямочки грануляций; пахионовы ямки, или углубления

paranoid ~ параноидная депрессия

postnatal [postpartum] ~ послеродовая депрессия

postschizophrenic ~ постшизофреническая депрессия

post-stroke ~ постинсультная депрессия

psychotic major ~ психотический эпизод большой депрессии, аффективный психоз

reactive ~ реактивная [психогенная] депрессия

recurrent unipolar ~ рекуррентная [периодическая] монополярная депрессия, рекуррентное депрессивное расстройство

resistant to antidepressants ~ депрессия, резистентная к терапии антидепрессантами

respiratory ~ угнетение [подавление] дыхания

retarded ~ депрессивная фаза маниакально-депрессивного психоза

seasonal ~ сезонная депрессия (обычно зимой)

selective ~ биол. подавление отбором

severe ~ тяжёлая депрессия, депрессивный эпизод тяжёлой степени

shoulder ~ надавливание на плечо

situational ~ см. **reactive** ~

superimposed major ~ см. **double** ~

unipolar ~ униполярная [монополярная] депрессия

vernal ~ весенняя депрессия

vital ~ витальная депрессия (протекающая с переживанием глубокой тоски и явлениями психической анестезии)

depressor [di'presə] **1.** опускающая мышца, депрессор **2.** фактор, снижающий артериальное давление; вещество, понижающее уровень обмена веществ **3.** инструмент для отодвигания органов (во время операции)

abdominal ~ шпатель для оттеснения внутренностей, брюшное зеркало

intestinal ~ брюшное зеркало (для отодвигания кишечника)

spring tongue ~ пружинный языкодержатель

tongue ~ шпатель для отдавливания языка

tonsil ~ ложка для отсепаровки и низведения миндалины

deprival [di'praivəl], **deprivation** [,depri'veiʃn], **deprivement** [di'praivəmənt] **1.** потеря, лишение, утрата **2.** депривация (лишение или ограничение удовлетворения каких-л. потребностей)

~ **of civil rights 1.** лишение социальных [гражданских] прав **2.** назначение опеки

~ **of enzyme** ферментная недостаточность, дефицит [недостаток] ферментов

~ **of food** лишение пищи

~ **of hearing** выключение слуха

~ **of lingua** ампутация языка (при операции)

~ **of maternal care** лишение матери, материнская депривация

~ **of nervous strength** истощение нервной системы; неврастения

~ **of vision** выключение зрения

~ **of vitamin** авитаминоз

~ **of water** лишение воды

emotional ~ эмоциональная депривация

fetal ~ отторжение плаценты

food ~ **1.** пищевая депривация, лишение пищи **2.** воздержание от пищи, голодание

hormone ~ выключение эндокринной функции

maternal ~ материнская депривация

oxygen ~ гипоксия, дефицит кислорода

partial sleep ~ частичная депривация сна

protein ~ белковая недостаточность

sensory ~ понижение чувствительности; сенсорная депривация (*уменьшение или лишение информации, поступающей извне*)

sleep ~ лишение [депривация] сна

water ~ 1. дегидратация, обезвоживание (*организма*) 2. ограничение приёма жидкости

deproteinization [di:ˌprəʊtiˈnaiˈzeʃn] извлечение белков; депротеинизация (*удаление белка*)

detergent ~ депротеинизация детергентом

phenol ~ фенольная депротеинизация

depth [depθ] 1. глубина 2. интенсивность; полнота

~ **of anesthesia** глубина наркоза

~ **of burning** глубина ожога

marking pocket ~ глубина десневого кармана

respiration ~ глубина дыхания

depurant [ˈdepjʊrənt] очистительное средство

depuration [ˌdepjʊˈreiʃn] депурация, очищение (*напр. от продуктов метаболизма*)

renal ~ клиренс почек, коэффициент очищения почек

depurination [deˌpjʊriˈneiʃn] депуринизация, апуринизация (*удаление пуринов из нуклеиновой кислоты*)

depyrogenized [diˌpairəʊʤəˈnaizd] апирогенный (*о воде для приготовления инъекционных растворов*)

derailment [diˈreilmənt] «сход с рельсов», дезорганизация

speech ~ дезорганизация речи

thought ~ дезорганизация мышления

deranged [diˈreinʤd] психически больной, душевнобольной

derangement [diˈreinʤmənt] 1. расстройство, нарушение, дисфункция 2. психическое расстройство, психоз

~ **of secretory function** расстройство секреторной функции

amino acid ~ нарушение баланса аминокислот

circulation ~s гемодинамические расстройства

electrolyte ~ дисбаланс электролитов

internal ~ **of knee** нарушение функции коленного сустава

mental ~ расстройство психической деятельности

reversing ~s обратное развитие расстройств (*напр. функций печени*)

derealization [diˌri:əlaiˈzeiʃn] *псих.* дереализация (*потеря ощущения реальности окружающей обстановки*)

dereism [ˈdi:ri:izəm] *псих.* фантазия; фантазирование; вымысел; дереизм

dereistic [ˌdi:ri:ˈistik] живущий в мире воображения, фантазий

derelict [ˈderəlikt] беспризорный, оставленный, покинутый

derencephalocele [ˌderenˈsefələʊsi:l] спинномозговая грыжа в шейном отделе

derepression [ˈdiri:ˈpreʃn] дерепрессия (*звено регуляции синтеза белка*)

deric [ˈderik] эктодермальный

derivation [ˌderiˈveiʃn] 1. возникновение, появление 2. происхождение; источник; начало 3. деривация; шунтирование; отведение (*напр. в электрокардиографии*) 4. отвлечение

standard ~ среднее квадратичное отклонение, стандартное отклонение

urine ~ отведение мочи (*напр. через цистостому*)

derivative [diˈrivətiv] 1. дериват, производное ‖ производный 2. модификация, вариант, компонент

~s **of aortic arch** ветви дуги аорты

~ **of the unconscious** *псих.* порождение [продукт, производное] бессознательного

antitussive ~ противокашлевое средство

fluorinated ~s производные фтора

hematoporphyrin ~ производное гематопорфирина

persistent mullerian ~s **in males** персистенция парамезонефрических [мюллеровых] протоков у мужчин

plasma ~s 1. компоненты крови (*плазма, клеточные элементы*) 2. препараты плазмы (*альбумин, факторы – гемолитический, фибринолитические и др. – свыше 20*)

purified protein ~ очищенный белковый препарат туберкулина

derma [ˈdə:mə] дерма, собственно кожа

dermabrader [ˌdə:məˈbreidə] устройство для дермабразии

dermabrasion [ˌdə:məˈbreiʒn] дермабразия (*удаление эпидермиса и сосочкового слоя дермы соскабливанием*)

Dermacentor [ˌdə:məˈsentə] род жёстких клещей семейства Ixodidae, некоторые представители являются переносчиками инфекций человека

~ **andersoni** лесной клещ, клещ пятнистой лихорадки Скалистых гор (*переносчик указанной инфекции, туляремии и клещевого паралича*)

dermad [ˈdə:mæd] по направлению к наружному покрову, кнаружи

dermagens [ˌdə:məˈʤenz] антитела, вовлекаемые в реакцию при кожной пробе

dermahemia [ˌdə:məˈhi:miə] гиперемия кожи

dermalaxia [ˌdə:məˈlæksiə] гиперэластичность кожи, Элерса – Данлоса синдром

dermamyiasis [ˌdə:məmaiˈaiəsis] миаз кожи

dermanaplasty [də:ˈmænəˌplæsti] трансплантация кожи

dermatauxe [ˌdə:mæˈtɔ:ksi] гипертрофия кожи

dermatergosis [ˌdə:mætəˈgəʊsis] профессиональное поражение кожи, профессиональный дерматоз

dermatic [də:ˈmætik] 1. кожный 2. наружное [накожное] средство

dermatitis [ˌdə:məˈtaitis], *pl.* **dermatitides** [ˌdə:mətiˈtidi:z] дерматит

~ **atrophicans diffusa** диффузная идиопатическая атрофия кожи

~ **exfoliativa neonatorum** эксфолиативный дерматит новорождённых, Риттера болезнь

~ **multiformis** *лат.* полиморфный [герпетиформный] дерматит, Дюринга болезнь

~ **vegetans** язвенный дерматит, вегетирующая пиодермия

~ **venenata** контактный дерматит

actinic ~ актинический [солнечный] дерматит

allergic contact ~ аллергический контактный дерматит

atopic ~ диффузный нейродермит, атопический дерматит, Бенье – Брока синдром

blastomycetic ~ кожный бластомикоз

blister-beetle ~ буллёзный дерматит

brelock [breloque] ~ брелоковый дерматит

bubble gum ~ аллергический контактный дерматит на губах, связанный с употреблением жевательной резинки

caterpillar ~ гусеничный дерматит

cercarial ~ *см.* **schistosome** ~

cotton seed ~ хлопковый дерматит *(вызываемый семенами хлопка)*

diaper ~ «пелёночный» дерматит

dress shield ~ дерматит подмышечных впадин

exfoliative ~ эксфолиативный дерматит

flea ~ блошиный дерматит

fruit canners ~ бластомикоз ногтей

industrial ~ профессиональный дерматит

irritant contact ~ простой контактный дерматит

meadow(-grass) ~ фитофотодерматит

mite ~ клещевой дерматит

napkin ~ опрелость новорождённых

nasal solar ~ солнечный дерматит носа

perioral ~ периоральный дерматит

precancerous ~ предраковый дерматит, Бовена болезнь

primary irritant ~ первичный раздражающий дерматит

radiation ~ радиационный дерматит, радиодерм(ат)ит

rhabditic ~ дерматит, вызванный рабдитовидными личинками круглых червей

rhus ~ луговой дерматит

schistosome ~ шистосомный [церкариевый] дерматит, зуд купальщиков

seborrheic ~ себорейная экзема

shoe dye ~ дерматит, вызываемый синтетической обувью

solar ~ солнечный дерматит

swimmer's [swimming-pool associated] ~ *см.* **schistosome** ~

trichoma ~ фитогенный дерматит *(дерматит, вызванный волосками и чешуйками некоторых растений)*

uncinarial ~ анкилостомидоз кожи, земляная чесотка

weeping ~ экзема

X-ray ~ рентгеновский дерматит

dermatocele ['dɜːmətəʊsiːl] вялая кожа, Алибера дерматолиз, халазодермия *(очаговая атрофия или складчатость кожи)*

dermatocellulitis [ˌdɜːmətəʊseljʊ'laitis] дерматоцеллюлит, воспаление кожи и подкожной клетчатки

dermatochalasis [ˌdɜːmətəʊ'kæləsis] *см.* **dermatocele**

dermatochalazia [ˌdɜːmətəʊkəˈleiʒə] *псих.* вялая кожа; халазодермия

dermatoconiosis [ˌdɜːmətəʊkɒni'əʊsis] дерматокониоз, пылевой дерматит

dermatocyst ['dɜːmətəʊsist] кожная киста

dermatodyschromia [ˌdɜːmətəʊdis'krəʊmiə] нарушение пигментации кожи

dermatofibroma [ˌdɜːmətəʊfai'brəʊmə] фиброма кожи

dermato(fibro)sarcoma [ˌdɜːmətəʊˌfaibrəʊsaː'kəʊmə]:

Darier – Ferrand's ~ Дарье – Феррана дермато(фибро)саркома, выбухающая дермато(фибро)саркома

dermatogliphica [ˌdɜːmətəʊ'glifikə] дерматоглифика *(раздел науки, изучающий узор кожного рельефа, образованный папиллярными линиями)*

dermatoglyphics [ˌdɜːmətəʊ'glifiks] дерматоглифика *(совокупность папиллярных узоров на коже ладоней и подошв – завитков, петель, дуг)*

dermatographia [ˌdɜːmətəʊ'græfiə], **dermatography** [ˌdɜːmə'tɒgrəfi] *см.* **dermographia**

dermatoid ['dɜːmətɔid] **1.** дермоидный, кожного типа **2.** дермальный

dermatolysis [ˌdɜːmə'tɒlisis] *см.* **dermatocele**

dermatomal ['dɜːmətəməl] *невр.* дерматомный, относящийся к дерматому

dermatome [ˌdɜːmətɒmi] дерматом *(1. эмбр. дорсолатеральный участок сомита 2. область иннервации кожи парой задних спинномозговых корешков одного сегмента 3. инструмент для кожной пластики)*

dermatomegaly [ˌdɜːmətəʊ'megəli] *см.* **dermatocele**

dermatomelasma [ˌdɜːmətəʊme'læzmə] гиперпигментация кожи *(напр. при болезни Аддисона)*

dermatomycosis [ˌdɜːmətəʊmai'kəʊsis] дерматомикоз, дерматофития, грибковая болезнь кожи

dermatopathic [ˌdɜːmətəʊ'pæθik] склонный к кожным заболеваниям

dermatopathology [ˌdɜːmətəʊpə'θɒlədʒi] гистопатология кожи

dermatophiliasis [ˌdɜːmətəʊfi'laiəsis] дерматофилиаз *(дерматоз, вызываемый укусами блох)*

dermatophobia [ˌdɜːmətəʊ'fəʊbiə] дерматофобия *(патологическая боязнь заболеть кожной болезнью)*

dermatophylaxis [ˌdɜːmətəʊfi'læksis] защита кожи от инфицирования; профилактика кожных заболеваний

dermatophytes ['dɜːmətəʊˌfaits] дерматомицеты, дерматофиты *(паразитические грибы – возбудители болезней кожи)*

dermatophytid [ˌdɜːmə'tɒfitid] аллергическое высыпание при грибковом поражении кожи, микотический дерматит

dermatophytosis [ˌdɜːmətəʊfai'təʊsis] дерматомикоз, дерматофития, грибковая болезнь кожи

superficial ~ поверхностная дерматофития

dermatoplasty ['dɜːmətəʊˌplæsti] пластика [пересадка] кожи

dermatopolymyositis [ˌdɜːmətəʊˌpɒlimaiəʊ'saitis] дерматополимиозит

dermatopolyneuritis [ˌdɜːmətəʊˌpɒlinjʊ'raitis] акродиния, полинейропатическая эритродермия, Феера болезнь

dermatorrhagia [ˌdɜːmətəʊ'reidʒiə] кровоизлияния в кожу

dermatorrhea [ˌdɜːmətəʊ'riə] избыточная секреция сальных или потовых желёз

dermatosclerosis [ˌdɜːmətəʊsklə'rəʊsis] дерматосклероз

dermatoscopy [dɜːmə'tɒskəpi] дермоскопия, дерматоскопия *(метод визуального исследования кожи и её придатков)*

dermatosis [ˌdɜːmə'təʊsis], *pl.* **dermatoses** [ˌdɜːmə'təʊsiːz] дерматоз

estrogen/testosteron responsive ~ дерматоз, обусловленный дисбалансом эстрогена и тестостерона

genetic ~ генодерматоз, наследственный дерматоз

growth hormone ~ дерматоз, обусловленный недостаточностью гормона роста

industrial [occupational] ~ профессиональный дерматоз

radiation ~ радиационный дерматоз

Schamberg's ~ сетчатый прогрессирующий гемосидероз кожи, Шамберга болезнь

subcorneal pustular ~ субкорнеальный пустулёзный дерматоз, субкорнеальный пустулёз, Снеддона – Уилкинсона синдром

vitamin A-responsive ~ витамин-А-зависимый дерматоз

zinc-responsive ~ контактный цинковый дерматит

dermatostomatitis [ˌdəːmətəʊstəʊməˈtaitis] дерматостоматит *(1. проявление кожных болезней на слизистой рта 2. сочетанное воспаление слизистой оболочки полости рта и кожи)*

dermatosurgery [ˌdəːmətəʊˈsəːʤəri] хирургическое лечение болезней кожи

dermatotherapy [ˌdəːmətəʊˈθerəpi] лечение болезней кожи

dermatotropic [ˌdəːmətəʊˈtrɒpik] дерматотропный

dermatoxerasia [ˌdəːmətəʊzəˈreisiə] ксеродермия, астеатоз, ксероз

dermatozoon [ˌdəːmətəʊˈzəʊen] животный паразит, вызывающий дерматоз

dermatozoonosis [ˌdəːmətəʊˌzəʊˈnɒsis] дерматозооноз *(дерматоз, вызываемый животными-паразитами)*

dermenchesis [ˈdəːmenˌkiːsis] подкожная инъекция

dermestids [ˈdəːməstids] кожееды *(Dermestidae)*

dermhelminthiasis [ˌdəːmhelminˈθaiəsis] поражение кожи, вызванное гельминтами

dermic [ˈdəːmik] кожный; дермальный

dermis [ˈdəːmis] дерма, собственно кожа

dermocyma [ˌdəːməʊˈsaimə] сросшиеся близнецы, у которых плод-паразит находится внутри плода-аутозита

dermographia [ˌdəːməʊˈgræfiə], **dermographism** [dəːməʊˈgræfizm], **dermography** [dəːˈmɒgrəfi] дермографизм *(изменение окраски кожи при её штриховом механическом раздражении)*

exfoliative ~ эксфолиативный [уртикарный] дермографизм

local ~ местный дермографизм

prominent ~ возвышающийся [рельефный] дермографизм

spread ~ разлитой дермографизм

urticary ~ *см.* **exfoliative** ~

dermoid [ˈdəːmɔid] дермоид, дермоидная киста, кистозная тератома

epibulbar ~ эпибульбарный дермоид *(липодермоидные разрастания на поверхности глазного яблока, чаще на границе радужной и белковой оболочек)*

dermoidectomy [ˈdəːmɔidˌektəmi] удаление дермоидной кисты

dermojet [ˌdəːməʊˈʤet] безыгольный инъектор для внутрикожного или подкожного введения препаратов

dermolexia [ˌdəːməʊˈleksiə] двумерно-пространственное чувство, дермолексия

dermolipoma [ˌdəːməʊliˈpəʊmə] дермоидная киста с большим содержанием жировой ткани

dermolysis [dəːˈmɒlisis] *см.* **dermatolysis**

dermonosology [ˌdəːməʊnəʊˈsɒləʤi] нозология болезней кожи; классификация болезней кожи

dermopapillary [ˌdəːməʊˈpæpiˌlæri] относящийся к сосочковому слою кожи

dermopathy [dəːˈmɒpəθi]:

diabetic ~ диабетическая дермопатия

dermophytes [ˌdəːməʊˈfaits] *см.* **dermatophytes**

dermoplasty [ˈdəːməʊˌplæsti] *см.* **dermatoplasty**

dermostenosis [ˌdəːməʊsteˈnəʊsis] кожная контрактура

dermostosis [dəːˈmɒstəʊsis] оссификация [остеома] кожи

dermosynovitis [ˌdəːməʊˌsinəʊˈvaitis] воспаление кожи над поражённым суставом

dermosyphilopathy [ˌdəːməʊsifiˈlɒpəθi] кожная сыпь при сифилисе

dermovaccine [ˌdəːməʊˈvæksiːn] дермовакцина

desalting [diːˈsɒltiŋ] обессоливание *(раствора)*

ion-retardation ~ ионообменный диализ *(напр. через полые волокна)*

desamidization [dezˌæmidaiˈzeiʃn] дезаминирование, дезамидирование

desaturation [ˌdiːsætjʊˈreiʃn] 1. десатурация, нарушение насыщения, устранение насыщения 2. разбавление *(насыщенного раствора)*

~ **of hemoglobin** отдача кислорода гемоглобином

arterial oxygen ~ десатурация кислорода артериальной крови

descemetitis [ˌdessəməˈtaitis] воспаление десцеметовой оболочки глаза

descemetocele [ˌdessəˈmetəʊsiːl] кератоцеле, грыжа десцеметовой оболочки глаза

descend [diˈsend] 1. происходить 2. передаваться по наследству 3. снижаться

descendant [diˈsendənt] потомок ‖ происходящий, имеющий происхождение

direct [lineal] ~ потомок по прямой линии

descending [diˈsendiŋ] снижение ‖ нисходящий *(напр. о нервных путях)*

descent [diˈsent] 1. опущение *(органа)*; *анат.* скат 2. понижение, ослабление *(лихорадки)* 3. происхождение; передача по наследству 4. поколение

~ **of man** происхождение человека

~ **of presenting part** опущение предлежащей части *(плода в родовой канал)*

~ **of womb** опущение матки

testicular ~ крипторхизм, эктопия яичка

description [disˈkripʃn] описание, изображение; характеристика

clinical ~ 1. клиническая картина, симптоматика 2. клиническое описание

mycological ~ характеристика грибов

official ~ фармакопейное описание *(лекарственных средств)*

original ~ первоописание, первоначальное описание

descriptor [disˈkriptə] 1. дескриптор; идентификатор 2. ключевое слово *(в поисковых системах)*

verbal pain ~s таблицы словесного описания боли

desensibilization [diːˌsensibiliˈzeiʃn] 1. *иммун.* гипосенсибилизация, десенсибилизация 2. *психол.* потеря эмоциональной реакции на психологическую травму

~ **of bronchial smooth muscle** угнетение или потеря чувствительности гладкой мышцы бронха

desensitization [diːˌsensitiˈzeiʃn] *псих.* десенситизация, снижение чувствительности *(постепенное увеличение интенсивности раздражителя с целью адаптации к нему пациента)*

335

systematic ~ *псих.* систематическая десенситизация *(тренинг снижения чувствительности к тревожным стимулам поэтапно от менее к более значимому)*

desensitize [di:'sensitaiz] **1.** уменьшать восприимчивость, снижать чувствительность, десенсибилизировать **2.** возвращать в нормальное психическое состояние

desequestration [di:,si:kwəs'treiʃn] отторжение секвестра

desetope [,di:zə'təʊp] дезетоп *(участок связывания чужеродных антигенов)*

desex [di:'seks] **1.** кастрировать *(животное)* **2.** лишать сексуальной привлекательности

desexualize [di:'sekʃʋəlaiz] лишать половых признаков; кастрировать

desiccant ['desikənt] химический осушитель || осушающий

desiccation [,desi'keiʃn] **1.** высыхание; высушивание **2.** потеря влаги *(приспособление растения к окружающим условиям)*; обезвоживание

corneal ~ сухость роговицы

desiccator ['desi,keitə] **1.** эксикатор **2.** сушильный шкаф

desiccyte [di:si'kait] эритроцит с уменьшенным содержанием воды

design [di'zain] **1.** дизайн; проект; план; моделирование || проектировать; планировать **2.** установка; концепция **3.** методология *(исследования)*

~ for randomized trial программа рандомизированного испытания *(напр. каротидной эндартерэктомии)*

~ of an artificial skin создание [синтез] искусственной кожи

~ of antimalaria vaccine разработка антималярийной вакцины

~ of experiment 1. моделирование [построение] опыта **2.** планирование эксперимента; дизайн исследования

~ of helplessness выражение беспомощности

~ of operating suites оснащение операционного блока

~ of therapeutic endoscopy организация и осуществление лечебной эндоскопии

~ of trial программа испытания *(дозировки и кратности приёма медикамента)*

computer-aided ~ of enzyme компьютерное конструирование фермента

criminalistic ~ криминалистическое моделирование

cross-over ~ перекрёстная организация *(способ исследования с обеспечением максимальной схожести групп между особями)*

curriculum ~ жизнеописание, анамнез жизни

dowel ~ конструкции металлических штифтов

drug ~ 1. структура лекарственного препарата **2.** фармакологическое конструирование, драг-дизайн

hospital ~ проект больницы

medium ~ рецепт питательной среды

outcome maximization ~ испытание лекарственных средств, при котором сравнивают исходы лечения при равных затратах

protein ~ белковый дизайн *(конструирование белков с заданными структурными или функциональными изменениями)*

protocol ~ for maintenance trials программа изучения поддерживающей терапии

radioimmunoassay ~ радиоиммунологический метод исследования

study ~ план [программа, дизайн] исследования

designed [di'zaind] **1.** разработанный, изготовленный, спланированный или сделанный для определённой цели **2.** усовершенствованный; модифицированный

desinfectant [desin'fektənt] дезинфицирующее средство, дезинфектант

desintegration [,desintəg'reiʃn]:

~s per minute *физ.* число распадов в минуту

desirable [di'zaiərəbl] желательный, желанный

desire [di'zaiə] **1.** желание; просьба || желать; просить **2.** страсть, вожделение

~ for stool позыв к дефекации

~ to [micturate] urinate позыв к мочеиспусканию

hypoactive sexual ~ сниженное половое влечение

sexual ~ половой инстинкт, половое влечение

strong [overwhelming] ~ императивное [непреодолимое] желание

uncontrollable ~ непроизвольное [безудержное] желание *(напр. заснуть)*

ungovernable sexual ~ повышенное половое влечение

desk [desk] **1.** регистратура **2.** пульт управления

information ~ справочное бюро

desktop ['desktɒp] настольный *(напр. прибор)*

desmectasis [des'mektəsis] растяжение связки

desmid ['desmid] *pl.* десмиды *(группа видов одноклеточных зелёных пресноводных водорослей)*

desmitis [des'maitis] лигаментит, десмит *(воспаление связок кисти)*

desmocranium [,desməʊ'kreiniəm] мезенхимная закладка черепа

desmocyte ['desməʊsait] фибробласт

desmoenzyme [,desməʊ'enzaim] внутриклеточный фермент

desmogenous [dez'mɒʤənəs] соединительно-тканного происхождения *(напр. об опухоли)*

desmohemoblast [,dezməʊ'hi:məʊblæst] мезенхимная клетка, мезенхимоцит

desmoid ['dezmɔid] десмоид, десмома, десмоидная опухоль, десмоидная фиброма || фиброзный

desmoma [dez'məʊmə] *см.* **desmoid 1**

desmopathy [dez'mɒpəθi] поражение связок

desmoplasia [,dezməʊ'pleiziə] десмоплазия *(образование и развитие фиброзной ткани)*

desmoplastic [,dezməʊ'plæstik] вызывающий развитие фиброзной ткани

desmosome ['dezməʊsəʊm] *цитол.* пятно слипания, десмосома *(специализированное образование цитоплазматической мембраны, обеспечивающее связь клеток друг с другом)*

desmotomy [des'mɒtəʊmi] рассечение (суставных) связок

desmurgy [dez'mɜ:ʤi] десмургия *(техника наложения повязок)*

desorientation [dis,ɔ:riən'teiʃn] дезориентация, дезориентировка *(в пространстве, времени и собственной личности)*

desorption [di:'sɔ:pʃn] десорбция

despair [di'speə] **1.** отчаяние, безысходность **2.** источник огорчения

life is ~ed of безнадёжное состояние

despaciated [ˌdiːspiˈsiˈeitid] неспецифический (о сыворотке)

despeciation [ˌdiːspiˈsiˈeiʃn] деспецификация (1. изменение или утрата видовых характеристик 2. утрата видоспецифических антигенных свойств чужеродного белка)

desperate [ˈdespərət] отчаявшийся

despondency [diˈspɒndənsi] отчаяние, уныние, упадок духа

desquamation [ˌdeskwəˈmeiʃn] десквамация (отпадение наружного слоя с любой поверхности); шелушение, слущивание

branny [furfuraceous] ~ отрубевидное шелушение

desquamative [ˌdesˈkwæmətiv] десквамативный

destain [diːˈstein] удалять краситель, обесцвечивать

desternalization [diːˌstəːnælaiˈzeiʃn] хир. отделение грудины от рёбер

destiny [ˈdestəni] неизбежный ход событий; неизбежность, судьба

destitution [ˌdestiˈtjuːʃn] лишения; нужда; нищета

destroy [diˈstrɔi] 1. разрушать; уничтожать; истреблять; лизировать 2. усыплять (напр. животное после эксперимента)

destruction [diˈstrʌkʃn] деструкция, разрушение (напр. ткани, клетки)

~ of kidney stones дробление камней почек

~ of pests уничтожение (насекомых-)вредителей

~ of skin lesions деструкция кожных поражений (напр. лазерным лучом)

immune-mediated beta-cell ~ аутоиммунное разрушение бета-клеток

mass ~ of nuclear weapons массовое уничтожение ядерного оружия

target cell ~ деструкция клеток-мишеней

destructiveness [diˈstrʌktivnəs] склонность к деструкции, разрушению

desudation [diːsjʊˈdeiʃn] усиленное потоотделение

desulfurization [diːˌsʌlfəraiˈzeiʃn] удаление серы, десульфуризация

desultry [ˈdesltəri] псих. бессвязный; бессистемный; беспорядочный

desympatization [diːˌsimpətaiˈzeiʃn] десимпатизация, симпатэктомия (удаление симпатического нерва, его ствола, ганглиев или волокон)

desynchronization [diːˌsiŋkrənaiˈzeiʃn] десинхронизация (1. рассогласование ритмов организма и окружающей среды 2. рассогласование ритмов различных организмов между собой)

detachment [diˈtætʃmənt] 1. отделение, отслойка; отщепление; разъединение; отрыв 2. отчуждённость; отрешённость 3. отряд; расчёт

cross-bridge ~ мол. биол. отщепление поперечных перемычек

funnel ~ воронкообразная отслойка (сетчатки)

medical ~ медицинский [медико-санитарный] отряд

malaria control ~ противомалярийное подразделение

prosthetic ~ отрыв протеза (напр. клапана сердца)

retinal ~ отслойка сетчатки

surgery ~ отслойка, обусловленная операцией

tick ~ отпадение клеща (с кожи)

detail [ˈdiːteil] 1. подробность; деталь; частность 2. pl. детали, части, элементы

patient's personal ~s индивидуальные характеристики больного

detectable [diˈtektəbl] 1. поддающийся обнаружению, выявляемый (напр. о заболевании) 2. рентгеноконтрастный (о баллоне катетера)

detection [diˈtekʃn] 1. обнаружение, выявление, диагностика 2. детектирование, детекция (напр. стволовых клеток)

~ of fetal heart movement определение сердцебиений плода

~ of high blood pressure выявление лиц с артериальной гипертензией

~ of occupational diseases выявление профзаболеваний

~ of plaque microbe детекция чумного микроба (в блохах)

~ of pregnancy диагностика беременности

active case ~ активное выявление заболевания

antibody ~ детекция антител

autoradiographic ~ ауторадиографическое выявление (вируса)

carrier ~ определение носительства (напр. гена гемофилии)

clinical ~ of protein in urine клиническое определение белка в моче

Doppler ultrasonic ~ ультразвуковая допплерография

early ~ ранняя диагностика, раннее выявление (напр. случаев заболеваний туберкулёзом)

evolved gas ~ обнаружение выделенных газов

mutation ~ выявление мутаций

presymptomatic ~ доклиническая [преклиническая] диагностика

radiation ~ 1. радиоизотопная диагностика; рентгенографическое определение (напр. рака желудка) 2. обнаружение [детекция] радиоактивного излучения

retinal image ~ восприятие изображения сетчаткой глаза

tumor ~ обнаружение опухоли

detector [diˈtektə] 1. детектор; чувствительный элемент; датчик 2. приёмник (напр. теплового излучения); преобразователь

boron ~ 1. борный детектор 2. борный счётчик (нейтронов)

fetal heart [fetal pulse] ~ прибор для контроля сердцебиения плода

flame ionization ~ пламенно-ионизационный детектор

hand-and-foot ~ детектор для определения радиоактивности рук и ног

indicating ~ визуальный детектор (радиоактивности)

lie ~ детектор лжи, полиграф

oxygen ~ кислородный анализатор

radiation [ray] ~ детектор излучения

tracer ~ детектор излучения; дозиметр

turbidity ~ нефелометр (прибор для измерения уровня мутности жидкости)

ultrasonic ~ ультразвуковой флоуметр (для измерения кровотока)

detelectasis [diteˈlektəsis] атония органа; коллапс (напр. лёгкого)

detention [diˈtenʃn] 1. задержание, задержка; приостановка, остановка (напр. развития) 2. суд. мед. лишение свободы

preventive ~ превентивное заключение
detergent [di'tə:ʤənt] **1.** детергент, очищающее [моющее] средство || моющий; очищающий **2.** слабительное
  anionic ~ анионоактивный детергент
  built ~ моющее средство из смеси органических соединений
  cationic ~ катионоактивный детергент
  enzyme ~ ферментсодержащий детергент
  hard ~ «жёсткий» [стойкий] детергент
  neutral ~ нейтральный детергент
  non-ionic ~ неионный детергент; нейтральный детергент
  soft ~ «мягкий» [нестойкий] детергент
deterioration [di,tiəriə'reiʃn] **1.** ухудшение *(клинического состояния)*, истощение *(функции)*; срыв компенсаторных реакций **2.** деградация; повреждение; разрушение
  ~ **in behavior** нарушение поведения; аномальное поведение
  ~ **of a breed** вырождение потомства
  ~ **of environment** загрязнение внешней среды
  ~ **of renal function** прогрессирующее ухудшение функции почек
  alcoholic ~ алкогольная деградация *(личности)*
  biomicrobial ~ микробная биодеградация, бактериальное разрушение биологических структур
  clinical ~ клиническое ухудшение; безуспешность лечения
  emotional ~ эмоциональный дефект *(напр. при шизофрении)*
  fatty ~ **of the liver** жировая дегенерация печени
  habit ~ снижение личности *(регрессивное поведение)*
  intellectual ~ ухудшение интеллектуальных способностей
  mental ~ психическая [интеллектуальная] деградация
  radiation induced ~ деградация под действием излучения
  schizophrenic ~ снижение по шизофреническому типу
  specimen ~ разложение проб *(в токсикологическом анализе)*
determinant [di'tə:minənt] **1.** решающий [определяющий] фактор || решающий, определяющий; обусловливающий **2.** детерминанта *(1. ген. фактор зародышевой плазмы, контролирующий развитие строго определённой ткани 2. иммун. эпитоп)*
  ~s **of airway disease** фактор заболевания дыхательных путей
  ~s **of delay** определяющие факторы задержки *(напр. госпитализации больных)*
  ~s **of health** показатели здоровья
  ~s **of serum bile acids** детерминанты жёлчных кислот
  ~s **of ventricular tachycardia** детерминанты желудочковой тахикардии *(напр. при аневризме сердца)*
  antigenic ~ антигенная детерминанта, эпитоп *(участок молекулы антигена, распознаваемый рецепторами плазматических клеток и антителами)*
  clonotypic ~ клонотипическая детерминанта антитела *(напр. идиотоп)*
  common antigenic ~s общие [близкородственные, перекрёстно реагирующие] антигенные детерминанты

  compound ~s сложные детерминанты *(два или более генов, совместно обусловливающих ферментотипическое проявление признаков)*
  cross-reactive ~s перекрёстно-реактивные детерминанты
  disease ~s факторы болезни *(специфический болезнетворный агент, характеристики больного, средовые факторы и пр.)*
  germ-cell ~ зародышевая детерминанта
  hidden ~ **1.** внутримолекулярная [латентная] антигенная детерминанта, криптотоп **2.** рецессивный [скрытый] ген в гетерозиготном состоянии
  idiotypic ~ антигенная идиотипическая детерминанта
  major ~ **of nonimputability** внешний определяющий фактор невменяемости
  proximate ~s **of fertility** промежуточные переменные рождаемости
  trichomonal virulence ~s детерминанта вирулентности трихомонад
determination [di,tə:mi'neiʃn] **1.** детерминация, определение, установление **2.** кризис *(в течении болезни)* **3.** прилив крови **4.** анализ, исследование
  ~ **of birth of child** установление происхождения [отцовства] ребёнка
  ~ **of mental illness** определение психического заболевания
  ~ **of nonimputability** заключение о невменяемости
  ~ **of pain threshold** определение болевого порога
  ~ **of paternity** *см.* ~ **of birth of child**
  age ~ определение возраста
  antigen ~ антигенная детерминанта, эпитоп
  blood gas ~ определение газов крови
  immunochemical ~s **of serum albumin** иммунохимическое определение альбумина сыворотки крови
  immunoinhibition ~ определение методом иммуноингибирования
  kinetic immunonephelometric ~ кинетическое иммунонефелометрическое определение *(напр. содержания белков)*
  lymphocyte ~ определение посредством реакции смешанной культуры лимфоцитов *(об антигенах)*
  microbial ~ идентификация микрофлоры
  phenotypic sex ~ фенотипическое определение пола
  sex ~ определение пола
  transrectal ~ *узи* трансректальное исследование
determine [di'tə:min] детерминировать, определять, устанавливать; выявлять
determiner [di'tə:minə] *см.* **determinant**
determinism [di'tə:minizm]:
  biological ~ биологический детерминизм
  cultural ~ культуральный детерминизм
deterrence [di'terəns] устрашение, отпугивание
deterrent [di'terənt] **1.** удерживающее средство || удерживающий; препятствующий **2.** ингибитор [замедлитель] реакции
  alcohol ~s алкогольные ингибиторы *(препараты, препятствующие окислению алкоголя)*
detersion [di'tə:ʃn] промывание, очищение *(раны, язвы)*
detersive [di'tə:siv] *см.* **detergent**
detestation [,di:te'steiʃn] **1.** *псих.* сильное отвращение, омерзение **2.** отталкивающий человек
dethyroidism [di'θairɒidizm] *энд.* атиреоз; микседема

detorsion [di'tɔ:ʃn] **1.** деторсия *(раскручивание спирали)*, расправление заворота *(напр. кишки)*; устранение патологического изгиба *(напр. мочеточника)* **2.** эмбр. нарушение процесса внутриутробного поворота *(напр. сердца)*

~ of amentum расправление заворота сальника

~ of spermatic cord раскручивание заворота семенного канатика

detox [di:'tɒks], **detoxi(fi)cation** [di,tɒksifi'keiʃn] **1.** обезвреживание яда, детоксикация, дезинтоксикация **2.** устранение токсического действия лекарственного средства **3.** снижение вирулентности микроорганизма

hepatic ~ детоксикация печенью

human ~ детоксикация человека *(напр. больного наркоманией)*

natural ~ естественная детоксикация

ultrashort ~ сверхбыстрая детоксикация

detriment ['detrimənt] вред, пагубность *(для здоровья)*

total health ~ общий ущерб для здоровья

detrimental [detri'mentl] вредный для здоровья

~ to recovery ухудшение выздоровления

detrition [di'triʃn] стирание, стираемость *(напр. зубов)*

detritus [dit'raitəs] детрит *(кашицеобразный продукт распада тканей)*

detruncate [di:'trʌŋkeit] **1.** декапитировать, обезглавливать *(погибший плод)* **2.** срезать, укорачивать

detruncation [di:trʌŋ'keiʃn] декапитация, обезглавливание *(плодоразрушающая операция)*

detrusor [di:'tru:sə:] детрузор *(мышечная оболочка мочевого пузыря)*

noncontractile ~ аконтрактильный детрузор

unstable ~ нарушение адаптационной функции детрузора; нестабильный детрузор

detubation [di:tjʊ'beiʃn] деканюляция; экстубация

detumescence [di:tjʊ'mesəns] детумесценция *(1. уменьшение, стихание, обратное развитие – отёка, тургора и пр. 2. прекращение эрекции)*

deuteranomalopia [,dju:terənəʊ'leməʊpiə], **deuteranopia** [,dju:terən'əʊpiə] дейтераномалия, дейтеранопия, нарушение восприятия зелёного цвета

deuterencephalon [,dju:terən'sefələn] эмбр. задний мозговой пузырь

deuterium-labelled [,dju:'ti:riəm-'leibld] меченный дейтерием

deuterium-loaded [,dju:'ti:riəm-'ləʊdid] насыщенный дейтерием

deuterocoel [,dju:terəʊ'si:l] целом, дейтероцель, вторичная полость *(зародыша)*, метацель

deuteromycetes [,dju:terəʊmai'si:ti:z] дейтеромицеты, несовершенные грибы

pathogenic ~ микол. патогенные дейтеромицеты

deuteropathy [,dju:te'rɒpəθi] «вторичное» заболевание *(развившееся на фоне «первичного» заболевания)*

deut(er)oplasm ['dju:terəʊplæzm] цитол. дейтероплазма, дейтоплазма, параплазма

deutipara [dju:'tipərə] повторнородящая

deutoplasm ['dju:təʊplæzm] дейтоплазма *(включения цитоплазмы, служащие питательным материалом в яйцеклетках)*

deutoxide ['dju:tɒksaid] тяжёлая вода, оксид дейтерия

devaporation [di:,væpə'reiʃn] конденсация пара

devascularization [di:,væskjʊləri'zeiʃn] прекращение или нарушение кровоснабжения

devastation [,devəs'teiʃn] **1.** девастация *(полное уничтожение паразитов)* **2.** изнурение, истощение; резкое нарушение функции

develop [di'veləp] **1.** развивать, совершенствовать, формировать **2.** распространяться *(о болезни)* **3.** проявлять *(напр. рентгеновскую плёнку)*

to ~ a trusting relationship установить доверительные отношения

developer [di'veləpə]:

late ~ ребёнок с запоздалым развитием

development [di'veləpmənt] **1.** рост, развитие **2.** эволюция **3.** расширение; совершенствование; улучшение **4.** разработка **5.** проявление *(напр. рентгеновской плёнки)*

~s in obstetrics успехи в акушерстве

~ of antiserum создание антисыворотки *(напр. к колониестимулирующему фактору)*

~ of circulating antibodies продуцирование циркулирующих антител

~ of decubitus ulcer патогенез [развитие] пролежневой язвы

~ of drugs разработка лекарственных средств

~ of folates разработка фолатов *(в химиотерапии рака)*

~ of health statistical services развитие служб санитарной статистики *(ВОЗ)*

~ of a limited formulary разработка ограниченного формуляра лекарственных препаратов

~ of source testing улучшение отбора проб *(в источнике)*

~ of stricture возникновение стеноза

abnormal ~ аномалия развития; патологическое развитие

advanced sexual ~ преждевременное половое развитие, или созревание

arrested ~ задержка развития, гипоплазия, недоразвитие

behavioral ~ поведенческое развитие

child ~ развитие ребёнка

cognitive ~ развитие познавательных способностей

colony ~ развитие [рост] колоний

embryonic ~ эмбриогенез, формирование эмбриона, развитие зародыша

faulty ~ порок развития, аномалия

greater ~ выраженное [ускоренное] развитие *(напр. одной из костей черепа)*

health manpower ~ подготовка медицинских работников или медперсонала

impaired [imperfect] ~ аномалия [порок] развития

incomplete ~ см. **arrested ~**

indeterminate ~ недетерминированное развитие

in vitro ~ развитие вне организма

life-span ~ возрастное развитие

mental ~ умственное развитие

moral ~ психол. нравственное развитие

motor ~ развитие моторики *(двигательных навыков)*

population ~ рост численности населения

postnatal ~ постнатальное развитие

precocious sexual ~ см. **advanced sexual ~**

prenatal ~ внутриутробное [пренатальное] развитие

retarded growth and mental ~ задержка физического и психомоторного развития

sexual ~ 1. половая дифференцировка 2. половое развитие, или созревание

side effect ~ развитие побочной реакции

sustainable ~ целенаправленное развитие; устойчивое развитие

tubular cast ~ образование цилиндров в канальцах *(почек)*

vaccine ~ разработка вакцины

water resources ~ освоение водных ресурсов

X-ray imaging ~ рентгеновский электронно-оптический преобразователь

developmental [di,veləp'mentl] развивающийся; эволюционный

deviance ['di:viəns] девиация, отклонение *(о поведении, выходящем за рамки принятого в обществе)*

deviant ['di:viənt] 1. девиантный, аномальный; имеющий *какие-л.* отклонения *(от нормы)* 2. психически больной, девиантная личность 3. лицо, склонное к извращениям *(обычно половым)*

deviation [,di:vi'eiʃn] 1. девиация, отклонение *(от нормы, общепринятого стандарта)* 2. извращение

~ **of eye** девиация глаза

~ **of gene equilibrium** нарушение равновесия генов

~ **of homeostasis** изменение гомеостаза

~ **of mandible** боковое смещение нижней челюсти

~ **of mediastinum** смещение средостения

~ **of nasal septum** искривление носовой перегородки

average ~ *стат.* усреднённое отклонение

axis ~ отклонение электрической оси *(сердца)*

complement ~ изменение титра комплемента

confidence ~ доверительное отклонение

conjugate ~ *невр.* «содружественное отклонение» *(глаз и головы в сторону поражённого полушария головного мозга)*

immune ~ иммунная девиация *(избирательное подавление замедленной гиперчувствительности)*

intrinsic ~ интринсикоидная девиация *(внутреннее отклонение ЭКГ)*

latent ~ гетерофория, скрытое косоглазие

manifest ~ косоглазие, гетеротропия, страбизм

mean square ~ среднеквадратичное отклонение

midline ~ медиальное смещение *(напр. зубов)*

normal equivalent ~ *биом.* нормальный квантиль

psychiatric ~s психические отклонения

sexual ~ сексуальное [половое] извращение или отклонение, сексуальная девиация

skew ~ косоглазие *(при котором один глаз движется вниз, а другой вверх)*

spinal ~ искривление позвоночника

standard ~ стандартное отклонение; среднее квадратичное отклонение

tracheal ~ смещение [девиация] трахеи *(напр. при лобарной эмфиземе)*

device [di'vais] 1. устройство; приспособление; прибор; аппарат 2. приём; метод; способ 3. схема; план; проект

~ **for arm extension** шина для вытяжения руки

automix ~ *фирм.* автоматическое устройство для образования кислородно-воздушной смеси

blocking ~ фиксатор, стопор; арретирующее приспособление

cast brace ~ гипсовый корсет

circular stapling ~ циркулярносшивающий аппарат

circulatory assist ~ аппарат вспомогательного кровообращения

colony screening ~ прибор для анализа колоний бактерий

computer simulation training ~s компьютерный тренажёр для обучения *(напр. технике эндоскопии)*

contraceptive ~ механическое противозачаточное средство

cryosurgical ~ криохирургический аппарат или прибор

dental ~ зубоврачебная [стоматологическая] установка

direct access storage ~ запоминающее устройство с прямым доступом

disposable ~ предмет разового использования

dissolved oxygen measurement ~ устройство для измерения растворённого кислорода

dosing ~ *фарм.* дозатор

drain-irrigation ~ ирригационно-дренирующая система *(для лечения гнойной раны)*

emergency oxygen delivery ~ лёгочный автомат

exhaust gas analyzing ~ анализатор отходящих газов

external fixation ~ наружный фиксирующий аппарат *(при переломе)*

flushing ~ промывное устройство

gel-holding ~ устройство для удерживания геля *(при резке)*

headrest ~ опора [подставка] для головы, подголовник

implantable ~ имплантируемый аппарат *(напр. электрокардиостимулятор)*

intrauterine ~s внутриматочные противозачаточные средства

left ventricular assist ~ левожелудочковый аппарат вспомогательного кровообращения

locking ~ *мед. тех.* запирающее устройство

medical ~ медицинский инструмент *(напр. бронхосшивающий аппарат)*

medical traction ~s средства санитарного транспорта

Minerva ~ гипсовый корсет для иммобилизации позвоночника

mnemonic ~ *психол.* мнемонический приём *(имеющий целью облегчить запоминание)*

monitoring ~ монитор; контролирующее устройство

occult blood testing ~ прибор для определения скрытой крови

performance ~ установка для исследования работоспособности

pH indication control ~ pH-метрия

pressure measurement ~ аппарат для измерения давления, манометр

prosthetic ~ протез

protective ~ защитное приспособление

pulsed Doppler ~ импульсно-волновой допплеровский аппарат

respiration ~ дыхательная приставка; респиратор

safety ~ защитное приспособление; устройство для обеспечения безопасности

sample splitting ~ прибор для взятия образцов

scanning ~ сканирующее устройство, сканер
screening ~ фотофлюорограф
sensing ~ датчик, чувствительный элемент
shape memorizing ~ конструкция с памятью формы
spot film ~ приспособление для прицельной рентгенографии
stapling ~ *см.* **suturing** ~
straddling ~ дилататор
suction ~ аспирационная установка, аспиратор
suturing ~ сшивающий аппарат
therapeutical ~ терапевтическое изделие или средство (*напр. шприц*)
traction ~ устройство для скелетного вытяжения
training ~ тренажёр; учебно-тренировочный стенд
ultrasonic ~ ультразвуковая установка
vaporizing ~ испаритель (*наркозного аппарата*)
devil ['devl] 1. дьявол, сатана, чёрт 2. страшный, коварный человек
  "blue ~s" 1. меланхолия, уныние 2. белая горячка
  "red ~s" *sl.* секонал (*барбитурат с наркотическим действием*)
deviometer [di:vi'ɒmətə] страбометр (*устройство для определения положения зрительных осей при косоглазии*)
devisceration [di:visə'reiʃn] эвисцерация, экзентерация (*1. извлечение внутренних органов трупа 2. этап плодоразрушающей операции*)
devitalize [di:'vaitəlaiz] лишать жизнеспособности; делать безжизненным, умерщвлять; *стом.* девитализировать
devitalizer [di:'vaitəlaizə]:
  pulp ~ депульпатор зуба
devolution [di:vəʊ'lu:ʃn] 1. вырождение; перерождение, регресс; дегенерация 2. катаболизм
devotedness [di'vəʊtidnəs] преданность
dew [dju:] роса
dewaterer [di:'wɒtərə] поглотительный фильтр
dewatering [di:'wɒtəriŋ] дегидратация, обезвоживание (*организма*)
dewomb [di:'wu:m] потеря женщиной репродуктивной функции; «удаление» матки
deworming [di:'wə:miŋ] дегельминтизация, дегельминтация
dexiocardia [deksi:əʊ'ka:diə] *см.* **dextrocardia**
dextral ['dekstrəl] 1. расположенный справа, правосторонний, правый 2. правша
dextrality [deks'træliti] праворукость (*преобладание правых конечностей в произвольных движениях*)
dextraural [deks'trɔ:rəl] 1. с функциональным преобладанием правого уха 2. относящийся к правому уху
dextrinosis [dekstri'nəʊsis] гликогеноз, гликогеновая болезнь
dextrism [dek'strizm] *см.* **dextrality**
dextrocardia [dekstrəʊ'ka:diə] 1. декстропозиция сердца, смещение сердца вправо 2. декстрокардия, правостороннее расположение сердца
  corrected [false, isolated] ~ изолированная декстрокардия (*при нормальном расположении желудка, печени и селезёнки*)
  mirror-image ~ зеркальная [истинная] декстрокардия
  secondary ~ декстропозиция сердца, смещение сердца вправо

dextrocerebral [dekstrəʊ'serəbrəl] с функциональным преобладанием правого полушария головного мозга
dextrocularity [dekstrɒkju'læriti] функциональное преобладание правого глаза
dextroduction [dekstrəʊ'dʌkʃn] отклонение зрительной оси вправо
dextroglucose [dekstrəʊ'glu:kəʊs] *см.* **dextrose**
dextrogram ['dekstrəʊgræm] правограмма (*в электрокардиограмме*)
dextropedal [deks'trɒpədəl] с функциональным преобладанием правой ноги
dextrophobia [dekstrəʊ'fəʊbiə] декстрофобия (*патологическая боязнь всего что находится справа*)
dextroposition [dekstrəʊpə'ziʃn] декстропозиция (*смещение органа вправо*)
  ~ **of the aorta** декстропозиция аорты
dextrorotation [dekstrəʊrəʊ'teiʃn] поворот (*органа*) вправо, декстроротация, декстроверсия
  ~ **of the heart** декстроротация сердца
dextrose ['dekstrəʊs] Д-глюкоза, виноградный сахар, декстроза
  ~ **monohydrate** медицинская [очищенная] глюкоза
  citrate phosphate ~ цитроглюкофосфат (*гемоконсервант*)
dextroversion [dekstrəʊ'və:ʃn] *см.* **dextrorotation**
dezymotize [di:'zaimətaiz] 1. нейтрализовать ферменты 2. дезинфицировать
Diabcard ['daiəbka:d] 1. электронная карточка больных сахарным диабетом 2. система карточек больных диабетом
diabetes [daiə'bi:ti:z] диабет (*при термине без определения имеется в виду сахарный диабет*)
  ~ **albuminuricus** сахарный диабет с нефротическим синдромом
  ~ **innocens** почечный диабет, почечная глюкозурия
  ~ **insipidus** несахарный диабет
  ~ **mellitus** сахарный диабет
  ~ **of bearded women** диабет бородатых женщин, Ашара – Тьера синдром
  achrestic ~ *см.* **non-insulin-dependent** ~
  aggravated ~ обострившийся диабет
  alimentary ~ алиментарная глюкозурия
  alloxan ~ аллоксановый диабет
  artificial ~ экспериментальный диабет
  biliary ~ билиарный цирроз печени, Ано(– Рёссле) цирроз печени
  brittle ~ лабильный сахарный диабет
  bronzed ~ гемохроматоз, бронзовый диабет, гемомеланоз, пигментный цирроз
  cerebral [central] ~ сахарный диабет, развившийся после черепно-мозговой травмы
  clinical ~ **mellitus** клинический [манифестирующий] сахарный диабет
  growth-onset [insulin-dependent] ~ **mellitus** инсулинзависимый [юношеский, истинный] сахарный диабет, диабет I типа
  insulin-independent ~, **insulin-resistant** ~ *см.* **non-insulin-dependent** ~
  juvenile(-onset) ~ *см.* **growth-onset** ~

ketoacidotic ~ mellitus диабетический кетоацидоз

"lean" ~ сахарный диабет «тощих» *(некомпенсированный диабет, осложнённый истощением)*

lipogenous ~ *см.* **"obese" ~**

maturity-onset [non-insulin dependent] ~ mellitus инсулинорезистентный сахарный диабет, сахарный диабет II типа

nonketonic hyperosmolar ~ mellitus гиперосмолярный некетоацидотический синдром

"obese" ~ диабет «тучных» *(относительно доброкачественная форма сахарного диабета)*

occult ~ скрытый [латентный] диабет

piqûre ~ *фр.* пункционный сахарный диабет *(развивающийся после пункции дна четвёртого желудочка у животного, укол К. Бернарда)*

poorly controlled [regulated] ~ сахарный диабет в фазе декомпенсации

potential ~ потенциальный диабет, предиабет

prematurity-onset [simple] ~ mellitus *см.* **growth-onset ~**

streptozotocin-induced ~ стрептозотоциновый диабет

transitory ~ транзиторный [преходящий] диабет

true ~ *см.* **growth-onset ~**

diabetic [daiə'betik] **1.** диабетический **2.** больной диабетом

peripatetic ~ страдающий лабильной формой диабета

diabetid [daiə'bi:tid] диабетид *(кожные проявления диабета)*

diabetidum [daiə'bi:tidəm]:

~ **intertriginosum** диабетическая опрелость

diabetogenic [ˌdaiəbitəʊ'ʤenik] диабетогенный, вызывающий диабет

diabetogenous [ˌdaiəbi'trʤənəs] обусловленный [вызванный] диабетом

diabrotic [daiə'brɒtik] разъедающий, едкий; коррозионный

diacele ['daiəsi:l] *уст.* третий желудочек *(головного мозга)*

diaceturia [dai,æsət'ju:riə] диацетурия *(наличие ацетоуксусной кислоты в моче)*

diacetylmorphine [daiə,si:təl'mɔ:fin] героин

diachylon [dai'ækilɒn], **diachylum** [dai'ækilʊm] *уст.* свинцовый пластырь

diacid [dai'æsid] двухосновная кислота ǁ двухосновный, двухкислотный

diaclasia [daiæk'leiziə], **diaclasis** [dai'ækləsis] преднамеренный перелом *(для исправления деформации кости)*

diaclast ['daiækləst] краниокласт, краниотрактор, акушерские костные щипцы

diacrisis [dai'ækrisis] **1.** диагноз **2.** диагностика

diacritic(al) [daiə'kritikəl] диагностический; отличительный

diactinic [daiæk'tinik] прозрачный для ультрафиолетового излучения

diadochokinesis [dai,ædəʊkəʊki'ni:sis] диадохокинез *(способность производить противоположные движения быстро одно за другим, напр. сгибание и разгибание)*

diagnose ['daiəgnəʊs] **1.** ставить диагноз, диагностировать **2.** распознавать; выявлять

to ~ the case поставить диагноз больному

diagnosis [ˌdaiəg'nəʊsis] **1.** диагноз **2.** диагностика

~ **by exclusion** диагностика методом исключения

~ **ex juvantibus** диагностика пробным лечением

to make the ~ поставить диагноз

accessory ~ сопутствующий диагноз

accurate ~ правильный [точный] диагноз

admission ~ диагноз при поступлении

anatomical ~ *см.* **topical ~**

antemortem ~ предсмертный диагноз

antenatal ~ *см.* **prenatal ~**

apparent ~ очевидный [явный] диагноз

automated ~ автоматизированная диагностика *(напр. состояния плода)*

bedside ~ *см.* **clinical ~**

behavior ~ поведенческий диагноз *(устанавливаемый на основании наблюдения за поведением больного)*

biological ~ биологическая диагностика *(с проведением биологической реакции, напр. Ашгейма – Цондека)*

borderline ~ диагноз пограничного состояния

cardiac ~ диагностика болезней сердца

chart ~ диагноз по истории болезни

chiropractic ~ мануальная диагностика

clinical ~ клинический [больничный] диагноз

computer-assisted ~ компьютерная [машинная] диагностика

cytologic ~ цитологическая диагностика, цитодиагностика

definitive ~ 1. заключительный диагноз **2.** точная диагностика

delayed ~ поздний [запоздалый] диагноз

desktop ~ *см.* **computer-assisted ~**

differential ~ дифференциальная диагностика

direct ~ непосредственная диагностика *(основанная на обнаружении патогномоничных симптомов)*

discharge ~ заключительный диагноз; диагноз при выписке

dual ~ *наркол.* парный [смешанный] диагноз *(1. наличие у одного человека состояния, вызванного двумя [несколькими] психоактивными веществами 2. состояние наркотического опьянения у психически больного)*

echo-guided bioptic ~ диагностика с помощью биопсии под ультразвуковым контролем

environmental ~ эпидемиологическая диагностика *(напр. определение источника отравления)*

error ~ 1. ошибочный диагноз **2.** ошибочная диагностика

expeditions ~ экстренная диагностика *(напр. острого холецистита ультрасонографией)*

final ~ *см.* **definitive ~ 1**

hospital ~ *см.* **clinical ~**

indeterminate ~ неясный [неточный] диагноз

initial ~ первоначальный диагноз

instant ~ экспресс-диагностика

intrauterine ~ *см.* **prenatal ~**

life-time ~ прижизненная диагностика

localization ~ *см.* **topical ~**

main ~ основной (клинический) диагноз

missed ~ *см.* **error ~**

most common ~ наиболее распространённый диагноз

multiple ~ диагноз сочетанных болезней

negative ~ негативная диагностика *(путём исключения)*

niveau ~ *фр., см.* **topical ~**

nursing ~ диагностика в сестринской практике

original ~ *см.* **initial** ~

pathological ~ морфологический [патогистологический] диагноз

pediatric X-ray ~ рентгенодиагностика в педиатрии

phage ~ фагодиагностика

physical ~ диагностика с помощью физических [физикальных] методов исследования

physiologic ~ 1. функциональная диагностика 2. функциональный диагноз

postmortem ~ 1. посмертная диагностика 2. патологоанатомический диагноз

potential ~ возможные диагнозы (*при дифференциальной диагностике*)

preclinical ~ доклиническое распознавание болезни, диагноз до проявления клинических признаков

predominant ~ основной диагноз

prenatal ~ 1. пренатальная [антенатальная, внутриутробная] диагностика 2. дородовый диагноз

presumptive ~ предполагаемый [гипотетический] диагноз

primary ~ 1. первичный диагноз 2. основной диагноз

principal ~ *см.* **main** ~

provisional ~ предварительный диагноз

psychiatric ~ психиатрический диагноз, диагноз психического расстройства

psychosomatic ~ диагностика психосоматических расстройств

pulmonary ~ исследование внешнего дыхания

radiologic ~ 1. радионуклидная [радиоизотопная] диагностика 2. рентгенодиагностика

rapid ~ *см.* **instant** ~

rays ~ лучевая диагностика (*включающая рентгенорадиологические и ультразвуковые методы исследования*)

regional ~ *см.* **topical** ~

self-report ~ *псих.* диагностика по самоотчёту

serum ~ серологическая диагностика, серодиагностика

subsidiary ~ второстепенный [вспомогательный] диагноз

supersonic ~ *см.* **ultrasonic** ~

supplementary ~ дополнительный диагноз

surgical ~ операционный диагноз

syndrome ~ синдромальная диагностика

"table-top" ~ «лёгкий» диагноз

tentative ~ *см.* **presumptive** ~

tissue ~ гистологический диагноз

top ~ *см.* **main** ~

topical [topographical] ~ топическая диагностика

ultimate ~ *см.* **definitive** ~ 1

ultrasonic [ultrasound] ~ ультразвуковая диагностика

uncertain ~ сомнительный [неопределённый, предполагаемый] диагноз

unconfirmed ~ неподтверждённый диагноз

vascular ~ диагностика сосудистых заболеваний

virus ~ диагностика вирусных болезней

X-ray ~ рентгенологическая диагностика, рентгенодиагностика

diagnosticate [ˌdaiəgˈnɒstikeit] ставить диагноз, диагностировать

diagnostician [ˌdaiəgnɒsˈtiʃn] диагност

primary ~ врач, поставивший первичный диагноз

diagnostics [ˌdaiəgˈnɒstiks] семиотика, симптоматология (*теория и практика диагностики болезней*)

~ **of intoxications** диагностика интоксикаций

aggressive ~ инвазивные диагностические процедуры (*напр. плевральная пункция*)

molecular ~ молекулярная диагностика (*выявление микроорганизма, специфического вещества или изменённой нуклеотидной последовательности, ответственных за определённое заболевание*)

palmistry ~ пальмарная диагностика (*диагностика по ладонным линиям*)

quantitative ~ количественная диагностика

surgical ~ операционная диагностика

diagnosticum [ˌdaiəgˈnɒstikʊm] диагностикум (*набор биологических или химических реактивов для диагностики in vitro*)

diagram [ˈdaiəgrəm] схема; диаграмма; графическое изображение

block ~ структурная схема

dot ~ точечная диаграмма

idealized ~ схематичная диаграмма

Lexis ~ сетка Лексиса (*графическое изображение демографических процессов*)

scatter ~ *стат.* рассеянная диаграмма

diagynic [ˈdaiəʤinik] *биол.* диагенический (*сцепленный с полом и передающийся через X-хромосому от мужской особи мужской особи через женскую*)

diakinesis [ˌdaiəkiˈniːsis] диакинез (*поздняя фаза профазы мейоза*)

dialysance [daiˈælisəns] объём крови, очищенной в искусственной почке или при перитонеальном диализе за единицу времени

dialysate [daiˈæliseit] диализат (*компоненты, проходящие через диализирующую мембрану*)

dialysis [daiˈælisis] 1. диализ 2. разрыв (*напр. мочеточника*)

continuous ~ непрерывный диализ

counterflow ~ противоточный диализ

equilibrium ~ равновесный диализ

extracorporeal ~ 1. экстракорпоральный диализ 2. гемодиализ

high efficiency ~ высокоэффективный (гемо)диализ

home peritoneal ~ перитонеальный диализ в домашних условиях

intermittent peritoneal ~ фракционный [перемежающийся, прерывистый] перитонеальный диализ

lymph ~ лимфодиализ

maintenance ~ поддерживающий [продолжительный] диализ

peritoneal ~ перитонеальный диализ, или лаваж

pressure ~ вакуум-фильтрация, ультрафильтрация

renal ~ гемодиализ

sorptional colonal ~ толстокишечный лаваж

traumatic retinal ~ травматический разрыв сетчатки (*глаза*)

dialyzable [ˌdaiəˈlaizəbl] поддающийся диализу, диализируемый

dialyze ['daiəlaiz] диализировать, проводить диализ

to ~ the patient with renal failure проводить диализ у больного с почечной недостаточностью

dialyzer ['daiə͵laizə] диализатор

renal ~ аппарат для почечного диализа, аппарат «искусственная почка»

diameter [dai'æmətə]:

biacromial ~ поперечный размер плечиков плода

biparietal ~ бипариетальный размер головки плода *(расстояние между теменными буграми)*

bitemporal ~ расстояние между венечными швами

conjugate ~ конъюгата *(таза)*

end-diastolic ~ конечный диастолический диаметр

end-systolic ~ конечный систолический диаметр

frontomental ~ лобно-подбородочное расстояние

intertuberous ~ расстояние между седалищными буграми

laser beam ~ диаметр лазерного пучка

midsagittal ~ среднесагиттальный диаметр *(спинно-мозгового канала)*

minimal lumen ~ минимальный диаметр просвета *(напр. коронарной артерии)*

oblique ~ косой диаметр *(таза)*

occipitofrontal ~ *акуш.* затылочно-лобный размер *(плода)*

occipitomental ~ *акуш.* затылочно-подбородочный размер *(плода)*

outside ~ наружный диаметр

transverse ~ поперечный диаметр *(таза)*

vertebromammary ~ сагиттальный диаметр грудной клетки

visible iris ~ диаметр видимой радужки

diamonds ['daiəmɒndz] эритематозная форма рожистого воспаления

diandric [dai'ændrik] *биол.* диандрический *(сцепленный с полом и передающийся от женской особи к женской через мужскую особь)*

dianoetic [͵daiənəʊ'etik] относящийся к интеллекту

diapause ['daiəpɔːz] диапауза *(период физиологического покоя или спячки)*

diapedesis [͵daiəpə'diːsis] диапедез (выхождение форменных элементов крови через неповреждённую стенку сосудов)

diapedetic [͵daiəpə'detik] относящийся к диапедезу, диапедезный

diaper ['daiəpə] пелёнка ‖ пеленать

triple ~s 1. валик из трёх пелёнок *(для лечения врождённого вывиха бедра)* **2.** широкое пеленание

diapeutics ['daiəpjuːtiks] диапевтика *(диагностика и терапия)*

diaphanometry [dai͵æfə'nɒmətri] диафанометрия *(определение степени прозрачности жидкостей или газов)*

diaphanoscopy [dai͵æfə'nɒskəpi] диафаноскопия *(просвечивание, напр., глазного яблока узким пучком света)*

diaphanous [dai'æfənəs] прозрачный, просвечивающий; пропускающий *(свет)*

diaphemetric [dai͵æfə'metrik] относящийся к определению тактильной чувствительности

diaphoresis [͵daiəfə'riːsis] **1.** потливость, потоотделение, потение **2.** пот

diaphoretic [͵daiəfəʊ'retik] потогонное средство ‖ потогонный

diaphragm ['daiəfræm], *лат.* **diaphragma** ['daiəfræmə], *pl.* **diaphragmata** [daiə'fræmətə] **1.** перегородка, перепонка, мембрана **2.** диафрагма

~ of mouth челюстно-подъязычная мышца, диафрагма рта

accessory ~ мочеполовая диафрагма

antral mucosal ~ слизистая мембрана антрального отдела желудка

Bucky ~ *рентг.* отсеивающая решётка, Букки диафрагма

congenital ~ врождённая мембрана, или перепонка

flattened ~ уплощённая диафрагма

operating ~ рабочая мембрана *(лёгочного автомата)*

oral ~ *см.* **~ of mouth**

pelvic ~ диафрагма таза

secondary [urogenital] ~ мочеполовая диафрагма

diaphragmatocele [͵daiəfræg'mætəʊsiːl] диафрагмальная грыжа

diaphyseal [͵daiə'fiziəl] диафизарный

diaphysectomy [͵daiəfiz'ektəmi] диафизэктомия *(частичное или полное удаление диафиза)*

diaphysial [͵daiə'fiziəl] *см.* **diaphyseal**

diaphysis [dai'æfisis], *pl.* **diaphyses** [dai'æfisiːz] диафиз

diaplacental [͵daiəplei'sentl] трансплацентарный

diaplasis [dai'æpləsis] вправление *(вывиха)*; репозиция *(отломков кости)*

diaplexus [daiæp'leksəs] сосудистое сплетение третьего желудочка *(головного мозга)*

diapophysis [͵daiə'pɒfisis] верхняя суставная поверхность поперечного отростка позвонка

diapulse [͵daiə'pʌls] альтернирующий пульс

diapyesis [͵daiəpai'iːsis] нагноение

diapyetic [͵daiəpai'etik] **1.** гноящийся, нагнаивающийся **2.** вызывающий нагноение

diarrhea [͵daiə'riə] понос, диарея

~ alba *см.* **hill ~**

antibiotic-induced ~ диарея, обусловленная антибиотиками

bloodstained ~ кровавый понос; кровянистые испражнения

bloody mucoid ~ стул с кровью и слизью

choleraic ~ холерный понос

Cochin-China ~ 1. стронгилоидоз, кохин-хинская диарея **2.** тропическая спру

enteral ~ энтеральный понос

fatty ~ стеаторея, жирный стул

gastrogenic ~ гастрогенный понос

hill ~ высотная [горная] диарея

intermittent ~ перемежающийся понос

intractable ~ профузный понос

large bowel ~ толстокишечная диарея

nervous ~ неврогенная [дискинетическая] диарея

pancreatogenous ~ панкреатический понос

persistent ~ *см.* **refractory ~**

prolonged ~ продолжительная диарея

postvagotomy ~ диарея после ваготомии

pure secretory ~ истинная секреторная диарея

refractory ~ рефрактерная диарея

self-limiting ~ самокупирующаяся диарея

serous ~ водянистый стул

traveller's ~ понос путешественников (наиболее часто вызываемый Escherichia coli)

tropical ~ 1. см. **Cochin-China** ~ 2. тропическая спру

tubular ~ слизисто-перепончатый колит, слизистая колика

virus ~ вирусная [эпидемическая] диарея, эпидемический понос

watery mucoid ~ водянистый стул со слизью

weanling ~ понос у детей при отнятии от груди

diarrheal [ˌdaiəˈriəl], **diarrheic** [ˌdaiəˈriːiːk] вызывающий понос; относящийся к поносу

diarrhemia [ˌdaiəˈriːmiə] геморрагический асцит

diarthrosis [ˌdaiəˈθrəusis], *pl.* **diarthrosis** [ˌdaiəˈθrəusiz] сустав, диартроз, синовиальное соединение

~ **ambigua, rotatory** ~ вращательный [цилиндрический] сустав

synarthrodial ~ синартроз (неподвижное соединение костей с помощью фиброзной ткани – синдесмоз, хрящевой – синхондроз, костной – синостоз)

diary [ˈdaiəri]:

drinking ~ дневник пьющего (ежедневные записи об обстоятельствах, характере и количестве выпитого с целью налаживания самоконтроля над потреблением алкоголя)

diaschisis [daiˈæskisis] невр. диасхиз (выпадение функции нейронов при прекращении поступления к ним возбуждающих импульсов), Монакова феномен

crossed cerebellar ~ перекрёстный мозжечковый диасхиз (снижение энергетического метаболизма в полушарии мозжечка на стороне, противоположной ишемическому поражению большого полушария мозга)

diascopy [daiˈæskəpi] диаскопия, витропрессия (метод диагностики кожных болезней)

diastalsis [daiəsˈtælsis] уст. перистальтика

diastase [daiəˈsteis] амилаза, уст. диастаза (общее название ферментов, расщепляющих крахмал, гликоген и олигосахариды)

diastasis [daiˈæstəsis] 1. расхождение отломков кости, диастаз 2. кард. фаза медленного наполнения

diastasuria [ˌdaiəsteisˈjuːriə] амилазурия, нрк. диастазурия (повышенная активность амилазы мочи)

diastema [ˌdaiəˈstiːmə], *pl.* **diastemata** [ˌdaiəˈstiːmətə] диастема (врождённый широкий промежуток между центральными резцами)

diastematocrania [ˌdaiəˌstemətəuˈkreiniə] врождённое незаращение сагиттального шва черепа

diastematomyelia [ˌdaiəˌstemətəumaiˈiːliə] диастематомиелия (врождённое расщепление спинного мозга и его оболочек)

diastematopyelia [ˌdaiəˌstemətəupaiˈiːliə] врождённое раздвоение таза

diastereoisomer [ˌdaiəˌsteriəuˈaisəumə] диастереоизомер (соединение, имеющее две оптически активные формы)

diastole [daiˈæstəliː] диастола (фаза сердечного цикла)

diastomyelia [daiˌæstəumaiˈiːliə] диастомиелия (удвоение спинного мозга)

diatherm [daiəˈθɜːm] аппарат для диатермии

diathermal [daiəˈθɜːməl] 1. пропускающий тепловое излучение 2. диатермический

diathermize [ˌdaiəθɜːˈmaiz] производить электрохирургическое воздействие (рассечение, коагуляцию)

diathermy [daiəˈθɜːmi] 1. диатермия 2. диатермокоагуляция

biterminal ~ биполярная диатермокоагуляция

microwave ~ микроволновая терапия, СВЧ-терапия

monoterminal ~ монополярная диатермокоагуляция

short wave ~ индуктотермия; коротковолновая диатермия, или терапия

surgical ~ электрохирургия, электрокоагуляция

ultrashort wave ~ ультравысокочастотная (ультракоротковолновая) терапия, УВЧ-терапия

diathesis [daiˈæθəsis] диатез

bleeding ~ геморрагический диатез

exudative ~ экссудативный диатез

fibrotic ~ фиброзный диатез

furuncular ~ предрасположенность к фурункулёзу

genetic ~ наследственный диатез

gouty ~ предрасположенность к подагре

hemorrhagic ~ геморрагический диатез

lithic ~ см. **uratic** ~

non-atopic allergic ~ неатопический аллергический диатез

psychopathic ~ невропатический диатез

spasmophilic ~ спазмофилия, спазмофилический диатез, детская тетания

uratic ~ мочекислый диатез

diatoma [daiəˈtəumə]:

~ **sinensis** двуустка китайская (возбудитель описторхоза)

diauxie [daiˈɔːksi] диауксия (последовательное потребление организмами двух разных углеводов питательной среды)

diaxon(e) [daiˈæksɒni] биполярный нейрон

diazone [ˈdaiəzəun] тёмные полосы зубного шлифа

dicentric [daiˈsentrik] дицентрическая хромосома ǁ дицентрический, имеющий две центромеры

dicephalus [daiˈsefələs] дицефал (сросшиеся близнецы с двумя головами и одним туловищем)

dicheilia [daiˈkailiə] удвоение губы (наличие патологической складки)

dich(e)iria [daiˈkairiə], **dich(e)irus** [daiˈkairəs] дихирия (врождённое удвоение кисти)

dichlorination [ˌdaiklɒriˈneiʃn] дихлорирование

dichlorodiphenyltrichloroethane (DDT) [daiˌklɔurəudaiˌfeniltraiˌklɒrəuˈeθein] ист. дихлордифенилтрихлорэтан, ДДТ (инсектицид; препарат длительное время сохраняет токсичность в окружающей среде)

dichorial [daiˈkɔuriəl], **dichorionic** [daiˌkɔuriˈɒnik] дихориальный, бихориальный (имеющий два раздельных хориона плаценты у разнояйцовых близнецов)

dichotomy [daiˈkɒtəmi] дихотомия, раздвоение

dichroism [ˈdaikrəuizəm] дихроизм (изменение окраски в проходящем свете у веществ с двойным лучепреломлением)

magnetic circular ~ метод магнитного кругового дихроизма

dichromasy [dai'krəʊməsi] дихромазия (*восприятие лишь двух из трёх основных цветов*)

dichromatic [ˌdaikrəʊ'mætik] **1.** двухцветный **2.** относящийся к дихромазии

dichromatism [dai'krəʊmətizm] дихроматизм (*1. состояние дихроматичности 2. дефект цветного зрения, при котором в колбочках сетчатки присутствует лишь два из трёх зрительных пигментов*)

dichromatopsia [ˌdaikrəʊmə'tɒpsiə] дихроматопсия (*нарушение цветового зрения*)

dichromophilism [ˌdaikrəʊ'mɒfilizm] способность окрашиваться основными и кислотными красителями

dichrotopsia [ˌdaikrəʊ'tɒpsiə] см. **dichromasy**

dichuchwa [di'tʃʌkwə] невенерический сифилис (*выявляемый в племени Bantus*)

dicliditis [dikli'daitis] вальвулит (*воспаление тканей, образующих клапаны сердца*)

diclidotomy [dikli'dɒtəʊmi] вальвулотомия (*рассечение сросшихся створок сердечных клапанов*)

dicrotism ['daikrəʊtizm] дикротический пульс, дикротия

diction [dikʃn] дикция (*степень отчётливости в произношении*)

dictionary ['dikʃənri]:

  genetic code ~ «словарь кодонов» (*таблица значений генетического кода, включающего 64 кодона – 61 смысловой и 3 стоп-кодона*)

  medical ~ терапевтический справочник

dictyokinesis [ˌdikti:əʊki'ni:sis] диктиокинез (*распределение структурных компонентов пластинчатого комплекса между дочерними клетками во время мейоза или митоза*)

dictyoma [ˌdikti:'əʊmə] см. **diktyoma**

dictyosome ['dikti:əʊsəʊm] *цитол.* диктиосома, гольджиосома

dicyclic [dai'saiklik] двухцикличный, бицикличный

didactylism [dai'dæktəlizm] бидактилия, двупалость

didactylous [dai'dæktələs] двупалый

didelphia [dai'delfiə] двойная матка, удвоение матки

dideoxynucleoside [ˌdaidiˌɒksi'nju:kliəʊsid]:

  ~ **triphosphate** дидезоксинуклеозидтрифосфат

didymitis [didə'maitis] орхит (*воспаление яичка*)

didymous ['didəməs] парный, сдвоенный

didymus ['didəməs] **1.** один из парных органов **2.** плод-паразит **3.** яичко

die¹ [dai] **1.** умирать; погибать **2.** кончаться, исчезать; испаряться (*о жидкости*)

  to ~ **a natural death** умереть естественной смертью

  to ~ **away** падать в обморок, терять сознание

  to ~ **by violence** умереть насильственной смертью

  to ~ **in childbed** умереть от родов

  to ~ **from [of] wounds** умереть от ран

  to ~ **out** вымирать

  letting ~ пассивная эвтаназия

die² (зуботехнический) штамп

  female ~ (зуботехнический) контрштамп

  inlay ~ (зуботехнический) штамп из огнеупорного материала

  male ~ (зуботехнический) штамп

diechoscope [dai'ekəʊskəʊp] стетоскоп для одновременного выслушивания с двух разных точек

diecious [dai'i:səs] разнополый, особи противоположного пола (*по отношению к животным или растениям*)

died [daid]:

  ~ **of disease** умерший от болезни

dielectrography [daiəlek'trɒgrəfi] импедансная плетизмография, реоплетизмография

dielectrolysis [daiəlek'trɒlisis] электрофорез

diencephalic [ˌdaiənsə'fælik] диэнцефальный (*относящийся к промежуточному мозгу*)

diencephalon [daiən'sefəlɒn] промежуточный мозг

diener ['di:nə] лаборант-препаратор

diestrus [dai'estrəs] *зоол.* диэструс (*период между двумя эстральными циклами*)

diet ['daiət] **1.** питание, стол; пища ‖ питаться **2.** диета; рацион; режим питания ‖ соблюдать диету; определять режим питания, устанавливать пищевой рацион **3.** снижение калорийности пищи для похудания

  to ~ **oneself** соблюдать диету

  to be on a [to continue, to keep a] ~ соблюдать диету

  to put on a ~ установить диету

  absolute ~ голодная диета, лечебное голодание; полное воздержание от приёма пищи

  adequate ~ полноценный рацион

  acid-ash [acidifying] ~ окисляющая диета (*содержащая продукты, повышающие кислотность, – хлеб, мясо, яйца*)

  adequate ~ полноценный рацион

  alkali-ash ~ ощелачивающая диета (*содержащая продукты, увеличивающие щёлочность мочи, – фрукты, овощи*)

  allfish ~ рыбная диета

  antigen-restricted ~ гипоаллергенная диета

  appropriate ~ рациональное питание

  artificial ~ **1.** искусственная питательная среда **2.** искусственное питание

  balanced ~ сбалансированное питание; адекватная [сбалансированная] диета

  bargain ~ дешёвые продукты питания

  basal ~ **1.** диета, соответствующая по калорийности основному обмену **2.** экспериментальная диета, не включающая исследуемое пищевое вещество

  basic ~ *см.* **alkali-ash** ~

  biliary stone dissolving ~ диета, способствующая растворению жёлчных камней

  bland ~ щадящая диета

  calculolytic ~ диета, направленная на профилактику камнеобразования

  chemically defined ultrafiltered ~ рацион определённого химического состава

  constipating ~ закрепляющая диета

  controlled ~ диета, исключающая или включающая исследуемое вещество

  convalescent ~ диета для выздоравливающих

  curative ~ лечебное питание

  diabetic ~ диабетический стол

  dong ~ диета «по звонку»

  dry ~ сухоядение (*исключение жидкости из пищевого рациона*)

  easily digestible ~ легкоусваиваемые продукты

elemental ~ 1. *pl.* элементные смеси 2. питание элементными смесями, элементная диета

elimination ~ элиминационная диета *(с исключением определённых веществ)*; безаллергенная диета

essential fatty acid deficient ~ диета, дефицитная по незаменимым жирным кислотам

ethanol-containing ~ рацион, содержащий этиловый спирт

exclusion ~ необычная [селективная] диета

fiber ~ *см.* high fiber ~

fish oil ~ продукты, содержащие пищевой рыбий жир

"formula" ~ диета специального состава

full ~ высококалорийная диета

gluten-free ~ аглютеновая диета

gouty ~ диета для больных подагрой *(с низким содержанием пуринов)*

healthy ~ здоровая пища; рациональное питание

high-calorie ~ высококалорийная диета

high-cellulose ~ *см.* high fiber ~

high fat ~ жирная пища, жировая диета

high fiber ~ диета с повышенным содержанием клетчатки, грубоволокнистая диета

high-protein low-fiber ~ высокобелковая диета с низким содержанием волокон

homemade ~ пища домашнего приготовления

house ~ общий стол, стол № 15 по Певзнеру

invalid ~ лечебное [диетическое] питание

laxative ~ послабляющая диета

light ~ щадящая диета

linking ~ **to disease** диета, предрасполагающая к болезням; связь диеты с заболеваниями

low-calorie ~ малокалорийная [низкокалорийная] диета

low fat ~ обезжиренный рацион

low-protein ~ *см.* protein-free ~

low-purine ~ диета с низким содержанием пуринов

low-residue ~ *см.* residue-free ~

low-salt [low-sodium] ~ диета с ограничением соли

magnesium-restricted ~ диета с ограничением магния

meagre ~ *см.* rigorous ~

mediterranean ~ средиземноморская диета *(с использованием оливкового или рапсового масла)*

microbiotic ~ диета, состоящая из сырых продуктов; натуропатия

mild ~ *см.* soft ~

milk-free ~ диета с исключением молока

minced ~ диета, состоящая из измельчённых продуктов

"national ~" «национальная» кухня *(перечень продуктов, предпочитаемых какой-л. нацией)*

neutral ~ нейтральная диета *(содержащая в равных отношениях кислые и щелочные составные части)*

nonlaxative ~ закрепляющая диета

nourishing ~ усиленное питание

oral elemental ~ пероральное питание элементными смесями

palatable ~s вкусная пища

phenylalanine-free ~ диета, исключающая фенилаланин

poor ~ недостаток питания

poorly-digestible ~ плохо перевариваемая пища

protective ~ *см.* soft ~

protein-depleted ~ рацион с недостаточным содержанием белка

protein-free ~ безбелковая диета

pungent ~ острая диета

reducing ~ редуцированная [низкокалорийная] диета *(энергетическая ценность пищи ниже энергетических затрат организма)*

residue-free ~ бесшлаковая диета

rigorous ~ строгая диета

roughage ~s грубая пища; грубые корма

salt-free ~ бессолевая диета

semisynthetic ~ полусинтетическая питательная среда

smooth ~ щадящая диета

sodium-restricted ~ *см.* low-salt ~

soft ~ щадящая диета

soft nonchewy ~ жидкая пища; челюстная диета

sour-milk ~ кисло-молочная диета

spare ~ скудное питание, скудный рацион

spoiled ~ испорченная пища

tailored ~ специально составленная диета

taurine deficient ~ дефицит таурина в пище

test ~ экспериментальная диета, пробный рацион

tube feeding ~ зондовое питание

unbalanced ~ несбалансированная диета

unmeasured ~ отсутствие ограничений в питании, общий стол

unsaturated fat ~ диета с назначением ненасыщенных жиров

urine alkalinizing ~ ощелачивающая мочу диета

varied ~ разнообразная диета

weight reducing ~ диета, снижающая массу тела

zink-deficient ~ диета с недостаточностью цинка

dietarian ['daɪəˌtɛərɪən] (врач-)диетолог

dietary ['daɪəˌtɛərɪ] диета; рацион; режим питания ‖ диетический

7-day ~ диета на неделю

dietetics [ˌdaɪə'tetɪks] 1. диетология 2. диетические добавки; диетические продукты

diethylamide [daɪˌeθɪl'æmiːd]:

lysergic acid ~ диэтиламид лизергиновой кислоты, ЛСД

dietician [ˌdaɪə'tɪʃn], **dietist** ['daɪətɪst], **dietitian** [ˌdaɪə'tɪʃn] диетврач, специалист в области диетотерапии

registered ~ сертифицированный диетврач

dietotherapy [ˌdaɪətəʊ'θeɡərɪ] диетотерапия, лечебное питание

difference ['dɪfərəns] 1. различие, разница 2. отличительный признак 3. разногласие

absolute risk ~ абсолютная разность рисков

age-related ~s возрастные различия

alveolar-arterial oxygen pressure ~ альвеолярно-артериальное различие парциального напряжения кислорода

arteriovenous oxygen ~ артериовенозная разница по кислороду

critical ~ *стат.* наименьшая достоверность

environmental ~s изменения, вызываемые внешней средой

essential ~ 1. существенный признак; важное различие **2.** видовое различие

hourly ~ часовая разность

intraindividual ~ различия в результатах индивидуума *(полученных в разное время с помощью разных тестов)*

just noticeable ~ едва заметное различие

least significant ~ наименьшая [минимальная] существенная разница

light ~ 1. разница порогов светоощущения между глазами **2.** дифференциальный порог яркости

potential ~ разность потенциалов

qualitative ~ качественное различие

sex ~ половое различие *(напр. течения заболевания)*

significant ~ *стат.* достоверная разница, достоверное отклонение

species ~s видовые различия

temperamental ~s дифференциация темпераментов *(напр. у новорождённых)*

differentiated [ˌdifəˌrenʃiˈeitid]:

poorly ~ недифференцированный *(напр. о клетках опухоли)*

differentiation [ˌdifəˌrenʃiˈeiʃn] **1.** дифференцировка, дифференциация *(клеток, тканей в процессе эмбриогенеза)* **2.** *гист.* просветление окрашенного среза *(удаление избытка краски)* **3.** дифференциальная диагностика

chemical ~ of hemoglobin components химическая дифференциация компонентов гемоглобина

cluster ~ кластеры дифференцировки *(обозначения мембранных маркёров; определяются с помощью моноклональных антител)*

corporative ~ функциональная дифференцировка

culture ~ *микр.* дифференцировка культуры

dependent ~ зависимая дифференцировка

epidermal ~ дифференциация клеток эпидермиса

excised embryo ~ дифференцировка изолированных зародышей

immunological ~ антигенная дифференцировка *(напр. в развитии новообразования)*

independent ~ независимая дифференцировка, самодифференцировка

individuative ~ дифференцировка, обусловленная действием морфогенетических полей

initial tissue ~ дифференцировка исходной ткани

invisible ~ биохимическая дифференцировка *(клетки)*

intratyping ~ of poliovirus strains внутритиповая дифференциация штаммов полиовируса

programmed ~ запрограммированный жизненный цикл *(клетки)*; путь дифференцировки, дифферон

regional ~ региональная [пространственная] дифференцировка

sexual ~ половая дифференцировка

tissue ~ дифференцировка ткани, тканевая дифференциация

difficulty [ˈdifiklti] трудность; препятствие, затруднение, помеха

feeding ~ies затруднения в кормлении *(ребёнка)*

hand ~ies заболевания [поражения] кистей у музыкантов

hearing ~ недостаток слуха

learning ~ трудности в обучении

life-management ~ затрудения в организации своей жизни

respiratory ~ дыхательная недостаточность

sleeping ~ies нарушения сна

urinary ~ затруднение мочеиспускания; задержка мочеиспускания

ventilatory ~ вентиляционная недостаточность

diffluence [ˈdiflʊens] **1.** разжижение; растекание **2.** распад клеток, сопровождающийся вакуолизацией

diffraction [diˈfrækʃn] дифракция, преломление

X-ray ~ рентгеновский анализ

diffusate [diˈfju:zeit] **1.** продукт диффузии, диффузат **2.** диализат

diffusion [diˈfju:ʒn] **1.** диффузия; распространение; рассеивание; растекание; проникновение **2.** диализ

agar(-gel) double ~ двойная диффузия в агаровом геле

barrier ~ диффузия через пористую перегородку

double ~ двойная диффузия *(в геле)*

turbulent ~ турбулентная [вихревая] диффузия

digametic [daigəˈmetik] **1.** дигаметический **2.** гетерогаметный

digastric [daiˈgæstrik] двубрюшная мышца ǁ двубрюшный

digenesis [daiˈdʒenəsis] смена [чередование] поколений, дигенез

digenic [daiˈdʒenik] дигенный, обусловленный двумя генами

digest¹ [daiˈdʒest] **1.** переваривать *(пищу)*; способствовать перевариванию *(пищи)*; усваивать **2.** расщеплять **3.** терпеть, переносить

partial ~ неполное [частичное] расщепление молекулы ДНК рестриктазами

tryptic ~ триптический гидролизат *(продукт гидролиза трипсином)*

digest² [ˈdaidʒest] **1.** справочник; краткое изложение; дайджест, синопсис **2.** приводить в систему, классифицировать

~ of emergency medical care справочник [дайджест] по неотложной медицинской помощи

International ~ of Health Legislation Международный сборник санитарного законодательства *(ВОЗ)*

digestant [daiˈdʒestənt] средство, стимулирующее пищеварение ǁ способствующий пищеварению, стимулирующий пищеварение

digester [daiˈdʒestə] **1.** автоклав; аппарат для сухой перегонки **2.** средство, способствующее пищеварению

digestion [daiˈdʒestʃən] **1.** усвоение пищи; пищеварение **2.** биологическая переработка, сбраживание, ферментация

~ of collagen растворение коллагена *(на ожоговой поверхности)*

aerobic ~ аэробное сбраживание

anaerobic ~ анаэробное сбраживание

differential ~ with restriction enzymes дифференциальный энзим-рестрикционный анализ

enzymatic ~ ферментативное расщепление

ereptic ~ переваривание [расщепление] полипептидов до дипептидов и аминокислот

extracellular ~ внеклеточное переваривание

gastric ~ желудочное пищеварение

gastrointestinal ~ пищеварение в желудочно-кишечном тракте

intestinal ~ кишечное пищеварение

intracellular ~ внутриклеточное переваривание

lipolytic ~ расщепление жира (*превращение жира в жирные кислоты и глицерин*)

luminal ~ внутрипросветное переваривание

parietal ~ пристеночное пищеварение

peptic ~ пептическое расщепление, или переваривание

primary ~ пищеварение в желудочно-кишечном тракте

salivary ~ пищеварение под воздействием слюны (*расщепление крахмала с образованием мальтозы*)

secondary ~ усвоение продуктов переваривания пищи

digestive [dai'dʒestiv] 1. пищеварительный; дигестивный 2. средство, стимулирующее пищеварение

digit ['didʒit] 1. палец 2. разряд, знак

supernumerary ~ добавочный палец

digital ['didʒitl] 1. пальцевой; пальцевидный, пальце-образный; напоминающий отпечаток пальца 2. дискрет-ный; цифровой; электронный

Digitalis [‚didʒi'tælis]:

~ **grandiflora** наперстянка крупноцветковая

~ **purpurea** наперстянка пурпурная

digitalism ['didʒitəlism] дигитализм (*отравление препа-ратами наперстянки*)

digitalization [‚didʒitəli'zeiʃn] дигитализация (*насыщение дигоксином до получения терапевтического эффекта*)

digitizer ['didʒitaizə] 1. цифровой преобразователь 2. дигитайзер (*цифровая система, напр. рентгеновская*)

digitoclasia [‚didʒitəʊ'kleiziə] *хир.* дигитоклазия (*напр. раздавливание ткани печени между пальцами*)

digitule ['didʒitju:l] небольшой пальцевидный отросток, или вырост

diglossia [dai'glɒsiə] расщепление языка

dignity ['dignəti] достоинство, чувство собственного достоинства

human ~ человеческое достоинство

digonic [dai'gɒnik] дигонический (*производящий мужские и женские гаметы в различных гонадах одной особи*)

digressive [dai'gresiv] отклоняющийся, отступающий

dihescence [dai'hesəns] расхождение краёв раны

diheterozygote [dai‚hetərəʊ'zaigəʊt] дигетерозигота, ди-гибрид (*гетерозигота по двум парам аллелей*)

dikaryon [dai'kæriɒn] дикарион (*двухъядерная клетка*)

diktyoma [dikti'əʊmə] диктиома, диктиоцитома, медул-лобластома сетчатки

dilaceration [dai‚læsə'reiʃn] разрыв, расщепление

dilatability [dailətæ'biliti] способность расширяться, расширяемость; растяжимость

dilatation [dailə'teiʃn] 1. дилатация, расширение; растя-жение 2. расширенная часть

~ **and curettment** расширение цервикального канала и выскабливание матки

~ **of the heart** дилатация сердца

anal ~ растяжение анального сфинктера, расширение анального отверстия

balloon ~ **of anastomotic strictura** баллонная дилата-ция стриктуры анастомоза

cervical ~ 1. раскрытие шейки матки (*в родах*) 2. рас-ширение шейки матки (*гинекологическая манипуляция*)

endoscopic balloon ~ эндоскопическое баллонное расширение

esophageal ~ расширение [бужирование] пищевода

forced ~ **of jaws** насильственное разведение челюстей

full ~ **of cervix** полное расширение зева матки

gastric ~ гастрэктазия, острое расширение желудка, болезнь Бушара

hepatic vein ~ дилатация печёночных вен

insufficient cervical ~ недостаточное раскрытие зева шейки матки

irreversible ~ необратимое расширение

pneumatic bag ~ расширение баллонным катетером

post-stenotic ~ постстенотическое расширение (*напр. аорты*)

pyloric ~ пилородилатация, расширение привратника

dilatator [dailə'teitə] *см.* **dilator**

dilation [dai'leiʃn] *см.* **dilatation**

dilator [dai'leitə] 1. *мед. тех.* расширитель; буж; дила-татор 2. расширяющая мышца, мышца-расширитель

cardiac ~ кардиодилататор, дилататор кардии желудка

cervix ~ расширитель канала шейки матки

esophageal ~ *см.* **cardiac** ~

guided ~ расширитель с направителем

gynecologic vibratory ~ гинекологический виброрас-ширитель

Hegar's ~ Гегара маточный буж

pulmonic ~ расширитель лёгочной артерии

radiopaque ~ рентгеноконтрастный буж; рентгено-контрастный баллонный катетер

tracheal ~ трахеотомический расширитель, Труссо расширитель

triple-hinged wound ~ трёхстворчатый [трёхшарнир-ный] ранорасширитель

uterine ~ расширитель канала шейки матки

vessel ~ сосудистый расширитель, или баллон

dildo ['dildɒ], **dildoe** ['dildəʊ] дилдо, фаллопротезный катетер

dilemma [di'lemə]:

diagnostic ~ диагностическая дилемма, трудности в диагностике

need-fear ~ дилемма потребности и страха

diluent ['diljʊənt] разбавитель; растворитель || разбав-ляющий; растворяющий; разжижающий

diluter [di'lju:tə] разбавитель, дозатор (*автоматиче-ское устройство для разбавления образцов*)

dilution [di'lju:ʃn] 1. разбавление, разведение; раство-рение; разжижение 2. разбавленный [слабый] раствор 3. титр

antibody ~ титр антител; разведение [титр] антисы-воротки

blood ~ гемодилюция, разведение крови

end-point ~ конечное разведение

limiting ~ предельное разведение (*напр. Т-клеток*)

nitrogen ~ разведение (кислорода) азотом, подсос азота

progressive ~ постепенное разбавление

routine testing ~s простые пробные разведения

serial ~ серийное разведение

thermal ~ термодилюция, терморазведение *(метод определения объёма крови, напр., в лёгких)*

dilutor [di'lju:tə] дилютор *(устройство для отбора жидкости и её разведения)*

dim [dim] **1.** тусклый; неясный; матовый **2.** слабый *(напр. о зрении)* **3.** с неясным сознанием

dimension [di'menʃn] **1.** размер, размерность; величина; объём; параметр; диапазон ‖ устанавливать размеры **2.** размерность **3.** протяжённость *(во времени и пространстве)*

3 ~ трёхмерный, пространственный, объёмный

circulatory ~ параметр кровообращения

left ventricular internal ~ внутренний диаметр левого желудочка

overall ~s габаритные размеры

vertical ~ **1.** вертикальный размер **2.** высота прикуса

dimercaptopropanol [ˌdaiməˈkæptəʊˈprəʊpənɒl] антилюизит, унитиол

dimeric ['daimərik] **1.** двучленный **2.** димерный; двумерный *(напр. белок)*

dimethylarginine [ˌdaimeθilˈɑːʤenin]:

asymmetrical ~ асимметричный диметиларгинин *(ингибитор синтазы оксида азота – предиктор риска кардиоваскулярного заболевания)*

dimethyldihydrocalciferol [ˌdaimeθilˌdaihaidrəʊˈkælsifərɒl] холекальциферол, витамин D₃

dimetria [dai'mi:triə] двойная матка, удвоение матки

diminish [di'miniʃ] уменьшать, сокращать ‖ уменьшаться, сокращаться

diminution [dimi'nju:ʃn] **1.** уменьшение, сокращение, убавление, понижение; сужение *(просвета)* **2.** диминуция *(хромосом)*

~ **of ciliary body** резекция цилиарного тела *(с целью уменьшения продукции внутриглазной жидкости)*

~ **of contrast** уменьшение контрастности

~ **of median nerve sensation** снижение чувствительности срединного нерва

~ **of symptoms** ослабление симптомов

dimmer ['dimə] регулятор света; регулятор

thymine ~ тиминовый димер *(состоящий из ковалентно соединённых друг с другом тиминовых остатков в цепи ДНК)*

dimness ['dimnəs] **1.** слабость *(напр. зрения)* **2.** тусклость

~ **of vision** амблиопия

dimorphism [dai'mɔːfizəm] диморфизм *(наличие внутри одной популяции двух морфологически различных форм)*

nutrient-dependent ~ физиологический диморфизм *(существование микроорганизмов, растущих на средах разного состава, в двух формах, напр. палочек или шариков у кокков)*

sexual ~ половой диморфизм *(морфологические различия между мужскими и женскими особями)*

dimorphous [dai'mɔːfəs] диморфный, существующий в двух разных формах

dimout [di'maʊt] потемнение *(в глазах)*, пелена *(перед глазами)*

dimple [dimpl] **1.** ямочка *(на щеке, подбородке)* **2.** впадина, углубление **3.** синус *(в области крестца)*

pylonidal ~ эпителиальный копчиковый ход, пилонидальная ямка

dimpling ['dimpliŋ] ямочка, впадина

~ **of the skin** оспинки на коже

dinky ['diŋki] *амер.* бездетный *(о каждом из двоих работающих супругов, не имеющих времени на рождение детей)*

dinucleotide [dai'nju:kliəʊtaid]:

flavin adenine ~ флавина адениндинуклеотид *(кофермент, участвующий в окислительно-восстановительных реакциях)*

nicotinamide adenine ~ никотинамидадениндинуклеотид, НАД *(кофермент, действующий в цепи переноса электронов при клеточном дыхании)*

dioctophymosis [ˌdaiˌɒktəʊˈfaiməʊsis] диоктофимоз *(гельминтоз из группы нематодозов)*

diopter, dioptre [dai'ɒptə] диоптрия

dioptrometer [ˌdaiɒp'trɒmətə] диоптриметр, линзометр

dioptroscopy [ˌdaiɒp'trɒskəpi] скиаскопия, диоптроскопия

dioxide [dai'ɒksaid] диоксид, двуокись

arterial carbon ~ содержание углекислого газа в артериальной крови

chlorine ~ хлора диоксид *(окислитель и дезинфектант)*

hydric [hydrogen] ~ перекись водорода

nitrogen ~ диоксид азота, окислы азота

total carbon ~ общая углекислота, общее содержание углекислоты

dioxin [dai'ɒksin] *pl.* диоксины *(наиболее токсичные хлорсодержащие вещества, не выводящиеся из организма и оказывающие канцеро-, мута- и тератогенное действие)*

dioxygenase [dai'ɒksəʤəneiz] *pl.* диоксигеназы *(ферменты, катализирующие реакции включения двух атомов молекулярного кислорода в органическую молекулу)*

dip [dip] **1.** погружение в жидкость ‖ погружать **2.** падение *(напр. с высоты)* **3.** углубление

diastolic ~ диастолическое западение *(стенки грудной клетки)*

dipeptidase [dai'peptideis] дипептидаза *(фермент, расщепляющий продукты переваривания белков)*

dipeptide [dai'peptaid] дипептид *(соединение, в состав которого входят две связанные пептидной связью аминокислоты)*

dipetalonematosis [daiˌpetələʊ'ni:mətəʊsis] *гельм.* акантохейлонематоз, дипеталонематоз

diphallia [dai'fæliə], **diphallus** [dai'fæləs] дифаллия *(удвоение полового члена)*

diphase [dai'feiz], **diphasic** [dai'feizik] двухфазный

diphosphate [daifɒs'feit]:

adenosine ~ аденозин-дифосфат, АДФ *(акцептор фосфатной группы в энергетическом цикле клетки)*

diphosphokinase [daiˌfɒsfəʊ'kaineis] дифосфокиназа

nucleoside ~ нуклеозиддифосфаткиназа *(фермент, катализирующий перенос фосфатов)*

diphtheria [dif'θiəriə] дифтерия

~ **gravis** *см.* **malignant** ~

cutaneous ~ дифтерия кожи

faucial ~ дифтерия зева

laryngeal ~ дифтерийный [истинный] круп

malignant ~ токсическая дифтерия

nasal ~ дифтерия носа, дифтерийный ринит

surgical [wound] ~ дифтерия раны

diphtheriaphor [dif'θiːriəfɔ:] бактерионоситель дифтерии

diphtherin ['difθirin] дифтерийный токсин

diphtheroid ['difθɚrɔid] 1. дифтероид, дифтериеподобная бактерия 2. псевдодифтерия ‖ напоминающий дифтерию

diphyllobothriasis [dai,filəʊbʊθ'raiəsis] *параз.* дифиллоботриоз, диботриоцефалёз

Diphyllobothrium [dai,filəʊ'bʊθriəm] род ленточных червей

~ **latum** *параз.* широкий лентец

diplacusis [,diplə'kuːsis] диплакузия *(различие слухового восприятия правым и левым ухом)*

diplegia [dai'pliːʤiə] диплегия *(двусторонний паралич одноимённых частей тела, напр. обеих ног)*

atonic [cerebellar] ~ атоническая (мозжечковая) диплегия

congenital facial ~ врождённая лицевая диплегия, врождённый глазолицевой паралич, Мёбиуса синдром

diplobacteria [,dipləʊ,bæk'tiəriə] диплобактерии, диплобациллы

diploblastic [,dipləʊ'blæstik] имеющий два зародышевых листка *(экто- и энтодерму)*

diplochromosome [,dipləʊ'krəʊməʊsəum] диплохромосома, удвоенная хромосома

diplococci [,dipləʊ'kʊksai] диплококки *(шаровидные бактерии, располагающиеся в препаратах попарно)*

diploe ['dipləʊi] диплоэ *(губчатое вещество костей свода черепа)*

venous ~ **of scull** вены – выпускники костей черепа

diplogram ['dipləʊgræm] рентгенография с двумя выдержками

diploid ['diplɔid] диплоид *(организм, клетки которого содержат два гомологичных набора хромосом)* ‖ диплоидный, с двойным набором хромосом

double ~ аутотетраплоид; двойной диплоид

multiple ~ аллополиплоид

partial ~ частичный диплоид

Diploma [dip'ləʊmə]:

~ **in Dental Orthopaedics** диплом по ортопедической стоматологии

~ **in Diagnostic Radiology** диплом по рентгенодиагностике

~ **in Public Health** диплом по общественному здравоохранению

Higher Dental ~ диплом о высшем стоматологическом образовании

diplomate [dip'ləʊmeit] 1. дипломированный специалист 2. врач, имеющий сертификат

~ **in anesthetics** дипломированный специалист по анестезии

diplomellituria [,dipləʊmelit'juːriə] сочетание глюкозурии диабетического и недиабетического происхождения

diplomyelia [,dipləʊmai'iːliə] *см.* **diastematomyelia**

diplonema [,dipləʊ'niːmə] диплонема *(стадия профазы первого деления мейоза)*

diploneural [,dipləʊ'njuːrəl] имеющий двойную иннервацию

diplopagus [dip'lʊpəgəs] сросшиеся близнецы

diplophase [dip'ləʊfeiz]:

sexual ~ диплоидная фаза, диплофаза

diplophonia [,dipləʊ'fəʊniə] дифтонгия, дифония, диплофония *(одновременное образование двух тонов различной высоты при произнесении одного звука)*

diplopia [di'pləʊpiə] диплопия, двоение *(в глазах)*

binocular ~ бинокулярная диплопия

crossed ~ перекрёстная [разноимённая] диплопия

direct ~ одноимённая диплопия

heteronymous ~ *см.* **crossed** ~

homonymous ~ *см.* **direct** ~

monocular ~ монокулярная диплопия

simple ~ *см.* **direct** ~

diplopoda [di'plʊpəʊdə] диплоподия *(врождённое удвоение числа пальцев на стопе)*

diploscope ['dipləʊskəp] диплоскоп *(прибор для исследования бинокулярного зрения)*

diplosis [dip'ləʊsis] диплоз *(удвоение числа хромосом в гаметах)*

diplosome ['dipləʊsəum] диплосома *(1. клеточный центр, состоящий из двух центриолей 2. пара конъюгирующих половых хромосом)*

diplosomia [,dipləʊ'səʊmiə] диплосомия *(функционально независимые соединённые близнецы)*

diploteratology [,dipləʊ,terə'tʊləʤi] раздел тератологии, изучающий сросшихся близнецов

dipole ['daipəʊl] диполь *(молекула, обладающая как положительными, так и отрицательными зарядами)*

dipper ['dipə] *pl.* «погружающийся» тип больных с нормальным суточным индексом систолического и диастолического артериального давления *(снижение АД ночью по сравнению с периодом бодрствования на 10–19 %)*, *см. тж.* **non-dipper, over-dipper**

extreme ~**s** больные со снижением АД во сне на 20 % и выше

inverted ~**s** больные с ночным подъёмом АД

morning ~**s** больные с ночным синдромом апноэ-гипопноэ

dipping ['dipiŋ] 1. глубокая пальпация 2. погружение *(в жидкость)*

"morning ~**"** «утреннее снижение» *(максимального потока выдоха)*

diprosopus [di'prɒsəʊpəs] дипрозоп *(сросшиеся близнецы, имеющие на общей голове два лица)*

dipsesis [dip'siːsis] полидипсия, патологическая жажда

dipsogen ['dipsəʊʤen] агент, вызывающий [провоцирующий] жажду

dipsomania [,dipsəʊ'meiniə] дипсомания *(спонтанно возникающие запои на фоне подавленного настроения)*, хронический алкоголизм

dipsomaniac [,dipsəʊ'meiniæk] алкоголик

dipsophobia [,dipsəʊ'fəʊbiə] патологический страх приёма алкогольных напитков

dipsosis [dip'səʊsis] *см.* **dipsesis**

dipsotherapy [,dipsəʊ'θerəpi] ограничение приёма жидкости в лечебных целях

dipstick ['dipstik] 1. *фирм.* индикаторная полоска, тест-полоска *(для экспресс-анализа на алкоголь, сахар и пр. в биологических жидкостях)* 2. указатель уровня

urinalysis ~ анализ мочи с помощью индикаторной полоски

dipygus [dai'paigəs] *терат.* плод с удвоенным тазом

direct [di'rekt] прямой; непосредственный *(отбор больных)*

direction [di'rekʃn] **1.** руководство, управление; указание, предписание *(врача)* **2.** инструкция; *pl.* директивы **3.** направление; курс **4.** сфера, область

~s for use инструкция по применению

~ of cross направление скрещивания

~ of intravascular coagulation коррекция внутрисосудистой коагуляции

~ of public prosecution *суд. мед.* прокурорский надзор

~ of the cure направление лечения, психоанализа

anterior ~ передняя стенка *(желудка)*

cephalad ~ краниальное направление

special ~ особые указания, или предосторожности

directive [di'rektiv] директива, указание ‖ директивный

advance ~ распоряжение на будущее, завещание *(больного)*

technical ~s технические стандарты, нормы

Directive:

Council ~ стандарты Европейского союза

directivity [direk'tiviti]:

projector ~ направленность излучателя *(звука)*

director [di'rektə] **1.** руководитель *(напр. лечебного учреждения)* **2.** желобоватый зонд; направитель

~ of medical and sanitary services начальник медико-санитарной службы

~ of psychodrama ведущий психодрамы

bite ~ *стом.* накусочная направляющая пластинка

deputy-general ~ заместитель генерального директора

grooved ~ желобоватый зонд

hospital ~ главный врач

Director-General [di'rektə-'ʤenrəl] Генеральный директор *(ВОЗ)*

Directorat [di'rektərət]:

Army Medical ~ Военно-медицинское управление *(Англия)*

directory [di'rektəri]:

~ of agents перечень средств *(напр. подлежащих исследованию на канцерогенность)*

~ of contraceptives перечень противозачаточных средств

~ of on-going research справочник по текущим исследованиям

drug ~ регистр лекарственных препаратов

membership ~ список членов общества *(напр. Ассоциации банка ткани)*

psychotropic drugs ~ справочник по психотропным препаратам

Directory:

Clinical Practic Guidelines ~ указатель клинических и практических рекомендаций

Graduate Medical Education ~ список врачебных специальностей, подлежащих аккредитации *(США)*

International Drug ~: Index Nominum Международный справочник лекарственных средств: названия наименований

Ulrich's international periodicals ~ Международный указатель периодической литературы Ульриха

World ~ of Collections of Cultures of Microorganisms Всемирное руководство по коллекциям культур микроорганизмов мира

World ~ of Dental Schools Всемирный указатель зубоврачебных учебных заведений

World ~ of Medical Schools Всемирный перечень медицинских школ мира

dirofilariasis [ˌdairəu͵filə'raiesis] дирофиляриоз

dirt [dəːt] грязь

dirty ['dəːti] **1.** грязный **2.** радиоактивно загрязнённый *(об осадках)*

disability [ˌdisə'biliti] **1.** бессилие, неспособность, недееспособность **2.** потеря трудоспособности, нетрудоспособность; инвалидность; инвалидизация

~ of mind психическое расстройство, психоз

alcohol-related ~ недееспособность, вызванная алкоголизмом

developmental ~ инвалидность вследствие порока развития

drug-related ~ инвалидизация, связанная с употреблением психоактивных средств

functional ~ нарушение функции, функциональная несостоятельность

learning ~ расстройство способности к обучению; пониженная способность к обучению; учебная несостоятельность

locomotor ~ 1. локомоторные нарушения **2.** инвалидность вследствие двигательных расстройств

long-term ~ инвалидизация

memory ~ недостаточность [несостоятельность] памяти

mental ~ умственная неполноценность

occupational ~ утрата профессиональной трудоспособности

partial ~ частичная утрата трудоспособности

perceptual ~ потеря способности восприятия, перцептивная несостоятельность

permanent ~ стойкая инвалидность

physical ~ 1. физический дефект **2.** инвалидность вследствие соматических нарушений

respiratory ~ дыхательная недостаточность

specific ~ies специфические физические недостатки

temporary ~ временная нетрудоспособность *(невозможность по состоянию здоровья выполнять работу в течение относительно небольшого промежутка времени)*

disabled [dis'eibld] нетрудоспособный; искалеченный

partially ~ частично утративший трудоспособность

disablement [dis'eiblmənt] *см.* **disability**

disabling [dis'eibliŋ] **1.** нарушение функции *(напр. при травме колена)* **2.** инвалидизация ‖ инвалидизирующий **3.** выведение из строя живой силы

disaccharide [dai'sækəraid] *pl.* дисахариды *(углеводы, состоящие из двух ковалентно соединённых моносахаридных единиц)*

disadvantage [disəd'vaːntiʤ] **1.** недостаток; дефект; неудобство; помеха **2.** вред; ущерб; убыток **3.** невыгодное положение

~s of controlled mechanical ventilation недостатки искусственной вентиляции лёгких

disadvantageous [dis‚ædvən'teiʤəs] неблагоприятный

disaffected [‚disə'fektid] нелояльный, недовольный

disaggregate [dis'ægrigət] разъединять, дезагрегировать

disagreement [‚disəg'ri:mənt] **1.** расхождение; разлад **2.** несоответствие

  ~ of gonadal sex нарушение формирования гонадного пола

disappearance [‚disə'piərəns] исчезновение, потеря *(воды, питательных веществ)*

  ~ of blood vessels прекращение васкуляризации, запустение кровеносных сосудов

  macrophage ~ исчезновение макрофагов

disappointment [‚disə'pɔintmənt] разочарование, досада, обманутая надежда

disarray [‚disə'rei] **1.** расстройство, замешательство, смятение **2.** беспорядок

disarticulation [‚disa:‚tikjʊ'leiʃn] экзартикуляция, вычленение

  coxofemoral ~ экзартикуляция бедра

disassimilation [‚disəsimi'leiʃn] **1.** диссимиляция, катаболизм **2.** расстройство, нарушение, распад

disassociation [‚disə‚səʊʃi'eiʃn] **1.** разъединение; разобщение **2.** диссоциация

  atlanto-occipital ~ нарушение атланто-затылочного сочленения

disaster [di'za:stə] **1.** стихийное бедствие, катастрофа **2.** несчастный случай, несчастье

  ecological ~ экологическое бедствие

  natural ~ стихийное бедствие; природная катастрофа

disastrous [di'za:strəs] **1.** бедственный, крайне тяжёлый **2.** летальный, смертельный

disc [disk] *см. тж.* **disk 1.** диск, круг **2.** дискообразная структура *(напр. сосочек зрительного нерва)*

discectomy [disk'ektəmi] дискэктомия *(полное или частичное удаление межпозвонкового диска)*

  percutaneous arthroscopic lumbar ~ чрескожная (артроскопическая) поясничная дискэктомия

discernible [di'sə:nibl] видимый, различимый; заметный; явный *(напр. симптом)*

discharge [dis'tʃa:ʤ] **1.** выделение; отделение; истечение; опорожнение; выброс ‖ выделяться; отделяться; прорываться *(об абсцессе)*; истекать **2.** секрет *(железы)*; отделяемое **3.** разряд *(электрический)* **4.** разрядка *(либидо)* **5.** выписка ‖ выписывать *(больного из лечебного учреждения)*

  ~ of aggression высвобождение агрессии

  ~ of ovum выход яйцеклетки из яичникового фолликула

  ~ of the air выброс газа

  ~ of urine выделение мочи

  ~ of waste flue gases выхлоп продуктов сгорания *(газов)*

  ~ on probation 1. обусловленная выписка *(из больницы)* **2.** условно-досрочное освобождение *(из заключения)*

  to ~ tension снять напряжение

  affective ~ эмоциональная [аффективная] разрядка

  alvine ~ испражнения

  bilateral ~ двусторонние выделения

  biliary ~ желчеотделение, желчевыделение; отток жёлчи

  bizarre high frequency ~s патологические высокочастотные разряды *(напр. на электромиограмме)*

  capacitor ~ конденсаторный разряд

  copious ~ обильные выделения, обильное истечение

  dried ~ подсохшие выделения

  electrostatic ~ электростатический разряд

  epileptiform ~ эпилептиформный приступ, или припадок

  generalized ~s генерализованные [многоочаговые] разряды

  high frequency ~s высокочастотные разряды

  industrial ~s промышленные выбросы

  injury ~ разряд повреждения

  intermittent ~s периодические выделения

  intestinal ~ 1. кишечный сок, кишечный секрет **2.** испражнения

  malodorous ~ зловонное отделяемое

  medical ~ увольнение по состоянию здоровья *(с военной службы)*

  nipple ~ выделения из соска

  noninfectious nasal ~ негнойные выделения из носа

  postpartum ~ лохии, послеродовые выделения

  purulent ~ гнойные выделения; гнойное отделяемое

  repetitive ~s повторяющиеся разряды нейронов *(на ЭМГ)*

  salivary ~ слюноотделение, саливация

  seminal ~ поллюция, семяизвержение

  spark ~ электрический разряд *(при литотрипсии)*

  spike ~ спайковый разряд

  spore ~ рассеивание спор

  sympathetic ~ симпатическая импульсация

  systolic ~ 1. ударный [систолический] объём *(крови)* **2.** систолическая разгрузка

  urethral ~ отделяемое из мочеиспускательного канала

  vaginal ~ влагалищные выделения

  watery ~ водянистые выделения

discharged [dis'tʃa:ʤd]

  ~ to sick quarters направлен в лазарет

dischronation [‚diskrəʊ'neiʃn] *псих.* нарушение представления о времени

dischronism [‚diskrəʊ'nizm] **1.** дисхронизм *(нарушение временной структуры)* **2.** дисхрония *(нарушение темпов развития – ускорение или замедление)*

disciform ['disifɔ:m] дисковидный, имеющий форму диска

discipline ['disəplin]:

  bladder ~ тренировка мочевого пузыря *(при недержании мочи)*

discission [di'siʃən] **1.** рассечение; разрез **2.** рассечение капсулы хрусталика

discitis [dis'kaitis] дисцит *(воспаление межпозвонкового диска)*

  lumbar ~ межпозвонковый поясничный дисцит; поясничный спондилит

disclose [dis'kləʊz] выявлять, обнаруживать *(болезнь)*

discogenic [‚diskəʊ'ʤenik] дискогенный, связанный со смещением межпозвонкового диска

discogram ['diskrəʊgræm] **1.** рентгенограмма межпозвонкового диска **2.** рентгенография межпозвонкового диска

discography [dis'kɒgrəfi] *см.* **diskography**

discoid ['diskɔid] **1.** дисковидный, имеющий форму диска **2.** инструмент с дисковидной рабочей частью *(для формирования пломбы)*

discoloration [dis,kʌlə'reiʃn] изменение [нарушение] окраски или цвета, обесцвечивание

bluish ~ синюшная окраска, цианоз

corneal ~ разноцветная роговица, изменение цвета радужки

grey cloudy ~ of cornea помутнение радужной оболочки

discomfort [dis'kʌmfət] 1. недомогание; дискомфорт; неудобство; беспокойство || недомогать; чувствовать дискомфорт; беспокоить 2. выраженные функциональные нарушения (сердца при нагрузке)

abdominal ~ неприятные ощущения в животе; желудочно-кишечный дискомфорт

distracting ~ отвлекающий [мешающий] дискомфорт

hearing ~ слуховой дискомфорт

ocular ~ неприятные ощущения в глазах

slight ~ незначительный дискомфорт, небольшие боли (напр. в паху)

urinary ~ расстройство мочеиспускания

discompose [,diskəm'pəʊz] расстраивать; волновать, тревожить

discomposure [,diskəm'pəʊʒə] беспокойство; волнение; замешательство

disconnection [,diskə'nekʃn], **disconnexion** 1. разъединение, разобщение 2. отключение

gastric ~ резекция желудка на выключение

neonatal ~ of rat hippocampus пересечение гиппокампа у новорождённых крыс

spleno-pancreatic ~ выделение селезёночной вены из спаек с поджелудочной железой

disconnection-syndrome [,diskə'nekʃn-'sindrəʊm] синдром разобщения (корково-подкорковых связей)

disconsolate [dis'kɒnsələt] неутешный, печальный, несчастный

discontented [,diskən'tentid] неудовлетворённый

discontinuance [,diskən'tinjʊəns], **discontinuation** [,diskəntinjʊ'eiʃn] отмена; перерыв; прекращение

~ **of cardiopulmonary bypass** прекращение искусственного кровообращения

~ **of heparine** прерывание [отмена] гепаринотерапии

~ **of thromboprophylaxis** прерывание профилактического лечения тромбоза

~ **of treatment** отмена лечения

discontinuity [,diskən'tinjuːəti] 1. отсутствие закономерности (в процессе); неравномерность 2. прерывность; прерывистость; разрыв; скачок 3. прекращение, отмена (напр. медикаментозного лечения)

discontinuous [,diskən'tinjʊəs] перемежающийся; прерывистый (напр. об электрофорезе)

discoplacenta [,diskəʊplə'sentə] плацента дисковидной формы

discordance [dis'kɔːdəns] 1. дискордантность, несоответствие, несовпадение, несходство (признаков) 2. интрапсихическая атаксия

discordant [dis'kɔːdənt] дискордантный, несоответствующий, несовпадающий, несходный (о признаках)

discoria [dis'kɔːriə] см. **dyscoria**

discospondylitis [,diskəʊ,spɒndi'laitis] дископондилит (воспаление межпозвонкового диска и позвонков)

discotomy [dis'kɒtəʊmi] дискэктомия (удаление межпозвонкового диска)

discourage [dis'kʌriʤ] 1. оказывать негативное действие, иметь побочную реакцию 2. отменять; не находить применения (о медикаменте)

discover [di'skʌvə] 1. обнаруживать, раскрывать 2. диагностировать

to ~ the origin of the patient's anguish устанавливать причину мучений больного

discovery [di'skʌvəri]:

drug ~ (компьютерная) разработка лекарственных препаратов

guided ~ психол. направленное открытие

discrepancy [dis'krepənsi] несоответствие, различие, расхождение (диагнозов), несходство (характеров); противоречие

discrete [dis'kriːt] 1. дискретный; раздельный; разрозненный; прерывистый; нечёткий 2. очаговый (напр. о поражении миокарда)

discretion [dis'kreʃn] психол. осторожность; благоразумие

discriminate [di'skrimineit] 1. различать, отличать; распознавать; отделять; выделять || различающий, отличающий 2. дискриминировать

discrimination [di,skrimi'neiʃn] 1. различение, распознавание; отделение; выделение 2. избирательность; дискриминация 3. разрешающая способность (прибора)

~ **of two stimuli** различие между двумя раздражителями

color ~ различение цветов

directional ~ дискриминация (напр. акустических сигналов) по направлению

distance ~ восприятие пространства, пространственное зрение

host ~ дискриминация хозяина (способность паразита отличать поражённую клетку от здоровой)

inter-group ~ межгрупповая дискриминация

numerosity ~ различение численности

self-non-self ~ иммун. распознавание «своего» и «чужого», отличие толерантности к собственному и чужеродному

size ~ определение размеров

speech ~ разборчивость речи

two-point ~ дискриминационная чувствительность (способность различать два одновременных одинаковых раздражения различной локализации)

visual ~ зрительное различие

discriminator [di'skrimineitə] мед. тех. 1. дискриминатор 2. детектор; сигнализатор

frequency ~ частотный дискриминатор

whistle ~ свистковый сигнализатор

discursive [dis'kɜːsiv] 1. псих. перескакивающий с одного вопроса на другой (о мышлении) 2. лог. дискурсивный

discussion [di'skʌʃn] обсуждение; беседа; дискуссия

~ **with patient** беседа с больным

case ~ разбор случая из практики, клинический разбор

donation ~ обсуждение донорства (передачи органа для трансплантации)

discussive [dis'kʌsiv], **discutient** [dis'kjuːʃnt] средство, вызывающее рассасывание (напр. инфильтрата) || вызывающий рассасывание

disdiaclast [dis'daiəklæst] анизотропный диск, диск А *(мышечного волокна)*

disease [di'zi:z] **1.** болезнь, заболевание ‖ поражать *(о болезни)*; вызывать болезнь **2.** расстройство, недомогание; поражение, патологический процесс

~ **beyond cure** неизлечимая болезнь

~ **none** «здоров», «здорова», заболеваний не обнаружено *(отметка в медицинской карте)*

~**s of aged** болезни лиц пожилого и старческого возраста

~**s of blood coagulation** расстройства свёртываемости крови

~**s of childhood** болезни детского возраста

~ **of gallbladder siphon** синдром пузырного протока

~**s of immunity** *см.* **immunodeficient** ~

~**s of medical progress** болезни медицинского прогресса *(обусловленные крупными хирургическими вмешательствами – трансплантация органов, операции на сердце, внутрибольничные инфекции и др.)*

~**s of related group** клинико-диагностические группы болезней

~**s of white cells** лейкозы

accumulation ~**s** болезни накопления *(липоидозы, гликогенозы и пр.)*

Acosta's ~ высотная [горная] болезнь, синдром д'Акосты

acquired heart valvular ~ приобретённый порок сердца

acute respiratory ~ острое респираторное заболевание

acyanotic heart ~ врождённый порок сердца бледного типа

Adams' [**Adams – Stokes**] ~ Морганьи – Адамса – Стокса синдром *(внезапная потеря сознания с судорогами при заболеваниях сердца)*

Addison's ~ аддисонова [бронзовая] болезнь, хроническая недостаточность коры надпочечников, Аддисона болезнь

Addison – Biermer ~ пернициозная [злокачественная] анемия, Аддисона – Бирмера болезнь

adenoid ~ хронический тонзиллит

adnexal ~ заболевание придаточных органов *(век, ресниц и пр.)*

advanced ~ запущенное заболевание

air-pilots ~ аэроневроз

akamushi ~ цуцугамуши, акамуши, японская речная лихорадка

Albers – Schönberg ~ мраморная болезнь, врождённый системный остеопетроз, Альберс – Шенберга болезнь

alcoholic liver ~ алкогольное поражение печени

Alexander's ~ Александера болезнь *(1. гипопроконвертинемия – геморрагический диатез 2. лейкодистрофия – дегенерация астроцитов с развитием параличей и мозговых симптомов)*

alfachain ~ болезнь альфа-цепи

Alibert's ~ грибовидный микоз, фунгоидная гранулёма, Алибера болезнь

alkali ~ туляремия

allied ~**s** заболевания, связанные между собой

alligator skin ~ ихтиоз, диффузная кератома, сауриаз

allogenic ~ аллогенная болезнь *(1. взаимодействие противовирусного иммунитета с собственными перекрёстно-реагирующими тканевыми антигенами 2. см.* **graft-versus-host** ~*)*

Alpers' ~ прогрессирующая полидистрофия мозга, Альперса синдром

Alport's ~ наследственный нефрит с глухотой, Альпорта синдром

altitude ~ высотная болезнь

alveococcosis ~ альвеококкоз, альвеолярный [многокамерный] эхинококкоз

Alzheimer's ~ Альцгеймера болезнь *(прогрессирующая форма пресенильного слабоумия)*

amyloid ~ амилоидоз, амилоидная дистрофия

Andersen's ~ гликогеноз IV типа, диффузный гликогеноз с циррозом печени, Андерсена болезнь

aortic valvular ~ порок клапанов аорты

arc-welders' ~ сидероз

Armstrong's ~ лимфоцитарный хориоменингит, Армстронга острый серозный менингит

arterial occlusive ~ окклюзионное [окклюзивное] поражение артерии, окклюзия артерии

arthropode-borne [**arthropod-transmitted**] ~ трансмиссивная болезнь, распространяемая [передаваемая] членистоногими

asbestos-related pleural ~ асбестоз *(заболевание плевры, вызываемое вдыханием асбестовой пыли)*

associated ~ сопутствующее заболевание

atomic ~ лучевая болезнь

attic ~ эпитимпанит

Aujeszky's ~ ложное бешенство, бульбарный инфекционный паралич, Ауески болезнь

Australian X-~ австралийский энцефалит, австралийская Х-болезнь, энцефалит долины Муррея

autoimmune ~**s** аутоиммунные болезни *(отсутствие иммунной толерантности на антигены собственного организма)*

autosomal dominant ~ аутосомно-доминантное заболевание

axe-grinders' ~ силикоз

Ayerza's ~ первичный атеросклероз лёгочной артерии, Айерсы синдром

Babinski – Frölich's ~ адипозогенитальная дистрофия, Бабинского – Фрёлиха болезнь

bacterial ~**s** бактериозы, бактериальные болезни *(ВОЗ)*

Balfour's ~ хлорлейкоз, хлорома, Бальфура болезнь

Balo's ~ периаксиальный концентрический энцефалит, Бало болезнь

Bamle ~ эпидемическая плевродиния, борнхольмская болезнь, доброкачественный сухой плеврит, Сильвеста синдром

Bang's ~ бруцеллёз

Banti's ~ гепатолиенальный фиброз (Банти)

barbed-wire ~ лагерный психоз *(военнопленных)*

Bardet – Biedl – Laurence – Moon's ~ диэнцефально-ретинальная дегенерация, Барда – Бьедля – Лоренса – Муна болезнь

Barlow's ~ цинга, Барлоу болезнь

Barraquer – Simons ~ прогрессирующая сегментарная липодистрофия, Барракера – Симонса болезнь

Basedow's ~ диффузный (тирео)токсический зоб, базедова болезнь, Грейвса болезнь

Bassen – Kornzweig ~ Бассена – Корнцвейга [синдром] болезнь, (наследственная) абеталипопротеинемия

Batten – Spielmayer – Vogt ~ ювенильный нейрогенный цероидлипофусциноз, Баттена – Шпильмейера – Вогта болезнь, Тэя – Сакса болезнь

Bayle's ~ прогрессивный паралич, сифилитический поздний психоз, Бейля болезнь

Bazin's ~ индуративный туберкулёз кожи, индуративная эритема, Базена болезнь

Becker's ~ облитерирующая кардиомиопатия, Беккера болезнь

behavior ~s поведенческие болезни *(передаваемые половым путём, алкоголизм и пр.)*

Behcet's ~ Бехчета болезнь, Турена большой афтоз *(изъязвление кожи и слизистых ротовой полости, половых органов)*

Behr's ~ *офт.* Бера дегенерация жёлтого пятна

Bekhterev's ~ анкилозирующий спондилоартрит, Бехтерева (– Штрюмпелля – Мари) болезнь

Bence-Jones ~ плазмоцитома, миелома, Бенс-Джонса болезнь

Beneke – Krabbe's ~ Краббе диффузный инфантильный склероз, Бенеке – Краббе болезнь

benign ~ 1. доброкачественное новообразование 2. заболевание с доброкачественным течением

Berger's ~ Бергера болезнь *(редкая форма нефрита с рецидивирующей макроскопической гематурией)*

Berlin's ~ берлиновское помутнение сетчатки

Besnier – Boeck – Schaumann ~ саркоидоз, доброкачественный (лимфо)гранулематоз, Бенье – Бека – Шауманна болезнь

Betz – Meyer's ~ идиопатический миолиз поперечнополосатых мышц, Бетца – Мейера болезнь

Bielschowsky – Jansky ~ амавротическая детская поздняя идиотия, Бильшовского – Янского болезнь

Biermer's ~ пернициозная [злокачественная] анемия, Аддисона – Бирмера болезнь

Biett's ~ красная волчанка, Биетта болезнь

bilateral stifle ~ двустороннее поражение коленных суставов

bilharzia ~ шистосомоз, бильгарциоз

Binswanger ~ Бинсвангера [синдром] болезнь, подкорковая артериосклеротическая энцефалопатия, хроническая подкорковая лейкоэнцефалопатия

bladder stone ~ калькулёз мочевого пузыря; мочекаменная болезнь

bladderworm ~ цистицеркоз

blinding filarial ~ онхоцеркоз

Blount's ~ деформирующий остеохондроз большеберцовой кости, Блаунта болезнь

blue ~ 1. врождённый порок сердца синего типа 2. пятнистая лихорадка Скалистых гор, голубая болезнь, американский клещевой риккетсиоз

bodily ~ соматическое заболевание

Boeck – Ibrahim's ~ Бека – Ибрагима болезнь *(дерматит, вызванный молочницей)*

Boeck's ~ *см.* Besnier – Boeck – Schaumann ~

(van) Bogart's ~ ван Богарта болезнь, подострый склерозирующий панэнцефалит

(van) Bogart – Divry ~ ван Богарта – Диври болезнь, диффузный кортико-менингеальный ангиоматоз

borderline ~ пограничное заболевание

Bornholm ~ эпидемическая плевродиния, борнхольмская болезнь, доброкачественный сухой плеврит

Boston exanthem ~ бостонская [эпидемическая] экзантема

Botkin's ~ гепатит А, инфекционный [эпидемический] гепатит, *уст.* Боткина болезнь

Bouillaud's ~ ревматический эндокардит, Буйо (– Сокольского) болезнь

Bourneville's ~ туберозный склероз, эпилойя, Бурневилля (– Прингла) болезнь

Bouveret's ~ пароксизмальная тахикардия, Бувре болезнь

Bowen's ~ Боуэна болезнь *(внутриэпителиальный рак кожи)*

brainsteam ~ поражение ствола мозга

brass-founders' ~ литейная лихорадка, лихорадка меднолитейщиков

Breutsch's ~ ревматический энцефалит, Брейча болезнь

bridegrooms' ~ тромбоз гроздевидного сплетения вен

Bright's ~ гломерулонефрит, брайтова болезнь

Brill's ~ 1. спорадический сыпной тиф, Брилла (– Цинссера) болезнь 2. рецидивный брюшной тиф

Brill – Symmers ~ гигантофолликулярная [макрофолликулярная] лимфома, или лимфобластома, Брилла – Симмерса болезнь

Brill – Zinsser ~ *см.* **Brill's** ~

Brinton's ~ диффузный рак желудка, Бринтона синдром

broad-beta ~ синдром дискразии β-глобулинов

Brodie's ~ 1. Броди абсцесс *(остеомиелит)* 2. истерическая артралгия 3. Броди синдром *(посттравматическая невралгия, симулирующая туберкулёзный спондилит)*

Brodie's serocystic ~ Броди листовидная [филлоидная] цистосаркома

bronzed ~ хроническая недостаточность коры надпочечников, аддисонова [бронзовая] болезнь

Buerger's ~ облитерирующий тромбангиит, Бюргера болезнь

Buerger – Grütz ~ идиопатический липоидоз, эссенциальная гиперлипемия, Бюргера – Грютца болезнь

Buhl's ~ Буля болезнь *(сепсис новорождённых с гемолитической желтухой и множественными кровоизлияниями)*

bullous and bleb ~s поликистозное заболевание, или поликистоз, лёгких

Buschke's ~ 1. склере(де)ма взрослых, Бушке болезнь 2. криптококкоз, Буссе – Бушке бластомикоз

Busse – Buschke ~ *см.* **Buschke's** ~ 2

cachetic ~ истощающие [изнуряющие] болезни *(рак, туберкулёз)*

Caffey's ~ детский кортикальный гиперостоз, Каффи болезнь

caisson ~ кессонная [декомпрессионная] болезнь

California ~ кокцидиоидоз, кокцидиомикоз, калифорнийская лихорадка, Посады – Вернике болезнь

caloric ~ тепловой удар

Calve – Perthes ~ псевдококсалгия, асептический некроз головки бедренной кости, (Легга – Кальве –) Пертеса болезнь

calves ~ уплощённый позвонок *(напр. при эозинофильной гранулёме)*

Camurati – Engelniann ~ диафизарная прогрессирующая дисплазия, Камурати – Энгельманна болезнь

Canavan's ~ Канавана болезнь *(форма лейкодистрофии детского возраста)*

cane-fever ~ лептоспироз

cardiovascular ~ affected by high blood pressure сердечно-сосудистое заболевание с высоким артериальным давлением

Carducci – Olmer's ~ марсельская [средиземноморская клещевая] лихорадка, Кардуччи – Ольмера болезнь

Caroli's ~ Кароли синдром, или болезнь *(расширение внутрипечёночных протоков, сопровождающееся холелитиазом, рецидивирующим холангитом и желтухой)*

carpal boss ~ запястно-пястный синдром

Carrion's ~ бартонеллёз, перуанская бородавка, Карриона болезнь, Ороя лихорадка

catching ~ *см.* **contagious** ~

cat-scratch ~ болезнь [лихорадка] кошачьих царапин, вирусный доброкачественный лимфаденит

cat's cry ~ болезнь [синдром] кошачьего крика, Лежена синдром *(форма врождённой хромосомной патологии)*

cavitary ~ кавернозный туберкулёз лёгких

Cazenave's ~ красная волчанка, эритематоз

celiac ~ глютеновая энтеропатия, целиакия, спру *(обусловлена дефицитом глютенрасщепляющих ферментов)*

central core ~ of muscle врождённая миопатия с поражением сердцевины мышечных волокон

cerebrovascular ~ нарушение мозгового кровообращения, цереброваскулярное расстройство

certain ~ верифицированный диагноз болезни

Chagas' ~ американский трипаносомоз, Шагаса болезнь

Charcot's ~ 1. нейрогенная артропатия, Шарко сустав 2. амиотрофический боковой склероз, Шарко болезнь

Charcot – Marie – Tooth ~ наследственная невральная амиотрофия, мышечная атрофия перонеального типа, Шарко – Мари – Тута болезнь

Charlouis' ~ (тропическая) фрамбезия, гангоза, тропическая гранулёма, невенерический [тропический] сифилис

Chiari's ~ облитерирующий эндофлебит [первичный тромбоз] печёночных вен, Киари болезнь

Chicago ~ североамериканский бластомикоз, Гилкриста (глубокий) бластомикоз

childhood ~s болезни детского возраста, детские болезни

cholesterin [cholesterol] ~ холестероз *(избыточное отложение холестерина в тканях)*

Christian's ~ гистиоцитоз Х, липоидный гранулематоз, липогранулематоз, (Хенда –) Крисчена – Шюллера болезнь

Christmas ~ гемофилия В, Кристмаса болезнь *(вследствие дефицита антигемофилического фактора, названного по имени больного)*

chronic berillium ~ хроническое отравление бериллием

chronic granulomatous X-related ~ хроническая гранулематозная болезнь с Х-сцепленным типом наследования

chronic obstructive pulmonary ~ хроническое обструктивное заболевание лёгких; хроническая обструктивная пневмония

circling ~ эрлихиоз, листериоз

circulatory ~ болезнь, протекающая с расстройством кровообращения

Civatte's ~ Сиватта сетчатая пигментная пойкилодермия

class IV cardiac ~ IV класс функциональных нарушений сердца

climatic ~ болезнь, обусловленная воздействием климатических факторов

clinical ~ болезнь с клиническими проявлениями; манифестация [клинические проявления] болезни

clotting ~ тромбоэмболическая болезнь

coal-miners' ~ силикоантракоз, антракосиликоз

coeliac ~ глютеновая энтеропатия, целиакия

coexistent ~ сопутствующее заболевание

cold agglutinin ~ болезнь холодовых агглютининов

cold hemolytic antibody ~ синдром холодовой агглютинации антител

collagen ~ коллагеноз, коллагеновая болезнь *(диффузное поражение соединительной ткани)*

combating ~ ранение

combined immunodeficiency ~ болезнь комбинированного иммунодефицита

combined mitral ~ сочетанный [комбинированный] митральный порок

common eye ~s распространённые заболевания глаз

communicable ~s of military significance инфекционные болезни, как средство бактериологической войны

complicating ~ интеркуррентное заболевание; осложнение

compressed-air ~ см. **caisson** ~

Concato's ~ Конкато болезнь (полисерозит с преимущественным поражением перикарда, плевры и верхней части брюшины)

concurrent dental ~ конкурентное заболевание зубов; сопутствующее заболевание

conduction system ~ поражение проводящей системы

connective tissue ~ см. **collagen** ~

Conradi's ~ врождённая кальцифицирующаяся хондродистрофия, Конради болезнь

constitutional ~ конституциональное заболевание *(напр. диатез, врождённые дефекты обмена, пороки развития)*

contagious ~ инфекционная [заразная] болезнь *(передаваемая контактным путём или через переносчика)*

Cooper's ~ Купера болезнь *(1. мастодиния 2. орхиалгия)*

copper-associated liver ~ поражение печени при интоксикации соединениями меди

Cori's ~ гликогеноз III типа, лимитдекстриноз, Кори болезнь

coronary heart ~ ишемическая болезнь сердца, ИБС

coronary occlusive ~ окклюзия коронарной артерии

Coxsackie virus A ~ герпангина, герпетическая ангина, афтозный фарингит *(вызываемый вирусами Коксаки группы А)*

creeping ~ s кожные поражения, вызываемые нематодами

Creutzfeldt – Jakob ~ кортико-стриоспинальная дегенерация, спастический псевдосклероз, Крейтц-фельда – Якоба болезнь *(губчатая энцефалопатия)*

cri du chat ~ *см.* **cat's cry ~**

Crocq's ~ акроцианоз, Крока болезнь

Crohn's ~ Крона болезнь *(аутоиммунное воспаление участка пищеварительного тракта; регионарный илеит)*

Crouzon's ~ черепно-лицевой дизостоз, Крузона болезнь

crusty ~ поражение кожи с образованием струпа

Cruveilhier's ~ прогрессирующая мышечная атрофия, Крювелье болезнь

Curschmann – Batten – Steinert ~ Куршмана – Баттена – Штейнерта болезнь, дистрофическая миотония, миотоническая дистрофия

Cushing's ~ Кушинга болезнь, аденома гипофиза, гипофизарный базофилизм

cyanotic heart ~ врождённый порок сердца синего типа

cystic ~ поликистоз, поликистозная болезнь

cystic ~ of breast кистозно-фиброзная мастопатия

cystic lung ~ поликистоз лёгкого

cystine storage ~ цистиноз, гликофосфаминный диабет

cytomegalic inclusion ~ цитомегалия, инклюзионная болезнь

Daae's [Daae – Finsen] ~ *см.* **Bornholm ~**

Darier's ~ (вегетирующий) фолликулярный кератоз, Дарье болезнь

Darling's ~ гистоплазмоз, ретикулоэндотелиальный цитомикоз, Дарлинга болезнь

Dawson ~ *см.* **(van) Bogart's ~**

debilitating ~ *см.* **disabling ~**

deep fungal ~ глубокий [системный, висцеральный] микоз

deer-fly ~ туляремия

deficiency ~ болезнь недостаточности питания *(витаминов, микроэлементов, основных аминокислот и жирных кислот)*

degenerative joint ~ дегенеративное заболевание сустава, артроз

Dejerine – Sotttas ~ Дежерина – Сотта гипертрофическая невропатия

Dejerine – Thomas ~ Дежерина – Тома болезнь, оливопонто-церебеллярная дегенерация, или атрофия

dementing ~ деменция

demyelinating ~ демиелинизирующее заболевание

Denny – Brown ~ Денни – Брауна болезнь *(форма наследственной сенсорной невропатии)*

de novo ~ новая болезнь; вновь возникшее заболевание

dental ~ болезнь зубов

de Quervain's ~ подострый [гигантоклеточный, гранулематозный] тиреоидит, де Кервена болезнь

Dercum's ~ адипозалгия, болезненное ожирение, Деркума болезнь

destructive ~ деструктивный процесс

development(al) ~ порок развития; болезнь роста

Deutschlander's ~ 1. маршевая стопа, Дейчлендера болезнь **2.** опухоль плюсневой кости

Devic's ~ Девика [синдром] болезнь, оптикомиелит, нейромиелит зрительного нерва

diamond-skin ~ эризипелоид, рожа свиней, ползучая эритема

diarrheal ~s диарейные инфекционные болезни *(ВОЗ)*, острые кишечные инфекции, ОКИ

dietetic ~ алиментарное заболевание

diffuse Lewy body ~ болезнь распространённых [диффузных] телец Леви *(дегенеративным поражение головного мозга с накоплением в нём телец Леви)*

digestive ~ болезнь пищеварительного тракта

Di Guglielmo's ~ эритромиелоз, эритролейкоз, острый эритремический миелоз, Ди Гульельмо болезнь

disabling ~ инвалидизирующее заболевание

discoid lichenoid ~ *см.* **oid-oid ~**

disk related ~ дискогенное заболевание *(позвоночника)*

disease dog ~ флеботомная [москитная] лихорадка, (лихорадка) Паппатачи

disseminated ~ диссеминированное поражение *(сепсис, тотальное метастазирование)*

diverticular ~ дивертикулёз, дивертикулярная болезнь

documented ~ точно установленная болезнь

Dohle's ~ сифилитический аортит, Деле – Геллера болезнь

double nodal ~ двойной узловой ритм, интерференция синусного и узлового ритма

Down's ~ Дауна [синдром] болезнь, генерализованная фетальная дисплазия *(обусловлена трисомией 21-й пары хромосом)*

Dressler's ~ пароксизмальная [перемежающаяся] гемоглобинурия, Дресслера болезнь

dual-antigen-induced autoimmune ~ аутоиммунное заболевание, вызванное двумя антигенами

Dubini's ~ Дубини молниеносная [электрическая] хорея

Duchenne's ~ Дюшенна болезнь *(1. сухотка спинного мозга 2. Куссмауля подострый передний полиомиелит)*

Duhring's ~ герпетиформный дерматит, пруригинозная пузырчатка, Дюринга болезнь

Duinea-worm ~ дракункулёз, драконтиаз, ришта

Duke's ~ скарлатинозная краснуха, четвёртая болезнь

duodenal ulcer ~ язвенная болезнь двенадцатиперстной кишки

Duplay's ~ плечелопаточный периартрит, Дюплея [синдром] болезнь

Durante's ~ врождённый несовершенный остеогенез, Порака – Дюранта болезнь

Duroziez' ~ врождённый митральный стеноз, Дюрозье болезнь

dust ~ пневмокониоз

dynamic ~ функциональное заболевание

Eales' ~ юношеская ангиопатия [перифлебит] сетчатки, ретинальный васкулит, пролиферирующий ретинит, Илза болезнь

early ~ ранняя стадия заболевания, начало болезни

Ebstein's ~ Эбштейна аномалия *(смещение створок трёхстворчатого клапана сердца вглубь правого желудочка с расширением фиброзного кольца)*

echinococcus ~ гидатидный [однокамерный] эхинококкоз

Economo's ~ (эпидемический) летаргический энцефалит Экономо

edema ~ алиментарная дистрофия, голодный отёк

Eichstedt's ~ отрубевидный [разноцветный] лишай, Айхштедта болезнь

elevator ~ пневмокониоз, вызываемый зерновой пылью элеваторов

emergence ~ впервые выявленное заболевание

emerging infection ~s острые инфекции, острые инфекционные болезни

emotional ~ аффективные проявления; эмоциональный всплеск

end-stage renal ~ терминальная стадия почечной недостаточности, абсолютная почечная недостаточность

Engelmann's ~ прогрессирующая диафизарная дисплазия, генерализованный гиперостоз, (Камурати –) Энгельманна болезнь

Engel – von Recklinghausen's ~ Энгеля – фон Реклингхаузена болезнь, генерализованная остеодистрофия

English ~ 1. рахит 2. бронхит 3. депрессия; хандра

environmental ~s болезни, вызываемые загрязнением окружающей среды

Epstein's ~ дифтероид, ложный круп, псевдокруп, Эпштейна синдром

Erb's ~ спастический спинальный паралич, Эрба [болезнь] спинальный паралич

Erb – Goldflam ~ миастения, Эрба – Гольдфлама болезнь

esophageal motor ~ нарушение сократительной функции пищевода

Eulenburg's ~ Эйленбурга болезнь, врождённая парамиотония, Эйленбурга холодовой паралич

exanthematous ~ экзантема

exhausting ~ истощающая болезнь

expensive ~ дорогостоящее заболевание

extensive ~ распространённый [диссеминированный] патологический процесс

extensive-stage ~ запущенная стадия болезни

external ~s of the eye болезни придатков и поверхностных оболочек глаза

extramammary Paget ~ Педжета экстрамамиллярный дерматоз, или рак

Fabry's ~ диффузная ангиокератома туловища, наследственный дистопический липоидоз, Фабри болезнь

Fahr's ~ Фара [синдром] болезнь *(идиопатическое обызвествление базальных ганглиев)*

Fairbank's ~ полосатая остеопатия, Фейербенка болезнь

Fallot's ~ тетрада Фалло *(стеноз устья и гипоплазия лёгочного ствола, дефект межжелудочковой перегородки, смещение аорты вправо, гипертрофия правых отделов сердца)*

familial Darier's ~ фолликулярный дискератоз, болезнь Дарье – Уайта

fatal ~ смертельная болезнь

fatigue ~ заболевание вследствие переутомления; синдром хронической усталости

Fazio – Londe ~ Фазио – Лонде [синдром] болезнь *(наследственный ювенильный прогрессирующий бульбарный паралич)*

Feer's ~ акродиния, полинейропатическая эритродермия, Феера болезнь

femoropopliteal occlusive ~ окклюзия бедренно-подколенного сегмента артерии

feto-maternal ~ осложнённое течение беременности

fibrocystic ~ of breast фиброзно-кистозная мастопатия

fibrocystic ~ of pancreas кистозно-фиброзная дегенерация поджелудочной железы

fibrotic lung ~s фиброзирующие болезни лёгких

Fiedler's ~ иктерогеморрагический лептоспироз, лептоспирозная желтуха, (Васильева –) Вейля болезнь

fifth ~ инфекционная эритема, пятая болезнь, Штиккера болезнь

fifth venereal ~ пятая венерическая болезнь, донованоз, венерическая гранулёма

Filatov's ~ *см.* fourth ~

filth-borne ~ болезнь, вызванная антисанитарными условиями; болезнь грязных рук

fish-eye ~ «рыбий глаз» *(помутнение роговицы)*

fish-handlers' ~ эризипелоид, рожа свиней, ползучая эритема

fish-skin ~ ихтиоз, диффузная кератома, сауриаз

fish tapeworm ~ дифиллоботриоз, *уст.* ботриоцефалёз

Flajani's ~ диффузный (тирео)токсический зоб, базедова болезнь, Грейвса болезнь, Флаяни болезнь

flax-dressers' ~ хроническая пневмония у трепальщиков льна

fleshworm ~ трихинеллёз, трихиноз

Fletcher's ~ мелиоидоз, Флетчера болезнь, Стентона болезнь

flint ~ силикоз

fly-borne ~ болезнь, распространяемая мухами

focal ~ очаговое поражение

Fölling's ~ фенилкетонурия, фенилпировиноградная олигофрения, Феллинга болезнь

food-born ~ 1. пищевое отравление, токсикоинфекция 2. глютеновая энтеропатия, целиакия *(дефицит глютен-расщепляющих ферментов)*

foot-and-mouth ~ ящур

Forbes' ~ гликогеноз III типа, лимитдекстриноз, Форбса болезнь

Fournier's ~ Фурнье гангрена *(острый некроз тканей полового члена и мошонки)*

fourth ~ скарлатинозная краснуха, четвёртая болезнь, Филатова – Дьюкса болезнь

fourth venereal ~ паховый лимфогранулематоз, паховая лимфогранулёма, четвёртая венерическая болезнь, Никола – Фавра болезнь

Fox – Fordyce ~ Фокса – Фордайса болезнь *(дерматоз с плотными коническими красновато-бурдватыми зудящими узелками)*

Francis ~ туляремия

free radical ~ болезни (окисленных) свободных радикалов

Freiberg's ~ остеохондропатия головки второй плюсневой кости, Фрейберга болезнь

Friedlander's ~ облитерирующий эндартериит, Фридлендера болезнь

Friedmann's ~ пикнолепсия, Фридманна синдром *(разновидность эпилепсии у детей)*

Friedreich's ~ Фридрейха болезнь *(форма наследственной спино-церебеллярной атаксии)*

fulminating ~ молниеносное, сверхострое течение болезни

fungal [fungus] ~ микоз; кандидамикоз

fusospirochetal ~ язвенно-плёнчатая ангина, (Симановского – Плаута –) Венсана ангина

Gaisböck's ~ Гайсбека [гипертензия] болезнь

Gamna's ~ гемосидероз селезёнки, Гамна болезнь

Gamstorp's ~ семейная эпизодическая адинамия

garapata ~ эпидемический возвратный тиф, возвратная лихорадка

Garre's ~ Гарре (хронический) склерозирующий остеомиелит

gastroesophageal reflux ~ рефлюкс-эзофагит, рефлюксная гастроэзофагеальная болезнь

Gaucher's ~ наследственный глюкоцереброзидоз, Гоше болезнь

Gee's ~ глютеновая энтеропатия, целиакия, нетропическая спру

Gelineau's ~ Желино болезнь, нарколепсия

general ~ системное [общее] заболевание

genetic [genetically determined] ~ генетически обусловленная болезнь

genital ~ гинекологическая болезнь

genitourinary ~ заболевание мочеполовых органов

germ ~ инфекционная болезнь, инфекция

giant-cell ~ экспериментальная модель СПИДа, проявляющаяся скоплением гигантских клеток

Gibert's ~ розовый лишай, шелушащаяся розеола, Жибера болезнь

Gibson's ~ наследственная метгемоглобинемия I типа, Гибсона болезнь

Gilbert's ~ врождённая гипербилирубинемия, семейная негемолитическая желтуха, Жильбера (– Мейленграхта) болезнь

Gilchrist's ~ североамериканский бластомикоз, бластомикоз Гилкриста

Gilles de la Tourette's ~ Жилль де ла Туретта синдром, или болезнь *(сочетание тикообразных подёргиваний мышц лица, шеи и плечевого пояса с частым покашливанием и сплёвыванием)*

Gierke ~ гликогеноз I типа *(заболевание аутосомно-доминантного типа, обусловленное дефицитом глюкозо-6-фосфатазы в печени и почках)*

Glanzmann's ~ тромбоцитастения, Гланцманна тромбастения

Glenard's ~ спланхноптоз, висцероптоз, Гленара симптомокомплекс

glomerular ~ поражение нефронов

glycogen storage ~ гликогеноз *(накопление гликогена в различных органах вследствие дефицита ферментов)*

Goldflam's ~ миастения, Эрба – Гольдфлама болезнь

Goldscheider's ~ врождённый буллёзный эпидермолиз, врождённая пузырчатка, Гольдшейдера болезнь

Goodpasture's ~ наследственный лёгочно-почечный синдром, Гудпасчера болезнь

graft-versus-host ~ реакция «трансплантат против хозяина» *(конфликт между иммунокомпетентными лимфоцитами донора и реципиента)*, гомологичная болезнь

Graves' ~ диффузный (тирео)токсический зоб, базедова болезнь, Грейвса болезнь

Greenhow's ~ «болезнь бродяг» *(дерматоз, развивающийся при вшивости)*

green-monkey ~ болезнь зелёных мартышек, церкопитековая геморрагическая лихорадка

Griesinger's ~ Гризингера болезнь *(1. псевдогипертрофическая детская мышечная дистрофия 2. анкилостомоз)*

grinder ~ силикоз

Guillain – Barre ~ острый первичный идиопатический полирадикулоневрит, Гийена – Барре болезнь

guinea worm ~ дракункулёз, драконтиаз, ришта

Gull's ~ гипотиреоз, гипотиреоидизм, Галла болезнь

Gull – Sutton ~ артерионефросклероз, атеросклеротический нефросклероз, Галла – Саттона синдром

Gunther's ~ эритропоэтическая уропорфирия, Гюнтера болезнь

Hailey – Hailey ~ хроническая доброкачественная семейная пузырчатка, наследственный буллёзный дискератоз, Хейли – Хейли болезнь

Hallervorden – Spatz ~ Галлервордена – Шпатца болезнь *(наследственное заболевание, обусловленное накоплением железа в базальных ганглиях)*

hand-foot-and-mouth ~ везикулярный стоматит *(пузырчатка полости рта и конечностей; вызывается вирусами коксаки)*

Hand – Schüller – Christian ~ гистиоцитоз Х, ретикулоэндотелиоз, липогранулематоз, (Хенда –) Крисчена – Шюллера болезнь

Hanot's ~ билиарный цирроз печени Гано, цирроз печени

Hansen's ~ лепра, *уст.* проказа, Гансена болезнь

Hansen's malignant ~ лепроматозная [бугорковая] лепра, лепра LL

Harley's ~ ночная пароксизмальная гемоглобинурия, Гарлея болезнь

Hartnup ~ Хартнупа болезнь *(специфическая гипераминацидурия; фотодерматоз; психические расстройства; боли в животе, обусловленные нарушением всасывания триптофана)*

Hashimoto's ~ хронический лимфоматозный тиреоидит Хасимото

heart-induced brain ~ кардиогенное поражение головного мозга

heartworm ~ дирофиляриоз

heavy chain ~ болезнь Н-цепей, болезнь тяжёлых цепей *(иммунопролиферативное заболевание, при котором клон неопластических клеток синтезирует аномальные тяжёлые полипептидные цепи)*

Heberden's ~ 1. Гебердена узелки *(при деформирующем артрозе дистальных межфаланговых суставов кисти)* 2. стенокардия, грудная жаба, Гебердена болезнь

Hebra's ~ многоформенная экссудативная эритема, Гебры болезнь

Heerfordt's ~ увеопаротит, увеопаротидная лихорадка, Хеерфорда синдром

Heine – Medin ~ полиомиелит, эпидемический детский паралич, Гейне – Медина болезнь

hematopoietic ~s поражение кроветворной системы

hemolytic ~ of the fetus and the newborn гемолитическая болезнь [эритробластоз] плода и новорождённого, ядерная желтуха

hemophiloid ~ гипоакцелеринемия, парагемофилия, Оврена болезнь

hemorrhagic ~ of newborn геморрагическая болезнь новорождённых *(группа синдромов, обусловленных транзиторной недостаточностью некоторых факторов свёртывания крови)*

Henoch's ~ геморрагический васкулит, геморрагическая пурпура, Шенлейна – Геноха болезнь

hepatobiliary ~ болезни печени и жёлчных путей

hepatolenticular ~ гепатоцеребральная дистрофия, гепатолентикулярная дегенерация, Вестфаля – Вильсона – Коновалова болезнь

hereditary ~ наследственная болезнь

Hers' ~ гликогеноз VI типа, гепатофосфорилазная недостаточность, Герса болезнь

Heubner's ~ гейбнеровский эндартериит

HgbS болезнь HgbS, серповидно-клеточные гемоглобиновые синдромы

hidebound ~ склеродермия

highly infectious ~ особо опасная инфекция, ООИ *(чума, холера и пр.)*

hip-joint ~ туберкулёзный коксит

Hippel – Lindau ~ цереброретинальный ангиоматоз, Гиппеля – Линдау болезнь

Hirschsprung's ~ врождённый аганглиоз толстой кишки, Гиршпрунга болезнь

His – Werner ~ окопная лихорадка, пароксизмальный риккетсиоз, Вернера – Гиса болезнь

Hodgkin's ~ лимфогранулематоз, хронический злокачественный лимфоматоз, Ходжкина болезнь

Hodgson's ~ аневризма дуги аорты в сочетании с недостаточностью аортального клапана, болезнь Ходжсона

homologous ~ гомологичная болезнь, синдром карликовости, рант-синдром, синдром атрофии, вастинг-синдром

hoof-and-mouth ~ ящур

hookworm ~ анкилостомидоз

Horton's ~ гистаминовая цефалгия, или мигрень; Хортона [мигрень] синдром

hospital acquired ~ госпитальная [нозокомиальная] инфекция

Hug's ~ гликогеноз IX типа *(дефицит киназы фосфорилазы печени)*

hunger ~ гиперинсулинизм; «голодная болезнь»

Huntington's ~ наследственная хорея, Гентингтона болезнь

Hunt's ~ 1. Ханта мозжечковая миоклоническая диссинергия 2. синдром коленчатого ганглия, Ханта синдром

Hutchinson – Gilford ~ детская геродермия, детская прогерия, (Гетчинсона –) Гилфорда синдром

hyaline membrane ~ болезнь гиалиновых мембран, респираторный дистресс-синдром новорождённых

hydatid ~ 1. *см.* **echinococcus** ~ 2. заболевание придатков *(яичка)*

Hyde's ~ (Гайда) узловатая почесуха

hypersensitivity ~ аллергическая болезнь, аллергоз

hypertensive ~ гипертоническая болезнь, первичная артериальная гипертензия

hypertensive vascular ~ гипертензия сосудистого происхождения

hyperthyroid heart ~ тиреотоксическое сердце

I-cell ~ болезнь клеточных включений, муколипидоз

idiopathic ~ идиопатическое заболевание, заболевание неясного происхождения

imitation ~ симуляция заболевания

immune(-associated) ~ иммунопатологическое заболевание, иммунопатология

immune complex ~ 1. болезнь иммунных комплексов 2. сывороточная болезнь; анафилактическая реакция

immune deposit ~ болезнь с иммунными наслоениями, иммунокомплексное заболевание

immune-mediated ~ аутоиммунное заболевание; болезнь иммунной недостаточности

immunocompromising ~ болезнь, ослабляющая иммунитет

immunodeficient ~ иммунологическая недостаточность, иммунодефицитное состояние, иммунопарез

immunoproliferative ~ иммунопролиферативный синдром, иммунопролиферативное заболевание

inattended ~ нелеченная болезнь

individual ~s отдельные болезни

industrial ~ болезнь, связанная с промышленным производством

inextirpable ~ неизлечимая болезнь

infectious [infective] ~ 1. инфекционная болезнь 2. *pl.* воспалительные болезни; гнойно-септические осложнения

in health and ~ в норме и при патологии

inherited ~ наследственная болезнь

innate ~ врождённое заболевание, врождённый порок развития

inoculation ~ 1. *см.* **insect-borne ~s** 2. парентеральное инфицирование

insect-borne ~s трансмиссивные болезни *(распространяемые насекомыми)*

intercurrent ~ интеркуррентное заболевание *(возникающее на фоне уже имеющейся болезни, но не связанное с ней)*

interstitial ~ *см.* **collagen ~**

intervertebral disk ~ дископатия *(заболевание межпозвонковых дисков)*; грыжа межпозвонкового диска

intrahepatic ~ внутрипечёночное поражение, внутрипечёночный процесс

intrauterine ~ внутриутробное заболевание, или заражение *(плода)*

invasive ~ инвазионное заболевание *(вызванное простейшими, насекомыми, гельминтами, клещами)*

iron storage ~ гемохроматоз, гемомеланоз, сидерофилия, пигментный цирроз печени *(отложение железа)*

Isaacs' ~ Исаакса [синдром] болезнь *(форма наследственной миотонии)*

ischemic bowel ~ ишемический абдоминальный синдром, ишемическая болезнь кишечника

island ~ цуцугамуши, акамуши, японская речная лихорадка

"Itai-itai ~" болезнь «Итай-итай» *(хроническое отравление, вызванное употреблением риса, загрязнённого кадмием, Япония, 1950-е гг)*

jaagsiekte ~ альвеолярно-клеточный рак, аденоматоз лёгких

Jadassohn's ~ эритематозная анетодермия Ядассона, пятнистая атрофия кожи

Jaffe – Lichtenstein ~ фиброзная дисплазия костей, локальный фиброзный остит, Яффе – Лихтенстайна дисплазия

Jakob – Creutzfeldt ~ кортико-стриоспинальная дегенерация, спастический псевдосклероз, Крейтцфельда – Якоба болезнь

Jaksch's ~ детская псевдолейкемия

Jansky – Bielschowsky ~ Янского – Бильшовского болезнь *(поздняя детская форма нейронального цероидного липофусциноза)*

jeep ~ эпителиальный копчиковый ход, «болезнь шофёров»

Jensen's ~ околососочковый ретинохориоидит, Йенсена нейроретинит

joint ~ поражение сустава

jumping ~ тикообразные подёргивания, конвульсивный тик; спазматические движения

Jüngling's ~ туберкулёзный кистозный множественный остит, Юнглинга болезнь

Kahler's ~ миеломная болезнь, множественная миелома, Калера болезнь

Kaposi's ~ 1. пигментная ксеродерма 2. красный плоский лишай

Kashin – Beck ~ эндемический деформирующий остеоартроз, Кашина – Бека болезнь

Katayama ~ японский шистосомоз, Катаямы болезнь

Kawasaki ~ Кавасаки болезнь *(синдром вовлечения в воспалительный процесс кожи, слизистой и лимфатических узлов)*

Kennedy's ~ спинально-бульбарная мышечная атрофия *(форма наследственной спинальной амиотрофии),* Кеннеди болезнь

Kienböck's ~ остеохондропатия полулунной кости, Кинбёка болезнь

Kikuchi's ~ гистиоцитарный некротизирующий лимфаденит, Кикучи болезнь

Kimmelstiel – Wilson ~ диабетический гломерулосклероз, Киммелстила – Уилсона синдром

kinky-hair ~ болезнь курчавых волос, Менкеса синдром

kissing ~ инфекционный мононуклеоз, лимфоидно-клеточная [моноцитарная] ангина, Пфейффера болезнь, Филатова болезнь

Klippel – Ternaunay – Weber ~ Клиппеля – Тренонне – Вебера болезнь *(артерио-венозный свищ)*

Köhler's ~ Кёлера болезнь *(1. остеохондропатия ладьевидной кости стопы 2. остеохондропатия плюсневой кости)*

Korsakoff's ~ корсаковский [полиневритический] психоз, алкогольный паралич

Krabbe's ~ Краббе диффузный инфантильный склероз, Краббе глобоидно-клеточная лейкодистрофия

Kufs' ~ поздняя амавротическая идиотия, Куфса болезнь

Kugelberg – Welander ~ наследственная проксимальная спинальная мышечная атрофия, прогрессирующая мышечная дистрофия с фибриллярными подёргиваниями, Кугельберга – Веландер болезнь

Kummell's ~ травматический спондилит, Кюммелля (– Вернея) болезнь

Kussmaul's ~ узелковый периартериит, нодозный панартериит, Куссмауля – Мейера болезнь

Kyasanur forest ~ киасанурская лихорадка, болезнь киасанурского леса

Kyrle's ~ проникающий гиперкератоз, Кирле болезнь

Laennec's ~ портальный цирроз печени, Лаэннека цирроз печени

Lafora's ~ миоклонус-эпилепсия, миоклоническая эпилепсия

Landouzy – Dejerine ~ плечелопаточно-лицевая мышечная дистрофия Ландузи – Дежерина

Landry's ~ Ландри восходящий паралич, или синдром

Lane's ~ невиформная симметричная акроэритема *(ладоней и подошв),* Лейна болезнь

lardaceous ~ амилоидное перерождение, амилоидоз

Larsen – Johansson ~ Ларсена – Юхансона синдром *(нарушение окостенения надколенника)*

Lasegue's ~ бред преследования, персекуторный бред, Ласега болезнь

latent ~ скрыто протекающая болезнь, болезнь в латентной форме

laughing ~ куру *(разновидность трансмиссивной спонгиоформной энцефалопатии)*

leaf spot ~ пятнистость листьев огурцов *(возбудитель – гриб Cercospora melonis)*

Leber's ~ наследственная атрофия зрительных нервов, Лебера болезнь

Legg's [Legg – Calvé – Perthes] ~ асептический некроз головки бедренной кости, (Легга – Кальве –) Пертеса болезнь

legionnaires' ~ легионеллёз, «болезнь легионеров» *(интерстициальная пневмония)*

Leigh's ~ подострая некротизирующая энцефаломиелопатия, Лея болезнь

Leiner's ~ десквамативная эритродермия новорождённых, Лейнера – Муссу болезнь

Lenegre's ~ хроническая идиопатическая блокада *(проводящей системы сердца),* Ленегра болезнь

Leriche's ~ острая посттравматическая костная атрофия; Лериша – Зудека синдром, или болезнь

Lesch – Nyhan ~ Леша – Найхана болезнь *(наследственное заболевание, связанное с энзимодефицитом)*

Letterer – Siewe ~ нелипоидный ретикулогистиоцитоз, Леттерера – Сиве болезнь

Lewandowsky's ~ розацеоподобный туберкулид, Левандовского болезнь

Libman – Sacks ~ волчаночный эндокардит, Либмана – Сакса эндокардит

light chain ~ болезнь лёгких цепей

Lindau's ~ цереброретинальный ангиоматоз, Гиппеля – Линдау болезнь

liposomal ~s липосомные болезни

Lipschütz's ~ Липшютца папулёзный псевдосифилис

Little's ~ Литтла врождённая аноксемическая эмбриопатия, Литтла болезнь *(разновидность спастического церебрального паралича)*

liver ~ **in brucellosis** поражение печени при бруцеллёзе

Lobo's ~ келоидный бластомикоз, Лобо болезнь

Lobstein's ~ поздний несовершенный остеогенез, Лобштейна несовершенный остеогенез

local ~ местный [ограниченный] процесс, местное поражение

Löffler's ~ рестриктивная кардиомиопатия, Лёффлера эндокардит, Лёффлера синдром

longstanding ~ длительно существующий процесс; хроническое заболевание

Lorain's ~ гипофизарная карликовость, гипофизарный инфантилизм, Лорена синдром

louse-borne ~ болезнь, передаваемая вшами *(сыпной тиф)*

lower motor neuron ~ поражение нижнего мотонейрона

Lucas-Championnière ~ фибринозный бронхит, Люка-Шампионньера болезнь

lucifer-match ~ некроз челюсти при хроническом отравлении фосфором

Ludwig's ~ гнилостная аденофлегмона, Людвига ангина

lumbar ~ поражение поясничного отдела позвоночника

lunger ~ альвеолярно-клеточный рак, альвеолярно-клеточная опухоль; аденоматоз лёгких

lung fluke ~ парагонимоз

Lutz – Splendore – Almeida ~ паракокцидиоидоз, бразильский [южноамериканский] бластомикоз, Альмейды – Лютца – Сплендоре болезнь

Lyell's ~ токсический эпидермальный некролиз, синдром ошпаренной кожи, Лайелла синдром

Lyme ~ боррелиоз, Лайма болезнь

lysosomal storage ~ лизосомная болезнь накопления

Madelung's ~ 1. Маделунга [деформация] болезнь *(врождённое нарушение окостенения и роста лучевой кости)* 2. наследственный множественный липоматоз, Маделунга синдром

Majocchi's ~ кольцевидная телеангиэктатическая пурпура, Майокки болезнь

major infectious ~ основные инфекционные болезни

malnutrition ~ *см.* **deficiency** ~

Manson's ~ кишечный шистосомоз, Мансона шистосомоз

maple syrup urine ~ болезнь «кленового сиропа», валинолейцинурия, Менкеса синдром

marble bone ~ мраморная болезнь, врождённый системный остеопетроз, Альберс – Шёнберга болезнь

Marburg ~ *см.* **green-monkey** ~

Marchiafava – Micheli ~ ночная пароксизмальная гемоглобинурия, Маркиафавы – Микели болезнь

Marie's ~ 1. акромегалия, Мари (– Лери) синдром 2. *см.* **Marie – Bamberger** ~

Marie – Bamberger ~ лёгочная остеодистрофия, лёгочная гипертрофическая остеопатия, Мари – Бамбергера синдром, Мари болезнь

Marie – Strümpell ~ анкилозирующий спондилоартрит, Бехтерева (– Штрюмпелля – Мари) болезнь

Marion's ~ Мариона болезнь *(врождённая гипертрофия шейки мочевого пузыря)*

masked ~ латентно протекающая болезнь, болезнь в скрытой форме

mast cell ~ мастоцитоз

mastoid ~ мастоидит

McArdle's ~ гликогеноз V типа, Мак-Ардла (– Шмида – Пирсона) болезнь *(миофосфорилазная недостаточность)*

medical ~**s** внутренние болезни *(подлежащие консервативному лечению)*

Medin's ~ полиомиелит, эпидемический детский паралич, Гейне – Медина болезнь

Mediterranean ~ большая талассемия, средиземноморская [эритробластическая] анемия, Кули анемия

medullary cystic ~ ювенильный нефронофтиз, Фанкони болезнь

Menetrier's ~ гигантский гипертрофический гастрит, Менетрие болезнь

Meniere's ~ водянка лабиринта внутреннего уха, эндолимфатическая водянка, Меньера болезнь

meningococcal ~ эпидемический менингит

mental ~ психическая [душевная] болезнь, психическое расстройство

metabolic ~ болезнь обмена веществ; расстройство метаболизма

metabolic bone ~ нарушение метаболизма костной ткани

metastatic ~ метастазирование, поражение метастазами

Meyenburg's ~ рецидивирующий полихондрит, Мейенбурга – Альтхерра – Юлингера синдром

Meyer's ~ аденоиды; аденоидные разращения, Мейера болезнь

Mibelli's ~ порокератоз (Мибелли), эксцентричный гиперкератоз, кератоатрофический невус

microbial ~ заболевание бактериального происхождения

Mikulicz's ~ Микулича синдром *(генерализованное увеличение слёзных и слюнных желёз)*

mild ~ лёгкое течение болезни

miliary ~ милиарное поражение *(напр. лёгких)*

Mills' ~ синдром верхней мозжечковой артерии, Миллса синдром

Milroy's ~ врождённая лимфедема, Милроя болезнь

Milton's ~ ангионевротический отёк, Квинке [болезнь, крапивница] отёк

mimicking Whipple's ~ напоминающий болезнь Уиппля

Minamata ~ «Минамата болезнь» *(хроническое отравление, вызванное употреблением рыбы, заражённой ртутью)*

miner's ~ анкилостомидоз кожи, анкилостомная анемия горняков

minimal residual ~ минимально резидуальная болезнь *(наличие циркулирующих опухолевых клеток в организме в состоянии ремиссии после лечения; менее 10^{10}, или менее 5 %, бластных клеток в миелограмме)*

Minor's ~ 1. гематомиелия *(в результате родовой травмы)*, Минора синдром 2. эссенциальное [наследственное] дрожание, Минора болезнь

Mitchell's ~ эритромелалгия, ограниченный болезненный отёк кожи, Митчелла болезнь

Mljet ~ телеангиэктазия конечностей с гиперкератозом, болезнь жителей-изолятов острова Млжет *(Далмация)*

molecular ~ молекулярная болезнь

Mondor's ~ Мондора болезнь *(облитерирующий флебит поверхностных вен передней грудной стенки)*

Morel's ~ корковый ламинарный склероз, Мореля «болезнь» *(алкогольная энцефалопатия)*

Morgagni's ~ синдром внутреннего лобного гиперостоза, Стюарта – Морганьи – Мореля синдром

Morquio's ~ мукополисахаридоз IV типа, Моркио [синдром] болезнь

Morton's ~ метатарзалгия, Мортона болезнь

Morvan's ~ 1. Морвана синдром, или болезнь *(трофические нарушения на руках при сирингомиелии)* 2. Морвана хорея *(вегетативные и психотические расстройства)*

Moschcowitz's ~ тромбоцитопенический акроангиотромбоз, тромбогемолитическая тромбоцитопеническая пурпура, Мошкович болезнь

mosquito-borne ~ болезнь, передаваемая комарами

motoneuron [motor neuron] ~ поражение моторных [двигательных] нейронов

Mounier-Kuhn ~ трахеобронхомегалия, Мунье-Куна синдром

mountain ~ горная болезнь

moyamoya ~ мойя-мойя, Нишимото болезнь, церебральная юкста-базилярная телеангиэктазия

Mucha's ~ острый лихеноидный оспенновидный парапсориаз, Мухи болезнь

multicystic kidney ~ поликистоз почек

multidiscipline ~ заболевание, требующее вмешательства различных специалистов

multilocularis hydatid ~ эхинококкоз

multisystem ~ генерализованное [системное] поражение

multisystemic idiopathic eosinophilic ~ идиопатические полиорганные эозинофильные инфильтраты

Munchmeyer's ~ множественный прогрессирующий оссифицирующий миозит, прогрессирующее мышечное окостенение, Мюнхмейера болезнь

musculosceletal ~ слабость костно-мышечной системы *(напр. перед обмороком)*

mycobacterial ~ заболевание, вызванное микобактериями

Nairobi bleeding ~ эрлихиоз, найробская геморрагическая лихорадка

neoplastic ~ новообразование

Nettleship's ~ пятнистый мастоцитоз, пигментная крапивница, Неттлшипа синдром

Neumann's ~ вегетирующая пузырчатка, Нейманна болезнь

neurologic ~s нервные болезни

Nicolas – Favre ~ *см.* **fourth veneral** ~

Niemann's [Niemann – Pick] ~ липоидный гистиоцитоз, фосфатидный липоидоз, нелейкемический ретикулёз, Ниманна – Пика болезнь

Nishimoto ~ *см.* **moyamoya** ~

no appreciable ~ неустановленное [невыявленное] заболевание; патологии не обнаружено

noninfectious ~ неинфекционная болезнь

Nonne – Milroy ~ трофедема, трофический отёк, Нонне – Милроя синдром

nosocomial ~ нозокомиальная инфекция

notifiable ~ болезнь, подлежащая регистрации *(об инфекции)*

nutritional ~ заболевание, связанное с нарушением питания или с голоданием

oasthouse urine ~ синдром недостаточного всасывания метионина

obstructive [airways] lung ~ обструктивная болезнь лёгких; спастический бронхопульмональный синдром

occult ~ 1. неведомое заболевание *(предмет тревожных опасений ипохондрического больного)* 2. скрытое [невыявленное] заболевание

occupational ~ профессиональное заболевание

ocular ~ болезнь глаз

Oguchi's ~ наследственная гемералопия, Огути болезнь сетчатки

oid-oid ~ Сульцбергера – Гарбе синдром *(экссудативный дискоидно-лихеноидный дерматит)*

Ollier's ~ хондроматоз костей, дисхондроплазия, Оллье болезнь

Opitz's ~ тромбофлебитическая спленомегалия, Опица синдром

Oppenheim's ~ миатония (Оппенгейма)

opportunistic ~s оппортунистические болезни *(вызываемые условно-патогенной микрофлорой при ослабленном иммунитете)*

Ormond's ~ облитерирующий периуретерит, ретроперитонеальный фиброз, Ормонда болезнь

Osgood – Schlatter ~ (Осгуда –) Шлаттера болезнь *(наследственная остеохондропатия бугристости большеберцовой кости)*

Osler's ~ 1. истинная полицитемия, эритремия, Вакеза (– Ослера) болезнь 2. наследственная геморрагическая телеангиэктазия, Рандю – Вебера – Ослера болезнь

osteochondral ~ остеохондроз

Owren's ~ гипоакцелеринемия, парагемофилия, Оврена болезнь

pachydermatous ~ склеродермия

Paget's ~ Педжета болезнь *(1. деформирующий остоз, деформирующая остеодистрофия 2. рак соска молочной железы)*

pandemic ~ пандемия *(эпидемический процесс, охватывающий страну или несколько стран, континент)*

Panner's ~ Паннера болезнь *(наследственный асептический некроз головки плечевой кости)*

panvalvular ~ эндокардит *(с поражением клапанов)*

paradontium ~s болезни пародонта

paraneoplastic ~ 1. паранеопластический синдром 2. новообразование

parasitic ~ 1. паразитарная [инвазивная] болезнь, паразитоз 2. паразитарная инвазия

Paris's ~ коарктация аорты

Parkinson's ~ дрожательный паралич, Паркинсона болезнь

parrot ~ орнитоз, пситтакоз

Parrot's ~ 1. сифилитический псевдопаралич; Парро синдром, или псевдопаралич 2. алиментарная дистрофия новорождённых

Parry's ~ диффузный (тирео)токсический зоб, базедова болезнь, Парри болезнь, Грейвса болезнь, Флаяни болезнь

Parry – Romberg ~ прогрессирующая гемиатрофия, лица Парри – Ромберга

past ~ перенесённое заболевание

Pavy's ~ ортостатическая [циклическая] протеинурия, Пейви болезнь

Paxton's ~ подмышечный трихомикоз, Пакстона болезнь

pearl ~ туберкулёз крупного рогатого скота, *уст.* жемчужница

Pel – Ebstein ~ лимфогранулематоз, протекающий с периодической лихорадкой, Пеля – Эбштейна лихорадка

Pelizaeus – Merzbacher ~ суданофильная лейкодистрофия, Пелицеуса – Мерцбахера болезнь

Pellegrini's [Pellegrini – Stiedi] ~ Пеллегрини – Штиды синдром, посттравматическая параартикулярная оссификация

pelvic inflammatory ~ воспаление тазовых органов *(напр. аднексит)*

peptic ulcer ~ язвенная болезнь желудка или двенадцатиперстной кишки, пептическая язва

peracute ~ *см.* **fulminating ~**

perianal Bowen's ~ Боуэна перианальная болезнь

pericardial ~ перикардит

perinatal ~s болезни перинатального периода

periodical ~ 1. периодическая болезнь, семейная средиземноморская лихорадка **2.** пароксизмальный доброкачественный перитонит

periodontal ~ пародонтоз, пародонтит

peripheral arterial ~ болезнь периферических артерий

peroxisomal ~s пероксисомные болезни

Perthes ~ асептический некроз головки бедренной кости, (Легга – Кальве –) Пертеса болезнь

pertussislike ~ коклюшеподобное заболевание

Peyronie's ~ фибропластическая индурация полового члена, Пейрони болезнь

Pfeiffer's ~ инфекционный мононуклеоз, лимфоидно-клеточная [моноцитарная] ангина, мультигландулярный аденоз, Пфейффера болезнь, Филатова болезнь

Phocas' ~ кистозно-фиброзная мастопатия, Фокаса болезнь

physical ~ соматическая болезнь

Pick's ~ Пика [синдром] болезнь *(1. предстарческая ограниченная атрофия мозга 2. перикардитический псевдоцирроз печени 3. липоидный гистиоцитоз, нелейкемический ретикулёз)*

pilonidal ~ пилонидальная болезнь

pink ~ акродиния, полинейропатическая эритродермия, розовая болезнь

Pinkus' ~ блестящий лишай, Пинкуса болезнь

pinta ~ *инф. бол.* пинта, карате

plaster-of-Paris ~ остеопороз вследствие длительной иммобилизации конечности гипсовой повязкой

pleural space ~ плевральный выпот

Plummer's ~ токсическая аденома щитовидной железы, Пламмера болезнь

pneumatic hammer ~ вибрационная болезнь, вибрационный ангионевроз

pollen ~ поллиноз, сенная лихорадка

pollution ~ болезнь загрязнения

polycystic kidney ~ поликистоз почек

polyhedral ~ полиэдроз *(вирусное заболевание насекомых)*

Pompe's ~ гликогеноз II типа, генерализованный гликогеноз, Помпе болезнь

Poncet's ~ туберкулёзный (поли)артрит, Понсе полиартрит

porcupine ~ иглистый ихтиоз *(напоминающий шкуру дикобраза)*

Posada – Wernicke ~ кокцидиоидомикоз, калифорнийская лихорадка, Посады – Вернике болезнь

postinfective ~ осложнение инфекционного заболевания

Pott's ~ туберкулёзный спондилит, туберкулёз позвоночника, Потта болезнь

Poulet's ~ ревматоидный остеопериостит, Пуле болезнь

predisposing ~ предшествующее заболевание

pre-existing ~ 1. предшествующая болезнь; фоновое заболевание **2.** доклиническая стадия болезни; предболезнь

Preiser's ~ остеохондропатия ладьевидной кости кисти, Прейсера болезнь

preventable ~s контролируемые болезни *(поддающиеся профилактике – оспа, полиомиелит и др.)*

primary tubular ~ врождённая тубулопатия *(поражение почечных канальцев, напр., при фосфат-диабете, цистинурии и пр.)*

Pringle's ~ ангиосебофиброматоз, Прингла аденома сальных желёз

prion ~ прионная инфекция *(трансмиссивная спонгиоформная энцефалопатия, вызываемая прионами)*

prior ~ первичное [основное] заболевание; предшествующее заболевание

Profichet's ~ ограниченный кальциноз, Профише синдром

prostatic ~s болезни предстательной железы

protozoan ~ протозооз *(болезнь, вызываемая простейшими)*

pulmonary heart ~ декомпенсированное лёгочное сердце, лёгочно-сердечная недостаточность

pulmonary thromboembolic ~ лёгочная тромбоэмболическая болезнь

pulmonary veno-occlusive ~ окклюзионное поражение лёгочных вен

pulseless ~ болезнь отсутствия пульса, множественный облитерирующий панартериит, синдром дуги аорты, Такаясу [болезнь] синдром

Purtscher's ~ травматическая ретинопатия, травматическая ангиопатия сетчатки, Пурчера болезнь

pustular ~ пустулёзное поражение

Pyle's ~ множественная метафизарная дисплазия, Пайла болезнь

pyretic ~ заболевание, сопровождающееся лихорадкой

quarantinable [quarantifiable] ~s конвенционные [карантинные] болезни *(чума, холера и т. п.)*

quiet hip ~ *см.* **Perthes ~**

Quincke's ~ ангионевротический [ограниченный острый] отёк, Квинке болезнь

Quinquaud's ~ декальвирующий фолликулит, Кенко болезнь

rabbit ~ туляремия

radiation ~ лучевая болезнь

rag-sorter's ~ лёгочная форма сибирской язвы

Ramsay Hunt ~ синдром коленчатого ганглия, (Рамзай) Ханта синдром

rat-bite ~ содоку (болезнь укуса крыс)

Rayer's ~ билиарный ксантоматоз, Рейера синдром

Raynaud's ~ Рейно болезнь (характеризуется приступообразными спазмами артерий пальцев кисти и проявляется их побледнением, болями и парестезиями)

Recklinghausen's ~ 1. Реклингхаузена нейрофиброматоз, или болезнь 2. паратиреоидная [генерализованная фиброзная] остеодистрофия

Reclus' ~ кистозная мастопатия, Реклю болезнь

reemerging ~s вновь [повторно] возникающие инфекции (туберкулёз, дифтерия, корь)

refractory ~ резистентное (к лечению) заболевание

Refsum ~ Рефсума болезнь (наследственное нарушение обмена фитиновой кислоты)

Reichmann's ~ гастромиксорея, гастросуккорея, Рейхманна синдром

Reiter's ~ уретроокулосиновиальный синдром, Рейтера [триада] болезнь

Rendu – Osler – Weber ~ наследственная геморрагическая ангиома, наследственная геморрагическая телеангиэктазия, Рандю – Вебера – Ослера болезнь

reportable ~ см. notifiable ~

residual ~ остаточные явления болезни

respiratory ~s заболевания лёгких

Rh [rhesus] hemolytic ~ гемолитическая болезнь, обусловленная резус-конфликтом матери и плода

rheumatic ~ ревматизм

rheumatoid ~ ревматоидный артрит

rice ~ бери-бери, алиментарный полиневрит

rickettsial ~ риккетсиоз

Riedel's ~ хронический фиброзный тиреоидит, Риделя струма

Riga – Fede ~ кахектические афты, подъязычная фиброгранулёма, Риги – Феде синдром, Риги болезнь

Riggs' ~ периодонтит, амфодонтит, перицементит, Риггса болезнь

Ritter's ~ эксфолиативный дерматит [кератолиз, острый эпидермолиз] новорождённых, Риттера болезнь

Robinson's ~ Робинсона [гидроцистома] гидраденома, кистевидные потовые железы

Robles' ~ онхоцеркозное поражение глаз, Робля болезнь

Roger's ~ врождённый дефект межжелудочковой перегородки сердца, (Толочинова –) Роже болезнь

Rokitansky's ~ 1. жёлтая дистрофия печени, синдром Рокитанского 2. облитерирующий эндофлебит [первичный тромбоз] печёночных вен, Киари болезнь

Romberg's ~ прогрессирующая гемиатрофия лица, Ромберга болезнь

rose ~ эритематозная форма рожистого воспаления

rosette ~ розеточная болезнь (возбудители – вирусы, грибки или недостаточность питания)

Roth's [Roth – Bernhardt] ~ невралгия латерального кожного нерва бедра, Рота – Бернгардта болезнь

Rougnon – Heberden ~ стенокардия, грудная жаба, (Руньон –) Гебердена болезнь

Royal Free ~ британский миалгический энцефаломиелит

runt ~ рант-болезнь, карликовая болезнь (обусловлена трансплантацией плоду или новорождённому животному аллогенных иммунокомпетентных клеток в эксперименте)

Rust's ~ туберкулёз шейных позвонков, Руста синдром

Sachs' ~ ранняя детская амавротическая идиотия, Тея – Сакса болезнь

sacred ~ эпилепсия

sacroiliac ~ сакроилеит, воспаление крестцово-подвздошного сочленения

salivary gland ~ цитомегалия, инклюзионная болезнь

salmon poisoning ~ пищевое отравление, вызванное употреблением вяленой сёмги

Sander's ~ см. shipyard ~

Sandhoff's ~ Сандхоффа синдром, ганглиозидоз GM-2 (амавротическая идиотия, высокое содержание ганглиозидов в органах брюшной полости)

sandworm ~ анкилостомоз

Santavuori ~ Сантавуори болезнь (детская форма нейронального цероидного липофусциноза)

Savill's ~ эпидемический эксфолиативный дерматит, Сэвилла болезнь

scaly skin ~ отрубевидный [разноцветный] лишай

Schamberg's ~ сетчатый прогрессирующий гемосидероз кожи, Шамберга болезнь

Schaumann's ~ саркоидоз, Бенье – Бека – Шауманна болезнь, Шауманна доброкачественный лимфогрануломатоз

Schenck's ~ споротрихоз, ринокладиоз, Шенка болезнь

Scheuermann's ~ остеохондропатический юношеский кифоз, Шейерманна – Мау болезнь, Шморля болезнь

Schilder's ~ диффузный склероз нервной системы, Шильдера диффузный периаксиальный энцефалит, или болезнь

Schimmelbusch's ~ кистозно-пролиферативная мастопатия, Шиммельбуша болезнь

Scholz's ~ метахроматическая лейкодистрофия, Шольца – Гринфилда лейкодистрофия

Schönlein's [Schönlein – Henoch] ~ геморрагический васкулит, капилляротоксикоз, геморрагическая [анафилактическая] пурпура, Шенлейна – Геноха болезнь

Schuller – Christian ~ гистиоцитоз Х, липоидный гранулематоз, липогранулематоз, (Хенда –) Крисчена – Шюллера болезнь

Schultz's ~ агранулоцитоз, Шульца синдром

scleroderma myocardial ~ поражение миокарда при склеродермии

secondary ~ 1. повторное заболевание 2. см. graft-versus-host ~

Secretan's ~ перитендинозный фиброз, Секретана болезнь

self-limited ~ самокупируемое заболевание

Senear – Usher ~ себорейная [эритематозная] пузырчатка, Сенира – Ашера синдром

sensitive ~ болезнь, поддающаяся лечению

serum ~ сывороточная болезнь

severe acute ~ тяжёлое течение острого заболевания

Sever's ~ асептический некроз пяточной кости, Севера синдром

sexually transmitted ~ болезнь [инфекция], передающаяся половым путём, БППП

Sheehan's ~ мозжечковая атаксия с гипогонадизмом, Шихена синдром

shimamushi ~ цуцугамуши, акамуши, японская речная лихорадка

shipyard ~ эпидемический [аденовирусный] керато-конъюнктивит, Сандерса синдром

sickle-cell ~ серповидно-клеточная [дрепаноцитарная, менискоцитарная] анемия

Sidenham ~ Сиденхама [хорея] болезнь, малая [ревматическая] хорея

Siemerling – Creitzfeldt ~ адренолейкодистрофия, Семерлинга – Крейтцфельдта болезнь

sight-threatening ~ заболевание, угрожающее потерей зрения

Simmond's ~ гипофизарная кахексия, пангипопитуитаризм, Симмондса болезнь

Simon's ~ сегментарная прогрессирующая липодистрофия, Холлендера – Симонса локальная болезнь

sixth ~ внезапная экзантема

skinbound ~ склеродермия

sleeping ~ нарколепсия, нарколептическая болезнь

slim ~ 1. болезнь [синдром] истощения **2.** «слим» *(африканская болезнь)*

slow transmissible ~s медленные инфекции

small airways ~ болезни периферических воздухоносных путей

Smith's ~ острый инфекционный лимфоцитоз, Смита болезнь

Sneddon – Wilkinson ~ субкорнеальный пустулёзный дерматоз, субкорнеальный пустулёз, Снеддона – Уилкинсона синдром

special ~ конкретное [особое] заболевание

Spencer's ~ вирусная диарея, кишечный грипп, эпидемический понос, Спенсера болезнь

Spielmeyer – Vogt ~ юношеская амавротическая идиотия, Шпильмейера – Фогта болезнь

spinal ~ спинная сухотка

spotted ~ *инф. бол.* пинта, карате

spurious heart ~ псевдосердечное заболевание

stable chronic ~ стойкое хроническое заболевание

St. Agatha's ~ мастит

St. Aignan's ~ дерматомикоз с высыпаниями кольцевидной формы

St. Aman's ~ пеллагра

St. Anthony's ~ 1. хорея **2.** эпидемическая гангрена; эрготизм

Stanton's ~ *см.* **Fletcher's ~**

St. Appolonia's ~ зубная боль

St. Avertin's ~ эпилепсия

St. Avidus' ~ глухота

St. Blaize's ~ околоминдаликовый [паратонзиллярный, перитонзиллярный] абсцесс

St. Claire's ~ конъюнктивит

St. Dymphna's ~ психическое расстройство

steel-grinders' ~ сидероз

Steele – Richardson – Olzewski ~ Стила – Ричардсона – Ольшевского [синдром] болезнь, прогрессирующий супрануклеарный паралич

Steinert's ~ дистрофическая миотония, Штейнерта – Баттена болезнь

St. Erasmus' ~ колика *(при заболеваниях органов брюшной полости)*

St. Fiacre's ~ геморрой

St. Francis' ~ рожистое воспаление

St. Gervasius' ~ ревматизм

St. Giles' ~ лепра

St. Gotthard's ~ анкилостомоз

St. Hubert's ~ бешенство

Sticker's ~ инфекционная эритема, пятая болезнь, Штиккера болезнь

Still's ~ юношеский ревматоидный артрит, Стилла (– Шоффара) болезнь

St. Job's ~ сифилис, люэс

St. Main's ~ чесотка

St. Mathurin's ~ идиотия

St. Modestus' ~ *см.* **St. Vitus' ~**

stone ~ почечнокаменная болезнь, (нефро)литиаз

storage ~ болезнь накопления, или депонирования, тезаурисмоз

storage pool ~ болезнь «пула накопления», дефицитарная тромбоцитопатия

St. Roch's ~ бубонная чума

St. Rose's ~ пеллагра

structural ~ органическое заболевание; болезнь с морфологическими проявлениями

Strümpell ~ болезнь Штрюмпелля, наследственная спастическая параплегия

Strümpell – Leichtenstern ~ геморрагический менингоэнцефалит, Лейхтенштерна синдром, Штрюмпелля – Лейхтенштерна энцефалит

Strümpell – Marie ~ анкилозирующий спондилоартрит, Бехтерева (– Штрюмпелля – Мари) болезнь

St. Sebastian's ~ чума

Sturge's [Sturge – Weber] ~ невоидная аменция, энцефалотригеминальный ангиоматоз, Стерджа – Вебера болезнь

St. Valentin's ~ *см.* **St. Avertin's ~**

St. Vitus' ~ хорея

St. Zuchary's ~ мутизм, мутацизм

subtle ~ болезнь со стёртым течением

Sudeck's ~ острая посттравматическая костная атрофия, Лериша – Зудека синдром, Зудека [атрофия] болезнь

Sulzberger – Garbe ~ экссудативный дискоидно-лихёноидный дерматит, Сульцбергера – Гарбе болезнь

surgeons' ~ «болезнь хирургов»

Sutton's ~ 1. центробежная приобретённая лейкодерма, Саттона [болезнь] невус **2.** рубцующийся стоматит, Саттона афты

Swift's [Swift – Feer] ~ акродиния, полинейропатическая эритродермия, Зельтера – Свифта – Феера синдром, Свифта синдром, Феера болезнь

swineherd's ~ лептоспироз

Sylvest's ~ эпидемическая плевродиния, борнхольмская болезнь, доброкачественный сухой плеврит, Сильвеста синдром

systemic fungal ~ системный микоз

Takahara's ~ акаталазия, акаталаземия, Такахары болезнь

Takayasu's ~ *см.* **pulseless** ~

Tangier ~ Танжье болезнь, анальфалипопротеинемия *(форма наследственной амилоидной невропатии)*

tarabagan ~ бубонная чума

Tarui's ~ Таруи болезнь *(нарушение активности фосфофруктокиназы мышц)*

Taylor's ~ идиопатическая диффузная атрофия кожи, Тейлора болезнь

Tay – Sachs ~ ранняя детская амавротическая идиотия, Тея – Сакса болезнь

terminal ~ терминальное состояние, заболевание в терминальной стадии

Thomsen's ~ врождённая миотония, Томсена [миотония] болезнь

Thomson's ~ 1. гликогеноз VII типа, гепатофосфоглюкомутазная недостаточность, Томсона болезнь 2. наследственная склерозирующая пойкилодермия, Томсона синдром

thromboembolic ~ тромбоэмболическая болезнь

thunder ~ апоплексия, инсульт

thyrocardiac ~ тиреотоксическая дистрофия миокарда, тиреотоксическое сердце

tick-borne protozoal ~s протозоозы, передаваемые клещами

Tietze's ~ дистрофия рёбер, рёберный хондрит, Титце синдром

time-zone ~ дисхроноз *(нарушение биологического ритма при дальних перелётах)*

transmissible [transmissive, transmitted] ~ трансмиссивная болезнь *(передаваемая переносчиками – клещами, комарами и пр.)*

transplantation ~ *см.* **graft-versus-host** ~

trembling ~ куру, губчатая энцефалопатия *(прионная болезнь, характеризующаяся прогрессирующей дегенерацией нейронов мозга)*

Trevor's ~ гемимелическая эпифизарная дисплазия, Тревора болезнь

tricuspid ~ порок трёхстворчатого клапана сердца

trophoblastic ~ трофобластическая опухоль, или болезнь

tropical ~s тропические болезни, болезни жарких стран

tsetse-fly ~ африканский трипаносомоз, сонная болезнь *(переносчик муха цеце)*

Tshamer's ~ инфекционная эритема

tsutsugamushi ~ цуцугамуши, акамуши, японская речная лихорадка

tubal occlusive ~ непроходимость маточной трубы

tunnel ~ 1. кессонная болезнь 2. анкилостомоз

"two-bucket ~" стафилококковый гастроэнтерит

unattendent ~ нелеченное заболевание

underlying ~ 1. основное заболевание 2. заболевание глубоколежащего органа

underlying predisposing ~ 1. предрасполагающее основное заболевание 2. предрасполагающее фоновое [сопутствующее] заболевание

unfortunate ~ *см.* **sexually transmitted** ~

unknown ~ редкое [малоизвестное] заболевание

unrelated ~s заболевания, не связанные между собой

unresolved ~ заболевание, вызывающее диагностические трудности

Unverricht's ~ миоклонус-эпилепсия, миоклоническая эпилепсия, Унферрихта синдром

Urbach – Oppenheim ~ липоидный диабетический некробиоз, Оппенгейма липоидный атрофический дерматит, Урбаха – Оппенгейма дислипоидоз кожи

Urbach – Wiethe ~ гиалиноз [липоидоз] кожи и слизистых оболочек, липоидный протеиноз, Урбаха – Витте болезнь

usual childhood ~s распространённые детские болезни

vagabonds' [vagrants'] ~ «болезнь бродяг» *(дерматоз, развивающийся при вшивости)*

valvular heart ~ порок клапана сердца

Van Bogaert-Scholz's ~ подострый склерозирующий лейкоэнцефалит

Vaquez' [Vaquez – Osler] ~ истинная полицитемия, эритремия, Вакеза (– Ослера) болезнь

vector-borne ~ *см.* **transmissible** ~

veno-occlusive ~ **of the liver** облитерирующий эндофлебит [первичный тромбоз] печёночных вен, Киари болезнь

vertebrobasilar arterial occlusive ~ окклюзия вертебро-базилярной системы

vestibular ~ вестибулярные расстройства

Vidal's ~ ограниченный нейродермит, Видаля простой хронический лишай

Vincent's ~ язвенно-плёнчатая ангина, (Симановского – Плаута –) Венсана ангина

Virchow's ~ врождённый интерстициальный энцефалит, болезнь [энцефалит новорождённых] Вирхова

virulent ~ инфекционная болезнь; заразная болезнь

Vogt – Spielmeyer ~ юношеская амавротическая идиотия, Шпильмейера – Фогта болезнь

von Gierke's ~ гликогеноз I типа, гепатонефромегальный [нефромегалический] гликогеноз, болезнь Гирке

von Hippel – Lindau ~ цереброретинальный ангиоматоз, Гиппеля – Линдау болезнь

von Willebrand's ~ ангиогемофилия, конституциональная тромбопатия, Виллебранда – Юргенса болезнь

Vrolik ~ несовершенный остеогенез плода

Wagner's ~ дерматомиозит, Вагнера болезнь

Waldenstrom's ~ макроглобулинемия, макроглобулинемический ретикулёз, Вальденстрема болезнь

Wardrop's ~ злокачественная онихия, Вардропа болезнь

wasting ~ изнуряющая болезнь, болезнь, вызывающая истощение

waterborne ~s болезни, передаваемые с водой

water-fever ~ лептоспироз, болотная лихорадка

waxy ~ амилоидоз

Weber – Christian ~ ненагнаивающийся рецидивирующий лихорадящий панникулит, Вебера – Крисчена болезнь

Wegner's ~ Вегнера врождённый сифилитический остеохондрит

Weil's ~ желтушный [иктерогеморрагический] лептоспироз, Вейля болезнь

Wenckebach's ~ опущение сердца

Werdning – Hoffmann's ~ *ген.* наследственная спинальная амиотрофия, Вердния – Гоффмана болезнь *(семейная спинальная мышечная атрофия)*

Werlhof's ~ тромбоцитопеническая пурпура, Верльгофа болезнь

Werner – His ~ окопная [пароксизмальная пятидневная, траншейная] лихорадка, Вернера – Гиса болезнь

Wernicke ~ верхний острый геморрагический полиоэнцефалит, Вернике энцефалопатия

Westphal – Goldflam ~ гипокалиемический периодический паралич, Вестфаля – Гольдфлама болезнь

Whipple's ~ кишечная липодистрофия, липогрануломатоз брыжейки, Уиппла болезнь *(развивающаяся исключительно у мужчин)*

White's ~ фолликулярный [волосяной] кератоз, Уайта болезнь

white-spot ~ каплевидная склеродермия, болезнь белых пятен

Widal – Hayem's ~ приобретённая гемолитическая анемия

Wilkie's ~ мезентериальный ишемический синдром, синдром верхней брыжеечной артерии, Уилки синдром

Willebrand ~ ангиогемофилия, Виллебранда болезнь *(дефицит фактора адгезии тромбоцитов)*

Wilson's ~ гепатоцеребральная дистрофия, гепатолентикулярная дегенерация, Вильсона – Коновалова болезнь *(нарушение обмена меди)*

Winckel's ~ эпидемическая гемоглобинурия *(у новорождённых)*, Винкеля болезнь

Winiwarter – Buerger ~ облитерирующий тромбангиит, (Винивартера –) Бюргера болезнь

without clinical ~ бессимптомное [скрытое] течение болезни

wood-trimmers' ~ аллергический лёгочный альвеолит, «болезнь деревообделочников»

wool-sorters' ~ лёгочная форма сибирской язвы, «болезнь сортировщиков шерсти»

work-related ~ профессиональное заболевание

yellow ~ аурантиаз кожи, каротиновая желтуха, каротинодермия, охродерматоз

zoonotic fungal ~ зоонозный микоз

zymotic ~s заразные болезни

disease-causing [di'zi:z-'kɔ:ziŋ] патогенный, болезнетворный *(о микроорганизмах)*

diseased [di'zi:zd] больной; болезненный; заболевший; поражённый *(напр. зуб)*

disease-management [di'zi:z-'mænidʒmənt] осуществление медико-экономической деятельности

disease-producing [di'zi:zprə'dju:siŋ] *см.* **disease-causing**

disease-resistant [di'zi:z-ri'zistənt] устойчивый [резистентный] к болезням

disembowel [disem'bauəl] *пат. ан.* эвисцерировать *(извлекать внутренние органы)*

disembowelment [disem'bauəlmənt] *акуш.* эвисцерация

disengagement [,disən'geidʒmənt] 1. освобождение; выход из какой-л. ситуации 2. *хим.* выделение 3. прорезывание головки плода

disenrollment [disin'rəulmənt] *страх.* открепление *(прекращение действия медицинской страховки)*

disentomb [,disin'tu:m] эксгумация ‖ эксгумировать

disequilibrium [dis,i:kwi'libriəm] 1. неуравновешенность 2. неустойчивость; нарушение равновесия; неустойчивость *(напр. гомеостаза)*

linkage ~ *ген.* разбалансированное [неравновесное] сцепление

disfiguration [disfigə'reiʃn] выраженный порок развития

disfigurement [dis'figəmənt] 1. обезображивание 2. физический недостаток; отпугивающее состояние или заболевание

disgerminoma [dis,dʒə:mi'nəumə] *см.* **dysgerminoma**

disgust [dis'gʌst] отвращение ‖ внушать отвращение; чувствовать отвращение

disgusting [dis'gʌstiŋ] внушающий отвращение

dish [diʃ] 1. чашка; сосуд; ванночка; лоток 2. блюдо; кушанье

crystallizing ~ кристаллизатор

culture ~ чашка для культивирования микроорганизмов

dissecting ~ препаровальная ванночка

double ~ чашка Петри

experimental ~ кювета, сосуд для опытов

high diameter Petri ~ большая чашка Петри

kidney ~ почечный лоток

Petri ~ *см.* **double** ~

plastic Petri ~ пластмассовая [пластиковая] чашка Петри

staining ~ сосуд для окрашивания *(микропрепаратов)*

Stender ~ *гист.* чашка Стендера для окраски срезов

dishabituation [dishə,bitjʊ'eiʃn] снятие эффекта привыкания

disharmony [dis'ha:məni] несоответствие, дисгармония

affective ~ аффективная [эмоциональная] дисгармония

occlusal ~ нарушение прикуса

disillusionment [disi'lu:ʒnmənt] развенчание иллюзий

disimpact [dis'impækt] расклинивание *(отломков кости)*

disimpaction [disim'pækʃn] разделение, рефрактура *(разъединение неправильно сросшихся отломков кости)*

disinfectant [,disin'fektənt] дезинфицирующее [дезинфекционное] средство, дезинфектант ‖ дезинфицирующий, дезинфекционный

disinfection [disin'fekʃn] дезинфекция

current ~ текущая дезинфекция

hygienic hand ~ гигиеническая обработка рук *(врача)*

radiation ~ радиационная дезинфекция

surface ~ наружная дезинфекция

terminal ~ заключительная дезинфекция

ultrasonic ~ дезинфекция ультразвуком

disinfector [disin'fektə] 1. аппарат для дезинфекции 2. дезинфектор *(работник СЭС)*

disinfestation [,disinfəs'teiʃn] *см.* **disinsection**

disinfestor [disin'festə] дезинсекционная камера

disinhibition [,disinhi'biʃn] *физиол.* растормаживание, снятие торможения; *психол.* расторможенность

disinsection [,disin'sekʃn], **disinsectization** [,disin,sekti'zeiʃn] дезинсекция, уничтожение насекомых, грызунов

DIS

~ against importation of anopheline mosquitoes дезинсекция с целью предотвращения завоза малярийных комаров

aircraft ~ дезинсекция с самолёта

chamber ~ камерная дезинсекция

ships ~ дезинсекция на кораблях

wet ~ влажная дезинсекция

disinsector [ˌdisinˈsektə] дезинсекционная камера

disinsertion [ˌdisinˈsəːʃn] **1.** отрыв *(напр. сухожилия от места прикрепления)* **2.** отслойка, обрыв

retinal ~ отслойка сетчатки

disintegration [disˌintəˈɡreiʃn] **1.** дезинтеграция; распад, расщепление; разложение; раздробление **2.** *псих.* дезинтеграция, разобщение

~ of dosage form распадаемость лекарственной формы

~ of stones раздробление камней

~ of thought разорванность мышления

~ of tissues распад тканей *(напр. при абсцессе)*

~s per second *рад.* распадов в секунду

radioactive ~ радиоактивный распад

disintegrator [ˌdisintəˈɡreitə] дезинтегратор, размельчитель

cell ~ клеточный дезинтегратор; размельчитель клеток

disinter [disinˈtəː] *см.* **disentomb**

disinterment [disinˈtəːmənt] эксгумация

disinvagination [ˌdisinvædʒiˈneiʃn] *хир.* дезинвагинация

disjunction [disˈdʒʌŋkʃn] **1.** разъединение; разобщение; отделение; расхождение *(хромосом)* **2.** разрыв *(напр. сосуда)*

disk [disk] **1.** диск **2.** сепарационный (шлифовальный) зубной диск **3.** сосочек зрительного нерва

A [anisotropic] ~ анизотропный диск, диск A *(поперечно-полосатого мышечного волокна)*

blood ~ 1. тромбоцит **2.** эритроцит

blurred ~ диск (зрительного нерва) с нечёткими границами

calcified ~ кальцификация межпозвонкового диска

carborundum ~ *стом.* карборундовый диск

cervical ~ шейный [межпозвонковый] диск

choked ~ отёк диска зрительного нерва

cupped ~ патологическая экскавация диска зрительного нерва

dental ~ сепарационный зубной диск

embryonic ~ зародышевый [эмбриональный] диск, бластодиск

extruded ~ *см.* **herniated ~**

filter paper ~ диск из фильтровальной бумаги *(для определения чувствительности к антибиотикам)*

flexible ~ гибкий диск

germ [germinal] ~ зародышевый [эмбриональный] диск, бластодиск

herniated ~ грыжа межпозвонкового диска, Шморля грыжа

I ~ *см.* **A [anisotropic] ~**

identification ~ личный [идентификационный] знак *(у военных)*

intercalated ~ *гист.* вставочный диск *(между кардиомиоцитами)*

intervertebral ~ межпозвонковый диск

isotropic ~ изотропный диск, диск I *(поперечно-полосатого мышечного волокна)*

M ~ мезофрагма, линия M *(поперечно-полосатого мышечного волокна)*

Merkel's ~ осязательный мениск, Меркеля диск *(рецептор в эпидермисе)*

nuclear ~ ядерный диск, звездообразная структура, образуемая хромосомами *(во время митоза)*

nucleotomized intervertebral ~ удалённый межпозвонковый диск

optic ~ диск, или сосок, зрительного нерва

paper ~ *стом.* бумажный наждачный диск

prolapsed [protruded] intervertebral ~ выпадение межпозвонкового диска; выпадающий межпозвонковый диск

Ranvier's ~ перехват узла, Ранвье перехват

retention ~ ограничительный диск *(катетера)*

ruprtured ~ *см.* **prolapsed ~**

sandpaper ~ *см.* **paper ~**

sarcous ~ анизотропный диск, диск A *(поперечно-полосатого мышечного волокна)*

slipped ~ *см.* **herniated ~**

succeptibility ~s дисковый метод определения чувствительности микробов к антибиотикам

swollen ~ отёк диска зрительного нерва

tactile ~ осязательный мениск, Меркеля диск

thin ~ *см.* **Z ~**

transverse ~ *см.* **A [anisotropic] ~**

Z ~ телофрагма, линия [полоска] T, или Z *(поперечно-полосатого мышечного волокна)*

diskectomy [diskˈektəmi] удаление межпозвонкового диска

laser ~ лазерная дискэктомия

diskitis [disˈkaitis] дисцит *(воспаление межпозвонкового диска)*

diskography [disˈkɒɡrəfi] *рентг.* дискография, нуклеография

diskospondylitis [ˌdiskəuˌspɒndəˈlaitis] дискоспондилит, межпозвонковый менисцит

dislike [disˈlaik] неприязнь, антипатия, нелюбовь ‖ испытывать неприязнь

cordial ~ сильная [выраженная] неприязнь

dislocate [ˌdisləuˈkeit] **1.** вывихнуть; сместиться, сдвинуться, переместиться **2.** нарушить, расстроить

to ~ a shoulder вывихнуть плечо

dislocation [ˌdisləuˈkeiʃn] **1.** вывих; смещение; сдвиг; перемещение; разрыв **2.** *ген.* дислокация

~ of the elbow вывих предплечья, вывих в локтевом суставе

~ of the lens вывих хрусталика

~ of vein дистопия [эктопия] вены

bilateral interfacetal ~ двусторонний подвывих позвонка

complicated ~ осложнённый вывих

compound ~ открытый вывих

congenital ~ врождённый вывих

consecutive ~ повторный [рецидивирующий] вывих

dorsal ~ смещение кзади *(напр. позвонка)*

fracture ~ переломовывих

habitual ~ привычный вывих

hip ~ вывих бедра

incomplete ~ неполный вывих, подвывих

inferior ~ of the shoulder нижний вывих плеча

irreducible ~ невправимый вывих

Kienbock's ~ подвывих полулунной кости, Кинбека болезнь

long-standing [old] ~ застарелый вывих

open ~ открытый вывих

pathological ~ патологический вывих

perilunate ~ перилунарный вывих кисти

pubic symphysis ~ разрыв лонного сочленения

pure ~ изолированный вывих (*без сопутствующих повреждений*)

recurred [relapsing] ~ *см.* **habitual** ~

sacroiliac ~ разрыв крестцовоподвздошного сочленения

spinal ~ смещение спинного мозга (*напр. при травме*)

sternoclavicular ~ грудиноключичный вывих, проксимальный вывих ключицы

tendon ~ смещение сухожилия

tibiofibular ~ вывих в межберцовом сочленении

unreduced ~ *см.* **long-standing** ~

dislodgement [dis'lɒʤmənt] смещение, перемещение; выпадение (*напр. катетера*)

dismay [dis'mei] **1.** испуг, ужас, страх; тревога || пугать, ужасать; тревожить **2.** уныние

dismemberment [dis'membə:mənt] рассечение; разъединение; расчленение

~ **of fetus** расчленение плода, плодоразрушающая операция

dismotility [dismʊ'tiliti] нарушение движения, дискинезия

esophageal ~ дисфункция пищевода (*нарушение перистальтики; спазм*)

dismutase ['dismjʊteis] дисмутаза

manganese-superoxide ~ марганец-супероксиддисмутаза

superoxide ~ супероксиддисмутаза, перекисная дисмутаза

disobedience [ˌdisə'bi:diəns] *психол.* неповиновение, непослушание

disocclude [disɒ'klu:d] стачивать окклюзионные поверхности (*до отсутствия контакта зубов-антагонистов*)

disomus [dai'səʊməs] *терат.* плод с двумя туловищами

disomy ['daisəʊmi] *ген.* дисомия (*наличие в клетке двух идентичных наборов хромосом; наличие двух гомологичных хромосом*)

disoperation [disˌɒpə'reiʃn] косвенное вредное воздействие организмов друг на друга

disorder [dis'ɔ:də] **1.** нарушение, расстройство **2.** болезнь, патологический процесс

~ **of excessive somnolence** расстройство в форме чрезмерной сонливости

~ **of initiating and maintainig sleep** расстройство засыпания и поддержания сна

~ **of primary hemostasis** геморрагический диатез; первичное нарушение гемостаза

academic skills ~ нарушение [снижение] навыков, способностей к обучению

acid-related ~**s** болезни, связанные с нарушением секреции кислоты

acquired ~ приобретённое заболевание

acute polymorphic psychotic ~ острое полиморфное психотическое расстройство

adjustment ~ расстройство адаптации

affective ~ *псих.* аффективное расстройство, расстройство настроения

alcohol-induced psychotic ~ психотическое расстройство, обусловленное алкоголизмом

allied ~**s** родственные расстройства (*напр. переносчиков*)

anankastic personality ~ ананкастное [обсессивно-компульсивное] расстройство личности

anorectal ~**s** аноректальные пороки развития

antidepressant-responsive ~ расстройство, поддающееся лечению антидепрессантами

antisocial personality ~ *нрк.* антисоциальное расстройство личности, *см.* **dissocial personality** ~

anxious personality ~ тревожное расстройство личности

arterial and arteriovenous ~**s** микроциркуляторное расстройство

asthenic personality ~ психастеническая личность

attachment ~ нарушение привязанности (*детей к родителям вследствие длительной изоляции или насилия*)

attention deficit and hyperactivity ~ синдром дефицита внимания и гиперактивности

avoidant personality ~ уклоняющееся [избегающее] расстройство личности

auditory ~ расстройство слуха

autoimmune ~ аутоиммунное нарушение; аутоиммунный статус (*организма*)

autonomic ~**s** вегетативные нарушения

behavior ~ расстройство [нарушение] поведения

benign skin ~ доброкачественное заболевание кожи

bipolar affective ~ биполярное аффективное расстройство, *уст.* маниакально-депрессивный психоз

bleeding ~ **1.** коагулопатия, нарушение свёртываемости крови **2.** геморрагический синдром

blood ~**s** болезни крови

body scheme ~ *псих.* расстройство «схемы тела»

bone & joint ~**s** болезни костей и суставов

borderline personality ~ пограничное личностное расстройство

brief psychotic ~ кратковременное психотическое расстройство

Briquet's ~ Брике синдром (*одно из первых систематических описаний истерии*)

calcium ~**s** нарушение обмена кальция

cerebral ~**s** мозговые расстройства, болезни головного мозга

character ~ *псих.* характеропатия; асоциальное поведение

cholestatic ~**s** холестаз

circulatory ~ нарушение кровообращения

clinical ~ болезнь, расстройство здоровья

clotting ~ нарушение свёртывания крови

cognitive ~ расстройство познавательной способности

collagen gene ~**s** аномалии гена коллагена

common foot ~**s** распространённые болезни стопы

communication ~**s** нарушения общения

communicative ~**s** инфекционные болезни

conduct ~**s** детские и юношеские расстройства поведения (*с агрессивными или диссоциальными проявлениями*)

congenital ~ врождённый порок, или аномалия, развития

congenital immunodeficiency ~ врождённый иммунодефицит, врождённое иммунодефицитное состояние

constitutional ~s скелетные дисплазии

conversion ~ конверсионное [истерическое] расстройство *(с переносом психологических проблем в форму физических проявлений)*

convulsive ~ судорожный синдром

cutaneous ~s кожные болезни

debilitating brain ~ инвалидизирующее заболевание головного мозга

deglutition ~ нарушение глотания, дисфагия

delusional ~ бредовое расстройство

dependent personality ~ зависимое расстройство личности

depressive ~ депрессивное состояние, депрессия

developmental ~ нарушение развития

developmental reading ~ нарушение способности к чтению

disphoric ~ дисфорическое расстройство

dissocial personality ~ диссоциальное [асоциальное] расстройство личности

dissociative ~ диссоциативное [истерическое] расстройство

drug-induced ~s 1. болезни, вызванные лекарственными препаратами 2. расстройство, обусловленное наркоманией или употреблением психоактивных веществ

dysthymic ~ дистимическое расстройство *(с колебаниями настроения)*

eating ~ расстройство пищевого поведения

emotional ~ **with onset specific to childhood** эмоциональное расстройство с началом, специфичным для детского возраста

emotionally unstable personality ~ эмоционально неустойчивое расстройство личности

endocrine ~s болезни эндокринной системы

enteric ~ кишечное расстройство

esophageal ~s патология пищевода *(новообразования, воспаление, кардиоспазм)*

explosive personality ~ эксплозивное личностное расстройство

expressive language ~ расстройство экспрессивной речи *(снижение способности ребёнка использовать выразительную речь)*

factitious ~s 1. *псих.* манерность, демонстративность 2. имитируемое [патомимикритическое] расстройство

formal thought ~ нарушение правильного мышления, расстройство формальной логики

functional ~ функциональное расстройство

fungal ~ грибковое [микотическое] поражение, микоз

gastrointestinal ~s 1. болезни желудочно-кишечного тракта 2. желудочно-кишечные осложнения

gender identity ~ расстройство половой идентификации

gender role ~ нарушение гендерной [половой] роли, поло-ролевое расстройство

generalized anxiety ~ генерализованное тревожное расстройство

glycogen storage ~s болезни накопления [депонирования] гликогена

granulomatous ~s гранулематозные заболевания

hallucinogen use ~ расстройство, связанное с употреблением галлюциогенов

hearing ~ нарушение слуха

heat ~s тепловые поражения *(удар, обморок, судороги и пр.)*

hematological ~ гематологическое заболевание, болезнь крови

histrionic personality ~ гистрионное [истероидное] личностное расстройство

HIV-associated acute psychotic ~ ВИЧ-ассоциированное острое психотическое расстройство

hyperkinetic ~ гиперкинез; гиперкинетическое расстройство

hypersomnolescence ~ гиперсомнолентное расстройство *(характеризующееся повышенной сонливостью)*

hypohondriacal ~ ипохондрическое расстройство

hysterical personal ~ *см.* **histrionic personality** ~

immunodeficiency ~ иммунодефицит, иммунодефицитное состояние, иммунологическая недостаточность

inherited ~ *см.* **congenital** ~

intermittent explosive ~ периодические вспышки гнева

iodine deficiency ~s болезни дефицита йода

iron ~ нарушение обмена железа

keratinization ~s нарушение ороговения *(кожи)*

language ~ расстройство речи

late-onset psychotic ~ психотическое расстройство с поздним началом

learning ~ расстройство научения; учебная несостоятельность

lingual frenulum ~ расстройство, обусловленное короткой уздечкой языка

major depressive ~ депрессивный эпизод тяжёлой степени, эпизод «большой депрессии»

malabsorption ~ синдром мальабсорбции *(нарушение всасывания в тонкой кишке)*

maldigestive ~s нарушение пищеварения

male erectile ~ эректильная дисфункция [расстройство эрекции] у мужчин

medical ~s **in obstetric practice** болезни беременных и рожениц

mental ~ психическое расстройство

micturition ~ расстройство мочеиспускания, дизурия

mitral valve ~ порок митрального клапана

mood ~ расстройство настроения, аффективное расстройство

moodcyclic ~s циклические [биполярные] расстройства настроения

motility ~s нарушения моторики, двигательные расстройства

motor skill ~ расстройство двигательных навыков

movement ~ нарушение движений, дискинезия

multiple personality ~ множественное личностное расстройство

mural tension vesical ~s дискоординация интрамуральной иннервации мочевого пузыря

myeloproliferative ~s миелопролиферативные нарушения

narcissistic personality ~ нарциссическое расстройство личности

neuro-ophthalmic ~s неврологические расстройства глаз

neuropsychiatric ~s нервно-психические расстройства

nutritionally-responsive ~ расстройство в результате несбалансированного питания

obsessive-compulsive ~ обсессивно-компульсивное расстройство

opioid use ~ расстройство, связанное с употреблением опиоидов

oppositional deviant ~ вызывающее оппозиционное расстройство *(провокационное и брутальное поведение ребёнка, не включающее серьёзные правонарушения)*

organic affective ~ органическое аффективное расстройство

organic delusional ~ органическое бредовое расстройство

panic ~ паническое расстройство *(характеризующееся приступами острого дистресса, вегетативных расстройств и панического страха смерти)*

paranoid personality ~ параноидное [параноическое] расстройство личности

passive-agressive personality ~ пассивно-агрессивное личностное расстройство

perceptual ~ нарушение восприятия

persistent delusional ~ стойкий бред

persistent somatoform pain ~ устойчивое соматоформное болевое расстройство

personality ~ with predominantly sociopathic manifestations личностное расстройство с преобладанием асоциальных проявлений

pervasive developmental ~ всеобъемлющее нарушение развития

phobic-anxiety ~ тревожно-фобическое расстройство

physical ~ соматическое расстройство

platelet ~s нарушения тромбоцитарного звена

pleural space ~ наличие патологического процесса в плевральной полости *(пиоторакс, новообразование и пр.)*

polysubstance use ~ расстройство вследствие употребления нескольких психоактивных веществ

posthallucinogen perceptive ~ постгаллюциногенное расстройство восприятия

post-traumatic stress ~ посттравматическое стрессовое расстройство, ПТСР

potential seizure ~s судорожная готовность

primary exfoliative ~s первичное патологическое шелушение

psychoactive substance use ~ расстройство, связанное с употреблением психоактивных веществ

psychological ~ психологическое нарушение

psychophysiologic [psychosomatic] ~ психосоматическое расстройство

psychotic ~ психотическое расстройство, психоз

puerperal mental ~ послеродовое психическое расстройство

receptive language ~ расстройство рецептивной речи *(нарушение понимания ребёнком речи при нормальном умственном развитии)*

recurrent depressive ~ рекуррентное депрессивное расстройство

related ~s пограничные [коморбидные, сопутствующие] болезни; неспецифические процессы

relationship ~ расстройство взаимоотношений

respiratory ~ респираторное расстройство; заболевание органов дыхания

sared psychotic ~ разделяемое [совместное] психотическое расстройство

schizoaffective ~ шизоаффективное расстройство

schizoid personality ~ шизоидное расстройство личности

schizophreniform ~ шизофрениформное заболевание *(состояние с шизофреноподобной симптоматикой)*

schizotypal personality ~ шизотипическое расстройство личности *(вариант вялотекущей шизофрении)*

scholastic skills ~ расстройство школьных навыков

seizure ~ судорожный приступ

selective immunodeficiency ~ изолированный иммунодефицит, изолированное иммунодефицитное состояние

sexual arousal ~ расстройство сексуального возбуждения

sexual orientation ~ расстройство сексуальной ориентации

sexual preference ~s расстройства сексуального предпочтения

sexual relationship ~ расстройство сексуальных взаимоотношений

shared paranoid ~ разделяемое параноидное расстройство, индуцированный бред

shyness ~ болезненная застенчивость

sinoatrial ~s синоатриальная блокада; дисфункция [слабость] синусного узла

sleep-wake schedule ~ расстройство режима сна-бодрствования

sociopathic ~ социопатия

somatization ~ соматизированное расстройство

somatoform ~ соматоформное [психосоматическое] расстройство

speech articulation ~ нарушение артикуляции речи

spelling ~ расстройство правописания

stress-related ~s расстройства, обусловленные стрессом

superficial ~s заболевания поверхностных структур

surgical ~s хирургические болезни, травмы, повреждения

systemic ~ системное заболевание

temporomandibular ~ дисфункция височно-нижнечелюстного сустава

tension ~s синдром внутригрудного напряжения

thought ~ нарушение мышления

thromboembolic ~s тромбоэмболия, тромбоэмболические осложнения

tic ~ расстройство, характеризующееся тиком

time recognition ~ расстройство осознавания времени

tobacco use ~ расстройство, обусловленное употреблением табака

transient psychotic ~ преходящее психотическое расстройство, транзиторный психоз

unspecified personality ~ неуточнённое расстройство личности

unstable personality ~ нестабильное расстройство личности voice ~ расстройство голоса

disorganization [dis,ɒɡəni'zeiʃn] **1.** разрушение, деструкция *(ткани или органа)* **2.** дезорганизация, нарушение функции

paroxysmal ~ of brain function пароксизмальная дезорганизация функций мозга

personal ~ дезорганизация личной жизни

disorientation [dis,ɒriən'teiʃn] дезориентация; нарушение ориентации

~ of granular cells нарушение расположения зернистых клеток

spatial ~ аллопсихическая дезориентация

disparasitize [dis'pɑːrəzitaiz] проводить обезвреживание [уничтожение] паразитов

disparity [dis'pæriti] **1.** несоответствие, несоразмерность, диспаритет **2.** различие, несходство

immunogenetic ~ иммуногенетическая [иммунологическая] несовместимость

dispatch [dis'pætʃ] предание смерти *(1. казнь; убийство 2. мгновенная смерть при этих процессах)*

dispensary [di'spensəri] **1.** комната в аптеке *(для приготовления лекарственных средств)* **2.** амбулатория; диспансер *(для бесплатного лечения)* **3.** поликлиническое отделение больницы **4.** систематический фармакологический справочник

general ~ центральная амбулатория

prophylactic ~ профилактический диспансер

dispensatory [di'spensətəʊri] *уст.* фармакопея

dispense [di'spens] **1.** фасовать *(напр. лекарства)*; дозировать **2.** распределять, выдавать **3.** приготовлять и отпускать *(лекарство)*

to ~ drugs on prescription отпускать лекарственные средства по рецепту

to ~ to Petry dish разливать в чашки Петри

~ as written выдача по распоряжению, «по написанному» *(предписание врача фармацевту)*

dispenser [di'spensə] **1.** фармацевт **2.** раздаточное устройство, или автомат

aerosol ~ аэрозольный ингалятор

bone wax ~ приспособление для накладывания воска на поверхность кости

intravenous ~ система для внутривенного вливания

radioiodine ~ прибор для расфасовки радиоактивного йода

swab ~ автомат, выдающий тампоны

volume ~ объёмный мерник

dispermy ['daispə:mi] диспермия, двуспермное оплодотворение

dispersal [di'spə:sl] рассеивание, рассредоточение

flash ~ быстрое всасывание *(таблетки под языком)*

dispersion [di'spə:ʃn] **1.** *физ.* дисперсия; диспергирование **2.** рассасывание *(опухоли)* **3.** распыление, разбрасывание; рассеяние **4.** *стат.* разброс, вариация

~ of the blood clot with ultrasound растворение кровяного сгустка с помощью ультразвука

acoustic ~ дисперсия звука

coarse ~ механическая взвесь, суспензия

dispersoid [di'spə:sɒid] дисперсоид, коллоид

gas ~ аэрозоль

dispirited [di'spiritid] **1.** унылый, удручённый, подавленный **2.** вялый

displaceability [dis'pleisəbiliti] смещаемость, подвижность *(напр. слизистой оболочки)*

~ of libido смещаемость либидо

displacement [dis'pleismənt] **1.** смещение, перемещение; сдвиг **2.** замещение; вытеснение; выделение **3.** вывих **4.** *цитол.* перестройка *(клеток)* **4.** фильтрование, процеживание

~ of artery эктопия артерии *(расположение артерии в необычном месте)*

~ of mediastinum смещение средостения

~ of parenchyma cells by fibrous tissue замещение паренхиматозных клеток фиброзной тканью

~ of testis эктопия яичка

~ of tricuspidal valve смещение трёхстворчатого клапана *(к желудочку)*

~ of the vertebra вывих позвонка

backwards ~ of the uterus ретроверсия [ретродевиация] матки

cranial ~ of diaphragm высокое стояние диафрагмы

delayed ~ замедленное смещение

tissue ~ изменение формы или расположения ткани *(в результате давления)*

displacement-fracture [dis'pleismənt'fræktʃə] переломо-вывих

display [dis'plei] **1.** дисплей; индикаторное устройство; монитор *(компьютера, прибора)* || наблюдать **2.** визуальное изображение; индикация; отображение *(информации)* || отображать, воспроизводить; отмечать; выявлять; обнаруживать *(напр. отёк)* **3.** демонстрация, демонстрационное поведение; демонстрационная поза

~ of emotional coldness проявление эмоциональной холодности

~ of maternal behavior проявление материнского поведения *(напр. при беременности)*

to ~ signs of delirium tremens проявлять признаки белой горячки

computer controlled ~ дисплей с компьютерным контролем

courtship ~ брачная церемония

data ~ вывод данных на дисплей

digital ~ цифровой дисплей

electrooptic ~ электронно-оптический индикатор

graphic(al) ~ **1.** графический дисплей **2.** отображение графической информации **3.** графическое изображение

molecular ~ молекулярный портрет *(напр. бактерии)*

real-time ~ отображение в режиме реального времени

tactile ~ тактильный дисплей *(для слепых)*

disposable [dis'pəʊzəbl] **1.** имеющийся [находящийся] в распоряжении; свободный; доступный **2.** одноразового использования *(напр. шприц)*

disposal [dis'pəʊzl] **1.** избавление; удаление, устранение **2.** размещение, расположение **3.** утилизация

~ of excreta канализация, удаление нечистот

~ of hazardous wastes утилизация опасных отходов

~ of the dead захоронение умерших

medical ~ врачебное назначение, врачебное предписание; распорядок, установленный врачом; план лечения municipal waste ~ удаление городских отходов

radioactive waste ~ утилизация радиоактивных отходов

sanitary ~ санитарная обработка

disposition [ˌdispəˈziʃn] **1.** расположение, размещение; локализация **2.** предрасположение, склонность; тенденция **3.** характер, нрав, темперамент **4.** передача; ликвидация **5.** контроль; управление

~ **of toxic drugs** распределение токсических веществ *(в организме)*

caffeine ~ метаболизм кофеина

lively ~ живой характер, или нрав

prednisolone ~ фармакодинамика преднизолона

stereoselective ~ стереоизбирательное выведение *(напр. токсиканта)*

disproportion [ˌdisprəʊˈpɔːʃn] диспропорция, несоразмерность, непропорциональность

cephalopelvic ~ (клинически) узкий таз, несоответствие размеров таза матери размерам головки плода

disqualify [disˈkwɒlifai] дисквалифицировать; признавать непригодным *(напр. к военной службе)*

to ~ the diagnosis признать неверным диагноз

disquietude [disˈkwaiətjuːd] беспокойство, тревога

disquisition [disˌkwiˈziʃn] подробное [тщательное] исследование

disruption [disˈrʌpʃn] **1.** разрыв *(напр. органа)*; нарушение; разрушение; трещина; расхождение *(швов)* **2.** деструкция, распад **3.** вторичный порок развития *(образовавшийся вследствие нарушения первоначально нормального процесса развития)*

~ **of blood-brain barrier** нарушение гематоэнцефалического барьера

~ **of blood supply** расстройство кровоснабжения

~ **of cells** разрушение [расщепление] клеток

~ **of ecological balance** нарушение экологического равновесия

~ **of eyelid function** нарушение функции века

~ **of immunologic competence** нарушение иммунитета; иммунодефицит

~ **of joint surfaces** разъединение суставных поверхностей

~ **of mucosal barrier** нарушение [прорыв] слизистого барьера *(напр. микробами)*

~ **of skin 1.** отслоение [расслоение] кожи **2.** разрыв кожи

abdominal wound ~ расхождение краёв раны брюшной стенки

esophageal ~ нарушение непрерывности пищевода *(напр. стриктура)*

irreversible ~ необратимое нарушение *(напр. биологической системы)*

pancreatic ~ разрыв поджелудочной железы

personal ~ личностное разрушение, распад личности

professional skill ~ потеря профессиональных навыков

social ~ социальная дезинтеграция

suture line ~ расхождение швов

unstable pelvic ring ~ нестабильный разрыв тазового кольца

dissatisfaction [ˌdissætisˈfækʃn] неудовлетворённость, недовольство

dissecans [diˈsekʌns] *лат.* рассекающий, отсекающий

dissection [diˈsekʃn] **1.** рассечение; иссечение **2.** расслоение; разделение; препарирование **3.** вскрытие, анатомирование **4.** анализ, разбор

aortic ~ **1.** расслаивающая аневризма аорты **2.** иссечение участка аорты

atraumatic ~ щадящее [атравматическое] выделение *(напр. семенного протока)*

block ~ of the neck иссечение одним блоком лимфоузлов шеи

blunt ~ отслаивание, тупое отделение *(напр. брюшины тупфером)*; диссекция *(напр. паренхимы печени)*

cadaveris ~ *см.* postmortem ~

chemical ~ химическое разобщение

chemical ~ of body химический состав тела

complete ~ полное иссечение, полное удаление

extensive ~ расширенная операция, обширное иссечение *(напр. лимфоузлов при раке)*

neck ~ иссечение шейных лимфоузлов

paraaortic node ~ парааортальная лимфаденэктомия

postmortem ~ вскрытие трупа

radical neck ~ радикальная лимфаденэктомия на шее

retroperitoneal ~ иссечение из забрюшинного пространства *(напр. опухоли)*; иссечение забрюшинным доступом

submucosal ~ подслизистое расслоение *(стенки пищевода в результате кровоизлияния)*

ultrasonic ~ ультразвуковое рассечение или иссечение *(ткани, лимфоузлов, органа)*

dissector [diˈsektɔː] **1.** прозектор **2.** *мед. тех.* диссектор

laser bipolar ~ лазерный биполярный диссектор

tendon ~ сухожильный диссектор, сухожильная лопаточка

tonsil ~ распатор для отсепаровки миндалин

ultrasonic ~ ультразвуковой скальпель

dissemination [diˌsemiˈneiʃn] диссеминация; распространение *(патологического процесса)*; рассеивание

~ **of statistical information** распространение статистической информации *(напр. ВОЗ)*

aerial ~ воздушное распространение инфекции

global ~ глобальное распространение *(напр. гриппа)*

systemic ~ системное распространение, генерализация

tumor ~ диссеминация опухоли

dissimilarity [ˌdisimiˈlæriti] различие, несходство; разнородность

dissimulation [diˌsimjʊˈleiʃn], *лат.* **dissimulatio** [diˌsimjʊˈleiʃiʊ] диссимуляция *(утаивание болезни или отдельных её признаков)*

dissimulator [diˌsimjʊˈleitə] диссимулянт

dissipation [disiˈpeiʃn] **1.** рассеяние; расточение; утечка **2.** беспутный образ жизни

heat ~ рассеяние тепла; теплопотеря

dissociability [diˌsəʊʃəˈbiliti] **1.** диссоциабельность **2.** несовместимость; несоответствие

~ **of anti-hapten antibodies** диссоциабельность антигаптеновых антител

dissociation [diˌsəʊʃiˈeiʃn] **1.** диссоциация, распад, разложение **2.** нарушение взаимосвязи; несоответствие; расстройство *(напр. психических процессов)* **3.** разволокнение *(ткани иглой для исследования)*

DIS

375

~ of lecithin by bile salts растворение лецитина жёлчными солями

albuminocytologic ~ белково-клеточная диссоциация

atrioventricular ~ предсердно-желудочковая диссоциация (*отсутствие согласованной деятельности предсердий и желудочков сердца*)

bacterial ~ диссоциация бактерий

electromechanical ~ электромеханическая диссоциация (*наличие электрической активности миокарда в виде комплексов QRS при асистолии*)

scapholunate ~ разъединение между ладьевидной и полулунной костями

tabetic ~ табетическая диссоциация чувствительности

water ~ ионизация воды

dissolution [di͵səʊ'luːʃn] **1.** растворение; разжижение; разложение, разрушение, распад **2.** лечение растворением (*камней*)

~ of artery разъедание [аррозия] артерии (*напр. гнойным процессом*)

~ of cholesterol gallstones растворение [распад] холестериновых жёлчных камней (*под воздействием хенодезоксихолиевой кислоты*)

~ of disease выздоровление

~ of matrix растворение матрикса (*жёлчного камня*)

~ of vertebrae разрушение позвонка

cell ~ распад клетки

laser ~ выпаривание лазерным лучом (*напр. атеросклеротической бляшки*)

medical ~ медикаментозное растворение (*обычно камней почек, жёлчного пузыря*)

dissolvent [di'zɒlvənt] растворитель

dissomnia [dis'sɒmniə] диссомния (*нарушение сна*)

dissonance [di'səʊnəns] разногласие, отсутствие гармонии, диссонанс

cognitive ~ когнитивный диссонанс (*инстинктивное стремление избавиться от дискомфорта, вызванного расхождением между существующими убеждениями и полученной информацией*)

distad ['distæd] по направлению к периферии, или к дистальному концу

distance ['distəns] расстояние; промежуток

~ between iliac crests межгребешковое расстояние

convergence ~ фокусное расстояние

eye ~ *см.* **interpupillary ~**

focal ~ фокусное расстояние

focus-film ~ *радиол.* расстояние фокус – плёнка

focus-skin ~ *см.* **source-to-skin ~**

hearing ~ расстояние ясного слышания

interarch [interocclusal] ~ *стом.* межокклюзионная высота

interpedicular ~ расстояние между ножками позвонков

interpupillary ~ межзрачковое расстояние

least ~ минимальный промежуток

source-to-axis of rotation ~ *радиол.* расстояние источник – ось ротации

source-to-film ~ *см.* **target – film ~**

source-to-skin ~ *радиол.* расстояние источник – кожа

source-tumor ~ *радиол.* расстояние источник – опухоль

target – film [target – skin] ~ *радиол.* расстояние объект – плёнка (*от анода рентгеновской трубки до поверхности тела*)

distant ['distənt] **1.** отдалённый (*напр. метастаз*) **2.** дистанционный (*о телеметрии*)

distasteful [dis'teistfl] неприятный (*особенно на вкус*)

distemper [dis'tempə] **1.** плохое настроение, хандра; раздражение ‖ расстраивать, раздражать **2.** чума собак

distensibility [dis͵tensi'biliti] растяжимость; расширение (*напр. пищевода*); эластичность

lung ~ растяжимость лёгких

venous ~ расширение вен

distention [dis'tenʃn] растяжение; расширение; вздутие (*живота*)

abdominal ~ **1.** вздутие живота, метеоризм **2.** увеличение живота (*при асците*)

flatulent [gaseous] ~ *см.* **abdominal ~ 1**

gastric ~ растяжение желудка

intestinal ~ парез кишечника

jugular venous ~ **1.** выбухание ярёмных вен **2.** аневризма [расширение] ярёмной вены

uterine ~ расправление матки (*при заполнении её жидкостью при эндоскопии*)

vascular ~ расширение сосудов

distichia(sis) [͵disti'kaiəsis] дистихиаз (*наличие второго ряда ресниц у заднего ребра края века*)

distillation [͵disti'leiʃn] **1.** дистилляция, перегонка; возгонка **2.** очищение, ректификация; опреснение

atmospheric ~ перегонка при атмосферном давлении

destructive [dry] ~ сухая перегонка

fractional ~ дробная [фракционная] перегонка

molecular ~ молекулярная возгонка (*в условиях вакуума и низкой температуры*)

pressure ~ перегонка под давлением

steam ~ перегонка с водяным паром

distiller [di'stilə] дистиллятор, перегонный аппарат или куб

distinct [di'stiŋkt] **1.** явный, чёткий **2.** различный, разный, непохожий **3.** отдельный, индивидуальный; специфический

distinction [di'stiŋkʃn] **1.** различие, отличие, разница; распознавание **2.** отличительный признак; особенность; характерная черта

clear ~ чёткая дифференциация

corticomedullare ~ **1.** отличие коркового слоя от мозгового **2.** граница между корковым и мозговым слоями почки

immunochemical ~ иммунохимическое различие

qualitative ~ качественное различие

serological ~ серологическое различие

distinguish [di'stiŋgwiʃ] **1.** отличать, различать, распознавать, выделять **2.** служить отличительным признаком, характеризовать **3.** дифференцировать; проводить дифференциальную диагностику

~ vomiting from regurgitation отдифференцировать рвоту от регургитации

distoceptor ['distəʊseptə] дистантный рецептор, телерецептор (*зрительный, слуховой*)

distocervical [͵distəʊ'səːvikl] **1.** дистально-пришеечный **2.** дистально-десневой

distocia [dis'təʊsiə] патологические роды, дистоция

distoclusion [ˌdistəʊ'kluːʒn] *стом.* ретрогнатия

Distoma ['distəʊmə] трематода, двуустка; *уст.* дистома
   ~ pulmonalis лёгочная трематода

distomatosis [ˌdistəʊmæ'təʊsis] *см.* **distomiasis**

distomiasis [ˌdistəʊ'maiəsis] *параз.* шистосомоз, трематодоз, дистомиаз, дистоматоз
   ~ of lung парагонимоз
   hepatic ~ печёночный трематодоз
   intestinal ~ кишечный шистосомоз (*Мансона*)
   liver ~ фасциолёз
   urogenital ~ мочеполовой шистосомоз

distomolar [ˌdistəʊ'məʊlə] сверхкомплектный моляр

distomus [dai'stəʊməs] *терат.* плод с удвоением рта

distortion [dis'tɔːʃn] 1. искажение; искривление, перекашивание; деформация 2. извращение (*фактов*)
   ~ by transference *психоан.* искажение, обусловленное переносом, трансфером
   ~ of face деформация лица (*напр. при параличе лицевого нерва*)
   axial ~ of airways осевое смещение дыхательных путей
   chest ~ деформация грудной клетки
   chromatic ~ цветовое искажение
   ego ~ *психоан.* «Я»-искажение
   optical image ~ искажение оптического изображения
   segregation ~ нарушение сегрегации
   semantic ~ семантическое искажение
   visual ~ нарушение зрения

distoversion [ˌdistəʊ'vɜːʃn] дистальное положение зубов

distracted [dis'træktid] разъединённый, разошедшийся (*напр., об отломках кости*)

distractibility [dis,trækti'biliti] *псих.* патологически повышенная отвлекаемость

distraction [dis'trækʃn] 1. дистракция, растягивание, вытяжение; растяжение 2. нервно-психическое возбуждение 3. рассеянность, растерянность, смятение
   staged ~ этапная дистракция
   surgical-orthodontic ~ ортодонто-хирургическое вытяжение

distrait ['distreit] рассеянный

distress [di'stres] 1. дистресс (*сверхнапряжение и срыв защитных механизмов*) || вызывать дистресс 2. нищета, нужда; бедствие
   ~ of body and mind физические и психические страдания
   dietary induced ~ нарушение, вызванное погрешностями в диете (*обычно перееданием*)
   emotional ~ эмоциональный дистресс
   epigastric ~ желудочный дискомфорт
   fetal ~ патологическое состояние плода (*в матке*)
   functional bowel ~ дискинезия кишечника
   mental ~ психическое расстройство
   psychological ~ психологический дистресс
   radiculitis ~ приступ радикулита
   respiratory ~ 1. расстройство дыхания, дыхательная недостаточность 2. респираторный дистресс-синдром (*обычно шоковое лёгкое после травмы*)

distressed [di'strest] 1. истощённый, утомлённый 2. терпящий бедствие; потерпевший аварию

distribution [ˌdistri'bjuːʃn] 1. распределение; распространение 2. расположение; локализация

   ~ of condoms [leaflets, booklets] раздача презервативов [листовок, буклетов]
   age ~ распределение населения по возрастным группам
   allele frequency ~s *мол. биол.* распределение частот аллелей
   bivariate ~ двумерное распределение
   burst ~ распределение по величине выхода фага из отдельных бактериальных клеток
   countercurrent ~ противопоточное распределение
   dose ~ распределение дозы (*облучения*)
   drug ~ 1. раздача лекарственных средств (*в больнице*) 2. распределение лекарственных средств по учреждениям
   frequency ~ *стат.* частота распределения
   Gaussian ~ *стат.* гауссовское распределение (*число значений и их диапазон с каждой стороны от основного значения обладают симметрией*)
   normal ~ нормальное [биномиальное] распределение
   power ~ распределение по тяжести (*расстройств*)
   probability ~ распределение вероятностей
   racial ~ расовая принадлежность, расовое распределение
   radiation ~ распределение дозы облучения
   size ~ распределение по размерам
   skew(ed) ~ *стат.* асимметричное распределение
   spatial ~ пространственное распределение
   stationary ~ стационарное распределение
   temporal ~ распределение во времени
   three-dimensional dose ~ объёмное распределение дозы (*облучения*)
   tolerance ~ допустимое распределение

distributor [ˌdistri'bjuːtə] 1. распределительное устройство, дозатор 2. поставщик, дистрибьютор
   media ~ устройство для дозирования питательных сред

districhiasis [ˌdistri'kaiəsis] рост двух волос из одного фолликула

district ['distrikt] округ, район, участок
   health ~ врачебный участок
   rural medical ~ сельский медицинский участок

distrix ['distriks] расщепление концов волос

disturb [di'stɜːb] расстраивать; нарушать; повреждать

disturbance [di'stɜːbəns] 1. расстройство; патологическое отклонение; нарушение; повреждение 2. волнение; беспокойство; нарушение психического равновесия
   ~ of mood расстройство настроения
   acid-base ~ нарушение кислотно-основного равновесия
   acoustic(al) ~ нарушение слуха
   autistic ~ *псих.* аутизм
   bladder ~ нарушение мочеиспускания, дизурия
   bowel and bladder ~ нарушение функций тазовых органов
   cardiac rhythm ~ нарушение сердечного ритма, аритмия
   circulatory ~ расстройство кровообращения
   developmental ~s нарушения развития
   emotional ~ эмоциональное нарушение
   gravidocardiac ~ расстройство сердечной деятельности во время беременности
   motility ~s нарушения перистальтики, дискинезия (*напр. кишечника*)

motor ~ расстройство движения

perceptual ~ нарушение восприятия

personality pattern ~ тип нарушения личности

post-insult ~s постинсультные нарушения *(напр. депрессия, деменция и пр.)*

respiration [respiratory] ~ нарушение дыхания

speech ~ расстройство речи

systemic ~ общее [системное] нарушение *(в организме)*

disturbed [di'stɘːbd] обеспокоенный, расстроенный

disulfiram [dai'sʌlfirɘm] дисульфирам, антабус *(препарат, вызывающий тягостные вегетативно-соматические и психические расстройства при приёме алкоголя)*

ditocia, ditokia [di'tɘʊkiɘ] роды двойней

diuresis [ˌdaijʊ'riːsis] диурез *(1. процесс образования и выделения мочи 2. объём суточной мочи)*

aggressive [artificial] ~ форсированный диурез

careful ~ тщательный учёт диуреза

diurnal ~ суточный диурез

forced alkaline ~ форсированный щелочной диурез

osmotic ~ осмотический диурез

profound ~ *см.* **aggressive** ~

water ~ водный диурез, гидрурез

diuretic [ˌdaijʊ'retik] мочегонное средство, диуретик || мочегонный, диуретический

diurnal [dai'ɘːnɘl] дневной; ежедневный; суточный

divagation [ˌdaivɘ'geiʃn] *псих.* бессвязность речи; разбросанность [непоследовательность] мыслей

divarication [daiˌværi'keiʃn] 1. разветвление (напр. отростка нейрона) 2. растяжение

rectus ~ растяжение прямой мышцы живота

dive [daiv] погружение; ныряние || погружаться, нырять

dive-bomber ['daiv-'bɒmɘ] эффект «глубинной бомбы»

divergence [dai'vɘːʤɘns], **divergency** [dai'vɘːʤɘnsi] 1. дивергенция; отклонение; расхождение 2. разветвление *(напр. отростка нейрона)*

~ of characters расхождение признаков

~ of strain дивергенция штаммов

genetic ~ генетическая дивергенция

diversion [dai'vɘːʃn] 1. отвлечение, отклонение; отведение *(напр. мочи)* 2. обход; обходной анастомоз

continent ~ постоянное отведение мочи

ileal loop ~ отведение мочи в резервуар из подвздошной кишки

portal ~ отведение крови в систему воротной вены

diversity [dai'vɘːsɘti] 1. разнообразие; многообразие 2. различие, отличие 3. разновидность

functional ~ многообразие функций *(напр. цитохрома P_{450})*

personality ~ разнообразие личностей

species ~ видовое разнообразие

diverticulitis [ˌdaivɘˌtikjʊ'laitis] дивертикулит *(воспаление дивертикула)*

diverticulum [ˌdaivɘ'tikjʊlɘm], *pl.* **diverticula** [ˌdaivɘ-'tikjʊlɘ] дивертикул *(выпячивание стенки полого органа, сообщающееся с его полостью)*

allantoenteric [allantoic] ~ дивертикул желточного протока, Меккеля дивертикул

caliceal ~ дивертикул почечной чашки

epiphrenic ~ наддиафрагмальный дивертикул *(пищевода)*

false ~ ложный дивертикул *(выбухание слизистой оболочки через дефект мышечного слоя полого органа)*

Nuck's ~ влагалищный отросток брюшины, Нука канал

pulsion [pressure] ~ пульсионный [истинный] дивертикул

Rokitansky's [traction] ~ тракционный [ложный] дивертикул пищевода, Рокитанского дивертикул

Zenker's pulsion ~ фарингоэзофагеальный [ценкеровский] дивертикул

divided [di'vaidid] 1. разделённый; дробный *(о дозировке)*; раздельный 2. рассечённый 3. градуированный

division [di'viʒn] 1. деление, разделение; распределение 2. отдел; участок; отделение *(больницы)* 3. диспергирование, измельчение 4. граница; перегородка; барьер 5. рассечение; перерезка; разрез

~ of common carotid artery бифуркация общей сонной артерии

~ of domestic quarantine отдел внутреннего карантина

~ of emergency health services *амер.* отделение неотложной медицинской помощи

~ of labor разделение труда

~ of left atrium разделение левого предсердия

~ of surgical oncology отдел или отделение хирургической онкологии

~ of uterine adhesions иссечение внутриматочных синехий

amitotic ~ прямое деление, амитоз

anterior ~s **of the thoracic nerves** передние ветви грудных нервов

burst cell ~ бурное деление клеток

cell ~ деление клетки, цитокинез

direct nuclear ~ амитоз, прямое деление клетки

first ~ первое деление; первая ветвь *(напр. тройничного нерва)*

indirect nuclear ~ митоз, кариокинез, непрямое деление клетки

lying-in ~ акушерское отделение

medical ~ терапевтическое отделение

meiotic ~ мейотическое деление, мейоз

obstetric ~ акушерское отделение

pancreas ~ раздвоение поджелудочной железы

reduction ~ редукционное деление *(мейоза)*

sensory ~s распределение чувствительных ветвей *(напр. тройничного нерва)*

surgery ~ пресечение, рассечение *(напр. спайки)*

divorce [di'vɔːs] 1. развод, расторжение брака 2. отделение, разъединение

emotional ~ эмоциональный развод

divorcee [divɔː'siː] разведённый муж, разведённая жена

divulsion [di'vʌlʃn] 1. отрыв; отсечение 2. дивульсия, форсированное растяжение *(напр. сфинктера)*

dizygotic [ˌdaizai'gɒtik], **dizygous** [dai'zaigɘs] двуяйцовый, дизиготный *(о близнецах)*

dizziness ['dizinɘs] головокружение

dizzy ['dizi] 1. чувствующий головокружение; страдающий от головокружения 2. вызывать головокружение; страдать от головокружения

DNA [diɘnei] ДНК, дезоксирибонуклеиновая кислота

alkali-denatured ~ ДНК, денатурированная щёлочью

carrier ~ ДНК-носитель

chimeric ~ химерная ДНК *(содержащая гены из двух разных видов организмов)*

chromosomal ~ хромосомная ДНК

circular ~ кольцевая ДНК

complementary ~ ДНК, комплементарная кодирующей цепи ДНК или мРНК

cytoplasmic ~ цитоплазматическая ДНК

denatured ~ денатурированная ДНК *(с нарушенной вторичной структурой)*

double-stranded [duplex] ~ двухцепочечная ДНК

end-labelled ~ меченая по концам ДНК

exogenous ~ экзогенная ДНК *(выделенная из организма-донора и встроенная в вектор или хромосомную ДНК организма-хозяина)*

extrachromosomal ~ внехромосомная ДНК

foreign ~ чужеродная [экзогенная] ДНК

heteroduplex ~ гетеродуплексная ДНК *(состоящая из нитей чужеродных ДНК)*

intertwind ~ спиральная ДНК

isolated ~ выделенная ДНК

left-handed ~ левозакрученная спираль ДНК

mediated ~ ДНК-посредник

naked ~ депротеинизированная ДНК

nick-translated ~ ник-транслированная ДНК *(ДНК с меченым нуклеотидом в одной из цепей)*

nomadic ~ блуждающая ДНК

passenger ~ ДНК-пассажир *(чужеродная ДНК в клонирующем векторе)*

primer ~ ДНК-затравка

progeny ~ ДНК потомства

recombinant ~ *бтх.* рекомбинантная ДНК *(полученная объединением in vitro разнородных, вместе нигде в природе не существующих фрагментов ДНК)*

repetitive ~ ДНК, содержащая повторяющиеся последовательности

ribosomal ~ рибосомная ДНК *(кодирующая рибосомные РНК)*

right-handed ~ правозакрученная спираль ДНК

satellite ~ сателлитная ДНК *(высокоповторяющиеся нетранслируемые участки ДНК в эукариотических клетках)*

selfish ~ эгоистичная ДНК *(автономно реплицирующаяся ДНК, имеющая неизвестную функцию)*

silent ~ «молчащая» ДНК *(не экспрессирующаяся ДНК)*

single-stranded ~ одноцепочечная ДНК

superhelical ~ сверхспиральная [сильнозакрученная] ДНК

template ~ матричная ДНК

transfecting ~ трансформирующая [переносимая в клетки] ДНК

vector ~ векторная ДНК *(способная к включению чужеродных генов и стабильной автономной репликации; инструмент генетической инженерии для передачи генетической информации в клетку)*

viral ~ вирусная [вирусспецифическая] ДНК

virion ~ вирионная ДНК

DNA-cellulose [DNA-'seljuləus] ДНК-целлюлоза *(целлюлоза, на которой закреплена ДНК; сорбент для аффинной хроматографии)*

DNA-polymerase [DNA-pə'liməreis] ДНК-полимераза *(фермент, катализирующий синтез ДНК в присутствии затравки из дезоксирибонуклеозид-5'-трифосфатов на матрице ДНК)*

phage-specific ~ фагоспецифическая ДНК-полимераза

RNA-depended ~ РНК-зависимая ДНК-полимераза *(синтезирующая ДНК на матрице РНК)*; обратная транскриптаза

viral ~ вирусная ДНК-полимераза

do [du:] 1. делать, выполнять 2. действовать

~ **it yourself, DIY** «сделай сам» *(принцип сервисной концепции, напр., в телемедицине)*

dochmiasis [dɒk'maiæsis] *параз.* анкилостомоз

docile ['dəusail] покорный, покладистый

docimasia [dɒsi'meiziə], **docimasy** [dɒsi'meizi] 1. проба, исследование 2. *суд. мед.* лёгочная жизненная проба *(для определения живорождённости)*

doctor ['dɒktə:] 1. врач, доктор || лечить, врачевать; заниматься врачебной практикой 2. доктор *(учёная степень)*

~ **in attendance,** ~ **in charge** лечащий врач

~ **on duty** дежурный врач

assistant ~ фельдшер

attending ~ *см.* **in attendance** ~

auxiliary ~ помощник врача

country ~ сельский врач

district ~ участковый врач

factory's sectorial ~ цеховой врач

family ~ *амер.* семейный врач

free lance ~ внештатный врач

head ~ главный врач

junior ~ младший [начинающий] врач

quack ~ знахарь, шарлатан

regular ~ квалифицированный врач

sector ~ *см.* **district** ~

ward ~ палатный врач

witch [woodoo] ~ шаман, знахарь, колдун

document ['dɒkjument]:

draft ~ проект документа

health ~ s медико-санитарная документация

doddery ['dɒdəri] 1. дрожательный, трясущийся 2. старчески слабоумный

dodecadactylon [ˌdəudekə'dæktilɒn] двенадцатиперстная кишка

dodge [dɒdʒ] увёртка, хитрость || избегать, уклоняться

insanity ~ симуляция психического расстройства *(с целью уклонения от судебной ответственности)*

tax ~ уклонение от уплаты налогов

dogma ['dɒgmə] 1. догма 2. убеждение, мнение

central ~ центральная догма *(основополагающий принцип биохимической генетики, согласно которому генетическая информация передаётся от ДНК к РНК и далее к белкам)*

dog-sleep [dɒg-sli:p] чуткий сон; сон урывками

dol [dəul] дол *(единица измерения интенсивности боли)*

doleful ['dəulfl] печальный, меланхолический

dolichocephalic [ˌdɒlikəusə'fælik] долихоцефалический, длинноголовый

dolichocolon [ˌdɒlikəʊ'kəʊlən] долихоколон (*чрезмерно длинная ободочная кишка*)

dolichocrania [ˌdɒlikəʊ'kreiniə] долихокрания (*преобладание продольного диаметра черепа над поперечным диаметром*)

dolichomorphia [ˌdɒlikəʊ'mɔːfiə] долихоморфия (*относительно короткое, узкое туловище и длинные конечности*)

dolichouranic [ˌdɒlikəʊju'rænik] имеющий высокое нёбо

dolor ['dɒlɔː] *лат.* боль (*один из четырёх признаков воспаления по Цельсу*)

dolorific [ˌdɒlɔː'rifik] вызывающий боль

dolorimetry [ˌdɒlɔː'rimətri] алгезиметрия (*определение порога болевой чувствительности*)

domain [dəʊ'mein] 1. область, сфера; территория 2. *pl.* домены (*гомологичные участки, состоящие из 110–120 аминокислот; входят в состав лёгких и тяжёлых цепей молекулы*)

    public ~ всеобщее достояние (*о великих открытиях*)

dome [dəʊm] 1. купол, свод 2. *мед. тех.* колпак
◊ ~ **and dart** «купол и спираль», «щит и меч», «лук и стрела» (*форма зубца Р электрокардиограммы при эктопическом левопредсердном ритме*)

    ~ **of cranium** свод [крыша] черепа, черепной свод

domed [dəʊmd] куполообразный (*напр. о конфигурации колонии микробов*)

domestication [dəʊmesti'keiʃn] одомашнивание, доместикация (*животных и растений*)

domiciliary [ˌdɒmi'siliˌæri] в домашних условиях, на дому (*о лечении, консультации*); по месту жительства

dominance ['dɒminəns] 1. доминирование, преобладание 2. *ген.* доминантность; доминирование

    alternating ~ альтернирующее доминирование

    conditional ~ условная доминантность

    conditioned ~ обусловленное доминирование (*1. зависящее от наличия других генов 2. зависящее от изменений внешней среды*)

    delayed ~ запаздывающее доминирование

    fancier's ~ доминантность необычных признаков или окраски

    incomplete ~ полудоминирование, неполное [частичное] доминирование

    irregular ~ нестойкое [лабильное] доминирование

    partial ~ *см.* **incomplete** ~

    shifting ~ обратимое доминирование, доминирование, изменяющееся под влиянием внешних воздействий

    social ~ доминирование в сообществе

    top ~ ступенчатое доминирование

dominancy ['dɒminənsi] доминирование, доминантность

dominant ['dɒminənt] 1. *физиол., ген.* доминанта || доминантный, основной; выраженный в фенотипе 2. преобладающий, доминирующий; возглавляющий иерархическую лестницу

    frequency ~ доминант по степени частоты

    homozygous ~ гомозигота по доминантному гену (*организм, у которого оба аллеля данного локуса доминантны*)

donation [dəʊ'neiʃn] 1. дар; пожертвование 2. отдача, передача

    ~ **of blood** сдавать кровь, донация крови

    ~ **of oocytes, oocyte** ~ донация ооцитов (*изъятие яйцеклеток из яичника женщины-донора и перенос их после оплодотворения женщине-реципиенту, страдающей бесплодием*)

donce ['dɒnsiː] биологический хозяин

donee [dəʊ'niː] реципиент

donor ['dəʊnə] донор (*1. человек, у которого изымают органы или ткани для трансплантации 2. источник генетического материала при трансдукции и конъюгации у бактерий 3. хим. атом, отдающий электрон*) || донорский

    "beating heart" ~ донор с бьющимся сердцем (*обычно с мозговой смертью*)

    electron ~ донор электронов (*в окислительно-восстановительной реакции*)

    F^+ ~ F^+-донор (*штамм бактерий, передающий половой фактор*)

    F' [F-prime] ~ F'-донор (*штамм бактерий, передающий F'-фактор*)

    general ~ универсальный донор

    immune ~ 1. иммунокомпетентный донор 2. сенсибилизированная донорская клетка

    phosphate-group ~ донор фосфатной группы (*АТФ в энергетическом цикле клетки*)

    proton ~ донор протонов (*в кислотно-основной реакции*)

    qualified ~ кадровый донор

    universal ~ универсальный донор (*индивидуум с I(0) группой крови*)

donovanosis [ˌdɒnəvə'nəʊsis] пятая венерическая болезнь, донованоз, паховая гранулёма, венерическая гранулёма (Брока)

dopa ['dəʊpə] дофа, дигидроксифенилаланин

dopamine ['dəʊpəmin] дофамин, допамин (*продукт метаболизма тирозина и предшественник норадреналина и адреналина*)

dopaminergic [ˌdəʊpəmi'nɜːdʒik] дофаминергический

dope [dəʊp] 1. дурман 2. *sl.* наркотик

doper ['dəʊpə] *sl.* потребитель наркотиков; хронический наркоман

doping ['dəʊpiŋ] допинг (*вещество, сверхискусственно мобилизующее физические возможности спортсмена и способствующее достижению высоких результатов, но иногда ценой летального исхода*)

Doppler ['dɒplə] 1. эффект Допплера, допплеровский эффект 2. допплеровский измеритель скорости (*допплерографическое исследование кровотока*)

    continuous wave ~ постоянно-волновой допплер

    color ~ цветной допплер

    power ~ энергетический допплер

dopplercardiometry [ˌdɒpləˌkɑːdi'ɒmətri] эхокардиография с допплерометрией

dopplerography [ˌdɒplə'rɒgrəfi] допплер, допплерография (*ультразвуковое определение направления, скорости и характера кровотока*), допплеровское исследование, допплеровское измерение скорости (*кровотока*)

    color ~ цветная допплерография

    continuous wave ~ допплеровское исследование в непрерывном режиме

    conventional transcranial ~ стандартная транскраниальная допплерография

convergent color ~ конвергентный цветной допплер

pulsed wave ~ допплеровское исследование в импульсном режиме

transcranial ~ транскраниальная допплерография

doraphobia [dɔʊrə'fəʊbiə] дорафобия *(патологическая боязнь обрасти волосами после прикосновения к шкуре животного)*

dormancy ['dɔːmənsi] **1.** сон, спячка, дремота **2.** покой, состояние некоторых бактерий, в котором они не размножаются

constitutive ~ конститутивная спячка *(генетически детерминированная спячка)*

exogenous ~ спячка, вызванная изменением внешних условий

dormant ['dɔːmənt] **1.** дремлющий; спящий **2.** потенциальный, скрытый **3.** находящийся в спячке *(о животном)* или в состоянии покоя *(о бактериях)*

doromania [dɔːrəʊ'meiniə] патологическая страсть к получению подарков

dorsad ['dɔːsæd] дорсально и дорзально, по направлению к спине

dorsago [dɔː'seigəʊ] грудной «прострел», дорсаго *(острая боль)*

dorsal ['dɔːsəl] **1.** дорсальный; задний **2.** спинной **3.** тыльный

dorsicornu [dɔːsi'kɔːnjʊ] задний рог спинного мозга

dorsiflexion [ˌdɔːsi'flekʃn] тыльное сгибание, сгибание стопы вперёд

dorsispinal [ˌdɔːsi'spainəl] относящийся к спине и позвоночнику

dorsocephalad [ˌdɔːsəʊ'sefəlæd] по направлению к затылку

dorsodynia [ˌdɔːsəʊ'diniə] боль в спине

dorsolumbar [ˌdɔːsəʊ'lʌmbə] поясничный; дорсальный

dorsoventrad [ˌdɔːsəʊ'ventrəd] в направлении от спины к животу

dorsum ['dɔːsəm], *pl.* **dorsa** ['dɔːsə] **1.** спина **2.** тыльная поверхность; спинка *(некоторых анатомических образований)*

~ **of fingers** тыльная поверхность пальцев

~ **of foot** тыл стопы

~ **of hand** тыл кисти

~ **of nose** спинка носа

~ **of penis** спинка полового члена

~ **of tongue** спинка языка

dosage ['dəʊsiʤ] **1.** дозировка, дозирование **2.** доза **3.** определение доз; система доз

adjusting ~ адекватная дозировка

command ~ допустимая доза облучения

local ~ определение местной дозы *(облучения)*

dose [dəʊs] **1.** доза ‖ дозировать; дозовый **2.** норма; рацион

~ **of natural background radiation** доза естественного радиационного фона

50 % and point lethal aerosol ~ аэрозольная доза 50 % летальности

absolute lethal ~ смертельная [летальная] доза

absorbed ~ поглощённая доза *(ионизирующего излучения)*

accumulated ~ *см.* **cumulative** ~

acute single ~ однократная большая доза

air ~ экспозиционная доза *(ионизирующего излучения)*

amitogenic ~ доза, достаточная для остановки митоза

anaphylaxis-provoking ~ ударная [разрешающая] доза; анафилактогенная [шоковая] доза *(аллергена)*

basic ~ очаговая доза

biological ~ биологическая [эритемная] доза, биодоза *(УФО)*

bolus ~ болюсная доза *(одномоментное введение большого количества или высокой дозы лекарственного препарата)*

booster ~ **1.** бустер-доза; повторная иммунизация, ревакцинирующая доза **2.** одномоментное введение большой дозы

calculated ~ расчётная доза

cancericidal ~ канцероцидная доза

challenging ~ ударная [разрешающая] доза

conditioning ~ обычная [общепринятая] доза

cumulative ~ суммарная [кумулятивная, накопленная] доза *(напр. дигоксина)*

cumulative absorbed ~ суммарная поглощённая доза

cumulative radiation ~ общая доза облучения

curative ~ лечебная [терапевтическая] доза

cytopathic ~ цитопатогенная доза *(вируса)*

daily ~ суточная доза

deep [depth] ~ глубинная доза *(ионизирующего излучения)*

divided ~ **1.** разделённая (на *курс* лечения) общая доза **2.** небольшая доза, повторяемая через определённые интервалы времени

erythema ~ **1.** кожно-эритемная доза *(рентгеновского излучения)* **2.** *см.* **biological** ~

exit ~ доза на выходе

exposure ~ экспозиционная доза

fatal ~ *см.* **lethal** ~

field ~ поверхностная доза *(ионизирующего излучения)*; доза на поле

given ~ введённая [полученная] доза

gonadal ~ гонадная доза *(доза, поглощённая половыми железами)*

graded ~s возрастающие дозы

homogeneous ~ гомогенная доза *(ионизирующего излучения)*

human permissible [human tolerance] ~ допустимая [переносимая] для человека доза

infecting [infective] ~ инфицирующая доза *(наименьшее количество микроорганизмов, способных вызвать развитие инфекционного процесса)*

integral ~ *см.* **absorbed** ~

irradiation ~ **1.** общая доза **2.** доза облучения

lethal ~ смертельная [летальная] доза

limes flocculation ~ наименьшая флоккулирующая доза *(дифтерийного токсина в пробе Рамона)*

loading ~ ударная [нагрузочная] доза *(лекарственного средства)*; доза насыщения

local absorbed ~ локальная [местная] поглощённая доза *(ионизирующего излучения)*

maintenance ~ поддерживающая доза *(лекарственного средства)*

manufacturer's ~ доза производителя

maximum noneffective ~ максимальная недействующая доза

maximum permissible [maximum tolerance] ~ предельно допустимая доза

median effective ~ средняя эффективная доза (обеспечивающая получение желаемого эффекта у 50 % обследованных)

median lethal ~ доза половинной выживаемости (доза, приводящая к гибели 50 % подвергшихся воздействию особей)

minimum effective ~ см. threshold ~

minimum lethal ~ минимальная смертельная доза, нижний предел смертельной дозы (вызывающая за фиксированный период времени гибель единичных, наиболее чувствительных подопытных животных)

missed ~ пропущенный приём лекарства (напр. при лечении гипертензии)

multiple ~ различные дозы (медикамента)

noneffective ~ недействующая [подпороговая] доза

permissible ~ допустимая доза (облучения)

radiation ~ доза ионизирующего излучения

reacting ~ действующая доза (токсина)

recall ~ см. booster ~

referent ~ референтная доза

repeated ~s повторный приём (медикамента)

shocking ~ см. anaphylaxis-provoking ~

single oral ~ разовая пероральная доза; однократный приём (лекарства)

skin field ~ доза (ионизирующего излучения) на кожное поле

special shock ~ ударная доза

split ~ дробная доза (ионизирующего излучения)

sterilizing ~ стерилизующая доза

stiff ~ **of medicine** сильная [большая] доза лекарства

subhemagglutination ~ субгемагглютинирующая доза

sublethal ~ сублетальная доза (максимальная доза, не вызывающая гибель животных)

surface ~ поверхностная доза (ионизирующего излучения)

test ~ тест-доза (при испытании токсичности или пирогенности лекарственного средства)

threshold ~ пороговая [минимальная действующая] доза

tissue ~ тканевая доза (ионизирующего излучения)

tolerable [tolerance] ~ переносимая доза; предельно допустимая доза

total ~ суммарная доза

tumor lethal ~ см. cancericidal ~

unit ~ унифицированная [стандартная] доза

dose-related ['dəʊs-ri'leitid] зависящий от дозы

dosimeter [dəʊ'simətə] 1. дозиметр (прибор для измерения дозы ионизирующего излучения) 2. дозатор; дозирующее вещество

clinical ~ клинический дозиметр

integrating ~ интегрирующий дозиметр

lithium fluoride ~ фтористо-литиевый термолюминесцентный дозиметр

radiation ~ радиационный дозиметр

short-wave ~ коротковолновый дозиметр

thermoluminescent ~ термолюминесцентный дозиметр

dosimetry [dəʊ'simətri] 1. дозиметрия (1. определение интенсивности радиоактивности 2. определение дозы облучения лучевой терапии) 2. точное дозирование лекарственного препарата

implant ~ внутритканевая дозиметрия

personal ~ индивидуальный дозиметрический контроль

photographic ~ фотодозиметрия

staff ~ дозиметрия персонала (напр. рентгеновского отделения)

dosis ['dəʊsis] 1. см. dose 2. курс лечения

~ **erythema** см. erythema dose ~

~ **serta letalis** лат. доза исследуемого агента (бактерий, вирусов, токсинов), вызывающая гибель всех экспериментальных систем (животных, куриного эмбриона, культур клеток и пр.)

dossier ['dɒsiei] 1. досье, дело 2. карта больного

dossil ['dɒsil] тампон для очистки раны

dot [dɒt] пятно; пятнышко; точка

Maurer's ~ s Маурера пятнистость (эритроцитов при тропической малярии)

Nettleship's ~s врождённая пятнистость сетчатки

Schüffner's ~s шюффнеровская зернистость, Шюффнера зёрна (признак малярии)

dotage ['dəʊtidʒ] 1. старческое [сенильное] слабоумие, старческий психоз 2. слепая любовь

dot-blotting ['dɒt-'blɒtiŋ] дот-блоттинг

dothienenteria [,dəʊθiən'entəriə], **dothienenteritis** [,dəʊθiən,entə'raitis] брюшной тиф

dottering ['dɒtəriŋ] интервенционная рентгенология, рентгенохирургия (по имени американского врача Dotter, впервые проделавшего тунеллирование в закупоренной атеросклеротическими бляшками артерии с помощью тефлоновой трубки)

double-barreled ['dʌbl-'bærəld] двухпросветный (напр. о катетере)

double-bind ['dʌbl-'baind] противоречивое поведение (между родителями в отношении ребёнка)

double-blind ['dʌbl-'blaind] двойной слепой (метод клинических испытаний препаратов, когда ни врач, ни больной не осведомлены об их ингредиентах)

double-dish ['dʌbl-'diʃ] чашка Петри

double-labelling ['dʌbl-'leibliŋ] введение двойной (радиоактивной) метки (в клетки, молекулы)

double-stranded ['dʌbl-'strændid] двуспиральный, двунитевой, двухцепочечный (напр. о ДНК)

double-walled ['dʌbl-'wɔːld] с двойной оболочкой

doubt [daʊt]:

obsessive ~ обсессивное [навязчивое] сомнение

doubtful [daʊtfl] 1. полный сомнений, колеблющийся 2. сомнительный, неопределённый, подозрительный

douche [duːʃ] душ ‖ применять душ

air ~ продувание (полостей или проходов)

alternating ~ контрастный душ

fan ~ веерный душ

transition ~ см. alternating ~

vaginal ~ влагалищный душ, или лаваж

Weber's ~ носовой душ (Вебера)

douche-bag ['duːʃ-'bæg] баллон для спринцевания (влагалища)

dough [dəʊ] 1. тесто 2. паста, густая масса

douglascope ['dʌglə,skəʊp] эндоскоп для исследования органов малого таза женщины

dowel ['daʊəl] 1. опорный (зубной) штифт 2. фиксатор штампа (к зуботехнической модели)

  cancellous ~ травм. губчатый цилиндр

down-lying ['daʊn-'laiiŋ] послеродовой период

downregulation [,daʊnreɡjʊ'leiʃn] 1. понижение уровня регуляции 2. отрицательная обратная регуляция (длительное высокое содержание катехоламинов вызывает уменьшение чувствительности β₁-адренорецепторов к ним)

downstream ['daʊn,stri:m] «вниз по течению» (расположение нуклеотидной последовательности на некотором расстоянии от определённого локуса в направлении к 3'-концу гена, то есть вдоль рамки считывания)

downstroke [,daʊn'strəʊk] снижение, опущение (напр. сегмента электрокардиограммы)

downtown [,daʊn'taʊn] sl. героин

doze [dəʊz] дремота; сонливость

dozy ['dəʊzi] сонный, дремлющий

dracontiasis [,drækən'taiəsis], **dracunculiasis** [drə,kʌŋkju:'laiəsis], **dracunculosis** [drə,kʌŋkju:'ləʊsis] параз. дракункулёз, драконтиаз, ришта

draft [dra:ft] порция, доза (жидкого лекарственного препарата, назначаемого на один приём)

  effervescing ~ шипучий раствор, содержащий гидрокарбонат калия или натрия

dragee [dra:'ʒei] драже (лекарственная форма в виде таблетки в сахарной оболочке)

dragon ['drægən] ришта (вид паразитических нематод, вызывающих дракункулёз)

drain [drein] дренаж (1. дренирование 2. дренирующий материал)

  "brain ~" «утечка мозгов», «утечка умов» (эмиграция учёных)

  cigarette ~ сигаретный дренаж

  corrugated ~ гофрированный дренаж

  gauze ~ марлевый дренаж

  intraperitoneal ~s дренирование брюшной полости

  Mikulicz' ~ Микулича тампон

  quarantine ~ профилактический дренаж

  rubber ~ резиновая дренажная трубка

  stab wound ~ дренаж через контрапертуру; дренаж через прокол

  sump ~ отсасывающий дренаж

  underwater seal chest ~ подводный дренаж грудной полости

  wick ~ турунда

drainage ['dreiniʤ] 1. канализация; водоотвод 2. дренаж, дренирование; отведение 3. отделяемое

  anomalous pulmonary venous ~ аномальный лёгочно-венозный дренаж

  balanced ~ регулируемый дренаж

  basal ~ дренирование подпаутинной цистерны

  closed ~ закрытое дренирование (с активной аспирацией)

  duodenal ~ дренирование двенадцатиперстной кишки

  ebb ~ сифонное дренирование по принципу «приток-отток»

  external ~ наружное дренирование (напр. жёлчных путей)

  fecal ~ фекальное [толстокишечное] отделяемое (напр. свища)

  gynecological pelvic ~ дренирование полости таза после гинекологических операций

  inadequate ~ недостаточный отток (напр. венозной крови)

  inadvertent ~ бескровное дренирование жёлчных протоков

  indwelling ~ постоянный [скрытый] дренаж

  internal/external ~ наружно-внутреннее дренирование (жёлчных протоков)

  open ~ открытое дренирование (со свободным оттоком отделяемого)

  percutaneous transhepatic biliary ~ чрескожное чреспечёночное дренирование жёлчных путей

  persistent ~ постоянное дренирование

  postural ~ постуральный дренаж (приданием больному положения вниз туловищем, облегчающего отхождение мокроты)

  serous ~ серозное отделяемое

  through ~ проточное дренирование, дренирование с промыванием

  tidal ~ см. **ebb** ~

  transperitoneal ~ чрезбрюшинное дренирование

  T-tube suction ~ Т-образный дренаж, Кера [Дивера] дренаж

  tube ~ трубчатый дренаж

  venous ~ венозный отток

  ventricular ~ вентрикулярный дренаж, дренирование желудочков головного мозга

  water seal ~ подводный дренаж (для дренирования плевральной полости)

dram-glass ['dræm-'gla:s] мензурка

drape [dreip] 1. (хирургическая) простыня или салфетка || обкладывать простынями (операционное поле) 2. защитная плёнка (напр. образуемая лекарственным аэрозолем)

  head ~ покрывало для головы, головное покрывало (при операциях в полости рта)

draping ['dreipiŋ] обкладывание [укрывание] салфеткой или плёнкой (операционного поля)

drastic ['dræstik] сильнодействующее лекарственное средство; сильнодействующее слабительное || сильнодействующий

D-ration [di-'reiʃn] аварийный паёк

draught [dra:ft] 1. доза (жидкого лекарства); порция; глоток || выпить дозу залпом 2. затяжка, один вдох 3. сквозняк 4. уст. отхожее место, уборная

draw [drɔ:] 1. вытяжение (конечности), натяжение 2. извлечение, взятие (напр. крови); приготовление настоя 3. выдёргивать, удалять (зуб)

  to ~ **up** отсасывать, аспирировать (содержимое полости)

drawback ['drɔ:bæk] 1. недостаток 2. погрешность

drawshave ['drɔ:ʃeiv] кюретка

drawsheet ['drɔ:ʃi:t] подкладная пелёнка или клеёнка, подстилка

dread [dred] 1. страх, ужас 2. то, что внушает страх, ужас

dreadful [dredfl] 1. ужасный, страшный 2. разг. плохой, отвратительный

dream [driːm] **1.** сон, сновидение || видеть сон **2.** мечта, грёза

  anxiety ~s тревожные сновидения

  day ~ s *псих.* истерические фантазии, «сновидения наяву»

  masochistic wish ~ мазохистическое сновидение

  recurrent ~s повторяющиеся сны

  terrifying ~ кошмарный сон, кошмар

  vivid ~s яркие видения

  waking ~ 1. *псих.* галлюцинация; иллюзия **2.** *психол.* «сон наяву»

  wet ~ *разг.* поллюция, ночное семяизвержение

dreaming ['driːmiŋ] сновидение

dreamless ['driːmləs] без сновидений

dream-like [driːm-laik] сноподобный *(о состоянии)*

dream-work [driːm-wəːk] *психоан.* работа сновидений

dreary ['driəri] мрачный, унылый

drenching ['drentʃiŋ] промокание, насыщение *(напр. влагой)*

  ~ the tissues with oxygen насыщение тканей кислородом

drepanocyte ['drepənəʊsait] дрепаноцит, менискоцит, серповидный эритроцит

drepanocytemia [ˌdrepənəʊsai'tiːmiə] серповидно-клеточная [дрепаноцитарная, менискоцитарная] анемия

dress [dres] перевязывать *(рану)*

  to ~ in splints накладывать шину или гипсовую повязку

dresser ['dresə] *англ.* медицинский сотрудник, накладывающий повязки; перевязочная медсестра

dressing ['dresiŋ] **1.** перевязочный материал; повязка, перевязка **2.** перевязывание *(раны)*, накладывание повязки

  to do a ~ делать перевязку

  absorbent ~ всасывающая повязка

  adhesive ~ липкая [адгезивная] повязка

  air ~ открытое лечение ран

  alcohol ~ спиртовая повязка

  antiseptic ~ антисептическая [бактерицидная] повязка

  battle ~ временная [первичная] повязка

  cocoon ~ наложение коллодийной плёнки

  first-aid ~ наложение первичной повязки

  microbicidal ~ бактерицидная повязка

  occlusive ~ окклюзионная повязка

  perforated plastic wound ~ перфорированная хирургическая пластиковая повязка

  plaster(-of-Paris) ~ гипсовая повязка

  pressure ~ давящая [тугая] повязка

  pulp [root] canal ~ пломбирование корневого канала *(зуба)*

  salve ~ лечебная повязка

  stent ~ *стом.* повязка со стентовым формирующим вкладышем

  surgical ~ перевязочный материал

  tight ~ тугая повязка

  tulle ~ сетчатый перевязочный материал *(при ожогах)*

  water [wet] ~ влажная повязка

  wound ~ повязка на рану

dribble [dribl] **1.** сочиться *(о ране)*; капать **2.** обслюнявиться *(напр. о ребёнке)*

drier [draiə] **1.** сушильный аппарат; сушилка **2.** сушащее вещество, сиккатив

auxiliary ~ вспомогательное сушильное устройство

basket centrifugal ~ корзиночная центрифужная сушилка

chamber ~ камерная сушилка

drum ~ сушильный барабан

tray ~ полочная сушилка, сушильный поднос

vacuum ~ вакуумная сушилка

X-ray film ~ сушильный шкаф для рентгеновских плёнок

drift [drift] **1.** отклонение, смещение; сдвиг; пассивное перемещение **2.** генетический дрейф, генетико-автоматические процессы

  antigenic ~ антигенная изменчивость

  genetic [genic] ~ дрейф генов, генетический дрейф

  image ~ перемещение изображения *(на сетчатке глаза)*

drill [dril] **1.** бурав; дрель, сверло; коловорот; бор; бормашина; дрильбор || сверлить, просверливать; буравить **2.** физические упражнения; тренировка

  bladder ~ дренирование мочевого пузыря

  bone ~ костная дрель

  bone-biopsy ~ фреза для биопсии кости

  casualty ~ тренировка в оказании помощи раненым

  crown ~ коронковый бор

  dental ~ стоматологическая [зубоврачебная] бормашина

  electric ~ электротрепан

  flat ~ копьевидное плоское сверло

  hard-alloy ~ твёрдосплавный бор

  spear-point ~ копьевидный бор

  twist ~ дрильбор

drilling ['driliŋ] сверление, просверливание

  ~ of tooth препаровка кариозной полости зуба

drink [driŋk] **1.** питьё, напиток; спиртной напиток **2.** глоток || пить, выпить, пьянствовать ◊ **in ~** пьяный; в состоянии опьянения

  to be on ~ находиться в запое

  effervescing ~ шипучий напиток

  soft ~ безалкогольный напиток

  standard ~ стандартная доза *(спиртной напиток, содержащий в 100 мл: в США – 12 г, в Великобритании – 8–9 г этанола)*

  strong ~ алкогольный напиток

drinker ['driŋkə] пьющий; пьяница; алкоголик

  habitual [hard, heavy] ~ сформировавшийся алкоголик

  street ~ уличный пьяница

  stupid ~ примитивный пьяница

drinking ['driŋkiŋ] **1.** питьё **2.** распитие алкогольных напитков **3.** пьянство; алкоголизм

  binge ~ запойное пьянство

  closet ~ тайное пьянство

  deviant ~ девиантное пьянство

  dissocio-somatopathic ~ асоциально-соматопатическое пьянство

  escape ~ употребление алкоголя как бегство от проблемы

  excessive ~ чрезмерное пьянство

  harmful [hazardous] ~ пагубное [опасное] пьянство

  heavy ~ тяжёлое пьянство

  inveterate ~ закоренелое пьянство

  maternal ~ материнский алкоголизм

  moderate ~ умеренное употребление алкоголя

  paroxysmal ~ пароксизмальное употребление алкоголя

ritual ~ ритуальное употребление алкоголя

social ~ социальное употребление алкоголя, выпивка в компании

teenage ~ подростковый алкоголизм

water ~ полидипсия *(повышенное потребление жидкости)*

drinking-bout ['drɪŋkɪŋ-'baʊt] запой

drinking-driving ['drɪŋkɪŋ-'draɪvɪŋ] вождение автомобиля в состоянии опьянения

drinking-water ['drɪŋkɪŋ-'wɔ:tə] питьевая вода

drip [drɪp] 1. капанье || капать, стекать по каплям 2. капельное внутривенное вливание

intravenous saline ~ внутривенное введение физиологического раствора

post-nasal ~ капельное вливание в носоглотку

rectal ~ капельная клизма

drip-feed ['drɪp-fi:d] парентеральное питание *(капельное внутривенное вливание пищевых ингредиентов)*

drive [draɪv] 1. драйв *(1. псих. побуждение, мотивация, влечение || побуждать 2. сумма возбуждающих и тормозных синаптических влияний, определяющих уровень мембранного потенциала нейрона)* 2. приводить в движение; управлять 3. *амер.* кампания

~ **for power** влечение к власти

to begin a [to launch a] ~ начинать кампанию

to ~ **smb. mad** сводить кого-л. с ума

sexual ~ половое влечение

drivennes ['drɪvənnəs]:

organic ~ органическая гиперактивность

driver ['draɪvə] водитель

syringe ~ мандрен иглы шприца

driving ['draɪvɪŋ] стимуляция *(ритма электроэнцефалограммы)*

photic ~ навязывание светового ритма *(отражение на электроэнцефалограмме)*

dromography [drɒ'mɒɡrəfɪ] измерение скорости кровотока

dromomania [,drəʊməʊ'meɪnɪə] дромомания, пориомания *(патологическое влечение к перемене мест)*

dromophobia [,drəʊməʊ'fəʊbɪə] дромофобия *(патологическая боязнь уличного движения)*

dromotropic [,drɒməʊ'trɒpɪk] дромотропный, влияющий на скорость проведения возбуждения

drooling ['dru:lɪŋ] слюнотечение

drop [drɒp] 1. капля || капать, стекать каплями 2. снижение, падение, понижение *(напр. температуры)* || снижаться, падать, понижаться; кончать 3. *pl.* капли *(лекарственное средство)* 4. *sl.* принять наркотик

~ **in employment** сокращение занятости

~ **out** выпадать *(о пломбе)*

cough ~s капли от кашля

ear ~ s ушные капли

hanging ~ висячая капля *(капля жидкости с микроорганизмом, помещаемая на нижнюю поверхность предметного стекла)*

miotic ~s миотические капли

mydriatic ~s мидриатические капли

nasal decongestant ~s капли от заложенности носа

ophthalmic ~s глазные капли

wrist ~ свисающая кисть *(паралич мышц, разгибающих кисть в результате повреждения лучевого нерва)*

dropacism ['drɒpəsɪzm] эпиляция с помощью воска или пластыря

dropout ['drɒpaʊt]:

patient ~ пациент, выбывший [исключённый] из исследования

dropper ['drɒpə] капельница; пипетка

ether ~ эфирная капельница

medicine ~ капельница

dropping ['drɒpɪŋ] опускание, понижение; падение

~ **of stomach** опущение желудка

dropping-off ['drɒpɪŋ-'ɒf]:

~ **to sleep** засыпание, погружение в сон

dropsical ['drɒpsɪkl] 1. водяночный; страдающий водянкой 2. отёчный, опухший

dropsy ['drɒpsɪ] водянка, отёк

~ **of amnion** многоводие, гидрамнион

~ **of brain** гидроцефалия, водянка головного мозга

~ **of chest** гидроторакс

~ **of gallbladder** водянка жёлчного пузыря

~ **of head** *см.* ~ **of brain**

abdominal ~ асцит

articular ~ гидрартроз, водянка сустава

cardiac ~ 1. гидроперикард 2. сердечный отёк

cutaneous ~ отёк кожи

famine ~ *см.* **nutritional** ~

mechanical ~ механический отёк *(напр. при нарушении лимфооттока)*

nutritional ~ алиментарная дистрофия, голодный [безбелковый] отёк

peritoneal ~ *см.* **abdominal** ~

renal ~ почечный отёк

salpingian ~ гидросальпинкс, водянка маточной трубы

war ~ *см.* **nutritional** ~

wet ~ бери-бери, алиментарный полиневрит

drought [draʊt] засуха

drowned [draʊnd] утонувший

drowning ['draʊnɪŋ] утопление || утопающий

blood ~ взятие [забор] крови

drowse [draʊz] 1. дремота, полусон || дремать, быть сонным 2. сонливость || оказывать снотворное действие

drowsiness ['draʊzɪnəs] сонливость; гиперсомния, сомнолентность

drug [drʌɡ] 1. лекарственное средство, лекарственный препарат; медикамент || прописывать или давать лекарственное средство 2. наркотик || давать наркотик; злоупотреблять наркотиком ◊ **to** ~ **smb.** отравить кого-л.; ◊ **beyond** ~ *разг.* непереносимость лекарственного средства

abused ~s вещества, вызывающие физическую и психическую зависимость; наркотические вещества

adulterated ~ 1. фальсифицированное лекарственное средство 2. *амер.* лекарственное средство с отклонением от прописи

alcohol-sensitizing ~ лекарственное средство, вызывающее сенситизацию *(тошноту, рвоту, тахикардию, головокружение, напр. дисульфирам)*

analeptical ~s аналептические средства, аналептики

animal ~ лекарственное средство животного происхождения

anti-anxiety ~ противотревожный препарат, анксиолитик

antiepileptic ~ противоэпилептическое [противосудорожное] лекарственное средство

antinaupathic ~ средство от укачивания

antipsychotic ~s нейролептические средства, нейролептики

antispasmodic ~s спазмолитические средства, спазмолитики

autonomic ~ лекарственное средство, воздействующее на вегетативную нервную систему

cardiac ~ кардиотропный препарат

central acting ~ лекарственное средство центрального действия

cholesterol-lowering ~s препараты, снижающие содержание холестерина (в крови)

combination ~ многокомпонентный препарат

compounded ~ лекарственное средство, изготовленное по рецепту врача (в отличие от средств заводского приготовления)

crude ~s лекарственное сырьё

cumulative ~ лекарственное средство с кумулятивным действием

cytotoxic ~ цитотоксический препарат (повреждающий и разрушающий клетки, обычно злокачественной опухоли)

dangerous ~ сильнодействующее лекарственное средство

dependence-producing ~ см. abused ~

depression ~ антидепрессант, антидепрессивный препарат

diaphoretic ~ потогонное средство

disease modifying antirheumatic ~s базисные лекарственные препараты для лечения ревматизма

designer ~ синтетический наркотик (кустарно изготовленный для продажи на «чёрном рынке»)

emetic ~ рвотное средство

essential ~ s основные лекарственные средства; жизненно необходимые лекарственные препараты (перечень создан в 1970-е гг. ВОЗ для развивающихся стран; в России ежегодно пересматривается)

first line ~ лекарство первого выбора

gateway ~ инициирующее наркотическое средство (открывающее путь к употреблению более пагубных наркотических средств)

habit-forming ~ любое вещество, вызывающее зависимость (алкоголь, табак, транквилизаторы и пр.)

"hard ~" сильнодействующий [«тяжёлый»] наркотик (напр. героин)

household ~ см. over-the-counter ~ 1

illegal [illicit] ~ запрещённое лекарственное средство (наркотик)

investigational ~ лекарственный препарат, проходящий клиническое испытание

labelled ~ лекарственное вещество, меченное радиоактивным изотопом

legend ~ амер. лекарственное средство, отпускаемое по рецепту

licit ~ разрешённое лекарственное (наркотическое) средство (легально доступное по медицинским показаниям)

lupus-inducing ~ лекарственное средство, спровоцировавшее волчаночный синдром

mind-altering ~s вещества, изменяющие сознание (напр. галлюциногены)

narcotic ~ наркотическое лекарственное средство

nonprescription ~ см. over-the-counter ~ 1

nonproprietary ~ непатентованный лекарственный препарат

nonsteroid anti-inflammatory ~ нестероидное противовоспалительное средство

official ~ см. pharmacopeial ~

"orphan ~" лекарственный препарат для лечения редких болезней

ototoxic ~ ототоксичный лекарственный препарат

overaged ~ лекарственное средство с повышенным содержанием действующего вещества

over-the-counter ~, ОТС 1. амер. лекарственное средство, отпускаемое без рецепта; безрецептурный препарат (напр. настойка йода, аспирин) 2. патентованное лекарственное средство

parent ~ исходное лекарственное вещество

pharmacopeial ~ фармакопейный лекарственный препарат; официальный лекарственный препарат

plant-based ~s наркотики, вырабатываемые на растительной основе

potent ~ сильнодействующее лекарственное средство

prefabricated ~s лекарственные средства заводского производства

premedicant ~ лекарственный препарат, применяемый для премедикации

prescribed ~ прописанное лекарственное средство

prolonged-release ~ лекарственное средство пролонгированного действия

proprietary ~ патентованное лекарственное средство (с фирменным названием)

protein-bound ~ лекарственное вещество, связанное с белком плазмы

psychedelic ~ наркотический [психоделический] препарат

psychiatric [psychoactive, psychogenic] ~ психотропное [психоактивное] средство, психофармакопрепарат

radioactive ~ радиоактивное лекарственное средство, радиофармпрепарат

recreational ~s рекреационные наркотики (употребляемые для развлечений: на дискотеках и т. д.)

RX ~ лекарственное средство, отпускаемое по рецепту

sedative ~ седативный препарат

"soft ~" слабый [лёгкий] наркотик (напр. индийская конопля)

subpotent ~ лекарственное средство с пониженным содержанием действующего вещества

superpotent ~ см. overaged ~

synthetic ~ синтетический наркотик

unofficial ~ лекарство, не занесённое в Фармакопею

uricosuric ~ уриколитическое средство (способствующее выведению мочевой кислоты из организма) vasoactive ~ вазоактивный лекарственный препарат

vegetable ~ растительное лекарственное средство

drug-fast [ˈdrʌg-ˈfɑːst] *см.* **drug-resistant**

druggie [ˈdrʌgi] *sl.* потребитель наркотиков; наркоман

druggist [ˈdrʌgist] *амер., разг.* фармацевт

drug-induced [ˈdrʌg-inˈdjuːst], **drug-related** [ˈdrʌg-riˈleitid] обусловленный действием лекарственного средства

drug-likeness [ˈdrʌg-ˈlaiknəs] лекарственноподобный препарат *(конструированный на компьютере)*

drug-resistant [ˈdrʌg-riˈzistənt] лекарственноустойчивый; антибиотико-резистентный

multiple ~ полирезистентный ко многим антибиотикам *(о бактериях)*

drugstore [ˈdrʌgstɔː] 1. аптека 2. *амер.* аптека-закусочная

drum [drʌm] 1. стерилизационная коробка, бикс 2. среднее ухо 3. барабанная перепонка

dressing [sterilizing] ~ стерилизационная коробка, бикс

drumhead [ˈdrʌmhed] барабанная перепонка

drumstick [ˈdrʌmstik] женский половой хроматин, X-хроматин, тельца Барра

drunk [drʌŋk]:

◊ ~ **and disorderly** II степень алкогольного опьянения, «пьяный и необузданный» *(3 мг/мл алкоголя в крови)*

blind [dead] ~ 1. III степень алкогольного опьянения, «мертвецки пьяный» *(4 мг/мл алкоголя в крови)* 2. слепота, вызванная приёмом технического спирта

drunkard [ˈdrʌŋkɑːd] алкоголик; пьяница

drunkenness [ˈdrʌŋkənnəs] алкогольное опьянение; алкогольная интоксикация

pathological ~ патологическое опьянение

simple ~ алкогольное опьянение

sleep ~ гиперсомния, сомнолентность

druse [ˈdruːz] старческая бляшка, друза *(бесструктурное скопление в ткани головного мозга межклеточного вещества)*

drusen [ˈdruːzən] 1. друзы *(диска зрительного нерва или стекловидной пластинки)* 2. друза лучистого грибка *(в поражённых тканях)*

dry [drai] 1. сухой *(напр. кашель)*; обезвоженный ‖ сушить(ся) 2. сухая погода

dry-heat [ˈdrai-hiːt] сухожаровой *(напр. о стерилизации)*

drying [ˈdraiiŋ] сушка, высушивание

~ **in vacuo** высушивание в вакууме

freeze ~ лиофилизация, лиофильная сушка

heat ~ термическая сушка

oven ~ высушивание в сушильном шкафу

dualism [ˈdjuːəlizəm] 1. двойственность, раздвоенность 2. дуализм *(сосуществование двух, несводимых к единству состояний, принципов, образов мыслей, волеустремлений)*

duct [dʌkt], *лат.* **ductus** проток; канал; ход; проход

~ **of Botallo** *см.* **arterial** ~

~ **of epididymus** проток придатка яичка

acoustic ~ наружный слуховой проход

archinephric ~ *см.* **mesonephric** ~

arterial ~ (открытый) артериальный [боталлов] проток, ОАП

Bartholin's ~ большой подъязычный проток *(подъязычной железы)*, бартолинов проток

Bernard's ~ добавочный проток поджелудочной железы, санториниев [Бернарда] проток

biliary [bile, biliferous] ~s жёлчные протоки

cochlear ~ улитковый проток, канал улитки *(лабиринта внутреннего уха)*

common bile ~ общий жёлчный [желчевыносящий] проток

deferent ~ семявыносящий [семенной] проток

efferent ~ отводящий [выносящий] проток *(железы)*

ejaculatory ~ семявыбрасывающий проток

endolymphatic ~ *ото.* эндолимфатический проток

excretory ~ выводной проток

gall ~s жёлчные протоки

guttural ~ слуховая [евстахиева] труба

Hensen's ~ *ото.* соединяющий проток, Гензена проток

incisive [incisor] ~ резцовый канал *(в переднем отделе твёрдого нёба)*

interlobular bile ~s междольковые жёлчные протоки, междольковые проточки

lacrimonasal ~ *см.* **nasal** ~

lactiferous ~ *см.* **milk** ~

lingual ~ рудиментарная язычная борозда *(спинки языка)*

longitudinal ~ **of epoophoron** продольный проток придатка яичника, гартнеров канал, гартнеров тяж

low bile ~ дистальный отдел общего жёлчного протока

Luschka's ~ s Лушки ходы *(протоки слизистых желёз жёлчного пузыря)*

mesonephric ~ проток первичной почки, вольфов [мезонефральный] проток, первичный мочеточник

milk ~ млечный проток

Mullerian ~ *см.* **paramesonephric** ~

nasal [nasolacrimal] ~ носослёзный [слёзно-носовой] проток

omphalomesenteric ~ *см.* **yolk** ~

paramesonephric ~ *эмбр.* парамезонефрический проток, мюллеров проток

parotid ~ околоушный [стенонов] проток

patent ~ открытый [незаращённый, функционирующий] проток

perilymphatic ~ перилимфатический проток, водопровод улитки

persistent ~ *см.* **patent** ~

right lymphatic ~ правый лимфатический проток

Rivinus' ~s малые подъязычные протоки *(подъязычной железы)*, ривинусовы протоки

Santorini's ~ добавочный проток поджелудочной железы, санториниев проток

secretory ~s секреторные канальцы

semicircular ~s (костные) полукружные каналы *(костного лабиринта внутреннего уха)*

small ~ «сморщенный» [обтурированный] проток *(поджелудочной железы при панкреатите)*

Stensen's ~ *см.* **parotid** ~

thoracic ~ грудной (лимфатический) проток

thyroglossal ~ щитовидно-язычный проток, Гиса канал

umbilical ~ *см.* **yolk** ~

utriculosaccular ~ маточно-мешочковый проток *(внутреннего уха)*

vitelline [vitello-intestinal] ~ *см.* **yolk** ~

Wharton's ~ поднижнечелюстной [вартонов] проток, выводной проток подчелюстной слюнной железы

Wirsung's ~ проток поджелудочной железы, вирзунгов [панкреатический] проток

Wolffian ~ *см.* **mesonephric** ~

yolk ~ *эмбр.* желточный [пупочно-кишечный] проток

ductance ['dʌktəns] *физиол.* проницаемость, проводимость

ductless ['dʌktləs] не имеющий выводного протока, относящийся к железам внутренней секреции

ductile ['dʌktail], *лат.* **ductulus** ['dʌktjʊləs], *pl.* **ductuli** ['dʌktjʊlai] каналец, проточек

~ **bilifer** *лат.* жёлчный проточек

ductus ['dʌktəs], *pl.* **ductus** ['dʌktəs]:

~ **thyroglossus** *лат.* щитоязычный проток

dues [dju:s]:

quarantine ~ карантинный сбор

sanitary ~ санитарный сбор

duipara [dju'aipərə] женщина, рожавшая дважды

dull [dʌl] 1. тупой *(о перкуторном звуке, боли)*; приглушённый 2. унылый, печальный 3. *sl.* слабоумный

~ **in intellect** умственно отсталый

dul(l)ness ['dʌlnəs] тупость *(перкуторного звука)*; приглушённость, притуплённость

~ **of hearing** тугоухость ‖ слабослышащий

cardiac ~ сердечная тупость

deep cardiac ~ относительная сердечная тупость

hepatic ~ печёночная тупость

shifting ~ мигрирующая тупость *(при наличии жидкости в животе)*

superficial cardiac ~ абсолютная сердечная тупость

dumb [dʌm] 1. немой ‖ онемевший; беззвучный 2. скрытый, латентный

dumbness ['dʌmnəs] немота *(отсутствие устной речи)*

dummy ['dʌmi] 1. *разг.* безвредное лекарственное средство, прописываемое для успокоения больного; плацебо 2. искусственный [вставной] зуб 3. макет, модель; имитация; манекен 4. *sl.* поддельный наркотик

dumping ['dʌmpiŋ] демпинг-синдром, синдром сбрасывания *(быстрая эвакуация пищи из культи желудка)*

dumpy ['dʌmpi] крепыш ‖ коренастый

dung [dʌŋ] экскременты, кал, фекалии ‖ выделять экскременты

duodenitis [dʊˌɒdə'naitis] дуоденит

duodenography [ˌdʊɒdə'nɒgrəfi] *рентг.* дуоденография

distention [hypotonic] ~ релаксационная [гипотоническая] дуоденография

duodenum [ˌdju:əʊ'di:nəm], *pl.* **duodena** [ˌdju:əʊ'di:nə] двенадцатиперстная кишка

duplex ['dju:pleks] двойной, дуплексный

duplicate ['dju:plikət] двойной, сдвоенный, спаренный, состоящий из двух одинаковых частей

duplication [ˌdju:pli'keiʃn] 1. удвоение, удваивание; возрастание или увеличение вдвое 2. *ген.* дупликация 3. *анат.* дупликатура

~ **12q** дупликация длинного плеча 12-й хромосомы

dupp [dʌp] речевое звукоподражательное обозначение II тона сердца

dura ['djuːrə]:

~ **mater** *лат.* твёрдая мозговая оболочка, пахименинкс

dural ['djuːrəl] дуральный *(относящийся к твёрдой мозговой оболочке)*

duraplasty ['djʊrəˌplæsti] пластическая операция на твёрдой мозговой оболочке

duration [djʊ'reiʃn] 1. продолжительность 2. отрезок времени

~ **of gestation** срок беременности

~ **of irradiation** длительность облучения

~ **of marriage** длительность брака

average ~ **of life** средняя продолжительность жизни

effective drug ~ продолжительность действия лекарственного средства

probable ~ **of life** вероятность дожития

duritis [djʊ'raitis] пахименингит *(воспаление твёрдой оболочки головного и/или спинного мозга)*

duroarachnitis [ˌdjʊrəʊˌæræk'naitis] воспаление твёрдой и паутинной оболочек головного мозга

durosarcoma [ˌdjʊrəʊsɑ:'kəʊmə] менингеальная саркома, злокачественная менингиома

dust [dʌst] 1. пыль ‖ удалять пыль 2. посыпать; обсыпать; присыпать

angel ~ *sl.* «ангельская пыль», «ангельский порошок» *(наркотик-галлюциноген)*

blood ~ гемоконии, кровяные пылинки

car ~ статоконии, отолиты, статолиты

radioactive ~ радиоактивная пыль

vegetable ~ пыль растительного происхождения

dust-bin ['dʌst-'bin] мусорный ящик

dust-chamber ['dʌst-'tʃeimbə] пылеуловительная камера

dust-hole ['dʌst-'həʊl] мусорная яма, свалка

dusting ['dʌstiŋ] 1. вытирание, выколачивание пыли 2. антисептический порошок для присыпки 3. присыпание

dustproof [ˌdʌst'pru:f] пыленепроницаемый

duty ['dju:ti] 1. дежурство 2. функция, обязанность, долг 3. режим *(работы)* 4. пошлина, сбор, налог

daily ~ суточное дежурство

in ~ **status** при исполнении служебных обязанностей

licence ~ лицензионная пошлина

night ~ ночное дежурство

on ~ дежурный

penalty ~ штраф

sanitary ~ санитарная служба

duty-free ['dju:ti-'fri:] свободный от пошлин

dwarf [dwɔ:f] 1. карлик ‖ карликовый, низкорослый 2. останавливаться в росте; задерживаться в развитии

achondroplastic ~ хондродистрофический карлик

asexual ~ карлик с половым недоразвитием; страдающий гипогонадизмом

normal ~ карлик с пропорциональным телосложением

pituitary ~ гипофизарный карлик

primordial [pure, true] ~ *см.* **normal** ~

dwarfish ['dwɔ:fiʃ] 1. карликовый, малорослый 2. недоразвитый, дефективный

dwarfism ['dwɔ:fizm] 1. карликовость, карликовый рост, микросомия, нанизм, наносомия 2. недоразвитие *(какого-л. органа)*

aortic ~ гипоплазия аорты

disproportionate ~ диспропорциональная карликовость

dysplasia-parastrematic ~ карликовость с искривлением и скручиванием длинных трубчатых костей

dyssegmental ~ диссегментарная низкорослость

hypopituitary ~ (церебрально-)гипофизарная карликовость, гипофизарный инфантилизм

polydystrophic ~ мукополисахаридоз VI типа, поздняя спондилоэпифизарная дисплазия, полидистрофическая карликовость, Марото – Лами болезнь

proporcionate ~ пропорциональная карликовость

psychosocial ~ психосоциальная карликовость

thanatophoric ~ летальная карликовость

dwell [dwel] обитать, жить, пребывать

dweller ['dwelə] житель, обитатель

~s on the mountain-heights горцы, жители гор

bottom ~ *биол.* обитатель дна, бентосный [бентический] организм

dwelling ['dweliŋ] жилище

dye [dai] 1. краска, красящее вещество, краситель ‖ красить, окрашивать 2. контрастное средство

acid ~ кислотный краситель, кислая краска

azo ~ азокраситель

radioactive ~ радиоактивная краска

radio-opaque ~ рентгеноконтрастное вещество

thermal ~ термокраситель

triazine ~ триазиновый краситель

dye-dilution ['dai-dai'lu:ʃn] метод разведения красителя

dying ['daiiŋ] 1. умирание ‖ умирающий, находящийся при смерти; предсмертный 2. угасание, затухание 3. окрашивание

~ out 1. вымирание 2. затухание, замирание

dynamics [dai'næmiks] 1. динамика 2. движущие силы

~ of miction динамика мочевыведения

circulatory ~ гемодинамика; кровообращение

clinical ~ динамика заболевания

population ~ динамика народонаселения; популяционная динамика

weight-bearing ~ динамика изменения массы тела *(после рождения)*

dynamize ['dainəmaiz] усиливать действие *(лекарственных средств)*

dynamometry [,dainə'mɒmətri] динамометрия *(измерение силы, развиваемой какой-л. группой мышц)*

isokinetic ~ изокинетическая динамометрия

strain gauge ~ тензометрическая динамометрия

dynamoneure [dai'næməʊnjʊə] *уст.* мотонейрон спинного мозга

dynamopathic [dai,næməʊ'ræθik] нарушающий функцию *(какого-л. органа)*

dyne [dain] дина *(единица силы)*

dysacusis [disə'kju:sis] 1. дизакузия *(расстройство слуха)* 2. *псих.* слуховая дизестезия

dysadaptation [disædæp'teiʃn] *см.* **dysaptation**

dysadrenocorticism [disəd,ri:nəʊ'kɔ:tisizm] гипокортицизм, недостаточность коры надпочечников

dysaphia [dis'eifiə] патология тактильных ощущений

dysaptation [disæp'teiʃn] нарушение зрительной адаптации

dysarteriotony [dis,a:ti:ri'ɒtəni] патологическое изменение артериального давления

dysarthria [dis'a:θriə] дизартрия *(расстройство артикуляции)*

cerebellar ~ мозжечковая дизартрия

cortical ~ корковая дизартрия

extrapyramidal ~ экстрапирамидная дизартрия

pseudobulbar ~ псевдобульбарная дизартрия

dysarthrosis [disa:'θrəʊsis] 1. дизартроз *(порок развития сустава)* 2. ложный сустав, псевдоартроз 3. *см.* **dysarthria**

dysautonomia [,disɒtəʊ'nəʊmiə] диссинергия, дисавтономия *(нарушение содружественной деятельности мышц, напр., мочевого пузыря)*

familial ~ **(Riley – Day syndrome)** семейная вегетативная дисфункция, Райли – Дея синдром

dysautoregulation [,disɒtəʊ,regjʊ'leiʃn] нарушение ауторегуляции

cerebral ~ нарушение ауторегуляции мозгового кровообращения

dysbarism ['disbərizəm] 1. баротравма 2. декомпрессионная болезнь

dysbasia [dis'beiziə] дисбазия *(расстройство ходьбы)*

~ intermittens перемежающаяся хромота, Шарко синдром

dysbolism ['disbəʊlizəm] катаболизм, расстройство обмена веществ

dysbulia [dis'bju:liə] *псих.* абулия, дисбулия *(расстройство воли – нарушение мотивации, когнитивной деятельности, патология сознания)*

dyscalculia [,diskæl'kju:liə] дискалькулия *(трудности выполнения простых арифметических действий)*

dyscheiria [dis'kairiə], **dyschiria** [dis'kairiə] расстройство чувствительности *(1. пациент не может определить локализацию прикосновения – ахейрия 2. ложно ассоциирует с противоположной половиной тела – аллохейрия)*

dyschezia [dis'ki:ziə] дисхезия *(болезненность и затруднение дефекации, напр. при геморрое)*

dyschromatosis [,diskrəʊmə'təʊsis]:

~ universalis hereditaria наследственный общий дисхроматоз

dyscoria [dis'kɔːriə] дискория *(нарушение формы, зрачка)*

dyscrasia [dis'kreiziə] 1. дискразия, нарушение гомеостаза 2. заболевание; нарушение; расстройство

blood [hematopoietic] ~ 1. угнетение [расстройство] костномозгового кроветворения, панцитопения 2. гипоплазия костного мозга

plasma cell ~ плазмоклеточная дискразия

vasomotor ~ вегетативно-сосудистая дистония, вазоневроз

dyscrinia [dis'kriniə] дискриния *(нарушение секреторной функции слизистой оболочки, напр., трахеи и бронхов)*

dysdiadochokinesia [,disdai,ædəʊkəʊki'ni:ziə], **dysdiadochokinesis** [dis,daiædəʊkəʊki'ni:sis] нарушение способности выполнять противоположно направленные, быстро чередующиеся движения

dysembryoma [dis,embri'əʊmə] тератома, эмбриоцитома

nephrogenic ~ аденомио(цисто)саркома, аденосаркома почки, Вилмса опухоль

dysendocrinism [dis'endəʊkrinizm] нарушение деятельности эндокринных желёз

dysentery ['disən‚teri] 1. дизентерия 2. диарея, понос

  amebic ~ амебиаз, амёбная дизентерия

  asylum ~ *см.* **institutional** ~

  bacillary ~ бактериальная дизентерия

  balantidial ~ балантидиаз, инфузорная дизентерия

  bilharzial ~ *см.* **schistosomal** ~

  choleriform ~ холероподобная дизентерия

  fulminant ~ *см.* **malignant** ~

  institutional ~ внутрибольничная дизентерия

  Japanese ~ *см.* **bacillary** ~

  malignant ~ молниеносная дизентерия *(быстро приводящая к летальному исходу)*

  schistosomal ~ кишечный шистосомоз, Мансона шистосомоз

  scorbutic ~ понос при цинге

  spirillar ~ спириллёз, сопровождающийся поносом

  walking ~ *см.* **amebic** ~

  viral ~ 1. вирусная диарея 2. вирусный гастроэнтерит

dysequilibrium [‚disikwi'libriəm] нарушение равновесия

dysergasia [disə'geiziə] *псих.* дизергазия (Майера) *(нарушение психической деятельности, обусловленное органическим поражением головного мозга)*

dysesthesia [‚dises'θi:ziə] дизестезия *(извращение чувствительности – тепло воспринимается как боль или холод)*

dysfunction [dis'fʌŋkʃn] дисфункция, нарушение функции

  ~ **of the musculoskeletal system** нарушение функции костно-мышечной системы

  autonomic ~ расстройство автономной нервной системы

  bladder ~ нарушение мочеиспускания, дизурические явления

  detrusor ~ дисфункция детрузора мочевого пузыря

  endocrine ~ нарушение функции желёз внутренней секреции

  endothelial ~ эндотелиальная дисфункция

  erectile ~ эректильная дисфункция, импотенция

  esophageal motor ~ расстройство перистальтики пищевода

  filling ~ нарушение функции наполнения *(сердца)*

  hepatic ~ печёночная недостаточность

  immune ~ **with heritable cause** первичный наследственный иммунодефицит

  immune system ~s расстройство [недостаточность] иммунной системы; иммунодефицитное состояние

  inspiratory muscle ~ нарушение функции дыхательных мышц

  intrinsic colonic nerve ~ запор вследствие врождённого аганглиоза толстой кишки

  irreversible renal ~ необратимая почечная недостаточность

  laryngeal ~ нарушение функции гортани

  left ventricular ~ недостаточность [дисфункция] левого желудочка

  minimal brain [cerebral] ~ минимальная мозговая [церебральная] дисфункция

  motor ~ двигательное расстройство

  multiorgan ~ полиорганная недостаточность

  neurobehavioral ~s неврологические и поведенческие расстройства

  neuromuscular ~ нейромышечное заболевание *(миастения, полинейропатия и др.)*

  organic brain ~s органические нарушения психической деятельности

  orgasmic ~ расстройство оргазма; аноргазмия, оргазмическая дисфункция

  protein ~ нарушение белкового обмена

  psychosexual ~ психосексуальная дисфункция *(преждевременное семяизвержение, аноргазмия и пр.)*

  pumping ~ нарушение функции изгнания *(сердца)*

  pursuit ~ дисфункция [нарушение] слежения *(глазами)*

  sexual ~ сексуальная дисфункция

  sleep ~ расстройство сна; диссомния

  somatoform autonomic ~ соматофрмная дисфункция вегетативной нервной системы

  spinal cord ~ поражение спинного мозга

  thyroid ~ расстройство функции щитовидной железы *(гипер- или гипотиреоз)*

  urinary bladder storage ~ нарушение накопительной функции мочевого пузыря

  voiding ~ нарушение мочеиспускания

dysgalactia [‚disgə'læktiə] нарушение секреции молока

dysgammaglobulinemia [dis‚gæmə‚glɒbjʊli'ni:miə] дисгаммаглобулинемия

dysgenesia [‚disdʒe'ni:ziə], **dysgenesis** [dis'dʒenəsis] дисплазия, дисгенезия *(нарушение эмбрионального развития органов или тканей)*

  epiphyseal ~ эпифизарная дисплазия

  gonadal ~ дисгенезия гонад *(группа пороков развития, обусловленных нарушением эмбриогенеза гонад)*

  seminiferous tubule ~ дисгенезия семявыносящих канальцев, Клайнфелтера синдром *(полисомия по половым хромосомам, гипогонадизм, олиго- и азооспермия, евнухоидизм)*

dysgenic [dis'dʒenik] дисгенический *(ведущий к ухудшению наследственных признаков)*; вырождающийся; способствующий вырождению

dysgenitalism [dis'dʒenitəlizəm] дисгенитализм *(нарушение развития половых органов)*

dysgerminoma [‚disdʒɜmi'nəʊmə] дисгерминома, эмбриональная карцинома [семинома] яичника

dysgeusia [dis'gju:ziə] дисгевзия, извращение вкуса

dysglycemia [‚disglai'si:miə] патологическое изменение содержания сахара в крови

dysgnathia [dis'neiθiə] аномалия челюсти

dysgnosia [dis'nəʊziə] нарушение познавательной способности

dysgraphia [dis'græfiə] дисграфия *(1. писчий спазм 2. нарушение письма вследствие психического расстройства)*

dyshematopoiesis [dis‚hi:mə‚təʊpɒi'i:sis] нарушение кроветворения

dyshidrosis [dishai'drəʊsis] 1. дисгидроз *(расстройство потоотделения)* 2. дисгидроз, водяница *(закупорка протоков потовых желёз)*

DYS

dyshomeostasis [dis,həʊmiəʊ'steisis] нарушение гомеостаза

dyshydrosis [dishai'drəʊsis] *см.* **dyshidrosis**

dysimmunity [disim'juːniti] нарушение иммунитета, иммунодефицит

dyskaryosis [diska,ri'əʊsis] *онк.* дискариоз *(патологические изменения ядер клеток)*

dyskeratoma [dis,kerə'təʊmə] *дерм.* дискератома *(доброкачественная опухоль потовой железы)*

  warty ~ бородавчатая дискератома, акросирингома

dyskeratosis [dis,kerə'təʊsis] *дерм.* дискератоз

  congenital ~ врождённый дискератоз

dyskinesia [,diski'niːziə], **dyskinesis** [,diski'niːsis] дискиннезия *(1. расстройство координированных двигательных актов 2. выпячивание поражённого участка миокарда при систоле)*

  biliary ~ дискинезия [дисфункция] жёлчных путей

  ciliary ~ цилиарная дискинезия *(нарушение подвижности ресничек эпителия дыхательных путей)*

  hypertonic Oddi's sphincter ~ спазм сфинктера Одди

  onset ~ дискинезия на начальном этапе

  regional ~ участок дискинезии, регионарная дискинезия

  septal ~ дискинезия перегородки *(сердца)*

  tardive ~ поздняя дискинезия *(осложнение длительного приёма нейролептиков)*

dyskoimesis [diskɒi'miːsis] расстройство засыпания

dyslalia [dis'leiliə] косноязычие, дислалия

dyslexia [dis'leksiə] *псих.* дислексия, легастения *(1. неспособность к чтению 2. расстройство чтения после нарушения мозгового кровообращения)*

  developmental ~ дислексия развития; замедление развития навыков чтения

  specific ~ специфическая дислексия, врождённая слепота на слова

dyslipoproteinemia [dis,lipəʊ,prəʊti'niːmiə] дислипопротеинемия

dyslogia [dis'ləʊʤiə] 1. дислогия *(неспособность логически мыслить)* 2. ухудшение речи центрального происхождения

dysmasesis [dismæ'siːsis] нарушение жевания

dysmaturity [dismə'tjuːriti] 1. *эмбр.* нарушение созревания 2. незрелость *(плода)*

  pulmonary ~ интерстициальная мононуклеарная очаговая фиброзирующая пневмония, Вильсона – Микити синдром

dysmegalopsia [dis,megə'lɒpsiə] *псих.* дисмегалопсия *(искажённое восприятие величины и формы предметов)*

dysmelia [dis'miːliə] врождённый порок, характеризующийся аплазией трубчатых костей, отсутствием или укорочением конечностей

dysmenorrhea [dis,menə'riə] дисменорея *(1. расстройство менструального цикла 2. болезненные менструации)*

  essential [functional] ~ первичная [функциональная] дисменорея

  ovarian ~ овариальная дисменорея

  primary ~ *см.* **essential** ~

  psychogenic ~ психогенная дисменорея

  secondary ~ вторичная *(обусловленная воспалением, опухолью и другими причинами)*

  spasmodic ~ спазматическая дисменорея

dysmetria [dis'metriə] дисметрия *(потеря чувства расстояния, соразмерности и точности выполнения движений)*

dysmimia [dis'mimiə] дисмимия *(нарушение мимики)*

dysmnesia [dis'niːziə] дисмнезия *(расстройство памяти)*

dysmorphogenesis [dis,mɔːfəʊ'ʤenisis] дисморфогенез *(формирование дефектной структуры в онтогенезе)*

dysmorphomania [dis,mɔːfəʊ'meiniə] *псих.* дисморфомания

dysmorphophobia [dis,mɔːfəʊ'fəʊbiə] *псих.* дисморфофобия *(представление о своём мнимом дефекте, часто сопровождающееся компульсивным стремлением к изменению внешности, страх телесных изменений)*

dysmorphopsia [dismɔː'fɒpsiə] метаморфопсия, дисморфопсия *(нарушение зрительного восприятия)*

dysmyotonia [dismaiəʊ'təʊniə] дисмиотония, мышечная дистония

dysnutrition [,disnjʊ'triːʃn] нарушение питания

dysodontiasis [,disəʊdɒn'taiəsis] дизодонтоз *(аномалия прорезывания зубов)*

dysontogenesis [,disɒntəʊ'ʤenəsis] дизонтогенез *(нарушение индивидуального развития организма; эмбриопатии)*

dysop(s)ia [dis'əʊpiə, dis'ɒpsiə] нарушение зрения

dysorexia [,disəʊ'reksiə] снижение или извращение аппетита

dysosmia [dis'ɒzmiə] дизосмия *(нарушение обоняния)*

dysostosis [,disɒs'təʊsis] дизостоз *(аномалия развития скелета, обусловленная полисахаридозом)*

  ~ **multiplex** гаргоилизм, множественный дизостоз

  cleidocranial ~ ключично-черепной [клейдокраниальный] дизостоз, Шейтхауэра – Мари – Сентона синдром

  craniofacial ~ черепно-лицевой дизостоз, Крузона синдром

  mandibulofacial ~ челюстно-лицевой дизостоз, Франческетти – Цвалена синдром

  metaphyseal ~ метафизарный дизостоз

  orodigitofacial ~ рото-пальце-лицевой дизостоз, Папийон – Леаж – Псома синдром

  scapuloiliac ~ лопаточно-подвздошный дизостоз

dyspancreatism [dis'pænkriætizm] диспанкреатизм *(нарушение экскреторной функции поджелудочной железы)*

dyspareunia [dispə'ruːniə] диспареуния *(болезненный половой акт у женщин)*

  psychogenic ~ психогенный вагинизм

dyspepsia [dis'pepsiːə]

  acid ~ бродильная диспепсия

  flatulent [gaseous] ~ диспепсия, сопровождающаяся метеоризмом

dysperistalsis [disperi'stɔːlsis] нарушение перистальтики

dysphagia [dis'feiʤiə], **dysphagy** ['disfəʤi] дисфагия

  ~ **lusoria** дисфагия, обусловленная аберрантной правой подключичной артерией, сдавливающей пищевод

  oral ~ задержка пищи во рту *(спазм глотки)*

dysphasia [dis'feiziə] дисфазия *(нарушение речи)*

  developmental ~ детская дисфазия

  expressive ~ экспрессивная дисфазия

  global ~ глобальная дисфазия

  receptive ~ рецептивная дисфазия

dysphemia [dis'fi:miə] дисфемия, заикание

dysphonia [dis'fəʊniə] дисфония *(нарушение голосооб-разования)*

dysphoria [dis'fɔːriə] *псих.* дисфория *(мрачное, угрюмое, злобно-раздражительное настроение)*

  gender ~ гендерная дисфория

  premenstrual ~ предменструальное напряжение, предменструальная дисфория

dysphoric [dis'fɔːrik] дисфоричный, беспокойный; чувствующий дискомфорт

dysphrasia [dis'freiziə] дисфразия *(нарушение произнесения слов, дикции вследствие нарушения центрального или церебрального генеза)*

dysplasia [dis'pleiziə] *эмбр.* дисплазия, дисгенезия *(общее название нарушений развития органов или тканей в эмбриональном и постнатальном периодах)*

  ~ **epiphyseal hemimelica** односторонняя эпифизарная дисплазия, Тревора болезнь

  acetabular ~ дисплазия тазобедренного сустава

  anhidrotic ectodermal ~ врождённая ангидротическая эктодермальная дисплазия, Сименса синдром

  atrioventricular valve ~ порок развития атриовентрикулярного клапана

  bone marrow ~ дисплазия костного мозга *(с аномальным кроветворением)*

  bronchopulmonary ~ бронхолёгочная дисплазия

  chondroectodermal ~ хондроэктодермальная дисплазия, синдром дряблой кожи, Эллиса – Ван-Кревельда синдром

  cleidocranial ~ *см.* **cleidocranial disostosis** ~

  craniodiaphyseal ~ краниодиафизарная дисплазия

  craniometaphyseal ~ краниометафизарная дисплазия

  dental ~ аномалия соотношения числа зубов

  ectodermal ~ врождённая эктодермальная дисплазия

  ectomesodermal ~ эктомезодермальная дисплазия

  epithelial ~ дисплазия эпителия

  facial ~ **and genital anomalies** фациогенитальная дисплазия

  facio-cardiomelic ~ фацио-кардиомелическая дисплазия

  familial amelodentinal ~ семейная эмаледентинная дисплазия

  fibrocystic pulmonary ~ фиброзно-кистозная дисплазия лёгких

  fibrous ~ фиброзная дисплазия

  follicular ~ дисплазия волосяных фолликулов

  frontonasal ~ лобноносовая дисплазия

  glossofacial ~ язычно-лицевая дисплазия, Гроба синдром

  hip ~ *см.* **acetabular** ~

  metaphyseal ~ метафизарная дисплазия, Пайла болезнь

  mitral valve ~ врождённый порок развития митрального клапана

  monostotic fibrous ~ монооссальная фиброзная остеодисплазия

  multiple epiphyseal ~ множественная эпифизарная дисплазия

  oculodentodigital ~ глазозубокостная дисплазия, или синдром

pelvic floor ~ недоразвитие тазового дна

polyostotic fibrous ~ полиоссальная фиброзная остеодисплазия, Мак-Кьюна – Олбрайта синдром *(поражение нескольких костей)*

  progressive diaphyseal ~ диафизарная прогрессирующая дисплазия, (Камурати –) Энгельманна болезнь

  retinal ~ дисплазия сетчатки глаза

  rod-cone ~ дисплазия палочек и колбочек глаза

  spondyloepiphyseal ~ спондилоэпифизарная дисплазия

  thanatophoric ~ танатофорная карликовость

  trichorhinophalangeal ~ трихоринофалангеальный синдром

  tricuspidal valvular ~ дисплазия [порок развития] трёхстворчатого клапана

  villous ~ ворсинчатая дисплазия

dysplastic [dis'plæstik] дисплазированный, диспластический

dyspnea [disp'ni:ə] одышка, диспноэ

  ~ **at rest** одышка в покое

  ~ **on exertion** одышка при физической нагрузке

  cardiac ~ одышка при сердечной недостаточности

  expiratory ~ экспираторная одышка

  inspiratory ~ инспираторная одышка

  nocturnal [paroxysmal] ~ пароксизмальная [ночная] одышка *(обусловленная лёгочным застоем при сердечной недостаточности)*

  renal ~ ренальное диспноэ *(при почечной недостаточности)*

dyspneic [disp'ni:ik] страдающий одышкой; относящийся к одышке

dyspoiesis [ˌdispɔi'i:sis] нарушение образования, или формирования *(напр. клеток, крови)*

dispragia [dis'preidʒiə], **dyspraxia** [dis'præksiə] **1.** нарушение целенаправленных движений **2.** нарушение функции *какого-л.* органа

dysprosody [dis'prɒsəudi] диспросодия *(нарушение ритмики речи и акцентов при относительно сохранном запасе слов)*

dyspsychophobia [ˌdisˌsaikəu'fəubiə] диспсихофобия *(страх заболеть психическим расстройством)*

dysraphia [dis'reifiːə], **dysraphism** [dis'reifizəm] дизрафия *(незаращение какой-л. анатомической структуры по средней линии)*

  spinal ~ незаращение [расщепление] позвоночника или спинного мозга

dysregulation [disˌreɡjʊ'leiʃn]:

  ~ **of immune system** нарушение [расстройство] иммунной системы

  T-cell ~ нарушение регуляции Т-клеток

dysrhythmia [dis'riðmiə] аритмия, нарушение ритма

  cerebral ~ дизритмия деятельности головного мозга

  paroxysmal cerebral ~ пароксизмальная дезорганизация функций мозга

dyssebacia [dissi'beiʃə] себорея, (гипер)стеатоз

dyssomnia [dis'sɒmniə] бессонница, диссомния

dysspondylism [dis'spɒndilizəm] нарушение формирования спинного мозга или позвоночника

dyssynergia [ˌdissi'nɜːdʒiə] асинергия, диссинергия *(нарушение содружественной деятельности мышц)*

cerebellar myoclonic Hunt ~ Ханта мозжечковая миоклоническая диссинергия

detrusor-sphincteric ~ детрузорно-сфинктерная диссинергия

sphincter ~ дисфункция сфинктера *(напр. пищевода)*

dystaxia [dis'tæksiə] нарушение координации движений, умеренная степень атаксии

dysthymia [dis'θaimiə] *псих.* дистимия *(длительная – более 2 лет – депрессия непсихотического уровня с минимальной выраженностью аффективного расстройства)*

dystocia [dis'təʊsiə] дистоция *(1. патологические роды 2. дискоординация родовой деятельности)*

fetal ~ патологические роды вследствие аномалии плода или неправильного его положения

maternal ~ патологические роды вследствие патологии со стороны матери

obstructive ~ дистоция, обусловленная узкими родовыми путями

placental ~ задержка или трудности отделения плаценты

shoulder ~ патологические роды, обусловленные плечевым предлежанием плода

dystonia [dis'təʊniə] дистония, нарушение тонуса

~ lenticularis *см.* **torsion ~**

~ musculorum deformans мышечная деформирующая дистония

cervical ~ цервикальная дистония, нейрогенная кривошея

drug-induced ~ дистония, вызванная употреблением лекарственных средств

tardive ~ поздняя дистония

torsion ~ торсионная дистония, лордотическая дисбазия, торсионный спазм

dystopia [dis'təʊpiə], **dystopy** ['distəʊpi] дистопия, эктопия *(расположение органа, ткани или отдельных клеток в необычном для них месте)*

~ canthorum *лат.* телекант

lumbar ~ поясничная дистопия *(напр. почки)*

dystrophia [dis'trəʊfiə] *см.* **dystrophy**

~ papillaris et pigmentosa пигментная и сосочковая дистрофия кожи

dystrophin ['distrəfin] дистрофин *(крупный мышечный белок, связанный с мембраной многоядерных волокон, дефицит которого вызывает мышечную дистрофию)*

dystrophoneurosis [dis,trɒfəʊnjʊ'rəʊsis] нервное заболевание, обусловленное трофическими нарушениями

dystrophy ['distrəfi] дистрофия; дегенерация, перерождение

~ of the macula дегенерация жёлтого пятна

adiposogenital ~ адипозогенитальная дистрофия, гипофизарное ожирение, гипофизарный евнухоидизм

Becker type pseudohypertrophic muscular ~ псевдогипертрофическая мышечная дистрофия, Беккера миопатия

childhood muscular [Duchenne's] ~ псевдогипертрофическая миопатия (Дюшенна)

Emery – Dreifus muscular ~ Эмери – Дрейфуса мышечная дистрофия

Erb muscular ~ Эрба (– Рота) юношеская [ювенильная] мышечная дистрофия, или миопатия, мышечная дистрофия тазового и плечевого поясов, Эрба (– Рота) болезнь

facioscapulohumeral muscular ~ плече-лопаточно-лицевая миопатия, или дистрофия (Ландузи – Дежерина)

hepatocerebral [hepatolenticular] ~ гепатоцеребральная дистрофия, гепатолентикулярная дегенерация, Вильсона – Коновалова болезнь

infantile neuroaxonal ~ нейроаксональная дистрофия младенцев *(медленно прогрессирующая психическая и неврологическая деградация у маленьких детей)*

Landouzy – Dejerine muscular ~ *см.* **facioscapulohumeral muscular ~**

limb-girdle muscular ~ *см.* **Erb muscular ~**

marginal ~ старческая дуга роговицы

median canaliform ~ of the nail каналообразная срединная дистрофия ногтей

Meesmann's corneal ~ эпителиальная дистрофия роговицы (Месманна)

muscular ~ мышечная дистрофия

myotonic muscular ~ миотоническая дистрофия, Куршманна – Баттена – Штейнерта болезнь

neuroaxonal ~ нейроаксональная дистрофия

nutritional ~ алиментарная дистрофия, алиментарное истощение

progressive muscular ~ прогрессирующая миопатия, прогрессирующая мышечная дистрофия

reticular ~ of cornea решётчатая дистрофия роговицы

scapuloperoneal muscular ~ лопаточно-перонеальная мышечная дистрофия

wound ~ травматическое истощение, раневая дистрофия

dystropy ['distrəʊpi] патологическое поведение

dysuria [dis'juːriə] дизурия

dysuriac [dis'juːriæk] страдающий расстройством мочеиспускания

dysversion [dis'vɜːʒən] поворот в сторону *(напр. зрительного диска)*

E

Errare humanum est
Человеку свойственно ошибаться

EAC-rosette [EAC-rəʊ'zet] EAC-розеткообразование с эритроцитами

ear [iə] **1.** ухо **2.** слух

acute ~ острый катаральный средний отит

aviator's ~ аэроотит, баротит

beach ~ *см.* **swimmer's** ~

bladder ~ выпячивание, или дивертикул, мочевого пузыря

boxer's ~ ухо боксёра *(посттравматическая деформация ушной раковины)*

Darwin's ~ бугорок ушной раковины, дарвинов бугорок

external ~ наружное ухо

glue ~ экссудативный отит

hereditary cup-shaped ~s наследственная чашеобразная деформация ушной раковины

hot weather ~ отомикоз

inner [**internal**] ~ внутреннее ухо, лабиринт

jug-handled ~s оттопыренные уши

macacus ~ «ухо макаки» *(вариант строения ушной раковины)*

malformed low set ~s деформированные низкопосаженные ушные раковины

middle ~ среднее ухо

running ~ гнойный отит

satyr ~ «ухо сатира», «ухо фавна» *(с отсутствием завитка и бугорка ушной раковины и выпячиванием ушного хряща в этом месте кнаружи)*

scroll ~ свёрнутое ухо

Singapore ~ *см.* **hot weather** ~

stimulated ~ стимуляция органа слуха

swimmer's [**tropical**] ~ наружный отит

earache ['iəeik] оталгия *(боль в области ушной раковины или наружного слухового прохода)*

ear-drops [iə-drɒps] **1.** капли для уха **2.** закапывание в ухо; закладывание мази в наружный слуховой проход

eardrum ['iədrəm] **1.** барабанная перепонка **2.** среднее ухо

blue ~ гематотимпанон, кровоизлияние в барабанную полость

earflap ['iəflæp] ушная раковина

earlap ['iəlæp], **earlobe** ['iələʊb] долька ушной раковины, мочка уха

early ['ə:li] **1.** ранний; начальный **2.** преждевременный

earner ['ə:nə] работающий, кормилец

earphone ['iəfəʊn] **1.** головной телефон, наушники **2.** слуховой аппарат *(для тугоухих)*

earpick ['iəpik] ушной пинцет

earpiece ['iəpi:s] **1.** вкладыш слухового аппарата **2.** головной телефон, наушники

photoelectric ~ фотоэлектрический ушной датчик

earplug ['iəplʌg] **1.** ушной тампон **2.** антифон, противошум

earreach ['iəri:tʃ] расстояние ясной слышимости

earshot ['iəʃɒt] расстояние, на котором слышен звук

within (**out of**) ~ в пределах (вне пределов) слышимости

ear-sight [iə-sait] сверхчувствительный слух *(способность определять источник слабых звуков)*

earthquake ['ə:θkweik] **1.** землетрясение **2.** потрясение; катастрофа

earwax ['iəwæks] ушная сера

ease [i:z] **1.** покой, непринуждённость **2.** облегчение, ослабление *(боли)* ‖ облегчать, ослаблять

easy ['i:zi]

~ **on the trigger** вспыльчивый, легко возбудимый

eat [i:t] есть, поедать

to ~ **away** съедать, пожирать

eating ['i:tiŋ] **1.** приём пищи, еда; питание **2.** пища

«~ **by cells**» поглощение чужеродных частиц клетками, фагоцитоз

healthy ~ здоровое питание

messy ~ неряшливость при еде

eau [ɔ:] *фр.* жидкость; напиток

eau de-vie [ɔ: də-vi] алкогольный [спиртной] напиток

ebonation [i:bəʊ'neiʃn] удаление костных осколков из раны

ebrietas [i:'braietəs], **ebriety** [i:'braieti] опьянение, состояние алкогольного опьянения

ebullism ['ebjʊlizm] эбуллизм *(газообразование в жидкостях организма при пониженном атмосферном давлении)*

ebur ['i:bə] дентин

eburnation [ˌi:bə:'neiʃn] эбурнеация *(остеосклероз с резким утолщением и уплотнением кортикального слоя)*

ecarteur [eika:'tə:] *фр., мед. тех.* ретрактор

ecbolic [ek'bɒlik] **1.** средство, усиливающее родовую деятельность **2.** абортивное средство ‖ усиливающий родовую деятельность; вызывающий аборт

eccentric [ek'sentrik] **1.** эксцентрический, исходящий из центра *(напр. о росте опухоли)* **2.** своеобразный, эксцентричный

eccentrocyte [ek'sentrəʊsait] деформированная клетка *(напр. эритроцит с наличием телец Гейнца)*

eccentroosteochondrodysplasia [ekˌsentrəʊˌɒstiəʊˌkɒndrəʊdis'pleiziə] мукополисахаридоз IV типа, эксцентрическая хондроплазия, Моркио синдром *(карликовость и выраженная деформация скелета)*

eccephalosis [ˌekkefə'ləʊsis] **1.** краниотомия, цефалотомия *(плодоразрушающая операция)* **2.** трепанация черепа, краниотомия

ecchondroma [ˌekɒn'drəʊmə], *pl.* **ecchondromata** [ˌekɒn'drəʊmeitə] экхондрома *(хондрома кости, растущая за её пределы)*

ecchondrosis [ˌekɒn'drəʊsis] экхондроз *(1. опухолевидное разрастание хряща в виде нароста 2. образование хрящевой ткани вне её обычной локализации)*

ecchymoma [eki'məʊmə], **ecchymosis** [ˌeki'məʊsis], *pl.* **ecchymoses** [ˌeki'məʊsi:z] кровоизлияние, кровоподтёк; экхимоз

eccoprotic [ˌekəˈprəʊtik] лёгкое слабительное *(средство)* || дающий лёгкий слабительный эффект; слабительный

eccrine [ˈekrin] **1.** относящийся к железам внешней секреции, экзокринный **2.** относящийся к потовым железам

eccrinology [ˌekriˈnɒləʤi] учение о железах внешней секреции

eccrisis [ekˈrisis] экскреция, выделение или удаление продуктов жизнедеятельности

eccritic [ekˈritik] фактор, усиливающий экскрецию || усиливающий экскрецию

eccyesis [ˌeksaiˈiːsis] внематочная беременность

ecdemic [ekˈdemik] неэндемичный; завезённый, экзотический *(об инфекционных болезнях)*

ecderon [ˈekderɒn] **1.** эктодерма **2.** наружный слой слизистой мембраны **3.** *уст.* эпидермис

ecdysis [ˈekdisis] **1.** шелушение, десквамация; отпадение струпа **2.** линька

echinate [ˈekineit] штриховая культура бактерий с зубчатыми краями *(на агаре)*; изогнутая уколочная культура

echinococciasis [iˌkainəʊkɒkˈsaiəsis], **echinococcosis** [iˌkainəʊkɒˈkəʊsis] гидатидный [однокамерный] эхинококкоз

Echinococcus [iˌkainəʊˈkɒkəs] эхинококк

~ **alveolaris** альвеококкоз, многокамерный эхинококк

~ **granulosus** гидатидный [однокамерный] эхинококк *(ленточный червь, паразитирующий у плотоядных животных и человека)*

~ **multilocularis** *см.* ~ **alveolaris**

unilocular ~ *см.* ~ **granulosus**

echinocyte [eˈkainəʊsait] пойкилоцит с шиловидными отростками *(патологическая форма эритроцита)*

Echinops [iˈkainɒps]:

~ **latifolius** мордовник широколистный *(корень)*

echinosis [ˌekiˈnəʊsis] *гемат.* пойкилоцитоз

echinostomiasis [eˌkainəʊstəʊˈmaiəsis] *параз.* эхиностомоз

echis [ˈekis]:

~ **carinatus** *токс.* песчаная эфа

echo [ˈekəʊ] **1.** эхо **2.** эхо-сигнал, отражённый сигнал *(техника УЗИ)* || отражаться **3.** *sl.* повторный эффект ЛСД

amphoric ~ амфорический звук

boundary ~ *см.* **interface** ~

delayed ~ запаздывающий эхо-сигнал

dense ~ **of pericardium** *узи* усиленное эхо от перикарда

interface ~ эхо-сигнал от границы сред с различным акустическим сопротивлением

internal ~ внутреннее эхо

thought ~ *псих.* мысль-эхо, «озвученные мысли»

echoacousia [ˌekəʊəˈkuːziə] эхоакузия *(субъективное расстройство слуха, когда звуки кажутся повторяющимися)*

echoaortography [ˌekəʊeiɔːˈtɒgrəfi] ультразвуковая аортография

echocardiography [ˌekəʊkaːdiˈɒgrəfi] ультразвуковая кардиография, эхокардиография

apex-bidimensional ~ верхушечная двухмерная [секторальная] эхокардиография

B-mode ~ В-модальная эхокардиография, ВМ-эхокардиография

color doppler ~ цветная допплерография

cross-sectional ~ секторальная [поперечная] эхокардиография, или методом поперечного сечения

2-D ~ двухмерная эхокардиография *(в реальном масштабе времени)*

detailed fetal ~ детализированная эхокардиография плода

doppler ~ допплер-эхокардиография, допплеровская эхокардиография

grey scale ~ *узи* чёрно-белое, или серое, изображение

M-mode ~ эхокардиография в М-режиме

real-time ~ *см.* **2-D** ~

stress ~ стресс-эхокардиография *(с внутривенным введением добутамина для выявления участка ишемии)*

T-mode ~ Т-модальная эхокардиография, эхокардиография в ТМ-режиме

transesophageal ~ чреспищеводная эхокардиография

transthoracic ~ трансторакальная эхокардиография

two-dimensional ~ *см.* **2-D** ~

echodense [ˌekəʊˈdens] эхоплотный

echoencephalogram [ˌekəʊenˈsefələʊgræm] эхоэнцефалограмма

echoencephalography [ˌekəʊenˌsefəˈlɒgrəfi] эхоэнцефалография

echogenic [ˌekəʊˈʤenik] *узи* гомогенный *(по плотности изображения)*, эхогенный

echogenicity [ˌekəʊʤeˈnisiti] эхогенность *(способность отражать высокочастотные звуковые колебания)*

coalescing ~ сплошная эхогенность

decreased ~ пониженная эхогенность

uniform ~ гомогенная [однородная] эхогенность

echogram [ˈekəʊgræm] эхограмма *(визуальное наблюдение органов и структур внутри человеческого тела с помощью эхокардиографии)*

apical 4-chamber ~ апикальная 4-камерная эхограмма

longitudinal ~ продольная эхограмма

M-mode ~s одномерная эхограмма *(в одной плоскости)*

echography [əˈkɒgrəfi] ультразвуковое исследование, УЗИ, ультразвуковая эхография

β-scan ~ β-сканирующая эхография

gray-scale ~ эхография по серой шкале

transesophageal real-time two-dimensional Doppler ~ чреспищеводная двухмерная эхография в реальном масштабе времени

two-dimensional ~ двухмерная эхография

echoing [ˈekəʊiŋ]:

thought ~ высказывание мыслей вслух, эхо мыслей

echokinesia [ˌekəʊkinˈiːziə], **echokinesis** [ˌekəʊkiˈniːsis] *см.* **echopraxia**

echolalia [ˌekəʊˈleiliə] *псих.* эхолалия, эхофразия *(непроизвольная и лишённая смысла репродукция больным обращённой к нему речи)*

echolucent [ˌekəʊˈluːsənt] *узи* гетерогенный *(по плотности изображения)*

echomimia [ˌekəʊˈmimiə] *псих.* эхомимия

echomotism [eˈkəʊməʊtizm] *см.* **echopraxia**

echoophthalmography [ˌekəʊˌɒfθəlˈmɒgrəfi] эхоофтальмография, ультразвуковая офтальмография

echopathy [e'kɒpəθɪ] *псих.* эхопатия *(непроизвольное повторение больным мимики, жестов, слов или выражений другого человека)*

echopattern [ˌekəʊ'pætn] эхоизображение

echophotony [ˌekəʊ'fɒtəʊnɪ] ассоциация звуков с цветом, ощущение цвета при восприятии звуков

echophrasia [ˌekəʊ'freiziə] *см.* **echolalia**

echo-poor ['ekəʊ-'pʊə] слабый эхо-сигнал || гипоэхогенный

echopositive [ˌekəʊ'pɒzətɪv] эхопозитивный

echopraxia [ˌekəʊ'præksɪə] *псих.* эхокинезия, эхопраксия *(непроизвольное повторение психически больным движений, жестов и действий окружающих его лиц)*

gestural ~ жестикулярная эхопраксия

echo-rich [ˌekəʊ-'rɪtʃ] сильный эхо-сигнал || гиперэхогенный

echoscopy [e'kɒskəpɪ] *узи* эхолокация; эхоскопия

ultrasonic film ~ ультразвуковая киноэхолокация

echostructure [ˌekəʊ'strʌktʃə]:

internal ~ внутренняя эхоструктура

echotexture [ˌekəʊ'tekstʃə] эхоструктура, эхогенность, плотность исследуемого объекта *(при УЗИ)*

echotomography [ˌekəʊtəʊ'mɒgrəfɪ] эхотомография, ультразвуковая томография

echoviruses [ˌekəʊ'vairəsɪs] ECHO-вирусы, коксаки вирусы

eclabium [ek'leibiəm] выворот губы

eclampsia [e'klæmpsɪə] эклампсия *(форма позднего токсикоза беременности)*

puerperal ~ послеродовая эклампсия

eclampsism [e'klæmpsizm] преэклампсия

eclamptogenic [eˌklæmptəʊ'dʒenik], **eclamptogenous** [eˌklæmp'tɒdʒənəs] вызывающий эклампсию; вызывающий судорожные припадки

eclimia [ə'klimiə] булимия

eclipse [i'klips] **1.** затенение || затенять **2.** перекрытие импульсов

enterovirus ~ торможение развития энтеровирусов

ecmnesia [ek'ni:ziə] антероградная амнезия

ecobiotic [ˌi:kəʊbai'ɒtik] экобиотический *(приспособленный к условиям обитания)*

eco-catastrophe [ˌi:kəʊ-kə'tæstrəfi] экологическая катастрофа

ecocide ['ikəʊsaid] губительное воздействие на окружающую среду

Eco-City ['i:kəʊ-'siti] экогород *(теоретический образец города будущего, в котором все бытовые и производственные процессы будут осуществляться по безотходному циклическому методу)*

ecogenesis [ˌekəʊdʒe'ni:sis] развитие [генезис] среды

ecogenetics [ˌekəʊdʒə'netiks] экогенетика *(раздел генетики, изучающий роль генетической конституции в реакции организма на воздействие факторов внешней среды)*

ecoid [i'kɒid] строма эритроцита

ecology [i'kɒləʊdʒi] экология *(наука о жизни организмов во взаимосвязи друг с другом и окружающей средой)*

applied ~ прикладная экология

behavior ~ экология поведения

cultural ~ социоэкология, социальная экология культуры

human ~ экология человека *(изучение взаимоотношений человека с окружающей средой)*

individual ~ аутэкология

physiographic ~ физикогеографическая экология

radiation ~ радиационная экология *(изучение влияния радионуклидов на организмы, распределение и миграцию их в экосистемах)*

vector ~ экология переносчиков

ecomania [ˌikəʊ'meiniə] синдром властного поведения в домашней среде и подчёркнутой скромности перед влиятельными людьми

economics [ˌi:kə'nɒmiks]:

health ~ экономические аспекты здравоохранения

economy [i'kɒnəmi]:

health care ~ экономика здравоохранения

mixed ~ of care смешанная экономическая основа социального обслуживания *(предоставляемого государственными организациями и частным сектором)*

pharmacological ~ фармакоэкономика

token ~ *психол.* жетонная система вознаграждения *(выдача «жетонов», обмениваемых на какие-то блага за желательное поведение)*

ecorticate [i:'kɔ:tikeit] лишённый оболочки

ecospecies [ˌi:kəʊ'spi:ʃi:z] эковид

ecosphere [ˌi:kəʊ'sfiə] экосфера

ecostate [i'kɒsteit] лишённый рёбер

ecostatism [i:ˌkɒstei'tizm] врождённое отсутствие рёбер

ecosystem [ˌi:kəʊ'sistəm] экосистема *(единый комплекс, образованный живыми организмами и средой их обитания)*

intestinal ~ экосистема кишечника

natural ~ естественная экосистема

priority ~ экосистема, находящаяся в критическом состоянии; экосистема, требующая мер по её спасению

terrestrial ~ наземная экосистема

ecotoxicology [i:ˌkəʊˌtɒksi'kɒlədʒi] экотоксикология *(наука, изучающая влияние токсикантов на окружающую среду, обитающие в ней организмы и химические взаимосвязи между ними)*

ecphyaditis [ˌekfaiə'daitis] *уст.* аппендицит

ecphyma [ek'faimə] выступ, разрастание

ecpyetic [ek'paiətik] вызывающий нагноение

ecrasement [eikræz'mɔ:] *фр.* удаление участка ткани проволочной петлёй

ecraseur [eikræ'zɜ:] *фр.* проволочная петля *(для удаления опухоли на ножке или участка ткани)*

ecstasy ['ekstəsi] **1.** экстаз, исступление; экстатический транс || приводить в экстаз **2.** аффективное расстройство, сопровождающееся нарушением контакта с окружающим миром **3.** экстази *(синтетический психостимулятор метилендиоксиметамфетамин, МДМА)*

ecstatic [ek'stætik] исступлённый, экстатический, впадающий в транс

ecstrophy ['ekstrəʊfi] *см.* **exstrophy**

ectacolia [ˌektə'kəʊliə] колэктазия *(расширение толстой кишки)*

ectal ['ektəl] внешний, наружный

ectasia [ek'teiziə] эктазия, расширение; растяжение *(полого органа)*

alveolar ~ лёгочная эмфизема

corneal ~ стафилома роговицы

hypostatic ~ застойное расширение кровеносных сосудов

papillary [senile] ~ сенильная [старческая] гемангиома

tubular ~ тубулярная эктазия, расширение почечных канальцев

ectatic [ek'tætik] эктазированный, расширенный; способный к расширению

ectental [ek'tentl] эктоэнтодермальный

ectethmoid [ek'teθmɔid] боковой отдел решётчатой кости

ecthyma [ek'θaimə] эктима *(пустула с глубоким изъязвлением в центре)*

~ **gangrenosum** прободающая [гангренозная, детская изъязвляющаяся] эктима

~ **syphiliticum** сифилитическая эктима, пустулёзный эктиматозный сифилид

ectoblast ['ektəυblæst] эктодерма; первичная эктодерма, эктобласт, эпибласт

ectocardia [,ektəυ'ka:diə] эктопия сердца

ectocervix [,ektəυ'sə:viks] эктоцервикс *(наружная поверхность шейки матки)*

ectocinerea [,ektəυsi'ni:riə] серое вещество коры головного мозга

ectocolon [,ektəυ'kəυlɒn] растяжение толстой кишки

ectocondyle [,ektəυ'kɒndail] латеральный [наружный] мыщелок

ectocranial [,ektəυ'kreiniəl] относящийся к наружной части черепа

ectocyst ['ektəυ,sist] фиброзная [наружная] оболочка эхинококковой кисты

ectocytic [,ektəυ'saitik] внеклеточный

ectoderm ['ektəυdə:m] *эмбр.* эктодерма

neural ~ невральная эктодерма *(зачаток нервной ткани)*

primitive ~ первичная эктодерма, эктобласт, эпибласт

ectoderm(at)osis [,ektəυ,də:mə'təυsis] эктодерматоз

ectoenzyme [,ektəυ'enzaim] энзим [фермент] наружной секреции

ectoglobular [,ektəυ'glɒbjυlə] внеэритроцитарный

ectogony [ek'tɒɡəυni] влияние развивающегося зародыша на материнский организм

ectolecithal [,ektəυ'lesiθəl] эктолецитальный *(о яйцеклетке)*

ectomorphy [,ektəυ'mɔ:fi] эктоморфия, астеническое телосложение

ectomy ['ektəmi] иссечение, резекция; удаление

ectopagus [ek'tɒpəɡəs] эктопаги *(близнецы, сросшиеся боковыми поверхностями тела)*

ectoparasite [,ektəυ'pærəsait] экто(зоо)паразит

ectopectoralis [,ektəυ,pektəυ'reilis] большая грудная мышца

ectoperitonitis [,ektəυ,peritəυ'naitis] воспаление глубоких слоёв забрюшинной клетчатки

ectophyte ['ektəυfait] эктофит *(растительный паразит кожи)*

ectopia [ek'təυpiə] эктопия *(расположение органа или ткани в необычном месте)*

~ **lentis** эктопия хрусталика *(смещение хрусталика из стекловидной ямки)*; подвывих, или вывих, хрусталика

~ **testis** эктопия яичка, крипторхизм

~ **vesicae** эктопия мочевого пузыря

ectopic [ek'tɒpik] эктопический, гетеротопический

ectoplasm ['ektəυplæsm], **ectoplast** ['ektəυplæst] эктоплазма *(наружный слой цитоплазмы)*

ectopy ['ektəυpi] *см.* **ectopia**

ectorbital [ek'tɔ:bitl] относящийся к височной части глазницы

ectosteal [ek'tɒstiəl] относящийся к наружной поверхности кости

ectothrix ['ektəυθriks] грибок, паразитирующий на поверхности волоса

ectotoxin [,ektəυ'tɒksin] экзотоксин *(ядовитое вещество, выделяемое бактериальной клеткой во внешнюю среду)*, истинный токсин

ectotrochanter [,ektəυtrəυ'kæntə] *анат.* большой вертел

ectozoon [,ektəυ'zəυɒn] экто(зоо)паразит

ectrodactylia [,ektrəυdæk'tiliə], **ectrodactylism** [,ektrəυ'dæktəlizm], **ectrodactyly** [,ektrəυ'dæktili] эктродактилия *(врождённое отсутствие одного или нескольких пальцев)*

ectrogeny [ek'trɒjəni] потеря или врождённое отсутствие *какого-л.* органа

ectromelia [,ektrəυ'mi:liə] эктромелия *(врождённое отсутствие или укорочение конечности)*

ectromelus [ek'trɒmələs] человек с врождённым отсутствием или значительным недоразвитием одной или нескольких конечностей

ectropic [ek'trɒpik] вывернутый наружу

ectropion [ek'trəυpiɒn] выворот, эктропион *(века, шейки матки)*

cicatrical ~ рубцовый выворот века

mucosal ~ выворот слизистой кишки

ectropodia [,ektrəυ'pəυdiə] эктроподия, аподия *(частичное или полное отсутствие стопы)*

ectrosyndactylia [,ektrəυ,sindæk'tiliə] *терат.* кисть в виде трезубца *(при отсутствии одного или более пальцев и сращении остальных)*

ectrotic [ek'trɒtik] 1. абортивный, быстро приостанавливающий развитие болезни *(напр. метод лечения)* 2. абортивный, относящийся к аборту

ectylotic [ekti'ləυtik] кератолитическое (лекарственное) средство ‖ кератолитический

ectype ['ektaip] крайний тип телосложения *(напр. резко выраженный астенический или гиперстенический)*

ecuresis ['ekjυri:sis] положительный диурез *(количество выделяемой мочи превышает количество потребляемой жидкости)*

eczema ['ekzəmə] 1. экзема 2. диффузный нейродермит, атопический [разлитой, рассеянный] дерматит, эндогенная экзема

~ **crustosum** корочковая стадия экземы

~ **herpeticum** вариолиформный пустулёз, герпетиформная экзема, Капоши синдром

~ **madidans** *см.* **moist** ~

~ **marginatum** паховая эпидермофития, окаймлённая экзема

atopic ~ диффузный нейродермит, атопический дерматит, эндогенная экзема

discoid ~ *см.* **nummular** ~

infantile ~ детская экзема

moist ~ мокнущая экзема

nummular ~ монетовидная экзема

seborrheic ~ себорейная экзема

solar ~ солнечная экзема

weeping ~ *см.* **moist** ~

eczematid [ek'zemətid] экзематид *(элемент экзематозной сыпи)*

eczematization [ek,zemæti'zeiʃn] экзематизация *(присоединение экземоподобных проявлений к предсуществующему кожному поражению)*

eczematoid [ek'zemətʊid] 1. напоминающий экзему, экземоподобный 2. экзематоид

eczemogenous [ekze'mʊʤenəs] вызывающий экзему

edea [i'di:ə] наружные половые органы

edeitis [e'deitis] вульвит *(воспаление наружных половых органов женщины)*

edema [i'di:mə] отёк; водянка

~ **neonatorum** отёк новорождённого

~ **of pregnancy** водянка беременных

angioneurotic ~ ангионевротический отёк, гигантская крапивница, Квинке болезнь

Berlin's ~ берлиновское помутнение сетчатки

brain ~ отёк мозга

cachectic ~ кахектический [марантический] отёк

circumscribed ~ *см.* **angioneurotic** ~

corneal ~ отёк роговицы

dependent ~ ортостатический [застойный] отёк

disk ~ отёк зрительного диска

exacerbating pulmonary ~ провоцирование [индуцирование] отёка лёгких; углубление тяжести имеющегося отёка лёгких

famine ~ алиментарная дистрофия, безбелковый [военный, голодный] отёк

gestational ~ *см.* ~ **of pregnancy**

giant ~ *см.* **angioneurotic** ~

gravitational ~ *см.* **dependent** ~

high-altitude pulmonary ~ высотный отёк лёгких

hunger ~ *см.* **nutritional** ~

hydrostatic brain ~ гидростатический отёк мозга *(вследствие резкого повышения внутрисосудистого давления)*

inflammatory ~ воспалительный отёк

interstitial brain ~ интерстициальный отёк мозга *(накопление жидкости в перивентрикуляном белом веществе вследствие выраженного повышения внутрижелудочкового давления)*

intracellular ~ внутриклеточный отёк

laryngeal ~ отёк гортани, отёк подскладочного пространства

lymphatic ~ лимфатический отёк

malignant ~ злокачественный отёк *(форма анаэробной инфекции)*

Milroy's ~ Милроя болезнь, врождённая лимфэдема

neuropathic ~ доброкачественная гибернома, бурая липома, псевдолипома

nonprinting ~ плотный отёк *(не оставляющий ямок при надавливании)*

nutritional ~ алиментарная дистрофия, безбелковый [военный, голодный] отёк

obscure ~ скрытый [рефрактерный] отёк

pedal ~ отёчность ног

periodic ~ *см.* **angioneurotic** ~

pitting ~ пастозность тканей, ямки [следы] отёка *(остающиеся после надавливания)*

pulmonary ~ отёк лёгких

salt ~ осмотический отёк

solid ~ 1. плотный отёк кожи *(при склеродермии)* 2. гипотиреоидный отёк, микседема

subcutaneous ~ подкожный отёк

vasogenic brain ~ вазогенный отёк мозга *(накопление жидкости во внеклеточных пространствах вещества мозга при повреждении гематоэнцефалического барьера)*

war ~ *см.* **nutritional** ~

edematization [ə,demæti'zeiʃn] развитие отёка

edematous [ə'demətəs] отёчный

edentate [i'denteit] беззубый, лишённый зубов

edentia [i:'denʃə] адентия, анодонтия, отсутствие зубов *(нескольких или всех)*

edentulous [i:'dentjʊləs] *см.* **edentate**

edge [eʤ] 1. край; кромка, грань 2. остриё; лезвие 3. критическое положение

coronal ~ *стом.* край коронки, коронковый край

cutting ~ 1. режущий край *(зуба)* 2. лезвие *(скальпеля)*

discrete ~ прерывистый край

distinct ~ отчётливый край

everted ~ вывернутый край

inverted ~ ввёрнутый край

overhanging ~ нависающий край

poorly-defined ~ плохо определяемый край

redundant epithelial ~s избыточный рост эпителия по краям *(язвы)*

undermined ~ подрытый край

wound ~s края раны

edgebone ['eʤbəʊn] крестец

edible ['edəbl] съедобный, относящийся к пище

education [,edjʊ'keiʃn] 1. образование, обучение 2. воспитание

~ **for health** санитарное просвещение, медико-санитарная пропаганда

~ **of T-cells** обучение лимфоцитов

academic ~ изучение теоретического курса *(анатомии, физиологии, биохимии и др.)*

advanced ~ развивающееся обучение, продвинутое образование

basic medical ~ базисное медицинское образование

client ~ информация для клиента *(о болезни, её осложнениях и прогнозе)*

clinical medical ~ клиническая подготовка; клиническая школа

community ~ общественное санитарное просвещение

compulsory ~ обязательное образование

continuing medical ~ непрерывное медицинское образование *(III уровень специальной подготовки, соответствующий российским курсам повышения квалификации)*

dental health ~ санитарное просвещение по вопросам ухода за зубами

diabetic ~ обучение больных сахарным диабетом самоконтролю над болезнью

drug ~ санитарное просвещение по вопросам наркомании или применения лекарственных средств

ecological ~ экологическое образование

environmental ~ природоохранное образование

flexible endoscopic ~ обучение работе с гибким фиброскопом

graduate medical ~ 1. высшее медицинское образование 2. повышение квалификации врачей

health ~ медико-санитарное образование; санитарно-гигиеническое просвещение или воспитание; санитарно-просветительная работа

joint mobilization ~ обучение мобилизации суставов

lifelong ~ непрерывное образование (систематизированное целенаправленное обучение человека, организуемое на протяжении его жизни)

national cholesterol ~ национальная образовательная программа о холестерине

nursing ~ подготовка медицинских сестёр

nutrition ~ диетологическое воспитание, обучение рациональному питанию

patient ~ инструктаж [инструктирование] больного

physical ~ физическое воспитание, физическая культура

postgraduate medical ~ постдипломное медицинское образование (специализация; усовершенствование; аспирантура)

post-registration ~ повышение квалификации (врача) после регистрации

pre-clinical ~ 1. доклиническая медицинская подготовка 2. изучение доклинических дисциплин

primary professional ~ базисное профессиональное образование

self-help ~ обучение самопомощи

surgical ~ подготовка хирурга или хирургов

T-cell ~ обучение [коммитирование] Т-клеток (в тимусе)

undergraduate medical ~ преддипломное медицинское образование

educator ['edjʊkeitə] наставник, воспитатель; преподаватель, педагог, куратор

health ~ санитарный просветитель, санпросветработник

midwifery ~ акушерка-инструктор

nurse ~ сестра-инструктор

nursing arts ~ лицо, обучающее искусству сестринского дела

"peer ~" «собрат по несчастью» (о больном, проводящем санпросветработу)

senior midwife ~ старшая акушерка-инструктор

senior nurse ~ старшая сестра-инструктор

educt ['i:dʌkt] экстракт

eduction [i:'dʌkʃn] 1. выделение; удаление, извлечение 2. выведение из наркоза

eelworm ['i:lwɜːm] нематода (представитель класса круглых червей)

eery ['iəri] жуткий, мрачный, сверхъестественный

effect [i'fekt] 1. эффект; результат; следствие 2. (воз)действие, влияние

~s **of atomic radiation** воздействие [последствия] радиации

~ **of diet on fecal occult blood testing** значение рациона для испытания на скрытую кровь в кале

~ **of drug** действие лекарственного средства

~s **of noise** воздействие шума

~ **of spironolactone** влияние спиронолактона (напр. на летальность при сердечной недостаточности)

~ **of radiation** воздействие радиации

~s **of therapy** эффективность [результаты] лечения

~s **of vitamins deficiency** значение [роль] дефицита витаминов

to ~ **insurance** застраховать, заключить договор страхования

abscopal ~ тормозящий [абскопальный] эффект (не в месте облучения)

additive ~ аддитивный [суммарный] эффект (лекарственного средства)

adrenergic ~ адренергическая активность

adverse ~ отрицательное [побочное] действие

aliasing ~ узи артефакт (ложное изображение спектра)

allogenic ~ аллогенный эффект (форма стимуляции иммунитета, вызывающая активацию Т-клеток с последующей секрецией ими иммуномедиаторов)

allosteric ~ аллостерический эффект (ингибирование начальной реакции биосинтетического процесса конечным продуктом)

ameliorative ~ улучшающее действие

antianxiety ~ противотревожное [анксиолитическое] действие (напр. транквилизатора)

antibody dependent cytopathic ~ антитело-зависимая клеточная цитотоксичность, АЗКЦТ

apparent ~ кажущееся действие

appreciable ~ ощутимый эффект

behavioral ~s влияние на поведение

beneficial ~ благоприятное [полезное] действие

bonus ~ эффект усиления

booster ~ ревакцинаторный эффект, анамнестическая реакция, вторичный иммунный ответ, эффект усиления

circulatory ~ влияние на кровообращение, гемодинамический эффект

claster ~ кластер-эффект (напр. временное повышение частоты возникновения онкологических заболеваний в каком-л. регионе)

cliff edge ~s пороговые эффекты

CNS ~ воздействие на ЦНС (о медикаменте)

cocarcinogenic ~ коканцерогенное действие

combined ~ **of poisons** комбинированное действие ядов

common ~ общее действие

competitive ~ 1. конкурентное воздействие 2. эффект, мешающий конкурентному хроматографическому разделению

comprehensive ~ **of poisons** комплексное действие ядов

Compton ~ комптон-эффект (рассеяние радиоизлучения в тканях организма)

contrary ~ Хаты феномен (обострение инфекционной болезни под влиянием малой дозы лекарственного средства)

converse ~ обратный эффект

cooperative ~ см. **additive** ~

counteracting ~ противодействующий [нейтрализующий] эффект

Crabtree ~ угнетение клеточного дыхания высокими концентрациями глюкозы

crosslinking ~ перекрёстный эффект, перекрёстная связь

cumulative ~ кумулятивный [суммарный] эффект

cytopathic ~ цитопатический эффект *(напр. патогенное воздействие вируса на культуру ткани)*

cytoreductive ~ клеточно-восстановительный эффект

cytotoxic ~ цитотоксическое действие *(отравление или разрушение клеток ядами, лекарствами)*

delayed ~ *см.* **late** ~

deleterious [detrimental] ~ вредное (воз)действие

discontinuous ~ интермиттирующее действие яда

dominant ~ преобладающий эффект

Doppler ~ Допплера эффект *(изменение частоты, наблюдаемое при относительном движении источника излучения и приёмника, напр. при определении кровенаполнения артерий)*

dosage ~ эффект дозы, дозис-эффект *(зависимость реакции от дозы)*

dose-dependent ~ дозозависимый эффект

dose-response ~

drug-induced side ~s *см.* **adverse** ~

ecological ~ экологическое последствие

embryotropic ~ **of poison** эмбриотропное [эмбриотоксическое] действие ядов

enhancement ~ *иммун.* стимуляция, усиление роста *(напр. опухоли)*

entire ~ полный эффект

equalizing ~ выравнивающий эффект

experimenter's ~ влияние индивидуальных особенностей экспериментатора и его навыков на результаты эксперимента

Fahraeus ~ Фареуса эффект *(снижение уровня гематокрита по мере уменьшения диаметра сосуда)*

favorable ~ благоприятный эффект

first pass ~ первое прохождение, первичный захват *(пресистемный метаболизм, напр., медикамента в печени)*

floor ~ пороговый уровень, «эффект порога»

fluid shift ~ эффект перемещения жидкостей *(в организме под действием ускорения)*

general bodily ~ общее действие на организм

genetic ~ генетический эффект

ghost ~ побочное действие; паразитный эффект

greenhouse ~ парниковый эффект

habituation ~ эффект привыкания

halo ~ *психол.* эффект ореола, гало-эффект *(влияние общего впечатления на оценку отдельной характеристики индивидуума)*

harmful ~ *см.* **adverse** ~

health ~ влияние на здоровье *(напр. пассивного курения)*

heredity ~s **of radiation** влияние радиации на наследственность

homing ~ «хоминг-эффект», эффект «возвращения домой» *(напр. лимфоцитов в определённые лимфоидные органы)*

hyperchromic ~ гиперхромный эффект *(значительное увеличение поглощения света веществом при изменении его структуры, в частности при плавлении двухцепочечной ДНК)*

ill ~ побочный эффект; патологическое действие

image ~ зеркальный эффект

immediate ~ непосредственное воздействие

immunodepressive ~ иммунодепрессивное воздействие

indirect ~ косвенный эффект

infinitesimal ~ бесконечно малое влияние

irradiation ~ пострадиационный эффект

irreversible ~ необратимое действие

late ~ отдалённое последствие *(напр. облучения)*; остаточное явление; отдалённое действие, запаздывающее действие

latent ~ скрытое [латентное] действие

little neurologic ~s незначительные неврологические расстройства

local concentration ~ эффект локальной концентрации

long-term ~ **1.** продолжительное действие *(лекарственного средства)*; длительный эффект *(иммунизации)* **2.** отдалённое последствие

mass ~ синдром сдавления *(напр. сосудов растущей опухолью)*

medical ~s **of light** лечебное действие света, фототерапия

mental ~ психическое действие

metabolic ~s **of food** метаболическая ценность пищи

miotic ~ сужение зрачка

morphological ~s морфологическое воздействие

net ~ совокупный эффект

"on-off" ~ феномен [эффект] «включения-выключения» *(напр. смена настроения после приёма медикамента)*

orange adverse ~ аллергия на апельсины

Orbeli ~ Орбели феномен *(механизм адаптации организма под воздействием симпатической нервной системы)*

overt ~ явный эффект

oxygen-pressure ~ эффект [влияние] парциального давления кислорода

pathological ~ *см.* **adverse** ~

permanent ~ постоянный [стойкий] эффект

persistent metabolic ~s стойкое нарушение метаболизма

placebo ~ плацебо-эффект *(положительное воздействие терапии фармакологически индифферентным препаратом)*

poisonous ~ токсическое действие

potential side ~s риск побочной реакции

premium ~ *см.* **priming** ~

primacy ~ *психол.* эффект первичности *(при запоминании)*

priming ~ *иммун.* эффект примирования, прайминг-эффект, прайминг-влияние

procoagulant ~ прокоагулянтное (побочное) действие

promoting ~ стимулирующее действие

pronounced ~ резко выраженный эффект

protective ~ защитный эффект, защитное действие

rack ~ неуловимый признак, еле заметный симптом

radiation ~ пострадиационный эффект, лучевое поражение

radiobiological ~ радиобиологический эффект

rebound ~ синдром отрицательного последействия, рикошета, или феномен отмены, рибаунд-эффект *(лекарственного препарата)*

remote ~ *см.* **late** ~

retarding ~ задерживающий эффект; ограничивающее [притормаживающее] действие

returned ~ **of poisons** возвращённое действие яда

scattering ~ эффект рассеивания *(света)*

screening ~ скрининг-эффект, эффект отбора

searing ~ **1.** воздействие светового излучения **2.** световое излучение

secondary ~ вторичный эффект

sensitizing ~ сенсибилизирующий эффект

sentinel ~ эффект присутствия; эффект контроля или наблюдения *(напр. страховщика за объёмом оказываемой помощи)*

sex ~ влияние пола

shadow ~ **1.** экранирующий эффект **2.** эффект тенеобразования

shape memory ~ эффект памяти формы *(имплантата)*

shielding ~ *см.* **shadow** ~

short-range radiation ~ непосредственный пострадиационный эффект

shunt ~ шунтирование (крови), шунтирующее действие

side ~ *см.* **adverse** ~

slight ~ слабый эффект

snowball ~ эффект снежного кома

subtle ~ слабовыраженный эффект

subthreshold ~ подпороговый эффект

systemic ~ **1.** общее [системное] действие, системный эффект **2.** системное поражение

threshold ~ пороговый эффект

transboundary ~s трансграничные эффекты *(напр. ионизирующего излучения)*

transient ~ преходящее действие

triggering ~ *иммун.* эффект включения, триггер-эффект *(индукция антигензависимой дифференцировки В-лимфоцитов)*

umbra ~ *см.* **shadow** ~

undesirable side ~s **of prednisone** непереносимость преднизона

untoward [**unwanted**] ~ *см.* **adverse** ~

vasoconstricter ~ сосудосуживающее действие

warm-up ~ *психол.* эффект врабатывания *(при выполнении серии заданий)*

washerperson's ~ «рука прачки» *(мацерация и сморщивание кожи кистей трупа при пребывании его в воде)*

widespread ~ широко распространённый эффект

withdrawal ~ *см.* **rebound** ~

X-ray ~ действие рентгеновских лучей

effective [i'fektiv] действующий *(напр. о дозе)*, эффективный, действенный

effectiveness [i'fektivnəs] **1.** эффективность, действенность *(в реальных условиях)* **2.** результативность *(вероятность получения успешного результата от применения методики)*

cost ~ экономическая эффективность *(напр. вакцинации)*

relative biological ~ относительная биологическая эффективность, ОБЭ

effector [i'fektə] **1.** исполнительный орган **2.** эффектор *(ген, клетка или структура, активируемые или блокируе-мые под воздействием гуморальных факторов или электрического возбуждения)* **3.** датчик, воспринимающий воздействие окружающей среды

cytotoxic ~ цитотоксическая клетка-эффектор

effeminate [i'femineit] женоподобный, изнеженный

effemination [i,femi'neiʃn] женоподобность; приобретение женских признаков

efferent ['efərənt] эфферентный, центробежный *(о нервах, передающих импульсы от мозга к эффекторам)*

effervescence [,efə'vesns] **1.** выделение пузырьков газа, вскипание *(при декомпрессионной болезни)* **2.** возбуждение, волнение

effete [i'fiːt] **1.** истощённый, ослабевший; упадочный **2.** бесплодный

efficacy ['efikəsi] **1.** *стат.* идеальная эффективность **2.** действенность, результативность **3.** экономичность

~ **of medicine** эффективность лекарственного средства

antitumor ~ противоопухолевая эффективность

delivery ~ эффективность доставки *(антител или медикамента к тканям-мишеням)*

poor ~ недостаточная эффективность *(при нормальной дозировке)*

prophylactic ~ профилактическая эффективность *(вакцины)*

protective ~ защитное действие

relative plating ~ относительная эффективность культивирования *(напр. бактерий – отношение числа колоний к общему количеству инокулированных клеток)*

treatment ~ эффективность лечения

efficiency [i'fiʃnsi] **1.** эффективность; «затратная эффективность» *(отношение экономических и иных ресурсных затрат к результату)* **2.** действенность *(диагностического исследования, тестирования)*; производительность, продуктивность **3.** способность, умение

~ **of absorption** эффективность всасывания

allocative ~ распределительная эффективность

ecological ~ экологическая эффективность *(1. соотношение между величинами собственной и пользуемой энергии 2. соотношение между количеством корма, потребляемого хищником, и корма, потреблённого жертвой)*

emulsifying ~ эмульгирующая способность

growth ~ способность к росту *(напр. бактерий)*

hemolytic ~ гемолитическая активность

performance ~ работоспособность

photosynthetic ~ эффективность фотосинтеза

physical ~ физическая работоспособность

plating ~ эффективность посева *(микроорганизмов)* на плашках

preventive activities ~ эффективность профилактической деятельности

relative plating ~ относительная эффективность посева *(микроорганизмов)*

effleurage [eflʊ'raːʒ] поколачивание, поглаживание *(приём массажа)*

efflorescence [,eflʊ'resəns] гиперемия, покраснение кожи

effluent ['eflʊənt] **1.** вытекающий поток жидкости; сточные воды **2.** выделения, экскременты

ileostomy ~s выделения из илеостомы

radioactive [**radiological**] ~ радиоактивный сброс, жидкие радиоактивные отходы

effluvium [əf'lu:viəm], *pl.* **effluvia** [əf'lu:viə] 1. испарение *(особенно вредное или зловонное)*, миазмы 2. излучение

    telogen ~ диффузное выпадение волос

efflux ['eflʌks] 1. истечение, вытекание, утечка, отток *(веществ из клетки или ткани)* 2. эманация *(радия)* 3. активное выведение микроорганизмов из клетки

    sinusoidal ~ **of glutathione** синусоидальный выход глутатиона

    sodium ~ выход натрия *(напр. из клетки)*

effort ['efət] нагрузка; напряжение; усилие

    ~s to diagnosis трудности диагностики

    constant ~ постоянное усилие

    excessive ~ чрезмерное усилие

    expiratory ~ затруднение выдоха

    expulsive ~ потуги *(при родах)*

    involuntary ~ **to vomit** непроизвольные позывы к рвоте

    labored respiratory ~ затруднённое дыхание

    physical ~ физическое напряжение; тяжёлая работа

    respiratory ~ 1. дыхательное усилие 2. поддержка дыхания; вспомогательное дыхание

    resuscitative ~ реанимационное мероприятие, или обеспечение

effort-induced ['efət-in'dju:st] обусловленный нагрузкой

effuse [ə'fju:s] 1. излияние, истечение; выделение || изливаться, истекать, выделяться 2. распространяться

effusion [ə'fju:ʒn] 1. выпот 2. истечение *(напр. крови)* 3. выхождение газа

    ~ of blood кровотечение; кровоизлияние; потеря крови

    ~ of lymph пропотевание лимфы

    abdominal ~ асцит, выпот в брюшной полости

    bloody ~ кровоизлияние *(напр. в полость сустава после травмы)*

    chronic middle ear ~ хронический экссудативный средний отит

    chylous ~s хилёзный выпот

    encysted ~ осумкованный выпот; осумкованный плеврит

    pericardial ~ выпот в полость перикарда; экссудативный перикардит

    peritoneal ~ перитонеальный выпот

    pleural ~s 1. плевральный выпот 2. плеврит

    subpulmonic ~ выпот в плевральном синусе

    transsudate ~ выпот транссудата, серозный выпот

    traumatic synovial ~ травматический гемартроз

E-free [i:-'fri:] экологически чистый продукт *(свободный от красителей, консервантов и пр.)*

egersimetry [i'gə:simətri] определение возбудимости нервов и мышц

egest [i'dʒest] экскретировать, выводить, выделять, извергать

egesta [i'dʒestə] экскреты, выделения, экскременты

egestion [i'dʒestʃən] 1. экскреция, выведение, выделение 2. дефекация

egg [eg] 1. яйцо; яйцеклетка 2. *sl.* пилюля с наркотиком

    "~ on the side" «яйцо, лежащее на боку» *(о конфигурации сердечной тени на рентгенограмме)*

    ~s per gram число яиц (гельминтов) на 1 г фекалий

    addle ~ яйцо без зародыша

    donated ~s донорские яйцеклетки

    drifting ~s планктонная икра

    fecal ~s яйца гельминтов в фекалиях

    fertile [fertilized] ~ оплодотворённая яйцеклетка

    infective ~s инвазивные яйца

    operculated ~s яйца гельминтов, имеющие крышечку *(морфологический тип яиц)*

    toxacara ~s яйца гельминтов

eglandular [i'glændjʊlə], **eglandulous** [i'glændjʊləs] лишённый желёз

ego ['i:gəʊ] *психоан.* эго, Я *(сознательная часть психики, развивающаяся на основании опыта общения человека с внешним миром)*

    alter ~ альтер эго, второе Я *(1. заместитель, пользующийся полным доверием и облечённый всеми правомочиями, «правая рука» 2. скрытая сущность человека)*

    antilibidinal ~ *психоан.* антилибидинозное эго

    auxiliary ~ вспомогательное Я *(участник психодрамы, изображающий отсутствующее реальное или воображаемое лицо, имеющее отношение к протагонисту)*

    body ~ «тело-эго» *(осознание собственного тела)*

    collective ~ коллективное эго

    false ~ ложное эго

    preschizophrenic ~ предшизофреническое эго

ego-activity ['i:gəʊ-æk'tivəti] самоактивность

ego-alteration ['i:gəʊ-ɔ:ltə'reiʃn] изменение Я

ego-autonomy ['i:gəʊ-ɔ:'tɒnəmi] автономия Я

ego-boundaries ['i:gəʊ-'baʊndəriz] самоограничение

egocentricity [,i:gəʊsen'trisiti] эгоцентричность

ego-conformity ['i:gəʊ-kən'fɔ:məti] соответствие Я

ego-consciousness ['i:gəʊ-'kɒnʃəsnəs] сознание целостности Я

ego-drive ['i:gəʊ-'draiv] влечение Я

egodystonic ['i:gəʊ-dis'təʊnik] эгодистонный *(неприемлемый для эго)*

ego-identity ['i:gəʊ-ai'dentəti] идентичность Я

ego-import ['i:gəʊ-im'pɔ:t] отпечаток индивидуальности личности

egoism ['i:gəʊizəm] эгоизм, себялюбие, своекорысть

egoistical [,i:gəʊ'istikl] эгоцентричный, эгоистичный, самодовольны, тщеславный

ego-libido ['i:gəʊ-li'bi:dəʊ] либидо Я

egomania [,i:gəʊ'meiniə] эгомания *(чрезмерно завышенная самооценка или самодовольство)*

egophony [i'gɒfəʊni] эгофония *(бронхофония с дрожащим звуком)*

ego-splitting ['i:gəʊ-'splitiŋ] расщепление Я

ego-strength ['i:gəʊ-'streŋθ] сила личности, индивидуальности

egosyntonic [,i:gəʊsin'tɒnik] эгосинтонный *(благоприятный для эго)*

ego-weakness ['i:gəʊ-'wi:knəs] слабость Я

egress ['i:grəs] выход; выхождение *(напр. инородного тела из бронха)*

eicoplasty ['aikəʊˌplæsti] пластическое закрытие язвы

eicosanoids [ai'kəʊsənɔidz] эйкозаноиды *(группа биологически активных веществ, объединяющая простаноиды и лейкотриены)*

eicosis [ai'kəʊsis] изъязвление

eidetic [ai'detik] эйдетический

eidetism [aɪˈdetɪzəm] эйдетизм *(сохранение яркого образа увиденного предмета)*

eidoptometry [ˌaɪdɒpˈtɒmətri] определение остроты зрения

eikonometer [ˌaɪkəˈnɒmətə] офтальмоэйконометр, эйкономер *(прибор для определения размеров изображений, получаемых на сетчатке глаза)*

eiloid [ˈaɪlɔɪd] спиралевидный, имеющий кольцеобразное строение

einheit [ˈaɪnhaɪt]:

immunitats ~ *нем.* иммунизирующая единица *(напр. для антитоксической сыворотки)*

eisodic [aɪˈsɒdɪk] афферентный, центростремительный *(о нервных волокнах)*

ejaculate [ɪˈdʒækjʊleɪt] эякулят, семенная жидкость ‖ извергать семенную жидкость

ejaculation [ɪˌdʒækjʊˈleɪʃn] эякуляция, семяизвержение

delayed ~ задержка эякуляции

premature ~ преждевременная эякуляция

retrograde ~ ретроградная эякуляция *(заброс эякулята в мочевой пузырь)*

ejecta [ɪˈdʒektə] выделения, испражнения, экскременты

ejection [ɪˈdʒekʃn] **1.** выбрасывание, выброс *(напр. крови)*, выделение; опорожнение; извержение; изгнание **2.** испражнение, дефекация

ventricular ~ ударный [систолический] объём сердца, желудочковый выброс *(крови)*

ejector [ɪˈdʒektə]:

saliva ~ *мед. тех.* отсасыватель слюны, слюноотсос

elaboration [ɪˌlæbəˈreɪʃn] **1.** разработка, развитие, уточнение, совершенствование **2.** выработка, образование, формирование *(напр. клеток крови)*

~ of cytokines выработка цитокинов

~ of physical symptoms for psychological reasons утяжеление соматических симптомов по психологическим причинам

secondary ~ вторичное развитие

elan [eɪˈlɒn] *фр.* стремительность; порыв

vital ~ взлёт; подъём жизненных сил, энергии, тонуса

elastance [ɪˈlæstəns] **1.** эластичность, эластические свойства *(напр. лёгких, жёлчного пузыря)* **2.** эластанс *(эластическое сопротивление органа заполнению, напр. мочевого пузыря)*

elastase [ɪˈlæsteɪs] эластаза *(протеолитический фермент)*

elastic [ɪˈlæstɪk] **1.** эластичный; упругий **2.** эластичная (пластиковая) шина **3.** *pl. стом.* эластические (резиновые) тяги

intermaxillary ~s межчелюстные эластические (резиновые) тяги

elastica [ɪˈlæstɪkə] **1.** эластическая ткань **2.** эластический слой *(стенки артерии)*

elasticity [ˌiːlæsˈtɪsɪti] эластичность; упругость

elastin [ɪˈlæstɪn] эластин *(соединительнотканный белок)*

elastoma [ˌiːlæsˈtəʊmə] *дерм.* эластома *(старческая дистрофия кожи)*

elastometry [ˌiːlæsˈtɒmətri] измерение эластичности ткани *(напр. кожи)*

elastorrhexis [ɪˌlæstəʊˈreksɪs] эласторексис *(фрагментация эластической ткани)*

elastosis [ˌiːlæsˈtəʊsɪs] эластоз; дегенеративное изменение эластической ткани

~ atrophicans атрофический эластоз, эластическая псевдоксантома

senile ~ старческий [сенильный] дерматоз

solar ~ солнечный эластоз

elated [ɪˈleɪtɪd] восторженный, в приподнятом настроении

elation [ɪˈleɪʃn] *псих.* эйфория, экзальтация; приподнятое, благодушное настроение, эмоциональный подъём

elbow [ˈelbəʊ] **1.** локоть, локтевая область **2.** локтевой сустав **3.** *мед. тех.* колено, угольник *(напр. катетер, изогнутый под углом)*

miner's ~ бурсит локтевого сустава, бурсит угольщика

Norman ~ *анест.* коленчатый коннектор Нормана

tennis ~ теннисный локоть, лучеплечевой бурсит, травматический эпикондилит

elder [ˈeldə] **1.** старший *(напр. брат)* **2.** старец, пожилой человек

housing frail ~s беспомощные лица пожилого возраста, находящиеся дома

elderly [ˈeldəli] **1.** пожилой возраст **2.** лица пожилого возраста, пожилые люди ‖ пожилой; старый

elective [ɪˈlektɪv] **1.** элективный *(напр. о среде культивирования бактерий)*, избирательный *(напр. о действии лекарственного средства)* **2.** рекомендуемый, но не обязательный, факультативный *(напр. о лечебной процедуре)* **3.** плановый *(об операции)*

electrically-stimulated [ɪˈlektrɪkəli-ˈstɪmjʊleɪtɪd] раздражаемый электричеством

electrics [ɪˈlektrɪks] электрооборудование, электроаппаратура

electrization [ɪˌlektrɪˈzeɪʃn] электротерапия

electroanalysis [ɪˌlektrəʊəˈnæləsɪs] электроанализ, количественный анализ методом электролиза

electroanesthesia [ɪˌlektrəʊˌænəsˈθiːziə] электроанестезия, электронаркоз, электроаналгезия

electrobasography [ɪˌlektrɪˈzeɪʃn] исследование походки

electrobiological [ɪˌlektrəʊbaɪəˈlɒdʒɪkl] биоэлектрический; относящийся к биотокам

electroblotting [ɪˈlektrəʊˌblɒtɪŋ] электроблоттирование, электроблоттинг *(электрофоретический перенос вещества с одной контактирующей поверхности на другую)*

electrocardioanalysis [ɪˌlektrəʊˌkɑːdɪəʊəˈnæləsɪs] анализ электрокардиограммы

electrocardioanalyzer [ɪˌlektrəʊkɑːdɪəʊˈænəlaɪsə] электрокардиоанализатор

electrocardiogram [ɪˌlektrəʊˈkɑːdɪəʊˌgræm] электрокардиограмма, ЭКГ

distinctive ~ характерная электрокардиограмма

24-hour ambulatory ~ 24-часовой амбулаторный ЭКГ-мониторинг

precordial ~ электрокардиограмма в грудных отведениях

six-lead ~ электрокардиограмма в шести отведениях

surface ~ электрокардиограмма с поверхности тела

vector ~ вектор(электро)кардиограмма

electrocardiography [ɪˌlektrəʊˌkɑːdɪˈɒgrəfi] электрокардиография

ambulatory ~ *см.* **Holter ~**

direct-writing ~ электрокардиография с непосредственной записью

exercise ~ электрокардиография с нагрузкой

fetal ~ электрокардиография плода

high resolution ~ электрокардиография высокого разрешения, ЭКГ-ВР, усреднение сигнала ЭКГ

Holter ~ электрокардиография по Холтеру, холтеровское мониторирование *(запись ЭКГ в течение суток при свободном режиме пациента)*

intrabronchial ~ эндобронхиальная электрокардиография

intrauterine scalp ~ прямая электрокардиография плода *(посредством амниоцентеза)*

polyparametric ~ многополосная электрокардиография

routine ~ электрокардиография в стандартных отведениях

scalar ~ скалярная электрокардиография

signal averaged ~ *см.* **high resolution** ~

vector ~ вектор(электро)кардиография

electrocardiology [i͵lektrəʊkɑːdiˈɒlədʒi]:

comprehensive ~ общая электрокардиология

electrocardioscope [i͵lektrəʊˌkɑːdiəʊˈskəʊp]:

vector ~ вектор(электро)кардиоскоп

electrocardiotachometer [i͵lektrəʊˌkɑːdiəʊˈtækəʊˌmiːtə] электрокардиотахометр

electrocauter [i͵lektrəʊˈkɔːtə] электрокаутер

electrocauterization [i͵lektrəʊkɔːtəriˈzeiʃn],

electrocautery [i͵lektrəʊˈkɔːtəri] *см.* **electrocoagulation**

tubal ~ электрокаутеризация маточной трубы *(с целью стерилизации)*

electrocholecystectomy [i͵lektrəʊˌkəʊlisisˈtektəʊmi] холецистэктомия с применением электрокаустики

electrocision [i͵lektrəʊˈsiʒən] электрорезекция, разрез электрокаутером

electrocoagulation [i͵lektrəʊkəʊˌædjʊˈleiʃn] электрокоагуляция, электрокаутеризация; диатермокоагуляция, гальванокаустика *(метод прижигания тканей)*

electrocochleography [i͵lektrəʊˌkɒkliˈɒɡrəfi] *ото.* электрокохлеография

electroconization [i͵lektrəʊˌkɒniˈzeiʃn] конизация шейки матки

electrocontractility [i͵lektrəʊˌkɒntrækˈtiliti] сократимость мышц под влиянием электрического раздражителя

electrocorticogram [i͵lektrəʊˈkɔːtikəʊˌɡræm] электрокортикограмма, ЭКоГ

electrocryptectomy [i͵lektrəʊkripˈtektəʊmi] электрокоагуляция крипт миндалин

electrocution [i͵lektrəʊˈkjuːʃn] **1.** смертельная электротравма **2.** лишение жизни электрическим током; смерть на электрическом стуле

electrode [iˈlektrəʊd] электрод

active ~ активный электрод

agar-agar ~ агар-агаровый электрод

ball(-point) ~ шариковый электрод

basal ~ базальный электрод

biomedical sensor ~ биомедицинский [медико-биологический] электрод-датчик

bipolar [biterminal] ~ биполярный электрод

blade ~ электрод для рассечения *(тканей)*

body ~ **1.** вживляемый электрод **2.** аппликатор, накладной электрод

brush ~ кистевой [щёточный] электрод

capacitor ~ конденсаторный электрод

chest ~ грудной электрод

Clark-type ~ Кларка электрод для измерения содержания растворённого кислорода

coagulation ~ электрод для коагуляции

condenser ~ конденсаторный электрод

cutting ~ электрод для рассечения *(тканей)*

depth ~ глубинный электрод

dispersing [dispersive] ~ пассивный [индифферентный] электрод

double ~ *см.* **bipolar** ~

ear(-clip) ~ ушной электрод

ECG ~ электрокардиографический электрод

eddy-current ~ электрод вихревых токов, индуктор

EEG ~ электроэнцефалографический электрод

EMG ~ электромиографический электрод

enzyme ~ ферментный электрод *(в котором заключён фермент, катализирующий реакцию, сопровождающуюся изменением электрического потенциала)*

esophageal ~ (внутри)пищеводный электрод

exciting ~ *см.* **knife** ~

exploring ~ рабочий электрод

field ~ *см.* **condenser** ~

foil ~ электрод из фольги

glass ~ стеклянный электрод

glassy-carbon ~ стеклографитовый электрод

hydrogen ~ водородный электрод

implanted ~ вживлённый [имплантированный] электрод

indicator ~ индикаторный электрод

indwelling ~ *см.* **implanted** ~

intravenous endocardial ~ внутривенно вводимый эндокардиальный электрод

ion-selective ~ ион-избирательный электрод

irreversible ~ необратимый электрод

knife ~ электрод для рассечения *(тканей)*, электронож

lead ~ **1.** отводящий электрод **2.** свинцовый электрод

limb ~ электрод для конечностей

localizing ~ *см.* **active** ~

loop ~ петлевой электрод

microbial ~ микробный электрод *(с иммобилизированными микробными клетками)*

microcapillary ~ микрокапиллярный электрод

monopolar ~ монополярный электрод

multi-enzyme membrane ~s мембранные электроды, содержащие несколько ферментов *(напр. для определения креатинина и креатина в сыворотке крови)*

multiple [multiple-point, multiterminal] ~ полиэлектрод, блок электродов

needle ~ игольчатый электрод

oxygen ~ электрод для измерения напряжения кислорода

pacing ~ электрод пейсмекера

pad ~ гибкий электрод

passive ~ *см.* **silent** ~

pH ~ электрод для измерения pH

plate ~ *см.* **silent** ~

point ~ *см.* **needle** ~

reference ~ электрод сравнения

reversible ~ обратимый электрод

rod ~ стержневой электрод

saturated calomel ~ насыщенный капельный каломельный электрод

scalp ~ электрод для отведения с черепа

silent ~ пассивный [индифферентный] электрод

skin ~ накожный электрод

subcutaneous ~ подкожный электрод

suction ~ присасывающийся электрод, электрод-присоска

supported foil ~ электрод из фольги на подложке

surface ~ накожный электрод

therapeutic ~ *см.* **active ~**

tissue ~ внутритканевой электрод

twin ~ биполярный электрод

unipolar ~ монополярный электрод

electrodeposition [iˌlektrəʊˈdepəˈziʃn] электроосаждение, электролитическое осаждение

electrodermal [iˌlektrəʊˈdəːməl] относящийся к электрическому сопротивлению кожи

electrodermatome [iˌlektrəʊˈdəːmətəʊm] электродерматом (устройство для срезания лоскутов кожи при трансплантации)

electrodermatometer [iˌlektrəʊˈdəːmətəʊˌmiːtə] электродерматометр (прибор для измерения изменений во времени электрического сопротивления кожи)

electrodesiccation [iˌlektrəʊˌdesiˈkeiʃn] фульгурация, бесконтактная электрокоагуляция (при паренхиматозном кровотечении)

electrodiagnosis [iˌlektrəʊˌdaiəɡˈnəʊsis] электродиагностика

electrodiagnostics [iˌlektrəʊˌdaiəɡˈnɒstiks] электрофизиологические методы диагностики (ЭКГ, ЭЭГ, ЭМГ и др.)

electrodialysis [iˌlektrəʊdaiˈæləsis] электродиализ (метод разделения ионов под действием электрического поля в электролите, разделённом мембраной)

electrodialyzer [iˌlektrəʊˌdaiəˈlaizə] электродиализатор (аппарат для проведения ускоренного диализа в электрическом поле)

electroencephalogram [iˌlektrəʊenˈsefələʊɡræm] электроэнцефалограмма

depth ~ глубинная электроэнцефалограмма

flat ~ прямая линия, или изолиния, на электроэнцефалограмме (нередко свидетельствует о смерти мозга)

scalp ~ поверхностная электроэнцефалограмма

electrogram запись биопотенциалов (ЭКГ, ЭЭГ, ЭМГ и др.)

bipolar ~ биполярная электрограмма

unipolar ~ униполярная [монополярная] электрограмма

electrohemostasis [iˌlektrəʊhiˈmɒstəsis] остановка кровотечения электрокоагуляцией

electrohysterograph [iˌlektrəʊˈhistəˈrɒɡrəf] фотометрический гистерограф, электроутерограф

electroimmunoassay [iˌlektrəʊˌimjʊnəʊˈæsei], **electroimmunodiffusion** [iˌlektrəʊˌimjʊnəʊdiˈfjuːʒn] двумерный [перекрёстный] иммуноэлектрофорез, «ракетный» электрофорез по Лореллу, электроиммуноанализ

electrolithotrity [iˌlektrəʊliˈθɒtriti] электролитотрипсия (камнедробление с помощью электрического тока)

electrology [ilekˈtrɒlədʒi] электротерапия

electrolyser [iˌlektrəʊˈlaizə] блок электролиза

electrolysis [ˌilekˈtrɒləsis] электролиз (1. химические реакции, протекающие в электролите под действием электрического тока 2. разрушение участков ткани под действием электричества)

electrolyte [iˈlektrəlait]:

supporting ~ поддерживающий электролит (в полярографии)

electromyography [iˌlektrəʊmaiˈɒɡrəfi] электромиография

applied ~ прикладная электромиография

colonic ~ электромиография толстой кишки

integrated ~ интегрированная электромиография

quantitative surface ~ количественная поверхностная электромиография

surface ~ поверхностная электромиография

electronarcosis [iˌlektrəʊnaːˈkəʊsis] электроанестезия, электронаркоз (усыпление больного путём пропускания через его головной мозг слабых электрических токов)

electroneurolysis [iˌlektrəʊnjʊˈrɒləsis] разрушение нервной ткани электротоком

electronics [ˌilekˈtrɒniks] электроника

electron-volt (eV, ev) [iˈlektrɒn-ˈvɒlt] электронвольт, эВ (энергия, приобретаемая электроном под действием потенциала в 1 вольт; равен $1{,}6 \cdot 10^{-19}$ джоуля в системе СИ)

electrooculography [iˌlektrəʊˌɒkjʊˈlɒɡrəfi] электроокулография (метод регистрации движений глаза)

electroosmophoresis [iˌlektrəʊˌɒzməʊfəˈriːsis] см. **counter-current electrophoresis**

electrophobia [iˌlektrəʊˈfəʊbiə] электрофобия

electrophoregram [iˌlektrəʊˈfəʊrəɡrəm] электрофореграмма, цитофореграмма

electrophoresis [iˌlektrəʊfəˈriːsis] электрофорез (перемещение заряженных растворённых веществ — молекул ДНК, РНК, белков, лекарств — в электрическом поле)

acrylamide gel ~ электрофорез в акриламидном геле

agar gel ~ электрофорез в геле агара

agarose ~ электрофорез в агарозе

anticonvectant ~ противоточный электрофорез

antigen-antibody crossed ~ двумерный [перекрёстный] электрофорез

boundary ~ электрофорез с движущейся границей, электрофорез в свободном потоке

cellulose acetate ~ электрофорез на ацетате целлюлозы

citrat agar hemoglobin ~ электрофорез гемоглобина в цитратном агаре

column ~ электрофорез на колонке

continuous ~ непрерывный электрофорез

counter-current ~ встречный электрофорез, электроиммунодиффузия, электроосмофорез

cross ~ перекрёстный радиоиммунологический электрофорез

2D~ двумерный электрофорез

denaturation gradient gel ~ метод денатурирующего градиентного гель-электрофореза

density gradient ~ электрофорез в градиенте плотности (напр. сахарозы, глицерина, фикола)

disk ~ дисковый электрофорез

flat bed ~ горизонтальный электрофорез (напр. в пластине геля)

forced-flow ~ электрофорез с принудительной циркуляцией электродного буфера

free-flow ~ электрофорез в свободном потоке, электрофорез без носителя, свободный электрофорез

gel ~ гель-электрофорез, электрофорез в геле (крахмальном, аэрозольном)

gradient gel ~ электрофорез в градиенте концентрации геля

high frequency~ высокочастотный электрофорез

immunodisk ~ дисковый электрофорез с иммунным проявлением

lipoprotein ~ электрофорез липопротеидов

microscale multisample two-dimensional ~ микромасштабный многопробный двумерный электрофорез

moving-boundary ~ электрофорез с движущейся границей, электрофорез в свободном потоке

multiphasic zone ~ многофазный зонный электрофорез

one-dimensional ~ одномерный электрофорез

paper ~ электрофорез на бумаге

polyacrylamide gel ~ электрофорез на полиакриламидном геле

preparative ~ препаративный электрофорез

protein ~ электрофорез белка

pulsed field gradient gel ~ гель-электрофорез в градиенте пульсирующего поля

rocket ~ рокет-электрофорез, электроиммунодиффузия (метод прямого электрофореза в агаровом геле, содержащем специфическую антисыворотку)

slab gel ~ блочный электрофорез в плоском геле, электрофорез на блоках

starch ~ электрофорез на крахмале

submarine ~ подводный электрофорез

thin-layer ~ электрофорез на тонком слое носителя, тонкослойный электрофорез

two-dimensional ~ см. **2D~**

vertical gel ~ вертикальный электрофорез; электрофорез в вертикальном слое геля

zone ~ зонный электрофорез

electrophototherapy [iˌlektrəʊˌfəʊtəʊˈθerəpi] светолечение, фототерапия

electrophysiology [iˌlektrəʊˌfiziˈɒlədʒi] 1. электрофизиология 2. электрофизиологические показатели

electroplexy [iˈlektrəʊˌpleksi] электросудорожная [электроконвульсивная] терапия, ЭСТ, электрошок

electroporation [iˌlektrəʊpəˈreiʃn] электропорация (образование пор в клеточных мембранах под действием электрического тока, через которые в клетку проникает чужеродная ДНК)

electropuncture [iˌlektrəʊˈpʌŋktʃə] электропунктура; электропунктурная терапия

electropyrexia [iˌlektrəʊpaiˈreksiə] электропирексия, электрическая гипертермия

electroretinogram [iˌlektrəʊˈretinəʊgræm] офт. электроретинограмма

extinguished ~ резко уменьшенная по амплитуде электроретинограмма

electroretinographia [iˌlektrəʊreˈtiːnəʊgrəfiə] офт. электроретинография

electrosalivogram [iˌlektrəʊsəˈlaivəʊgrəm] запись электрической активности слюнных желёз во время секреции

electroscission [iˌlektrəʊˈsiʒən] электроэксцизия (иссечение тканей или органа электроножом)

electroshock [iˈlektrəʊʃɒk] см. **electroplexy**

electrosleep [iˈlektrəʊsliːp] электросон

electrospectrography [iˌlektrəʊspekˈtrɒgrəfi] спектральная электроэнцефалография

electrospinogram [iˌlektrəʊˈspainəʊgræm] запись биопотенциалов спинного мозга

electrostethograph [iˌlektrəʊˈsteθəʊgræf] прибор для регистрации аускультативных феноменов

electrostimulation [iˌlektrəʊˌstimjʊˈleiʃn]:

muscle ~ электростимуляция мышц

ventilatory ~ электростимуляция дыхания

electrosurgery [iˌlektrəʊˈsəːdʒəri] электрохирургия; электроэксцизия; электрокоагуляция (напр. бородавок)

bipolar ~ биполярная электрокоагуляция

loop ~ электрокоагуляция петлевым электродом, петлевая электроэксцизия

monopolar ~ монополярная электрохирургия

electrotherapeutics [iˌlektrəʊθerəˈpjuːtiks] электролечение, электротерапия, гальванотерапия

electrotherm [iˈlektrəʊθəːm] 1. электрическая грелка, электрогрелка 2. электронож

electrothermy [iˈlektrəʊˌθəːmi] электрокаутеризация, электрокоагуляция, гальванокаустика

electrotomy [ilekˈtrɒtəmi] электротомия, диатермотомия

electrotonus [ilekˈtrɒtəʊnəs] физиол. электротон (изменение возбудимости тканей при прохождении через них постоянного электрического тока)

electrotropism [iˌlektrəʊˈtrəʊpizm] биол. электротропизм

electuary [iˈlektjʊæri] электуарий, кашка лекарственная

eleidin [eˈliːidin] элеидин (промежуточный продукт превращения кератогиалина в кератин)

element [ˈeləmənt] 1. элемент, составная часть 2. неделимая структура или единица

acidulous ~ кислотообразующий элемент

anatomical ~ морфологическая частица (напр. клетка)

basic ~s of life основы жизни

detecting ~ рецептор, чувствительный элемент

food ~s питательные элементы (жиры, минералы, витамины)

formed ~s форменные элементы (крови)

labile ~s клетки ткани, размножающиеся непрямым клеточным делением

major ~s макроэлементы (потребляемые в большом количестве – свыше 0,1 % – с пищей: N, P, Ca, K, Na, S и др.)

micronutrient ~ микроэлемент питательной среды

minor ~ 1. мини-элемент 2. микроэлемент (находящийся в определённой среде в количестве ниже 0,1 %)

movable genetic ~ подвижный генетический элемент (с непостоянным положением в геноме)

posterior ~s задние опорные структуры (позвоночника)

radioactive ~ радиоактивный элемент

resistance ~ резистор

secondary ~ вторичный [второстепенный] элемент (питания)

self-replicating ~ мол. ген. самореплицирующийся элемент (внехромосомная молекула нуклеиновой кислоты, способная к независимой от хромосомной ДНК [автономной] репликации)

sensitive ~ 1. рецептор, чувствительный элемент 2. датчик, щуп; зонд

soluble ~s компоненты плазмы крови *(система компонента, белки острой фазы воспаления, цитокины)*

tagged ~ см. **tracer** ~

temperature-sensing ~ температурный датчик, термодатчик

tracer ~ меченый атом; элемент-индикатор, индикаторный элемент

transposable ~ перемещающийся элемент, транспозон *(фрагмент ДНК, который может менять своё положение в геноме)*

volume picture ~ элемент объёмного [стереоскопического] изображения *(при УЗИ)*

weather ~s метеорологические элементы, или факторы

elemental [elə'mentl] относящийся к диете *(напр. о пищевой добавке)*

elementary [elə'mentəri] 1. элементарный; простейший 2. первоначальный; первичный *(о зародышевой клетке)*

eleometer [eli'ɒmətə] бутирометр, жиромер

eleotherapy [ˌeliəʊ'θerəpi] лечебное применение масла

elephant ['eləfənt]:

pink ~ «розовый слон» *(алкогольное делириозное переживание)*

elephantiasic [ˌeləfænti'æstik] страдающий слоновостью, страдающий элефантиазом; относящийся к слоновости

elephantiasis [ˌeləfən'taiəsis] лимфодема, слоновость, элефантиаз

~ **chirurgica** послеоперационная лимфедема

~ **graecorum** лепра, *уст.* проказа

~ **italica** пеллагра

~ **neuro(fibro)matosa** нейрофиброматоз, нейрофиброматозная слоновость, нейромезодерматодистрофия

~ **nostras** стрептококковый элефантиаз

~ **of scrotum** слоновость мошонки

gingival ~ фиброзная гиперплазия дёсен

elevation [elə'veiʃn] 1. повышение *(напр. температуры тела)*; поднятие 2. высокое расположение *(напр. слепой кишки)*; элевация *(напр. сегмента ST на ЭКГ)*; возвышенное положение *(на кровати)*

~ **of bone fragments** поднятие костных фрагментов

~ **of diaphragm** релаксация диафрагмы

~ **of ST segment** подъём [элевация] сегмента ST *(на ЭКГ)*

~ **of the extremity** возвышенное положение конечности

nipple-shaped ~ соскообразное выбухание, соскообразный бугорок

rounded ~ округлое возвышение; бугорок

elevator ['eləveitə] *мед. тех.* элеватор, подъёмник

back ~ подъёмник поясничного отдела туловища *(операционного стола)*

dental ~ зубной элеватор

periosteal ~ распатор *(для снятия надкостницы)*

root ~ см. **tooth-root** ~

screw ~ зубной элеватор с винтовой нарезкой

septum ~ элеватор носовой перегородки

skull ~ нейрохирургический элеватор

tooth-root ~ *стом.* корневой элеватор, элеватор для удаления корня зуба

elfwort ['elfwɔːt] девясил высокий *(Inula helenium)*

eliciting [i'lisitiŋ] специфический *(напр. об антителах)*

eliminant [i'liminənt] очищающее или изгоняющее средство *(напр. мочегонное)*

elimination [iˌlimi'neiʃn] 1. очищение, выделение, извлечение, экскреция, выведение *(из организма)*, элиминация 2. ликвидация *(напр. очага инфекционной болезни)*, устранение

~ **of drug abuse** политика, направленная на искоренение употребления наркотиков

~ **of etiologic factors** устранение причинного фактора, этиологическое лечение

~ **of fungal contamination** исключение заражения грибами

~ **of gastroesophageal reflux** устранение желудочно-пищеводного рефлюкса

~ **of immune complexes** выведение иммунных комплексов из организма

~ **of infection** очищение *(раны)* от инфекции

~ **of ingested food** удаление проглоченной пищи

~ **of offending allergen** устранение [изъятие] причинного аллергена

~ **of source** нейтрализация источника *(напр. антигенной стимуляции)*

~ **of symptoms** исчезновение симптомов

~ **of wrinkles** устранение морщин

cellular ~ клеточная элиминация

colonic gas ~ удаление газа из толстой кишки

digoxin ~ элиминация [выведение] дигоксина

hastening ~ ускоренное [форсированное] выведение *(напр. продуктов метаболизма)*

heat ~ теплоотдача, выделение [отведение] тепла

immune ~ иммунный клиренс *(почечная фильтрация комплексов антиген – антитело)*

inappropriate ~ 1. неадекватное выделение 2. испражнение в неподходящем месте

intestinal ~ 1. выделение через кишечник *(напр. токсинов)* 2. кишечный диализ

pass ~ этап элиминации *(напр. медикамента в организме)*

selective ~ выброс при отборе

splanchnic ~ выведение внутренними органами *(напр. токсических продуктов)*

venipunctures ~ отмена венепункции

eliminator [i'limiˌneitə]:

~s **of poisons** элиминаторы яда

elinguation [iˌliŋ'weiʃn] ампутация языка

Elite [i'liːt]:

Academic Search ~ компьютерная база данных избранных научных журналов *(напр. в области социальных исследований)*

elliptocyte [i'liptəʊsait] овалоцит *(эритроцит овальной формы)*

elliptocytosis [iˌliptəʊsai'təʊsis] овалоцитоз, эллиптоцитоз

elocution [elə'kjuːʃn] дикция

elodes [i'ləʊdiːz] малярия

~ **icteroides** жёлтая лихорадка

elongation [ˌilɒŋ'geiʃn] 1. удлинение, вытяжение *(напр. конечности после перелома)* 2. *биохим.* элонгация *(последовательное присоединение мономеров к полимерной цепи)*

femoral ~ удлинение бедра

eluate ['eljuːeit] элюат *(жидкость, вытекающая из хроматографической колонки)*, экстракт || элюировать, вымывать, извлекать

kidney ~ почечный элюат

elucidation [i,luːsideiʃn]:

~ **of cellular population** толкование клеточной популяции

eluent [i'luːənt] элюент, растворитель

elusive [i'luːsiv] **1.** неуловимый **2.** слабый *(о памяти)* **3.** трудный *(для запоминания, диагностики)*

elute [i'luːt] удалять *(посредством растворителя)*; вымывать, прочищать

elution [i'luːʃn] элюция *(извлечение вещества)*, элюирование *(напр. вируса)*

~ **of antispectrin antibodies** элюирование антител против спектрина

downward flow ~ нисходящая элюция *(о хроматографии)*

gradient ~ градиентная элюция *(непрерывное или периодическое увеличение концентрации элюирующего агента в хроматографии)*

on-line ~ одновременная [одномоментная] элюция

elutriate [i'luːtrieit] *см.* **elute**

elutriation [i,luːtri'eiʃn] элютриация *(отделение мелкого порошка от крупного путём фильтрации в воде)*

elytritis [eli'traitis] кольпит, вагинит

elytrocele [e'litrəusiːl] грыжа влагалища

elytroclasia [,elitrəu'kleiziə] кольпорексис, разрыв влагалища

elytrocleisis [,elitrəu'klaisis] заращение влагалища

elytroplasty ['elitrəu,plæsti] кольпопластика, вагинопластика *(пластическая операция на влагалище)*

elytroptosis [,elitrəu'ptəusis] кольпоптоз, опущение влагалища

elytrorrhaphy [eli'trɒrəfi] кольпорафия, ушивание влагалища

elytrotomy [eli'trɒtəmi] кольпотомия, рассечение влагалища

emaciate [i'meiʃieit] вызывать кахексию, истощать(ся) || истощённый

emaciation [i,meiʃi'eiʃn] кахексия, истощение

emaculation [i,mækju'leiʃn] удаление веснушек или каких-л. других мелких патологических образований с поверхности кожи

emailloblast [e'meiləublæst] *стом.* энамелобласт, адамантобласт, амелобласт

emailloid [e'meilɒid] адамантинома, адамантобластома, амелобластома

emanation [,emə'neiʃn] **1.** выделение *(радиоактивного газа)*, истечение; излучение **2.** радон *(эманация радия)*

~ **from vulva** выделения из влагалища

actinium ~ актинон, эманация актиния

blood ~ выделение крови *(напр. из носа)*

thorium ~ торон, эманация тория

volatile ~ летучие выделения *(о запахе)*

emanator ['eməneitə] эманатор *(устройство для получения радиоактивного газа)*

emanatorium [,emənə'tɔːriəm] эманаторий *(отделение для лечения радиоактивным газом)*

emanotherapy [,emənəu'θerəpi] лечение радиоактивным газом *(напр. радоном)*

emasculate [i'mæskjuleit] кастрировать || кастрированный

emasculation [i,mæskju'leiʃn] кастрация

emasculator [i,mæskju'leitə] инструмент для передавливания или пересечения семенного канатика

embalming [em'baːmiŋ] бальзамирование *(консервация тела умершего путём внутривенного введения соединений, замедляющих процессы разложения)*

embargo [em'baːgəu] эмбарго

to be under an ~ быть под запретом

embarrass [im'bærəs] затруднять, препятствовать, мешать

embarrassment [im'bærəsmənt] смущение, стеснение; затруднение; препятствие, помеха

~ **of ventilation** нарушение вентиляции *(лёгких)*

cardiac ~ расстройство сердечной деятельности

circulatory ~ нарушение кровообращения, расстройство гемодинамики

respiratory ~ дыхательная недостаточность; одышка

vascular ~ **of the epiphysis** нарушение кровоснабжения эпифиза

embedding [im'bediŋ] **1.** заделка, заливка *(гистологического препарата)* **2.** имплантация оплодотворённой яйцеклетки **3.** заключение объекта в блок для приготовления ультратонких срезов

paraffin ~ заливка в парафин

wafer ~ «вафельная» заливка *(препарата)*

embolalia [,embəu'leiliə] *см.* **embololalia**

embole ['embəuli] **1.** вправление вывиха **2.** *эмбр.* гаструляция путём инвагинации

embolectomy [,embəu'lektəmi] эмболэктомия, удаление эмбола

emboli ['embəulai] *pl. от* **embolus**

embolic [em'bɒlik] **1.** эмболический **2.** относящийся к инвагинации или впячиванию

embolism ['embəulizm] эмболия

amniotic fluid ~ амниотическая эмболия, эмболия околоплодными водами

atheromatous ~ атероматозная эмболия

bland ~ асептическая эмболия

cerebral ~ эмболия сосудов головного мозга

crossed ~ парадоксальная [ретроградная] эмболия

direct ~ антеградная эмболия *(в направлении тока крови)*

fat ~ жировая эмболия

fatal ~ летальный исход вследствие эмболии

gaseous ~ газовая [воздушная] эмболия, аэроэмболия

hematogenous ~ эмболия кровеносного сосуда

infective ~ бактериальная [микотическая] эмболия

lymph(ogenous) ~ эмболия лимфатического сосуда

miliary ~ множественная эмболия мелких сосудов

multiple ~ **1.** множественная эмболия **2.** многократная эмболия

pantaloon ~ *см.* **saddle** ~

pulmonary ~ эмболия (сосудов) лёгких; эмболия лёгочной артерии

resolution pulmonary ~ лизис [фибринолиз] эмбола лёгочной артерии

retinal ~ эмболия центральной артерии сетчатки

retrograde [venous] ~ см. **crossed** ~

saddle ~ седловидная эмболия

embolization [ˌembɒliˈzeiʃn] 1. развитие эмболии, эмболизация 2. эмболизация (закупорка сосуда с лечебной целью)

~ **of vein** эмболизация вены

~ **with autogenous clot** эмболизация аутогенным сгустком

hepatic artery ~ эмболизация печёночной артерии

portal ~ эмболизация ветви воротной вены

pulmonary ~ эмболизация лёгочной артерии или её ветвей

therapeutic ~ лечебная эмболизация

transcatheter ~ чрескатетерная эмболизация

embololalia [ˌembəʊləʊˈleiliə] эмбололалия, эмболофразия (бессмысленная речь больного с употреблением одних и тех же слов и оборотов)

embolomycotic [ˌembəʊləʊmaiˈkɒtik] относящийся к инфицированному эмболу

embolophrasia [ˌembəʊləʊˈfreiziə] см. **embololalia**

embolotherapy [ˌembəʊləʊˈθerəpi]:

ballon ~ баллонная эмболизация, или эмболотерапия

embolus [emˈbəʊləs], pl. **emboli** [ˈembəlai] эмбол

cancer ~ раковый эмбол

obturating ~ обтурирующий эмбол

pantaloon [riding, saddle, straddling] ~ седловидный эмбол

embouchement [æmbuˈʃmɔː] сосудистое устье

embrace [imˈbreis] 1. объятие, объятия ‖ обнимать(ся) 2. заключать в себе, содержать; охватывать (мыслью)

embranchment [imˈbrɑːntʃmənt] ветвь (таксон)

embrasure [emˈbreiʒə] межзубный промежуток

embrocation [ˌembrəʊˈkeiʃn] 1. лосьон; примочка 2. линимент

embroidery [emˈbrɔidəri] sl. «дорожки» (рубцы на руках от многочисленных инъекций наркотиков)

embryectomy [ˌembriˈektəmi] 1. операция по поводу внематочной беременности 2. плодоразрушающая операция

embryo [ˈembriəʊ] зародыш, эмбрион (организм первых 7–8 недель внутриутробного развития, с девятой недели – плод)

abortive ~ абортивный [недоразвитый] зародыш

adventitive ~ адвентивный [придаточный] зародыш

biopsied ~ биопсия эмбриона

chick ~ куриный эмбрион

cultured ~ культивируемый эмбрион

differentiated ~ дифференцированный зародыш

hexacanth ~ шестикрючная онкосфера (зародыш гельминта)

in ~ **state** в зачаточном состоянии

mature ~ зрелый [сформировавшийся] зародыш

Spee's ~ Спии эмбрион (двадцатидневный эмбрион, величиной 1,5 мм)

two-cell ~ двуклеточный эмбрион (напр. «человек-хомячок»)

young ~ зародыш в первые недели развития

embryoblast [ˈembriəʊˌblæst] эмбриобласт (внутренняя клеточная масса, предшествующая образованию эмбриона)

embryocardia [ˌembriəʊˈkɑːdiə] эмбриокардия (маятникообразный ритм сердца)

embryoderived [ˈembriəʊdiˈraivd] эмбрионального происхождения (напр. об опухоли)

embryoectomy [ˌembriəʊˈektəmi] см. **embryectomy**

embryogenesis [ˌembriəʊˈʤenəsis] эмбриональное [зародышевое] развитие, эмбриогенез

haploid ~ гаплоидный эмбриогенез

induced ~ индуцированный эмбриогенез

somatic ~ соматический эмбриогенез (образование эмбриона из соматических клеток)

embryolethality [ˌembriəʊliˈθæliti] летальное действие на эмбрион

embryology [ˌembriˈɒləʤi] эмбриология (раздел науки, изучающий развитие эмбриона и плода)

causal ~ см. **experimental** ~

descriptive ~ описательная эмбриология (изучение развития эмбриона и плода в хронологической последовательности)

experimental ~ экспериментальная эмбриология

embryoma [ˌembriˈəʊmə] 1. семинома (яичка); эмбриома, эмбриональная опухоль (напр. печени) 2. тератома, эмбриоцитома

~ **of kidney** аденосаркома почки, смешанная опухоль почки, Вильмса опухоль

~ **of ovary** дисгерминома, эмбриональная карцинома яичника

embryonate [ˈembriəʊneit] 1. оплодотворённый 2. содержащий эмбрион

embryonization [ˌembriˌəʊniˈzeiʃn] дедифференцировка, приобретение эмбриональных свойств

embryopathy [ˌembriˈɒpəθi] эмбриопатия

alcohol [ethanol] ~ алкогольная эмбриопатия

rubella ~ эмбриопатия, обусловленная краснухой

embryophore [emˈbriəʊfɔː] эмбриофор (внутренняя оболочка онкосферы гельминтов)

embryoplastic [ˌembriəʊˈplæstik] относящийся к формированию эмбриона

embryoscopy [ˌembriˈɒskəpi] эмбриоскопия (обследование эмбриона в первые 12 недель беременности)

embryotocia [ˌembriəʊˈtəʊsiə] аборт (в ранней стадии развития зародыша – в первые 2 месяца)

embryotomy [ˌembriˈɒtəmi] эмбриотомия (плодоразрушающая операция)

embryotoxicity [ˌembriəʊtɒkˈsisiti] эмбриотоксичность

embryotoxon [ˌembriəʊˈtɒksɒn] эмбриотоксон (врождённое кольцевидное помутнение периферических отделов роговицы)

embryotrophy [ˌembriˈɒtrəfi] эмбриотрофия, питание эмбриона

embryulcia [ˌembriˈʌlsiə] 1. инструментальное извлечение плода из матки 2. эмбриотомия

embryulcus [ˌembriˈʌlkəs] акушерский крючок

emedullate [iˈmedjʊleit] удалять костный мозг

emergence [iˈmɜːʤəns] 1. появление, возникновение; выступание (наружу из полости) 2. пробуждение, выход из наркоза

~ **of diverticular disease** неотложные состояния при дивертикулёзе (кишечника)

~ of resistant organisms возникновение устойчивых микроорганизмов

~ of tooth прорезывание зуба

delayed ~ запоздалое прорезывание *(зуба)*

emergency [i'mə:ʤənsi] **1.** критическое состояние *(больного)*; чрезвычайные обстоятельства; аварийные условия; экстренность, крайность **2.** непредвиденный случай; несчастный случай **3.** неотложная [срочная, экстренная] помощь

accidents & ~ies несчастные случаи и неотложные состояния

acute anesthetic ~ies осложнения во время наркоза, осложнения в анестезиологической практике

Birch's ~ies руководство Birch по неотложным состояниям

cardiac ~ies неотложные состояния в кардиологии

cardiac arrest ~ внезапная остановка сердца; угрожающая остановка сердца

cardiovascular ~ острый приступ сердечно-сосудистого заболевания

chemical ~ несчастный случай, связанный с химическим отравлением

delayed ~ запоздалая [несвоевременная] неотложная помощь

diabetic ~ неотложное состояние при сахарном диабете

drug ~ies чрезвычайные ситуации, вызванные потреблением наркотиков

environmental ~ies несчастные случаи [повреждения], связанные с внешней средой *(ожоги, отморожения, укусы и пр.)*

global ~ глобальная опасность, глобальное чрезвычайное положение *(напр. по туберкулёзу в 1993 г., ВОЗ)*

hospital ~ больничная неотложная помощь

hypertensive ~ гипертонический криз

medical ~ 1. неотложное состояние в клинической практике; ургентное заболевание **2.** скорая медицинская помощь

office ~ies служба неотложной помощи

oncologic ~ies осложнения при онкологических заболеваниях *(кровотечение, перфорация, непроходимость)*

orbital ~ies экстренные операции на глазнице

pediatric ~ies неотложные состояния в педиатрии

poisoning ~ies неотложные состояния при отравлениях

profound ~ чрезвычайная срочность *(напр. при двустороннем пневмотораксе)*

pulmonary ~ies неотложная пульмонология

surgical ~ 1. острое хирургическое заболевание или осложнение **2.** экстренное [неотложное] хирургическое вмешательство

thoracic ~ неотложное состояние при заболеваниях грудной клетки

toxicological ~ies 1. неотложная токсикология **2.** острое отравление

vascular surgical ~ies экстренное пособие при сосудистых нарушениях

emergent [i'mə:ʤənt] **1.** неожиданно появившийся; экстренный **2.** отсроченный *(об операции, выполнение ко-*

торой допустимо отложить до 24 часов) **3.** растущий из полости

emesis ['eməsis] рвота

emetic [ə'metik] рвотное (средство) ‖ рвотный, вызывающий рвоту

central ~ рвотное средство центрального действия

direct ~ рвотное средство местного действия

indirect ~ *см.* **central ~**

mechanical ~ *см.* **direct ~**

systemic ~ *см.* **central ~**

emetocathartic [,emətəʊkə'θɑːtik] средство, вызывающее одновременно рвоту и понос ‖ вызывающий одновременно рвоту и понос

emiction [ə'mikʃn] мочеиспускание, микция

emictory [ə'miktəri] мочегонное (средство)

emigration [,emi'greiʃn] **1.** эмиграция *(выезд из страны в другое государство с целью получения его гражданства)* **2.** диапедез, миграция лейкоцитов *(при воспалении)*

leukocytes ~ выхождение лейкоцитов из кровяного русла

eminence ['eminəns], **eminency** ['eminənsi] **1.** *анат.* возвышение, выступ, бугор(ок) **2.** высокое положение

~ of concha возвышение раковины *(дугообразное возвышение на поверхности ушной раковины)*

~ of the hand *см.* **thenar ~**

~ of scapha возвышение ладьи *(вилкообразное возвышение на поверхности ушной раковины)*

antithenar ~ возвышение мизинца, гипотенар

articular ~ суставной бугорок

deltoid ~ бугристость дельтовидной мышцы

Doyere's ~ моторная бляшка, нервно-мышечный синапс

frontal ~ лобный бугор

genital ~ *эмбр.* половой бугорок

hypothenar ~ возвышение мизинца, гипотенар

iliopectineal [iliopubic] ~ подвздошно-лобковое [подвзошно-гребешковое] возвышение

pyramidal ~ пирамидальное возвышение *(в барабанной полости)*

radial ~ of wrist лучевое возвышение запястья

thenar ~ возвышение большого пальца, тенар

thyroid ~ выступ гортани, адамово яблоко

triangular ~ возвышение треугольной ямки *(на поверхности ушной раковины, обращённой к черепу)*

ulnar ~ of wrist локтевое возвышение запястья

emiocytosis [,i:miəʊsai'təʊsis] *цитол.* эмиоцитоз

emissary ['emisəri] **1.** выход; выходное отверстие **2.** эмис-сарная вена, эмиссарий *(венозный выпускник черепа)*

emission [i'miʃn] **1.** выделение *(секрета)* **2.** поллюция **3.** эмиссия, излучение, испускание **4.** *pl.* выбросы; загрязнители *(шум, вибрация, свет, выхлопные газы, тепло, излучения и аномальные факторы среды, влияющие на биологические объекты)*

~ of air прохождение воздуха *(напр. через нос)*

nocturnal ~ ночная поллюция, непроизвольное семяизвержение

positron ~ позитронная эмиссия

seminal ~ семяизвержение, эякуляция

stimulated ~ индуцированное излучение

emit [i'mit] 1. выделять *(тепло)*; извергать *(дым)* 2. излучать *(радиоактивные частицы)* 3. издавать *(крик, звук)*

emitter [i'mitə] эмиттер, излучатель, источник излучения

internal ~s внутренние излучатели *(β- и γ-радионуклидов)*

potent ~ опасный источник излучения

X-ray ~ источник рентгеновского излучения

emma ['emə] *sl.* морфин

emmenagogue [ə'menəgɒg] средство, стимулирующее менструацию

emmenia [ə'meniə] менструация

emmenin ['emənin] экстракт человеческой плаценты

emmeniopathy [ə,meni'ɒpəθi] расстройство менструального цикла, дисменорея

emmenology [emə'nɒlədʒi] раздел гинекологии, посвящённый физиологии и патологии менструального цикла

emmetropia [,eme'trəupiə] эмметропическая [соразмерная, нормальная] рефракция глаза, эмметропия

emollient [i'mɒliənt] смягчающее вещество, мягчитель

emotion [i'məuʃn] 1. эмоция, сильное чувство 2. волнение; возбуждение; аффект

deep ~ глубокое переживание

emergency ~s эмоции, возникающие в чрезвычайных ситуациях

expressed ~s эмоциональная экспрессивность; выражение эмоций

intensive ~ страсть, страстное желание

stenic ~s стенические эмоции

emotional [i'məuʃənl] 1. эмоциональный; психогенный; психический *(о воздействии)* 2. невротический *(напр. синдром)*

emotionalism [i'məuʃnəlizm] повышенная эмоциональность

emotionality [i,məuʃə'næliti]:

pathological ~ патологическая эмоциональность

empathy ['empəθi] 1. сочувствие, эмпатия, сопереживание 2. *психол.* вчувствование; ощущение себя другим; перевоплощение

emperipolesis [,emperi'pɒli:sis] активное внедрение лимфоцитов в другую клетку

emphasise ['emfəsaiz]:

to ~ awareness of "here and now needs" подчёркивать осведомлённость о повседневных нуждах *(больного)*

emphlysis ['emflisis] везикулярное высыпание; пемфигус

emphraxis [em'fræksis] 1. обтурация, закупорка 2. застой; внедрение; инфаркт

emphyma [em'faimə] опухоль, новообразование

emphysema [,emfi'si:mə] эмфизема *(патологическое наличие воздуха в органе или ткани)*

altitude ~ высотная эмфизема

bullous ~ буллёзная эмфизема *(лёгких)*

centriacinar [centrilobular] ~ центриацинозная [центрилобулярная] эмфизема лёгких *(поражение в центральной части ацинуса)*

compensating [compensatory] ~ викарная [компенсаторная] эмфизема лёгких

cutaneous ~ подкожная эмфизема

ectatic ~ *см.* **compensating ~**

essential ~ первичная диффузная [генуинная, идиопатическая, эссенциальная] эмфизема лёгких

gangrenous ~ газовая гангрена

interstitial ~ межуточная [интерстициальная] эмфизема лёгких

intestinal ~ пневматоз кишечника

Jenner's ~ старческая [атрофическая] эмфизема лёгких

large-lunged ~ хроническая гипертрофическая эмфизема лёгких

lobar ~ лобарная [долевая] эмфизема лёгкого

mediastinal ~ пневмомедиастинум, эмфизема средостения

panacinar [panlobular] ~ панацинозная [панлобулярная] эмфизема лёгких *(поражение альвеол)*

patchy ~ очаговая [островковая, перифокальная] эмфизема лёгких

peri-acinar ~ интерстициальная [периальвеолярная] эмфизема лёгких

scalp [subgaleal] ~ подапоневротическая эмфизема покровов черепа

surgical ~ послеоперационная эмфизема

unilobar obstructive ~ внутридолевая обструктивная эмфизема лёгкого

vesicular ~ везикулярная [альвеолярная] эмфизема лёгких

emphysematous [,emfi'semətəs] эмфизематозный; содержащий воздух или газ, газовый *(о гангрене)*

empirical [em'pirikəl] 1. эмпирический, основанный на практическом опыте 2. лекарь, целитель *(не имеющий медицинского образования)*

empiricism [em'pirisizm] 1. эмпиризм 2. практицизм 3. знахарство

emplastic [em'plæstik] 1. пластырный 2. клейкий, липкий

emplastrum [em'plæstrəm] пластырь

employee [,emplɒi'i:] рабочий, служащий, работник по найму

employment [im'plɒimənt] 1. работа, занятие 2. использование

~ of senses сохранение чувствительности

sheltered ~ 1. облегчённые условия труда *(напр. при беременности)* 2. работа в закрытом помещении

empoison [im'pɒizn] 1. отравлять 2. ожесточать; озлоблять

empower [im'pauə] уполномочивать

to ~ the patient to develop coping strategies стимулировать больного вырабатывать преодолевающее поведение

emprosthotony [emprɒs'θɒtəni] опистотонус *(тетаническое сокращение мышц с выгибанием спины)*

empty ['empti] 1. вещественно-неопределённый 2. пустой 3. необитаемый

emptying ['emptiiŋ] опорожнение *(полости)*

delayed gastric ~ замедленное опорожнение желудка

esophageal ~ эвакуация из пищевода

installment ~ неполное опорожнение *(напр. мочевого пузыря)*

ventricular ~ изгнание крови из желудочка *(сердца)*

emptysis ['emptisis] кровохарканье

empyema [,empai'i:mə] 1. эмпиема *(скопление гноя в полости тела)* 2. эмпиема плевры, пиоторакс

~ of cyst нагноение кисты

~ **of necessity** «прободающая» эмпиема, прорыв гноя из плевральной полости наружу

~ **of pericardium** гнойный перикардит

extradural ~ эпидуральный абсцесс

loculated ~ ограниченная [осумкованная] эмпиема плевры

mastoid ~ гнойный мастоидит

subdural ~ субдуральный абсцесс

trichomonas ~ трихомонадная эмпиема

empyesis [ˌempaiˈiːsis] 1. гнойничковые высыпания (на коже) 2. скопление гноя

empyocele [ˈempaiəʊsiːl] нагноение оболочек яичка; нагноившаяся водянка оболочек яичка

empyomphalus [empaiˈɒmfæləs] нагноение пупка

emulgent [iˈmʌldʒənt] эмульгатор (вещество) || извлекающий, экстрактирующий, эмульгирующий

emulsification [iˌmʌlsifiˈkeiʃn] эмульгирование, образование эмульсии

emulsion [iˈmʌlʃn] эмульсия (жидкая дисперсная система, содержащая две несмешивающиеся системы)

bacillary ~ бактериальная взвесь

broken ~ расслоившаяся эмульсия

lipid ~ липидная эмульсия

water-in-oil ~ эмульсия типа «вода в масле»

emunctory [iˈmʌŋktəri] 1. экскреторный [выделительный] орган 2. выводной проток

emuresis [imjuˈriːsis] недостаточный [неадекватный] диурез

en [aːŋ]:

~ **bloc** фр. целиком, в блоке (в онкологии или трансплантологии – удаление органа с иссечением регионарных лимфатических узлов и плотно прилегающих тканей)

enabler [inˈeiblə] пособник (напр. лицо, способствующее распространению алкоголизма или наркомании)

enactment [iˈnæktmənt] закон, указ, статут

legislative ~ законодательный акт

enamel [iˈnæml] (зубная) эмаль

curled ~ эмаль с искривлёнными призматическими столбиками

dwarfed ~ утолщённый эмалевый слой

gnarled ~ см. **curled** ~

hereditary brown ~ несовершенный амелогенез

missing ~ гипопластические участки зубной эмали

mottled ~ крапчатая эмаль

nanoid ~ утолщённая эмаль

enameloblast [iˈnæmələʊblæst] энамелобласт, адамантобласт, амелобласт (эпителиальная клетка внутреннего слоя зубного органа)

enameloblastoma [iˌnæmələʊblæsˈtəʊmə] адамантинома (доброкачественная опухоль из эмальпродуцирующей ткани)

enameloma [iˌnæməˈləʊmə] адамантома (узелковые утолщения в области шейки зуба)

enamelum [əˈnæmələm] см. **enamel**

enanthem(a) [əˈnænθəmə] энантема (сыпь на слизистых оболочках)

enanthesis [enænˈθiːsis] высыпание [сыпь] на коже (напр. при скарлатине, сыпном тифе и т. п.)

enanthrope [eˈnænθrəʊp] эндогенный источник болезни

enantiomere [eˈnænti‚əʊmiə] pl. энантиомеры (изомеры, молекулы которых представляют собой несовместимые друг с другом зеркальные отображения)

enarthrosis [ˌenaˈθrəʊsis] чашеобразный [ореховидный, шаровидный] сустав (напр. тазобедренный)

encapsidation [enˌkæpsiˈdeiʃn] капсидирование (включение нуклеиновых кислот в капсид)

encapsulated [enˈkæpsjʊˌleitid] 1. инкапсулированный (паразит), осумкованный (о патологический очаг) 2. включённый в желатиновую капсулу или оболочку (о лекарственном веществе)

encapsulation [ənˌkæpsjʊˈleiʃn] 1. инкапсуляция 2. включение в желатиновую капсулу

encarditis [enˌkaˈdaitis] см. **endocarditis**

encasement [inˈkeismənt] футляр; оболочка; покрышка

protective ~ защитный футляр (напр. позвоночник для спинного мозга)

encatarrhaphy [ˌenkəˈtarəfi] имплантация органа или ткани (в необычное для них место)

encelialgia [ˌensiliˈældʒiə] боль в животе

enceli(i)tis [enˌsiˈliːaitis] воспаление какого-л. органа брюшной полости

encephalalgia [enˌsefəlˈældʒiə] головная боль, цефалгия

encephalasthenia [ensefələsˈθiːniə] церебрастения, энцефаластения

encephalauxe [ˌensefəˈlɔːksi] гипертрофия головного мозга

encephalic [ˌensəˈfælik] мозговой, относящийся к головному мозгу

encephalin [enˈsefəlin] см. **enkephalin**

encephalitis [enˌsefəˈlaitis], pl. **encephalitides** [enˌsefəˈlaitidiːz] энцефалит

~ **lethargica** летаргический энцефалит

acute superior ~ Вернике энцефалопатия

american ~ см. **St. Louis** ~

australian ~ см. **Murray Valley** ~

autumn ~ см. **Japanese** ~

brain stem ~ энцефалит ствола мозга, Фишера синдром

bunyavirus ~ буньявирусный энцефалит (внезапно начинающееся воспаление мозга с характерными тяжёлыми болями в лобной области и умеренной лихорадкой)

Californian ~ калифорнийский энцефалит

Central European ~ центральноевропейский энцефалит

Coxsackie ~ Коксаки вирусный энцефалит (наблюдаемый чаще в детском возрасте; характерно преимущественное поражение серого вещества продолговатого и спинного мозга)

Dawson ~ подострый склерозирующий панэнцефалит, Досона болезнь, ван Богарта болезнь

eastern equine ~ восточный лошадиный энцефалит

herpetic ~ герпетический энцефалит

inclusion body ~ острый некротический энцефалит (с внутриядерными включениями)

influenzal ~ постгриппозный энцефалит

Japanese ~ японский [комариный] энцефалит

lethargic ~ эпидемический летаргический энцефалит (Экономо)

Murray Valley ~ энцефалит долины Муррея, австралийский энцефалит

postmeasles ~ вторичный энцефалит, осложняющий корь

postvaccinal ~ поствакцинальный энцефалит

Powasan ~ Повасан клещевой энцефалит

Russian spring-summer ~ весенне-летний клещевой [дальневосточный, русский, таёжный] энцефалит

secondary ~ вторичный энцефалит *(возникающий как осложнение какой-л. инфекционной болезни)*

St. Louis ~ энцефалит Сент-Луис, американский энцефалит

tick-borne ~ *см.* **Russian spring-summer** ~

vaccinal ~ поствакцинальный энцефалит

varicella ~ вторичный энцефалит, осложняющий течение ветряной оспы

vernal ~ *см.* **Russian spring-summer** ~

West Nile ~ энцефалит [лихорадка] Западного Нила

woodcutter ~ *см.* **Russian spring-summer** ~

encephalitozoonosis [ensəˌfælitəʊˌzəʊəʊˈnəʊsis] энцефалитозооноз

encephalization [ensefəliˈzeiʃn] кортикализация функций

encephalocele [enˈsefələʊˌsiːl] черепно-мозговая грыжа, энцефалоцеле

encephalogen [enˈsefələʊˌdʒen] агент, вызывающий или воспроизводящий энцефалит

encephalography [enˌsefəˈlɒgrəfi] энцефалография

air ~ пневмоэнцефалография

gamma ~ гамма-энцефалография, энцефало-сцинтиграфия

radioisotopic ~ радиоизотопная энцефалография

ultrasonic ~ эхоэнцефалография, ультразвуковая энцефалография

encephaloid [enˈsefələid] подобный веществу головного мозга *(напр. об опухоли)*

encephalology [enˌsefəˈlɒlədʒi] учение о головном мозге, описание головного мозга

encephaloma [enˌsefəˈləʊmə] 1. опухоль головного мозга 2. медуллярный [мозговидный] рак

encephalomalacia [enˌsefələʊməˈleiʃiə] энцефаломаляция, размягчение головного мозга

encephalomeningitis [enˌsefələʊˌmeninˈdʒaitis] менингоэнцефалит

encephalomeningocele [enˌsefələʊmeˈniŋgəʊsiːl] энцефаломенингоцеле *(грыжа головного мозга и его оболочек)*

encephalomere [enˈsefələʊˌmiə] *эмбр.* сегмент головного мозга

encephalomyelic [enˌsefələʊˌmaiəlik] относящийся к головному и спинному мозгу, цереброспинальный

encephalomyelitis [enˌsefələʊˌmaiəˈlaitis] энцефаломиелит

acute disseminated ~ острый рассеянный энцефаломиелит

autoimmune ~ аутоиммунный энцефаломиелит

British myalgic ~ британский миалгический энцефаломиелит, нейромиастения

encephalomyelocele [enˌsefələʊˈmaiələʊsiːl] черепно-мозговая грыжа, энцефаломиелоцеле

encephalomyeloneuropathy [enˌsefələʊˌmaiələʊnjuːˈrɒpəθi] энцефаломиелополиневрит

encephalomyelopathy [enˌsefələʊˌmaiəˈlɒpəθi] энцефаломиелопатия *(любое заболевание головного и спинного мозга)*

encephalomyeloradiculitis [enˌsefələʊˌmaiələʊreˌdikjuˈlaitis] энцефаломиелополирадикулоневрит

encephalon [enˈsefələn] головной мозг

encephalonarcosis [enˌsefələʊnɑːˈkəʊsis] ступор или кома при поражении головного мозга

encephalopathy [enˌsefəˈlɒpəθi] энцефалопатия, церебропатия, псевдоэнцефалит

alcoholic ~ алкогольная энцефалопатия

boxer's ~ травматическая энцефалопатия [деменция] боксёров, Мартланда синдром

demyelinating ~ демиелинизирующая энцефалопатия

hepatic ~ гепатаргия; печёночная [портосистемная] энцефалопатия

HIV-associated ~ **of childhood** ВИЧ-ассоциированная энцефалопатия детского возраста

hypernatremic ~ гипернатриемическая энцефалопатия *(субдуральный и субарахноидальный выпоты у детей при гипернатриемической дегидратации)*

hypertensive ~ гипертоническая энцефалопатия

lead ~ свинцовая энцефалопатия

metabolic ~ токсическая энцефалопатия *(с нарушениями памяти, головокружением и общей слабостью)*

necrotizing ~ подострая инфантильная некротическая энцефалопатия

palindromic ~ рецидивирующая энцефалопатия

portal-systemic [portosystemic] ~ *см.* **hepatic** ~

progressive subcortical ~ демиелинизирующая энцефалопатия

saturnine ~ *см.* **lead** ~

spongiform ~ губчатая энцефалопатия

subacute spongiform ~ подострая губчатая энцефалопатия *(Крейтцфельда – Якоба, «бешенство коров», скрэпи, куру)*

subcortical arteriosclerotic ~ подкорковая артериосклеротическая энцефалопатия

traumatic ~ энцефалопатия вследствие ЧМТ

Wernicke's ~ геморрагический полиоэнцефалит; Вернике болезнь, или энцефалопатия

encephalopyosis [enˌsefələʊpaiˈəʊsis] абсцесс головного мозга

encephalorrhachidian [enˌsefələʊreiˈkidiən] спинномозговой

encephalorrhagia [enˌsefələʊˈreidʒiə] кровоизлияние в головной мозг

encephaloscopy [enˌsefəˈlɒskəpi] исследование головного мозга

encephalosepsis [enˌsefələʊˈsepsis] септический энцефалит

encephalospinal [enˌsefələʊˈspainəl] относящийся к головному и спинному мозгу, цереброспинальный

encephalothlipsis [enˌsefələʊˈθlipsis] сдавление мозга

encephalotomy [enˌsefəˈlɒtəmi] энцефалотомия *(1. рассечение головного мозга 2. иссечение участка головного мозга 3. краниотомия у плода)*

enchondral [enˈkɒndrəl] энхондральный *(напр. рост опухоли)*

enchondroma [ˌenkɒnˈdrəʊmə] энхондрома *(хондрома, расположенная в костно-мозговой плоскости)*

enchondromatosis [eˌnkɒndrəʊməˈtəʊsis]:

~ & hemangiomas энхондроматоз в сочетании с гемангиомами, Маффучи синдром

enchondrosarcoma [ˌenkɒndrəusaˈkəʊmə] хондросаркома

enchylema [ˌenkaiˈliːmə] цитоплазматический матрикс, гиалоплазма

encircle [inˈsəːkl] окружать, опоясывать; охватывать *(напр. швом)*

encirclement [inˈsəːklmənt]:

excessive cord ~ многократное обвитие пуповины

enclave [ˈenkleiv] тканевое включение *(в необычном месте)*, гамартома

enclavement [enˈkleivmənt] задержка выделения последа вследствие ущемления

enclavoma [ˌenkleiˈvəʊmə] смешанная опухоль *(слюнной железы)*

enclitic [enˈklitik] ущемлённый *(о головке плода при узком тазе)*

enclose [inˈkləʊz] окутывать, обёртывать *(напр. протез сальником)*

enclosure [inˈkləʊʒə] 1. оболочка; камера 2. ограждённое пространство; огороженное место 3. ограждать

thermostated ~ термостатированная камера, термостат

encode [inˈkəʊd] 1. кодировать *(напр. в памяти)*, шифровать 2. *бтх., ген.* картировать

encoded [inˈkəʊdid] закодированный

encoder [inˈkəʊdə]:

digital ~ цифровое кодирующее устройство

encolpism [enˈkɒlpizəm] лечение влагалища; чрезвлагалищное лечение

encolpitis [enkɒlˈpaitis] кольпит, вагинит

encopresis [enkəʊˈpriːsis] энкопрез, недержание кала

functional [non-organic] ~ неорганический [функциональный] энкопрез

encounter [inˈkaʊntə] 1. столкновение, неожиданная встреча 2. психотерапевтическая «группа встреч» 3. *страх.* обращение *(посещение застрахованным пациентом амбулаторно-поликлинического ЛПУ)*

patient-physician ~ 1. взаимоотношение [взаимодействие] врач – больной 2. оказание медицинской помощи

sexual ~ половое сношение

encourage [inˈkʌrɪʤ] 1. провоцировать *(болезнь)*; поддерживать 2. поощрять *(больного)*, стимулировать; потворствовать

~ cell division стимулировать деление клеток

encumber [inˈkʌmbə] затруднять, препятствовать

encyesis [ˌensaiˈiːsis] нормальная [физиологическая] беременность

encyopyelitis [enˌsaiəʊˌpaiəˈlaitis] пиелит беременных

encyst [enˈsist] инкапсулировать(ся); образовывать оболочку

encysted [enˈsistəd] инкапсулированный, осумкованный, заключённый в оболочку

encystment [enˈsistmənt] инцистирование *(переход многих одноклеточных организмов к временной форме существования – цисте)*

end [end] 1. конец, окончание, место прикрепления *(напр. мышцы)* 2. предел, граница 3. смерть ◊ **to be near(ing) one's ~** быть при смерти

~ of transcription *ген.* окончание транскрипции

~ of transcriptional unit *ген.* конец транскрипционной единицы

amino terminal ~ аминоконец *(остаток первой кислоты полипептида, имеющий свободную а-аминогруппу)*

broken ~ конец отломка *(кости)*

chromosome cohesive ~ «липкий» конец хромосомы

closed ~ слепой конец *(катетера)*

cohesive [sticky] ~s of DNA связующие [«липкие»] концы ДНК *(одноцепочечные участки на концах двухцепочечных ДНК, способные к комплементарному спариванию)*

taste ~ вкусовое нервное окончание с нервным волокном

endadelphos [ˌendəˈdelfɒs] сросшиеся близнецы, меньший из которых, плод-паразит, включён в тело большего, аутозита

endanger [inˈdeinʤə] подвергать опасности

endangiitis [endˌænʤiˈaitis] эндоваскулит *(воспаление внутренней оболочки кровеносного сосуда)*

endangium [endˈænʤiəm] внутренняя оболочка кровеносного сосуда

endaortitis [endeiɔːˈtaitis] эндаортит *(воспаление внутренней оболочки аорты)*

endarterectomy [endˌaːtəˈektəmi] эндартерэктомия *(хирургическое иссечение атеромы артерии)*, интимэктомия

carotid ~ каротидная эндартерэктомия, эндартерэктомия сонной артерии

coronary ~ коронарная эндартерэктомия

endarteritis [endˌaːtəˈraitis] эндартериит *(воспаление внутренней оболочки артерии)*

~ deformans *лат.* деформирующий эндартериит

~ obliterans *лат.* облитерирующий эндартериит

endarterium [ˌendaːˈtiːriəm] внутренняя оболочка артерии

endaural [endˈɔːrəl] внутриушной

end-body [ˈend-ˈbɒdi] компонент комплемента

endbrain [ˈend-brein] конечный мозг

end-brush [ˈend-brʌʃ] нервное окончание в виде кисточки

end-bud [ˈend-bʌd], **end-bulb** [ˈend-bʌlb] синаптическое нервное окончание в виде луковицы

endeavour [inˈdevə] попытка; старание

microsurgical ~ микрохирургическая техника

endeictic [enˈdaiktik] симптоматический

endemia [enˈdiːmiə] 1. эндемическая болезнь 2. эндемия

endemic [enˈdemik] эндемик *(вид, обитающий в определённой географической зоне)* ‖ эндемический, эндемичный

endemicity [endəˈmisiti] эндемичность

endemoepidemic [ˌendeməʊˌepiˈdemik] указывающий на временное резкое увеличение заболеваемости

endemy [enˈdemi] *см.* **endemia**

endepidermis [endˌepiˈdəːmis] внутренние слои эпидермиса

endermic [enˈdəːmik] внутрикожный; чрескожный *(о путях введения лекарственного средства)*

endermosis [endəˈməʊsis] 1. чрескожное всасывание лекарственного препарата 2. высыпание на слизистой оболочке

enderon [ˈendərɒn] дерма, собственно кожа

end-feet [ˈend-fiːt] синаптическое нервное окончание

end-fibrils [end-ˈfaibrilz] концевые ветви аксона

end-flake ['end-fleik] нервно-мышечная пластинка, нервно-мышечное соединение, синапс

end-gut ['end-gʌt] *эмбр.* задняя кишка

ending ['endiŋ] окончание

annulospiral nerve ~ кольцеспиральное [аннулоспиральное] нервное окончание

free nerve ~s свободные нервные окончания

grapelike nerve ~ гроздёвидное нервное окончание

motor nerve ~ двигательное нервное окончание

myenteric nerve ~s нервные окончания мышечной оболочки кишечника

sensory nerve ~ чувствительное нервное окончание

trail ~ стелющееся (нервное) окончание

end-inspiratory [end-'inspi'reitəri] относящийся к концу вдоха

end-labelling [end-'leibliŋ] мечение по концу (*линейного полимера*)

end-lobe ['end-ləʊb] затылочная доля головного мозга

endoaneurysmoplasty [endəʊ͵ænjʊriz'mɒplæsti], **endoaneurysmorrhaphy** [endəʊ͵ænjʊriz'mɒrəfi] Матаса операция (*ушивание дефекта стенки аневризмы изнутри*)

endoangiitis [endəʊænʤi'aitis] *см.* **endangiitis**

endoappendicitis [endəʊə͵pendi'saitis] катаральный аппендицит

endoauscultation [endəʊ͵ɔːskəl'teiʃn] эндоскопическая аускультация (*выслушивание через фонендоскоп, введённый в пищевод или желудок*)

endobiotic [endəʊbai'ɒtik] эндобиотический (*о паразите, живущем в организме хозяина*)

endobronchitis [endəʊbrɒŋ'kaitis] поверхностный бронхит, эндобронхит

endocardiac [endəʊ'kaːdiæk], **endocardial** [endəʊ'kaːdiəl] 1. внутрисердечный, эндокардиальный (*напр. электрод*) 2. относящийся к эндокарду, эндокардиальный

endocarditis [endəʊkaː'daitis] эндокардит

~ **lenta** *лат.* затяжной септический эндокардит

bacterial ~ септический [бактериальный] эндокардит

cachectic ~ токсический [кахектический] эндокардит

constrictive ~ рестриктивная кардиомиопатия, фибропластический эндокардит, Леффлера эндокардит

infective ~ *см.* **bacterial** ~

Loffler's ~ *см.* **constrictive** ~

malignant ~ язвенный [злокачественный] эндокардит

marantic ~ *см.* **cachectic** ~

mitral valve ~ эндокардит, ограниченный поражением митрального клапана

mural ~ пристеночный [париетальный] эндокардит

nonbacterial thrombotic ~ абактериальный пристеночный (тромбо)эндокардит

polypous ~ *см.* **vegetative** ~

prosthetic valve ~ эндокардит, обусловленный протезом

subacute bacterial ~ подострый [затяжной] септический эндокардит

vegetative [verrucous] ~ бородавчатый [полипозный] эндокардит

endocardium [endəʊ'kaːdiəm], *pl.* **endocardia** [endəʊ'kaːdiə] эндокард (*внутренняя оболочка полости сердца*)

endocavitary [endəʊ'kævitəri], **endoceliac** [endəʊ'siːliæk] внутриполостной

endocellular [endəʊ'seljʊlə] внутриклеточный

endocervicitis [endəʊ͵sɜː'viˈsaitis] эндоцервицит (*воспаление канала шейки матки*)

endocervix [endəʊ'sɜːviks] эндоцервикс (*слизистая оболочка шейки матки*)

endochondral [endəʊ'kɒndrəl] эндохондральный (*расположенный внутри хряща*)

endocolitis [endəʊkəʊ'laitis] поверхностный колит, катаральный колит

endocolpitis [endəʊkɒl'paitis] кольпит, вагинит

endocrinologist [endəʊkri'nɒləʤist]:

experimental ~ специалист по экспериментальной эндокринологии

pediatric ~ детский эндокринолог

endocrinology [endəʊkri'nɒləʤi] 1. эндокринология 2. состояние эндокринных желёз 3. эндокринологические заболевания

~ **of hypertension** роль эндокринных факторов в развитии гипертонической болезни

essential ~ основы эндокринологии

maternal-fetal ~ эндокринная система плода и матери

perinatal ~ эндокринологические изменения в перинатальном периоде

endocrinopathy [endəʊkri'nɒrəθi] эндокринопатия (*нарушение функций желёз внутренней секреции*)

autoimmune ~ аутоиммунная эндокринопатия

multiple ~ полигландулярный эндокринный синдром

endocrinotherapy [endəʊ͵krinəʊ'θerəpi] гормонотерапия, гормональная терапия

endocyst ['endəʊsist] внутренний [зародышевый] слой эхинококковой кисты

endocystitis [endəʊsis'taitis] катаральный цистит

endocyte ['endəʊsait] клеточное включение

endocytosis [endəʊsai'təʊsis] эндоцитоз (*процесс транспорта веществ из внеклеточного пространства в клетку*)

~ **of viruses into cells** эндоцитоз вирусов в клетки

endoderm ['endəʊdəm] *см.* **entoderm**

endodontia [endəʊ'dɒnʃiə], **endodontics** [endəʊ'dɒntiks], **endodontology** [endəʊdɒn'tɒləʤi] эндодонтия, эндодонтология (*учение о болезнях пульпы зуба*)

endodontitis [endəʊdɒn'taitis] пульпит

endodontium [endəʊ'dɒnʃiəm] пульпа зуба

endodust [endəʊ'dʌst] пыль помещений, домашняя пыль

endoenteritis [endəʊentə'raitis] катаральный энтерит

endoecology [endəʊi'kɒləʤi] эндоэкология, внеклеточная среда организма (*взаимодействие микроорганизмов между собой и организмом, в котором они обитают*)

endoenzyme [endəʊ'enzaim] внутриклеточный фермент, эндоэнзим

endoesophagitis [endəʊi͵sɒfə'gaitis] катаральный эзофагит

endogamy [en'dɒgəmi] эндогамия (*образование зиготы внутри цисты, посредством реципрокного смещения продуктов деления дочерних ядер*)

endogastritis [endəʊgæs'traitis] катаральный [поверхностный] гастрит

endogenic [endəʊ'ʤenik], **endogenous** [en'dɒʤənəs] эндогенный, возникший внутри организма

endoglob(ul)ar [endəʊ'glɒbjʊlə] находящийся внутри эритроцита

endoglucanase [ˌendəʊˌgluːkəˈneis] *pl.* эндоглюканазы *(ферменты, расщепляющие высокомолекулярные углеводные полимеры до олигосахаридов)*

endointoxication [ˌendəʊinˌtɒksiˈkeiʃn] аутоинтоксикация, эндогенная интоксикация

endolaryngeal [ˌendəʊləˈrindʒiəl] внутригортанный

Endolimax [endəʊˈlaimæks]:

~ **nana** карликовая амёба *(обитающая в просвете кишечника)*

endolymph(a) [ˌendəʊˈlimfə] эндолимфа *(жидкость внутри перепончатого лабиринта уха)*

endolysin [enˈdɒlisin] *иммун.* лейкин *(термостабильное бактерицидное вещество)*

endometrectomy [ˌendəʊmiˈtrektəʊmi] выскабливание матки

endometrial [ˌendəʊˈmiːtriəl] 1. внутриматочный 2. относящийся к эндометрию

endometrioma [ˌendəʊˌmiːtriˈəʊmə] ограниченное разрастание эндометриоидной ткани

endometriosis [ˌendəʊˌmiːtriˈəʊsis] эндометриоз *(образование ткани аналогичной слизистой оболочке матки в других органах)*

~ **of cecum** эндометриоз слепой кишки

endometritis [ˌendəʊmiˈtraitis] эндометрит

decidual ~ децидуальный эндометрит

endometrium [ˌendəʊˈmiːtriəm], *pl.* **endometria** [ˌendəʊˈmiːtriə] эндометрий *(слизистая оболочка матки)*

endometry [enˈdɒmətri] измерение объёма полости

endomorph [ˈendəʊˌmɔːf], **endomorphic** [ˌendəʊˈmɔːfik] человек с пикническим типом телосложения

endomorphy [ˈendəʊˌmɔːfi] пикнический тип телосложения

endomotorsonde [ˌendəʊˈməʊtəsɒnd] эндорадиозонд; радиокапсула, радиопилюля

endomyocarditis [ˌendəʊˌmaiəʊkɑːˈdaitis] эндомиокардит

endomysium [ˌendəʊˈmisiəm] *гист.* эндомизий

endoneurium [ˌendəʊˈnjuːriəm] *гист.* эндоневрий *(прослойка соединительной ткани между нервными волокнами)*

endonuclease [ˌendəʊˈnjuːklieis] эндонуклеаза *(фермент, гидролизующий внутренние фосфодиэфирные связи в полинуклеотиде)*

restriction ~ рестрикционная эндонуклеаза, рестриктаза *(бактериальный фермент, расщепляющий молекулы ДНК на отдельные фрагменты)*

UV ~ УФ-эндонуклеаза *(способная расщеплять цепь ДНК с 5'-стороны от тиминового димера)*

endoparasite [ˌendəʊˈpærəsait] эндопаразит, внутренний паразит *(обитающий в теле хозяина)*

endopathy [enˈdɒpəθi] эндогенное заболевание

endopeptidase [ˌendəʊˈpeptideis] эндопептидаза *(пищеварительный фермент, катализирующий расщепление белка на небольшие пептидные фракции)*

endopericarditis [ˌendəʊˌperikɑːˈdaitis] панкардит *(одновременное воспаление эндокарда и перикарда)*

endoperitonitis [ˌendəʊˌperitəʊˈnaitis] серозный перитонит

endophlebitis [ˌendəʊfləˈbaitis] эндофлебит *(воспаление внутренней оболочки вены)*

endophthalmitis [ˌendɒfθəlˈmaitis] эндофтальмит; гнойное воспаление оболочек глазного яблока

endoplasm [ˈendəʊˌplæzəm] *цитол.* эндоплазма

endopolyploidy [ˌendəʊˌpɒliˈplɔidi] *ген.* эндополиплоидия

endoprosthesis [ˌendəʊprɒsˈθiːsis] 1. эндопротез, внутренний протез, имплантат 2. стент *(трубочка для восстановления просвета, напр., артерии)*

hip ~ эндопротез тазобедренного сустава

self-expandable ~ саморасширяющийся эндопротез

vascular ~ эндоваскулярный протез, сосудистый эндопротез

endoprosthetics [ˌendəʊprɒsˈθetiks] эндопротезирование

endoradiography [ˌendəʊˌreidiˈɒgrəfi] рентгеноконтрастное исследование внутренних органов

endoradiosonde [ˌendəʊˌreidiəʊˈsɒnd] эндорадиозонд, радиокапсула, радиопилюля

pressure ~ радиокапсула для измерения внутриполостного давления

temperature ~ термометрическая радиокапсула

endoreduplication [ˌendəʊriˌduːpliˈkeiʃn] *ген.* эндоредупликация, внутриядерная полиплоидия

end-organ [endˈɔːgən] рецептор чувствительных нервов

endorphin [enˈdɔːfin, ˈendɔːfin] *pl.* эндорфины, эндогенные опиаты *(синтезируемые гипофизом и другими органами полипептиды с морфиноподобным действием)*

endorphinergic [ˌendɔːfinˈəːdʒik] эндорфинергический *(относящийся к нервным клеткам и волокнам, использующим в качестве нейромедиатора эндорфин)*

endosalpingitis [ˌendəʊˌsælpinˈdʒaitis] эндосальпингит *(воспаление слизистой оболочки маточной трубы)*

endosalpinx [ˌendəʊˈsælpinks] слизистая оболочка маточной трубы

endosarc [ˈendəʊˌsɑːk] эндоплазма *(центральная часть протоплазмы клетки)*

endoscope [ˈendəʊskəʊp]:

with ~ «с эндоскопом» *(эндоскопическая вспомогательная, или ассистирующая, хирургия)*

endoscopy [enˈdɒskəpi] эндоскопия

~ **of biliary tract** эндоскопическое исследование жёлчных путей

digestive ~ эндоскопия пищеварительного тракта

fiber optic ~ фиброэндоскопия

fluorescence ~ флуоресцентная эндоскопия

operative ~ хирургическая эндоскопия; эндоскопическая операция

spinal ~ эндоскопия спинного мозга

via ~ путём эндоскопии, при эндоскопии

video ~ видеоэндоскопия

upper gastrointestinal ~ эндоскопия верхних отделов желудочно-кишечного тракта, эзофагогастродуоденоскопия

endosepsis [ˌendəʊˈsepsis] сепсис эндогенного происхождения

endoskeleton [ˌendəʊˈskeletɒn] эндоскелет *(собственно костный скелет тела)*

endosmosis [ˌendɒsˈməʊsis] эндоосмос *(осмос, направленный внутрь клетки или полости)*

endosome [ˈendəʊsəʊm] *цитол.* ядрышко

endosonography [ˌendəʊsəˈnɒgrəfi] эндосонография *(напр. просвета кишки)*

endospore [ˈendəʊspɔː] эндоспора *(1. структура, устойчивая к различным неблагоприятным воздействиям и образуемая вегетативными клетками неко-*

торых бактерий 2. грибковая спора, развивающаяся внутри клетки или в тубулярном конце спорофора)

endosseous [en'dɒsiəs] внутрикостный

endosteal [en'dɒstiəl] эндостальный *(напр. рост опухоли)*

endosteitis [en,dɒsti'aitis] эндостеит *(ранняя фаза остеомиелита)*

endosteoma [en,dɒsti'əʊmə] эндостеома *(опухоль в костномозговой полости)*

endostethoscope [,endəʊ'steθəʊskəʊp] эндостетоскоп

endosteum [en'dɒstiəm] эндост *(соединительно-тканная оболочка, выстилающая костномозговую полость)*

endostitis [,endɒs'taitis] *см.* **endosteitis**

endostosis [,endɒs'təʊsis] эн(до)хондральное окостенение

endotendineum [,endəʊten'diniəm] *гист.* эндотендиний, эндотеноний

endothelin [,endəʊ'θi:lin] *pl.* эндотелины *(биологически активные пептиды, продуцируемые сосудистым эпителием и вызывающие церебральный вазоспазм при повреждении мозга)*

endotheliocyte [,endəʊ'θi:liəʊsait] эндотелиоцит, эндотелиальная клетка

endothelioma [,endəʊ,θi:li'əʊmə] эндотелиома

  ~ capitis цилиндрома [эндотелиома] волосистой части головы

  diffuse ~ диффузная эндотелиома кости, Юинга [саркома] опухоль

  dural ~ менингиома, арахноидэндотелиома

  perithelial ~ гемангиоперицитома

endotheliosis [,endəʊ,θi:li'əʊsis] эндотелиоз *(пролиферация эндотелия сосудов при гиперергических реакциях организма)*

endothelium [,endəʊ'θi:liəm] *гист.* эндотелий

endothermic [,endəʊ'θɜ:mik] эндотермический *(о процессе, происходящем с поглощением тепла)*

endothermy [,endəʊ'θɜ:mi] диатермия, эндотермия

endothrix ['endəʊθriks] эндотрикс *(о паразитических грибах, поражающих волосы)*

endotoxemia [,endəʊtɒk'si:miə] эндотоксемия *(циркуляция в крови бактериальных токсинов)*

endotoxin [,endəʊ'tɒksin] *бакт., pl.* эндотоксины *(ядовитые липополисахариды, входящие в состав бактериальной стенки и освобождающиеся при распаде или разрушении клетки)*

endotoxoid [,endəʊ'tɒksɔid] аттенуированный эндотоксин

endotrachelitis [,endəʊ,træk ə'laitis] эндоцервицит *(воспаление канала шейки матки)*

endotrachelous [,endəʊ'treikələs] относящийся к каналу шейки матки

endourology [,endəʊjʊ'rɒlədʒi] 1. эндоскопическая урология 2. эндоскопические диагностические и лечебные процедуры на мочеполовых органах

endovasculitis [,endəʊ,væskjʊ'laitis] эндоваскулит *(воспаление внутренней оболочки кровеносного сосуда)*

endovenous [,endəʊ'vi:nəs] внутривенный

endowment [in'daʊmənt] 1. дарение, завещание *(напр. органа для трансплантации)* 2. талант, дарование

  genetic ~ генетический код

  mental ~s умственные способности

end-piece ['end-pi:s] концевая часть сперматозоида, содержащая аксонему

end-plate ['end-pleit] замыкательная [концевая] пластинка *(зона роста кости)*

  motoric ~ концевая пластинка двигательного нерва

  vertebral ~ замыкательная пластинка тела позвонка

end-point ['end-pɔint] конечный результат, исход

end-product ['end-,prɒdʌkt] *pl.* конечные продукты *(обмена веществ)*

end-stage ['end-steidʒ] терминальная [конечная] стадия; далеко зашедший [запущенный] процесс ‖ терминальный, крайне выраженный *(о тяжести болезни)*

end-to-end ['end-tə-end] конец в конец *(1. об анастомозе 2. вариант попарного расположения бактерий)*

end-to-side ['end-tə-said] конец в бок *(об анастомозе)*

endurance [in'djʊərəns] 1. выносливость, стойкость, способность переносить *(боль, страдания и т. п.)* 2. прочность; стойкость; сопротивляемость изнашиванию 3. длительность, продолжительность

  ~ of hyperventilation устойчивость к гипервентиляции

  bicycle ~ of patients исследование больных на велоэргометре

endvenectomy [,endvin'ektəmi] закрытая [подкожная] флебэктомия

endyma ['endimə] *см.* **ependyma**

enema ['enəmə], *pl.* **enemata** ['enə,meitə] клизма

  air-contrast ~ клизма с двойным контрастированием

  analeptic ~ стимулирующая клизма

  anesthetic ~ обезболивающая клизма

  antihelminthic ~ антигельминтная клизма

  antiketosis ~ клизма с гидрокарбонатом натрия *(при ацидозе)*

  astringent ~ клизма с вяжущей средой

  barium ~ бариевая клизма

  blind ~ введение в прямую кишку газоотводной трубки

  cleansing ~ очистительная клизма

  contrast ~ контрастная клизма

  double contrast ~ *см.* **air-contrast ~**

  evacuant ~ *см.* **cleansing ~**

  flatus ~ газоотводная клизма *(состоящая из тёплой воды с глицерином и сульфатом магния)*

  lubricating ~ послабляющая клизма

  medicinal ~ лекарственная клизма

  one-two-three ~ клизма из одной части сульфата магния, двух частей глицерина и трёх частей воды

  opaque ~ рентгеноконтрастная клизма

  purgative ~ *см.* **cleansing ~**

  retention ~ удерживающая клизма

  saline ~ гипертоническая [солевая] клизма

  soapsuds ~ клизма из мыльной воды, мыльная клизма

  therapeutic ~ лечебная клизма

  thirst ~ гидратационная клизма

enemiasis [,enə'maiəsis] применение клизмы

enemy ['enəmi] 1. враг 2. оппонент

  dead ~ вражеские потери убитыми

  public ~ социально опасный элемент

  to be one's ~ действовать себе во вред

energetics [,enə'dʒetiks] энергетика *(1. отрасль науки 2. характер человека)*

energizer ['enədʒaizə]:

psychic ~ антидепрессант, тимолептическое средство

energometer [ˌenəˈɡɒmətə] 1. аппарат для измерения кровяного давления, тонометр 2. сердечный энергометр

energy [ˈenəʤi] 1. энергия; сила; мощность 2. *pl.* усилия, активность, деятельность

~ of activation энергия активации *(критический уровень энергии, необходимый для осуществления химической реакции)*

available ~ доступная энергия

biologically equivalent ~ биологически эквивалентная энергия

bond ~ энергия связи *(необходимая для её разрыва)*

digestible ~ *см.* **food ~**

disintegration ~ энергия распада

elastic ~ эластическая тяга *(мышцы)*

excitation ~ энергия возбуждения

fixed total ~ общее количество запасённой энергии

food ~ энергетическое содержание [калорийность] пищи

free ~ свободная энергия

imparted ~ переданная энергия *(напр. ионизирующего излучения)*

light ~ интенсивность лазерного облучения

metabolizable ~ метаболическая энергия; энергия клеточного обмена веществ

net ~ чистая энергия, нетто-энергия

nuclear ~ атомная [ядерная] энергия

phosphate-group ~ энергия фосфатной группы

potential ~ потенциальная энергия

radiant ~ лучистая энергия, энергия излучения

specific imparted ~ удельная переданная энергия

thermal ~ тепловая энергия

threshold ~ порог силы

urinary ~ напряжение [сила] струи мочи

energy-requiring [ˈenəʤi-riˈkwaiəriŋ] потребляющий энергию

energy-yielding [ˈenəʤi-ˈjiːldiŋ] дающий энергию

enervate [ˈenəveit] слабый, безвольный

enervation [ˌenəˈveiʃn] 1. неврастения, нервное истощение 2. резекция [пересечение] нерва, денервация

enfeeble [inˈfiːbl] 1. ослаблять 2. недомогать; чувствовать упадок сил

enforcement [inˈfɔːsmənt] 1. давление, принуждение к исполнению 2. осуществление *(закона)*

engage [inˈɡeiʤ] 1. нанимать на работу 2. заниматься чем-л.

engagement [inˈɡeiʤmənt] 1. дело, занятие 2. *психол.* социальное вовлечение 3. *мед. тех.* зацепление 4. *акуш.* сгибание *(опускание плода в таз с согнутой головкой)*

~ of the patient in a course of psychoanalysis принятие больного на курс психоанализа

engastrius [enˈɡæstriəs] несимметрично сросшиеся близнецы, меньший из которых, плод-паразит, находится в животе аутозита

engine [ˈenʤin] машина; движущее устройство

dental (drilling) ~ бормашина

high-speed (dental) ~ высокоскоростная бормашина

searching ~s поисковые машины *(в сети Интернет)*

surgical ~ стоматологическая бормашина

engineer [ˌenʤiˈniə]:

biomedical ~ инженер по биомедицинской технике

environmental ~ 1. эколог 2. специалист по вопросам очистки окружающей среды

human ~ специалист по инженерной психофизиологии (и гигиене) или эргономике

public health ~ инженер по санитарно-техническому обслуживанию, инженер СЭС

sanitary ~ инженер санитарной службы

water ~ инженер по водоснабжению и канализации

engineered [ˌenʤiˈniəd] рекомбинантный, генно-инженерный *(напр. о вакцине)*

engineering [ˌenʤiˈniəriŋ] 1. инженерия; разработка, проектирование 2. техника; технология; монтаж 3. инжениринг *(проектирование и сооружение объектов)* 4. прикладной *(о науке)*

anthropometric ~ антропометрическая разработка *(напр. средств жизнеобеспечения)*

atomic power ~ атомная энергетика

behavioral ~ поведенческая инженерия

biochemical ~ биохимическая инженерия

biological ~ биотехнология, биоинженерия *(производство витаминов, антибиотиков и других веществ, используя процессы жизнедеятельности микроорганизмов)*

biomedical ~ биомедицинская техника

cell ~ *см.* **gene ~**

chemical ~ химическая технология

computer-aided ~ автоматическое [компьютерное] конструирование; автоматизированная разработка

control systems ~ техника систем управления

cryogenic ~ криогенная техника

environmental ~ санитарно-технические средства и методы охраны окружающей среды

enzyme ~ инженерная энзимология, биотехнология ферментов

food ~ технология приготовления пищи

gene(tic) ~ генная [генетическая, клеточная] инженерия *(изменение генома клеток путём имплантации генов для получения рекомбинантных молекул нуклеиновых кислот и трансгенной продукции)**

job ~ организация труда

human ~ инженерная психология, антропологическая [человеческая] инженерия, эргономика

laboratory ~ лабораторное оборудование

medical and biological ~ *см.* **biomedical ~**

medical knowledge ~ разработка медицинской терминологии

metabolic ~ метаболическая инженерия *(напр. о лекарственных травах)*

optical ~ оптическое производство

protein ~ белковая инженерия, протеомика *(конструирование белков с заданными изменениями путём введения мутаций в кодирующие их нуклеиновые кислоты)*

public health ~ санитарная техника, санитарно-техническое оборудование

radiological ~ радиологическая техника

research ~ научно-исследовательская работа

---

* Ведёт начало с 1972 г., когда П. Бергом впервые была получена рекомбинантная ДНК.

safety ~ техника безопасности

sanitary ~ *см.* **public health** ~

systems ~ системотехника

ultrasonic ~ ультразвуковая техника

X-ray ~ рентгеновская техника, рентгенотехника

englobement [en'gləʊbmənt] фагоцитоз

engorge [en'gɔːʤ] **1.** жадно и много есть **2.** наполняться *(жидкостью)*, набухать; наливаться кровью *(об органе)*

engorgement [en'gɔːʤmənt] **1.** застой **2.** гиперемия, переполнение кровью, прилив крови

~ **of tendon** набухание сухожилия

biliary ~ холестаз, застой жёлчи, жёлчный стаз

breast ~ *акуш.* нагрубание молочных желёз

pulmonary ~ гиперемия лёгких, застойные явления в лёгких

vascular ~ переполнение кровью сосудистого русла

venous ~ венозная [застойная] гиперемия, венозный застой

engraftment [en'graːftmənt] приживление *(трансплантата)*

hemopoietic ~ приживление гемопоэтических клеток

multi-organ system ~ приживление полиорганной системы

engram ['engræm] *псих.* энграмма *(гипотетическая структура, хранящая следы памяти)*

enhanced [en'hænst] *sl.* опьяневший от марихуаны

enhancement [en'hænsmənt] **1.** усиление *(напр. действия ионизирующего излучения)*, активация, увеличение **2.** феномен усиления *(приживаемости трансплантата)*; феномен активации **3.** повышение *(качества, стоимости)* **4.** усугубление, ухудшение *(напр. патологического процесса)*

~ **of diuresis** форсирование диуреза

~ **of fine needle** усиление (контрастности) тонкой иглы

~ **of ulcerative colitis** обострение язвенного колита

afferent ~ афферентное усиление *(роста опухоли вследствие блокады противоопухолевого иммунитета)*

bladder ~ *хир.* увеличение мочевого пузыря

contrast ~ увеличение контрастирования

donor ~ донорское усиление *(приживления трансплантата)*

dynamic range ~ *рентг.* динамическое усиление диапазона

IgM-mediated ~ опосредованное IgM-усиление реакции *(образования антител)*

immunological ~ иммунологическая активация

line density ~ *узи* повышенная плотность линий

tumor ~ увеличение опухоли

enhancement-effect [en'hænsmənt-i'fekt] феномен [эффект] усиления *(роста трансплантата)*

enhancer [en'hænsə] **1.** усилитель **2.** энхансер *(участок ДНК вне гена, усиливающий экспрессию этого гена)* **3.** ген-усилитель *(ген-модификатор, действие которого направлено на усиление проявления другого гена)*

cognition ~s стимуляторы познавания *(характеристика ноотропов)*

muscle tone ~s лекарства, повышающие мышечный тонус

eniology [eni'ɒləʤi] эниология

enkephalinase [en'kefəlineiz] энкефалиназа *(фермент, участвующий в деградации эндогенной субстанции)*

enkephalin [en'kefəlin] *pl.* энкефалины *(синтезируемые в головном мозге пептидные гормоны, обладающие свойствами морфина и других опиатов)*

enkephalinergic [en‚kefəli'nɜːʤik] энкефалинергический *(относящийся к нервным клеткам и волокнам, использующим в качестве нейромедиатора энкефалин)*

enlargement [en'laːʤmənt] **1.** расширение; увеличение; гипертрофия *(органа или его части)* **2.** развитие, рост, разрастание, распространение

~ **of duct orifice** расширение отверстия протока

chamber ~ увеличение камеры *(сердца)*

globe ~ увеличение глазного яблока; «бычий глаз»

joint ~ растяжение связок

lumbar ~ поясничное утолщение *(спинного мозга)*

node ~ увеличение лимфатических узлов

prostatic ~ гипертрофия предстательной железы

surgical ~ увеличение или расширение объёма операции

ventricular ~ расширение и/или гипертрофия желудочков *(сердца)*

enlightenment [in'laitnmənt] озарение

enlisting [in'listiŋ] внесение в реестр

ennui [ɒn'wiː] *фр.* депрессия, меланхолия, психическая усталость

enomania [‚iːnəʊ'meiniə] белая горячка

enophthalmia [‚enɒf'θælmiə], **enophthalmos** [‚enɒf'θælmɒs] энофтальм *(западение глазного яблока)*

conformational ~ конституциональный энофтальм

enorganic [‚enɔː'gænik] присущий [свойственный] организму

enostosis [‚enɒs'təʊsis] эностоз *(заращение костномозговой полости)*

enrich [en'ritʃ] **1.** обогащать **2.** витаминизировать

enrichment [en'ritʃmənt] **1.** обогащение; улучшение **2.** *pl.* добавки *(напр. витаминные)*

oxygen ~ оксигенация; обогащение кислородом

ens [ens]:

~ **morbi** природа [существо] заболевания *(но не причина)*

ensiform ['ensifɔːm] мечевидный, мечеобразный *(напр. об отростке грудины)*

ensisternum [‚ensis'tɜːnəm] мечевидный отросток

ensure [in'ʃʊə] обеспечивать, гарантировать *(напр. безопасность больного)*

enstrophe ['enstrəʊfi] инверсия, поворот вовнутрь, заворот *(напр. века)*

entad ['entæd] по направлению вовнутрь *(напр. о распространении патологического процесса)*

ental ['entəl] внутренний, относящийся к внутренностям

entamebiasis [‚entəmi'baiəsis] энтамёбиоз, энтамёбиаз

Entamoeba [‚entə'miːbə]:

~ **histolytica** дизентерийная амёба

entanglement [in'tæŋglmənt] сложная ситуация; затруднение

cord ~ патология пуповины *(прижатие или тугое обвитие)*

enter ['entə] 1. проникать; вонзать(ся); вникать; входить 2. *выч. тех.* ввести

to ~ hospital поступать в больницу

enteraden [en'terædən] железа кишечника, кишечная железа

enteral ['entərəl] 1. тонкокишечный 2. внутреннее *(лекарственное средство)*; пероральный

supplemental amino acid vitamin ~ витаминизированный напиток из аминокислот

enteralgia [ˌentə'rældʒiə] кишечная колика

enterectomy [ˌentə'rektəmi] резекция тонкой кишки

enterelcosis [ˌenterəl'kəusis] *уст* изъязвление тонкой кишки

enteric [en'terik] 1. тонкокишечный 2. брюшной

enteric-coated [en'terik-'kəutid] покрытый энтеросолюбильной [растворимой в тонкой кишке] оболочкой *(о таблетке)*

entericoid [en'terikɒid] напоминающий брюшной тиф

enterischiocele [ˌente'riskiəuˌsi:l] седалищная грыжа

enteritis [ˌentə'raitis] энтерит

bypass ~ воспаление выключенного (операцией) отдела тонкой кишки, байпасс-энтерит

chronic cicatrizing ~ регионарный энтерит, Крона болезнь

diphtheritic ~ псевдомембранозный энтерит

postirradiation [radiation] ~ послелучевой энтерит

regional [segmental] ~ *см.* **chronic cicatrizing ~**

sputious pseudomembranous ~ ложный псевдомембранозный энтерит

ulcerative ~ язвенный энтерит

enteroalimentation [ˌentərəuˌælimen'teiʃn] энтеральное питание, питание через энтеростому

enteroanastomosis [ˌentərəuəˌnæstəu'məusis] энтероанастомоз *(соустье какого-л. полого органа с тонкой кишкой)*

enteroapokleisis [ˌentərəuˌæprəu'klaisis] обходной тонкокишечный анастомоз

enterobacteria [ˌentərəuˌbæk'tiəriə] энтеробактерии, энтеробактеры, кишечные бактерии

enterobiasis [ˌentərəu'baiəsis] *параз.* энтеробиоз, оксиуроз

enterobrosia [ˌentərəu'brəusiə] перфорация кишечника

enterocele ['entərəuˌsi:l] 1. грыжа дугласова пространства 2. грыжа, содержащая кишечную петлю

partial ~ пристеночное ущемление кишечника, Рихтера грыжа

enterocentesis [ˌentərəusen'ti:sis] пункция кишки

enterocholecystostomy [ˌentərəuˌkəuləsis'tɒstəmi] холецистоеюноанастомоз, холецистоэнтероанастомоз

enterochromaffin [ˌentərəu'krəuməfin] аргентаффинный, энтерохромаффинный *(о клетках)*

enterocleisis [ˌentərəu'kli:sis] 1. ушивание отверстия в кишке 2. закрытие просвета кишки

omental ~ укрепление кишечных швов сальником

enteroclysis [ˌentərəu'klaisis] высокая клизма

enterococcus [ˌentərəu'kɒkəs] фекальный стрептококк, стрептококк группы Д, энтерококк

enterocoele [ˌentərəu'si:li] брюшная полость

enterocolitis [ˌentərəukəu'laitis] энтероколит *(воспаление тонкой и толстой кишки)*

necrotizing ~ язвенно-некротический энтероколит

pseudomembranous ~ псевдомембранозный энтероколит

enterocolostomy [ˌentərəukəu'lɒstəmi] энтероколоанастомоз *(соустье между толстой и тонкой кишкой)*

enterocyst ['entərəuˌsist] киста кишечника

enterocystocele [ˌentərəu'sistəuˌsi:l] грыжа кишечника и мочевого пузыря, кишечно-пузырная грыжа

enterocystoma [ˌentərəusis'təumə] энтерокистома, киста желточного протока

enterocystoplasty [ˌentərəu'sistəuˌplæsti] энтероцистопластика *(воссоздание мочевого пузыря из тонкой кишки)*

enterocyte ['entərəuˌsait] энтероцит *(клетка кишечного эпителия)*

enterodynia [ˌentərəu'diniə] кишечная колика

enteroenteroanastomosis [ˌentərəuˌentərəuəˌnæstə'məusis], **enteroenterostomy** [ˌentərəuˌente'rɒstəmi] энтероэнтероанастомоз, межкишечный анастомоз

stapled ~ энтероэнтероанастомоз, наложенный сшивающим аппаратом

enteroepiplocele [ˌentərəuə'pipləuˌsi:l] грыжа кишечника и сальника

enterogastritis [ˌentərəugæs'traitis] гастроэнтерит

enterogastrone [ˌentərəu'gæstrəun] энтерогастрон *(гормон, вырабатываемый в двенадцатиперстной кишке и подавляющий секрецию желудочного сока)*

enterogenous [ˌentə'rɒdʒənəs] энтерогенный, кишечного происхождения

enterography [ˌentə'rɒgrəfi] 1. описание кишечника 2. энтерография *(запись перистальтики кишечника)*

enteroidea [ˌentə'rɒidiə] кишечные инфекции *(сальмонеллёз, легионеллёз, паратифы и др.)*

enterokinase [ˌentərəu'kaineis] энтерокиназа, энтеропептидаза *(фермент, секретируемый железами тонкой кишки, способствующий превращению трипсиногена в трипсин)*

enterokinesis [ˌentərəuki'ni:sis] перистальтика кишечника

enterokinetic [ˌentərəuki'netik] средство, усиливающее кишечную перистальтику || относящийся к кишечной перистальтике

enterolith ['entərəuˌliθ] кишечный конкремент, энтеролит

enterolithiasis [ˌentərəuli'θaiəsis] наличие кишечных конкрементов

enterolysis [ˌentə'rɒləsis] оперативное освобождение тонкой кишки от спаек

enteromegaly [ˌentərəu'megəli] энтеромегалия *(патологическое увеличение тонкой кишки)*

enteromerocele [ˌentərəu'mi:rəuˌsi:l] бедренная грыжа

enteromycosis [ˌentərəumai'kəusis] грибковое поражение тонкой кишки

enteronitis [ˌentərəu'naitis] энтерит *(воспаление тонкой кишки)*

enteropathy [ˌentə'rɒpəθi] энтеропатия *(совокупность болезней тонкой кишки)*

gluten ~ целиакия *(глютеновая недостаточность)*, глютеновая энтеропатия

gluten-sensitive ~ глютензависимая энтеропатия, целиакия *(токсико-аллергическая диспепсия, обусловленная продуктами недостаточного расщепления глютена)*

hemorrhagic necrotizing ~ геморрагическо-некротический энтероколит

immunologically mediated ~ аутоиммунная энтеропатия

protein-loosing ~ энтеропатия с потерей белка, белок-теряющая [экссудативная] энтеропатия

reversible ~ обратимая энтеропатия

enteropeptidase [ˌentərəʊˈpeptideis] *см.* **enterokinase**

enteropexy [ˈentərəʊˌpeksi] фиксация тонкой кишки к брюшной стенке

enteroplegia [ˌentərəʊˈpliːʤiə] парез или паралич кишечника

enteroplex [ˈentərəʊpleks] аппарат для наложения кишечного шва

enteroplexy [ˌentərəʊˈpleksi] кишечный шов

enteroplication [ˌentərəʊpliˈkeiʃn] энтеропликация *(сшивание петель тонкой кишки поперечными рядами с целью предотвращения рецидива непроходимости)*

enteroproctia [ˌentərəʊˈprɒkʃiə] искусственный анус

enteroptosia [ˌentərɒpˈtəʊsiə], **enteroptosis** [ˌentərɒpˈtəʊsis] энтероптоз; спланхноптоз

enterorrhagia [ˌentərəʊˈreiʤiə] кишечное кровотечение

enterorrhaphy [ˌentəˈrɒrəfi] шов тонкой кишки

enterorrhexis [ˌentərəʊˈreksis] разрыв кишки

enteroscope [ˈentərəʊskəʊp] 1. энтероскоп *(зеркало для осмотра тонкой кишки во время операции)* 2. эндоскоп для исследования кишечника

enteroscopy [ˌentəˈrɒskəpi]:

fibreoptic ~ фиброэнтероскопия

enterosepsis [ˌentərəʊˈsepsis] кишечный сепсис

enterosolubile [ˌentərəʊˈsɒljʊbl] растворимый в кишечнике

enterospasm [ˌentərəʊˈspæzm] спазм кишечника

enterostasis [ˌentərəʊˈstæsis] кишечный стаз; кишечная непроходимость

enterostaxis [ˌentərəʊˈstæksis] кровоточивость слизистой оболочки кишечника

enterostomy [ˌentəˈrɒstəmi] 1. энтеростомия *(формирование наружного свища тонкой кишки)* 2. энтеростома *(свищ тонкой кишки)*

double-barrel [gun-barrel] ~ двуствольная энтеростома

enterotomy [ˌentəˈrɒtəmi] энтеротомия *(вскрытие просвета тонкой кишки)*

enterotoxication [ˌentərəʊtɒksiˈkeiʃn] энтерогенная аутоинтоксикация

enterotoxigenic [ˌentərəʊtɒksiˈʤenik] энтеропатогенный *(о кишечной палочке)*

enterotoxin [ˌentərəʊˈtɒksin] энтеротоксин *(бактериальный белок, вызывающий диарею при попадании в кишечник)*

enterotropic [ˌentərəʊˈtrɒpik] энтеротропный *(локализующийся в кишечнике или поражающий кишечник)*

enteroviral [ˌentərəʊˈvairəl] энтеровирусный

enterovirus [ˌentərəʊˈvairəs] энтеровирус, кишечный вирус*

~ **68** энтеровирус 68 *(возбудитель бронхопневмонии)*

~ **70** энтеровирус 70 *(возбудитель геморрагического конъюнктивита)*

_____

* По действующей номенклатуре вирусов их штаммы обозначают названием вируса и годом его открытия.

~ **71** энтеровирус 71 *(возбудитель менингоэнцефалита с синдромом «рука-нога-рот»)*

enterozoic [ˌentərəʊˈzəʊik] относящийся к кишечным паразитам

enterozoon [ˌentərəʊˈzəʊɒn] кишечный паразит

enterprise [ˈentəpraiz]:

family-owned ~ семейное предприятие

insurance ~ страховая компания

"joint ~**" (BCG vaccination)** «объединённое движение» *(программа вакцинации БЦЖ)*

enterprising [ˈentəpraiziŋ] предпринимательство; предприимчивость

enthalpy [ˈenθəlpi] энтальпия, теплосодержание

enthesis [enˈθiːsis] пластика с использованием искусственных материалов; имплантация

enthesopathy [ˌenθəˈsɒpəθi] энтезопатия *(ревматическое заболевание, характеризующееся воспалением энтеза, напр. анкилозирующий спондиллит)*

enthetic [enˈθiːtik] инородный, чужеродный; искусственный

enthlasis [ˈenθləsis] оскольчатый перелом черепа с вдавлением

enthusiasm [inˈθjuːziˌæzm] энтузиазм; воодушевление; восторг

enticement [inˈtaismənt] соблазн

sexual ~ половое влечение

entire [inˈtaiə] 1. чистый, беспримесный 2. целый

entity [ˈentiti] 1. прирождённое качество, или свойство; суть 2. категория; объект; единица *(напр. нозологическая)* 3. существо, организм

chemical ~ 1. химический элемент 2. структурная единица

clinical ~ 1. нозологическая форма, нозологическая единица 2. клиническая картина; клинические проявления

clinicopathological ~ клинико-патогистологическая [нозологическая] единица

culture-specific ~**ies** культурально-специфические реалии *(напр. при шизофрении)*

defined ~ различимый объект

disease ~ *см.* **clinical** ~

distant ~ *см.* **isolated** ~

elementary ~**ies** структурные элементы, элементарные частицы *(атомы, ионы, радикалы)*

isolated ~ самостоятельная (нозологическая) единица

more common ~**ies** наиболее распространённые заболевания

pathologic ~ патологический процесс

roentgenologic ~ рентгенологический синдром

static ~ статичная единица

underdiagnosed [unrecognized] ~ недораспознанная нозологическая единица; недиагностированная болезнь

entoblast [ˈentəʊblæst] 1. *эмбр.* энтодерма, энтобласт 2. *гист.* ядрышко

entocele [ˈentəʊsiːl] внутренняя грыжа

entocineria [ˌentəʊsiˈniːriə] *уст.* серое вещество подкорковых структур головного мозга

entocondyle [entəʊˈkɒndail] внутренний мыщелок

entocone ['entəʊkəʊn] дистальный язычный бугорок *(верхнечелюстного моляра)*

entoconki [entəʊ'kɒnkai] *стом.* энтоконид

entocornea [‚entəʊ'kɔːniə] задняя пограничная пластинка *(роговицы)*, десцеметова оболочка

entocyte ['entəʊsait] содержимое клетки

entoderm ['entəʊdəːm] *эмбр.* энтодерма, энтобласт

entoectad [‚entəʊ'ektæd] по направлению изнутри кнаружи *(напр. о распространении патологического процесса)*

entombment [in'tuːmmənt] укрытие; могильник *(радиоактивных веществ)*

entomion [en'təʊmiɒn] вершина сосцевидного угла теменной кости

entomophobia [‚entəʊməʊ'fəʊbiə] энтомофобия *(патологическая боязнь насекомых)*

entomophthorosis [‚entəʊ‚mɒfθəˈrəʊsis] энтомофтороз *(заболевание насекомых, вызываемое грибами рода энтомофтора)*

entophthalmia [‚entɒf'θælmiə] эндофтальмит *(воспаление внутренних оболочек глазного яблока)*

entoptic [en'tɒptik] энтоптический *(феномен)*

entoptoscopy [‚entɒp‚tɒs'kəʊpi] офтальмоскопия

entotic [en'tɒtik] внутриушной

entozoal [‚entəʊ'zəʊəl] относящийся к эндопаразиту

entozoon [‚entəʊ'zəʊɒn] эндопаразит, внутренний паразит

entrainment [en'treinmənt] вхождение в цикл тахикардии риэнтри *(при стимуляционном картировании активности миокарда)*

~ **with concealed fusion** скрытое вхождение в цикл тахикардии

~ **with fusion** нескрытое вхождение в цикл тахикардии

concealed ~ *см.* ~ **with concealed fission**

transient ~ преходящее [временное] вхождение в цикл тахикардии

entrance ['entrəns] 1. вход; (оперативный) доступ 2. устье *(сосуда)* 3. *суд. мед.* входное отверстие *(раневого канала)* 4. приводить в состояние транса или оцепенения 5. вступление в общество

~ **of infecting organism** внедрение инфекционного возбудителя

cannula ~ входное отверстие канюли

entrancement ['entrənsmənt] транс, оцепенение, экстаз || приводить в транс, оцепенение, экстаз

entrap [in'træp] 1. поймать в ловушку *(напр. грызуна)*; захватывать *(напр. биогенные элементы)* 2. пропустить через фильтр *(напр. кровь)* 3. закупорить просвет сосуда *(напр. о микрофиляриях)*

entrapment [in'træpmənt] 1. ущемление, захват *(напр. макромолекул, клеток в полимер, гель)* 2. вовлечение

~ **by disk herniation** сдавление грыжей диска *(спинного мозга)*

~ **of popliteal artery** прижатие подколенной артерии

drug ~ **in liposoma** захват медикамента липосомами

nerve ~ ущемление нерва

splenic ~ депонирование в селезёнке *(эритроцитов)*

entropion [en'trəʊpiɒn], **entropium** [en'trəʊpiəm] заворот века, энтропион

entropy [en'trəʊpi] энтропия *(мера степени неупорядоченности системы)*

entry ['entri] 1. проникновение, внедрение 2. вход; проход 3. список поступивших больных 4. пенетрация, инвазия *(напр. опухоли в кровеносное русло)*

~ **into deficiency** начальная стадия развития недостаточности

~ **into the cohort** включение в группу *(напр. больных гемофилией)*

~ **of infection** входные ворота инфекции

~ **of macrophages into vessels** внутрисосудистое введение макрофагов

~ **of platelets into circulation** поступление тромбоцитов в кровообращение

~ **of viruses into cells** проникновение вирусов в клетки

anterior chamber ~ доступ к хрусталику через переднюю камеру

bile ~ **into the duodenum** поступление жёлчи в двенадцатиперстную кишку

calcium ~ кальциевый канал

percutaneous ~ чрескожный доступ *(напр. при пункции артерии)*

spermatozoon ~ проникновение сперматозоида *(в яйцеклетку)*

enucleate [i'nuːklieit] 1. энуклеировать, вылущивать *(напр. опухоль)* 2. энуклеировать, удалять ядро *(из клетки)*

enucleated [i'nuːklieitid] безъядерный, лишённый ядра *(о клетке)*

enucleation [inuːkli'eiʃn] 1. энуклеация, вылущение *(напр. опухли)* 2. энуклеация, разрушение или удаление ядра *(из клетки)*

enumeration [i‚njuːmə'reiʃn]:

census ~ перепись населения

microscopic ~ определение числа частиц под микроскопом

enuresis [‚enjʊ'riːsis] недержание мочи, энурез; непроизвольное мочеиспускание

~ **primaria** *лат.* первичный энурез *(продолжающийся с раннего детства)*

daytime ~ дневной энурез

nocturnal ~ ночной энурез

non-organic ~ неорганический энурез

envelope ['envələʊp] 1. оболочка || оболочечный *(напр. белок)* 2. ген, кодирующий трансляцию белка-предшественника

~ **of cyst** оболочка [капсула] кисты

cell ~ клеточная оболочка

glass ~ стеклянная оболочка, стеклянный баллон или колпак

lipoidal ~ липоидная оболочка *(вириона)*

nuclear ~ оболочка ядра *(клетки)*

plastic ~ пластиковое помещение *(об абактериальном изоляторе)*; пластиковая изоляция

virion ~ 1. оболочка вируса 2. капсид

envenom [en'venɒm] поражать ядом; выделять яд; отравлять

envenomation [en‚venəʊ'meiʃn] отравление, интоксикация, обусловленная нападением ядовитого животного *(напр. укусом змеи)*

mild ~ умеренное отравление

envigorator ['envigəreitə] массажный стол *(для мануальной терапии и электромеханического массажа)*

environment [in'vairenmənt] **1.** окружающая среда *(всё что окружает живой организм и влияет на его рост, развитие и поведение)*, окружающие условия *(температура, влажность, давление и пр.)* **2.** микроокружение *(напр. отдельной клетки)*

~ of individual микроокружение индивидуума, его «жизненное пространство»

~ of medicine обстоятельства, влияющие на лечебную практику

~ of safety consciousness атмосфера осознания безопасности

abiotic ~ неживое окружение, абиотическая среда; физические факторы

alkaline ~ щелочная реакция среды *(напр. кишечника)*

ambient ~ окружающая среда

antigen-free ~ среда, лишённая антигена

artificial ~ искусственная среда

carbon monoxide-contaminated ~ помещение, отравленное угарным газом

cellular ~ клеточная ассоциация, клеточная культура; клон клеток

cold ~ низкая температура воздуха, холодная обстановка

competitive ~ конкурирующее окружение

computer-aided design ~ компьютерное проектирование систем жизнеобеспечения

controlled ~ регулируемый микроклимат; *pl.* регулируемые [контролируемые] условия обитания *(напр. на космическом корабле)*

cultivating ~ условия культивирования

difficult ~ неблагоприятные условия среды

dirty ~ антисанитарные условия; загрязнённая среда

enclosed ~ среда в закрытом помещении

external ~ внешняя среда

extrabiospheric ~ среда обитания вне биосферы

facilitating ~ среда, благоприятствующая развитию

favorable ~ благоприятная обстановка, или окружающая среда; благоприятный микроклимат, или фон

genic [genotypic] ~ генотипическая среда

gnotobiotic ~ стерильная [безмикробная] среда *(в гнотобиологическом изоляторе)*

greenhouse ~ парниковый эффект; тепличные условия

growth ~ условия роста; условия культивирования

healthy ~ среда, благоприятная для здоровья человека

hospital ~ больничные условия; больничная среда

hot ~ высокая температура окружающей среды

human ~ среда, окружающая человека *(совокупность абиотических, биотических и социально-бытовых факторов, влияющих на людей)*

indoor ~ 1. гигиена помещений **2.** повседневная окружающая среда, микроокружение человека

induced ~ искусственная среда

internal ~ 1. внутренняя среда, среда организма **2.** экология человека

local ~ окружающая местность

low-nutrient continuous ~ малокормное постоянное место обитания *(метод выращивания микробов)*

nearby ~ см. **external ~**

noisy ~ среда с высоким уровнем шумов

oral ~ внутриротовая микрофлора

organism cells ecological ~ экопространство клеток организма

outside ~ вне жилого помещения

ovarian maternal ~ кровоснабжение и метаболизм яичников *(женщины)*

polluted ~ загрязнённая окружающая среда

psychosocial ~ психосоциальное окружение

school ~ школьная среда

simulated intestinal ~ имитируемая среда кишечника

social ~ социальный климат, социальное окружение

sterile ~ стерильная [безмикробная] среда

stressing ~ внешние условия, приводящие к стрессу; стрессовые условия окружающей среды

therapeutic ~ 1. оздоравливающий климат **2.** оздоровительные условия среды

thermal ~ 1. термальная среда **2.** тёплый климат

unclean ~ см. **dirty ~**

urban ~ окружающая среда в городах; городские условия; экология города

varied ~ изменяющиеся условия окружающей среды

ward ~ микроклимат в палате

work(ing) ~ производственная среда; условия труда

environmentalism [in,vairen'mentəlizm] энвайронментализм *(учение об окружающей среде)*

envy ['envi] **1.** зависть **2.** предмет зависти

penis ~ психоан. зависть к пенису *(установка, отражающая женскую неудовлетворенность собственными гениталиями с бессознательным желанием кастрировать мужчину и завладеть его пенисом)*

enzootic [,enzəʊ'ɒtik] энзоотический *(о небольшом очаге инфекции)*

enzygotic [,enzai'gɒtik] однояйцовый, монозиготный *(о близнецах)*

enzymatic [,enzai'mætik] ферментативный; ферментный, энзиматический

enzyme ['enzaim] фермент, энзим

activated ~ активированный фермент

active ~ активный фермент

adaptive ~ адаптивный фермент

allosteric ~ аллостерический [регуляторный] фермент *(активность которого регулируется химическими соединениями, отличными от веществ, превращения которых он катализирует)*

amylolytic ~ амилаза, амилолитический фермент

angiotensin converting ~ ангиотензин превращающий фермент, АПФ

autolytic ~ аутолитический фермент

bifunctional ~ бифункциональный фермент *(с двумя каталитическими функциями)*

biotin ~ биотинзависимый фермент *(использующий биотин в качестве кофактора)*

brancher [branching] ~ ветвящийся фермент

catabolic ~ катаболитный фермент

cellulolytic ~ фермент, расщепляющий клетчатку

cholestatic liver ~s ферменты-маркёры холестаза

cleaving ~ расщепляющий [отщепляющий] фермент

clotting [coagulating] ~ фермент, способствующий коагуляции (напр. крови), коагулирующий фермент

co-immobilized ~s соиммобилизированные ферменты (прикреплённые к одному носителю)

condensing ~ конденсирующий фермент (катализирующий реакцию конденсации органических молекул)

constitutive ~ конститутивный фермент

converting ~ конвертирующий фермент

coordinated ~s координированные [взаимозависимые] ферменты (часто ферменты одного оперона)

core- ~ «минимальный» фермент (минимальная часть полного фермента, ещё осуществляющая его функцию)

coupling ~ присоединяющий фермент

crude ~ неочищенный фермент

debranching ~ неветвящийся фермент

digestive ~ пищеварительный [расщепляющий, гидролизующий] фермент

disproportionating ~ диспропорционирующий фермент (4-а-глюканотрансфераза)

drug-metabolizing ~ ферменты, метаболизирующие лекарственные препараты

endonuclease ~ рестриктаза, рестрикционная эндонуклеаза

endotheline converter ~ эндотелинпревращающий фермент

extracellular ~ внеклеточный фермент

glycogenolytic ~ гликогенолитические ферменты

glycolytic ~ гликолитический фермент (катализирующий гидролиз углеводов)

group-transferring ~ фермент, переносящий на субстрат химическую группу

hepatocellular ~s внутриклеточные печёночные ферменты

heterotropic ~ гетеротропный фермент

high liver ~s высокая активность печёночных ферментов

homotropic ~ гомотропный фермент (использующий в качестве модулятора свой субстрат)

hydrolyzing ~ гидролаза

immobilized ~ иммобилизованный фермент (присоединённый к водонерастворимому носителю)

induced ~ фермент, обнаруживаемый в растущей культуре микроорганизмов после добавления индуктора

inducible ~ индуцибельный фермент (синтез которого стимулируется субстратом)

inhibitory ~ ингибирующий фермент

intracellular ~ внутриклеточный фермент

isomerizing ~s изомеразы

key ~s ключевые ферменты (напр. гликолиза)

lipid clearance ~s ферменты, расщепляющие жиры

lysosomal ~ лизосомальный фермент

lytic ~ лизирующий (клетки) фермент

malic ~ (декарбоксилирующая) малатдегидрогеназа, «яблочный» фермент

membrane ~ мембранный фермент (встроенный в клеточную мембрану)

microsomal ~ микросомальный фермент

modifying ~ модифицирующий фермент

monomeric ~ мономерный фермент (состоящий из одной субъединицы)

multidomen [multimer] ~ субъединичный фермент (состоящий из нескольких субъединиц)

multisubstrate ~ многосубстратный фермент (требующий несколько субстратов для катализирования реакции)

native ~ нативный фермент

neuron specific ~ нейронспецифический фермент

nicking-closing ~ топоизомераза первого рода (фермент, катализирующий изменение числа сверхвитков кольцевых ДНК)

nucleolytic ~ нуклеолитический фермент (катализирующий гидролиз нуклеиновых кислот)

old yellow ~ дегидрогеназа восстановленного НАДФ, «старый жёлтый фермент»

organelle-bound ~ фермент органеллы

oxidation-reduction ~s оксиредуктазы (окислительно-восстановительные ферменты)

pacemaker ~ фермент, задающий скорость (процесса)

polymerizing ~ полимеризующий фермент

principal ~ главный фермент

proclotting ~ совокупность совместно действующих ферментов, свёртывающих кровь

protein-degrading [proteolytic] ~ протеолитический фермент, протеаза (катализирующая гидролиз белков до аминокислот и коротких пептидов)

purine ~ пуриновый фермент

receptor destroying ~ рецепторразрушающий фермент (нейраминидаза)

reducing ~ восстановительный фермент (обычно о метгемоглобинредуктазе)

regulatory ~ регуляторный фермент

repair ~ репарирующий фермент

repressible ~ репрессибельный фермент (синтез которого подавляется избытком продукта его каталитической активности)

restriction ~ рестриктаза, рестриктирующий [ограничительный] фермент

scavenger ~ каталаза

semisynthetic ~ полусинтетический фермент (искусственно изменённый природный фермент)

starch-converting ~ см. amylolytic

thrombolytic ~ тромболитический фермент

transferring ~ трансфераза (фермент, катализирующий перенос химических групп)

untwisting ~ см. nicking-closing ~

wild-type ~ природный фермент, выделенный из микроорганизма дикого типа

yellow ~ флавопротеид

enzyme-multiplied [ˌenzaim-ˈmʌltiplaid] множественный иммуноферментный (метод)

enzymoid [enzaiˈmɒid] ферментоподобное вещество

enzymoimmunoassay [ˌenzaiməʊˌimjʊnəʊˈæsei] иммуноферментный анализ, энзимоиммуноанализ

enzymolog [ˌenzaiˈmɒləɡ] энзимолог, ферментолог

enzymology [ˌenzaiˈmɒlədʒi] 1. энзимология, ферментология 2. исследование ферментной активности

enzymopathy/ies [ˌenzaiˈmɒpəθi/iːz] энзимопатия (нарушение функции ферментов, в том числе генетически обусловленное)

urea cycle ~ies ферментопатии цикла мочевины

enzymotherapy [ˌenzaiməʊˈθerəpi] энзимотерапия, ферментотерапия

eonism [ˈiːəʊnizm] *псих.* трансвестизм, травестизм, эонизм *(перверсное влечение носить одежду противоположного пола)*

eosin [ˈiːəʊsin] эозин *(краситель)*

~ **B** голубой эозин

~ **Y** эозин

eosinocyte [ˌiːəʊˈsinəʊsait] *см.* **eosinophile**

eosinopenia [ˌiːəʊsinəʊˈpiːniə] эозинопения *(пониженное содержание эозинофильных гранулоцитов в крови)*

eosinophile [ˌiːəʊˈsinəʊfail] эозинофильный гранулоцит, или лейкоцит, эозинофил ‖ эозинофильный

recruiting ~s мигрирующие эозинофилы *(к органу-мишени)*

eosinophilia [ˌiːəʊˌsinəʊˈfiliə] эозинофильный лейкоцитоз, эозинофилия

Löffler's ~ летучий эозинофильный инфильтрат *(лёгкого)*, Лёффлера синдром

peripheral ~ эозинофилия в периферической крови

persistent ~ стойкая эозинофилия

pulmonary infiltration ~ эозинофильный инфильтрат лёгкого

tropical (pulmonary) ~ лёгочная субтропическая [тропическая] эозинофилия, синдром Вайнгартена

eosinophilic [ˌiːəʊsinəʊˈfilik], **eosinophilous** [ˌiːəʊsiˈnɒfiləs] эозинофильный

epacme [əˈrækmi] эпакмэ *(стадия эволюции группы, предшествующая высшей точке её развития)*

epactal [iˈpæktl] 1. превосходящий нормальное количество, избыточный 2. вормиева кость

eparsalgia [ˌepaːˈsælʤiə] боли или другие нарушения, обусловленные физическим перенапряжением

eparterial [ˌepaːˈtiəriəl] расположенный над артерией

epaxial [əpˈæksiəl] расположенный выше или позади оси *(конечности, спинного мозга)*; поверхностный, расположенный над чем-л.

ependyma [əˈpendimə] эпендима, эпендимный слой, или эпителий *(покрывающий изнутри стенки желудочков головного мозга и центрального канала спинного мозга)*

ependymitis [əˌpendiˈmaitis] эпендим(ат)ит *(воспаление внутренней оболочки желудочков головного мозга)*

ependymoblastoma [əˈpendiməʊblæsˌtəʊmə] эпендимобластома, злокачественная эпендимома

ependymocyte [əˈpendiməʊsait] эпендимоцит, эпендимная клетка

ependymoma [əˌpendiˈməʊmə] эпендимома, эпендимальная глиома, эпендимоглиома

myxopapillary ~ миксопапиллярная эпендимома

ependymopathy [əˌpendiˈmɒpəθi] поражение эпендимы

eperon [ˈeperɒn] шпора *(кишечного свища)*

ephapse [əˈfæps] эфапс *(контакт между нейронами типа щелевого)*

ephebiatrics [əˌfiːbiˈætriks] подростковая медицина

ephebic [əˈfiːbik] пубертатный, относящийся к периоду полового созревания; юношеский

ephebology [əfiˈbɒləʤi] *см.* **ephebiatrics**

ephebophilia [əˈfiːbəʊˌfiliə] эфебофилия *(1. разновидность мужского гомосексуализма, проявляющаяся вле-*

чением к подросткам 2. влечение немолодых женщин к юношам)*

Ephedra [iˈfedrə]:

~ **distachya** эфедра двухколосковая

ephelis [əˈfiːlis], *pl.* **ephelides** [əˈfiːlidiːz] веснушка

ephemeral [əˈfemərəl], **ephemerous** [əˈfemərəs] однодневный, кратковременный; эфемерный

ephidrosis [efiˈdrəʊsis] 1. умеренное потоотделение 2. ограниченный локальный гипергидроз

epiarticular [ˌepiaːˈtikjʊlə] надсуставной

epibiotic [ˌepibaiˈɒtik] 1. обитающий на субстрате 2. реликтовый; выживающий

epiblast [ˈepiblæst] эпибласт *(первичная эктодерма)*

epiblepharon [ˌepiˈblefərɒn] эпиблефарон *(аномальная складка кожи у новорождённого по верхнему или нижнему краю века)*

epicanthus [ˌepiˈkænθəs] эпикантус *(вертикальная кожная складка, прикрывающая медиальный угол глазной щели)*

epicarcinogen [ˌepikaːˈsinəʊʤən] вещество, увеличивающее карциногенность другого вещества

epicardia [ˌepiˈkaːdiə] абдоминальная часть пищевода *(около 2 см; расположена под диафрагмой)*

epicardium [ˌepiˈkaːdijʊm] эпикард *(наружная оболочка сердца)*

epicomus [iˈpikəʊməs] несимметрично сросшиеся близнецы, из которых плод-паразит сращён с теменной областью аутозита

epicondyle [ˌepiˈkɒndail], *лат.* **epicondylus** [ˌepiˈkɒndiləs], *pl.* **epicondyli** [ˌepiˈkɒndili] надмыщелок

epicondylian [ˌepikɒnˈdiliən], **epicondylic** [ˌepikɒnˈdilik] эпикондилярный *(1. относящийся к надмыщелку 2. расположенный над мыщелком)*

epicondylitis [ˌepiˌkɒndiˈlaitis]:

~ **lateralis humeri** «теннисный локоть» *(асептический травматический периостит наружного мыщелка плечевой кости)*, травматический эпикондилит

epicoracoid [ˌepiˈkɔːrəkɔid] расположенный над клювовидным отростком *(лопатки)*

epicrisis [ˈepiˌkraisis] 1. повторный [вторичный] кризис *(после рецидива болезни)* 2. эпикриз *(резюме о болезни после завершения лечения)*

epicritic [ˌepiˈkritik] эпикритический *(о филогенетически поздней болевой чувствительности)*

epicutaneous [ˌepikjʊˈteiniəs] накожный

epicystitis [ˌepisisˈtaitis] воспаление клетчатки над мочевым пузырём

epicystotomy [ˌepisisˈtɒtəʊmi] 1. высокая цистотомия, эпицистотомия 2. эпицистома

epicyte [ˈepisait] эпицит, подоцит *(эпителиальная клетка почечного клубочка)*

epidemic [ˌepiˈdemik] 1. эпидемия 2. эпидемическое заболевание ‖ эпидемический 3. эпизоотия *(массовое заболевание животных)* 4. сезон с высокой заболеваемостью какой-л. инфекцией

air pollution ~ респираторное эпидемическое заболевание

global ~ глобальное распространение *(напр. об ожирении)*

influenza A ~ эпидемия гриппа А

point ~ очаг эпидемии *(место концентрации случаев заболеваемости, регистрируемой за короткий промежуток времени)*

silent ~ заболевание, вызываемое экологическим загрязнением

water-borne ~ эпидемическое заболевание, передаваемое через воду; водная эпидемия

epidemicity [ˌepidə'misiti] **1.** эпидемичность **2.** повышенная эпидемическая обстановка

epidemiology [ˌepiˌdi:mi'ɒləʤi] эпидемиология *(1. изучение распространённости болезни в обществе 2. область медицины, изучающая связь различных инфекций с проблемами здоровья или заболеваемости в определённом регионе)*

~ **of drug therapy in the elderly** распространение лекарственного лечения пожилых

~ **of environmental cancer** эпидемиология рака, обусловленного воздействием окружающей среды

~ **of hematological diseases** эпидемиология [распространённость] гематологических болезней

~ **of schizophrenia** эпидемиология шизофрении

cross national ~ транскультуральные [транснациональные] эпидемиологические исследования

descriptive ~ описательная эпидемиология

environmental ~ эпидемиология окружающей среды; экологическая эпидемиология *(воздействие неблагоприятных факторов окружающей среды на здоровье населения)*

genetic ~ генетическая эпидемиология

occupational ~ эпидемиология профессиональных заболеваний

tropical clinical ~ тропическая клиническая эпидемиология

epidemy [epi'di:mi] *см.* **epidemic**

epidermal [ˌepi'də:məl], **epidermatic** [ˌepidə'mætik] эпидермальный, относящийся к эпидермису

epidermatomycosis [epiˌdə:mætəʊmai'kəʊsis] дерматомикоз, дерматофития

epidermatoplasty [ˌepidə'mætəʊˌplæsti] пересадка эпидермиса с тонким слоем дермы

epidermidalization [ˌepiˌdə:midəli'zeiʃn] ороговение эпителия

epidermis [ˌepi'də:mis], *pl.* **epidermides** [ˌepi'də:mides] эпидермис

epidermitis [ˌepidə:'maitis] эпидермодермит

epidermization [ˌepiˌdə:mi'zeiʃn] **1.** образование эпидермиса **2.** пересадка эпидермиса

epidermodysplasia [ˌepiˌdə:məʊdis'pleiziə] эпидермодисплазия

~ **verruciformis** бородавчатая эпидермодисплазия; Левандовского – Лютца болезнь *(множественные уплощённые бородавки на кистях и стопах)*

epidermoid [epi'də:mɒid] **1.** напоминающий эпидермис **2.** эпидермоид *(киста кожи)*

epidermolysis [ˌepidə:'mɒləsis]:

~ **acquisita** приобретённый эпидермолиз

~ **bullosa** врождённый буллёзный эпидермолиз, Гольдшейдера болезнь, Кебнера болезнь *(наследственные заболевания с образованием волдырей на коже и слизистых)*

~ **bullosa dystrophicans** буллёзный дистрофический эпидермолиз

~ **bullosa simplex** простой буллёзный эпидермолиз

epidermomycosis [ˌepiˌdə:məʊmai'kəʊsis] дерматомикоз, дерматофития

~ **of the palms** эпидермомикоз ладоней

~ **of the soles** эпидермомикоз стоп

submammary ~ эпидермомикоз складок под грудными железами

epidermophytosis [ˌepiˌdə:məʊfai'təʊsis] дерматомикоз, дерматофития; эпидермофития

~ **inguinalis** паховая эпидермофития, окаймлённая экзема

~ **inter-digitalis pedum** эпидермофития межпальцевых промежутков стопы

epidermopoiesis [ˌepiˌdə:məʊpɒi'i:sis] развитие [формирование] эпидермиса

accelerated ~ ускоренное ороговение клеток

epidermotrichomycosis [ˌepiˌdə:məʊˌtrikəʊmai'kəʊsis] *микол.* эпидермотрихомикоз

~ **of the beard** *микол.* эпидермотрихомикоз усов

epididymis [ˌepi'didimis], *pl.* **epididymides** [ˌepididi'midi:z] придаток яичка, эпидидимис

epididymitis [ˌepididi'maitis] эпидидимит, воспаление придатка яичка

epididymotomy [ˌepiˌdidi'mɒtəmi] рассечение придатка яичка *(при его гнойном воспалении)*

epididymovasostomy [ˌepiˌdidəməʊvə'sɒstəmi] эпидидимовазоанастомоз *(наложение обходного анастомоза между семявыносящим протоком и протоком придатка яичка, минуя закупоренный участок)*

epidural [ˌepi'dju:rəl] эпидуральный, экстрадуральный, перидуральный *(о пространстве между твёрдой оболочкой спинного мозга и позвонками)*

epidurography [ˌepidʊ'rɒgrəfi] *рентг.* эпидурография, перидурография

epifolliculitis [ˌepifɒˌlikjʊ'laitis] фолликулит

epigastralgia [ˌepigəstr'ælʤiə] (эпи)гастралгия *(боль в надчревной области)*

epigastrium [ˌepi'gæstriəm] надчревье, верхняя срединная [эпигастральная] область живота

epigastrius [ˌepi'gæstriəs] несимметрично сросшиеся близнецы, из которых плод-паразит сращён с надчревной областью аутозита

epigastrocele [ˌepi'gæstrəʊsi:l] грыжа белой линии *(живота)*

epigenetic [ˌepiʤə'netik] эпигенетический, надгенетический *(зависимый не от самих генов, а от их регуляции)*

epigenotype [ˌepi'ʤenəʊtaip] эпигенотип *(развившийся в процессе воздействия внешней среды на организм)*

epiglottidean [ˌepiglɒ'tidiən] относящийся к надгортаннику

epiglottidectomy [ˌepiˌglɒtid'ektəmi] удаление надгортанника

epiglottiditis [ˌepiˌglɒti'daitis] эпиглоттит *(воспаление надгортанника)*

epiglottis [ˌepi'glɒtis] надгортанник; надгортанный хрящ

"**cherry-red** ~" воспаление надгортанника

overhanging ~ нависающий надгортанник

epiglottitis [ˌepiɡlɒˈtaitis] *см.* **epiglottiditis**

epignathus [əˈpiɡnəθəs] несимметрично сросшиеся близнецы, из которых плод-паразит сращён с областью твёрдого нёба аутозита

epilation [ˌepiˈleiʃn] эпиляция; *см. тж.* **depilation**

~ **of eyelash** эпиляция ресниц

roentgen ~ выпадение волос на голове вследствие лучевой терапии

epilemma [ˌepiˈlemə] соединительно-тканная оболочка тонких нервных волокон

epilepsy [ˈepiˌlepsi] эпилепсия

abdominal ~ абдоминальная эпилепсия *(протекающая с абдоминальным приступом)*

abortive ~ абортивная эпилепсия

acoustic ~ слуховая эпилепсия

activated ~ спровоцированный эпилептический припадок *(с диагностической целью)*

adversive ~ адверсивный эпилептический припадок

affect ~ приступ эпилепсии

akinetic ~ акинетический эпилептический припадок

anosognosic ~ психическая [скрытая, бессудорожная] эпилепсия *(о которой человек не подозревает)*; психические пароксизмы

audiogenic ~ аудиогенная [акустическая, акустикогенная, аудиосенсорная] эпилепсия *(провоцируемая звуками)*

complex precipitated ~ форма рефлекторной эпилепсии, вызываемая специфическими сенсорными стимулами

concealed ~ *см.* **anosognosic** ~

cortical ~ кожевниковская [корковая] эпилепсия

diurnal ~ дневная эпилепсия

flicker ~ эпилептический припадок, спровоцированный мелькающим светом

focal ~ фокальная [локальная, парциальная, очаговая] эпилепсия

frontal ~ лобная эпилепсия

gelastic ~ геластическая эпилепсия *(проявляющаяся неконтролируемым смехом и агрессивным поведением)*

generalized [grand mal, haut mal] ~ большая эпилепсия; большие судорожные припадки

hemiplegic ~ гемиплегическая эпилепсия, Гасто синдром

idiopathic ~ идиопатическая [эссенциальная, генуинная, криптогенная] эпилепсия

intractable ~ стойкая эпилепсия

Jacksonian ~ джексоновская эпилепсия *(при поражениях коры большого мозга)*

larval ~ *см.* **concealed** ~

laryngeal ~ беттолепсия, кашлевой обморок

major ~ *см.* **generalized** ~

menstrual ~ менструальная эпилепсия

migraine ~ мигренозная эпилепсия

minor ~ *см.* **petit mal** ~

musicogenic ~ музыкогенная эпилепсия

myoclonic ~ миоклоническая эпилепсия

myoclonus ~ миоклонус-эпилепсия

nocturnal ~ ночная эпилепсия

nonconvulsive ~ бессудорожная эпилепсия

occipital ~ затылочная эпилепсия

opercular ~ оперкулярная эпилепсия

partial ~ *см.* **focal** ~

pattern sensitive ~ эпилепсия чувственных образов *(форма рефлекторной эпилепсии, провоцируемая восприятием определённых образов)*

petit mal ~ малый припадок, абсанс; малая эпилепсия, параэпилепсия

photic sensitivity ~ фотогенная эпилепсия

pleural ~ судороги, возникающие при плевроцентезе

progressive familial ~ миоклонус-эпилепсия, миоклоническая эпилепсия

psychomotor ~ психомоторная эпилепсия, психомоторный эпилептический припадок *(с нарушением сознания и амнезией)*

psychosensoric ~ психосенсорная эпилепсия; психосенсорный эпилептический припадок

retinal ~ очаговая эпилепсия с временной потерей зрения

rolandic ~ роландическая эпилепсия *(доброкачественная форма детского возраста; характеризуется сокращениями мышц лица и рук)*

sensory ~ рефлекторная [сенсорная] эпилепсия *(провоцируемая соматосенсорными сигналами)*

sleep ~ нарколепсия

startle ~ эпилепсия вздрагивания *(провоцируемая внезапным шумом)*

symptomatic ~ *см.* **focal** ~

tardy ~ поздняя эпилепсия

temporal [temporal lobe] ~ височная эпилепсия

thalamic ~ таламическая эпилепсия

epileptic [ˌepiˈleptik] больной эпилепсией ‖ эпилептический

epileptiform [ˌepiˈleptifɔːm], **epileptoid** [ˌepiˈleptɒid] эпилептиформный, напоминающий эпилепсию

epileptogenic [ˌepileptəʊˈdʒenik] эпилептогенный *(обладающий свойством вызывать эпилептические припадки)*

epileptologist [ˌepilepˈtɒlədʒist] эпилептолог

epileptosis [ˌepilepˈtəʊsis] психические расстройства у больного эпилепсией

epiloia [ˌepiˈlɒiə] туберозный склероз, эпилойя

epimastigote [ˌepiˈmæstiɡəʊt] *параз.* эпимастигота *(стадия жизненного цикла у трипаносоматид)*

epimenorrhagia [ˌepiˌmenəʊˈreidʒiə] сочетание гиперменореи с пройоменореей *(обильные и продолжительные менструации)*

epimenorrhea [ˌepiˌmenəʊˈriə] эпименорея, частые менструации *(укорочение менструального цикла)*

epimer [ˈepimə] *pl.* эпимеры *(два стереоизомера, различающиеся по конфигурации относительно одного асимметричного центра)*

epimerase [eˈpiməreis] эпимераза *(фермент, катализирующий обратимые взаимопревращения двух эпимеров)*

epimicroscope [ˌepiˈmaikrəskəʊp] бесконтрастный микроскоп, опакмикроскоп

epimysium [ˌepiˈmisiəm] эпимизий

épine [ˈepin]:

~ **irritante** *фр.* раздражающая заноза *(образное обозначение очага патологической импульсации, напр. от интерорецепторов)*

epinephral [ˌepiˈnefrəl] надпочечный

epinephrine [ˌepiˈnefrin] адреналин, *уст.* эпинефрин

epinephros [ˌepiˈnefrɒs] надпочечник

epineurium [ˌepiˈnjuːriəm] эпиневрий *(наружная оболочка нерва)*

epionychium [ˌepiɒˈnikiəm] *см.* eponychium

epiparasite [ˌepiˈpærəsait] эпипаразит *(1. эктопаразит 2. сверхпаразит)*

epipharyngeal [ˌepifəˈrindʒiəl] носоглоточный

epipharyngography [ˌepiˌfærinˈgɒgrəfi] *рентг.* эпифарингография

epipharynx [ˌepiˈfæriŋks] носоглотка

epiphenomenon [ˌepifəˈnɒmənɒn] 1. сопутствующий признак, необычный симптом *(не связанный с основной болезнью)* 2. вторичное патологическое явление

epiphora [iˈpifərə] ретенционное слезотечение, эпифора

epiphrenic [ˌepiˈfrenik] наддиафрагмальный, эпифренальный *(напр. дивертикул)*

epiphylaxis [ˌepifiˈlæksis] *иммун.* эпифилаксия *(активация иммунитета при вялотекущем процессе)*

epiphysiodesis [ˌepiˌfiziˈɒdəsis] *хир.* эпифизеодез *(1. заращение эпифизарной линии 2. создание синостоза между эпифизом и метафизом)*

epiphysiolysis [ˌepiˌfiziˈɒlisis] эпифизеолиз, эпифизарный перелом

epiphysiopathy [ˌepiˌfiziˈɒpəθi] 1. поражение эпифиза *(кости)* 2. поражение шишковидного тела

epiphysis [iˈpifisis], **epiphyses** [iˈpifisiːz] 1. эпифиз *(расширенный конец трубчатой кости)* 2. шишковидное тело

    displaced capital femoral ~ (юношеский) эпифизеолиз головки бедренной кости

    separated [slipped] ~ эпифизеолиз, эпифизарный перелом

    stippled ~ точечная эпифизарная дисплазия

epiphysitis [iˌpifiˈsaitis] эпифизарный остеомиелит

epiphyte [ˈepifait] растительный эктопаразит, паразитический грибок

epiplocele [əˈpipləusiːl] грыжа, содержащая сальник

epiploenterocele [ˌepipləuˈenterəusiːl] грыжа, содержащая сальник и кишку

epiploic [ˌepipˈləuik] сальниковый, относящийся к сальнику

epiplomerocele [ˌepipləuˈmiːrəusiːl] бедренная грыжа, содержащая сальник

epiplomphalocele [epipˈlɒmfæləusiːl] пупочная грыжа, содержащая сальник

epiploon [əˈpipləuɒn] большой сальник

epiplopexy [əˈpipləuˌpeksi] *хир.* оментопексия

epiploplasty [əˈpipləuˌplæsti] оментопластика, пластика сальником *(десерозированных участков кишки)*

epiploscheocele [əpiˈplɒskiəusiːl] мошоночная грыжа, содержащая сальник

epiprotein [ˌepiˈprəutiːn] эпипротеин *(регуляторный белок)*

epipygus [ˌepiˈpaigəs] сросшиеся близнецы, из которых плод-паразит сращён с ягодичной областью аутозита

epischesis [ˈepiski:sis] задержка секреции

episclera [ˌepisˈkliːrə] эписклера *(наружный слой склеры)*

episcleritis [ˌepiskliˈraitis] эписклерит *(воспаление поверхностных слоёв склеры)*

    nodular ~ узелковый эписклерит

episioplasty [əˈpiziəuˌplæsti] пластика вульвы

episiorrhaphy [əˌpiziˈɒrəfi] эпизиорафия *(ушивание разрыва промежности)*

episiostenosis [əˌpiziəustəˈnəusis] стеноз отверстия влагалища

episiotomy [əˌpiziˈɒtəumi] эпизиотомия *(рассечение промежности с целью облегчения родов)*

episode [ˈepisəud] 1. случай *(напр. роста микрофлоры)*, эпизод *(напр. депрессивный)* 2. вспышка болезни

    ~ of acute pancreatitis приступ острого панкреатита

    ~ of chest pain приступ боли в груди

    ~ of collapse приступ коллапса

    ~ of neuthropenia случай нейтропении

    ~ of painless myocardial ischemia эпизод безболевой ишемии миокарда

    ~ of wheezing приступ одышки

    acute inflammatory ~ период острого воспаления

    clinical ~s клинические проявления; период обострения *(болезни)*

    coughing ~ приступ кашля

    intermittent ~s перемежающиеся приступы

    depressive ~ депрессивный эпизод, приступ депрессии

    first-time ~ of back pain первичный эпизод болей в спине

    florid ~ of psychopathology острый психопатологический эпизод, или приступ

    hemolytic ~ гемолитический криз

    hypertensive ~ гипертензивный криз

    initial ~ первый [начальный] эпизод *(напр. эмболии)*

    major depressive ~ большой депрессивный эпизод, депрессивный эпизод тяжёлой степени

    poisoning ~ случай отравления

    previous ~ предшествующий эпизод

    psychotic ~ транзиторный психоз, психотический эпизод

    recurrent ~ рецидив, возникновение рецидива, рекуррентное расстройство

    rejection ~ реакция [криз, эпизод] отторжения

    repeated febrile ~ периодическое повышение температуры

    smog ~s период смога

    syncopal ~ приступ [эпизод] обморока

    thromboembolic ~ тромбоэмболическое осложнение

    trivial ~ тривиальный [банальный] эпизод *(напр. ушиб)*

    vertiginous ~ приступ головокружения, приступ «дурноты»

episodic [ˌepiˈsəudik] проходящий, эпизодический; перемежающийся

episome [ˈepisəum] эписома *(автономный генетический элемент, существующий как интегрированная часть молекулы ДНК хозяина либо как плазмида, не связанная с хромосомой клетки)*

epispadia(s) [ˌepiˈspeidiə/z] эписпадия *(незаращение передней стенки мужского мочеиспускательного канала)*

episplenitis [ˌepispləˈnaitis] перисиленит, воспаление капсулы селезёнки

epistasis [əˈpistəsis] 1. эпистаз *(взаимодействие двух неаллельных генов, при котором эпистатичный ген влияет на фенотипическое проявление гипостатичного гена)* 2. подавление секреции или выделения

epistaxis [ˌepiˈstæksis] носовое кровотечение

bilateral ~ двустороннее кровотечение из носа

episternal [ˌepiˈstəːnəl] надгрудинный

epistropheus [ˌepistˈrəʊfiəs] осевой позвонок, II шейный позвонок, эпистрофей

epitarsus [epiˈtaːsəs] офт. эпитарзус

epitela [ˌepiˈtiːlə] ткань верхнего мозгового паруса

epitendineum [ˌepitənˈdiniəm], **epitenon** [ˌepiˈtiːnɒn] перитендиний, перитеноний, соединительнотканная оболочка сухожилий

epithalamus [ˌepiˈθæləməs] эпиталамус, надбугорье, надталамическая область

epithalaxia [ˌepiθəˈlæksiə] эпилалаксия, слущивание эпителия (чаще в кишечнике)

epithelial-lined [ˌepiˈθiːliəl-ˈlaind] выстланный эпителием

epitheliocyte [ˌepiˈθiːliəʊˌsait] (нейросенсорный) эпителиоцит (разновидность рецепторной нервной клетки органов зрения и обоняния)

~ **microvillosus** лат. микроворсинчатый эпителиоцит

epitheliofibril [ˌepiˈθiːliəʊˌfaibril] тонофибрилла (тонкое белковое волокно в протоплазме эпителиальной клетки)

epithelioglandular [ˌepiˌθiːliəʊˈɡlændjʊlə] относящийся к железистому эпителию

epithelioid [ˌepiˈθiːliɒid] эпителиоидный, подобный эпителию

epitheliolysis [ˌepiˌθiːliˈɒləsis] разрушение эпителия

epithelioma [ˌepiˌθiːliˈəʊmə] эпителиома

~ **adamantinum** адамантинома, адамантобластома, амелобластома

~ **adenoides cysticum** трихоэпителиома, множественная доброкачественная кистозная эпителиома, опухоль Анселля

basal cell ~ базалиома, базально-клеточная эпителиома

chorionic ~ хориокарцинома, хорионэпителиома

diffuse ~ рак, злокачественная эпителиома

intraepidermal ~ внутриэпидермальная эпителиома (предрак эпидермиса)

sebaceous ~ эпителиома из клеток сальной железы

self-healing ~ кератоакантома

epitheliomatosis [ˌepiˌθiːliəʊməˈtəʊsis] множественный плоскоклеточный рак

epitheliomyosis [ˌepiˌθiːliəʊmaiˈəʊsis] гинек. узловатый истмический сальпингит

epitheliosis [ˌepiˌθiːliˈəʊsis] 1. трахомоподобная пролиферация эпителия конъюнктивы 2. поражение эпителия вирусом (различных видов оспы и пр.)

epithelite [ˌepiˈθiːlait] лучевой эпителиит, радиоэпителиит

epithelium [ˌepiˈθiːliəm], pl. **epithelia** [ˌepiˈθiːliə] эпителий, эпителиальная ткань

cast-off ~ слущенный эпителий

ciliated ~ реснитчатый [мерцательный] эпителий

columnar ~ цилиндрический [призматический] эпителий

crevicular ~ эпителиальная выстилка десневого кармана

cubical [cuboidal] ~ кубический эпителий

cultured ~ выращенный эпителий (вне организма)

cylindrical ~ цилиндрический [призматический] эпителий

desquamated ~ слущенный эпителий

ductal ~ протоковый эпителий

germinal [germinative] ~ поверхностный эпителий (яичника), зародышевый [герминативный, зачатковый] эпителий

glandular ~ железистый эпителий

junctional ~ эпителий соединительной связки периодонта

multirowed ~ см. **pseudostratified** ~

nonkeratinized ~ неороговевающий эпителий

olfactory ~ обонятельный эпителий

oral ~ эпителий слизистой полости рта

oral sulcular ~ эпителий десневой бороздки

pavement ~ см. **squamous** ~

pelvic ~ эпителий почечной лоханки

pigment ~ пигментный эпителий

primitive columnar ~ первичный цилиндрический эпителий

pseudostratified ~ псевдомногослойный [многорядный] эпителий

respiratory ~ респираторный эпителий

retinal pigment ~ пигментный эпителий сетчатки

scaly ~ плоский эпителий

seminiferous ~ сперматогенный эпителий

sense [sensory] ~ нейроэпителий

simple ~ однослойный эпителий

squamous ~ плоскоклеточный эпителий

stratified ~ многослойный эпителий

tessellated ~ однослойный плоский эпителий

transitional ~ переходный [переходно-клеточный] эпителий

epithelium-lined [ˌepiˈθiːliəm-ˈlaind] выстланный эпителием

epithem [ˈepiθəm] наружная лечебная процедура (напр. компресс)

epithesis [əˈpiθəsis] 1. коррекция [исправление] деформации конечности 2. устройство, предназначенное для постоянного ношения (напр. лечебная шина, корсет, ортезы)

epitonic [ˌepiˈtɒnik] гипертонический; гипертензивный

epitope [ˈepitəʊp] антигенная детерминанта, эпитоп (активный участок антигена, соединяющийся с антителом)

conformational ~ конформационный эпитоп

conserved ~ консервативная [эволюционно стабильная] антигенная детерминанта

criptic ~ скрытый эпитоп

framework ~ антигенная детерминанта остова (молекулы), скелетная [каркасная] антигенная детерминанта; вариотипическая детерминанта, вариотоп (антитела)

group-specific ~ группоспецифическая антигенная детерминанта, групповой эпитоп

mutant ~ мутантная [мутировавшая] антигенная детерминанта

natural ~ природный эпитоп

shared ~ общий эпитоп

species-specific ~ видоспецифическая антигенная детерминанта

unique ~ уникальная антигенная детерминанта, уникальный эпитоп, унитоп

variotypic ~ вариотипическая детерминанта, вариотоп *(антитела)*

virus neupralizing ~ вируснейтрализующая антигенная детерминанта *(поверхностная детерминанта вируса, связывание антител с которой приводит к инактивации вируса)*

epitrichium [ˌepiˈtrikiəm] *эмбр.* перидерма, эпитрихий *(самый верхний слой кожи)*

epitrochlea [ˌepiˈtrɒkliə] внутренний надмыщелок плечевой кости

epitympanum [ˌepiˈtimpənəm] *ото.* надбарабанное углубление, аттик, эпитимпанум

epitype [ˈepitaip] семейство [класс] родственных антигенных детерминант

epityphlitis [ˌepitifˈlaitis] 1. *уст.* аппендицит 2. паратифлит *(воспаление клетчатки, прилежащей к слепой кишке)*

epivirus [ˌepiˈvairəs] вирус-эписома *(вирус, способный существовать в клетке как эписома)*

epizoic [ˌepiˈzəʊik] эпибионтный *(паразитирующий на коже)*

epizoicide [ˌepiˈzəʊisaid] средство против эктопаразитов

epizoon [ˌepiˈzəʊən], *pl.* **epizoa** [ˌepiˈzəʊə] эпибионт, эктопаразит *(животный паразит, обитающий на поверхности тела)*

epizootic [ˌepizəʊˈɒtik] эпизоотия *(широкое распространение заболевания среди животных, аналогичное эпидемии среди людей)* || эпизоотический

epizootiology [ˌepizəʊˌɒtiˈɒləʤi] эпизоотиология *(эпидемиология болезней животных)*

epizooty [ˌepizəʊˈɒti] эпизоотия *(массовое заболевание животных аналогичное человеческой эпидемии)*

natural ~ естественная [спонтанная] эпизоотия

epluchage [ˌeiplʊˈʃæʒ] иссечение загрязнённых и нежизнеспособных краёв раны

eponychium [ˌepəʊˈnikiəm] надногтевая пластинка, ногтевая кожица, эпонихий

eponym [ˈepəʊnim] эпоним, термин-эпоним *(название болезни, структуры, операции или метода по имени человека, впервые обнаружившего или описавшего их, либо по имени больного, напр. Кристмаса фактор)*

epoophoron [ˌepəʊˈɒfərən] надъяичковый придаток, эпоофорон

epulis [əpˈjuːlis] *стом.* эпулис, эпулид *(длительно существующая воспалительная гиперплазия десны)*

congenital ~ врождённая доброкачественная зернисто-клеточная опухоль

giant-cell ~ гигантоклеточный эпулис, периферическая остеобластокластома челюсти

epuloid [ˈepjʊlɔid] локальное разрастание слизистой оболочки десны, напоминающее эпулис

epulosis [əpjuːˈləʊsis] заживление, заживание *(раны)*; рубцевание; образование шрама

epulotic [ˌepjʊˈlɒtik] ускоряющий рубцевание *(напр. о лекарственном средстве)*

equality [iˈkwɒləti]:

~ **of rights** равноправие

point of subjective ~ *физиол.* точка субъективного равенства *(стимулов)*

equalization [ˌiːkwəlaiˈzeiʃn] 1. коррекция, компенсация 2. уравнивание

pressure ~ выравнивание давления *(напр. в полостях сердца)*

equanimity [ˌekwəˈniməti] 1. хладнокровие, самообладание 2. равнодушие

equation [iˈkweiʒn] 1. равенство 2. выравнивание 3. уравнение

balancing ~ уравнение демографического баланса

growth ~ уравнение роста *(организмов, клеток)*

Henderson – Hasselbalch ~ Гендерсона – Хассельбалха уравнение *(связывающее рН, рК и отношение акцепторов и доноров протонов)*

Michaelis – Menten ~ Михаэлиса – Ментена уравнение *(связывающее скорость ферментативной реакции с концентрацией субстрата)*

two-constant ~ *фарм.* уравнение с двумя константами *(напр. множественных изотерм связывания альбумина)*

equator [iˈkweitə]:

~ **of crystalline lens** экватор хрусталика

~ **of eyeball** экватор глазного яблока

equicellular [ˌekwiˈseljʊlər] состоящий из одинаковых клеток

equidistant [ˌekwiˈdistənt] равноудалённый

equilibration [eˌkwiliˈbreiʃn] 1. уравновешивание; соотношение 2. равновесие, равновесное состояние

helium ~ разведение гелия

occlusal ~ 1. выравнивание зубной окклюзии 2. окклюзионное равновесие зубных рядов

physiologic ~ гомеостаз, физиологический баланс

equilibrium [ˌekwiˈlibriəm] равновесие, равновесное состояние || устойчивый *(напр. о влажности)*; равновесный *(напр. о концентрации)*

acid-base ~ кислотно-основное равновесие

bacterial ~ бактериальный баланс

gene [genetic] ~ генетическое равновесие, равновесие генов

growth ~ равновесие роста

metabolic ~ равновесие обмена веществ

mutation ~ мутационное равновесие

nutritive ~ *см.* **metabolic** ~

postural ~ (постуральное) равновесие *(тела)*

radioactive ~ радиоактивное равновесие

static ~ неподвижное [устойчивое] равновесие

unstable ~ неустойчивое равновесие

equination [ˌekwiˈneiʃn] вакцинация вирусом оспы лошадей

equine [ˈekwain] конский *(имеющий отношение к лошади или напоминающий лошадь, мула и других представителей рода Equus)*

equinia [iˈkwainiə] *вет.* сап *(болезнь лошадей, ослов и мулов, но может передаваться и человеку)*

equinovalgus [iˌkwainəʊˈvælgəs] эквиновальгусная деформация стопы *(сочетание конской стопы и наружной косолапости)*

equinovarus [iˌkwainəʊˈveirəs] эквиноварусная деформация стопы *(сочетание конской стопы и внутренней косолапости)*

equipment [iˈkwipmənt] аппаратура; оборудование; оснащение

ancillary ~ вспомогательное оборудование

antigas ~ средства противохимической защиты

automatic sampling ~ оборудование для автоматического отбора проб

battery-operated ~ аппаратура с батарейным питанием

biohazard protection ~ средства биологической защиты

breathing ~ кислородно-дыхательная аппаратура

capital ~ основное оборудование

common operational research ~ лабораторный комплекс оборудования для медико-биологических экспериментов

constant flow oxygen ~ кислородный прибор с непрерывной подачей кислорода

contamination control ~ оборудование для контроля загрязнения

control ~ контрольно-измерительные приборы; контролирующее устройство

data handling ~ оборудование для обработки данных

daylight system ~ (рентгеновская) аппаратура для исследования при дневном свете

decontaminating ~ средства дезинфекции, дегазации, дезактивации

dental ~ стоматологическое оборудование

disinfectable ~ оборудование, допускающее дезинфицирующую обработку

display ~ аппаратура системы индикации

doppler automatic reduction ~ аппаратура автоматической обработки допплеровских данных

drip-proof ~ брызгозащищённое оборудование

durable medical ~ долговечное медицинское оборудование (многоразового пользования)

dust-arresting ~ пылеулавливающее устройство

educational ~ учебное пособие

endoscopic ~ эндоскопические приборы, оборудование для эндоскопии

exercise ~ аппаратура для проведения лечебной физкультуры

fixed ~ стационарная аппаратура, стационарное оборудование

general medical ~ общее медицинское оборудование

general hospital ~ общебольничное оборудование

general surgery ~ общехирургическое оборудование

high-frequency surgical ~ высокочастотная электрохирургическая аппаратура

hi-tech diagnostic ~ сложное [высокотехнологичное] диагностическое оборудование

hospital ~ больничное оборудование и аппаратура

hydrotherapy ~ оборудование для водолечения

inspection ~ контрольно-измерительная аппаратура

international hospital ~ международные стандарты оборудования для лечебных учреждений

laminar flow ~ оборудование для обеспечения ламинарного потока (воздуха)

life-supporting ~ аппаратура жизнеобеспечения, оборудование для поддержания жизнедеятельности

mains-operated ~ аппаратура с питанием от сети

mobile ~ передвижная аппаратура, передвижное оборудование

non-expendable ~ предметы и оборудование длительного пользования

monitoring intensive care ~ мониторирующее [следящее] оборудование отделения интенсивной терапии

permissible ~ взрывобезопасное оборудование

physiotherapeutical ~ физиотерапевтическая аппаратура

portable ~ портативная [переносная] аппаратура

pressure-breathing ~ оборудование или снаряжение для дыхания под давлением

radiographic ~ рентгенологическое оборудование

recording ~ регистрирующая аппаратура

sanitary ~ санитарно-техническое оборудование

self-contained breathing ~ автономная кислородно-дыхательная система

service ~ вспомогательное оборудование

short-wave ~ аппарат для коротковолновой терапии

splash-proof ~ см. drip-proof ~

sterilizable ~ оборудование, допускающее стерилизацию

transportable ~ передвижная аппаратура, переносная [портативная] аппаратура

type B ~ аппаратура типа B (аппаратура I, II или III классов защиты, обеспечивающая повышенную электробезопасность)

type BF ~ аппаратура типа BF (аппаратура, имеющая дополнительную защиту от токов утечки через пациента)

type C ~ аппаратура типа C (аппаратура I или II классов защиты, обеспечивающая самую высокую степень электробезопасности, допускающую, напр., внутрисердечное вмешательство)

ventilation ~ респираторное оборудование (для проведения ИВЛ)

X-ray ~ 1. рентгенологическое оборудование **2.** рентгеновский аппарат

equitoxic [ˌikwi'tɒksik] эквитоксический (одинаковой токсичности)

equivalent [i'kwivələnt] **1.** эквивалент ‖ эквивалентный, равносильный (по эффективности действия), равнозначный **2.** аналогичный предмет или устройство, заменитель

deep dose ~ рад. глубинная эквивалентная доза (поглощённая в данной точке внутри облучаемого тела; измеряется в зивертах)

effective dose ~ рад. эффективная эквивалентная доза излучения (характеризует оставшееся лучевое поражение равное дозе при остром облучении, которое привело бы к такому же поражению)

epileptic ~ эпилептический эквивалент

gonad dose ~ гонадная эквивалентная доза излучения (поглощённая половыми железами)

hernia ~ (экспериментальная) модель грыжи

mammal-roentgen ~ биологический эквивалент рентгена, бэр

mature ~ возрастной эквивалент

metabolic ~ метаболический эквивалент (энергия, расходуемая в состоянии покоя)

milk ~ заменитель молока

nitrogen ~ белковый азот, азотный эквивалент

psychic ~ психический эквивалент эпилептического припадка

reducing ~ восстановительный эквивалент

roentgen ~ **physical** физический эквивалент рентгена, фэр (87·10⁻⁴ Дж/кг)

shallow dose ~ *рад.* поверхностная эквивалентная доза *(поглощённая доза облучения в данной точке на поверхности объекта)*

tissue ~ *рад.* тканеэквивалентное вещество

equivocal [iˈkwivəukəl] **1.** неясный, сомнительный *(диагноз)* **2.** двусмысленный; двойственный

era [ˈiərə]:

pretreatment ~ период до лечения

eradicant [iˈrædikənt] эрадикант *(препарат для уничтожения вредных организмов)*

eradication [iˌrædiˈkeiʃn] уничтожение, искоренение, ликвидация *(напр. очагов инфекции)*

~ **of causal factor** устранение причинного фактора

~ **of measles** эрадикация кори

~ **of smallpox** ликвидация натуральной оспы

poliomyelitis ~ искоренение полиомиелита

erasion [iˈreiʒən] удаление, выскабливание, соскабливание *(напр. поражённой ткани)*

~ **of joint** артрэктомия, резекция сустава

erectile [iˈrektail] эректильный *(о пещеристой ткани)*

erection [iˈrekʃn] **1.** выпрямление **2.** эрекция

penile ~ эрекция полового члена

persistent ~ **of penis** *урол.* приапизм

erector [iˈrektə] **1.** выпрямляющая мышца **2.** *урол.* эректор

eremacausis [ˌereməˈkɔːsis] медленное окисление или разложение органического вещества

eremophobia [ˌereməuˈfəubiə] эремофобия *(патологическая боязнь безлюдных мест или одиночества)*

erepsin [eˈrepsin] эрепсин *(смесь пищеварительных ферментов, секретируемых кишечными железами)*

erethism [ˈeriθism] эретизм *(1. повышенная раздражительность или чувствительность больного 2. повышенная возбудимость ткани, органа)*

erethismic [eriˈθizmik], **erethistic** [eriˈθistik] **1.** характеризующийся повышенной раздражительностью или чувствительностью **2.** вызывающий повышенную раздражительность или чувствительность

erethitic [eriˈθitik] возбудимый, легко раздражаемый

ereuthophobia [eˌriθrəuˈfəubiə] эрейтофобия *(патологическая боязнь покраснеть перед собеседником)*

erg [əːg] эрг *(единица энергии; 1 эрг = 10⁻⁷Дж)*

ergasia [əːˈgeiziə] *физиол.* эргазия *(1. любая форма активности, особенно умственной 2. единство координированной и целенаправленной деятельности всех соматических и психических функций)*

ergasiodermatosis [əˌgeiziəuˌdəˈmæˈtəusis] профессиональный дерматоз

ergasiophobia [əˈgeiziəuˈfəubiə] эргазиофобия *(патологическая боязнь совершения какого-л. движения или действия)*

ergasthenia [əˈgæsˈθiːniə] *уст.* переутомление

ergocalciferol [əˈgəukælˈsifərɒl] эргокальциферол, витамин Д₂

ergodynamograph [ˌəˈgəudaiˈnæməugræf] эргодинамограф *(прибор для регистрации мышечной работы и силы мышечного сокращения)*

ergogenic [əˈgəuˈʤenik] фактор, способствующий повышению работоспособности ‖ повышающий работоспособность

ergogram [ˈəːgəugræm] эргограмма *(кривая, отражающая мышечную деятельность)*

ergography [ˈəːgəugrəfi] эргография *(регистрация работы мышц)*

ergoline [ˈəːgəulain] солярий

ergomedicine [əːgəuˈmedisin] эргомедицина; медицинские аспекты эргономики

ergometer [əːˈgɒmətə] эргометр; динамометр

bicycle ~ велоэргометр

treadmill ~ эргометр с бегущей дорожкой или с тредмилом, тредбаном

ergonomics [ˌəːgəuˈnɒmiks] **1.** эргономика *(наука о производственной деятельности человека и оптимизации средств и условий труда)* **2.** изучение взаимодействий человека с машинами и оборудованием

cognitive ~ когнитивная [информационно-исполнительская] эргономика

ergosome [ˈəːgəusəum] полисома, эргосома *(комплекс рибосом, взаимодействующих с одной молекулой мРНК)*

ergosterine [ˌəːgəuˈsterain], **ergosterol** [əːˈgɒstərɒl] эргостерин, эргостерол, провитамин Д₂ *(превращается в витамин под воздействием УФО)*

ergot [ˈəːgɒt] спорынья *(гриб-паразит ржи; его алкалоиды обладают галлюциногенными свойствами)*

ergotherapy [ˌəːgəuˈθerəpi] трудовая терапия, трудотерапия

ergotism [ˈəːgɒtizəm] эрготизм, отравление спорыньёй

erhlichiosis [əːˈlikiˈəusis] эрлихиоз, *уст.* риккетсиоз

eriomer [əːriˈɒmə] прибор для измерения мелких частиц

erlichiosis [əˈliˈkaiəusis] *инф.* эрлихиоз

erode [iˈrəud] **1.** прорывать(ся) *(напр. об абсцессе)* **2.** разъедать, разрушать(ся), подвергаться эрозии

erogenic [iːrəuˈʤenik], **erogenous** [eˈrɒʤənəs] эрогенный, вызывающий половое возбуждение

Eros [ˈiərɒs] *психоан.* Эрос *(персонифицированное обозначение сексуального инстинкта)*

E-rosette [iːrəuˈzet] Е-розетки, спонтанные розетки *(комплексы, состоящие из Т-лимфоцита человека и прилипающих к нему эритроцитов барана)*

erosion [iˈrəuʒən] **1.** эрозия, узурация, изъязвление **2.** *стом.* (химическая) эрозия эмали и дентина

~ **of the outer table** узурация [истончение] наружной пластинки *(кости)*

cervical ~ эрозия шейки матки

cystic ~ **1.** кистозно-язвенное поражение **2.** эрозия мочевого пузыря

dental ~ патологическая стираемость зубов

Dieulafoy’s gastric ~ Дьелафуа эрозия слизистой желудка

genetic ~ генетическая эрозия

neoplastic ~ аррозия [разъедание] сосуда новообразованием

oral ~ эрозия слизистой рта

severe ~ выраженная эрозия

erosion-preventive [iˈrəuʒən-priˈventiv] противоэрозионный

erosive [iˈrəusiv] разъедающее средство ‖ разъедающий; вызывающий эрозию, эрозивный

erotic [ə'rɒtik] эротический, сексуальный; чувственный

eroticism [ə'rɒtisizm], **erotism** ['erəʊtizm] эротизм, эротицизм (1. проявление полового влечения 2. повышенная половая возбудимость)

  genital ~ генитальный зротизм

  olfactory ~ обонятельный эротизм

  oral ~ оральный эротизм

erotization [ə,rɒti'zeiʃn] эротизация

erotogenesis [ə,rɒtəʊ'dʒenəsis] развитие эротизма

erotogenic [ə,rɒtəʊ'dʒenik], **erotogenous** [ə,rɒtəʊ'dʒenəs] эротический

erotomania [ə,rɒtəʊ'meiniə] эротомания, гиперафродизия (1. патологически повышенное половое влечение 2. неадекватное представление субъекта о половом влечении к нему кого-л.)

erotopathia [ə,rɒtəʊpə'θiə], **erotopathy** [ə'rɒtəʊpəθi] псих. эротопатия

erotophobia [ə,rɒtəʊ'fəʊbiə] эротофобия (патологическая боязнь полового акта)

errancy ['erənsi] заблуждение

errata [ə'ra:tə] pl. от **error, erratum**

erratic [ə'rætik] 1. неустойчивый, колеблющийся; рассеянный (напр. о мыслях) 2. неравномерный, изменчивый 3. странный, эксцентричный; беспорядочный 4. мигрирующий (о болях)

erratum [ə'ra:təm] опечатка, описка

errhine ['erain] повышающий секреторную активность слизистой оболочки полости носа

error ['erə], pl. **errata** [ə'ra:tə] 1. ошибка, погрешность 2. отклонение; расхождение

  ~s of ingestion нарушения режима питания (голодание, низкокалорийная диета, «выведение шлаков» и т. д.)

  ~ of metabolism нарушение метаболизма

  ~s of refraction нарушения рефракции

  allowable ~ стат. допустимая ошибка

  apparatus ~ инструментальная погрешность

  assumed ~ предполагаемая [допускаемая] погрешность

  between-batch random ~ статистическая погрешность эксперимента, случайная погрешность опыта

  capital ~ основная ошибка

  copy ~ ген. ошибка репродукции, ошибка копирования

  excepted ~s стат. 1. исключая ошибки 2. ошибки в пределах допустимого

  gross ~ грубая ошибка

  inborn ~ врождённый дефект, врождённый порок (развития)

  inborn ~ of cholesterol biosynthesis врождённое нарушение биосинтеза холестерина

  inborn ~ of metabolism врождённое нарушение обмена веществ

  instrumental ~ погрешность прибора

  interobserver ~ стат. внешняя ошибка наблюдения (получение различных результатов несколькими исследователями в однотипных испытаниях)

  intraobserver ~ стат. внутренняя ошибка наблюдения (получение различных результатов одним исследователем в однотипных испытаниях)

  logical ~ логическая ошибка, ошибка в логике

  mean ~ средняя ошибка

  measuring ~ ошибка [погрешность] измерения

  medication ~s ошибки при лекарственном лечении

  percentage ~ относительная ошибка

  permissible ~ стат. допустимая ошибка

  personal ~ субъективная ошибка; ошибка оператора или поверителя

  probable ~ вероятная ошибка

  procedural ~ погрешность метода измерения

  random ~ случайная ошибка

  residual ~ стат. остаточная ошибка или погрешность

  round-off ~ ошибка округления

  sampling ~ стат. ошибка выборочного исследования

  sporadic ~ см. **random ~**

  standard ~ стат. средняя квадратичная погрешность

  subject recall ~ ошибка, связанная с субъективностью ответа (пациента)

  therapeutic ~ ошибка при лечении

  type I ~ ошибка I типа (ложноположительная)

  type II ~ ошибка II типа (ложноотрицательная)

  within-assay random ~ статистическая погрешность метода

erubescence [,eru:'besens] покраснение кожи

eruct [ə'rʌkt] отрыгивать, срыгивать

eructation [ərək'teiʃn] отрыжка

  gaseous ~ отрыжка воздухом

  sour ~ кислая отрыжка

erupt [i'rʌpt] 1. покрываться сыпью 2. прорезываться (о зубах)

eruption [i'rʌpʃn] 1. сыпь, высыпание (на коже) 2. прорезывание зубов 3. вспышка (эпидемии)

  ~ sequestrum лат. секвестрационное прорезывание (зубов)

  acneiform ~ угревидная сыпь

  bullous ~ буллёзная сыпь

  contact ~ контактный дерматит

  corymbose ~ сифилитическая сыпь, высыпания при сифилисе

  creeping ~ дерматит, обусловленный паразитированием в коже личинок гельминтов

  deciduous tooth ~ прорезывание молочных зубов

  delayed ~ позднее прорезывание (зубов)

  disseminated ~ распространённое высыпание

  drug ~ лекарственная сыпь, медикаментозный дерматит

  fixed ~ фиксированная [стойкая] медикаментозная токсидермия, или эритема

  herpetic ~ герпетическое высыпание

  iodine ~ йодный дерматит

  Kaposi's varicelliform ~ вариолиформный пустулёз, герпетиформная экзема, Капоши синдром

  medicinal ~ см. **drug ~**

  papular ~ папулёзная сыпь

  pigmented purpuric ~ пигментные пурпуроидные высыпания

  polymorphic light ~ световая полиморфная сыпь

  precocious ~ досрочное [преждевременное] прорезывание (зубов)

  serum ~ сыпь при сывороточной болезни

  varicelliform ~ вариолиформный пустулёз

eruptive [i'rʌptiv] проявляющийся сыпью

erysipelas [erisi'peləs] рожа; рожистое воспаление

~ **carcinomatodes** *лат.* раковый лимфангоит, раковое «рожистое воспаление»

ambulant ~ мигрирующая [блуждающая] рожа

coast ~ онхоцеркоз

malignant ~ злокачественная рожа (*форма пуэрперального сепсиса*)

phlegmonous ~ флегмонозная рожа

surgical ~ послеоперационная рожа

swine ~ эризипелоид, рожа свиней, ползучая эритема

wandering ~ мигрирующая [блуждающая] рожа

erysipelatous [erəsi'pelətəs] рожистый, относящийся к роже

erysipeloid [eri'sipəlɔid] 1. эризипелоид, рожа свиней, ползучая эритема 2. рожистоподобный, напоминающий рожу

Erysipelothrix [eri'sipələu,θriks] род микроорганизмов, вызывающих эризепелоид, дерматит, целлюлит

erysiphake [e'risifeik] эризифак (*инструмент для интракапсулярной экстракции катаракты*)

erythema [eri'θi:mə] 1. эритема 2. покраснение, краснота; гиперемия

~ **ab igne** инфракрасная (тепловая) эритема

~ **annulare centrifugum** кольцевидная центробежная эритема

~ **calore** *см.* ~ **ab igne**

~ **chronicum migrans** хроническая мигрирующая эритема

~ **dyschromicum perstans** пепельный дерматоз

~ **endemicum** пеллагра, розовая болезнь

~ **gyratum** *см.* ~ **annulare centrifugum**

~ **induratum** индуративный туберкулёз кожи, индуративная эритема, Базена болезнь

~ **infectiosum** *лат.* инфекционная эритема

~ **marginatum** ревматоидная эритема

~ **multiforme** *лат.* многоформная [полиморфная] эритема

~ **nodosum** узловатая [нодозная] эритема

~ **nodosum leprosum** лепрозная узелковая эритема

~ **nodosum syphiliticum** сифилитические розеолы, пятнистый сифилид (*сыпь при вторичном или третичном сифилисе*)

~ **pernio** озноблённая волчанка; ознобление

~ **serpens** эризипелоид, рожа свиней, ползучая эритема

~ **streptogenes** импетиго стрептококковое

~ **subitum** *лат.* внезапная эритема

~ **venenatum** токсическая эритема

acrodynic ~ эритема ладоней и подошв, Лейна болезнь

diaper ~ *см.* **napkin** ~

epidemic ~ акродиния, Свифта синдром

epidemic arthritic ~ хейверхиллская лихорадка, эпидемическая суставная эритема

gluteal ~ *см.* **napkin** ~

hemorrhagic exudative ~ геморрагический капилляротоксикоз, геморрагическая пурпура

macular ~ розеола

Milian's [ninth-day] ~ эритема девятого дня, Милиана эритема

napkin ~ опрелость новорождённых, пелёночный дерматит

scarlatiniform ~ рецидивирующая скарлатиноподобная эритема

X-ray ~ рентгеновская эритема

erythematic [,eriθi'mætik], **erythematous** [eri'θi:mætəs] эритематозный, относящийся к эритеме; похожий на эритему

erythra [e'riθrə] кожная сыпь

erythralgia [,eriθr'ælʤiə] эритромелалгия, ограниченный болезненный отёк кожи; Митчелла болезнь

erythrasma [eri'θræzmə] *дерм.* эритразма (*псевдомикоз, локализующийся на внутренних поверхностях бёдер, прилегающих к мошонке*)

erythredema [e,riθri'di:mə] акродиния, Свифта синдром

erythremia [,eriθ'ri:miə] истинная полицитемия, эритремия, Вакеза – Ослера болезнь

erythrism [e'riθrizm] красный оттенок волос в сочетании с красноватым веснушчатым лицом

erythroblast [ə'riθrəublæst] эритробласт, нормобласт (*пролиферирующая гемопоэтическая клетка, предшественник эритроцита*)

early ~ базофильный эритробласт

intermediate ~ промежуточный эритробласт

late ~ нормоцит, *уст.* нормобласт

primary ~ макроэритробласт (*ядерный предшественник эритроцитов*)

erythroblastemia [ə,riθrəublæs'ti:miə] эритробластическая реакция (*наличие эритробластов в периферической крови; наблюдается после кровопотери*)

erythroblastopenia [ə,riθrəu,blæstəu'pi:niə] *гемат.* эритробластопения, эритробластофтиз

erythroblastosis [ə,riθrəublæs'təusis] 1. реактивный эритробластоз (*реакция ребёнка на гипоксию*) 2. эритромиелоз, эритролейкоз, Ди Гульельмо болезнь

~ **fetalis**, ~ **neonatorum** эритробластоз плода; гемолитическая болезнь новорождённого (*возникающая при групповой (АВ0 – 15–20 %) или резус-несовместимости (80–85 %) крови матери и плода*)

erythrocatalysis [ə,riθrəukə'tæləsis] гемолиз

erythroclasis [ə,riθrəu'kleisis] *гемат.* эриторексис

erythroconte [ə,riθrəu'kɒntə] азурофильная зернистость

erythrocuprein [ə,riθrəu'kʌpri:in] *биохим.* гемокупреин

erythrocyanosis [ə,riθrəu,saiə'nəusis] *дерм.* эритроцианоз

erythrocyte [ə'riθrəusait]:

~ **with antibody and complement** эритроциты, нагруженные антителами и комплементом

sickle ~ дрепаноцит, менискоцит, серповидный эритроцит

stored ~s консервированная эритроцитная масса; консервированная кровь

test ~ стандартный эритроцит

washed ~s отмытые эритроциты

xenogeneic ~ чужеродный эритроцит

erythrocytolysis [ə,riθrəusai'tɒlisis] гемолиз

erythrocytometer [ə,riθrəusai'tɒmətə] эритроцитометр; счётная камера для эритроцитов

erythrocytorrhexis [ə,riθrəu,saitəu'reksis] *гемат.* эритро(цито)рексис

erythrocytoschisis [ə,riθrəusai'tɒskisis] разрушение эритроцитов

erythrocytosis [ə,riθrəusai'təusis] *гемат.* эритроцитоз, полицитемия

~ **megalosplenica** *см.* **erythremia**

erythrocyturia [ə͵riθrəʊsaɪt'juːriə] гематурия

erythroderma [ə͵riθrəʊ'dəːmə] эритродермия

~ **psoriaticum** псориатическая эритродермия, универсальный псориаз

congenital ichthyosiform ~ врождённая ихтиозоформная эритродермия

erythrodontia [ə͵riθrəʊ'dɒnʃiə] *стом.* эритродонтоз

erythroedema [ə͵riθri'diːmə]:

polyneuropathy ~ акродиния

erythrogenesis [ə͵riθrəʊ'ʤenəsis] эритро(цито)поэз

~ **imperfecta** врождённая гипопластическая анемия

erythrogenic [ə͵riθrəʊ'ʤenik] 1. вызывающий покраснение или сопровождающийся покраснением *(напр. кожи)* 2. относящийся к образованию эритроцитов

erythrogonium [ə͵riθrəʊ'gəʊniəm] гемоцитобласт *(клетка-предшественница эритроцитов)*

erythroid [ə͵ri'θrɔid] 1. красного цвета; красноватый 2. эритроидный *(напр. росток или ряд клеток костного мозга, дифференцирующихся в эритроциты)*

erythrokeratodermia [ə͵riθrəʊ͵kerətəʊ'dəːmiə] эритрокератодермия

~ **variabilis** вариабельная эритрокератодермия

erythrokinetics [ə͵riθrəʊki'netiks] эритрокинетика *(развитие эритроцитов от возникновения до разрушения)*

erythroleukemia [ə͵riθrəʊljuː'kiːmiə], **erythroleukosis** [ə͵riθrəʊljuː'kəʊsis] эритромиелоз, эритролейкоз, Ди Гульельмо болезнь *(одновременная опухолевая пролиферация эритро- и миелобластов)*

erytholysin [͵əri'θrɒlisin] гемолизин

erythrolysis [͵əri'θrɒləsis] гемолиз *(распад эритроцитов)*

erythromelalgia [ə͵riθrəʊmel'ælʤiə] эритромелалгия, Митчелла болезнь

erythromelia [ə͵riθrəʊ'miːliə] атрофический хронический акродерматит, идиопатическая прогрессирующая атрофия кожи, эритромелия

erythrometre [͵əri'θrɒmətə] эритроцитометр

erythron ['eriθrɒn] *гемат.* эритрон *(гистогенетический ряд эритроцита, от коммитированной эритроидной клетки до эритроцита)*

erythroneocytosis [ə͵riθrəʊ'niːəʊsaɪ'təʊsis] наличие в крови незрелых эритроцитов

erythroparasite [ə͵riθrəʊ'pærəsait] паразит эритроцитов

erythropenia [ə͵riθrəʊ'piːniə] эритро(цито)пения

erythrophage [ə͵riθrəʊ'feiʤ] гематофаг, эритрофаг

erythrophagia [ə͵riθrəʊ'feiʤiə], **erythrophagocytosis** [ə͵riθrəʊ͵fægəʊsaɪ'təʊsis] эритрофагоцитоз *(разрушение эритроцитов фагоцитами)*

erythroplasia [ə͵riθrəʊ'pleiziə] эритроплазия (Кейра), бархатистая эпителиома, бархатная эритроплазия

~ **of Queyrat** Кейра эритроплазия *(внутриэпителиальный рак головки полового члена)*

erythropoiesis [ə͵riθrəʊpɔi'iːsis] эритро(цито)поэз *(процесс пролиферации и дифференцировки эритроидных клеток)*

erythropoietin [ə͵riθrəʊ'pɔiɪtin] эритропоэтин, гемопоэтический фактор *(используется для стимуляции эритропоэза)*

inappropriate ~ неадекватная выработка эритропоэтина; неадекватное количество эритропоэтина

serum ~ содержание эритропоэтина *(в плазме крови)*

erythroprosopalgia [ə͵riθrəʊ͵prɒsəʊp'ælʤiə] гистаминовая цефалгия, Хортона синдром

erythropsia [͵eri'θrɒpsiə] эритропсия *(нарушение восприятия, при котором окружающие предметы кажутся красными)*

erythropsin [͵eri'θrɒpsin] родопсин, зрительный пурпур

erythropyknosis [ə͵riθrəʊpik'nəʊsis] пикноз эритроцитов

erythrorexis [ə͵riθrəʊ'reksis] *гемат.* эритрорексис

erythrosis [͵eri'θrəʊsis] эритродермия

erythrosuppression [ə͵riθrəʊsə'preʃn] подавление [угнетение] эритроидного ростка

Erythroxylon [͵eri'θrɒksilɒn]:

~ **coca** кока *(кустарник, листья которого содержат около 1 % кокаина)*

erythruria [͵eri'θ'juːriə] гематурия

escalatio [͵eskə'leiʃiəʊ] увеличение; расширение; обострение; усугубление *(риска)*

stress ~ эскалация стресса

escalator ['eskəleitə]:

mucociliary ~ мукоцилиарный транспорт

escape [is'keip] 1. выброс; истечение *(околоплодных вод)*, выделение *(крови)*, просачивание ‖ истекать, выделяться, просачиваться 2. выскальзывающий *(ритм сердца)*; «ускользнувший ген» *(мутант)* 3. аварийный выход

~ **from hospital** совершать побег из больницы

~ **from immunosurveillance** потеря иммунного контроля

~ **from reality** *психол.* уход от реальности

~ **from suppression** устранение угнетения *(напр. функции надпочечников при дексаметазоновой пробе)*

~ **of blood** кровотечение; просачивание крови

~ **of enzymes** переход [«уклонение», просачивание] ферментов *(в ткань органа)*

~ **of fluid** выпотевание [просачивание, истечение] жидкости *(напр. в брюшную полость)*

~ **of gastric contents** эвакуация желудочного содержимого

~ **of lymph** истечение [просачивание] лимфы

~ **of pigment into the urine** поступление пигмента в мочу

~ **of pus** гнойное отделяемое, гнойные выделения

~ **of urine into scrotum** просачивание мочи в мошонку

air ~ утечка воздуха

aldosterone ~ выделение альдостерона *(напр. при сердечной недостаточности)*

effusion ~ эвакуация выпота

hormonal ~ выделение [секреция] гормонов

nodal ~ атриовентрикулярная экстрасистола

radioactive ~ утечка радиоактивных материалов

transcapillary ~ **of albumin** транскапиллярная утечка альбумина

ventricular ~ желудочковая экстрасистола

escaper [is'keipə] *см.* **breakthrough**

escapism [is'keipizəm] *лит., психол.* эскапизм, бегство от жизни

eschar ['eskaː] струп, корка

circumferential ~ циркулярный рубец

435

neuropathic ~ нервно-трофическая язва

escharosis [eskə'rəʊsis] образование струпа

Escherichia [,eʃə'rikiə] *микр.* род эшерихия

~ **aurescens** золотистая эшерихия

~ **coli** кишечная палочка

~ **fecalis** энтерококк

escherichiosis [,eʃəriki'əʊsis] эшерихиоз

eschrolalia [,eʃrəʊ'leliə] *псих.* копролалия *(непреодолимое влечение к произнесению циничных, бранных слов)*

escort ['eskɔːt] 1. охрана, прикрытие 2. сопровождение, эскорт

esculent ['eskjʊlənt] съедобный

escutcheon [es'kʌtʃən] тип оволосения лобка

esmarch ['esmaːk] жгут Эсмарха

esocolitis [,esəʊkɒ'laitis] 1. воспаление слизистой толстой кишки 2. дизентерия

esodeviation [,esəʊ,diːvi'eiʃn] *см.* **esophoria**

esogastritis [,esəʊgæs'traitis] катаральный [простой] гастрит

esophagalgia [ə,sɒfəg'ældʒiə] эзофагодиния *(боли в области пищевода)*

esophagectomy [ə,sɒfədʒ'ektəmi] резекция пищевода

total ~ тотальная эзофагоэктомия, экстирпация пищевода *(при раке)*

transhiatal ~ эзофагэктомия через пищеводное отверстие диафрагмы

esophagism [ə'sɒfədʒizm] эзофагоспазм, эзофагизм *(спазм пищевода)*

esophagitis [ə,sɒfə'dʒaitis] эзофагит *(воспаление пищевода)*

concurrent reflux ~ сопутствующий рефлюкс-эзофагит

corrosive ~ коррозионный эзофагит *(возникает вследствие попадания в пищевод едкой кислоты или щелочи)*

herpes simplex ~ эзофагит, вызванный вирусом простого герпеса

infective ~ инфекционный эзофагит

monilial ~ кандидоз пищевода

peptic [reflux] ~ рефлюкс-эзофагит, пептический эзофагит

symptomatic reflux ~ симптоматический рефлюкс-эзофагит

esophagocele [ə'sɒfəgəʊ,siːl] 1. дивертикул пищевода 2. патологическое расширение пищевода

esophagodynia [ə,sɒfəgəʊ'diniə] эзофагодиния *(боли в области пищевода)*

esophagogastrectomy [ə,sɒfəgəʊgæstr'ektəmi] резекция пищевода и проксимального отдела желудка

esophagogastroduodenoscopy [ə,sɒfəgəʊ,gæstrəʊ,duːɒdə'nɒskəpi] эзофагогастродуоденоскопия, ЭГДС

esophagogastromyotomy [ə,sɒfəgəʊgæstrəʊmai'ɒtəmi] кардиомиотомия, эзофагогастромиотомия

esophagogastroscopy [ə,sɒfəgəʊgæs'trɒskəpi] эзофагогастроскопия

esophagogram [ə'sɒfəgəʊgræm] рентгенограмма пищевода; рентгенография пищевода

contrast ~ контрастная эзофагограмма

esophagojejunostomy [ə,sɒfəgəʊ,dʒiːdʒuː'nɒstəmi] эзофагоеюноанастомоз *(наложение пищеводно-тощекишечного анастомоза)*

Roux-Y ~ Y-образный эзофагоеюноанастомоз по Ру

esophagoplasty [ə'sɒfəgəʊ,plæsti] эзофагопластика, пластика пищевода

reversed gastric ~ эзофагопластика с использованием перевёрнутого трансплантата желудка

esophagoscopy [ə,sɒfə'gɒskəpi] эзофагоскопия

esophagostenosis [ə,sɒfəgəʊstə'nəʊsis] сужение пищевода

esophagostomy [ə,sɒfə'gɒstəʊmi] эзофагостомия *(создание искусственного наружного свища пищевода)*

esophagotomy [ə,sɒfə'gɒtəmi] эзофаготомия *(рассечение пищевода)*

esophagus [ə'sɒfəgəs] пищевод

Barrett's ~ Барретта синдром *(замещение многослойного плоского эпителия столбчатым)*

cervical ~ шейный отдел пищевода

columnar-lined ~ пищевод, выстланный цилиндрическим эпителием

corkscrew ~ чёткообразный [штопорообразный, извитой] пищевод

prethoracic ~ антеторакальный [предгрудинный] пищевод

thoracic ~ грудной отдел пищевода

esophoria [,esəʊ'fəʊriə] эзофория *(скрытое косоглазие с тенденцией к отклонению одного из глаз кнутри)*

esosphenoiditis [,esəʊs,fiːnɒi'daitis] остеомиелит клиновидной кости

esoteric [,iːsəʊ'terik] эзотерический *(возникающий внутри организма)*

esotoxin [,iːsəʊ'tɒksin] *уст.* эндотоксин

esotropia [,esəʊ'trəʊpiə] сходящееся [конвергирующее] косоглазие, эзотропия

espnoic [esp'nəʊik] относящийся к ингаляции, ингаляционный

espundia [es'puːndiə] эспундия, злокачественный кожно-слизистый лейшманиоз *(Нового Света)*

esquillectomy [,eskwil'ektəmi] удаление изолированных костных отломков при раздробленном переломе

essay ['esei] 1. попытка; проба 2. испытание, опыт

essence ['esns] 1. сущность; существо 2. эссенция *(летучие эфирные масла растений)* 3. (спиртовой) раствор; экстракт

~ **of peppermint** (спиртовая) настойка перечной мяты

essential [i'senʃl] 1. важный, главный, основной, существенный; обязательный; жизненно необходимый *(напр. микроэлементы, витамины и т. д.)* 2. идиопатический, первичный *(о болезни)*; эссенциальный *(об аминокислотах)*; обязательный 3. *pl.* предметы первой необходимости *(напр. для бронхоскопии)* 4. *pl.* сущность, основы, неотъемлемая часть

~ **to complete recovery** основа для полного выздоровления

~**s of critical care** основы неотложной терапии

~**s of neurosurgery** основы нейрохирургии

~**s of medical care** основные виды медицинской помощи

establish [i'stæbliʃ] создавать; устанавливать

to ~ **the patient's trust** завоевать доверие больного

establishment [i'stæbliʃmənt] 1. учреждение; заведение 2. обеспечение

~ **of airway** обеспечение проходимости дыхательных путей

~ of artificial fistula наложение свища *(напр. на мочевой пузырь)*

~ of chromosomal sex определение [установление] хромосомного пола

~ of flow восстановление кровотока

~ of gastric fistula наложение гастростомы

~ of health system организация системы здравоохранения

~ of infection патогенез инфекционного процесса

~ of national public health cadres создание национальных кадров здравоохранения

~ of pneumoperitoneum наложение пневмоперитонеума

~ of T-cell lines получение линий Т-клеток

bathing and delousing ~ санитарный пропускник; банно-дезинфекционное отделение

district ~ районное учреждение

health ~ медико-санитарное учреждение

hydropathic(al) ~ водолечебница

inpatient care ~ больница, стационарное лечебное учреждение

medical ~ медицинское учреждение

surgical ~ of canals for drainage хирургическое дренирование *(полости или полого органа)*

estate [i'steit]:

council ~ микрорайон, застроенный муниципальными домами

ester ['estə] сложный эфир

cholesterol ~s эфиры холестерина

hemisuccinate ~ полуянтарный эфир

phorbol ~ форболовый эфир

esterapenia [,estərəp'i:niə] дефицит холинэстеразы крови

esterase ['estəreis] эстераза *(фермент, катализирующий гидролиз эфиров на кислоты и спирты)*

carboxylic ~ карбокси(л)эстераза *(подгруппа эстераз, катализирующих гидролиз эфиров жирных кислот)*

esterification [es,tə:rifi'keiʃn] эстерификация, образование сложного эфира

esterify [es'tə:rifai] эстерифицировать, превращать в сложный эфир

esthesia [es'θi:ziə] 1. чувство; ощущение 2. чувствительность; восприимчивость

esthesiodic [es,θi:zi'ɒdik] передающий сенсорные ощущения

esthesiogenesis [es,θi:ziəʊ'ʤenəsis] генерация ощущений *(напр. эретизма)*

esthesiography [es,θi:zi'ɒgrəfi] 1. описание органов чувств и их функций 2. определение зон чувствительности на коже

esthesiology [es,θi:zi'ɒləʤi] эстезиология *(учение о строении и функциях органов чувств)*

esthesiometry [es,θi:zi'ɒmətri] эстезиометрия *(определение порога чувствительности)*

esthesioneure [es,θi:ziəʊ'nu:r] чувствительный нейрон

esthesioneuroblastoma [es,θi:ziəʊ,nju:rəʊblæs'təʊmə] эстезио(нейро)бластома, обонятельная эстезионейроэпителиома

esthesioneurosis [es,θi:ziəʊnju:'rəʊsis] нарушение чувствительной иннервации

esthesiophysiology [es,θi:ziəʊ,fizi'ɒləʤi] физиология органов чувств

esthesioscopy [es,θi:zi'ɒskəpi] исследование тактильной и других видов чувствительности

esthesis [es'θi:zis] *см.* **esthesia**

esthetic [es'θetik] 1. относящийся к чувствительности, восприятию 2. эстетический

esthetics [es'θetiks] эстетика

denture ~ косметические аспекты протезирования зубов

esthiomene [esθi'ɒməni] язвенное поражение вульвы при паховом лимфогранулематозе, эстиомен; фагеденизм

esthiomenous [esθi'ɒmənəs] фагеденический

estimate ['estimeit]:

approved ~s утверждённая смета

cost ~s смета расходов; сметные предположения

dose ~s оценка дозы

heritability ~ оценка наследственности

sampling ~ оценка взятых проб

three-sigma ~ оценка погрешности равная утроенному среднему квадратическому отклонению

estimation [,esti'meiʃn] определение; оценка; вычисление; анализ; расчёт

~ of aminoacids определение (содержания) аминокислот

~ of blood pressure определение кровяного давления

~ of cardiac volume определение ударного объёма сердца

~ of total hemoglobin определение общего содержания гемоглобина

approximate ~ приблизительная оценка

bayesian ~ байесова оценка

blood volume ~ определение объёма кровотока

confidence ~ оценка доверия

crude ~ грубая оценка

overall [pooled] ~ суммарная оценка

population growth ~ оценка роста численности населения

rough ~ *см.* **crude ~**

urinary catecholamine ~ определение катехоламинов в моче

estival ['estivəl] относящийся к летним месяцам или встречающийся летом

estradiol [əs'treidiɒl] эстрадиол *(основной женский половой гормон, секретируемый яичниками)*

estrangement [i'streinʤmənt] 1. отчуждённость, отчуждение; охлаждение 2. отдаление, отрыв, разрыв

estrin ['estrin] эстроген, эстрин *(1. фолликулярный гормон 2. эстрогенное средство)*

conjugated ~s сопряжённые эстрогены

urinary ~s эстрогены мочи

estriol ['estriɒl] эстриол *(женский половой гормон)*

estrogen ['estrəʤən] *см.* **estrin**

estrogenic [estrəʊ'ʤenik] эстрогенный

estrogen-responsive ['estrəʤən-ri'spɒnsiv] реагирующий на эстрогены, купируемый эстрогенами *(напр. дерматоз)*

estromania ['estrəʊ,meiniə] *псих.* нимфомания, андромания

estrus ['estrəs] эструс, течка *(финал полового цикла животных)*

behavioral ~ поведение (животного) при эструсе, проявления эструса

cytological ~ *биол.* цитологическая картина эструса

estuarium [es'tjuːriəm] паровая ванна

et [et]:

~ **alii** *лат.* и другие

~ **cetera** *лат.* и так далее

état [ei'taː]:

~ **mamelonné** *фр.* гипертрофия слизистой оболочки желудка, Менетрие болезнь

etch [etʃ] **1.** гравировать; травить на металле **2.** отслаивать(ся) *(напр. об эмали зуба)*

etching ['etʃiŋ]:

freeze ~ *гист.* замораживание-травление *(подготовка образцов для исследования методами электронной микроскопии)*

ethanol ['eθənɒl] этиловый спирт, этанол

ingested ~ введение этилового спирта внутрь

ether ['iːθə] **1.** простой эфир **2.** (ди)этиловый эфир

vinyl ~ виниловый эфир

etherism ['iːθərizm] **1.** действие эфира; отравление эфиром **2.** эфиромания, эфирная наркомания, этеромания

etheromania [ˌiːθərəʊ'meiniə] *см.* **etherism 2**

ether-soluble ['iːθə-'sɒljʊbl] растворимый в эфире, эфирорастворимый

ethical ['eθikl] **1.** нравственный, этический **2.** этичный

ethicel ['eθisəl] *амер.* патентованное лекарственное средство *(отпускаемое только по рецепту)*

ethics ['eθiks]:

~ **of psychoanalysis** этика психоанализа

applied ~ прикладная этика

(bio)medical ~ (био)медицинская этика

care ~ этика заботы *(напр. о больном)*

psychiatric ~ этика в работе психиатра

ethmocarditis [ˌeθməʊka:'daitis] воспаление соединительно-тканных структур сердца

ethmofrontal [ˌeθməʊ'frɒntl] относящийся к решётчатой и лобной костям

ethmoid ['eθmɔid] решётчатая кость

ethmoidectomy [ˌeθmɔid'ektəmi] резекция решётчатой кости

ethmoiditis [ˌeθmɔi'daitis] этмоидит *(воспаление ячеек решётчатой кости)*

ethmolacrimal [ˌeθməʊ'lækriməl] относящийся к решётчатой и слёзной костям

ethmosphenoid [ˌeθməʊ'sfiːnɔid] относящийся к решётчатой и клиновидной костям

ethmoturbinal [ˌeθməʊ'təːbinəl] относящийся к верхней и средней носовым раковинам

ethmovomerine [ˌeθməʊ'vəʊməriːn] относящийся к решётчатой кости и сошнику

ethnic ['eθnik] этнический, национальный

ethnicity [eθ'nisiti] этническая принадлежность

ethnocentrism ['eθnəʊˌsentrizm] этноцентризм *(оценка других этнических групп по своим национальным стандартам, основывающаяся на убеждении в преимуществе последних)*

ethnology [eθ'nɒlədʒi] этология, этнография *(наука, изучающая материальную и духовную культуру народов)*

ethnomedicine [ˌeθnəʊ'medisin] изучение приёмов и рецептов народной медицины

ethnopharmacology [ˌeθnəʊˌfɑːmə'kɒlədʒi] этнофармакология *(отрасль, изучающая препараты, применяемые в народной медицине)*

ethnopsychiatry [ˌeθnəʊsai'kaiətri] этнопсихиатрия *(изучение этнических и культуральных факторов в развитии и течении психических расстройств)*

ethnopsychology [ˌeθnəʊsai'kɒlədʒi] этнопсихология *(этнические и культуральные психологические характеристики и паттерны)*

ethology [iː'θɒlədʒi] этология *(1. раздел биологии о поведении животных 2. поведение животных)*

human ~ животные инстинкты у человека

ethopharmacology [ˌiːθəʊˌfɑːme'kɒlədʒi] исследование влияния лекарств на видоспецифические поведенческие реакции лабораторных животных *(в условиях их совместного обитания)*

etiolation [ˌiːtiəʊ'leiʃn] этиоляция *(бледность, развивающаяся в результате недостатка света)*

etiology [ˌiːti'ɒlədʒi] этиология *(1. раздел медицины, изучающий болезнетворные факторы 2. причина болезней, травм)*

~ **of liver dysfunction** причина нарушения функции печени

major ~ *см.* **underlying** ~

specific ~ специфическая этиология; конкретная причина *(напр. возникновения боли)*

underlying ~ основная причина

etioprophylaxis [ˌiːtiəʊˌprəʊfi'læksis] специфическая профилактика, этиопрофилактика

etiotropic [ˌiːtiəʊ'trɒpik] этиотропный *(о методе лечения, воздействующем на причину болезни)*

etiquette ['etiket] **1.** этикет **2.** профессиональная этика *(напр. врача)*

etrohysterectomy [ˌiːtrəʊhistər'ektəmi] абдоминальная экстирпация матки

etrotomy [iː'trɒtəmi] **1.** лапаротомия **2.** надлобковое сечение, надлобковый доступ, или разрез

Eubacterium [ˌjuːbæk'tiəriəm] род анаэробных, неспорообразующих, неподвижных бактерий кишечника; расщепляют углеводы, могут быть патогенными

eubiosia [juː'bai.ɒsiə] эйбиосия *(комплекс качеств, обеспечивающих достойную жизнь)*

eubiotics [juː'bai.ɒtiks] **1.** эубиотики *(вещества, выделяемые микробами-симбионтами и принимающие участие в обмене веществ макроорганизма)* **2.** наука о здоровом образе жизни; соблюдение требований гигиены; гигиенические условия жизни

eubolism ['juːbɒlizm] нормальный обмен веществ

eucapnia [juː'kæpniə] нормокапния, эйкапния *(нормальное напряжение углекислоты в крови)*

eucapnic [juː'kæpnik] нормокапнический

eucaryote [juː'kæriəʊt] эукариот

eucell ['juːsel] эукариотическая клетка

euchlorhydria [ˌjuːklɔː'haidriə] эухлоргидрия *(нормальное содержание соляной кислоты в желудочном соке)*

euchromatin [jʊ'krəʊmətin] эухроматин *(рыхло спирализованный хромосомный материал)*

euchromosome [jʊˈkrəʊməsəʊm] аутосома *(любая хромосома, кроме половой)*

eucorti(cali)sm [jʊˈkɔːtikəlizm] нормальное функционирование коры надпочечников

eudermic [jʊˈdɜːmik] оптимальный для кожи *(напр. о хирургических перчатках)*

eudiometer [jʊdiˈɒmətə] эвдиометр *(прибор для определения чистоты воздуха и объёмного анализа газов)*

euesthesia [jʊɪsˈθiːziə] нормальное состояние органов чувств

eugamic [jʊˈɡæmik] половозрелый

eugenic [jʊˈdʒenik] евгенический

eugenics [jʊˈdʒeniks] евгеника *(система взглядов о возможности улучшения наследственных качеств человека путём отбора и контроля над передачей наследственных факторов)*

   positive ~ преимущественная передача по наследству положительных признаков

euglobulin [jʊˈɡlɒbjʊlin] эуглобулин, истинный глобулин

euglycemia [juːɡlaiˈsiːmiə] эугликемия, нормогликемия

eugnathic [jʊˈnæθik] характеризующийся нормально развитыми челюстями

eugonic [jʊˈɡɒnik] буйно растущий *(о колониях микроорганизмов)*

euhybrid [jʊˈhaibrid] межрасовый гибрид; межвидовой гибрид

euhydration [jʊhaiˈdreiʃn] нормальный водный баланс *(организма)*

Eukaryotae [jʊˈkaːriəʊti] эукариоты *(высшие организмы, клетки которых содержат оформленное ядро)*

eukinesia [juːkiˈniːziə] нормальные движения, нормальная сила мышечных сокращений

eumenorrhea [juːmənəʊˈriə] нормальная менструация, регулярный менструальный цикл

eumenorrheic [juːmənəˈriːik] относящийся к нормальной менструации, характеризующийся нормальной менструацией

eumorphism [jʊˈmɔːfizm] сохранение естественной формы клеток

eumorphous [jʊˈmɔːfəs] нормально сформированный *(о клетках)*

eunuch [ˈjuːnək] евнух *(лицо с удалёнными или недоразвитыми мужскими половыми железами)*

eunuchoid [ˈjuːnəkɔid] индивид с признаками евнухоидизма

eunuchoidism [ˈjuːnəkɔidizm] евнухоидизм *(состояние, характеризующееся гипофункцией яичек)*

   hypergonadotropic ~ гипергонадотропный евнухоидизм *(тестикулярного происхождения, часто сочетающийся с повышением уровня гипофизарных гонадотропинов в крови и моче как при синдроме Кляйнфельтера)*

   hypogonadotropic ~ гипогонадотропный евнухоидизм, или гипогонадизм

euosmia [jʊˈɒsmiə] нормальное обоняние ‖ приятно пахнущий

euparal [jʊpəˈræl] эупарал *(среда для заключения гистологических препаратов)*

eupepsia [jʊˈpepsiə], **eupepsy** [jʊˈpepsi] нормальное пищеварение

eupeptic [jʊˈpeptik] **1.** легко перевариваемый **2.** имеющий хорошее пищеварение; способствующий пищеварению

euphemism [ˈjuːfemizm] эвфемизм *(нейтральное слово или выражение, заменяющее уничижительное, грубое или непристойные эквиваленты в речи)*

euphenics [jʊˈfeniks] эвфеника *(концепция, по которой генетические дефекты могут быть исправлены на определённом этапе без изменения генетического аппарата)*

euphonia [jʊˈfəʊniə] нормальный голос

euphoria [jʊˈfɔːriə] эйфория *(повышенное благодушное настроение, сочетающееся с беспечностью и снижением критики к своему состоянию)*

euphoric [jʊˈfɔːrik] эйфоричный

euplastic [jʊˈplæstik] эупластический *(о ткани, быстро восстанавливающейся после травмы)*

euploidy [jʊˈplɔidi] эуплоидия *(наличие нормального числа хромосом)*

eupnea [juːpˈniə] нормальное [спокойное, равномерное] дыхание

eupraxia [jʊˈpræksiə] нормальная координация движений

eurhythmia [jʊˈriðmiə] эвритмия *(1. равномерность ритма в музыке, танцах, речи 2. гармоничные взаимоотношения в развитии тела и органов 3. ритмичность пульса)*

europisocephalus [jʊˌrəʊpisəʊˈsefələs] терат. плод с расширенной лобной областью

"Eurotherapeutics" [jʊərəˌθerəˈpjuːtiks] терапия в странах Европы *(труды конференции)*

Eurotransplant [jʊərəˈtrænsplænt] Евротрансплантат *(Европейская организация по трансплантации органов)*

eurycephalic [juːrisəˈfælik], **eurycephalous** [juːrisəˈfæləs] относящийся к брахицефалии

eurygnathism [jʊrˈriɡnəθizm] терат. брахигнатия *(чрезмерно широкие челюсти)*

euryon [ˈjuːriɒn] кр. метр. эурион *(наиболее латеральная точка черепа)*

euryopia [jʊˈriːəʊpiə] эуриопия *(ненормально широко открытые глаза)*

euryphotic [jʊriˈfəʊtik] приспособленный к различной освещённости

eurythermic [juːriˈθɜːmik] эвритермный *(обитающий в широком диапазоне температур)*

eurytopic [juːriˈtɒpik] эвритопный, широко распространённый

eurytropic [juːriˈtrɒpik] эвритропный *(обладающий широкой приспособляемостью)*

eustachitis [jʊsteiˈkaitis] ото. тубоотит, евстахиит

eustress [ˈjuːstres] эвстресс, положительный стресс

eusystole [jʊˈsistəʊli] нормальная систола

eutaxia [jʊˈtæksiə] нормальное телосложение

euthanasia [juːθəˈneiziə] эвтаназия *(1. лёгкая преднамеренная безболезненная смерть 2. концепция неприменения активных лечебных мероприятий с целью приближения смерти у терминального больного)*

   compulsory ~ принудительная эвтаназия

   passive ~ пассивная эвтаназия *(неоказание медицинской помощи больному, находящемуся в терминальном* *состоянии с целью предотвращения его дальнейших страданий)*

voluntary active ~ добровольная активная эвтаназия *(умерщвление инкурабельного больного с целью предотвращения его дальнейших страданий в соответствии с его волеизъявлением)*

euthenics [juˈθeniks] *уст.* евфеника *(наука, исследующая оптимальные условия существования растительных и животных организмов и пути их достижения)*

eutherapeutic [juˌθerəˈpjuːtik] обладающий хорошим лечебным свойством

euthermic [juˈθəːmik] эутермический *(находящийся при оптимальной температуре)*

euthymic [juˈθaimik] эутимичный *(с нормальной функцией вилочковой железы)*

euthyroidism [juˈθairɒidizm] эутиреоз *(нормальное функционирование щитовидной железы)*

eutocia [juˈtəʊʃə] нормальная родовая деятельность

eutonic [juˈtɒnik] относящийся к нормальному тонусу

eutrichosis [jutriˈkəʊsis] нормальный рост и развитие волос

eutrophia [juˈtrəʊfiə], **eutrophy** [juˈtrəʊfi] *физиол.* эйтрофия *(состояние нормального питания и роста)*

euvolia [juˈvəʊliə] нормальный водный баланс *(организма)*

evacuant [iˈvækjʊənt] 1. средство, вызывающее опорожнение органа 2. слабительное *(средство)* ‖ слабительный, послабляющий

evacuation [iˌvækjʊˈeiʃn] 1. опорожнение *(напр. кишечника)* 2. эвакуация, удаление *(напр. гноя)* 3. дефекация, стул

~ **of retained products of conception** удаление тканей из матки при аборте

aeromedical ~ эвакуация больных по воздуху, транспортировка санитарной авиацией

ambulance ~ эвакуация санитарным транспортом

curette ~ операция экстракции мягкой катаракты, кюретаж катарактальных масс

emergency ~ аварийная эвакуация

manual ~ **of feces** ручное пособие при каловом завале

uterine ~ аборт, выскабливание [опорожнение] матки

evacuator [iˈvækjʊeitə] *мед. тех.* эвакуатор; аспиратор *(устройство для удаления жидкости из какой-л. полости)*

evaginate [iˈvædʒineit] эвагинировать, выпячиваться *(напр. о патологическом образовании)*

evagination [iˌvædʒiˈneiʃn] эвагинация, выпячивание, выворот *(кишки наружу через анус или стому)*

evaluation [iˌvæljʊˈeiʃn] 1. оценка, экспертиза 2. обследование, определение; диагностика

~ **and treatment** диагностика и лечение

~ **of inguinal hernia** обследование паховой грыжи

~ **of patient care** оценка ухода за больным

~ **of pesticides vs. mutagenic action** оценка пестицидов с точки зрения мутагенного действия

acute physiology, age, chronic health ~ *анест.* система оценки тяжести и прогноза состояния больных отделения интенсивной терапии

age ~ **of individual** определение возраста индивидуума

blood smear ~ анализ (мазка) крови

clinical neurologic ~ клиническая оценка неврологических изменений

competency ~ психиатрическая экспертиза для решения вопроса о способности лица предстать перед судом

economic variable ~ оценка экономической эффективности

expanded clinical ~ расширенное клиническое испытание *(напр. медикамента)*

family ~ оценка семьи, семейная диагностика

forensic psychiatric ~ судебно-психиатрическая экспертиза; судебно-психиатрическое заключение

functional ~ функциональная оценка *(напр. сохранность речи, глотания при раке)*

medical ~ медицинская экспертиза

medical care ~ оценка качества медицинской помощи

open-label noncomparative multicentral ~ открытое несравнительное мультицентровое исследование

preanesthetic ~ осмотр анестезиолога перед операцией

precommitment ~ психиатрическое освидетельствование перед наложением наказания

product safety ~ оценка безопасности продуктов

radiographic ~ рентгенологическое обследование

randomized ~ **of strategies for left ventricular disfunction** рандомизированная оценка стратегии по левожелудочковой дисфункции

screening ~**s** скрининговое изучение *(напр. школьников)*

sensory ~ органолептическая оценка

sonographic ~ ультразвуковое исследование, ультразвуковая оценка *(напр. нефролитиаза)*

standard ~ стандартная оценка; стандартный метод диагностики

toxicological ~ оценка токсичных свойств

urgency ~ сортировка раненых и больных

evanescent [ˌevəˈnesənt] быстро исчезающий *(напр. отёк)*, непродолжительный, непостоянный

Evans [ˈevənz]:

~ **blue** Эванса синий *(диазокраситель, используемый для определения ОЦК)*

evaporate [iˈvæpəʊreit] испарять(ся), выпаривать

evaporation [iˌvæpəʊˈreiʃn] 1. испарение, парообразование 2. выпаривание

laser ~ 1. лазерное испарение *(опухоли)* 2. *стом.* лазерное напыление

evapotranspiration [iˌvæpəʊˌtrænspiˈreiʃn] эвапотранспирация, суммарное испарение *(испарение и транспирация)*

evasion [iˈveiʒən]:

~ **of the alternative complement pathway** отход от альтернативного пути комплемента

even-aged [ˌiːvenˈeidʒd] одновозрастный, одного возраста

even-minded [ˌiːvenˈmaindid] спокойный; уравновешенный

evenomation [iˌvenɒˈmeiʃn] обезвреживание яда

event [iˈvent] 1. событие, случай, происшествие, явление, ситуация 2. исход, результат 3. приступ; болезненное проявление

~**s in the contralateral lung** изменения [находки] в противоположном лёгком

~ **of elevated aminotransferases** случай повышения активности аминотрансфераз

~ of negative tap безуспешная пункция *(напр. брюшной полости)*

adverse drug ~ побочное действие, побочная реакция *(медикамента)*

athletic ~ тяжёлая нагрузка; физическое усилие

biochemical~s биохимический процесс *(напр. в клетке)*

cardiac ~ сердечный приступ

cardiovascular ~ приступ ишемической болезни; стенокардия

cerebrovascular ~ цереброваскулярное заболевание

coordinated ~s of swallowing координированные акты глотания

coronary ~ 1. *pl.* коронарные признаки *(на ЭКГ)*
2. острый коронарный приступ

embolic ~ эмболия, эмболическое осложнение

energy deposition ~ акт передачи энергии

fatal cerebrovascular ~ летальный исход от нарушения мозгового кровообращения

genetic ~s in tumorogenesis рольгенетических факторов в патогенезе рака

hemodynamic ~s гемодинамические расстройства

insurance ~ страховой случай

ischemic ~ приступ ишемии; ишемическое осложнение

late ~ позднее проявление *(напр. рака)*

life changing ~ событие, изменяющее жизнь

metabolic ~s обменные процессы

mild ~ побочный эффект лёгкой степени

moderate ~ побочный эффект умеренной степени

molecular pathophysiologic ~s достижения в области молекулярной патофизиологии

natural ~s природные события

noise ~s шумовые явления, шумы

non Q-wave coronary ~s острый коронарный синдром *(с отсутствием зубца Q на ЭКГ)*

nasopharyngeal ~ процесс в носоглотке

nuclear ~ ядерное превращение

particular ~ особый случай

persistent ischemic ~ постоянная органическая ишемия *(напр. головного мозга)*

postoperative cardiac ~ послеоперационные осложнения со стороны сердца

primary ~ of hypovolemia ведущее звено гиповолемии

proarrhythmic ~s возникновение проаритмического действия

random ~ случайное происшествие

recurrent ~ повторный [рецидивный] приступ *(напр. инфаркта миокарда)*

reproductive ~ процесс размножения

safety-related ~ событие, связанное с безопасностью

second ~ вторичная побочная реакция

severe ~ тяжёлая побочная реакция

speech ~ акт речи

stressful life ~ стрессовое событие жизни

thromboembolic ~ тромбоэмболическое осложнение, тромбоэмболия

traumatic ~ травматический фактор; травма, травмирующее происшествие

triggering ~ провоцирующий фактор, триггерный механизм

vascular ~ сосудистое расстройство, нарушение кровообращения; сосудистое осложнение

vital ~ биографический факт

eventfree [i'ventfri:] бессимптомный; не имеющий признаков *(напр. онкологического заболевания)*

eventration [,i:ven'treiʃn] эвентрация *(выпадение внутренних органов брюшной полости)*

~ of diaphragm релаксация диафрагмы

localized ~ of the diaphragm частичная [ограниченная] релаксация диафрагмы

umbilical ~ пупо̀винная [эмбриональная] грыжа

eversion [i,və:ʒən] выворот наружу; выворачивание; эверсия

~ of foot супинация стопы

~ of the eyelid выворот века, эктропион

congenital ~ врождённый выворот

evert [i'və:t] вывернутый наружу

eviction [i'vikʃn] изъятие, удаление

gene ~ удаление гена

evidement [eivi:d'mɔ:] *фр.* выскабливание (ложкой) поражённой части органа; вычерпывание содержимого полости

evidence ['evidəns] **1.** данные, основание, доказательство ‖ служить доказательством, подтверждать **2.** признак, проявление, симптом; состояние **3.** *суд. мед.* улика; свидетельское показание

~ of disease признак [симптом] болезни

~ of heart failure наличие сердечной недостаточности

~ of lung surfactant abnormality отсутствие лёгочного сурфактанта

~ of malignancy с признаками малигнизации

~ of mitochondrial DNA diversity *мол. биол.* доказательство разнообразия митохондриальной ДНК

anecdotal ~ необычное свидетельство

clinical ~ 1. клинические данные **2.** клинические доказательства **3.** справочник по доказательной медицине

disease ~ приступ болезни

environmental ~ экологические свидетельства

epidemiological ~ эпидемиологические сведения

expert ~ *суд. мед.* данные экспертизы; заключение эксперта

functional ~ функциональное подтверждение *(напр. существования мутации)*

good probative ~ достаточное [веское] доказательство

hearsay ~ *суд. мед.* показания с чужих слов; свидетельства, основанные на слухах

histological ~s гистологические признаки

identifical expert ~ идентификационная экспертиза

immunohistiochemical ~ иммуногистохимические признаки

medical ~ заключение медицинского эксперта

pharmacologic ~ 1. медикаментозное воздействие *(при дисфункции миокарда)* **2.** фармакологическое доказательство *(напр. гетерогенности альфа-2-адренорецепторов)*

presumptive ~ предполагаемые данные *(опыта)*

radiological [roentgenographic] ~ 1. рентгенологические данные; рентгенографический признак, или симптом 2. рентгенологическое подтверждение наличия (*напр. камней*)

secondary ~ of sex вторичные половые признаки

serological ~ серологическое доказательство (*напр. инфекции*)

tissue ~ of rejection тканевые признаки отторжения

evidence-based ['evidəns-'beist] доказательный (*о данных, основанных на научных фактах, полученных в результате достоверных исследований*)

evil ['i:vil] 1. бедствие, несчастье 2. *уст.* болезнь || болезненный; вредный

King's ~ туберкулёз шейных лимфоузлов

quarter ~ острая анаэробная инфекция крупного рогатого скота и овец

Saint John's ~ эпилепсия

Saint Main's ~ чесотка

Saint Martin's ~ хронический алкоголизм

social ~ социальное зло (*проституция, наркомания и пр.*)

evil-smelling ['i:vil-'smeliŋ] дурнопахнущий, зловонный

eviration [ˌiˌvi'reiʃn] 1. лишение мужских признаков; кастрация 2. эректильная дисфункция, импотенция 3. форма бредового расстройства, при котором пациент считает себя женщиной

evisceration [iˌvisə'reiʃn] 1. эвисцерация (*1. извлечение внутренних органов при аутопсии 2. плодоразрушающая операция при проведении аборта*) 2. экзентерация (*удаление глазного яблока*)

~ of eyeball эвисцерация глазного яблока (*с оставлением склеры для протезирования*)

upper abdominal ~ эвисцерация верхнего этажа брюшной полости (*при раке желудка*)

evocation [ˌevəʊ'keiʃn] ответ, реакция (*организма*)

evocator ['evəʊˌkeitə] эвокатор (*тканевой гормон*)

evoke [i'vəʊk] вызывать, индуцировать (*напр. заболевание*)

to ~ an EEG abnormality by photic stimulation вызывать изменения на электроэнцефалограмме фотостимуляцией

to ~ suppressed feelings of guilt пробудить подавленное чувство вины

evolution [ˌevə'lu:ʃn] 1. эволюция; постепенное изменение; развитие 2. выделение (*напр. газа*); удаление

~ of lesions развитие процесса (*напр. крапивницы*)

accidental ~ случайная эволюция

bathmic ~ эволюция, развивающаяся под влиянием окружающей среды

clandestine ~ скрытая эволюция, ценогенез

convergent ~ конвергентная [параллельная] эволюция (*развитие сходных признаков у филогенетически отдалённых организмов, обитающих в одинаковых условиях*)

cytologic ~ цитологическое исследование

gas ~ газообразование; выделение газа

organic ~ эволюция органического мира

orthogenic ~ *см.* **bathmic ~**

rectilinear ~ поступательная эволюция

retrogressive ~ вырождение, дегенерация

reverse ~ обратная эволюция

saltatory ~ сальтаторная [скачкообразная] эволюция, дискретное развитие (*концепция, объясняющая скачкообразное появление новых биологических видов не постепенным накоплением мутаций, а внезапными хромосомными перестройками*)

spontaneous ~ самоизворот плода в матке (*из поперечного положения*)

evstress ['evstres] положительный стресс, эвстресс

evulsion [i'vʌlʃn] 1. отрыв (*напр. органа*); удаление; извлечение 2. искоренение, ликвидация (*напр. болезни*)

ex [eks]:

~ anopsia об амблиопии вследствие анопсии

~ ante предполагаемый

~ consilio на консилиуме; решением консилиума (*напр. о плане лечения*)

~ exclusive исключая, без

~ gratia без обязательств

~ juvantibus пробное лечение, тест-терапия (*напр. при пилоростенозе*)

~ officio по должности

~ situ *лат.* вне определённого места (*напр. о сохранении лекарственных растений за пределами заповедника*)

~ tempore экстренное приготовление (*напр. микстуры с метадоном*)

~ vacuo *лат.* эвакуируй, опорожни, удали (*напр. гной*)

~ vivo *лат.* вне организма, в лабораторных условиях; экстракорпорально (*напр. о культивировании клеток*)

exacerbation [igˌzæsə'beiʃn] 1. обострение (*болезни*); усиление (*боли*); усугубление (*энуреза*); экзацербация 2. прогрессирование заболевания 3. приступ; пароксизм

~ of chronic obstructive airways disease обострение хронической обструктивной болезни дыхательных путей

~ of hepatic encephalopathy усугубление печёночной энцефалопатии

~ of primary problem обострение первичного заболевания

~ of rheumatoid synovitis обострение ревматоидного синовита

acute bacterial ~s острые бактериальные осложнения (*напр. бронхита*)

asthma ~ приступ астмы

repeated ~ обострение (*хронической болезни*); повторное ухудшение состояния, рецидив

severe ~ тяжёлое обострение

sunlight ~ поражение солнечным светом; солнечный ожог

exaggeration [igˌzæʤə'reiʃn] 1. увеличение 2. преувеличение; патологическое воображение; аггравация 3. усугубление, ухудшение

conspicuous ~ *псих.* чрезмерное преувеличение (*напр. своей значимости*)

exalbuminous [eksæl'bju:minəs] безбелковый

exaltation [ˌegzɔ:l'teiʃn] *псих.* возбуждение, экзальтация

reactive ~ реактивная экзальтация

exam [ig'zæm], **examination** [igˌzæmi'neiʃn] 1. экзамен 2. освидетельствование, исследование; обследование, осмотр 3. проверка, экспертиза, анализ

~ by touch пальпация

~ of body, ~ of corpse осмотр трупа

~ of the urine исследование [анализ] мочи

~ **under anesthesia** исследование под наркозом

air-contrast ~ *рентг.* исследование методом двойного контрастирования

A-mode ultrasound ~ одномерное ультразвуковое исследование *(А-режим)*

bacterial ~ бактериологический анализ

baseline ~ начальное [отправное] обследование

basic ~ экзамен по фундаментальным дисциплинам

bimanual ~ двуручное [бимануальное] исследование

blood ~ исследование [анализ] крови

B-mode ultrasound ~ двумерное ультразвуковое исследование *(В-режим)*

chest ~ исследование (органов) грудной клетки

clinical breast ~ клиническое исследование молочной железы *(обычно на наличие рака)*

complementary ~ дополнительная экспертиза

cytological ~ цитологическое исследование

darkfield ~ микроскопия в тёмном поле

dental ~ осмотр полости рта

digital ~ пальцевое [ручное] исследование *(прямой кишки, влагалища)*

direct fecal ~ исследование нативного мазка кала

double contrast ~ *рентг.* исследование методом двойного контрастирования

Doppler ~ допплерография *(напр. измерение скорости кровотока допплеровским методом)*

duplicate ~ дублирующее исследование *(для определения расхождения в оценке)*

eikonometric ~ *офт.* анизейконометрическое [эйконометрическое] обследование

external ~ наружное обследование

federal licensing ~ *амер.* федеральный экзамен для выдачи разрешения на врачебную практику

fetal physical ~ обследование плода инструментальными методами

follow-up ~ катамнестическое исследование

foreign medical graduate ~ **in the medical sciences** аттестация иностранных врачей по медицинским дисциплинам

forensic psychiatric ~ судебно-психиатрическая экспертиза

fundic [fundoscopic] ~ исследование глазного дна

gastrointestinal ~ исследование желудочно-кишечного тракта

gray-scale ultrasonic ~ ультразвуковое исследование по серой шкале

gross ~ макроскопическое исследование

health ~ медицинское обследование

independent medical ~ независимая медицинская экспертиза

in-depth clinical cardiovascular ~ углублённое клиническое обследование органов сердечно-сосудистой системы

induction ~ медицинский осмотр при призыве в армию

international personality disorders ~ международный опросник для выявления личностных расстройств

isotopic ~ радиоизотопное исследование

laryngoscopic ~ ларингоскопия, ларингоскопическое исследование

mass health ~ массовое обследование здоровья населения, массовый скрининг

medical ~ медицинское освидетельствование; медицинский осмотр

medical ~s of workers медицинские осмотры работников

medico-social ~ медико-социальная экспертиза

mental ~ исследование психического состояния

microscopic ~ гистологическое [микроскопическое] исследование

mini-mental state ~ краткое освидетельствование психического состояния

noninvasive ~ бескровное [неинвазивное] исследование

outpatient ~ амбулаторное обследование

paternity ~ установление отцовства

pathological ~ гистологическое [патоморфологическое] исследование *(напр. биоптатов при раке)*

pelvic ~ исследование тазовых органов; гинекологическое исследование

physical ~ врачебное [физикальное] обследование

post-graduate ~ экзамены по результатам курсов повышения квалификации

postmortem ~ патологоанатомическое [посмертное] исследование, вскрытие трупа, аутопсия

preliminary ~ 1. предварительный осмотр 2. *суд. мед.* предварительный допрос

present state ~ *псих.* опросник исследования [оценки] настоящего состояния пациента

primary fellowship ~ первичный экзамен для вступления в общество

psychiatric ~ психиатрическое обследование

psychometric ~ психометрическое [экспериментально-психологическое] исследование

radiographic ~ рентгенографическое исследование

real time ultrasound ~ ультразвуковая диагностика в режиме реального времени

rectal digital ~ пальцевое исследование прямой кишки

routine ~ стандартное [общепринятое] обследование, исследование в установленном порядке

semen ~ оценка [определение] качества спермы

sensory ~ исследование чувствительности

simultaneous ~ *узи* одновременное обследование *(напр. печени и желудка)*

smear ~s исследование нативного мазка *(напр. с экскрементов)*

speculum ~ исследование с помощью зеркала

tangent screen ~ *офт.* кампиметрия

thorough physical ~ полное [тщательное] врачебное обследование

ultrastructural ~ электронно-микроскопическое исследование

vaginal cytologic ~ цитологическое исследование влагалищного отделяемого

visual ~ визуальный осмотр

wellness ~ обследование состояния здоровья

written ~ письменное заключение эксперта

X-ray screening ~s рентгенологический скрининг

examinee [igˈzæminiː] пациент, проходящий обследование

examiner [igˈzæminə] 1. врач, проводящий обследование ‖ проверяющий; обследующий *(врач)* 2. эксперт 3. исследователь

court ~ судебный эксперт

medical ~ 1. *амер.* судебно-медицинский эксперт 2. страховой врач

examiner-in-chief [ig'zæminər-in-,tʃi:f] главный эксперт

exania [ek'seinə] выпадение прямой кишки

exanimation [eg,zæni'meiʃn] 1. бессознательное состояние, кома 2. смерть

exanthem(a) [eg'zænθəm] экзантема, кожная сыпь

~ **subitum** внезапная экзантема, шестая болезнь

exanthematous [,egzæn'θemətəs] экзантематозный, относящийся к воспалительному высыпанию на коже

exanthesis [eg,zæn'θi:sis] кратковременное покраснение кожи

exanthrope ['eksæntrəup] экзогенная причина болезни

exanthropic [,eksæn'trɒpik] возникший вне организма, экзогенный

exarticulation [,eksa:,tikjʊ'leiʃn] *хир.* экзартикуляция, вычленение конечности

excalation [,eksə'leiʃn] отсутствие или недоразвитие *(органа)*

excavation [,eksə'veiʃn] 1. полость, углубление, карман; экскавация *(диска зрительного нерва)* 2. образование полости 3. удаление, снятие *(кариозного дентина)*

retrouterine ~ прямокишечно-маточное пространство, Дугласов карман

excavator [,eksə'veitə] *мед. тех.* экскаватор

dental [spoon] ~ стоматологический экскаватор

excellence ['eksələns] 1. совершенство, мастерство 2. превосходство

excementosis [ek,si:mən'təusis] эксцементоз, гиперцементоз *(локальное утолщение цемента корня зуба)*

exception [ik'sepʃn] исключение

excerebration [,ekserə'breiʃn] эксцеребрация *(плодоразрушающая операция)*

excess ['ekses] 1. избыток, излишек, превышение 2. невоздержанность, неумеренность *(напр. в еде)*

~ **of loss** *страх.* эксцедент убытка

~ **of temperature** чрезмерно высокая температура

base ~ избыток оснований *(в крови)*

permissible ~ допустимый избыток *(вещества)*, допустимое превышение *(напр. дозы)*

excessive [ek'sesiv] 1. чрезмерный, избыточный 2. интенсивный

exchange [eks'tʃeindʒ] *физиол.* обмен, обменное поглощение || обменивать, замещать

capillary ~ обмен в капиллярах

exercise gas ~ изменение газообмена при физической нагрузке

feto-maternal ~ фетоплацентарный обмен *(веществ)*

gas(eous) ~ газообмен

gene ~ обмен генами

heat ~ теплообмен, теплоотдача

ion ~ ионный обмен

peritoneal ~ перитонеальный диализ

plasma ~ 1. плазмасорбция, плазмафильтрация 2. плазмообмен, обмен плазмы

pollution ~ увеличение загрязнений одного типа при борьбе с таковыми другого

radiation ~ лучистый теплообмен

respiratory ~ дыхательный газообмен

salt ~ солевой обмен

sister-chromatid ~**s** сестринские хроматидные обмены

transcapillary fluid ~ транскапиллярный обмен жидкости

water ~ водный обмен

exchanger [eks'tʃeindʒə]:

heat ~ теплообменник

ion ~ ионообменник, ионит

exchange-transfusion [eks'tʃeindʒ-træns'fju:ʒn] обменное переливание крови

excipient [ek'sipiənt] *фарм.* наполнитель

excision [ek'siʒn] иссечение, эксцизия; удаление, изъятие *(напр. патологического гена)*

~ **of ectopic pregnancy** операция при внематочной беременности

~ **of lung** резекция лёгкого

~ **of lymphatic structure** иссечение лимфатических структур

~ **of pilonidal sinus** иссечение эпителиального копчикового хода

abdomino-perineal ~ **of the rectum** брюшно-промежностная экстирпация прямой кишки

aggressive ~ радикальное иссечение

diathermy ~ электрорезекция *(иссечение диатермией, или электроножом)*

hemivertebra ~ эксцизия позвонка

lobar ~ лобэктомия

local ~ частичное иссечение, резекция

marginal ~ краевая резекция, краевое иссечение

prophage ~ исключение профага

segmental ~ **of lung** сегментарная резекция лёгкого

synchronous ~ синхронная [одновременная] операция *(на двух и более органах)*

total ~ полное иссечение

wide ~ широкое иссечение *(патологического образования вместе с окружающими тканями)*

excision-suture [ek'siʒn-'sju:tʃə] иссечение с последующим глухим швом

excitability [ek,saitə'biliti] возбудимость; раздражимость

reflex ~ рефлекторная возбудимость

excitant [ek'saitənt] возбуждающее [стимулирующее] средство, стимулятор || возбуждающий

excitation [,eksai'teiʃn] возбуждение, раздражение, волнение

critical ~ пороговое возбуждение

cumulative ~ накапливающееся [кумулятивное] возбуждение

premature ~ преждевременное возбуждение, предвозбуждение *(напр. миокарда)*

rebound ~ феномен реактивного возбуждения

spreading ~ распространяющееся возбуждение

excitatory [ek'saitə,tɔ:ri] возбудительный, раздражаемый *(рецептор)*

excited [ek'saitid] возбуждённый, взволнованный

excitement [ek'saitmənt] возбуждение, волнение

anxious ~ тревожное возбуждение

catatonic ~ кататоническое возбуждение

inhibited ~ ингибированное [блокированное] возбуждение

manic ~ маниакальное возбуждение

panic ~ психическое возбуждение

pronounced ~ выраженное [резкое] волнение

psychic ~ психическое возбуждение

re-entrant ~ *кард.* возвратное возбуждение

sexual [venereal] ~ половое возбуждение

excitement-induced [ek'saitmənt-in'dju:st] обусловленный [вызванный, индуцированный] возбуждением *(напр. о тромбоцитопении)*

excitometabolic [ek,saitəu,metə'bɒlik] усиливающий обмен веществ

excitor [ek'saitə] **1.** нерв, стимулирующий функцию органа **2.** стимулятор *(вещество)*, возбудитель

excitosecretory [ek,saitəu'sikri:təri] усиливающий секреторную деятельность

excitotoxicity [ek,saitəutɒk'sisiti] эксайтотоксичность *(токсичность, обусловленная избыточным высвобождением возбуждающих аминокислот)*

exclave ['ekskleiv] добавочная железа

exclusion [eks'klu:ʒn] *хир.* выключение *(органа)*, исключение; разъединение; вытеснение

~ of collagen structural gene исключение структурного гена коллагена

bile ~ операция выключения жёлчи *(из двенадцатиперстной кишки)*

concealed ~ скрытое [подкожное] выключение *(напр. варикозных вен из кровотока)*

diagnosis by ~ диагностика методом исключения

hepatic vascular ~ выключение печёночного кровообращения

excochleation [eks,kɒkli'eiʃn] экскохлеация, вычерпывание, кюретаж полости

excoriation [eks,kɔ:ri'eiʃn] **1.** экскориация, царапина, ссадина **2.** отделение оболочки органа

neurotic ~s психоневрологическое обследование

excrement ['ekskrəmənt] *pl.* **1.** фекалии, экскременты, испражнения **2.** выделения *(организма)*

excrescence [eks'kresəns] **1.** разрастание; вырост, нарост *(напр. бородавок)* **2.** отросток

excreta [eks'kri:tə] выделения *(продукты жизнедеятельности, удаляемые из организма)*

excrete [eks'kri:t] экскретировать, секретировать, выделять

excreter [eks'kri:tə] бактерионоситель, выделяющий патогенные микроорганизмы

excretion [eks'kri:ʃn] экскреция, выделение

biliary ~ экскреция жёлчи, желчевыделение

enhanced urinary ~ форсированный диурез; форсирование диуреза

fecal bile acid ~ экскреция жёлчных кислот с фекалиями

painful urinary ~ болезненное мочеиспускание

promote ~ ускорение выделений

sebaceous ~ саловыделение

urinary corticosteroid ~ выделение кортикостероидов с мочой

excretive [eks'kri:tiv], **excretory** [eks'kri:təri] экскреторный, выделительный

excruciation [eks,kru:ʃi'eiʃn] **1.** терзание, мучение **2.** мука, пытка

excursion [eks'kə:ʃn] движение, подвижность, экскурсия *(напр. диафрагмы при дыхании)*

limited ~ ограниченная подвижность

excursive [eks'kə:siv] отклоняющийся; блуждающий *(об органе)*

excuse [ik'skju:s] **1.** оправдание **2.** освобождение

good ~ *суд. мед.* уважительная причина

excurvation [ekskə'veiʃn], **excurvature** [eks'kə:vætjʊ] искривление кнаружи

excyclophoria [ek,saikləu'fɔ:riə] эксциклофория *(гетерофория с тенденцией к повороту глаза кнаружи вокруг сагиттальной оси)*

excystation [,eksis'teiʃn] эксцистирование *(выход из цисты различных инцистированных организмов)*

execution [,eksi'kju:ʃn] **1.** исполнение *(напр. упражнений)* **2.** совершение; приведение приговора в исполнение **3.** казнь, уничтожение

executive [ig'zekjʊtiv] **1.** исполнитель, администратор || исполнительный, административный **2.** руководитель, должностное лицо **3.** исполнительная власть

chief ~s исполнительный директор *(напр. в больнице)*

Health and Safety ~ Управление здоровьем и безопасностью

exemia [eg'zi:miə] значительное уменьшение массы циркулирующей крови вследствие депонирования *(напр. при шоке)*

exencephalocele [,eksən'sefələu,si:l] (черепно-)мозговая грыжа

exencephaly [,eksən'sefəli] экзэнцефалия *(отсутствие костей свода черепа с обнажением головного мозга)*

exenteration [ek,sentə'reiʃn] *акуш., пат. анат.* эвисцерация, экзентерация

pelvic ~ эвисцерация [экзентрация] органов таза

exercise ['eksəsaiz] **1.** упражнение, тренировка, двигательная активность || упражняться, тренироваться **2.** физическая нагрузка

~ for muscle strength упражнение для укрепления мышц

~s in dental radiology практикум по стоматологической радиологии

~ in the diagnosis нагрузочная проба в диагностике

abdominal ~s упражнение для мышц брюшного пресса *(живота)*

aerobic ~s ритмическая гимнастика, аэробика; занятия аэробикой

arm(s)-pumping ~s сгибания и разгибания рук

assisting ~ вспомогательное упражнение

back ~s упражнение для укрепления мышц спины

bicycle ~ упражнения на велоэргометре

bodily ~s физические упражнения

breathing ~s дыхательная гимнастика

carriage ~s упражнения для формирования правильной осанки

circumduction ~s круговые движения, или упражнения

conditioning ~s общеукрепляющие физические упражнения

corrective ~s корригирующие упражнения *(для восстановления функции повреждённого органа)*

cutting weight ~s упражнение для сгонки массы тела

daily physical ~s ежедневная зарядка

educatory ~s упражнения учебной программы

elbow extension ~s упражнения для мышц-разгибателей локтевого сустава

excessive ~ чрезмерное напряжение *(напр. кисти)*

form building ~s общеразвивающие упражнения

hydraulic resistance ~ упражнения по гидравлическому сопротивлению

isometric ~ изометрическая физическая нагрузка

isotonic ~ изотоническая физическая нагрузка

lumbar flexion ~s упражнения на сгибание позвоночника

muscle-setting ~s статические упражнения *(произвольные сокращения и расслабления мышц без движения соответствующих органов)*

muscular ~ мышечная нагрузка

ocular ~s упражнения для глаз

orthoptic ~ ортоптические упражнения

pendulum type ~ упражнение качательного [маятникового] типа

recumbent ~ (физическое) упражнение в положении лёжа

relaxation ~ упражнение на расслабление

required ~s обязательные упражнения

resistance ~s упражнения с отягощением; упражнения с сопротивлением

restricted ~ ограничение двигательной активности

seated ~ (физическое) упражнение в положении сидя

strengthening ~s *см.* **conditioning** ~s

strenuous ~ **1.** интенсивная физическая нагрузка **2.** высокая физическая активность

stretch ~s упражнение для развития гибкости

supine ~ (физическое) упражнение в положении лёжа на спине

therapeutic ~s лечебная гимнастика, лечебная физкультура

thigh ~s упражнения для развития мышц бедра

"two-step" ~ двухступенчатая проба

vigorous ~ **1.** значительная физическая нагрузка **2.** силовые упражнения

weight-gaining ~s упражнения для увеличения мышечной массы

exercise-induced ['eksəsaiz-in'dju:st] обусловленный физическим напряжением; обусловленный физическими упражнениями

exerciser ['eksəsaizə] аппарат для лечебной гимнастики, тренажёр

exercising ['eksəsaizɪŋ]:

~ **in preparation for delivery** обучение подготовке к родам

exeresis [ek'sərəsis] **1.** иссечение, удаление **2.** разрыв органа путём выкручивания *(напр. диафрагмального нерва)*

~ **of malignancies** иссечение злокачественной опухоли

exergic [ek'zə:dʒik] относящийся к химической реакции с выделением энергии

exergonic [ˌeksə:'ɡɒnik] экзергонический *(о процессе высвобождения тепла)*

Exerpta ['eksə:ptə]:

~ **Medica** Медицинский реферативный журнал

exertion [iɡ'zə:ʃn] (физическое) напряжение, усилие

extreme physical ~ чрезмерная физическая нагрузка

slight ~ незначительное усилие, небольшое напряжение *(напр. подъём по лестнице)*

sternous physical ~ напряжённые физические упражнения

exfetation [ˌeksfi'teiʃn] внематочная [эктопическая] беременность

exflagellation [eksˌflæʤe'leiʃn] эксфлагелляция, образование микрогаметоцитов *(возбудителей малярии)*

exfoliate [eks'fəʊlieit] слущиваться, отторгаться слоями, шелушиться, отслаиваться

exfoliation [eksˌfəʊli'eiʃn] **1.** эксфолиация, шелушение, отслоение *(рогового слоя эпидермиса)* **2.** выпадение молочных зубов **3.** опадение листвы *(с деревьев)*

chemical ~ химическая эксфолиация *(вызванная токсикантами)*

lammelar ~ **of the newborn** врождённый ихтиоз; коллоидиевидный ребёнок

secondary ~ вторичное отслоение *(рогового слоя кожи)*

exhalation [ˌekshə'leiʃn] **1.** выдох; выдыхание **2.** испарение **3.** выделяемый газ или пар

exhaust [iɡ'zɔ:st] **1.** истощать, изнурять **2.** экстрагировать, извлекать **3.** *экол.* выхлоп ‖ выбрасывать газы

air ~ **1.** откачивание; отсасывание *(воздуха)* **2.** вытяжная вентиляция

vehicle ~ выхлопные газы

exhauster [iɡ'zɔ:stə] вытяжной вентилятор

exhaustion [iɡ'zɔ:stʃən] **1.** истощение, утомление, крайняя усталость **2.** экстракция, экстрагирование, извлечение **3.** опустошение **4.** разрежение *(напр. воздуха)*

~ **of the normal metabolic pathways** истощение нормальных циклов метаболизма

clonal ~ истощение клона

emotional ~ эмоциональное истощение

heat ~ тепловой удар

exhibition [ˌeksi'biʃn] **1.** выставка, показ, демонстрация **2.** самопоказ, привлечение к себе внимания

~ **of temper** проявление нрава

exhibitionism [ˌeksi'biʃnizm] *псих.* эксгибиционизм *(стремление к обнажению при лицах противоположного пола для вызывания у себя сексуального возбуждения)*

exhilarant [eɡ'zilərənt] средство, стимулирующее психическую активность ‖ стимулирующий психическую активность

exhumation [ˌekshjʊ'meiʃn] *суд. мед.* эксгумация

exhume [eks'hju:m] *суд. мед.* эксгумировать

existence [iɡ'zistəns] **1.** существование; наличие **2.** жизнь **3.** существо

~ **of respiratory failure** наличие дыхательной недостаточности

extrauterine ~ внеутробная жизнь

in ~ существующий в природе

radiant ~ выход излучения

wretched ~ жалкое существование

existentialism [ˌeɡzis'tenʃlizəm] экзистенциализм *(направление в философии, ставящее в центр изучения человеческое существование и утверждающее интуицию как основной метод постижения действительности)*

exit ['eksit] **1.** выход; выезд **2.** исчезновение; смерть

exitometabolic [ˌeksitəʊˌmetəˈbɒlik] ускоряющий обмен веществ *(об агенте, факторе внешней среды и др.)*

exoantigen [ˌeksəʊˈæntiʤən] секретируемый антиген, экзоантиген

exobiology [ˌeksəʊbaiˈɒləʤi] экзобиология *(биология внеземной жизни)*

exocardia [ˌeksəʊˈkɑːdiə] эктопия сердца

exocardiac [ˌeksəʊˈkɑːdiək], **exocardial** [ˌeksəʊˈkɑːdiəl] внесердечный *(напр. о шумах)*, расположенный вне сердца

exocellular [ˌeksəʊˈseljʊlə] внеклеточный

exocelom [ˌeksəʊˈsiːlɒm] экзоцелом, внезародышевый целом

exocrine [ˈeksəʊkrin], **exocrinous** [ˈeksəʊkrinəs] экзокринный, относящийся к экзокринной железе

exocytosis [ˌeksəʊsaiˈtəʊsis] *биол.* экзоцитоз

exodic [ekˈsɔːdik] эфферентный, центробежный *(о нервных волокнах)*

exodontia [ˌeksəʊˈdɒnʃə] 1. экзодонтия, прогенический прикус *(выступание вперёд зубов нижней челюсти)* 2. удаление зубов

exodus [ˈeksədəs] массовая миграция *(напр. сельского населения в города)*

exoenzyme [ˌeksəʊˈenzaim] экзоэнзим *(1. внеклеточный фермент 2. фермент, расщепляющий линейные биополимеры с концевых связей)*

exoerythrocytic [ˌeksəʊəˌriθrəʊˈsaitik] экзоэритроцит(ар)ный *(об этапе жизненного цикла малярийного паразита)*

ex-offender-patient [eks-əˈfendə-ˈpeiʃnt] психически больной, совершивший ранее общественно опасное действие

exogamy [eksˈɒgəmi] экзогамия *(1. слияние, или конъюгация, половых клеток разного происхождения, син. аутбридинг 2. брак между представителями разных общин)*

exogen(et)ic [ˌeksəʊʤəˈnetik] экзогенный, вызываемый внешними причинами

exogenote [eksˈɒʤenəʊt] чужеродная ДНК, приобретённая клеткой

exogenous [ekˈsɒʤənəs] *см.* **exogen(et)ic**

exohysteropexy [ˌeksəʊˈhistərəʊˌpeksi] *хир.* гистеропексия *(фиксация матки к брюшной стенке)*

exolever [ˌeksəʊˈliːvə] элеватор для удаления корней зубов

exomphalos [ekˈsɒmfələs] 1. пупочная грыжа 2. эмбриональная грыжа, грыжа пупочного канатика

exon [ˈeksɒn] *ген.* экзон *(кодирующая часть последовательности гена)*

   genomic ~ геномный экзон

   shuffling ~ перестановка экзонов *(гипотеза, объясняющая источник разнообразия антител)*

exonuclease [ˌeksəʊˈnjuːklieis] экзонуклеаза *(фермент, гидролизующий концевые фосфодиэфирные связи полинуклеотида)*

exopathic [ˌeksəʊˈpæθik] экзогенный, вызываемый внешними причинами

exopeptidase [ˌeksəʊˈpeptideis] экзопептидаза *(протеолитический фермент, участвующий в процессе переваривания белков)*

exophoria [ˌeksəʊˈfəʊriə] экзофория *(скрытое косоглазие с тенденцией к отклонению одного из глаз кнаружи)*

exophthalmometry [ˌeksɒfˈθælˈmɒmətri] экзофтальмометрия *(измерение выстояния глазных яблок)*

exophthalmos [ˌeksɒfˈθælmɒs] экзофтальм *(смещение глазного яблока вперёд с расширением глазной щели)*

exophyte [ˈeksəʊfait] экзопаразит, наружный паразит

exophytic [ˌeksəʊˈfitik] 1. экзофитный 2. *онк.* означающий рост опухоли над поверхностью эпителия

exoplasm [ˈeksəʊplæzm] экзоплазма *(наружная часть цитоплазмы)*

exopolysaccharide [ˌeksəʊˌpɒliˈsækəraid] экзополисахарид *(высокополимерное соединение, состоящее из остатков сахаров и секретируемое некоторыми микроорганизмами)*

exorcism [ˈeksɔːˌsizm] экзорцизм, «изгнание бесов»

exosmosis [ˌeksɒsˈməʊsis] осмос, направленный изнутри наружу *(напр. через стенки кровеносного сосуда)*

exostectomy [ˌeksɒsˈtektəmi], **exostosectomy** [ˌeksɒstəʊsˈektəmi] удаление экзостоза

exostosis [ˌeksɒsˈtəʊsis], *pl.* **exostoses** [ˌeksɒsˈtəʊsiːz] экзостоз *(нарост на кости)*

   hereditary multiple [multiple cartilaginous] ~ *pl.* множественные костно-хрящевые экзостозы, наружный хондроматоз кости, Эренфрида болезнь

   subungual ~ подногтевой экзостоз

   talotibial ~ таранно-большеберцовый экзостоз

exoteric [ˌeksəʊˈterik] имеющий экзогенное происхождение; возникший вне организма

exothermic [ˌeksəʊˈθəːmik] экзотермический *(химическая реакция, проходящая с выделением тепла)*

exotic [egˈzɒtik] экзотический, иноземный *(о заболеваниях, практически не встречающихся в данном регионе)*

exotoxic [ˈeksəʊˌtɒksik] относящийся к экзотоксину или к экзогенному яду

exotoxin [ˈeksəʊˌtɒksin] экзотоксин, истинный токсин *(выделяемый микроорганизмами)*

exotropia [ˌeksəʊˈtrəʊpiə] расходящееся [дивергирующее] косоглазие, экзотропия

expand [iksˈpænd] 1. увеличиваться в объёме, расширяться; расправляться *(о коллабированном лёгком)* 2. развиваться; расти, распространяться 3. становиться более общительным, откровенным

expander [ekˈspændə] расширитель; экспандер

   inflatable tissue ~ надувной тканевой протез *(молочной железы)*

   plasma ~ плазмозаменитель

   ureter ~ расширитель мочеточника

expansion [ekˈspænʃn] 1. увеличение в объёме, расширение, распространение; растяжение, удлинение; экспансия 2. развитие; рост 3. пространство; протяжение

   ~ **of chest** расправление груди *(при глубоком вдохе)*

   ~ **of epithelial cells** распространение клеток эпителия

   ~ **of genes** экспансия генов *(многократное копирование нуклеотидных последовательностей мутантного гена)*

   ~ **of nerve** утолщение нервного волокна *(в области нервного окончания)*

   abnormal chest ~ патологическое расширение грудной клетки

   blood volume ~ увеличение объёма крови

   defective ~ патологическое расширение *(напр. сердца)*

   end ~ **of axon** концевое разветвление аксона

excessive volume ~ избыточное переполнение (*сосудистого русла*)

extensor ~ удлинение сухожилия разгибателя пальца

hospital ~ расширение больницы, увеличение числа коек в ней

lung ~ расправление лёгкого

maxillary ~ увеличение верхней челюсти

palatal ~ расширение нёбного свода

range ~ расширение границ ареала

scalp ~ растягивание скальпа (*при лечении облысения*)

terminal ~ of the axon концевое разветвление осевого цилиндра

tissue ~ растяжение тканей

triplet's ~ ген. экспансия триплетов

expansive [iks'pænsiv] экспансивный

expanciveness [ek'spænsivnəs] экспансивность (*особенность личности, выражающаяся в преобладании высокой психической активности, склонности к переоценке собственной личности и физических сил*)

ex-patient [eks-'peiʃnt] реконвалесцент

expectance [ek'spektəns], **expectancy** [ek'spektənsi], **expectation** [ˌekspek'teiʃn] **1.** ожидаемая величина; ожидание, ожидаемый срок **2.** психол. экспектация (*ожидание от окружающих определённого ролевого поведения*) **3.** прогноз службы (*напр. аппарата*)

~ of life at birth предполагаемая [ожидаемая] продолжительность жизни при рождении

anxious ~ тревожное ожидание

average life ~ средняя продолжительность жизни

lifetime ~ вероятность на протяжении жизни (*напр. заболевания*)

outcome ~ предвидение результата

expectorant [ek'spektərənt] отхаркивающее (*средство*)

expectoration [ekˌspektə'reiʃn] **1.** мокрота **2.** отхаркивание, выделение мокроты

bloody ~ кровохарканье

mucous ~ слизистая мокрота

prune-juice [rustly] ~ ржавая мокрота

expectorative [ˌekspek'tɔːrətiv] способствующий отделению мокроты

expenditure [ik'spenditʃə] **1.** потребление **2.** трата, расход

~ of household food consumption стоимость «потребительской корзины»

estimated ~s предположительные расходы

health care [medical] ~ расходы на лечение

recurrent ~ периодические расходы

expense [ik'spens] расход, издержка, трата

current operating ~s текущие производственные расходы

hospital ~s больничные расходы

medical ~s расходы на лекарственные средства

expensive [ik'spensiv] дорогой, дорогостоящий (*напр. о медикаменте*)

experience [ik'spiəriəns] **1.** (жизненный) опыт; квалификация, мастерство; *pl.* (по)знания **2.** исследование; наблюдение **3.** переживание; случай ‖ испытывать, знать по опыту

~ of satisfaction переживание удовлетворения

~ of thought echo псих. проявление мыслей-эхо

~ of thoughts spoken aloud псих. проявление мыслей вслух, «озвученные мысли»

adverse ~ неблагоприятный опыт

affective ~ аффективное переживание

anecdotal ~ эксклюзивный опыт (*средства, применяемые на единичных больных*)

catastrophic ~ опыт человека, пережившего катастрофу

cross-over ~ перекрёстный опыт

early ~ ранее приобретённый опыт

emotional ~ 1. эмоциональное воздействие **2.** эмоциональной природы (*напр. о немоте*)

harrowing ~ мучительный жизненный опыт

health ~ опыт охраны здоровья

long-term multicenter ~ продолжительное мультицентровое исследование

medical ~ опыт проведения клинической программы (*напр. «Медикэйд»*)

near-death ~ переживания в близком к смерти состоянии

out-of-the-body ~ псих. представление себя вне тела (*форма дереализации, при которой человеку кажется, что он находится вне собственного тела*)

pathogenic ~ возникновение заболевания, или патологического процесса

peak ~ психол. пиковое [глубокое, интенсивное] переживание (*веха на пути самореализации*)

postdoctorial ~ опыт постдипломной работы; практический стаж работы

previous ~ предшествовавший опыт

sexual ~s половая жизнь, сексуальный опыт

subjective ~ субъективные ощущения (*напр. о предвестниках приступа эпилепсии*)

unusual ~s псих. необычные способности

experiential [ekˌspiəri'enʃl] опытный, основанный на опыте; эмпирический (*относящийся к групповым моделям психотерапии, акцентирующим создание жизненного опыта для обучения и личностного роста*)

experiment [ek'sperimənt] эксперимент, опыт ‖ экспериментировать, производить опыт

~ of nature естественный эксперимент

allergic ~ аллергическая проба

blanc ~ холостой опыт

check ~ контрольный [проверочный] опыт

competitive ~ сравнительный опыт

crossover [double blind] ~ опыт двойным слепым методом

factorial ~ факториальная схема опыта

heredity ~ опыт по изучению наследственности

inoculation ~ экспериментальная прививка

long-term ~ продолжительный [хронический] эксперимент

manned ~ эксперимент с участием человека (*но не на человеке*)

mock ~ контрольный опыт

multiplied ~ многократный опыт

pilot ~ поисковый эксперимент, «пилотное» [пробное, маломасштабное] исследование

subsidiary ~ дополнительный [вспомогательный] эксперимент

Toynbee's ~ *см.* **Valsalva's** ~

tracer ~ опыт с применением радиоактивных индикаторов

trial ~ предварительный [пробный] эксперимент, поисковое исследование

Valsalva's ~ Вальсальвы опыт *(для определения проходимости слуховой трубы)*

experimental [ek͵speri'mentl] подопытный, пробный, экспериментальный; исследуемый

experimentation [ek͵sperimen'teiʃn] экспериментирование, проведение опыта или исследования

human ~ эксперимент на человеке, или на людях

expert ['ekspə:t] 1. специалист || специализированный *(напр. о лечении)* 2. эксперт; временный советник

forensic [legal] ~ судебно-медицинский эксперт, судмедэксперт

management ~ организатор-консультант по административному управлению

medical ~ медицинский эксперт, специалист в области медицины

expertise [͵ekspə:'ti:z] 1. компетенция; знания 2. экспертиза, заключение специалиста

forensic psychiatric ~ судебно-психиатрическая экспертиза

legal-medical ~ судебно-медицинская экспертиза

military and medical ~ военно-врачебная экспертиза

expiration [͵ekspi'reiʃn] 1. выдох, экспирация 2. окончание, истечение *(напр. срока службы прибора)* 3. смерть

forced ~ форсированный выдох

prolonged ~ продолжительный выдох

resting ~ спокойный выдох

speech ~ выдох в связи с речеобразованием

expiratory [ek'spaiərə͵təuri] выдыхательный, экспираторный, относящийся к выдоху

expire [ek'spaiə] 1. выдыхать, делать выдох 2. умирать, скончаться

explanation [͵eksplə'neiʃn] 1. объяснение; толкование 2. оправдание

~ **of benefits** разъяснение медицинской программы *(памятка застрахованного)*

~ **of diagnosis** обоснование диагноза

biological ~ биологическое объяснение

folk ~ обывательское понимание болезни

explant [eks'plænt] 1. эксплантат *(ткань или орган, культивируемый вне организма)* || культивировать в искусственной среде 2. имплантат *(напр. из силикона)*

artery intimal ~s эксплантаты интимы артерии

cultured pancreatic ~ культивированный эксплантат поджелудочной железы

initial ~ исходный эксплантат

mammary gland ~ эксплантат молочной железы

surface-sterilized ~ поверхностно стерилизованный эксплантат

tissue ~ тканевой эксплантат

explode [ek'spləud] вспыхивать *(об эпидемии)*

exploitation [͵eksplɒi'teiʃn]:

therapeutic ~ **of botulinum neurotoxins** лечебное использование ботулинистического нейротоксина

exploration [͵eksplə'reiʃn] 1. исследование, обследование, осмотр; ревизия 2. *псих.* экслорация

~ **of adrenal function** исследование функции надпочечников

~ **of biological predictors** исследование биологических предвестников

~ **of common bile duct** ревизия общего жёлчного протока

~ **of muscle** ревизия мышц

at ~ при диагностической [эксплоративной] операции, или ревизии

comprehensive ~ всестороннее обследование

digital ~ **of rectum** пальцевое исследование прямой кишки

extraperitoneal ~ исследование забрюшинного пространства

qualitative ~ качественное исследование

radiological ~ 1. радиоизотопное исследование 2. рентгенологическое исследование

sexual ~ исследование половой активности

therapeutic ~ (психо)терапевтическое исследование *(личности)*

thoracic ~ эксплоративная [диагностическая] торакотомия

explorative [ek'splɒretiv], **exploratory** [ek'splɒretəri] 1. поисковый; исследующий; исследовательский 2. диагностический, эксплоративный *(об операции)*

explorer [ek'splɔ:rə] зонд

bayonet-shaped dental ~ штыковидный зубной зонд

exploring [ek'splɔ:riŋ]:

~ **of anti-aggregatory effects** исследование антиаггрегационного действия

explosion [ek'spləuʒn] 1. бурное развитие; вспышка *(эпидемии)* 2. взрыв

behavioral ~ поведенческая вспышка, «дуга», «свеча»

consumption ~ резкое [чрезвычайное] увеличение потребления

demographic [population] ~ демографический взрыв *(резкое ускорение роста численности населения земли в период с 1950 г.)*

explosion-proof [ek'spləuʒn-'pru:f], **explosion-protected** [ek'spləuʒn-prə'tektid] взрывобезопасный

explosive [ek'spləusiv] взрывчатый, взрывной, эксплозивный

Expomedica ['ekspɒ͵medikə] *лат.* медицинская выставка

export ['ekspɔ:t]:

lymphocyte ~ транспортировка лимфоцитов

expose [ik'spəuz] 1. подвергать действию *(солнца, ветра и пр.)*; облучать, быть в контакте 2. подвергать *(опасности, риску и т. п.)* 3. *рентг.* дозировать ◊ **to** ~ **to radiation** облучать

exposed [ik'spəuzd] 1. находящийся под воздействием *(напр. асбестовой пыли)* 2. облучаемый 3. раскрытый; обнажённый, оголённый *(напр. о корне зуба)*

~ **to risk** подверженный риску

exposition [͵ekspə'ziʃn] 1. экспозиция 2. испытание воздействием

in utero ~ подвергшийся воздействию в матке

prolonged ~ продолжительное воздействие

exposure [ek'spəuʒə] 1. *хир.* выделение, обнажение *(напр. сосуда)* 2. воздействие; экспозиция *(продолжи-*

тельность действия какого-л. фактора на организм)
3. заражение; контакт *(напр. с гербицидами)*

~ of house ориентация дома *(в отношении шума и инсоляции)*

~ of jejunum to ethanol воздействие этанола на тощую кишку

~ of palpebral conjunctiva обнажение конъюнктивы века

~ of rectal lesion доступ при поражении прямой кишки

~ of surgeon to radiation лучевая нагрузка хирурга *(напр. во время операции)*

~ to animals общение [контакт] с животными *(как фактор риска заболевания)*

~ to anticoagulant rodenticides отравление родентицидами-антикоагулянтами; воздействие родентицидов-антикоагулянтов на организм

~ to chemicals воздействие химических веществ, контакт с химикатами

~ to cold охлаждение, воздействие холодом

~ to infection инфицирование, контактирование с инфекцией

~ to infectious disease контакт с инфекционным больным

~ to nephrotoxins подверженность воздействию нефротоксинов

~ to parental tobacco smoke воздействие табачного дыма; пассивное курение

~ to tar токсическое действие смолы

~ to whole body vibration общее воздействие вибрации на организм

acceptable ~ допустимое воздействие *(напр. шума)*

accidental ~ случайное воздействие *(напр. неблагоприятного фактора)*

acute ~ острое воздействие *(напр. неблагоприятного фактора)*

antigen ~ антигенная стимуляция; сенсибилизация *(клеток)*

Bucky ~ снимок с рентгеновской решёткой, снимок с диафрагмой Букки, растровый снимок

concomitant ~ сопутствующее воздействие *(какого-л. фактора на организм)*

cumulative radiation ~ кумулятивное облучение

dietary ~ пищевая экспозиция

emergency ~ аварийное облучение

environmental ~ воздействие факторов окружающей среды

human ~ to benzopyrene экспозиция человека к бензопирену

intention ~ преднамеренное воздействие *(о заражении сибирской язвой)*

internal ~ внутреннее облучение

isolated ~ 1. однократное облучение **2.** однократное экспонирование

lateral ~ боковой доступ *(при операции)*

lead ~ воздействие свинца, контакт со свинцом; свинцовое отравление

limiting ~ предельное облучение

long-term ~ длительное [хроническое] облучение

maximum permissible ~ предельно допустимая доза облучения

medical ~ лучевая терапия

noise ~ воздействие шумом, шумовое воздействие

occupational ~ профессиональный контакт *(с вредным агентом)*

on ~ to the air под действием воздуха

personnel ~ облучение персонала

potential ~ вероятность контакта *(напр. с фозалоном)*

prolonged [protracted] ~ 1. длительное облучение **2.** хроническое воздействие *(неблагоприятных факторов)*

pulp ~ вскрытие пульпы зуба

radiation ~ 1. лучевая нагрузка, (радиоактивное) облучение **2.** экспозиция [время] облучения

rodents ~ 1. воздействие грызунов **2.** воздействие на грызунов

secondary smoke ~ пассивное курение

sex ~ сексуализация, выраженность пола

simultaneous ~ 1. одновременное воздействие **2.** симультанная рентгенография, симультанный снимок

single ~ однократное воздействие

surgical ~ хирургический доступ

survivable ~ несмертельное воздействие

total ~ общее облучение

versatile ~ широкое обнажение *(напр. органа во время операции)*

workers ~ воздействие на рабочих *(напр. известковой пыли)*

X-ray ~ рентгеновское облучение

exposure-response [ek'sprəʊzə-rī'sppns] реакция организма на экспозицию, или воздействие

express [ik'spres] **1.** выражать *(напр. мысль)* **2.** специальный; срочный, экстренный

to ~ anxiety выражать беспокойство

expression [ek'spreʃn] **1.** выражение *(напр. лица)*; экспрессия *(фенотипическое выражение наследственного признака)* **2.** отжимание, выжимание, выдавливание

~ of DNA clones экспрессия клонов ДНК

~ of gene экспрессия [проявление] гена

~ of immediate hypersensitivity выраженность гиперчувствительности немедленного типа

~ of the fetus акушерское пособие *(приём давления на матку)*

~ of the placenta ручное отделение [выжимание] последа

~ of transplantation immunity проявление трансплантационного иммунитета

chemokine ~ экспрессия хемокинов *(напр. при хеликобактер-инфекции)*

early ~ преждевременная отслойка плаценты

facial ~ of parkinsonism маскообразное лицо при паркинсонизме

gene ~ экспрессия [выражение, проявление, считывание] генов

manual ~ ручное выдавливание *(мочи у больного параличом)*

oncogene ~ экспрессия онкогенных факторов, активность онкогенов

phenotypic ~ фенотипическая экспрессия

pictorial ~ зрительное восприятие

quantitative ~ of severity количественное выражение тяжести *(болезни)* rectal ~ пособие в родах давлением на головку плода через прямую кишку

scared ~ испуганное лицо

sex ~ проявление пола

short-term ~ кратковременная экспрессия

surface antigen ~ экспрессия поверхностного антигена

symptom ~ симптоматика, симптомокомплекс, клиническая картина

"tragic facies ~" страдальческое выражение лица, «сардоническая улыбка»

visible ~ видимые особенности *(гена в фенотипе)*

vocal ~ голосовой сигнал

expressivity [‚ekpre'siviti] экспрессивность *(1. психол. выразительность, эмоциональность 2. ген. степень фенотипической выраженности наследственного признака)*

expressor [eks'presə] *мед. тех.* экспрессор

expulsion [eks'pʌlʃn] изгнание; удаление; выброс; выталкивание

~ **of afterbirth** отделение плаценты

~ **of calculi** вымывание конкрементов

~ **of child** выталкивание [изгнание] плода *(из матки)*

~ **of colonic gas** отхождение газов

~ **of digested food** отрыжка; рвота принятой пищей

~ **of fetus** отторжение [выкидыш] плода

~ **of parasitic worms** дегельминтизация

reflexive ~ **of air** форсированный рефлекторный выдох

water ~ обезвоживание, дегидратация; выпаривание

exsanguination [ek‚sæŋgwi'neiʃn] 1. кровопускание, кровоизвлечение 2. кровотечение; обескровливание, потеря крови

exsanguinity [eksæŋ'gwiniti] анемия, малокровие

exsanguinotransfusion [ek‚sæŋgwinəutræns'fjuːʒn] обменное [заменное] переливание крови

exsection [ek'sekʃn] иссечение, резекция

exsiccant [ek'sikənt] 1. высушивающее средство; высушивающий порошок ‖ высушивающий 2. высыхающий, засыхающий; обезвоживающий

exsiccation [‚eksi'keiʃn] 1. высушивание; осушение; обезвоживание 2. высыхание

exsiccator [‚eksi'keitə] 1. *хим.* эксикатор 2. сушильный шкаф

exsicosis [eksi'kəusis] обезвоживание *(организма)*, эксикоз, дегидратация

ex-smoker [‚eks-'sməukə] бывший курильщик, бросивший курить

exstrophy ['ekstrəufi] *терат.* экстрофия, выворот

~ **of bladder** экстрофия мочевого пузыря

exsufflation [‚eksə'fleiʃn] аспирация, отсасывание *(напр. секрета из воздухоносных путей)*

exsufflator [‚eksə'fleitə] аспиратор, отсасыватель

extasy ['ekstəsi] *см.* **ecstasy**

extend [ik'stend] 1. *анат.* распрямлять, разгибать 2. разбавлять 3. простирать(ся); распространять(ся); расширять(ся)

extended-release [ik'stendid-ri'liːs] пролонгированный, медленновысвобождающийся *(о форме препарата)*

extender [ek'stendə] разбавитель; наполнитель

plasma ~ плазмозаменитель

extending [ek'stendiŋ]:

~ **the patient's head** запрокидывание головы назад; разгибание шеи

extension [ek'stenʃn] 1. вытяжение, выпрямление *(напр. конечности)*; растяжение *(напр. мышцы)* 2. разгибание, экстензия *(в суставе)* 3. протяжение; распространение

~ **of liver margin** увеличение края печени

~ **of neck** вытягивание шеи *(напр. при глотании)*

~ **of neoplasm along the tube** распространение опухоли вдоль дренажной трубки

~ **of outbreak** распространение вспышки *(напр. инфекции)*

~ **of productive years of life** продление продуктивных лет жизни больных

~ **per contiguum** распространение *(патологического процесса)* контактным путём

~ **per continuum** распространение *(патологического процесса)* по протяжению

adhesive ~ липкопластырное вытяжение

Codivilla's ~ скелетное вытяжение

diet-induced lifespan ~ увеличение продолжительности жизни, обусловленное питанием

direct ~ *см.* **per continuum**

intracardiac ~ расширение полости сердца

intrapleural tumor ~ внутриплевральное распространение опухоли

nail ~ скелетное вытяжение с помощью спицы

neck ~ 1. вытягивание шеи 2. шейное вытяжение

proximal ~ проксимальное распространение *(напр. тромба)*

spinal ~ 1. разгибание позвоночника 2. вытяжение позвоночника

wrist ~ разгибание кисти

extensive [ek'stensiv] 1. обширный *(напр. о резекции органа)*, расширенный, массивный *(напр. ателектаз)* 2. экстенсивный *(о показателе)* 3. углублённый *(напр. диагностический процесс)*

extensor [ek'stensə] разгибатель, экстензор *(мышца)*

extent [ek'stent] 1. протяжение, пространство; распространённость 2. степень, мера

~ **of acid-secreting area** протяжённость кислотообразующей зоны

~ **of carnification** распространение [усиление] процесса ороговения *(эпителия)*

~ **of error** *стат.* величина погрешности

~ **of halothane sensitization** степень сенсибилизации к галотану

~ **of myocardial damage** протяжённость поражения миокарда

~ **of neurologic damage** объём неврологических повреждений

exterior [ik'stiəriə] 1. внешняя [наружная] сторона ‖ внешний, наружный 2. внешность, наружность *(человека)* 3. экстерьер *(животного)* 4. иностранный, зарубежный

exteriorization [eks‚tiːriərai'zeiʃn] 1. *хир.* извлечение; выворачивание органа наружу *(напр. червеобразного отростка)* 2. *псих.* экстериоризация, экстернализация *(приписывание своих внутренних переживаний внешней среде)*

~ **of intestine** выведение петли кишки наружу

exteriorization² эксплантация (*культивирование клеток или органа вне организма*)

exteriorize [ek'sti:riəraiz] 1. *хир.* временно выводить какой-л. орган на поверхность тела 2. раскрывать, обнажать

extermination [eks,tə:mi'neiʃn] 1. искоренение, истребление, уничтожение 2. вытравливание (*напр. грызунов*)

~ **of insects** дезинсекция, истребление насекомых-вредителей

~ **of rats** дератизация, истребление крыс

extern ['ekstə:n] экстерн (*студент-медик старших курсов или начинающий врач, работающий в больнице на правах внештатного сотрудника*)

external [ek'stə:nəl] наружный, внешний

externalia [,ekstə:'neiliə] наружные половые органы

externalization [ek,stə:nəli'zeiʃn] *см.* **exteriorization**

externship [eks'tə:nʃip] преддипломная подготовка

pharmacy ~ *амер.* преддипломная клиническая практика студентов-фармацевтов

exteroceptor [,eksterəʊ'septə:] экстеро(ре)цептор

exteroreception [,eksterəʊri'sepʃn] экстеро(ре)цепция (*восприятие организмом раздражений, поступающих из внешней среды*)

extima ['ekstimə] адвентициальная оболочка

extinct [ek'stiŋkt] 1. не имеющий продолжателя рода 2. вымерший 3. угасший (*о чувствах, жизни*) 4. вышедший из употребления

extinction [ek'stiŋkʃn] 1. экстинкция; затухание; угасание (*рефлекса*); угасание (*памяти*) 2. вымирание, исчезновение (*видов*)

optical ~ оптическое поглощение

rash ~ угасание сыпи

extirpation [,ekstə:'peiʃn] 1. *хир.* экстирпация (*полное удаление органа*) 2. искоренение, уничтожение; вытравливание

extorsion [ek'stə:ʃn] поворот (*органа*) кнаружи

extra ['ekstrə] 1. высший, высокого класса, особый, экстра 2. чрезмерный; дополнительный, добавочный; наибольший 3. находящийся вне чего-л., снаружи

extraadrenal [,ekstrəə'dri:nəl] вненадпочечниковый

extraarticular [,ekstrəa:'tikjʊlə] внесуставной

extrabuccal [,ekstrə'bʌkəl] находящийся вне ротовой полости

extracapsular [,ekstrə'kæpsjʊlə] вне капсулы, экстракапсулярный

extracellular [,ekstrə'seljʊlə] внеклеточный, межклеточный; интерстициальный

extraception [,ekstrə'sepʃn] экстрацепция (*восприятие внешнего мира*)

extrachromosomal [,ekstrə'krəʊməʊsəʊməl] 1. внехромосомный 2. с лишней хромосомой

extracolonic [,ekstrəkəʊ'lɒnik] вне толстой кишки

extra-core [,ekstrə-'kɔ:] внеядерный

extracorpor(e)al [,ekstrəkɔ:'pəʊriəl] экстракорпоральный (*напр. о кровообращении, оплодотворении*)

extracranial [,ekstrə'kreiniəl] внечерепной, экстракраниальный

extract ['ekstrækt] экстракт, вытяжка || экстрагировать, извлекать

~ **of opium** млечный сок опиоидов несозревшего мака

alcoholic ~ спиртовая вытяжка

allergic ~ аллергенный экстракт (*напр. из продуктов*)

antigenic ~ антигенный экстракт

aqueous ~ водная вытяжка

beef ~ мясной бульон

cell-free ~ бесклеточный экстракт

crude ~ общий [суммарный] экстракт

dry ~ сухой остаток

ether ~ эфирная вытяжка

ginseng ~ экстракт женьшеня (*парафармацевтик, оказывающий общеукрепляющее и тонизирующее действие*)

glandular ~ эндокринный препарат

hip ~ экстракт шиповника

liquorice ~ экстракт лакрицы

liver ~ экстракт из печени

malt ~ солодовый экстракт

meat ~ мясной бульон, или экстракт

organ ~ экстракт органа

plant ~ экстракт из растений, вытяжка из растений

pollen ~ экстракт пыльцы

rennet ~ сычужная закваска

sonic ~ экстракт, полученный (из клеток) при воздействии ультразвука

thick ~ густой [концентрированный] экстракт

extractant [ek'stræktənt] экстрагирующее вещество

extractibility [ek'stræktəbiliti] экстрагируемость

extraction [ek'strækʃn] 1. экстрагирование; удаление; извлечение 2. *хир.* экстракция 3. происхождение; родство

~ **of man's organs and tissues** изъятие органов и тканей человека (*для трансплантации*)

automated solid-phase ~ автоматизированная твердофазная экстракция

cartridge ~ серийная экстракция (*напр. соматомедина C*)

cataract ~ удаление катаракты

charcoal ~ экстракция с помощью активированного угля

counter-current ~ противоточное извлечение

dental ~ удаление зуба

erysiphake ~ эризифак-экстракция (*хрусталика*)

extracapsular cataract ~ экстракапсулярная экстракция катаракты

flap ~ лоскутная экстракция катаракты

forceps ~ **of tooth** экстракция зуба щипцами

full dental ~ удаление всех зубов

hepatointestinal ~ **of zinc** выведение цинка из печени и тонкой кишки

hexan ~ экстракция с помощью гексана

larval ~ 1. выделение личинок (*гельминтов из фекалий*) 2. удаление гельминтов (*напр. при бронхоскопии*)

liquid ~ экстракция жидкостью

mechanical ~ механическая экстракция плода (*из матки*)

retained biliary stone ~ извлечение из жёлчных путей оставленного камня

serial ~ последовательное удаление зубов

suction ~ аспирационная экстракция хрусталика

two-phase ~ двухфазная экстракция

vacuum ~ вакуум-экстракция (*при аборте*)

extractor *мед. тех.* экстрактор

bur ~ воздухоочиститель

counter-current ~ противоточный экстрактор

crown ~ коронкосниматель

dust ~ пылеуловитель, пылеотделитель

mucus ~ отсасыватель [аспиратор] слизи

pulp ~ пульпэкстрактор

staple ~ пинцет для снятия скобок

tissue ~ биопсийная игла

tube ~ экстубатор *(инструмент для удаления интубационной трубки)*

vacuum ~ *акуш.* вакуум-экстрактор

extractum [eks'træktəm]:

~ **aloes** экстракт алоэ

~ **rad. Valerianae aquosum siccum** обезвоженный экстракт корня валерианы

extracystic [ˌekstrə'sistik] **1.** находящийся вне (мочевого или жёлчного) пузыря, внепузырный **2.** расположенный вне кисты

extradural [ˌekstrə'duːrəl] экстрадуральный, находящийся над твёрдой мозговой оболочкой; перидуральный

extraembryonic [ˌekstrəˌembri'ɒnik] внезародышевый

extraenteric [ˌekstrəen'terik] внекишечный

extragenital [ˌekstrə'dʒenitl] экстрагенитальный

extrahepatic [ˌekstrəhə'pætik] внепечёночный

extrahuman [ˌekstrə'hjuːmən] не свойственный человеку *(о резервуаре инфекции)*

extramedullary [ˌekstrə'medjʊˌlæri] экстрамедуллярный *(1. расположенный вне костного мозга 2. находящийся вне мозговой ткани)*

extramural [ˌekstrə'mjuːrəl] экстрамуральный, относящийся к наружной поверхности *(напр. органа)*

extraneous [ek'streiniəs] **1.** инородный, посторонний **2.** экзогенный, обусловленный воздействием извне

extranodal [ˌekstrə'nəʊdl] экстралимфатический *(напр. орган, ткань)*

extraoral [ˌekstrə'ɔːrəl] внеротовой

extraordinary [ek'strɔːdinəri] необычный, экстраординарный *(напр. поведение)*; чрезвычайный

extraovular [ˌekstrə'ɒvjuːlə] заоболочечный, экстраовулярный

extraperitoneal [ˌekstrəˌperi'təʊniəl] внебрюшинный; забрюшинный

extraperitonealization [ˌekstrəˌperitəʊniəli'zeiʃn]:

cecal ~ экстраперитонизация слепой кишки

extrapleural [ˌekstrə'pluːrəl] внеплевральный, экстраплевральный

extrapolation [ekˌstræpəʊ'leiʃn] **1.** экстраполяция, экстраполирование *(перенос выводов, полученных из наблюдений над одной частью явления, на другие его части)* **2.** распространение; применение

~ **of animal doses** экстраполяция дозировок от животных *(установленных по данным эксперимента)*

~ **of human doses** соответствие дозам, принятым у людей

biological ~ биологическая экстраполяция *(использование животных для определения, напр., воздействия канцерогена на человека)*

extrapunitive [ˌekstrə'pjuːnətiv] экстрапунитивный, внешнеобвиняющий

extrapyramidal [ˌekstrəpi'ræmidəl] экстрапирамидный *(путь)*

extrasensory [ˌekstrə'sensəri] сверхчувственный, экстрасенсорный

extrastimulus [ˌekstrə'stimjʊləs]:

single ~ *кард.* одиночный экстрастимул

extrasystole [ˌekstrə'sistəʊli] *кард.* экстрасистола

atrioventricular [AV] ~ атриовентрикулярная [предсердно-желудочковая, узловая] экстрасистола

auricular ~ предсердная [наджелудочковая] экстрасистола

infranodal ~ желудочковая экстрасистола

interpolated ~ вставочная [интерполированная] экстрасистола

junctional ~ *см.* **atrioventricular** ~

midnodal ~ среднеузловая экстрасистола

premature auricular ~ ранняя предсердная экстрасистола

return ~ возвратная экстрасистола

extrauterine [ˌekstrə'juːtərin] внеутробный, внематочный

extravasate [eks'trævəseit] **1.** проникающий из сосудов в ткани *(о жидкости)* **2.** экстравазат

extravasation [ekˌstrævə'seiʃn] **1.** транссудация, выпотевание, выхождение (жидкости) из сосудов в ткани **2.** геморрагический выпот

~ **of bile** пропотевание [просачивание] жёлчи

~ **of dye** вытекание контрастного средства *(напр. за пределы капсулы сустава при артрографии)*

~ **of urine** мочевой затёк, мочевая инфильтрация

leukocyte ~ выхождение лейкоцитов через порозную стенку кровеносных сосудов

extravascular [ˌekstrə'væskjʊlə] внесосудистый, экстраваскулярный

extraversion [ˌekstrə'vəːʃn] *см.* **extroversion**

extravert ['ekstrəvəːt] *см.* **extrovert**

extra-violet ['ekstrə-'vaiəlit] ультрафиолетовый

extreme [ek'striːm] **1.** предельный, крайний, чрезмерный; экстремальный ‖ крайняя степень, предельное значение, экстремум **2.** экстрим *(1. экстремальные условия 2. экстремальные виды спорта)* **3.** диаметрально противоположный объект или явление

~**s of heat** экстремальная жара

~**s of temperature** чрезмерные колебания температуры

accident ~ экстремальная ситуация, авария

extremely [ek'striːmli] чрезвычайно, крайне *(напр. легковоспламеняющийся)*

extremity [eks'treməti] **1.** край, конец, окончание **2.** конечность **3.** чрезвычайные меры **4.** крайняя нужда

cool ~**ies** холодные конечности; похолодание конечностей

distal ~ дистальный отдел конечности

ischemic ~**ies** ишемические нарушения в нижних конечностях

phantom ~ фантомная [ампутированная] конечность

extremophilia [ekˌstriːmɒ'filiə] экстремофилия

extremum [ek'striːməm] экстремум *(максимальное или минимальное значение колеблющейся величины)*

extricate ['ekstrikeit] **1.** выводить из затруднительного положения; разрешать сложную проблему **2.** высвобождать; секретировать *(напр. фермент)*

extrinsic [ek'strinzik] **1.** внешний, наружный **2.** неприсущий, несвойственный

extrophy ['ekstrəʊfi]:

   bladder ~ экстрофия мочевого пузыря (*врождённая расщелина брюшной стенки и отсутствие передней стенки мочевого пузыря*)

extroversion [,ekstrəʊ'və:ʃn] *псих.* экстравертированность; экстраверсия (*свойство, характеризующееся направленностью активности, стремлений и интересов на внешний мир и окружающих людей*)

extrovert ['ekstrəʊvə:t] *псих.* экстравертированная личность, экстраверт (*человек, в своих переживаниях и интересах обращённый к объектам внешнего мира и легко устанавливающий контакты с окружающими*)

extroverted ['ekstrəʊˌvə:tid] экстравертированный (*о складе личности*)

extrude [eks'tru:d] **1.** выталкивать, вытеснять, изгонять **2.** выступать, выдаваться; выбухать; выпячиваться, выходить за пределы (*напр. о позвонковом диске*)

extrudoclusion [eks,tru:dəʊ'klu:ʒn] вестибулярное смещение зуба

extrusion [ek'stru:ʒn] **1.** выталкивание, вытеснение, изгнание **2.** выбухание; смещение (*органа*)

   ~ of bowel выхождение петли кишки через грыжевое отверстие

   ~ of implant выхождение [выпадение] имплантата

   disk ~ грыжа межпозвонкового диска, Шморля грыжа (*выпадение межпозвонкового диска в позвоночный канал*)

extubation [,ekstu:'beiʃn] экстубация (*удаление интубационной трубки*)

   difficult ~ затруднённая экстубация

exuberance [eg'zju:brəns] **1.** избыточный рост (*напр. грануляций*) **2.** плодовитость, фертильность (*о животных, насекомых*)

exuberant [eg'zju:brənt] излишний, избыточный

exudate ['eksjʊdeit] экссудат, гнойный выпот

   cotton-wool ~ хлопьевидный экссудат

   malodorous ~ экссудат с неприятным запахом

   mucopurulent ~ слизисто-гнойный выпот

   nonseptic ~ невоспалительный экссудат

   septic ~ воспалительный экссудат

   serofibrinous ~ серозно-фибринозный экссудат

exudation [,eksjʊ'deiʃn] **1.** экссудация (*медленный выход жидкости через стенки неповреждённых сосудов, напр., в результате воспаления*) **2.** экссудат

   ~ of blood into lower urinary tract пропотевание крови в нижние мочевые пути

   ~ of chyle выхождение, пропотевание лимфы (*из неповреждённых сосудов*)

exude [ek'zju:d] выделяться; проступать сквозь поры

exulcerate [ek,sʌlsə'reit] изъязвляться

exulceratio [ek,sʌlsə'reiʃiəʊ] *лат.*, **exulceration** [ek,sʌlsə-'reiʃn] изъязвление

   ~ simplex простое изъязвление, Дьелафуа болезнь (*ангиодисплазия интрамуральных сосудов желудка*)

exumbilication [,eksəm,bili'keiʃn] выпячивание [выбухание] пупка; пупочная грыжа

exuviation [eks,ju:vi'eiʃn] **1.** слущивание эпителия **2.** выпадение молочных зубов

eye [ai] **1.** глаз **2.** ушко (*иглы*); глазок

   affected ~ поражённый [повреждённый] глаз

   amaurotic cat's ~ амавротический кошачий глаз (*появление в зрачке желтоватого свечения при его освещении*)

   anterior ~ передняя камера глаза

   aphakic ~ афакический глаз (*без хрусталика*)

   artificial ~ глазной протез, искусственный глаз

   black ~ кровоподтёк [синяк] под глазом

   blear ~ язвенный блефарит

   blind quiet ~ неспецифическая слепота

   blinking ~s моргающие [мигающие] глаза, мигание

   blood-shot ~ гиперемированные [воспалённые] глаза

   blue ~s 1. голубые глаза **2.** слезливость, эмоциональная лабильность

   bovine ~ буфтальм, «бычий глаз» (*крайняя степень гидроофтальма, развивающаяся при врождённой глаукоме*)

   bulbous [bulging] ~s выпуклые глаза, экзофтальм

   bull's ~ «бычий глаз» (*ободок с ультразвуковым отражением пониженной интенсивности в центре очага поражения*)

   clinical ~s болезни глаз

   cloudy ~ 1. мутность глаз **2.** помутнение в глазах

   crossed ~s расходящееся косоглазие

   dancing ~s «пляшущие» глаза

   dark-adapted ~ глаз, адаптированный к темноте

   dominant ~ доминирующий [ведущий, превалирующий, преобладающий] глаз при бинокулярном зрении

   downcast ~s потупленные глаза

   "evil ~" «дурной глаз»

   fellow ~ другой [второй] глаз

   fixating ~ постоянное [фиксированное] косоглазие

   glazed ~s потускневшие глаза

   goggle ~s *см.* **bulbous ~s**

   hare's ~ лагофтальм (*неполное смыкание век*)

   heavy ~ односторонняя миопия высокой степени

   irreversibly blind ~s необратимая слепота

   lazy ~ амблиопичный глаз

   moist with unshed tears ~s увлажнённые непролитыми слезами глаза

   naked ~ невооружённый глаз

   outer ~ наружные покровы глазного яблока

   perforated ~ проникающее ранение глаза

   photopic ~ глаз, адаптированный к дневному свету

   pink ~ острый эпидемический конъюнктивит

   posterior ~ задняя камера глаза

   raccoon ~s «симптом очков», «глаза енота» (*возникновение субконъюнктивального кровоизлияния при переломе основания черепа*)

   red ~ покраснение глаза, инъекция эписклеральных сосудов

   running ~ *см.* **streaming ~s**

   scotopic ~ скотопическое зрение

   sentinel ~ контрольный глазок (*рентгеноконтрастная метка на катетере*)

   shipyard ~ эпидемический кератоконъюнктивит

   sound ~ здоровый глаз

staring ~s широко раскрытые глаза

streaming ~s слезящиеся глаза

sunken ~s запавшие глаза

unblinking ~s неморгающие [немигающие] глаза

upturned ~s поднятые вверх глаза

wall ~ 1. помутнение роговицы 2. расходящееся косоглазие

watery ~ 1. ретенционное слезотечение, эпифора 2. слезящийся глаз

eyeball ['aibɔːl] глазное яблоко

eyebright ['aibrait] очанка лекарственная (*Euphrasia officinalis*)

eyebrow ['aibbrɑʊ] бровь

eyebulb ['aibʌlb] глазное яблоко

eyecup ['aikʌp] 1. *эмбр.* глазной бокал 2. глазная ванночка

eyedropper ['aidrɒpə] глазная пипетка

eyeglass ['aiglɑːs] 1. окуляр 2. смотровое стекло, смотровое окно 3. *pl.* очки 4. глазная ванночка

eyeglobe ['aiglɔʊb] *см.* **eyeball**

eyeground ['aigraʊnd] глазное дно

eyehole ['aihɔʊl] глазница

eyelash ['ailæʃ] 1. ресничка 2. ресницы (*века*)

eyeless ['ailəs] 1. безглазый 2. безушковый (*об атравматической игле*)

eyelid ['ailid] веко

baggy lower ~s мешки под глазами, отёк нижних век

dropping ~s опущенные [провисающие] веки

everted ~s вывернутые веки

inverted ~s завёрнутые веки

retracted ~s втянутые веки

sagging ~s *см.* **dropping** ~s

eyelyser ['ailaizə] глазной контактный индикатор алкоголя

eyepiece ['aipiːs] окуляр

eyepit ['aipit] глазница

eyeprint ['aiprint] картина [рисунок] сосудов глазного дна

eye-seed [ai-siːd] шалфей крапиволистный (*Salvia urticifolia*)

eyeshot ['aiʃɒt] поле зрения

eyesight ['aisait] зрение

eyesocket ['ai,sɒkit] глазница, орбита

eyesore ['aisɔː] объект или явление, оказывающие антиэстетическое воздействие на человека

eyestrain ['aistrein] астенопия (*быстрая утомляемость глаз*); чрезмерное напряжение зрения

eyetooth ['aituːθ] верхний клык

eye-tracking ['ai-trækiŋ] система слежения за глазом пациента, не позволяющая лазерному лучу отклоняться от заданной зоны

eye-wash [ai-wɒʃ] глазная примочка

eyewater ['ai,wɔːtə] 1. глазная примочка 2. слёзы

eyewitness ['ai,witnəs] *суд. мед.* свидетель, очевидец

F

fabella [fə'belə] фабелла, «фасолька» *(сесамовидная кость, расположенная в сухожилии икроножной мышцы)*

fabric ['fæbrik] **1.** ткань; материал || матерчатый, тканный *(напр. протез)* **2.** структура, строение **3.** остов, устройство **4.** основы

  gauze ~ 1. металлизированная ткань **2.** марля

  gexa-non-woven ~s гекса-нетканные материалы *(напр. для сосудистого протеза)*

  heat resistant ~s жароустойчивая ткань

  moral ~s моральные аспекты, или основы

  surgical ~s хирургические материалы

  synthetic mesh ~s синтетический ячеистый материал

  whole ~ организм в целом, весь организм

fabrication [ˌfæbri'keiʃn] **1.** *псих.* конфабуляция, вымысел **2.** изготовление, создание

face [feis] **1.** лицо **2.** выражение лица; гримаса **3.** поверхность *(напр. органа)* **4.** экран, шкала *(прибора)* ◊ **in the ~ of shock** при наличии шока; ◊ **in the ~ of trauma** в случае травмы

  bashed ~ избитое лицо

  bird ~ «птичье лицо» *(при недоразвитии нижней челюсти)*

  blanched ~ мертвенно-бледное лицо

  bloated ~ обрюзгшее лицо

  cleft ~ *терат.* **1.** расщелина лица **2.** макростомия

  contorted ~ искажённое лицо

  desolate-looking ~ унылое [безутешное] лицо

  drawn ~ вытянутое [перекошенное] лицо

  emaciated ~ *см.* **worn-looking ~**

  expressionless ~ невыразительное лицо

  flushed ~ покрасневшее лицо

  frog ~ «лягушачье» лицо *(при некоторых новообразованиях полости носа)*

  full ~ анфас

  gaunt ~ *см.* **worn-looking ~**

  ghastly ~ *см.* **blanched ~**

  haggard ~ измученное [худое] лицо

  half ~ в профиль

  Hippocratic ~ *см.* **facies hippocratic**

  Hutchinson's ~ *см.* **Hutchinson's facies**

  lurid ~ *см.* **blanched ~**

  masklike ~ маскообразное лицо

  mixedematous ~ микседематозное лицо

  mongolian ~ монголоидное лицо

  moon ~ лунообразное лицо *(при синдроме Кушинга)*

  pallid ~ *см.* **blanched ~**

  pasty ~ пастозное [одутловатое, отёчное] лицо

  peculiar ~ специфические черты лица

  pock-marked ~ покрытое оспинами лицо

  puffy ~ *см.* **pasty ~**

  reading ~ отсчётная шкала

  rubicund ~ румяное лицо

  sallow ~ желтоватое, бледное, болезненное лицо

  scared ~ испуг на лице

  shrunken ~ сморщенное [дряблое] лицо

  stubbled ~ *см.* **unshaven ~**

  superior facets ~ верхняя суставная поверхность *(атланта)*

  tear-straked ~ залитое слезами лицо

  unshaven ~ небритое [заросшее щетиной] лицо

  vacuous ~ бессмысленное лицо

  wan ~ бледное [осунувшееся] лицо

  waxy ~ восковое лицо

  weather-beaten ~ обветренное [загорелое] лицо

  worn-looking ~ измождённое [изнурённое; исхудавшее] лицо

  wrinkled ~ морщинистое лицо

face-ache ['feis-'eik] лицевая невралгия

face-bow ['feis-'bəʊ] мастикациограф *(прибор для регистрации жевательных движений нижней челюсти)*

face-lift ['feis-'lift] лифтинг кожи лица *(косметическая операция с целью устранения морщин)*

facepiece ['feispi:s] (наркозная) маска

facet(te) ['fæsət, fæ'set] **1.** аспект **2.** признак, критерий *(напр. боль, дискомфорт)* **3.** небольшой гладкий участок суставной поверхности *(поперечных отростков шейных позвонков)*

  ~ for tubercle of rib поверхность суставного отростка позвонка, сочленяющаяся с головкой ребра

  ~s of emergency medicine аспекты неотложной терапии

  articular ~ суставная фасетка *(унковертебрального сочленения)*

  central depressed ~ вдавление центрального участка суставной поверхности *(поперечного отростка позвонка)*

  interlocking ~s блокада суставных поверхностей *(позвоночника)*

  lower ~ нижний суставной отросток

  odd ~ неровная суставная поверхность

  perched ~ высоко расположенный суставной отросток

facetiousness [fə'si:ʃəsnəs] *псих.* патологическая болтливость; склонность к шуткам, остротам непристойного характера; дурашливость

facial [feiʃl] лицевой

facies ['feisi:z], *pl.* **facies** ['feisi:z] **1.** *лат.* лицо **2.** внешний облик, внешность **3.** поверхность

  ~ cholerica лицо больного холерой *(осунувшиеся, заострённые черты, запавшие глаза, симптом «тёмных очков», выражение страдания)*

  ~ diaphragmatica диафрагмальная поверхность *(печени)*

  ~ dolorosa *лат.* страдальческое выражение лица, гримаса боли

  ~ hippocratic Гиппократа лицо, или маска *(совокупность характерных изменений лица – безучастное выражение, втянутые щёки, запавшие глаза, кожа бледно-серого цвета, покрытая каплями пота, – у больных в крайне тяжёлом состоянии)*

~ mitral *лат.* лицо больного с митральным пороком

~ pestica *лат.* чумное лицо

adenoid ~ аденоидное лицо

aging ~ стареющее лицо; старческое лицо

changing ~ of asthma изменение клинической картины астмы

Corvisart's ~ Корвизара лицо *(при сердечной недостаточности)*

emaciated ~ измождённый вид; измождённое лицо

Hutchinson's ~ Гетчинсона лицо *(при полной двусторонней наружной офтальмоплегии)*

leonine ~ «львиное» лицо *(при лепре)*

myasthenic ~ миастеническое лицо

myopathic ~ миопатическое лицо, лицо сфинкса

Parkinson's ~ Паркинсона лицо *(маскообразное лицо при паркинсонизме)*

Potter's ~ Поттера лицо, или синдром *(широко расставленные глаза, низкая посадка ушных раковин, уплощённый нос)*

facilitate [fə'siliteit] облегчать, помогать, содействовать, способствовать, благоприятствовать

to ~ emotional arousal ослабить эмоциональный стресс

facilitation [fə,sili'teiʃn] 1. облегчение, помощь, содействие 2. оборудование, аппаратура

~ of memory улучшение памяти

~ of the associations *психоан.* проторение ассоциаций

immunological ~ потенцирование иммунологической реакции

neuromuscular ~ улучшение нервно-мышечной передачи импульсов

social ~ *псих.* социальная фасилитация *(благоприятное воздействие присутствия других лиц на выполнение задания)*

facility [fə'siliti] 1. устройство; установка; приспособление 2. учреждение 3. *pl.* оборудование, аппаратура; вспомогательные средства 4. гибкость *(ума)*, податливость 5. *pl.* благоприятные возможности, льготы *(напр. для ветеранов)*

~ies for community mental health care условия по обеспечению охраны психического здоровья населения

~ies for intensive care условия для проведения интенсивной терапии

aeromedical evacuation ~ies средства санитарной авиации

auxiliary ~ies вспомогательные сооружения

catering ~ies предприятия общественного питания

child care ~ детский дневной стационар

clinical ~ies 1. клинические отделения 2. клинические средства обслуживания *(больных)*; клиническое оборудование

correctional ~ исправительное учреждение; тюрьма

convalescent ~ 1. отделение для выздоравливающих; отделение реабилитации 2. *pl.* средства реабилитации

day patient ~ дневной стационар

decontamination ~ средства обезвреживания

decontamination shower ~ душевая установка; пункт для санитарной обработки

dialysis ~ 1. помещение для гемодиализа 2. диализное оборудование

emergency response ~ies *рад.* противоаварийное обеспечение

extended care ~ реабилитационный центр

fixed ~ стационарная установка

health ~ лечебное учреждение *(поликлиника; больница; больничный комплекс)*

hospital [inpatient] ~ 1. больница, стационарное лечебное учреждение 2. *pl.* больничное оборудование

intellectual ~ies умственные способности

intensive care ~ аппаратура интенсивной терапии

invalid transport ~ies инвалидный транспорт

living ~ies 1. средства жизнеобеспечения 2. жилищные условия

long-term care ~ *амер.* лечебное учреждение для хронических больных

medical ~ies of the operating room реквизиты операционной

medical treatment ~ терапевтический стационар

mental health ~ психиатрическая больница

nonfixed medical treatment ~ подвижное медицинское учреждение; полевой подвижной госпиталь

organ procurement ~ учреждение по снабжению органами для трансплантации

outpatient ~ies средства обслуживания амбулаторных больных

primary health care ~ 1. учреждение первичной врачебной помощи 2. пункт первой медицинской помощи

recreation ~ 1. условия для отдыха 2. санаторий

referral ~ обеспечение направлений к врачам-специалистам

research ~ies 1. материально-техническое обеспечение научных исследований 2. научная база; научная лаборатория

residental treatment ~ лечебно-реабилитационный центр стационарного типа

sanitation ~ies санитарно-гигиеническое обеспечение, или обслуживание

subacute care ~ учреждение пребывания хронических больных *(напр. дом сестринского ухода)*

surgical ~ies 1. хирургическое отделение 2. хирургическое оборудование

terminal disinfection ~ помещение для заключительной дезинфекции

training ~ies учебная база

treatment ~ies очистка *(сточных вод)*

waste management ~ завод или сооружение по переработке отходов

water ~ies водный объект

word-processing ~ies 1. условия, облегчающие речевую функцию 2. устройства, помогающие воспроизведению речи *(при дизлексии)*

facing ['feisiŋ] 1. фасетка *(напр. облицовочная часть искусственной коронки зуба)* 2. внешний слой 3. (внешняя) отделка; обточка *(напр. зуба)*

bridge ~ фасетка комбинированного мостовидного зубного протеза

piq ~ фасетка на крампонах

slot-type ~ фасетка с прорезями для фиксации

veneer ~ облицовочная поверхность *(искусственного зуба)*

faciocephalalgia [ˌfeiʃiəʊˌsefəlˈældʒiə] лицевая невралгия

facioplasty [ˌfeiʃiəʊˈplæsti] пластическая операция на лице

facioplegia [ˌfeiʃiəʊˈpliːdʒiə] паралич лицевого нерва

fact [fækt] 1. факт, событие, явление 2. *pl.* данные, аргументы

nutrition ~s пищевая ценность

facticial [fækˈtiʃl] имитируемый, искусственно вызванный

factitious [fækˈtiʃəs] 1. вызываемый искусственно или в результате несчастного случая 2. кажущийся; ложный *(напр. артефакт на рентгенограмме)*

factor [ˈfæktə] 1. фактор *(напр. свёртывающей системы крови)*; действующее начало 2. коэффициент; показатель

~ **I** фактор I, фибриноген *(превращающийся под влиянием тромбина в фибрин)*

~ **II** фактор II, протромбин *(гликопротеид плазмы крови)*

~ **III** фактор III, тканевый тромбопластин *(фосфолипопротеид, способствующий превращению протромбина в тромбин)*

~ **IV** фактор IV, кальций крови *(участвует в обеспечении ионного равновесия плазмы и действует как катализатор активации ряда факторов)*

~ **V** фактор V, акцелерин *(ускоряет превращение протромбина в тромбин)*

~ **VI** нрк., см. ~ **V**

~ **VII** фактор VII, антифибринолизин *(глобулин плазмы крови; способствующий активации фактора III; дефицит приводит к наследственной гипопроконвертемии)*

~ **VIII** фактор VIII, антигемофильный глобулин A *(участвует в активации фактора X; дефицит обусловливает гемофилию A)*

~ **IX (Christmas)** фактор IX, кристмас-фактор*, антигемофильный глобулин B *(участвует в образовании фактора 3 тромбоцитов; дефицит приводит к развитию гемофилии B)*

~ **X** фактор X *(белок плазмы крови, дефицит которого обусловливает возникновение Стюарта – Прауэр болезни)*

~ **XI** фактор XI, плазменный предшественник тромбопластина *(дефицит обусловливает развитие одной из форм гемофилии)*

~ **XII** фактор XII, контактный фактор, фактор Хагемана *(гликопротеид, инициирующий при взаимодействии с чужеродной поверхностью процессы свёртывания крови и фибринолиза и активирующий калликреин-кининовую систему; дефицит обусловливает развитие Хагемана болезни)*

~ **XIII** фактор XIII, фибринстабилизирующий фактор, фибриназа *(катализирует превращение растворимого фибрина в нерастворимый; дефицит обусловливает возникновение Лаки – Лорана болезни)*

~ **Gm** Gm-группа *(в γ-цепи иммуноглобулина)*, антигенная детерминанта γ-глобулина

~ **H** биотин, витамин H

~ **Hly** фактор Hly *(плазмида кишечной палочки, содержащая гены, контролирующие продукцию гемолизинов)*

---

* Назван по фамилии мальчика Christmas, у которого была диагностирована и впервые описана гемофилия B.

~ **of malnutrition** фактор недоедания, фактор недостаточного питания

~ **of merit** добротность; приведённая чувствительность *(прибора)*

~ **of safety** 1. коэффициент надёжности 2. безопасность; запас прочности

~ **of saturation** коэффициент насыщения

ability ~ фактор работоспособности

absorption ~ коэффициент поглощения, или абсорбции

accumulation ~ норма размещения *(больных или раненых в госпитале)*

acoustical reduction ~ коэффициент звукоизоляции, акустический коэффициент ослабления

acoustical transmission ~ коэффициент звукопроницаемости

age ~ возрастной фактор

age-correcting ~ поправка на возраст

aggravating ~s провоцирующие [усугубляющие] факторы

aggregating ~ см. **platelet activating** ~

aging ~ вероятность [коэффициент] дожития

allogenic effect ~ фактор аллогенного эффекта

anesthetic ~ фактор наркоза *(напр. влияющий на возникновение рвоты)*

animal protein ~ см. **anti-pernicious anemia** ~

antiacrodynia ~ пиридоксин, адермин, витамин B_6

antialopecia ~ инозит, витамин B_8

antiberiberi ~ тиамин, аневрин, витамин B_1

antiblack tongue ~ см. **pellagra-preventing** ~

anti-egg white injury ~ см. ~ **H**

antigen non-specific supressor ~ антигеннеспецифический супрессорный фактор

antigen specific T-cell ~s антигенспецифические факторы T-клеток *(регуляторные молекулы, высвобождающиеся из субпопуляций T-лимфоцитов при контакте со специфическим антигеном)*

anti-gizzard erosion ~ противоязвенный витамин U, S-метил-метионин

anti-gray hair ~ парааминобензойная кислота, витамин B_x

antihemophilic ~ антигемофильный фактор, или глобулин

antimullerian ~ фактор регрессии мюллерова канала *(гормон, синтезируемый клетками Сертоли)*

antinuclear ~ антинуклеарный фактор

antipellagra ~ см. **pellagra-preventing** ~

anti-pernicious anemia ~ см. цианокобаламин, витамин B_{12}, внешний фактор Касла

antisterility ~ токоферолы, витамин E

antistiffness ~ кальциферол, витамин Д

antixerophthalmic ~ ретинол, витамин A

apoptosis induced ~ апоптозиндуцирующий фактор

arresting ~ задерживающий фактор

backscatter ~ фактор обратного рассеяния *(ионизирующего излучения)*

B-cell-derived enhancing ~ фактор, усиливающий продукцию B-клеток

biodegradability ~ способность к биологическому разложению

blood ~s антигены крови *(A, B и др.)*

bone-derived neurotrophic ~ костный нейротрофический фактор

brain-derived neurotrophic ~ нейротропный фактор мозга (*белок, осуществляющий связь между нервными клетками мозга*)

camp ~ фактор лизиса эритроцитов, обработанных стафилококковым β-токсином

causative [cause] ~ этиологический фактор, причина (*напр. болезни*)

cell loss ~ фактор потери клеток

chemotactic ~s хемотаксические факторы

chick antidermatitis [chick antipellagra] ~ пантотеновая кислота

Christmas ~ *см.* ~ IX

ciliar neurotrophic ~ цилиарный нейротрофический фактор

citrovorum ~ фолиновая кислота

clearing ~s осветляющие факторы крови (*напр. липазы*)

cloning inhibitory ~ клоноингибирующий фактор, КИФ; фактор, ингибирующий клонирование

clotting ~ свёртывающие факторы (*крови*)

clumping ~ фактор слипания, или агглютинации, агглютинин

coagulase reacting ~ коагулазоглобулин, активатор коагулазы, активатор плазмокоагуляции

col [colicin, colicinogenic] ~ колициногенный фактор, col-фактор (*плазмида, кодирующая синтез колицина*)

colony stimulating ~ колониестимулирующий фактор (*медиатор клеточнозависимого иммунитета*)

comorbidity ~ сопутствующее заболевание

comparative mortality ~ сравнительный показатель смертности

competing ~ конкурирующий фактор

conditioning ~s привходящие факторы

confounding ~s сопутствующие [вмешивающиеся, искажающие] факторы (*напр. при оценке клинического исследования препарата*)

control ~ регулирующий фактор

conversion ~ переводной коэффициент (*напр. традиционных единиц в систему СИ*)

cord ~ фактор жгутикообразования (*у микобактерий*)

corticotropin releasing ~ кортиколиберин, кортикотропин-рилизинг-фактор, КРФ

coupling ~s факторы сопряжения (*в митохондриях*)

curative ~ лечебный фактор

cytotoxic ~ цитотоксический фактор

daylight ~ коэффициент естественной освещённости

decontamination ~ 1. коэффициент очистки 2. *рад.* коэффициент дезактивации

diffusion ~ 1. коэффициент диффузии 2. активность гиалуронидазы

diluting ~ 1. фактор разведения 2. фактор ослабления (*ген-модификатор, ослабляющий действие главных генов*)

disease-producing ~ патогенный [болезнетворный] фактор

disturbing ~ повреждающий фактор

dose reduction ~ коэффициент уменьшения дозы

drug resistance ~ фактор лекарственной устойчивости

edema ~ фактор отёка

elongation ~s факторы элонгации (*синтеза полипептидных цепей в рибосомах*)

emission ~ коэффициент загрязнения окружающей среды отходами производства; коэффициент выброса

enhancing ~ *см.* **T-amplifying** ~

endothelium-derived relaxing ~ эндотелиальный релаксирующий фактор

environmental ~ экологический фактор, фактор влияния окружающей среды

eosinophilic chemotactic ~ фактор хемотаксиса эозинофилов

epidermal growth ~ эпидермальный фактор роста

erythrocyte maturation ~ *см.* **anti-pernicious anemia** ~

extension ~ фактор усиления (*ген-модификатор, усиливающий действие или экспрессивность другого гена*)

extrinsic ~ *см.* **anti-pernicious anemia** ~

F ~, **fertility** ~ *см.* **sex** ~

fibrin stabilizing ~ *см.* ~ XIII

fibroblast growth ~ фактор роста фибробластов

F-prime ~ *см.* **sex** ~

general ~ общий фактор (*напр. общее проявление интеллекта в отличие от специальных способностей*)

general intelligence ~ фактор общего интеллекта

genetically [related] restricted ~ генетически ограничивающий фактор

genetics citation ~ генетический фактор связывания

glia-derived growth ~ глиальный фактор роста

glial cell line-derived neurotrophic ~ нейротрофический фактор глиальных клеток

glucose tolerance ~ 1. фактор толерантности к глюкозе 2. тест толерантности к глюкозе

gonadotropin-releasing ~ гонадотропный рилизинг-фактор

granulocyte-macrophage colony-stimulating ~ гранулоцитарный макрофагальный колониестимулирующий фактор

growth ~ стимулятор роста, ростовой фактор

growth hormone-inhibiting ~ фактор, тормозящий выделение гормона роста

growth hormone-releasing [growth-promoting] ~ соматолиберин (*фактор, освобождающий гормон роста гипофиза*)

Hageman ~ *см.* ~ XII

harmful occupational ~ вредный производственный фактор

helper ~ 1. содействующий фактор 2. Т-хелпер

hematopoietic growth ~ гемопоэтический ростовой фактор

hepatocyte growth ~ фактор роста гепатоцитов

high incidence ~s антигены, характерные для определённой популяции; изоантигены; *см. тж.* **public antigen**

human ~ человеческий [личностный] фактор; элемент субъективности

hyperglycemic-glycogenolytic ~ глюкагон

hypothalamic releasing ~ рилизинг-гипоталамический фактор

iatrogenic cost ~ фактор стоимости ятрогенных побочных реакций

immunoglobulin binding ~ иммуноглобулинсвязывающий фактор

immunomodulating ~ иммуномодулирующий фактор, иммуномодулятор

impact ~s факторы воздействия

indirect plaque developing ~ косвенный фактор развития бляшек *(выделяемый макрофагами)*

inflammatory ~ **of anaphylaxis** фактор воспаления при анафилаксии

ingibition Florey ~ Флори фактор угнетения *(вещество, оказывающее тормозящее действие на нейроны ЦНС)*

initiation ~ фактор инициации *(напр. биосинтеза белка на рибосоме)*

insulin-like growth ~ инсулиноподобный гормон роста

intrinsic ~ внутренний фактор Касла *(гликопротеид, секретируемый в желудке, необходимый для абсорбции в организме витамина B₁₂)*

kappa ~ *см.* ~ **VII**

kerma ~ удельная керма *(дозиметрическая величина, характеризующая эффект ионизирующего излучения)*

lactogenic ~ пролактин, лактогенный гормон

Lawrence's transferring ~ 1. (Лоренса) фактор переноса 2. иммунокомпетентный [сенсибилизированный] лимфоцит

LE ~s *см.* **lupus erythematosus** ~s

lethal ~ летальный фактор, или ген, леталь *(мутаген, вызывающий смерть особи до наступления половой зрелости)*

leukemia inhibitor activity ~ фактор, ингибирующий активность лейкозных клеток

leukocyte migration inhibitory ~ фактор, ингибирующий миграцию лейкоцитов

Life ~ «Жизненный фактор» *(национальная служба по обеспечению препаратами плазмы крови)*

lifestyle ~s факторы образа жизни; факторы качества жизни

limiting ~ ограничивающий [лимитирующий] фактор

lipoid ~ липоидный фактор *(принимает участие в процессе свёртывания крови)*

L-L ~ *см.* **fibrin stabilizing** ~

load ~ коэффициент нагрузки

loss ~ коэффициент потерь

lupus erythematosus ~s ревматоидный фактор, клетки красной волчанки, LE-клетки, Харгрейвса клетки

lymph node permeability ~ фактор проницаемости лимфоузлов, ФПЛ

lymphocyte activating ~ фактор активации лимфоцитов

lymphocyte-derived chemotactic ~s лимфоцитоподобные хемотаксические факторы

lymphocyte mitogenic ~ митогенный фактор лимфоцитов

lymphocyte transforming ~s факторы, трансформирующие лимфоциты

lysogenic ~ лизогенный фактор *(вирус, бактериофаг)*

macrophage activating ~ фактор активации макрофагов

macrophage aggregation ~ фактор агрегации макрофагов; фактор, агрегирующий макрофаги

macrophage cytotoxic ~ фактор цитотоксичности макрофагов

macrophage-derived soluble ~s растворимые макрофагзависимые факторы

macrophage disappearance ~ фактор исчезновения макрофагов

macrophage migration inhibitory ~ фактор, ингибирующий миграцию макрофагов

macrophage slowing ~ фактор, замедляющий движение макрофагов

macrophage spreading inhibitory ~ фактор, ингибирующий распластывание макрофагов

master ~ определяющий [главный] фактор

2-mercaptoethanol activated serum ~ фактор сыворотки крови, активируемый 2-меркаптоэтанолом

milk ~ *вирусол.* Биттнера вирус, фактор рака молочных желёз мышей

minor ~ второстепенный фактор

monocyte procoagulant inducing ~ фактор, индуцирующий прокоагулянтную активность моноцитов

mullerian inhibiting ~ *см.* **antimullerian** ~

multiplication ~ коэффициент размножения *(нейронов)*

myocardial depressant ~ фактор, подавляющий функцию миокарда

natural ~ природный [стихийный] фактор

negative early ~ *ген.* ранний негативный фактор, открытая рамка считывания

negative regulatory ~ негативный регулирующий фактор, регулятор медленной репликации ВИЧ

nerve growth ~ фактор роста нервов

neurotrophic ~s нейротрофины *(серия гомологичных пептидов, ассоциирующихся с фактором роста нервов)*

neutrophil-immobilizing ~ фактор иммобилизации нейтрофилов

noise ~ шумовой фактор; коэффициент шума

osteoclast activating ~ фактор активации остеокластов, ФАО

overriding ~ не принимаемый во внимание фактор

oxygen transfer ~ фактор переноса кислорода

P.A. ~ *см.* **intrinsic** ~

pacemaker ~ дефект электрокардиостимулятора; неполноценность ЭКС

paratypic ~ паратипический фактор *(фактор внешней среды, влияющий на развитие признака)*

patient ~ индивидуальные особенности организма больного

pellagra-preventing ~ никотиновая кислота, ниацин, витамин PP, противопеллагрический фактор

pernicious anemia ~ *см.* **intrinsic** ~

plasma ~ плазматический фактор

platelet activating ~ фактор активации [агрегации] тромбоцитов, ТАФ

platelet-derived growth ~ тромбоцитарный фактор роста *(вызывающий пролиферацию эндотелия)*

platelet tissue ~ тромбоцит(ар)ный тканевой фактор

posterior pituitary antidiuretic ~ антидиуретический гормон гипофиза *(адиуретин, вазопрессин)*

power ~ недостаточность контрактильности, или сократительной функции *(миокарда)*

P.-P. ~ *см.* **pellagra-preventing** ~

precipitating [predisposing] ~s предрасполагающие [провоцирующие] факторы

pressure gradient correction ~ поправочный коэффициент на давление *(в газовой хроматографии)*

primary ~ первичный фактор; главный фактор

prolactin releasing ~ пролактолиберин, пролактинрилизинг-фактор

proliferation inhibitory ~ фактор, ингибирующий пролиферацию

prothrombin conversion ~ *см.* ~ **VII**

psychological performance ~ психологический фактор работоспособности

quality ~ *рад.* безразмерное число, зависящее от линейной передачи энергии заряженных частиц в воде

R ~ *см.* **resistance plasmid** ~

recombinant human granulocyte colony-stimulating ~ рекомбинантный человеческий гранулоцитарный колониестимулирующий фактор

relaxing ~ расслабляющий фактор

releasing ~ рилизинг-фактор, рилизинг-гормон

resistance plasmid [resistance transfer] ~ R-фактор, фактор передачи резистентности микроорганизмов к антибиотикам

Rh [Rhesus] ~ резус-фактор

risk ~ фактор риска *(потенциально опасные для здоровья факторы поведенческого, биологического, генетического, экологического, социального характера, а также окружающей и производственной среды)*

safety ~ коэффициент запаса *(при установлении гигиенических нормативов)*, запас прочности

self-transmissible ~ самопередающийся фактор

sex ~ F-фактор, секс-фактор, половой фактор *(бактерий)*

sigma ~ сигма-фактор *(бактериальный белок, обеспечивающий узнавание ДНК-полимеразой её участка связывания в молекуле ДНК и инициацию транскрипции)*

skin ~ *см.* ~ **H**

skin reactive ~ кожно-реактивный фактор *(выделяемый сенсибилизированными лимфоцитами при контакте со специфическим антигеном)*

specific macrophage arming ~ фактор, вооружающий макрофаги

spreading ~ фактор распространения, или диффузии *(напр. гиалуронидаза)*

stable ~ *см.* ~ **VII**

stability ~ 1. коэффициент устойчивости 2. коэффициент жёсткости

stem cell ~ фактор стволовых клеток

stiffness ~ *см.* **stability** ~

supplement ~ добавки, добавочные ингредиенты *(к пищевому продукту)*

suppressor ~s 1. подавляющие факторы 2. Т-супрессоры

surgical ~ хирургическое вмешательство

T-amplifying ~ фактор усиления Т-клеток

T-cell activating ~ фактор активации Т-клеток

T-cell replacing ~ фактор, замещающий Т-клетки

temporal ~s преходящие факторы

terminaton ~s факторы терминации

T-helper ~ Т-хелперный фактор

thymic-differentiating ~ дифференцирующий фактор тимуса

thyrotropin-releasing ~ тиреотропин-активирующий фактор

tissue ~ тканевой фактор *(крови)*

transfer ~ фактор переноса (Лоренса), трансфер-фактор *(повышенной чувствительности от иммунизированного лимфоцита на лимфоцит, ещё не вступивший в контакт с антигеном)*

transferable resistance ~ переносимый фактор устойчивости

transforming growth ~ трансформирующий фактор роста

trapping ~ фактор трэппинга *(специфического накопления лимфоцитов)*

T-supressor ~ Т-супрессорный фактор

tumor angiogenic ~ **(TAF)** ангиогенный опухолевый фактор *(стимулирующий образование новых кровеносных сосудов в самой опухоли)*

tumor growth ~ фактор роста опухоли

tumor necrosis ~ фактор некроза опухолей

unidentified growth ~ неустановленный [неопределённый] фактор роста

uptake ~ коэффициент поглощения

vascular endothelial growth ~ эндотелиальный фактор роста сосудов

viscosity ~ коэффициент вязкости

von Willebrand ~ Виллебранда фактор свёртывания крови *(дефицит обусловливает возникновение ангиогемофилии)*

Y [yeast eluate] ~ *см.* **antiacrodynia** ~

yeast filtrate [yeast growth] ~ фактор роста дрожжей *(пантотеновая кислота)*

factorial ['fæk'tɔːriəl] факториальный; относящийся к гену

facultative ['fækl,teitiv] 1. факультативный *(1. микроорганизм, способный жить в различных условиях 2. нестрогий, необязательный)* 2. случайный; спорадический *(напр. возбудитель болезни)*

faculty[1] ['fæklti] способность; свойства организма *(напр. различать цвета)*

~ **of hearing** хороший слух

~ **of nervous system** свойство нервной системы

~ **of remembering** способность запоминать

~ **of speech** дар [способность] речи

~ **of vision** зрение

mental ~ies умственные способности

moral ~ *псих.* способность морального суждения

psychic ~ психическое состояние

faculty[2] 1. факультет; профессорско-преподавательский состав 2. лица с высшим образованием одной профессии *(особенно врачи)*

fad [fæd], **faddism** ['fædizm] прихоть, причуда; фантазия

food ~ 1. извращение вкуса 2. пищевой фанатизм *(крайности в питании, включая извращения)*

faddist ['fædist]:

health food ~ строгий приверженец здоровой пищи

fade [feid] 1. вянуть, увядать 2. исчезать 3. умирать

fading ['feidiŋ] 1. выцветание *(напр. окрашенных срезов)* 2. *психол.* постепенный отказ

~ **of exanthema** побледнение сыпи; исчезновение экзантемы

out ~ *рентг.* диафрагмирование; коллимация, коллимирование

fag [fæg] **1.** изнурение, истощение **2.** *амер. sl.* «голубой», гей, гомосексуалист

fail [feil] **1.** провал; падение; неудача ‖ провалиться; терпеть неудачу; повреждаться **2.** ослабевать, истощаться

~ **of attempt** неудача попытки *(напр. кардиоверсии)*

~ **out** *sl.* потерять сознание от наркотика

~ **to respond** отсутствие реакции *(напр. на раздражение)*

birth-rate ~ падение [снижение] рождаемости

diet ~ безуспешность диетотерапии

fail-safe ['feil-'seif] **1.** надёжный, работающий без ошибок *(напр. об аппаратуре)* ‖ **2.** самоотключающийся *(при аварии и т. п.)*

failure ['feiljə] **1.** несостоятельность, недостаточность, декомпенсация; нарушение; расстройство **2.** отказ, сбой; повреждение, неисправность **3.** неудача, неблагоприятный исход, безуспешность *(напр. лечения)*

~ **of bone marrow cells to reconstitute immunity** неспособность клеток костного мозга восстановить иммунитет

~ **of compensation** декомпенсация, срыв компенсации

~ **of genital response** недостаточность генитальной реакции

~ **of healing** вялое заживление *(раны)*

~ **of integration** провал интеграции *(напр. служб здравоохранения)*

~ **of involution of thymus** задержка обратного развития вилочковой железы

~ **of lateral boundaries** несостоятельность латеральных границ *(трепетания предсердий)*

~ **of manipulative reduction** неудача ручной репозиции *(перелома)*

~ **of medical therapy** безуспешность медикаментозной терапии

~ **of midline closure** недостаточное [неадекватное] заращение средней линии живота

~ **of ovulation** неэффективная овуляция

~ **of staple closure** дефект механического шва

~ **of union in fracture** несращение перелома *(кости)*

~ **of urethra continence mechanisms** несостоятельность уретральных сфинктеров; недержание мочи

~ **of wax removal** неполное удаление серной пробки

~ **through success** *психол.* провал вследствие успеха

~ **to cope with** неспособность справиться *(со стрессом)*

~ **to diagnosis** ошибка в диагнозе

~ **to gain weight** дефицит массы тела

~ **to maintain reduction** невозможность сохранить репозицию *(при лечении перелома)*

~ **to respond to antibiotics** безуспешность [неэффективность] антибиотикотерапии

~ **to thrive** плохое развитие ребёнка, отставание в физическом развитии

backward heart ~ застойная [левожелудочковая, ретроградная, возвратная] сердечная недостаточность, синдром малого выброса *(при преднагрузке)*

biventricular ~ недостаточность по обоим кругам кровообращения

cardiac ~ сердечная недостаточность

catastrophic ~ *рад.* катастрофическое разрушение

cerebrovascular ~ недостаточность мозгового кровообращения, ишемия мозга

circulatory ~ недостаточность кровообращения

coagulation ~ нарушение свёртываемости крови

cognitive ~ **1.** психическая неполноценность; непонимание **2.** нарушение сознания, расстройство интеллекта

compression ~ разрушение при сжатии, раздавливание

conduction ~ блокада проводимости *(напр. пучка Гиса)*

congestive heart ~ *см.* backward heart ~

contraceptive ~ безуспешность контрацепции

crystallization-stress ~ усталость вследствие молекулярного напряжения *(напр. металлического штифта после остеосинтеза)*

developmental ~ порок [аномалия] развития

electrical ~ неисправность электропитания

empathic ~ неспособность к эмпатии

end-stage heart ~ терминальная стадия сердечной недостаточности

erectile ~ эректильная дисфункция, импотенция

forward heart ~ антеградная [правожелудочковая] сердечная недостаточность по малому кругу *(при постнагрузке)*

fulminant hepatic ~ острейшая [молниеносная] печёночная недостаточность

high output ~ гиперсистолическая сердечная недостаточность, недостаточность с увеличенным сердечным выбросом *(напр. при тиреотоксикозе)*

human ~ «человеческий фактор», ошибка человека

implant ~ осложнения, обусловленные имплантатом *(напр. отторжение)*

left-sided congestive [left ventricular, low-output] ~ *см.* backward heart ~

measles vaccine ~ безуспешность противокоревой вакцины

multiorgan [multiple system] ~ полиорганная недостаточность

ovarian [ovulatory] ~ угасание функции яичников; нарушение овуляции

parenting ~ родительская несостоятельность

power ~ **of the heart** *см.* backward heart ~

pregnancy ~ патология беременности

pump ~ *см.* backward heart ~

random ~ *мед. тех.* случайный отказ

reproductive ~ нарушение репродуктивной функции

respiratory ~ нарушение дыхания, дыхательная недостаточность

right-sided heart [right ventricular] ~ *см.* forward heart ~

school ~ *психол.* школьная неуспеваемость, неудовлетворительная учёба в школе

systolic myocardial ~ *см.* backward heart ~

treatment ~ безуспешность лечения; несостоятельное лечение

vaccination ~ безуспешность иммунизации; неэффективная вакцинация

visual ~ потеря зрения

faint ['feint] **1.** обморок, синкопе ‖ падать в обморок ‖ обморочный **2.** (выраженная) слабость ‖ слабеть, испытывать головокружение ‖ слабый, ослабевший, испытывающий головокружение

dead ~ глубокий обморок, потеря сознания

vaso-vagal ~ вазовагальный обморок

fainting ['feintiŋ], **faintness** ['feintnəs] 1. обморок, синкопе, потеря сознания; обморочное состояние 2. головокружение 3. слабость, дурнота

fair [feə] 1. ярмарка 2. блондинка 3. справедливый, честный

health ~ *амер.* санитарно-просветительный благотворительный базар

fairy ['feəri] *sl.* «голубой», гей, гомосексуалист

fairy's-glove ['feəriz-glʌv] наперстянка пурпуровая *(Digitalis purpurea)*

faith [feiΘ] честность, лояльность

good ~ добросовестность

falcial ['fælʃl] относящийся к серпу большого мозга или к серпу мозжечка

falcography [fæl'kɒgrəfi] рентгенография серпа большого мозга

falcula ['fælkjʊlə] серп мозжечка

falcular ['fælkjʊlər] 1. серповидный 2. относящийся к серпу мозжечка

fall [fɔːl] 1. падение; понижение, спад, уменьшение, ослабление ‖ падать; понижаться, спадать 2. выпадение *(волос, зубов)* ‖ выпадать

~ **ill** заболеть

to ~ **off** отпадать, отделяться, отставать

to ~ **sick** заболеть

blood flow ~**s** снижение кровотока

gastric acidity ~**s** падение кислотности желудочного сока

heart rate ~ урежение частоты сердечных сокращений

liver size ~**s** уменьшение размеров печени

orthostatic blood pressure ~ постуральное снижение артериального давления

fallacy ['fæləsi] ошибка; заблуждение; ложный вывод; софизм

Berkson ~ Берксона систематическая ошибка

ecology ~ экологическая ошибка *(при переносе различий между популяциями на различия между людьми)*

fall-and-socket ['fɔːl-ən-'sɒkit] ореховидный сустав

fallectomy [fæl'ektəmi] сальпингэктомия *(удаление маточной трубы)*

fallen ['fɔːlən]:

~ **out** выпавший *(напр. катетер)*

fallibility [,fælə'biləti] погрешность; ошибочность

falling ['fɔːliŋ] падение, понижение

~ **of kidney** нефроптоз, опущение почки

~ **of palate** паралич мягкого нёба

~ **of womb** выпадение матки

~ **out of tooth** выпадение зуба

sharp dose ~ *рентг.* резкое падение дозы

falling-out ['fɔːliŋ-aʊt]:

~ **of hair** выпадение волос

falloposcopy [fæləʊ'pɒskəpi] сальпингоскопия, фаллоскопия *(исследование внутренней поверхности фаллопиевых труб)*

outpatient ~ амбулаторная фаллопоскопия

fallorrhea [fæləʊ'riːə] гонорея у мужчин

fallotomy [fæ'lɒtəmi] сальпинготомия, вскрытие маточной трубы

fallout ['fɔːlaʊt] 1. выпадение радиоактивных осадков 2. радиоактивные осадки

false [fɔːls] 1. ошибочный, неправильный, искажённый, ложный 2. искусственный *(о зубах)*, мнимый *(о болезни)*

falsehood ['fɔːlshʊd] 1. лживость, вероломство 2. ложь, фальшь

unconscious ~ неосознаваемая неправдоподобность

false-negative ['fɔːls-'negətiv] ложноотрицательный *(результат исследования)*

false-positive ['fɔːls-'pɒsitiv] ложноположительный *(результат исследования)*

falsification [,fɔːlsifi'keiʃn] фальсификация

memory [retrospective] ~ *псих.* ложные воспоминания, псевдомнезии, парамнезии

falter ['fɔːltə] шататься; спотыкаться

falx [fælks], *pl.* **falces** ['fælsiːz] *анат.* серп; серповидная структура *(напр. серповидная складка, серповидный отросток)*

~ **cerebri** большой серповидный отросток мозга

cerebelly ~ серповидный отросток мозжечка

inguinal ~ паховый серп

familial [fə'miliəl] семейный; наследственный *(напр. о болезни)*

familialism [fə'miliəlizm] семейственность, семейная корпоративность

familiar [fə'miliə] 1. близкий, интимный 2. обычный, распространённый *(напр. рефлекс)*; общепринятый *(о медикаменте)*

famille [fa'mil]:

~ **nevropathique** *фр.*, *псих.* невропатическая семья

family ['fæmili] 1. семья 2. *такс.* род; семейство; группа; популяция

~ **of cells** семейство клеток; клеточный клон

~ **Lactobacillae** *такс.* семейство лактобациллы, или лактобактерии

adhesion glycoprotein ~ семейство адгезивных гликопротеидов

benzopyrone ~ лекарственные средства группы бензопирона

broken ~ неполная семья; нарушенная семейная ситуация

cancer ~ семейный рак

childless ~ бездетная семья

composite ~ составная семья

cross-reactive idiotype ~ перекрёстно-реактивное семейство идиотипов

extended ~ расширенная семья

foster ~ приёмная семья

gene ~ генное семейство

idiotype-defined ~ идиотипически характеризуемая семья

nuclear ~ основная [ядерная] семья *(родители и их потомки)*

protein multigene ~ мультигенное семейство белка

retrovirus-like gene ~ ретровирусоподобное семейство генов

whole ~ *см.* **nuclear** ~

famine ['fæmin] 1. голод *(бедствие)*; голодание 2. острый недостаток, дефицит

famine-fever ['fæmin-'fiːvə] сыпной [голодный] тиф

famish ['fæmiʃ] 1. голодать; умирать голодной смертью 2. морить голодом

famulus ['fæmjʊləs] ассистент [помощник] профессора

fan [fæn] вентилятор; фен

  exhaust ~ вытяжной вентилятор

  supply ~ приточный вентилятор

fancy ['fænsi] 1. фантазия 2. выдумка; миф

  distempered ~ расстроенное воображение

fang [fæŋ] 1. клык 2. ядовитый зуб (змеи) 3. корень зуба 4. *мед. тех.* крюк; захват

fango ['fæŋgəʊ] вулканическая грязь

fangotherapy ['fæŋgəʊˌθerəpi] грязелечение

fantasm [fən'tæzm] *псих.* фантазм (сценоподобное образное представление, возникающее без раздражителя)

fantasy ['fæntəsi] 1. *pl.* фантазии, вымыслы, игры воображения, несуществующие реалии 2. метилендиоксид (аналог амфетамина)

  autistic ~ аутистическая фантазия

  extraneous ~ies *псих.* посторонние фантазии (связанные с чем-то вне наличной ситуации)

fantasying ['fæntəsiiŋ]:

  active ~ активное фантазирование

faradization [ˌfærədi'zeiʃn], **faradism** ['færədizm] фарадизация (метод электролечения)

farcy ['faːsi] кожная форма сапа

  button ~ сапный узелок в коже

farina [fə'riːnə] 1. мука; крупа; крахмал 2. порошок 3. пыльца

farm [faːm]:

  funny ~ *sl.* нарколечебница

far-point [faː-pɒint] самая дальняя точка (ясного зрения)

farsighted [faː'saitid] дальнозоркий

farsightedness [faː'saitədnəs] дальнозоркость, гиперметропия

fascetta ['fæsətə] фасетка

fascia ['fæʃiə], *pl.* **fasciae** ['fæʃiːi] 1. фасция 2. повязка, бинт

  ~ **adherence** протяжённый межклеточный контакт между кардиомиоцитами

  ~ **lata** широкая фасция (покрывающая мышцы бедра)

  endopelvic ~ внутритазовая фасция

fascial ['fæʃiəl] фасциальный, относящийся к фасции

fascicle ['fæsikl] пучок

  cuneate ~ *невр.* клиновидный пучок, Бурдаха пучок

  longitudinal ~ продольный пучок

  mamillothalamic ~ сосцевидно-таламический пучок

  semilunar ~ межпучковой пучок

  slender ~ тонкий пучок, Голля пучок

  sulcomarginal ~ пучок краевой борозды

  uncinate ~ крючковидный пучок

  wedge-shaped ~ *см.* cuneate ~

fasciculate [fə'sikjʊleit] *микол.* пучковатый, волокнистый

fasciculation [fəˌsikjʊ'leiʃn] 1. расположение пучками (напр. мышечных волокон) 2. фасцикуляция (непроизвольные сокращения отдельных пучков мышечных волокон)

fasciculus [fə'sikjʊləs], *pl.* **fasciculi** [fə'sikjʊli] *лат.*, *см.* fascicle

fasciectomy [ˌfæsi'ektəmi] фасциэктомия (иссечение фасции)

fasciitis [ˌfæsi'aitis] фасциит, фасцит

  Escherichia coli ~ фасциит, вызванный кишечной палочкой

  localized eosinophilic ~ локализованный эозинофильный фасциит

  necrotizing ~ некротизирующий фасциит

  nodular ~ узелковый гранулёматозный эписклерит

  palmar ~ ладонный фасциит

  plantar ~ подошвенный фасциит

  proliferative [pseudosarcomatous] ~ узелковый фасциит

fascination [ˌfæsi'neiʃn] очарование, обаяние; восхищение

fasciocutaneous [ˌfæsiəʊkjʊ'teiniəs] кожно-фасциальный

fasciodesis [ˌfæsi'ɒdəsis] фасциодез (ограничение разболтанности сустава подшиванием фасциального лоскута)

fascioliasis [ˌfæsiəʊ'laiəsis] *параз.* фасциолёз

fasciolopsiasis [ˌfæsiəʊlɒp'saiəsis] фасциолопсидоз

fascioplasty ['fæʃiəʊˌplæsti] фасциопластика, пластика фасцией

fasciorrhaphy [ˌfæʃi'ɒrəfi] шов [ушивание] фасции

fasciotomy [ˌfæʃi'ɒtəmi] фасциотомия (рассечение фасции)

fascitis [fə'saitis] *см.* fasciitis

fashion ['fæʃn] 1. образ (действий), манера (поведения) 2. стиль, мода; фасон, форма ‖ моделировать, придавать форму

  malignant ~ 1. злокачественная форма (опухоли из сертолиевых клеток) 2. малигнизация, озлокачествление

fast[1] [faːst] устойчивый, резистентный (напр. краситель); твёрдый, прочный 2. быстрый, скорый; экстренный

fast[2] голодание (намеренное) ‖ голодать, поститься

  intermittent ~ периодическое голодание

  supplemented ~ дополнительное голодание; частичное голодание

fasten [faːsn] прочно соединять, укреплять, скреплять (напр. отломки кости штифтом)

fastener ['faːsnə] зажим, клемма; закрепка

fastening ['faːsniŋ] прочное соединение, скрепление; укрепление

fastfood ['faːstfuːd] «фастфуд», кафе быстрого обслуживания

fastidious [fæs'tidiəs] требовательный к питательной среде (о бактериях); привередливый

fastidium [fæs'tidiəm] отвращение к пище

fastigium [fæs'tidʒiəm] 1. стадия «разгара» болезни 2. вершина четвёртого желудочка мозга

fasting ['faːstiŋ] 1. воздержание (от пищи), голодание 2. на голодный желудок, натощак

  prolonged ~ длительное голодание

fastness ['faːstnəs] 1. устойчивость, резистентность 2. сопротивляемость (напр. организма некоторым ядам)

  acid ~ кислотоустойчивость

  light ~ светопрочность, светостойкость

fat [fæt] 1. жир, жировая клетчатка ‖ жирный 2. полнота, тучность ‖ полный, тучный

  abundant ~ избыточная тучность, ожирение

  beef ~ говяжий жир

  body ~ ожирение

  brown ~ бурый жир

  dietary ~ пищевые жиры; жиры в рационе

  edible ~ пищевой жир

  intracellular ~ внутриклеточный жир

mediastinal ~ жировая клетчатка средостения

neutral ~s нейтральные жиры *(триглицеролы)*

perirectal ~ околопрямокишечная жировая клетчатка

polyunsaturation ~ полиненасыщенный жир

"rancid ~" прогорклый жир

retroperitoneal ~ забрюшинная жировая клетчатка

wool ~ ланолин

fatal [feitl] 1. смертельный, летальный 2. неизбежный; жизнеугрожающий; пагубный, губительный

fatalism ['feitəl͵izm] *психол.* фатализм *(1. мистическая вера в судьбу 2. готовность ввязываться в ситуацию, не раздумывая о последствиях)*

fatality [fə'tæləti] 1. несчастный случай с летальным исходом 2. летальность

traffic [vehicular] ~ дорожно-транспортное происшествие с летальным исходом

fate [feit] 1. исход *(лечения)* 2. смерть 3. рок, судьба, неизбежность

late [long-term] ~ отдалённый результат *(лечения)*

metabolic ~ метаболический путь; общий метаболизм

fated ['feitid] предопределённый *(об исходе болезни)*, обречённый

fat-embolism ['fæt-'embəlizm] жировая эмболия

fat-extracted ['fæt-ik'stræktid], **fat-free** ['fæt-'fri:] обезжиренный

father ['fɑ:ðə] 1. отец 2. предок, прародитель || быть отцом, порождать; усыновлять

surrogate ~ суррогатный отец

fatigability [͵fætigə'biliti] утомляемость, усталость

fatigue [fə'ti:g] утомление, усталость, слабость

auditory ~ временное повышение слухового порога после звукового воздействия

battle ~ 1. боевая психическая травма 2. невроз военного времени *(вьетнамский, афганский, чеченский и др. синдромы)*

color ~ цветовая астенопия, цветовое утомление

combat ~ *см.* **battle** ~

mental ~ умственное утомление

odour ~ привыкание к запаху, сенсорная адаптация

post-viral ~ астения вследствие вирусной инфекции

perstimulatory ~ утомление после раздражения

respiratory muscle ~ слабость дыхательных мышц

undue ~ сильная усталость

visual ~ астенопия, зрительное утомление

fatness ['fætnəs] ожирение, тучность

fat-pad ['fæt-'pæd] жировая подушка *(скопление жировой ткани)*

fat-splitting ['fæt-'splitiŋ] жирорасщепляющий

fatty ['fæti] 1. жирный; жировой *(напр. о перерождении)* 2. тучный; страдающий ожирением

fatuous ['fætjʊəs] *псих.* бессмысленный, дурашливый, глупый

fauces ['fɔ:si:z] зев

faucial ['fɔ:ʃəl] относящийся к зеву, ротоглотке

faucitis [fɔ:'saitis] воспаление зева, фарингит

fault [fɔ:lt] 1. порок, дефект; недостаток 2. ошибка, промах 3. неисправность, авария, повреждение *(в работе аппаратуры)*

~ **in posture** нарушение осанки

~ **of management** *страх.* вина администрации

~ **on radiograph** дефект при рентгенографии; артефакт на рентгенограмме

insurance ~ *страх.* вина страхователя

specific ~s специфические ошибки

usual ~ обычная, типичная ошибка

faulty ['fɔ:lti] 1. неправильный, ошибочный 2. порочный, патологический; аномальный *(напр. о положении плода)* 3. испорченный, повреждённый, неисправный

fauna ['fɔ:nə] фауна *(совокупность организмов, населяющих участок, территорию, орган)*; микрофлора

normal ~ **of skin** нормальная флора кожи *(обычно микроорганизмы-сапрофиты)*

small-sized ~ совокупность небольших по размерам животных

faveolus [fei'vi:əʊləs], *pl.* **faveoli** [fei'vi:əʊli] ямка *(небольшое углубление или вдавление)*

favid ['feivid] фавид *(аллергические высыпания при фавусе)*

favism ['feivizm] примахиновая анемия; фавизм *(отравление при употреблении некоторых видов бобовых или в результате ингаляции пыльцы их цветов)*

favor ['feivə] 1. помощь; содействие || оказывать помощь или содействие 2. способствовать; благоприятствовать

favoritism ['feivəritizm]:

in-group ~ внутригрупповой фаворитизм

favose ['feivəʊs] фавозный, поражённый фавусом

favus ['feivəs] фавус, парша *(тяжёлый тип хронического микоза волосистой части головы и ногтей)*

~ **of the scalp** *микол.* фавус волосистой части головы

fear [fiə] страх, боязнь

~ **of breakdown** страх (нервного) срыва

~ **of crowds** страх толпы

~ **of enclosed/open spaces** боязнь замкнутых (клаустрофобия) или открытых (агорафобия) пространств

~ **of strangers** страх чужих

dental ~ страх перед стоматологическим вмешательством

hypochondriacal ~ ипохондрический страх

impulse ~ безотчётный страх

intense ~ сильный страх

morbid ~ патологический [навязчивый] страх, фобия

preoperative ~ боязнь оперативного вмешательства, страх операции

fearful [fiəfl] боязливый, испуганный

fear-ridden ['fiə-'ridn] охваченный страхом

feature ['fi:tʃə] 1. *pl.* черты лица 2. особенность, характерная черта, признак, свойство, критерий || являться характерной чертой; отличать(ся)

~s **of personality** характеристика личности, личностные данные

ancestral ~ *см.* **hereditary** ~

catatonic ~s кататонические проявления

clinical ~s клинические признаки, проявления, особенности; клиническая картина

computer tomographic ~s компьютерно-томографические данные

defining ~ определяющий критерий, или признак

dominant ~ *см.* **prominent clinical** ~

electrocardiographic ~s электрокардиографические признаки *(напр. аритмии)*

endocrine ~s эндокринные [гормональные] нарушения

hereditary ~ наследственный признак, наследственная черта

main ~s основные симптомы

paranoid ~ параноидные черты

prominent clinical ~ наиболее частый симптом, патогномоничный симптом

psychological ~s психологические особенности

relevant ~ характерная особенность *(напр. поведения)*

standard ~ стандартная принадлежность *(напр. монитор в отделении реанимации)*

structural ~s конструктивные особенности *(напр. аппарата Илизарова)*

febricide ['febrisaid] жаропонижающее средство ‖ жаропонижающий, противолихорадочный

febricity [fə'brisiti] лихорадочное состояние

febricula [fə'brikjʊlə] общее недомогание, кратковременное повышение температуры тела

febrifacient [ˌfebri'feiʃnt] повышающий температуру тела, пирогенный, вызывающий лихорадку

febrifugal [fə'brifjʊgəl] снижающий температуру тела, жаропонижающий

febrile ['febril] лихорадочный, лихорадящий

febris ['fi:bris] *лат.* лихорадка

~ castrensis *лат.* сыпной [вшиный] тиф

~ causa interna *лат.* повышение температуры невыясненной причины

~ flava *лат.* жёлтая лихорадка

~ innominata *лат.* лихорадка неизвестного происхождения

~ maculata americanica *лат.* пятнистая лихорадка Скалистых гор *(риккетсиоз)*

~ mediterranea *лат.* бруцеллёз, средиземноморская лихорадка *(риккетсиоз)*

~ pallida *лат.* бактериальный [септический] эндокардит

~ pappatasii *лат.* лихорадка паппатачи, москитная лихорадка

~ Q *лат.,* см. тж. **Q-fever** Ку-лихорадка, Куриккетсиоз, пневмориккетсиоз, Деррика – Бернетта болезнь

~ recurrens acarina *лат.* клещевой возвратный тиф, клещевой спирохетоз, персидский и африканский возвратные тифы

~ tsutsugamushi *лат.* риккетсиоз цуцугамуши

~ variolosa *лат.* натуральная оспа

fecal ['fi:kəl] каловый, фекальный; стеркоральный; кишечный *(напр. свищ)*

fecal-oral ['fi:kəl-'ɔ:rəl] фекально-оральный, относящийся к болезни «грязных рук» *(о пути заражения)*

fecalith ['fi:kəliθ] каловый конкремент, копролит

fecaloid ['fi:kəlɔid] фекалоидный, напоминающий испражнения

fecaloma [ˌfi:kə'ləʊmə] *см.* **fecalith**

feces ['fi:si:z] 1. испражнения, каловые массcы, экскременты, фекалии 2. осадок

~ cruentae кровянистый стул

clay-colored ~ экскременты глинистого цвета

doughy ~ кашицеобразные испражнения

greasy ~ стул сальной консистенции

half-formed ~ полуоформленные каловые массы

impacted ~ каловый конкремент, копролит; копростаз

liquid ~ жидкий стул

nauseous ~ экскременты с тошнотворным запахом

odourless ~ экскременты без запаха

pale ~ бесцветные экскременты

profuse ~ профузный стул

redcurrant jelly-like ~ экскременты цвета малинового желе

ribonlike ~ лентообразный кал

rice water-like ~ экскременты цвета рисового отвара

scanty ~ скудные экскременты

slimy ~ слизистые экскременты

tarry ~ дёгтеобразные экскременты

watery ~ водянистые экскременты

feculence ['fekjʊləns] муть, мутность; мутный осадок

fecundation [ˌfekən'deiʃn] оплодотворение, фертилизация

fecundity [fə'kʌnditi] коэффициент общей плодовитости, общая плодовитость, фертильность

host ~ плодовитость хозяина *(при заражении)*

fee [fi:] 1. гонорар, вознаграждение 2. штраф

~ for service *страх.* оплата за медицинскую услугу

consultants ~s оплата [гонорары] консультантов

doctor's ~ гонорар врача

effluent ~ штраф за сброс сточных вод

insurance ~ страховой сбор

feeble [fi:bl] 1. слабый, хилый 2. ничтожный

feeble-mindedness ['fi:bl-'maindədnəs] слабоумие, умственная неполноценность

epileptic ~ эпилептическая умственная неполноценность

feebleness ['fi:blnəs]:

~ of circulation ослабление [замедление] кровотока

feed [fi:d] 1. питание, кормление; *вет.* корм 2. пища 3. вода, питающая блок обратного осмоса *(диализатора)*

feed-back ['fi:d-bæk] обратная связь *(1. сигнал на выходе какого-л. устройства, возникающий в ответ на поступающий на вход этого устройства сигнал 2. в психотерапии – вербализуемая реакция пациента или группы на действие или сообщение)*

delayed ~ запоздалая обратная связь

deviation-amplifying ~ обратная связь, усиливающая отклонение

negative ~ отрицательная обратная связь

positive ~ положительная обратная связь

feedentulous [fi:'dentjʊləs] беззубый, не имеющий зубов

feeder ['fi:də] 1. источник пополнения; питающее устройство 2. подающий механизм

reagent ~ дозатор

feeding ['fi:diŋ] 1. питание; кормление, вскармливание 2. *pl.* съеденная пища 3. пищевой ингредиент

artificial ~ искусственное питание, искусственное вскармливание

balanced ~ сбалансированное питание

bile acid ~ введение с пищей жёлчной кислоты

bottle ~ *см.* **artificial ~**

breast ~ кормление грудью, грудное вскармливание

chronic ethanol ~ хроническое потребление этанола

compulsive ~ непреодолимая полифагия; непреодолимая потребность в пище

demand ~ кормление по требованию

enteral ~ энтеральное питание

extrabuccal ~ внеротовое кормление

fictitious ~ *см.* **sham** ~

force [forced] ~ принудительное [насильственное] кормление

formula ~ **of infants** искусственное вскармливание младенцев

generous ~ обильное [чрезмерное] питание; переедание

improper ~ неправильное [нерациональное] питание

jejunal ~ кормление через тонкую кишку

nasojejunal ~ зондовое питание, питание по назоеюнальному зонду

nipple ~**s** *см.* **breast** ~

parenteral ~ парентеральное питание

prolonged intravenous ~ длительное внутривенное питание

proper ~ рациональное питание

sham ~ мнимое кормление

supplemental ~ 1. дополнительное питание 2. прикорм

tube ~ кормление через трубку или стому, зондовое кормление

feedstock ['fi:dstɒk] запас питания; запас питательных веществ

feel [fi:l] 1. осязание, ощущение || осязать, ощущать; прощупывать, пальпировать 2. чувство, переживание || чувствовать, переживать, испытывать 3. сознавать

to ~ **faint** испытывать слабость

to ~ **feverish** чувствовать озноб

to ~ **shaky** испытывать дрожь

to ~ **the pulse** пальпировать пульс

kinesthetic ~ мышечное [кинестетическое] чувство

feeling ['fi:liŋ] 1. ощущение, чувство; эмоция 2. волнение, возбуждение

~ **of danger** интуиция [предчувствие] опасности

~ **of eeriness** ощщение жути, кошмара

~ **of efficacy** чувство эффективности

~ **of emptiness** чувство пустоты

~ **of guilt** чувство вины

~ **of hopelessness** ощущение безнадёжности

~ **of inadequacy** ощущение неадекватности, несоответствия

~ **of self-loathing** чувство ненависти к себе

~ **of self-reproach** чувство самопорицания

~ **of self-revulsion** чувство отвращения к себе

~ **strangeness** чувство отчуждённости

~ **of tension in the head** чувство напряжения в голове

~ **of uneasiness** чувство недомогания

~ **of unreality** чувство нереальности, дереализация

~ **of well-being** хорошее самочувствие

~ **of worthlessness** ощущение бесполезности

ambivalent ~**s** противоположные [амбивалентные] эмоции в отношении одного и того же

backlash ~**s** нарушение чувствительности

break off ~ ощущение одиночества, оторванности

dizzy ~ чувство головокружения

guilt ~ комплекс вины

hostile ~**s** неприязненные чувства

out-of-sorts ~ недомогание, дискомфорт

pervasive ~**s** проникающее [глубокое] чувство

superiority ~ чувство превосходства

feeling-into ['fi:liŋ-'intʊ] эмпатия *(постижение эмоционального состояния другого человека сопереживанием)*

fee-setting ['fi:-'setiŋ] установление оплаты

feet [fi:t] *pl. от* **foot**

feign [fein] притворяться, симулировать

to ~ **abdominal tenderness** симулировать боли в животе

to ~ **an illness** симулировать заболевание

feigning ['feiniŋ]:

~ **of symptoms** имитация симптомов

fel [fel] жёлчь

~ **bovis** бычья жёлчь *(препарат)*

feline ['fi:lain] кошачий, относящийся к кошкам

fellatio [fə'leiʃiəʊ], **fellation** [fə'leiʃn], **fellatorism** ['felətəʊrizm] фелляция *(форма мужского гомосексуализма с орально-генитальным контактом)*

fellow ['feləʊ] 1. коллега, член совета, коллегии, научного общества 2. стипендиат, занимающийся исследовательской работой

research ~ научный сотрудник

Fellow:

~ **of the American College of Cardiology** член Американского колледжа кардиологии

~ **of the Institute of Medical Laboratory Sciences** научный сотрудник института медико-лабораторных исследований

~ **of the Royal College of Physicians** член Королевской терапевтической коллегии

Active ~ действительный член общества

Honorary ~ почётный член общества *(в США с 65 лет и старше; не может занимать официальную должность в обществе и участвовать в выборах)*

Inactive ~ член общества с ограниченными правами

Senior ~ старший член общества *(в США старше 65 лет, имеет право голоса, но не может баллотироваться на официальные посты в обществе)*

WHO ~ стипендиат ВОЗ

fellowship ['feləʊʃip] 1. корпорация 2. членство *(в научном обществе)* 3. звание члена совета колледжа 4. научно-практическая субспециализация, стажировка, усовершенствование 5. стипендия лицам, занимающимся исследовательской работой

~ **of postgraduated medicine** факультет усовершенствования или повышения квалификации медицинских работников

physician ~ 1. членство *(в обществе врачей)* 2. стипендия

WHO ~ стипендия ВОЗ

felo-de-se ['feləʊ-di-'si:] 1. самоубийца 2. самоубийство, суицид

felon[1] ['felən] панариций подушечки пальца

felon[2] *суд. мед.* уголовный преступник || жестокий; преступный

to commit a ~ совершить уголовное преступление

felonious [fə'ləʊniəs] преступный, умышленный *(об убийстве)*

467

felony ['felənɪ] категория тяжких преступлений

feltwork ['feltwəːk] 1. фиброзная сеть 2. нервное сплетение

female ['fiːmeɪl] 1. женский 2. женская особь, самка

  adolescent ~ девушка-подросток

  carrier ~ женщина-носительница *(напр. гемофилии)*

  fertile ~ 1. беременная женщина 2. женщина фертильного возраста

  phenotypic ~ женский фенотип

"Femcare" ['femkeə] организация «Забота о женщине»

femidom ['femɪdɒm] женский презерватив, фемидом

feminine ['femɪnɪn] 1. женский 2. женственный

femininity [ˌfemɪ'nɪnɪtɪ] выраженность женских признаков, женственность

feminism ['femɪnɪzm] феминизм *(1. движение за полное равноправие женщин с мужчинами 2. псих. женоподобность)*

  ~ in boys феминизм мальчиков

  mammary ~ гинекомастия

feminization [ˌfemɪnɪ'zeɪʃn] феминизация *(1. процесс развития женских черт строения или поведения 2. развитие у мужчины женских вторичных половых признаков)*

  testicular [complete type] ~ полная тестикулярная феминизация, мужской псевдогермафродитизм

feminonucleus [ˌfemɪnəʊ'njuːklɪəs] ядро оплодотворённой яйцеклетки

femorocele ['feməʊrəʊˌsiːl] бедренная грыжа

femorotibial [ˌfeməʊrəʊ'tɪbɪəl] относящийся к бедренной и большеберцовой костям

femur ['fiːmə], *pl.* **femora** ['fiːmərə] 1. бедренная кость 2. бедро

fenestra [fə'nestrə], *pl.* **fenestrae** [fə'nestriː] анат. окно, отверстие || имеющий окно или отверстие

  ~ cochleae лат. окно улитки

  ~ ovalis лат. овальное окно

  ~ rotunda лат. круглое окно

  ~ vestibuli лат. окно преддверия

fenestration [ˌfenə'streɪʃn] 1. порозность, ячеистая структура 2. сообщение, свищ; фенестрация *(создание отверстия)*

  ~ of inner ear фенестрация внутреннего уха

  aortopulmonary ~ аортопульмональный свищ

  concurrent ~ сопутствующая операция фенестрации

  endothelial ~s отверстия, поры, «окна» в эндотелии *(капилляров)*

  tracheal ~ 1. трахеальный свищ 2. трахеостомия

ferment ['fəːment] 1. возбуждение, волнение 2. фермент, энзим; брожение || ферментировать, вызывать брожение

  bacterial ~ бактериальный фермент

  respiratory ~ дыхательный фермент

fermentable [fə'mentəbl] производящий брожение, способный к сбраживанию

fermentation [ˌfəːmən'teɪʃn] 1. возбуждение, волнение 2. ферментация, брожение; сбраживание

  ~ of carbohydrate ферментация [брожение] углеводов в толстой кишке

  acetous ~ уксусно-кислое брожение

  aerobic ~ аэробная ферментация

  alcoholic ~ спиртовое брожение *(сбраживание углеводов в этиловый спирт)*

  amylic ~ масляно-кислое брожение

  controlled ~ контролируемая ферментация

  dialysis ~ диализная ферментация

  gastric ~ брожение в желудке

  intellectual ~ *психол.* интеллектуальное брожение

  laboratory test ~ бродильная проба

  lactic acid ~ молочно-кислое брожение

  natural ~ ферментация в естественных условиях

fermentative [fə'mentətɪv] 1. ферментирующий, бродильный, сбраживающий; ферментативный, ферментообразующий *(о бактериях)* 2. переваривающий; перевариваемый *(напр. о клетчатке)*

fermenter [fə'mentə] ферментёр, бродильный аппарат, биореактор *(лабораторный прибор или промышленный аппарат для культивирования микроорганизмов или клеток)*

  continuous ~ ферментёр непрерывного действия

  fed batch ~ ферментёр периодического действия

  seed (culture) ~ инокулятор, ферментёр для выращивания посевного материала

fermentogen [fə'mentəʊdʒen] зимоген

fermium ['fəːmɪəm] фермий, Fm *(искусственный радиоактивный элемент)*

ferning ['fəːnɪŋ] *гинек.* феномен папоротника, феномен арборизации *(цервикальной слизи, выделяемой в середине менструального цикла)*

feromone ['ferəʊˌməʊn] *pl.* феромоны *(биологически активные вещества, выделяемые животными для привлечения особей противоположного пола того же вида)*

ferredoxin [ˌferə'dɒksɪn] ферредоксин *(железосодержащий белок)*

ferric ['ferɪk] содержащий трёхвалентное железо

ferriheme ['ferɪhiːm] гемин

ferrihemoglobin [ˌferɪhiːməʊ'gləʊbɪn] метгемоглобин

ferri(proto)porphyrin [ˌferɪprəʊtəʊ'pɔːfərɪn] см. **ferri-heme**

ferritin ['ferɪtɪn] ферритин *(железосодержащий белок)*

ferrocytochrome [ˌferəʊ'saɪtəʊˌkrəʊm] восстановленный цитохром C

ferrokinetics [ˌferəʊkɪ'netɪks] феррокинетика *(кинетика железосодержащих соединений в организме)*

ferroprotoporphyrin [ˌferəʊˌprəʊtəʊ'pɔːfərɪn] гем, железопорфирин

ferrous ['ferəs] содержащий двухвалентное железо

ferrule ['feruːl] 1. бюгель 2. кольцо; манжета; обруч, муфта 3. зажим

fertile ['fəːtiːl] фертильный, детородный, способный к деторождению; воспроизводящий

fertility [fə'tɪlɪtɪ] 1. фертильность, плодовитость, генеративная функция 2. рождаемость

  ~ and sterility плодовитость и бесплодие

  ~ of women плодовитость женщин

  affective ~ нарушенная фертильность, бесплодие

  cohort ~ когортная рождаемость *(свойственная группе мужчин и женщин, принадлежащих к одному и тому же поколению или к одной и той же когорте)*

  effective ~ эффективная рождаемость *(рассчитанная с учётом младенческой и детской смертности)*

  gross total ~ суммарная плодовитость

  male ~ мужская плодовитость; оплодотворяющая способность *(спермы)*

marital ~ брачная рождаемость *(рассчитанная для женщин, состоящих в браке)*

natural ~ естественная рождаемость *(не ограничиваемая противозачаточными средствами и искусственными абортами)*

period ~ рождаемость за период *(рассчитанная за определённый период времени для условного поколения женщин)*

proved ~ установленная фертильность

fertilization [ˌfəːtiliˈzeiʃn] **1.** фертилизация, оплодотворение *(слияние мужской и женской половых клеток)* **2.** удобрение

double ~ двойное оплодотворение

in vitro ~ зачатие в пробирке, экстракорпоральное оплодотворение

polyspermic ~ полиспермное оплодотворение

fertilizer [ˈfəːtilaizə] **1.** оплодотворяющий агент **2.** удобрение

chemical ~s минеральные удобрения

fervescence [fəːˈvesəns] повышение температуры тела, жар, лихорадочное состояние, гипертермия

fester [ˈfestə] поверхностное воспаление с нагноением; нагноение ‖ гноиться *(о ране)*; вызывать нагноение

festination [ˌfestiˈneiʃn] походка мелкими шажками, семенящая походка *(напр. при паркинсонизме)*

festoon [fesˈtuːn] рельеф десневого края *(на зубном протезе)*

fetal [fiːtl] **1.** плодный, относящийся к плоду, фетальный **2.** зародышевый, эмбриональный **3.** внутриутробный *(период)* **4.** недоношенный, относящийся к недоношенному новорождённому

fetalism [ˈfiːtəlizm], **fetalization** [ˌfiːtəliˈzeiʃn] сохранение анатомических черт плода *(после рождения)*

fetation [fiːˈteiʃn] **1.** беременность **2.** развитие плода

multiple ~ многоплодная беременность, многоплодие

single ~ одноплодная беременность

feticide [ˈfiːtisaid] умерщвление (внутриутробного) плода

fetid [ˈfetid] дурнопахнущий, зловонный *(напр. гной)*

fetishism [ˈfetiʃizm] фетишизм *(получение полового удовлетворения от созерцания или манипулирования неподходящим для этого предметом – частью человеческого тела, одеждой, игрушкой и пр.)*

adherent ~ фетишизм облачения

coherent ~ фетишизм обладания

transvestic ~ трансвестический фетишизм

fetography [fiˈtɒɡrəfi] рентгенография плода *(в матке)*

fetology [fiˈtɒlədʒi] эмбриология, фетология

fetometry [fiˈtɒmətri] фетометрия *(определение размеров плода, напр., посредством УЗИ)*

X-ray ~ рентгеновская фетометрия

fetopathy [fiˈtɒpəθi] фетопатия *(1. эмбриопатия 2. заболевание плода в третьем триместре беременности)*

fetoplacental [ˌfiːtəupləˈsentl] фетоплацентарный, относящийся к плоду и плаценте *(напр. барьер)*

fetoprotein [ˌfiːtəuˈprəutiːn] фетопротеин, эмбриональный белок

serum alpha ~ альфа-фетопротеин сыворотки крови *(повышается в материнской крови во время беременности; обнаруживается также при болезнях печени и злокачественных опухолях)*

fetor [ˈfiːtə] *лат.* дурной запах, зловоние

~ **ex ore** *лат.* дурной запах изо рта

~ **hepaticus** *лат.* печёночный запах изо рта

fetoscopy [fiˈtɒskəpi] эндоскопия плода, фетоскопия

fetosurgery [ˌfiːtəuˈsəːdʒəri] фетохирургия *(внутриматочные операции)*

fetus [ˈfiːtəs] плод *(зародыш с 9-й недели развития до момента рождения)*

~ **anideus** несформировавшийся плод

"~ **in fetu**" *терат.* включённый плод, «плод в плоде»

~ **sanguinolentis** мацерированный плод

aborted ~ абортус *(абортированный плод)*, выкидыш

anasarcous ~ водянка плода

calcified ~ литопедион *(погибший и кальцифицированный в матке плод)*

compressus ~ *см.* **papyraceons** ~

growth retarded ~ плод с внутриутробной задержкой развития

harlequin ~ плод-арлекин, коллоидный младенец *(тяжёлая форма эксфолиативного дерматита новорождённых)*

huge ~ гигантский плод

impacted ~ вколоченный плод *(вследствие больших размеров или сужения тазового канала)*

lodged ~ застревание плода во влагалище

male ~ плод мужского пола

papyraceous ~ мумифицированный [«бумажный»] плод

parasitic ~ *терат.* плод-паразит *(недоразвитый плод, сросшийся с развитым близнецом)*

postmature ~ переношенный плод

premature ~ недоношенный плод

previable ~ плод при раннем сроке беременности

propel ~ продвижение плода *(по родовому каналу)*

sirenoform ~ сиреноподобный плод *(с расщеплением нижних стоп или конечностей)*

small-for-date [small-for-gestational age] ~ гипотрофия плода; маловесный плод

term ~ доношенный плод

feud [fjuːd] длительная, часто наследственная вражда; смертельная вражда

blood ~ родовая вражда, кровная месть

Feulgen-positive [ˈfɒilɡən-ˈpɒzitiv] окрашивающий по Фёльгену, ДНК-содержащий

fever [ˈfiːvə] **1.** жар; лихорадка, характеризующаяся повышением температуры тела свыше 37°; гипертермия ‖ вызывать жар; бросать в жар, лихорадить **2.** нервное возбуждение **3.** общее название болезней, сопровождающихся высокой температурой тела

~ **and ague** малярия

to keep the ~ **down** снизить температуру тела

to shiver with ~ дрожать от озноба, ощущать озноб

abortus ~ бруцеллёз

absorption ~ резорбтивная лихорадка *(после родов)*

acute rheumatic ~ ревматическая атака

Aden ~ (лихорадка) денге

African coast ~ родезийская лихорадка

African tick ~ африканский клещевой риккетсиоз, африканская клещевая лихорадка

algid pernicious ~ малярийный алгид

ambulatory typhoid ~ лёгкая форма брюшного тифа, тифоид

aphthous ~ ящур, афтозная лихорадка

apyretic typhoid ~ афебрильный брюшной тиф

Argentinian hemorrhagic ~ аргентинская геморрагическая лихорадка

artificial ~ искусственная [индуцированная] гипертермия

Assam ~ индийский висцеральный лейшманиоз, кала-азар, лихорадка дум-дум

autumn(al) ~ осенняя [семидневная] лихорадка, Нанукайями лептоспироз

black ~ пятнистая лихорадка Скалистых гор, американский клещевой риккетсиоз

blackwater ~ гемоглобинурийная лихорадка, малярийная гемоглобинурия

Bolivian hemorrhagic ~ боливийская геморрагическая лихорадка

bouquet ~ *см.* **dengue** ~

boutonneuse ~ пятнистая [сыпная, Кенийская] лихорадка, индийский клещевой тиф

brain ~ 1. воспаление головного мозга или его оболочек 2. мозговые явления, мозговая симптоматика

breakbone ~ *см.* **dengue** ~

bullous ~ острая пузырчатка

Bwamba ~ Бвамба лихорадка *(инфекционная болезнь из группы тропических комариных лихорадок)*

cachectic [cachexial] ~ висцеральный лейшманиоз, кахектическая лихорадка

camp ~ сыпной [вшиный] тиф

cane-sugar ~ тростниковая лихорадка, лептоспироз Занони

canicola ~ лептоспироз

carbuncular ~ кожная форма сибирской язвы, сибиреязвенный карбункул

catarrhal ~ простой герпес, герпетическая лихорадка

cat-bite ~ пастереллёз *(бактериальный зооноз, возникающий при укусах домашних животных)*

catheter ~ уретральная [катетеризационная] лихорадка

cat-scratch ~ болезнь кошачьих царапин, доброкачественный вирусный лимфаденит

Cavite ~ *см.* **dengue** ~

cerebrospinal ~ менингококковый [эпидемический цереброспинальный] менингит

cesspool ~ *см.* **enteric** ~

Chagres ~ злокачественная малярия

Charente ~ *см.* **canicola** ~

Chikungunya ~ *вирус.* чикунгунская лихорадка *(передающаяся через комаров)*

childbed ~ *см.* **postpartum** ~

Colorado tick ~ лихорадка Колорадо, американская горная клещевая лихорадка

continued ~ постоянная лихорадка

cotton-mill ~ биссиноз

Crimean-Congo hemorrhagic ~ крымская [конго-крымская] геморрагическая лихорадка, острый инфекционный капилляротоксикоз

Cyprus ~ *см.* **intermittent** ~

deer fly ~ туляремия, лихорадка оленьей мухи

dengue ~ классическая лихорадка денге, суставная [костоломная] лихорадка *(вызываемая арбовирусом антигенной группы В, передаётся комарами)*

dentition ~ повышение температуры тела при прорезывании зубов

desert ~ кокцидиоидомикоз, калифорнийская лихорадка, Посады – Вернике болезнь

digestive ~ повышение температуры тела после приёма пищи

diphasic milk ~ двухволновый менингоэнцефалит, центрально-европейский вирусный энцефалит

Dumdum ~ индийский висцеральный лейшманиоз, кала-азар, лихорадка дум-дум

dust ~ *см.* **intermittent** ~

elephantoid ~ лихорадочное состояние при филяриатозе

endemic typhus ~ эндемический сыпной [вшиный] тиф

enteric ~ 1. брюшной тиф 2. кишечная инфекция

entericoid ~ инфекционное заболевание с лихорадкой, протекающее по типу тифопаратифозной инфекции

enteroviral ~ энтеровирусная экзантематозная лихорадка

epidemic catarrhal ~ грипп

epidemic hemorrhagic ~ геморрагическая лихорадка с почечным синдромом, геморрагический эпидемический нефрозонефрит

episodic ~ эпизоды лихорадки, эпизодическая лихорадка

eruptive ~ клещевая лихорадка

essential ~ идиопатическая лихорадка

estivoautumnal ~ тропическая малярия

European ~ *см.* **louse-borne relapsing** ~

facituous ~ искусственная лихорадка

familial Mediterranean ~ периодическая болезнь, периодический полисерозит, средиземноморская семейная лихорадка

famine ~ *см.* **louse-borne relapsing** ~

Far Eastern hemorrhagic ~ дальневосточная геморрагическая лихорадка

field ~ *см.* **harvest** ~

five-day ~ *см.* **trench** ~

flood ~ *см.* **tsutsugamushi** ~

four corner ~ «лихорадка четырёх углов» *(по месту возникновения геморрагической лихорадки на пересечении четырёх штатов США)*

Fort Bragg ~ *см.* **pretibial** ~

gastric ~ лихорадка, сопровождающаяся желудочным расстройством

Gibraltar ~ *см.* **intermittent** ~

giraffe ~ *см.* **dengue** ~

glandular ~ инфекционный мононуклеоз, лимфоидно-клеточная [моноцитарная] ангина *(вызывается вирусом Эпштейна – Барр)*

goat ~ бруцеллёз козье-овечьего типа

harvest ~ *см.* **marsh** ~ 1

Haverhill ~ хейверхиллская [стрептобациллярная] лихорадка

hay ~ *см.* **pollen** ~

hectic ~ гектическая [изнуряющая] лихорадка

hemoglobinuric ~ гемоглобинурийная лихорадка *(осложнённая гемолизом любой природы)*

hemorrhagic ~ геморрагическая лихорадка

hepatic intermittent ~ повышение температуры тела во время приступов калькулёзного холецистита

herpetic ~ простой герпес, герпетическая лихорадка

hill ~ *см.* **intermittent** ~

hospital ~ *см.* **camp** ~

humidifier ~ синдром закрытого помещения

icteric ~ гемоглобинурийная лихорадка, малярийная гемоглобинурия

icterohemorrhagic ~ желтушный [иктерогеморрагический] лептоспироз

induced ~ искусственная [индуцированная] гипертермия

intermittent ~ бруцеллёз *(син. перемежающаяся, интермиттирующая, волнообразная, ундулирующая лихорадка)*

inundation [island] ~ *см.* **tsutsugamushi** ~

irregular ~ непостоянная лихорадка, лихорадка неправильного типа

jail ~ *см.* **louse-borne relapsing** ~

Japanese river ~ *см.* **tsutsugamushi** ~

jungle ~ 1. малярия 2. лесная жёлтая лихорадка

Junin hemorrhagic ~ аргентинская геморрагическая лихорадка

Katayama ~ острый шистосоматоз, Катаямы лихорадка

Kedani ~ *см.* **flood** ~

Kew gardens spotted ~ везикулёзный [осповидный] риккетсиоз, пятнистая лихорадка (ботанического) сада Кью

Korean hemorrhagic ~ корейская геморрагическая лихорадка, геморрагическая лихорадка с почечным синдромом

Lassa ~ (геморрагическая) лихорадка Ласа *(город в Нигерии)*

lent ~ сальмонеллёз

lung ~ пневмония

louse-borne relapsing ~ эпидемический [вшиный] возвратный тиф *(общее название риккетсиозов, передаваемых вшами или клопами)*

low(-grade) ~ слабое проявление лихорадки, субфебрильная температура тела

lung ~ крупозная [долевая фибринозная] пневмония, плевропневмония

Malta [Maltese] ~ *см.* **intermittent** ~

Marburg ~ церкопитековая геморрагическая [марбургвирусная] лихорадка

Marseilles ~ марсельская [средиземноморская клещевая] лихорадка

marsh ~ 1. безжелтушный лептоспироз, покосно-луговая [болотная] лихорадка 2. малярия

Mediterranean yellow ~ *см.* **icterohemorrhagic** ~

metal fume ~ литейная лихорадка

miliary ~ инфекционный синдром с развитием высокой температуры и профузным потом

milk ~ послеродовой [лактационный] мастит

mill ~ биссиноз

monoleptic ~ постоянная лихорадка

mosquito ~ *см.* **phlebotomus** ~

mountain ~ лихорадка Колорадо, американская горная [колорадская] клещевая лихорадка

mud ~ *см.* **marsh** ~

muma ~ эндемический элефантиаз

nervous ~ нервный озноб, нервная дрожь, нервное возбуждение

night-soil ~ сальмонеллёз

nine-mile ~ *см.* **Q**~

nodal ~ узловая [нодозная] эритема

Oroya ~ бартонеллёз, перуанская бородавка, Карриона болезнь, Ороя лихорадка

Pahvant Valley ~ *см.* **rabbit** ~

paludal ~ малярия

Panama ~ злокачественная малярия

pappatasi ~ *см.* **phlebotomus** ~

papular ~ ревматическая атака с сыпью

parenteric ~ инфекционное заболевание с лихорадкой, протекающее по типу тифопаратифозной инфекции, но имеющее иную природу

parrot ~ орнитоз, пситтакоз

periodic ~ перемежающаяся [интермиттирующая] лихорадка

petechial ~ цереброспинальный менингит

pharyngoconjunctival ~ фарингоконъюнктивальная лихорадка, аденовирусная ангина

Philippine hemorrhagic ~ *см.* **dengue** ~

phlebotomus ~ флеботомная [москитная] лихорадка, лихорадка паппатачи

pneumonic ~ пневмония, воспаление лёгких

polka ~ *см.* **dengue** ~

pollen ~ поллиноз, сенная лихорадка

polyleptic ~ *см.* **louse-borne relapsing** ~

polymer fume ~ интоксикация парами пластмасс, полимерная [фторопластовая] лихорадка

Pontica ~ нелёгочная форма болезни легионеров, понтиакская лихорадка

postpartum ~ послеродовой [пуэрперальный] сепсис

pretibial ~ претибиальная лихорадка, лихорадка форта Брег *(лептоспироз, характеризующийся макулёзно-папилёзной сыпью на голенях)*

prison ~ сыпной тиф

protein ~ белковая лихорадка *(при парентеральном введении чужеродного белка)*

protracted ~ упорная [длительная] гипертермия

puerperal ~ *см.* **postpartum** ~

pulmonary [pulmonic] ~ *см.* **pneumonic** ~

putrid ~ септицемия

Pynis ~ *см.* **phlebotomus** ~

pyogenic ~ септикопиемия

pythogenic ~ тифозная лихорадка

Q ~ Q-лихорадка, ку-лихорадка, квинслендская [австралийская] лихорадка, Q-риккетсиоз *(эпоним по названию эндемичной местности Queensland в Австралии)*

quartan ~ четырёхдневная малярия, квартана

query ~ *см.* **Q** ~

quintan(a) ~ *см.* **trench** ~

quotidian ~ малярия с ежедневными приступами, непрерывная малярия

rabbit ~ туляремия

ragweed ~ *см.* **pollen** ~

rat-bite ~ болезнь от укуса крыс *(содоку или хейверхиллская лихорадка)*

recurrent ~ *см.* **louse-borne relapsing** ~

recurrent rheumatic ~ ревматическая атака

red ~ *см.* dengue ~

remittent ~ ремиттирующая лихорадка *(с суточным колебанием температуры тела в пределах 1–1,5°)*

rheumatic ~ ревматическая атака, острый ревматизм

rice-field ~ лихорадка рисовых полей, Батавия лептоспироз

Rift Valley ~ лихорадка долины Рифт, Рифт-Валли лихорадка *(вызываемая вирусом Рифт-Валли, передаётся комарами)*

Rio Grande [rock] ~ *см.* intermittent ~

Rocky Mountain spotted ~ *см.* spotted ~

salt ~ солевая лихорадка

sandfly ~ флеботомная [москитная] лихорадка, лихорадка паппатачи

San Joaquin ~ *см.* desert ~

scarlet ~ скарлатина

sellar ~ *см.* dengue ~

Semliki Forest ~ лихорадка леса Семлики

septic ~ септическая лихорадка, септикопиемия

seven-day ~ осенняя [семидневная] лихорадка, Нанукайыми лептоспироз

sextan ~ периодическая болезнь, шестидневная [средиземноморская семейная] лихорадка

shin bone ~ *см.* trench ~

ship ~ *см.* typhoid ~

shoddy ~ биссиноз

short-lived spirochetal ~ лептоспироз

simple continued ~ кратковременное повышение температуры тела

Singapore hemorrhagic ~ геморрагическая лихорадка денге

slight ~ субфебрильная лихорадка, субфебрилитет

slime ~ *см.* swamp ~

slow ~ *см.* intermittent ~

solar ~ 1. (лихорадка) денге 2. солнечный удар

songbird ~ сальмонеллёз, «лихорадка певчей птицы»

spirillum ~ содоку

splenic ~ сибирская язва

spotted ~ 1. менингококковый [эпидемический цереброспинальный] менингит 2. пятнистая лихорадка Скалистых гор, американский клещевой риккетсиоз

spring ~ поллиноз, сенная лихорадка

surgical ~ травматическая лихорадка; послеоперационная температура

sustained high ~ постоянно высокая температура, постоянная лихорадка

swamp ~ *см.* marsh ~ 1

sweat(ing) ~ потница

swinging ~ колеблющаяся лихорадка

symptomatic ~ неспецифическая лихорадка; раневая инфекция

tertian ~ трёхдневная малярия, терциана

tetanoid ~ *см.* spotted ~ 1

Thai hemorrhagic ~ *см.* dengue ~

therapeutic ~ лечебная гипертермия

thermic ~ тепловой удар, солнечный удар

thirst ~ повышение температуры тела вследствие обезвоживания организма

three-day ~ *см.* phlebotomus ~

tibialgic ~ *см.* trench ~

tick(-bite) ~ *см.* spotted ~

tick-borne relapsing ~ *см.* louse-borne relapsing ~

Tobia ~ *см.* spotted ~

traumatic ~ *см.* wound ~

trench ~ окопная [траншейная, пятидневная пароксизмальная] лихорадка, пароксизмальный риккетсиоз *(протекающий с 4–5-дневными приступами)*

trypanosome ~ лихорадочная стадия трипаносомоза

tsutsugamushi ~ цуцугамуши, акамуши, японская речная лихорадка *(из группы риккетсиозов, передаваемых клещами)*

typhoid ~ сальмонеллёз

typhus ~ тиф *(общее название ряда риккетсиозов)*

undulant ~ *см.* intermittent ~

unexplained ~ лихорадка неясного происхождения

urban yellow ~ городская жёлтая лихорадка денге

urethral [urinary] ~ уретральная [катетеризационная] лихорадка

urticaria ~ крапивница

uveoparotid ~ увеопаротит

vaccinal ~ вакцинальная лихорадка

vernal ~ *см.* pollen ~

vesicular ~ пузырчатка

war ~ *см.* louse-borne relapsing ~

worm ~ лихорадка при гельминтозе

wound ~ травматическая лихорадка, раневая инфекция

yellow ~ жёлтая [амарилльная] лихорадка, амарилёз

zinc fume ~ литейная лихорадка

feveret [fiːvəˈret] лёгкая лихорадка, субфебрилитет

fever-free [ˈfiːvəˈfriː] безлихорадочный, нелихорадящий

feverish [ˈfiːvəriʃ] лихорадочный, лихорадящий

fey [fei] обречённый, умирающий

fiber [ˈfaibə], *pl.* fibres [ˈfaibəz], *лат.* fibra [ˈfibrə], *pl.* fibrae [ˈfibriː] волокно *(нитевидная структура)* ‖ волокнистый, волоконный 2. волокна; клетчатка *(в пище)*

accelerator ~ *см.* adrenergic ~s

adrenergic ~s адренергические (нервные) волокна

alveolar ~s волокна периодонта

apical ~s верхушечные волокна периодонта

argentophilic [argyrophilic] ~s ретикулярные [ретикулиновые] волокна

association ~s ассоциативные (нервные) волокна

augmentor ~ *см.* adrenergic ~s

cholinergic ~s холинергические нервные волокна

chromatic ~ хромонема

chromatin ~ нить хроматина

circular ~s циркулярные мышечные волокна *(ресничной мышцы глаза)*, Мюллера мышцы

collagen(ic) [collagenous] ~s коллагеновые волокна

commissural ~s комиссуральные нервные волокна

cone ~s волокна колбочек *(сетчатки)*

cotton ~ волокна ваты

dentinal ~s дентинные отростки одонтобласта, дентинные волокна, Томса волокна

dentinogenic ~s предентинные волокна, Корффа волокна

depressor ~ 1. тормозящий нерв сердца 2. *pl.* депрессорные нервные волокна

dietary ~s пищевые волокна

extrafusal ~s экстрафузальные мышечные волокна

gelatinous ~s коллагеновые волокна

gray nerve ~s *см.* **naked ~s**

hollow ~s полые волокна

inhibitory ~ тормозящий нерв сердца

intrafusal ~s интрафузальные мышечные волокна

medullated ~s *см.* **myelinated ~s**

mossy ~s мшистые волокна *(гиппокампа)*

motor ~s двигательные нервные волокна

myelinated ~s миелиновые [мякотные] нервные волокна

naked [nonmedullated] ~s безмиелиновые [безмякотные, ремаковские] нервные волокна

osteocollagenous ~s оссеиновые волокна

perforating ~s прободающие шарпеевы волокна

periodontal membrane ~s волокна периодонта

pilomotor ~s пиломоторные нервные волокна

plant ~ растительное волокно

poorly fermented ~ плохо перевариваемая клетчатка

postganglionic ~s постганглионарные волокна

preganglionic ~s преганглионарные волокна

Purkinje's ~s проводящие сердечные миоциты, Пуркинье волокна

"ragged-red" ~s «рванокрасные» волокна *(вид при эндокринной миопатии)*

Remak's ~s *см.* **naked ~s**

rod ~s волокна, контактирующие с палочками в сетчатке

secretory ~s секреторные нервные волокна

Sharpey's ~s прободающие [шарпеевы] волокна

spindle ~s волокна митотического веретена

"stress ~" «стрессорное волокно»

sustentacular ~s *см.* **circular ~s**

visual ~s волокна зрительного нерва

wheat ~ пшеничные отруби

white ~s коллагеновые волокна

yellow ~s эластические волокна соединительной ткани

zonular ~s волокна пояска *(идущие от сумки хрусталика к ресничному телу)*

fibergastroscope [ˌfaɪbəˈɡæstrəʊskəʊp] фиброгастроскоп

fiberoptic [ˌfaɪbəˈɒptik] волоконно-оптический *(напр. эндоскоп)*

fiberotomy [ˌfaɪbəˈrɒtəmɪ]:

gingival ~ рассечение волокон дёсен

fiberscope [ˈfaɪbəˌskəʊp] волоконный эндоскоп, фибро(эндо)скоп

fibration [faɪˈbreɪʃn] 1. образование волокон 2. волокнистое строение

fibre [ˈfaɪbər], *pl.* **fibrae** [ˈfaɪbri] *см.* **fiber**

Purkinje ~s волокна Пуркинье *(разветвления ножек пучка Гиса под эндокардом)*

fibril [ˈfaɪbrɪl] *гист.* волоконце, фибрилла

dentinal ~s дентинные волокна

muscular ~ миофибрилла, мышечное волоконце

nuclear ~ нить хроматина в ядре клетки

fibrillar(y) [ˈfaɪbrɪˌlærɪ] фибриллярный, волокнистый, состоящий из волокон

fibrillation [fɪbrɪˈleɪʃn] 1. фибриллярное подёргивание, фибрилляция 2. червеобразные сокращения отдельных мышечных волокон

atrial [auricular] ~ фибрилляция [мерцание] предсердий, мерцательная аритмия

"atrial flutter ~" «сочетание трепетания и мерцания предсердий»

benign atrial ~s мелковолновая фибрилляция предсердий

coarse atrial ~ крупноволновая фибрилляция, или мерцание, предсердий

fine ~ мелковолновая фибрилляция *(желудочков сердца)*

ventricular ~ фибрилляция [мерцание] желудочков

fibrilloblast [faɪˈbrɪləʊblæst] одонтобласт

fibrillogenesis [faɪˌbrɪləʊˈdʒenəsis] образование фибрилл, фибриллогенез

fibrillolysis [ˌfaɪbrɪˈlɒlisis] разрушение [разволокнение] фибрилл

fibrination [ˌfaɪbrɪˈneɪʃn] 1. образование [выпадение] фибрина 2. фибриноз, образование избыточного количества фибрина

fibrinocellular [ˌfaɪbrɪnəʊˈseljʊlə] состоящий из фибрина и клеток

fibrinogen [faɪˈbrɪnəʊdʒen] фибриноген *(предшественник фибрина)*

fibrinogenopenia [faɪˌbrɪnəʊˌdʒenəʊˈpiːniə] фибриногенопения, гипофибриногенемия

fibrinogenous [ˌfaɪbrɪˈnɒdʒənəs] фибриногенный *(образующий или содержащий фибриноген)*

fibrinoid [ˈfaɪbrɪnɔɪd] напоминающий фибрин; фибриноид *(белково-полисахаридный комплекс, образующийся в результате разрушения коллагена)*

fibrinolysin [ˌfaɪbrɪˈnɒlisin] фибринолизин, плазмин

fibrinolysis [ˌfaɪbrɪˈnɒlisis] 1. фибринолиз *(растворение фибринового сгустка)* 2. фибринолитическая активность

impaired ~ снижение фибринолитической активности

fibrinopurulent [ˌfaɪbrɪnəʊˈpjuːrʊlənt] фибринозно-гнойный

fibrinoscopy [ˌfaɪbrɪˈnɒskəpi] физико-химическое исследование фибрина

fibrinosis [ˌfaɪbrɪˈnəʊsis] гиперфибриногенемия

fibrinous [ˈfaɪbrɪnəs] 1. фибринозный, слипчивый *(напр. перикардит)* 2. относящийся к фибрину; фиброзный *(наружный слой перикарда)*

fibroadamantoblastoma [ˌfaɪbrəʊˌædəˌmæntəʊblæsˈtəʊmə] амелобластическая фиброма

fibroadipose [ˌfaɪbrəʊˈædipəʊs] фиброзно-жировой

fibroblast [ˈfaɪbrəʊblæst] фибробласт *(клетка, синтезирующая волокнистые структуры)*, десмоцит

dermal ~ фибробласт кожи

fibroblastoma [ˌfaɪbrəʊblæsˈtəʊmə] фибробластома

arachnoid ~ менингиома, арахноидэндотелиома, менингобластома

perineural ~ невринома, периневральная фибробластома

fibrocartilage [ˌfaɪbrəʊˈkɑːtilædʒ] волокнистая хрящевая ткань, волокнистый хрящ

interarticular ~ суставной диск

fibrocellular [ˌfaɪbrəʊˈseljʊlə] волокнисто-клеточный

fibrocyst [ˌfaɪbrəʊˈsist] фиброзная киста

fibrocystic [ˌfaɪbrəʊˈsistik] фиброзно-кистозный

fibrocyte [ˈfaɪbrəʊsait] фиброцит

fibroelastic [ˌfaɪbrəʊiːˈlæstik] состоящий из фиброзной и эластической ткани

fibroelastosis [ˌfaibrəʊˌiːlæsˈtəʊsis]:

endocardial ~ (суб)эндокардиальный фиброэластоз, фиброэластоз эндокарда; врождённый кардиосклероз

fibrofatty [ˌfaibrəʊˈfæti] состоящий из фиброзной и жировой ткани

fibroid [ˈfaibrɒid] **1.** фироидный; фиброзный (напр. о дегенерации) **2.** фиброма **3.** лейомиофиброма, фибромиома

parietal ~ интерстициальная фиброма

uterine ~ фиброма матки

fibrolamellar [ˌfaibrəʊləˈmelə] фиброзно-слоистый, гранулирующий (напр. скирр)

fibrolipoma [ˌfaibrəʊliˈpəʊmə] фиболипома, липофиброма

fibroma [faiˈbrəʊmə] фиброма (доброкачественная опухоль из волокнистой соединительной ткани)

~ molle gravidum полосы [рубцы] беременности

cementifying ~ стом. цементома

chondromyxoid ~ хондромиксоидная фиброма, хондромиксома

hard ~ твёрдая фиброма

irritation ~ болезненная фиброма

multiple ~ нейрофиброматоз

nonosteogenic ~ of bone неостеогенная [неоссифицированная] фиброма кости, метафизарный фиброзный дефект

ossifying [osteogenic] ~ остеогенная фиброма (разновидность остеоид-остеомы)

recurring digital ~ рецидивирующая фиброма пальцев

soft ~ мягкая фиброма

teleangiectatic ~ ангиофиброма, склерозирующая ангиома, гемангиофиброма

fibromatoid [faiˈbrəʊmətɒid] напоминающий фиброму

fibromatosis [faiˌbrəʊməˈtəʊsis] фиброматоз (1. множественные фибромы 2. патологическая гиперплазия волокнистой ткани)

aggressive ~ десмоид, десмоидная опухоль

gingival ~ фиброматоз десны

palmar ~ контрактура ладонного апоневроза, Дюпюитрена контрактура

plantar ~ фибропролиферативная дегенерация подошвенного апоневроза

fibromuscular [ˌfaibrəʊˈmʌskjʊlə] фиброзно-мышечный

fibromyalgia [ˌfaibrəʊmaiˈældʒiə] фибромиалгия

fibromyositis [ˌfaibrəʊmaiəˈsaitis] фибромиозит

fibronectin [ˌfaibrəʊˈnektin] фибронектин (белки, участвующие в защитных реакциях организма)

fibroneuroma [ˌfaibrəʊnjuːˈrəʊmə] нейрофиброма

fibronodular [ˌfaibrəʊˈnɒdjʊlə] фиброзно-очаговый

fibropericarditis [ˌfaibrəʊˌperikaːˈdaitis] фибринозный перикардит

fibroplasia [ˌfaibrəʊˈpleiziə] фиброплазия

retrolental ~ офт. ретролентальная фиброплазия, Терри синдром

fibroplastic [ˌfaibrəʊˈplæstik] образующий волокнистую соединительную ткань, фибропластический

fibroplate [ˈfaibrəʊpleit] суставной диск

fibropurulent [ˌfaibrəʊˈpjuːrʊlənt] фибринозно-гнойный

fibroreticulate [ˌfaibrəʊrəˈtikjʊleit] состоящий из сети фиброзных волокон

fibroscopy [faiˈbrɒskəpi] фиброэндоскопия

fibroserous [ˌfaibrəʊˈsiːrəs] фиброзно-серозный

fibrosis [faiˈbrəʊsis] фиброз (разрастание соединительной ткани)

~ of synovium фиброзное перерождение синовиальной ткани

alveolar ~ фиброзирующий альвеолит; лёгочный фиброз

arteriocapillary ~ диффузный артериосклероз

bilharzial ~ шистосомный фиброз

cystic ~ муковисцидоз, фиброзно-кистозная дегенерация (поджелудочной железы)

endocardial ~ фиброэластоз [эластофиброз] эндокарда

endomyocardial ~ эндомиокардиальный фиброз

hepatic ~ фиброз печени

hepatolienal [hepatosplenic] ~ гепатолиенальный фиброз, Банти синдром

leptomeningeal ~ слипчивый арахноидит

idiopathic lung ~ фиброзирующий альвеолит, пневмофиброз, интерстициальная пневмония, Хаммена – Рича болезнь

idiopathic retroperitoneal ~ идиопатический ретроперитонеальный фиброз (забрюшинных структур), Ормонда болезнь

mediastinal ~ медиастинальный фиброз

nodular subepidermal ~ лентикулярный диссеминированный дерматофиброз, узелковый субэпидермальный фиброз

patchy ~ участки фиброза

perimuscular ~ субадвентициальный фиброз стенок артерий

pleural ~ фиброзные наложения в плевральной полости

pulmonary ~ см. **idiopathic lung ~**

radiation ~ лучевой фиброз

replacement ~ заместительный фиброз

retroperitoneal ~ ретроперитонеальный [забрюшинный] фиброз, Ормонда болезнь

submucous ~ фиброз подслизистой оболочки

fibrositis [ˌfaibrəʊˈsaitis] фиброзит

fibrothorax [ˌfaibrəʊˈθɔːræks] фибриноторакс (заращение плевральной полости соединительной тканью)

fibrotic [faiˈbrɒtik] фиброзный

fibrous [ˈfaibrəs] волокнистый (о ткани)

fibroxanthoma [ˌfaibrəʊzænˈθəʊmə]:

malignant ~ злокачественная фиброксантома

fibula [ˈfibjʊlə] малоберцовая кость

fiction [fikʃn] **1.** вымысел, выдумка, фикция **2.** беллетристика, художественная литература

autarchic ~ автаркическая фантазия ребёнка (о собственном всемогуществе)

fictitious [fikˈtiʃəs] психол. фиктивный, воображаемый, вымышленный

fidelity [fiˈdeləti] **1.** верность, преданность **2.** точность, правильность

sexual ~ сексуальная верность; супружеская верность

fidger [ˈfidʒə] псих. **1.** беспокойный человек **2.** беспокойство, суетливость

fidgetiness [ˈfidʒətinəs] двигательное беспокойство, суетливость

fidicinales [faiˌdisiˈneiliːz] червеобразные мышцы (кисти)

field [fiːld] **1.** поле; участок ‖ полевой, проводимый в натуральных условиях (*напр. опыт*) **2.** область (*деятельности*); отрасль ‖ отраслевой

~ of consciousness поле сознания

~ of endocrinology эндокринологическая сфера

~ of fixation поле взора, поле фиксации

~ of microscope поле зрения микроскопа

~ of oncology сфера онкологии

~ of radiation поле облучения

auditory ~ звуковое поле

binocular vision ~ бинокулярное поле зрения

clinical ~ клиническая сфера

color ~s цветовые поля (*зрения*)

distal visual ~ дистальный участок поля зрения

dorsal lung ~s задняя поверхность лёгких (*при аускультации*)

electromagnetic ~s электромагнитные поля (*300 Hz – 300 GHz*)

far ~ «отдалённое» поле, отдалённый участок (*при картировании миокарда*)

glancing ~ скользящее поле (*облучения*)

health ~ здравоохранение, сфера здравоохранения

high power ~ поле зрения при большом увеличении (*микроскопа*)

hypertranslucent lung ~s повышенная прозрачность лёгочных полей

identifical ~ идентификационное поле

illumination ~ поле освещения

immediate ~ ближнее (звуковое) поле

in ~ 1. в поле, на природе **2.** в военно-полевых условиях

intellectual ~ интеллектуальная сфера

lung ~ лёгочное поле

mantle ~ мантийное поле (*лучевой терапии – шея, подмышечные впадины и центральный участок груди*)

medical ~ медицинская сфера

mental health ~ сфера психического состояния

operative ~ операционное поле

opposing ~s противолежащие поля (*облучения*)

paramedical ~ смежная с медициной область, парамедицинская отрасль (*лабораторные, лучевые и др. службы*)

penumbra ~ пенумбра (*ядро инсульта*)

perceptual ~ сфера восприятия

perimetric ~ *см.* **visual ~**

pulsatile electromagnetic ~ импульсное электромагнитное поле

sound ~ звуковое поле

split ~s расщеплённые поля (*облучения*)

subliminal ~ подпороговая область, область подпорогового возбуждения

thyroid ~ сфера щитовидной железы

visual ~ поле зрения

"field-within-a-field" [fiːld-wiðin-ə-fiːld] «полем внутри поля» (*методика облучения*)

fiend [fiːnd] **1.** дьявол; злодей, изверг **2.** человек, пристрастившийся к дурной привычке

cigarette ~ заядлый [злостный] курильщик

dope [drug] ~ наркоман

fiery [ˈfaiəri] **1.** *психол.* вспыльчивый, пылкий **2.** легко воспламеняющийся

fight [fait] бой; борьба ‖ бороться

to ~ an accident предупреждать несчастный случай

figure [ˈfigə] **1.** внешний вид; облик; образ; форма; очертания **2.** личность, роль которой существенна в каком-л. аспекте, ситуации **3.** диаграмма, рисунок; показатель

~ and ground *психол.* фигура и фон (*форма восприятия, характеризующаяся разделением смысловой информации на две части*)

~ of eight straps восьмиобразная повязка

~ of noise коэффициент шумов, шум-фактор

ambiguous ~ *психол.* неоднозначное изображение

authority ~ *психол.* авторитетная личность (*значение которой может быть реально или надуманно*)

comparative mortality ~ сравнительный показатель смертности

fortification ~s зрительные галлюцинации, сопровождающие приступ мигрени

helpful ~ образ благодетеля

mitotic ~ фигура митоза

myelin ~s миелиновые тельца

nonsense ~ *психол.* бессмысленное изображение

pregnant ~ *психол.* прегнантная фигура (*целостно воспринимаемая*)

target ~s *стат.* оптимальные цифры; контрольные цифры

test ~ тест-объект (*при исследовании зрения*)

filament [ˈfiləmənt], *лат.* **filamentum** [filəˈmentəm], *pl.* **filamenta** [filəˈmentə] филамент (*1. нитевидная структура, различимая при электронной микроскопии 2. нейлоновый ворс с длиной ворсинок 1–1,5 мм 3. гифа*); фибрилла; волокно

~s of muscle мышечные волокна, или нити

acrosomal ~ акросомная нить

axial ~ осевой филамент, осевая нить

bacterial ~ нитчатая форма бактерии

mycelial ~ *микол.* гифа, мицелиальная нить

nerve ~ нервное волокно

nucleolar ~ ядрышковая нить

olfactory ~ обонятельная нить

spermatic ~ жгутик сперматозоида

terminal ~ концевая нить (*сперматозоида*)

filamentous [ˌfiləˈmentəs] **1.** нитеобразный, нитевидный, нитчатый **2.** волокнистый, с волокнами, состоящий из волокон

filaria [fiˈlæriə], *pl.* **filariae** [fiˈlæriiː] *параз.* филярия (*общее название нематод семейства Onchocercidae*)

Bancroft's ~ Банкрофта нитчатка (*возбудитель вухерериоза*)

blinding ~ филярия *Onchocerca volvulus* (*возбудитель онхоцеркоза*)

filarial [fiˈlæriəl] относящийся к филяриям (*личинкам гельминтов*)

filariasis [ˌfiləˈriːəsis] филяриоз, филяриатоз (*гельминтозы – вухерериатоз, онхоцеркоз и др.*)

Brug's [Malayan] ~ бругиоз

Ozzard's ~ мансонеллёз

filaricide [fiˈlærisaid] *фарм.* филярицид (*средство, уничтожающее филярий*)

filariform [fiˈlærifɔːm] **1.** напоминающий филярий **2.** нитевидный

file¹ [fail] **1.** файл; картотека; досье; архив ‖ регистрировать и хранить документы **2.** «лист ожидания» (совместимого донора для трансплантации органа) **3.** ряд (напр. клеток)

cross ~ картотека (больных) по принципу сходства

diabetics ~ файл [картотека] больных сахарным диабетом

organ-lesion ~ картотека по морфологическому принципу

plasma master ~ перечень поставщиков плазмы

target organ ~ перечень органов-мишеней

file² мед. тех. **1.** пила; напильник ‖ пилить **2.** отделка; шлифовка ‖ отделывать

rat-tail ~ каналорасширитель

root canal ~ пульпэкстрактор

wire ~ проволочная пила

filial ['filiəl] **1.** относящийся к поколению или степени генерации (сыновний, дочерний) **2.** относящийся к филиалу

filiation [,fili'eiʃn] **1.** происхождение, отношение родства **2.** установление отцовства **3.** ответвление; ветвь **4.** филиал; образование филиала

filicide ['filisaid] **1.** детоубийство **2.** детоубийца

filiform ['filifɔːm] нитевидный

~ **with followers** нитевидный (буж) с проводниками

filing ['failiŋ] **1.** порядок составления картотеки **2.** костные стружки

filipuncture [fili'pʌŋktʃə] введение в аневризму проволочной спирали (для вызывания тромбоза)

filius ['filʊs] лат. **1.** сын **2.** pl. дети **3.** детёныши

fill [fil] **1.** наполнять, заполнять, насыщать **2.** хир. пломбировать (отверстие мелкими костными стружками) **3.** приготовлять (лекарство по рецепту)

~ **teeth** пломбировать зубы

filler ['filə] наполнитель, заполнитель; добавка

aseptic tube ~ устройство для асептического наполнения тюбиков (напр. лекарственными мазями)

inert ~ инертный наполнитель

toe ~ носок [заполнитель] ортопедической обуви

fillet ['filet] **1.** пучок нервных волокон, петля **2.** повязка в виде петли, петля для вытяжения

~ **of corpus callosum** петля мозолистого тела

olivary ~ невр. петля оливы

filling ['filiŋ] **1.** наполнение; заполнение **2.** (зубная) пломба, зубная вкладка **3.** пломбирование, закрытие; пластика (напр. дефекта раны кожей)

capillary ~ кровенаполнение капилляров

combination ~ см. **composite** ~

complex ~ пломба с лечебной прокладкой

composite ~ составная [комбинированная] пломба

compound ~ пломбирование двух поверхностей зуба

contour ~ контурная пломба

diastolic ~ диастолическое наполнение (сердца)

gap ~ заполнение гэпа (в процессе синтеза ДНК)

gold ~ зубная вкладка из золота

leaky ~ негерметичная пломба (неплотно прилегающая к стенке зубной полости)

nonleaking ~ герметичная пломба

permanent ~ постоянная пломба

provisional ~ **1.** временная пломба **2.** временное пломбирование зуба

reduced cardiac ~ снижение венозного возврата к сердцу

root ~ корневая пломба

scar ~ рубцовое замещение (тканей)

silicate ~ пломбирование силикат-цементом

submarine ~ пломба, наложенная при наличии слюны в полости зуба

film ['film] **1.** плёнка, тонкий слой; налёт ‖ покрываться плёнкой **2.** мазок **3.** рентгеновская плёнка, рентгенограмма ‖ производить рентгенографию

anterioposterior ~ рентгенограмма в переднезадней проекции

bite-wing ~ рентгеновская плёнка с межзубными удерживающими фиксаторами

blood ~ **1.** мазок крови **2.** формула крови

blue ~ рентг. синечувствительная плёнка

carbon ~ углеродная плёнка-подложка (в электронной микроскопии)

cervical spine ~ рентгенограмма шейного отдела позвоночника

comparison ~ контрольная рентгенограмма

conventional ~ см. **plain** ~

direct-exposure ~ безэкранная (рентгеновская) плёнка

double-coated [double-emulsion] ~ двусторонняя плёнка

enlargement ~ рентгенограмма с увеличением

expiratory ~ рентгенограмма на выдохе

inspiratory ~ рентгенограмма лёгких на вдохе

interproximal ~ рентгенограмма проксимальных поверхностей зубов

lateral ~ рентгенограмма в боковой проекции

microbial ~ микробная плёнка (сросшиеся агрегаты микроорганизмов, прикреплённые к субстрату)

monitoring ~ рад. плёнка для дозиметрического контроля, фотохимический дозиметр излучения

mounting ~ плёночная подложка (радиоактивного источника)

nonscreen ~ безэкранная рентгенограмма (без усиливающего экрана)

occlusal ~ обзорная рентгенограмма верхней и нижней челюстей

original X-ray ~ исходная рентгенограмма

panoramic ~ стом. панорамная рентгенография (снимок верхней и нижней челюстей вместе с нижнечелюстным суставом для широкого обзора)

periapical ~ рентгенограмма верхушек и околоверхушечных тканей зубов

plain ~ обзорная [обычная] рентгенограмма (в отличие от прицельной или контрастной)

postevacuation ~ рентгенограмма после опорожнения (органа от контрастного вещества)

pre-evacuation ~ рентгенограмма до опорожнения (органа от контрастного вещества)

preliminary [scout] ~ предварительная [обзорная] рентгенограмма (до введения контрастного вещества)

screen ~ экранная [рентгеновская] плёнка

spot ~ прицельная рентгенограмма

support ~ плёнка-подложка

survey ~ *см.* **plain** ~

thick-blood ~ толстая капля крови

thin-blood ~ мазок крови

transpharyngeal panoramic ~ трансфарингеальный обзорный снимок

upright ~ рентгенограмма в вертикальном положении

filming ['filmiŋ] съёмка, рентгенография

filopressure ['failəuˌpreʃə] взятие сосуда на турникет

filovaricosis [ˌfailəuˌværi'kəusis] расширение или утолщение осевого цилиндра нервного волокна

filter ['filtə] 1. фильтр || фильтровать, процеживать; очищать 2. светофильтр

absorbent [absorbing, absorption] ~ поглощающий [абсорбционный] фильтр

air ~ воздушный фильтр, воздухоочиститель

air-intake ~ фильтр для очистки поступающего [засасываемого] воздуха

anaerobic ~ анаэробный биофильтр (*фильтр с иммобилизованными анаэробными микроорганизмами*)

antiembolic ~ микрофильтр (*в трансфузионной системе*)

bacteria-excluding [bacterial] ~ бактериальный фильтр

bag ~ мешотчатый фильтр

Berkefeld ~ Беркефельда фильтр (*бактериальный фильтр в виде свечи из прессованного кизельгура*)

blanket ~ дренажный фильтр

carbon ~ *см.* **charcoal** ~

cartridge ~ патронный фильтр

cava ~ кава-фильтр (*устанавливаемый в полой вене*)

centrifugal ~ фильтрующая центрифуга

Chamberland ~ Шамберлана фильтр (*бактериальный фильтр, выполненный из неглазурованного фарфора*)

charcoal ~ угольный фильтр

clogged ~ забитый [засорённый] фильтр

cloth ~ тканевый фильтр

coarse ~ фильтр грубой очистки

coarse contact [coarse-grained] ~ крупнозернистый контактный фильтр

compensating ~ компенсаторный [выравнивающий] фильтр

composite ~ составной фильтр

Coors ~ Курса фарфоровый фильтр

crucible ~ *см.* **Gooch** ~

daylight ~ *см.* **ophthalmic** ~

disk-type rotating biological ~ вращающийся дисковый биофильтр

disposable ~ заменяемый фильтр, фильтр одноразового пользования

Doppler ~ *узи* фильтр допплеровских частот

downward-flow sand ~ песчаный фильтр с нисходящим потоком воды

dry ~ сухой фильтр

fabric ~ тканевой фильтр

fibrous air ~ волоконный фильтр для стерилизации воздуха

fine ~ фильтр тонкой очистки

fine-mesh ~ мелкоячеистый фильтр

flattening ~ компенсаторный [выравнивающий] фильтр

fold ~ складчатый фильтр

germ-proof ~ стерилизационный фильтр

germ-tight ~ *см.* **Chamberland** ~

glass-fiber [glass-wood] ~ стекловолоконный фильтр

Gooch ~ Гуча тигель (*фарфоровый фильтр с перфорированным дном, покрытым асбестом*)

high efficiency particulate air ~ высокоэффективный воздушный фильтр

high-pass ~ высокочастотный фильтр

inherent ~ собственный фильтр (*рентгеновской трубки*)

inline micropore ~ встроенный (в трансфузионную систему) микрофильтр

intermittent sand ~ песчаный фильтр периодического действия

inverted ~ обратный фильтр

jet ~ струйный фильтр

low-pass ~ низкочастотный фильтр

matured ~ созревший биофильтр

membrane ~ мембранный фильтр

microaggregate ~s микрофильтр крови

microwave ~ СВЧ-фильтр

millipore ~ ультрамикропористый фильтр

noise ~ шумовой фильтр

nylon membrane ~ нейлоновый [полиамидный] мембранный фильтр

ophthalmic ~ светозащитный фильтр

plaited ~ *см.* **fold** ~

plastics media ~ биофильтр с пластмассовой загрузкой

porous porcelain ~ пористый фарфоровый фильтр, Бюхнера воронка

precoat ~ фильтр с покрытием

preliminary ~ префильтр, фильтр первой ступени

pressure ~ напорный фильтр

primary ~ *см.* **preliminary** ~

process air ~ фильтр очистки отработанного воздуха

ray ~ *см.* **ophthalmic** ~

red-free selective ~ бескрасный селективный светофильтр

respiration ~ фильтр респиратора

roughing ~ *см.* **preliminary** ~

sack ~ мешотчатый фильтр; рукавный фильтр

screen ~ сетчатый фильтр

secondary ~ *см.* **ultrafine** ~

Seitz ~ Зейтца фильтр (*бактериальный фильтр со сменными асбестоцеллюлозными пластинками*)

self-cleaning ~ самоочищающийся фильтр

spin ~ центробежный фильтр

step wedge ~ ступенчатый клиновидный фильтр

string ~ волокнистый фильтр

tissue compensating ~ тканекомпенсирующий фильтр

trickling ~ 1. биофильтр 2. капельный фильтр; перколятор

ultrafine ~ фильтр тонкой очистки, вторичный фильтр

UV-light ~ ультрафиолетовый светофильтр

wall ~ *узи* фильтр пульсаций стенок сосудов

water ~ гидрофильтр, фильтр для воды

wave ~ электрический фильтр

wedge ~ *рад.* клиновидный фильтр

wedge-paired ~s парные клиновидные фильтры

filterability ['filtərəbiliti] фильтруемость, фильтрабельность

red cell ~ фильтруемость эритроцитов

filterable ['filtərəbl], **filter-passing** ['filtə-'pɑːsiŋ] фильтрующийся

filter-sterilized ['filtə-'sterəlaizd] стерилизованный посредством фильтрации

filtering ['filtəriŋ] фильтрация

  digital ~ цифровая фильтрация

  Doppler ~ узи допплеровская фильтрация, фильтрация допплеровских частот

  one-dimensional ~ узи одномерная фильтрация

filth [filθ] 1. грязь, отбросы; антисанитарные условия 2. разврат; непристойность

filth-dread ['filθ-'dred] мизофобия (*патологическая боязнь загрязнения или заражения*)

filtrate ['filtreit] фильтрат ‖ фильтровать, процеживать

  broth [culture liquid] ~ фильтрат культуральной жидкости

filtration [fil'treiʃn] фильтрация, фильтрование

  air ~ фильтрация воздуха, утечка [просачивание] воздуха

  back ~ обратная фильтрация (*прохождение веществ через диализную мембрану из диализата в кровь*)

  capillary percolation ~ капиллярное фильтрование

  cross-flow ~ проточная фильтрация

  gel ~ гель-хроматография, гельфильтрация

  glomerular ~ клубочковая фильтрация (*в почках*)

  membrane ~ 1. ультрафильтрация через полупроницаемую мембрану 2. стерилизация фильтрованием через микропористую мембрану

  multiple ~ многоступенчатая фильтрация

  pressure ~ фильтрование под давлением

  total ~ общая фильтрация

  tricle ~ обработка на биофильтрах

  vacuum ~ вакуум-фильтрация

filum ['failəm], *pl.* **fila** ['failə] 1. нить; волокно; нитка 2. анатомическая структура нитевидной формы

  ~ **terminale** терминальная нить (*продолжение конечного отдела спинного мозга*)

fimbria ['fimbriə], *pl.* **fimbriae** ['fimbriːiː] 1. край, кайма 2. фимбрия, бахромка (*напр. маточной трубы*); ресничка

fimbriocele ['fimbriəʊˌsiːl] грыжа с бахромкой маточной трубы в грыжевом мешке

final ['fainl] конечный, финальный, заключительный (*диагноз*)

finding ['faindiŋ] 1. показатель, *pl.* результаты, данные (*исследования*); признак, симптом (*напр. окраска кожи; частота дыхания*) 2. находка, обнаружение, выявление (*болезни*) 3. обстоятельства дела

  ~**s at operation** операционные находки, данные операции

  bone marrow ~**s** результаты исследования костного мозга

  case ~ 1. *амер.* выявление случая заболевания 2. эпидемиологическое обследование 3. поиск сопутствующих болезней (*напр. стандартным назначением анализа мочи, крови на ВИЧ-инфекцию, гепатиты и пр.*)

  chance ~ случайное обнаружение (*напр. симптомов болезни*)

characteristic X-ray ~**s of asbestosis** характерные рентгенографические признаки асбестоза

  common ~ **of pneumoconiosis** патогномоничные признаки пневмокониоза

  criminalistic ~**s** криминалистическая экспертиза

  cutaneous ~**s** кожные изменения

  Doppler ~ допплеровские признаки (*напр. при болезни Такаясу*)

  doubtful ~**s** неясные [сомнительные] данные исследований

  electromyographical ~**s** 1. электромиографические разряды 2. электромиографические показатели

  false positive ~ ложноположительные данные

  false negative ~ ложноотрицательные данные

  gross ~**s** 1. макроскопические данные 2. патологоанатомические данные, данные вскрытия

  hallmark ~**s** патогномоничные проявления (*напр. митральной недостаточности*)

  hemodynamic ~**s** изменения гемодинамики

  histopathologic ~ патогистологические изменения в органах

  historical ~**s** анамнез, анамнестические данные

  incidental ~ случайная находка (*напр. при ЭКГ*)

  inconclusive ~ неубедительные данные

  interrelated ~**s** взаимосвязанные данные

  most consistent ~ *см.* **hallmark** ~

  negative ~**s** отрицательные результаты (*обследования*)

  neurologic ~**s** неврологическая симптоматика

  normal ~**s** нормальные показатели

  obvious ~ очевидные [явные] данные

  occasional ~ *см.* **incidental** ~

  passive-case ~ выявление по обращаемости

  physical ~**s** данные объективного исследования, объективные признаки

  postmortem ~ результат посмертного исследования

  prominent ~ выраженный [чёткий] признак

  pulseless doppler ~ отсутствие пульсации при допплерографии

  radiographic ~**s** рентгенологические данные

  retinal ~**s** симптомокомплекс изменений сетчатки

  routine laboratory ~**s** обычные [рутинные] лабораторные показатели

  scan ~**s** сцинтиграфические данные

  sensory ~**s** нарушения [расстройства] чувствительности

  skin ~**s** кожные проявления

  X-ray ~**s** рентгенологические данные

fine-mesh(ed) ['fain-'meʃt] мелкосетчатый, мелкоячеистый

fineness ['fainnəs] 1. тонкость; высокое качество 2. измельчённость 3. острота (*напр. чувств*)

  ~ **of powder** *фарм.* степень измельчения порошка

finest ['fainəst] щадящий, атравматичный (*об инструменте*)

finestill ['fainstil] перегонять (*спирт*); дистиллировать

finestiller ['fainstilə] *амер.* дистиллятор

finger ['fiŋgə] 1. палец (*руки*) 2. указатель, стрелка (*прибора*) 3. *sl.* гашиш в форме палочки

  baseball ~ *см.* **mallet** ~

  bolster ~ паронихия (*результат кандидозного инфицирования лиц, контактирующих с сахаром*)

  bluster ~ *см.* **speck** ~

clubbed ~s *см.* **drumstick** ~s

crooked little ~s искривление мизинцев

dead ~ симптом мёртвых пальцев

dose ~ *рад.* указатель дозы *(на приборе)*

drumstick ~s пальцы в виде барабанных палочек

first ~ большой палец

giant ~s макродактилия, мегалодактилия

hammer ~ *см.* **mallet** ~

hippocratic ~s *см.* **drumstick** ~s

index ~ указательный палец

jerk ~ *см.* **spring** ~

little ~ мизинец

lock ~ *см.* **spring** ~

long ~ средний палец

madonna ~s пальцы мадонны *(нежные, тонкие; наблюдаются при гипофизарном инфантилизме)*

mallet ~ молоткообразный палец, палец волейболиста

Morse ~ писчая судорога, писчий спазм

ring ~ безымянный палец

small ~ мизинец

snapping ~ *см.* **spring** ~

spatulate ~ лопатообразный палец

speck ~ чинга, «сальный палец» *(хронический инфекционный моноартрит пальца руки у поморов, добывающих ластоногих)*

spider ~ арахнодактилия, долихостеномелия, паучья кисть

spring [stuck trigger] ~ стенозирующий тендовагинит, щёлкающий [пружинящий] палец

stubby ~s короткие пальцы; пальцы, похожие на обрубки

washerwoman's ~ «руки прачки» *(при длительном соприкосновении с водой или выраженной дегидратации, напр. при холере)*

waxy ~s *см.* **white** ~s

webbed ~s (кожная) перепончатая синдактилия

white ~s синдром белых пальцев *(при длительной работе с отбойным молотком)*

finger-breadth ['fɪŋɡə-'bredθ] поперечник [ширина] пальца

finger-cushion ['fɪŋɡə-'kʊʃn] мякоть [подушечка] кончика пальца

finger-mark ['fɪŋɡə-'maːk] 1. след, пятно от пальца 2. отпечаток пальца 3. захватить пальцами

fingernail ['fɪŋɡəneil] ноготь *(пальца руки)*

fingerprint ['fɪŋɡəprint] 1. дактилоскопия; отпечатки пальцев, пальцевой узор || снимать отпечатки пальцев 2. молекулярный фингерпринт *(генотипирование по полиморфизму длинных рестрикционных фрагментов, образующихся под действием ДНКаз и РНКаз)*

"DNA ~" пептидная карта ДНК, ДНК-дактилоскопия, генная дактилоскопия *(метод идентифицирования личности с помощью анализа совокупности рестрикционных фрагментов ДНК)*

three-dimentional ~ **of the HIV** «подобный отпечаткам пальцев в трёх измерениях» *(виртуальная модель эпитопа ВИЧ)*

fingerprinting ['fɪŋɡəˌprintiŋ] *ген.* фингерпринтинг, получение «отпечатка пальцев» макромолекул *(двумерное разделение продуктов гидролиза макромолекул на плоском сорбенте для получения двумерной карты - фрагментов, индивидуальной для данной молекулы)*

finger-stall ['fɪŋɡə-'stɔːl] напальчник

fingerstrip ['fɪŋɡəstrip] дактилоскопический отпечаток пальцев || проводить дактилоскопию

fingertip ['fɪŋɡətip] кончик пальца *(руки)*

finished ['fɪniʃt] законченный, готовый, завершённый; сформированный, приготовленный *(напр. о мази)*

finisher ['fɪniʃə] устройство для окончательной отделки

dental ~ зубной полировочный бор

finite ['fainait] ограниченный, имеющий предел

fire ['faiə] 1. лихорадка, жар; воспаление 2. рожистое воспаление 3. огонь; пожар || сжигать; предавать огню; стрелять *(из огнестрельного оружия)*

~ **a line** *sl.* вдыхать «дорожку» кокаина

~ **up** *sl.* курить анашу, марихуану

St. Anthony's ~ *уст.* эрготизм; лихрадка св. Антония

St. Francis' ~ *уст.* рожистое воспаление

firearm ['faiəraːm] огнестрельное оружие

firedamp ['faiədæmp] метан; рудничный [гремучий] газ

fire-proof ['faiə'pruːf] огнестойкий, огнеупорный, жароупорный

fire-raising ['faiə-'reiziŋ], **fire-setting** ['faiə-'setiŋ]:

pathological ~ патологическая склонность к поджогам, пиромания, импульсивное поджигательство

firing ['faiəriŋ] 1. выстрел; производство взрыва 2. сжигание; отопление 3. прижигание; каутеризация

"burst ~" «обстрел залпом» *(о биопотенциалах мозга)*

cross ~ перекрёстное облучение

firm [fəːm] 1. достоверный *(напр. диагноз)* 2. твёрдый; стойкий, устойчивый 3. чёткий *(напр. об ощущении)*

first-aid ['fəːst-'eid] 1. первая помощь 2. скорая помощь 3. *мед. тех.* аварийный ремонт

first-aider ['fəːst-'eidə] лицо, обученное правилам оказания первой помощи

first-birth ['fəːst-'bəːθ] первые роды

first-born ['fəːst-'bɔːn] 1. первенец 2. родившийся первым

first-choice ['fəːst-'tʃɔis] метод первого выбора, оптимальный выбор *(напр. лекарственного средства)*

first-pass-effect [fəːst-paːs-i'fekt] *фарм.* пресистемный метаболизм, эффект первой порции крови *(поступающей в печень, где всосавшиеся в кишечнике вещества, подвергаются метаболизму)*

first-set ['fəːst-'set] первично пересаженный *(трансплантат)*

first-set-reaction ['fəːst-set-ri'ækʃn] первичное отторжение *(трансплантата)*

first-trimester ['fəːst-trai'mestə] первый триместр *(беременности)*

fischmaul [fiʃ'maʊl] *нем.* расщеплённый мочеточник *(для неоимплантации)*, «рыбья пасть»

fish [fiʃ] рыба; крабы, устрицы и пр.

canned ~ рыбные консервы

larvivorous ~ рыба, питающаяся личинками *(источник заражения)*

fission [fiʃn] 1. деление; дробление, сегментация 2. размножение делением клеток 3. *рад.* расщепление; распад

binary ~ простое [бинарное] деление *(ядра клетки)*

multiple ~ множественное деление

ternary ~ деление одной клетки с образованием трёх новых

fissura [fiˈsjuːrə], *pl.* **fissurae** [fiˈsjuːri] *см.* **fissure**

fissural [ˈfiʃjʊrəl] относящийся к трещине; щелевой

fissure [ˈfiʃə] **1.** трещина *(напр. кости)*; фиссура; щель, борозда || покрываться трещинами **2.** фиссура зуба

~ **in the Ego** *психоан.* трещина в Я

~ **of anus** трещина стенки заднего прохода

abdominal ~ гастрошизис *(врождённый дефект передней брюшной стенки)*

anal ~ анальная трещина

auricular ~ барабанно-сосцевидная щель

branchial ~ жаберная [бранхиогенная] щель

calcarine ~ шпорная [зрительная] борозда

down-slanting palpebral ~s антимонголоидный разрез глаз

enamel ~ фиссура зуба

interlobar ~ междолевая борозда *(в лёгком)*

longitudinal ~ продольная щель *(между полушариями головного мозга)*

maxillary ~ нёбно-верхнечелюстная борозда

oral ~ ротовое отверстие, рот

palpebral ~ щель век, глазная щель

portal ~ ворота печени

pterygopalatine ~ крылонёбная щель

rectal ~ *см.* **anal** ~

synaptic ~ синаптическая щель

up-slanting palpebral ~s монголоидный разрез глаз *(опущение внутренних углов глазных щелей)*

zygal ~ зигальная щель *(Н-образная фигура, образуемая бороздами головного мозга)*

fissured [fiˈʃuːrd] щелевой, щелевидный

fissurectomy [ˌfiʃuːˈrektəmi] иссечение свищевого хода

~ **for anal fissure** иссечение анальной трещины

fissuring [fiˈʃuːriŋ]:

plaque ~ разрыв атеросклеротической бляшки

fissurotomia [ˌfiʃuːrəʊˈtəʊmiə] рассечение трещин *(заднего прохода)*

fist [fist] кулак || ударить кулаком

clenched ~ сжатый кулак

open ~ раскрытая ладонь; удар раскрытой ладонью *(реанимационный приём)*

fist-fucking [ˈfist-ˈfʌkiŋ] фистфакинг *(введение кулака в анус/влагалище)*

fisticuff [ˈfistikʌf] **1.** удар кулаком **2.** кулачный бой

fisting [ˈfistiŋ] *суд. мед.* фистинг *(введение руки в прямую кишку)*

fistula [ˈfistjʊlə], **fistulae** [ˈfistjʊli] **1.** свищ, фистула **2.** стома **3.** анастомоз

~ **bimucosa 1.** двусторонний (прямокишечный) свищ **2.** двойной кишечный свищ

~ **of anus** анальный [прямокишечный] свищ

abdominal ~ свищ брюшной полости

allied ~s свищи смежных органов

amphibolic ~ *см.* **complete** ~

aortocaval ~ аортокавальная фистула

arteriovenous ~ артериовенозный свищ, *pl.* артериовенозные анастомозы

atrio-ventricular ~ атриовентрикулярный канал

biliary ~ жёлчный свищ

blind ~ *см.* **incomplete** ~

branchial ~ бранхиогенная [жаберная] щель

bronchial ~ бронхиальный свищ; свищ культи бронха

bronchoesophageal ~ *см.* **esophago-bronchial** ~

carotid-cavernous ~ каротидно-кавернозный свищ, каротидно-кавернозное соустье

cerebrospinal-fluid ~ ликворный свищ *(подпаутинного пространства)*

cervical ~ *см.* **branchial** ~

coccygeal ~ *см.* **pilonidal** ~

complete ~ полный (прямокишечный) свищ *(с открытыми концами)*

coronary arteriovenous ~ коронарный артериовенозный свищ

enteric ~ тонкокишечный свищ

enterocutaneous ~ тонкокишечно-кожный свищ

entero-enteric ~ тонко-тонкокишечный свищ

enteroperineal ~ ректо-промежностный свищ

enterovesical ~ пузырно-тонкокишечный свищ; кишечно-пузырная фистула

esophago-bronchial ~ пищеводно-бронхиальный свищ

fecal ~ *см.* **stercoral** ~

gastric ~ **1.** желудочный свищ **2.** гастростома

gingival ~ десневой свищ

hepatic arteriovenous ~ внутрипечёночный артериовенозный свищ

horseshoe ~ подковообразный свищ прямой кишки

ileovesical ~ подвздошно-пузырный свищ

incomplete ~ неполный (прямокишечный) свищ

inside tracheoesophageal ~ внутренний трахеопищеводный свищ

lacteal ~ свищ молочной железы

oroantral ~ ороантральный свищ *(между полостью рта и гайморовой пазухой)*

palatal ~ дефект [расщелина] твёрдого нёба

perianal ~ параректальный свищ

peritoneal-perineal ~ брюшинно-промежностный свищ

persistent ~ незаживающий [хронический] свищ

pharyngeal ~ глоточный свищ

pilonidal ~ эпителиальный копчиковый ход, пилонидальный свищ

preauricular ~ предушная [околоушная] фистула

recto-bladder ~s *см.* **rectovesical** ~

rectofourchette ~ удвоенный параректальный свищ

rectourethroperineal ~ ректоуретроперинеальный свищ

rectovaginal ~ прямокишечно-влагалищный свищ

rectovesical ~ прямокишечно-пузырный свищ

reverse Eck ~ Экка портокавальный анастомоз

stercoral ~ каловый [толстокишечный] свищ

tracheoesophageal ~ пищеводно-трахеальный свищ

tubercular ~ туберкулёзный свищ

urachal ~ мочевой свищ пупка, открытый [функционирующий] мочевой проток

urethral ~ уретральный свищ, свищ мочеиспускательного канала

urinary ~ мочевой свищ

vesicovaginal ~ пузырно-влагалищный свищ

fistular [ˈfistʊlə] свищевой; полый

fistulectomy [ˌfistuːˈlektəmi] иссечение свища

fistulization [ˌfistuːliˈzeiʃn] **1.** вскрытие абсцесса с дренированием полости **2.** наложение анастомоза **3.** образование свища или стомы *(напр. желудка)*

~ **of esophagus** эзофагостомия; эзофагостома

~ **of thoracic duct** дренирование грудного лимфатического протока

fistulotomy [ˌfistuːˈlɒtəmi] рассечение свища

fit¹ [fit] пригонка; подгонка; оптимальное соответствие || подгонять; пригонять, прилаживать; устанавливать

~ **for operation** операбельный, способный перенести операцию

~ **to drive** годный (по состоянию здоровья) к вождению *(автомобиля)*

~ **to treatment** пригодный для лечения *(напр. метод)*

body ~ совершенствование телосложения *(с помощью физических упражнений)*

appropriate ~ хорошее [подходящее] соответствие

induced ~ индукционная подгонка *(изменение в конформации фермента с целью приспособления его к структуре субстрата)*

respirator ~ подгонка респиратора

fit² **1.** приступ, припадок; судороги, пароксизм **2.** *разг.* внезапная потеря функции

~ **of apoplexy** геморрагический инсульт, апоплексический удар

~ **of coughing** приступ кашля

~ **of rage** *sl.* припадок бешенства

auditory ~ слуховые галлюцинации

cold ~ озноб

eclamptic ~ приступ эклампсии

fainting ~ **1.** обморок, синкопе; потеря сознания **2.** слабость

psychomotor ~ психомоторное беспокойство с потерей сознания

running ~ прокурсивный эпилептический припадок

visual ~ зрительные галлюцинации

fit-looking [ˈfit-ˈlʊkiŋ] здоровый внешний вид

fitness [ˈfitnes] **1.** выносливость, натренированность, хорошее состояние здоровья **2.** пригодность, соответствие **3.** фитнес *(приведение телосложения к желаемому посредством комплекса физических упражнений)*

~ **for occupational therapy** подготовленность к восстановительной терапии

~ **for physiotherapy** показания для физиотерапии

~ **for service [work]** пригодность для эксплуатации; пригодность к работе

~ **of patient** выносливость больного

~ **to drive** годность к вождению *(автомобиля)*

~ **to proceed** способность предстать перед судом

all-round ~ общая физическая подготовленность

Darwinian ~ естественный отбор по Дарвину *(показатель успешности размножения данного организма по сравнению с другими особями)*

health-related ~ уровень физической подготовки

personal ~ хорошее состояние здоровья

physical ~ физическая подготовленность; физическая пригодность *(напр. к военной службе)*

total motor ~ общая двигательная способность

fitter [ˈfitə] техник-ортопед

fitting [ˈfitiŋ] **1.** подгонка; прилаживание; примерка *(напр. зубного протеза)* **2.** переходник, соединительная часть *(напр. катетера)* **3.** годный, пригодный

~ **a normal distribution to sample data** *стат.* сопоставление с нормальным распределением собранных данных

~ **of curves** построение кривых *(по данным исследований)*

~ **of pharmacokinetic models** выбор фармакокинетических моделей

~ **of presentation** вставление предлежащей части плода

contact lens ~ подбор контактных линз

hearing aid ~ слуховой аппарат

yoke ~ хомутовое присоединение *(баллона с газом в наркозном аппарате)*

fix [fiks] **1.** укреплять, закреплять **2.** внедрять **3.** точно определять местоположение **4.** *sl.* доза наркотика || принимать наркотик

~ **dentures on teeth** укреплять протез на зубах

fixateur [fiksæˈtɔː] *фр.* комплементсвязывающее антитело

fixation [fikˈseiʃn] **1.** закрепление *(напр. навыка)*, иммобилизация, фиксация; связывание **2.** сгущение; затвердевание; связывание *(напр. комплемента)*; усвоение *(веществ)* **3.** тяготение; пристрастие; *психоан.* фиксация личности на определённом объекте

~ **by freezing and drying** *гист.* фиксация методом лиофилизации; лиофилизация

~ **by perfusion** *гист.* фиксация методом перфузии

~ **of protein** отложение белка *(в тканях)*

binocular ~ бинокулярная фиксация *(глаз)*

complement ~ реакция связывания комплемента, РСК

delayed ~ отсроченный остеосинтез

epitympanic ossicular ~ фиксация слуховых косточек в надбарабанном пространстве

excentric ~ эксцентрическая фиксация *(глаз)*

external ~ накостный остеосинтез

father ~ фиксация на отце

internal [intramedullary, intraosseous] ~ внутрикостная фиксация, интрамедуллярный остеосинтез

libidinous ~ либидинозная фиксация, половое влечение

nail-plate ~ остеосинтез гвоздём с накладкой

nitrogen ~ азотфиксация *(перевод атмосферного азота в растворимую, биологически доступную форму)*

Oedipus ~ *психоан.* Эдипов комплекс *(бессознательное эротическое влечение ребёнка к родителю противоположного пола и связанное с этим соперничество с родителем того же пола)*

plate ~ фиксация отломков кости пластинкой

Reiter protein complement ~ реакция связывания комплемента с протеиновым антигеном Рейтера

semirigid ~ полужёсткая фиксация *(напр. костных отломков)*

skeletal ~ остеосинтез *(жёсткая фиксация отломков кости)*

fixative [ˈfiksətiv], **fixator** [fikˈseitə] **1.** фиксатор || фиксирующий, закрепляющий **2.** комплементсвязывающее антитело

fixed [fikst] **1.** неподвижный, стационарный; закреплённый **2.** постоянный, стойкий *(напр. о контрактуре)*; определённый; установленный, заданный *(напр. ритм* *кардиостимулятора)* **3.** плохо растворяющийся, нелетучий, связанный *(напр. о кислоте)* **4.** общепринятый *(о медикаменте)*

fixed-dose ['fikst-'dəʊz] фиксированная доза

fixture ['fikstʃə] зажим, зажимное устройство

  clamping ~ зажимная скоба

flabby ['flæbi] отвислый; вялый, дряблый

flaccidity [flæk'siditi] **1.** слабость, вялость, атоничность **2.** бессилие; нерешительность

  abdominal ~ дряблость мышц брюшной стенки

  facial ~ дряблая кожа лица

flag [flæg]:

  yellow ~ карантинный флаг *(жёлтого цвета)*

flagellant ['flædʒələnt] флагеллянт, флагелломан *(лицо, занимающееся флагелляцией)*

flagellation [,flædʒə'leiʃn] **1.** поколачивание *(приём массажа)* **2.** флагелляция, садомазохизм *(истязание себя или кого-л. с целью полового удовлетворения)*

flagelloman [,flæ'dʒeləʊ,mæn] *см.* **flagellant**

flagellosis [,flædʒə'ləʊsis] флагеллёз *(заболевание, вызванное жгутиконосцами, напр. трихомоноз)*

flagellum [flə'dʒeləm], *pl.* **flagella** [flə'dʒelə] жгутик; ресничка

  sperm ~ жгутик сперматозоида

flail [fleil] патологически подвижный; разболтанный *(о суставе, грудной клетке)*

flake [fleik] **1.** чешуйка **2.** *pl.* хлопья **3.** выпадать в виде хлопьев; превращать(ся) в чешуйки; расслаиваться; отслаиваться; шелушиться; трескаться

  ~s of scurf перхоть

  ~ed out *sl.* потерявший сознание от наркотика

flaky ['fleiki] *sl.* привыкший к употреблению кокаина

flame ['fleim] **1.** пламя ‖ стерилизовать пламенем, фламбировать **2.** яркий свет **3.** пыл, страсть

  photometry ~ пламенная фотометрия

flameburned ['fleim'bə:nd] обожжённый пламенем

flame-proof ['fleim-'pru:f] **1.** огнестойкий **2.** взрывобезопасный

flaming ['fleimiŋ] стерилизация пламенем, фламбирование

flammable ['flæməbl] легко воспламеняемый *(напр. анестетик)*

flange [flændʒ] фланг; граница

  abdominal ~ боковой отдел [фланг] живота

  denture ~ граница полного съёмного протеза

flank [flæŋk] бок, сторона

flank-bone ['flæŋk-'bəʊn] подвздошная кость

flap [flæp] **1.** лоскут; лоскут на ножке **2.** трансплантат **3.** фрагмент, осколок, расщеплённая часть *(кости)* **4.** непроизвольное движение; тремор

  ~ of the ear ушная раковина

  abdominal tube ~ трубчатый лоскут с брюшной стенки

  advanced [advancement] ~ *см.* **sliding** ~

  bipedicle ~ *см.* **jump** ~

  bipolar scalp ~ мостовидный лоскут с волосистой части головы

  Boari ~ Боари лоскут *(трубка из стенки мочевого пузыря, используемая для замещения участка мочеточника)*

  bone ~ костный трансплантат

  calvarial ~ лоскут со свода черепа

  cartilage ~ фрагмент хряща *(напр. в полости сустава)*

  caudally-based ~ лоскут с хвостовидным основанием

  cellulocutaneous ~ кожно-подкожный лоскут

  composite ~ комбинированный лоскут *(включающий кожу, мышцы, сосуды)*

  cross ~ перекрёстный лоскут *(перемещаемый для закрытия дефекта на противоположном парном органе)*

  defatted ~ лоскут без подкожной клетчатки

  delayed ~ отсроченный лоскут *(пересадка которого осуществляется в две или более стадий)*

  deltoid ~ лоскут из дельтовидной мышцы

  detachable head ~ съёмный подголовник *(операционного стола)*

  direct ~ лоскут, закрывающий дефект в один этап

  distant ~ *см.* **jump** ~

  double pedicle ~ лоскут на двух ножках

  fasciocutaneous ~ кожно-фасциальный лоскут

  flat ~ плоский лоскут

  forked ~ вилообразный лоскут

  French ~ смещаемый лоскут

  full-thickness ~ полнослойный лоскут

  groin ~ лоскут с паховой области

  hinged ~ артериализованный лоскут

  immediate ~ *см.* **direct** ~

  Indian ~ *см.* **interpolated** ~

  integumentary ~ кожный лоскут; лоскут со слизистой оболочки

  interchanging triangular ~s встречные треугольные лоскуты

  interpolated ~ ротационный лоскут

  island ~ полнослойный лоскут [трансплантат] на сосудистой ножке

  island neurovascular ~ полнослойный лоскут на сосудисто-нервной ножке

  jump ~ мигрирующий филатовский стебель, мостовидный [стебельчатый, трубчатый] лоскут

  liver ~ «порхающий» тремор при печёночной коме

  marsupial ~ «сумчатый» лоскут

  microvascular free groin ~s микрохирургический кожно-мышечный лоскут из паховой области

  mucoperiosteal ~ слизисто-надкостничный лоскут

  musculocutaneous ~ кожно-мышечный лоскут

  omental pedicle ~ прядь сальника на ножке

  pedicle ~ лоскут на ножке

  rope ~ *см.* **jump** ~

  scalp ~ артериализованный лоскут с волосистой части головы

  skin ~ полнослойный кожный лоскут

  sliding ~ смещаемый [скользящий] лоскут

  split-thickness ~ расщеплённый лоскут

  trapezius osteomyocutaneous ~ костно-мышечный лоскут трапециевидной мышцы

  tube ~ *см.* **jump** ~

flare [fleə] **1.** прилив крови к лицу **2.** воспаление; гиперемия кожи **3.** красный дермографизм

flare-up ['fleər-ʌp] **1.** внезапное обострение болезни **2.** вспышка *(гнева)* **3.** световой сигнал

~ of chronic bronchitis обострение хронического бронхита

clinical ~ клинически выраженное обострение

flaring ['fleəriŋ] 1. ярко горящий 2. расширяющийся 3. бросающийся в глаза

nasal ~ раздувание крыльев носа

flash [flæʃ] 1. вспышка 2. короткий отрезок времени; мгновенный импульс || импульсный 3. подача воды вдоль диализирующей мембраны обратного осмоса для смыва отложений на ней 4. *sl.* «приход» *(ощущение начала действия наркотика)*

gamma ~ гамма-излучение

hot ~ приступообразное ощущение жара, «прилив» *(при климактерическом синдроме)*

flashback ['flæʃbæk] 1. *псих.* «стоп-кадр», «обратная вспышка» *(непроизвольное повторение галлюцинаторных переживаний, психоделических эффектов; искажение восприятия)* 2. *психол.* флэшбэк, ретроспекция *(1. взгляд в прошлое, 2. навязчивые психотравмирующие воспоминания)* 3. появление крови в шприце *(контроль при венепункции)*

flasher ['flæʃə] *псих.* эксгибиционист

flask [flæsk] 1. колба, склянка 2. (зуботехническая) кювета 3. фляга, ёмкость; баллон 4. *рад.* свинцовый контейнер

aspiration ~ аспирационная банка

assay ~ конический стакан для осаждения

boiling ~ колба для кипячения

Bunsen ~ *см.* **flat-bottomed ~**

Carrel ~ *см.* **culture ~**

catgut ~ банка для кетгута

culture ~ колба с культурой; колба для культивирования, Карреля флакон, матрас Ру

delivery ~ *см.* **volumetric ~**

dental ~ зуботехническая кювета

Dewar ~ 1. Дьюара сосуд 2. термос

distilling ~ перегонная колба

drip ~ капельница

Erlenmeyer ~ Эрленмейера коническая колба

filtering ~ фильтровальная колба

flat-bottomed ~ плоскодонная колба, Бунзена колба

fused silica ~s посуда из кварцевого стекла

glass-stoppered ~ колба с притёртой пробкой

graduated ~ *см.* **volumetric ~**

harvest ~ *см.* **culture ~**

Kjeldel ~ Кьельдаля колба *(толстостенная колба с длинным горлом для сжигания веществ при определении азота)*

oxygen ~ кислородный баллон

reaction ~ реактивная склянка

Roux ~ *см.* **culture ~**

sample ~ колба для проб; флакон для хранения образцов

separating ~ делительная [флорентийская] склянка

spinner ~ вращающаяся колба; центрифужная пробирка

vacuum ~ *см.* **Dewar ~**

volumetric ~ мерная [калиброванная] колба

flat [flæt] 1. плоский; ровный 2. притуплённый *(о перкуторном звуке)* 3. квартира 4. плоская склянка, матрас для культивирования клеток

medical ~ плоская медицинская склянка с крышкой

flatfoot ['flætfʊt] плоскостопие

flatfooted ['flæfʊtid] страдающий плоскостопием

flatness ['flætnəs] абсолютная тупость *(при перкуссии)*

flat-sours ['flæt-'sauəz] прокисшие консервированные продукты

flattening ['flætəniŋ] 1. уплощение *(в т. ч. эмоций, аффекта)* 2. расплющивание, сплющивание 3. выравнивание

~ of heart *рентг.* сглаживание талии сердца

~ of nose уплощение носа

~ of the base of the bladder уплощение [провисание] дна мочевого пузыря

~ of the vertebral body сплющивание тела позвонка

acetabular ~ уплощение вертлужной впадины

flatulence ['flætjʊləns] метеоризм, вздутие живота

flatulent ['flætjʊlənt] 1. страдающий от метеоризма 2. вызывающий образование газов *(в кишечнике)*

flatus ['fleitəs] 1. метеоризм 2. выделение газов из кишечника

flatworm ['flætwɜːm] плоский червь *(относящийся к паразитическим ленточным червям и трематодам)*

flavescent [flə'vesənt] желтеющий

flavine ['fleiviːn] флавин *(1. компонент рибофлавина 2. жёлтый краситель)*

flavivirus ['fleivəˌvairəs] флавивирус *(син. арбовирус B, возбудитель гепатита)*

Flavobacterium [ˌfleivəʊbæk'tiːriːəm] флавобактерии, пигментобразующие бактерии

flavone ['fleivəʊn] флавон *(флавоноид – бесцветная кристаллическая субстанция, способная снижать повышенную ломкость капилляров)*

flavonoids ['fleivənɔids] флавоноиды *(фенольные соединения высших растений – пигменты, дубильные вещества, антисептики, витамины, антиоксиданты)*

flavoprotein [ˌfleivəʊ'prəutiːn] флавопротеин *(белок, содержащий флавиновый нуклеотид)*

flavor ['fleivə] 1. вкус, привкус; приправа || придавать вкус; приправлять 2. запах, аромат 3. корригент *(индифферентное вещество, изменяющее вкус и запах)*

food ~s пищевые вкусовые добавки; ароматизаторы пищи

natural ~ естественный ароматизатор

"off ~" неприятный запах

subtile ~ слабый привкус

synthetic ~s синтетические ароматизаторы

flea [fliː] блоха *(бескрылое кровососущее насекомое)*

chigger [chigoe] ~ песчаная тропическая блоха *(возбудитель тунгиоза)*

rat ~ крысиная блоха

fleas [fliːz] блошивость

flebotomy [fle'bɒtəmi] флеботомия *(венопункция; венесекция)*

fleck [flek] 1. пятно; крапинка; частица 2. веснушка

~ of blood пятно крови

~ of dust пылинка

~s of mucus комочки слизи *(в фекалиях)*

flesh [fleʃ] 1. тело, плоть 2. полнота || полнеть 3. мышечная ткань 4. (сырое) мясо

to gain ~ полнеть

to lose ~ худеть

goose ~ гусиная кожа

proud ~ избыточные грануляции

flesh-wound ['fleʃ-'wuːnd] рана, затягивающаяся грануляциями

flexibilitas [ˌfleksi'bilitəs] *лат.*:

~ **cerea** «восковая гибкость» (*проявление кататонии*)

flexibility [ˌfleksi'biliti] 1. гибкость, пластичность; податливость 2. эластичность, упругость

adaptive ~ адаптивная пластичность

behavioral ~ пластичность поведения

developmental ~ пластичность в процессе развития

dose ~ широкий диапазон дозировки

genetic ~ генетическая пластичность

phenotypic ~ фенотипическая пластичность

shoulder ~ подвижность в плечевых суставах

waxy ~ восковая гибкость

Flexillo ['fleksiləʊ] *фирм.* портативный насос для энтерального питания

fleximeter [flek'simətə] угломер для измерения амплитуды движений в суставах

flexion ['flekʃn] сгибание, флексия, наклон ‖ согнутое или наклонное состояние

lateral ~ боковое сгибание, наклон вбок

plantar ~ сгибание стопы, подошвенная флексия

Flexitainer ['fleksiteinə] *фирм.* эластичный контейнер для энтерального питания

flexor ['fleksɔː] мышца-сгибатель, флексор

flexure ['flekʃə] 1. сгибание; выгибание 2. кривизна (*напр. желудка*), искривление; изгиб; прогиб

cephalic ~ *эмбр.* изгиб среднего мозга

cervical ~ *эмбр.* шейный изгиб спинного мозга

duodenal ~ изгиб двенадцатиперстной кишки

hepatic ~ правый [печёночный] изгиб ободочной кишки

mesencephalic ~ *см.* **cephalic** ~

sigmoid ~ сигмовидный изгиб ободочной кишки

splenic ~ левый [селезёночный] изгиб ободочной кишки

flick [flik] 1. лёгкий отрывистый удар; щелчок 2. звук удара или щелчка (*напр. щелчок открытия митрального клапана*) 3. резкое движение

flight [flait] 1. полёт; перелёт 2. импульсивное бродяжничество, пориомания

~ **into disease**, ~ **into illness** *психол.* «бегство в болезнь» (*извлечение пользы из нахождения в болезненном состоянии*)

~ **into health** «бегство в здоровье» (*мнимое исчезновение симптомов, изображаемое больным*)

~ **into work** «бегство в работу»

~ **of ideas** скачка идей, бессвязность мышления

mercy ~ доставка санавиацией раненых и больных

flip-flop ['flip-'flɒp] триггерная система аварийного оповещения, сигнальное устройство

floater ['fləʊtə] 1. флотатор, флот-машина (*аппарат, в котором осуществляется флотация ферментационной смеси*) 2. *pl.* «летающие мушки»

floating ['fləʊtiŋ] 1. плавающий; подвижный, свободный; флотирующий (*о грудной клетке*); смещающийся;

блуждающий (*напр. об органе, мутации*) 2. *sl.* состояние опьянения

cardiac ~ биение сердца

floc [flɒk] 1. комок, флокула 2. *pl.* хлопья ‖ образовывать хлопья

microbial ~ микробная флокула (*агрегаты микроорганизмов в суспензии*)

floccilegium [ˌflɒksi'liʤiəm], **floccillation** [ˌflɒksi'leiʃn] карфология; кроцидизм (*двигательное беспокойство делириозных больных*)

floccose ['flɒkəʊs] хлопьевидный (*напр. рост микрофлоры*)

flocculation [ˌflɒkjʊ'leiʃn] флоккуляция, хлопьеобразование; осаждение

cephalin-cholesterol ~ кефалин-холестериновая (коагуляционная) проба

microbial ~ агломерация микроорганизмов

thymol ~ тимоловая (осадочная) проба

floccule ['flɒkjuːl] *см.* **flocculus**

flocculent ['flɒkjʊlənt] хлопьевидный

flocculus ['flɒkjuːləs], *pl.* **flocculi** ['flɒkjʊli] 1. хлопья (осадка) 2. клочок (*червя мозжечка*)

floccus ['flɒkəs] 1. пуховое перо 2. *микол.* группа гиф

flood [flʌd] 1. разлитие, разлив, наводнение 2. поток; изобилие

~ **of anger** волна гнева

~ **of tears** потоки [море] слёз

~ **of words** поток слов

flooding ['flʌdiŋ] 1. профузное кровотечение 2. *псих.* погружение (*приём психотерапии фобий с подвержением пациента интенсивному воздействию пугающего объекта*)

~ **of pleural cavity** заполнение плевральной полости жидкостью (*для выявления просачивания воздуха из культи бронха*)

alveolar ~ пропотевание жидкости в альвеолы

floor [flɔː] *анат.* дно, основание; перегородка, диафрагма

~ **of spinal canal** нижний отдел позвоночного канала

~ **of vesicles** основание воспалительного пузырька

mouth ~ дно полости рта

pelvic ~ диафрагма таза; тазовое дно

vaginal ~ свод влагалища

ventral ~ **of atlas** вентральная поверхность атланта (*первого шейного позвонка*)

floppy ['flɒpi] 1. дряблый, вялый (*о мышцах*) 2. ленивый, пассивный (*напр. об уме*) 3. пролапс створки митрального клапана

flora ['flɔːrə] 1. растительный мир 2. микроорганизмы

cultivated ~ выращенная флора

dermal ~ кожная микрофлора

digestive ~ микрофлора пищеварительного тракта, кишечная флора

resident ~ резидентная флора (*напр. постоянно обитающая в кишечнике*)

specific pathogen ~ специфическая патогенная микрофлора

vaginal ~ микрофлора влагалища

Floradophilus ['flɒrədəʊˌfiləs] *фирм.* эубиотик (*нормализатор микрофлоры толстой кишки; состоит из лиофильно высушенных бифидобактерий*)

florid ['flɒrɪd] **1.** цветущий *(о сыпи)* **2.** красный; багровый *(о цвете лица)* **3.** острый *(напр. приступ психоза)*; скоротечный

floss [flɒs] **1.** пух, пушок **2.** флосс *(зубная нить)*

flossing ['flɒsɪŋ] чистка нитью межзубных промежутков

flotation [fləʊ'teiʃn] **1.** плавучесть **2.** флотация *(процесс разделения твёрдых частиц, а также выделения капель дисперсной фазы из эмульсии)*

~ **of spermatozoa** флотация сперматозоидов *(получение фракций подвижных сперматозоидов в специальных питательных средах)*

fecal ~ флотационный метод *(определения паразитов в кале)*

flow [fləʊ] **1.** течение, ток; истечение ‖ литься; течь; истекать **2.** *узи* количество протекающей [проходящей] жидкости ‖ проточный *(напр. о методе)* **3.** менструация ‖ менструировать

~ **of blood 1.** менструация; маточное кровотечение **2.** кровоток; циркуляция крови

~ **of dye** прохождение контрастного вещества

~ **of milk** галакторея

~ **of pus** гноетечение

~ **of tears** слёзотечение

air ~ **on expiration** поток выдыхаемого воздуха

air ~ **on inspiration** поток вдыхаемого воздуха

axoplasmatic ~ аксоплазматический поток, аксональный транспорт

bile ~ выделение жёлчи

bypass ~ **1.** перемещение (химуса) по обходному анастомозу **2.** кровоток по шунту

continuous ~ непрерывный поток

coronary blood ~ коронарный [венечный] кровоток

current ~ электрический ток

cyclic electron ~ циклический перенос электронов

digesta ~ продвижение химуса по кишечнику

disturbed blood ~ нарушение кровотока

eddy ~ вихревое течение

eluent ~ *лаб.* смывающий поток, элюент

excessive ~ **of saliva** обильное слюнотечение

exercise hyperemia blood ~ рабочая (нагрузочная) гиперемия

forced expiratory ~, **FEF** поток форсированного выдоха *(во время измерения форсированной жизненной ёмкости лёгких)*

gene ~ генетический дрейф, поток [миграция] генов *(изменение частот генов в ряду поколений, обусловленное случайными событиями митоза, оплодотворения и размножения)*

hepatic blood ~ кровообращение печени

high transmitral ~ увеличение кровотока через митральный клапан

impaired venous ~ нарушение венозного оттока

inspiratory triggering ~ объёмная скорость тока газа, запускающая систему искусственной вентиляции лёгких

laminar ~ ламинарное течение

noncyclic electron ~ нециклический перенос электронов

peak expiratory ~ максимальная скорость выдоха, пик объёмной скорости выдоха

peak forearm ~ максимальная скорость кровотока в сосудах предплечья

placentofetal blood ~ фетоплацентарный кровоток

regional cerebral blood ~ регионарный мозговой кровоток

regurgitant ~ обратный ток, регургитация, рефлюкс *(напр. крови)*

renal plasma ~ почечный плазмоток

saliva [**salivary**] ~ отделение [секреция] слюны; слюноотделение, слюнотечение

shunt ~ шунтирующий кровоток

streamline ~ *см.* **laminar** ~

transcapillary ~ капиллярный кровоток

tumor blood ~ кровоснабжение в опухоли

turbulent ~ турбулентное течение

urine ~ **1.** выделение мочи **2.** объём выделяемой мочи, диурез

visceral blood ~ кровоток во внутренних органах, кровоснабжение внутренних органов

xenon blood ~ определение кровотока с помощью радиоактивного ксенона

flowability ['fləʊəbiliti] **1.** текучесть **2.** подвижность

flower ['flaʊə] **1.** цветок; цветковое растение **2.** цветение; расцвет **3.** *pl., sl.* соцветия конопли

lime ~s липовый цвет

poison ~ паслён сладко-горький *(Solanum dulcamara)*

yellow ~ горчица полевая *(Sinapis arvensis)*

flowing ['fləʊɪŋ]:

backward ~ перемещение [выброс] содержимого полого органа в обратном направлении *(напр. регургитация пищи)*

flowmeter ['fləʊmiːtə] флоуметр, расходомер, объёмный счётчик *(жидкости, газа)*

blood ~ измеритель скорости кровотока, расходомер крови

laser doppler ~ лазерный допплеровский расходомер *(для измерения кровотока)*

oxygen ~ кислородный флоуметр, измеритель потока кислорода

ultrasonic ~ ультразвуковой флоуметр

volumetric ~ объёмный расходомер

flowmetry ['fləʊmətri]:

doppler ~ допплеровская флоуметрия

duplex ~ дуплексная флоуметрия

pulsed doppler ~ импульсная допплеровская флоуметрия

ultrasonic volume ~ объёмная ультразвуковая флоуметрия

flow-sheet ['fləʊ-ʃiːt] схема технологического процесса

flu [fluː] *разг.* грипп

sichuan ~ вирулентный штамм гриппа

yuppie ~ *англ.* миалгический энцефаломиелит

fluctuate ['flʌktjʊeit] **1.** колебаться, быть неустойчивым **2.** флюктуировать; пульсировать

fluctuated ['flʌktjʊeitid] **1.** перемежающийся; меняющийся, колеблющийся **2.** мягкоэластической консистенции *(напр. о грыже)*

fluctuation [,flʌktjʊ'eiʃn] колебание, неустойчивость, флюктуация *(пальпаторный феномен волнообразного движения в заполненных жидкостью полостях тела)*

~ of duodenal ulcer обострение язвы двенадцати-перстной кишки

~s of mood, mood ~s колебания настроения; неустой-чивое настроение

population ~ изменения численности популяции

postprandial ~ постпрандиальные колебания *(напр. содержания в крови глюкозы)*

sensor ~ сенсорная флуктуация *(колебания величины ощущения при неизменной интенсивности физического раздражения)*

weight ~s изменения [колебания] массы тела

fluency ['fluːənsi]:

word ~ беглость речи

fluent ['fluːənt] плавный, ненапряжённый *(напр. о речи)*

fluid ['fluːid] **1.** жидкость; жидкая среда; раствор ǁ жид-кий, текучий; жидкостный **2.** газ; газообразная среда

~ of body тканевая жидкость; биологическая жидкость

~s of choice выбор жидкостей для инфузионной терапии

abdominal ~ перитонеальный выпот

amniotic ~ околоплодные воды, амниотическая жидкость

ascitic ~ асцитическая жидкость

balanced ~ сбалансированный раствор *(напр. Рингера)*

bile-stained ~ желудочное содержимое, окрашенное жёлчью

blister ~ содержимое волдыря

body ~s 1. общая вода организма, содержание воды в организме **2.** биологические жидкости *(кровь, моча, спинномозговая жидкость, желудочный сок и др.)*

cerebrospinal ~ цереброспинальная жидкость, ликвор

culture ~ культуральная жидкость, жидкая питательная среда

cystic ~ содержимое кисты

dental pulp ~ тканевая жидкость пульпы зуба

dialysis ~ диализирующий раствор

embalming ~ *sl.* «бальзам» *(галлюциноген)*

extracellular ~ внеклеточная жидкость

fixing ~ (жидкий) фиксатор

follicular ~ фолликулярная жидкость

interstitial ~ тканевая [интерстициальная, внеклеточ-ная] жидкость *(составляет около 16 % массы тела)*

intracellular ~, ICF внутриклеточная жидкость *(составляет 30–40 % массы тела)*

intraocular ~ внутриглазная жидкость

joint ~ синовиальная жидкость

lavage ~ промывная жидкость

lesion ~ *см.* **blister ~**

maintenance ~s возмещение жидкости, инфузионная терапия

middle ear ~ отделяемое из среднего уха

pancreatic ~ сок [секрет] поджелудочной железы

parturient ~ *см.* **amniotic ~**

physiological ~ биологическая жидкость здорового организма

plaque ~ жидкая часть зубного налёта

plasma replacement ~ плазмозамещающий раствор, плазмозаменитель

pleural ~ плевральный выпот, плевральная жидкость

prostatic ~ секрет [сок] предстательной железы

pulmonary lavage ~ бронхоальвеолярная лаважная жидкость; смыв с бронхов

radiopaque ~ жидкое рентгеноконтрастное средство

Scarpa's ~ эндолимфа

seminal [spermatic] ~ сперма, семенная жидкость

spinal ~ *см.* **cerebrospinal ~**

supernatant ~ надосадочная жидкость, супернатант

supportive ~ поддерживающая инфузионная терапия

testicular ~ *см.* **seminal ~**

tissue ~ *см.* **interstitial ~**

vaginal ~ влагалищные выделения

fluidimeter [fluːˈidimətə] вискозиметр

fluidity [fluːˈiditi] **1.** жидкое состояние **2.** газообразное состояние **3.** текучесть; подвижность

blood ~ текучесть крови *(обратная величина вязкости)*

membrane ~ in endothelial cells текучесть мембран в эндотелиальных клетках

fluid-overloaded ['fluːid-əʊvəˈləʊdid] отёчный, пастозный

fluid-restricted ['fluːid-riˈstriktid] с ограниченным вве-дением жидкости

fluke [fluːk] *параз.* трематода; гельминт, паразитирую-щий в жёлчных и панкреатических протоках

adult ~ половозрелая трематода

blood ~ шистосома

bronchial ~ *см.* **lung ~**

catliver ~ кошачья двуустка

lancet ~ ланцетовидная двуустка

liver ~ печёночная двуустка

lung ~ лёгочная двуустка, парагонимус

flu-like [fluː-laik] гриппоподобный

fluor ['fluːɔːr] флуоресцирующий агент

~ albus *гинек.* бели

fluorescein [fluːˈresiːn] флуоресцеин, флуоресцирующий краситель

fluorescence [fluːˈresəns] флуоресценция, флуоресцен-ция, свечение, люминесценция

blotchy ~ *офт.* пятнистая флуоресценция

green ~ зелёное свечение *(при освещении лампой Вуда)*

individual ~ собственная флуоресценция

light-induced ~ флуоресценция, индуцированная светом

fluoridation [ˌfluːriˈdeiʃn] фторирование *(питьевой воды)*

fluoride ['fluːrid] фторид ǁ фтористый

sodium ~ *стом.* натрия фторид

stannous ~ фтористое олово; фторид олова

fluorimeter [fluˈrimətə] флуориметр *(прибор для изме-рения интенсивности люминесценции)*

fluorine ['fluːriːn] фтор, F

fluoroassay [ˌfluːrəʊˈæsei] флуоресцентный метод

fluorochrome ['fluːrəʊkrəʊm] флуорохром; люминофор, люминесцентная краска

fluorochroming [ˌfluːrəʊˈkrəʊmiŋ] метка [мечение] флу-оресцирующей краской

fluoroimmunoassay [ˌfluːrəʊˌimjunəʊˈæsei]:

polarization ~ иммунофлуоресцентный анализ, метод ИФА

time-resolved ~ разделённый во времени флуороим-мунологический метод

fluorometry [fluːˈrɒmətri] флуорометрия

mixed-dye ~ флуорометрия после окрашивания несколькими красителями

time-resolved ~ импульсная флуорометрия

fluoroplast [ˌfluːrəʊˈplæst] фторопласт

fluoroscope [ˈfluːrəʊskəʊp] рентгеновский аппарат; флюороскоп

mobile ~ передвижной рентгеновский аппарат

fluoroscopy [fluˈrɒskəpi] рентгеноскопия, флюорография

biplane ~ двухпроекционная рентгеноскопия

computerized ~ компьютерное воспроизведение рентгенологического исследования

undertable ~ рентгеноскопия в горизонтальном положении, рентгеноскопия на трохоскопе

fluorosis [fluˈrəʊsis] флюороз (*хроническая интоксикация фтором*)

dental ~ флюороз зубов

skeletal ~ флюороз скелета

flurried [ˈflʌriid] возбуждённый, оживлённый

flush [flʌʃ] 1. гиперемия, прилив крови (*к лицу*), внезапное покраснение (*лица, шеи*) || приливать (*о крови*); краснеть 2. приступ (*лихорадки*) 3. промывка, промывание напором струи (*напр. раны*) || промывать (*сильной*) струёй 4. подача воды вдоль мембраны обратного осмоса диализатора для смыва отложений на ней 5. продувка (*воздухом*)

ear ~ промывание уха

ethanol-provoked ~ вызванная этанолом гиперемия

hectic ~ лихорадочный румянец

hot ~es «приливы» (*обычно при климаксе*)

local ~ местное орошение (*напр. лобной пазухи раствором антибиотика*)

peritoneal ~ гиперемия брюшины (*эндометриоз*)

pulmonary artery ~ перфузия лёгочной артерии

vigorous ear ~ промывание ушей под давлением

flushes [ˈflʌʃiz] промывные воды (*напр. для цитологического исследования*)

flutter [ˈflʌtə] 1. трепетание, дрожание 2. осцилляция; вибрация; флаттер

~ **of leaflets** трепетание створок (*клапана*)

atrial [auricular] ~ трепетание предсердий

clockwise atrial ~ трепетание предсердий с циркуляцией импульса по часовой стрелке

counterclockwise atrial ~ трепетание предсердий с циркуляцией импульса против часовой стрелки

diaphragmatic ~ быстрые ритмические сокращения диафрагмы (*с частотой около 150 в мин.*)

diastolic ~ диастолическая осцилляция (*о створках клапана*)

evoked atrial ~ вызванное трепетание предсердий

impure ~ аритмичное смешанное трепетание предсердий

mediastinal ~ флотация средостения

pure ~ ритмическое трепетание

ventricular ~ трепетание желудочков, желудочковая тахисистолия

flutter-fibrillation [ˈflʌtə-fibriˈleiʃn] сочетание трепетания и мерцания

flux [flʌks] 1. поток; течение 2. избыточное выделение, избыточное отделение, истечение || обильно выделяться, течь; очищать (*кишечник*)

alvine ~ 1. понос, диарея 2. жидкие испражнения

bile acid ~ выделение жёлчных кислот

bloody ~ 1. дизентерия 2. кровянистые выделения (*из кишечника*); кровавый понос

calcium ~es истечение кальция (*из слюнной железы*)

electrolyte ~es обмен электролитов

high ~ высокая проницаемость гемодиализной мембраны типа «хай-флукс»

low ~ нормальная проницаемость гемодиализной мембраны типа «лоу-флукс»

magnetic ~ магнитный поток

menstrual [monthly] ~ менструация, месячные

radiant ~ поток излучения, лучистый поток

sebaceous ~ стеаторея, жировые испражнения

secretory ~ 1. выделение сока железой 2. секретируемая жидкость

tracer ~ поток меченых соединений

fly [flai] 1. муха 2. крылатое насекомое (*москиты, комары, слепни и др.*)

bar ~ *см.* **fruit** ~

black ~ чёрная муха

bloodsucking ~ies кровососущие мухи

cheese ~ сырная муха

corpse ~ трупная муха

dung ~ навозная муха

filth ~ комнатная муха

flesh ~ серая мясная муха

fruit ~ дрозофила, плодовая мушка

green-bottle ~ падальная зелёная муха

house ~ домашняя муха

Russian ~ *см.* **Spanish** ~

sand ~ москит

Spanish ~ шпанская мушка (*водяной жук*)

tabanid ~ слепень

tsetse ~ муха цеце, глоссина

vector ~ies двукрылые переносчики инфекции

foalfoot [ˈfəʊlfʊt] мать-и-мачеха обыкновенная (*Tussilago farfara*)

foam [fəʊm] 1. пена || пениться 2. пенопласт

human fibrin ~ фибринная гемостатическая губка

spermicidal ~ спермацидная губка

focal [ˈfəʊkəl] 1. очаговый, местный, локальный 2. *опт.* фокусный (*напр. о расстоянии*) 3. центральный; основной; главный; узловой

focalization [ˌfəʊkəˈlaizeiʃn] локализация, ограничение распространения (*напр. инфекционной болезни*)

foci [ˈfəʊsai] *pl. от* **focus**

combined ~ сочетанные очаги (*напр. клещевого боррелиоза и клещевого энцефалита*)

residual ~ **of infection** остаточные очаги инфекции

unrecognized ~ **of infection** нераспознанные очаги инфекции

focus [ˈfəʊkəs], *pl.* **foci** [ˈfəʊsai] 1. очаг (*патологического процесса*) 2. оптический фокус; фокусное расстояние (*линзы*) || фокусировать, аккомодировать 3. сосредотачивать (*внимание*) 4. эпицентр землетрясения

to ~ **on the dominant problem** сосредоточиться на главной проблеме

~ **of disease** очаг болезни

~ **of infection** 1. инфекционный очаг 2. гнойный очаг

~ **on grain dust** контакт с зерновой пылью

abnormal automatic ~ эктопический очаг автоматизма *(в предсердиях)*

Ghon's ~, **primary** ~ **of tuberculosis** первичный туберкулёзный комплекс, Гона очаг

ventricular escape ~ очаг, замещающий желудочковый ритм

wandering ~ эктопический очаг возбуждения *(миокарда)*

focusing ['fəʊkəsɪŋ] фокусировка, наводка на резкость

isoelectric ~ изоэлектрофокусирование *(метод разделения ионизированных молекул в среде с фиксированным градиентом значений pH)*

fog [fɒg] **1.** густой туман ‖ окутывать туманом **2.** дым или пыль в воздухе, мгла **3.** вуаль, матовость

gray ~ вуаль, пелена перед глазами

mental ~ спутанность сознания

fogger ['fɒgə] аэрозольный распылитель

fogging ['fɒgɪŋ] вуаль, затемнение; потускнение *(рентгеновской плёнки)*

long-storage ~ вуаль на старых рентгеновских плёнках

marginal ~ краевая вуаль, краевая нечёткость, нерезкость контуров *(на рентгеновской плёнке)*

foil ['fɔɪl] **1.** фольга **2.** крышка чашки Петри

folacin ['fəʊləsɪn] фолиевая кислота, витамин B$_c$, витамин B$_9$, витамин M

folate ['fəʊleɪt] соль фолиевой кислоты, фолат

fold [fəʊld] **1.** *анат.* складка; сгиб ‖ сгибать **2.** слой

10-~ десятикратное увеличение *(напр. содержания свинца в моче)*

alar ~s крыловидные складки *(коленного сустава)*

amniotic ~s *эмбр.* складки амниона

aryepiglottic ~s черпалонадгортанные складки

cecal ~s слепокишечные складки

ciliary ~s ресничные складки

circular ~s круговые [керкринговые] складки *(слизистой оболочки тонкой кишки)*

Douglas' ~ **1.** прямокишечно-маточная [дугласова] складка **2.** дугообразная [полукружная] складка

epicanthal [**epicanthine**] ~ эпикантус *(вертикальная кожная складка, прикрывающая медиальный угол глазной щели)*

fibrotic ~ тяж, фиброзная спайка

fimbriated ~ бахромчатая складка *(языка)*

glossoepiglottic ~s язычно-надгортанные складки

gluteal ~ ягодичная складка

Hasner's ~ слёзная складка, складка носослёзного канала, складка Гаснера

head ~ *эмбр.* краниальная складка

incudal ~ складка наковальни

inguinal ~ паховая складка

interureteric ~ межмочеточниковая складка

iridial ~s складки радужки

Kerckring's ~s *см.* **circular** ~s

mallear ~ молоточковая складка

medullary ~ *эмбр.* нервная [медуллярная] складка

mononucleotid ~ центр связывания мононуклеотидов

muco-gingival ~ переходная складка преддверия рта

nail ~ ногтевой валик

nasolabial ~ носогубная складка

neural ~ *см.* **medullary** ~

palpebronasal ~ *см.* **epicanthal** ~

pharyngoepiglottic ~ глоточно-надгортанная складка

rectouterine ~ *см.* **Douglas'** ~ 1

rectovesical ~ прямокишечно-пузырная складка

retinal ~ складчатость сетчатки *(глаза)*

salpingopalatine ~ трубно-нёбная складка

salpingopharyngeal ~ трубно-глоточная складка

semilunar ~ полулунная складка *(напр. заднепроходного столба)*

skin ~ кожная складка

transverse ~s **of rectum** поперечные складки прямой кишки

ventricular ~s преддверные складки гортани, ложные голосовые связки

vocal ~ голосовая складка

folded ['fəʊldɪd] **1.** складчатый; сложенный **2.** упорядоченный *(о белке)*

folding ['fəʊldɪŋ] **1.** образование складок **2.** *ген.* фолдинг *(укладка белков в спиральную структуру)* **3.** обхват

"blind ~" *иммун.* «ослепление» *(снижение способности распознавать антигены)*

limb ~ «складывание» конечностей *(плода в матке)*

folia ['fəʊlɪə] *pl. от* **folium 1.** лист, листья **2.** тонкая анатомическая структура

~ **Betulae** листья берёзы

~ **Melissae** листья мяты лимонной

~ **Menthae pip.** листья мяты перечной

~ **Sennae** листья сенны

~ **Spinaciae** листья шпината

folie [fɔʊ'li:] *фр.* психоз; мания

~ **circulaire** *фр.* маниакально-депрессивный [циркулярный] психоз, циклофрения

~ **à deux** *фр.* помешательство вдвоём, психоз у двоих *(форма индуцированного бреда с одинаковыми по содержанию идеями у двух человек)*

~ **à double forme** *фр.* «сдвоенный психоз», смешанное расстройство *(чередование маниакальных и депрессивных приступов с интермиссией)*

~ **à famille** *фр.* семейное помешательство

~ **à trois** *фр.* помешательство втроём, психоз у троих *(форма индуцированного бреда)*

~ **à quatre** *фр.* помешательство вчетвером; психоз, охватывающий четырёх человек

~ **du doute** *фр.* мания сомнений *(генерализованные тревожные сомнения, сопровождающиеся «погружением» в проверочные ритуалы)*

~ **gemellaire** психоз близнецов

~ **morale** «моральное помешательство»

~ **musculaire** тяжёлая хорея

~ **raisonnante** резонёрствующая мания

~ **transformee** видоизменённое помешательство *(заимствование бреда одними больными от других, индуцированный бред)*

folium ['fəʊlɪəm], *pl.* **folia** ['fəʊlɪə] листок *(тонкая структура, напр. складка на поверхности мозжечка)*

follicle ['fɒlɪkl] фолликул, пузырёк, мешочек; сумка

aggregated ~s групповые лимфатические фолликулы, пейеровы бляшки

atretic ~ атретический фолликул

dental ~ зубной фолликул, зубной мешочек

"flame ~s" ороговение волосяных мешочков *(приобретение ими красноватой окраски)*

Graafian ~ везикулярный [зрелый] яичниковый фолликул, граафов пузырёк

hair ~ фолликул волоса, волосяной мешочек

lingual ~ лимфатический фолликул язычной миндалины

lymph ~ лимфатический фолликул *(в котором происходит развитие лимфоцитов)*

nabothian ~s Набота железы *(шейки матки)*

ovarian ~s *см.* **Graafian** ~

palpebral ~ мейбомиева железа, железа хряща век

primordial ~ примордиальный [первичный] яичниковый фолликул

sebaceous ~ сальная железа волоса

solitary ~ солитарный [одиночный] лимфатический фолликул

thyroid ~s тиреоидные фолликулы

unilaminar ~ *см.* **primordial** ~

follicle-flushing ['fɒlikl-'flʌʃiŋ] очищение фолликул || фолликулоочищающий

follicle-stimulating ['fɒlikl-'stimjʊleitiŋ] фолликулостимулирующий *(о гормоне)*

folliculitis [fəʊˌlikjʊ'laitis] фолликулит *(воспаление фолликулов волос)*

bacterial ~ бактериальный фолликулит

folliculoma [fəʊˌlikjʊ'ləʊmə] гранулёзоклеточная опухоль, аденома граафовых пузырьков, фолликулома яичника

folliculosis [fəʊˌlikjʊ'ləʊsis] фолликулёз *(чрезмерное увеличение лимфатических фолликулов)*

folliculus [fəʊ'likjʊləs], *pl.* **folliculi** [fəʊ'likjʊli] 1. фолликул яичника 2. *уст.* лимфоузел

~ **ovarius tertiarius** *лат.* третичный фолликул яичника *(пузырчатый)*

follistatin ['fɒliˌstætin] фоллистатин *(нейральный индуктор – полипептидный фактор)*

follow ['fɒləʊ] 1. следовать за чем-л., кем-л. 2. следить 3. понимать 4. преследовать *(цель и т. п.)*

~**ed by** за которым следует, с последующим исходом

to ~ **a diet** соблюдать диету

follower ['fɒləʊə] *мед. тех.* следящее устройство, следящая [мониторная] система

graph ~ (электронное) устройство для считывания графической информации

following ['fɒləʊiŋ] слежение, отслеживание; сопровождение

~ **meals** после приёма пищи, после еды *(о приёме лекарственного средства)*

follow-up ['fɒləʊ-ʌp] 1. контроль, учёт; следящая система, мониторинг 2. катамнез; последующее врачебное наблюдение; изучение отдалённых результатов || последующий, катамнестический 3. больной, состоящий на учёте

to ~ **the patient at two-monthly intervals** наблюдать больного каждые два месяца

case ~ динамическое наблюдение *(за больным)*; диспансерное наблюдение

close ~ тщательное последующее наблюдение

endoscopic ~ эндоскопическое катамнестическое наблюдение

long-term ~ 1. длительное наблюдение 2. отдалённый результат

outpatient ~ амбулаторное наблюдение

prospective ~ катамнез

radiographic ~ рентгенографическое исследование в отдалённые сроки

serum ferritin ~ катамнестическое изучение ферритина в сыворотке крови

with ~ с наблюдением *(в амбулаторных условиях)*

follow-up-clinic ['fɒləʊ-ʌp-'klinik] реабилитационное отделение *(напр. для детей после выписки из базового стационара)*

fomentation [ˌfəʊmən'teiʃn] 1. лечение сухим или влажным теплом 2. вещество для компресса; припарка

fomites ['fəʊmitiːz] *pl. от* **fomes** ['fəʊmiːz] фомиты *(предметы, бывшие в контакте с патогенными микроорганизмами и потенциально опасные для людей и животных)*

fond ['fɒnd] 1. нежный, любящий 2. излишне доверчивый, излишне оптимистичный

~ **of children** любящий детей

fondness ['fɒndnəs] нежность, любовь

morbid ~ патологическое пристрастие *(напр. к лекарствам)*

fontanel(le) [ˌfɒntə'nel] *анат.* родничок

anterior ~ передний [большой, лобный, пульсирующий] родничок

anterolateral ~ клиновидный [крыловидный, основной] родничок

bregmatic ~ *см.* **anterior** ~

bulging ~ выбухание родничка; выбухающий родничок

Casser's ~ *см.* **mastoid** ~

frontal ~ *см.* **anterior** ~

Gerdy's ~ *см.* **sagittal** ~

mastoid ~ сосцевидный родничок

occipital ~ задний [затылочный, малый] родничок

open ~ 1. незаращённый родничок 2. незаращение родничка

posterior ~ *см.* **occipital** ~

pulsatile ~ *см.* **anterior** ~

sagittal ~ аномальный родничковоподобный дефект в сагиттальном шве

sphenoidal ~ клиновидный [крыловидный, основной] родничок

fontanometry [ˌfɒntə'nɒmətri] измерение внутричерепного давления у новорождённых

fonticulus [fɒn'tikjʊləs] *лат.* родничок

food [fuːd] 1. пища, пищевые продукты, продовольствие 2. питание 3. корм 4. препарат

~ **for the suckling** продукты питания для грудных детей

abundant ~ обильная пища; обилие пищи

adulterated ~ фальсифицированный пищевой продукт

available ~ наличное продовольствие

bulky ~ *см.* **rough** ~

canned ~s консервированная пища, консервированный продукт

contaminant ~ контаминированная [загрязнённая] пища

convenience ~ продукты, готовые к употреблению

decomposing ~ гниющий [гнилой] продукт

dehydrated ~ обезвоженная пища

digested ~ переваренная пища

emerald ~ пищевой продукт высокой питательной ценности

energy ~ высококалорийная пища

engineered ~s трансгенные [генно-инженерные] продукты *(с заданными свойствами)*

extra ~ 1. продукты питания высшего сорта **2.** лишнее продовольствие

family ~ питание семьи; обычное кормление

fat-controlled ~s пищевые продукты с ограниченным содержанием жира

fast ~ «быстрая еда», фаст-фуд *(кафе быстрого питания)*

fatty ~s жирная пища

female fertility ~ препарат [средство] от женского бесплодия

fine ~s щадящее питание; щадящие продукты

health ~ 1. здоровая пища, экологически чистая пища *(из продуктов, выращенных без воздействия химических средств)* **2.** *pl.* диетические пищевые продукты

high-fiber ~ пища с высоким содержанием пищевых волокон

high-protein ~ высокобелковая пища

invalid ~ диетическое питание

isodynamic ~s изодинамическое питание *(допускающее замену одних продуктов другими по калорийности, не учитывая их пластических свойств)*

lack ~ недостаточное питание *(по качеству и количеству)*

medical ~s лечебное питание

monomer(ic) ~ мономерная [элементная] пища

organic ~s *см.* **health ~ 1**

precooked ~ недоваренная пища

processed ~ переработанные продукты

purified ~s нутриенты, основные химические соединения пищи *(углеводы, белки, жиры)*

raw ~ сырой полуфабрикат

reconstituting ~ восстановление пищи

rich ~ обильная еда

rough ~ грубая пища

salt-cured ~s консервированные солью продукты

salt-pickled ~ солёная пища

sea ~ морепродукты *(рыба, крабы, моллюски и пр.)*

smoked ~ копчёности

spoiled ~ испорченные продукты; недоброкачественная пища

starchy ~s углеводистые пищевые продукты; продукты с избыточным содержанием крахмала

sufficient ~ нормальное питание

wholesome ~ полноценная пища

foodborn ['fuːdbɔːn] пищевого происхождения, пищевой *(напр. ботулизм)*

food-choking ['fuːd-'tʃəʊkɪŋ] асфиксия, вызванная попаданием пищи в трахею

food-grade ['fuːd-'greid] качество пищи, пищевое качество

food-handling ['fuːd-'hændlɪŋ] приготовление пищи

foodstuff ['fuːdstʌf] **1.** пищевой продукт, продовольствие **2.** корм, кормовые продукты

perishable ~s скоропортящиеся продукты

foolproof ['fuːlpruːf] **1.** несложный, понятный всем **2.** безопасный, «защищённый от дурака» *(от ошибочных и нерегламентированных действий с аппаратурой)*

foot [fʊt] **1.** стопа **2.** основание, нижняя часть

~ of the stapes *ото.* основание стремени

athlete's ~ эпидермофития стопы, атлетическая стопа

blister ~ потёртость стопы

broad ~ *см.* **spread ~**

cavus ~ полая стопа

claw ~ когтеобразная стопа

cleft ~ расщеплённая стопа

club ~ наружная косолапость; деформированная стопа

dancer's ~ стопа балерины *(болезненное опухание головок II—III плюсневых костей)*

dangle [drop] ~ отвислая [свисающая, конская] стопа *(при поражении малоберцового нерва)*

fatigue ~ *см.* **march ~**

flat ~ плоскостопие, плоская стопа

forced [fracture] ~ *см.* **march ~**

fung(o)us ~ мадуромикоз, мицетома, мадурская стопа

heel ~ пяточная стопа

hind ~ задний отдел стопы

hollow ~ полая стопа *(напр. при поражении мышц-разгибателей стопы)*

immersion ~ *см.* **trench ~**

Madura ~ *см.* **fung(o)us ~**

march ~ маршевая стопа, маршевая болезнь *(перелом обычно II плюсневой кости)*, метатарзальная недостаточность

Morton's ~ метатарзалгия, Мортона болезнь

reel ~ *см.* **club ~**

Rocker-bottom ~ «стопа-качалка» *(стопа с провисающим сводом и выступающей назад пяткой)*

shelter ~ *см.* **trench ~**

spatula ~ шпателеобразная стопа *(с синдактилией некоторых пальцев)*

splay [splayed] ~ *см.* **flat ~**

split ~ *см.* **cleft ~**

spread ~ поперечно-плоская стопа, широкая плюсна

strained ~ растяжение связочного аппарата стопы

tip ~ *см.* **dangle ~**

trench [water-bite] ~ траншейная стопа *(поражение стопы под воздействием влажной холодной среды)*

weak ~ начальная стадия плоскостопия

footage ['fʊtɪdʒ] длина в футах

square ~ per bed площадь в квадратных футах на койку

footbath ['fʊtbaːθ] ножная ванна

footboard ['fʊtbɔːd] фиксирующая стопу лонгета или доска

footdrop ['fʊtdrɒp] *см.* **dangle foot**

foothold ['fʊthəʊld] **1.** опора для ноги **2.** точка опоры

foot-operated ['fʊt-ɒpəˈreitid] управляемый ножной педалью *(о термокаутере)*

footplate ['fʊtpleit] **1.** *ото.* основание стремени **2.** опорная поверхность

footprint ['fʊtprint] отпечаток ноги, след

footprinting ['fʊtprintiŋ] футпринтинг *(метод идентификации участков ДНК, связывающихся с белками нуклеиновой кислоты в комплексе)*

footsore ['fʊtsɔ:] потёртость ног

footswitch ['fʊtswitʃ] ножной [педальный] выключатель

footwear ['fʊtweə] обувь, чулки, носки

surgical ~ ортопедические чулки

forage [fɒ'riʤ] туннелизация, канализация *(напр. уретры при гипертрофии предстательной железы)*

foramen [fəʊ'reimən], *pl.* **foramina** [fəʊ'ræminə] *анат.* отверстие

~ **magnum** *лат.* большое затылочное отверстие

~ **of Vesalius** венозное отверстие, Везалия отверстие

~ **ovale cordis** овальное отверстие межпредсердной перегородки

anterior palatine ~ переднее нёбное отверстие

apical ~ **of tooth** отверстие верхушки зуба

Bochdalek ~ пояснично-рёберный треугольник, Бохдалека щель, или отверстие

Botallo's ~ *см.* **ovale cordis** ~

Bozzi's ~ *уст. офт.* слепое пятно

epiploic ~ сальниковое отверстие, Винслоу отверстие

external auditory ~ наружное слуховое отверстие

incisive [incisor] ~ резцовое отверстие

inferior dental ~ нижнечелюстное отверстие *(нижнеальвеолярного нерва)*

infraorbital ~ подглазничное отверстие *(подглазничного нерва и артерии)*

interatrial ~ *см.* ~ **ovale cordis**

internal auditory ~ внутреннее слуховое отверстие

interventricular ~ межжелудочковое [монроево] отверстие

intervertebral ~ межпозвоночное отверстие

jugular ~ яремное отверстие

Luschka's ~ латеральная апертура четвёртого желудочка *(головного мозга)*, Лушки отверстие

Magendie's ~ срединная апертура четвёртого желудочка *(головного мозга)*, Мажанди отверстие

mandibular ~ отверстие нижней челюсти

mental ~ подбородочное отверстие

nasopalatine ~ резцовое отверстие верхней челюсти

nutrient ~ питательное отверстие *(в кости)*

obturator ~ запирательное отверстие

optic ~ зрительное отверстие, канал зрительного пучка

patent ~ **ovale** открытое овальное окно

posterior palatine [pterygopalatine] ~ большое нёбное отверстие

restrictive ~ **ovale** закрытое овальное окно

Retzius' ~ латеральная апертура четвёртого желудочка *(головного мозга)*

Scarpa's ~ верхнечелюстное отверстие носонёбного нерва

sphenotic ~ рваное отверстие *(на основании черепа)*

spinous ~ остистое отверстие *(большого крыла клиновидной кости)*

Stensen's ~ верхнечелюстное резцовое отверстие

stylomastoid ~ шилососцевидное отверстие *(наружное отверстие лицевого канала)*

supraorbital ~ надглазничное отверстие, надглазничная вырезка

vertebral ~ позвоночное отверстие

zygomaticofacial ~ скулолицевое отверстие

zygomaticoorbital ~ скулоглазничное отверстие

zygomaticotemporal ~ скуловисочное отверстие

foraminate [fəʊ'ræmineit] делать отверстие, перфорировать, просверливать

foraminotomy [fəʊˌræmi'nɒtəmi] расширение отверстия *(напр. межпозвоночного)*

foraminulum [fɔ:rə'minjʊləm] *анат.* маленькое отверстие

foration [fɔ:'reiʃn] сверление; трепанация

forbear ['fɔ:beə] 1. предок 2. предшественник

force [fɔ:s] 1. сила, усилие; энергия || форсировать, нагнетать *(напр. кровь)* 2. насилие, принуждение 3. воздействие

to ~ **in** вталкивать, вдавливать; вкачивать

to ~ **together** сжимать, спрессовывать

~ **for flow of fluid** интенсивность тока жидкости

~ **of elastic recoil of the lungs** сила эластической тяги лёгких

~ **of mental processes** интенсивность мыслительного процесса

adhesive ~ сила сцепления, или сращения, связующая [адгезивная] сила

animal ~ мышечная сила

calibration ~ эталонная сила, тарированная сила

catabolic ~ энергия, освобождающаяся при катаболических процессах

centrifugal ~ центробежная сила

centripetal ~ центростремительная сила

collapsing ~ разрушающее усилие

common ejectile ~ передаточная сила сокращения *(с желудочков сердца)*

compression ~ сжимающее усилие, степень компрессии *(аппарата Илизарова)*

contractile ~ сократительная способность *(мышцы)*

electrical ~**s of the heart** биопотенциалы сердца

expulsive ~ **of uterus** изгоняющая сила матки *(во время родов)*

external ~**s** внешнее воздействие

fermenting ~ сила брожения

global harmonization task ~ целевая рабочая группа глобальной гармонизации *(в сфере обращения медицинских изделий)*

heart ~ сила сердечных сокращений

inspiratory ~ сила вдоха

intrinsic restoring ~ внутренняя восстанавливающая сила *(организма)*

magnetic ~ магнитное притяжение; магнитное поле

mechanical ~ механическая нагрузка

nerve [nervous] ~ психическая устойчивость

occlusal ~ сила смыкания зубных рядов

physical ~**s** физические [природные] факторы *(воздух, свет, вода, тепло, массаж)*

"primary injury ~**s"** изначально повреждающие силы

propulsive ~ 1. движущая сила 2. толкающаяся [пропульсивная] сила

psychic ~ умственные способности

forced [fɔ:st] 1. форсированный *(напр. диурез)* 2. принудительный *(напр. о мерах лечения)*

force-feed [fɔːs-fiːd] принудительное питание *(через зонд)*

to ~ the depressed patient насильно кормить больного в состоянии депрессии

force-majeure ['fɔːs-mæ'ʒəː] *фр.* форс-мажор, стихийное бедствие, непреодолимая сила

forceps ['fɔːseps] **1.** щипцы; зажим **2.** пинцет

~ for folding back blood vessel ends пинцет для разбортовки концов сосудов

~ for loading magazine пинцет для зарядки магазина *(сшивающего аппарата)*

abort ~ абортные щипцы, абортцанг

alligator ~ щипцы с двойным зажимом, щипцы-аллигатор; зажим «крокодил»

approximating ~ 1. скобка; клемма **2.** пинцет

artery ~ артериальный зажим

aural ~ ушной пинцет

bayonet ~ штыковидный пинцет

beak-shaped crown ~ клювовидные щипцы для удаления зубных коронок

biopsy ~ биопсийные щипцы

bipolar coagulation ~ пинцет для биполярной (электро)коагуляции

blunt tipped ~ тупоконечный зажим

bone ~ костные щипцы

bone-cutting ~ костные кусачки *(Листона)*

bone-holding ~ костные репозиционные щипцы

bone necrosis ~ костные секвестральные щипцы

bowel ~ кишечный зажим

brain ~ нейрохирургический пинцет

brisement ~ разрывание сращений, манипуляции с применением силы *(напр. при хирургической рефрактуре)*

broad-beaked ~ зубоврачебные щипцы с расходящимися щёчками

bronchial ~ бронхоудерживатель, бронхофиксатор

bulldog ~ зажим «бульдог»

bullet ~ пулевые щипцы

calculus ~ щипцы для удаления конкрементов

clamp ~ кровоостанавливающий зажим

clip ~ гемостатические клипсы

corneal ~ пинцет для роговицы

crossed artery ~ артериальный зажим с насечкой

crown ~ щипцы для снятия зубных коронок

crushing ~ раздавливающий зажим

cup biopsy ~ биопсийный зажим-кусачки

curved ~ пинцет с изогнутыми браншами; изогнутый зажим

cutting ~ щипцы-кусачки

dental ~ зубоврачебные щипцы

dissecting ~ препаровочный пинцет

double-curved ~ зажим с двойной кривизной

double-prong ~ двузубчатые щипцы

dressing ~ зажим для пережатия белья, трубок; хирургическая цапка

ear ~ ушной пинцет

electrocoagulating ~ электрокоагуляционный пинцет

epilation ~ эпиляционный пинцет

extracting ~ зубоврачебные щипцы

eye-dressing [fenestrated] ~ окончатый пинцет

fine ~ 1. остроконечный пинцет **2.** атравматический пинцет

fistula-snabbing ~ тампонные щипцы

fixation ~ фиксирующий зажим

foreign body ~ пинцет для удаления инородных тел

gallstone ~ щипцы для извлечения жёлчных конкрементов

gouge ~ щипцы-кусачки

grasping ~ зубчатый зажим; захватывающие щипцы

gripping ~ лапчатый пинцет

guillotine rib-cutting ~ рёберные гильотинные кусачки

hemorrhoid ~ геморроидальные щипцы

holding ~ корнцанг

intestine clamp ~ мягкий кишечный жом

intubating ~ интубационные щипцы

Kocher's ~ Кохера (кровоостанавливающий) зажим

Laborde's ~ *см.* **tongue ~**

laminectomy ~ нейрохирургические кусачки

laryngeal polypus ~ гортанные полипные щипцы

lion-jaw bone-holding ~ костные щипцы

Liston's ~ *см.* **bone-cutting ~**

lithotomy ~ щипцы для удаления конкрементов *(из мочевого пузыря)*

Magill ~ Мейджилла зажим

metal staple removing ~ щипцы для снятия металлических скобок

microear ~ тонкие ушные щипцы

midwifery ~ *см.* **obstetric(al) ~**

mold ~ *стом.* матрицедержатель

mosquito ~ зажим «москит»

mouse-tooth ~ зубчатый пинцет или зажим

multipronged ~ многозубчатые щипцы

needle ~ иглодержатель

non-toothed ~ гладкий пинцет

obstetric(al) ~ акушерские щипцы

O'Hara ~ двойной кишечный жом

optical biopsy ~ биопсийные щипцы с оптикой

partial compression ~ (сосудистый) зажим для частичного пережатия

Pean's ~ Пеана (кровоостанавливающий) зажим

plaster bending ~ щипцы для отгибания краёв гипсовой повязки

polypus ~ полипные щипцы

punching ~ трепан для биопсии

radium introducing ~ щипцы для укладки радиевых игл

rectal biopsy ~ ректальные биопсийные щипцы

roller ~ роликовый пинцет

rongeurs ~ *см.* **bone ~**

root(-fragment) ~ щипцы для удаления корней зубов

scull cutting ~ нейрохирургические кусачки

sigmoidoscope ~ ректальные щипцы

slide ~ пинцет для предметных стёкол

spoon-mouth ~ ложкообразные щипцы

staple applying ~ щипцы-клипсодержатель

stiff artery ~ жёсткий артериальный зажим

surgical ~ хирургический пинцет

suture ~ *см.* **needle ~**

tenaculum ~ *см.* **bullet ~**

thumb [tissue] ~ *см.* **surgical ~**

tongue ~ языкодержатель

toothed ~ зубчатый пинцет

torsion ~ (кровоостанавливающий) торсионный зажим

towel holding ~ *см.* **dressing** ~

trachoma ~ пинцет для выдавливания трахоматозных зёрен, окончатый пинцет Беллярминова

unipolar electrocoagulating ~ моноактивный коагуляционный пинцет

volsella [vulsellum] ~ *см.* **double-prong** ~

wire ~ щипцы для наложения проволочной лигатуры

forcipressure [ˌfɔːsiˈpreʃə] пережатие кровоточащего сосуда зажимом

forearm [ˈfɔːrɑːm] предплечье

medial ~ медиальная поверхность предплечья

foreboding [fɔːˈbəʊdiŋ] предчувствие

anxious ~ тревожное предчувствие

forebrain [ˈfɔːbrein] передний мозг *(конечный и промежуточный мозг)*

forecast [ˈfɔːkɑːst] предсказание; прогноз || прогнозировать

favorable ~ благоприятный пргноз

population ~ демографический прогноз

forefinger [ˈfɔːfiŋgə] указательный палец

forefoot [ˈfɔːfʊt] передний отдел стопы

foregut [ˈfɔːgət] *эмбр.* передняя кишка *(от ротовой полости до большого дуоденального сосочка)*

forehead [ˈfɔːhed] лоб

left ~ левая половина лба

Olympian ~ олимпийский лоб *(с увеличенными лобными буграми; при врождённом сифилисе)*

retreat ~ покатый лоб

wrinkled ~ морщинистый лоб; лоб, собранный в морщины *(симптом столбняка)*

forehead-lift [ˈfɔːhed-ˈlift], **forehead-plasty** [ˈfɔːhed-ˈplæsti] подъём кожи лба *(при устранении морщин)*

foreign [ˈfɔːrin] 1. инородный, чужеродный 2. иностранный, зарубежный

forekidney [ˈfɔːrkidni] *эмбр.* предпочка, головная почка, пронефрос

forelock [ˈfɔːlɒk] прядь волос на лбу

white ~ белый локон *(аномалия развития)*

foremilk [ˈfɔːmilk] молозиво

forensic [fəˈrensik] судебный, судебно-медицинский

foreplay [ˈfɔːplei] любовная игра, эротическое стимулирование

forerunner [ˈfɔːrʌnə]:

~ **of labor** первый период родов

foreskin [ˈfɔːskin] крайняя плоть

forespore [ˈfɔːspɔː] *бакт.* проспора *(предшественница споры)*

forestomach [ˈfɔːstʌmək] кардиальный отдел желудка

forewaters [ˈfɔːwɔːtəz] *акуш.* передние воды

forget [fəˈget] забывать; забыться

forgetfulness [fəˈgetflnəs]:

organic ~ органическая забывчивость

forgetting [fəˈgetiŋ] забывание

forgo [fɔːˈgəʊ] отказываться, воздерживаться *(напр. от курения)*

fork [fɔːk] разветвление; раздвоение, ответвление || разветвляться, раздваиваться

ligature ~ лигатурная вилка

replicating ~ репликационная вилка *(Y-образная область хромосомы, которая является точкой роста при репликации ДНК)*

tuning ~ камертон *(для исследования слуха)*

forked [fɔːkt] разветвлённый, раздвоенный; вилкообразный

form [fɔːm] 1. форма, внешний вид; облик 2. период, стадия *(напр. бешенства)* 3. образ; фигура *(человека)* 4. установленный порядок

~**s of colitis** виды колита

~ **of massage** приём массажа

~ **of thoracic outlet syndrome** разновидность синдрома верхней апертуры

to ~ **an intence, emotionally charged relationship with a group** установить интенсивные эмоционально окрашенные отношения в группе

alternate ~**s** *психол.* альтернативные варианты *(теста)*

ancestral ~ атавизм, предковая форма

B- ~ **of DNA** В-форма двуспиральной ДНК

band ~**s** палочкоядерные нейтрофильные лейкоциты

case-record ~ форма учёта *(эпидобстановки, ВОЗ)*

consent ~ бланк документа о согласии *(напр. на операцию)*

cremation ~ документ о кремации

dosage ~ *см.* **medicinal** ~

equal ~**s** эквивалентные варианты теста

examination ~ карта осмотра *(пациента)*

filterable ~ фильтрующаяся форма *(вируса)*

G- ~ G-форма, гигантская форма *(бактерий)*

ground ~ устойчивая форма; стабильное состояние

involution ~ дегенеративная форма *(напр. бактерий)*

L- ~ L-форма, нитевидная форма *(бактерий)*

medical outcome study short ~ краткая форма анкеты для оценки результатов лечения

medicinal ~ лекарственная форма *(таблетка, капсула, блистер и пр.)*

presentation ~**s** формы выпуска *(напр. лекарств)*

questionnaire ~ анкета, опросник

R-~ R-форма, шероховатая форма *(колоний бактерий)*

record ~ бланк протокола *(напр. эксперимента)*

replicative ~ репликативная форма *(служащая матрицей для синтеза ДНК и РНК)*

repository ~ депонирующийся [дюрантный] лекарственный препарат

rod ~ палочковидная форма *(бактерий)*

rough ~ *см.* **R-**~

S- [smooth] ~ S-форма, гладкая форма *(колоний бактерий)*

stab ~ нейтрофильный лейкоцит с несегментированным ядром палочковидной формы

stumpy blood ~**s of trypanosomes** широкие, короткие кровяные формы трипаносом *(инфективные для переносчика)*

test ~ вариант теста

transfer information ~ транспортная медицинская карта

wave ~ форма волны

forma ['fɔːmə] 1. форма 2. таксономическая единица
◊ **pro** ~ 1. *лат.* формально, «для вида» 2. в лекарственной форме *(ампула, таблетка и пр.)*
formal ['fɔːml] 1. формализованный, полученный математическим или статистическим способом *(напр. о модели эпидемии)* 2. обычный, классический, стандартный *(напр. об операции)* 3. официальный
formalinize ['fɔːməlinaiz] обрабатывать формалином
format ['fɔːmæt] 1. форма, формат, характер 2. принцип; подход
  monothetic ~ односторонний подход
  polythetic ~ многосторонний подход *(напр. к диагностике)*
  structured ~ структурная форма *(опроса)*
  treatment ~ формат лечения
formation [fɔː'meiʃn] формация *(1. анатомическая структура определённой формы 2. процесс и результаты формирования)*
  ~ **of alcohols** образование спиртов *(в кишечнике)*
  ~ **of covalent bond** образование ковалентной связи
  ~ **of lymphoid cells** образование лимфоцитов
  ~ **of retinal adhesion** создание спаек сетчатки *(напр. лазерным лучом)*
  ~ **of stoma** наложение стомы
  ~ **of struvite uroliths** формирование струвитовых мочевых камней
  adhesic ~ образование спаек
  artificial caries ~ искусственное воспроизведение кариеса
  blood ~ кроветворение, гемопоэз
  bone ~ 1. остеогенез, костеобразование 2. оссификация
  bone ~ **by autoinduction** аутоиндукция остеогенеза
  cap ~ *иммун.* образование «шапочки» *(объединение рецепторов иммуноглобулинов на поверхности цитомембраны в один большой агрегат)*
  cleft ~ щелевидная структура
  clot ~ образование тромба, тромбообразование
  colony ~ 1. колониеобразующая способность 2. образование колоний *(напр. клеток крови)*
  concept ~ концептуальная формация
  corneal sequestrum ~ процесс секвестрации [отторжения] участка роговицы
  Deiters' ~ ретикулярная сетевидная формация, ретикулярная субстанция
  echodence ~ эхоплотное образование
  fleck ~ «депо бария» *(скопление бариевой взвеси в кратере язвы)*
  helix ~ спирализация *(напр. хромосом)*
  hyperecho ~ *узи* гиперэхогенное образование
  hypoecho ~ *узи* гипоэхогенное образование
  identity ~ *псих.* самоопределение *(процесс)*
  ileal conduit ~ формирование резервуара из подвздошной кишки
  indeterminate shape ~ *узи* образование неопределённой формы
  kyphosis ~ формирование кифоза
  laryngeal web ~ образование сращений [спаек] в гортани

  morbid ~ патологическое образование; патологический процесс
  peroxidative ~ перекисное образование
  personality ~ личностное формирование
  pocket ~ образование патологического десневого кармана
  reaction ~ 1. *психоан.* реактивное образование, реакция образования *(поведение, служащее защитой от бессознательной тенденции)* 2. формирование реакции *(процесс)*
  reticular ~ ретикулярная [сетевидная] формация, или субстанция
  ring-like ~ округлое образование
  rosette ~ *иммун.* розеткообразование
  rouleaux ~ образование «монетных столбиков» *(эритроцитов)*
  rounded anechogenic ~ *узи* круглое анэхогенное образование
  silo ~ «формирование башни» *(лечение гастрошизиса вытяжением передней брюшной стенки с помощью полиэтиленового пакета)*
  smooth ~ инкапсулированная [гладкая] форма *(бактериальной клетки)*
  spore ~ спорообразование, спорогенез
  spur ~ образование «шпор» *(возникновение ответвления линии преципитации, свидетельствующее о неполной идентичности исследуемых антигенов)*
  substitute ~ *психоан.* замещающее образование, субститут
  ulcer ~ изъязвление, образование язв
  urine ~ мочеобразование
formative ['fɔːmətiv] способный расти, способный развиваться *(напр. о ткани)*
forme [fɔːm] *см.* **form**
  ~ **fruste** *лат.* 1. атипичная [невыраженная] форма *(напр. заболевания)* 2. приостановленная в развитии болезнь
former ['fɔːmə] составитель, создатель
  acid ~s кислотообразующие бактерии
  angle ~ *стом.* экскаватор под углом
  gas ~s газообразующие формы *(бактерий)*
  film ~ плёнкообразующий микроорганизм
  recurrent stone ~ больной с рецидивирующим образованием камней
  root stump ~ *стом.* культевая коронка
formication [ˌfɔːmi'keiʃn] формикация *(ощущение ползания мурашек по телу)*
formiciasis [ˌfɔːmi'saiəsis] патологическое состояние, обусловленное укусами муравьёв
formol ['fɔːmɒl] формалин
  saline ~ раствор формалина
formolation [ˌfɔːmɒ'leiʃn] обработка формалином
formol-fixation ['fɔːmɒl-fik'seiʃn] фиксация в формалине
formolize ['fɔːmɒlaiz] обрабатывать формалином
formula ['fɔːmjʊlə] *pl.* **formulae** ['fɔːmjʊliː] 1. формула; запись 2. пропись, рецепт, состав *(лекарственного средства)*
  commercially available infant ~s коммерческая молочная смесь для грудных детей
  constitutional ~ *см.* **rational** ~
  dental ~ зубная формула
  electric ~ (био)электрическая кривая

evaporated milk ~ состав сухого молока

fed ~ искусственное вскармливание

game ~ *психол.* формула игры *(последовательность событий, выраженная при помощи буквенных символов)*

graphic ~ *см.* **structural** ~

infant ~s детское питание

official ~ официнальная формула *(лекарственного препарата, внесённая в фармакопею)*

pharmaceutical ~ 1. рецепт 2. рецептура

proprietary infants' ~s патентованные смеси детского питания

rational ~ структурная формула *(химического соединения)*

sterilizing ~ режим стерилизации

structural ~ *см.* **rational** ~

"formula-master" ['fɔːmjʊlə-'mɑːstə] *нем.* «формула-мастер» *(протокол, или формуляр, лечения больных с лейкозами)*

formula-milk ['fɔːmjʊlə-'milk] искусственное молоко

formulary ['fɔːmjʊˌlæri] 1. формуляр *(перечень лекарственных средств, разрешённых к применению врачом)*, фармакологический справочник 2. руководство по фармакотерапии

Formulary:

British National ~ Британский национальный формуляр

National ~ Государственный [национальный] реестр лекарственных средств, США

formulate ['fɔːmjʊleit] 1. формулировать 2. назначить дозировку *(лекарства)*; подобрать дозу

to ~ **a psychiatric diagnosis** сформулировать психиатрический диагноз

to ~ **a psychodynamic explanation of the patient's problems** сформулировать психодинамическое объяснение проблем больного

formulating ['fɔːmjʊˌleitiŋ] разработка *(напр. концепции здравоохранения)*

formulation ['fɔːmjʊˌleiʃn] 1. положение, формулировка; гипотеза 2. пропись; рецепт, рецептура 3. технология *(напр. производства пестицидов, лекарств)*

~ **of batch** состав серии *(фармацевтического производства)*

~ **of surgical soap compositions** пропись состава хирургического мыла

controlled-release ~ применение дюрантных препаратов

diagnostic ~ формулировка [построение] диагноза

drug ~ технология приготовления лекарственных средств

ointment ~ пропись мази

pesticide ~ производство пестицидов

pharmaceutical ~ *см.* **drug** ~

polymer ~ *фарм.* полимерная формула

psychodynamic ~ психодинамическое заключение

spray ~s **of nitroglycerin** пропись нитроглицерина для применения в виде аэрозолей

ultramicrosized ~ высокодисперсная форма *(напр. гризеофульвина)*

various ~s **of tetrahydrocannabinol** различная рецептура тетрагидроканнабинола

fornication ['fɔːniˌkeiʃn] добрачная связь

fornicolumn ['fɔːnikʊləm] столб свода *(головного мозга)*

fornicommissure ['fɔːniˈkɒmisjʊə] спайка свода *(головного мозга)*, гиппокампальная комиссура, Давида лира

fornix ['fɔːniks], *pl.* **fornices** ['fɔːnisiːz] 1. свод головного мозга 2. *анат.* сводчатое образование; свод

conjunctival ~ конъюнктивальный свод

forsake [fəˈseik] 1. оставлять; бросать, покидать 2. отказываться

forsaken [fəˈseikən] беспризорный; покинутый

Forsythia [fɔːˈsaiθiə]:

~ **suspensa** форсайтия повислая *(плоды)*

forte ['fɔːtei] *лат.* форте *(пролонгированного или продлённого действия)*; усиленный, потенцированный

fortification [ˌfɔːtifiˈkeiʃn] обогащение *(пищи – напр., химическими добавками)*

vitamin ~ витаминизация

fortum ['fɔːtəm] сильный; активный *(напр. антибиотик)*

forward ['fɔːwed] 1. передний; передовой; заблаговременный; ранний || вперёд 2. отправлять, посылать; способствовать 3. антеградный *(напр. о сердечной недостаточности)*

to ~ **the case notes to another hospital** направить историю болезни в другую клинику

facing ~ обращённый вперёд

forwardness ['fɔːwədnəs] раннее развитие *(ребёнка)*

fossa ['fɒsə], *pl.* **fossae** ['fɒsiː] *анат.* ямка, углубление

~ **of anthelix** ямка противозавитка ушной раковины

~ **of gallbladder** ямка жёлчного пузыря

~ **of incus** *ото.* ямка наковальни

~ **of lacrimal sac** ямка слёзного мешка

amygdaloid ~ ниша нёбной миндалины

antecubital ~ *см.* **cubital** ~

anterior cranial ~ передняя черепная ямка

canine ~ собачья [клыковая] ямка *(верхней челюсти)*

capacious nasal ~ вместительная обонятельная ямка

coronoid ~ венечная ямка

crural ~ бедренная ямка

cubital ~ локтевая ямка

digastric ~ 1. сосцевидная вырезка 2. двубрюшная ямка

femoral ~ *см.* **crural** ~

glenoid ~ суставная ямка, суставная впадина

hyaloid ~ *см.* **lenticular** ~

hypophyseal ~ гипофизарная ямка

iliac ~ подвздошная ямка

infratemporal ~ подвисочная [нижневисочная] ямка

interpeduncular ~ межножковая ямка *(углубление на основании головного мозга)*

ischiorectal ~ *см.* **perineal** ~

jugular ~ ярёмная [надгрудинная] ямка

lenticular ~ стекловидная ямка *(ложе хрусталика глаза)*

Malgaigne's ~ Мальгеня сонный треугольник, сонная ямка

mandibular ~ нижнечелюстная ямка

middle cranial ~ средняя черепная ямка

Mohrenheim's ~ дельтовидно-грудной треугольник, подключичная ямка, Моренгейма ямка

Morgagni ~ ладьевидная ямка мочеиспускательного канала

nasal ~ *эмбр.* обонятельная [носовая] ямка

olecranon ~ вдавление над блоковидным отростком

oral ~ *эмбр.* ротовая ямка, стомодеум

ovarian ~ яичниковая ямка

perineal ~ седалищно-прямокишечная ямка

piriform ~s грушевидные ямки

pituitary ~ гипофизарная ямка, турецкое седло

postcranial [posterior cranial] ~ задняя черепная ямка

precranial ~ передняя черепная ямка

pterygopalatine ~ крылонёбная ямка

sellar ~ *см.* **pituitary** ~

sublingual ~ подъязычная ямка

submaxillary ~ под(нижне)челюстная ямка

Tarin's ~ *см.* **interpeduncular** ~

temporal ~ височная ямка; висок

tonsillar ~ миндаликовая пазуха

trochanteric ~ вертельная ямка

zygomatic ~ скуловая ямка

fossette [fɒ'set] *фр.* 1. *анат.* ямка, углубление 2. небольшая глубокая язва роговицы

fossilization [ˌfɒsili'zeiʃn] петрификация, окаменение

fossula ['fɒsjʊlə], *pl.* **fossulae** ['fɒsjʊli] *анат.* ямка, углубление

foster ['fɒstə] 1. воспитывать; выхаживать; осуществлять уход *(за ребёнком, больным)* 2. приёмный *(напр. сын)* 3. благоприятствовать

to ~ **a child** воспитывать ребёнка

to ~ **the patient's acceptance of his real self** поощрять осознание больным его собственного «Я»

to ~ **the sick** ухаживать за больным

fosterage ['fɒstəridʒ] 1. воспитание чужого ребёнка 2. передача (ребёнка) на воспитание

foster-care ['fɒstə-keə] помещение (чужого ребёнка) в семью

foster-child ['fɒstə-tʃaild] приёмный ребёнок

foster-father ['fɒstə-fɑːθə] приёмный отец

foster-home ['fɒstə-həʊm] детский дом

fosterling ['fɒstəliŋ] питомец, воспитанник, подопечный

foster-mother ['fɒstə-mʌðə], **foster-nurse** ['fɒstə-nɜːs] 1. кормилица 2. приёмная мать

foster-parents ['fɒstə-peərənts] приёмные родители *(ребёнка, начиная с грудного возраста)*

foster-sister ['fɒstə-sistə] молочная сестра

foster-son ['fɒstə-sʌn] приёмный сын

foul [faʊl] 1. засорять(ся); загрязнять(ся) || грязный; загрязнённый, инфицированный; гнойный *(о ране)* 2. портиться 3. заразный, инфекционный *(о болезни)*

foulage [fuː'laːʒ] *фр.* растирание, разминание *(приём массажа)*

fouling ['faʊliŋ] 1. загрязнение *(напр. раны)* 2. неверное показание *(прибора)*

foul-smelling ['faʊl-smeliŋ] дурно пахнущий, зловонный

found[1] [faʊnd] основывать, учреждать; создавать

found[2] отливать *(напр. зубные протезы)*

foundation [faʊn'deiʃn] 1. *pl.* основы, устои 2. организация, учреждение 3. фонд

~s **of medical anthropology** основы медицинской антропологии

community ~ местный фонд *(для удовлетворения потребностей района, города, села)*

denture ~ опорные внутриротовые ткани зубного протеза

scientific ~s **of oncology** научные основы онкологии

foundling ['faʊndliŋ] подкидыш, найдёныш

foundling-hospital ['faʊndliŋ-'hɒspitl] воспитательный дом, приют

fourchette [fuːr'ʃet] *фр.* уздечка [спайка] половых губ

fout-ta-ta-rou [fuː-tə-tə-ru:] *фр.* ритм перепела *(раздвоение второго тона сердца)*

fovea ['fəʊviə], *pl.* **foveae** ['fəʊviiː] *анат.* ямка, углубление, впадина

central ~ **of retina** центральная ямка сетчатки

dental ~ **of atlas** зубная ямка атланта

foveation [ˌfəʊvi'eiʃn] образование рубцов [углублений] на коже *(напр. после оспы)*

foveola [fəʊ'viːələ] ямочка *(небольшое углубление округлой формы)*

foveolate [fəʊ'viːəleit] с мелкими вдавлениями, с мелкими углублениями

foxglove ['fɒksɡlʌv] наперстянка *(Digitalis)*

purple ~ наперстянка пурпуровая *(Digitalis purpurea)*

fraction ['frækʃn] 1. часть; доля; порция 2. фракция

~ **1A** фракция 1А *(при проведении серологических реакций на капсульный антиген)*

~s **of second** доли секунды

alpha globulin ~ альфа-глобулиновая фракция *(сыворотки крови)*

atrial appendage emptying ~ фракция освобождения ушка предсердия

attributable ~ *стат.* добавочная доля *(популяционного риска заболеваемости, смертности, инвалидности, связанного с определённым фактором)*

blood plasma ~s электрофоретические фракции плазмы крови

ejection ~ фракция выброса

etiological ~ *стат.* этиологическая доля *(популяционного риска)*

filtration ~ фильтрационная фракция *(плазмы крови)*

gamma globulin ~ гамма-глобулиновая фракция *(сыворотки крови)*

heparin-precipitable ~ гепариносаждающий фактор

inspired oxygen ~ содержание кислорода во вдыхаемом воздухе

left ventricular ejection ~ фракция выброса крови левым желудочком

mass ~ массовая доля *(вещества)*

micronized flavonoid ~ микронизированная фракция флавоноидов

mole ~ молярная доля *(вещества)*

one-half filling ~ *узи* фракция одной второй наполнения *(кровью желудочка сердца)*

one-third filling ~ *узи* фракция одной трети наполнения *(кровью желудочка сердца)*

oxygen extraction ~ фракция извлечения кислорода, ФИК

protein plasma ~ протеиновая фракция плазмы

radiation ~ фракция облучения

reduced ejection ~ *узи* сниженная фракция выброса *(напр. крови)*

regurgitation ~ *узи* фракция регургитирующего объёма (крови)

subcellular ~ субклеточная фракция

systolic ejection ~ систолическая фракция изгнания (крови из желудочка)

volume ~ объёмная доля

weight ~ массовая доля

fractional ['frækʃənəl] фракционный; парциальный

fractionation [,frækʃə'neiʃn] **1.** фракционирование; разделение (пролонгированная лучевая терапия малыми дозами) **2.** *хим.* дробная [фракционная] перегонка **3.** отдельные компоненты

dose ~ фракционирование дозы

immunoaffinity ~ фракционирование по иммуно-сродству

pilot ~ пробное фракционирование

subcellular ~ субклеточное фракционирование

thrice daily ~ облучение тремя фракциями в день

fracture ['fræktʃə] **1.** перелом; трещина; излом || ломать; раздробить **2.** разрыв || разрывать; разорвать

~ by contrecoup перелом в результате «противоудара»

~ of pancreas разрыв поджелудочной железы

~ of the femoral neck перелом шейки бедра

~ with nonunion несросшийся перелом

~ with union сросшийся перелом

abducent ~ абдукционный перелом шейки бедренной кости

agenetic ~ патологический перелом при несовершенном остеогенезе

angulated ~ перелом с угловым смещением

apophyseal ~ апофизеолиз; отрыв апофиза

articular ~ внутрисуставной перелом

atrophic ~ патологический перелом при атрофии кости

avulsion ~ отрывной перелом

Barton's ~ дистальный внутрисуставной перелом лучевой кости, Бартона перелом

basal [basilar] skull ~ перелом основания черепа

base [basilar] phalangeal ~ перелом основания фаланги

bending ~ флексионный [сгибательный] перелом

Bennett's ~ внутрисуставной перелом основания I пястной кости, Беннетта перелом

bent ~ *см.* **greenstick** ~

bimalleolar ~ двулодыжечный перелом

boxer's ~ перелом шейки первой пястной кости

buckle ~ перелом от сгибания

bursting ~ оскольчатый перелом с расхождением отломков

butterfly ~ оскольчатый перелом в виде крыльев бабочки

buttonhole ~ дырчатый перелом

capillary ~ *см.* **incomplete** ~

central displaced ~ центральный переломовывих

cervical ~ перелом шейного позвонка (напр. при хлыстовой травме)

chisel ~ перелом головки лучевой кости с косым смещением отломка

classical ~ типичный [классический] перелом

clay-shoveller ~ перелом остистого отростка 7-го шейного позвонка (по типу «ласточкина хвоста»)

closed ~ закрытый перелом

Colles' ~ классический перелом лучевой кости, Коллиса перелом (со штыкообразной деформацией)

comminuted ~ оскольчатый перелом

complete ~ полный перелом

complex ~ перелом с повреждением мягких тканей

complicated ~ осложнённый перелом

composite ~ множественный перелом

compound ~ *см.* **open** ~

compression ~ компрессионный [размозжённый, мелкооскольчатый] перелом (позвонка)

condylar ~ перелом мыщелка

cough ~ перелом 5–7 рёбер, обычно сопровождающийся упорным кашлем

crush ~ *см.* **compression** ~

depressed [depression] ~ вдавленный перелом (напр. кости черепа)

diacondylar ~ чрезмыщелковый перелом

diastatic ~ **1.** перелом костей черепа вдоль шва **2.** перелом со значительным расхождением отломков

direct ~ прямой перелом

dislocated intra-articular ~ внутрисуставной переломовывих

dislocation ~ переломовывих

displaced ~ перелом со смещением

dorsal ~ перелом дорсальной поверхности (напр. фаланги пальца)

double ~ двойной перелом (перелом кости в двух местах)

Duverney's ~ изолированный поперечный перелом подвздошной кости, Дювернея перелом

dyscrasic ~ патологический перелом вследствие истощения

epiphyseal plate ~ эпифизарный перелом, эпифизеолиз (у детей)

explosive comminuted ~ *см.* **bursting** ~

expressed skull ~ перелом кости черепа со смещением отломков кнаружи

extracapsular ~ внесуставной перелом

facet ~ **1.** перелом суставного отростка позвонка **2.** перелом суставной поверхности

fatigue ~ *см.* **march** ~

fissure(d) ~ неполный перелом, трещина кости

flake ~ *см.* **comminute** ~

flexion teardrop ~ сгибательный перелом в форме капли слезы, переломовывих позвонка ныряльщиков

Galeazzi's ~ Галеацци [Дюпюитрена] перелом (перелом дистального конца лучевой кости с подвывихом головки локтевой кости)

glenoid ~ перелом суставной ямки

Gosselin's ~ V-образный перелом дистального конца большеберцовой кости с её внедрением в суставную полость

greenstick ~ перелом по типу «зелёной ветки», поднадкостничный перелом

growth plate ~ эпифизарный перелом

gunshot ~ огнестрельный перелом

gutter ~ продольный вдавленный перелом кости черепа

hair-line ~ трещина кости, капиллярный перелом

head ~ перелом головки *(напр. пястной кости)*

helicoid ~ винтообразный [спиральный] перелом

hickory-stick ~ *см.* greenstick ~

hip ~ перелом костей тазобедренного сустава

Hutchinson's ~ отрывной перелом шиловидного отростка лучевой кости, Гетчинсона перелом

impacted ~ вколоченный перелом

impression ~ вдавленный перелом

incomplete ~ неполный перелом, трещина кости

indirect ~ непрямой перелом *(возникающий на некотором расстоянии от места приложения повреждающей силы)*

infected ~ инфицированный перелом

instrumental ~ преднамеренный перелом, рефрактура *(для исправления деформации кости)*

insufficiency ~ *см.* occult ~

intercondylar ~ межмыщелковый перелом *(плечевой кости)*

intracapsular ~ внутрисуставной перелом

intraperiosteal ~ *см.* greenstick ~

intrauterine ~ внутриутробный перелом *(у плода)*

irreducible ~ невправимый [нерепонируемый] перелом

joint ~ *см.* intracapsular ~

Jones ~ Джонса перелом *(пятой плюсневой кости)*

laminar ~ перелом пластинки дуги позвонка

lead-pipe ~ перелом по типу «свинцовой трубки» *(выпячивание в точке удара с трещиной на противоположной стороне кости)*

longitudinal ~ продольный перелом

loose ~ перелом с расхождением отломков

malunion ~ неправильно сросшийся перелом

march ~ маршевый [усталостный] перелом *(второй или третьей плюсневой кости)*

medial tuberosity ~ перелом медиального отростка бугра пяточной кости

middle falangeal ~ перелом средней фаланги

Monteggia's ~ Монтеджи перелом *(перелом локтевой кости в проксимальной или средней трети с вывихом головки лучевой кости)*

neck ~ перелом шейки *(напр. пястной кости)*

neurogenic ~ патологический перелом вследствие нарушения нервной трофики

nonangulated ~ перелом без углового смещения

oblique ~ косой перелом

obvious ~ явный [заметный] перелом

occult ~ рентгенологически трудновыявляемый [скрытый] перелом *(при наличии клинических симптомов)*

odontoid ~ перелом зубовидного отростка *(второго шейного позвонка)*, C_2

open ~ открытый перелом

osteoporotic ~ остеопоретический перелом

pathologic ~ патологический [спонтанный] перелом

pelvic ring ~ перелом с нарушением тазового кольца

perforating ~ *см.* buttonhole ~

pertrochanteric ~ чрезвертельный перелом

pillar ~ перелом суставного отростка

ping-pong ~ вдавленный [импрессионный] перелом кости черепа

pond ~ вдавленный округлой формы перелом кости свода черепа

Posada's ~ Посада перелом *(сгибательный чрезмыщелковый перелом плечевой кости с передним смещением)*

Pott's ~ Потта переломовывих *(перелом нижнего конца малоберцовой кости и внутренней лодыжки с вывихом стопы кнаружи)*

prenatal ~ **of Vrolik** множественные переломы во внутриутробном периоде при несовершенном остеогенезе плода

pressure ~ перелом от сдавления опухолью

proximal phalangeal ~ перелом проксимальной фаланги

push-off dorsal rim ~ перелом по дорсальному краю

reverse Colles' ~ *см.* Smith's ~

root ~ перелом корня зуба

secondary ~ *см.* pathologic ~

segmental ~ двойной перелом *(перелом кости в двух местах)*

selected ~ *см.* classical ~

shaft ~ диафизарный перелом, перелом диафиза

silver-fork ~ *см.* Colles' ~

simple ~ простой перелом *(с незначительным повреждением окружающих тканей)*

slice ~ перелом по типу среза

Smith's ~ Смита перелом, Коллиса обратный перелом *(сгибательный перелом дистального эпифиза лучевой кости со смещением его к ладонной поверхности)*

spine ~ перелом межмыщелкового возвышения

spiral ~ винтообразный [косой, спиральный] перелом

splintered ~ *см.* comminuted ~

spontaneous ~ *см.* pathologic ~

sprain ~ *см.* avulsion ~

stellate ~ звёздчатый перелом

Stieda's ~ перелом внутреннего мыщелка бедренной кости

strain ~ толчковый перелом *(отрыв части костной ткани в мести прикрепления сухожилия)*

stress ~ *см.* march ~

subcapital ~ субкапитальный перелом, перелом шейки бедренной кости

subcutaneous ~ закрытый перелом

subperiosteal ~ *см.* greenstick ~

subtle ~ *см.* occult ~

supracondylar ~ надмыщелковый перелом *(плечевой или бедренной кости)*

T- ~ Т-образный перелом

torsion ~ *см.* spiral ~

torus ~ «выбухающий» *(компрессионный веретенообразный перелом при сдавлении вдоль трубчатой кости, обычно у детей)*

tracheobronchial ~ разрыв трахеобронхиального дерева

transcervical ~ чрешеечный перелом *(бедренной кости)*

transcondylar ~ чрезмыщелковый перелом

transverse ~ поперечный перелом

trimalleolar ~ трёхлодыжечный перелом *(обеих лодыжек и заднего края дистальной части большеберцовой кости)*

trochanteric ~ *см.* pertrochanteric ~

trophic ~ *см.* pathologic ~

tuft ~ *см.* bursting ~

undisplaced ~ перелом без смещения отломков

unhealed ~ *см.* **ununited** ~

unstable ~ нестабильный перелом со смещением отломков

ununited ~ несросшийся перелом *(ведущий к образованию ложного сустава)*

vertebral crush ~ раздробленный [компрессионный] перелом шейного позвонка

volar ~ перелом волярной поверхности *(напр. фаланги)*

Wagstaffe's ~ перелом внутренней лодыжки со смещением

wedge ~ *см.* **compression** ~

willow ~ *см.* **greenstick** ~

y-shaped ~ y-образный перелом

fracture-dislocation [ˈfræktʃə-ˌdɪsləˈkeɪʃn] переломовывих

fragile [ˈfrædʒaɪl] 1. хрупкий, слабый *(о здоровье)* 2. хрупкий, ломкий *(напр. о костях)* 3. недолговечный, с укороченной продолжительностью жизни *(напр. об эритроцитах)*

fragilitas [frəˈdʒɪlɪtəs] *лат.* хрупкость, аномальная ломкость

~ **crinium** хрупкость волос

~ **ossium** ломкость костей

fragility [frəˈdʒɪlɪti] 1. хрупкость, слабость *(здоровья)* 2. хрупкость, ломкость *(напр. костей)* 3. недолговечность, укороченная продолжительность жизни

~ **of blood** пониженная осмотическая резистентность эритроцитов

capillary ~ ломкость капилляров

constitutional [**hereditary**] ~ **of bone** несовершенный остеогенез

osmotic [**red cell**] ~ *см.* ~ **of blood**

X ~ повышенная ломкость X-хромосомы

fragilocyte [frəˈdʒɪləʊsaɪt] эритроцит с пониженной осмотической резистентностью

fragment [ˈfrægmənt] 1. фрагмент; часть 2. обломок; осколок

~ **of clothing** частичка одежды *(инородное тело)*

~s **of conception** остаток плодного яйца *(при аборте)*

~s **of retained products of conception** задержка остатков плодного яйца; неполный аборт

~ **of shell** осколок снаряда

antigen binding ~ Fab-фрагмент; папаиновый фрагмент *(образующийся в результате расщепления молекулы IgG папаином)*

crystalline [**crystallizable**] ~ Fc-фрагмент *(образующийся в результате расщепления молекулы иммуноглобулина папаином)*

difficult ~ Fd-фрагмент *(иммуноглобулина)*

fractured ~ костный фрагмент или отломок

restriction ~ рестрикционный фрагмент

fragmentation [ˌfrægmənˈteɪʃn] фрагментация, дробление, расчленение

~ **of biliary stones** дробление жёлчных камней

~ **of spleen** фрагментация селезёнки на мелкие части

electrohydraulic ~ электрогидравлическая фрагментация жёлчных камней

fragmentography [ˌfrægmənˈtɒɡrəfi]:

mass ~ масс-фрагментография

fragrance [ˈfreɪɡrəns] аромат, благоухание

air ~ освежитель воздуха

fragrance-free [ˈfreɪɡrəns-friː] свободный от ароматических веществ *(о косметическом средстве)*

frail [freɪl] хилый, болезненный; беспомощный

fraise [freɪz] *мед. тех.* фреза

frambesia [fræmˈbiːziə] *инф. бол.* фрамбезия, тропическая гранулёма, пиан, невенерический сифилис

frambesioma [ˌfræmˌbiːziˈəʊmə] фрамбезиома *(высыпания на коже в виде крупных папул)*

frame [freɪm] 1. остов, каркас, скелет; структура 2. телосложение; конституция человека 3. *психол.* фрейм *(понятие, описывающее структурно оформленную единицу какого-либо конкретного знания, картинки, сценария, схемы)* 4. рама; *pl.* оправа *(для очков)*; шина *(для иммобилизации костей или суставов)* 5. *ген.* рамка считывания генетического кода *(нуклеотидной последовательности в виде триплетов)* 6. *комп.* фрейм *(элемент языка программирования)*

~ **of mind** состояние психики; настроение

~ **of reference** 1. компетенция; сфера деятельности 2. стандарты лечения 3. *психол.* рамки отношений

~ **of sample** *стат.* основа выборки *(перечень элементов генеральной совокупности, удовлетворяющий требованиям полноты, точности, адекватности, удобства работы с ним)*

~ **of society** социальная система; социальная сфера

Balkan ~ *травм.* балканская рама

bony ~ костный остов, скелет

burn ~ каркас для лечения ожогов

cast ~ подставка для наложения гипсовой повязки, гипсовальная рама

childs ~ тело ребёнка

hand ~ носилки

manipulation reduction ~ аппарат для вправления вывиха

medium ~ средний диапазон *(напр. колебаний массы тела в группе)*

open reading ~ *ген.* открытая рамка считывания *(последовательность нуклеотидов в кодирующей области гена, не содержащая терминирующих кодонов, которая транслируется в белок)*

sampling ~ основа выборки

spare ~ астеническое [сухощавое] телосложение; пониженного питания

spectacle ~ оправа для очков, очковая оправа

spinal ~ скелет, позвоночный остов

trial ~ оправа для подбора очков

walking ~ рама для обучения ходьбе

frame-mounted [ˈfreɪm-ˈmaʊntɪd] обрамлённый; армированный *(напр. о сосудистом протезе)*

frameshift [ˈfreɪmʃɪft] *иммун.* сдвиг рамки считывания генетического кода *(приводит к утрате программы синтеза белка)*

framework [ˈfreɪmwɜːk] 1. каркас, остов; решётка; рама 2. зубной мост; зубной протез

~ **for analysis** основа для анализа *(напр. интегрированных служб здравоохранения)*

~ **of setting** *психоан.* рамки, внутри которых возможен психоанализ

diagnostic ~ диагностический принцип

qualification ~ квалификационный сертификат

Francisella [fræn'si'selə]:

~ **tularensis** возбудитель туляремии

francium ['frænsiəm] франций, Fr *(тяжёлый щелочной металл; имеет изотоп ^{223}Fr с периодом полураспада 22 мин.)*

frank ['fræŋk] 1. явный, чёткий, выраженный *(напр. о признаке болезни)* 2. *психол.* искренний, откровенный, открытый

fraud [frɔːd] обман; мошенничество

cross-border ~ контрабанда

pious ~ ложь во спасение

freak [friːk] 1. порок развития; пациент с пороком развития 2. патологическая личность || вести беспорядочный образ жизни 3. *разг.* наркоман *(предпочитающий галлюциногенные наркотики, напр. ЛСД)* || галлюцинировать; вызывать тяжёлую реакцию *(после приёма наркотика)*

~**ed out** *sl.* опьяневший от наркотика

acid ~ наркоман, принимающий ЛСД

needle ~ наркоман, вводящий наркотики путём инъекции

freckle [frekl] веснушка, пятнышко *(на коже)* || покрываться веснушками или пятнышками

cold ~ лентиго *(пигментное образование)*

pigmented ~s пигментные пятна, невусы

senile ~ злокачественное лентиго, ограниченный предраковый меланоз, Дюбрея предраковый меланоз

freckled [frekld] веснушчатый; покрытый пятнами

free [friː] 1. свободный 2. бесплатный

~ **of claim for accident reported** *страх.* свободно от претензий по заявленному несчастному случаю

specific pathogen ~, **SPF** животные СПФ-категории, гнотобионты *(содержащиеся в стерильных условиях)*

freedom ['friːdəm] свобода, независимость

~ **from reoperation** отсутствие показаний для повторной операции

~ **of conscience** свобода совести

~ **to choose** свобода выбора

free-flowing ['friː-'fləʊɪŋ] сыпучий *(о порошке)*

freeing [friːɪŋ]:

~ **of adhesions of lung** рассечение и освобождение от спаек лёгкого

free-running ['friː-'rʌnɪŋ] свободнотекущий *(напр. биоритм в состоянии свободного бега)*

freeze-drying ['friːz-'draɪɪŋ] лиофилизация *(высушивание холодом)*

freeze-etching ['friːz-'etʃɪŋ] замораживание – травление *(метод электронной микроскопии)*

freeze-fracture ['friːz-'fræktʃə] *гист.* замороженные сколы

freezer ['friːzə] 1. криоаппарат, криодеструктор 2. морозильная камера

deep ~ установка для глубокого замораживания *(-50–80 °C)*

freezing ['friːzɪŋ] 1. замораживание || замораживающий; охлаждающий 2. отморожение 3. застывание *(напр. о поведении больного паркинсонизмом)*

fremitus ['fremitəs] дрожание; колебание, вибрация

dental ~ скрежет зубов

friction ~ шум трения *(напр. перикарда)*

hydatid ~ дрожание гидатид *(ощущение студнеобразной подвижности при перкуссии припухлости на теле)*

pectoral ~ голосовое дрожание *(резонансная вибрация грудной стенки при произнесении звуков)*

pericardial ~ шум трения перикарда

pleural ~ шум трения плевры

tactile ~ тактильное восприятие дрожания

tussive ~ сотрясение *(грудной клетки)* при кашле

vocal ~ *см.* **pectoral** ~

frenal ['friːnəl] *анат.* относящийся к уздечке

French [frentʃ] 1. французский 2. относящийся к калибровке по Шарьеру *(зондов, бужей; 1 мм = третьему калибру)*

Frenchman ['frentʃmən]:

jumping ~ «прыгающий француз» *(наследственная гиперрефлексия)*

frenectomy [friːn'ektəmi], **frenotomy** ['friː'nɒtəmi] френотомия, рассечение *(уздечки языка или губы)*

frenga ['frengə] невенерический сифилис

frenulum ['frenjʊləm], **frenum** ['friːnəm], *pl.* **frenula** ['frenjʊlə] *анат.* уздечка

~ **of prepuce of penis** уздечка крайней плоти

~ **of pudendal labia** уздечка половых губ

~ **of superior medullary velum** уздечка верхнего [переднего] мозгового паруса

frenzy ['frenzi] 1. неистовство 2. маниакальное возбуждение

frequency ['friːkwənsi] 1. частота; повторяемость; встречаемость 2. частое повторение; учащение

~ **of dosing hourly** кратность вводимых доз

~ **of occurrence** распространённость *(напр. мочекаменной болезни)*

~ **of pulse** 1. пульс, частота сердечных сокращений 2. импульсация

allelic ~ частота аллеля *(отношение встречаемости одного из аллелей данного локуса к сумме встречаемости всех аллелей)*

audio ~ звуковая частота

cumulative ~ накопленная частота

dominant ~ доминантная частота биопотенциалов, доминантный ритм *(на электроэнцефалограмме)*

exposure ~ частота облучения

extremely high ~ ультравысокая частота *(30 000–300 000 МГц)*

extremely low ~ крайне низкая частота *(0,3–3 кГц)*

flicker [fusion] ~ частота слияния (световых) мельканий

gene ~ частота генов, генная концентрация

high ~ высокая частота *(3–30 МГц)*

increased urinary ~ частое мочеиспускание

laser ~ частота (излучения) лазера

low ~ низкая частота *(30–300 кГц)*

microwave ~ сверхвысокие [микроволновые] частоты, СВЧ

natural ~ собственная частота, частота собственных колебаний

oscillation ~ частота колебаний

pulse recurrence ~ частота повторения импульсов

pulse repetition ~ *узи* частота повторения импульсов

recombination ~ *ген.* частота рекомбинаций

relative ~ частотность; относительная частота

spatial ~ разрешающая способность *(оптической системы)*

standard tuning ~ эталонная высота тона *(440 Гц)*

stimulation ~ частота раздражения, стимуляционная частота

subsonic ~ инфразвуковая частота

threshold ~ пороговая частота

transformation ~ частота трансформации *(доля клеток в клеточной популяции, получивших чужеродную ДНК)*

ultrahigh ~ ультравысокая частота *(300–3000 МГц)*

voice ~ частота голосового спектра

frequentation [ˌfriːkwənˈteiʃn]:

hospital ~ оборот коек

fressreflex [ˈfresrifleks] сосательный рефлекс

fret [fret] **1.** раздражение; волнение **2.** ссадина; разъедание || разъедать *(напр. рану)*

fretting [ˈfretiŋ] изнашивание; истирание материала при трении

Freudian [ˈfrɔidiən] фрейдистский *(относящийся к Фрейду или описанный им)* || фрейдист

freudi(ani)sm [ˈfrɔidiənizm] фрейдизм *(общее обозначение различных школ и течений, стремящихся применить психологическое учение З. Фрейда для объяснения явлений культуры, процессов творчества и общества в целом)*

friability [ˌfraiəˈbiliti] рыхлость; хрупкость, ломкость

mucosal ~ ранимость слизистой оболочки

friable [ˈfraiəbl] **1.** рыхлый; легко рассыпающийся в порошок, рассыпчатый **2.** означающий высушенную в течение 24 ч при 105 °C микробную биомассу

friction [ˈfrikʃn] **1.** трение **2.** растирание || растирать(ся) **3.** втирание *(лекарственного средства в кожу)* **4.** *pl.* копулятивные фрикции

friente [ˈfraiənt] эритематозный дерматит

fright [frait] испуг; страх

stage ~ страх перед аудиторией, страх перед выходом на сцену, боязнь публичных выступлений

frigid [ˈfriʤid] **1.** холодный *(воздух)* **2.** фригидный, холодный *(по темпераменту)*

frigidity [friˈʤiditi] фригидность, половая холодность *(у женщин)*

frigolabile [ˌfrigəˈleibail] легко разрушающийся от низкой температуры

frigorism [ˈfrigəurizm] переохлаждение, состояние, вызванное длительным воздействием холода

frigostab(i)le [ˌfrigəˈsteibl] холодоустойчивый, резистентный к низкой температуре

frigotherapy [ˌfrigəuˈθerəpi] криотерапия

frilling [ˈfriliŋ] отслойка эмульсии *(на рентгенограмме)*

frit [frit] фарфоровая масса *(для искусственных зубов)*

frolement [frɔulˈmɔː] *фр.* **1.** лёгкое растирание *(приём массажа)* **2.** звук, напоминающий шорох или шелест *(при аускультации)*

frons [frɔnz], *pl.* **frontis** [ˈfrɔntis] лоб

~ **of cranium** лобная кость

front [frʌnt] **1.** лицевая сторона *(напр. ладони)* **2.** «фасад» психотерапевтической группы *(в противоположность "core" – сущности, «ядру» группы)*

~ **of neck** передняя часть шеи

frontal [ˈfrʌntl] **1.** фронтальный; передний **2.** лобный

frontier [ˈfrʌntiə] граница *(напр. воспаления)* || пограничный

~**s in diabetes** проблемы в диабетологии

~**s in general surgery** проблемы общей хирургии

biological ~ биологические возможности *(напр. заживления раны)*

scientific ~**s** рубежи науки

frontomalar [ˌfrʌntəuˈmeilə] лобно-скуловой

frontomaxillary [ˌfrʌntəuˈmæksiˌlæri] лобно-верхнечелюстной

frontonasal [ˌfrʌntəuˈneizəl] лобно-носовой

fronto-occipital [ˌfrʌntəuɒkˈsipitl] лобно-затылочный

frontoparietal [ˌfrʌntəupəˈriətəl] лобно-теменной

frontotemporal [ˌfrʌntəuˈtempɒrəl] лобно-височный

frost [frɒst] **1.** мороз || замораживать **2.** иней **3.** холодность

ever ~ вечная мерзлота

urea ~ «мочевой иней» *(мелкие хлопья мочевины, обнаруживаемые иногда на коже лица у пациентов с уремией)*

frostbite [ˈfrɒstbait] **1.** отморожение || отмораживать, отморозить **2.** отмороженное место **3.** озноблание

frost-bitten [ˈfrɒst-bitn] обмороженный; отмороженный

frost-itch [ˈfrɒst-itʃ] зуд, вызываемый холодом

frottage [frəuˈtaːʒ], **frotteurism** [frəuˈtuːrizəm] **1.** поглаживание *(приём массажа)* **2.** фроттаж *(достижение сексуального удовлетворения посредством трения о лицо противоположного пола, напр., в толпе)*

frowzy [ˈfrauzi] **1.** затхлый, спёртый; душный **2.** грязный; неряшливый; нечёсаный **3.** багровый *(цвет лица)* **4.** дисгармоничный

frozen [ˈfrəuzn] **1.** замёрзший, замороженный **2.** «вколоченный» *(о воспалительном или опухолевом инфильтрате в тазу)*

fructosemia [ˌfrʌktəuˈsiːmiə] непереносимость фруктозы, фруктоземия

fructosuria [ˌfrʌktəusˈjuːriə] фруктозурия, левулёзурия

essential ~ идиопатическая фруктозурия *(аутосомно-рецессивно наследуемый дефект метаболизма)*

fructus [ˈfrʌktus] *лат., фарм.* фрукт; плод

~ **anisi** плод аниса

~ **cardui Mariae** плод чертополоха

~ **carvi** плод тмина

~ **coriandri** плод кориандра

~ **foeniculi** плод фенхеля

fruitarian [frʊˈteəriən] питающийся исключительно фруктами

frustrane [frəˈstreit] фрустрирующий, фрустрированный

frustration [frəˈstreiʃn] *психоан.* фрустрация *(1. невозможность удовлетворения влечений 2. помехи, препятствия в осуществлении деятельности 3. безысходность, разочарование; провал)*

fuchsin [ˈfʊksin] фуксин

acid ~ фуксинсернистая кислота, Шиффа реактив

basic ~ основной фуксин

carbolic ~ Циля фуксин

diamond ~ основной фуксин

fuchsinophil [ˈfʊksinəufil] фуксинофильное тельце || фуксинофильный

fuck [fʌk] *ннорм.* половой акт || вступать в половой акт, совокупляться

fucosidosis [ˌfjuːkəʊsiˈdəʊsis] фукозидоз, мукополисахаридоз F *(наследственное заболевание, обусловленное дефицитом альфа-L-фукозидазы)*

fuel [ˈfjuːəl] **1.** топливо, горючее **2.** энергия || возбуждать, разжигать *(эмоции)*

  authorized ~ *ядерн.* топливо, разрешённое для использования

  carbonaceous ~ углеродное топливо

  nuclear ~ ядерное топливо

  oil ~ нефтетопливо

  rocker ~ *sl.* галлюциноген

fuel-mediated [ˈfjuːəl-ˈmidieitid] обусловленный питанием

fuga [ˈfjuːgə] **1.** *лат.* бегство, побег **2.** быстрое течение

  ~ **idearum** *лат.* скачка идей, бессвязность мышления

fugacity [fjuːˈgæsiti] *хим.* летучесть, фугитивность

fugitive [ˈfjuːdʒitiv] *хим.* летучий, фугитивный; нестойкий, непрочный

fugax [ˈfjuːgæks] молниеносный *(напр. о прокталгии)*

fugue [fjuːg] *псих.* фуга *(кратковременное двигательное возбуждение в рамках сумеречного расстройства сознания)*

  dissociative ~ диссоциативная фуга

fulfillment [fʊlˈfilmənt] **1.** выполнение, осуществление **2.** завершение

  wish ~ исполнение желаний

fulgurant [ˈfʊlgjʊrənt] стреляющий, пронзающий, острый *(о боли)*

fulgurate [ˈfʊlgjʊreit] **1.** выполнить фульгурацию **2.** пронзить *(острой болью)*

fulguration [ˌfʊlgjʊˈreiʃn] фульгурация *(бесконтактная электрокоагуляция)*

  electrical ~ электрокоагуляция *(очага аритмии)*

full-bodied [fʊlˈbɒdid] полный, тучный

fulling [ˈfʊliŋ] разминание *(приём массажа)*

fullkörper [ˈfʊlkɒper] *нем.* дегенерирующие глиальные клетки

fullness [ˈfʊlnəs] *анат.* возвышение, выступ; бугорок

  ~ **in rectum** переполнение ампулы прямой кишки

  ~ **in the antecubital fossa** выбухание [заполнение] локтевой ямки

  abdominal ~ увеличение живота *(напр. при асците)*

full-sibs [ˈfʊl-ˈsibs] полные сибсы, монозиготные особи

full-sized [ˈfʊl-ˈsaizd] натуральной величины, нормальных размеров

full-term [ˈfʊl-ˈtəːm] доношенный *(о плоде)*

  first ~ первый триместр *(беременности)*

full-thickness [ˈfʊl-ˈθiknəs] все слои *(напр. стенки кишки)*; на всю толщину *(об аутотрансплантате кожи)*

full-time [ˈfʊl-ˈtaim] работа при полной нагрузке *(на полный день)*

fulminant [ˈfʊlminənt] **1.** молниеносный, внезапный **2.** быстро развивающийся; скоротечный *(о болезни)*

fumatorium [ˌfjuːməˈtɔːriəm] помещение для дезинфекции и дезинсекции окуриванием; дезинфекционная камера

fume [fjuːm] **1.** дым, пар с резким запахом || курить благовониями **2.** испарение **3.** возбуждение; приступ гнева || раздражаться

  in a ~ в припадке ярости

  welding ~ газы, выделяющиеся при сварке

fumigant [ˈfjuːmigənt] фумигант *(препарат, применяемый при дезинфекции и дератизации)*

fumigation [ˌfjuːmiˈgeiʃn] **1.** фумигация *(воздействие сухим дымом)* **2.** окуривание, фумигация *(метод дезинфекции и дератизации)*

fumitory [ˈfjuːmitəri] дымянка лекарственная *(Fumaria officinalis)*

functio [ˈfʌŋkʃiəʊ]:

  ~ **laesa** нарушение функции

function [ˈfʌŋkʃn] функция, деятельность || функционировать, действовать

  antixenic ~ реакция живой ткани на инородное тело

  atrial transport ~ сократительная функция предсердий

  basal physical ~s основные физические функции организма *(дыхание, кровообращение, пищеварение, выделение, движение, репродукция)*

  cerebral ~ активность головного мозга, функция ЦНС

  cognitive ~ познавательная [когнитивная] функция

  compromised myocardial ~ дисфункции миокарда

  cooperation ~ содружественная функция *(напр. мышц)*

  delayed graft ~ задержка функционирования трансплантата

  diminished ~ пониженная функция, гипофункция *(органа)*

  divided ~ раздельная функция *(напр. почек)*

  executive ~s *невр.* исполнительные функции

  impaired ~ нарушение функции, дисфункция

  intestinal digestive ~ пищеварительная функция кишечника

  liver ~ печёночная проба

  lung mucociliary ~ функция реснитчатого эпителия слизистой лёгких

  marginal ~ низкая [недостаточная] функция, дисфункция

  modulation transfer ~ модуляционно-передаточная функция *(зрения)*

  monitoring cerebral ~ мониторинг мозга

  motor ~ двигательная функция

  neural ~ функции нервной системы

  perverted ~ извращение функции *(органа)*

  pulmonary ~ функция внешнего дыхания

  receptor-combined ~ рецепторно-сочетательная функция

  regulatory coordinating ~ регуляторно-координирующая функция

  salvage ~ восстановление функции *(напр. тазобедренного сустава)*

  sense-associative ~ сенсорно-ассоциативная функция

  sensory nerve ~ функция чувствительного нерва, чувствительность

  split renal ~ раздельная [изолированная] функция почки

  standard color matching ~ *офт.* стандартная функция сложения цветов

  standard photopic luminous efficiency ~ стандартная кривая видимости для светоадаптированного глаза

  survival ~ выживаемость больных

  synaptic ~ функции синапсов

visibility ~ кривая видимости

vital ~s жизненные функции *(организма)*

voluntary motor ~ произвольные активные движения

functioning [ˈfʌŋkʃəniŋ] функционирование

~ **of personality** деятельность индивидуума, или личности

social ~ социальная активность, или деятельность

work ~ трудоспособность, трудовая деятельность

visual-motor ~ зрительно-моторная деятельность

fund [fʌnd] **1.** запас; средства **2.** фонд; капитал **3.** организация

contingency ~ фонд чрезвычайных расходов

endowment ~ **for health work** фонд пожертвований на деятельность в области здравоохранения

extra-budgetary ~ внебюджетный фонд

pension ~ пенсионный фонд

general ~ общий фонд

salary ~ фонд зарплаты

single ~ единый фонд

special ~ **for emergencies and unforeseen contingencies** специальный фонд для экстренных случаев и непредвиденных обстоятельств

superannuation ~ *см.* **pension** ~

trustee ~ попечительский фонд

fundament [ˈfʌndəmənt] **1.** задний проход [анус] и прилежащие структуры **2.** ягодицы

fundamental [ˌfʌndəˈmentl] **1.** фундаментальный; теоретический; классический *(о единице измерения)* **2.** главный, основной *(напр. очаг поражения)*; существенный

~s **of electrocardiography** основы электрокардиографии

~s **of medical etymology** основы медицинской этимологии

fundectomy [ˌfʌndˈektəmi] **1.** резекция кардиального отдела желудка **2.** иссечение дна *(какого-л. органа)*

fundic [ˈfʌndik] фундальный, относящийся к дну *(какого-л. органа)*

fundiform [ˈfʌndifɔːm] петлевидный, пращевидный

funding [ˈfʌndiŋ] финансирование, выделение средств

fundoplication [ˌfʌndəʊpliˈkeiʃn] фундопликация *(метод хирургического лечения рефлюкс-эзофагита и грыжи пищевого отверстия диафрагмы)*

Nissen ~ фундопликация по Ниссену

fundoscopy [fʌnˈdɒskəpi] исследование глазного дна, офтальмоскопия

fundus [ˈfʌndəs], *pl.* **fundi** [ˈfʌndi] дно *(органа)*

~ **flavimaculatus** жёлтопятнистое глазное дно, Франчешети болезнь

~ **tympani** нижняя стенка барабанной полости

~ **hypertonicus** гипертоническое глазное дно

~ **of the eye** глазное дно

~ **of the stomach** дно желудка

~ **of the vagina** свод влагалища

~ **tabulatus** «паркетное» глазное дно

gas-filled gastric ~ *рентг.* газовый пузырь желудка

optic ~ *см.* ~ **of the eye**

funduscope [ˈfʌndəskəʊp] офтальмоскоп

funduscopy [fʌnˈdʌskəpi] *см.* **fundoscopy**

fundusectomy [ˌfʌndəsˈektəmi] резекция кардиального отдела желудка

fungal [ˈfʌŋgəl] грибковый, микотический; относящийся к грибам или микозам

fungate [ˈfʌngeit] грибовидно разрастаться *(о ткани)*

fungemia [fənˈʤiːmiə] генерализованная грибковая инфекция

fungi [ˈfʌnʤi] *pl. от* **fungus**

dry rot ~ домовые грибы

keratinophilic ~ кератинофильные грибы

mould-like ~ плесневые грибы

pathogenic ~ патогенные грибы

poisonous ~ ядовитые грибы

Fungi грибы *(подцарство)*

~ **Imperfecti** грибы несовершенные *(класс с неясным способом полового размножения)*

fungicide [ˈfʌnʤisaid] фунгицид *(препарат, уничтожающий грибы)*

fungistasis [ˌfʌnʤiˈsteisis] фунгистатическое действие, задержка роста грибов

fungoid [ˈfʌngɒid] **1.** напоминающий гриб, грибовидный **2.** губчатый, ноздреватый

fungosity [fənˈgɒsiti] грибовидный нарост

fungus [ˈfʌngəs], *pl.* **fungi** [ˈfʌnʤi] **1.** гриб, грибок; плесень **2.** грибовидное разрастание *(ткани)*

causal ~ патогенный гриб

cutaneous ~ дерматомицет, дерматофит

dimorphic ~ диморфный гриб

edible ~ съедобный гриб

quinine ~ медицинская [лиственничная] губка

ray ~ лучистый гриб

yeast ~ дрожжевой гриб

funic [ˈfjuːnik] относящийся к пуповине или семенному канатику, пуповинный

funicle [ˈfjuːnikl] **1.** пуповина **2.** семенной канатик **3.** пучок нервных волокон

funicular [fjuːˈnikjʊlə] **1.** канатиковый, пуповинный **2.** относящийся к семенному канатику

funiculitis [fjuːˌnikjʊˈlaitis] фуникулит *(1. воспаление семенного канатика 2. воспаление корешков спинного мозга)*

funiculus [fjuːˈnikjʊləs], *pl.* **funiculi** [fjuːˈnikjʊli] канатик *(1. совокупность нервных волокон, пучок 2. семенной канатик 3. любая хордоподобная структура)*

funis [ˈfjuːnis] **1.** пуповина **2.** шнуровидное образование

~ **brachii** плечевая вена

~ **hippocratis** ахиллово сухожилие

funnel [ˈfʌnəl] воронка; раструб

Buchner ~ (фильтровальная) бюхнеровская воронка

dropping ~ капельная воронка; делительная воронка

filter ~ фильтр-воронка

pial ~ выросты мягкой мозговой оболочки, окружающие сосуды головного или спинного мозга

separating ~ делительная воронка

spit ~ воронка для сбора слюны

funnelling [ˈfʌnəliŋ] **1.** воронкообразный ход [канал] в шейке мочевого пузыря **2.** воронковый эффект

funnel-shaped [ˈfʌnəl-ˈʃeipt] воронкообразный

fur[1] [fəː] налёт на языке

fur[2] **1.** шерсть, шкура **2.** пушной зверь

furanose ['fjuːrənəʊs] фураноза *(сахар, содержащий пятичленное фурановое кольцо)*

furcal ['fəːkəl] разветвлённый, раздвоенный, вилкообразный

furcation [fəˈkeiʃn] зона разделения корней *(многокорневых зубов)*

furfur ['fəːfəː], *pl.* **furfures** ['fəːfjuriːz] **1.** чешуйка *(эпидермиса)* **2.** перхоть

furfuraceous [fəːfjuˈreiʃəs] покрытый чешуйками; чешуйчатый

furious ['fjuəriəs] **1.** разъярённый; неистовый; взбешённый **2.** фаза резкого возбуждения *(при бешенстве)*

furnace ['fəːnis] **1.** печь **2.** термостат

furniture ['fəːnitʃə]:

healthcare ~ оборудование лечебной палаты

operating theater ~ оборудование операционного зала

furor ['fjuːrɒ] *псих.* буйство, маниакальный приступ, состояние крайнего возбуждения

~ **epilepticus** «эпилептическое буйство» *(приступ гнева, которому иногда подвластен эпилептик)*

furrow ['fʌrəʊ] борозда, бороздка, глубокая морщина

genital ~ *эмбр.* половая бороздка

gluteal ~ ягодичная складка

mentolabial ~ подбородочно-губная складка

scleral ~ борозда склеры

skin ~s бороздки кожи *(образующие её рисунок)*

further ['fəːðə] дальнейший, последующий *(о нарушениях)*; дополнительный

furuncle ['fjuːrʌŋkl] фурункул

furunculoid [fjuˈrʌŋkjʊlɒid] напоминающий фурункулёз

furunculosis [fjuˌrʌŋkjʊˈlɒbid] фурункулёз

furunculus [fjuˈrʌŋkjʊləs], *pl.* **furunculi** [fjuˈrʌŋkjʊli] *лат.*, *см.* **furuncle**

Fusarium [fjuˈzeiriəm] род несовершенных грибов

~ **sporotrichiella** возбудитель болезни Кашина – Бека

fused [fjuːzd] сращённый, сросшийся, слившийся

fusiform ['fjuːzifɔːm] *микол.* веретенообразный

Fusiformis [ˌfjuːsiˈfɔːmis] *уст.*, *см.* **Fusobacterium**

fusimotor [ˌfjuːziˈməʊtə] фузимоторный *(характеризующий чувствительную иннервацию интрафузальных мышечных волокон γ-мотонейронами)*

fusing ['fjuːziŋ] сращение, слияние, закрытие *(напр. родничка)*

fusion ['fjuːʒən] **1.** слияние *(напр. клеток)*, агрегация; наслоение *(напр. зубцов электрокардиограммы)* **2.** синтез *(напр. остеосинтез)* **3.** сращение, соединение *(напр. отломков кости)*; спондилодез; костный блок; анкилозирование *(напр. позвоночника)* **4.** *офт.* фузия *(слияние изображения)*

~ **of bone** остеосинтез, костный шов

~ **of skull sutures** заращение швов черепа

~ **of tuberculous knees** артродез при туберкулёзном поражении коленного сустава

~ **P** сливные волны электрокардиограммы

anterior cervical ~ переднешейный спондилодез

anteroposterior ~ переднезадний спондилоз

cell ~ слияние клеток

chromosome ~ слияние хромосом

dyaphyseal-epiphyseal ~ сращение эпифизарной линии *(роста кости)*

gene ~ слияние генов *(состыковка разных генов или их частей в составе рекомбинантной ДНК)*

interbody vertebral ~ межпозвонковый артродез

joint ~ сращение [окостенение] сустава, анкилозирование

multicellular ~ спонтанная клеточная гибридизация; массовое слияние клеток

occipito-cervical ~ затылочно-шейное сращение

protoplast ~ слияние протопластов *(метод генетической инженерии и селекции, заключающийся в соединении двух или нескольких протопластов)*

renal ~ подковообразная почка

shoulder ~ остеосинтез плечевой кости

spinal ~ спондилодез *(операция создания анкилоза между двумя или более позвонками)*

telomere ~ *мол. биол.* теломерные ассоциации *(как механизм хромосомных нарушений)*

vertebral ~ *см.* **spinal** ~

Fusobacterium [ˌfjuːzəʊbækˈtiːriəm] род веретенообразные бактерии, фузобактерии

fusocellular [ˌfjuːzəʊˈseljʊlə] **1.** веретеноклеточный **2.** Реклингхаузена клетки веретенообразные

fusogen ['fjuːzəʊʤən] вещество, способствующее слиянию клеток *(при образовании гибридов)*

fusospirillosis [ˌfjuːzəʊˌspairiˈləʊsis] фузоспириллёз *(поражение кожи и слизистых оболочек веретенообразными бактериями Плаута – Венсана)*

fuss [fʌs] **1.** нервное возбуждение **2.** беспокойный, суетливый человек

future ['fjuːtʃə]:

~ **of antibiotherapy** перспективы антибиотикотерапии

fuzz [fʌz] сильное опьянение, эйфория от наркотика

G

Gutta cavat lapidem
Капля долбит камень

gabble [gæbl] бормотание, бессвязная речь || невнятно бормотать

gag [gæg] 1. *мед. тех.* роторасширитель || применять роторасширитель 2. делать рвотные движения 3. заглушка; кляп || вставлять кляп

gage [geidʒ] 1. размер; калибр 2. измеритель || измерять 3. ростомер 4. *sl.* марихуана

bourdon ~ прибор, используемый для измерения давления газа

bubble ~ счётчик пузырьков

discharge ~ 1. расходомер (*напр. крови*) 2. водомер

master ~ 1. образцовое средство измерения 2. контрольный [эталонный] калибр

partial pressure ~ измеритель парциального давления

gagging [gægiŋ] рвотные движения, срыгивания

posttussive ~ послекашлевые позывы к рвоте или рвотные движения

gain [gein] 1. рост, прирост, увеличение; усиление (*напр. яркости рентгеновского изображения*) 2. улучшение, избавление 3. приобретение; прибыль, выгода, польза 4. добывать, приобретать ◊ ~ **in health** улучшение здоровья

~ **from illness** выгода от болезни

~ **of weight** прибавка в массе тела

to ~ **the patient's confidence** завоевать доверие больного

to ~ **strength** набираться сил (*после болезни*)

antigen ~ приобретение новых антигенных признаков

morbid ~ выгода в связи с болезнью

primary ~ *психол.* первичная выгода (болезни) (*облегчение неприятных аффектов, вызываемое работой защитных механизмов*)

secondary ~ *психол.* вторичная [условная] выгода (болезни) (*некая польза, вытекающая из наличия заболевания*)

gait [geit] походка

abnormal ~ нарушение походки

affected ~ расстройство походки; расстройство координации движений

antalgic ~ щадящая походка (*при боли*)

ataxic ~ атактическая походка (*неустойчивая, шаткая*)

bizarre ~ эксцентричная походка

cerebellar ~ мозжечковая походка (*с широко расставленными ногами и раскачиванием туловища*)

doddery ~ *см.* **unsteady** ~

drop foot ~ *см.* **hand-knee** ~

equine ~ перонеальная [петушиная] походка, степпаж

festinant [festinating] ~ семенящая походка (*при паркинсонизме*)

four-point ~ ходульная походка

goose ~ утиная походка (*при поражении мышц тазового пояса*)

halting ~ неуверенная походка, походка с остановками

hand-knee ~ ходьба с опорой на колено

helicopod ~ «закрученная» походка (*при истерических расстройствах*)

hemiplegic ~ походка при гемиплегии

hobbling ~ прихрамывающая походка

jerky ~ отрывистая походка

lumbering ~ неуклюжая [тяжёлая] походка

painful hopping ~ прыгающая, болезненная походка

peg-leg ~ походка «на деревянных ногах»

ponderous ~ тяжеловесная походка

prancing ~ *см.* **equine** ~

reeling ~ *см.* **cerebellar** ~

sample ~ узи строб, ворота (*интервал во времени для наблюдения за определённым сосудом*)

scissor ~ гемиплегическая [косящая] походка, походка косаря

shaky ~ шаткая [неустойчивая] походка

shambling ~ походка с волочащимися ногами

short-leg ~ походка при укорочении одной ноги, хромающая походка

shuffling ~ шаркающая походка

slouching ~ неуклюжая походка

spastic ~ спастическая походка

springy ~ упругая [пружинящая] походка

staggering ~ *см.* **cerebellar** ~

stamping ~ штампующая походка (*при сенситивной атаксии*)

steady ~ устойчивая походка

steppage ~ *см.* **equine** ~

stiff [stiff-legged] ~ походка на негнущихся ногах; неестественная [скованная] походка

stiff-stilted ~ ходульная походка

stooped ~ походка сгорбившись, ссутулившись

swaying ~ *см.* **cerebellar** ~

swing-through ~ походка при параличе

tottery ~ *см.* **shaky** ~

ungainly ~ *см.* **slouching** ~

unsteady ~ нетвёрдая [трясущаяся] походка

unsure ~ неуверенная походка

waddling ~ утиная походка, походка вперевалку

wide-based ~ походка «широким шагом»

galactacrasia [gə,læktə'kreiziə] нарушение состава грудного молока

galactic [gə'læktik] средство, стимулирующее лактацию || относящийся к лактации; стимулирующий лактацию

galactoblast [gə'læktəublæst] молозивное тельце

galactobolic [gə,læktəu'bɒlik] вызывающий отделение молока

galactocele [gə'læktəusi:l] галактоцеле (*1. ретенционная киста молочной железы 2. кистозная полость, заполненная молочной жидкостью*)

galactogenic [,gæælæk'trɒdʒenik] вызывающий образование молока

galactogogue [gəˈlæktəʊɡɒɡ] лактоген *(средство, стимулирующее лактацию)* ‖ стимулирующий лактацию

galactography [ˌɡæləkˈtɒɡrəfi] галактография *(рентгенография молочных ходов)*

galactoma [ˌɡæləkˈtəʊmə] *см.* **galactocele**

galactometastasis [ɡəˌlæktəʊməˈtæstəsis] избыточная секреция молока

galactometer [ˌɡæləkˈtɒmətə] галактометр *(ареометр для определения плотности молока)*

galactophagy [ɡəˈlæktəʊˌfeiʤi] молочная диета

galactophore [ɡəˈlæktəʊfɔː] млечный проток

galactophoritis [ɡəˌlæktəʊfəˈraitis] галактофорит, интраканаликулярный мастит

galactophorous [ˌɡæləkˈtɒfərəs] образующий молоко

galactophygous [ˌɡæləkˈtɒfəɡəs] прекращение секреции молока

galactopoiesis [ɡəˌlæktəʊpɒiˈiːsis] лактация

galactopoietic [ɡəˌlæktəʊpɒiˈetik] средство, стимулирующее лактацию ‖ относящийся к лактации; стимулирующий лактацию

galactoposia [ɡəˌlæktəʊˈpɒziə] *см.* **galactophagy**

galactopostema [ɡəˌlæktəʊˈpɒstiːmə] абсцесс молочной железы

galactopyra [ɡəˌlæktəʊˈpairə] молочная лихорадка

galactopyretic [ɡəˌlæktəʊpaiˈretik] относящийся к молочной лихорадке

galactorrhea [ɡəˌlæktəʊˈriə] галакторея *(самопроизвольное истечение молока из молочных желёз)*

galactoschesis [ˌɡæləkˈtɒskəsis] подавление секреции молока

galactose [ɡəˈlæktəʊs] галактоза, молочный сахар

galactosemia [ɡəˌlæktəʊˈsiːmiə] 1. галактоземия 2. галактоземическая олигофрения

galactosialidosis [ɡəˌlæktəʊsiˌæliˈdəʊsis] галактосиалидоз

galactosis [ˌɡæləkˈtəʊsis] лактация

galactostasia [ɡəˌlæktəʊˈsteiziə], **galactostasis** [ˌɡæləkˈtɒstəsis] застой молока *(в молочных железах кормящей матери)*

galactosuria [ɡəˌlæktəʊsˈjuːriə] *см.* **galacturia**

galactotherapy [ɡəˌlæktəʊˈθerəpi] 1. лечение грудных детей лекарственными средствами, принимаемыми кормящей матерью 2. (га)лактотерапия, лечение молочной диетой

galacturia [ɡəˌlæktˈjuːriə] хилурия, галактурия, лимфурия *(наличие примеси лимфы в моче)*

galea [ˈɡeiliə] 1. «шлем», «чепец» *(вид повязки на голову)* 2. амнион, амниотическая *(водная)* оболочка *(плода)*
~ **aponeurotica** сухожильный покров черепа

galeatus [ˌɡæliˈeitəs] «родившийся в рубашке»

Galenic [ɡəˈlenik] *ист.* галенов, относящийся к Галену или к его учению

galenicals [ɡəˈlenikəlz], **galenics** [ɡəˈleniks] 1. галеновы препараты *(настойки и мази растительного и животного происхождения)* 2. лекарства, приготовленные по официально утверждённой прописи

gall [ɡɔːl] 1. жёлчь 2. жёлчность, злоба

gallbladder [ˈɡɔːlˌblædə] жёлчный пузырь

   double ~ двойной жёлчный пузырь

   floating ~ *см.* **wandering** ~

   multiseptate ~ многокамерный жёлчный пузырь

   ruptured ~ перфорация жёлчного пузыря

   sandpaper [strawberry] ~ холестероз жёлчного пузыря, чешуйчатый [малиновый] жёлчный пузырь

   wandering ~ блуждающий жёлчный пузырь

gallery [ˈɡæləri]:

   "shooting ~" *sl.* «тир»; наркопритон *(укромное место, в котором группа наркоманов использует шприц с наркотиком «по кругу»)*

gallipot [ˈɡælipɒt] аптечная банка

gallium [ˈɡæliəm] галлий, Ga *(имеет радиоактивные изотопы $^{63}Ga - ^{76}Ga$ с периодом полураспада от 2,6 мин. до 78 ч, применяемые в диагностике и лучевой терапии)*

   ~-67 галлий-67 (^{67}Ga) *(радиоактивный изотоп галлия с периодом полураспада 78 ч и γ-излучением 93, 184 и 296 кэВ; используется в виде цитрата как индикатор опухолей и очагов воспаления)*

gallon [ˈɡælɒn] галлон *(мера ёмкости жидкости, содержащая 4 кварты дистиллированной воды – 3,7853 л)*

gallop [ˈɡæləp] ритм галопа *(наличие экстратона сердца)*

   atrial ~ пресистолический [предсердный] ритм галопа *(тройной ритм сердечных тонов при частоте 100 ударов в минуту)*

   presystolic ~ пресистолический ритм галопа *(с формированием экстратона в поздней диастоле, прослушиваемого как четвёртый сердечный тон)*

   protodiastolic ~ протодиастолический ритм галопа *(с формированием экстратона в ранней диастоле – аномальный третий сердечный тон)*

   ventricular ~ желудочковый ритм галопа

galloping [ˈɡæləpiŋ] быстротекущий [галопирующий] процесс

gallstone [ˈɡɔːlstəʊn] жёлчный камень, или конкремент

   ductal ~**s** жёлчные камни в протоках

   hemolysis-induced ~ жёлчные камни, вызванные гемолизом

   opacifying ~ рентгеноконтрастный жёлчный конкремент

   pigment ~ пигментный жёлчный камень

   radiolucent ~ рентгенонегативный жёлчный камень

   silent ~ бессимптомный [«немой»] жёлчный конкремент

galvanization [ˌɡælvəniˈzeiʃn] гальванизация, *уст.* ионофорез

galvanocaustics [ˌɡælvənəʊˈkɒstiks] гальванокаустика, гальванотермия, электрокаустика

galvanocautery [ˌɡælvənəʊˈkɒtəri] *уст.* электрокаутеризация

galvanocontractility [ˌɡælvənəʊˌkɒntrəkˈtiliti] электросократимость *(мышцы)*

galvanometer [ˌɡælvəˈnɒmətə] гальванометр

galvanonarcosis [ˌɡælvənəʊnɑːˈkəʊsis] *уст.* электроанестезия, электронаркоз

galvanosurgery [ˌɡælvənəʊˈsɜːʤəri] *уст.* электрохирургический метод, электрокоагуляция

galvanotherapeutics [ˌɡælvənəʊˌθerəˈpjuːtiks], **galvanotherapy** [ˌɡælvənəʊˈθerəpi] гальванотерапия

galvanotonus [ˌɡælvənəʊˈtɒnəs] электротон *(изменение возбудимости тканей при прохождении через них постоянного электрического тока)*

gambler ['gæmblə] *псих.* **1.** игрок **2.** аферист

gambling ['gæmblɪŋ] **1.** игромания **2.** игра [спекуляция] на бирже

  compulsive ~ компульсивное влечение к азартным играм

  pathological ~ патологическая склонность к азартным играм

game¹ [geim] **1.** игра; *pl.* спортивные игры **2.** *психол.* модель поведения, преследующего определённую цель

game² искалеченный, парализованный *(о руке, ноге)*

  organized ~s организованные игры *(при проведении реабилитации)*

  pain ~s болевые игры

gametal ['gæmetl] гаметический

gamete ['gæmiːt] гамета, зрелая половая клетка *(сперматозоид, яйцеклетка)*

  . balanced ~ сбалансированная гамета *(с нормальным хромосомным набором)*

  haploid ~ гаплоидная гамета *(с одинарным набором хромосом)*

  male ~ мужская гамета; сперматозоид

  reduced ~ «редуцированная» гамета *(с наполовину уменьшенным числом хромосом по сравнению с соматическими клетками)*

  unbalanced ~ несбалансированная гамета *(с нехватками или дупликациями)*

  unreduced ~ «нередуцированная» гамета *(с соматическим набором хромосом)*

gametic [gə'metik] гаметический

gametocide [gə'miːtəʊsaid] гаметоцид *(вещество, разрушающее гаметы или гаметоциты)*

gametocyte [gə'miːtəʊsait] гаметоцит *(недифференцированная половая клетка – ооцит, сперматоцит)*

gametogenesis [ˌgæmətəʊ'dʒenəsis] гаметогенез *(процесс образования половых клеток)*

gametonucleus [ˌgæmətəʊ'njuːkliəs] ядро гаметы

gamic ['gæmik] половой

gamma-camera ['gæmə-'kæmərə] гамма-камера *(для получения фотографий участков тела, в которые были введены радиоактивные изотопы)*

gammaglobulin [ˌgæmə'glɒbjʊlin] гаммаглобулин *(белок фракции иммуноглобулинов, обладающий наименьшей электрофоретической подвижностью)*

gammagram ['gæmədræm] сцинтиграмма, сканограмма

gammagraphy [gə'mægrəfi] гаммаграфия *(метод получения на фотоплёнке изображения органов с помощью гамма-излучения)*

gammaloidosis [ˌgæmə'lɔidəʊsis] амилоидоз

gammopathy [gə'mɒpəθi] гаммапатия *(аномальная пролиферация лимфоидных клеток, продуцирующих иммуноглобулины)*

  double ~ies двойная гаммапатия

  monoclonal ~ моноклональная гипергаммаглобулинемия, или гаммапатия *(обычно наблюдается при злокачественной пролиферации клона В-лимфоцитов)*

gamogenesis [ˌgæmoʊ'dʒenəsis] половое размножение

gamut ['gæmət] **1.** диапазон *(напр. голоса)* **2.** сочетание ряда признаков; симптомокомплекс

gang [gæŋ] *психол., разг.* шайка, банда, компания

ganglia ['gæŋgliə] *pl. от* **ganglion**

gangliac ['gæŋgliːək], **ganglial** ['gæŋgliːəl] ганглиозный, ганглионарный

gangliectomy [ˌgæŋgli'ektəmi] *см.* **ganglionectomy**

gangliform [ˌgæŋgli'fɔːm] *см.* **ganglioform**

gangliitis [ˌgæŋgli'aitis] *см.* **ganglionitis**

gangliocyte ['gæŋglioʊˌsait] ганглиозная [ганглионарная] клетка

gangliocytoma [ˌgæŋglioʊsai'təʊmə] *см.* **ganglioneuroma**

ganglioform ['gæŋglioʊˌfɔːm] напоминающий нервный узел

ganglioma [ˌgæŋgli'əʊmə] *см.* **ganglioneuroma**

ganglion ['gæŋglɪɒn], *pl.* **ganglia** ['gæŋgliə] ганглий *(1. нервный узел 2. киста влагалища сухожилия)*

  ~ of the root верхний узел блуждающего нерва

  ~ of the trunk нижний узел блуждающего нерва

  ~ vestibulare преддверный узел

  accessory ~s промежуточные ганглии

  Arnold's ~ 1. средний сердечный ганглий **2.** ушной ганглий **3.** внутренностный ганглий **4.** сонный [каротидный] гломус

  auditory ~ спиральный ганглий улитки, кортиев узел

  autonomic ~ вегетативный ганглий

  basal ~ базальное [подкорковое] ядро *(головного мозга)*

  Bock's ~ *см.* **carotid ~**

  cardiac ~ сердечный ганглий, Врисберга ганглий

  carotid ~ сонный [каротидный] узел

  celiac ~ чревный ганглий

  ciliary ~ ресничный узел

  coccygeal ~ непарный [копчиковый] ганглий

  cochlear ~ *см.* **auditory ~**

  Ehrenritter's ~ верхний [внутричерепной] ганглий языкоглоточного нерва

  Gasser's ~ *см.* **trigeminal ~**

  geniculate ~ ганглий коленца

  jugular ~ ярёмный ганглий

  lumbar ~ поясничный ганглий

  Meckel's ~ крылонёбный [основно-нёбный] ганглий

  nerve [nervous] ~ нервный ганглий

  nodose ~ нижний узел блуждающего нерва

  ophthalmic ~ ресничный узел

  parasympathetic ~ парасимпатический ганглий

  petrosal ~ нижний [внечерепной] ганглий языкоглоточного нерва

  Scarpa's ~ вестибулярный ганглий

  Schacher's ~ ресничный ганглий

  solar ~ *см.* **celiac ~**

  spinal ~ спинномозговой [межпозвоночный, спинальный] ганглий, спинномозговой узел

  stellate ~ шейно-грудной [звёздчатый] ганглий

  submandibular ~ поднижнечелюстной ганглий, Ленгли ганглий

  sympathetic ~ симпатический ганглий

  temporal ~ височный ганглий, ганглий наружного сонного сплетения

  terminal ~ конечный ганглий

  trigeminal ~ ганглий тройничного нерва, полулунный [гассеров] узел

  Troisier's ~ вирховский метастаз, Вирхова – Труссо метастаз *(в надключичной ямке)*

tympanic ~ барабанный ганглий, барабанное утолщение

visceral ~ висцеральный [вегетативный] ганглий

ganglionary [ˌgæŋgliˈɒnəri] ганглиозный, ганглионарный

ganglionated [ˈgæŋgliəʊˌneitəd] **1.** узловатый **2.** относящийся к нервному узлу

ganglionectomy [ˌgæŋgliənˈektəmi] ганглионарная симпатэктомия, ганглиэктомия

ganglioneuroblastoma [ˌgæŋgliəʊˌnjuːrəʊblæsˈtəʊmə] ганглионейробластома (злокачественная опухоль)

ganglioneuroma [ˌgæŋgliəʊnjuˈrəʊmə] ганглионеврома, ганглио(цито)ма, ганглионарная неврома (доброкачественная опухоль)

ganglionic [ˌgæŋgliˈɒnik] ганглиозный; ганглионарный

ganglionitis [ˌgæŋgliəʊˈnaitis] ганглионит (воспаление нервного узла или кисты влагалища сухожилия)

acute posterior ~ опоясывающий лишай

ganglioplegic [ˌgæŋgliːəʊˈpliːʤik] ганглиоблокирующее [ганглиоплегическое] средство, ганглиоблокатор, ганглиолитик, ганглиоплегик || ганглиоблокирующий, ганглиолитический

ganglioside [ˈgæŋgliːəʊsaid] pl. ганглиозиды, сиалогликолипиды (сложные гликолипиды, содержащиеся преимущественно в ганглиозных клетках нервной ткани)

gangliosidosis [ˌgæŋgliːəʊsiˈdəʊsis] ганглиозидоз (группа заболеваний, обусловленных дефицитом различных ферментов метаболизма ганглиозидов и накоплением ганглиозидов в клетках, преимущественно в нейронах)

gangosa [gænˈgəʊsə] гангоза (форма трепонематоза, проявляющаяся деструктивным изъязвлением носа, носоглотки и твёрдого нёба)

gangrene [ˈgæŋgriːn] гангрена || вызывать гангрену

cold ~ гангрена без предшествующего воспаления

decubital ~ пролежень

disseminated cutaneous ~ прободающая [гангренозная, детская изъязвляющаяся] эктима

emphysematous [fulminating, gas(eous)] ~ анаэробная инфекция; газовая гангрена

festering ~ гноящаяся гангрена

Fournier's ~ гангрена Фурнье (мошонки)

frank ~ выраженная гангрена

glycemic ~ диабетическая гангрена

hospital ~ **1.** госпитальная гангрена, травматический дифтерит **2.** пролежень

humid ~ см. **moist** ~

impending ~ угрожающая гангрена

infective ~ инфекционная гангрена

Meleney's ~ некротизирующий фасцит, Мелени гангрена

mephitic ~ см. **emphysematous** ~

moist ~ влажная гангрена

nosocomial ~ госпитальная гангрена, травматический дифтерит

oral ~ (язвенно-)гангренозный стоматит

Pott's ~ старческая [марантическая] гангрена

pressure ~ см. **decubital** ~

spreading ~ распространяющаяся гангрена

static ~ венозная циркуляторная гангрена, уст. флегмазия

symmetric ~ симметричная гангрена, уст. Рейно болезнь

venous ~ некроз мягких тканей венного генеза

gangrenosis [ˌgæŋgrəˈnəʊsis] развитие гангрены

gangrenous [ˈgæŋgrənəs] гангренозный

ganja [ˈgænʤə] препарат индийской конопли

ganoblast [ˈgænəʊblæst] эмбр. энамелобласт, амелобласт, адамантобласт

gantry [ˈgæntri:] круговая рама (компьютерного томографа)

gap [gæp] **1.** отверстие, щель; зазор **2.** интервал, промежуток; расстояние; окно возбуждения (в цикле тахикардии) **3.** пропуск, пробел, брешь, гэп (мутация гена, приводящая к выпадению сегментов одной из цепей двухцепочечной ДНК) **4.** расхождение, разрыв **5.** дефицит

~ **in DNA synthesis** промежуток в процессе синтеза ДНК (отсутствие одного или нескольких нуклеотидов)

air-bone ~ костно-воздушный интервал (разрыв на аудиограмме)

anion ~ анионная разница, анионная брешь (напр. при лабораторной оценке; в норме 10–16 ммоль/л)

auscultatory ~ аускультативный провал, зона молчания (при измерении артериального давления методом Короткова)

Bochdalek's ~ пояснично-рёберный треугольник, Бохдалека щель

cranial ~s врождённые трещины черепа

excitable ~ окно возбуждения, или тахикардии (в цикле риэнтри)

fracture ~s линия перелома

G₁ ~ **1.** интервал G_1 **2.** ген. период синтеза РНК, следующий непосредственно после деления клетки

generation ~ разрыв поколений

interlabial ~ межгубная щель, межгубной промежуток

interocclusal ~ межокклюзионное расстояние

silent ~ см. **auscultatory**

sternocostal ~ грудино-рёберный треугольник, Ларрея щель

velopharyngeal ~ зияние носоглоточного отверстия или мягкого нёба

gape [geip] **1.** расстояние между открытыми челюстями **2.** зевота || зевать, широко открывать рот

gap-filling [ˈgæp-ˈfiliŋ] заполнение бреши в одной из цепей двойной спирали ДНК

gaping [ˈgeipiŋ] **1.** зияние || зияющий **2.** зевание; зевота

garbage [ˈgɑːbiʤ] **1.** внутренности, требуха **2.** пищевые отходы; отбросы; мусор **3.** sl. низкокачественный наркотик

Gardnerella [ˌgɑːdnəˈrelə] род бактерий Гарднерелла

~ **vaginalis** влагалищная гарднерелла

gargalesthesia [ˌgɑːgələsˈθiːziə] ощущение щекотания

gargantuan [gɑːˈgæntjʊən] огромный, колоссальный; зверский (об аппетите)

gargarize [ˈgɑːgəraiz] полоскать рот или горло

gargle [ˈgɑːgl] раствор или жидкость для полоскания рта или горла || полоскать рот или горло

gargoylism [ˈgɑːgɒilizm] гаргоилизм, хондроостеодистрофия, множественный дизостоз

garment [ˈgɑːmənt] **1.** одежда; покров, одеяние **2.** мед. тех. манжета (пневматического аппарата)

pneumatic anti-shock ~ пневматическая противошоковая одежда

garnet ['gɑːnət] **1.** гранат *(минерал тёмно-красного цвета)* **2.** *стом.* полировочный материал **3.** лазер *(прибор, позволяющий получить очень тонкий пучок света с высокой концентрацией энергии)*

gadolinium-gallium ~ гадолиний-галлиевый гранат *(лазер)*

neodymum-yttrium-aluminium ~ неодимиево-иттриево-алюминиеввый лазер *(вызывает фотокоагуляцию и некроз)*

yttrium-gallium ~ иттрий-галлиевый гранат, ИГГ

yttrium-indium ~ иттрий-индиевый гранат, ИИГ

garroting ['gærɒtiŋ] удушение, асфиксия

gas [gæs] газ, воздух ‖ выделять газ; насыщать газом; наполнять газом ‖ газовый, анаэробный *(о гангрене)*

acid ~ отравляющее вещество с кислотными свойствами

anesthetic ~ газонаркотическая смесь, ингаляционный анестетик

arterial blood ~es газы артериальной крови

asphyxiating ~ удушающий газ

background ~ фоновый газ *(посторонний газ, присутствующий в системе)*

breathing ~ *см.* respiratory ~

carbonic ~ двуокись углерода

carrier ~ газ-носитель *(в газожидкостной хроматографии)*

city ~ коммунальный газ

coal ~ каменноугольный газ

compressed ~ сжатый газ, газ под давлением

CS ~ газ Си-Эс *(сильнодействующий отравляющий газ)*

damp ~ рудничный газ

emetic war ~ боевое отравляющее вещество рвотного действия

exhaust ~es выхлопные газы

expired ~es выдыхаемые газы

flue ~es дымовые газы; газообразные продукты горения

fuel ~ топочный [отопительный] газ

germ ~ облако болезнетворных микроорганизмов в распылённом состоянии

greenhouse ~es парниковые газы

laughing ~ закись азота, веселящий газ

lethal ~es боевые отравляющие вещества

liquefied ~ сжиженный газ

marsh ~ метан, болотный газ

mustard ~ иприт, горчичный газ, дихлорэтилсульфид

nerve ~ отравляющие вещества нервно-паралитического действия

noble ~es благородные [инертные] газы *(гелий, неон, аргон, криптон, ксенон и радон)*

noxious [offensive] ~ ядовитый [отравляющий, токсичный] газ

persistent ~ стойкое отравляющее вещество

poison ~ *см.* noxious ~

premixed ~ предварительно подготовленная газовая смесь

radio ~ радиоактивный газ

rare ~ *см.* noble ~es

respiratory [respired] ~ дыхательная смесь; вдыхаемый и выдыхаемый воздух

sewage ~ газ сточных вод

spent ~ отработанный воздух

stun ~ *см.* nerve ~

tear ~ слезоточивый газ *(вызывающий раздражение конъюнктивы и обильное слёзотечение)*

town ~ *см.* city ~

vomiting ~ хлорпикрин *(рвотный газ)*

war ~es *см.* lethal ~es

gasator ['gæsətə] прибор для вдыхания газа с лечебной целью

gaseous ['gæsiəs] газовый; газообразный

gash [gæʃ] глубокая рана ‖ наносить глубокую рану

gas-liquid ['gæs-'likwid] газожидкостный *(напр. о хроматографии)*

gasoline ['gæsəliːn] бензин, газолин

gasp [gæsp] затруднённое дыхание; удушье ‖ дышать с трудом, задыхаться

gasping ['gɑːspiŋ] агональное дыхание, гаспинг-дыхание *(единичные глубокие и редкие, убывающие по силе вдохи)* ‖ конвульсивный, спазматический

gas-proof ['gæs-'pruːf], **gas-retention** ['gæs-ri'tenʃn] газонепроницаемый

gasserectomy [,gæsər'ektəmi] удаление ганглия тройничного нерва

gassing ['gæsiŋ] **1.** отравление газами **2.** газовая дезинфекция **3.** выделение газа

gaster ['gæstə] желудок

gasterhysterotomy [,gæstəhistə'rɒtəmi] абдоминальное кесарево сечение

gastradenitis [,gæstrædə'naitis] воспаление желудочных желёз

gastral ['gæstræl] **1.** желудочный **2.** брюшной

gastralgia [gæstr'ælʤiə] (эпи)гастралгия *(боль в области желудка)*

gastratrophia [,gæstrətrəʊ'fiə] атрофический гастрит

gastrectasia [gæstrek'teiziə], **gastrectasis** [gæs'trektəsis] гастрэктазия, расширение желудка, Бушара болезнь

gastrectomy [gæstr'ektəmi] **1.** гастрэктомия **2.** резекция желудка

antecolic ~ резекция желудка с впередиободочным анастомозом

near-total ~ субтотальная резекция желудка

partial ~ частичная или краевая резекция желудка

proximal ~ проксимальная резекция желудка

pylorus-preserving ~ резекция желудка с сохранением пилорического жома

total ~ гастрэктомия

gastric ['gæstrik] желудочный

gastricism ['gæstrisizm] желудочное расстройство, нарушение функции желудка

gastricsin [gæs'triksin] гастриксин *(протеолитический фермент желудочного сока)*

gastrin ['gæstrin] (гастро)гастрин, желудочный секретин

~ **G** прогастрин, гастрин G

big ~ большой гастрин *(с большой молекулярной массой)*

gastrinoma [,gæstri'nəʊmə] ульцерогенная аденома поджелудочной железы, опухоль из АПУД-клеток, Золлингера – Эллисона синдром

extrapancreatic ~s гастринома внепанкреатической локализации

gastritic [gæs'tritik] **1.** относящийся к гастриту **2.** страдающий гастритом

gastritis [gæs'traitis] гастрит

chemical [corrosive] ~ токсико-химический гастрит *(обусловленный действием едких веществ)*

exfoliative ~ десквамативный [эксфолиативный] гастрит

giant hypertrophic ~ гигантский гипертрофический гастрит, опухолевидный гастрит, Менетрие болезнь

reflux ~ рефлюкс-гастрит

gastroacephalus [ˌgæstrəʊə'sefələs] гастроацефал *(близнец-паразит, сросшийся с животом аутозита)*

gastroamorphus [ˌgæstrəʊə'mɔːfəs] плод-паразит, находящийся в брюшной полости аутозита

gastroblennorrhea [ˌgæstrəʊblenəʊ'riə] избыточное выделение слизи желудком

gastrocamera [ˌgæstrəʊ'kæmərə] фотогастрограф, гастрокамера *(1. фотокамера для съёмки слизистой оболочки желудка 2. прибор для фоторегистрации моторики желудка)*

gastrocardiac [ˌgæstrəʊ'kaːdiæk] гастрокардиальный, желудочно-сердечный

gastrocele ['gæstrəʊsiːl] **1.** *эмбр.* первичная кишка **2.** грыжа желудка

gastrochronorrhea [ˌgæstrəʊˌkrəʊnəʊ'riːə] *уст.* постоянная избыточная секреция желудка

gastrocolic [ˌgæstrəʊ'kɒlik] желудочно-ободочный *(относящийся к желудку и ободочной кишке)*

gastrocolpotomy [ˌgæstrəʊkɒl'pɒtəmi] чрезбрюшинное вскрытие влагалища

gastrodialysis [ˌgæstrəʊdai'ælisis] желудочный диализ, желудочный лаваж, гастродиализ

gastrodiaphanoscopy [ˌgæstrəʊdaiəfæ'nɒskəpi], **gastrodiaphany** [ˌgæstrəʊdai'æfəni] гастродиафаноскопия

gastroduodenoscopy [ˌgæstrəʊduːəʊdə'nɒskəpi] гастродуоденоскопия

gastroduodenostomy [ˌgæstrəʊduːəʊdə'nɒstəmi] гастродуоденоанастомоз

gastrodynia [ˌgæstrəʊ'diniə] (эпи)гастралгия *(боли в области желудка)*

gastroelytrotomy [ˌgæstrəʊelit'rɒtəmi] см. **gastrocolpotomy**

gastroenteric [ˌgæstrəʊən'terik] желудочно-кишечный

gastroenteritis [ˌgæstrəʊˌentə'raitis]:

transmissible ~ инфекционный гастроэнтерит

viral ~ вирусный гастроэнтерит

gastroenteroanastomosis [ˌgæstrəʊˌentərəʊəˌnæstəʊ'məʊsis] гастроэнтероанастомоз, желудочно-кишечное соустье

gastroenterologist [ˌgæstrəʊˌentə'rɒləʤist] гастроэнтеролог

gastroenterology [ˌgæstrəʊˌentə'rɒləʤi] гастроэнтерология

gastroenteropathy [ˌgæstrəʊˌentə'rɒpəθi] гастроэнтеропатия *(общее название болезней желудочно-кишечного тракта)*

gastroenteroptosis [ˌgæstrəʊˌentərəʊ'təʊsis] гастроэнтероптоз *(опущение желудка и тонкой кишки)*

gastroenterostomy [ˌgæstrəʊˌentə'rɒstəmi] гастроэнтеростомия, гастроэнтероанастомоз

gastroepiploic [ˌgæstrəʊˌepi'plɔɪk] относящийся к желудку и большому сальнику

gastroesophageal [ˌgæstrəʊeˌsɒfə'ʤiəl] желудочно-пищеводный

gastroesophagostomy [ˌgæstrəʊeˌsɒfə'gɒstəmi] **1.** гастроэзофагостомия **2.** эзофагогастроанастомоз

gastrogavage [ˌgæstrəʊgə'vaːʒ] кормление через желудочный зонд, (чрез)зондовое питание

gastrogenic [ˌgæstrəʊ'ʤenik] гастрогенный, желудочного происхождения *(напр. о ферменте)*

gastrography [gæs'trɒgrəfi] гастрография *(графическая регистрация моторики желудка)*

gastrohydrorrhea [ˌgæstrəʊˌhaidrəʊ'riə] выделение желудочного сока с низким содержанием ферментов и соляной кислоты

gastrohysteropexy [ˌgæstrəʊ'histərəʊˌpeksi] чрезбрюшинная фиксация матки, фиксация матки к брюшной стенке

gastrohysterotomy [ˌgæstrəʊhistə'rɒtəmi] абдоминальное кесарево сечение

gastrointestinal [ˌgæstrəʊin'testinəl] желудочно-кишечный

gastrojejunal [ˌgæstrəʊʤi'ʤuːnəl] гастроеюнальный *(относящийся к желудку и тощей кишке)*

gastrojejunostomy [ˌgæstrəʊʤəʤu'nɒstəmi] **1.** гастроеюностомия **2.** гастроэнтероанастомоз

bypass ~ обходной гастроеюноанастомоз

gastrokinesograph [ˌgæstrəʊki'nesəʊgræf] см. **gastrograph**

gastrolavage [ˌgæstrəʊlə'vaːʒ] промывание желудка, желудочный лаваж, или диализ

gastrolith ['gæstrəʊliθ] безоар *(инородное тело в желудке, образованное из непереварившихся частиц пищи)*

gastrology [gæs'trɒləʤi] гастрология

gastrolysis [gæs'trɒlisis] освобождение желудка от спаек

gastromalacia [ˌgæstrəʊmə'leiʃiə] гастромаляция *(размягчение стенки желудка)*

gastromenia [ˌgæstrəʊ'meniə] желудочное кровотечение во время менструации

gastromyotomy [ˌgæstrəʊmai'rɒtəmi] пиломиотомия

gastromyxorrhea [ˌgæstrəʊˌmik'səʊriə] гастромиксорея, синдром Рейхманна

gastronesteostomy [ˌgæstrəʊnesti'ɒstəmi] гастроеюностомия; гастроэнтероанастомоз

gastropagus [gæs'trɒpəgəs] гастропаг *(близнецы, сросшиеся в области живота)*

gastroparesis [ˌgæstrəʊpə'riːsis] парез [атония] желудка

gastropathy [gæs'trɒpəθi] гастропатия *(болезни желудка)*

congestive ~ застойная гастропатия

protein-losing ~ гастропатия с потерей белка

gastrophotor [ˌgæstrəʊ'fəʊtə] гастрокамера *(1. фотокамера 2. прибор для фоторегистрации моторики желудка)*

gastrophrenic [ˌgæstrəʊ'frenik] желудочно-диафрагмальный

gastroplasty ['gæstrəʊˌplæsti] гастропластика

gastro-clip ~ гастропластика с частичным выключением желудка *(при лечении ожирения)*

vertical banded ~ гастропластика с вертикальной перетяжкой

gastroplegia [ˌgæstrəʊ'pliːʤiə] парез желудка, гастроплегия *(напр. после ваготомии)*

gastroptosia [ˌɡæstrəʊˈtəʊsɪə], **gastroptosis** [ˌɡæstrəʊˈtəʊsɪs] гастроптоз, опущение желудка

gastroptyxis [ˌɡæstrəʊˈtiksɪs] *хир.* гастропликация *(ушивание желудочной стенки)*

gastrorrhagia [ˌɡæstrəʊˈreɪʤɪə] желудочное кровотечение

gastrorrhaphy [ɡæsˈtrəʊrəfɪ] ушивание желудка

gastroschisis [ɡæsˈtrɒskɪsɪs] гастрошиз(ис) *(несращение передней брюшной стенки)*

gastroscope [ˈɡæstrəʊskəʊp] гастроскоп

gastroscopy [ɡæsˈtrɒskəpɪ] гастроскопия

gastrostaxis [ˌɡæstrəʊˈstæksɪs] *уст.* капиллярное кровотечение из слизистой оболочки желудка

gastrostogavage [ɡæsˌtrɒstəʊɡəˈvɑːʒ] питание через гастростому

gastrostolavage [ɡæsˌtrɒstəʊləˈvɑːʒ] промывание [лаваж] желудка через гастростому

gastrostomize [ɡæsˈtrɒstəmaiz] накладывать гастростому

gastrostomy [ɡæsˈtrɒstəmɪ] **1.** гастростомия **2.** гастростома

percutaneous endoscopic ~ чрескожная эндоскопическая гастростомия

permanent ~ постоянная гастростома

gastrotherapy [ˌɡæstrəʊˈθerəpɪ] **1.** лечение заболеваний желудка **2.** лечение пернициозной анемии экстрактом из слизистой оболочки желудка

gastrotomy [ɡæsˈtrɒtəmɪ]:

exploratory ~ диагностическая [эксплоративная] гастротомия

gastrotonometer [ˌɡæstrəʊtəʊˈnɒmɪtə] гастротонометр *(прибор для измерения внутрижелудочного давления)*

gastrotonometry [ˌɡæstrəʊtəʊˈnɒmətrɪ] гастротонометрия *(измерение внутрижелудочного давления)*

gastrotoxic [ˌɡæstrəʊˈtɒksik] токсичный для желудка

gastrotropic [ˌɡæstrəʊˈtrɒpik] действующий на желудок

gastrotympanitis [ˌɡæstrəʊˌtimpənaitiːz] вздутие желудка, метеоризм

gastroxynsis [ˌɡæstrɒkˈsinsis] периодически повышенное выделение желудочного сока

gate [geit] **1.** ворота *(вход, выход)* **2.** заслонка, клапан

gatekeeper [ˈgeitkiːpə] привратник *(1. сфинктер 2. sl., страх. санкция врача-специалиста первого контакта на оказание больничной помощи)*

gather [ˈgæðə] нагнаиваться ◊ **to ~ to a head** назревать *(об абсцессе)*

to ~ to matter гноиться

gatism [ˈgeitizm] недержание мочи или кала, ректовезикальная недостаточность

gauge [geiʤ] **1.** размер, калибр **2.** измеритель ‖ измерять **3.** масштаб, стандарт

alcohol ~ спиртометр

bougie ~ калибровочная шкала для бужей

catheter ~ **1.** калибровочная шкала для катетеров *(по Шарьеру)* **2.** калибровочный зонд или катетер

cream ~ бутирометр, жиромер

deposit ~ измеритель оседающих частиц

dial ~ измерительный прибор с круговой шкалой

discharge ~ *см.* **flow** ~

film ~ плёночный измеритель

flow ~ расходомер, флоуметр

force ~ динамометр

French ~ французская шкала, калибр по Шарьеру

height ~ ростомер

interpupillary distance ~ измерительная линейка для определения межзрачкового расстояния

mercury [mercurial] ~ ртутный манометр

oxygen quantity ~ расходомер кислорода

pressure-vacuum ~ манометрический вакуумметр, мановакуумметр

recording liquid level ~ самопишущий указатель уровня жидкости

strain ~ тензиометрический датчик, тензодатчик; тензиометр

thermal ~ **1.** температурный датчик, термодатчик **2.** термометр

gauging [ˈgeiʤiŋ] измерение, калибровка ‖ измерительный, мерный, калибровочный

indirect ~ косвенное измерение

limit ~ предельный калибр

nuclear-radiation thickness ~ измерение толщины с помощью ионизирующих излучений

gauntlet [ˈgɔːntlət] повязка на кисть в виде перчатки

gauss [gaʊs] гаусс *(единица магнитной индукции)*

gauze [gɔːz] марля; марлевая салфетка

absorbent ~ гигроскопическая марля

hemostatic ~ гемостатическая [кровоостанавливающая] марля

sterile ~ стерильная марля

gavage [gəˈvɑːʒ] **1.** кормление через желудочный зонд, (чрез)зондовое питание; принудительное кормление *(меры, применяемые к больному, который не желает или не может самостоятельно принимать пищу через рот)* **2.** гипералиментация *(кормление пищей избыточной калорийности)*

nasal ~ зондовое питание через нос

gay [gei] гей, «голубой», гомосексуалист

gaze [geiz] *(пристальный)* взгляд; взор

ping-pong ~ периодические альтернирующие горизонтальные движения глазных яблок *(при двустороннем поражении полушарий мозга или мозжечка и сохранности ствола мозга)*

gazing [geizin]:

crystal ~ техника гипнотического кристалла

gear [giə] *sl.* наркотик *(особ. марихуана)*

geez [giːz] *sl.* инъекция наркотика ‖ инъецировать наркотик

gel [ʤel] гель ‖ превращать(ся) в гель, загустевать

agar(-agar) ~ агаровый гель *(пористый инертный носитель для иммунодиагностики и разделения биополимеров методов биополимеров)*

aluminum hydroxide ~ гель гидроокиси алюминия *(абсорбент)*

antibody-coated ~ нагруженный [покрытый] антителами гель

coupling ~ клей; фиксирующий гель *(для электродов)*

firm ~ плотный гель

loading ~ стартовый [антиконвекционный] гель, проба-гель

loose ~ рыхлый гель

mint ~ гель с мятой

nondenaturing ~ ненатурирующий гель *(в котором сохраняется нативная структура биополимеров)*

protein ~ белковый гель

running ~ *см.* **separation** ~

sample ~ *см.* **loading** ~

separation [sieving] ~ разделяющий [фильтрующий, сепарирующий] гель

sequencing ~ секвенирующий гель *(позволяющий проводить электрофоретическое разделение олиго- и полинуклеотидов, различающихся по длине всего на 1 нуклеотид)*

silica ~ силикагель *(сорбент на основе оксида кремния)*

spacer ~ концентрирующий гель

stab ~ пластина [слой] геля

stacking ~ *см.* **spacer** ~

starch ~ крахмальный гель

two-dimensional proteolytic digest ~s двумерный гель-электрофорез протеолитических переваров

gelasmus [ʤəˈlæsməs] истерический [судорожный] смех

gelatin [ˈʤelətin] желатин(а), животный клей, студень, студенистый осадок

~ **of Wharton** вартонов студень

beef-extract ~ мясопептонный желатин, МПЖ

gelatiniferous [ˌʤeləti'nifərəs] продуцирующий или содержащий желатин

gelatinolytic [ˌʤelətinəʊ'litik] разжижающий желатин

gelatinous [ʤə'lætinəs] желатиновый, студенистый, гелеобразный

gelation [ʤə'leiʃn] превращение в гель, желатинирование *(превращение в студень)*

gelfoam [ˈʤelfəʊm] *фирм.* рассасывающаяся желатиновая губка

gelodiagnosis [ˌʤeləʊdaiəg'nəʊsis] идентификация микроорганизмов на агаровой питательной среде

gelose [ˈʤelɒzi] агар

gelosis [ʤe'ləʊsis] уплотнение в ткани *(гл. обр. в мышце)*

gelotherapy [ˌʤeləʊ'θerəpi] людотерапия, джокотерапия *(метод психотерапии)*

gelotripsy [ˌʤeləʊ'tripsi] массаж уплотнённого участка ткани

gem [ʤem]:

surgical ~ косметическая операция; косметическая процедура *(напр. кюретаж)*

gemangioma [ˌʤemænʤiˈəʊmə] гемангиоэндотелиома

gemellipara [ˌʤeməˈlipərə] женщина, родившая двойню

gemellology [ˌʤeməˈlɒləʤi] гемеллология *(область медицины, изучающая близнецов)*

gemellus [ʤe'meləs] **1.** близнецовая мышца **2.** двойня

gemina [ˈʤeminə] пластинка крыши, или четверохолмия; четверохолмие

geminate [ˈʤemineit] сдвоенный, расположенный парами

gemination [ˌʤemi'neiʃn] сдваивание, удвоение

~ **of teeth** удвоение зубов

geminus [ˈʤeminəs], *pl.* **gemini** [ˈʤeminai] близнец

gemistocyte [ʤə'mistəʊsait] гипертрофированный [тучный] астроцит

gemmule [ˈʤemjuːl] геммула *(1. гипотетическая наследственная частица 2. вырост дендрита, через который осуществляется контакт одного нейрона с другим в синапсе)*

genal [ˈʤenəl] щёчный, относящийся к щекам

gender [ˈʤendə] пол *(совокупность генетически детерминированных половых признаков особи)*; гендер *(термин, подчёркивающий социальное неравенство между полами)*; половая принадлежность || гендерный, относящийся к полу *(напр. о наследственной болезни)*

common ~ общий род

fetal ~ пол плода

femine ~ женский пол

male ~ мужская особь, мужчина; мужской пол

natural ~ естественный род; род, соответствующий полу

gender-related [ˈʤendə-riˈleitəd] связанный с полом, обусловленный полом

gene [ʤiːn] ген *(структурная и функциональная единица наследственности, контролирующая формирование какого-л. признака или синтез определённого белка, представляющая собой участок молекулы ДНК или РНК)*

allelic ~ аллель, аллельный ген *(один из нескольких вариантов гена, находящихся в одинаковых локусах гомологичных хромосом)*

ancestral ~ предковый ген, ген предка

ankylosing spondilitis susceptibility ~ ген риска анкилозирующего спондилита

architectural ~s архитектурные гены *(отвечают за интеграцию белка в клеточную структуру)*

autosomal recessive ~ аутосомно-рецессивный ген

block ~s гены, образующие блоки

buffer ~ буферный ген

C ~ структурный ген иммуноглобулинов

calf prochymosin B ~ ген телячьего прохимозина B

candidate ~ ген-кандидат *(мутация в котором предположительно является причиной наследственного заболевания)*

carry ~s перенос генов *(в опухоль)*

chimeric ~ химерный ген *(состоящий из частей разных генов)*

clock ~s гены, контролирующие время; часовые гены *(специфические локусы, мутации которых изменяют свойства циркадианных ритмов)*

complementary ~s комплементарные гены *(дополняющие друг друга: наличие обоих необходимо для проявления рецессивного признака)*

contiguous ~s сцепленные *(напр. функционально)* гены

control ~ ген, контролируемый [модифицированный] полом

controlling ~ регуляторный ген

cryptic ~ криптический ген *(с неизвестным фенотипическим проявлением, обнаруживаемый лишь косвенным методом)*

custom ~ обычный ген *(осуществляющий синтез определённого вида белка)*

cytoplasmic ~ цитоплазматический гель *(нуклеиновой кислоты, находящейся в цитоплазме)*

D ~s гены разнообразия, D-гены

diagynic ~ диагинический ген *(ген X-хромосомы, переданный от матери сыну)*

diandric ~ диандрический ген *(ген X-хромосомы, переданный от отца дочери)*

dominant ~ доминантный ген *(имеющий в гетерозиготном состоянии преимущественное проявление по сравнению с рецессивным геном)*

double mutation ~ ген с двойной мутацией

early ~ ранний ген *(напр. ген вируса, экспрессия которого проходит на ранних стадиях инфекции)*

epistatic ~ ген-ингибитор, эпистатический ген

extrachromosomal ~ внехромосомный ген

F ~ F ген *(ген, обусловливающий развитие женского пола)*

foreign ~ чужеродный ген

heat shock ~s гены теплового шока *(кодирующие специфические стрессовые белки)*

histocompatibility ~s гены тканевой совместимости

holandric ~ голандрический ген *(ген, абсолютно сцепленный с Y-хромосомой)*

housefold [house-kipping] ~es «домашнее хозяйство» *(набор основных структурных генов, обеспечивающих жизнедеятельность клетки)*

human prostate cancer ~s гены рака предстательной железы человека *(локализованы на 1 и 10 хромосомах; открыты в 1996 и 1998 гг.)*

hybrid ~ гибридный ген *(состоящий из частей двух или нескольких генов и экспрессирующийся образованием гибридного белка)*

hypostatic ~ гипостатический ген *(действие которого подавляется действием другого неаллельного гена)*

immune response ~s гены иммунного ответа, Ir-гены

immunosuppression ~ ген супрессии иммунного ответа

imprinting ~ импринтинговый [импринтинг-зависимый] ген *(активный только в хромосоме, полученной от отца или матери)*

inconstant ~ 1. непостоянный ген, ген с нестойким проявлением 2. мутабельный ген

independent ~ независимый ген

intensifying ~ ген-усилитель *(усиливающий экспрессию другого гена)*

intermediate ~ промежуточный (по доминированию) ген

Ir ~s *см.* **immune response** ~s

"jumping ~s" «прыгающие» гены *(меняющие своё положение в хромосоме)*

key ~ олигоген, главный ген

lethal ~ летальный ген *(экспрессия которого вызывает преждевременную гибель организма)*

linked ~s сцепленные гены *(локализованные близко друг от друга и наследуемые единой сцепленной группой)*

major ~ олигоген, главный ген *(с чётким фенотипическим проявлением)*

major histocompatibility ~s главный комплекс гистосовместимости

marker ~ маркёрный ген *(при известной локализации имеющий чёткое фенотипическое проявление, напр. ферментативную активность)*

maternal ~ материнский ген

mimic ~s мимические гены *(неаллельные гены, дающие идентичный эффект)*

minor ~ пилоген, малый ген

modificator [modifier] ~ (ген)-модификатор *(изменяющий фенотипические проявления при взаимодействии с другими генами)*

mutable ~ мутабельный ген

mutator ~ ген-мутатор *(мутация в котором увеличивает скорость спонтанных мутаций в других генах)*

one ~ – **one enzyme** один ген – один фермент *(теория, по которой одним геном может кодироваться только один фермент)*

one ~ – **one polypeptid** один ген – один полипептид *(гипотеза, согласно которой один ген может кодировать только одну полипептидную цепь, входящую в состав белкового комплекса)*

operator ~ ген-оператор *(контролирует деятельность структурных генов и контролируется регуляторным геном)*

paternal ~ отцовский ген

primordial ~ ген эмбрионального [зародышевого] типа, эмбрионально активный ген; родоначальный ген

rate ~ ген, контролирующий скорость процесса развития или рост клеток

recessive ~ рецессивный ген *(экспрессия которого частично или полностью подавляется в присутствии доминантного гена)*

reciprocal ~s *см.* **complementary** ~s

recombinant ~ рекомбинантный [искусственно введённый] ген

regulator(y) ~ регуляторный ген *(принимает участие в регуляции экспрессии другого гена)*

reporter ~ ген-репортер *(кодирующий легко выявляемый продукт*

resistance ~ ген устойчивости *(напр. лекарственной устойчивости)*

responsible ~ ген ответственный *(напр. за аритмию)*

restriction ~ (ген-)модификатор

semilethal ~ полулетальный ген

sex-controlled ~ ген, контролируемый [модифицированный] полом

sex-determination ~ ген половой детерминации

sex-limited ~ ген, ограниченный полом

sex-linked ~ ген, сцепленный с полом

silent ~ «молчащий» [неэкспрессируемый] ген

split ~ расщеплённый [прерывистый] ген *(состоящий из экзонов и интронов)*

sterility ~ ген стерильности

structural ~ структурный ген *(кодирующий синтез какой-л. полипептидной цепи или молекулы РНК)*

suicide ~ ген-самоубийца *(вызывающий гибель собственной клетки)*

supplementary ~ дополнительный ген

switch ~ ген-переключатель *(направляющий развитие по определённому пути)*

target ~ ген-мишень *(1. клонированный ген 2. ген, подвергаемый специфическому воздействию)*

temporary ~s временные гены *(осуществляют контроль за временем и местом действия других генов)*

truncated ~ укороченный ген *(напр. в составе рекомбинантной ДНК)*

tumor suppressor ~ опухоль подавляющий ген

twin ~s псевдогены *(нетранслируемые гомологи нормальных генов)*

513

viral ~s вирусные гены

X-linked ~ сцепленный с Х-хромосомой ген *(локализованный в Х-хромосоме)*

Y-linked ~ сцепленный с Y-хромосомой ген *(локализованный в Y-хромосоме)*

genealogize [ʤiːniːˈɒləʤaiz] прослеживать родословную; составлять родословное дерево

genealogy [ʤiːniːˈɒləʤi] генеалогия *(1. историческая дисциплина, изучающая родословие 2. родословие, история рода)*

genecology [ˌʤeniˈkɒləʤi] см. **ecological genetics**

geneogenous [ʤiːniːˈɒʤənəs] врождённый

gene-pool [ˈʤiːn-puːl] генофонд, генетический ряд

genera [ˈʤenərə] *pl. от* **genus**

general [ˈʤenərəl] 1. генерализованный, общий, распространённый, широкий, повсеместный, неспецифический 2. главный, основной

generalist [ˈʤenərəlist] врач общей практики, семейный врач

generalization [ˌʤenərəliˈzeiʃn] 1. обобщение, общее правило 2. генерализация *(напр. тревоги)*, распространение *(напр. патологического процесса по всему организму)*

generalize [ˈʤenərəlaiz] генерализоваться, распространяться *(напр. о патологическом процессе)*

generalized [ˈʤenərəˌlaizd] 1. генерализованный, распространённый *(напр. о патологическом процессе)* 2. общий *(напр. об охлаждении)*; системный

generation [ˌʤenəˈreiʃn] 1. размножение, воспроизведение *(потомства)* 2. поколение, генерация 3. создание, образование, формирование 4. генерирование, порождение

~ of anesthetics поколение анестетиков

~ of anxiety развитие тревоги

~ of autoimmune diseases возникновение аутоиммунных заболеваний

~ of blood flow восстановление кровотока

~ of cortical slow potentials генерирование медленных потенциалов коры головного мозга

~ of diversity *иммун.* процессы, обусловливающие происхождение иммунокомпетентных клеток

~ of inducer выработка индуктора *(напр. γ-интерферона)*

~ of monoclonal antibodies выработка моноклональных антител

computer ~ моделирование с помощью ЭВМ

diploid ~ диплоидный набор хромосом

filial ~ первое [дочернее, основное] поколение; гибриды первого поколения

hypothetical ~ гипотетическое [условное] поколение *(когорта, образованная по году рождения)*

intracellular ~ внутриклеточная выработка *(напр. оксидантов)*

prostaglandin ~ выработка [синтез] простагландина

second filial ~ второе поколение; гибриды второго поколения

single ~ единичная генерация

thrombin ~ образование тромбина

successive ~ последующее [сменяющееся] поколение

generative [ˈʤenərətiv] генеративный, репродуктивный

generativity [ˌʤenərəˈtiviti] генеративность, репродуктивность, воспроизводимость

generator [ˈʤenəˌreitə] 1. генератор 2. датчик

aerosol ~ аэрозольный генератор

atrial synchronous [atrial triggered] pulse ~ Р-синхронный электрокардиостимулятор

demand pulse ~ синхронный электрокардиостимулятор, деманд-кардиостимулятор *(работающий по запросу)*

fixed rate pulse ~ асинхронный электрокардиостимулятор

implantable pulse ~ имплантируемый кардиостимулятор

mist ~ генератор аэрозоля, аэрозольный генератор

noise ~ шумовой генератор

pulse ~ 1. (электро)кардиостимулятор, искусственный водитель ритма 2. импульсный генератор

radionuclide ~ генератор радиоактивных изотопов, изотопный генератор

roentgen-ray ~ генератор рентгеновского излучения

standby pulse ~ *см.* **demand pulse ~**

subcutaneous pulse ~ подкожный электрокардиостимулятор

ultrasonic aerosol ~ ультразвуковой аэрозольный генератор

ventricular inhibited pulse ~ *см.* **demand pulse ~**

ventricular synchronous [ventricular triggered] pulse ~ QRS-синхронный электрокардиостимулятор

generic [ʤəˈnerik] 1. родовой, имеющий отношение к роду; видовой 2. главный, характерный, общий *(напр. признак)* 3. дженерик, генерик, воспроизведённый [непатентованный] медикамент *(обычно производимый по лицензии фирмы-патентообладателя и аналогичный по действию и дозировке оригинальному – бренду)*

genesiology [ʤəˌniːziˈɒləʤi] генезиология *(раздел биологии, изучающий репродуктивную деятельность)*

genesis [ˈʤenəsis] 1. генез, происхождение, возникновение, зарождение 2. патогенез

~ of biomembranes возникновение биологических мембран

~ of crush syndrome патогенез краш-синдрома

~ of the systolic murmur происхождение систолического шума

coronary ~ коронарное происхождение

gene-spread [ˈʤiːn-spred] поток генов

genestasis [ˌʤenəˈstæsis] прекращение [прерывание] репродуктивной деятельности лекарственными средствами

genetic(al) [ʤəˈnetikl] 1. генный *(об инженерии)* 2. генетический, наследственный 3. относящийся к репродукции, родам или возникновению

geneticist [ʤəˈnetisist] генетик

clinical ~ клинический генетик

genetico-induced [ʤəˌnetikəʊ-inˈdjuːst] генетически обусловленный *(напр. порок развития)*

genetics [ʤəˈnetiks] 1. генетика 2. генетические факторы

~ of cleft lip родословная лиц с расщелиной губы

~ of environmental cancer генетика рака, обусловленного воздействием окружающей среды

aerospace ~ космическая генетика

basic ~ фундаментальная генетика

behavior ~ психогенетика, генетика поведения

cancer ~ генетика рака; онкологическая генетика

clinical ~ *см.* **medical** ~

ecological ~ экологическая генетика *(исследует процессы взаимодействия генетических и экологических факторов в формировании фенотипа данным генотипом)*

forensic ~ судебная генетика

formal ~ **of muscular dystrophia** внешние проявления мышечной дистрофии

human ~ генетика человека

medical ~ медицинская генетика

molecular ~ молекулярная генетика

radiation ~ радиационная генетика

reverse ~ реверсивная [обратная] генетика, позиционное клонирование *(технология идентификации генов, базирующаяся на знании их ориентировочной хромосомной локализации при отсутствии какой-л. информации об их функции или первичном биохимическом продукте)*

genetous ['ʤenətəs] врождённый

genial [ʤə'naiəl], **genian** [ʤə'naiən] 1. *психол.* добрый, сердечный; мягкий *(о климате)* 2. подбородочный, нижнечелюстной; относящийся к нижней челюсти

genic ['ʤenik] генный

genicular [ʤe'nikjʊlə] коленный, относящийся к коленному суставу

geniculate [ʤe'nikjʊleit] коленчатый; коленовидный

geniculum [ʤe'nikjʊləm], *pl.* **genicula** [ʤe'nikjʊlə] (маленькое) колено, коленце; коленообразная структура *(напр. нерва)*

~ **of facial nerve** колено лицевого нерва

genioglossal [,ʤi:niəʊ'glɒsəl] подбородочно-язычный

genion [ʤə'naiɒn] *кр. метр.* генион *(наиболее выступающая точка на подбородке)*

genioplasty ['ʤi:niəʊ,plæsti] пластика подбородка, гениопластика

genital ['ʤenitl] половой, относящийся к половым органам, детородный, генитальный

genitalia [,ʤeni'teiliə], **genitals** ['ʤenitlz] гениталии, половые органы *(особ. наружные)*

ambiguous ~ неопределённый пол *(трудноразличимое строение наружных половых органов при гермафродитизме)*

hypoplastic ~ гипоплазия [недоразвитие] наружных половых органов

indifferent ~ индифферентные половые органы *(напр. эмбриона)*

infantile ~ детские наружные половые органы; недоразвитые наружные половые органы

genitoplasty ['ʤenitəʊ,plæsti] пластика половых органов

genitourinary [,ʤenitəʊ'ju:rinəri] 1. мочеполовая система || мочеполовой 2. мочеполовой тракт

genius ['ʤi:niəs] 1. гениальность, одарённость 2. гений, гениальная личность 3. талант

~ **loci** *лат.* органы [места] наиболее подверженные развитию метастазов

~ **morbi** *лат.* патогномоничный [превалирующий] признак болезни

genoblast ['ʤenəʊblæst] 1. гамета *(зрелая половая клетка)* 2. ядро оплодотворённой яйцеклетки

genocide ['ʤenəsaid] геноцид

genodermatology [,ʤenəʊ,də:mə'tɒləʤi] раздел дерматологии, посвящённый генодерматозам

clinical ~ генетические аспекты кожных болезней

genodermatosis [,ʤenəʊ,də:mə'təʊsis] генодерматоз *(общее название наследственных болезней кожи)*

genofond ['ʤenəʊfɒnd] генофонд *(совокупность генов, присущих какой-л. популяции, напр. нации)*

genogram ['ʤenəʊgræm] генограмма *(1. родословная 2. вид семейной психотерапии, при котором врач конструирует семейные взаимоотношения нескольких поколений родственников)*

genome ['ʤi:nəʊm] геном *(совокупность всех генов организма – около 80 тыс.)*

bipartite ~ двухкомпонентный геном *(полная генетическая информация которого заключена в двух различных полинуклеотидах)*

mitochondrial ~ митохондриальный геном *(совокупность генов в митохондриях)*

parental ~ родительский геном

pediatric ophthalmology ~ генетические аспекты зрения у детей

polypartite ~ многокомпонентный геном

viral ~ вирусный геном

Genome:

"Human ~" «Геном человека» *(федеральная программа идентификации патологических и условно патологических генов, США)*

genomere ['ʤenəʊmɜ:] геномер

genoneme ['ʤenəʊni:m] хромонема *(непрерывный пучок хромофибрилл)*

genophobia [,ʤenəʊ'fəʊbiə] навязчивый страх, патологическая боязнь полового сношения

genospecies ['ʤi:nəʊspi:ʃi:z] геновид *(вид, состоящий из индивидуумов с одинаковым генотипом)*

genotoxic ['ʤi:nəʊtɒksik] генотоксичный *(напр. канцероген)*

genotype ['ʤenəʊtaip] генотип, идиотип, генетическая конституция *(индивидуума)*

adiposis ~ генотип с наследственным ожирением

background ~ фоновый генотип *(совокупность ненаследуемых признаков организма)*

growth hormone ~ генотип гормона роста

genotypescopy [,ʤenəʊ'taipskəpi] генотипоскопия *(идентификация личности по отпечаткам ДНК)*

genotyping ['ʤenəʊtaipiŋ] генотипирование *(определение всех аллелей всех локусов данной хромосомы)*

genovariation ['ʤenəʊveəri,eiʃn] генная мутация, внутригенная перестройка, трансгенация

gentamicin [,ʤentə'maisin] гентамицин *(антибиотик)*

gentian ['ʤenʃən]:

yellow ~ горечавка жёлтая *(Gentiana lutea)*

genu ['ʤi:nju:], *pl.* **genua** ['ʤenju:ə] 1. колено 2. коленчатое тело; коленчатая структура

~ **extrorsum** *см.* ~ **varum**

~ **recurvatum** переразгибание коленного сустава, дугообразный прогиб колена кзади

~ **valgum** вальгусная деформация колена, вальгусное колено, X-образные ноги

~ varum варусная деформация колена, варусное колено, О-образные ноги

genual ['ʤenjʋəl] коленный

genucalcaneal [,ʤenjʋkæl'keiniəl] коленно-пяточный

genucubital [,ʤenjʋ'kju:bitəl] коленно-локтевой

genuine [,ʤenjʋin] врождённый, первичный, генуинный *(напр. о гипертонической болезни)*

genupectoral [,ʤenjʋ'pektɔ:riəl] коленно-грудной

genus ['ʤi:nəs], *pl.* **genera** ['ʤenerə] **1.** род *(таксономическая категория)* **2.** сорт, вид

genyantralgia [,ʤeniən'trælʤiə] боль в области верхнечелюстной пазухи

genyantritis [,ʤeniən'traitis] гайморит

genyantrum [ʤeni'æntrəm] верхнечелюстная [гайморова] пазуха

genychiloplasty [,ʤeni'kailəʋplæsti] пластика губы и щеки

genyplasty ['ʤeniplæsti] пластика щеки

geode ['ʤi:əʋd] геод *(жидкое лимфатическое пространство)*

geohelminth [,ʤi:əʋ'helminθ] геогельминт

geometry [ʤi'ɒmətri]:

~ of bladder форма [конфигурация] мочевого пузыря

geonosis [,ʤiəʋ'nəʋsis] *параз.* геоноз

geopathic [ʤiəʋ'pæθik] относящийся к территории с высокой радиоактивностью

geophagia [,ʤiəʋ'feiʤiə] геофагия *(патологическое влечение к поеданию земли)*

geotrichosis [,ʤiəʋtri'kəʋsis] геотрихоз, микодерматит

gephyrophobia [ʤe,fairəʋ'fəʋbiə] гефирофобия *(патологическая боязнь перехода по мосту)*

geratic [ʤe'rætik] старческий

gerbil ['ʤə:bil] (монгольская) песчанка *(животное из отряда грызунов, использующееся в экспериментальной ангионеврологии)*

geriatric [,ʤeri'ætrik] гериатрический *(1. относящийся к лечению людей пожилого и старческого возраста 2. пожилой, старый – о больном)*

geriatrician [,ʤeriə'triʃn] (врач-)гериатр; геронтолог

geriatrics [,ʤeri'ætriks] **1.** гериатрия *(область медицины, занимающаяся диагностикой и лечением заболеваний людей пожилого и старческого возраста)* **2.** преждевременное старение организма, прогерия

dental ~ геродонтология, геродонтия *(учение о болезнях зубов и их лечении в старческом возрасте)*

geriopsychosis [,ʤeriəʋsai'kəʋsis] сенильный [старческий] психоз

germ [ʤə:m] **1.** зародыш, эмбрион, зачаток ‖ зародышевый ‖ зарождаться **2.** патогенный микроорганизм; возбудитель *(инфекции)* ◊ **in ~** в зачаточном состоянии

dental ~ зубной зачаток

disease-producing ~ патогенный микроорганизм

enamel ~ зубной [эмалевый] орган

hair ~ матрикс [матрица] волоса

necrosis ~ некробактерия

pathogenic ~ патогенный микроорганизм

tooth ~ зубной зачаток

germfree ['ʤə:mfri:] безмикробный, стерильный

germicidal [,ʤə:mi'saidl] бактерицидный

germicide ['ʤə:misaid] антимикробный [бактерицидный, антисептический] препарат, гермицид

germifuge ['ʤə:mifju:ʤ] антимикробный

germinal ['ʤə:minəl] **1.** зародышевый, эмбриональный; зачаточный, герминативный **2.** врождённый *(об инфекции)*

germination [,ʤə:mi'neiʃn] зарождение, развитие

~ of tumor into organs *узи* прорастание опухоли в органы

germinoma [,ʤə:mi'nəʋmə] герминома *(злокачественная опухоль, развивающаяся из эмбриональных клеток)*

germ-line ['ʤə:m-'lain] **1.** теория зародышевой линии из одной клетки **2.** клонирование зародышевых клеток

gerocomia [,ʤerəʋ'kəʋmiə] герогигиена, гигиена старческого возраста

geroderma [,ʤerəʋ'də:mə], **gerodermia** [,ʤerəʋ'də:miə] геродермия *(атрофия кожи, напоминающая старческую)*

gerodontics [,ʤerəʋ'dɒntiks] геродонтология, геродонтия *(учение о болезнях зубов и их лечении в старческом возрасте)*

gerodontist [,ʤerəʋ'dɒntis] стоматолог, специализирующийся в области геродонтии

gerodontology [,ʤerəʋdɒn'tɒləʤi] геродонтология, геродонтия *(учение о болезнях зубов и их лечении в старческом возрасте)*

geromorphism [,ʤerəʋ'mɔ:fizm] преждевременная старость

gerontal [ʤe'rɒntl], **gerontic** [ʤe'rɒntik] старческий

gerontics [ʤe'rɒntiks], **gerontology** [,ʤerɒn'tɒləʤi] геронтология *(раздел биологии и медицины, изучающий процессы старения организма)*

gerontophilia [,ʤerɒntəʋ'filiə] геронтофилия *(форма полового извращения)*

gerontophobia [,ʤerɒntəʋ'fəʋbiə] геронтофобия *(патологическая боязнь встречи с лицами старческого возраста)*

gerontoxon [,ʤerɒn'tɒksɒn] *офт.* старческая дуга

geropsychiatry [,ʤerəʋsai'kaiətri] геронтологическая психиатрия, геронтопсихиатрия, психогериатрия

gestalt [gə'stɔ:lt] гештальт *(целостная психическая структура, формирующаяся независимо от объективной реальности)*

gestaltism [gə'stɔ:ltizm] гештальтпсихология, гештальтизм *(воззрение, рассматривающее психические процессы как единое целое, которое не может быть разделено на отдельные части)*

gestalt-therapy [gə'stɔ:lt-'θerəpi] гештальт-терапия *(ставит своей целью приобретение пациентом необходимых ему гештальтов)*

gestation [ʤes'teiʃn] **1.** беременность, см. тж. **pregnancy**, гестация, эмбриогенез **2.** эмбриогенез; гестационный возраст *(период развития зародыша от зачатия до рождения)*

abdominal ~ брюшная [внематочная] беременность

early ~ ранняя стадия беременности

exterior ~ 1. развитие ребёнка с момента рождения до периода хождения на четвереньках **2.** период внеутробного созревания недоношенного новорождённого

interior ~ внутриутробный период развития плода

late ~ поздние сроки беременности

prolonged ~ переношенная беременность

throughout ~ период беременности

tubular ~ трубная беременность

gestational [ʤes'teiʃənl] относящийся к беременности, обусловленный беременностью, гестационный

gestodene ['ʤestəʊdi:n] гестоден *(прогестоген, используемый в оральных контрацептивах в сочетании с эстрогеном)*

gestogen ['ʤestəʊʤen] гестоген *(гормон, способствующий сохранению беременности)*

gestosis [ʤes'təʊsis], *pl.* **gestoses** [ʤes'təʊsi:z] токсикоз беременных, гестоз

gesture ['ʤesʧə] *психол.* жест *(движение руки, головы)*

facial ~ мимика

suicidal ~ суицидальный жест

ghost [gəʊst] **1.** «тень», след чего-л. *(напр. опустевшая корпускула фага, сохранившая лишь поверхностную мембрану)* **2.** призрак *(1. истощённый, крайне исхудавший человек 2. привидение)*

blood ~ гемолизированный эритроцит, «тень» эритроцита

cell ~ «тень» клетки, разрушенная клетка

giantism ['ʤaiæntizm] **1.** *см.* **gigantism 2.** чрезмерно большой размер клеток или их ядер

giardiasis [ʤia:'daiəsis] *параз.* лямблиоз, гиардиоз

gibber ['ʤibə] невнятная [нечленораздельная] речь, тарабарщина

gibbosity [gi'bɒsiti] **1.** горб; кифоз **2.** выпуклость; выпячивание; выступ

gibbus ['gibəs] горб, крайняя степень кифоза

gid [gid] **1.** головокружение **2.** ценуроз

giddiness ['gidinəs] *см.* **gid** ◊ **to be seized with** ~ почувствовать головокружение

giddy ['gidi] страдающий головокружением

gift [gift] **1.** подарок, дар, дарение ‖ дарить *(напр. органы для трансплантации по завещанию)* **2.** способности; дарование; талант **3.** дача крови

Gift:

~ **of life** «дарящие жизнь» *(благотворительная организация, США)*

“~ **of love**” «подарок любви» *(приют для больных СПИДом, США)*

gifted ['giftid] одарённый

gigantism [ʤai'gæntizm] гигантизм, макросомия

cerebral ~ церебральный гигантизм, Сотоса синдром

congenital ~ врождённый гигантизм

eunuchoid ~ евнухоидный гигантизм *(с недоразвитием половых органов)*

pituitary ~ питуитарный гигантизм, акромегалия *(вследствие гиперсекреции гормона·роста гипофиза)*

giganto(chromo)blast [ʤai,gæntəʊ'krəʊməʊblæst] макроэритробласт, первичный эритробласт

gigantocyte [ʤai'gæntəʊsait] **1.** гигантская клетка **2.** макроцит, крупный эритроцит *(диаметром более 8 мкм)*

gigantomastia [ʤai,gæntəʊ'mæstiə] макромастия, гигантомастия, мегаломастия

gigantosoma [ʤai,gæntəʊ'səʊmə] гигантизм, макросомия

gill [gil] **1.** жабры (эмбриона) **2.** второй подбородок

gimini [gimini]:

~ **aequales** монозиготные близнецы

gingiva ['ʤinʤivə], *pl.* **gingivae** ['ʤinʤivi] десна

alveolar ~ неподвижная часть десны

areolar ~ пришеечная часть десны

attached ~ неподвижная часть десны

cemental ~ прикорневая часть десны

free [marginal] ~ десневой край, пришеечная часть десны

papillary ~ сосочковая часть десны

gingival ['ʤinʤivəl] десневой

gingivalgia [,ʤinʤi'vælʤiə] десневая невралгия

gingivectomy [,ʤinʤi'væktəmi] гингивэктомия *(хирургическое удаление избыточной ткани десны)*

gingivitis [,ʤinʤi'vaitis] *стом.* гингивит *(воспаление дёсен)*

desquamative ~ эксфолиативный гингивит

fusospirochetal ~ *см.* **necrotize ulcerative** ~

marginal ~ краевой [маргинальный] гингивит

necrotize ulcerative ~ язвенный [язвенно-некротический, язвенно-мембранозный] гингивит

phagedenic ~ язвенный гингивит

plaque-associated ~ микробно-бляшковый гингивит

pregnancy ~ гингивит беременных

ulceromembranous ~ *см.* **necrotize ulcerative** ~

Vincent ~ Венсана гингивит

gingivoplasty ['ʤinʤivəʊ,plæsti] гингивопластика

gingivosis [,ʤinʤi'vəʊsis] десквамативный гингивит

gingivostomatitis [,ʤinʤivəʊ,stəʊmə'taitis] гингивостоматит

herpesviral ~ герпетический гингивостоматит

ginglymus ['ʤingliməs] блоковидный [шарнирный] сустав

Ginkgo ['giŋkəʊ]:

~ **biloba** Гинкго двудольная *(самое древнее дерево на земле, существующее около 1000 лет; активные компоненты – флавоновые гликозиды и терпены – применяются в фармакологии: препарат танакан)*

ginseng ['ʤinseŋ] женьшень *(Panax)*

girdle ['gə:dl] *анат.* пояс; круговое или дугообразное соединение костей

~ **of inferior extremity** пояс нижней конечности, тазовый пояс

~ **of superior extremity** пояс верхней конечности, плечевой пояс

hip [lower limb] ~ *см.* ~ **of inferior extremity**

maternity ~ дородовой бандаж

Neptune's ~ влажные обёртывания вокруг живота, компресс на область живота

pectoral ~ грудная клетка

pelvic ~ *см.* ~ **of inferior extremity**

shoulder ~ *см.* ~ **of superior extremity**

thoracic ~ пояс верхней конечности, плечевой пояс

girl [gə:l]:

party ~ женщина лёгкого поведения

girth [gə:θ] обхват, размер; окружность *(напр. талии)*

abdominal ~ окружность живота

arm ~ обхват [окружность] руки

“**Gitterfasern**” *нем.* ретикулярные [решётчатые] волокна

giving ['giviŋ]:

~ **up** *псих.* отказ, опускание рук ‖ «сдавшийся» *(в концепции «болезнь и больной»)*

glabella [gləˈbelə] глабелла, надпереносье

glabellar [gləˈbelər] относящийся к надпереносью

glabrous [ˈgleibrəs] гладкий, безволосый

gladiolus [gləˈdaiəʊləs] тело грудины

glance [glɑːns] **1.** *психол.* быстрый взгляд **2.** сверкание, блеск

gland [glænd]:

~s of Lieberkühn кишечные крипты, кишечные [либеркюновы] железы, Галеати железы

~ of neck глоточная миндалина, Лушки миндалина

absorbent ~ лимфатический узел

acid ~s собственные железы желудка, фундальные железы

admaxillary ~s добавочные слюнные железы

adrenal ~ надпочечник

aggregate [**agminated**] ~s групповые лимфатические фолликулы, пейеровы бляшки

albuminous ~ серозная [белковая] железа

alveolar ~s альвеолярные железы

anterior pituitary ~ передняя доля гипофиза, аденогипофиз

apical ~ **of tongue** передняя железа языка, железа верхушки языка, Нуна железа

apocrine ~s апокринные железы

aporic ~ *см.* **endocrine** ~

arterial ~ клубочковый артериовенозный анастомоз, гломус

arteriococcygeal ~ копчиковое тельце, копчиковый гломус

axillary ~s подмышечные лимфатические узлы

Bartholin's ~s большие железы преддверия влагалища, бартолиновы железы, большие вестибулярные железы

blood (vessel) ~ *см.* **endocrine** ~

Brunner's ~s дуоденальные [бруннеровы] железы, железы двенадцатиперстной кишки

buccal ~s щёчные железы

bulbourethral ~s бульбоуретральные [куперовы] железы, железы луковицы мочеиспускательного канала

cardiac ~s кардиальные (желудочные) железы

carotid ~ сонный [каротидный] гломус

celiac ~s чревные лимфатические узлы

ceruminous ~s церуминозные [серные] железы, железы ушной серы

cervical ~s шейные лимфатические узлы

closed ~ *см.* **endocrine** ~

coil ~s **1.** мерокринные потовые железы **2.** клубочковидные железы

conglobate ~ *см.* **globate** ~

conjunctival ~s конъюнктивальные железы, Краузе железы

convoluted ~s *см.* **glomerate** ~s

Cowper's ~s *см.* **bulbourethral** ~s

ductless ~ *см.* **endocrine** ~

Ebner's ~s железы желобовидных сосочков (*языка*), эбнеровские железы

eccrine ~ *см.* **excretory** ~

endocrine ~ железа внутренней секреции, эндокринная железа

endoexocrine ~ *см.* **mixed** ~ **1**

excretory [**exocrine**] ~ железа внешней секреции, экзокринная железа

follicular ~ фолликул

fundic ~s *см.* **proper gastric** ~s

Galeati's ~s *см.* ~s **of Lieberkühn**

gastric ~s желудочные железы

genal ~s щёчные железы

genital ~ гонада, половая железа

globate ~ лимфатический узел, лимфоузел

glomerate [**glomiform**] ~s клубочковидные железы

glossopalatine ~s язычно-нёбные железы

greater vestibular ~s *см.* **Bartholin's** ~s

groin ~s паховые лимфатические узлы

gustatory ~s *см.* **Ebner's** ~

guttural ~s слизистые железы стенки глотки

hematopoietic ~ кроветворный орган

hemolymph ~s гемолимфатические узлы

holocrine ~ голокринная железа

hyperplastic prostata ~ гипертрофия предстательной железы

intercarotid ~ сонный [каротидный] гломус

interstitial ~ интерстициальные эндокриноциты, железы Лейдига (*синтезирующие андрогены*)

jugular ~ ярёмный лимфатический узел

lacrimal ~s слёзные железы

lactiferous ~ молочная железа

lenticular ~s **of stomach** лимфатические фолликулы желудка

lesser vestibular ~s малые преддверные железы, *см. тж.* **Bartholin's** ~s

Lieberkühn's ~ *см.* ~s **of Lieberkühn**

Littre's ~s железы мочеиспускательного канала, (пара)уретральные железы, Литтре железы

Luschka's ~ копчиковое тельце, копчиковый гломус

mammary ~ молочная железа

meibomian ~s *см.* **tarsal** ~s

mixed ~ **1.** железа смешанной секреции **2.** серозно-слизистая железа

muciparous [**mucous**] ~ слизистая железа

nabothian ~ Набота фолликул; наботова киста, или железа (*шейки матки*)

Nuhn's ~ передняя железа языка, железа верхушки языка, Нуна железа

odoriferous ~s **of prepuce** железы крайней плоти, препуциальные [тизоновы] железы

oil ~s *см.* **sebaceous** ~s

open ~ *см.* **excretory** ~

oxyntic ~s собственные железы желудка, фундальные железы

pachionian ~s грануляции паутинной оболочки, пахионовы грануляции

palatine ~s нёбные железы

parathyroid ~ паращитовидная [паратиреоидная, околощитовидная] железа

parotid ~ околоушная (слюнная) железа

perspiratory ~s потовые железы

pineal ~ шишковидное тело

pituitary ~ гипофиз

posterior pituitary ~ нейрогипофиз, задняя доля гипофиза

prepituitary ~ аденогипофиз, передняя доля гипофиза

preputial ~s железы крайней плоти

proper gastric ~s собственные железы желудка, фундальные железы

prostate ~ предстательная железа

pyloric ~s пилорические (желудочные) железы

racemose ~ сложная альвеолярная железа

renal ~ надпочечник

Rivinus ~ подъязычная [ривинусова] железа

saccular ~s *см.* **alveolar** ~s

salivary ~s слюнные железы

sebaceous [sebiferous] ~s сальные железы

sentinel ~ «сторожевой лимфоузел» (*одиночный крупный лимфоузел, расположенный в малом сальнике, напротив язвы желудка*)

seromucoid ~ серозно-слизистая железа

Skene's ~s Скина железы, парауретральные протоки (*у женщин*), ходы Скина (*гомологи простаты*)

sublingual ~ подъязычная [ривинусова] железа

submandibular [submaxillary] ~ под(нижне)челюстная железа

sudoriferous [sudoriparous] ~s *см.* **perspiratory** ~s

suprarenal ~ *см.* **adrenal** ~

Suzanne's ~s слизистые железы челюстно-язычного желобка

sweat ~s *см.* **perspiratory** ~s

tarsal ~s железы (хряща) век, тарзальные [мейбомиевы] железы

thymus ~ вилочковая [зобная] железа, тимус

thyroid ~ щитовидная железа

tympanic ~s (слизистые) железы барабанной полости

Tyson's ~s *см.* **odoriferous** ~s **of prepuce**

uterine ~s маточные железы

vascular ~ 1. гломус 2. гемолимфатический узел

vestibular ~s железы преддверия (*влагалища*)

Weber's ~s трубчатые слизистые железы языка

glanderous ['glændərəs] сапной, относящийся к сапу

glanders ['glændəːz] сап

glandular ['glændjʊlə] железистый, относящийся к железе, гландулярный

glandula ['glændjʊlə], *pl.* **glandulae** ['glændjʊli]:

~**ae tarsales** *лат.* железы (хряща) век, тарзальные [мейбомиевы] железы

glandule ['glændjuːl] железа небольших размеров

glandulography [glændjʊ'lɒgrəfi] рентгенография желёз, гландулография

glans [glænz], *pl.* **glandes** ['glændiːz] головка

~ **penis** головка полового члена

glare [gleə]:

discomfort ~ дискомфортная блёсткость

glass [glɑːs] 1. стекло || стеклянный 2. склянка; стеклянная посуда (*напр. цилиндр, колба*) 3. лупа; микроскоп 4. *pl.* очки; линзы

bell ~ стеклянный колпак (*напр. для микроскопа*)

bifocal (eye) ~es бифокальные очки

breast ~ молокоотсос

cathedral ~ увиолевое стекло (*пропускающее ультрафиолетовое излучение*)

closing ~ защитное [предохранительное] стекло

corrective ~es корригирующие очки

cover ~ покровное стекло

cupping ~ медицинская банка

dark ~es тёмные очки

dropping ~ 1. капельница 2. бюретка

Franklin ~es *см.* **bifocal (eye)** ~es

graduated [measuring, medicine] ~ мензурка, мерный стакан

protective lead ~ *рентг.* защитное свинцовое стекло

quartz ~ кварцевое стекло

Schott ~ чашка Петри

sight ~ контрольное [смотровое] окно

sputum ~ мерная склянка для мокроты

test ~ пробирка

glass-eye ['glɑːs-'ai] глазной протез

glasspox ['glɑːspɒks] аластрим, белая оспа, оспа кафров

glassware ['glɑːspweə]:

laboratory ~ лабораторная стеклянная посуда

glaucoma [glɔː'kəʊmə] глаукома (*заболевание, основным симптомом которого является повышение внутриглазного давления, приводящее к потере зрения*)

absolute ~ абсолютная [терминальная] глаукома

acute ~ острый приступ глаукомы

angle-closure [closed-angle, narrow-angle] ~ закрытоугольная глаукома

chronic simple ~ простая хроническая глаукома

low-tension ~ глаукома, не сопровождающаяся повышением внутриглазного давления

neovascular ~ неоваскулярная глаукома

open-angle ~ открытоугольная глаукома

phacogenic ~ факогенетическая глаукома (*обусловленная изменениями формы, величины хрусталика, приводящими к нарушению оттока водянистой жидкости*)

phacolytic ~ факолитическая глаукома (*наблюдающаяся при перезрелой катаракте с блокированием оттока водянистой жидкости*)

primary ~ первичная глаукома (*при отсутствии других заболеваний глаз*)

secondary ~ вторичная глаукома (*развившаяся вследствие других заболеваний глаз*)

simple ~ *см.* **open-angle** ~

uveitis-induced ~ постувеальная глаукома

wide-angle ~ *см.* **open-angle** ~

glaucomatous [glɔː'kəʊmətəs] относящийся к глаукоме; глаукоматозный

glaucosis [glɔː'kəʊsis] слепота, вызванная глаукомой

glaucosuria [glɔːkəʊs'jʊriə] *уст.* индиканурия

Gleditsia [gledi'tsiə]:

~ **triacanthos** *токс.* гледиция обыкновенная

gleet [gliːt] 1. хронический гонорейный уретрит 2. выделения из мочеиспускательного канала (*особ. слизистые или гнойные*)

glenohumeral [gliːnəʊ'hjuːmərəl] гленогумеральный (*относящийся к суставной впадине и плечевой кости*)

glenoid ['gliːnɒid] гленоидальный (*относящийся к суставной ямке*), суставной

glenosporosis [gliːnəʊspɒ'rəʊsis] амазонский гленоспороз, келоидный бластомикоз

glia [glaiə] (нейро)глия *(совокупность всех клеточных элементов нервной ткани, кроме нейронов)*

astrocytic ~ астроцитарная (нейро)глия, астроглия
ependimal ~ эпендимальная (нейро)глия

gliadin ['glaiədin] глиадин *(растворимый в спирте белок, получаемый из пшеницы)*

glial ['glaiəl] глиальный, относящийся к (нейро)глии

glibenclamide [glai'benkləmaid] глибенкламид *(гипогликемический препарат)*

gliclazide ['glikləzaid] гликлазид *(гипогликемический препарат)*

glide [glaid]:
~ **of the tibia** смещение большеберцовой кости

glioblastoma [,glaiəublæs'təumə] глиобластома *(наиболее быстро развивающаяся злокачественная опухоль головного мозга, происходящая из глиальной ткани)*
~ **multiforme** полиморфная глиобластома

gliocyte ['glaiəusait] глиоцит, (нейро)глиальная клетка

glioma [glai'əumə] глиома *(опухоль, происходящая из нейроглии)*
~ **of pineal gland** глиома шишковидного тела
~ **of the retina** ретинобластома, нейроэпителиома сетчатки
ameboid ~ мультиформная глиобластома
astrocytic ~ астроцитома
malignant peripheral ~ нейрогенная саркома, нейрофибросаркома, злокачественная шваннома
nasal ~ «глиома» носа, энцефаломиелоцеле, мозговая грыжа носа

gliomatosis [,glaiəumə'təusis] глиоматоз *(прогрессирующее разрастание макроглии)*

gliomatous [glai'əumətəs] глиоматозный

gliophagia [,glaiəu'feidʒiə] фагоцитоз нейроглиальных клеток

gliosis [glai'əusis] глиоз *(разрастание астроглии, замещающей нервную ткань)*
diffuse ~ диффузный глиоз
marginal ~ маргинальный глиоз *(в подоболочечных участках мозга)*
spinal ~ сирингомиелия

gliosome ['glaiəusəum] глиосома *(лизосома строцита)*

glipizide ['glipizaid] глипизид *(гипогликемический препарат)*

global ['gləubl] 1. глобальный, всеохватывающий *(напр. о распространении гриппа)* 2. тотальный *(напр. об ишемии органа)* 3. всесторонний *(о действии медикамента)*

"Global-2000" «Глобальные проблемы-2000» *(обширное экологическое исследование о динамике населения Земли, состоянии энергоресурсов и окружающей среды)*

globe [gləub] глазное яблоко
buphthalmic ~ буфтальм, «бычий глаз»

globi ['gləubai] 1. лепромы, лепрозные бугорки 2. *pl. от* globus
compact ~ плотные шаровидные тела

globin ['gləubin] глобин *(соединяющийся с железосодержащими группами белок с образованием гемоглобина эритроцитов и миоглобина мышц)*

globinometer [gləubi'nɒmətə] гемо(глобино)метр *(прибор для колориметрического определения количества гемоглобина в крови)*

globose ['gləubəus]:
~ **in pericardial effusions** шарообразная форма сердца при перикардиальном выпоте

globule ['glɒbju:l] шарик; гранула; крупинка *(лекарственная форма)*
dentin ~s *гист.* дентинные шары
fat ~ жировые капли
polar ~ *гист.* полярное тельце

globulicidal [,glɒbjuli'saidl] гемолитический

globulimeter [glɒbju'limətə] гемоцитометр *(прибор для определения количества форменных элементов крови)*

globulin ['glɒbjulin] глобулин *(крупномолекулярный белок крови)*
AC [accelerator] ~ АС-глобулин, глобулин-акселератор *(фактор V свёртывающей системы крови)*
abnormal ~s аномальные глобулины
alpha ~альфа-глобулин
antihemophilic ~ фактор VIII *(свёртывающей системы крови)*, антигемофильный фактор
antilymphocytic ~ антилимфоцитарный глобулин
antitetanus ~ противостолбнячный глобулин
antivenin ~ антивенин-глобулин *(противоядная сыворотка)*
beta ~ бета-глобулин
beta-metal-carrying [beta-metal-combining] ~ трансферрин, сидерофилин, металлосеромукоидный β-глобулин
gamma ~ гамма-глобулин *(иммуноглобулин, обладающий активностью антител)*
hepatitis B immune ~ иммуноглобулин против гепатита B
homologous tetanus immune ~ гомологичный противостолбнячный иммуноглобулин
immune serum ~ сывороточный иммуноглобулин
measles ~ коревой глобулин *(для пассивной иммунизации)*
pertussis hyperimmune ~ коклюшный гипериммунный глобулин
Rh₀ immune ~ резус-антитело
serum ~s сывороточные глобулины
thyroxinebinding ~ глобулин сыворотки, связывающий тироксин
varicella-zoster immune ~ иммуноглобулин против ветряной оспы и герпес-зостера

globulinuria [,glɒbjulin'ju:riə] глобулинурия, наличие в моче глобулинов

globulolytic [,glɒbjuləu'litik] гемолитический

globulus ['glɒbjuləs] 1. шаровидное ядро 2. таблетка; болюс или сферической формы суппозиторий

globus ['gləubəs], *pl.* **globi** ['gləubai] 1. сферическое тело, сферическая структура, шар 2. ощущение объёмного образования
~ **abdominalis** ощущение тяжести в животе
~ **hystericus** истерический «ком» *(возникающее при волнении ощущение «кома в горле», от которого невозможно избавиться)*
~ **pallidus** бледный шар *(часть чечевицеобразного ядра головного мозга)*

glomangioma [gləʊmˌænʤi'əʊmə] гломусная опухоль, гломангиома, Барре – Массона опухоль

glomectomy [gləʊm'ektəmi] гломэктомия, удаление гломуса

glomera ['glɒmərə] *pl. от* **glomus**

glomerate ['glɒməreit] спаянный *(о лимфоузлах)*

glomerular [gləʊ'merjʊlə] гломерулярный, клубочковый

glomerule [gləʊ'merjʊl] *анат.* клубочек, узелок

glomerulitis [gləʊˌmerjʊ'laitis] гломерулит *(воспаление почечных клубочков)*

glomerulonephritis [gləʊˌmerjʊləʊnə'fraitis] гломеруло-нефрит

   cryoglobuline ~ криоглобулинемический гломеруло-нефрит

   immune complex ~ аутоиммунный гломерулонефрит

   malignant ~ подострый [быстропрогрессирующий, злокачественный] гломерулонефрит

   membranoproliferative ~ мембранозно-пролиферативный [мезангиопролиферативный] гломе-рулонефрит

   membranous ~ мембранозный [перимембранозный] гломерулонефрит, диффузная мембранозная гломеру-лопатия

glomerulopathy [gləʊˌmerjʊ'lɒpəθi] гломерулопатия

   hypertensive ~ гломерулопатия с гипертензивным синдромом

   immune complex ~ аутоиммунная гломерулопатия

glomerulo-tubulo-nephritis [gləʊˌmerjʊləʊ-ˌtjʊbjʊləʊnə'fraitis] гломеруло-тубулярный нефрит

glomerulus [gləʊ'merjʊləs], *pl.* **glomeruli** [gləʊ'merjʊlai] *лат., см.* **glomerule**

   malpighian ~ почечный [мальпигиев] клубочек

glomus ['gləʊməs], *pl.* **glomera** ['glɒmərə] гломус *(1. параганглий 2. клубочковый артериовенозный анастомоз)*

   ~ **caroticum** каротидный [сонный] клубочек

   ~ **jugulare** ярёмный гломус

glooch [gluːʧ] *sl.* наркоман в стадии психической и физической деградации

gloomy [gluːmi] мрачный, хмурый

glory [glɔːri]:

   morning ~ *sl.* наркотик

glossa ['glɒsə] язык

glossagra [glɒs'ægrə] глоссалгия при подагре

glossal ['glɒsəl] относящийся к языку, язычный

glossalgia [glɒs'ælʤiə] глоссалгия, глоссодиния

glossanthrax [glɒs'ænθræks] карбункул языка

glossary ['glɒsəri] глоссарий *(терминологический словарь)*

glossectomy [glɒs'ektəmi] глоссэктомия, ампутация языка *(обычно при раке языка)*

   partial ~ резекция языка

Glossina [glɒ'sainə] муха цеце

glossitis [glɒ'saitis] глоссит *(воспаление языка)*

   ~ **migrans** *см.* **benign migratory** ~

   ~ **vellosa** *лат. см.* **glossophytia**

   benign migratory ~ десквамативный [мигрирующий, эксфолиативный] глоссит, «географический» язык

   median rhomboid ~ ромбовидный глоссит

glossocele ['glɒsəʊsiːl] отёк и выпячивание языка

glossodynamometer [ˌglɒsəʊˌdainə'mɒmətə] прибор для определения сократительной силы языка

glossodynia [ˌglɒsəʊ'diniə] *см.* **glossalgia**

glossoepiglottidean [ˌglɒsəʊepiglɒ'tidiən] язычно-надгортанный

glossograph ['glɒsəʊˌgræf] аппарат для регистрации речевых движений языка

glossohyal [ˌglɒsəʊ'haiəl] язычно-подъязычный

glossolalia [ˌglɒsəʊ'leiliə] глоссолалия *(1. нарушение артикуляции 2. нарушение речи у психически больных)*

glossology [glɒs'ɒləʤi] раздел стоматологии, посвящённый болезням языка

glossolysis [glɒs'ɒlisis] глоссоплегия *(паралич мышц языка)*

glossoncus [glɒs'ɒŋkəs] **1.** опухоль языка **2.** припухлость языка

glossopathy [glɒs'ɒpəθi] глоссопатия *(pl. болезни языка)*

glossopharyngeal [ˌglɒsəʊfə'rinʤiəl] языкоглоточный

glossophytia [ˌglɒsəʊ'fitiə] глоссофития, «волосатый чёрный язык»

glossoplasty ['glɒsəʊˌplæsti] пластика языка

glossoplegia [ˌglɒsəʊ'pliːʤiə] глоссоплегия *(паралич мышц языка)*

glossoptosis [ˌglɒsɒp'təʊsis] глоссоптоз *(западение языка)*

glossoschisis [ˌglɒsəʊ'skiːsis] расщелина языка

glossoscopy [glɒ'sɒskəpi] осмотр [исследование] языка

glossospasm ['glɒsəʊspæzm] спазм языка

glossosteresis [ˌglɒsəʊstə'riːsis] *см.* **glossectomy**

glossotilt ['glɒsəʊtilt] *мед. тех.* языкодержатель

glossotomy [glɒ'sɒtəmi] рассечение языка

glossotrichia [ˌglɒsəʊ'trikiə] *см.* **glossophytia**

glottal [glɒtl] относящийся к голосовой щели

glottic ['glɒtik] **1.** относящийся к языку **2.** относящийся к голосовой щели

glottidospasm ['glɒtidəʊspæzm] ларингоспазм

glottis ['glɒtis] голосовая щель

   false ~ вестибулярное пространство гортани, ложная голосовая щель

   true ~ голосовая щель

glottitis [glɒ'taitis], *pl.* **glottides** [glɒ'taidiːz] воспаление структур в области голосовой щели

glove [glʌv]:

   lead-impregnated ~s просвинцованные перчатки

   powderless surgical ~s хирургические перчатки, используемые без талька

   protective ~s защитные перчатки

   rubber ~s резиновые перчатки

glubbing ['glʌbiŋ]:

   digital ~ пальцы в виде барабанных палочек

glucagon ['gluːkəgɒn] глюкагон, гипергликемический фактор, ГГФ

   gut ~ кишечный глюкагон

glucagonoma [ˌgluːkəgɒn'əʊmə] глюкагонома *(опухоль поджелудочной железы, секретирующей глюкаган, в результате чего у человека может развиться гипогликемия)*

glucan ['gluːkæn] *pl.* глюканы *(полимеры глюкозы)*

glucide ['gluːsaid] сахарин *(сульфамид бензойной кислоты)*

glucoamylase [ˌgluːkəʊ'æməleis] глюкоамилаза *(фермент, последовательно отщепляющий глюкозу от крахмала)*

glucocorticoid [ˌgluːkəʊˈkɔːtikɔid] глюкокортикоид, глюкокортикоидный гормон

glucohydrolase [ˌgluːkəʊˈhaidrəʊleis]:

mucopeptide ~ мукопептид-глюкогидролаза

glucokinase [ˌgluːkəʊˈkaineis] глюкокиназа *(печёночный фермент, участвующий в первом этапе гликолиза)*

glucometry [gluːˈkɒmətri] глюкометрия *(определение сахара крови)*

gluconeogenesis [ˌgluːkəʊˌniːəʊˈʤenəsis] глюконеогенез *(биосинтез углеводов из неуглеводных предшественников)*

gluconic [gluːˈkɒnik] глюконовый *(о кислоте)*

glucopenia [ˌgluːkəʊˈpiːniə] гипогликемия

glucoprotein [ˌgluːkəʊˈprəʊtiːn] глюкопротеид, глюкопротеин

glucosamine [gluːˈkəʊsəmiːn] глюкозамин *(входит в состав мукополисахаридов и гликопротеидов)*

glucose [ˈgluːkəʊs] глюкоза, виноградный сахар *(источник энергии для организма)*

~ **fasting** содержание глюкозы в крови натощак

~ **postprandial** содержание глюкозы в крови после еды

D-~ D-глюкоза

confectioner's ~ концентрированный раствор глюкозы

glucose-insulin-potassium [ˈgluːkəʊs-ˈinsəlin-pəʊˈtæsiəm] поляризующая смесь, состоящая из раствора глюкозы с инсулином и хлоридом калия

glucose-oxidase [ˈgluːkəʊs-ˈɒksideis] глюкозооксидаза

glucoside [ˈgluːkəʊsaid] глюкозид, гликозид

glucosuria [ˌgluːkəʊsˈjʊriə] глюкозурия

glucosylhemoglobin [ˌgluːkəʊsilˈhiːməʊˌgləʊbin] глюкозилгемоглобин

glucosyltransferase [ˌgluːkəʊsilˈtrænsfəreis] глюкозилтрансфераза

glucuronide [gluːˈkjuːrɒnaid] *pl.* глюкурониды

glucuronose [gluːˈkjuːrɒnəʊs] глюкуроновая кислота

glue [gluː] клей ‖ клеить; приклеивать(ся), склеивать(ся); прилипать

acrylate ~ 1. акриловый гель 2. акрилатный клей

gluey [gluːi] 1. клейкий, липкий; вязкий 2. *sl.* человек, нюхающий клей

gluing [gluːiŋ]:

endoscopic ~ **of bronchopleural fistula** эндоскопическое заклеивание бронхоплеврального свища

glutaminase [glʊˈtæmineis] глутаминаза *(фермент, присутствующий в почках, участвующий в образовании мочевины)*

glutamine [ˈgluːtəmiːn] глутамин *(аминокислота)*

glutathione [ˌgluːtəˈθaiəʊn] глутатион *(пептид, содержащий аминокислоты глутаминовой кислоты, цистеина и глицина)*

gluteal [ˈgluːtiəl] ягодичный, относящийся к ягодичной области

glutelin [ˈgluːtelin] глютелин *(простой белок растений)*

gluten [ˈgluːtən] глютен, клейковина *(белок зерновых культур – пшеницы, ржи, ячменя и овса)*

gluten-free [ˈgluːtən-ˈfriː] аглютеновый, не содержащий глютена *(о пище)*

glutitis [gluːˈtaitis] воспаление ягодичной мышцы

gluttony [ˈglʌtəni] полифагия, обжорство

glycemia [glaiˈsiːmiə] гликемия *(наличие глюкозы в крови)*

fasting ~ содержание глюкозы в крови натощак

glyceride [ˈglisəraid] глицерид *(эфир глицерина)*

glycerin [ˈglisərin] глицерин, глицерол

glycerinated [ˈglisərinˈeitid] обработанный глицерином

glycerite [ˈglisərait] лекарственное средство, растворенное в глицерине

glycerol [ˈglisərɒl] *см.* **glycerin**

glycine [ˈglaisiːn] глицин *(заменимая аминокислота; используется в качестве лекарственного средства)*

glycinemia [ˌglaisinˈiːmiə] (гипер)глицинемия, гликоколевая болезнь, глициноз

glycobiology [ˌglaikəʊbaiˈɒləʤi] гликобиология *(углублённое изучение углеводов и углеводных соединений)*

glycocalyx [ˌglaikəʊˈkæliks] гликокаликс *(поверхностный гликопротеидный или полисахаридный слой клетки)*

glycocin [ˈglaikəʊsin], **glycocoll** [ˈglaikəʊkɒl] глицин, гликокол

glycoconjugate [ˌglaikəʊˈkɒnʤəgət] *pl.* гликоконъюгаты, гликосоединения

glycogelatin [ˌglaikəʊˈʤelətin] гликожелатин *(мазевая основа)*

glycogen [ˈglaikəʊʤen] гликоген, животный крахмал

glycogenesis [ˌglaikəʊˈʤenəsis] гликогенез *(биохимическая реакция превращения глюкозы в гликоген в печени и мышцах)*

glycogen(et)ic [ˌglaikəʊʤəˈnetik] гликогенный

glycogenolysis [ˌglaikəʊʤəˈnɒləsis] гликогенолиз *(биохимическая реакция расщепления гликогена до глюкозы, протекающая в печени и мышцах)*

glycogenosis [ˌglaikəʊʤəˈnəʊsis] гликогеноз, гликогеновая болезнь *(наследственное заболевание, характеризующееся накоплением гликогена в тканях и органах)*

type 1 ~ гликогеноз I типа, гепатонефромегальный [нефромегалический] гликогеноз, Гирке болезнь

type 2 ~ гликогеноз II типа, дефицит кислой мальтазы, генерализованный гликогеноз, Помпе болезнь

type 3 ~ гликогеноз III типа, лимитдекстриноз, Кори болезнь, Форбса болезнь

type 4 ~ гликогеноз IV типа, диффузный гликогеноз с циррозом печени, Андерсен болезнь *(дефицит 1,4 глюкан, 6-α-глюкозилтрансферазы)*

type 5 ~ гликогеноз V типа, миофосфорилазная недостаточность, Мак-Ардла (– Шмида – Пирсона) болезнь

type 6 ~ гликогеноз VI типа, гепатофосфорилазная недостаточность, Герса болезнь

type 7 ~ гликогеноз VII типа, Томсона болезнь *(дефицит фосфоглюкомутазы)*

type 8 ~ гликогеноз VIII типа, миофосфофруктокиназная недостаточность, Таруи болезнь

type 9 ~ гликогеноз IX типа, Хага болезнь *(дефицит киназы фосфорилазы В)*

glycogenous [glaiˈkɒʤənəs] гликогенный

glycogeusia [ˌglaikəʊˈguːsiə] *невр.* гликогевзия *(ощущение сладкого вкуса во рту без соответствующего вкусового раздражения)*

glycohemia [ˌglaikəʊˈhiːmiə] *см.* **glycemia**

glycolipid [ˌglaikəʊˈlipid] *pl.* гликолипиды *(липиды, содержащие в составе молекул сахар, структурные компоненты биологических мембран)*

glycolipidosis [ˌglaikəʊlipiˈdəʊsis] гликолипидоз *(гликозидоз, при котором нарушен распад углеводных компонентов гликолипидов)*

glycolysis [glaiˈkɒlisis] гликолиз *(превращение глюкозы в молочную кислоту)*

glycometabolism [ˌglaikəʊmeˈtæbɒlizm] метаболизм углеводов

glycopenia [ˌglaikəʊˈpiːniə] гипогликемия

glycoprival [ˌglaikəʊˈpraivəl], **glycoprivous** [ˌglaikəʊˈpraivəs] безуглеводный

glycoprotein [ˌglaikəʊˈprəʊtiːn] гликопротеид, *уст.* гликопротеин *(белок, содержащий углеводную группу)*

  radiolabelled ~ меченный радиоизотопом гликопротеид

glycoptyalism [ˌglaikəʊˈtaiəlizm], **glycosialia** [ˌglaikəsaiˈæliə] наличие сахара в слюне

glycosaminoglycan [ˌglaikəʊsaˌmiːnəʊˈglaikæn] *pl.* гликозаминогликаны, мукополисахариды

glycoside [ˈglaikəʊsaid] гликозид *(соединение, образующееся в результате замещения гидроксильной группы сахара какой-л. другой группой)*

glycosphingolipid [ˌglaikəʊˈsfiŋgəʊˈlipid] *pl.* гликосфинголипиды

glycosuria [ˌglaikəʊsˈjuːriə] глик(оз)урия *(повышенное содержание сахара в моче)*

  benign ~ почечный диабет

  digestive ~ пищевая [алиментарная] гликозурия

  renal ~ почечная [ренальная] гликозурия

glycosylation [glaiˌkɒsiˈleiʃn] гликозилирование *(присоединение остатков углеводов к белковой молекуле)*

  enzymatic ~ ферментативное гликозилирование

glycosyltransferase [glaiˌkɒsilˈtrænsfəreis] гликозилтрансфераза

glycuresis [ˌglaikjuˈriːsis] нормальное выделение сахара с мочой

glyoxysome [ˌglaiɒksiˈsəʊm] глиоксисома *(мембранный пузырёк, содержащий ферменты глиоксилатного цикла)*

gnat [næt] комар, москит, мошка

  buffalo ~s мошки

gnathalgia [næθˈælʤiə] боль в челюсти

gnathic [ˈnæθik] челюстной, относящийся к альвеолярному отростку челюсти

gnathion [ˈnæθiːɒn] *кр. метр.* подбородочная точка, гнатион *(самая нижняя точка нижней челюсти по медиальной линии)*

gnathitis [næˈθaitis] воспаление челюсти

gnathocephalus [ˌnæθəʊˈsefələs] *терат.* гнатоцефал

gnathodynamics [ˌnæθəʊdaiˈnæmiks] изучение физических показателей в процессе жевания

gnathodynamometer [ˌnæθəʊˌdainəˈmɒmətə] гнатодинамометр *(прибор для измерения силы жевательной мускулатуры)*

gnathology [næˈθɒləʤi] раздел стоматологии, изучающий строение и болезни челюстей и жевательного аппарата

gnathopalatoschisis [ˌnæθəʊˌpæləˈtɒskisis] врождённая расщелина верхней челюсти и твёрдого нёба

gnathoplasty [ˈnæθəʊˌplæsti] пластическая операция на челюсти или щеке

gnathoschisis [nəˈθɒskisis] врождённая расщелина верхней челюсти

gnathostomiasis [ˌnæθəʊstəʊˈmaiəsis] *гельм.* гнатостомоз, гнатостомиаз

gnosia [ˈnəʊsiə], **gnosis** [ˈnəʊsis] *псих.* гнозис *(познавание предмета, явлений, их смысла и символического значения)*

gnotobiology [ˌnəʊtəʊbaiˈɒləʤi] гнотобиология, гнотобиотика *(отрасль, изучающая состояние живых объектов в безмикробных условиях)*

gnotobiota [ˌnəʊtəʊbaiˈəʊtə] гнотобиот, гнотобионт *(микроорганизм или животное, выделенное из стерильных изолятов)*

gnotobiotic [ˌnəʊtəʊbaiˈɒtik] гнотобионтный *(относящийся к безмикробным животным, микрофлора которых представлена одним или небольшим числом идентифицированных микроорганизмов)* ‖ гнотобионт

gnotobiotics [ˌnəʊtəʊbaiˈɒtiks] *см.* **gnotobiology**

go [gəʊ] 1. идти, ходить, быть в движении; путешествовать 2. происходить, быть в действии 3. продаваться, расходоваться, тратиться 4. «уходить», умирать

go-ahead [ˈgəʊ-əhed] прогресс, движение вперёд

goal [gəʊl] цель

go-around [ˈgəʊ-əraʊnd] *психол.* высказывание по кругу *(в групповой психотерапии)*

goggles [ˈgɒglz] защитные [предохранительные] очки

goiter [ˈgɒitə] зоб, струма

  aberrant ~ аберрантный [добавочный, эктопический] зоб

  adenomatous ~ узловой [аденоматозный] зоб

  aerial ~ воздушная киста шеи, трахеоцеле, дивертикул трахеи

  Basedow's ~ диффузный (тирео)токсический [экзофтальмический] зоб, Базедова болезнь, Грейвса болезнь

  cabbage ~ капустный зоб

  cystic ~ кистозный зоб

  diving ~ скрывающийся [ныряющий] зоб

  euthyroid ~ эутиреоидный зоб

  exophthalmic ~ *см.* **Basedow's** ~

  fibrous ~ хронический фиброзный тиреоидит, струма Риделя

  follicular ~ паренхиматозный зоб

  intrathoracic ~ загрудинный [внутригрудной] зоб

  lingual ~ зоб корня языка, язычный зоб

  lymphadenoid ~ хронический лимфоматозный тиреоидит, зоб Хасимото

  malignant ~ злокачественный зоб

  multinodular non-toxic ~ многоузловой нетоксический зоб

  nodular ~ узловой [аденоматозный] зоб

  nontoxic ~ нетоксический зоб

  parenchymatous ~ паренхиматозный зоб

  plunging ~ скрывающийся [ныряющий] зоб

  sarcomatous ~ саркома щитовидной железы

  substernal ~ загрудинный [внутригрудной] зоб

  suffocative ~ зоб, сдавливающий трахею и вызывающий асфиксию

  thoracic ~ *см.* **substernal** ~

  toxic ~ диффузный (тирео)токсический зоб, базедова болезнь vascular ~ сосудистый зоб

wandering ~ *см.* diving ~

goitriferous ['gɒɪtrɪfərəs] вызывающий увеличение щитовидной железы, струмогенный

goitrogen ['gɒɪtrəʊʤen] струмогенный фактор

goitrous ['gɒɪtrəs] **1.** зобный **2.** страдающий зобом

gold [gəʊld] золото, Au (*изотоп* [198]*Au используется в радионуклидной диагностике и лучевой терапии*)

golden-seal ['gəʊldən-'siːl] гидрастис, желтокорень (*Hydrastis El Us*)

gold-mine ['gəʊld-'main] богатый источник информации, кладовая (*знаний*), «золотое дно»

gomphiasis [gɒm'faiæsis] **1.** выпадение зубов **2.** одонталгия, зубная боль

gomphosis [gɒm'fəʊsis] **1.** зубоальвеолярное сочленение, десмодонтоз **2.** «вколоченное» соединение костей, гомфоз

gonad ['gəʊnæd] гонада, половая железа

indifferent ~ первичная [недифференцированная] гонада

third ~ надпочечник

gonadal [gəʊ'nædəl] гонадный, относящийся к половой железе

gonadectomy [,gəʊnəd'ektəmi] гонадэктомия (*удаление яичка или яичника*)

gonadial [gəʊ'nædiəl] *см.* gonadal

gonadoblastoma [,gəʊnædəʊblæs'təʊmə] дисгерминома (*опухоль из недифференцированных половых клеток яичника*)

gonadokinetic [,gəʊnədəʊki'netik] стимулирующий активность половых желёз

gonadopathy [,gəʊnə'dɒpəθi] гонадопатия (*заболевание половых желёз*)

gonadopause [,gəʊnədəʊ'pɔːz] старческая инволюция гонад

gonadorelin [,gəʊnədəʊ'relin] гонадорелин (*синтетический аналог гонадотропиносвобождающего гормона*)

gonadotherapy [,gəʊnədəʊ'θerəpi] лечение половыми гормонами

gonadotrope [gəʊ'nædəʊtrəʊp], **gonadotroph** [gəʊ'nædəʊtrəʊf] **1.** D-базофильный аденоцит, гонадотропоцит, дельта-базофил, дельта-клетка (*гипофиза*) **2.** гонадотропин (*фолликулостимулирующий и лютеинизирующий гормон*)

gonadotrop(h)ic [,gəʊnədəʊ'trɒfik] гонадотропный, влияющий на половые железы

gonadotrop(h)in ['gəʊnədəʊ,trɒfin] гонадотропин, гонадотропный гормон

human chorionic ~ человеческий хорионический гонадотропин

gonaduct ['gɒnədəkt] *биол.* выводной проток половой железы (*яйцевод или семенной проток*)

gonagra [gɒ'næɡrə] *см.* gonatagra

gonalgia [gəʊn'ælʤiə] боль в коленном суставе

gonangiectomy [gɒnænʤi'ektəʊmi] вазэктомия

gonarthritis [,gɒnɑː'θraitis] *см.* gonitis

gonarthrocace [,gɒnɑː'θrɒkəsi] туберкулёзный гонит

gonarthromeningitis [gɒn,ɑːθrəʊ,menin'ʤaitis] синовит коленного сустава

gonarthrosis [,gɒnɑː'θrəʊsis] гонартроз (*артроз коленного сустава*)

gonarthrotomy [,gɒnɑː'θrɒtəmi] вскрытие коленного сустава

gonatagra [gɒnə'tæɡrə] подагрический гонит, подагра коленного сустава

gonatocele [gəʊ'nætəʊsiːl] опухание коленного сустава

gonecyst(is) ['gɒnəsistis] семенной пузырёк

gonecystitis [gɒnəsis'taitis] воспаление семенного пузырька

gonecystolith [gɒnə'sistəʊliθ] конкремент семенного пузырька

gonecystopyosis [,gɒnəsistəʊpai'əʊsis] нагноение семенного пузырька

gongylonemiasis [,gɒnʤiləʊni'maiəsis] *см.* **gonylonematosis**

goniodysgenesis [,gəʊniːəʊdis'ʤenəsis] образование гониосинехий

gonioma [gɒni'əʊmə] семинома (*яичка*), сперматогониома

goniometer [gəʊni'ɒmətə] гониометр, угломер (*инструмент для измерения амплитуды движения суставов конечностей и подвижности позвоночника*)

gonion ['gəʊniɒn], *pl.* **gonia** ['gəʊniːə] *кр. метр.* гонион, нижнечелюстная угловая точка

goniopuncture [,gəʊniəʊ'pʌnktʃə] гониопунктура (*перфорация наружных оболочек глаза в области радужно-роговичного угла*)

gonioscope ['gəʊniːəʊskəʊp] гониоскоп (*прибор для исследования радужно-роговичного угла глаза*)

goniosynechia [,gəʊniəʊsə'nekiə] *офт.* гониосинехия

goniotomy [,gəʊni'ɒtəmi] гониотомия (*рассечение сращений в области радужно-роговичного угла*)

gonitis [gəʊ'naitis] гонит, воспаление коленного сустава

gonoblast ['gɒnəʊblæst] **1.** зародышевая плазма, гонобласт **2.** половая клетка

gonoblennorrhea [,gɒnnəʊblenəʊ'riə] гонобленнорея, гонококковый конъюнктивит

gonocele ['gɒnəsiːl] сперматоцеле, киста яичка

gonococcal [gɒnəʊ'kɒkəl] гонококковый

gonococcemia [gɒnəʊkɒk'siːmiə] гонококкемия (*наличие гонококков в крови*)

gonococcic [gɒnəʊ'kɒksik] гонококковый

gonococcide [gɒnəʊ'kɒksaid] средство, убивающее гонококков

gonococcus [gɒnəʊ'kɒkəs] гонококк (*бактерии вида Neisseria gonorrhoeae*)

gonocyte ['gɒnəʊsait] **1.** гоноцит, первичная половая клетка, зародышевая клетка **2.** миелобласт

gonoduct [,gɒnəʊ'dʌkt] семявыносящий [семенной] проток

gonophage ['gɒnəʊ,feiʤ] гонококковый бактериофаг

gonorrhea [gɒnəʊ'riə] гонорея (*венерическое заболевание, передающееся половым путём, вызываемое бактериями вида Neisseria gonorrhoeae*)

gonorrheal [gɒnəʊ'riːəl] гонорейный

gonosome ['gɒnəʊsəʊm] половая хромосома

gonycampsis [,gɒni'kæmpsis] деформация коленного сустава

gonycrotesis [,gɒniːkrəʊ'tiːsis] деформация коленного сустава с образованием угла, открытого кнаружи, Х-образные ноги

gonyectyposis [ˌgɒniˌekti'pəʊsis] деформация коленного сустава с образованием угла, открытого кнутри, О-образные ноги

gonylonematosis [ˌgɒniːləʊˌneməˈtəʊsis] гонилонематоз *(гельминтоз из группы нематодозов Congyloneta, характеризующийся поражением слизистой рта и пищевода)*

gonyoncus [ˌgɒniːˈɒŋkəs] опухание коленного сустава

good [gʊd] 1. хороший; добрый; умелый; пригодный 2. *pl.* товары; продукты

~ **as you** такой же, как и ты *(лозунг в защиту прав сексуальных меньшинств)*

limited ~s ограниченные блага

semi-manufactured ~s полуфабрикаты

good-fair ['gʊd-feə] хороший *(результат лечения)*

good-me ['gʊd-miː] психол. «я хороший» *(персонификация одобряемых родителями качеств в самовосприятии ребёнка)*

goodness ['gʊdnəs]:

~ **of fit** критерий согласия

goodwill [ˌgʊd'wil] доброжелательность, добрая воля

goose-flesh ['guːs-fleʃ] гусиная кожа *(симптом страха, реакция на холод)*

goose-step ['guːs-step] гусиный шаг

gore [gɔː] свернувшаяся [запёкшаяся] кровь

Gore-tex ['gɔː-teks] *фирм.* гортекс *(индифферентный сосудистый протез)*

gorger-vomiter ['gɔːʤe-'vɒmitə] обжора-рвотник *(лицо, вызывающее рвоту после приступа булимии)*

gorget ['gɔːʤet] 1. желобоватый зонд 2. бусинки на нитке *(для бужирования стеноза пищевода; направитель бужа)*

probe ~ пуговчатый зонд

goserelin ['gəʊsəˌrelin] гозерелин *(аналог лютеинизирующего гормона)*

gouge [gaʊʤ] 1. желобоватое долото *(для рассечения костной ткани)* 2. выдолбленное отверстие || выдалбливать

bone ~ желобоватое долото

septum ~ долото для носовой перегородки

goundou ['guːnduː] гунду, анакре *(экзостозы носовых отростков верхней челюсти при фрамбезии)*

gout [gaʊt] подагра *(заболевание, связанное с нарушением метаболизма мочевой кислоты в организме и отложением её в суставах)*

abarticular ~ атипичная [внесуставная] подагра

articular ~ суставная подагра

calcium ~ ограниченный [местный] кальциноз, кальциевая подагра

chalky ~ *см.* tophaceous ~

interval ~ фаза ремиссии подагры

irregular ~ *см.* abarticular ~

latent ~ латентная [маскированная] форма подагры

lead ~ свинцовая подагра

masked ~ *см.* latent ~

saturnine ~ *см.* lead ~

tophaceous ~ узелковая подагра

goutiness ['gaʊtnes] подагрический диатез

gouty ['gaʊti] подагрический

government ['gʌvnmənt] 1. правительство || государственный, национальный 2. власть, администрация

contracting ~s присоединившиеся правительства *(взявшие на себя обязательства)*

local ~ местное самоуправление *(Англия)*

gowan ['gəʊwæn]:

milk ~ одуванчик лекарственный *(Taraxacum officinale)*

gown ['gəʊn] операционный халат

gracilis ['græsilis] тонкая [нежная] мышца

grade [greid] 1. степень, стадия; класс; ранг || классифицировать; переходить в другую стадию; ранжировать 2. качество, сорт 3. градус; шкала 4. градиент

~ **of anesthesia** стадия наркоза

genetic ~ генетический шаг, ГШ *(мера близкородственных отношений: дети/родители – 1-й ГШ, дедушки/внуки – 2-й ГШ, двоюродные – 3-й ГШ)*

histologic ~ гистологическая степень *(шкала, отражающая степень дифференцировки опухолей)*

low ~ низкая степень

nuclear ~ *мол. биол.* ядерное стадирование

professional ~ *здрав.* категория специалистов

reagent ~ степень чистоты *(химического вещества)* выше технической

reference ~ 1. разряд эталонных или образцовых средств измерений 2. высокая степень чистоты *(вещества)*

graded ['greidid] дозированный *(напр. о гипоксии)*; стадийный

gradient ['greidiənt] градиент *(колебания какого-л. показателя в определённых пределах)*

alveolar-arterial oxygen ~ альвеолярно-артериальный градиент по кислороду

concentration ~ градиент концентрации

continuous ~ непрерывный градиент

diffusion ~ градиент диффузии

discontinuous ~ прерывистый [ступенчатый] градиент

electrochemical ~ электрохимический градиент *(сумма градиентов концентрации и электрических зарядов при переносе ионов через мембрану)*

environmental ~ средовой градиент

ionic ~ градиент концентрации ионов

potential ~ градиент потенциала

pressure ~ разница [градиент] давлений

proton ~ градиент концентрации протонов

radiation ~ градиент радиации

step ~ ступенчатый градиент

systolic ~ систолический градиент *(напр. АД)*

velocity ~ градиент скорости

ventricular outflow tract pressure ~ градиент давления на выходе из желудочков

graduate ['græʤueit] 1. мерный стакан, мерный цилиндр; мензурка 2. выпускник высшего учебного заведения || выпускаться из высшего учебного заведения 3. *sl.* перейти от случайного употребления наркотика к зависимости

~ **in farmacy** окончивший фармацевтическую школу; дипломированный фармацевт

foreign medical ~ *амер.* выпускник иностранного медицинского учебного заведения *(вне пределов США, Канады и Пуэрто-Рико)*

residency ~ врач, проходящий специализацию, врач-резидент

graduation [ˌgrædjʊˈeɪʃn] **1.** окончание вуза и получение степени бакалавра *(Великобритания)* **2.** окончание любого учебного заведения *(США)* **3.** классификация; гистологическая дифференцировка злокачественной опухоли **4.** калибровка; градуировка; градация

graft [grɑːft] *см. тж.* **transplant 1.** трансплантат; имплантат || трансплантировать, пересаживать *(ткань)* **2.** привой, прививка *(растения)*

~ **of muscle** мышечный трансплантат

~ **versus host** трансплантат против хозяина *(реакция, развивающаяся в ответ на пересадку иммунокомпетентных органов)*

accordion ~ *см.* **mesh** ~

activated ~ функционально-активный трансплантат *(с сосудистыми и нервными связями)*

allogenic ~ аллотрансплантат, *уст.* гомотрансплантат

animal ~ трансплантат от животного

auto(epi)dermic ~ кожный аутотрансплантат

autogenous [**autologous, autoplastic**] ~ аутотрансплантат

avascular ~ бессосудистый трансплантат

Blair-Brown ~ расщеплённый кожный трансплантат

blood vessel ~ сосудистый трансплантат

bone ~ костный трансплантат

buccal mucosal ~ трансплантат со слизистой щеки

bucket-handle ~ *см.* **double-end** ~

bypass ~ обходной сосудистый шунт

cable ~ трансплантат ствола нерва

chondromucosal ~ слизисто-хрящевой трансплантат

composite vein ~ сложный венозный трансплантат

corneal ~ кератопластика, трансплантация роговицы глаза

coronapy artery bypass ~ **1.** шунтирование коронарных артерий; аортокоронарное шунтирование, АКШ **2.** трансплантат для аортокоронарного шунтирования

cortical matchstick ~**s** костные трансплантаты в виде «вязанки хвороста»

cross-over ~ перекрёстный трансплантат

dermal [**dermic**] ~ кожный трансплантат

double-end ~ мостовидный лоскут; лоскут на двух ножках, филатовский стебель, трубчатый трансплантат

Douglas ~ *см.* **sieve** ~

Dragstedt ~ *см.* **mesh** ~

epidermic ~ эпидермальный трансплантат

fascicular ~ *см.* **nerve** ~

filler ~ пломбировочный трансплантат *(используемый для заполнения дефекта)*

free ~ свободный лоскут

full-thickness ~ полнослойный кожный (ауто)трансплантат

gauntlet ~ лоскут на ножке

heterodermic ~ кожный ксенотрансплантат

heterologous [**heteroplastic**] ~ *см.* **xenogeneic** ~

homologous [**homoplastic**] ~ *см.* **allogenic** ~

host versus ~ трансплантат против хозяина *(реакция отторжения трансплантата при несовместимости с реципиентом)*

interspecific ~ ксенотрансплантат, *уст.* гетеротрансплантат

island ~ полнослойный лоскут на сосудистой ножке

isogenic [**isologous, isoplastic**] ~ изотрансплантат, сингенный трансплантат

jump ~ мигрирующий филатовский стебель, мигрирующий лоскут

kidney ~ почечный трансплантат *(здоровая почка, взятая у здорового донора и трансплантированная реципиенту)*

korneal ~ роговичный трансплантат

Krause-Wolfe ~ трансплантат на полную толщину кожи

matchstick ~**s** костные трансплантаты в виде «вязанки хвороста»

mesh ~ полнослойный перфорированный [сетчатый, решётчатый] кожный трансплантат

nerve ~ трансплантат ствола нерва

omental ~ трансплантат сальника

osteoperiosteal ~ костно-надкостничный лоскут

patch ~ трансплантат в виде «заплаты» на дефект сосудистой стенки

pedicle ~ лоскут на ножке

periosteal ~ надкостничный трансплантат

postmortem ~ кадаверный [трупный] трансплантат

renal ~ *см.* **kidney** ~

Reverdin ~ эпидермальный трансплантат

reversed vein bypass ~**s** реверсивная (ауто)вена для шунтирования

rope [**rotation**] ~ *см.* **double-end** ~

sieve ~ сетчатый [решётчатый, дырчатый] трансплантат, Дугласа «лоскут-сито»

skin ~ *см.* **full-thickness** ~

sliding ~ смещаемый [скользящий] лоскут

split-skin [**split-thickness**] ~ тонкорасщеплённый лоскут, Тирша трансплантат

square scalp ~ квадратный трансплантат волосистой части головы

strip ~ трансплантат в виде полоски, полоска трансплантата

syngeneic ~ изотрансплантат, сингенный трансплантат

thick-split ~ расщеплённый кожный трансплантат *(на ¾ толщины кожи)*

Thiersch's ~ *см.* **split-skin** ~

tube ~ *см.* **double-end** ~

tumor ~ пересаженная опухоль

tunnel ~ *см.* **double-end** ~

white ~ *см.* **avascular** ~

Wolfe's ~ *см.* **Krause-Wolfe** ~

xenogeneic [**xenoplastic**] ~ *см.* **interspecific** ~

grafting [ˈgrɑːftɪŋ] трансплантация; пересадка ткани

~ **of burns** трансплантация на ожоговую поверхность

bypass ~ шунтирование протезом, обходное шунтирование, байпас

chessboard ~ пересадка кожи методом почтовых марок

coronary artery bypass ~ аортокоронарное шунтирование, АКШ

postage stamp ~ *см.* **chessboard** ~

prompt ~ срочная [немедленная] трансплантация *(напр. при ожогах)*

segmental pancreatic ~ пересадка [трансплантация] сегментов поджелудочной железы

split skin ~ пластика кожи расщеплённым лоскутом

skin ~ пересадка кожи

grain¹ [grein] гран (*мера веса равная 0,0648 г или ¹/₇₀₀₀ фунта*)

grain² 1. зерно, хлебный злак 2. зёрнышко, гранула 3. зернистость 4. грена шелкопряда 5. размалывать

black ~ of corn спорынья

gram [græm] грамм (*единица массы*)

gram-ion ['græm-'aiən] грамм-ион

gram-negative ['græm-'negətiv] грамотрицательный (*о бактериях*)

gram-positive ['græm-'pɒzitiv] грамположительный (*о бактериях*)

grandiosity [,grændi'ɒsəti] *псих.* величие; мания величия

grant [grɑːnt] 1. дарение, официальное предоставление; дотация; субсидия; ссуда || дарить, предоставлять субсидии 2. стипендия; грант 3. разрешение; согласие

to ~ a psychiatric patient leave of absence разрешать [предоставлять] психически больному лечебный отпуск

birth [maternity] ~ пособие при рождении ребёнка

granulatio [,grænju'leiʃə], *pl.* **granulationes** [,grænju-'leiʃniːz] *см.* **granulation**

granulation [,grænju'leiʃn] 1. грануляция; гранулирование, образование гранул 2. *pl.* грануляционная ткань, грануляции

arachnoidal ~s арахноидальные грануляции, арахноидальные ворсинки, пахионовы грануляции

Bayle's ~s милиарные туберкулы

exuberant ~s гиперпластические [избыточные] грануляции

granule ['grænjuːl] 1. гранула (*1. зерно; грануляция; мелкое дискретное образование 2. маленькая пилюля-драже*) 2. *pl.* (азурофильные) включения в лейкоцитах

basal ~ базальное тельце, базальная гранула

coated ~s гранулы, покрытые оболочкой

inclusion ~s внутриклеточные гранулы

metachromatic ~s метахромные включения, или гранулы (*в лейкоцитах*)

Nissl ~s вещество [гранулы] Ниссля, хроматофильная субстанция

oxyphil ~s ацидофильные зернистости; эозинофильные зернистости

pancreatic β-cell ~s гранулы β-клеток поджелудочной железы

pigment ~ пигментное зерно

platelet-dence ~s плотные гранулы тромбоцитов

"sulfur ~s" *микол.* друзы, зёрна

granuloblast ['grænjuːləʊ,blæst] гранулобласт

granulocyte ['grænjuːləʊsait] гранулоцит, зернистый лейкоцит (*нейтрофил, базофил, эозинофил*)

granulocytic [,grænjuːləʊ'saitik] гранулоцит(ар)ный

granulocytopenia [,grænjuːləʊ,saitəʊ'piːniə] гранулоцитопения (*уменьшение количества гранулоцитов в крови*)

granuloma [,grænjuː'ləʊmə], *pl.* **granulomata** [,grænjuː-lɒ'mætə] гранулёма (*узелковое воспалительное образование*)

~ annulare *лат.* гранулёма кольцевидная

~ fissuratum *лат.* щелевидная гранулёма (*уха*)

~ inguinale *лат.* венерическая [паховая] гранулёма, донованоз (*пятая венерическая болезнь*)

~ multiforme *лат.* полиморфная гранулёма

~s of cluster скопление гранулём (*напр. в подкожной клетчатке*)

~ of the intestine гранулематозная болезнь, болезнь Крона

apical ~ *см.* **dental ~**

cholesterol ~ холестатическая гранулёма

coccidioidal ~ кокцидиоидомикоз, калифорнийская лихорадка, пустынный ревматизм, Посады – Вернике болезнь

deep ~ annulare глубокая кольцевидная гранулёма

dental ~ зубная [периапикальная, прикорневая] гранулёма

eosinophilic ~ гистиоцитоз Х, эозинофильная гранулёма

foreign-body ~ гранулёма, обусловленная инородным телом

giant cell reparative ~ гигантоклеточная репаративная гранулёма; Вегенера гранулёматоз

Hodgkin's ~ лимфогранулематоз, хронический злокачественный лимфоматоз, фибромиелоидный ретикулёз, Ходжкина болезнь

infectious ~ инфекционная гранулёма

laryngeal ~ певческий узелок

lethal midline ~ злокачественная гранулёма носа, фетальная срединная гранулёма лица

lipid ~s липидные бляшки, или гранулёмы

midline ~ злокачественная гранулёма носа, срединная фетальная гранулёма лица

necrotizing sarcoid ~ некротизирующийся саркоидный гранулёматоз

paracoccidioidal ~ паракокцидиоидо(мико)з, южно-американский бластомикоз

plasma cell ~s плазмацитарная гранулёма лёгких

pulmonary hyalinizing ~ гиалинизирующая гранулёма лёгких

pyogenic ~ пиогенная [пиококковая, телеангиэктатическая] гранулёма, ботриомикома

reparative giant-cell ~ репаративная гигантоклеточная гранулёма

reticulohistiocytic ~ ретикулогистиоцитарная гранулёма

rheumatic ~ ревматическая гранулёма, ревматический узелок

silicotic ~ силикотическая гранулёма, силикотический узелок

sperm ~ сперматогенная гранулёма

ulcerating ~ of pudenda паховый лимфогранулематоз, четвёртая венерическая болезнь, паховая гранулёма

umbilical ~ гранулёма пупка

granulomatosis [,grænjuː,ləʊ'matəʊsis] гранулёматоз

~ infantiseptica внутриутробный листериоз

lipid [lipoid] ~ гистиоцитоз Х, липоидный гранулёматоз, липогранулёматоз, Хенда (– Шюллера – Крисчена) болезнь

malignant ~ лимфогранулематоз, хронический злокачественный лимфоматоз, фибромиелоидный ретикулёз, Ходжкина болезнь

GRA – GRI

Wegener's ~ некротический неинфекционный гранулематоз, Вегенера гранулематоз

granulomatous [ˌgrænjuˈlɒmətəs] грануломатозный

granulophthisis [ˌgrænjuˈləʊˈθɪsɪs] агранулоцитоз

granulopoiesis [ˌgrænjuˈləʊpɔɪˈiːsɪs] гранулопоэз (процесс образования гранулоцитов в кроветворной ткани красного костного мозга)

granulosarcoid [ˌgrænjuˈləʊˈsɑːkɔɪd] грибовидный микоз, грибовидная [фунгоидная] гранулёма

granulosis [ˌgrænjuˈləʊsɪs] зернистость (скопление мелких бугорков наподобие зёрен)

~ **rubra nasi** красный гранулёз носа (возникает из-за закупорки и хронического воспаления протоков потовых желёз)

graph [grɑːf] диаграмма, кривая; график || изображать в виде диаграммы; строить график

bar ~ гистограмма

graphology [græfˈɒlədʒɪ] графология (наука, изучающая образцы почерка для получения информации о психологическом состоянии и здоровье человека)

graphopathology [ˌgræfəʊpəˈθɒlədʒɪ] интерпретация психических расстройств путём изучения почерка

graphorrhea [ˌgræfəʊˈrɪə] графомания, графорея (болезненная склонность к написанию длинных и бессмысленных текстов)

graphospasm [ˈgræfəʊspæzm] писчий спазм, графоспазм, писчая судорога

grasp [grɑːsp] 1. схватывание, сжатие 2. способность быстрого восприятия 3. рукоятка (напр. иглодержателя)

palmar ~ ладонный захват

pen ~ захват (инструмента) по типу «писчего пера»

pincer ~ захват щипцами

grasper [ˈgrɑːspə] (кровоостанавливающий) зажим

atraumatic ~ атравматический зажим

graticule [ˈgrætɪkjuːl] 1. окулярная сетка; окулярная шкала (оптического прибора) 2. координатная сетка

eyepiece ~ окулярная сетка (оптического прибора)

microscope ~ окулярная сетка микроскопа

gratification [ˌgrætɪfɪˈkeɪʃn]:

~ **of a need** удовлетворение потребности

sexual ~ половое [сексуальное] удовлетворение

substitute ~ удовлетворение посредством суррогата

grattage [grəˈtɑːʒ] соскабливание грануляции (для ускорения регенерации)

grave [greiv] 1. могила; перен. смерть 2. тяжёлый, серьёзный (напр. прогноз)

gravedo [græˈviːdəʊ] уст. насморк; простуда

gravel [ˈgrævl] мочевой песок (мелкие камни, образующиеся в мочевыводящих путях)

~ **in urine** песок в моче

gravid [ˈgrævɪd] беременная

gravida [ˈgrævɪdə] беременная женщина

gravidism [ˈgrævɪdɪzm], **gravidity** [grəˈvɪdɪtɪ] беременность

gravity [ˈgrævɪtɪ]:

dilute urine specific ~ низкая плотность мочи

specific ~ удельная масса, плотность (отношение массы тела к его объёму)

gray¹ [grei] 1. серое вещество (головного и спинного мозга) || серый; седой 2. пепельно-бледный; болезненный 3. мрачный, невесёлый

central ~ центральное серое вещество

periaqueductal ~ серое вещество области водопровода

gray² грей, Гр (единица поглощённой дозы, «мощность» излучения, 1Гр = 100 рад)

gray-out [ˈgrei-ˈaʊt] «серая пелена» (пелена перед глазами с возможным нарушением сознания при действии высоких нагрузок)

gray-scale [ˈgrei-ˈskeil] серая шкала || чёрно-белый (об изображении при ультрасонографии)

graze [greiz] 1. задеть; слегка повредить, поцарапать; натереть (кожу) 2. принимать пищу частыми и малыми порциями

greasiness [ˈgriːzɪnəs]:

extreme ~ усиленное [избыточное] салообразование

greasy [ˈgriːsɪ] жирный (напр. о форме себореи)

great [greit] 1. сильный, интенсивный (о боли) 2. высший (об обезьяне) 3. пра- (в степенях родства: ~ grandchild – правнук, правнучка; ~ grandfather – прадед; ~ grandparent – прародитель)

green [griːn]:

brilliant [diamond, ethyl] ~ бриллиантовый зелёный

methyl ~ метиловый зелёный (краситель)

indocyanine ~ индоцианина зелёный (краситель)

malachite ~ малахитовый зелёный

Paris ~ парижская зелень

greenhouse [ˈgriːnhaʊs] 1. теплица; оранжерея 2. лесопитомник

earth's ~ парниковый эффект на Земле

Greenpeace [ˈgriːnpiːs] «Гринпис» (международная организация по защите окружающей среды)

gregarine [ˈgregərɪn] грегарин (представитель отряда простейших Gregarinida – паразитов кольчатых червей и членистоногих)

gregariousness [ˈgregərɪəʊsnəs] стадность; общительность

grid [grid] 1. рентг. решётка, растр 2. гист. сетка (для образцов), опорная сетка

catapult Bucky ~ выбрасывающаяся решётка Букки

Formvar-coated ~ сетка с формваровой плёнкой-подложкой

Global Information ~ Глобальная информационная матрица

Potter-Bucky ~ отсеивающий растр

reciprocating ~ подвижной растр

secondary radiation ~ отсеивающий растр

stationary ~ стационарная [неподвижная] решётка

therapy ~ решётчатая диафрагма

tungsten ~ растр жёсткого облучения

grief [griːf] печаль, горе (эмоциональный всплеск на серьёзный негативный внешний раздражитель); огорчение; беда

grief-stricken [ˈgriːf-ˈstrɪkən] убитый горем

griffe:

~ **des orteils** [griːf deiz ɔːˈtei] фр. когтистая стопа

grin [grin] оскал зубов

sardonic [spasmodic] ~ сардоническая гримаса (обусловленная спазмом)

grind [graind] **1.** стачивать; шлифовать (напр. зуб) **2.** скрежетать зубами

grinder ['graində]:

tissue ~ гомогенизатор ткани

grinding ['graindiŋ] **1.** шлифовка; стачивание; притирка (напр. зуба или коронки зуба) **2.** размалывание, растирание

teeth ~ скрежетание зубами

grip [grip] **1.** грипп **2.** амер. спазм; внезапная резкая боль **3.** хватать, сжимать

basket [chair] ~ захват четырёх рук в виде «замка» (для переноски пострадавшего двумя лицами)

Dabney's [devil's] ~ эпидемическая плевродиния, борнхольмская болезнь, доброкачественный сухой плеврит

gripe [graip] **1.** вызывать резь, колики в животе **2.** pl. сжимающая боль в животе, резь, колика

grippal ['gripəl] гриппозный

grippe [grip] грипп

aurique ~ полиневрит, возникающий при лечении солями золота

Balkan ~ Ку-лихорадка, Q-риккетсиоз

griseofulvin [ˌgrisiːˈəʊˈfʌlvin] гризеофульвин (антибиотик, назначаемый при лечении грибковых заболеваний волос, кожи и ногтей)

gristle [grisl] хрящ

gristly ['grisli] хрящевой; хрящеватый

groan [grəʊn] **1.** тяжёлый вздох; стон || стонать **2.** скрип

grogginess ['grɒginəs] **1.** состояние опьянения; нетвёрдость, неуверенность **2.** шаткость, неустойчивость (напр. после травмы)

groin [grɔin] пах, паховая область

grommet ['grɒmət] трубка для вентиляции среднего уха

gromwell ['grɒmwəl] воробейник лекарственный (Lithospermum officinale)

groove [gruːv] анат. борозда; бороздка; желобок; углубление; фиссура

~ **of Sylvius** латеральная [боковая, сильвиева] борозда

alveololingual ~ челюстно-язычный желобок

arterial ~s артериальные [менингеальные] (черепные) борозды

bicipital ~ межбугорковая борозда плечевой кости

branchial ~ эмбр. жаберная щель

buccal ~s щёчные фиссуры верхних премоляров

carotid [cavernous] ~ сонная борозда, борозда внутренней сонной артерии

costal ~ борозда ребра

ethmoidal ~ решётчатая борозда (носовой кости)

Harrison's ~ гаррисонова борозда (на грудной клетке при рахите)

interatrial ~ межпредсердная бороздка

labial ~ губная борозда

lacrimal ~ слёзная борозда

lingual ~ язычная фиссура (первого моляра нижней челюсти)

obturator ~ запирательная борозда (лобковой кости)

occlusal ~s окклюзионные борозды (зубов)

optic ~ борозда перекреста, борозда зрительного пучка

palatinal ~s нёбные борозды

sucking ~s параз. ботрии (щелевидные присоски на головке лентеца)

triangular ~s жевательные фиссуры первого премоляра

venous ~s венозные (черепные) борозды

groover ['gruːvə] sl. наркоман-подросток

groovy ['gruːvi] sl. опьяневший от наркотика

grossly ['grəʊsli] макроскопически (напр. о цвете суставной жидкости)

ground [graʊnd] **1.** земля, почва **2.** основание, мотив **3.** база, основа; фон (напр. на рентгенограмме)

burial ~ **1.** кладбище **2.** место захоронения радиоактивных отходов

"coffee ~s" рвота «кофейной гущей»

feeding ~ пищевая база

ground-glass [graʊnd-glaːs] симптом «матовое стекло» (на рентгенограмме при меконеальной непроходимости)

group [gruːp] группа || группировать; классифицировать

age ~ возрастная группа

ambulatory care ~ амбулаторно-поликлиническая группа, группа амбулаторного наблюдения

ambulatory diagnostic ~ амбулаторно-диагностическая группа

ambulatory patient ~ амбулаторно-статистическая группа

antigen-reactive ~ **1.** антидетерминанта (активный центр антитела), паратоп **2.** мембранные иммуноглобулины иммунокомпетентной клетки

blanket ~ неструктурированная [стихийная] группа

blood ~ группа крови

breath ~ дыхательный цикл

broad age ~s группы с большими возрастными интервалами

cause ~ нозологическая группа

closed ~ закрытая группа (исключающая возможность присоединения новых участников)

coli-aerogenes ~ коли-аэрогенная группа бактерий

colon-thyphoid dysentery ~ совокупность бактерий дизентерии, включающая Escherichia, Salmonella и Shigella

compatibility ~ группа совместимости

control ~ контрольная группа, группа сравнения (здоровые лица)

cross-reactive ~s иммун. перекрёстно-реагирующая [кросс-реагирующая] группа, крег

diagnosis-related ~, DRG группа сходного диагноза (распределение пациентов по диагнозу и необходимым исследованиям и вмешательствам на категории с целью оценки стоимости госпитализации)

dispensary register ~ группа диспансерного учёта

Duffy blood ~ Даффи группы крови человека (основаны на параметрах антигенов эритроцитов Fy^+ и Fy, наследуемых кодоминантно)

encounter ~ псих. группа встреч, группа общения

ECHO-rhinovirus-coryzavirus ~ группа ECHO-, рино- и коризавирусов (возбудителей ОРВИ, насморка)

ethnic ~ этническая группа (состоящая из лиц одной народности, национальности)

experiential ~ психол. психокоррекционная группа (разыгрывающая жизненные ситуации с целью обучения участников их преодолению и самосовершенствования) expert ~ **on prematurity** экспертная группа по недоношенности

growth ~ группа развития личности, группа роста

high-risk ~ группа высокого риска *(с повышенной вероятностью заболеваний, травм и других нарушений здоровья)*

hypersusceptible ~s группы повышенной чувствительности

incompatibility ~ группа несовместимости

irregular ~ контрольная группа

linkage ~ группа сцепления *(генетических признаков)*

major blood ~s основные группы крови

marathon ~ группа «марафона» *(интенсивной практики межличностного общения)*

matched ~s уравненные [сопоставимые] группы

multispeciality ~ многопрофильная группа *(состоящая из врачей различных специальностей)*

mutual-help ~ *см.* **self-help** ~

nonpolar ~ неполярная группа *(обычно углеводородная)*

nucleophilic ~ нуклеофильная группа *(с выраженной способностью отдавать электроны)*

occupational risk ~s группы риска по профессиональным заболеваниям

open ~ открытая группа *(допускающая возможность присоединения новых участников)*

peer support ~ гомогенная [сходная по составу] группа поддержки

polar ~ полярная группа *(гидрофильная)*

primary amino ~ первичная аминогруппа

professional risk ~s *см.* **occupational risk** ~s

reference ~ эталонная группа

regular ~ испытуемая группа

Rhesus blood ~s группы крови по резус-фактору

risk ~ группа риска *(с повышенной вероятностью заболеваний, травм и других нарушений здоровья)*

self-help ~ группа само- или взаимопомощи *(создаётся лицами с аналогичными социальными или медицинскими проблемами, напр. страдающими алкоголизмом, сахарным диабетом, психическими расстройствами и т. д.)*

sensitivity ~ *см.* **training** ~

socio-economic ~ социоэкономическая группа, социальный класс

sodium ~ группа щелочных металлов *(литий, калий, натрий и пр.)*

support ~s группы поддержки

symptom ~ синдром, симптомокомплекс

T-~ *см.* **training** ~

target ~s целевые группы

training ~ группа социально-психологического тренинга, Т-группа *(развития навыков общения, преодоления стеснительности)*

trial study ~ группа клинического исследования *(напр. переносимости и эффективности препарата)*

vulnerable ~s социально незащищённые группы

grouping ['gruːpiŋ] группирование; классифицирование

blood ~ определение группы крови

one-age ~ ранжирование населения по годам

groupwork ['gruːpwəːk] 1. социальная групповая работа 2. групповая психотерапия

growing ['grəʊiŋ] рост, развитие || растущий, развивающийся

~ **in omentum** прорастание в сальник *(опухоли селезёнки)*

slim ~ бактериальная плёнка

growth [grəʊθ] 1. рост; размножение; развитие 2. новообразование, опухоль 3. культивирование; культура *(бактерий)*

~ **of placenta** развитие плаценты

abnormal ~ **of prostate** патологический рост предстательной железы

adipose ~ липома

affluent ~ обильный рост *(колоний)*

allometric ~ аллометрия *(неравномерный рост отдельных частей тела)*

autodecent ~ самоподдерживающийся рост

auxetic ~ ауксетический рост *(организма или биомассы за счёт увеличения размеров клетки)*

benign ~ доброкачественная опухоль, доброкачественный рост

cartilaginous ~ хондрома, хрящевая опухоль

circumscribed ~ прорастание в смежные органы

concomitant ~ сопутствующий рост

culture ~ рост культуры клеток

delayed ~ задержанный рост

diseased ~ патологический рост *(новообразования)*

early ~ начальная стадия роста

fatty ~ липома

fibrous ~ фиброма

G ~ степень дифференцировки опухолевых клеток

healthy ~ нормальное развитие *(организма)*

heavy ~ бурный рост

heavy bacterial ~ сплошной рост *(одного)* микроорганизма

histiotypic ~ деструктивный [инвазивный] рост *(с внедрением растущих клеток в окружающие органы и ткани)*

horny ~ кератома

intramural ~ интрамуральное новообразование, опухоль в стенке полого органа

intrauterine ~ внутриутробное развитие

intussusceptive ~ интуссусцептивный рост *(увеличение за счёт размеров клеток)*

longitudinal ~ рост в длину

luxuriant ~ буйный [пышный] рост *(напр. микрофлоры)*

malignant ~ 1. злокачественный рост 2. злокачественная опухоль

mental ~ психическое развитие

meristic ~ *см.* **multiplicative** ~

morbid ~ патологический рост *(напр. опухоли)*

multiplicative ~ рост за счёт увеличения числа клеток

natural population ~ естественный прирост населения

neurology ~ рост неврологических больных

new ~ 1. новообразование, опухоль 2. автономный рост *(опухоли)*

one-step ~ одиночный цикл размножения *(напр. фага)*

organotypic ~ сознательно стимулируемый рост *(какого-л. органа)*

poor ~ плохой рост
postnatal ~ развитие после рождения
pure ~ чистая разводка *(микроорганизмов)*
recurrent stone ~ рецидивное камнеобразование
sceletal ~ развитие скелета *(напр. плода)*
secondary ~ вторичный рост *(появление фенотипически отличных колоний после завершения первичного роста микроорганизмов)*
slow ~ задержка роста; чахлый рост
steady-state ~ стационарный рост
stunted ~ *см.* **slow** ~
unbalanced ~ неудержимый рост *(напр. опухоли)*
uncontrolled ~ неуправляемый [неконтролируемый] рост
uterine ~s опухоль [новообразование] матки
warty ~ бородавчатое разрастание
gruffs [grʌfs] наполнитель *(лекарственного средства)*
grummet ['grʌmit] 1. баллон для продувания среднего уха 2. кольцо; фиксирующее кольцо
grumose ['gru:məʊs], **grumous** ['gru:məs] 1. свернувшийся; запёкшийся 2. комковатый; бугристый; грубый; шершавый
grunt [grʌnt] 1. ворчание; бормотание 2. хрюканье
expiratory ~ экспираторная одышка
grutum ['gru:təm] просовидная сыпь
gryposis [gri'pəʊsis] патологическое искривление *(напр. ногтей)*
G-suit [dʒi:-'sju:t] гравитационный [противоперегрузочный] костюм *(космонавта)*, G-костюм
guaiac ['gwaiək] гваяковая проба *(реакция на скрытую кровь в кале)*
guaifenesin [gwai'fenəsin] гуайфенезин *(отхаркивающее средство)*
guanine ['gwa:ni:n] гуанин *(одно из азотсодержащих оснований)*
guanosine ['gwa:nəʊsi:n] гуанозин *(нуклеотид, в состав которого входят гуанин и сахар рибоза)*
guaranine ['gwa:rəni:n] кофеин
guard [ga:rd] 1. предохранительное устройство *(кожух, чехол, наколенник и т. п.)*; охрана 2. *психол.* бдительность, осторожность, защита
plastic ~ раневой протектор
sanitary ~ санитарный пост
skin ~ защитная плёнка на кожу
guardian ['ga:diən] опекун, попечитель
~ **ad litem** опекун, защищающий интересы ребёнка в суде
guardianship ['ga:diənʃip]:
~ **over children** опека над детьми
under ~ **of laws** под охраной закона
guarding ['ga:diŋ] напряжение; защитная фиксация *(спазм мышц, уменьшающий подвижность поражённых отделов тела)*
abdominal ~ защитное напряжение мышц брюшной стенки, доскообразный живот *(обычно возникает в результате воспаления брюшинных покровов при остром аппендиците, дивертикулите или разлитом перитоните)*
gubernaculum [ˌgu:bə'nækju:ləm], *pl.* **gubernacula** [ˌgu:bə'nækju:lə] губернакулум, направляющая связка яичка *(фиброзный тяж, соединяющий две структуры)*

~ **dentis** соединительно-тканный тяж, связывающий зубной мешочек с десной
~ **testis** мезенхимный тяж, связывающий фетальное яичко с развивающейся мошонкой и вовлекаемый в процесс опущения яичка
guess [ges]:
happy ~ яркая идея, «счастливая догадка» *(об интуиции)*
guest [gest] паразит *(животное или растение)*
guidance ['gaidns] 1. руководство; наставничество 2. инструкция, методические рекомендации
child ~ психопедиатрия, медицинская педагогика
child medical ~ медико-санитарное воспитание ребёнка
fluoroscope ~ рентгенологический контроль
nutritional ~ рекомендации по рациональному питанию
radiologic ~ **of needle placement** рентгенологическая ориентировка по установке иглы
ultrasonic [**ultrasound**] ~ ультразвуковой контроль направления *(введения иглы, катетера)*
guide [gaid] 1. направитель; зонд, направляющая деталь *(какого-л. инструмента)*; ориентир 2. критерий, показатель *(эффективности лечения)* 3. показание к операции 4. руководство, наставление, пособие; разработка *(методическая)* 5. проводник; ориентир; направлять || ориентировать
~ **for practice** руководство для практического применения
~s **to orthopedics** основы диагностики ортопедических заболеваний
~ **to clinical trials** руководство по клиническим исследованиям
~ **to pronunciation** справочник по произношению
~ **to protein isolation** рекомендации по выделению белка
~ **to specifications** руководство по разработке спецификаций
clinical ~ клиническое руководство; клиническая оценка *(лабораторных тестов)*
coaxial exchange ~ коаксиальный заменяемый проводник *(при катетеризации сосуда по Сельдингеру)*
dissection ~ руководство по аутопсии, или анатомированию
engine cord ~ направляющее устройство шнура *(для бормашины)*
fiber light ~ волоконный световод
health and safety ~ руководство по гигиене и безопасности труда
interview ~ руководство по проведению интервью
ligature ~ лигатурный проводник
light ~ световод
magnetic ~ магнитный направитель
mold ~ гарнитур искусственных зубов *(для выбора фасона и цветового оттенка)*
patient's ~ **to dialysis** рекомендации пациентам, находящимся на диализе
rigid ~ жёсткий проводник
self-help ~ пособие [руководство] по самопомощи
self-study ~ самоучитель *(руководство для самостоятельной подготовки)*

shade ~ шкала для подбора оттенков *(искусственных зубов)*

teflon-coated ~ направитель с тефлоновым покрытием

tutor's ~ пособие для преподавателя

Guide:

~ **to Sanitation in Natural Disasters** Руководство по санитарным мерам при стихийных бедствиях *(ВОЗ)*

~ **to Specifications** Указания по разработке спецификаций

Desktop ~ **for Treatment of Diabetes Mellitus** Настольное руководство по лечению сахарного диабета

Practitioner's ~ Руководство для практического врача

guide-bougie ['gaid-'buːʒiː] буж с проводником

guideline ['gaidlain] 1. руководство, установка, директива 2. *pl.* методические рекомендации; руководящие принципы, правила; стандарты лечения, формуляр

~s **for chronic care** руководство по уходу за хроническими больными

~s **for drinking water** требования к питьевой воде

biosafety ~s методические рекомендации по биологической безопасности

diagnostic ~s диагностические критерии

evidence based medicine ~s клинические рекомендации, основанные на доказательной медицине

general ~s общие принципы, общие положения *(напр. лечения переломов)*

managerial ~s методические указания для руководителей программ

medicine ~s клинические рекомендации

official ~ официальное направление *(в медицине)*

practical ~s практические рекомендации

provisional ~s временная инструкция

therapeutic ~s терапевтический диапазон *(напр. лекарственного средства)*

guidewire ['gaidwaiə] проволочный направитель *(катетера)*

flexible ~ проводник со сгибающимся кончиком

guillotine ['giləti:n] гильотина *(1. хирургический инструмент для удаления миндалин 2. округлый шов, препятствующий вытеканию жидкости или крови из отверстия или закрывающий какую-л. щель)*

guilt [gilt] 1. вина, виновность 2. чувство вины

guilt-based ['gilt-'beist] основанный на чувстве вины *(поступок)*

guilty ['gilti] *суд. мед.* виновный; преступный, криминальный

non ~ **by reason of insanity** невиновен ввиду невменяемости

guinea-pig ['gini-'pig] морская свинка

gullet ['gʌlet] зев и глотка

barium-filled ~ глотка, контрастированная сульфатом бария

gulp [gʌlp] глотание; глотательное движение

gum¹ [gʌm] 1. десна 2. (жевательная) резинка

bubble ~ жевательная резинка

bleeding ~s кровоточивость дёсен

chewing ~ *см.* **bubble** ~

nicotine ~ никотиновая жвачка

receding ~s скошенные дёсны

gum² 1. слизь 2. выделение из внутреннего угла глаза 3. смолистое выделение *(у растений)*

red ~ сыпь у детей, потница

gumboil ['gʌmbɒil] десневой абсцесс

gumboot ['gʌmbuːt] презерватив

gumma ['gʌmə], *pl.* **gummata** ['gʌmətə] гумма *(сифилитический хронический инфильтрат в виде узла)*

gummatous ['gʌmətəs] гуммозный

gumshield ['gʌmʃiːld] капа *(мягкая гибкая вставка, предохраняющая зубы в контактных видах спорта)*

gun [gʌn] 1. огнестрельное оружие || огнестрельный *(о ранении)* || стрелять 2. орудие 3. пневматический молоток

cobalt-60 ~ кобальтовая пушка

spray ~ пульверизатор

squirt ~ шприц

"toffee ~**"** установка, выбрасывающая быстротвердеющую пену и сковывающую движения человека *(для обезвреживания террористов)*

gurney ['gəːni] каталка *(носилки или лёгкая походная кровать с колёсами, используемая для транспортировки больных)*

gush [gʌʃ] поток; лавина

~ **of blood** струя крови

gustation [gə'steiʃn] 1. апробирование, дегустация, проба на вкус 2. вкусовая чувствительность, чувство вкуса

gustatory ['gʌstətəri] вкусовой, относящийся к вкусовому восприятию или вкусовым органам

gut [gʌt] 1. кишка 2. кишечник 3. первичная кишечная трубка 4. кетгут

blind ~ слепая кишка

great ~ толстая кишка

hypersensitive [irritable] ~ синдром раздражённого кишечника

large ~ *см.* **great** ~

little ~ *см.* **small** ~

primitive ~ первичная кишка, архэнтерон

small ~ тонкая кишка

surgical ~ кетгут

upper ~ верхний отдел пищеварительного тракта

gut-associated ['gʌt-ə'səuʃieitid] связанный с кишечником; обусловленный заболеванием кишечника

gutta ['gʌtə] **(gt)**, *pl.* **guttae** ['gʌtiː] **(gtt)** капля *(форма изготовления лекарственных средств)*

guttadiaphot [,gʌtədai'æfɒt] исследование крови в проходящем свете

guttapercha [,gʌtə'pəːtʃə] гуттаперча *(1. временный пломбировочный материал 2. разновидность латекса, получаемая из натурального каучука)*

guttatim [gə'teitim] *лат.* капля за каплей; капельное введение жидкости

guttering ['gʌtəriŋ] формирование желобовидного углубления *(при операции на кости)*

venous ~ венозный застой

guttur ['gʌtə] ротоглотка, «горло»

guttural ['gʌtərəl] относящийся к глотке, глоточный; горловой, гортанный

gutturotetany [,gʌtərəu'tetəni] фарингоспазм

guy [gai] *sl.* парень

gymnastics [ʤim'næstiks]:

corrective ~ корригирующая гимнастика

posture-promoting ~ гимнастика для исправления осанки

remedial ~ лечебная гимнастика

gymnocolon [ˌʤimnəʊ'kəʊlɒn] кишечное промывание

gymnocyte ['ʤimnəʊsait] *уст.* клетка, лишённая оболочки

gynanatomy [gainən'ætəʊmi] анатомия женщины

gynander [gai'nændə], **gynandra** [gai'nændrə] женский псевдогермафродитизм

gynandria [gai'nændriə], **gynandrizm** [gai'nændrizm] мужской псевдогермафродитизм

gynandroblastoma [gai,nændrəʊblæs'təʊmə] аренобластома, андробластома

gynandromorphism [gai,nændrəʊ'mɔːfizm] гинандроморфизм *(вид гермафродитизма)*

gynandromorphosis [gai,nændrəʊˌmɔː'fəʊsis] гинандроморфоз *(аномалия пола)*

gynandrous ['ginændrəs] гинандрический, обладающий мужскими и женскими половыми признаками

gynatresia [ˌgainə'riːziə] гинатрезия *(заращение одного из отделов женских половых путей, напр. влагалища)*

gynecogenic [ˌgainəkəʊ'ʤenik] обусловливающий появление женских признаков

gynecography [ˌgainə'kɒgrəfi] (пневмо)гинекография

gynecological [ˌgainəkə'lɒʤikəl] гинекологический

gynecologist [ˌgainə'kɒləʤist] гинеколог

gynecology [ˌgainə'kɒləʤi] гинекология *(область медицины, занимающаяся диагностикой и лечением заболеваний женской половой системы)*

gynecomania [ˌgainəkəʊ'meiniə] гинекофилия, патологическая гиперсексуальность

gynecomastia [ˌgainəkəʊ'mæstiə], **gynecomasty** ['gainəkəʊˌmæsti], **gynecomazia** [ˌgainəkəʊ'meiziə] гинекомастия *(увеличение грудных желёз у мужчин)*

familial ~ наследственная гинекомастия

pubertal ~ пубертатная гинекомастия

gynecopathy [ˌgainə'kɒpəθi] гинекологическое заболевание

gynecophobia [ˌgainə'fəʊbiə] гинекофобия *(патологическая неприязнь к женщинам)*

gynergy [ʤi'nəːʤi] гинергия *(спиритизм, свойственный женщине)*

gynglymus [ʤin'glaiməs] блоковидный сустав

gyniatrics [ˌgaini'ætriks], **gyniatry** ['gainiætri] лечение гинекологических заболеваний

gynocidal [ˌgainəʊ'saidl] женоненавистнический; убивающий женщин

gynofactor [ˌgainəʊ'fæktə] женский фактор

gynopathy [ˌgaai'nɒpəθi] боязнь женщин

gynoplastics [ˌgainəʊ'plæstiks] пластическая операция на женских половых органах

gyps [ʤips], **gypsum** ['ʤipsəm] гипс, сульфат кальция

gyri ['ʤairai] *pl. от* gyrus извилины

insular ~ извилины островка

olfactory ~ обонятельные извилины

orbital ~ глазничные извилины

gyrus ['ʤairəs], *pl.* **gyri** ['ʤairai] извилина *(коры полушарий головного мозга)*

~ **fornicatus** сводчатая извилина, краевая [лимбическая, серповидная] доля, Брока доля *(большого мозга)*

cingular ~ поясная извилина

dentate ~ зубчатая извилина *(полушария большого мозга)*

fasciolar ~ ленточная извилина *(мозолистого тела)*

fusiform ~ латеральная затылочно-височная [веретенообразная] извилина

hippocampal ~ извилина гиппокампа *(большого мозга)*

inferior frontal ~ нижняя лобная извилина

lingual ~ медиальная затылочно-височная [язычная] извилина

medial frontal ~ средняя лобная извилина

parahippocampal ~ *см.* **hippocampal** ~

prepiriform ~ передняя грушевидная извилина *(покрывает глубоко расположенное миндалевидное тело большого мозга)*

splenial ~ полоса коры головного мозга вокруг валика мозолистого тела

straight ~ прямая извилина *(большого мозга)*

uncinate ~ крючок *(парагиппокампальной извилины)*

H

Habent sua fata libelli
И книги имеют свою судьбу

habena [hə'bi:nə], *pl.* **habenae** [hə'bi:ni:] 1. *анат.* уздечка 2. повязка

habenula [hə'benjʊlə], *pl.* **habenulae** [hə'benjʊli:] *анат.* 1. уздечка *(языка)* 2. поводок *(эпиталамуса)*, ножка шишковидного тела

   Haller's ~ влагалищная связка

habilitation [hæbili'teiʃn] обретение навыка

habit ['hæbit] 1. привычка; привыкание 2. (тело)сложение; тип; склонность, свойство

   ~ of body телосложение

   ~ of life образ жизни

   ~ of mind склад ума

   ~ of talking речевая активность

   accident ~ подверженность несчастным случаям

   act ~ привычное действие

   bowel ~ дефекация, стул; *pl.* особенности стула

   breathing ~ особенность дыхания

   chewing ~s привычка к жеванию

   complaint ~ ипохондрия, угнетённое состояние

   consumer's ~ потребительские привычки

   corpulent ~ тучного [полного] телосложения

   dietary ~s пищевые привычки; привычки в питании

   drinking ~s склонность к алкоголизму

   drug ~ лекарственная зависимость, лекарственная токсикомания, наркомания

   feeding ~s *см.* **dietary** ~s

   full ~ гиперстеническое сложение

   health ~s гигиенические навыки

   intestinal ~s кишечные отправления, стул

   laxation [laxative] ~ злоупотребление слабительными с целью похудания; привычка к слабительным средствам

   morbid ~ **of eating clay** патологическое влечение к поеданию глины

   opium ~ опиомания, опийная наркомания

   pernicious ~ вредная привычка

   smoking ~ привычка к курению

   vicious ~s дурные привычки

habitant ['hæbitənt] житель

habitat ['hæbiˌtæt] 1. место распространения, местообитание; родина; среда *(животного, растения, микроорганизма)* 2. биотоп

   homogeneous ~ однородное местообитание

habit-forming ['hæbit-fɔ:miŋ] вызывающий привыкание, формирующий привычку

habit-training ['hæbit-treiniŋ] тренинг [формирование] навыков

habitual [hə'bitjʊəl] 1. привычный, обычный; пристрастившийся 2. врождённый

habituation [həˌbitjʊ'eiʃən] 1. приобретение привычки, привыкание 2. приспособление, адаптация 3. *невр.* процесс уменьшения или снятия ответа на повторяющуюся стимуляцию 4. жилище

drug ~ 1. привыкание к лекарственному средству, лекарственная зависимость 2. наркомания

habitude ['hæbitju:d] привычка, склонность, привычное состояние

habitus ['hæbitəs] *лат.* внешнее строение тела, телосложение, габитус

   ~ alcoholicus внешность алкоголика

   ~ apoplecticus гиперстеническое телосложение

hack [hæk] 1. травма ‖ травмировать; резаная рана; ссадина на ноге от удара 2. сухой кашель ‖ кашлять

hachement [æʃ'mɔ:] рубление *(приём массажа)*

hadephobia [ˌheid'fəʊbi:ə] гадефобия *(боязнь ада)*

haem [hi:m] *см.* **heme**

Haemaphysalis [hi:mə'fisəlis] род мелких «неукрашенных» клещей, переносчиков вирусов и простейших

Haemophilus [hi:'mɒfiləs] род аэробных и факультативно анаэробных бактерий *(нуждающихся для роста в крови)*

   ~ aegypticus вид, вызывающий острый или подострый конъюнктивит в странах с жарким климатом

   ~ influenzae вид, вызывающий острые респираторные инфекции; гнойные конъюнктивит и менингит *(раньше рассматривали как возбудителя гриппа)*

hagtaper ['hægˌteipə] коровяк *(Verbascum)*

hair [heə] 1. волос, волосы 2. волосок *(чувствительный вырост сенсорных клеток)*

   auditory ~s слуховые волоски, стереоцилии

   bamboo ~ узловатая трихоклазия, расщепление волос *(напоминающая форму бамбука)*

   bayonet [beaded] ~ монилетрикс; «штыковидный» [веретенообразный, монилиформный] волос *(веретеновидные образования на уплощённом конце волос)*

   bleached ~s обесцвеченные волосы

   brittle ~s ломкие [хрупкие] волосы

   burrowing ~s вросшие волосы

   club ~ клубковый волос *(перед выпадением волосяная луковица приобретает вид клубковидной массы)*

   downy ~ мягкий [пушистый] волос

   infested with lice ~s завшивленные волосы

   ingrown ~ *см.* **burrowing** ~s

   inwards growing ~ волосы, растущие внутрь *(напр. ануса)*

   knotted ~ трихонодоз *(самопроизвольное скручивание волос)*

   lanugo ~s пушковые волосы, лануго

   matted ~ спутанные волосы

   moniliform ~ монилетрикс, чёткообразная аплазия волос, веретенообразные волосы

   pluck ~s клок волос

   prematurely grey ~s преждевременно поседевшие волосы

   prenatal ~s *см.* **lanugo** ~s

ringed ~ кольцевиднеокрашенные волосы

rough ~ грубые волосы

stellate ~ трихоптилоз *(кисточкообразное расщепление кончиков длинных волос)*

terminal ~s волосы зрелого организма *(подмышечных ямок, лобка)*

treated ~ ухоженные волосы

twisted ~ трихотортоз, трихокинез, перекрученные волосы

unruly ~s непослушные волосы

wavy ~s курчавые волосы

wool [woolly] ~s *см.* **lanugo** ~s

hairball ['heə,bɔːl] трихобезоар, волосяная опухоль

hair-covering ['heə-,kʌvəriŋ] волосяной покров

hairless ['heərləs] безволосый

hairiness ['heərinəs] волосистость, гипертрихоз, политрихия

halation [hə'leiʃən] 1. ореол 2. ореолообразование

hale [heil] здоровый, крепкий; бодрый

half-grown ['hɑːf-,grəun] недоразвитый

half-life ['hɑːf-,laif] 1. время полужизни, период полураспада *(радионуклида)* 2. период полувыведения *(напр. ксенобиотиков из организма)*

biological ~ биологическое время полужизни *(необходимое для снижения концентрации какого-л. вещества в организме на 50 %)*

elimination ~ период полувыведения

enzyme ~ время полужизни фермента *(за которое утрачивается 50 % его активности)*

gastric emptying ~ полупериод опорожнения желудка

plasma elimination ~ период полувыведения из плазмы *(напр. лекарственного вещества)*

half-lying ['hɑːf-,laiiŋ] находящийся на полупостельном режиме

half-sibs ['hɑːf-,sibs] полусибсы *(кровные по одному из родителей)*

half-sighted ['hɑːf-,saitid] близорукий

half-time ['hɑːf-,taim] время полураспада *(за которое половина вещества подвергается превращению)*

half-way ['hɑːf-,wei] *sl.* «полпути» *(на пути к выздоровлению больного, наркомана)*

half-witted ['hɑːf-,witid] труднообучаемый; слабоумный

halisteresis [hælistə'riːsis] галистерез *(образование остеоидной ткани из костей вследствие её декальцинации)*

halitosis [,hæli'təusis] неприятный запах изо рта

hallmark ['hɔːlmɑːk] отличительный признак, патогномоничный симптом, маркёр ‖ устанавливать критерий

~ **of hepatic lipidosis** маркёр жировой дистрофии печени

hallucinate [hə'luːsineit] галлюцинировать

hallucination [hə,luːsi'neiʃən] галлюцинация

~ **of conception** галлюцинация представления

~ **of perception** галлюцинация восприятия

~s **of smell** обонятельные галлюцинации

adelomorphous ~ аделоморфная галлюцинация *(неясная, нечёткая зрительная галлюцинация)*

auditory ~s слуховые галлюцинации

autoscopic ~ аутоскопическая галлюцинация *(восприятие двойника)*

combined ~s комбинированные [сложные, комплексные] галлюцинации *(сочетание галлюцинаций различного вида)*

depressive ~s ложные галлюцинации при депрессивном синдроме

extracampine ~ экстракампинная галлюцинация *(с возникновением образов вне поля зрения больного)*

false ~s псевдогаллюцинации

gustatory ~s вкусовые галлюцинации

haptic ~s тактильные [осязательные] галлюцинации

hostage ~s галлюцинации заложников

hypnagogic ~s гипнагогические галлюцинации *(перед засыпанием)*

hypnopompic ~s гипнопомпические галлюцинации *(возникающие при пробуждении в состоянии между сном и бодрствованием)*

imperative ~s императивные [повелевающие, приказывающие] галлюцинации

kinesthetic ~ кинестетическая галлюцинация

lilliputian ~s микроптические [лилипутовые] галлюцинации, микрогаллюцинации

negative ~s негативные галлюцинации *(нарушения зрительного восприятия одних предметов при нормальном восприятии других)*

olfactory ~s обонятельные галлюцинации

oneiroid ~s онейроидные галлюцинации *(зрительные галлюцинации фантастического содержания)*

psychogenic ~s психогенные галлюцинации *(отражающие психотравмирующую ситуацию)*

reflex ~s рефлекторные [отражённые] галлюцинации

simple ~s простые галлюцинации *(в пределах только одного анализатора)*

stump ~ фантомное ощущение, фантомный синдром

verbal ~s вербальные [словесные] галлюцинации *(в виде отдельных слов или развёрнутой речи)*

vestibular ~s вестибулярные галлюцинации *(ощущение неуравновешенности тела, падения, висения в воздухе)*

visceral ~ висцеральная [энтероцептивная] галлюцинация *(ощущение посторонних предметов во внутренних органах)*

visual ~s зрительные галлюцинации

hallucinogen [hə'luːsinəʤen] психодислептическое [галлюциногенное] вещество, галлюциноген

hallucinosis [hə,luːsi'nəusis] галлюциноз, галлюцинаторный синдром

alcoholic ~ алкогольный галлюциноз *(чаще всего после длительных запоев)*

organic ~ органический галлюциноз

peduncular ~ педункулярный галлюциноз, Лермитта синдром

hallux ['hæləks], *pl.* **halluces** ['hælə,siːz] большой палец стопы

~ **flexus** согнутый большой палец стопы *(молоткообразное искривление)*

~ **rigidus** ригидный большой палец стопы

~ **valgus** вальгусный большой палец стопы *(латеральное искривление)*

~ **varus** варусный большой палец стопы *(медиальное искривление)*

halo ['heiləʊ] **1.** ореол, нимб, гало *(напр. вокруг источника света)* **2.** глаукоматозный ореол **3.** узи гало *(отражение с пониженной интенсивностью по контуру очага)* **4.** гало-аппарат || наложить аппарат

~ **of ingibition** зона подавления

anemic ~ анемичное гало *(бледные, относительно бессосудистые ободки кожи вокруг гемангиом и иногда вокруг острых высыпаний)*

glaucomatous ~ перипапиллярная атрофия *(зрительного нерва)*, глаукоматозный ореол

lucent ~ *рентг.* кольцо просветления

halophil ['hæləʊˌfil], **halophile** ['hæləʊˌfail] галофил *(микроорганизм, обитающий в солёной воде)*

halos ['heiləs] галос *(цветные кольца, которые появляются вокруг источника света у больных глаукомой или катарактой)*

halosteresis [həˌlɒstəˈriːsis] *см.* **halisteresis**

halt [hɔːlt] запинание || запинаться

~ **in speech** запинки в речи

to ~ **the decline in mood** препятствовать ухудшению настроения

hamartia [hæˈmɑːʃiːə] гамартия *(неправильное соотношение тканей в анатомических структурах или наличие зародышевых образований в зрелом организме)*

hamartoblastoma [həˌmɑːtəʊblæstˈəʊmə] гамартобластома, злокачественная гамартома

~ **of kidney** аденомиосаркома, аденосаркома почки, Вилмса опухоль

hamartoma [həˌmɑːˈtəʊmə] гамартома, прогонобластома *(очаг эктопии ткани)*

hamartophobia [həˌmɑːtəʊˈfəʊbiə] гамартофобия *(патологическая боязнь совершения недостойного поступка)*

hamatum [həˈmeitəm] крючковидная [крючковатая] кость *(запястья)*

hammer ['hæmər] **1.** *мед. тех.* молоток **2.** молоточек *(слуховая косточка)*

percussion [**reflex, tendon**] ~ неврологический молоточек

hammock ['hæmək]:

pelvic ~ *мед. тех.* тазовый гамак

hamper ['hæmpə] препятствовать, мешать, задерживать *(рост микроорганизмов)*

hamster ['hæmstə]:

golden sirian ~ золотистый хомячок

hamstring ['hæmˌstriŋ] сухожилие мышц подколенной ямки

inner ~ сухожилия нижней, портняжной и двух других мышц

outer ~ сухожилие двуглавого сгибателя бедра

hamular ['hæmjulə] крючковидный, крючковатый

hamulus ['hæmjuləs], *pl.* **hamuli** ['hæmjulai] *анат.* крючковидный отросток

hand [hænd] **1.** кисть **2.** стрелка *(прибора)* **3.** работник; *pl.* экипаж

~ **going to sleep** «заспанная рука» *(парез руки после её сдавления во время сна)*

ape ~ *см.* **monkey** ~

arthritic ~ ревматоидный артрит кисти

claw ~ «птичья лапа», когтистая кисть *(при поражении локтевого нерва)*

cleft ~ расщеплённая кисть

club ~ косорукость

crab ~ эризипелоид, рожа свиней, ползучая эритема

drop ~ свисающая [падающая] кисть *(при параличе лучевого нерва)*

flat ~ плоская кисть *(при центральных параличах)*

lobster-claw ~ *см.* **cleft** ~

monkey ~ обезьянья кисть, Арана – Дюшенна атрофическая кисть *(при поражении срединного нерва)*

nondominant ~ субдоминантная рука

obstetrician's ~ кисть акушера *(при тетании)*

"ranch ~" кодовое название отравляющего вещества диоксина

skeleton ~ «кисть скелета» *(при выраженной атрофии мышц кисти)*

split ~ *см.* **cleft** ~

trench ~ ознобление кисти

writing ~ писчий спазм, графоспазм, писчая судорога

handbarrow ['hændˌbærəʊ] носилки; носилки-каталка

handbook ['hændˌbʊk]:

~ **for practice** практическое руководство

case manager's ~ справочник клинического менеджера по ведению больных

drug ~ рецептурный справочник

handedness ['hændədnəs] преимущественное использование одной руки

left ~ леворукость

right ~ праворукость

handicap ['hændiˌkæp] **1.** недостаток, увечье, дефект *(физический или психический)* **2.** состояние, препятствующее нормальному развитию

emotional ~ эмоциональная недостаточность

handicapped ['hændiˌkæpt] инвалид

mentally ~ труднообучаемый, умственно отсталый

hand-language ['hændˌlæŋgwiʤ] азбука глухонемых

handler ['hændlə] **1.** манипулятор **2.** операционист; работник

food ~ работник пищевого предприятия

handling ['hændliŋ] **1.** обработка **2.** управление

~ **of interpersonal situation** разрешение межличностных взаимоотношений

~ **of samples** обработка образцов

~ **with animal** контактирование с животным

casual ~ неосторожное обращение

clinical ~ **of patients** клиническое обслуживание больных

drug ~ работа с лекарственными препаратами

food ~ производство продуктов и пищи

jejunal ~ **of electrolytes** всасывание и экскреция электролитов в тощей кишке

modified ~ модифицированное использование *(напр. катехоламинов)*

renal ~ реабсорбция в почках

water ~ задержка воды

handpiece ['hændpiːs] *стом.* наконечник

air-turbine ~ наконечник для турбинной бормашины

angle ~ угловой наконечник

belt-driven ~ наконечник с механическим приводом

contra-angle ~ наконечник с головкой, устанавливаемой под разным углом

conventional-speed ~ наконечник с обычной скоростью вращения

high-speed ~ наконечник для высокоскоростной бормашины

nonbelt-driven ~ *см.* **air-turbine** ~

straight ~ прямой наконечник

ultraspeed ~ наконечник для высокоскоростной бормашины

handwash ['hænd,wɒʃ] 1. моющее средство для обработки рук *(хирурга)* 2. обработка рук

handwriting ['hænd,raitiŋ] *псих.* почерк

hang [hæŋ] 1. вид, манера 2. то, что висит ‖ подвесить

to ~ oneself вешаться

hanger ['hæŋə]:

"coat ~" *рентг.* «вешалка» *(о согнутом проводнике)*

hanging ['hæŋiŋ] 1. вешание; подвешивание 2. смертная казнь через повешение

erotized ~s эротизирующие удушения

hangnail ['hæŋ,neil] заусенец

hangover ['hæŋ,əʊvə] 1. похмельный синдром, похмелье 2. пережиток; наследие прошлого

hanka ['hæŋkə] *sl.* «ханка» *(опий)*

hanta-virus ['hæntə-,vairʊs] ханта-вирус *(представитель группы вирусов-зооантропонозов)*

haphalgesia [,hæfæl'dʒi:ziə] гафалгезия *(возникновение неприятных ощущений, дрожи, судорог при прикосновении к коже)*

haphephobia [hæfi:'fəʊbiə] гафефобия

haploid ['hæp,lɒid] гаплоид *(клетка, ядро или организм с одинарным [гаплоидным] набором хромосом; у человека – 23)*

haplosomy [,hæpləʊ'səʊmi] гаплосомия *(утрата одной из хромосом в диплоиде)*

haplotype ['hæp,ləʊtaip] гаплотип *(1. полный набор HLA-антигенов, наследуемых детьми от обоих родителей 2. вариант гена)*

happiness ['hæpinis] 1. счастье; удача 2. своевременность

sexual ~ сексуальная удовлетворённость

hapten ['hæp,ten] гаптен *(неполный антиген, неспособный синтезировать антитела)*

cross-reacting ~ перекрёстнореагирующие [родственные] гаптены

haptic ['hæptik] тактильный, осязательный

haptics ['hæptiks] учение о тактильной чувствительности

haptoglobin [,hæptəʊ'gləʊbin] гаптоглобин *(гликопротеид плазмы крови; связываясь с гемоглобином, способствует сохранению железа в организме)*

haptometry [hæp'tɒmətri] измерение тактильной чувствительности

haptonomia [,hæptəʊ'nəʊmi:ə] *психоан.* гаптономия *(тактильная коммуникация с эмбрионом)*

haptophobia [,hæptəʊ'fəʊbi:ə] гаптофобия *(навязчивый страх прикосновения окружающих людей)*

harass ['hærəs] тревожить, беспокоить, изводить

harassment ['hærəsment] 1. беспокойство, тревога; забота 2. раздражение 3. харассмент *(сексуальное домогательство)*

sexual ~ сексуальное преследование

harbinger ['ha:bindʒə] предвестник

harbour ['ha:bə] быть хозяином, переносчиком паразита *(напр. о клещах)*

hard ['ha:d] 1. твёрдый; плотный 2. устойчивый, стойкий 3. грубая, невкусная пища 4. несчастный, неизлечимый 5. суровый, холодный; резкий 6. крепкий, сильнодействующий 7. жёсткий *(о воде)*

~ of hearing тугоухость ‖ тугоухий

harderoporphyria [,ha:dərəʊpɔ:r'fiəri:ə] гардеропорфирия *(вариант наследственной копропорфирии)*

hardness ['ha:dnis] 1. стойкость к неблагоприятным внешним условиям; выносливость; устойчивость 2. жёсткость воды

cold ~ холодостойкость

frost ~ морозостойкость

permanent ~ постоянная жёсткость воды *(неустраняемая кипячением)*

temporary ~ временная жёсткость воды *(устраняемая кипячением)*

X-ray ~ жёсткость рентгеновских лучей

hardship ['ha:d,ʃip] нужда, лишения

hardware ['ha:d,weə] *мед. тех.* 1. аппаратура, оборудование 2. технические средства, техническое обеспечение 3. *sl.* сильный наркотик; крепкий спиртной напиток

hardy ['ha:di] выносливый; стойкий

harelip ['heəlip], **hare-lip** незаращение, или расщелина, губы, «заячья губа»

harlot ['ha:lət] проститутка

harloty ['ha:ləti] распутство, разврат

harm [ha:m] 1. вред, ущерб ‖ наносить ущерб 2. зло; обида

bodily ~ телесное повреждение

do not ~ не навреди

drug related ~ 1. нежелательная побочная реакция лекарственного препарата 2. вредные последствия употребления наркотиков

suicidal self ~ повреждение с целью самоубийства, суицидальная аутоагрессия

harmful ['ha:mful] пагубный; вредный, опасный

harmonization [,ha:mənai'zeiʃən] оптимизация, гармонизация *(напр. требований к фармпрепаратам)*

harmony ['ha:məni] согласованность, соразмеренность; гармония

occlusal ~ нормальное соотношение зубных рядов при всех видах окклюзии

harness ['ha:nis] ремень для фиксации чего-л. ‖ привязывать; фиксировать

anesthetic ~ 1. фиксация интубационной трубки или наркозной маски 2. наркозная оснастка

chest ~ комплект грудных отводящих электродов с проводами *(ЭКГ)*

Pavlic ~ *мед. тех.* Павлика стремена *(применяемые при лечении врождённого вывиха бедра)*

harpaxophobia [,ha:pæksəʊ'fəʊbi:ə] гарпаксофобия *(патологическая боязнь оказаться жертвой ограбления)*

harsh [hɑːʃ] 1. грубый; жёсткий; шероховатый (напр. о колониях бактерий) 2. резкий, неприятный; терпкий (вкус) 3. суровый (климат), жестокий (человек)

hart's-thorn ['hɑːts-ˌθɔːn] жостер слабительный, крушина слабительная (Rhamnus catharticus)

harvest ['hɑːvist] 1. забор материала для исследования 2. биоптат (материал, взятый для исследования) ǁ выделить (кожный лоскут)

harvester ['hɑːvistə] харвестер, коллектор клеток

  Skatron's cell ~ Скатроновский харвестор (автомат для работы с культурой клеток)

harvesting ['hɑːvistiŋ]:

  ~ **of organs** изъятие органа

  donor heart ~ забор [изъятие] донорского сердца

harzial ['hɑːziəl] шистосомозный, поражённый шистосомозом

hash [hæʃ] разг., см. **hashish**

hashhead ['hæʃhed] разг. наркоман

hashish ['hæʃiʃ] марихуана, анаша, индийская конопля, гашиш, разг. хэш, гаш (смола листьев и цветов индийской конопли – Cannabis indica)

hashishism ['hæʃiʃizm] гашишизм, анашизм

hasten ['heisn] ускорять (процесс, рост), форсировать

hatchet ['hætʃit] стоматологический экскаватор

hatching ['hætʃiŋ]:

  ~ **of eggs** выход из яиц (личинок паразита)

hatred ['heitrid] псих. гнев, ненависть ◊ **blind** ~ слепая ненависть

haunch [hɔːntʃ] пояс нижней конечности

haustration [hɔːˈstreiʃən] рентг. гаустрация

haustrum ['hɔːstrəm], pl. **haustra** ['hɔːstrə] гаустра (ободочной кишки)

haut-mal [əʊ-ˈmɑːl] фр. большой эпилептический припадок

haversian [həˈvɜːʒən] гаверсов (канал, железа, система)

hawk [hɔːk] 1. хищная птица; сокол, ястреб 2. откашливание, отхаркивание

hawthorn ['hɔːˌθɔːrn] боярышник колючий (Crataegus oxyacantha)

hay [hei] sl. марихуана

hazard ['hæzəd] 1. вредный фактор; опасное вещество 2. риск; опасность

  accident ~ риск несчастного случая

  anesthetic ~ риск осложнения при анестезии

  contamination ~ опасность загрязнения

  delayed therapeutic ~ риск при позднем оказании медицинской помощи

  dust ~ опасность запыления

  electric shock ~ опасность поражения электрическим током

  environmental ~s вредное воздействие окружающей среды

  health ~ опасность для здоровья

  housing ~s жилищно-бытовые опасности

  major ~ высокий риск, основной фактор риска

  man-made ~ антропогенная опасность

  moral ~ 1. ложная мотивация 2. моральный ущерб 3. страх. моральная сомнительность

  occupational ~s профессиональные вредности

  radiation [**radiological**] ~ 1. опасность лучевого поражения 2. радиоактивное поражение

  safety ~ нарушение правил техники безопасности

  urgent ~ внезапная опасность

haze [heiz] 1. лёгкий туман 2. запылённость, пыльная дымка

hazel [heizl] sl. героин

haziness ['heizinəs] затемнение (на рентгенограмме)

head [hed] 1. голова 2. анат. головка, выступ; верхушка 3. мед. тех. насадка; наконечник

  ~ **of blind colon** купол слепой кишки

  ~ **of humerus** головка плечевой кости

  ~ **of mandrel** фиксирующая головка дискодержателя

  ~ **of pancreas** головка поджелудочной железы

  articular ~ суставная головка

  department ~ заведующий отделением

  dome-shaped ~ куполообразная голова

  drill ~ головка дрильбора

  hourglass ~ голова в виде «песочных часов» (вдавление в черепе при врождённом сифилисе)

  Medusa ~ «голова Медузы» (расширение подкожных вен передней брюшной стенки)

  monday ~ 1. головные боли по понедельникам (возобновляющиеся в связи с производством) 2. синдром похмелья, головная боль после попойки

  optic nerve ~ диск зрительного нерва

  saddle ~ седловидная голова

  scald ~ фавус, парша (волосистой части головы)

  steeple [**tower**] ~ акроцефалия, оксицефалия, башенный череп

  traumatic ~ черепно-мозговая травма

  ultrasonic ~ ультразвуковой излучатель

headache ['hedeik] головная боль, цефалгия

  abusus ~ абузусная головная боль

  bilious [**blind**] ~ 1. головная боль, вызванная болезнями органов пищеварения 2. мигрень

  cluster ~ 1. мигрень; кластерная [пучковая] головная боль (проявляющаяся серией приступов в течение 2–3 недель) 2. «гистаминовая» головная боль

  cough ~ головная боль при кашле

  helmet ~ боль в верхней части головы

  Horton's ~ Хортона синдром (мигрень)

  lead-cap ~ головная боль по типу «свинцового шлема»

  migraine ~ мигренозная головная боль

  monday morning ~ см. **monday head**

  occipital ~ головная боль в области затылка

  organic ~ органическая головная боль

  postpuncture ~ головная боль после спинномозговой пункции

  powder ~ головная боль у рабочих, связанных с производством нитратов, пороха

  reflex ~ рефлекторная головная боль

  sick ~ мигрень с тошнотой

  spinal ~ см. **postpuncture** ~

  stabling ~ пронизывающая [сильнейшая] головная боль

  symptomatic ~ см. **reflex** ~

  tension(**-type**) ~ 1. головная боль напряжения (сжимающего характера) 2. головная боль, сочетающаяся с тревогой

vicious ~ сильная головная боль

headachy ['hedeiki] 1. страдающий головной болью
2. вызывающий головную боль

headband ['hedbænd] 1. повязка на голове 2. оголовье
(напр. для крепления лобного зеркала)

head-cold ['hed-ˌkəʊld] насморк

headgut ['hedgʌt] эмбр. первичная кишка

headholder ['hedˌhəʊldə] головодержатель (деталь операционного стола)

head-knocking ['hed-ˌnɒkiŋ] псих. стучание головой
(стереотипное)

headlight ['hedlait] налобный [головной] осветитель, налобная лампа

headlock ['hedlɒk] сцепление близнецов головками
(при родах двойней)

head-mirror ['hed-ˌmirə] лобное зеркало

headrest ['hedrest] подголовник

clamp-on ~ (съёмный) подголовник со струбциной
(для крепления на спинке стула)

head-rolling ['hed-ˌrəʊliŋ] верчение головой

head-twitch ['hed-ˌtwitʃ] подёргивания головой

head-weaving ['hed-ˌwiːviŋ] покачивания головой

heal [hiːl] 1. излечивать, исцелять; способствовать заживлению 2. заживать, заживляться, консолидироваться (о переломе) 3. успокаивать

mental ~ восстановление психической деятельности
primary ~ первичное заживление (раны)

healable ['hiːləbl] излечимый

healer ['hiːlə] хилер (филиппинский знахарь, «оперирующий» без скальпеля)

faith ~ целитель верой

healing ['hiːliŋ] 1. лечение; излечивание || лечебный, целебный 2. заживление

~ **by first intention** первичное заживление (раны)

~ **by granulation** см. second intention ~

~ **by reparation** заживление путём репарации

~ **by scab** заживление под струпом

~ **by second intention** вторичное заживление (раны), заживление грануляциями

~ **by third intention** заживление (раны) при избыточных грануляциях

~ **of gastric mucosa** санация слизистой желудка

duodenal ulcer ~ излечение дуоденальной язвы

faith ~ исцеление верой

folk ~ лечение народными средствами

fracture ~ костное сращение, консолидация перелома

herbal ~ лечение травами

mental ~ психотерапия

poor wound ~ плохое заживление раны

spiritual ~ см. mental ~

spontaneous ~ самоизлечение

health [helθ] 1. здоровье 2. целебная сила 3. гигиена, санитария || гигиенический, санитарный

~ **in city** здоровье населения города

~ **in construction** здоровье персонала, занятого на строительстве

~ **of communities,** ~ **of nation** здоровье нации, или населения (жизнеспособность общества и прогноз его дальнейшего социально-экономического развития)

~ **of seafarers** охрана здоровья моряков

~ **of the nation** здоровье населения (медико-демографическая и социальная категория, отражающая физическое, психическое, социальное благополучие людей, осуществляющих свою жизнедеятельность в рамках определённых социальных общностей)

to be in good ~ быть здоровым

to be out of ~ иметь слабое здоровье, быть больным

to look after one's ~ следить за своим здоровьем

allied ~ отрасль, смежная со здравоохранением

child and family ~ охрана материнства и детства

community ~ 1. общественное здоровье; здоровье нации, народа 2. здравоохранение

continued ~ поддержка [укрепление] здоровья

delicate ~ хрупкое здоровье

dental ~ 1. гигиена органов полости рта 2. стоматологическая помощь

emotional ~ см. mental ~ 1

environmental ~ гигиена [охрана] окружающей среды

extreme poor ~ истощение, крайнее ослабление здоровья

family ~ охрана здоровья семьи

general perceived ~ общее ощущение здоровья

gratification ~ псих. здоровье от удовлетворённости

holistic ~ холистическая [«целостная»] медицина

ill ~ слабое здоровье

in ~ **and disease** в норме и при патологии

industrial ~ промышленная гигиена; промышленная медицина

international ~ международное здравоохранение

labor ~ производственная санитария

long-standing ~ длительностойкое здоровье

maternal ~ охрана здоровья матери, охрана материнства

men's ~ мужское здоровье

mental ~ 1. психическое здоровье 2. психогигиена; охрана психического здоровья

national ~ 1. государственная служба [система] здравоохранения 2. государственное медицинское обслуживание

natural ~ здоровье от природы (лекарственные травы, натуральные продукты и пр.)

occupational ~ 1. гигиена труда, техника безопасности 2. профилактика профессиональных болезней

overall ~ общее состояние здоровья

prison ~ тюремное здравоохранение, пенитенциарная медицина

public ~ 1. общественное здравоохранение; популяционная медицина 2. здоровье населения

radiation ~ радиационная гигиена

reproductive ~ репродуктивное здоровье

respiratory ~ состояние органов дыхания

risk ~ риск для здоровья человека

school ~ школьная гигиена

sexual ~ сексуальное здоровье

urban community ~ 1. городское здравоохранение
2. здоровье городского населения

workers ~ здоровье работников (напр. пользователей ЭВМ)

Health:

"~ by the People" взаимная медицинская помощь

"~ for All" программа «Здоровье для всех» *(направление политики ВОЗ на достижение всеми людьми мира уровня здоровья, который позволил бы им вести активную производственную, социальную и личную жизнь)*

"World ~" «Здоровье мира» *(публикация ВОЗ)*

healthcare ['helθ,keə] **1.** здравоохранение **2.** забота о здоровье

preventive ~ профилактические осмотры населения

health-conscious ['helθ-,kɒnʃəs] заботящийся о (своём) здоровье

healthful ['helθfʊl] **1.** здоровый **2.** целебный, полезный, оздоровительный

healthism ['helθizm] «тирания здоровья» *(гиперболизированная забота о здоровье)*

healthless ['helθləs] **1.** нездоровый, болезненный **2.** нецелебный, неполезный

health-officer ['helθ-,ɒfisə] санитарный врач

healthy ['helθi] здоровый; нормальный; интактный *(напр. о заживлении раны)*

apparently ~ практически здоровый

hear [hiə] слышать, обладать слухом

hearing ['hiəriŋ] **1.** слух, способность слышать; слуховое восприятие **2.** предел [порог] слышимости **3.** *суд. мед.* слушание дела

color ~ фонопсия, цветовой слух

diminished ~ понижение слуха, тугоухость

judicial ~s слушание дела в суде

minor ~ порог слухового восприятия

hearing-impaired ['hiəriŋ-im,pɛəd] с нарушенным слухом

hearsay ['hiəsei] молва

heart [hɑːt] **1.** сердце **2.** сердцевина; центральная часть

armored ~ *см.* **encased** ~

athlete's ~ спортивное сердце

beating ~ бьющееся [работающее] сердце

beef [beer] ~ «бычье» [«пивное»] сердце

bilocular ~ двухкамерное сердце

bony ~ *см.* **encased** ~

booster ~ вспомогательный желудочек *(вид искусственного кровообращения)*

boot-shaped ~ *рентг.* сердце в виде «деревянного башмака» *(признак тетрады Фалло)*

bovine ~ *см.* **beef** ~

busy loafers ~ детренированное сердце

chaotic ~ хаотически работающее сердце *(с частыми экстрасистолами)*

compromised ~ поражённое (болезнью) сердце

crisscross ~ аномальное соединение предсердий с желудочками

drop ~ висячее [капельное] сердце *(астеника с вертикальной электрической осью)*

dysfunctional ~ *см.* **failing** ~

encased ~ сдавливающий [констриктивный] перикардит, панцирное сердце

excised ~ изолированное сердце *(изъятое из организма)*

failing ~ сердечная недостаточность, декомпенсация сердца

fat(ty) ~ жирное сердце *(избыточное отложение жира в эпикарде и миокарде)*

fetal ~ **1.** тоны сердца плода **2.** эмбриокардия *(одинаковые громкость и тембр I и II тонов)*

fibroid ~ фиброз [склероз] миокарда, миокардиофиброз

flabby ~ дряблое сердце

flask-shaped ~ *рентг.* шарообразное сердце *(при выпотном перикардите)*

fluttering ~ «колотящееся», бьющееся часто сердце

frosted ~ глазурное сердце *(с резко утолщённым перикардом)*

globoid ~ *см.* **flask-shaped** ~

goiter ~ тиреотоксическое сердце

hairy ~ ворсинчатое [волосатое] сердце

hanging ~ *см.* **drop** ~

horizontal ~ сердце гиперстеника, «лежачее» сердце *(с горизонтальной электрической осью)*

hyperthyroid ~ тиреотоксическое сердце

icing ~ *см.* **frosted** ~

infarcted ~ инфаркт миокарда

intracorporeal ~ имплантированное искусственное сердце

irritable ~ нейроциркуляторная астения, или дистония, кардионевроз

isolated working ~ *см.* **excised** ~

leaky ~ эндокардит

left ~ левые отделы сердца *(предсердие и желудочек)*

luxus ~ дилатация и гипертрофия левого желудочка сердца

mechanical ~ искусственное сердце

myxedema ~ гипотиреоидное [микседематозное] сердце

ox ~ *см.* **beef** ~

parchment ~ гипоплазия правого желудочка

pear-shaped ~ *рентг.* грушевидное сердце *(при комбинированном поражении аортального и митрального клапанов)*

pulmonary ~ **1.** правые отделы сердца *(предсердие и желудочек)* **2.** лёгочное сердце

rapid ~ учащённое сердцебиение, тахикардия

respiratory [right] ~ *см.* **pulmonary** ~

sabot ~ *см.* **boot-shaped** ~

semihorizontal ~ «полугоризонтальное» сердце *(положение электрической оси)*

soldier's ~ *см.* **irritable** ~

stone ~ «каменное» сердце *(ишемическая контрактура левого желудочка)*

suspended ~ *см.* **drop** ~

"swinging ~" *узи* «плавающее [качающееся]» сердце *(при массивном выпоте в перикарде)*

systemic ~ *см.* **left** ~

tabby cat [thrush breast] ~ *см.* **tiger** ~

thumping ~ «выскакавающее» (из груди) сердце

tiger ~ тигровое сердце *(на разрезе которого под эндокардом различимы жёлто-белые полоски, обусловленные жировой дистрофией)*

tobacco ~ нейроциркуляторная астения вследствие чрезмерного курения, сердце курильщика

triatrial ~ трёхпредсердное сердце

trilocular ~ трёхкамерное сердце

venous ~ *см.* **pulmonary** ~ **1**

wooden-shoe ~ *см.* **boot-shaped ~**

Heart:

Farminham ~ Фарминхемский кардиологический центр *(проводящий многоцентровые клинические исследования сердечно-сосудистых препаратов)*

heartbeat [ˈhɑːtbiːt] **1.** сердцебиение **2.** сердечное сокращение, *pl.* пульсация

fetal ~s сердцебиение плода

heartburn [ˈhɑːtbəːn] изжога

heartburning [ˈhɑːtbəːnɪŋ] **1.** недовольство, досада **2.** зависть, ревность

heart-lung [hɑːtˈlʌŋ] аппарат искусственного кровообращения

heartmobile [ˈhɑːtˌməʊbail] автомобиль скорой кардиологической помощи

heartstone [ˈhɑːtˌstəʊn] остановка сердца в систоле, «каменное сердце»

heart-throb [hɑːtˈθrɒb] сердечное сокращение

heartworm [ˈhɑːtˌwəːm] дирофилярии *(гельминты класса нематод; промежуточный хозяин – комары)*

heat [hiːt] **1.** тепло, теплота **2.** повышенная температура тела **3.** жара; термическое воздействие **4.** эструз

~ of fermentation теплота ферментации

blood ~ температура тела

canned ~ контейнер с напалмом

decomposition ~ теплота разложения

dry ~ сухой жар *(для стерилизации)*

excessive ~ избыточное тепло; перегрев

local ~ 1. местное повышение температуры **2.** местное согревание

moist ~ 1. влажное тепло, компресс **2.** влажный жар *(для стерилизации)*

palpable ~ местное (ощутимое) повышение температуры

prickly ~ красная [тропическая] потница, климатический гипергидроз

radiant ~ лучистое тепло

heat-absorbing [ˈhiːt-əbˌsɔːbɪŋ] эндотермический, теплопоглощающий

heat-apoplexy [ˈhiːt-ˌæpəʊpleksi] *см.* **heatstroke**

heater-probe [ˈhiːtə-ˌprəʊb] термический зонд *(вводимый через эндоскоп для коагуляции кровоточащего сосуда)*

heat-inactivated [ˈhiːt-inˌækti'veitid] инактивированный нагреванием *(напр. о бактериях)*

heating [ˈhiːtɪŋ] **1.** нагревание || согревающий *(напр. компресс)* **2.** отопление

central [district] ~ центральное теплоснабжение, или отопление

pan ~ воздушное отопление

radiant warm wall ~ панельное отопление; панельный обогрев

heat-killed [ˈhiːt-ˌkild] *см.* **heat-sterilized**

heat-labile [ˈhiːt-ˌleibil] термолабильный, нестойкий к нагреванию

heatproof [ˈhiːtpruːf] теплостойкий, термостабильный

heat-sensitive [ˈhiːt-ˌsensitiv] чувствительный к высокой температуре

heatstable [ˈhiːtˌsteibl] *см.* **heatproof**

heat-sterilized [ˈhiːt-ˌsterilaizd] стерилизованный термически

heatstroke [ˈhiːtˌstrəʊk] тепловой удар

heat-treat [ˈhiːt-ˌtriːt] подвергать термической обработке; пастеризовать *(напр. молоко)*

heave [hiːv] **1.** выбухание *(напр. предсердия)* **2.** рвотное движение || делать рвотное движение **3.** одышка; дышать с трудом

heaviness [ˈhevinis] **1.** тяжесть **2.** инертность **3.** грузность **4.** депрессия, подавленность

~ in the chest чувство тяжести в груди

heavy [ˈhevi] **1.** тяжёлый; сильный, интенсивный; обильный, профузный *(о кровотечении)* **2.** плотный *(напр. о кальцификате)* **3.** опасный *(напр. о ранении)*

hebephrenia [ˌhiːbəˈfriːniə] гебефрения *(юношеская форма шизофрении)*

hebephrenic [ˌhiːbəˈfriːnik] больной, страдающий гебефренией || гебефренический

hebetic [hiˈbetik] относящийся к пубертатному [подростковому] периоду

hebetude [ˈhebəˌtjuːd] эмоциональное и умственное оскудение *(напр. при шизофрении)*; эмоциональная тусклость

hebiatrics [ˌhiːbiˈætriks] подростковая медицина

heboid(ophrenia) [ˌhiːbəʊidəʊˈfriːnjə] гебоидная шизофрения, гебоидофрения

hebosteotomy [hiˌbɒstiˈɒtəmi] пубитомия *(пересечение тазового кольца)*

hecatomeric [ˌhekətəʊˈmerik] имеющий раздвоенные отростки *(напр. о нейроне)*

hectic [ˈhektik] гектический, изнурительный

hedonia [hiˈdəʊniə] гипергедония, гедонизм *(патологически повышенное стремление к получению удовольствий)*

hedonophobia [hiˌdɒnəʊˈfəʊbiə] гедонофобия *(патологическая боязнь наслаждений)*

hedratresia [hedrəˈtriːziə] атрезия ануса

hedrocele [ˈhedrəʊsiːl] выпадение петли кишки через анус

heel [hiːl] **1.** пятка **2.** дистальный конец *(напр. зуба)*

~ of hand, ~ of palm проксимальная часть ладонной поверхности кисти

black ~ «чёрная» пятка *(участок кожи тёмного цвета над ахилловым сухожилием – симптом разрыва кожных капилляров)*

cracked ~ бороздчатая кератодермия стопы

painful ~ болезненность в области пятки

prominent ~ пяточная шпора

heelbone [ˈhiːlbəʊn] пяточная кость

heelstring [ˈhiːlstrɪŋ] пяточное [ахиллово] сухожилие

height [hait] **1.** высота; рост; вертикальный размер **2.** вершина, верх, верхушка **3.** высшая степень

~ of contour высота окклюзионного контура зубов *(по аксиальной плоскости)*

~ of contraction амплитуда сокращений

~ of disease разгар [пик] болезни

anterior facial ~ вертикальный размер лица

body ~ рост

cusp ~ высота зубных бугров *(окклюзионной поверхности)*

seat ~ высота сиденья, высота стандартного стула

sitting ~ высота (тела) в положении сидя

standing ~ высота (тела) в положении стоя, рост

trunk ~ длина туловища

twitch ~ величина мышечного сокращения

helcoid [hel'kɒid] язвенный

helcology [hel'kɒlɒʤi:] учение о язвенных процессах

helcoma [hel'kəʊmə] язва роговицы, язвенный кератит

helcoplasty ['helkəʊˌplæsti] пластическое замещение язвенного дефекта

helcosis [hel'kəʊzis] изъязвление, развитие язвы

Helcosoma [ˌhelkəʊ'sɒmə]:

~ **tropicum** возбудитель тропического лейшманиоза

heliation [ˌhi:li'eiʃən] гелиотерапия; фототерапия

helical ['helikəl] анат. спиральный (1. относящийся к сегменту белка 2. относящийся к завитку); спиралеобразный

helices ['heliˌsi:z] pl. от helix

Helicobacter [ˌhelikəʊ'bæktə]:

~ **pylori** пилорический хеликобактер (язвенной болезни)

helicopodia [ˌhelikəʊ'pəʊdiə] гемиплегическая [косящая, циркумдуцирующая] походка

helicopter ['helikɒptə]:

casualty ~ санитарный вертолёт

helicotrema [ˌhelikəʊ'tri:mə] ото. геликотрема, отверстие улитки

heliencephalitis [hi:li:enˌsefə'laitis] энцефалит как последствие солнечного удара

heliopathy [ˌhi:li:'əʊpəθi] хелиопатология, хелиопатия (патологическое состояние, вызванное солнечным облучением)

heliophobia [ˌhi:li:əʊ'fəʊbiə] гелиофобия, светобоязнь

heliosis [ˌhi:li:'əʊsis] солнечный удар, гелиоз

heliotherapy [ˌhi:li:əʊ'θerəpi:] гелиотерапия, солнцелечение

Heliotropium [ˌhi:li:əʊ'trəʊpiəm]:

~ **lasiocarpium** гелиотроп (напр. возбудитель гелиотропной гепатоангиопатии)

helix ['hi:liks], pl. **helices** ['helisi:z] 1. завиток (ушной раковины) 2. спираль (напр. молекулы ДНК) || геликоидный

DNA [double-stranded] ~ Уотсона – Крика двухцепочечная спираль (молекулы ДНК)

interrupted triple ~ разорванная тройная спираль

melted ~ расплавленная [денатурированная] спираль

hellebore ['heləˌbɔːr] чемерица (Veratrum)

white ~ чемерица белая (Veratrum album)

helmet ['helmit]:

neurasthenic ~ псих. неврастеническая каска

safety ~ защитный шлем

helminth ['helminθ] гельминт (представитель паразитических червей – трематод, нематод и ленточных)

soil-transmitted ~ геогельминт

helminthagogue [hel'minθəgog], **helminthicide** [hel'minθisaid] глистогонное [противоглистное] средство

helminthiasis [ˌhelmin'θaiəsis] гельминтоз

intestinal ~ кишечный гельминтоз

helminthism [hel'minθizm] см. helminthiasis

helminthosporiosis [helˌminθəʊspɒri'əʊsis] гельминтоспориоз

Helminthosporium [helˌminθəʊ'spɔːri:əm] род быстро растущих грибов-сапрофитов (распространённый лабораторный контаминант)

heloma [hi:'ləʊmə], **helosis** [hi:'ləʊsis] мозоль; омозолелость; натоптыш

~ **durum** твёрдая мозоль

~ **molle** мягкая мозоль

helotomy [hi:'lɒtəmi] удаление [иссечение] мозолей

help [help] 1. помощь || помогать; оказывать помощь 2. облегчать (боль)

home ~ медицинская помощь на дому

self ~ помощь самому себе, самопомощь

helper ['helpə] 1. помощник; ассистент; вспомогательный персонал 2. фаг-помощник

packaging-defective ~ вирус-помощник с дефектом встраивания в оболочку

T ~ Т-хелперный лимфоцит, Т-хелпер

helplessness ['helpləsnəs] беспомощность; отчаяние

learned ~ псих. усвоенная [наученная] беспомощность (в ситуации видимой неотвратимости отрицательного исхода)

psychic ~ психическая беспомощность

Helvellaceae [ˌhelvəl'eisi:ə] токс. семейство Гельвелловые

hemachromatosis [ˌhiməˌkrəʊmə'təʊsis] см. **hemochromatosis**

hemacyte ['hi:məˌsait] см. **hemocyte**

hemaden ['hi:mədən] железа внутренней секреции, эндокринная железа

hemadenology [ˌhi:mədə'nɒləʤi] эндокринология

hemadostenosis [ˌhi:mədəʊste'nəʊsis] стеноз или облитерация кровеносного сосуда

hemadro(mo)meter [ˌhi:mæ'drɒ(mə)tə] расходомер крови, гемотахометр

hemadromometry [ˌhi:mæ'drɒ(mə)tri] измерение скорости кровотока

hemadsorption [ˌhi:məd'sɔːrpʃən] гемосорбция (способность некоторых заражённых вирусами клеток фиксировать на своей поверхности эритроциты)

hemadynamometry [ˌhi:məˌdainə'mɒmətri] см. **hemodynamometry**

hemafacient [ˌhi:mə'feiʃi:ent] кроветворный, гемопоэтический

hemafecia [ˌhi:mə'fi:ʃiə] кровавый [чёрный] стул, кровь в испражнениях

hemagglutination [ˌhi:məˌglu:ti'neiʃən] гемагглютинация (обусловленная аутоантителами, вирусами)

cold ~ холодовая гемагглютинация эритроцитов

direct ~ реакция прямой гемагглютинации

passive ~ реакция пассивной гемагглютинации

reverse passive ~ реакция непрямой пассивной гемагглютинации

salt-dependent ~ гемагглютинация в солевой среде

solid phase passive ~ твёрдофазная пассивная гемагглютинация

spontaneous ~ неспецифическая [спонтанная] гемагглютинация

tanned cell ~ реакция гемагглютинации с эритроцитами, подвергшимися воздействию дубильной кислоты, или таннированию

viral ~ гемагглютинация при вирусных инфекциях

hemagogue ['hi:məgɔːg] средство, провоцирующее кровотечение ‖ провоцирующий [вызывающий] кровотечение

hemagonium [ˌhi:mə'gəʊniem] гемоцитобласт, стволовая клетка крови

hemal ['hi:məl] кровяной, относящийся к крови

hemamebiasis [ˌhi:məmi'baiəsis] гемамёбиаз *(любая инфекция с амёбообразными формами паразитов)*

hemanalysis [ˌhi:mə'nælisis] исследование крови

hemangiectasia [ˌhi:mənʤiek'teiziə], **hemangiectasis** [ˌhi:mənʤiek'təsis] гемангиэктазия, расширение кровеносных сосудов

hemangioblast [hi:ˌmænʤi:əʊ'blæst] гемангиобласт *(гемопоэтическая стволовая клетка – предшественница клеток крови всех типов)*

hemangioblastoma [hi:ˌmænʤi:əʊblæs'təʊmə] ангиоретикулёма, ангиоглиома, гемангиобластома, Линдау киста

hemangioendothelioma [hi:mænʤi:əʊˌendəʊˌθi:li'əʊmə]:
  epithelioid ~ эпителиоидная гемангиоэндотелиома

hemangioma [hi:ˌmænʤi:'əʊmə] гемангиома, сосудистый невус
  ameloblastic ~ амелобластогемангиома
  cavernous ~ кавернозная [пещеристая] гемангиома
  facial ~ гемангиома лица
  sclerosing ~ (фиброзная) гистиоцитома, склерозирующаяся гемангиома
  strawberry ~ гемангиома, сосудистый невус *(в виде ягоды)*
  verrucous keratotic ~ бородавчатая кератотическая гемангиома

hemangiomatosis [hi:ˌmænʤi:əʊmə'təʊsis]:
  disseminated ~ рассеянный [диссеминированный] гемангиоматоз

hemangiopericytoma [hi:ˌmænʤi:əʊˌperi'sai'təʊmə] гемангиоперицитома *(опухоль, исходящая из клеток поверхностных слоёв стенки сосуда)*

hemangiosarcoma [hi:ˌmænʤi:əʊsa:r'kəʊmə] гемангиосаркома *(опухоль, исходящая из эндотелиальных клеток)*

hemaphein [ˌhi:mə'fi:in] гемафеин *(патологический пигмент, образующийся из гемоглобина)*

hemapheism [ˌhi:mə'fi:izm] наличие гемафеина в крови или моче

hemapophysis [ˌhi:mə'pɒfisis] рёберный хрящ

hemartoma [ˌhi:ma:'təʊmə] гемангиома

hemascreen [ˌhi:mə'skri:n] *фирм.* гематологический анализатор «Гемаскрин»

hematal ['hi:mətəl] относящийся к крови или кровеносным сосудам

hematapostema [ˌhi:mætəpɒs'ti:mə] геморрагический абсцесс

hemateikon [ˌhi:mət'aikɒn] микроскопическая картина крови

hematemesis [ˌhi:mə'teməsis] кровавая рвота, гематемезис

hematencephalon [ˌhi:mæten'sefəlɒn] кровоизлияние в головной мозг, инсульт

hematest [hi:mə'test] проба на (скрытую) кровь

hematic [hi:'mætik] 1. кровяной, геморрагический, гемический 2. лекарственное средство, повышающее количество гемоглобина в крови

hematid ['hi:mətid] 1. петехия, петехиальное [точечное] кровоизлияние 2. эритроцит

hematidrosis [ˌhi:mæti'drəʊsis] гем(ат)идроз, кровавый пот

hematimetry [ˌhi:mə'ti:mətri:] гемоцитометрия *(определение количества форменных элементов крови)*

hematinic [ˌhi:mə'tinik] 1. относящийся к гематину 2. лекарственное средство, повышающее содержание гемоглобина в крови

hematinometer [ˌhi:məti'nɒmətə] гемо(глобино)метр

hematoaerometer [ˌhi:mətəʊˌeiə'rɒmətə] газоанализатор (крови)

hematobic [ˌhi:mæ'tɒbik] обитающий [живущий] в крови

hematobilia [ˌhi:mətəʊ'bili:ə] *см.* **hemobilia**

hematoblast [hi:'mætəʊˌblæst] гемопоэтическая стволовая клетка

hematocatharsis [ˌhi:mætəʊkə'θa:sis] гемодиализ

hematocele ['hi:mətəʊsi:l] гематоцеле *(1. кровоизлияние в оболочки какого-л. органа. 2. кровяная киста)*
  ~ **vaginalis** кровоизлияние в оболочки семенного канатика

hematocephalus [ˌhi:mətəʊ'sefələs] новорождённый с кефалогематомой

hematochezia [ˌhi:mətəʊ'ki:zi:ə] наличие алой [неизменённой] крови в испражнениях, кровавый стул *(не мелена)*

hematochyluria [ˌhi:mətəʊkai'lju:ri:ə] наличие крови и лимфы в моче

hematocoelia [ˌhi:mətəʊ'si:li:ə] скопление крови в брюшной полости

hematocolpometra [ˌhi:mətəʊˌkɒlpəʊ'mi:trə] гематокольпометра *(скопление менструальной крови в матке и влагалище при атрезии девственной плевы)*

hematocolpos [ˌhi:mətəʊ'kɒlpəs] гематокольпос *(скопление крови во влагалище)*

hematocrit ['hi:mətəʊˌkrit] гематокрит *(1. прибор для определения гематокритного числа 2. гематокритное число)*
  maintaining ~ поддержание гематокрита на нормальном уровне

hematocyst ['hi:mətəʊˌsist] гематоциста, кровяная киста

hematocytolysis [ˌhi:mətəʊˌsai'tɒlisis], **hemocytolysis** [ˌhi:məʊˌsai'təʊlisis] гемолиз

hematocytopenia [ˌhi:mətəʊˌsaitəʊ'pi:ni:ə] снижение гематокритного числа

hemato(cyt)uria [ˌhi:mətəʊsai'tju:ri:ə] *см.* **hematuria**

hematogenic [ˌhi:mətəʊ'ʤenik], **hematogenous** [ˌhi:mə'tɔ:ʤenəs] 1. кроветворный, гемопоэтический 2. гематогенный, образованный из крови; относящийся к крови

hematoglobulin [ˌhi:mətəʊ'glɔ:bjʊlin] *см.* **hemoglobulin**

hematohidrosis [ˌhi:mətəʊhaid'rəʊsis] гематогидроз *(выделение пота, содержащего кровь)*

hematohistone [ˌhi:mətəʊhi'stəʊn] *уст.* глобин *(белковая часть гемоглобина)*

hematoidin [ˌhi:mə'tɒidin] гематоидин *(продукт распада гемоглобина)*

hematology [ˌhi:mə'tɒləʤi:] 1. гематология 2. гематологический статус

HEM

fetal ~ 1. учение о кроветворении и болезнях крови плода 2. гематологические изменения у плода

radionuclide ~ радиационная гематология

hematolysis [ˌhiːməˈtɒlisis] 1. пониженная свёртываемость крови 2. гемолиз, эритроцитолиз

hematoma [ˌhiːməˈtəʊmə] гематома

aneurysmal ~ ложная аневризма

dissecting ~ расслаивающая [внутристеночная, интрамуральная] гематома

encysted ~ инкапсулированная гематома

epidural ~ эпидуральная [экстрадуральная] гематома

intracerebellar ~ внутримозговая гематома

intracranial ~ внутричерепная гематома

intramural ~ интрамуральная [внутристеночная] гематома

left-sided periorbital ~ периорбитальная гематома слева

perianal ~ перианальная гематома

perirenal ~ околопочечная гематома

subarachnoidal ~ субарахноидальная гематома

subcapsular ~ субкапсулярная гематома

subdural ~ субдуральная гематома

subungual ~ подногтевая гематома

hematomancy [ˈhiːməʊmænsi] гематологическое обследование; гематологический диагноз

hematometakinesis [ˌhiːmætəʊˌmetəkiˈniːsis] феномен «заимствования крови» *(компенсаторный переток крови из одной части тела в другую)*

hematometra [ˌhiːmətəʊˈmiːtrə] гематометра *(1. скопление менструальной крови в матке 2. сильное маточное кровотечение)*

hematometry [ˌhiːməˈtɒmətriː] геометрия *(полный клинический анализ крови)*

hematomole [ˌhiːmətəʊˈməʊl] *гинек.* кровяной занос

hematomphalocele [ˌhiːmətɒmˈfæləʊsiːl] 1. пупочная грыжа с геморрагическим выпотом 2. кровоизлияние в пупок *(симптом Куллена)*

hematomyelia [ˌhiːmətəʊmaiˈiːliːə] гематомиелия *(кровоизлияние в вещество спинного мозга)*

hematonic [ˌhiːməˈtɒnik] 1. кроветворное [гемопоэтическое] средство 2. вещество, вызывающее повышение содержания гемоглобина *(напр. эритропоэтин)*

hematopenia [ˌhiːmətəʊˈpiːniːə] олигоцитемия *(уменьшенное количество форменных элементов в крови)*

hematopexis [ˌhiːmətəʊˈpeksis] *см.* **hemopexis**

hematophagus [ˌhiːməˈtɒfəgəs] 1. кровепаразит *(напр. кровососущее насекомое)* 2. *параз.* гематофаг *(трофозит)*

hematophilia [ˌhiːmətəʊˈfiliːə] *см.* **hemophilia**

hematophobia [ˌhiːmətəʊˈfəʊbiə] гематофобия *(навязчивый страх [боязнь] крови)*

hematoplania [ˌhiːmətəʊˈplæniə] викарная менструация

hematoplastic [ˌhiːmətəʊˈplæstik] кроветворный, гемопоэтический

hematopoiesis [ˌhiːmətəʊpɔiˈiːsis] *см.* **hemopoiesis**

clonal ~ унипотентный [злокачественный, неопластический] гемопоэз

extramedullary ~ внекостномозговое кроветворение

malignant [neoplastic] ~ *см.* **clonal ~**

normal [polyclonal] ~ плюрипотентный [поликлональный, нормальный] гемопоэз

hematopoietin [ˌhiːmətəʊpɔiˈetin] эритропоэтин *(стимулятор эритропоэза)*

hematopostasis [ˌhiːmətəʊpɒˈstæsis] *см.* **hematoplania**

hematopsia [ˌhiːməˈtɒpsiːə] гематопсия *(кровоизлияние в глаз)*

hematorrhachis [ˌhiːməˈtɔːrəkis] гематорахис *(кровоизлияние в оболочки спинного мозга)*

hematorrhea [ˌhiːmətəʊˈriːə] *см.* **hemorrhea**

hematosalpinx [ˌhiːmətəʊˈsælpinks] гематосальпингс, гемосальпинкс *(кровоизлияние в маточную трубу)*

hematoscheocele [ˌhiːməˈtɒskiɒsiːl] гематома мошонки

hematoscopy [ˌhiːməˈtɒskəpiː] исследование клеток крови, гематологический анализ

hematosepsis [ˌhiːmətəʊˈsepsis] септицемия

hematosis [ˌhiːməˈtəʊsis] 1. кроветворение, гемопоэз 2. оксигенация венозной крови

hematostaxis [ˌhiːmətəʊˈstæksis] спонтанная кровоточивость

hematosteon [ˌhiːməˈtɒstiːɒn] кровоизлияние в костный мозг

hematotherapy [ˌhiːmətəʊˈθerəpiː] гемотерапия *(1. лечение переливаниями крови, пересадкой костного мозга 2. клеточная иммунотерапия; генная терапия)*

hematotoxic [ˌhiːmətəʊˈtɒksik] *см.* **hemotoxic**

hematotrachelos [ˌhiːmətəʊtrəˈkiːlɒs] растяжение шейки матки скопившейся кровью

hematotympanum [ˌhiːmətəʊˈtimpənəm] гематотимпанум *(скопление геморрагического экссудата в барабанной полости)*

hematoxylin [ˌhiːməˈtɒksilin] гематоксилин *(краситель)*

iron ~ железный гематоксилин

hematozoon [ˌhiːmətəʊˈzəʊɒn] *см.* **hemozoon**

hematuria [ˌhiːməˈtʊriːə] (истинная) гематурия

benign recurrent ~ *см.* **essential ~**

endemic ~ *см.* **schistosomal ~**

essential ~ идиопатическая гематурия

false ~ ложная гематурия

gross ~ макрогематурия, макроскопическая гематурия

initial ~ гематурия в начале мочеиспускания

schistosomal ~ мочеполовой шистосомоз

terminal ~ гематурия в конце мочеиспускания

total ~ тотальная гематурия

heme [hiːm] гем *(небелковая часть гемоглобина, содержащая двухвалентное железо)*

abnormal ~ патологический гем

hemeralopia [ˌhemərəˈləʊpiːə] гемералопия *(1. снижение зрения независимо от освещения 2. ночная [куриная] слепота, характеризующаяся резким ухудшением зрения при пониженной освещённости)*

hemerythrin [ˌhiːməˈriːθrin] *биохим.* гемэритрин

hemiablepsia [ˌhemiːəˈblepsiːə] *см.* **hemianop(s)ia**

hemiachromatopsia [ˌhemiːəˌkrəʊməˈtɒpsiːə] гемиахроматопсия *(потеря цветового восприятия в одной половине поля зрения)*

hemiagenesis [ˌhemiːəˈdʒenəsis]:

thyroid ~ агенезия одной доли [половины] щитовидной железы

hemiageusia [ˌhemiːəˈɡjuːziːə] гемиагевзия *(нарушение вкусовой чувствительности половины языка)*

hemialgia [ˌhemiːˈældʒiːə] гемиалгия *(боли в одной половине тела)*

hemiamaurosis [ˌhemiːˌæmɔːˈrəʊsis] офт., см. **hemianopsia**

hemiamyosthenia [ˌhemiːəˌmaiɒsˈθiːniːə] гемиплегия

hemianacusia [ˌhemiːˌænəkjuːziːə] гемианакузия, односторонняя глухота

hemianesthesia [ˌhemiːˌænəsˈθiːziːə] гемианестезия *(потеря чувствительности в одной половине тела)*

   alternate ~ альтернирующая [перекрёстная] гемианестезия

hemianop(s)ia [ˌhemiːəˈnɒpsiːə] офт. гемианопсия *(выпадение одной половины поля зрения)*

   altitudinal ~ верхняя гемианопсия *(выпадение зрения в верхней половине поля)*

   binasal ~ биназальная гемианопсия *(дефект носовых половин полей зрения)*

   bitemporal ~ битемпоральная гемианопсия

   color ~ цветовая гемианопсия *(снижение цветового восприятия в половине поля зрения)*

   crossed ~ см. **heteronymous** ~

   equilateral ~ гомонимная [одноимённая] гемианоп(с)ия *(с выпадением правых или левых половин полей зрения)*

   heteronymous ~ гетеронимная [разноимённая] гемианопсия *(дефект правой половины поля зрения одного глаза и левой половины другого)*

   homonymous ~ см. **equilateral** ~

   quadrant ~ квадрантная гемианопсия *(дефект одной четверти поля зрения)*

   relative ~ относительная гемианоп(с)ия

   unilateral ~ односторонняя гемианоп(с)ия

hemianosmia [ˌhemiːənˈɒzmiːə] гемианосмия, односторонняя аносмия *(потеря обоняния с одной стороны)*

hemiataxia [ˌhemiːəˈtæksiːə] гемиатаксия *(поражающая одну из сторон тела)*

hemiatrophy [ˌhemiːˈætrəfiː] невр. гемиатрофия

   progressive facial ~ прогрессирующая гемифациальная атрофия, Парри – Ромберга синдром

hemiballismus [ˌhemiːbəˈlizməs] гемибаллизм, синдром подбугорного тела *(крупноразмашистый гиперкинез на стороне, противоположной поражению подбугорного ядра)*

hemiblock [ˈhemiblɒk] полублок, неполная блокада *(верхней или нижней ветви левой ножки пучка Гиса)*

hemic [ˈhiːmik] 1. кровяной, гемический 2. кроветворный, гемопоэтический

hemicardia [ˌhemiˈkɑːdiːə] 1. левая или правая половина сердца 2. терат. недоразвитие половины сердца, «двухкамерное сердце»

hemicarion [ˌhemiːˈkɑːriən] гаплоидное ядро

hemicephalalgia [ˌhemiːˌsefəlˈældʒiːə] см. **hemicrania 1**

hemicerebrum [ˌhemiːˈserəbrəm] полушарие большого мозга

hemichorea [ˌhemiːkɔːˈriːə] гемихорея *(хорея одной половины тела)*

hemicolectomy [ˌhemiːkəʊˈlektəmiː] гемиколэктомия *(резекция половины ободочной кишки)*

hemicorporectomy [ˌhemiːˌkɔːrɔːˈektəmiː] гемикорпорэктомия, транслюмбальная ампутация

hemicrania [ˌhemiˈkreiniːə] 1. мигрень, гемикрания *(односторонняя головная боль)* 2. терат. неполная анэнцефалия

hemicraniosis [ˌhemiˌkreiniːˈəʊsis] односторонний гиперостоз лица

hemidiaphragm [ˌhemiˈdaiəˌfræm] правый или левый купол диафрагмы

hemidysergia [ˌhemiˌdiˈsəːdʒiːə] односторонние двигательные расстройства

hemiectromelia [ˌhemiːˌektrəʊˈmiːliːə] гемиэктромелия *(дефектное развитие конечностей на одной стороне туловища)*

hemiepilepsy [ˌhemiˈepiˌlepsiː] гемиэпилепсия, односторонняя эпилепсия

hemifacial [ˌhemiˈfeiʃəl] гемифациальный, относящийся к одной стороне лица

hemigastrectomy [ˌhemigæstˈrektəmiː] резекция дистальной половины желудка

hemigeusia [ˌhemiːˈɡuːziːə] см. **hemiageusia**

hemiglobin [ˈhemiɡləʊbin] метгемоглобин, гемиглобин, ферригемоглобин

hemiglossal [ˌhemiˈɡlɒsəl] относящийся к половине языка

hemiglossitis [ˌhemiɡlɒˈsaitis] односторонний глоссит

hemignathia [ˌhemiˈnæθiːə] одностороннее недоразвитие нижней челюсти

hemihepatectomy [ˌhemiːˌhepəˈtektəmiː] гемигепатэктомия *(резекция половины печени)*

hemihypertrophy [ˌhemiːhaiˈpəːtrəfiː] гемигипертрофия *(гипертрофия мышц одной половины лица или тела)*

hemilaminectomy [ˌhemiːˌlæmiˈnektəmiː] гемиламинэктомия *(одностороннее удаление одной или нескольких дужек позвонка)*

hemilateral [ˌhemiˈlætərəl] относящийся к одной стороне

hemilesion [ˌhemiˈliːʒən] одностороннее поражение *(справа или слева)*

hemimelia [ˌhemiˈmiːliːə] гемимелия *(врождённое отсутствие или недоразвитие дистальной части конечности)*

hemipagus [heˈmipəɡəs] близнецы, сросшиеся боковыми сторонами грудной клетки

hemiparaplegia [ˌhemiˌpærəˈpliːdʒə] гемипараплегия *(паралич одной конечности)*

hemiparesis [ˌhemiˌpəˈriːsis] гемипарез *(парез мышц одной половины тела)*

hemipelvectomy [ˌhemipelˈvektəmiː] гемипельвэктомия *(удаление пояса нижней конечности)*

hemiplegia [ˌhemiˈpliːdʒə] гемиплегия *(односторонний паралич)*

   alternate ~ альтернирующая гемиплегия, альтернирующий паралич

   ascending ~ восходящий односторонний паралич

   contralateral [crossed] ~ перекрёстная [крестообразная] гемиплегия

   facial ~ односторонний паралич лица

flaccid ~ вялая гемиплегия

homolateral [ipsilateral] ~ гомолатеральная [ипсилатеральная] гемиплегия *(паралич на стороне очага поражения)*

laryngeal ~ паралич голосовой складки

nocturnal ~ ночная гемиплегия

spastic ~ центральная [спастическая] гемиплегия

hemiprosoplegia [ˌhemiˌprɒsəˈpliːʤə] гемипрозоплегия *(односторонний паралич мышц лица)*

hemiptos [ˈhemiˈptɒs] односторонний птоз

hemisacralization [ˌhemiˌseikrəlaiˈzeiʃən] гемисакрализация *(сращение половины пятого поясничного позвонка с крестцом)*

hemisomus [ˌhemiˈsəʊməs] больной с недоразвитием половины тела

hemisphere [ˈhemisfiə] *анат.* полушарие

cerebellar ~ полушарие мозжечка

cerebral ~ полушарие большого мозга

dominant ~ доминирующее [доминантное] полушарие

hemisphericity [ˌhemisfiˈrisiti] полушарная асимметрия

hemisporosis [ˌhemispɔːˈrəʊsis] гемиспороз, спорэндомикоз, Каравена – Гужеро болезнь

hemistrumectomy [ˌhemistruːˈmektəmi] гемитиреоидэктомия, гемиструмэктомия

hemisyndrome [ˈhemisinˌdrəʊm] гемисиндром

hemisystole [ˌhemiˈsistəliː] гемисистолия *(сокращение желудочков после каждого второго сокращения предсердий)*

hemithorax [ˌhemiˈθɒræks] половина грудной клетки

hemitomias [ˌhemiˈtəʊmiːəs] пациент, у которого удалено одно яичко

hemitonia [ˌhemiˈtəʊniːə] гемитония *(одностороннее повышение мышечного тонуса)*

hemitoxin [ˌhemiˈtɒksin] токсин с половинной силой активности

hemivagotomy [ˌhemiveiˈgɒtəmiː] односторонняя ваготомия

hemivertebra [ˌhemiˈvəːtəbrə] полупозвонок

hemizygosity [ˌhemizaiˈgɒsitiː] гемизиготность *(представленность некоторых генов в диплоидной клетке одним аллелем)*

hemizygote [ˌhemiˈzaiˌgəʊt] гемизигота *(особь, гемизиготная по одному или нескольким генам)*

hemizygous [ˌhemiˈzaigəs] гемизиготный *(относящийся к генам, которые переносятся непарной X- или Y-хромосомой)*

hemlock [ˈhemˌlɒk] болиголов *(Conium)*

poison ~ болиголов пятнистый, болиголов крапчатый *(Conium maculatum)*

spotted [water] ~ вех пятнистый *(Cicuta maculata)*

hemoabdomen [ˌhiːməʊˈæbdəmən] наличие крови в брюшной полости, кровоизлияние в брюшную полость

hemoabsorption [ˌhiːməʊəbˈsɔːrpʃən], **hemocarboperfusion** [ˌhiːməʊˌcɑːbəʊperˈfjuːʒən] гемосорбция

Hemobartonella [ˌhiːməʊˌbɑːtəʊˈnelə] гемобартонелла *(род кровепаразитов)*

hemobartonellosis [ˌhiːməʊˌbɑːtənəˈləʊsis] гемобартонеллёз

hemobilia [ˌhiːməˈbiliːə] гемобилия *(кровотечение в жёлчные пути)*

hemocatheresis [ˌhiːməʊkɑːˈθerisis] гемолиз, эритроцитолиз

hemocatheretic [ˌhiːməʊˌkɑːˈθəˈretik] *см.* hemocidal

hemocholecyst [ˌhiːməʊˈkəʊliˌsist] 1. киста, содержащая кровь и жёлчь 2. скопление крови в жёлчном пузыре

hemochromatosis [ˌhiːməʊˌkrəʊməˈtəʊsis] гемохроматоз, гемомеланоз *(характеризующийся избыточным отложением железа в печени и других органах)*

hemochromometry [ˌhiːməʊˌkrəʊˈmɒmətriː] определение количества гемоглобина в крови

hemocidal [ˌhiːməʊˈsaidl], **hemoclastic** [ˌhiːməʊˈklɑːstik] гемолитический; гемотоксический

hemoclip [ˌhiːməʊˈklip] кровоостанавливающая скобка, или клипса

hemoconcentration [ˌhiːməʊˌkɒnsənˈtreiʃən] гемоконцентрация, сгущение крови

hemoconia [ˌhiːməʊˈkəʊniːə] гемоконии, кровяные пылинки

hemocryoscopy [ˌhiːməʊkraiˈɒskəpiː] криоскопическое исследование крови

hemoculture [ˌhiːməʊˈkʌltʃə] *микр.* гемокультура

hemocyte [ˈhiːməʊsait] форменный элемент крови

hemo(cyto)blast [ˌhiːməʊˈsaitəˌblæst] гемоцитобласт, гемопоэтическая стволовая клетка крови

hemocytogenesis [ˌhiːməʊˌsaitəʊˈʤenisis] кроветворение, гемопоэз

hemocytology [ˌhiːməʊsaiˈtɒləʤiː] гематология

hemocytometry [ˌhiːməʊsaiˈtɒmətriː] гемоцитометрия *(определение количества форменных элементов крови)*

hemocytozoon [ˌhiːməʊˌsaitəˈzəʊən] кровепаразит

hemodiafiltration [ˌhiːməʊdaiæfilˈtreiʃʌn] гемофильтрация *(одновременное проведение гемодиализа и плазмафильтрации)*

continuous ~ непрерывная [постоянная] гемодиафильтрация

hemodiagnosis [ˌhiːməʊˌdaiəgˈnəʊsis] гематологический диагноз, диагноз на основе исследования крови

hemo-dial [ˌhiːməʊ-ˈdaiəl] *фирм.* добавка к диализирующей жидкости *(напр. аскорбиновой кислоты)*

hemodialysis [ˌhiːməʊdaiˈælisis] (экстракорпоральный) гемодиализ

~ **of vena cava** гемодиализ через полую вену

chronic [intermittent, long-term] ~ хронический [периодический] гемодиализ

maintenance ~ поддерживающий гемодиализ

regular ~ *см.* chronic ~

hemodialyzer [ˌhiːməʊdaiəˈlaizə] аппарат искусственной почки, гемодиализатор

hemodiastase [ˌhiːməʊˈdaiəˌsteis] амилаза крови, *уст.* диастаза крови

hemodilution [ˌhiːməʊdaiˈluːʃən] 1. гидремия *(повышенное содержание воды в крови)* 2. гемодилюция *(разбавление крови растворами)*

normovolemic ~ нормоволемическая гемодилюция

hemodromograph [ˌhiːməˈdrəʊməgræf] гемодромограф *(прибор для определения скорости кровотока)*

hemodynamics [ˌhiːməʊdaiˈnæmiks]:

coronary ~ коронарное кровообращение

renal ~ почечная гемодинамика

venous ~ венозное кровообращение

hemodynamometry [ˌhiːməʊˌdainəˈmɒmətriː] измерение кровяного давления

hemodyscrasia [ˌhiːməʊdisˈkreiziə] нарушение кроветворения

hemoferrum [ˌhiːməʊˈferəm] железо, входящее в состав гемоглобина

hemofiltration [ˌhiːməʊfilˈtreiʃən] *см.* **hemodiafiltration**

continuous arteriovenous ~ постоянная артериовенозная гемофильтрация

hemogenesis [ˌhiːməˈʤenisis] кроветворение, гемопоэз

hemogenic [ˌhiːməˈʤenik] кроветворный, гемопоэтический

hemoglobin [ˈhiːməʊˌgləʊbin] гемоглобин (*описано несколько сот аномальных видов Hb, обусловленных аминокислотными заменами в его молекуле*)

~ **Olympia** гемоглобин «Олимпия»

abnormal ~ аномальный гемоглобин (*обусловливающий гемоглобинозы*)

adult ~ зрелый гемоглобин

cord ~ гемоглобин пуповинной крови

corpuscular ~ эритроцитарный гемоглобин

deletion ~ развёрнутая молекула гемоглобина

deoxygenated ~ *см.* **reduced** ~

embrional [fetal] ~ гемоглобин F, фетальный [плодный] гемоглобин

glycosylated ~ гликированный гемоглобин

group A sicklemia ~ *см.* **sickle-cell** ~

high-affinity ~ гемоглобин с высоким сродством к кислороду

hybrid ~ гибридный гемоглобин

mean cell [mean corpuscular] ~ среднее содержание гемоглобина в эритроците

muscle ~ миоглобин

oxidant-sensitive ~ гемоглобин, чувствительный к оксидантам

oxidized [oxygenated] ~ оксигемоглобин, оксигенированный гемоглобин

polymerized ~ полимеризованный гемоглобин

primitive ~ *см.* **embrional** ~

reduced ~ дезоксигемоглобин, восстановленный гемоглобин

sickle-cell ~ гемоглобин S, гемоглобин серповидных эритроцитов

tetrameric ~ тетрамерный гемоглобин

unstable ~ нестабильный гемоглобин

hemoglobinemia [ˌhiːməʊˌgləʊbiˈniːmiːə] гемоглобинемия (*повышенное содержание гемоглобина в крови*)

hemoglobiniferous [ˌhiːməʊˌgləʊbiˈnifərəs] гемоглобинообразующий

hemoglobinopathy [ˌhiːməʊˌgləʊbiˈnɒpəθiː] гемоглобинопатия (*любое наследственное поражение гемоглобина; среди них Л. Полингом первым был открыт HbS в 1949 г., затем HbС, Лепора и др.*)

sickle ~**ies** серповидно-клеточная гемоглобинопатия

hemoglobinopepsia [ˌhiːməʊˌgləʊbinəʊˈpepsiːə] гемоглобинолиз, разрушение гемоглобина

hemoglobinophilic [ˌhiːməʊˌgləʊbinəˈfilik] растущий в присутствии гемоглобина (*о культуре микроорганизма*)

hemoglobinuria [ˌhiːməʊˌgləʊbiˈnjʊriːə] гемоглобинурия

malarial ~ гемоглобинурийная лихорадка, малярийная гемоглобинурия

march ~ маршевая (мио)гемоглобинурия

paroxysmal cold ~ холодовая пароксизмальная гемоглобинурия

paroxysmal nocturnal ~ ночная пароксизмальная гемоглобинурия

hemogram [ˈhiːməʊgræm] гемограмма, общий анализ [формула] крови

hemokinesis [ˌhiːməʊkiˈnisis] гемодинамика, циркуляция крови

hemolipase [ˌhiːməʊˈlipeis] липаза крови

hemolith [ˌhiːməʊˈliθ] бляшка [конкремент] в стенке сосуда

hemology [ˌhiːˈmɒləʤiː] гематология

hemolymph [ˈhiːməʊlimf] гемолимфа (*жидкость, циркулирующая в межклеточном пространстве и капиллярах*)

hemolysin [hiˈmɒlisin] *pl.* гемолизины (*токсины микроорганизмов или конъюгаты антител, вызывающие лизис эритроцитов*)

bacterial ~ бактериальный гемотоксин, бактериогемолизин, гемолизин бактерий

Donath – Landsteiner ~**s** теплохолодовые гемолизины, Доната – Ландштейнера двухфазные гемолизины

heterophile ~ гетерофильный гемолизин

hot-cold [warm-cold] ~**s** *см.* **Donath – Landsteiner** ~**s**

hemolysis [hiˈmɒlisis] гемолиз, эритроцитолиз

conditioned ~ иммунный гемолиз

intravascular ~ внутрисосудистый гемолиз

localized-in-gel ~ локальный гемолиз в геле (*реакция метода Ерни*)

low grade ~ гемолиз лёгкой степени

monocyte-mediated ~ гемолиз, опосредованный моноцитами

single-serum radial ~ радиальный гемолиз с использованием индивидуальной сыворотки

transfusion ~ посттрансфузионный гемолиз

venom ~ токсический гемолиз

hemomanometer [ˌhiːməʊmeˈnɒmətə] прибор для измерения кровяного давления

hemomediastinum [ˌhiːməʊˌmiːdiːəsˈtainəm] кровоизлияние в средостение

hemometer [hiˈmɒmətə] гемо(глобино)метр

hemometra [ˌhiːməʊˈmiːtrə] *см.* **hematometra**

hemonephrosis [ˌhiːməʊniˈfrəʊsis] гематонефроз (*скопление крови в почечной лоханке*)

Hemo-occult [ˌhiːməʊ-ˈɒkʌlt] *фирм.* анализ на скрытую кровь

hemopathology [ˌhiːməʊpæˈθɒləʤiː] учение о болезнях крови

hemopathy [hiˈmɒpəθiː] болезни крови

hemoperfusion [ˌhiːməʊpərˈfjuːʒən] гемоперфузия, перфузия крови (*через специальные устройства с целью детоксикации*)

~ **of portal system** перфузия крови через воротную вену

~ **over activated charcoal** ~ гемоперфузия через активированный уголь

resin ~ гемоперфузия через ионообменные смолы

hemoperitoneum [ˌhiːməʊˌperiˈtɒniːəm] гемоперитонеум *(кровоизлияние в брюшную полость)*

hemopexin [ˌhiːməʊˈpeksin] гемопексин *(сывороточный белок, связывающий гем)*

hemopexis [ˌhiːməʊˈpeksis] свёртывание крови

hemophage [ˈhiːməʊˌfeidʒ], **hemophagocyte** [ˈhiːməʊˈfægəsait] клетка, фагоцитирующая эритроциты

hemophilia [ˌhiːməʊˈfiliːə] гемофилия

~ **A** гемофилия A *(обусловлена дефицитом фактора VIII; ген F_8 на участке q28 X-хромосомы)*

~ **B** гемофилия B, Кристмаса болезнь *(обусловлена дефицитом фактора IX; ген F_9 на участке q26–q27,3 X-хромосомы)*

vascular ~ ангиогемофилия, сосудистая гемофилия, Виллебранда болезнь

hemophilic [ˌhiːməˈfilik] 1. гемофильный *(микроорганизм, растущий предпочтительно на кровяной среде)* 2. гемофилический *(относящийся к гемофилии)* 3. больной гемофилией

Hemophilus [hiːˈmɒfiləs] гемоглобинофильные [гемофильные] бактерии

~ **Ducreyi** Дюкрея – Петерсена стрептобацилла *(возбудитель мягкого шанкра)*

~ **hemolyticus** гемолитическая форма возбудителя гриппа

~ **influenzae** Пфейффера палочка *(возбудитель гриппа, менингита и других заболеваний)*

~ **parapertussis** палочка паракоклюша

hemophobia [ˌhiːməʊˈfəʊbiːə] патологическая боязнь кровотечения или вида крови

hemophoresis [ˌhiːməʊfəˈriːsis] *физиол.* микроциркуляция

hemophthalmia [ˌhiːmɒfˈθælmiːə] гемофтальм *(кровоизлияние в глазное яблоко)*

hemophthisis [ˌhiːməʊfˈθaisis] гипопластическая [апластическая] анемия

hemopiezometer [ˌhiːməʊˌpaiəˈzɒmətə] прибор для измерения кровяного давления

hemoplasty [ˌhiːməʊˈplæstiː] кроветворение, гемопоэз

hemopleura [ˌhiːməʊˈplʊrə] гемоторакс *(скопление крови в плевральной полости)*

hemopneumothorax [ˌhiːməˌnjuːməʊˈθɒˌræks] гемопневмоторакс *(скопление крови и воздуха в плевральной полости)*

hemopoiesis [ˌhiːməʊpiˈiːsis] кроветворение, гемопоэз

extramedullary ~ экстрамедуллярный гемопоэз *(напр. в лимфоузлах)*

fetal ~ внутриутробное кроветворение плода, фетальный гемопоэз

hepatic ~ печёночный гемопоэз *(плода)*

hemopoietin [ˌhiːməʊpiˈiːtin] эритропоэтин; гемопоэтический фактор; гастромукопротеид, Касла внутренний фактор

hemoposia [ˌhiːməʊˈpəʊziːə] извлечение крови паразитами и москитами

hemoprecipitin [ˌhiːməʊpriˈsipitin] антиэритроцитарное антитело, гемопреципитин

hemoprotein [ˌhiːməʊˈprəʊtiːin] гемопротеид, гемопротеин

hemoptysis [hiˈmɒptisis] кровохарканье

cardiac ~ кровохарканье при левожелудочковой недостаточности

factitious ~ аггравируемое [искусственное] кровохарканье

major [severe] ~ обильное [тяжёлое] кровохарканье; сильное лёгочное кровотечение

hemorheology [ˌhiːməʊriːˈɒlədʒiː] реология крови

hemorrhachis [hiːˈmɔːrəkis] гематомиелия *(кровоизлияние в вещество спинного мозга)*

hemorrhage [ˈheməridʒ] 1. кровотечение 2. кровоизлияние

~ **in left hemisphere** кровоизлияние в левое полушарие головного мозга

~ **per rhexis** кровотечение или кровоизлияние вследствие разрыва сосуда

abdominal ~ внутрибрюшинное кровотечение

accidental ~ внезапное кровотечение

antepartum ~ дородовое кровотечение

autogenous ~ кровотечение эндогенного происхождения

brain ~ геморрагический инсульт

bronchial ~ бронхиальное кровотечение

cerebral ~ кровоизлияние в головной мозг, инсульт

concealed ~ скрытое кровотечение

conjunctival ~ кровоизлияние под конъюнктиву

consecutive [delayed] ~ вторичное кровотечение

diapedetic ~ диапедезное кровоизлияние *(без нарушения целостности сосудистой стенки)*

dot ~ точечное кровоизлияние *(в сетчатку глаза)*

epidural ~ эпидуральное кровоизлияние

excessive ~ массивное [профузное] кровотечение

expulsive ~ *офт.* экспульсивная геморрагия

external ~ наружное кровотечение

fetomaternal ~ поступление крови плода в кровоток матери, внутриутробное кровосмешение, фетоплацентарная утечка крови *(плода)*

flame-shaped ~s кровоизлияния в форме язычков пламени *(на глазном дне)*

frank ~ явное кровотечение *(напр. в полость кишечника)*

internal ~ внутреннее кровотечение

intracerebral ~ внутримозговое кровоизлияние

intracranial ~ внутричерепное кровотечение или кровоизлияние

intraocular ~ внутриглазное кровоизлияние

intrapartum ~ кровотечение во время родов

intraventricular ~ кровоизлияние в желудочки головного мозга

life-threatening ~ профузное [угрожающее жизни] кровотечение

persistent ~ *см.* **uncontrollable** ~

petechial ~ петехия, петехиальное [точечное] кровоизлияние

postpartum ~ *см.* **puerperal uterine** ~

pinpoint ~ точечные кровоизлияния

primary ~ первичное кровотечение

puerperal uterine ~ послеродовое маточное кровотечение

punctate ~ *см.* **petechial** ~

recent ~ свежее кровотечение

retinal ~s кровоизлияние в сетчатую оболочку глаза

serous ~ профузная транссудация серозной жидкости

splinter ~ кровоизлияния у основания ногтей *(при подостром септическом эндокардите)*

spontaneous ~ самопроизвольное кровотечение

subarachnoid ~ субарахноидальное кровоизлияние

subdural ~ субдуральное кровоизлияние

submucosal ~ кровоизлияние под слизистую оболочку

unavoidable ~ неизбежное кровотечение *(напр. при предлежании плаценты)*

uncontrollable [unstoppable] ~ упорное [профузное, некупируемое] кровотечение

variceal ~ кровотечение из варикозно расширенных вен

vicarious ~ викарное кровотечение

vitreal [vitreous] ~ кровоизлияние в стекловидное тело глаза

hemorrhagenic [ˌhemərəˈʤenik] вызывающий кровотечение

hemorrhagin [ˌheməˈræʤin] токсин, вызывающий кровоточивость тканей

hemorrhea [ˌheməˈriːə] обильное кровотечение

hemorrhoid [ˌheməˈrɔid] геморрой, геморроидальный узел

combined ~ смешанный геморрой *(сочетание внутреннего и наружного геморроя)*

external ~ наружный геморрой; наружный геморроидальный узел

internal ~ внутренний геморрой; внутренний геморроидальный узел

mucocutaneous ~ *см.* combined ~

prolapsed ~ выпавший геморроидальный узел

strangulated ~s *pl.* ущемление геморроидальных узлов

thrombosed ~s тромбоз геморроидальных вен или узлов

hemorrhoidectomy [ˌhemərɔidˈektəmi] иссечение геморроидальных узлов

hemosensitin [ˌheməʊˈsensitin] антиген, сенсибилизирующий эритроциты

hemosialemesis [ˌhiːməʊˌsaiəˈleməsis] выделение слюны с примесью крови

hemosiderosis [ˌhiːməʊsidəˈrəʊsis] гемосидероз *(отложение гемосидерина в тканях)*

nutritional ~ алиментарный гемосидероз

pulmonary ~ гемосидероз лёгких

hemosorbent [ˌhiːməʊˈsɔːbənt] гемосорбент

hemosorption [ˌhiːməʊˈsɔːpʃən]:

detoxificational ~ детоксикационная гемосорбция

hemospermia [ˌhiːməʊˈspɜːmiːə] гемоспермия *(наличие крови в сперме)*

hemostasis [ˌhiːməʊˈsteisis] 1. *хир.* остановка кровотечения, гемостаз 2. кровяной стаз

microvascular ~ капиллярный гемостаз

hemostat [ˈhiːməʊˌstæt] 1. кровоостанавливающий зажим 2. кровоостанавливающее [гемостатическое] средство 3. хемостат *(аппарат для культивирования микроорганизмов или клеток)*

hemostatic [ˌhiːməʊˈstætik], hemostyptic [ˌhiːməʊˈstiptik] кровоостанавливающее средство || кровоостанавливающий, гемостатический

hemosuccus [ˌhiːməʊˈsʌkʌs]:

~ pancreaticus кровотечение через панкреатический проток

hemotoxin [ˌhiːməʊˈtɒksin] гемотоксин, гемолитический токсин

hemotroph(e) [ˈhiːməʊˌtrəʊfi] питательные вещества, поступающие из крови матери в организм плода

hemotropic [ˌhiːməʊˈtrɒpik] относящийся к механизму, способствующему привлечению фагоцитов к эритроцитам

hemotympanum [ˌhiːməʊˈtimpənəm] кровоизлияние в барабанную полость, гематимпанон

hemozoin [ˌhiːməʊˈzəʊin] малярийный пигмент, гемозоин

hemozoon [ˌhiːməʊˈzəʊɒn] кровепаразит

hemp [hemp] 1. конопля; индийская конопля *(Cannabis sativa)* || конопляный 2. гашиш, марихуана

henbane [ˈhenˌbein] белена чёрная *(Hyoscyamus niger)*

Hendersonula [ˌhenderˈsɒnjuːlə]:

~ toruloidea вид чёрных дрожжей, инфицирующий ногти и кожу нижних конечностей человека

henogenesis [ˌhenəʊˈʤenəsis] онтогенез

henpu(y)e [henˈpuːjə] гунду, анакре *(экзостозы носовых отростков верхней челюсти при фрамбезии)*

henry [ˈhenriː] генри *(единица индуктивности в системе СИ)*

Hepadnaviridae [hepˌædnəˈviːridiː] семейство гепаднавирусов *(ДНК-содержащих)*

hepar [ˈhiːˌpɑː]:

~ suis *лат.* печёночные клетки свиньи

heparinization [ˌhepərinəˈzeiʃən] гепаринизация

nonliquid ~ нежидкостная гепаринизация *(шприцев)*

systemic ~ интенсивная гепаринизация

heparinocyte [ˌhepərinəʊˈsait] лаброцит, гепариноцит, тучная клетка, Эрлиха клетка

heparinoid [ˌhepəriˈnɔid]:

low molecular weight ~ низкомолекулярный гепариноид

hepatargia [ˌhepəˈtɑːʤiːə] гепатаргия *(тяжёлая печёночная недостаточность или печёночная интоксикация с нервно-психическими нарушениями)*

hepatatrophia [ˌhepətəˈtrəʊfiːə], hepatatrophy [ˌhepətəˈtrəʊfi] атрофия печени

hepatectomize [ˌhepəˈtektəʊmaiz] 1. удалять печень *(в эксперименте)* 2. производить резекцию печени

hepatic [hiˈpætik] печёночный, гепатогенный *(напр. об энцефалопатии)*

hepaticodochotomy [hiˌpætikəʊdəʊˈkɒtəmi] комбинированная холедохо- и гепатикотомия

hepaticoduodenostomy [hiˌpætikəʊˌduːəʊdəˈnɒstəmi] гепатикодуоденоанастомоз

hepaticojejunostomies [hiˌpætikəʊʤəʤuːˈnɒstəmiːz]:

stented ~ каркасная гепатикоеюностомия, гепатикоеюноанастомоз со стентом

hepaticolithotomy [hiˌpætikəʊliˈθɒtəmi] удаление конкремента из печёночного протока

hepaticolithotripsy [hiˌpætikəʊˈliθəʊtripsi] *хир.* дробление конкремента в печёночном протоке

hepaticostomy [hiˌpætiˈkɒstəmi] гепатикостомия *(создание отверстия в общем печёночном протоке для отведения жёлчи)*

hepaticotomy [hi‚pæti'kɒtəmi:] гепатикотомия *(вскрытие печёночного протока)*

hepatin ['hepətin] гликоген, животный крахмал

hepatism ['hepətizm] выраженное нарушение функции печени, печёночная недостаточность

hepatitis [‚hepə'taitis]:

~ **A** инфекционный [эпидемический] гепатит, гепатит A, Боткина болезнь

~ **B** сывороточный [инокуляционный, парентеральный] гепатит, гепатит B

~ **C** гепатит C, *уст.* ни «A», ни «B» гепатит

~ **D** гепатит D *(вызываемый РНК-содержащим вирусом, который может реплицироваться и вызывать заболевание только при наличии вируса гепатита B)*

acute nonsuppurative ~ острый интерстициальный гепатит

anicteric ~ безжелтушный вирусный гепатит

autoimmune ~ *см.* **chronic active** ~

cholangiolitic [cholestatic] ~ холестатический [билиарный] гепатит

chronic active [chronic aggressive] ~ (хронический) активный [агрессивный] гепатит

common-source ~ *см.* ~ **A**

drug-induced ~ лекарственный гепатит

familial ~ гепатоцеребральная дистрофия, гепатолентикулярная дегенерация, Вильсона – Коновалова болезнь

fulminant ~ молниеносный [фульминантный] гепатит, рапид-гепатит

hippy ~ *см.* ~ **B**

infectious ~ *см.* ~ **A**

lupoid ~ волчаночный гепатит

neonatal (giant cell) ~ врождённый гигантоклеточный гепатит, гигантоклеточная трансформация печени новорождённых

non-A, non-B ~ *см.* ~ **C**

persistent ~ (хронический) персистирующий гепатит

plasma cell ~ *см.* **lupoid** ~

self-limited ~ «самоограничивающийся» гепатит

serum [syringe-transmitted, transfusion] ~ *см.* ~ **B**

ultrarapid ~ **C** молниеносный гепатит C *(протекающий сверхостро)*

viral ~ вирусный гепатит

hepatization [‚hepəti'zeiʃən] *пат. анат.* опеченение, гепатизация

gray ~ серое [белое] опеченение *(лёгкого)*

red ~ красное опеченение *(лёгкого)*

hepatobiliary [‚hepətəʊ'biliːeri] гепатобилиарная система

hepatoblastoma [‚hepətəʊblæs'təʊmə] гепатобластома *(злокачественная опухоль из эмбриональных печёночных клеток)*

hepatocarcinogenicity [‚hepətəʊkaː‚sinəʊdʒə'nisəti:] гепатоканцерогенный эффект

hepatocarcinoma [‚hepətəʊ‚kaːsə'nəʊmə] печёночно-клеточный [гепатоцеллюлярный] рак, злокачественная гепатома

hepatocele ['hepətəʊ‚siːl] грыжа, при которой в грыжевом мешке находится часть печени

hepatocellular [‚hepətəʊ'seljʊlə] печёночно-клеточный, гепатоцеллюлярный *(обычно рак)*

hepatocholangitis [‚hepətəʊ‚kəʊlæn'dʒaitis] гепатохолангит

hepatocirrhosis [‚hepətəʊsi'rəʊsis] цирроз печени

hepatocolic [‚hepətəʊ'kɒlik] печёночно-ободочный

hepatocuprein [‚hepətəʊ'kuːpriːn] **1.** церулоплазмин *(металлопротеид плазмы крови)* **2.** медьсодержащий белок печени

hepatocystic [‚hepətəʊ'sistik] печёночно-пузырный

hepatocyte ['hepətə‚sait] гепатоцит, печёночная клетка

primary cultured ~**s** первичная культура гепатоцитов

hepatoencephalopathy [‚hepətəʊen‚sefə'lɒpəθi:] печёночная энцефалопатия

hepatoenteric [‚hepətəʊen'terik] печёночно-кишечный

hepatogastric [‚hepətəʊ'gæstrik] печёночно-желудочный

hepatogenic [‚hepətə'dʒenik], **hepatogenous** [‚hepə'tɒdʒənəs] гепатогенный *(1. образующийся в печени 2. обусловленный поражением печени)*

hepatography [‚hepə'tɒgrəfi:] *рентг.* гепатография

hepatoid ['hepə‚tɔid] напоминающий печёночную ткань

hepatolienal [‚hepətəʊ'laiənəl] гепатолиенальный, печёночно-селезёночный

hepatolienography [‚hepətəʊ‚laiə'nɒgrəfi:] спленопортография

hepatolith ['hepətəʊ‚liθ] жёлчный конкремент *(чаще во внутрипечёночных жёлчных протоках)*

hepatolithiasis [‚hepətəʊli'θaiəsis] гепатолитиаз *(1. наличие конкрементов во внутрипечёночных жёлчных протоках 2. жёлчно-каменная болезнь)*

hepatolytic [‚hepətəʊ'litik] разрушающий печёночную ткань

hepatoma [‚hepə'təʊmə] гепатома, печёночно-клеточная аденома, гепатоаденома

hepatomalacia [‚hepətəʊmə'leiʃiːə] гепатомаляция, размягчение печени

hepatomegalia [‚hepətəʊmə'geiliːə], **hepatomegaly** [‚hepətə'megəli:] гепатомегалия, увеличение печени

hepatomelanosis [‚hepətəʊ‚melə'nəʊsis] меланоз печени *(избыточное накопление меланина в печени)*

hepatomphalocele [‚hepətɒm'fælə‚siːl], **hepatomphalos** [‚hepə'tɒmfæləs] эмбриональная [пуповинная] грыжа, включающая печень

hepatonephric [‚hepətəʊ'nefrik] гепаторенальный, печёночно-почечный

hepatopathy [‚hepə'tɒpəθi:] *уст.* гепатопатия *(расстройства и болезни печени)*

drug-induced ~ лекарственно-индуцированная гепатопатия

steroid ~ стероидное поражение печени

hepatopetal [‚hepətəʊ'petl] гепатотропный *(оказывающий благоприятное воздействие на печень, обычно с нормализацией портального кровотока)*

hepatopexy ['hepətəʊ‚peksi:] гепатопексия, подшивание печени *(к диафрагме, брюшной стенке)*

hepatophyma [‚hepətəʊ'fimə] *уст.* абсцесс печени, абсцедирующий гепатит

hepatopneumonic [‚hepətəʊnjʊ'mɒnik] печёночно-лёгочный

hepatoportal [‚hepətəʊ'pɔːrtl] гепатопортальный *(относящийся к системе воротной вены)*

hepatoptosis [ˌhepətəʊˈtəʊsis] гепатоптоз (*опущение печени*)

hepatorrhea [ˌhepətəʊˈriːə] избыточная секреция жёлчи

hepatorrhexis [ˌhepətəʊˈreksis] разрыв печени

hepatoscintigram [ˌhepətəʊˈsintiˌɡræm] сцинтиграмма печени

hepatoscopy [ˌhepəˈtɒskəpiː] лапароскопическое исследование печени

hepatosis [ˌhepəˈtəʊsis] гепатоз, трофопатический гепатит
   adipose ~ жировой гепатоз

hepatosplenography [ˌhepətəʊspliˈnɒɡrəfiː] *рентг.* спленопортография

hepatosplenomegaly [ˌhepətəʊˌspliːnəʊˈmeɡəliː] гепатоспленомегалия

hepatotherapy [ˌhepətəʊˈθerəpiː] 1. лечение заболеваний печени 2. лечебное применение печени или её препаратов

hepatothrombin [ˌhepətəʊˈθrɒmbin] тромбин печени

hepatotomy [ˌhepəˈtɒtəmiː] резекция или рассечение печени

hepatotoxemia [ˌhepətəʊtɒkˈsiːmiːə] гепатотоксемия (*аутоинтоксикация при печёночной недостаточности*)

hepatotoxicity [ˌhepətəʊtɒkˈsisitiː] гепатотоксичность, токсическое действие на печень

hepatotrophic [ˌhepətəʊˈtrɒfik] гепатотропный (*напр. о роли инсулина*)

heptachromic [ˌheptəˈkrəʊmik] обладающий нормальным цветовым зрением

Heracleum [heˈrækliəm]:
   ~ **Sosnowskyi** *токс.* борщевик Сосновского

herb [həːb] трава; травянистое растение
   medicinal ~**s** лекарственные травы

herba [ˈhəːbə] *лат.* **herb**
   ~ **anserinae** лапчатка гусиная
   ~ **centaurii** золототысячник
   ~ **chelidonii** чистотел
   ~ **equiseti** хвощ
   ~ **millefolii** тысячелистник
   ~ **pulmonariae** медуница
   ~ **serotinae** золотарник
   death ~ белладонна

herbal [ˈəːbəl] книга с описанием лекарственных растений, травник

herbalife [ˌəːbəˈlaif] гербалайф (*система пищевых добавок на лекарственной основе, притупляющая аппетит и способствующая похуданию*)

herbalism [ˈhəːbəˌlizm] лечение травами, фитотерапия

herbicide [ˈhəːbiˌsaid] гербицид

herbivory [həːˈbivəriː] травоедение, питание растительной пищей

herd [həːd] сообщество (*совокупность людей или животных, находящихся в определённом ареале*)

here [hiə]:
   ~ **and now** здесь и сейчас (*ключевая концепция гештальт-психологии*)

hereditary [həˈrediteriː] 1. наследственный, наследуемый 2. традиционный

hereditation [hərediˈteiʃən] влияние наследственности

heredity [həˈreditiː] 1. наследственность 2. передача наследуемых черт
   chromosomal ~ хромосомная наследственность

HEP – HER

   cytoplasmic ~ цитоплазматическая наследственность
   extrachromosomal ~ внехромосомная наследственность
   maternal ~ материнская наследственность
   nonchromosomal ~ *см.* **extrachromosomal** ~
   quantitative ~ количественная наследственность (*наследование количественных признаков*)
   sex-linked [X-linked] ~ Х-сцепленный тип наследования
   Y-linked ~ Y-сцепленный тип наследования

heredoimmunity [həˈredəʊiˈmjuːnitiː] наследственный иммунитет

heredolues [həˈredəʊˈluːiːz] врождённый сифилис

heredomacular [həˈredəʊˈmækjʊlə] относящийся к наследственной дегенерации жёлтого пятна сетчатки

heritability [ˌheritəˈbilitiː] наследуемость

heritage [ˈheritidʒ] наследство; наследие

hermaphrodism [həˈmæfrəˌdizm] *см.* **hermaphroditism**

hermaphrodite [həˈmæfrəˌdait] гермафродит

hermaphroditism [həˈmæfrəˌdaiˌtizm] гермафродитизм, бисексуальность, интерсексуальность, двуполость
   bilateral ~ билатеральный гермафродитизм (*наличие овотестиса с обеих сторон тела*)
   false ~ ложный гермафродитизм, псевдогермафродитизм (*наличие в организме гонад одного пола и вторичных половых признаков обоих полов*)
   lateral ~ латеральный гермафродитизм (*при котором яичко расположено с одной, а яичник с другой стороны организма*)
   synchronous ~ истинный гермафродитизм, характеризующийся одновременным функционированием обеих гонад
   transverse ~ псевдогермафродитизм, при котором наружные половые органы относятся к одному полу, а половые железы – к противоположному
   true ~ истинный гермафродитизм (*наличие в организме и мужских, и женских гонад*)
   unilateral ~ монолатеральный гермафродитизм (*наличие овотестиса на одной стороне тела*)

hermcultured [ˌhəːmˈkʌltʃəd] перевиваемый (*о культуре ткани*)

hermeneutics [ˌhəːməˈnuːtiks] герменевтика (*теория и методология истолкования текстов*)

hernia [ˈhəːniːə]:
   ~ **of intervertebral disk** грыжа (межпозвонкового) диска, Шморля грыжа
   ~ **par glissement** *см.* **sliding** ~
   abdominal ~ грыжа живота, вентральная грыжа
   acquired ~ приобретённая грыжа
   antevesical ~ предпузырная грыжа
   asymptomatic ~ бессимптомная грыжа
   axial ~ *см.* **sliding** ~
   concealed ~ непальпируемая грыжа
   congenital diaphragmatic ~ врождённая диафрагмальная грыжа
   constricted ~ ущемлённая грыжа
   crural ~ бедренная грыжа
   diskal ~ *см.* ~ **of intervertebral disk**
   diverticular ~ грыжа Литтре (*наличие дивертикула в грыжевом мешке*)

double ~s двусторонняя грыжа

dry ~ грыжа со сращениями в грыжевом мешке

duodenojejunal ~ парадуоденальная [мезентерико-париетальная] грыжа

epigastric ~ эпигастральная [надчревная] грыжа

extrasaccular ~ *см.* **sliding ~**

fat(ty) ~ предбрюшинная грыжа

free ~ *см.* **reducible ~**

funicular ~ канатиковая грыжа

gastroesophageal ~ эзофагеальная грыжа пищеводного отверстия

gluteal ~ *см.* **ishiorectal ~**

hiatal [hiatus] ~ грыжа пищеводного отверстия диафрагмы

incarcerated ~ *см.* **constricted ~**

incisional ~ послеоперационная грыжа

indirect inguinal ~ косая паховая грыжа

infantile ~ начальная [канальцевая] паховая грыжа

inguinal ~ паховая грыжа

inguinocrural ~ пахово-бедренная грыжа

inguinolabial ~ пахово-губная грыжа *(паховая грыжа, опускающаяся во влагалище)*

inguinoproperitoneal ~ грыжа с двойным мешком *(одна часть которого находится в паховом канале, другая – забрюшинно)*

inguinoscrotal ~ пахово-мошоночная грыжа

interstitial ~ интерстициальная грыжа *(располагающаяся в толще брюшной стенки, не выходя под кожу)*

intra-abdominal ~ внутренняя брюшинная грыжа

intraepiploic ~ сальниковая грыжа

irreducible ~ невправимая грыжа

ischiatic ~ седалищная грыжа

ischiorectal ~ промежностная грыжа

lateral ventral ~ боковая вентральная грыжа; грыжа спигелиевой линии

mesocolic ~ грыжа брыжейки ободочной кишки

nonincarcerated ~ неущемлённая [простая] грыжа

obturator ~ запирательная грыжа

pannicular ~ *см.* **fat ~**

paracecal ~ околослепокишечная грыжа

paraesophageal hiatal ~ параэзофагеальная грыжа, грыжа пищеводного отверстия диафрагмы

paraperitoneal [parasaccular] ~ *см.* **sliding ~**

parasternal ~ парастернальная [передняя диафрагмальная, ретростернальная] грыжа, Морганьи грыжа

parietal ~ пристеночная грыжа, Рихтера грыжа *(при которой ущемлена лишь часть стенки кишки)*

perineal ~ промежностная грыжа

peristomal ~ грыжа, развившаяся около стомы

properitoneal ~ предбрюшинная [эпигастральная] грыжа *(между брюшиной и поперечной фасцией живота)*

reducible ~ вправимая грыжа

retroperitoneal ~ забрюшинная грыжа живота

retrosternal ~ *см.* **parasternal ~**

rolling ~ *см.* **paraesophageal ~**

sciatic ~ *см.* **ischiatic ~**

scrotal ~ мошоночная грыжа

sliding [slip(ped)] ~ скользящая грыжа

spigelian ~ *см.* **lateral ventral ~**

strangulated ~ *см.* **incarcerated ~**

subpubic ~ *см.* **obturator ~**

subxiphoid incisional ~ подмечевидная послеоперационная грыжа

true ~ истинная грыжа

uveal ~ увеальная грыжа

ventral ~ *см.* **abdominal ~**

"W" ~ ретроградное ущемление кишки *(при W-образном расположении её петли)*

herniate ['hə:ni,eit] образовывать грыжу, выпячиваться; выходить за пределы полости

herniation [,hə:ni:'eiʃən] образование [формирование] грыжи

~ of bladder mucosa грыжевидное выпячивание слизистой мочевого пузыря

~ of the gastric wall грыжевое выпячивание стенки желудка

brain ~ 1. формирование мозговой грыжи 2. вклинение ствола мозга *(в спинномозговой канал)*

disk ~ 1. образование межпозвонковой грыжи 2. грыжа межпозвонкового диска

tentorial ~ вклинение мозжечкового намёта, (транс)тенториальное вклинение

herniography [,hə:ni:'ɒgrəfi:] герниография, контрастная рентгенография грыжи

hernioid ['hə:ni:ɒid] напоминающий грыжу

hernioplasty ['hə:ni:ə,plæsti:] гернопластика, пластика грыжевых ворот

inguinal ~ операция при паховой грыже

herniorrhaphy [,hə:ni:'ɔ:rəfi:] ушивание грыжевых ворот

herniotomy [,hə:ni:'ɒtəmi:] грыжесечение

heroic [hi'rəʊik] 1. опасный, рискованный 2. радикальный *(о лечении)*

heroica [hi'rəʊikə] категория сильнодействующих лекарственных средств

heroin ['herəʊin], **H** героин *(препарат опия, алкалоид в 4–8 раз сильнее морфина – «тяжёлый» наркотик)*, *sl.* «герыч», «гера», «эйч», «медленный», «скучный», «джанк», «стаф»

base ~ нерастворимый героин

crude ~ героин-сырец, «грязный» героин

salt ~ растворимый героин

heroinism ['herəʊi,nizm] героиномания

herpangina [,hə:pæn'ʤainə] герпангина, герпетическая [ульцерозная] ангина, афтозный [везикулярный] фарингит

herpes ['hə:pi:z] герпес

~ catarrhalis *см.* **simplex ~**

~ corneae простой герпес роговицы

~ febrilis *см.* **~ simplex**

~ gestationis герпес беременных

~ iris многоформная экссудативная эритема

~ progenitalis генитальный герпес

~ simplex простой герпес, пузырьковый лишай, герпетическая лихорадка

~ vegetans вегетирующая пузырчатка, Неймана болезнь

~ virus hominis вирус простого герпеса человека

~ zoster опоясывающий герпес, опоясывающий лишай

~ zoster ophthalmicus опоясывающий герпес глаза

herpesvirus ['hɜ:pi:z,vairəs] вирус герпеса, герпес-вирус

herpetiform [hɜ:'petə,fɔ:m] герпетиформный, сходный с герпесом

herpetology [,hɜ:pi'tɒlədʒi:] герпетология

Herpetoviridae [,hɜ:pitəʊ'vi:ri,di:] семейство морфологически сходных вирусов, содержащих двухцепочечную ДНК *(включает вирусы простого герпеса, ветряной оспы, цитомегаловирус, вирус Эпстайна – Барр и др.)*

hersage [er'sɑ:ʒ] *хир.* разделение [расщепление] нервного ствола на отдельные волокна

hertz [hɜ:ts], **Hz** герц, Гц *(единица частоты, соответствует 1 колебанию в секунду)*

hesitancy ['hezitənsi:] 1. сомнение; нерешительность, колебание 2. прерывистое мочеиспускание

  urinary ~ дизурия, нарушение мочеиспускания

hesitate ['hezi,teit] 1. колебаться, сомневаться; стесняться 2. запинаться

hesperanopia [,hespəræ'nəʊpi:ə] дневная слепота, ночное зрение, никталопия

heteradenia [,hetəræ'di:ni:ə] патология развития железистой ткани

heterecious [,hitə'ri:ʃəs] *параз.* разнохозяйный, имеющий более одного хозяина

heteresthesia [,hetəris'θi:zə] гетерестезия *(неодинаково выраженная чувствительность кожи на разных участках тела)*

heteroagglutinin [,hetərəʊə'glu:tinin] гетероагглютинин *(агглютинирующий эритроциты разных видов животных)*

heteroallele [,hetərəʊæ'li:l] гетероаллель *(отличающийся от других аллелей того же гена локализацией мутаций)*

heteroantibody [,hetərəʊ'ænti,bɒdi:] гетероантитело, гетерологичное антитело

heteroantigen [,hetərəʊ'æntidʒən] гетероантиген, гетерологичный антиген

heteroantiserum [,hetərəʊ'ænti,si:rəm] гетероантисыворотка *(полученная у одного вида животных против антигена другого вида)*

heteroblastic [,hetərəʊ'blæstik] *эмбр.* происходящий из разных тканевых зачатков

heterobrachial [,hetərəʊ'breiki:əl] гетеробрахиальный, разноплечий *(о хромосомах)*

heterocellular [,hetərəʊ'seljʊlə] формирующийся или состоящий из клеток разного типа

heterocephalus [,hetərəʊ'sefələs] *терат.* плод с двумя головами разной величины

heterochromia [,hetərəʊ'krəʊmi:ə] гетерохромия *(цветовое различие в окраске радужной оболочки глаз или глаза)*

heterochromosome [,hetərəʊ'krəʊmə,səʊm] половая хромосома, алло(хромо)сома, гетеро(хромо)сома

heterocladic [,hetərəʊ'klædik] относящийся к анастомозу между ветвями различных артериальных стволов

heteroclyticity [,hetərəʊ'klitisiti:] гетероклитичность *(способность антител реагировать с близкородственными антигенами с большей аффинностью, чем со своими)*

heterodermic [,hetərəʊ'dɜ:mik] *уст.* относящийся к кожному ксенотрансплантату

heterodromous [,hetə'rɒdrəʊməs] антидромные *(движущиеся в противоположных направлениях)*

heteroduplex [,hetərəʊ'dju:,pleks] гетеродуплекс *(дуплекс, образующийся при гибридизации однонитевых нуклеиновых кислот различного происхождения)*

heteroepitope [,hetərəʊ'epi,təʊp] гетероантигенная детерминанта, гетероэпитоп

heterogeneity [,hetərəʊ,dʒə'ni:iti:] 1. гетерогенность, разнородность, неоднородность 2. вариабельность, многообразие

  ~ of osteoporotic syndromes разнородность причин остеопороза

  ~ of reflux различные причины рефлюкса

  ~ of thyroglobulin epitops гетерогенность эпитопов тироглобулина

  antibody ~ гетерогенность антител

  cellular ~ клеточная гетерогенность

  immunochemical ~ иммунохимическая гетерогенность, антигенное разнообразие

  receptor ~ рецепторная гетерогенность

  restricted ~ ограниченное разнообразие; рестриктированный полиморфизм *(признака)*; ограниченный поликлональный характер *(гуморального ответа)*

  segmental ~ сегментарная неоднородность *(напр. биотоков)*

heterogenic [,hetərəʊ'dʒenik] ксеногенный, *уст.* гетерогенный

heterogenicity [,hetərəʊ,dʒe'ni:siti:] гетерогенность, многофакторность, разнородность

  ~ of disease гетерогенность (причин) болезни

  hepatocyte ~ гетерогенность гепатоцитов

heterograft ['hetərəʊ,græft] ксенотрансплантат, *уст.* гетеротрансплантат

  fetal ~ ксенотрансплантат, взятый от плода

heterohybridoma [,hetərəʊ,haibri'dəʊmə] гетерогибридома, гетерологическая гибридома

heteroinfection [,hetərəʊin'fekʃən] экзогенная инфекция

heteroinoculation [,hetərəʊi'nɒkjʊ'leiʃən] заражение экзогенным возбудителем

heterointoxication [,hetərəʊin,tɒksi'keiʃən] отравление, экзогенная интоксикация

heterokaryon [,hetərəʊ'kæri,ɒn] гетерокарион *(клетка, содержащая генетически различные ядра)*

heterokeratoplasty [,hetərəʊ'kerətəʊ,plæsti:] ксенокератопластика, *уст.* гетерокератопластика

heterolalia [,hetərəʊ'leili:ə] гетеролалия *(афазия, характеризующаяся замещением необходимых слов бессмысленными или неподходящими)*

heterolateral [,hetərəʊ'lætərəl] расположенный на противоположной стороне, контралатеральный

heterologous [,hetə'rɒlədʒəs] ксеногенный, разнородный

heterology [,hetə'rɒlədʒi:] гетерогенность, гетерологичность

heterometropia [,hetərəʊmi'trəʊpi:ə] анизометропия, гетерометропия *(неодинаковая рефракция глаз)*

heteronomous [,hetə'rɒnəməs] гетерономный *(1. отличный от другого типа; аномальный 2. субъект, находящийся под воздействием кого-л.)*

heteropagus [,hetə'rɒpəgəs] гетеропагус *(асимметрично сросшиеся близнецы, один из которых плод-паразит, прикреплён в области живота плода-аутозита)*

heteropathy [ˌhetəˈrɒpəθi:] **1.** неадекватная чувствительность к раздражению **2.** *ист.* аллопатия; лечебное дело

heterophonia [ˌhetərəʊˈfəʊniːə] **1.** мутация голоса (*изменение голоса в период полового созревания*) **2.** аномалия голоса

heterophoria [ˌhetərəʊˈfɔːriːə] гетерофория, скрытое косоглазие

heterophthalmia [ˌhetərɒfˈθælmiːə], **heterophthalmos** [ˌhetərɒfˈθælməs] **1.** гетерохромия радужки **2.** косоглазие

Heterophyes [ˌhetəˈrɒfiˌiːz] род разнополых трематод, паразитирующих в рыбоядных птицах и млекопитающих, включая человека

heterophyiasis [ˌhetərəʊfaiˈaiəsis] *параз.* гетерофиоз (*инфицирование организма трематодами рода Heterophya*)

heteroplasia [ˌhetərəʊˈpleiзə] **1.** гетероплазия (*развитие ткани в необычном, для неё месте*) **2.** малигнизация

heteroplastic [ˌhetərəʊˈplæstik] **1.** относящийся к ксенопластике **2.** относящийся к гетероплазии

heteroplastid [ˌhetərəʊˈplæstid] *см.* **heterograft**

heteroploidy [ˌhetərəʊˈplɒidi:] *ген.* анеуплоидия, гетероплоидия (*отсутствие или избыточное количество отдельных хромосом в геноме*)

heteropsia [ˌhetəˈrɒpsiːə] гетеропсия (*различие остроты зрения глаз человека*)

heteroptics [ˌhetəˈrɒptiks] зрительные галлюцинации

heterorexia [ˌhetərəʊˈreksiːə] извращённый вкус

heteroscopy [ˌhetəˈrɒskəpi:] *см.* **heteropsia**

heteroserotherapy [ˌhetərəʊˌsirəʊˈθerəpi:] лечение неспецифической сывороткой

heterosexuality [ˌhetərəʊˌseksjuˈæliti:] гетеросексуальность (*нормальное половое влечение к лицам противоположного пола*)

heterosis [ˌhetəˈrəʊsis] гетерозис, гибридная сила (*превосходство гибридов по ряду признаков над родительскими особями, проявляющееся только в первом поколении и не передающееся по наследству*)

heterosome [ˌhetərəʊˈsəʊm] половая хромосома, алло(хромо)сома, гетеро(хромо)сома

heterospecific [ˌhetərəʊspiˈsifik] неспецифический

heterostoma [ˌhetərəʊˈstəʊmə] асимметрия рта

heterosuggestion [ˌhetərəʊsəˈʤestʃən] гетеросуггестия (*внушение, получаемое от другого человека*)

heterotaxia [ˌhetərəʊˈtæksiːə] *см.* **heterotopia**

heterotonia [ˌhetərəʊˈtəʊniːə] колебания давления или тонуса

heterotopia [ˌhetərəʊˈtəʊpiːə], **heterotopy** [ˌhetəˈrɒtəpi:] дистопия, эктопия, гетеротопия; перемещение

~ **cerebralis** *лат.* дислокация мозга

heterotransplantat [ˌhetərəʊtrænsˈplæntət] *см.* **heterograft**

heterotrichosis [ˌhetərəʊtriˈkəʊsis] гетеротрихоз (*различная окраска волос у одного человека*)

heterotrophic [ˌhetərəʊˈtrɒfik] гетеротрофный (*использующий органические соединения для синтеза собственных органических веществ*)

heterotropia [ˌhetərəʊˈtrəʊpiːə] косоглазие, гетеротропия, стробизм

concomitant ~ содружественное косоглазие

noncomitant ~ паралитическое косоглазие

heterovaccine [ˌhetərəʊˈvækˌsiːn] гетеровакцина (*вакцина, используемая при болезни, вызванной другими микроорганизмами, с целью неспецифической терапии*)

heterozygosis [ˌhetərəʊzaiˈgəʊsis], **heterozygosity** [ˌhetərəʊzaiˈgɒsiti:] *ген.* гетерозиготность (*наличие у особи или клетки двух разных аллелей по данному гену*)

compound ~ компаунд-гетерозиготность (*наличие двух различных мутантных аллелей одного гена в одном локусе*)

double ~ двойная гетерозиготность (*по двум разным генам*)

translocation ~ гетерозиготность по транслокации

heterozygote [ˌhetərəʊˈzaiˌgəʊt] **1.** *ген.* гетерозигота (*клетка или организм, имеющие различные аллели данного гена*) **2.** гетерозиготный организм (*особь в гомологичных локусах которой находятся различные гены*)

double ~ двойная гетерозигота (*организм, гетерозиготный одновременно по двум генным локусам*)

mutational ~ мутационная гетерозигота

terminal redundancy ~ гетерозигота с концевой избыточностью

heterozygous [ˌhetərəʊˈzaigəs] гетерозиготный (*организм, у которого аллельные гены одной пары являются различными*)

heurism [ˈhjʊrism] эвристический метод

heurteloup [ˈhəːtəluːp] искусственная пиявка

Hevea [ˈhiːviːə]:

~ **brasiliensis** *фарм.* гевея бразильская

hexacanth [ˈheksəˌkænθ] онкосфера (*личинка цестод, напр. эхинококка*)

hexachromia [ˈheksəˌkrəʊmiːə] гексахромия (*способность различать только шесть из семи цветов спектра, за исключением голубого*)

hexadactyly [ˌheksəˈdæktili:] гексадактилия, шестипалость (*наличие шести пальцев на конечности*)

hexavaccine [ˌheksəˈvækˌsiːn] поливалентная вакцина, содержащая шесть антигенов

hexenmilch [ˈheksənmilʃ] *нем.* молоко, отделяющееся из грудных желёз новорождённых

hexing [ˈheksiŋ] колдовство, ведьмовство, чародейство, заклинание

hexokinase [ˌheksəʊˈkineiz] гексокиназа (*фермент класса трансфераз, катализирующий реакцию фосфорилирования*)

hexose [ˈhekˌsəʊs] гексоза (*общее название моносахаридов – глюкозы, галактозы и др.*)

hiatal [haiˈeitəl] относящийся к отверстию или к входным воротам

hiatus [haiˈeitəs], *pl.* hiatus *анат.* отверстие, щель

~ **esophageus** пищеводное отверстие диафрагмы

~ **leukemicus** лейкемическое зияние

aortic ~ аортальное отверстие диафрагмы

pleuroperitoneal ~ пояснично-рёберный треугольник, щель Бохдалека

semilunar ~ полулунная расщелина (*в среднем носовом ходе*)

tentorial ~ отверстие намёта мозжечка

ureteric ~ устье мочеточника

hibernation [ˌhaɪbəˈneɪʃən] **1.** гибернация (состояние замедленной жизнедеятельности, вызываемое применением медикаментов и охлаждения) **2.** состояние дисфункции левого желудочка после инфаркта миокарда

   artificial ~ анест. искусственная гибернация

   myocardial ~ «спящий» миокард (обратимая дисфункция при ИБС)

hibernoma [ˌhaɪbəˈnəʊmə] гибернома (опухоль из остатков эмбриональной жировой ткани)

hiccough [ˈhɪkʌf], **hiccup** [ˈhɪkʌp] икота ‖ икать

   intractable ~ неукротимая икота

   psychogenic ~ психогенная икота

hidden [hɪdn] скрытый, латентный, невидимый; неразличимый

hidradenitis [ˌhaɪdrædeˈnaɪtɪs] гидраденит, туберозный абсцесс

hidradenoma [ˌhaɪdrædeˈnəʊmə] гидраденома, сирингоцистаденома (доброкачественная опухоль кожи из элементов потовых желёз)

   papillary ~ сосочковая [папиллярная] гидраденома

hidrocystoma [ˌhaɪdrəʊsɪˈstəʊmə] гидроцистома, гидрокистома (киста потовой железы)

hidropoiesis [ˌhaɪdrəʊpɔɪˈiːsɪs] потоотделение

hidroschesis [haɪˈdrɒskɪsɪs] подавление потоотделения, ангидроз

hidrosis [haɪˈdrəʊsɪs] **1.** потоотделение **2.** гипергидроз, потливость

hidrotic [haɪˈdrɒtɪk] потогонное средство ‖ потогонный

hieralgia [ˌhaɪəˈrælgɪə] сакродиния (боль в крестцовой области)

hierarchy [ˈhaɪərɑːkɪ]:

   anxiety ~ психол. иерархия тревожных ситуаций

   harm reduction ~ иерархия снижения вреда (напр. наркотиков)

   organism's ~ of functions/regulators иерархия функций/регуляторных систем организма

hierolisthesis [ˌhaɪərəʊlɪsˈθiːsɪs] спондилолистез V поясничного позвонка

hierophobia [ˌhaɪərəʊˈfəʊbɪə] иерофобия (боязнь предметов религиозного культа)

high [haɪ] sl. состояние эйфории, вызванной алкоголем или наркотиком

high-activity [ˌhaɪ-ækˈtɪvɪtɪ] **1.** высокоактивный **2.** высокорадиоактивный

high-caloric [ˌhaɪ-kəˈlɔːrɪk] высококалорийный

high-end [ˌhaɪ-ˈend] высокое разрешение (о мониторе)

high-energy [ˌhaɪ-ˈenərdʒɪ] макроэргический (напр. фосфат)

high-field [ˌhaɪ-ˈfiːld] высокопольный (о МРТ)

high-handedness [ˌhaɪ-ˈhændɪdnəs] произвол; произвольные действия

high-intensity [ˌhaɪ-ɪnˈtensɪtɪ] высокоинтенсивный, высокоактивный

high-level [ˌhaɪ-ˈlevəl] на высшем уровне; интенсивный, высокоактивный

high-performance [ˌhaɪ-pəˈfɔːməns] высокого разрешения ‖ высокоразрешающий, высокопродуктивный

high-seated [ˌhaɪ-ˈsiːtəd] высоко локализованный, или расположенный

high-strung [ˌhaɪ-ˈstrʌŋ] высокочувствительный, легковозбудимый, нервный

high-test [ˌhaɪ-ˈtest] строгие испытания ‖ отвечающий высоким требованиям

high-toxic [ˌhaɪ-ˈtɒksɪk] высокотоксичный

highway [ˈhaɪweɪ]:

   electronic ~s информационные супермагистрали (телепередачи оцифрованных данных, позволяющие проводить интерактив)

hilar [ˈhaɪlə] относящийся к воротам или корню (лёгкого); прикорневой (напр. лимфоузел)

hillock [ˈhɪlɒk] анат. холмик, бугорок, небольшое возвышение

   auricular ~ бугорок ушной раковины, дарвинов бугорок

   axon ~ основание аксона, аксонный бугорок, аксонный холмик

   cloacal ~ эмбр. половой бугорок

   germ (-bearing) ~ зародышевый [эмбриональный] диск, бластодиск, дискобластула

   seminal ~ семенной холмик, семенной бугорок

hilum лат. [ˈhaɪləm], pl. **hila** [ˈhaɪlə], **hilus** [ˈhaɪləs] вход, проход; ворота (органа)

   ~ of lung лат. ворота лёгкого

   ~ of renal artery устье почечной артерии

   hepatic ~ воротная зона печени

himantosis [ˌhaɪmənˈtəʊsɪs] удлинённый нёбный язычок

hindbrain [ˈhaɪndˌbreɪn] эмбр. ромбовидный мозг

hinder¹ [ˈhɪndə] мешать, препятствовать, затруднять

hinder² [ˈhaɪndə] задний

hindfoot [ˈhaɪndˌfʊt] задняя часть стопы

hindgut [ˈhaɪndˌgʌt] **1.** эмбр. задняя кишка (от дистальной трети передней ободочной кишки до ануса) **2.** ободочная и прямая кишка

hindhead [ˈhaɪndˌhed] затылок

hind-kidney [ˈhaɪndˌkɪdnɪ] метанефрос, окончательная [постоянная] почка

hindrance [ˈhɪndrəns]:

   ~ to health препятствие здоровью

hindwater [ˈhaɪndˌwɔːtə] акуш. задние воды

hinge [hɪndʒ] **1.** суть; основная мысль **2.** шарнир; петля

   ~ of forceps ложка [бранша] акушерских щипцов

hinge-bow [ˈhɪndʒ-ˈbaʊ] мастикациограф (прибор для регистрации жевательных движений нижней челюсти)

hinge-joint [ˌhɪndʒ-ˈdʒɔɪnt] блоковидный сустав

hint [hɪnt]:

   clinical ~ клинический признак

hip [hɪp] **1.** бедро (обычно проксимальная часть) **2.** боковая поверхность таза и бедра **3.** тазобедренный сустав

   reducible ~ вправимый вывих головки бедра

   snapping ~ симптом щелчка Ортолани (при врождённом вывихе бедра)

   unreducible ~ невправимый вывих головки бедра

   unstable ~ дисплазия тазобедренного сустава, нестабильный тазобедренный сустав

hippocamp(us) [ˌhɪpəʊˈkæmpəs] гиппокамп, аммонов рог (центральная структура лимбической системы)

hippotherapy [ˌhɪpəʊˈθerəpɪ] райдтерапия, хиппотерапия (лечебная верховая езда)

555

hippus ['hipəs] гиппус *(аномальные ритмические сокращения и расширение зрачков)*

respiratory ~ расширение зрачка во время вдоха и сужение во время выдоха

hippy-hepatitis ['hipi:-,hepə'taitis] гепатит наркоманов, хиппи-гепатит

hip-shot [hip-'ʃɒt] страдающий вывихом бедра

hirci ['hə:,sai] *pl. om* **hircus** волосы, растущие в подмышечной ямке

hircismus [hə:'sizməs] запах из подмышечных ямок

hirsuties [hə:'su:ti:z], **hirsutism** ['hə:su:,tizm] гирсутизм *(избыточное оволосение у женщин)*

hirudiniasis [,hirʊdi'naiəsəs] гирудиноз *(внедрение пиявок в организм или присасывание к коже)*

hirudinize [hi'ru:dinaiz] прикладывать пиявки

Hirudo [hi'ru:dəʊ] род пиявки

~ medicinalis медицинская пиявка

histamine ['histə,mi:n] гистамин

histamine-fast ['histəmi:n-,fæst] не реагирующий на введение гистамина

histaminergic ['histəmi'nə:dʒik] гистаминергический

histic ['histic] гистологический, тканевой

histidine ['histi,di:n] гистидин *(аминокислота, из которой образуется гистамин)*

histidinemia [,histidi'ni:mi:ə] гистидинемия

histiocyte ['histiə,sait] осёдлый макрофаг, гистиоцит

sea-blue ~s голубые гистиоциты *(окрашивающиеся по методу Романовского в ярко-голубой цвет)*

histiocytic ['histiə,saitik] гистиоцитарный

histiocytoma [,histiəʊsai'təʊmə] (фиброзная) гистиоцитома, ксантофиброма

histiocytosis [,histi,əʊsai'təʊsis] гистиоцитоз *(заболевание, обусловленное пролиферацией гистиоцитов)*

~ X гистиоцитоз X, эозинофильная гранулёма костей, Хенда – Шюллера – Крисчена болезнь

lipid [lipoid] ~ липоидный гистиоцитоз, фосфатидный липоидоз, Ниманна – Пика болезнь

histionic [,histi:'ɒnik] гистологический, тканевой

histochemistry [,histəʊ'kemistri] гистохимия

histoclastic [,histəʊ'klæstik] разрушающий ткань *(о клетках)*

histocompatibility [,histəʊkəm,pætə'biliti] тканевая совместимость *(иммунологическое сходство или идентичность тканей, при трансплантации)*

hemopoietic ~ гистосовместимость гемопоэтических стволовых клеток

minor ~ малая гистосовместимость

histocyte ['histi:,ə,sait] *см.* **histiocyte**

histodiagnosis [,histəʊ,daiəg'nəʊsis] гистологическое исследование, гистологическая диагностика

histodifferentiation [,histəʊ,diʃə,renʃi:'eiʃən] гистодифференцировка *(проявление характерных морфологических особенностей ткани в процессе её развития)*

histoenzymatic [,histəʊenzai'mætik] гистохимический

histofluorescence [,histəʊflu'resəns] флуоресценция ткани, тканевая флуоресценция

histogenesis [,histəʊ'dʒenəsis] гистогенез *(происхождение и развитие тканей)*

histogenous [his'tɒdʒənəs] гистогенный

histogeny [his'tɒdʒəni:] *см.* **histogenesis**

histogram [his'tɒgræm]:

erythrocyte distribution ~ формула [гистограмма] эритроцитов

histohematin [,histəʊ'hi:mətin] *биохим.* цитохром

histohormone [,histəʊ'hɔ:,məʊn] *pl.* тканевые гормоны, гистогормоны

histoincompatibility [,histəʊ,inkəm,pætə'biliti] тканевая несовместимость *(донора и реципиента)*

histologic(al) [,histəʊ'lɒdʒikəl] гистологический, тканевой

histology [hi'stɒlədʒi:] гистология *(1. раздел медицины, изучающий строение и функции тканей многоклеточных, животных и человека 2. гистологическое исследование 3. гистологическое строение)*

bone ~ 1. гистологическое исследование костной ткани 2. гистологическое строение костной ткани

favorable ~ благоприятный результат гистологического исследования *(опухоли)*

frozen section ~ гистологическое исследование замороженных срезов; цитодиагностика

gastric mucosal ~ гистологические изменения слизистой желудка *(после резекции)*

testicular ~ микроскопическое строение яичка

histoma [hi'stəʊmə] гистома *(опухоль, образованная клетками, типичными для данной ткани)*

histometaplastic [,histəʊ,metə'plæstik] вызывающий метаплазию

histomicrograph [,histəʊ'maikrə,græf] микрофотография

histomorphometry [,histəʊmɔ:'fɒmitri] гистоморфометрия

histone ['his,təʊn] *биохим.* гистон *(ДНК-связывающий белок клеточного ядра, участвующий в регуляции синтеза нуклеиновых кислот)*

histoneurology [,histəʊnjʊ'rɒlədʒi:] нейрогистология

histonomy [his'təʊnəmi:] законы развития тканей организма

histopathogenesis [,histəʊ,pæθə'dʒenisis] гистопатогенез *(патологическое развитие эмбриона)*

histopathology [,histəʊpə'θɒlədʒi:] 1. патологическая гистология, цитопатология 2. гистологическое исследование патологического биоптата

biopsy ~ патогистологическое исследование биоптата

Histoplasma [,histəʊ'plæzmə]:

~ capsulatum возбудитель гистоплазмоза

histoplasmosis [,histəʊplæz'məʊsis] гистоплазмоз *(микоз, вызываемый диморфным грибом)*

pulmonary ~ лёгочный гистоплазмоз

historadiography [,histəʊ,reidi:'ɒgrəfi] 1. гисто(ауто)радиография, автогисторадиография 2. рентгенография срезов тканей

historical [,his'tɔ:rikəl] 1. исторический 2. анамнестический, относящийся к истории болезни

history ['histəri:] история болезни

~ of arrythmia аритмия в анамнезе

~ of asthma (бронхиальная) астма в анамнезе

~ of biliary pain анамнез жёлчной колики

~ of exposure сведения о контакте с больным

~ of pancreas история (изучения) поджелудочной железы

~ of porphyria порфирия в анамнезе

~ of present illness анамнез настоящего заболевания

~ of syphilis наличие сифилиса в анамнезе

~ of urinary tract infection сведения об инфекции мочевых путей

antecedent ~ предшествующий анамнез

automated medical ~ автоматизированная история болезни

birth ~ история рождений *(перечень всех родов и их дат на протяжении жизни женщины)*

case [clinical] ~ 1. история болезни, анамнез 2. медицинская карта больного 3. описание клинического случая

complete ~ тщательный сбор анамнеза

dietary ~ режим диеты

drug ~ лекарственный анамнез

environmental ~ история изменения окружающей среды

event ~ ретроспективное исследование *(получение информации о событиях, имевших место в прошлом)*

familial [family] ~ семейный анамнез

good ~ 1. хорошо собранный анамнез 2. благоприятный анамнез

health ~ *см.* **life ~**

legal ~ of the patient юридическая история пациента

life ~ 1. анамнез [история] жизни 2. жизненный цикл *(насекомого)*

marital ~ семейный статус, семейное положение; супружеский [брачный] анамнез

medical ~ *см.* **case ~**

military ~ военная служба

natural ~ патогенез, естественное развитие *(напр. гиперплазии предстательной железы)*

natural ~ of Carpenter syndrome биология синдрома Карпентера

natural ~ of coronary artery lesion патогенез поражения венечных артерий

occupational ~ 1. профессиональный анамнез 2. профессиональный маршрут

parental ~ анамнез родителей

past ~ анамнез перенесённых заболеваний

patient ~ 1. история болезни 2. карта больного

personal ~ 1. анамнез жизни 2. личный листок, автобиография

postdental ~ результаты лечения зубов

pregnancy ~ история [анамнез] беременностей

prenatal ~ пренатальный период

previous ~ анамнез жизни *(включая предшествующие заболевания)*

psychiatric ~ психиатрический анамнез

recent ~ недавнее событие в анамнезе

reproductive ~ репродуктивный анамнез

smoking ~ привычка к курению; режим курения

social ~ социальный анамнез *(социальные условия жизни)*

strong family ~ies отягощённый семейный анамнез

surgical ~ история хирургических вмешательств

transfusion ~ трансфузионный анамнез

vaccination ~ вакцинационный анамнез *(тип, количество и сроки вакцинации у данного больного)*

vague ~ неясный [нечёткий] анамнез; неопределённые жалобы

histoteliosis [ˌhɪstəʊˈteliəʊsɪs] завершение функциональной дифференцировки клеток

histotherapy [ˌhɪstəʊˈθerəpɪ] 1. органотерапия 2. гормонотерапия

histothrombin [ˌhɪstəʊˈθrɒmbɪn] тромбин, образуемый соединительной тканью

histotome [ˈhɪstəʊˌtəʊm] микротом *(аппарат для получения срезов ткани)*

histotope [ˈhɪstəʊˌtəʊp] гистотоп *(тканевый типоспецифический антиген)*

histotoxic [ˌhɪstəʊˈtɒksɪk] гистотоксичный *(ядовитый для тканей)*

histotribe [ˌhɪstəʊˈtraɪb] *мед. тех.* раздавливающий жом

histotripsy [ˌhɪstəʊˈtrɪpsɪ] раздавливание [размозжение] ткани

histotrophic [ˌhɪstəʊˈtrɒfɪk] 1. способствующий образованию ткани 2. относящийся к питанию ткани

histotropic [ˌhɪstəʊˈtrɒpɪk] гистотропный, обладающий сродством к какой-л. ткани

histozoic [ˌhɪstəʊˈzəʊɪk] обитающий в тканях *(о паразитах)*

histrionic [ˌhɪstrɪˈɒnɪk] 1. мимический *(напр. о мышце)* 2. истероидный, гистрионный

histrionism [ˌhɪstrɪːəˈnɪzm] патологические мимика, манеры, жесты

hit [hɪt] 1. удар, толчок ‖ ударять 2. успех, удача; хит 3. *суд. мед.* нанести ущерб 4. *sl.* доза наркотика

"hit-and-run" [ˈhɪt-ənd-ˈrʌn] одноударный механизм, «ударить и убежать» *(о малигнизации под воздействием вируса)*

hitch [hɪtʃ] 1. толчок, рывок 2. помеха, препятствие 3. прихрамывание ‖ прихрамывать

psoas ~ псоас-фиксация

hives [haɪvz] 1. крапивница; сыпь 2. *англ.* круп

hoarding [ˈhɔːdɪŋ] *псих.* собирательство, симптом Плюшкина

hoarse [hɔːs] хриплый *(о голосе)*; грубый; резкий

hoarseness [ˈhɔːsnəs] дисфония, хрипота

~ of the voice охриплость голоса

hobble [ˈhɒbəl] 1. прихрамывающая походка, хромота ‖ ковылять, прихрамывать, хромать 2. запинающаяся речь ‖ запинаться

hock [hɒk]:

capped ~ бурсит голеностопного сустава

hoe [həʊ] стоматологический экскаватор

hof [həʊf] *нем.* 1. незернистое пространство гранулоцита 2. светлая зона, прилегающая к ядру плазмоцита

holandric [həʊˈlændrɪk] голандрический *(ген, локализованный на Y-хромосоме)*

holarthritis [ˌhɒlaːˈθraɪtɪs] полиартрит, множественный артрит

holder [ˈhəʊldə] держатель; кронштейн; обойма; штатив

~ of an office администратор лечебного учреждения

bottle ~ подставка для флакона или ампулы *(с кровью)*

broach ~ держатель пульпэкстрактора *(корневой иглы)*

cardboard ~ кассета для прямой рентгенографии

clamp ~ клеммодержатель

cone ~ *мед. тех.* тубусодержатель

557

cotton ~ палочка с ватным тампоном

dental floss ~ держатель межзубной гигиенической нити

die ~ *стом.* матрицедержатель

film ~ кассета для плёнки

funnel ~ фильтровальный штатив

fuse ~ предохранительный патрон

head ~ держатель [фиксатор] головы

instrument tray ~ прикресельный инструментальный столик

leg ~ ногодержатель

scissors needle ~ ножницеобразный иглодержатель

specimen-grid ~ *микр.* держатель [подложка] образца, сетка

(test) tube ~ штатив для пробирок

vascular needle ~ иглодержатель для атравматических игл

holding ['həʊldɪŋ]:

~ **of breath** задержка дыхания

hole [həʊl] 1. отверстие; углубление; канал; пора; просвет *(трубки)* ‖ дырявить; сверлить 2. *анат.* яма, лунка

bullet ~ входное отверстие пулевого канала

burr [drill] ~ трепанационное [фрезевое] отверстие *(в кости)*

entrance ~ входное отверстие *(обычно пули, осколка)*

escape ~ выпускное отверстие; выход

exit ~ выходное отверстие *(обычно пули, осколка)*

exploratory burr ~ диагностическое трепанационное отверстие

natural "ear-ring" ~s естественные отверстия для серёг

retinal ~ разрыв сетчатки глаза

shelf ~ лунки на планшете

holiatry ['həʊliːætri] комплексное [многокомпонентное] лечение

holiday ['hɒlidei]:

drug ~ 1. «лекарственные каникулы» *(временная отмена длительно получаемого медикамента)* 2. период «отдыха» от наркотиков

public ~ установленный законом нерабочий день

holism ['həʊlɪzm] холизм *(философия целостности, подход к изучению психологических феноменов через их анализ как целостных, завершивших развитие)*

holistic [ˌhəʊ'listik] холистический, целостный

hollow ['hɒləʊ] 1. полость, пустота; *стом.* кариозная полость ‖ полый, пустой 2. *анат.* углубление, впадина 3. впалый, запавший; вдавленный

~ **of the throat** надгрудинная ямка

hollow-back [ˌhɒləʊ-'bæk] патологический лордоз

holoacardius [ˌhɒləʊə'kɑːdiːəs] (голо)акардия, аплазия сердца

holoantigen [ˌhɒləʊ'æntidʒən] полный антиген *(в противоположность гаптену)*

holocaust ['hɒləkɔːst] 1. уничтожение, гибель в огне 2. холокост, геноцид *(истребление нации, народа)*

nuclear ~ ядерная катастрофа

holocord [ˌhɒləʊˌkɔːd] спинальный, относящийся к спинному мозгу

holocrine ['hɒləʊˌkrin] голокринный *(относящийся к железе, секреция которой осуществляется с её разрушением)*

holodiastolic [ˌhɒləʊˌdaiə'stɒlik] голодиастолический *(шум, выслушиваемый в течение всей диастолы)*

holoenzyme [ˌhɒləʊ'enzaim] голофермент, полный фермент *(сложный фермент, состоящий из апофермента и простетической группы)*

hologastroschisis [ˌhɒləʊgæs'trɒskisis] гастрошизис *(врождённая расщелина передней брюшной стенки)*

hologram ['hɒləˌgræm] голограмма *(объёмное изображение предмета)*

holography [həʊ'lɒgrəfi] голография

acoustical ~ узи акустическая голография

hologynic [ˌhɒləʊ'dʒinik] гологинный *(относящийся к женскому полу)*

holoparasite [ˌhɒləʊ'pærəˌsait] голопаразит, облигатный паразит

holophone [ˌhɒləʊ'fəʊn] устройство для регистрации акустической голограммы

holoplexia [ˌhɒləʊ'pleksiə] общий паралич

holorachischisis [ˌhɒləʊrə'kiskisis] *терат.* незаращение всего позвоночного канала

holoschisis [ˌhɒləʊ'skaisis] амитоз, амитотическое [прямое] деление *(клетки)*

holosystolic [ˌhɒləʊsi'stɒlik] голосистолический *(шум, выслушиваемый в течение всей систолы)*

holotetanus [ˌhɒləʊ'tetənəs], **holotonia** [ˌhɒləʊ'təʊniə] общие [генерализованные] судороги

holotropic [ˌhɒləʊ'trəʊpik] *психол.* холотропный *(направленный к целостности, тотальности)*

homaluria [ˌhɒmə'luːriə] нормальное мочеиспускание

home [həʊm] 1. дом, жилище; местожительство; проживание 2. семья; семейная жизнь 3. ареал, место распространения *(растений, животных)* 4. приют, благотворительное учреждение

broken ~ 1. распад семьи 2. неполная семья

child's ~ *см.* orphans' ~

convalescent ~ 1. реабилитационное отделение; реабилитационный центр 2. санаторий для выздоравливающих

foster ~ 1. воспитательное учреждение 2. семья, взявшая ребёнка на воспитание

funeral ~ морг, покойницкая

geriatric ~ дом престарелых; гериатрическая больница

group ~ интернат для лиц с задержкой умственного развития

halfway ~ «дом на полпути» *(промежуточный этап реабилитации лиц, страдавших наркоманией)*

hospital ~ больница

industrial ~ **for blind** механическая мастерская для слепых

maternity ~ родильный дом

nursing ~ 1. частная лечебница 2. дом [интернат] престарелых или инвалидов с медицинским обслуживанием

orphans' ~ детдом, сиротский дом

recovery ~ «дом выздоровления» *(заключительный этап реабилитации лиц, страдавших наркоманией)*

terminal care ~ стационар для больных с неблагоприятным прогнозом; хоспис

homebound ['həʊm,baʊnd] привязанный [прикованный] к дому (*напр. больной, страдающий агорафобией*)

homecare ['həʊm,keə] лечение на дому

homeless ['həʊmləs] бездомный

homeobox ['həʊmi:əbɒks] участок генетического материала ДНК, контролирующий формирование структур эмбриона

homeopath ['həʊmi:ʊˌræθ], **homeopathist** [ˌhəʊmi:-ˈɒpəθɪst] гомеопат

homeopathy [ˌhəʊmiˈɒpəθɪ] гомеопатия

homeoplasia [ˌhəʊmi:əʊˈpleɪʒɪə] гомоплазия, гомопластичность (*1. однотипная изменчивость признаков и свойств у организмов различных таксономических групп 2. образование новой ткани, аналогичной исходной*)

homeosis [ˌhəʊmiˈəʊsɪs] биол. гетероморфоз, гомеозис (*формирование у особи структур в несоответствующих норме частях тела*)

homeostasis [ˌhəʊmi:əʊˈsteɪsɪs] физиол. гомеостаз (*1. физиологический процесс поддержания постоянства внутренней среды организма 2. сбалансированное состояние системы, напр. макроорганизма с микрофлорой*)

   acid-base ~ кислотно-основной гомеостаз, кислотно-основное равновесие, КОР

   Bernard – Cannon ~ Бернара – Кэннона гомеостаз (*механизмы, ответственные за постоянство физиологических и биохимических показателей*)

   calcium ~ постоянство содержания кальция в организме

   population ~ популяционный гомеостаз (*самоподдерживающееся динамическое состояние популяции*)

   thermal ~ тепловой баланс

homeosynapsis [ˌhəʊmi:əʊsɪˈnæpsɪs] гомеосинапсис (*конъюгация гомологичных хромосом в мейозе*)

homeotherapy [ˌhəʊmi:əʊˈθerəpɪ] гомеопатия, гомеотерапия

homergy ['hɒmɜːʤɪ] нормальный обмен веществ

homesickness [ˌhəʊmˈsɪknəs] тоска по родине, ностальгия

homicidal [ˌhɒmɪˈsaɪdl] 1. одержимый мыслью об убийстве 2. убийственный, смертоносный

homicide [ˌhɒmɪˈsaɪd] 1. убийство, гомицид 2. убийца

   ~ **by misadventure** непреднамеренное убийство

   culpable ~ преступное убийство

   excusable ~ неумышленное [непреднамеренное] убийство

   felonious ~ см. **voluntary** ~

   justifiable ~ убийство при смягчающих вину обстоятельствах, убийство в результате самозащиты

   negligent ~ убийство по неосторожности

   voluntary ~ умышленное [преднамеренное] убийство

homilopathy [ˌhɒmɪˈlɒpəθɪ] pl. гомилопатии, психозы общения (*индуцированный бред, бред преследования у тугоухих, тюремные психозы*)

homilolophobia [ˌhɒmɪləʊˈfəʊbɪə] гомилофобия (*боязнь общения с окружающими*)

homing ['həʊmɪŋ] хоминг (*1. возвращение домой 2. имм. стремление клеток к родному микроокружению*)

   embrionic ~ имм. миграция лимфоидных гемопоэтических стволовых клеток из костного мозга с током крови в первичные лимфоидные органы (*тимус, фабрициева сумка*)

   final ~ имм. возвращение состарившихся лимфоцитов в ткани, где они разрушаются

   functional ~ имм. миграция лимфоцитов из первичных лимфоидных органов во вторичные

Homo ['həʊməʊ] лат.:

   ~ **agens** человек действующий

   ~ **creativus** человек творческий

   ~ **erectus** человек прямоходящий, или прямостоящий

   ~ **faber** человек производящий, человек труда

   ~ **habilis** человек умелый

   ~ **humanus** человек мыслящий и чувствующий

   ~ **ludens** человек играющий

   ~ **moralis** человек высокой нравственности, морали

   ~ **sapiens** человек разумный

   ~ **spiritalis** человек духовный

   ~ **vivens** человек живущий

homoblastic [ˌhəʊməʊˈblæstɪk] эмбр. происходящий из одного тканевого зачатка

homocladic [ˌhəʊməʊˈklædɪk] относящийся к анастомозу между ветвями одной и той же артерии

homocyclic [ˌhəʊməʊˈsaɪklɪk] гомоциклический, изоциклический

homoeroti(ci)sm [ˌhəʊməʊˌerəˈtɪzm] гомосексуализм, гомоэротизм

homogametic [ˌhəʊməʊɡəˈmetɪk] образующий зародышевые клетки с одинаковым набором половых хромосом

homogenate [həʊˈmɒʤəˌneɪt] гомогенат || гомогенизировать

   adrenal ~ гомогенат надпочечников

   brain ~s гомогенаты головного мозга

   crude ~s неочищенный гомогенат

homogeneity [ˌhəʊməʊʤəˈniːɪtɪ] гомогенность, однородность

homogeneous [ˌhəʊməʊˈʤiːnɪəs] 1. гомогенный, однородный 2. аллогенный (*трансплантат*) 3. монохроматический (*свет*)

homogenize [həʊˈmɒʤəˌnaɪz] гомогенизировать; измельчать

homogentisuria [ˌhəʊməʊˌʤentɪˈsjuːrɪə] алкаптонурия, гомогентизурия (*наследственное нарушение обмена тирозина*)

homogeny [həˈmɒʤənɪ] ген. гомогенез

homograft [ˌhəʊməʊˈɡræft] аллотрансплантат, уст. гомотрансплантат (*ткань или орган, пересаживаемый от одного индивидуума другому того же вида*)

homoiothermic [ˌhəʊməʊɪəʊˈθɜːmɪk] теплокровный, гомойотермный (*способный поддерживать постоянную температуру тела, независимо от температуры окружающей среды*)

homokaryon [ˌhəʊməʊˈkæriːən] гомокарион (*клетка, содержащая два или более генетически однородных ядра*)

homolateral [ˌhəʊməʊˈlætərəl] гомолатеральный, ипсилатеральный

homologous [həˈmɒləɡəs] гомологичный (*1. имеющий подобные признаки 2. о паре хромосом, имеющих одинаковую форму, размеры и идентичную локализацию генов*)

homology [həˈmɒləʤɪ] гомология, степень подобия

homonomous [həʊ'mɒnəməs] гомономный *(о сходных частях организма, симметрично расположенных относительно оси отдельного органа, напр. пальцах)*

homonymous [həʊ'mɒniməs] гомонимный *(1. о зрительном дефекте, при котором в обоих глазах отмечается ограничение поля зрения с одной стороны тела 2. имеющий такое же название)*

homophil ['həʊməʊˌfil] гомофильный *(об антителах, взаимодействующих только со специфическими антигенами, индуцировавшими их образование)*

homophobia [ˌhəʊməʊ'fəʊbiːə] гомофобия *(боязнь гомосексуалистов у мальчиков)*

homoplasty ['həʊməʊˌplæstiː] аллопластика, *уст.* гомопластика

homoploidy [ˌhəʊməʊ'plɒidiː] гомоплоидия

homopolymer ['həʊməʊˌpɒlimər] гомополимер *(полимер, составленный из идентичных мономерных звеньев)*

Homorap-Penfil [ˌhəʊməʊræp-'penfil] *фирм.* хоморап-пенфил *(человеческий инсулин в шприц-ручке)*

homoreactant [ˌhəʊməʊriː'æktənt] гомореактант, агглютинатор

homosexual [ˌhəʊməʊ'sekʃuːəl] гомосексуальный ‖ гомосексуалист, *sl.* гей, голубой

homosexuality [ˌhəʊməʊsekʃu'æliti:] гомосексуализм, гомосексуальность, гомоэротизм

ego-dystonic ~ эго-дистонный гомосексуализм *(психическое расстройство, характеризующееся тягостными переживаниями индивида, связанными с половым влечением к лицам того же пола)*

female ~ лесбианство, женский гомосексуализм

latent ~ латентный гомосексуализм, латентная гомосексуальность

male ~ мужская гомосексуальность

overt ~ явный [нескрываемый] гомосексуализм *(осознаваемое гомосексуальное влечение, проявляющееся открытым гомосексуальным поведением)*

unconscious ~ бессознательная гомосексуальность

homotoxicology [ˌhəʊməʊˌtɒksi'kɒlədʒiː] гомотоксикология *(токсикология человека)*

homotransplant [ˌhəʊməʊtræns'plænt] аллотрансплантат, *уст.* гомотрансплантат

homotypic [ˌhəʊməʊ'tipik], **homotypical** [ˌhəʊməʊ'tipikəl] гомотипический, гомотипичный *(об однотипных органах или частях тела)*

homozygosis [ˌhəʊməʊzai'gəʊsis], **homozygosity** [ˌhəʊməʊzai'gɒsiti:] гомозиготность *(наличие у диплоидного организма или клетки двух одинаковых аллелей по данному гену)*

homozygote [ˌhəʊməʊ'zaiˌgəʊt] *ген.* гомозигота *(клетка или организм, которым свойственна гомозиготность)*

homunculus [həʊ'mʌnkjʊləs] гомункул *(анатомическая модель человека – учебный фантом)*

honeycomb(ed) ['hʌniːˌkəʊmd] 1. медовые соты 2. сотовидная [ноздреватая, ячеистая] структура *(напр. поражённого лёгкого)* ‖ пористый ‖ продырявить, изрешетить; ослабить *(здоровье)*

honk [hɔŋk] сигнал *(звук)*

precordial ~ экстракардиальный [прекордиальный] тон

honking ['hɔːŋkiŋ] лающий *(кашель)*

honour ['ɒnə] честь, этика, хорошая репутация

hood [hʊd] вытяжной шкаф; вытяжной зонт; дефлектор

inoculating ~ бокс для асептических манипуляций

hood-respirator [ˌhud-'respəˌreitə]:

positive-pressure ~ респиратор-капюшон с положительным давлением

hook [hʊk] *мед. тех.* крючок ‖ захватывать крючком

aural ~ ушной крючок

blunt ~ акушерский крючок

crown ~ коронкосниматель

decapitating ~ декапитационный крючок; краниокласт

dural ~ (однозубый) нейрохирургический крючок

incisal ~ резцовый кламмер *(дугового протеза)*

liver ~ печёночное зеркало

palate ~ крючок для подъёма нёба *(при задней риноскопии)*

skin ~ кожный (однозубый) крючок *(для обнажения раны)*

squint [strabismus] ~ *офт.* тенотомический крючок

s-shaped laminar surgical ~ **by Farabef** пластинчатый хирургический крючок *(Фарабефа)*

tracheotomy ~ трахеотомический крючок

hooklet ['hʊklet] *pl.* сколексы эхинококка

Hookworms ['hʊkˌwɜːmz] 1. кривоголовки *(общее название кровососущих нематод)* 2. нематоды *(возбудители анкилостомоза)*

hoose [huːs] гельминтозный бронхит

hop [hɒp] 1. прыжок ‖ прыгать 2. *бот.* хмель; *sl.* опиум, наркотик

to ~ **off twig** *разг.* «спрыгнуть с ветки» *(умереть)*

Hope [həʊp] «Хоуп», «Надежда» *(1. частная добровольная организация по подготовке медицинских сестёр 2. программа повышения квалификации медицинских сестёр, США)*

hopeless ['həʊpləs] *психол.* 1. безнадёжный, отчаявшийся 2. неисправимый

hophead ['hɒpˌhed] 1. *амер.* наркоман 2. *австрал.* пьяница

hopping ['hɒpiŋ] 1. скачущий, прыгающий 2. взбешённый, разъярённый

"bunny ~" «заячья походка»

hora ['həʊrə] *лат.* час

~ **decub** время отхода ко сну, время ложиться спать

~ **somni** перед сном; в часы сна

hordeolum [hɔː'diːˌəʊləm] *офт.* ячмень *(гнойное воспаление желёз края века)*

horizocardia [həˌraizəʊ'kaːdiːə] горизонтальное положение сердца

hormetonia [ˌhɔːmi'təʊniːə] горметония *(повторные приступообразные повышения мышечного тонуса в конечностях)*

hormion ['hɔːmiən] *кр. метр.* точка соединения клиновидной кости с сошником

hormonagogue [hɔː'məʊnədɒg] агент, стимулирующий образование гормона

hormone ['hɔːˌməʊn] гормон

adipokinetic ~ адипокинетический гормон, адипокинин

adrenocortical ~ гормон коры надпочечников

adrenocorticotropic ~ адренокортикотропный гормон, АКТГ

androgenic ~s андрогены, андрогенные гормоны

anterior pituitary ~s гормоны передней доли гипофиза (аденогипофиза)

antidiuretic ~ антидиуретический гормон, адиуретин, вазопрессин, АДГ

atrial natriuretic ~ предсердный натрийуретический гормон

basal [baseline] ~s исходный [базальный] уровень гормонов

bioavailable ~ биологически активный [биодоступный] гормон

calcitrophic ~ кальцитонин, тирокальцитонин

chondrotropic ~ см. **growth** ~

chorionic gonadotrop(h)ic ~ хорионический гонадотропин, хорионический гонадотропный гормон

chorionic «growth ~-prolactin» хорионический лактосоматотропный гормон (плацентарный лактоген)

chromaffin ~ адреналин

chromatophorotrophic ~ меланоцитстимулирующий [меланоформный, хроматотрофный] гормон, интермедин, мелатонин

corpus luteum ~ лат. гормон жёлтого тела, прогестерон

corticotropin-releasing ~, **CRH** кортикотропинвысвобождающий гормон (КВГ) гипоталамуса, стимулирующий выработку адренокортикотропина передней долей гипофиза

ectopic ~ эктопический гормон (вырабатываемый клетками, которые обычно его не производят)

estrogenic ~s эстрогены, женские половые гормоны

fat-mobilizing ~s липолитические [жиромобилизующие] гормоны

follicle-stimulating ~ фолликулостимулирующий гормон, пролан А, ФСГ

galactopoietic ~ см. **lactation** ~

gonad ~s половые гормоны

gonadotropic ~ гонадотропный гормон, гонадотропин

gonadotropin-releasing ~, **GnRH** гонадотропинвысвобождающий гормон гипоталамуса, стимулирующий выработку гонадотропина

growth ~ соматотропный гормон, гормон роста, соматотропин, СТГ

growth ~-releasing ~, **GH-RH** высвобождающий фактор [рилизинг-гормон] гормона роста

gut ~s гастроинтестинальные гормоны, гормоны желудочно-кишечного тракта

human chorionic somatomammo-tropic ~, **HCS** хорионический соматотропный гормон человека

human growth ~ человеческий генноинженерный гормон роста

hypophysiotropic ~s тропные гормоны гипофиза, кринотропные гормоны

interstitial cell-stimulating ~ см. **luteinizing** ~

lactation [lactogenic] ~ пролактин, лактогенный [лютеотропный] гормон, ЛТГ

luteal ~ прогестерон

luteinizing ~ лютеинизирующий гормон, пролан Б, ЛГ

luteinizing hormone-releasing ~ рилизинг-фактор лютеинизирующего гормона

luteotrophic ~ лютеотропный гормон

masculinizing sex ~s маскулинизирующие половые гормоны

melanocyte-stimulating ~, **MSH** меланоцитстимулирующий гормон, МСГ

orchidic ~ тестостерон

ovarian ~s овариальные гормоны

parathyroid ~ паратгормон, паратиреоидный гормон

pituitary adrenotrophic ~ адренотропный гормон гипофиза

posterior pituitary ~s гормоны задней доли гипофиза, или нейрогипофиза

pregnancy urine ~ гормон, содержащийся в моче беременных

principal ~ основной гормон

reproductive [sex] ~s половые гормоны (эстрогены и прогестерон – женские, андрогены – мужские)

somatotrop(h)ic ~ см. **growth** ~

stimulating ~s стимулирующие [тропные] гормоны

stress ~s «стрессовые» гормоны (напр. кортикостероиды)

testicular [testis] ~ тестостерон

thymic ~s гормоны вилочковой железы

thyroid-stimulating ~ тиреотропный [тиреостимулирующий] гормон, тиреотропин

thyrotropin-releasing ~ гормон, освобождающий тиреотропин

tropic ~ тропный гормон, тропин (действующий на железу-мишень и стимулирующий её секрецию)

hormonic [hɔːˈmɒnik] гормональный

hormonology [ˌhɔːməʊˈnɒləʤiː] эндокринология

hormonopoiesis [hɔːˌməʊnəʊpɔɪˈiːsis] гормонопоэз, гормонообразование

horn [hɔːn] рог, роговидный отросток ‖ роговой

~ **of Ammon** гиппокамп, аммонов рог гиппокампа

~ **of pulp** рог пульпы зуба

~ **of the meniscus** рог мениска

cutaneous ~ кожный рог, роговая кератома

dorsal ~ задний рог (спинного мозга)

lateral ~s **of the spinal cord** боковые рога серого вещества спинного мозга

iliac ~ подвздошная ость

ventral ~ передний рог (спинного мозга)

warty ~ см. **cutaneous** ~

hornet [ˈhɔːnit] шершень

horny [ˈhɔːniː] 1. роговой, роговидный 2. жёсткий; ороговевший

horror [ˈhɔːrə] 1. ужас 2. отвращение 3. pl. приступ белой горячки; устрашающие галлюцинации от наркотиков

hortobezoar [ˌhɔːtəʊbiˈzɔːr] фитобезоар

horse [hɔːs] sl. героин

hose [həʊz] рукав, шланг (напр. наркозного аппарата)

dental ~ рукав бормашины

oxygen ~ кислородный шланг

oxygen pressure ~ шланг для подачи кислорода под давлением

hospice [ˈhɒspis] 1. гостиница (особ. монастырская); приют, богадельня 2. хоспис (отделение для паллиативной помощи умирающим больным, обычно онкологическим)

hospital ['hɒspitl] 1. больница ‖ больничный, стационарный 2. госпиталь, лазарет ‖ госпитальный, санитарный

to be admitted to ~ поступить в больницу

to be in ~ находиться в больнице

~ for the insane см. **mental ~**

~ for joint diseases артрологическая больница

accident ~ 1. больница скорой медицинской помощи 2. травматологическая больница

acute ~ больница скорой медицинской помощи

approved ~ клиническая больница

armed [army] forces ~ военный госпиталь

babies ~ детская больница

base ~ базовый госпиталь

camp ~ см. **static ~**

charity ~ благотворительная больница

clearing ~ см. **evacuation ~**

closed ~ больница, в которой лечение проводят только штатные сотрудники

collecting ~ сортировочный госпиталь

conventional ~ больница общего типа, обычная больница

cottage ~ 1. небольшая больница, обычно без постоянного врачебного персонала 2. больница павильонного типа

day ~ дневной стационар

district general ~ 1. районная больница общего профиля 2. главный окружной госпиталь

evacuation ~ подвижное госпитальное формирование на путях эвакуации (типа отдельного медицинского отряда)

fever ~ инфекционная больница

field ~ мобильный полевой лазарет (типа медико-санитарного батальона)

fixed(-beds) ~ стационарный госпиталь

forward surgical ~ полевой [фронтовой] подвижной госпиталь

general ~ 1. больница общего профиля 2. см. **general military ~** 2

general mental ~ общая психиатрическая больница

general military ~ 1. гарнизонный госпиталь 2. главный военный госпиталь

general teaching ~ базовая многопрофильная больница, клиническая база (медицинского учебного заведения)

government ~ государственная больница

group ~ частная больница, организованная группой врачей

intermediate ~ эвакогоспиталь

isolation ~ см. **fever ~**

local ~ местная больница

low volume ~ больница с ограниченным объёмом помощи

lying-in [maternity] ~ 1. родильный дом 2. акушерская клиника

medical ~ терапевтический стационар или госпиталь

medical university ~ клиническая больница; университетская клиника

mental ~ психиатрическая больница

military field ~ см. **forvard surgical ~**

mobile surgical ~ хирургический полевой подвижной госпиталь

neuropsychiatric research ~ нейропсихиатрическая исследовательская клиника

night ~ 1. ночной стационар 2. ночной профилакторий

non-for-profit ~ некоммерческая [бюджетная] больница

nonteaching community ~ неклиническая больница

open ~ больница, в которую врачи, не входящие в её штат, могут направлять своих пациентов и осуществлять их лечение

ordinary ~ больница общего типа

packaged disaster ~ передвижной госпиталь службы чрезвычайных ситуаций

philanthropic ~ см. **charity ~**

portable surgical ~ см. **forward surgical ~**

post ~ гарнизонный госпиталь

prison ~ тюремная больница, или медсанчасть

private [proprietary] ~ частная больница, или клиника

psychopathic ~ психиатрическая больница

public ~ государственная больница

referral ~ см. **evacuation ~**

regional ~ районная больница

short-stay [short-term] ~ 1. см. **day ~** 2. диагностический стационар

small ~ лазарет; медпункт

special(ist) metropolitan ~ городская специализированная больница

static [station] ~ см. **post ~**

stationary ~ см. **fixed ~**

subnormality ~ больница для умственно отсталых

surgical ~ хирургический стационар или госпиталь

teaching ~ клиника, базовая [клиническая] больница (медицинского учебного заведения)

virtual ~ виртуальная больница

voluntary ~ см. **charity ~**

weekend ~ больница или отделение больницы, где пациенты находятся только в субботу и воскресенье

women's ~ гинекологическая больница

Hospital:

Charing Cross ~ больница «Чаринг-Кросс» (основана в 1818 г., Лондон)

Guy's ~ Гая больница (основана в 1721 г. книготорговцем Гаем, Лондон)

Kings College ~ Клиника королевского колледжа (Лондон)

Royal Naval Auxiliary ~ англ. Королевской военно-морской госпиталь

hospital-induced [ˌhɒspitl-in'djuːst] внутрибольничный, возникший в стационаре (об инфекции)

hospitalism ['hɒspitəlizm] госпитализм (1. о внутрибольничной инфекции 2. анаклитическая депрессия; синдром отрыва от дома у детей 3. стремление к постоянному пребыванию в лечебных учреждениях)

hospitalization [ˌhɒspitəli'zeiʃən] 1. госпитализация, помещение в стационар 2. продолжительность пребывания в больнице

acute ~ экстренная госпитализация

brief ~ кратковременная госпитализация

coercion ~ принудительная госпитализация

continued ~ продолжительная госпитализация

immediate ~ *см.* acute ~

involuntary ~ *см.* coercion ~

mental ~ госпитализация в психиатрическую больницу

unwarranted ~ необоснованная госпитализация

hospitalize ['hɒspitəlaiz] госпитализировать, помещать в стационар

host [həʊst] 1. хозяин *(в или на котором существует паразит)*, организм-носитель *(напр. вируса)* 2. реципиент 3. ведущий модератор *(напр. семинара)*

accidental ~ факультативный [пермиссивный] хозяин

alternate [bridging] ~ *см.* intermediate ~

amplifier ~ амплифицирующий хозяин *(резервуар возбудителя для переносчиков инфекций, в котором происходит усиленное и ускоренное размножение инфекционного агента)*

compromised ~ ослабленный «хозяин» *(напр. инфекцией)*

dead-end ~ тупиковый хозяин

definitive ~ *см.* final ~

differential ~ организм-хозяин, по которому можно провести дифференциацию паразитирующих на нём видов

feral ~ естественный [природный] хозяин

final ~ основной [окончательный, дефинитивный] хозяин *(у которого проходит половой этап развития паразита)*

human ~ *см.* host 1

graft versus ~ reaction гомологичная [вторичная] болезнь, реакция «трансплантат против хозяина» *(обусловлена цитотоксической активностью иммунокомпетентных лимфоцитов аллотрансплантата, которые распознают клеточные структуры реципиента как чужеродные)*

incidental ~ случайный хозяин *(напр. при лептостирозе)*

initial ~ первый промежуточный хозяин

insert ~ вставочный [третий промежуточный] хозяин

intermediate ~ промежуточный хозяин *(у которого проходит личиночная, или бесполая, стадия развития паразита)*

mammalian ~ хозяин-млекопитающее

nonpermissive ~ непермиссивный хозяин *(вид или штамм клеток, на которых не может развиваться вирус с данной мутацией)*

obligatory ~ облигатный хозяин

optional ~ *см.* accidental ~

paratenic ~ *см.* intermediate ~

permissive ~ *см.* accidental ~

primary [principal] ~ *см.* final ~

reserve ~ резервный [запасной] хозяин *(дополнительный хозяин, в котором не происходит дальнейшего развития возбудителя, но он необходим для обеспечения жизненного цикла возбудителя)*

secondary ~ *см.* intermediate ~

supplementary ~ дополнительный [второй промежуточный] хозяин *(необходим для обеспечения жизненного цикла, в котором паразит инцистируется)*

transfer [transport] ~ *см.* intermediate ~

hostel [hɒstl] общежитие

bail [probation] ~ 1. общежитие для несовершеннолетних правонарушителей 2. общежитие для правонарушителей, выпущенных до суда под залог

hostility [hɒs'tiliti:] враждебность; ненависть

hot [hɒt] 1. горячий, жаркий 2. темпераментный; возбуждённый 3. опасный для жизни 4. высокорадиоактивный

hotline ['hɒt,lain] «горячая линия» *(телефоны доверия, скорой помощи, службы спасения и пр.)*

hot-spirited [,hɒt-'spiritid] горячий, вспыльчивый ‖ необузданный человек

hotspot ['hɒt,spɒt] «горячая точка» *(участок гена с повышенной частотой мутаций или рекомбинаций)*

hot-tempered [,hɒt-'tempərd] вспыльчивый

hour [aʊr] 1. час 2. время, срок; *pl.* время работы

consulting [reception] doctor's ~s приёмные часы *(врача)*

surgical ~s часы приёма врача

visiting ~s часы посещения *(больных)*

house [haʊs] 1. дом; квартира; жилище 2. семейство; род; династия 3. пансион, интернат ‖ помещать в интернат, больницу 4. помещение для животного *(вольер, клетка и пр.)*

~ **of correction** исправительно-трудовая колония

acid ~ *sl.* увеселительное заведение лиц, принимающих психоделические средства

Flynn ~s Флинна дома *(христианские некоммерческие учреждения, действующие по принципу «домов на полпути», см.* half-way ~)

"full ~" *имм.* «полный дом» *(антигенов)*

funny ~ *разг.* психиатрическая или наркологическая больница

half-way ~ «дом на полпути»: медицинское учреждение для реабилитации *(алкоголиков, психически больных)*

mad ~ *sl.* сумасшедший дом; психиатрическая больница

pest ~ очаг инфекции, эпидемии или эпизоотии

rock ~ *амер., sl.* клуб наркоманов

sheltered ~ дом престарелых

House:

~ **of the Good Samaritan** Приют доброго самарянина *(благотворительное учреждение для одиноких и бездомных)*

household ['haʊs,həʊld] 1. семья, члены семьи 2. домашнее хозяйство ‖ домашний; бытовой *(напр. контакт)*

(non)family ~ (не)семейное домохозяйство

house-physician [,haʊs-fi'ziʃən] семейный общепрактикующий врач

house-surgeon [,haʊs-'sɜːdʒən] старший хирург, живущий при больнице

H-split [,eitʃ-'split] осцилляции на электрограмме пучка Гиса

hub [hʌb] поршень *(шприца)*

hue [hjuː] 1. цвет, оттенок ‖ окрашивать 2. разновидность

huff [hʌf] вспышка гнева, припадок раздражения ‖ раздражать(ся), впадать в гнев

huffer ['hʌfə] *sl.* человек [подросток], вдыхающий пары клея или растворителя

hum [hʌm] жужжание, (глухой) шум

venous ~ шум волчка, венозный шум

humanize ['hjuːmə,naiz] делать пригодным для человека, «гуманизировать» *(напр. моноклональные антитела, инсулин и другие продукты биотехнологии)*

human-made ['hju:mən-,meid] 1. созданный человеком; антропогенный 2. искусственный, синтетический; промышленный

humectant [hju'mektənt] увлажнитель, смачивающее средство

humectation [,hju:mek'teiʃən] 1. увлажнение, смачивание 2. серозная инфильтрация тканей

humeroradial [,hju:mərəʊ'reidi:əl] плечелучевой

humeroscapular [,hju:mərəʊ'skæpjʊlə] плечелопаточный

humeroulnar [,hju:mərəʊ'ʌlnə] плечелоктевой

humidifier [hju'midi,faiə] увлажнитель

heated ~ увлажнитель с подогревом

nebulizing ~ распыляющий увлажнитель

room ~ увлажнитель воздуха

vaporizing ~ испаряющий увлажнитель

humidity [,hju:'miditi:] влажность (воздуха); сырость

humor ['hju:mə], pl. **humores** 1. тканевая жидкость 2. вытяжка, экстракт

aqueous ~ водянистая влага, внутриглазная жидкость

cardinal ~s ист. основные «соки» организма (кровь, флегма, жёлчь, чёрная жёлчь)

crystalline ~ 1. хрусталик 2. стекловидное тело

vitreous ~ 1. стекловидное тело 2. жидкая часть стекловидного тела

humoral ['hju:mərəl] гуморальный, циркулирующий в крови (напр. об антителах)

humor(al)ism [hju:'mərəlizm] гуморальная теория

humour ['hju:mə]:

gallows ~ юмор висельника

ill ~ плохое настроение

in good ~ в хорошем настроении

out of ~ быть не в духе

humpback ['hʌmp,bæk], **hunchback** ['hʌntʃ,bæk] 1. патологический кифоз, кифотическое искривление позвоночника, горб 2. больной с кифотическим искривлением позвоночника

hunger ['hʌŋgə] 1. голод, голодание || голодать, испытывать голод 2. любое сильное желание или стремление

air ~ кислородное голодание; Куссмауля дыхание (при диабетической коме)

bovine [excessive] ~ булимия, кинорексия (резко усиленное чувство голода)

hormone ~ недостаток [дефицит] гормона

recognition ~ психол. голод по признанию (потребность человека в признании его другими людьми)

hurry ['hʌri:] 1. торопливость, поспешность 2. нетерпение

heart ~ тахикардия

hurt [hə:t] 1. повреждение, рана, ранение; ушиб || ранить, ушибить, ударить 2. боль || причинять боль 3. вред, ущерб

to get a mortal ~ получить смертельное повреждение

to ~ **oneself** пораниться, ушибиться

easily ~ легкоранимый

hyalinosis [,haiəli'nəʊsis] гиалиноз, гиалиновое перерождение, гиалиновая дистрофия

hyalitis [,haiə'laitis] хиалит (воспаление стекловидного тела с распространением в бессосудистое стекловидное тело)

hyaloid ['haiə,lɒid] стекловидный, прозрачный

hyalophagia [,haiələʊ'feiʤiə] псих. гиалофагия (поедание или жевание стекла)

hyaloplasm ['haiələʊ,plæzəm] гиалоплазма, основная цитоплазма, цитоплазматический матрикс

hyalosis [,haiə'ləʊsis] хиалоз (дегенеративные изменения стекловидного тела)

asteroid ~ звёздчатый гиалоз (звёздчатые сферические тельца в стекловидном теле)

hyaluronidase [,haiəlʊ'rɒni,deis] гиалуронидаза (фермент, осуществляющий деполимеризацию гиалуроновой кислоты, что повышает проницаемость соединительной ткани)

hybaroxia [,haibə'rɒksi:ə] гипербарическая оксигенация, барооксигенация

hybrid ['haibrid] гибрид || гибридный; разнородный, смешанный

distant ~s отдалённые гибриды

DNA-RNA ~ гибрид ДНК-РНК (двуспиральная молекула, состоящая из цепи ДНК и комплементарной ей цепи РНК)

graft ~ трансплантационный гибрид

intergeneric ~ межродовой гибрид

hybridization [,haibridi'zeiʃən] гибридизация (1. процесс взаимодействия комплементарных макромолекулярных цепей с образованием соответствующего гибрида 2. скрещивание генетически различных особей популяций, подвидов и т. п.)

~ **in situ** гибридизация ДНК-зонда с комплементарной последовательностью хромосомы на препарате метафазного ядра клетки

cell ~ гибридизация клеток

competitive ribonucleic acid-deoxyribonucleic acid ~ конкурентная РНК-ДНК-гибридизация

DNA ~ гибридизация ДНК (спаривание двух молекул ДНК, часто из разных источников)

dot ~ гибридизация в пятне, дот-гибридизация

dot blot ~ дот-блот-гибридизация (гибридизация нуклеиновых кислот, перенесённых блоттированием, напр., из геля на твёрдый носитель)

five-colour fluorescence in situ ~ мол. биол. пятицветная флуоресцентная гибридизация in situ

fluorescein in situ ~ вариант метода, при котором в качестве зондов используются препараты ДНК, меченные флюорохромами

molecular ~ гибридизация нуклеиновых кислот

Northern blot(ting) ~ гибридизация с использованием нозерн-блоттинга

plaque ~ гибридизация с вирусными нуклеиновыми кислотами в бляшках (гибридизация зонда с нуклеиновой кислотой вируса, перенесённого блоттированием из бляшки в агаре на нитроцеллюлозу)

sandwich ~ сэндвич-гибридизация (гибридизационный анализ, при котором чувствительность определения нуклеиновой кислоты-мишени возрастает за счёт получения сэндвича, образующегося при гибридизации меченой нуклеиновой кислоты-зонда с нуклеиновой кислотой-посредником)

Southern blot(ting) ~ гибридизация с использованием саузерн-блоттинга

Western blot(ting) ~ гибридизация с использованием вестерн-блоттинга

hybridoma [ˌhaibri'dəʊmə] гибридома *(опухоль из гибридных клеток, используемая для продукции моноклональных антител)*

   transgenic ~ трансгенная гибридома

hydatid ['haidətid] **1.** гидатида *(1. придаток яичка 2. эхинококковая киста)* ‖ гидатидный, эхинококковый **2.** кистовидное образование

   alveolar ~ альвеолярный эхинококкоз

   nonpedunculated ~ привесок яичка, морганиева гидатида

   pedunculated ~ привесок придатка яичка

   sessile ~ *см.* **nonpedunculated** ~

hydatidoma [ˌhaidəti'dəʊmə] эхинококковая киста *(в которой осуществляется образование гидатид)*

hydatidosis [ˌhaidəti'dəʊsis] (гидатидный) эхинококкоз, однокамерный эхинококкоз

hydatidostomy [ˌhaidəti'dɒstəmi:] эхинококкостомия *(рассечение и тампонада эхинококковой кисты)*

hydatoid ['haidətɔid] водянистая влага, внутриглазная жидкость ‖ относящийся к водянистой влаге

hydradenitis [ˌhaidrædə'naitis] гидраденит, туберозный абсцесс *(в подмышечных ямках)*

hydraemia [hai'dri:mi:ə] гидремия *(повышенное содержание плазмы в крови)*

hydragogue ['haidrəˌgɒg] слабительное (средство), предназначенное для выведения жидкости *(из кишечника)* ‖ изгоняющее жидкость *(из кишечника)*

hydragyria [haidrə'dʒiri:ə] меркуриализм, гидраргиризм *(отравление ртутью)*

hydramnion [hai'dræmni:ən], **hydramnios** [hai'dræmni:əs] *гинек.* многоводие, гидрамнион *(аномально большое количество околоплодных вод)*

hydranencephaly [ˌhaidrænən'sefəli:] *терат.* гидроанэнцефалия

hydrargyria [haidrə'dʒiri:ə], **hydrargyrism** [hai'dra:dʒirizm] меркуриализм, гидраргиризм *(хроническое отравление ртутью)*

hydrarthrosis [ˌhaidra:'θrəʊsis] гидрартроз, водянка сустава

Hydrastis ['haidræstis]:

   ~ **canadensis** желтокорень канадский

hydratation [ˌhaidrə'teiʃən] гидратация *(1. перенасыщение организма водой 2. инфузионная терапия с целью возмещения дефицита воды в организме)*

   marginal ~ крайняя степень гидратации; резкая отёчность *(организма)*

hydremia [hai'dri:mi:ə] гидремия, гемодилюция *(увеличение объёма крови, обусловленное увеличением объёма плазмы)*

hydrencephalocele [ˌhaidren'sefələʊˌsi:l] гидрэнцефалоцеле, черепно-мозговая грыжа

hydriatrics [ˌhaidri:'ætriks] водолечение, гидротерапия

hydroa [hai'drəʊə] буллёзные высыпания

hydroadipsia [ˌhaidrəʊe'dipsi:ə] нежелание пить, отсутствие жажды

hydroappendix [ˌhaidrəʊə'pendiks] водянка червеобразного отростка

hydrobilirubin [ˌhaidrəʊˌbili'ru:bin] мезобилирубин

hydrobiont [ˌhaidrəʊ'baiɒnt] гидробионт, водный организм

hydrocalycosis [ˌhaidrəʊˌkæli'kəʊsis] гидрокаликоз *(скопление мочи в чашечках почки)*

   marked ~ выраженный гидрокаликоз

hydrocarbon [ˌhaidrə'ka:bən] углеводород

   polycyclic aromatic ~s полициклические ароматические углеводороды

hydrocardia [ˌhaidrəʊ'ka:di:ə] водянка перикарда, гидроперикард

hydrocele ['haidrəʊˌsi:l] водянка оболочек, гидроцеле *(различных органов)*

   ~ **feminae** водянка больших половых губ

   ~ **spinalis** водянка оболочек спинного мозга

   ~ **of tunica vaginalis** водянка влагалищной оболочки семенного канатика

   cervical ~ киста шеи

   Dupuytren's ~ сообщающаяся водянка оболочек яичка

   filarial ~ киста оболочек яичка при вухерериозе

   funicular ~ *см.* ~ **of tunica vaginalis**

   scrotal ~ гидроцеле, водянка оболочек яичка

hydrocephalocele [ˌhaidrəʊ'sefələʊˌsi:l] черепно-мозговая грыжа в сочетании с водянкой мозга

hydrocephaly [ˌhaidrəʊ'sefəli:] водянка головного мозга, гидроцефалия

   ~ **ex vacuo** заместительная гидроцефалия *(вследствие атрофии головного мозга и викарного расширения желудочков)*

   active ~ прогрессирующая гидроцефалия

   communicating ~ открытая гидроцефалия *(при наличии сообщения жидкости между желудочками мозга и спинномозговым каналом)*

   external ~ наружная гидроцефалия *(увеличение объёма цереброспинальной жидкости в субарахноидальных пространствах головного мозга)*

   fetal ~ врождённая гидроцефалия; гидроцефалия плода

   internal ~ внутренняя гидроцефалия *(увеличение объёма цереброспинальной жидкости в желудочковой системе головного мозга)*

   noncommunicating ~ окклюзионная [закрытая] гидроцефалия

   normal pressure ~ нормотензивная гидроцефалия

   obstructive ~ *см.* **noncommunicating** ~

   primary ~ врождённая гидроцефалия

   secondary ~ приобретённая гидроцефалия

hydrocholecystis [ˌhaidrəʊˌkəʊli'sistis] водянка жёлчного пузыря

hydrocholeresis [ˌhaidrəʊˌkəʊlə'ri:sis] выделение водянистой жёлчи

hydrocirsocele [ˌhaidrəʊ'sə:səˌsi:l] гидроцеле в сочетании с варикоцеле

hydrocranium [ˌhaidrəʊ'kreini:əm] *см.* **hydrocephaly**

hydrocyanism [ˌhaidrəʊ'saiənizm] отравление синильной кислотой

hydrocyst ['haidrəˌsist] киста с водянистым содержимым; водянка

hydrocystoma [ˌhaidrəʊsi'stəʊmə] киста потовой железы

hydrocyte ['haidrəʊˌsait] эритроцит, содержащий избыток воды

hydrodiuresis [ˌhaidrəʊˌdaijʊ'riːsis] гипостенурия (выделение мочи низкой плотности)

hydrogen ['haidrəʊʤən], **H** водород (элемент, имеющий три изотопа – протий, дейтерий и тритий – ^1H, ^2H, ^3H)

   heavy ~ тяжёлый водород, дейтерий (радиоактивный изотоп водорода, ^2H)

hydrogenase [hai'drɒʤəˌneis] гидрогеназа (фермент, катализирующий присоединение водорода к различным соединениям при реакции восстановления)

hydrogenation [ˌhaidrəʊʤə'neiʃən] гидрогенизация; гидрирование

hydroglossa [ˌhaidrəʊ'glɒsə] ранула, ретенционная подъязычная киста

hydrogymnastics [ˌhaidrəʊʤim'næstiks] лечебная гимнастика в воде

hydro-jet [ˌhaidrə-'ʤet] установка для «сухого» подводного массажа

hydrokinesitherapy [ˌhaidrəʊkəˌniːsə'θerəpiː] см. **hydrogymnastics**

hydrolability [ˌhaidrəʊlə'biliti] гидролабильность (состояние, при котором количество жидкости в тканях подвержено быстрым изменениям)

hydrolase ['haidrəˌleiz] гидролаза (фермент, катализирующий гидролиз)

hydrology [hai'drɒləʤi] гемодинамика, реология (крови)

hydrolysis [hai'drɒlisis] гидролиз (расщепление молекул органических веществ на меньшие молекулы в реакции с водой)

   acid ~ кислотный гидролиз

   alkaline ~ щелочной гидролиз

   double stage ~ двухфазный гидролиз

   enzymic ~ ферментативный гидролиз

   limit ~ предельный гидролиз

   limited ~ ограниченный гидролиз

hydrolyst [hai'drɒlist] гидролитическое вещество

hydrolyzate [hai'drɒliˌzeit] гидролизат, продукт гидролиза

   plasma ~ гидролизат плазмы (микробиологическая питательная среда)

   protein ~ белковый гидролизат

hydrolyze ['haidrəʊˌlaiz] подвергать гидролизу, гидролизовать

hydroma ['haidrəʊmə] см. **hygroma**

hydromassage [ˌhaidrəʊmə'saːʒ] гидромассаж

hydromeningitis [ˌhaidrəʊˌmenin'ʤaitis] серозный менингит

hydromeningocele [ˌhaidrəʊmə'ningəʊˌsiːl] черепно-мозговая грыжа, гидроменингоцеле

hydrometra [ˌhaidrəʊ'miːtrə] гидрометра (скопление жидкости в полости матки)

hydrometrocolpos [ˌhaidrəʊˌmiːtrəʊ'kɒlpɒs] гидрометрокольпос (скопление жидкости в матке и влагалище)

hydromphalus [hai'drɒmfələs] киста пупка

hydromyelia [ˌhaidrəʊ'maiiːliːə] гидромиелия, скопление ликвора в спинно-мозговом канале

hydromyelocele [ˌhaidrəʊ'maiələʊˌsiːl] спинномозговая грыжа, гидромиелоцеле

hydronephrosis [ˌhaidrəʊne'frəʊsis] гидронефроз, гидронефротическая трансформация

   closed ~ гидронефроз, обусловленный обструкцией мочеточника, или при «немой» почке

   open ~ гидронефроз при стенозе мочеточника

hydropathy [hai'drɒpəθi] водолечение, гидротерапия

hydropenia [ˌhaidrəʊ'piːniːə] дегидратация, обезвоживание

hydropericarditis [ˌhaidrəʊˌperika'daitis] серозный перикардит

hydropericardium [ˌhaidrəʊˌperi'kaːdiːəm] гидроперикард, водянка перикарда

hydroperion [ˌhaidrəʊ'periːən] жидкость между слоями децидуальной оболочки

hydroperitoneum [ˌhaidrəʊˌperitəʊ'niːəm] асцит (наличие свободной жидкости в брюшной полости)

hydroperoxide [ˌhaidrəʊpə'rɒksaid] пероксид [перекись] водорода

hydrophilic [ˌhaidrəʊ'filik] гидрофильный, «водолюбивый» (о полярных или заряженных молекулах либо группах)

hydrophobia [ˌhaidrəʊ'fəʊbiːə] бешенство, ист. гидрофобия, водобоязнь

   paralytic ~ паралитическое бешенство

hydrophobic [ˌhaidrəʊ'fəʊbik] **1.** относящийся к бешенству **2.** гидрофобный, «ненавидящий воду» (о молекулах или группах, не растворимых в воде)

hydrophore [ˌhaidrəʊ'fɔː] устройство для взятия образцов воды из водоёма

hydrophthalmos [ˌhaidrəʊf'θælməs] гидрофтальм, буфтальм, водянка глаза

hydrophysometra [ˌhaidrəʊˌfaisəʊ'miːtrə] наличие жидкости и газа в полости матки

hydropic [hai'drɒpik] отёчный; относящийся к водянке; страдающий водянкой

hydropigenous [ˌhaidrəʊ'piʤenəs] вызывающий водянку или отёк

hydroplasma [ˌhaidrəʊ'plæzmə] жидкая часть протоплазмы

hydroplasmia [ˌhaidrəʊ'plæzmiːə] дилюция крови

hydropneumogony [ˌhaidrəʊnju:'məʊgəʊni:] введение газа в полость сустава (для определения наличия выпота)

hydropneumoperitoneum [ˌhaidrəʊˌnju:məʊˌperi'tɒni:əm] наличие жидкости и газа в брюшной полости

hydropropulsion [ˌhaidrəʊprə'pʌlʃən] пульсирующая [толчкообразная] струя воды (напр. при лаваже)

   ~ **of urolith** вымывание струёй воды камня из мочеточника

hydrops ['haiˌdrɒps] отёк; водянка

   ~ **ex vacuo** тубоотит, евстахиит, сальпингоотит

   ~ **hypostrophos** ангионевротический отёк, гигантская крапивница, Квинке отёк

   ~ **spurius** псевдомуцинозный перитонит

   ~ **tubae** водянка маточной трубы, гидросальпинкс

   endolymphatic ~ эндолимфатическая [лабиринтная] водянка, лабиринтный синдром, Меньера болезнь

   fetal ~ водянка плода

   immune fetal ~ иммунная водянка плода (отёк и асцит у плода, вторичные к несовместимости групп крови у плода и матери) labyrinthine ~ *см.* **endolymphatic ~**

hydrorchis [ˌhaiˈdrɔːkis] водянка оболочек яичка, гидроцеле

hydrorrhea [ˌhaidrəˈriːə] гидрорея, обильные водянистые выделения

~ **gravidarum** водянистые выделения из влагалища у беременной

hydrosalpinx [ˌhaidrəʊˈsælpiŋks] гидросальпинкс, водянка маточной трубы

hydrosarca [ˌhaidrəʊˈsaːkə] анасарка *(отёк подкожной клетчатки)*

hydrosarcocele [ˌhaidrəʊˈsaːkəˌsiːl] хроническое опухание яичка в сочетании с гидроцеле

hydroscheocele [haiˈdrɒskiːəʊˌsiːl] мошоночная грыжа с наличием грыжевой воды

hydrosis [haiˈdrəʊsis] *см.* **hidrosis**

hydrosudotherapy [ˌhaidrəʊˌsuːdəʊˈθerəpi] водолечение в сочетании с тепловыми процедурами

hydrotherapeutics [ˌhaidrəʊθerəˈpjuːtiks], **hydrotherapy** [ˌhaidrəʊˈθerəpi] водолечение, гидротерапия

hydrothionemia [ˌhaidrəʊˌθaiəˈniːmiːə] наличие сероводорода в крови

hydrothorax [ˌhaidrəʊˈθɔːræks] гидроторакс

chylous ~ хилоторакс *(наличие лимфы в плевральной полости)*

hydrotomy [haiˈdrɒtəmi] *гист.* расслоение тканей нагнетанием воды

hydrotubation [ˌhaidrəʊtjuːˈbeiʃən] *гинек.* гидротубация *(введение водных растворов в маточные трубы с целью их расширения и лечения)*

hydroureter [ˌhaidrəʊˈjuːrətə] мегауретер, гидроуретер

hydrous [ˈhaidrəs] водный; водянистый

hydroxybenzene [hai,drɒksiˈbenˈziːn] фенол, карболовая кислота

hydruria [haiˈdruːriːə] полиурия

Hygeia [haiˈdʒiːə] Гигея *(дочь Асклепия – богиня здоровья, именем которой назван раздел медицины – гигиена)*

hygieiolatry [ˌhaidʒiːˈjɒlətri] *уст.* строгий [жёсткий] гигиенический контроль; уделение собственному здоровью избыточного внимания

hygiene [ˈhaidʒiːn] **1.** гигиена **2.** санитарная культура, гигиенические навыки

bodily ~ гигиена тела

child ~ гигиена детского возраста

domestic ~ бытовая гигиена

factory ~ промышленная [производственная] гигиена

food ~ гигиена питания, пищевая гигиена

industrial ~ *см.* **factory ~**

mental ~ психогигиена

occupational ~ профессиональная гигиена, гигиена труда

ocular ~ гигиена глаз, уход за глазами

oral ~ гигиена органов полости рта

pediatric ~ гигиена детей и подростков

personal ~ личная гигиена

poor ~ плохие гигиенические условия

radiation ~ радиационная гигиена

social ~ социальная гигиена

hygienic [ˌhaidʒiːˈenik] **1.** гигиенический **2.** здоровый

hygienics [ˌhaidʒiːˈeniks] *см.* **hygiene 1**

hygienism [ˌhaidʒiːˈnizm] санитарный контроль или надзор

hygienist [haiˈdʒiːnist] гигиенист

dental ~ зубной врач-гигиенист

governmental industrial ~ государственный врач [инспектор] по промышленной гигиене

occupational ~ врач по гигиене труда

hygienization [ˌhaidʒiːˌeniˈzeiʃən] создание гигиенических условий

hygieology [ˌhaidʒiːˈɒlədʒi] *см.* **hygiene 1**

hygrechema [ˌhaigrəˈkiːmə] звуки при аускультации, обусловленные наличием воды в полости организма

hygrodeik [ˌhaigrəˈdaik] психрометр

hygroma [haiˈgrəʊmə] **1.** киста, содержащая жидкость *(напр. лимфангиома)* **2.** гигрома *(влагалища сухожилия)*

~ **colli** киста шеи

Fleischmann's ~ гигрома дна полости рта

hygromania [ˌhaigrəˈmeiniːə] гигромания, симптом «мокрой тряпки» *(стремление к погружению в воду или влажному обёртыванию конечности, напр., при эритромелалгии)*

hygrometry [haiˈgrɒmətri] психрометрия *(измерение влажности воздуха)*

hygroscopic [ˌhaigrəʊˈskɒpik] гигроскопический, гигроскопичный

hygrostomia [ˌhaigrəʊˈstəʊmiːə] гиперсаливация, птиализм, сиалорея

hyloma [haiˈləʊmə] опухоль, развивающаяся из эмбриональной ткани

hymen [ˈhaimən] девственная плева, гимен

~ **biforis** девственная плева с двумя отверстиями

annular ~ кольцевидная девственная плева

bilobate ~ двухдольчатая девственная плева

circular ~ *см.* **annular ~**

crescentic ~ *см.* **lunar ~**

cribriform ~ решётчатая девственная плева

denticular ~ лепестковая девственная плева

falciform ~ *см.* **lunar ~**

fenestrated ~ *см.* **cribriform ~**

fimbriate ~ девственная плева с бахромчатыми краями

imperforated ~ заращённая девственная плева

infundibuliform ~ воронкообразная [трубчатая] девственная плева

lunar ~ полулунная девственная плева

persistent ~ целостность девственной плевы

septate ~ перегородчатая девственная плева

subseptate ~ языковидная девственная плева

hymenoid [ˈhaiməˌnɒid] мембранозный; напоминающий девственную плеву

hymenolepiasis [ˌhaimənəʊləˈpaiəsəs] *параз.* гименолепидоз

hymenology [ˌhaiməˈnɒlədʒi] анатомия и физиология мембранозных структур

hymenopterism [ˌhaiməˈnɒptərizm] интоксикация, вызванная ужалением ядовитого насекомого

hymenotomy [ˌhaiməˈnɒtəmi] гименотомия *(рассечение заращённой девственной плевы)*

hyobasioglossus [ˌhaiəʊˌbeisiːəʊˈglɒsəs] базальная часть подъязычно-язычной мышцы

hyoepiglottic [ˌhaiəʊˌepiˈglɒtik], **hyoepiglottidean** [ˌhaiəʊˌepiglɒˈtidiːən] подъязычно-надгортанный

hyoglossal [ˌhaiəʊˈglɒsəl] подъязычно-язычный

hyoid [ˈhaiˌpid] подъязычная кость ‖ подъязычный, гиоидный

Hyoscquamus [ˌhaiəʊˈsaiæməs]:
~ **niger** *токс.* белена чёрная

hypacidity [ˌhaipəˈsiditi] гипохлоргидрия *(снижение кислотности желудочного сока)*

hypacusia [ˌhaipəˈkuːziə], **hypacusis** [ˌhaipəˈkuːsis] нарушение слуха

hypadrenia [haipəˈdriːniə] хроническая недостаточность коры надпочечников, аддисонова [бронзовая] болезнь

hypalgesia [haipælˈʤiːziə], **hypalgia** [ˌhaipˈælʤiə] гипалгезия, гипалгия *(снижение болевой чувствительности)*

hypamnion(s) [haipˈæmniɒnz] *акуш.* маловодие

hypaxial [haipˈæksiəl] расположенный кпереди от вертикальной оси тела

hypemia [haipˈiːmiə] ишемия, местная анемия

hypencephalon [haipənˈsefəlɒn] совокупность среднего мозга, моста и продолговатого мозга

hypengyophobia [ˌhaipənɡaiəʊˈfəʊbiə] гипенгиофобия *(навязчивый страх, боязнь ответственности)*

hyperacidity [ˌhaipərəˈsiditi] гиперхлоргидрия

hyperactivity [ˌhaipərækˈtiviti] повышенная активность; гиперфункция
attention-deficit ~ гиперактивность с дефицитом внимания
semi-starvation induced ~ гиперактивность, предопределённая страданием *(экспериментальная модель с лишением мышей пищи, в результате которого возрастает их активность)*

hyperacusia [haipərəˈkuːziə], **hyperacusis** [haipərəˈkuːsis] гиперакузия *(патологически повышенное восприятие звуков)*

hyperacute [ˌhaipərəˈkjuːt] сверхострый, молниеносный *(напр. гепатит)*

hyperadenosis [ˌhaipəˌrædəˈnəʊsis] увеличение лимфатических узлов

hyperadiposis [ˌhaipəˌrædiˈpəʊsis], **hyperadiposity** [ˌhaipəˌrædiˈpəʊsiti] ожирение

hyperadrenalcorticalism [ˌhaipərəˌdriːnəlˈkɔːrtikəˌlizm], **hyperadrenocorticism** [ˌhaipərəˌdriːnəʊˈkɔrtisizm] гипер(адрено)кортицизм *(гиперфункция коры надпочечников)*; Кушинга болезнь
pituitary dependent ~ гипер(адрено)кортицизм, обусловленный опухолью гипофиза

hyperalbuminosis [ˌhaipərælbjuːmiˈnəʊsis] гиперпротеинемия

hyperalcoholemia [ˌhaipərælkəhɔːˈliːmiə] высокое содержание алкоголя в крови

hyperaldosteronism [ˌhaipərælˈdɒstərəʊˌnizəm]:
true ~ первичный (гипер)альдостеронизм, Конна синдром

hyperalgesia [ˌhaipərælˈʤiːziə], **hyperalgia** [ˌhaipərˈælʤiə] гипералгезия

hyperalimentation [ˌhaipərˌælimenˈteiʃən] **1.** перекармливание; переедание **2.** усиленное питание **3.** парентеральное питание

hyperalkalescence [ˌhaipərˌælkəˈlesəns], **hyperalkalinity** [ˌhaipərˌælkəˈliniti] избыточное содержание оснований *(в крови)*

hyperammon(i)emia [ˌhaipərˌæməʊˈniːmiə] гипераммониемия

hyperamphotony [ˌhaipərˌæmˈfɒtəni] гиперамфотония *(взаимодействие адренергической и холинергической систем смещено к симпатикотонии)*

hyperanakinesia [ˌhaipərˌænəkiˈniːʒə] **1.** повышенная перистальтика желудочно-кишечного тракта **2.** гиперкинез; гиперкинезия, гипермотильность

hyperandrogenism [ˌhaipərˈændrəʊʤenizm] гиперандрогения

hyperaphia [ˌhaipərˈeifiə] тактильная гиперестезия

hyperarousal [ˌhaipərəˈrauzəl] чрезмерная психофизиологическая активация

hyperbarism [ˌhaipəˈbæˌrizəm] гипербаризм *(состояние организма, обусловленное воздействием повышенного барометрического давления)*

hyperbilirubinemia [ˌhaipəˌbiliˌruːbiˈniːmiə] гипербилирубинемия
conjugated ~ конъюгированная гипербилирубинемия
constitutional ~ конституциональная [врождённая] гипербилирубинемия, Жильбера – Мейленграхта синдром

hypercalcemia [ˌhaipəkælˈsiːmiə] гиперкальциемия
cancer-associated ~ гиперкальциемия, вызванная опухолью

hypercalciuria [ˌhaipəˌkælsiˈjuːriə]:
hyperalcemic ~ гиперкальциемическая гиперкальциурия
renal-leak ~ гиперкальциурия, обусловленная повышенной фильтрацией кальция в почках

hypercapnia [ˌhaipəˈkæpniə], **hypercarbia** [ˌhaipəˈkaːbiə] гиперкапния *(повышенное содержание CO_2 в крови)*

hypercardia [ˌhaipəˈkaːdiə] кардиомегалия; гипертрофия сердца

hypercatharsis [ˌhaipəkəˈθaːrsis] усиленная перистальтика кишечника

hypercathartic [ˌhaipəkəˈθaːrtik] **1.** вызывающий усиление перистальтики кишечника **2.** слабительное средство

hypercellularity [ˌhaipəseljʊˈlæriti] повышенное количество паренхиматозных клеток

hypercementosis [ˌhaipəsiːmenˈtəʊsis] гиперцементоз, оссифицирующий периодонтит

hyperchlorhydria [ˌhaipəklɔːrˈhaidriə] *см.* **hyperacidity**

hypercholesteremia [ˌhaipəkəˌlesteˈriːmiə]

hypercholesterolemia [ˌhaipəkəˌlesterəˈliːmiə] (гипер)холестеринемия
diet-induced ~ гиперхолестеринемия, обусловленная диетой

hypercholesterolia [ˌhaipəkəˌlesteˈrəʊliːə] повышенное содержание холестерина в жёлчи

hypercholia [ˌhaipəˈkəʊliːə] образование избыточного количества жёлчи в печени

hyperchromatic [ˌhaipəkrəʊˈmætik] интенсивно окрашенный, гиперхромный, гиперхроматический

hyperchromatism [ˌhaipəˈkrəʊˌmətizm] **1.** гиперхроматоз *(1. усиленная пигментация 2. усиление сродства* *к красителям)* **2.** увеличение содержания хроматина в ядре клетки

hyperchylia [ˌhaipəˈkaili:ə] гиперхилия *(избыточная секреция желудочного сока)*

hyperchylomicronemia [ˌhaipəˌkailəuˌmaikrəˈni:mi:ə] (гипер)хиломикронемия *(повышенное содержание в крови нейтральных частиц жира < 1 мкм)*

hypercoagulability [ˌhaipəkəuˌægjəlei'biliti:] гиперкоагуляция

hypercontractility [ˌhaipəˌkɒntrækˈtiliti:]:
   bladder ~ гипертоничный [гиперрефлекторный] мочевой пузырь

hypercorticoidism [ˌhaipəˈkɔːtikɒidizm] *см.* **hyperadrenocorticism**

hypercortisolism [ˌhaipəkɔːtiˈsɒlizm] гиперкортицизм; состояние, обусловленное избыточным введением гидрокортизона

hypercrinia [ˌhaipəˈkrini:ə] гиперкриния *(усиленная секреция, напр., слизи в трахее и бронхах)*

hypercryalgesia [ˌhaipəˌkraiælˈʤi:zi:ə], **hypercryesthesia** [ˌhaipəˌkraiisˈθi:zi:ə] повышенная чувствительность к холоду

hypercytosis [ˌhaipəsaiˈtəusis] полицитоз *(часто используется как син. лейкоцитоза)*

hyperdactyly [ˌhaipəˈdæktili:] полидактилия, гипердактилия, многопалость

hyperdippers [ˌhaipəˈdipəz] больные с артериальной гипертензией и выраженным ночным снижением АД *(разница между ночным и дневным > 20 %)*

hyperdipsia [ˌhaipəˈdipsi:ə] чрезмерная жажда

hyperdontia [ˌhaipəˈdɒnʃi:ə] полиодонтия, гипородонтия *(избыточное количество зубов)*

hypereccrisia [ˌhaipəˈekrisi:ə], **hypereccrisis** [ˌhaipəˈekrisis] повышенное выделение экскретов

hyperechogenicity [ˌhaipəˌekəʤəˈnisiti:] *узи* гиперэхогенность *(признак, свидетельствующий о повышенной плотности объекта, структуры или узла)*
   multifocal ~ многоочаговая гиперэхогенность

hyperemesis [ˌhaipəˈremisis] неукротимая рвота, гиперемезис
   ~ **lactentium** неукротимая рвота, обусловленная непереносимостью грудного молока

hyperemia [ˌhaipəˈri:mi:ə] гиперемия, полнокровие
   ~ **of stasis** застойная [пассивная] гиперемия, венозный застой
   active [arterial] ~ артериальная [активная] гиперемия
   Bier's passive [constriction] ~ Бира пассивная гиперемия *(при наложении жгута)*
   conjunctival ~ гиперемия конъюнктивы
   fluxionary ~ *см.* **active** ~
   pyrexial ~ воспалительная гиперемия
   venous ~ *см.* ~ **of stasis**

hyperemization [ˌhaipəriːmiˈzeiʃən] искусственная гиперемия

hyperemotivity [ˌhaipəˌiːməuˈtiviti:] повышенная эмоциональная возбудимость

hyperenzymemia [ˌhaipəˌenzaiˈmimi:ə] гиперферментемия

hyperequilibrium [ˌhaipəˌikwiˈlibri:əm] повышенная склонность к головокружению

hypererethism [ˌhaipəˈerəˌθizəm] повышенная возбудимость

hyperergasia [ˌhaipərəˈgeizi:ə] **1.** гиперфункция **2.** гиперергия *(повышенная реактивность организма, аллергия)*

hyperesophoria [ˌhaipəˌesəuˈfɔːri:ə] тенденция одного глаза к отклонению вверх и кнутри

hyperesthesia [ˌhaipərisˈθi:ʒə] гиперестезия *(повышенная чувствительность к раздражителям)*
   acoustic [auditory] ~ гиперакузия
   gustatory ~ гипергевзия, вкусовая гиперестезия
   olfactory ~ гиперосмия
   sexual ~ гиперсексуальность

hyperesthetic [ˌhaipərisˈθetik] относящийся к повышенной чувствительности

hyperexcitability [ˌhaipərikˌsaitəbiliti:] повышенная возбудимость

hyperexplexia [ˌhaipəriksˈpleksi:ə] врождённая патологически усиленная реакция испуга

hyperextension [ˌhaipərikˈstenʃən] **1.** перерастяжение *(напр. связки)* **2.** переразгибание

hyperferremia [ˌhaipəfəˈri:mi:ə] повышенное содержание железа в крови

hyperfiltration [ˌhaipəfilˈtreiʃən] ультрафильтрация

hyperflexion [ˌhaipəˈflekʃən] сверхсгибание *(сверх обычного предела)*

hyperfolliculoidism [ˌhaipəfəuˈlikjuˌlɒidizm] гиперэстрогенизм

hyperfunctioning [ˌhaipəˈfʌŋkʃəniŋ] активно функционирующий; обладающий высокой функцией *(обычно об опухолях)*

hypergalactosis [ˌhaipəˌgæləkˈtəusis] гиперлактация

hypergammaglobulinemia [ˌhaipəˌgæməˌglɒbjuliˈni:mi:ə] гипергаммаглобулинемия

hypergenesis [ˌhaipəˈʤenisis] гипергенезия *(избыточное развитие какой-л. части тела или органа)*

hypergenitalism [ˌhaipəˈʤenitəˌlizəm] *см.* **hypergonadism**

hypergeusia [ˌhaipəˈgju:zi:ə] гипергевзия *(повышенная вкусовая чувствительность)*

hyperglandular [ˌhaipəˈglændjulə] характеризующийся гиперфункцией или увеличенными размерами железы

hyperglobulia [ˌhaipəglɒbˈju:li:ə] эритроцитоз, полицитемия

hyperglobulinemia [ˌhaipəˌglɒbjuliˈni:mi:ə] гиперглобулинемия

hyperglobulism [ˌhaipəˈglɒbjulizm] эритроцитоз, полицитемия

hyperglycemia [ˌhaipəglaiˈsi:mi:ə] гипергликемия
   dietary ~ алиментарная [пищевая] гипергликемия
   fasting ~ гипергликемия натощак
   persistent ~ постоянная гипергликемия
   severe ~ выраженная гипергликемия

hyperglycogenolysis [ˌhaipəglaikəʤəˈnɒlisis] повышенный гликогенолиз

hyperglycorrhachia [ˌhaipəˌglaikəuˈræki:ə] гипергликорахия *(повышенное содержание сахара в цереброспинальной жидкости)*

hypergonadism [ˌhaipə'gəʊnæˌdizəm] гипергонадизм, гипергенитализм *(избыточная активность половых желёз)*

hypergraphia [ˌhaipə'græfi:ə] гиперграфия *(стиль письма с характерным чрезмерным многословием, педантичностью в упоминании несущественных деталей и склонностью к навязчивым вставкам)*

hypergynecosomia [ˌhaipəˌgainəkə'səʊmi:ə] 1. чрезмерно развитые вторичные половые признаки *(у взрослой женщины)* 2. преждевременное появление вторичных половых признаков *(у девочки)*

hyperhidrosis [ˌhaipəˌhai'drəʊsis] гипергидроз, усиленная потливость

   gustatory ~ чрезмерное потоотделение с губ, носа, лба после употребления пищи

hyperhormonism [ˌhaipə'hɔːməʊnizəm] гиперфункция эндокринных желёз

hyperhydration [ˌhaipəhai'dreiʃən] гипергидратация

hyperhydropexis [ˌhaipəˌhaidrəʊ'peksis], **hyperhydropexy** [ˌhaipəˌhaidrəʊ'peksi:] повышенная гидрофильность тканей

hyperidrosis [ˌhaipərai'drəʊsis] *см.* **hyperhidrosis**

hyperimmunity [ˌhaipərim'juːniti:] гипериммунность, повышенный иммунитет

hyperinfection [ˌhaipərin'fekʃən] суперинфекция *(1. наслоение одной инфекции на другую 2. инфицированность несколькими видами микроорганизмов вследствие иммунодефицита)*

hyperinflate [ˌhaipər,in'fleit] перерастянутый, чрезмерно расширенный

hyperinflation [ˌhaipərin'fleiʃən] перерастяжение *(напр. мочевого пузыря)*; чрезмерное расширение, усиленная воздушность *(напр. лёгкого)*

   lobar ~ лобарная эмфизема

hyperinosemia [ˌhaipərinəʊ'si:mi:ə], **hyperinosis** [ˌhaipəri'nəʊsis] гиперфибриногенемия, гипериноз

hyperinsulinemia [ˌhaipər,insəli'ni:mi:ə] гиперинсулинемия

hyperinsulinism [ˌhaipər'insəliˌnizm] 1. гиперинсулинизм *(избыточная секреция инсулина)* 2. инсулиновый шок, инсулиновая кома

hyperinvolution [ˌhaipərinvə'luːʃən]:

   ~ **of uterus** суперинволюция матки

hyperkalemia [ˌhaipəke'li:mi:ə] гиперкалиемия *(повышенное содержание калия в крови)*

   fulminating ~ прогрессирующая гиперкалиемия

   severe ~ выраженная гиперкалиемия

hyperkeratinization [ˌhaipəˌkerətini'zeiʃən], **hyperkeratosis** [ˌhaipəˌkerə'təʊsis] *дерм.* гиперкератоз *(чрезмерное утолщение рогового слоя эпидермиса)*

   ~ **lenticularis persistans** чечевицеобразный персистирующий гиперкератоз

   nasodigital ~ назодигитальный гиперкератоз

hyperkinemia [ˌhaipəki'ni:mi:ə] гиперкинезия сердца *(повышенный сердечный выброс с увеличением объёма и скорости кровотока)*

hyperkinesia [ˌhaipəki'ni:ziə], **hyperkinesis** [ˌhaipəki'ni:sis] 1. гиперкинезия *(повышенное двигательное возбуждение у детей)* 2. гипермотильность *(усиление двигательной активности органа)* 3. *невр.* гиперкинез

   athetoid ~ атетоидный гиперкинез, атетоз

   choreic ~ хореический гиперкинез

   dystonic ~ дистонический гиперкинез

   essential ~ детский гиперкинез *(не связанный с хореей)*

   functional [hysteric] ~ истерический [функциональный] гиперкинез

   occupational ~ профессиональный невроз

hyperlactacidemia [ˌhaipəˌlæktæsi'di:mi:ə] повышенное содержание молочной кислоты в крови

hyperlip(oid)emia [ˌhaipəˌlipɒi'di:mi:ə] идиопатический липоидоз

hyperlipoproteinaemia [ˌhaipəˌlipəʊˌprəʊti:'ni:mi:ə] гиперлипопротеидемия *(аномально высокое содержание липопротеидов в крови)*

   acquired ~ приобретённая гиперлипопротеидемия

   familial ~ семейная гиперлипопротеидемия

hyperliposis [ˌhaipəli'pəʊsis] 1. тучность 2. жировая дистрофия

hyperlithuria [ˌhaipəli'θjuri:ə] гиперлитурия *(повышенная экскреция мочевой кислоты с мочой)*

hypermastia [ˌhaipə'mæsti:ə] 1. полимастия *(наличие добавочных грудных желёз)* 2. гипермастия *(гипертрофия молочных желёз)*

hypermenorrhea [ˌhaipəˌmenə'ri:ə] гиперменорея, меноррагия

hypermetabolism [ˌhaipəmə'tæbəˌlizəm] усиленный обмен

hypermetropia [ˌhaipəmi'trəʊpi:ə] дальнозоркость, гиперметропия

hypermimia [ˌhaipə'mimi:ə] гипермимия *(патологически усиленная мимика, сопровождаемая чрезмерной жестикуляцией)*

hypermnesia [ˌhaipəm'ni:ziə] гипермнезия *(резкое обострение памяти с наплывом множественных воспоминаний)*

   hypnotic ~ гипермнезия в состоянии гипноза

hypermorph [ˌhaipə'mɔːf] гиперморфный ген

hypermotility [ˌhaipəməʊ'tiliti:] *см.* **hyperkinesia 2**

hypermyotrophy [ˌhaipəmai'ɒtrəfi:] физиологическая [мышечная] гипертрофия

hypernasality [ˌhaipənei'zæliti:] гнусавость

hyperneocytosis [ˌhaipəˌni:əʊsai'təʊsis] гиперлейкоцитоз с наличием незрелых форм и со сдвигом влево

hypernephroid [ˌhaipə'nefrɔid] напоминающий надпочечник

hypernephroma [ˌhaipənə'frəʊmə] гипернефрома, гипернефроидная опухоль, рак почки

hypernormal [ˌhaipə'nɔːməl] превышающий норму

hypernutrition [ˌhaipənju:'triʃən] избыточное питание, переедание, перекармливание

hyperonychia [ˌhaipərəʊ'niki:ə] гиперонихия *(ускоренный рост ногтей)*

hyperopia [ˌhaipə'rəʊpi:ə] дальнозоркость, гиперметропия, гиперопия

   axial ~ осевая дальнозоркость

   curvature ~ рефракционная дальнозоркость

   latent ~ скрытая дальнозоркость

   manifest ~ явная дальнозоркость

   total ~ полная [истинная] дальнозоркость

hyperorchidism [ˌhaɪpəˈrɔːkɪdɪzm] гипертрофия или гиперфункция яичек

hyperorexia [ˌhaɪpərəʊˈreksɪə] булимия, кинорексия

hyperorthocytosis [ˌhaɪpərˌɔːrθəʊsaɪˈtəʊsɪs] гиперлейкоцитоз с нормальной лейкоцитарной формулой

hyperosmia [ˌhaɪpərˈɒzmɪə] гиперосмия (болезненно обострённое обоняние)

hyperosmic [ˌhaɪpərˈɒzmɪk] гиперосмический

hyperosmolar [ˌhaɪpərɒzˈməʊlə] гиперосмолярный; осмотически активный (напр. препарат)

hyperosmolarity [ˌhaɪpərˌɒzməˈlærɪtɪ] гиперосмолярность (обычно > 350 мОсм/л)

hyperosmotic [ˌhaɪpərɒzˈmɒtɪk] 1. гиперосмотический 2. гипертонический раствор

hyperosphresia [ˌhaɪpərɒsˈfriːʒɪə] см. **hyperosmia**

hyperostosis [ˌhaɪpərɒˈstəʊsɪs] 1. гиперостоз (разрастание костной ткани) 2. экзостоз, хондральная остеома

~ **corticalis deformans** кортикальный деформирующий гиперостоз

~ **frontalis interna** внутренний фронтальный гиперостоз, синдром внутреннего лобного гиперостоза

calvarial ~ гиперостоз свода черепа

flowing ~ мелореостоз, Лери болезнь

infantile cortical ~ детский кортикальный гиперостоз, Каффи болезнь

hyperovaria [ˌhaɪpərəʊˈværɪə], **hyperovarianism** [ˌhaɪpərəʊˈveəɪəˌnɪzəm] преждевременное половое созревание (у девочек), связанное с гиперфункцией яичников

hyperoxaluria [ˌhaɪpərˌɒksəˈluːrɪə] гипероксалурия (повышенное содержание щавелевой кислоты или её солей в моче)

hyperoxemia [ˌhaɪpərˌɒkˈsiːmɪə] повышенная кислотность крови

hyperoxide [ˌhaɪpəˈrɒkˌsaɪd] гипероксид, перекись

hyperpancreatism [ˌhaɪpəˈpæŋˈkriːətɪzm] гиперфункция поджелудочной железы

hyperparasite [ˌhaɪpəˈpærəˌsaɪt] сверхпаразит (паразит, живущий на другом паразите или внутри него)

hyperparasitism [ˌhaɪpəˈpærəˌsaɪtɪzm] биол. гиперпаразитизм (развития вторичного паразита внутри уже существующего паразита)

hyperparathyroidism [ˌhaɪpərˌpærəˈθaɪrɔɪdɪzm] гиперпаратиреоз

hyperparotidism [ˌhaɪpərˈpəˈrɒtɪdɪzm] гиперфункция околоушных желёз

hyperpathia [ˌhaɪpəˈpæθɪə] невр. гиперпатия (повышенный порог восприятия, отсутствие точной локализации неприятных ощущений)

hyperpelvic [ˌhaɪpəˈpelvɪk] расположенный над тазом

hyperpepsia [ˌhaɪpəˈpepsɪə] 1. патологически ускоренное пищеварение 2. диспепсия вследствие гиперхлоргидрии

hyperpepsinia [ˌhaɪpəpenˈsɪnɪə] избыточное содержание пепсина в желудочном соке

hyperphagia [ˌhaɪpəˈfeʤɪə]:

steroid-induced ~ стероидиндуцированная гиперфагия

hyperphalangia [ˌhaɪpəfəˈlænʤɪə], **hyperphalangism** [ˌhaɪpəfəˈlænʤɪzəm] гиперфалангия (наличие дополнительных фаланг на пальцах кисти или стопы)

hyperphenylalaninemia [ˌhaɪpəˌfenɪlˌæləniˈniːmɪə] гиперфенилаланинемия (с фенилкетонурией)

hyperphonesis [ˌhaɪpəfəʊˈniːsɪs] гиперфонез (усиление перкуторного звука или звука голоса при аускультации)

hyperphoria [ˌhaɪpəˈfɔːrɪə] гиперфория (форма скрытого косоглазия с отклонением глазного яблока вверх)

hyperphosphatasemia [ˌhaɪpəˌfɒsfətəˈsiːmɪə] гиперфосфатаземия

hyperphrenia [ˌhaɪpəˈfriːnɪə] 1. психическое возбуждение 2. активизация умственной деятельности, высокая интеллектуальная активность

hyperpiesia [ˌhaɪpəpaɪˈiːzɪə], **hyperpiesis** [ˌhaɪpəpaɪˈiːsəs] симптоматическая артериальная гипертензия

hyperpigmentation [ˌhaɪpəˌpɪgmənˈteɪʃən] гиперпигментация

hyperpituitarism [ˌhaɪpəpɪˈtjuːɪtəˌrɪzəm] гиперпитуитаризм (повышение активности аденогипофиза, приводящее к гигантизму или акромегалии)

hyperplasia [ˌhaɪpəˈpleɪzɪə] гиперплазия

benign prostatic ~ гиперплазия [аденома] предстательной железы

congenital adrenal ~ врождённая гиперплазия надпочечников, адреногенитальный синдром

cystic endometrial ~ кистозная гиперплазия эндометрия

erythroid ~ гиперплазия эритроидного ростка

gingival ~ гипертрофический гингивит

granulocytic ~ гиперплазия гранулоци(тар)ного ростка

nodular ~ узловатая гиперплазия

RBC ~ см. **erythroid** ~

hyperplasia-ordinary [ˌhaɪpəˌpleɪʒə-ˈɔːdnerɪ]:

ductal ~ обычная гиперплазия протоков (молочной железы)

hyperplastic [ˌhaɪpəˈplæstɪk] гиперплазированный

hyperploid [ˈhaɪpəˌplɔɪd] гиперплоид (клетка с числом хромосом, большим, чем диплоидное)

hyperpnea [ˌhaɪpəpˈniːə] гиперпноэ (учащённое глубокое дыхание)

hyperpolarization [ˌhaɪpəˌpəʊlərɪˈzeɪʃən] гиперполяризация (увеличение разности потенциалов биологической мембраны)

after ~ положительный следовой потенциал, следовая гиперполяризация

hyperposia [ˌhaɪpəˈpəʊzɪə] патологически увеличенный приём жидкости

hyperpotassemia [ˌhaɪpəpətæˈsiːmɪə] гиперкалиемия

hyperpragia [ˌhaɪpəˈpræʤɪə], **hyperpraxia** [ˌhaɪpəˈpræksɪə] гиперпраксия (чрезмерная психическая и двигательная активность в маниакальной фазе биполярного расстройства)

hyperprochoresis [ˌhaɪpəprəʊˈkɒrɪsɪs] усиленная перистальтика

hyperprosexia [ˌhaɪpəprəʊˈseksɪə] гиперпрозексия (патологически усиленная концентрация внимания на отдельных предметах, мыслях, ощущениях)

hyperptyalism [ˌhaɪpəˈtaɪəˌlɪzm] см. **hypersalivation**

hyperpyrexia [ˌhaɪpəpaɪˈreksɪə] гиперпирексия, гипертермия

fulminant ~ молниеносная [злокачественная] гипертермия

hyperreactor [ˌhaɪpərɪ'æktə] человек с повышенной реактивностью, «гиперреактор»

hyperreflexia [ˌhaɪpərɪ'fleksɪə] *невр.* гиперрефлексия

detrusor ~ гиперрефлекторный мочевой пузырь, гиперрефлексия детрузора

hyperresonant [ˌhaɪpə'rezɒnənt] с повышенным резонансом, тимпанический *(звук)*

hyperresponse [ˌhaɪpərɪ'spɒns]:

immune ~ гипериммунный ответ

hypersalivation [ˌhaɪpəˌsælɪ'veɪʃən] гиперсаливация, птиализм, сиалорея

hypersarcosis [ˌhaɪpəsaː'kəʊsɪs] избыточные грануляции

hypersensibility [ˌhaɪpəˌsensə'bɪlɪtɪ] *см.* **hypersensitivity**

hypersensitive [ˌhaɪpə'sensɪtɪv] гиперрефлекторный, повышенно чувствительный

hypersensitivity [ˌhaɪpəˌsensɪ'tɪvɪtɪ] 1. повышенная чувствительность, гиперстезия 2. гиперчувствительность; гиперсенсибилизация; аллергия || аллергический

cutaneous ~ повышенная чувствительность кожи

delayed type ~ гиперчувствительность замедленного типа, ГЗТ

flea bite ~ гиперчувствительность к укусам блох

food ~ пищевая аллергия

immediate ~ аллергическая реакция немедленного типа

hypersexuality [ˌhaɪpəˌsekʃuː'ælɪtɪ] гиперсексуальность, повышенное половое влечение

hypersialosis [ˌhaɪpəˌsaɪə'ləʊsɪs] *см.* **hypersalivation**

hypersomatotropism [ˌhaɪpəsəʊˌmætəʊ'trəʊpɪzm],

hypersomia [ˌhaɪpə'səʊmɪə] гигантизм, макросомия

hypersomnia [ˌhaɪpə'sɒmnɪə] гиперсомния *(патологическая сонливость)*

hypersphyxia [ˌhaɪpə'sfɪksɪə] гипертензия в сочетании с повышенной скоростью кровотока

hypersplenism [ˌhaɪpə'splɪˌnɪzm] гиперспленический синдром, гиперспленизм *(уменьшение числа клеток крови в результате их депонирования и разрушения в селезёнке)*

hypersteatosis [ˌhaɪpəˌstɪə'təʊsɪs] себорея, (гипер)стеатоз

hypersthenia [ˌhaɪpəs'θiːnɪə] гиперстения *(повышение тонуса или давления)*

hypersusceptibility [ˌhaɪpəsəˌseptəbɪlɪtɪ] сенсибилизация; повышенная чувствительность к воздействию патогенных факторов

hypertelorism [ˌhaɪpə'telɒˌrɪzm] гипертелоризм *(увеличенное расстояние между внутренними краями глазниц)*

ocular [orbital] ~ глазной гипертелоризм

hypertensia [ˌhaɪpə'tenʃə], **hypertension** [ˌhaɪpə'tenʃən] гипертензия *(повышенное давление внутри полого органа)*

accelerated ~ *см.* **malignant** ~

adrenal ~ гормональная гипертензия *(обусловленная феохромоцитомой)*

arterial ~ артериальная [системная] гипертензия, *уст.* артериальная гипертония

benign ~ доброкачественная (артериальная) гипертензия

borderline ~ транзиторная [лабильная, пограничная] (артериальная) гипертензия

cardiorenal ~ *см.* **renovascular** ~

elderly ~ гипертензия в пожилом возрасте

essential ~ гипертоническая болезнь, первичная артериальная гипертензия

extrahepatic portal ~ внепечёночная портальная гипертензия

idiopathic ~ *см.* **essential** ~

intracranial ~ внутричерепная гипертензия

isolated systolic ~ изолированная систолическая гипертензия *(САД > 160 мм рт. ст., ДАД < 90 мм рт. ст.)*

labile ~ *см.* **borderline** ~

malignant ~ злокачественная (артериальная) гипертензия

mild ~ мягкая гипертензия *(1-я степень, 140–159/90–99 мм рт. ст.)*

overdiagnosis ~ гипердиагностика артериальной гипертензии

pale ~ *см.* **malignant** ~

paroxysmal ~ пароксизмальная (артериальная) гипертензия

persistent ~ стабильная [стойкая] (артериальная) гипертензия

posthepatic portal ~ постпечёночная портальная гипертензия

postpartum ~ послеродовая гипертония

pregnancy-induced ~ гипертензия беременных

prehepatic portal ~ предпечёночная портальная гипертензия

primary ~ *см.* **essential** ~

pulmonary ~ лёгочная гипертензия, гипертензия малого круга кровообращения

red ~ *см.* **benign** ~

refractory ~ *см.* **persistent** ~

renovascular ~ вазоренальная [реноваскулярная] гипертензия

secondary ~ симптоматическая [вторичная] гипертензия

sustained ~ *см.* **persistent** ~

systemic ~ *см.* **essential** ~

systolic ~ систолическая гипертензия

transient ~ *см.* **borderline** ~

"white coat ~" феномен «гипертензия на белый халат»

hypertensive [ˌhaɪpə'tensɪv] 1. гипертензивный, повышающий артериальное давление 2. больной с постоянно повышенным артериальным давлением

hypertensor [ˌhaɪpə'tensə] вещество, вызывающее повышение кровяного давления; прессорный агент, или фактор

hypertestoidism [ˌhaɪpətes'tɔɪdɪzm] мужской гипергонадизм

hyperthecosis [ˌhaɪpəθɪ:'kəʊsɪs] диффузная гиперплазия тека-клеток граафова фолликула

hyperthelia [ˌhaɪpəθə'liːə] гипертелия *(увеличенное число сосков грудной железы)*

hyperthermalgesia [ˌhaɪpəˌθɜːməl'dʒiːzɪə], **hyperthermesthesia** [ˌhaɪpəθɜː'misˌθiːzɪə] повышенная чувствительность к теплу

hyperthermia [ˌhaɪpəθɜː'miːə] гипертермия, перегревание организма

critical ~ критическая гипертермия *(с 42,8 ˚C, после которой происходит денатурация клеточных белков, ферментов и гибель клеток)*

induced ~ пиротерапия, искусственная гипертермия

local transrectal ~ локальная трансректальная гипертермия

malignant ~ злокачественная гипертермия, молниеносная гиперпирексия

primary ~ первичная гипертермия *(температура выше 41,7 ˚С)*

short-wave ~ электропирексия, электрическая [коротковолновая] гипертермия

whole-body ~ общая гипертермия

hyperthrombinemia [ˌhaipəˌθrɒmbə'niːmiːə] гипертромбинемия

hyperthymia [ˌhaipə'θaimiːə] гипертимия *(повышенное настроение, сопровождающееся сверхактивностью)*

hyperthymism [ˌhaipə'θaimizm], **hyperthymization** [ˌhaipəˌθaimi'zeiʃən] гиперфункция вилочковой железы

hyperthyreosis [ˌhaipəˌθairiː'əusis], **hyperthyroidism** [ˌhaipə'θairɒiˌdizm], **hyperthyroidosis** [ˌhaipəˌθairɒi'dəusis] гипертиреоз, гипертиреоидизм, тиреотоксикоз *(синдром, обусловленный повышенной активностью щитовидной железы)*

hypertonia [ˌhaipə'təuniːə] **1.** гипертония *(увеличенный тонус мышцы или мышечного слоя стенки полого органа)* **2.** повышение осмотического давления

hypertonic [ˌhaipə'təunik] гипертонический *(1. относящийся к раствору, имеющему большое осмотическое давление 2. характеризующий состояние мышц с аномально высоким тонусом)*

hypertonicity [ˌhaipətəu'nisiti:] *см.* **hypertonia**

hypertoxicity [ˌhaipətɒk'sisiti:] повышенная токсичность

hypertrichosis [ˌhaipətri'kəusis] гипертрихоз, политрихоз *(избыточное развитие волосяного покрова)*

~ **lanuginosa** пушковый гипертрихоз

hypertrophy [hai'pəːtrəufi:] гипертрофия

~ **of pylorus** гипертрофический пилоростеноз

adaptive ~ адаптивная гипертрофия *(утолщение стенок полого органа, обусловленное обструктивным процессом в области выходного отверстия)*

asymmetrical septal ~ асимметричная гипертрофия перегородки

benign prostatic ~ аденома, или доброкачественная гипертрофия, предстательной железы

compensatory ~ компенсаторная гипертрофия *(увеличение размеров органа, его части или ткани при выполнении дополнительной нагрузки)*

complementary ~ заместительная гипертрофия *(увеличение размеров органа, его части или ткани за счёт заполнения пространства, которое занимала разрушенная часть того же органа или ткани)*

concentric ~ концентрическая гипертрофия *(с уменьшением полости органа)*

eccentric ~ эксцентрическая гипертрофия *(с расширением полости органа)*

large septal ~ выраженная гипертрофия перегородки *(напр. предсердий)*

masseteric ~ гипертрофия жевательной мышцы

moderate ~ умеренная гипертрофия

physiologic ~ физиологическая гипертрофия *(напр. матки при беременности)*

pseudomuscular ~ псевдогипертрофическая миопатия (Дюшенна)

ventricular ~ *кард.* гипертрофия желудочка или желудочков

vicarious ~ викарная [заместительная] гипертрофия

hypertropia [ˌhaipə'trəupiːə] вертикальное косоглазие, гипертропия, суправергенция

hyperuricemia [ˌhaipəˌjuri'siːmiːə] гиперурикиемия, Леша – Найхана синдром

hypervaccination [ˌhaipəˌvæksi'neiʃən] гипериммунизация, повторная иммунизация

hyperventilation [ˌhaipəˌventi'leiʃən] гипервентиляция *(лёгких)*, гиперпноэ

controlled ~ управляемая гипервентиляция

hypervigilance [ˌhaipə'vidʒələns] **1.** чрезмерная бдительность **2.** упорная бессонница

hyperviscosity [ˌhaipəvis'kɒsiti:] повышенная вязкость *(напр. крови)*

hypervolemia [ˌhaipəvəu'liːmiːə] плетора, гиперволемия *(увеличение ОЦК)*

hypesthesia [ˌhaipəs'θiːziə] гипестезия *(понижение поверхностной чувствительности)*

hypha ['haifə], *pl.* **hyphae** ['haifiː] гифа *(мицелиальная нить гриба)*

fungal ~**е** грибные гифы

hyphedonia [ˌhaifi'dəuniːə] **1.** гипогедония *(болезненное снижение чувства удовольствия от действий, доставлявших его раньше)* **2.** гифедония, половая гипестезия *(снижение сексуального удовлетворения)*

hyphema [hai'fiːmə] гифема *(кровоизлияние в переднюю камеру глаза)*

hyphephilia [ˌhaifi'filiːə] гифефилия *(получение сексуального удовлетворения от прикосновения к тканям – бархату, шёлку и т. д.)*

hyphidrosis [ˌhiphai'drəusis] гипогидроз *(пониженное потоотделение)*

hypinosis [ˌhaipai'nəusis] пониженная свёртываемость крови *(вследствие гипофибриногенемии)*

hypnagogic [ˌhipnə'gɒdʒik] **1.** гипнагогический *(относящийся к засыпанию)* **2.** снотворный

hypnagogue ['hipnəˌgɔːg] снотворное средство ‖ снотворный

hypnalgia [hip'nældʒiːə] гипналгия *(боль, возникающая только во сне)*

hypnoanalysis [ˌhipnəə'nælisis] гипноанализ *(психоанализ или другой вид психотерапии, использующий гипноз)*

hypnobat ['hipnəuˌbæt] страдающий сомнамбулизмом

hypnobatia [ˌhipnəu'beiʃiːə] сомнамбулизм, лунатизм, снохождение

hypnocatharsis [ˌhipnəukə'θɑːrsis] гипнокатарсис

hypnocyst [ˌhipnəu'sist] **1.** покоящаяся циста **2.** покоящаяся спора

hypnodontics [ˌhipnəu'dɒntiks] применение гипноза в стоматологии

hypnodrama [ˌhipnəu'drɑːmə] гипнодрама *(техника групповой психотерапии, совмещающая гипноз и психодраму)*

hypnogenesis [ˌhipnəu'dʒenəsis] вызывание сна или гипнотического состояния

HYP

hypnoidal [hip'nɔidł] сходный с гипнозом; относящийся к дремотному состоянию; напоминающий сон

hypnoidization [ˌhipnɒidi'zeiʃən] введение в гипноз, гипнотизация

hypnolepsy [hip'nəʊˌlepsi:] гипнолепсия (кратковременные приступы сонливости)

hypnologist [hip'nɒləʤist] 1. лицо, проводящее гипноз, гипнолог 2. специалист в области изучения механизмов сна

hypnology [hip'nɒləʤi:] отрасль медицины, изучающая механизмы сна и гипноза

hypnonarcosis [ˌhipnəʊnɑ:'kəʊsis] гипнонаркоз, наркогипноз (сочетание гипнотического воздействия с медикаментозным)

hypnophobia [ˌhipnəʊ'fəʊbiə] гипнофобия (патологическая боязнь: 1. заснуть из-за опасности смерти во время сна 2. быть загипнотизированным)

hypnopompic [ˌhipnəʊ'pɒmpik] гипнопомпический, относящийся к дремотному состоянию при пробуждении

hypnosis [hip'nəʊsis] гипноз (по имени древнегреческого бога сна Гипнос)

   major ~ глубокая [сомнамбулическая] стадия гипноза
   manual ~ см. **tactile** ~
   minor ~ дремотная стадия гипноза, малый гипноз
   tactile ~ тактильный гипноз

hypnotherapy [ˌhipnəʊ'θerəpi:] гипнотерапия (1. лечение гипнозом 2. лечение длительным сном)

hypnotic [hip'nɒtik] снотворное [седативное] средство || снотворный; гипнотический (1. вызывающий сон 2. относящийся к гипнозу)

hypnotism ['hipnəʊˌtizm] 1. техника гипноза 2. гипноз

hypnotizability [ˌhipnətizə'biliti:] гипнабельность

hypnotization [ˌhipnəti'zeiʃən]:
   collective ~ сеанс коллективного гипноза, коллективная гипнотизация

hypnotizer [ˌhipnə'taizə] лицо, проводящее гипноз, гипнолог, гипнотизёр

hypnotoid [ˌhipnə'tɒid] напоминающий гипноз (о состоянии организма)

hypoacidity [ˌhaipəʊə'siditi:] гипохлоргидрия (низкая кислотность желудочного сока)

hypoactivity [ˌhaipəʊæk'tiviti:] гипофункция, сниженная активность

hypoacusis [ˌhaipəʊə'kju:sis] гипакузия, тугоухость

hypoadenia [ˌhaipəʊə'di:niə] гипофункция желёз

hypoadrenalism [ˌhaipəʊə'dri:nəˌlizm], **hypoadrenia** [ˌhaipəʊə'dri:ni:ə] гипофункция надпочечников, гипо(адрено)кортицизм, аддисонова болезнь

hypoalgesia [ˌhaipəʊæl'ʤi:zi:ə] см. **hypalgesia**

hypoalimentation [ˌhaipəʊˌælimen'teiʃən] неполноценное питание

hypoallergenic [ˌhaipəʊˌælər'ʤenik] гипоаллергенный (напр. о диете)

hypoamphotony [ˌhaipəʊæm'fɒtəni:] гипоамфотония (взаимодействие адренергической и холинергической систем смещено к ваготонии)

hypoandrogenism [ˌhaipəʊ'ændrəʊʤenizm] гипоандрогения, гипоандрогенизм, андрогенодефицит

hypobarism [ˌhaipə'bærizm] гипобаризм (состояние организма, обусловленное воздействием пониженного барометрического давления)

hypobulia [ˌhaipəʊ'bju:li:ə] псих. гипобулия (снижение побуждения к деятельности)

hypocalcemia [ˌhaipəʊkæl'si:mi:ə] гипокальциемия

hypocapnia [ˌhaipəʊ'kæpni:ə] гипокапния

hypocellularity [ˌhaipəʊˌseljʊ'læriti:] бедность ткани клетками (напр. костного мозга)

hypochlorhydria [ˌhaipəʊklɒ:'haidri:ə] гипохлоргидрия (пониженная секреция соляной кислоты железами желудка)

hypochondria [ˌhaipəʊ'kɒndri:ə] 1. pl. от

hypochondrium 2. см. **hypochondriasis**

hypochondriac(al) [ˌhaipəʊ'kɒndri:æk] 1. подрёберный, относящийся к подрёберной области 2. больной с ипохондрическим синдромом || ипохондрический

hypochondriasis [ˌhaipəʊkən'draiəsis] ипохондрический синдром, ипохондрия

hypochondrium [ˌhaipəʊ'kɒndri:əm] анат. подреберье

hypochromasia [ˌhaipəʊkrəʊ'meizi:ə], **hypochromatism** [ˌhaipəʊ'krəʊmə,tizm], **hypochromia** [ˌhaipəʊ'krəʊmi:ə] 1. гипопигментация 2. гемат. гипохромия, гипохромазия

hypochylia [ˌhaipəʊ'kaili:ə] гипохилия (пониженная секреция желудочного сока)

hypocinesia [ˌhaipəʊsai'ni:zi:ə] см. **hypokinesia**

hypocorticoidism [ˌhaipəʊ'kɔ:tikɒidizm] гипокортицизм, гипофункция коры надпочечников

hypocrinism [ˌhaipəʊ'krinizm] гипофункция эндокринных желёз

hypocythemia [ˌhaipəʊsai'θi:mi:ə], **hypocytosis** [ˌhaipəʊsai'təʊsis] гемат. олигоцитемия

hypodactyly [ˌhaipəʊ'dæktili:] гиподактилия, уменьшение числа пальцев (на кисти или стопе)

hypoderm ['haipəˌdɜ:m] подкожная (жировая) клетчатка

Hypoderma [ˌhaipə'dɜ:mə] род оводов, личинки которых вызывают развитие кожного синдрома «блуждающей личинки» у человека

hypodermatoclysis [ˌhaipəʊdɜ:mətɒk'lisis] введение жидкости в подкожную клетчатку

hypodermic [ˌhaipə'dɜ:mik] 1. лекарственное средство для подкожных инъекций 2. игла для подкожных инъекций

hypodipsia [ˌhaipəʊ'dipsi:ə] адипсия (патологически сниженное чувство жажды)

hypodontia [ˌhaipəʊ'dɒnʃi:ə] гиподонтия (отсутствие некоторых зубов)

hypoeccrisis [ˌhaipəʊ'ekrisis] уменьшенное выделение экскретов

hypoechogenicity [ˌhaipəʊˌekəʊʤə'nisiti:] узи гипоэхогенность (пониженная плотность)

hypoeosinophilia [ˌhaipəʊˌi:əˌsinəʊ'fili:ə] гемат. эозинопения

hypoergasia [ˌhaipəʊə'geizə] гипоэргазия (снижение координированной и целенаправленной деятельности, соматических и психических функций)

hypoergy ['haipəʊˌɜ:ʤi:] гепергия (пониженная реактивность организма)

hypoesophoria [ˌhaipəʊˌesəʊ'fɒ:ri:ə] гипоэзофория (скрытое косоглазие с отклонением глазного яблока вниз и внутрь)

hypoesthesia [ˌhaipəʊisˈθiːʒə] *см.* **hypesthesia**

hypoexophoria [ˌhaipəʊˌeksəʊˈfɔːriːə] гипоэкзофория (*скрытое косоглазие с отклонением глазного яблока вниз и наружу*)

hypoferremia [ˌhaipəʊfəˈriːmiːə] пониженное содержание железа в крови

hypofunction [ˌhaipəʊˈfʌŋkʃən] гипофункция

hypogalactia [ˌhaipəʊɡəˈlæktiːə] гиполактия (*снижение секреции молока*)

hypogammaglobulinemia [ˌhaipəʊˌɡæməˌɡlɒbjʊliˈniːmiːə] гипогаммаглобулинемия, синдром дефицита антител

   common variable ~ вторичное иммунодефицитное состояние (*с поздним началом*)

   physiological [transient] ~ физиологическая [транзиторная, преходящая] гипогаммаглобулинемия новорождённых (*первых трёх месяцев жизни*)

   X-linked [X-linked infantile] ~ гипогаммаглобулинемия новорождённых, связанная с X-хромосомой

hypoganglionosis [ˌhaipəʊˌɡæŋɡliːəˈnəʊsis] гипоганглиоз (*уменьшение числа ганглиозных нейронов*)

hypogastrium [ˌhaipəˈɡæstriːəm] подчревье, подчревная область

hypogastropagus [ˌhaipəʊɡæsˈtrɒpəɡəs] гипогастропаг (*близнецы, сросшиеся в подчревной области*)

hypogastroschisis [ˌhaipəʊɡæˈstrɒskisis] незаращение брюшной стенки в подчревной области

hypogenesis [ˌhaipəʊˈdʒenəsis] гипоплазия, гипогенезия (*врождённое недоразвитие органа, части тела или целого организма*)

hypogenitalism [ˌhaipəʊˈdʒenitəˌlizm] гипогонадизм, гипогенитализм (*пониженная активность половых желёз*)

hypogeusia [ˌhaipəʊˈdʒuːsiːə] гипогевзия (*пониженная вкусовая чувствительность*)

hypoglossus [ˌhaipəʊˈɡlɒsəs] подъязычный нерв

hypoglottis [ˌhaipəʊˈɡlɒtis] 1. нижняя поверхность языка 2. ранула, ретенционная подъязычная киста

hypoglycemia [ˌhaipəʊɡlaiˈsiːmiːə]:

   dietary ~ алиментарная гипогликемия

   fasting ~ гипогликемия натощак

hypoglycemic [ˌhaipəʊɡlaiˈsiːmik] гипогликемический (*о сахарной кривой*); гипогликемизирующий (*о медикаменте*)

hypogonadotropism [ˌhaipəʊɡəʊˌnædəˈtrɒpizm] вторичный гипогонадизм, гипогонадотропизм

hypogranulocytosis [ˌhaipəʊˌɡrænjuːˌləʊsaiˈtəʊsis] гранулоцитопения

hypohemia [ˌhaipəʊˈhiːmiːə] анемия, малокровие

hypohepatia [ˌhaipəʊhiˈpætiːə] печёночная недостаточность

hypohidrosis [ˌhaipəʊhaiˈdrəʊsis] гипогидроз, пониженное потоотделение

hypohydration [ˌhaipəʊhaiˈdreiʃən], **hypohydremia** [ˌhaipəʊhaiˈdriːmiːə] обезвоживание, гипогидратация

hypoisotonic [ˌhaipəʊˌaisəʊˈtɒnik] гипотонический

hypokinemia [ˌhaipəʊkiˈniːmiːə] уменьшение сердечного выброса; уменьшение объёмного кровотока

hypokinesia [ˌhaipəʊkiˈniːziːə], **hypokinesis** [ˌhaipəʊkəˈniːsis] 1. гипокинезия (*малоподвижный образ жизни*) 2. *невр.* гипокинез (*ограничение двигательных функций*)

hypoleydigism [ˌhaipəʊˈlaidiˌɡizəm] сниженная активность клеток Лейдига

hypoliposis [ˌhaipəʊliˈpəʊsis] пониженное содержание липидов

hypoluteoidism [ˌhaipəʊˌluːtiːˈɒidizm] недостаточность лютеинизирующего гормона

hypolymphemia [ˌhaipəʊlimˈfiːmiːə] лимфоцитопения

hypomagnesemia [ˌhaipəʊˌmæɡnəˈsiːmiːə] гипомагниемия (*пониженное содержание магния в крови*)

hypomania [ˌhaipəʊˈmeiniːə] гипоманиакальное состояние, гипомания

hypomastia [ˌhaipəʊˈmæstiːə], **hypomazia** [ˌhaipəʊˈmeiʒə] гипомастия (*атрофия или недоразвитие*)

hypomelanosis [ˌhaipəʊˌmeləˈnəʊsis] недостаток меланина (*при витилиго*)

hypomenorrhea [ˌhaipəʊˌmenəˈriːə] *гинек.* гипоменорея

hypomere [ˈhaipəˌmiːr] *эмбр.* 1. вентролатеральная часть миотома 2. вентральная часть мезотелиальной выстилки целома

hypometabolism [ˌhaipəʊmiˈtæbəˌlizəm] пониженный обмен веществ

hypometria [ˌhaipəʊˈmiːtriːə] гипометрия, ограниченный диапазон движений

hypomineralization [ˌhaipəʊˌminərəliˈzeiʃən] деминерализация (*в организме*)

hypomnesia [ˌhaipɒmˈniːʒə], **hypomnesis** [ˌhaipɒmˈniːsis] гипомнезия (*ослабление памяти*)

hypomorph [ˈhaipəˌmɔːf] гипоморф, гипоморфный ген

hypomotility [ˌhaipəʊməʊˈtiliti] гипокинезия, малоподвижность

hypomyotonia [ˌhaipəʊˌmaiəˈtəʊniːə] мышечная гипотония, пониженный мышечный тонус

hypomyxia [ˌhaipəʊˈmiksiːə] снижение секреции слизи

hyponeocytosis [ˌhaipəʊˌniːəʊsaiˈtəʊsis] лейкопения с наличием незрелых форм

hyponoia [ˌhaipəʊˈnɒiə] замедленность психической деятельности

hyponutrition [ˌhaipəʊnjuːˈtriʃən] неполноценное питание

hyponychium [ˌhaipəʊˈnikiːəm] подногтевая пластинка, гипонихий

hyponychon [haiˈpɒniˌkɒn] гипонихион (*подногтевые экхимозы*)

hypo-orchidism [ˌhaipəʊˈɔːkidizm] недостаточная функция яичек

hypo-orthocytosis [ˌhaipəʊˌɔːθəʊsaiˈtəʊsis] лейкопения без изменения лейкоцитарной формулы

hypo-osmolality [ˌhaipəʊˌɒsməʊˈlæləti] гипоосмоляльность

hypo-osmotic [ˌhaipəʊɒzˈmɒtik] гипотонический раствор ‖ гипоосмотический, гипоосмолярный

hypo-ovaria [ˌhaipəʊˈəʊveiriːə], **hypo-ovarionism** [ˌhaipəʊˌəʊˈveiriːˌənizəm] гипофункция яичников

hypopancreorrhea [ˌhaipəʊˌpæŋkriːəʊˈriːə] недостаточная выработка панкреатического секрета

hypoparathyroidism [ˌhaipəʊˌpærəˈθairɒidizm] гипопаратиреоз

hypoperfusion [ˌhaipəʊpəˈfjuːʒən] недостаточная перфузия (*крови*)

hypophamine [haiˈpɒfəmin]:

   alpha ~ окситоцин

beta ~ антидиуретический гормон, адиурекрин, вазопрессин, АДГ

hypopharynx [ˌhaipəʊ'færiŋks] гортанная часть глотки, гипофаринкс

hypophase [ˌhaipəʊ'feiz] гипофаза, подложка, нижняя фаза

hypophonesis [ˌhaipəʊfəʊ'niːsis] ослабление звука *(при перкуссии, аускультации)*

hypophonia [ˌhaipəʊ'fəʊniːə] гипофония *(слабый голос)*

hypophoria [ˌhaipəʊ'fɔːriːə] гипофория *(форма скрытого косоглазия с отклонением глазного яблока вниз)*

hypophrasia [ˌhaipəʊ'freiziːə] *псих.* замедление речи

hypophrenia [ˌhaipəʊ'friːniːə] гипофрения, слабоумие

hypophrenic [ˌhaipəʊ'frenik 1.** поддиафрагмальный **2.** умственно отсталый

hypophysectomy [hai,pɒfi'sektəmi] гипофизэктомия *(абляция гипофиза)*

hypophyseoprivic [ˌhaipəʊ,fiziːəʊ'privik], **hypophyseoprivous** [ˌhaipəʊ,fiziːəʊ'privəs] относящийся к недостаточности функции гипофиза

hypophysiotropic [ˌhaipəʊ,fiziːəʊ'trɒpik] гипофизотропный *(гормон, воздействующий на гипофиз)*

hypopiesia [ˌhaipəʊ'paiisiːə], **hypopiesis** [ˌhaipəʊ'paiisis] артериальная гипотензия

hypopietic [ˌhaipəʊ'paietik] относящийся к артериальной гипотензии

hypopituitarism [ˌhaipəʊpi'tjuːitə'rizəm] гипопитуитаризм *(гипофункция гипофиза)*

hypoplasia [ˌhaipəʊ'pleiziːə] гипоплазия, гипогенезия *(недоразвитие органа, части тела или всего организма)*
   ~ **of cervix** врождённое недоразвитие шейки матки
   erythroid ~ гипоплазия красного [эритроидного] ростка

hypoplastic [ˌhaipəʊ'plæstik] гипоплазированный, недоразвитый

hypoplasty ['haipəʊ,plæstiː] *см.* **hypoplasia**

hypoploid ['haipəʊ,plɒid] гипоплоид *(клетка с числом хромосом, меньшим, чем диплоидное)*

hypopnea [hai'pɒpniːə] резкое уменьшение частоты и глубины дыхания

hypoporosis [ˌhaipəʊpə'rəʊsis замедленная консолидация перелома

hypopraxia [ˌhaipəʊ'præksiːə] гипопраксия *(1. патологическая бездеятельность 2. отсутствие интереса к чему-л.)*

hypoproconvertinemia [ˌhaipəʊ,prəʊkɒnvəti'niːmiːə] гипопроконвертинемия, Александера болезнь

hypoproteinosis [ˌhaipəʊ,prəʊtiːə'nəʊsis] гипопротеинемия

hypoptyalism [ˌhaipəʊ'taiə,lizm] гипосаливация, гипосиалия

hypopyon [hai'pəʊpiː,ɒn] нагноение передней камеры глаза

hyporexia [ˌhaipəʊ'reksiːə] пониженный аппетит

hyposalemia [ˌhaipəʊsæ'liːmiːə] гипосалемия, гипохлоремия

hyposarca [ˌhaipəʊ'saːkə] анасарка *(отёк подкожной клетчатки)*

hyposcheotomy [ˌhaipɒskiː'ɒtəmi] иссечение или пункция кисты оболочек яичка и семенного канатика

hyposelaphesia [ˌhaipəʊ,siːlə'fiːʒə] снижение тактильной чувствительности

hyposensitization [ˌhaipəʊsensiti'zeiʃən] гипосенсибилизация *(снижение чувствительности к известному антигену)*

hyposexuality [ˌhaipəʊ,sekʃuː'ælitiː] снижение полового влечения

hyposialadenitis [ˌhaipəʊ,saiə,lædə'naitis] воспаление подчелюстных слюнных желёз

hyposmia [hai'pɒzmiːə] гипосмия, ослабление обоняния

hyposomatotropism [ˌhaipəʊsə,mætə'trəʊ,pizəm] гипосоматотропизм *(недостаточная секреция соматотропина)*

hyposomia ['haipəʊ,səʊmiːə] физическое недоразвитие

hyposomnia [ˌhaipəʊ'sɒmniːə] бессонница, диссомния, инсомния

hypospadias [ˌhaipəʊ'speidiːəs] гипоспадия *(аномалия развития мочеиспускательного канала с локализацией его наружного отверстия в необычном месте)*
   balanic [balanitic] ~ гипоспадия головки полового члена
   coronal ~ венечная гипоспадия
   female ~ женская гипоспадия *(открытие мочеиспускательного канала во влагалище)*
   glandular ~ *см.* **balanic** ~
   penile ~ гипоспадия полового члена, стволовая гипоспадия
   penoscrotal ~ членомошоночная гипоспадия
   perineal ~ промежностная гипоспадия

hyposphresia [ˌhaipɒs'friːziːə] гипосмия, ослабление обоняния

hypostasis [hai'pɒstəsis] **1.** гипостаз, гипостатический застой *(крови)* **2.** гипостаз *(подавление проявления гена)*

hypostatic [hai'pɒstətik] **1.** гипостатический, застойный **2.** осадочный

hyposthenia [ˌhaipɒs'θiːniːə] астения *(состояние физической слабости и/или низкого мышечного тонуса)*

hypostheniant [ˌhaipɒs'θiːniːənt] ослабляющий, снижающий силу

hyposthenic [ˌhaipɒs'θiːnik] ослабленный, слабый; апатичный, вялый, гипостеничный

hyposthenuria [hai,pɒsθə'njuːriːə] гипостенурия *(низкая плотность мочи)*

hypostomia [ˌhaipə'stəʊmiːə] микростомия *(сужение ротовой щели)*

hypostosis [ˌhaipə'stəʊsəs] нарушение процесса образования кости

hyposuprarenalemia [ˌhaipəʊ,suːprə,riːnə'liːmiːə] гипоадреналинемия

hyposynergia [ˌhaipəʊsi'nəːdʒiːə] асинергия, диссинергия *(нарушение содружественной деятельности мышц)*

hyposystole [ˌhaipəʊ'sistəliː] гипосистолия *(слабость миокарда)*

hypotaxia [ˌhaipəʊ'tæksiːə] нарушение координации движений

hypotelorism [ˌhaipəʊ'teləˌrizəm] гипотелоризм *(уменьшенное расстояние между двумя парными органами)*
   ocular [orbital] ~ гипотелоризм глаз *(уменьшенное расстояние между глазницами)*

hypotension [ˌhaipəʊ'tenʃən] гипотензия; артериальная гипотензия

controlled [deliberate, induced] ~ искусственная [контролируемая, управляемая] гипотензия

iatrogenic ~ ятрогенная гипотензия *(резкое понижение артериального давления, вызванное медицинским вмешательством)*

intracranial ~ внутричерепная гипотензия

orthostatic ~ ортостатическая гипотензия, ортостатический коллапс

persistent ~ стабильная гипотензия

postural ~ ортостатическая [постуральная] (артериальная) гипотензия

refractory ~ *см.* persistent ~

spinal ~ гипотензия, вызванная спинальной анестезией

systemic ~ общая [системная] гипотензия

hypotensor [ˌhaipəʊˈtensə] гипотензивное средство

hypothenar [ˌhaipəʊˈθiːnə] возвышение мизинца, гипотенар

hypothermal [ˌhaipəʊˈθəːməl] гипотермический, относящийся к пониженной температуре

hypothermesthesia [ˌhaipəʊˌθəːmisˈθiːzə] гипотермместезия *(снижение температурной чувствительности)*

hypothermia [ˌhaipəʊˈθəːmiːə] гипотермия *(1. пониженная температура тела < 36,6 °C 2. искусственное снижение температуры тела)*

accidental ~ 1. переохлаждение в результате несчастного случая 2. непредвиденная гипотермия

conventional ~ *анест.* общепринятая гипотермия *(32–28 °C)*

deep ~ глубокая гипотермия *(ниже 28 °C)*

mild [moderate] ~ умеренная [лёгкая] гипотермия *(32–35 °C)*

regional ~ регионарная гипотермия *(напр. краниоцеребральная)*

surface ~ наружная гипотермия

hypothesis [haiˈpɒθəsis] гипотеза, предложение

cellular ~ of immunity клеточная теория иммунитета

dopamine ~ дофаминовая гипотеза *(этиологии психических расстройств; обосновывает применение в лечении ингибиторов дофамина)*

falsifiable ~ ошибочная гипотеза

frustration-aggression ~ гипотеза «фрустрации-агрессии» *(согласно которой фрустрация рождает агрессию)*

gene product to gene equilibria ~ гипотеза равновесия гена и генного продукта

gene replica ~ гипотеза генной реплики

gene starvation ~ гипотеза голодания гена

induced fit ~ гипотеза индуцированного соответствия

master-strand ~ *ген.* гипотеза «главной нити»

null ~ *стат.* нулевая гипотеза *(предположение об отсутствии различий между популяциями, из которых взяты выборки)*

one band one gene ~ гипотеза «один диск – один ген»

one gene one enzyme ~ гипотеза «один ген – один фермент»

replacement ~ *ген.* гипотеза замещения

repulsion ~ *цитол.* гипотеза отталкивания

sequence ~ гипотеза последовательности, гипотеза коллинеарности последовательностей

unitarian ~ унитарная теория *(антигенов)*

hypothymism [ˌhaipəʊˈθaiˌmizəm] гипофункция вилочковой железы

hypothyroidism [ˌhaipəʊˈθairɒiˌdizəm] гипотиреоз

infantile ~ кретинизм, врождённый гипотиреоз

hypotonia [ˌhaipəˈtəʊniːə] гипотония, гипотонус

floppy infant ~ младенческая гипотония

tab(et)ic ~ табетическая гипотония *(при спинной сухотке)*

hypotonic [ˌhaipəˈtəʊnik] гипотонический *(1. относящийся к раствору 2. характеризующий состояние мышц)*

hypotoxicity [ˌhaipəʊtɒkˈsisitiː] 1. низкая токсичность 2. состояние слабого отравления

hypotrichosis [ˌhaipəʊtriˈkəʊsis] гипотрихоз, гипотрихия, олиготрихоз, олиготрихия

hypotympanum [ˌhaipəʊˈtimpənəm] гипотимпанум *(нижняя часть барабанной полости)*

hypounit [ˌhaipəʊˈjuːnit] малый набор инъекций *(шприц, игла и раствор лекарственного средства)*

hypouresis [ˌhaipəʊjuːˈrisis] низкий диурез

hypovenosity [ˌhaipəʊvəˈnɒsiti] недостаточное развитие венозной сети

hypoventilation [ˌhaipəʊˌventiˈleiʃən] гиповентиляция *(лёгких)*

~ from exhaustion гиповентиляция вследствие истощения дыхательных мышц

hypovigility [ˌhaipəʊviˈʤiːlitiː] сниженный уровень бодрствования

hypovolemia [ˌhaipəʊvəʊˈliːmiːə] *гемат.* олигемия, гиповолемия

exacerbated ~ ухудшение [усугубление] гиповолемии

hypovolia [ˌhaipəʊˈvəʊliːə] снижение содержания воды, обезвоживание *(ткани)*

hypoxemia [ˌhaipɒkˈsiːmiːə]:

refractory ~ трудно корригируемая гипоксемия

hypoxia [haiˈpɒksiːə] гипоксия, кислородное голодание

anemic ~ анемическая гипоксия

circulatory ~ циркуляторная гипоксия

diffusion ~ диффузионная гипоксия

hemic ~ гемическая [кровяная] гипоксия

histotoxic ~ гистотоксическая гипоксия

hyperoxic ~ гипероксическая гипоксия *(при токсическом действии кислорода на организм)*

hypoxic ~ гипоксическая гипоксия

mild ~ лёгкая гипоксия

oxygen affinity ~ кислородаффинная гипоксия *(возникающая в результате снижения свойства гемоглобина отдавать кислород)*

physiological ~ физиологическая гипоксия

stagnant ~ застойная гипоксия

hypoxyphoremia [haiˌpɒksiːfəˈriːmiːə] анемическая гипоксия

hypsarhythmia [ˌhipsəˈriθmiːə], **hypsarrhythmia** [ˌhipsəˈriθmiːə] гипсаритмия *(аномальная и типично хаотическая ЭЭГ, обычно обнаруживаемая у пациентов с детскими судорогами)*

hypsicephaly [ˌhipsiˈsefəliː] акроцефалия, оксицефалия, башенный череп

hypsistaphylia [ˌhɪpsiːstæˈfiːliːə] гипсистафилия, высокое узкое нёбо

hypsonosus [hɪpˈsɔʊnəʊsəs] горная болезнь

hypurgia [hiˈpɜːʤiːə] уход (за больным), гипургия

hysteralgia [ˌhɪstəˈrælʤiːə] невралгическая боль в области матки, гистеродиния, метродиния

hysterectomy [ˌhɪstəˈrektəmiː] экстирпация матки, гистерэктомия

   abdominal ~ абдоминальная экстирпация матки

   anterior ~ передняя (внутрибрюшинная) гистерэктомия

   cesarean ~ экстирпация матки при кесаревом сечении

   emergency ~ экстренная экстирпация матки

   laparoscopic assisted vaginal ~ влагалищная лапароскопическая ассистированная гистерэктомия

   subtotal ~ надвлагалищная экстирпация матки

   Wertheim's ~ гистерэктомия по Вертгейму (удаление матки с придатками и верхним отделом влагалища)

hysteresis [ˌhɪstəˈriːsis] гистерезис (отставание в одном из двух связанных между собой процессов или явлений)

hystereurynter [ˌhɪstəjuˈrɪntə] метрейринтер (приспособление для возбуждения и усиления родовой деятельности)

hystereurysis [ˌhɪstərˈjuːrɪsis] акуш. метрейриз (расширение нижнего сегмента и цервикального канала матки)

hysteria [hiˈstiːriːə] истерия, истерический невроз

   combat ~ истерия после боевых действий, военная истерия

   conversion ~ конверсионная истерия (замещение через психическую трансформацию соматических признаков и симптомов в психические – слепоту, глухоту, паралич и пр.)

   major ~ «большая» истерия

   mass ~ массовая истерия (общественно контагиозное возбуждение с иррациональным поведением у группы людей)

   minor ~ «малая» истерия (эпизодическая нервозность, чрезмерная впечатлительность и приступы возбуждения)

hystericism [hisˈterisizm] предрасположенность к истерии

hysterics [hiˈsteriks] истерический припадок, истерика

hysteriform [hiˌsteriˈfɔːm] истероформный

hysteroalgia [ˌhɪstərəʊˈælʤiːə] истероалгия (психогенно обусловленные боль и ощущения, сопровождающиеся обильными вегетативными проявлениями)

hysterobubonocele [ˌhɪstərəʊbuːˈbɒnəsiːl] паховая грыжа, в грыжевом мешке которой находится матка

hysterocarcinoma [ˌhɪstərəʊˌkaːsiˈnəʊmə] рак тела матки

hysterocele [ˈhɪstərəʊsiːl] гистероцеле, грыжа матки

hysterocervicorrhexis [ˌhɪstərəʊˌsəˈvikəʊˈriːksis] разрыв шейки матки

hysterocervicotomy [ˌhɪstərəʊˌsəˈviˈkɒtəmiː] рассечение шейки матки

hysterocleisis [ˌhɪstərəʊˈklaisis] хир. гистероклейзис (окклюзия матки)

hysterocystic [ˌhɪstərəʊˈsistik] маточно-пузырный (относящийся к матке и мочевому пузырю)

hysteroepilepsy [ˌhɪstərəʊˈepiˌlepsiː] истероэпилепсия

hysterofrenic [ˈhɪstərəʊˈfriːnik] купирующий истерический припадок (о биологически активной точке поверхности тела)

hysterogram [ˈhɪstərəʊˌgræm] 1. рентгенограмма матки 2. гистерограмма (запись сокращений матки)

hysteroid [ˈhɪsteˌrɔɪd] истероидный, напоминающий истерию

hysterolaparotomy [ˌhɪstərəʊˌlæpəˈrɒtəmiː] чрезбрюшинная гистеротомия

hysteroloxia [ˌhɪstərəʊˈlɒksiːə] латерофлексия матки

hysterolysis [ˌhɪstəˈrɒlisis] хир. освобождение матки от спаек

hysteromania [ˌhɪstərəʊˈmeiniːə] 1. нимфомания, андромания (форма полового извращения) 2. истерический психоз

hysterometer [ˌhɪstəˈrɒmətə] гистерометр (градуированный зонд для измерения длины полости матки)

hysteromyoma [ˌhɪstərəʊmaiˈəʊmə] миома матки

hystero-oophorectomy [ˌhɪstərəʊˌəʊəfəˈrektəmə],

hystero-oothecectomy [ˌhɪstərəʊˌəʊˈθiktəmiː] удаление матки с придатками

hysterope [ˈhɪstəˌrəʊp] человек, страдающий расстройством зрения на почве истерии

hysteropexy [ˈhɪstərəʊˌpeksiː] хир. вентрофиксация матки

hysterophore [ˈhɪstərəʊˌfɔː] маточное кольцо, маточный пессарий

hysterorrhaphy [ˌhɪstəˈrɒrəfiː] 1. гистеропексия, фиксация матки 2. гистерорафия, ушивание разрыва матки

hysterorrhexis [ˌhɪstərəʊˈreksis] гистерорексис, разрыв матки

hysterosalpingography [ˌhɪstərəʊˌsælpiŋˈgɒgrəfiː] рентг. гистеросальпингография

hysterosalpingostomy [ˌhɪstərəʊˌsælpiŋˈgɒstəmiː] восстановление проходимости маточной трубы

hysteroscopy [hiˈsteˈrɒskəpiː]:

   panoramic ~ панорамная гистероскопия

hysterostomatocleisis [ˌhɪstərəʊˌstəʊmətəˈklaisis] ушивание шейки матки (операция при пузырно-маточном свище)

hysterostoma(to)tomy [ˌhɪstərəʊˌstəʊməˈtəʊtəmiː] инструмент для рассечения шейки матки

hysterosystole [ˌhɪstərəʊˈsistəliː] запаздывающее сокращение сердца

hysterotomy [ˌhɪsteˈrɒtəmiː] гистеротомия, рассечение тела матки

hysterotrachelectomy [ˌhɪstərəʊˌtreiækəˈlektəmiː] ампутация шейки матки

hysterotracheloplasty [ˌhɪstərəʊˈtrækələʊˌplæstiː] пластика шейки матки

hysterotrachelotomy [ˌhɪstərəʊˌtrækəˈlɒtəmiː] гистеротрахелотомия (рассечение шейки матки)

hysterotraumatism [ˌhɪstərəʊˈtrɔːməˌtizəm] травматическая истерия

hystiocytoma [ˌhɪstiːˌəʊsaiˈtəʊmə]:

   fibrous ~ аутоиммунный пролиферативный кератоконъюнктивит

hystochemistry [ˌhɪstəʊˈkemistriː] 1. гистохимия 2. гистохимический анализ

   enzyme ~ гистоферментохимия

I

iatraliptics [ˌaiətrə'liptiks] втирание *(метод лечения)*

iatreusology [ˌaiətru'sɒlədʒi:] лечение, терапия

iatric [ai'ætrik] лечебный, врачебный, медицинский

iatrogenic [ˌaiˌætrəʊ'dʒenik] ятрогенный *(вызванный действиями медицинских работников)*

iatrophysics [aiˌætrəʊ'fiziks] **1.** физиотерапия **2.** *ист.* ятрофизика

iatrotechnique [aiˌætrəʊtek'ni:k] техника медицинских манипуляций, врачебная техника

ice [ais] **1.** лёд || замораживать **2.** *sl.* метамфетамин *(для курения)*; кристаллический кокаин

carbon-dioxide ~ диоксид углерода, сухой лёд, твёрдая углекислота

ichnogram [iknəʊ'græm] отпечаток стопы, ихнограмма; след ноги

ichnography [ik'nɒgrəfi:] ихнография *(метод исследования походки и формы стопы по её отпечаткам)*

ichor ['aikɔ:] гнилостный [ихорозный] гной

ichorization [ˌaikɒri'zeiʃən] гнилостный распад

ichorrhea [ˌaikɒ'ri:ə] обильные гнилостные выделения

ichorrhemia [ˌaikɒ'ri:mi:ə] **1.** пиемия **2.** септицемия

ichthyism ['ikθi,izm], **ichthyosarcotoxism** [ˌikθi:əʊsa:kəʊ'tɒksizm] ихтиотоксикоз *(отравление токсинами рыб)*

ichthyosis [ˌikθi:'əʊsis] ихтиоз, диффузная кератома *(дефект ороговения кожи с формированием крупных кератиновых чешуек)*

~ **fetalis** ихтиоз плода

~ **linearis circumscripta** линеарный огибающий ихтиоз *(ихтиозоформная эритродермия)*

~ **simplex** *см.* ~ **vulgaris**

~ **uteri** ихтиоз матки

~ **vulgaris** обыкновенный ихтиоз

lamellar ~ ламеллярный ихтиоз

ichthyotoxin [ˌikθi:əʊ'tɒksin] ихтиотоксин *(токсин некоторых рыб)*

ichthyotoxism [ˌikθi:əʊ'tɒksizm] *см.* **ichthyism**

ictal ['iktəl] иктальный *(относящийся к припадку, чаще эпилептическому)*

icteric [ik'terik] иктерический, желтушный

icterogenic [ˌiktərəʊ'dʒenik], **icterogenous** [ˌiktə'rɒdʒənəs] вызывающий желтуху

icteroid ['iktə,rɔid] напоминающий желтуху

icterus ['iktərəs] желтуха

~ **gravis neonatorum** гемолитическая болезнь новорождённых, эритробластоз новорождённых

~ **typhoides** острая жёлтая атрофия печени

acholuric ~ *см.* **congenital hemolytic** ~

benign familial ~ семейная негемолитическая желтуха, Жильбера – Мейленграхта синдром

chronic familial ~ хроническая наследственная желтуха

congenital hemolytic ~ наследственная гемолитическая анемия, или желтуха; Минковского – Шоффара болезнь

cytohemolytic ~ гемолитическая [надпечёночная] желтуха

nuclear ~ ядерная желтуха *(гемолитическая болезнь новорождённых с поражением ядер мозжечка и мозга)*

obstructive ~ механическая [обтурационная] желтуха

physiologic ~ физиологическая желтуха *(новорождённых)*

spirochetal ~ желтушный лептоспироз, Вейля болезнь

ictometry [ik'tɒmətri:] иктометрия *(определение силы верхушечного толчка сердца)*

ictus ['iktəs] **1.** удар *(напр. пульса)* **2.** внезапный приступ или припадок *(особ. эпилепсии)*

~ **cordis** биение сердца

~ **epilepticus** приступ эпилепсии

~ **paraliticus** инсульт с развитием паралича

~ **solis** солнечный удар

id[1] [id] *психоан.* «оно», «это» *(подсознание, совокупность инстинктивных влечений человека)*

id[2] сыпь *(обычно аллергическая)*

id[3]:

~ **est** *лат.* то есть

idea [ai'di:ə] идея, представление, понятие

~ **s of grandeur** *фр., псих.* идея величия, Вернике экспансивная идея

~ **of persecution** идея преследования

~ **s of reference** *псих.* идеи отношения

anticipatory ~s представления ожидания

autochthonous ~s *псих.* Вернике аутохтонная идея, спонтанно возникающая идея

compulsive ~s *псих.* навязчивая идея

delusional ~ бредовая идея

fixed ~ *псих.* «идея-фикс» *(1. навязчивая идея 2. сверхценная, доминирующая идея)*

grandiose ~s идеи величия

intrusive ~ *см.* **compulsive** ~

overvalued [predominant] ~s *псих.* сверхценная [доминирующая, фиксированная] идея

idea-chase [ai,di:ə-'tʃeis] скачка идей

ideal [ai'di:əl]:

idealized ~ идеализируемый идеал

idealization [ai,di:əlai'zeiʃn] *психол.* идеализация

ideation [ˌaidi:'eiʃən] мышление, рождение идей, способность к формированию и восприятию идей, идеаторная продукция

paranoid ~ параноидная идея

persistent suicidal ~ стойкая суицидальная направленность

psychic ~ психическое расстройство

suicidal ~ суицидальные мысли

ideational [ˌaidi:'eiʃənəl] мыслительный, относящийся к мышлению

idem ['ai,dem] *лат.* то же самое, так же, тот же

579

identical [ai'dentikəl] идентичный, одинаковый, тождественный

~ **by descendent** *мол. биол.* метод определения гаплоидентичности, или идентичности, по гаплотипам, наследуемым от предков

identification [ai,dentəfi'keiʃən] **1.** идентификация *(1. опознание лица или вещи на основании неизменяемых признаков 2. бессознательный психический процесс уподобления другим людям в одном или нескольких аспектах)* **2.** распознавание, отождествление, определение, выяснение, установление *(напр. вида бактерии)*

~ **of factors** выявление факторов *(напр. прогноза болезни)*

~ **of foreign object** выявление [обнаружение] инородного тела

~ **of maladaptive thoughts** идентифицикация неадекватных мыслей

~ **of organism in macrophages** обнаружение возбудителя в макрофагах

~ **of risk factors** выявление факторов риска

analitical politest ~ **of anaerobes** аналитическая политестовая система энзимоидентификации анаэробных бактерий

fluorescent antibody ~ идентификация с помощью флуоресцирующих антител

forensic ~ судебно-медицинская идентификация

gender ~ *см.* **gender identity**

introjective ~ *психоан.* интроективная идентификация

lifetime ~ прижизненная идентификация

personal ~ описание внешности

positive ~ положительная проба

presumptive ~ вероятная [предполагаемая] идентификация *(напр. анаэробов)*

projective ~ *психоан.* проективная идентификация

serotaxonomic ~ серологическая идентификация *(микроорганизма)*

identify [ai'dentifai] опознавать, идентифицировать

~ **oneself with** идентифицировать себя с

identikit [ai,denti'kit] фоторобот; изображение, составленное по описанию

identity [ai'dentiti] **1.** личность, индивидуальность **2.** идентичность, тождественность, подлинность

antigenic ~ антигенная идентичность *(штаммов вируса)*

cultural ~ культуральная идентичность

"ego" ~ *псих.* тождественность (своего) «Я»

ethnic ~ этническая идентичность

gender ~ гендерная [половая] идентификация, осознание пола

genetic ~ генетическая идентичность, генетическое родство

personal ~ самоопределение

serological ~ серологическая идентичность

sex-role ~ *суд. мед.* полоролевая подлинность

sexual ~ половая идентичность

ideoglandular [,aidi:əʊ'glændjʊlə] относящийся к условно-рефлекторному механизму секреции

ideokinetic [,aidi:əʊki'netik] *см.* **ideomotor**

ideology [,aidi:'ɒləʤi:] **1.** мировоззрение; система взглядов **2.** методология; концепция *(единый определяющий замысел, ведущая мысль)*

treatment ~ методология [принципы] лечения

ideomotion [,aidi:əʊ'məʊʃən] идеомоторный акт, идеомоторная реакция

ideomotor [,aidi:əʊ'məʊtə] идеомоторный *(относящийся к двигательной активности человека, возникающей вследствие какой-л. идеи)*

idiobiology [,idi:əʊbai'ɒləʤi:] биология особи

idioblapsis [,idi:əʊ'blæpsəs] **1.** относящийся к аллергии **2.** невыявляемые аллергические антитела **3.** аллергические симптомы

idiochromosome [,idi:əʊ'krəʊmə,səʊm] половая хромосома, алло(хромо)сома, гетеро(хромо)сома, *уст.* идиохромосома

idiocrasy [,idi:'ɒkrəsi:] идиосинкразия, повышенная чувствительность

idiocy ['idi:əsi:] идиотия *(наиболее тяжёлая форма олигофрении)*

amaurotic family ~ (семейная) амавротическая идиотия, церебромакулярная дегенерация

athetosic ~ атетоз, атетоидный гиперкинез

cretinoid ~ кретинизм, врождённый гипотиреоз

moral ~ моральная идиотия, моральное помешательство

intrasocial ~ интрасоциальная идиотия, при которой больной может заниматься профессиональной деятельностью

xerodermic ~ ксеродермическая идиотия, Де Санктиса – Каккьоне синдром

idiogenesis [,idi:əʊ'ʤenisis] неизвестное происхождение, неустановленная природа *(заболевания)*

idioglossia [,idi:əʊ'glɒsi:ə] невнятная речь вследствие дефектов произношения

idiogram ['idi:əʊ,græm] *ген.* идиограмма, кариограмма *(графическое изображение хромосом)*

idiohypnotism [,idi:əʊ'hipnə,tizəm] аутогипноз

idiometritis [,idi:əʊ'metriks] *гинек.* миометрит

idionodal [,idi:əʊ'nəʊdl] относящийся к узловому ритму *(сердца)*

idiopathetic [,idi:əʊrə'θetik], **idiopathic** [,idi:əʊ'ræθik] идиопатический, эссенциальный, неизвестной причины, неясного происхождения

idiopathy [,idi:'ɒpəθi:] болезнь неясного происхождения

idiophrenic [,idi:əʊ'frenik] идиофренический *(1. рождающийся только в сознании, не являющийся вторичным, рефлекторным 2. относящийся к органическому поражению головного мозга)*

idioplasm [,idi:əʊ'plæzm] идиоплазма, зародышевая плазма

idiospasm [,idi:əʊ'spæzm] локальный [местный] спазм

idiosyncrasy [,idi:əʊ'siŋkrəsi:] **1.** отличительная черта характера, темперамент; склад ума **2.** идиосинкразия, повышенная чувствительность

~ **of drug** лекарственная идиосинкразия, повышенная чувствительность к действию лекарственных средств

idiotope ['idi:əʊ,təʊp] идиотипическая детерминанта, идиотоп *(антигенная детерминанта вариабельной области иммуноглобулина)*

bystander ~ минорная антидетерминанта, рецессивный идиотоп

paratopical ~ рецепторная зона, паратоп, антидетерминанта *(антигенсвязывающий участок анитела)*

regulatory ~s регуляторные идиотопы *(вызывающие иммунный ответ)*

site-associated ~s идиотопы связанные с антигенным локусом

idiotproof [͵idiːɒt'pruːf] защищённый от неумелого или неосторожного обращения, «защищённый от дурака»

idiotype ['idiːəʊ͵taip] идиотип, детерминанта *(придающая молекуле иммуноглобулина антигенную «индивидуальность»)*

anti-DNA antibody ~s идиотипы антител к ДНК

cross-reactive ~ набор родственных [перекрёстно-реагирующих] идиотипических детерминант

dominant ~s доминантный идиотип

original ~ набор природных идиотипических детерминант, генетически детерминированный идиотип

"private" ~ *см.* **restricted** ~

"public" ~ 1. набор родственных [перекрёстно-реагирующих] идиотических детерминант; 2. убиквитарный идиотип

reccurent ~ набор «рецидивирующих» (периодически выявляемых в крови) идиотипических детерминант

restricted ~ уникальный идиотип

"silent" ~ набор скрытых [латентных] идиотипических детерминант

idiotypy ['idiːəʊ͵taipi] идиотипическое разнообразие, идиотипия, вариабельность идиотипов

idiovariation [͵idiːəʊ͵væriː'eiʃən] *ген.* мутация

idioventricular [͵idiːəʊven'trikjʊlə] относящийся к желудочку сердца, желудочковый

igniextirpation [͵igni͵ekstə'peiʃən], **ignioperation** [͵igni͵ɒpə'reiʃən] термокаустика, термокоагуляция

ignipuncture [͵igni'pʌŋktʃə] игнипунктура *(рефлексотерапия горячими иглами)*

ileac ['iliː͵æk] 1. подвздошный 2. относящийся к непроходимости кишечника

ileectomy [͵iliː'ektəmi] резекция подвздошной кишки

ileitis [iliː'aitis] илеит *(воспаление подвздошной кишки)*

backwash ~ рефлюкс-илеит, ретроградный илеит

distal ~ терминальный илеит

regional ~ регионарный илеит

ileocecal [͵iliːəʊ'siːkəl] илеоцекальный, подвздошно-слепокишечный

ileocolitis [͵iliːəʊkəʊ'laitis] энтероколит

ileocolonic [͵iliːəʊkəʊ'lɒnik] подвздошно-ободочный

ileocolostomy [͵iliːəʊkəʊ'lɒstəmi] илеоколоанастомоз

end-to-end ~ илеоколоанастомоз «конец в конец»

ileocystoplasty [͵iliːəʊ'sistə͵plæsti] илеоцистопластика *(создание мочевого резервуара из слепой кишки)*

ileoentropy [͵iliːəʊ'entrəpi] выворачивание сегмента подвзошной кишки

ileoproctostomy [͵iliːəʊprɒk'tɒstəmi] илеопроктоанастомоз, илеоректальный анастомоз

ileopsoas [͵iliːəʊ'səʊæs] подвздошно-поясничная мышца || подвздошно-поясничный

ileosigmoidostomy [͵iliːəʊ͵sigmoi'dɒstəmi] илеосигмоанастомоз

ileostomy [͵iliː'ɒstəmi] илеостома

~ **without external appliance** илеостома без калоприёмника

continent ~ удерживающая [постоянная] илеостома

conventional ~ общепринятая [стандартная] илеостома

ileotomy [͵iliː'ɒtəmi] вскрытие просвета подвздошной кишки

ileotransversostomy [͵iliːəʊ͵trænzvə'səʊ'stəmi] илеотрансверзоанастомоз

ileoureter [͵iliːəʊjʊ'riːtə] илеоуретер *(мочеточник из подвздошной кишки)*

ileum ['iliːəm] подвздошная кишка

duplex ~ удвоение подвздошной кишки

pulled-through ~ низведённая подвздошная кишка *(через прямую)*

ileus ['iliːəs] непроходимость кишечника, илеус

~ **due to meconium** мекониевая непроходимость кишечника

~ **subparta** непроходимость толстой кишки, обусловленная сдавлением её просвета маткой при беременности

adynamic ~ *см.* **paralytic** ~

cecal ~ непроходимость слепой кишки

dynamic ~ спастическая непроходимость кишечника

enterolith ~ непроходимость кишечника, вызванная каловым конкрементом

gallstone ~ жёлчно-каменная непроходимость кишечника

generalized ~ полная непроходимость кишечника

hyperdynamic ~ *см.* **dynamic** ~

localized ~ частичная непроходимость кишечника

meconium ~ мекониевая непроходимость кишечника

obstructive ~ обтурационная непроходимость кишечника

occlusive ~ механическая непроходимость кишечника

paralytic ~ паралитическая непроходимость кишечника

spastic ~ *см.* **dynamic** ~

verminous ~ паразитарная непроходимость кишечника

iliac ['iliː͵æk] относящийся к подвздошной кости

iliacus [i'laiəkəs] подвздошная мышца

iliocavagraphy [͵iliːəʊ͵keivə'græfi] илиокаваграфия *(рентгенография подвздошной и полой вен)*

iliolumbar [͵iliːəʊ'lʌmbə] подвздошно-поясничный

iliosciatic [͵iliːəʊsai'ætik] подвздошно-седалищный

iliothoracopagus [͵iliːəʊˌθɔːrə'kʊpəgəs], **ilioxiphopagus** [͵iliːɒksifəʊ'pəgəs] илиоторакопаг *(близнецы, сросшиеся в области таза и грудной клетки)*

ilium ['iliːəm], *pl.* **ilia** ['iliʌ] подвздошная кость

ill [il] 1. нездоровый; больной 2. болезнь, заболевание 3. аномальный; патологический 4. вредный

to be taken [to fall] ~ заболеть

critically ~ 1. тяжелобольной 2. больной, находящийся в критическом состоянии

dangerously ~ тяжело болен, опасно болен

extremely ~ крайне тяжёлый больной

föhn ~ заболевание, вызванное фёном *(горячим, сухим ветром, дующим с гор)*

joint ~ воспаление сустава, артрит

medically ~ соматический больной

mentally ~ психически больной

moor ~ дизентерия

navel ~ 1. болезнь пупка 2. пупочный сепсис

systemically ~ генерализация; системное поражение *(процесс, охватывающий весь организм)*

terminal ~ терминальная стадия болезни

violently ~ тяжелобольной

ill-defined ['il-di'faind] обусловленный заболеванием

illegal [i'li:gəl] незаконный, уголовный, криминальный *(напр. аборт)*

illegalize [i'li:gəˌlaiz]:

~ **smoking** запрещать курение

illegitimasy [ˌili'ʤitəməsi:] незаконность

illegitimate [ˌili'ʤitəmit] 1. незаконнорождённый, внебрачный 2. незаконный

illfeeling [ˌil'fi:liŋ] 1. неприязнь; враждебность 2. чувство обиды

ill-health ['il-'helθ] болезненность, хилость

ill-humored [il-'hju:məd] в дурном настроении; со скверным характером

illicit [i'lisit] незаконный, недозволенный, запрещённый *(напр. о применении лекарств с немедицинской целью)*

illness ['ilnəs] 1. болезнь, заболевание 2. страдание; расстройство

to overcome ~ преодолевать болезнь, выздоравливать

active ~ клинически выраженное заболевание

affective ~ *псих.* аффективное расстройство

apparent ~ болезнь с выраженными клиническими проявлениями

associated ~ сопутствующее заболевание

atopic ~ атопия, атопическое заболевание *(аллергия наследственного происхождения)*

caisson ~ декомпрессионная болезнь; кессонная болезнь

catastrophic ~ болезнь в терминальной стадии

clinical ~ манифестация болезни, клинические проявления болезни

compressed air [decompression] ~ *см.* caisson ~

concomitant ~ *см.* associated ~

concurrent ~ сопутствующее заболевание; конкурентное заболевание

depressive ~ депрессивное состояние

disabling ~ *см.* incapacitating ~

drug-induced ~ лекарственная болезнь

emotional ~ *псих.* аффективное расстройство; *разг.* психическое расстройство

enteric ~ кишечное заболевание; диарея

fatal ~ неизлечимое [смертельное] заболевание

foodborn ~ пищевое отравление

iatrogenic ~ ятрогенное заболевание

inactive ~ неактивная [торпидно протекающая] болезнь

incapacitating ~ заболевание, приводящее к потере трудоспособности

inveterate ~ застарелая болезнь

little ~ абсанс *(кратковременная потеря сознания с последующей амнезией – симптом эпилепсии)*

long-term ~ хроническое заболевание

manic ~ маниакальный психоз

manic-depressive ~ маниакально-депрессивный психоз

medical ~ *см.* physical ~

mental ~ 1. заболевание головного мозга с изменением поведения 2. психическое заболевание, психоз 3. девиантность поведения

minor mental ~ пограничное психическое расстройство, малая психиатрия, невроз

occupational ~ профессиональное заболевание

original ~ первичное [исходное] заболевание

physical ~ соматическое заболевание

previous ~ 1. перенесённая ранее болезнь 2. заболевание, предшествующее страхованию

psychiatric ~ психическое заболевание

psychosomatic ~ психосоматическое заболевание

sex-linked recessive ~ сцепленное с полом заболевание, наследуемое по рецессивному типу

sham ~ симуляция болезни; симулируемое заболевание

shizoaffective ~ шизоаффективное заболевание *(форма периодической шизофрении)*

sorcery ~ *псих.* болезнь околдования

underlying ~ основное заболевание

illness-affirming ['ilnəs-ə'fə:miŋ] демонстрирующий болезнь *(о поведении)*

ill-nourished [il-'nʌriʃt] худой, плохо упитанный

illogical [i'lɒʤikəl] 1. нелогичный 2. аномальный; патологический

illumination [iˌlu:mi'neiʃən]:

bright-field ~ освещение методом светлого поля *(при микроскопии)*

dark-field [dark-ground] ~ микроскопия в тёмном поле

flash ~ 1. импульсное освещение 2. импульсное облучение

through ~ трансиллюминация

uniform ~ равномерная освещённость

illuminism [i'lu:miˌnizm] *псих.* иллюминизм *(галлюцинаторное общение со знаменитостью или высшим существом)*

illusion [i'lu:ʒən] 1. иллюзия, ошибочное восприятие 2. несбыточная мечта ребёнка, влияющая на всё его поведение

~ **of doubles** *псих.* иллюзия раздвоения

~**s of false recognition** иллюзии ложного узнавания

affective ~ *псих.* аффективная иллюзия

memory ~ иллюзия памяти

oculogyral ~ глазодвигательная иллюзия

optical ~ оптический обман, зрительная иллюзия

proofreader's ~ иллюзия корректора *(просмотр опечатки)*

sense [sensory] ~ иллюзия восприятия, сенсорная иллюзия

illusional [i'lu:ʒənəl] иллюзорный, обманчивый, нереальный

image ['imiʤ] 1. образ, представление; изображение; отражение ‖ представлять; изображать, отображать, отражать 2. лицо, имидж; внешность, внешний вид человека

~ **of health** образ здоровья

~ **of self** представление о себе

accidental ~ 1. *офт.* последовательный образ 2. психологическое преобразование *(зрительное ощущение, сохраняющееся после прекращения действия раздражителя)*

acoustic ~ узи акустическое изображение

after ~ послеобраз *(ощущения, продолжающиеся после прекращения действия раздражителя)*

angiographic ~ ангиограмма

axial ~s изображение в аксиальной проекции

body ~ 1. *невр.* схема тела 2. *псих.* образ собственного тела 3. формирование телосложения, бодибилдинг, «боди-имидж»

cine magnetic resonance ~ киномагнитнорезонансная визуализация внутренних органов

color ultrasonic ~ цветное ультразвуковое изображение

compulsive ~ навязчивое представление

2D ~ *см.* **two-dimensional** ~

3D ~ *см.* **three-dimensional** ~

4D ~ узи объёмное изображение в реальном времени

digital ~ *рент.* цифровое изображение

eidetic ~ эйдетический образ *(сохраняющийся чётким и ярким после увиденного)*

fluoroscopic ~ рентгеновское изображение; флюороскопическое изображение

full-color ~ цветное изображение *(на сканограмме)*

gamma-ray ~ сцинтиграмма

ghost ~ ложное [мнимое] изображение

Golgi ~ пластинчатый комплекс, Гольджи аппарат

gray-scale ~ чёрно-белое [серо-шкальное] изображение

hard ~ контрастное [чёткое] изображение

idealized parental ~ идеализированный родительский образ

internal ~ внутренний образ

medullary ~ клеточный состав пунктата костного мозга, картина костного мозга

mirror ~s зеркальное отображение

movement ~ образ движения

negative ~ *см.* **accedental** ~

pareudolic(al) ~ парейдолическая [фантастическая] иллюзия

perceptual ~ перцептивный [воспринимаемый] образ

pulmonary air-fluid ~ воздухожидкостная визуализация лёгких

radiographic [roentgenogram] ~ рентгенограмма

scanner [scanning] ~ сканограмма

schematic ~ схематичное изображение *(напр. анатомической структуры)*

sectional ~ томограмма

sensory ~ чувствительный образ *(формирующийся одним или более видами ощущений)*

sharp ~ *см.* **hard** ~

three-dimensional ~ узи трёхмерное [объёмное, 3D] изображение

two-dimensional ~ узи двухмерное [плоскостное, 2D] изображение

ultrasonic echo sectional ~ томографическая эхограмма

upright ~ 1. прямое изображение *(напр. глазного дна)* 2. рентгеновское изображение в вертикальном положении *(обследуемого)*

virtual ~ виртуальное [мнимое] изображение *(напр. голографическая передача на расстояние хирургического вмешательства)*

imagery ['imidʒəri] наложение образа; образность *(психотехника с настраиванием пациента на приятное* фантазирование для нейтрализации неприятных эмоций и чувств, сопряжённых с тревогой)

eidetic ~ эйдетическое воображение *(характеризующееся яркостью и чёткостью образов)*

guided ~ **with music** воображение, направленное музыкой *(психотехника, основанная на способности музыки изменять состояние сознания)*

guided affective ~ управляемое аффективное воображение *(метод психотехники; разработан Leuner, 1977 г.)*

hypnagogic ~ гипнагогическое наложение образа *(непосредственно перед погружением в сон)*

hypnopompic ~ гипнопомпическое наложение образа *(в полусонном состоянии, при пробуждении от сна)*

spontaneous ~ спонтанные представления

imaginal [i'mæʤinəl] 1. имагинальный, половозрелый *(о стадии развития эхинококка)* 2. имагинативный *(относящийся к психотехнике с управляемым воображением)*

imaginary [i'mæʤineri:] мнимый, ложный, фантомный

imagination [i,mæʤi'neiʃən] воображение; мысленный образ

imaging ['imiʤiŋ] 1. изображение, имидж 2. визуализация, получение изображения *(выведение на экран рентгеновского, теплового или ультразвукового изображения)*

~ **of coronary arteries** изображение коронарных артерий

~ **of the colon** визуализация толстой кишки

~ **of globe** (ультразвуковое) изображение глазного яблока

~ **with computer** *мед. тех.* создание образов с помощью компьютера

amplitude modulation [A-mode] ultrasound ~ получение ультразвукового изображения в режиме А *(амплитудном, одномерном)*

brain ~ визуализация головного мозга

brightness modulation [B-mode] ultrasound ~ получение ультразвукового изображения в режиме В *(двухмерном)*

color Doppler ~ цветное доплеровское изображение; цветная доплерография

diagnostic ~ диагностическая [медицинская] визуализация, визуализирующие методы диагностики, видеодиагностика

digital cardiac ~ компьютерно-визуальные методы исследования сердца

Doppler power ~ энергетическая доплерография

duplex ~ узи дуплексное представление *(метод измерения скорости кровотока)*

echo planar ~ эхопланарное представление *(получение изображения с помощью ядерно-магнитного резонанса)*

fast ~ **with steady-state precession** метод быстрой визуализации с помощью прецессии в устойчивом состоянии *(при МРТ)*

endoluminal sonographic ~ внутрипросветное изображение *(напр. устья уретры)*

Gallium-67 citrate ~ визуализация с использованием цитрата галлия-67

intravascular ultrasound ~ ультразвуковое изображение состояния просвета сосуда

magnetic resonance ~ магнитно-резонансная томография, МРТ

mirror ~ зеркальное отображение *(генетических признаков)*

morbid ~ болезненное воображение

motion mode [M-mode] ultrasound ~ ультразвуковое изображение в режиме М *(движения)*

MR ~ **of knee** магнитно-резонансное [МР] изображение коленного сустава

native tissue harmonic ~ *узи* визуализация нативной тканевой гармоники

noninvasive cardiac ~ неинвазивная кардиовизуализация

nuclear ~ радионуклидная [ядерная] визуализация

nuclear magnetic resonance ~ исследование методом ядерно-магнитного резонанса, ЯМР-томография

power Doppler ~ энергетическая доплерография

pulsed wave tissue velocity ~ импульсная тканевая доплерография

quantitative blood flow ~ количественная оценка кровотока

radionuclide emission ~ радионуклидная визуализация, радиоизотопное сканирование

real-time ~ видеомониторное наблюдение

sonographic ~ ультразвуковое [сонографическое] изображение

sophisticated ~ сложный метод визуализирующей диагностики

three-dimensional [3d] gradient-echo ~ трёхмерное картирование градиента эхо-изображений

two-dimensional [2d] gradient-echo ~ двухмерное картирование градиента эхо-изображений

tissue specific ~ *узи* автоматическое дифференцирование тканей

tissue velocity ~ тканевая скоростная доплерография

ultrasound [u/s] ~ ультразвуковое изображение, эхография, сонография

imago [i'meigəu], *pl.* **imagines** [i'mædʒini:z] *лат.* имаго *(1. завершающая стадия развития насекомого; взрослая стадия насекомого 2. образ 3. ранний термин для архетипа)*

imagocide [i'meigəu,said] *pl.* имагициды *(инсектициды для уничтожения взрослых насекомых)*

imagotherapy [i'meigəu,θerəpi:] имаготерапия *(психотерапевтическая техника воспроизведения определённого комплекса характерных образов с лечебной целью)*

imbalance [im'bæləns] **1.** нарушение равновесия, дисбаланс **2.** несоответствие

acid/base ~ нарушение кислотно-основного равновесия

autonomic ~ расстройство [нарушение] вегетативной регуляции

immunoregulatory T-cell ~ иммунорегуляторный Т-клеточный дисбаланс

metabolic ~ нарушение обмена, или метаболизма

nutritional ~ нарушение пищевого баланса

occlusal ~ нарушение окклюзии зубов, окклюзионный дисбаланс

oculomotor ~ нарушение глазодвигательного равновесия

ovarian ~ дисфункция яичников; дисбаланс гормонов яичников

sympathetic ~ ваготония, парасимпатикотония

T cell ~ неустойчивость Т-клеток

ventilation-perfusion ~ нарушение вентиляционно-перфузионного отношения

imbecile [im'bəsil] имбецил ‖ имбецильный

imbecility [,imbə'siliti:] **1.** имбецильность, слабоумие **2.** неспособность

moral ~ неспособность усвоить моральные нормы

imbed [im'bed] заделывать, заливать *(гистологический препарат)*

imbedding [im'bediŋ] заливка *(эпоксидной смолой гистологических срезов)*

imbibition [im,bi'biʃən] **1.** впитывание, всасывание, поглощение **2.** имбибиция *(пропитывание тканей растворёнными в тканевой жидкости веществами)*

cholesterol ~ **of gallbladder** холестероз жёлчного пузыря *(в виде чешуи)*, чешуйчатый жёлчный пузырь

imbrication [,imbrə'keiʃən] *хир.* черепицеобразное покрытие, укладка внахлёстку

imitation [,imi'teiʃən] имитация *(подражание действиям другого человека)*

imitator [,imi'teitə] имитатор *(напр. дыхания)*; стенд-имитатор

immature [,imə'tjuə] недоразвитый; недоразвившийся; незрелый

immaturity [,imə'tjurəti:] недоразвитие; незрелость

emotional ~ эмоциональная незрелость

neurodevelopmental ~**ies** незрелость нервной системы

pelvic ~ неправильно сформировавшийся таз

immediate [i'mi:diət] **1.** непосредственный, прямой *(напр. о заражении)* **2.** внезапный, немедленный, безотлагательный, экстренный *(напр. о лечении)*

immedicable [i'medikəbəl] инкурабельный, неизлечимый; не поддающийся лечению

immerse [i'mə:s] погружать, окунать

immersion [i'mə:ʃən] иммерсия, погружение

high power oil ~ микроскопия с иммерсионным объективом большого увеличения

immigration [,imi'greiʃən] иммиграция

immobile [i'məubail] неподвижный; фиксированный *(напр. перелом)*

immobilization [i,məubilai'zeiʃən] иммобилизация, обездвиживание, фиксация *(лишение подвижности какой-л. части тела – обычно при травмах)*

cell ~ *лат.* иммобилизация клеток

immorality [,imɔ:'ræliti:]

maniacal ~ маниакальная распущенность

immortalization [i,mɔ:təlai'zeiʃən] иммортализация *(придание нормальной клеточной культуре in vitro способности к «бессмертию», неограниченному числу делений в результате спонтанной мутации, под воздействием химических канцерогенов или вирусной инфекции)*

immune [i'mju:n] **1.** иммунный; невосприимчивый; не подверженный заражению; иммунизированный **2.** аутоиммунный

immune-compromised [i'mju:n-'kɒmprəmaizd] иммунокомпрометированный, иммунопоражённый, иммунодефицитный

immune-mediated [i'mjuːn-'miːdiˌeitəd] аутоиммунный, иммунно-опосредованный

immunifacient [iˌmjuːni'feiʃənt] вырабатывающий иммунитет, иммуногенный

immunifaction [iˌmjuːni'fækʃən] иммунизация

immunisin [i'mjuːnisin] комплементсвязывающее антитело

immunity [i'mjuːniti] иммунитет, невосприимчивость *(к агентам, обладающим антигенными свойствами)*

 absolute ~ абсолютный иммунитет *(генетическая невосприимчивость организма к определённому возбудителю инфекции)*

 acquired ~ приобретённый иммунитет

 active ~ активный иммунитет *(обусловленный собственными защитными силами организма)*

 adoptive ~ адоптивный иммунитет *(обусловленный введением живых иммунокомпетентных лимфоцитов активно иммунизированного донора)*

 artificial active ~ поствакцинальный [прививочный] иммунитет

 autogenous ~ 1. аутогенный иммунитет 2. противоопухолевый иммунитет

 cell-bound [cell-mediated, cellular] ~ клеточный [клеточно-опосредованный] иммунитет

 congenital ~ *см.* inborn ~

 cross (-protectivity) ~ перекрёстный иммунитет

 expressive ~ напряжённый [выраженный] иммунитет

 familial [genetic] ~ *см.* inborn ~

 herd ~ охват населения иммунитетом *(число в популяции лиц, невосприимчивых к инфекции, по отношению к лицам, к ней восприимчивым)*

 humoral ~ гуморальный иммунитет

 inborn [inherent, innate] ~ наследственный [врождённый, естественный] иммунитет

 lasting [lifelong] ~ длительный, продолжительный иммунитет

 local ~ *см.* tissue ~

 natural ~ *см.* inborn ~

 passive ~ пассивный иммунитет *(возникающий при введении в организм плазмы, содержащей антитела, выработанные другим организмом в результате активной иммунизации)*

 relative ~ относительный иммунитет *(невосприимчивость к заболеванию, которая утрачивается при поступлении в организм большого количества возбудителя)*

 specific ~ видовой иммунитет *(врождённый иммунитет, свойственный всем особям данного биологического вида)*

 sterile [sterilizing] ~ стерильный иммунитет *(невосприимчивость к заболеванию, сохраняющаяся после полного выведения возбудителя из организма)*

 superinfection ~ 1. иммунитет к повторной инфекции *(тем же возбудителем)* 2. иммунитет к вторичной инфекции *(индуцированный первичной инфекцией)*

 tissue ~ тканевой [местный] иммунитет

 tumor-specific ~ специфичный к опухоли иммунитет

immunization [ˌimjʊnə'zeiʃən] 1. иммунизация, прививка, вакцинация 2. аутоиммунный процесс

 bivalent ~ бивалентная иммунизация *(одновременно двумя антигенами)*

 booster ~ 1. бустер-иммунизация *(повторная иммунизация с целью усиления иммунного ответа)* 2. реиммунизация *(при множественных циклах иммунизации)*, ревакцинация

 cohort ~ массовая иммунизация определённого контингента

 congenic ~ иммунизация конгенного реципиента

 genetic ~ генная иммунизация *(индукция у организма иммунного ответа путём введения в клетки гена, кодирующего белок-антиген)*

 intraintestinal ~ энтеральная иммунизация

 oral ~ пероральная иммунизация

 passive ~ пассивная иммунизация

 preventive ~ вакцинация *(введение в организм антигена с целью индуцирования выработки антител)*

 reciprocal ~ взаимная сенсибилизация *(в аллогенной системе мать – плод)*

 secondary [supplemental] ~ *см.* booster ~

 sequential ~ последовательная иммунизация

immunizator [ˌimjʊni'zeitə] иммунизирующее вещество, иммуноген

immunize ['imjʊnaiz] иммунизировать, делать невосприимчивыми *(к инфекции)*

immunoablative [ˌimjʊnəʊ'æblətiv] иммунодеструктивный *(процесс)*

immunoadjuvant [ˌimjʊnəʊ'ædʒəvənt] неспецифический стимулятор иммунитета *(напр. БЦЖ)*

immunoagglutination [ˌimjʊnəʊˌgluːti'neiʃən] иммуноагглютинация, специфическая агглютинация

immunoarchitecture [ˌimjʊnəʊ'aːkiˌtektʃə] иммуноархитектоника, иммуногистологическая структура

immunoassay [ˌimjʊnəʊ'æsei] 1. иммунологический [иммунохимический] анализ 2. иммунологическая проба

 bioelectrochemic ~ биоэлектрохимический иммуноанализ *(с использованием биоэлектрода на основе иммобилизованного фермента)*

 capillary enzyme ~ иммуноферментный анализ, ИФА, энзимокапиллярный иммуноанализ

 capture ~ иммуноанализ с захватом *(антигена или антитела)*

 centrifugation-augmented solidphase ~ твёрдофазный иммуноанализ с центрифугированием

 chemiluminescence-linked ~ 1. метод флуоресцирующих антител 2. хемолюминесцентный метод обнаружения тканевых антигенов

 colony ~ иммуноанализ колоний

 competition ~ конкурентный иммунотест

 competitive homogeneous enzyme ~ конкурентный гомогенный иммуноферментный анализ

 competitive solid-phase enzyme ~ конкурентный твёрдофазный иммуноферментный анализ

 diffusion-in-gel enzyme ~ гельдиффузионный иммуноферментный анализ

 direct agglutination ~ реакция прямой агглютинации

 dot blot ~ дот-блот-иммуноанализ; дот-иммуноблоттинг *(метод гибридизации антигена с антителом путём диффузии через точечные отверстия в матрице)*

dot enzyme ~ точечный иммуноферментный анализ, дот-иммуноэнзиматический анализ

double-antibody enzyme ~ иммуноферментный анализ методом двойных [двойной системы] антител

drug-monitoring ~ иммунофармакологический [лекарственно-иммунологический] контроль

dual-particle inhibition ~ иммуноингибиторный иммуноанализ с двойным усилением

electrochemical ~ потенциометрический иммуноанализ *(с использованием иммуноселективного электрода)*

electrode-based enzyme ~ потенциометрический иммуноферментный анализ *(с использованием импрегнированного ферментом электрода)*

enzyme labelled ~ ферментный иммуносорбентный метод

enzyme membrane ~ мембранный иммуноферментный анализ

enzyme modulator-mediated ~ иммуноферментный анализ с модулятором

enzyme multiplied ~ иммуноферментный анализ, ИФА

fluid-phase fluorescence ~ гомогенный иммунофлуоресцентный анализ

fluorescence excitation transfer ~ иммуноанализ с переносом возбуждённой флуоресценции

fluorescence polarization ~ флуоресцентный поляризационный иммуноанализ

fluorescence quenching ~ иммуноанализ с тушением флуоресценции

fluorescent binding ~ твёрдофазный иммунофлуоресцентный анализ

homogeneous enzyme ~ одноантительный [однородный] иммуноферментный анализ

immunocapillary migration enzyme ~ иммуноферментный анализ в капиллярах, энзимокапиллярный иммуноанализ

immunodiffusion thin layer ~ тонкослойная иммуногель-хроматография

isotopic ~ радиоиммуноанализ

label ~ иммуноанализ с мечением

latex (enhanced) [latex particle] ~ латекс-иммуноанализ

light scattering ~ иммунонефелометрический анализ

liposome-based ~ иммуноанализ с использованием липосом, иммунолипосомный анализ

magnetic solid phase enzyme ~ магнитный твёрдофазный иммуноферментный метод

multilayer enzyme ~ многоэтапный иммуноферментный анализ *(для одновременного определения нескольких различных антигенов или антител)*

one-step ~ одностадийный иммунологический тест

particle-based ~ иммуноанализ с подсчётом *(агглютинированных)* частиц

particle concentration fluorescence ~ латекссвязывающий иммунофлуоресцентный анализ

particle-enhanced inhibition ~ ингибиторный иммуноанализ с латексным усилением

particle-enhanced turbidimetric ~ турбидиметрический иммуноанализ с латексным усилением

phase-separation ~ иммунологическое исследование разделением по фазе

physician office ~ поликлинический [диспансерный] иммуноанализ

quantitative enzyme ~ количественный энзимоиммуноанализ

quartz-elastic light scattering ~ иммунонефелометрический анализ в кварцево-эластичных кюветах

radial partition ~ радиальный разделительный иммуноферментный метод

rapid-dot ~ быстрый точечный микроиммунометод

sandwich-type enzyme ~ сэндвич-иммунотест *(способ иммуноанализа, при котором чувствительность определения антигена возрастает за счёт сэндвича, образованного вторичными антителами, меченными легко детектируемой меткой к первичным антителам)*

spin ~ метод мембранно-связанных антител, метод иммуноглобулинов

sporo-pollen ~ споропыльцевой анализ

thin-layer ~ иммуноанализ в тонком слое *(комбинация иммуноанализа с тонкослойной хроматографией)*

tumor marker ~ иммунохимический [антигенный] анализ опухолей

two-site enzyme ~ двухстадийный [двухслойный] иммуноферментный анализ *(с использованием комплектарной пары антител к антигену)*

vesicle ~ *см.* **liposome-based** ~

immunobead ['imjʊnəʊˌbiːd] иммуногранула, иммуномикроноситель, иммуносфера

spearm-binding ~s антиспермальные иммуногранулы *(гранулы из синтетических пластиков, нагруженные антиспермальными антителами)*

immunobinding [ˌimjʊnəʊˈbaindiŋ] иммунное связывание

immunobiological [ˌimjʊnəʊˌbaiəˈlɒdʒikəl] *pl.* иммунобиологические препараты

immunoblast [ˌimjʊnəʊˈblæst] плазматическая клетка, иммунобласт *(лимфоцит, стимулированный антигеном)*

gut-homing ~ циркулирующий (в крови) иммунобласт мезентерия

lymph-born ~ иммунокомпетентный лимфобласт

immunoblotting [ˌimjʊnəʊˈblɒtiŋ] иммуноблоттинг *(тестирование на наличие специфических антител к вирусным антигенам с использованием в качестве зонда специфических антител или антигенов)*, мечение иммунными метками

dot ~ точечный иммуноблоттинг

multitrack ~ многоячейковый [мультитрековый] иммуноблоттинг

immunochemistry [ˌimjʊnəʊˈkemistri] **1.** иммунохимия **2.** иммунохимические исследования *(изучение строения и взаимодействия антигенов и антител)*

immunochromatography [ˌimjʊnəʊˌkrəʊməˈtɒgrəfi] иммунохроматография, иммуноаффинная хроматография

immunocompetence [ˌimjʊnəʊˈkɒmpətəns] иммунологическая [иммунная] зрелость; иммунологическая компетентность *(способность организма дать иммунный ответ)*

impaired ~ иммунодефицитное состояние, иммунологическая недостаточность, иммунопарез

misdirected ~ извращённая иммунологическая реактивность (напр. трансплантат против антигенов реципиента)

immunocompetent [ˌimjʊnəʊ'kɒmpətənt] иммунокомпетентный (обладающий способностью реализовать иммунный ответ – напр., об органе, о клетке)

immunocompromised [ˌimjʊnəʊ'kɒmprəmaizd] **1.** иммуноконфликтный **2.** иммунокомпрометированный; иммунодефицитный (обусловленный инфекцией, облучением, опухолевым процессом и пр.)

immunoconglutinin [ˌimjʊnəʊkən'glu:tinin] pl. иммуноконглютинины (аутоантитела против комплекса «антиген – антитело – комплемент»)

immunocripling [ˌimjʊnəʊ'kriplin] иммунный криплинг (подавление опухолевого роста включением механизмов специфической иммунной защиты)

immunocrossreactivity [ˌimjʊnəʊˌkrɔːsˌri:æk'tiviti:] перекрёстная иммунологическая реактивность

immunocyte [ˌimjʊnəʊ'sait] иммуноцит (зрелая иммунокомпетентная клетка)

commited ~ коммитированный [обученный] иммуноцит

developing ~ созревающий иммуноцит

immunocytochemistry [ˌimjʊnəʊˌsaitəʊ'kemistri:] **1.** иммуноцитохимия **2.** иммуногистохимические исследования

immunocytoma [ˌimjʊnəʊˌsai'təʊmə] иммуноцитома (антителопродуцирующая опухолевая клетка, напр. гибридома)

immunodeficiency [ˌimjʊnəʊdi'fiʃənsi:] иммунологическая недостаточность, иммунодефицитное состояние, иммунопарез, иммунодефицит (специфический – вызванный избирательным поражением либо В-, либо Т-лимфоцитов, и неспецифический – вызванный сбоем механизмов неспецифического иммунитета)

common variable ~ вариабельный неклассифицированный иммунодефицит

generalized ~ вариабельный неклассифицированный М-иммунодефицит

humoral ~ гуморальный иммунодефицит

measles ~ коревой иммунодефицит

primary ~ первичный иммунодефицит, врождённая недостаточность иммунитета

posttransplantant ~ посттрансплантационный иммунодефицитный синдром

pure B-cell ~ истинный гуморальный иммунодефицит, изолированный иммунодефицит В-клеток

second ~ вторичный иммунодефицит, приобретённая недостаточность иммунитета

severe combined ~ тяжёлый комбинированный иммунодефицит

X-linked combined ~ Х-сцепленный комбинированный иммунодефицит

immunodepressant [ˌimjʊnəʊdi'presənt] иммунодепрессивное средство, иммуносупрессор

immunodepression [ˌimjʊnəʊdi'preʃən] подавление [угнетение] иммунитета, иммунодепрессия, иммуносупрессия

immunodetection [ˌimjʊnəʊdi'tekʃən] иммунологический анализ, иммунодиагностика

enzyme ~ иммуноферментный анализ, ИФА

IMM

immunodeterminant [ˌimjʊnəʊdi'tɜːminənt] антигенная детерминанта, эпитоп; иммунодетерминанта

immunodiagnosis [ˌimjʊnəʊˌdaiəg'nəʊsis] метод ферментной иммунодиагностики

immunodiffusion [ˌimjʊnəʊdi:'fju:ʒən] иммунодиффузия (метод изучения взаимодействия антитела с антигеном)

~ **against hyperimmune sera** иммунодиффузная преципитация с гипериммунной сывороткой

active-passive ~ иммуноэлектрофорез в геле с последующей иммунопреципитацией

agar-gel ~ иммунодиффузия [диффузия Ig] в агаровом геле

double radial ~ двойная радиальная иммунодиффузия

single radial enzyme ~ простая [одномерная] радиальная иммунодиффузия с антителами, меченными ферментами

immunodominance [ˌimjʊnəʊ'dɒminəns] доминирование антигенной специфичности

immunoeffect [ˌimjʊnəʊi'fekt] иммунная реакция

immunoelectroassay [ˌimjʊnəʊiˌlektrəʊ'æsei] иммуноэлектрофоретический анализ, электроиммуноанализ

immunoelectrode [ˌimjʊnəʊi'lek,trəʊd] иммуноэлектрод (электрод на основе иммобилизованных антител)

immunoelectroosmophoresis [ˌimjʊnəʊiˌlektrəʊˌɒzməʊfə'ri:sis] противоточный [встречный] иммуноэлектрофорез

immunoelectrophoresis [ˌimjʊnəʊiˌlektrəʊfə'ri:sis] иммуноэлектрофорез

counter-(current) ~ противоточный [встречный] иммуноэлектрофорез

crossed ~ перекрёстный иммуноэлектрофорез

crossed line ~ перекрёстно-линейный иммуноэлектрофорез

dual second step crossed ~ см. **tandem crossed** ~

fused rocket ~ слитный «ракетный» иммуноэлектрофорез

intermediate gel ~ иммуноэлектрофорез с промежуточным гелем

tandem crossed ~ тандем-перекрёстный иммуноэлектрофорез

two-dimensional ~ перекрёстный иммуноэлектрофорез

immunoenhancement [ˌimjʊnəʊin'hɑːnsmənt] иммунологическое усиление, стимуляция иммунитета

immunoengineering [ˌimjʊnəʊˌendʒi'niərin] иммуноинженерия, иммунобиотехнология

immunoepidemiology [ˌimjʊnəʊˌepiˌdi:mi'ɒlədʒi:] иммуноэпидемиология (напр. изучение эпидемических особенностей серотипов бактерий)

immunofiltration [ˌimjʊnəʊfil'treiʃən] **1.** иммунофильтрация (очистка антигенов или антител ультрафильтрацией) **2.** (клубочковая) фильтрация комплексов антиген – антитело

immunofluorescence [ˌimjʊnəʊflu:'resns] иммунофлуоресценция; иммунофлуоресцентное исследование

direct ~ прямая иммунофлуоресценция

dual-color [dual-labelling] ~ иммунофлуоресценция с двойной меткой, двухцветная иммунофлуоресценция

587

erythrocyte membrane ~ метод флуоресцирующих антител к мембране эритроцитов

indirect ~ непрямая иммунофлуоресценция

multicolor ~ многоцветная [мультимаркёрная] иммунофлуоресценция

immunofluorometry [ˌimjʊnəʊfluˈrɒmətriː]:

double-label time-resolved ~ разрешаемая во времени иммунофлуорометрия с двойной меткой

immunogen [ˈimjʊnəʊˌdʒen] иммуноген

behavioral ~ личные привычки и образ жизни лица, удовлетворяющие малому риску физических недугов и дисфункций, а также долголетия

idiotype ~ набор идиотипических иммуногенных детерминант, идиотипический иммуноген

priming ~ примирующий иммуноген

synthetic peptide ~ синтетический пептид с иммуногенными свойствами

T-dependent ~ Т-зависимый иммуноген; Т-клеточный маркёр с иммуногенными свойствами

immunogenetics [ˌimjʊnəʊdʒəˈnetiks] иммуногенетика, генетика иммунитета

basic ~ теоретическая иммуногенетика

immunogenicity [ˌimjʊnəʊdʒəˈnisitiː] иммуногенность *(способность стимулировать образование антител)*

recognized ~ эффективность вакцины *(для конкретного лица)*

immunoglobulin [ˌimjʊnəʊˈglɒbjʊlin] иммуноглобулин *(гамма-глобулин, выполняющий функции антител; существует несколько видов – A, D, E, G, M)*

~ **T** иммуноглобулин Т *(фактор, высвобождающийся из Т-лимфоцитов и представляющий собой комплекс антиген – рецептор)*

antitetanus ~ противостолбнячная сыворотка

chimeric ~ гибридный [химерный] иммуноглобулин

complement-fixing ~ комплементсвязывающий иммуноглобулин

electrophoretically slow ~ электрофоретически малоподвижный иммуноглобулин

heat-labile ~ термолабильный иммуноглобулин

high molecular weight ~ высокомолекулярный иммуноглобулин

intracitoplasmic ~ цитоплазматический иммуноглобулин

latex-adsorbed ~ латексадсорбированный иммуноглобулин

membrane-associated ~ *см.* **surface** ~

platelet-associated ~ тромбоцитно-иммуноглобулиновый комплекс

subunits ~s фрагменты иммуноглобулинов

surface ~ поверхностный [мембранный] иммуноглобулин *(клетки)*

tear ~s иммуноглобулины слёзной жидкости

tetanus ~ *см.* **antitetanus** ~

transient ~ транзиторный иммуноглобулин

immunohistochemistry [ˌimjʊnəʊˌhistəʊˈkemistriː] иммуногистохимия

enzyme ~ иммуноэнзимогистохимия, иммуногистохимия ферментов

immunoinfertility [ˌimjʊnəʊˌinfəˈtilitiː] иммуноконфликтное бесплодие

immunoinhibition [ˌimjʊnəʊiˌinhiˈbiʃən] иммуноингибирование, супрессия [подавление] иммунного ответа, иммуносупрессия

immunointerception [ˌimjʊnəʊˌintəˈsepʃən] иммуноконтрацепция

immunolabel [ˌimjʊnəʊˈleibəl] иммунная метка

immunoliposome [ˌimjʊnəʊˈlipəˌsəʊm] иммунолипосома *(липосома, содержащая антитела)*

heat ~ терморегулирующая иммунолипосома

site-directed ~ сайтнаправленная [антимишеневая] иммунолипосома

immunology [ˌimjʊˈnɒləʤi] иммунология *(1. раздел науки об иммунитете, обеспечивающем распознавание «своего» и «чужеродного», а также защиту организма 2. иммунологические методы исследования и лечения 3. иммунологическая характеристика)*

~ **of infective endocarditis** состояние иммунитета при септическом эндокардите

altered ~ **in hemophilia** изменение иммунологического статуса при гемофилии

blood ~ иммуногематология, иммунология крови

cellular ~ клеточная иммунология

developmental ~ иммунологические сдвиги организма в период развития

eye ~ офтальмоиммунология, иммунология глаза

fetal ~ иммунологический статус плода; иммуноэмбриология

fundamental ~ фундаментальная иммунология

molecular ~ молекулярная иммунология

mucosal ~ характеристика иммунологического состояния слизистых *(оболочек)*

neonatal ~ иммунологическое состояние новорождённого

noninfectious ~ неинфекционная иммунология

parasite ~ иммунопаразитология

radiation ~ радиационная иммунология

reproductive ~ иммунологические особенности репродуктивной [генеративной] функции

tumor ~ иммунологические изменения при опухолях, онкоиммунология

immunomediator [ˌimjʊnəʊˈmiːdiˌeitə]:

fast-acting ~ быстродействующий иммуномедиатор

short-lived ~ короткоживущий иммуномедиатор

immunomodifier [ˌimjʊnəʊˈmɒdiˌfaiə] иммуномодулирующее средство, иммуномодулятор

immuno-osmophoresis [ˌimjʊnəʊˌɒzməʊfəˈriːsis] противоточный [встречный] иммуноэлектрофорез

immunopathology [ˌimjʊnəʊpæˈθɒləʤiː] иммунопатология, клиническая иммунология

immunophenotype [ˌimjʊnəʊˈfiːnəʊˌtaip] иммунофенотип, антигенный фенотип *(клетки)*; серотип *(бактерии)*

immunophoresis [ˌimjʊnəʊfəˈriːsis] иммунофорез *(метод идентификации неизвестного антигена или выявления наличия какого-л. антитела в сыворотке крови)*

immunopotency [ˌimjʊnəʊˈpəʊtənsiː] иммунопотенция *(способность к специфическому иммунному ответу – образованию специфических антител)*

immunopotentiator [ˌimjʊnəʊpəʊˈtenʃieitə] иммуности-мулятор, вещество, усиливающее иммунную реакцию

immunoprecipitate [ˌimjʊnəʊpriˈsipiˌteit] иммунопреци-питат (нерастворимый комплекс антигена с антителом)

immunoprinting [ˌimjʊnəʊˈprintiŋ] метод иммунофик-сированных отпечатков, иммунопринтинг

immunoprobing [ˌimjʊnəʊˈprəʊbiŋ] иммунотестирова-ние (анализ с использованием иммунных зондов – ан-тител или антигенов)

immunoprocessed [ˌimjʊnəʊˈprɒsesd] иммунологически обработанный

immunoprophylaxis [ˌimjʊnəʊˌprəʊfəˈlæksis] иммуно-профилактика (напр. вакцинация)

immunoprotection [ˌimjʊnəʊprəˈtekʃən] **1.** иммунологи-ческая защита; иммунитет **2.** иммунопротективные ме-роприятия в эпидемическом очаге (напр. вакцинация)

immunoprotein [ˌimjʊnəʊˈprəʊtiːn] иммуноглобулин, иммунный глобулин

immunopurification [ˌimjʊnəʊˌpjʊrifiˈkeiʃən] иммуно-сорбционная [иммуноаффинная] очистка

immunoquantification [ˌimjʊnəʊˌkwɒntifiˈkeiʃən] коли-чественный иммуноанализ

immunoradiometry [ˌimjʊnəʊˌreidiˈɒmətriː] использова-ние антител, меченных радиоизотопами

immunoreactivity [ˌimjʊnəʊˌriːækˈtivitiː]:
  shared ~ перекрёстная иммунологическая реактивность
  superior ~ гипериммунная реактивность
  trypsin-like ~ трипсиноподобная иммунореактивность

immunoreceptor [ˌimjʊnəʊriˈseptə] иммунорецетор

immunorecognition [ˌimjʊnəʊˌrekəgˈniʃən] иммунологи-ческое распознавание
  quasi ~ распознавание «не своего» с последующим его отторжением

immunoreconstitution [ˌimjʊnəʊriːˌkɒnstiˈtjuːʃən],
immunorestoration [ˌimjʊnəʊˌrestəˈreiʃən] восстановле-ние иммунной реактивности (организма)

immunoreduction [ˌimjʊnəʊriˈdʌkʃən] подавление им-мунного ответа, иммуносупрессия

immunoregulation [ˌimjʊnəʊˌregjʊˈleiʃən]:
  ~ **of fertility** иммунорегуляция репродуктивной функции; иммунорепродукционный контроль
  faulty ~ иммунорегуляторное нарушение, иммуноре-гуляторный дефект

immunoreproduction [ˌimjʊnəʊˌriːprəˈdʌkʃən] иммуно-логия репродуктивной [генеративной] функции

immunoresistance [ˌimjʊnəʊriˈzistəns] иммунитет; им-мунная резистентность

immunoscreening [ˌimjʊnəʊˈskriːniŋ] массовое иммуно-логическое обследование, иммунный скрининг

immunoselection [ˌimjʊnəʊsəˈlekʃn] иммуноселекция (отбор по иммунологической совместимости)

immunosenescence [ˌimjʊnəʊsiˈnesəns] **1.** «старение» иммунной системы **2.** возрастная инволюция тимуса

immunosensor [ˌimjʊnəʊˈsensə] иммуносенсор (напр. электрод на основе иммобилизованных антител)
  enzyme ~ ферментный иммуносенсор (зонд для опре-деления антигена с помощью антитела, связанного с ферментом)

immunoserology [ˌimjʊnəʊsiˈrɒlədʒiː] серология иммун-ного ответа

immunosorbent [ˌimjʊnəʊˈsɔːbənt] иммуносорбент
  competitive heterogeneous enzyme-linked ~ конку-рентный гетерогенный [твёрдофазный] иммунофер-ментный анализ
  enzyme-linked ~ иммуносорбент с иммобилизован-ными ферментами

immunosphere [ˌimjʊnəʊˈsfiə] иммуносфера, иммуно-гранула

immunostaining [ˌimjʊnəʊˈsteiniŋ] окраска с использо-ванием иммунной метки
  pre-embedding ~ дозаливочное иммунное окрашива-ние (срезов)

immunosuppressant [ˌimjʊnəʊsəˈpresənt] иммуноде-прессивное средство, иммуносупрессор

immunosuppression [ˌimjʊnəʊsəˈpreʃn] **1.** подавление иммунитета, иммуносупрессия **2.** иммунодефицитное состояние, иммунодефицит
  cell-mediated ~ клеточно-опосредованная иммуно-супрессия
  immediate posttransplant ~ немедленная посттран-сплантационая иммуносупрессия
  intrinsic ~ истинная супрессия иммунного ответа (опосредуемая Т-клетками-супрессорами)
  long-term ~ стабильная [длительная] супрессия им-мунного ответа
  maintenance ~ поддерживающая иммуносупрессивная терапия
  peritransplant ~ локальная иммуносупрессия (в об-ласти трансплантированных ткани или органа)
  split ~ избирательная [селективная] иммуносупрессия
  underlying ~ см. **maintenance** ~

immunosupressive [ˌimjʊnəʊsəˈpresiv] **1.** иммунодеп-рессивный, подавляющий иммунитет **2.** см. **immunosuppressant**

immunosurgery [ˌimjʊnəʊˈsɜːdʒəriː] применение специ-фических иммунных сывороток в хирургии

immunosurveillance [ˌimjʊnəʊsəˈveiləns] иммунологи-ческий надзор, или контроль (свойство распознавать и уничтожать, напр. опухолевые клетки)

immunotherapy [ˌimjʊnəʊˈθerəpiː] **1.** иммунотерапия **2.** серотерапия
  adoptive ~ адоптивная иммунотерапия (напр. лечение рака лейкоцитами больного, активированными интер-лейкином, фактором переноса или иммунной РНК)
  alternate-day ~ прерывистая [альтернирующая, ци-клическая] иммунотерапия
  antibody ~ пассивная иммунотерапия (терапия спец-ифической сывороткой)
  interleukin receptor-targeted ~ иммунотерапия ин-терлейкином
  mab-induced ~ лечение моноклональными антителами
  multiagent ~ поликомпонентная [комбинированная] иммунотерапия
  perennial ~ длительная иммунотерапия
  pulse ~ пульсирующая (с определёнными интервала-ми) иммунотерапия, или пульс-иммунотерапия
  rush ~ интенсивная иммунотерапия
  sequential ~ многостадийная иммунотерапия

targeted [targeting] ~ прицельная [направленная] иммунотерапия

venom ~ иммунотерапия ядами, ядоиммунотерапия

immunotolerance [ˌimjʊnəʊˈtɒlərəns] иммунологическая толерантность

immunotopography [ˌimjʊnəʊtəˈpɒgrəfiː] иммунотопография *(распределение в тканях и органах различных клеток с различными антигенными детерминантами)*

immunotoxicotherapy [ˌimjʊnəʊˌtɒksikəʊˈθerəpiː] иммунодетоксикотерапия *(использование антител при лечении острых интоксикаций)*

immunotoxin [ˌimjʊnəʊˈtɒksin] антитоксин, токсиннейтрализующее антитело *(конъюгирование токсина с антителами)*

immunotransfusion [ˌimjʊnəʊtrænsˈfjuːʒən] иммунотрансфузия *(лечение специфической сывороткой)*

immunotype [ˌimjʊnəʊˈtaip] иммуно(фено)тип, антигенный фенотип *(клетки)*; серотип *(бактерии)*

impact [ˈimˌpækt] **1.** удар, толчок ‖ ударять; импульс **2.** столкновение **3.** воздействие, влияние

~ **of anesthetic techniques** влияние методики ведения наркоза

~ **of asthma** предотвратить астму

~ **of cardiac natriuretic peptide** внедрение [использование] натрийуретического пептида в кардиологии

~ **of eradication** применение эрадикации *(напр. хеликобактерной инфекции)*

~ **of premature** влияние недоношенности

~ **of radiotherapy** воздействие рентгенотерапии

~ **of resistance on the selection of chemotherapy** влияние резистентности на выбор химиотерапии

~ **of survival** воздействие на выживаемость *(напр. химиотерапии)*

~ **to chest** удар в грудь

environmental ~ воздействие на окружающую среду

fast ~ кратковременный эффект; кратковременное ударное воздействие

man ~ антропогенное воздействие

practical ~ внедрение в практику

impaction [ˌimˈpækʃən] **1.** ущемление, сдавление, закупорка **2.** ретенция, задержка прорезывания *(зубов)* **3.** вклинение *(напр. конкремента)*; заклинивание *(напр. катетера)*; западение *(напр. языка)* **4.** вколачивающий удар

~ **of embolus** закупорка эмболом

intermittent ~ **of gall-stone** периодически закупоривающий жёлчный камень

cerumen ~ серная пробка

fecal ~ копростаз, запор

food ~ задержка пищевых остатков *(в межзубных промежутках)*

molar ~ непрорезавшийся моляр

mucoid ~ закупорка слизью, слизистая пробка

sac ~ закупорка пазухи *(напр. сальной железы)*

impactor [ˌimˈpæktə] **1.** импактор *(устройство для фракционного осаждения частиц аэрозоля)* **2.** приспособление для сбора проб

cascade ~ каскадный импактор

impair [imˈpeə] **1.** ослаблять, уменьшать **2.** ухудшать(ся), портить(ся) **3.** нарушать; повреждать; причинять ущерб *(здоровью)*

to ~ **one's health** портить своё здоровье

impairment [imˈpeəmənt] **1.** дефект, структурное нарушение; неполноценность **2.** ухудшение; повреждение *(анатомическое, физиологическое, психическое)* **3.** инвалидность

~ **on laryngeal airflow** затруднение прохождения воздуха через гортань

~ **in healing** ухудшение заживления

age associated memory ~ возрастное нарушение памяти

brain ~ мозговое расстройство

cardiac ~ ухудшение сердечной деятельности; сердечная недостаточность

chronic liver ~ хроническая печёночная недостаточность

cognitive ~ когнитивные нарушения

conductive hearing ~ звукопроводящая тугоухость

language ~ нарушение речи

mental ~ снижение умственной [интеллектуальной] деятельности

mild cognitive ~ умеренные когнитивные расстройства, лёгкий когнитивный дефицит

motor ~ двигательные расстройства

parenchymal ~ поражение паренхимы

permanent ~ хроническая инвалидность

renal ~ почечная недостаточность *(в т. ч. в результате краш-синдрома)*

restrictive ventilatory ~ рестриктивное нарушение дыхания

subclinical ~ субклиническое [преклиническое] нарушение *(напр. цветового зрения)*

severe cognitive ~ выраженное когнитивное нарушение

visual ~ снижение зрения

impalpable [imˈpælpəbəl] **1.** неосязаемый; неощутимый, непальпируемый **2.** неуловимый, едва различимый

impaludation [ˌimpæljʊˈdeiʃən] лечение малярии

impaludism [ˌimˈpæljʊdizm] малярия

impar [ˈimpɑː] непарный, не имеющий пары *(напр. о вене)*

imparidigitate [imˌpæriˈdidʒiteit] имеющий неравное число пальцев на руках и ногах

impasse [ˈimˌpæs] безвыходное положение

hemodynamic ~ блокада кровообращения *(при эмболии)*

impassibility [imˌpæsəˈbilitiː] **1.** нечувствительность **2.** бесстрастность, бесчувственность

impassible [imˈpæsəbəl] нечувствительный *(к боли)*

impatent [imˈpeitənt] **1.** закрытый; обтурированный **2.** скрытый *(находящийся в неявном виде, форме)*

impatient [imˈpeiʃənt] **1.** нетерпеливый; раздражительный, беспокойный **2.** нетерпимый

impedance [imˈpiːdəns] **1.** импеданс, сопротивление **2.** *физиол.* реактивное сопротивление, оказываемое живой тканью переменному току **3.** сопротивление слуховой системы запуску её в действие при стимуляции

acoustic ~ *ото.* акустический импеданс

electrode ~ полное сопротивление электрода

respiratory ~ сопротивление в дыхательных путях

transient ~ переходный импеданс *(между точками акупунктуры)*

impediment [im'pedimənt] 1. препятствие, помеха 2. заикание

~ **to filling of left heart** нарушение диастолического наполнения сердца

speech ~ дефект речи

visual ~ дефект зрения

impend [im'pend] 1. надвигаться, приближаться *(об опасности)* 2. угрожать, нависать *(о смерти)*

impenetrable [im'penitrəbəl] непроницаемый; герметичный; непромокаемый

imperative [im'perətiv] 1. настоятельный; крайне важный *(напр. о диагностике инфаркта миокарда)* 2. повелительный, императивный *(напр. о позывах к мочеиспусканию)*; навязчивый *(об идее)*

imperceptible [im,pə'septəbəl] 1. незаметный, незначительный 2. неосязаемый, недоступный восприятию

imperception [impə'sepʃən] нераспознавание

imperfect [im'pə:fikt] 1. нарушенный; дефектный, несовершенный, с изъяном 2. неполный; незавершённый *(напр. о развитии)*, недостаточный 3. низший *(напр. гриб)*

imperfection [impə'fekʃən] 1. дефект, недостаток 2. несовершенство

imperforate [im'pə:fɒreit] заращённый, не имеющий отверстия, закрытый; неперфорированный

imperforation [im,pɔ:fə'reiʃən] атрезия; заращение

~ **of the anus** атрезия заднего прохода, неперфорированный анус

impermeable [im'pə:mi:əbəl] непроницаемый; герметический

impersistence [impə'sistəns] быстрая истощаемость при выполнении двигательного акта *(напр. фиксации взора)*

motor ~ неспособность сохранять позу; неспособность продолжать движение

impertinent [im'pə:tnənt] *псих.* 1. дерзкий, наглый 2. неуместный

impervious [im'pə:viəs] 1. непроницаемый, непроходимый; непропускающий 2. недоступный

impetigo [,impə'tigəʊ] *дерм.* импетиго, поверхностная пиодермия

Bockhart's ~ *см.* **follicular** ~

bullous ~ буллёзное импетиго

follicular ~ стафилококковое импетиго, фолликулярная поверхностная стафилодермия, Бокхарта импетиго

Fox's ~ стрептококковое импетиго, поверхностная стрептодермия, Фокса импетиго

herpetiform ~ герпетиформное импетиго (Гебры – Капоши)

neonatal ~ 1. эпидемическая пузырчатка новорождённых 2. эксфолиативный дерматит новорождённых

impingement [,im'pinʤmənt] 1. столкновение, удар; сдавление; травма 2. посягательство, покушение 3. вовлечение; ущемление 4. нарушение, расстройство *(напр. функции)*

~ **of neural canal** дефект позвоночного канала

nerve root ~ сдавление нервного корешка

impinger [,im'pinʤə] импинджер *(прибор для определения запылённости воздуха)*

implant [im'plænt] 1. имплантат *(1. протез, напр., хрусталика 2. любая ткань, используемая для пересадки)* ‖ имплантировать, вживлять; внедрять; насаждать

2. контейнер с радиоактивными изотопами 3. подкожно вживляемое контрацептивное средство

blade ~ *стом.* внутриальвеолярный лопастный имплантат

carcinomatous ~ имплантационный метастаз

cochlear ~ кохлеарный имплантат, или протез; улитковый имплантат

dental ~ (внутричелюстной) зубной имплантат

endo-osseous ~ эндооссальный (зубной) имплантат

expandable mammary ~ способный к растягиванию протез молочной железы

fetal ~ фетальный имплантат *(введение, или пересадка, оплодотворённой «в пробирке» яйцеклетки в матку)*

internal fixation ~ внутрикостный штифт

intramucosal ~ подслизистый (зубной) имплантат

joint ~ суставной протез, протез сустава

multiplanar ~ многоплоскостной имплантат *(радиоактивного препарата)*

needle ~ игла-имплантат *(с радиоактивным элементом)*

NiTi ~ никель-титановый имплантат

osseo-integrated ~ костный имплантат *(обычно с вставками из титана)*

pacemaker ~ имплантированный водитель ритма

penile ~ протез полового члена

permanent ~ долговременный (радиоактивный) имплант

plastic ~ пластиковый имплантат

porous ~ пористый имплантат

splenic omental ~s аутотрансплантация селезёночной ткани в сальник

subperiosteal ~ поднадкостничный имплантат

vascular ~ сосудистый протез

implantation [,implæn'teiʃən] 1. имплантация *(напр. материала в ткани)*, вживление *(датчика, протеза)*; внедрение 2. *эмбр.* имплантация *(прикрепление зародыша к эндометрию)*, нидация 3. прививка, перевивание *(опухолевых клеток)*, пересадка

~ **in the mind during hypnosis** внушение во время гипноза

~ **of artificial pancreas** имплантация искусственной поджелудочной железы

~ **of the fertilized ovum** имплантация оплодотворённой яйцеклетки

~ **of ureter into the skin** выведение [пересадка] мочеточника на кожу

chronic ~ имплантация на длительный срок

delayed ~ задержанная имплантация

endobronchial stent ~ эндобронхиальное установление стента

filigree ~ герниопластика с применением серебряной сетки

hypodermic ~ подкожная имплантация

interstitial ~ *эмбр.* погружная [интерстициальная] имплантация

pacemaker ~ имплантация водителя ритма

pellet ~ подкожная или внутримышечная имплантация кусочка ткани

periosteal ~ поднадкостничная пересадка сухожилий здоровых мышц *(для замещения парализованных)*

prosthetic sphincter ~ имплантация протеза сфинктера

radium ~ имплантация радия

uterotubal ~ неоимплантация фаллопиевой трубы в матку

implementation [ˌimpləˌmen'teiʃən] выполнение, осуществление, реализация *(напр. профилактической программы)*

implication [ˌimpli'keiʃən] **1.** вовлечение; соучастие, причастность **2.** сущность, роль, значение

~ **for chemotherapy** использование при химиотерапии *(напр. кинетики клеток)*

~ **for prevention** аспекты профилактики

anesthetic ~s вызванный [обусловленный] анестезией

biomedical ~ медико-биологическое значение, медико-биологическая роль

clinical ~s клинические проявления; клинические аспекты

endocrine ~s эндокринные осложнения

surgical ~s хирургическое вмешательство

surgical ~ **of primary lymphoma** операция по поводу первичной лимфомы

implosion [im'pləʊʒən] *психоан.* погружение *(интенсивное воздействие пугающего объекта на пациента с психотерапевтической целью)*

importation [ˌimpɔː'teiʃən] завоз *(напр. малярийных комаров)*

imported [im'pɔːtəd] **1.** занесённый, завезённый; завозной *(об инфекции)* **2.** привнесённый извне, экзогенный *(напр. асбестоз)*

impossible [im'pɒsəbəl] **1.** невозможный, невыполнимый, жёсткий *(напр. стандарт)* **2.** невероятный

impotence ['impəʊtəns], **impotency** ['impəʊtənsi:] **1.** слабость, бессилие **2.** половая [эректильная] дисфункция, импотенция

atonic [neurogenic] ~ нейрогенная импотенция

paretic ~ половая дисфункция при поражении спинного мозга

psychic ~ психическая половая дисфункция

psychogenic ~ психогенная импотенция

impotent ['impəʊtənt] **1.** страдающий половой дисфункцией **2.** бесплодный, стерильный **3.** непроходимый, с закрытым просветом, несостоятельный *(напр. о маточной трубе)*

impoverishment [im'pɒvəriʃmənt] **1.** обеднение, обнищание **2.** истощение

sensory ~ сенсорная депривация, сенсорная недостаточность

imprecision [ˌimpri'siʒn] погрешность, неточность, расхождение результатов

impregnate [im'pregneit] **1.** импрегнировать, пропитывать; насыщать; наполнять || импрегнированный, пропитанный **2.** оплодотворять, зачать

impregnation [ˌimpreg'neiʃən] **1.** импрегнация, пропитывание; наполнение; насыщение **2.** оплодотворение; зачатие

gold ~ *гист.* метод золочения, импрегнация золотом

silver ~ *гист.* метод серебрения, импрегнация серебром

impression [im'preʃən] **1.** *стом.* оттиск, слепок; оттискная масса **2.** вдавление, углубление **3.** впечатление

alginate ~ оттиск альгинатной массой

basilar ~ платибазия *(вдавление основания затылочной кости и ската в заднюю черепную ямку)*

clinical interview-based ~, **CIBI** клиническая диагностика на основе интервьюирования

clinical ~s клинические наблюдения

complete denture ~ оттиск челюсти для полного съёмного протеза

compression technique ~ *стом.* компрессионный оттиск индивидуальной ложкой

copper-band ~ оттиск, снятый медным кольцом

corneal ~ отпечатки с роговицы

coverslip ~ препарат-отпечаток на покровном стекле

dental ~ оттиск зубов и альвеолярного отростка

edentulous ~ оттиск с беззубой челюсти

final [finished] ~ окончательный [скорригированный] оттиск

functional ~ функциональный оттиск

hepatic ~ вдавление от печени *(на рентгенограмме почки)*

hydrocolloid ~ гидроколлоидный оттиск

initial ~ предварительный оттиск

lower ~ нижнечелюстной оттиск

mucostatic ~ оттискная масса для точного снятия рельефа слизистой оболочки

nonpressure ~ некомпрессионный оттиск

positive pressure ~ компрессионный оттиск *(с беззубой челюсти)*

primary ~ предварительный [ориентировочный] оттиск

quadrant ~ оттиск половины зубной дуги

sectional ~ частичный слепок

trigeminal ~ вдавление тройничного нерва

upper ~ верхнечелюстной оттиск

visual ~ зрительное впечатление || запечатлевать

imprint ['imprint] **1.** отпечаток, оттиск || отпечатываться **2.** *психол.* импринтинг, оставление следа; фиксировать || фиксирование **3.** *биохим.* карта-отпечаток

~ **of gums** оттиск альвеолярных гребней беззубых челюстей

~ **of teeth** оттиск зубного ряда

mucosal ~ отпечаток слизистой оболочки

muzzle ~ *суд. мед.* штанцмарка

tissue ~ тканевый отпечаток

imprinting [im'printiŋ] **1.** импринтинг *(1. запечатление в памяти новорождённого раздражителей, ключевых для некоторых видов инстинктивного поведения 2. конверсия ключевых стимулов из приобретённых во врождённые 3. «влияние» отцовских и материнских генов, эпигенез)* **2.** закрепление рефлексов

drug ~ тиснёное обозначение на лекарственном средстве *(гл. обр. на таблетках)*

genome [genomic] ~ импринтинг генома, родительский [геномный] импринтинг *(в отличие от мутаций происходит без изменения последовательности нуклеотидов)*

metabolic ~ *эмбр.* метаболический импринтинг

ontogenetic ~ онтогенетическая память *(«запоминание» факторов внешней среды, опосредованное изменениями метаболизма)*

osteophyte ~ сдавление остеофитом *(напр. пищевода)*

parental ~ *см.* **genome** ~

imprisonment [im'priznmənt] *суд. мед.* заключение (*в тюрьму*); лишение свободы

improvement [im'pru:vmənt] улучшение; положительная динамика (*заболевания*)

continuous quality ~ непрерывное улучшение качества

dramatic ~ поразительное улучшение (*состояния больного*)

expected genetic ~ ожидаемое генетическое улучшение

limited ~ незначительное улучшение (*состояния больного*)

long-range ~ длительное выздоровление

recreation ~ улучшение условий отдыха

selective ~ **of thymus** избирательное восстановление (*напр. функций вилочковой железы*)

transference ~ *психоан.* улучшение вследствие переноса

impuberism [im'pju:bərizm], **impuberty** [im'pju:bəti:] незрелость; неполовозрелость

impudence ['impjʊdəns] *псих.* дерзость, наглость; бесстыдство

impulse ['im,pʌls] 1. импульс, толчок, удар 2. мотивация, побуждение, позыв, порыв ‖ побуждать 3. импульсивность (*неожиданное, часто неосмысленное действие*) 4. потенциал действия нервного волокна, ПД

apex ~ *кард.* верхушечный толчок

attenuated apical cardiac ~ усиление верхушечного толчка сердца

cardiac ~ 1. сердечный толчок 2. волна возбуждения (*сердечной мышцы*)

cross ~ *психол.* перекрёстное [блокирующее] побуждение

disorganized atrial ~s хаотичные импульсы с предсердий

forced ~s насильственные побуждения

inherited growth ~ наследственный импульс роста

instinctual ~ инстинкт, врождённый [безусловный] рефлекс

irresistible ~ непреодолимое побуждение

made ~ *псих.* сделанное побуждение

morbid ~ болезненное влечение, или побуждение

nervous ~ нервный импульс

obsessional ~s навязчивые стремления

side ~ побочное побуждение

wandering ~ побуждение к бродяжничеству

impulsive [im'pʌlsiv] 1. импульсивный, внезапный 2. побуждающий

impulsiveness [im'pʌlsivnəs] импульсивность

impure [im'pjʊə] 1. неочищенный; загрязнённый 2. неоднородный, с примесью

impurity [im'pju:riti:] загрязнение, загрязнённость; грязь; примесь

antigenic ~ies примеси минорных антигенов

bacterial ~ бактериальное загрязнение

big ~ крупная примесь

deleterious ~ вредная примесь

radioactive ~ радиоактивная примесь; радиоактивное загрязнение

total ~ общее содержание примесей

trace ~ следы загрязнения

imputability [im,pju:tə'biliti:] вменяемость, импутабельность

imputable [im'pju:təbəl] вменяемый

imputation [,impju'teiʃən] импутация (*экспериментальная оценка некоторых показателей, получаемая из ограниченного или недостоверного набора данных*)

in: *лат.*

~ **articulo mortis** в момент смерти

~ **extenso** довольно полно, полностью

~ **extremis** «у последней черты», на краю смерти, терминальное состояние

~ **house** «домашний», разработанный в своём учреждении (*напр. о тест-системе*)

~ **lieu of** *фр.* вместо чего-л.

~ **loco** *см.* ~ **situ**

~ **parvo** в незначительной мере

~ **silico** виртуальное исследование или конструирование какого-л. объекта (*напр. лекарственного препарата*)

~ **situ** 1. на месте (*напр. естественного расположения*) 2. внутриэпителиальная форма (*рака*)

~ **toto** в целом (*о заболеваемости, смертности и пр.*)

~ **utero** в матке (*о манипуляциях, проводимых на эмбрионе в матке*)

~ **vitro** в пробирке (*о биологических процессах, проводимых вне организма*) ‖ экспериментальный

~ **vivo** 1. в живом организме (*о биологических процессах, происходящих внутри организма*) ‖ прижизненный 2. в эксперименте на животных

inability [,inə'biliti:] 1. невозможность (*глотать*); неспособность; недостаточность 2. недееспособность

~ **of prostate specific antigen index** неадекватность простатоспецифического индекса (*в диагностике рака предстательной железы*)

~ **to abstain** неспособность к воздержанию

~ **to ambulate** обездвиженность

~ **to pay** неплатёжеспособность

~ **to relax** неспособность расслабиться

~ **to smell** нарушение обоняния

inabstinence [,in'æbstinəns] невоздержанность; невоздержание

inaccessibility [,inæk,sesə'biliti:] недоступность

inaccuracy [in'ækjʊrəsi:] 1. погрешность; суммарная погрешность 2. неточность

inacidity [,inə'siditi:] *гастр.* ахилия; ахлоргидрия

inactivation [in'ækti,veiʃən] инактивация, инактивирование (*напр. лекарственных веществ*)

antigen-induced clonal ~ антиген-индуцированная инактивация клона

clonal ~ клональная инактивация, инактивация клона

heat [thermal] ~ термоинактивация, инактивация нагреванием

P ~ фосфорная инактивация (*фага в результате включения в его ДНК и распада радиоактивного изотопа фосфора ^{32}P*)

ultraviolet ~ инактивация ультрафиолетовыми лучами

inactivity [inæk'tiviti:] 1. инертность, пассивность, бездеятельность 2. слабость

physical ~ физическая инертность; обездвиженность, гиподинамия; гипокинезия

inadaptability [in,ədæptə'biliti:] неприспособленность; отсутствие способности к адаптации; неприменимость

inadequacy [in'ædikwəsi:] 1. неадекватность, инадекватность, несоответствие 2. недостаточность, неполноценность

intellectual ~ интеллектуальное несоответствие

placental ~ плацентарная недостаточность

sexual ~ сексуальная дисгармония, или дисфункция

stimulus ~ неадекватность раздражения

inadequate [in'ædikwət] 1. неадекватный, несоответствующий 2. недостаточный, безуспешный, неполноценный, нарушенный (напр. о функции)

inadvertent [inəd'və:tənt] 1. небрежный 2. неумышленный, ненамеренный (напр. об инфицировании) 3. ошибочный (напр. о перевязке артерии во время операции)

inalbuminate [inæl'bju:mineit] безбелковый

inalimental [in‚æli'mentl] несъедобный, непригодный в качестве пищи

inanition [‚inə'niʃən] 1. истощение, изнурение (организма); дефицит питания 2. пустота; незаполненность (напр. камер сердца)

inapparent [‚inə'pærənt] бессимптомный, субклинический, непроявляющийся, инаппарентный (об инфекции); скрытый, латентный (о гипоксии)

inappetence [in'æpitəns] псих. отсутствие влечения к чему-л., утрата всяких желаний

inappreciable [‚inə'pri:ʃəbəl] неулавливаемый, неощутимый; незначительный

inappropriate [‚inə'prəʊpri:eit] 1. неуместный; неподходящий, несоответствующий; недостаточный, неадекватный 2. атипичный; парадоксальный (напр. о движениях диафрагмы)

inaptness [in'æptnəs] неспособность; непригодность

inarticulate [‚ina:'tikjʊlit] 1. нечленораздельный, невнятный, бессвязный 2. анат. несочленённый

inassimilable [‚inə'similəbəl] неусваиваемый, неассимилируемый

inattention [‚inə'tenʃən] 1. невнимательность 2. невнимание; отсутствие заботы

auditory ~ плохая восприимчивость на слух

sensory ~ притупление чувств

inborn ['in‚bɔ:n] 1. врождённый, унаследованный 2. переданный во внутриутробном состоянии

inbreathe [in'bri:ð] вдыхать

inbred [in'bred] ген. инбредный (обозначающий популяцию, развившуюся из малочисленной группы предшественников)

inbreeding ['inbri:diŋ] 1. инбридинг (скрещивание, или спаривание, близкородственных или генетически сходных особей) 2. см. **incest**

mild ~ умеренный инбридинг

incapable [in'keipəbəl]:

~ **of bearing** неспособный к деторождению

~ **of work** нетрудоспособный

incapacitate [‚inkə'pæsi‚teit] 1. делать нетрудоспособным 2. делать непригодным

~ **for further service** быть неспособным к выполнению функциональных обязанностей, не соответствовать должности

incapacity [‚inkə'pæsiti:] 1. нетрудоспособность; недееспособность 2. непригодность

~ **to experience guilt** неспособность испытывать вину

physical ~ физическая неполноценность

total ~ полная нежизнеспособность

incarceration [in‚ka:sə'reiʃən] 1. ущемление (органа) 2. сужение, стягивание; сдавление 3. содержание в изоляции (напр. в заключении, в психиатрической больнице)

incarnation [‚inka:'neiʃən] 1. заживление ткани, разрастание грануляций 2. pl. грануляции

incendiarism [in'sendi:ə‚rizm] псих. пиромания, патологическое поджигательство

incentive [in'sentiv] побудительный мотив || побудительный

performance ~s стимулы

inception [in'sepʃən] 1. начало 2. заражение 3. поглощение

incest(us) ['in‚sestəs] инцест, инцухт, кровосмешение (интимная связь с родителями, родными братьями и сёстрами)

inch [intʃ] 1. дюйм (2,4 см) 2. небольшое количество, расстояние || двигаться медленно; перемещаться

inchacao [intʃei'ka:əʊ] бери-бери

inchoate [in'kəʊeit] зачаточный, рудиментарный

incidence ['insidəns] 1. заболеваемость, частота заболеваний 2. вет. сфера распространения; частота поражения 3. офт. падение (напр. луча)

~s **of allergic reaction** частота возникновения аллергических реакций

~ **of hepatitis** заболеваемость гепатитом

~ **of recessive traits** частота рецессивных признаков

diseases ~ **to childhood** болезни, присущие детям

TB ~ заболеваемость туберкулёзом

ulceration ~ частота возникновения язв, частота изъязвления

incident ['insidənt] 1. непредвиденный случай, происшествие, инцидент || острый, экстренный 2. явление, событие

aggressive ~ случай агрессии

insurance ~ страховой случай

traffic ~ дорожно-транспортное происшествие

traumatic ~ 1. случай травмы 2. повреждение

incidental [‚insi'dentl] 1. случайный; несущественный; сопутствующий, «попутный» (напр. об аппендэктомии) 2. свойственный, присущий

incidentaloma [‚insident'ləʊmə] инциденталома (артефакт, случайная находка)

incinerator [in'sinə‚reitə] 1. мусоросжигатель 2. печь для прокаливания, муфельная печь

incipience [in'sipi:əns] начало, начальная стадия (болезни)

incipient [in'sipi:ənt] 1. начинающийся, зарождающийся, начальный, ранний (о стадии болезни) 2. скрытый, замаскированный (напр. о новообразовании)

incisal [in'saizəl] стом. резцовый, относящийся к резцам

incision [in'siʒən] 1. разрез; рассечение; иссечение; надрез, насечка 2. резаная рана

~ **of abscess** вскрытие абсцесса

bladder neck ~ рассечение шейки мочевого пузыря

celiotomy ~ лапаротомия, чревосечение

costal ~ разрез в правом подреберье, подрёберный доступ

endoscopic ~ разрез через эндоскоп

exploratory ~ эксплоративная [диагностическая] операция

longitudinal midline ~ продольный разрез по средней линии

median sternal ~ срединная стернотомия

midline ~ разрез по средней линии, срединный разрез

muscle-splitting ~ разрез с разъединением [расслаиванием] мышц *(без их пересечения)*

rocket ~ разрез в форме ракетки

relaxation [relief] ~ послабляющий разрез *(для уменьшения напряжения ткани)*

thoracic ~ торакальный [чресплевральный] доступ

thoracoabdominal ~ торакоабдоминальный разрез

transurethral ~ трансуретральная резекция *(напр. аденомы)*

incisive [in'saisiv] 1. режущий; острый 2. *стом.* резцовый, относящийся к резцам

incisor [in'saizə] *стом.* резец

incisure [,insi'sju:rə], *pl.* **incisurae** [,insi'sju:ri] *анат.* вырезка, углубление

~ **of acetabulum** вырезка вертлужной впадины

~ **of apex of heart** вырезка верхушки сердца

~ **of tentorium of cerebellum** вырезка намёта мозжечка, пахионова вырезка

cardiac ~ **of left lung** сердечная вырезка левого лёгкого

cardiac ~ **of stomach** кардиальная вырезка желудка

preoccipital ~ предзатылочная вырезка

Rivinus ~ барабанная [ривинусова] вырезка

Schmidt – Lanterman ~ насечка миелина, Шмидта – Лантерманна насечка

supraorbital ~ надглазничная вырезка

incitant [in'saitənt] причинный [провоцирующий] фактор; возбудитель; стимулятор ‖ возбуждающий; стимулирующий *(о средстве)*

~ **of allergy** аллерген

incite [in'sait] 1. инсайт, озарение, «ага-реакция» 2. возбуждать; подстрекать; стимулировать

inclination [inkli'neiʃən] 1. наклон, отклонение 2. склонность, предрасположение 3. вставление головки плода *(ко входу в таз)*

~**s of facial profile** отклонение профиля лица

suicidal ~ предрасположенность к самоубийству

incline [in'klain] 1. иметь склонность, быть предрасположенным 2. *анат.* скат; наклонная плоскость

~ **to colds** быть склонным к простудам

include [in'klu:d] включать; заключать в себе

inclusio [in'klu:ʒi:əu]:

~ **fetalis** *лат.* плод включённый *(находящийся внутри тела плода-аутозита)*, «плод в плоде»

inclusion [in'klu:ʒən] 1. включение *(1. любое инородное вещество, содержащееся в клетке, ткани или органе 2. процесс переноса инородной или гетерогенной структуры в другую ткань)* 2. примесь

~ **of gallbladder in liver** внутрипечёночное расположение жёлчного пузыря

cell ~ клеточное включение

dental ~ инклюзия зуба

intranuclear ~**s** внутриядерные включения

intracytoplasmic ~**s** цитоплазматические включения *(отдельные скопления каких-л. веществ в клетке в виде гранул, пузырьков и пр.)*

lupus-type ~**s** волчаночно-подобные включения

mitochondrial ~ митохондриальное включение

incoagulability [inkəʊˌægjʊlə'biliti] неспособность свёртываться, отсутствие свёртывания *(крови)*, гипокоагуляция

incoherence [,inkəʊ'hiərəns] несвязность, бессвязность; непоследовательность *(речевая)*; инкогерентность

~ **of thinking** *псих.* бессвязность мышления

income ['in,kʌm]:

family ~ семейный доход

incompatibility [,inkəmˌpætə'biliti] несовместимость *(крови)*; несоответствие *(по характеру людей)*

AB0 [blood] ~ групповая несовместимость крови по системе AB0

cross ~ перекрёстная несовместимость

feto-maternal ~ *см.* **materno-fetal** ~

heteromorphic ~ несовместимость, обусловленная морфологическими особенностями

HLA-~ несовместимость по HLA-антигенам *(донора и реципиента)*

homomorphic ~ несовместимость, возникающая при отсутствии морфологических особенностей

materno-fetal ~ несовместимость крови плода и матери

plasmid ~ несовместимость плазмид *(в одном хозяине)*

relational ~ взаимная несовместимость

Rh factor ~ резус-несовместимость *(крови)*

therapeutic ~ несовместимость методов лечения; лекарственная несовместимость

incompetence [in'kɒmpətəns] 1. некомпетентность; неспособность; недееспособность; интеллектуальная несостоятельность 2. недостаточность; несостоятельность

~ **of aortic valve** недостаточность аортального клапана

~ **of cardia** халазия или зияние кардии

cervical ~ несостоятельность шейки матки, цервикальная несостоятельность

immunological ~ иммунологическая недостаточность, иммунодефицитное состояние, иммунопарез

lip ~ аномалия смыкания губ

mitral ~ недостаточность митрального клапана

palatopharyngeal ~ врождённая нёбно-глоточная недостаточность

pulmonary ~ недостаточность клапана лёгочного ствола

relative ~ относительная недостаточность *(напр. клапана сердца)*

urethral sphincter ~ недостаточность сфинктера мочевого пузыря

uteri ~ истмико-цервикальная недостаточность

velopharyngeal ~ *см.* **palatopharyngeal** ~

incompetent [in'kɒmpətənt] 1. некомпетентный, несведущий, неспособный, неумелый 2. недостаточный, неполноценный *(напр. о функции)*

incomplete [in,kəm'pli:t] 1. частичный, неполный 2. несовершенный; незаконченный; недостаточный; недоношенный *(напр. о беременности)* 3. дефектный, неполноценный *(напр. белок)*

incongruence [inˈkɒŋgruːəns], **incongruity** [ˌinkɒnˈgruːiti:] неконгруэнтность, несовместимость, неадекватность

~ **of affect** несоответствие эмоциональной реакции

inconscient [inˈkɒnʃiənt] **1.** подсознательный **2.** неосознанный

inconspicuous [ˌinkənˈspikjuːəs] незаметный, нечётко проявляющийся; скрытый

incontinence [inˈkɒntinəns] **1.** инконтиненция (недержание мочи и кала) **2.** несдержанность; невоздержанность **3.** излишество, несбыточность

~ **of affect** аффективная инконтиненция

~ **of feces** энкопрез, недержание кала

~ **of milk** галакторея

~ **vera** лат., см. **genuine** ~

anal [rectal] ~ энкопрез, недержание кала, непроизвольный стул

active ~ периодическое недержание (мочи или кала)

bladder ~ см. **urinary** ~

choledochal ~ атония общего жёлчного протока

genuine ~ генуинное [истинное] недержание мочи (связанное с дисфункцией сфинктера и детрузора)

intermittent ~ перемежающаяся инконтиненция

motor urge ~ моторное недержание мочи (связанное с непроизвольным сокращением детрузора)

overflow [paradoxal] ~ непроизвольное мочеиспускание при перерастяжении мочевого пузыря, парадоксальная ишурия

partial ~ частичная несостоятельность (сфинктера)

pronounced pigmentary ~ выраженная недостаточность пигментации

sensor urge ~ сенсорное недержание мочи (при высокой чувствительности мочевого пузыря)

stress urinary ~ стрессовое недержание мочи (при кашле, смехе, страхе и пр.)

total urinary ~ абсолютное недержание мочи

unconscious ~ недержание мочи при отсутствии волевого контроля

unmanageable ~ некорригируемое недержание мочи

urge [urgency] ~ императивное [приступообразное] недержание

urinary ~ недержание мочи

incontinent [inˈkɒntinənt] страдающий недержанием мочи или кала

inconvertibility [ˌinkənˌvəːtəˈbiliti:] необратимость (процесса)

incoordination [ˌinkəʊˌɔːdiˈneiʃən] потеря [расстройство, отсутствие] координации, дискоординация, несогласованность

sphincter ~ дискоординация функции сфинктера

incorporation [inˌkɔːpɔˈreiʃən] **1.** смешивание, включение (напр. в мазевую основу); внедрение; инкорпорирование; накопление (радиоактивных веществ в организме) **2.** регистрация; включение в регистр

~ **in response** иммун. вовлечение в реакцию

~ **into tissue** отложение (напр. нуклида в тканях)

label ~ включение метки (в молекулу)

increase [inˈkriːs] возрастание, увеличение, повышение, рост; прирост ‖ возрастать, увеличиваться, повышаться

~ **of fluorouracil in RNA** внедрение фторурацила в РНК

~ **of function** гиперфункция, повышение функции

absolute cell ~ абсолютное увеличение числа лейкоцитов

diffuse ~ диффузное усиление (лёгочного рисунка на рентгенограмме)

natural ~ естественный прирост населения

incredulity [ˌinkrəˈdjuːliti:] недоверчивость, скептицизм

increment [ˈinkrəmənt] **1.** прирост, прибавка **2.** приращение

incretion [inˈkriːʃən] внутренняя [эндокринная] секреция, инкреция

incriminate [inˈkrimiˌneit] **1.** суд. мед. инкриминировать, обвинять **2.** быть причастным (напр. к вспышке инфекции)

incrustation [ˌinkrʌˈsteiʃən] **1.** образование корки, налёта или струпа **2.** корка, налёт, струп

incubation [ˌinkjʊˈbeiʃən] **1.** инкубационный [латентный, скрытый] период **2.** инкубация (поддержание контролируемого состояния окружающих условий культуры микробов или тканей) **3.** обеспечение искусственно поддерживаемых условий для младенца, родившегося преждевременно или с гипоксией

matching ~ параллельная инкубация (обычно контрольная)

incubator [ˈinkjʊˌbeitə] **1.** кувез; инкубатор (устройство для выхаживания недоношенных детей) **2.** термостат

carbon dioxide ~ CO_2-анаэростат (для анаэробных микроорганизмов)

infant transport ~ кувез для транспортировки новорождённых

microplate ~ термостат для микропланшетов

monitored ~ кувез с автоматической системой управления

series ~ **1.** многокамерный кувез **2.** многокамерный термостат

temperature gradient ~ терморегулируемая камера

Vicker's ~ кувез фирмы «Виккерс»

incubus [ˈinkjʊbəs] **1.** кошмарные сновидения **2.** психический груз, психическая нагрузка

incudal [ˈinkjʊdl] ото. относящийся к наковальне

incudomalleal [ˌinkjʊdəʊˈmæliːəl] наковальне-молоточковый

incudostapedial [ˌinkjʊdəʊsteiˈpiːdiːəl] наковальне-стременной

incurability [inˌkjʊərəˈbiliti:] **1.** инкурабельность, неизлечимость **2.** неискоренимость

incurred [inˈkəːd]:

~ **in military service** получивший инвалидность на военной службе

incursion [inˈkəːʃən]:

~ **of disease** приступ [начало] заболевания

incurvate [inˈkəːˌveit] выгибать, сгибать, изгибать внутрь ‖ вогнутый, согнутый, изогнутый внутрь

incurvation [inˌkəːˈveiʃən] **1.** сгибание, изгибание внутрь **2.** вогнутость, изгиб

incus [ˈinkəs], pl. **incudes** [ˈinkədəs] ото. наковальня

incyclophoria [inˌsaikləˈfɔːriːə] офт. инциклофория (разновидность косоглазия)

indemnification [inˌdemnəfiˈkeiʃən], **indemnity** [inˈdemniti:] страх. возмещение, компенсация

~ of damages возмещение ущерба (напр. здоровью)

double ~ выплата страховой суммы в двойном размере (при смерти застрахованного в результате несчастного случая)

insurance ~ страховое возмещение

indenization [ɪnˌdenɪˈzeɪʃən] **1.** колонизация (микроорганизмов) **2.** развитие метастазов

indentation [ˌɪndenˈteɪʃən] **1.** вдавленность, впадина, углубление; отпечаток **2.** вдавливание

teeth ~s отпечатки зубов (на боковых стенках языка)

tracheal ~ сдавление трахеи

independence [ˌɪndɪˈpendəns] **1.** независимость, самостоятельность **2.** независимое состояние

independent [ˌɪndɪˈpendənt] **1.** независимый; самостоятельный (напр. ребёнок) **2.** изолированный (напр. операционный блок)

in-depth [ɪn-ˈdepθ] внутренний (напр. орган); расположенный в глубине

index [ˈɪndeks], pl. **indices** [ˈɪndɪsiːz] **1.** индекс, показатель, коэффициент **2.** стандарт, индикатор, символ **3.** указательный палец (стрелка на приборе)

~ of bunching коэффициент (возрастной) аккумуляции

~ of centralization показатель плотности населения

~ of consumption индекс потребления

~ of cost of living индекс прожиточного минимума

~ of current marriage fertility коэффициент брачной плодовитости

~ of family size preference показатель предпочтительного размера семьи

~ of fertility age composition коэффициент состава детородных возрастов

~ of inoperability признак иноперабельности (напр. патологически изменённая азигограмма)

~ of suspicion for injury степень ожидания повреждения

~ of phagocytosis completeness показатель завершённости фагоцитоза

~ of sterility коэффициент бесплодия

~ of toxic response показатель токсического действия

age specific ~ показатель для определённой возрастной группы

antivenin ~ 1. указатель [список] противоядий **2.** индекс антитоксических иммунных сывороток

arousal ~ психол. показатель пробуждения (количество энергии, мобилизованной в ответ на воздействующий стимул)

atlantodental ~ атлантодентальный индекс (сагиттальная величина переднего сустава Крювелье)

average weighted ~ средневзвешенный индекс

avidity ~ индекс авидности (антител)

bactericidal-leucocidal toxicity ~ индекс лейкоцитно-бактерицидной токсичности

bacteriological ~ бактериологический индекс

birth rate ~ общий коэффициент рождаемости

body mass ~ индекс массы тела (отношение роста к квадрату веса; норма 18–25)

buffer ~ буферный показатель (титрованного раствора)

card ~ картотека

cardiac ~ сердечный индекс

cell-labelling ~ индекс мечения клеток; митотический индекс, индекс частоты митозов

cephalic ~ черепной [продольно-широтный] индекс, черепной указатель

classified ~ систематический указатель

coli ~ коли-индекс, индекс кишечной палочки (показатель фекального загрязнения, выраженный числом особей кишечной палочки в 1 л, а для пищевых продуктов и почвы – в 1 г)

color ~ цветной показатель, колориметрический индекс

comparative density ~ сравнительный показатель плотности населения

dermatoglyphic ~ дерматоглифический индекс

discharge ~ психол. показатель разряда (количество энергии, истраченной организмом на ответную реакцию)

fertility ~ коэффициент [показатель] фертильности

free thyroxine ~ индекс свободного тироксина (отношение количества свободного тироксина к связанному)

gastrointestinal quality of life ~ индекс качества жизни при болезнях органов пищеварительного тракта

health ~ индекс здоровья

hemophagocytic ~ фагоцитарный показатель

heterogeneity ~ 1. степень гетерогенности (популяции) **2.** индекс авидности (антител)

high ~ of suspicion высокий уровень подозрения, или сомнений

infectivity ~ индекс инфективности

labelling ~ индекс меченых ядер (изучение клеточного состава образца ткани, в которой образуется ДНК)

lethal ~ коэффициент летальности

leukotactic ~ индекс хемотаксиса лейкоцитов

life ~ жизненный уровень

masculinity-feminity, MF ~ индекс «женственность – мужественность»

match prognosis ~ иммунопрогностический индекс (по степени гистосовместимости)

maturity ~ индекс зрелости (новорождённого)

mitotic ~ митотический индекс (частота митозов на 1000 клеток)

MLC incompatibility ~ показатель несовместимости по пробе со смешанной культурой лейкоцитов

mobility ~ коэффициент подвижности (населения)

mortality ~ коэффициент смертности

mutation ~ индекс частоты мутации

neutralization ~ показатель нейтрализации (токсина)

neutrophil damage ~ показатель повреждения нейтрофилов

obesity ~ показатель тучности

odour intensity ~ индекс интенсивности запаха

opsonic ~ опсонический показатель (иммунной сыворотки)

performance ~ показатель работоспособности

physical fitness ~ показатель физической пригодности

predictive ~ прогностический индекс

prescription ~ дневниковый мониторинг выписки лекарственных препаратов (врачами поликлиники)

prognostic ~ прогностический критерий

prothrombin consumption ~ протромбиновый индекс

pulsatility ~ узи индекс пульсации *(Гослинга)*

quantitative ~ количественный показатель

quantity-frequency ~ количественно-частотный индекс *(статистический критерий потребления алкоголя отдельным лицом за определённый период)*

Ramfiord ~ периодонтальный индекс, Рамфьорда индекс

recombination ~ рекомбинационный индекс *(число рекомбинатных хромосом по отношению к общему числу хромосом)*

recto-sigmoid ~ ректосигмоидное отношение

refractive ~ коэффициент преломления оптических сред глаза

relative delution ~ относительный показатель разбавления *(содержание загрязнителя в выбросе из данного источника, делённое на скорость выброса)*

replacement ~ коэффициент воспроизводства населения *(число дочерей, приходящееся на одну женщину)*

resistivity ~ узи индекс сосудистого сопротивления *(Пурсело)*

standardized fertility ~ стандартизованный коэффициент плодовитости

stroke volume ~ систолический индекс, или показатель

supressor cell ~ *иммун.* индекс супрессии

therapeutic ~ *фарм.* терапевтический индекс *(1. диапазон терапевтических доз 2. отношение средней смертельной дозы яда для подопытных животных, получавших лечение, к средней смертельной дозе для животных без лечения)*

thickness ~ индекс толщины, толщина *(эритроцитов)*

traffic noise ~ *гиг.* индекс транспортных шумов, ИТШ

transmissional pulsatility ~ индекс трансмиссионной пульсации

vital ~ показатель выживаемости населения *(соотношение рождаемости к смертности)*

walking ~ **for spinal cord injury** индекс ходьбы при спинальной травме

Index:

~ **Medicus** Указатель медицинской литературы *(индексирует более 3500 биомедицинских журналов)*

American Drug ~ Американский справочник [указатель] лекарственных средств

Coal ~**es** Коула индексы *(система демографических индексов – рождаемости, брачной рождаемости, внебрачной рождаемости, брачной структуры)*

International Sensitivity ~ Международный индекс чувствительности

Myer's ~ Мьерса индекс *(показатель, измеряющий возрастную аккумуляцию для возрастов, оканчивающихся на любую цифру)*

National Disease and Therapeutic ~ Национальный указатель болезней и лекарственных средств

Pearl ~ Пирла индекс *(мера вероятности зачатия в течение определённого интервала времени, напр. года)*

"Physical Symptoms Distress ~" опросник «Индекс симптомов физических нарушений»

Science Citation ~ Индекс научных цитирований

United Nations age/sex accuracy ~ индекс ООН точности данных о возрастно-половой структуре

Wipple ~ Уиппля индекс *(показатель уровня возрастной аккумуляции, рассчитываемый для возрастов, оканчивающихся на 0 и на 5)*

indicant ['indikənt] признак, показатель, симптом || показательный, симптоматичный

indicate ['indi‚keit] **1.** указывать, показывать; обозначать **2.** служить признаком, свидетельствовать

indicatio [indi'keiʃiəʊ] *лат.* :

~ **causalis** показание к этиологическому [каузальному] лечению

indication [‚indi'keiʃən] **1.** показание, условие, критерий *(напр. для операции)* **2.** признак, симптом **3.** указание *(прибора)*; индикация

~ **of efficiency** представление об эффективности *(напр. диагностики)*

acute ~ экстренное показание

dial ~ показание по шкале

direct ~ непосредственная индикация

key ~ основное показание *(напр. к операции)*

major psychiatric ~**s** основные критерии к оказанию психиатрической помощи *(психозы, алкоголизм, суицидальные тенденции и пр.)*

surgical ~ показание к хирургическому вмешательству

indicator ['indi‚keitə] **1.** индикатор, указатель, определитель, показатель **2.** контрольно-измерительный прибор; сигнализатор; стрелка *(прибора)*

~ **of lead exposure** показатель воздействия свинца

~ **of sensitivity** индикатор чувствительности *(напр. микробов к антибиотикам)*

acid-base ~ кислотно-основной индикатор, индикатор концентрации водородных ионов *(pH)*

alarm ~ индикатор предупредительной, или тревожной, сигнализации

biological ~ биомаркёр, биологический показатель

color-change temperature ~ цветовой индикатор температуры, цветовой термометр

digital ~ **of air flow rate** цифровой указатель количества пропускаемого воздуха

flow ~ расходомер, флоуметр

gas analysis ~ индикатор газового состава

humidity ~ индикатор влажности воздуха, гигрометр

hydrogen ion ~ *см.* acid-base ~

integral ~**s of toxicity** интегральные показатели интоксикации

liquid-crystal temperature ~ термоиндикатор [термометр] на жидких кристаллах

pollution ~ индикатор загрязнения

prognostic ~ прогностический критерий

quality ~**s** индикаторы качества

radioactive ~ индикатор радиоактивности; радиоактивная метка

radiation ~ индикатор уровня (ионизирующего) излучения

indicator-dilution ['indi‚keitə-dai'lu:ʃən] разведение индикатора

indifference [in'difərəns] **1.** безразличие, апатия; равнодушие; безучастность **2.** незначительность, маловажность **3.** беспристрастность; индифферентность

apparent ~ слабая ответная реакция, явная индифферентность

belle ~ *псих.* «прекрасное равнодушие», «великолепное безразличие» *(отсутствие эмоций или беспокойства при чьём-л. беспомощном состоянии)*

congenital ~ **to pain** врождённая нечувствительность к боли

indifferent [in'difərənt] **1.** инертный, нереагирующий **2.** амфотерный **3.** не изменяющий растворимое вещество *(о растворителе)*; нейтральный

indigenous [in'diʤənəs] **1.** природный, врождённый **2.** свойственный, присущий **3.** местный, аборигенный, автохтонный

indigestible [ˌindi'ʤestəbəl] неудобоваримый; трудно перевариваемый, неусвояемый *(о пище)*

indigestion [ˌindi'ʤestʃən] диспепсия, расстройство пищеварения

~ of mentality расстройство сознания

acid ~ изжога

fat ~ стеаторея, жировые испражнения

gastric ~ гастрогенная [желудочная] диспепсия

intestinal ~ кишечная диспепсия

nervous ~ нервная диспепсия

indigestive [ˌindi'ʤestiv] **1.** страдающий расстройством пищеварения **2.** вызывающий расстройство пищеварения

indigitation [inˌdiʤi'teiʃən] инвагинация кишок

indigo ['indigəu] **1.** индиго *(растение и краситель)* **2.** тёмно-синий цвет *(цвет индиго)*

indirect [ˌindi'rekt] непрямой, косвенный, опосредованный

indiscretion [ˌindis'kreʃən] неосторожность, неблагоразумность

dietary ~ нарушение диеты

indispensable [ˌindis'pensəbl] необходимый, обязательный, незаменимый

indisposition [ˌindispə'ziʃən] недомогание; лёгкое заболевание

indistinct [ˌindis'tiŋkt] невнятный *(напр. о бормотании)*

indistinguishable [ˌindis'tiŋgwiʃəbl] неразличимый, трудно дифференцируемый

indium ['indiəm], **In** индий *(металлический элемент; радиоактивный изотоп индий-111, [111]In в форме хлоридов используют в диагностике опухолей)*

individual [ˌindi'vidjuəl] **1.** *биол.* особь, организм **2.** индивидуум, индивид, личность ‖ индивидуальный, отдельный, изолированный **3.** характерный, особенный

~ at risk лицо, принадлежащее к группе риска

~ belonging to Primate представитель [особь] относящийся к приматам

~ of class Insecta особь из класса насекомые

affected ~**s** больные [поражённые] люди или животные

anxious ~ лицо, испытывающее тревогу

authentic ~ аутентичный индивидуум *(человек, действия которого свободны от внешних влияний, ирревлевантных самому действию)*

deprived ~ дезадаптированное лицо

disadvantaged ~ социально незащищённый человек

exposed ~ **1.** облучённый человек **2.** облучённая особь

injured ~ пострадавший, поражённый, травмированный

intellectually impared ~ субъект с отклонениями в умственном развитии

native-born ~ местный уроженец

normal ~**s** здоровые лица; здоровые особи *(часто контрольная группа)*

obese ~**s** тучные люди

physically disabled ~ человек с физическими недостатками

vulnerable ~ социально уязвимое лицо

individualism [ˌindi'vidjuəlizm] индивидуализм

individuality [ˌindiˌvidju'æliti] **1.** индивидуальность, неповторимость **2.** иммунологический или генетический «паспорт» *(организма)*

individuation [ˌindiˌvidju'eiʃən] **1.** индивидуализация *(развитие личности)*; индивидуализация *(процесс формирования зрелой личности, Юнг)* **2.** индивидуальность

individuum [ˌindi'vidju:m] *лат., см.* **individual**

indocile [in'dəusail] **1.** непослушный, трудновоспитуемый **2.** непонятливый

indolence ['indələns] безболезненность

indolent ['indələnt] **1.** безболезненный; нечувствительный *(к боли)* **2.** медленно заживающий; инертный; хронический **3.** стёртый, невыраженный; замаскированный *(напр. о клинике заболевания)*

indrawing [in'drɔ:iŋ] втяжение *(напр. межрёберных промежутков)*

induce [in'dju:s] **1.** индуцировать, вызывать, воспроизводить **2.** побуждать, стимулировать

to ~ **an anesthetic** обезболивать

to ~ **labour** стимулировать роды

inducement [in'dju:smənt] побуждение; побуждающий мотив, или стимул

inducer [in'dju:sə] **1.** индуктор, индуцирующий фактор **2.** Т-клетка-хелпер, Т-клетка-помощник

bone marrow ~ индуктор костного мозга *(подавляющий пролиферацию и стимулирующий апоптоз клеток)*

gratuitous ~ независимый индуктор *(не являющийся субстратом для фермента)*

growth ~ фактор роста, ростовой фактор

sleep ~ аппарат, способствующий засыпанию

induction [in'dʌkʃən] **1.** побуждение, причинность **2.** индукция, индуцирование; воспроизведение; возбуждение

~ of anesthesia вводный наркоз; введение в наркоз

~ of insulin resistant state воспроизведение инсулин-независимого состояния

~ of platelet aggregation индуцирование агрегации тромбоцитов

~ of sleep способствование засыпанию

chemotherapy ~ проведение химиотерапии *(напр. до операции)*

crash ~ быстрое введение в наркоз

defective ~ дефект индуцирования

enzyme ~ **1.** воздействие ферментов, ферментативное действие, ферментативная индукция **2.** индуцирование ферментов

intravenous ~ внутривенное введение в наркоз

labor ~ родовозбуждение, стимуляция родов

lysogenic ~ лизогенная индукция *(переход профага из лизогенного состояния в литическое под воздействием УФО)*

medical ~ медикаментозная индукция *(родов)*

sequential ~ **1.** серийная индукция **2.** последовательная индукция

"steal ~" «незаметное» введение в наркоз

surgical ~ хирургическая индукция *(родов вскрытием плодных оболочек)*

tumor ~ индукция опухолевого роста

inductor [in'dʌktə] **1.** индуктор *(психически больной, бред которого передаётся другому)* **2.** раздражитель; стимулятор *(напр. эмбриональных тканей)*

bone morrow ~ стимулятор [«индуктор»] костного мозга

inductothermy [in'dʌktəʊˌθə:mi] индуктотермия, коротковолновая диатермия

indurated ['indjʊˌreitid] плотный, уплотнённый *(об органе или ткани)*

induration [ˌindjʊ'reiʃən] индурация, уплотнение *(органа или ткани)*, затвердение, отвердение

brawny ~ of lungs бурое уплотнение лёгких

cyanotic ~ застойная [цианотическая] индурация *(связанная с венозным застоем)*

fibroid ~ цирроз, фиброз

Froriep's ~ фиброзный миозит

granular ~ *см.* **fibroid ~**

plastic ~ фибропластическая индурация полового члена, Пейрони болезнь

indusium [in'du:zi:əm], *pl.* **indusia** [in'du:zi:ə]:

~ griseum серый покров *(мозолистого тела)*

industrial [in'dʌstriəl] промышленный, технический *(напр. спирт)*

industry ['indəstri] **1.** промышленность, индустрия **2.** отрасль промышленности; отрасль экономики

allied ~ies смежные отрасли индустрии

by-products ~ промышленность по переработке побочных продуктов

food additive ~ производство пищевых добавок

health care ~ медицинская промышленность

health service ~ система служб здравоохранения, обеспеченность службами здравоохранения

rendering ~ утилизационная промышленность

resort ~ies курортное дело

indwell [in'dwel] **1.** проживать **2.** постоянно пребывать, находиться *(напр. о катетере)*; не оставлять *(напр. о мыслях)*

inebriant [i'ni:bri:ənt] **1.** опьяняющий, дурманящий *(алкоголь, морфин, мескалин)* **2.** интоксикант

inebriate [ini:'braiət] алкоголик, пьяница

inebriety [ini:'braiəti] алкоголизм, пьянство

ineffability [inˌefə'biliti] невыразительность

ineffectiveness [ˌini'fektivnəs], **inefficiency** [ˌini'fiʃənsi] **1.** недейственность, неэффективность **2.** неумение

auditory ~ тугоухость

circulatory ~ расстройство кровообращения

ineligibility [inˌelidʒə'biliti] несоответствие брачных партнёров друг другу

inept [in'ept] неспособный; неподходящий, неуместный

social ~ социальная никчёмность

inequality [ˌini'kwɒliti] **1.** несоответствие **2.** изменчивость, непостоянство **3.** неравенство, неравномерность

~ of pupils неравномерность диаметра зрачков

sexual ~ сексуальная неадекватность, или дисгармония

ventilation-perfusion ~ несоответствие между вентиляцией и перфузией

inertia [i'nə:ʃə] **1.** вялость; инертность; застойность **2.** пассивность

colonic ~ атонические запоры, атония толстой кишки

psychic ~ психическая инертность

uterine ~ вялость сокращений матки *(во время родов)*; слабость родовой деятельности

inevitable [in'evitəbəl] **1.** неизменный *(напр. эффект)* **2.** неизбежный, неминуемый **3.** случайный *(напр. дрейф генов)*

infancy ['infənsi] **1.** период новорождённости *(первый месяц жизни ребёнка)* **2.** грудной возраст *(обычно до 12 месяцев)*; ранний детский возраст *(первые 2 года жизни)*; младенчество **3.** ранняя стадия развития, период становления **4.** несовершеннолетие

natural ~ *суд. мед.* детство *(до 7 лет)*

infant ['infənt] **1.** младенец *(до 12 месяцев)*; ребёнок младшего возраста *(до 2 лет)* **2.** *англ.* до 7 лет **3.** *юр.* несовершеннолетний ◊ **~ Hercules** ребёнок с преждевременным половым и физическим созреванием *(при гиперкортицизме)*

breast-fed ~ ребёнок, вскармливаемый грудью

dysmature ~ *см.* **premature ~**

early ~ *см.* **newborn ~**

floppy ~ вялый [гипотоничный] ребёнок

full-term ~ доношенный ребёнок

illegitimate ~ незаконнорождённый [внебрачный] ребёнок

immature ~ *см.* **premature ~**

"immunologically null" ~ новорождённый с агаммаглобулинемией, или Брутона синдромом

liveborn ~ живорождённый младенец

low-birth-weight ~ маловесный ребёнок *(с массой тела 500–999 г)*

mature ~ доношенный ребёнок *(2500 г и более)*

newborn ~ новорождённый

nondistressed ~ ребёнок без нарушения дыхания

nursing ~ *см.* **breast-fed ~**

poor-risk ~ младенец с высоким риском

postmature [post-term] ~ переношенный ребёнок *(позже 288 дней беременности)*

premature [preterm] ~ недоношенный ребёнок *(раньше 260 дней)*

small ~ *см.* **lowbirth-weight ~**

still-born ~ родившийся в состоянии клинической смерти

sucking ~ грудной ребёнок

surgical ~ новорождённый, нуждающийся в хирургическом лечении

term ~ *см.* **mature ~**

very immature ~ глубоко недоношенный ребёнок

young ~ ребёнок раннего возраста

infantculture [ˌinfənt'kʌltʃə] педиатрия

infanticide [in'fænti,said] детоубийство *(обычно убийство матерью своего ребёнка в возрасте до 12 месяцев)*

infantile ['infən,tail] **1.** младенческий; относящийся к новорождённому **2.** инфантильный *(о детском поведе-*

нии взрослого человека) **3.** начальный, находящийся на ранней стадии

infantilism [in'fæntilizm] инфантилизм *(1. чрезвычайно медленное развитие психики и тела 2. детские формы поведения, выраженные у юноши или взрослого)*

  dysthyroidal ~ *см.* **hypothyroid ~**

  Gee – Herter [Herter's] ~ глютеновая целиакия, энтеропатия, болезнь у детей, нетропическое спру, Ги – Гертера – Гейбнера болезнь

  hypothyroid ~ 1. кретинизм, врождённый гипотиреоз **2.** тиреогенный инфантилизм

  intestinal ~ кишечная остеодистрофия, кишечный инфантилизм

  myxedematous ~ *см.* **hypothyroid ~**

  pituitary ~ гипофизарная карликовость, гипофизарный инфантилизм

  proportionate ~ *см.* **universal ~**

  renal ~ почечная карликовость, почечный инфантилизм

  sexual ~ половой инфантили́зм *(недоразвитие вторичных половых признаков при половом созревании)*

  universal ~ карликовость в сочетании с гипогонадизмом

infantilistic [in,fænti'listik] инфантильный

infantorium [in,fæn'təʊriːm] больница для лечения детей раннего возраста

infarct ['in,faːkt] инфаркт

  acute myocardial ~ острый инфаркт миокарда, ОИМ

  anemic ~ анемический [белый, ишемический] инфаркт *(с отсутствием признаков кровоизлияния)*

  bland ~ неинфицированный инфаркт

  cerebral ~ инсульт, кровоизлияние в мозг

  hemorrhagic ~ геморрагический [красный] инфаркт

  marginal ~ зона дегенерации *(по краю плаценты)*

  pale ~ *см.* **anemic ~**

  silent myocardial ~ «немой» [бессимптомный] инфаркт миокарда

  symptomatic myocardial ~ инфаркт миокарда с клиническими проявлениями

  uric acid ~ мочекислый инфаркт

infarction [in'faːkʃən] **1.** образование инфаркта **2.** инфаркт

  ~ of the brain *см.* **cerebral ~**

  angiographic ~ инфаркт, вызванный ангиографией

  arteriolateral myocardial ~ переднебоковой инфаркт миокарда

  bowel ~ инфаркт кишечника

  cardioembolic ~ кардиоэмболический инфаркт

  cerebral ~ инфаркт головного мозга

  cryptogenic ~ криптогенный инфаркт *(неясной этиологии, «скрытый»)*

  healed myocardial ~ перенесённый [вылеченный] инфаркт миокарда

  impending ~ предынфарктное состояние

  inferolateral myocardial ~ нижнебоковой инфаркт миокарда

  migrainous ~ инфаркт мозга, развивающийся при мигрени

  minor deep ~ малый глубинный инфаркт *(головного мозга)*

  non-Q-wave myocardial ~ не-Q-инфаркт миокарда

  nontransmural myocardial ~ непроникающий инфаркт миокарда

  previous [prior] myocardial ~ предшествующий инфаркт миокарда

  rudimentary ~ рудиментарный инфаркт *(миокарда)*; кардиомиопатия

  silent myocardial ~ бессимптомный инфаркт миокарда

  slow ~ прогрессирующая коронарная миодегенерация

  supratentorial ischemic ~ супратенториальный ишемический инсульт

  suspected myocardial ~ подозрение на инфаркт миокарда

  through-and-through myocardial ~ трансмуральный инфаркт миокарда

  venous mesenteric ~ венозный инфаркт (брыжейки) кишечника

  watershed ~ инфаркт в зоне смежного кровоснабжения

infection [in'fekʃən] **1.** инфекция; инфицирование **2.** инфекционная болезнь **3** гнойное воспаление, гнойная хирургическая инфекция **4.** взаимодействие инфекционного агента с макроорганизмом; реакция антиген – антитело

  ~ in the incision нагноение раны

  ~ of the heart muscle инфекционный миокардит

  ~ of the spine спондилит

  ~ of veneral disease заражение венерической болезнью

  ~ with Epstein – Barr virus инфицирование вирусом Эпштейна – Барр

  acute dental ~ острая одонтогенная инфекция

  adenovirus ~ аденовирусная инфекция

  advanced ~ запущенная [развившаяся] инфекция

  agonal ~ *см.* **terminal ~**

  AIDS-association ~ СПИД-маркёрная, или СПИД-ассоциированная, инфекция

  airborn [aerial] ~ воздушно-капельная инфекция

  anaerobic ~ анаэробная инфекция

  antenatal ~ *см.* **intrauterine ~**

  apical ~ воспаление верхушки корня зуба

  arthropod-born ~ трансмиссивная инфекция

  aspergillus ~ аспергиллёз

  autochthonous ~ инфекция, обусловленная микроокружающей средой

  beef tapeworm ~ *гельм.* тениаринхоз

  bile ~ микрофлора жёлчи; инфекция жёлчных путей

  bilharzia ~ мочеполовой шистосомоз

  bird-born ~ инфекция, переносимая птицами

  blood induced ~ заражение при гемотрансфузии

  bloodstream ~ 1. бактериемия; септицемия **2.** кровяная инфекция

  B virus ~ вирусный гепатит B

  candidal ~ кандидоз, кандидомикоз

  chest ~ инфекционное заболевание органов грудной клетки

  chlamidial ~ хламидийная инфекция

  Chinese liver fluke ~ *параз.* клонорхоз

  clinical ~ инфекция с выраженными клиническими симптомами

  coexisting ~ сопутствующая инфекция

  community-acquired ~ внебольничная инфекция *(напр. пневмония)*

coincident ~ *см.* **concurrent** ~

concurrent ~ смешанная [ассоциированная, сочетанная] инфекция

congenital ~ внутриутробная инфекция; внутриутробное заражение

consecutive ~ вторичная инфекция

covert ~ *см.* **latent** ~

cross ~ *см.* **hospital** ~

cryptogenic ~ криптогенная инфекция *(неизвестного происхождения)*

delta ~ дельта-вирусный гепатит

diaplacental ~ трансплацентарное инфицирование

direct ~ контактное [непосредственное] заражение *(от другого лица)*

diverse ~ *см.* **concurrent** ~

documented ~ верифицированная инфекция

dormant ~ *см.* **latent** ~

droplet ~ воздушно-капельная инфекция

dual ~ двойная инфекция

dustborne ~ пылевая инфекция

dwarf tapeworm ~ *гельм.* гименолепидоз

ectogenous ~ *см.* **exogenous** ~

endogenous ~ аутоинфекция, эндогенная инфекция

enteric ~**s** кишечные инфекции

extrahuman ~ инфекция, несвойственная [нетипичная] для человека

feral ~ природная инфекция *(обнаруживаемая среди диких животных)*

fetal ~ *см.* **intrauterine** ~

focal ~ очаговая [фокальная] инфекция

food-born ~ пищевая токсикоинфекция

free from ~ заразных болезней не обнаружено || неинфицированный

fungal ~ микоз; заражение грибами

generalized vital ~ сепсис, острое генерализованное инфекционное заболевание

germinal ~ инфекция, переданная половым путём

giant intestinal fluke ~ фасциолопсидоз

hand ~**s** *pl.* воспалительный процесс кисти

helminthic ~ гельминтоз, глистная инвазия; заражение гельминтами

hemosporodial ~ *параз.* гемоспоридиозы, пироплазмидозы

herd ~ эпизоотия

herminal ~ *см.* **intrauterine** ~

hookworm ~ анкилостомоз

hospital (-acquired) ~ внутрибольничная [нозокомиальная, перекрёстная] инфекция

house ~ бытовая инфекция

human ~**s 1.** инфекционный больной **2.** инфицирование человека

inapparent ~ непроявляющаяся [субклиническая, скрытая] инфекция

incidental ~ *см.* **random** ~

indolent ~ *см.* **latent** ~

induced ~ искусственно вызванная инфекция

influenza virus ~ грипп; ОРВИ

initial ~ первоначальное инфицирование

inoculative ~ инфицирование [инокулированная] членистоногими насекомыми

insect-borne ~ трансмиссивная инфекция *(переносимая насекомыми)*

intercurrent ~ интеркуррентная инфекция, суперинфекция *(вторичная экзогенная инфекция)*

intractable ~ резистентная инфекция; резистентная микрофлора

intrauterine ~ внутриутробное заражение, трансплацентарная инфекция

latent ~ латентная [немая, скрытая, дремлющая] инфекция

Listeria monocytogenes ~ листериоз

low grade ~ вялотекущая инфекция

masked ~ *см.* **latent** ~

mass ~ массивное инфицирование, массивное заражение

mediastinal ~ гнойный медиастинит, нагноение средостения

mixed ~ *см.* **concurrent** ~

multiple ~ множественное заражение

mycotic ~ *см.* **fungal** ~

natural ~ спонтанная инфекция

navel ~ пупочная инфекция

nosocomial ~ *см.* **hospital** ~

obstetric ~ *см.* **puerperal** ~

occult ~ *см.* **latent** ~

opportunistic ~**s** оппортунистическая инфекция *(условно-патогенная микрофлора, приобретающая патогенность при иммунодефиците)*

oriental lung fluke ~ *гельм.* парагонимоз

overt ~ манифестная инфекция

overwhelming postsplenectomy ~ генерализованная инфекция после спленэктомии

paratyphoid ~ паратифозная инфекция

parvoviral ~ парвовирусная инфекция

patent ~ *см.* **clinical** ~

penicillium ~ пенициллиноз

persistent ~ хроническая [персистирующая, постоянная] инфекция

pinworm ~ энтеробиоз, оксиуроз

pneumocystic carinii ~ пневмоцистоз, плазмоклеточная [пневмоцистная] пневмония

pork tapeworm ~ *гельм.* тениоз

postsurgical ~ послеоперационное *(напр. нагноение раны)* гнойное осложнение

poxivirus ~ поксивирусная инфекция

prenatal ~ *см.* **intrauterine** ~

priority viral ~ основная [главная] вирусная инфекция

puerperal ~ послеродовая [пуэрперальная] инфекция

purulent ~ *см.* **pyogenic** ~

putrid ~ гнилостная инфекция

pyogenic ~ гнойная инфекция

random ~ случайное заражение

recent acute ~ подострый период инфекционного процесса *(на 2–16-й неделе)*

recrudescent ~ рецидив инфекции

residual ~ остаточные явления инфекции

respiratory ~ респираторная инфекция; ОРВИ

retrograde ~ восходящая инфекция

selective ~ избирательное инфицирование

self-limiting ~ локальная инфекция

septic ~ септицемия; септикопиемия; генерализованная инфекция

silent ~ *см.* **latent** ~

single(-agent) ~ изолированная инфекция, моноинфекция

slow virus ~**s** медленные (вирусные) инфекции (*протекающие длительно, латентно*)

soil-borne ~ инфекция, передающаяся через почву

space ~ воспаление межфасциального [клетчаточного] пространства

staph ~ стафилококковая инфекция

strep ~ стрептококковая инфекция

subclinical ~ *см.* **latent** ~

superimposed ~ *см.* **intercurrent** ~

synergistic ~ синергические инфекции

systemic ~ *см.* **septic** ~

tapeworm ~ тениидоз (*глистная инвазия*)

terminal ~ инфекция в терминальной стадии заболевания

transmissible ~ передаваемая инфекция (*напр. при гемотрансфузии*)

transplacental ~ *см.* **intrauterine** ~

treponemal ~ трепонематоз, спирохетоз

ubiquitous ~ убиквитарная инфекция (*повсеместно распространённая*)

upper respiratory ~ острая респираторно-вирусная инфекция, ОРВИ, *уст.* ОРЗ

urinary tract ~ инфекция мочевых путей

uterine ~ воспалительные процессы матки, эндометрит

vascular graft ~ инфицирование сосудистого протеза

vertically transmitted ~ вертикально передаваемая инфекция (*от родителей потомству*)

Vincent's ~ язвенно-плёночная ангина, Венсана ангина

vital ~ (острое) инфекционное заболевание с высоким риском смертельного исхода

water-borne ~ инфекция, передающаяся через воду

whip-worm ~ трихоцефалёз

wound ~ раневая инфекция; нагноение раны

yeast ~ 1. дрожжи 2. дрожжевой микоз, бластомикоз

zoonotic ~ зооноз

infection-induced [in'fekʃən-in'dju:sd] вызванный инфекцией, бактериального происхождения

infectious [in'fekʃəs], **infective** [in'fektiv] 1. инфекционный; заразный, контагиозный; инвазионный (*об организме*) 2. воспалительный

infectivity [in,fek'tiviti] инфективность, инвазивная способность; патогенность (*напр. о раневом процессе*)

infecundity [infi'kʌnditi] *см.* **infertility**

inference ['infərəns] вывод, заключение, предположение

arbitrary ~**s** произвольные умозаключения

logical ~**s** логические умозаключения

inferent ['infərənt] афферентный, центростремительный, приносящий (*о нервных импульсах*)

inferior [in'fiəriə] 1. *анат.* нижний 2. низший, плохой (*напр. продукт по качеству*)

inferiority [in,fiəri'ɔriti] ситуация, состояние или чувство неадекватности, неполноценности, худшего положения

~ **complex** чувство собственной неполноценности

~ **of mind** умственная неполноценность

organ ~ чувство неполноценности у пациента, вызванное физическим недостатком

infertile [in'fə:tail] бесплодный

infertility [,infə'tiliti] бесплодие, инфертильность, относительная стерильность

associated ~ сопутствующее бесплодие

male ~ мужское бесплодие

physiologic(al) ~ бесплодие, бездетность

primary ~ первичное бесплодие

secondary [subsequent] ~ вторичное [последующее] бесплодие

tubal ~ трубное бесплодие (*обусловленное непроходимостью маточных труб*)

voluntary ~ добровольное бесплодие, добровольная бездетность

infest [in'fest] кишеть, наводнять

infestation [,infe'steiʃən] 1. инвазия, заражение паразитами 2. нападение, нашествие (*вредителей*)

angiostrongylus ~ ангиостронгилидоз

ascaris lumbricoides ~ аскаридозная инвазия, аскаридоз

fungal ~ микоз

heavy ~ массивная инвазия

helminth ~ глистная инвазия, гельминтоз

hookworm ~ нематодная инвазия

lice ~ вшивость, педикулёз

lungworm ~ инвазия лёгочной двуустки

parasitic ~ паразитарная инвазия

infested [in'festid] инвазированный, заражённый паразитами

infibulation [in,fibjʊ'leiʃən] 1. инфибуляция (*циркумцизия у женщин*) 2. соединение краёв раны скобками

infiltrate [in'fil,treit] 1. инфильтрат || инфильтрировать 2. проникать; пропитывать; просачиваться 3. фильтровать

alveolar ~**s** инфильтрация альвеол (*напр. при отёке лёгких*)

benign lymphocytic ~ **of Jessner** Джесснера доброкачественный инфильтрат

inflammatory ~**s with neutrophils and macrophages** воспалительная инфильтрация нейтрофилами и макрофагами

milliary ~**s** миллиарные инфильтраты (*при туберкулёзе лёгких*)

patchy pulmonary ~**s** пятнистая лёгочная инфильтрация

subepidermal ~ подкожный инфильтрат

waxy ~ амилоидная инфильтрация

infiltration [in,fil'treiʃən] 1. инфильтрация, проникновение; пропитывание 2. инфильтрат 3. фильтрат

adipose ~ жировая инфильтрация

calcareous ~ кальцификация

fatty ~ **of the liver** жировое перерождение печени

focal ~ очаговая инфильтрация

gene ~ просачивание генетического признака

mononuclear ~ инфильтрация мононуклеарными клетками

pulmonary ~ лёгочный инфильтрат

simple ~ местная инфильтрационная анестезия

urinous ~ мочевая инфильтрация

waxy ~ амилоидоз, амилоидное перерождение

infirm [in'fə:m] **1.** хилый, немощный, слабый; дряхлый **2.** *психол.* слабовольный, слабохарактерный **3.** неустойчивый

infirmary [in'fə:məri:] **1.** приют при монастыре для больных и немощных **2.** больница; лазарет

Royal ~ королевская клиника *(напр. в Глазго)*

infirmity [in'fə:miti:] **1.** немощь; инвалидность *(психическое или соматическое заболевание)* **2.** недостаточность; слабость, дряхлость

age ~ старческая немощь

mental ~ психическое расстройство

physical ~ физический недостаток

inflammation [,inflə'meiʃən] **1.** воспламенение **2.** воспаление, воспалительный процесс

accompanying ~ сопутствующий воспалительный процесс

adhesive ~ адгезивное [слипчивое] воспаление

alterative ~ альтеративное воспаление *(характеризующееся преобладанием дистрофически-некробиотических изменений)*

axilla glandular ~ гидраденит

breast ~ мастит

cardiac ~ панкардит

degenerative ~ *см.* **alterative** ~

erysipelatous ~ рожистое воспаление

fatal ~ воспаление с летальным исходом

fibrinonecrotic ~ фибринозно-некротическое воспаление

gastroduodenal ~ гастродуоденит

generalized ~ разлитое воспаление

glomerular ~ гломерулонефрит

granulomatous [hyperplastic] ~ *см.* **productive** ~

helminth-induced intestinal ~ гельминтозный энтерит

hepatic granulomatous ~ пролиферативный [аутоиммунный] гепатит

immune ~ аллергическое воспаление

parenchymatous ~ альтеративное воспаление паренхиматозного органа

pelvic ~ пельвиоперитонит

productive [proliferative] ~ продуктивное [пролиферативное] воспаление

purulent ~ гнойное воспаление

reactive ~ асептическое [реактивное] воспаление

rheumatoid joint ~ ревматоидный артрит

serous ~ серозное воспаление

simple ~ неспецифическое воспаление

turpentine-induced ~ воспаление, вызванное скипидаром

inflammatory [in'flæmə,tɔ:ri:] воспалительный

inflatable [in'fleitəbəl] **1.** надувной **2** находящийся под давлением *(> 1,5 атм.)*; относящийся к барокамере

inflate [in'fleit] раздувать *(баллон катетера)*

manual ~ ручной раздуватель

inflated [in'fleitid] вздутый, вспухший; опухший

inflation [in'fleiʃən] **1.** раздувание, вдувание, наполнение *(воздухом, газом)* **2.** вздутость; вздутие; вспучивание **3.** припухлость

~ **of lung** раздувание лёгких *(напр. при ИВЛ)*

cuff ~ раздувание манжеты *(интубационной трубки)*

inflator [in'fleitə] *ото.* баллон Политцера

inflection [in'flekʃən] **1.** сгибание **2.** изгиб вовнутрь

inflexibility [in,fleksə'biliti:] **1.** *псих.* ригидность, негибкость, жёсткость; несгибаемость **2.** непреклонность, непоколебимость

inflexion [in'flekʃən] *см.* **inflection**

inflict [in'flikt] **1.** повредить, поразить, наносить *(удар, рану)*; бить, избивать **2.** причинять *(боль, страдание)* **3.** налагать наказание

inflow ['in,fləʊ] впадение мелких сосудов в более крупные

influence [in'flu:əns] влияние, воздействие ‖ влиять, оказывать влияние, воздействовать

~ **of effector concentrations** зависимость от концентрации эффекторов

to ~ **smb. with radio waves** воздействовать на кого-л. радиоволнами *(фабула бреда)*

environmental ~ влияние окружающей среды

genetic ~ генетическая обусловленность; генетический характер

genotypic ~**s** воздействие на генотип

hormone-mediated ~ гормонально опосредованное влияние

milk ~ заражение вирусом Биттнера *(фактор молока)*

phenotypic ~**s** воздействие на фенотип *(напр. температуры)*

psychosocial ~ *pl.* психосоциальные аспекты

influenza [,influ'enzə] (эпидемический) грипп, *уст.* инфлюэнца

~ **A** эпидемический грипп типа А *(наиболее распространённая форма гриппа, вызываемая штаммом А вируса гриппа через 2–3 года; называется также по пандемиям – испанским (1918 г.), азиатским (1957 г.), гонконгским (1968 г.), русским (1978 г.)*

~ **B** грипп типа В *(эпидемии возникают через 4–5 лет)*

~ **nostras** *см.* **endemic** ~

~ **lymphatica** инфекционный мононуклеоз

Asian ~ азиатский грипп

endemic ~ эндемический грипп *(возникает обычно в зимний период и протекает в менее выраженной форме)*

flu ~ грипп *(Китай)*

Hong Kong ~ гонконгский грипп *(эпидемический серовар, впервые выделенный в Гонконге)*

intestinal ~ *sl.* острая, быстро преходящая диарея

Spanish ~ «испанка» *(пандемия гриппа, вызванная токсигенными типами вируса, проявившаяся несколькими волнами в 1918–1919 гг. с 20 млн. летальных исходов; особенно тяжёлая ситуация сложилась в Испании)*

influenza-infected [,influ'enzə-in'fektid] инфицированный вирусом гриппа

influenzal [in,flu:'enzəl] гриппозный; относящийся к гриппу

Influenzavirus [in,flu:'enzə,vairəs] вирусы гриппа *(род семейства ортомиксовирусов; различают типы А, В и С)*

influx ['in,flʌks] **1.** приток *(напр. крови)* **2.** наплыв *(больных)*

inflammatory cell ~ проникновение клеток воспаления в ткани

infolding [in'fəʊldiŋ] операция сборивания, образование складок *(напр. для закрытия дефекта)*

informant [in'fɔːmənt] **1.** информатор, осведомитель *(напр. лицо, наблюдающее за алкоголиками и наркоманами)* **2.** информант *(носитель языка)*

informatics [ˌinfə'mætiks]:

  medical ~ медицинская информатика

information [ˌinfə'meiʃən] информация, данные

  biosciences ~ биологическая научная информация

  clinical ~ клинические сведения, или данные

  encoded ~ закодированная информация

  general ~ общая информация

  genetical ~ геном *(генетическая информация особи)*

  health ~ информация о здоровом образе жизни

  historical ~ анамнестические данные

  hygienic ~ санитарное просвещение

  viral ~ геном вируса

  vital ~ жизненно важная информация

Information:

  WHO Drug ~ «Информация ВОЗ о лекарствах»

informoferes [in'fɒməʊˌfiːəs] клеточные частицы, состоящие из информационной РНК

infrabulge ['infrəˌbʌldʒ] **1.** пришеечная поверхность десны **2.** поверхность зуба, на которую опирается кламмер протеза

infraclavicular [ˌinfrəklə'vikjʊlə] подключичный

infraclusion [ˌinfrək'luːʒən] инфраокклюзия *(прорезывание зуба, не достигающее плоскости смыкания челюстей)*

infracostal [ˌinfrə'kɒstəl] подреберье ‖ подрёберный

infraction [in'frækʃən], **infracture** [in'fræktʃə] **1.** надлом, перелом без смещения отломков **2.** нарушение *(закона, иных норм и правил)*

  ~ of turbinate надлом носовой раковины

  bone ~ перелом по типу зелёной ветки

  rule ~ нарушение режима

infradentale [ˌinfrəden'teil] *кр. метр.* десневая точка между центральными резцами нижней челюсти

infradian [in'freidiːən] относящийся к биологическим ритмам, встречающимся в циклах с частотой до 24 ч

infraglenoid [in.frəgliː'nɒid] расположенный под суставной впадиной *(лопатки)*

infraglottic [ˌinfrə'glɒtik] подголосовой *(о полости гортани)*

inframarginal [ˌinfrə'maːdʒənəl] подкраевой, ниже границы или края

inframicrobiology [ˌinfrəˌmaikrəʊbai'ɒlədʒiː] вирусология

infraocclusion [ˌinfrəə'kluːʒən] *см.* **infraclusion**

infraorbital [ˌinfrə'ɔːbitl] подглазничный

infraphysiologic [ˌinfrəfiziːəʊ'lɒdʒik] относящийся к гипофункции

infraplacement [ˌinfrə'pleismənt] смещение книзу *(напр. органа)*

infraprotein [ˌinfrə'prəʊˌtiːn] гидролизованный белок

infrapsychic [ˌinfrə'saikik] подсознательный *(о мыслях или действиях, возникающих в подсознании)*

infrarectus [ˌinfrə'rektəs] нижняя прямая глазная мышца

infrared [ˌinfrə'red] **1.** инфракрасное излучение *(невидимое для человеческого глаза, с длиной волн от 7700 до 10⁻⁶ нм)* **2.** инфракрасная область

infrasellar [ˌinfrə'selə] находящийся под турецким седлом

infrasonic [ˌinfrə'sɒnik] инфразвуковой *(относящийся к звуку с частотой колебаний ниже порога чувствительности человеческого уха)*

infraspecific [ˌinfrəspi'sifik] **1.** внутривидовой **2.** ниже видового ранга

infraspinous [ˌinfrə'spainəs] подостный *(расположенный ниже гребня лопатки)*

infrastructure ['infrəˌstrʌktʃə] *здрав.* инфраструктура, база, основа *(напр. экономическая и социальная основа)*

  community ~ региональная инфраструктура

  health system ~ инфраструктура здравоохранения

infratemporal [ˌinfrə'tempərəl] подвисочный

infratentorial [ˌinfrəten'tɔːriːəl] расположенный ниже намёта мозжечка; инфратенториальный

infravergence [ˌinfrə'vɜːdʒəns] косоглазие книзу, инфравергенция

infraversion [ˌinfrə'vɜːʃn] **1.** *стом.* инфраокклюзия *(смещение вниз)* **2.** *офт.* поворот обоих глаз книзу

infriction [in'frikʃən] втирание *(лекарственного средства)*

infringe [in'frindʒ] нарушать *(закон, правила, нормы)*

infundibuloma [ˌinfənˌdibjʊ'ləʊmə] инфундибулома *(опухоль из клеток гипоталамуса)*

infundibulum [ˌinfən'dibjʊləm], *pl.* **infundibula** [ˌinfən'dibjʊlə] *анат.* воронка, структура воронкообразной формы

  ~ of heart артериальный конус *(начало лёгочного ствола в правом желудочке сердца)*

  ~ of uterine tube воронка маточной трубы

  ethmoid ~ решётчатая воронка *(полости носа)*

infusate ['infjuːˌzeit] вливаемая жидкость, инфузат

infusion [in'fjuːʒən] **1.** вливание, инфузия *(различных жидкостей в отличие от гемотрансфузии)* **2.** вытяжка, настой, экстракт, раствор **3.** настаивание, экстрагирование **4.** внушение *(мысли и т. п.)*

  aggressive fluid ~ струйное вливание большого количества жидкости

  arterial ~ внутриартериальное введение

  colloid ~ коллоидный раствор

  compound ~ of Senna сложный настой александрийского листа, венское питьё

  contrast medium ~ введение контрастного вещества

  cut-down ~ сокращённая инфузия

  drip ~ капельница

  hypodermoclysis ~ подкожное введение жидкости

  meat ~ *микр.* мясной экстракт, или бульон

  saline ~ вливание солевого раствора

infusor [in'fjuːzə]:

  portable ~ портативная инфузионная система

  pressure ~ инжектор, нагнетатель *(крови)*, автоматический шприц

ingest [in'dʒest] глотать, проглатывать, принимать внутрь; усваивать

  to ~ some poisonous berries проглотить какие-то ядовитые ягоды

  impacted ~ застрявшая пища

ingesta [in'dʒestə] **1.** внутреннее *(лекарственное средство)* **2.** съедаемые продукты питания; проглоченная пища

ingestion [in'ʤestʃən] **1.** глотание, проглатывание; приём внутрь *(медикамента)* **2.** принятие пищи **3.** фагоцитоз

~ **of blood from respiratory tract** заглатывание крови из дыхательных путей

~ **of dietary antigen** приём аллергенных продуктов

~ **of excessive amounts of caffeine** потребление избыточного количества кофеина

~ **of foreign material** заглатывание инородного тела

~ **of hair** заглатывание волос

~ **of halothane** дача [введение] галотана

~ **of virus** пероральное заражение вирусом

accidental ~ случайный приём, случайное заглатывание *(напр. ядовитого вещества)*

chronic ~ **of lead** хроническое поступление свинца в организм

concurrent ~ действующее совместно *(о медикаментах)*

ethylen glycol ~ случайный приём этиленгликоля

excessive ~ избыточное потребление *(напр. моркови)*

fractional ~ дробное введение *(напр. яда)*

latex bead ~ фагоцитоз латексных частиц

oral ~ пероральный приём

recent ~ **of meal** недавний приём пищи

rodenticide ~ суицидальный приём родентицидов

toxin ~ отравление

ingravescent [ˌingrə'vesənt] постепенно ухудшающийся *(о состоянии больного)*; постепенно усиливающийся *(о проявлениях болезни)*

ingredient [in'griːdiənt] ингредиент, компонент, составная часть

active ~ действующий [активный] ингредиент *(лекарственной формы)*

enriching ~ обогащающий компонент

food flavouring ~s вкусовые ингредиенты пищи

inactive ~ индифферентный наполнитель медикамента

ration ~ компонент рациона

sweetening ~ подслащивающая добавка, послатитель

ingress ['in,gres] вход; вхождение *(напр. инородного тела в бронх)*

in-group ['in-,gruːp] своя группа, группа своих, ингруппа

ingrowth ['in,grəʊθ] прорастание внутрь, врастание *(напр. ногтя)*

inguen ['iŋgwən] пах, паховая область

inguinal ['ingwənəl] паховый

inhabit [in'hæbit] жить, обитать, населять; существовать

inhabitant [in'hæbitənt] **1.** постоянный житель **2.** обитатель; населяющий определённую территорию

normal ~ непатогенный сожитель *(о микробах в организме)*

normal ~s **of oral cavity** нормальные обитатели ротовой полости

saprophytic ~ сапрофитный обитатель

inhabitation [inˌhæbi'teiʃən] **1.** проживание **2.** жилище; место обитания *(представителей фауны)*

inhalant [in'heilənt] **1.** ингаляционное средство || ингаляционный, вдыхаемый **2.** летучий препарат *(напр. аэрозоль)*

antifoaming ~ противоотёчное средство, противовспенивающее средство

respiratory tract ~s ингаляционные средства при болезнях дыхательных путей

volatile ~ летучий ингалянт

inhalation [ˌinhə'leiʃən] **1.** ингаляция, вдыхание **2.** лекарственная форма для ингаляции **3.** аспирация, вдыхание

~ **of foreign body** аспирация инородного тела

~ **of nebulized solution** ингаляция распылённого раствора; аэрозольная терапия

diluted oxygen ~ вдыхание газовой смеси, обогащённой кислородом

maximal ~ максимальный вдох

noxious gas ~ отравление ядовитыми газами; вдыхание ядовитых газов

short-term vapor ~ кратковременное вдыхание паров

inhaler [in'heilə] **1.** ингалятор, спинхейлер, респиратор **2.** дыхательная трубка *(наркозного аппарата)*; инхалер *(устройство для самонаркоза)*

anesthetic ~ маска для наркоза, наркозная маска

pocket ~ карманный ингалятор

slip-on ~ ингалятор с замкнутым контуром

inherent [in'herənt] **1.** присущий, неотъемлемый, свойственный *(организму)* **2.** врождённый

inheritance [in'heritəns] наследственность; наследование

~ **of acute appendicitis** наследственность при остром аппендиците

~ **of characters** наследование признаков

~ **of stature** наследование конституции

alternative ~ альтернативное [менделевское] наследование *(взаимоисключающих друг друга признаков)*

amphigonous ~ см. **biparental** ~

autosomal dominant ~ аутосомно-доминантное наследование *(признака, контролируемого доминантным геном)*

autosomal recessive ~ аутосомно-рецессивное наследование *(признака, контролируемого рецессивными генами)*

bilineal [biparental] ~ наследование по обеим линиям, бипарентальное наследование *(признаков обоих родителей)*

blending ~ смешанное наследование *(полигенных признаков)*

chromosomal ~ менделевская [хромосомная, ядерная] наследственность

clonal ~ клональное наследование

complex ~ комплексное наследование

criss-cross ~ перекрёстная наследственность, крисс-кросс наследование *(при котором признаки отцов передаются дочерям, признаки матерей – сыновьям)*

cytoplasmic ~ **1.** внехромосомная [неменделевская, цитоплазматическая, митохондриальная] наследственность *(обусловленная генами, локализующимися в митохондриальной ДНК)* **2.** (цито)плазматическое наследование

delayed ~ задержанная наследственность

desirable ~ желательная [желаемая] наследственность

duplex ~ см. **biparental** ~

extrachromosomal ~ см. **cytoplasmic** ~

holandric ~ голандрическая наследственность *(передача признака, контролируемого геном в Y-хромосоме от отца к сыну)*

hologynic ~ материнская наследственность *(передача признака, контролируемого геном в X-хромосоме, – от матери дочери)*

inlinear ~ однолинейная наследственность

maternal [matrilineal] ~ наследование по материнской линии

Mendelian ~ *см.* **chromosomal** ~

mitochondrial ~ *см.* **cytoplasmic** ~

monogenic ~ моногенное наследование *(признака, определяемого одним геном)*

multifactorial [multiple factor] ~ многофакторное [полигенное] наследование

nonchromosomal [nonmendelian] ~ *см.* **cytoplasmic** ~

paternal ~ *см.* **holandric** ~

particulate ~ дискретная наследственность

patrilineal ~ наследование по отцовской линии

patroclinical ~ патроклиническое наследование *(большее сходство потомка с отцовской, чем с материнской формой)*

polygenic ~ *см.* **multifactorial** ~

polysomic ~ полисомное наследование

qualitative ~ качественная наследственность, наследование качественных признаков

sex [sexual] ~ наследование пола

sex-limited ~ ограниченное полом наследование

sex-linked ~ сцепленное с полом наследование

single gene ~ *см.* **monogenic** ~

unilateral ~ одностороннее наследование *(сходство потомка с родителем того же пола)*

X-linked recessive ~ X-сцепленное рецессивное наследование

inhibition [ˌinhiˈbiʃən] задержка, торможение, ингибирование, подавление, угнетение

~ **of growth** угнетение роста

~ **of insulin secretion** ингибирование секреции эндогенного инсулина

~ **of skin reaction** подавление кожных реакций

~ **of tumor implantation** задержка имплантации опухолевых клеток

allosteric ~ аллостерическое ингибирование

anti-Ig-mediated growth ~ антителоопосредованное подавление (клеточного) роста, антителозависимое ингибирование пролиферации *(клеток)*

artefact ~ подавление помех *(напр. при электроэнцефалограмме)*

bladder ~ *физиол.* торможение мочевого пузыря

cholinesterase ~ инактивация холинэстеразы

clonal ~ подавление клона, клональное ингибирование

competitive ~ конкурентное ингибирование *(активности фермента)*

cortical ~ *невр.* корковое торможение

decomposition ~ ингибитор разложения

definite ~ явственное ингибирование

delayed ~ *невр.* запаздывающее торможение

direct migration ~ прямое торможение миграции *(лейкоцитов)*

end-product [feedback] ~ ретроингибирование, торможение активности конечным продуктом реакции

fertility ~ подавление плодовитости

graft-vs-host ~ ингибиция реакции «трансплантат против хозяина»

hemagglutination ~ реакция ингибирования гемагглютинации

incompetitive ~ *биохим.* бесконкурентное ингибирование

instantaneous ~ мгновенное ингибирование

irreversible ~ необратимое ингибирование

leukocyte adherence ~ торможение прилипания лейкоцитов

linear ~ пропорциональное ингибирование

lysis ~ задержка лизиса; подавление лизиса

nervous ~ (нервная) депрессия

medicinal protective ~ лечебно-охранительное торможение

platelet ~ предотвращение агрегации тромбоцитов

postsynaptic ~ постсинаптическое торможение

prostaglandin ~ ингибирование простагландинов

psychic ~ психическая заторможенность, подавление импульса

reactive ~ *психол.* реактивное торможение *(ослабление реакции после затраты усилий)*

reflex ~ 1. рефлекторное торможение, рефлекторная задержка 2. запаздывание рефлекса

retroactive ~ *см.* **end-product** ~

reversible ~ обратимое ингибирование

selective ~ *см.* **competitive** ~

sexual ~ половая холодность, фригидность

stepwise ~ ступенчатое торможение

substrate ~ ингибирование субстратом

synaptic ~ синаптическое торможение

inhibitor [inˈhibitə] 1. ингибитор, задерживающий фактор 2. депрессорный [тормозящий] нерв

~**s of steroid synthesis** ингибиторы синтеза стероидов

angiotensin-converting-enzyme [ACE] ~ ингибитор ангиотензинконвертирующего фермента, АКФ-ингибитор

aromatase ~ ингибитор ароматазы

beta-lactamase ~ ингибитор бета-лактамаз

cholinesterase ~s ингибиторы холинэстеразы

competitive ~ конкурентный ингибитор

converting enzyme ~ ингибитор преобразования фермента

direct ~ ингибитор прямого действия

dissociable ~ ингибитор, способный к диссоциации

emulsion ~ ингибитор эмульсии, антиэмульгатор

eosinophil-derived ~ ингибитор (выделения гистамина) эозинофильного происхождения

irreversible ~ необратимо действующий ингибитор

metabolic ~ метаболический ингибитор, метаболический яд

mold ~ фунгицид

monoamineoxidase ~ ингибитор моноаминооксидазы, ИМАО *(класс антидепрессантов)*

multipurpose ~ универсальный ингибитор

noncompetitive ~ неконкурентный ингибитор

oxidation ~ ингибитор окисления, антиоксидант

photoaffinity ~ **of aromatase** фотоаффинный ингибитор ароматазы

plasminogen activator ~ ингибитор активатора плазминогена

protease ~ ингибитор протеолитических ферментов

proton-pump ~s блокаторы протоновой помпы, или протонового насоса

reversible ~ обратимо действующий ингибитор

selective serotonin reuptake ~ селективный ингибитор обратного захвата серотонина, СИОЗС

seminal plasma ~ плазменный ингибитор сперматогенеза

surface-active ~ поверхностно-активный ингибитор

trypsin soybean ~ соевый ингибитор трипсина

inhomogeneity [inˈhəʊməʊʤəˈniːiti:] неоднородность, негомогенность

in-hospital [in-ˈhɒspitl]:

monitored ~ стационарный режим; стационарное наблюдение

inhuman [inˈhjuːmən] бесчеловечный

iniad [ˈiniːəd] в направлении к затылочному бугру

iniencephalus [ˌiniːənˈsefəliː] *терат.* иниэнцефалия *(плод с расщеплением затылочной кости, шейно-грудного отдела позвоночника и ретрофлексией головы)*

inimicality [ˌinimiˈkæliti:] враждебность

iniodymus [iniːˈɒdiməs] *см.* **iniopagus**

inion [ˈiniːɒn] *кр. метр.* инион *(место пересечения верхней выйной линии со срединной сагиттальной плоскостью головы)*

iniopagus [ˌiniːˈɒpəgəs] близнецы, сросшиеся в области затылка

initiate [iˈniʃiˌeit] инициировать, начинать; побуждать, стимулировать; провоцировать

to ~ the growth стимулировать рост

initiation [iˌniʃiːˈeiʃən] **1.** стимулирование, стимуляция; инициирование **2.** закладка культуры ткани, клеток **3.** *онк.* инициация *(первая стадия развития раковой опухоли)*

~ of contact sensitivity инициация контактной чувствительности

~ of voiding начало мочеиспускания

blind lead dog ~ использование собаки-поводыря слепым

peptide-chain ~ инициация пептидной цепи

initis [iˈnaitis] **1.** воспаление фиброзной ткани **2.** миозит *(воспаление мышц)*

inject [inˈʤekt] инъецировать, впрыскивать; вводить парентерально *(о лекарственном средстве)*

injection [inˈʤekʃən] **1.** инъекция, впрыскивание; парентеральное введение **2.** инъекционный раствор **3.** инъекция конъюнктивы глаза

~ concentrated RBC выброс депонированного пула эритроцитов *(в сосудистое русло)*

bolus ~ **1.** инъекция ударной дозы вещества; массивная инфузия **2.** введение шарика *(лекарственной формы)*

booster ~ бустер-инъекция *(вторичная вакцинация)*; инъекция бустер-дозы

capillary ~ инъекция капилляров, заполнение кровью капилляров

depot ~ инъекция веществ замедленного всасывания *(напр. пролонгированного инсулина)*

direct intracytoplasmic ~ прямая интрацитоплазматическая инъекция *(приём искусственного оплодотворения – введение сперматозоида в цитоплазму яйцеклетки)*

dried plasma ~ переливание (сухой) плазмы

echo-guided ~ инъекционная терапия под контролем УЗИ

epidural ~ введение (медикамента) в перидуральное пространство

episclear ~ инъекция склер, инъекция эписклеральных сосудов

intra-arterial ~ внутриартериальное введение

intrapericardial ~ **of gas** введение газа в полость перикарда

intraspinal ~ раствор для введения в спинномозговой канал

jet ~ безыгольное впрыскивание *(под большим давлением)*

memory induction ~ сенсибилизирующая (первичная) инъекция

multiple intradermal ~ **1.** многократные внутрикожные инъекции **2.** иммунизация

opacifying [opaque] ~ введение контрастного вещества

opticocillary ~ ретробульбарная инъекция в область цилиарного тела

pain killing ~ обезболивающая инъекция

periureteral collagen ~ периуретральная инъекция коллагена

protective ~ защитная прививка, вакцинация

pulsed ~ импульсная инъекция

recall ~ *см.* **booster** ~

retrograde ~ ретроградное заполнение *(напр. контрастным веществом)*

submucosal ~ подслизистое введение

tetanus ~ противостолбнячная прививка, или вакцина

injector [inˈʤektə] впрыскиватель, инжектор; шприц

ampule ~ ампульный шприц

fumigant ~ фумигатор, фумигенный инжектор

jet ~ безыгольный инъектор

manual ~ ручной инжектор

needleless ~ *см.* **jet** ~

sample ~ аппликатор образцов; устройство для инъекций

thermodilution ~ инжектор для термодилюции

injured [ˈinʤərd] раненый; ушибленный; травмированный

critically [severely] ~ пострадавший с тяжёлой травмой

injurious [inˈʤuːriːəs] вредный; губительный

injury [ˈinʤəri] **1.** вред **2.** повреждение; рана; травма **3.** ущерб; увечье

~ prior to birth дородовая травма

abdominal ~ повреждение органов брюшной полости

accidental ~ травма при несчастном случае

actinic ~ радиационное [лучевое] поражение

athletic ~ спортивная травма

blast ~ **1.** контузия **2.** взрывное поражение

blunt ~ закрытая травма *(повреждение полостного органа)*

bodily ~ телесное повреждение

boutonniere ~ деформация типа бутоньерки *(пальца)*

brain ~ черепно-мозговая травма, ЧМТ

bursting ~ разрыв ткани

circulatory ~ 1. травма органов кровообращения 2. *pl.* циркуляторные нарушения

closed ~ *см.* **blunt** ~

cold ~ холодовая травма *(отморожение; обморожение)*

combat ~ огнестрельное ранение

concomitant ~ сочетанная травма

contrecoup ~ повреждение мозга от «противоудара» *(на стороне, противоположной месту травмы)*

coup ~ повреждение в точке травмы

crush ~ размозжение; раздавленная рана; синдром сдавления; краш-синдром

cutting ~ резаная рана

deacceleration ~ травма при резком снижении скорости *(напр. автомобиля)*

degloving ~ скальпированная рана *(пальцев или кисти)*

denuded ~ открытая рана

drug-induced hepatic ~ поражение печени, вызванное лекарственными препаратами

electrosurgical burn ~ ожог при электрохирургическом вмешательстве

employment ~ *см.* **industrial** ~

heat ~ 1. тепловой удар 2. термическая травма, термический ожог

hepatocellular ~ гепатоцеллюлярное поражение

high-velocity ~ повреждение осколком реактивного снаряда

hunger ~ нарушение, вызванное голоданием

hyperextension-hyperflexion ~ хлыстовая травма шеи *(вследствие её резкого и чрезмерного разгибания и сгибания головы)*; удар по типу «хлыста»

hyperfiltration ~ ультрафильтрационное повреждение *(почки)*

iatrogenic ~ ятрогенное повреждение

immunospecific ~ иммунологическое повреждение, иммунный лизис

incapacitating ~ повреждение, вызывающее потерю трудоспособности

industrial ~ производственная травма; несчастный случай на производстве

injecting ~ колотая рана

instable ~ повреждение с нарушением стабильности, нестабильный перелом

internal ~ повреждение внутренних органов

irradiation ~ радиационное [лучевое] поражение

ligament ~ растяжение связок

mangled ~ размозжённая рана

mild brain ~ сотрясение (головного) мозга; лёгкая черепно-мозговая травма

military ~ies боевое повреждение

moral ~ моральный вред; моральный ущерб

multiorgan ~ полиорганная травма; множественное повреждение

narcissistic ~ нарциссическая обида

needle-stuck ~ травма от укола иглой

neurovascular ~ повреждение сосудисто-нервного пучка

nonaccidental ~ умышленная травма

penetrating ~ проникающее ранение

permanent ~ хроническая травма

personal ~ *страх.* травма [телесное повреждение], дающая право на подачу иска

postresuscitation ~ постреанимационное осложнение *(напр. ишемический синдром)*

premeditated average gravity ~ **to health** умышленное причинение вреда здоровью средней тяжести

premeditated grave ~ **to health** умышленное причинение тяжкого вреда здоровью

premeditated trivial ~ **to health** умышленное причинение лёгкого вреда здоровью

radiation ~ *см.* **irradiation** ~

recoil ~ *суд. мед.* штанцмарка

repetitive strain ~ травма, возникающая из-за постоянной нагрузки

residual ~ остаточное повреждение

reversible ~ обратимое повреждение

ring ~ies **in the hand** 1. циркулярное повреждение кисти 2. *см.* **degloving** ~

seat belt-type ~ повреждение, обусловленное ремнём безопасности

self-inflicted ~ рана, нанесённая самим пострадавшим

single ~ изолированное повреждение

slashed ~ 1. резаная рана 2. глубокая рана

slicing ~ поверхностная рана; касательная рана

special ~ специфическое повреждение

spinal [spinal cord] ~ спинальная травма, повреждение спинного мозга

sports related ~ies спортивная травма

stable ~ повреждение без нарушения стабильности, стабильный перелом

sustain ~ies получить увечье

tangential ~ касательная травма

third part bodily ~ телесное повреждение, нанесённое третьему лицу

thoracic spine ~ повреждение грудного отдела позвоночника

thermal ~ термическое повреждение, термический ожог

traumatic brain ~ *см.* **brain** ~

unstable ~ травма, вызывающая нестабильность

visceral ~ 1. повреждение внутреннего органа 2. *pl.* висцеральные нарушения

whiplash ~ *см.* **hyperextension-hyperflexion** ~

work ~ *см.* **industrial** ~

in-knee [in-'niː] вальгусное искривление коленных суставов, Х-образная постановка ног

inlay ['inˌlei] 1. вкладка *(для пломбирования полости зуба)*; пломба; коронка 2. трансплантат; имплантат ‖ трансплантировать; имплантировать

interlocking ~ вкладка-фиксатор *(напр. мостовидного протеза)*

inlet ['inˌlet] входное отверстие; вход *(в полость)*

~ **of the pelvis** входное отверстие таза, верхняя апертура таза, вход в таз

fresh air ~ приточно-вентиляционное отверстие

pelvic ~ *см.* ~ **of the pelvis**

thoracic ~ верхнее отверстие грудной клетки

inlying ['inˌlaiŋ] лежащий внутри, внутренний

inmarriage [ˌin'mærid͡ʒ] брак между представителями одной группы *(напр. религиозной)*

inmate ['in,meit] лицо, содержащееся в каком-л. учреждении *(тюрьме, больнице, приюте и пр.)*

innate [i'neit] врождённый *(напр. порок развития)*; природный

innervate [i'nə:,veit] возбуждать; раздражать

innervation [ˌinə:'veiʃən] иннервация

contrary ~ противоположная иннервация

cross ~ перекрёстная иннервация

interrupt ~ нарушение иннервации

intrinsic vesical ~ интрамуральная [внутристеночная] иннервация мочевого пузыря

reciprocal ~ реципрокная иннервация

sensitive [sensory] ~ чувствительная иннервация

sympathetic ~ симпатическая иннервация

innidiation [iˌnidi'eiʃən] 1. колонизация *(микроорганизмов)* 2. метастазирование, размножение метастатических клеток

innocence ['inəsəns] 1. невиновность 2. безвредность; индифферентность, нейтральность

clotting ~ индифферентность в тромбообразовании *(напр. контрастного вещества)*

innocent ['inəsənt] 1. чистый, беспримесный *(о продукте)* 2. интактный, здоровый, непоражённый *(напр. об органе)* 3. доброкачественный *(об опухоли)*; безвредный, не имеющий побочной реакции 4. *суд. мед.* невиновный

innocuous [i'nɒkju:əs], **innoxious** [i'nɒkʃəs] безвредный; нетоксичный, неядовитый

innominate [i'nɒminit] 1. безымянный 2. название анатомических структур *(напр. артерии)*

innovation [ˌinə'veiʃən] нововведение, новшество, новинка

technological ~s новейшие технологии, нововведения

innutrition [ˌinju:'triʃən] недостаточность или недостаток питания

inoblast ['inəʊ,blæst] *цитол.* фибробласт

inoculability [iˌnɒkju:lə'biliti] 1. восприимчивость к прививке 2. восприимчивость к трансмиссивной болезни или заражению 3. возможность передачи инфекции

inoculate [i'nɒkjʊ,leit] 1. *микр.* инокулировать, засевать, вносить посевной материал; прививать, заражать *(прививкой)* 2. делать (предохранительную) прививку, вакцинировать 3. заражать

inoculation [iˌnɒkjʊ'leiʃən] 1. *микр.* инокуляция; посев культуры; заражение *(прививкой)* 2. прививка, вакцинация; иммунизация 3. внедрение *(микроорганизма)*

aerosolic ~ аэрозольная [ингаляционная] вакцинация

antityphoid ~ вакцинация против брюшного тифа, брюшнотифозная прививка

artificial ~ искусственная инокуляция, искусственное заражение

bacterial ~ 1. бактериальное заражение 2. бактериальная инокуляция, бактериальный засев

enteric ~ пероральная [энтеральная] вакцинация

epicutaneous ~ накожная вакцинация

heavy ~ *микр.* засев большим количеством материала

intracerebral ~ внутримозговая инокуляция

laboratory animal ~ заражение лабораторных животных

oral ~ 1. заражение через рот 2. пероральная вакцинация

percutaneous ~ кожная прививка

spore ~ внедрение [проникновение] спор бактерий *(в организм)*, инокуляция спор

spray ~ инокуляция разбрызгиванием

streak ~ посев штрихом

submerge ~ *микр.* внесение посевного материала в толщу среды

surface ~ внесение посевного материала на поверхность среды

typhoid, paratyphoid A and paratyphoid B ~ вакцинация [прививка] против брюшного тифа, паратифов A и B

inoculator [iˌnɒkjʊ'leitə] 1. инокулятор *(переносчик инфекционной или инвазивной болезни)* 2. шприц для прививки

inoculum [i'nɒkjʊləm], *pl.* **inocula** [i'nɒkjʊlʌ] 1. *микр.* инокулят *(1. посевная культура 2. прививочный материал)* 2. жалящие или кусающие органы у насекомых

bone marrow ~ взвесь костно-мозговых клеток

initial culture ~ первичный посевный материал, первичный инокулят

subculture ~ исходный материал для пересева

virus ~ вирусный инокулят

inocystoma [ˌinəʊsi'stəʊmə] фиброма с кистозной дегенерацией

inocyte ['inəʊ,sait] клетка фиброзной ткани

inodorous [in'əʊdərəs] не имеющий запаха, без запаха

inogen ['inəʊʤen] гипотетическое вещество мышечной ткани, внезапно вызывающее судороги

inoglia [ˌinəʊg'li:ə] основное вещество соединительной ткани

inokomma [ˌinəʊ'kɒmə] *гист.* саркомер, инокомма

inoma [i'nəʊmə] фиброма

inomyositis [ˌinəʊˌmaiəʊ'saitis] фибромиозит

inoperable [in'ɒpərəbəl] неоперабельный, иноперабельный, неудалимый *(об опухоли)*

inopexia [ˌinəʊ'peksi:ə] внутрисосудистое свёртывание крови

inorganic [ˌinə:'gænik] 1. неорганический 2. относящийся к веществу, не имеющему углерод

inosclerosis [ˌinəʊsklə'rəʊsis] повышенная плотность фиброзной ткани

inoscopy [i'nɒskəpi:] микроскопия фибриллярных структур

inosculate [i'nɒskjʊ,leit] срастаться, соединяться; анастомозировать

inosculation [iˌnɒskjʊ'leiʃən] *хир.* анастомоз, соустье

inositis [ˌinəʊ'saitis] фиброзит

inositol [i'nəʊsiˌtɔ:l] инозит, витамин B_8

inotropic [ˌi:nəʊ'trɒpik] инотропный, изменяющий силу мышечного сокращения *(напр. миокарда)*

negatively ~ отрицательный миотропный, ослабляющий силу мышечного сокращения

positively ~ положительный миотропный, усиливающий силу мышечного сокращения

inpatient ['in,peiʃənt] стационарный [госпитализированный] больной

standard ~ больной палатного отделения, больной общего профиля

inperforate [in'pə:fə,reit] неперфорированный, атрезированный

input ['input] 1. подача; загрузка 2. вход; ввод; входные данные 3. входящее [вводимое] количество

  digital ~ 1. цифровое устройство ввода *(данных)* 2. цифровые входные данные

  energy ~ потребление энергии; усвоение питательных веществ

  neural ~ нервный стимул

  stem-cell ~ вхождение стволовой клетки *(в клеточный цикл)*, индукция пролиферации стволовой клетки

inquest ['in,kwest] *суд. мед.* коронерское следствие, дознание *(исследование трупа коронером в случае насильственной или внезапной смерти при невыясненных обстоятельствах)*

inquiry [in'kwairi] 1. информационный запрос 2. исследование; обследование 3. анкета

  ~ into the causes of complications исследование причин осложнений

  demographic ~ демографическое обследование

  field ~ обследование на месте, обследование обходом

  morbidity ~ обследование заболеваемости

  postal ~ анкетный метод обследования *(путём рассылки опросных листов по почте)*

insalivate [in'sæli,veit] смешивать пищу со слюной *(во время жевания)*

insalivation [in,sæli'veiʃən] смешивание пищи со слюной *(во время жевания)*

insalubrious [insə'lu:briəs] нездоровый, вредный для здоровья *(напр. о климате)*

insane [in'sein] психически больной; невменяемый; безрассудный

insanitary [in'sæni,teri] антисанитарный; грязный

insanitation [in,sæni'teiʃən] антисанитарное состояние; несоблюдение требований санитарии

insanity [in'sæniti] 1. психоз; психотическое расстройство 2. невменяемость

  ~ of negation нигилистический бред

  adolescent ~ юношеский психоз

  affective [alternating] ~ маниакально-депрессивный [биполярный аффективный, интермиттирующий, циркулярный] психоз, МДП, циклофрения

  basedowian ~ аффективный психоз, возникающий при тиреотоксикозе

  circular ~ *см.* **affective** ~

  communicated ~ индуцированный [коммуникативный] психоз *(состояние, при котором один из двоих тесно общающихся между собой людей начинает разделять бред другого)*

  confusional ~ психоз спутанности

  double ~ *см.* **induced** ~

  doubting ~ «помешательство сомнений»

  induced ~ индуцированный психоз

  intermittent [manic-depressive] ~ *см.* **affective** ~

  pubescent ~ гебефрения *(форма шизофрении)*

  puerperal ~ послеродовой [пуэрперальный] психоз

  ruminative ~ навязчивая идея

  surgical ~ послеоперационный психоз

inscription [in'skripʃən] пропись рецепта

insect ['in,sekt], *pl.* **insecta** [in'sektə] насекомое

  destructive ~ *см.* **injurious** ~

  disease infected ~ насекомое, заражённое возбудителем заболевания; насекомое – переносчик болезни

  distinct-stage ~ насекомое с полным циклом превращения

  host ~ насекомое-хозяин *(для вирусов, микроорганизмов и т. п.)*

  injurious [noxious] ~ вредное насекомое, вредитель

  predatory ~ хищное насекомое

  stream ~ водное насекомое

  transmitting ~ насекомое-переносчик *(возбудитель болезни)*

insecticide [in'sekti,said] инсектицид *(вещество, применяемое для уничтожения насекомых)*

  biogenous ~ инсектицид биологического происхождения

  contact ~ контактный инсектицид

  inhalation ~ фумигант

  microbial ~ микробный инсектицид

  organochlorine ~**s** хлорорганические инсектициды

  organophosphate ~**s** фосфорорганические инсектициды

  radioactive ~ радиоактивный инсектицид

  residual ~ остаточный инсектицид, инсектицид остаточного действия

  synthetic-organic ~ синтетический органический инсектицид

insectifuge [in'sekti,fju:ʤ] репеллент *(средство, отпугивающее насекомых)*

insectoacaricide [in,səktəuə'kæri,said] инсектоакарицид

insect-repelling ['in,sekt-ri'peliŋ] отгоняющий [пугающий] насекомых

insection [in'sekʃən] надрез, насечка

insectology [in,sek'tɒləʤi:] энтомология *(раздел зоологии, изучающий насекомых)*

insecure [,insi'kjuə] опасный, непрочный, ненадёжный

insecurity [,insi'kjuəriti] 1. опасное положение 2. ненадёжность

insemination [in,semi'neiʃən] 1. оплодотворение; осеменение 2. проникновение сперматозоида в яйцеклетку

  artificial ~ искусственное оплодотворение

  donor [heterologous] ~ гетероспермная [гетерономная] инсеминация *(оплодотворение донорской спермой)*

  homologous ~ гомоспермная инсеминация *(искусственное оплодотворение спермой мужа)*

  infertile ~ безрезультатная [неудачная] инсеминация

  intrauterine ~ внутриматочная инсеминация

  subzonal ~ субзональная инсеминация *(имплантация бластоцисты в матку женщины)*

  tubal ~ внутритрубная инсеминация

insenescence [,insə'nesəns] старение *(организма)*

insensibility [in,sensə'biliti] 1. нечувствительность, невосприимчивость 2. потеря сознания; бессознательное состояние

insensible [in'sensəbl] 1. нечувствительный *(напр. к антибиотикам)*, невосприимчивый 2. неощутимый *(напр. о потере воды организмом)* 3. потерявший сознание

insensitivity [in,sensə'tiviti] нечувствительность; бесчувственность

  marked ~ явная бесчувственность

pain ~ нечувствительность к боли

inserter [inˈsəːtə]:

staple ~ инструмент для наложения скобок или клипсов

insertion [inˈsəːʃən] 1. введение; внедрение 2. *анат.* прикрепление *(мышцы)* 3. (зубная) вкладка 4. *ген.* вставка нуклеотида; инсерция; инсерционная мутация

~ **of intrauterine device** введение внутриматочного устройства

~ **of intravenous cannulae** установка внутривенной канюли

~ **of prosthesis** 1. протезирование 2. внутрикостная фиксация, внутрикостный остеосинтез

~ **of prosthetic lens** фиксация искусственного хрусталика

chest tube ~ торакоцентез *(пункция и дренирование плевральной полости)*

denture ~ постановка зубного протеза

DNA ~ ДНК-вставка

endoscopic ~ **of prosthesi** эндоскопическое введение протеза

low ~ **of placenta** предлежание [низкое прикрепление] плаценты

mini ~ мини-вставка

pacemaker ~ введение и установка пейсмекера

package ~ листовка-вкладыш в упаковке *(лекарственного средства)*

parasol ~ прикрепление пупочного канатика к плаценте с веерообразным распределением сосудов

seed ~ введение радиоактивных зёрен

stent ~ стентирование

thought ~ *псих.* внедрение [вкладывание] мыслей

transhepatic ~ **of endoprosthesis** чреспечёночная установка эндопротеза; чреспечёночное эндопротезирование *(напр. общего жёлчного протока)*

insheathed [inˈʃiːθd] инкапсулированный, заключённый в оболочку

inside [inˈsaid] 1. внутренняя сторона ‖ внутренний 2. внутренности

~ **of pinna** внутренняя поверхность ушной раковины

inside-out [inˈsaid-aʊt] 1. наизнанку, вывернутый наружу *(напр. о червеобразном отростке)* 2. *психол.* изнутри наружу *(ситуация, когда интимное и глубоко личное становится видимым и общим)*

insidious [inˈsidiːəs] начинающийся исподволь, незаметно *(о болезни)*; протекающий бессимптомно

insight [ˈinˌsait] 1. проницательность; способность проникновения в суть 2. интуиция, просветление, прозрение 3. инсайт, озарение *(внезапное, не следующее из прошлого опыта понимание существенных отношений и структуры ситуации)*

~**s from molecular biology** проникновение в суть молекулярной биологии

~**s in pathogenesis** аспекты патогенеза

clinical ~ клиническая интуиция

ecological ~ экологическая картина, представление об окружающей среде

insignificant [inˌsigˈnifikənt] незначительный

insistence [inˈsistəns] настойчивость

insociable [inˈsəʊʃəbəl] асоциальный, нарушающий нормы морали

insolation [ˌinsəʊˈleiʃən] 1. инсоляция 2. гелиотерапия, солнцелечение 3. солнечный удар

artificial ~ светолечение, фототерапия

asphyxial ~ солнечный удар *(пониженная температура, слабый пульс)*

insole [ˈinˌsəʊl] стелька

corrective ~ ортопедическая стелька

insolubilize [inˈsɒljʊbəˌlaiz] переводить в нерастворимую форму, понижать растворимость

insoluble [inˈsɒljʊbəl] нерастворимый

insomnia [inˈsɒmniːə] бессонница, асомния, инсомния

~ **of nonorganic origin** бессонница неорганического происхождения

chilghood-onset idiopathic ~ идиопатическая инсомния с началом в детском возрасте

fatal familial ~ злокачественная наследственная инсомния

initial ~ расстройство засыпания

rebound ~ бессонница отмены *(гипнотиков)*

insomniac [inˈsɒmniːˌæk] человек, страдающий бессонницей

insonation [ˌinsəʊˈneiʃən] облучение [воздействие] звуком

insorption [inˈsɔːpʃən] всасывание продуктов обмена *(из кишечника в кровь)*

inspection [inˈspekʃən] 1. осмотр, обследование; освидетельствование 2. проверка, инспекция

~ **of feces** исследование кала

bacteriological meat ~ бактериологическая экспертиза мяса

check ~ 1. контрольный осмотр 2. повторный контроль

close ~ тщательное обследование

compulsory ~ принудительная [обязательная] экспертиза

current ~ текущий (санитарный) надзор

final ~ заключительная экспертиза

general ~ общее обследование

gross ~ макроскопическое исследование, осмотр *(обычно трупа)*

initial ~ первоначальное обследование *(напр. при травме)*

quarantine ~ карантинная инспекция

sanitary ~ санитарная инспекция, санитарный надзор

systematic ~ систематический надзор

visual ~ визуальная оценка, визуальный осмотр

visual ~ **of larynx** ларингоскопия

X-ray ~ рентгенологическое исследование

inspectionism [inˈspekʃənizm] вуайеризм *(болезненное стремление к подглядыванию за эротическими сценами)*

inspectorate [inˈspektərit] 1. инспекция, штат контролёров 2. должность инспектора, контролёра 3. район инспектирования

factory ~ медико-профилактическая служба на предприятии

inspersion [inˈspəːʃən] обработка жидкостью, порошком

inspiration [ˌinspiˈreiʃən] 1. вдыхание, вдох 2. *псих.* внушение 3. стимулирование; влияние 4. вдохновение, творческий подъём; озарение

end-tidal ~ дополнительный вдох *(глубже нормального вдоха)*

inspirator ['inspi,reitə] 1. ингалятор 2. респиратор

inspire [in'spaiə] 1. вдыхать; вдохнуть 2. внушать; вселить (напр. мысль о выздоровлении) 3. инициировать, провоцировать (напр. кашель); вызывать

inspirometry [,inspi'rɒmətri:] спирометрия

inspissate [in'spi,seit] уплотнять(ся), сгущать(ся), застаивать(ся), конденсировать(ся)

inspissation [,inspi'seiʃən] уплотнение, сгущение, конденсация

~ **of the bile** сгущение жёлчи; жёлчный стаз или сладж

instability [,instə'biliti:] неустойчивость, нестабильность, (патологическая) подвижность

affective ~ неустойчивость настроения, эмоциональная [аффективная] лабильность

atlantoaxial ~ атланто-аксиальная нестабильность (позвоночника)

autonomic ~ расстройство вегетативной нервной системы

bladder ~ нейрогенная дисфункция мочевого пузыря, незаторможенный [дезадаптированный] мочевой пузырь

carpal ~ неустойчивость [разболтанность] кистевого сустава

delayed ~ длительная нестабильность (напр. позвоночника)

detrusor ~ см. **bladder** ~

dorsi-flexed intercalated segment carpal ~ тыльная нестабильность кистевого сустава

ligament ~ слабость [неустойчивость] связок, или связочного аппарата

lumbosacral ~ нестабильность пояснично-крестцового сочленения

major ~ декомпенсация, выраженная нестабильность, или неустойчивость

mental ~ психическая нестабильность

temperature ~ колебания температуры (обычно повышение)

vasomotor ~ вегетативно-сосудистая дисфункция, сосудистая недостаточность

volar-flexed intercalated segment carpal ~ ладонная нестабильность кистевого сустава

installation [,instə'leiʃən] 1. установка, устройство 2. монтаж, сборка, инсталляция (аппаратуры)

~ **of battery** установка аккумуляторной батареи

air-conditioning ~ установка для кондиционирования воздуха

data processing ~ оборудование для обработки данных

health-monitoring ~ дозиметрическая установка

oxygen ~ кислородная установка

refrigerating ~ рефрижераторная [холодильная] установка

X-ray ~ рентгеновская установка

instant ['instənt] быстродействующий или реагирующий; относящийся к экспресс-методике

~ **of injury** момент травмы

sampling ~ момент выборки (данных)

instar [in'sta:] возрастная стадия (насекомого)

instigator [,insti'geitə] псих. инициатор, зачинщик, подстрекатель

instep ['instep] 1. плюсна 2. подъём (конфигурация тыла стопы)

instep-raiser ['instep-'reizə] супинатор

instill [in'stil] вводить (жидкое лекарственное средство) каплями, закапывать

to ~ **hope** внушать надежду

instillation [in,sti'leiʃən] инстилляция (введение жидкости малыми дозами); закапывание

instillator [in,sti'leitə] инстиллятор (катетер для введения лекарственных растворов каплями)

instinct ['in,stiŋkt] инстинкт (1. врождённая генетическая программа к выполнению некоторых действий 2. психоан. допущение наличия сил, существующих помимо потребностей)

~ **of self-preservation** инстинкт самосохранения, инстинкт жизни, влечение к жизни

ego ~ инстинкт жизнеобеспечения (кроме полового)

herd ~ 1. стадное чувство 2. стадный инстинкт; конформизм

life ~ инстинкт жизни

self-preservative ~ см. ~ **of self-preservation**

instinct-ridden ['in,stiŋkt-'ridn] одержимый инстинктами

institute ['insti,tju:t]:

~ **for medical service** лечебное учреждение, учреждение охраны здоровья (США)

~**s of medicine** фундаментальные основы медицинской науки (особенно физиологии, патологии и основных отраслей медицинской науки)

life sciences ~ институт биологических наук

Institute см. Приложение

institution [in,sti'tju:ʃən] 1. установление, учреждение, введение 2. назначение (напр. лечения) 3. общество, организация 4. учебное заведение

~ **of low fat diet** назначение обезжиренной диеты

~ **of propriate antimicrobial therapy** назначение адекватной антибактериальной терапии

borstal ~ колония для несовершеннолетних преступников

Braille ~ обучение по системе Брайля

charitable ~ благотворительная организация, благотворительное учреждение

health-building ~ оздоровительное учреждение

medical ~ лечебное учреждение

medicoprophylactic ~ лечебно-профилактическое учреждение

mental ~ психиатрическое отделение

patient care ~ лечебное учреждение

penal ~ исправительное учреждение

residential ~ стационарное (лечебное) учреждение

institutionalization [,insti,tju:ʃənəli'zeiʃən] ассимиляция (высокая степень привыкания к существующему порядку вещей, напр., в больнице, приюте)

institutionalize [,insti'tju:ʃənə,laiz] помещать в специальное лечебное учреждение (напр. для принудительного лечения)

instruction [in'strʌkʃən] 1. обучение 2. приказ, распоряжение

classroom ~ групповой инструктаж

general mothercraft ~ **to group** групповая инструкция общего типа по воспитанию детей

safety ~ инструкция по технике безопасности

instructor [in'strʌktə] преподаватель; инструктор, руководитель

nurse ~ медицинская сестра-инструктор

walking ~ инструктор по восстановлению двигательных функций

instrument ['instrəmənt] 1. аппарат, прибор, инструмент 2. документ; акт 3. средство

~ of acceptance *здрав.* акт о принятии *(напр. устава, договора)*

to be the ~ of death быть причиной смерти

automated random-access ~ автоматический анализатор с рандомизированным обсчётом

autosuture ~ сшивающий аппарат

batch-type ~ дозирующее [измерительное] устройство

carbon monoxide ~ прибор для измерения концентрации оксида углерода

cauterizing ~ инструмент для каутеризации, или прижигания

condensing ~ штопфер для уплотнения *(пломбировочного материала)*

cutting ~ режущий инструмент

diamond rotating ~ *стом.* алмазный бор

display ~ дисплей; прибор для снятия показаний

distant-reading ~ телеметрический прибор

fiberoptic ~s инструмент с волоконной оптикой, фиброскоп

flow ~ расходомер, флоуметр

health status ~ прибор для определения состояния здоровья

intracanal ~s инструментарий в эндодонтии

laser ~ лазерный аппарат

plastic ~ штопфер с гладилкой *(для пломбирования зуба)*

purse-string ~ устройство для наложения кисетного шва

radioactivity surveying ~ радиометр *(ионизирующего излучения)*

recording ~ регистрирующий [записывающий] прибор

reference ~ контрольно-измерительный [эталонный] прибор

research diagnostic ~ научно-исследовательский диагностический опросник

root canal filling ~ *стом.* каналонаполнитель

sampling ~ пробоотборник

single-staple suturing ~ односкобочный сшивающий аппарат

ultrasonic Doppler ~ ультразвуковой прибор Допплера

verifying ~ 1. средство проверки 2. измерительное средство контроля

instrumentation [ˌinstrəmen'teiʃən] 1. применение технических средств 2. аппаратура, инструментарий; оснащение 3. осуществление

biomedical ~ биомедицинская аппаратура

Harrington ~ применение дистрактора Харрингтона

pollution ~ аппаратура для определения (степени) загрязнения

urinary tract ~ инструментальное обследование мочевых путей

insudate ['insjuːˌdeit] жидкость, вызывающая отёк *(органа, стенки сосуда)*

insufficiency [ˌinsə'fiʃənsiː] недостаточность; расстройство

~ of the ocular muscles отсутствие динамического равновесия глазных мышц

adrenal ~ недостаточность надпочечников

aortic ~ недостаточность клапана аорты, аортальная недостаточность

cardiac ~ сердечная недостаточность

cerebrovascular ~ недостаточность мозгового кровообращения

circulatory ~ недостаточность кровообращения

convergence ~ *офт.* слабость конвергенции

coronary ~ коронарная недостаточность

deep venous ~ недостаточность глубоких вен

divergence ~ *офт.* слабость дивергенции

exocrine pancreatic ~ внешнесекреторная недостаточность поджелудочной железы

mitral ~ недостаточность левого предсердно-желудочкового клапана

multiple endocrine ~ множественная эндокринная недостаточность

perfusion ~ недостаточность перфузии *(напр. в сдавленном лёгком)*

pulmonary ~ 1. недостаточность клапана лёгочного ствола 2. лёгочная недостаточность

temporary renal ~ преходящая почечная недостаточность

thyroid ~ гипотиреоз

tricuspid ~ недостаточность правого предсердно-желудочкового клапана, трикуспидальная недостаточность

uterine ~ атония матки

uteroplacental ~ маточно-плацентарная недостаточность

valvular ~ недостаточность клапана *(сердца)*

vascular ~ of intestines ишемия, или недостаточность кровоснабжения кишечника

velopharyngeal ~ нёбно-глоточная недостаточность

vertebro-basilar ~ вертебрально-базилярная недостаточность, недостаточность кровообращения в вертебрально-базилярном бассейне

insufflation [ˌinsə'fleiʃən] инсуффляция *(1. вдувание порошкообразного лекарственного средства 2. поддувание, введение газа в полость)*

~ of eustachian tube продувание слуховой трубы

abdominal ~ наложение пневмоперитонеума

high pressure jet ~ высокочастотная инжекционная инсуффляция

perirenal ~ пневморен *(введение газа в околопочечное пространство)*

presacral [retrorectal] ~ пневморетроперитонеум, пресакральная [ретроректальная] инсуффляция *(введение газа в забрюшинное пространство)*

tubal [uterotubal] ~ продувание маточных труб

insufflator [ˌinsə'fleitə] инсуффлятор, порошковдуватель

insula ['insələ], *pl.* **insulae** ['insəliː] островок *(головного мозга)*, центральная доля, Рейля островок

insular ['insələ] инсулярный, островковый

insularity [ˌinsə'læriti]:

psychological ~ избирательная [психологическая] ограниченность

insulation [ˌinsə'leiʃən] **1.** изоляция, изолирование **2.** изоляционный материал

heavy ~ прочная [эффективная] изоляция

thermal [heat] ~ теплоизоляция, термоизоляция

insulin ['insəlin]:

~ **variable** инсулин, вводимый в варьирующих дозах *(при лабильном диабете)*

beef ~ бычий инсулин

human ~ человеческий биотехнологический инсулин *(изготавливается с использованием рекомбинантной ДНК)*

immunologically measurable ~ иммунореактивный инсулин

internalized ~ интернализованный инсулин

lente ~ инсулин длительного [пролонгированного] действия, инсулин-ленте

pig ~ свиной инсулин

rapid ~ инсулин короткого действия

recombinant ~ *см.* **human** ~

regular ~ (традиционный) инсулин, инсулин-регуляр

slow-acting ~ *см.* **lente** ~

ultralente ~ инсулин-ультраленте *(действующий в течение 24 часов)*

insulin-dependent ['insəlin-di'pendənt] инсулинзависимый

insulinoid ['insəli,nɒid] инсулиноподобный, обладающий свойствами инсулина

insulinoma [ˌinsəli'nəumə], **insuloma** [ˌinsə'ləumə] инсулинома, бетаклеточная аденома островковой ткани, незидиобластома

occult ~ бессимптомная инсулинома

insulopathic [ˌinsələ'ræθik] относящийся к нарушению секреции инсулина

insult [in'sʌlt], *лат.* **insultus** [in'sʌltəs] **1.** поражение; повреждение; травма **2.** кровоизлияние в мозг, инсульт

arterial ~ нарушение артериального кровоснабжения

initial ~ первичное поражение

ischemic ~ **1.** ишемическое повреждение **2.** ишемический инсульт

microbial ~ микробное поражение, инфекция

insurance [in'ʃuərəns] **1.** страхование; страховой полис **2.** страховая выплата; страховка

accident ~ страхование от несчастных случаев

against all risks ~ страхование от всех рисков *(болезни, инвалидности и пр.)*

all-loss ~ страхование от всех рисков

casualty ~ *см.* **accident** ~

children's endowment ~ страхование детей до определённого срока

comprehensive ~ общее страхование

compulsory health ~ обязательное медицинское страхование, ОМС

concurrent ~ двойное страхование

disability ~ страхование на случай стойкой потери трудоспособности

extra risk life ~ страхование жизни лиц опасных профессий

fixed term ~ страхование жизни на определённый срок

health ~ **1.** страхование здоровья **2.** медицинское страховое свидетельство

hospitalization ~ страхование медицинских расходов

joint life ~ сострахование *(страхование жизни двух или более лиц)*

liability ~ *см.* **malpractice** ~

malpractice ~ страхование от врачебных ошибок

medical [medical care] ~ медицинское страхование

medical expenses ~ страхование медицинских расходов

national health ~ государственное медицинское страхование

obligatory ~ *см.* **compulsory health** ~

old age, survivors, disability and health ~ *см.* **social** ~

ordinary ~ обычное страхование жизни

permanent health ~ страхование от несчастных случаев и болезней до определённого срока

personal [private] ~ *см.* **voluntary health** ~

private ~ индивидуальное страхование

professional indemnity ~ страхование профессиональной ответственности

renewable term ~ страхование жизни, возобновляемое на определённый срок

sickness ~ страхование на случай болезни

social security ~ социальное страхование *(неработающих лиц по старости, инвалидности, безработице и пр.)*

voluntary health ~ добровольное медицинское страхование, ДМС

whole life ~ пожизненное страхование на случай смерти

insurant [in'ʃuərənt] страхователь, застрахованный *(физическое или юридическое лицо, покупающее страховку)*

insure [in'ʃuə] страховать(ся), застраховать(ся)

to ~ **one's life** застраховать жизнь

insured [in'ʃuəd] застрахованный

insurer [in'ʃuərə] страховщик *(лицо или организация, продающие гарантии на возмещение вреда при наступлении страхового случая)*

insusceptibility [ˌinsəˌseptə'biliti] **1.** нечувствительность **2.** иммунитет; невосприимчивость *(к заражению)*

~ **of medical treatment** не поддающийся консервативной терапии

intact [in'tækt] **1.** интактный, здоровый, незаражённый, неосложнённый **2.** целый, неповреждённый **3.** исходный *(напр. о вирусе)*

intake ['in,teik] **1.** приём внутрь **2.** всасывание; поглощение, потребление **3.** опрос

~ **of breath** вдох

~ **of radionuclides** поступление радионуклидов

acceptable daily ~ максимально допустимое суточное поступление *(напр. нитратов)*

adequate caloric ~ адекватный калораж

analgesic ~ приём аналгетиков

dietary ~ потребление с пищей *(напр. химических веществ)*

energy ~ потребление энергии

high dietary ~ приём высококалорийной пищи

high fiber ~ приём пищи с большим содержанием клетчатки

insufficient potassium ~ недостаточное поступление калия *(в организм)*

intravenous ~ внутривенное введение

low ~ низкий уровень поступления

oral ~ питание через рот; пероральный приём

salt [sodium] ~ потребление соли

supranormal dietary ~ избыточное питание

water ~ 1. потребление [усвоение] воды 2. водозабор 3. водоприёмник

intake-output ['in,teik-'aut,pʊt] всасывание и экскреция

intangible [in'tænʤəbəl] неосязаемый, не воспринимаемый на ощупь

integral ['intigrəl] 1. существенный, неотъемлемый 2. полный, целый, суммарный, целостный; интегрированный 3. совместный; сопутствующий *(аппендицит)*

integrated ['intə,greitid] интегрированный, единый, объединённый; комплексный *(о системе жизнеобеспечения)*

integration [,intə'greiʃən] 1. объединение в одно целое; интеграция 2. единство, целостность *(организма)* 3. *мол. биол.* рекомбинация вследствие встраивания генетического материала

~ **of apparatus details** комплектация деталей аппарата *(напр. Илизарова)*

~ **of DNA** включение ДНК *(в геном клетки-реципиента)*

gene ~ интеграция генов

integrity [in'tegriti] 1. чистота 2. интактность; нетронутость; целостность; отсутствие дефектов 3. состоятельность

~ **of anastomosis** состоятельность анастомоза

~ **of epidermis and dermis** целостность кожного покрова

~ **of lower urinary tract** совокупность органов нижних мочевых путей

~ **of mortise** интактность вилки *(голеностопного сустава)*

immunologic ~ иммунокомпетентность

psychological ~ психологическая целостность

integument [in'tegjʊmənt] 1. наружный покров; кожа 2. оболочка

common ~s наружные покровы тела *(кожа и слизистые)*

fetal ~ плодные оболочки

protective ~ защитная оболочка *(простейших)*

integumentary [in,tegjʊ'mentəri:] 1. покровный 2. оболочечный

intellect ['intəlekt] интеллект, ум, рассудок

acute ~ острый [проницательный] ум

artificial ~ искусственный интеллект *(компьютер, воспроизводящий некоторые стороны умственной деятельности человека)*

brilliant ~ блестящий [выдающийся] ум

competent ~ компетентный [полноценный] интеллект

cunning ~ хитрый [коварный] ум

demented ~ слабоумный [дементный] интеллект

educationally subnormal ~ подлежащий обучению во вспомогательной школе

feeble-minded ~ *см.* demented ~

gifted ~ способный [одарённый] ум

intuitive ~ чуткий ум

limited ~ ограниченные способности ума

mentally active ~ активно мыслящий

mentally retarded ~ заторможенный; умственно отсталый

perspicuous ~ ясный ум

shrewd ~ тонкий [проницательный] ум

subtle ~ утончённый интеллект

unschooled ~ необучаемый, недисциплинированный

well-informed ~ знающий, эрудированный

witty ~ остроумный

intellectualization [,intə,lektʃu:əli'zeiʃən] *психол.* интеллектуализация *(бессознательный защитный механизм, при котором разум, логика или внимание используются при попытке избежать противоречий с нежелательными побуждениями, эмоциями, а также межличностных конфликтов)*

intelligence [in'teliʤəns] ум, интеллект; умственные способности

artificial ~ искусственный интеллект

disease ~ выявление заболеваний

epidemiological ~ эпидемиологическая информация

later ~ позднее умственное развитие

mechanical ~ технические способности

medical ~ медицинская информация

social ~ общительность

superior ~ высший интеллект

intelligibility [in,teliʤə'biliti:] разборчивость, вразумительность, понятность *(речи)*

intemperance [in'tempərəns] 1. неумеренность; невоздержанность 2. пристрастие к спиртным напиткам

intensifier [in,tensi'faiə] 1. усилитель, мультипликатор 2. подсвечивающее устройство

image ~ электронно-оптический усилитель изображения

intensity [in'tensiti:] 1. интенсивность 2. напряжённость; сила

~ **of radiation** интенсивность излучения

acoustic ~ интенсивность [сила] звука

illumination ~ освещённость

magnetic field ~ напряжённость магнитного поля

population ~ плотность популяции

radiant ~ 1. интенсивность облучения 2. энергетическая сила света, сила излучения

solar ~ интенсивность солнечной радиации

speech ~ громкость речи

total ~ суммарная интенсивность

weekly dose ~ интенсивность недельной дозы

intensive [in'tensiv]:

radix ~ корневое напряжение *(телесно-ориентированная методика психотерапии)*

intensivist [in'tensivist] врач-интенсивист, врач-реаниматолог

intent [in'tent] намерение, цель

criminal ~ преднамеренное преступление, уголовное действие *(напр. врача)*

suicidal ~ суицидальное намерение

intention [in'tenʃn] 1. намерение, стремление; цель; замысел 2. затягивание раны; заживление

first ~ первичное заживление

paradoxical ~ парадоксальная интенция *(метод лечения фобий и навязчивостей: намеренное осуществление патологического действия или состояния)*

second ~ вторичное заживление *(заполнение полости раны грануляционной тканью)*

third ~ третичное заживление *(с образованием рубца)*

intentional [in'tenʃnəl] намеренный, умышленный

intention-to-treat [in'tenʃn-'tʊ-'triːt] включённые в протокол исследования эффективности медикамента, *см. тж.* **per protocol**

interaction [ˌintərˈækʃn] интеракция, общение; взаимодействие; взаимосвязь

~ of genetic and environment factors взаимодействие генетических и средовых факторов

accelerated ~ ускоренное взаимодействие

adverse drug ~ побочное действие лекарственного препарата

antigen-antibody ~ взаимодействие антиген – антитело, комплекс антиген – антитело

balanced ~ сбалансированное взаимодействие

cell-cell [cellular] ~ клеточное взаимодействие

charge-charge ~s взаимодействия типа «заряд-заряд»

complementary ~ *мол. биол.* комплементарное взаимодействие

drug-drug ~ совместимость [взаимодействие] лекарственных средств

genotype-environment ~ взаимодействие генотипа со средой

host-bacteria ~ взаимодействие макро- и микроорганизма

intercoupling ~ перекрёстное взаимодействие

interspecific ~ межвидовое взаимодействие

killer cell-target cell ~ взаимодействие клетки-киллера с клеткой-мишенью

"lock-and-key" type ~ взаимодействие по типу «ключа и замка» *(между антигеном и антителом)*

lymphocyte antibody lympholytic ~ антителообусловленный клеточнозависимый лизис *(разрушение клеток-мишеней)*

patient – physician ~ взаимодействие «врач – больной» *(обычно в процессе обследования и лечения)*

stacking ~ *мол. биол.* стэкинг – взаимодействие *(между нуклеотидами, нуклеозидами и основаниями)*

T-B ~ взаимодействие Т- и В-лимфоцитов *(в процессе иммунного ответа)*

virus-cell ~ взаимодействие вируса с клеткой

interarticular [ˌintəaːˈtikjʊlə] межсуставной

interatrial [intəˈaːtriːəl] межпредсердный

interbody ['intəˌbɒdiː] амбоцептор, комплементсвязывающее антитело

interbrain ['intəbrein] промежуточный [межуточный] мозг

intercadence [ˌintəˈkeidns] **1.** дикротический пульс **2.** вставочная [интерполированная] экстрасистола

intercalary [in'təːkəˌlæriː] **1.** вставочный *(об экстрасистоле)* **2.** находящийся в интерпозиции *(напр. о мышцах между фрагментами кости)*

intercalation [inˌtəːkəˈleiʃən] **1.** вклинивание, вставка, прибавление **2.** интерионирование **3.** патологическое включение лишних звуков в слова или слов в речь

intercarotic [inˌtəkəˈrɒtik], **intercarotid** [ˌintəkəˈrɒtid] межсонный, интеркаротидный *(клубочек)*

intercarpal [intəˈkaːpəl] межзапястный

intercartilaginous [ˌintəˌkaːtiˈlædʒinəs] межхрящевой

interception [ˌintəˈsepʃən] **1.** перехватывание, перехват **2.** преграждение, преграда **3.** *гинек.* контрацепция

intercerebral [ˌintəˈserəbrəl] расположенный между полушариями головного мозга

interchange [ˌintəˈtʃeindʒ] **1.** перестановка, замена *(одного другим)* **2.** (взаимный) обмен **3.** чередование; смена ‖ чередовать; менять

thermal interconversion of ~ термическое взаимное превращение

arterial ~ взаимный обмен [замещение] артериальной крови

chromosome ~ хромосомный обмен

heat ~ теплообмен

reversible ~ обратимый обмен

segmental ~ сегментный обмен, взаимная транслокация *(обмен негомологичными сегментами между двумя хромосомами)*

interchangeable [ˌintəˈtʃeindʒəbəl] **1.** взаимозаменяемый, равноценный **2.** чередующийся; сменный **3.** предназначенный для многократного использования

intercilium [ˌintəˈsiliːəm] глабелла, надпереносье

intercondylar [ˌintəˈkɒndilə], **intercondylous** [ˌintəˈkɒndiləs] межмыщелковый

interconvertible [ˌintəkənˈvəːtəbəl] взаимозаменяемый, равноценный

intercostal [ˌintəˈkɒstəl] межрёберный ‖ межреберье

intercourse ['intəˌkɔːs] взаимодействие, взаимоотношение, сношение *(коммуникация или отношения между людьми)*

buccal ~ оральный секс

sexual ~ коитус, половой акт

intercourse-provoked ['intəˌkɔːs-prəˈvəʊkt] коитусспровоцированный *(напр. об анафилаксии)*

intercricothyrotomy [ˌintəˌkraikəʊθaiˈrɒtəmiː] рассечение гортани между перстневидным и щитовидным хрящами

intercross ['intəˌkrɒs] интеркросс *(скрещивание неродственных особей)*

intercurrent [ˌintəˈkəːrənt] интеркуррентный *(о заболевании)*; случайный, привходящий *(осложняющий течение другой болезни)*

intercuspation [ˌintəkʌsˈpeiʃən], **intercusping** [ˌintəˈkʌspiŋ] бугорково-фиссурный контакт зубов-антагонистов

interdental [ˌintəˈdentl] межзубный

interdentium [ˌintəˈdenʃiːəm] межзубный промежуток; межзубное пространство

interdependent [ˌintədiˈpendənt] взаимозависимый

interdiction [ˌintəˈdikʃən] **1.** запрещение, воспрещение **2.** *суд. мед.* лишение дееспособности

interdigital [ˌintəˈdidʒitl] межпальцевой

interdigitate [ˌintəˈdidʒiˌteit] смыкать зубы в правильном положении

interdigitation [ˌintəˌdidʒiˈteiʃən] правильное [бугорково-фиссурное] смыкание зубов

interdisciplinary [ˌintəˈdisəpliˌneriː] многопрофильный; междисциплинарный

interest ['intrəst] **1.** интерес; увлечение **2.** выгода; преимущество; польза **3.** важность, значение **4.** влияние

sexual ~ сексуальное влечение

interface ['intə,feis] **1.** граница раздела, кайма *(между кожей и слизистой оболочкой)*; пограничный слой **2.** внутренняя поверхность *(напр. вены)* **3.** взаимосвязь, взаимодействие **4.** устройство сопряжения, интерфейс ‖ обеспечивать сопряжение

air-water ~ поверхность раздела вода – воздух

antigen-antibody ~ область контакта антигена с антителом

blood-tissue ~ гистогематический барьер

freezing ~ граница раздела твёрдой и жидкой фаз

man-machine ~ устройство связи человек – машина

maternal-fetal ~ трансплацентарный барьер

host-parasite ~ взаимодействие мембран хозяина и паразита

primary ~ основной барьер *(о детоксикационной функции печени)*

interfacing ['intə,feisiŋ] смежный; сопряжённый

interfascicular [,intəfə'sikjʊlə] межпучковый, расположенный между пучками *(о волокнах)*

interfemoral [,intə'femə∪rəl] межбедренный

interfere [,intə'fiə] **1.** причинять вред, нарушать функцию, наносить ущерб *(здоровью)* **2.** мешать; препятствовать; интерферировать; взаимодействовать *(о лекарствах)*

~ **smb.'s thoughts using x-rays** *псих.* вмешиваться в чьи-л. мысли с помощью рентгеновских лучей *(фабула бреда)*

~ **with CSF analysis** изменять анализ цереброспинальной жидкости

~ **with urination** препятствовать мочеиспусканию

interference [,intə'fiərəns] **1.** интерференция *(напр. сложение двух или более звуковых волн)*; вмешательство *(хирургическое)* **2.** нарушение, расстройство; подавление **3.** суперинфекция; реинфекция **4.** помеха, препятствие

~ **of venous return** нарушение венозного возврата

~ **with blood flow** нарушение кровообращения

~s **with potentiometry** помехи при потенциометрии

avoiding ~s устраняемые помехи

cuspal ~ **1.** бугорковый контакт зубов-антагонистов **2.** клыковый «замок»

drug ~ лекарственная интерференция, взаимодействие лекарств

electromagnetic ~s электромагнитные помехи

metabolic ~ расстройства метаболизма

proactive ~ проактивная интерференция *(ухудшение памяти на некоторый материал под влиянием ранее запомненного материала)*

surgical ~ хирургическое вмешательство

viral ~ интерференция вирусов *(состояние, при котором инфицирование клетки одним вирусом предупреждает суперинфекцию другим)*

viral ~ **with the interleukin system** вмешательство вирусов в систему интерлейкинов

interferon [,intə'fiərɒn] интерферон *(α-, или лейкоцитарный, вырабатывается лейкоцитами при вирусной инфекции или стимуляции двухцепочечной РНК; β- вырабатывается фибробластами при тех же состояни-*

ях; *γ-, или иммунный, вырабатывается лимфоцитами под действием митогенов)*

chimeric ~ гибридный интерферон

cloned leucocyte ~ интерферон моноклональных лейкоцитов человека

human fibroblast ~ интерферон фибробластов человека

lymphoblastoid ~ лимфобластоидный интерферон

recombinant human leucocyte ~ рекомбинантный человеческий лейкоцитарный интерферон

intergenerational [,intədʒənə'reiʃnl] межпоколенческий

intergeneric [,intədʒe'nerik] межродовой

intergenic [,intə'dʒenik] межгенный

intergrade [,intə'greid] промежуточная, или переходная, форма

sex ~ гермафродит

intergyral [,intə'dʒairəl] находящийся между двумя мозговыми извилинами

interhospital [,intə'hɒspitl] межбольничный *(о лаборатории, аптеке)*

interictal [,intə'iktəl] межприпадочный, межсудорожный; между двумя приступами *(при эпилепсии)*

interim ['intərim] промежуток времени ‖ временный, промежуточный

interinhibitive [,intəin'hibitiv] взаимно ингибирующий *(напр. о действии ферментов)*

interior [in'tiəriə] внутренняя часть; внутреннее содержимое ‖ внутренний

~ **of bone** содержимое костномозговой полости

~ **of joint** состояние внутренних структур сустава

~ **of skull** содержимое черепа

interiorization [in,tiəriəʊri'zeiʃən] *псих.* интернализация, интериоризация *(1. формирование в психике индивида устойчивых образов внешних объектов 2. принятие чужих представлений, норм и ценностей в качестве своих)*

interjacent [,intə'dʒeisnt] промежуточный; переходный

interkinesis [,intəki'ni:sis] интерфаза, интеркинез *(период между двумя клеточными делениями)*

interlayer [,intə'leiə] прослойка, промежуточный слой

interleukin [,intə'lu:kin] *pl.* интерлейкины *(группа лимфокинов, действующих как факторы роста и дифференцировки лимфоцитов; описано от ИЛ-1 до ИЛ-20)*

~ **-1** интерлейкин 1, ИЛ-1 *(фактор макрофагов, вызывающий кратковременную пролиферацию Т-клеток)*

~ **-2** интерлейкин 2, ИЛ-2 *(фактор лимфоцитов, вызывающий пролиферацию Т-клеток в длительных культурах)*

~ **-3** интерлейкин 3, ИЛ-3 *(фактор Т-лимфоцитов, вызывающий пролиферацию и дифференцировку популяций других лимфоидных и кроветворных клеток)*, гемопоэтин II

~ **-4** интерлейкин 4, ИЛ-4 *(фактор стимуляции В-клеток I, фактор дифференцировки В-клеток в ε⁺- и γ-плазмоциты)*

~ **-5** интерлейкин 5, ИЛ-5 *(фактор, замещающий Т-клетки, фактор роста В-клеток II)*

~ **-6** интерлейкин-6, ИЛ-6 *(фактор дифференцировки В-клеток, фактор роста гибридомы, фактор стимуляции гепатоцитов)*

~ -7 интерлейкин 7, ИЛ-7 *(фактор роста, способный стимулировать дифференцировку и пролиферацию лимфоидных предшественников)*

buffy-coat ~ лейкоцитарный интерлейкин

low affinity ~ интерлейкин с низким сродством

recombinant human ~ рекомбинантный человеческий интерлейкин

interlobitis [ˌɪntələʊˈbaɪtɪs] междолевой плеврит

interlock [ˌɪntəˈlɒk] соединяться, смыкаться, сливаться; сцепляться; блокировать

intermarriage [ˌɪntəˈmærɪʤ] 1. брак между людьми разных рас 2. брак между родственниками

intermediary [ˌɪntəˈmiːdɪæri] посредник, промежуточное звено *(в передаче инфекции)*

intermediate [ˌɪntəˈmiːdɪɪt] 1. промежуточный продукт *(напр. в химических реакциях)* || промежуточный 2. посредник *(напр. ДНК или РНК)* || посреднический 3. цементная основа *(зуба)*

biosynthetic ~s промежуточные соединения в биосинтезе

metabolic ~s промежуточные продукты метаболизма

replicative ~ промежуточный продукт репликации нуклеиновых кислот

temperate ~ короткоживущий промежуточный продукт

intermedin [ˌɪntəˈmiːdɪn] интермедин *(меланоцитостимулирующий гормон)*

intermeningeal [ˌɪntəməˈnɪnʤiːəl] межоболочечный *(о мозговых оболочках)*

intermenstrual [ˌɪntəˈmenstruːəl] межменструальный

intermetacarpal [ˌɪntəˌmetəˈkaːpəl] межпястный *(напр. о связке)*

intermission [ˌɪntəˈmɪʃən] 1. период, интервал; ремиссия *(между двумя приступами болезни)* 2. аритмия; выпадение пульса

intermittent [ˌɪntəˈmɪtnt] 1. скачкообразный; прерывистый *(напр. об антибиотикотерапии)*; перемежающийся, интермиттирующий 2. периодический *(напр. о катетеризации)* 3. пароксизмальный *(о тахикардии)*

intermixture [ˌɪntəˈmɪkstʃə] 1. смесь; смешение 2. примесь

intern [ˈɪntɜːn] (врач-)интерн, врач-стажёр

pharmacy ~ амер. фармацевт-стажёр

internal [ɪnˈtɜːnəl] 1. внутренний 2. pl. внутренние органы

for ~ use для внутреннего употребления *(о лекарственном средстве)*

internalization [ɪnˌtɜːnəlɪˈzeɪʃən] интернализация *(1. присвоение себе достоинств другого человека или группы 2. процесс введения в цитоплазму внеклеточного материала 3. интеграция культуры, искусства, знаний и др.)*

~ of isotop-coupled somatostatin analogues внедрение в клетку связанных с рецептором меченных радиоизотопом аналогов соматостатина

~ of toxins and hormones поглощение клеткой токсинов и гормонов

internarial [ɪntəˈneərɪəl] расположенный между ноздрями

Internet [ˈɪntənet] Интернет *(Международная электронная информационная система)*

~resourses интернет-ресурсы *(напр. электронная версия медицинской литературы)*

interneuron [ˌɪntəˈnjʊrɒn] вставочный [промежуточный] нейрон *(между чувствительными и моторными нервами; координирует их деятельность)*

internist [ɪnˈtɜːnɪst] 1. (врач-)терапевт; амер. врач общей практики 2. «Интернист» *(экспертная система диагностики внутренних болезней)*

pulmonary ~ врач-пульмонолог

internode [ˈɪntəˌnəʊd] межузловой участок аксона, перехват Ранвье

internship [ɪnˈtɜːnʃɪp] 1. интернатура *(одногодичный курс практической подготовки в больнице до выдачи права на практическую деятельность)* 2. амер. первая фаза специализации – резидентуры, см. **residency**

categorical ~ целевая интернатура

flexible ~ чередующаяся интернатура *(подготовка по основным клиническим дисциплинам по 1–2 месяца)*

mixed ~ смешанная интернатура *(полгода по медицине и полгода по патологии)*

rotating ~ см. **flexible ~**

straight ~ полностью хирургическая или общемедицинская подготовка

interocclusal [ˌɪntərəˈkluːzəl] межокклюзионный

interoceptive [ˌɪntərəʊˈseptɪv] интероцептивный *(относящийся к рецепторам внутренних органов)*

interoceptor [ˌɪntərəʊˈseptə] интеро(ре)цептор, внутренний рецептор

interofection [ˌɪntərəʊˈfekʃən] реакция симпатической нервной системы на изменения внутренней среды

interparoxismal [ˌɪntəpærɒˈksɪzməl] межприступный, относящийся к периоду ремиссии

interpenetration [ˌɪntəpenəˈtreɪʃən] взаимопроникновение

interpersonal [ˌɪntəˈpɜːsənəl] межличностный *(напр. конфликт)*

interphase [ˈɪntəˌfeɪz] интерфаза, интеркинез *(стадия покоя между двумя клеточными делениями)*

interplant [ˈɪntəˌplænt] материал, пересаживаемый при интерплантации

interplanting [ˌɪntəˈplæntɪŋ] интерплантация *(экспериментальная пересадка зачатка органа)*

interplay [ˈɪntəˌpleɪ] взаимодействие || взаимодействовать

cell-invader ~ взаимодействие хозяин – паразит на клеточном уровне

host-parasite ~ взаимодействие или взаимоотношение хозяин – паразит

interposition [ˌɪntəpəˈzɪʃən] 1. травм. интерпозиция *(тканей)* 2. вставка; вставление, внедрение; вклинивание

~ of jejunum вставка из трансплантата тощей кишки

colon ~ толстокишечная вставка *(используемая для замещения пищевода)*

gastric tube ~ вставка из желудочной трубки

hepatodiaphragmatic ~ расположение между печенью и диафрагмой *(напр. ободочной кишки)*

tissue ~ интерпозиция, ущемление мягких тканей *(между костными отломками)*

interpretation [ɪnˌtɜːprɪˈteɪʃən] 1. интерпретация, толкование, трактовка 2. психоаналитический приём *(перевода бессознательных мотивов в область сознания анализируемого)*

~ of dreams толкование сновидений

allegoric ~ аллегорическая интерпретация

deep ~ глубинная интерпретация

fantastic ~ фантастического содержания *(напр. иллюзии)*

mutative ~ интерпретация, изменяющая поведение

interpupillary [ˌɪntəˈpjuːpɪˌlærɪ] межзрачковый *(напр. о расстоянии)*

interrelation [ˌɪntərɪˈleɪʃən] взаимосвязь, соотношение

interruption [ˌɪntəˈrʌpʃən] 1. прерывание *(напр. беременности)*, нарушение; прекращение 2. вмешательство

~ of atrial flutter прерывание [прекращение] трепетания предсердий

~ of reentrant circuits *кард.* устранение цикла повторного входа возбуждения

thought ~ *псих.* обрыв мыслей

interscapulum [ˌɪntəˈskæpjʊləm] межлопаточное пространство

intersect [ˌɪntəˈsekt] 1. пересекать(ся); перекрещиваться 2. разделять на части

intersection [ˌɪntəˈsekʃən] 1. пересечение, место пересечения 2. *иммун.* реакция «подгиба» *(линии преципитации)*, «шпора»

~ tendinea сухожильная перемычка

interseptum [ˌɪntəˈseptəm] *анат.* перегородка; мембрана

intersex [ˈɪntəˌseks] интерсекс *(1. промежуточный тип полового развития между мужским и женским 2. одинаковый имидж юношей и девушек – причёски, брюки, обувь и т. д.)*

intersexuality [ˌɪntəˌsekʃuˈælɪtɪ] гермафродитизм, бисексуальность, интерсексуальность, двуполость

intersocial [ˌɪntəˈsəʊʃəl] межличностный

interspace [ˌɪntəˈspeɪs] *анат.* промежуток, щель

lumbar ~ поясничный (сухожильный) промежуток, Лесгафта – Гринфельта [промежуток] треугольник

interspecific [ˌɪntəspɪˈsɪfɪk] межвидовой *(напр. о генах)*

interspinous [ˌɪntəˈspaɪnəs] *анат.* межостистый

interstice [ɪnˈtɜːstɪs], *pl.* **interstices** [ɪnˈtɜːstɪsiːz] *см.* **interspace**

interstitial [ˌɪntəˈstɪʃəl] 1. интерстициальный; межуточный 2. интерстициальная ткань 3. внутритканевой *(о контрастной рентгенографии)*

interstitium [ˌɪntəˈstɪʃəm], *pl.* **interstitia** [ˌɪntəˈstɪʃə] 1. интерстициальная ткань, интерстиций 2. *см.* **interspace**

intersubjective [ˌɪntəsʌbˈdʒektɪv] межсубъектный

intersuperciliary [ˌɪntəsuːpəˈsɪlɪˌerɪ] расположенный между надбровными дугами

intersystole [ˌɪntəˈsɪstəʊlɪ] интерсистолический интервал

intertarsal [ˌɪntəˈtɑːsəl] межплюсневой

intertrigo [ˌɪntəˈtraɪɡəʊ] опрелость, интертригинозный дерматит, интертриго

interureteric [ˌɪntəjʊrɪˈterɪk] межмочеточниковый

interval [ˈɪntəvəl] интервал, промежуток; пауза, перерыв

A-C [atriocarotid] ~ предсердно-каротидный [интерсистолический] интервал

bed turnover ~ период оборота койки

birth ~ генетический интервал *(время между вступлением в брак и рождением первого ребёнка – прото-*генетический интервал или между рождениями детей разной очерёдности – интергенетический интервал)*

bone-air ~ *ото.* костно-воздушный интервал *(на аудиограмме)*

confidence ~ *стат.* доверительный интервал

coupling ~ период между нормальным сокращением сердца и экстрасистолой

dosage [dosing] ~ кратность введения медикамента

interectopic ~ период между двумя экстрасистолами

lucid ~ светлый промежуток *(короткая ремиссия в течении психоза)*

passive ~ фаза диастолы, пассивный интервал *(период покоя сердца)*

postsphygmic ~ постсфигмический интервал *(фаза изометрического расслабления)*

presphygmic ~ пресфигмический интервал *(фаза изометрического сокращения)*

reference ~ образцовый [опорный] интервал *(показатели нормы)*

sphygmic ~ сфигмический интервал *(фаза изгнания)*

tolerance ~ предсказательный интервал

transfer ~ интервал переноса *(время между пересевами культуры микроорганизма на свежую питательную среду)*

intervalvular [ˌɪntəˈvælvjʊlə] межклапанный

intervention [ˌɪntəˈvenʃən] вмешательство; воздействие

~ of medical units введение в действие бригад неотложной помощи *(в случае катастроф)*

behavioral ~ бихевиоральная терапия *(напр. энуреза)*

biliary ~s вмешательства на жёлчных путях

brief ~ краткосрочное вмешательство

cognitive-behavioral ~ когнитивно-бихевиоральное лечение

combination ~ комплексное воздействие

medical ~ медицинское вмешательство

mediterranean diet ~ внедрение [использование] средиземноморской диеты

pharmacological ~ фармакотерапия, медикаментозная коррекция

surgical ~ хирургическое вмешательство, операция

thoracoscopic ~ торакоскопическая процедура

transhepatic ~ чреспечёночная процедура

intervertebral [ˌɪntəˈvɜːtəbrəl] межпозвонковый

interview [ˈɪntəvjuː] 1. собеседование; опрос; интервью ‖ расспрашивать, собирать анамнез 2. сеанс психоанализа

~s of probands анкетирование пробандов

~ with patient интервьюирование больного

depth ~ интервью с целью понять скрытые мотивы испытуемого

exit ~ интервью по выяснению причин ухода *(напр. из школы)*

full ~ полное интервьюирование

initial ~ первичная беседа, опрос больного

patterned [structured] ~ формализованное интервью

psychiatric ~ опрос психически больных

screening ~ скрининговый опрос, скрининговое интервью

single ~ однократное интервьюирование

(un)structured clinical ~ (не)структурированный клинический опросник

videotape ~ заснятый на видеоплёнку опрос

intervillous [ˌintə'viləs] межворсинчатый

intestinal [in'testinəl] кишечный

intestine [in'testin], *лат.* **intestinum** [in'testinəm], *pl.*

intestina [in'testinə] кишка; обычно *pl.* кишечник

   blind ~ слепая кишка

   crassum ~ *см.* **large** ~

   empty ~ тощая кишка

   jejunoileal ~ *см.* **mesenterial** ~

   large ~ толстая кишка

   mesenterial ~ брыжеечная часть тонкой кишки

   segmented ~ ободочная кишка

   small ~ тонкая кишка

   straight ~ прямая кишка

   tenue ~ *см.* **small** ~

   twisted ~ подвздошная кишка

intima ['intimə] 1. интима, внутренняя оболочка (*сосудов*) 2. внутренний слой (*органов*)

intimacy ['intiməsi:] интимность, близость, тесная связь

intimate ['intimit] 1. глубокий, сокровенный 2. внутренний 3. интимный, личный

intimectomy [ˌinti'mektəmi:] эндартерэктомия, интимэктомия

intimitis [ˌinti'maitis] воспаление внутренней оболочки сосуда (*напр. эндоартериит, эндофлебит*)

intoe ['intəu] косолапость

intolerance [in'tɒlərəns] 1. нетерпимость; непереносимость 2. неустойчивость

   ~ **to medication** непереносимость лекарственного средства

   congenital lactose ~ наследственная лактозная непереносимость

intonation [ˌintə'neiʃən] интонация; модуляция (*голоса*)

   nasal ~ гнусавость

intorter [in'tɔ:tə] мышца, вращающая внутрь

intoxation [intɒk'seiʃən] отравление ядами, но не алкоголем

intoxicant [in'tɒksikənt] интоксикант, ядовитое вещество ‖ вызывающий интоксикацию, отравление

intoxication [inˌtɒksi'keiʃən] 1. интоксикация; отравление 2. глубокое опьянение (*особенно этанолом*)

   acid ~ ацидоз

   acute alcoholic ~ острая алкогольная интоксикация

   alkaline ~ алкалоз

   amphetamine ~ амфетаминовая интоксикация

   bacterial ~ микробная интоксикация

   caffeine ~ кофеиновая интоксикация

   cannabis ~ интоксикация каннабисом

   cocaine ~ кокаиновая интоксикация

   drug ~ интоксикация психоактивным веществом

   endoecological ~ эндоэкологическая интоксикация, эндотоксемия (*токсикоз, обусловленный бурным развитием патогенной микрофлоры в организме*)

   hallucinogen ~ интоксикация галлюциногенами

   intestinal ~ кишечная аутоинтоксикация

   opioid ~ опиоидная интоксикация

   pathological ~ патологическое опьянение

   septic ~ гнойно-резорбтивная интоксикация

   subacute ~ подострая интоксикация

intra ['intrə]:

   ~ **vitam** *лат.* в течение жизни

intraabdominal [ˌintrəæb'dɒminəl] внутрибрюшной, брюшно-полостной

intracatheter [ˌintrə'kæθitə] пластиковая трубка с пункционной иглой для проведения инфузий или мониторинга артериального давления

intracavitary [ˌintrə'kævi,teri:], **intracelial** [ˌintrə'si:li:əl] внутриполостной

intracervical [ˌintrə'sə:vikəl] внутришеечный

intracorporeal [ˌintrəkɔ:'pɔ:ri:əl] интракорпоральный (*1. в пределах тела 2. в пределах любой анатомической структуры*)

intracranial [ˌintrə'kreini:əl] внутричерепной, интракраниальный

intractable [in'træktəbəl] трудноизлечимый; неустранимый; устойчивый, резистентный, некупируемый (*о боли*)

intraduct ['intrəˌdʌkt] внутрипротоковый

   ~ **of medicinal agents** введение лекарственных препаратов

intraduodenal [ˌintrəˌdju:ə'di:nəl] интрадуоденальный (*находящийся в полости двенадцатиперстной кишки*)

intradural [ˌintrə'djʊrəl] интрадуральный (*находящийся между листками твёрдой мозговой оболочки*)

intrafaradization [ˌintrəˌfærədi'zeiʃən] фарадизация полого органа

intrafebrile [ˌintrə'febril] происходящий в период температурной реакции

intrafilar [ˌintrə'failə] межпетлевой, расположенный между петлями сети

intrafusal [ˌintrə'fju:səl] интрафузальный (*находящийся внутри мышечного веретена*)

intralobular [ˌintrə'lɒbjʊlə] внутридольковый

intraluminal [ˌintrə'lu:minəl] находящийся в просвете (*напр. сосуда*)

intramedullary [ˌintrə'medjʊˌleri:] интрамедуллярный (*находящийся в веществе спинного или костного мозга*)

intramural [ˌintrə'mjʊrəl] 1. внутристеночный, интрамуральный (*напр. о гематоме*) 2. происходящий в пределах или стенах (*больницы, школы и пр.*)

intranatal [ˌintrə'neitl] интранатальный (*происходящий во время родов*), родовой

intraocular [ˌintrə'ɒkjʊlə] внутриглазной

intraosseous [ˌintrə'ɒsi:əs], **intraosteal** [ˌintrə'ɒsti:əl] внутрикостный, эндостальный

intraparietal [ˌintrəpə'raiətəl] 1. находящийся в теменной доле головного мозга 2. внутристеночный, интрамуральный

intrapartum [ˌintrə'pa:təm] *см.* **intranatal**

intraperiosteal [ˌintrəperi:'ɒsti:əl] поднадкостничный (*перелом*)

intraperitoneal [ˌintrəˌperitəʊ'ni:əl] внутрибрюшинный, интраперитонеальный

intrapersonal [ˌintrə'pə:sənəl] внутриличностный (*напр. конфликт*)

intrapontine [ˌintrə'pɒntin] находящийся внутри варолиева моста

intrapsychic [ˌintrə'saikik], **intrapsychical** [ˌintrə'saikikəl] внутрипсихический (*вне связи с другими людьми или жизненными событиями*)

intrapunitive [,intrə'pju:nitiv] интрапунитивный, само-обвиняющий

intraspecific [,intrəspə'sifik] внутривидовой *(напр. о генах)*

intraspinal [,intrə'spainəl] интраспинальный *(находя-щийся внутри позвоночного канала)*

intrasynovial [,intrəsi'nəuviəl] внутрисуставной

intrathecal [,intrə'θi:kəl] подоболочечный, внутриобо-лочечный

intrathoracic [,intrəθəʊ'ræsik] внутригрудной, интрато-ракальный

intratubal [,intrə'tju:bəl] 1. внутритрубный *(находя-щийся в маточной трубе)* 2. находящийся в просвете трубки

intraturbinate [,intrə'tə:bineit] находящийся в носовой раковине

intratympanic [,intrətim'pænik] находящийся в бара-банной полости

intrauterine [,intrə'ju:tərin] внутриматочный, внутри-утробный

intraversion [,intrə'və:ʒən] *см.* **introversion**

intravital [,intrə'vaitl] витальный, жизненный, прижиз-ненный

in-treatment [in-'tri:tmənt] стационарное лечение, ле-чение в больнице

intrinsic [in'trinsik] 1. внутренний, внутристеночный, интрамуральный 2. присущий, свойственный 3. врож-дённый; наследственный 4. эндогенный

introducer [,intrə'dju:sə] *мед. тех.* 1. интубатор 2. про-водник *(для введения бужей, катетеров и пр.)*

introduction [,intrə'dʌkʃən] введение *(напр. катетера)*; внесение, включение

~ to general anesthesia введение в наркоз

~ of infection инфицирование, заражение

percutaneous ~ чрескожное введение

introit(us) [in'trəʊitəs] вход в полость, отверстие *(напр. влагалища)*

gastric ~ кардиальное отверстие желудка

introjection [,intrəʊ'ʤekʃən] 1. *псих.* интроекции 2. отождествление себя с другим

intromission [,intrəʊ'miʃən] впуск, вхождение *(вставка или введение одного сегмента в другой)*

intron ['intrɒn] интрон *(транскрибируемый участок гена, не содержащий кодонов и вырезаемый из первич-ного транскрипта в ходе процессинга с образованием функциональной РНК)*

intropunitive [,intrə'pju:nitiv] *психол.* интропунитивный, направленный на самого себя *(чаще о чувстве вины)*

introspection [,intrə'spekʃən] самопознание, самонаб-людение, интроспекция *(созерцание собственных мыс-лительных процессов)*

introsusception [,intrəsə'sepʃən] инвагинация

introversion [,intrə'və:ʒən] 1. инвагинация, заворот же-лудка *(со смещением пилорического отдела вверх, кар-дии – вниз)* 2. *псих.* интровертированность; интровер-сия *(склонность к жизни в мире собственных мыслей, избегание контактов с окружающими людьми)*

active ~ произвольная [активная] интроверсия

passive ~ непроизвольная [пассивная] интроверсия

introvert ['intrəʊvə:t] *псих.* интровертированная лич-ность, интроверт *(человек, сосредоточенный на своём внутреннем мире и с трудом устанавливающий кон-такты с окружающими)*

intrusion [in'tru:ʒən] вторжение *(в т. ч. побочных ассо-циаций, навязчивостей)*

intrusive [in'tru:siv] инвазивный *(о методе диагности-ки или лечения)*; вторгающийся; внедряющийся

intubation [,intju:'beiʃən] интубация; введение трубки *(в полый орган)*

altercursive ~ *хир.* отведение секрета из естественно-го русла *(напр. жёлчи)*

blind ~ интубация вслепую

endotracheal ~ эндотрахеальная интубация

gastric ~ зондирование желудка

"light wand" ~ интубация с помощью светящегося шпателя

nasal ~ интубация через нос; назотрахеальная инту-бация

oral ~ оротрахеальная интубация

intubator [,intju:'beitə] 1. *мед. тех.* интубатор, интро-дуктор 2. человек, производящий интубацию

intuition [in,tju:'iʃən] 1. интуиция, чутьё 2. знания, основанные на интуиции

intumesce [in,tju:'mes] опухать, распухать

intumescence [in,tju'mesəns] 1. припухлость; утолще-ние 2. опухание, распухание; разбухание

cervical ~ *анат.* шейное утолщение *(спинного мозга)*

lumbosacral ~s поясничное утолщение

intussusception [,intəsə'sepʃən] 1. врастание, проник-новение, внедрение *(одной ткани в другую или новых слоёв между старыми)* 2. инвагинация *(кишки)*

agonic ~ посмертная инвагинация

cecocolic ~ слепообдочная инвагинация

colo-colic ~ толсто-толстокишечная инвагинация

double-barreled ~ двойная инвагинация кишок

enteric ~ тонкокишечная инвагинация

gastroesophageal ~ желудочно-пищеводная инвагинация

ileocecal [ileocolic] ~ подвздошно(слепо)ободочная инвагинация кишечника

postmortem ~ *см.* **agonic ~**

retrograde ~ ретроградная [восходящая] инвагинация

ureter ~ уретероцеле

intussusceptum [,intəsə'septəm] головка инвагината

intussuscipiens [,intəsə'sipi:ənz] наружный цилиндр *(ин-вагината)*

inula ['inju:lə] *фито.* девясил

inulase ['injʊ,leis] *pl.* инулазы *(ферменты, расщепляющие фруктаны)*

inulin ['injʊlin] инулин *(высокомолекулярный углевод, применяемый в тестировании функции почек)*

inunction [i'nʌŋkʃən] 1. втирание *(лекарственного сред-ства)* 2. *уст.* (лекарственное) средство для втирания

inurement [in'jʊəmənt] приучение; привычка; практика

private ~ практика поблажек частнопрактикующим врачам *(при которой государственная больница пла-тит практикующему под её крышей врачу)*

invaccination [in,væksi'neiʃən] случайное заражение во время вакцинации

invade [in'veid] **1.** вторгаться, внедряться, пенетрировать, проникать *(напр. о вирусах)* **2.** поражать, распространяться *(о болезни)* **3.** захватить, овладеть; нахлынуть *(о чувствах)*

to ~ through a basement membrane прорастать базальную мембрану *(об опухоли)*

invagination [in͵væʤi'neiʃən] инвагинация *(1. впячивание, или захождение, ткани в собственную полость 2. один из способов гаструляции)*

~ of diverticulum погружение дивертикула *(вид хирургического вмешательства)*

~ of esophageal mucosa пролабирование [выпадение] слизистой оболочки пищевода *(в желудок)*

~ of sternum западение грудины в грудную полость

basilar ~ платибазия *(вдавление основания затылочной кости и ската в заднюю черепную ямку)*

invalid ['invəlid] **1.** инвалид, больной || нетрудоспособный; больной, слабый **2.** освобождать от службы по инвалидности или по состоянию здоровья **3.** *суд. мед.* не имеющий законной силы, недействительный; невалидный

elderly ~ инвалид по старости

invalidism ['invəli͵dizəm], **invalidity** [͵invə'liditi:] **1.** инвалидность; нетрудоспособность **2.** немощь, дряхлость

psychological ~ психологическая инвалидизация *(непризнание факта выздоровления)*

invariable [in'væri:əbəl] неизменный, постоянный

invasion [in'veiʒən] **1.** инвазия *(внедрение в организм паразитов)* **2.** начало заболевания, приступ болезни **3.** нашествие *(напр. насекомых)* **4.** пенетрация; проникновение; прорастание *(опухоли)*

bacterial ~ проникновение бактерий *(в ткани)*

blood vessel ~ прорастание кровеносных сосудов

bone marrow ~ by plasma cells плазмоклеточная инфильтрация костного мозга

chest wall ~ прорастание грудной стенки *(опухолью)*

cranial ~ прорастание *(опухоли)* в кости черепа

fibrous tissue ~ прорастание соединительной тканью

local ~ (местная) инвазия *(опухоли)*, местное прорастание

malignant ~ вовлечение в злокачественный процесс, прорастание опухолью

serosal ~ of carcinoma инвазия серозной оболочки при раке

invasive [in'veisiv] **1.** инвазивный *(напр. рост опухоли)* **2.** вводимый в организм *(напр. о пункции, катетеризации, интубации)* **3.** относящийся к инфекционным и паразитарным болезням

invasiveness [in'veisivnəs] инвазивность *(способность паразита внедряться в организм)*

invention [in'venʃən] изобретение, открытие

medical ~ изобретение в области медицины

inventory ['invən͵tͻ:ri:] **1.** *здрав.* опись; учёт; подсчёт; инвентаризация **2.** опросник, свод *(психологических тестов)*

~ of cases список случаев

~ of medications перечень медикаментов

adjustment ~ *псих.* опросник адаптированности

depression status ~ описание депрессивного состояния

drug ~ учёт лекарственных средств

marital precounseling ~ анкета супружеской консультации

Maudsley personality ~ Мадсли личностный опросник *(для измерения интро-экстраверсий и нейротипизма)*

Minnesotta multiphasic personality ~ *псих.* Миннесотский многофакторный [многокритериальный] личностный опросник, MMPI

self-report ~ анкета самоотчёта

State-trail anxiety ~ опросник «Состояния и тревожности»

invermination [in͵vɜ:mi'neiʃən] заражение гельминтами; гельминтоносительство

inverse [in'vɜ:s] инверсный, обратный, противоположный; перевёрнутый

inversion [in'vɜ:ʒən] **1.** *ген.* инверсия, перестановка, перевёртывание, замена **2.** инверсия [варус] стопы *(сочетание приведения с супинацией)* **3.** извращение **4.** инверсия, смещение полярности *(элементов ЭКГ)* **5.** отклонение от нормального положения; переворачивание, выворот

~ of affect *псих.* инверсия аффекта *(напр. переход депрессии в манию)*

~ of bladder пролапс мочевого пузыря в матку

~ of chromosome инверсия участка хромосомы на 180°

~ of optic papilla дислокация зрительного нерва

~ of sleep rhythm инверсия ритма сна

~ of the bladder экстрофия [выворот] мочевого пузыря

~ of the uterus выворот матки наружу

amphigenous ~ бисексуальная инверсия

intragenic ~ внутригенная инверсия *(спонтанная или вызванная мутагенами)*

maternal pericentric ~ *мол. биол.* перицентрическая инверсия у матери

nyctohemeral rhythm ~ инверсия суточного ритма

sexoesthetic ~ эонизм, трансвестизм

sexual ~ половое извращение

sleep rhythm ~ *см.* **~ of sleep rhythm**

thermic ~ парадоксальная температура *(высокая по утрам)*

T-wave ~ инверсия зубца Т *(электрокардиограммы)*

visceral ~ транспозиция [обратное расположение] внутренних органов *(напр. сердце – справа, печень – слева)*

inversive [in'vɜ:siv] **1.** обратимый **2.** инвертируемый, инвертирующийся

invert [in'vɜ:t] **1.** человек, страдающий половым извращением; гомосексуалист **2.** менять порядок или расположение органа *(напр. заворот желудка)* **3.** инвертировать; переворачивать

invertase ['invɜ͵teis] инвертаза, сахараза *(фермент, катализирующий расщепление сахарозы на D-глюкозу и D-фруктозу)*

invertebrate [in'vɜ:təbreit] беспозвоночное

inverted [in'vɜ:təd] **1.** инвертированный, ретроградный *(напр. анастомоз)* **2.** эндофитный

invertogram [in'vɜ:tə͵græm] инвертограмма *(рентгенограмма в положении ребёнка вниз головой)*

invertor [in'vɜ:tə] мышца, вращающая сегмент конечности внутрь

investigation [in͵vesti'geiʃən] **1.** исследование, изучение **2.** *суд. мед.* следствие

criminal ~ расследование по уголовному делу

inter-American ~ of mortality in childhood межамериканское исследование детской смертности

mandatory ~ обязательное расследование

medicolegal ~ 1. судебно-медицинская экспертиза 2. экспертиза трудоспособности *(застрахованных)*

preliminary ~ предварительное следствие

scanning electron microscope ~ сканирующая электронная микроскопия

tracer ~ исследование методом меченых атомов

ultrasound ~ ультразвуковая диагностика

X-ray crystallographic ~ рентгеноструктурный анализ

investing [in'vestiŋ]:

muscle of ~ pancreatic ducts мышца, контролирующая функцию панкреатического протока

investment [in'vestmənt] 1. *страх.* вклад, инвестиция 2. одежда; наружный покров

peritoneal ~ брюшинный покров, брюшина

self-supporting ~ *здрав.* самоокупающееся предприятие

inveteracy [in'vetərəsi:] застарелость *(болезни)*

inveterate [in'vetərit] застарелый, запущенный; хронический *(напр. о заболевании),* трудноизлечимый

inviable [in'vaiəbəl] нежизнеспособный

invirility [invi'riliti:] эректильная дисфункция, *нрк.* импотенция

invisible [in'vizəbəl] невидимый

libress ~ «невидимка» *(о женском тампоне)*

in-vitro-diagnostics [in-'vi:trəʊ-daiəg'nɒstiks] *фирм.* лабораторная диагностика

in-vitro-expanded [in-'vi:trəʊ-ik'spændid] выращенный в лабораторных условиях *(напр. о Т-лимфоцитах)*

in-vivo-diagnostics [in-'vi:vəʊ-daiəg'nɒstiks] *фирм.* прижизненная (радионуклидная) диагностика.

involucrum [ˌinvəʊ'lu:krəm], *pl.* **involucra** [ˌinvəʊ'lu:krə] 1. *анат.* покров, оболочка 2. секвестральная капсула

involuntary [in'vɒlənˌteri:] 1. принудительный; невольный 2. ненамеренный, непреднамеренный; непроизвольный

involution [ˌinvə'lu:ʃən] 1. инволюция, обратное развитие 2. уменьшение, сокращение

~ of uterus инволюция матки *(1. нормализация размеров матки после родов 2. обратное развитие матки при старении)*

lobular ~ инволюция долек *(молочной железы)*

organic cerebral ~ органическая инволюция головного мозга

senile ~ старческая инволюция

sexual ~ климактерий, менопауза

spontaneous ~ спонтанная регрессия *(опухоли)*

involutional [ˌinvə'lu:ʃənəl] инволюционный, относящийся к обратному развитию

involve [in'vɒlv] 1. поражать *(болезнью),* вовлекать в патологический процесс 2. локализовать; определять

involvement [in'vɒlvmənt] 1. участие, включённость 2. поражение *(болезнью);* вовлечение в патологический процесс

biliary ~ in familial adenomatosis поражение жёлчных путей при семейном аденоматозе

cardiac ~ вовлечение сердца

community ~ вовлечение общественности *(в оказание медицинской помощи)*

distant ~ отдалённый метастаз; поражение отдалённого органа

ego ~ личностная включённость

gastrointestinal ~ поражение желудочно-кишечного тракта

lysosomal ~ участие лизосом *(напр. в деградации аномальных эндогенных белков)*

small joint ~ поражение [вовлечение] мелких суставов

systemic ~ системное вовлечение *(напр. иммунореактивности)*

invulnerable [in'vʌlnərəbəl] неуязвимый

inward ['inwəd] 1. направленный внутрь, кнутри 2. внутренний, духовный

inzucht-depression ['intsʌkt-di'preʃən] *нем.* инцухт-депрессия *(совокупность вредных последствий имбридинга)*

iodated ['aiəˌdeitəd] йодированный

iodic [ai'ɒdik] йодный, вызванный йодом

iodide ['aiəˌdaid] йодид, соль йодистоводородной кислоты

iodinate ['aiədiˌneit] йодировать, насыщать йодом; обрабатывать йодом, подвергать действию йода

iodine, I ['aiəˌdain] 1. йод 2. галоген-радиоактивные изотопы ^{117}I–^{139}I с периодом полураспада от 2,7 с до нескольких лет *(некоторые используются в медицине)*

Gram's ~ раствор йодистого калия для окраски по Граму

Lugol's ~ Люголя раствор

protein-bound ~ йод, связанный с белками, белково-связанный йод

radioactive ~ радиоактивный йод

iodine-fast ['aiəˌdain-'fa:st] йодорезистентный

iodism ['aiəˌdizm] йодизм *(интоксикация йодом)*

iodize ['aiəˌdaiz] *см.* **iodinate**

iododerma [aiˌəʊdəʊ'də:mə] йодный дерматит, йододерма

iodoglobulin [ˌaiədəʊ'glɒbjʊlin] тиреоглобулин

iodopsin [ˌaiə'dɒpsin] йодопсин *(зрительный пигмент колбочек сетчатки)*

ion ['aiɒn] ион *(атом или группа атомов, несущая электрический заряд: отрицательный – анионы; положительный – катионы)*

high potassium ~ активный ион калия

ioniser [ˌaiə'naizə] ионизатор

ionization [ˌaiənai'zeiʃən] 1. ионизация 2. лекарственный электрофорез, *уст.* ион(т)офорез, ионотерапия

~ of air аэроионизация

medical ~ лекарственный электрофорез

specific ~ удельная ионизация

ionize ['aiəˌnaiz] ионизировать

ionometer [ˌaiə'nɒmətə] спектрометр ионов, ионометр

ionophore [ai'ɒnəʊˌfɔ:] ионофор *(соединение, образующее комплекс с ионом и транспортирующее его через мембрану)*

ionosphere [ai'ɒnəˌsfiə] ионосфера *(слой атмосферы от 50–80 км до 400–500 км, отличающийся наличием значительного количества положительно ионизированных молекул и атомов газов, а также свободных электронов)*

iontophoresis [aiˌɒntəʊfə'ri:sis] 1. лекарственный электрофорез, *уст.* ион(т)офорез, ионотерапия 2. электрофорез

iophobia [ˌaiəʊˈfəʊbi:ə] иофобия (*патологическая боязнь отравления, ядов*)

ipecacuanha [ˌipiˌkækju:ˈænə] ипекакуана, рвотный корень (*Psychotria ipecacuanha*)

ipsation [ipˈseiʃən], **ipsism** [ˈipsizm] онанизм, мастурбация

ipsilateral [ˌipsiˈlætərəl] ипсилатеральный, расположенный на той же стороне; одноимённый

ipso [ˈipsɒ]:

~ **facto** *лат.* в силу очевидности, фактически

irascible [iˈræsibəl] раздражительный, вспыльчивый

iridal [ˈairidəl] *см.* **iridial**

iridectomy [ˌiriˈdektəmi:] иридэктомия (*иссечение части радужки*)

iridencleisis [ˌiridenˈklaisis] ириденклейзис (*операция создания оттока влаги из передней камеры под конъюнктиву при глаукоме*)

irideremia [ˌiridəˈri:mi:ə] аниридия, иридеремия (*отсутствие радужки*)

iridescent [ˌiriˈdesənt] 1. радужный 2. флуоресцирующий

iridial [iˈridiəl], **iridian** [iˈridiən], **iridic** [iˈridik] относящийся к радужке

iridium [iˈridi:əm], **Ir** иридий (*хрупкий металлический элемент; радиоактивный изотоп ^{192}Ir*)

iridization [ˌiridiˈzeiʃən] появление в поле зрения радужных кругов вокруг источников света (*при глаукоме*)

iridoavulsion [ˌiridəʊəˈvʌlʃən] отрыв радужки

iridocele [ˈiridəʊˌsi:l] иридоцеле (*выбухание части радужки через дефект роговицы*)

iridocyclitis [ˌiridəʊsaiˈklaitis] иридоциклит

iridodialysis [ˌiridəʊdaiˈælisis] иридодиализ (*отрыв радужки от ресничного тела*)

iridodonesis [ˌiridəʊdəʊˈni:sis] иридодонез (*дрожание радужки при резких движениях глаза*)

iridokinesis [ˌiridəʊkiˈni:sis], **iridokinesia** [ˌiridəʊkiˈni:ʒə] перемещения радужной оболочки при расширении и сужении зрачка

iridosclerostomy [ˌiridəʊskləˈrɒstəmi:] иридосклеростомия

iridoplegia [ˌiridəʊˈpli:ʤi:ə] иридоплегия (*паралич радужной оболочки глаза*)

iridotasis [ˌiriˈdɒtəsis] *хир.* растяжение радужки (*при глаукоме*)

iridotomy [ˌiriˈdɒtəmi:] иридотомия (*рассечение радужки*)

laser ~ лазерная иридотомия

iris [ˈairis], *pl.* **irides** [ˈiriˌdi:z] радужка, радужная оболочка (*передняя часть сосудистой оболочки глаза*)

~ **bombe** «бомбированная» радужка

prolapsed ~ выпадение [пролапс] радужной оболочки

tremulous ~ *см.* **iridodonesis**

umbrella ~ *см.* ~ **bombe**

irisdiagnostics [ˌairisˌdaiəgˈnɒstiks] иридодиагностика (*диагностика по радужной оболочке глаза*)

iritic [aiˈritik] относящийся к ириту; поражённый иритом

greenish-grey ~ зеленовато-серая радужка

iritis [aiˈraitis] ирит (*воспаление радужки*)

iritomy [aiˈritəmi:] *см.* **iridotomy**

iron [ˈaiən] (**ferrum, Fe**) железо, изотопы ^{52}Fe – ^{61}Fe (*применяемые в исследовании обмена железа в организме*)

ferric ~ гемосидерин (*пигмент*)

hem ~ железо гема

walking ~ металлическое стремя (*для укрепления гипсового сапожка*)

iron-deficient [ˈaiən-diˈfiʃənt] железодефицитный (*напр. об анемии*)

iroser [iˈrəʊzə] инфракрасный лазер

irotomy [aiˈrɒtəmi:] *см.* **iridotomy**

irradiance [iˈreidi:əns] 1. интенсивность облучения; облучённость 2. излучаемость

irradiate [iˈreidiˌeit] 1. облучать 2. излучать, испускать

to ~ **smb's house** *псих.* облучать чей-л. дом (*фабула бреда*)

irradiation [iˌreidiˈeiʃən] 1. облучение, лучевая терапия 2. излучение, испускание 3. иррадиация, распространение

~ **for polycythemia** лучевая терапия при полицитемии

~ **of biliary carcinoma** облучение рака жёлчных путей

atomic ~ радиоактивное облучение

chronic ~ хроническое [длительное] облучение

concentrated ~ концентрированное облучение

contact ~ контактное облучение

continuous ~ непрерывное облучение

convergency ~ конвергентное облучение (*подвижное облучение с ротацией пучка излучения по спирали*)

convergent pendulum ~ конвергентно-маятниковое облучение

elective ~ избирательное облучение

electron ~ облучение пучком электронов

external ~ наружное [внешнее] облучение (*при котором источник излучения находится далее 25 см от объекта*)

external beam ~ облучение внешним пучком

extracorporeal ~ **of blood** экстракорпоральное облучение крови

fractional ~ фракционированное [дробное] облучение

full-scale ~ облучение полной дозой

grid ~ облучение через решётку

half ~ облучение половинной дозой

heavy ~ облучение большими дозами

heavy-ion-beam ~ облучение пучком тяжёлых ионов

heterogeneous ~ неравномерное облучение

high-dose ~ облучение большими дозами

homogeneous ~ равномерное облучение

hypoxic ~ облучение в условиях гипоксии

internal [interstitial] ~ внутреннее облучение

intracavitary ~ внутриполостное облучение

large field whole- or partial- body ~ крупнопольное облучение тела или его части

lethal ~ облучение летальной дозой

long-continued ~ хроническое облучение

low-level ~ малоинтенсивное излучение

megavoltage X- ~ мегавольтное рентгеновское облучение

microwave ~ микроволновое [сверхвысокочастотное] излучение

moderate ~ облучение в умеренных дозах

monochromatic ultraviolet ~ монохроматическое УФ-излучение

moving-field ~ подвижное облучение полями

moving-strip ~ подвижное облучение полосами

multiple-field ~ многопольное [многозонное] облучение

postoperative ~ послеоперационное облучение

protracted ~ *см.* **chronic** ~

red light ~ 1. качественное излучение в красном диапазоне 2. облучение (когерентным) красным светом

rotation moving-field ~ *см.* **convergency** ~

sandwich ~ двухстороннее облучение

second ~ повторное облучение

short-distance ~ короткофокусное облучение

sieve plate ~ облучение через фильтр

single ~ однократное облучение

single-field ~ однопольное [однозонное] облучение

strip-tangential ~ тангенциальное облучение полосой

surface ~ поверхностное облучение

total lymphoid ~ общее облучение лимфоузлов

transluminal laser ~ чреспросветное воздействие лазерным излучением

uneven ~ *см.* **heterogeneous** ~

whole-body ~ тотальное облучение *(организма)*

irradiation-induced [iˌreidiˈeiʃən-inˈdjuːsd] вызванный облучением *(напр. об опухоли)*

irradiator [iˌreidiˈeitə] облучатель; излучатель

bactericidal ~ бактерицидный облучатель

erythema ~ эритемный облучатель

irrational [iˈræʃənəl] 1. иррациональный; неразумный, нелогичный 2. с нарушенной психикой, слабоумный

irreducible [ˌiriˈdjuːsəbəl] не поддающийся улучшению; невправимый *(напр. о грыже)*

irregularity [iˌreɡjʊˈlæriti] 1. аномалия развития 2. несимметричность 3. неравномерность, неровность

~ **of behavior** распущенность

~ **of pulse** аритмия *(сердца)*

~ **of rectal mucosa** неровность слизистой прямой кишки

~ **of teeth** аномалия формы и положения зубов

bleeding ~es дисменоррея, нерегулярные месячные

bony ~es изменения костей *(напр. костная мозоль)*

irrelevant [iˈreləvənt] неуместный *(напр. ответ)*

irremediable [ˌiriˈmiːdiːəbəl] 1. непоправимый 2. неизлечимый

irreparable [iˈrepərəbəl] непоправимый, не поддающийся лечению, исправлению

irresistibility [ˌiriˌzistəˈbiliti] непреодолимость *(напр. побуждений)*

irresponsibility [ˌiriˌspɒnsəˈbiliti] безответственность, неответственность

irresponsible [ˌiriˈspɒnsəbəl] 1. безответственный 2. невменяемый

irretention [ˌiriˈtenʃən] потеря памяти, неспособность к запоминанию

irreversible [ˌiriˈvəːsəbəl] необратимый *(о процессе)*; неизлечимый *(о заболевании)*

irrigation [ˌiriˈɡeiʃən] ирригация, орошение, промывание, лаваж

bladder ~ промывание мочевого пузыря

chemical ~ орошение антисептическим раствором

close cavity ~ лаваж [промывание] закрытой полости

colostomy ~ ирригация через колостому

direct ~ удаление сточных вод на почву

ear ~ промывание уха

peritoneal ~ перитонеальный лаваж, или диализ

transesophageal ~ чреспищеводное орошение *(напр. при медиастините)*

whole-gut ~ полное кишечное промывание, тотальный кишечный лаваж *(метод и термин предложены J. Havitt, 1973 г.)*

irrigator [ˈiriˌɡeitə] ирригатор; кружка Эсмарха

suspension ~ подвесной ирригатор

irritability [ˌiritəˈbiliti] 1. раздражимость; раздражительность; возбудимость 2. чувствительность; восприятие

acoustic ~ звуковая [акустическая] раздражительность

muscular ~ возбудимость мышцы

persistent ~ постоянная раздражительность

reflex ~ рефлекторная возбудимость

irritable [ˈiritəbəl] 1. *физиол.* раздражимый, воспринимающий раздражение *(об органе)* 2. легковозбудимый, ирритативный, реактивный; раздражительный

faiblesse ~ *фр., псих.* раздражительная слабость *(стадия неврастении)*

irritant [ˈiritənt] 1. раздражающее средство; раздражитель 2. боевое отравляющее вещество

airborne ~s раздражители, присутствующие в воздухе

chemical ~ агрессивное химическое вещество

irritate [ˈiriteit] 1. *физиол.* наносить раздражение, раздражать 2. вызывать раздражение

irritation [ˌiriˈteiʃən] 1. *физиол.* возбуждение; раздражение 2. болезненная чувствительность; гнев

~ **of liminal intensity** раздражение пороговой интенсивности

frictional ~ раздражение *(глаза)*, вызванное трением

preexisting ~ предсуществующее раздражение

sympathetic ~ симпатическое раздражение

true sciatic nerve ~ ишиалгия

irrumation [ˌiruˈmeiʃən] фелляция *(орогенитальный контакт)*

irruption [iˈrʌpʃən] акт или процесс прорыва через поверхность

isauxesis [ˌaisɔːkˈziːsis] пропорциональный рост целого и его сегментов

ischemia [iˈskiːmiːə] ишемия, местное малокровие

asymptomatic cardiac ~ бессимптомная [безболевая] ишемия миокарда

cerebral ~ ишемия головного мозга

global brain ~ тотальная ишемия мозга

leg ~ ишемия нижних конечностей

low-flow ~ ишемия, вызванная низкой перфузией

nonocclusive mesenteric ~ мезентериальный спастический ишемический синдром

normothermic ~ нормотермическая ишемия

persistent ~ стойкая ишемия

postural ~ постуральная ишемия

silent ~ *см.* **asymptomatic** ~

transient myocardial ~ преходящая ишемия миокарда

vertebro-basillar ~ вертебробазиллярная недостаточность

ischesis [iˈskiːsis] подавление, угнетение, уменьшение *(напр. желудочного сока)*

ischialgia [ˌiskiˈælʤiːə] ишиалгия *(боль по ходу седалищного нерва)*

ischias ['iski:əs] ишиас, невралгия седалищного нерва

ischidrosis [,iski'drəʊsəs] ангидроз

ischiocele [,iskiə'si:l] ишиоцеле, седалищная грыжа

ischiogluteal [,iskiəʊ'glu:ti:əl] седалищно-ягодичный

ischiopagus [,iskiəʊ'pægʌs] ишиопаг (близнецы, сросшиеся в области промежности)

ischiopubic [,iskiəʊ'pju:bik] седалищно-лобковый

ischiorectal [,iskiəʊ'rektəl] седалищно-прямокишечный

ischium ['iski:əm], pl. **ischia** ['iski:ə] седалищная кость

ischogalactic [,iskəgə'læktik] агент, подавляющий [угнетающий] секрецию молока

ischolia [is'kəʊli:ə] подавление [угнетение] выделения жёлчи

ischomenia [,iskə'mi:ni:ə] прекращение менструаций

ischuria [is'kjʊri:ə] ишурия (задержка мочеиспускания)

paradoxical ~ парадоксальная ишурия (выделение мочи редкими каплями при переполненном мочевом пузыре)

spastic ~ спастическая ишурия (задержка мочи вследствие спазма сфинктера)

island ['ailənd], **islet** ['ailit] анат. островок

~ of Langerhans панкреатический островок, Лангерганса островок (в поджелудочной железе)

~ of Reil островок (головного мозга), центральная доля, Рейля островок

blood ~ кроветворный островок (в селезёнке)

isoagglutination [,aisəʊ,glu:t'neiʃən] изоагглютинация

isoagglutinin [,aisəʊə'glu:tnin] изоагглютинин (вызывающий агглютинацию клеток)

isoallele [,aisəʊə'lil] pl. изоаллели, потенциальные аллели (аллели одного локуса, обладающие сходным фенотипическим эффектом)

isoantibody [,aisəʊ'ænti,bɒdi:] изоантитело, изоиммунное [изологичное] антитело

isoantigen [,aisəʊ'æntiʤən] 1. изоантиген, аллогенный [гомологичный, групповой] антиген 2. субстанция идентичного донора

sperm ~ спермальный изоантиген

isobar ['aisəba:] 1. изобар (pl. атомы, имеющие одинаковую массу, но разные химические свойства) 2. изобара (линия на диаграмме, изображающая процесс при постоянном барометрическом давлении)

isocellular [,aisə'seljələ] изоцеллюлярный (состоящий из клеток одинакового размера и вида)

isochoric [,aisə'kɔ:rik] изохорический (имеющий постоянный объём)

isochromosome [,aisə'krəʊmə,səʊm] изохромосома (образованная при поперечном, а не продольном делении)

isochronal [ai'sɒkrənəl], **isochronic** [ai'sɒkrɒnik], **isochronous** [ai'sɒkrənəs] изохронный, одинаково продолжительный, повторяющийся через равные промежутки

isocoagulation [,aisəkəʊ,ægjə'leiʃən] нормальное свёртывание крови

isocoria [,aisəʊ'kɔ:ri:ə] изокория (равенство зрачков обоих глаз)

isocortex [,aisəʊ'kɔ:,teks] эмбр. новая кора, изокортекс, неокортекс

isodactylism [,aisəʊ'dæktə,lizəm] изодактилия, равнопалость

isodontic [,aisəʊ'dɒntik] имеющий зубы одной формы и одинакового размера

isodose ['aisə,dəʊs] рад. изодозная кривая, изодоза

isoelectrofocusing [,aisəʊi'lektrəʊ'fəʊkəsiŋ] биохим. изоэлектрическое фокусирование

analytical ~ аналитическое изоэлектрическое фокусирование

preparative ~ препаративное изоэлектрическое фокусирование

isoenzyme [,aisəʊ'en,zaim] изофермент, изоэнзим (различные по структуре ферменты, катализирующие одну и ту же реакцию)

cardiac ~s изоферменты миокарда

steroid induced ~ стероид-индуцированный изоэнзим

isoerythrolysis [,aisəʊ,erə'θrɒlisis] гемолиз, обусловленный наличием изоантител (при групповой совместимости донора и реципиента)

neonatal ~ гемолитическая болезнь новорождённых, эритробластоз

isogamy [ai'sɒgəmi:] ген. изогамия

isogenesis [,aisəʊ'ʤenisis] изогенез (идентичность в морфологическом развитии)

isogenous [ai'sɒʤənəs] изогенный

isograft ['aisə,græft] изотрансплантат (орган или ткань, трансплантируемые между генетически идентичными особями)

isohemoagglutination [,aisəʊ,hi:mə,glu:t'neiʃən] изогемагглютинация (эритроцитов крови)

isohemolysin [,aisəʊhi'mɒlisin] иммун. изогемолизин

isohypercytosis [,aisəʊ,haipəsai'təʊsis] лейкоцитоз без изменения лейкоцитарной формулы

isohypocytosis [,aisəʊ,haipəsai'təʊsis] лейкопения без изменения лейкоцитарной формулы

isoimmunization [,aisəʊi,mju:nai'zeiʃən] изоиммунизация (иммунизация антигенами другой особи того же биологического вида)

lymphocyte ~ лимфоцитарная изоиммунизация (у беременных)

red cell ~ эритроцитарная изоиммунизация (у беременных)

Rh [rhesus] ~ резус-иммунизация

isolate ['aisə,leit] 1. изолят (обособленная группа людей с близкородственными браками) 2. изолировать, подвергнуть карантину, отделять, обособлять 3. культура (микроорганизма) 4. выделять; идентифицировать

to ~ a patient изолировать больного, подвергнуть больного карантину

clinical ~ клинический [донорский] штамм (штамм бактерий, выделенных от инфицированного больного)

most common ~ наиболее частый вид (напр. микрофлоры)

natural ~s бакт. природные изоляты (напр. кишечной палочки)

original ~ дикий штамм (напр. вируса)

viral ~ культура вируса

isolation [,aisə'leiʃən] 1. изоляция, изолирование, разобщение 2. изолированность, уединённость 3. микр. выделение

~ by plating выделение микроорганизма посредством пластинчатых разводок

~ of organism идентификация [выделение] возбудителя

~ on account of infection изоляция (пациента) по причине инфекции

ecological ~ экологическая изоляция *(в связи с изменением места обитания)*

perceptual ~ перцептивная изоляция

postmortem ~ of fungus посмертное выделение грибов

psychological ~ психологическая изоляция

reverse ~ усиленная изоляция *(напр. больных с повышенной чувствительностью к инфекции)*

sensory ~ сенсорная депривация

single-cell ~ выделение одной клетки; выделение культуры из одной клетки

ultracentrifugal ~ ультрацентрифужное выделение *(напр. носителя инфекции)*

isolator [ˌaisəˈleitə] 1. изолятор 2. абактериальный изолятор

gnotoflex animal ~ гнотобиологический изолятор для животных

plastic-film bed ~ пластиковый изолятор кровати

isolette [ˌaisəˈlet] кувез, медицинский инкубатор

isoleucine [ˌaisəˈluːˌsiːn] изолейцин

isoline [ˌaisəˈlain] изолиния *(линия равных количественных показателей давления, температуры, влажности и т. п.)*

isologous [aiˈsɒləgəs] изогенный; сингенный; идентичный *(относящийся к однояйцевым близнецам или к инбредным животным)*

isolophobia [aiˌsɒləʊˈfəʊbiːə] изолофобия *(боязнь оказаться одиноким в жизни)*

isolysis [aiˈsɒlisis] гемолиз, обусловленный наличием изоантител

isomer [ˈaisəʊmə] *pl.* изомеры *(соединения одной молекулярной формулы, но отличающиеся между собой по строению)*

isomerase [aiˈsɒməˌreis] изомераза *(фермент, катализирующий взаимные превращения изомеров)*

isometric [ˌaisəʊˈmetrik] 1. изомерический *(одинакового размера)* 2. сокращение мышц, при котором их напряжение увеличивается, а длина не изменяется *(напр. при отталкивании)*

isometropia [ˌaisəʊməˈtrəʊpiːə] офт. изометропия

isomorphism [ˌaisəʊˈmɔːˌfizm] изоморфизм *(сходство форм органа или тела)*

isophagy [aiˈsɒfədʒiː] аутолиз, самопереваривание

isophilic [ˈaisəʊˌfilik] изофильный, гомоэротичный

isopia [aiˈsəʊpiːə] одинаковая острота зрения на оба глаза

isoplastic [ˌaisəʊˈplæstik] изогенный *(о трансплантате)*

isopter [aiˈsɒptə] офт. изоптера

isorrhea [ˌaisəʊˈriːə] сбалансированный водный обмен

isoschizomer [ˌaisəʊˈskizəʊmə] *pl.* изошизомеры *(рестриктазы, расщепляющие тождественные последовательности нуклеотидов ДНК)*

isosexual [ˌaisəʊˈsekʃuəl] 1. относящийся к одному полу 2. относящийся к сосуществованию в одном человеке признаков или переживаний, свойственных обоим полам

isosporiasis [aiˌsɒspəˈraiəsis] параз. изоспориоз, кокцидиоз

isosthenuria [aiˌsɒsθəˈnjuːriːə] изостенурия *(о моче монотонной плотности)*

isothermal [ˌaisəʊˈθɜːməl] изотермический *(процесс, проходящий при неизменной температуре)*

isotonicity [ˌaisəʊtəʊˈnisitiː] 1. изотония *(одинаковость напряжения, давления, тона)* 2. изоосмолярность, изотоничность

isotope [ˈaisəʊˌtəʊp] изотоп, радионуклид

bone-seeking ~ остеотропный изотоп

carbon-labelled ~ соединение, меченное радиоактивным углеродом

daughter ~s дочерние изотопы

excited ~ возбуждённый изотоп

fertile ~ воспроизводящий изотоп

fissile ~ делящийся изотоп

fission ~ осколочный изотоп

intermediate ~ среднетяжёлый [промежуточный] изотоп

internally absorbed ~s изотопы, проникающие внутрь ткани

manmade ~ искусственный изотоп

original ~ исходный изотоп

radioactive ~ радиоактивный изотоп, радионуклид

sealed radioactive ~ закрытый радиоактивный изотоп

stable ~ стабильный изотоп *(нерадиоактивный нуклид, не подверженный распаду)*

tritiated ~ изотоп, меченный тритием

tracer ~ изотопный индикатор, меченый атом

isotopecoupled [ˌaisəˌtəʊpˈkʌpəld] связанный с изотопом

isotopic [ˌaisəˈtɒpik] изотопный *(имеющий одинаковый химический состав, но отличающийся химическими свойствами, атомной массой)*

isotransplantation [ˌaisəʊˌtrænsplɑːnˈteiʃən] изотрансплантация *(пересадка тканей или органов организмам идентичного вида)*

isotropic [ˌaisəʊˈtrɒpik] изотропный *(обладающий одинаковыми свойствами)*

isotype [ˈaisəʊˌtaip] изотип *(антигенная детерминанта; маркёр, выявляемый у всех представителей подкласса иммуноглобулинов)*

heavy-chain ~ изотип тяжёлой цепи *(иммуноглобулина)*

isotype-matched [ˈaisəʊˌtaip-ˈmætʃəd] изотипически сходный, родственный по изотипу

isovolemic [ˌaisəʊvəʊˈlimik] изоволемический *(с постоянным объёмом)*

isozyme [ˈaisəʊˌzaim] *pl.* изоферменты, изо(эн)зимы *(множественные формы одного фермента)*

amylase ~s изоэнзимы амилазы

marker ~ маркёрный изофермент

isroom [ˈisruːm] изоляционная камера; гнотобиологический изолятор

issue [ˈiʃuː] 1. вытекание, истечение, выделение ‖ вытекать 2. выход, выходное отверстие 3. гнойная рана, поддерживаемая искусственно 4. исход, результат *(напр. лечения)* 5. потомок; потомство; дети 6. проблема; спорный вопрос 7. выпуск

~es in islet transplantation спорные вопросы трансплантации островковых клеток

~ of blood кровотечение

~ of paper содержание статьи

~ **of policy** заключение договора страхования

bloody ~ кровянистое выделение

clinical and ethical ~s клинические и этические аспекты *(напр. в судебной психиатрии)*

controversial ~s спорные [дискуссионные] вопросы

critical ~s **in urinalysis** критические данные анализа мочи

diagnostic ~s вопросы диагностики, диагностические аспекты

environmental ~s состояние окружающей среды

environmental ~ **in cancer** влияние окружающей среды на возникновение рака

ethical ~s **in nursing** этические вопросы в сестринском деле

fatal ~ летальный исход

human ecological ~s экология человека

key ~s **in treatment** ключевые подходы к лечению

major ~ **for future synthetic vaccines** основные требования к будущей искусственной вакцине

medical, legal and ethical ~s медицинские, правовые и этические аспекты

methodological ~s методологические аспекты

paternalism ~ доктрина [концепция] патернализма

psychosexual ~s психосексуальная ориентация

side ~ побочный продукт; побочная реакция

isthmus ['isməs], *pl.* **isthmuses** ['isməsiz], *pl. лат.* **isthmi** ['ismi] *анат.* перешеек, перехват, узкий проход, соединяющий две полости

~ **of auditory tube** перешеек слуховой трубы

~ **of cingulate gyrus** перешеек поясной извилины *(коры большого мозга)*

~ **of fauces** перешеек зева

~ **of prostate** перешеек [средняя доля] предстательной железы

aortic ~ перешеек аорты

itai-itai [i'tai-i'tai] болезнь итай-итай

itch [itʃ] **1.** зуд ‖ вызывать зуд, чесаться **2.** (зудневая) чесотка **3.** непреодолимое желание *(чего-л.)*

barbers' ~ обыкновенный [непаразитарный, стафилогенный] сикоз

barley ~ *см.* **grain** ~

barn ~ чесотка *(вызывается несколькими возбудителями – Acarus, Psoroptes, Sarcoptes)*

bath [clam diggers'] ~ *см.* **swimmers** ~

coolie ~ *см.* **miners'** ~

Cuban ~ аластрим, белая оспа

dew ~ анкилостомидоз кожи

grain ~ зерновая [матрацная, соломенная, ячменная] чесотка

grocers' ~ экзема рук фермеров и продавцов бакалейных товаров

ground ~ *см.* **miners'** ~

jockey ~ паховая эпидермофития, окаймлённая экзема

kabure ~ дерматит при японском шистосомозе

mattress [millers'] ~ *см.* **grain** ~

miners' ~ анкилостомидоз кожи *(чесотка водяная, или земляная, сыпь рудокопов, дерматит бомжей)*

Norway ~ норвежская чесотка

perianal ~ анальный зуд, зуд заднего прохода

persistant ~ постоянный зуд

Philippine ~ *см.* **Cuban** ~

Saint Ignatius ~ пеллагра

sandhog's ~ кожный зуд при кессонной болезни

seven-year ~ (зудневая) чесотка

straw ~ *см.* **grain** ~

swamp ~ *см.* **miners'** ~

swimmers' ~ шистосомный [церкариевый] дерматит, зуд купальщика, водный кожный зуд

water ~ *см.* **miners'** ~

winter ~ холодовый зуд

itching ['itʃiŋ] зудящий

itchy ['itʃi:] **1.** зудящий; вызывающий раздражение **2.** чесоточный

item ['aitəm] отдельный объект, предмет; пункт, вопрос *(напр. в опроснике)*

~ **for discussion** вопрос для обсуждения

~ **in record** выписка из истории болезни

~s **of care** правила ухода *(за больными)*

disposable [expendable] ~s предметы ухода *(за больными)* однократного использования

multiple-choice test ~s перечень вопросов теста множественного выбора

nonfood ~ несъедобное вещество

test ~ тестовый вопрос

iter ['aitə] *анат.* трубчатый проход

iteration [ˌitəˈreiʃən] *псих.* итерация *(повторение слов, звуков, а также повторное применение какой-л. математической операции, мешающее текущей деятельности)*

iteron ['aitərən] итерон, прямой повтор *(генетический элемент)*

iteroparity [ˌaitərəˈupræriti:] способность к повторному деторождению

ithycyphos [ˌiθi:ˈsaifɒs] *см.* **ithyokyphosis**

ithylordosis [ˌiθi:lɒrˈdəusis] лордоз *(без сколиоза)*

ithyokyphosis [ˌiθi:əukaiˈfəusis] кифоз *(без сколиоза)*

ivory ['aivəri:] дентин

ivy ['aivi:]:

poison ~ *фито.* токсикодендрон, ядовитый сумах *(Toxicodendron radicans)*

Ixodes [ikˈsəuˌdi:z] иксодес *(род жёстких клещей)*

~ **persulcatus** таёжный клещ

ixodiasis [ˌiksəuˈdaiəsis] *дерм.* акариаз, иксодиоз *(1. повреждения кожи, вызванные укусами клещей 2. болезнь, передаваемая клещами)*

J

Jus non scriptum
Неписанное правило

jab [ʤæb]:

~**s and jolts** синдром «джебс и джолтс» (*молниеносные прострелы в глазу в сочетании с головными болями*)

jabber ['ʤæbə] *невр.* бормотание, лепетание ‖ бормотать, лепетать

jack [ʤæk]:

yellow ~ **1.** жёлтая лихорадка, амариллёз **2.** карантинный флаг (*жёлтого цвета*)

jacket ['ʤækit] **1.** корсет **2.** коронка **3.** кожух, оболочка; рубашка охлаждения или обогрева (*ферментёра, колонки*)

body [Minerva] ~ гипсовый корсет (*для иммобилизации позвоночника*)

heating ~ нагревательная рубашка

plaster of Paris ~ *см.* **body** ~

porcelain ~ фарфоровая коронка (*зуба*)

Sayre's ~ гипсовый корсет Сайра (*для иммобилизации позвоночника*)

silicone ~ силиконовая оболочка, силиконовый футляр (*напр. протеза*)

strai(gh)t ~ *ист.* смирительная рубашка

"Yellow ~s" *sl.* «жёлтые рубашки» (*барбитураты с наркотическим действием, напр. нембутал*)

jackscrew ['ʤæk‚skru:] ортодонтический винтовой расширитель (*зубного ряда*)

jacksonian [ʤæk'səʊniən] относящийся к джексоновской форме эпилепсии, джексоновский

jaconet ['ʤækə‚net] антисептическая марля

jactation [‚ʤæk'teiʃən], **jactitation** [‚ʤækti'teiʃən] **1.** *псих.* яктация (*однообразное, некоординированное, беспорядочное двигательное возбуждение*), метание в бреду **2.** *невр.* судорожное подёргивание головы

jaded ['ʤeidid] измученный, изнурённый

jag [ʤæg] *sl.* прилив опьянения от наркотика

jagged ['ʤægid] рваный (*о ране*)

jalap ['ʤæləp] ялапа (*слабительное средство*)

jamais [‚ʤæ'mei] *фр., псих.*:

~ **entendu** «никогда не слышанное» (*знакомые звуки воспринимаются как ранее не слышанные*)

~ **épreuve** «никогда не испытанное» (*происходившие действия, события воспринимаются как нечто совершенно новое, не испытанное*)

~ **fait** «никогда не происходившее» (*известные явления воспринимаются как не происходившие*)

~ **vecu** «никогда не пережитое» (*вид парамнезии, характеризующийся ошибочной убеждённостью больного в том, что он никогда не переживал ничего похожего на происходящее в данный момент*)

~ **vu** «никогда не виденное» (*вид парамнезии, характеризующийся ошибочным ощущением больного в том, что он никогда не видел ничего похожего на происходящее в данный момент*)

Jamestown-weed ['ʤeimz‚taʊn-wi:d] дурман обыкновенный, дурман вонючий

janicep ['ʤæni‚səp] *pl.* краниопаги, цефалопаги (*близнецы, сросшиеся в области головы*)

janitor ['ʤænitə] привратник (*желудка*), пилорус

janitrix ['ʤænitriks] воротная вена

Janus ['ʤeinəs]:

~ **green B** янус зелёный B; основный краситель, используемый в гистологии

Janus-syndrome ['ʤeinəs-'sin‚drəʊm] Янус-синдром (*обозначение двойственности устремлений врача по имени двуликого мифологического существа: выполнение профессионального долга и получение максимально высокого гонорара за труд*)

jar [ʤɑ:] **1.** банка; сосуд; колпак **2.** дрожание, дребезжание, сотрясение

anaerobic ~ анаэростат (*аппарат для анаэробного культивирования бактерий*)

bell ~ стеклянный колпак

graduated ~ мерный стакан; мензурка

heel ~ боль в области поражённых позвонков (*при туберкулёзе*) или в поясничной области (*при нефролитиазе*) при резком опускании с носков на пятки

receiver ~ приёмная банка; сборник

sample [specimen] ~ ёмкость для взятия проб; банка для хранения препаратов

staining ~ сосуд для окрашивания (*цитологических препаратов*)

wide-mouth ~ широкогорлая склянка, сосуд с широким горлышком

jargonaphasia [‚ʤɑ:gɒnɒ'feiziə] *невр.* жаргонафазия (*сенсорная афазия с вербальными и литеральными парафазиями, делающими речь непонятной для окружающих*)

Jasmin(e) ['ʤæzmin]:

Common ~ жасмин лекарственный

jaundice ['ʤɔ:ndis] желтуха ‖ вызывать желтуху

~ **of the newborn** желтуха новорождённых, физиологическая желтуха, или гипербилирубинемия

acholuric ~ наследственная гемолитическая желтуха

anhepatic [anhepatogenous] ~ внепечёночная [ангепатическая] желтуха

black ~ эпидемическая гемоглобинурия (*у новорождённых*), Винкеля болезнь

Budd's ~ жёлтая дистрофия печени

common infective hepatic ~ гепатит А, инфекционный гепатит

epidemic ~ инфекционный [эпидемический] гепатит, гепатит А, Боткина болезнь

hemapheic ~ уробилиновая желтуха (*необтурационная желтуха в сочетании с уробилинурией*)

hepatocellular [hemato(hepato)genous] ~ печёночная [паренхиматозная, гепатоцеллюлярная] желтуха

homologous serum ~ гепатит B, сывороточный гепатит

infectious ~ 1. инфекционный [эпидемический] гепатит, гепатит A, Боткина болезнь 2. желтушный [иктерогеморрагический] лептоспироз, лептоспирозная желтуха, (Васильева –)Вейля болезнь

inogenous ~ *см.* ~ **of the newborn**

latent ~ скрытая [латентная] желтуха

leptospiral ~ желтушный лептоспироз, Васильева – Вейля болезнь

malignant ~ злокачественная желтуха

medical ~ «терапевтическая» желтуха, желтуха, подлежащая консервативному лечению

nuclear ~ ядерная желтуха *(характеризующаяся прокрашиванием жёлчными пигментами ядер больших полушарий и ствола головного мозга; напр. при эритробластозе)*

obstructive ~ обтурационная [ахолическая, застойная, механическая, подпечёночная] желтуха

painless ~ безболевая желтуха *(гемолитическая, паренхиматозная или обусловленная вколоченным камнем)*

physiologic ~ физиологическая желтуха, физиологическая гипербилирубинемия, желтуха новорождённых

posttransfusion ~ сывороточный гепатит, прививочная [шприцевая] желтуха, гепатит B

recurrent ~ рецидивирующая желтуха

retention ~ застойная [ретенционная] желтуха

serum ~ *см.* **serum** ~

spherocytic ~ сфероцитарная [наследственная] гемолитическая желтуха

spirochetal ~ желтушный лептоспироз, лептоспирозная желтуха

surgical ~ механическая [обтурационная] желтуха

tatoo ~ *см.* **serum** ~

urobilin ~ уробилиновая желтуха *(необтурационная желтуха в сочетании с уробилинурией)*

jaundice-free ['ʤɔːndis-friː] безжелтушный

jaw [ʤɔː] 1. челюсть 2. тиски; клещи; зажим 3. бранша *(зажима, ножниц)*

~ **of stapler** бранша сшивающего аппарата

big ~ актиномикоз челюсти

bird-beak ~ прогнатия *(чрезмерно развитая верхняя челюсть)*

crackling ~ хронический подвывих нижней челюсти *(с характерным щёлканьем при её движении)*

edentolous ~ беззубая челюсть

fallen ~ 1. вывих нижней челюсти 2. отвислая челюсть

Habsburg ~ макрогения, прогения *(чрезмерно развитая нижняя челюсть)*

low ~ нижняя челюсть

lumpy ~ актиномикоз челюсти

parrot ~ *см.* **bird-beak** ~

phossy ~ фосфорный некроз кости нижней челюсти

"rubber ~" «резиновая челюсть» *(порозность челюсти при остеодистрофии)*

underdeveloped ~ недоразвитая челюсть

undershot ~ прогения *(чрезмерно развитая нижняя челюсть)*

unteethed lower ~ полная адентия нижней челюсти

upper ~ верхняя челюсть

jawfall ['ʤɔːˌfɔːl] вывих нижней челюсти

jealousy ['ʤeləsiː] 1. ревность, ревнивость 2. подозрительность 3. зависть

alcoholic ~ алкогольная ревность; алкогольная паранойя

morbid [pathological] ~ болезненная [патологическая] ревность

projected ~ проецированная ревность

jecoral ['ʤekərəl] печёночный *(напр. звук при перкуссии)*

jeff [ʤef] «джеф» *(наркотик)*

jejunal [ʤə'ʤuːnəl] тощекишечный, еюнальный

jejunectomy [ʤəˌʤuː'nektəmiː] резекция тощей кишки

jejunitis [ʤəˌʤuː'naitis] воспаление тощей кишки

jejunoileostomy [ʤəˌʤuːnəʊˌiliː'ɒstəmiː] тощеподвздошный [еюноилеальный] анастомоз, еюноилеостомия

jejunoplasty [ʤə'ʤuːnəʊˌplæstiː] еюнопластика *(пластическая операция на тощей кишке)*

jejunostomy [ʤəˌʤuː'nɒstəmiː]:

feeding ~ еюностома для питания

percutaneous endoscopic ~ чрескожная эндоскопическая еюностомия

jejunotomy [ʤəˌʤuː'nɒtəmiː] разрез, или вскрытие, просвета тощей кишки

jejunum [ʤə'ʤuːnəm] тощая кишка

proximal ~ проксимальный отдел тощей кишки

jelly ['ʤeliː] 1. желе; студнеобразная структура 2. желе, содержащее лекарственное вещество *(лекарственная форма)*

contact [electrode] ~ электродная паста

enamel ~ эластическая гомогенная масса эмали *(зачатка зуба)*

lubricating ~ смазочный гель

royal ~ маточное молочко *(пчёл)*

Wharton's ~ вартонов студень *(в пупочном канатике)*

jellyfish ['ʤeliːˌfiʃ] медуза *(морские кишечнополостные класса Hydrozoa, включающие некоторые ядовитые виды, напр. Physalia)*

jennerization [ˌʤenerɪ'zeiʃən] оспопрививание по Дженнеру *(прививка коровьей оспы человеку, предохраняющая его от заболевания натуральной оспой)*

jerk [ʤɜːk] 1. рефлекс, резкое движение; внезапное мышечное сокращение 2. судорожное подёргивание, вздрагивание; конвульсии || судорожно дёргаться, подёргиваться

Achilles [ankle] ~ 1. ахиллов рефлекс 2. клонус стопы

biceps ~ сгибательно-локтевой рефлекс

chin ~ подбородочный рефлекс

clonic ~ клоническая судорога

elbow ~ 1. рефлекс с трёхглавой мышцы, разгибательно-локтевой рефлекс 2. щёлкающий локоть

finger ~ пальцевой рефлекс

jaw ~ нижнечелюстной рефлекс

knee ~ коленный [пателлярный] рефлекс, рефлекс с четырёхглавой мышцы бедра

myoclonic ~ миоклоническое подёргивание *(резкое [судорожное] мышечное движение)*

nystagmoid ~s нистагмоидные подёргивания

physical ~s физические [гимнастические] упражнения, зарядка

quadriceps ~ *см.* **knee** ~

tendon ~ сухожильный рефлекс

triceps surae ~ *см.* Achilles ~

wrist ~ запястный рефлекс

jet [ʤet] **1.** реактивная струя; струйное течение; выброс || бить струёй **2.** сопло

~ **of blood** фонтан крови

pulsating water ~ пульсирующая струя [воды] жидкости

spray ~ распыляющее сопло

water ~ струя жидкости под давлением *(напр. при резекции печени)*

jet-lag ['ʤet-,læg], jet-syndrome ['ʤet-'sin,drəʊm] нарушение суточного ритма в связи с перелётом через несколько часовых поясов

jigger ['ʤigə] песчаная блоха

jigget ['ʤiget] **1.** двигаться толчками **2.** подпрыгивать

jird [ʤɜːd] песчанка

jitter ['ʤitə] джиттер *(колебания времени возникновения потенциалов двух соседних мышечных волокон одной двигательной единицы)*

job [ʤɒb]:

casualty ~ работа в отделении неотложной помощи

extra ~ дополнительная работа

full-time ~ работа в полный рабочий день

management ~ организация управления

nose ~ пластическая операция на носу

overtime ~ сверхурочная работа

part-time ~ работа в неполный рабочий день, частичная занятость

senior house surgeon ~ должность старшего хирурга стационара

restricted ~ регламентированная работа

jobbing ['ʤɒbiŋ] **1.** случайная работа **2.** сдельная работа **3.** мелкосерийное производство; индивидуальное производство

jog [ʤɒg]:

to ~ the patient's memory будоражить воспоминания больного

jogger ['ʤɒgə] человек, занимающийся оздоровительным бегом

jogging ['ʤɒgiŋ] джоггинг, бег трусцой

~ **for health** бег трусцой для сохранения здоровья

John's-wort ['ʤɒnz-,wɜːt] зверобой

join [ʤɔin] **1.** связь, соединение || соединять **2.** анастомозировать

joining ['ʤɔiniŋ] **1.** соединение **2.** связь, сращивание

V – C ~ V – C-соединение *(объединение раздельно локализованных на хромосоме V- и C-генов в единый цистрон, кодирующий синтез цепи иммуноглобулина)*

joint ['ʤɔint] **1.** сустав, диартроз, синовиальное соединение || соединять, сочленять || соединённый **2.** соединение; место соединения **3.** *sl.* «косяк» *(марихуаны)*

~ **of Luschka** Люшка сустав, унковертебральный сустав

acromioclavicular ~ акромиально-ключичный сустав

amphiarthrodiae ~ малоподвижный сустав *(напр. между позвонками)*

ankle ~ голеностопный сустав

apophyseal ~ соединение апофиза с основной костью

arthrodial [arthrodic] ~ плоский [тугоподвижный] сустав, амфиартроз

atlantoaxial ~ атлантоосевое сочленение

ball-and-socket ~ шаровидный сустав, артродия

bar ~**s** *стом.* замковое сочленение

biaxial ~ двухосный сустав

bicondylar ~ мыщелковый сустав

bilocular ~ двухполостный [двухкамерный] сустав

bleeders' ~ *см.* hemophilic ~

butt ~ поддесневой уступ *(препарированного зуба для фиксации пластмассовой или жакетной коронки)*

carpal ~**s** суставы запястья

carpometacarpal ~**s** запястно-пястные суставы

cartilaginous ~ хрящевое соединение

Charcots ~ нейрогенная артропатия, Шарко сустав

Clutton's ~ Клуттона сустав

cochlear ~ винтообразный сустав

composite [compound] ~ сложный сустав *(имеющий две или более суставные поверхности)*

condyloid ~ мыщелковый сустав

cotyloid ~ *см.* ball-and-socket ~

coxofemoral ~ *см.* hip ~

cubital ~ локтевой сустав

cup-and-ball ~ чашеобразный [ореховидный] сустав

diarthrodial ~ сустав, диартроз

digital ~**s** межфаланговые суставы *(кисти и стопы)*

elbow ~ локтевой сустав

ellipsoidal ~ эллипсоидный [яйцевидный] сустав

enarthrodial ~ *см.* ball-and-socket ~

facet ~ унковертебральное сочленение, дугоотростчатый [межпозвонковый] сустав

false ~ ложный сустав, псевдоартроз

fibrous ~ фиброзное соединение

fixed ~ **1.** анкилоз сустава, неподвижность в суставе *(при артрите)* **2.** иммобилизация сустава

flail ~ болтающийся [разболтанный] сустав

flexible ~**s** *см.* loose ~

frozen ~ *см.* immovable ~

gastight ~ герметичное соединение

ginglymoid ~ блоковидный [шарнирный] сустав

glenohumeral ~ *см.* shoulder ~

gliding ~ *см.* arthrodial ~

glue ~ клеевое соединение

hemophilic ~ гемартроз; гемофилическая артропатия

hinge ~ *см.* ginglymoid ~

hip ~ тазобедренный сустав

immovable ~ неподвижный сустав, фиброзный анкилоз сустава

inactivity ~ тугоподвижность сустава

intercarpal ~**s** межзапястные суставы

interfalangeal ~ межфаланговый сустав

intermetacarpal ~**s** межпястные суставы

intermetatarsal ~**s** межплюсневые суставы

intertarsal ~**s** суставы предплюсны

irritable ~ повторные приступы воспаления суставов, рецидивирующий артрит

knee ~ коленный сустав

ligamentous ~ синдесмоз

lap ~ соединение частей органа посредством наложения одной на другую, внахлёст *(напр. листков апоневроза при герниопластике)*

loose ~ болтающийся [разболтанный] сустав

mandibulotemporal ~ (височно-)нижнечелюстной сустав

metacarpophalangeal ~s пястно-фаланговый сустав

metetarsophalangeal ~ плюснефаланговый сустав

midcarpal ~ среднезапястный сустав

mixed ~ комбинированный сустав

mortise ~ голеностопный сустав

movable ~ *см.* **synovial ~**

multiaxial ~ многоосный сустав *(в котором возможны движения по трём осям)*

neuropathic ~ нейрогенная артропатия

occipitoatlantoid ~ атлантозатылочный сустав

opium ~ притон курильщиков опиума

peg-and-socket ~ периодонтальный синдесмоз

pivot ~ цилиндрический [вращательный] сустав

plane ~ *см.* **arthrodial ~**

polyaxial ~ *см.* **multiaxial ~**

radioulnar ~ лучелоктевой сустав

rotatory ~ *см.* **pivot ~**

sacrococcygeal ~ крестцово-копчиковое сочленение

sacroiliac ~ крестцово-подвздошное сочленение

saddle ~ седловидный сустав

screw ~ шарнирное [винтовое] соединение *(напр. ранорасширителя)*

septic ~ септический артрит

shoulder ~ плечевой сустав

simple ~ простой сустав *(с одной парой суставных поверхностей)*

spheroidal ~ *см.* **ball-and-socket ~**

spiral ~ винтовой сустав

stiff ~ *см.* **fixed ~ 1**

subtalar ~ пяточно-таранный [подтаранный] сустав

synarthrodial ~ фиброзное сращение сустава

synchondrodial ~ синхондроз

syndesmodial [syndesmotic] ~ синдесмоз

synovial ~ синовиальное соединение, диартроз

talocalcaneonavicular ~ таранно-пяточно-ладьевидный сустав

talocrural ~ голеностопный сустав

tarsal ~ суставы предплюсны

tarso-metatarsal ~ предплюсне-плюсневой сустав

temporomandibular ~ височно-челюстное сочленение, или сустав

thigh ~ *см.* **hip ~**

trochlear ~ *см.* **ginglymoid ~**

trochoid ~ *см.* **pivot ~**

uncovertebral ~ *см.* **facet ~**

uniaxial ~ одноосный сустав

unilocular ~ однополостной сустав

universal ~ многоосный сустав, чашеобразный [ореховидный] сустав

wedge-and-groove ~ схиндилёз, шиндилёз *(вхождение острого края одной кости между расщеплёнными краями другой)*

wrist ~ кистевой [лучезапястный] сустав

jointed ['ʤɔintid] **1.** сочленённый, соединённый суставом или швом **2.** угловатый

jointless ['ʤɔintləs] **1.** не имеющий соединений, бесшовный **2.** окостеневший

joint-oil ['ʤɔint-ɔil] синовиальная жидкость

jolts ['ʤɔʊlts] сильные головные боли

joule [ʤu:l] джоуль, Дж *(единица работы, или энергии; 1 Дж = 10⁷ эрг)*

journey ['ʤə:ni:] **1.** миграция, перемещение *(напр. клеток)* **2.** путешествие, продолжительная поездка

jowl [ʤaʊl] **1.** челюсть, челюстная кость **2.** щека

joyless ['ʤɔiləs] печальный, безрадостный

juccuya [ʊ'ku:jə] кожный лейшманиоз

judam ['ʤu:dəm] *араб.* лепра, проказа

judge [ʤʌʤ] арбитр; эксперт ‖ оценивать *(напр. эффективность/стоимость лекарства)*

judgement ['ʤʌʤmənt] **1.** суждение; оценка **2.** способность к суждению, логическому рассуждению **3.** *суд. мед.* судебное решение, приговор

clinical ~ клиническая оценка; клиническое заключение

doubtful ~ неуверенный ответ

expert ~ экспертная оценка

impaired ~ неверное суждение; ошибочные рассуждения; нарушение суждений

partititve ~ субъективная оценка

physicians' ~ решение, принимаемое врачом

surgical ~ хирургическое показание

value ~ ценностное суждение

juga ['ʤu:gə] *pl. от* **jugum**

jugal ['ʤu:gəl] **1.** связывающий, соединяющий **2.** скуловой

jugale [ʤu:'geili:] *кр. метр.* скуловая точка *(наиболее выступающая кнаружи точка скуловой дуги)*

jugate ['ʤu:geit] **1.** сращённые вместе *(о зубных альвеолах)*; парный **2.** примыкающие краями

jugular ['ʤʌgjʊlə] **1.** шейный **2.** ярёмная вена ‖ ярёмный

jugulate ['ʤʌgjʊleit] **1.** купировать болезнь или приступ болезни **2.** задушить

jugum ['ʤu:gəm], *pl.* **juga** ['ʤu:gə] **1.** *анат.* гребень, борозда **2.** разновидность зажима

~ penis зажим для пережатия полового члена

juice [ʤu:s] **1.** сок, секрет пищеварительных желёз **2.** тканевая жидкость **3.** *sl.* крепкий алкогольный напиток

appetite ~ запальный [аппетитный] сок *(желудочный сок, выделяемый при виде пищи)*

digestive ~ пищеварительный секрет

gastric ~ желудочный сок

intestinal ~ кишечный сок

joint ~ синовиальная жидкость

pancreatic ~ сок поджелудочной железы

poppy ~ опий

jumble ['ʤʌmbəl] беспорядок; расстройство; нарушение *(напр. произношения)*

jump [ʤʌmp] **1.** прыжок, скачок; вздрагивание **2.** резкое повышение *(напр. АД)*; резкий переход, разрыв; ускорение **3.** *уст.* хорея

instantaneous ~ *физиол.* ступенчатое воздействие *(мгновенно нарастающее воздействие значительной интенсивности и длительности)*

pollution ~ резкое изменение степени загрязнённости

jumper ['ʤʌmpə] наследственная гиперрефлексия, «прыгающий француз»

jumping ['ʤʌmpiŋ]:

~ **the bite** коррекция перекрёстного прикуса

jumps [ʤʌmps] 1. нервное подёргивание или вздрагивание, *уст.* хорея 2. алкогольный делирий, белая горячка

jumpy ['ʤʌmpi:] 1. нервный, раздражительный 2. действующий на нервы, стрессорный

junction ['ʤʌŋkʃən] 1. соединение, место соединения *(органов),* стык 2. синапс 3. соединительный элемент

~ **of functional and nonfunctional soft tissue** ретенционная зона *(полного съёмного протеза)*

~ **of soft and hard palate** стык твёрдого и мягкого нёба

amelodentinal ~ линия эмалево-дентинного соединения *(коронки зуба)*

atrioventricular ~ атриовентрикулярный [предсердно-желудочковый] узел, Ашоффа – Тавара узел

at the ~ у соединения, на стыке

cardioesophageal ~ кардиоэзофагеальный угол

cementoenamel ~ цементоэмалевая граница *(коронки зуба)*

costochondral ~ рёберно-хрящевой синостоз

dentinocemental ~ дентинно-цементное соединение *(на корне зуба)*

dentinoenamel ~ *см.* **amelodentinal** ~

dentoepithelial ~ эпителиальный слой, разделяющий коронковую и корневую части зуба

duodeno-jejunal ~ двенадцатиперстно-тощекишечное соединение

esophagogastric ~ кардиальное отверстие, кардия, пищеводно-желудочковое соединение

exon-intron ~ *ген.* экзон-интронное сочленение, экзон-интронный стык; граница [точка] сплайсинга

gap ~ щелевой контакт *(о соприкосновении клеток)*

hepatic duct ~ слияние [конфлюэнс] печёночных протоков

ileocolic ~ подвздошно-ободочное соустье

lumbosacral ~ пояснично-крестцовое сочленение

mucocutaneous ~ кожно-слизистая кайма

mucogingival ~ переходная складка десны

myoneural [neuro-muscular] ~ синапс, нервно-мышечное соединение

palatal ~ граница твёрдого и мягкого нёба

pelviureteric [pyeloureteral] ~ лоханочно-мочеточниковое соустье, ЛМС

sclerocorneal ~ край [лимб] роговицы

squamocolumnar ~ чешуйчато-цилиндрическое соединение

tight ~ плотный контакт *(при котором происходит слияние наружных слоёв клеточных мембран)*

ureteropelvic [ureterovesical] ~ *см.* **pelviureteric** ~

uterotubal ~ маточно-трубное соустье

junctura [ʤʌŋk'tjʊrə], **juncture** ['ʤʌŋktʃə], *pl.*

juncturae [ʤʌŋk'tjʊri:] соединение (1. *см.* articulatio 2. точка, линия или плоскость соприкосновения двух частей тела)

junior ['ʤu:njə] 1. младший *(напр. по возрасту)* 2. юношеский

junk [ʤʌŋk] 1. шина для фиксации перелома, повязка при переломе 2. *sl.* наркотик, героин

junked [ʤʌŋkd] *sl.* опьяневший от наркотика

jurisdiction [ˌʤʊris'dikʃən] 1. юрисдикция; отправление правосудия 2. компетенция; подведомственная область; сфера полномочий

compulsory ~ принудительная [обязательная] подсудность

jurisprudence [ˌʤʊris'pru:dns] 1. правоведение 2. практическая деятельность юристов

medical ~ судебная медицина, медицинская юриспруденция

jury-mast ['ʤu:ri:-ˌmæst] гипсовый воротник

justified ['ʤʌsti.faid] оправданный, показанный *(об операции)*

justice ['ʤʌstis] 1. юстиция, правосудие 2. справедливость *(один из принципов биоэтики)*

justification [ˌʤʌstəfi'keiʃən] 1. оправдание 2. подтверждение *(напр. диагноза);* правомерность

~ **of nosology** обоснование нозологической формы

~ **of paternalism** обоснование патернализма

justify ['ʤʌsti.fai]:

to ~ **the management plan** 1. объяснять план лечения 2. подтверждать план лечения

justo ['ʤʌstəʊ]:

~ **major** шире нормального *(о тазе)*

~ **minor** уже нормального *(о тазе)*

juvantia [ju'venʃiə] адъювантные или паллиативные средства

juvenation [ˌʤu:və'neiʃən] помоложение; омоложение *(населения)*

juvenile ['ʤu:və.nail] 1. юноша; подросток ‖ ювенильный, юношеский 2. несовершеннолетний

juvenility [ˌʤu:və'niliti:] 1. юношество 2. недоразвитость, отставание в развитии

juvey ['ʤu:vi:], **juvie** ['ʤu:vi:] 1. малолетний [несовершеннолетний] преступник 2. колония для малолетних [несовершеннолетних] преступников

juxta-articular [ˌʤʌkstə-a:'tikjʊlə] околосуставный

juxta-epiphyseal [ˌʤʌkstə-ˌepi'fizi:əl] околоэпифизарный *(напр. перелом);* прикрывающий или примыкающий к эпифизу

juxtaglomerular [ˌʤʌkstəgləʊ'merjʊlə] юкстагломерулярный, околоклубочковый

juxtaglomerulocytus [ˌʤʌkstəgləʊmerjʊləʊ'saitəs] *лат.* околоклубочковая клетка

juxtahilar [ˌʤʌkstə'hailə] околокорневой, прикорневой *(расположенный около корня, ворот лёгкого)*

juxtangina [ˌʤʌkstæn'ʤainə] воспаление мышц глотки

juxtapapillary [ˌʤʌkstəpə'piləri:] юкстапапиллярный, околососочковый

juxtapose ['ʤʌkstə.pəʊz] 1. помещать бок о бок, накладывать друг на друга 2. сопоставлять

juxtaposition [ˌʤʌkstəpə'ziʃən] 1. контактное [смежное] положение, положение бок о бок, наложение 2. сопоставление

juxtapyloric [ˌʤʌkstəpai'lɔ:rik] околопривратниковый

juxtaspinal [ˌʤʌkstə'spainəl] околопозвоночный, паравертебральный

K

kafeinism [ˈkæfiːnizm] кофеинизм *см. тж.* **cafeinism**

kaif [kaif] кайф, кейф (*1. гашишное опьянение 2. наслаждение бездельем*)

kakergasia [ˌkækəˈgeiziə] *псих.* мерергазия, какергазия (*парциальное расстройство поведения*)

kakke [ˈkɑːke] бери-бери, алиментарный полиневрит

kakogenesis [ˌkækəˈʤenəsis] вырождение; порок развития

kakosmia [kæˈkɒzmiːə] какосмия, обонятельная дизестезия

kala-azar [ˌkɑːlɑːˈəˈzɑː] индийский висцеральный лейшманиоз, кала-азар, лихорадка дум-дум

kaliopenia [ˌkeiliːəʊˈpiːniːə] гипокалиемия

kallak [ˈkælæk] специфический гнойничковый дерматит, встречающийся у эскимосов

kallidin [ˈkælidin] каллидин (*полипептид, в состав которого входят десять аминокислот; обладает сильным сосудорасширяющим действием, вызывает сокращение гладкой мускулатуры*)

kallikrein [ˌkæliˈkriːin] калликреин (*фермент, расщепляющий белки до брадикинина или каллидина*)

kanyemba [ˌkæniˈembə] острый проктит неизвестной этиологии (*в Африке*)

kaodzera [ˌkeiədˈziːrə] африканский трипаносомоз, сонная болезнь

kaolinosis [ˌkeiəʊliˈnəʊsis] каолиноз, каолиновый пневмокониоз

kara-kurt [ˈkɑːrɑːˌkuːrt] каракурт (*ядовитый паук*)

karyenchima [ˌkæriˈenkəmə] кариоплазма, кариолимфа, нуклеоплазма

karyochrome [ˈkæriːəʊˌkrəʊm] кариохромный нейрон

karyoclasis [ˌkæriˈɒkləsis] *см.* **karyorrhexis**

karyogamy [ˌkæriˈɒgəmiː] кариогамия (*слияние ядер двух гамет при оплодотворении*)

karyogene [ˈkæriːəʊˌʤiːn] кариоген, ядерный ген

karyogram [ˈkæriːəʊˌgræm] идиограмма, кариограмма (*графическое изображение кариотипа*)

karyokinesis [ˌkæriːəʊkiˈniːsis] митоз, кариокинез, непрямое деление клетки

karyokinetic [ˌkæriːəʊkiˈnetik] митотический

karyolemma [ˌkæriːəʊˈlemə] кариолемма, ядерная оболочка

karyology [ˌkæriˈɒləʤiː] кариология (*раздел цитологии, изучающий клеточное ядро*)

karyolymph [ˈkæriːəʊˌlimf] кариоплазма, кариолимфа, нуклеоплазма

karyolysis [ˌkæriˈɒlisis] кариолиз(ис) (*разрушение ядра клетки*)

karyolytic [ˌkæriːəʊˈlitik] кариолитический (*вызывающий разрушение ядра клетки*)

karyomere [ˈkæriːəʊˌmiːə] *ген.* кариомера (*внутриядерное образование, окружающее хромосому*)

karyomicrosome [ˌkæriːəʊˈmaikrəˌsəʊm] кариомикросома, хроматиновое зёрнышко (*в ядре клетки*)

karyomit(e) [ˈkæriːəʊˌmait] хромосома

karyomitome [ˌkæriːəʊˈmaitəʊm] хроматиновая сеть (*в ядре клетки*)

karyomorphism [ˌkæriːəʊˈmɔːˌfizəm] **1.** форма клеточного ядра **2.** развитие ядра клетки

karyon [ˈkæriːɒn] ядро клетки, карион

karyophage [ˈkæriːəʊˌfeiʤ] кариофаг (*внутриклеточный протозойный паразит*)

karyoplasm [ˈkæriːəˌplæzm] *см.* **karyolymph**

karyorrhexis [ˌkæriːəʊˈreksis] кариорексис (*фрагментация ядра клетки*)

karyosome [ˈkæriːəʊˌsəʊm] кариосома (*шаровидная масса хроматина в ядре клетки*)

karyota [ˌkæriˈɒtə] клетка с ядром, ядерная клетка

karyotheca [ˌkæriːəʊˈθiːkə] *см.* **karyolemma**

karyotype [ˈkæriːəʊˌtaip] кариотип (*совокупность особенностей числа и формы хромосом клетки*)

   asymmetric ~ асимметричный кариотип (*с хромосомами разной величины*)

   initial ~ исходный кариотип

   symmetric ~ симметричный кариотип (*с хромосомами примерно одинаковой величины*)

karyotyping [ˌkæriːəʊˈtaipiŋ] кариотипирование (*1. определение хромосомного набора 2. определение полового хроматина*)

kasai [kəˈsai] алиментарная анемия

katabolism [kəˈtæbɒˌlizm] катаболизм, диссимиляция

katal [kætl] единица каталитической активности, равная количеству фермента, катализирующего превращение одного моля субстрата в секунду

katasexual [ˌkætəˈsekʃuəl] катасексуал, некрофил

katathermometer [ˌkætəθəˈmɒmətə] *гиг.* кататермометр (*прибор для измерения малых скоростей воздушных потоков в помещении*)

katelectrotonus [ˌkætəˌlekˈtrɒtɒnəs] катэлектрон (*возрастание возбудимости в мышце или нерве около катода*)

katharometer [ˌkæθəˈrɒmətə] метаболиметр

kathisophobia [ˌkæθisəʊˈfəʊbiə] общее двигательное беспокойство, акатизия

keck [kek] **1.** делать рвотное движение, рыгать **2.** испытывать отвращение

keen [kiːn] **1.** сильный; резкий **2.** острый (*боль; слух*)

keep [kiːp] **1.** держать; содержать (*напр. детей*); беречь (*напр. здоровье*) **2.** сдерживать (*чувства*); препятствовать; удерживать (*на постельном режиме*)

   ~ **off** не принимать к страхованию

keeper [ˈkiːpə] **1.** хранитель; ответственный за какую-л. сферу деятельности **2.** санитар (*в психиатрической больнице*)

   record ~ регистратор (*в медицинском учреждении*)

kef [kef], **keif** [keif] *см.* **kaif**

kelectome [ˈkilektəʊm] биопсийные щипцы

keloid [ˈkiːlɒid] *дерм.* келоид

   acne ~ келоидный фолликулит; сосочковый дерматит (Капоши)

635

Addison's ~ системная склеродермия

cicatricial [false] ~ ложный [рубцовый] келоид, келоидный [гипертрофированный] рубец

keloplasty [ˈkiːləʊˌplæstiː] иссечение келоида, пластическая операция по поводу келоида, пластика рубцовых деформаций

kelotomy [kiˈlɒtəmiː] грыжесечение, герниотомия

kelvin [ˈkelvin] кельвин, К (единица термодинамической температуры)

kenogenesis [ˌkiːnəʊˈdʒenəsis] аномалия развития

kenophobia [ˌkiːnəʊˈfəʊbiːə] кенофобия (патологическая боязнь открытой местности)

kenotoxin [ˈkiːnəʊˌtɒksin] кенотоксин, токсин утомления (при мышечном напряжении)

keratectasia [ˌkerətekˈteiziːə] офт. кератэктазия (выбухание истончённых участков роговицы)

keratectomy [ˌkerəˈtektəmiː] кератэктомия (1. удаление роговой оболочки 2. снятие тонкого слоя роговицы, напр., при помутнении)

photorefractive ~ фоторефракционная кератэктомия (при лечении миопии)

phototherapeutic ~ фототерапевтическая кератэктомия

keratic [keˈrætik] 1. роговой 2. роговичный (относящийся к роговице)

keratin [ˈkerətin] кератин, роговое вещество

keratinase pl. [ˈkerətiˌneis] кератиназы (ферменты, гидролизирующие кератины)

keratinization [ˌkerətniˈzeiʃən] ороговение, кератинизация, роговое превращение

hypereosinophilic tricholemmal ~ гиперэозинофильный кератоз волосяных фолликулов

keratinizing [ˌkerətiˈnaizin] ороговевающий (напр. рак)

keratinocyte [ˌkerətinəʊˈsait] кератиноцит (клетка, синтезирующая кератин)

keratinocyte-derived [ˌkerətinəʊˈsait-diˈraivd] кератиноцитный (напр. фактор роста)

keratinous [kəˈrætinəs] ороговевший

keratitis [ˌkerəˈtaitis] 1. офт. кератит 2. кератоз (дерматоз, характеризующийся утолщением рогового слоя эпидермиса)

~ nummularis монетоподобный кератит, Диммера болезнь

~ precipitates помутнение роговицы

acne rosacea ~ розацеа-кератит (поражение роговицы при розовых угрях)

alphabet ~ см. **striate ~**

deep ~ паренхиматозный [интерстициальный] кератит

dendriform [dendritic] ~ древовидный кератит

desiccation ~ кератит при лагофтальме

disciform ~ дисковидный кератит

exposure ~ см. **desiccation ~**

fascicular ~ пучковидный кератит

filamentary ~ нитчатый [сухой] кератит, сухой кератоконъюнктивит

furrow ~ см. **dendriform ~**

herpes simplex [herpetic] ~ герпетический кератит

hypopyon ~ ползучая язва роговицы, гипопион-кератит

interstitial ~ паренхиматозный [интерстициальный] кератит

lagophthalmic ~ см. **desiccation ~**

metaherpetic ~ метагерпетический кератит

mycotic ~ грибковый кератит

neuroparalytic ~ нейропаралитический [нейрогенный] кератит

phlyctenular ~ туберкулёзно-аллергический кератит

punctate ~ точечный кератит

striate ~ полосчатый кератит

trophic ~ см. **neuroparalytic ~**

xerotic ~ кератомаляция, расплавление роговицы

keratoacanthoma [ˌkerətəʊˌækənˈθəʊmə] дерм. кератоакантома, псевдокарциноматозный моллюск

subungual ~ подногтевая кератоакантома

keratocele [ˈkerətəʊˈsiːl] офт. десцеметоцеле, грыжа десцеметовой оболочки, кератоцеле

keratoconjunctivitis [ˌkerətəʊkənˌdʒʌŋktiˈvaitis] кератоконъюнктивит

epidemic ~ эпидемический [аденовирусный] кератоконъюнктивит

immune-mediated [proliferative] ~ аутоиммунный [пролиферативный] кератоконъюнктивит

keratoconus [ˌkerətəʊˈkəʊnəs] кератоконус (коническое выпячивание роговицы)

keratoderma [ˌkerətəʊˈdəːmə] 1. кератодермия, ладонно-подошвенный кератоз 2. гипертрофия рогового слоя кожи 3. роговица

~ plantare sulcatum подошвенная бороздчатая кератодермия (растрескавшаяся пятка; гиперкератоз и образование трещин на подошвах)

keratogenous [ˌkerəˈtɒdʒənəs] 1. образующий роговое вещество 2. вызывающий ороговение

keratoglobus [ˌkerətəʊˈgləʊbəs] кератоглобус (шаровидное выпячивание роговицы)

keratohelcosis [ˌkerətəʊhelˈkəʊsis] изъязвление роговицы

keratoid [ˈkerəˌtɒid] 1. напоминающий рог, роговидный 2. подобный роговице

keratoleptynsis [ˌkerətəʊlepˈtinsis] хирургическое удаление поверхностного слоя роговицы с замещением дефекта конъюнктивой глазного яблока

keratoleukoma [ˌkerətəʊluːˈkəʊmə] бельмо, лейкома (помутнение роговицы, обусловленное её рубцовыми изменениями)

keratolysis [ˌkiːrəˈtɒlisis] кератолиз (1. отделение или смягчение рогового слоя эпидермиса 2. рецидивирующее заболевание в виде слущивания эпидермиса)

pitted ~ оспенный кератолиз (микробное поражение подошв и иногда ладоней невоспалительного характера)

keratolytic [ˌkerətəʊˈlitik] кератолитический, вызывающий разрыхление эпидермиса

keratoma [ˌkerəˈtəʊmə] 1. мозоль, омозолелость 2. кератома

keratomalacia [ˌkerətəʊməˈleiʃə] кератомаляция (изъязвление и расплавление роговицы)

keratometer [ˌkerəˈtɒmətə] кератометр, астигмоофтальмометр (прибор для измерения кривизны роговицы)

keratometry [ˌkerəˈtɒmətri] кератометрия

keratomileusis [ˌkerətəʊmiˈluːsis] кератомилёз (операция по исправлению миопии высокой степени)

intrastromal ~ интрастромальный кератомилеоз *(удаление диска ткани роговицы, его замораживание, исправление и вживление обратно в роговицу)*

keratomycosis [ˌkerətəʊmaiˈkəʊsis] *дерм.* кератомикоз

keratonosus [ˌkerəˈtɒnəsəs] любое заболевание роговицы

keratopachyderma [ˌkerətəʊˌpæki'dɜːmə] синдром врождённой глухоты у детей с гиперкератозом кожи ладоней, подошв, локтей, колен и стягиванием кожи пальцев

keratopathy [ˌkerəˈtɒpəθi] кератопатия, дистрофическое поражение роговицы

band ~ лентовидная кератопатия

bullous ~ буллёзная кератопатия

keratophakia [ˌkerətəʊˈfeikiːə] кератофакия *(имплантация донорской роговицы или искусственной линзы между слоями роговой оболочки)*

keratoplasty [ˈkerətəʊˌplæstiː] кератопластика, пересадка роговицы

lamellar ~ послойная [несквозная] кератопластика

penetrating ~ сквозная кератопластика

retractive ~ рефракционная кератопластика

keratoprosthesis [ˌkerətəʊprɒsˈθiːsis] кератопротезирование *(замещение центральной части помутневшей роговицы акриловым протезом)*

keratorhexis [ˌkerətəʊˈreksis], **keratorrhexis** [ˌkerətəʊˈreksis] перфорация роговицы при травме или перфоративной язве

keratoscleritis [ˌkerətəʊskləˈraitis] кератосклерит *(воспаление роговицы и склеры)*

keratoscopy [ˌkerəˈtɒskəpiː] кератоскопия *(исследование кривизны роговицы)*

keratosis [ˌkerəˈtəʊsis] *дерм.* кератоз *(чрезмерное ороговение кожи)*

~ **circumscripta** *лат.* ограниченный кератоз

~ **nigricans (Kaposi)** пигментная и сосочковая дистрофия кожи

~ **punctata** ладонно-подошвенный точечный кератоз

actinic ~ старческий [лучевой] кератоз

arsenical ~ мышьяковый кератоз, арсенокератоз

benign squamous ~ доброкачественный плоскоклеточный кератоз

seborrhoeic ~ себорейный кератоз

senile [solar] ~ *см.* **actinic** ~

keratotomy [ˌkerəˈtɒtəmiː] кератотомия *(1. рассечение роговицы глаза 2. иссечение рогового слоя кожи)*

radial ~ радиальная кератотомия

refractive ~ хирургическое изменение кривизны роговицы

keraunoneurosis [keˌrɒnəʊnuːˈrəʊsis] керауноневроз *(связанный с электротравмой)*

keraunophobia [keˌrɒnəʊˈfəʊbiːə] астрапофобия, кераунофобия *(патологическая боязнь молний)*

kerion [ˈkiːriːˌɒn] керион, глубокая (нагноительная) трихофития

Celsus' ~ керион Цельса, инфильтративно-нагноительная трихофития *(на волосистой части головы)*

keritherapy [ˌkeriˈθerəpiː] парафинолечение, парафинотерапия

kernicterus [kərˈniktərəs] ядерная желтуха, билирубиновая энцефалопатия *(поражение ядер головного мозга билирубином, проявляющееся при эритробластозе новорождённых)*

kernlute [ˈkernˌlʊt] экспресс-проба на билирубинсвязывающую активность сыворотки

keroid [ˈkerɒid] *см.* **keratoid**

ketamine [ˈkiːtəˌmiːn] кетамин *(средство для наркоза, употребляемое наркоманами)*

ketoacidosis [ˌkiːtəʊˌæsiˈdəʊsəs] кетоацидоз *(ацидоз, обусловленный повышенным содержанием кетоновых тел в организме)*

ketoaciduria [ˌkiːtəʊˌæsiˈdjuːriːə] кетоацидурия

branched-chain ~ болезнь «кленового сиропа», валинолейцинурия, Менкеса синдром

ketogenesis [ˌkiːtəʊˈdʒenəsis] кетогенез *(выработка ацетона и других кетонов)*

ketose [ˈkiːˌtəʊs] кетоза *(простой сахар, молекула которого заканчивается кетогруппой – CO)*

ketosis [kiːˈtəʊsis] кетоз *(избыточное образование и накопление кетоновых тел)*

ketotifen [ˌkiːtəʊˈtaifen] кетотифен *(ингибитор высвобождения гистамина)*

key [kiː] 1. ключ; код ‖ важнейший, ключевой 2. определительная таблица; определитель *(напр. бактерий)* 3. способ решения задачи

~**s to avoiding costly errors** пути предотвращения ошибок

identification ~**s** диагностические ключи, узловые моменты в диагностике

international ~ **to terminology** международный терминологический ключ

sort ~ код [ключ] сортировки *(напр. клеток)*

keyhole [ˈkiːˌhəʊl] замочная скважина *(соответствие антитела антигену, подобное таковому ключа к замочной скважине)*

khat [kɑːt] кат *(листья и почки Catha edulis, обладающие психоактивными свойствами)*

kick [kik] 1. удар *(ногой, копытом)* 2. *sl.* инъекция наркотика 3. *sl.* прекратить употребление наркотика

atrial ~ предсердный тон, четвёртый тон *(сердца)*

kickback [ˈkikˌbæk] «кикбэк», выплата за медицинскую услугу

kidnapping [kidˈnæpiŋ] киднэппинг *(похищение детей)*

kidney [ˈkidniː] почка

arteriosclerotic ~ первично-сморщенная почка

artificial ~ искусственная почка, гемодиализатор

blue ~ гемосидероз почки

cadaver ~ трупная почка

cake ~ врождённое сращение почек, «спёкшаяся» почка

cement ~ обызвествлённая почка

clump ~ *см.* **cake** ~

congested ~ большая красная почка

contracted ~ сморщенная почка

crossed ectopic ~ перекрёстная дистопия почек

crush ~ острая почечная недостаточность при синдроме длительного раздавливания

cystic ~ кистозная почка, кистозная нефропатия

definite ~ метанефрос, вторичная [дефинитивная, постоянная, тазовая] почка

double (duplex) ~ удвоенная почка

embryonic ~ мезонефрос, первичная почка, вольфово тело

end stage ~s терминальная стадия хронической почечной недостаточности

extracorporeal ~ *см.* **artificial** ~

fatty ~ жировая дистрофия почек

floating ~ нефроптоз, блуждающая почка

fused ~ *см.* **horseshoe** ~

granular ~ нефроцирроз, цирроз почки

head ~ предпочка, головная почка, пронефрос

hind ~ *см.* **definite** ~

horseshoe ~ подковообразная почка

human embryo ~ 1. почка человеческого эмбриона 2. культура клеток почки человеческого эмбриона

hypermobile ~ *см.* **floating** ~

intrathoracic ~ торакальная почка

lardaceous ~ амилоидная почка, амилоидоз почки

large mottled ~ большая пёстрая почка

large white ~ большая белая почка

lump ~ *см.* **cake** ~

medullary sponge ~ губчатая [спонгиозная] почка

middle ~ мезонефрос, первичная почка, вольфово тело

misshapen ~ аномально развитая почка

movable ~ *см.* **floating** ~

multicystic ~s поликистоз почек; поликистозная дисплазия почек

mural ~ почка, расположенная в брюшной полости

myeloma ~ миеломная почка *(один из симптомов гаммапатии Бенс-Джонса)*

native ~ почка донора-родственника

non-visualizing ~ *рентг.* немая [нефункционирующая] почка

paired duplex ~s двустороннее удвоение почек

pigback ~ застойная почка

polycystic ~s поликистоз почек

post-mortem human ~ кадаверная [трупная] почка человека

primordial ~ *см.* **head** ~

putty ~ туберкулёз почки, осложнённый казеозом

sclerotic ~ нефросклероз

shield ~ *см.* **horseshoe** ~

solitary ~ единственная почка

sponge ~ *см.* **medullary sponge** ~

succenturiate ~ надпочечник

supernumerary ~ добавочная почка

twin coil ~ двойная катушечная искусственная почка

unilateral fused ~ S-образная почка

wandering ~ *см.* **floating** ~

waxy ~ *см.* **lardaceous** ~

kidney-stone ['kidni:-,stəʊn] камень почки; почечнокаменная болезнь

kill [kil] 1. убивать; умерщвлять 2. ослаблять эффект, нейтрализовывать

hard ~ тяжёлое поражение *(обычно смертельное)*

soft ~ «мягкое» поражение *(временное выведение живой силы из строя)*

thermal ~ смерть от перегрева

killed [kild]:

~ **in action** убит в бою; погибший на войне

killer ['kilə] 1. (наёмный) убийца, бандит 2. клетка-киллер 3. нейтрализующее средство

allospecific ~ аллогенная клетка-киллер

anomalous ~ нетипированная клетка-киллер

lymphokine activated ~ активированные лимфокином клетки-киллеры

natural ~s естественные клетки-киллеры, «клетки-убийцы», К-клетки

pain ~ *разг.* болеутоляющее средство

T-~ Т-киллер, Т-лимфоцит *(антиген CD-8)*

tick ~ средство для уничтожения клещей

killer-protein ['kilə-'prəʊti:n] киллер-белок, белок-антибиотик

killing ['kiliŋ] 1. убийство, умерщвление *(напр. подопытных животных)* 2. умерщвление, уничтожение *(напр. спор)*, киллинг *(процесс переваривания микробов, лизис клеток)*

~ **by mother of new-born child** убийство матерью новорождённого ребёнка

~ **of cultured hepatocytes** гибель культивируемых гепатоцитов *(напр. под действием перекиси водорода)*

activated lymphocyte ~ киллинг [цитолиз] активированными лимфоцитами

bystander ~ неспецифический цитолиз

deliberate ~ преднамеренное убийство

intracellular ~ внутриклеточное киллирование

lymphocyte ~ лимфоцитопосредованный киллинг

mercy ~ умерщвление [убийство] из сострадания (к больному)

natural ~ естественный лизис, лизис естественными клетками-киллерами

oxygen-independent microbial ~ факультативно-аэробный микробный киллинг *(нейтрофильный фагоцитоз бактерий)*

pain ~ обезболивание, снятие боли

T-cell mediated ~ опосредованный Т-клетками цитолиз

kilobase ['kiləʊbeis] единица измерения длины молекулы ДНК *(равная 1000 пар оснований-нуклеотидов)*

kilobit ['kiləʊbit] килобит

kilobyte ['kiləʊbait] килобайт

kilocurietherapy ['kiləʊkjʊri:'θerəpi:] дистанционная гамма-терапия, телегамматерапия

kilocycle ['kiləʊ,saikl] килогерц, кГц

kilojoule ['kiləʊ,ʤu:l] килоджоуль, кДж

kin [kin] 1. кровное родство, родственники || родственный 2. род, семья

blood ~ кровный родственник

fictive ~ фиктивная родня

kinanesthesia [,kinænes'θi:ziə] кинанестезия *(отсутствие способности осознавать положение и движение различных частей собственного тела)*

kinase ['kai,neis] киназа *(1. вещество, активирующее профермент 2. фермент, катализирующий передачу фосфатных групп)*

adenylate ~ аденилаткиназа

cyclin-dependent ~ циклинзависимая киназа

macro creatine ~ макрокреатинкиназа

protein ~ протеинкиназа

pyruvate ~ пируваткиназа

serum creatine ~ сывороточная креатинкиназа

kind [kaind] **1.** род; сорт; разновидность **2.** характер; отличительная особенность

   ~ of cough особенность кашля

   ~ of pollution виды загрязнения

   ~ of radioactive fallout характер радиоактивных осадков

   ~ of stress тип стресса

kindling ['kindliŋ] **1.** воспламенение; поджигание; зажигание **2.** возбуждение

kindred ['kindred] **1.** род; родственники; родословная; клан **2.** кровное родство **3.** сходство характеров

   hutterite ~ эндогамный клан

kinematics [ˌkinə'mætiks] кинематика (наука, изучающая движения частей тела)

kinemometry [ˌkinə'mɒmətri] кинемометрия (измерение степени сокращения и расслабления мышц при исследовании сухожильных рефлексов)

kinephantom [ˌkinə'fæntəm] неверная интерпретация видимого движения, иллюзия движения

kineplastics [ˌkinə'plæstics] **1.** тендопластическая ампутация; кинематизация культи **2.** обеспечение передачи двигательных импульсов от ампутационной культи протезу

kineradiotherapy [ˌkinəˌreidiːəʊ'θerəpi] подвижная лучевая терапия

kinesalgia [ˌkinə'sældʒiə] см. **kinesialgia**

kinesia [ki'niːʒə] болезнь движения, укачивание

kinesialgia [ki,niːsiː'ældʒiə] боль, связанная с движением; боль при ходьбе

kinesiatrics [ki,niːsiː'ætriks] см. **kinesitherapy 1**

kinesimetry [ki,niː'simətri] кинезиметрия (измерение амплитуды движений)

kinesiodic [kə,niːsiː'ɒdik] относящийся к проведению двигательных импульсов

kinesiology [kə,niːsiː'ɒlədʒi] кинезиология (1. раздел науки о движениях 2. методы двигательных упражнений, применяемых в физиотерапии)

kinesioneurosis [kə,niːsiː:əʊnʊ'rəʊsis] кинезионевроз (тик, спазм, судороги)

kinesis [kə'niːsis] движение, активность, кинетика

kinesitherapy [ki,niːsiː'θerəpi] **1.** кинезитерапия, лечение движением **2.** система психоэнергетического разблокирования

kinesodic [ki,niː'sɒdik] относящийся к проведению двигательных импульсов, эфферентный

kinesthesia [ˌkines'θiːziə] **1.** кинестезия, мышечная чувствительность, мышечно-суставное чувство **2.** иллюзия движения в пространстве

kinesthesiometer [ˌkines,θiːziː'ɒmətə] кинестезиометр (прибор для определения сенсорных реакций мышц)

kinesthesis [ˌkines'θiːsis] см. **kinesthesia**

kinesthetic [ˌkines'θetik] кинестетический (управляемый по мышечным ощущениям)

kinetic [ki'netik] относящийся к движению, двигательный, динамический, кинетический

kinetics [ki'netiks] кинетика (наука о движении)

   anamnestic ~ кинетика вторичного иммунного ответа, кинетика анамнестической реакции

   antibody-epitope binding ~ кинетика связывания антиген – антитело

   apparent visual ~ иллюзорное восприятие движения

   bile acid ~ кинетика жёлчных кислот

   boostable ~ см. **anamnestic ~**

   cell population ~ формирование [развитие] клеточной популяции

   diaplacental ~ трансплацентарный переход

   enzyme ~ ферментативная кинетика

   gallbladder ~ моторика жёлчного пузыря

   platelet ~ кинетика тромбоцитов

   steady-state ~ стационарная кинетика (в условиях равновесия)

   uptake ~ кинетика поглощения (напр. аминогликозидов)

kinetocardiogram [ki,niːtəʊ'kaːdiːəʊˌgræm] кинетокардиограмма, кардиокинетограмма (запись вибрации грудной клетки, обусловленной сердечной деятельностью)

kinetochore [ki'niːtəʊˌkɔː] кинетохор, центромера

kinetogenic [ki,niːtəʊ'dʒenik] вызывающий [обусловливающий] движение

kinetoplasm [ki,niːtəʊ'plæzm] **1.** хромофильное вещество в нервных клетках **2.** кинетоплазма (сократительная часть клетки)

kinetosome [k,niːtəʊ'səʊm] кинетосома, базальное тельце, базальная гранула (в основании клетки)

kinetotherapy [ki,niːtəʊ'θerəpi] см. **kinesitherapy 1**

kingdom ['kiŋdəm]:

   animal ~ царство «животные», животный мир

kininogenase [ki,ninəʊdʒə'neis] калликреин

kink [kiŋk] **1.** загиб, изгиб, перегиб; извитость (напр. мочеточника) || загибаться, изгибаться, перегибаться **2.** перекручивание; узел; петля (напр. кишки) || перекручиваться **3.** судорога

kinking ['kiŋkiŋ] кинкинг, перегиб (напр. дуги аорты)

   ~ of the tube скручивание (интубационной) трубки

kinology [ki'nɒlədʒi] см. **kinesiology**

kinomometer [ˌkinəʊ'mɒmətə] прибор для измерения степени подвижности пальцев рук и запястья

kinoplasm ['kinəʊˌplæzm] уст. киноплазма, сократительная плазма

kinosphere [ˌkinəʊ'sfiə] фигура деления хромосомы, стадия звезды

kinotoxin [ˌkinəʊ'tɒksin] кинотоксин, токсин утомления

kinship ['kinʃip] **1.** генетическое родство (потомки от общего предка) **2.** сходство

kinsman ['kinzmən] кровный родственник

kion ['kaiɒn] язычок (нёбный)

kionitis [ˌkaiɒ'naitis] воспаление (нёбного) язычка

kip [kip] короткий сон

kip-house ['kip-ˌhaʊs], **kip-shop** ['kip-ˌʃɒp] публичный дом

kiss [kis]:

   ~ of life разг. искусственное дыхание «изо рта в рот», «поцелуй жизни»

kit [kit] **1.** комплект, набор **2.** sl. принадлежности для приготовления и инъекции наркотика

   anaphylaxis ~ набор для неотложной помощи при анафилактическом шоке

   antibody-screening ~ набор антител для массового серологического обследования, серодиагностический набор антител

burn-aid [burn-care] ~ набор для оказания помощи при ожоге

commercial enzyme ~ коммерческий ферментный набор

dissecting ~ секционный набор

emergency ~ комплект *(лекарственных средств, инструментов и принадлежностей)* для оказания первой помощи

ethylene glycol test ~ набор тестов для определения этиленгликоля

first-aid ~ аптечка первой помощи, санитарная сумка

home test ~ лабораторный набор для самоанализа, портативный диагностический набор

immune monitoring ~ иммунодиагностический набор *(реактивов)*

litter ~ комплект санитарных носилок

marker ~ «набор свидетелей», набор маркёров *(напр. для определения молекулярной массы белков и т. п.)*

radioimmunoassay ~ набор для радиоиммуноанализа

specimen collection ~ набор для сбора (лабораторного) материала

test ~ набор для анализа, тест-набор

tool ~ комплект инструментов

Klebsiella [ˌklebsiˈelə] род бактерий

~ **ozaenae** *лат.* клебсиелла озены

~ **pneumoniae** *лат.* клебсиелла пневмонии, палочка Фридлендера *(возбудитель крупозной пневмонии)*

kleptolagnia [ˌkleptəʊˈlægnɪə] клептолагния *(патологическая склонность к воровству, связанная с сексуальным возбуждением)*

kleptomania [ˌkleptəʊˈmeɪnɪə] *псих.* клептомания *(болезненная страсть к кражам)*

kleptophobia [ˌkleptəʊˈfəʊbɪə] клептофобия *(навязчивый страх воров)*

knead [niːd] 1. массировать, растирать, разминать *(о методе массажа)* 2. формировать; придавать форму

kneading [ˈniːdɪŋ] массирование, растирание, разминание *(методы массажа)*

knee [niː] 1. колено; коленный сустав 2. *анат.* изогнутый участок, колено *(напр. колено внутренней капсулы)*

back ~ переразгибание коленного сустава; дугообразный прогиб колена кзади

Brodie's ~ хронический гипертрофический бурсит коленного сустава

calf ~ вогнутое колено

cross ~ *см.* **knock** ~

housemaid's ~ препателлярный бурсит

knock ~s вальгусное искривление коленных суставов, Х-образные ноги, genu valgum

locked ~ блокада коленного сустава *(вследствие ущемления мениска)*

model ~ муляж [модель] коленного сустава

rheumatoid ~ ревматоидное поражение коленного сустава

splay ~s вывернутые колени; «ноги колесом»

kneecap [ˈniːˌkæp] надколенник, надколенная чашечка

knee-jerk [ˈniːˌjɜːk] коленный рефлекс

kneepan [ˈniːˌpæn] *см.* **kneecap**

knee-phenomenon [ˈniːˌfɪˈnɒmənɒn] *см.* **knee-jerk**

knife [naif] хирургический нож; скальпель || рассекать ножом или скальпелем

bellied excision ~ брюшистый резекционный нож

biplane microtome ~ микротомный нож с плоскими поверхностями

cataract ~ катарактальный нож

cautery ~ *см.* **diathermy** ~

cold ~ замораживающий микротом

diathermy ~ ножевой электрод *(электрохирургического аппарата)*

dissecting ~ *см.* **postmortem** ~

double-edged ~ нож с двойным лезвием, обоюдоострый нож

dura ~ нож для рассечения твёрдой мозговой оболочки

gypsum ~ нож для рассечения гипсовых повязок, гипсовый нож

electric [endotherm] ~ электрический нож, электронож

"Gamma-~" гамма-нож *(аппарат, позволяющий с высокой точностью достигать больших доз γ-облучения в ограниченном участке ткани)*

general operating ~ брюшистый скальпель

hockey ~ клюшковидный нож

hollow-ground microtome ~ микротомный нож с двояковогнутыми поверхностями

postmortem ~ анатомический скальпель

Ralph ~ нож «Ральфа» *(микротомный нож с широкой режущей поверхностью)*

ring ~ циркулярный нож

skin grafting ~ дерматом

suction ~ отсасывающий скальпель

wax ~ зуботехнический нож-шпатель

knifing [ˈnaifɪŋ] скарификация

knitback [ˈnitˌbæk] окопник лекарственный *(Symphytum officinale)*

knitting [ˈnitɪŋ] 1. связывание; шов раны 2. образование костной мозоли *(после перелома)*

knob [nɒb] выпуклость; нарост; желвак

synaptic ~s синаптические нервные окончания

ventilation control ~ кнопка контроля искусственной вентиляции лёгких

knock [nɒk] стук; удар; толчок || ударять

pericardial ~ ранний диастолический шум при сращениях перикарда

knock-down [ˈnɒkˌdaʊn] 1. *мед. тех.* разъёмный, разборно-переносной 2. нокдаун; падение от удара

knock-knee [ˈnɒkˌniː] вальгусное искривление коленных суставов, Х-образные ноги, genu valgum

knockout [ˈnɒkˌaʊt] нокаут *(1. направленное разрушение гена с помощью гомологичной рекомбинации 2. неспособность боксёра продолжать бой – обычно в течение 10 с – вследствие пропущенных ударов)*

knot [nɒt] 1. *анат.* узел; узелок, ганглий 2. припухлость, утолщение, затвердение 3. *хир.* узел || завязывать узел; завязывать узлом

granny ~ обычный двойной узел; «бабий узел»

net ~ *ген.* кариосома

reef ~ морской узел

triple ~ тройной узел

true ~ of umbilical cord истинный перекрут пуповины

knotweed ['nɒt,wi:d] горец птичий, спорыш *(Polygonum aviculare)*

know-how ['nəʊ-,hɒʊ] «ноу-хау», «знать как» *(1. научно-технические знания и опыт организации производства 2. передовая технология производства; секрет производства)*

knowledge ['nɒlidʒ] 1. знание; познания; эрудиция 2. осведомлённость

~ **by description** познание предметов опосредованно

knuckle ['nʌkəl] 1. пястно-фаланговый сустав 2. ущемление в грыжевых воротах *(кишечной петли)* 3. шарнир, шарнирный механизм

aortic ~ *рентг.* выбухание аорты

koilonychia [,kɒiləʊ'niki:ə] койлонихия, ложкообразный [вогнутый] ноготь

koilosternia [,kɒiləʊ'stə:ni:ə] воронкообразная грудная клетка, *нрк.* «грудь сапожника»

konimeter [kəʊ'nimətə] *гиг.* кониметр *(прибор для измерения содержания пыли в воздухе)*

koniocortex [,kəʊni:əʊ'kɔ:,teks] кониокортекс, пылевидная кора *(в чувствительных областях коры большого мозга)*

kopophobia [,kəʊpəʊ'fəʊbi:ə] копофобия *(патологическая боязнь переутомления)*

koroscopy [kə'rɒskəpi:] офтальмоскопия в бескрасном свете, ретиноскопия

koumiss ['ku:mis] кумыс

kra-kra [krʌ-krʌ] высыпание на коже при онхоцеркозе

kraurosis [krɔ:'rəʊsis] крауроз *(прогрессирующая диффузная атрофия какой-л. части тела, обычно наружных половых органов)*

~ **vulvae** крауроз вульвы

kreotoxism [,kri:əʊ'tɒksizm] мясное отравление

krypton-81m ['krip,tɒn] криптон-81m *(радиоактивный газ, используемый для исследования функции лёгких)*

kumiss ['ku:mis], **kumyss** ['ku:mis] *см.* **koumiss**

kurie ['kjʊri:] кюри, Ки *(единица радиоактивности; 1 Ки = 3,7 × 10^{10} Бк)*

kuru ['kʊrʊ] куру, «смеющаяся смерть» *(нейровирусная трансмиссивная спонгиоформная энцефалопатия)*

kwashiorkor [,kwa:ʃi'ɔ:,kɔ:] квашиоркор, детская пеллагра *(выраженное нарушение питания, обусловленное белковым голоданием)*

marasmic ~ маразм на почве квашиоркора

kyllosis [ki'ləʊsis] косолапость и другие деформации стопы

kymography [kai'mɒgrəfi:] кимография

single-slit ~ однощелевая рентгенокимография

kymoscope [,kaiməʊ'skəʊp] кимоскоп *(аппарат для измерения пульсовой волны или изменений кровяного давления)*

kymotrichous [kai'mɒtrikəs] имеющий вьющийся волос

kyogenic [,kaiəʊ'dʒenik] сопутствующий беременности

kyphoic [kai'fʌik] 1. кифотический 2. страдающий кифозом

kyphoscoliosis [,kaifəʊ,skəʊli:'əʊsis] кифосколиоз

kyphos ['kai,fɒs], **kyphosis** [kai'fəʊsis] кифоз; горб

~ **dorsalis, adolescent** [**juvenile**] ~ юношеский кифоз, Шейерманна – Мау болезнь

conjunctional ~ переходный кифоз

kyphotic [kai'fɒtik] 1. кифотический 2. страдающий кифозом

kyphotone ['kaifəʊtəʊn] корсет, используемый при туберкулёзе позвоночника

kysthitis [kis'θaitis] кольпит, вагинит *(воспаление слизистой оболочки влагалища)*

kysthoptosia [,kisθə'ptəʊsi:ə] выпадение [выворот] влагалища

L

lab [læb] *см.* **laboratory**

label ['leibəl] **1.** этикетка, ярлык; наклейка ‖ этикетировать, прикреплять этикетку *(на упаковку лекарственного средства)*; маркировать **2.** метка *(напр. радиоактивная)*; индикатор ‖ метить **3.** инструкция

  off ~ вне инструкции *(о применении препарата)*

  the ~ on the unit of blood маркировка на ампуле с кровью

  alcohol warning ~ предупреждающая наклейка на сосуде с алкоголем

  gas casualty ~ бирка для поражённого отравляющим веществом

  International critical ~s международный справочник физических, химических, технологических величин

  photoaffinity ~ фотоаффинное мечение

  poison ~ этикетка с надписью «яд»

  precautionary ~ этикетка с предупредительной надписью

  pulse ~ импульсное мечение

  pulse-chase metabolic ~ метаболическое мечение с вытеснением метки, метаболическое мечение по типу пульс-чейз

  radioactive ~ радиоактивная метка

  selective ~ of serotonin избирательное мечение мест поглощения серотонина

  site-directed [site-related] ~ сайтнаправленное [сайт-специфическое] мечение

labelled ['leibəld] **1.** маркированный **2.** меченый *(напр. радиоактивным изотопом)*

  ^{14}C ~ меченный радиоактивным кобальтом

  lactulose ~ меченный лактулозой

labelling ['leibəliŋ] **1.** этикетирование, наклейка этикеток, маркировка **2.** мечение, введение метки; метка **3.** введение изотопов, введение радиоактивных атомов

  affinity ~ аффинное мечение *(введение метки в активные центры ферментов или антител с помощью лигандов)*

  biotin-fluorescent avidin ~ мечение комплексом биотин-флуоресцирующий авидин

  cell surface ~ мечение клеточных поверхностей, мембранное мечение

  cohort ~ мечение когорты

  double ~ мечение двумя метками *(напр. радиоактивными изотопами)*

  environmental ~ экологическая маркировка

  extensive ~ тотальное мечение

  fluorescent antibody ~ мечение флуоресцирующими антителами

  poor ~ слабое мечение

  short-term ~ введение кратковременной метки

  tritiated thymidine ~ мечение радиоактивным тимидином

labia ['leibiə] *pl. от* **labium**

labial ['leibiəl] губной, лабиальный

labiale [ˌleibi'æliː]:

  ~ superior *кр. метр.* наиболее выступающая точка верхней губы

labidometer [labi'dɒmətə] инструмент для измерения головки плода

labile ['leiˌbail] лабильный, неустойчивый, подвижный; изменчивый

lability [ˌlei'biliti] лабильность, неустойчивость, (функциональная) подвижность

  ~ of affect лабильность аффекта

  ~ of mood лабильность настроения

  emotional ~ эмоциональная лабильность

labiocervical [ˌleibiːəʊ'sə:vikəl] относящийся к губной поверхности шейки переднего зуба

labiochorea [ˌleibiːəʊˌkɔ:'ri:ə] хореическая жёсткость [тугоподвижность] губ с заиканием

labioclination [ˌleibiːəʊkli'neiʃn] губное смещение зуба

labiodental [ˌleibiːəʊ'dentl] губно-зубной, лабиодентальный *(звук)*

labiogingival [ˌleibiːəʊ'ʤinʤivəl] губно-десневой

labioglossolaryngeal [ˌleibiːəʊˌglɔ:səʊlə'rinʤi:əl] губно-язычно-гортанный

labioglossopharyngeal [ˌleibiːəʊˌglɔ:səʊfə'rinʤi:əl] губно-язычно-глоточный

labiograph ['leibiːəʊˌgræf] прибор для регистрации движений губ

labioincisal [ˌleibiːəʊin'saizəl] губно-резцовый

labiology [ˌleibiː'ɔləʤi:] изучение движений губ *(во время речи и пения)*

labiomancy ['leibiːəʊˌmænsi:] лабиомансия *(распознавание речи человека по губам)*

labiomental [ˌleibiːəʊ'mentl] губно-подбородочный

labiopalatine [ˌleibiːəʊ'pælətain] губно-нёбный

labioplacement [ˌleibiːəʊ'pleismənt] *см.* **labioclination**

labioplasty ['leibiːəʊˌplæsti:] лабиопластика, хейлопластика

labioversion [ˌleibiːəʊ'vəːʒən] вестибулярно-губное смещение *(зуба)*

labitome ['leibiˌtəʊm] *мед. тех.* кусачки

labium ['leibiːəm], *pl.* **labia** ['leibiə] губа

  ~ leporinum *лат.* несращение губы, *уст.* заячья губа

  ~a majora большие половые губы

  ~a minora малые половые губы

  ~a oris губы рта

labor ['leibə] **1.** роды, родовой акт ‖ рожать **2.** сократительная деятельность матки

  ~ and delivery роды и родоразрешение

  to induce ~ вызывать родовую деятельность

  abnormal ~ патологические роды

  accelerated ~ стремительные роды *(длительностью 1–2 часа)* advanced ~ *см.* premature ~

artificial ~ *см.* induced ~

breech ~ роды при тазовом предлежании *(плода)*

delayed ~ запоздалые роды *(позже 42-й недели беременности)*

difficult ~ трудные роды; патологические роды

directed ~ управляемые [корригируемые] роды

discoordinated ~ дискоординированные роды

dry ~ сухие роды *(при отошедших до сокращений матки околоплодных водах)*

false ~ ложные схватки

foot ~ роды при ножном предлежании *(плода)*

habitual ~ физиологические [нормальные] роды

immature ~ *см.* premature ~

induced ~ индуцированные [искусственные] роды

instrumental ~ инструментальное родоразрешение; роды при помощи инструментов или операции

mimetic ~ *см.* false ~

missed ~ несостоявшиеся роды *(внутриутробная гибель плода при сроке беременности более 28 недель)*

multiple ~ многоплодные роды

obstructed ~ роды при наличии механического препятствия прохождению плода *(напр. опухоли)*

postmature [postponed] ~ роды переношенным плодом *(позже 38–40 недель беременности)*

powerless ~ роды, осложнённые слабостью родовых сил

precipitated ~ *см.* accelerated ~

premature [preterm] ~ преждевременные роды *(между 28-й и 38-й неделями беременности)*

prolonged [protracted] ~ затяжные роды *(более 18 часов)*

psychoprophylactic ~ роды после психопрофилактики

spontaneous ~ самопроизвольные [спонтанные] роды

term ~ роды в срок, срочные роды

labor-aiding ['leibə-'eidiŋ] облегчающий роды

laboratorian [,læbrə'tɔːriːən] лаборант

laboratory ['læbrə'tɔːri] лаборатория

advanced technology ~ies расширенные лабораторно-функциональные технологии

aeromedical ~ лаборатория авиационной медицины

blood-grouping sera reference ~ лаборатория по исследованию и стандартизации групп крови

clandestine ~ подпольная лаборатория *(напр. по производству наркотиков)*

dental ~ зуботехническая лаборатория

field ~ полевая [передвижная] лаборатория, походная лаборатория

governmental drug control ~ государственная лаборатория по контролю за лекарственными средствами

health ~ санитарно-гигиеническая лаборатория

human ~ медицинская лаборатория

individual ~ies отдельные лаборатории; различные лаборатории

karyotype ~ лаборатория кариотипирования

manned orbital space ~ обитаемая орбитальная космическая лаборатория

narcotics ~ лаборатория по исследованию наркотиков

public health ~ санитарно-гигиеническая лаборатория

quality control ~ лаборатория контроля качества *(продукции)*

radiation counter ~ies *амер.* лаборатория по определению уровня радиации

reference ~ референс-лаборатория *(по стандартизации, напр., сывороток и вакцин)*

special bacteriology reference ~ специальная справочная бактериологическая референс-лаборатория

tracer ~ радиоизотопная лаборатория

venereal disease research ~ 1. научно-исследовательская лаборатория по изучению заболеваний, передаваемых половым путём 2. реакция Вассермана *(лабораторный тест на выявление сифилиса)*

Laboratory:

Central Public Health ~ Центральная лаборатория министерства здравоохранения *(Англия)*

Cross-Infection Reference ~ Справочная лаборатория перекрёстных инфекций *(ВОЗ)*

Medical Research ~ Медицинская научно-исследовательская лаборатория

National Tissue Typing Reference ~ Национальная референс-лаборатория по типированию тканей

laboratory-reared [,læbrə'tɔːriː-'riəd] культивируемый или разводимый в лаборатории *(о микроорганизмах)*

labour ['leibə] труд, работа ‖ трудиться, работать

labrale [lə'breili] *кр. метр.* точка границы красной каймы губы

labrocyte ['læbrəsait] лаброцит, гепариноцит, тучная клетка, тканевой базофил, *уст.* тучная клетка

labrum ['leibrəm], *pl.* **labra** ['leibrə] 1. *лат.* губа 2. образование в форме лезвия, обода

~ **acetabulare** край вертлужной впадины

Labstix ['læbstiks] *фирм.* лабстикс *(тест-полоска для экспресс-диагностики микрогематурии)*

Labsystems [,læb'sistəmz] *фирм.* серия микроплашечных анализаторов для иммуноферментного анализа *(диагностикумы, тест-системы и др.)*

labyrinth [,læbə'rinθ] *анат.* лабиринт

bony ~ костный лабиринт

cochlear ~ улитковый лабиринт

ethmoidal ~ лабиринт решётчатой кости

membranous ~ перепончатый лабиринт

vestibular ~ вестибулярный лабиринт

labyrinthectomy [,læbərin'θektəmiː] лабиринтэктомия *(удаление костного и перепончатого лабиринта)*

labyrinthine [,læbə'rinθain] лабиринтный *(о мышлении)*

labyrinthitis [,læbərin'θaitəs] лабиринтит, внутренний отит *(воспаление внутреннего уха)*

circumscribed ~ ограниченный лабиринтит

labyrinthotomy [,læbərin'θʊtəmiː] лабиринтотомия *(вскрытие полости костного лабиринта)*

lac [læk] 1. молоко 2. лекарство молочного вида

lacca ['laːkə] шеллак *(смолистое вещество, выделяемое некоторыми растениями, способствующее образованию фитобезоаров)*

laceration [,læsə'reiʃən] 1. рваная рана 2. разрыв

~ **of cervix** разрыв шейки матки

cerebral ~ разрыв ткани мозга

mid-renal ~ разрыв средней части почки

obstetric ~ разрыв при родах

scalp ~ скальпированная рана *(головы)*

lacertus [lə'sɜːtəs] фасция

laciniate [lə'siniːit] **1.** рассечённый; с неровными краями **2.** дольчатый

lacinula [lə'sinjʊlə] долька

lack [læk] **1.** недостаток, дефект, порок ‖ испытывать недостаток **2.** недостаточность, несостоятельность *(напр. швов)*

~ **of adequate quarantine** несоблюдение [нарушение] условий карантина

~ **of adherence** отсутствие адгезии

~ **of blood** анемия, малокровие

~ **of blood supply** недостаточность кровоснабжения

~ **of conception** непроизошедшее зачатие

~ **of contraction 1.** снижение эластичности сосудов **2.** слабость сокращений *(напр. матки)*

~ **of drive and initiative** отсутствие побуждений и инициативы

~ **of energy** слабость, недомогание

~ **of enzyme** дефицит фермента, недостаточность ферментативной активности

~ **of exercise** снижение физической активности

~ **of globe retropulsion** невозможность смещения глазного яблока кзади

~ **of immune response** иммунологическая ареактивность; иммунологическая толерантность

~ **of lip seal** нарушенное смыкание губ

~ **of menace response** отсутствие защитного рефлекса, отсутствие реакции на угрозу

~ **of prophylaxis** отсутствие профилактических мероприятий; неохваченность профилактическими мероприятиями

~ **of response to medical treatment** безуспешность медикаментозного лечения

~ **of rhythm** нарушение ритма, аритмия

~ **of self-control** отсутствие самоконтроля

~ **of sensitivity** отсутствие чувствительности; невосприимчивость

~ **of sexual desire** снижение полового влечения

congenital ~ врождённый дефект

energy ~ отсутствие энергии, снижение энергетического потенциала

nutrient ~ недостаток питательных веществ

oxygen ~ гипоксия, кислородное голодание

lacklustre [ˌlæk'lʌstə] тусклый, безжизненный *(о взгляде)*

lacrimal ['lækrıməl] слёзный *(относящийся к слезам, слёзным путям)*

lacrimation [ˌlækrı'meıʃən] слезотечение, слезоотделение

lacrimator [ˌlækrı'meıtə] слезоточивый газ, слезоточивое отравляющее вещество

lacrimonasal [ˌlækrıməʊ'neızl] слёзно-носовой

lacrimotomy [ˌlækrı'mɒtəmı] вскрытие слёзного мешка или слёзного протока

lactacidemia [ˌlæktæsı'diːmıə], **lactacidosis** [lækˌtæsı'dəʊsıs] лактат-ацидоз, молочно-кислый ацидоз, лактацидемия

lactagogue ['læktəˌgɔːg] **1.** лактогенный гормон, лактоген **2.** фактор, стимулирующий секрецию молока

lactalbumin [ˌlæktæl'bjuːmın] лактальбумин *(молочный белок)*

lactamase ['læktəmeıs]:

β- ~ β-лактамаза *(бактериальный фермент, разрушающий β-лактамовое кольцо антибиотика и нарушающий эффективность последнего)*

lactase ['lækteıs] лактаза *(фермент желёз тонкой кишки, расщепляющий лактозу на глюкозу и галактозу)*

lactate ['lækteıt] **1.** лактат, соль молочной кислоты **2.** вырабатывать [продуцировать] молоко

sodium ~ молочнокислый натрий

lactation [læk'teıʃən] **1.** лактация, выделение молока *(молочной железой)* **2.** период грудного кормления

advanced ~ поздняя лактация

inappropriate ~ галакторея *(самопроизвольное истечение молока)*

lacteal ['læktıəl] **1.** молочный; млечный; хилёзный, похожий на молоко **2.** млечный [лимфатический] сосуд

lactescence [læk'tesəns] молокоподобное вещество *(о лимфе)*

lacticemia [ˌlæktı'siːmıə] *см.* **lactacidemia**

lactiferous [læk'tıfərəs] млечный, выделяющий или проводящий молоко

lactification [ˌlæktıfı'keıʃn] образование молочной кислоты

lactifuge ['læktıfjuːʤ] фактор, снижающий или прекращающий секрецию молока

lactigenic [ˌlæktı'ʤenık], **lactigenous** [læk'tıʤənəs] лактогенный, вырабатывающий [продуцирующий] молоко

lactigerous [læk'tıʤərəs] млечный, выделяющий или проводящий молоко

lactinated ['læktıˌneıtəd] содержащий лактозу

lactobacillus [ˌlæktəʊbə'sıləs] лактобацилла, молочнокислая бактерия

lactobiose ['læktəʊˌbaıəʊs] лактоза, лактобиоза, молочный сахар

lactobutyrometer [ˌlæktəʊbjuːtı'rɒmətə] бутирометр *(прибор для определения содержания жира в молоке)*

lactocele ['læktəʊsiːl] галактоцеле, киста молочной железы

lactochrome ['læktəʊkrəʊm] *см.* **lactoflavin**

lactocrit ['læktəʊkrıt] *см.* **lactobutyrometer**

lactocytus [ˌlæktə'saıtəs] *лат.* лактоцит

lactodensimeter [ˌlæktəʊden'sımətə] *см.* **lactometer**

lactoflavin [ˌlæktəʊ'fleıvın] рибофлавин, витамин B_2, лактофлавин

lactogen ['læktəʊʤən] лактоген, лактогенный гормон

placental ~ плацентарный лактогенный гормон, «пролактин»

pregnancy ~ лактоген периода беременности

lactoglobulin [ˌlæktəʊ'glɒbjʊlın] лактоглобулин, глобулин молока

lactometer [læk'tɒmətə] лакто(денси)метр, молочный ареометр

lactose ['læktəʊs] лактоза, лактобиоза, молочный сахар

lactosuria [ˌlæktəʊ'sjuːrıə] лактозурия *(наличие молочного сахара в моче)*

lactotherapy [ˌlæktəʊ'θerəpı] лактотерапия, галактотерапия

lactotoxin ['læktəʊˌtɒksın] птомаин молока

lactotrop(h)in [ˌlæktəʊˈtrəʊpin] пролактин, лактогенный гормон

lacuna [ləˈkjuːnə], *pl.* **lacunae** [ləˈkjuːniː] **1.** лакуна *(напр. миндалин)*, углубление, впадина; полость **2.** щель или дефект **3.** аномальное пространство между слоями или клеточными элементами эпидермиса

   intervillous ~ae межворсинчатые лакуны *(полости между ворсинками хориона, заполненные кровью)*

   Morgagni's ~ лакуна мочеиспускательного канала

   resorption ~ разъеденные лакуны

lacunal [ləˈkjuːnəl], **lacunar** [ləˈkjuːnə] лакунарный

lacus [ˈleikəs] *см.* **lake**

ladyfingers [ˌleidiˈfiŋɡəz] наперстянка пурпурная *(Digitalis purpurea)*

lady's-purse [ˈleidis-ˌpɔːs] пастушья сумка обыкновенная *(Capsella bursa pastoris)*

laetrile [ˈleiətril] лаетрил *(цианидсодержащее соединение, присутствующее в персиковых косточках; может вызвать отравление)*

lag [læɡ] **1.** задержка, запаздывание, отставание, промежуток между раздражением и ответной реакцией; сдвиг фаз **2.** скрытое время, латентный период

   ~ **of sensation** задержка ощущения

   jet ~ резкое нарушение суточных ритмов *(после быстрого перелёта через несколько часовых поясов)*

   lid ~ несмыкание век

   mutational ~ задержка в проявлении *(вновь возникших)* мутаций; мутационная задержка

   nitrogen ~ азотэкскреторный гистерезис *(время после приёма белковой пищи, необходимое для достижения азотистого равновесия)*

laggard [ˈlæɡərd] лаггард, отставшая хромосома

lagging [ˈlæɡiŋ] отставание, запаздывание

lagnesis [ˌlæɡˈniːsis], **lagnosis** [læɡˈnəʊsis] *уст., псих.* эротомания

lagochilascariasis [ˌlæɡəʊkiˈlæskəreisis] *параз.* лагохиласкаридоз

lagophthalmos [ˌlæɡɒfˈθælˌməs] лагофтальм *(неполное смыкание век)*, «заячий глаз»

lag-period [ˈlæɡ-ˈpiəriːəd] лаг-период *(1. задержка 2. скрытый период развития)*

lake [leik] **1.** небольшое скопление жидкости *(в тканях)*, «озерцо» **2.** гемолизировать, вызывать гемолиз

   blood ~ гематома

   capillary ~ кровь в капиллярном русле

   lacrimal ~ слёзное озеро

   storage ~ водохранилище

   venous ~ **1.** телеангиоэктазия, сосудистое пятно **2.** венозное «озерцо» *(рентгенологический признак)*, венозное расширение

laked [leikd] гемолизированный, лаковый *(о крови)*

laking [ˈleikiŋ] гемолиз

laky [ˈleiki] *см.* **laked**

laliatry [læˈlaiətri] логопедия

lallation [læˈleifən], **lalling** [ˈlæliŋ] лалляция *(1. вид заикания 2. замена одного согласного звука другим во время речи)*; лепетная речь

lalochezia [ˌlæləʊˈkiːziːə] эмоциональная разрядка после произнесения неприличных или нецензурных слов

laloneurosis [ˌlæləʊnʊˈrəʊsis] лалоневроз, логоневроз

   spasmodic ~ спастический лалоневроз, заикание

lalopathology [ˌlæləʊpæˈθɒləʤiː] логопатология *(раздел медицины, посвящённый расстройствам речи)*

lalopathy [ləˈlɒpæθiː] логопатия *(расстройство речи)*

lalophobia [ˌlæləʊˈfəʊbiːə] лалофобия *(навязчивый страх говорить из-за опасения возникновения заикания)*

laloplegia [ˌlæləʊˈpliːʤiːə] глоссоплегия *(паралич мышц языка)*

lalorrhea [ˌlæləʊˈriːə] логорея, полифразия, речевое недержание

lambda [ˈlæmdə] *кр. метр.* ламбда *(точка соединения сагиттального и ламбдовидного швов)*

lambliasis [læmˈbliəsis], **lambliosis** [læmbliˈəʊsis] *параз.* гиардиоз, жиардиаз, *уст.* лямблиоз

lambo-lambo [ˈlæmbəʊ-ˈlæmbəʊ] *инф. бол.* тропический (пио)миозит, ламбо-ламбо

lamb's-foot [ˈlæmz-fuːt] подорожник большой *(Plantago major)*

lame [leim] **1.** хромой; хромающий **2.** повреждённый, искалеченный; парализованный || калечить **3.** неудачный, неудовлетворительный

lamella [ləˈmelə], *pl.* **lamellae** [ləˈmeˌliː] **1.** тонкая пластинка, тонкий слой, чешуйка **2.** (лекарственная) пастилка, ламелла

   ~ **of bone** костная пластинка

   articular ~ замыкательная пластинка *(часть кортикального слоя кости, расположенная под суставным хрящом)*

   circumferential ~ кортикальный слой *(покрывающий кость снаружи)*

   concentric [haversian] ~ пластинки, окружающие центральный канал остеона, гаверсовы пластинки

   intermediate [interstitial] ~ интерстициальная пластинка *(между гаверсовыми каналами)*

   periosteal [peripheral] ~ надкостничная [периостальная] пластинка

   vitreal [vitreous] ~ *офт.* базальная мембрана

lamellar [ləˈmelə] пластинчатый, слоистый, чешуйчатый, ламеллярный

lamellation [ˌləmeˈleifən]:

   ~ **of diploe** пластинчатость губчатого вещества *(костей черепа)*

lamelliform [ləˌmeləˈfɔːm] пластинчатовидный; чешуеобразный

lameness [ˌleimˈnis] хромота

   intermittent ~ перемежающаяся хромота, Шарко синдром

   moderate ~ умеренная хромота

   severe ~ выраженная хромота

   weight-bearing ~ хромота, обусловленная нагрузкой, тяжестью

lamina [ˈlæminə], *pl.* **laminae** [ˈlæmiˌniː] **1.** тонкая пластинка; тонкий слой **2.** пластинка дуги позвонка *(замыкающая сзади межпозвоночное отверстие)*

   ~ **choroidocapillaris** сосудисто-капиллярная пластинка *(глаза)*

   ~ **cribrosa ossis ethmoidalis** решётчатая пластинка решётчатой кости

~ dura *лат.* твёрдый компонент зуба *(эмаль, дентин, цемент, альвеолярная кость)*

~ fenestratus *лат.* окончатая пластинка, пористая мембрана *(эндотелия, капилляра)*

~ hepatica *лат.* печёночная пластинка, или трабекула

~ propria mucosae собственная пластинка слизистой

~ rara externa наружный электронно-прозрачный слой

basilar ~ *ото.* базилярная пластинка

dental ~ зубная пластинка

laminagram ['læminə,græm] *рентг.* томограмма

laminagraphy [,læmi'nægrəfi:] *рентг.* томография

laminar ['læminə] ламинарный *(1. организованный в пластинки или слои 2. относящийся к слою или пластинке)*

laminate ['læmi,neit] отслаиваться, расслаиваться; расщепляться

laminated [,læmi'neitid] пластинчатый; слоистый

lamination [,læmi'neiʃən] 1. пластинчатая, или слоистая, структура 2. расслоение; отслоение; расщепление 3. стратификация

laminectomy [,læmin'ektəmi:] ламинэктомия *(вскрытие позвоночного канала резекцией дуг позвонков)*

dorsal ~ дорсальная ламинэктомия *(удаление дужек позвонков задним доступом)*

laminogram ['læminəʊ,græm] *см.* **laminagram**

laminotomy [,læmi'nɒtəmi:] ламинотомия *(рассечение одной или нескольких дуг позвонков)*

lamp [læmp]:

~ on upright штативный светильник

alcohol ~ спиртовка, спиртовая горелка

articulated ~ шарнирный светильник

auxiliary operating ~ вспомогательный операционный светильник

bactericidal ~ бактерицидный облучатель; бактерицидная лампа

busy ~ сигнальная лампа у входа в медицинский кабинет

emergency ~ лампа аварийного освещения

fiberlite slit ~ щелевая лампа с волоконной оптикой

fluorescent ~ люминесцентная лампа, лампа дневного света

forehead ~ налобный осветитель

germicidal ~ *см.* **bactericidal** ~

head ~ *см.* **forehead** ~

heat ~ лампа инфракрасного излучения

hydrogen discharge ~ водородная лампа *(в спектрофотометрии)*

infrared (radiation) ~ инфракрасный облучатель, инфракрасная лампа

mercury vapor ~ ртутная лампа

microscope ~ осветитель [подсветка] микроскопа

mignon ~ осветительная лампа эндоскопа

pilot ~ контрольная, или сигнальная, лампа

quartz ~ кварцевый облучатель, кварцевая лампа

red ~ красный фонарь *(1. указатель пункта неотложной помощи, аптеки 2. знак публичного дома)*

shadowless ~ бестеневой светильник, бестеневая лампа

shear-jointed ~ складной [шарнирный] светильник

slit ~ щелевая лампа *(дающая прямоугольный источник света при биомикроскопии глаза)*

spherical mirror ~ светильник со сферическим отражателем

sterilizing ~ *см.* **bactericidal** ~

stroboscopic ~ стробоскопическая лампа

sun wave ~ лампа-соллюкс

ultraviolet (radiation) ~ ультрафиолетовый облучатель

uviol ~ лампа из увиолевого стекла *(пропускающего ультрафиолетовые лучи)*

Wood's ~ Вуда фильтр, или лампа *(ультрафиолетовый облучатель)*

lamplight ['læmp,lait] искусственное освещение

lamziekte ['læmzi:kti] *инф.* ботулизм, аллантиазис

lanate ['lei,neit] волосатый, волосистый; пушковый *(волос)*

lance [læns] ланцет || вскрывать ланцетом *(напр. фурункул)*

lanceolate ['lænsi:əʊ,leit] ланцетовидный; копьевидный

lancet ['lænsət] ланцет; скальпель-копьё *(остроконечный обоюдоострый хирургический нож)*

eye ~ глазной ланцет

lancinating ['lænsi,neitiŋ] острый; стреляющий; сверлящий; колющий; режущий *(о боли)*

lancing ['lænsiŋ] вскрытие *(напр. кисти)*

laser ~ рассечение [резка] лазером

landfill ['lænd,fil] 1. закапывание [захоронение] отходов в землю 2. (мусорная) свалка

landmark ['lænd,ma:k] *анат., хир.* ориентир, опознавательная точка

~s in viral hepatitis вехи в изучении вирусного гепатита

anatomical ~ анатомический ориентир

anthropometric ~ антропометрическая точка

cephalometric ~ краниометрическая точка

radiological ~ рентгенологический ориентир

landscape ['lænd,skeip] ландшафт, флора

microbial ~ микробный пейзаж, состав микрофлоры

language ['læŋgwidʒ] 1. язык 2. речь

~ of organs «язык органов»

action ~ язык поступков

american sign ~ американский язык знаков *(глухонемых)*

artificial ~ *псих.* речь, построенная на неологизмах

behavior ~ *психол.* язык поведения

bizzare ~ *псих.* странный язык

body ~ язык тела *(жесты, мимика, «игра вазомоторов»)*

disordered ~ нарушение речи

finger [gestural] ~ язык жестов, язык глухонемых

internal ~ внутренняя речь

metaphoric ~ метафоричная речь

nonverbal ~ невербальный язык

primitive psychosomatic ~ примитивный психосоматический язык

sign ~ *см.* **finger** ~

taboo ~ табуированная лексика

languor ['læŋgə] 1. вялость, апатия 2. обездвиженность; безжизненность

lanimology [,læni'mɒlədʒi:] ланимология *(разведение и использование лабораторных животных)*

lanugo [lə'nu:gəʊ] лануго, первичный волосяной покров, зародышевый пушок; пушковые волосы

lapactic [ləˈpæktik] слабительный *(о средстве)*

laparectomy [ˌlæpəˈrektəmiː] иссечение части [полоски] брюшной стенки

laparocele [ˈlæpərəʊˌsiːl] брюшная грыжа, грыжа живота

laparocolectomy [ˌlæpərəʊkəʊˈlektəmiː] колэктомия *(удаление ободочной кишки)*

laparocolostomy [ˌlæpərəʊkəʊˈlɒstəmiː] колостомия

laparocolpotomy [ˌlæpərəʊkɒlˈpɒtəmiː] кольпоцелиотомия *(вскрытие прямокишечно-маточного углубления)*

laparocystectomy [ˌlæpərəʊsiˈstektəmiː] чрезбрюшинное удаление кисты яичника

laparocystidotomy [ˌlæpərəʊsistiˈdɒtəmiː], **laparocystotomy** [ˌlæpərəʊsiˈstɒtəmiː] 1. чрезбрюшинное удаление содержимого кисты 2. надлобковая цистотомия

laparogastrostomy [ˌlæpərəʊɡæˈstrɒstəmiː] гастростомия

laparohysterectomy [ˌlæpərəʊˌhistəˈrektəmiː] чрезбрюшинная экстирпация матки

laparohysteropexy [ˌlæpərəʊˈhistərəʊˌpeksi] вентрофиксация матки *(фиксирование матки к брюшной стенке)*

laparomyomectomy [ˌlæpərəʊˌmaiəʊˈmektəmiː], **laparomyomotomy** [ˌlæpərəʊˌmaiəʊˈmɒtəmiː] чрезбрюшинное удаление миомы матки

laparomyositis [ˌlæpərəʊˌmaiəʊˈsaitis] воспаление мышц живота

laparonephrectomy [ˌlæpərəʊnefˈrektəmiː] чрезбрюшинная нефрэктомия

laparoscopy-assisted [ˌlæpəˈrɒskɒpi-æˈsistid] лапароскопически ассистированный

laparoscopy [ˌlæpəˈrɒskəpiː]:

  nonacute ~ плановая лапароскопия

  retroperitoneal ~ забрюшинная лапароскопия

  second-look ~ повторная лапароскопия по прошествии определённого времени *(с целью ревизии состояния опухолевого процесса)*

laparotomize [ˌlæpəˈrɒtəˌmaiz] производить лапаротомию

laparotomy [ˌlæpəˈrɒtəmiː] лапаротомия, чревосечение

  open ~ традиционная лапаротомия *(в отличие от лапароскопической)*

  second-look ~ *см.* **second-look laparoscopy**

  staging ~ этапная лапаротомия

laparotrachelotomy [ˌlæpərəʊˌtrækəˈlɒtəmiː] низкое [перешеечное, ретровезикальное] кесарево сечение

laparouterotomy [ˌlæpərəʊˌjuːtəˈrɒtəmiː] чрезбрюшинное кесарево сечение

lapse [læps] 1. отклонение *(от нормы)*; ошибка, ляпсус 2. падение; снижение; переход в тяжёлое состояние *(напр. в кому)* 3. течение, ход, промежуток *(времени)* 4. срыв *(приём алкоголя после лечения)*

  ~ **of memory, memory** ~ расстройство памяти; провал в памяти

lard [laːd] жир, лярд

  leaf ~ околопочечная жировая клетчатка

lardacious [laːˈdeiʃəs] лярдациозный *(напоминающий свиное сало – о ткани, содержащей амилоид)*

largagtin [ˈlaːɡəɡtin] ларгагтин *(группоспецифический антиген ретровирусов)*

large-bore [laːʤ-ˈbɔː] широкопросветный *(напр. катетер)*

large-bowel [ˈlaːʤ-ˈbaʊəl] толстая [ободочная] кишка

large-scale [laːʤ-skeil] крупномасштабный, массовый

larva [ˈlaːvə], *pl.* **larvae** [ˈlaːviː] личинка, гусеница

  ~**e migrans** 1. личинки нематоды, мигрирующие в тканях организма хозяина 2. синдром висцеральной «блуждающей личинки»

  cercaria ~ личинка церкарии

  dormant infective ~**e** личинки в состоянии покоя

  infective [invasion] ~ инвазионная личинка

larval [ˈlaːvəl] 1. личиночный, относящийся к личинке 2. ларвированный, скрытый, атипичный, маскированный, бессимптомный

larvate(d) [ˈlaːˌveitid] *см.* **larval 2**

larvicide [ˈlaːviˌsaid] ларвицид *(средство для уничтожения личинок членистоногих)*

larvocyst [ˌlaːvəʊˈsist] ларвоциста

larvule [ˈlaːvjʊl] молодая личинка

laryngect(omee) [lærinˈʤektəʊmiː] больной, перенёсший ларингэктомию

laryngectomy [lærinˈʤektəmiː] ларингэктомия

  complete ~ тотальная ларингэктомия

laryngemphraxis [ˌlærinʤemˈfræksis] обтурация гортани

laryngism [ˈlærinʤizm] ларингоспазм, спазм гортани

laryngismus [lærinˈʤizməs]:

  ~ **stridulus** стенозирующий ларинготрахеобронхит, ложный круп, синдром крупа

laryngitis [lærinˈʤaitis] ларингит, воспаление гортани

  croupous ~ дифтерия гортани, истинный круп

  membranous ~ плёнчатый ларингит

laryngocele [ləˈringəsiːl] ларингоцеле, воздушный мешочек гортани

laryngofissure [ləˌringəʊˈfiʃə] *хир.* ларингофиссура

laryngologist [ˌlærinˈɡɒləʤist] ларинголог

laryngophantom [ləˌringəʊˈfæntəm] модель [фантом] гортани

laryngopharynx [ləˌringəʊˈfærinks] ларингофаринкс, гортаноглотка, гортанная часть глотки

laryngophony [ˌlærinˈɡɒfəniː] ларингофония *(голосовые тоны, выслушиваемые при аускультации гортани)*

laryngophthisis [ˌlærinˈɡɒfθaisis] туберкулёз гортани

laryngoplasty [ləˈringəʊˌplæstiː] ларингопластика *(пластическая операция на гортани)*

laryngoplegia [ləˌringəʊˈpliːʤiːə] ларингоплегия *(паралич мышц гортани)*

laryngorrhagia [ləˌringəʊˈreiʤiːə] гортанное кровотечение

laryngoscleroma [ləˌringəʊskləˈrəʊmə] ларингосклерома, склерома гортани

laryngoscope [ləˈringəskəʊp] ларингоскоп *(инструмент или прибор для визуального исследования гортани)*

laryngoscopy [ˌlærinˈɡɒskəpiː] ларингоскопия

  direct ~ прямая ларингоскопия, аутоскопия

  indirect [mirror] ~ непрямая [зеркальная] ларингоскопия

  suspension ~ подвесная ларингоскопия

laryngospasm [ləˈringəʊˌspæzm] ларингоспазм, спазм гортани

laryngostomy [ˌlærinˈɡɒstəmiː] ларингостомия *(создание наружного свища гортани)*

laryngostroboscope [ləˌrɪŋɡəʊˈstrəʊbəʊˌskəʊp] ларинго-стробоскоп *(прибор для наблюдения за колеблющимися голосовыми складками)*

laryngotomy [ˌlærɪnˈɡɒtəmɪ] ларинготомия *(рассечение гортани)*

  inferior ~ крикотиреотомия

  median ~ ларингофиссура

laryngotracheitis [ləˌrɪŋɡəʊˌtreɪkiˈaitis] ларинготрахеит

laryngotracheobronchitis [ləˌrɪŋɡəʊˌtreɪkiˈəʊbrɒnˈkaitis] ларинготрахеобронхит, круп

laryngoxerosis [ləˌrɪŋɡəʊziˈrəʊsis] хронический атрофический ларингит

larynx [ˈlærɪŋks], *pl.* **larynges** [ləˈrɪndʒiːz] гортань

lascivia [ləˈsiviə], **lasciviousness** [ləˈsiviəsnəs] повышенное половое влечение *(у мужчин – сатириазис, у женщин – нимфомания)*

laser [ˈleizə] лазер, оптический квантовый генератор

  argon ~ аргоновый лазер *(применяется для фотокоагуляции)*

  CO₂ ~ углекислотный лазер, CO₂-лазер

  continuous-wave ~ лазер непрерывного излучения

  copper vapor ~ лазер на парах меди

  diode ~ полупроводниковый [диодный] лазер

  excimer ~ эксимерный лазер *(применяется для удаления очень тонких слоёв ткани с поверхности роговицы)*

  fiber ~ волоконнооптический лазер

  frequency stabilized ~ лазер, стабилизированный по частоте

  gold vapor ~ лазер, работающий на парах золота

  helium-neon [He-Ne] ~ гелий-неоновый лазер

  liquid ~ жидкостный лазер

  low-level energy ~s **1.** низкоэнергетическое лазерное излучение **2.** низкоэнергетическая лазеротерапия

  neodymium-yttrium-aluminium-garnet ~ неодимий-иттрий-алюминий-гранатовый лазер

  pulsed ~ импульсный лазер

  ring ~ кольцевой лазер

  ruby ~ рубиновый лазер

  semiconductor ~ полупроводниковый лазер

  solid(-state) ~ твёрдотельный лазер

  surgical ~ лазерный скальпель

  ultrapulse ~ высокочастотный лазер

  YAG ~ АИГ-лазер *(с активной средой иттрий-алюминий-гранат)*

lasertripsy [ˌleizəˈtripsiː] разрушение жёлчных, мочевых камней лазером

laser-welded [ˈleizə-ˈweldid] спаянный лазером *(напр. анастомоз)*

lasing [ˈleiziŋ] генерация лазера

lassitude [ˈlæsitjuːd] **1.** утомление, утомляемость; усталость **2.** апатия, вялость

lata [ˈlɑːtɑː] лата, резкая соматическая реакция *(вскрикивание, подпрыгивание, всплёскивание рук при испуге)*

late [leit] **1.** поздний; отсроченный; отдалённый *(напр. результат лечения)* **2.** пожилой

latency [ˈleitnsiː] скрытое состояние, латентность

  ~ **of effect** возможность побочной реакции *(медикамента)*

  ~ **of recovery** время скрытого восстановления *(функции)*

  response ~ латентный период реакции

latent [ˈleitnt] **1.** скрытый, латентный *(напр. период)*, персистентный *(об инфекции)* **2.** скрытый, потенциальный

lateral [ˈlætərəl] латеральный *(1. анат. боковой 2. рентг. находящийся в сагиттальной плоскости)*

  apical ~ верхушечно-боковой *(сегмент)*

  posterior ~ заднебоковой *(сегмент)*

laterality [ˌlætəˈræliti] латерализация *(функций, напр. формирование праворукости и леворукости)*

lateralization [ˌlætərəliˈzeiʃən] локализация, или смещение в сторону, структуры или функции органа

  cerebral ~ церебральная латерализация *(преобладание функциональной активности правого или левого полушария головного мозга)*

  crossed ~ перекрёстная латерализация

laterocollis [ˌlætərəʊˈkɒləs] латероколлис *(кривошея с наклоном и/или поворотом головы в сторону)*

laterodeviation [ˌlætərəʊˌdiːviˈeiʃən] отклонение [смещение] в сторону

lateroduction [ˌlætərəʊˈdʌkʃən] направленность в одну сторону *(о движении конечности, глазного яблока)*

lateroflexion [ˌlætərəʊˈflekʃən] латерофлексия *(боковое сгибание или искривление)*

laterognathism [ˌlætərəʊˈnæθizm]:

  mandibular ~ боковая асимметрия нижней челюсти

lateroposition [ˌlætərəʊpəˈziʃən] **1.** латеропозиция, положение на боку **2.** смещение в сторону

lateropulsation [ˌlætərəʊpʌlˈseiʃən] латеропульсия *(непреодолимое отклонение в сторону – симптом паркинсонизма)*

laterotorsion [ˌlætərəʊˈtɔːʃən] поворот глазного яблока вокруг его передне-задней оси

lateroversion [ˌlætərəʊˈvəːʒən] латероверсия, отклонение в сторону *(напр. матки)*

lathe [leiθ]:

  dental ~ зуботехническая шлейф-машина *(для шлифовки и полировки протезов)*

lathyrism [ˈlæθəˌrizəm] латиризм *(миелоневропатия, развивающаяся при длительном употреблении семян чины)*

latrine [ləˈtriːn]:

  pit ~ выгребная яма

latrodectism [ˌlætrəʊˈdektizm] латродектизм *(отравление ядом некоторых пауков)*

Latrodectus [ˌlætrəʊˈdektəs] род ядовитых пауков *(напр. каракурт)*

latter [ˈlætə] **1.** конец **2.** смерть

lattice [ˈlætis] *биохим.* решётка; решётчатая структура || решётчатый

latus [ˈleitəs], *pl.* **latera** [ˈleitərə] *лат.* **1.** широкая часть *(напр. спины)*; поверхность **2.** бок; боковая поверхность **3.** фланк

laudable [ˈlɔːdəbəl] благоприятный, доброкачественный

laudanum [ˈlɔːdənəm] *уст.* настойка опия

laughter [ˈlɑːftə] смех, хохот; улыбка

  canine ~ *см.* **mirthless** ~

  convulsive ~ *см.* **spasmodic** ~

  drawn ~ насильственный смех

mirthless ~ сардоническая гримаса *(наблюдается при столбняке – оттянутые книзу и кзади углы рта)*

spasmodic ~ судорожный, или неудержимый, смех

laundering [ˈlɔːndəriŋ] стирка

marrow ~ «очищение» костного мозга *(от эффекторных Т-лимфоцитов)*

Laurel [ˈlɔːrəl]:

Cherry ~ лавровишня лекарственная

lavage [laˈvɑːʒ] лаваж, промывание полости; орошение || проводить лаваж, промывать; орошать

~ **of lesser sac** лаваж малого сальника

bronchial ~ бронхиальный лаваж

bronchoalveolar ~ 1. бронхоальвеолярный лаваж 2. лёгочный смыв

continuous peritoneal ~ проточный [непрерывный] перитонеальный диализ

gastric ~ промывание желудка

iced saline ~ орошение ледяным солевым раствором

intermittent peritoneal ~ фракционный [перемежающийся] перитонеальный диализ

intestinal loop ~ промывание кишечной петли

lymph ~ лимфолаваж

pulsatile ~ лаваж пульсирующей струёй

retrograde nasal ~ ретроградное промывание носа

tube ~ промывание через зонд *(желудка)*

volume-controlled ~ лаваж с дозируемым объёмом жидкости

lavatory [ˈlævətɔːri] уборная, туалет

lavellae [læˈvelə] костные пластинки

lavement [ˈleivmənt] 1. лаваж, промывание полости; орошение 2. клизма

laveur [laˈvɜː] устройство для проведения лаважа

law [lɔː] 1. закономерность; правило; принцип 2. закон, законодательство; право

~**s of articulation** свод правил о сбалансированной артикуляции зубных дуг

~ **of constant [definite] proportions** закон постоянства состава, Пруста закон

~ **of contiguity** закон ассоциации идей *(тенденция некогда совпавших мыслей вызывать появление друг друга в дальнейшем)*

~ **of deviation of homeostasis** закономерности в изменении гомеостаза

~ **of effect** закон эффекта, принцип результата *(в научении)*

~ **of fertility** закон рождаемости; кривая рождаемости

~ **of independent assortment** закон независимого распределения генов, Менделя второй закон

~ **of mass action** *хим.* закон действующих масс

~ **of maximum energy in biological systems** правило максимума энергии в биологических системах

~ **of precision** закон отчётливости *(напр. в организации восприятия)*

~ **of referred pain** закон проекции болевого ощущения *(боль появляется только от раздражения нервов, чувствительных к стимулам, наносимым на поверхность тела)*

~ **of segregation** закон расщепления признаков

~ **of the heart** закон сердца, Старлинга закон *(сила сокращения волокон миокарда пропорциональна первоначальной величине их растяжения)*

~ **on drugs** закон о наркотических и психотропных средствах

all-or-nothing ~ закон «всё или ничего» *(на подпороговое раздражение возбудимая клетка не даёт ответа, а на пороговое раздражение даёт максимальный ответ)*

Aran's ~ Арана правило *(удар по своду черепа вызывает перелом основания чаще, чем свода)*

Courvoisier's ~ Курвуазье симптом *(сочетание желтухи с наличием увеличенного напряжённого безболезненного жёлчного пузыря – признак рака головки поджелудочной железы)*

criminal ~ уголовное право

crown ~ *суд. мед.* закон об уголовной ответственности; статья уголовного кодекса

decay ~ закон (радиоактивного) распада; закон затухания

Einthoven's ~ *кард.* Эйнтховена правило

family ~ семейное право

Hamburger's ~ Амбюрже правило *(альбумины и фосфаты переходят из эритроцитов в плазму, а хлориды из плазмы в клетки)*

juvenile ~ законодательство о несовершеннолетних

lunacy ~ законодательство о психически больных

medical ~ медицинское право

medical malpractice ~ законодательство об ответственности врачей за недобросовестное отношение к своим обязанностям

Mendel's ~**s** Менделя законы *(наследственной передачи признаков)*

mental health ~ законодательство по охране психического здоровья

Nysten's ~ Нистена правило *(трупное окоченение распространяется вниз, начинаясь с головы)*

occupational safety ~ закон об охране здоровья на производстве, или о технике безопасности

registration ~ закон о регистрации актов гражданского состояния

Ribot ~ закон Рибо *(прогрессирующий распад памяти происходит в последовательности, обратной накоплению информации в течение жизни)*

second ~ **of thermodynamics** второй закон термодинамики *(при любом химическом или физическом процессе энтропия Вселенной возрастает)*

sexual predator ~ закон о сексуальном насилии

“Street ~” «Живое право» *(внедрение в школьное образование правовых знаний, США)*

Talbot's ~ *офт.* закон слияния мельканий, Тальбота закон

toxic substances ~**s** законодательство о токсичных веществах

law-book [ˈlɔː-ˈbʊk] кодекс, свод законов

law-breaker [ˈlɔː-ˈbreikə] *суд. мед.* правонарушитель, преступник

lawn [lɔːn] 1. газон *(поверхность питательной среды, покрытая слоем бактерий, грибов и т. п.)* 2. *sl.* низкокачественная марихуана

lax [læks] 1. понос || склонный к поносу 2. слабый; вялый 3. неплотный; рыхлый 4. неряшливый, расхлябанный, распущенный

laxation [læk'seiʃən] перистальтика кишечника

laxative ['læksətiv] слабительное средство умеренного действия || слабительный, послабляющий

  bulk ~ слабительное, ускоряющее перистальтику посредством увеличения объёма химуса

  saline ~s солевые слабительные

laxity ['læksiti] 1. вялость (напр. кожи), слабость, расслабление (связочного аппарата) 2. халатность

  ~ **of inguinal rings** «слабость» паховых колец

  ~ **of the ligamentous attachments** слабость прикрепления связок

  familial ~ **of joint** разболтанность [избыточная подвижность] суставов у членов семьи

  rotary ~ ротационная неустойчивость, или слабость (напр. коленного сустава)

layer ['leiə] слой, ряд, наслоение || наслаивать(ся)

  adherent ~ адгезивный слой

  adipose ~ жировой слой; подкожная клетчатка

  ain ~s послойно

  ameloblastic ~ внутренний клеточный слой эмалевого органа

  bacillary ~ см. **columnar** ~

  basal ~ базальный слой эпидермиса

  Bernard's glandular ~ внутренний слой клеток ацинуса поджелудочной железы

  boundary ~ пограничный слой

  buffer-cell ~ слой буферных клеток (плацентарная оболочка, препятствующая сенсибилизации плода антигенами матери)

  buffy coat ~ лейкоцит(ар)ная плёнка

  cerebral ~ мозговое вещество (почки)

  columnar ~ слой палочек и колбочек (сетчатки глаза)

  cortical ~s кортикальные слои

  covering ~ покровный слой

  dead outer skin ~ омертвевшие наружные слои кожи

  enamel ~ наружный клеточный слой эмалевого органа

  entering ~ **of intussusception** внутренний цилиндр инвагината кишечника

  enveloping ~ внешний [окружающий] слой

  feeder ~ питающий подслой, фидер (в культуре клеток)

  fluffy ~ ворсистый слой

  ganglionic ~ ганглионарный слой (коры мозжечка)

  germ(inal) ~ зародышевый листок, зародышевый пласт

  granular ~ **of Tomes** зернистый дентинный слой (корня зуба), Томса зернистый слой

  half-value ~ слой половинного ослабления (ионизирующего излучения)

  horny [keratinized] ~ роговой слой (эпидермиса)

  laminar boundary ~ ламинарный пограничный слой

  malpighian ~ ростковый слой эпидермиса, мальпигиев слой

  marginal ~ эмбр. краевая вуаль, краевая зона

  muscular ~ мышечная оболочка

  musculofascial ~ мышечно-фасциальная пластинка

  neuroepidermal ~ эмбр. эктодерма

  nuclear ~ зернистый слой (роговицы)

  nurse ~ питающий слой

  odontoblastic ~ эпителиоидный слой одонтобластов

  organised adherent ~ сформированный адгезивный слой (в культурах декстеровского типа)

  osteogenetic ~ остеогенный слой (надкостницы)

  ozone ~ озоновый слой

  prickle-cell ~ шиповатый слой эпидермиса

  serosal ~ серозная оболочка

  slime ~ гликокаликс, слизистый слой

  smear ~ стом. «смазанный слой»

  spinous ~ см. **prickle-cell** ~

  stromal ~ слой стромальных клеток

  subcutaneous fat ~ подкожный жировой слой

  subendothelial ~ субэндотелиальный слой, субэндотелий, Лангханса слой

  supernatant ~ надосадочный слой жидкости

  trophic ~ эмбр. энтодерма, энтобласт

  uniform ~ равномерный слой

  vegetative ~ см. **trophic** ~

layer-by-layer ['leiə-bai-'leiə] послойный

layout ['leiaʊt] план; планировка

  ~ **of the hospital** планировка больницы

laystall ['leistɒl] свалка

lazaret [ˌlæzə'ret] лазарет (1. санпропускник в порту 2. место на судне, используемое в карантинных целях)

lazaretto [ˌlæzə'retəʊ] 1. инфекционная больница 2. лепрозорий 3. карантинный лагерь

laziness ['leizinəs] леность, лень

leaching ['liːtʃiŋ] выщелачивание; вынос; вымывание

  ~ **of antigen** (сверхдозовый) эффект «сползания», «хук»-эффект (десорбция иммобилизованного антигена с подложки при резком увеличении его концентрации)

lead¹ [liːd] 1. ввод, вывод, питающий проводник 2. отведение (напр. электрокардиограммы)

  augmented value ~ усиленное однополюсное отведение (от руки или ноги)

  chest ~ грудное отведение ЭКГ

  direct ~ прямое отведение (непосредственно от сердца)

  esophageal ~ пищеводное отведение ЭКГ

  extremity ~ отведение ЭКГ от конечности

  indirect ~s стандартные [классические] отведения ЭКГ

  plate ~ пластинчатый электрод

  precordial ~ см. **chest** ~

  scalp (electrode) ~ отведение ЭЭГ с кожи головы

  semidirect ~ см. **chest** ~

  standard ~ стандартное отведение (одно из трёх основных биполярных отведений с конечностями, обозначаемых как I, II и III)

  unipolar ~ монополярное [однополюсное] отведение

  Wilson's ~ прекордиальное отведение по Вильсону

lead² [led] свинец, Pb

  blood ~ содержание свинца в крови

  tetra-ethyl ~ тетраэтилсвинец (токсичный компонент бензина)

lead³ [liːd] руководство, инициатива || руководить, вести

leaden [ledn] 1. свинцовый 2. тяжёлый, тяжкий 3. медлительный, инертный

leader ['liːdə] 1. психол. лидер 2. ген. лидер, лидерная последовательность (область молекулы матричной РНК от 5'-конца до начала кодирующей области первого структурного гена)

leadership ['liːdəʃip]:

dual ~ двойное лидерство, котерапия

lead-in [ˈliːd-in] введение

two-way ~ двойной проход; двухходовый ввод

leading [ˈliːdiŋ] ведущий, главный, основной

lead-lotion [ˈliːd-ˈləʊʃən] свинцовая примочка

lead-shielded [ˈliːd-ˈʃiːldid] защищённый свинцом

leadwork [ˈliːdwɜːk] свинцовая обкладка или прокладка, свинцовый экран

leaf [liːf], *pl.* **leaves** [liːvz]:

bearberry ~s листья толокнянки

belladonna ~ листья белладонны

digitalis purpurea ~ листья пурпурной наперстянки

leafing [ˈliːfiŋ] отслаивание, шелушение

leaflet [ˈliːflit] информационный листок (*напр. аннотация лекарственного препарата*)

mitral wave ~ створка митрального клапана

patient education ~ информационный листок для больного

league [liːg] лига, союз ‖ входить в союз; *см. тж.* Приложение

leak(age) [ˈliːkiʤ] 1. утечка, истечение, просачивание, подтекание; пропотевание жидкости 2. несостоятельность швов

~ **of acidic liposomes** утечка кислотных липосом

~ **of fetal red blood cells into maternal circulation** фетоплацентарная утечка крови

~ **of proteins** фильтрация белков (*напр. через клубочковую мембрану почки*)

air ~ просачивание воздуха (*при пневмотораксе*)

back ~ обратное просачивание (*напр. мочи*)

bile ~ желчеистечение

enzyme ~ высвобождение ферментов (*напр. при некрозе печени*)

esophageal ~s несостоятельность (швов) пищеводного анастомоза

excessive ~ избыточное просачивание (*плазмы через капилляры*)

fluid ~ перемещение жидкости (*в тканях организма*)

gastrostomy ~ просачивания гастростомы

involuntary urine ~ непроизвольное мочеиспускание; непроизвольное истечение мочи

radioactive ~ утечка радиоактивного вещества

red cell ~ утечка эритроцитов (*через плаценту*); изоиммунизация плода

vascular fluid ~ выход жидкости из сосудистого русла

leak-free [liːk-friː], **leakless** [ˈliːkles], **leakproof** [ˈliːkpruːf], **leak-tight** [liːk-tait] герметичный, плотный

leaky [ˈliːkiː] 1. неплотно соединённый, негерметичный 2. просачивание

lean [liːn] 1. тощий, худой 2. скудный

learning [ˈlɜːniŋ] 1. обучение, выработка навыков; обучаемость 2. *иммун.* коммитирование, «обучение»

active avoidance ~ обучаемость активному избеганию

immunological ~ формирование иммунологической компетентности

latent ~ латентное научение

motor ~ усвоение двигательного навыка

observational ~ научение через наблюдение

sign ~ *психол.* знаковое научение

trial-and-error ~ научение путём проб и ошибок

vicarious ~ викарное научение (*через наблюдение научения других*)

visceral ~ висцеральное научение (*основанная на принципах биологической обратной связи методика эмоциональной или другой саморегуляции*)

leave [liːv] 1. разрешение, позволение, предоставление 2. оставлять, покидать 3. прекращать, бросать,

~ **off smoking** бросать курить

convalescent ~ отпуск для выздоравливающих

maternity ~ отпуск по беременности и родам

sick ~ 1. освобождение по болезни 2. денежное пособие по болезни

leaving [ˈliːviŋ]:

~ **abdomen open** *хир.* метод «открытой эвисцерации»

leben [ˈlebən] кисломолочный напиток

lechopyra [lekəʊˈpairə] послеродовой сепсис

lecithinase [ˈlesiθineis] лецитиназа (*фермент тонкой кишки*)

lectin [ˈlektin] фитогемагглютинин, растительный гемагглютинин, лектин

lecture [ˈlektʃə] 1. лекция 2. преподавание

dry clinic ~ клиническая лекция без демонстрации больных

Soper ~s **on International Health** Соперовские лекции по международному здравоохранению

lecturer [ˈlektʃərə] лектор; преподаватель университета (*третий по старшинству после профессора и доцента*)

~ **in clinical surgery** ассистент хирургической клиники

assistant ~ ассистент, младший преподаватель

senior ~ старший преподаватель

Ledum [ˈledəm]:

~ **palustre** *лат.* багульник болотный

leech [liːtʃ] пиявка ‖ ставить пиявки

German ~ пятнистая (медицинская) пиявка

mechanical ~ искусственная пиявка

medicinal [speckled, Swedish] ~ *см.* **German** ~

lake-dwelling ~ озёрная пиявка

left-handed [left-ˈhændid] 1. леворукий, левша 2. фиктивный (*брак*)

left-handedness [left-ˈhændidnəs] леворукость

overt ~ явная леворукость

leg [leg] 1. нога, нижняя конечность 2. голень 3. опора, стойка, подставка (*напр. аппарата*)

ammunition [artificial] ~ протез нижней конечности

bad ~ поражённая нога

badger ~s разная длина ног

baker's ~s Х-образные ноги (*колени отклонены внутрь*)

bandy ~ 1. саблевидная голень 2. *pl.* О-образные ноги (*колени отклонены наружу*)

Barbados ~ *см.* **elephant** ~

bayonet ~ анкилоз коленного сустава со штыкообразной деформацией (*со смещением голени кзади*)

bird ~ *sl.* «птичья нога» (*выраженная атрофия мышц нижней конечности*)

boomerang ~ *см.* **bandy** ~ 1

bow ~s варусное колено, genu varum

elephant ~ слоновость [элефантиаз] ноги

ischemic ~ ишемия нижней конечности, нарушение кровоснабжения нижней конечности

jimmy [jitter] ~s синдром перемежающейся хромоты

milk ~ белый болевой флебит

peg ~ *см.* **ammunition ~**

restless ~s синдром [симптом] беспокойных ног

rider's ~s судорога приводящих мышц бедра

scissor ~s перекрещивание ног во время ходьбы *(при спастическом парезе)*, спастическая походка

tennis ~ «теннисная» нога *(разрыв икроножных мышц у спортсменов)*

white ~ белый болевой флебит

legal ['liːɡəl] **1.** юридический, правовой; легальный; законный **2.** судебно-медицинский

legalization [liːˌɡæliˈzeɪʃən] легализация

legasthenia [leɡəsˈθiːniːə] легастения *(затруднение приобретения навыков чтения и письма у детей)*

lege ['leɡe]:

~ **artis** *лат.* по всем правилам искусства, на высоком уровне

Legionella [ˌliːdʒəˈnelə] род микобактерий легионелл

~ **pneumophila** пневмофильная легионелла

legionellosis [ˌliːdʒəneˈləʊsɪs] легионеллёз, болезнь «легионеров», легионеллёзная пневмония

legislation [ˌledʒɪˈsleɪʃən]:

~ **on use of animals** правовые основы использования животных *(напр. в эксперименте)*

child care ~ законодательство о детях

health ~ медико-санитарное законодательство *(ВОЗ)*

national food ~s национальные законоположения, относящиеся к продовольствию и питанию

legitimate [ləˈdʒɪtəmɪt] **1.** законнорождённый; законнорождённое потомство **2.** законный родитель **3.** усыновлять *(внебрачного ребёнка)*

leicocidin [laɪkəʊˈsaɪdɪn] лейкоцидин *(экзотоксин)*

leiodermia [ˌlaɪəʊˈdəːmiːə] лейодермия *(гладкая, глянцевая, лоснящаяся кожа)*

leiomyoblastoma [ˌlaɪəʊˌmaɪəʊblæsˈtəʊmə] эпителиоидная лейомиома, лейомиобластома

leiomyofibroma [ˌlaɪəʊˌmaɪəʊfaɪˈbrəʊmə] лейомиофиброма, фибромиома

leiomyoma [ˌlaɪəʊmaɪˈəʊmə] лейомиома

~ **cutaneous multiple** *лат.* множественные лейомиомы кожи

vascular ~ ангиолейомиома, ангиомиома, сосудистая лейомиома

leiomyosarcoma [ˌlaɪəʊˌmaɪəʊsaːˈkəʊmə] лейомиосаркома, злокачественная лейомиома

Leishmania [liːʃˈmæniːə] род простейших жгутиковых семейства *Trypanosomatidae*

~ **major** вид, ответственный за зоонозный кожный лейшманиоз на обширной области средиземноморского региона и Малой Азии

~ **mexicana amazonensis** форма, особо распространённая в бассейне Амазонки

~ **tropica major** *см.* ~ **major**

leishmanial [liːʃˈmæniːəl] лейшманиозный, относящийся к лейшманиям

leishmaniasis [ˌliːʃməˈnaɪəsɪs] *параз.* лейшманиоз

American ~ кожный лейшманиоз Нового Света, американский лейшманиоз

anergic cutaneous ~ тегументарный [лепроматозный] лейшманиоз

cutaneous [dermal] ~ кожный лейшманиоз, Боровского болезнь

infantile ~ средиземноморский висцеральный лейшманиоз, детский средиземноморский кала-азар

mucocutaneous [nasopharyngeal, New World] ~ слизисто-кожный лейшманиоз Нового Света, американский лейшманиоз

Old World [rural, urban] ~ *см.* **cutaneous ~**

visceral ~ индийский висцеральный лейшманиоз, кала-азар, лихорадка дум-дум

lema ['liːmə] секрет мейбомиевых желёз

lememia [liːˈmiːmiːə] септическая чума, чумной сепсис

lemic ['liːmɪk] **1.** чумной **2.** инфекционный

lemmocyte ['leməʊˌsaɪt] леммоцит, шванновская клетка

lemniscus [lemˈnɪskəs], *pl.* **lemnisci** [lemˈnɪsaɪ] *анат.* петля *(пучок нервных волокон)*; лента

lateral ~ наружная [латеральная] петля

medial ~ медиальная петля *(среднего мозга)*

lemology [leˈmɒlədʒi] учение об инфекционных болезнях *(особенно об эпидемиологии чумы)*

length [leŋθ] **1.** длина **2.** длительность, продолжительность, период

~ **of a generation** длина поколения *(средний интервал времени, разделяющий поколения родителей и детей)*

~ **of hospital stay** продолжительность госпитализации, длительность стационарного лечения

~ **of labor** продолжительность родов

average ~ of stay *см.* **median ~**

cervical ~ длина шейки матки

crown-heel ~ длина тела от макушки до пятки *(плода или новорождённого)*

crown-rump ~ теменно-копчиковое расстояние

cycle ~ менструальный [межменструальный] период

end-systolic ~ конечный систолический размер

extra-alveolar ~ надальвеолярная длина зуба

focal ~ *офт.* фокусное расстояние

foot ~ длина стопы

intra-alveolar ~ внутриальвеолярная длина корня зуба

map ~ единица картирования

mean ~ of response средняя продолжительность реакции

median ~ of stay средняя продолжительность госпитализации, средний койкодень

ping ~ длительность акустического [звукового] импульса

pulse ~ длительность импульса

restriction fragment ~ длина рестрикционного фрагмента

stem ~ длина ножки *(протеза)*

total ~ of hospitalisation общая продолжительность госпитализации

lengthening ['leŋθənɪŋ] **1.** удлинение, увеличение **2.** растяжение

~ **bone segments** удлинение костных сегментов

leniceps ['lenɪseps] акушерские щипцы с короткими браншами

lenitive ['lenitiv] успокаивающее или болеутоляющее средство || успокаивающий, болеутоляющий

lens [lenz] 1. линза, оптическое стекло, лупа, объектив 2. хрусталик (глаза)

  acrylic ~ акриловый искусственный хрусталик

  aniseikonic ~es анизейконические линзы

  aplanatic ~ апланатическая линза (свободная от сферической или хроматической аберрации)

  astigmatic ~ астигматическая линза, цилиндрическая линза

  biconcave ~ двояковогнутая [вогнуто-вогнутая] линза

  biconvex ~ двояковыпуклая линза

  bifocal ~ бифокальная (очковая) линза

  collimating [collimator] ~ коллиматорная линза

  concavoconcave ~ см. biconcave ~

  concavoconvex ~ вогнуто-выпуклая линза

  condensing ~ конденсорная линза, конденсор

  converging ~ собирающая [положительная, увеличительная] линза

  corneal ~ контактная роговичная [корнеальная] линза

  crystalline ~ хрусталик

  defocusing [dispersing] ~ см. minus ~

  dissecting ~ препаровальная лупа

  diverging ~ см. minus ~

  eye ~ окуляр (микроскопа)

  field ~ объектив (микроскопа)

  fundus ~ Груби линза (со щелевой лампой)

  gonioscopy ~ гониолинза, гониоскопическая линза

  hand ~ см. magnifying ~

  haptic ~es тактильные линзы (закрывают роговицу и некоторую часть склеры)

  hard contact ~ жёсткая контактная линза

  high-power ~ линза с сильным увеличением

  immersion ~ иммерсионная линза, иммерсионный объектив (микроскопа)

  intraocular ~ искусственный хрусталик

  luxated ~ вывих хрусталика

  magnifying ~ лупа, увеличительное стекло

  malpositioned ~ смещённый хрусталик

  minus [negative] ~ рассеивающая [отрицательная] линза

  objective ~ 1. линза объектива 2. объектив

  oil-immersion ~ иммерсионный объектив (микроскопа)

  photochromic ~ фотохромная линза (светочувствительные очковые линзы, темнеющие на солнечном свету и светлеющие при уменьшении освещения)

  plus ~ собирательная [собирающая, положительная] линза

  proper ~ оптимальная очковая коррекция

  reading ~ отсчётный микроскоп

  safety ~ безопасная линза (удовлетворяющая стандартам противоударности)

  soft contact ~ мягкая [гибкая] контактная линза

  spectacle ~ очковая линза

  spherical ~ сферическая [астигматическая] линза

  spherocylindrical ~ сфероцилиндрическая линза

  spherotoric ~ сфероторическая линза

  supersonic ~ линза для фокусировки ультразвука

  toric ~ торическая линза

  trial ~es пробные очковые стекла

  trifocal ~ трифокальная линза (с секторами трёх видов фокусирования: дальним, промежуточным и ближним)

lensectomy [len'sektəmi:] ленсэктомия (удаление хрусталика)

lente ['lentə] лат. длительный, продолжительный; пролонгированный (напр. инсулин); «ленивый»

lenticonus [ˌlenti'kəunəs] лентиконус (хрусталика)

lenticular [len'tikjʊlə] 1. хрусталиковый 2. чечевицеобразный 3. линзовый

lenticulus [len'tikjʊləs], pl. **lenticuli** [len'tikjʊˌlai] искусственный хрусталик

lentiform ['lentiˌfɔːm] чечевицеобразный

lentiginosis [lenˌtiʤi'nəusis] дерм. лентигиноз, профузное лентиго, генерализованный лентикулярный меланоз

  generalized ~ генерализованный лентигиноз (веснушки, появляющиеся в детском возрасте)

lentigo [len'taigəu], pl. **lentigines** [len'tiʤini:z] дерм. лентиго

  malignant ~ злокачественное лентиго, Дюбрея предраковый меланоз

lentitis [len'taitis] воспаление хрусталика

Lentivirinae [ˌlentai'vairini] лентивирусы (подсемейство «ленивых» вирусов медленных инфекций, включая ВИЧ)

lentogenic [ˌlentəu'ʤenik] со сниженной вирулентностью

leontiasis [ˌliːɒn'taiəsis] львиное лицо, леонтиаз

  ~ **ossea** гиперостоз черепа, краниосклероз

leper ['lepə] больной лепрой

leper-house ['lepə-'hɒus], **leper-lazaret** ['lepə-'læzəret] лепрозорий

lepidoma [ˌlepi'dəumə] лепидома (опухоль, исходящая из выстилающей ткани)

lepocyte ['lepəuˌsait] ядросодержащая клетка с оболочкой

lepothrix ['lepəuˌθriks] подмышечный трихомикоз

lepra ['leprə] см. leprosy

leprechaunism ['leprəˌkɒnizəm] лепречаунизм, лепрекойнизм (врождённая форма карликовости с гротескным лицом, низко посаженными большими ушами)

lepride ['lepriːd] pl. л700приды (высыпания при лепре)

  maculoanesthetic ~s нечувствительные к боли леприды

  major ~s увеличенные инфильтрированные леприды

  minor ~s непигментированные леприды

leprologist [le'prɒləʤist] лепролог

leprology [le'prɒləʤi:] лепрология

leproma [le'prəumə] лепрома, лепрозный бугорок

lepromin ['leprəumin] лепромин, антиген Мицуды

leprosarium [ˌleprəu'særiːəm], **leprosary** ['leprəuˌsæriː] лепрозорий

leprosy ['leprəsiː] лепра, уст. проказа, Хансена болезнь

  anesthetic ~ лепрозная анестезия

  borderline ~ пограничная [диморфная] лепра, лепра ВВ

  cutaneous ~ см. lepromatous ~

  dimorphous ~ см. border line ~

  dry ~ см. trophoneurotic ~

  histoid ~ гистоидная лепра (разновидность с патологическими изменениями, напоминающими дерматофиброму или нейрофиброму)

  indeterminate ~ недифференцированная лепра, лепра I

  Italian ~ (ломбардская) пеллагра

lazarine ~ рубцово-язвенная лепра

lepromatous ~ лепроматозная [бугорковая] лепра, лепра LL

mouse [murine] ~ лепра крыс, Стефанского болезнь

neural ~ *см.* **tuberculoid** ~

nodular ~ *см.* **lepromatous** ~

quiescent ~ лепра в стадии ремиссии

rat ~ *см.* **mouse** ~

trophoneurotic ~ лепрозная анестезия

tuberculoid ~ туберкулоидная лепра, полярный туберкулоид, лепра TT

white ~ *дерм.* витилиго

leptoanalgesia [ˌleptəʊˌænəlˈʤiːziːə] нейролептаналгезия

leptocephalia [ˌleptəʊˈsefəliːə] *терат.* патологически высокий череп

leptochroa [leptəʊˈkrəʊə] необычно истончённая кожа

leptocyte [ˈleptəʊˌsait] мишеневидный эритроцит, *уст.* лептоцит *(эритроцит уплощённой формы)*

leptodactylous [ˌleptəʊˈdæktələs] *терат.* имеющий патологически тонкие пальцы

leptomeningitis [ˌleptəʊˌmeninˈʤaitis] лептоменингит *(воспаление мягкой и паутинной оболочек мозга)*

basal ~ базальный лептоменингит

diffuse ~ диффузный лептоменингит

leptomonad [ˌleptəʊˈməʊˌnæd] лептомонада *(род Leptomonas)*

leptopachymeningitis [ˌleptəʊˌpæki-ˌmeninˈʤaitis] лептопахименингит *(воспаление оболочек мозга)*

leptopellic [ˌleptəʊˈpelik] относящийся к узкому тазу

leptophonia [ˌleptəʊˈfəʊniːə] слабость голоса

leptoprosope [lepˈtɒprəʊsəʊp] человек с узким лицом и вытянутым черепом

leptosomatic [ˌleptəʊsəʊˈmætik], **leptosomic** [ˌleptəˈsəʊmik] лептосоматический, лептосомный *(имеющий гибкое, лёгкое или тонкое тело)*

leptosome [ˌleptəˈsəʊm] индивидуум пониженного питания, или лёгкой массы тела

Leptospira [ˌleptəʊˈspairə] род лептоспиры

~ **australis** австралийская лептоспира

leptospirosis [ˌleptəʊˌspaiˈrəʊsis] *инф. бол.* лептоспироз

~ **icterohemorrhagica** желтушный [иктерогеморрагический] лептоспироз, (Васильева –)Вейля болезнь

benign ~ безжелтушный лептоспироз, болотная лихорадка

leptostaphyline [ˌleptəʊˈstæfəˌlain] имеющий высокое узкое («глоточное») нёбо

Leptothrix [ˌleptəʊˈθriks] *уст.* род организмов, классифицируемый в настоящее время как актиномицеты, нокардии либо коринебактерии

leptotrichosis [ˌleptəʊtriˈkəʊsis] лептотрихоз *(патологическое истончение волос)*

Leptotrichia [ˌleptəʊˈtrikiːə] род грамотрицательных бактерий, обитающих в полости рта

Leptotrombidium [ˌleptəʊtrɒmˈbidiːəm] род краснотёлковых клещей *(переносчики японской речной лихорадки)*

leresis [leˈrisis] лерез *(бессвязная речь – признак деменции)*

lesbian [ˈlezbiːən] лесбиянка ‖ лесбийский, лесбосский ‖ относящийся к лесбиянству

lesbianism [ˈlezbiːəˌnizəm] женский гомосексуализм, лесбиянство, лесбийская любовь

lesion [ˈliːʒən] **1.** повреждение, поражение, патологический очаг **2.** рана, ссадина

apple-core ~ поражение типа сердцевины яблока

benign cervical ~s доброкачественные образования шеи *(лимфоузлы, кисты, гемангиомы и пр.)*

cartilage "wear" ~s изнашивание хряща

caviar ~ расширенная вена или варикозный узел под языком

cavitary ~ полостное образование, каверна

central ~ поражение центральной нервной системы

cervical ~s болезни шейки матки

coin ~s of lungs *рентг.* солитарные бессимптомные округлые тени в лёгких

constrictive ~ стенозирующее поражение

contralateral ~ поражение мозга на противоположной (клиническим признакам) стороне

culprit ~ компрометирующее повреждение *(ухудшающее состояние пациента)*

cystic ~ киста, кистозное поражение

diffuse ~ диффузное [разлитое] поражение

discharging ~ очаг судорожной [гиперсинхронной] активности

discrete ~ очаговое поражение

echofree ~ эхонегативная зона *(поражения)*

echogenic ~ *узи* эхограмма поражения

endobronchial mass ~ эндобронхиальное объёмное образование

focal ~ очаговое [местное, изолированное] поражение

focal osteolytic ~s очаги остеолиза

Ghon's primary ~ *рентг.* первичный туберкулёзный аффект, Гона очаг

gross ~ обширное поражение; макроскопическое повреждение

hilar ~ поражение корня *(напр. лёгкого)*

hypoechoic ~ гипоэхогенная зона повреждения

incomplect ~ частичное повреждение

integral ~ сопутствующее поражение

intraepithelial ~ внутриэпителиальное поражение, рак in situ

lytic ~s to vertebrae разрушение [расплавление] позвонка *(опухолью)*

mass ~ объёмное образование *(новообразование, киста, натёчник)*

Mallory – Weiss ~ Маллори – Вейса патология *(разрыв слизистой кардиального отверстия желудка, обычно с выраженным кровотечением)*

metastatic ~s метастазы, метастатическое поражение

montedgia ~ Монтеджи перелом *(перелом локтевой кости в сочетании с вывихом головки лучевой кости)*

multiple ~s многоочаговое поражение

neuropathic ~ нейрогенное поражение *(напр. мочевого пузыря при расщеплении дужек позвонков)*

nodular ~ узловое поражение

obstructive ~ обструктивное поражение; обструктивный блок

oozing ~ мокнутие *(отделение серозного экссудата через мельчайшие дефекты эпидермиса)*

oral white ~ «белое» поражение слизистой оболочки рта *(напр. лейкоплакия)*

ostial ~ поражение устья сосуда

overlapping ~ наслаивающееся поражение

periferal ~ *невр.* периферическое поражение

precancerous ~ предрак

precursor ~ предшествующее поражение

premalignant ~ предраковое [пренеопластическое] поражение, предрак

"punched out" ~s «пробитые пробойником» очаги *(в костях при миеломной болезни)*

radiofrequency ~s радиочастотное повреждение

radiographic ~s картина повреждений на рентгенограмме

related ~ подобное поражение

resorptive ~ очаг резорбции *(напр. зуба)*

space-occupying ~ объёмное образование, новообразование, опухоль

squamous intraepithelial ~s плоскоклеточное интраэпителиальное поражение

stable ~ процесс в состоянии стабилизации

superficial candida ~s открытые участки, поражённые кандидами; поверхностный кандидамикоз

surgical ~s of the esophagus cancer хирургические осложнения рака пищевода

tumor-like ~ опухолевидное разрастание

unilateral cerebral ~ одностороннее поражение мозга

vaccinal ~ поствакцинальное осложнение

wartline ~s оспенные поражения

xanthomatous ~ ксантоматозное поражение

less-than-lethal ['les-ðæn-'li:θəl] выведение из строя живой силы *(применением «мягкого» оружия)*

let [let] 1. позволять, разрешать 2. пускать, давать возможность

to ~ 500 mls of blood взять [выпустить] 500 мл крови

to ~ smoke разрешать кому-л. курить

letdown [,let'daʊn], **let-down** [let-daʊn]:

milk ~ секреция [выделение] молока

lethal ['li:θəl] 1. причинный фактор *(смерти)*; летальный ген, леталь ‖ летальный, смертельный, смертоносный 2. летальный исход

balanced ~ *ген.* сбалансированные летали

clinical ~ заболевание, приводящее к преждевременной смерти

complementary ~ комплементарная леталь *(система из двух нелетальных генов-аллелей, которые при объединении вызывают гибель гибрида)*

conditional ~ *ген.* условная леталь

genetic ~ генетически детерминированный летальный исход

pluriphasic ~ многофазный летальный фактор

pollen ~ пыльцевая леталь *(мутация, блокирующая оплодотворение)*

lethality [li:'θæliti] *стат.* летальность

polygenic ~ полигенная летальность

lethargic [lə'θɑ:ʤik] 1. летаргический; вызывающий летаргию 2. страдающий летаргией; сонный 3. вялый, апатичный

lethargus [lə'θɑ:gəs] африканский трипаносомоз, сонная болезнь

lethargy ['leθəʤi] 1. летаргия, патологический сон 2. вялость, безучастность, апатичность, инертность, заторможенность; сонливость

African ~ *см.* **lethargy**

hysteric ~ стадия летаргического сна

induced ~ гипнотический сон

overcoming ~ глубокий сон

severe ~ выраженная заторможенность

lethe ['li:θi] амнезия, полная потеря памяти

letheral ['li:θerəl] амнестический, относящийся к амнезии

letter ['letə] талон к врачу

letting ['letiŋ]:

blood ~ кровопускание, кровоизвлечение

leucine ['lu:si:n] лейцин, Ле, α-аминоизокапроновая кислота

leucinosis [,lu:si'nəʊsis] накопление лейцина в тканях

leucocidin [,lu:kəʊ'saidin] лейкоцидин *(бактериальный экзотоксин, избирательно поражающий лейкоциты)*

leucocyte ['lu:kəʊ,sait] *см.* **leukocyte**

leucorrhea [,lu:kəʊ'ri:ə] бели

leucosis [lu:'kəʊsis] *см.* **leukosis**

leucotomy [lu:'kɒtəmi] *см.* **leukotomy**

leukapheresis [,lu:kəfə'ri:sis] лейкаферез *(извлечение лейкоцитов из крови)*

leukasmus [lu:'kæzməs] *дерм.* витилиго

leukemia [lu:'ki:miə] лейкоз, лейкемия

~ cutis гемодермия *(поражение кожи при лейкозе)*

aleukemic ~ алейкемический лейкоз (с отсутствием лейкозных клеток в периферической крови)

basophilic [basophilocytic] ~ базофильный лейкоз

B-cell chronic lymphocytic ~ В-клеточный хронический лимфолейкоз

blast cell ~ бластный [недифференцированный, эмбриональный] лейкоз

early thymocyte-stage ~ лейкоз с преобладанием незрелых тимоцитов

embryonal ~ *см.* **blast cell ~**

granulocytic ~ гранулоцитарный лейкоз *(бесконтрольный рост клеток миелопоэза и наличие большого количества гранулоцитов в циркулирующей крови)*

hairy-cell ~ Бернарда гистиолимфоцитоз, злокачественный [гистиоцитарный] ретикулоэндотелиоз

late thymocyte-stage ~ лейкоз с преобладанием зрелых тимоцитов

leukopenic ~ лейкопенический лейкоз *(разновидность лейкоза, при котором, общее число клеток белой крови в кровотоке находится в пределах нормы или ниже нормы)*

lymphatic [lymphoblastic, lymphocytic, lymphogenous] ~ лимфолейкоз, лимфобластный лейкоз

mast cell ~ *см.* **basophilic ~**

megakaryocytic ~ мегакариоцитарный лейкоз

middle thymocyte-stage ~ лейкоз с преобладанием тимоцитов промежуточных стадий дифференцировки

mixed-lineage ~ *см.* **blast cell ~**

monocytic ~ моноцитарный лейкоз

myeloblastic [myelocytic] ~ миелобластный [миелоцитарный] лейкоз

myelogenic [myelogenous, myeloid] ~ миелоидный лейкоз

natural killer cell ~ лейкоз естественных клеток-киллеров, NK-клеточный лейкоз

neonatal ~ неонатальный лейкоз, лейкоз новорождённого

nonlymphocytic ~ нелимфоцитарный лейкоз

null acute lymphoblastic ~ острый лимфобластный лейкоз с нулевым фенотипом

plasma cell ~ плазмоцитарный лейкоз *(с диффузной инфильтрацией и скоплениями плазматических клеток в селезёнке, печени, костном мозге и лимфатических узлах, а также наличием значительного числа плазматических клеток в циркулирующей крови)*

promyelocytic ~ промиелоцитарный лейкоз *(подтип острого миелолейкоза)*

radiation-induced ~ пострадиационный лейкоз

smoldering ~ «тлеющий» [вялотекущий] лейкоз

stem cell ~ *см.* **blast cell** ~

thymic ~ 1. тимоцитарный лейкоз 2. Т-клеточный лейкоз

unclassified [undifferentiated] ~ *см.* **blast cell** ~

viral ~ вирусный лейкоз

leukemia-associated [luːˈkiːmiːə-əˈsəʊʃiːeitid] обусловленный лейкозом *(напр. артрит)*

leukemic [luːˈkiːmik] 1. лейкозный 2. страдающий лейкозом

leukemogenesis [luːˌkiːməʊˈdʒenisis] лейкозогенез, лейкемогенез

leukemoid [luːˈkiːˌmɒid] лейкемоидный, лейкозоподобный

leukoagglutinin [ˌluːkəʊəˈgluːtinin] лейкоагглютинирующее антитело, лейкоагглютинин

leukoblastosis [ˌluːkəʊblæsˈtəʊsis] лейкобластоз *(общий термин, обозначающий патологическую пролиферацию лейкоцитов)*

leukocidin [ˌluːkəʊˈsaidin] лейкоцидин *(экзотоксин бактерий, разрушающий лейкоциты)*

leukocyte [ˈluːkəʊˌsait] лейкоцит

acidophilic ~ ацидофильный гранулоцит, или лейкоцит; эозинофил; ацидофилоцит

basophilic ~ базофильный гранулоцит, или лейкоцит; базофил

blastic ~ бластный лейкоцит *(клетка-предшественница лейкоцитов)*

"globule" ~ шаровидный лейкоцит *(внутриэпителиальная тучная клетка)*

granular ~ гранулоцит, зернистый лейкоцит

heterophilic ~ *см.* **polymorphonuclear** ~

immune ~ иммунный [иммунокомпетентный] лейкоцит

"lazy ~es" синдром функциональной недостаточности лейкоцитов

mast ~ *см.* **basophilic** ~

passenger ~ «лейкоцит-пассажир» *(мигрирующий в организме реципиента)*

polymorphonuclear ~ полиморфно-ядерный гранулоцит, или лейкоцит

resident ~ осёдлый [тканевый] лейкоцит

transitional ~ моноцит

leukocythemia [ˌluːkəʊsaiˈθiːmiːə] лейкоз

leukocytoclasis [ˌluːkəʊˌsaitəʊˈklæsis] *см.* **leukocytolysis**

leukocytogenesis [ˌluːkəʊˌsaitəʊˈdʒenisis] лейко(цито)поэз, лейкогенез

leukocytology [ˌluːkəʊsaiˈtɒlədʒiː] учение о лейкоцитах и их функциях

leukocytolysin [ˌluːkəʊsaiˈtɒlisin] лейколизин

leukocytolysis [ˌluːkəʊsaiˈtɒlisis] лейко(цито)лиз, лейкодиерез, разрушение лейкоцитов

leukocytopenia [ˌluːkəʊsaitəʊˈpiːniːə] лейко(цито)пения

leukocytoplania [ˌluːkəʊsaitəʊˈpleiniːə] лейко(цито)плания, лейкодиапедез *(перемещение лейкоцитов из просвета кровеносных сосудов в ткани)*

leukocytopoiesis [ˌluːkəʊˌsaitəʊpɔiˈiːsis] лейко(цито)поэз, лейкогенез

leukocytosis [ˌluːkəʊsaiˈtəʊsis] лейкоцитоз

absolute ~ абсолютный [истинный] лейкоцитоз

associated ~ сопутствующий лейкоцитоз

basophilic ~ базофильный лейкоцитоз, базофилия

physiologic ~ физиологический лейкоцитоз *(не связанный с патологией)*

relative ~ перераспределительный [относительный] лейкоцитоз

severe ~ выраженный лейкоцитоз

terminal ~ агональный лейкоцитоз

leukocytotaxis [ˌluːkəʊˌsaitəʊˈtæksiːs] *см.* **leukotaxis**

leukocytotoxic [ˌluːkəʊˌsaitəʊˈtɒksik] разрушающий лейкоциты, токсичный для лейкоцитов

leukocytotoxin [ˌluːkəʊˌsaitəʊˈtɒksin] лейкотоксин

leukoderma [ˌluːkəʊˈdɜːmə] лейкодерма, лейкопатия *(исчезновение пигментации кожи)*

~ **acquisitum centrifugum** приобретённая центробежная лейкодерма, Саттона невус

congenital ~ альбинизм, лейкизм, врождённая лейкопатия

stable ~ стойкая лейкодерма

syphilitic ~ сифилитическая лейкодерма, пигментный сифилид

leukodiagnosis [ˌluːkəʊˌdaiəgˈnəʊsis] диагностика болезни по лейкоцитарной формуле

leukodystrophy [ˌluːkəʊˈdistrəfiː] лейкодистрофия *(наследственное заболевание, характеризующееся нарушением миелинизации волокон в белом веществе мозга)*

globoid ~ диффузный инфантильный склероз, Краббе глобоидно-клеточная лейкодистрофия, Краббе (– Бенеке) болезнь

metachromatic ~ метахроматическая лейкодистрофия, Шольца – Гринфилда болезнь

sudanophilic ~ суданофильная лейкодистрофия, Пелицеуса – Мерцбахера болезнь

leukoencephalitis [ˌluːkəʊenˌsefəˈlaitis] лейкоэнцефалит

acute hemorrhagic ~ острый геморрагический лейкоэнцефалит

diffuse periaxial ~ диффузный периаксиальный лейкоэнцефалит, Шильдера болезнь

van Bogaert's sclerosing ~ (склерозирующий подострый) Ван-Богара лейкоэнцефалит

leukoencephalopathy [ˌluːkəʊenˌsefəˈlɒpəθiː] лейкодистрофия *(нарушение процесса миелинизации в белом веществе головного и спинного мозга)*

progressive multifocal ~ прогрессирующая мульти-фокальная лейкоэнцефалопатия

subcortical arteriosclerotic ~ подкорковая артерио-склеротическая энцефалопатия, хроническая подкорковая лейкоэнцефалопатия, Бинсвангера [болезнь] синдром

leukoerythroblastosis [ˌluːkəʊəˌrɪθrəʊblæsˈtəʊsɪs] лейко-эритробластоз (анемическое состояние, возникающее при повреждении костного мозга)

leukogram [ˈluːkəʊˌgræm]:

inflammatory ~ воспалительная лейкограмма (лейко-цитоз со сдвигом формулы влево)

stress [stressor] ~ стрессорные изменения лейкоцитар-ной формулы (лимфопения, эозинопения, моноцитоз)

leukokeratosis [ˌluːkəʊˌkerəˈtəʊsɪs] лейкоплакия (дис-трофическое изменение слизистой оболочки)

leukokinesis [ˌluːkəʊkiˈniːsɪs] лейкокинез, хемотаксис лейкоцитов

leukokoria [ˌluːkəʊˈkɔːriːə] отражение от структур глаза белого цвета, создающее впечатление белого зрачка

leukokraurosis [ˌluːkəʊˌkrɔːˈrəʊsɪs] лейкокрауроз

leukolysin [ˌluːkəʊˈlisin] pl. лейколизины (группа лейко-цитарных медиаторов цитолиза)

leukolysis [ˌluːkəʊˈlisis] лейколиз, лейкодиерез, лейко-цитолиз

leukoma [luːˈkəʊmə] 1. бельмо, лейкома 2. лейкоплакия 3. лейкосаркома

adherent ~ сращённое бельмо

leukomalacia [ˌluːkəʊməˈleiʃiːə] лейкомаляция (асепти-ческий некроз белого вещества головного мозга)

leukomatous [ˌluːkəʊməˈtəʊsɪs] относящийся к бельму

leukonecrosis [ˌluːkəʊnəˈkrəʊsɪs] форма гангрены с об-разованием струпа серовато-белого цвета

leukonychia [ˌluːkəʊˈnikiːə] лейконихия

~ totalis общая лейконихия

leukopathy [luːˈkɒpəθi] лейкодерма, лейкопатия (нару-шение пигментации кожи)

leukopedesis [ˌluːkəʊpiˈdiːsis] лейко(диа)педез

leukopenia [ˌluːkəʊˈpiːniːə] лейко(цито)пения

malignant ~ глубокая нейтропения

severe ~ выраженная лейкопения

leukophlegmasia [ˌluːkəʊflegˈmeiziə] лимфедема, лим-фангиэктатический отёк

~ dolens белый болевой флебит

leukoplakia [ˌluːkəʊˈpleikiːə], **leukoplasia** [ˌluːkəʊˈpleiziə] лейкоплакия (дистрофическое изменение слизистой оболочки)

candidal ~ кандидозная лейкоплакия слизистой рта

hairy ~ волосистая лейкоплакия (белые пятна, ино-гда появляющиеся на языке и слизистой щёк у пациен-тов со СПИДом)

proliferative verrucous ~ пролиферативная бородав-чатая лейкоплакия

leukopoiesis [ˌluːkəʊpɔiˈiːsis] лейко(цито)поэз, лейкоге-нез (процесс дифференцировки лейкоцитов)

leukoprotease [ˌluːkəʊˈprəʊtiˌeis] протеаза лейкоцитов

leukorrhagia [ˌluːkəʊˈreiʤiːə] обильные бели

leukorrhea [ˌluːkəʊˈriːə] бели

menstrual [periodic] ~ периодическое выделение бе-лей вместо крови

leukosarcoma [ˌluːkəʊsaːˈkəʊmə] волосатоклеточный лейкоз, злокачественный ретикулоэндотелиоз, уст. лейкосаркома

leukosis [luːˈkəʊsis] лейкоз, лейкемия (патологическое разрастание одного или более участков лейкопоэза)

hairy-cell ~ лейкозный ретикулоэндотелиоз, «волоса-токлеточный» лейкоз

leukotaxin(e) [ˌluːkəʊˈtækˌsiːn] лейкотаксин

leukotaxis [ˌluːkəʊˈtæksis] лейкотаксис (феномен пере-мещения лейкоцитов к раздражителю)

leukotic [luːˈkɒtik] лейкозный

leukotomy [luːˈkɒtəmi] лейкотомия, лоботомия (пересе-чение лобно-таламических путей с целью лечения пси-хических расстройств)

frontal ~ лобная лейкотомия

leukotoxic [ˌluːkəʊˈtɒksik] разрушающий лейкоциты, оказывающий токсическое действие на лейкоциты

leukotrichia [ˌluːkəʊˈtrikiːə] врождённое поседение, лей-котрихия

~ annularis кольцевидное поседение

leukotriene [ˌluːkəʊˈtraiːn] pl. лейкотриены (медиаторы воспаления, аллергии)

leukovirin [ˌluːkəʊˈvairin] цитроворум-фактор, фолино-вая кислота, лейковорин

leukoviruses [ˌluːkəʊˈvairəsəs] лейковирусы, вирусы лейкозов

levator [liˈveitə] 1. мед. тех. элеватор, подъёмник 2. поднимающая мышца

level [ˈlevəl] 1. уровень, ранг, ступень 2. титр (сыворот-ки) 3. поверхность || горизонтальный, плоский, ровный 4. уравновешенный, спокойный

~ of anesthesia стадия наркоза

~ of anticipation психол. уровень ожиданий

~ of anxiety псих. выраженность тревоги

~ of aspiration психол. уровень притязаний

~ of care уровень помощи

~ of consciousness состояние сознания

~ of incompetence уровень некомпетентности, недо-статочности или декомпенсации (органа)

~ of pruritus интенсивность зуда

~ of risk уровень риска

~ of sanitation санитарное состояние

acoustic reference ~ эталонный уровень звуковоспри-ятия

activity ~ уровень (радио)активности

allowable ~ допустимый уровень (напр. шума)

blood alcohol ~ уровень алкоголя в крови

Clark's ~ Кларка уровень [степень] прорастания ме-ланомы кожи (I – в сосочковый слой, II – до сетчато-го слоя, III – в сетчатый, IV – в подкожную жировую клетчатку)

coliform ~ коли-индекс (показатель фекального за-грязнения – число палочек кишечной группы в 1 л воды, в 1 кг твёрдого тела и в 1 г пищевых продуктов)

complement ~ уровень комплемента

confidence ~ степень достоверности

critical ~ пороговый уровень (напр. громкости)

datum ~ уровень, принятый за нулевой

dietary fat ~ содержание жира в рационе

energy ~ энергетический уровень

health-based exposure ~ уровень экспозиции, основанный на здоровье

hearing ~ порог слышимости

lethal ~ коэффициент смертности, смертность

lumbar cord ~ поясничный отдел спинного мозга

maintenance ~ поддерживающий уровень *(дозировки)*; поддерживающая терапия

medical staffing ~ уровень подготовки штатного медперсонала

medication ~ доза препарата; содержание активного вещества в препарате

no-effect ~ *токс.* недействующий уровень, безопасный уровень, безопасная доза

noise ~ уровень шума

no-observed ~ *токс.* уровень, не вызывающий эффекта; допороговый [неопределяемый] уровень

P1, P2, P3, P4 ~s уровни П1, П2, П3, П4 *(характеризующие категорию возрастающей опасности работы с рекомбинантными молекулами ДНК)*

parasitic ~ заражённость паразитами

peak ~ максимальная концентрация

permissible ~ *см.* tolerance ~

postchallenge antibody ~ титр антител после антигенной стимуляции

reference ~ контрольный уровень

sensorineural acuity ~ порог восприятия

serum drug ~ содержание препарата в сыворотке

significance ~ уровень значимости

subsistence ~ прожиточный минимум, минимальный уровень жизни

tentative safe exposure ~ ориентировочный безопасный уровень воздействия

therapeutic ~ лечебная доза, терапевтический уровень

tolerance ~ 1. допустимый уровень 2. уровень переносимости *(какого-л. фактора)*

toxic ~ **of oxygen** токсическая концентрация кислорода

levigate ['levigeit] 1. растирать в порошок 2. отмучивать, выщелачивать

levigation [,levi'geiʃən] 1. растирание в порошок 2. отмучивание, выщелачивание

levitation [,levi'teiʃən] 1. применение кровати с воздушной подушкой *(напр. при ожогах)* 2. *псих.* галлюцинаторное ощущение полета 3. левитация *(термин, используемый для обозначения телекинеза – паранормального движения объекта, происходящего вопреки гравитации)*

levocardia [,li:vəʊ'ka:diə] нормальное положение сердца *(при обратном расположении других органов)*

levocardiogram [,li:vəʊ'ka:diə,græm] *кард.* левограмма

levoduction [,li:vəʊ'dʌkʃən] отведение глаза влево

levo-form [,li:vəʊ-'fɔːm] левовращающая форма *(напр. галактозы)*

levogyrate [,li:vəʊ'dʒaireit], **levorotatory** [,li:vəʊ,rəʊtə'tɔːri:] левовращающий *(напр. об оптическом изомере)*

levophobia [,li:vəʊ'fəʊbiə] левофобия *(боязнь всего, что находится слева)*

levophoria [,li:vəʊ'fəʊri:ə] левофория *(тенденция к одновременному отклонению обоих глаз влево)*

levoversion [,li:vəʊ'vɜːʒən] 1. наклон или поворот влево 2. поворот обоих глаз влево

levulose ['levjʊləʊs] фруктоза, левулёза *(плодовоовощной сахар)*

L-form [æl-fɔːm] L-форма бактерий *(по названию Листеровского института; возбудители латентных и рецидивирующих инфекций)*

liability [,laiə'biliti:] 1. ответственность, обязанность 2. подверженность, предрасположение, склонность

~ **to disease** подверженность заболеваниям

abuse ~ подверженность злоупотреблению *(напр. наркотиками)*

cot death ~ подверженность внезапной смерти в постели *(ребёнка)*

criminal ~ уголовная ответственность

fault ~ ответственность за непроявление должных мер предосторожности

insurance ~ страховая ответственность

professional ~ профессиональная ответственность

public ~ гражданская ответственность

strict ~ безусловная ответственность

liable ['laiəbəl] 1. ответственный, несущий ответственность 2. подверженный, (пред)расположенный, склонный

liaison [,li:'eiʒən] 1. (любовная) связь 2. связующее звено, связующий субстрат

public ~ связь с общественностью

liar ['laiər] *психол.* лгун, лжец

pathological ~ патологический лжец

liberal ['libərəl] свободный; вольный *(о посещении больных)*

liberate [,libə'reit]:

to ~ **the patient from her neurotic guilt** *психол.* освобождать больную от невротического чувства собственной вины

liberation [,libə'reiʃən] 1. освобождение 2. выделение

~ **from penalty in connection with disease** освобождение от наказания в связи с болезнью

~ **from penalty of minor** освобождение от наказания несовершеннолетних

~ **of fatty acids** выделение жирных кислот

~ **of moisture** выделение влаги

liberomotor [,libərəʊ'məʊtə] относящийся к произвольным движениям

liberty ['libəti:] 1. свобода 2. привилегия 3. право

libidinous [li'bidinəs] либидинозный *(относящийся к половому влечению)*; эротический, возбуждающий чувственность

libido [li'bi:dəʊ] 1. стремление, желание, страсть, энергия 2. половое влечение, либидо

decreased ~ низкое либидо; снижение либидо

object ~ объектное либидо *(направленное на внешний объект, а не на себя)*

libido-binding [li'bi:dəʊ-'baindiŋ] связывание либидо

library ['lai,breri] библиотека; архив; банк *(данных)*

amplified genomic ~ библиотека [банк] амплифицированных генов

cDNA ~ библиотека кДНК

clone ~ клонотека, библиотека [банк] клонов

combinatorial ~ комбинаторная библиотека *(полученная встраиванием в вектор на основе фага лёгкой и тяжёлой цепей различных антител – по одной комбинации в вектор)*

DNA ~ библиотека фрагментов ДНК

enriched cell line ~ обогащённая библиотека линии клеток *(клона)*

epitope ~ эпитопный банк *(хранилище синтетических антигенных детерминант)*

gene [genome, genomic] ~ геномная библиотека, библиотека генов, клонотека, генотека *(набор клонированных фрагментов ДНК, в совокупности составляющих видовой геном)*

recombinant ~ библиотека рекомбинантных ДНК

ultrasound [US] images ~ архив эхограмм

virtual ~ies виртуальные каталоги

Library:

Cochrane ~ Кокрановская электронная библиотека *(база научных достижений в медицине; Оксфорд, Англия)*

National ~ **of Medicine** Национальная медицинская библиотека *(США)*

lice [lais] *pl. от* louse вши; педикулёз

licence ['laisəns] лицензия, разрешение, патент

~ **of independent practice** лицензия на право самостоятельной врачебной практики *(в качестве врача общей практики)*

~ **of Royal College of Surgeons** диплом Королевского колледжа хирургов *(Великобритания)*

~ **to pollute** разрешение на квоту загрязнения

state ~ лицензия штата

licensee [,laisən'si:] лицо, имеющее разрешение, патент и т. п.

license-manufactured [,laisəns-,mænju:'fæktʃəd] изготовленный по лицензии *(о лекарственном средстве)*

licensing ['laisənsiŋ]:

~ **of activity in sphere of health services** лицензирование деятельности в области здравоохранения

personal ~ аттестация кадров, или личного состава

licensure ['laisənʃə]:

medical ~ выдача лицензии, или разрешения, на ведение врачебной практики

licentiate [lai'senʃiət]:

~ **in medicine and surgery** врач, получивший лицензию по терапии и хирургии *(на право практической деятельности)*

~ **in midwifery** врач, имеющий лицензию на право практики по акушерству

~ **of the Royal College of Physicians** лицензиат Королевского колледжа врачей; удостоенный диплома Королевского колледжа врачей

lichen ['laikən] *дерм.* лихен, лишай

~ **acuminatus** красный плоский лишай, Вильсона лишай

~ **annularis** окаймлённый кольцевидный лишай *(видаля)*

~ **myxedematosus** микседематозный лишай

~ **nitidus** блестящий лишай

~ **planopilaris** плоский фолликулярный лишай

~ **planus** *см.* ~ **acuminatus**

~ **ruber moniliformis** монилиформный красный лишай, Уайза – Рейна болезнь

~ **scrophulosorum** лихеноидный туберкулёз кожи, милиарная скрофулодерма

~ **simplex chronicus** простой хронический лишай

~ **striatus** линейный лишай

~ **urticatus** детская почесуха, детская папулёзная крапивница

Wilson's ~ *см.* ~ **acuminatus**

lichenification [,laikenifi'keiʃən] *дерм.* лихенизация, лихенификация

lichenoid ['laikənɔid] 1. подобный лишаю, лихеноидный 2. усиление характерных особенностей здоровой кожи при хронической экземе

licit ['lisit] законный, разрешённый *(напр. фармакопеей)*, официнальный

lick [lik] 1. лизание, облизывание 2. *sl.* курить наркотик

lid [lid] веко

granulated ~s 1. хронический блефарит 2. трахома

lie[1] [lai] 1. положение, предлежание *(плода в матке)* 2. лежать 3. расположение; направление

fetal ~ положение плода

longitudinal ~ продольное положение плода

oblique ~ косое положение плода

transverse ~ поперечное положение плода

lie[2] ложь, обман || лгать

life ~ *психол.* жизненная ложь

white ~ невинная ложь; ложь во спасение

lien ['laiən] селезёнка

~ **accessorius** добавочная селезёнка

mobile ~ «блуждающая» селезёнка

lienculus [lai'enkjuləs], *pl.* **lienculi** [lai'enkjulai] добавочная селезёнка

lienectomy [laiə'nektəmi:] спленэктомия, удаление селезёнки

lienocele [lai'i:nəʊsi:l] грыжа селезёнки

lienography [laiə'nɒgrəfi:] спленография, лиенография

lientery ['laiən,teri:] понос с выделением непереваренной пищи

lienunculus [laiən'ʊŋkjuləs] добавочная селезенка

lier ['laiə] *психол.* обманщик, лгун

life [laif] 1. жизнь; образ жизни || оживать, приходить в себя || жизненный 2. время [продолжительность] жизни 3. срок службы, или действия; долговечность 4. живые существа 5. биография

"~ **after life**" «жизнь после жизни» *(состояние после клинической смерти)*

~ **of stock** срок хранения резервов

~ **under extreme conditions** жизнь в экстремальных условиях

active social ~ активная социальная жизнь; активный образ жизни *(с сохранением трудоспособности)*

animal ~ 1. животный мир, фауна 2. *см.* **vegetative** ~

antenatal ~ антенатальный период

average-expectancy ~ средняя продолжительность (предстоящей) жизни

battery ~ срок службы батареи

biological half ~ биологический период полувыведения *(напр. радионуклидов из организма)*

city ~ городской образ жизни

component ~ период «жизни» компонента

cumulative shelf ~ суммарный срок годности при хранении

daily ~ повседневная жизнь

effective ~ срок эффективного использования (препарата)

extended ~ продлённый срок службы (напр. фильтра)

extraoccupational ~ внеслужебная жизнь (работающих), быт

extrauterine ~ см. postnatal ~

fetal ~ эмбриональный период, внутриутробная жизнь, антенатальный период

functional ~ активная жизнь

germfree ~ жизнь в стерильных [гнотобиологических] условиях

good ~ здоровый образ жизни

half ~ период полураспада (напр. интерлейкина)

healthy ~ здоровая жизнь

intellectual ~ психическая [интеллектуальная] жизнь, или деятельность

intrauterine ~ см. fetal ~

later ~ старческий возраст

low ~ низкий уровень жизни, бедность

marriage [married] ~ супружеская жизнь; брачный период жизни; длительность брака

mean ~ средняя продолжительность жизни

mental ~ см. intellectual ~

methodical ~ правильный образ жизни

neonatal ~ ранний неонатальный [послеродовой] период жизни (первая неделя жизни ребёнка)

open-air ~ жизнь на открытом воздухе

perinatal ~ перинатальный период

phantasy ~ жизнь в фантазиях

poorer ~ снижение качества жизни

postnatal ~ постнатальный период, внеутробная жизнь

premature sexual ~ преждевременная половая жизнь

prenatal ~ см. fetal ~

radioactive half ~ период полураспада радиоактивного нуклида

shelf ~ 1. срок годности, срок хранения (напр. лекарственного средства) 2. портативная система, обеспечивающая жизнедеятельность трансплантата

spiritual ~ духовная жизнь

storage ~ см. shelf ~ 1

strenuous ~ деятельная [активная] жизнь

throughout ~ на протяжении жизни; вся жизнь

unmarried ~ добрачный и послебрачный период жизни

vegetative ~ вегетативная жизнь (при отсутствии сознательной деятельности)

life-assurance [laif-ə'fuərəns] см. life-insurance

life-blood [laif-blʌd] 1. кровь 2. источник жизненной силы

lifeform ['laif,fɔːm] жизненная [биологическая] форма

life-history [laif-'histəri:] цикл развития, жизненный цикл

life-insurance [laif-in'fuərəns] страхование жизни

lifeless ['laifləs] безжизненный, без признаков жизни

life-line [laif-lain] 1. жизненно важная коммуникация 2. спасательный трос 3. линия жизни (в хиромантии)

lifelong ['laiflɒŋ] 1. пожизненный, продолжающийся всю жизнь 2. продолжительного действия, пролонгированный (напр. инсулин)

lifesaving ['laif,seiviŋ] спасение жизни || спасительный, спасающий жизнь

lifeskills ['laif,skils] жизненные навыки

life-space [laif-speis] «жизненное пространство», микросреда человека

life-span [laif-spæn] 1. продолжительность жизни; срок годности (напр. вакцины) 2. период полураспада (радиоактивного вещества)

RBC ~ продолжительность жизни эритроцитов

lifestyle ['laif,stail] 1. образ жизни, стиль жизни 2. качество жизни

healthier ~s здоровый образ жизни

sedentary ~ сидячий образ жизни

life-support ['laif-sə'pɔːt]:

advanced ~ усовершенствованный способ жизнеобеспечения

lifetable ['laif,teibl] 1. таблица смертности; смертность 2. метод установления противозачаточной эффективности

~ **for cystic fibrosis** продолжительность жизни при муковисцидозе

life-threatening ['laif-'θretniŋ] 1. опасный для жизни, критический (напр. о кровотечении) 2. ургентный, экстренный

lifetime ['laiftaim] 1. продолжительность жизни || пожизненный (о гарантии) 2. срок службы, долговечности 3. период существования (напр. молекулы в атмосфере)

actual ~ действительное время жизни

mean ~ среднее время жизни

natural ~ естественное время жизни

projected ~ мед. тех. прогнозируемый срок службы

total ~ общее число человеколет, прожитых исходной совокупностью

lifeware ['laif,wɛə] разг. интеллектуальные возможности (человека), умственный [интеллектуальный] потенциал

life-year ['laif-jə:]:

quality-adjust ~s число сохранённых лет жизни с учётом её качества

lift [lift] 1. поднятие, подъём 2. воодушевление

head tilt-chin ~ запрокидывание головы с подъёмом подбородка

leg ~ поднимание ног

lifter ['liftə]:

eyelid ~ мед. тех. векоподъёмник

ligament ['ligəmənt]:

~ **of Botallo** артериальная [боталлова] связка

accessory atlantoaxial ~ добавочная атлантоосевая связка

alar ~ крыловидная связка

alveolodental ~ периодонтальная связка

annular ~ кольцевая связка

apical dental [apical odontoid] ~ связка верхушки зуба

Barkow's ~s связки локтевого сустава

bifurcated ~ раздвоенная связка

broad ~ широкая связка (матки)

calcaneofibular ~ пяточно-малоберцовая связка

Camper's ~ нижняя фасция мочеполовой диафрагмы

capsular ~ 1. околосуставная [сумочная, капсулярная] связка 2. суставная капсула

cardinal ~ основная связка

collateral ~s коллатеральные связки *(меж-, плюсне- и пястно-фаланговых суставов)*

conoid ~ коническая связка

crucial [cruciate] ~ крестообразная связка

cuneocuboid ~ клинокубовидная связка

deltoid ~ дельтовидная связка *(голеностопного сустава)*

denticulate ~ зубчатая связка

falciform ~ 1. серповидная связка (печени) 2. серповидный отросток *(крестцово-бугорной связки)*

fallopian ~ паховая [пупартова] связка

ileosacral ~ подвздошно-крестцовая связка

intermetatarsal ~ межплюсневая связка

interosseous ~ межкостная связка

interspinous ~s межостистые связки

intertransverse ~s межпоперечные связки

intraarticular ~s внутрисуставные связки

nuchal ~ выйная связка

odontoid ~ *см.* **alar** ~

partially torn ~ частичный разрыв связки

pectineal ~ гребешковая связка

periodontal ~ периодонтальная связка

plantar ~s подошвенные связки

quadrate ~ квадратная связка

strained ~ растяжение связки

stylohyoid ~ шилоподъязычная связка

suspensory ~ поддерживающая связка

talofibular ~ таранно-малоберцовая связка

thyrohyoid ~s щитоподъязычная мембрана

tibial collateral ~ большеберцовая коллатеральная связка

tibiofibular ~ межберцовая связка

torn knee ~s разрыв коленных связок

transverse ~ поперечная связка *(атланта)*

trapezoid ~ трапециевидная связка

triangular ~ 1. нижняя фасция мочеполовой диафрагмы 2. *pl.* треугольные связки *(печени)*

triquetral ~ трёхгранная связка

uterosacral ~ маточно-крестцовая связка

vaginal ~ влагалищная связка

ventricular ~ связка преддверия, желудочковая [ложная голосовая] связка

ligamentitis [ˈligəməntaitis] лигаментит *(воспаление связки)*

ligamentopexis [ˌligəˌmentəʊˈpeksis], **ligamentopexy** [ˌligəˈmentəʊˌpeksiː] фиксация матки путём укорочения её связок

ligamentum [ˌligəˈmentəm], *pl.* **ligamenta** [ˌligəˈmentə]:

~a intercarpea interossea межкостные межзапястные связки

~ vocale голосовая складка

ligand [ˈlaigænd] лиганд *(1. молекула, взаимодействующая с комплементарным участком определённой структуры, напр., кислород – лиганд для гемоглобина 2. молекула, связанная с индикаторным элементом – субстратом, ингибитором, гаптеном)*

fluid-phase ~ растворимый [солюбилизированный] лиганд

irreversible ~ необратимый лиганд

multivalent ~ 1. мультивалентный лиганд *(имеющий несколько точек фиксации)* 2. иммуноглобулин класса С, IgC

photoaffinity ~ фотоаффинный лиганд *(напр. дофаминовых рецепторов)*

ligase [ˈlaiˌgeis] лигаза *(фермент, катализирующий присоединение молекул друг к другу за счёт энергии АТФ)*

DNA ~ ДНК-лигаза *(фермент, катализирующий связывание разрывов ДНК)*

ligation [liˈgeiʃən] 1. перевязка, лигирование *(напр. сосуда)*, наложение лигатуры 2. конденсация, сшивание *(напр. концов нуклеиновых кислот)*

~ of thoracic duct перевязка грудного лимфатического протока

~ of umbilical cord перевязка пуповины

inadvertent ~ перевязка по неосторожности *(напр. жёлчного протока)*

mediate ~ перевязка артерии вместе с окружающими тканями

pole ~ перевязка сосудов в области ворот органа *(с целью снижения кровоснабжения)*

ruber band ~ пережатие сосуда латексными кольцами

shunt ~ перевязка шунта

tubal ~ перекрытие проходимости маточных труб

ligator [liˈgeitə] лигатурная игла

ligature [ˈligətʃə] 1. связь 2. лигатура *(нить, проволока)* 3. перевязка, лигирование *(напр. сосуда)*, наложение лигатуры ‖ перевязывать, лигировать 4. *стом.* примесь *(в расплаве благородных металлов)*

elastic ~ эластичная лигатура *(напр. геморроидального узла)*

glass-line ~ назубная ортодонтическая лигатура

intravascular ~ внутрисосудистая окклюзия *(надувным баллоном просвета артерио-венозной аневризмы)*

nonabsorbable ~ нерассасывающаяся лигатура

occluding ~ перевязка на выключение органа *(из кровоснабжения)*

provisional ~ временная [провизорная] перевязка сосуда

suboccluding ~ перевязка на частичное выключение органа *(из кровоснабжения)*

light[1] [lait] 1. свет, освещение ‖ освещать, светить ‖ светлый, бледный 2. осветитель, лампа

black ~ невидимое (инфракрасное и ультрафиолетовое) излучение

caution ~ лампа предупредительной сигнализации

cold ~ «холодный свет»

diffuse ~ освещение рассеянным светом, диффузное освещение

fiber optic surgical ~ хирургический светильник со световодом

"flashing ~s" вспышки света перед глазами

fluorescent ~ флуоресценция

green ~ зелёный свет *(при идентификации лекарственной резистентности бактерий)*

homogeneous ~ монохроматический свет

incandescent ~ свет лампы накаливания

infrared ~ инфракрасное излучение, инфракрасный свет

invisible ~ невидимое (электромагнитное) излучение

natural ~ естественное освещение, дневной свет

pilot ~ контрольная [сигнальная] лампа

polarized ~ поляризованный свет

pulsed ~ импульсное излучение

reflected ~ отражённый свет

scattered ~ см. **diffuse** ~

Simpson ~ ультрафиолетовый облучатель

snow ~s снежные искры

speculum ~ осветитель на влагалищном зеркале

stray ~ см. **diffuse** ~

surgical ~ операционный [хирургический] светильник

transmitted ~ проходящий свет (при спектрофотометрии)

ultraviolet ~ ультрафиолетовое излучение

unipolarized ~ неполяризованный [естественный] свет

Wood's ~s фильтры Вуда (пропускающие только ультрафиолетовое излучение)

light[2] 1. лёгкий, легковесный; нетрудный, необременительный 2. рыхлый, неплотный

lightguide ['lait,gaid] мед. тех. световод

lightheadedness ['lait,hedidnis] головокружение; ощущение головокружения

lightning ['laitniŋ] 1. облегчение (напр. в результате опускания предлежащей части плода в малый таз уменьшается давление на диафрагму) 2. молния

hair coat ~ истончение сумки волоса

white ~ sl. «белое сияние» (галлюциноген ЛСД)

lightproof ['lait,pru:f] светонепроницаемый, непрозрачный, светоустойчивый

light-sensitive ['lait-,sensitiv] светочувствительный

lignin ['lignin] pl. лигнины (вид пищевых волокон)

likelihood ['laikli,hud] вероятность

~ **of adverse reactions** тенденция к побочной реакции

~ **of ovulation** вероятность овуляции

~ **of recurrence in carcinoma** вероятность рецидива рака

likeness ['laiknəs] 1. сходство, подобие 2. образ; портрет || писать с кого-л. портрет; фотографировать

lilliputian [,lili'pju:ʃən] лилипут, карлик || карликовый

lily ['lili:]:

~ **of the valley** ландыш майский (Convallaria majalis)

Limantriidae [,limən'traiidi] лат., токс. волнянки

limb [lim] 1. анат. конечность 2. часть, сегмент чего-л. 3. плечо хромосомы 4. круговая шкала, лимб

~ **of the ligament** колено [ножка] связки

affected ~ повреждённая [поражённая] конечность

afferent ~ приводящий сегмент (кишечной петли)

anacrotic ~ анакрота (пульсовой кривой)

decaying ~ катакрота (пульсовой кривой)

efferent ~ отводящий сегмент (кишечной петли)

inspiratory ~ дыхательная часть (наркозного аппарата)

ischemic ~ ишемия конечности

lower ~ см. **pelvic** ~

paratope-bearing ~ область антидетерминанты (антитела)

pelvic ~ тазовый пояс, пояс нижних конечностей

phantom ~ фантомно-ампутационный синдром (ощущение человеком боли в конечности после её ампутации)

proximal ~ верхняя конечность

Roux ~ выключенная петля кишки по Ру

thoracic [upper] ~ плечевой пояс, пояс верхней конечности

wobbliness ~s шаткость походки с подёргиваниями конечностей

limberneck ['limbə,nek] инф. бол. ботулизм, аллантиазис

limbfitter ['lim,fitə] протезист

limbless ['lim,ləs] лишённый конечности или конечностей

limbsparing ['lim,spɛəriŋ] сохранение конечности (напр. при саркоме)

limbus ['limbəs], pl. **limbai** ['limbai] край анатомической структуры, лимб (костный кант)

~ **corneae** лимб роговицы

~ **sclerae** лимб склеры

lime [laim] 1. известь || известковый, кальциевый 2. лайм (цитрусовый)

burnt ~ негашёная известь

caustic ~ см. **hydrated** ~

calcium ~ см. **burnt** ~

chlorinated ~ хлорная известь

hydrated [powdered, slaked] ~ едкая [гашёная] известь, известь-пушонка

limen ['laimən], pl. **limina** ['liminə] 1. физиол. предел, порог 2. анат. граница; вход (напр. в канал)

~ **insulae** невр. порог островка

~ **nasi** порог полости носа

lower ~ **of sensation** нижний порог ощущения

limes ['laimi:z] см. **limen** 1

~ **nul** лат. нейтрализованная смесь токсина и анатоксина, не вызывающая гибель подопытных животных

lime-water ['laim-'wɔ:tə] известковый раствор, известковое молоко

liminal ['liminəl] 1. пороговый, граничный 2. физиол. имеющий отношение к порогу восприятия

limit ['limit] 1. граница, предел, ограничение, лимит || ограничивать || предельный, ограниченный 2. допуск, предельный размер 3. интервал значений

~ **of error** предельная ошибка; предельная погрешность, предел погрешности

~s **of flocculation** границы [пределы] флуктуации

~ **of quarantine** ограничения [условия] карантина

~ **of validity** предел достоверности

acceptance ~s см. **authorized** ~s

age ~ страх. предельный возраст; возрастное ограничение

allowable ~s см. **authorized** ~s

angular ~ угловая граница (поля зрения)

annual dose equivalent ~ предел годовой эквивалентной дозы (облучения)

annual ~ **on intake** предел годового поступления (радионуклида)

Anstie's ~ предел Ансти (предельная среднесуточная доза алкоголя, которую взрослый мужчина может принимать без риска для здоровья)

audibility ~ предел слышимости

authorized ~s допустимые [санкционированные] пределы *(напр. облучения)*

biokinetic temperature ~s границы температуры, в которых возможна жизнь

confidence ~ *стат.* доверительный предел

detection ~ 1. пороговая чувствительность **2.** предел чувствительности *(реактива)*

endurance ~ предел выносливости; предел утомления

exposure ~ 1. предельная выдержка **2.** допустимый предел облучения

fatigue ~ *см.* **endurance ~**

intolerable ~ пороговая непереносимая концентрация *(токсического вещества)*

non-selection ~ *страх.* предельная величина пособий, для которой не требуется врачебное освидетельствование

operational ~ эксплуатационный предел *(радиации)*

pain ~ болевой порог

performance ~ предел работоспособности

permissible ~s *см.* **authorized ~s**

prediction ~s пределы прогнозирования

rejection ~ *биом.* критическая граница

resolution ~ разрешающая способность *(прибора)*

sensibility ~ предел чувствительности

short-term [short-time] exposure ~ предельная концентрация химического вещества *(не причиняющая вред при кратковременном – не более 15 мин – воздействии)*

surgical ~ предел хирургии; противопоказание к операции

threshold ~ пороговый предел, пороговое количество *(агента или химического воздействия)*

time ~ 1. предельный срок **2.** норма времени, регламент

tolerance ~ предел переносимости

two-sigma ~ *стат.* предел, соответствующий двум средним квадратичным отклонениям

unhampered performance ~ предел ненарушенной работоспособности

upper ~ of dosage range верхняя граница дозировки

upper ~ of normal верхняя граница нормы

limitation [ˌlimiˈteiʃən] **1.** ограничение, предел применения **2.** недостаток

~ of clinical practice ограничение клинической практики

~s of diagnosis возможности диагностики, диагностические возможности

~s of drug пределы применения лекарственных средств

~ of flexion ограничение сгибания

~ of myocardial oxygenation requirements уменьшение потребности миокарда в кислороде

airflow ~ нарушение проходимости воздухоносных путей

family ~ ограничение размеров семьи; регулирование рождаемости

growth ~ ограничение роста

limited [ˈlimitid] **1.** ограниченный; малый *(напр. о торакотомии)* **2.** с ограниченной ответственностью

physically ~ ограниченно годный по состоянию здоровья, имеющий физическое ограничение

limnemia [limˈniːmiə] хроническая малярия

limophoitas [liməʊˈfɔitəs] голодный психоз

limophthisis [limˈɒfθisis] алиментарная кахексия

limosis [laiˈməʊsis] булимия, кинорексия

limotherapy [ˌlaiməʊˈθerəpiː] лечебное голодание, нестиатрия, нестиотерапия

limp¹ [limp] хромота ‖ хромать, прихрамывать

severe ~ сильная хромота

limp² **1.** мягкий; **2.** слабый, безвольный

linctus [ˈlinktəs] микстура

line [lain], *pl.* **lineae** [ˈliniːi], *лат.* **linea** [ˈliniːə] **1.** линия, ряд **2.** граница, предел **3.** морщина, складка **4.** контур, очертание **5.** папиллярная линия *(деталь в дерматоглифике)* **6.** *pl., разг.* медицинская справка **7.** *sl.* вена редплечья, используемая наркоманами для инъекций

~a alba *анат.* белая линия *(место прикрепления косых и поперечной мышц живота)*

~ anocutanea прямокишечно-заднепроходная линия *(раздел между однослойным эпителием прямой кишки и многослойным эпителием анального канала)*

~ of breeding генеалогическая линия

~ of clasps *стом.* кламмерная линия

~ of depression странгуляционная борозда

~ of descent генеалогия потомства, родословная

~s of development пути развития

~ of least resistance линия наименьшего сопротивления

~ of sight линия взгляда, или взора

~ of solutions инфузионная система

affected cell ~ патологическая линия клеток

arterial ~ система для внутриартериального вливания

assembly ~ конвейерная [поточная] линия *(напр. операций)*

base ~ 1. линия, разделяющая свод и основание черепа **2.** изоэлектрическая [нулевая] линия *(на электрокардиограмме)* **3.** исходный уровень; базовый уровень

blood ~ кровная линия; род; родословная

blue ~ 1. свинцовая кайма *(на дёснах)* **2.** контрастная метка *(синяя линия на интубационной трубке)*

breast epithelial cell ~ эпителиальная линия клеток молочной железы

cell ~ клеточная линия, клеточный клон

cementoenamel ~ цементоэмалевая граница *(коронковой части зуба)*

cervical ~ анатомическая шейка зуба

cleavage ~s Лангера линии *(условные линии на поверхности кожи, указывающие направление её максимальной растяжимости)*

closed ~ инбредная линия

"common" all cell ~ обычная клеточная линия *(напр. лейкоза)*

congenic ~ конгенная линия животных *(отличающихся от другой линии только по одному генному локусу)*

continuous ~ перевиваемая линия *(клеток)*

continuous cell ~ стабильная клеточная линия; клеточный штамм

crisis ~ *см.* **hot ~**

culture-adapted cell ~ адаптированная в культуре клеточная линия

definite finish ~ придесневой край искусственной коронки

dentate ~ прямокишечно-заднепроходная [зубчатая] линия

ectental ~ линия соединения энтодермы и эктодермы

epiphyseal ~ эпифизарная линия; зона роста

female ~ родословная по женской линии

finite cell ~ перевариваемая линия клеток

first ~ of therapy приоритет в лечении

fracture ~ линия перелома

genal ~ нососкуловая линия

germ ~ зародышевая линия

gingival ~ пришеечная часть десны

growth ~ *см.* epiphyseal ~

guide ~s for cardiopulmonary resuscitation рекомендуемые действия при сердечно-лёгочной реанимации

gum ~ *см.* gingival ~

hair ~ штрих, или деление *(окулярной шкалы или сетки)*

hapten-specific T cell ~ гаптен-специфическая Т-клеточная линия

Head's ~s Геда (– Захарьина) зоны

high lip ~ верхняя линия улыбки *(линия шеек верхних передних зубов)*

hot ~ *разг.* «горячая линия», «телефон доверия», «линия жизни» *(психологическая помощь при кризисных состояниях)*

Hunter's ~ белая линия живота

hybridoma ~s клон, гибридомная линия *(клеток)*

immortal(ized) cell ~ иммортализованная [бессмертная] клеточная линия

inbred ~ инбредная [чистая] линия животных *(особи одной семьи)*

intracardiac monitoring ~s система внутрисердечного мониторирования

intravenous ~ 1. система для внутривенного введения 2. внутривенное вливание, инфузия

joint ~ линия суставной щели

large-bore intravenous ~ широкопросветная система для внутривенного вливания

lead ~ свинцовая кайма *(на дёснах при хроническом отравлении свинцом или висмутом)*

leukaemic ~ линия лейкозных клеток

life ~ *см.* hot ~

lip ~ линия улыбки *(линия шеек передних зубов)*

lymphoblastoid cell ~s линия лимфобластоидных клеток

mamillary [mammary] ~ срединно-ключичная [сосковая] линия

mass-production ~s поточная линия

median ~ срединная линия *(тела)*

midsternal ~ срединная линия *(по грудине тела)*

monocyte cell ~ моноцитарный клон, моноцит(ар)ная линия

mucogingival ~ переходная складка преддверия полости рта

mutant cell ~ мутантный клон клеток

mylohyoid ~ челюстно-подъязычная борозда

nipple ~ *см.* mamillary ~

nuchal ~ выйная линия

omphalospinous ~ пупочно-остная линия *(от пупка к верхней передней подвздошной ости)*

oxygen ~ система подачи кислорода

packaging cell ~ линия клеток с дефектом упаковки *(нуклеотидных последовательностей)*

pedigreed reference ~ линия сравнения родословной *(для подтверждения инбредности)*

precipitin ~ *иммун.* линия преципитации

protected budget ~ защищённая статья бюджета

pure ~ генетически чистая линия

Raja cell ~ линия Raja-клеток *(линия клеток лимфомы Беркитта)*

resistant ~ резистентная [устойчивая] линия *(клеток)*

sentinel ~ меченая линия; рентгеноконтрастная линия

shelf ~ срок годности *(препарата)*

Shenton's ~ Шентона линия *(образуемая на рентгенограмме тазобедренного сустава нижним контуром горизонтальной ветви лобковой кости и медиальным краем шейки бедренной кости)*

short large bore ~s система для внутривенного вливания с широким просветом трубок

spiral ~ межвертельная линия

survey ~ экватор коронки зуба

transgenic ~ трансгенная линия *(напр. животных)*

unilateral Kerley ~s *рентг.* односторонние линии Керли

vacuum ~ вакуумная магистраль

venous ~ *см.* intravenous ~

visual ~ зрительная линия, зрительная ось, линия фиксации

white ~ *см.* ~a alba

lineage ['liniəʤ] 1. происхождение; родословная, ряд поколений 2. линия, направление *(напр. дифференцировки клеток)*

~s of developing thymocytes линии развивающихся тимоцитов

hemopoietic ~ кроветворная линия

lineament ['lini:əmənt] 1. черты *(лица)*; очертания 2. отличительная черта *(характера и т. п.)*

linear ['lini:ə] линейное построение *(напр. нормируемого пути обследования и лечения)*

liner ['lainə] прокладочный (защитный) материал, прокладка

cavity ~ прокладка для предохранения пульпы зуба

lingua ['liŋgwə], *pl.* linguae [liŋ'gwi:] язык

~ dissecta *см.* ~ geographica

~ fisturata складчатый язык

~ frenata уздечка языка

~ fuliginosa фулигинозный язык *(сухой с тёмно-коричневым или чёрным налётом; наблюдается при лихорадочных состояниях)*

~ geographica десквамативный глоссит, «географический» язык

~ plicata *см.* ~ fisturata

~ villosa nigra чёрный волосатый язык

lingual ['liŋgwəl] лингвальный, язычный

linguale [liŋ'gweili:] *кр. метр.* точка, соответствующая подбородочной ости

linguatuliasis [liŋ,gwætjʊ'laiəsis], **linguatulosis** [liŋ,gwætjʊ'ləʊsis] *параз.* лингватулёз

lingula ['liŋgjʊlə], *pl.* lingulae ['liŋgjʊli:] язычок *(отросток в форме языка)*

~ of cerebellum язычок мозжечка

~ of sphenoid подвисочный гребень клиновидной кости

~ pulmonis sinistri язычковый сегмент левого лёгкого

lingular ['lɪŋgjʊlə] 1. язычковый 2. язычковый сегмент лёгкого

lingulectomy [,lɪŋgjʊ'lektəmi:] 1. удаление язычка 2. резекция язычкового сегмента лёгкого

linguoaxial [,lɪŋgwəʊ'æksiəl] язычно-аксиальный

linguocervical [,lɪŋgwəʊ'səːvɪkəl] язычно-пришеечный

linguoclusion [,lɪŋgwəʊ'kluːʒən] язычное смещение зуба

linguopapillitis [,lɪŋgwəʊ,pæpi'laitis] язвенное поражение сосочков языка

linguoversion [,lɪŋgwəʊ'vəːʒən] язычное смещение зуба

liniment ['lɪnimənt] линимент *(жидкая мазь)*

lining ['laɪnɪŋ] анат. выстилка

crevicular ~ выстилка десневого кармана

epithelial ~ эпителиальный слой; эпителиальная прослойка, или выстилка || выстланный *(напр. брюшиной)*

mucous ~ слизистая выстилка

skin graft ~ закрытие дефекта кожным трансплантатом

synovial ~ синовиальная оболочка; влагалище сухожилия

uterine ~ эндотелий матки

linitis [li'naitis] воспаление слизистой желудка

~ plastica диффузный рак желудка, скирр

link [lɪŋk] связь, сцепление, соединение || связывать(ся), соединять(ся)

~ of genes сцепление генов

convincing ~ убедительная [подтверждённая] связь *(напр. между энтеритом и микрофлорой)*

genetic ~ генетическая связь

interchromosomal ~ область межхромосомного контакта

medical record ~ объединение медицинских сведений

physeal ~ замыкательная пластинка (кости), зона роста

X-~ed X-сцепленный *(напр. ген, локализованный на X-хромосоме)*

linkage ['lɪŋkidʒ] 1. химическая ковалентная связь 2. сцепление *(комбинация генов при наследственной передаче, обусловленная присутствием их в одной хромосомной паре)*

~ of isozyme variants сцепление вариантов кофермента

~ of disequilibrium нарушение равновесия сцепления *(напр. генов)*

~ to chromosome сцепление с хромосомой

carbohydrate-protein ~ углеводно-белковое сцепление

complete ~ полное сцепление *(совместное наследование двух или более соседних генных локусов в хромосоме)*

record ~ 1. объединение сведений, база данных 2. выписка из историй болезни

sex ~ 1. связь [сцепление] с полом *(локализация гена на одной из половых хромосом)* 2. слияние половых признаков

linker ['lɪŋkə] сшивка, мостик, связующее звено, линкер

link-system ['lɪŋk'sistəm] звеньевая система *(о кистевом суставе)*

Linnaean [li'niːən], **Linnaeus** [li'niːəs] классификация Линнея || линнеевский *(о номенклатуре)*

lint [lint] гигроскопический [адсорбирующий] материал

lintin ['lintin] перевязочный материал из прессованной ваты

lion's-tooth ['laiəns-tuːθ] одуванчик лекарственный *(Taraxacum officinale)*

lip [lip] 1. губа || губной 2. край *(раны)*

cleft ~ расщелина [несращение] губы, нрк. «заячья губа»

double ~ удвоение губы

Hapsburg ~ чрезмерно выступающая нижняя губа

hare's ~ см. **cleft ~**

posterior ~ of the tibia задняя губа большеберцовой кости

pursed ~ сморщенная губа

vulvar ~s половые губы

liparocele [li'pærəʊsiːl] липоцеле *(наличие пряди сальника в грыжевом мешке)*

liparodyspnea [,lipærəʊ'dispniːə] одышка при чрезмерном ожирении

lipase ['li,peis] липаза

high ~ высокая активность липазы *(в крови)*

lipoprotein ~ липопротеидлипаза

triglyceride ~ триглицеридлипаза

lipectomy [li'pektəmi:] иссечение избыточной жировой клетчатки

lipedema [,lipi'diːmə] жировой отёк

lipemia [li'piːmiːə] (гипер)липемия *(повышенное содержание в крови нейтральных жиров и триглицеридов)*

~ retinalis отложение липидов в сетчатке глаза

alimentary [postprandial] ~ алиментарная [пищевая, постпрандиальная] липемия *(обусловленная приёмом пищи)*

lipid(e) ['lipid] жир, липид || липидный

erythrocyte membrane ~s липиды мембран эритроцитов

extractable ~s экстрагируемые липиды

lipidemia [,lipi'diːmiːə] (гипер)липидемия

lipid-lowering ['lipid-'lʊvəriŋ] липидолитик *(средство, способствующее липидолизису)*

lipidosis [lipi'dəʊsis], pl. **lipidoses** [lipi'dəʊsiːz] липидоз *(болезнь накопления, характеризующаяся нарушением липидного обмена)*

~ cutis et mucosae гиалиноз кожи и слизистых оболочек, липоидный протеиноз, Урбаха внеклеточный холестероз

arterial ~ атеросклероз

cerebroside ~ цереброзидоз, керазиновый ретикулоэндотелиоз, Гоше болезнь

hepatic ~ жировая дистрофия печени

kerasin ~ нейровисцеральный липидоз

phosphatide sphingomyeline ~ липоидный гистиоцитоз, нелейкемический ретикулёз, Ниманна – Пика болезнь

sulfatide ~ метахроматическая лейкодистрофия

lipin ['lipən] см. **lipid**

lipoarthritis [,lipəʊaθ'raitis] воспаление околосуставной жировой клетчатки *(напр. коленного сустава)*

lipoatrophy [,lipəʊ'ætrəfi:] липодистрофия, липоатрофия

lipoblast ['lipə,blæst] эмбриональная жировая клетка

lipoblastoma [,lipəʊblæs'təʊmə] 1. липосаркома, злокачественная липома 2. доброкачественная опухоль из эмбриональных жировых клеток

lipocardiac [,lipəʊ'kaːdiːæk] относящийся к жировой дистрофии сердца

lipocele ['lipə,siːl] см. **liparocele 1**

lipocere ['lipə‚si:ə] жировоск, трупный воск

lipochrome ['lipə‚krəum] *pl.* каротиноиды *(биологически активные жирорастворимые пигменты)*

lipoclasis [li'pɒklæsis] липолиз *(расщепление жира)*

lipocrit ['lipə‚krit] **1.** аппарат объёмного определения количества липоидов **2.** метод объёмного определения количества липидов

lipocyte ['lipə‚sait] липоцит, жировая клетка

lipodieresis [‚lipəudaiə'resis] *см.* **lipoclasis**

lipodystrophy [‚lipəu'distrəfi:] липодистрофия *(заболевание, характеризующееся избирательной потерей жировой ткани)*

  cephalothoracic ~ прогрессирующая сегментарная липодистрофия, Барракера – Симонса болезнь

  congenital generalized ~ генерализованная врождённая липодистрофия

  insulin ~ инсулиновая липодистрофия

  intestinal ~ интестинальная липодистрофия, липогранулематоз брыжейки, Уиппла болезнь

  partial ~ очаговая [фокальная] липодистрофия

  progressive ~ *см.* **cephalothoracic** ~

lipoferous [li'pɒferəs] **1.** переносящий жир **2.** гистсуданофильный

lipofibroma [‚lipəufai'brəumə] фибролипома

lipofuscin [‚lipəu'fju:sin] липофусцин, пигмент старения, или изнашивания, липоидный пигмент, хромолипоид

lipofuscinosis [‚lipəu‚fju:si'nəusis] липофусциноз

  neuronal ceroid ~ нейронный восковидный липофусциноз

lipogenesis [‚lipəu'ʤenəsis] липогенез *(образование жира)*

lipogen(et)ic [‚lipəuʤə'netik], **lipogenous** [lipəu'ʤenʌs] образующий жир, жирообразующий

lipogranuloma [‚lipəu‚grænju'ləumə] липогранулёма, липоидная [липонекротическая] гранулёма, стеатогранулёма

lipogranulomatosis [‚lipəu‚grænju‚ləumə'təusis] гистиоцитоз Х, липогранулематоз, (Хенда –) Крисчена – Шюллера болезнь

  ~ **disseminata congenita** генерализованный липогрануломатоз, Фарбера болезнь или синдром

lipoidosis [‚lipɒi'dəusis] *см.* **lipidosis**

lipolysis [li'pɒlisis] липолиз *(расщепление жира)*

lipolytic [‚lipəu'litik] липолитический, расщепляющий жир

lipoma [li'pəumə] липома, жировик ◊ ~ **annulare** диффузная липома шеи, синдром Маделунга

  ~ **arborescens** липома коленного сустава в виде ветвящихся образований

    ~ **capsulare** инкапсулированная липома

    ~ **cavernosum** ангиолипома

  ~ **ossificans** липома с участками окостенения

  fat cell [fetal] ~ гибернома

  infiltrating [lipoblastic, primitive-cell] ~ липосаркома, злокачественная липома

  telangiectatic ~ ангиолипома

lipomatosis [li‚pəumə'təusis] липоматоз *(патологическое разрастание жировой ткани)*

  ~ **dolorosa** адипозалгия, болезненный липоматоз, Деркума болезнь

  congenital ~ **of pancreas** врождённое перерождение поджелудочной железы

  diffuse ~ диффузный липоматоз

  perirenal ~ околопочечный липоматоз

lipomeria [lipəu'mi:ri:ə] врождённое отсутствие конечности

lipometabolism [‚lipəumə'tæbəu‚lizəm] жировой обмен

Lipomul ['lipəuməl] *фирм.* жировой модуль *(пищевой ингредиент, содержащий эмульсию растительного масла)*

lipopectic [‚lipəu'pektik] относящийся к отложению жира, вызывающий отложение жира

lipopenia [‚lipəu'pi:ni:ə] дефицит липидов в организме

lipopexia [‚lipəu'peksi:ə] отложение жира

lipophagia [‚lipəu'feiʤi:ə] липофагия *(поглощение жира)*, липолиз *(расщепление жира)* ◊ ~ **granulomatosa** интестинальная липодистрофия

lipophagic [‚lipəu'feiʤik] жиропоглощающий, жироразрушающий, липолитический, жирорасщепляющий

lipophanerosis [‚lipəu‚fæne'rəusis] жировая дистрофия, липофанероз, дегенеративное ожирение

lipophilic [‚lipəu'filik] липофильный *(поглощающий жир или склонный к накоплению жира)*

lipophilicity [‚lipəufi'li:siti:] липофильность

lipophore [‚lipəu'fɔ:] пигментная клетка, содержащая липохромный пигмент; хроматофор

lipophrenia [‚lipəu'fri:ni:ə] умственная неполноценность, слабоумие

lipopolysaccharide [‚lipəu‚pɒli:'sækə‚raid]:

  rough ~s липополисахариды шероховатых колоний бактерий

lipoprotein [‚lipəu'prəu‚ti:n] липопротеид, *нрк.* липопротеин

  α-~ альфа-липопротеид, липопротеид высокой плотности, ЛПВП

  β-~ бета-липопротеид, липопротеид низкой плотности, ЛПНП

  high-density ~ *см.* α-~

  low-density ~ *см.* β-~

  pre-β- [very low-density] ~ липопротеид очень низкой плотности

liposarcoma [‚lipəusa:kəumə] липосаркома, злокачественная липома

  primary mesenteric ~ первичная липосаркома брыжейки

liposis [li'pəusis] **1.** липоматоз *(патологическое разрастание жировой ткани)* **2.** жировая инфильтрация

  general ~ ожирение

liposome [‚lipəu'səum] *pl.* липосомы *(1. липидные сферические частицы менее 10 мкм 2. искусственно получаемые сферы диаметром менее 10 мкм из биомолекулярного слоя липидов)*

  antibody-coated ~ антителонагруженные липосомы

  bare [blank] ~ пустые [ненагруженные] липосомы

  conventional ~s общепринятые липосомы

  immunoglobulin-coated ~ липосомы, покрытые иммуноглобулином

  long-circulating ~s длительно циркулирующие липосомы

stealth ~s скрытые липосомы

liposome-associated [ˈlipəʊsəʊm-əˈsəʊʃiːeitəd], **liposome-encapsulated** [ˈlipəʊsəʊm-inˈkæpsəˌleitəd], **liposome-entrapped** [ˈlipəʊsəʊm-inˈtræpd] заключённый [инкапсулированный, включённый] в липосомы (*напр. о каталазе*)

lipostomy [liˈpɒstəmiː] врождённое сужение или отсутствие рта

liposuction [ˌlipəʊˈsʌkʃən] липосакция (*удаление с аспирацией избыточной подкожной жировой клетчатки*)

 dry ~ сухая липосакция (*аспирация жира вакуумным аппаратом*)

 wet ~ влажная липосакция (*с предварительной инфильтрацией зоны операции раствором Кляйна, превращающим жировую клетчатку в эмульсию*)

lipotropic [ˌlipəʊˈtrɒpik] липотропное вещество (*1. вещество, уменьшающее жировую инфильтрацию печени 2. химическое вещество, взаимодействующее с липидами*) ‖ липотропный

lipotropin [ˌlipəʊˈtrəʊpin] липотропный фактор, липотропин (*гормон, мобилизующий жировые ресурсы организма*)

lipotropy [liˈpɒtrəpiː] липотропность (*1. аффинность основных красителей к жировой ткани 2. предупреждение накопления жира в печени 3. аффинность неполярных соединений друг к другу*)

lipovaccine [ˌlipəʊˈvækˈsiːn] вакцина, содержащая растительное масло, липовакцина

lipping [ˈlipiŋ] 1. *рентг.* симптом козырька, симптом губы, симптом шпоры 2. образование остеофита

lip-pursing [lip-ˈpəːsiŋ] вытягивание губ (*симптом хоботка*)

lip-reading [lip-ˈriːdiŋ] чтение по губам

lip-seal [lip-siːl] смыкание губ

lipsmaking [ˈlipsˌmeikiŋ]:

 repetitive ~ *невр.* повторяющееся глюканье губами

lipuria [lipˈjuːriːə] липурия (*наличие липидов в моче*)

liquation [liˈkweiʃən], **liquefaction** [ˌlikwəˈfækʃən] разжижение, сжижение

 lens ~ разжижение хрусталика

liquefacient [ˌlikwəˈfeiʃənt] разжижающий

liquescent [liˈkwesənt] разжижаемый, разжижающийся

liquid [ˈlikwid] 1. жидкость; раствор ‖ жидкий, текучий 2. прозрачный, светлый

 Cotunnius' ~ перилимфа, окружающая мембранный лабиринт внутреннего уха

 cryogenic ~ криогенная жидкость

 culture ~ культуральная жидкость

 deodorant ~ дезодорирующая жидкость

 fermented ~ *см.* **culture ~**

 low-freezing ~ жидкость с низкой точкой [температурой] замерзания

 nutrient ~ питательный раствор

 reference ~ стандартный жидкий образец

 scintillation ~ сцинтилляционная жидкость

 standard ~ *см.* **reference ~**

 strong [supernatant] ~ 1. жидкость над слоем осевших кристаллов 2. щёлок 3. надсмольная вода 4. всплывающая вода

 toxic ~ токсичная [ядовитая] жидкость

 waste ~s жидкие отходы

liquid-tight [ˈlikwid-ˈtait] водонепроницаемый; герметичный

liquor [ˈlikər, ˈlikwɔː], *pl.* **liquores** [ˈlikwəʊriːs] 1. жидкость, раствор 2. спиртной напиток 3. водный раствор лекарственного средства 4. экстракт, настойка; отвар

◊ **~ amnii** околоплодные воды, амниотическая жидкость

 ~ entericus кишечный сок

 ~ pericardii перикардиальная жидкость

 ~ prostaticus секрет предстательной железы

 ~ puris жидкая часть гноя

 ~ sanguinis плазма (*жидкая часть крови*)

 ammonia(cal) ~ *уст.* нашатырный спирт

 bleaching ~ хлорированная вода

 feed ~ питательный раствор

 filter ~ фильтрат

 hard ~s крепкие напитки

 mother ~ маточный раствор

 Scarpa's ~ эндолимфа

 sludge ~ сточная жидкость

liquorrhea [ˈlikəʊˌriːə] ликворея (*истечение цереброспинальной жидкости*)

 ~ nasalis назальная [носовая] ликворея

lisosome [ˌlaisəˈsəʊm] лизосома (*органоид цитоплазмы, содержащий гидролитические ферменты*)

lisp [lisp] 1. шепелявость 2. шорох

lisping [ˈlispiŋ] сигматизм, шепелявость (*нарушение произношения шипящих и свистящих звуков*)

lissencephalia [ˌlisənsəˈfeiliːə] *терат.* агирия, лиссэнцефалия

lissosphincter [ˌlisəʊˈsfiŋktə] гладкомышечный сфинктер

list [list] 1. список; перечень ‖ составлять список; вносить в список 2. опросный [переписной] лист, статистический формуляр ‖ заполнять опросный лист

 ~ of essential drugs перечень жизненно важных лекарственных средств

 ~ up *sl.* находящийся в состоянии наркотического опьянения

 casualty ~ список раненых и убитых

 duty ~ график дежурств

 essential drug ~ *см.* **~ of essential drugs**

 general medicines ~ *англ.* список лекарственных средств, разрешённых к продаже в обычных торговых предприятиях

 Indian Pharmacopoeial ~ Индийская номенклатура лекарственных средств

 International ~ of cause of death международная классификация причин смерти

 principal's ~ список лиц, приписанных к ведущему врачу общей практики

 problem ~ карта больного (заболевания)

 sick ~ 1. список больных 2. больничный лист

 waiting ~ лист ожидания (*перечень пациентов, ожидающих трансплантации*)

listerellosis [ˌlistərəˈləʊsis], **listeriosis** [ˌlistəriˈəʊsis] *инф. бол.* листериоз, листереллёз

Listeria [liˈstiəriːə]:

 ~ monocytogenes возбудитель листериоза

listerism ['listərizm] *ист.* Листера принципы асептики и антисептики

listing ['listiŋ]:

  general seal ~ безрецептурные лекарственные средства

listless ['listlis] вялый, апатичный, безразличный

listlessness ['listlisnəs] апатия

literature ['litərə,tʃə]:

  patient ~ популярная медицинская литература, литература для больных

lithagogue ['liθəgɔːg] лекарственное средство, способствующее выведению конкрементов (*чаще из мочевых путей*)

lithangiuria [,liθənʤiˈjuːriːə] уролитиаз

lithate [liˈθeit] урат (*соль мочевой кислоты*)

lithecbole [,liθəkˈbəul] изгнание конкрементов

lithemia [liˈθiːmiːə] урикемия (*повышенное содержание мочевой кислоты в крови*)

lithiasis [liˈθaiəsis] **1.** камнеобразование, калькулёз, литиаз **2.** мочекислый диатез

  appendiceal ~ аппендикулярные копролиты

  biliary ~ жёлчно-каменная болезнь

  pancreatic ~ калькулёзный панкреатит

  pancreatic ductal ~ кальцификаты панкреатического протока

  renal ~ почечно-каменная болезнь, нефролитиаз, камни почек/почки

  salivary ~ сиалолитиаз, слюнно-каменная болезнь

  uric acid ~ мочекислый уролитиаз

  urinary ~ мочекаменная болезнь, уролитиаз

lithicosis [liθiˈkəusis] пневмокониоз

lithium ['liθiːəm] литий, Li (*1. щелочной металл – входит в состав живых организмов 2. соли лития применяют для лечения биполярных аффективных расстройств*)

lithocenosis [,liθəuseˈnəusis] *см.* **litholapaxy**

lithoclast ['liθəu,klæst] *см.* **lithotriptor**

lithoclasty [liˈθɒkləsti] камнедробление, литотрипсия

lithoclysm(i)a [,liθəuˈklizmiːə] введение в мочевой пузырь жидкости, растворяющей конкременты

lithocystotomy [,liθəusiˈstɒtəmiː] камнесечение, литотомия

lithodialysis [,liθəudaiˈælisis] растворение или разрушение конкрементов

lithogenesis [,liθəuˈʤenəsis] камнеобразование, калькулёз, литиаз (*происхождение и формирование камней*)

lithogenic [,liθəuˈʤenik], **lithogenous** [liˈθɒʤənəs] способствующий камнеобразованию, камнеобразующий, литогенный

lithokelyphopedion [liθəuˌkelifəuˈpiːdiːən] литокелифопедион (*литопедион, сросшийся с обызвествлёнными плодными оболочками*)

lithokelyphos [,liθəuˈkelifəs] литокелифоз (*обызвествление плодных оболочек с мумификацией плода*)

litholabe ['liθəu,leib] *мед. тех.* камнеэкстрактор

litholapaxy [liˈθɒləˌpæksi] литолапаксия (*вымывание раздробленных конкрементов из лоханки почки и мочевого пузыря*)

litholysis [liˈθɒlisis] растворение конкрементов (*чаще в мочевых путях*)

litholyte ['liθəulait] инструмент для введения лекарственного средства, растворяющего конкременты

litholytic [,liθəuˈlitik] лекарственное средство, способствующее растворению конкрементов (*чаще в мочевых путях*) ‖ растворяющий конкременты

lithomyl ['liθəumil] инструмент для камнедробления

lithonephria [,liθəuˈnefriːə] почечно-каменная болезнь, нефролитиаз

lithonephrotomy [,liθəunəˈfrɒtəmiː] нефролитотомия (*удаление камней из почки*)

lithopedion [,liθəuˈpiːdiˌɒn] литопедион (*плод, подвергшийся обызвествлению*)

lithoring ['liθɒriŋ] литоринг, разрушение [фрагментация] камней

lithoscope [,liθəuˈskəup] цистоскоп

lithosis [liˈθəusis] пневмокониоз, силикоз

lithotherapy [,liθəuˈθerəpiː] литотерапия (*лечение минералами*)

lithotomy [liˈθɒtəmiː] камнесечение, литотомия

  high ~ надлобковое камнесечение

  median ~ срединная литотомия

  perineal ~ промежностное камнесечение

lithotony [liˈθɒtəniː] выведение конкремента из мочевого пузыря через цистостому

lithotresis [,liθəuˈtriːsis] просверливание отверстий в конкременте (*с целью облегчения его разрушения и удаления*)

lithotripsy ['liθəu,tripsiː] камнедробление, литотрипсия

  biliary ~ билиарная литотрипсия, фрагментация жёлчных камней

  electrohydraulic ~ **of intrahepatic stones** электрогидравлическое дробление внутрипечёночных камней

  extracorporeal shok wave ~ экстракорпоральная ударно-волновая [ультразвуковая] литотрипсия

  laser ~ лазерная литотрипсия, или фрагментация, камней

  shock-wave ~ ударно-волновая литотрипсия

  ultrasound ~ ультразвуковая литотрипсия

lithotriptor ['liθəu,triptə] *мед. тех.* литотриптор, литокласт, камнедробитель (*аппарат для экстракорпорального разрушения камней*)

  ultrasonic ~ ультразвуковой литотриптор

lithotriptoscope [,liθəuˈtriptəuskəup] цистоскоп-литотриптор, цистолитотриптор

lithotriptoscopy [,liθəutripˈtɒskəpiː] цистолитотрипсия (*камнедробление под контролем зрения*)

lithotrite ['liθəu,trait] *см.* **lithotriptor**

lithotroph ['liθəutrəuf] *pl.* литотрофы (*бактерии, утилизирующие углерод*)

lithotrophic [,liθəuˈtrɒfik] литотрофный (*относящийся к организмам, синтезирующим органические вещества из углекислого газа и нитратов*)

lithous ['liθəs] относящийся к конкременту

lithuresis [,liθjuˈriːsis] прохождение мочевого «песка» по мочевыводящим путям

lithuria [liˈθjuːriːə] выделение мочевой кислоты и уратов с мочой

litigation [litiˈgeiʃən] судебный процесс, суд

  medical negligence ~ судебное разбирательство халатных действий медицинского работника vaccine ~ судебный процесс против применения вакцин

litigious [li'tidʒəs] сутяжнический *(о настроении больного)*, сутяжный; кверулянтский

litmus ['litməs] лакмус ‖ лакмусовый

litter[1] ['litə] носилки ‖ нести на носилках

litter[2] **1.** помёт, приплод *(животных)* **2.** подстилка ‖ подстилать

littritis [lit'raitis] литтреит *(воспаление слизистых желёз мочеиспускательного канала)*

livability [ˌlivə'biliti] жизнеспособность

live [liv] **1.** жить, существовать; проживать **2.** выдерживать; не портиться

to ~ in isolation жить в изоляции; вести уединённый образ жизни

live-birth [liv-bə:θ] живорождённый ребёнок

live-born [liv-bɔ:n] живорождённый

livedo [li'vi:dəu] мраморная кожа, ливедо *(нарушение пигментации в виде голубоватого оттенка кожи, генерализованное или в виде отдельных пятен)*

~ **annularis** кольцевидное ливедо

~ **racemosa** древовидно-ветвящееся ливедо

~ **reticularis** сетчатое [ретикулярное] ливедо *(кожные пятна синевато-голубоватого цвета в виде сеточки)*

postmortem ~ трупные пятна; посмертная «мраморная кожа»

reticular ~ *см.* ~ reticularis

lively ['laivli] сильный, полный жизни

liver ['livə] печень

albuminoid ~ альбуминоидная [белковая] дегенерация печени

amyloid ~ амилоидная дегенерация печени, амилоидная печень

cardiac ~ сердечный цирроз печени

contracted ~ цирроз печени

fatty ~ жировая инфильтрация [жировое перерождение] печени

fibroid [fibrotic] ~ фиброз печени

floating ~ *см.* wandering ~

frosted ~ глазурная [засахаренная] печень, перигепатит

future remnant ~ остающийся объём печени *(после резекции)*

gin-drinker's [ging] ~ алкогольный цирроз печени

hobnail ~ атрофический цирроз печени

icing ~ *см.* frosted ~

infantile ~ *уст.* билиарный цирроз печени у детей

iron ~ гемохроматоз

lardaceous ~ *см.* amyloid ~

nutmeg ~ застойная [мускатная] печень

soft ~ размягчение печени

sugar-icing ~ *см.* frosted ~

wandering ~ подвижная печень; гепатоптоз

waxy ~ *см.* amyloid ~

wrinkled ~ «сморщенная» печень

liver-blotch ['livə-ˌblɒtʃ] *дерм.* хлоазма

livetin ['livətin] *pl.* ливетины *(белки яичного желтка с аллергенными свойствами)*

livid ['livid] синюшный, цианотичный

lividity [li'viditi] синюшность, цианоз

cadaveric [postmortem] ~ посмертная синюшность, трупные пятна

living ['liviŋ] **1.** жизнь, образ жизни **2.** средства к существованию

"~ **with heart failure**" «жизнь с сердечной недостаточностью» *(название опросника)*

healthy ~ здоровый образ жизни

sustainable ~ устойчивая жизнедеятельность

living-space ['liviŋ-'speis] **1.** жизненное пространство **2.** жилая площадь

livor ['laivɔ:] изменение цвета кожи *(чаще посмертное)*

~ **mortis** посмертная синюшность; трупные пятна

lixiviation [likˌsivi'eiʃən] выщелачивание

Loa ['ləʊa:]:

~ **loa** африканский глазной червь семейства Onchocercidae *(возбудитель лоаоза)*

load [ləʊd] **1.** груз; нагрузка; тяжесть; бремя ‖ нагружать; заряжать **2.** загрузка компьютера **3.** *sl.* «товар» *(запас нелегально приобретённых наркотиков)* ‖ употреблять [принимать] наркотики

actual ~ полезная нагрузка

after ~ «постнагрузка» *(о венозном притоке к сердцу)*

aid station ~ количество пациентов, поступающих на медицинский пункт

axial ~ осевая нагрузка, нагрузка на оси

blood pressure ~ показатель частоты артериальной гипертензии *(среди населения)*

blood-sucking parasite ~ воздействие кровососущих паразитов

carcinogenic ~ суммарное канцерогенное воздействие

colonising microbial ~ масса колонизирующих микробов

critical ~ критическая нагрузка *(напр. загрязняющего вещества)*

environmental ~ нагрузка от воздействия факторов окружающей среды

genetic ~ генетический груз, генетическое бремя *(совокупность аномальных генов, передаваемых по наследству)*

gross ~ масса брутто; общая масса

heat ~ тепловая нагрузка

heavy waste ~ высокое содержание загрязняющих веществ *(напр. в воде)*; высокая концентрация загрязнений

hereditary ~ наследственная отягощённость

immunogenic ~ иммуногенный потенциал *(ткани, молекулы и т. п.)*

metabolic ~ метаболическая нагрузка *(нарушение метаболизма организма-хозяина в результате введения в его геном и экспрессии чужеродной ДНК)*

mental work ~ умственная рабочая нагрузка

mutational ~ мутационное давление

occlusal ~ окклюзионная [жевательная] нагрузка

peak ~ **1.** пиковая нагрузка **2.** максимальный уровень

proof ~ максимально допустимая нагрузка

pure axial ~ изолированная осевая нагрузка

recombination ~ рекомбинационный [сегрегационный] груз *(появление менее приспособленных гомозигот в потомстве гетерозиготных особей)*

saline ~ содержание минеральных примесей, или солей

segregational ~ см. **recombination ~**

sensory ~ сенсорная нагрузка

stress ~ стрессовая нагрузка

viral ~ заражённость [обременённость] вирусом

volume ~ on left atrium перегрузка левого предсердия; нагрузка на левое предсердие

loading ['ləʊdɪŋ] 1. нагрузка (*введение вещества для изучения обменных функций, напр., глюкозы для определения толерантности к ней*); насыщение организма медикаментом (*часто наркотиком*) || ударный, насыщенный 2. дозировка

cholesterol ~ of red cell membranes включение холестерина в мембраны эритроцитов

fluid ~ водная нагрузка

genetic ~ генетическая предрасположенность

glucose ~ тест толерантности к глюкозе, глюкозотолерантный тест; нагрузка глюкозой

incremental threshold ~ нагрузка с возрастающим порогом

mass ~ избыточная масса тела

ram pressure ~ нагрузка (на тело) от скоростного напора, нагрузка от динамического давления

selective ~ избирательное заселение ниши (*стволовой клеткой в стромальном микроокружении*)

loaiasis [ˌləʊəˈaiəsis] *параз.* лоаоз, калабарская опухоль

loan [ləʊn]:

~ of crutches предоставление костылей во временное пользование

loathe [ləʊθ] испытывать отвращение (*напр. к пище*)

lobar ['ləʊbə] долевой, лобарный (*напр. о пневмонии*)

lobate ['ləʊbeit] дольчатый

lobe [ləʊb] доля

anterior pituitary ~ передняя доля гипофиза

azygos ~ доля непарной вены (*лёгкого*)

consolidated ~ отвердение доли (*лёгкого*)

ear ~ долька ушной раковины, мочка уха

end ~ затылочная доля (*головного мозга*)

frontal ~ лобная доля (*головного мозга*)

hepatic ~s доли печени

Home's ~ перешеек предстательной железы

individual ~ отдельная доля (*лёгкого*)

limbic ~ сводчатая извилина, краевая [лимбическая] доля (*головного мозга*), доля Брока

olfactory ~ обонятельная доля (*головного мозга*)

optic ~s верхние холмики четверохолмия (*пластинки крыши среднего мозга*)

parietal ~ теменная доля (*головного мозга*)

quadrate ~ квадратная доля (*печени*)

Spigelian ~ хвостатая [спигелиева] доля (*печени*)

temporal ~ височная доля (*головного мозга*)

lobectomy [ləʊˈbektəmi:] лобэктомия

partial ~ резекция доли

sleeve ~ циркулярная резекция бронха

unilateral ~ односторонняя лобэктомия

lobed [ləʊbd] дольчатый, разделённый на доли

Lobelia [ləʊˈbi:liə]

~ inflata *токс.* лобелия вздутая

lobitis [ləʊˈbaitis] долевая [лобарная] пневмония, лобит

lobocyte ['ləʊbəʊˌsait] сегментированная клетка

lobotomy [ləʊˈbɒtəmi:] *ист.* лоботомия (*пересечение лобной доли мозга с целью лечения психических расстройств*), см. тж. **leukotomy**

prefrontal ~ префронтальная лоботомия

transorbital ~ трансорбитальная лоботомия

lobster ['lɒbstə] 1. лобстер; рак 2. клешня руки, стопы

lobster-clow ['lɒbstə-ˈklɔ:] клешнеобразный (*о кисти*)

lobster-eyed ['lɒbstə-ˈaid] пучеглазый

lobular ['lɒbjʊlə] состоящий из мелких долек, дольковый; дольчатый, разделённый на доли

lobulation [ˌlɒbjʊˈleiʃən] дольчатое строение, дольчатость

lobule ['lɒbju:l], **lobulus** ['lɒbjʊləs] *анат.* долька

~ of auricle долька ушной раковины, мочка уха

~s of epididymis дольки придатка яичка

~s of mammary gland дольки молочной железы

biventral ~ двубрюшная долька мозжечка

cortical ~ of kidney корковая почечная долька

fat ~ жировая долька, или комочек

quadrate ~ 1. предклинье (*участок медиальной поверхности полушария большого мозга*) 2. четырёхугольная долька (*мозжечка*)

thymic ~ доля [сегмент] вилочковой железы

lobus ['ləʊbəs], *pl.* **lobi** ['ləʊbai] *лат.*, см. **lobe**

local ['ləʊkəl] 1. местный, локальный 2. частный

locality [ləʊˈkæliti:] 1. местность; район 2. местоположение; местонахождение

health ~ врачебный участок

localization [ˌləʊkəliˈzeiʃən] 1. локализация, местонахождение 2. определение [картирование] местонахождения 3. локализация распространения (*напр. инфекции*)

autoradiographic ~ авторадиографическое определение локализации (*напр. адренорецепторов*)

cerebral ~ 1. картирование [локализация] функций органов в коре головного мозга 2. диагностика поражённого участка мозга

chromosomal ~ хромосомное картирование

egocentric visual ~ субъективная зрительная локализация

elective ~ см. **selective ~**

placental ~ локализация плаценты

regional ~ of repair gene региональное картирование гена репарации

selective ~ 1. селективное [избирательное] накопление (*напр. нуклида*) 2. тропность (*напр. микроорганизмов к определённой ткани*)

ultrastructural ~ электронно-микроскопическое определение локализации

visual spatial ~ зрительная пространственная локализация

localize ['ləʊkəˌlaiz] 1. локализовать, определять местонахождение 2. ограничить распространение (*напр. инфекции*)

localizer [ˌləʊkəˈlaizə] 1. центратор, локализатор (*приспособление для точной установки оси пучка излучения*) 2. индикатор (*для локализации металлических инородных тел в глазу*)

light ~ световой центратор

location [ləʊˈkeiʃən] 1. местонахождение, местоположение, локализация (*напр. ишемии*) 2. поселение (*на *жительство)* 3. *амер.* местожительство 4. обнаружение, выявление

~ of chromosomal regions местоположение участков хромосом

abnormal ~ дистопия, эктопия *(расположение органа в необычном месте)*

complement receptor ~ локализация клеточных рецепторов комплемента

delineate ~ очерченное расположение, точная локализация *(напр. опухоли)*

echo ~ эхолокация

gastric fundus ~ расположение дна желудка

gene ~ локализация гена *(определение положения гена на генетической карте)*

inappropriate ~ атипичная локализация, атипичное расположение *(напр. устья мочеточника)*

physical ~ фактическое [действительное] местонахождение *(напр. больного туберкулёзом)*

prime ~ престижный земельный участок *(вдали от промзон, с обилием зелёных насаждений и хорошей инфраструктурой)*

uncommon ~ необычное [атипичное] расположение *(напр. червеобразного отростка)*

locator [ˌləʊˈkeɪtə] локализатор *(инструмент, прибор)*

bullet ~ локализатор металлических осколков

foreign body ~ локализатор инородных тел

lochia [ˈləʊkiːə] лохии *(послеродовые выделения из матки)*

~ alba белые лохии

~ cruenta, ~ rubra красные лохии

lochiometra [ˌləʊkiːəʊˈmiːtrə] лохиометра, застой лохий

lochioperitonitis [ˌləʊkiːəʊˌperɪtəʊˈnaɪtɪs] послеродовой перитонит

lochiopyra [ˌləʊkiːəʊˈpaɪrə] послеродовой [пуэрперальный] сепсис

lochiorrhagia [ˌləʊkiːəʊˈreɪʤiə] обильное выделение лохий

lochioschesis [ˌləʊkiːˈɒskɪsɪs] *см.* **lochiometra**

loci [ˈləʊsaɪ] *pl. от* **locus**

acupuncture ~ точки иглоукалывания

alpha-haptoglobin ~ локусы альфа-гаптоглобина

linked ~ *ген.* сцепленные локусы

lock [lɒk] 1. тормозной механизм, стопор, замок; запор ‖ тормозить, запирать на замок 2. синхронизация *(напр. дыхания по частоте)* ‖ синхронизировать 3. венерологическая лечебница

air ~ 1. тамбур *(напр. газоубежище)*, воздушный шлюз 2. воздушная пробка *(в системе переливания)*

Luer ~ люэровский наконечник

locked [lɒkd]:

"~ in" *невр.* синдром деэфферентации, или «синдром запертого на замок»

locking [ˈlɒkɪŋ] 1. ограничение подвижности сустава 2. запирающий, закрепляющий *(напр. о механизме биопсийного ножа)* 3. синхронизация

~ of the knee блокада коленного сустава

mode ~ синхронизация мод *(лазера)*

true ~ истинная блокада

lockjaw [ˈlɒkʤɔː] 1. тризм *(спазм жевательных мышц)*, «сведение челюсти» 2. столбняк

loco [ˈləʊkəʊ] 1. астрагал *(ядовитое растение)* 2. отравление, вызванное поеданием астрагала

locomotion [ˌləʊkəˈməʊʃ(ə)n] 1. движение, передвижение 2. локомоция *(совокупность согласованных движений)*

granulocyte ~ миграция гранулоцитов

leukocyte ~ 1. сдвиг [изменения] лейкоцитарной формулы 2. перемещение лейкоцитов *(напр. к очагу воспаления)*

quadripedal ~ ползание на четвереньках

locomotorium [ˌləʊkəməʊˈtəʊriːəm] опорно-двигательный аппарат *(костно-суставная и мышечная системы)*

locoregional [ˌləʊkəʊˈriːʤənəl] местно-региональный *(напр. рецидив рака)*

loculus [ˈlɒkjʊləs], *pl.* **loculi** [ˈlɒkjʊˌlaɪ] маленькая полость, или камера

locus [ˈləʊkəs], *pl.* **loci** [ˈləʊˌsaɪ] 1. место, очаг, участок *(болезни или поражения)* 2. локус *(местоположение гена в хромосоме)*

~ minoris resistentiae точка наименьшего сопротивления, «слабое звено» *(подверженность заболеванию)*

~ coeruleus *анат.* голубое [синее] пятно

~ of control локус контроля *(субъективная локализация индивидом факторов, определяющих результаты его деятельности)*

~ ruber *анат.* красное ядро

adjacent ~s прилегающие [соседние] генетические локусы

histocompatibility [human leukocyte] ~ локус главного комплекса гистосовместимости [тканевой совместимости] человека

immune-related [Ir]~ локус иммунного ответа

major ~ *см.* **histocompatibility ~**

marker ~ маркёрный локус

minor ~ минорный [слабый] локус *(гистосовместимости)*

origin ~ точка инициации

spindle-fiber ~ *цитол.* центросома, центральное тельце, центросфера

lodge [lɒʤ] 1. локализация, расположение 2. временно проживать; квартировать 3. вклинивание; закупорка *(напр. камнем)*

lodgement [ˈlɒʤmənt] 1. жилище, квартира 2. место обитания; местоположение 3. скопление чего-л.; закрепление

~ of tumor cells внедрение [инвазия] раковых клеток

blood ~ депонирование крови *(напр. в селезёнке)*

esophageal ~ застревание [непроходимость] пищи в пищеводе

thrombus ~ закупорка тромбом

loemaemia [liːˈmiːmiə] чума, осложнённая сепсисом

loemic [ˈliːmɪk] относящийся к эпидемической болезни *(особенно к чуме)*

loempe [ˈlempə] бери-бери

logaditis [ˌlɒgəˈdaɪtɪs] склерит *(воспаление склеры)*

logagnosia [ˌlɒgəgˈnəʊziə] афазия *(системное расстройство речи)*

logagraphia [ˌlɒgəˈgræfiə] логаграфия *(неспособность письменно изложить свои мысли)*

logamnesia [ˌlɒgæmˈniːziə] корковая сенсорная афазия *(утрата понимания речи)*, Вернике афазия, словесная глухота

logaphasia [ˌlɒgəˈfeiziə] моторная [вербальная, экспрессивная] афазия (Брока)

logasthenia [ˌlɒgəsˈθiːniːə] *невр.* логастения (*повышенная речевая утомляемость и боязнь неправильного произношения слов*)

logger [ˈlɔːgə] регистрирующее [записывающее] устройство

logic [ˈlɒʤik]:

  perverted ~ извращённая логика

logistics [ləʊˈʤistiks] 1. организация и обеспечение (*напр. операции*) 2. символическая логика 3. материально-техническое обеспечение

  ~ **of patient** перемещение больного (*при однодневной госпитализации*)

  patients ~ поток больных

logoclonia [ˌlɒgəʊˈkləʊniːə], **logoclonism** [ˌlɒgəʊˈkləʊnizm], **logoclony** [ˌlɒgəʊˈkləʊniː] заикание, логоклония

logokophosis [ˌlɒgəʊkəʊˈfəʊsis] *см.* **logamnesia**

logomania [ˌlɒgəʊˈmainiːə] *см.* **logorrhea**

logoneurosis [ˌlɒgəʊnʊˈrəʊsis] логоневроз, заикание

logopathy [lɒˈgɒpəθiː] 1. логопатия, расстройство речи центрального происхождения 2. логоневроз

logopedia [ˌlɔːgəʊˈpiːdiːə], **logopedics** [ˌlɔːgəʊˈpiːdiks] логопедия

logoplegia [ˌlɔːgəʊˈpliːʤiːə] логоплегия (*паралич органов речи*)

logorrhea [ˌlɒgəʊˈriːə] логорея, полифразия, речевое недержание

logospasm [ˌlɒgəʊˈspæzm] 1. заикание 2. взрывная речь

logotherapy [ˌlɒgəʊˈθerəpiː] логотерапия (*психотерапевтическая методика возвращения утраченного смысла существования*)

log-roll [lɔːg-rəʊl]:

  ~ **the patient** перевернуть больного, перекатить со спины на бок и наоборот

loiasis [ləʊˈaiəsis] *параз.* лоаоз, калабарская опухоль

loimic [ˈləʊimik] 1. чумной, относящийся к чуме 2. инфекционный; эпидемический

loimology [ˌləʊiˈmɒləʤiː] эпидемиология чумы и других инфекционных болезней

loin [lɒin] поясница, поясничная область

Lolium [ˈləʊliːəm]:

  ~ **perenne** плевела (*трава, содержащая аллергены*)

loneliness [ˈləʊnlinəs] одиночество; уединённость

long [lɒŋ] 1. долгий срок || длительный; дюрантный 2. обширный; многочисленный 3. скучный

long-acting [lɒŋ-ˈæktiŋ] *см.* **long-delayed**

long-chain-reaction [lɒŋ-tʃein-riːˈækʃən] реакция длинных цепей

long-delayed [lɒŋ-diˈleid] дюрантный, пролонгированный, длительно действующий, медленного действия (*напр. о лекарственном средстве*)

longevity [lɒnˈʤeviti] 1. продолжительность жизни, долголетие; долгожительство 2. долговечность, срок жизни

  in vivo ~ длительность сохранения в организме

  maximum ~ максимальная продолжительность жизни

longevous [lɒnˈʤiːvəs] долговечный; долголетний

longilineal [ˌlɒnʤiˈliniːəl] долихоморфный; астенического сложения

longipediate [ˌlɒnʤiˈpiːdiːeit] длинноногий

longitudinal [ˌlɒnʤiˈtjuːdinəl] 1. продольный (*напр. о разрезе*) 2. длительный, продолжительный, протяжённый (*о времени*) 3. отдалённый (*результат лечения*)

longitypical [ˌlɒnʤiˈtipikəl] *см.* **longilineal**

long-lasting [lɒŋ-ˈlæstiŋ] продолжительный, длительный; персистирующий, хронический

long-sighted [lɒŋ-ˈsaitid] дальнозоркий

longsightedness [ˌlɒŋˈsaitidnəs] дальнозоркость, гиперметропия

long-standing [lɒŋ-ˈstændiŋ] 1. длительный, долговременный, хронический 2. застарелый, запущенный (*напр. о болезни*)

  ~ **in utero fetal death** длительное нахождение в матке мёртвого плода

long-term [lɒŋ-təːm] 1. отдалённый (*напр. результат лечения*) 2. длительный, долговременный, продолжительный, долгосрочный

long-term-cultured [lɒŋ-təːm-ˈkʌltʃəd] длительно культивируемый, или перевиваемый (*напр. о линии В-лимфоцитов*)

long-time [lɒŋ-taim] *см.* **long-term 2**

look [lʊk] 1. взгляд 2. выражение (*глаз, лица*) 3. внешний вид, облик

  ~ **for pulmonary metastases** выявление [определение] метастазов в лёгких

  to ~ **blue** выглядеть уныло; унылый вид

  amphetamine ~ амфетаминовый внешний вид (*экзальтированный, расторможенный, гиперактивный*)

  paranoid ~ параноидный [бредовой] облик

  surgeons ~ точка зрения хирургов

looked [lʊkd]:

  ~ **after in care order** на попечении властей по судебному распоряжению (*о ребёнке*)

  ~ **after in voluntarily accomodation** на попечении властей по желанию родителей (*о ребёнке*)

loop [luːp] 1. петля (*1. изгиб трубчатого органа 2. узор на подушечках пальцев 3. инструмент для посева бактерий*); фрагмент; замкнутый контур, цикл || образовывать петли, перекручиваться 2. ганглий (*нервный узел*)

  ~ **of cord** петля пуповины, обвитие пуповиной

  ~ **of hypoglossal nerve** *анат.* шейная петля подъязычного нерва

  cine ~ *узи* кинопамять (*запоминание и просмотр кадров*)

  closed ~ *мед. тех.* закрытый контур (*оксигенации*)

  closed duodenal ~ «слепой мешок» двенадцатиперстной кишки

  cutting ~ проволочная петля для иссечения участка ткани (*напр. полипная петля*)

  deficiency ~ делеционная петля (*напр. образуемая при конъюгации нормальной хромосомы с делетированной*)

  defunctionalized ~ выключенная [нефункционирующая] петля (*кишки*)

  efferent intestinal ~ отводящая кишечная петля (*при гастроэнтеростомии*)

  endocrine ~ эндокринное звено

  Henle's ~ петля нефрона, Генле петля

ileal blind ~ слепая петля подвздошной кишки

infected ~ петля с инфицированной культурой

inoculating ~ *см.* **transfer** ~

intestinal ~ кишечная петля

Ivy ~s назубная лигатурная повязка по Айви

lenticular ~ *анат.* чечевицеобразная петля

microbial ~ бактериальная петля

oscillograph ~ шлейф осциллографа

outer ~ наружная петля *(риэнтри)*

R~ R-петля *(однонитевая петля ДНК, вытесненная гибридной РНК из дуплекса ДНК)*

sentinel ~s *рентг.* «сторожевая петля», раздутые петли кишечника *(при непроходимости)*

surgical ~s *фирм.* хирургические ленты для отведения органов или наложения временной лигатуры

T~ зубец Т *(ЭКГ)*

Thiry's – Vella's ileal ~ Тири – Веллы фистула, Тири – Веллы операция *(с выведением двух концов изолированной петли подвздошной кишки)*

transfer [wire] ~ *микр.* бактериальная [бактериологическая] петля

looping ['lu:piŋ] петлеобразование; перекручивание

loose [lu:s] **1.** свободный, нетугой *(напр. о повязке)* **2.** болтающийся, шатающийся *(напр. о зубе)* **3.** неплотный, проницаемый, негерметичный

to ~ one's reason сходить с ума

loose-jointedness [lu:s-'ʤɔintədnəs] разболтанность сустава

loosener ['lu:sənə] слабительное

looseness ['lu:sənəs] **1.** слабость **2.** неоформленный стул; понос

loosening ['lu:səniŋ] **1.** расслабление, релаксация; ослабление **2.** послабление; опорожнение *(кишечника)*

~ of associations 1. ослабление ассоциативных связей **2.** разорванность мышления; разрыхление ассоциаций

implant ~ отторжение имплантата

lophotrichous [ləʊ'fɒtrikəs] относящийся к жгутиконосцам *(о бактериях)*

loquacity [ləʊ'kwæsiti:] болтливость

lordoma [lɔ:'dəʊmə], **lordosis** [lɔ:'dəʊsis] лордоз *(искривление позвоночника выпуклостью кпереди)*

cervical ~ шейный лордоз

lordotic [lɔ:'dɒtik] лордотический *(относящийся к лордозу)*

lorry ['lɔ:ri:] грузовой автомобиль; платформа

ambulance ~ санитарная машина

bacteriological laboratory ~ передвижная бактериологическая лаборатория *(оборудованная в автомобиле)*

lose [lu:z] терять, лишаться, утрачивать

to ~ one's balance потерять равновесие

to ~ pregnancy прервать беременность, абортировать

to ~ sleep лишаться сна

loser ['lu:zə] **1.** теряющий; проигрывающий **2.** *sl.* неудачник, лузер, «пиночник»

"fast bone ~s" больные с быстрой потерей костной массы

loss [lɔs] **1.** потеря, лишение, утрата **2.** ущерб, урон

~ of blood integrity нарушение целостности эндотелиального покрова *(мочевых путей)*

~ of condition похудание, потеря массы тела

~ of control утрата контроля

~ of deciduous teeth выпадение молочных зубов

~ of discrete margins исчезновение чётких краёв *(напр. суставных поверхностей)*

~ of femoral pulses ослабление [отсутствие] пульсации на бедренных артериях

~ of flesh похудание

~ of hair выпадение волос; алопеция

~s of life людские потери, потери убитыми

~ of motor control утрата двигательного контроля

~ of sexual desire отсутствие сексуального влечения

~ of sexual power импотенция, половое бессилие

~ of strength упадок сил

~ of vision потеря зрения

balance ~ балансовый убыток *(напр. от реализации услуг)*

blood ~ кровопотеря

bone ~ разрежение, рарефикация кости, остеопороз

central light ~ дефект центрального зрения

conductive hearing ~ кондуктивная тугоухость

economical ~ экономический ущерб

excessive nutrient ~ повышенный расход энергии *(пищи)*

expected ~es ожидаемые потери

fluctuating hearing ~ флюктуирующая [перемежающаяся] тугоухость

functional ~ потеря функции; функциональное нарушение или расстройство

gradual vision ~ постепенная потеря зрения

hearing ~ тугоухость

insensible water ~ «неощутимые» потери воды *(при одышке, гипертермии, с потом)*

late graft ~ позднее отторжение трансплантата

measured ~es учтённые потери *(напр. электролитов)*

motor ~ двигательное расстройство

natural ~ естественная убыль

noise-induced hearing ~ потеря слуха; глухота, вызванная звуком

"object ~" *психол.* концепция «утраты значимого для индивида объекта»

pagetoid hearing ~ тугоухость при Педжета болезни

paradoxal hearing ~ пароксизмальная тугоухость, паракузия *(при которой слышимость лучше в условиях шума, чем в тишине)*

perceptive ~ потеря [снижение] способности восприятия

perceptive hearing ~ перцептивная [нейросенсорная] тугоухость

peripheral light ~ дефект периферического зрения

population ~ убыль населения

psychogenic ~ of appetite психогенная потеря аппетита

recent weight ~ быстрая потеря массы тела

seminal ~es сперматорея, истечение семени

sensorineural hearing ~ *см.* **perceptive hearing** ~

sensory ~ потеря чувствительности

sleep ~ бессонница; недосыпание

sweat ~ потеря жидкости с потом, потеря воды за счёт перспирации

total ~ of memory полная потеря памяти

transpiration ~ потери (воды) на транспирацию, неощутимые потери

urinary protein ~ протеинурия *(потеря белка с мочой)*

visual field ~ 1. офт. скотома, дефект поля зрения **2.** сужение поля зрения

lost [lɒst]:

~ **the control** утративший контроль *(напр. при опьянении)*

work hours ~ in sick рабочее время, потерянное по болезни

lot [lɒt] **1.** партия, серия *(напр. медикаментов)* || делить на части, разливать во флаконы **2.** выборка *(напр. образца медикамента из серии)* **3.** лот *(группа товаров, предлагаемая к продаже)*

filling [final] ~ партия лекарственного средства

pilot ~ опытная партия *(напр. вакцины)*

seed ~ посевная [маточная] серия *(микроорганизмов, клеток)*

lotion [ˈləʊʃən] **1.** примочка *(для наружного применения)* **2.** лосьон

astringent ~ вяжущее косметическое средство

lead ~ уст. свинцовая примочка

lot-to-lot [lɒt-tʊ-lɒt] между сериями, от одной серии к другой *(напр. о титре антител)*

loudness [ˈlaʊdnəs] громкость

loupe [luːp] лупа; увеличительное стекло

binocular ~ бинокулярная лупа

panoramic ~ панорамная лупа

louse [laʊs], *pl.* **lice** [laɪs] вошь

body [clothes] ~ платяная вошь

crab ~ см. **pubic ~**

head ~ головная вошь

pubic ~ лобковая вошь

sucking ~ кровососущая вошь; платяная вошь

louse-born [laʊs-bɔːn] передаваемый вшами

louse-infected [laʊs-inˈfektid] поражённый педикулёзом

lousicide [ˈlaʊziˌsaid] средство для уничтожения вшей, антипедикулёзное средство, педикулоцид

lousiness [ˈlaʊzinəs] вшивость, педикулёз; завшивленность; сифункулятоз *(млекопитающих)*

lousy [ˈlaʊzi] вшивый, поражённый педикулёзом

lovage [ˈlʌvidʒ] любисток лекарственный *(Leuisticum officinale)*

lovastatin [ˌləʊvəˈstætin] средство, понижающее содержание холестерина

love [lʌv] любовь, привязанность, влюблённость || любить

genital ~ генитальная [зрелая] любовь

mother ~ материнская любовь

platonic ~ платоническая любовь

sexual ~ половая близость

lovemap [ˈlʌvˌmæp] любовная схема, любовный сценарий

love-roses [lʌv-rəʊzis] калина обыкновенная *(Viburnum opulus)*

love-sickness [lʌv-siknəs] эротомания, гиперафродизия

loving [ˈlʌviŋ]:

delusional ~ любовный бред

low [ləʊ] **1.** низкий, невысокий; малый *(напр. о дозе)*; тихий *(о голосе)* **2.** слабый *(о пульсе)* **3.** скудный *(напр. о секреции железы)* **4.** биол. низший

low-back [ləʊ-bæk] задненижний

low-background [ləʊ-ˈbækgraʊnd] низкофоновый *(напр. об излучении)*

low-birth-weight [ləʊ-bəːθ-weit] маловесный, родившийся с низкой массой тела; недоношенный

low-collateral [ləʊ-kəˈlætərəl] незначительный побочный эффект *(медикамента)*

low-dose [ləʊ-dəʊs] малая доза

low-field [ləʊ-fiːld] низкопольный *(о МРТ)*

low-frequency [ləʊ-ˈfriːkwənsi] редко встречающийся *(напр. о группе крови)*

low-grade [ləʊ-greid] низкой степени выраженности *(напр. о злокачественности)*

low-lying [ləʊ-ˈlaiiŋ] см. **low-set**

low-molecular [ləʊ-məʊˈlekjulə] низкомолекулярный

low-set [ləʊ-set] низко расположенный *(напр. об ушах)*, низко сидящий

low-spirited [ləʊ-ˈspiritid] унылый, подавленный, в подавленном состоянии

low-T₃ [ləʊ-tiˈθriː] пониженная концентрация трийодтиронина в крови

loxia [ˈlɒksiːə] кривошея

loxocyesis [ˌlɒksəʊˈsaiəsis] смещение беременной матки в косом направлении

loxophthalmus [ˌlɒksɒfˈθælməs] косоглазие

loxoscelism [lɒkˈsɒsəˌlizəm] локсосцелизм *(отравление ядом пауков из рода Loxosceles)*

loxotic [lɒkˈsɒtik] искривлённый, косой, наклонный

loxotomy [lɒkˈsɒtəmi] овальная ампутация *(с косым пересечением поверхностных тканей и последующим круговым разрезом)*

lozenge [ˈlɒzəndʒ] **1.** таблетка, пастилка, леденец **2.** треугольный участок *(намеченный для разреза при пластической операции)*

antiseptic ~ антисептическая таблетка

lubb [lʌb] речевое звукоподражательное обозначение [акцент, усиление] I тона сердца

lubb-dupp [lʌb-dʌp] речевое звукоподражательное обозначение нормальной последовательности I и II тонов сердца

lubricant [ˈluːbrikənt] смазывающее вещество *(при производстве таблеток)*

lubrication [ˌluːbriˈkeiʃən] **1.** смазка **2.** смазывание

~ **of cornea** смачивание роговицы *(слезой)*

~ **of joints** смазывающая среда суставов *(синовиальная жидкость)*

lucid [ˈluːsid] **1.** ясный *(о сознании)*; светлый *(напр. промежуток при черепно-мозговой травме)* **2.** ремиссия

lucidification [ˌluːsidifiˈkeiʃən] осветление, придание прозрачности *(жидкости)*

lucidity [luːˈsiditi] **1.** ясность *(о сознании)*; прозрачность **2.** светлый промежуток *(при психозе)*

increased lung ~ усиление прозрачности лёгочной ткани

luciferase [luːˈsifəreis] люцифераза *(фермент, вызывающий люминесценцию некоторых бактерий)*

lucifugal [luːˈsifjʊgəl] светобоязливый *(избегающий света или отпугиваемый им)*

lucipetal [luˈsipitl] светолюбивый; привлекаемый светом

lucites [ˈluːsaits] болезни, вызванные лучистой энергией (напр. фотодерматозы)

lucotherapy [ˌluːkəʊˈθerəpiː] 1. светолечение, фототерапия 2. рентгенотерапия

ludat [ˈluːdət] авиценния лекарственная (Auicennia officinalis)

lues [ˈluːiːz] 1. сифилис, люэс 2. эпидемия чумы; чума
~ **nervosa** нейросифилис, нейролюэс
~ **venerea** сифилис, люэс

luetic [luːˈetik] сифилитический

luette [luːˈet] язычок

lug [lʌg] 1. консольный зубной протез 2. дробитель нагрузки (мостовидного зубного протеза)
retention ~ ретенционное звено (зубного протеза)

luliberin [luːˈlibərin] люлиберин, лютеинизирующий рилизинг-фактор

lull [lʌl] временное стихание боли; ремиссия болезни; устранение (страха) || стихать; успокаивать; усыплять

lumbago [lʌmˈbeigəʊ] люмбаго
ischemic ~ перемежающиеся боли в нижней части спины, обусловленные сосудистой недостаточностью

lumbar [ˈlʌmbə] поясничный, люмбальный (о пункции)

lumbarization [ˌlʌmbəriˈzeiʃən] люмбализация (сращение первого крестцового позвонка с пятым поясничным)

lumbocolostomy [ˌlʌmbəʊkəˈlɒstəmiː] люмбоколостомия (наложение колостомы через разрез в поясничной области)

lumbocostal [ˌlʌmbəʊˈkɒstəl] пояснично-рёберный

lumbodorsal [ˌlʌmbəʊˈdɔːsəl] пояснично-спинной, задне-поясничный

lumbodynia [ˌlʌmbəʊˈdiːniːə] см. lumbago

lumbosacral [ˌlʌmbəʊˈseikrəl] пояснично-крестцовый

lumbrical [ˈlʌmbrikəl] червеобразная мышца (кисти или стопы)

lumbricant [ˈlʌmbrikənt] физиол. люмбрикант (увлажняющее средство, смазывающая жидкость)

lumbricidal [ˌlʌmbriˈsaidl] люмбрицидный (фактор, нарушающий жизнедеятельность и/или убивающий аскаридозных гельминтов)

lumbricoid [ˈlʌmbriˌkɔid] люмбрикоидный (1. имеющий отношение или похожий на круглых червей 2. см. Ascaris lumbricoides)

lumbricosis [ˌlʌmbriˈkəʊsis] параз. аскаридоз

lumbricus [ˈlʌmbrikəs] 1. аскарида 2. земляной червь

lumbus [ˈlʌmbəs] поясница

lumen [ˈluːmən], pl. **lumina** [ˈluːminə] 1. просвет; полость (трубчатого органа) 2. физ. люмен (единица светового потока)
central ~ центральный проток (фабрициевой сумки)
cyst ~ полость кисты
flash ~s ложный ход (напр. при расслаивающей аневризме аорты)
intestinal ~ просвет тонкой кишки
tubular ~ просвет канальца, просвет трубочки
vaginal ~ вход во влагалище
ventricular ~ полость желудочка

lumen-finger [ˈluːmən-ˌfiŋgə] проводник (напр. для проведения бужа), «искатель» просвета

luminal [ˈluːminəl] относящийся к просвету или полости (трубчатого органа)

luminescence [ˌluːmiˈnesəns] люминесценция (излучение света объектом, не относящееся к тепловому излучению при данной тёмпературе)
biological ~ биолюминесценция
chemical ~ хемилюминесценция
thermal ~ термолюминесценция; термовысвечивание

luminophore [ˈluːminəʊˌfɔː] люминофор (атом или группа, придающие веществу свойство люминесценции)

lumirhodopsin [ˌluːmirəʊˈdɒpsin] люмиродопсин (промежуточный продукт между родопсином и аллотрансретиналем, образующийся при обесцвечивании родопсина на свету)

lump [lʌmp] 1. припухлость; опухоль; объёмное образование 2. выступ 3. скопление, агрегация (клеток) 4. кусочек
~ **in breast** уплотнение в груди
~ **in throat** «ком» в горле
~ **of tissue** биопсия

lumpectomy [lʌmˈpektəmiː] иссечение опухоли, удаление опухолевого узла (напр. молочной железы)

lumpy [ˈlʌmpiː] поражённый актиномикозом

lunacy [ˈluːnəsiː] 1. сомнамбулизм, лунатизм, снохождение 2. невменяемость

lunare [luːˈnɛə] полулунная кость

lunate [ˈluːneit] 1. лунный, месячный; лунообразный 2. серповидно-клеточный

lunatic [ˈluːnətik] 1. психически больной, душевнобольной 2. страдающий сомнамбулизмом
criminal ~ невменяемый преступник; лицо, совершившее преступление в состоянии невменяемости

lunatismus [ˌluːnəˈtizməs] лунатизм, сомнамбулизм

lunatomalacia [luːˌneitəʊməˈleiʃə] остеохондропатия полулунной кости, болезнь Кинбека

lunet(te) [luːˈnet] вогнуто-выпуклое стекло (для очков)

lung [lʌŋ] лёгкое
~ **in shock** см. traumatic wet ~
"~s of London" «лёгкие Лондона» (парки и скверы)
are-welder сидероз лёгких
artificial ~ 1. оксигенатор; аппарат искусственной вентиляции лёгких, респиратор 2. имитатор дыхания
bird-breeder's [bird-fancier's] ~ болезнь любителей птиц; лёгкое птичника, орнитоз, пситаккоз
black ~ 1. пневмокониоз шахтёров, антракоз 2. рентг. «тёмные» лёгочные поля (повышенная прозрачность, обусловленная эмфиземой)
brown ~ биссиноз
cardiac ~ застойное лёгкое, отёк лёгких
cheese worker's ~ лёгкое «сыровара» (экзогенный аллергический альвеолит)
coalminer's ~ см. black ~ 1
collapsed ~ компрессионный ателектаз, коллабированное лёгкое
consolidated ~ уплотнение [опеченение] лёгкого
contused ~ ушиб лёгкого, контузионный пневмонит
drowned ~ безвоздушное лёгкое (воздухоносные пути заполнены экссудатом)

dust ~ пневмокониоз

end-stage ~ заключительная стадия хронической инфильтративной болезни лёгких

expanded ~ растянутое [раздутое] лёгкое

farmer's ~s лёгкие фермера, экзогенный аллергический альвеолит

fibroid ~ пневмосклероз, пневмофиброз

fluid ~s *см.* ~ **in shock**

fly ash ~ лёгкие, запылённые витающей золой

harvester's ~ *см.* **farmer's** ~s

honeycomb ~ кистозная гипоплазия лёгкого, «сотовое» [решётчатое] лёгкое

human embryo ~ 1. лёгкое человеческого эмбриона 2. культура эмбриональных клеток лёгкого

hyperlucent ~s 1. *рентг.* повышенная прозрачность лёгкого 2. гипервентиляция лёгких при эмфиземе

idiopathic ~ идиопатические болезни лёгких

iron ~ *см.* **artificial** ~

lucent ~s *рентг.* прозрачные [светлые] лёгкие

maple bark ~ лёгочная аллергия на кору клёна, кленовый [аллергический] альвеолит

mason's ~ пневмокониоз, силикоз

Miller's ~ альвеолит пекарей, Миллера лёгкое

miner's ~ *см.* **black** ~ 1

mushroom-worker's ~ аллергический альвеолит на грибную плесень

nonexpanding ~ (компрессионный) ателектаз, коллапс лёгкого, спавшееся лёгкое

peripheral ~ периферические отделы лёгких

pesticide ~ «пестицидное лёгкое» (*в период обработки полей ядохимикатами*)

pigeon breeder's ~ *см.* **bird-breeder's** ~

pituitary snuff user's ~ лёгочный аллергоз у больных несахарным диабетом, вдыхающих адиурекрин

postperfusion ~ постперфузионное лёгкое

pumice-stone ~ кальциноз [обызвествление] лёгких, пемзоподобное лёгкое

pump ~ *см.* **traumatic wet** ~

quiet ~ спавшееся лёгкое (*во время торакальной операции*)

radio-opaque ~ затемнение лёгочных полей, рентгеноконтрастное лёгкое (*напр. при диффузной инфильтрации*)

recruited ~ лёгкое на форсированном кровоснабжении

reexpend ~ расправление лёгкого, расправившееся лёгкое (*после коллапса*)

shock ~ *см.* **traumatic wet** ~

silo filler's ~ респираторная аллергия у работников цементной промышленности

stiff ~ потеря эластичности лёгочной тканью; опеченение лёгкого

thresher's ~ *см.* **farmer's** ~s

traumatic wet ~ острый респираторный дистресс-синдром, посттравматическое влажное лёгкое, синдром шокового лёгкого,

uremic ~s уремические лёгкие, уремический отёк лёгких

vanishing ~ прогрессирующая лёгочная атрофия, «исчезающее» лёгкое

vineyard sprayer's ~ «лёгкое виноградаря» (*поражение, обусловленное вдыханием пестицидов*)

wet ~s отёк лёгких, «влажное» лёгкое

"white ~s" *рентг.* белые лёгочные поля (*при диффузной инфильтрации лёгких*)

lungmotor [ˌlʌŋˈməʊtə] аппарат искусственной вентиляции лёгких, респиратор

lungworm [ˈlʌŋwɜːm] *гельм., pl.* лёгочные черви (*семейства Metastrongylidae, населяющие воздухоносные пути*)

lunula [ˈluːnjʊlə], *pl.* **lunulae** [ˈluːnjuːliː] 1. ногтевая луночка 2. луночка полулунной заслонки (*клапана сердца*)

~ **valvulae semilunaris** створка полулунного клапана

lupiform [ˈluːpiˌfɔːm] напоминающий волчанку, люпоидный

lupinosis [ˌluːpiˈnəʊsis] латиризм (*пищевое отравление чиной*)

lupoid [ˈluːˌpɔid] 1. волчаночный, люпозный 2. *дерм.* саркоид, люпоид

miliary ~ (узловатый) рассеянный саркоид

lupous [ˈluːpəs] 1. волчаночный, люпозный 2. поражённый волчанкой

lupus [ˈluːpəs] волчанка (*название ряда хронических кожных заболеваний, проявляющихся эрозией кожи, напоминающей волчьи укусы*)

~ **erythematosus** красная волчанка

~ **hypertrophicus** гипертрофическая волчанка

~ **pernio** ознобленная волчанка, пернио

~ **tumidus** опухолевидная волчанка

~ **vulgaris** туберкулёзная [обыкновенная] волчанка, люпоидный туберкулёз кожи

chilblain ~ *см.* ~ **pernio**

discoid ~ *см.* ~ **erythematosus**

drug-induced ~ волчанка, спровоцированная лекарственным препаратом

exanthematous [systemic] ~ **erythematosus** системная красная волчанка

lurch [lɜːtʃ] 1. наклон 2. пошатывание, шаткая походка ‖ идти нетвёрдой походкой

Trendelenburg ~ Тренделенбурга походка

lush [lʌʃ] 1. спиртной напиток 2. пьяница

lusty [ˈlʌsti] крепкий, здоровый

lusus [ˈluːsəs]:

~ **naturae** врождённое уродство, бросающееся в глаза

lute [luːt] *стом.* мастика (*тонкий слой цемента*)

luteectomy [ˌluːtiˈektəmiː] удаление жёлтого тела

lutein [ˈluːtiːin] 1. лютеин (*пигмент жёлтого тела*) 2. каротиноид, липохром 3. препарат жёлтого тела

luteinization [ˌluːtiːiniˈzeiʃən] лютеинизация, образование жёлтого тела

luteoma [ˌluːtiːˈəʊmə] лютеома (*гормональноактивная опухоль яичника*)

luteosterone [ˌluːtiːəˈɒstəˌrəʊn] прогестин, прогестерон

luteotropic [ˌluːtiːəʊˈtrɒpik], **luteotrophic** [ˌluːtiːəʊˈtrɒfik] лютеотропный, лютеотрофный (*стимулирующий развитие и функцию жёлтого тела*)

luteotropin [ˌluːtiːəʊˈtrəʊpin] лютеотропин, лютеотропный гормон

luting [ˈluːtiŋ] пломбирование (зуба) временной пломбой

lux [lʌks] люкс (*единица освещённости – 1 люмен на 1 м²*)

luxate [ˈlʌkˌseit] вывихивать

luxatio [lək'seiʃi:əu]:

~ **erecta** нижний вывих плеча, или плечевой кости

luxation [lək'seiʃən] вывих

~ **of teeth** смещение зубов *(напр. при дистрофическом процессе)*

~ **of the globe** вывих глаза

lyase ['laieis] лиаза *(фермент, удаляющий радикалы с образованием двойных связей)*

argininosuccinate ~ аргининосукцинатлиаза

lycanthropy [lai'kænθrəpi:] *псих.* ликантропия *(бред превращения в волка)*

lycopenemia [ˌlaikəupə'ni:mi:ə] псевдожелтуха вследствие избыточного потребления томатов, моркови

lycoperdonosis [ˌlaikəuˌpə:dəu'nəusis] ликопердоноз *(персистирующий пневмонит, обусловленный вдыханием спор дождевиков – Lycoperdon)*

lycorexia [ˌlaikəu'reksi:ə] булимия, кинорексия *(резко усиленное чувство голода)*

Lycosa [ˌlai'kəusə]:

~ **singoriensis** *лат.* южно-русский тарантул

Lycosidae [ˌlai'kəusiˌdi:] *токс.* семейство пауки-волки

lye [lai] *разг.* щелочной раствор, щёлок

lying ['laiiŋ]:

pathological ~ патологическая лживость

persistent ~ постоянная ложь

lying-in ['laiiŋ-'in] 1. роды || родильный 2. послеродовое состояние; послеродовой [пуэрперальный] период || пуэрперальный

lymph [limf] лимфа

animal ~ вакцина, получаемая от животных

aplastic ~ апластическая лимфа

coagulable ~ раневой экссудат

corpuscular ~ *см.* **aplastic** ~

euplastic ~ эупластическая [фибринозная] лимфа *(содержащая незначительное число лейкоцитов и большое количество фибриногена)*

inflammatory ~ воспалительный экссудат

inoculation ~ прививочная лимфа; оспенная лимфа

intercellular ~ тканевая жидкость

Koch's ~ *ист.* альт-туберкулин Коха

plastic ~ легко организующийся воспалительный экссудат

vaccine ~ *ист.* вакцинная лимфа *(собранная из везикул при коровьей оспе)*

lymphaden ['limfəden] лимфатический узел (узлы), лимфоузел

lymphadenectasia [limˌfædənek'teizə] увеличение [гиперплазия] лимфатического узла

lymphadenectomy [limˌfædə'nektəmi:] иссечение лимфатических узлов, лимфаденэктомия, лимфодиссекция

laparoscopic ~ лапароскопическая лимфодиссекция

radial cervical ~ радикальное иссечение лимфоузлов шеи

video-assisted mediastinoscopic ~ видеоассистированная медиастинальная лимфатическая диссекция

lymphadenitis [limˌfædə'naitis] лимфаденит *(воспаление лимфатического узла)*

caseous ~ казеозный лимфаденит

granulomatous ~ гранулематозная инфильтрация лимфатических узлов

mesenteric ~ мезаденит, мезентериальный лимфаденит

nonbacterial regional ~ доброкачественный вирусный лимфаденит, болезнь от кошачьих царапин

paratuberculosis ~ *см.* **caseous** ~

purulent ~ гнойный лимфаденит

lymphadenocyst [lim'fædənəuˌsist] дегенерация лимфатического узла

lymphadenography [limˌfædə'nɒgrəfi:] *рентг.* лимфаденография, лимфоганглиография

lymphadenoid [lim'fædeˌnɒid] лимфоидное образование || подобный лимфатическому узлу

lymphadenoma [limˌfæde'nəumə] лимфома

lymphadenomegaly [limˌfædənəu'megəli:] увеличение лимфатических узлов

lymphadenopathy [limˌfædə'nɒpəθi:] лимфаденопатия *(поражение лимфатических узлов)*; увеличение лимфатических узлов

angioimmunoblastic ~ ангиоиммунобластная лимфаденопатия

bulky ~ генерализованная лимфаденопатия; пакет лимфоузлов

cervical ~ шейная лимфаденопатия *(напр. при поражении метастазами)*

dermatopathic ~ дерматопатическая лимфаденопатия, липомеланотический ретикулёз кожи, Потрие – Воренже синдром

hilar ~ лимфаденит ворот [корня] лёгкого

mesenteric ~ мезаденит

persistent generalized ~ стойкая генерализованная лимфаденопатия

regional ~ регионарный лимфаденит

tracheobronchial ~ трахеобронхиальная лимфаденопатия

lymphadenosis [limˌfædə'nəusis] лимфаденоз *(гиперплазия лимфоидной ткани)*

benign ~ инфекционный мононуклеоз

malignant ~ лимфосаркома, лимфобластома, злокачественная лимфома

lymphagogue ['limfəˌgɔg] лимфогонное вещество

lymphangiectasia [limˌfænʤiˌək'teizi:ə], **lymphangiectasis** [limˌfænʤi'ektəsis] лимфангиэктазия *(расширение лимфатических сосудов)*

intestinal ~ лимфангиэктазия кишечника

lymphangiectomy [limˌfænʤi'ektəmi:] иссечение лимфатических сосудов

lymphangioendothelioma [limˌfænʤiˌəuˌendəuˌθi:li'əumə] лимфангиоэндотелиома, лимфангиоэндотелиальная саркома

lymphangiography [limˌfænʤi'ɒgrəfi:] *рентг.* лимф(о)ангиография

lymphangioma [limˌfænʤi'əumə] лимфангиома, хилангиома

~ **circumscriptum** капиллярная варикозная лимфангиома

cavernous ~ кавернозная [пещеристая] лимфангиома

cystic ~ кистозная лимфангиома

diffuse ~ диффузная [гипертрофическая] лимфангиома

lymphangiomatosis [lim,fænʤiːəʊməˈtəʊsis] лимфангиоматоз

lymphangion [limˈfænʤiːɒn] лимфангион *(функциональная единица лимфатического сосуда)*

lymphangioplasty [limˈfænʤiːəʊˌplæstiː] лимфангиопластика *(восстановление путей оттока лимфы)*

lymphangiotomy [lim,fænʤiːˈɒtəmiː] иссечение лимфатических сосудов

lymphangitis [lim,fænˈʤaitis] лимфанги(и)т *(воспаление лимфатических сосудов)*

   cancerous ~ раковый лимфанги(и)т

   reticular ~ сетчатый [капиллярный, ретикулярный] лимфанги(и)т

lymphapheresis [,limfəfəˈriːsis] *см.* **lymphocytapheresis**

lymphatic [limˈfætik] **1.** лимфатический сосуд; *pl.* лимфатическая система || лимфатический **2.** флегматичный; вялый; слабый

   small ~ лимфатический капилляр, лимфокапилляр

lymphaticostomy [lim,fætiˈkɒstəmiː] лимфатикостомия, дренирование лимфатического протока

lymphatism [ˈlimfətizm] **1.** экссудативно-катаральный диатез **2.** вялый [флегматичный] характер; вялость процессов жизнедеятельности

lymphatitis [,limfəˈtaitis] воспаление лимфатических сосудов или узлов

lymphatolytic [,limfətəʊˈlitik] разрушающий лимфоидную ткань

lymphedema [,limfəˈdiːmə] лимфедема, лимфатический отёк; Милроя болезнь *(врождённая лимфедема)*

lymphemia [limˈfiːmiːə] лимфоцитоз, лимфоцит(ар)ный лейкоцитоз

lymphenteritis [lim,fentəˈraitis] воспаление серозного покрова кишечника

lymphization [,limfiˈzeiʃən] образование лимфы

lymphoblast [ˈlimfəʊˌblæst] лимфобласт *(бластная, или незрелая, форма лимфоцита)*

   parasitized ~ примированный паразитарным антигеном лимфобласт

lymphoblastoma [,limfəʊblæsˈtəʊmə] лимфосаркома, лимфобластома, злокачественная лимфома

   scirrhous ~ лимфогранулематоз, хронический злокачественный лимфоматоз, фибромиеломный ретикулёз, Ходжкина болезнь

lymphoblastomid [,limfəʊblæsˈtəʊmid] кожные проявления злокачественной лимфомы

lymphoblastosis [,limfəʊblæsˈtəʊsis] лимфобластоз *(наличие лимфобластов в крови)*

   acute benign ~ инфекционный мононуклеоз, лимфоидно-клеточная [моноцитарная] ангина, мультигландулярный аденоз, Филатова болезнь

lymphocele [ˈlimfəʊsiːl] кистозная лимфангиома

lymphocerastism [,limfəʊseˈrætizm] *см.* **lymphopoiesis**

lymphocyst [ˈlimfəʊˌsist] кистозная лимфангиома

lymphocytapheresis [,limfəʊˌsaitəfəˈriːsis] лимфоцитаферез *(удаление лимфоцитов из крови с её ретрансфузией)*

lymphocyte [ˈlimfəʊˌsait] лимфоцит

   "adult" ~ зрелый [дифференцированный] лимфоцит

   allospecific cytoxic T ~ аллогенный цитотоксический Т-лимфоцит

   antigen-educated [**antigen-exposed, antigen-primed**] ~ сенсибилизированный [эффекторный, обученный антигеном] лимфоцит

   antigen-reactive T ~ антигенреактивный Т-лимфоцит

   anti-self ~ *см.* **autoresponsive** ~

   "armed" ~ цитотоксическая клетка-эффектор, «вооружённый» лимфоцит

   autoresponsive ~ аутореактивный [аутоагрессивный] лимфоцит

   B-[**bone-marrow derived, bursa-dependent, bursa-derived, bursa-equivalent**] ~ В-лимфоцит, бурсоцит *(иммунокомпетентная клетка, происходящая из костного мозга, дифференцирующаяся в пейеровых бляшках – эквиваленте фабрициевой сумки птиц – и превращающаяся в плазматическую клетку, ответственную за выработку Ig)*

   ~s В-клетки, бурсоциты; лимфоциты, происходящие из костного мозга *(гетерогенная популяция,)*

   complement receptor ~s лимфоциты, несущие рецептор для комплемента

   convoluted ~ конволюционный [отживающий, переживающий] лимфоцит

   cytolytic T-~s [**cytotoxic T-**] ~s цитолитические [цитотоксические] Т-лимфоциты

   disease-producing ~ аутореактивный [аутоагрессивный, аутоиммунный] лимфоцит

   effector ~ сенсибилизированный [эффекторный] лимфоцит

   end-stage ~ зрелый лимфоцит

   E-rosetting ~ Е-розеткообразующая клетка, Е-РОК

   granular ~s зернистый лимфоцит

   hapten-primed ~ примированный гаптеном лимфоцит

   ill-defined ~ аномальный лимфоцит; лимфоцит патологически изменённой формы

   killer ~ лимфоцит-киллер, лимфоцит-«убийца»

   large ~s большие лимфоциты

   medium ~ промежуточный (среднего размера) лимфоцит

   mixed-lineage ~ смешанная популяция лимфоцитов

   naive ~ «необученный» лимфоцит

   nonrosetted ~ розеткнеобразующие лимфоциты

   null ~ «нулевой» лимфоцит, нуль-лимфоцит *(напр. К-клетка)*

   periferal blood ~ лимфоцит периферической крови

   plasmacytoid ~ плазмацит

   primed ~s примированные лимфоциты

   processed ~ зрелый [иммунокомпетентный] лимфоцит

   quiscent ~ покоящийся [неделящийся] лимфоцит

   self-reactive ~ *см.* **autoresponsive** ~

   Sendai virus-fused ~ слившиеся под действием вируса Сендай лимфоциты

   small ~s малые лимфоциты

   T-[**thymus-dependent, thymus-derived, thymus-processed**] ~ **1.** Т-лимфоцит *(тимусзависимый, или созревающий в тимусе, лимфоцит, ответственный за клеточно-опосредованный иммунитет и иммунорегуляторные функции)* **2.** тимоцит

   T-helper ~ Т-лимфоциты-помощники

thoracic duct ~s лимфоциты грудного лимфатического протока

T-killer ~ Т-лимфоциты-убийцы

tumor-infiltrating ~ лимфоцит, проникающий в опухолевые ткани

uncommitent ~ некоммитированный [незрелый, девственный] лимфоцит

lymphocytic [ˌlimfəʊˈsaitik] лимфоцитарный

lymphocytoma [ˌlimfəʊsaiˈtəʊmə] см. **lymphoma**

lymphocytopenia [ˌlimfəʊˌsaitəʊˈpiːniə] см. **lymphopenia**

lymphocytophtisis [ˌlimfəʊˌsaitəʊˈptisis]:

essential ~ комбинированный иммунодефицитный синдром (лимфопеническая агаммаглобулинемия, тимическая алимфоплазия)

lymphocytopoiesis [ˌlimfəʊˌsaitəʊpɔiˈiːsis] см. **lymphopoiesis**

lymphocytosis [ˌlimfəʊsaiˈtəʊsis] лимфоцитоз, лимфоцитарный лейкоцитоз

lymphocytotoxicity [ˌlimfəʊˌsaitəʊtɒkˈsisiti] лимфоцитотоксичность

antibody-dependent ~ антителозависимая лимфоцитотоксичность

lymphodialysis [ˌlimfəʊˌdaiˈælisis] лимфодиализ

lymphodissection [ˌlimfəʊdiˈsekʃən] лимфодиссекция, лимфаденэктомия

lymphoduct [ˈlimfəʊˌdʌkt] лимфатический проток, лимфатический сосуд

lymphoedema [ˌlimfiˈdiːmə]:

hereditary ~ наследственный лимфатический отёк

primary ~ первичная лимфедема

lymphoepithelioma [ˌlimfəʊˌepiˌθiːliˈəʊmə] лимфоэпителиома, Шминке опухоль

lymphogenous [limˈfɒdʒənəs] 1. лимфообразующий, образующий лимфу 2. лимфогенный (напр. источник инфекции)

lymphoglandula [ˌlimfəʊˈɡlændjʊlə] лимфатический узел, лимфоузел

lymphogranuloma [ˌlimfəʊˌɡrænjʊˈləʊmə] 1. лимфогранулёма 2. амер. лимфогранулематоз, Ходжкина болезнь

~ inguinale паховый лимфогранулематоз, паховая лимфогранулёма, четвёртая венерическая болезнь, Никола – Фавра болезнь

~ malignum лимфогранулематоз, хронический злокачественный лимфоматоз, фибромиеломный ретикулёз, Ходжкина болезнь

~ venereum венерическая лимфогранулёма

Nicolas – Favre ~ см. **~ inguinale**

lymphogranulomatosis [ˌlimfəʊˌɡrænjʊˌləʊməˈtəʊsis] 1. инфекционная гранулёма лимфатической системы 2. лимфогранулематоз, хронический злокачественный лимфоматоз, фибромиелоидный ретикулёз, Ходжкина болезнь

benign ~ саркоидоз

lymphography [limˈfɒɡrəfiː] лимфо(рентгено)графия

lymphohistocytosis [ˌlimfəʊˌhistəʊsaiˈtəʊsis] лимфоцитарный гистиоцитоз

lymphoid [ˈlimfɔid] лимфатический; лимфоидный (о ткани)

lymphoidocyte [limˈfɔidəʊˌsait] эмбриональная стволовая клетка

lymphoidotoxemia [limˌfɔidəʊtɒkˈsiːmiə] тимико-лимфатический статус

lymphokine [ˈlimfəʊˌkain] лимфокин, медиатор клеточного иммунитета, интерлейкин (вырабатывается сенсибилизированными лимфоцитами после контакта со специфическим антигеном и стимулирует активность других иммунокомпетентных клеток)

afferent ~s иммунорегуляторные интерлейкины

B-cell ~s В-клеточные лимфокины

suppressive ~s супрессорные лимфокины

T-cell ~s Т-клеточные лимфокины

lymphokinesis [ˌlimfəʊkiˈniːsis] 1. лимфообращение, циркуляция лимфы 2. ото. перемещение эндолимфы в полукружных каналах

lymphology [limˈfɒlədʒiː] лимфология (учение о строении и функции лимфатической системы)

lympholysis [limˈfɒlisis]:

cell-mediated ~ клеточнообусловленный лимфолиз, опосредованный клетками лимфолиз

direct cell mediated ~ прямая реакция клеточно-опосредованного лимфолиза

lymphoma [limˈfəʊmə]:

advanced ~ генерализованная лимфома

angiocentric ~ лимфангиома

B-cell ~ В-клеточная лимфома

Burkitt's ~ Беркитта лимфома, или лимфосаркома; африканская лимфома

clasmotocytic ~ ретикулосаркома, ретикулоклеточная саркома

cutaneus T-cell ~ Т-клеточная лимфома кожи

diffuse aggressive ~ генерализованная агрессивная лимфома (с активной секрецией антител)

diffuse immuno-T-cell ~ диффузная иммунобластная Т-клеточная лимфома

diffuse large cell ~ диффузная крупноклеточная [гистиоцитарная] лимфома

diffuse large-noncleaved-cell ~ диффузная крупноклеточная недифференцированная лимфома

diffuse mixed-cell ~ диффузная смешанно-клеточная лимфома

extranodal ~ внеузловая [нефолликулярная] лимфома

focal ~ локализованная лимфома

follicle centre cell ~ фолликулярная центроклеточная лимфома без иммуноглобулина

follicular mixed small-cell ~ фолликулярная смешанная мелкоклеточная лимфома

giant follicular ~ гигантофолликулярная [макрофолликулярная] лимфома, гигантофолликулярная лимфобластома, Брилла – Симмерса болезнь

histiocytic ~ см. **diffuse large cell ~**

low-grade B-cell ~ низкодифференцированная В-клеточная лимфома

lymphoblastic ~ лимфобластная лимфома

malignant ~ лимфосаркома, лимфобластома, злокачественная лимфома

non-Hodgkins ~ диффузная гистиоцитарная лимфома, неходжкинская лимфома

poorly differentiated ~ см. **low-grade B-cell ~**

stem-cell ~ ретикулосаркома, ретикулоклеточная саркома

thymic ~ 1. лимфома тимуса **2.** Т-клеточная лимфома

lymphomatosis [ˌlimˌfəʊməˈtəʊsis] *онк.* лимфоматоз

lymphonodus [ˌlimfəʊˈnəʊdəs], *pl.* **lymphonodi** [ˌlimfəʊˈnəʊdai] лимфатический узел, лимфоузел

lymphopathy [limˈfɒpəθi] лимфопатия *(поражение лимфатической системы)*

lymphopenia [ˌlimfəʊˈpiːniːə] лимфопения

lymphoplasm [ˈlimfəʊˌplæzm] *гист.* **1.** ядерная сеть **2.** гранулярные клетки аксона

lymphoplasmapheresis [ˌlimfəʊˌplæzməfəˈriːsis] лимфоплазмаферез

lymphoplasmocytic [ˌlimfəʊˌplæzməʊˈsaitik] лимфоплазмоцитарный

lymphoplasty [ˈlimfəʊˌplæsti] лимфангиопластика *(восстановление путей оттока лимфы)*

lymphopoiesis [ˌlimfəʊpoiˈiːsis] лимфопоэз, лимфоцитообразование

lymphopoietin [ˌlimfəʊpoiˈiːtin] стимулятор лимфопоэза, лимфопоэтин

lymphoreticulosis [ˌlimfəʊriˌtikjʊˈləʊsis] лимфоретикулёз

benign inoculation ~ болезнь кошачьих царапин, доброкачественный лимфоретикулёз, фелиноз

lymphorrhagia [ˌlimfəʊˈreidʒiːə], **lymphorrhea** [ˌlimfəʊˈriːə] лимфорея, лимфоррагия, лимфоистечение

lymphorrhoid [ˈlimfəˌrɔid] лимфангиоэктазия, расширение лимфатических сосудов

lymphosarcoma [ˌlimfəʊsaːˈkəʊmə] лимфосаркома, злокачественная лимфома

lymphoscintigraphy [ˌlimfəʊsinˈtigrəfi] лимфосцинтиграфия

lymphostasis [limˈfɒstəsis] лимфостаз, стаз лимфы

lymphotaxis [ˌlimfəʊˈtæksis] лимфотаксис *(хемотаксис в виде привлечения или «отпугивания» лимфоцитов)*

lymphotoxin [ˌlimfəʊˈtɒksin] лимфотоксин *(лимфокин, лизирующий или повреждающий многие типы клеток)*

recombinant ~ рекомбинантный лимфотоксин

lymphotrophy [limˈfɒtrəfi] питание ткани, обеспечиваемое током лимфы

lymphotropic [ˌlimfəʊˈtrɒpik] лимфотропный *(вирус)*

lymph-vascular [limf-ˈvæskjʊlə] относящийся к лимфатическим сосудам

lyochrome [ˈlaiəʊˌkrəʊm] флавин

lyoenzyme [ˌlaiəʊˈenzaim] внеклеточный фермент

lyonization [ˌlaiɒniˈzeiʃən] лайонизация *(инактивация одной из Х-хромосом у женщин, проявляющаяся вариабельностью признаков, сцепленных с полом)*

lyophilic [ˌlaiəʊˈfilik] лиофильный *(способный взаимодействовать с жидкой средой)*

lyophilization [laiˌɒfiliˈzeiʃən] лиофилизация, сублимационная сушка *(высушивание в вакууме)*

lyophite [ˌlaiəʊˈfait] лиофилизированная культура *(клеток)*

Lyostypt [ˌlaiɒˈstipt] *фирм.* гемостатическая губка из коллагена

lypemania [ˌlipiˈmeiniːə] меланхолия, депрессивный синдром

lypothymia [ˌlipəʊˈθiːmiːə] эндогенная депрессия

lysate [ˈlaiˌseit] лизат *(субстрат лизиса клеток)*

cleared ~ осветлённый лизат

phage ~ фаголизат *(культура микробных клеток, лизированных в результате инфекции фагом)*

staphage ~ стафилококковый бактериофаг

lyse [laiz] лизировать, подвергать(ся) лизису, растворять(ся)

lysemia [laiˈsiːmiːə] гемолиз, лизис [распад] эритроцитов

lysimetry [laiˈsiːmətri] лизиметрия *(определение растворимости вещества)*

lysin [ˈlaisin] лизин *(1. комплементсвязывающее антитело, деструктивно действующее на клетки 2. любое вещество, вызывающее лизис ткани)*

lysine [ˈlaisin] лизин, Лиз *(незаменимая аминокислота)*

lysinogen [laiˈsinəʊdʒən] лизиноген *(антиген, индуцирующий образование специфического лизирующего агента)*

lysis [ˈlaisis] **1.** лизис, растворение; распад, разрушение **2.** обратное развитие болезни

~ of adhesion рассечение спаек

autotumor ~ аутолиз опухоли

bone ~ остеолиз, разрушение кости

clot ~ фибринолиз; растворение тромба

immune ~ иммунный лизис *(разрушение клеток антителами)*

NK-mediated ~ лизис, обусловленный естественными клетками-киллерами

spontaneous ~ of aspergillomata спонтанное исчезновение аспергиллёмы *(напр. из лёгочной ткани)*

lysogen [ˈlaisəʊdʒən] лизоген *(1. антиген, стимулирующий образование специфических лизинов 2. бактериофаг)*

lysogenesis [ˌlaisəʊˈdʒenəsis] лизогенез, образование лизинов

lysogenic [ˌlaisəʊˈdʒenik] **1.** лизогенный **2.** относящийся к лизогении

lysogenicity [ˌlaisəʊdʒeˈnisiti], **lysogeny** [laiˈsɒdʒəni] *бакт.* лизогения, лизогенное состояние *(способность различных штаммов бактерий, содержащих бактериофаги, лизировать другие штаммы бактерий, не разрушаясь при этом)*

lysosomal [ˌlaisəʊˈsəʊməl] лизосомный, относящийся к лизосомам

lysosome [ˈlaisəʊˌsəʊm] лизосома *(содержащий гидролитические ферменты цитоплазматический органоид)*

primary ~s первичные лизосомы *(цитоплазматические тельца, формирующиеся в аппарате Гольджи)*

secondary ~s вторичные лизосомы *(образуются при слиянии первичных лизосом с фагосомами; способны вызывать гидролиз)*

lysostaphin [ˌlaisəʊˈstæfin] лизостафин *(стафилолитический фермент)*

lysotypy [ˌlaisəʊˈtaipi] *см.* **phagotypy**

lysozyme [ˈlaisəʊˌzaim] лизоцим, мурамидаза *(фермент, катализирующий гидролиз клеточной стенки многих микроорганизмов)*

egg white ~ лизоцим яичного белка

human milk ~ лизоцим женского молока

lyssa [ˈlisə] *инф. бол.* бешенство, *уст.* гидрофобия

Lyssavirus [ˈlisəˌvairəs] род вирусов бешенства

lyssic ['lisik] относящийся к бешенству
lyssin ['lisin] вирус бешенства
lyssodexis [ˌlisəʊ'deksis] укус бешеной собаки
lyssophobia [ˌlisəʊ'fəʊbiːə] маниофобия, лиссофобия *(патологическая боязнь бешенства, иногда с его мнимой симптоматикой)*
lytholysis [laɪ'θɒlisis] разрушение камней, литолиз
lythotripsy [ˌlaɪsə'tripsiː]:
   ultrasonic ~ ультразвуковая литотрипсия

lythotriptoscopy [ˌliθəʊtrip'tɒskəpiː] литотрипсия под контролем зрения
lytic ['litik] литический, относящийся к лизису; лизирующий, способный растворять
lytta ['litə] бешенство
lyze [laɪs] подвергать лизису, лизировать, растворять

M

maceration [ˌmæsəˈreiʃən] мацерация *(1. размягчение, разрыхление ткани при длительном воздействии влаги 2. вымачивание лекарственного сырья 3. естественное разложение умершего плода внутри матки)*

machine [məˈʃiːn] установка, аппарат, устройство, механизм, агрегат, прибор, машина

  anesthetic ~ наркозный аппарат

  automatic screening ~ автомат для скрининга

  automatic ventilating ~ автоматический аппарат для искусственной вентиляции лёгких

  bandage winding ~ устройство для наматывания бинтов

  bead ~ *фирм.* машина для таблетирования

  bipolar diathermy [biterminal diathermy] ~ аппарат для биполярной электрохирургии

  casting ~ (зуботехническая) литейная машина

  centrifugal ~ центрифуга

  chilling ~ рефрижератор, холодильный [морозильный] аппарат

  continuous passive motion ~ аппарат для разработки движений *(в суставе)*

  drilling ~ бормашина

  flash X-ray ~ импульсная рентгеновская установка

  gas ~ *см.* anesthetic ~

  gene ~ синтезатор полинуклеотидов

  hard X-ray ~ рентгеновский аппарат высокого напряжения *(генерирующий жёсткое излучение)*

  heart-lung ~ аппарат искусственного кровообращения, АИК

  kidney ~ аппарат искусственной почки, гемодиализатор

  liquid-filling ~ разливочная машина *(для фасовки жидких лекарственных форм)*

  monoterminal diathermy ~ аппарат для моноактивной электрохирургии

  oral evacuating ~ отсасыватель слюны, слюноотсос

  panoramic rotating ~ рентгеновский аппарат для панорамной съёмки

  person-weighting ~ медицинские весы

  pipetting ~ пипетирующая машина, дозатор

  shaking ~ качалка

  short-wave diathermy ~ 1. аппарат для УВЧ-терапии 2. аппарат для индуктотермии

  single punch ~ таблеточная машина с одним пуансоном

  soft X-ray ~ рентгеновский аппарат низкого напряжения *(генерирующий мягкое излучение)*

  spark-gap diathermy ~ искровой электрохирургический аппарат, электрохирургический аппарат с искровым генератором

  telecurie-therapy ~ дистанционный гамма-терапевтический аппарат

  X-ray diagnostic ~ рентгеновский диагностический аппарат

machinery [məˈʃiːnəri]:

  biosynthetic ~ биосинтетический аппарат

  bodily ~ биомеханика; физиологические механизмы

machinery-like [məˈʃiːnəri-laik] машинный *(о шуме сердца)*

machismo [maˈtʃizməʊ] «мачизм» *(подчёркнуто мужское поведение – демонстрация физической силы и выносливости)*

macies [ˈmeisiːz] истощение, похудание, изнурение

macrencephaly [ˌmækrenˈsefəliː] *см.* **macroencephaly**

macroadenoma [ˌmækrəʊˌædəˈnəʊmə] макроаденома *(гипофизарная аденома диаметром более 10 мм)*

macroaggregate [ˌmækrəʊˈægrigeit] крупнодисперсный *(напр. альбумин)*

macroautoradiography [ˌmækrəʊˌɔːtəʊˌreidiˈɒɡrəfiː] макроауторадиография

macrobiosis [ˌmækrəʊˈbaiəsis] долголетие, долгожительство

macrobiotic [ˌmækrəʊbaiˈɒtik] долгожитель || макробиотический *(1. продлевающий жизнь 2. долгоживущий)*

macrobiotics [ˌmækrəʊbaiˈɒtiks] макробиотика *(наука о продлении жизни и долгожительстве)*

macroblast [ˌmækrəʊˈblæst] макроэритробласт, первичный эритробласт

macrobrachia [ˌmækrəʊˈbreikiːə] *см.* **macrocheiria**

macrocardia [ˌmækrəʊˈkɑːdiːə] кардиомегалия, макрокардия

macrocardius [ˌmækrəʊˈkɑːdiːəs] плод с кардиомегалией

macrocephaly [ˌmækrəʊˈsefəliː] макроцефалия, мега(ло)цефалия *(чрезмерное увеличение головы)*

macrocheilia [ˌmækrəʊˈkaili:ə] макрохейлия *(чрезмерно большие губы)*

macrocheiria [ˌmækrəʊˈkairi:ə] макрохейрия, длиннорукость

macroclitoris [ˌmækrəʊˈklitəʊris] гипертрофия клитора

macroconidium [ˌmækrəʊkəʊˈnidiːəm], *pl.* **macroconidia** [ˌmækrəʊkəʊˈnidiːə] макроконидии *(веретенообразные экзоспоры грибов, расположенные на нитях мицелия)*

macrocornea [ˌmækrəʊˈkɔːni:ə] макрокорнеа *(роговица чрезмерно больших размеров)*

macrocryoglobulinemia [ˌmækrəʊˌkraiəʊˌɡlɒbjʊliˈni:miːə] макрокриоглобулинемия *(наличие в крови макроглобулинов, обуславливающих холодовую агглютинацию)*

macrocyte [ˈmækrəʊˌsait] *см.* **macroerythrocyte**

macrocytosis [ˌmækrəʊsaiˈtəʊsis] макроцитоз *(увеличение среднего объёма эритроцитов)*

macrodactyly [ˌmækrəʊˈdæktəli:] макродактилия, мегалодактилия

macrodontia [ˌmækrəʊˈdɒnʃə] макродентия, мегалодонтия *(зубы чрезмерно большого размера)*

macroecology [ˌmækrəʊɪˈkɒlədʒi:] макроэкология *(суперсистема, объединяющая основные категории экологии: Человек – Экономика – Биота – Среда)*

macroelement [ˌmækrəʊ'eləmənt] *pl.* макроэлементы *(неорганические питательные вещества, необходимые для роста микроорганизмов)*

macroenzyme [ˌmækrəʊ'enzaim] макроэнзим

macroerythroblast [ˌmækrəʊə'riϴrəʊˌblæst] макроэритробласт, первичный эритробласт

macroerythrocyte [ˌmækrəʊə'riϴrəʊˌsait] макроцит, крупный эритроцит *(диаметром более 8 мкм)*

macroesthesia [ˌmækrəʊes'ϴiːziə] *псих.* макроэстезия

macrogamete [ˌmækrəʊ'gæmiːt] макрогамета *(неподвижная женская половая клетка, напр., малярийного плазмодия)*

macrogenitosomia [ˌmækrəʊˌʤenitəʊ'səʊmiːə] макрогенитосомия *(преждевременное половое созревание организма)*

~ **precox** половая зрелость, наступающая в первые 10 лет

macroglia [mæ'krɒgliːə] макроглия, астроцитарная нейроглия *(часть нейроглии, представленная астроцитами)*

macroglobulin [ˌmækrəʊ'glɒbjulin] макроглобулин

macroglobulinemia [ˌmækrəʊˌglɒbjuli'niːmiːə] макроглобулинемия, Вальденстрема болезнь

macroglossia [ˌmækrəʊ'glɒsiːə] макроглоссия, мегалоглоссия *(патологическое увеличение языка)*

macrognathia [ˌmækrəʊ'neiϴiːə] макрогнатия *(чрезмерный размер нижней челюсти)*

macrographs [ˌmækrəʊ'græfs]:

~ **of brain** макроскопическое изображение мозга

macrogyria [ˌmækrəʊ'ʤairiːə] макрогирия *(чрезмерное увеличение извилин большого мозга при уменьшении их числа)*

macrolabia [ˌmækrəʊ'leibiːə] макрохейлия *(губы чрезмерно большого размера)*

macrolide ['mækrəʊlaid] *pl.* макролиды *(антибиотики, содержащие лактамовое кольцо, связанные с углеводным остатком)*

macromastia [ˌmækrəʊ'mæstiːə], **macromazia** [ˌmækrəʊ'meiziːə] макромастия, гигантомастия, мегаломастия

macromelia [ˌmækrəʊ'miːliːə] макромелия *(конечность или конечности чрезмерной длины)*

macromolecular [ˌmækrəʊmə'lekjələ] высокомолекулярный, макромолекулярный *(напр. белки)*

macromyeloblast [ˌmækrəʊ'maiələˌblæst] макромиелобласт

macromyelon [ˌmækrəʊ'maiəlɒn] продолговатый мозг

macronormoblast [ˌmækrəʊ'nɔːməʊˌblæst] макронормобласт *(1. крупный нормобласт 2. большой эритроцит)*

macronucleus [ˌmækrəʊ'nuːkliːəs] *цитол.* макронуклеус

macronutrient [ˌmækrəʊ'nuːtriːənt] *pl.* (макро)нутриенты *(белки, жиры, углеводы, а также Na, Ca, K, Mg, P, S)*

macronychia [ˌmækrəʊ'nikiːə] макронихия, мегалонихия

macroparasite [ˌmækrəʊ'pærəˌsait] макропаразит

macropathology [ˌmækrəʊpæ'ϴɒləʤiː] макропатология *(фаза заболевания, при которой развиваются макроскопические морфологические изменения)*

macrophage ['mækrəʊˌfeiʤ], **macrophagocyte** [ˌmækrəʊ'fæɡəʊˌsait] *цитол.* макрофаг, (макро)фагоцит *(крупный лейкоцит, обладающий способностью к фагоцитозу)*

activated ~ активированный макрофаг

alveolar ~ альвеолярный макрофаг

antigen-laden ~ нагруженный антигеном макрофаг

antigen-pulsed ~ макрофаг, сенсибилизированный антигеном

"armed" ~ «вооружённый» макрофаг *(несущий на своей поверхности цитофильные антитела)*

elicited ~ *см.* activated ~

fixed ~ осёдлый макрофаг, гистиоцит, блуждающая клетка в покое

inflammatory ~ свободный [амёбоидный] макрофаг, полибласт

resident ~ *см.* fixed ~

reticular ~ ретикулоцит, ретикулярная клетка

stable [tissue-fixed] ~ *см.* fixed ~

macrophag-driven ['mækrəʊˌfæg-'drivən] стимулируемый макрофагом

macroplatelet [ˌmækrəʊ'pleitlet] крупный тромбоцит, макротромбоцит

macropodia [ˌmækrəʊ'pəʊdiːə] макроподия, мегалоподия

macropolycyte [ˌmækrəʊ'pɒliˌsait] полисегментированный нейтрофил

macropsia [mə'krɒpsiːə] макропсия *(кажущееся увеличение предметов при расстройстве зрения)*

macroradiography [ˌmækrəʊˌreidi'ɒɡrəfiː] макрорентгенография, рентгенография с увеличением изображения

macroreentry [ˌmækrəʊriː'entriː] макрориэнтри *(длина повторного возвращения импульса возбуждения в миокарде равная 1–10 см и более); см. тж.* reentry

macrorhinia [ˌmækrəʊ'riniːə] макрориния *(нос чрезмерно большого размера)*

macroscelia [ˌmækrəʊ'siːliːə] ноги чрезмерной величины

macrosomatia [ˌmækrəʊsəʊ'meiʃiə], **macrosomia** [ˌmækrəʊ'səʊmiːə] макросомия *(1. гигантизм 2. крупный плод с массой тела более 4 кг)*

macrospore ['mækrəʊˌspɔː] макроспора

macrostomia [ˌmækrəʊ'stəʊmiːə] макростомия

macrotia [mæ'krəʊʃiːə] макротия *(чрезмерно большие ушные раковины)*

macrotomography [ˌmækrəʊtəʊ'mɒɡrəfiː] макротомография *(томография с увеличением изображения)*

macula ['mækjʊlə], **macule** ['mækjʊl], *pl.* **maculae** ['mækjʊliː] пятно; пятнышко

~ **corneae** пятно роговицы

~ **densa** плотное пятно *(элемент, располагающийся в начальной части дистального канальца почки и регулирующий секрецию ренина)*

~ **folliculi** рубец после разрыва фолликула *(яичника)*

~ **lutea** пятно сетчатки, жёлтое пятно

germinal ~ зародышевое пятно

saccular ~ *ото.* пятно сферического мешочка

utricular ~ *ото.* пятно эллиптического мешочка

maculopapular [ˌmækjʊləʊ'pæpjʊlə] пятнисто-папулярная *(сыпь)*

maculopathy [ˌmækjʊ'lɒpəϴiː] макулопатия *(общее название поражений жёлтого пятна)*

mad [mæd] **1.** психически больной **2.** больной бешенством ‖ страдающий бешенством

madarosis [ˌmædə'rəʊsis] мадароз *(1. врождённое недоразвитие бровей или ресниц 2. выпадение бровей или ресниц)*

madden ['mædn] заболеть психическим заболеванием

made [meid] **1.** изготовленный, искусственный **2.** добившийся успеха ◊ ~ **a full recovery** полностью выздоровевший

madid ['meidid] влажный, мокнущий (напр. об экземе)

madness ['mædnəs] **1.** психическое расстройство **2.** бешенство

> **dumb [quiet]** ~ **1.** паралитическое [«тихое»] бешенство **2.** депрессивный психоз

> **ravish** ~ буйное помешательство

maduromycosis [ˌmæduːrəʊmaiˈkəʊsis] мицетома; мадуромикоз, мадурская стопа

magazine ['mægəˌziːn] **1.** склад **2.** кассета **3.** журнал

> **rapid-series** ~ рентг. скоростная серийная кассета

magenblase [ˌmægənˈblaːzə] рентг. желудочный пузырь

magenstrasse [ˌmægənˈstraːsə] нем. желудочный канал Вальдейера, дорожка желудка

magenta [məˈʤentə] фуксин (краситель)

> **acid** ~ кислый фуксин

> **basic** ~ основной фуксин

maggot ['mægɒt] личинка (насекомого)

magic ['mæʤik] магия; магическая настроенность

magister ['mæʤistə] **1.** поствузовская квалификационная степень **2.** специалист, имеющий эту степень, магистр

magistral ['mæʤistrəl] приготовленное по рецепту (лекарство)

magma ['mægmə] фарм. **1.** болтушка; взвесь; жидкая мазь **2.** мягкая масса активных действующих веществ

magnesia [mægˈniːʒə] оксид магния, жжёная магнезия

magnet ['mægnit] магнит

> **eye Haab's** ~ Гааба глазной магнит

> **implanted** ~ имплантированный магнит

> **U-shaped** ~ подковообразный магнит

magnetocardiography [ˌmægnitəˌkɑːdiˈɒɡrəfiː] магнитокардиография

magnetoencephalogram [ˌmægnitəʊenˈsefələˌɡræm] магнитоэнцефалограмма

magnetotherapy [ˌmægnitəʊˈθerəpiː] магнитотерапия

magnification [ˌmægnifiˈkeiʃən] **1.** увеличение; усиление (напр. изображения); преувеличение **2.** исследование под увеличением

magnifier ['mægniˌfaiə] лупа; увеличительное стекло

> **forehead binocular** ~ бинокулярная козырьковая лупа

> **telescopic** ~ телескопическая лупа

magnitude ['mægniˌtjuːd] величина, порядок величины; размеры

> ~ **of population** численность популяции

> ~ **of titer** величина титра (напр. антител в сыворотке крови)

> **atomic size** ~ величина атомных масштабов, микроскопическая величина

magnolia-vine [mægˈnəʊliə-vain] лимонник (Schizandra)

magnum ['mægnəm] головчатая кость (дистального ряда запястья)

maidenhead ['meidnˌhed] **1.** девичество **2.** девственность **3.** девственная плева, гимен

maidenhood ['meidnˌhʊd] девичество

maidism ['meidizm] пеллагра

maieusiomania [meiˌjuːsiəʊˈmeiniːə] послеродовой [пуэрперальный] психоз

maieusiophobia [meiˌjuːsiəʊˈfəʊbiːə] токофобия (патологическая боязнь родов)

maieutic [maiˈjuːtik] акушерский

maieutics [maiˈjuːtiks] акушерство

maieutologist [maiˌjuːˈtɒləʤist] акушерка; акушер

maim [meim] травма; телесное повреждение; рана; ушиб || повредить; ранить; ушибить; калечить, увечить

main [mein] **1.** главная [основная] часть || главный, основной **2.** фр. рука **3.** sl. вводить наркотик в вену

> ~ **d'accoucheur** «рука акушера»

> ~ **en griffe** «птичья лапа», «когтистая кисть», симптом «когтистой руки»

> ~ **diabetique** фр. диабетическая рука

> ~ **en singe** фр. «кисть обезьяны»

> ~ **en squelette** фр. кости кисти

> ~ **succulente** отёк руки

> **air** ~ воздуховод

mainline ['meinˌlain] sl. вводить наркотик внутривенно, см. тж. **to shoot up**

mainliner ['meinˌlainə] sl. «сидящий на игле»

mainspring ['meinˌspriŋ] провоцирующий момент, предрасполагающий фактор

mainstem ['meinˌstem] основной [главный] ствол (напр. бронха)

mainstreaming ['meinˌstriːmiŋ] режим наименьших образовательных и физических ограничений инвалидов при их социальной реабилитации вне лечебных учреждений, следование в общем потоке

maintain [meinˈtein] поддерживать; содержать; сохранять

> ~ **of cardiac output** поддержание (оптимального) сердечного выброса

> **to** ~ **energy homeostasis** поддержание гомеостаза в норме; устойчивость обмена веществ

> **to** ~ **the patient's level of functioning** поддерживать нормальное функциональное состояние больного

maintainer [meinˈteinə]:

> **space** ~ фиксатор межзубных пространств

maintenance ['meintənəns] **1.** обеспечение, сохранение, поддержание **2.** обслуживание; ремонт; эксплуатация

> ~ **of anesthesia** период поддержания наркоза

> ~ **of health** восстановление здоровья

> ~ **of repression** психоан. поддержание вытеснения

> ~ **of sleep** поддержание сна

> ~ **with dependence for life** пожизненное содержание с иждивением

> **abstinence** ~ поддержание абстиненции

> **complete denture** ~ уход за полносъёмным протезом

> **daily** ~ суточная потребность (напр. в жидкости)

> **diurnal rhythm** ~ поддержание [сохранение] суточного ритма

> **fluid** ~ инфузионная терапия, поддержание водного баланса

> **health** ~ медицинское обслуживание

> **medical** ~ медицинское обеспечение; лечение, терапия

> **methadone** ~ метадоновое поддержание (наркоманов)

> **plasmid** ~ сохранение плазмид (культурой микроорганизма)

preventive ~ профилактическое обслуживание

remission ~ поддержание ремиссии

space ~ сохранение промежуточного пространства *(между зубами)*

tissue ~ обеспечение жизнедеятельности тканей

major ['meiʤə] **1.** большой; крупный; обширный *(напр. об ожоге)* **2.** совершеннолетний **3.** больший; более важный; главный; основной

majority [mə'ʤɔ:riti] совершеннолетие *(с 18 лет)*; возраст дееспособности

make [meik]:

to ~ **a history** собрать анамнез

make-up [meik-ʌp] **1.** конституция, сложение **2.** натура, склад *(характера)* **3.** структура, состав *(напр. лекарственного средства)* **4.** косметика, макияж

genetic ~ **1.** организация генетического материала, или генома **2.** генетическая конструкция, рекомбинантная ДНК

mental ~ характер, структура личности, психический склад

personality ~ тип личности

physiological ~ характер жизнедеятельности

population according to sex and age ~ половозрастная структура населения

mal [mæl] **1.** *фр.* болезнь, заболевание; расстройство **2.** порок развития

~ **comital** эпилепсия

~ **de Cayenne** слоновость, элефантиазис

~ **de mer** морская болезнь

~ **del pinto** *инф.* пинта, карате *(спирохетоз)*

~ **morado** рожистоподобный дерматит, наблюдаемый при онхоцеркозе

~ **perforant** прободная [перфоративная] язва

grand [haut] ~ эпилептические генерализованные припадки, большая эпилепсия

petit [pti] ~ *фр.* малые приступы, или припадки; малая эпилепсия; абсанс

mala ['meilə] **1.** скуловая кость **2.** щека

malabsorption [mæləb'sɔ:pʃən] мальабсорбция, синдром недостаточности всасывания

anenteric ~ синдром укороченного кишечника

carbohydrate ~ нарушение всасывания углеводов

intestinal ~ нарушение кишечного всасывания

tryptophan ~ мальабсорбция триптофана, синдром голубых пелёнок

vitamin B₁₂ ~ нарушение всасывания витамина B₁₂ *(ювенильная пернициозная анемия)*

malacia [mə'leiʃi:ə] **1.** маляция, размягчение *(ткани или органа)* **2.** извращённый аппетит

~ **cordis** размягчение миокарда *(вследствие инфаркта)*

myeloplastic ~ размягчение костей, поражённых множественным миеломатозом

porotic ~ остеомаляция вследствие фиброзной пролиферации

malacoplakia [mæləkəʊ'pleiki:ə] *урол.* малакоплакия *(заболевание неясной этиологии, характеризующееся образованием на слизистой плоских узелков жёлтого цвета)*

colonic ~ малакоплакия толстой кишки

malacosteon [mælə'kɒsʃən] остеомаляция, размягчение кости

malacotic [mælə'kɒtik] мягкий, размягчённый

malacotomy [mælə'kɒtəmi:] разрез мягких тканей *(особ. брюшной стенки)*

maladaptation [mælædæp'teiʃən] плохая приспособляемость, плохая [недостаточная] адаптация

common ~ общая дезадаптация

maladaptive [mælə'dæptiv] **1.** плохо приспособленный, дезадаптированный; нарушающий адаптацию **2.** неадекватный, не соответствующий общепризнанному

maladjustment [mælə'ʤʌstmənt] **1.** плохая приспособляемость, неприспособленность **2.** *псих.* социальная дезадаптация

acculturation ~ культуральная дезадаптация

educational ~ школьная дезадаптация

simple adult ~ реакция дезадаптации в зрелом возрасте

malady ['mælədi:] болезнь, заболевание

malaise [mæ'leiz] *фр.* **1.** недомогание, дискомфорт, плохое самочувствие **2.** расстройство функции

grippe-like ~ гриппоподобное заболевание

malalignment [mælə'lainmənt] смещение; неправильное расположение *(напр. суставных концов костей)*

~ **of facet joints** нарушение конгруэнтности суставных фасеток

~ **of fracture** смещение отломков при переломе

rotary ~ ротационное смещение *(отломка при переломе)*

malar ['meilə] **1.** скуловая кость || скуловой **2.** щёчный

malaria [mə'lɛəri:ə] малярия

~ **comatosa** малярийная кома

algid ~ малярийный алгид

benign tertian ~ трёхдневная малярия

cerebral ~ мозговая форма малярии

dysenteric ~ тропическая малярия, сопровождающаяся кровянистой диареей

falciparum ~ молниеносная трёхдневная малярия

imported ~ завозная [«интродуцированная»] малярия *(у больного, заразившегося вне страны проживания)*

indigenous ~ эндемическая малярия

induced ~ трансфузионная малярия

introduced ~ *см.* imperted ~

malignant tertian ~ *см.* falciparum ~

ovale ~ малярия овале

pernicious ~ *см.* falciparum ~

quartan ~ четырёхдневная малярия

quotidian ~ малярия с ежедневными приступами

relapsing [rolling back] ~ рецидивирующая малярия, рецидив малярии

subtertian ~ *см.* falciparum ~

tertian ~ трёхдневная малярия

therapeutic ~ *уст.* induced ~

vivax ~ *см.* tertian ~

malari(a)cidal [mə͵lɛəri:ə'saidəl] противомалярийный

malariologist [mæleəri:'ɒləʤist] маляриолог

malariotherapy [mæleəri:əʊ'θerəpi:] *уст.* малярия-терапия *(разновидность пиротерапии)*

malaris [mæ'lɛəris] *см.* malar

malarticulation [ˌmælɑːtikjuːˈleiʃən]:

~ of spinal column поражение суставов позвоночника

malassimilation [ˌmæləsiməˈleiʃən] расстройство усвоения, нарушение ассимиляции

malaxate [ˈmæləkseit] разминать, размягчать

malaxation [ˌmæləkˈseiʃən] разминание (приём массажа)

maldescent [ˌmældiˈsent] нарушение опущения (напр. яичка)

maldevelopment [ˌmældiˈveləpmənt] аномалия, или порок, развития, неправильное развитие

maldigestion [ˌmældaiˈʤestʃən] несовершенное пищеварение; нарушение пищеварения

male [meil] 1. мужчина || мужской, мужского пола 2. особь мужского пола, самец

aging ~ пожилой [стареющий] мужчина

fragile X-~ мужчина с повышенной ломкостью X-хромосомы

intact ~ 1. здоровый мужчина 2. интактная мужская особь

phenotypic ~ мужской фенотип

transmitting ~ мужчина-передатчик (болезни)

45 X ~s мужской кариотип 45 X

malefactor [meilˈfæktə] преступник

malemission [ˌmeilˈmiʃən] недостаточность [отсутствие] эякуляции

maleness [ˈmeilnəs] возмужалость, зрелость

maleruption [ˌmæləˈrʌpʃən] эктопическое прорезывание зуба

malformation [ˌmælfɔːˈmeiʃən] порок развития, мальформация (дефект развития в результате болезни или травмы)

Arnold – Chiari ~ Арнольда – Киари синдром (сочетание атаксии, нистагма, параличей и др.)

anorectal ~ врождённые пороки прямой кишки и анального отверстия (стеноз, атрезия, эктопия)

arteriovenous ~s артериовенозные коммуникации, или свищи; артериовенозная мальформация

bronchial ~ порок развития бронхиального дерева

cloverkaf ~ «череп-трилистник» (высокий выбухающий лоб, плоский затылок, выпячивание височных костей)

cyanotic ~ of the heart синий порок сердца

cystic adenoid ~ кистозно-аденоматозный порок развития (лёгкого)

embryologic ~ порок развития на стадии эмбриогенеза (формирующийся в период до 3 месяцев)

genital ~ врождённый порок развития половых органов

multiple congenital ~ множественные врождённые пороки развития

osteal ~ деформация костей (при врождённом сифилисе)

malfunction [ˌmælˈfʌŋkʃən] 1. нарушение функции, дисфункция 2. неисправность (аппарата) 3. аварийный режим

~ of involuntary movement нарушение непроизвольных движений

intestinal ~ синдром мальабсорбции (сочетание гиповитаминоза, анемии и гипопротеинемии, обусловленное нарушением всасывания в тонкой кишке)

pacemaker ~ нарушение функции водителя ритма

shunt ~ нефункционирующий шунт (напр. при закупорке)

maliasmus [ˌmæliˈæzməs] инф. сап

malignancy [məˈlignənsi:] 1. пагубность, зловредность, злобность 2. злокачественность; злокачественное развитие; новообразование

~ of ovarian cyst малигнизация кисты яичника

B-cell ~ B-клеточная неоплазия; B-клеточный лейкоз

early ~ ранняя стадия развития злокачественной опухоли

gastrointestinal ~ злокачественное поражение желудочно-кишечного тракта

hematological ~ies гемобластозы (злокачественные заболевания кроветворной системы)

hepatobiliary ~ злокачественные новообразования гепатобилиарной зоны

lymphoid ~ лимфонеоплазия; лимфолейкоз

multiple primary ~ первично-множественный рак

postirradiation ~ пострадиационная малигнизация; лучевой рак

T-cell ~ T-клеточная неоплазия

tumor ~ злокачественный рост, злокачественное новообразование

malignant [məˈlignənt] 1. злокачественный 2. относящийся к тяжёлой форме, имеющий неблагоприятный прогноз (напр. септический эндокардит)

malinger [məˈliŋgə] симулянт || симулировать (болезнь), притворяться больным

malinterdigitation [ˌmælintəˌdiʤiˈteiʃən] патологический прикус

malis [ˈmælis] параз. возбудитель кожного заболевания

mallear [ˈmæliə] ото. относящийся к молоточку

malleation [mæliˈeiʃən] хорея с молоткообразными движениями кистей

mallein [ˈmæliːin] маллеин (аллерген для диагностики сапа)

malleinization [ˌmæliːiniˈzeiʃən] маллеинизация (вакцинация от сапа)

malleoincudal [ˌmæliːəʊˈiŋkjuːdl] ото. относящийся к молоточку и наковальне

malleolar [məˈliːəʊlə] лодыжечный (напр. о переломе)

malleolus [məˈliːəʊləs], pl. **malleoli** [meiˈliːəʊliː] лодыжка

Malleomyces [ˌmæliːəʊˈmaisiːz]:

~ mallei лат. палочка сапа

malleotomy [ˌmæliːˈɒtəmiː] 1. удаление молоточка 2. пересечение связок лодыжки (при косолапости)

mallet [ˈmælət] (зуботехнический) молоток

malleus [ˈmæliːəs], pl. **mallei** [ˈmæliːi] ото. молоточек

malnutrition [ˌmælnjuːˈtriʃən] недостаточность или нарушение питания, обусловленное плохим усвоением, недоеданием или перееданием

~ in cirrhotic patients истощение у больных циррозом

childhood ~ алиментарная дистрофия у детей

energy-protein ~ белково-калорийная [белково-энергетическая] недостаточность

malignant ~ квашиоркор, детская пеллагра

protein-calorie ~ см. **energy-protein ~**

malocclusion [ˌmæləˈkluːʒən] аномалия прикуса, аномалия зубной окклюзии

malodorous [mæl'ɔʊdərəs] зловонный; неприятно пахнущий

malondialdehyde [ˌmælɒndai'ældəˌhaid] малоновый диальдегид

maloplasty ['mæləʊˌplæstɪ:] хирургическая пластика щеки

Malpolon [mæl'pɒlən]:

~ **monspessulanus** *токс.* обыкновенная ящеричная змея

malposition [ˌmælpə'zɪʃən] неправильное (рас)положение *(органа, плода)*; эктопия; дистопия

~ **of excretory pathway** врождённый порок положения органа выделительной системы *(напр. высокое отхождение мочеточника)*

cardiac ~ атипичное [неправильное] расположение сердца

permanent ~ стойкое порочное положение *(напр. глаза)*

malpractice [mæl'præktɪs] 1. врачебная ошибка 2. недобросовестное [халатное] отношение к своим обязанностям 3. криминальное действие; порочная практика; проступок *(напр. врача)*

malpresentation [ˌmælprezən'teiʃən] неправильное предлежание *(плода)*

malreduction [ˌmælri'dʌkʃən] неправильная репозиция *(перелома)*

malrotation [ˌmælrəʊ'teiʃən] *эмбр.* мальротация *(1. неправильное вращение 2. незавершённый поворот органа)*

~ **of the extremity** ротационное смещение конечности

intestinal [mitgut] ~ *эмбр.* незавершённый поворот [мальротация] средней кишки

maltase ['mɔːlˌteis] мальтаза *(фермент, расщепляющий мальтозу в глюкозу)*

maltose ['mɔːlˌtəʊs] мальтоза, мальтозный [солодовый] сахар

maltreatment [mæl'triːtmənt] 1. ошибки в лечебной практике 2. неправильное лечение 3. жестокое [грубое] обращение

child ~ плохое обращение с детьми

maltreated [mæl'triːtid] подвергающийся грубому обращению, злоупотреблению

Malthusianism [ˌmɔːl'θuːʒənizm] мальтузианство, мальтузианизм *(согласно теории Мальтуса численность населения возрастает быстрее средств существования, в связи с чем следует ограничивать её рост)*

malum ['meiləm] болезнь, заболевание

malunion [mæl'juːnjən] 1. неправильное [порочное] срастание *(напр. костных отломков при переломе)* 2. несращение; нарушение сращения

mamanpian [ˌmæmɒn'piːɒn] фрамбезиома *(элемент кожной сыпи при фрамбезии)*

mamelon ['mæmələn] сосочек; нарост; выступ *(напр. на кости)*

mamelonation [ˌmæmələʊ'neiʃən] образование сосочковидных выпячиваний *(напр. на кости)*

mamilla [mə'milə], *pl.* **mamillae** [mə'mili:] сосок *(молочной железы)*

mamillary ['mæmɪˌleri:] 1. относящийся к соскам 2. сосковидный, сосцевидный

mamma ['mæmə], *pl.* **mammae** ['mæmi:] молочная [грудная] железа, грудь

~ **erratica** добавочная молочная железа

~ **masculina** *лат.* мужская грудная железа

mammal ['mæməl], *pl.* **mammalia** [mæ'meili:ə] млекопитающее

mammalgia [mæm'eldʒi:ə] мастодиния, Купера болезнь

mammalogia [ˌmæme'lɒdʒi:ə] маммология *(1. учение о млекопитающих 2. учение о молочной железе)*

mammary ['mæməri:] относящийся к молочной железе

mammectomy [mæ'mektəmi:] мастэктомия, ампутация молочной железы

mammiferous [mæ'mifərəs] 1. имеющий молочные железы 2. секретирующий молоко

mammilla [mæ'miːlə] сосок

mammitis [mæ'maitis] мастит

mammogen ['mæməʊˌdʒen] пролактин, лактогенный гормон

mammography [mæ'mɒgrəfi:] *рентг.* маммография, мастография

gas contrast ~ маммография с контрастированием газом

screening ~ маммографическое обследование, маммографический скрининг

mammoplasty ['mæməʊˌplæstɪ:] пластика молочной железы

augmentation ~ пластическая операция по увеличению молочной железы

reconstructive ~ реконструктивная маммопластика *(формирование искусственной молочной железы после её удаления)*

reduction ~ пластическая операция по уменьшению молочной железы

mammotomy [mæ'mɒtəmi:] рассечение [разрез] молочной железы

mammotroph ['mæməʊˌtrəʊf] ацидофильный аденоцит *(гипофиза)*

mammotrop(h)in [ˌmæməʊ'trəʊfin] пролактин, лактогенный гормон, лактотропин

man [mæn], *pl.* **men** [men] 1. мужчина 2. человек

ambulance ~ санитар-носильщик, санитар автомобиля скорой медицинской помощи

"average ~**"** стандартный человек, эталонный мужчина *(20–39 лет массой тела 65 кг, занимающийся трудом 8 часов, спящий 8 часов и ведущий умеренный образ жизни)*

casualty ~ пострадавший *(человек)*

effeminated ~ феминизированный мужчина

healthy ~ здоровый человек

homosexual ~ мужчина-гомосексуалист

hurt ~ *см.* **casualty** ~

marginal ~ дезадаптированное лицо, маргинал

marriageable ~ мужчина, достигший брачного возраста

medical ~ фельдшер

medicine ~ *амер.* шаман

primitive ~ первобытный человек

reference ~ *см.* **"average** ~**"**

sandwich ~ «бутерброд» *(человек, носящий на себе рекламные щиты)*

square ~ коренастый человек

staff ~ штатный врач

MAN

"standard ~" 1. *см.* **"average ~" 2.** манекен *(предназначенный для обучения основам оказания экстренной медицинской помощи)*

uremic ~ больной уремией

ward ~ *см.* **ambulance ~**

wasted ~ истощённый человек

manage ['mænidʒ] **1.** руководить, управлять, заведовать **2.** оказывать помощь **3.** уметь; обращаться, владеть *(инструментом)*

to ~ a patient вести больного

to ~ health care facilities управление медицинскими учреждениями

to ~ with hormones лечить гормонами, проводить гормональную терапию

management ['mænidʒmənt] **1.** заведование; управление; организация работы; контроль **2.** дирекция, администрация **3.** ведение больного; уход за больным; метод лечения

~ by exception лечение методом исключения

~ by laboratory methods 1. лечение под контролем лабораторных методов **2.** лабораторная диагностика

~ in health care управление оказанием медицинской помощи

~ in ophthalmology диагностика и лечение глазных болезней

~ of anorectal abscesses лечение аноректальных абсцессов

~ of bacterial infections контролирование бактериальной инфекции *(проведение профилактических мероприятий и лечение)*

~ of bronchial lavage проведение бронхиального лаважа

~ of duodenal stump обработка культи двенадцатиперстной кишки

~ of head injuries тактика лечения черепно-мозговой травмы

~ of health manpower подготовка кадров здравоохранения

~ of hypertensive crises купирование гипертонического криза

~ of labor ведение родов

~ of mechanic effects on morphogenesis действие механических сил на морфогенез

~ of occluded stent устранение окклюзии стента

~ of pain снятие боли, обезболивание

~ of patient care программа лечения больного

~ of the circulation восстановление кровообращения

~ of the diabetic pregnancy ведение беременности при диабете

~ of transfusion services организация трансфузиологической службы

~ of wound обработка раны

acute ~ неотложная помощь, неотложная [экстренная] терапия

aggressive ~ 1. хирургическое лечение **2.** интенсивное лечение *(напр. гельминтозов)*

airway ~ 1. обеспечение дыхания **2.** восстановление проходимости дыхательных путей

anesthetic ~ проведение обезболивания, ведение наркоза

behavioral ~ участие социального работника в лечебном процессе

blood gas ~ определение газов крови

care case ~ организация ведения больного *(по всем этапам оказания медицинской помощи)*

careless ~ неадекватное лечение [ведение] больного

case ~ менеджмент случаев *(лечения больных)*

chiropractic ~ мануальная терапия, хиропрактика

chronic dietary ~ длительное назначение диеты

clinician's ~ организация работы в лечебных учреждениях

comprehensive ~ комплексное лечение

computer-aided ~ лечение с применением компьютерного оборудования

conventional ~ лечение по стандартной [общепринятой] схеме

current ~ современное лечение

definitive ~ специализированное лечение

developing symptom ~ лечение возникающих симптомов

dietary ~ 1. лечение регуляцией диеты *(напр. по содержанию кальция в организме)* **2.** диетотерапия

dietary ~ of children контроль за питанием детей

disease ~ управление лечением; организация профилактики и лечения конкретных болезней

district health ~ районная служба здравоохранения

ecosystem ~ регулирование экосистемы; рациональное природопользование

emergency ~ неотложная помощь, неотложная [экстренная] терапия

environmental ~ проведение мероприятий по охране окружающей среды

feeding ~ режим [характер] питания

fluid ~ инфузионная терапия

general ~ общее руководство

health ~ руководство здравоохранением и планирование

hospital ~ 1. руководство [управление] больницей **2.** больничное лечение

human resources ~ управление персоналом

improper ~ неадекватное лечение

initial ~ 1. первая медицинская помощь **2.** начальный этап лечения

integrated inpatient ~ интегрированное управление оказанием стационарной помощи

labor ~ *см.* **~ of labor**

laparoscopic ~ of oncologic malignancies использование лапароскопии в онкологии

medical ~ 1. управление лечебным учреждением; управление в здравоохранении **2.** медикаментозное лечение; консервативное лечение

minimally invasive ~ минимально-инвазивное лечение *(напр. рака)*

multidimensional pain ~ разнонаправленная терапия боли

nature ~ природопользование

nonsurgical ~ консервативное лечение

nursing ~ 1. руководство медицинскими сёстрами **2.** сестринский уход *(за больными)*

nutritional ~ лечебное питание, диетотерапия

office ~ стационарное лечение, лечение в больнице

outpatient ~ 1. руководство поликлиникой 2. амбулаторное лечение

overall ~ комплексное лечение

pain ~ обезболивание; организация системы обезболивания *(напр. онкологических больных в хосписе)*

perioperative ~ ведение больного во время операции

primary care ~ организация первичной медицинской службы

psychiatric ~ лечение психических расстройств

quality ~ 1. организация контроля за качеством *(напр. безопасности)* 2. руководство качеством

rehabilitation ~ реабилитация, реабилитационное лечение

risk ~ *страх.* управление рисками *(напр. профилактика судебных рисков)*

stroke ~ лечение инсульта

successful ~ тактика успешного лечения

surgical versus endoscopic ~ сравнение хирургического и эндоскопического методов лечения

total quality ~ всеобщее управление качеством

manager ['mænɪʤə] 1. менеджер, представитель *(напр. компании, фонда)* 2. заведующий; руководитель; администратор; директор

case ~ представитель пациента *(специалист по оценке предоставленной медицинской помощи)*

hospital ~ (исполнительный) директор больницы или госпиталя *(обычно ведающий хозяйственной деятельностью)*

marketing ~ *см.* **product** ~

primary care case ~ *страх.* врач, ведущий амбулаторно-поликлинических больных

product ~ менеджер по продвижению лекарственных средств

rehabilitation ~ заведующий [руководитель] реабилитационным отделением

speciality network ~ управляющий специализированной сетью медицинской помощи

managing ['mænɪʤɪŋ] 1. руководство; управление 2. содержание 3. лечение

~ **a patient** ведение больного *(в стационарных или амбулаторных условиях)*

~ **the care of** руководство по ведению *(напр. трудных больных)*

~ **the obstructed airway** лечение обструкции, восстановление проходимости дыхательных путей

~ **the type II diabetes** лечение диабета II типа

man-child ['mæn-ˌtʃaild] мальчик; сын

mancinism ['mænˌsinizm] леворукость

mandatory ['mændətəri:] 1. обязательный, принудительный *(о лечении, госпитализации)* 2. необходимый, показанный 3. императивный *(напр. позыв)*

mandibula [mæn'dibjʊlə], *pl.* **mandibulae** [mæn'dibjʊli:] нижняя челюсть

edentulous ~ нижнечелюстная адентия

mandibulohyoid [mænˌdibjʊləʊ'haivid] челюстно-подъязычный

mandrake ['mænˌdreik] 1. мандрагора *(Mandragora)* 2. подофилл *(Podophyllum)*

mandrel ['mændrəl], **mandril** ['mændril] дискодержатель *(зажимное приспособление к бормашине)*

angle ~ дискодержатель для углового наконечника

latch type ~ дискодержатель для углового наконечника с защёлкой

sandpaper ~ дискодержатель с наждачным бумажным диском

mandrin ['mændrin] мандрен *(металлический проводник)*

manducation [mænˌdjʊ'keiʃən] жевание; прожёвывание *(пищи)*

maneuver [mə'nju:və] 1. вмешательство; процедура; (акушерский) ручной приём 2. проба; тест

diagnostic ~ диагностический приём, диагностическое мероприятие

Giffard's ~ Джеффарда приём *(для выведения головки плода)*

key-in-lock ~ приём «ключ в замке» *(метод, при котором акушерские щипцы используются для ротирования головки плода)*

Kocher ~ Кохера способ, или метод *(вправления вывиха плеча)*

Leopold's ~s акуш. Леопольда приёмы

Lovset ~ акуш. Ловсета метод

McDonald's ~ акуш. Мак-Дональда метод

Muller's ~ акуш. Мюллера способ

respiratory ~s дыхательные упражнения

Ritgen's ~ акуш. Ритгена приём

special ~ специфическая проба, специфический тест, или приём

vagal ~ вагусная проба; Ашнера тест, или маневр

Valsalva ~ Вальсальвы проба *(метод исследования проходимости слуховых труб)*

Wigand's ~ Виганда акушерский поворот

manganese [ˌmæŋgə'ni:z] марганец, Mg

mange [meinʤ] *дерм.* чесотка *(возбудители – Sarcoptes, Psoptes, Chorioptes, Demodex)*

demodectic ~ демодекоз

sarcoptic ~ саркоптоз, (зудневая) чесотка

summer ~ акароз *(возбудитель – Acarus)*

mangle ['mæŋgəl] 1. каток ‖ попадать под каток 2. рубить; кромсать; размозжить

mangy ['meinʤi:] 1. чесоточный 2. страдающий чесоткой

manhood ['mænhʊd] 1. возмужалость, зрелость, зрелый возраст 2. мужское население 3. мужская потенция

mania ['meiniə] маниакальный синдром; мания

~ **apotu** *фр.* алкогольный делирий, белая горячка

~ **grandiosa** бред величия

acute hallucinatory ~ Ганзера синдром *(истерическое сумеречное помрачение сознания)*

akinetic ~ заторможенная [акинетическая] мания

alcoholic ~ алкогольный делирий, белая горячка

Bell's ~ острая психотическая азотемическая энцефалопатия, Белла мания

confusional ~ спутанная мания

dancing ~ «танцующая» мания

grumbling ~ ворчливая [брюзжащая] мания

incendiary ~ пиромания

monopolar ~ *см.* **unipolar** ~

oneiroid ~ онейроидная мания, онейроидный синдром

puerperal ~ послеродовой [пуэрперальный] психоз

reasoning ~ мания навязчивых сомнений

unipolar ~ униполярная [монополярная] мания; периодическая мания

maniac ['meɪnɪˌæk] больной с маниакальным синдромом

manifest ['mænɪˌfest] явный, манифестный ‖ проявлять(ся); иметь признаки; протекать явно

manifestation [ˌmænɪfe'steɪʃən] манифестация, проявление; обнаружение (*болезни после периода её бессимптомного течения*)

alone ~ одиночный [изолированный] симптом

aural ~ симптом нарушения слуха

behavioral ~ поведенческие проявления

concurrent systemic ~ сопутствующие системные проявления

conspicuous ~ явный [патогномоничный] признак

neurologic(al) ~s неврологические знаки, или признаки; неврологические расстройства

oral ~s внутриротовой симптом

psychotic ~ манифестация психоза

skeletal ~s костная симптоматика (*напр. врождённого сифилиса*)

sociopathic ~ антисоциальные [социопатические] проявления

ultrasonic ~ ультрасонографическое изображение, ультразвуковая визуализация

manikin ['mænɪkɪn] учебный фантом, манекен (*напр. модель человеческого тела*)

man-induced [mæn-ɪn'djuːsd] *см.* **man-made**

manipulation [məˌnɪpjʊ'leɪʃən] 1. манипуляция (*1. ручной приём 2. психол. достижение одностороннего выигрыша посредством скрытого побуждения партнёра к совершению определённых действий*) 2. обработка; воздействие 3. техника операции, хирургический приём

~ of renal volume коррекция мочеотделения, или диуреза

~ of urine pH изменение pH мочи (*для форсирования диуреза*)

acupuncture ~ акупунктурный метод

amalgam ~ *стом.* применение амальгамы

conjoined ~ двуручное обследование, бимануальная пальпация

coordinated ~s координированные манипуляции

dietary ~ коррекция диеты, подбор диеты

pharmacologic ~ фармакологическое воздействие

spinal [vertebral] ~ мануальная терапия при заболеваниях позвоночника; манипуляции на позвоночнике

manipulative [mə'nɪpjʊleɪtɪv] 1. мануальный, выполняемый руками 2. *психол.* манипулятивный

man-made [mæn-meɪd] искусственный, синтетический

manner ['mænə] 1. способ, метод 2. манера, стиль поведения

~ of living образ жизни

~ of relating to others манера взаимоотношений с окружающими

~ of walking походка

abrupt ~ *см.* **brusque ~**

accommodating ~ уступчивое [услужливое] поведение

anaerobic ~ анаэробные условия, анаэробный метод (*напр. культивирования бактерий*)

bedside ~ взаимоотношение врача с больным, поведение врача у постели больного; врачебный такт

brusque ~ грубое обращение

bumptious ~ самоуверенное поведение

common ~s грубые манеры

double-blind ~ двойной слепой метод

effeminate ~ женственные [изнеженные] манеры

formal ~ формальное [официальное] отношение

guarded ~ бдительное [настороженное] поведение

harsh ~ резкое [жёсткое] поведение

in conventional ~ традиционным способом

normal ~ обычный способ, традиционная схема (*напр. лечения*)

oblique ~ странное [отклоняющееся от нормы] поведение

over-effusive ~ несдержанное [чрезмерно экспансивное] поведение

pompous ~ напыщенная [помпезная] манера держаться

quaint ~ странное [эксцентричное] поведение

routine ~ *см.* **normal ~**

subjective ~ субъективное мнение

warm ~ сердечное [тёплое] отношение

mannerism ['mænəˌrɪzəm] *псих.* манерность (*лишённая смысла искусственность, вычурность поведения с утрированием манер, жестов, мимики*)

mannosa [mæ'nəʊsə] манноза

mannosidosis [ˌmænəʊsɪ'dəʊsɪs] маннозидоз (*характеризующий накоплением в лизосомах маннозосодержащих соединений*)

mannosylation [ˌmænəʊsɪ'leɪʃən] маннозилирование (*второй путь гликозилирования белков*)

manoeuvre [mə'nuːvə] *см.* **maneuver**

manometry [mə'nɒmətrɪ] манометрия, измерение давления

anorectal ~ аноректальная манометрия

esophageal ~ манометрия (сфинктера) пищевода

manpower ['mænˌpaʊə], **man-power** ['mænˌpaʊə] кадры, рабочая сила; человеческие ресурсы

health care ~ медицинские кадры

manslaughter ['mænˌslɔːtə] 1. убийство; умерщвление (человека) 2. *суд. мед.* непредумышленное убийство

Mansonia [mæn'səʊnɪə] род москитов подсемейства Culicini, переносчиков Brugia malayi и Wuchereria bancrofti

mantle ['mæntl] кора головного мозга, мантия, плащ

manual ['mænjuəl] 1. пособие; справочник; руководство; методические рекомендации 2. мануальный, ручной (*об исследовании, терапии*)

marriage ~ пособие для молодожёнов

self-assessment ~ программированное пособие (*по самообразованию*)

self-help ~ пособие по оказанию помощи самому себе

Manual ['mænjuəl]:

~ of tumor nomenclature and coding руководство по номенклатуре и кодированию опухолей

Diagnostic and statistical ~ of mental disorders, DSM диагностико-статистическое руководство по классификации психических расстройств (*США*)

Emergency medicine guideline ~ методическое руководство по неотложной медицине

Medical field ~ *амер.* наставление по военно-медицинской службе

Physical disabilities ~ руководство по реабилитации инвалидов

manubrium [məˈnuːbriːəm], *pl.* **manubria** [məˈnuːbriːə] рукоятка (*напр. грудины*)

manufacture [ˌmænjʊˈfæktʃə] 1. производство 2. *pl.* изделия, фабрикаты

~ **of medical equipment** производство медицинского оборудования

clandestine ~ подпольное производство (*напр. наркотиков*)

manufacturer [ˌmænjʊˈfæktʃərə] фирма-производитель

manuluvium [ˌmænjʊˈluːviəm] *лат.* ручная ванна

manus [ˈmeinəs], *pl.* **manus** [ˈmeinəs] кисть

map [mæp] карта; картограмма; план || составлять картограмму, картировать

~s **of the cerebral cortex structure** карты структуры коры больших полушарий

brain electrical activity ~ (компьютерная) карта электрической активности головного мозга

chromosome [genetic] ~ генетическая карта (*взаимного расположения генов на хромосоме*)

multilocus linkage ~ мультилокусная генетическая карта (*схема взаимного расположения локусов на хромосомах данного организма*)

peptide ~ пептидная карта (*электрофоретическая или хроматографическая карта двумерного разделения пептидов*)

physical ~ физическая карта (*точной локализации генов, сайтов рестрикции и других нуклеотидных последовательностей на хромосоме*)

restriction ~ рестрикционная карта (*диаграмма расположения на молекуле ДНК сайтов узнавания рестриктазами*)

serologically derived ~ карта антигенных детерминант (*выявляемых серологически*)

three-dimensional idiotype [3D] ~ трёхмерная идиотипная карта (*молекулы иммуноглобулина*)

mapping [ˈmæpiŋ] 1. *ген.* картирование 2. составление карт белков 3. топография распределения биопотенциалов (*напр. чувствительности в поле зрения и т. п.*) 4. идентификация функций (*напр. структур головного или спинного мозга*)

atrial endocard ~ картирование эндокарда предсердий

cancer ~ картирование заболеваемости раком

case ~ картирование случаев (*напр. очагов инфекции*)

color-flow ~ цветное картирование кровотока

deletion ~ делеционное картирование (*использование делеций в ДНК для локализации генов на хромосоме*)

EEG ~ картированная ЭЭГ

entrance ~ картирование вхождения в цикл импульса возбуждения тахикардии (*риэнтри*)

epicardial activation ~ эпикардиальное картирование активности миокарда

epitope ~ картирование эпитопов (*антигенных детерминант*)

fine-scale ~ тонкое картирование, картирование на малом участке гена

flow ~ картирование тока (*крови*)

fragmentation ~ картирование (миокарда) по участкам

gene [genetic] ~ генетическое картирование (*определение последовательности расположения генов на хромосоме*)

lymphatic ~ картирование лимфатических узлов

optical ~ **of the abdominal wall** оптическое картирование абдоминальной стенки

peptide ~ составление пептидных карт белков

physical ~ физическое картирование (*определение точной локализации генов и других нуклеотидных последовательностей на хромосоме*)

radioautographic ~ ауторадиографическое картирование

sensory ~ картирование чувствительности

spectral temporal ~ спектрально-временное картирование (*ЭКГ*)

marantic [məˈræntik], **marasmic** [məˈræzmik] 1. марантический 2. страдающий маразмом

marasmoid [məˈræzmɔid] напоминающий маразм

marasmus [məˈræzməs] 1. маразм 2. кахексия, общая атрофия

marathon [ˈmærəθɒn] *психол.* «марафон» (*тренинг методом интенсивной техники*)

marble-flower [ˈmɑːbəl-ˈflauə] мак опийный (*Papaver somniferum*)

marc [mɑːk] выжимки (*из растительного лекарственного сырья*)

marcid [ˈmɑːsid] истощение, изнурение

margin [ˈmɑːʤin] 1. предел, грань, край 2. резервные возможности, запас прочности

~ **of exposure** предел [граница] экспозиции

blurred ~s *рентг.* нечёткие [неясные] края

costal ~ рёберный край

discrete ~s *рентг.* чёткие контуры

eyelid ~ край века

intercostal ~ рёберная дуга

irregular liver ~ неровный край печени

safety ~ безопасный уровень (*напр. радиации*)

surgical ~ иссечённый край (*напр. органа с опухолью*)

wide ~ широкий диапазон (*напр. действия лечебной и токсической доз*)

marginal [ˈmɑːʤənəl] 1. маргинальный, краевой 2. предельный, критический; минимальный (*напр. о реакции*) 3. маргинал (*социально неустроенное лицо*)

marginality [ˌmɑːʤiˈnæliti] маргинальность (*вызванный какими-л. обстоятельствами разрыв индивида со своей социальной группой без последующего вхождения в другую*)

marginalization [ˌmɑːʤinəliˈzeiʃən] маргинализация (*политика в результате которой десоциализируется определённая группа, напр. наркоманов*)

marginated [ˌmɑːʤiˈneitid]:

sharply ~ с чётко очерченными краями

margination [ˌmɑːʤəˈneiʃən] феномен скопления лейкоцитов по краю участка воспаления

691

marginoplasty ['maːʤənəʊˌplæstiː] *офт.* маргинопластика

margo ['maːgəʊ], *pl.* **margines** ['maːginiːz], *см.* **margin**

marigold ['mærɪˌgəʊld] календула (*Calendula*)

  bur ~ череда (*Bidens*)

  pot ~ календула лекарственная (*Calendula officinalis*)

marihuana [ˌmæriˈhwaːnə], **marijuana** [ˌmæriˈhwaːnə] марихуана, анаша, гашиш, индийская конопля, *см. тж.* **cannabis**

marinotherapy [məˌriːnəʊˈθerəpiː] лечение на морском побережье

marisca [məˈriskə] геморрой

marital ['mærɪtl] супружеский

marjoram ['maːʤʊrəm] майоран (*Origanum majorana*)

  wild ~ душица обыкновенная (*Origanum vulgare*)

mark [maːk] 1. след; пятно; маркёр; шрам, рубец || маркировать; оставлять след или рубец 2. невус, невоидная опухоль, родимое пятно 3. признак, показатель, черта 4. характеризовать, выделять 5. балл, оценка, отметка || отмечать

  ~s of blood пятна крови

  ~s of shot следы выстрела

  birth ~ родимое пятно

  bite ~ след укуса

  certification ~ торговый знак, знак сертификации

  constriction ~ *суд. мед.* странгуляционная борозда

  hesitation **~s** насечки (*мелкие, «пробные» надрезы по краям основной раны, свидетельствующие о самоубийстве*)

  ligature ~ *см.* **constriction** ~

  lightning **~s** знаки [фигуры] молнии (*на коже*), фульгуриты

  mother's [mulberry] ~ невус, невоидная опухоль, родимое пятно

  port-wine ~ капиллярная дисплазия кожи, винный [пламенный] невус

  puncture ~ след укола

  scratch ~ ссадина, царапина, экскориация

  strawberry ~ кавернозная [пещеристая] гемангиома, кавернома

  tattoo ~ татуировка

  track **~s** *нарк.* «дороги» (*следы от уколов*)

  trade ~ *см.* **certification** ~

marker ['maːkə] 1. маркёр, метка, признак предрасположенности 2. сигнальный ген, ген-маркёр 3. отметчик времени (*напр. на электрокардиограмме*)

  ~ for disturbed pancreatic function показатель нарушения функции поджелудочной железы

  antibiotic resistance ~ (генетический) маркёр устойчивости к антибиотикам

  B-cell ~ В-клеточный маркёр

  biochemical **~ for liver damage** биохимический маркёр поражения печени (*напр. аминотрансферазы*)

  chromosome ~ сигнальный ген, или маркёр, хромосомы

  dye ~ окрашивающий маркёр

  EEG ~ электроэнцефалографические маркёры, типы или матрицы специфических изменений

  end-of-data ~ маркёр конца данных

  enzyme **~s** ферментные маркёры (*указывающие на экспрессию их генов в культурах клеток*)

  exaggerated lung **~s** усиленный лёгочный рисунок

  flanking ~ фланкирующий маркёр

  frame ~ цикловой синхросигнал

  genetic ~ генетический маркёр (*признак высокой вероятности передачи болезни*)

  histochemical ~ гистохимический маркёр

  immunoglobulin ~ иммуноглобулиновый маркёр

  in vivo **~s** маркёры in vivo (*природные [спонтанные] мутации, пригодные для идентификации их носителей по тканевым культурам*)

  injection time ~ отметчик времени инъекции

  kappa ~ каппа-маркёры (*аллотипические различия иммуноглобулинов*)

  lead ~ отметчик отведений (*ЭКГ*)

  luminous ~ *рентг.* световой центратор

  precancer **~s** предраковые маркёры

  predictive ~ прогностический маркёр

  probe ~ маркёрный зонд

  radioactive ~ радиоактивная метка

  radiopaque ~ рентгеноконтрастная метка

  selected **~s** селектируемые маркёры (*признаки организмов, по которым производят отбор особей, напр. резистентность у микроорганизмов*)

  surface ~ поверхностный маркёр (*клеток*)

  tumor ~ опухолевый маркёр (*напр. специфический антиген при раке*)

  ultrasound ~ ультразвуковой признак

market ['maːkit] рынок; биржа; торговля

  home ~ внутренний рынок

  insurance ~ страховой рынок

  marriage ~ *стат.* брачный рынок (*система отношений численностей различных групп бракоспособного населения*)

  medical ~ медицинские услуги, медицинский рынок

  narcotics black ~ чёрный рынок наркотиков

marking ['maːkiŋ] 1. маркировка, мечение 2. метка (*напр. на катетере*) 3. ориентир, точка (*на поверхности тела*)

  antibody ~ маркирование [мечение] антител

  buccal muscle ~ *стом.* отпечаток щёчных тяжей на оттиске

  confluent **~s** сливающиеся тени (*на рентгенограмме*)

  convolutional **~s** *анат.* пальцевые вдавления (*на внутренней поверхности черепных костей*)

  lung ~ лёгочный рисунок (*на рентгенограмме*)

  powder ~ *суд. мед.* внедрение [импрегнация] порошинок (*в кожу*)

  prominent bronchial ~ усиление лёгочного рисунка

  radioactive ~ радиоактивное мечение

  vascular ~ 1. *анат.* сосудистая борозда 2. *рентг.* сосудистая тень 3. сосудистые знаки (*на коже*)

marriage ['mæriʤ] брак, женитьба

  ~ of completed fertility семья, в которой жена вышла из репродуктивного возраста

  barren ~ бездетная семья

  common-law ~ гражданский [консенсуальный, фактический] брак

  companionate ~ брак, с соглашением о количестве детей и условиях развода

consanguineous ~ кровосмесительный [близкородственный, консексуальный] брак

consensual ~ *см.* **common-law** ~

cross ~ *см.* **heterogeneous** ~

delayed ~ отсроченный [поздний] брак

disgenic ~ брак, нежелательный с точки зрения обеспечения здорового потомства

heterogeneous ~ смешанный брак (*между представителями различных рас, национальностей, племён*)

homogeneous ~ несмешанный брак (*между представителями одной расы, национальности, племени*)

infertile ~ инфертильный [бездетный] брак

interethnic ~ брак между представителями различных этнических групп, межэтнический брак

interracial ~ брак между представителями различных рас

mixed ~ *см.* **heterogeneous** ~

prohibited ~ запрещённый брак (*среди родственников I–II степени*)

sterile ~ физиологически стерильный [бесплодный] брак

teen-age ~ брак лиц, не достигших 18 лет

marrow ['mærəʊ] **1.** костный мозг **2.** желатиноподобное вещество, напоминающее костный мозг **3.** сущность

"back-up" ~ костно-мозговой вспомогательный трансплантат (*пересаживаемый аутологичный костный мозг, не обработанный аутоантителами*)

depressed ~ костный мозг с пониженной гемопоэтической активностью

hair ~ сердцевина волоса

spinal ~ спинной мозг

stored ~ консервированный костный мозг

yellow ~ жёлтый костный мозг

marrowy ['mæ'rəʊi] **1.** костномозговой **2.** сильный, крепкий

marshmallow ['maːʃˌmeləʊ] алтей лекарственный (*Althaea officinalis*)

marsupialization [maːˌsuːpiːəliˈzeɪʃən] *хир.* марсупиализация (*подшивание стенки вскрытой кисты к краям раны с образованием полости для тампонады и дренирования*)

marsupium [maːˈsuːpiːəm] мошонка

martensite ['maːtnˌzait]:

thermoelastic ~ термоэластичный мартенсит (*нестабильная фаза кристаллической решётки сплава, служащего для изготовления различных имплантатов; по имени автора Martens*)

Martindale ['maːtinˌdeil] *фирм.* Мартиндейл (*информация о фармакологических и токсических свойствах лекарственных препаратов, производимых в США, Канаде, Мексике и Западной Европе*)

maschaladenitis [ˌmæskələdeˈnaitis] гидраденит (*воспаление апокринных потовых желёз*)

maschale ['mæskəliː] подмышечная [подкрыльцовая] ямка

maschalephidrosis [ˌmæskələæpaiˈdrəʊsəs] потоотделение в подмышечных ямках

maschaloncus [ˌmæskələˈlɒŋkəs] опухоль в подмышечной ямке

masculinity [ˌmæskjʊˈliniːtiː] вирилизм, маскулинизм (*мужские черты у женщин*)

masculinization [ˌmæskjʊˌliniˈzeiʃən] вирилизация, маскулинизация (*появление мужских черт у женщины*)

masculinoma [ˌmæskjʊliˈnəʊmə] арренобластома, андробластома, маскулинома (*опухоль яичника, имеющая структурные компоненты яичка*)

maser ['meizə] мазер (*микроволновой квантовый генератор*)

ruby ~ рубиновый мазер

mask [mæsk] **1.** *хир.* маска; слепок лица **2.** изменение выражения лица при различных заболеваниях

~ **of oxygen** кислородная маска

~ **of pregnancy** хлоазма [маска] беременных, меланодермия (*гиперпигментация кожи беременных*)

anesthetic ~ наркозная маска

constant [continuous] flow oxygen ~ кислородная маска открытого типа с непрерывной подачей кислорода

death ~ посмертная маска

demand oxygen ~ герметическая маска наркозного аппарата системы «лёгочный автомат»

ecchymotic ~ цианотическая [экхимотическая] маска

face ~ лицевая маска (*напр. для дачи кислорода*)

gas ~ *см.* **protective** ~

half-face ~ полумаска (*закрывающая половину лица*)

Hutchinson's ~ Гетчинсона маска (*поражение лица при спинной сухотке*)

luetic ~ пигментация лица при третичном сифилисе

nasal ~ носовая маска

non-rebreathing ~ маска с нереверсивным клапаном

Parkinson's ~ Паркинсона маска (*при дрожательном параличе*)

pocket ~ «рот – маска» с клапаном в контейнере (*для ИВЛ*)

protective ~ противогаз, респиратор

uterine ~ *см.* ~ **of pregnancy**

masked [mæskd] скрытый, латентный, невидимый, бессимптомный, маскированный

masking ['mæskiŋ] маскировка (*напр. звука при исследовании слуха*)

masochism ['mæsəʊˌkizəm] мазохизм (*по имени Леопольда Захер-Мазоха*), альголагния, альгомания

masochist ['mæsəʊkist] мазохист (*пассивная сторона в акте мазохизма*)

masquerading [ˌmæskəˈreidiŋ] маскирующийся, симулирующий

mass [mæs], *pl.* **massae** ['mæsiː], *лат.* **massa** ['mæsə] **1.** масса (*напр. тела*), вес **2.** груда; множество; сосредоточение; большая часть **3.** объёмное образование

~ **of adhesions** спаечный конгломерат

abdominal ~ объёмное образование в брюшной полости

cauliflowerlike ~ опухолевидное разрастание, подобное цветной капусте

caval ~**es** объёмное образование, охватывающее полую вену

cell ~ *эмбр.* клеточная масса

expanding ~ распространяющееся на соседние органы новообразование, прорастающая опухоль

extraluminal ~ внепросветное объёмное образование

fecal ~**es** экскременты, каловые массы

fibrous ~ фиброзное разрастание

filar ~ *гемат.* базофильная сеточка

flopping ~ подвижное образование; блуждающий орган

friable lobulated ~ дольчатое рыхлое образование

granulomatous ~ гранулёматозная опухоль, гранулёма

inflammatory ~ воспалительная опухоль

interfilar ~ гиалоплазма, основная цитоплазма, цитоплазматический матрикс

large muscle ~es мышечный массив

mediastinal ~es новообразование средостения

midabdominal ~ объёмное образование в среднем отделе живота

nodular lung ~ узловое образование в лёгком

ovarian ~s объёмное образование яичника

peak bone ~ пиковая масса костной ткани

pedunculated ~ опухоль на ножке

pelvic ~ опухолевидное образование в малом тазу

periappendiceal ~ аппендикулярный [периаппендикулярный] инфильтрат

pilular ~ пилюльная масса

red blood ~ общая масса эритроцитов

scybalous ~ *см.* **fecal ~es**

small ~ 1. мелкая частица 2. малое количество *(вещества)*

soft tissue ~ мягкотканное образование

space occupying ~es объёмное образование

Stent's ~ *стом.* Стента оттискная масса

suspicious ~ подозрение на новообразование

tigroid ~ базофильное [тигроидное] вещество, Ниссля [хроматофильные глыбки] зернистость

tubular ~ трубчатое выпячивание *(о выпадении прямой кишки)*

well-circumscribed ~ круглое образование с чёткими контурами

massacre ['mæsəkə] 1. резня; избиение; «мясорубка» || устраивать резню 2. массовое убийство

massage [mə'sa:ʒ] массаж || делать массаж, массировать

air ~ пневмомассаж

closed-chest cardiac ~ непрямой [закрытый, наружный] массаж сердца

douche ~ душ-массаж; гидромассаж

healing ~ лечебный массаж

open-chest cardiac ~ прямой [открытый] массаж сердца

performing carotid ~ проведение массажа сонных артерий

vibratory ~ вибрационный массаж

masseter [mə'si:tə] жевательная мышца

masseter-reflex [mə'si:tə-'ri:ˌfleks] мандибулярный рефлекс

masseur [mæ'sə:] 1. массажист 2. массажёр *(инструмент)*

masseuse [mə'su:z] *фр.* массажистка

massive ['mæsiv] массивный *(напр. о кровотечении)*; обширный *(напр. ожог)*

massotherapy [ˌmæsəʊ'θerəpi] лечебный массаж

mass-spectrometry [ˌmæs-spek'trɒmətri] масс-спектрометрия

mastaden ['mæstədən] молочная железа

mastadenitis [ˌmæstædə'naitis] мастит

mastalgia [ˌmæs'tældʒiə] мастодиния, масталгия

mastauxe [ˌmæs'tɔ:ksi] гипертрофия молочных желёз

mastectomy [mæs'tektəmi] экстирпация [ампутация] молочной железы

"bloodless" ~ бескровная мастэктомия

complete ~ радикальная мастэктомия

conservative radical ~ умеренная радикальная мастэктомия, Патея операция

extended radical ~ расширенная радикальная мастэктомия *(вместе с грудными мышцами, подмышечными и внутренними лимфатическими узлами)*

partial ~ секторальная [частичная] резекция молочной железы

radical ~ *см.* **complete** ~

segmental ~ сегментарная [секторальная] резекция молочной железы

simple ~ with axillary sampling простая мастэктомия с иссечением подмышечных лимфоузлов

subcutaneous ~ подкожная мастэктомия *(с сохранением кожи, соска и ареолы)*

master ['mæstə] 1. владелец || владеть; обладать правами; осуществлять контроль 2. глава, руководитель 3. магистр *(квалификационная степень в системе высшего профессионального образования)* 4. мастер, квалифицированный специалист 5. главный *(о выборке)*

~ **of community health** магистр здравоохранения

~ **of plastic and reconstructive surgery** магистр пластической и реконструктивной хирургии

~ **of surgery** магистр хирургии

master-class ['mæstə-'klæs] мастер-класс *(обучающий семинар, проводимый ведущим специалистом)*

~ **in oncology** мастер-класс по клинической онкологии

mastery ['ma:stəri] 1. господство, власть 2. мастерство, совершенное владение 3. *психол.* совладание

masthelcosis [ˌmæsthel'kəʊsis] изъязвление молочной железы

mastication [ˌmæsti'keiʃən] жевание, разжёвывание *(пищи)*

difficult ~ затруднённое жевание

masticatory [ˌmæstikə'tɔ:ri] жевательный *(напр. о мышце)*

mastigote ['mæstiˌgəʊt] жгутиковое *(представитель жгутиковых простейших)*

mastitis [mæ'staitis] мастит

~ **neonatorum** мастит новорождённых

chronic cystic ~ фиброзно-кистозная мастопатия

comedo ~ угревидный мастит

gargantuan ~ мастит, сопровождающийся увеличением молочной железы

granulomatous lobular ~ грануломатозный мастит доли молочной железы

plasma cell ~ перидуктальный [плазмоцитарный] мастит

puerperal ~ послеродовой [лактационный пуэрперальный] мастит

retromammary ~ ретромаммарный абсцесс, ретромаммарная флегмона

stagnation ~ застойный мастит

submammary ~ *см.* **retromammary** ~

mastocyte ['mæstəʊsait] лаброцит, тучная клетка, Эрлиха клетка

mastocytoma [ˌmæstəʊsai'təʊmə] мастоцитома

mastocytosis [ˌmæstəʊsai'təʊsis] мастоцитоз *(пролиферация лаброцитов в кроветворных органах)*

systemic ~ системный мастоцитоз

mastodynia [ˌmæstəʊˈdiniːə] мастодиния, масталгия

mastoid [ˈmæsˌtɔid] сосцевидный отросток || сосцевидный

mastoidalgia [ˌmæstɔidˈælʤiə] боль в сосцевидной области

mastoidectomy [ˌmæstɔidˈektəmiː] мастоидэктомия (*удаление воздухоносных ячеек сосцевидного отростка*)

mastoideocentesis [ˌmæstɔiˌdiːəʊsenˈtiːsis] *ото.* антропункция (*прокол пещеры сосцевидного отростка*)

mastoiditis [ˌmæstɔiˈdaitis] мастоидит

Bezold's ~ *ото.* Бецольда мастоидит (*форма верхушечно-шейного мастоидита*)

sclerosing ~ склерозирующий мастоидит

mastoidotomy [ˌmæstɔiˈdɒtəmiː] мастоидотомия, трепанация сосцевидного отростка, Швартце операция

mastology [mæsˈtɒləʤiː] 1. маммалогия (*учение о молочной железе*) 2. болезни грудной [молочной] железы

mastomenia [ˌmæstəʊˈminiːə] викарное кровотечение из молочных желёз

mastoncus [mæsˈtɒŋkəs] опухоль молочной железы

mastoparietal [ˌmæstəʊpəˈraiətəl] относящийся к сосцевидному отростку теменной кости

mastopathy [mæˈstɒpəθiː] 1. совокупность болезней молочной железы 2. мастопатия

mastopexy [ˈmæstəʊpeksiː] коррекция и фиксация отвислой молочной железы

mastoplasia [ˌmæstəʊˈpleiʒə] гипертрофия молочной железы

mastoptosis [ˌmæstɒpˈtəʊsis] мастоптоз (*отвисшая молочная железа*)

mastorrhagia [ˌmæstəʊˈreiʤiə] выделение крови из молочной железы

mastoscirrhus [ˌmæstəʊˈskirəs] фиброзный рак, или скирр, молочной железы

mastosis [mæsˈtəʊsis] *см.* **mastoplasia**

mastosyrinx [ˌmæstəʊˈsiriŋks] свищ молочной железы

mastotomy [mæˈstɒtəmiː] разрез молочной железы

MAST-suit [ˈmæst-ˈsjuːt] (**military anti-shock trousers**) противошоковые брюки

masturbation [ˌmæstəˈbeiʃən] онанизм, мастурбация

match [mætʃ] 1. особь или вещь, подходящая под пару; соответствие || подходить; соответствовать 2. совместимость (*напр. по группам крови*) 3. брак

to make a ~ женить; выдавать замуж

complete ~ полная [абсолютная] совместимость

matched [mætʃt] уравненный; сопоставимый, подобранный

matching [ˈmætʃiŋ] 1. выборка (*формирование изучаемой и контрольной групп в исследовании*) 2. подбор, проба (*напр. на совместимость*), перекрёстное титрование

~ of blood подбор по группам крови (*донора и реципиента*); определение группы крови

cross [donor-recipient] ~ перекрёстная проба донора и реципиента (*на совместимость, напр., крови*)

histocompatibility ~ подбор (*донора и реципиента*) по тканевой совместимости

HLA ~ HLA-типирование, определение главного комплекса гистосовместимости (*антигена лейкоцитов*)

tissue ~ *см.* **histocompatibility** ~

ventilation-perfusion ~ соответствие между вентиляцией и перфузией

mate [meit] 1. половой [брачный] партнёр; самец; самка 2. один из пары сопряжённых органов 3. побочный [сопутствующий] продукт

bulkier ~ наполнитель медикамента (*стабилизатор, ароматизатор, консервант и пр.*)

mater [ˈmeitə]:

dura ~ *лат.* твёрдая мозговая оболочка

pia ~ *лат.* мягкая мозговая оболочка

materia [məˈtiːriːə], *pl.* **materies** [məˈtiːriːəs] вещество, материал

~ **medica** лекарственные вещества

~ **morbi**, ~ **peccans** болезнетворный [патогенный] агент

material [məˈtiəriəl] 1. материал; вещество 2. *sl.* наркотики

active ~ радиоактивное вещество

attenuating ~ материал, ослабляющий излучение

autopsy ~ *см.* **necropsy** ~

bandaging ~ *см.* **dressing** ~

biological ~ биологический материал (*ткань, кровь*)

biuret reactive ~s реактивы для биуретовой реакции

breeding ~ селекционный материал

cap ~ комплекс поверхностных иммуноглобулинов с лигандом, КЭП-комплекс

carcinogenic ~ канцерогенное вещество

"coffee-ground" ~ «кофейная» гуща (*о рвоте*)

cohesive ~ вяжущее (*вещество*), вяжущее средство

coloring ~ краситель, красящее вещество

composite ~ композиционный [сложный, составной] материал

compounding ~ ингредиент, составная часть (*смеси*)

contaminating ~ загрязняющий [заражающий] материал

contrast ~ контрастное вещество

cross-reactive ~ перекрёстно-реагирующие антигены

dressing ~ перевязочный материал

enzyme reference ~ эталонный ферментный субстрат

extraneous ~ постороннее вещество

filler [filling] ~ пломбировочный материал

foreign ~ 1. инородный материал 2. чужеродный объект (*напр. паразиты, новообразование*)

gastric ~ желудочное содержимое

genetic ~ генофонд, генетический фонд

Golgi ~ пластинчатый комплекс, Гольджи аппарат

impression ~ *стом.* оттискной [слепочный] материал

inoculative ~ прививочный материал; заражающий материал

isotopically labelled ~ вещество, меченное радиоактивными атомами

jellylike ~ желеобразная масса

liquefied ~ **of lens** разжиженное вещество хрусталика

long-half-life ~ (радиоактивное) вещество с большим периодом полураспада

mineralised disk ~ субстрат минерализованного диска

necropsy ~ секционный материал (*полученный при вскрытии трупа*)

nutrient ~s пищевые вещества, нутриенты

organic waste ~s органические отходы

radioactive tracer ~ радиоактивный индикатор

radiolucent ~ рентгенопрозрачный материал

radio-opaque ~ рентгеноконтрастное вещество

sampling ~ материал для испытания, проба

shape memory ~ материалы с памятью формы

soft denture lining ~ мягкий прокладочный базисный материал зубного протеза

starting ~ исходное сырьё (в фармацевтической промышленности)

stitch ~ шовный материал

surface-active ~ хим. поверхностно-активное вещество, сурфактант

target ~ 1. орган-мишень 2. облучаемый материал, или объект

toxic ~ токсическое вещество, токсикант

transparent ~ прозрачный материал

thyroglobulin reference ~ стандартные принадлежности для определения тироглобулина

vital ~s жизненно-важные соединения

X-ray protection ~ рентгенозащитный материал

maternal [mə'tɜ:nəl] материнский, относящийся к матери

maternity [mə'tɜ:niti:] 1. материнство 2. беременность 3. родильный дом, родильное отделение

illegitimate ~ появление незаконнорождённого ребёнка

maternity-home [mə'tɜ:niti:-'həum] родильный дом, роддом

mating ['meitiŋ] скрещивание, спаривание; копуляция; выбор партнёра

incestuous ~ инцестный [кровосмесительный] брак

random ~ случайное спаривание; случайное скрещивание

sibs ~ скрещивание сибсов

matrass ['mætrəs] плоская колба, флакон (напр. для культивирования клеток)

matrices ['meitri,si:z] pl. от **matrix**

EEG ~ матрицы [маркёры, типы] электроэнцефалографических волн

matrilineal [,mætri'lini:əl] прослеживаемый [передаваемый] по женской линии (о наследственном признаке)

matrimony ['mætriməni] супружество, брак

matrix ['meitriks], pl. **matrices** ['meitrisi:z] 1. матрица (1. формообразующая основа ткани 2. устройство специфической формы для удержания и формирования материала при пломбировании зубов) 2. основа, скелет 3. матрикс (основное вещество цитоплазмы клетки)

~ **unguis** лат. ногтевое ложе

basic perinatal ~ базовая перинатальная матрица (разработанная С. Грофом концепция переживаний плода, борющегося за своё рождение)

bioactive ~ 1. гист. биоматрикс 2. биоматрица

blotting ~ матрица для блоттинга

calcified ~ **of bone** кальцифицированный матрикс кости

cell ~ пластинчатый комплекс, аппарат Гольджи, эндоплазматический ретикулум

cholesteatoma ~ оболочка холестеатомы

cholesterol gallstone ~ матрикс холестеринового жёлчного камня

cytoplasmic ~ цитоплазматический матрикс (структурный каркас цитоплазмы)

enamel ~ стом. матрица эмалевой призмы

extracellular ~ экстрацеллюлярный матрикс, межклеточное вещество (поддерживающая среда для клеток)

fluid ~ жидкая основа (организма)

membranous bone ~ эмбр. соединительная ткань в качестве основы развития костей

mitochondrial ~ митохондриальный матрикс

nuclear ~ ядерный матрикс, или каркас

projection ~ таблица прогнозируемой численности населения

wax ~ восковая матрица

matrixitis [,mætri'ksaitis] воспаление ногтевого ложа

matron ['meitrən] 1. главная медицинская сестра 2. сестра-хозяйка (больницы)

matter ['mætə] 1. вещество; предмет; объект, материя 2. гной 3. сущность, содержание

agglutinating ~ агглютинин, агглютинирующее вещество

contagious ~ возбудитель инфекции, инфект

detrital ~ детрит

extraneous ~ см. **foreign** ~

fecal ~ фекалии, экскременты, каловые массы, кал

fecal organic ~ органическое вещество фекалий

flavoring ~ вкусовое вещество, вкусовая основа

foreign ~ постороннее вещество (напр. в стерильных растворах), примесь

gray ~ серое вещество (головного или спинного мозга)

health ~s вопросы здравоохранения

infectious ~ возбудитель инфекции, заразное начало, инфект

medical ~s проблема медицины

particulate ~ твёрдые частицы (в воздухе); частички вещества

periventricular white ~ перивентрикулярное [околожелудочковое] белое вещество (головного мозга)

purulent ~ гнойное отделяемое

radiant ~ радиоактивное вещество

sebaceous ~ секрет [вещество] сальных желёз

suspended particulate ~ взвешенные частицы

total dry ~ сухой остаток

vomiting ~s рвотные массы

waste ~ отходы, отбросы

matter-of-fact ['mætər-əv-fækt] реальная действительность; не вызывающее сомнений обстоятельство

mattery ['mætəri:] гнойный

mattoid ['mætɒid] сумасброд

mattress ['mætris] матрац

~ **for preventing pressure sores** противопролежневый матрац

air ~ надувной матрац

porta-warm ~ матрац-грелка

maturation [,mætjuə'reiʃən] 1. созревание, достижение полного развития 2. цитол. мейоз 3. нагноение

~ **of bioethics** становление биоэтики

~ **of ovum** созревание яйцеклетки

adrenal ~ преждевременное созревание, вызванное гиперфункцией коры надпочечников

affinity ~ аффинное созревание *(антител)*

sexual ~ половое созревание, половое развитие

mature [məˈtjʊə] **1.** созревать ‖ созревший, зрелый, развившийся **2.** доношенный *(о новорождённом)*

maturity [məˈtjʊəriti] **1.** зрелость *(организма)*; период зрелости; завершённость *(развития)* **2.** половая зрелость; возмужалость; зрелый возраст

delayed ~ замедленное наступление зрелости

fetal ~ зрелость плода

infant ~ доношенный новорождённый

intellectual ~ интеллектуальная зрелость

mental ~ психическая зрелость

physical [sexual] ~ половая зрелость, половозрелость

skeletal ~ полное развитие скелета

social ~ социальное взросление, или становление, социальная зрелость

maturity-onset [məˈtjʊəriti-ˈɒnset] начало в зрелом возрасте, позднее начало *(напр. диабета)*

maul [mɔːl] жестоко обращаться *(избивать, калечить)*

maxilla [mækˈsilə], *pl.* **maxilae** [mækˈsiliː] верхняя челюсть; *эмбр.* челюсть

maxillary [ˌmæksiˈleri] верхнечелюстной

maxillectomy [ˌmæksəˈlektəmi] резекция верхней челюсти

maxillitis [ˌmæksiˈlaitis] гайморит, верхнечелюстной синусит

maxillofacial [ˌmækˌsiləʊˈfeiʃəl] челюстно-лицевой

maxima [ˈmæksimə] **1.** правила поведения, принципы **2.** афоризм

maximum [ˈmæksiməm]:

peak ~ максимум (спектрального) пика

maxwell [ˈmækswəl] максвелл *(единица магнитного потока)*

maybush [ˈmeibʊʃ] боярышник колючий *(Crataegus oxy acantha)*

mayhem [ˈmeihəm] **1.** нанесение увечья, насилие **2.** разрушение, катастрофа

mayidism [ˈmeiidizm] пеллагра

maza [ˈmeizə] *уст.* плацента, детское место

mazalgia [ˌmeiˈzældʒiə] *см.* **mazodynia**

maze [meiz] лабиринт

entrance [radiation] ~ (входной) лабиринт в помещении для лучевой терапии

mazes [ˈmeizəs] «лабиринт» *(тест)*

mazocacothesis [ˌmeizəʊkəkəʊˈθiːsis] предлежание плаценты

mazodynia [ˌmeizəʊˈdiːniə] мастодиния, масталгия, Купера болезнь

mazoitis [meizəʊˈaitis] мастит

mazolysis [ˌmeizəˈliːsis] отслойка [отделение] плаценты

mazopathy [ˌmeiˈzɒpræθi] мастопатия

mazopexy [ˌmeizəʊˈpeksi] коррекция и фиксация отвисшей молочной железы

me [miː]:

psychological ~ психологическое «Я»

meagre [ˈmiːgə] тощий, худой

meal [miːl] приём пищи, еда, пища ◊ **to be taken after or before ~s** принимать после или до еды *(о лекарственном средстве)*

to have four ~s a day приём пищи четыре раза в день

barium ~ *рентг.* **1.** бариевая взвесь **2.** приём бариевой взвеси

blood ~ порция крови, насасываемая паразитом при укусе

first ~s начало питания *(у новорождённого)*

liquid test ~ жидкая тест-пища

opaque ~ контрастная взвесь

ordinary ~s обычные пищевые продукты

protein-rich ~ высокобелковое питание

slow ~ медленно перевариваемая пища

small ~s приём пищи малыми порциями

test ~ пробный завтрак

mealberry [ˈmiːlˌberi] толокнянка обыкновенная *(Arctostaphylos uuaursi)*

mean[1] [miːn] **1.** среднее значение; середина ‖ средний **2.** *pl.* средство; способ

~s for early detection of malignancy средство раннего выявления малигнизации

~s for immobilization способ иммобилизации

~ of subsistence средства существования

arithmetic ~ *стат.* среднее арифметическое

daily ~ среднее суточное значение

limiting ~ предельное среднее

noninvasion ~s of evaluating effusion неинвазивный метод определения выпота *(напр. в перикард)*

protective ~s of work-people средства защиты работающих

simple ~ *см.* **arithmetic** ~

single sample ~ среднее по одной выборке

weighted ~ взвешенное среднее

mean[2] [miːn] **1.** плохой, слабый ‖ чувствовать себя нездоровым **2.** бедный, убогий

meaning [ˈmiːniŋ] значение; смысл

clinical ~ of antibodies клиническая оценка роли антител *(в дифференциальной диагностике)*

measled [ˈmiːzəld] финнозный, поражённый финнозом

measles [ˈmiːzəls] корь

black ~ геморрагическая [чёрная] корь

bastard [fire, French, German] ~ (коревая) краснуха

hemorrhagic ~ геморрагическая [чёрная] корь

three-day ~ *см.* **bastard** ~

measure [ˈmeʒə] **1.** мероприятие **2.** степень; мера; показатель; критерий ‖ измерять; оценивать; определять **3.** дозировать

~ of cholesterol biosynthesis показатель биосинтеза холестерина

accurate ~ точный показатель или критерий

apothecaries' ~s *уст.* аптекарские меры веса и объёма

assessment ~s количественные критерии

clinical ~s of brain injury клиническая оценка церебральных поражений

compulsory ~s принудительные меры

containment ~s противоэпидемические мероприятия, меры борьбы с инфекционными болезнями

contraceptive ~ **1.** метод регулирования рождаемости **2.** *pl.* предохранительные [противозачаточные] меры

dependency ~ показатель иждивенчества

direct ~ прямая [непосредственная] оценка

emergency control ~s экстренные меры по борьбе *(напр. с инфекцией)*

endoscopic ~ эндоскопическая процедура

follow-up ~s последующие мероприятия

forced ~s of education influence принудительные меры воспитательного характера

functional independence ~ шкала функциональной независимости мышц *(при ДЦП)*

intellectual ~ показатель [мера] интеллекта, критерий умственного развития

long-term ~s продолжительные меры

medicine ~ дозатор для медикаментов

operative ~ оперативное вмешательство, хирургическая помощь

perceptual ~ критерий восприятия

performance ~ показатель работоспособности

personality ~ показатель индивидуальных качеств

precautionary ~s меры предосторожности, меры защиты

preventive ~s профилактические меры, профилактика

reference ~ исходное [контрольное] измерение

remedial ~ лечебное мероприятие

remote ~ дистанционное измерение, телеметрия

sanitary [sanitation] ~ санитарно-профилактическое мероприятие

sensitive ~ чувствительный тест; точная оценка *(напр. показателя фертильности)*

therapy outcome ~ оценка результатов лечения

measurement ['mezəmənt] **1.** измерение, титрование; замер **2.** размер, параметр, количественный показатель **3.** титрование *(напр. сыворотки)*

~ **of gastroesophageal reflux** определение выраженности желудочно-пищеводного рефлюкса

~ **of intelligence** определение интеллектуальности

~ **of urinary histamine** определение содержания гистамина в моче

anthropomorphic ~ антропометрическое измерение

malaria ~ оценка заболеваемости малярией

multi-site ~s измерение со многих участков *(напр. о денситометрии)*

performance ~ *физиол.* измерение работоспособности

psychological ~ психологический параметр

reference ~ *лаб.* сравнительное измерение; сравнение с эталоном

sanitary ~s санитарно-гигиенические показатели

single ~ измерение с одного участка

voice-ear ~ речевая аудиометрия, определение слышимости речи

measuring ['mezərɪŋ] **1.** измерение, обмер, замер || измерительный, мерный **2.** дозировка || дозирующий

meat [miːt] **1.** мясо || мясной **2.** мякоть *(плодов)*

egg ~ содержимое яйца

meatal [miːˈeitl] относящийся к отверстию *(канала)*

meatometry [miːˈtɒmetriː] меатометрия *(измерение диаметра отверстия)*

meatoplasty [miːˈeitəˌplæstiː] меатопластика *(восстановление отверстия канала)*

meatotomy [ˌmiːəˈtɒtəmiː] меатотомия

meatus [miːˈeitəs], *pl.* **meatus** [miːˈeitəs] *анат.* **1.** отверстие, проход **2.** канал

acoustic [auditory] ~ слуховой проход

fish-mouth ~ деформация наружного отверстия мужского мочеиспускательного канала по типу «рыбьей пасти»

nasal ~ носовой ход

ureteral ~ мочеточниковое отверстие

urinary ~ наружное отверстие мочеиспускательного канала

mechanicoreceptor [miˈkænikəʊriˈseptə] механо(ре)цептор

mechanics [miˈkæniks] **1.** механика *(кинематика, динамика, статика)* **2.** движение **3.** взаимодействие

body ~ биомеханика тела

cochlear ~ механизм функций ушного лабиринта

lung ~ внешнее дыхание, механика дыхания

orthopedic ~ ортопедическая биомеханика

pulmonary ~ *см.* **lung** ~

releasing ~ пусковой механизм

respiratory ~ *см.* **lung** ~

mechanism [ˌmekəˈnizəm] **1.** устройство **2.** процесс; движущие силы *(напр. какого-л. явления)* **3.** патогенез

~s **of disease** патогенез, процесс развития болезни

~s **of pain** патогенез боли

cell defense ~ клеточный защитный механизм

clotting ~ механизм свёртывания *(крови)*

country coordination ~ национальный координационный механизм *(по ВИЧ/СПИДу)*

defense ~s **1.** *психол.* защитные механизмы *(способы мышления, направленные на смягчение неприятных аффективных состояний и удерживающие бессознательные конфликты вне сознания)* **2.** иммунологическая защита

epigenetic ~s **of gene regulation** эпигенетическая генная регуляция

feedback ~ механизм обратной связи

host defense [host protective] ~s иммунологические защитные механизмы

incompetent urethral close ~ недостаточная замыкательная способность уретры

masticatory ~ механизм жевания

pathogenic ~ патогенез, развитие болезни

re-entrant ~ риэнтри *(обратный вход волны возбуждения из синусного узла в последний)*

pressoreceptive ~ механизм барорецепции

releasing ~ пусковой механизм

saliva ejector ~ *мед. тех.* отсасыватель слюны, слюноотсос

somatic ~ функция соматических структур и органов

splanchnic ~ функционирование внутренних структур и органов

strand displacement ~ механизм вытеснения цепи *(при репликации ДНК)*

underlying ~ патогенетический механизм

whiplash ~ хлыстовой механизм *(перелома шейного позвонка)*

mechanoreceptor [miˈkænəʊriˈseptə] механорецептор *(участвует в восприятии прикосновения, давления, вибрации, растяжения)*

mechanotherapy [mi͵kænəʊˈθerəpi:] механотерапия

mecism [ˈmi:sizm] гигантизм (какого-л. органа)

meckelectomy [͵mekəlˈektəmi:] иссечение дивертикула Меккеля

mecometer [miˈkɒmətə] ростомер для новорождённых

meconiorrhea [me͵kəʊniəʊˈri:ə] избыточное выделение мекония

meconism [ˈmi:kəʊnizəm] опиомания, меконизм, опийная наркомания

meconium [miˈkəʊni:əm] 1. меконий, первородный кал 2. опий

medecin [ˈmedisin] фр. врач

Medecins [ˈmedisins]:

~ **Du Monde** фр. «Врачи мира»

~ **Sans Frontieres** фр. «Врачи без границ» (международная общественная организация, созданная по инициативе американского кардиолога Лауна и российского Чазова)

media [ˈmi:di:ə] pl. от **medium**

audiovisual ~ аудиовизуальные средства

embedding ~ средства [среда] для заливки [заделки] гистологических препаратов

mass ~ средства массовой информации, СМИ

medial [ˈmi:di:əl] 1. средний 2. медиальный, расположенный ближе к центру

median [ˈmi:di:ən] 1. стат. средний (напр. о величинах) 2. медианный, срединный, центральный (напр. о расположении) 3. медиана (ряд ранжированных, упорядоченных величин)

mediastinal [͵mi:di:əˈstainəl] медиастинальный (относящийся к средостению)

mediastinitis [͵mi:di͵æstiˈnaitis] медиастинит

persistent ~ хронический медиастинит

mediastinography [͵mi:di͵æstiˈnɒgrəfi:] рентг. медиастинография

gaseous ~ газовая медиастинография, пневмомедиастинография

mediastinoscopy [͵mi:di͵æstiˈnɒskəpi:] медиастиноскопия

mediastinotomy [͵mi:di͵æstiˈnɒtəmi:] медиастинотомия

mediastinum [͵mi:di:əˈstainəm] средостение

~ **testis** средостение яичка

mediated [͵mi:di:ˈeitid]:

hormone ~ опосредованный через гормон

immune ~ иммуноопосредованный, иммунообусловленный, иммуноассоциированный

mediation [͵mi:di:ˈeiʃən] 1. посредничество 2. медиация; опосредование 3. конфликтная комиссия

~ **of cellular immunity** медиация клеточного иммунитета

family ~ посредничество при решении семейных проблем (развод, алименты, опека над детьми)

mediator [͵mi:di:ˈeitə] 1. посредник, переносчик 2. (нейро)медиатор, (нейро)трансмиттер, реактант (1. вещество-проводник нервных импульсов 2. гормон или фермент, активирующий специфическую ткань 3. вещество, выделяемое клетками при воздействии на них антигенов)

~**s of inflammation** медиаторы воспаления (напр. тучные клетки)

~ **of tumor cytostasis** медиатор цитостаза опухоли

inhibition ~ тормозной медиатор

major ~ основной медиатор

medical ~**s** химический посредник

supressive ~ фактор супрессии (иммунного ответа)

synaptic ~ синаптический медиатор

medicable [ˈmedikəbəl] излечимый, поддающийся лечению

Medicaid [ˈmedi͵keid] «Медикэйд» (федеральная программа страхования по болезни и обеспечению бесплатной или льготной медицинской помощью неимущих, США)

medical [ˈmedikəl] 1. медицинский, лечебный; врачебный 2. лекарственный, медикаментозный; относящийся к консервативному лечению 3. терапевтический

medical-political [ˈmedikəl-pəˈlitikəl] медико-социальный

Medicare [ˈmedi͵kɛə] «Медикэр» (федеральная программа страхования по болезни и обеспечения бесплатной медицинской помощью инвалидов и всех лиц 65 лет и старше, США)

medicate [ˈmedi͵keit] 1. лечить лекарственным средством 2. пропитывать или насыщать лекарством

medicated [ˈmedi͵keitid] содержащий лекарственное средство (напр. о повязке)

medication [͵mediˈkeiʃən] 1. лекарственная терапия, медикаментозное лечение 2. лекарственное средство, лекарственный препарат, медикамент 3. назначение; введение 4. пропитывание медикаментом

adjuvant ~ **for dissolution of gallstone fragment** дополнительное лечение растворением жёлчных камней (после литотрипсии)

antianxiety ~**s** анксиолитические [противотревожные] средства, анксиолитики

antihypertensive ~ гипотензивное средство

antipsychotic ~ антипсихотический препарат, нейролептик

antispasmodic ~ 1. спазмолитик 2. антиспастическая терапия

beta-adrenergic ~ бета-адренергический блокатор, β-адреноблокатор

cardiovascular ~ 1. кардиология 2. сердечно-сосудистые препараты

cold ~**s** лекарственные средства от простуды

combined ~ комплексная лекарственная терапия

discontinue ~ отмена лечения, отмена лекарственных средств

dummy ~ применение плацебо

endermic ~ лечение внутрикожным введением лекарств

faulty ~ неадекватное [недостаточное] лечение

force ~ принудительное [насильное] лечение

inhaled asthma ~**s** ингаляционные препараты для лечения бронхиальной астмы

inoffensive ~ безвредное лекарство

internal ~ внутренние болезни

intravenous ~ внутривенное введение лекарственного средства

ionic ~ лекарственный электрофорез, ион(т)офорез

nonsteroidal inflammatory ~**s** нестероидные противовоспалительные средства

OTC [over-the-counter] ~**s** безрецептурные лекарственные средства

MED

patent ~s патентованные лекарственные препараты *(фирменные названия)*

pediatric ~s **1.** детская фармакология **2.** медикаментозное лечение детей

preanesthetic ~ премедикация

preoperative ~ предоперационная медикаментозная подготовка

preventive ~ профилактическое введение лекарственного средства

primary care ~ общая медицинская практика

psychotherapeutic [psychotropic] ~ **1.** психотропные средства **2.** применение психотропных препаратов

regenerative ~ регенеративная медицина *(восстановление поражённых тканей с помощью стволовых клеток)*

substitutive ~ заместительная терапия

topic ~s лекарственные средства местного действия *(мази, примочки)*

medicative [ˌmedɪˈkeɪtɪv] лечебный, целебный

medicator [ˌmedɪˈkeɪtə] хирургический инструмент для введения лекарственного средства глубоко в ткани; аппликатор

medicinal [məˈdisinəl] **1.** медицинский **2.** лекарственный, целебный

medicine [ˈmedisin] **1.** медицина **2.** терапия, консервативное лечение ‖ лечить **3.** лекарственное средство, медикамент ‖ применять лекарственное средство

~ **and duty** лечение без освобождения от исполнения служебных обязанностей

acute [acute care] ~ неотложная [экстренная] помощь; реанимация

addiction ~ наркологическая медицина *(США)*

administrative ~ **1.** орган управления здравоохранением **2.** администрация лечебно-профилактического учреждения

adolescent ~ подростковая медицина *(в Англии от 13 до 21 года, в США от 11 до 19 лет)*

aerospace ~ космическая медицина

air [aviation] ~ авиационная медицина

allopathic ~ лечебное дело; общепринятая [традиционная, научная] медицина*

alternative ~ альтернативная [народная, восточная, традиционная] медицина *(охватывает акупунктуру, хиропрактику, гомео- и остеопатию, фитотерапию и пр.)*

anatomical ~ патологическая анатомия

animal ~s лекарственные препараты для животных

anti-aging ~ **1.** гериатрия *(лечение больных пожилого и старческого возраста)* **2.** лекарственные препараты, применяемые в гериатрической практике

automotive ~ медицина автодорожных происшествий

---

* В США 127 аллопатических школ АМ и 15 школ остеопатии, готовящих врачей. В США и Европе аллопатической называют не научную [ортодоксальную] медицину, а медицину, основанную на акупунктуре, фитотерапии и др. методах — восточной, народной или традиционной. Иное дело в России, где вышеуказанные методы используют относительно недавно, альтернативно, традиционной для нас является научная, или официальная медицина.

battle-field ~ военно-полевая медицина

behavioral ~ поведенческая [бихевиоральная] медицина

botanical ~ лечение травами, фитотерапия

cardiovascular ~ **1.** кардиология **2.** сердечно-сосудистые препараты

clinical ~ клиническая медицина *(1. обследование и лечение больных в клинических условиях 2. последние годы обучения в медицинском вузе)*

clinical cancer ~ клиническая онкология

clinical laser ~ клиническое применение лазера, лазеротерапия

community ~ **1.** общинная медицина; общественная медицина **2.** коммунальная медицина

comparative ~ феноменологический подход в медицине *(ко всем заболеваниям)*

compensation ~ **1.** реабилитационная медицина **2.** способы и препараты, применяемые при реабилитации

complementary ~ **1.** дополнительные методы лечения **2.** *см.* **alternative** ~

complex ~ **1.** сложное лекарственное средство **2.** комплексное лечение

composing ~ успокоительное средство

compound ~ многокомпонентный лекарственный препарат

comprehensive ~ всеобъемлющая медицина

contemporary ~ современная медицина

critical care ~ **1.** реаниматология **2.** реанимация; лечение критических состояний

cutaneous ~ **1.** дерматология **2.** лечение кожных болезней

defensive ~ диагностические или терапевтические мероприятия, проводимые с целью профилактики врачебных ошибок

developmental ~ эволюционная медицина *(медицина развивающегося организма)*

disaster ~ медицина катастроф и чрезвычайных ситуаций

domestic ~ домашнее лечение; самолечение

dosimetric ~ этиологическое и патогенетическое лечение с точным дозированием лекарственных средств

eclectic ~ *ист.* схоластическая медицина

emergency ~ **1.** экстренная [неотложная] медицинская помощь **2.** неотложная медицина *(острые хирургические и терапевтические болезни, механические повреждения, отравления и пр.)*

endemic ~ краевая патология

energy ~ энергетическая медицина

environmental ~ **1.** гигиена окружающей среды **2.** влияние факторов окружающей среды на человека

esthetic ~ эстетическая медицина *(коррекция фигуры, косметологические процедуры и пр.)*

evidence based ~ доказательная медицина *(основанная на объективных методах диагностики и лечения, оцениваемых рандомизированными мультицентровыми плацебоконтролируемыми исследованиями и/или апробированных в эксперименте)*

extreme ~ *см.* **disaster** ~

family ~ семейная медицина *(диагностика и лечение болезней всех членов семьи)*

fetal ~ фетальная медицина *(изучение развития плода и профилактика его болезней)*

folk ~ народная [туземная, традиционная] медицина; *см. тж.* **allopathic ~** и **alternative ~**

forensic ~ *см.* **legal ~**

free ~ бесплатная медицина

fringe ~ *см.* **alternative ~**

general ~ 1. пропедевтика внутренних болезней 2. терапия

genetic ~ медицинская генетика *(1. раздел науки 2. культивирование аутогенных клеток)*

genitourinary ~ 1. урология 2. диагностика и лечение расстройств мочеполовой системы

geriatric ~ гериатрия *(раздел медицины о болезнях лиц пожилого и старческого возраста)*

group ~ 1. групповая врачебная практика, практика бригадного медицинского обслуживания 2. обследование и лечение с привлечением необходимых специалистов 3. методы лечения больных в группах

herbal ~ 1. лекарственные растения 2. фитотерапия, лечение травами

holistic ~ 1. общая патология 2. холистическая медицина *(всесторонний подход к оказанию медицинской помощи с учетом психосоциальных и экономических факторов)*

hospital ~ 1. больничная медицина 2. стационарное обследование и лечение

hyperbaric ~ гипербарическая медицина, гипербарическая оксигенация, ГБО

indigenous ~ *см.* **folk ~**

industrial ~ медико-санитарная служба на промышленных предприятиях; гигиена труда

insurance ~ страховая медицина

integrative ~ интегративная медицина *(объединяет лучшие концепции и методы традиционной и альтернативной медицины)*

intensive care ~ интенсивная терапия

internal ~ внутренние болезни, терапия

laboratory ~ 1. лабораторные методы исследования; лабораторное дело 2. лабораторная диагностика

learning ~ школьная гигиена

legal ~ судебная медицина

marketed ~s лекарственные препараты, имеющиеся в продаже

maternal ~ перинатальная медицина

mental ~ 1. психиатрия 2. психофармакология

military ~ военная медицина

mind-body ~ 1. психосоматическая медицина 2. лечение психосоматических заболеваний

molecular ~ молекулярная медицина

national ~ народная медицина

nature ~ *см.* **alternative ~**

nautical ~ морская медицина

neohippocratic ~ неогиппократическая медицина, неогиппократизм

neonatal ~ 1. неонатология 2. лечение новорождённых

nonscheduled ~ *см.* **the counter registered ~s**

nuclear ~ 1. ядерная [радионуклидная, радиационная] медицина, медицинская радиология 2. лучевая терапия

nutritional ~ диетика; лечебное питание

occupational ~ 1. профессиональная патология 2. диагностика и лечение профессиональных болезней

oral ~ стоматология

orthodox ~ традиционная [общепринятая, научная] медицина

orthopedic [ostheopathic] ~ 1. лечение болезней костно-суставной системы 2. мануальная медицина, мануальная терапия

outpatient ~ амбулаторное лечение

over-the-counter ~s 1. безрецептурные лекарства 2. патентованные лекарственные препараты *(фирменные названия)*

patent ~ *см.* **over-the-counter ~**

perinatal ~ перинатология *(изучение и лечение патологии плода в перинатальном периоде)*

physical ~ физиотерапия, лечение физическими методами, или факторами *(электро-, свето-, магнито-, гидро-, термотрапия, массаж и др.)*

podiatric ~ лечение заболеваний стоп

postclinical ~ реабилитация и профилактика рецидивов болезни; восстановительная медицина

postgraduate ~ постдипломное образование врачей

practice ~ врачебная деятельность

preclinical ~ 1. преклиническая медицина *(биохимия, биология, анатомия, физиология и др. науки)* 2. профилактическая медицина 3. преклиническая практика *(студентов первого-второго курсов)*

prescription ~s прописанное лекарство

preserving [preventive] ~ профилактическая [превентивная] медицина

primary ~ первичная медицинская помощь

proprietary ~s *см.* **registered ~s**

psychological ~ 1. психотерапия 2. медицинская [клиническая] психология

psychosomatic ~ психосоматическая медицина

pulmonary ~ 1. пульмонология 2. диагностика и лечение заболеваний органов дыхания

quack ~ 1. знахарство, шарлатанство 2. знахарское снадобье

radiation [radiological] ~ *см.* **nuclear ~**

rational ~ научная медицина *(основанная на фактических знаниях в отличие от эмпирической)*

registered ~s патентованные лекарственные средства

renal ~ 1. нефрология 2. обследование и лечение больных с болезнями почек

reproductive ~ репродуктивная медицина; лечение бесплодного брака

respiratory ~ *см.* **pulmonary ~**

sanitary ~ гигиена

sectarian ~ сектантская медицина

sexual ~ медицина сексуальных расстройств

ship's ~ *см.* **nautical ~**

sleep ~ 1. лечение расстройств сна, или инсомнии 2. лечение сном

social ~ 1. социальная медицина *(1. санитарно-просветительская работа 2. изучение влияния социальных условий на здоровье и возникновение болезней)* 2. государственное здравоохранение

socialized ~ **1.** государственная медицина, государственная система здравоохранения **2.** бесплатная медицинская помощь

soft ~ «мягкая» медицина *(отрасль альтернативной медицины, не использующая агрессивные методы исследования и лечения)*

state ~ *см.* **socialized** ~ 1

suggestive ~ гипнотерапия, суггестивная терапия

telephone ~ «телефон доверия», психотерапия по телефону

traditional ~ *см.* **alternative** ~

transfusion ~ **1.** трансфузиология **2.** трансфузионная терапия

tropical ~ тропическая медицина

unconventional ~ нетрадиционная медицина

unorthodox ~ *см.* **alternative** ~

vascular ~ диагностика и лечение сосудистых заболеваний

veterinary ~ ветеринария

volatile ~ летучее лекарственное средство *(напр. эфир)*

women's ~ лечение женщин; гинекология

wrong ~ неправильное лечение; ошибочное лечение

medicine-man ['medisin-mæn], **medicine-woman** ['medisin-'wʊmən] знахарь, шаман *(мужчина, женщина)*

medico ['medi,kəʊ] **1.** *разг.* врач, доктор **2.** студент-медик

~ **mediante** *лат.* через врача

medicolegal [,medikəʊ'li:gəl] судебно-медицинский

medicolegist [,medikəʊ'li:dʒist] судебный медик

medico-prophylactic ['medikəʊ-,prɒfi'læktik] лечебно-профилактический

medicopsychology [,medikəʊsai'kɒledʒi:] медицинская [клиническая] психология

Medicus ['medikəs]:

~ **Mundi Internationalis** *лат.* Международная организация по сотрудничеству в области медико-санитарной помощи

medidural ['medi,dʊrəl] относящийся к средней части твёрдой мозговой оболочки

Medigap ['medi,dæp] «Медигэп» *(дополнительное страхование здоровья за счёт личных средств)*

medimatics [,medi'mætiks] математическое моделирование в медицине

mediodorsal [,mi:di:əʊ'dɔ:səl] медиодорсальный, срединно-задний *(относящийся к срединной и дорсальной плоскостям тела)*

medionecrosis [,mi:di:əʊnə'krəʊsis] медионекроз, некроз средней оболочки артерии

mediopontine [,mi:di:əʊ'pɒn,tain] относящийся к центральной части варолиева моста

mediotarsal [,mi:di:əʊ'ta:səl] **1.** относящийся к середине предплюсны **2.** относящийся к сочленениям костей предплюсны между собой

medisect [,mi:di'sekt] *хир.* рассекать по срединной линии

medisection [,mi:di'sekʃən] *хир.* срединный разрез

meditation [,medi'teiʃən] медитация, аутогенное погружение, самогипноз

medium ['mi:di:əm], *pl.* **media** ['mi:di:ə] **1.** *микр.* питательная среда, субстрат; вещество **2.** средство, способ **3.** середина ‖ средний, умеренный **4.** условия жизни **5.** агент, фактор

acid egg ~ кислотная яичная среда

acoustic coupling ~ акустическое контактное средство *(напр. звуковой зонд)*

agar overlay ~ *бакт.* верхний слой агара, агаровое покрытие

antibiotic assay ~ питательные среды для определения эффективности антибиотиков

assay ~ испытательная среда

balanced nutrient ~ сбалансированная по составу питательная среда

basal nutrient ~ основная питательная среда

blood ~ кровяная питательная среда

broth ~ бульонная (питательная) среда

cell-free ~ бесклеточный субстрат

chemically undefined ~ субстрат [среда] неопределённого химического состава

clearing ~ просветляющее [осветляющее] средство

complete ~ питательная среда полного состава

conditioned ~ кондиционированная среда

contrast ~ *см.* **radiographic** ~

controlled ~ регулируемая среда

conventional ~ стандартная питательная среда

coolant [cooling] ~ *см.* **refrigerating** ~

counting ~ питательная среда для подсчёта микроорганизмов

culture ~ питательная [культуральная] среда, среда культивирования *(клеток, микроорганизмов)*

cystine lactose electrolyte-deficient ~ бессолевая лактозная питательная среда с цистином

deficient ~ неполноценная [недостаточная] питательная среда

defined ~ питательная среда определённого состава

dehydrated ~ сухая питательная среда

desoxycholate ~ питательная среда с дезоксихолатом натрия

dialysis ~ диализат мочи *(после центрифугирования)*

dialyzed ~ диализированная среда

dilation ~ расширяющее [дилатирующее] устройство

digest ~ питательная среда, полученная при ферментативном переваривании сырья

displacement ~ вытесняющая среда

Dorset egg ~ Дорсета яичная среда *(для культивирования микобактерий)*

double-strength ~ среда двойной концентрации

dye ~ питательная среда с красителями

Eagle's ~ Игла среда *(для культивирования клеток животных)*

egg ~ яичная питательная среда

embedding ~ заливочная среда *(при изготовлении гистологических препаратов)*

enrichment ~ обогащённая среда

fermentation ~ сбраживаемая среда

filling ~ наполняющая среда, наполнитель

gelatin ~ питательная среда с желатиной

gelified ~ гелеобразная среда

glycerol egg ~ яичная среда с глицерином

growth ~ питательная среда

Hank's ~ Хенкса среда

heterogeneous ~ неоднородная питательная среда

incubating ~ инкубационная среда

inoculated ~ засеянная среда

iodinated contrast ~ йодированное (рентгено)контрастное средство

labelled culture ~ среда с меченой культурой

liver infusion ~ питательная среда с печёночным экстрактом

Löwenstein – Jensen ~ Левенштейна – Йенсена среда для культивирования микобактерий *(рекомендована ВОЗ)*

maintenance ~ поддерживающая среда *(способствующая сохранению жизнеспособности клетки, но не росту или размножению)*

meat ~ мясная питательная среда

minimal essential ~ минимальная поддерживающая среда

mounting ~ *см.* **embedding** ~

ocular ~ внутренние структуры глаза

opaque ~ (рентгено)контрастное вещество

phosphate-buffer ~ фосфатно-буферная среда

plating ~ среда для культивирования в бактериологических чашках

potato ~ картофельная среда

radiographic [radiopaque] ~ (рентгено)контрастное вещество

recording ~ материал для записи

recovery ~ среда для восстановления *(способности микроорганизма к росту и развитию)*

refrigerating ~ охлаждающее вещество; хладагент

resuscitation ~ питательная среда для активации ослабленных штаммов бактерий

Sabourand's ~ Сабуро среда

salt ~ солевая питательная среда

selective ~ селективная [избирательная] питательная среда

serum-free ~ бессывороточная питательная среда

solid [solified] ~ твёрдая питательная среда

sugar ~ «сахарная» среда, среда с углеводами

suspending [suspension] ~ суспендиальная питательная среда, или взвесь

test ~ контрольная среда, тест-среда

thermoluminescent ~ термолюминесцентное вещество

tissue culture ~ среда для культивирования ткани

urea ~ питательная среда с мочевиной

medium-sized ['mi:di:əm-'saizd] средней величины

medlab ['med͵læb] *разг.* медицинская лаборатория

"Medline" ['med͵lain] «Медлайн» *(база данных медицинских и биомедицинских исследований, а также 80 ведущих биомедицинских журналов при Национальной медицинской библиотеке США)*

medoject [me'dɒʤekt] стерильная инъекционная игла разового применения

medulla [mi'du:lə], *pl.* **medulae** [mi'du:li] 1. костный мозг 2. мозговой слой *(почки или надпочечника)* 3. сердцевина, основа 4. миелиновый слой некоторых нервных волокон

~ oblongata продолговатый мозг

~ of kidney мозговое вещество почки

adrenal ~ мозговое вещество надпочечника

dorsal [spinal] ~ спинной мозг

medullary ['medə͵læri:] медуллярный, мозговой

medullitis [͵medə'laitis] 1. остеомиелит 2. миелит *(воспаление спинного мозга)*

medullization [͵medəlai'zeiʃən] медуллизация *(перестройка компактного вещества кости с образованием в нём структур, характерных для губчатого вещества)*

medulloblastoma [mə͵dʌləublæ'stəumə] медуллобластома, саркоматозная глиома, нейроспонгиобластома

medullocell [mə'dʌləusel] *цитол.* миелоцит

medulloepithelioma [mə͵dʌləu͵epi͵θi:li:'əumə]:

embryonal ~ диктиома, медуллоэпителиома

medullosuprarenoma [mə͵dʌləu͵suprəri'nəumə] феохромоцитома, феохромобластома, хромаффинная опухоль

meek [mi:k] кроткий *(напр. характер)*; мягкий; эластичный *(напр. бандаж)*

meeting ['mi:tiŋ] заседание, совещание; конференция *(напр. ВОЗ)*

~ of board организационное заседание

briefing ~ инструктивное совещание; собеседование врача с больным; брифинг *(напр. выступление врача перед журналистами)*

morbidity and mortality ~ обсуждение заболеваемости и летальности

panel ~ совещание специалистов за круглым столом, или в узком кругу *(по специальной проблеме)*

staff ~ **of a hospital** конференция врачей больницы

workshop ~ 1. совещание рабочей группы *(экспертов)* 2. семинар, обучающий тренинг

megabacterium [͵megəbæk'tiəri:əm] мегабактерия, макробактерия

megabase [͵megə'beis] единица измерения длины молекулы ДНК *(равная миллиону пар оснований-нуклеотидов)*

megacalycosis [͵megə͵kæli'kəusis] мегакаликоз, мегакаликс *(гипоплазия мальпигиевых пирамид с расширением чашечек почки)*

megacardia [͵megə'ka:di:ə] *см.* **megalocardia**

megacolon [͵megə'kəulɒn] мегаколон *(расширение части или всей ободочной кишки)*

aganglionic [congenital, idiopathic] ~ врождённый аганглиоз толстой кишки, Гиршпрунга болезнь

megacycle [͵megə'saikl] мегацикл *(1 млн. циклов)*

megacystis [͵megə'sistis] мегацистис, мегалоцистис *(чрезмерно большой мочевой пузырь без обструкции у ребёнка)*

megadose [͵megə'dəus] мегадоза, супердоза

megaesophagus [͵megəi'sɒfəgəs] мегаэзофагус *(значительное увеличение и расширение пищевода)*; ахалазия пищевода

Chagasic ~ мегаэзофагус при Шагаса болезни

secondary ~ приобретённый [вторичный] мегаэзофагус

megafunnel [͵megə'fʌnəl] *лаб.* пробирка объёмом 6 мл

megakaryoblastoma [͵megə͵kæri:əu͵blæs'təumə] лимфогранулематоз, фибромиеломный ретикулёз, Ходжкина болезнь

megakaryocyte [͵megə'kæri:əu͵sait] *см.* **megalokaryocyte**

megalakria [͵megə'lækri:ə] акромегалия

megalencephaly [͵megəlen'sefəli:] мегалоэнцефалия

megalgia [meˈgælʤiːə] интенсивная [сильная] боль

megaloblast [ˈmegələʊˌblæst] *гемат.* мегалобласт (клетка-предшественница эритроцита)

megalocardia [ˌmegələʊˈkɑːdiːə] кардиомегалия, гипертрофия сердца

megalocephalic [ˌmegələʊˈsefəlik] относящийся к макроцефалии

megalocephaly [ˌmegələʊˈsefəliː] макроцефалия, мегалоцефалия (голова чрезмерно большого размера)

megalocornia [ˌmegələʊˈkɔːniːə] мегалокорнея, макрокорнея (увеличение размеров роговицы)

megalocyte [ˈmegələʊˌsait] *гемат.* мегалоцит

megalodactylid [ˌmegələʊˈdæktilid], **megalodactylism** [ˌmegələʊˈdæktilizm], **megalodactyly** [ˌmegələʊˈdæktiliː] макродактилия, мегалодактилия (пальцы рук или ног чрезмерной длины)

megalodontia [ˌmegələʊˈdɒnʃiːə] макродентия, мегалодонтия (зубы чрезмерно больших размеров)

megaloenteron [ˌmegələʊˈentəˌrɒn] чрезмерно длинный кишечник

megaloglossia [ˌmegələʊˈglɒsiːə] макроглоссия, мегалоглоссия

megalographia [ˌmegələʊˈgræfiːə] мегалография (чрезмерно крупный почерк)

megalokaryocyte [ˌmegələʊˈkæriːəʊˌsait] мегакариоцит (крупная – до 40 мкм – клетка-предшественница тромбоцита)

megalomania [ˌmegələʊˈmeiniːə] мания [бред] величия, мегаломания

megalomaniac [ˌmegələʊˈmeiniːæk] человек, страдающий манией величия

megalomelia [ˌmegələʊˈmiːliːə] макромелия (конечности чрезмерной длины)

megaloscope [ˌmegələʊˈskəʊp] увеличивающее зеркало

megalosplenia [ˌmegələʊspˈliːniːə] спленомегалия

megalospore [ˌmegələʊˈspɔː] гигантская спора, макроспора

megalosyndactyly [ˌmegələʊsinˈdæktəliː] макродактилия в сочетании с синдактилией

megaloureter [ˌmegələʊjʊˈriːtə] мега(ло)уретер

megaphagia [ˌmegəˈfeiʤə] *неврол.* мегафагия, Клейне – Левина синдром (сочетание повышенной сонливости с чувством голода и двигательным беспокойством)

megaprosopous [ˌmegəˈprɒsəʊpəs] акромегалия лица

megarectum [ˌmegəˈrektəm] мегаректум

megasigmoid [ˌmegəˈsigmɒid] мегасигма

megasomia [ˌmegəˈsəʊmiːə] гигантизм

megasyndrome [ˌmegəˈsinˌdrəʊm] расширение полых органов

meg-many-feet [meg-ˈmeniː-fiːt] лютик ползучий (Ranunculus repens)

megrim [ˈmiːgrim] мигрень

meiosis [maiˈəʊsis] мейоз, редукционное деление (половых клеток)

melalgia [məˈlælʤiːə] мелалгия, боли в конечностях

   alimentary ~ синдром жжения ног, алиментарная мелалгия

melanaemia [ˌmeləˈniːmiːə] гемохроматоз

melancholia [ˌmelənˈkəʊliːə] депрессия, *уст.* меланхолия (использование термина не рекомендуется ВОЗ)

   ~ attonita, stuporosa резко выраженная, доходящая до состояния ступора двигательная заторможенность при шизофрении, ступорозная депрессия

   agitated [excited] ~ ажитированная депрессия

   hypochondriacal ~ ипохондрическая депрессия (сопровождающаяся не всегда обоснованными соматическими жалобами)

   involutional ~ инволюционная [пресенильная] депрессия

   recurrent ~ периодическая [ремиттирующая] депрессия

melancholic [ˌmelənˈkɒlik] *уст.* меланхолик ‖ депрессивный, меланхолический

melaniferous [ˌmeləˈnifərəs] меланинсодержащий

melanin [ˈmelənin] меланин (кожный пигмент)

melanism [ˈmeləˌnizəm] меланоз, меланизм (избыточное отложение меланина в органах и тканях)

melanoameloblastoma [ˌmelənəʊˌæmələʊblæˈstəʊmə] меланоамелобластома, меланотическая нейроэктодермальная опухоль, меланотическая прогонома

melanoblast [ˈmelənəʊˌblæst] мелано(эпителио)бласт

melanocarcinoma [ˌmelənəʊˌkɑːsiˈnəʊmə] *см.* **melanoma**

melanocyte [ˈmelənəʊˌsait] мелано(эпителио)цит

melanocytoma [ˌmelənəʊsaiˈtəʊmə] *см.* **melanoma**

melanoderma [ˌmelənəʊˈdəːmə] меланодермия, меланоз кожи

   parasitic ~ «болезнь бродяг» (дерматоз, развивающийся при вшивости)

melanodermic [ˌmelənəʊˈdəːmik] относящийся к меланодермии

melanoepithelioma [ˌmelənəʊˌepiˌθiːliˈəʊmə] мелано(бласто)ма, меланоцитома

melanogenemia [ˌmelənəʊʤəˈniːmiːə] наличие предшественника меланина в крови

melanoglossia [ˌmelənəʊˈglɒsiːə] волосатый чёрный язык, глоссофития

melanoid [ˈmeləˌnɒid] меланоид (чёрный пигмент, напоминающий меланин)

melanoleukoderma [ˌmelənəʊˌluːkəʊˈdəːmə] мраморная кожа

melanoma [ˌmeləˈnəʊmə] мелано(бласто)ма, меланоцитома

   amelanotic ~ амеланотическая [беспигментная] меланома

   juvenile ~ доброкачественная юношеская [ювенильная] меланома

   limbal ~ меланома лимба

   malignant ~ in situ злокачественная внутриэпителиальная меланома (ограниченная эпидермисом)

melanomatosis [ˌmeləˌnəʊməˈtəʊsis] меланоматоз, первично-множественная меланома

   meningeal ~ менингеальный меланоматоз

melanonychia [ˌmelənəʊˈnikiːə] меланонихия (отложение меланина в ногтях)

melanopathy [ˌmeləˈnɒpæθiː] меланоз, меланопатия (избыточное отложение меланина в органах и тканях)

melanophore [ˌmelənəʊˈfɔː] меланофор (1. клетка, содержащая меланин 2. клетка, способная образовывать меланин)

melanoplakia [ˌmelənəʊ'pleiki:ə] наличие пигментных пятен на слизистой оболочке полости рта

melanorrhagia [ˌmelənəʊ'reiʤi:ə], **melanorrhea** [ˌmelənəʊ'ri:ə] мелена, дёгтеобразный стул

melanosarcoma [ˌmelənəʊsɑː'kəʊmə] *см.* **melanoma**

melanosis [ˌmelə'nəʊsis] 1. меланоз, меланопатия (*избыточное отложение меланина в органах и тканях*) 2. обширное метастазирование меланомы с развитием кахексии

   circumscribed precancerous ~ of Dubreuilh *фр.* злокачественное лентиго, Дюбрея ограниченный предраковый меланоз

   neurocutaneous ~ нейродермальный меланоз

melanosome ['melənəʊˌsəʊm] меланосома (*органелла меланоцита, на матриксе которого синтезируется меланин*)

melanotic [ˌmelə'nɒtik] меланотический

melanotrichia [ˌmelənəʊ'triki:ə]:

   ~ linguae *см.* **melanoglossia**

melanotroph ['melənəʊˌtrɒf] меланотроф (*клетка гипофиза, вырабатывающая меланоцитстимулирующий гормон*)

melanuria [ˌmelə'nju:ri:ə] меланурия (*выделение мочи тёмного цвета, вызванное меланином*)

melasma [me'læzmə] *см.* **melanosis 1**

   ~ gravidarum хлоазма [маска] беременных

   ~ universalis старческая меланодермия

melatonin [ˌmelə'təʊnin] мелатонин (*гормон шишковидной железы*)

melena [mə'li:nə] мелена, дёгтеобразный стул ◊ **~ spuria** ложная мелена

   ~ vera истинная мелена

melicera [ˌmeli'si:rə], **meliceris** [ˌmeli'si:ris] киста с полужидким содержимым

melioidosis [ˌmeli:ɒi'dəʊsis] мелиоидоз, ложный сап, Стентона – Флетчера болезнь (*бактериальный зооноз грызунов, поражающий и человека*)

   pulmonary ~ лёгочный мелиоидоз

melilot ['meliˌlɒt] донник (*Melilotus*)

   yellow ~ донник лекарственный (*Melilotus officinalis*)

melissa [mə'li:sə] мелисса лекарственная (*Melissa officinalis*)

melissotherapy [mə'li:səʊ'θerəpi:] апитерапия (*лечение пчелиным ядом*)

melitemia [ˌmeli'ti:mi:ə] гликемия

melitensis [ˌmeli'tensis] бруцеллёз, волнообразная [мальтийская] лихорадка

melitis [mə'laitis] воспаление щеки

melitococcosis [ˌmelitəʊkə'kəʊsis] *см.* **melitensis**

mel(l)ituria [meli'tu:ri:ə] глюкозурия

melmot-berries ['melmət-'beris] можжевельник обыкновенный (*Juniperus communis*)

melomelus [me'ləʊmeləs] *терат.* плод с рудиментарными добавочными конечностями

melonoplasty [mə'lɒnəʊˌplæsti:] 1. пластика щеки 2. пластическая операция на конечности

melorheostosis [ˌmeləʊˌri:ɒs'təʊsis] мелореостоз (*характеризующийся склерозом, гиперостозом и деформацией одной или нескольких трубчатых костей*)

melosalgia [ˌmeləʊ'sælʤi:ə] боли в нижних конечностях

meloschisis [me'lɒskisis] мелошизис (*врождённая расщелина щеки*)

melotia [mə'ləʊʃi:ə] дистопия ушной раковины

member ['membə] 1. член 2. конечность 3. представитель (*напр. государства – члена в исполнительном комитете ВОЗ, таксономической единицы*)

   ~ of the public человек из числа населения, индивидуум, индивид

   adopted ~ приёмный член семьи

   corporate ~ коллективный [корпоративный] член (*юридическое лицо, напр. ассоциация врачей*)

   life ~ пожизненный член (*организации*)

   parent ~ один из родителей

   staff ~ сотрудник

   virile ~ мужской половой член

Member ['membə]:

   ~ of the College of Family Physicians член коллегии семейных врачей

   ~ of the College of Physicians and Surgeons член коллегии терапевтов и хирургов

   Associate ~ ассоциированный член общества (*в отличие от действительного члена*); член-корреспондент

   Honorary Foreign ~ of the Royal Academy почётный иностранный член Королевской академии

membrana [mem'breinə], *pl.* **membranae** [mem'breini] *лат., см.* **membrane**

   ~ atlanto-occipitalis атлантозатылочная мембрана

   ~ cuticularis хитиновая [кутикулярная] оболочка (*эхинококкового пузыря*)

   ~ flacida ненатянутая пластинка

   ~ germinativa зародышевый [паренхимный, герминативный] слой (*эхинококкового пузыря*)

membrane ['membrein] 1. мембрана, оболочка (*клетки, ядра или органеллы*) 2. плёнка, плева 3. перепонка (*преграда*) 3. *pl.* плодные оболочки, оболочки плода

   abdominal ~ брюшина

   active ~ возбудимая мембрана

   adamantine ~ кутикула зуба

   adventitious ~ 1. адвентициальная оболочка 2. *см.* **decidual ~s**

   alveolodental ~ периодонт, корневая оболочка, перицемент

   arachnoid ~ паутинная оболочка (*головного мозга*)

   atlantooccipital ~ атлантозатылочная мембрана

   ballooned tympanic ~ вздутая барабанная перепонка

   basement ~ базальная мембрана (*1. слой межклеточного вещества 2. ото. соединительнотканная пластинка, на которой расположен спиральный орган*)

   bilayer ~ двухслойная мембрана

   birth ~s *см.* **fetal ~s**

   brood ~ капсула эхинококкового пузыря (*состоит из зародышевой и хитиновой оболочек*)

   bruch border ~ мерцательный эпителий

   Bruch's ~ *офт.* базальная [основная] пластинка, Бруха оболочка

   buccopharyngeal ~ *эмбр.* (щёчно-)глоточная перепонка

   caducous ~s *см.* **decidual ~s**

cation-anion exchange ~ катион-анионообменная мембрана

cell ~ клеточная [цитоплазматическая] оболочка, или мембрана; плазмолемма, цитолемма

colony screening ~ мембрана для скрининга колоний

cricothyroid [cricovocal] ~ эластический конус *(нижняя часть перстнещитовидной связки гортани)*

croupous ~ истинный [дифтерийный] круп *(плёнчатый налёт, стенозирующий верхние дыхательные пути)*

cytoplasmic ~ *см.* **cell ~**

decidual ~s отпадающая [децидуальная] оболочка *(матки)*

dialysis ~ диализная мембрана

drum ~ барабанная перепонка

dry mucous ~s сухость слизистых оболочек

embryonic ~s зародышевые оболочки

endoneural ~ невролемма, неврилемма

enzyme ~ мембрана с иммобилизированным ферментом

extraembryonic ~s внезародышевые оболочки

false ~ ложный круп *(плёнчатый налёт не дифтерийной этиологии)*

fenestrated ~s кольчатые пластинки, окончатые мембраны

fetal ~s плодные оболочки, оболочки плода

germinal ~ бластодерма

glassy ~ 1. базальная мембрана *(1. фолликула яичника 2. базальная мембрана фолликула волоса)* **2.** *pl.* гиалиновые мембраны *(вызывающие асфиксию новорождённого)*

glomerular basement ~ базальная мембрана почечных клубочков

histocompatibility associated ~ гистосовместимость, ассоциированная с мембраной

hollow-fiber ~ капиллярная мембрана, мембрана из полых волокон

hyaline ~ *см.* **glassy ~**

hyaloid ~ мембрана стекловидного тела *(глаза)*

hyperemic mucous ~s гиперемия слизистых оболочек

interosseous ~ межкостная перепонка голени

intracytoplasmic ~ внутриклеточная мембрана

ion-exchanger ~ ионообменная мембрана

Jacob's ~ слой палочек и колбочек в сетчатке *(глаза)*

junctional ~ синаптический участок мембраны *(место контакта клеток)*

living ~ биологическая мембрана

lysosomal ~s мембрана лизосом

microvillar ~ мембрана микроворсинок; микроворсинчатая мембрана

mitochondrial ~ мембрана митохондрий

molecular ~ молекулярный мембранный фильтр

mucous ~ слизистая оболочка

nuclear ~ кариолемма, нуклеомембрана, ядерная мембрана

nucleated ~ невролемма *(оболочка нервного волокна)*

nylon ~ нейлоновая мембрана

obturator ~ спиральная [запирательная] перепонка, перепонка стремени

oral [oropharyngeal] ~ *эмбр.* (щёчно-)глоточная перепонка

otolithic ~ мембрана статоконий, отолитовая мембрана

pale mucous ~s бледность слизистых покровов

partitive ~ разделительная мембрана

peridental [periodontal] ~ периодонт, корневая оболочка, перицемент

permeable ~ проницаемая [пористая] мембрана

permselective ~ полупроницаемая мембрана, мембрана с избирательной проницаемостью

persistent pupillary ~ зрачковая мембрана *(остаток сосудистой сумки хрусталика, расположенный над зрачком)*

phage ~ фаговая оболочка

plasma ~ *см.* **cell ~**

platelet ~ оболочка тромбоцитов

polymeric ~ полимерная мембрана

postsynaptic ~ постсинаптическая мембрана

presynaptic ~ пресинаптическая мембрана

pupillary ~ зрачковая перепонка, зрачковая мембрана, зрачковая плёнка

PVC type ~ мембрана из поливинилхлорида

pyogenic ~ гнойная оболочка, пиогенная мембрана

redox containing ~ окислительно-восстановительная мембрана

reticular ~ *ото.* сетчатая [ретикулярная] мембрана, или перепонка

round window ~ вторичная барабанная перепонка, мембрана окна улитки

scarred ~ рубцово-изменённая мембрана

schneiderian ~ слизистая оболочка носовой полости

semipermeable ~ полупроницаемая мембрана

serous ~ серозная оболочка

stacking ~ слоистая мембрана *(состоящая из двух или более слоёв с различными свойствами)*

stapedial ~ *ото.* мембрана стремени

statoconial ~ *см.* **otolithic ~**

synovial ~ синовиальная оболочка, или капсула

target ~ мембрана-мишень

tectorial ~ покровная [кортиева] мембрана, покровная перепонка

tubular ~ периневрий

tympanic ~ барабанная перепонка

undulating ~ ундулирующая мембрана

vestibular ~ *ото.* преддверная [вестибулярная] мембрана, Рейсснера мембрана

virginal ~ девственная плева, гимен

yolk ~ оболочка желтка, желточная оболочка

membrane-associated ['memˌbreɪn-əˈsəʊʃiːeitəd] связанный с мембраной *(напр. интерлейкин)*

membranectomy [ˌmembrəˈnektəmiː] иссечение мембраны

membraniform [memˈbreɪniˌfɔːm], **membranoid** ['membrəˌnɒid] напоминающий мембрану

membranocartilaginous [ˌmembrənəʊˌkɑːtiˈlædʒinəs] **1.** мембранозно-хрящевой **2.** развивающийся из мембраны и хряща *(о некоторых костях)*

membranous ['membrənəs] **1.** плёнчатый **2.** мембранозный

membrum ['membrəm], *pl.* **membra** ['membrə] *лат.;* *см.* **limb 1**

memoranda [ˌmeməˈrændə]:

medical ~ описание наблюдения *(больного)*

memorizing [ˌmeməˈraiziŋ] запоминание

memory [ˈmeməri:] **1.** память; воспоминание **2.** запоминающее устройство, накопитель информации **3.** запись, регистрация

~ **of generation** наследственная информация

affect ~ эмоциональная память

antegrade ~ антеградная память *(на события отдалённого прошлого)*

archaic ~ *психоан.* архаическая память *(следы воспоминаний о первичном объекте)*

cellular ~ клеточная память

core ~ *см.* **memory 2**

disturbed ~ нарушенная память

echoic ~ эхоическая память *(очень кратковременный слуховой след)*

eye ~ *см.* **visual** ~

hyperesthetic ~ обострённая память

iconic ~ иконическая память *(очень кратковременный зрительный след – до 100 мс)*

image ~ образная память

immediate ~ непосредственная память

immunological ~ иммунологическая память

inherited ~ инстинкт

long-term ~ долговременная память

motor ~ двигательная память

organic ~ клеточный [физиологический] уровень памяти

physiological ~ физиологическая память

recent ~ оперативная память

remote ~ память на отдалённые события

semantic ~ семантическая память *(связанная со смысловыми характеристиками информации)*

sensory ~ сенсорная память *(удерживающая только физические признаки информации)*

shape ~ *мед. тех.* память формы *(свойство имплантата принимать требуемую форму в организме)*

short-term ~ кратковременная память, оперативная память

unconscious ~ бессознательная память

verbal ~ вербальная память

visual ~ зрительная [визуальная] память

working ~ рабочая память

men [men] *pl. от* **man** люди

vent ~ «люди вентиляционных люков» *(городские бездомные, бомжи)*

menace [ˈmenəs] **1.** угроза; опасность ‖ угрожать; подвергать риску **2.** защитный *(напр. рефлекс)*

genotoxic ~ генотоксическая опасность

menacme [meˈnækmi:] детородный период *(жизни женщины)*

menadiol [ˌmenəˈdaiɒl] витамин K₄

menadione [ˌmenəˈdaiˌəυn] витамин K₃

menalgia [meˈnælʤi:ə] альго(дис)менорея, болезненная менструация

menarche [meˈnɑːki] менархе *(первая менструация)*

mend [mend] улучшение *(здоровья)* ‖ поправляться

mendacity [menˈdæsiti:] патологическая лживость

Mendelism [ˈmendəˌlizm] менделизм *(учение Г. Менделя, 1822–1884 гг., основоположника генетики)*

mendicancy [ˈmendikənsi:] нищенство, попрошайничество

menelipsis [meneˈlipsis] *см.* **menostasia**

meningeal [məˈninʤi:əl] менингеальный

meninges [məˈninʤəs] *pl. от* **meninx**

meningioma [məˈninʤi:ˌəυmə] менингиома, арахноидэндотелиома, менингобластома, менинготелиома

psammomatous ~ псаммоматозная менингиома, ацервулома

meningism [məˈninʤizəm] менингизм *(наличие симптомов менингита при отсутствии его морфологического субстрата)*

meningitis [ˌmeninˈʤaitis], *pl.* **meningitides** [ˌmeninˈʤaitidi:z] **1.** менингит **2.** лептоменингит

amebic ~ амёбный менингоэнцефалит, амёбный менингит

basal ~ базальный менингит

epidemic cerebrospinal [meningococcal] ~ эпидемический цереброспинальный [менингококковый] менингит

fungal ~ грибковый менингит

gumatous ~ гуммозный менингит

metastatic ~ септический менингит, вовлечение мозговых оболочек в септический процесс

otitic ~ отогенный менингит

pyogenic [purulent] ~ гнойный менингит

unspecified ~ неспецифический менингит

meningoblastoma [ˌmeninɡəυˌblæsˈtəυmə] менингиома, арахноидэндотелиома, менингобластома, менинготелиома

anaplastic [malignant] ~ анапластическая злокачественная] менингобластома, или менингиома

transitional ~ переходная [смешанная] менингиобластома

meningocele [məˈninɡəυˌsi:l] менингоцеле *(грыжа мозговых оболочек, с наличием цереброспинальной жидкости)*

meningocephalitis [məˌninɡəυsefəˈlaitis] *см.* **meningoencephalitis**

meningococcal [məˌninɡəυˈkɒkəl] менингококковый

meningococcemia [məˌninɡəυkɒkˈsi:mi:ə] менингококкемия *(наличие менингококков в циркулирующей крови)*

fulminating ~ молниеносная [фульминантная] менингококкемия, сверхострый менингококковый сепсис

meningococcus [məˌninɡəυˈkɒkəs], *лат., pl.* **meningococci** [məˌninɡəυˈkɒksai] менингококк

meningocortical [məˌninɡəυˈkɔːtikəl] относящийся к мозговым оболочкам и коре головного мозга

meningocyte [məˈninɡəυˌsait] эпителиоподобная клетка субарахноидального пространства

meningoencephalitis [məˌninɡəυenˌsefəˈlaitis] менингоэнцефалит

ornithous ~ орнитозный менингоэнцефалит

(post)vaccinal ~ вакцинальный менингоэнцефалит

primary amebic ~ первичный амёбный менингоэнцефалит

syphilitic ~ поздний сифилитический психоз, прогрессивный паралич

meningoencephalocele [məˌninɡəυenˈsefələˌsi:l] менингоэнцефалоцеле, мозговая грыжа носа *(содержащая мозговую ткань и цереброспинальную жидкость)*

meningoencephalopathy [məˌniŋɡəʊenˌsefəˈlɒpəθiː] поражение головного мозга и мозговых оболочек

meningomyelitis [məˌniŋɡəʊˌmaiəˈlaitis] менингомиелит

meningomyelocele [məˌniŋɡəʊˈmaiələʊˌsiːl] менингомиелоцеле (спинномозговая грыжа)

meningo-osteophlebitis [məˌniŋɡəʊˌɒstiːəʊfliˈbaitis] воспаление вен надкостницы

meningopathy [məˌninˈɡɒpəθi] менингопатия (неуточнённые заболевания оболочек головного или спинного мозга)

meningoradiculitis [məˌniŋɡəʊrəˌdikjʊˈlaitis] менингорадикулит

meningoradiculoneuritis [məˌniŋɡəʊrəˌdikjʊləʊnʊˈraitis] менингорадикулоневрит (воспаление оболочек спинного мозга, спинномозговых нервов и их корешков)

meningorrhagia [məˌniŋɡəˈreidʒiːə] подоболочечное кровоизлияние
(в область мозговых и спинномозговых оболочек)

meningosis [ˌmeninˈɡəʊsis] перепончатое соединение костей (черепа у новорождённого)

meningospinal [məˌniŋɡəʊˈspainəl] относящийся к оболочкам спинного мозга

meningovascular [məˌniŋɡəʊˈvæskjʊlə] относящийся к кровеносным сосудам мозговых оболочек

meninx [ˈmiːniŋks], pl. **meninges** [məˈninʤiːz] мозговая оболочка

~ **fibrosa** твёрдая мозговая оболочка, пахименинкс

~ **serosa** паутинная мозговая оболочка,

~ **vasculosa** мягкая [сосудистая] мозговая оболочка

meniscectomy [ˌmeniˈsektəmi] менискэктомия

menischesis [ˌmeniˈskiːsis] см. **menoschesis**

meniscocyte [məˌniskəʊˈsait] гемат. дрепаноцит, менискоцит (наблюдается при серповидно-клеточной анемии)

meniscocytosis [məˌniskəʊsaiˈtəʊsis] гемат. дрепаноцитоз, менискоцитоз

meniscus [məˈniskəs], pl. **menisci** [məˈnissai] анат. мениск

torn ~ разрыв мениска; разорванный мениск

menocelis [ˌmenəʊˈsiːlis] пятнистая, или петехиальная, сыпь (иногда наблюдаемая при аменорее)

menolipsis [ˌmenəʊˈlipsis] аменорея

menometrorrhagia [ˌmenəʊˌmetrəʊˈreidʒiːə] гинек. менометроррагия

menopause [ˈmenəʊˌpɔːz] менопауза, климактерий, климакс

~ **praecox** преждевременная менопауза

menophania [ˌmenəʊˈfeiniːə] см. **menarche**

menoplania [ˌmenəʊˈpleiniːə] викарная менструация

menorrhagia [ˌmenəʊˈreidʒiːə] гинек. гиперменорея, меноррагия

menorrhalgia [ˌmenəʊˈrælʤiːə] (альго)дисменорея

menorrhea [ˌmenəʊˈriːə] 1. менструация 2. профузная менструация, гиперменорея

menoschesis [məˈnɒskisis] задержка менструации

menostasia [ˌmenəʊˈsteiziːə], **menostasis** [məˈnɒstəsis] аменорея

menostaxis [ˌmenəʊˈstæksis] чрезмерно длительная менструация

menothermal [ˌmenəʊˈθəːməl] относящийся к «приливам» (при климактерическом синдроме)

menouria [ˌmenəʊˈjuːriːə] выделение менструальной крови через пузырно-маточный свищ

menoxenia [ˌmenəʊˈziːniːə] см. **menorrhalgia**

menses [ˈmensiːz] менструация

menstruate [ˈmenstruˌeit] менструировать

menstruation [ˌmenstruˈeiʃən] менструация, менструальный цикл

anovular [anovulatory] ~ ановуляторный [монофазный] менструальный цикл

delayed ~ поздняя менструация

difficult ~ дисменорея

retained ~ гематокольпос

regurgitate [retrograde] ~ ретроградная менструация (затёк менструальной крови в маточную трубу)

supplementary ~ кровотечение из эндометриоидных разрастаний

supressed ~ отсутствие менструации

vicarious ~ викарная менструация (циклические кровотечения из слизистых оболочек носа, дёсен, желудка, соответствующие срокам менструации)

mensuration [ˌmensjuˈreiʃən] измерение, определение размеров

mentagra [menˈtæɡrə] сикоз (гнойное воспаление фолликулов волос, напр., в области усов и бороды)

mental[1] [ˈmentl] 1. умственный, когнитивный 2. психический 3. pl. умственные способности, умственное развитие

severe ~ тяжёлая форма слабоумия

mental[2] подбородочный

mentalis [menˈtælis] подбородочная мышца

mentality [menˈtæliti] 1. умственные способности, умственное развитие; склад ума, интеллект, менталитет, ментальность 2. психическая активность, психика, психическая деятельность

sluggish ~ заторможенность процесса мышления

surgeon's ~ хирургическое мышление

mentation [menˈteiʃən] 1. умственный процесс, умонастроение, процесс мышления 2. функция головного мозга; состояние сознания (напр. в процессе реанимации)

abnormal ~ отклонения в психике

altered ~ 1. изменение поведения; изменение мышления 2. инакомыслие

depressed ~ угнетение психической деятельности

mentimeter [menˈtimətə] методика определения умственных способностей

mentis [ˈmentis]:

~ **abberatio** лат. отклонение психической деятельности от нормы

~ **alienatio** лат., разг. сумасшествие, безумие, помешательство, психоз

mentism [ˈmentizm] псих. ментизм, наплыв мыслей (непроизвольное возникновение мыслей и представлений, не подчиняемое воле больного)

mentofrontal [ˌmentəʊˈfrʌntl] рентг. лобно-подбородочный

mentohyoid [ˌmentəʊˈhaiɔid] подбородочно-подъязычный

menton [ˈmentɒn] кр. метр. погонион (низшая точка подбородка)

mentum [ˈmentəm], pl. **menti** [ˈmenti] подбородок

menu ['menjuː] **1.** рацион **2.** меню

  balanced ~ сбалансированный [полноценный] рацион

mephitic [məˈfitik] зловонный, вредный, ядовитый

mephitis [məˈfaitis] зловоние, ядовитые испарения

meralgia [məˈrælʤiːə] боль в области бедра

  ~ paresthetica Рота – Бернгардта болезнь (*невралгия латерального кожного нерва бедра*)

meramaurosis [ˌmerəmɔːˈrəusis] частичный амавроз

mercurial [mərˈkjuːriːəl] ртутный препарат ‖ ртутный, подвижный

mercurialism [mərˈkjuːriːəlizm] меркуриализм, гидроаргироз (*хроническое отравление ртутью*)

mercurialization [mərˌkjuriəliˈzeiʃən] воздействие ртутными препаратами, меркуриализация

mercury ['məːkjuːriː]:

  dental ~ ртуть для амальгамовой пломбы

mercy ['məːsiː] **1.** милосердие; сострадание **2.** милость; прощение, помилование **3.** удача, счастье

merergasia [ˌmerəˈgeizə] *амер.* мерергазия, какергазия (*парциальное расстройство поведения*)

mergence ['məːʤens] **1.** поглощение **2.** соединение, слияние (*напр. смежных позвонков*)

meridian [məˈridiːən] меридиан (*1. линия на поверхности круглого тела 2. линейно-пространственная зона кожного покрова, с наличием активных точек, используемых в иглорефлексотерапии*)

  ~s of eye меридианы глаза

  collateral ~s *см.* **secondary** ~s

  primary [regular] ~s основные меридианы (*акупунктуры*)

  secondary ~s коллатеральные [вторичные] меридианы (*акупунктуры*)

meristoma [ˌmeriˈstəumə] цитобластома, меристома (*опухоль, состоящая из малодифференцированных клеток неясного происхождения*)

merit ['merit] **1.** ценность, оценка; показатель; достоинство **2.** *pl.* качества

  genetical ~ генетическое [наследственное] качество

  inferior genetic ~ малая генетическая ценность

  superior ~ наивысшая оценка

merocele [ˈmerəuˌsiːl] бедренная грыжа

merocrine [ˈmerəukrin] мерокринный, эккринный

merocyte [ˈmerəuˌsait] мероцит (*ядро сперматозоида, попавшее в яйцеклетку при оплодотворении, но не слившееся с её ядром*)

merogenote [meˈrɒʤəˌnəut] мерогенота (*гибридный геном, состоящий из генома реципиента и части генома донора*)

merological [ˌmerəuˈlɒʤikəl] мерологический, аналитический, разбирающий по частям, детализирующий

merology [meˈrɒləʤiː] мерология (*раздел морфологии человека, изучающий изменчивость органов и тканей*)

meromicrosomia [ˌmerəuˌmaikrəuˈsəumiːə] патологическое уменьшение какой-л. части тела

meronecro(bio)sis [ˌmerəuˌnekrəubaiˈəusis] некроз клеток

meropia [məˈrəupiːə] частичная потеря зрения

meros ['miːrɒs] **1.** бедро; бедренная кость **2.** любая часть тела

meroscopy [meˈrɒuskəpiː] выслушивание отдельных компонентов сердечного цикла

merosmia [məˈrɒzmiːə] нарушение [потеря] обоняния

merosoite [ˌmerəuˈzəuait] *см.* **merozoite**

merotomy [məˈrɒtəmiː] меротомия, сегментация, разделение на сегменты

merozoite [ˌmerəuˈzəuait] мерозоит (*подвижная стадия споровиков, образующаяся при делении шизонта и внедряющаяся в эритроциты*)

merycism ['merisizm] мерицизм, руминация (*пережёвывание отрыгиваемой пищи*)

mesangium [meˈsænʤiːəm] *гист.* мезангий

mesaortitis [ˌmeseiɔːˈtaitis] мезаортит (*воспаление средней оболочки аорты*)

mesaraic [ˌmesəˈreiik], **mesareic** [ˌmesəˈreik] мезентериальный, брыжеечный

mesaticephalic [meˌsætisəˈfælik] относящийся к среднему мозгу

mescaline [ˈmeskəˌliːn] мескалин (*алкалоид, добываемый из мексиканского пейотового кактуса, – наркотик стимулирующего и галлюциногенного действия*)

mesencephal [ˌmezenˈsefəl], **mesencephalon** [ˌmezenˈsefəˌlɒn] **1.** средний мозг (*соединяет передний мозг с ромбовидным*) **2.** *эмбр.* средний мозговой пузырь

mesenchyma [meˈzeŋkimə], **mesenchyme** [ˈmezenˌkaim] *эмбр.* мезенхима (*зародышевая соединительная ткань*)

mesenchymoma [ˌmezənkaiˈməumə] мезенхимома

mesenteric [ˌmezənˈterik] мезентериальный, брыжеечный

mesenteriolum [ˌmezənˈteriˌəuləm] брыжеечка

mesenteriopexy [ˌmezənˈteriˌəuˌpeksiː] фиксация брыжейки

mesenteriorrhaphy [ˌmezənˌteriˈɔːrəfiː] шов [ушивание] брыжейки

mesenteritis [ˌmezəntəˈraitis] мезентерит (*воспаление брыжейки*)

  retractile ~ стягивающий мезентерит

mesentery [ˈmezənteriː] брыжейка

mesh [meʃ] **1.** отверстие, ячейка **2.** сетка **3.** зернистость

  marlex ~ марлексная сетка (*полипропиленовая*)

meshwork [ˈmeʃwəːk] сетчатая [ячеистая] структура

  trabecular ~ трабекулярная сеть

mesial [ˈmiːziːəl] **1.** средний, срединный, медиальный **2.** мезиальный (*расположенный ближе к центральной линии зубной дуги*)

mesidens [ˈmesidens] средний зуб

mesioclination [ˌmiːziːˌəukliˈneiʃən] мезиальное смещение зуба

mesiodens [ˈmiːziːˌəuˌdenz] сверхкомплектный мелкий зуб между верхними центральными резцами

mesion [ˈmiːziːɒn] *анат.* срединная плоскость

mesio-occlusion [ˌmiːziːəu-əˈkluːʒən] **1.** передняя окклюзия, прогенический [антериальный, мезиальный] прикус **2.** сужение зубной дуги нижней челюсти

mesioversion [ˌmiːziːˌəuˈvəːʒən] медиальное смещение зуба

mesmerism [ˈmezməˌrizəm] **1.** гипнотизм, месмеризм **2.** гипноз

mesoappendix [ˌmezəuəˈpendiks] брыжеечка червеобразного отростка

mesoblast [ˈmezəuˌblæst] *эмбр.* мезодерма, мезобласт

mesocardia [ˌmezəʊˈkɑːdɪə] мезокардия *(расположение сердца в центре грудной клетки)*

mesocardium [ˌmezəʊˈkɑːdɪəm], *pl.* **mesocardia** [ˌmezəʊˈkɑːdɪə] *эмбр.* мезокард

mesocaval [ˌmezəʊˈkeɪvəl] мезентерикокавальный *(напр. анастомоз)*

mesocecum [ˌmezəʊˈsiːkəm] брыжейка (подвижной) слепой кишки

mesocephalic [ˌmezəʊsəˈfælɪk] относящийся к среднему мозгу

mesocolon [ˌmezəʊˈkəʊlɒn] брыжейка ободочной кишки

mesocuneiform [ˌmezəʊˈkjuːnɪːɪfɔːm] промежуточная [вторая] клиновидная кость

mesocytoma [ˌmezəʊsaɪˈtəʊmə] саркома

mesoderm [ˈmezəʊˌdəːm] *эмбр.* мезодерма, мезобласт

mesoderma [ˈmezəʊˌdəːmə] *лат. от* **mesoderm**

~ **parietalis** париетальный листок мезодермы

~ **viscerale** висцеральный листок мезодермы

mesodesma [ˈmezəʊˌdesmə] широкая связка матки

mesogaster [ˌmezəʊˈgæstə], **mesogastrium** [ˌmezəʊˈgæstrɪəm] мезогастрий *(1. чревная область 2. эмбриональная брыжейка желудка)*

mesogenic [ˌmezəʊˈdʒenɪk] средней вирулентности *(о штамме микроорганизма)*

mesoglia [mɪˈsɒglɪə] микроглия, мезоглия *(составная часть нейроглии, представленная глиальными макрофагами)*

mesogluteus [ˌmezəʊˈgluːtɪəs] средняя ягодичная мышца

mesohyloma [ˌmezəʊˈhaɪləʊmə] мезотелиома

mesoileum [ˌmezəʊˈɪlɪəm] брыжейка подвздошной кишки

mesojejunum [ˌmezəʊdʒəˈdʒuːnəm] брыжейка тощей кишки

mesolepidoma [ˌmezəʊlɪˈpɪˈdəʊmə] опухоль из эмбрионального мезотелия

mesolobus [mɪˈsɒləbəs] *анат.* мозолистое тело

mesometrium [ˌmezəʊˈmɪːtrɪəm] брыжейка матки, мезометрий

mesonephroma [ˌmezəʊnəˈfrəʊmə] мезонефрома, светлоклеточная карцинома, мезонефрогенный рак

mesonephros [ˌmezəʊˈnefrəs], *pl.* **mesonephroi** [ˌmezəʊˈnefrɔɪ] мезонефрос, вольфово тело, первичная почка

mesopexy [ˈmezəʊˌpeksɪ] фиксация брыжейки

mesopharynx [ˌmezəʊˈfærɪŋks] ротоглотка

mesophile [ˈmezəʊˌfaɪl] мезофильная бактерия *(оптимально развивающаяся при 25–40 °C)*

mesophlebitis [ˌmezəʊfləˈbaɪtɪs] мезофлебит *(воспаление средней оболочки вены)*

mesophragm [ˈmezəʊˌfrægm] *гист.* мезофрагма, линия М, полоска М

mesophryon [meˈzɒfrɪɒn] *кр. метр.* глабелла *(наиболее выступающая вперёд точка по средней линии лобной кости)*

mesor [ˈmezə] мезор *(средний уровень значений биоритмов)*

mesorectum [ˌmezəʊˈrektəm] брюшинный покров верхней части прямой кишки

mesorrhachischisis [ˌmezəʊræki̇ˈskiːsɪs] частичное расщепление позвоночника

mesorrhaphy [ˌmezəʊˈræfɪ] шов [ушивание] брыжейки

mesosalpinx [ˌmezəʊˈsælpɪŋks] брыжейка маточной трубы

mesoscope [ˈmezəʊˌskəʊp] лупа

mesosigmoid [ˌmezəʊˈsɪɡmɒɪd] брыжейка сигмовидной кишки

mesosomia [ˌmezəʊˈsəʊmɪə] средний уровень физического развития

mesostenium [ˌmezəʊˈstiːnɪəm] брыжейка тонкой кишки

mesosternum [ˌmezəʊˈstəːnəm] тело грудины

mesosyphilis [ˌmezəʊˈsɪfɪlɪs] вторичный сифилис

mesotarsal [ˌmezəʊˈtɑːsəl] 1. относящийся к середине предплюсны 2. относящийся к сочленениям костей предплюсны между собой

mesotendineum [ˌmezəʊtenˈdɪnɪəm] брыжейка сухожилия, мезотендиний, мезотенон

mesothelioma [ˌmezəʊˌθiːlɪˈəʊmə] мезотелиома, целотелиома

~ **of meninges** менингиома, арахноидэндотелиома, менингобластома

mesothelium [ˌmezəʊˈθiːlɪəm], *pl.* **mesothelia** [ˌmezəʊˈθiːlɪə] мезотелий *(слой плоских клеток, выстилающий поверхность полости)*

mesotropic [ˌmezəʊˈtrɒpɪk] направленный к срединной плоскости

mesoturbinal [ˌmezəʊˈtəːbɪnəl], **mesoturbinate** [ˌmezəʊˈtəːbɪnɪt] средняя носовая раковина

mesovarium [ˌmezəʊˈvɛərɪəm], *pl.* **mesovaria** [ˌmezəʊˈvɛərɪə] связка [брыжейка] яичника

message [ˈmesɪdʒ] 1. сообщение, донесение, послание *(напр. о карантинной болезни)* 2. передача *(напр. нервных импульсов)* ‖ передавать сигналы, сигнализировать

fire safety ~s программа противопожарной безопасности

genetic ~ передача генов

health ~ сообщение о здоровье

subliminal ~ подпороговый звуковой сигнал *(не воспринимаемый слухом и не анализируемый сознанием)*

messenger [ˈmesəndʒə] 1. мессенджер, посредник, передатчик, переносчик 2. молекула-мессенджер *(осуществляющая связь между клетками организма, обычно в виде гормонов и нейромедиаторов, напр., матричная, или информационная РНК)*

chemical ~ химический мессенджер

intercellular ~ межклеточный переносчик *(напр. пептид)*

intracellular ~ внутриклеточный посредник

neuronal ~ нейрон-мессенджер, информационный нейрон

second ~ вторичный посредник, или мессенджер *(молекула, функционирующая внутри клетки, инициируя её отклик на сигналы, поступающие от химических посредников, напр. цАМФ)*

messing [ˈmesɪŋ] питание

messy [ˈmesɪ] 1. грязный 2. беспорядочный

meta-analysis [ˌmetə-əˈnælɪsɪs] мета-анализ *(количественный анализ объединённых результатов нескольких клинических испытаний, проведённых по единой методике с целью увеличения достоверности)*

cumulative ~ кумулятивный мета-анализ

metabasis [mə'tæbəsɪs] **1.** смена одного заболевания другим; изменение симптоматики или течения заболевания **2.** метастазирование; распространение патологического процесса от одного органа на другие

metabiosis [,metəbaɪ'əʊsɪs] метабиоз (*форма взаимоотношения между организмами, при которой жизнедеятельность одного зависит от таковой другого*)

metabolic [,metə'bɒlɪk] метаболический, обменный

metabolimetry [,metəbə'lɪmətrɪ] определение основного обмена

metabolin [me'tæbəlɪn] *см.* **metabolite**

metabolisation [,metə,bɒlɪ'zeɪʃən] усвоение организмом

metabolism [mə'tæbə,lɪzəm] обмен веществ, метаболизм, биотрансформация

~ **of fats** жировой обмен

aberrant ~ нарушение обмена веществ; нарушенный метаболизм

acid-base ~ кислотно-основный обмен

analytic ~ катаболизм, диссимиляция

basal ~ основной обмен

bone ~ метаболизм костной ткани

cardiac energy ~ энергетический обмен миокарда

compartmental ~ компартментальный метаболизм

constructive ~ анаболизм, ассимиляция

daily ~ суточный метаболизм

destructive ~ *см.* **analytic** ~

energy ~ энергетический метаболизм, обмен энергии

fasting ~ *см.* **basal** ~

glycolytic ~ процесс распада углеводов, гликолитический процесс, гликолиз

impaired ~ нарушение метаболизма

intermediary ~ (про)межуточный обмен

intrinsic cellular ~ внутриклеточный метаболизм

linked ~ сопряжённый метаболизм (*напр. серина и аланина*)

mineral ~ электролитный обмен

nucleic acid ~ обмен нуклеиновых кислот

optimizing ~ оптимизированный основной обмен; оптимизация метаболизма

oxidative ~ окислительный процесс обмена, окисление в процессе метаболизма

pass ~ этап [путь] метаболизма

pesticide ~ метаболизм [превращение] пестицида

respiratory ~ газообмен, газовый обмен

resting ~ *см.* **basal** ~

retrograde ~ *см.* **analytic** ~

substance [synthetic] ~ *см.* **constructive** ~

total ~ суммарный метаболизм

wasteful ~ «расточительный» метаболизм (*в отсутствие специфичности ряда ферментов*)

xenobiotic ~ метаболизм ксенобиотиков

metabolite [mə'tæbə,laɪt] метаболит (*промежуточный продукт обмена веществ*)

energy rich ~s макроэргические продукты обмена веществ

fuel ~s энергометаболиты

primary ~s первичные метаболиты (*продукты взаимосвязанных ферментативных анаболических реакций, ведущих к синтезу белка*)

secondary ~s вторичные метаболиты (*анаболические продукты, синтезируемые в период, когда рост клеток прекращается, напр. антибиотики, витамины*)

metabolizable [mə,tæbəʊ'laɪzəbl] преобразующийся [трансформируемый] в ходе обмена веществ

metabolizer [mə,tæbəʊ'laɪzə]:

extensive ~ выраженный [экстенсивный] метаболизатор

poor ~ слабый метаболизатор

metabolopathy [mə,tæbə'lɒpəθɪ] нарушение обмена веществ

metaboly [mə'tæbəlɪ] метаболия (*1. способность к изменению формы тела 2. развитие с превращением*)

metacarpal [,metə'kɑːpəl] пястная кость || пястный

metacarpophalangeal [,metə,kɑːpəʊfə'lænʤiːəl] пястно-фаланговый

metacarpus [,metə'kɑːpəs], *pl.* **metacarpi** [,metə'kɑːpaɪ] пясть, пястные кости

metacele ['metəsiːl], **metacelia** [,metə'siliːə] *уст.*, эмбр. целом, вторичная полость, дейтероцель, метацель

metacercaria [,metəsə'kæriːə], *pl.* **metacercariae** [,metəsə'kæriːiː] метацеркарий (*стадия развития зрелой личинки трематод, возникающая в организме рыб*)

metachondromatosis [,metə,kɒndrəʊ'emə'təʊsɪs] метахондроматоз (*экзостозы и энхондроматоз*)

metachromasia [,metəkrəʊ'meɪziːə], **metachromatism** [,metə'krəʊmə,tɪzəm] гист. метахромазия

metachronous [me'tækrəʊnəs] метахронный, последовательно проявляющийся через определённый промежуток времени (*рак*)

metacone ['metə,kəʊn] метаконус, дистально-щёчный бугорок (*на верхних коренных зубах*)

metaconid [,metə'kəʊnɪd] метаконид, медиально-язычный бугорок (*на нижних коренных зубах*)

metacyesis [,metəsaɪ'iːsɪs] внематочная [эктопическая] беременность

metaduodenum [,metə,djuː'əʊ'diːnəm] часть двенадцатиперстной кишки дистальнее большого сосочка

metagonimiasis [,metə,gəʊnɪ'maɪəsɪs] гельм. метагонимиаз (*плотоядных, свиней и человека*)

metagrippal [,metə'grɪpəl] постгриппозный

metainfective [,metəɪn'fektɪv] постинфекционный

metakinesia [,metəkɪ'niːzə], **metakinesis** [,metəkə'niːsɪs] цитол. метакинез

metal [metl] металл || покрывать металлом

alkali ~ щелочной металл (*один из представителей семейства Li, Na, K, Rb, Cs, Fr*)

ceramic ~ металлокерамика

coated ~ металл с покрытием

composite [compound] ~ биметалл

heavy ~s токс. тяжёлые металлы (*Cd, Co, Hg, Pb, St, Zn и др.*)

intelligent ~ металл с памятью формы (*сплав титана и никеля, приобретающий заданную форму после имплантации в какой-л. орган*)

noble ~ благородный металл

nonreactive ~ благородный металл, химически неактивный металл

toxic ~s токсические металлы, *см. тж.* **heavy** ~s

metallergy [me'tælərʤi:] метааллергия *(готовность организма к аллергической реакции в ответ на воздействие неспецифических раздражителей)*

metalloenzyme [me,tæləʊ'enzaim] металлофермент, металлоэнзим

metallophilic [me,tæləʊ'filik] металлофильный *(напр. о клетке)*

metallophobia [me,tæləʊ'fəʊbi:ə] металлофобия *(патологическая боязнь металлических предметов)*

metalloprotein [mə,tæləʊ'prəʊti:n] металлопротеид, металлопротеин *(белок, содержащий ион(ы) металла, напр. Hb)*

metalloproteinase [me,tæləʊ'prəʊtineis]:
  matrix ~ матриксная металлопротеиназа

metallotherapy [me,tæləʊ'θerəpi:] металлотерапия *(лечение прикладыванием металлических дисков к коже)*

metamere ['metə,mɛə] метамер, сегмент тела

metamerism [mə'tæmə,rizm] метамерия *(сегментация тела животного на метамеры)*

metamorphopsia [,metəmɔ:'fɔ:psi:ə] офт. метаморфопсия, дисморфопсия

metamorphosis [,metə'mɔ:fəsis] 1. метаморфоз *(изменение формы, строения, функции в период развития от личинки до взрослой особи)*; трансформация 2. перерождение, дегенерация
  fatty ~ жировая дегенерация, жировая метаморфоза
  sexual ~ трансвестизм *(склонность одеваться в одежду противоположного пола и соответственно изменять свой внешний вид)*

metamyelocyte [,metə'maiələʊ,sait] метамиелоцит, юный [незрелый] гранулоцит

metanephros [,metə'nefrɒs], *pl.* **metanephroi** [,metə'nefrɒi] метанефрос, вторичная [дефинитивная, постоянная] почка

metaneutrophil [,metə'nu:trəʊ,fil] нейтрофильный метамиелоцит

metaphase ['metə,feiz] метафаза *(вторая стадия митоза или мейоза, в которой конденсированные хромосомы распределяются в плоскости между полюсами клетки)*

metaphysis [mə'tæfəsis], *pl.* **metaphyses** [mə'tæfəsi:z] метафиз

metaphysitis [,metə'fisitis] метафизит *(воспаление метафиза)*

metaplasia [,metə'pleiʒə] метаплазия *(превращение одного типа ткани в другой)*
  apocrine ~ изменение эпителия ацинуса молочной железы *(вызывающее её сходство с потовой железой)*
  autoparenchymatous ~ метаплазия паренхиматозных клеток данной ткани
  fibroid ~ фиброзная метаплазия
  myeloid ~ миелоидная метаплазия
  oncocytic ~ малигнизация эпителиальной ткани
  squamous ~ плоскоклеточная метаплазия

metaplasis [mə'tæpləsis] период зрелости в жизни индивидуума

metaplasm ['metə,plæzəm] метаплазма, метаплазматические образования в клетке *(капельки жира, зёрна крахмала)*

metapneumonic [,metənʊ'mɒnik] постпневмонический *(напр. об осложнении)*

metapneumovirus [,metə,nʊməʊ'vaizəs]:
  Human ~ метапневмовирус человека

metapophysis [,metə'pɒfisis] сосцевидный отросток *(позвонка)*

metapore ['metəpɔ:] срединная апертура четвёртого желудочка *(головного мозга)*, отверстие Мажанди

metapsychology [,metəsai'kɔləʤi] психоан. метапсихология *(термин Фрейда, обозначающий явления, лежащие за пределами сознательных переживаний, буквально – за психологией)*

metapyretic [,metəpai'retik] постфебрильный

metarteriole [,meta:'ti:ri:,əʊl] предкапиллярная артериола, метартериола, предкапилляр

metarubricyte [,metə'ru:brisait] ортохромный эритробласт

metastasis [mə'tæstə,sis], *pl.* **metastases** [mə'tæstə,si:z] 1. метастаз 2. метастазирование 3. рефлекторное нарушение *(функции какого-л. органа)*
  ~ **of milk** избыточная секреция молока
  ~ **of the menses** аномальные источники кровотечения из носа, дёсен, желудка в период менструации
  aggressive ~ активное метастазирование
  biochemical ~ 1. аномальное распространение метаболита *(гормона, антигена)* 2. антигенная конверсия *(ткани)*
  brain ~ метастаз в головной мозг
  calcareous ~ обызвествление [кальцификация] органа *(почек, поджелудочной железы и др.)*
  colorectal liver ~ колоректальные метастазы в печени
  crossed ~ см. **paradoxal** ~
  direct ~ ортоградный метастаз *(возникший в направлении естественного тока крови или лимфы)*
  distant ~ отдалённый метастаз
  implantation ~ имплантационный метастаз
  lymphgland ~ метастаз в лимфатический узел
  paradoxical [**retrograde**] ~ ретроградный метастаз *(возникший в направлении, обратном естественному току крови или лимфы, через незаращённое овальное отверстие)*
  simultaneous bilateral adrenal ~ одновременные метастазы в оба надпочечника
  "**skip** ~**es**" см. **distant** ~
  solitary ~ одиночный метастаз
  transplantation ~ трансплантационный метастаз
  visceral ~**es** метастазы во внутренние органы

metasternum [,metə'stə:nəm] мечевидный отросток *(грудины)*

metastructure [,metə'strʌktʃə] (ультра) микроскопическая структура, ультраструктура

metatarsal [,metə'ta:səl] плюсневой, метатарзальный

metatarsalgia [,metəta:'sælʤi:ə] метатарзальная невралгия, метатарзалгия, Мортона болезнь

metatarsophalangeal [,metə,ta:səʊfə'lænʤi:əl] плюснефаланговый

metatarsus [,metə'ta:səs], *pl.* **metatarsi** [,metə'ta:sai] плюсна
  ~ **adductus** вальгусная девиация первого пальца стопы *(приведённая первая плюсневая кость)*
  ~ **atavicus** атавистическая стопа *(с укорочением первой плюсневой кости)*

~ **latus** поперечное плоскостопие

~ **varus** косолапость; варусная девиация правого пальца стопы

metathalamus [ˌmetəˈθæləməs] *анат.* метаталамус

metathesis [məˈtæθəsis] 1. перемещение *(напр. патологического процесса)* 2. *хим.* обмен, реакция обмена

Metazoa [ˌmetəˈzəʊə] подцарство царства Animalia *(включает многоклеточные организмы, клетки которых дифференцированы и формируют ткани)*

metazoan [ˌmetəˈzəʊən] многоклеточные животные || многоклеточный

metazoonosis [ˌmetəzəʊˈɒnəsis] метазооноз *(эпидемиология которого характеризуется участием позвоночных и беспозвоночных хозяев)*

metecious [məˈtiːʃəs] паразитирующий *(напр. о микроорганизмах)*

metempsychosis [məˌtemsiˈkəʊsis] метемпсихоз, переселение душ

metencephalic [məˌtensəˈfælik] относящийся к заднему мозгу

metencephalon [məˌtenˈsefəˌlɒn] задний мозг *(состоящий из моста и мозжечка)*

meteorism [ˈmiːtiːəˌrizəm] метеоризм *(скопление газов в кишечнике)*

meteoropathology [ˌmiːtiːerəʊpəˈθɒlədʒiː] метеопатология *(раздел климатопатологии, изучающий метеопатии)*

meteoropathy [ˌmiːtiːəʊˈrɒpəθiː] метеопатия *(изменение состояния организма, обусловленное сменой погоды)*

meteorotropic [ˌmiːtiːəʊrəʊˈtrɒpik] метеотропный *(о болезнях, обусловленных погодными условиями)*

meter [ˈmiːtə] 1. измеритель, измерительный прибор, счётчик || измерять, мерить, замерять 2. дозатор || дозировать

activity ~ *см.* **contamination** ~

audio-noise ~ *см.* **noise** ~

blood-flow ~ флуометр, измеритель объёмного кровотока

blood-loss ~ определение потери крови

brightness ~ измеритель яркости

chemical dose ~ химический дозиметр

color-difference ~ компаратор цветов

contamination ~ радиометр *(прибор для измерения плотности потока ионизирующего излучения)*

density ~ измеритель плотности

dosage [dose(-rate)] ~ дозиметр *(прибор для измерения дозы или мощности дозы ионизирующего излучения)*

exposure ~ 1. измеритель экспозиционной дозы 2. экспонометр

fall-out ~ измеритель (интенсивности излучения от) радиоактивных осадков

fountain pen-type dose ~ *см.* **pooket** ~

height ~ ростомер

hemoglobin ~ гемо(глобино)метр

humidity ~ измеритель влажности, влагомер, гигрометр

indicating ~ показывающий прибор

laser power ~ измеритель мощности лазера

light ~ люксметр *(фотометрический прибор для измерения освещённости)*

limp ~ шкала лимба

noise ~ шумомер *(прибор для измерения уровня громкости звука)*

nuclear density ~ радиоизотопный плотномер

personal exposure ~ индивидуальный дозиметр

pH ~ pH метр, анализатор кислотно-основного состояния, АКОС

pocket ~ карманный дозиметр

portable peak flow ~ портативный измеритель максимума потока воздуха

pulse rate ~ пульсотахометр *(прибор для непрерывного измерения частоты пульса)*

R– ~ *см.* **X-ray intensity** ~

radiation ~ радиометр *(прибор для измерения плотности потока ионизирующего излучения)*

radiation-hazard ~ индикатор радиационной опасности

rate ~ интенсиметр *(индикаторный прибор для измерения интенсивности ионизирующего излучения)*

recording ~ самопишущий измерительный прибор, самописец

respiration gas ~ газовый счётчик *(вдыхаемого воздуха)*, газомер

solar radiation ~ актинометр *(прибор для измерения интенсивности излучения тепла или прямой солнечной радиации)*

sound pressure level ~ измеритель звукового давления

surface contamination ~ радиометр, определяющий загрязнённость поверхности

ventilation ~ спирометр *(прибор для измерения жизненной ёмкости лёгких)*

volume-displacement ~ 1. пикнометр 2. (объёмный) расходомер, указатель объёмного расхода

whole-body radiation ~ счётчик общего излучения тела человека

X-ray intensity ~ рентгенометр

meterangle [ˌmiːtəˈræŋgl] угломер

metering [ˈmiːtəriŋ] измерение, количественное измерение || измерительный, мерный

methadone [ˈmeθəˌdəʊn] фенодон, метадон *(синтетический опиатный наркотик, использовавшийся для заместительной терапии героиновой наркомании)*

methanogen [məˈθænəʊfʒən] *pl.* метанпродуцирующие бактерии

methanol [ˈmeθəˌnɔːl] метанол, карбинол, метиловый [древесный] спирт, CH_3OH

methemalbumin [ˌmeθiːˈmælˌbjuːmin] метгемальбумин *(соединение гема с белком плазмы альбумином)*

metheme [ˈmetˌhiːm] гематин *(железосодержащий пигмент крови)*

methemoglobin [metˈhiːməʊˌgləʊbin] метгемоглобин, ферригемоглобин

cyanide ~ цианметгемоглобин

methemoglobinemia [metˌhiːməˌgləʊbiˈniːmiːə] метгемоглобинемия

enterogenous ~ приобретённая [вторичная] метгемоглобинемия

primary ~ врождённая [первичная] метгемоглобинемия

well-water ~ метгемоглобинемия у грудных детей, сопровождающаяся серым цианозом, поносом и лейкоцитозом *(обусловлена прикормом – пищей, приготовленной на воде с повышенным содержанием нитратов и нитритов)*

methionine [məˈθaɪəˌniːn] метионин *(основная амино-кислота)*

methmyoglobin [ˌmeθˌmaɪəˈgləʊbin] метмиоглобин

method [ˈmeθəd] 1. метод; методика; способ; приём 2. система; порядок

~ **of administration** способ употребления

~ **of certification** метод аттестации

~ **of choice** предпочтительный метод *(напр. лечения)*, «метод выбора»

~ **of constant stimuli** метод постоянных раздражителей, метод частот

~ **of controlling** метод учёта и борьбы *(напр. с насекомыми-вредителями)*

~ **of equivalent stimulus** метод установки эквивалентного раздражителя, метод подравнивания

~ **of estimating prognostification** *физиол.* метод прогностической оценки

~ **of exclusion** метод исключения, методом исключения *(о диагностике)*

~ **of forced diuresis** метод форсированного диуреза

~ **of paired comparison** метод попарного сравнения

~ **of paper-disk** метод бумажных дисков *(определения чувствительности бактерий к антибиотикам)*

~ **of plaque-forming cells** метод бляшкообразующих клеток

~ **of respiration** способ дыхания *(напр. бактерий)*

~ **of right and wrong cases** метод истинных и ложных случаев, метод частот

~ **of sampling** выборочный метод

~ **of sense rations** метод сенсорных отношений

~ **of serial dilution** *микр.* метод серийных разведений

~ **of transmission of epidemic influenza** способ передачи эпидемического гриппа

~ **of treatment** 1. метод лечения 2. способ обработки *(напр. пестицидами)*

affected-sib-set ~ метод оценки поражённой группы сибсов

"agar bullet" ~ метод агаровых блоков *(реагентов, иммобилизованных в агаре)*

agar-diffusion ~ иммунодиффузионный метод в агаровом геле

agar disk ~ *микр.* метод дисков

alternative ~ **of draining** альтернативный метод дренирования

antibody-mediated ~ серологический метод

antisense ~ «антисенс-метод», метод противоположного смысла *(нарушение репликации вируса при генной терапии)*

ascorbic acid depletion ~ *стом.* определение степени истощения аскорбиновой кислоты

bacto-streep ~ метод бактополосок, метод штриха, метод штриховки *(пересева бактерий на твёрдую питательную среду)*

Berkson – Gage ~ таблицы дожития [доживаемости] или жизни; Берксона – Гейга метод

birth control ~ способ планирования семьи; способ регулирования деторождения

bleaching ~ 1. метод отбеливания 2. метод обесцвечивания

Boudin's ~ Бойдена метод *(пассивной гемагглютинации)*

Brandt Andrews ~ Брандта Андреуса метод *(извлечения плаценты из матки надавливанием через брюшную стенку)*

brushing ~ 1. обработка щёткой *(напр. рук хирурга)* 2. щёточная, или браш-биопсия

carrier-binding ~ метод связывания с носителем *(иммобилизация клеток или молекул с твёрдым носителем путём физической адсорбции)*

"cascade immunization" ~ метод каскадной иммунизации *(различными антигенами в определённой последовательности)*

case ~ разбор конкретных ситуаций из практики

case-control ~ метод «случай-контроль» *(контроль лица, проживающего по соседству с заболевшим)*

cathartic ~ метод катарсиса, катартический метод *(в психоанализе З. Фрейда)*

chelation ~ метод комплексобразования

closed-plaster ~ лечение глухой гипсовой повязкой

cohort fertility ~ когортный метод анализа рождаемости

collar and cuff ~ *травм.* методика «воротник с муфтой»

colony count ~ метод подсчёта колоний

complementary ~ дополнительный метод

continuous sample ~ метод непрерывного взятия проб

conventional ~ общепринятый [обычный] метод

cross-linking ~ метод сшивания *(напр. полифункциональными агентами молекул или клеток)*

cytochrome spreading ~ метод монослоя цитохрома для расправления ДНК *(способ перевода ДНК в электронной микроскопии из трёхмерного клубка в линию, лежащую в плоскости монослоя цитохрома)*

damp pad ~ метод влажных фильтровальных бумажных полосок *(для выявления личинок кишечных нематод)*

dark field ~ темнопольная микроскопия

descriptive ~ описательный метод

design ~ 1. метод расчёта; метод проектирования 2. метод планирования *(эксперимента)*

detection ~ метод регистрации; метод обнаружения

dialysis equilibrium ~ метод равновесного диализа

dilution ~ метод серийных разведений *(напр. красителя при определении объёма циркулирующей крови)*

disk assay [disk-diffusion, disk sensitivity] ~ метод бумажных дисков *(определения чувствительности микроорганизмов к антибиотикам)*

ditizone ~ дитизоновый метод *(определения тяжёлых металлов, напр. свинца)*

double-antibody ~ метод двойных антител, сэндвич-метод

double-blind ~ двойной слепой метод

double staircase ~ двойной лестничный метод *(исследования адаптации глаза)*

double swallow ~ *рентг.* метод двойного глотка

draw-over ~ **of anesthesia** ингаляционный наркоз с применением термокомпенсирующего испарителя

drop plate ~ *микр.* капельно-чашечный метод

dye dilution ~ *см.* **dilution** ~

efficiency tracing ~ метод определения эффективности с помощью радиоактивных индикаторов

enrichment ~ *микр.* метод обогащения

entrapping ~ метод захвата *(физической иммобилизации клеток, молекул и т. п.)*

epidermic ~ кожная проба

esophageal fistula ~ способ наложения фистулы на пищевод

exposure ~ открытый метод лечения *(напр. ожогов)*

family set ~ метод семейных групп

filtered back projection ~ метод фильтрации обратных проекций *(при реконструкции изображений)*

flash ~ экспресс-стерилизация молока

floating [flotation] ~ флотационный метод *(накопления яиц гельминтов с помощью жидкостей с большей удельной массой)*

flow immunofluorescence ~ метод проточной иммунофлуоресценции

fluorescent antibody ~ метод флуоресцирующих антител

fluoroimmunometric ~ количественный иммунофлуоресцентный анализ

formal titration ~ метод формального титрования *(белка)*

fractionation ~ метод фракционирования

freeze-etching ~ метод замораживания – травления, метод «реплик»

freeze-substitution ~ метод замораживания – замещения

freeze-thawing ~ метод замораживания – оттаивания

freezing-drying ~ лиофилизация, метод замораживания – высушивания

frequency ~ метод частот

frequency domain ~s методы анализа вариабельности сердечного ритма в частотной области

gel-diffusion ~ метод диффузии в геле

Gram's ~ метод окраски по Граму

gravimetric ~ весовой метод анализа

halving ~ 1. метод деления (величины) пополам, метод сенсорных отношений 2. метод деления интервала пополам, метод равных сенсорных расстояний

holistic ~ холистический метод, холизм *(концепция, рассматривающая природу как иерархию целостностей)*

immersion ~ метод погружения *(напр. для извлечения микроорганизмов из почвы в кусочки агара с питательной средой)*

immune complex depletion ~ метод элиминации иммунных комплексов

immune transfer ~ метод иммуноблоттинга

immunoenzyme ~ иммуноферментный метод, ИФА

immunofluorescence ~ иммунофлуоресцентный метод

immunoglobulin-enzyme bridge ~ непрямой «мостиковый» метод иммуногистохимического анализа

immunoperoxidase ~ иммунопероксидазный метод

immunoprecipitation ~ метод иммунной преципитации

immunoturbidimetric ~ иммунонефелометрический метод

indicator-dilution ~ метод разведения индикатора *(при определении объёма циркулирующей крови)*

indirect fluorescence ~ непрямой метод флуоресценции

individual ~ индивидуальный метод *(напр. оценки токсичности пестицида)*

ion exchange chromatographic ~ метод ионообменной хроматографии

isotope dilution ~ метод изотопного разведения

latex agglutination ~ реакция латекс-агглютинации *(на эхинококкоз)*

least-squares ~ *стат.* метод наименьших квадратов

life table ~ динамический [актуариальный] метод расчёта выживаемости, метод таблиц продолжительности жизни, метод таблиц дожития

limiting dilution ~ метод предельных разведений

longitudinal ~ метод продольных срезов, метод прослеживания, метод лонгитудинального исследования

macrotube ~ макропробирочный метод, макрометод в пробирке

mass rearing ~ метод массового разведения *(насекомых)*

maximum likelyhood ~ метод максимального правдоподобия

microplating ~ метод микроразведений *(напр. в культуре клеток)*

morphometric point-counting ~ морфометрический метод подсчёта точек

mouth-to-mouth ~ искусственное дыхание «изо рта в рот»

non-invasive ~ неинвазивный метод

oxygen washing ~ метод вымывания кислорода

paired source ~ метод двух источников

palpatory ~ метод пальпации, или ощупывания

paper-disk ~ *см.* **plate-count** ~

parity progression ~ метод анализа рождаемости в пределах порядковой группы

pedigree ~ метод родословных, генеалогический метод

period fertility ~ метод анализа рождаемости за определённый период

pest-control ~ метод контроля и борьбы с сельскохозяйственными вредителями

plaque ~ метод локального гемолиза в геле *(для подсчёта антителопродуцирующих клеток)*

plaque-forming ~ метод бляшкообразования *(при подсчёте вируса)*

plaque inhibition ~ метод подавления бляшкообразования

plate-count [plate culture] ~ метод бумажных дисков, или культивирования и подсчёта на чашках *(микроорганизмов)*

pouch ~ метод культивирования бактерий в мешочке из плёнки

priming ~ метод с затравкой, прайминг-метод

proband ~ метод пробандов *(составление родословной с целью определения типов наследования изучаемых признаков)*

quick-presumptive ~ экспресс-вероятностный метод диагностики

rapid test ~ экспресс-метод

reagent-strip ~ метод определения содержания глюкозы на бумажных полосках *(с реагентом)*

reciprocity ~ метод взаимности

reference [referent] ~ референтный [стандартный, высокоточный, эталонный] метод

reliable ~ достоверный метод

reverse Giemsa ~ Гимзы окраска *(клеток)*

roll-bottle ~ метод культивирования во вращающихся колбах

roll-tube ~ метод культивирования во вращающихся пробирках

rosette ~ метод розеткообразования

rythm ~ ритм-метод контрацепции *(ограничение половых сношений «безопасным периодом»)*

salting-out ~ метод высаливания *(метод осаждения белка)*

sample ~ метод отбора проб

"sandwich" ~ метод двойных антител, сэндвич-метод

score ~ метод суммарной оценки

semicontinuous ~ полунепрерывный метод *(культивирования микроорганизмов)*

serial dilution ~ метод серийных разведений

shallow pan ~ метод культивирования в кюветах *(микроорганизмов)*

sibship ~ метод исследования кровных родственников, сибсов; сибсовый метод

silver ~ *гист.* метод серебрения

standard ~ 1. этало́нный [образцовый] метод 2. стандартный [обычный, рутинный] метод

step-by-step ~ ступенчатый метод *(напр. физической нагрузки)*

stopped flow ~ метод остановленной струи

stripping film ~ *микр.* метод пленки со съёмным слоем

"submerged culture" ~ *микр.* метод погруженной культуры, метод нижнего брожения

"surface culture" ~ *микр.* метод поверхностной культуры

swab-weighing ~ гравиметрический метод определения кровопотери *(взвешиванием салфеток)*

time domain ~s методы анализа вариабельности сердечного ритма во временной области

tracer ~ индикаторный метод, метод меченых атомов

trial-and-error ~ метод проб и ошибок

trial load ~ метод пробных нагрузок

twin-study ~ близнецовый метод

unproven ~ нетрадиционный метод

Weir – Mitchell's ~ лечение покоем, лечение по Вейера – Митчелла методу

wire-loop ~ метод проволочной петли *(в ауторадиографии)*

xenon washout ~ метод вымывания ксенона *(при измерении кровотока)*

method-effectiveness ['meθəd-i'fektivnəs] эффективность метода *(напр. лечения)*

methodization [ˌmeθɒdi'zeiʃən] приведение в систему

methodology [ˌmeθə'dɒləʤi] 1. метод, методика 2. методология

methomania [ˌmeθəʊ'meiniə] алкоголизм

methylation [meˌθai'leiʃən] метилирование *(присоединение метильной группы)*

phospholipid ~ фосфолипидное метилирование

protein ~ метилирование белков

methylene-blu ['meθəliːn-bluː] метиленовая синь

methylepsia [ˌmeθi'lepsiə], **methylmania** [ˌmeθil'meiniə] 1. запой 2. гипервозбудимость при алкогольной интоксикации

methyl-orange ['meθil-'ɒrinʤ] метилоранж

methylotroph [ˌmeθiləʊ'trɔːf]:

obligate ~ облигатный метилотроф *(микроорганизм, утилизирующий метан и метанол)*

methysis ['meθisis] интоксикация

meticulous [mi'tikjʊləs] *психол.* мелочный, дотошный; педантичный

metoecius [mə'tiːʃəs] разнохозяйный, имеющий промежуточного хозяина *(паразит)*

metonymy [mə'tɒnimi] *псих.* метонимия *(замена слов или выражений сходными, но не полностью эквивалентными)*

metopantritis [ˌmetəʊpænt'raitis] воспаление лобных пазух

metope ['metəpiː] лоб *(передняя часть черепа)*

metopion [mə'təʊpiɒn] *кр. метр.* метопион *(точка пересечения срединной линии и линии, соединяющей выступающие точки лобных бугров)*

metopism ['metəʊpizm] сохранение лобного шва *(у взрослого)*

metopodynia [ˌmetəʊpəʊ'diːniə] головная боль в лобной области

metopoplasty ['metəʊpəʊˌplæstiː] пластика лба *(кожная или костная)*

metovum [me'tɒvəm] яйцеклетка, окружённая питательным материалом

metoxenous [mə'tɒksənəs] *см.* **metoecius**

metra ['miːtrə] матка

metranemia [ˌmiːtrə'niːmiə] ишемия матки

metrapectic [ˌmiːtrə'pektik] относящийся к болезни, передаваемой матерью, которой она сама не страдает *(напр. гемофилия)*

metratomy [ˌmiːtrə'təʊmiː] вскрытие матки

metratonia [ˌmiːtrə'təʊniə] атония матки

metratrophia [ˌmiːtrə'trəʊfiə] атрофия матки

metrauxe [miːtrɔːksi] гипертрофия матки

metrectomy [ˌmiːtrektəmiː] экстирпация матки, гистерэктомия

metrectopia [ˌmiːtrək'təʊpiə] смещение матки

metrelcosis [ˌmitrəl'kəʊsis] эрозия [язва] шейки матки

metreurynter [ˌmitrju'rintə] *акуш.* метрейринтер *(баллон, раздуваемый для расширения цервикального канала матки)*

metreurysis [ˌmitr'juːrisis] *акуш.* метрейриз

metria ['miːtriə] послеродовой метрит

metrial ['miːtriəl] маточный, относящийся к матке

metriocephalic [ˌmiːtriːəʊsə'fælik] имеющий пропорциональные размеры головы *(индекс 72–75)*

metriocephaly [ˌmiːtriːəʊ'sefəliː] мезоцефалия *(вариант формы головы)*

metritis [mi'traitis] метрит *(воспаление матки)*

metrocampsis [ˌmiːtrəʊ'kæmpsis] сгибание тела матки *(под углом к шейке)*, флексия матки

metrocele ['miːtrəʊˌsiːl] грыжа матки, метроцеле

metroclyst ['miːtrəʊˌklist] катетер для орошения, промывания полости матки или введения препаратов в неё

metrocolpocele [ˌmiːtrəʊ'kɒlpəʊˌsiːl] выпадение матки во влагалище

metrocystosis [ˌmiːtrəsai'təʊsis] образование маточной кисты

metrocyte ['mi:trəʊˌsait] материнская клетка, метроцит

metrodynamometer [ˌmi:trəʊˌdainəˈmɒmətə] прибор для измерения силы маточных сокращений

metrodystocia [ˌmi:trəʊdiˈstəʊsiə] дистоция, обусловленная поражением матки

metrography [miˈtrɒgrəfi:] *рентг.* гистерография, метрография

metrohypercinesia [ˌmi:trəˌhaipəsiˈni:зə] чрезмерные родовые схватки, быстрые роды

metrohyperemia [ˌmi:trəʊˌhaipəˈri:mi:ə] гиперемия матки

metrohyperesthesia [ˌmi:trəʊˌhaipəəsˈθi:зə] гиперестезия матки

metrology [meˈtrɒləʤi:] **1.** метрология **2.** система мер и весов

   clinical ~ 1. клиническая [медицинская] метрология **2.** антропометрические измерения

   mass ~ точное измерение массы

   quality ~ измерения, направленные на обеспечение качества

metromalacia [ˌmi:trəʊməˈleiʃə] метромаляция, миомаляция

metroparalysis [ˌmi:trəʊpəˈrælisis] атония матки

metropathic [ˌmi:trəʊˈpæθik] относящийся к заболеваниям матки

metroperitonitis [ˌmi:trəʊˌperitəʊˈnaitis] **1.** пельвиоперитонит, обусловленный инфекцией из матки **2.** периметрит *(воспаление брюшины, покрывающей матку)*

metropexy [ˌmi:trəʊˈpeksi:] фиксация матки

metrophlebitis [ˌmi:trəʊfləˈbaitis] метрофлебит, воспаление вен матки

metroplasty ['mi:trəʊˌplæsti:] пластическая операция на матке

metroptosis [ˌmi:trəʊˈtəʊsis] метроптоз, опущение матки

metrorrhagia [ˌmi:trəʊˈreiʤiə] метроррагия, маточное кровотечение

metrorrhea [ˌmi:trəʊˈri:ə] маточные выделения

metrorrhexis [ˌmi:trəʊˈreksis] разрыв матки

metrorthosis [ˌmi:trəʊˈθəʊsis] исправление положения матки

metrosalpingography [ˌmi:trəʊˌsælpiŋˈgɒgrəfi:] *рентг.* метросальпингография, гистеросальпингография

metroscirrhus [ˌmi:trəʊˈskirəs] фиброзный рак [скирр] матки

metroscopy [miˈtrɒskəpi:] гистероскопия *(эндоскопия матки)*

metrostaxis [ˌmi:trəʊˈstæksis] кровоточивость матки

metrosteresis [ˌmi:trəʊstəˈri:sis] экстирпация матки, гистерэктомия

mettle [metl] характер, темперамент; пыл, ретивость

mice [mais] *pl. от* **mouse 1**

   autoimmune-prone ~ аутоиммунная мышь

   congenic ~ конгенная мышь

   congenitally athymic nude ~ врождённо бестимусная бесшёрстная мышь

   joint ~ суставная «мышь», артремфит

   nude ~ *см.* **congenitally athymic nude ~**

   tumor bearing ~ мышь-носитель опухоли

micella [maiˈselə] мицелла *(продукт переваривания жиров в виде микрочастиц в кишечнике)*

micobiogramme [ˌmaikrəʊˈbaiəgræm] антибиотикограмма для микобактерий

micrencephalia [ˌmaikrensəˈfeili:ə], **micrencephalon** [ˌmaikrenˈsefələn] микроэнцефалия *(чрезмерно малые размеры головного мозга)*

microadding [ˌmaikrəʊˈædiŋ] микродобавка *(витамины, минералы)*

microaerophilic [ˌmaikrəʊˌɛərəʊˈfilik] микроаэрофильный *(о микроорганизме, развивающемся в гипоксической среде)*

microaerotonometer [ˌmaikrəʊˌɛərəʊtəʊˈnɒmətə] микрогазоанализатор *(прибор для измерения содержания газов в крови)*

microaggregates [ˌmaikrəˈægrigəts] микроагрегаты *(устойчивые частицы размером 15–200 мкм, состоящие из форменных элементов и белков крови)*

microamounts [ˌmaikrəʊəˈmaʊnt] микроколичества, следы *(напр. селена в крови)*

microanalysis [ˌmaikrəʊəˈnælisis] микроанализ

   electron probe ~ микроанализ с помощью электронного зонда

   elemental ~ элементный микроанализ

   X-ray ~ рентгеномикроанализ, микроанализ рентгеновскими лучами

microanalyzer [ˌmaikrəʊˈænəˌlaizə] микроанализатор

microanastomose [ˌmaikrəʊəˌnæstəˈməʊs] микроанастомоз

microanatomy [ˌmaikrəʊəˈnætəmi:] гистология, микроскопическая анатомия

microaneurysm [ˌmaikrəʊˈænjʊˌrizm] микроаневризма *(аневризма мелкого кровеносного сосуда)*

microangiopathy [ˌmaikrəʊˌænʤiˈɒpəθi:] микроангиопатия *(поражение мелких кровеносных сосудов)*

microangioscopy [ˌmaikrəʊˌænʤiˈɒskəpi:] капилляроскопия

microassay [ˌmaikrəʊˈæsei] микроанализ, микротест, анализ микропробы

   simplified ~ упрощённый микроанализ

micro-attachment [ˌmaikrəʊ-əˈtætʃmənt] микроприставка

microautoradiography [ˌmaikrəʊˌɔ:təʊˌraidiˈɒgrəfi:] микроауторадиография *(гистологических и цитологических препаратов)*

microbasia [ˌmaikrəʊˈbeiзə] микробазия *(ходьба мелкими, семенящими шагами)*

microbe ['maiˌkrəʊb] микроорганизм, микроб

microbeam [ˌmaikrəʊˈbi:m] микропучок, микролуч *(напр. лазера)*

microbiallergy [ˌmaikrəʊbiˈæləʤi:] повышенная чувствительность к микробному фактору

microbially-derived [ˌmaikrəʊˈbiəli-diˈraivd] микробного [бактериального] происхождения

microbicidal [maiˌkrəʊbiˈsaidl] бактерицидный

microbicide [maiˈkrəʊbiˌsaid] бактерицидное средство

microbid ['maikrəʊˌbid] *дерм.* бактерид, микробид

microbiemia [ˌmaikrəʊbiˈi:mi:ə] бактериемия; септицемия

microbiological [ˌmaikrəʊbaiəˈlɒʤikəl] микробиологический; бактериальный *(напр. фильтр)*

microbiologist [ˌmaikrəʊbaiˈɒləʤist] микробиолог

microbiology [ˌmaikrɔʊbaiˈɒlɔʤi:] 1. микробиология, бактериология 2. бактериологическая диагностика 3. микрофлора

~ **of chronic ear effusion** микрофлора [микробиоценоз] выпота при хроническом отите

applied ~ прикладная микробиология

aqua ~ морская микробиология

basic ~ основы микробиологии

diagnostic ~ бактериологическая [микробиологическая] диагностика

food ~ пищевая бактериология, бактериология пищевых продуктов

industrial ~ промышленная [техническая] микробиология

medical ~ клиническая микробиология, или бактериология

oral ~ микрофлора ротовой полости

space ~ космическая микробиология

water ~ бактериология воды; бактериология водоёмов

microbiosis [ˌmaikrɔʊbaiˈɒsis] инфекция

microbiota [ˌmaikrɔʊbaiˈɔʊtɔ] микробиота (*сочетание микрофлоры и микрофауны в каком-л. регионе*)

microbiotic [ˌmaikrɔʊbaiˈɒtik] микробного происхождения

microbism [ˈmaikrɔbizm] инфекция

microbleeding [ˌmaikrɔʊˈbliːdiŋ]:

gastrointestinal ~ скрытое желудочно-кишечное кровотечение

microblepharia [ˌmaikrɔʊbleˈfɑːriɔ], **microblepharism** [ˌmaikrɔʊˈblefɔˌrizm], **microblepharon** [ˌmaikrɔʊˈblefɔˌrɒn] микроблефарон (*веко чрезмерно малого вертикального размера*)

microbody [ˌmaikrɔʊˈbɒdi:] гист. пероксисома, микротельце

microbrachia [ˌmaikrɔʊˈbreiki:ɔ] микробрахия (*недоразвитие верхней конечности*)

microbrachicephalia [ˌmaikrɔʊˌbreikiseˈfeili:ɔ] микробрахицефалия (*сочетание малых размеров мозговой части черепа с его башнеобразной формой*)

microbrachius [ˌmaikrɔʊˈbreiki:ɔs] терат. плод с рудиментарными верхними конечностями

microbrenner [ˌmaikrɔʊˈbrenɔ] микрокаутер (*электрокоагулятор с точечным электродом*)

microbubbles [ˌmaikrɔʊˈbʌbɔls] микропузырьки (*связанные с гемотрансфузией*)

microburner [ˌmaikrɔʊˈbɔːnɔ] микрогорелка

microcalcification [ˌmaikrɔʊˌkælsifiˈkeiʃɔn] микрокальцификация

microcalix [ˌmaikrɔʊˈkæliks], **microcalyx** [ˌmaikrɔʊˈkæliks] микрочашечка (*почки*)

microcardia [ˌmaikrɔʊˈkɑːdi:ɔ] микрокардия, «капельное» сердце

microcarrier [ˌmaikrɔʊˈkæri:ɔ] микроноситель

cellulose ~s бтх. целлюлозные микроносители

microcell [ˈmaikrɔʊˌsel] 1. микроячейка 2. небольшая по размерам клетка, миниатюрная клетка 3. метафазное ядро

microcentrum [ˌmaikrɔʊˈsentrɔm] центросома, центральное тельце, центросфера

microcephalism [ˌmaikrɔʊˈsefɔlizm], **microcephaly** [ˌmaikrɔʊˈsefɔli:] микроцефалия (*голова чрезмерно малого размера*)

microcheilia [ˌmaikrɔʊˈkaili:ɔ] микрохейлия (*губы чрезмерно малого размера*)

microchemistry [ˌmaikrɔʊˈkemistri:] 1. микрохимия 2. микрохимический анализ

microchip [ˈmaikrɔʊˌtʃip] мелкая стружка, мелкие осколки (*стекла*)

cancellous ~s травм. губчатые микрочипсы

oligonucleotide ~ олигонуклеотидный микрочип

microcinematography [ˌmaikrɔʊˌsinɔmɔˈtɒɡrɔfi:] микрокиносъёмка (*метод исследования биологических процессов*)

time-lapse ~ замедленная [цейттраферная] микрокиносъёмка

microcirculation [ˌmaikrɔʊsɔːkjʊˈleiʃɔn] микроциркуляция, капиллярное кровообращение

intraneural ~ микроциркуляция в нервном стволе

microclimate [ˌmaikrɔʊˈklaimit] микроклимат

microcluster [ˌmaikrɔʊˈklʌstɔ] микроскопление

microclyster [ˌmaikrɔʊˈklistɔ] микроклизма

micrococcus [ˌmaikrɔʊˈkɒkɔs] микрококк

microcolon [ˌmaikrɔʊˈkɔʊlɔn] микроколон (*толстая кишка чрезмерно малой длины*)

microcommunity [ˌmaikrɔʊkɔˈmjuːniti:] микросообщество; микрофлора, микрофитоценоз (*напр. кишечника*)

microcomposition [ˌmaikrɔʊˌkɒmpɔˈziʃɔn] микросостав, микрокомпозиция

microcoria [ˌmaikrɔʊˈkɔːri:ɔ] микрокория (*зрачок чрезмерно малого размера*)

microcornea [ˌmaikrɔʊˈkɔːni:ɔ] микрокорнеа (*чрезмерно уплощённая и тонкая роговица*)

microcosm [ˌmaikrɔʊˈkɒzɔm] pl. микрокосмы, экспериментальные модели экосистемы

microcrack [ˌmaikrɔʊˈkræk] микротрещина (*напр. кости*)

microcurie [ˈmaikrɔʊˌkjuːri:] микрокюри, мкКи (*единица радиоактивного излучения; одна миллионная кюри, $3,7 \times 10^4$ распадов/с*)

microcyst [ˈmaikrɔʊˌsist] микроциста (*стадия покоя неспорообразующих бактерий*)

microcyte [ˈmaikrɔʊˌsait] микроцит, карликовый [аномально маленький] эритроцит

microcythemia [ˌmaikrɔʊsaiˈθiːmi:ɔ], **microcytosis** [ˌmaikrɔʊsaiˈtɔʊsis] микроцитоз (*преобладание микроцитов среди эритроцитов крови*)

microcytotoxicity [ˌmaikrɔʊˌsaitɔʊtɒkˈsisiti:] микроцитотоксичность, подпороговая токсичность

microdactylia [ˌmaikrɔʊdækˈtiːli:ɔ], **microdactyly** [ˌmaikrɔʊˈdækti:li:] микродактилия

microdemography [ˌmaikrɔʊdiˈmɒɡrɔfi:] микродемография (*обозначение демографических исследований субнаселения с малым числом членов*)

microdensitometry [ˌmaikrɔʊˌdensiˈtɒmɔtri:] микроденситометрия

microdentism [ˌmaikrɔʊˈdentizm] микродентизм (*зубы чрезмерно малого размера*)

microdetermination [ˌmaikrɔʊdiˌtɔːmɔˈneiʃɔn] микроанализ

microdigestion [ˌmaɪkrəʊdaɪˈdʒestʃən] пристеночное пищеварение

microdiscectomy [ˌmaɪkrəʊˌdɪskˈektəmɪ] микродискэктомия *(удаление пролабирующего межпозвонкового диска с помощью операционного микроскопа)*

microdissection [ˌmaɪkrəʊdɪˈsekʃən] микродиссекция, микропрепаровка

microdontia [ˌmaɪkrəʊˈdɒnʃɪə] см. **microdentism**

microdot [ˈmaɪkrəʊˌdɒt] микродот *(форма ЛСД в виде таблеток 50–100 мкг)*

microecology [ˌmaɪkrəʊiˈkɒlədʒɪ] микроэкология *(взаимодействие микроорганизмов с окружающей средой, напр., в кишечнике)*

microelectronics [ˌmaɪkrəʊilekˈtrɒnɪks]:
  semiconductor ~ полупроводниковая микроэлектроника

microelement [ˌmaɪkrəʊˈeləmənt] **1.** микроэлемент *(присутствующий в пище элемент массой от $n \times 10^{-2}$ до $n \times 10^{-6}$ и меньше – Fe, Mo, Mn, Zn, Cl, Cu и пр.)* **2.** микрокомпонент, сверхминиатюрный компонент

microembolization [ˌmaɪkrəʊˌembəliˈzeɪʃən] микроэмболизация; микроэмболия
  pulmonary ~ микроэмболия лёгочной артерии

microembolus [ˌmaɪkrəˈembəʊləs] микроэмбол

microencapsulation [ˌmaɪkrəʊenkæpsjʊˈleɪʃən] микрокапсуляция *(включение лекарственного препарата в микрокапсулы)*

microencephaly [ˌmaɪkrəʊenˈsefəlɪ] микроэнцефалия

microentry [ˌmaɪkrəʊˈentrɪ] местный блок *(на электрокардиограмме)*

microenvironment [ˌmaɪkrəʊenˈvaɪrənmənt] микросреда, микроэкология, микроокружение *(пространство от нескольких см³ с физическими, химическими и биологическими особенностями)*
  bone marrow ~ микросреда костного мозга
  brain ~ микроокружение [внутренняя среда] головного мозга
  recipient ~ микроокружение реципиента

microestimation [ˌmaɪkrəʊˌestiˈmeɪʃən] микроаналитический метод, микроанализ

microfiber [ˌmaɪkrəʊˈfaɪbə] микроволокно

microfilament [ˌmaɪkrəʊˈfiləmənt] *pl.* микрофиламенты *(волокнистые нитевидные внутриклеточные образования)*

microfilaria [ˌmaɪkrəʊfəˈlærɪə] микрофилярия *(личинка филярий)*
  trapped ~ осевшие микрофилярии *(обычно в лёгких)*
  unsheathed ~ микрофилярия без чехлика

microfiltration [ˌmaɪkrəʊfilˈtreɪʃən] микрофильтрация
  tangential-flow ~ микрофильтрация с тангенциальным *(вдоль мембраны)* потоком

microflora [ˌmaɪkrəʊˈflɔːrə] микрофлора, бактериологический пейзаж

microfocus [ˌmaɪkrəʊˈfəʊkəs] микроочаг

microfossils [ˌmaɪkrəʊˈfɒsəls] ископаемые микроорганизмы

microfracture [ˌmaɪkrəʊˈfræktʃə] микроперелом; трещина кости

microfuge [ˌmaɪkrəʊˈfjuːdʒ] микроцентрифуга, микрофуга

microgamete [ˌmaɪkrəʊˈgæmiːt] микрогамета *(жгутикообразная мужская половая клетка одноклеточных паразитов)*

microgastria [ˌmaɪkrəʊˈgæstrɪə] микрогастрия *(чрезмерно малый желудок)*

microgenia [ˌmaɪkrəʊˈdʒiːnɪə] микрогения *(чрезмерно малая нижняя челюсть)*

microgerm [ˌmaɪkrəʊˈdʒɜːm] микроорганизм *(представитель бактерий, вирусов, грибов, простейших)*

microglia [ˌmaɪkrəʊˈgliːə] микроглия, мезоглия *(часть глии, представленная глиальными макрофагами)*

microgliacyte [ˌmaɪkrəʊˈgliːəˌsaɪt] глиальный макрофаг, мозговой гистиоцит, микроглиоцит

microglossia [ˌmaɪkrəʊˈglɒsɪə] микроглоссия

micrognathia [ˌmaɪkrəʊˈneɪθɪə] микрогнатия *(челюсть чрезмерно малого размера)*

microgonioscopy [ˌmaɪkrəʊˌgəʊniˈɒskəpɪ] гониобиомикроскопия, микрогониоскопия *(метод исследования радужнороговичного угла глаза)*

micrography [maɪˈkrɒgrəfi] **1.** *псих.* микрография *(чрезмерно мелкий почерк)* **2.** микроскопическое исследование

microgravity [ˌmaɪkrəʊˈgræviti] микрогравитация

microgyria [ˌmaɪkrəʊˈdʒaɪrɪə] микрогирия *(малые размеры мозговых извилин)*

microhabitat [ˌmaɪkrəʊˈhæbitæt] микростанция; микросфера; микрообитание

microincapsulation [ˌmaɪkrəʊinˌkæpsjʊˈleɪʃən] микрокапсулирование *(заключение препарата в оболочку из полиамида, желатины и др. растворимых полимеров)*

microincineration [ˌmaɪkrəʊinsinəˈreɪʃən] микросжигание, микроинцинерация, микрозоление

microincision [ˌmaɪkrəʊinˈsiʒən] микроразрез, микропункция *(разрушение клеточных органоидов лучом лазера)*

microinfarct [ˌmaɪkrəʊinˈfaːkt] микроинфаркт, мелкоочаговый инфаркт миокарда
  septal ~ мелкоочаговый инфаркт межжелудочковой перегородки

microinjection [ˌmaɪkrəʊinˈdʒekʃən] микроинъекция *(введение в изолированную эукариотическую клетку ДНК или других молекул)*

microinvasion [ˌmaɪkrəʊinˈveɪʒən] начальная стадия инфильтрирующего роста опухоли

microkymatotherapy [ˌmaɪkrəʊkiˌmætəʊˈθerəpi] микроволновая [сверхвысокочастотная] терапия, СВЧ-терапия *(3000 MHz)*

microlens [ˌmaɪkrəʊˈlenz] роговичная контактная линза

microlipid [ˌmaɪkrəʊˈlipid] *фирм.* микролипид, жировой модуль *(пищевой ингредиент для внутривенного введения)*

microlithiasis [ˌmaɪkrəʊliˈθaiəsis] микролитиаз *(наличие множественных мелких конкрементов)*
  bronchiolar [pulmonary alveolar] ~ кальциноз [кальцификация, обызвествление] лёгких

microlitre [ˌmaɪkrəʊˈliːtə] микролитр, мкл *(10⁻⁶ л)*

micromania [ˌmaɪkrəʊˈmeiniə] микромания *(1. микроманический бред 2. бред самоуничижения)*

micromanipulation [ˌmaɪkrəʊməˌnipjʊˈleɪʃən] *хир.* микроманипуляция *(выполняемая с очень мелкими структурами под микроскопом)*

719

micromastia [ˌmaikrəʊˈmæstiːə], **micromazia** [ˌmaikrəʊˈmeizi:ə] микромастия

micromelia [ˌmaikrəʊˈmiːliːə] микромелия *(чрезмерно малые конечности)*

micromere [ˌmaikrəʊˈmiə] бластомер чрезмерно малого размера

micrometastasis [ˌmaikrəʊməˈtæstəsis] микрометастаз *(метастаз, не поддающийся диагностике при обычном исследовании, – менее 1 см)*

  occult ~ скрытый микрометастаз

micrometer [maiˈkrɒmətə] микрометр, мкм, микрон, 10^{-6} м

micrometre [maiˈkrɒmətə] микрометр *(измерительный инструмент)*

  caliper ~ микрометр; кронциркуль

  eyepiece ~ окуляр-микрометр

  filar ~ нитяной микрометр

  ocular ~ *см.* **eyepiece** ~

micrometry [maiˈkrɒmətri:] микрометрия *(измерение микроскопических предметов)*

micromicrogram [ˌmaikrəʊˌmaikrəʊˈgræm] микромикрограмм, пикограмм $(10^{-12}$ г)

micromyces [ˌmaikrəʊˈmaisəs] *микр.* микромицеты

micromyelia [ˌmaikrəʊmaiˈiːliːə] микромиелия *(недоразвитие спинного мозга)*

microneedle [ˌmaikrəʊˈniːdl] микроигла

microneurosurgery [ˌmaikrəʊˌnuːrəʊˈsəːʤəri:] микронейрохирургия

micronization [ˌmaikrəʊniˈzeiʃən] микронизация *(уменьшение размеров частичек активного вещества препарата до микронов)*

micronized [ˈmaikrənaizd] микронизированный *(о лекарственном препарате)*

micronodular [ˌmaikrəʊˈnɒdjʊlə] микронодулярный, микроузловой *(о ткани)*

micronutrient [ˌmaikrəʊˈnuːtriːənt] микронутриент, питательный микроэлемент

micronychia [ˌmaikrəʊˈnikiːə] микронихия *(чрезмерное уменьшение ногтевой пластинки)*

microorganism [ˌmaikrəʊˈɔːgəˌnizm] микроорганизм *(включает бактерии, вирусы, грибы, простейшие, которые можно увидеть лишь в микроскоп)*

  allochthonic ~s аллохтонные микроорганизмы *(чуждые данной экосистеме, присутствующие в ней временно или пребывающие в состоянии покоя)*

  anaerobic ~ анаэробный микроорганизм, анаэроб

  autochthonic ~s автохтонные микроорганизмы *(типичные для данной экосистемы микроорганизмы)*

  contaminating ~ посторонний [загрязняющий] микроорганизм

  filamentous ~ нитевидный микроорганизм

  foreign ~ *см.* **contaminating** ~

  genetically [manipulated] modified ~s генетически модифицированные микроорганизмы

  invading ~s болезнетворные микроорганизмы

  mesophilic ~ мезофильная бактерия

  obligatory ~ облигатный микроорганизм *(строгий к условиям роста или существования)*

  pathogenic ~ патогенный микроорганизм

  putrifactive ~ гнилостный микроорганизм

  pyogenic ~ гноеродный микроорганизм

  strictly aerobic ~ строго аэробный микроорганизм

micropathology [ˌmaikrəʊpəˈθɒləʤi:] микроскопическая патоморфология

micropenis [ˌmaikrəʊˈpiːnis] микропенис, микрофаллос

microphage [ˈmaikrəʊˌfeiʤ] нейтрофильный гранулоцит, нейтрофил, нейтрофилоцит

microphakia [ˌmaikrəʊˈfeikiːə] микрофакия *(малые размеры хрусталика глаза)*

microphallus [ˌmaikrəʊˈfæləs] *см.* **micropenis**

microphone [ˈmaikrəʊˌfəʊn]:

  cardiac catheter ~ микрофонный катетер, фонокатетер

  cochlear ~ics микрофонный эффект улитки

  probe ~ акустический зонд

  throat ~ ларингофон

microphonia [ˌmaikrəʊˈfəʊniːə] микрофония, тихий голос

microphthalmia [maikˌrɒfˈθælmiːə], **microphthalmos** [ˌmaikrəʊfˈθælməs] микрофтальм, офтальмомикрия *(глазные яблоки чрезмерно малого размера)*

microphytocenosis [ˌmaikrəʊˌfiːtəʊseˈnəʊsis] микрофитоценоз

micropipet(te) [ˌmaikrəʊpaiˈpet] микропипетка

microplania [ˌmaikrəʊˈpleiniːə] *гемат.* пойкилоцитоз

microplasia [ˌmaikrəʊˈpleiʒə] карликовость, задержка развития

microplate [ˌmaikrəʊˈpleit] микропластинка; микропланшет; микроплашка

microporous [ˌmaikrəʊˈpɒrəs] микропористый *(напр. сосудистый протез)*

microprobe [ˌmaikrəʊˈprəʊb] **1.** микропроба **2.** микрозонд

micropropagation [ˌmaikrəʊˌprɒpəˈgeiʃən] **1.** вегетативное размножение **2.** технология производства гормониндуцирующего клона

microprosopus [ˌmaikrəʊprəʊˈsəʊpəs] *терат.* плод с недоразвитым лицом

micropsia [maiˈkrɒpsiːə] *офт.* микропсия *(субъективное восприятие объекта в уменьшенном виде)*

micropsychia [ˌmaikrəʊˈsaikiːə] умственная отсталость, имбецильность

micropuncture [ˌmaikrəʊˈpʌŋktʃə] микропрепаровка, микропункция, микроразрез

micropus [maiˈkrɒpəs] человек с необычно малыми размерами стоп

microquantitation [ˌmaikrəʊˌkwɒntiˈteiʃən] микроколичественное определение

microradiography [ˌmaikrəʊˌreidiˈɒgrəfi:] **1.** микрорентгенография **2.** микрорадиография

microreentry [ˌmaikrəʊˈriːentri:] микрориэнтри *(длина пути повторного возвращения импульса возбуждения в миокарде; равна 6–9 мм)*

microrespirometer [ˌmaikrəʊˌrespiˈrɒmətə] аппарат для измерения утилизации кислорода малыми частицами *(изолированной тканью или клетками)*

microsampling [ˌmaikrəʊˈsæmpliŋ] микропроба

microsatellite [ˌmaikrəʊˈsætəˌlait] *pl.* микросателлиты *(рака)*

microscellous [maiˈkrɒskeləs] коротконогий

microscissors [ˌmaikrəʊˈsizəs] микрохирургические ножницы

microscope [ˈmaikrəˌskəʊp]:

binocular ~ бинокулярный микроскоп

centrifuge ~ ультрацентрифужный микроскоп

color-contrast ~ цветовой контрастный микроскоп

comparison ~ микроскоп сравнения

corneal ~ щелевая лампа

darkfield ~ темнопольный микроскоп

dissecting ~ препаровальная лупа

electron ~ электронный микроскоп

field-ion ~ ионный микроскоп

fluorescent ~ флуоресцентный микроскоп

flying spot ~ электронный микроскоп с узким пучком

greenough ~ стереоскопический микроскоп, стерео-микроскоп

high-power ~ микроскоп с большим увеличением

hot stage ~ микроскоп с нагревательным столиком

infrared ~ инфракрасный микроскоп

interference ~ интерференционный микроскоп

inverted ~ инвертационный микроскоп

laser ~ лазерный микроскоп

light ~ светооптический микроскоп

low-power ~ микроскоп с малым увеличением

opaque ~ бесконтрастный микроскоп, опакмикроскоп

operating ~ операционный микроскоп

polarizing ~ поляризационный микроскоп

stereozoom ~ стереомикроскоп с электронным усилением *(напр. телевизионной приставкой)*

surgery ~ *см.* **operating** ~

television ~ микроскоп с телевизионным экраном

ultraviolet ~ ультрафиолетовый микроскоп

viewing ~ 1. отсчётный микроскоп 2. микроскоп для наблюдения за положением объекта

microscopy [maiˈkrɒskəpi]:

bright-field ~ микроскопия в проходящем свете

dark-ground ~ темнопольная микроскопия

differential polarization ~ дифференциальная поляризационная микроскопия

flash X-ray ~ импульсная рентгеновская микроскопия

fluorescence ~ люминесцентная [флуоресцентная] микроскопия

high-contrast electron ~ высококонтрастная электронная микроскопия

high-resolution ~ высокоразрешающая микроскопия

image-shearing ~ микроскопия с раздвоением изображения

immune [immunosorbent] electron ~ иммунная электронная микроскопия *(определение микроорганизмов с помощью специфических антител)*

interference ~ интерференционная микроскопия

light ~ световая [оптическая] микроскопия

malaria ~ микроскопическое исследование малярии

nailfold capillary ~ микроскопическое исследование капилляров ногтевой складки

phase contrast ~ фазово-контрастная микроскопия

raster electron ~ *см.* **scanning electron** ~

remote ~ дистанционная микроскопия

scanning electron ~ сканирующая электронная микроскопия

shadow ~ микроскопия объектов, контрастированных напылением металла под малым углом

transmission electron(ic) ~ трансмиссионная [просвечивающая] электронная микроскопия

vital ~ витальная [прижизненная] микроскопия

wide-field specular ~ широкопольная зеркальная микроскопия

microsection [ˌmaikrəʊˈsekʃən] 1. приготовление гистологических срезов 2. микропрепаровка

microsequence [ˌmaikrəʊˈsiːkwəns]:

protein ~ микропоследовательность белков

microshaker [ˌmaikrəʊˈʃeikə] микрошейкер, микрошюттль-аппарат

micro-signs [ˈmaikrəʊ-ˈsainz] микропризнаки, микроследы

microslide [ˈmaikrəʊslaid] 1. предметное стекло 2. микропрепарат

microsome [ˈmaikrəˌsəʊm] микросома *(мелкие сферические частички эндоплазматического ретикулума)*

microsomia [ˌmaikrəˈsəʊmiːə] карликовость, нанизм, микросомия, наносомия

~ **fetalis** патологически малый размер плода

craniofacial ~ черепно-лицевая микросомия

hemifacial ~ гемифациальная микросомия, ушно-лицевой дизостоз *(синдром первой и второй жаберных дуг)*

microsphere [ˈmaikrəˌsfiə] 1. микросфера, микрошарик *(напр. для эмболизации сосудов)* 2. *цитол.* центросома, центральное тельце центросферы

enteric coated ~s покрытые распадающейся в кишечнике [энтеросолюбильной] оболочкой микросферы

polymeric ~ полимерная микросфера

microspherocytosis [ˌmaikrəʊˌsfiːrəʊsaiˈtəʊsis] *гемат.* микросфероцитоз

microsphygmia [ˌmaikrəʊˈsfigmiːə], **microsphygmy** [ˌmaikrəʊˈsfigmiː], **microsphyxia** [ˌmaikrəʊˈsfiksiːə] микросфигмия *(пульс слабого наполнения, еле ощутимый пульс)*

Microsporum [maiˈkrɒspərəm] микроспорум *(род патогенных грибов – возбудителей дерматомикозов)*

~ **Ferrugineum** ржавый микроспорум

microstethophone [ˌmaikrəʊˈsteθəˌfəʊn], **microstethoscope** [ˌmaikrəʊˈsteθəˌskəʊp] стетофонендоскоп

Microstix [ˌmaikrəʊˈstiks] *фирм.* микростикс *(химический метод определения степени бактериурии)*

microstomia [ˌmaikrəʊˈstəʊmiːə] микростома *(сужение ротовой щели)*

microstraining [ˌmaikrəʊˈstreiniŋ] микрофильтрование, микрофильтрация

microstroma [ˌmaikrəʊˈstrəʊmə] стромальное микроокружение

microsurgeon [ˌmaikrəʊˈsɜːʤən] микрохирург

microsurgery [ˌmaikrəʊˈsɜːʤeri] 1. микрохирургия; микрохирургическая операция 2. клеточная хирургия

aesthetic ~ эстетическая [косметическая] микрохирургия

laryngeal ~ микрохирургическая операция на гортани

ophthalmic ~ офтальмологическая микрохирургическая операция

microsutures ['maikrəʊˌsuːtʃəs] тончайший шовный материал *(синтетические нити с атравматическими иглами)*

microsyringe [ˌmaikrəʊsiˈrinʤ] шприц с мелкой градуировкой, микрошприц

microtest [ˌmaikrəʊˈtest] микроанализ, микротест

microthread [ˌmaikrəʊˈθred] микронить

microtia [maiˈkrəʊʃiːə] микротия *(ушные раковины чрезмерно малого размера)*

microtiter [ˌmaikrəʊˈtaitə] микротитр

microtome ['maikrəʊˌtəʊm] *мед. тех.* микротом

freezing ~ замораживающий микротом

rotary ~ ротационный [колёсный] микротом

sledge [sliding] ~ санный микротом

microtomy [maiˈkrɒtəmiː] изготовление гистологических срезов

microtonometer [ˌmaikrəʊtəʊˈnɒmətə] микротонометр *(прибор для определения парциального давления газов в крови)*

microtransducer [ˌmaikrəʊtrænsˈduːsə] микродатчик

microtray ['maikrəʊˌtrei] микропланшет

microtubule [ˌmaikrəʊˈtuːbjuːl] *pl.* микротрубочки *(клеточные органеллы)*; микроканальцы

microvascular [ˌmaikrəʊˈvæskjələ] капиллярный *(о сосуде)*; микрососудистый *(напр. анастомоз)*

microvasculature [ˌmaikrəʊˈvæskjʊlətʃə] капиллярная сеть; микрососуды

microvillus [ˌmaikrəʊˈviləs], *pl.* **microvilli** [ˌmaikrəʊˈvilai] микроворсинка

microwaves ['maikrəˌweivz] микроволны; микроволновое излучение; волны сверхвысокой частоты, СВЧ

microwelding [ˌmaikrəʊˈweldiŋ]:

laser ~ лазерная микросварка

microvoid ['maikrəʊˌvɒid] *pl.* микропустоты, микропоры

microxyphil [maiˈkrɒksiˌfil] сегментоядерный, или полиморфно-ядерный, ацидофильный гранулоцит

microzoon [ˌmaikrəˈzəʊɒn] микроорганизм

micrurgy ['maikrəˌʤiː] *см.* **micromanipulation**

mictiometer [miktiˈɒmətə] микциометр *(прибор для измерения объёмной скорости мочеиспускания)*

miction ['mikʃən], **micturition** [ˌmiktʃuˈriʃən] мочеиспускание, мочевыделение

obstructed ~ затруднённое мочеиспускание

midabdomen [midˈæbdəmən] средний этаж брюшной полости; мезогастриум

midbrain ['midbrein] средний мозг

midchildhood [midˈtʃaildˌhuːd] подростковый возраст, подростковый период

middle [midl] середина || средний; расположенный посередине || поместить в середину

middle-aged [ˌmidl-'eiʤd] средних лет, среднего возраста

midesophageal [midiˌsɒfəˈʤiəl] относящийся к среднему отделу пищевода

midface ['midfeis] средняя зона лица

midfoot [midˈfuːt] средний отдел стопы, предплюсна

midfrontal [midˈfrʌntl] относящийся к середине лба

midge [miʤ] **1.** мошка; комар **2.** карлик, лилипут **3.** очень малое существо или вещь

biting ~s кровососущие мошки

midgestation [ˌmiʤəˈsteiʃən] второй триместр, середина срока беременности

midgut ['midˌgʌt] *эмбр.* средняя кишка *(от большого дуоденального сосочка до дистальной трети поперечной ободочной кишки)*

midlife ['midˌlaif] средний возраст

midline ['midˌlain] средняя линия, срединная линия *(живота)* || средний; срединный

midmenstrual [ˌmidˈmenstruəl] относящийся к середине менструального цикла

midpain ['midˌpein] межменструальная боль

midpoint ['midˌpɒint] средняя точка; центр; середина

midpregnancy [ˌmidˈpregnənsiː] *см.* **midgestation**

midriff ['midˌrif] диафрагма

midsection ['midˌsekʃən] срединный разрез

midsternum [ˌmidˈstəːnəm] тело грудины

midstream ['midˌstriːm] средняя струя [порция] мочи

midtarsal [ˌmidˈtaːsəl] относящийся к сочленениям костей предплюсны между собой

midthorax [ˌmidˈθɔːræks] середина груди, средняя часть груди, середина грудной полости

midureter [ˌmidjuːˈriːtə] средний отдел мочеточника

midway ['midˌwei] средняя линия

midwife ['midˌwaif] акушерка

~ in maternity care роль акушерки в охране материнства

~ with university degree акушерка с университетским образованием

assistant [auxiliary] ~ помощница акушерки

head ~ старшая акушерка

matron ~ главная сестра роддома

state certified ~ дипломированная акушерка

midwifery [ˌmidˈwaifəriː] акушерство

midzonal [ˌmidˈzəʊnəl] относящийся к средней зоне, или к центральной части *(напр. печени)*

migraine ['maigrein] мигрень

abdominal ~ мигрень, сопровождающаяся тошнотой, рвотой и коликой

basilar ~ базилярная мигрень

classic ~ классическая мигрень

common ~ общая мигрень

familial hemiplegic ~ семейная гемиплегическая мигрень

fulgurating ~ внезапно возникающая мигрень

hemiplegic ~ гемиплегическая мигрень, мигрень с перемежающейся гемиплегией

ophthalmic ~ мерцательная скотома

ophthalmoplegic ~ офтальмоплегическая мигрень, Мёбиуса синдром

migraineur [ˌmiːgreˈnuːr] *фр.* человек, страдающий мигренью

migranoid ['maigrəˌnɒid], **migranous** ['maigrənəs] напоминающий или обусловленный мигренью

migrant ['maigrənt] **1.** мигрант, переселенец **2.** мигрирующее вещество

intra city ~ переселенец внутри города

refugee ~ беженец

migrateur [ˌmigreiˈtuːr] *фр.* человек, склонный к бродяжничеству

migration [maiˈgreiʃən] **1.** миграция, перемещение **2.** переход *(напр. патологического процесса)* **3.** диапедез **4.** движение молекул при электрофорезе

forced ~ принудительная миграция

neuronal ~ нейрональная миграция

pin ~ миграция штифта-трансплантата

transmural ~ чрезстеночное проникновение *(напр. микробов в брюшную полость из кишечника)*

upward ~ смещение вверх *(напр. зуба осевого позвонка)*

migrator [maiˈgreitə] мигрант, переселенец

mild [ˈmaild] **1.** тихий, кроткий, мягкий *(напр. характер)* **2.** лёгкий, умеренный, стёртый *(о течении болезни, тяжести травмы)* **3.** слабый *(о медикаменте)*, неострый *(о пище)*

mildew [ˈmailˌdjuː] плесень ‖ поражать плесенью

milestone [ˈmailˌstəʊn] веха *(в развитии)*

delayed ~ задержка достижения этапов развития

milfoil [ˈmilˌfɔil] тысячелистник *(Achillea)*

miliaria [ˌmiliˈɛəriːə] *дерм.* потница

~ **rubra** *лат.* красная [тропическая] потница, климатический гипергидроз; милиаризация

miliary [ˈmiliˌeri] милиарный, просовидный; сопровождающийся мелкой сыпью

milieu [milˈjuː] **1.** *фр.* окружение, среда; окружающая обстановка *(напр. по отношению к психически больному)* **2.** кровь и лимфа, омывающие клетки организма *(по Клоду Бернару)*

milium [ˈmiliəm], *pl.* **milia** [ˈmiliːə] белые угри

colloid ~ коллоидная дегенерация кожи, гиалома

milk [milk] **1.** молоко **2.** любая белёсая, молочного цвета жидкость **3.** *фарм.* суспензия нерастворимого вещества в воде

~ **of calcium renal stone** молочно-кальциевые камни *(мелкие гранулы в содержимом кисты почки)*

~ **of magnesia** магнезиальное молоко, магния гидроксид *(применяемый в качестве антацида)*

accredited ~ *см.* **certified** ~

acidified ~ ацидофильное молоко

almond ~ миндальная эмульсия

certified ~ сертифицированное молоко *(содержащее не более 10000 микробных тел в 1 мл)*

concentrated ~ сгущённое молоко

evaporated ~ сгущённое стерилизованное молоко

expressed breast ~ сцеженное грудное молоко

fat-corrected ~ молоко со стандартным содержанием жира *(3,2 %)*

fat filled ~ жирное молоко

goat ~ козье молоко *(адаптированный заменитель женского молока)*

heat-treated ~ пастеризованное молоко

human ~ женское молоко

immunologic hypersensitivity ~ иммунологическая сенсибилизация к молоку

litmus ~ бактериологическая среда с индикатором pH

low-count ~ молоко с низким содержанием бактерий

market ~ свежепастеризованное молоко

mastitic ~ молоко больной маститом матери

pasteurized ~ *см.* **heat-treated** ~

powdered skim ~ сухое обезжиренное молоко

purple ~ «пурпурное» молоко *(среда с индикатором бромкрезоловым пурпурным)*

scalded ~ *см.* **heat-treated** ~

set ~ свернувшееся молоко

skim ~ снятое [обезжиренное] молоко

sour ~ кислое молоко, простокваша

soybean ~ соевое молоко

undesignated ~ сборное молоко

uterine ~ (маточные) бели

uviol ~ молоко, стерилизованное ультрафиолетовым облучением

witch's ~ молоко, иногда выделяющееся из грудных желёз новорождённого, «молоко ведьм»

milk-curd [milk-kəːd] свернувшееся молоко

milk-fed [milk-fed] вскормленный молоком

milk-gauge [milk-geidʒ] лактометр

milk-govan [milk-ˈgəʊvən] одуванчик лекарственный *(Taraxacum officinale)*

milking [ˈmilkiŋ]:

~ **of invaginated segment** «выдаивание» инвагината *(сегмента кишки)*

milking-back [ˈmilkiŋ-bæk] «выдаивание» *(кишечного инвагината)*

milkpox [ˈmilkpɒks] аластрим, белая оспа, оспа кафров

mill [mil] мельница, измельчитель ‖ измельчать ◊ **to** ~ **in** стачивать или препаровать *(зубы)*

milliampere, mA [ˌmiliˈæmpiə] миллиампер

millicurie [ˌmiliˈkjuːri] милликюри, мКи

milliequivalent, mEq [ˌmiliiˈkwivələnt] *уст.* миллиэквивалент *(10⁻³ моля делённые на основность для химических элементов — на валентность)*

millieutherapy [ˌmilijuːˈθerəpi] лечение средой

millilitre [ˌmiliˈliːtə] миллилитр, мл *(10⁻³ л)*

millimicron [ˌmiliˈmaikrɒn] миллимикрон, нанометр *(10⁻³мк, 10⁻⁹м)*

millimol [ˌmiliˈməʊl] миллимоль, ммоль

milling-in [ˈmiliŋ-in] сошлифовывание, стачивание; препаровка *(зубов)*

millipore [ˌmiliˈpɔː] миллипора, ультратонкий фильтр; подвергать ультратонкой фильтрации

milliroentgen-equivalent-physical [ˌmiliˈrentdʒeni-ˈkwivələnt-ˈfizikəl] физический миллирентген-эквивалент

millisecond [ˌmiliˈsekənd] **1.** миллисекунда *(10⁻³ сек.)* **2.** доля секунды

milliunit [ˌmiliˈjuːnit] 0,001 [10⁻³] стандартной единицы

mill-mountain [mil-ˈmaʊntin] лён слабительный *(Linum catharticum)*

milphae [ˈmilfə], **milphosis** [milˈfəʊsis] выпадение ресниц

milzbrand [ˈmiltsˌbrænt] сибирская язва

mimesis [miˈmiːsis] **1.** истерическая симуляция органического заболевания **2.** симптоматическая имитация одного органического заболевания другим

mimic [ˈmimik] имитировать, симулировать *(напр. болезнь)* ‖ имитирующий, симулирующий

mimicry [ˈmimikriː] **1.** имитация; подражательство; мимикрия **2.** симуляция **3.** сходство, подобие

immunologic ~ иммунологическая мимикрия

mimmation [mi'meiʃən] неправильное произношение буквы «М»

mind ['maind] 1. умственные способности, интеллект, рассудок, ум; психика, психическая деятельность 2. память; воспоминание 3. намерение, желание

  disordered ~ психоз, психическое заболевание

  distempered ~ расстроенное воображение

  grasshoper ~ инкогерентное [бессвязное, беспорядочное] мышление

  group ~ групповое сознание, «коллективный разум»

  holotropic ~ холотропное мышление

  split ~ раздвоение личности, шизофрения

  subconscious ~ подсознательная психическая деятельность, подсознание

mind-bending ['maind-'bendiŋ] *разг.* галлюциногенный *(наркотик)*

mind-blowing ['maind-'bləʊiŋ] 1. *разг.* возбуждающий, шокирующий 2. психоделический *(наркотик)*

mind-body ['maind-'bɒdi:] психосоматический

minder ['maində]:

  child ~ воспитатель, няня

minding ['maindiŋ]:

  baby ~ уход за ребёнком

mindreading [,maind'ri:diŋ] чтение мыслей

miner ['mainə] 1. минёр 2. шахтёр

  coal ~ шахтёр, рудокоп

mineral ['minerəl] *pl.* минеральные вещества *(напр. в диете)*

  trace ~ микроэлементы

mineralization [,minrəlai'zeiʃən] минерализация; обызвествление, кальцификация, кальциноз

  ~ **of soft tissues** кальцификация мягких тканей

  focal pulmonary ~ очаговый кальциноз лёгких

  intraprostatic ~ кальцификация предстательной железы

mineralogy [,minə'rɒlədʒi:] 1. минералогия 2. электролитный состав *(напр. жидкости)*; содержание химических элементов *(напр. в лёгких)*

mineralocorticoid [,minərələʊ'kɔ:ti,kɒid] минералокортикоид, минералокортикоидный гормон

mini-cap ['mini-'kæp] (гипсовый) мини-колпачок

minicell ['mini,sel] мини-клетка *(бактериальная клетка, не содержащая ядра и не способная к самостоятельному делению)*

minifilm ['mini,film] флюорограмма

minigrafting [,mini'græftiŋ]:

  autologous ~ аутогенная мини-трансплантация

minilaparotomy [,mini,læpə'rɒtəmi:] мини-лапаротомия *(доступ в брюшную полость через небольшой разрез – до 10 см)*

minimization [,minimai'zeiʃən]:

  cost ~ 1. минимизация затрат *(напр. на профилактику)* 2. минимальная стоимость

  exposure ~ минимизация воздействия *(опасных факторов)*

  risk ~ минимизация риска

minimize ['minimaiz] сводить к минимуму, чрезмерно уменьшать, минимизировать *(напр. стрессирующие влияния)*

minimum ['miniməm] 1. минимальное количество; наименьшее значение 2. порог восприятия

  ~ **audibile** *физиол.* порог слышимости

  ~ **cognoscibile** *физиол.* порог узнавания

  ~ **discernibile**, ~ **legibile** *физиол.* дифференциальный [разностный] порог, порог различения *(цифр или букв)*

  ~ **sensibile** *физиол.* порог сознания

mininetwork [,mini'net,wə:k]:

  immune ~ иммунная мини-сеть *(функциональное звено в сетевой структуре иммунного ответа)*

mini-pig [,mini-'pig] карликовая свинья *(биологический аналог человека, используемый в эксперименте)*

minipump [,mini'pʌmp]:

  osmotic ~ осмотический мини-насос

minisatellite [,mini'sætəlait] мини-сателлит *(напр. о небольшой последовательности ДНК определённого состава)*

Ministry ['ministri:]:

  ~ **of Health and Social Security of Russian Federation** министерство здравоохранения и социального развития Российской Федерации

  ~ **of Health, Labor and Welfare** министерство здравоохранения, труда и социального обеспечения *(Япония)*

mini-thoracotomy [,mini-,θɔːrə'kɒtəmi:] мини-торакотомия *(вскрытие грудной полости через малый доступ)*

minitracheostomy [,mini,treiki:'ɒstəmi:] минитрахеостомия *(выполняемая с помощью вводимой через кожу иглы и тонкой трубочки)*

minor ['mainə] 1. малый, небольшой; минорный *(напр. аллоантиген)*; портативный *(аппарат)* 2. лёгкий *(о травме)* 3. несовершеннолетний *(лицо в возрасте 14–17 лет)*

minority [mai'nɒriti:] 1. несовершеннолетие 2. меньшинство *(о группе больных)* 3. национальное меньшинство

  ethnic ~**ies** этнические меньшинства

  sexual ~**ies** сексуальные меньшинства

mint [mint] 1. мята *(Mentha)* 2. источник, происхождение

  ~ **of infection** очаг инфекции

  brandy ~ мята перечная *(Mentha piperita)*

minute[1] ['minit] минута, короткий промежуток времени ‖ хронометрировать

minute[2] [mai'nju:t] 1. малый, меньший; мельчайший 2. микроскопический *(о бактериях)* 3. подробный, детальный; тщательный, точный; прецизионный

  double ~**s** двойные мелкие хромосомы

miocardia [,maiəʊ'ka:di:ə] систола *(сокращение сердца)*

miodidymus [,maiəʊ'didiməs] *терат.* миодидимус *(плод с двумя головами, сросшимися затылками)*

mionectic [,maiəʊ'nektik] *уст.* пониженный, сниженный, недостаточный *(напр. об оксигенации крови)*

miopragia [,maiəʊ'preiʤi:ə] пониженная активность

miosis [,mai'əʊsis] 1. миоз *(сужение зрачка)* 2. обратное развитие заболевания, период стихания болезни

miosphygmia [,maiəʊ'sfigmi:ə] дефицит пульса, Джексона симптом

miotic [mai'ɒtik] 1. миотическое средство *(вызывающее сужение зрачка)* ‖ миотический 2. относящийся или характерный для мейоза

miracidium [,mairə'sidi:əm], *pl.* **miracidia** [,mairə'sidi:ə] мирацидий *(личиночная стадия развития сосальщиков)*

mire ['maɪə] тест [объект] для определения степени астигматизма *(глаза)*

mirolene ['maɪrəliːn] *фирм.* нерассасывающаяся синтетическая нить *(моноволокно)*

mirror ['mɪrə] 1. зеркало 2. отображение ‖ отображать; изображать; отражать

  air-cleared ~ стоматологическое зеркало с воздушным приводом

  dental ~ стоматологическое зеркало

  ear ~ ушная воронка, ушное зеркало

  frontal [head] ~ лобный рефлектор, лобное зеркало

  laryngeal ~ гортанное зеркало

  mouth ~ стоматологическое зеркало

  overhead ~ *см.* **frontal** ~

  pharyngeal ~ фарингоскоп

  post nasal ~s зеркало для непрямой ларингоскопии

mirroring ['mɪrərɪŋ] *психол.* отзеркаливание

miryachit [miːrˈjaːtʃit] мерячемье *(массовые психогенные истерические реакции в Сибири; сходные с тиками, лата, хореями)*

mis-action [ˌmis-ˈækʃən] ошибка, ошибочное действие *(в психоанализе, напр. описка, оговорка)*

misadjustment [ˌmisəˈdʒʌstmənt] неправильная регулировка; неточная юстировка

misadventure [ˌmisədˈventʃə] несчастье, несчастный случай

  human ~ несчастный случай с больным *(напр. во время наркоза – анестезиологическая смерть)*

  therapeutic ~ ятрогенное повреждение; несчастный случай при лечении

misandria [miˈsændriːə] *псих.* мизандрия, ненависть к мужчинам

misanthropy [misˈænθrəpiː] мизантропия *(отвращение и ненависть к людям, человечеству)*

misapplication [misˌæpliˈkeiʃən] 1. неправильное использование 2. злоупотребление

misapprehension [misˌæpriˈhensən] недопонимание

misbehave ['misbiˌheiv] плохо себя вести

misbehavior [ˌmisbiˈheivjər] недостойное поведение; проступок

misbirth [misˈbəːθ] самопроизвольный аборт, выкидыш *(при сроке беременности до 20 недель)*

misborn [misˈbɔːn] 1. недоношенный 2. незаконнорождённый

miscarriage [ˌmisˈkæridʒ] *см.* **misbirth**

miscegenation [miˌsedʒəˈneiʃən] 1. смешанный брак *(между представителями разных рас, национальностей)* 2. метисация, смешение рас

miscellanea [ˌmisəˈleiniːə] 1. разное 2. сборник *(научных работ)*

miscible ['misəbəl] смешивающийся *(напр. о жидкости)*

misconception [misˌkənˈsepʃən] неправильное [ошибочное] представление, заблуждение, ложная концепция

misconduct [misˈkɒndʌkt] 1. правонарушение; проступок ‖ плохо себя вести 2. супружеская неверность 3. должностное преступление; неудовлетворительное исполнение обязанностей

  sexual ~ 1. криминальная интимная связь, наказуемое половое сношение 2. половое извращение

misdeed [misˈdiːd] 1. преступление; злоупотребление 2. ошибка; оплошность

misdemeano(u)r [misˌdiˈmiːnə] *суд. мед.* проступок, мисдиминор *(категория наименее опасных преступлений)*

misdiagnose [misˈdaiəgˌnəus] ошибиться в диагнозе, ошибочно диагностировать, поставить неверный диагноз

misdiagnosis [misˈdaiəgˌnəusis] диагностическая ошибка; ошибка в диагностике; ложный [неправильный] диагноз

  intentional ~ заведомо ложный диагноз

misery ['mizəri:] 1. страдание, невзгоды, несчастье 2. нищета, бедность; бедственное положение

mishandling [misˈhændliŋ] неосторожное обращение

misidentification [ˌmisaiˌdentifiˈkeiʃən]:

  delusional ~ бредовая идентификация

  hyperbolic ~ гиперболическая [ошибочная] идентификация

misinterpretation [ˌmisinˌtəˈpriˈteiʃən] ошибочная интерпретация, неправильное трактование

  ~s of fluorescence ошибочное [ложное] заключение о результате флуоресцентного исследования

misleading [misˈliːdiŋ] введение в заблуждение

misletoe ['misəlˌtəu] омела белая *(Viscum album)*

mismatch ['mismætʃ] 1. рассогласование *(напр. о дефиците пульса)* 2. различие; расхождение 3. несовместимость *(напр. в браке; донора и реципиента)*; несоответствие *(напр. групп крови)*

  base-pair ~ дефект комплементарного спаривания гетероциклических оснований

  color ~ различие сравниваемых цветов

  HLA ~ несовместимость по комплексу HLA

  perfusion ~ нарушение перфузии

  ventilation-perfusion ~ несоответствие вентиляционно-перфузионного соотношения

mismenstruation [misˌmenstruˈeiʃən] дисменорея *(расстройство менструального цикла)*

mismicturition [misˌmiktʃuˈriʃən] дизурия *(расстройство мочеиспускания)*

misocainia [ˌmisəuˈkainiːə] мизокайния *(страх новизны)*

misogamy [miˈsɒgəmi:] отрицание брака

misogyny [miˈsɒdʒini:] мизогиния, женоненавистничество

misopedia [ˌmisəuˈpiːdiːə], **misopedy** [miˈsɒpidi:] *псих.* мизопедия *(патологическая ненависть к детям)*

misplacement [misˈpleismənt] дистопия, эктопия, аномальное [неправильное] расположение

  ~ of cannula смещение канюли

mispronounce [ˌmisprəˈnauns] неправильно произносить

  ~ many words неправильно выговаривать многие слова

misreading [misˈriːdiŋ] 1. неправильное чтение или толкование 2. ошибка в считывании

  instrument ~ ошибочное считывание показаний прибора, неправильное показание прибора

misrepresentation [misˌreprizenˈteiʃən] искажение содержания; введение в заблуждение

miss [mis] 1. промах; ошибка ‖ ошибаться 2. отсутствие; потеря

misshapen [misˈʃeipən] нарушение формы; неправильная [аномальная] форма *(напр. органа)* ‖ деформированный

missile ['misail] 1. реактивный снаряд; ракета ‖ относящийся к ракетному оружию, снаряду *(напр. о ранении)* 2. метательное оружие

missing ['misiŋ] **1.** недостающий; отсутствующий; удалённый *(напр. зуб)* **2.** пропавший без вести

mission ['miʃən] **1.** миссия; делегация **2.** миссионерская организация или деятельность

Messianic ~ *псих.* мессия, мессианская миссия

misspeech [mis'spi:tʃ] неправильная речь; неправильное произношение

misspelling [mis'speliŋ] неправильное написание

mist [mist] **1.** лёгкий туман; пары увлажнённого и подогретого воздуха *(напр. в парокислородной палатке)* **2.** аэрозоль **3.** «серая пелена» перед глазами

cool ~ «холодный туман» *(для ингаляций)*

high-density water ~s водные аэрозоли высокой плотности

ultrasonic ~s ультразвуковые аэрозоли

mistake [mi'steik] ошибка; заблуждение

~s **of transosseous osteosynthesis** ошибки при чрескостном остеосинтезе

medical ~ медицинская [врачебная] ошибка

misting ['mistiŋ]:

~ **of vision** затуманивание поля зрения

mistletoe [misəl'təu] омела белая *(Viscum album)*

mistreatment [mis'tri:tmənt] плохое [дурное, жестокое] обращение *(напр. с ребёнком)*

mistrust [mis'trʌst] *псих.* недоверие, подозрение || не доверять, подозревать

misunderstanding [mis,ʌndə'stændiŋ] **1.** неправильное [ошибочное] понимание; недооценка *(напр. состояния больного)* **2.** недоразумение **3.** размолвка

misuse [mis'ju:s] **1.** неправильное [ошибочное] употребление или применение || неправильно употреблять **2.** плохое обращение; злоупотребление || дурно обращаться; злоупотреблять

~ **of drugs** неправильное применение психоактивных средств

~ **of sex chromatin screening** неэффективность скрининга на половой хроматин

substance ~ злоупотребление наркотиками, наркомания

mite[1] [mait] маленький объект или существо малых размеров

~ **of a child** малютка

dust ~s взвешенные частицы *(пылинки и биологические загрязнители)*

follicular ~s угрицы

mite[2] клещ

cheese ~ сырный клещ

food ~s тироглифоидные [амбарные, хлебные] клещи

grain ~ чесоточный зудень

harvest ~s краснотелковые клещи

human mange ~ *см.* **grain** ~

itch ~ чесоточный клещ

mole ~ гамазоидный [гамазовый] клещ

psoroptic ~ накожный клещ

mite-borne ['mait-,bɔ:n] клещевой, клещевого происхождения

mitella [mai'telə] пращевидная повязка

mithridatism ['miθri,deitizm] митридатизм *(иммунитет против ядов, приобретаемый в процессе потребления небольших, постепенно возрастающих доз яда; назван по имени древнего царя)*

miticidal [,maiti'saidəl], **miticide** ['maitisaid] акарицид, средство для уничтожения клещей || убивающий [губительный] для клещей *(о препарате или средстве)*

mitigate ['miti,geit] смягчать, успокаивать *(боль)* || умеренный, смягчённый *(о течении болезни)*; ослабленный, митигированный *(напр. о кори)*

mitigatory [,miti'geitəri:] **1.** смягчающий, успокаивающий **2.** мягчительный **3.** успокоительный

mitochondrion [,maitəu'kɒndri:ɒn], *pl.* **mitochondria** [,maitəu'kɒndri:ə] митохондрия *(клеточная органелла, участвующая в продукции и накоплении энергии, необходимой для функционирования клетки)*

mitogen ['maitəuʤen] митоген *(вещество, стимулирующее митоз)*

B-cells ~ B-клеточный митоген

mycoplasma ~ митоген микоплазмы

pokeweed ~ митоген лаконоса, или фитолакки *(стимулятор бласттрансформации и пролиферации B- и Т-лимфоцитов)*

mitogenesis [,maitəu'ʤenisis] митогенез *(индукция митоза в клетках)*

mitogenic [,maitəu'ʤenik] митогенный, вызывающий митоз

mitogenicity [,maitəuʤe'nisiti:] митогенные свойства, митогенность

mitoptosis [,maitəu'ptəusis] митоптоз; апоптоз митохондрий клетки

mitosis [mai'təusis], *pl.* **mitoses** [mai'təusi:z] митоз, митотическое [непрямое] деление *(при котором из одной клетки образуются две идентичные дочерние)*

heterotypic ~ редукционное деление *(первое деление клетки в мейозе)*

homeotypic ~ эквационное деление *(второе деление клетки в мейозе)*

multicentric ~ многополюсный [мультиполярный, полицентрический] митоз

pathologic ~ патологический [аномальный, атипический] митоз

pluripolar ~ *см.* **multicentric** ~

unipolar ~ однополюсный [моноцентрический, униполярный] митоз

mitotic [mai'təutik] митотический

mitral ['maitrəl] **1.** митральный, трёхстворчатый **2.** обозначающий структуру, похожую на головную повязку или тюрбан

mittelschmerz ['mitəlʃmertz] *нем.* межменструальная боль *(возникающая в животе в середине менструального периода – во время овуляции)*

mity ['maiti:] поражённый [заражённый] клещами

mix [miks] **1.** смесь || мешать, смешивать **2.** смешивание, смешение ◊ **to** ~ **in** примешивать

case ~ состав больных *(по нозологии и тяжести состояния)*

mixed-aged [mikst-eiʤd] разновозрастный

mixer ['miksə] **1.** лабораторная мешалка, миксер, сместитель **2.** меланжер

batch ~ порционный смеситель, смеситель периодичного действия

gradient ~ градиентный смеситель *(для приготовления растворов с градиентом концентрации или плотности)*

paddle ~ смеситель с лопастной мешалкой

tumbling ~ смесительный барабан

mixotroph [ˌmɪxəˈtrɔːf] миксотроф *(микроорганизм со смешанным автотрофным и гетеротрофным метаболизмом)*

mixture [ˈmɪkstʃə] **1.** микстура **2.** смесь **3.** смешивание, смешение

anesthetic ~ анестетическая смесь, смесь наркотических газов

cough ~ микстура от кашля

highprotein ~ высокобелковая питательная смесь

legionella selective ~ селективная (ингибирующая) добавка при культивировании легионелл

uniform ~ однородная смесь

M-mode [em-ˈməʊd] узи М-режим *(одномерное [линейное] чёрно-белое изображение движущихся структур, напр. сердца)*

color ~ цветной модальный допплер

mnemonics [nɪˈmɒnɪks], **mnemothechnics** [ˌniːməʊˈtekniks] мнемоника *(система улучшения памяти применением специальных методов или техник)*

moan [məʊn] стон ‖ стонать ◊ **to ~ with pain** стонать от боли

mobile [ˈməʊbaɪl] **1.** мобильный, переносной, передвижной **2.** изменчивый, непостоянный

~ in transverse direction подвижный в поперечном направлении

mobility [məʊˈbɪlɪtɪ] **1.** мобильность, подвижность **2.** изменчивость, непостоянство **3.** перемещение; переселение

abnormal ~ патологическая подвижность *(напр. отломков кости)*

electrophoretic ~ электрофоретическая подвижность

fixed deeply ~ сильно ограниченная подвижность

intergeneration ~ изменение структуры населения в следующем поколении

intrageneration ~ изменение структуры населения в одном поколении

jaw ~ **1.** подвижность челюсти; движения челюсти **2.** жевание

lumbar-spine ~ подвижность позвоночника в поясничном отделе; гибкость спины в поясничном отделе

paradoxal ~ патологическая подвижность *(напр. отломков кости)*

tooth ~ подвижность [расшатывание] зубов

valve leaflet ~ движения створок клапана

mobilization [ˌməʊbɪlaɪˈzeɪʃən] мобилизация *(1. восстановление подвижности 2. приведение в состояние физиологической активности процессов, находившихся в покое до этого)*

early ~ раннее начало движений

stapes ~ восстановление подвижности стремечка

mocezuelo [ˌmɒseˈzwæləʊ] столбняк новорождённых

mock [mɒk] **1.** подражание; притворство **2.** имитировать; симулировать *(напр. о стенокардии)*

mock-infected [ˈmɒk-inˈfektɪd] псевдозаражённый, контрольный к заражённой пробе

mock-up [ˈmɒk-ˌʌp] имитирующее устройство; макет, модель или манекен в натуральную величину *(напр. «оживлённая Анна»)*

modality [məʊˈdælɪtɪ] **1.** метод, способ воздействия *(чаще о физиотерапевтической процедуре)* **2.** модальность *(вид ощущения: зрительное, слуховое и т. д.)* **3.** состояние, изменяющее действие медикамента

~ies of therapy методы лечения

combined ~ комбинированный метод лечения *(напр. рака)*

diagnostic ~ диагностический метод

imaging ~ визуализированное строение; метод [способ] визуализации *(напр. МРТ)*

physical ~ies методы физиотерапии

sensus ~ сенсорная модальность

therapeutic ~ лечебное воздействие

treatment ~ возможности [спектр] лечения; методы лечения

mode [məʊd] **1.** метод, способ **2.** образ [режим] действия **3.** форма, вид, тип **4.** обычай; общепринятый порядок, традиционное правило **5.** мода (величина, наиболее часто встречающаяся в группе)

~ of administration способ введения или применения *(лекарственного средства)*

~ of death вид смерти

~ of decay тип (радиоактивного) распада

~ of delivery способ родоразрешения

~ of detection метод выявления *(напр. рака лёгкого)*

~ of entry (входные) ворота инфекции

~ of existence образ жизни; способ существования

~ of exposure режим воздействия

~ of formation стадия образования

~ of inheritance тип наследования

~s of transmission пути передачи

blend ~ режим «резание и коагуляция» *(о действии электрохирургического аппарата)*

coagulation ~ режим «коагуляция»

common ~ of rupture частая причина разрыва *(напр. связки)*

cutting ~ режим «резание»

motion ~ *см.* **M-mode**

non-traditional ~s of therapy нетрадиционные формы, или методы, лечения

operative ~ оперативный метод

parenteral or sexual ~s парентеральный или половой путь *(напр. передачи СПИДа)*

production ~ механизм образования *(напр. систолического щелчка)*

restitution ~ восстанавливающий режим

standby ~ дежурный [ждущий] режим

surface ~ поверхностный режим

time motion ~ *см.* **M-mode**

various ~s различные оттенки *(напр. цветов)*

model [ˈmɒdəl] **1.** модель, образец, шаблон ‖ моделировать, воспроизводить **2.** концепция

~ of bioelectrogenesis *физиол.* модель электрогенеза живых тканей Нернста

~ of genetic evolution гипотеза генетического развития

~ **of nursing** модель сестринского дела

acceptance ~ модель «приятия»

age-duration-parity ~ модель состава семьи в зависимости от возраста супругов и продолжительности брака

animal ~ экспериментальная концепция заболевания на животном

basic decision ~ основная модель принятия решений

behavioral ~ поведенческая модель

clonal deletion ~ клонально-делеционная модель, гипотеза делеции клонов

conceptual ~ концептуальная модель, схематическая модель (*напр. деятельности медсестры*)

deterministic ~ детерминистическая модель (*в теории эпидемий*)

fixed effect ~ *стат.* модель постоянных эффектов

fluid mosaic ~ модель жидкой мозаики (*о расположении рецепторов*)

guinea pig ~ 1. эксперименты на морских свинках (*напр. по заживлению ран*) 2. экспериментальная модель на морской свинке (*напр. болезни*)

knee ~ муляж коленного сустава

lab mouse ~ лабораторная модель мыши (*напр. трансгенная мышь*)

multistage ~ **of carcinogenesis** многофазная концепция карциногенеза

natality ~ модель рождаемости

network ~ сетевая модель (*оказание медицинских услуг с множеством врачебных групп*)

neurodevelopmental ~ экспериментальная неврологическая модель

open-ended network ~ каскадная модель теории сети, модель открытой идиотипической сети

pilot ~ опытный образец

plaster ~ слепок, макет (*копия зубов и челюстей, изготавливаемая из гипса*)

proposed animal ~ природная модель болезни человека у животных

public health ~ модель общественного здравоохранения

random effect ~ *стат.* модель случайных эффектов

reproducible canine ~ эксперимент, воспроизводимый на собаке

stochastic ~ стохастическая [вероятностная] теория (*эпидемий*)

stone ~ гипсовый макет (*челюсти*)

test dose ~ модель пробной дозы

treatment ~s модели лечения

modelling ['mɒdəlɪŋ] моделирование, дизайн

behavior ~ *психол.* моделирование поведения

computer ~ компьютерный дизайн

extrapolation ~ **of inhaled toxicants** экстраполяционное моделирование вдыхаемых токсических веществ

participant ~ *псих.* моделирование участия

pharmacodynamic ~ моделирование фармакодинамики

moderate ['mɒdərət] 1. умеренный ‖ смягчать, умерять 2. сдержанный; выдержанный 3. средний, посредственный (*о качестве*)

modification [ˌmɒdifi'keiʃən] 1. модификация, (видо)изменение, преобразование 2. разновидность, вариант

~ **in the blood pressure** изменение кровяного давления

~ **of drug resistance** изменение резистентности к лекарственным средствам

~ **of lifestyle** изменение качества жизни

~ **of ureterovesical junction** реконструкция мочеточнико-пузырного соустья

behavior ~ бихевиористский подход; модификация [изменение] поведения

clinical ~ клиническая модификация (*классификации болезней*)

genetic ~ генетическое изменение (*напр. растений*)

posttranscriptional ~ посттранскрипционная модификация

posttranslational ~ посттрансляционная модификация

modified ['mɒdifaid] изменяемый, модифицируемый; регулируемый (*напр. состав газовой смеси*)

modifier [ˌmɒdi'faiə] 1. (ген-)модификатор; (ген-)модулятор (*не имеющий собственного выражения в генотипе, но оказывающий усиливающее или ослабляющее влияние на другие гены*) 2. модифицированное вещество 3. модулятор (*химической реакции*); корректор (*напр. иммунодепрессивного эффекта преднизолона*)

biological response ~ модификатор биологического отклика (*агент, воздействующий на защитные механизмы, напр. интерферон*)

crossing-over ~ модификатор кроссинговера

dominance ~ модификатор доминантности

motility ~ средства, влияющие на моторную функцию кишечника

mutability ~ модификатор мутабельности

radiotherapy ~s модификаторы лучевой терапии

modiolus [məʊ'daiələs], *pl.* **modioli** [məʊ'daiəʊli] *ото.* стержень улитки

Moducal *фирм.* углеводный модуль (*пищевой ингредиент, содержащий мальтодекстрин*)

modular ['mɒdjʊlə, 'mɒdʒələ] модульный, состоящий из отдельных блоков (*напр. об операционной*)

modulation [ˌmɒdjʊ'leiʃən, ˌmɒdʒə'leiʃən] 1. модуляция (*дифференцировка и редифференцировка клеток в период развития ткани*), модулирование 2. изменение (*напр. регуляции клеток*)

~ **of autoimmunity** модуляция аутоиммунитета

~ **of brain** изменение психической деятельности

~ **of plasma lipoprotein levels** колебания [изменения] уровня липопротеинов в плазме

hormonal ~ **of behavior** гормональное изменение поведения

metabolism ~ изменение обмена веществ

neurohormonal ~ нейрогормональные изменения (*напр. при сердечной недостаточности*)

presynaptic ~ пресинаптические изменения

surgical ~ хирургическая коррекция (*напр. при инфаркте*)

modulator [ˌmɒdjʊ'leitə] нормализующий препарат (*напр. моторику кишечника*)

modus ['məʊdəs] 1. способ, модус; разновидность 2. норма

~ **operandi** *лат.* способ действия

~ vivendi *лат.* образ жизни, способ существования

mogiarthria [ˌmɒʤiˈaːθriə] дизартрия *(расстройство артикуляции)*

mogigraphia [ˌmɒʤiˈgræfiə] писчий спазм, писчая судорога

mogilalia [ˌmɒʤiˈleiliə] могилалия *(разновидность заикания, при которой затруднено произношение отдельных слогов)*

mogiphonia [ˌmɒʤiˈfəuniə] трудности в произношении звуков

mogitocia [ˌmɒʤiˈtəuʃiə] трудные [патологические] роды, дистоция

moistening [ˈmɒiseniŋ] увлажнение

moisture [ˈmɒistʃə] влага; влажность; сырость

   air-dry ~ гигроскопическая влажность

   maximum hygroscopic ~ максимальная гигроскопичность

   total ~ общая влажность

moistureproof [ˈmɒistʃəˌpruːf], **moisture-resistant** [ˈmɒistʃə-riˈzistənt] влагонепроницаемый, влагостойкий

moisturiser [ˌmɒistʃəˈraizə] увлажнитель

   ~ for dry skin увлажнитель сухой кожи

molal [ˈməuləl] моляльный, относящийся к одному молю

molality [məuˈlæliti] моляльность, мольная концентрация *(концентрация, выраженная в молях растворённого вещества в 1000 г чистого растворителя)*

molar¹ [ˈməulə] моляр, большой коренной зуб || молярный

   ankylosed deciduous ~ непрорезавшийся молочный моляр

   impacted ~ плотно сидящий коренной зуб

   mandibular ~ нижний моляр

   maxillar ~ верхний моляр

   sixth-year ~ большой коренной зуб у шестилетнего *(первый постоянный моляр)*

   supernumerary ~ сверхкомплектный моляр

   third ~ зуб мудрости, третий моляр

   twelfth-year ~ второй постоянный моляр *(прорезывающийся обычно к 12 годам)*

molar² 1. относящийся к массе вещества *(не молекулярной)* 2. молярный *(содержащий 1 моль в 1 л раствора)*

molarity [məuˈlæriti] молярность *(число молей, содержащихся в 1 л раствора)*

mold¹ [məuld] плесень, плесневой гриб || плесневеть, покрываться плесенью

   common ~s плесневые грибы

   filamentous ~ мицелий гриба

   sporulating ~s спорообразующие плесневые грибы

   true slime ~ истинный миксомицет

mold² 1. форма отливки *(напр. искусственного зуба)*, матрица, шаблон || формировать, моделировать 2. телосложение

molded [ˈməuldid] смоделированный *(напр. гипсовый сапожок)*

moldy [ˈməuldiː] заплесневевший, заплесневелый, поражённый грибом

mole¹ [məul] пузырный занос, хорионаденома, внутриматочное разрастание

   blood [Breus'] ~ кровяной занос

   carneous ~ внутриматочное разрастание *(плотная масса в матке, состоящая из плаценты и фрагментов плода)*

   cavernous ~ мясистый занос

   cystic ~ пузырный занос, хорионаденома *(перерождение хориона на ранней стадии беременности, обычно с гибелью эмбриона)*

   false ~ полипоидное образование в матке

   fleshy ~ *см.* **cavernous ~**

   grape ~ *см.* **cystic ~**

   hydatid(iform) ~ *см.* **cystic ~**

   invasive [malignant] ~ меланома; деструирующая хорионаденома

   sanguineous [vascular] ~ *см.* **blood ~**

   vesicular ~ *см.* **cystic ~**

mole² невус, невоидная опухоль, родимое пятно, родинка

   changing ~ изменяющаяся родинка

   hairy ~ волосяной невус

   pigmented ~ пигментный невус

mole³ моль, грамм-молекула

molecule [ˈmɒliˌkjuːl] молекула

   diatomic ~ молекула, состоящая из двух атомов

   hexatomic ~ молекула, состоящая из шести атомов

   intercell(ular) adhesion ~ молекула межклеточной адгезии *(клеток надсемейства иммуноглобулинов)*

   neural cell adhesion ~ молекула адгезии нервных клеток

   platelet-endothelial cell adhesion ~ молекула адгезии тромбоцитов и эндотелия

   trigger ~ триггерная молекула

   uremic middle ~s среднемолекулярные уремические токсины *(токсические метаболиты)*

   vascular cell adhesion ~ молекула сосудистой адгезии клеток *(продуцируемых активированными эндотелиоцитами)*

molilalia [ˌmɒliˈleiliə] *см.* **mogilalia**

molimen [məuˈlaimən], *pl.* **molimina** [məuˈliminə] дискомфорт, недомогание

   menstrual ~a менструальный синдром *(комплекс неприятных ощущений во время менструации)*

mollescuse [məˈleskjuːs], **mollities** [mɒˈliʃiːes] маляция, размягчение *(тканей)*

   ~ ossium остеомаляция

molluscum [məuˈlʌskəm] моллюск *(мягкая округлая опухоль кожи)*

   ~ contagiosum [epitheliale] *см.* **verrucosum ~**

   ~ fibrosum нейрофиброматоз, Реклингхаузена болезнь

   ~ fibrosum gravidarum полосы беременных, рубцы беременности

   ~ pseudocarcinomatosum [sebaceum] кератоакантома, псевдокарциноматозный [роговой, сальный] моллюск

   ~ verrucosum контагиозный [заразительный] моллюск

molt [məult] линька *(отпадание перьев, волос или кутикулы)*

molugram [ˈmɒluˌgræm] грамм-молекула

molysmophobia [məˌlizməuˈfəubiə] мизофобия, молизмофобия *(патологическая боязнь загрязнения или заражения)*

monad ['mɔʊnæd] **1.** одиночная хромосома **2.** *хим.* моновалентный элемент **3.** *биол.* одноклеточный организм

monaminuria [,mɔʊnæmi'njuːriːə] моноаминоацидурия *(напр. фенилкетонурия)*

monarthric [mɔ'naːθrik] односуставный

monarthritis [,mɔna·'θraitis] (моно)артрит

monaster [,mɔnæstə] *биол.* стадия звезды *(звёздообразное расположение хромосом при делении ядра клетки)*

monaural [mɔ'nɔːrəl] монауральный *(относящийся к одному уху)*

monesthetic [,mɔnis'θetik] относящийся к одному чувству или ощущению

mongolism ['mɔngəʊ,lizm] генерализованная фетальная дисплазия, Дауна болезнь *(обусловленная трисомией по 21-й паре хромосом)*

mongoloid ['mɔngəʊ,lɔid] **1.** напоминающий монголоидную расу **2.** страдающий болезнью Дауна

monilated ['mɔni,leitəd] веретенообразный *(напр. о бактерии)*

monilethrix [məʊ'nilə·θriks] монилетрикс, чёткообразная аплазия волос, веретенообразные [монилиформные] волосы

moniliasis [,məʊni'laiəsis] кандидоз, кандидамикоз, дрожжевой микоз, *уст.* монилиаз

~ **of nails** кандидоз ногтей

oral ~ кандидоз слизистой оболочки полости рта

moniliform [məʊ'nili'fɔːm] чётковидный *(напоминающий чётки или нитку бус)*

moniliid [məʊ'niliːid] *pl.* монилиды *(мелкие пятна или папулы – аллергическая реакция на монилиальную инфекцию)*

monism ['mɔnizəm] монизм *(философское учение, признающее первоосновой одно начало – либо материю, либо дух)*

monitor ['mɔnitə] **1.** монитор *(1. контролирующий прибор 2. регистрирующее устройство)* **2.** дозиметр ‖ вести дозиметрический контроль; мониторировать **3.** оператор

~ **gait** наблюдение за походкой

~ **in circuit** монитор в наркозном контуре *(для регистрации дыхания)*

~ **of tyroxin concentration** определение содержания тироксина

~ **prothrombin time** измерять протромбиновое время

alarm indication ~ блок контроля системы тревожной сигнализации

bedside ~ прикроватный монитор

blood loss ~ прибор для измерения кровопотери

blood pressure ~ монитор для контроля за кровяным давлением

cardiac ~ кардиомонитор

careful ~ тщательное наблюдение

contamination ~ монитор радиоактивной загрязнённости

Doppler fetal heart ~ допплеровский кардиомонитор для исследования плода

fetal ~ мониторинг за состоянием плода

film thickness ~ монитор для определения толщины напыления *(в растровой микроскопии)*

Holter ~ холтеровский монитор *(портативный прибор, записывающий суточную ЭКГ пациента в его свободном режиме)*

pulse ~ пульсотахометр

respiration ~ дыхательный монитор

monitoring ['mɔnitəriŋ] мониторинг, мониторирование *(1. постоянное динамическое наблюдение за каким-л. процессом 2. наблюдение, оценка и прогноз состояния окружающей среды; дозиметрический контроль 3. метод диагностики какой-л. болезни 4. управление, регулирование)*

~ **children's weight** контроль за массой тела детей

~ **of thyroid disease** мониторинг распространённости заболеваний щитовидной железы

apnoe ~ апноэ-мониторинг *(электронный сигнал тревоги, активизируемый сенсором при остановке дыхания у ребёнка)*

area ~ радиационный [дозиметрический] контроль определённой зоны

cardiopulmonary ~ сердечно-лёгочный мониторинг

careful ~ интенсивное [тщательное] наблюдение *(напр. в отделении реанимации)*

clinical ~ клинический мониторинг *(при испытании лекарственных средств)*

close patient [critical] ~ *см.* **careful** ~

drug ~ контроль за применением [безопасностью] лекарственных средств

electrocardiographic ~ холтеровское мониторирование ЭКГ *(в течение суток)*

endoscopic ~ эндоскопический мониторинг *(периодическое эндоскопическое наблюдение, напр., за атрофическим гастритом)*

environmental ~ мониторинг состояния окружающей среды

home ~ домашний мониторинг

intrapartum biochemical ~ **of the fetus** интранатальный биохимический контроль плода

outpatient urodynamic ~ периодический контроль уродинамики пациента в свободном режиме

perioperative ~ мониторинг в пре- и послеоперационном периодах

personnel ~ дозиметрический контроль персонала; индивидуальный дозиметрический контроль

self-blood pressure ~ самоконтроль артериального давления

monkey ['mʌŋki] **1.** обезьяна **2.** *sl.* наркотик; наркоман

African Green ~ африканская зелёная мартышка *(резервуар СПИДа)*

bolivian ~ боливийская обезьяна

Rhesus ~ обезьяна-резус

monkshood ['mʌŋks,huːd] аконит, борец *(Aconitum)*

monoamide [,mɔnəʊ'æmid] моноамид *(молекула, содержащая одну амидную группу)*

monoanesthesia [,mɔnəʊ,ænes'θiːʒə] однокомпонентный наркоз

monobacillary [,mɔnəʊ'bæsə,leri:] монобациллярный

monobactam [,mɔnəʊ'bæktəm] *pl.* монобактамы *(антибиотики, содержащие бета-лактамы)*

monoblast ['mɔnəʊ,blæst] монобласт *(клетка-предшественница моноцита)*

monocentric [ˌmɒnəʊˈsentrik] моноцентрический *(напр. характер роста опухоли)*

monochord [ˈmɒnəʊˈkɔːd] *уст.* монохорд *(инструмент для аудиометрии)*

monochorea [ˌmɒnəʊkɔːˈriːə] монохорея *(хорея, при которой гиперкинез ограничен одной конечностью)*

monochromasia [ˌmɒnəʊkrɒˈmeizə] 1. монохроматизм 2. цветовая слепота, монохромазия, ахроматопсия

monochromat [ˌmɒnəʊˈkrəʊmæt] монохромат *(человек с расстройством цветового восприятия)*

cone ~ колбочковый монохромат *(неспособность различать цвета с резко сниженной остротой зрения)*

rod ~ палочковый монохромат *(неспособность различать цвета с нормальной остротой зрения)*

monochromatism [ˌmɒnəʊˈkrəʊmæˌtizm] см. **monochromasia**

monoclonal [ˌmɒnəʊˈkləʊnəl] моноклональный, происходящий из одной клетки

monoclone [ˌmɒnəʊˈkləʊn] 1. моноклональная клетка 2. моноклональное антитело

monocrotic [ˌmɒnəʊˈkrɒtik] монокротический *(пульс, на нисходящей кривой ЭКГ которого отсутствует зазубрина)*

monocular [mɒˈnɒkjʊlə] 1. одноглазый; монокулярный 2. относящийся к одному глазу

monoculus [mɒˈnɒkjʊləs] повязка на один глаз

monocyesis [ˌmɒnəʊsaiˈiːsis] одноплодная беременность

monocytic [ˌmɒnəʊˈsaitik] моноцитарный

monocytogene [ˌmɒnəʊˌsaitəʊˈdʒiːn]:

heat-killed Listeria ~s термоинактивированные листерии, вызывающие менингоэнцефалит

monodactylism [ˌmɒnəʊˈdæktilizm], **monodactyly** [ˌmɒnəʊˈdæktili] монодактилия *(наличие единственного пальца кисти или стопы)*

monodiplopia [ˌmɒnəʊdiˈpləʊpiːə] монодиплопия, диплопия на один глаз

monofilament [ˌmɒnəʊˈfiləmənt] 1. элементарное волокно 2. монолитная [монофильная, монофиламентная] нить, мононить

monogamy [məˈnɒɡəmi] моногамия, единобрачие

monogenesis [ˌmɒnəʊˈdʒenəsis] моногенез *(1. клонирование 2. паразитирование с прохождением полного цикла развития в организме одного хозяина 3. разновидность неполового размножения, партеногенез 4. концепция развития организма из одной клетки)*

monogenic [ˌmɒnəʊˈdʒenik] контролируемый одним геном, моногенный

monogeny [məˈnɒdʒəni] 1. моногения *(продуцирование потомков одного пола)* 2. моногония, бесполое размножение

monogerminal [ˌmɒnəʊˈdʒɜːminəl] однояйцовый, монозиготный *(о близнецах)*

monoinfection [ˌmɒnəʊinˈfekʃən] мониинфекция

monokine [ˈmɒnəʊkain] *pl.* монокины *(растворимые факторы, выделяемые моноцитами и макрофагами и оказывающие регуляторное воздействие на другие клетки)*

monolayer [ˌmɒnəʊˈleiə] монослой *(клеток в культуре)*; монослойная культура

monolocular [ˌmɒnəʊˈlɒkjʊlə] однополостный, однокамерный

monomania [ˌmɒnəʊˈmeiniːə] *псих.* мономания *(навязчивая идея, чрезмерная увлечённость одной идеей или субъектом)*

monomaniac [ˌmɒnəʊˈmeiniːæk] 1. относящийся к мономании 2. страдающий мономанией

monomicrobic [ˌmɒnəʊˌmaiˈkrəʊbik] вызванный одним видом микроорганизмов

monomphalus [mɒˈnɒmfələs] омфалопагус *(близнецы, сросшиеся в области пупка)*

monomyoplegia [ˌmɒnəʊˌmaiəˈpliːdʒiːə] паралич одной мышцы

mononeural [ˌmɒnəʊˈnuːrəl], **mononeuric** [ˌmɒnəʊˈnuːrik] 1. однонейронный 2. мононевральный *(иннервируемый одним нервом)*

mononeuritis [ˌmɒnəʊnʊˈraitis] мононеврит

multiplex ~ сочетанный мононеврит

mononoea [ˌmɒnəʊˈniːə] *псих.* фиксация сознания на одном объекте

mononuclear [ˌmɒnəʊˈnuːkliːə] мононуклеар, одноядерная клетка ‖ мононуклеарный, одноядерный

mononucleosis [ˌmɒnəʊˌnuːkliːˈəʊsis]:

gammaherpesviral ~ гамма-герпесвирусный мононуклеоз

infectious ~ инфекционный мононуклеоз, лимфоидно-клеточная [моноцитарная] ангина, Филатова [Пфейффера] болезнь

mononucleotide [ˌmɒnəʊˈnuːkliːəˌtaid]:

flavin ~ флавинмононуклеотид *(кофермент ряда окислительно-восстановительных ферментов)*

monoovular [ˌmɒnəʊˈəʊvjʊlə] однояйцовый, монозиготный

monooxigenase [ˌmɒnəʊˈɒksidʒəˌneis] монооксигеназа

monopathy [məʊˈnɒpəθi] 1. неосложнённое (одно) заболевание 2. местное поражение

monopenia [ˌmɒnəʊˈpiːniːə] моноцитопения

monophasia [ˌmɒnəʊˈfeizə] *псих.* непрерывное повторение одного слова или предложения

monophasic [ˌmɒnəʊˈfeizik] монофазный, однофазный *(1. проявляющийся монофазией 2. относящийся к однофазному заболеванию)*

monophobia [ˌmɒnəʊˈfəʊbiːə] монофобия *(патологическая боязнь одиночества)*

monophosphate [ˌmɒnəʊˈfɒsˌfeit]:

adenosine ~ аденозина монофосфат, АМФ *(участвует в процессах превращения энергии)*

monophthalmus [ˌmɒnəʊfˈθælməs] плод или индивидуум с циклопией

monophyletic [ˌmɒnəʊfaiˈletik] монофилетический *(имеющий единое происхождение, из одной линии предшественников)*

monophyletism [ˌmɒnəʊˈfailəˌtizm] уницентрическая [унитарная, моноцентрическая, монофилетическая] теория кроветворения *(из одной клетки-предшественницы)*

monoplegia [ˌmɒnəʊˈpliːdʒiːə] моноплегия *(паралич одной конечности)*

monoploid [ˈmɒnəʊˌplɔid] гаплоид *(клетка с гаплоидным числом хромосом)*

monopodia [ˌmɒnəʊˈpəʊdiːə] моноподия (отсутствие одной ноги)

monopolar [ˌmɒnəʊˈpəʊlə] монополярный (напр. электрокаутер)

monopsychosis [ˌmɒnəʊsaiˈkəʊsis] см. **monomania**

monorchia [mɒˈnɔːˈkiːə] монорхизм, крипторхизм

monorchid [mɒˈnɔːrkid], **monorchis** [mɒˈnɔːrkis] больной с монорхизмом

monoschesis [ˌmɒnəʊˈskiːsis] задержка менструации

monosensitization [ˌmɒnəʊsenˌsitiˈzeiʃən] сенсибилизация специфическим аллергеном

monosomia [ˌmɒnəʊˈsəʊmiːə] моносомия (слившиеся туловищами близнецы с двумя головами)

monosomy [ˈmɒnəʊˌsəʊmiː] моносомия (особь или клетка с отсутствующей хромосомой из пары гомологичных хромосом)

monospasm [ˈmɒnəʊˌspæzm] моноспазм (спазм одного органа или одной мышцы)

monospermy [ˈmɒnəʊˌspəːmiː] моноспермия (оплодотворение яйцеклетки одним сперматозоидом)

monosporiosis [ˌmɒnəʊˌspɒriˈəʊsis] микол. моноспориоз

monostotic [ˌmɒnɒsˈtɒtik] относящийся к одной кости или к поражению одной кости, монооссальный

monostratal [ˌmɒnəʊˈstreitl] однослойный

monosyn [ˈmɒnəˌsiːn] фирм. рассасывающаяся синтетическая нить с покрытием (моноволокно)

monotherapy [ˌmɒnəʊˈθerəpiː] монотерапия (лечение больного одним препаратом)

monothermia [ˌmɒnəʊˈθəːmiːə] отсутствие суточных колебаний температуры тела, постоянство температуры

monotrichic [ˌmɒnəʊˈtrikik], **monotrichous** [məˈnɒtrikəs] одножгутиковый (о бактерии)

monovalent [ˌmɒnəʊˈveilənt] 1. моновалентный, одновалентный (об антителе) 2. способный образовывать одну химическую связь

monovular [məˈnɒvjʊlə] однояйцовый, монозиготный (о близнецах)

monoxenous [məʊˈnɒksənəs] моноксенный, паразитирующий в организме одного хозяина

monoxide [mɒˈnɒkˌsaid] (мон)оксид, однооксись

carbon ~ оксид углерода, угарный газ, CO

monooxygenase [ˌmɒnəʊˈɒksidʒeˌneis] pl. монооксигеназы (оксидоредуктазы, катализирующие присоединение только одного атома из молекулы кислорода)

monoxyhemoglobin [məˌnɒksiˌhiːməʊˈgləʊbin]:

carbon ~ карбоксигемоглобин

monozygotic [ˌmɒnəʊˌzaiˈgɒtik] см. **monovular**

mons [mɒnz], pl. **montes** [ˈmɒntiːz] анат. возвышение, бугорок, выступ, холм ◊ **pubis** лобок, лобковое возвышение, лонный холм

monster [ˈmɒnstə] 1. уст. монстр (1. плод или индивидуум с выраженными пороками развития 2. чрезвычайно крупный плод у животных) 2. sl. сильный наркотик

acraniate ~ плод без головы

autositic ~ плод-аутозит, плод-хозяин (у сросшихся близнецов – основной плод)

celosomian ~ плод с выпавшими из брюшной или грудной полости органами

compound [diaxial, double] ~ равножизнеспособные сращённые плоды; сиамские близнецы

endocymic ~ плод-паразит (сращённый и кровоснабжаемый плодом-хозяином), паразитирующий эмбриопаг

heterotypical ~ абдоминальный паразитирующий эмбриопаг (плод-паразит в брюшной полости плода-аутозита)

parasitic ~ см. **endocymic** ~

twin ~ см. **compound** ~

monstrosity [mɒnˈstrɒsiti] 1. выраженный порок развития, уродство 2. см. **monster**

montanum [ˈmɒntənəm] выпячивание (напр. складки слизистой оболочки в уретре)

month [mʌnθ]

member ~s человекомесяц (период времени, в течение которого благополучатель был охвачен страховой медицинской программой)

monthly [ˈmʌnθliː], pl. **monthlies** [ˈmʌnθlis] менструация

mood [muːd] настроение, расположение духа

~ of anxiety тревожное настроение

to have ~s быть подверженным депрессии

agitated ~ возбуждённое настроение, ажитация

capricious ~ неустойчивое настроение

delusional ~ разг. бредовое настроение

dismal ~ подавленное настроение, уныние

elated ~ приподнятое настроение

incongruous [inappropriate] ~ неадекватное настроение, паратимия

irritable ~ раздражительное настроение

manic ~ маниакальное настроение

manipulating ~ манипуляция настроением

moodaltering [ˌmuːdˈɒlteriŋ] разг. психотропный

mood-congruent [ˈmuːd-ˈkɒŋgruːənt] соответствующий настроению (о мышлении); конгруэнтный аффекту

moolka [ˈmuːlkə] «мулька» (кустарно изготовляемый наркотик)

moon [muːn] 1. луна 2. селен

moonblink [ˈmuːnˌbliŋk] англ. гемералопия, никталопия, куриная [ночная] слепота

mope [məʊp] 1. унылый, угрюмый 2. хандра

mope-eyed [ˈməʊp-ˈaid] близорукий, страдающий миопией

morale [məˈraːl] моральное состояние, моральный дух

loose ~s распущенность нравов

morament [məˈræmənt] психически больной, душевнобольной

Moraxella [ˌməʊrækˈselə] род облигатных аэробных, неподвижных, грамнегативных бактерий

~ lacunata Моракса – Аксенфельда палочка (возбудитель конъюнктивита у человека)

morbid [ˈmɔːbid] 1. болезненный, патологический, страдающий какой-л. болезнью 2. (психически) нездоровый; кошмарный (сон)

morbidity [mɔːˈbiditi] 1. болезненность, распространённость болезни (совокупность всех заболеваний, зарегистрированных в данном году, независимо от времени их возникновения и первичного диагностирования, приходящихся на 1000 человек населения, на 10 000 населения (психические болезни) или на 10 0000 населения (инфекционные болезни)) 2. заболеваемость (общее число впервые зарегистрированных заболеваний, приходящихся на 1000, 10 000 или 100 000 населения) **3.** осложнение

anesthesia related ~ анестезиологические осложнения

limited ~ малое [ограниченное] число осложнений

postoperative ~ *pl.* постоперационные осложнения

psychiatric ~ психическая заболеваемость

substantial ~ высокая заболеваемость

morbidize ['mɔ:bɪˌdaɪz] вызывать или воспроизводить заболевание

morbiferous [mɔ:'bɪferəs], **morbific** [mɔ:'bɪfɪk], **morbigenous** [ˌmɔ:'bɪʤənəs] болезнетворный, вызывающий заболевание, патогенный

morbilli [mɔ:'bɪli:] *уст.* корь, *норм.* **measles**

morbilliform [mɔ:'bɪlɪfɔ:m] кореподобный, напоминающий корь *(о сыпи)*

morbillivirus [ˌmɔ:bɪli'vaɪrəs] вирус кори

morbillous ['mɔ:bɪləs] коревой *(относящийся к кори)*

morbus ['mɔ:bəs] болезнь, заболевание

~ **anglicus** рахит

~ **apoplectiformis** водянка лабиринта внутреннего уха, Меньера болезнь

~ **basedowii** диффузный тиреотоксический зоб, базедова болезнь

~ **Beigel** узелковый трихомикоз, Беджеля болезнь

~ **brightii** гломерулонефрит, *уст.* брайтова болезнь

~ **caducus, ~ celsi** *см.* ~ **magma**

~ **coeruleus** врождённый порок сердца синюшного [цианотичного] типа

~ **comitalis** *см.* ~ **magna**

~ **coxac senilis** остеоартрит бедра

~ **cucullaris** коклюш

~ **divinus** *см.* ~ **magma**

~ **dormitivus** африканский трипаносомоз, *уст.* сонная болезнь

~ **elephant** лимфедема, слоновость

~ **gallicus** сифилис

~ **haemolyticus neonatorum** гемолитическая болезнь новорождённых, эритробластоз плода

~ **herculus 1.** *см.* ~ **elephant 2.** псевдогипертрофическая мышечная дистрофия

~ **longinquus** хроническое заболевание

~ **maculosus neonatorum** геморрагическая болезнь новорождённых

~ **maculosus Werlhoffi** тромбоцитопеническая пурпура, Верльгофа болезнь

~ **magna, ~ major** эпилепсия

~ **morsus muris** болезнь от укуса крыс

~ **niger** мелена

~ **pedicularis** вшивость

~ **regius** желтуха

~ **sallatorius** малая [ревматическая] хорея, *уст.* пляска св. Вита

~ **senilis 1.** сенильная деменция **2.** старческий деформирующий артроз

~ **strangulatorius** дифтерия

~ **virginius** хлороз

~ **vulpis** алопеция

Brill's ~ спорадический сыпной тиф, Брилла болезнь

Wilson ~ Вильсона болезнь *(накопление меди в организме)*

morcellation [ˌmɔ:sə'leɪʃən], **morcellement** [ˌmɔ:sel'cm] удаление по частям, кускование *(напр. опухоли)*

mordant ['mɔ:dnt] **1.** *гист.* протрава *(вещество, усиливающее связывание краски с определённой структурой при гистохимическом или цитологическом анализе)* **2.** язвительный, колкий

more [mɔ:]:

marital ~**s** супружеские [брачные] обычаи

morel [mə'rel]:

great ~ красавка обыкновенная, белладонна *(Atropa belladonna)*

morgan ['mɔ:gən] морган, М *(единица расстояний на генетической карте равная теоретической возможности 100 % кроссинговера между двумя локусами)*

morgue [mɔ:g] морг

moria ['mɔʊri:ə] *псих.* мория *(патологическая беспечность, дурашливость, склонность к неуместным шуткам, каламбурам)*

moribund ['mɔ:rɪbənd] **1.** агонирующий, умирающий **2.** отмирающий

morning-sickness ['mɔ:nɪŋ-'sɪknəs] тошнота и рвота беременных по утрам

morioplasty ['mɔ:rɪˌəʊˌplæsti:] восстановительная [пластическая] хирургия

moron ['mɔʊrɒn] морон, дебил

moronity [mə'rɒniti:], **morosis** [mə'rəʊsɪs] дебильность

morphea [mɔ:'fi:ə] кольцевидная [очаговая, ограниченная] склеродермия

~ **pigmentosa** очаговая [ограниченная] склеродермия

guttate ~ каплевидная склеродермия, болезнь белых пятен

linear ~ линейная склеродермия

morphea-like ['mɔ:fi:ə-'laɪk] склеродермоподобный

morphine ['mɔ:fi:n] морфин *(природный алкалоид фенантреновой группы, содержащийся в головках мака Papaver somniferum)*

morphinism ['mɔ:fɪnɪzm], **morphi(n)omania** [ˌmɔ:finəʊ'meɪni:ə] морфинизм, морфиномания

morphogen ['mɔ:fəʊˌʤen] морфоген *(вещество, под действием которого из эмбриональных клеток образуются структуры и органы)*

morphogenesis [ˌmɔ:fəʊ'ʤenəsɪs], **morphogeny** [mɔ:'fɒʤeni:] *эмбр.* морфогенез

morphology [mɔ:'fɒləʤi:] **1.** морфология; анатомия **2.** строение, структура; морфологические изменения **3.** морфологическое исследование

~ **of QRS** морфология комплекса QRS

abnormal ~ патологическая анатомия, патоморфология

abnormal cell ~ структура атипичных клеток

amniotic fluid cell ~ цитологическое исследование амниотической жидкости

atypical QRS ~ атипичная форма зубца QRS

carotid ~ структура сонных артерий

computer-assisted ~ компьютерная морфометрия

dendritic ~ дендритное строение, структура дендрита

developmental ~ эволюционная морфология, морфология развития

fine ~ **of rat liver** ультраструктура печени крыс

internal ~ строение внутренних органов

macroscopic ~ макроскопическая (визуальная) морфология

microscopic ~ микроскопическая морфология *(определяемая под микроскопом)*

red cell ~ структура эритроцита

morphometry [mɔːˈfɒmətriː] морфометрия *(измерение размеров различных органов тела)*

morphon [ˈmɔːfən] структурная единица *(напр. клетка)*

morphosis [mɔːˈfəʊsis] морфоз *(изменение, вызванное экстремальными условиями среды и обусловившее необратимые ненаследуемые пороки)*

morphostasis [ˌmɔːfəʊˈstæsis] морфостаз *(устойчивое состояние дифференцированных тканей)*

mors [mɔːz], *pl.* **mortes** [ˈmɔːtiːz] смерть ◊ ~ **thymica** смерть от острой недостаточности надпочечников, *уст.* (внезапная) смерть, обусловленная тимико-лимфатическим состоянием

   ~ **putativa** явная [несомненная] смерть

   ~ **subita** внезапная смерть

morsal [ˈmɔːsəl] относящийся к окклюзионной поверхности зуба

morsicatio [ˌmɔːsəˈkeiʃiːəʊ]:

   ~ **buccarum** прикусывание щеки

morsulus [ˈmɔːsələs] *редко* таблетка

mortal [ˈmɔːtəl] 1. летальный, смертельный 2. фатальный, смертный

mortality [mɔːˈtæliti:] 1. летальность, смертельность *(отношение числа умерших от какой-л. болезни к общему числу больных этой болезнью, в %)* 2. смертность *(убыль населения в связи со смертью)*; падёж *(скота)* 3. срок службы

   ~ **in hospitalized patient** больничная летальность

   actual ~ *страх.* смертность *(число умерших на 1000 застрахованных)*

   adult ~ смертность среди взрослых *(средний возраст 36 лет)* в одной из популяций

   affecting ~ увеличение смертности

   age-specific ~ повозрастной коэффициент смертности

   antenatal ~ антенатальная смертность *(смертность жизнеспособных плодов до начала родовой деятельности у матери)*

   age-specific ~ повозрастной коэффициент смертности

   attributable ~ смертность от определённой болезни или инфекции

   cancer ~ смертность от рака

   cause-specific ~ летальность от нозологических форм

   child ~ *см.* **infant** ~

   early neonatal ~ ранняя неонатальная смертность *(на первой неделе жизни)*

   excess ~ избыточная смертность

   extramarital ~ смертность лиц, не состоящих в браке

   fetal ~ внутриутробная смертность

   generation ~ смертность определённого поколения

   hidden ~ скрытая [нерасшифрованная] летальность

   hospital ~ общая летальность; больничная летальность *(напр. при гастрэктомии)*

   infant ~ младенческая смертность *(детей на первом году жизни на 1000 родившихся, в ‰)*

   intranatal ~ интранатальная смертность *(во время родов)*

   light ~ пониженный уровень смертности

   maternal ~ материнская смертность *(после 28 недель беременности и в течение 6 недель после родов)*

   national ~ смертность в стране

   neonatal ~ неонатальная смертность, смертность новорождённых *(в первый месяц, или по 28-й день, жизни)*

   occupational ~ производственная смертность

   operative ~ послеоперационная летальность

   overall ~ общая летальность

   perinatal ~ перинатальная смертность *(включает антенатальную, интранатальную и постнатальную смертность)*

   perioperative ~ летальность в пред- и послеоперационном периодах и во время операции

   postinfarction ~ смертность после перенесённого инфаркта миокарда

   postnatal ~ постнатальная смертность *(на втором месяце жизни)*

   prenatal ~ *см.* **antenatal** ~

   proportionate ~ экстенсивный показатель смертности *(напр. среди мужчин)*

   regional ~ смертность населения, проживающего в определённом районе

   standardized perinatal ~ стандартизованная перинатальная смертность

   total ~ общая летальность

mortalogram [mɔːˈtæləʊgræm] графическое изображение смертности в зависимости от возраста, пола и т. д.

mortar [ˈmɔːtə] 1. *фарм.* ступка, ступа 2. известковый раствор

mortiferous [ˌmɔːˈtifərəs] летальный, вызывающий смерть, смертельный

mortification [ˌmɔːtifiˈkeiʃən] гангрена, некроз, омертвение

mortify [ˈmɔːtifai] подвергаться гангрене, омертвевать

mortinatality [ˌmɔːtineiˈtæliti:] перинатальная смертность *(включает антенатальную, интранатальную и постнатальную смертность)*

mortinatus [ˌmɔːtiˈneitəs] мертворождённый

mortise [ˈmɔːtiːs] вилка голеностопного сустава

mortisemblant [ˌmɔːtiˈsemblənt] умерший

mortuary [ˌmɔːtʃuˈæriː] 1. относящийся к смерти, похоронам 2. морг

morula [ˈmɔːrjʊlə] *эмбр.* морула

moruloid [ˈmɔːrjʊˌlɔid] колония микроорганизмов, напоминающая по форме тутовую ягоду

mosaic [məʊˈzeiik] мозаик, химера ‖ мозаичный *(организм, у которого часть клеток генетически отличается от остальных)*

mosaicism [məʊˌzeiiˈsizm] мозаицизм, мозаичность *(наличие в организме генетически различающихся клеток)*

   erythrocyte ~ мозаицизм по группам крови, мозаицизм эритроцитов *(у неидентичных близнецов в результате смешения плацентарной крови)*

mosquito [məˈskiːtəʊ] 1. комар, москит 2. шприц для взятия крови из кровеносного сосуда 3. кровоостанавливающий зажим «москит»

yellow fever ~ москит – переносчик жёлтой лихорадки

moscuitocide [məˈskiːtə,said] москитоцид *(препарат, убивающий москитов – кровососущих насекомых)*

mote [məʊt] пылинка; крапинка

  blood ~s гемоконии, кровяные пылинки

moth [mɔːθ] 1. моль 2. мотылёк; бабочка

mother [ˈmʌθə] 1. мать 2. любая клетка, формирующая пул аналогичных клеток 3. маточный *(напр. раствор)*; первичный, исходный

  archaic ~ *психоан.* архаическая мать

  expectant ~ беременная женщина

  genetic ~ генетическая мать *(женщина, давшая яйцеклетку для её дальнейшего развития в организме другой женщины)*

  surrogate ~ суррогатная мать *(женщина, забеременевшая путём искусственного оплодотворения или введения эмбриона в матку и вынашивающая плод с целью передачи его супругам, муж из которых является донором спермы)*

motherhood [ˈmʌθə,hʊd] материнство

mothering [ˈmʌθərɪŋ] 1. материнство 2. поведение матери *(по отношению к будущему ребёнку)*; проявление материнской заботливости

  pathological ~ патологически изменённое материнское отношение

  substitute ~ замена родной матери

mother's-heart [ˈmʌθərz-haːt] пастушья сумка обыкновенная *(Capsella bursapasforis)*

motherwort [ˈmʌθə,wəːt] пустырник сердечный *(Leonurus cardiaca)*

motility [məʊˈtiliti] 1. подвижность 2. сократительная способность; перистальтика

  altered ~ of food изменение продвижения пищи *(напр. по пищеводу)*

  colonic ~ перистальтика толстой кишки

  continuous ~ постоянно-пассивное движение *(напр. в фиксированном коленном суставе)*

  gallbladder ~ моторная функция жёлчного пузыря

  gastric ~ двигательная функция желудка

  intestinal ~ перистальтика [моторика] кишечника

  microvascular ~ сосудодвигательная реакция капилляров

  ocular ~ движения глазного яблока

  small bowel ~ перистальтика тонкой кишки

  sperm ~ подвижность сперматозоидов

motilogram [məʊˈtilə,græm] графическое изображение движений органа *(напр. перистальтики кишечника)*

motion [ˈməʊʃən] 1. движение; перемещение 2. телодвижение, жест 3. перистальтика кишечника 4. *pl.* испражнения, стул, кал; дефекация

  ~s with blood кровь в кале

  abnormal ~ патологическая подвижность

  angular ~ угловой наклон, угловое движение, смещение под углом *(фрагментов кости при переломе)*

  apparent ~ *псих.* кажущееся движение, иллюзия движения

  dancing ~ танцующая походка

  drawer ~ симптом выдвижного ящика

  firm [hard] ~ твёрдый стул

  joint ~ движения в суставе

  loose ~s жидкий стул

  systolic anterior ~ *узи* передне-систолическое движение *(митрального клапана)*

  tarry ~s дёгтеобразный кал

  thoracoabdominal ~ экскурсия грудной клетки и брюшной стенки

motional [ˈməʊʃənəl] двигательный, относящийся к движению

motionless [ˈməʊʃənləs] 1. неподвижный, недвижимый, без движения 2. в состоянии покоя

motivation [,məʊtiˈveiʃən] 1. мотивация, побуждение, стимул 2. условный раздражитель 3. движение души

  achievement ~ *психол.* мотивация стремления к успеху, мотивация достижения

  competence ~ концепция «мотивации эффекта», концепция компетентности

  extrinsic ~ внешняя мотивация

  growth ~ мотивация роста

  health ~ мотивация к формированию потребности в здоровье

  intrinsic ~ внутренняя мотивация, внутренние побудители

  operative ~ побудительная мотивация

  unconscious ~ бессознательная мотивация

motive [ˈməʊtiv] 1. движущий; двигательный; побудительный 2. мотив

  ~ to avoid failure мотив избегания неудачи

  human ~ поведение человека

motoceptor [,məʊtəʊˈseptə] механо(ре)цептор, рецептор мышечного чувства

motofacient [,məʊtəʊˈfeiʃənt] обусловливающий движение, двигательный *(о мышце)*

motoneuron [,məʊtəʊˈnjuːrɒn] мотонейрон, двигательный нейрон

  alpha ~ альфа-мотонейрон *(мотонейрон передних рогов спинного мозга, иннервирующий экстрафузальные мышечные волокна)*

  gamma ~ гамма-мотонейрон *(мотонейрон передних рогов спинного мозга, иннервирующий интрафузальные мышечные волокна)*

  lower ~ периферический мотонейрон

  upper ~ центральный мотонейрон

motor [ˈməʊtə] двигательная активность, кинетика; мотор || двигательный, моторный *(о нейроне, нервном волокне, нервном центре, мышце)*

  minor ~ малые моторные судороги

motorium [məʊˈtɔːriəm] двигательная зона головного мозга

motorius [məʊˈtɔːriəs] двигательный нерв

mottled [ˈmɒtld] *узи* пятнистый, неоднородный *(напр. о структуре селезёнки)*

mottling [ˈmɒtlɪŋ] пятнистое поражение кожи различной формы и цвета

mould [məʊld] плесень, плесневой гриб || покрываться плесенью

moulding [ˈməʊldɪŋ] 1. формирование; отливка *(напр. в стоматологии)* 2. деформация головки плода, вызванная узким тазом

mound [maʊnd] 1. подъём 2. подъёмник

mounding ['maʊndɪŋ] ограниченный отёк мышцы

mount[1] [maʊnt] 1. гистологический срез, препарат; проба жидкости ‖ приготавливать препарат 2. заделка (препарата) ‖ заделывать; устанавливать 3. предметное стекло

  ~ of joint fluid мазок суставной жидкости

  Riper ~ препарат, смонтированный в застеклённой коробке на слое ваты

  slide ~ препарат среза (ткани), микропрепарат

  source ~ подложка радиоактивного источника

  waveguide ~ узи волноводная головка (ультразвукового аппарата)

  wet ~ влажный (анатомический) препарат (окантованный, напр., вазелином для предохранения от высыхания)

mount[2] 1. гора 2. возвышенность, бугорок (на ладони)

mountant ['maʊntənt] гистологическая среда (жидкость, используемая в микроскопии, в которую погружается или которой покрывается образец)

mounting ['maʊntɪŋ] заключение [заливка] в среду (препарата)

mourning ['mɔːnɪŋ] 1. печаль, горе скорбь 2. плач, рыдание 3. траур

  anticipatory ~ скорбь в предвидении утраты

  eye in ~ кровоподтёк под глазом

mouse [maʊs] 1. мышь 2. робкий [боязливый] человек

  beige ~ бежевая мышь (с врождённым отсутствием клеток-киллеров)

  combined immunodeficiency humanized ~ модель «очеловеченных» мышей с комбинированным иммунодефицитом

  dear ~ белоногий хомячок (резервуар вируса геморрагической лихорадки)

  nude ~ бесшёрстная [«голая»] мышь

  piebald ~ пегая мышь

moustache [mə'staːʃ] ус, усы

mouth [maʊθ] 1. ротовое отверстие, рот, ротовая щель; полость рта 2. зев 3. анат. отверстие, устье ◊ **by ~** перорально, через рот

  ~ of a fistula свищевое отверстие

  ~ of the esophagus устье пищевода

  ~ of the womb отверстие матки

  ceylon sore ~ стронгиллоидоз, кохинхинская диарея, цейлонский афтозный стоматит, спру

  dry ~ ксеростомия (сухость во рту)

  glassblowers' ~ увеличение околоушных желёз стеклодувов

  tapir ~ рот тапира

  trench ~ 1. язвенный [язвенно-некротический] гингивит 2. язвенно-плёнчатая ангина, ангина (Симановского – Плаута –) Венсана

  white ~ кандидозный стоматит, молочница

mouthpiece ['maʊθpiːs] мед. тех. 1. наконечник; загубник 2. мундштук

mouth-rinse ['maʊθ'rɪns], **mouthwash** ['maʊθˌwɒʃ] 1. жидкость для полоскания рта 2. полоскание рта, промывание ротовой полости

  alkaline ~ «содовое полоскание» рта, полоскание рта щелочным раствором

  starch ~ полоскание полости рта крахмальным раствором

  warm ~ теплое полоскание рта

movable ['muːvəbl] переносной, передвижной, подвижный (напр. лимфоузел)

move [muːv] 1. движение ‖ двигаться 2. действие ‖ вызывать перистальтику кишечника

movement ['muːvmənt] 1. движение, передвижение, перемещение 2. дефекация

  ~ of expression мимическое движение

  ~ of fluid into lungs выход жидкой части крови в лёгкие

  ~ of substances in the environment передвижение веществ в окружающей среде

  ~ of vocal folds подвижность голосовых складок

  active ~ активное движение; активизация движений

  associated ~ содружественное [сочетанное, ассоциированное] движение (напр. глаз)

  athetoid ~s атетоидные движения

  awkward-looking ~s неуклюжие [неловкие] движения

  body ~ движение тела

  bowel ~ перистальтика кишечника; стул

  choreic [choreiform] ~s хореические движения

  circus ~ 1. псих. манежный бег 2. кард. циркуляция волны возбуждения, круговая волна возбуждения

  clinical ~ патомеханика движений, или ходьбы

  complex ~ синергичное движение

  compulsive ~ насильственное движение

  conjugate ~ см. **associated ~**

  coordinated ~ координированное движение

  defective ~s нарушенные движения

  electrolyte ~ перемещение электролитов

  eye ~s движения глаз

  fetal ~ шевеление плода

  flail-like ~s беспорядочные движения

  fumbling ~s 1. неуклюжие, неловкие движения 2. шарящие, ощупывающие движения

  full ~s 1. движения в полном объёме 2. энергичные движения

  hospice ~ организация [открытие] хосписов

  interregional ~ миграция населения из одного региона в другой

  intracity ~ перемещение населения внутри города

  involuntary ~ непроизвольное движение

  jerky ~s судорожные движения

  joint ~ движения в суставе

  limited ~s ограниченные движения

  mass ~s форсированная [усиленная] перистальтика

  mirror ~s зеркальные движения

  natural ~ естественное движение населения

  non-rapid eye ~s, NREM медленные движения глаз (фаза сна)

  ocular ~ движение глаз

  pendular ~s маятникообразные движения (кишечника)

  periodic leg ~s during sleep периодические движения ног во сне, синдром беспокойных ног

  poor ~ снижение [нарушение] подвижности (напр. створок клапана)

population ~ движение населения *(изменение численности, состава и размещения населения)*

"Pro life" ~ движение «В защиту жизни» *(выступает против программ планирования семьи, полового просвещения молодёжи и т. п.)*

puppet-like ~**s** «марионеточные» движения

purposeful ~**s** целеустремлённые движения

pursuit eye ~**s** следящие движения глазами

rapid eye ~**s, REM** быстрые движения глаз *(быстрый [парадоксальный, активированный] сон)*

reduced facial ~ снижение мимики

rocking ~ раскачивание, покачивание

scissors ~ гемиплегическая [пошатывающаяся] походка

skilled ~ точное движение

stereotyped repetitive ~**s** стереотипные движения; двигательные стереотипы

stilted ~**s** неестественные движения

streaming ~ перетекающее движение *(в виде внутриклеточного перемещения цитоплазмы, лейкоцитов, амёб и других одноклеточных, приводящее к образованию псевдоподий)*

swaying ~ качательные [двухфазные] движения

Swedish ~ шведская гимнастика *(разновидность лечебной гимнастики)*

synkinetic ~ *см.* **associated** ~

to-and-fro ~**s** *см.* **swaying** ~

translatory ~ движения глазного яблока по горизонтальной и вертикальной плоскостям, исключая круговые

twisting ~**s** извивающиеся [скрученные] движения

to-and-fro ~ двухфазное движение

undulatory ~ волнообразное движение

vergence eye ~**s** нарушение содружественных движений глаз

vermicular ~ перистальтика, червеобразное движение

voluntary ~ произвольное движение

wild ~**s** буйные [бурные] движения

writhing ~**s** мучительные движения; движения со сведёнными мышцами

moving ['muːviŋ] движущий; волнующий, трогательный

moxa ['mɒksə] **1.** мокса *(метод рефлексотерапии)* **2.** палочка (с ватой) для прижигания кожи **3.** наконечник диатермокоагулятора

moxibustion [ˌmɒksiˈbʌstʃən] моксибустия *(прижигание листьями Artemisia moxa [полынь горькая] или мякотью подсолнуха)*

m-spike ['em-'spaik] m-пик, m-спайк *(плазмы крови)*

mucic ['mjuːsik] слизистый, муцинозный

muciferous [mjuːˈsifərəs] **1.** секретирующий слизь **2.** содержащий слизь, заполненный слизью

mucilaginous [ˌmjuːsiˈlædʒinəs] **1.** слизистый **2.** клейкий, липкий, вязкий

mucin ['mjuːsin] муцин, слизистый секрет

mucinosis [ˌmjuːsiˈnəusis] муциноз [микседема] кожи

cutaneous focal ~ очаговое ожоговое ослизнение кожи

follicular ~ фолликулярный муциноз кожи, Пинкуса муцинозная алопеция

papular ~ папулёзный муциноз кожи (Дальтона – Сейделла), микседематозный лихен, узелковый муциноз кожи, лихеноидная псевдомикседема

muciparous [mjuːˈsipərəs] секретирующий слизь, слизеобразующий

mucitis [mjuːˈsaitis] воспаление слизистой оболочки

mucocele ['mjuːkəuˌsiːl] **1.** мукоцеле, слизистая киста **2.** слизистый полип

~ **of the appendix** миксоглобулёз червеобразного отростка

mucociliary [ˌmjuːkəuˈsiliˌeri] реснитчатый [мерцательный] эпителий

mucoclasis [ˌmjuːkəuˈklæsis] мукоклазия, денудация или снятие слизистой оболочки

mucocolitis [ˌmjuːkəukəuˈlaitis] (кишечная) слизистая колика, перепончатый [псевдомембранозный] колит, синдром раздражённой толстой кишки

mucocolpos [ˌmjuːkəuˈkɒlpəs] мукокольпос *(скопление слизи во влагалище)*

mucocutaneous [ˌmjuːkəukjuːˈteiniːəs] кожно-слизистый

mucoid ['mjuːˌkɒid] мукоид; муциноид ‖ слизеподобный, мукоидный

mucolipidosis [ˌmjuːkəuˌlipiˈdəusis], *pl.* **mucolipidoses** [ˌmjuːkəuˌlipiˈdəusiːz] муколипидоз *(болезни накопления, обусловленные снижением активности гидролаз в фиброцитах)*

~ **I** муколипидоз I типа *(симптом «вишнёвой косточки» на глазном дне, умеренная умственная отсталость, множественный дизостоз)*

~ **II** муколипидоз II типа *(с более выраженной клиникой, чем при I типе)*

mucolytic [ˌmjuːkəuˈlitik] муколитический, растворяющий или разжижающий слизь

mucomembranous [ˌmjuːkəuˈmembrənəs] относящийся к слизистой оболочке

mucopeptide [ˌmjuːkəuˈpeptaid] мукопептид, пептидогликан *(опорный биополимер клеточной стенки бактерий)*

mucoperiosteal [ˌmjuːkəuˌperiˈɒstiːəl] слизисто-надкостничный *(напр. трансплантат)*

mucopolysaccharide [ˌmjuːkəuˌpɒliˈsækəraid] гликозаминогликан, мукополисахарид *(белково-углеводный комплекс)*

mucopolysaccharidosis [ˌmjuːkəuˌpɒliˌsækəriˈdəusiːs] мукополисахаридоз *(нарушение обмена мукополисахаридов с накоплением их в органах и тканях)*

~ **I** мукополисахаридоз I типа, гаргоилизм, Гурлера синдром

~ **II** мукополисахаридоз II типа, Хантера синдром

~ **III** мукополисахаридоз III типа, Санфилиппо синдром

~ **IV** мукополисахаридоз IV типа, Моркио синдром [болезнь]

mucoprotein [ˌmjuːkəuˈprəuˌtiːn] мукопротеид(ы) *(белково-углеводные комплексы)*

mucopurulent [ˌmjuːkəuˈpjuːrʊlənt] слизисто-гнойный *(о выделениях)*

mucopus ['mjuːkəupʌs] слизь с гноем, слизисто-гнойное отделяемое

mucormycosis [ˌmjuːkɔːrmaiˈkəusis] *дерм.* мукороз, мукоромикоз

mucosa [mjuːˈkəʊsə] слизистая оболочка

alveolar ~ слизистая оболочка альвеолярного отростка челюсти

cervical ~ слизистая оболочка шейки матки

flattened ~ уплощённая слизистая оболочка

muscularis ~ мышечная пластинка слизистой оболочки

oral ~ слизистая оболочка полости рта

redundant ~ избыточность слизистой оболочки

sloughed ~ **in feces** отторгнувшиеся участки слизистой в кале

mucosa-linked [mjuːˈkəʊsə-liŋkd] выстланный слизистой оболочкой

mucosanguineous [ˌmjuːkəʊsænˈgwiniːəs] слизисто-кровянистый

mucoserous [ˌmjuːkəʊˈsiːrəs] слизисто-серозный

mucositis [ˌmjuːkəʊˈsaitis] воспаление слизистой оболочки

mucosocutaneous [mjuːˌkəʊsəʊkjuːˈteiniːəs] кожно-слизистый

mucosulfatidosis [ˌmjuːkəʊˌsʊlfətiˈdəʊsis] мукосульфатидоз *(сочетание метахроматической лейкодистрофии и мукополисахаридоза)*

mucous [ˈmjuːkəs] **1.** слизистый, покрытый слизью **2.** секретирующий слизь

mucoviscidosis [ˌmjuːkəʊˌvisiˈdəʊsis] муковисцидоз, кистозный фиброз поджелудочной железы, панкреофиброз

muculent [ˈmjuːkjʊlənt] слизеподобный, слизистый

mucus [ˈmjuːkəs] слизь

abnormal ~ патологическая слизь

cervical ~ слизь, выделяемая шейкой матки, шеечная слизь

viscid ~ вязкая слизь, вязкая слизистая жидкость

mucus-impregnated [ˈmjuːkəs-imˌpregˈneitəd] пропитанный [импрегнированный] слизью

mud [mʌd] **1.** грязь **2.** шлам *(осадок сточных вод в виде мелких твёрдых частиц)* **3.** *sl.* героиновая смола, получаемая из опиумного мака

wastewater ~ осадок сточных вод

mudbath [ˈmʌdˌbæθ] грязевая ванна

muddy [ˈmʌdiː] **1.** непрозрачный, мутный **2.** помутившийся *(о рассудке)* **3.** хриплый *(о голосе)*

muguet [muːˈgei] кандидозный стоматит, молочница

mulberry [ˈmʌlˌbəɾiː] **1.** тутовая ягода **2.** багровый, тёмно-красный *(о гемангиоме)*

muliebria [mjuːliːˈiːbriːə] женские половые органы

mullein [ˈmʌlin] *фито.* коровяк (Verbascum)

common [**flannel, great**] ~ коровяк обыкновенный, медвежье ухо (Verbascum thapsus)

mulligrubs [ˈmʌliˌgrʌbs] *разг.* колика, резь в животе

multiangulum [ˌmʌltiːˈæŋdʒʊləm] многогранная кость

multiarticular [ˌmʌltiːaːˈtikjələ] многосуставной

multiaxial [ˌmʌltiːˈæksiːəl] многосторонний; углублённый

multibacillary [ˌmʌltiːbəˈsiləɾiː] полибациллярный, относящийся к множественной, или сочетанной, микрофлоре

multicapsular [ˌmʌltiːˈkæpsjʊlə] имеющий несколько оболочек

multicase [ˈmʌltiːˌkeis] множественные случаи *(напр. ревматоидного артрита в семье)*

multicellular [ˌmʌltiːˈseljʊlə] многоклеточный

multi-center [ˌmʌltiː-ˈsentə], **multicentral** [ˌmʌltiːˈsentrəl], **multicentric** [ˌmʌltiːˈsentrik] многоцентровой; проходящий во многих центрах *(об испытаниях фармпрепаратов)*

multichamber [ˌmʌltiːˈtʃeimbə] многокамерный, многоячеистый

multicontaminated [ˌmʌltiːkənˈtæmiˌneitəd] заражённый несколькими видами микроорганизмов, полиэтиологический

multicystic [ˌmʌltiːˈsitik] поликистозный; мультикистозный *(напр. о почке)*

multidiluter [ˌmʌltiːdaiˈluːtə] многоканальный дилютер, мультидилютер

multidimensional [ˌmʌltiːdiˈmenʃənəl] многомерный *(напр. о концепции, классификации болезней)*

multidisciplinary [ˌmʌltiːˈdisəpliˌneɾiː] **1.** междисциплинарный, относящийся к нескольким отраслям **2.** разносторонний; поливалентный; многофункциональный; комплексный

multidish [ˈmʌltiːˌdiʃ] многолуночный планшет, агглютинационный планшет

multidrug-resistant [ˌmʌltiːˈdrʌg-riˈzistənt] полирезистентный, резистентный ко многим лекарственным средствам

multifaceted [ˌmʌltiːˈfæsitəd] многосторонний, многогранный

multifactorial [ˌmʌltiːfækˈtɔːɾiːəl] многофакторный, мультифакториальный *(обусловленный воздействием нескольких генов или воздействием наследственных факторов и среды)*

multifamilial [ˌmʌltiːfəˈmiliəl] относящийся к семейному заболеванию, поражающему несколько поколений семьи

multifetation [ˌmʌltiːfiˈteiʃən] многоплодная беременность, многоплодие

multifid [ˈmʌltiːˌfid] разделённый на множество частей

multifocal [ˌmʌltiːˈfəʊkəl] многоочаговый; первично-множественный *(о раке)*

multiform [ˈmʌltiːˌfɔːm] полиморфный, мультиформный, многообразный

multigesta [ˌmʌltiːˈdʒestə] *см.* **multigravida**

multiglandular [ˌmʌltiːˈglændjʊlə] плюригландулярный, относящийся ко многим железам

multigravida [ˌmʌltiːˈgrævidə] женщина, имевшая несколько беременностей; повторно беременная

multi-infection [ˌmʌltiː-inˈfekʃən] смешанная [ассоциированная, сочетанная] инфекция

multi-institutional [ˌmʌltiːˌinstiˈtjuːʃənəl] мультицентровой *(об исследовании)*; по данным многих учреждений

multilamellar [ˌmʌltiːˈleimelə] многослойный, мультиламеллярный *(напр. о липосомах)*

multilateral [ˌmʌltiːˈlætəɾəl] **1.** многоугольный *(о форме ультразвукового изображения)* **2.** множественные боковые тени

multilevel [ˌmʌltiːˈlevəl] множественный, на многих уровнях *(напр. о ламинэктомии)*

multilobular [ˌmʌltiːˈlɒbjʊlə] дольчатый

multilocal [ˌmʌltiːˈləʊkəl] *ген.* мультилокусный

multilocular [ˌmʌltiːˈlɒkjʊlə] многокамерный, ячеистый

multimammae [ˌmʌltiˈmæmi] полимастия, гипермастия

multimodal [ˌmʌltiˈməʊdəl] многокомпонентный, многофакторный, комплексный, комбинированный *(напр. о лечении саркомы)*

multinuclearity [ˌmʌltiˌnuːkliˈæritiː]:
   familial erythroid ~ (семейная) анемия с многоядерными эритробластами

multipara [məlˈtipərə] повторнородящая
   grand ~ женщина, рожавшая шесть и более раз

multiparameter [ˌmʌltipəˈræmitə] многофакторный *(напр. метод проточной цитометрии)*

multipartial [ˌmʌltiˈpaːʃəl] поливалентный *(о вакцине)*

multiphasic [ˌmʌltiˈfeizik] многофазный, многоступенчатый *(напр. об исследовании)*; комплексный *(о лечении)*

multiple [ˈmʌltəpəl] 1. множественный *(напр. о поражении)*, многократный *(напр. об облучении)* 2. составной, сложный, со сложной структурой 3. групповой

multiple-antibiotic-resistant [ˈmʌltipəl-ˌæntibaiˈɒtikriˈzistənt] полирезистентный к антибиотикам

multiple-dose [ˈmʌltipəl-dəʊz] многократное применение *(фармпрепарата)*

multiplication [ˌmʌltipliˈkeiʃən] 1. увеличение 2. размножение; воспроизведение, репродукция
   ~ **of microorganisms** размножение микроорганизмов
   ~ **of personality** дезинтеграция личности
   cell ~ размножение клеток
   clonal ~ клонирование, клоновое [клональное] размножение
   inapparent ~ маскированное, клинически не проявляющееся размножение *(напр. вируса)*
   local ~ размножение в месте проникновения *(о паразите)*
   masking ~ *см.* **inapparent** ~

multiplicity [ˌmʌltiˈplisitiː] 1. множественность, многообразие 2. многочисленность
   target ~ множественность мишеней *(в групповой терапии)*

multipolarity [ˌmʌltipəʊˈlæritiː] многополярность *(напр. переноса в групповой терапии)*

multipurpose [ˌmʌltiˈpəːpəs] многоцелевой; универсальный

multiresistant [ˌmʌltiriˈzistənt] устойчивый [резистентный] ко многим препаратам, полирезистентный

multirooted [ˌmʌltiˈruːtəd] *стом.* многокорневой

multisensor [ˌmʌltiˈsensə] мультисенсор *(датчик, позволяющий провести одновременно несколько анализов)*

multislice [ˌmʌltiˈslais] спиральный, многосрезовый *(о компьютерной томографии)*

multistage [ˌmʌltiˈsteiʤ] многостадийный, многоступенчатый *(напр. о канцерогенезе)*

multisystemic [ˌmʌltisisˈtemik] общий, относящийся ко многим системам

multitest [ˈmʌltitest] множественный тест *(напр. с несколькими антигенами одновременно)*, мультитест

multitransfused [ˌmʌltitrænsˈfjuːzəd] получавший многократные гемотрансфузии

multivalent [ˌmʌltiˈveilənt] 1. поливалент || обладающий множественным действием, эффективный во многих отношениях 2. мультивалент *(объединение)*

multivalvular [ˌmʌltiˈvælvjʊlə] многоклапанный *(напр. порок сердца)*

multivitamin [ˌmʌltiˈvaitəmin] *pl.* поливитамины

mumble [ˈmʌmbəl] 1. бормотание || бормотать 2. с трудом жевать

mummification [ˌmʌmifiˈkeiʃən] 1. мумификация *(1. трупное высыхание 2. высыхание омертвевших тканей при сухой гангрене)* 2. сморщивание мёртвого плода в матке

mummy [ˈmʌmiː] куколка насекомого

mumps [mʌmps] 1. эпидемический паротит 2. приступ плохого настроения
   metastatic ~ эпидемический паротит с поражением яичек или молочных желёз

munch [mʌntʃ] жевать; чавкать

mural [ˈmjʊrəl] интрамуральный, внутристеночный *(напр. об инфаркте миокарда)*, пристеночный *(напр. о тромбе)*, относящийся к стенке, полости или к оболочке клетки

muramidase [mjʊˈræmiˌdeis] мурамидаза, лизоцим *(фермент, гидролизирующий муреины бактериальной стенки)*

murder [ˈməːdə] убийство || убивать, совершать убийство
   ~ **in first degree, cold-blooded** ~ преднамеренное [умышленное] убийство *(без смягчающих вину обстоятельств)*
   lust ~ садистическое сексуальное убийство
   rape ~ изнасилование с убийством
   repetitive ~ рецидивистское убийство
   torso ~ убийство с расчленением трупа

murderer [ˈməːrdərə] убийца

murderess [ˈməːrdəris] убийца женского пола

murderous [ˈməːrdərəs] 1. смертоносный; убийственный 2. кровавый; жестокий

murein [ˈmjuːriːn] муреин *(белок бактериального происхождения)*

murivirus [ˌmjʊriˈvairəs] *уст., норм.* **rhinovirus**

murmur [ˈməːmə] шум *(аускультативный феномен)*
   abdominal ~ урчание в животе *(кишечный шум)*
   accidental ~ *см.* **dynamic** ~
   anemic ~ анемический шум сердца
   aortic ~ шум над аортой
   apex ~ шум на верхушке сердца
   atriosystolic ~ пресистолический шум
   attrition ~ *см.* **pericardial** ~
   barely audible ~s едва слышимый шум *(I степень интенсивности)*
   bellows ~ пилящий шум сердца
   blowing ~ дующий шум сердца
   brain ~ внутричерепной сосудистый шум
   cardiopulmonary [cardiorespiratory] ~ сердечно-лёгочный шум *(исчезающий при задержке дыхания)*
   coarse ~ грубый тон
   continuous ~ постоянный шум сердца
   cooing ~ музыкальный шум сердца
   crescendo ~ нарастающий и внезапно исчезающий шум сердца, крещендо
   decrescendo ~ убывающий шум сердца
   diastolic decrescendo ~ убывающий шум *(сердца)*
   dynamic ~ функциональный [временный] шум сердца

easily auscultated ~s хорошо слышимые шумы (*II степень интенсивности*)

ejection ~ систолический шум изгнания (*крови*)

endocardial ~ внутрисердечный шум (*напр. при поражении клапана*)

exocardial [extracardiac] ~ *см.* **friction ~**

faint ~ слабый тон

Flint's ~ Флинта шум (*диастолический шум над верхушкой сердца при аортальной недостаточности*)

friction ~ шум трения (*плевры, перикарда*)

Gibson ~ *см.* **machinery ~**

Graham Steell's ~ Стилла шум (*ранний диастолический шум над лёгочной артерией при митральном стенозе*)

harsh ~ *см.* **coarse ~**

hemic ~ *см.* **anemic ~**

high-pitched ~ шум высокого тона

holosystolic ~ пансистолический [голосистолический] шум

hourglass ~ шум песочных часов (*с двумя максимумами*)

humming-top ~ шум волчка (*выслушиваемый над ярёмными венами*)

inaudible ~ невыслушивающийся тон

innocent [inorganic] ~ *см.* **dynamic ~**

intermediate loudness ~s шум промежуточной громкости (*III степень интенсивности*)

lapping ~ шум над аневризмой

loud ~s with palpale trill громкие шумы с пресистолическим дрожанием грудной стенки, «кошачье мурлыканье» (*IV степень интенсивности*)

low-grade systolic ejection ~s систолический шум изгнания низкой интенсивности

low-pitched [low-toned] ~ шум низкого тона, глухой систолический шум

machinery ~ машинный шум «поезда в туннеле» (*при открытом артериальном протоке*), симптом Гибсона

mediastolic ~ мезодиастолический шум

mid-systolic ~ мягкий систолический шум

mill wheel ~ шум мельничного колеса, Морель-Лавалле симптом

mitral ~ митральный шум (*может быть стенотическим или при регургитации*)

nun's ~ шум волчка (*выслушиваемый над ярёмными венами*)

obstructive ~ стенотический [обструктивный] шум

pansystolic ~ пансистолический шум (*занимающий всю систолу*)

pericardial ~ *см.* **friction ~**

physiologic flow ~ *см.* **dynamic ~**

plateau ~ шум постоянной интенсивности

pressure ~ стенотический шум

presystolic ~ *см.* **loud ~s with palpale trill**

prominent holosystolic ~ громкий пансистолический шум, Роже шум

pulmonary [pulmonic] ~ шум над лёгочной артерией

rasping ~ *см.* **coarce ~**

regurgitant ~ шум регургитации, шум возврата крови

Roger's ~ *см.* **prominent holosystolic ~**

rumbling mitral diastolic ~ грохочущий митральный диастолический тон

sawing [saw-like, seesaw] ~ систоло-диастолический шум, пилящий шум сердца

soft ~ мягкий шум

steam tug ~ *см.* **machinery ~**

Steell's ~ *см.* **Graham Steell's ~**

to-and-fro ~ *см.* **sawing ~**

very loud ~s очень громкие шумы (*выслушиваемые даже при прикосновении стетоскопа к грудной клетке, V степень интенсивности*)

very loud and audible ~s громкие шумы, слышимые без стетоскопа (*VI степень интенсивности*)

vesicular ~ дыхательный шум, везикулярное дыхание

water-wheel ~ *см.* **mill wheel ~**

whistle ~ свистящий шум

Murphy-button ['məːrfiːˈbʌtn] *ист.* пуговка Мэрфи (*для наложения анастомоза*)

Musca ['mʌskə] род мух семейства Muscidae

muscae ['mʌskə]:

~ volitantes *офт.* симптом «летающих мушек»

muscarine ['mʌskəˌriːn] мускарин (*нейротоксин, выделенный из мухомора*)

muscarinism ['mʌskərinizm], **muscarin-syndrome** ['mʌskəˌriːn-ˈsinˌdrəʊm] мускаринизм (*форма токсикомании*); мускариновое отравление

muscegen(et)ic [ˌmʌsidʒəˈnetik] *офт.* вызывающий появление симптома «летающих мушек»

muscle ['mʌsəl] мышца, мускул

~s of expression мимические мышцы

acromiohumeral ~ дельтовидная мышца

antagonistic ~s мышцы-антагонисты

antigravity ~s *см.* **postural ~**

arrector pili ~ мышца, поднимающая волос

bipennate ~ двуперистая мышца

broadest ~ of back широчайшая мышца спины

bulky ~ увеличенная в объёме мышца

cardiac ~ миокард, сердечная мышца

cheek ~ щёчная мышца

circular ~ круговой слой мышечной оболочки (*напр. кишки*)

constrictor ~ сфинктер, мышечный жом

crico-thyroid ~ перстне-щитовидная мышца

cross-striated [cross-striped] ~ поперечно-полосатая мышца

detrusor ~ детрузор; мышца, сокращающая мочевой пузырь

dorsal interosseous ~ тыльная межкостная мышца

epaxial ~s околопозвоночные мышцы

erector spinae ~ мышца, выпрямляющая туловище

extensor ~ поднимающая мышца

extraocular ~ 1. отводящая мышца конечности 2. наружная мышца глаза

facial ~ мимическая мышца

fiddle ~s червеобразные мышцы кисти

floppy ~ гибкая мышца

fusiform ~ веретенообразная мышца

hip ~ мышцы тазового пояса

interarythenoid ~ межчерпаловидная мышца

intrinsic ~s 1. приводящая мышца конечности **2.** внутренняя [собственная] мышца *(органа)*

involuntary ~s непроизвольно сокращающиеся мышцы

latissimus dorsi ~ *см.* **broadest ~ of back**

limp ~ слабая [вялая] мышца

longitudinal ~ продольный слой мышечной оболочки *(напр. кишки)*

masticatory ~s жевательные мышцы

multifidus ~ многоразделённая мышца

mylohyoid ~ челюстно-подъязычная мышца

nonstriated ~ гладкая мышца

opponens ~ противопоставляющая мышца

papillary ~ папиллярная [сосочковая] мышца *(напр. сердца)*

paraspinous ~ длинная мышца спины

plain ~ *см.* **nonstriated ~**

postural ~s постуральные мышцы *(изменяющие положение тела)*

pulled ~ растянутая мышца

rectus capitis posterior ~ задняя прямая мышца головы

resting ~ мышца в состоянии покоя

risorius ~ мышца смеха

sartorius ~ *см.* **tailor's ~**

shawl ~ трапециевидная мышца

skeletal ~s скелетные мышцы

smooth ~ гладкая мышца

soleus ~ подошвенная мышца

splenius capitis ~ ременная мышца головы

striated [striped] ~ *см.* **cross-striated ~**

suboccipital ~s задние шейные мышцы

synergistic ~s мышцы-синергисты

tailor's ~ портняжная мышца

tense ~ напряжённая мышца

thyrohyoid ~ щитоподъязычная мышца

twitching ~ судорожно подёргивающаяся мышца

unstriated ~ *см.* **smooth ~**

vascular smooth ~ сосудистая система гладких мышц

visceral ~s мышцы внутренних органов

voluntary ~s произвольно сокращающиеся мышцы

wasted ~ истощённая мышца

wastus ~ широкая мышца

muscle-bound ['mʌsəl-'baʊnd] имеющий избыточно развитую мускулатуру

muscle-reading ['mʌsəl-'riːdɪŋ] *психол.* анализ и интерпретация непроизвольных движений

muscularis [ˌmʌskjʊ'læris]:

~ mucosae *лат.* мышечная пластинка слизистой оболочки

musculation [ˌmʌskjʊ'leɪʃən] **1.** мускулатура **2.** мышечная активность

musculin ['mʌskjʊlin] миоглобулин, мышечный глобулин

musculocutaneous [ˌmʌskjʊləʊkjuː'teɪniːəs], **musculodermic** [ˌmʌskjʊləʊ'dɜːmik] кожно-мышечный

musculomembranous [ˌmʌskjʊləʊ'membrənəs] мышечно-перепончатый

musculophrenic [ˌmʌskjʊləʊ'frenik] относящийся к мышечной части диафрагмы

musculoplasty ['mʌskjʊləʊˌplæstiː] миопластика, мышечная пластика

musculoskeletal [ˌmʌskjʊləʊ'skelitl] костно-мышечная система ‖ относящийся к костной и мышечной системам, суставно-мышечный, костно-мышечный

musculotropic [ˌmʌskjʊləʊ'trəʊpik] поражающий мышцу, действующий на мышцу

musculus ['mʌskjʊləs], *pl.* **musculi** ['mʌskjʊlai] *лат.* мышца, мускул, *см.* **muscle**

mushbite ['mʌʃbait] восковой оттиск прикуса

mushroom ['mʌʃ‚ruːm] **1.** гриб **2.** боровик

edible ~ съедобный гриб

poisonous [toxic] ~ ядовитый гриб

musicotherapy [ˌmjuːzicəʊ'θerəpiː] *псих.* музыкотерапия

muslin ['mʌzlin]:

butter ~ марля

musomania [ˌmjuːsəʊ'meiniːə] музыкомания, меломания

musophobia [ˌmʌsəʊ'fəʊbiːə] патологическая боязнь мышей

mussitation [ˌmʌsi'teɪʃən] *псих.* беззвучные движения губ, как при разговоре *(наблюдаются при делирии и сопоре)*

must [mʌst] **1.** плесень **2.** затхлость

mustard ['mʌstərd] **1.** горчица **2.** горчичный цвет

California ~ желтушник лекарственный *(Erysimum officinale)*

hedge ~ гулявник лекарственный, сухоребрик

nitrogen ~ горчичный газ, азотистый иприт *(мутаген)*

muster ['mʌstə] **1.** осмотр, освидетельствование **2.** проверить

musty ['mʌstiː] гнилой, заплесневелый

mutability [ˌmjuːtə'biliːtiː] **1.** изменчивость, переменчивость **2.** свойство вызывать мутации, мутабельность

mutacism ['mjuːtəˌsizm] **1.** неправильное произношение звуков **2.** мутизм *(отсутствие речи при сохранности речевого аппарата)*

mutafacient [ˌmjuːtə'feɪʃənt] вызывающий мутацию, мутагенный

mutagen ['mjuːtəʤən] мутаген

environmental ~ средовой мутаген *(фактор, воздействующий на организм извне и вызывающий мутации)*

frameshift ~ мутаген, вызывающий мутации со сдвигом рамки считывания

mutagenesis [ˌmjuːtə'ʤenəsis] мутагенез *(искусственное индуцирование мутаций)*, мутационный процесс

directed ~ адресованный [направленный] мутагенез

environmental ~ мутагенное действие факторов окружающей среды

insertional ~ инсерционный мутагенез *(методом микроинъекций рекомбинантных ДНК)*

random ~ неспецифический мутагенез

site-directed [site-selective, site-specific] ~ сайт-специфический мутагенез *(в строго заданном месте полинуклеотида, гена или генома)*

mutagenicity [ˌmjuːtəʤe'nisitiː] мутагенность, мутагенное действие

mutant ['mjuːtnt] мутант *(1. организм, изменённый в результате мутации и отличающийся от исходного 2. признак, свидетельствующий о произошедшей в данном организме мутации)* ‖ мутантный, мутирующий

auxotrophic ~s ауксотрофные мутанты *(микроорганизмы, утратившие способность самостоятельно синтезировать продукт, необходимый для жизнедеятельности)*

behavior ~ поведенческий мутант

blocked ~ блокированный мутант *(потерявший способность к синтезу мутантного продукта)*

cell wall ~ мутант с нарушенным синтезом клеточной оболочки *(у бактерии)*

conditional lethal ~ условно летальный мутант

constitutive ~ конститутивный мутант

deficiency ~s см. **auxotrophic ~**

extrachromosomal ~ мутант по нехромосомным [нехромосомно наследуемым] признакам

full ~ полный мутант

h~ мутант *(фага)* с изменённой специфичностью к бактерии-хозяину

host range ~ мутант с изменённым спектром (литического) действия *(способный инфицировать хозяина)*

induced ~ индуцированный мутант

insertion ~ вставочный мутант с инсерцией

integration deficient ~ мутант, не способный к интеграции

knockout ~ мутант с выключенным геном

late ~ поздний мутант

leaky ~ мутант с просачивающимся исходным фенотипом

male-sterile ~ мужской стерильный мутант

nutritional ~ мутант с изменёнными пищевыми потребностями

phenotypic ~ фенотипический мутант

plaque-type ~ мутант *(фага)* с изменением стерильного пятна, или бляшки

plaque virus ~ бляшечный мутант вируса

reparable ~ поправимый [восстанавливаемый] мутант

suicide ~ мутант-«самоубийца»

supressor-sensitive [sus] ~ мутант, чувствительный к подавлению мутации, супресируемый мутант

temperature (sensitive) ~ температурно-чувствительный [температурный] мутант

mutarotation [ˌmjuːtərəʊˈteiʃən] мутаротация *(изменение оптической активности органических соединений)*

mutate [ˈmjuːteit] мутировать, видоизменять(ся)

mutation [mjuːˈteiʃən] **1.** изменение, перемена, трансформация **2.** мутация *(1. спонтанное или индуцированное изменение структуры гена, сохраняющееся в последующих поколениях 2. неожиданное образование нового вида)*

adaptive ~ адаптивная мутация *(при которой изменение признака способствует лучшей приспособляемости организма)*

apparent ~ видимая мутация

artificial ~ искусственная мутация *(индуцированная в эксперименте)*

autosome ~ аутосомная мутация *(затрагивающая неполовые хромосомы)*

back ~ обратная [ревертирующая] мутация, реверсия *(возврат потомства мутантной особи к исходному генотипу)*

chain-terminating ~ терминирующая мутация

chromosomal ~ хромосомная мутация

constitutive ~ конститутивная мутация *(приводящая к постоянной нерегулируемой экспрессии гена)*

cytoplasmatic ~ цитоплазматическая мутация *(изменение генетических структур цитоплазмы)*

deletion ~ делеционная мутация *(выброс из ДНК одного или более нуклеотидов)*

detrimental ~ вредная мутация

directed ~ направленная [сайт-специфичная] мутация *(созданная в процессе эксперимента)*

dominant ~ доминантная мутация *(в результате которой возникает доминантный аллель)*

dynamic ~ динамическая мутация *(связанная с экспансией тринуклеотидных повторов, число которых нестабильно увеличивается при передаче из поколения в поколение)*

fertility ~ мутация по плодовитости

floating ~ блуждающая мутация *(встречающаяся в популяции не постоянно и через некоторое время исчезающая)*

frame-shift ~ мутация со сдвигом рамки считывания *(в виде вставки или потери нуклеотидов в цепи ДНК, приводящая к сдвигу отсчёта кодирующих триплетов при транскрипции и трансляции)*

genomic ~ геномная [численная хромосомная] мутация

germinal ~ мутация на молекулярном [зародышевом] уровне

incertion ~ инсерционная мутация *(со вставкой нового генетического материала в хромосомную ДНК)*

induced ~ индуцированная мутация

intragene [intragenic] ~ внутригенная мутация *(при которой изменяется последовательность нуклеотидов в пределах одного гена)*

invisible ~ невидимая мутация *(при которой не удаётся выявить изменений в фенотипе)*

large-scale ~ мутация крупных отличий

lethal ~ летальная мутация *(приводящая к гибели мутанта до момента оставления им потомства)*

loss ~ мутация недостаточности, мутация утери признака

major ~ большая [крупная] мутация

missence ~ миссенс-мутация, мутация с изменением смысла *(приводящая к подстановке несоответствующей аминокислоты в полипептидную цепь)*

natural ~ спонтанная мутация

nonsense ~ нонсенс-мутация *(в результате которой образуется стоп-кодон и происходит обрыв транскрипции и трансляции)*

phase-shift ~ см. **frame-shift ~**

ploidic ~ см. **genomic ~**

point ~ точечная [точковая] мутация *(обусловленная заменой одного нуклеотида в гене)*

polar ~ полярная мутация *(затрагивающая в опероне не только ген, в котором она произошла, но и более удалённые от гена-оператора гены)*

recessive ~ рецессивная мутация *(в результате которой возникает рецессивный аллель)*

recurrent ~ повторная мутация

resistance ~ мутация резистентности *(напр. к нистатину)*

reverse ~ *см.* **back ~**

schistic ~ схистическая мутация

selection- induced ~ мутация, обусловленная селекцией, отбором

sex-linked ~ мутация, сцепленная с полом *(происходящая в половых хромосомах)*

sign ~ *см.* **frame shift ~**

silent ~ молчащая мутация, мутация в неструктурной части

somatic ~ соматическая мутация *(наблюдающаяся только в соматических клетках)*

spontaneous ~ спонтанная мутация

stop ~ стоп-[терминирующий] кодон

suppressor ~ супрессорная мутация

tandem ~ тандемная последовательная мутация

temperature-sensitive ~ температурозависимая мутация

termination ~ *см.* **stop ~**

transition ~ транзиция оснований

visible ~ видимая мутация *(которая проявляется изменениями фенотипа)*

mutatis [mjuːˈteitis]:

~ **mutandis** *лат.* сделав соответствующие изменения

mutator [mjuːˈteitə] ген-мутатор

mute [mjuːt] 1. немой 2. безмолвный; молчаливый

deaf ~ глухонемой

mutein [ˈmjuːtiːn] мутеин *(мутантный белок)*

muteness [ˈmjuːtnəs] немота

mutilation [mjuːtiˈleiʃən] 1. увечье, калечащее повреждение 2. отрыв *(напр. кисти)*

~ **of fetus** повреждение плода *(при ручном извлечении)*

female genital ~ калечение женских половых органов *(ритуальное иссечение препуция малых губ и клитора)*

operative ~ калечащая операция *(напр. ампутация)*

mutism [ˈmjuːtizm] 1. *псих.* мутизм, мутацизм *(отсутствие речевого общения)* 2. задержка речи *(у ребёнка)*

akinetic ~ акинетический мутизм *(сочетающийся с торможением двигательной функции при сохранении сознания)*

elective ~ избирательный мутизм *(напр. связанный с истерией)*

mutitas [ˈmjuːtitəs] немота

~ **atonica** немота неврогенного происхождения

~ **organica** немота, обусловленная отсутствием языка

~ **pathematica** немота эмоциональной природы

~ **surdorum** немота вследствие врождённой глухоты

muton [ˈmjuːtɒn] *уст.* мутон *(минимальная часть гена, изменение которой приводит к мутации)*

mutter [ˈmʌtə] 1. бормотание ‖ бормотать 2. ворчание ‖ ворчать

mutual [ˈmjuːtʃuəl] 1. взаимный, обоюдный 2. общий *(напр. о функции)*

mutualism [ˈmjuːtʃuəˌlizm] мутуализм *(симбиоз двух взаимозависимых популяций)*

mutuality [ˌmjuːtʃʊˈæliti] взаимность *(напр. супружеских отношений)*

myalgia [maiˈældʒiə] миалгия *(боль в мышцах)*

~ **thermica** тепловая [термическая] судорога

epidemic ~ эпидемическая миалгия, или плевродиния, борнхольмская болезнь, Сильвеста синдром

lumbar ~ люмбаго

myasis [maiˈeisis] *см.* **myiasis**

myasthenia [ˌmaiəsˈθiːniə] миастения, Эрба – Гольдфлама болезнь

~ **angiosclerotica** перемежающаяся хромота

~ **cordis** слабость [недостаточность] сердца

~ **gravis pseudoparalytica** *лат.* (тяжёлая псевдопаралитическая) миастения

angiosclerotic ~ *уст.* перемежающаяся хромота, Шарко синдром

myatonia [ˌmaiəˈtəuniə], **myatony** [maiˈætəni] амиотония, миатония

myatrophy [maiˈætrəfi] мышечная атрофия

mycelium [maiˈsiːliəm], *pl.* **mycelia** [maiˈsiːliə] *микол.* мицелий, грибница *(вегетативное тело гриба, состоящее из сплетения гифов)*

actinomycetic ~ мицелий лучистого гриба

coenocytic ~ ценоцистный [несептированный] мицелий

eroding ~ разъедающий [эрозирующий] мицелий

mycete [ˈmaisiːt] гриб

mycetism [ˈmaisəˌtizm], **mycetismus** [ˌmaisəˈtizməs] мицетизм *(отравление грибами)*

mycetogenic [maiˌsətəuˈdʒenik], **mycetogenous** [ˌmaisəˈtɒdʒənəs] грибковой этиологии

mycetoma [ˌmaisiˈtəumə] мадурская стопа, мицетома, мадуромикоз

aspergillus ~ аспергиллома, аспергиллёзная мицетома

mycid [ˈmaisid] мицид *(аллергическая реакция на грибковые антигены)*

mycobacteriosis [ˌmaikəubækˌtiːriˈəusis] атипичный туберкулёз

Mycobacterium [ˌmaikəubækˈtiəriəm] микобактерии *(род аэробных грампозитивных палочковидных бактерий; включающий паразитические и сапрофитные виды)*

~ **africanum** микобактерия, африканский тип

~ **bovis** микобактерия туберкулёза, бычий тип *(патогенный и для человека)*

~ **bovis BCG** вакцинный штамм, БЦЖ

~ **leprae** микобактерия лепры

~ **microti** микробактерия, мышиный тип

~ **tuberculosis** микобактерия туберкулёза, человеческий тип, Коха палочка

mycodermatitis [ˌmaikəuˌdəːməˈtaitis], **mycodermomycosis** [ˌmaikəuˌdəːməmaiˈkəusis] геотрихоз, микодерматит

mycohemia [ˌmaikəuˈhiːmiə] наличие грибков в циркулирующей крови

mycology [maiˈkɒlədʒi] микология *(1. наука о грибах 2. исследование биологического материала на наличие грибов)*

mycomyringitis [ˌmaikəuˌmirinˈdʒaitis] микомирингит *(микоз барабанной перепонки)*

mycophage [ˈmaikəuˌfeidʒ] микофаг *(вирус, репродуцирующийся в клетках грибов)*

mycoplasma [ˈmaikəuˌplæzmə], *pl.* **mycoplasmata** [ˈmaikəuˌplæzmətə] микоплазма, плевропневмониеподобный микроорганизм *(лишённый клеточной стенки)*

~ hominis возбудитель микоплазменной инфекции у человека

T [tiny] ~ Т-микоплазма(ы) *(образуют мелкие колонии, откуда и произошло их название)*

mycoplasmosis [ˌmaikəʊˌplæzˈməʊsis] микоплазмоз

mycosis [maiˈkəʊsis] микоз *(болезнь вызываемая паразитическими грибами)*

~ fungoidea грибовидный микоз, фунгоидная гранулёма, Алибера болезнь

~ intestinalis кишечная форма сибирской язвы

~ of mucous membranes микоз слизистых оболочек

deep ~ системный микоз

cutaneous ~ дерматомикоз, дерматофития

Posada ~ кокцидиоидомикоз, калифорнийская лихорадка, пустынный ревматизм, Посады – Вернике болезнь

systemic ~ см. **deep ~**

mycostasis [ˌmaikəʊˈstæsis] предупреждение роста и размножения грибов

mycotic [maiˈkɒtik] микотический *(вызванный паразитическими грибками)*

Mycotoruloides [ˌmaikəʊˌtɒrjʊˈlɒidiːz] грибы кандида

mycotoxicosis [ˌmaikəʊˌtɒksiˈkəʊsis] микотоксикоз *(отравление ядовитыми грибами)*

mycotoxin [ˈmaikəʊˌtɒksin] микотоксин *(токсин, продуцируемый грибами)*

mycovirus [ˌmaikəʊˈvairəs] миковирус *(вирусы грибов)*

mydriasis [miˈdraiəsis] мидриаз *(расширение зрачка)*

ipsilateral ~ ипсилатеральный мидриаз

mydriatic [ˌmidriˈætik] мидриатическое средство ‖ мидриатический, вызывающий расширение зрачка

myectomy [maiˈektəmiː] миэктомия *(1. иссечение мышцы 2. иссечение части наружной мышцы глаза при косоглазии)*

myectopia [ˌmaiikˈtəʊpiːə], **myectopy** [maiˈektəpiː] дистопия [эктопия] мышцы

myelalgia [maiəˈlælʤə] боли, обусловленные поражением спинного мозга или его оболочек

myelapoplexy [ˌmaiəlˈæpəʊpleksiː] гематомиелия *(кровоизлияние в вещество спинного мозга)*

myelatrophy [maiəlˈætrəfi] сухотка спинного мозга

myelemia [maiəˈliːmiːə] миелоцитоз *(наличие избыточного количества миелоцитов в крови)*

myelencephalon [ˌmaiəlenˈsefəˌlɒn] продолговатый мозг

myelic [ˈmaiəlik] относящийся к спинному или костному мозгу

myelination [ˌmaiələˈneiʃən], **myelinization** [ˌmaiələniˈzeiʃən] миелинизация, образование миелинового слоя *(нервного волокна)*

myelinoclasis [ˌmaiəlinəʊˈklæsis] см. **myelinolysis**

myelinogenetic [ˌmaiəlinəʊʤəˈnetik] образующий миелин или миелиновый слой

myelinolysis [ˌmaiəliˈnɒlisis] демиелинизация, разрушение миелинового слоя *(нервного волокна)*

acute perivascular ~ острая периваскулярная демиелинизация

central pontine ~ центральный понтинный миелинолиз

myelinosis [ˌmaiəˈlinəʊsis] миелиноз *(процесс разрушения жира и образования миелина)*

myelitic [ˌmaiəˈlitik] относящийся к миелиту

myelitis [ˌmaiəˈlaitis] 1. миелит *(воспаление спинного мозга)* 2. остеомиелит

cornual ~ миелит с поражением передних рогов спинного мозга

pressure ~ компрессионный миелит

transverse ~ поперечный миелит

traumatic ~ посттравматический миелит

myeloblast [ˈmaiələʊblæst] гемат. миелобласт *(клетка-предшественница гранулоцитов)*

myeloblastoma [ˌmaiələʊblæsˈtəʊmə] разрастание миелобластов *(при миелоидном лейкозе)*

myeloblastosis [ˌmaiələʊblæsˈtəʊsis] миелобластоз, миелоидный лейкоз

myelocele [ˈmaiələʊˌsiːl] миелоцеле, спинномозговая грыжа

myelocyst [ˈmaiələʊˌsist] киста спинного мозга

myelocystocele [ˌmaiələʊˈsistəʊˌsiːl] миелоцистоцеле *(спинномозговая грыжа)*

myelocyte [ˈmaiələʊˌsait] миелоцит *(предшественник гранулоцита)*

myelodysplasia [ˌmaiələʊdisˈpleiзə] миелодисплазия *(1. аномалия развития спинного мозга 2. дисплазия костного мозга)*

myelofibrosis [ˌmaiələʊfaiˈbrəʊsis] миелофиброз, миелосклероз *(замещение кроветворной ткани костного мозга волокнистой соединительной тканью)*

myelogenesis [ˌmaiələʊˈʤenəsis] гемат. миелопоэз, миелогенез

myelogone [ˈmaiələʊˌgəʊn] 1. гемат. миелобласт 2. незрелый лейкоцит

myelogram [ˈmaiələʊˌgræm] миелограмма *(1. рентгенограмма спинного мозга 2. данные микроскопии костного мозга)*

myelography [maiəˈlɒgrəfiː] рентг. миелография

myeloid [ˈmaiəˌlɒid] относящийся к спинному или костному мозгу

myeloma [ˌmaiəˈləʊmə] 1. миеломная болезнь, множественная миелома, плазмоцитома 2. солитарная миелома

endothelial ~ саркома кости, Юнга опухоль

erythroid ~ миеломная болезнь, множественная миелома, Калера болезнь

giant cell ~ гигантоклеточная остеобластома

multiple [plasma cell] ~ см. **erythroid ~**

myelomalacia [ˌmaiələʊməˈleiʃiːə] миеломаляция *(образование в веществе спинного мозга очагов размягчения)*

myelomatosis [ˌmaiələʊməˈtəʊsis] см. **myeloma 1**

myelomeningocele [ˌmaiələʊmeˈniŋgəʊˌsiːl] миеломенингоцеле, менингомиелоцеле *(спинномозговая грыжа, включающая участок спинного мозга, его оболочек и корешков спинномозговых нервов)*

myelomeningocystocele [ˌmaiələʊmeˈniŋgəʊˌsistəʊsiːl] миеломенингоцистоцеле *(разновидность миелоцистоцеле, при которой цереброспинальная жидкость скапливается не только в центральном канале, но и между оболочками спинного мозга)*

myelomere [ˈmaiələʊˌmiːə] миеломер *(нейромер спинного мозга)*

myelon [ˈmaiələn] уст. спинной мозг

myeloneuropathy [ˌmaiələʊnuːˈrɒpəθiː] миелоневропатия *(поражение спинного мозга и периферических нервов)*

myelonic [ˌmaiəˈlɒnik] спинномозговой

myelo-opticoneuropathy [ˌmaiələʊ-ˌɒptikəʊnuːˈrɒpəθiː] миелооптиконейропатия *(поражение спинного мозга и зрительного нерва)*

myelopathy [ˌmaiəˈlɒpəθiː] миелопатия *(невоспалительное поражение спинного или костного мозга)*

  ~ **ascendens** восходящая миелопатия

  atherosclerotic ~ атеросклеротическая миелопатия

  cassava-induced ~ миелопатия, обусловленная употреблением в пищу маниоки

  cervical ~ шейная [цервикальная] миелопатия

  drug-induced ~ лекарственная миелопатия

  radiation ~ лучевой миелит, лучевая миелопатия

myelopetal [ˌmaiəˈlɒpətəl] миелопетальный, направленный к спинному мозгу

myelophthisis [ˌmaiəˈlɒfθisis] **1.** *гемат.* миелофтиз, миелопарез *(подавление миелоидного ростка костного мозга, замещение кроветворной ткани фиброзной или злокачественной)* **2.** сухотка спинного мозга

myeloplaque [ˌmaiələʊˈplæk] *см.* **myeloplax** лейкоцит костного мозга

myeloplax [ˌmaiələʊˈplæks] миелоплакс *(гигантская многоядерная клетка костного мозга)*

myeloplegia [ˌmaiələʊˈpliːʤiːə] миелоплегия, спинальный паралич

myelopoiesis [ˌmaiələʊpɒiˈiːsis] *гемат.* миелопоэз, кроветворение

myeloradiculitis [ˌmaiələʊrəˌdikjʊˈlaitis] миелорадикулит *(сочетанное воспаление спинного мозга и корешков спинномозговых нервов)*

myelosarcoma [ˌmaiələʊsaːˈkəʊmə], **myelosarcomatosis** [ˌmaiələʊsaːˌkəʊməˈtəʊsis] хлорлейкоз, хлорома, Бальфура болезнь

myelosclerosis [ˌmaiələʊskləˈrəʊsis] миелофиброз, миелосклероз

myelosis [ˌmaiəˈləʊsis] **1.** хронический миелолейкоз, или миелоидный лейкоз, миелоз **2.** новообразование спинного мозга

  aleukemic ~ остеомиелофиброз, алейкемический миелоз, остеомиелосклероз

  erythremic ~ эритромиелоз, эритролейкоз, острый эритремический миелоз, Ди Гульельмо болезнь

  funicular ~ фуникулярный миелоз, комбинированный склероз *(поражение задних и боковых столбов спинного мозга)*

myelosuppression [ˌmaiələʊsəˈpreʃən] **1.** миелосупрессия *(уменьшение количества образующихся в костном мозге клеток крови)* **2.** миелосупрессивная терапия *(напр. эритремии)*

  fatal ~ миелосупрессивная терапия с летальным исходом

myelosyphilis [ˌmaiələʊˈsifilis] сифилис спинного мозга

myelosyringosis [ˌmaiələʊˌsirinˈɡəʊsis] *невр.* сирингомиелия

myelotoxic [ˌmaiələʊˈtɒksik] миелотоксичный, поражающий или угнетающий костный мозг

myenteric [ˌmaienˈterik] относящийся к мышечной оболочке кишечника

myenteron [maiˈentərɒn] мышечная оболочка кишечника

myesthesia [ˌmaiisˈθiːzə] кинестезия, мышечное чувство, мышечно-суставное чувство

myiasis [maiˈaiəsis], **myiosis** [maiaiˈəʊsis] миаз, энтомоз *(воспаление, вызываемое личинками насекомых)*

  dermal ~ синдром подкожно мигрирующих личинок

myiodesopsia [ˌmaiaiəʊdesˈɒpsiə] мийодезопсия *(ощущение «летающих мушек» перед глазами)*

myitis [maiˈaitis] миозит

myoalbumin [ˌmaiəʊælˈbjuːmin] миоальбумин, мышечный альбумин

myoblast [ˈmaiəʊˌblæst] *эмбр.* саркобласт, миобласт

myoblastoma [ˌmaiəʊblæsˈtəʊmə] зернисто-клеточная [гранулярная] миобластома

  granular cellular ~ зернисто-клеточная [гранулярная] миобластома, Абрикосова болезнь

myocardiopathy [ˌmaiəʊˌkaːdiˈɒpəθiː] кардиомиопатия

myocarditis [ˌmaiəʊkaːˈdaitis] миокардит

  acute isolated ~ идиопатический миокардит

  giant cell ~ гигантоклеточный миокардит

  parenchymatous ~ деструктивный [дистрофический, паренхиматозный] миокардит

myocardium [ˌmaiəʊˈkaːdiəm], *pl.* **myocardia** [ˌmaiəʊˈkaːdiə] миокард, сердечная мышца

  hibernating ~ «спящий» миокард *(об обратимой дисфункции при ИБС)*

  “stunned ~” синдром «оглушённого» миокарда *(после ишемического эпизода)*

  transmural septal ~ трансмуральный инфаркт перегородочной области сердца

myocardosis [ˌmaiəʊkaːˈdəʊsis] миокардоз *(различные поражения миокарда при системных заболеваниях)*

myocele [ˈmaiəˌsiːl] мышечная грыжа, *нрк.* миоцеле, *норм.* полость сомита

myocelialgia [ˌmaiəʊˌsiːliˈælʤiːə] боль в брюшных мышцах

myocellulitis [ˌmaiəʊˌseljʊˈlaitis] панникулит в сочетании с миозитом

myocerosis [ˌmaiəʊsiˈrəʊsis] восковидный некроз мышцы; восковидная дегенерация мышц

myochorditis [ˌmaiəʊkɔːˈdaitis] воспаление голосовых мышц

myoclonia [ˌmaiəʊˈkləʊniːə] миоклонус, миоклония *(судорожные подёргивания мышц)*

  ~ **epileptica** миоклонус-эпилепсия, миоклоническая эпилепсия

  ~ **fibrillaris multiplex** миоклония *(гиперкинез пучка мышечных волокон)*

  action ~ миоклония действия *(возникающая в начале проявления мышечной активности)*

  familial reflex ~ наследственная рефлекторная миоклония

  intention ~ интенционная миоклония *(возникающая при произвольных движениях)*

  nocturnal ~ ночная миоклония *(вздрагивания во время засыпания)*

  ocular ~ глазной миоклонус, опсоклонус

  palatal ~ нистагм мягкого нёба, велопалатинная миоклония

postural ~ постуральная миоклония *(возникающая при поддержании определённой позы)*

rhythmic ~ ритмическая миоклония, миоритмия *(подёргивания мышц с постоянным ритмом)*

sleep ~ миоклонус во сне, судорога мышцы во сне

stimulus sensitive ~ чувствительная к раздражению миоклония *(вызванная различными стимулами – разговором, счётом, громким звуком)*

myocrismus [ˌmaiəʊˈkrisməs] звук, иногда слышимый при аускультации сокращающейся мышцы

myocyte [ˈmaiəʊˌsait] миоцит, миокардиоцит

myocytolysis [ˌmaiəʊsaiˈtɒlisis] *см.* **myolysis**

myodemia [ˌmaiəʊˈdiːmiːə] жировая дегенерация мышцы

myodesopsia [ˌmaiəʊdeˈsɒpsiːə] *см.* **myoidesopsia**

myodiastasis [ˌmaiəʊdaiˈæstəsis] *хир.* разделение мышечных пучков

myodynamia [ˌmaiəʊdaiˈnæmiːə] сила мышцы *(показатель сократительной способности мышцы)*

myodynamics [ˌmaiəʊdaiˈnæmiks] физиология мышечного сокращения

myodynamometry [ˌmaiəʊˌdainəˈmɒmətri] динамометрия *(мышц)*

myodynia [ˌmaiəʊˈdiːniːə] миалгия, боль в мышцах

hysterical ~ истерическая миодиния

myodystrophy [ˌmaiəʊˈdistrɒfiː] миодистрофия

myoedema [ˌmaiəʊiˈdiːmə] отёк мышцы

myoelectrical [ˌmaiəʊiˈlektrikəl] электрическая активность мышц, биопотенциалы мышц ǁ миоэлектрический

myoepithelium [ˌmaiəʊˌepiˈθiːliːəm] миоэпителиоцит *(клетка эпителиального происхождения, сходная с гладким миоцитом)*

myofascitis [ˌmaiəʊfəˈsaitis] **1.** миофасцит *(сочетанное воспаление мышцы и фасции)* **2.** фиброзный миозит

myofiber [ˌmaiəʊˈfaibə], **myofibril** [ˌmaiəʊˈfaibril] миофибрилла, мышечное волокно

myofibrilla [ˌmaiəʊˈfaibrilə], *pl.* **myofibrillae** [ˌmaiəʊˈfaibrili] *лат.*, *см.* **myofiber**

myofibrosis [ˌmaiəʊfaiˈbrəʊsis] миофиброз, миосклероз

myofibrositis [ˌmaiəʊˌfaibrəˈsaitis] воспаление перимизия

myofilament [ˌmaiəʊˈfiləmənt] миофиламент, протомиофибрилла *(элемент миофибриллы)*

myogaster [ˌmaiəʊˈgæstə] брюшко мышцы

myogelosis [ˌmaiəʊʤeˈləʊsis] миогелёз *(уплотнение участка мышцы)*

myogenesis [ˌmaiəʊˈʤenəsis] миогенез *(развитие мышечной ткани)*

myogenetic [ˌmaiəʊʤəˈnetik], **myogenic** [ˌmaiəʊˈʤenik], **myogenous** [ˌmaiəʊˈʤenəs] миогенный *(1. мышечного происхождения 2. относящийся к развитию мышечной ткани)*

myoglobin [ˈmaiəʊˌgləʊbin] миоглобин, мышечный гемоглобин, миогемоглобин

myoglobinuria [ˌmaiəʊˌgləʊbinˈuːriːə] миоглобинурия

recurrent ~ паралитическая миоглобинурия, Мейера – Бетца болезнь

myoglobulin [ˌmaiəʊˈglɒbjʊlin] миоглобулин, мышечный глобулин

myohemoglobin [ˌmaiəʊˌhiːməʊˈgləʊbin] *см.* **myoglobin**

myohysterectomy [ˌmaiəʊˌhistəˈrektəmiː] ампутация тела матки

myoidesopsia [ˌmaiəʊˌaideˈsɒpsiːə] *офт.* «мелькание мушек»

myointimal [ˌmaiəʊˈintiməl] относящийся к интиме и медии *(сосуда)*

myoinvasion [ˌmaiəʊinˈveiʒən] инвазия опухоли в миометрий

myokymia [ˌmaiəʊˈkaimiːə] миокимия, псевдофасцикуляция *(гиперкинез пучка мышечных волокон)*

myolemma [ˌmaiəʊˈlemə] сарколемма *(оболочка поперечно-полосатого мышечного волокна)*

myolysis [maiˈɒlisis] мио(цито)лиз *(распад или дегенерация мышц)*

myoma [maiˈəʊmə] миома

myoblastic ~ зернисто-клеточная [гранулярная] миобластома, Абрикосова болезнь

myomalacia [ˌmaiəʊməˈleiʃiːə] миомаляция, размягчение мышц

myomectomy [ˌmaiəˈmektəmiː] миомэктомия

myomelanosis [ˌmaiəʊˌmeləˈnəʊsis] миомеланоз *(тёмная пигментация мышечной ткани)*

myomere [ˈmaiəˌmiːə] *эмбр.* миотом, миомер, мышечный сегмент *(из которого развивается скелетная мускулатура)*

myometrium [ˌmaiəʊˈmiːtriːəm] миометрий *(мышечная стенка матки)*

myon [ˈmaiɒn] мион *(морфофункциональная единица мышцы)*

myonecrosis [ˌmaiəʊnəˈkrəʊsis] некроз участка миокарда

myoneural [ˌmaiəˈnjʊrəl] нейромышечный, мионевральный

myoneuralgia [ˌmaiəʊnʊˈrælʤiːə] миалгия, мышечная невралгия

myoneurasthenia [ˌmaiəˌnʊrəsˈθiːniːə] мышечная слабость при неврастении

myonymy [maiˈɒnimiː] номенклатура мышц

myopachynsis [ˌmaiəʊpəˈkinsis] гипертрофия мышц

myopalmus [ˌmaiəˈpælməs] мышечный тик, мышечные подёргивания

myopathia [ˌmaiəʊˈpæθiə] *см.* **myopathy**

myopathic [ˌmaiəʊˈpæθik] **1.** относящийся к миопатии **2.** страдающий заболеванием мышц

myopathy [maiˈɒpəθiː] миопатия *(системное поражение скелетных мышц невоспалительного характера)*

alcoholic ~ алкогольная миопатия *(патология скелетных мышц, связанная с алкоголизмом)*

atrial ~ миопатия с поражением предсердий

Becker type ~ псевдогипертрофическая мышечная дистрофия, Беккера миопатия

critical illness ~ миопатия в критической стадии

Duchenne type ~ псевдогипертрофическая мышечная дистрофия *(Дюшенна)*

Erb ~ юношеская миопатия *(Эрба – Рота)*

hypertrophic obstructive cardiac ~ гипертрофическая обструктивная кардиомиопатия

late distal hereditary ~ поздняя дистальная наследственная миопатия

lipid storage ~**ies** болезнь накопления липидов в мышцах

mitochondrial ~ хромосомная [митохондриальная] миопатия

myotubular ~ миотубулярная миопатия

nemaline ~ немалиновая [врождённая, непрогрессирующая, нитеобразная] миопатия

ocular ~ офтальмоплегическая миопатия

permanent ~ хроническая миопатия

myope ['maiəʊp] человек, страдающий близорукостью

myopia [mai'əʊpi:ə] близорукость, миопия

axial ~ осевая близорукость

index ~ рефракционная [оптическая] миопия

myoplasm ['maiəʊ͵plæzm] миоплазма *(цитоплазма мышечных клеток и волокон)*

myoplasty ['maiəʊ͵plæsti:] мышечная пластика, миопластика

myorhythmia [͵maiəʊ'riθmiə] ритмическая миоклония, миоритмия

myorrhaphy [mai'ɒrəfi:] шов [ушивание] мышцы

myorrhexis [͵maiəʊ'reksis] разрыв мышцы

myosalgia [͵maiəʊ'sælʤi:ə] *см.* **myalgia**

myosalpinx [͵maiəʊ'sælpiŋks] мышечный слой маточной трубы

myoseism ['maiəsizm] неритмичные спастические сокращения мышц

myosin ['maiəsin] миозин *(мышечный глобулин)*

myosinogen [͵maiəʊ'sinəʊʤen] *биохим.* миоген

myosis [mai'əʊsis] миоз, сужение зрачка

myositis [͵maiəʊ'saitis] миозит

~ **ossificans** оссифицирующий миозит

acute disseminated ~ дерматомиозит, полимиозит Вагнера болезнь

epidemic ~ эпидемическая плевродиния, эпидемический миозит

extraocular muscle ~ Грефе офтальмоплегическая миопатия *(очагово-воспалительный миозит)*

interstitial ~ фиброзный миозит

multiple ~ *см.* **acute disseminated** ~

myospasm ['maiəʊ͵spæzm] судорога мышцы; миоспазм

myosteoma [͵maiəsti'əʊmə] остеогенная саркома мягких тканей

myosynizesis [͵maiəʊ͵sini'zi:sis] сращение мышцы или мышц

myotactic [͵maiəʊ'tæktik] относящийся к кинестезии, или к мышечному чувству

myotasis [͵maiəʊ'tæsis] растяжение мышцы

myotatic [͵maiəʊ'tætik] относящийся к растяжению мышцы

myotenositis [͵maiəʊ͵tenə'saitis] миотендинит

myotenotomy [͵maiəʊte'nɒtəmi:] рассечение сухожилия и мышцы

myotic [mai'ɒtik] *см.* **miotic**

myotility [͵maiəʊ'tiliti:] сократимость мышцы

myotome ['maiəʊ͵təʊm] 1. миотом, миомер, мышечный сегмент 2. нож для рассечения мышцы

myotomy [mai'ɒtəmi:] миотомия *(рассечение мышцы; разделение мышечных волокон)*

myotonia [͵maiəʊ'təʊni:ə] миотония, мышечное напряжение *(спазм мышц с сильным затруднением их расслабления)*

~ **acquisita** приобретённая миотония после болезни или травмы

~ **atrophica** дистрофическая миотония, Штейнерта – Баттена болезнь

~ **congenita** Томсена врождённая миотония

~ **dystrophica** *см.* ~ **atrophica**

~ **neonatorum** столбняк новорождённых

myotonoid [mai'ɒtə͵bɪɔɪ] напоминающий миотонию

myotonometer [͵maiəʊtəʊ'nɒmətə] миотонометр *(прибор для измерения мышечного тонуса)*

myotonus [mai'ɒtənəs] тонический спазм или ригидность мышцы

myotony [mai'ɒtəni:] миотония *(мышечный тонус)*

myotrophy [mai'ɒtrəfi:] питание мышечной ткани

myotube ['maiəʊ͵tju:b], **myotubule** [͵maiəʊ'tu:bju:l] *гист.* мышечная трубочка

myringa [mi'riŋgə] *см.* **myrinx**

myringitis [͵mirin'ʤaitis] мирингит

myringodermatitis [͵miriŋgəʊ͵də:mə'taitis] буллёзный мирингит

myringomycosis [͵miriŋgəʊmai'kəʊsis] мирингомикоз

myringoplasty [mi'riŋgəʊ͵plæsti:] мирингопластика *(пластика дефекта барабанной перепонки)*

myringoscope [͵miriŋgəʊ'skəʊp] отоскоп; ушное зеркало

myringotomy [͵mirin'gɒtəmi:] миринготомия, тимпанотомия

~ **and Grommet insertion (M & G)** миринготомия и дренирование по Громету

myrinx ['miriŋks], *pl.* **myringes** ['miriŋi:z] барабанная перепонка

myriosporous [͵miri:ə'spɒrəs] многоспоровый

myrmecia [mir'mi:ʃi:ə] разновидность простых бородавок, имеющих куполообразную форму

mysogyny [͵misɔ'ʤiniə] мизогиния, женоненавистничество

mysophilia [͵maisəʊ'fili:ə] *псих.* мизофилия *(форма парафилии с сексуальным интересом к экскрементам)*

mysophobia [͵maisəʊ'fəʊbi:ə] мизофобия, молизмофобия *(патологическая боязнь загрязнения или заражения с компульсивным мытьём рук)*

mysticism ['mistisizəm] мистицизм

mytacism ['maitə͵sizəm] заикание с неправильным произношением звука «м»

myth [miθ]

~ **of origins** миф происхождения

~ **of the hero** миф о герое

mythomania [͵miθəʊ'meini:ə] мифомания *(истерическое фантазирование)*

mythophobia [͵miθəʊ'fəʊbi:ə] мифофобия *(навязчивый страх неправильного изложения фактов; проявляется тягостным выбором слов и выражений)*

myxadenitis [͵miksædə'naitis] воспаление слизистых желёз

myxangitis [͵miksən'ʤaitis] воспаление протоков слизистых желёз

myxasthenia [͵miksæs'θi:ni:ə] пониженная секреция слизи

myxedema [͵miksə'di:mə] микседема, гипотиреоидный отёк

circumscribed ~ узловатый отёк, или муциноз кожи, ограниченная микседема кожи

congenital ~ кретинизм, врождённый гипотиреоз, Фагге болезнь

operative ~ послеоперационная микседема

pretibial ~ узловатый муциноз кожи, ограниченный переднебоковой поверхностью голени

myxedematoid [ˌmiksəˈdemətɔid] похожий на микседему

myxocyte [ˈmiksəʊˌsait] мукоцит, слизистая клетка

myxofibroma [ˌmiksəʊfaiˈbrəʊmə] миксофиброма *(опухоль фиброзной ткани, содержащая миксоматозные элементы)*

myxoglobulosis [ˌmiksəʊˌglɒbjʊˈləʊsis] миксоглобулёз, слизистая киста

myxoid [ˈmikˌsɒid] напоминающий слизь, слизеподобный

giant mammary ~ листовидная опухоль [фиброма] молочной железы, гигантская фиброаденома молочной железы

lipomatous ~ миксоматозная липома

odontogenic ~ одонтогенная миксофиброма челюсти

vascular ~ обильно кровоснабжаемая миксома

myxomycetes [ˌmiksəʊmaiˈsiːtiːz] миксомицеты, слизистые грибы

myxopoiesis [ˌmiksəʊpɒiˈiːsis] образование слизи

myxorrhea [ˌmiksəʊˈriːə] обильное отделение слизи

◊ ~ **gastrica** гастромиксорея, гастросуккорея

myxosarcoma [ˌmiksəʊsaːˈkəʊmə] миксосаркома, злокачественная миксома

myxospore [ˌmiksəʊˈspɔː] миксоспора *(покоящаяся клетка микобактерий)*

myxotoxicosis [ˌmiksəʊˌtɒksiˈkəʊsis] отравление грибами

myxovirus [ˌmiksəʊˈvaizəs] *уст.* миксовирус *(норм. – возбудители ОРВИ – ортомиксовирусы, парамиксовирусы)*

myzesis [maiˈziːsis] **1.** сосание **2.** грудной *(ребёнок)* **3.** всасывающий *(об устройстве)*

N

nadir ['neidiə] **1.** самый низкий уровень **2.** крайний упадок *(сил)*

~ **of one's hopes** крушение, падение

nagging ['nægiŋ]:

perpetual ~ вечное нытьё

nail¹ [neil] **1.** ноготь, ногтевая пластинка **2.** коготь

avulsed finger ~ отрыв ногтя пальца

brittle ~**s** ломкие ногти; ломкость ногтей

clubbed ~ ногти с утолщениями

eggshell ~ тонкий ноготь

false ~**s** накладные ногти

familial spoon ~**s** койлонихия *(ложкообразное вдавливание ногтей)*

half and half ~ разделение ногтя поперечной линией на проксимальную тусклую белую часть и дистальную розовую или коричневую *(встречается при уремии)*

ingrown ~ вросший ноготь, инкарнация ногтя

parrot-beak ~ ноготь, искривлённый наподобие клюва попугая

pincer ~ выраженная выпуклость ногтевой пластинки с отделением её в дистальной части; латеральные края ногтевой пластинки вдавливаются в мягкие ткани, вызывая боли

pitted ~ вогнутый ноготь

shedding ~ отпадающий ноготь

spoon ~ *см.* **familial spoon** ~**s**

turtle-back [watch glass] ~**s** «часовые стёклышки» *(о ногтях)*

nail² гвоздь, стержень, штифт *(для остеосинтеза)* ‖ соединять (костные отломки) при помощи гвоздя

angle ~ гвоздь с накладной пластинкой

bone ~ костный штифт

diamond ~ стержень с гранями

double ~ *см.* **split** ~

fracture [intramedullary] ~ штифт для внутрикостного остеосинтеза, Кюнчера гвоздь

split ~ раздвоенный штифт

tibia ~ гвоздь для остеосинтеза большеберцовой кости

titanium elastic ~ гибкий титановый стержень

nail-bed ['neil‚bed] ногтевое ложе

nailing ['neiliŋ] внутрикостный остеосинтез, штифтование костных отломков

~ **of bone [medullary]** ~ внутрикостный [интрамедуллярный] остеосинтез, штифтование кости

nail-matrix [neil-'meitriks] *см.* **nail-bed**

Naja ['næjə] *лат.* кобра

~ **sputatrix** малайская кобра

naked ['neikid] **1.** голый, нагой, обнажённый **2.** незащищённый, беззащитный **3.** неизолированный *(провод)*

naloxone [nə'lɒksəun] налоксон *(блокатор опиоидных рецепторов – вызывает обратное развитие опийной интоксикации; применяют для лечения наркоманий)*

namangitis [‚næmən'ʤaitis] лимфангиит, лимфангоит

name [neim] **1.** имя; фамилия; род **2.** название, обозначение, наименование *(напр. медикамента)*

~ **of genus** *токс.* название рода

approved ~ *см.* **international** ~ 1

bacterial ~ название бактерии

brand ~ *см.* **proper** ~

collective ~ общее название *(напр. питириаза)*

compound ~ составное имя, идентификатор

fancy ~ *англ.* **1.** товарный [фирменный] знак **2.** торговое [причудливое] наименование

general ~ общее название *(напр. антропонозов)*

generic ~ **1.** родовое название *(термин, обозначающий класс или тип простого соединения; первая часть бинарной классификации)* **2.** *фарм.* дженерик *(название лекарственного препарата, выпускаемого не фирмой-изготовителем, а в других странах под свободным наименованием)*

given ~ *амер.* имя *(в отличие от фамилии)*

illegitimate ~ официально непринятое название *(напр. штамма, серотипа)*

popular ~ народное название

proper [proprietary] ~ патентованное [торговое, фирменное] название *(лекарственного средства)*

public ~ *см.* **popular** ~

scientific [systematic] ~ научное [систематическое] наименование *(напр. медикамента, реактива)*

trade ~ *см.* **proper** ~

trivial ~ *хим.* тривиальное название

Name:

International [Nonproprietary] ~**s** Международные непатентованные названия, МНН *(лекарственных средств, используемых при соответствии их свойств требованиям комитета экспертов ВОЗ – GLP и GMP)*; общепринятые официальные названия

United States Adopted ~**s** Номенклатура лекарственных средств, принятых в США

nameless ['neimləs] безымянный, анонимный; неизвестный

naming ['neimiŋ] номенклатура, перечень *(объектов, их свойств и пр.)*

~ **of morphologic defects** номенклатура [наименования] морфологических дефектов

color ~ называние цвета *(тест Роршаха)*

nancy ['nænsi:] **1.** изнеженный, женственный **2.** гомосексуалист

nanism ['nei‚nizəm] карликовость, нанизм, микросомия, наносомия

Paltauf's ~ примордиальный нанизм, карликовость Пальтауфа

senile ~ сенильный нанизм

nanocephalia [‚nænəuse'feili:ə] микроцефалия *(голова чрезмерно малых размеров)*

nanocormia [ˌnænəʊˈkɔːmiːə] *см.* **nanism**

nanocurie [ˌnænəʊˈkjʊriː] нанокюри, нКи *(единица радио-активности, равная 3,7 × 10 распадам ядра в с; 10⁻⁹ Ки)*

nanogram [ˈnænəʊˌɡræm] нанограмм, нг *(10⁻⁹ г)*

nanoid [ˈnænɒɪd] карликовый, карликового роста

nanomelia [ˌnænəʊˈmiːliːə] микромелия *(конечности чрезмерно малых размеров)*

nanometre [nəˈnɒmətə] нанометр, нм, 10⁻⁹ м, *уст.* 10 Å

nanoparticle [ˌnænəʊˈpɑːtikl] *pl.* наночастицы *(о липосомных препаратах)*

nanosoma [ˌnænəʊˈsəʊmə], **nanosomia** [ˌnænəʊˈsəʊmiːə] *см.* **nanism**

nanotechnology [ˌnænəʊtekˈnɒlədʒiː] нанотехнология *(исследование и использование объектов, размеры которых измеряются нановеличинами)*

nanous [ˈnænəs] карликовый; низкорослый

nanukayami [ˌnænʊkæˈjɑːmiː] осенняя [семидневная] лихорадка, нанукайями лептоспироз

nanus [ˈneinəs] карлик

nap [næp] дремота; короткий сон

after-dinner ~ послеобеденный сон

nape [ˈneip] задняя часть шеи, выя

napex [ˈneipeks] **1.** затылок **2.** участок черепа непосредственно ниже наружного затылочного выступа

naphtha [ˈnæfθə] нафта, лигроин *(дистилляты, получаемые при перегонке нефти)*

wood ~ метанол, метиловый [древесный] спирт, карбинол

naphthol [ˈnæfˌθɒl]:

~ **yellow** жёлтый нафтол *(краситель)*

napkin [ˈnæpkin]:

disposable ~ салфетка одноразового использования

narc(iss)ism [ˈnɑːsiˌsizəm] **1.** нарциссизм *(чрезмерная самовлюблённость, ощущение собственной важности)* **2.** аутоэротизм *(направленность полового влечения на собственную личность)*

intellectual ~ интеллектуальный нарциссизм

malignant ~ злокачественный нарциссизм

negative ~ недооценка самого себя

physical ~ физический нарциссизм

narcissistic [ˈnɑːsiˌsistik] нарциссический *(о расстройстве личности)*

narcoanalysis [ˌnɑːkəʊəˈnælisis], **narcodiagnosis** [ˌnɑːkəʊˌdaiəˈɡnɒsis] наркоанализ *(форма психотерапии на фоне поверхностного наркоза)*

narcocatharsis [ˌnɑːkəʊkəˈθɑːrsis] наркокатарсис *(воспроизведение в сознании пациента, находящегося в гипнозе, драматических и патогенетических событий его жизни с целью отреагирования)*

narcohypnosis [ˌnɑːkəʊhipˈnəʊsis] наркогипноз

narcolepsy [ˈnɑːkəʊˌlepsiː] нарколепсия, гиполепсия, Желино болезнь *(приступы сонливости и каталептические припадки)*

narcoleptic [ˌnɑːkəʊˈleptik] больной нарколепсией

narcologist [nɑːˈkɒlədʒist] нарколог

narcology [nɑːˈkɒlədʒiː] наркология *(раздел медицины, выделившийся из психиатрии, изучающий проблемы алкоголизма, нарко- и токсикоманий)*

narcoma [nɑːˈkəʊmə] наркотическая кома; ступор, вызванный наркотиком

narcomania [ˌnɑːkəˈmeiniːə] наркомания, пристрастие к наркотикам; зависимость от психоактивных веществ

narcomaniac [ˌnɑːrkəˈmeiniːæk] наркоман

Narconon [ˈnɑːrkəˌnɒn] общественное движение «Нет наркотикам»

narcose [nɑːˈkəʊs] ступорозный, находящийся в ступоре

narcosis [nɑːˈkəʊsis] наркоз, общая анестезия, общее обезболивание

basal [basis] ~ базисный наркоз, базис-наркоз

medullary ~ спинномозговая анестезия

nitrogen ~ **1.** помрачение сознания при аутоинтоксикации азотистыми соединениями *(напр. при уремии)* **2.** наркоз закисью азота, «глубинное опьянение»

narcosuggestion [ˌnɑːrkəʊsəˈdʒestʃən], **narcosynthesis** [ˌnɑːrkəʊˈsinθəsis] наркогипноз, наркосуггестия, наркосинтез *(гипнотерапия с применением психофармпрепаратов)*

narcotest [ˈnɑːrkəʊˌtest] тест на наркотики

narcotherapy [ˌnɑːrkəʊˈθerəpiː] наркопсихотерапия; лечение сном

narcotic [nɑːˈkɒtik] **1.** средство для наркоза ‖ наркотизирующий, вызывающий наркоз; наркотический **2.** *редко* снотворное средство ‖ снотворный **3.** наркотик

epidural ~ эпидуральное введение наркотика

Narcotic:

"~s Anonymous" «Анонимные наркоманы» *(группа взаимопомощи лиц, страдающих наркоманией)*

narcotism [ˈnɑːrkəˌtizəm] **1.** наркомания **2.** наркотическое оглушение

narcotization [ˌnɑːrkəˈtaiˈzeiʃən] проведение наркоза, наркотизация

narial [ˈneiriːəl] относящийся к ноздрям

nariform [ˈnɑːriˈfɔːm] ноздревидный

naris [ˈneiris], *pl.* **nares** [ˈneires] ноздря

anterior ~ ноздря

internal [posterior] ~ хоана

stenotic ~es стеноз носовых ходов

narrowing [ˈnærəʊiŋ] сужение, уменьшение

~ **of the drinking (drug use) repertoire** сужение питьевого (наркотического) репертуара *(один из признаков формирования зависимости)*

atherosclerotic ~ стеноз, обусловленный атеросклеротической бляшкой

consciousness ~ сужение сознания

disk space ~ сужение межпозвонковой щели

luminal ~ **of intramural arteries** сужение просвета внутристеночных артерий

narrow-sighted [ˈnærəʊ-ˈsaitəd] близорукий

narrow-zoned [ˈnærəʊ-ˈzəʊnəd] тонкослойный

narry [ˈnæriː] алкогольный гастрит

nasal [ˈneizəl] носовой, назальный; гнусавый

nascency [ˈnæsənsiː] рождение, возникновение; процесс возникновения

nascent [ˈnæsənt] **1.** рождающийся, возникающий, начинающийся **2.** находящийся в стадии возникновения

nasion [ˈneiziˌɒn] *кр. метр.* назион, верхненосовая точка *(место пересечения носолобного шва с сагиттальной плоскостью)*

nasoantritis [ˌneizəʊænt'raitis] риногенный гайморит

nasofrontal [ˌneizəʊ'frʌntəl] носолобный

nasogastric [ˌneizəʊ'gæstrik] назогастральный

nasolabial [ˌneizəʊ'leibiːəl] носогубной

nasolacrimal [ˌneizəʊ'lækrəməl] слёзно-носовой

nasomalar [ˌneizəʊ'meilə] относящийся к носу и скуловой кости

nasonnement [ˌneizɒn'mɒː] гнусавость, ринофония

nasopalatine [ˌneizəʊ'pælaˌtain] носонёбный

nasopharyngitis [ˌneizəʊˌfærin'dʒaitis] ринофарингит

nasopharynx [ˌneizəʊ'færiŋks] носоглотка, эпифаринкс

nasoscopy [nei'zɒskəpiː] исследование полости носа

nasus ['neisəs], *pl.* **nasi** ['neisi] *лат.* наружный нос

natal ['neitəl] 1. натальный, относящийся к рождению, родам 2. ягодичный

natality [nei'tæliti:] 1. рождаемость, коэффициент рождаемости 2. естественный прирост населения

  infant ~ рождаемость

nates ['neiti:z] ягодицы

natimortality [ˌneitimɔː'tæliti:] мёртворождаемость, коэффициент мертворождаемости; перинатальная смертность

national ['næʃənəl] 1. национальный (*напр. об этнической группе, ассоциации*) 2. государственный (*о службе здравоохранения, сертификате*); народный (*напр. о школе*)

natis ['neiti:z] *см.* **nates**

native ['neitiv] 1. врождённый 2. присущий, свойственный; нативный (*о препарате, веществе*) 3. природный, естественный; интактный 4. коренной, аборигенный (*напр. житель*)

natremia [nei'triːmiːə] гипернатриемия

natriferic [nei'trifərik] способствующий повышению транспорта натрия

natrium ['neitriːəm] натрий

natriuresis [ˌneitrəjʊ'riːsis] натрийурез (*выделение ионов натрия с мочой*)

natriuretic [ˌneitrijʊ'retik] салуретик, натрийуретическое средство

natuary ['nætjʊriː] *уст.* родильная палата

natural ['nætʃərəl] 1. природный, естественный; натуральный; обычный 2. дикий, некультивированный (*напр. о растениях*) 3. врождённый; присущий (*напр. дар*) 4. побочный, внебрачный (*ребёнок*)

naturalization [ˌnætʃərəli'zeiʃən] 1. акклиматизация (*растений, животных*) 2. *амер.* натурализация (*регистрация на постоянное место жительства иностранцев*)

nature ['neitʃə] 1. природа, происхождение 2. сущность, основное свойство; характер, натура, врождённое качество 3. род, сорт; класс

  ~ **of activity** природная активность

  ~ **of disease** природа заболевания

  ~ **of gases** свойства газов

  ~ **of infection** возбудитель [этиология] инфекции

  ~ **of seat belt injuries** механизм повреждений, обусловленных ремнями безопасности

  ~ **of tissue** характер ткани

  to ease ~ отправить естественные надобности

  acidic ~ кислая среда

  acidic ~ **of cyst** кислое содержимое кисты

  angiogenetic ~ природа ангиогенеза (*при опухолях*)

  by ~ по природе, от рождения

  chronic ~ хроническое течение

  good ~ добродушие

  ill ~ плохой характер

  immunological ~ иммунологическая характеристика

  radioactive ~ 1. радиоактивные свойства 2. радиоактивное происхождение

  subjective ~ субъективное явление

  suspected ~ **of defect** предполагаемая причина поражения (*напр. сердца*)

  waxing ~ **of disease** вялотекущий характер болезни

nature-healer ['neitʃə-'hiːlə] знахарь; хилер

naturopath ['neitʃərəˌpæθ] лицо, практикующее сыроедение

naturopathy [ˌneitʃə'rɒpəθiː] натуропатия (*1. сыроедение 2. концепция в медицине, основанная на применении естественных природных продуктов и факторов – тёпла, воды и пр.*)

naughty ['nɔːtiː] непослушный, капризный, шаловливый

naupathia [nɔː'pæθiːə] *уст.* укачивание, морская болезнь

nausea ['nɔːziːə] 1. тошнота 2. отвращение 3. морская болезнь

  ~ **epidemica** вирусный гастроэнтерит

  ~ **marina**, ~ **navalis** морская болезнь

  extreme ~ выраженная тошнота

  persistent ~ постоянная [упорная] тошнота

  severe ~ сильная тошнота

nauseant ['nɔːziːənt] рвотное средство || вызывающий тошноту или рвоту

nauseate [ˌnɔːziː'eit] вызывать тошноту или рвоту

navel ['neivəl] 1. пупок 2. центр, середина (*чего-л.*)

navel-cord ['neivəl-'kɔːd], **navel-string** ['neivəl-'striŋ] пуповина

navicula [nə'vikjələ] *анат.* ладьевидная ямка

navicular [nə'nkjələ] ладьевидная кость || ладьевидный, ладьеобразный

navigation [ˌnævi'geiʃən] 1. навигация 2. наведение на орган-мишень, картирование

  neurosurgical ~ определение местоположения какого-л. объекта в мозге (*напр. опухоли, инородного тела*)

  radio ~ *рад.* лучевое наведение и контроль

navigator ['nævi'geitə] 1. навигационное устройство; навигационная система (*напр. в нейрохирургии, сети Интернет*) 2. указатель рубрик по направлениям деятельности (*в справочнике*)

near-death ['niə-'deθ], **near-fatal** ['niə-'feitəl] терминальное [предсмертное] состояние, близкий к фатальному, или смертельному

nearsighted [ˌniə'saitid] близорукий, страдающий близорукостью

nearsightedness [ˌniə'saitidnis] близорукость, миопия, миопическая рефракция глаза

nearsuicide [ˌniəˌsuːi'said] незавершённый суицид

nearthrosis [ˌniə'θrəʊsis] 1. ложный сустав, псевдоартроз, неоартроз 2. искусственный сустав

near-total [ˌniə-'təʊtəl] субтотальный (*напр. о резекции органа*)

nebula ['nebjələ], *pl.* **nebulae** ['nebjəli] 1. помутнение [бельмо] роговицы 2. аэрозоль

nebulization [ˌnebjəli'zeiʃən] 1. распыление, пульверизация *(напр. лекарственного средства)* 2. ингаляция аэрозолей *(напр. антибиотика)* 3. разбрызгивание *(мочи)*

nebulizer [ˌnebjə'laizə] аэрозольный ингалятор, распылитель

  canister ~s баллонный распылитель *(напр. аэрозолей с бронхолитиком)*

  jet ~ струйный распылитель

  medication ~ аэрозольный ингалятор

  ultrasonic ~ ультразвуковой ингалятор, или распылитель

necatoriasis [niˌkeitə'raiəsis] *параз.* некатороз

necessity [nə'sesiti] 1. необходимость, настоятельная потребность, нужда 2. неизбежность, неотвратимость 3. *pl.* предметы первой необходимости

  ~ **for primary health care** необходимая составная часть

  nature-imposed ~ естественная необходимость

neck [nek] 1. шея 2. шейка *(напр. грыжевого мешка)*

  ~ **of a tooth** шейка зуба

  ~ **of the urinary bladder** шейка мочевого пузыря

  ~ **of the womb** шейка матки

  buffalo [bull] ~ бизонья [бычья] шея *(при синдроме Кушинга или увеличении лимфоузлов)*

  cold ~ похолодание шеи *(симптом)*

  condylar ~ шейка суставного отростка нижней челюсти

  Derbyshire ~ зоб

  femoral ~ шейка бедренной кости

  gallbladder ~ шейка жёлчного пузыря

  humerus surgical ~ хирургическая шейка плечевой кости

  Madelung's ~ диффузная липома шеи, диффузный симметричный липоматоз, синдром Маделунга

  rigid ~ ригидность шейных [затылочных] мышц

  stiff ~ *см.* **wry** ~

  surgical ~ хирургическая шейка плеча

  twisted ~ *см.* **wry** ~

  upper ~ верхняя часть шеи

  webbed ~ крыловидная шея, птеригиум-синдром

  wry ~ кривошея

neck-bone ['nek-'bəʊn] шейный позвонок

necklace ['neklis] ожерелье, колье

  ~ **of Venus** *уст.* сифилитическая лейкодерма, пигментный сифилид; «ожерелье Венеры»

  Casal's ~ пеллагрический воротник, воротник Касаля

necklace-shaped ['neklis-'ʃeipd] чётковидный *(о поражении при рахите)*

necrectomy [ni'krektəmi] некрэктомия

necrencephalus [ˌnekren'sefələs] размягчение мозга

necrobacillosis [ˌnekrəʊˌbæsi'ləʊsis] *инф. бол.* некробациллёз

necrobiosis [ˌnekrəʊbai'əʊsis] некробиоз; местный некроз

necrocytosis [ˌnekrəʊsai'təʊsis] апоптоз; гибель клеток

necrogenic [ˌnekrɒ'dʒenik], **necrogenous** [nə'krɒdʒənəs] 1. некрогенный *(развивающийся в мёртвом организме)* 2. ускоряющий разложение, распад *(о микроорганизмах)*

necrology [nə'krɒlədʒi] некрология *(раздел науки о причинах смертности человека и их классификации)*

necrolysis [nə'krɒlisis] некролиз *(распад некротизированных тканей)*

  toxic epidermal ~ токсический эпидермальный некролиз, синдром ошпаренной кожи, Лайелла синдром

necromania [ˌnekrə'meiniə] *псих.* некромания *(1. патологическое стремление к смерти 2. некрофилия)*

necrometry [nek'rɒmətri] измерение размеров трупа и его частей

necromimesis [ˌnekrəʊmi'miːsis] некромимезис *(бред собственной смерти)*

necroparasite [ˌnekrəʊ'pærəˌsait] организм, живущий в мёртвых тканях

necrophage ['nekrəˌfeidʒ] некрофаг *(1. клетка, фагоцитирующая остатки отмирающих тканей 2. животное, питающееся трупами)*

necrophilia [ˌnekrə'filiə], **necrophilism** [ni'krəʊfəˌlizəm] некрофилия *(патологическое стремление к контактам с трупами, обычно к сексуальным)*

necrophobia [ˌnekrə'fəʊbiə] некрофобия *(патологическая боязнь трупов и похоронных принадлежностей)*

necropneumonia [ˌnekrənʊ'məʊnjə] гангрена лёгкого; гангренозная пневмония

necropsy [nek'rɒpsi] вскрытие трупа, аутопсия

  ~ **of aborted fetus** патологоанатомическое исследование абортуса *(выкидыша)*

necrose [nə'krəʊs] 1. омертвевать, подвергаться некрозу 2. вызывать некроз

necrosin ['nekrəʊsin] некрозин *(глобулин, вызывающий повреждение клеток и тромбоз сосудов в очаге воспаления)*

necrosis [nə'krəʊsis] некроз, омертвение, отмирание

  ◊ ~ **progrediens** прогрессирующее шелушение *(кожи)*

  ~ **ustilaginea** некроз вследствие хронического отравления спорыньёй

  acute tubular ~ острый тубулярный некроз *(поражение почек при травматическом токсикозе)*

  anemic ~ ишемический некроз

  Balser's fat ~ жировой некроз, адипонекроз *(при остром панкреатите)*

  bland ~ асептический некроз

  caseation [caseous] ~ творожистый [казеозный] некроз, казеоз

  centrilobular ~ некроз центральных долек печени

  cheesy ~ *см.* **caseation** ~

  coagulation ~ сухой [коагуляционный; ишемический] некроз

  colliquative ~ влажный [колликвационный] некроз

  cystic medial ~ кистозный медионекроз аорты

  decubital ~ пролежень

  dental ~ кариес

  embolic ~ инфаркт

  fat ~ жировой некроз, стеатонекроз *(при остром панкреатите)*

  focal ~ точечный [очаговый] некроз

  fulminant hepatic ~ молниеносный [фульминантный] некроз печени

  heat ~ термический некроз

  icteric ~ некроз печени

infected pancreatic ~ гнойно-воспалительный некроз поджелудочной железы

ischemic muscle ~ 1. ишемический некроз мышц **2.** травматический токсикоз, синдром сдавления [размозжения], краш-синдром, Байоутерса синдром

laminar cortical ~ ламинарный некроз *(какого-л. слоя коры головного мозга, надпочечника)*

liquefactive ~ *см.* **colliquative ~**

mummification ~ *см.* **coagulation ~**

pressure ~ *см.* **decubital ~**

progressive emphysematous ~ газовая гангрена

radium ~ лучевой некроз, радионекроз

renal cortical ~ некроз коркового слоя почки

renal papillary ~ медуллярный некроз почки, некротический папиллит

simple ~ 1. асептический некроз **2.** стадия развития сухого некроза

subcutaneous (fat) ~ of newborn подкожный адипонекроз [липоидный некроз, узловатая склерема, некротическая флегмона] новорождённых

Zenker's ~ ценкеровский некроз, Ценкера дегенерация

necrospermia [ˌnekrəˈspɜːrmiːə] некроспермия *(наличие неподвижных сперматозоидов в семенной жидкости)*

necrosteon [nəˈkrɒstiːɒn], **necrosteosis** [nəkrɒstiːˈəʊsis] некроз кости

necrotize [ˈnekrəʊˌtaiz] **1.** подвергаться некрозу, омертвевать **2.** вызывать некроз

necrotomy [niˈkrɒtəmiː] **1.** некротомия *(рассечение омертвевших тканей)* **2.** некрэктомия *(иссечение омертвевших тканей)*, секвестрэктомия

need [niːd] **1.** необходимость, потребность ‖ иметь потребность, нуждаться **2.** побуждающий стимул

~ for identity *психол.* потребность в самоопределении

~ for punishment *психол.* потребность в наказании

abasement ~ *психол.* потребность в унижении

activity ~ потребность в деятельности

affiliative ~ потребность в сопричастности

counteraction ~ потребность преодоления поражения

energy and protein ~s энергетические и белковые потребности *(человека)*

essential ~ важнейшие потребности, первоочередные нужды

exhibition ~ потребность быть в центре внимания

health ~ потребность в медицинской помощи

instinctive ~ инстинктивная потребность *(в пище, питье и т. д.)*

narcissistic ~ нарциссическая потребность

neurotic ~ невротическая потребность

nurturance ~ потребность опекать

nutriance ~ потребность в пище и воде

passivity ~ пассивность, пассивное поведение

pupil ~ условия, необходимые для всестороннего развития учащегося

quasi ~ квази-потребность

succorance ~ потребность в опеке

tissue ~ тканевая потребность *(вызванная физико-химическими процессами)*

viscerogenic ~ висцерогенная потребность *(в питании, выделении и/или размножении)*

needle [niːdl] **1.** игла ‖ колоть, пунктировать; зашивать рану **2.** стрелка, указатель *(прибора)* **3.** рассекать (катаракту) при помощи дисцизионной иглы **4.** препарировать при помощи препаровальной иглы

aneurysm [artery] ~ лигатурная игла

aspirating ~ аспирационная [пункционная] игла

atraumatic ~ атравматическая игла

bifurcated ligature ~ лигатурная игла-вилка, зонд-вилка

biopsy ~ биопсийная игла

blood collecting [blood drawing, blood sampling] ~ игла для взятия (пробы) крови

bone biopsy ~ трепанационная игла, игла для трепанобиопсии; костномозговая игла

boomerang ~ изогнутая игла

boring ~ игла с наружной резьбой

disposable ~ съёмная инъекционная игла

dissecting ~ препаровальная игла

entry ~ инъекционная игла

exploring ~ игла-зонд с продольным желобком

free-hand ~ съёмная игла

hypodermic ~ игла для подкожных инъекций

inoculating ~ бактериальная игла *(для посева микроорганизмов)*

insufflation ~ *см.* **Veress ~**

intestinal suture ~ кишечная (шовная) игла

knife ~ 1. дисцизионная игла **2.** режущая игла

lanceolate ~ игла-копьё, ланцетная игла

large bore ~ игла с широким просветом

loop ~ (бактериологическая) игла с петлёй

lumbar puncture ~ игла для люмбальной пункции

microscopic ~ *см.* **dissecting ~**

muscle biopsy ~ игла для пункционной биопсии мышц

paracentesis ~ парацентезная игла *(напр. для прокола барабанной перепонки)*, троакар

puncture ~ пункционная игла

radium ~ радионосная [радиоактивная] игла

reflexive ~ изогнутая игла

root ~ корневая игла *(для обработки канала корня зуба)*

sheated ~ игла со стилетом

"skinny ~" игла для чрескожной холангиографии

skin suture ~ кожная игла

stop ~ игла с ограничителем

suture ~ хирургическая игла

suture eye curved ~ шовная глазная изогнутая игла

suture round curved ~ шовная круглая изогнутая игла

suture round bodied half-circle ~ шовная круглая полуизогнутая игла

suture round bodied straight ~ шовная круглая прямая игла

swaged ~ игла с нитью для непрерывного шва

transfusion ~ игла для внутривенных вливаний

twist drill ~ Киршнера спица *(для вытяжения или фиксации кости)*

Veress ~ Вереша игла *(обычно для введения газа в брюшную полость)*

vessel suture ~ (микро)сосудистая [атравматическая] игла

needle-carrier ['ni:dl-'kæri:ə], **needle-driver** ['ni:dl-'draivə], **needle-holder** ['ni:dl-'hɒldə] иглодержатель

Hegar's ~ Гегара иглодержатель (с прямыми кольцевыми ручками)

Matye's ~ Матье иглодержатель (с изогнутыми ручками)

needlepharyngostomy ['ni:dl͵færiŋ'ɡɒstəmi:]:

percutaneous ~ чрескожная пункционная фарингостома или фарингостомия

needle-sharing ['ni:dl-'ʃeəriŋ] пользование общей иглой (фактор риска распространения инфекций)

needling ['ni:dliŋ] 1. прокалывание, прошивание 2. рассечение (катаракты) дисцизионной иглой

~ of capsule пункция капсулы

needology [ni:'dɒlədʒi:] изучение потребностей

negation [ni'ɡeiʃn] 1. отрицание; отнекивание (форма психологической защиты) 2. ничто, фикция

negative ['neɡətiv] 1. отрицательный, негативный (о реакции, тесте); безрезультатный 2. относящийся к показателю менее нуля

false ~ 1. ложноотрицательный (о результате) 2. психол. ошибка исключения (при тестировании)

valid ~ валидное исключение (при тестировании)

negativation [͵neɡəti'veiʃən] негативация (отсутствие роста бактерий)

culture ~ прекращение прорастания бактерий в культуре

smear ~ негативация посева

sputum ~ негативация мокроты

negation [ni'ɡeiʃən] псих. отрицание, отказ

negativism ['neɡətivizəm] псих. негативизм

active ~ активный негативизм (человек думает противоположное тому, о чём его просят)

passive ~ пассивный негативизм (значительное снижение активности)

sexual ~ сексуальный негативизм

neglect [ni'ɡlekt] 1. небрежность; пренебрежительное отношение (напр. к ребёнку); отсутствие внимания || пренебрегать, игнорировать, не заботиться 2. халатность, упущение 3. запускать (напр. болезнь)

~ of children неисполнение родительских обязанностей; отсутствие заботы о детях

~ of official duty халатное отношение к служебным обязанностям

sensory ~ сенсорное нераспознавание

negligence ['neɡlidʒəns] халатность, небрежность

contributory ~ неосторожность, приведшая к несчастному случаю

medical ~ медицинская халатность

Neisseria [nai'si:ri:ə], pl. **Neisseriae** [nai'si:ri:i:]:

~ cataralis лат. катаральный микрококк

~ gonorrhoeae гонококк

~ meningitidis менингококк

nelavane ['nilə͵vein] африканский трипаносомоз, сонная болезнь

nema ['ni:mə], **nemathelminth** [͵nemə'θelminθ] круглый червь, нематода

nematoblast ['nemətəʊ͵blæst] сперматид

nematocide ['nemətəʊ͵said] нематоцид (общее название препаратов, уничтожающих яйца гельминтов)

Nematoda [͵nemə'təʊdə] нематоды, круглые черви (класс гельминтов, включающий Ascaridata, Oxyurata, Strongilata, Filariata и др.)

nematode ['nemə'təʊd] нематода (любой паразитический гельминт)

filarial ~es филяриозные нематоды, филярии (паразитирующие в организме многих млекопитающих)

nematodosis [͵nemətə'dəʊsis] параз. нематодоз (гельминтоз)

neoadjuvant [͵ni:əʊ'ædʒʊvənt] неоадъювантный

neoanalyst [͵ni:əʊ'ænəlist] неопсихоаналитик, психотерапевт

neoantigen [͵ni:əʊ'æntidʒən] опухолевый антиген

neoarthrosis [͵ni:əʊa:'θrəʊsis] 1. неоартроз, псевдоартроз, ложный сустав 2. хирургически созданный сустав

neobehaviorism [͵ni:əʊbi'heivjə͵rizəm] необихевиоризм

neobladder [͵ni:əʊ'blædə] неоцистис

ileal ~ новообразованный мочевой пузырь (из подвздошной кишки)

neocerebellum [͵ni:əʊ͵serə'beləm] латеральная часть полушария мозжечка

neocortex [͵ni:əʊ'kɔ:teks] новая [гомогенетическая] кора (большого мозга), уст. изокортекс, неокортекс

neocyte ['ni:əʊ͵sait] незрелая форма лейкоцита, неоцит

neocytosis [͵ni:əʊsai'təʊsis] появление незрелых форм лейкоцитов в периферической крови

neodiathermy [͵ni:əʊdaiə'θə:rmi:] индуктотермия, коротковолновая диатермия, коротковолновая терапия

neoformation [͵ni:əʊfɔ:'meiʃən] 1. опухоль, новообразование, неоплазма 2. регенерация, восстановление

neofreud(ian)ism [͵ni:ə'frɔidizm] неофрейдизм (направление психологии, развившееся из ортодоксального фрейдизма в процессе его культурологической и социологической реформации)

neogala [ni:'ɒɡələ] молозиво (новорождённого)

neogenesis [͵ni:əʊ'dʒenəsis] регенерация, восстановление

neogenetic [͵ni:əʊdʒə'netik] восстановительный

neography [͵ni:əʊ'ɡræfi:] псих. неография (нарушение письменной речи в форме изменения элементов письма)

neointima [͵ni:əʊ'intimə] неоинтима (развивающаяся после повреждения эндотелия или обволакивающая сосудистый протез)

neolalia [͵ni:əʊ'leili:ə] 1. слово, не фиксированное в словарях или впервые фиксированное 2. психол. неолалия (речевые новообразования, созданные говорящим)

neologism [ni:'ɒlə͵dʒizəm] псих. неологизм, речевое новообразование

neomembrane [͵ni:əʊ'membrein] плёнчатый налёт при дифтерийном крупе

neomortality [͵ni:əʊmɔ:'tæliti:] неонатальная смертность, смертность новорождённых

neonatal [͵ni:əʊ'neitəl] 1. новорождённый 2. неонатальный (относящийся к периоду новорождённости – 28 дней жизни ребёнка)

neonate ['ni:ə͵neit] новорождённый (с момента рождения по 28-й день жизни)

~ at risk новорождённый повышенного риска

nonsurviving ~ невыживший новорождённый

normal ~ здоровый [доношенный] новорождённый

premature ~ недоношенный новорождённый

suckling ~ новорождённый, кормящийся грудью

term ~ доношенный новорождённый

neonaticide [ˌniːəʊˈneitiˌsaid] убийство матерью своего ребёнка во время родов или в течение 24 часов после них

neonatologist [ˌniːəʊneiˈtɒləʤist] неонатолог

neonatology [ˌniːəʊneiˈtɒləʤiː] неонатология

neopallium [ˌniːəʊˈpæliəm] *см.* **neocortex**

neopathy [niːˈɒpəθiː] **1.** впервые обнаруженное заболевание **2.** новое осложнение; новое заболевание

neophilia [ˌniːəʊˈfiliːə] неофилия *(навязчивое влечение к новому, непривычному)*

neophobia [ˌniːəʊˈfəʊbiːə] неофобия *(навязчивый страх всего нового)*

neoplasia [ˌniːəʊˈpleiʒə] неоплазия *(1. новообразование 2. патогенез опухоли)*

benign ~ доброкачественная опухоль

cervical intra-epithelial ~ цервикальная интраэпителиальная неоплазия, или дисплазия

colorectal ~s злокачественные опухоли толстой и прямой кишки

early cervical ~ предстадия рака шейки матки

hematologic [hematopoietic] ~ гематобластозы *(общее название опухолей, исходящих из кроветворных клеток)*

histoid ~ гистиоидная опухоль

lymphoid ~ лимфопролиферативная опухоль

multiple endocrine ~, **type I** множественная эндокринная неоплазия, множественный эндокринный аденоматоз

multiple endocrine ~, **type II** множественная эндокринная неоплазия, синдром медуллярного рака щитовидной железы

multiple endocrine ~, **type III** множественная эндокринная неоплазия, синдром слизистых невром

occult ~ скрытое новообразование, случайно обнаруженное новообразование

neoplasm [ˌniːəʊˈplæzm] опухоль, новообразование

ampullary ~ новообразование ампулы, или большого дуоденального сосочка 12-перстной кишки

clear-cell epithelial ~s светлоклеточное эпителиальное новообразование

functional ovarian ~ гормонально-активная опухоль яичника

germ cell ~ эмбриома, эмбриональная опухоль *(исходящая из примордиальных клеток)*

hemolymphatic ~ лимфогемобластоз

hereditary ~ наследственная опухоль; новообразование, передающееся по наследству

internal ~s новообразования внутренних органов

intraocular ~ новообразование глаза

intraorbital ~ новообразование глаза и смежных структур

lymphoid ~ опухоль лимфоидной ткани; лифосаркома

β-lymphoid ~ β-лимфоидная неоплазия *(опухоль β-клеточного ряда дифференцировки)*

lymphoreticular ~ лимфоретикулярные новообразования *(напр. желудка)*

plasma cell ~ плазмоклеточная опухоль, миеломная плазмоцитома

primary ~ первичная опухоль

secondary ~ опухолевый метастаз

neoplastic [ˌniːəʊˈplæstik] относящийся к новообразованию, опухолевый

neopsychoanalysis [ˌniːəʊˌsaikəʊəˈnælisis] неопсихоанализ, неофрейдизм

neosporosis [ˌniːəʊspəˈrəʊsis] *параз.* неоспороз

neostomy [niːˈɒstəmi] *хир.* создание анастомоза или стомы

neostriatum [ˌniːəʊstraiˈeitəm] полосатое тело, неостриатум

neoteny [niːˈɒtəniː] неотения *(остановка развития какого-л. органа, характера, психики)*

neotope [ˌniːəʊˈtəʊp] неотоп *(антигенная детерминанта, формируемая четвертичной структурой вириона)*

neovascularization [ˌniːəʊˌvæskjʊləriˈzeiʃən] **1.** неоваскуляризация *(образование новых сосудов в тканях)* **2.** реваскуляризация *(восстановление кровоснабжения)*

neowave [ˌniːəʊˈweiv] «новая волна» *(имитация пребывания в матке для недоношенного новорождённого с помощью специального матрасика)*

nephelometry [ˌnefəˈlɒmətri] нефелометрия *(количественный анализ веществ в коллоидных растворах и эмульсиях)*

rate ~ скоростная [кинетическая] нефелометрия

nephralgia [nəˈfrælʤiːə] боль в области почки

nephrapostasis [ˌnefrəpəʊˈstæsis] абсцесс почки; пионефроз

nephrasthenia [ˌnefrəsˈθiːniːə] лёгкая форма нефропатии

nephratonia [ˌnefrəˈtəʊniːə], **nephratony** [ˌnefrəˈtəʊniː] снижение функции почек; начальная стадия почечной недостаточности

nephrectomy [nəˈfrektəmi] **1.** нефрэктомия **2.** резекция почки

graft ~ удаление почечного трансплантата

paraperitoneal ~ нефрэктомия внебрюшинным доступом

partial [polar] ~ резекция полюса почки

transabdominal ~ чрезбрюшинная нефрэктомия

nephredema [ˌnefrəˈdiːmə] почечный отёк; застойная почка

nephrempraxis [ˌnefremˈpræksis] закупорка [окклюзия] сосудов почки

nephrhemorrhagia [ˌnefrəˌheməˈreiʒə] кровоизлияние в почку или кровотечение из почки

nephrism [ˈnefrizm] почечная недостаточность

nephritis [nəˈfraitis], *pl.* **nephritides** [nəˈfraitidiːz] нефрит

autoimmune tubulo-interstitial ~ аутоиммунный интерстициально-канальцевый нефрит

chronic ~ хронический нефрит

crescentic ~ полулунный склероз клубочков при нефрите

focal ~ очаговый нефрит

glomerulo-tubulo ~ гломеруло-канальцевый нефрит

hereditary ~ наследственный нефрит

interstitial ~ интерстициальный [межуточный] нефрит

lupus ~ люпус-нефрит, волчаночный нефрит

Masugi's ~ Масуги нефрит *(острый гломерулонефрит в ответ на введение противопочечной гетероантисыворотки)*

radiation ~ лучевой [радиационный] нефрит

salt-losing ~ нефрит с потерей солей

suppurative ~ апостематозный [гнойничковый] нефрит

transfusion ~ посттрансфузионный нефрит, трансфузионная почка

trench ~ окопный [траншейный] нефрит

tubular ~ нефроз

war ~ *см.* **trench** ~

nephroblastoma [ˌnefrəʊblasˈtəʊmə], **nephroblastomatosis** [ˌnefrəʊblastəməˈtəʊsis] нефробластома, аденомиосаркома, аденосаркома почки, Вилмса опухоль

bilateral ~ двусторонняя нефробластома

nephrocalcinosis [ˌnefrəʊˌkælsəˈnəʊsis] нефрокальциноз, тубуломедуллярный литиаз

nephrocapsectomy [ˌnefrəʊkæpˈsektəmiː] декапсуляция почки

nephrocardiac [ˌnefrəʊˈkaːdiˌæk] почечно-сердечный

nephrocele [ˈnefrəˌsiːl] *эмбр.* нефроцель, полость нефротома

nephrocirrhosis [ˌnefrəʊsiˈrəʊsis] сморщенная почка, нефроцирроз

nephrocolic(a) [ˌnefrəʊˈkɒlikə] почечная колика

nephrocystosis [ˌnefrəʊsiˈstəʊsis] поликистоз почек

nephrogenic [ˌnefrəˈdʒenik], **nephrogenous** [nəˈfrɒdʒənəs] нефрогенный (1. почечного происхождения 2. относящийся к развитию почки); почечный (о типе диабета)

nephrogram [ˈnefrəˌgræm] рентгенограмма контрастированной почки

nephrography [nəˈfrɒgræfiː] *рентг.* урография

nephrohydrosis [ˌnefrəʊhaiˈdrəʊsis] гидронефроз, гидронефротическая трансформация

nephroimmunotoxicity [ˌnefrəʊˌimjʊnəʊtəkˈsisitiː] нефроиммунотоксичность

nephrolith [ˈnefrəˌliθ] камень [конкремент] почки

concomitant ~s сопутствующая почечно-каменная болезнь

inactive ~ бессимптомный камень почки

symptomatic ~ клинически проявляющийся камень почки

nephrolithiasis [ˌnefrəʊliˈθaiəsis] почечнокаменная [мочекаменная] болезнь, нефролитиаз

urate ~ мочекислый нефролитиаз

nephrolithopalaxy [ˌnefrəʊˌliθəˈpæləksiː] узи нефролитотрипсия (разрушение камней в почке)

percutaneous ~ чрескожная нефролитотрипсия

nephrolithotomy [ˌnefrəʊliˈθɒtəmiː] нефролитотомия

percutaneous ~ чрескожная нефролитотомия

nephrolithotripsy [ˌnefrəʊliˈθɒtripsiː] *см.* **nephrolithopalaxy**

nephrology [nəˈfrɒlədʒiː] нефрология (1. раздел медицины, занимающийся изучением и лечением болезней почек 2. диагностика и лечение заболеваний почек)

nephrolysis [nəˈfrɒlisis] 1. разрушение ткани почки 2. освобождение почки от спаек

nephroma [nəˈfrəʊmə] 1. опухоль, исходящая из почечной ткани 2. рак почки, гипернефроидная опухоль почки

mesoblastic ~ *см.* **nephroblastoma** ~

nephromegaly [ˌnefrəʊˈmegəliː] патологическое увеличение почки

nephron [ˈnefrɒn] *лат.* **nephronum** [nəˈfrəʊnəm] нефрон (структурно-функциональная единица почки)

nephroncus [nəˈfrɒnkəs] опухоль почки

nephronophthisis [ˌnefrɒˈnɒfθisis] поликистоз почки

~ **and retinopathy** поликистоз почки с ретинопатией, Сениор синдром

nephropathy [nəˈfrɒpəθiː] нефропатия

analgesic ~ аналгетическая нефропатия

Balcan endemic ~ балканская эндемическая нефропатия (вид почечной недостаточности с тенденцией к малигнизации)

cast ~ тубулярная [канальцевая] нефропатия

gouty ~ подагрическая нефропатия

hereditary ~ **with deafness** наследственный нефрит с глухотой, Альпорта синдром

obstructive ~ нефропатия, обусловленная затруднением оттока мочи

primary IgA ~ первичная IgA-нефропатия, Бергера болезнь (аутоиммунное заболевание почек с выработкой аутоантител IgA-типа против антигенов клубочковой мембраны)

reflux ~ рефлюкс-нефропатия (обусловлена забрасыванием мочи в почечную лоханку)

salt-losing ~ нефропатия с потерей солей

nephropexy [ˈnefrəˌpeksiː] нефропексия, фиксация почки

nephroptosis [ˌnefrɒpˈtəʊsis] нефроптоз, блуждающая почка

nephropyelolithotomy [ˌnefrəʊˌpaiələliˈθɒtəmi] нефропиелолитотомия, удаление камня из почечной лоханки

nephropyeloplasty [ˌnefrəʊˈpaiələˌplæstiː] пиелоуретеропластика

nephropyosis [ˌnefrəʊpaiˈəʊsis] пионефроз (гнойное воспаление почки)

nephrorrhagia [ˌnefrəʊˈreidʒiːə] кровотечение из почки

nephrorrhaphy [neˈfrɔːrəfiː] ушивание (раны) почки

nephros [ˈnefrəs] *лат.* почка

nephrosclerosis [ˌnefrəʊskləˈrəʊsis] 1. нефросклероз 2. первично-сморщенная [артериолосклеротическая] почка

arterial ~ артерионефросклероз, атеросклеротический нефросклероз

arteriolar ~ артериоло-нефросклероз, артериолосклеротический нефросклероз

benign ~ доброкачественный нефросклероз

intercapillare ~ *см.* **arteriolar** ~

juvenile ~ ювенильный нефронофтиз

malignant ~ артериолонекротический [злокачественный] нефросклероз, Фара нефросклероз

nephroscopy [neˈfrɒskəpiː] нефроскопия (эндоскопическое исследование почечной лоханки и чашечек)

nephrosis [neˈfrəʊsis] 1. нефроз 2. нефротический синдром 3. нефропатия

bile [cholemic] ~ почечно-печёночная недостаточность

hemoglobinuric ~ гемоглобинурийный нефроз

lower nephron ~ острый канальцевый нефроз, нефроз с поражением дистальных отделов нефронов

nephrosonephritis [ˌnefrəʊsəʊnefˈraitis] нефрозонефрит

hemorrhagic ~ геморрагическая лихорадка с почечным синдромом, геморрагический [эпидемический] нефрозонефрит

nephrosonography [ˌnefrəʊsəˈnɒgrəfi:] эхография [ультразвуковое исследование] почки

nephrospasia [ˌnefrəʊˈspeisiːə], **nephrospasis** [nəˈfrɒspeisis] блуждающая почка

nephrostomy [nefˈrɒstəmi:] нефростомия

  percutaneous ~ чрескожная нефростомия

nephrotome [ˈnefrəˌtəʊm] эмбр. нефротом, сегментная ножка

nephrotomography [ˌnefrəʊtəʊˈmɒgrəfi:] рентг. нефротомография

nephrotoxicity [ˌnefrəʊtɒkˈsisiti:] **1.** нефротоксичность **2.** нефропатия (обусловленная парапротеинемией)

  aminoglycoside ~ поражение почек, вызванное аминогликозидами

  contrast ~ нефротоксичность контрастных веществ

nephrotyphus [ˌnefrəʊˈtaifəs] брюшной тиф, осложнённый острым геморрагическим нефритом

nephro-ureterectomy [ˌnefrəʊ-juˌri:təˈrektəmi:] нефроуретерэктомия

nephro-ureterocystectomy [ˌnefrəʊ-juˌri:tərəʊsistˈektəmi:] нефроуретерэктомия с резекцией мочевого пузыря

nepiology [ˌnepiˈɒləʤi:] уст. неонатология

nervation [nəˈveiʃən], **nervature** [ˈnəːvətʃə] иннервация

nerve [nəːv] нерв (1. нервная клетка 2. pl. нервозность)

  ~ **of Latarget** Латарже нерв

  abducent ~ отводящий [VI черепной] нерв

  accelerator ~ уст. «ускоряющий нерв сердца»

  accessory ~ добавочный [XI черепной, вилизиев] нерв

  acoustic ~ преддверно-улитковый [VIII черепной] нерв

  afferent ~ чувствительный [афферентный, центростремительный] нерв

  anterior gastric ~ передний желудочный нерв

  aortic ~ депрессорный нерв, нерв-депрессор (сердца)

  auditory ~ слуховой нерв

  augmentor ~ см. accelerator ~

  auriculotemporal ~ ушно-височный нерв

  autonomic ~ пучок вегетативных нервных волокон, вегетативная иннервация

  axillary ~ подкрыльцовый нерв

  buccal ~ щёчный нерв

  caroticotympanic ~ сонно-барабанные нервы

  centrifugal ~ см. efferent ~

  centripetal ~ см. afferent ~

  cerebral ~ см. cranial ~

  cervical ~s шейные нервы

  coccygeal ~ копчиковый нерв

  cochlear ~ улитковый нерв, нерв улитки (является частью VIII черепного нерва)

  cranial ~ черепные нервы

  dental ~s альвеолярные нервы (верхней и нижней челюстей)

  depressor ~ депрессорный нерв, нерв-депрессор

  efferent ~ двигательный [эфферентный, центробежный] нерв

  eighth cranial ~ см. acoustic ~

  eleventh cranial ~ см. accessory ~

  esodic ~ см. afferent ~

  exodic ~ см. efferent ~

  facial ~ лицевой [VII черепной] нерв

  femoral ~ бедренный нерв

  fifth cranial ~ см. trifacial ~

  first cranial ~ см. olfactory ~

  fourth cranial ~ см. trochlear ~

  frontal ~ лобный нерв

  genitocrural [genitofemoral] ~ бедренно-половой нерв

  glossopharyngeal ~ языкоглоточный [IX черепной] нерв

  greater splanchnic ~ большой внутренностный нерв

  hypoglossal ~ подъязычный [XII черепной] нерв

  ilioinguinal ~ подвздошно-паховый нерв

  inferior dental ~ нижний альвеолярный нерв

  inhibitory ~ нерв, подавляющий функцию органа

  intercostal ~ межрёберный нерв

  intermediate ~ промежуточный нерв

  intrinsic colonic ~ мышечно-кишечное и подслизистое нервные сплетения пищевого тракта (ауэрбаховское или мейснеровское)

  Jacobson's ~ барабанный нерв

  laryngeal ~ гортанный нерв (веточка блуждающего нерва)

  least splanchnic ~ низший внутренностный нерв

  lesser splanchnic ~ малый внутренностный нерв

  lingual ~ язычный нерв

  lumbar ~s поясничные нервы

  main ulnar ~ ствол локтевого нерва

  masseteric [masticator] ~ жевательный нерв

  median ~ срединный нерв

  mental ~ подбородочный нерв

  motor ~ см. efferent ~

  musculospiral ~ лучевой нерв

  ninth cranial ~ см. glossopharyngeal ~

  oculomotor ~ глазодвигательный [III черепной] нерв

  olfactory ~ обонятельный [I черепной] нерв

  ophthalmic ~ глазной нерв

  optic ~ зрительный [II черепной] нерв

  pectoral ~ грудной нерв

  perineal ~ промежностный нерв

  peroneal ~ малоберцовый нерв

  phrenic ~ диафрагмальный нерв

  pneumogastric ~ см. vagus ~

  presacral ~ верхнее подчревное сплетение, предкрестцовый нерв

  pudendal ~ половой [срамной] нерв

  recurrent ~ возвратный [гортанный] нерв

  sciatic ~ седалищный нерв

  second cranial ~ см. optic ~

  sensory ~ чувствительный [афферентный, центростремительный] нерв

  seventh cranial ~ см. facial ~

  sixth cranial ~ см. abducent ~

  somatic ~ соматический нерв (двигательный или чувствительный, в отличие от вегетативных нервов)

  spinal ~s спинномозговые нервы

  splanchnic ~ чревный нерв

  sublingual ~ см. hypoglossal ~

  superficial radial ~ поверхностная ветвь лучевого нерва

  sural ~ икроножный нерв

  tenth cranial ~ см. vagus ~

  third cranial ~ глазодвигательный [III черепной] нерв

tibial ~ берцовый нерв

trifacial [trigeminal] ~ тройничный [V черепной] нерв

trochlear ~ блоковый [IV черепной] нерв

twelfth cranial ~ *см.* **hypoglossal** ~

ulnar ~ локтевой нерв

vagus ~ блуждающий [X черепной] нерв

vasoconstrictor ~ сосудосуживающий нерв

vasodilatator ~ сосудорасширяющий нерв

vasomotor ~ вазомоторный [сосудодвигательный] нерв

vertebral ~ позвоночный нерв

vestibular ~ (верхний) преддверный корешок преддверно-улиткового нерва

vestibulocochlear ~ *см.* **acoustic** ~

zygomatic ~ скуловой нерв

nerve-knot ['nɜːv-'nɒt] ганглий, нервный узел

nerve-unit ['nɜːv-'jʊnit] нейрон, нервная единица

nervimotility [ˌnɜːviˈməʊˈtiliti] способность (*напр. мышцы*) к сокращению при раздражении нерва

nervine ['nɜːvain] *фарм.* успокаивающий нервы; успокоительное средство

nervimotion [ˌnɜːviˈməʊʃən] сокращение (*напр. мышцы*), обусловленное раздражением нерва

nervimotor [ˌnɜːviˈməʊtə] относящийся к двигательному нерву

nervimuscular [ˌnɜːviˈmʌskjʊlə], **nervomuscular** [ˌnɜːviˈmʌskjʊlə] 1. нервно-мышечый 2. относящийся к иннервации мышцы

nervosism ['nɜːvəsizm] *уст.* 1. неврастения; нервозность, повышенная нервная возбудимость 2. нервизм (*концепция о главенствующей роли нервной системы в регуляции жизнедеятельности организма*)

nervous ['nɜːvəs] 1. нервный (*о системе*), относящийся к нерву 2. характеризующийся неустойчивостью нервной системы, нервный, возбудимый

nervousness ['nɜːrvəsnəs] нервозность, повышенная возбудимость

nervule ['nɜːrvjʊl] нервная веточка

nervus ['nɜːvəs], *pl.* **nervi** ['nɜːvai] *лат.* нерв, *см.* **nerve**

nesidiectomy [ˌniːsidiˈektəmiː] удаление островковой ткани поджелудочной железы

nesidioblast [niˈsidiˈəʊˌblæst] незидиобласт (*клетка-предшественница инсулоцита*)

nesidioblastoma [niˌsidiˌəʊbləˈstəʊmə] инсулома, незидиобластома, аденома островковой ткани поджелудочной железы

nesidioblastosis [niˌsidiˌəʊbləˈstəʊsis] гиперплазия панкреатических островков

nesslerization [ˌnesləriˈzeiʃən] (колориметрическое) определение остаточного азота с помощью реактива Несслера

nest [nest] 1. гнездо 2. очаг клеток, несвойственный данному органу

egg ~s *эмбр.* яйцевые шары

epithelial ~s «раковые жемчужины», канкроидные тельца

nesteostomy [ˌnestiːˈɒstəmiː] еюностомия (*наложение наружного свища тощей кишки*)

nestis ['nestis] тощая кишка

nestotherapy [ˌnestəʊˈθerəpiː], **nestiatria** [ˌnestiˈeitriːə] лечебное голодание

net¹ [net] сеть, сетка; сетчатая [ячеистая] структура

~ **of pharmacies** аптечная сеть

air chemistry ~ сеть пунктов наблюдения за химическим составом атмосферного воздуха

chromatin ~ хроматиновая сеть

chromidial ~ базофильная сетчатая структура цитоплазмы

cytokine ~s **with infection** взаимодействие цитокинов с инфекцией

drug trafficing ~ сеть наркоторговли

endoplasmatic ~ эндоплазматическая сеть, эндоплазматический ретикулум

euthanasia support and consultation ~ сеть поддержки эвтаназии и консультирования (*Дания*)

nerve ~ нервная сеть

physician sponsored ~ *страх.* спонсируемая врачами сеть (*создана с целью заключения прямых договоров с работодателями или государственными органами*)

social ~ система социальных взаимоотношений; круг общения

spiritual emergency ~ служба духовной (психотерапевтической) неотложной помощи; «телефон доверия»

subpapillary ~ капиллярная сеть глубоких слоёв кожи

wonderful ~ «чудесная сеть» (*капилляров*)

Net:

Commonwealth ~ Сеть здравоохранения (*интегрированный [всеобъемлющий] системный проект в области телемедицины и информатизации здравоохранения*)

International ~ **for Educational Information** международная сеть педагогической информации (*организована в рамках ЮНЕСКО в 1979 г.*)

Scottish Intercollegiate Guidelines ~ Шотландская межколлегиальная организация по разработке клинических рекомендаций

net² нетто (*напр. о калориях*), чистый (*о массе*); без примеси; неразбавленный (*напр. спирт*)

nettle [netl] крапива (*Urtica*)

sea ~ морская крапива (*Chrysaora quinquecirrha*)

network ['netˌwɜːk] сеть, сетка, сетчатая [ячеистая] структура

neuradynamia [ˌnuːrədaiˈnæmiːə] неврастения

neural ['nʊrəl] невральный, нервный (*относящийся к нервной ткани или к нервной системе*)

neuralgia [nʊˈrældʒə] невралгия

~ **nocturna** ночная боль, никталгия

~ **of breast** мастодиния, Купера болезнь

~ **of rectum** прокталгия

alveolar ~ *стом.* луночковый альвеолит

cardiac ~ стенокардия

epileptiform ~ эпилептиформная невралгия тройничного нерва

geniculate ~ невралгия при синдроме коленчатого ганглия

glossopharyngeal ~ глоссофарингеальная невралгия, Сикара (– Робино) синдром

herpetic ~ невралгия при опоясывающем герпесе

migrainous ~ Хортона синдром, или мигрень, невралгия крылонёбного узла, носоресничного и Видиева нервов

Morton's ~ мортоновская метатарзальная невралгия, метатарзалгия, Мортона синдром

nasociliary ~ синдром носового [носоресничного] нерва, Чарлина синдром

red ~ эритромелалгия, ограниченный болезненный отёк кожи, Митчелла болезнь

sphenopalatine ~ невралгия крылонёбного узла

stump ~ фантомная боль

trifacial [trigeminal] ~ невралгия тройничного нерва, тригеминальная невралгия

trigeminal ~ of first division невралгия первой ветви тройничного нерва

visceral ~ висцеральная невралгия (боли в печени, желудке, матке и других внутренних органах)

neuralgic [nʊˈrælʤik] невралгический

neuralgiform [nʊˈrælʤiˌfɔːm] напоминающий невралгию, подобный невралгии

neural-tube [ˈnʊrəl-tjuːb] нервная трубка

neuranagenesis [ˌnʊrænəˈʤenəsis] регенерация нервной ткани

neurangiosis [ˌnʊrænʤiˈɒsis] вегетативно-сосудистая дистония, ангионевроз, вазомоторная лабильность

neurapophysis [ˌnʊrəˈpɒfisis] пластинка дуги позвоночника

neurapraxia [ˌnʊrəˈpræksiə] нейрапраксия (1. потеря приобретённых навыков – умывания, одевания и пр. 2. ушиб, сдавление нерва)

neurasthenia [ˌnʊrəsˈθiːniə] неврастения

angiopathic ~ сосудистая неврастения

professional ~ профессиональная неврастения

sexual ~ половая неврастения

traumatic ~ травматическая неврастения

neurastheniac [ˌnʊrəsˈθiːniæk] неврастеник; лицо, страдающее неврастенией

neurasthenic [ˌnʊrəsˈθiːnik] неврастенический, относящийся к неврастении

neuraxis [nʊˈræksis] **1.** эмбр. нервная [медуллярная, мозговая] трубка **2.** осевая часть центральной нервной системы (спинной мозг и ствол головного мозга)

neuraxon [nʊˈræksɒn] осевой цилиндр, аксон

neurectasia [ˌnʊrekˈteizə], **neurectasy** [nʊˈrektəsi] растяжение нерва

neurectomy [nʊˈrektəmi] иссечение участка нерва; невротомия

chemical ~ химическая денервация, химическая нейрэктомия

neurectopia [ˌnʊrekˈtəʊpiə], **neurectopy** [nʊˈrektəpi] эктопия нерва (1. смещение нервного ствола 2. атипичное расположение нерва)

neurepithelium [ˌnʊrəʊˌepiˈθiːliəm] эмбр. нейроэпителий

neurergic [nʊˈrəʤik] относящийся к функции нерва

neurexe(i)resis [ˌnʊrekˈserəsis] выкручивание нерва, невтэкзерез (напр. для выключения функции диафрагмы)

neuriatria [ˌnʊriˈætriə], **neuriatry** [nʊˈraiətri] уст. невропатология

neurilemma [ˌnʊriˈlemə] см. neurolemma

neurilem(m)oma [ˌnʊriləˈməʊmə] невринома, неврилеммома, уст. шваннома

neurility [nʊˈriliti] проводимость (нерва)

neurimotility [ˌnʊriməʊˈtiliti] см. nervimotility

neurimotor [ˌnʊriˈməʊtə] см. nervimotor

neurine [ˈnʊriːn] нейрин (1. ядовитое вещество, вызывающее паралич 2. ядовитое вещество грибов)

neurinoma [ˌnʊriˈnəʊmə] невринома (доброкачественная опухоль, образующаяся из оболочки нерва)

neurite [nʊˈrait] аксон, нейрит

neuritis [nʊˈraitis], pl. **neuritides** [nʊˈraitidiːz] неврит (воспаление нерва с явлениями гиперестезии, анестезии, невралгии и пр.)

adventitial ~ адвентициальный неврит (воспаление оболочки нерва)

ascending ~ восходящий [иррадиирующий] неврит, восходящая симпаталгия

axial ~ аксиальный неврит

central ~ см. parenchymatous ~

Eichhorst's ~ интерстициальный неврит

endemic ~ эндемический [алиментарный] полиневрит, бери-бери

fallopian ~ паралич лицевого нерва

hypertrophic ~ гипертрофический неврит, Дежерина – Сотта болезнь (форма наследственной невропатии)

influenzal ~ постгриппозный неврит

multiple ~ полиневрит

optic ~ ретробульбарный неврит, неврит зрительного нерва

parenchymatous ~ паренхиматозный неврит (поражающий нервные волокна)

tibial ~ большеберцовый неврит

neuroadaptation [ˌnʊrəˌædæpˈteiʃən] нейроадаптация, адаптация нервной ткани

neuroakanthocytosis [ˌnʊrəʊəˌkænθəsaiˈtəʊsis] нейроакантоцитоз (наследственное заболевание, характеризующееся мультисистемными проявлениями и наличием в крови особых «звёздчатых» эритроцитов – акантоцитов)

neuroamidinase [ˌnʊrəʊəˈmini,deis] нейроамидиназа

neuroanatomy [ˌnʊrəʊəˈnætəmi] нейроанатомия (1. раздел медицины, изучающий строение нервной системы 2. структура нервной системы; иннервация)

chemical ~ нейрогистохимия

correlative ~ коррелятивная нейроанатомия

descriptive ~ описательная нейроанатомия

neurobehavior [ˌnʊrəʊbiˈheivjə] поведенческая неврология; неврология поведения

neurobiology [ˌnʊrəʊbaiˈɒləʤi] нейробиология

~ **of memory** нейробиологические основы памяти

neurobiotaxis [ˌnʊrəʊˌbaiəʊˈtæksis] эмбр. нейробиотаксис (перемещение нервных клеток к источнику наиболее сильных раздражений)

neuroblast [ˈnʊrəˌblæst] эмбр. нейробласт (клетка, из которой образуется нейрон)

neuroblastoma [ˌnʊrəʊblæˈstəʊmə] нейробластома (злокачественная опухоль, состоящая из незрелых нервных клеток), уст. симпатобластома

olfactory ~ эстезио(нейро)бластома, обонятельная (нейро)эпителиома

neurocanal [ˌnʊrəʊkəˈnæl] позвоночный канал

neurocardiac [ˌnʊrəʊˈkaːdiˌæk] **1.** относящийся к иннервации сердца **2.** относящийся к неврозу сердца

neurocele ['nʊrəsi:l] совокупность желудочков головного мозга и центрального канала спинного мозга

neuroceptor [,nʊrə'septə] (нейро)рецептор

neurochemistry [,nʊrəʊ'kemistri:] **1.** нейрохимия **2.** исследование химических процессов в нервной системе

neurocladism [nʊ'rɒklə,dizəm] восстановление связей между концами пересечённого нерва

neuroclonic [,nʊrə'kləʊnik] страдающий спазмами нервного происхождения

neurocognitive [,nʊrəʊ'kɒgnitiv] нейрокогнитивный, относящийся к познавательной деятельности мозга

neurocranium [,nʊrəʊ'kreini:əm] мозговой череп

neurocybernetics [,nʊrəʊ,saibə'netiks] нейрокибернетика (раздел кибернетики, изучающий принципы организации и функционирования нейронов и нервных связей)

neurocyte ['nʊrə,sait] нейрон, нервная клетка

multiform ~ звёздчатый [многоформный] нейрон, Гольджи клетка

neurocytology [,nʊrəʊ,sai'tɒlədʒi:] **1.** нейроцитология **2.** микроскопическое исследование нервных клеток

neurocytoma [,nʊrəʊsai'təʊmə] ганглионеврома, ганглио(цито)ма, ганглионарная неврома, нейроцитома

neurocyton [,nʊrəʊ'saitɒn] тело нейрона

neurodendrite [,nʊrəʊ'den,drait] дендрит (отросток нервной клетки)

neurodermatitis [,nʊrəʊ,də:mə'taitis] нейродерм(ат)ит

~ **disseminata** диффузный [конституциональный, рассеянный] нейродермит, диатезная [обыкновенная] почесуха, Бенье – Брока синдром

neurodermatosis [,nʊrəʊ,də:mə'təʊsis] нейродерматоз

neurodynia [,nʊrəʊ'di:ni:ə] невралгия

neuroectoderm [,nʊrəʊ'ektə,də:m] нейроэктодерма, невральный зачаток

neuroelectricity [,nʊrəʊi,lek'trisiti:] биоэлектрическая активность нервной системы

neuroelectrotherapeutics [,nʊrəʊi,lektrəʊˌθerə'pju:tiks] электротерапия нервных болезней

neuroendocrine [,nʊrəʊ'endəʊkrin] нейроэндокринный; относящийся к АПУД-системе

neuroendocrinology [,nʊrəʊ,endəkri'nɒlədʒi:] **1.** нейроэндокринология **2.** исследование эндокринно-нервной системы

neuroepithelial [,nʊrəʊ,epi'θi:li:əl] нейроэпителиальный (о клетке)

neuroepithelioma [,nʊrəʊ,epi,θi:li:'əʊmə] эпендимома, эпендимальная глиома, эпендимоглиома

neuroepithelium [,nʊrəʊ,epi'θi:li:əm] нейроэпителий

neuroexeresis [,nʊrəʊek'serəsis] нейроэкзерез (разрушение нерва путём его выкручивания)

neurofibril(la) [,nʊrəfaib'rilə] нейрофибрилла (органоид цитоплазмы нейрона)

neurofibroma [,nʊrəʊfai'brəʊmə] нейрофиброма (опухоль периферического нерва, развивающаяся из леммоцитов и фибробластов)

plexiform ~ плексиформная [гроздевидная, ветвистая] нейрофиброма

neurofibromatosis [,nʊrəʊ,faibrəʊmə'təʊsis] нейрофиброматоз, Реклингхаузена болезнь

abortive [incomplete] ~ невыраженный нейрофиброматоз

neurofilament [,nʊrə'filəmənt] цитол. нейрофиламент, протонейрофибрилла

neuroganglion [,nʊrəʊ'gæŋgli:ən] ганглий, нервный узел

neurogenesis [,nʊrə'dʒenəsis] образование нервной ткани

neurogenetics [,nʊrəʊjə'netiks] нейрогенетика

neurogenic [,nʊrə'dʒenik], **neurogenous** [nʊ'rɒdʒənəs] нейрогенный (1. нервного происхождения 2. относящийся к развитию нервной ткани 3. вызываемый посредством нервной стимуляции)

neurogenome [,nʊrə'dʒi:,nəʊm] нейрогеном (совокупность генов, ответственных за высшие психические функции человека)

neuroglia [nʊ'rɒgli:ə] нейроглия (совокупность всех клеточных элементов нервной ткани, кроме нейронов)

neurogliacyte [nʊ'rɒgli:ə,sait] глиоцит, (нейро)глиальная клетка

neurogliocytoma [,nʊrəʊ,gli:əsai'təʊmə] медуллобластома, саркоматозная глиома, эмбриональная нейроглиома

neurohistochemistry [,nʊrəʊ,histəʊ'kemistri:] **1.** нейрогистохимия **2.** гистохимическое исследование нервной ткани

neurohormone [,nʊrəʊ'hɔ:məʊn] нейрогормон (вырабатываемый нервными клетками)

neurohumor [,nʊrəʊ'hju:mə] медиатор, нейромедиатор, нейрогормон

neurohumoral [,nʊrəʊ'hju:mərəl] нейрогуморальный (относящийся к взаимодействию нейрональных и гуморальных сущностей и явлений)

neurohypnology [,nʊrəʊhip'nɒlədʒi] **1.** научное изучение сна **2.** гипнология

neurohypophysis [,nʊrəʊhai'pɒfisis] нейрогипофиз, задняя доля гипофиза

neuroimage [,nʊrəʊ'imidʒ] нейроимидж (изображение нервной системы на КТ или МРТ)

neuroimaging [,nʊrəʊ'imidʒiŋ] нейровизуализация (визуальные методы исследования мозга)

neuroimmunochemistry [,nʊrəʊ,imjʊnəʊ'kemistri:] нейроиммунология; нейрогистохимия

neuroimmunomodulation [,nʊrəʊ,imjʊnəʊ,mɒdjʊ'leiʃən] нейроиммуномодуляция (применение иммуномодуляторов при лечении нервных болезней)

neuroinduction [,nʊrəʊin'dʌkʃən] псих. внушение

neurolemma [,nʊrə'lemə] неврилемма, неврилемма, шванновская оболочка нервного волокна

neurolepsy [,nʊrə'lepsi:] нейролепсия (осложнение лечения нейролептиками в виде гиперкинето-гипертонических и психических нарушений)

neuroleptanalgesia [,nʊrəʊ,leptænəl'dʒi:zi:ə] анест. нейролептаналгезия

neuroleptic [,nʊrə'leptik] нейролептическое [антипсихотическое] средство, нейролептик || нейролептический, успокаивающий, снимающий возбуждение

neuroleptization [,nʊrəʊ,lepti'zeiʃən]:

rapid ~ быстрая нейролептизация

neuroleukin [,nʊrəʊ'lu:kin] нейролейкин (Т-клеточный фактор роста нерва)

neurologic [,nʊrə'lɒdʒik] неврологический (связанный с поражением нервной системы); нейрогенный (обусловленный дисфункцией нервной системы)

neurologist [nʊ'rɒlədʒist] невропатолог, невролог

neurology [nʊ'rɒlədʒi:] **1.** неврология **2.** нервные болезни

~ **of pregnancy** неврологические нарушения при беременности

~ **of thinking** неврологические механизмы мыслительной деятельности

behavior ~ неврология поведения, поведенческая неврология

cognitive ~ неврология познавательной деятельности, когнитивная неврология

comparative ~ сравнительная неврология

developmental ~ развитие нервной системы

epidemiologic ~ эпидемиология нервных болезней

occupational ~ **1.** производственная неврология **2.** профессиональные болезни нервной системы

perinatal ~ неврология перинатального периода

restorative ~ восстановительная неврология

surgical ~ нейрохирургия

underwater ~ подводная неврология

neurolymph ['nʊrəʊlimf] цереброспинальная жидкость, ликвор

neurolysis [nʊ'rɒlisis] **1.** *хир.* невролиз *(выделение нерва из сращений)* **2.** распад [разрушение] нервной ткани

neurolytic [,nʊrə'litik] относящийся к невролизу

neuroma [nʊ'rəʊmə] неврома *(доброкачественная опухоль из оболочки периферического нерва)*

acoustic ~ невринома слухового нерва

amputation ~ ампутационная неврома

amyelinic ~ безмиелиновая неврома

bilateral acoustic ~ двусторонняя неврома слухового нерва

fibrillary ~ плексиформная [гроздевидная, ветвистая] нейрофиброма

Morton's ~ мортоновская метатарзальная невралгия, Мортона неврома

multiple ~ нейрофиброматоз, Реклингхаузена болезнь

plexiform ~ *см.* **fibrillary** ~

traumatic ~ *см.* **amputation** ~

neuromatosis [,nʊrəʊmə'təʊsis] *см.* **multiple** ~

neuromatous [nʊ'rɒmətəs] относящийся к невроме

neuromechanism [,nʊrəʊ'mekənizəm] нервный механизм

neuromere ['nʊrəʊ,mi:ə] *эмбр.* нейромер *(сегментарный участок нервной трубки, соответствующий отхождению одной пары черепных или спинномозговых нервов)*

neuromodulator [,nʊrəʊ'mɒdju,leitə] нейромодулятор, нейроактивный пептид, нейропептид

neuromotor [,nʊrəʊ'məʊtə] **1.** нейромоторный, двигательный *(об иннервации)* **2.** нервно-мышечный

neuromyelitis [,nʊrəʊ,maiə'laitis] нейромиелит *(воспаление спинного мозга с явлениями неврита)*

~ **optica** нейромиелит зрительного нерва

neuromyopathy [,nʊrəʊmai'ɒpəθi:] нейромиопатия *(патология мышц, обусловленная заболеванием или поражением нервов)*

neuromyotomy [,nʊrəʊmai'ɒtəmi:] нейромиотомия *(пересечение нервных веточек мышцы)*

neuron ['nʊrɒn] нейрон, нервная клетка

afferent ~ афферентный [рецепторный, сенсорный, чувствительный] нейрон

association ~ *см.* **intercalary** ~

basket ~ корзинчатый нейрон

bipolar ~ биполярный [афферентно-эфферентный] нейрон *(с двумя отростками)*

effector ~ мотонейрон, двигательный нейрон

efferent ~ эфферентный [центробежный] нейрон

fusiform ~ веретенообразный нейрон

intercalary [**internuncial**] ~ вставочный [ассоциативный, промежуточный] нейрон

long ~ аксон, нейрит, осевой цилиндр нейрона

lower motor ~ периферический двигательный нейрон, периферический мотонейрон

motor ~ *см.* **effector** ~

multipolar ~ мультиполярный нейрон

piriform ~ грушевидный нейрон

postganglionic ~ постганглионарный нейрон

pseudounipolar ~ псевдоуниполярный нейрон

radicular ~ корешковый нейрон

receptor [**sensory**] ~ афферентный [рецепторный, сенсорный, чувствительный] нейрон

spindle ~ веретенообразный нейрон

stellar ~ звёздчатый нейрон

upper motor ~ центральный двигательный нейрон, центральный мотонейрон

vestibulo-ocular ~ вестибуло-окулярный нейрон

neuronal ['nʊrəʊnəl] нейронный, нейрональный, относящийся к нервной клетке

neuronephric [,nʊrəʊ'nefrik] относящийся к иннервации почки

neuronevus [,nʊrəʊ'ni:vəs] **1.** интрадермальный невус **2.** единичная нейрофиброма

neuronic [nʊ'rɒnik] *см.* **neuronal**

neuronophage [nʊ'rɒnə,feidʒ] нейронофаг *(клетка, чаще микроглиоцит, фагоцитирующая повреждённые нейроны)*

neuronophagia [nʊ,rɒnəfei'dʒi:ə] нейронофагия *(разрушение нейрона и поглощение его фрагментов макрофагальными клетками)*

neuroophthalmology [nʊ,rəʊ,ɒfθəl'mɒlədʒi:] **1.** нейроофтальмология **2.** исследование иннервации глаза

neuro-orthopedy [,nʊrəʊ-ɔ:'tɒpedi:] **1.** нейроортопедия **2.** исследование нервной системы в ортопедии

neuro-othology [,nʊrəʊ-ɔ:'θɒlədʒi:] **1.** отоневрология **2.** исследование нервной системы при поражении слуха

neuropacemaker [,nʊrəʊ,peis'meikə]:

spinal ~ спинальный нейропейсмекер, или нейростимулятор

neuroparalytic [,nʊrəʊ,pærə'litik] вызванный параличом нерва, нервно-паралитический

neuropath ['nʊrəʊ,pæθ] человек, страдающий нервным заболеванием ‖ нейропатический

neuropathist [,nʊrəʊ'pæθist] *см.* **neurologist**

neuropathogenesis [,nʊrəʊ,pæθə'dʒenəsis] *см.* **neurologist**

neuropathologist [,nʊrəʊpə'θɒlədʒist] невропатолог, невролог

neuropathology [,nʊrəʊpə'θɒlədʒi:] **1.** невропатология, клиническая неврология **2.** патонейроморфология, патологическая анатомия нервной системы

neuropathy [nʊ'rɒpəθi:] **1.** заболевание нервной системы **2.** невропатия *(поражение периферических нервов)*

acute autonomic ~ острая вегетативная невропатия

ataxic ~ атактическая невропатия

CMV ~ цитомегаловирусная невропатия

entrapment ~ туннельная невропатия (*обусловленная пережатием нерва прилежащими структурами, напр. сухожилиями в карпальном канале*)

familial visceral ~ семейная висцеральная невропатия

giant axonal ~ множественная аксональная невропатия (*системное поражение нейрофиламентов у детей с прогрессирующей периферической нейрональной дегенерацией*)

hereditary motor-sensory ~ наследственная моторно-сенсорная невропатия

hereditary ~ with liability to pressure palsies наследственная невропатия со склонностью к развитию параличей от сдавления, томакулярная невропатия

hypertrophic ~ of Dejerine and Sottas Дежерина – Сотта гипертрофическая невропатия

ischaemic optic ~ ишемическая невропатия зрительного нерва

nutritional ~ алиментарная невропатия

occupational peripheral ~ies профессиональное поражение периферических нервов

optic ~ невропатия зрительного нерва

peripheral ~ периферическая невропатия

sensory ~ сенсорная невропатия

serum ~ сывороточная невропатия (*возникавшая иногда после вакцинации или серотерапии*)

tomaculous ~ невропатия с утолщениями, томакулярная невропатия, наследственная невропатия со склонностью к развитию параличей от сдавления

trigeminal ~ тригеминальная невропатия (*поражение тройничного нерва*)

ulnar ~ невропатия локтевого нерва

neuropeptide [ˌnʊrəʊˈpeptaid] *pl.* нейропептиды (*пептиды нервной ткани, эндорфины, энкефалины*)

neuropharmacology [ˌnʊrəʊˌfa:məˈkɒləʤi:] 1. нейрофармакология 2. немедикаментозное лечение неврологических расстройств

neurophilic [ˌnʊrəʊˈfilik] нейротропный (*о лекарственном средстве*)

neurophonia [ˌnʊrəˈfəʊni:ə] гиперкинез в форме непроизвольного крика

neurophysin [ˌnʊrəˈfaisin] *pl.* нейрофизины (*группа белков, синтезируемых в гипоталамусе в качестве главных предшественников вазопрессина и окситоцина*)

neurophysiology [ˌnʊrəʊˌfizi:ˈɒləʤi:] нейрофизиология, физиология нервной системы

neuropile [ˈnʊrəˌpail], **neuropilem** [ˌnʊrəˈpailəm] нейропиль (*1. переплетение нервных волокон – основа строения нервной системы 2. концевые вёточки нерва*)

neuroplasm [ˈnʊrəˌplæzm] нейроплазма, цитоплазма нейрона

neuroplasty [ˈnʊrəˌplæsti:] восстановительная операция на нерве

neuroplex [ˈnʊrəˌpleks] нервное сплетение

neuropodia [ˌnʊrəˈpɒdi:ə] синаптическое нервное окончание; концевое утолщение аксона

neuropore [ˈnʊrəˌpɔ:r] *эмбр.* нейропор

neuropotential [ˌnʊrəpəˈtenʃəl] биопотенциал нерва

neuropraxia [ˌnʊrəˈpræksi:ə] нейропраксия (*закрытое повреждение нерва, при котором непрерывность нервных волокон сохраняется*)

neuroprotection [ˌnʊrəprəˈtekʃən] нейропротекция (*защита нервной системы от повреждающих воздействий*)

neuropsychiatry [ˌnʊrəʊsaiˈkaiətri:] нейропсихиатрия

neuropsychic [ˌnʊrəʊˈsaikik] относящийся к отделу мозга, ведающему психической деятельностью

neuropsychology [ˌnʊrəʊsaiˈkɒləʤi:] нейропсихология

neuropsychopathy [ˌnʊrəʊsaiˈkɒpəθi:] 1. психоневрологическое расстройство 2. психоневрологический статус

neuropsychopharmacology [ˌnʊrəʊˌsaikəʊˌfa:məˈkɒləʤi:] нейропсихофармакология

neuropyra [nuˈrɒpirə] лихорадка нейрогенного происхождения

neuroradiologist [ˌnʊrəʊˌreidiˈɒləʤi:st] 1. нейрорентгенолог 2. нейрорадиолог

neuroradiology [ˌnʊrəʊˌreidiˈɒləʤi:] 1. нейрорентгенология 2. нейрорадиология

invasive ~ инвазивная нейрорентгенология

neuroreceptor [ˌnʊrəʊriˈseptə] нейрорецептор

neurorehabilitation [ˌnʊrəʊˌri:əbiliˈteiʃən] неврологическая реабилитация

neuroretinitis [ˌnʊrəʊˌretiˈnaitis] нейроретинит (*воспаление зрительного нерва и сетчатки глаза*)

neurorrhaphy [nuˈrɔ:rəfi:] шов прерванного нерва

neurosal [nuˈrɒsəl] невротический, относящийся к неврозам

neurosarcoidosis [ˌnʊrəʊˌsa:kɒiˈdəʊsis] нейросаркоидоз (*саркоидоз с преимущественным поражением нервной системы*)

neuroschwannoma [ˌnʊrəʊʃwaˈnəʊmə] невринома, неврилеммома, *уст.* шваннома

neuroscience [ˌnʊrəʊˈsaiəns] *pl.* нейронауки (*эмбриология, анатомия, физиология и др., изучающие нервную систему*)

clinical ~s клинические нейронауки; раздел медицины о нервных болезнях

developmental ~s раздел нейронауки, изучающий процессы развития нервной системы

molecular ~s комплекс нейронаук, использующих молекулярные методы исследования

neurosecretion [ˌnʊrəʊsiˈkri:ʃən] нейросекреция (*образование и выделение нейрогормонов нервными клетками*)

neurosensory [ˌnʊrəʊˈsensəri:] относящийся к чувствительной иннервации

neurosis [nuˈrəʊsis], *pl.* **neuroses** [nuˈrəʊsi:z] 1. невроз (*психогенно обусловленное функциональное психическое расстройство*) 2. состояние психоэмоционального напряжения

~ tarda сенильный психоз; старческое слабоумие

accident ~ *см.* **posttraumatic ~**

actual ~ актуальный невроз (*проявляется лишь во время действия специфического фактора*)

anxiety ~ невроз страха, беспокойства, или тревоги

artificial ~ искусственный [экспериментальный] невроз (*у животного*)

association ~ ассоциированный [индуцированный] невроз

battle ~ невроз военного времени

cardiac ~ кардионевроз, невроз сердца; вегетососудистая дистония по кардиологическому типу

character ~ невроз характера; нарушение [акцентуация] характера

combat ~ *см.* **battle** ~

compensation ~ пенсионный [рентный, компенсационный] невроз

compulsion ~ *см.* **obsessive-compulsive** ~

craft ~ *см.* **occupation** ~

depressive ~ депрессивный невроз, невротическая [психогенная] депрессия

expectation ~ невроз ожидания

experimental ~ *см.* **artificial** ~

fatigue ~ неврастения, психастения; синдром хронической усталости

fright ~ невроз испуга, шоковый невроз

gastric ~ гастрит нейрогенного происхождения

housewife's ~ невроз домохозяйки *(в результате социальной нереализованности)*

iatrogenic ~ ятрогенный невроз

mixed ~ смешанный невроз

obsessive-compulsive ~ невроз навязчивых состояний

occlusal ~ невроз стискивания зубов

occupational ~ профессиональный невроз

organ ~ органный невроз *(напр. кардионевроз, синдром раздражённой толстой кишки и др.)*

pension ~ *см.* **compensation** ~

phobic ~ фобический невроз

posttraumatic ~ коммоционный невроз, травматический невроз*

revidication ~ *см.* **compensation** ~

sexual ~ сексуальный невроз

shell-shock ~ *см.* **posttraumatic** ~

transference ~ невроз переноса *(по Фрейду – «собственно предмет психоанализа»)*

vagabond ~ бродяжничество, дромомания

vegetative ~ акродиния, (Зельтера – Свифта – Феера) акродинический синдром

victim ~ невроз жертвы

war ~ *см.* **battle** ~

neuroskeletal [ˌnʊrəʊˈskelətl] относящий к нервной ткани и скелетной мускулатуре

neurosome [ˈnʊrəʊˌsəʊm] 1. нейросома *(митохондрия нервной клетки)* 2. тело нейрона

neurospasm [ˌnʊrəʊˈspæzm] нейрогенный мышечный спазм

neurosplanchnic [ˌnʊrəʊˈsplæŋknik] относящийся к вегетативной нервной системе

neurospongioma [ˌnʊrəʊˌspɒnʤiˈəʊmə] медуллобластома, саркоматозная глиома, нейроспонгиома

Neurospora [nʊˈrɒspərə] розовая хлебная плесень; род грибов *(используется в генетике и клеточной биохимии)*

neurosurgeon [ˌnʊrəʊˈsɜːʤən] нейрохирург

neurosurgery [ˌnʊrəʊˈsɜːʤəriː] 1. нейрохирургия 2. операция на нервной системе

_____
* Не путать с посттравматическим стрессовым расстройством.

minimal ~ минимально инвазивная [малая] нейрохирургия

Neurosurgery:

~ **International** Международное сотрудничество и сообщество нейрохирургов

neurosuture [ˌnʊrəʊˈsuːtʃə] шов нерва

neurosyphilis [ˌnʊrəʊˈsifilis] нейросифилис, нейролюэс

congenital ~ врождённый нейросифилис

meningeal ~ менингеальный нейросифилис

parenchymatous ~ паренхиматозный нейросифилис

neurotherapeutics [ˌnʊrəʊθerəˈpjuːtiks], **neurotherapy** [ˌnʊrəʊˈθerəpiː] лечение нервных болезней

neurothlipsia [ˌnʊrɒθˈlipsiːə], **neurothlipsis** [ˌnʊrɒθˈlipsis] сдавление нерва

neurotic [nʊˈrɒtik] 1. невропатический, невротический, нервный 2. человек, страдающий неврозом

obsessional ~ человек, страдающий неврозом навязчивых состояний

neuroticism [nʊˈrɒtisizm] невротическое состояние

neurotization [ˌnʊrəti'zeiʃən] нейротизация, невротизация *(1. регенерация нерва 2. подшивание к периферическому концу повреждённого нерва неповреждённого соседнего нерва)*

neurotmesis [ˌnʊrɒtˈmiːsis] нейротмезис *(полный анатомический перерыв нерва)*

neurotomy [nʊˈrɒtəmiː] нейротомия *(пересечение нерва)*

neurotonic [ˌnʊrəʊˈtɒnik] 1. относящийся к нервному тонусу 2. *фарм.* улучшающий тонус нервной системы

neurotoxic [ˌnʊrəʊˈtɒksik] нейротоксичный

neurotoxicology [ˌnʊrəʊˌtɒksiˈkɒləʤiː] нейротоксикология *(изучение токсического влияния веществ на нервную систему)*

neurotransmitter [ˌnʊrəʊˈtrænsmitə] (нейро)медиатор, нейротрансмиттер

inhibitory ~ тормозящий нейромедиатор

neurotripsy [ˌnʊrəʊˈtripsiː] *хир.* нейротрипсия *(раздавливание нерва)*

neurotrophic [ˌnʊrəʊˈtrɒfik] нейротрофический *(относящийся к росту и трофике нервной ткани в организме)*

neurotropic [ˌnʊrəʊˈtrɒpik] *фарм.* нейротропный

neurovirus [ˌnʊrəʊˈvaires] *pl.* нейровирусы *(репродуцирующиеся в центральной нервной системе или поражающие её)*

neurovisceral [ˌnʊrəʊˈvisərəl] *см.* **neurosplanchnic**

neurula [ˈnuːruːlə], *pl.* **neurulae** [ˈnuːruːli] *эмбр.* нейрула

neuter [ˈnuːtə] 1. имеющий недоразвитые половые органы 2. не имеющий половых органов, кастрированный

neutral [ˈnuːtrəl] 1. нейтральный, промежуточный, неопределённый 2. индифферентный *(о раздражителе)* 3. бесполый 4. раствор, имеющий pH 7,0

neutralism [ˈnuːtrəˈlizəm] нейтрализм *(форма существования двух видов организмов в смешанной культуре)*

neutrality [nuːˈtræliti] пограничное [промежуточное] состояние *(между здоровьем и болезнью, напр. боль в спине)*

thermal ~ тепловая нейтральность *(среды)*, температурный комфорт

neutralization [ˈnuːtrəliˈzeiʃən]:

autogenic ~ *псих.* аутогенная нейтрализация

763

neutralizer [ˌnuːtrəˈlaizə] нейтрализатор *(1. вещество 2. аппарат)*

neutroclusion [ˌnuːtrɒˈkluːʒən] физиологический прикус

neutrocyte [ˈnuːtrəʊˌsait] см. **neutrophil**

neutrocytosis [ˌnuːtrəʊsaiˈtəʊsis] нейтрофилёз, нейтрофильный лейкоцитоз, нейтрофилия

neutron [ˈnuːtrɒn] нейтрон

  delayed ~ запаздывающий нейтрон

  epithermal ~ эпитермальный нейтрон

  intermediate energy ~s нейтроны средней энергии

  fast ~ быстрый нейтрон

  slow [thermal] ~ медленный [тепловой] нейтрон

neutropenia [ˌnuːtrəˈpiːniːə] нейтропения

  cyclic ~ периодическая наследственная нейтропения

  band ~ палочкоядерный нейтрофильный гранулоцит

  immature ~ юный нейтрофильный гранулоцит, нейтрофильный метамиелоцит

  isoimmune ~ резус-конфликтная нейтропения *(новорождённых)*

  juvenile ~ см. **immature ~**

  malignant ~ нейтропения; агранулоцитоз

  mature ~ зрелый [сегменто-ядерный] нейтрофильный гранулоцит

  moderated ~ замедленный нейтрон

  periodic ~ см. **cyclic ~**

  segmented ~ см. **mature ~**

  stab ~ палочкоядерный нейтрофильный гранулоцит

  toxic ~s токсическая зернистость нейтрофилов

neutropenic [ˌnuːtrəʊˈpenik] нейтропенический, с низким содержанием нейтрофилов *(обычно при иммунодефиците)*

neutrophil [ˈnuːtrəʊˌfil] нейтрофильный гранулоцит, нейтрофильный лейкоцит, нейтрофил

  band ~s палочкоядерные нейтрофилы

  demarginated ~s нейтрофилы, перешедшие из краевого пула в циркулирующий

  rosette-forming ~s розеткообразующие нейтрофилы

  segmented ~s сегментоядерные нейтрофилы

neutrophilia [ˌnuːtrəʊˈfiliːə] нейтрофилёз, нейтрофильный лейкоцитоз, нейтрофилия

  ~ with left shift нейтрофилёз со сдвигом (лейкоцитарной формулы) влево

nevocarcinoma [ˌniːvəˌkaːsiˈnəʊmə] меланома, меланобластома, меланоцитома

nevoid [ˈniːvɒid] напоминающий невус, похожий на родимое пятно, невоидный

nevose [ˈniːvəʊs], **nevous** [ˈniːvəs] 1. покрытый родимыми пятнами 2. напоминающий невус, похожий на родимое пятно, невоидный

nevoxanthoendothelioma [ˌniːvəˌzænθəʊˌendəʊˈθiːliːˈəʊmə] гистиоцитома *(кожи)*, гистиоцитоксантома, невоксантоэндотелиома

nevus [ˈniːvəs], *pl.* **nevi** [ˈniːvai] *лат.* **naevus 1.** невус, родимое пятно **2.** гемангиома

  ~ arachnoideus, ~ araneus см. **spider ~**

  ~ flammeus *лат.* пылающий [пламенеющий] невус, кавернозная [пещеристая] гемангиома

  ~ maternus родимое пятно, материнский невус

  ~ pilosus волосатый невус *(родинка, покрытая большим количеством растущих волос)*

  ~ venosus капиллярная ангиодисплазия тёмно-багрового или фиолетового цвета

  ~ verrucosus *лат.* бородавчатый невус

  acantholytic ~ старческая кератома, старческая бородавка, себорейная кератома, кератопапиллома

  balloon cell ~ невус из баллонообразных клеток

  basocellular ~ базально-клеточный невус

  bathing trunk ~ гигантский пигментный невус в нижней части туловища

  blue ~ голубой [меланоформный, синий] невус

  capillary ~ капиллярная гемангиома

  comedonicus ~ фолликулярный [волосяной] кератоз

  compound ~ сложный невус

  epidermic-dermic ~ эпидермодермальный [пограничный] невус

  epithelioid and/or spindle cell ~ эпителиоидный и/или веретеноклеточный невус, ювенильный невус

  giant pigmented ~ гигантский пигментированный невус

  hairy ~ волосяной невус

  halo ~ центробежная приобретённая лейкодерма, Саттона [болезнь] невус, галоневус *(наличие беловатого ореола вокруг обычного невуса)*

  junction ~ см. **epidermic-dermic ~**

  lymphatic ~ лимфангиома

  marginal ~ см. **epidermic-dermic ~**

  melanocytic ~ пигментный невус

  "nape ~" гемангиома, пламенеющий [винный] невус, «пятно портвейна»

  Ota's ~ глазнично-верхнечелюстной тёмно-синий невус, Оты невус

  spider [stellar] ~ паукообразная [звёздчатая] гемангиома, паукообразный невус

  strawberry ~ кавернозная [пещеристая] гемангиома, кавернома

  venous ~ венозная гемангиома

  woolly-hair ~ невус с густыми курчавыми волосами

newborn [ˈnjuːbɔːn] новорождённый

  critically ill ~ новорождённый, находящийся в критическом состоянии

  full-term ~ доношенный новорождённый

  premature ~ недоношенный новорождённый

newgrowth [ˌnjuːˈgrəʊθ] опухоль, новообразование

newly-born [ˈnjuːliːbɔːn] см. **newborn**

new-onset [njuːˈɒnset] впервые выявленный *(напр. о болезни)*

nexus [ˈneksəs] **1.** нексус *(щелевидный контакт, через который из одной клетки в другую проходят водорастворимые малые молекулы)* **2.** цепь, ряд, каскад *(реакций)* **3.** связь, звено; соединение

  causal ~ причинная связь

niacin [ˈnaiəsin] никотиновая кислота, витамин PP, ниацин

nibbling [ˈnibliŋ] приём пищи малыми порциями, равномерный приём пищи

niche [nitʃ, niːʃ] **1.** ниша *(1. дефект контура рентгеновской тени 2. полость или углубление на какой-л. гладкой поверхности 3. микроокружение, обеспечивающее сохранение стволовых клеток в «замороженном»* *состоянии)* **2.** определённое пространство *(напр. обитания микробов)*

enamel ~ мезенхимальное пространство эмалевого органа

stem cell ~ ниша для стволовой клетки

nick [nik] **1.** трещина, щель **2.** точный момент, критический момент **3.** *мол. биол.* ник, одноцепочечный разрыв *(между соседними нуклеотидами в молекуле ДНК)*

nicking ['nikiŋ] ограниченное сужение сосудов сетчатки

arteriovenous ~ сужение вен сетчатки в области пересечения артериальных и венозных сосудов

nicotine ['nikəuti:n] никотин

nicotinic [ˌnikəu'tinik] *см.* **nicotinomimetic**

nicotinism ['nikəuti̯nizm] никотинизм *(хроническое отравление никотином)*

nicotinomimetic [ˌnikətinəumi'metik] холиномиметический, никотиноподобный

nictitans ['niktitəns]:

prominent ~ частое мигание

nic(ti)tation [ˌnikti'teiʃən] никтитация, (частое или судорожное) мигание, моргание

nidal ['naidl] **1.** очаговый, относящийся к очагу *(напр. инфекции)* **2.** относящийся к ядру *(нерва)*

nidation [ˌnai'deiʃən] *эмбр.* имплантация, нидация *(укрепление оплодотворённой яйцеклетки на стенке матки)*

nidus ['naidəs], *pl.* **nidi** ['naidai] **1.** очаг патологического процесса **2.** ядро *(нерва)*

~ **of infection** очаг [источник] инфекции

nighthawk ['nait̩hɔ:k] человек, активность и работоспособность которого повышается к вечеру, «сова»

nightmare ['nait̩mɛə] ониродиния *(сновидение тягостного содержания)*, кошмар

night-peaker ['nait-'pi:kə] пациент с преобладанием ночной гипертензии и отрицательным индексом артериального давления, *см. тж.* **dipper, non-dipper, over-dipper**

nightshade ['nait̩ʃeid]:

black ~ паслён чёрный *(Solatium nigrum)*

deadly ~ красавка, белладонна обыкновенная *(Atropa belladonna)*

nightsweats ['nait̩swets] ночная потливость

night-terrors ['nait-'terərs] ночной испуг, ночные страхи

nigma ['nigmə] **1.** колотая рана **2.** пункция

nigrities [nai'griʃi̩i:z]

~ **lingual** волосатый [чёрный] язык

nihilism ['naiilizm] *псих.* нигилизм, нигилистический бред, нигилистическая парафрения, Котара ипохондрический бред

therapeutic ~ терапевтический нигилизм

nil [nil] отсутствие *(напр. токсичности)*; нулевое значение *(напр. медикаментозного воздействия)*

nip [nip] **1.** укус; щипок; ущемление **2.** резкое воздействие *(ветра, мороза и т. п.)* **3.** сжатие; захват

nipiology [nipə'ɒləʤi:] неонатология

nippers ['nipərz] щипцы, кусачки

bone ~ костные щипцы

nipple ['nipəl] **1.** сосок *(молочной железы)* **2.** выпячивание, выбухание *(напр. дуги аорты)*, выступ **3.** соска

destroyed ~ повреждённый сосок

retracted ~ втянутый сосок

supernumerary ~**s** дополнительные соски

turgid ~ опухший сосок

nirls [nə:rls] тип герпеса

nirvana [nə:'va:nə] нирвана *(в буддизме – состояние отрешённости от жизненных забот и слияния с божественным)*

nisin ['naisin] низин *(пищевой консервант-антибиотик)*

nisus ['naisəs] побуждение

nit [nit] гнида *(яйцо вши)*

niton ['naitɒn] радон, нитон

nitrate [ˌnai'treit] *фарм.* нитрат, соль азотной кислоты

argentic ~ нитрат серебра, *уст.* ляпис

potassium ~ нитрат калия, калиевая селитра

silver ~ *см.* **argentic** ~

nitremia [nai'tri:mi:ə] азотемия

nitrite [ˌnai'trait] нитрит, соль или эфир азотистой кислоты

sodium ~ азотисто-кислый натрий, нитрит натрия

nitrogen ['naitrəuʤən] азот

arrested ~ *см.* **fixed** ~

assimilable [available] ~ усваиваемый [доступный] азот

blood urea ~ азот мочевины крови

bound ~ связанный азот

filtrate ~ *см.* **nonprotein** ~

fixed ~ *см.* **bound** ~

nitrate ~ нитратный азот

nonprotein ~ остаточный [безбелковый] азот

oxygen-free ~ азот без примеси кислорода *(для газохроматографического анализа)*

protein ~ белковый азот

residiual [rest] ~ *см.* **nonprotein** ~

total ~ суммарный азот

urinary ~ азот мочи, содержание азота в моче

nitrogenase ['naitrəuʤəneis] нитрогеназа *(фермент, катализирующий восстановление азота в соединения азота)*

nitrogen-bearing ['naitrəuʤən-'bɛəriŋ] азот(о)содержащий

nitrogenous [nai'trɒʤənəs] азотный; азотистый, азот(о)содержащий

nitrometry [nai'trɒmətri:] нитрометрия *(измерение концентрации закиси азота в газовых смесях)*

nitrosourea [naiˌtrəusəu'ju:ri:ə] нитрозомочевина

nitty ['niti:] завшивленный

nitweed ['nit̩wi:d] зверобой горечавковидный *(Hypericum genfianoides)*

noble ['nəubəl] **1.** инертный *(о газе)* **2.** *стом.* благородный *(о металле)*

Nocardia [nəu'ka:di:ə] род аэробных, неподвижных актиномицетов семейства *Actinotmycetaceae (занимают промежуточное положение между бактериями и грибами)*

nocardiosis [nəuˌka:di:'əusis] *инф. бол.* нокардиоз, атипический актиномикоз, стрептотрихоз, кладотрихоз

meningocerebral ~ менингоцеребральный нокардиоз

pulmonary ~ нокардиоз лёгких

nociassociation [ˌnəusiəˌsəusi:'eiʃən] ноцицептивная связь патологического очага с центральной нервной системой

nociception [ˌnəʊsɪˈsepʃən] восприятие боли

nociceptive [ˌnəʊsɪˈseptɪv] 1. болевой; ноцицептивный 2. угрожающий

nociceptor [ˌnəʊsɪˈseptə] болевой рецептор, ноци(ре)цептор

nocifensor [ˌnəʊsɪˈsensə] защитный механизм *(организма)*

noci-influence [ˌnəʊsɪ-ˈɪnfluəns] вредное [повреждающее, травмирующее] воздействие *(на организм)*

nociperception [ˌnəʊsɪpərˈsepʃən] восприятие повреждающих и раздражающих влияний, восприятие боли, ноцицепция

noctambulation [ˌnɒkˌtæmbjʊˈleɪʃən], **noctambulism** [ˌnɒkˈtæmbjʊˌlɪzm] сомнамбулизм, лунатизм, снохождение

noctiphobia [ˌnɒktɪˈfəʊbiːə] никтофобия, патологическая боязнь темноты, ночи, тишины

nocturia [nɒkˈtuːriːə] *см.* **nycturia**

nocturnal [nɒkˈtəːnəl] ночной

nocuous [ˈnɒkjuːəs] вредный, ядовитый

nodal [ˈnəʊdl] узловой

nodding [ˈnɒdɪŋ] «клевание носом» *(полуступорозное состояние, возникающее после эйфории, вызванной употреблением героина)*

node [nəʊd] 1. узел, утолщение, припухлость 2. *анат.* узел

  ~ of Aschoff and Tawara предсердно-желудочковый [атриовентрикулярный] узел, Ашоффа – Тавара узел

  affected ~ поражённый лимфоузел

  atrioventricular ~ *см.* **~ of Aschoff and Tawara**

  Babes' ~s Бабеша – Негри тельца, Бабеша узелки

  Bouchard's ~ Боучарда узелок *(хрящевое разрастание в области эпифиза фаланги пальца кисти при остеоартрите)*

  calcified lymph ~ обызвествлённый лимфатический узел

  cold ~ «холодный узел» *(в радиоизотопной диагностике)*

  depressed sinus ~ угнетение автоматизма синусного узла

  Flack's ~ синусно-предсердный [синусный] узел, Киса – Флека узел

  Froisier's ~ *см.* **signal ~**

  guardian lymph ~ «сторожевой» лимфоузел *(первым поражается метастазом при раке)*

  Haygarth's ~s экзостозы *(при деформирующем артрозе)*

  Heberden's ~s Гебердена узелки *(остеофиты у оснований концевых фаланг и головок средних фаланг)*

  hemal [hemolymph] ~s гемолимфатические узлы

  hilar ~ лимфоузел у ворот органа; регионарный лимфоузел

  hot ~ «горячий узел» *(в радиоизотопной диагностике)*

  Keith and Flack ~ *см.* **Flack's ~**

  lymph ~ лимфатический узел, лимфоузел

  positive ~ поражённый лимфоузел

  Ranvier's ~ Ранвье перехват *(участок истончения оболочки миелинового нервного волокна между двумя соседними шванновскими клетками)*

  reactive lymph ~s лимфаденит *(вовлечённые в процесс лимфоузлы)*

  relevant lymph ~ исследуемые лимфоузлы

  scalene ~ лимфатический узел передней шейной цепочки *(впереди лестничной мышцы)*

  sentinel lymph ~ *см.* **guardian lymph ~**

  signal ~ вирховский метастаз, Труссо узел *(метастаз рака желудка в лимфоузлы шеи)*

  singer's ~s узелковый ларингит; узелки певцов, учителей

  sinoatrial [sinus] ~ *см.* **Flack's ~**

  teacher's ~s *см.* **singer's ~s**

  Troisier's [Virchow's] ~ *см.* **signal ~**

nodosity [ˌnəʊˈdɒsɪtiː] 1. утолщение, припухлость, узловатость 2. узел

nodular [ˈnɒdʒuːlə], **nodulate(d)** [ˈnɒdʒuːˈleɪtəd] узелковый, узловатый, бугристый

nodulation [ˌnɒdʒuːˈleɪʃən] образование или наличие узелков

nodule [ˈnɒdjuːl] узелок, узелковое утолщение

  aggregated lymphatic ~s групповые лимфатические фолликулы, пейеровы бляшки

  Albini's ~s альбиниевы узелки *(по краям митрального и трёхстворчатого клапанов)*

  cold thyroid ~s «холодные» узлы щитовидной железы

  enamel ~ одонтома

  fistulated ~ вскрывшийся узел; узел со свищевым ходом

  gut lymphoid ~s лимфоузлы кишечника

  hot ~ «горячий» узел *(щитовидной железы)* *(с большим поглощением радиоактивного йода по сравнению с окружающей паренхимой)*

  Lisch ~s Лиша узелки *(на радужке; патогномоничны для нейрофиброматоза 1 типа)*

  milker's ~s *ист.* паравакцина, ложная коровья оспа, красная вакцина, узелки доильщиц

  pseudorheumatoid ~ псевдоревматоидный узелок, глубокая кольцевидная гранулёма

  pulp ~ *стом.* дентикль

  recombination ~ рекомбинационные утолщения, рекомбинационные узелки

  rheumatic ~ ревматическая гранулёма, ревматический узелок

  rheumatoid ~ ревматоидный узелок

  satellite ~s дочерние опухоли

  Schmorl's ~ Шморля [узелок] грыжа *(внедрение участка межпозвонкового диска в тело позвонка)*

  sex ~s половые узелки *(околоядерные тельца в нейтрофилах)*

  singer's [vocal] ~ *см.* **singer's node**

nodulose [ˈnɒdjuːləs], **nodulous** [ˈnɒdjuːləs] узелковый, узловатый

nodulus [ˈnɒdjuːlʊs], *pl.* **noduli** [ˈnɒdjuːli] *лат.*, *см.* **nodule**

noematic [ˌnəʊɪˈmætɪk] относящийся к мысленной [когнитивной] деятельности

noesis [nəʊˈiːsɪs] мышление, когнитивная деятельность

noetic [nəʊˈetɪk] относящийся к интеллекту или когнитивной деятельности

noise [nɔɪz] 1. шум, помеха, фон 2. паразитная зернистость *(изображения на рентгенограмме)*

  additional ~ побочный [мешающий] шум

avoidable ~ устранимый шум

background ~ фоновый шум

broad-band ~ широкополосный шум

detectable ~ шум, поддающийся измерению

head ~s шум [звон] в ушах, в голове

high-pass [high-pitched] ~ высокочастотный [высокотональный] шум

inherent ~ собственные шумы

in-plant ~ производственный шум

low-pitched ~ низкочастотный [низкотональный] шум

narrow-band ~ узкополосный шум

pure ~ белый шум (*с равномерным спектром*)

random ~ случайные [хаотичные] помехи

ringing ~ **in ears** *см.* **head ~s**

snoring ~ храпение, храп

traffic ~ транспортный шум

wide-band ~ *см.* **broad-band** ~

whistling ~ свистящий шум при дыхании

noisemaker [ˈnɔiz'meikə]:

Barany ~ ушной заглушитель, Барани трещотка

noiseproof [ˌnɔiz'pruːf] защищённый от шума

noli [ˈnəʊlai]:

~ **mi tangere** *лат.* «не трогай меня» (*напр. о невусе, иссечение которого таит в себе риск малигнизации*)

noma [ˈnəʊmə] нома, фузоспирохетоз (*влажная гангрена*)

~ **pudendi** нома половых органов

nomad [ˈnəʊˌmæd] 1. кочевник, номад 2. бродяга, бомж

nomadism [ˈnəʊməˌdizm] номадизм, кочевой образ жизни

nomenclature [ˌnəʊmən'kleitʃə], *лат.* **nomina** [nəʊ'minə] 1. номенклатура; классификация; система 2. терминология

binary ~ бинарная [двоичная] номенклатура

binomial ~ биномиальная [линнеевская] номенклатура (*растений и животных на основе названий рода и вида*)

Nomenclature:

International ~ **of Constitutional Disorders of Bone** Международная номенклатура скелетных дисплазий (*1998 г.*)

Standard Psychiatric ~ Стандартная номенклатура психических расстройств

Systematized ~ **of Pathology** Систематизированная номенклатура патоморфологических изменений

Wiener's ~ Классификация Винера (*резус-конфликтов*)

Nomina:

~ **Anatomica** Международная анатомическая номенклатура

~ **Histological** Международная гистологическая номенклатура

Jena [Jenaer] ~ **Anatomica** Иенская анатомическая номенклатура

Parisiana ~ **Anatomica, PNA** Парижская анатомическая номенклатура

nominal [ˈnɒminəl] 1. номинальный; условный, символический (*в отличие от реального*); указанный в документе 2. именной, поимённый 3. минимальный; незначительный

nomogram [ˈnɒməʊˌgræm] номограмма (*диаграмма переменных, по которой вычисления могут выполняться графическим способом*)

nomotopic [ˌnəʊməʊ'tɒpik] относящийся к или встречающийся в обычном или естественном месте

nona [ˈnəʊnə] африканский трипаносомоз, сонная болезнь

nonabsorbable [ˌnɒnəb'sɔːrbəbl] непоглощаемый, невсасывающийся

nonaccess [nɒn'ækses] *суд. мед.* отсутствие возможности полового общения (*при спорном отцовстве*)

nonaddictive [ˌnɒnə'diktiv] не вызывающий привыкания (*о лекарственном средстве*)

non-adherent не приверженный [некомплаентный] лечению || некомплаентный пациент

nonagenarian [ˌnɒneidʒə'nɛəriːən] долгожитель (*в возрасте 90–100 лет*)

nonambulatory [nɒn'æmbjʊlə'tɔːriː] неамбулаторный; неходячий (*напр. ребёнок*)

nonan [ˈnəʊnən] возникающий на девятый день (*напр. о малярии*)

nonantigenic [nɒn,ænti'dʒenik] не имеющий антигенных свойств, не являющийся антигеном

nonapeptide [ˌnɒnə'pep,taid] пептид, содержащий девять аминокислот

nonarticular [ˌnɒnɑː'tikjʊlə] внесуставной (*напр. о ревматизме*)

nonbacterial [ˌnɒnbæk'tiəriəl] стерильный; неинфекционный; асептический (*напр. эндокардит*); абактериальный

non-beverage [ˌnɒn-'bevərədʒ] непищевой (*напр. алкоголь*)

nonbiodegradable [nɒn,baiəʊdi'greidəbəl] не разлагаемый микроорганизмами, не подверженный биохимическому разложению

nonblood [ˌnɒn'blʌd] кровезаменитель

noncalcific [ˌnɒnkæl'sifik] некальцифицирующий, необызвествлённый; не относящийся к кальцию

noncardiac [ˌnɒn'kɑːdiːək] экстракардиальный

noncarious [ˌnɒn'kɛəriːəs] не поражённый кариесом, некариозный

nonchromaffinic [ˌnɒn,krəʊmə'finik] ахромаффинный

noncleaved [ˌnɒn'kliːvd] недифференцированный (*о раке*)

nonclinical [nɒn'klinikəl] здоровый, нормальный

nonclosure [nɒn'kləʊʒə] незаращение; незакрытие (*напр. раны*)

noncommunicable [ˌnɒnkə'mjuːnikəbəl] неконтагиозный, незаразный

noncompliance [ˌnɒnkəm'plaiəns] несоблюдение; неподчинение; несогласие; несоответствие

~ **of drug therapy, medication** ~ несоблюдение режима приёма лекарственного средства

nonconformity [ˌnɒnkən'fɔːmiti] *псих.* неконформность, неподчинение

nonconscious [nɒn'kɒnʃəs] бессознательный

non-consonating [ˌnɒn-,kɒnsə'neitiŋ] наличие незвучных влажных хрипов (*при бронхите*)

noncooperative [ˌnɒnkəʊ'ɒpərətiv] неконтактный (*о больном*)

nondiagnostic [ˌnɒn,daiəg'nɒstik] 1. недиагностируемый 2. неинформативный для диагноза

non-dietary [nɒn-'daiə,təriː] не имеющий пищевого значения; не относящийся к пище; недиетический

non-dipper [nɒn-'dipə] *pl.* больные артериальной гипертензией с отсутствием ночного снижения АД

NON

(разница между дневным и ночным АД < 10 %), *см. тж.* **dipper, over-dipper**

nondisjunction [ˌnɒndisˈʤʌŋkʃən] нерасхождение *(состояние, при котором пары гомологичных хромосом не полностью расходятся во время мейоза)*

nondormant [nɒnˈdɔːmənt] активный, не находящийся в покое

non-drainage [nɒn-ˈdreiniʤ] **1.** ушивание раны наглухо **2.** бездренажное ведение брюшной полости

noneffective [ˌnɒniˈfektiv] неэффективный, недейственный; непригодный

non-ego [nɒn-ˈiːgəʊ] **1.** *психол.* не «Я»; объект **2.** внешний мир, противопоставляемый субъекту

nonerosive [ˌnɒniˈrəʊsiv] не вызывающий эрозии, неразъедающий

nonexpendable [ˌnɒnikˈspendəbəl] многократного использования, многократного действия

non-fiction [ˌnɒn-ˈfikʃən] интеллектуальная [нехудожественная] литература

nonfluent [nɒnˈfluːənt] небеглый; скандированный *(о речи при неврологических расстройствах)*

nonfluorinated [nɒnˌfləʊriˈneitəd] не подвергнутый фторированию; не содержащий фтора

nonfunction [nɒnˈfʌŋkʃən] отсутствие функции

nongerm [nɒnˈʤɜːm] **1.** неэмбриональный, незародышевый **2.** безмикробный, стерильный

nonhazardous [nɒnˈhæzərdəs] безопасный, не представляющий опасности

nonheritable [nɒnˈheritəbəl] ненаследуемый, ненаследственный, приобретённый

nonhomogenous [ˌnɒnhəˈməʊʤənəs] неоднородный

nonigravida [ˌnɒnˈgrævidə] женщина, беременная в девятый раз

nonimmunity [ˌnɒniˈmjuːniti] иммунологическая ареактивность, иммунологическая недостаточность

nonimputable [ˌnɒnimˈpjuːtəbəl] невменяемый

noninfected [ˌnɒninˈfektəd] незаражённый, неинфицированный

noninterview [nɒnˈinterˌvjuː] семья или лицо, не охваченные обследованием

noninvasive [ˌnɒninˈveisiv] атравматичный, бескровный, неинвазивный *(напр. метод исследования)*

noninvolved [ˌnɒninˈvɒlvd] невовлечённый *(в процесс)*, интактный, непоражённый

nonipara [nəʊˈnipərə] женщина, рожавшая девять раз

non-lethal [nɒn-ˈliːθəl] *амер.* гуманитарная помощь *(медикаменты, продовольствие, одежда)*

non-maleficence [nɒn-məˈlefisəns] непричинение вреда *(компонент биоэтики)*

nonmalignant [ˌnɒnməˈlignənt] доброкачественный, незлокачественный

nonmanifest [nɒnˈmæniˌfest] скрытый, латентный, не проявляющийся клинически

nonmarriage [nɒnˈmæriʤ] невступление в брак

nonmedical [nɒnˈmedikəl] **1.** немедицинский **2.** не относящийся к медикаментам; безмедикаментозный

nonmedullated [nɒnˈmedjʊleitid] немиелинизированный

non-MHC-encoded [nɒn-emeitʃsi-inˈkəʊdəd] кодируемый вне главного комплекса гистосовместимости

nonmoral [nɒnˈmɔːrəl] аморальный, асоциальный; неэтичный

nonmotility [ˌnɒnməʊˈtiliti] неподвижность

nonneoplastic [nɒnˌniːəˈplæstik] неопухолевый, не относящийся к неопластическому росту

non-normal [nɒn-ˈnɔːməl] не соответствующий норме *(напр. больной, незрячий)*, аномальный

non-nutritive [nɒn-ˈnuːtritiv] несъедобный

nonobstetric [ˌnɒnɒbˈstetrik] не относящийся к акушерской патологии

nonocclusion [ˌnɒnəˈkluːʒən] открытый прикус

nonocclusive [ˌnɒnəˈkluːsiv] неокклюзионный, не вызванный окклюзией или обтурацией *(напр. кишки)*

nonoperative [nɒnˈɒpəˌreitiv] консервативный *(о лечении)*, не подлежащий операции

nonovulation [nɒnˌɒvjʊˈleiʃən] *гинек.* ановуляция

nonpalpable [nɒnˈpælpəbəl] непрощупываемый, непальпируемый

nonpar [ˈnɒnˌpaː], **nonparticipating** [ˌnɒnpaːˈtisiˌpeitiŋ] не участник *(врач, не имеющий договора со страховой медицинской компанией)*

nonparous [nɒnˈpærəs] нерожавшая

nonpathogenic [nɒnˌpæθəˈʤenik], **nonpathologic** [nɒnˌpæθəˈlɒʤik] вызванный не патологическим процессом, посторонним фактором *(напр. погрешностью лабораторного анализа)*

nonpenetrating [nɒnˌpenəˈtreitiŋ] непроникающий *(о ранении)*

nonpharmacological [nɒnˌfaːməkəˈlɒʤikəl] немедикаментозный, безлекарственный

nonpitting [nɒnˈpitiŋ] отсутствие ямок после надавливания *(тест на пастозность)*

nonpollution [ˌnɒnpəˈluːʃn] система санитарно-технических мер *(предотвращающих загрязнение воздуха и т. п.)*

nonproprietary [ˌnɒnprəˈpraiəˌteri] официальный, непатентованный *(о наименовании медикаментов, рекомендованных ВОЗ)*

nonrandom [nɒnˈrændəm] неслучайный, закономерный *(напр. о взаимосвязи антигенов)*

nonreactive [ˌnɒnriːˈæktiv] ареактивный, не реагирующий ~ **for HbsAg** серонегативный к антигену вирусного гепатита В

nonreader [nɒnˈriːdə] человек, не овладевший навыками чтения после обучения обычными методами

nonrebreathing [ˌnɒnriːˈbriːðiŋ] нереверсивный, по открытому контуру *(о действии клапана наркозного аппарата)*

nonrecognition [nɒnˌrekəgˈniʃən] нераспознавание

nonrecoverable [ˌnɒnriˈkʌvərəbl] однократного [одноразового] использования или действия

nonreducible [ˌnɒnriˈdjuːsəbl] невправимый *(напр. о грыже)*

non-refluxing [nɒn-ˌriːˈflʌksiŋ] нерефлюксирующий; антирефлюксный *(напр. об операции)*

nonregenerative [ˌnɒnriˈʤenərəitiv] арегенеративный *(об анемии)*, *нрк.* гипопластический

nonresident [nɒnˈrezidənt] **1.** временный житель; иногородний **2.** врач-экстерн *(живущий не при больнице)*

non-response отсутствие ответа *(на терапию)*

nonresponsive [ˌnɒnriˈspɒnsiv] **1.** безуспешный; не реагирующий на лечение *(о пациент)* **2.** резистентный; нечувствительный *(напр. микроорганизм к антибиотикам)*

nonresponsiveness [ˌnɒnriˈspɒnsivnəs] иммунологическая толерантность

nonrestraint [ˌnɒnriˈstreint] режим нестеснения *(при лечении психически больных)*

nonreturnable [ˌnɒnriˈtɜːnəbəl] одноразового пользования; безвозвратный

nonreversible [ˌnɒnriˈvɜːsəbəl] **1.** необратимый *(напр. процесс)* **2.** нереверсивный *(напр. о пластике кишки без поворота сегмента)*

non-rotation [ˌnɒn-rəʊˈteiʃən] отсутствие вращения средней кишки *(в процессе эмбриогенеза)*

nonseasonal [nɒnˈsiːzənəl] внесезонный, в любое время года *(напр. о появлении зуда)*

nonselective [ˌnɒnsiˈlektiv] неселективный, неизбирательный

nonsense [ˈnɒnsens] бессмыслица, вздор, нонсенс

nonsensibility [nɒnˌsensəˈbiliti] нечувствительность, отсутствие чувствительности, резистентность

nonseptic [nɒnˈseptik] асептический, безмикробный

nonspecific [ˌnɒnspiˈsifik] предназначенный для симптоматической терапии *(о медикаменте)*

non-sporing [nɒn-ˈspɔːriŋ] не образующий спор

nonstented [nɒnˈstentəd] нешинируемый, бездренажный *(напр. анастомоз)*

non-stigmatization [nɒn-ˌstigmətiˈzeiʃən] отказ от использования стигм, «ярлыков»

nonstructural [nɒnˈstrʌktʃərəl] не относящийся к строению; функциональный

nonsurgical [nɒnˈsɜːdʒikəl] консервативный *(о лечении)*, не подлежащий операции; бескровный

nonsurviving [ˌnɒnsərˈvaiviŋ] невыживающий, умирающий

nonsuture [nɒnˈsuːtʃə] бесшовный *(о соединении ткани)*

nonsystemic [ˌnɒnsisˈtemik] местный, несистемный *(о поражении, процессе и пр.)*; бессистемный *(напр. об антибиотикотерапии)*

nontaster [nɒnˈteistə] человек, не имеющий вкусовой чувствительности

nontight [nɒnˈtait] негерметичный, неплотный

nontolerant [nɒnˈtɒlərənt] нетолерантный; иммунореактивный, отвечающий *(на какое-л. воздействие)*

nontrombogenic [nɒnˌtrɒmbəˈdʒenik] тромборезистентный

nonuniform [nɒnˈjuːniˌfɔːm] неоднородный

nonunion [nɒnˈjuːnjən] **1.** несращение, несрастание *(перелома кости)* **2.** несросшийся перелом

nonvascular [nɒnˈvæskjʊlə] бессосудистый, лишённый сосудов, аваскулярный

nonverbal [nɒnˈvɜːbəl] бессловесный

nonviable [nɒnˈvaiəbəl] нежизнеспособный

non-winner [nɒn-ˈwinə] *психол.* не выигрывающий

nook [nʊk] раневой «карман»

noopsyche [ˈnəʊəʊˈsaiki] ноопсихе *(интеллектуальная сторона психической деятельности)*

nootropic [ˌnəʊəʊˈtrɒpik] ноотроп ‖ ноотропный *(оказывающий прямое активирующее действие на интегративные процессы мозга)*

no-reflow [nəʊ-ˈriːfləʊ] отсутствие возвратного оттока, или рефлюкса *(крови, мочи)*

norepinephrine [ˌnɔːrepiˈnefrin] норадреналин

no-restraint [ˈnəʊ-riˈstreint] нестеснение *(психически больных)*

norm [nɔːm] норма; образец, стандарт, критерий

behavioral ~ поведенческая норма

Gesell developmental ~ Гезелла возрастные поведенческие нормы *(для младенцев)*

ideal ~ идеальная норма

lateral ~ *рентг.* латеральная плоскость, вид сбоку

percentile ~ процентильная норма

psychic ~ психическая норма

shared ~ общая норма

norma [ˈnɔːmə] **1.** *см.* **norm** [nɔːm] **2.** поверхность, проекция, вид, очертание

~ **basilaris** *рентг.* вид черепа снизу

~ **facialis**, ~ **frontalis** *рентг.* вид черепа спереди

~ **occipitalis**, ~ **posterior** *рентг.* вид черепа сзади

~ **verticalis** *рентг.* вид черепа сверху

normal [ˈnɔːməl] **1.** физиологический; здоровый; естественный *(напр. о положении органа)* **2.** обыкновенный; обычный *(напр. обитатель кишечника)*; интактный *(напр. об артерии)* **3.** *псих.* нормальный, означающий деятельность, удовлетворяющую как индивидуума, так и его социальное окружение

low ~ низкая граница нормы

Poisson log ~ *стат.* Пуассона лог-нормальная кривая

normality [nɔːˈmæliti] **1.** норма; обычное состояние; соответствие стандарту **2.** здоровье

normalization [ˌnɔːməliˈzeiʃən] *псих.* нормализация *(процесс создания живых образов у психически больных, их побуждение к участию в работе и социальной жизни общества)*

normergy [nɔːˈmɜːdʒi] нормальное реагирование, нормергия

normoblast [ˈnɔːməʊˌblæst] эритробласт, нормобласт

early ~ базофильный эритробласт

normocapnia [ˌnɔːməʊˈkæpniə] нормокапния, эйкапния *(нормальное содержание углекислоты в организме – около 40 мм рт. ст.)*

normochromic [ˌnɔːməʊˈkrəʊmik] нормохромный, с нормальным содержанием пигмента

normocyte [ˈnɔːməʊsait] нормоцит *(зрелый эритроцит)*

normocytosis [ˌnɔːməʊsaiˈtəʊsis] нормоцитоз *(нормальный состав форменных элементов крови)*

normoglycemia [ˌnɔːməʊglaiˈsiːmiə] нормогликемия

normokinesia [ˌnɔːməʊkiˈniːziə], **normokinesis** [ˌnɔːməʊkiˈniːsis] нормокинезия, нормальные движения

normolipidemia [ˌnɔːməʊlipiˈdiːmiə] нормолипидемия *(нормальное содержание липидов в крови)*

normoorthocytosis [ˌnɔːməʊˌɔːθəʊsaiˈtəʊsis] лейкоцитоз без изменения лейкоцитарной формулы

normoskeocytosis [ˌnɔːməʊˌskiːəʊsaiˈtəʊsis] сдвиг формулы влево при нормальном количестве лейкоцитов

normotensive [ˌnɔːməʊˈtensiv] имеющий нормальное артериальное давление; нормотензивный

normothermia [ˌnɔːməʊˈθəːrmɪə] нормальная температура ‖ нормотермический *(имеющий нормальную температуру)*

normothymotic [ˌnɔːməʊθaiˈmɒtik] нормотимик *(психотропный препарат, регулирующий аффективные проявления)*

normotonic [ˌnɔːməʊˈtɒnik] 1. имеющий нормальный мышечный тонус 2. имеющий нормальное артериальное давление, нормотензивный

normotopia [ˌnɔːməʊˈtəʊpɪə] нормальное (рас)положение *(напр. органа)*

normovolemia [ˌnɔːməʊvɒˈliːmɪə] нормоволемия *(нормальный объём циркулирующей крови в организме)*

normscales [ˈnɔːmˈskeils]:
  ~ of physical fitness стандарты физического развития

nose [nəʊz] нос
  absent ~ агенезия носа
  bent ~ искривлённый нос
  blocked ~ *см.* **bunged-up ~**
  bottle [brandy] ~ ринофима, «винный» нос
  broken ~ разбитый [сломанный] нос
  bubbly ~ покрытый пузырьками нос
  bunged-up ~ *разг.* заложенный нос *(при насморке)*
  congested ~ отёкший нос
  copper ~ *см.* **bottle ~**
  depressed ~ сдавленный нос
  disfigured ~ бесформенный нос
  dog ~ гунду, анакре *(экзостозы носовых костей при фрамбезии)*
  etchy ~ интраназальный зуд *(симптом аллергического ринита)*
  flat ~ приплюснутый нос
  hammer [potato] ~ *см.* **bottle ~**
  prominent ~ большой [выступающий] нос
  rum ~ *см.* **bottle ~**
  running [runny] ~ ринорея, насморк
  saddle [saddle-shaped] ~ седловидный нос
  stuffy ~ *см.* **bunged-up ~**
  swayback ~ *см.* **saddle ~**
  telescope ~ оседание спинки носа *(при лепре)*
  toper's [whiskey] ~ *см.* **bottle ~**

nosebleed [ˈnəʊzˌbliːd] носовое кровотечение, эпистаксис

nose-blow [ˈnəʊz-ˌbləʊ] выдох через нос

nosebrain [ˈnəʊzˌbrein] *уст., норм.* **rhinencephalon** обонятельный мозг

nosema [nəʊˈsiːmə] болезнь, заболевание

nose-cough [ˈnəʊz-ˌkɒf] чихание

nosetiology [ˌnəʊsitiˈɒlədʒi] этиология

nosochthonography [ˌnɒsɒkθəʊˈnɒɡrəfi] 1. географическая медицина, геомедицина 2. нозогеография, география болезней

nosocomial [ˌnɒsəʊˈkəʊmiəl] госпитальный, внутрибольничный, нозокомиальный *(об инфекции)*

nosocomion [ˌnɒsəʊˈkəʊmiɒn], **nosocomium** [ˌnɒsəʊˈkəʊmiːəm] *уст.* больница

nosode [ˈnɒsəʊd] нозод *(антитоксическое средство)*

nosodeme [ˈnɒsəʊˌdiːm] нозодим *(клиническая раса возбудителя)*

nosogenesis [ˌnɒsəʊˈdʒenəsis] патогенез

nosogenic [ˌnɒsəʊˈdʒenik] патогенный, болезнетворный

nosogeny [nəʊˈsɒdʒəni] *см.* **nosogenesis**

nosogeography [ˌnɒsəʊdʒiˈɒɡrəfi] 1. географическая медицина, геомедицина 2. нозогеография, география болезней

nosography [nəʊˈsɒɡrəfi] 1. описание болезни 2. руководство по медицине

nosology [nəʊˈsɒlədʒi] нозология *(1. определённое заболевание 2. раздел патологии, разрабатывающий классификацию болезней)*

nosomania [ˌnɒsəˈmeiniə] ипохондрический бред, нозомания *(патологическая убежденность индивидуума в наличии заболевания у него)*

nosometry [nəʊˈsɒmətri] определение заболеваемости

nosonomy [nəʊˈsɒnəmi] *см.* **nosology**

nosoparasite [ˌnɒsəˈpærəˌsait] нозопаразит *(микроорганизм, способный изменить течение болезни, но не являющийся её причиной)*

nosophilia [ˌnɒsəʊˈfiliə] нозофилия *(патологическое желание болеть)*

nosophobia [ˌnɒsəʊˈfəʊbiə] нозофобия *(патологическая боязнь заболеть)*

nosophyte [ˌnɒsəʊˈfait] патогенный растительный микроорганизм

nosopoietic [ˌnɒsəʊpɒiˈetik] патогенный, болезнетворный

nosotaxy [ˈnɒsəʊˌtæksi] *см.* **nosology 2**

nosotherapy [ˌnɒsəˈθerəpi] *уст.* лечение болезни другой болезнью *(напр. малярией)*

nosotoxicosis [ˌnɒsəˌtɒksiˈkəʊsis] эндогенная интоксикация, аутоинтоксикация

nosotoxin [ˌnɒsəʊˈtɒksin] токсин, образующийся при патологическом процессе

nosotrophy [ˌnɒsəʊˈtrɒfi] уход за больным

nosotropic [ˌnɒsəʊˈtrɒpik] патогенетический или симптоматический *(о методе лечения; в отличие от этиотропного)*

nostalgia [nɒˈstældʒə] ностальгия, тоска по родине

nostology [nɒˈstɒlədʒi] *уст.* геронтология

nostril [ˈnɒstrəl] ноздря
  anterverted ~s смещённые ноздри
  flared ~s широкие ноздри
  posterior ~ хоана, заднее носовое отверстие

nostrum [ˈnɒstrəm] 1. *уст.* засекреченное лекарственное средство 2. панацея

notal [ˈnəʊtəl] дорсальный, спинной, относящийся к спине; тыльный

notalgia [nəʊˈtældʒə] боль в спине, боль в области спины

notancephalia [ˌnəʊtænsəˈfeiliə] *терат.* отсутствие затылочной части черепа *(у плода)*

notanencephalia [ˌnəʊtænsəˈfeiliə] *терат.* отсутствие мозжечка

notation [nəʊˈteiʃn] 1. обозначение 2. система обозначений; система изображений
  chemical ~ химические символы; химическая номенклатура
  color ~ цветной код

notch [nɒtʃ] *анат.* вырезка, выемка; углубление; бороздка, вдавление
  ~ of forceps окно ложки акушерских щипцов

acetabular ~ вырезка вертлужной впадины

auricular ~ передняя вырезка ушной раковины

cardiac ~ сердечная вырезка *(по переднему краю левого лёгкого)*

dicrotic ~ дикротический зубец *(ЭКГ)*

intercondylar ~ межмыщелковая вырезка

interventricular ~ межжелудочковая борозда

ischiatic ~ *см.* **sciatic** ~

jugular ~ ярёмная вырезка

parotid ~ позадичелюстная ямка

sciatic ~ седалищная вырезка

sigmoid ~ сигмовидная вырезка *(на нижней челюсти)*

trochanteric ~ вертельная ямка

notching ['nɒtʃiŋ]:

~ **of upstroke of R wave** выемка на восходящем колене зубца R *(ЭКГ)*

rib ~ узурация рёбер *(при коарктации аорты)*

note [nəʊt] **1.** запись ‖ делать запись, записывать **2.** отличительный признак; характерная черта ‖ обращать внимание, замечать, подмечать **3.** тон, звук; сигнал

clinical ~s заметки из клинической практики

follow-up ~ последующая запись *(в истории болезни)*

labor progress ~s история родов

operative ~ протокол операции

percussion ~ перкуторный звук; данные перкуссии

note-blindness ['nəʊt-'blaindnəs] амузия *(слуховая агнозия с нарушением музыкальных способностей)*

nothing ['nʌθiŋ]:

~ **by mouth** ничего не брать в рот

notice ['nəʊtis] внимание; извещение; предупреждение

abatement ~ предписание санитарного надзора об устранении вредности на производстве

alert ~ тревожное сообщение

notifiable [,nəʊti'faiəbl] подлежащий заявке, подлежащий регистрации *(о болезни)*

notification [,nəʊtifi'keiʃən] **1.** нотификация *(1. в международном праве – сообщение, извещение, уведомление 2. предупреждение, предостережение, напр., о побочном действии препарата)* **2.** регистрация *(смерти и т. п.)*

~ **of ophthalmia** извещение о случае офтальмии

anonymous ~ анонимное уведомление

donor ~ аттестация [проверка] доноров *(с целью изъятия органов)*

notmanifest [,nɒt'mæni,fest] скрытый, латентный, клинически не проявляющийся *(о болезни)*

notochord ['nəʊtəʊ,kɔːd] *эмбр.* спинная струна, хорда

no-touch [nəʊ-tʌtʃ] аподактильный; не дотрагиваясь руками *(напр. о методе резекции кишки)*

not-self [nɒt-self] «не своё» *(иммунологически чужеродное)*

noumenal ['nuːmənl] ноуменальный, умозрительный

nourish ['nʌriʃ] питать, снабжать питанием *(о васкуляризации)*

nourishment ['nʌriʃmənt] **1.** питание, пища, еда **2.** кормление

low-fat ~ диета с низким содержанием жира

noxa ['nɒksə] пагубно для здоровья

noxious ['nɒkʃəs] **1.** вредный, пагубный, нездоровый **2.** ядовитый

nozzle ['nɒzəl] *мед. тех.* наконечник, насадка; сопло

glass ~ стеклянный наконечник

needle ~ насадка для иглы

reducing ~ переходная насадка

saliva ejector ~ наконечник для отсасывания слюны

threaded ~ наконечник с винтовой нарезкой

three-way ~ насадка-тройник; трёхходовая насадка

tube ~ наконечник шланга

nub [nʌb] утолщение, узелок, выпуклость, припухлость, *разг.* шишка

nubecula [nuː'bekjʊlə] лёгкое помутнение *(роговицы)*

nubile ['nuːbail] достигший(ая) брачного возраста

nubility [nuː'biliti] брачный возраст

nucha ['nuːkə] задняя часть шеи, выя

nuchal ['nuːkəl] относящийся к задней части шеи, выйный

nuclear ['nuːkliːə] **1.** ядерный, нуклеарный, нуклидный; радиоизотопный *(напр. метод диагностики)* **2.** содержащий ядро

nuclease ['nuːkliːeis] нуклеаза *(фермент, катализирующий расщепление нуклеиновых кислот – ДНК и РНК)*

S1 ~ нуклеаза S1 *(фермент, специфически деградирующий одноцепочечную ДНК)*

nucleate ['nuːkliːeit] **1.** образовать ядро **2.** имеющий ядро **3.** соль нуклеиновой кислоты

nucleation [,nuːkliː'eiʃən] нуклеация *(образование зародыша ядра при начале какого-л. процесса)*

~ **of cholesterol** образование ядер холестерина

nucleator [,nuːkliː'eitə] нуклеатор *(центр образования кристаллов, зародыш кристалла)*

nuclei ['nuːkliː,ai] *pl. от* **nucleus**

~ **of cranial nerves** ядра черепных нервов

droplet ~ каплеобразные ядра *(клеток)*

sole ~ скопление ядер поперечно-полосатых мышц в области нервно-мышечного соединения

nucleinase ['nuːkliːineis] *см.* **nuclease**

nucleocapsid [,nuːkliːəʊ'kæpsid] нуклеокапсид *(структурная единица вируса)*; белки нуклеиновой кислоты вируса

nucleochylema [,nuːkliːəʊkai'liːmə], **nucleochyme** [,nuːkliːəʊ'kaim] кариоплазма, кариолимфа, нуклеоплазма

nucleofugal [,nuːkliː'ɒfjʊgəl] **1.** движущийся в направлении от ядра клетки **2.** распространяющийся от ядра центральной нервной системы *(о возбуждении)*

nucleohistone [,nuːkliː'histəʊn] нуклеогистон *(главный компонент хроматина, белок хромосом)*

nucleoid ['nuːkliː,pid] **1.** нуклеоид, бактериальное «ядро», «хромосома» **2.** (внутри)ядерное включение **3.** имеющий форму ядра

nucleolus [nuː'kliːələs], *pl.* **nucleoli** [nuː'kliːəlai] ядрышко

chromatin [false] ~ кариосома *(масса хроматина на узелках ядерной сеточки)*

nucleolysis [,nuːkliː'ɒləsis] нуклеолиз *(гидролиз нуклеазами)*

nucleo-microsome [,nuːkliːəʊ-'maikrə,səʊm] хроматиновая гранула

nucleon ['nuːkliː,ɒn] нуклон *(субъядерная частица атома – протон или нейтрон)*

nucleonemata [,nuːkliːəʊni'mætə] ядрышковые нити

nucleopetal [ˌnuːkliːˈɒpətəl] **1.** движущийся в направлении к ядру клетки **2.** распространяющийся в направлении к ядру центральной нервной системы *(о возбуждении)*

nucleoplasm [nuːˈkliːəˌplæzm] кариоплазма, нуклеоплазма *(жидкость, содержащаяся в клеточном ядре)*

nucleoprotein [ˌnuːkliːəʊˈprəʊˌtiːn] нуклеопротеид, нуклеопротеин, ядерный белок

nucleoreticulum [ˌnuːkliːəʊrəˈtikjʊləm] хроматиновая сеть *(ядра)*

nucleorrhexis [ˌnuːkliːəˈreksis] кариорексис *(распад ядра клетки)*

nucleosidase [ˌnuːkliːəˈsaiˌdeis] *pl.* нуклеозидазы *(ферменты, расщепляющие нуклеозиды на пуриновые или пиримидиновые основания)*

nucleoside [ˈnuːkliːəˌsaid] нуклеозид, гликозид *(органическое вещество, молекула которого состоит из углевода и неуглеводного компонента, соединённых гликозидной связью, – компонент нуклеотида)*

　guanine ~ гуаниннуклеозид

nucleospindle [ˌnuːkliːəʊˈspindəl] ядерное веретено *(при делении ядра)*

nucleotide [ˈnuːkliːəˌtaid] нуклеотид *(структурная единица нуклеиновых кислот; выступает коферментом многих ферментативных реакций)*

　adenine ~ аденинрибонуклеозид-монофосфат, аденозинфосфорная [адениловая] кислота, АМФ

　antisense ~ антисенс-нуклеотид *(нуклеотид «противоположного смысла», возникающий при нарушении репликации вируса)*

　cyclic ~s циклические нуклеотиды *(напр. цАМФ)*

　flavin ~s флавиновые нуклеотиды *(коэнзимы флавиновых ферментов)*

　"wrong ~" «ошибочный» [неправильно спаренный] нуклеотид

nucleus [ˈnuːkliːəs], *pl.* **nuclei** [ˈnuːkliːai] **1.** ядро клетки **2.** скопление нервных клеток *(головного или спинного мозга)* **3.** ядро кристаллизации *(напр. при образовании конкремента)* **4.** геном микроорганизмов **5.** ячейка

　~ of lens ядро хрусталика

　~ pulposus студенистое [желатинозное, пульпозное] ядро *(межпозвонкового диска)*

　ambiguous ~ двойное ядро *(центральной нервной системы)*

　amygdaloid ~ миндалевидное тело

　angular ~ верхнее преддверное [угловое] ядро, Бехтерева ядро

　anterodorsal ~ переднедорсальное ядро

　basal ~ базальное ядро *(головного мозга)*

　Burdach's ~ ядро клиновидного пучка, Бурдаха ядро

　Cajal's ~ *см.* **interstitial ~**

　cartwheel ~ монетовидное ядро

　caudate ~ хвостатое ядро

　centromedial ~ центромедиальное ядро

　Clarke's ~ грудное ядро *(спинного мозга)*, Кларка ядро

　cleavage ~ ядро дробления *(зиготы)*

　cochlear ~ слуховое ядро

　commissural ~ спаечное ядро

　conjugation ~ эмбр. ядро дробления

　cuneate ~ ядро клиновидного пучка, Бурдаха ядро

　daughter ~ дочернее ядро клетки

　Deiters' ~ латеральное преддверное ядро, Дейтерса ядро

　dentate ~ of cerebellum зубчатое ядро [олива] мозжечка

　disseminate ~ собственное ядро переднего рога спинного мозга

　emboliform ~ пробковидное ядро *(ЦНС)*

　family ~ ядро семьи *(супруги и их несовершеннолетние дети)*

　fastigial ~ ядро шатра мозжечка, кровельное ядро, Келликера ядро

　germ(inal) ~ эмбр. пронуклеус; ядро половой клетки

　Goll's [gracile] ~ ядро тонкого пучка, Голля ядро

　herniated ~ pulposus грыжа межпозвонкового диска, Шморля грыжа

　horseshoe-shaped ~ гемат. подковообразное ядро

　hypothalamic ~ подбугорное ядро, Льюисово тело

　interstitial ~ of Cajal промежуточное [интерстициальное] ядро, Кахаля ядро

　lenticular [lentiform] ~ анат. чечевицеобразное ядро *(полосатого тела)*

　mating ~ оплодотворённое ядро

　motor ~ двигательные ядра *(ЦНС)*

　oculomotor ~ ядро глазодвигательного нерва

　olivary ~ ядро оливы

　ossific ~ точка [центр, ядро] окостенения

　pulpous ~ студенистое ядро

　red ~ красное ядро

　resting ~ покоящееся ядро

　roof ~ *см.* **fastigial ~**

　Schwalbe ~ медиальное преддверное [триангулярное] ядро, Швальбе ядро

　sensory ~ чувствительное ядро

　shadow ~ гист. неокрашивающееся ядро

　sperm ~ ядро сперматозоида

　spindle-shaped ~ веретенообразное ядро клетки

　Staderini ~ вставочное ядро, Стадерини ядро

　supraoptic ~ надзрительное ядро

　triangular ~ см. **Schwalbe ~**

　ventromedial ~ вентромедиальное ядро

nuclide [ˈnuːˌklaid] (радио)нуклид, (радио)изотоп *(химический элемент, подверженный распаду)*

　fertile ~ радиол. воспроизводящий нуклид

nude [nuːd] обнажённая фигура; голый, нагой

nudism [ˈnuːˌdizəm] нудизм *(стремление обнажаться)*

nudophobia [ˌnuːdəʊˈfəʊbiːə] боязнь обнажаться

nuisance [ˈnuːsəns] **1.** неприятность; досада **2.** помеха; неудобство **3.** вещество, загрязняющее окружающую среду

　~ odour неприятный запах

nullify [ˈnʌliˌfai] аннулировать, сводить к нулю

　~ the valvular effect ликвидировать [свести к нулю] функцию клапана

nulligravida [ˌnʌliˈgrævidə] женщина, не имевшая беременности

nullipara [nəˈlipərə] нерожавшая женщина *(хотя у неё могли быть аборты)*

nulliparity [nəliˈpæritiː] неспособность к деторождению

nulliparous [nəliˈpærəs] см. **nullipara**

nullipotent [ˌnʌliˈpəʊtənt] нуль потенциальный *(о клетке, о линии)*

nullisomic [ˌnʌliˈsɒmik] нуллисомик *(организм, в хромосомном наборе которого отсутствует одна пара гомологичных хромосом)*

null-mutant [nʌl-ˈmjʊtnt] «ноль»-мутант *(вирус, клетка или организм с выключенным геном)*

numb [nʌm] вызывать онемение или окоченение || онемевший, окоченевший; оцепеневший

number [ˈnʌmbə] 1. число, количество 2. показатель

~ **needed to harm** число больных, при лечении которых у одного из них проявится побочный эффект

~ **needed to treat** число больных, подлежащих лечению *(для предотвращения осложнений)*

~ **of birth per maternity** (среднее) число рождений на одну мать

~ **of born dead** число мертворождённых

~ **of born living** число живорождённых

~ **of divorces per new marriage** показатель отношения числа разводов к числу вновь заключённых браков

~ **of survivors** число доживающих *(до определённого возраста)*

acid ~ кислотное число, коэффициент кислотности

average ~ **of children per marriage** среднее число детей на одну супружескую пару

basic ~ основное число *(хромосом)*

chlorine ~ хлорное число

cloud ~ показатель мутности *(раствора)*

copy ~ число копий *(генов или репликонов, приходящихся на клетку)*

enzyme turnover ~ число оборотов фермента *(число молекул субстрата, превращённых в продукт каждой молекулой фермента)*

haploid ~ гаплоидное число *(полный набор хромосом клетки в одной копии)*

identification ~ идентификационный номер *(амбулаторной карты, истории болезни)*

International Standard Book~, ISBN международный цифровой код, присваиваемый каждой книге

International Standard Serial ~, ISSN стандартный порядковый номер периодического издания

limiting viscosity ~ характеристическая вязкость

noise rating ~ числовое выражение уровня шумов

passage ~ количество пассажей *(напр. вируса)*

rejection ~ критическое число

unit ~ см. **identification** ~

numbness [ˈnʌmnəs] онемение, нечувствительность, окоченение

sleep [waking] ~ сонный паралич *(1. временный парез конечности вследствие длительного сдавления нерва во сне 2. пугающее ощущение неспособности выполнить произвольные движения, возникающее в момент засыпания или пробуждения)*

nummiform [ˌnʌmiˈfɔːm], **nummular** [ˈnʌmjʊlə] 1. монетовидный, монетоподобный *(напр. об очаге кожного поражения)* 2. имеющий форму монетных столбиков *(о расположении эритроцитов)*

nummulation [ˌnʌmjʊˈleiʃən] склеивание (эритроцитов) в виде монетных столбиков

nunnation [nʌˈneiʃən] форма косноязычия, при которой ряд звуков заменяется звуком «н»

nuptiality [ˌnʌpˈʃæliti] брачность *(число браков, приходящихся на 1000 человек населения в течение года)*

nurse [nəːs] 1. медицинская сестра, медсестра 2. санитарка, сиделка, няня 3. кормилица || кормить *(ребёнка грудью)* 4. лечить; выхаживать больных

approved ~ см. **registered** ~

assistant ~ младшая медицинская сестра

associate degree ~ см. **registered** ~

auxiliary ~ см. **assistant** ~

charge ~ старшая медицинская сестра отделения

chief ~ см. **head** ~

children's ~ детская медсестра

circulating ~ 1. операционная санитарка 2. процедурная сестра

clinical [clinician] ~ медсестра высокой квалификации *(специализированного отделения)*

community ~ см. **health** ~

dental ~ стоматологическая медсестра

district [domiciliary] ~ см. **community** ~

dressing-room ~ перевязочная сестра

dry ~ няня по уходу за ребёнком *(но не кормилица)*

enrolled ~s медсестра, состоящая на государственной службе

factory ~ см. **industrial** ~

fever ~ медицинская сестра инфекционного отделения

first-aid ~ медицинская сестра первичной медико-санитарной помощи

general duty ~ медицинская сестра общего профиля

geriatric ~ медицинская сестра по уходу за больными престарелого возраста

graduate ~ дипломированная медицинская сестра *(часто означает «имеющая лицензию»)*

head ~ старшая медицинская сестра отделения; главная медицинская сестра больницы

health ~ см. **visiting** ~

hospital ~ палатная [больничная] медицинская сестра

industrial ~ медицинская сестра медсанчасти

instrument ~ см. **surgical** ~

licensed practical ~ младшая медицинская сестра, окончившая курсы сестринского ухода и имеющая право на частную практику *(под контролем врача или дипломированной медсестры)*

male ~ санитар

maternity ~ см. **midwifery** ~

mental defective ~ медсестра по уходу за умственно отсталыми

midwifery ~ акушерка

monthly ~ см. **health** ~

mothercraft ~ медицинская сестра по уходу за детьми младшего возраста

obstetric ~ см. **midwifery** ~

office ~ дипломированная медицинская сестра, работающая в кабинете врача

orderly ~ санитарка

practical ~ младшая медицинская сестра, санитарка; няня

private (duty) ~ 1. сиделка 2. медицинская сестра, специализирующаяся на определённом виде помощи

probationer ~ медицинская сестра-стажёр

psychiatric ~ психиатрическая медсестра

public health ~ медицинская сестра общественного здравоохранения (посещающая школы, детские сады, медсанчасти)

qualified ~ см. registered ~

Queen's ~ англ. квалифицированная участковая медицинская сестра-акушерка

registered ~, RN медицинская сестра, имеющая лицензию на практическую деятельность

respiratory ~ медсестра пульмонологического отделения

scrub ~ см. surgical ~

senior ~ см. head ~

sick ~ медицинская сестра, медсестра

special ~ 1. медицинская сестра, специализирующаяся на определённом виде помощи 2. персональная медицинская сестра, не состоящая в штате больницы

staff ~ штатная медсестра

state enrolled ~ см. registered ~

student ~ учащийся медицинского училища

surgical ~ операционная сестра; сестра хирургического отделения

surveillance ~ медицинская сестра по санитарному надзору

theater ~ англ. операционная сестра

trained ~ см. associate degree ~

visiting ~ участковая [патронажная] медицинская сестра

ward ~ палатная медсестра

wet ~ кормилица

nurse-dietitian [nəːs-ˌdaiiˈtiʃən] диетсестра

nurseling ['nəːsəliŋ] грудной ребёнок

nurser ['nəːsə] рожок (бутылочка с соской)

nursery ['nəːsəriː] 1. детское учреждение (ясли, сад, игровая комната) 2. палата для новорождённых

day ~ детский сад; дневные ясли

main ~ общая палата для новорождённых

nurse-technician [nəːs-tekˈniʃən] медицинский лаборант

nurse-tend [nəːs-tend] ухаживать за больным

nursing ['nəːsiŋ] 1. сестринское дело; уход за больным || связанный с деятельностью среднего медицинского персонала 2. объединение медицинских сестёр 3. кормление (ребёнка) грудью

barrier ~ уход, ограждающий больного от вредных воздействий

bed-population [bedside] ~ уход за больным на постельном режиме

cancer ~ уход за онкологическими больными

cardiovascular critical care ~ интенсивное наблюдение и уход за кардиологическими больными в реанимационном отделении

care ~ (сестринский) уход за больными

critical care ~ работа реанимационной медсестры

discourage ~ неправильное грудное вскармливание

domiciliary ~ уход за больным на дому

emergency ~ оказание экстренной медицинской помощи сестринским персоналом

encourage ~ прикладывание к груди

general duty ~ общий уход за больным

geriatric ~ сестринское обслуживание больных пожилого и старческого возраста

group ~ уход за больными в специализированном отделении, уход за больными одного профиля

high-risk perinatal ~ уход за новорождёнными высокого риска

holistic ~ холистический подход в сестринской работе

home ~ сестринский уход на дому

industrial ~ работа медицинских сестёр в медсанчасти промышленного предприятия

intensive and critical care ~ работа медсестры в реанимационном отделении

laser ~ лазер в практике медсестёр

managing clinical ~ управление работой сестринского персонала в клинике

minimally invasive ~ малые инвазивные вмешательства в сестринской практике

oncology ~ работа [деятельность] медицинских сестёр в онкологическом отделении

ophthalmic ~ работа медсестры офтальмологического профиля

psychiatric ~ уход за психически больными

rehabilitation ~ работа медсестры в реабилитационном отделении

stoma care ~ уход медсестры за стомой

trauma ~ работа медсестры в травматологическом отделении

nursling ['nəːsliŋ] см. nurseling

nurturance ['nəːtʃərəns] 1. забота о беззащитных (младших, слабых, пожилых) 2. питание; пища

nurture ['nəːtʃə] 1. воспитание; обучение 2. питание; пища || питать

nut [nʌt] 1. орех 2. мед. тех. гайка; муфта

betel ~ орех бетеля (обладающий слабым наркотическим действием)

cola ~ орех колы (содержит кофеин, широко используемый в изготовлении газированных напитков)

poison ~ рвотный орех, чилибуха (Strychnos nuxvomica)

nutation [nuːˈteiʃən] 1. наклонение 2. покачивание; кивание головой (особ. непроизвольное)

nutriceutical [ˌnuːtrəˈsuːtikəl] pl. пищевые добавки, нутрицевтики

nutrient ['nuːtriənt] нутриент, питательное вещество; обязательный элемент, или ингредиент, питания || питательный

available ~ доступное питательное вещество

basic ~ основная питательная среда

complete ~ полный питательный раствор

essential ~s эссенциальные [незаменимые] нутриенты, необходимые для роста, функционирования организма и поддержания жизни

major ~s основные питательные вещества

secondary ~s вторичные нутриенты (необходимые для стимуляции кишечной микрофлоры, синтезирующей другие нутриенты)

technical grade ~s компоненты питательной среды технической степени очистки

tracer ~ меченый питательный элемент, меченое питательное вещество

nutrilite ['nuːtriˌlait] питательный компонент микроорганизмов

nutriology [ˌnuːtri'ɒləʤiː] нутриология *(1. наука о питании 2. диетика, наука о лечебном питании)*

nutrition [nuː'triʃən] **1.** питание ‖ относящийся к питанию; диетический **2.** пища

~ **in pregnancy** питание в период беременности

~ **of preterm baby** вскармливание недоношенного ребёнка

adequate ~ **1.** сбалансированное [адекватное] питание **2.** диета; лечебное питание

clinical ~ *см.* **curative** ~

complete ~ сбалансированное питание, питание всеми элементами

curative ~ лечебное [диетическое] питание, диетотерапия

enteral ~ энтеральное питание

extra ~ повышенное [избыточное] питание

deficient ~ недостаточное [пониженное] питание

healthy ~ здоровое [рациональное] питание

insure proper ~ обеспечение питания больных

iodine ~ йодированные продукты питания

liquid ~ жидкая питательная смесь *(напр. липофундин)*

medical ~ *см.* **clinical** ~

parenteral ~ парентеральное питание *(минуя желудочно-кишечный тракт)*

poor ~ *см.* **deficient** ~

sufficient ~ достаточное питание

surgical ~ питание хирургических больных

total intravenous [parenteral] ~ полное парентеральное питание, гипералиментация

tube ~ зондовое питание

nutritional [nuː'triʃənəl] питательный, трофический, алиментарный, вызванный [обусловленный] питанием

nutritionist [nuː'triʃənist] нутриционист *(диетврач; диетсестра)*

nutritious [nuː'triʃəs] питательный, богатый питательными веществами, нутриентный *(напр. состав пищи)*

nutriture ['nuːtriˌtʃʊr] состояние питания

nux [nʌks]:

~ **vomica** рвотный орех *(семена Strychnos nuxvomica содержат стрихнин)*

nyctalgia [nik'tælʤiːə] никталгия, ночные боли

nyctalopia [ˌniktə'ləʊriːə] гемералопия, никталопия, ночная [куриная] слепота

nyctaphonia [ˌniktə'fəʊniːə] ночная афония *(при истерии)*

nycterine ['niktəˌrain] **1.** ночной **2.** тёмный, тусклый

nyctophilia [ˌniktə'filiːə] никтофилия *(склонность к ночному образу жизни)*

nyctophobia [ˌniktə'fəʊbiːə] никтофобия, скотофобия *(патологическая боязнь темноты)*

nyctophonia [ˌniktə'fəʊniːə] никтофония *(избирательный мутизм с ведением разговоров в ночное время и их полным прекращением днём)*

nycturia [nik'tuːriːə] никтурия *(1. ночной диурез 2. превалирование ночного диуреза над дневным)*

nygma ['niːgmə] *см.* **nigma**

nymph [nimf] нимфа *(личиночная стадия развития членистоногих)*

nympha ['niːmfə] малая половая [малая срамная] губа

nymphectomy [nim'fektəmiː] иссечение малых половых губ

nymphitis [nim'faitis] воспаление малых половых губ

nympholepsia [ˌnimfə'lepsiːə], **nymphomania** [ˌnimfə'meiniːə] нимфомания, нимфолепсия, андромания *(повышенное половое влечение у женщины, женская гиперсексуальность)*

active ~ активная нимфомания

platonic ~ платоническая нимфомания

nymphomaniac [ˌnimfə'meiniːək] больная нимфоманией

nymphoncus [nim'fɒŋkəs] отёк или гипертрофия малой половой губы

nystagmic [ni'stægmik] **1.** страдающий нистагмом **2.** относящийся к нистагму

nystagmiform [ni'stægməˌfɔːm] нистагмоидный, напоминающий нистагм

nystagmography [ˌnistæg'mɒgrəfiː] нистагмография *(графическая регистрация движений глаз)*

vector ~ векторная нистагмография

nystagmus [ni'stægməs] нистагм *(непроизвольные ритмические двухфазные движения глаз)*

ataxic ~ *см.* **dissociated** ~

aural ~ лабиринтный нистагм

benign paroxysmal positional ~ доброкачественный пароксизмальный позиционный нистагм

Bruns ~ Брунса нистагм *(горизонтальный нистагм, характерный для опухолей мосто-мозжечкового угла)*

caloric ~ калорический [рефлекторный] нистагм *(вызванный воздействием холода или тепла)*

centripetal ~ центростремительный нистагм *(горизонтальный нистагм, медленная фаза которого направлена от центра, а быстрые фазы – к центру)*

clonic ~ клонический [толчкообразный] нистагм *(с двухфазными движениями глазных яблок)*

coarse ~ выраженный нистагм

conjugate ~ содружественный [ассоциированный] нистагм *(при котором движения глазных яблок синхронны и направлены в одну сторону)*

convergence [convergence-evoked] ~ конвергирующий нистагм *(при котором быстрые фазы обоих глаз направлены навстречу друг другу)*

dissociated ~ диссоциированный [пилообразный] нистагм *(с разнонаправленными движениями глазных яблок)*

downbeat ~ бьющий вниз нистагм *(вертикальный нистагм с быстрыми фазами, направленными вниз)*

end-position ~ установочный [интенционный] нистагм

fine ~ невыраженный нистагм

fixation ~ фиксационный нистагм

flash-induced ~ нистагм, индуцируемый вспышкой

gaze-evoked ~ нистагм пристального взгляда

incongruent ~ *см.* **dissociated** ~

induced ~ индуцированный [искусственный] нистагм

jerk(y) ~ *см.* **clonic** ~

labyrinthine ~ лабиринтный нистагм

lateral ~ горизонтальный нистагм

monocular ~ монокулярный нистагм

opticokinetic [optokinetic] ~ оптокинетический [зрительный] нистагм

oscillating ~ маятникообразный [качательный, ундулирующий] нистагм

palatal ~ велопалатинная миоклония, нистагм мягкого нёба

pendular ~ *см.* oscillating ~

periodic alternating ~ периодический альтернирующий нистагм *(меняющий направление)*

positional ~ нистагм положения

postrotation(al) ~ послевращательный нистагм, постнистагм *(возникающий после вращения)*

railroad ~ *см.* opticokinetic ~

rebound ~ рикошетный нистагм

resting ~ остаточный нистагм

retraction ~ ретракторный [пульсирующий] нистагм

rolling [rotatory] ~ ротаторный [вращательный] нистагм

see-saw ~ *см.* dissociated ~

tonic ~ тонический нистагм *(с преобладанием медленной фазы)*

up-beat ~ бьющий вверх нистагм *(вертикальный нистагм с быстрыми фазами, направленными вверх)*

voluntary ~ произвольный нистагм

nystagmus-myoclonus [ni'stægməs-mai'ɒklənəs] нистагм миоклония, Ленобля – Обино синдром

nystaxis [ni'stæksis] *см.* **nystagmus**

nyxis ['niksis] укол, прокол; пункция, парацентез

O

oaritis [ˌəʊeiˈraitis] оофорит *(воспаление яичника)*

oasis [əʊˈeisis] участок здоровой ткани в поражённой области

oat-cell [əʊt-sel] овсяно-клеточный *(о раке)*

Oath [əʊθ]:

~ **of Hippocrates, Hippocratic** ~ клятва Гиппократа

obcecation [ˌɒbsiˈkeiʃən] неполная [частичная] слепота

obdormition [ˌɒbdɔːrˈmiʃən] онемение части тела вследствие сдавления нерва *(напр. во сне)*

obducent [ɒbˈduːsənt] покрытый оболочкой *(напр. о таблетке)*

obduction [ɒbˈdʌkʃən] судебно-медицинское вскрытие трупа

obedience [əˈbiːdiəns] послушание, повиновение; послушность

automatic ~ автоматическое повиновение, автоматическая подчиняемость

obelion [əʊˈbiːliːɒn] *кр. метр.* обелион *(место пересечения сагиттального шва черепа и линии, соединяющей теменные отверстия)*

obese [əʊˈbiːs] страдающий ожирением, тучный

obesity [əʊˈbiːsitiː] 1. ожирение *(превышение нормального веса на 20 %)*, тучность 2. переедание

~ **complicated by anorexia** ожирение в сочетании с анорексией

alimentary ~ алиментарное [простое, инфильтративное] ожирение *(обусловленное перееданием)*

buffalo ~ ожирение при синдроме Кушинга

endogenous ~ эндокринное [метаболическое] ожирение

exogenous ~ *см.* **alimentary** ~

gross ~ *см.* **morbid** ~

extreme ~ крайняя степень ожирения

hyperphagic ~ алиментарное ожирение

hypothalamic ~ диэнцефальное [гипоталамическое, церебральное] ожирение

massive [morbid] ~ патологическое [выраженное] ожирение

ordinary ~ *см.* **alimentary** ~

severe ~ *см.* **massive** ~

simple ~ *см.* **alimentary** ~

obex [ˈəʊbeks] задвижка ромбовидной ямки *(треугольная мембрана крыши IV желудочка головного мозга)*

obfuscation [ˌɒbfəˈskeiʃən] спутанность сознания

obituary [əˈbitʃuːəriː] некролог; список умерших

object [ˈɒbdʒikt] 1. предмет; объект *(изучения)*; явление 2. цель

~ **of expenditure** статья расхода

foreign ~ инородное тело

goal ~ целевой объект, цель

inanimate ~ неживой объект

instinctual ~ объект инстинкта

libidinal ~ объект либидо

part ~ частичный объект

penetrating ~ ранящий предмет

radiodense foreign ~ рентгеноконтрастное инородное тело

refluxed ~s содержимое при рефлюксе

security ~ любая вещь, прижимая к себе которую ребёнок обычно засыпает

specially guarding water ~s особо охраняемые водные объекты

specially radiation-dangerous and nuclear-dangerous ~s особо радиационно- и ядерноопасные объекты

transitional ~ переходный [промежуточный] объект

visual ~ зрительный образ

zinc ~ цинксодержащее вещество

object-blindedness [ˈɒbdʒikt-ˈblaindədnəs] апраксия *(нарушение целенаправленного действия)*

objectification [əbˌdʒektifiˈkeiʃən] объективизация

objective [əbˈdʒektiv] 1. объект *(изучение)* 2. объектив, линза *(микроскопа)* 3. цель

darkfield ~ метод «тёмного поля» *(микроскопирования)*

"high-dry" ~ объектив для «сухой иммерсии» *(в световом микроскопе)*

immersion ~ иммерсионный объектив

oil immersion ~ объектив для масляной иммерсии *(в световом микроскопе)*

therapeutic ~ цель лечения

oblation [əˈbleiʃn] жертва, жертвоприношение

obligate [ˈɒbliˌgeit], **obligatory** [əˈbligətəriː] 1. обязательный, непременный, требующий определённых условий 2. облигатный *(постоянно обитающий в организме, напр. о бактериях)*

oblige [əˈblaidʒ] обязывать, принуждать, заставлять

obliquity [əʊˈblikwitiː] 1. отклонение от прямой линии; косое направление; наклонное положение 2. аномалия, отклонение от нормы

~ **of conduct** отклонение в поведении

~ **of mind** отклонение от здравого смысла

~ **of pelvis** искривление таза

biparietal ~ передний или задний асинклитизм *(вставление головки плода в апертуру малого таза с отклонением сагиттального шва к мысу или симфизу)*

Litzmann's ~ задний асинклитизм, заднетеменное вставление головки плода, Литцманна асинклитизм

Nagele's ~ передний асинклитизм, переднетеменное вставление головки плода, Негеле асинклитизм

obliteration [əˌblitəˈreiʃən] 1. облитерация *(заращение полости канала)* 2. нарушение в результате болезни; экстирпация органа 3. *псих.* стирание из памяти каких-л. событий или сведений

congenital ~ **of bile ducts** врождённая атрезия [облитерация] жёлчных путей

oblivious [əˈbliviːəs] забывчивый, непомнящий, страдающий потерей памяти

obliviscence [əˈbliviˌsens] забывание

oblongatal [ˌɒbˌlɒŋˈgeitəl] относящийся к продолговатому мозгу

obmutescence [ˌɒbmjʊˈtesəns] потеря голоса, немота

obnubilation [ɒbˌnjuːbiˈleiʃən] обнубиляция, спутанность сознания

obscure [ɒbˈskjʊə] **1.** неясный, неотчётливый, нечёткий, приглушённый (напр. пульс) **2.** скрытый, латентный ‖ маскировать (напр. цианоз при анемии) **3.** непонятный, невразумительный (о речи)

observable [əbˈzɜːvəbəl] **1.** заметный, различимый **2.** поддающийся наблюдению **3.** достойный внимания (о симптоме болезни)

observation [ˌɒbzɜːˈveiʃən] **1.** изучение, исследование, наблюдение **2.** pl. результаты наблюдения, исследования; данные эксперимента

  ~ of larynx осмотр гортани

  adjusted ~ скорректированное наблюдение

  close ~ тщательное [интенсивное] наблюдение

  experimental ~ экспериментальное исследование или наблюдение

  follow-up ~ последующее наблюдение, изучение отдалённых результатов

  gross ~ тщательное обследование

  intravascular ~ внутрисосудистое исследование (с помощью эндоскопа)

  key ~ ключевой момент (напр. при анализе рентгенограммы)

  mass ~ «сплошной анализ»

  milieu ~ больничная среда

  necropsy ~s патологоанатомические наблюдения

  outpatient ~ амбулаторное наблюдение

  psychiatric ~ наблюдение за психикой (соматического больного)

  random ~ случайное наблюдение

  time point ~ наблюдения через определённые промежутки времени

observe [əbˈzɜːv] **1.** наблюдать, следить **2.** вести исследование или научное наблюдение

observer [əbˈzɜːvə]:

  participant ~ участвующий наблюдатель

observerscope [əbˈzɜːvəˌskəup] эндоскоп с двумя окулярами

obsess [əbˈses] овладеть, обуять (о страхе); преследовать (о мысли)

obsessed [əbˈsesd] одержимый

obsession [əbˈseʃən] **1.** псих. навязчивое состояние, или идея; навязчивость, обсессия **2.** одержимость

  impulsive ~ обсессия, сопровождаемая действиями

  inhibitory ~ обсессия, включающая задержку действий, обычно из-за страха

  masked ~ маскированная обсессия

obsessional [əbˈseʃənəl] навязчивый, обсессивный (о состоянии)

obsessive-compulsive [əbˈsesiv-kəmˈpʌlsiv] обсессивно-компульсивный (о синдроме)

obsolescence [ˌɒbsəˈlesəns] **1.** устаревание (напр. лечебной методики), выход из употребления (напр. лекарственного средства) **2.** постепенное прекращение (физиологического процесса)

obsolete [ˌɒbsəˈliːt] **1.** устарелый, устаревший (напр. о лечебной методике); вышедший из употребления (напр. о лекарственном средстве) **2.** отсутствующий или недоразвитый (об органе), атрофированный

obstacle [ˈɒbstəkəl] препятствие, помеха

  ~ to development препятствие к развитию

obstetric(al) [ɒbˈsterikəl] акушерский, родовспомогательный

obstetrician [ˌɒbstiˈtriʃən] акушерка, акушер

obstetrics [ɒbˈstetriks] акушерство

  domiciliary ~ родовспоможение на дому

  operative ~ оперативное акушерство

obstetrist [ɒbˈstetrist] см. **obstetrician**

obstinate [ˈɒbstinət] **1.** упорный; упрямый; своенравный **2.** трудноизлечимый; резистентный

obstipation [ˌɒbstiˈpeiʃən] стойкий запор

  low-outlet ~ запоры, связанные с медленным опорожнением

  slow-transit ~ запоры, связанные с замедлением транзита (по всей толстой кишке)

obstruction [əbˈstrʌkʃən] препятствие, непроходимость, закупорка, блокада, обструкция

  ~ of coronary arteries окклюзия венечных артерий

  ~ of esophagogastric junction стеноз эзофагокардиального отверстия, кардиоспазм

  ~ of fistula закупорка свища

  ~ of vena cava синдром (верхней) полой вены; тромбоз (верхней) полой вены

  adhesive ~ спаечная непроходимость кишечника

  airflow ~ затруднённость дыхания, нарушение дыхания

  airways ~ стеноз [обструкция] воздухоносных путей

  arteriomesenteric ~ артериомезентериальная непроходимость кишечника

  bladder neck ~ контрактура шейки мочевого пузыря

  bladder outflow [outlet] ~ синдром инфравезикальной обструкции

  bowel ~ обтурационная непроходимость кишечника

  closed-loop ~ обтурация изолированной петли кишечника в результате перекрута

  congenital duodenal ~ врождённый стеноз, или атрезия, двенадцатиперстной кишки

  extrahepatic portal venous ~ внепечёночная обструкция воротной вены

  extrinsic ~ сдавление извне

  false colonic ~ ложная закупорка толстого кишечника, Огилви синдром

  functional intestinal ~ динамическая [функциональная] непроходимость кишечника

  gall-stone ~ жёлчно-каменная непроходимость кишечника

  gastric outflow ~ стеноз привратника

  gross ~ тотальная [полная] непроходимость кишечника

  hepatic secretory ~ холестаз, застой жёлчи, жёлчный стаз

  hilar biliary ~ обструкция [блокада] ворот печени

  intestinal ~ непроходимость кишечника

  intratubular ~ закупорка почечных канальцев

  meatal ~ стеноз выходного отверстия (уретры)

  mechanical ~ механическая непроходимость кишечника

  nasal ~ заложенность носа

nasopharyngeal ~ закупорка носоглотки

outflow ~ препятствие оттоку, затруднение оттока *(напр. носового отделяемого)*

pancreatic duct ~ **with acrylate glue** окклюзия панкреатического протока *(напр. акриловым клеем)*

partial ~ частичная непроходимость кишечника

pelviureteric ~ обтурация лоханочно-мочеточникового сегмента

portal-venous ~ обструкция воротной вены

respiratory ~ обструкция дыхательных путей

single-band ~ обтурация кишечника отдельным штрангом

small-bowel ~ непроходимость тонкой кишки

spastic ~ спастическая непроходимость кишечника

ureteropelvic ~ *см.* **pelviureteric** ~

urethral ~ непроходимость мочеиспускательного канала; инфравезикальная обструкция

urinary ~ закупорка мочевых путей; острая задержка мочи

ventricular outflow tract ~ затруднение оттоку крови из левого желудочка

obstructive [əb'strʌktiv] препятствующий прохождению, закупоривающий; окклюзионный *(напр. о гидроцефалии)*, обструктивный *(о типе пневмонии)*, обтурационный

obstruent ['ɒbstruːənt] 1. препятствующий прохождению, закупоривающий 2. средство, уменьшающее выделения организма, вяжущее средство

obstupefacient [ɒbˌstuːpə'feiʃənt] оглушающий, наркотический

obtrusive [ɒb'truːsiv] навязчивый, назойливый

obtund [ɒb'tʌnd] притуплять *(чувствительность; боль)*; успокаивать, смягчать

obtundation [ˌɒbtʌn'deiʃən] кома *(напр. при сахарном диабете)*

obtundent [ɒb'tʌndənt] успокаивающее лекарственное средство, транквилизатор || снижающий раздражительность, смягчающий, успокаивающий, успокоительный

obtundity [ɒb'tʌnditi] психическая заторможенность

obturation [ˌɒbtə'reiʃən] обтурация, окклюзия, закупорка

obturator [ˌɒbtə'reitə] 1. пробка, обтуратор *(приспособление для закрытия отверстий)* || запирательный *(напр. нерв или мышца)* 2. мандрен 3. съёмный протез, предназначенный одновременно для закрытия дефекта нёба и крепления к нему искусственных зубов

obtuse [ɒb'tuːs] 1. тупой, притуплённый, приглушённый *(о боли)* 2. неострый, тупоконечный *(об инструменте)* 3. слабоумный

obtusion [ɒb'tuːʒən] притупление, снижение чувствительности

obvious ['ɒbviəs] очевидный, явный; ясный; несомненный *(напр. о возникновении болезни)*

occasion [ə'keiʒən] 1. случай, возможность 2. обстоятельство, событие 3. основание, повод, причина 4. приём *(лекарства)*

rare ~ казуистический случай

occasional [ə'keiʒənəl] 1. периодический, повторный; эпизодический *(напр. о жалобах больных)* 2. случайный, аномальный, атипичный 3. редкий; казуистический *(напр. о клиническом случае)*

occipital [ɒk'sipitl] 1. затылочный 2. затылочная кость 3. затылочная мышца

occipitalization [ɒkˌsipitəli'zeiʃən]:
~ **of C₁** ассимиляция C_1 затылочной костью или аксисом

occipitocervica [ɒkˌsipitə'səːvikə] затылочно-шейный

occiput ['ɒksipʌt], *pl.* **occipitis** [ɒk'sipitis] затылок

occlude [ə'kluːd] 1. закрывать, закупоривать, пережимать 2. смыкать зубы 3. поглощать *(газы пористыми веществами)* 4. вызывать окклюзию

occluder [ə'kluːdə] 1. обтуратор, блокатор *(напр. на конце катетера)* 2. *стом.* окклюдатор *(разновидность артикулятора)*

vessel ~ устройство для пережатия сосуда

occlusal [ə'kluːzəl] окклюзионный, прикусный

occlusion [ə'kluːʒən] окклюзия *(1 закупорка, обтурация полого органа или его части; преграда 2. взаимоотношение при контакте прикусных поверхностей)*

~ **of veins** закупорка вен *(при тромбозе)*

abnormal [afunctional] ~ патологическая окклюзия, патологический прикус

anatomic ~ *см.* **functional** ~

anterior ~ передняя [сагиттальная] окклюзия, прогенический [антериальный, мезиальный] прикус

balanced ~ уравновешенный [сбалансированный] прикус

balloon ~ баллонная окклюзия *(шунта)*

central [centric] ~ центральная [вертикальная, бугорково-фиссурная] окклюзия *(максимальный контакт между зубами)*

coronary ~ коронарная окклюзия, закупорка коронарной артерии

digital ~ пальцевое пережатие *(сосуда)*

eccentric ~ эксцентрическая окклюзия *(при смещении нижней челюсти из срединного положения)*

edge-to-edge [end-to-end] ~ ортогенический [прямой] прикус

enteromesenteric ~ артериомезентериальная окклюзия, или непроходимость

functional ~ физиологическая окклюзия, физиологический [нормальный] прикус

hyperfunctional ~ *см.* **traumatic** ~

ideal ~ *см.* **functional** ~

intercuspal ~ *см.* **centric** ~

lateral ~ боковая [трансверзальная] окклюзия

lymphatic ~ нарушение лимфооттока

mesenteric vascular ~ тромбоз брыжеечных сосудов

mesial ~ 1. передняя [сагиттальная] окклюзия; прогенический [антериальный, мезиальный] прикус 2. сужение зубной дуги нижней челюсти

neutral ~ *см.* **functional** ~

nontraumatic ~ физиологическая окклюзия

normal ~ *см.* **functional** ~

pancreatic duct ~ окклюзия панкреатического протока *(проколлагеном)*

physiologic ~ *см.* **functional** ~

posterior ~ прогнатический [дистальный, постериальный] прикус

prosthetic ~ соотношение коронок зубных протезов *(при смыкании челюстей)*

779

protrusive ~ передняя [сагиттальная] окклюзия; прогенический [антериальный, мезиальный] прикус

retrusive ~ задняя окклюзия

traumatic ~ травматическая окклюзия (обусловленная чрезмерной нагрузкой на перидонт)

tubal ~ непроходимость фаллопиевых труб

uneven ~ неравномерный контакт зубов-антагонистов

ureteral ~ окклюзия мочеточника (напр. конкрементом)

vasal ~ окклюзия семявыносящего протока

vascular ~ окклюзия сосуда, перекрытие кровотока (напр. при сдавлении сосуда)

visceral transcatheter ~ чрескатетерная окклюзия артерии (внутреннего органа)

occlusion-induced [ə'klu:ʒən-in'du:sd] вызванный окклюзией (напр. венечной артерии)

occlusive [ə'klu:siv] **1.** обтурирующий, закрывающий; преграждающий; окклюзионный (о повязке), окклюзивный (о заболевании) **2.** глухой, закрытый, герметический; непроходимый (об артерии)

occlusometer [əklu:'sɒmətə] гнатодинамометр (прибор для измерения усилий, развиваемых жевательной мускулатурой при сжатии зубов)

occult [ə'kʌlt] **1.** скрытый (напр. о кровотечении); неразличимый; латентный, бессимптомный; оккультный (проявляющийся метастазами при неподозреваемой первичной опухоли) **2.** неизвестного происхождения (напр. о болезни) **3.** закрытый; тупой (о травме)

occultism ['ɔkʌltizm] оккультизм (общее название верований, признающих существование сил в человеке и космосе, недоступных для обычного человеческого опыта, но доступных для «посвящённых»)

occupancy ['ɔkjəpənsi:] **1.** занятие; завладение **2.** временное владение, аренда **3.** время [продолжительность] владения; занятость

adrenergic receptor ~ вовлечение адренергических рецепторов

bed ~ занятость [оборот] койки; койкоместо

occupation [,ɔkjə'peiʃən]:

sedative ~ успокаивающая занятость

stimulating ~ стимулирующая занятость

occupational [,ɔkjʊ'peiʃənəl] профессиональный (напр. о заболевании); производственный (напр. о травме); трудовой (о терапии)

occupy ['ɔkjʊ,pai]:

~ **a bed** занимать койку (в больнице)

occur [ə'kə:] **1.** встречаться; проявляться; наблюдаться **2.** наступать (об обезболивании); возникать; осуществляться

occurrence [ə'kə:rəns] **1.** случай, происшествие **2.** местонахождение **3.** распространение, встречаемость **4.** наличие (того или иного признака) **5.** страх. наступление страхового случая

abnormal ~ аномальное событие

cancer ~ заболеваемость раком

familial ~ семейное происхождение (напр. мигрени)

natural ~ распространённость [наличие] в природе

ochlesis [ɔk'li:sis] заболевание, обусловленное перенаселённостью

ochrodermatosis [,əʊkrə,də:mə'təʊsis] аурантиаз кожи, каротиновая желтуха, каротиноз, охродерматоз

ochrodermia [,əʊkrə'də:mi:ə] желтушность [иктеричность] кожи

ochronosis [,əʊkrə'nəʊsis] охроноз (отложение жёлтого пигмента в тканях, напр., при отравлении фенолами)

octan ['ɒk,tæn] восьмидневный, повторяющийся каждые восемь дней (о лихорадке)

octigravida [,ɒkti'grævidə] женщина, беременная в восьмой раз

octipara [ɒk'tipərə] женщина, родившая восемь детей

octoroon [,ɒktəʊ'ru:n] мулат; мулатка (с 1/8 негритянской крови)

ocular ['ɒkjʊlə] **1.** глазной, связанный с глазами или зрением **2.** окуляр, линза

ocularist ['ɒkjʊlərist] специалист по протезированию глаза

oculentum [,ɒkjʊ'lentəm], *pl.* **oculenta** [,ɒkjʊ'lentə] глазная мазь

oculist ['ɒkjʊlist] офтальмолог, *уст.* окулист

oculistics ['ɒkjʊlistiks] офтальмология

oculofacial [,ɒkjʊləʊ'feiʃəl] глазолицевой

oculoglandular [,ɒkjʊləʊ'glændjələ] глазожелезистый

oculogyration [,ɒkjʊləʊdʒai'reiʃən] движение глазного яблока

oculogyria [,ɒkjʊləʊ'dʒairi:ə] пределы [границы] движения глазного яблока

oculogyric [,ɒkjʊləʊ'dʒairik] относящийся к движениям глазного яблока; глазодвигательный, окулогирный (о кризе)

oculomotor [,ɒkjʊləʊ'məʊtə] **1.** глазодвигательный **2.** относящийся к глазодвигательному нерву

oculomotorius [,ɒkjʊləʊməʊ'tɔriəs] глазодвигательный нерв

oculonasal [,ɒkjʊləʊ'neisəl] глазоносовой

oculopathy [ɒkjʊ'lɒpəθi:] офтальмопатия (патологический процесс невоспалительного характера в глазу)

oculoplastic [,ɒkjʊləʊ'plæstik] относящийся к пластической операции на глазу и смежных структурах

oculopneumoplethismography [,ɒkjʊləʊ,nu:mə,pleθiz'mɒgrəfi:] окулопневмоплетизмография

oculopupillary [,ɒkjʊləʊ'pju:pi,leri:] относящийся к зрачку глаза

oculoreaction [,ɒkjʊləʊri:'ækʃən] офтальмореакция

oculus ['ɒkjʊləs], *pl.* **oculi** ['ɒkjʊ,lai]:

~ **bovinus** *лат.* «бычий глаз», буфтальмия, врождённая глаукома

~ **uterque** *лат.* для обоих глаз (назначение врача)

odaxesmus [,əʊdæk'sezməs] прикусывание языка и щеки (при эпилептическом припадке)

odaxetic [,əʊdæk'setik] вызывающий зуд

odd [ɒd] **1.** странность, необычность; эксцентричность **2.** случайность

odditis [ɒ'daitis] оддит (воспаление области сфинктера печёночно-поджелудочной ампулы)

odd-man-out [ɒd-mæn-ɒʊt] одинокий человек; «чужой среди своих»

odds [ɒds] **1.** шансы (отношение вероятности события к вероятности того, что оно не произойдёт) **2.** неравенство; различие relative ~s относительные шансы

odogenesis [ˌɒdəʊˈʤenəsis] восстановление связей между разделёнными концами нерва

odon-eki [ˈɒdən-ˈeki] *япон.* заболевание, напоминающее желтушный лептоспироз

odontalgia [ˌəʊˌdɒnˈtælʤə] одонталгия, зубная боль

odontatrophia [ˌəʊdɒntəˈtrəʊfiːə], **odontatrophy** [ˌəʊdɒntəˈtrɒfiː] 1. неправильное развитие зубов 2. разрушение зубов

odontectomy [ˌəʊdɒnˈtektəmiː] удаление зуба

odonterism [əʊˈdɒnterism] бруксизм, одонтеризм, Каролини феномен (*скрежетание зубами во время сна*)

odontexesis [ˌəʊdɒntəˈksiːsis] выскабливание, чистка и полировка зуба

odontharpaga [ˌəʊdɒnθərˈpægə] сильная зубная боль

odonthemodia [ˌəʊdɒnθəˈmɒdiːə] гиперестезия зуба

odontiasis [ˌəʊdɒnˈtaiəsis] прорезывание зуба

odontiatria [ˌəʊdɒntiˈætriːə] 1. лечение зубов 2. профессия стоматолога

odontic [əʊˈdɒntik] зубной

odontinoid [əʊˈdɒntinɒid] 1. напоминающий дентин 2. одонтогенная опухоль

odontitis [ˌəʊdɒnˈtaitis] пульпит (*воспаление пульпы, зуба*)

odontoameloblastosarcoma [ˌəʊdɒntəʊəˌmeləʊˌblæstəʊsaˈkəʊmə] амелобластическая саркома

odontoblast [əʊˈdɒntəˌblæst] одонтобласт (*клетка пульпы зуба*)

odontoblastoma [əʊˌdɒntəblæˈstəʊmə] 1. одонтобластома 2. одонтома

odontobothrion [əʊˌdɒntəˈbɒθriːən] альвеола [луночка] зуба, зубная ячейка

odontocele [əʊˈdɒntəˌsiːl] зубная киста

odontoclamis [əʊˌdɒntəˈklæmis] десневой капюшон (*над прорезывающимся зубом*)

odontoclasis [əʊˌdɒntəˈklæsis] разрушение зуба

odontocnesis [əʊˌdɒntəˈniːsis] десневой зуд

odontodynia [əʊˌdɒntəˈdiniːə] *см.* **odontalgia**

odontogen [əʊˈdɒntəʊʤen] внутридентинная (*развивающаяся*) ткань

odontogenesis [əʊˌdɒntəˈʤenəsis] одонтогенез (*образование и развитие зуба*)

odontogenetic [əʊˌdɒntəʤəˈnetik] относящийся к одонтогенезу

odontogenic [əʊˌdɒntəˈʤenik] 1. одонтогенный 2. происходящий из тканей, формирующих зубы

odontogenous [əʊˌdɒntəˈʤenəs] происходящий в зубах; состояние зубов

odontogram [əʊˈdɒntəˌgræm] зубная диаграмма

odontoiatria [əʊˌdɒntəaiˈætriːə] терапевтическая стоматология

odontoid [əʊˈdɒnˌtɒid] зубовидный; относящийся к зубовидному отростку

odontoideum [əʊˌdɒntəˈaideəm] зубовидная кость

odontolith [əʊˈdɒntəʊliθ] зубной камень

odontologist [əʊˌdɒnˈtɒləʤist] стоматолог

forensic ~ судебный стоматолог

odontology [əʊˌdɒnˈtɒləʤiː] стоматология

odontoloxia [əʊˌdɒntəˈlɒksiːə], **odontoloxy** [əʊdɒntəˈlɒksiː] *см.* **odontoparallaxis**

odontolysis [ˌəʊdɒnˈtɒlisis] разрушение зуба

odontoma [ˌəʊdɒnˈtəʊmə] одонтома (*скопление обызвествлённой зубной ткани, связанное с аномалией развития*)

composite [compound] ~ смешанная [сложная] одонтома

coronal [coronary] ~ коронковая одонтома

fibrous ~ фиброзная одонтома

follicular ~ фолликулярная [околокоронковая] зубная киста

radicular ~ корневая [радикулярная] зубная киста

odontoneuralgia [əʊˌdɒntəʊnʊˈrælʤə] лицевая невралгия, обусловленная кариесом зуба

odontonomy [əʊˌdɒnˈtɒnəmiː] зубная номенклатура

odontoparallaxis [ˌəʊdɒntəpærəˈlæksis] неправильное положение зубов

odontopathy [əʊˌdɒnˈtɒpəθiː] заболевание зубов

odontoperiosteum [ˌəʊdɒntəperiˈɒstiːəm] периодонт, корневая оболочка, перицемент

odontoplerosis [ˌəʊdɒntəpliːˈrɒsis] увеличение количества зубов (*по сравнению с обычным*)

odontoprisis [ˌəʊdɒntəˈpraisis] *см.* **odonterism**

odontorrhagia [əʊˌdɒntəˈreiʤiːə] луночковое кровотечение (*после удаления зуба*)

odontorthosis [əʊˌdɒntərˈθɒsis] операция по выправлению неправильной линии зубов

odontoschism [ˌəʊdɒntəˈskizəm] щель между зубами, межзубная щель

odontoscope [əʊˈdɒntəʊskəʊp] зубное зеркало

odontoseisis [əʊˌdɒntəˈsiːsis] расшатывание зубов

odontosis [ˌəʊdɒnˈtəʊsis] формирование зубов

odontotomy [ˌəʊdɒnˈtɒtəmiː] препаровка зуба

odontotrypy [əʊˌdɒntəˈtripiː] обработка твёрдых тканей зуба

odor [ˈəʊdə] 1. запах, аромат 2. привкус 3. обоняние

ammoniacal ~ аммиачный запах

foetid ~ зловоние

minimal identified ~ наименьший обнаруживаемый запах

moldy ~ запах плесени

objectionable ~ неприятный запах

pungent ~ едкий [острый] запах

"rancid fat" ~ запах прогорклого жира

uremic breath ~ уремический запах изо рта

odorant [ˈəʊdərənt] одорант, одоратор, отдушка (*пахучее вещество, средство для придания запаха*) ‖ душистый, пахучий, ароматный

odorimetry [ˌəʊdəˈrimətriː] одориметрия (*метод исследования обоняния*)

odorivector [ˌəʊdəriˈvektə] одоривектор (*вещество, испускающее запах*)

odorizer [ˌəʊdəˈraizə] *см.* **odorant**

odorless [ˈəʊdərləs] без запаха, непахнущий

odorology [ˌəʊdəˈrɒləʤiː] одорология (*учение о запахах*)

criminalistic ~ криминалистическая одорология

odorophore [əʊˈdɒrəˈfɔː] *см.* **osmophore**

odour [ˈəʊdə] *см.* **odor**

odynacusis [əʊˌdinəˈkjuːsis] акузалгия (*повышенная чувствительность к обычному шуму*)

odynagogue [əʊ'dinəˌɡɒɡ] **1.** стимуляция родов **2.** агент, стимулирующий [активизирующий] роды

odynometry [ˌəʊdi'nɒmətri:] алгезиметрия *(определение порога болевой чувствительности)*

odynophagia [ˌəʊdinəʊ'feiʒə] боль при глотании, дисфагия

oedema [i'di:mə] *см.* **edema**

oedipal ['edipəl] *психоан.* эдипов, эдипальный

oesophagitis [iˌsɒfə'ʤaitis] *см.* **esophagitis**

oesophagus [i'sɒfəɡəs] *см.* **esophagus**

offal ['ɔːfəl] **1.** внутренности *(животных)*; потроха **2.** падаль **3.** отбросы **4.** отруби

    raw ~ сырые мясные отходы; внутренности

off-cells [ɒf-sels] «офф-клетки» *(ингибирующие ноцицепцию)*, см. тж. **on-cells**

offence [ə'fens] **1.** проступок; посягательство; правонарушение; преступление **2.** обида; оскорбление ‖ обидеть, оскорбить

    capital ~ преступление, карающееся смертной казнью

    minor ~ незначительное по тяжести преступление

    second ~ **of crimes** рецидив преступления

    sexual ~**s** изнасилование

    violent ~ правонарушение с применением насилия

offend [ə'fend] **1.** обижать, оскорблять; расстраивать **2.** провоцировать; быть причиной болезни *(напр. об аллергене)* **3.** нарушать *(напр. метаболизм)*

offender [ə'fendə] **1.** правонарушитель, преступник **2.** продукт, вызывающий нарушение в организме *(напр. молоко, яйца, как аллергены)*

    dangerous ~ социально опасный преступник

    juvenile ~ *см.* **young** ~

    mentally abnormal [disordered, ill] ~ психически больной преступник

    minor ~ *см.* **young** ~

    nonimputable ~ невменяемый правонарушитель

    sex ~**s** *суд. мед.* сексуальный преступник

    young ~ несовершеннолетний [малолетний] преступник

offender-patient [ə'fendə-'peiʃənt] преступник, страдающий психическим расстройством

offense [ə'fens] *см.* **offence**

offensive [ə'fensiv] **1.** борьба **2.** неприятный, неэстетичный; отвратительный; тяжёлый *(о дыхании)*; отравляющий *(газ)* **3.** активный; агрессивный **4.** обидный, оскорбительный

    gas ~ газовая атака

offer ['ɔːfə]

    to ~ **an alternative method of treatment** предложить альтернативный метод лечения

off-flavour [ɒf-'fleivə] неприятный запах

office ['ɔːfis] **1.** бюро; управление; ведомство; отдел; министерство **2.** служба, власть, администрация **3.** кабинет *(врача)*; офис **4.** филиал

    ~ **of managed care** департамент по делам организаций управляемой медицинской помощи

    ~ **of pesticide programs** бюро программ по пестицидам

    census ~ *англ.* бюро переписей

    dental [dentist] ~ зубоврачебный кабинет

    doctor's ~ *амер.* кабинет врача, врачебный кабинет

medical regulating ~ отдел распределения эвакуированных раненых

    nurses' ~ комната медицинских сестёр

    physician's ~ *см.* **doctor's** ~

    registry ~ отдел записей гражданского состояния

    sisters' ~ *см.* **nurses'** ~

officer ['ɔːfisə] **1.** начальник, руководитель *(офицер, капитан судна, должностное лицо)* **2.** полицейский; судебный исполнитель **3.** член *(правления, совета)*

    ~ **of health 1.** инспектор службы здравоохранения **2.** санитарный врач

    army medical ~ военный врач

    blood-supply ~ заведующий отделением заготовки донорской крови

    casualty ~ сотрудник службы несчастных случаев

    chief administrative dental ~ руководитель зубоврачебной службы

    chief executive ~ главный исполнительный директор

    chief medical ~ **1.** главный медицинский специалист **2.** председатель, заведующий *(напр. департаментом здравоохранения)*

    clinical nursing ~ старшая сестра отделения

    debarkation medical ~ военный карантинный врач

    district medical ~ окружной врачебный инспектор

    environmental health ~ инспектор по охране окружающей среды

    gas ~ начальник химической службы *(части)*

    general medical ~ главный санитарный инспектор

    house ~ **1.** штатный врач; врач-интерн, живущий при больнице **2.** семейный врач **3.** врач-ординатор

    industrial medical ~ инспектор или специалист по промышленной гигиене

    infectious disease ~ эпидемиолог

    medical ~ **1.** врач **2.** санитарный врач; санитарный инспектор **3.** врач-специалист, специалист здравоохранения **4.** медицинский инспектор **5.** офицер медицинской службы; военный врач

    nursing ~ **1.** руководитель отдела среднего медицинского персонала (медицинских сестёр) в управлении здравоохранения *(района города)* **2.** главная медицинская сестра больницы

    nutrition ~ специалист по питанию

    obstetric ~ врач акушер

    pharmacy ~ заведующий аптекой

    prison medical ~ служащий тюремной медицинской службы

    public health ~ инспектор общественного здравоохранения

    responsible medical ~ должностное лицо органов здравоохранения

    school medical ~ школьный врач

    senior hospital medical ~ старший врач госпиталя

    senior house ~ врач-стажёр; врач-резидент *(проживающий в больнице)*

    senior principal medical ~ главный медицинский специалист

    senior rescue ~ *амер.* старший офицер спасательной службы

    sick berth petty ~ унтер-офицер корабельного лазарета

sick chief petty ~ старший унтер-офицер корабельного лазарета

    squadron medical ~ флагманский врач эскадры

    surgical ~ of the day дежурный хирург

    venereal diseases ~ врач венеролог

official [ə'fiʃəl] 1. должностное лицо, государственный служащий || официальный, служебный 2. принятый в медицине, официнальный, включённый в фармакопею или государственный реестр *(медикамент)*

    public health ~ 1. санитарно-эпидемиологическая станция; санитарно-эпидемиологическая служба 2. орган здравоохранения 3. социальный работник в сфере здравоохранения

officinal [ɒʊ'fisinəl] 1. всегда имеющийся в продаже в аптеке 2. патентованный, готовый *(в отличие от приготовляемого по рецепту)* 3. *уст.*, см. **official 2**

officinalis [əʊfisi'nælis] 1. лекарственный *(напр. о травах)* 2. официнальный

off-line [ɒf-lain] вне режима реального времени, выключенный из Интернета, автономный режим

off-odor [ɒf-əʊdə] неприятный запах

off-period [ɒf-piəri:əd] период выключения *(дискинезии, возникающие в конце действия, напр., леводопы)*

off-response [ɒf-ri'spɒns] реакция на выключение *(раздражителя)*

offset ['ɔ:f,set] *см.* **offspring**

offshot ['ɒfʃɒt]:

    ~ of medicine доза медикамента

offspring ['ɒf'spriŋ] потомство; потомок; отпрыск

    transgenic ~ трансгенное потомство

ohm [əʊm] Ом *(единица электрического сопротивления)*

oidiomycosis [əʊ,idi:əʊmai'kəʊsis] кандидоз, кандидамикоз, дрожжевой микоз

oil [ɒil] масло *(растительное или минеральное)* || смазывать или обрабатывать маслом, промасливать || масляный

    ~ of mustard эфирное горчичное масло

    almond ~ миндальное масло

    anise ~ анисовое масло

    apricot kernel ~ персиковое масло

    benne ~ сезамовое [кунжутное] масло

    birch tar ~ берёстовый деготь

    bitter almond ~ масло горького миндаля

    cade ~ можжевеловое масло

    camphorated ~ камфорное масло

    carbon ~ бензол

    castor ~ касторовое масло

    cedar ~ кедровое масло

    chenopodium ~ хеноподиевое масло

    cinnamon ~ коричное масло

    clove ~ гвоздичное масло

    cod liver ~ рыбий жир

    coriander ~ кориандровое масло

    corn ~ кукурузное масло

    cottonseed ~ хлопковое масло

    croton ~ кротоновое масло

    edible ~ пищевое масло

    essential [ethereal] ~ эфирное масло

    fatty ~ жирное масло, нелетучее масло

    fennel ~ фенхелевое масло

    fixed ~ нелетучее масло

    flaxseed ~ льняное масло

    fusel ~ сивушное масло

    gingelly ~ *см.* **sesame ~**

    grain ~ *см.* **fusel ~**

    groundnut ~ арахисовое масло

    hempseed ~ конопляное масло

    hydnocarpus ~ чаульмугровое масло

    joint ~ синовиальная жидкость синовия *(осуществляющая смазку и питание суставного хряща)*

    juniper ~ можжевеловое масло

    lavender ~ лавандовое масло

    linseed ~ льняное масло

    mineral ~ минеральное масло

    nutmeg ~ мускатное масло

    olive ~ оливковое масло

    peach kernel ~ персиковое масло

    peanut ~ арахисовое масло

    peppermint ~ мятное масло

    petrolatum ~ вазелиновое масло

    pine ~ хвойное масло

    raw ~ сырое [неочищенное] масло

    santal ~ сандаловое масло

    sesame ~ сезамовое [кунжутное] масло

    soybean ~ соевое масло

    spearmint ~ мятное масло

    spray ~ инсектицидное масло

    sunflower seed ~ подсолнечное масло

    sweet ~ оливковое масло

    theobrome ~ масло какао

    turpentine ~ скипидар

    volatile ~ эфирное масло

    wormseed ~ цитварное масло

oil-soluble [ɒil-'sɒljəbəl] растворимый в масле

oinomania [ˌɒinəʊ'meini:ə] дипсомания, истинный запой, хронический алкоголизм

ointment ['ɒintmənt] мазь

    ~ of zinc oxide цинковая мазь

    lubricant ~ мазь-любрикант *(мазь, оказывающая смазывающее действие)*

    petroleum [soft petroleum] ~ вазелин

    suspension ~ суспензионная [тритурационная] мазь, мазь суспензия

old [əʊld] старый, старческий, пожилой

old-age [əʊld-eidʒ] старость, старческий возраст

old-ladies'-clothespins [əʊld-'leidi:z-'kləʊðz,pins] череда олиственная *(Bidens frondosa)*

old-man's-flannel [əʊld-mænz-'flænəl] коровяк обыкновенный *(Verbascum thapsus)*

old-man's-pepper [əʊld-mænz-'pepə] тысячелистник обыкновенный *(Achillea millefolium)*

oleaginous [ˌəʊli:'ædʒinəs] маслянистый

oleander [ˌəʊli:'ændə] олеандр *(Nerium)*

olecranal [əʊ'lekrənəl] относящийся к локтевому отростку

olecranarthritis [əʊ,lekrənɑ:'θraitis] воспаление локтевого сустава

olecranarthrocace [əʊ͵lekrənəˈθrɒkəsi] туберкулёз локтевого сустава

olecranarthropathy [əʊ͵lekrənəˈθrɒpəθi:] заболевание локтевого сустава

olecranon [əʊˈlekrənɒn] локтевой отросток

olenitis [͵əʊleˈnaitis] воспаление локтевого сустава

oleoarthrosis [͵əʊliːəʊaˈθrəʊsis] введение масла в сустав в лечебных целях

oleochrysotherapy [͵əʊliːəʊ͵krisəʊˈθerəpi:] лечение мазями, содержащими золото

oleocyst [ˈəʊliːəʊsist] стеатома, жировая киста

oleoma [͵əʊliːˈəʊmə] инъекционная (липо)гранулёма, олеогранулёма, олеома, олеосклерома

oleometer [͵əʊliːˈɒmətə] бутирометр, жиромер (прибор для определения содержания жира в молоке)

oleoperitoneography [͵əʊliːəʊperi͵təʊniˈɒgrəfi:] рентг. олеоперитонеография

oleotherapy [͵əʊliːəʊˈθerəpi:] олеотерапия (лечебное применение масла внутрь или наружно)

oleum [ˈəʊliːəm] фарм. масло

~ **cari** тминное масло

~ **jecoris astlli** рыбий жир (из печени трески)

olfaction [ɒlˈfækʃən] обоняние (1. чувство запаха 2. процесс восприятия запаха)

olfactology [͵ɒlfækˈtɒləʤi:] раздел физиологии, изучающий функцию обоняния

olfactometry [ɒlfækˈtɒmətri:] ольфактометрия (исследование чувствительности обонятельного анализатора)

olfactory [ɒlˈfæktəri:] обонятельный

olfacty [ɒlˈfækti:] пороговое восприятие запаха

oligemia [͵pliˈgiːmiːə] гемат. олигемия, гиповолемия

olig(h)idria [͵pliˈgidriːə] гипогидроз, пониженное потоотделение

oligoamnios [͵pligəʊˈæmniːɒs] гинек. маловодие

oligoarthritis [͵pligəʊaːˈθraitis] олигоартрит

oligobiopsy [͵pligəʊˈbaiəpsi:] пункционная биопсия

oligocardia [͵pligəʊˈkaːdiːə] брадикардия (пониженная частота сердечных сокращений)

oligochromemia [͵pligəʊkrəʊˈmimiːə] **1.** анемия, малокровие **2.** гемат. гипохромия, гипохромазия

oligodactylism [͵pligəʊˈdæktilizəm], **oligodactyly** [͵pligəʊˈdæktili:] олигодактилия (неполное количество пальцев кисти или стопы)

oligodendrocyte [͵pligəʊˈdendrəsait] олигодендроцит (клетка нейроглии, окружающая тело нейрона)

oligodendroglioma [͵pligəʊ͵dendrəglaiˈəʊmə] олигодендроглиома, олигодендроцитома (опухоль, происходящая из клеток нейроглии)

oligodeoxy(ribo)nucleotide [͵pligəʊdiːˌɒksiˌraibəʊˈnuːkliːətaid] олигодезокси(рибо)нуклеотид

oligodextran [͵pligəʊˈdekstrən] олигодекстран, олигоглюкан

oligodipsia [͵pligəʊˈdipsiːə] олигодипсия (пониженная потребность организма в жидкости)

oligodontia [͵pligəʊˈdɒnʃiːə] олигодонтия (неполное количество зубов)

oligodynamic [͵pligəʊdaiˈnæmik] активно воздействующий в очень малом количестве (напр. ионы Hg^{2+}, Ag^+)

oligogalactia [͵pligəʊgəˈlækti:ə] гипогалактия (сниженная секреторная деятельность молочных желёз в период лактации)

oligogene [ˈpligəʊ͵ʤiːn] олигоген (один из группы генов, детерминирующий олигогенный признак)

oligogenic [͵pligəʊˈʤenik] олигогенный признак (обусловленный несколькими генами)

oligogenics [͵pligəʊˈʤeniks] ограничение рождаемости

oligohemia [͵pligəʊˈhiːmiːə] гемат. олигемия, гиповолемия

oligohydramnios [͵pligəʊhaiˈdræmniːɒs] гинек. маловодие, олигоамнион

oligohydruria [͵pligəʊhaiˈdruːriːə] олигурия (уменьшенное выделение мочи)

oligokinesia [͵pligəʊkiˈniːʒə] олигокинезия (сниженная двигательная активность, «бедность движений»)

oligoleukocythemia [͵pligəʊ͵ljkəʊsaiˈθiːmiːə] лейко(цито)пения (пониженное содержание лейкоцитов в крови)

oligomenorrhea [͵pligəʊ͵menəˈriːə] олигоменорея (нарушение менструального цикла, характеризующееся коротким сроком менструаций)

oligomer [ˈpligəʊmə] олигомер (молекула, состоящая из небольшого числа мономеров, напр. энкефалин, содержащий 5–20 аминокислот)

oligonatality [͵pligəʊneiˈtæliti:] низкий коэффициент рождаемости

oligonecrospermia [͵pligəʊ͵nekrəˈspəːmiːə] олигонекроспермия (малое количество подвижных сперматозоидов)

oligonucleotide [͵pligəʊˈnuːkliːətaid] олигонуклеотид (короткий отрезок одноцепочечной ДНК – 6–20 нуклеотидов)

sequence-specific ~ олигонуклеотид с заданной последовательностью нуклеотидов

oligoovulation [͵pligəʊəʊvjuˈleiʃən] олигоовуляция (аномально редкая овуляция)

oligopepsia [͵pligəʊˈpepsiːə] недостаточность пищеварения

oligopeptidase [͵pligəʊˈpepti͵deis] олигопептидаза (пептидаза, расщепляющая короткие пептиды до аминокислот)

oligopeptide [͵pligəʊˈpep͵taid] олигопептид, низкомолекулярный белок

oligophrenia [͵pligəʊˈfriːniːə] олигофрения, врождённое слабоумие, олигопсихия

oligoplastic [͵pligəʊˈplæstik] относящийся к снижению регенеративной способности

oligopnea [͵pligɒpˈniːə] олигопноэ (редкое поверхностное дыхание)

oligopsychia [͵pligəʊˈsaikiːə] см. **oligophrenia**

oligoptyalism [͵pligəʊˈtaiə͵lizəm] гипосаливация, олигоптиализм

oligoria [͵pliˈgɔːriːə] патологическая индифферентность, патологическая неприязнь к людям или предметам

oligosialia [͵pligəʊsaiˈeiliːə] см. **oligoptyalism**

oligospermatism [͵pligəʊˈspəːmətizəm], **oligospermia** [͵pligəʊˈspəːmiːə] олигоспермия, гипоспермия (уменьшение количества сперматозоидов в эякуляте)

oligosymptomatic [͵pligəʊ͵simtəˈmætik] малосимптомный

oligothymia [͵pligəʊˈθaimiːə] гипотимия (пониженное настроение с уменьшенной двигательной и психической деятельностью)

oligotrichia [ˌɒlɪɡəʊˈtrɪkɪə], **oligotrichosis** [ˌɒlɪɡəʊtrɪ-ˈkəʊsɪs] гипотрихоз, олиготрихия (*недостаточное развитие волосяного покрова*)

oligotrophy [ˌɒlɪˈɡɒtrəʊfɪ] гипотрофия (*недостаточное питание*)

oligotyping [ˌɒlɪɡəʊˈtaɪpɪŋ] типирование с помощью панелей (*напр. моноклональных антител*)

oligozoospermia [ˌɒlɪɡəʊˌzəʊəˈspɜːmɪə] см. **oligospermia**

oliguria [ɒlɪˈɡjuːrɪə] олигурия (*уменьшенное выделение мочи*)

   unresponsive ~ не поддающаяся лечению олигурия

olisthe [əʊˈlɪsθə], **olisthy** [əʊˈlɪsθɪ] *уст.* неполный вывих, подвывих

oliva [əʊˈlaɪvə] *лат.*, *pl.* **olivae** [əʊˈlaɪviː] см. **olive**

   ◊ ~ **cerebelli** *анат.* зубчатое ядро, олива мозжечка

olivary [ˈɒlɪˌværɪ] **1.** оливный, имеющий отношение к оливе **2.** имеющий форму маслины, овальный

olive [ˈɒlɪv] олива (*1. возвышение на боковой поверхности продолговатого мозга 2. металлический или пластмассовый наконечник резиновой трубки*)

olivifugal [ˌɒlɪˈvɪfjʊɡəl] направленный от оливного ядра (*о распространении нервных импульсов*)

olivipetal [ˌɒlɪˈvɪpətl] направленный к оливному ядру (*о распространении нервных импульсов*)

olophonia [ˌɒləʊˈfəʊnɪə] нарушение речи вследствие анатомического дефекта речевого аппарата

omagra [əʊˈmeɪɡrə] подагра с поражением плечевого сустава

omalgia [əʊˈmælʤɪə] боль в плечевом суставе

omarthritis [ˌəʊmaːˈθraɪtɪs] омартрит (*воспаление плечевого сустава*)

ombrophobia [ˌɒmbrəʊˈfəʊbiːə] омброфобия (*патологическая боязнь дождя*)

omega [əʊˈmeɡə]:

   ~ **melancholicum** *псих.* Шюле симптом, омега меланхоликов (*названа по характерной кожной складке между бровями в виде буквы Ω*)

omental [əʊˈmentl] сальниковый

omentectomy [ˌəʊmenˈtektəmɪ] оментэктомия, иссечение [удаление] сальника (*частичное или полное*)

omentitis [ˌəʊmenˈtaɪtɪs] оментит (*воспаление сальника*)

omentocele [əʊˈmentəˌsiːl] сальниковая грыжа

omentofixation [əʊˌmentəfɪkˈseɪʃən], **omentopexy** [əʊˈmentəʊˌpeksɪ] оментопексия (*подшивание большого сальника к какому-л. органу*)

omentoplasty [əʊˈmentəʊˌplæstɪ] оментопластика (*использование сальника с пластической целью*)

omentovolvulus [əʊˌmentəˈvɒlvjələs] перекрут сальника

omentulum [əʊˈmentjʊləm] малый сальник

omentum [əʊˈmentəm], *pl.* **omenta** [əʊˈmentə] сальник

   gastrocolic ~ большой сальник (*складка брюшины, начинающаяся от желудка*)

   gastrohepatic ~ малый сальник

   great(er) ~ см. **gastrocolic** ~

   lesser ~ см. **gastrohepatic** ~

   pedicled greater ~ лоскут большого сальника на ножке

   splenogastric ~ желудочно-селезёночная связка

ominous [ˈɒmɪnəs] угрожающий, зловещий (*об эпидемии*); плохой (*о прогнозе*)

omission [əʊˈmɪʃən] **1.** пропуск, пробел **2.** упущение, оплошность

omnipotence [ɒmˈnɪpəʊtəns] всемогущество, всесилие

omnipotent [ɒmˈnɪpətənt] полипотентный (*характеризующий слабо детерминированные клетки, дифференцировка которых происходит только при специфической индукции*)

omniserum [ɒmˈnɪsɪrəm] полиспецифическая сыворотка

omnivorous [ɒmˈnɪvərəs] всеядный

omodynia [ɒməʊˈdɪnɪə] боль в плечевом суставе

omophagia [ɒməˈfeɪʤɪə] сыроедение

omoplata [ɒməˈpleɪtə] лопатка

omphalectomy [ˌɒmfəˈlektəmɪ] омфалэктомия (*иссечение пупка*)

omphalelcosis [ˌɒmfəlelˈkəʊsɪs] изъязвление пупка

omphalexoche [ˌɒmfəleˈksɒ] пупочная грыжа

omphalic [ɒmˈfælɪk] пупочный

omphalitis [ˌɒmfəˈlaɪtɪs] омфалит (*воспаление кожи и подкожной клетчатки в области пупка, особенно у новорождённых*)

omphaloangiopagus [ˌɒmfələˌænʤɪəʊˈpæɡəs] несимметрично сросшиеся близнецы, один из которых, плод-паразит, снабжается кровью из плаценты другого — аутозита

omphalocele [ˈɒmfələʊˌsiːl] эмбриональная грыжа, грыжа пупочного канатика, омфалоцеле

omphalomesaraic [ˌɒmfələʊˌmesəˈreɪk], **omphalomesenteric** [ˌɒmfələʊˌmesənˈterɪk] пупочно-брыжеечный

omphalopagus [ˌɒmfəˈlɒpəɡəs] омфалопагус (*близнецы, сросшиеся в области пупка*)

omphalorrhagia [ˌɒmfələʊˈreɪʤɪə] пупочное кровотечение

omphalorrhexis [ˌɒmfələʊˈreksɪs] разрыв пуповины (*во время родов*)

omphalosite [ˈɒmfələʊˌsaɪt] плод-паразит, снабжающийся кровью из плаценты аутозита

omphalotaxis [ˌɒmfələʊˈtæksɪs] вправление выпавшей пуповины

omphalotomy [ˌɒmfəˈlɒtəmɪ] пересечение пуповины

omphalotripsy [ˌɒmfəˈlɒtrɪpsɪ] омфалотрипсия (*раздавливание пуповины после рождения ребёнка*)

omphalus [ˈɒmfələs] пупок

onanism [ˈəʊnənɪzm] **1.** онанизм (*по имени библейского персонажа Онана – сына Иуды*), мастурбация **2.** прерванный коитус

once [wʌns] однократно, один раз в день (*о применении препаратов*)

on-cells [ɒn-selz] «он-клетки» (*активизирующие ноцицепцию*) см. *тж.* **off-cells**

onchocerciasis [ˌɒŋkəʊsəˈkaɪəsɪs], **onchocercosis** [ˌɒŋkəʊsəˈkəʊsɪs] *параз.* онхоцеркоз (*тропическое заболевание, характеризующееся поражением кожи и соединительной ткани, возбудителем которого является червь Onchocerca volvulus*)

oncocyte [ˈɒŋkəʊˌsaɪt] онкоцит (*большая зернистая ацидофильная клетка, содержащая множество митохондрий; оксифильная опухолевая клетка*)

oncocytoma [ˌɒŋkəʊsaiˈtəʊmə] аденолимфома, бранхиогенная аденома, онкоцитома

oncofetal [ˌɒŋkəʊˈfiːtl] карциноэмбриональный *(антиген)*

oncogene [ˈɒŋkəʊdʒiːn] онкоген, раковый ген *(экспрессия которого приводит к неконтролируемой пролиферации клеток)*

oncogenesis [ˌɒŋkəʊˈdʒenəsis] онкогенез, канцерогенез

oncogenic [ˌɒŋkəʊˈdʒenik] онкогенный, канцерогенный

oncogenicity [ˌɒŋkəʊdʒəˈnisitiː] онкогенность, канцерогенность

oncogenous [ɒnˈkəʊdʒənəs] онкогенный, канцерогенный

oncography [ɒnˈkɒɡrəfiː] онкография *(запись изменений объёма внутренних органов и тканей в процессе их жизнедеятельности)*

oncoides [ɒnˈkɒidiːs] припухлость

oncologist [ɒnˈkɒlədʒist] онколог

oncology [ɒnˈkɒlədʒiː] онкология *(наука, изучающая происхождение различных опухолей и методы их лечения)*

    bone ~ костная онкология

    evidence-based ~ доказательная онкология

    gynecologic ~ 1. онкогинекология, гинекологическая онкология 2. диагностика и лечение онкологически больных женщин

    oral ~ стоматологическая онкология

    psychosocial ~ психосоциальные аспекты онкологии

    radiation ~ радиационная [лучевая] онкология

oncolysis [ɒnˈkɒlisis] онколизис, разрушение опухолевой ткани

oncolytic [ˌɒnkəʊˈlitik] онколитический, разрушающий опухолевую ткань

oncoma [ɒŋˈkəʊmə] 1. опухоль, новообразование 2. припухлость, объёмное образование

oncometry [ɒŋˈkɒmətriː] онкометрия *(измерение изменения объёма органа или ткани)*

oncomouse [ˌɒŋkəˈmʊs] трансгенная мышь, несущая онкоген ras из генома человека *(через несколько месяцев после рождения у неё развивается рак молочной железы)*

oncorna [ɒŋˈkɔːnə] онкогенная рибонуклеиновая кислота

oncornaviruse [ɒnˈkɔːnəˌvairəs] онкорнавирус *(РНК-содержащий онкогенный вирус)*

oncosis [ɒnˈkəʊsis] 1. онкогенез, канцерогенез 2. опухание, распухание

oncosphere [ˌɒŋkəˈsfiə] онкосфера *(личинка ленточного червя)*

oncotherapy [ˌɒŋkəˈθerəpiː] лечение опухолевых заболеваний

oncotic [ɒnˈkɒtik] 1. онкотический, относящийся к набуханию 2. опухолевый

oncotomy [ɒnˈkɒtəmiː] 1. удаление опухоли 2. вскрытие абсцесса или кисты

oncotropic [ˌɒŋkəˈtrɒpik] онкотропный, воздействующий на опухолевую ткань

Oncovirinae [ˌɒŋkəʊˈviːriniː] подсемейство вирусов семейства *Retroviridae (РНК-овые опухолевые вирусы, содержащие обратную транскриптазу)*

one-aloner [wʌn-əˈləʊnə] одиночка, одинокий человек

one-armed [wʌn-ˈɑːmd] однорукий

one-ideaed [wʌn-aiˈdiːəd] одержимый одной идеей

oneiric [əʊˈnairik] *псих.* онейроидный *(относящийся к психотическому состоянию, характеризующемуся калейдоскопичностью переживаний, в которых сливаются в единое целое реальное, иллюзорное и галлюцинаторное)*

oneirism [əʊˈnaiˌrizəm] *псих.* онейризм, сомнамбулизм, лунатизм, «сновидения наяву»

oneirodynia [əʊˌnairəʊˈdiniːə] ониродиния *(расстройство сна с неприятными сновидениями)*

oneirogmus [əʊˌnaiˈrɒgməs] сновидение с ночной поллюцией

oneirology [əʊˌnaiˈrɒlədʒiː] толкование сновидений

oneirophrenia [əʊˌnairəʊˈfriːniːə] онейрофрения *(психоз с преобладанием онейроидного синдрома)*

oneiroscopy [əʊnaiˈrɒskəpiː] анализ сновидений в целях психиатрической диагностики

one-off [wʌn-ɒf] (одно)разового применения

one-shot [wʌn-ʃɒt] одностадийный, одноступенчатый *(о процессе)*

one-stage [wʌn-steidʒ] 1. одностадийный 2. одномоментный; одноэтапный *(об операции)*

one-turn [wʌn-təːn] *мед. тех.* одновитковый *(о спирали микроволнового аппарата)*

one-way [wʌn-wei] односторонний, однонаправленный

ongoing [ˌɒnˈgəʊiŋ] продолжающийся, текущий *(о болезни)*

onion-skinning [ˈʌnjən-ˈskiniŋ] *рентг.* слоистые [«луковичные»] периостальные разрастания *(при опухоли Юинга)*

oniric [əʊˈnairik] см. **oneiric**

onirism [ˈɒnairizm] см. **oneirism**

onlay [ˈɒnˌlei] 1. накладка, отделка 2. имплантат, накладываемый на наружной поверхности кости при переломе 3. восстановление поверхности зуба 4. *хир.* шов внахлёст

on-line [ɒn-lain] 1. в режиме реального времени *(напр. об ультразвуковых исследованиях, подключении к Интернету)* 2. непрерывный *(напр. мониторинг)*; одновременный

    live 3D ~ *узи* трёхмерное изображение движущегося объекта *(напр. плода)*

on-off [ɒn-ɒf] включение/выключение *(альтернирующая дискинезия)*

onomatology [ɒˌnəməˈtɒlədʒiː] 1. учение о наименованиях, номенклатуре 2. терминология

onomatomania [ˌɒnəˌmætəˈmeiniːə] ономатомания *(навязчивое влечение к вспоминанию собственных имён, дат, названий предметов, редких слов)*

onomatopoiesis [ˌɒnəˌmætəʊpoiˈiːsis] ономатопоэз *(навязчивое стремление к образованию бессмысленных слов)*

onset [ˈɒnset] 1. начало; вспышка *(инфекции)* 2. проявление *(болезни)*

    ~ **of fatigue** наступление утомления

    abrupt ~ резкое [острое] возникновение *(боли)*

    delayed ~ замедленное начало *(болезни)*

    dramatic ~ тяжёлое возникновение

    gradual ~ постепенное возникновение

    incidious ~ скрытое возникновение

    instantaneous ~ мгновенное возникновение

    juvenile ~ начало в детском возрасте *(напр. диабета)*

onslaught ['ɒn,slɔːt] приступ

ontogenesis [,ɒntə'ʤenisis], **ontogeny** [ɒn'tɒʤəni:] *биол.* онтогенез *(развитие индивидуума от момента оплодотворения яйцеклетки до наступления смерти)*

   postnatal ~ постнатальный онтогенез

   psychic ~ психический онтогенез

onychalgia [,ɒni'kælʤiə] боль в ногтях

onychatrophia [,ɒnikə'trəʊfi:ə], **onychatrophy** [,ɒni'kætrəfi:] онихатрофия *(крайняя степень дистрофии ногтей)*

onychauxis [,ɒni'kɔːksis] онихауксис *(гипертрофия ногтей)*

onychectomy [,ɒni'kektəmi:] удаление ногтя

onychia [əʊ'niki:ə], **onychitis** [,əʊni'kaitis] онихия, онихоз *(поражение ногтей)*

onychoclasis [,ɒni'kɒkləsis] *см.* **onychorrhexis**

onychocryptosis [,ɒnikəʊkrip'təʊsis] вросший ноготь

onychodystrophy [,ɒnikəʊ'distrəfi:] дистрофия ногтей, ониходистрофия

onychogenic [,ɒnikəʊ'ʤenik] относящийся к развитию ногтя

onychography [,ɒni'kɒgrəfi:] запись давления крови в капиллярах ногтевого ложа

onychogryp(h)osis [,ɒnikəʊgri'fəʊsis] онихогрифоз *(искривление ногтевой пластинки)*

onychoheterotopia [,ɒnikəʊ,hetərəʊ'təʊpi:ə] онихогетеротопия *(необычное расположение ногтей)*

onychoid [,ɒni'kɔid] ногтевидный, напоминающий ноготь

onycholysis [,ɒni'kɒlisis] онихолизис *(отслоение ногтевой пластинки от ногтевого ложа)*

onychoma [,ɒni'kəʊmə] онихома *(опухоль, исходящая из ногтевого ложа)*

onychomadesis [,ɒni,kəʊmə'di:sis] онихомадезис *(отделение ногтевой пластинки от мягких тканей)*

onychomycosis [,ɒnikəʊmai'kəʊsəs] онихомикоз, грибковая онихия

onycho-osteodysplasia [,ɒnikəʊ-,ɒsti:əʊdis'pleiзə] надколеннико-ногтевой синдром

onychophagy [,ɒni'kɒfəʤi:] онихофагия *(навязчивое обкусывание ногтей)*

onychoptosis [,ɒnikəʊ'təʊsis] выпадение ногтей

onychorrhexis [,ɒnikə'reksis] онихорексис, онихоклазия *(ломкость ногтевых пластинок)*

onychosis [ɒni'kəʊsis] онихия, онихоз *(поражение ногтей)*

onychotomy [,ɒni'kɒtəmi:] рассечение ногтя

O'nyong-nyong [ɒ'njɒŋ-njɒŋ] лихорадка О'ньонг-ньонг

onyx ['ɒniks] 1. ноготь; коготь 2. гипопион *(скопление гноя в передней камере глаза)*

onyxis ['ɒniksis] вросший ноготь

oocyesis [,əʊə'saiəsis] яичниковая внематочная беременность

oocyst ['əʊəʊsist] ооциста *(сферическое образование, развивающееся у комара Plasmodium, с образованием спорозоитов)*

oocyte ['əʊəʊsait] овоцит, ооцит *(незрелая яйцеклетка)*

   mature ~ зрелая яйцеклетка

   primary ~ овоцит I порядка

   secondary ~ овоцит II порядка

oodeocele [əʊ'ɒdi:əsi:l] запирательная грыжа

oogenesis [,əʊə'ʤenəsis] овогенез, оогенез *(процесс развития женских половых клеток)*

oogonium [,əʊə'gəʊni:əm], *pl.* **oogonia** [,əʊə'gəʊni:ə] овогоний, оогоний *(клетка полового эпителия яичника)*

ookinesis [,əʊəki'ni:sis] овокинез, оокинез *(деление оплодотворённого яйца)*

ookinete [,əʊəki'ni:t] оокинета *(подвижная удлинённая зигота комара Plasmodium)*

oolemma [,əʊə'lemə] оволемма, оолемма *(оболочка яйцеклетки)*

oophorectomy [,əʊəfə'rektəmi:] оофорэктомия, овариэктомия *(удаление яичника)*

   associated ~ сочетанная овариэктомия

   partial ~ резекция яичника

oophoritis [,əʊəfə'raitis] оофорит, оварит *(воспаление яичников)*

   follicular ~ фолликулярный оофорит *(воспаление граафовых пузырьков)*

oophorocystectomy [əʊ,ɒfərəʊsi'stektəmi:] иссечение кисты яичника

oophorocystosis [əʊ,ɒfərəʊsi'stəʊsis] кистозное перерождение яичника

oophorohysterectomy [əʊ,ɒfərəʊ,histə'rektəmi:] овариогис-терэктомия

oophoroma [əʊ,ɒfə'rəʊmə] оофорома, коллоидная аденофиб-рома *(яичника)* ◊ ~ **folliculare** фолликулярная оофорома, аденома граафовых пузырьков, фолликулоидный рак яичника

oophoron [əʊ'ɒfərɒn] яичник, оофорон

oophoropexy [əʊ'ɒfərə,peksi:] овариопексия, оварноксия *(фиксация смещённого яичника)*

oophorosalpingectomy [əʊ,ɒfərəʊ,sælpin'ʤektəmi:] удаление яичника и маточной трубы

oophorotomy [əʊ,ɒfə'rɒtəmi:] овариотомия; резекция яичника

oophorrhagia [əʊ,ɒfə'reiʤi:ə] кровоизлияние в яичник

ooplasm ['əʊə,plæzəm] цитоплазма яйцеклетки

oosperm ['əʊə,spɜːm] свежеоплодотворённая яйцеклетка

oosphere [,əʊə'sfi:ə] яйцеклетка

oospore ['əʊə,spɔː] *pl.* ооспоры *(половые споры грибов)*

ootheca [,əʊə'θi:kə] яичник

oothecitis [,əʊəθi'saitis] оофорит *(воспаление яичников)*

oothecocyesis [,əʊəθi:kəʊ'saiisis] яичниковая внематочная беременность

oothecohysterectomy [,əʊəθi:kəʊ,histə'rektəmi:] пангистерэктомия *(удаление матки и яичников)*

oothecoma [,əʊəθi'kəʊmə] киста или опухоль яичника

oothecomania [,əʊə,θi:kə'meini:ə] психическое расстройство, связанное с заболеванием яичников

oothecorrhaphy [,əʊə,θi'kɒrəfi:] *хир.* ушивание разрыва яичника

ootid ['əʊəʊtid] яйцеклетка, оотида, яйцо

ooze [uːz] 1. осадок, грязь 2. выделение, просачивание, истечение *(напр. семени)* || выделять(ся), просачиваться, сочиться ◊ **to** ~ **sweat** потеть

oozing ['uːziŋ]:

   ~ **of blood** просачивание крови

   puncture ~ точечное просачивание *(крови)*

opacification [əʊ,pæsifi'keiʃən] 1. помутнение *(напр. роговицы)* 2. *рентг.* контрастирование

~ of lens помутнение хрусталика

prolonged ~ длительное контрастирование (напр. жёлчного пузыря)

radiographic ~ контрастирование

selective ~ селективное контрастирование (сосуда)

vascular ~ контрастирование сосудов

opacimeter [ˌəʊpæ'simitə] **1.** измеритель непрозрачности **2.** денситометр **3.** нефелометр

opacity [əʊ'pæsiti:] **1.** помутнение (напр. роговицы), непрозрачность || мутный, непрозрачный **2.** рентг. тень, затемнение || рентгеноконтрастный **3.** коэффициент непрозрачности

~ies in chest radiograph затемнение [тени] на рентгенограмме грудной полости

~ of enamel стом. пятнистость эмали

~ of lens катаракта, помутнение хрусталика

circular ~ 1. помутнение (роговицы) круглой формы **2.** рентг. шаровидное образование (в лёгком)

irregular ~ies рентг. диффузные затемнения

reduced ~ уменьшение контрастности

soft tissue ~ тень мягких тканей

opaque [əʊ'peik] **1.** непрозрачный, светонепроницаемый, тёмный **2.** рентгеноконтрастный (задерживающий рентгеновские лучи)

open ['əʊpən] **1.** открывать(ся); прорывать(ся) (напр. о ране) || открытый **2.** вскрывать (напр. полость органа) **3.** незакрывшийся, незаживающий **4.** размыкать электрическую цепь

to ~ bowels очистить кишечник

opener ['əʊpənə]:

eye ~ sl. «открывший глаза» (о принимающем алкоголь с утра для снятия похмелья)

potassium channel ~s активаторы [открыватели] калиевых канальцев

open-eyed ['əʊpən-'aid] сделанный вполне сознательно

open-heart ['əʊpən-'ha:t] проводимый на отключённом сердце (об операции)

opening ['əʊpəniŋ] **1.** анат. апертура, отверстие, щель, устье **2.** размыкание; открывание ◊ **~ for infection** ворота инфекции

~ of bladder внутреннее отверстие мочеиспускательного канала

~ of the helix локальное плавление двойной спирали нуклеиновой кислоты

~ of the joint нестабильность сустава

~ of ureter устье мочеточника

~ the airway обеспечение проходимости воздухоносных путей

acquired ~ приобретённое отверстие (напр. после операции)

artificial ~ 1. наложение стомы (напр. желудка) **2.** стома (искусственное отверстие полого органа)

colostomy ~ 1. колостомия **2.** колостома, отверстие колостомы

digital ~ of valve пальцевая комиссуротомия

esophageal ~ пищеводное отверстие диафрагмы

external urethral ~ наружное отверстие мочеиспускательного канала

femoral ~ сухожильная щель (большой приводящей мышцы)

in-and-out ~ входное и выходное отверстия (раневого канала)

inlet ~ входное отверстие (раневого канала)

internal uteral ~ внутреннее отверстие мочеиспускательного канала

lacrimal ~ слёзная точка

oral ~ ротовое отверстие, ротовая щель, рот

paraesophageal ~ параэзофагеальная щель

pharyngeal ~ of auditory tube глоточное отверстие слуховой трубы

saphenous ~ подкожное кольцо (бедренного канала), овальная ямка

sinus ~ свищевое отверстие

trephine ~ трефинационное [трепанационное] отверстие

tympanic ~ of auditory tube барабанное отверстие слуховой трубы

operability [ˌɒpərə'biliti:] операбельность

operable ['ɒpərəbəl] операбельный

operant ['ɒpəˌrent] оперант (любое поведение, которое определяется по оказываемому им воздействию на окружающих людей)

operate ['ɒpəˌreit] **1.** оперировать, делать операцию **2.** оказывать влияние, воздействовать ◊ **to be ~d on** подвергаться операции

to ~ for... оперировать по поводу (напр. аппендицита)

to ~ on... делать операцию на (каком-л. органе)

operating [ˌɒpə'reitiŋ] **1.** операционный (о доступе), оперативный (о методе) **2.** обслуживающий (о медицинском персонале)

operating-theatre [ˌɒpə'reitiŋ-'θi:ətə] операционный зал; операционная

operation [ˌɒpə'reiʃən] **1.** операция, оперативное вмешательство || оперировать **2.** действие, воздействие, манипуляция, функционирование, процесс

~ for sex transformation операция по трансформации [перемене] пола

~ not completed незавершённая операция (прекращена во время проведения)

~ of breathing процесс [механика] дыхания

~ of choice предпочтительный оперативный метод «операция выбора»

~ of drug действие лекарства

~ of health service управление здравоохранением

~ of the ventilator работа респиратора

to have an ~ подвергать(ся) операции

to undergo an ~ подвергать(ся) операции

Abbe' ~ Абби операция (1. пластика губы клиновидным лоскутом на ножке, сформированным из другой губы 2. межкишечный анастомоз бок в бок)

abdominal ~ операция на органах брюшной полости

abdomino-anal ~ брюшно-промежностная резекция прямой кишки

Alexander's G. ~ Александера Дж. операция (1. восстановительная операция при недоразвитой ушной раковине 2. восстановительная операция при атрезии наружного слухового прохода)

Alexander W. – Adams' ~ Александера В. – Адамса операция (*внебрюшинного укорочения круглых связок матки со стороны пахового канала*)

Allison's ~ операция Аллисона (*пластика пищеводного отверстия диафрагмы при скользящей грыже*)

antireflux ~ антирефлюксная операция

antrum window ~ антротомия

asynchronous ~ асинхронная работа

Babcock's ~ Бебкока операция (*экзерез большой подкожной вены нижней конечности*)

banding ~ операция частичного сужения лёгочной артерии (*напр. нейлоновой полоской*)

batch ~ периодический процесс

biopsy open ~ операционная биопсия

Blalock – Taussig ~ Блелока – Тауссиг операция (*анастомоз подключичной артерии с лёгочным стволом*)

bloodless ~ бескровная операция, бескровная манипуляция (*с минимальной кровопотерей*)

buckling ~ операция вдавления склеры (*при отслойке сетчатки*)

bypass ~ операция обходного шунтирования, шунтирование

capital ~ «большая» операция, тяжёлая операция опасная для жизни

Cesarean ~ кесарево сечение

chest ~ операция на органах грудной полости, торакальная операция

cold weather ~s эксплуатация [работа] при низких температурах

commando ~ радикальная операция

computer ~s обработка (данных) на компьютере

concrete ~ конкретные (мыслительные) операции

conservative treatment ~ органосохраняющая операция

cosmetic ~ косметическая [эстетическая] операция

critical ~ работа в критическом режиме

"curative" ~ радикальная операция

decongestion ~ операция устранения венозного застоя

delayed ~ отсроченная операция; запоздалая операция

diversion ~ операция отведения (*напр. мочи*)

Donald – Fothergill ~ Дональда – Фозергилла [Манчестерская] операция (*выполнение передней кольпорафии, кольпоперинеорафии и удаления шейки матки при выпадении половых органов*)

double-stage ~ двухмоментная операция

Duhamel ~ операция по методу Дюамеля (*сигморектоанастомоз по поводу врождённого аганглиоза ободочной кишки*)

elective colorectal ~ плановая колоректальная операция

emergency ~ экстренная [неотложная] операция

encircling ~ операция стягивания склеры (*при отслойке сетчатки*)

endorectal pull-through ~ эндоректальная операция низведения (*кишки*)

exploratory ~ диагностическая [эксплоративная] операция

extended ~ расширенная операция (*при онкологическом заболевании*)

failed ~ неудачная операция

fenestration ~ фенестрация лабиринта (*напр. при отосклерозе*)

Finney's ~ пилоропластика по Финнею при пилоростенозе

flap ~ лоскутная ампутация

forceps ~ *акуш.* наложение щипцов

formal ~ классическая [стандартная] операция

Fredet – Ramstedt ~ пилоромиотомия по Фреде – Рамштедту при пилоростенозе

gall bladder ~ операция на жёлчном пузыре

Heller's ~ Геллера операция (*рассечение мышечной оболочки пищевода и кардиального жома желудка при ахалазии пищевода*)

hot ~ работа с радиоактивным веществом

ill-defined ~ неточно обозначенные операции

Indian ~ индийский способ ринопластики

intercurrent ~ операция по поводу сопутствующего заболевания

interval ~ операция в период ремиссии болезни или в интервале между приступами

Italian ~ итальянский способ ринопластики

Keller's ~ Келлера операция (*искусственное моделирование сустава после удаления основания первой фаланги большого пальца стопы*)

laparoscopic ~ лапароскопическая операция

major ~ «большая» операция; операция, опасная для жизни

Manchester ~ *см.* **Donald – Fothergill** ~

minor ~ «малая» операция, легкая операция

Nesbit's ~ Несбита операция (*хирургическое выпрямление искривления полового члена*)

one-stage ~ одномоментная [одноэтапная] операция

pericardial window ~ фенестрация перикарда (*наложение отверстия на перикард*)

plastic ~ пластическая операция; восстановительная операция

preferred ~ предпочтительная операция; операция выбора

previous ~ предварительная операция

prosthetic ~ операция протезирования (*напр. клапана сердца*)

pull-through ~ эндоректальная операция низведения сигмовидной кишки после резекции её расширенного отдела при болезни Гиршпрунга

punch ~ операция через прокол; эндоскопическая операция

radical ~ радикальная операция

Ramstedt's ~ *см.* **Fredet – Ramstedt** ~

relaxing ~ послабляющий разрез (*ослабляющий натяжение тканей*)

reparative ~ реконструктивная операция

rescue ~ операция по жизненным показаниям, сопряжённая с риском

ritual ~ ритуальная операция (*напр. циркумцизия у мусульман*)

sagittal split ~ плоскостная остеотомия (*ветвей нижней челюсти*)

salvage ~ операция по жизненным показаниям (*с целью спасения больного*)

second-look ~ операция «повторного осмотра» *(через 0,5–1 год с целью ревизии состояния злокачественного роста)*

shame ~ «ложная» операция *(проводимая в эксперименте на животном)*

shelving ~ Кёнига операция *(создание костного навеса над головкой бедренной кости при врождённом вывихе бедра)*

sex-change ~ операция, изменяющая пол; секс-трансформирующая операция

shunt ~ обходной анастомоз, шунтирующая операция, байпас

single program ~ однородная работа

single-step ~ *см.* **one-stage ~**

size reduction plastic ~ пластическая операция по уменьшению размера

sphincter-saving ~ сфинктерсохраняющая операция

stapes mobilization ~ *ото.* мобилизация стремени

steady ~ стабильная работа *(напр. ядерного реактора)*

stripping ~ флебэктомия «выдиранием», стриппинг-флебэктомия

sun ~s инсоляция

synchronous ~ **1.** синхронная работа **2.** синхронная операция

tagliacotian ~ итальянский способ пластики носа

therapeutic ~ терапевтическое воздействие

tonsils ~ тонзиллэктомия

tuck-up ~ операция подтягивания кожи *(лица)*

two-shift ~ работа в две смены, работа в двухсменном режиме

urgent ~ экстренная [неотложная] операция

volume pre-set ~ регулирование по задаваемому объёму *(о респираторе)*

Whipple's ~ Уиппла операция, панкреатэктомия

z-plasty ~ операция с z-образным разрезом *(для устранения растяжения кожи)*

operationalization [ˌɒpəreiʃəˌnæliˈzeiʃən]:

~ of constructs *психол.* операционализация конструктов *(трансляция абстрактных объектов в оперативную реальность, практическое использование)*

operative [ˈɒpərətiv] **1.** оперативный; активный, эффективный **2.** операционный; относящийся к операции

operator [ˈɒpəˌreitə] **1.** оперирующий хирург **2.** *ген.* оператор *(участок ДНК в опероне, который связывается с белком-репрессором, подавляющим транскрипцию)* **3.** специалист, выполняющий определённую работу

x-ray ~ рентгенотехник

operculum [əʊˈpəːkjʊləm], *pl.* **opercula** [əʊˈpəːkjʊlə] **1.** *анат.* покрышка *(часть височной извилины каждого полушария большого мозга, покрывающая островок)* **2.** оболочка яиц гельминтов **3.** пробка *(1. слизистая – перекрывает канал шейки матки у беременных женщин 2. из фибрина и клеток крови – развивается над местом прикрепления оплодотворённой яйцеклетки к стенке матки 3. лоскут ткани десны – покрывает частично прорезавшийся зуб)*

dental ~ десневой капюшон

operon [ˈɒpərɒn] *ген.* оперон *(группа связанных между собой)*

glucose-sensitive ~ глюкозочувствительный оперон

ophiasis [əʊˈfaiəsis] *дерм.* краевая гнёздная алопеция, офиаз

ophidic [əʊˈfidik] змеиный, вызванный змеёй

ophidiophobia [əʊˌfidiəʊˈfəʊbi:ə] патологическая боязнь змей

ophidism [ˈɒfidizm] интоксикация змеиным ядом

ophryon [ˈɒfri:ɒn] *кр. метр.* офрион *(точка на срединной линии лба над глабеллой)*

ophthalmagra [ˌɒfθəlˈmægrə] внезапная боль в глазу

ophthalmatrophia [ˌɒfθəlməˈtrəʊfi:ə], **ophthalmatrophy** [ˌɒfθəlməˈtrɒfi:] атрофия глазного яблока

ophthalmectomy [ˌɒfθəlˈmektəmi:] энуклеация глаза

ophthalmia [ɒfˈθælmi:ə] офтальмия, конъюнктивит *(воспалительное поражение глаза)*

~ neonatorum бленнорея новорождённых *(чаще гонорейная)*

~ nivialis снежная офтальмия, или слепота; глетчерный катар

~ nodosa нодозная [узелковая] офтальмия

actinic-ray ~ электроофтальмия, электрическая офтальмия

caterpillar ~ *см.* **nodosa**

Egyptian ~ трахома

electric [flash] ~ электроофтальмия, электрическая офтальмия

gonorrheal ~ (гоно)бленнорея

granular ~ *см.* **Egyptian ~**

periodic ~ рецидивирующий увеит

scrofulous ~ *см.* **scrofulous ~**

spring ~ весенний конъюнктивит, весенний катар

strumous ~ туберкулёзно-аллергический [скрофулёзный, фликтенулёзный] кератоконъюнктивит

sympathetic [transferred] ~ симпатический иридоциклит, симпатическая офтальмия

ultraviolet ray ~ *см.* **electric ~**

ophthalmiac [ɒfˈθælmi:æk] глазной больной

ophthalmiatrics [ˌɒfθəlmiˈætriks] лечение болезней глаз

ophthalmic [ɒfˈθælmik] **1.** лекарство от глазных болезней **2.** глазной нерв ‖ глазной, офтальмический; относящийся к глазу

ophthalmitis [ˌɒfθəlˈmaitis] офтальмит *(воспалительное поражение глаза)*

ophthalmocele [ɒfˈθælməʊˌsi:l] экзофтальм *(смещение глазного яблока кпереди)*

ophthalmocopia [ɒfˈθælməʊˌkəʊri:ə] астенопия *(быстрая утомляемость глаз во время зрительной работы)*

ophthalmodynamometry [ɒfˌθælməʊˌdainəˈmɒmətri] офтальмодинамометрия *(измерение кровяного давления в центральной артерии сетчатки)*

ophthalmoeikonometer [ɒfˌθælməʊaikəˈnɒmətə] анизейкометр, офтальмоэйкометр *(прибор для выявления и определения степени неравенства величин изображения одного и того же предмета на сетчатке правого и левого глаз)*

ophthalmography [ˌɒfθəlˈmɒɡrəfi:] офтальмография *(фотографирование движений глаза во время чтения)*

ophthalmogyric [ˌɒfθəlməʊˈʤirik] относящийся к движениям глазного яблока; окулогирный *(о кризе)*

ophthalmoherpes [ɒfˌθælməʊˈhɜːpiːz] офтальмогерпес

ophthalmolith [ɒfˈθælməʊˌlɪθ] дакриолит

ophthalmological [ɒfˌθælməʊˈlɒdʒɪkəl] офтальмологический

ophthalmologist [ˌɒfθəlˈmɒlədʒist] офтальмолог, окулист

ophthalmology [ˌɒfθəlˈmɒlədʒiː] офтальмология *(раздел медицины, занимающийся изучением, диагностикой и лечением глазных болезней)*

~ **in internal medicine** офтальмологические поражения при внутренних болезнях

public health ~ роль [значение] офтальмологии в общественном здравоохранении

ophthalmometry [ˌɒfθəlˈmɒmətriː] офтальмометрия *(измерение радиуса кривизны передней поверхности роговицы, её преломляющей силы и определения астигматизма роговицы)*

ophthalmomyitis [ɒfˌθælməʊmaiˈaitis] воспаление наружных мышц глаза

ophthalmopathy [ˌɒfθəlˈmɒpəθiː] офтальмопатия *(болезни глаз)*

external ~ заболевание наружных структур глаза *(век, роговой оболочки, конъюнктивы, мышц)*

internal ~ заболевание собственно глаза *(стекловидного тела, хрусталика и др.)*

ophthalmoplasty [ɒfˌθælməʊˈplæstiː] пластическая операция глаза

ophthalmoplegia [ɒfˌθælməʊˈpliːdʒiːə] офтальмоплегия *(паралич мышц глаза)*

exophthalmic ~ злокачественный экзофтальм, экзофтальмическая офтальмоплегия

external ~ наружная офтальмоплегия *(поражение мышц, осуществляющих движения глазного яблока)*

internal ~ внутренняя офтальмоплегия *(поражение мышц радужки и ресничной мышцы)*

nuclear ~ ядерная офтальмоплегия *(обусловленная поражением ядер глазодвигательных нервов)*

pigmentary ~ пигментная офтальмоплегия

progressive ~ прогрессирующая наружная хроническая офтальмоплегия, Грефе болезнь

total ~ полная офтальмоплегия *(поражение всех двигательных нервов глаза)*

ophthalmoplethysmography [ɒfˌθælməʊˌpleθɪzˈmɒɡrəfiː] офтальмоплетизмография *(регистрация изменений кровенаполнения глаза в течение сердечного цикла)*

ophthalmoptosis [ɒfˌθælməʊˈtəʊsis] экзофтальм *(смещение глазного яблока кпереди)*

ophthalmoreaction [ɒfˌθælməʊriːˈækʃən] реакция конъюнктивы

ophthalmorrhexis [ɒfˌθælməʊˈreksis] разрыв глазного яблока

ophthalmoscope [ɒfˈθælməˌskəʊp] офтальмоскоп *(прибор для визуального исследования прозрачности сред глаза и осмотра глазного дна)*

binocular ~ бинокулярный офтальмоскоп, Скепенса офтальмоскоп

direct ~ прямой офтальмоскоп

indirect ~ непрямой офтальмоскоп

scanning laser ~ сканирующий лазерный офтальмоскоп

ophthalmoscopy [ˌɒfθəlˈmɒskəpiː] офтальмоскопия

direct (view) ~ офтальмоскопия в прямом виде, прямая офтальмоскопия

indirect (view) ~ офтальмоскопия в обратном виде, обратная офтальмоскопия

redless light ~ офтальмоскопия в бескрасном свете, ретиноскопия

ophthalmostatometer [ɒfˌθælməʊstæˈtɒmətə] экзофтальмометр *(прибор для определения степени выстояния глазного яблока)*

ophthalmotomy [ˌɒfθəlˈmɒtəmiː] офтальмотомия *(хирургическая операция, заключающаяся в выполнении разреза глазного яблока)*

ophthalmotonometer [ɒfˌθælməʊtəˈnɒmətə] (офтальмо)тонометр *(прибор для измерения внутриглазного давления)*

ophthalmotonometry [ɒfˌθælməʊtəˈnɒmetri] глазная тонометрия, офтальмотонометрия

ophthalmotonus [ɒfˌθælməʊˈtəʊnəs] внутриглазное давление, офтальмотонус, тензия глаза

ophthalmoxerosis [ɒfˌθælməʊziˈrəʊsis] ксерофтальмия, офтальмоксероз *(сухость поверхности конъюнктивы и роговицы)*

opiate [ˈəʊpiːeit] *pl.* опиаты *(наркотические алкалоиды, извлекаемые из снотворного мака Papaver somniferum; обладают свойствами аналгезии, эйфории и угнетения дыхания)*

opiatergic [ˌəʊpiːəˈtɜːdʒik] опиатергический *(напр. механизм)*

opilation [ˌəʊpiːˈleiʃən] американский трипаносомоз, Шагаса болезнь

opinion [əˈpinjən] 1. мнение; взгляд; оценка 2. заключение специалиста, эксперта 3. судебное решение

advisory ~ заключение консультантов; консультативное заключение

consensus ~ согласованное мнение *(больного с врачом)*

physician's and patient's ~ мнение врача и больного *(напр. об эффективности медикамента)*

public ~ общественное мнение

second ~ альтернативное мнение *(относительно лечения, назначенного другим врачом)*

opioid [ˈəʊpiːˌpid] опиоид *(1. естественный пептид, напр. энкефалин 2. синтетический наркотический препарат, по действию сходный с опиатами, но не являющийся их производным)*

endogenous ~ эндогенный опиоид

opiomania [ˌəʊpiːəˈmeiniːə] опиомания, опийная наркомания

opiomelanocortin [ˌəʊpiːəʊˌmelənəʊˈkɔːtin] линейный полипептид, секретируемый гипофизом

opiophagism [ˌəʊpiːˈɒfædʒizm], **opiophagy** [ˌəʊpiːˈɒfədʒi] опиофагия *(внутреннее употребление наркотика)*

opisthenar [əˈpisθiˌnɑːr] тыльная поверхность кисти

opisthion [əˈpisθiˌɒn] *кр. метр.* опистион *(середина заднего края большого затылочного отверстия)*

opisthocranion [ˌɒpisθəʊˈkreiniːən] *кр. метр.* опистокранион *(точка затылочной кости, наиболее удалённая от глабеллы)*

opisthogenia [ˌɒpisθəʊˈʤiːnɪə] опистогения *(аномалия прикуса, характеризующаяся задним положением нижней челюсти)*

opisthorchiasis [ˌɒpisθɔːˈkaiəsis] *параз.* описторхоз *(инвазия азиатской печёночной трематодой или другими описторхидами)*

opisthotonos [ˌɒpisθəʊˈtɒnəs], **opisthotonus** [ˌɒpisθɔːˈtəʊnəs] опистотонус *(тоническое сокращение мышц спины и шеи с запрокидыванием головы и вытягиванием конечностей)*

opium [ˈəʊpɪəm] опиум, опий *(высохший на воздухе млечный сок несозревших плодов снотворного мака Papaver somniferum; содержит свыше 20 алкалоидов, включая морфин)*

   gum ~ опийная жвачка

   raw ~ опий-сырец

opium-eater [ˈəʊpɪəm-ˈiːtə] потребитель [курильщик] опиума

opodidymus [ˌɒpəʊˈdidiməs] сросшиеся близнецы с одним туловищем и двумя головами

opotherapy [ˌɒpəʊˈθerəpi] органотерапия, *уст.* опотерапия *(применение в лечебных целях лекарственных веществ животного происхождения, напр. гормонов)*

oppilation [ˌɒpiˈleiʃən] *уст.* запор

opplotentes [ˌɒpləˈtentəs] *офт.* «летающие мушки»

opportune [ˈɒpəˌtjuːn] благоприятный; подходящий; своевременный *(напр. об условиях для развития инфекции)*

opportunistic [ˌɒpətuːˈnistik] **1.** оппортунистический *(об инфекции, обусловленной активацией условно патогенной или сапрофитирующей микрофлоры при иммунодефиците)* **2.** условно-патогенный *(о микроорганизмах)*

opportunity [ˌɒpəˈtjuːniti] удобный случай, благоприятные условия; возможность *(напр. для генерации инфекции при иммунодефиците)*

   ~ for individualized drug treatment возможности индивидуализированного лечения

   ~ies for rehabilitation показания к реабилитации

   environmental ~ies экологические возможности

   evaporation ~ 1. испаряемость **2.** относительное испарение

opposing [əˈpəʊziŋ] антагонистический, противодействующий

opposite [ˈɒpəzit] противоположный, контралатеральный, обратный, противолежащий

opposition [ˌɒpəˈziʃən] **1.** оппозиция, противопоставление **2.** противодействие, сопротивление, противостояние **3.** контраст, противоположность **4.** негативизм

   ~ of cusps смыкание створок *(клапана)*

oppression [əˈpreʃən] угнетённость, подавленность

oppugnant [əˈpʌgnənt] противодействующий; антагонистический

opsialgia [ˌɒpsiˈælʤɪə] лицевая невралгия

OpSite [ˈɒpsait] *фирм.* опсайт *(наклеивающаяся хирургическая плёнка)*

opsitocia [ˌɒpsiˈtəʊʃiə] переношенная беременность *(более 40 недель)*

opsiuria [ˌɒpsiˈjuːriə] опсиурия *(сниженное выделение мочи во время голодания)*

opsoclonia [ˌɒpsəʊˈkləʊniə], **opsoclonus** [ˌɒpsəʊˈkləʊnəs] опсоклонус, глазной миоклонус, синдром пляшущих глаз *(быстрые непроизвольные хаотические содружественные движения глазных яблок)*

opsonin [ˈɒpsənin] *pl.* опсонины *(факторы сыворотки крови, способствующие прилипанию бактерий и антигенов к фагоцитам и стимулирующие фагоцитоз)*

opsonization [ˌɒpsəniˈzeiʃən] опсонизация *(взаимодействие опсонинов с бактериями);* «опсоническое» влияние иммунной сыворотки *(напр. при наличии в ней антител, комплемента и др.)*

   ~ of yeast опсонизация дрожжевых грибков

   antibody-independent ~ независимая от антител опсонизация

opsonometry [ˌɒpsəˈnɒmətri] оценка количества опсонинов в крови, определение опсонического индекса

opsonotherapy [ˌɒpsəʊnəʊˈθerəpi] вакцинотерапия

optic(al) [ˈɒptikəl] **1.** глазной, зрительный **2.** оптический

optician [ɒpˈtiʃən] оптик *(специалист, занимающийся изготовлением стёкол для очков)*

opticianry [ɒpˈtiʃənri] прикладная оптика

opticociliary [ˌɒptikəʊˈsiliəri] относящийся к зрительному и ресничному нервам

opticokinetic [ˌɒptikəʊkiˈnetik] глазодвигательный

opticopupillary [ˌɒptikəʊˈpjuːpiˌlæri] относящийся к зрительному нерву и зрачку

optics [ˈɒptiks] оптика

   applied ~ прикладная оптика

   fiber ~ волоконная оптика *(использующая волокна для передачи световых изображений)*

optimal [ˈɒptiməl] оптимальный, адекватный *(о репозиции перелома)*

optimism [ˈɒptiˌmizm] оптимизм

optimistic [ˌɒptiˈmistik] оптимистичный, оптимистический

optimization [ˌɒptimiˈzeiʃən]:

   ~ of radiotherapy оптимальные варианты в планировании радиотерапии

   cost ~ оптимизация затрат

optimum [ˈɒptəməm]:

   population ~ 1. оптимальная плотность [численность] популяции **2.** демографический оптимум

   power ~ оптимальная для данной страны численность населения

option [ˈɒpʃən] **1.** выбор; право выбора или замены *(напр. лечащего врача)* **2.** предмет выбора **3.** вариант, способ *(напр. лечения)* **4.** опция, дополнительное устройство *(напр. модуль капнографа)*

   ~ of bile acid therapy способ лечения жёлчными кислотами

   dual ~ *страх.* двойной вариант *(предложение страховщиком двух видов медицинской страховки)*

   surgical ~s выбор хирургического метода *(напр. в лечении омфалоцеле)*

   treatment ~ 1. метод лечения **2.** выбор метода лечения

   triple ~ *страх.* тройной выбор *(предложение одним страховщиком трёх видов страховки одновременно)*

optional [ˈɒpʃənəl] произвольный, факультативный, необязательный

optochiasmic [ˌɒptəʊkaiˈæzmik] относящийся к перекрёсту зрительных нервов

optoelectronics [ˌɒptəʊiˌlekˈtrɒniks] **1.** лазерная техника **2.** применение лазеров

optogram [ˈɒptəˌɡræm] оптограмма (изображение светящегося объекта на сетчатке при офтальмоскопии)

optokinetic [ˌɒptəʊkiˈnetik] глазодвигательный, оптокинетический

optometrist [ɒpˈtɒmətrist] оптометрист (специалист, определяющий изменения рефракции глаза и подбирающий очки)

optometry [ɒpˈtɒmətri] оптометрия, рефрактометрия (определение рефракции глаза и положения дальнейшей и ближайшей точек ясного зрения)

optophone [ˈɒptəfəʊn] оптофон (прибор для чтения печатного текста слепыми)

optotypes [ˈɒptəʊˌtaips] оптотипы (однотипные знаки, напр. буквы, различной величины для определения остроты зрения)

opus [ˈəʊpəs]:
~ **citatum** лат. цитируемое произведение

ora [ˈəʊrə], pl. **orae** [ˈəʊriː] край
~ **serrata** лат. зубчатое устье (граница перехода бледной слизистой оболочки пищевода в оранжево-красную слизистую желудка)

orad [ˈəʊræd] по направлению к полости рта

oral [ˈɔːrəl] **1.** ротовой, оральный, внутриротовой **2.** пероральный (о способе введения, напр., лекарственного средства через рот) ◊ **for** ~ перорально

orality [ɔːˈræliti] психоан. оральность (обозначение всех психических проявлений, обусловленных ранними либидинозными или агрессивными функциями, связанными с ротовой полостью)

oralogy [ɔːˈrælədʒi] **1.** гигиена полости рта **2.** стоматология

orange [ˈɔːrinʤ] **1.** оранжевый цвет; апельсиновое дерево **2.** «оранж» (условное название гербицида и дефолианта, содержащего диоксин, применявшегося армией США во время войны с Вьетнамом)

orb [ɔːrb] **1.** сферическое образование **2.** глазное яблоко

orbicular [ɔːrˈbikjʊlə] круглый, сферический

orbit [ˈɔːrbit] глазница, глазная впадина
anophthalmic ~ глазница, лишённая глазного яблока

orbital [ˈɔːrbitəl] **1.** глазничный, орбитальный **2.** глазной

orchectomy [ɔːˈkektəmi] см. **orchiectomy**

orchialgia [ɔˌkiˈælʤiə] орхиалгия, орхидалгия, Купера болезнь

orchic [ˈɔːkik] относящийся к яичку

orchid [ˈɔːkid]:
butterfly ~ любка двулистная, фиалка ночная (Platanthera bifolia Rich)

orchidalgia [ˌɔːkiˈdælʤiə] см. **orchialgia**

orchidectomy [ˌɔːkiˈdektəmi], **orchiectomy** [ˌɔːkiˈektəmi] орхиэктомия (удаление яичка)
bilateral ~ двустороннее удаление яичек, кастрация

orchidic [ɔːˈkidik] см. **orchic**

orchiditis [ˌɔːkiˈdaitis] см. **orchitis**

orchidopexy [ˌɔːkidəʊˈpeksi], **orchidorrhaphy** [ˌɔːkidəʊˈræfi] см. **orchiopexy**

orchidoptosis [ˌɔːkidəʊpˈtəʊsis] смещение яичка вниз (напр. при варикоцеле)

orchidotomy [ˌɔːkiˈdɒtəmi] орхидотомия (разрез яичка с целью его биопсии и гистологического исследования)

orchiencephaloma [ˌɔːkienˌsefəˈləʊmə] эмбриональная карцинома

orchiepididymitis [ˌɔːkiˌepiˌdidiˈmaitis] орхиэпидидимит (сочетанное воспаление яичка и его придатка)

orchiocatabasis [ˌɔːkiəʊkəˈtæbəsis] физиол. опущение яичек

orchioncus [ˌɔːkiˈɒŋkəs] опухоль яичка

orchiopathy [ˌɔːkiˈɒpəθi] заболевание яичка

orchiopexy [ˌɔːkiəʊˈpeksi] орхи(до)пексия (фиксация низведённого яичка к мошонке или к бедру)
microvascular ~ микрохирургическая пересадка [трансплантация] яичка

orchioplasty [ˈɔːkiəʊˌplæsti] пластическая операция на яичке

orchioscheocele [ˌɔːkiəʊˈskiəʊˌsiːl] опухоль мошонки в сочетании с мошоночной грыжей

orchis [ˈɔːkis] яичко

orchitic [ɔːˈkitik] относящийся к орхиту

orchitis [ɔːˈkaitis] орхит (воспаление яичка)

order [ˈɔːdə] **1.** порядок; упорядоченность; последовательность; регламент **2.** хорошее состояние (напр. сердца, почек и т. п.) **3.** слой общества; социальная группа **4.** род, сорт, свойство **5.** такс. отряд; подкласс **6.** назначать, предписывать (напр. лекарственное средство, метод лечения); см. тж. Приложение

~**s not to resuscitate** разрешение к прекращению реанимации

birth ~ порядковый номер рождения; очерёдность [последовательность] рождения

guardianship ~ судебный приказ о назначении опеки

hospital ~ судебный приказ о принудительной госпитализации психически больного преступника

medical ~ **1.** назначение врача **2.** лист назначений

parental ~ степень родства (закон об искусственном оплодотворении, регулирующий родительские права)

pecking ~ иерархия (власти, престижа)

probation ~ решение суда об условном освобождении, «испытании» или пробации

psychiatric probation ~ решение суда о психиатрической пробации (освобождение от наказания при условии обязательного психиатрического лечения освобождённого)

section 30 ~ см. **parental** ~

social ~ общественный строй

orderliness [ˈɔːdəˈliːnəs]:
organic ~ органическая педантичность

orderly [ˈɔːdəli] **1.** больничный служитель, санитар **2.** дежурный (напр. врач) **3.** согласно предписанию (врача)

air ambulance ~ борт-санитар

nursing ~ санитар

ordinance [ˈɔːdinəns] **1.** указ, декрет; постановление **2.** обряд; таинство

Ordinance:
Air Pollution ~ Декрет об охране воздуха окружающей среды от загрязнений

Environmental Policy ~ Постановление о политике в области использования окружающей среды *(США)*

ordinary ['ɔ:dinəri:] **1.** обычный, обыкновенный **2.** постоянный, привычный; нормальный **3.** простой, ординарный

ordination [ˌɔ:di'neiʃn] *такс.* классификация; расположение; ординация *(напр. экологических объектов)*

ordography [ɔ:'dɒgrəfi:] (рентгено)томография, стратиграфия

ordure ['ɔ:djʊə] экскременты

orexia [ɒ'reksiə] орексия *(желание есть, аппетит)*

orexigenic [ɒˌreksi'dʒenik] возбуждающий [вызывающий] аппетит

orexin ['ɔ:reksin] орексин *(пептид гипоталамуса – регулятор пищевой мотивации и сна)*

orexis ['ɔ:reksis] фармпрепарат, усиливающий мужскую потенцию

orf [ɔ:f] язвенный стоматит; контагиозный пустулёзный дерматит

organ ['ɔ:gən] орган *(независимая часть тела, обладающая специальными функциями)*

~ **of Corti** *см.* **Corti's** ~

~ **of equilibrium** орган равновесия

~**s of generation** *см.* **genital** ~**s**

~ **of Jacobson** *см.* **vomeronasal** ~

~ **of sight** орган зрения

~ **of touch** орган осязания

~ **of Zuckerkandl** поясничный аортальный параганглий, хромаффинное тело аорты, Цуккеркандля орган

accessory ~**s** вспомогательные органы

affected ~ поражённый орган

blood-forming [blood-making] ~ *см.* **hemopoietic** ~

cell ~ органоид, органелла

cold-stored ~ криоконсервированный [хранимый в холоде] орган

copulatory ~ совокупительный [копулятивный] орган

Corti's ~ спиральный [кортиев] орган *(улиткового лабиринта)*

critical ~ *радиол.* критический орган *(концентрирующий радионуклиды, напр., щитовидная железа, гонады)*

cryopreserved ~ *см.* **cold-stored** ~

effector ~ эффекторный нервный отросток

enamel ~ эмалевый орган *(зубного зачатка)*

end ~ концевая нейромышечная пластинка, нервное окончание, рецептор

executive ~ *здр.* исполнительный орган

genital ~**s** половые [репродуктивные] органы, гениталии

Golgi tendon ~ *см.* **neurotendinous** ~

gustatory ~ орган вкуса

hemopoietic ~ кроветворный [гемопоэтический] орган, орган кроветворения

high NK ~ орган с высоким содержанием естественных клеток-киллеров

"iced" ~ *см.* **cold-stored** ~

"imported" ~ донорский орган

intromittent ~ *см.* **copulatory** ~

Jacobson's ~ сошниково-носовой [якобсонов] орган

major ~ жизненно важный [основной] орган *(мозг, сердце и др.)*

Marchand's ~ Маршана добавочный надпочечник

motor end ~ двигательный концевой аппарат

neurohemal ~ нейрорегулятор в системе кровообращения

neurotendinous ~ нервно-сухожильное веретено

olfactory ~ орган обоняния

otolith ~ отолитовый аппарат

pineal ~ эпифиз, шишковидная железа

pituitary ~ гипофиз

segmental ~ эмбриональная почка

sense [sensory] ~**s** органы чувств; анализаторы

spiral ~ *см.* **Corti's** ~

supernumerary ~ добавочный [акцессорный] орган

target ~ **1.** орган-мишень *(подверженный специфическому воздействию, напр. мозг и печень – алкоголю)*

2. исследуемый орган

taste ~ орган вкуса

tendon ~ *см.* **Golgi tendon** ~

urinary ~**s** органы мочеобразования и мочевыделения

vestibular ~ вестибулярный лабиринт

vestigial ~ рудиментарный [остаточный] орган, рудимент

visual ~ орган зрения

vital ~ *см.* **major** ~

vomeronasal ~ сошниково-носовой [якобсонов] орган

Weber's ~ предстательная [мужская] маточка, веберов орган, *уст.* пузырёк предстательной железы

zige-matched ~**s** совместимые по размерам органы *(при трансплантации)*

organelle ['ɔ:gəˌnel], *pl.* **organellae** [ˌɔ:gə'neli:] органелла, органоид *(структура цитоплазмы – митохондрия, рибосома, клеточный центр)*

cell ~ клеточная органелла

organ-erotic ['ɔ:gən-i'rɒtik] *психоан.* органно-эротический

organic [ɔ:'gænik] **1.** относящийся к органу или органам **2.** связанный с жизнью организма; органический *(о химических соединениях, в состав которых входит углерод, присутствующий во всех живых организмах)* **3.** натуральный, экологически чистый *(выращенный без применения химических удобрений, пестицидов и пр.)*

organimy [ɔ:'gænimi:] номенклатура органов

organism ['ɔ:gənizəm] **1.** организм, живой объект **2.** микроорганизм *(вирус, бактерия)*, *pl.* микрофлора

aerobic ~ аэробный микроорганизм, оксибионт

anaerobic ~ анаэробный микроорганизм, анаэроб, анаэробионт, аноксибионт

biological indicator ~ биоиндикатор *(организм, служащий индикатором загрязнения окружающей среды)*

blue pus ~ синегнойная палочка

category B1 ~**s** микроорганизмы группы B1 *(опасности)*

causal [causative] ~ патогенный [болезнетворный] микроорганизм

coliform ~ кишечная палочка

disease-producing ~ *см.* **causal** ~

fastidious ~ «привередливый» организм *(трудный для культивирования на стандартной питательной среде)*

filter-feeding ~ фильтратор, фильтрующий организм

gram-negative enteric ~**s** грамотрицательные бактерии кишечной группы

gram-positive ~s грамположительные бактерии

heat-killed ~ термоинактивированный [убитый нагреванием] микроорганизм

homoethermic ~ теплокровное животное

host ~ 1. организм хозяина 2. микроб-хозяин

index ~ биологический индикатор загрязнения

infectious ~ патогенный микроорганизм

L-~s L-формы бактерий, обнажённые формы бактерий *(утратившие плотную клеточную оболочку)*

lower ~ низший организм, микроорганизм *(представитель бактерий, вирусов, риккетсий, грибов)*

miracle ~ *микр.* «чудесная палочка»

motile ~ подвижный микроорганизм *(имеющий жгутики)*

multiple ~s смешанная [ассоциированная] микрофлора

oxybiotic ~ *см.* **aerobic** ~

pathogenic ~ патогенный [болезнетворный] микроорганизм

pleuropneumonia-like ~s микоплазма, *уст.* плевропневмониеподобные (микро)организмы

producing ~s микробы-продуценты

proteinaceons infections ~ *см.* **prion**

pus ~ гноеродный микроорганизм

syntrophic ~ синтрофный организм *(размножение которого зависит от секретируемых метаболитов другого организма в смешанной культуре)*

test ~ тест-микроорганизм

thermoduric ~ теплостойкий микроорганизм

transgenic ~ трансгенный организм *(в геном которого включен чужеродный генетический материал; первый ТО получен Дж. Гордоном с соавт. путём микроинъекции ДНК в пронуклеус оплодотворённой яйцеклетки, 1980 г.)*

typhoid ~ брюшнотифозная палочка

uterine ~s микрофлора матки

organization [ˌɔːɡəniˈzeiʃən] 1. организация, приведение в систему 2. объединение; предприятие; формирование 3. организм 4. структура, устройство, строение *(напр. клетки)*; организм 5. замещение свёртка крови соединительной тканью; *см. тж.* Приложение

~ **of immunoglobulin** строение иммуноглобулина

~ **of the body** строение тела

anatomical ~ анатомическая структура

blood clot ~ тромбообразование

credentialing verification ~ контролирующая организация *(осуществляющая первичную проверку документации ЛПУ)*

dental health maintenance ~ стоматологическое ЛПУ

federal employee health benefit acquisition ~ организация медицинских услуг для государственных служащих

food investigation ~ организация по изучению пищевых продуктов

genetic ~ генетическая структура

health ~ 1. организация оказания медицинской помощи 2. организация работы в лечебном учреждении 3. организация санитарного надзора

health maintenance ~ 1. *страх.* организация по предоставлению медицинских услуг 2. общество поддержки здоровья

human proteome ~ организация «Протеом человека»

insurance medical ~ страховая медицинская организация

managed care ~ организация управляемой медицинской помощи

non-governmental ~ неправительственная [общественная] организация

peer review ~ организация коллегиального контроля *(в рамках программы «Медикэр»)*

pest control ~ организация по борьбе с вредными насекомыми

physician-hospital ~ врачебно-больничное объединение

preferred provider ~ *страх.* организация предпочтительных ЛПУ

social health maintenance ~ социальная организация поддержки здоровья *(оказывающая не только медицинскую, но и социальную помощь)*

utilization review ~ организация, осуществляющая аудит объёмов медицинской помощи

voluntary ~ общественная организация

organizer [ˈɔːɡəˌnaizə] *эмбр.* организатор, организационный центр, Шпеманна центр *(участок эмбриона, обладающий способностью к морфогенетическому стимулированию других участков)*

head ~ *эмбр.* головной организатор

trunk ~ *эмбр.* туловищный организатор

organochlorine [ˌɔːɡənəʊˈklɔːriːn] хлорорганическое соединение *(используемое в производстве и в борьбе с насекомыми, грызунами и пр.)*

organogenesis [ˌɔːɡənəʊˈdʒenəsis], **organogeny** [ˌɔːɡəˈnɒdʒəni] органогенез, развитие органа

induced ~ индуцированный органогенез

organography [ˌɔːɡəˈnɒɡrəfi] рентгенография внутренних органов

organoid [ˈɔːɡəˌnɔid] 1. *см.* **organelle** 2. напоминающий орган

organoleptic [ˌɔːɡənəʊˈleptik] органолептический

organology [ˌɔːɡəˈnɒlədʒi] совокупность сведений по анатомии, эмбриологии и физиологии различных органов

organoma [ˌɔːɡəˈnəʊmə] органоидная опухоль; тератома

organomegaly [ˌɔːɡənəʊˈmegəli] увеличение органа

organometallic [ˌɔːɡənəʊməˈtælik] *pl.* металлоорганические соединения

organon [ˈɔːɡəˌnɒn]

~ **of medicine** органоидная медицина *(гомеопатия)*

organonitrate [ˌɔːɡənəʊˈnaitreit] *pl.* органические нитраты

organonomy [ˌɔːɡəˈnɒnəʊmi] законы о живой природе и живых существах

organonymy [ˌɔːɡəˈnɒnimi] номенклатура органов тела

organopathy [ˌɔːɡəˈnɒpəθi] 1. органическое заболевание 2. *см.* **organotherapy**

organophosphate [ˌɔːɡənəʊˈfɒsfeit] фосфорорганическое соединение, или средство *(используемое в быту, сельхозпроизводстве, в борьбе с насекомыми и пр.)*

organoscopy [ˌɔːɡəˈnɒskəpi] лапароскопия, перитонеоскопия

organotherapy [ˌɔːɡənəʊˈθerəpi] органотерапия *(применение лекарственных веществ животного происхождения, напр. гормонов)*

organotrophic [ˌɔːɡənəʊˈtrɒfik] *см.* **heterotrophic**

organotropy [ˌɔːɡəˈnɒtrəpiː] органотропность, органо-тропизм *(свойство какого-л. фактора избирательно воздействовать на определённый орган)*

organule [ˈɔːɡənuːl] клетка, элемент *(организма или органа)*

organum [ˈɔːɡənəm], *pl.* **organa** [ˈɔːɡənə] *лат., см.* **organ**

~ **auditus** орган слуха и равновесия

~**a uropoietica** органы, образующие и выделяющие мочу

organy [ˈɔːɡəniː] душица обыкновенная *(Origanum vulgare)*

orgasm [ˈɔːɡæzm] оргазм *(максимальное половое возбуждение – кульминация полового акта)*

pharmacogenic ~ фармакогенный оргазм

Orientalism [ˌɔːriˈentəlizm] ориентализм *(культура, обычаи, нравы жителей Востока)*

Orientals [ˌɔːriːˈentls] представители европейской расы

orientation [ˌɔːriːenˈteiʃən] 1. ориентация, определение местонахождения 2. ориентировка *(1. психическая функция, обеспечивающая осознание собственной личности и обстановки 2. угол, под которым участники группы сидят или стоят по отношению друг к другу)*

~ **of the presentation** определение положения плода в матке

~ **of the tumor** определение местоположения опухоли

double ~ двойная ориентировка *(убеждение больного в том, что он одновременно находится в двух местах, напр. в больнице и в тюрьме, что его окружают больные и в то же время подосланные шпионы и т. п.)*

goal ~ ориентация на цель, целевая ориентация

reverse ~ *псих.* обратная ориентация *(просмотра)*

sexual ~ сексуальная ориентация *(гомо- или гетеро-)*

spatial ~ пространственная ориентация

temporal ~ ориентировка во времени

transcriptional ~ *псих.* транскрипционно-активная ориентация *(промотора)*

orifice [ˈɔːrifis] 1. *анат.* отверстие, устье, вход, проход 2. насадка, наконечник

anal ~ задний проход, анальное отверстие

aorta ~ отверстие [устье] аорты

buccal ~ ротовое отверстие, рот, ротовая щель

canal ~ верхушечное отверстие корня зуба

cardiac ~ кардия, вход в желудок

external ~ **of uterus** отверстие матки, маточный зев

hernial ~ грыжевые ворота

mitral ~ отверстие митрального клапана

preputial ~ отверстие крайней плоти

rectal ~ анальное отверстие, задний проход

root canal ~ *см.* **canal**

ureteral ~ устье мочеточника

urethral ~ отверстие мочеиспускательного канала

orificium [ˌɔriˈfiʃiəm], *pl.* **orificia** [ˌɔriˈfiʃiə], *см.* **orifice**

origin [ˈɔːridʒin] 1. этиология, источник, первопричина, происхождение 2. начало нерва 3. место прикрепления мышцы 4. зачаток; закладка *(органа)* 5. *ген.* точка начала репликации

~ **of abnormal sounds** место образования аномальных звуков *(при дыхании)*

~ **of breakdown products** природа продуктов распада

~ **of diarrhea** причина диареи

~ **of liver fat** причина ожирения печени

~ **of macrophage diversity** природа разнообразия макрофагов

anomalous ~ аномальное отхождение *(напр. артерии)*

blood-borne ~ кроветворное [гемопоэтическое] происхождение *(клетки)*

single-cell ~ клональное происхождение

subepicardial ~ субэпикардиальное происхождение *(напр. аритмии)*

transfer ~ начало конъюгативного переноса репликона

undetermined ~ 1. неизвестного происхождения *(напр. лихорадка)* 2. невыясненной локализации *(напр. кровотечение)*

original [əˈridʒənəl] 1. исходный, первый, первоначальный *(напр. об операции)* 2. *редко* врождённый

originate [əˈridʒəˌneit] 1. порождать, давать начало, создавать 2. происходить, брать начало

originative [əˌridʒəˈneitiv] порождающий, дающий начало

originator [əˌridʒəˈneitə] возбудитель *(болезни)*

orinotherapy [əˌrinəʊˈθerəpiː] лечение в условиях высокогорья

oriocele [ˈɔːriəʊˌsiːl] 1. паховая грыжа 2. опухоль яичка 3. яичковая грыжа 4. яичко, задержавшееся в паховом канале

ornithine [ˈɔːniθiːn] орнитин *(вырабатываемая в печени аминокислота, являющаяся побочным продуктом в ходе преобразования аммиака в мочевину)*

Ornithodoros [ˌɔːniˈθɒdərəs] род аргасовых клещей семейства Argasidae *(включает переносчиков трипаносомоза, Q-лихорадки, клещевого и возвратного тифа)*

ornithophobia [ˌɔːniθəʊˈfəʊbiːə] орнитофобия *(боязнь птиц)*

ornithosis [ˌɔːniˈθəʊsis] *инф. бол.* орнитоз, *уст.* пситтакоз

Orochol [ˈɔːrəkɒl]:

~ **Berna** *фирм.* живая, ослабленная вакцина рекомбинантного холерного вибриона

orofacial [ˌɔːrəʊˈfeiʃəl] челюстно-лицевой, относящийся к полости рта и области лица

oro-immunity [ˈɔːrəʊ-iˈmjuːniti] пассивный иммунитет

orolingual [ˌɔːrəʊˈliŋgwəl] относящийся ко рту и языку

oronasal [ˌɔːrəʊˈneizəl] *см.* **orofacial**

oronosus [ˌɔːrəˈnəʊsəs] высотная болезнь; гипоксия

oropharynx [ˌɔːrəʊˈfæriŋks] ротовая часть глотки, мезофаринкс, ротоглотка

orphan [ˈɔːfən] 1. сирота 2. микроб-сиротка

orphan-drug [ˈɔːfən-drʌg] препарат для лечения редких заболеваний

orrhodiagnosis [ˌɔːrəʊˌdaiæɡˈnəʊsis] серодиагностика

orrhoimmunity [ˌɔːrəʊiˈmjuːniti] пассивный иммунитет

orrhology [ɔːˈrɒlədʒiː] серология *(раздел иммунологии, изучающий механизмы серологических реакций)*

orrhomeningitis [ˌɔːrəʊˌmeninˈdʒaitis] серозит *(воспаление серозной оболочки брюшины, плевры и др.)*

orrhoreaction [ˌɔːrəʊriˈækʃən] серологическая реакция, реакция антиген – антитело

orrhorrhea [ˌɔːrəʊˈriːə] *уст.* обильные слизистые выделения

orrhotherapy [ˌɔːrəʊˈθerəpiː] серотерапия

orthergasia [ˌɔːθərˈɡeɪziə] нормальная реактивность организма, нормальное функционирование

orthesis [ɔːˈθiːsis] *см. тж.* **orthosis** ортопедический бандаж или корсет

orthetics [ɔːˈθetiks] *см.* **orthotics**

orthoarteriotony [ˌɔːrθəʊɑːˌtiriˈɒtəniː] нормальное артериальное давление

orthobiosis [ˌɔːrθəʊˈbaɪəʊsis] ортобиоз, здоровый образ жизни

orthochromatic [ˌɔːrθəʊkrəʊˈmætik] *гист.* ортохроматический, нормохроматический, нормально окрашенный (*о ткани, окрашивающейся цветом красителя*)

orthocytosis [ˌɔːrθəʊsaɪˈtəʊsis] наличие в циркулирующей крови только зрелых форменных элементов

orthodiagram [ˌɔːrθəʊˈdaɪəˌɡræm] *рентг.* ортодиаграмма

orthodiagraph [ˌɔːrθəʊˈdaɪəˌɡræf] ортодиаграф (*приспособление к экрану рентгеновского аппарата*)

orthodiagraphy [ˌɔːrθəʊˈdaɪˈæɡrəfiː] ортодиаграфия, орторентгенография (*контуров сердца и аорты*)

orthodigita [ˌɔːrθəʊˈdiʤitə] коррекция [исправление] пороков развития пальцев

orthodontia [ˌɔːrθəˈdɒnʃə], **orthodontics** [ˌɔːrθəˈdɒntiks] ортодонтия (*раздел стоматологии, занимающийся исправлением деформаций зубов и челюстей*)

interceptive [preventive] ~ профилактическая ортодонтия

orthodontist [ˌɔːrθəˈdɒntist] стоматолог-ортодонт

orthodox [ˈɔːrθəˌdɒks] 1. общепринятый, традиционный (*напр. о медицине*) 2. ортодоксальный, приверженный традициям

orthogenics [ˌɔːrθəˈʤeniks] 1. отрасль медицины, разрабатывающая методы исправления дефектов физического и психического развития 2. евгеника

orthoglycemia [ˌɔːrθəɡlaɪˈsiːmiə] нормогликемия

orthognathia [ˌɔːrθəʊˈneɪθiə], **orthognathics** [ˌɔːrθəʊˈnæθiks] ортогнатия (*правильный прикус, при котором верхние передние и боковые зубы перекрывают одноимённые нижние*)

orthograde [ˌɔːrθəʊˈɡreɪd] характеризующий ходьбу в вертикальном положении

orthokeratology [ˌɔːrθəʊˌkerəˈtɒləʤiː] метод улучшения зрения с помощью контактных линз

orthomechanical [ˌɔːrθəʊmiˈkænikəl] относящийся к бандажам, протезам, ортодонтическим устройствам и другим приспособлениям

orthomelic [ˌɔːrθəʊˈmelik] корригирующий деформации нижних конечностей

orthomorphia [ˌɔːrθəʊˈmɔːfiə] коррекция, исправление деформаций

Orhtomyxoviridae [ˌɔːrθəʊˌmiksəʊˈviːridiː], **orthomyxoviruses** [ˌɔːrθəʊˌmiksəʊˈvaɪrəses] ортомиксовирусы

orthopedic [ˌɔːrθəʊˈpiːdik] ортопедический; выпрямляющий; восстановительный (*напр. об операции на мочеточнике*)

orthopedics [ˌɔːrθəʊˈpiːdiks] ортопедия (*область клинической медицины, занимающаяся исправлением дефектов опорно-двигательного аппарата*)

emergency ~ травматология; неотложная ортопедия

orthopedist [ˌɔːrθəʊˈpiːdist] врач-ортопед

orthophoria [ˌɔːrθəˈfɔːriːə] ортофория (*нормальное функционирование двигательного аппарата глаз*)

orthophrenia [ˌɔːrθəʊˈfriːniə] психическое здоровье

orthoplasty [ˈɔːrθəʊˌplæstiː] выпрямление, ортопластика (*напр. полового члена*)

orthopnea [ˌɔːrθɒpˈniːə] ортопноэ (*вынужденное положение сидя, принимаемое больным для облегчения дыхания при выраженной одышке*)

~ **cardiaca** стенокардия

orthopnoeic [ˌɔːrθɒpˈniːik] ортопнойный

Orthopoxvirus [ˌɔːrθəʊˈpɒksˌvaɪrəs] род вирусов семейства *Poxviridae*, включающий возбудителей аластрима, вакцинии, оспы, коровьей оспы, эктромиелии, оспы обезьян и кроликов

orthopraxis [ˌɔːrθəʊˈpræksis], **orthopraxy** [ˈɔːrθəʊˌpræksiː] *уст.* ортопедия

orthopsychiatrics [ˌɔːrθəʊsaɪˈkaɪətriks], **orthopsychiatry** [ˌɔːrθəʊsaɪˈkaɪətriː] ортопсихиатрия (*раздел психиатрии, изучающий пограничные состояния и разрабатывающий методы их диагностики, лечения и профилактики*)

orthoptic [ɔːˈθɒptik] относящийся к нормальному бинокулярному зрению

orthoptics [ɔːˈθɒptiks] ортоптика (*консервативные [нехирургические] методы восстановления бинокулярного зрения при косоглазии*)

orthoptist [ɔːˈθɒptist] ортоптист (*специалист по коррекции зрения*)

orthoptoscopy [ˌɔːrθəʊpˈtɒskəpiː] ортоскопия, амблиоскопия

orthorexia [ˌɔːrθəʊˈreksiːə]:

~ **nervosa** нервная орторексия (*патологическая озабоченность качеством, калорийностью и прочими характеристиками пищи*)

orthoroentgenography [ˌɔːrθəʊˌrentʤəˈnɒɡrəfiː] *см.* **orthodiagraphy**

orthosis [ɔːrˈθəʊsis], *pl.* **orthoses** [ɔːrˈθəʊsiːz] 1. репозиция, выправление [исправление, коррекция] деформации (*напр. позвоночника*) 2. ортопедическое устройство (*напр. корсет*)

orthostasis [ˌɔːrθəʊˈstæsis] ортостаз (*вертикальное положение тела*)

orthostatic [ˌɔːrθəʊˈstætik] ортостатический (*относящийся к вертикальному положению тела*)

orthostereoscope [ˌɔːrθəʊˌsteriˈəˈskəʊp] стереоскопическая приставка к рентгеновскому аппарату

orthotast [ˌɔːrθəʊˈtæst], **orthoterion** [ˌɔːrθəʊˈtiːriːən], **orthoterium** [ˌɔːrθəʊˈtiːriːəm] устройство для выправления искривлений ног

orthothanasia [ˌɔːrθəʊθəˈneɪziə] 1. наука о механизмах естественной смерти 2. эйтаназия, эвтаназия

orthotherapy [ˌɔːrθəʊˈθerəpiː] лечебное исправление осанки

orthotics [ɔːrˈθəʊtiks] 1. ортотика, протезирование 2. техника применения ортопедических аппаратов

orthotist [ɔːrˈθəʊtist] техник-ортопед

orthotonos [ɔːrˈθɒtənəs], **orthotonus** [ɔːrˈθɒtənəs] ортотонус (*вынужденное положение тела с выпрямленным туловищем, разогнутыми и приведёнными конечностями у больных столбняком*)

orthotopic [ˌɔːˈrΘəʊˈtɒpik] ортотопический, расположенный на своём естественном месте *(напр. трансплантат)*

os¹ [ɒs], *pl.* **ora** [ˈɔːrə] *лат.* **1.** рот; ротовое отверстие **2.** вход в полый орган или канал

~ **uteri** наружное отверстие шейки матки

incompetent cervical ~ истмико-цервикальная недостаточность *(допускающая преждевременное расширение шейки матки во время беременности)*

internal ~ **uteri** внутренний зев матки

prinhole ~ крайняя степень стеноза наружного отверстия шейки матки

os² [ɒs], *pl.* **ossa** [ˈɒsə] *лат.* кость, костная структура

~ **acetabulum** кость вертлужной впадины

~ **breve** короткая кость *(поперечный и продольный размеры которой соизмеримы)*

~ **calcis** кальцификат, обызвествлённый участок кости

~ **carpi** кости запястья *(к ним относятся: ладьевидная, полулунная, трёхгранная, гороховидная, кость-трапеция, трапециевидная, головчатая и крючковидная)*

~ **coxae** тазовая кость

~ **ethmoidale** решётчатая кость

~ **hyoideum** подъязычная кость

~ **irregulare** неправильная кость *(имеющая сложную форму, напр. позвонок или кости черепа)*

~ **lunatum** полулунная кость

~ **lunatum bipartitum** раздвоенная полулунная кость

~ **mastoideum** сосцевидный отросток височной кости

~ **metacarpale** пястная кость

~ **metatarsale** плюсневая кость

~ **novum** новообразованная кость

~ **odontoideum** неслияние зуба II шейного позвонка с его телом

~ **penis** желобоватая [приапова] кость

~ **peroneum** (сесамовидная) икроножная кость

~ **trapezium** большая многоугольная кость

~ **trapezoideum** трапециевидная [малая многоугольная] кость

~ **vesalianum** везалиева кость

oscedo [ɒsˈsiːdəʊ] **1.** зевота; зевание **2.** афтозный стоматит

oscheal [ˈɒskiːəl] мошоночный

oscheitis [ˌɒskiˈaitis] воспаление мошонки

oschelephantiasis [ˌɒskˌeləfənˈtaiəsis] слоновость мошонки

oscheocele [ˈɒskiːəˌsiːl] **1.** пахово-мошоночная грыжа **2.** опухоль мошонки

oscheoma [ˌɒskiˈəʊmə], **oscheoncus** [ˌɒskiˈɒŋkəs] **1.** опухоль мошонки **2.** отёк мошонки

oscillation [ˌɒsiˈleiʃən] **1.** осцилляция; колебание, качание **2.** вибратор; вибрирование

audible ~ звуковые колебания, колебания звуковой частоты

undamped ~s незатухающие колебания; изменения *(напр. численности особей)*

oscillometry [ˌɒsiˈlɒmətri] осциллометрия *(визуальное наблюдение и измерение пульсовых колебаний артериальной стенки)*

oscillopsia [ˌɒsiˈlɒpsiə] осциллопсия *(ложное ощущение движения предметов, обусловленное нистагмом)*

oscitate [ˈɒsiteit] зевать

oscitation [ˌɒsiˈteiʃən] зевота, зевание

osculant [ˈɒskjʊlənt] промежуточный, соединительный, примыкающий

osculiferous [ˌɒskjʊˈliferəs] пористый

osculum [ˈɒskjʊləm], *pl.* **oscula** [ˈɒskjʊlə] *анат.* пора, маленькое отверстие

osmatic [ɒzˈmætik] **1.** обонятельный, относящийся к обонянию **2.** чувствующий запах

osmesis [ɒzˈmiːsis] обоняние

osmesthesia [ˌɒzmesˈΘiːʒə] острота [чувствительность] обоняния

osmetic [ɒzˈmetik] обонятельный

osmics [ˈɒzmiks] раздел науки, изучающий обоняние

osmidrosis [ˌɒzmiˈdrəʊsis] бромидроз, осмидроз, зловонный пот

osmiophilic [ˌɒzmiəʊˈfilik] осмиофильный *(легко окрашиваемый с помощью тетраоксида осмия – о ткани)*

osmium [ˈɒzmiəm]:

~ **tetroxide** тетраоксид осмия *(бесцветное или желтоватое соединение, применяемое для окрашивания жиров)*

osmoceptor [ˌɒzməʊˈseptə] *см.* **osmoreceptor**

osmodysphoria [ˌɒzməʊdisˈfəʊriːə] крайнее отвращение к некоторым запахам

osmolagnia [ˌɒzməʊˈlægniːə] *см.* **osphresiolagnia**

osmolality [ˌɒzməˈlæliti] осмоляльность *(число осмолей растворённого вещества в 1 кг растворителя)*

high plasma ~ высокая осмоляльность плазмы

plasma ~ осмоляльность мочи *(в норме 100–150 мОсм/кг)*

osmolarity [ˌɒzməˈlæriti] осмолярность *(число осмолей растворённого вещества в 1 л раствора)*

serum ~ осмолярность плазмы *(крови)*

osmole [ˈɒzməʊl] осмоль *(единица осмотического давления, отвечающая одномолярной концентрации ионов)*

osmolite [ˈɒzməlait] осмолит *(изотоническая жидкая питательная смесь)*

osmology [ɒzˈmɒlədʒi] **1.** изучение запахов и патологии обоняния **2.** раздел физиологии, изучающий функцию обоняния **3.** изучение осмотических процессов

osmometer [ɒzˈmɒmətə] **1.** осмометр *(прибор для измерения осмотического давления или концентрации осмотически активных веществ)* **2.** прибор для измерения остроты обоняния

osmonosology [ˌɒzmənɒsˈɒlədʒi] раздел медицины, изучающий расстройства обоняния

osmophilic [ˌɒzməˈfilik] легко диффундирующий через полупроницаемую мембрану

osmophobia [ˌɒzməˈfəʊbiːə] патологическая боязнь некоторых запахов

osmophore [ˈɒzməˈfɔː] осмофор *(компонент вещества, обуславливающий его запах)*

osmoreceptor [ˌɒzməriˈseptə] **1.** осморецептор *(рецептор, воспринимающий изменения осмотического давления)* **2.** обонятельный рецептор

osmoregulation [ˌɒzməˌreɡjʊˈleiʃən] осмотическая регуляция, осморегуляция

osmosis [ɒzˈməʊsis] осмос *(диффузия вещества через полупроницаемую мембрану, разделяющую два раствора разной концентрации)*

reverse ~ обратный осмос

osmostat [ˈɒzməʊˌstæt] осмотическое давление

reset ~ установившееся осмотическое давление *(напр. при гиперкалиемии)*

osmotherapy [ˌɒzməʊˈθerəpi] осмотерапия *(лечение на основе изменения осмотического давления крови)*

osmotolerant [ˌɒzməʊˈtɒlərəns] осмоустойчивый *(напр. о микроорганизме)*

osmyl [ˈɒzmil] сильный запах

osphrasia [ɒsˈfreiziə] обоняние

osphresiolagnia [ɒsˌfreziːəʊˈlægniːə] *уст.* половое влечение, вызванное запахами

osphresiology [ɒsˌfreziːˈɒləʤi] изучение запахов и их действия

osphresiometry [ɒsˌfreziːˈɒmətri] измерение остроты обоняния

osphresiophilia [ɒsˌfreziːəʊˈfiːliːə] патологический интерес к запахам

osphresiophobia [ɒsˌfreziːəʊˈfəʊbiːə] патологическая боязнь некоторых запахов

osphresis [ɒsˈfriːsis] обоняние

osphyalgia [ˌɒsfiˈælʒə] поясничные боли, люмбалгия

osphyarthrosis [ˌɒsfiːɑːˈθrəʊsis] коксит

ossa [ˈɒsə] *pl. от* os кости, костный аппарат

ossein [ˈɒsiːin] оссеин *(коллаген, входящий в состав костной ткани)*

osseomucoid [ˌɒsiəʊˈmjuːkɒid] оссеомукоид *(основное вещество костной ткани)*

osseous [ˈɒsiːəs] костный

ossicle [ˈɒsikəl] мелкая кость, косточка

  auditory ~ слуховая косточка

  epactal ~ шовная кость *(черепа)*

  irregular ~s непостоянные косточки

ossiculectomy [ˌɒsikjʊlˈektəmi] оссикулэктомия *(удаление слуховых косточек)*

ossiculoplasty [ˈɒsikjʊləˌplæsti] оссикулопластика, пластика, слуховых косточек

ossiculotomy [ˌɒsikjʊˈlɒtəmi] рассечение отростков слуховых косточек или спаек между ними

ossiculum [ɒˈsikjʊləm], *pl.* **ossicula** [ɒˈsikjʊlə] *лат.*, *см.* **ossicle**

  ~ **terminale** неслияние верхушки отростка с самим отростком позвонка

ossiferous [əˈsifərəs], **ossific** [əˈsifik] остеогенный, костеобразующий

ossification [ˌɒsifiˈkeiʃən] 1. окостенение, оссификация, обызвествление *(напр. мягких тканей)* 2. образование костного вещества, остеогенез

  cartilaginous ~ энхондральное [внутрихрящевое] окостенение

  dural ~ оссификация [кальцификация] твёрдой мозговой оболочки

  endochondral ~ *см.* **cartilaginous** ~

  intramembranous ~ развитие костной ткани из соединительной ткани в соединительнотканной мембране

  pulmonary ~ кальциноз [обызвествление] лёгких

  retrobregmatic ~s бляшковидные обызвествления серповидного отростка твёрдой мозговой оболочки

ossified [ˈɒsifaid] 1. оссифицировавшийся; окостеневший 2. *sl.* мертвецки пьяный

ossifluence [ɒˈsifluːəns] 1. остеомаляция 2. остеолиз *(рассасывание костной ткани)*

ossifluent [ɒˈsifluːlənt] вызывающий остеолиз, остеолитический

ossiform [ˈɒsifɔːm] остеоидный, костеподобный

ossify [ˈɒsifai] 1. окостеневать, оссифицироваться 2. образовывать кость

ossiphone [ˈɒsifəʊn] аудиофон *(слуховой аппарат)*

osteal [ˈɒstiːəl] костный

ostealgia [ˌɒstiˈælʤiə] боли в костях

osteameba [ˌɒstiəˈmiːbə] остеоцит, костная клетка

osteanabrosis [ˌɒstiˌænəˈbrəʊsis] атрофия кости

osteanagenesis [ˌɒstiˌænəˈʤenəsis], **osteanaphysis** [ˌɒstiːəˈnæfisis] регенерация костной ткани

oste(e)ctomy [ɒsˈtektəmi] остеоэктомия, иссечение или резекция кости

osteectopia [ˌɒstiːekˈtəʊpiə], **osteectopy** [ˌɒstiːˈektəpi] эктопия кости

ostein [ˈɒstiːin] *см.* **ossein**

osteite [ˈɒstiːait] точка [центр, ядро] окостенения

osteitis [ˌɒstiˈaitis] остеомиелит, остит *(воспаление кости)* ◊ ~ **deformans** деформирующий остит, Педжета болезнь

  ~ **fibrosa cystica** паратиреоидная [генерализованная фиброзная] остеодистрофия, Реклингхаузена болезнь

  ~ **tuberculosa multiplex cystoides** множественный кистевидный туберкулоидный остит

  alveolar ~ альвеолит, воспаление лунки зуба

  carious ~ *см.* **central** ~

  caseous ~ туберкулёзный остит

  central ~ остеомиелит

  chronic ~ хронический остеомиелит

  condensing ~ *см.* **sclerosing** ~

  cortical ~ периостит

  formative ~ *см.* **sclerosing** ~

  gummatous ~ гуммозный остит

  localized ~ **fibrosa** фиброзная остеодисплазия, локальный фиброзный остит, фиброзная остеома

  rarefying ~ рарефицирующий остит; остеопороз

  renal ~ почечный [нефрогенный] рахит, ренальный остит

  sarcomatous ~ миеломатоз, плазмоцитома

  sclerosing ~ склерозирующий остеомиелит, Гарре остеомиелит

ostempyesis [ˌɒstempaiˈiːsis] нагноение в кости; остеомиелит

ostensive [ɒˈstensiv] наглядный, показательный

osteo-acousia [ˌɒstiːəʊ-əˈkuːʒə], **osteoacusis** [ˌɒstiːəʊəˈkuːsis] костная проводимость

osteoanabrosis [ˌɒstiːəʊˌænəˈbrəʊsis] разрежение [атрофия] кости

osteoanagenesis [ˌɒstiːəʊˌænəˈʤenəsis] регенерация костной ткани, регенерация кости

osteoarthritis [ˌɒstiːəʊɑːˈθraitis] остеоартрит, остеоартроз

  hyperplastic ~ лёгочная гипертрофическая остеопатия, Мари – Бамбергера синдром

  secondary ~ вторичный остеоартрит

osteoarthropathy [ˌɒstiːəʊɑːˈθrɒpəθi] остеоартропатия *(заболевание примыкающей к суставу кости и хряща)*

hypertrophic ~ гипертрофическая (лёгочная) остео-артропатия

osteoarthrosis [ˌɒstiːəʊəˈθrəʊsis] *см.* **osteoarthritis**

osteoarthrotomy [ˌɒstiːəʊəˈθrɒtəmiː] остеоартротомия, резекция суставных концов костей

osteoarticular [ˌɒstiːəʊəˈtikjʊlə] костно-суставной

osteoblast [ˈɒstiːəˌblæst] остеобласт *(клетка костной ткани)*

osteoblastoma [ˌɒstiːəʊblæˈstəʊmə] остеоид-остеома, остеобластома

osteocachexia [ˌɒstiːəʊkəˈkeksiːə] хроническая болезнь кости

osteocampsia [ˌɒstiːəʊˈkæmpsiːə] искривление длинных трубчатых костей *(обусловленное рахитом или остеомаляцией)*

osteochondral [ˌɒstiːəʊˈkɒndrəl] остеохондральный, костно-хрящевой, относящийся к зоне перехода от хряща к костной ткани

osteochondritis [ˌɒstiːəʊkɒnˈdraitis] остеохондрит, *уст.* остеохондроз *(воспаление прилежащего к хрящу отдела кости, распространяющееся на хрящ)*

~ dissecans расслаивающий остеохондрит, Кёнига болезнь *(отделение суставного хряща от суставной поверхности, напр. внутреннего мыщелка)*

~ of lunate остеохондропатия полулунной кости, Кинбека болезнь

~ of tarsal naviculare остеохондропатия, или остеохондрит, ладьевидной кости стопы, Кёлера болезнь

~ of the hip остеохондрит бедра

vertebral ~ межпозвонковый остеохондрит; менистцит; спондилодисцит

osteochondrodystrophia [ˌɒstiːəʊˌkɒndrəʊdisˈtrəʊfiːə]:

~ deformans *лат.* полисахаридоз IV типа, Моркио синдром

osteochondroma [ˌɒstiːəʊkɒnˈdrəʊmə] костно-хрящевой экзостоз, остеоидхондрома, остеохондрома

osteochondropathy [ˌɒstiːəʊkɒnˈdrɒpəθiː] остеохондропатия *(одновременное поражение хряща и кости)*

osteochondrosis [ˌɒstiːəʊkɒnˈdrəʊsis] *см.* **osteochondritis**

osteochondrous [ˌɒstiːəʊˈkɒndrəs] костно-хрящевой

osteoclasia [ˌɒstiːəʊˈkleiziə], **osteoclasis** [ˌɒstiːˈɒkləsis] 1. остеоклазия *(хирургический перелом кости для исправления её деформации)* 2. остеолиз, рассасывание кости 3. резорбция обызвествлённого хряща и межклеточного вещества костной ткани остеокластами в процессе развития

osteoclast [ˈɒstiːəʊklæst] 1. остеокласт, гигантская костная клетка 2. приспособление, с помощью которого выполняется искусственный перелом кости для её последующего лечения

mature ~ зрелый остеокласт

osteoclastoma [ˌɒstiːəʊˌklæsˈtəʊmə] остеокластома *(опухоль кости, образование которой связано с размножением остеокластов)*

osteoclasty [ˈɒstiːəʊˌklæstiː] *см.* **osteoclasia**

osteocope [ˈɒstiːəʊˌkəʊp] сильные боли в костях *(особ. ночные при сифилисе)*

osteocystoma [ˌɒstiːəʊsisˈtəʊmə] кистозная опухоль кости; киста кости

osteocyte [ˈɒstiːəʊˌsait] остеоцит, костная клетка

osteodynia [ˌɒstiəʊˈdiniːə] ночные острые боли в костях

osteodysplasia [ˌɒstiːəʊdisˈpleiʒə], **osteodysplasty** [ˌɒstiːəʊdisˈplæstiː] остеодисплазия, Мелника – Нидлса синдром

osteodystrophia [ˌɒstiːəʊdisˈtrɒfiːə] *лат., см.* **osteodystrophy**

~ fibrosa *лат.* наследственная (унилатеральная) фиброзная остеодистрофия, Мак-Кьюн – Олбрайта синдром

osteodystrophy [ˌɒstiːəʊˈdistrəfiː] остеодистрофия *(генерализованное заболевание костей, связанное с нарушением обмена веществ в организме)*

renal ~ нефрогенная [почечная] остеопатия, или остеодистрофия

osteoectomy [ˌɒstiːəʊˈektəmiː] 1. удаление кости 2. резекция кости

osteoepiphyseolysis [ˌɒstiːəʊˌepiˌfiziˈɒlisis] остеоэпифизеолиз

osteoepiphysis [ˌɒstiːəʊiˈpifisis] эпифиз, эпифизарный отдел кости

osteofibroma [ˌɒstiːəʊfaiˈbrəʊmə] фиброзная остеодисплазия, локальный фиброз кости, остеофиброма

osteofibromatosis [ˌɒstiːəʊˌfaibrəʊməˈtəʊsis] фиброзная остеодисплазия, болезнь Лихтенстайна

osteogenesis [ˌɒstiːəˈdʒenəsis] остеогенез, костеобразование; оссификация ◊ **~ imperfecta** несовершенный остеогенез, остеопсатироз *(состояние аномальной ломкости костей, приводящее к множественным переломам)*

osteogenic [ˌɒstiːəʊˈdʒenik], **osteogenous** [ˌɒstiːˈɒdʒənəs] остеогенный, костеобразующий

osteogeny [ˌɒstiːˈɒdʒeniː] остеогенез, костеобразование

osteohalisteresis [ˌɒstiːəʊˌhælistəˈriːsis] *см.* **osteomalacia**

osteoid [ˈɒstiːɒid] остеоид *(вновь сформированная костная ткань до кальцификации)*, остеоидная ткань

osteoid-osteoma [ˈɒstiːɒid-ˌɒstiːˈəʊmə] остеоид-остеома

osteoinductive [ˌɒstiːəʊinˈdʌktiv] способствующий костеобразованию

osteolith [ˈɒstiːəˌliθ] кость, подвергшаяся петрификации

osteology [ˌɒstiːˈɒlədʒiː] остеология *(раздел анатомии, изучающий и описывающий строение скелета)*

osteolysis [ˌɒstiːˈɒlisis] врождённый [наследственный] остеолиз *(размягчение, рассасывание и разрушение костной ткани)*; остеоклазия

osteolytic [ˌɒstiːəˈlitik] остеолитический, разрушающий костную ткань

osteoma [ˌɒstiːˈəʊmə] остеома *(опухоль из костной ткани)*

~ medullare костномозговая остеома *(содержащая полости, заполненные различными элементами костного мозга)*

cancellous ~ губчатая остеома

cavalryman's ~ остеома наездников *(оссифицирующий миозит бедра)*

compact ~ компактная остеома

giant osteoid ~ гигантская остеоидная остеома; остеобластома

osteoid ~ остеоид-остеома, кортикальный остеоид

osteomalacia остеомаляция *(размягчение костей)*

hepatic ~ печёночная остеодистрофия, печёночная остеомаляция, печеночная [жёлчная] остеопатия

infantile ~ поздний рахит

puerperal ~ пуэрперальная остеомаляция *(вследствие дисфункции эндокринной системы)*

osteomalacia [ˌɒstiːəʊməˈleiʃə] остеомаляция *(размягчение костей, вызванное дефицитом в организме витамина D)*

hepatic ~ печёночная остеодистрофия; печёночная остеомаляция или остеопатия

infantile ~ поздний рахит

puerperal ~ пуэрперальная остеомаляция *(вследствие эндокринной дисфункции)*

vitamin D-refractory ~ рахит, резистентный к витамину D

x-linked hypophosphatemic ~ гипофосфатемическая семейная остеомаляция

osteomere [ˈɒstiːəʊˌmiːə] остеомер *(одно из нескольких сходных костных образований, напр. позвонки)*

osteometry [ˌɒstiˈɒmətriː] остеометрия *(методы измерения костей)*

osteomyelitis [ˌɒstiːəʊˌmaiəˈlaitis] остеомиелит *(инфекционное воспаление костного мозга с поражением всех элементов кости)*

multifocal ~ множественный остеомиелит

pelvic ~ остеомиелит таза

pyogenic vertebral ~ гнойный остеомиелит позвонка, или позвоночника

sclerosing nonsuppurative ~ склерозирующий остеомиелит, Гарре остеомиелит

sickle cell ~ серповидно-клеточный остеомиелит

underlying ~ сопутствующий остеомиелит *(напр. при сахарном диабете)*

osteomyelodysplasia [ˌɒstiːəʊˌmaiələʊdisˈpleizə] остеомиелофиброз, остеосклеротическая лейкемия, алейкемический миелоз, остеомиелодисплазия, остеомиелосклероз

osteomyelography [ˌɒstiːəʊˌmaiəˈlɒgrəfiː] остеомиелография *(рентгено- или радиография кости и костного мозга)*

osteomyocutaneous [ˌɒstiːəʊˌmaiəkjuˈteiniəs] костно-мышечно-кожный *(лоскут)*

osteon [ˈɒstiːˌɒn] остеон, *уст.* гаверсова система *(структурная единица компактного вещества кости – трёхмерная концентрически расположенная система костных пластинок, окружающих центральный канал)*

osteoncus [ˌɒstiːˈɒŋkəs] **1.** остеома *(опухоль из костной ткани)* **2.** экзостоз

osteopath [ˈɒstiːəʊˌræθ] остеопат *(специалист в области остеопатии – см. osteopathy²)*

osteopathia [ˌɒstiːəʊˈræθiːə] *лат.*, см. **osteopathy¹**

~ patellae остеопатия [остеомаляция] надколенника, Бюдингера – Лудлоффа – Левена болезнь

~ striata полосатая остеопатия

osteopathy¹ [ˌɒstiːˈɒpəθiː] остеопати́я *(любое заболевание костей)*

alimentary ~ алиментарная остеодистрофия, или остеопатия; остеомаляция голодающих

craniomandibular ~ краниомандибулярная остеопатия

disseminated condensing ~ остеопойкилия, множественная врождённая пятнистая остеопатия

hunger ~ *см.* **alimentary ~**

osteopathy² остеопа́тия *(система диагностики и лечения заболеваний, основанная на идее, что организм* обладает собственными целебными ресурсами, и придающая первостепенное значение их активации)

osteopenia [ˌɒstiːəʊˈpiːniːə] остеопения *(развитие порозности; снижение кальцификации и плотности кости)*

glucocorticoid-induced ~ остеопороз, вызванный глюкокортикоидами

osteoperiosteal [ˌɒstiːəʊˌperiˈɒstiːəl] относящийся к кости и надкостнице

osteopetrosis [ˌɒstiːəʊpiˈtrəʊsis] мраморная болезнь, врождённый системный остеопетроз, Альберс – Шенберга болезнь *(в детском возрасте летальна)*

~ with pseudolioma синдром остеопетроза и псевдоглиомы

autosomal recessive ~ аутосомно-рецессивный остеопетроз

osteophone [ˈɒstiːəˌfəʊn] аудифон *(слуховой аппарат)*

osteophony [ˌɒstiːˈɒfəniː] костная звукопроводимость

osteophore [ˈɒstiːəˌfɔː] костные щипцы

osteophyma [ˌɒstiːəˈfiːmə], **osteophyte** [ˈɒstiːəˌfait] остеофит, экзофит

~ impringing сдавливание [сдавление] остеофитом *(напр. пищевода)*

cervical ~s остеофиты шейных позвонков

osteophytosis [ˌɒstiːəfaiˈtəʊsis] развитие остеофитов

osteoplast [ˈɒstiːəˌplæst] остеобласт *(клетка костной ткани)*

osteoplastic [ˌɒstiːəʊˈplæstik] **1.** остеогенный, костеобразующий **2.** относящийся к остеобласту

osteoplasty [ˈɒstiːəʊˌplæstiː] пластическая операция на кости, костная пластика

osteopoikilosis [ˌɒstiːəʊˌpɒikiˈləʊsis] остеопойкилоз *(обнаруживаемые рентгенологически мелкие костные островки в эпифизах трубчатых костей)*

osteopontin [ˌɒstiːəʊˈpɒntin] остеопонтин, сиалопротеин I *(костный фосфопротеид)*

osteoporosis [ˌɒstiːəʊpəˈrəʊsis] остеопороз, разрежение [рарефикация, дистрофия] костной ткани ◊ **~ circumscripta cranii** очаговая деминерализация костей черепа

~ with pseudoglioma синдром остеопороза и псевдоглиомы

pregnancy-associated ~ остеопороз, обусловленный беременностью

senile ~ возрастной [старческий] остеопороз

osteopsathyrosis [ˌɒstiːɒpˌsæθiˈrəʊsis] *см.* **osteogenesis imperfecta**

osteoradionecrosis [ˌɒstiːəʊˌreidiːəʊnəˈkrəʊsis] лучевой некроз кости, остеорадионекроз

osteorrhaphy [ˌɒstiːˈɒrəfiː] остеосинтез, костный шов

osteosarcoma [ˌɒstiːəʊsɑːˈkəʊmə] остеогенная [остеобластическая, остеолитическая] саркома, остеосаркома

parosteal ~ параоссальная остеогенная саркома

teleangiectatic ~ телеангиоэктатическая остеосаркома

osteosclerosis [ˌɒstiːəʊskləˈrəʊsis] остеосклероз *(аномальное увеличение плотности кости, развивающееся в результате нарушения её кровоснабжения, хронической инфекции или опухоли)*, склероз кости

osteoscopy [ˌɒstəˈɒskəpiː] рентгенологическое исследование костей

osteoseptum [ˌɒstiːəʊˈseptəm] костная часть носовой перегородки

osteosis [ˌɒstiˈəʊsis] **1.** патологический процесс в кости **2.** остеогенез, костеобразование

renal fibrocystic ~ нефрогенная остеопатия, или остеодистрофия

osteostixis [ˌɒstiːəʊˈstiksis] пункция кости

osteosuture [ˌɒstiːəʊˈsuːtʃə], **osteosynthesis** [ˌɒstiːəʊˈsinθisis] остеосинтез, соединение фрагментов кости, костный шов

epiosseous ~ накостный остеосинтез

intramedullary ~ интрамедуллярный остеосинтез

mini invasive plating ~ минимально инвазивный остеосинтез

transosseous compression distraction ~ чрескостный компрессионно-дистракционный остеосинтез

osteotabes [ˌɒstiːəʊˈteibiːz] атрофия костного мозга

osteothrombosis [ˌɒstiːəʊθrɒmˈbəʊsis] остеотромбоз *(тромбоз одной или более вен кости)*

osteotome [ˈɒstiːəˌtəʊm] остеотом, костное [хирургическое] долото

osteotomoclasia [ˌɒstiːəʊˌtəʊməˈkleizə], **osteotomoclasis** [ˌɒstiːəʊˌtəʊməˈkleisis] **1.** рассечение искривлённой кости на фрагменты для её выпрямления **2.** рефрактура несросшегося перелома

osteotomy [ˌɒstiˈɒtəmi] остеотомия *(рассечение кости)*

alveolar ~ остеотомия альвеолярного отростка челюсти

barrel stave ~ цилиндрическая остеотомия *(для коррекции башенного черепа)*

bullae ~ вскрытие пещеры сосцевидного отростка, мастоидотомия

C-~ C-образная остеотомия *(ветви нижней челюсти)*

corrective ~ корригирующая остеотомия

cuneiform ~ клиновидная остеотомия

cup-and-ball ~ шарнирная остеотомия

inferior border ~ нижняя краевая остеотомия *(нижней челюсти)*

innominate ~ остеотомия безымянной кости

inverted-L ~ L-образная остеотомия *(ветви нижней челюсти)*

rotational ~ циркулярная остеотомия

sagittal split ~ плоскостная остеотомия *(ветви нижней челюсти)*

subtrochanteric ~ подвертельная остеотомия

supraapical ~ остеотомия верхней челюсти *(над верхушками корней зубов)*

triple ~ тройная остеотомия

trochanteric ~ вертельная остеотомия

osteotribe [ˈɒstiːəˌtraib], **osteotrite** [ˈɒstiːəˌtrait] костные кусачки

osteotylus [ˌɒstiːəʊˈtiləs] костная мозоль *(на конце отломка кости)*

ostial [ˈɒstiːəl] относящийся к устью или отверстию

ostiole [ˈɒstiːˌəʊl] отверстие, пора

ostitis [ɒsˈtaitis] *см.* **osteitis**

ostium [ˈɒstiːəm], *pl.* **ostia** [ˈɒstiːə] отверстие, вход, устье

~ **abdominale tubae uterinae** брюшное отверстие маточной трубы *(увенчанный бахромками яичниковый конец яйцевода)*

~ **atrioventriculare dextrum** правое предсердно-желудочковое [трёхстворчатое] отверстие *(соединяющее правое предсердие с правым желудочком сердца)*

~ **cardiacum** кардиальное отверстие

~ **ileocecale** илеоцекальное отверстие

~ **pharyngeum tubae auditivae** глоточное отверстие слуховой трубы *(в носовой части глотки позади заднего края нижней носовой раковины)*

~ **pyloricum** отверстие привратника

~ **trunci pulmonalis** отверстие лёгочного ствола *(соединяющее правый желудочек с лёгочным стволом; прикрыто клапаном лёгочного ствола)*

~ **urethrae internum** внутреннее отверстие мочеиспускательного канала

~ **uterinum tubae** отверстие маточной трубы

~ **venosum cordis** *см.* ~ **atrioventriculare dextrum**

ostomate [ˈɒstəˌmeit] больной со стомой, стомированный пациент *(напр. с гастростомой, трахеостомой)*

ostomy [ˈɒstəmi] стома *(1. искусственный наружный свищ полого органа 2. анастомоз двух полых органов)*

ostosis [ɒsˈtəʊsis] остеогенез

otagra [əʊˈtægrə], **otalgia** [əʊˈtælʤiːə] оталгия *(боль в области ушной раковины и наружного слухового прохода)* ◊ ~ **dentalis** иррадиация зубной боли в ухо

geniculate ~ боль в ухе при синдроме Ханта

otalgic [əʊˈtælʤik] **1.** относящийся к оталгии **2.** средство от ушной боли

otaphone [ˈɒtəˌfəʊn] *см.* **otophone**

otectomy [əʊˈtektəmi] удаление слуховых косточек

othelcosis [ˌəʊthelˈkɒsis] **1.** изъязвление ушной раковины **2.** гнойный средний отит

othematoma [ˌəʊthiːməˈtəʊmə] гематома ушной раковины

othemorrhagia [ˌəʊtheməˈreiʤiːə], **othemorrhea** [ˌəʊtheməˈriːə] кровотечение из уха

otiatria [ˌəʊtaiˈætriːə], **otiatrics** [əʊˈtaiətriks] отиатрия *(раздел оториноларингологии, изучающий болезни уха)*

otic [ˈəʊtik] **1.** ушной, имеющий отношение к уху **2.** слуховой

oticodynia [ˌəʊtikəʊˈdiːniːə] ушная боль; Меньера болезнь, или синдром

otitic [əʊˈtaitik] поражённый отитом, относящийся к отиту

otitis [əʊˈtaitis] отит *(воспаление уха)*

~ **externa circumscripta**, ~ **furunculosua** наружный ограниченный отит *(фурункулёз наружного слухового прохода)*

~ **interna** внутренний отит, лабиринтит

~ **media** воспаление среднего уха, средний отит

~ **with effusion** экссудативный отит

acute ~ **media** острый средний отит

aviation ~ баротравматический отит

ceruminous ~ **externa** церуминозный наружный отит *(вызванный серной пробкой)*

chronic suppurative ~ **media** хроническое воспаление среднего уха, сопровождающееся прободением барабанной перепонки

furuncular ~ *см.* ~ **externa circumscripta**

reflux ~ **media** *см.* ~ **media**

secretory ~ **media** экссудативный отит

silent ~ бессимптомный отит

otoacariasis [ˌəʊtəʊˌækəˈraiəsis] паразитарный отит *(вызванный попаданием в ухо клеща)*

otoantritis [ˌəʊtəʊænˈtraitis] мастоидит

otocephaly [ˌəʊtəʊˈsefəli] *терат.* отоцефалия

otocerebritis [ˌəʊtəʊˌserəˈbraitis] отогенный энцефалит

otocleisis [ˌəʊtəʊˈklaisis] **1.** блок слуховой трубы **2.** серная пробка

otoconium [ˌəʊtəʊˈkləʊniːəm] *анат.* статокония, отолит, статолит

otocranium [ˌəʊtəʊˈkreiniːəm] отокраниум *(каменистая и сосцевидная части височной кости, в которых находится внутреннее и среднее ухо)*

otocyst [ˈəʊtəʊˌsist] *эмбр.* слуховой [статоакустический] пузырёк, статоциста

otodynia [ˌəʊtəˈdiniːə] оталгия *(боль в области ушной раковины и наружного слухового прохода)*

otoencephalitis [ˌəʊtəʊenˌsefəˈlaitis] отогенный энцефалит

otohemineurasthenia [ˌəʊtəˌhemiˌnuːrəsˈθiːniːə] психосоматическое нарушение слуха

otoganglion [ˌəʊtəʊˈɡæŋɡliːən] ушной узел, Арнольда ганглий

otogenic [ˌəʊtəˈdʒenik], **otogenous** [əʊˈtɒdʒənəs] отогенный

otolaryngologist [ˌəʊtəʊˌlæriŋˈɡɒlədʒist] отоларинголог

otolaryngology [ˌəʊtəʊˌlæriŋˈɡɒlədʒi] отоларингология

otolith [ˈəʊtəʊˌliθ] *анат.* статокония, отолит, статолит

otologist [əʊˈtɒlədʒist] специалист по ушным болезням, отиатр

otology [əʊˈtɒlədʒi] отиатрия, отология *(раздел оториноларингологии, изучающий болезни уха)*

otomassage [ˌəʊtəʊməˈsaːʒ] массаж барабанной перепонки

otomucormycosis [ˌəʊtəʊˌmjuːkɔːmaiˈkəʊsis] мукоромикоз уха

otomycosis [ˌəʊtəʊmaiˈkəʊsis] отомикоз *(грибковая инфекция уха)*

otoneurology [ˌəʊtəʊnʊˈrɒlədʒi] отоневрология

otopathy [əʊˈtɒpəθi] отопатия *(любое заболевание уха)*

otophone [ˈɒtəʊfəʊn] слуховой аппарат, отофон

otoplasty [ˈəʊtəʊˌplæsti] отопластика *(восстановление ушной раковины)*

otopyosis [ˌəʊtəʊpaiˈəʊsis] гнойный (наружный или средний) отит

otorhinolaryngology [ˌəʊtəʊˌrainəʊlæriŋˈɡɒlədʒi] оториноларингология

otorrhagia [ˌəʊtəˈreidʒiːə] кровотечение из уха

otorrhea [ˌəʊtəˈriːə] оторея *(выделение из барабанной полости)*

  cerebrospinal fluid ~ ушная ликворея *(истечение спинномозговой жидкости из ушей)*

otosalpinx [ˌəʊtəʊˈsælpinks] слуховая [евстахиева] труба

otosclerectomy [ˌəʊtəʊskləˈrektəmi] резекция анкилозированных слуховых косточек

otosclerosis [ˌəʊtəʊskləˈrəʊsis] отосклероз, отоспонгиоз

otoscope [ˌəʊtəʊˈskəʊp] отоскоп, аурископ *(1. приспособление для контрольной аускультации при продувании ушей 2. ушная воронка)*

otoscopy [əʊˈtɒskəpi] отоскопия, аурископия *(осмотр уха)*

  magnifying ~ отоскопия с увеличительным стеклом

otospongiosis [ˌəʊtəʊˌspɒndʒiːˈəʊsis] *см.* **otosclerosis**

otosteal [əʊˈtɒstiːəl] относящийся к слуховым косточкам

otosteon [əʊˈtɒstiːˌɒn] **1.** слуховая косточка **2.** отолит *(кристаллическое образование в перепончатом лабиринте внутреннего уха)*

ototomy [əʊˈtɒtəmi] **1.** рассечение уха **2.** пункция или рассечение барабанной перепонки

ototoxicity [ˌəʊtəʊtɒkˈsisiti] ототоксичность

ounces [ɒns] *лат.* унция *(28,3 г)*

out [aʊt] **1.** вне, снаружи **2.** отрицание чего-л. **3.** внешний *(какой-л. процесс)* ◊ **to ~ a complication** избежать [исключить] осложнение

  ~ of date просроченный; устаревший *(напр. препарат)*

  ~ of hospital амбулаторный больной; выписанный больной

outbreak [ˈaʊtˌbreik] **1.** взрыв **2.** вспышка *(гнева, заболевания)*, появление эпидемии **3.** внезапное проявление чего-л.; острое начало *(напр. болезни)*

  ~s of drug abuse вспышки злоупотребления наркотиками

  ~ of hemorrhage внезапное кровотечение

  ~ of surgical infection вспышка хирургической инфекции

  enzootic ~ энзоотическая вспышка; энзоотия

  foodborne ~ вспышка пищевого происхождения *(напр. кампилобактериоза)*

  widespread ~ широко распространённая вспышка *(напр. гастроэнтерита)*

outbreeding [ˈaʊtˌbriːdiŋ] аутбридинг *(скрещивание генетически различных особей)* ‖ нелинейный, аутбредный, беспородный *(о лабораторных животных)*

outburst [ˈaʊtˌbəːst] взрыв, вспышка, внезапное выделение газа

  ~ of anger взрыв [всплеск] гнева

  ~ of tears поток слёз

  ~ of temper *см.* **~ of anger**

  ~ of violence *см.* **violent ~**

  aggressive ~ агрессивные действия, буйство

  emotional ~ эмоциональная вспышка

  violent ~ вспышка ярости; вспышка жестокости

out-clinic [aʊt-ˈklinik] передвижная амбулатория; участковый медицинский автотранспорт

outcome [ˈaʊtˌkʌm] последствие, результат *(лечения)*, исход *(напр. болезни)*

  ~ after cardiac arrest выживание [исход] больных после остановки сердца

  cytological ~ цитологическое заключение

  delay ~ отдалённый результат, или исход *(лечения)*

  dire ~s летальный [неблагоприятный] исход

  graft ~ судьба трансплантата; эффективность трансплантации

  health ~ последствия для здоровья

  late [long-term] ~ *см.* **delay** ~

  poor ~ неблагоприятный [неудовлетворительный] результат

  psychotherapy ~ результат психотерапии

  reproductive ~ **1.** исход беременности **2.** репродуктивные нарушения *(напр. последствия ядерной катастрофы)*

  restenosis ~ исход рестеноза после лечения

outdoor [ˈaʊtˌdɔː] **1.** находящийся вне дома или учреждения; на открытом воздухе; внешний; наружный **2.** природный (*напр. о микросистеме*)

outer [ˈaʊtə] внешний, наружный

outfall [ˈaʊtˌfɔːl]:

wastewater ~ выводной коллектор сточных вод

outfit [ˈaʊtˌfit]:

hypodermic ~ набор инструментов для подкожной инъекции

outflow [ˈaʊtˌfləʊ] **1.** отток, истечение; утечка ‖ вытекать, истекать **2.** убыль **3.** миграционный поток

~ **of bile** истечение жёлчи

aqueous humor ~ отток водянистой жидкости (*глаза*)

sewer ~**s** сточные воды

thoracolumbar ~ нервные волокна, связывающие ЦНС с парасимпатической в грудном и поясничном отделах

ventricular ~ **1.** выходной отдел желудочка (*сердца*) **2.** выброс крови желудочком

outflux [ˈaʊtˌflʌks] отток; выделение (*напр. веществ из клетки*)

outgassing [ˌaʊtˈgæsiŋ] дегазация

outgoing [ˈaʊtˌgəʊiŋ] **1.** коммуникабельный, общительный, отзывчивый **2.** уезжающий, покидающий; исходящий

outgrowth [ˈaʊtˌgrəʊθ] **1.** выступ кости; нарост **2.** выпячивание; объёмное образование **3.** результат

~**of spores** вырастание спор (*заключительная стадия превращения эндоспор в вегетативную клетку*)

outlay [ˈaʊtˌlei] расходы, затраты; инвестиции

public ~ государственные затраты

outlet [ˈaʊtˌlet] **1.** выпускное [выходное] отверстие, устье **2.** сток, вытекание, истечение

~ **of pancreatic duct** отверстие [устье] протока поджелудочной железы

effluent discharge ~ выводной коллектор сточных вод

gastric ~ отверстие привратника (*желудка*), пилорическое отверстие

pelvic ~ нижняя апертура таза

relaxed vaginal ~ релаксация входа во влагалище

thoracic ~ верхняя апертура грудной клетки

vesical ~ внутреннее отверстие мочеиспускательного канала

outlier [ˈaʊtˌlaiə] **1.** посторонний **2.** нестандартный, нетипичный (*напр. страховой случай*)

outlimb [ˈaʊtˌlimb] дистальный отдел конечности

outline [ˈaʊtˌlain] **1.** основы; основные принципы; руководство **2.** схема; эскиз; контур; очертания

~ **of dental materials** руководство по зубоврачебным материалам

~ **of geriatrics** очерки по гериатрии

~ **of pancreas** узи контур поджелудочной железы

~ **of skull seen from behind** проекция черепа снизу

irregular ~ неправильные очертания (*напр. опухоли на эхограмме*)

two-layer ~ двухслойный контур (*напр. жёлчного пузыря при холецистите*)

outlive [ˌaʊtˈliːv] **1.** пережить **2.** выжить

outlook [ˈaʊtlʊk] **1.** кругозор; обзор **2.** прогноз

~ **for survivors** прогноз у выживших больных (*напр. после синдрома расстройства дыхания*)

long-term ~ **for valve replacement** оценка отдалённых результатов (*лечения*)

negative ~ **on life** негативное отношение к жизни

out-migration [aʊt-maiˈgreiʃən] эмиграция; переселение

out-of-control [aʊt-ɒf-kənˈtrəʊl] неконтролируемый (*о поведении*)

out-of-hospital [aʊt-ɒf-hɒspitl] внебольничный; амбулаторный

out-of-wedlock [aʊt-ɒf-ˈwedˌlɒk] вне супружества ‖ внебрачный

outpatient [ˈaʊtˌpeiʃənt] амбулаторный больной

contractual ~ прикреплённый для амбулаторного обслуживания больной

general medical ~ соматический амбулаторный больной

outpocket [ˈaʊtˌpɒkit] закрывать участками соседних тканей (*напр. культю удалённой опухоли на ножке*)

outpocketing [ˌaʊtˈpɒkətiŋ] погружение культи удалённого органа местными тканями

outpouching [ˌaʊtˈpaʊtʃiŋ] **1.** выворот; выпадение; эвагинация **2.** выпячивание (*органа*)

output [ˈaʊtˌpʊt] **1.** минутный объём (*сердца, крови*) **2.** продукция; выпуск; выработка; отдача **3.** производительность (*напр. труда*); мощность (*машины*); ёмкость **4.** выходной сигнал

~ **of urine** общее количество мочи; диурез

basal acid ~ часовая базальная продукция (*соляной кислоты*)

cardiac ~ сердечный выброс, минутный объём (*сердца*)

colonic bicarbonate ~ выход бикарбоната в толстой кишке (*тест активности болезни при язвенном колите*)

compromise cardiac ~ низкий сердечный выброс, уменьшение сердечного выброса

energy ~ расход энергии (*организмом*), энергетические затраты

human glucose ~ образование глюкозы у человека (*в единицу времени*)

maximal acid ~ часовая максимальная продукция (*соляной кислоты*)

stroke [systolic] ~ ударный [систолический] объём (*сердца*)

urine [urinary] ~ диурез (*обычно суточное количество мочи*)

outreach [ˌaʊtˈriːtʃ] аутрич; вне официальных учреждений (*1. выход врачей в места проживания определённых групп лиц 2. о деятельности групп взаимной помощи, обычно психически больных, ВИЧ-инфицированных, алкоголиков, наркоманов*)

outside [ˌaʊtˈsaid] внешний; наружный ‖ снаружи

outskirt [ˌaʊtˈskəːt]:

city ~**s** окраины города, «спальные районы»

outwandering [ˌaʊtˈwɒndəriŋ] выхождение, эмиграция (*лейкоцитов*)

outward [ˈaʊtˌwərd] **1.** внешний; наружный; направленный наружу **2.** видимый

ova [ˈəʊvə] *pl. от* **ovum**

bipolar ~ овальные яйца (*гельминтов*)

donated ~ донорская яйцеклетка

embrionated ~ оплодотворённые яйца *(гельминта)*

oval ['əʊvəl] 1. яйцевой *(относящийся к яйцу или яйцеклетке)* 2. овальный, яйцевидный

ovalbumin [ˌɒvəl'bju:min] овальбумин, яичный альбумин

ovalocyte ['ɒvələʊˌsait] овалоцит *(эритроцит овальной
формы)*

ovalocytosis [ˌɒʊˌvæləʊsai'təʊsəs] *гемат.* овалоцитоз, эллиптоцитоз

ovarian [əʊ'vɛəri:ən], **ovaric** [əʊ'vɛərik] овариальный,
яичниковый

ovariectomy [əʊˌvɛəri'ektəmi:] овариэктомия *(удаление
яичника)*

ovariocele [əʊ'vɛəri:əʊˌsi:l] яичниковая грыжа

ovariocyesis [əʊˌvɛəri:əʊsai'i:sis] яичниковая *(внематочная)* беременность

ovariohysterectomy [əʊˌvɛəri:əʊˌhistə'rektəmi:] удаление
матки и одного или обоих яичников

ovariolytic [əʊˌvɛəri:əʊ'litik] разрушающий ткань яичника

ovariopathy [əʊˌvɛəri:'ɒpəθi] болезни яичника

ovariopexy [əʊˌvɛəri:əʊ'peksi] овариопексия *(фиксация
смещённого яичника)*

ovariorrhexis [əʊˌvɛəri:əʊ'reksis] разрыв [апоплексия]
яичника

ovariotestis [əʊˌvɛəri:əʊ'testis] овотестис, гермафродит-
ная железа *(с компонентами яичка и яичника при гермафродитизме)*

ovariotomy [əʊˌvɛəri:'ɒtəmi] 1. овариэктомия *(удаление
яичника)* 2. овариотомия *(резекция яичника)*

ovariotubal [əʊˌvɛəri:əʊ'tju:bəl] относящийся к яичнику
и маточной трубе

ovariprival [əʊˌvɛəri:'praivəl] оварипривный *(обусловленный отсутствием яичника)*

ovaritis [əʊˌvɛə'raitis] аднексит, сальпингоофорит

ovarium [əʊ'vɛəri:əm], *pl.* **ovaria** [əʊ'vɛəri:ə] *лат.*, **ovary**
['əʊvəri] яичник *(основной женский половой орган —
половая железа)*

  cystic ~ кистозно перерождённый яичник

  polycystic ~ поликистозный яичник

oven ['ʌvən] термостат; сушильный шкаф; печь

  air ~ *см.* **hot-air** ~

  constant-temperature ~ термостат

  drying ~ сушильная печь, сушильный шкаф

  dry-sterilization ~ шкаф для сухой стерилизации

  forced convection gas-heated ~ нагреваемая газом камера для стерилизации с перемешиванием воздуха

  hot-air ~ сушильный шкаф; воздушная баня; калорифер

  infrared heated ~ шкаф для стерилизации инфра-
красными лучами

  room-temperature ~ термостат для поддержания
комнатной температуры

over ['əʊvə] избыточный, излишний || сверх, с избытком

over-abound ['əʊvə-ə'bʊnd] изобиловать; быть в очень
большом количестве

overaction [ˌəʊvə'rækʃən] гиперфункция

overactive [ˌəʊvə'ræktiv] гиперактивный

overactivity [ˌəʊvəræk'tiviti:] повышенная активность
(напр. фермента)

  psychomotor ~ психомоторная гиперактивность

overage ['əʊvəridʒ] излишек, допустимый избыток *(напр.
при производстве нестойких лекарственных форм)*

overall ['əʊvərɔ:l] 1. общий, тотальный, полный *(напр.
о длине катетера)*; суммарный 2. всеобъемлющий,
всеохватывающий 3. абсолютный 4. спецодежда

  doctor's ~ медицинский халат

overarousal [ˌəʊvəə'raʊzəl] повышенная возбудимость,
гиперактивация

overbite ['əʊvəˌbait] глубокий прикус *(вертикальное перекрытие нижних зубов верхними)*

overboot ['əʊvəˌbu:t] бахила

overbreathing [ˌəʊvə'bri:ðiŋ] усиленное дыхание,
одышка; гипервентиляция *(лёгких)*, гиперпноэ

overburdening [ˌəʊvə'bə:dniŋ] переутомление; перенапряжение

overcirculation [ˌəʊvəˌsə:kjʊ'leiʃən]:

  pulmonary ~ усиление лёгочного кровотока

overcome ['əʊvəˌkʌm] преодолеть, побороть *(напр. болезнь)*

  to ~ the obstacles to therapy преодолеть препятствия
к лечению

overcompensation [ˌəʊvəˌkɒmpən'seiʃən] *психоан.* ги-
перкомпенсация *(подчёркнутая защитная компенсация имеющейся или мнимой физической или психической неполноценности)*

overconsciousness [ˌəʊvə'kɒnʃəsnəs] повышенная сознательность, чрезмерная совестливость

overcorrection [ˌəʊvəkə'rekʃən]:

  ~ of entropion избыточное выворачивание века при
его завороте

overcrowdedness [ˌəʊvə'kraʊdidnəs], **overcrowding**
[ˌəʊvə'kraʊdiŋ] 1. перенаселение; перенаселённость
2. переуплотнение 3. чрезмерная частота *(насаждений)*

  ~ of teeth скученность зубов

overdenture [ˌəʊvə'dentʃə] съёмный *(частичный или
полный)* зубной протез

  attachment-stabilized ~ частично съёмный протез
удерживаемый атачменом

  telescope crown ~ съёмный зубной протез на телеско-
пических коронках

overdetermination [ˌəʊvədiˌtə:mə'neiʃən] *психоан.* множественность причин одного и того же психического
явления

overdevelopment [ˌəʊvədi'veləpmənt] избыточное развитие *(напр. органа)*

overdiagnose [ˌəʊvə'daiəgˌnəʊs] гипердиагностика

over-dipper ['əʊvə-'dipə], *см. тж.* **dipper, non-dipper**
пациент с чрезмерным (> 20 %) ночным снижением артериального давления

overdistension [ˌəʊvədi'stenʃən] перерастяжение *(напр.
мочевого пузыря, желудка)*

overdominant [ˌəʊvə'dɒminənt] сверхдоминанта

overdosage [ˌəʊvə'dəʊsidʒ], **overdose** ['əʊvəˌdəʊs] чрезмерная доза, передозировка *(напр. лекарственного
средства, процедур, наркотиков)* || передозировать

  intentional ~ преднамеренная высокая доза, или
супердоза

overdrive ['əʊvəˌdraiv] *кард.* овердрайв *(искусственное
ускорение сердечного ритма с целью подавления эктопических очагов автоматизма с последующим снижением частоты)*

overdrugging [ˌəʊvə'drʌgiŋ] злоупотребление медикаментами (болеутоляющими, снотворными и пр.)

overeating ['əʊvər,i:tiŋ] переедание, избыточное питание

psychogenic ~ психогенное переедание

overemotional [ˌəʊvəri'məʊʃənəl] чрезмерно эмоциональный

overestimation [ˌəʊvə,restə'meiʃən] переоценка

overexcitement [ˌəʊvərik'saitmənt] повышенное возбуждение

overexertion [ˌəʊvərig'zə:rʃən] перенапряжение, чрезмерное усилие, перегрузка

athletic ~ физическое перенапряжение

overexpansion [ˌəʊvərik'spenʃən] перерастяжение (напр. желудка)

overexposure [ˌəʊvərik'spəʊzə] передозировка, чрезмерное воздействие (напр. ультрафиолетового облучения)

overexpression [ˌəʊvərik'spreʃən] 1. ген. гиперэкспрессия, суперэкспрессия 2. сверхпродукция (напр. жёлчи)

overextension [ˌəʊvərik'stenʃən]:

~ of denture удлинение границ съёмного протеза

overfatigue [ˌəʊvəfə'ti:g] переутомление

overflow [ˌəʊvə'fləʊ] 1. избыток 2. обильное выделение 3. переливание через край

~ of population перенаселение

motor ~ избыточность движений

overgown ['əʊvəgaʊn] верхний халат (для борьбы с инфекцией)

overgrowth ['əʊvə,grəʊθ] избыточный [чрезмерный, повышенный] рост (напр. ткани), разрастание, гипертрофия

~ of contaminants обильный рост посторонней микрофлоры

~ of non-susceptible organisms избыточный рост микроорганизмов, резистентных [нечувствительных] к антибиотикам

bacterial ~ чрезмерное развитие микрофлоры

bony ~ гиперостоз

small intestinal bacterial ~ дисбактериоз (кишечника)

overhang [ˌəʊvə'hæŋ] нависать, выдаваться, выступать над

overhanging [ˌəʊvə'hæŋiŋ] с нависающими краями (о язве)

overhydratation [ˌəʊvə,haidrə'teiʃən] гипергидратация, гипергидрия (избыточное содержание воды в организме)

avoid ~ устраняемая избыточная гидратация

over-inclusiveness ['əʊvə-in'klu:sivnəs] псих. сверхвключаемость, «рыхлость ассоциаций»

over-indulgence ['əʊvə-in'dʌldʒəns] злоупотребление, избыточное употребление (напр. табака)

overirradiation [ˌəʊvərireidi'eiʃən] чрезмерное облучение, переоблучение

overirritation [ˌəʊvər,iri'teiʃən] повышенное раздражение, чрезмерное возбуждение

overjet ['əʊvəʤet] горизонтальное перекрытие верхними резцами передней части нижних зубов

overkill ['əʊvəkil] 1. сверхубийство (о ядерной войне) 2. искоренение всего живого

overlap ['əʊvəlæp] 1. шов внахлёстку; перекрытие; суперпозиция || прикрывать, закрывать (напр. о мягком нёбе и надгортаннике); накладывать (напр. туры бинтов) 2. наложение (зрительных образов – монокуляр-

ный признак при зрительном восприятии глубины) 3. заходить друг за друга (об отломках кости)

~ of personal disorders наслоение различных форм личностных расстройств

horizontal ~ горизонтальное перекрытие (прикус с преобладанием передних и/или задних зубов на расстоянии от антагонистов в горизонтальном направлении)

vertical ~ вертикальное перекрытие (прикус с преобладанием зубов в вертикальном направлении, когда противостоящие задние зубы находятся в контакте в центральной окклюзии)

overlapping [ˌəʊvə'læpiŋ] 1. перекрывание 2. рентг. наложение изображений, суперпозиция

complementary ~ перекрывание с избытком (при связывании полинуклеотидов за счёт избыточной длины)

overlap-syndrome ['əʊvəlæp-'sindrəʊm] синдром совпадения; перекрёстный синдром (напр. клинических проявлений системного склероза и ревматизма)

overlay [ˌəʊvə'lei] 1. наслоение; присоединение (напр. нового заболевания к уже существующему) 2. верхний слой (покрытия); покрывающий слой (напр. эпителия) || покрывать; перекрывать; переслаивать

agar ~ агаровая накладка, агаровая аппликация

functional ~ преобладание функциональных расстройств (над органическими)

overlie [ˌəʊvə'lai]:

to ~ a child суд. мед. случайно задушить ребёнка своим телом во время сна в одной постели, «заспать»

overload [ˌəʊvə'ləʊd] перегрузка || перегружать

dietary fat ~ перегрузка рациона жиром

hepatic iron ~ 1. избыточное поступление железа в печень 2. инфильтрация печени железом

impulse ~ избыток импульсов (напр. с синусного узла)

pressure ~ перегрузка давлением (сердца)

pulmonary circulatory ~ переполнение лёгочного русла кровью

volume ~ перегрузка объёмом (сердца)

overloading [ˌəʊvə'ləʊdiŋ]:

extreme ~ чрезмерная нагрузка

overlook [ˌəʊvə'lu:k] просмотреть, пропустить; не распознать, ошибиться (напр. в диагнозе)

overlooked [ˌəʊvə'lu:kt] невыявленный, нераспознанный

overlying [ˌəʊvə'laiiŋ] 1. наложение (напр. рёбер на рентгенограмме) || вышележащий, вышерасположенный 2. фиксированный; несмываемый (напр. сгусток крови)

overpenetration [ˌəʊvə,penə'treiʃən] глубокое проникновение, чрезмерная пенетрация

overpopulation [ˌəʊvə,pɒpju'leiʃən] перенаселение, избыточное население, перенаселённость

overprescribe [ˌəʊvəpri'skraib] перегружать (больного); прописывать слишком много медикаментов, следовать полипрагмазии

overpressure [ˌəʊvə'preʃə] 1. избыточное давление 2. большое напряжение (умственное, нервное и пр.)

blast ~ избыточное давление при взрыве (напр. на ухо)

overproduction [ˌəʊvəprə'dʌkʃən] 1. перепроизводство 2. сверхсинтез

overprotection [ˌəʊvəprə'tekʃən] 1. повышенная защита; сверхзащищённость 2. гиперопека, гиперпротекция

over-react [ˌəʊvə-ri'ækt] остро реагировать (на что-л.)

to ~ to the examination неадекватно реагировать на обследование

overresponse [ˌəʊvəri'spɒns] гиперреактивность

overriding [ˌəʊvə'raidiŋ] 1. захождение костных отломков один на другой 2. *акуш.* положительный признак Генкеля – Вастена (*выступание головки плода вперёд над уровнем симфиза, свидетельствующее о его смерти*)

oversaturation [ˌəʊvəˌsætʃə'reiʃən] перенасыщение, перенасыщенность

~ **of urine** перенасыщение мочи (*напр. минералами*)

oversew ['əʊvəˌsəʊ] зашивать; накладывать швы

~ **of a perforated duodenal ulcer** ушивание перфоративной язвы двенадцатиперстной кишки

overshadow [ˌəʊvə'ʃædəʊ] 1. скрывать; затемнять; симулировать, маскировать (*напр. клиническую картину*) 2. омрачать 3. предохранять; защищать

overshoot ['əʊvəˌʃuːt] 1. бустер-инъекция, вторичная инъекция антигена 2. эффект спонтанного возникновения иммунной реакции

postrecovery ~ бустер-инъекция реиммунизации

oversize ['əʊvəˌsaiz]:

fetal ~ крупные размеры плода, крупный плод

overstock ['əʊvəstɒk] 1. избыток; излишество 2. переуплотнение (*напр. популяции*)

overstrain ['əʊvəstrein] перегрузка, перенапряжение, переутомление ‖ перегружать, переутомлять (*организм*)

overt [əʊ'vɜːrt] явный; хорошо видимый, или определяемый

overtalkativeness [ˌəʊvə'tɔːkətivnəs] чрезмерная болтливость

over-the-counter ['əʊvə-ðə-'kaʊntə] безрецептурный лекарственный препарат ‖ продаваемый без рецепта

overtime ['əʊvəˌtaim] сверхурочный ‖ сверхурочно

overtired [ˌəʊvə'taiəd] очень уставший, переутомлённый

overtoe ['əʊvəˌtəʊ] тыльный подвывих большого пальца стопы

overtraction [ˌəʊvə'trækʃən] перерастяжение; чрезмерное вытяжение

overtreatment [ˌəʊvə'triːtmənt] избыточное лечение; передозировка (*напр. лекарственного средства, процедур и т. п.*)

overtube ['əʊvəˌtjuːb]:

fenestrated ~ выводимая наружу трубка с отверстиями (*из кишечника*)

overuse [ˌəʊvə'juːs] перегрузка; перенапряжение; злоупотребление ‖ чрезмерно использовать; злоупотреблять

~ **of blood donors** чрезмерный забор крови у доноров

~ **of pancreatic enzyme** приём больших доз ферментов поджелудочной железы

~ **of topical drugs** чрезмерное использование местных медикаментов

overventilation [ˌəʊvəˌventi'leiʃən] гипервентиляция (*лёгких*)

overview ['əʊvəˌvjuː]:

clinical ~ клинический обзор; клиническая оценка

overweight [ˌəʊvə'weit] 1. избыточная масса тела (*вследствие ожирения*) 2. грузный (*о человеке, страдающем ожирением*)

overwhelming [ˌəʊvə'welmiŋ] 1. широкое распространение 2. генерализация; вовлечение в процесс всего организма ‖ генерализованный (*сепсис*); избыточный (*напр. заряд*) 3. подавление, поражение (*напр. функции печени*)

overwork [ˌəʊvə'wɜːk] 1. сверхурочная работа 2. перегрузка, перенапряжение, переутомление ‖ перегружать, переутомлять (*организм*) ◊ **to** ~ **oneself** переутомляться

overwrought [ˌəʊvə'rɔːt] 1. переутомлённый работой 2. возбуждённый, напряжённый (*о состоянии человека*)

overzealous [ˌəʊvə'zeləs] 1. рьяный, сверхусердный 2. избыточный (*напр. о лечении*)

ovicell ['əʊvisel] яйцеклетка

ovicide ['əʊviˌsaid] овицид (*общее наименование препаратов для уничтожения яиц насекомых*)

oviduct ['əʊvidʌkt] маточная [фаллопиева] труба, яйцевод

oviductal [ˌəʊvi'dʌktl] относящийся к маточной трубе

ovigerm ['əʊviˌdʒɜːm] овоцит (*предшественник яйцеклетки*)

ovinia [əʊ'viːniə] овина, оспа овец (*возбудитель овины близок к возбудителю натуральной оспы человека*)

ovisac ['əʊviˌsæk] яичниковый фолликул, капсула яйцеклетки

ovo ['əʊvəʊ]:

in ~ *лат.* в яйце (*относящийся к эксперименту с использованием крупных эмбрионов*)

ovoid ['əʊˌvɒid] образование овоидной, или овальной, формы

ovoimplantation [ˌəʊvəʊˌimplæn'teiʃən] имплантация плодного яйца

ovoplasm ['əʊvəʊˌplæzm] о(в)оплазма (*цитоплазма яйцеклетки*)

ovotestis [ˌəʊvəʊ'testis] овотестис, двуполая гонада (*с компонентами яичка и яичника*)

~ **bipolaris** биполярный овотестис (*наличие раздельных тестикулярной и овариальной частей в одной гонаде*)

ovulation [ˌəʊvju'leiʃən] овуляция (*выход зрелой яйцеклетки из лопнувшего граафова пузырька – фолликула*)

blocked ~ блокированная [предупреждённая] овуляция

induced ~ индуцированная овуляция

verified ~ установленный день овуляции

ovule ['əʊvjuːl], *лат.* **ovulum** ['əʊvjuːləm], *pl.* **ovula** ['əʊvjuːlə] 1. яйцеклетка (*особ. незрелая в яичниковом фолликуле*) 2. яйцеподобная структура малых размеров 3. влагалищная овула (*лекарственная форма*) 4. мегаспорангий

ovum ['əʊvəm] яйцеклетка (*зрелая*)

fertilized ~ оплодотворённая яйцеклетка

holoblastic ~ голобластическая яйцеклетка

impregnated ~ *см.* **fertilized** ~

oxalate ['ɒksəˌleit] оксалат (*соль щавелевой кислоты*)

calcium ~ оксалат кальция

oxalemia [ˌɒksə'liːmiə] наличие избыточного количества оксалатов в крови

oxalosis [ˌɒksə'ləʊsis] оксалоз (*врождённое нарушение обмена веществ, при котором в почках и мочевыводящих путях образуются отложения оксалатов*)

oxaluria [ˌɒksə'lʊriə] оксалурия (*повышенное содержание оксалатов, особенно оксалата кальция, в моче*)

oxgall ['ɒksgɔːl] медицинская жёлчь (*бычья*)

oxidable ['ɒksidəbl] окисляемый, окисляющийся

oxidant ['ɒksidənt] окислитель, оксидант *(акцептор электронов в окислительно-восстановительной реакции)*

offending ~s поражающие оксиданты

oxidase ['ɒksi,deis] оксидаза, оксиредуктаза *(фермент, использующий кислород в качестве акцептора электронов)*

amine ~ аминоксидаза

monoamine ~ моноаминооксидаза, МАО

oxidate ['ɒksi,deit] продукт окисления || окислять

oxidation [,ɒksi'deiʃən] окисление; окислительный процесс; озоление

air ~ окисление кислородом воздуха

alkaline ~ окисление в щелочной среде

bacterial ~ бактериальное окисление

cell ~ клеточное окисление

enzyme [enzymic] ~ ферментативное окисление

neutral ~ окисление в нейтральной среде

smooth ~ постепенное окисление

thermal ~ окисление при повышенной температуре, термальное окисление

oxidation-reduction [,ɒksi'deiʃən-ri'dʌkʃən] окисление-восстановление

oxidative [,ɒksi'deitiv] окислительный

oxide ['ɒk,said] окись, оксид, окисел || оксидный, окисный

carbonic ~ оксид углерода, угарный газ, CO

ethylene ~ оксид этилена, C_2H_4O *(газ, используемый для стерилизации)*

nitric ~ оксид азота

premixed nitrous ~ *анест.* закисно-кислородная смесь *(под высоким давлением)*

zink ~ оксид цинка *(слабое вяжущее средство)*

oxidizability [,ɒksidizə'biliti] окисляемость

oxidoreductase [,ɒksidəʊri'dʌk,teis] оксидоредуктаза *(фермент, катализирующий окислительно-восстановительные реакции)*

oxidoreduction [,ɒksidəʊri'dʌkʃən] *см.* oxidation-reduction

oxidosis [,ɒksi'dəʊsis] ацидоз *(кислотно-основное состояние, pH < 7,40–7,45)*

oxigram ['ɒksi,græm] оксиграмма *(содержание кислорода в исследуемой среде)*

oximeter [ɒk'simətə] (фото)оксигемометр *(прибор для измерения степени насыщения крови кислородом)*

catheter ~ оксигемометр с катетером

ear ~ ушной оксигемометр

reflection ~ отражательный оксигемометр

oximetry [ɒk'simətri] оксигемометрия

oxireductase [,ɒksiri'dʌk,teis] *pl.* оксиредуктазы *(ферменты, катализирующие окислительно-восстановительные реакции)*

oxispirograph [,ɒksi'spaiərə,græf] оксиспирограф *(прибор для одновременной регистрации различных параметров внешнего дыхания)*

oxonemia [,ɒksə'ni:miə] *уст.* ацетонемия

oxsorbent [ɒks'sɔ:bənt] вещество, поглощающее кислород

oxwort ['ɒkswɔ:t] подбел лечебный *(Petasites officinalis)*

oxyblepsia [,ɒksi:'blepsiə] необычно зоркое зрение

oxycephalia [,ɒksi:se'fæli:ə] акроцефалия, акрокрания, оксицефалия, башенный череп

oxycephaly [,ɒksi:'sefəli] оксицефалия, башенный череп

oxycinesia [,ɒksi:si'ni:ʒə] оксикинезия, боль при движении

oxydant ['ɒksidənt]:

photochemical ~ фотооксидант

oxyecoia [,ɒksi:e'kɒiə] патологически высокая острота слуха; акузалгия

oxyesthesia [,ɒksi:is'θi:ʒə] гиперестезия *(повышенная чувствительность к раздражителям)*

oxygen ['ɒksiʤən] 1. кислород 2. медицинский кислород *(содержащий не менее 99,0 % O_2)*

cellular ~ внутриклеточный кислород

high-flow ~ кислород под высоким давлением

high inspired ~ токсическое воздействие высокой концентрации кислорода

high pressure [hyperbaric] ~ 1. кислород под повышенным давлением 2. гипербарическая оксигенация, ГБО

live ~ медицинский кислород

singlet ~ синглетный кислород

oxygenate ['ɒksiʤə,neit] оксигенировать

oxygenation [,ɒksiʤə'neiʃən] 1. окисление 2. оксигенация; насыщение кислородом 3. оксигенотерапия

adequate tissue ~ адекватное снабжение тканей кислородом

apneic ~ апнойная оксигенация *(метод ингаляционной кислородной терапии)*

hyperbaric ~ гипербарическая оксигенация, гипербарооксигенотерапия, барооксигенация, оксибаротерапия

oxygenator ['ɒksiʤə,neitə] оксигенатор, аэратор *(устройство для экстракорпорального насыщения крови кислородом)*

bubble(-type) ~ оксигенатор пузырькового типа

capillary membrane ~ капиллярный мембранный оксигенатор

film ~ плёночный оксигенатор

membrane [screen] ~ мембранный [пластинчатый] оксигенатор

oxygen-consumed ['ɒksiʤən-kən'sju:md] потребляющий кислород

oxygen-sensitive ['ɒksiʤən-'sensitiv] чувствительный к кислороду; активный в анаэробных условиях *(напр. о стрептококках, выделяющих стрептолизин O)*

oxygen-stable ['ɒksiʤən-'steibl] стойкий к кислороду; активный в аэробных условиях *(напр. о стрептококках, выделяющих стрептолизин S)*

oxygeusia [,ɒksi:'gu:si:ə] гипергевзия, вкусовая гиперестезия

oxyhemoglobin [,ɒksi:'ni:məʊ,gləʊbin] оксигемоглобин, оксигенированный гемоглобин

oxyhemogram [,ɒksi:'ni:məʊ,græm] оксигемограмма *(кривая изменений насыщения крови кислородом)*

Oxyhood ['ɒksihu:d] кислородный колпак

oxylalia [,ɒksi:'leili:ə] тахилалия, тахифразия *(нарушение речи в форме ускоренного темпа речи)*

oxymetry [ɒk'simətri] оксиметрия *(чрескожное определение содержания кислорода в крови)*

pulse ~ пульс-оксиметрия *(определение кислородного насыщения артериальной крови)*

oxymortia [,ɒksi:'mɔ:ʃə] внезапная смерть

oxynervon [ˌɒksiˈnɜːvʊn] оксинервон *(цереброзид, содержащийся в белом веществе мозга)*

oxyntic [ɒkˈsintik] кислотопродуцирующий *(о железах желудка)*

oxyopia [ˌɒksiˈəʊpiə] необычно высокая острота зрения

oxyosmia [ˌɒksiˈɒzmiə], **oxyosphresia** [ˌɒksiɒsˈfriːziə] гиперосмия, обонятельная гиперестезия

oxypathy [ɒkˈsipəθi] гиперестезия *(повышенная чувствительность к раздражителям)*

oxyphonia [ˌɒksiˈfəʊniə] резкий, пронзительный голос

oxyradical [ˌɒksiˈrædikəl] окислительный радикал

oxyreductase [ˌɒksiriˈdʌkteis] см. **oxireductase**

oxyrygmia [ˌɒksiˈrigmiə] кислая отрыжка

oxytocia [ˌɒksiˈtəʊʃiə] быстрые роды *(от 3 до 5 часов)*

oxytocic [ˌɒksiˈtəʊsik] средство, стимулирующее родовую деятельность; родостимулирующее вещество ‖ усиливающий родовую деятельность

oxyuriasis [ˌɒksiːjʊˈraiəsis], **oxiuriosis** [ˌɒksiːjʊriˈəʊsis] *параз.* энтеробиоз, оксиуроз

oyster-associated [ˈɔistə-əˈsəʊʃiˌeitəd] связанный с употреблением устриц *(напр. гастроэнтерит)*

ozena [əʊˈziːnə] озена *(заболевание, характеризующееся атрофией слизистой носа, образованием струпьев и зловонным насморком)*

ozone [ˈəʊzəʊn] озон *(обладает выраженным окислительным действием; присутствует в атмосфере на больших высотах, где задерживает большую часть идущего от солнца ультрафиолетового излучения)*

ozonization [əʊˌzəʊniˈzeiʃən] насыщение озоном

ozonophore [əʊˈzəʊnəˌfɔː] 1. эритроцит 2. протоплазматическая гранула

ozostomia [ˌəʊzəʊˈstəʊmiə] дурной запах изо рта

P

Potius sero quam nun quam
Лучше поздно, чем никогда

P-53 [pi:-'fifti:ˌθri:] ген апоптоза

pablum ['pæbləm] детская питательная смесь, включающая пшеничную и овсяную муку, листья люцерны и др.

pabular ['pæbjʊlə] относящийся к питанию, пищевой, съестной; кормовой

pabulum ['pæbjʊləm] питание, пища

pace [peis] **1.** шаг; длина шага ‖ шагать **2.** скорость, темп *(ходьбы)* **3.** походка; поступь

~ of displacement темп замещения, темп вытеснения *(напр. живого труда машинами)*

walking ~ скорость ходьбы

pacefollower ['peisˌfɒləʋə] клетка или рецептор, воспринимающие импульсы пейсмекера

pacemaker ['peisˌmeikə] **1.** очаг автоматизма сердца **2.** пейсмекер, искусственный водитель ритма

artificial ~ (электро)кардиостимулятор, искусственный водитель ритма

asynchronous ~ асинхронный пейсмекер

atomic(-powered) ~ атомный [изотопный] имплантируемый пейсмекер

atrial [cardiac] ~ 1. синусно-предсердный узел, Киса – Флека узел *(очаг автоматизма сердца)* **2.** водитель ритма сердца, пейсмекер

continuous ~ (электро)кардиостимулятор непрерывного действия

demand ~ деманд-кардиостимулятор, деманд-пейсмекер *(работающий в режиме «по требованию»)*

dual-chamber ~ двухкамерный водитель ритма

ectopic ~ эктопический очаг автоматизма сердца

electric cardiac ~ искусственный водитель ритма

emergency ~ экстренно подключенный пейсмекер

endocardial ~ эндокардиальный (электро)кардиостимулятор

epicardial ~ эпикардиальный (электро)кардиостимулятор

external ~ наружный (электро)кардиостимулятор

fixed-rate ~ асинхронный (электро)кардиостимулятор *(с фиксированной частотой)*

implanted [internal] ~ имплантируемый [интракорпоральный] (электро)кардиостимулятор

isotope-powered [nuclear-powered] ~ *см.* **atomic(-powered) ~**

orthorhythmic ~ орторитмический водитель ритма

permanent ~ постоянный пейсмекер

pervenous ~ трансвенозный эндокардиостимулятор

separate ~ независимо действующий пейсмекер

shifting ~ блуждающий очаг автоматизма сердца; миграция синусового водителя ритма

sinus node ~ *см.* **atrial ~**

subsidiary atrial ~ *см.* **demand ~**

triggered ~ навязывающий ритм пейсмекер

ventricular ~ предсердно-желудочковый водитель ритма, Ашоффа – Тавары узел

wandering ~ *см.* **shifting ~**

pace-mapping ['peis-ˌmæpiŋ], **pacemapping** ['peis,mæpiŋ] электрокардиостимуляция для картирования

pacer ['peisə] *см.* **pacemaker**

diaphragm ~ пейсмекер [электростимулятор] диафрагмы

gastrointestinal ~ электростимулятор желудочно-кишечного тракта

pachometry [pæ'kɒmətri:] измерение толщины роговицы

pachycephaly [ˌpæki:'sefəli:] пахицефалия *(патологическое утолщение костей черепа)*

pachydactylous [ˌpæki:'dæktiləs] имеющий утолщённые пальцы *(напр. в виде барабанных палочек)*

pachydactyly [ˌpæki:'dæktili:] пахидактилия

pachyderma [ˌpæki:'də:mə] *см.* **pachydermia**

pachydermatocele [ˌpæki:'də:mətəˌsi:l] **1.** вялая кожа, халазодермия **2.** нейрофиброматозная слоновость, псевдоэлефантиаз

pachydermia [ˌpæki:'də:mi:ə] пахидермия *(патологическое утолщение кожи)*

pachydermoperiostosis [ˌpæki:ˌdə:məʋˌperiːɒs'təʋsis] пахидермопериостоз, Турена – Соланта – Гёле синдром

pachyglossia [ˌpæki:'glɒsi:ə] патологическое утолщение языка

pachygnathous [ˌpæki:'gnæθəs] имеющий выступающую челюсть

pachygyria [ˌpæki:'ʤairi:ə] пахигирия *(утолщение и уплотнение извилин головного мозга)*

pachy(hy)menia [ˌpæki:hai'mi:ni:ə] утолщение кожи или слизистой оболочки

pachymeningitis [ˌpæki:ˌmenin'ʤaitis] пахименингит

pachymeningopathy [ˌpæki:ˌmeniŋ'ɡʋpəθi:] пахименингопатия

pachymeninx [ˌpæki:'meninks] твёрдая мозговая оболочка, пахименинкс

pachynsis [pæ'kinsis] патологическое утолщение любого образования

pachyonychia [ˌpæki:əʋ'niki:ə] пахионихия

~ congenita врождённая пахионихия, Сименса многоформный кератоз, Ядассона – Левандовского синдром

pachyotia [ˌpæki:'əʋʃiə] утолщение ушной раковины

pachyperiostitis [ˌpæki:ˌperiɒ'stəʋsis] гиперпластический генерализованный периостит, Бамбергера – Мари периостоз

pachyperitonitis [ˌpæki:ˌperitəʋ'naitis] слипчивый [адгезивный] перитонит, перивисцерит

pachypleuritis [ˌpæki:plʋ'raitis] панцирный плеврит

pachypodous [pə'kipəʋdəs] имеющий гипертрофированные стопы

pachysalpingitis [ˌpæki:ˌsælpin'ʤaitis] *гинек.* хронический паренхиматозный сальпингит

pachysomia [ˌpæki:'səʋmi:ə] пахисомия *(1. ожирение 2. патологическое утолщение какой-л. части тела)*

pachytene ['pæki̩tiːn] пахитена *(третья стадия первой профазы мейоза – начало кроссинговера)*

pachytic ['pækitik] толстый

pachyvaginalitis [̩pæki̩væʤi'naitis] хроническое воспаление с утолщением влагалищной оболочки яичка

pachyvaginitis [̩pæki̩væʤi'naitis] хронический кольпит с утолщением и уплотнением стенок влагалища

  cystic ~ эмфизематозный кольпит

pacify ['pæsifai] 1. умиротворять 2. усмирять, утихомирить, успокоить

pacing ['peisiŋ] 1. регуляция, стимуляция ‖ стимулирующий, задающий ритм 2. электрическая стимуляция сердца, (электро)кардиостимуляция, навязывание ритма сердца 3. ходьба

  aimless ~ *псих.* бесцельное хождение

  atrial synchronous ~ предсердная синхронная электростимуляция

  bipolar ~ биполярная стимуляция

  diaphragm ~ электростимуляция диафрагмы, электростимуляция дыхания

  gastrointestinal ~ стимуляция желудочно-кишечного тракта

  intracardial ~ трансвенозная [интра- или эндокардиальная] кардиостимуляция

  overdrive ~ искусственное ускорение сердечного ритма *(с целью подавления эктопических очагов автоматизма)*

  synchronized ~ синхронизированная электрокардиостимуляция

  unipolar ~ монополярная стимуляция

pack [pæk] 1. тампон ‖ тампонировать 2. обёртывание, укутывание ‖ обёртывать, укутывать 3. пачка, упаковка

  cold ~ 1. холодный компресс, холодная примочка 2. холодное обёртывание

  dry ~ горячее сухое обёртывание

  film ~ 1. плёночный дозиметр 2. стопка фотоплёнок

  gauze ~ марлевый тампон

  heat ~ горячий компресс

  hot ~ 1. горячее влажное обёртывание 2. припарка; компресс *(напр. на лицо)*

  ice ~ пузырь [пакет] со льдом

  mud ~ косметическая маска *(на основе глины)*

  periodontal ~ десневая повязка

  wet(-sheet) ~ влажное обертывание

package ['pækiʤ] 1. тампон 2. *мед. тех.* блок, модуль; корпус; агрегат 3. форма выпуска *(напр. таблетки, капли и др.)*

  unit-dose ~ упаковка, содержащая лекарственное средство в дозах на один приём

packaging ['pækiʤiŋ]:

  in vitro ~ *бтх.* упаковка in vitro *(процесс искусственного введения нуклеиновых кислот в вирусные частицы)*

packed ['pækəd] отделённый от плазмы *(напр. об эритроцитах)*

packer ['pækə] 1. инструмент для введения тампона 2. лицо, проводящее тампонаду

  body ~ *sl.* перевозчик наркотика в собственном теле

packing ['pækiŋ] 1. тампонада, тампонирование 2. тампон, перевязочный материал 3. пломбировочный материал 4. пломбирование 5. упаковка *(спирализация и самоукладка двухцепочечной молекулы ДНК, ведущие к резкому сокращению её длины)*

  ~ **to control hemorrhage** тампонада для остановки кровотечения

  ~ **with muscle** тампонада мышцей

  air-tight ~ 1. герметичное уплотнение 2. окклюзионная [герметичная] повязка

  anterior nasal ~ передняя тампонада носа

  column ~ наполнитель колонки *(в газожидкостной хроматографии)*

  liver ~ тампонада печени

  open ~ **of peritoneal cavity** открытый способ ведения брюшной полости, методика «открытого живота» при лечении перитонита

  pharyngeal gauze ~ мягкая тампонада глотки

  pretested ~ предварительно испытанный наполнитель *(колонки)*; предварительно испытанный сорбент

  socket ~ тампонада ячейки *(зуба)*

  sterile ~ стерильная упаковка

packless ['pækləs] бестампонный *(напр. о ведении раны)*

packsheet [̩pæk'ʃiːt] простыня для влажного обёртывания

pact [pækt] согласие, соглашение

  suicide ~ групповое самоубийство по сговору *(часто влюблённой пары)*

pad [pæd] 1. мягкая прокладка, или подкладка; подушечка; салфетка ‖ подкладывать что-л. мягкое 2. контактная площадка

  alcohol ~s спиртовые салфетки

  alternating pressure ~ многосекционный матрац с изменяющимся давлением в секциях

  diathermy ~ 1. пассивный электрод *(электрохирургического аппарата)* 2. гибкий электрод

  dinner ~ прокладка на подложечную область *(перед наложением гипсового корсета)*

  electric ~ матрац с электрическим подогревом

  eye ~ повязка на глаз

  fat ~ 1. скопление жировой ткани 2. жировое тело щеки, Биша комочки 3. поднадколенниковое [инфрапателлярное] жировое тело

  frozen ~ пузырь со льдом

  gauze ~ марлевый компресс

  heating ~ грелка-подушка, грелка-матрац

  heel ~ подпяточник *(в обуви)*

  incontinence ~ прокладка-тампон при недержании, памперс

  knuckle ~s врождённая узловатость пальцев кисти

  occlusal ~ капюшон слизистой оболочки над зубом

  periarterial ~ *нефр.* юкстагломерулярный комплекс

  plantar metatarsal ~ **for arch support** супинатор для поддержания свода стопы

  replacement ~ сменная прокладка

  retromolar ~ ретромолярное нижнечелюстное пространство

  sacral ~ подушечка под крестец *(для предупреждения пролежней)*

  sanitary ~ гигиеническая подушечка

  sucking [suctorial] ~ *см.* fat ~ 2

  vulval ~ влагалищный тампон

padded ['pædid] *sl.* наркокурьер, несущий на своём теле спрятанные контрабандные наркотики

padding ['pædiŋ] прокладка; подкладка *(под гипсовую повязку)*

  cotton ~ хлопчатобумажная прокладка

  protective ~ наложение мягкой защитной повязки

paddle [pædl]:

  ~**s for defibrillation** электроды для дефибрилляции

paederasty ['pedə,ræsti] *см.* pederasty

paediatrics [,pi:di'ætriks] *см.* pediatrics

pagoplexia [,peigəʊ'pleksi:ə] **1.** отморожение **2.** ознобление

pain [pein] **1.** боль, болезненность, страдание ‖ причинять боль, болеть **2.** *pl.* родовые схватки

  ~ **in deglutition** боль при глотании

  to be in ~, **to register** ~ испытывать боль

  to remove ~ снять боль

  abrupt onset of the ~ резкое возникновение боли

  aching ~ тупая [ноющая] боль

  actual ~ *см.* physical ~

  agonizing ~ мучительная боль

  bad ~ сильная боль

  band-like ~ *см.* girdle ~

  bearable ~ переносимая боль

  bearing-down ~ боль при потугах

  boring ~ сверлящая боль

  breakthrough ~ пронизывающая боль

  burning ~ жгучая боль

  colicky ~ схваткообразная боль, колика

  constricting ~ сжимающая боль

  controlling ~ купируемая боль

  cramping abdominal ~ спастические боли в животе

  crushing ~ сжимающая боль

  darting ~ *см.* lightning ~

  dilating ~**s** *см.* labor ~**s**

  dissipating ~ снижающаяся боль

  distending ~ распирающая боль

  dorsum foot ~ боль в тыльном отделе стопы

  dream ~ гипналгия *(боль, возникающая во сне)*

  dull ~ ноющая [тупая] боль

  ecstatic ~ экстатическая боль

  excruciating ~ мучительная боль

  expulsive ~**s** *см.* bearing-down ~

  false ~**s** ложные родовые схватки, мнимые роды

  flitting ~ быстро проходящая боль

  food ~ боль, связанная с приёмом пищи

  fulgurant ~ *см.* lightning ~

  gas ~ боль при метеоризме *(в животе)*

  girdle ~ опоясывающая боль

  gnawing ~ ноющая [«грызущая»] боль

  gripping ~ сжимающая боль, схваткообразная боль

  growing ~**s** боли в конечностях, возникающие у ребёнка в период роста

  heterotopic ~ *см.* referred ~

  homotopic ~ боль в месте поражения

  hunger ~ голодная боль

  idiopathic facial ~ идиопатическая боль, развивающаяся в области лица

  immobility ~ боль вследствие неподвижности

  incapacitating ~ некупирующаяся боль

  inflammatory ~ боль воспалительного характера

  injection ~ болезненность при инъекции, болезненный укол

  intermenstrual ~ межменструальная боль

  intolerable ~ непереносимая боль

  intractable ~ неустранимая [некупируемая] боль

  labor ~**s** родовые схватки

  lancinating ~ колющая [режущая] боль

  lightning ~ стреляющая боль *(короткой продолжительности)*

  middle ~ *см.* intermenstrual ~

  migratory ~ мигрирующая боль

  mind ~ психалгия, психическая невралгия

  nagging ~ непрекращающаяся [ноющая] боль

  neck ~ боль в области шеи

  nerve ~ невралгия

  nonorganic abdominal ~**s** соматоформные боли в животе; функциональные боли в животе

  obtuse ~ *см.* aching ~

  persistent ~ упорная [постоянная] боль

  phantom limb ~ фантомная боль

  physical ~ физическое страдание

  piercing ~ пронизывающая боль

  psychic ~ психическая боль, психалгия

  psychogenic ~ психогенная боль

  radicular ~ корешковая боль

  receding ~ убывающая боль

  referred ~ отражённая [иррадиирующая, реперкуссионная] боль

  rest ~ боль, возникающая в покое *(гл. обр. в конечностях)*

  scalding ~ жгучая боль

  sciatic ~ ишиолюмбалгия *(ишиалгия с люмбалгией)*

  shooting ~**s** *см.* lightning ~

  soul ~ *см.* mind ~

  stabbing ~ кинжальная боль

  stinging ~ жалящая боль

  terebrant [**terebrating**] ~ *см.* boring ~

  throbbing ~ пульсирующая боль

  tingling ~ покалывающая боль

  trigeminal ~ невралгия тройничного нерва

  violent ~ резкая [сильная] боль

  wandering ~**s** «блуждающие» боли *(с меняющейся локализацией)*

pain-allaying ['pein-ə,leiiŋ] болеутоляющий

painful ['peinfʊl] болезненный

pain-killer ['pein-,kilə] *разг.* болеутоляющее средство

painless ['peinləs] безболезненный

paint ['peint] **1.** краска, краситель **2.** *англ., pl.* жидкий густой препарат, наносимый кисточкой в горло, на кожу и т. п.

  antifouling ~ дефолианты

painting ['peintiŋ]:

  finger ~ рисование пальцем

  skin ~ окрашивание кожи

pair [pɛə] пара ‖ парный

  ~ **of bellows** ручной дыхательный аппарат

  matched ~**s** исследование с подбором контрольных пар

pigeon ~ мальчик и девочка *(близнецы или единственные дети в семье)*

pairing ['pɛərɪŋ] **1.** спаривание **2.** *мол. биол.* комплементарное спаривание *(оснований нуклеиновых кислот)*

base ~ **1.** базисная конъюгация *(соединение двух спиралей молекулы ДНК)* **2.** спаривание оснований *(нуклеиновых кислот по принципу комплементарности)*

chromosomal ~ конъюгация хромосом

complete ~ полная [непрерывная] конъюгация

discontinuous ~ прерывистая конъюгация

domain ~ объединение [структурирование] доменов

illegitimate ~ неправильная конъюгация

touch-and-go ~ моментальная [кратковременная] конъюгация

palaeopathology [ˌpeiliːəʊrəˈθɒlədʒi] палеопатология *(изучение болезней древних людей по их останкам)*

palatability [ˌpælətəˈbiliti] **1.** вкусовые качества **2.** поедаемость

~ **of water** вкус воды

food ~ лакомства, вкусная еда

palatable ['pælətəbl] **1.** вкусный, аппетитный **2.** приятный *(напр. о медикаменте)*

palatal ['pælətəl] нёбный

palate ['pælət] **1.** *анат.* нёбо **2.** вкус

artificial ~ *мед. тех.* нёбный обтуратор

bony ~ *см.* **hard** ~

cleft ~ расщелина [незаращение] нёба, *нрк.* «волчья пасть»

falling ~ **1.** удлинённый нёбный язычок **2.** паралич мягкого нёба

fissured ~ *см.* **cleft** ~

hard ~ твёрдое нёбо

high arched ~ нёбо с высокой аркой

normal ~ нёбо в норме, интактное нёбо

pendulous ~ нёбный язычок

soft ~ мягкое нёбо

submucous cleft ~ подслизистая расщелина нёба

palatine ['pælətain] глоточно-нёбная дуга ‖ нёбный

palatitis [ˌpæləˈtaitis] воспаление слизистой оболочки нёба

palatoglossus [ˌpælətəʊˈglɔsəs] нёбно-язычная мышца

palatognathous [ˌpæləˈtɒgnəθəs] имеющий врождённую расщелину нёба

palatolalia [ˌpælətəʊˈleiliːə] гнусавость, палатолалия, ринолалия, ринофония *(нарушение тембра голоса и звукопроизношения)*

palatonasal [ˌpælətəʊˈneizəl] нёбно-носовой

palatoplasty ['pælətəʊˌplæsti] уранопластика, палатопластика

palatoplegia [ˌpælətəʊˈpliːdʒiːə] паралич мягкого нёба

palatorrhaphy [ˌpæləˈtɒrəfi] палаторафия, стафилорафия, ушивание расщелины нёба

palatoschisis [ˌpæləˈtɒskisis] расщелина нёба

palatum [pəˈlaːtəm] *лат., pl.* **palati** [pəˈlaːti] *см.* **palate**

pale [peil] бледнеть ‖ бледный; тусклый

to grow ~ побледнеть

paleness ['peilnəs] бледность

paleocerebellum [ˌpeiliːəʊˌserəˈbeləm] древняя [старая] часть мозжечка

paleocortex [ˌpeiliːəʊˈkɔːteks] древняя кора *(большого мозга)*, палеокортекс

paleogenesis [ˌpeiliːəʊˈdʒenəsis] *см.* **palingenesis**

paleopathology [ˌpeiliːəʊrəˈθɒlədʒi] палеопатология *(изучение болезней древних людей по ископаемым останкам)*

paleostriatum [ˌpeiliːəʊstraiˈeitəm] палеостриатум, паллидум, бледный шар

paleothalamus [ˌpeiliːəʊˈθæləməs] палеоталамус *(передняя и центральная части таламуса)*

palikinesia [ˌpælikiˈniːʒə] паликинезия *(многократное повторение одного и того же движения)*

palilalia [ˌpæliˈleiliːə] палилалия, палифразия *(многократное повторение отдельных фраз, слов или слогов)*

palimpsest ['pælimpˌsest] палимпсест *(амнезия на эпизоды и подробности периода алкогольной интоксикации)*

palindrome ['pælinˌdrəʊm] палиндром *(участок двухцепочечной ДНК, в котором последовательность одной из цепей идентична последовательности другой цепи, прочитанной в обратном направлении)*

palindromia [ˌpælinˈdrəʊmiːə] рецидив [возврат] болезни

palinergia [ˌpæliˈnɜːdʒiːə] палинергия *(бессмысленное повторение больным какого-л. действия)*

palinesthesia [ˌpælinesˈθiːʒə] восстановление чувствительности *(после комы или обезболивания)*

palingenesis [ˌpælinˈdʒenəsis] *эмбр.* палингенез *(повторение стадий филогенеза в онтогенезе)*

palingraphia [ˌpælinˈgræfiːə] палинграфия *(нарушение письма, проявляющееся повторением букв и слов)*

palinmnesis [ˌpælinˈniːsis] палимнезия *(восстановление в памяти больного событий, забытых в период амнезии)*

palinopsia [ˌpæliˈnɒpsiːə] палинопсия, зрительная персеверация

paliphrasia [ˌpæliˈfreiziːə] палифразия, палилалия *(непроизвольное повторение слов или предложений при разговоре)*

palirrhea [ˌpæliˈriːə] **1.** возобновление выделений *(после их прекращения)* **2.** регургитация

pallanesthesia [ˌpælænəsˈθiːʒə] утрата вибрационной чувствительности

pallesthesia [ˌpælesˈθiːʒə] вибрационная чувствительность, паллестезия

palliation [ˌpæliˈeiʃən] временное облегчение или ослабление *(болезни)*; паллиативное лечение

laser ~ паллиативное лечение лазером

surgical ~ паллиативная операция

palliative ['pæliːətiv] паллиативное средство ‖ паллиативный, временно облегчающий или ослабляющий

pallid ['pælid] **1.** бледный, бескровный **2.** изможденный

pallidectomy [ˌpælidˈektəmi] *нейрохир.* паллидэктомия *(разрушение или модификация функции бледного шара)*

pallidness ['pælidnəs] выраженная бледность

pallidum ['pælidəm] *см.* **paleostriatum**

pallium ['pæliːəm] кора большого мозга, мантия, плащ

pallor ['pælə] бледность

ashen ~ пепельная бледность

circumoral ~ бледность кожи вокруг рта *(при скарлатине)*

optic nerve ~ бледность диска зрительного нерва

palm [paːm] ладонь

atopic ~ дисгидротические ладони

liver ~ печёночная ладонь *(проявляющаяся гиперемия)*

palma ['pɑːlmə], *лат.*, *pl.* **palmae** ['pɑːlmiː] *см.* **palm**

~ **manus** сгибательная поверхность кисти

palmar ['pɑːlmə] ладонный

palmature ['pɑːlmətʃə] сращение пальцев кисти *(напр. после ожогов)*

palmesthesia ~ *см.* **pallesthesia** ~

palmic ['pælmik] 1. относящийся к пульсации 2. относящийся к ритмическому сокращению мышечных волокон или тику

palmistry ['pɑːmistri] изучение ладонных линий и бугров

cheiros ~ хиромантия

palmodic [pæl'mɒdik] относящийся к тику

palmoscopy [pæl'mɒskəpiː] исследование пульсации сердца

palmospasm ['pælməˌspæzm] пальмоспазм *(судорожные сокращения мышц кисти, напр., при миоклонус-эпилепсии)*

palmus ['pælməs], *pl.* **palmi** ['pælmai] 1. учащённая пульсация; аритмичная пульсация 2. судорожное подёргивание; конвульсивный тик

palpable ['pælpəbəl] осязаемый, ощутимый, пальпируемый, доступный пальпации, прощупываемый

palpation [pæl'peiʃən] пальпация, ощупывание, прощупывание

aggressive ~ грубая пальпация

bimanual ~ бимануальная пальпация

digital rectal ~ пальцевое ректальное исследование

epaxial ~ пальпация вышерасположенных структур

light touch ~ ориентировочная [скользящая, поверхностная] пальпация

palpebra ['pælpəbrə], *pl.* **palpebrae** ['pælpəbriː] *лат.* веко

palpebral ['pælpəbrəl] пальпебральный, относящийся к веку

palpebrate ['pælpəˌbreit] 1. мигать, моргать 2. имеющий веки

palpebration [ˌpælpə'breiʃən] 1. мигание, моргание 2. патологически частое мигание

palpebritis [ˌpælpə'braitis] блефарит

palpitate ['pælpiˌteit] учащённо биться, пульсировать

palpitation [ˌpælpi'teiʃən] 1. (учащённое) сердцебиение; сильная пульсация 2. трепетание, дрожь

palsied ['pɔːlzid] 1. парализованный 2. дрожащий, трясущийся

palsy ['pɔːlziː] паралич; иногда парез ‖ парализовать

Bell's ~ *см.* **facial** ~

bilateral ~ параплегия, двусторонний паралич

birth ~ родовой паралич

bulbar ~ бульбарный паралич, или синдром

cerebral ~ 1. детский церебральный паралич, ДЦП 2. корковый паралич

craft ~ профессиональный невроз *(напр. писчий спазм)*

creeping ~ прогрессивная мышечная атрофия

diver's ~ 1. декомпрессионная болезнь водолазов 2. *травм.* паралич ныряльщиков в воду

Erb's ~ спинальный спастический паралич, Эрба спинальный паралич

facial ~ прозопоплегия, Белла паралич *(поражение лицевого нерва)*

gaze ~ паралич взора

histrionic ~ мимический паралич *(лицевого нерва)*

hyperkaliemic paroxysmal ~ гиперкалиемический пароксизмальный паралич

lead ~ *ист.* свинцовый паралич

night ~ «сонный паралич» *(парез и онемение руки вследствие сдавления нерва во сне)*

obstetrical ~ *см.* **birth** ~

painter's ~ *см.* **lead** ~

posticus ~ паралич голосовых складок с их срединным положением

pressure ~ паралич от сдавления нерва

progressive supranuclear ~ прогрессирующий супрануклеарный паралич

scriveners' ~ писчая судорога, писчий спазм

shaking ~ дрожательный паралич, Паркинсона болезнь

tardy ~ поздний паралич

tardy median ~ туннельный синдром кисти

Todd's ~ Тодда паралич *(в результате перенесённого фокального эпилептического припадка)*

wasting ~ *см.* **creeping** ~

writer's ~ *см.* **scriveners'** ~

paludal ['pæluːdl] малярийный

paludism ['pæluːdizm] малярия

pamphlet ['pæmflət] наставление, памятка, инструкция

anti-gas ~ памятка по противохимической защите

pampiniform [pæm'piniˌfɔːm] лозовидный, в виде виноградной кисти *(о варикозном расширении вен)*

pampinocele [pæm'pinəuˌsiːl] варикоцеле, варикозное расширение вен семенного канатика

pamplegia [pæm'pliːdʒiə] тетраплегия *(паралич всех четырёх конечностей)*

pan [pæn] 1. кювета, ванночка; чаша; сосуд 2. испаритель 3. сортировать *(клетки)*, разделять методом пэннинга

bed ~ подкладное судно

dissecting ~ препаровальная кювета

shallow ~ плоская кювета

panacea [ˌpænə'siːə] панацея *(мифическое средство «от всех болезней»)*

Panacea [ˌpænə'siːə] Панацея, Панакея *(одна из двух дочерей Эскулапа, готовившая снадобье, которым лечила от всех болезней)*

panagglutination [ˌpænəˌgluːti'neiʃən] панагглютинация

panangiitis [ˌpænəndʒi'aitis] панваскулит

pananxiety [ˌpænæŋ'zaiəti] всеохватывающая тревога

panaris ['pænəris] паронихия

panaritium [ˌpænə'riʃiəm] панариций

panarteritis [ˌpænaːtə'raitis] узелковый периартериит, панартериит

panarthritis [ˌpænaː'θraitis] панартрит

panatrophy [pæn'ætrəfiː] генерализованная [универсальная] атрофия

Panax ['pænæks]:

~ **ginseng** женьшень настоящий

~ **notoginseng** женьшень ложный

pancarditis [ˌpænkaː'daitis] панкардит

pancolectomy [ˌpænkəʊl'ektəmiː] колэктомия

pancreas ['pæŋkri:əs], *pl.* **pancreata** [pæŋkri'eitə] поджелудочная железа

~ divisium удвоение поджелудочной железы

aberrant ~ добавочная [аберрантная] поджелудочная
железа

annular ~ кольцевидная поджелудочная железа

diabetic ~ поджелудочная железа при диабете

exocrine ~ 1. экзокринный отдел поджелудочной железы 2. экзокринная функция поджелудочной железы

lesser [small, unciform, uncinate] ~ крючковидный
отросток, малая [винслова] поджелудочная железа

pancreatectomy [,pæŋkri:ə'tektəmi:] резекция поджелудочной железы; панкреатэктомия, удаление поджелудочной железы

partial ~ резекция поджелудочной железы

total ~ тотальная панкреатэктомия, Уиппла операция

subtotal ~ субтотальная панкреатэктомия

pancreatemphraxis [,pæŋkri:,ætəm'fræksis] закупорка
выводного протока поджелудочной железы

pancreaticogastrostomy [,pæŋkri:ætikəʊgæ'strɒstəmi:]
панкреатикогастроанастомоз

pancreatism ['pæŋkri:ətizm] нормальное функционирование поджелудочной железы

pancreatitis [,pæŋkri:ə'taitis] панкреатит

alcoholic ~ алкогольный панкреатит

biliary ~ холепанкреатит, билиарный панкреатит

calcareous [calcifying] ~ кальцифицирующий панкреатит

mumps ~ панкреатит, возникший после или на фоне
эпидемического паротита

necrotizing ~ *см.* **pancreatolysis**

painless ~ безболевая форма панкреатита

relapsing ~ рецидивирующий панкреатит

silent ~ *см.* **painless ~**

pancreatoduodenectomy [,pæŋkri:ətəʊ,du:ədi:n'ektəmi:]
панкреатодуоденэктомия, панкреатодуоденальная резекция

pancreatogenic [,pæŋkri:ətəʊ'dʒenik], **pancreatogenous**
[,pæŋkri:ətəʊ'dʒenəs] обусловленный поражением поджелудочной железы, панкреатогенный

pancreatolith [,pæŋkri:'ætəliθ] конкремент в поджелудочной железе

pancreatolithiasis [,pæŋkri:ətəʊli'θaiəsis] калькулёзный
панкреатит, панкреатолитиаз

pancreatolithotomy [,pæŋkri:əʊli'θɒtəmi:] панкреатоли-
тотомия

pancreatolysis [,pæŋkri:ə'tɒlisis] деструкция, или
острый некроз, поджелудочной железы; панкреонекроз

pancrea(to)tomy [,pæŋkri:ə'tɒtəmi:] панкреатотомия

pancreolithotomy [,pæŋkri:əʊli'θɒtəmi:] *см.* **pancreatolithotomy**

pancreoprivic [,pæŋkri:əʊ'privik] недостаточность поджелудочной железы

pancreozymin [,pæŋkri:əʊ'zaimin] холецистокинин,
панкреозимин

pancytopenia [,pænsaitə'pi:ni:ə] пан(гемо)цитопения

congenital ~ врождённая анемия, Фанкони синдром

pandemia [pæn'di:mi:ə], **pandemic** [pæn'demik] панде-
мия *(глобальное распространение инфекции)* || панде-
мический

pandiculation [pæn'dikjʊ,leiʃən] потягивание и зевание
(после сна)

pane [pein] грань, клетка *(в узоре)*

"window ~s" *sl.* «пирамидки» *(форма галлюциногена
ЛСД)*

panel¹ ['pænəl] 1. список, перечень *(напр. диагности-
ческих исследований)* || составлять список 2. личный
состав, группа 3. рабочая группа экспертов 4. врачи,
работающие в системе медицинского страхования

~ of monoclonal antibodies панель моноклональных
антител

adoption ~ комиссия по усыновлению

antibody-against ~ набор диагностических антител

biochemistry ~ совокупность биохимических анализов; биохимический профиль крови

closed ~ *страх.* организация закрытого типа *(по условиям которой врачи не имеют права принимать пациентов, застрахованных другими организациями)*

expert advisory ~ список экспертов-консультантов
(ВОЗ)

open ~ *страх.* организация открытого типа *(заключающая договора с частнопрактикующими врачами на
оказание ими услуг)*

organoleptic ~ группа испытуемых для оценки орга-
нолептических свойств; группа добровольцев, выбран-
ных для участия в сенсорном тестировании

personality ~ перечень свойств человека, предрасполагающих к той или иной болезни

pneumoconiosis medical ~ медицинское обследование на пневмокониоз

"prenatal ~" of laboratory tests «пренатальный комплекс» лабораторных тестов

reference ~ эталонная [стандартная] панель, рефе-
ренс-панель

reporting ~ *стат.* обследуемая группа

sample ~ выборочный список; список выборочно
опрашиваемых

thyroid ~ набор тестов для исследования щитовидной железы

panel² щит управления; приборная панель

control ~ пульт управления; щит управления

foot ~ нижняя панель

instrument ~ панель контрольно-измерительных
приборов

push-button ~ *мед. тех.* кнопочная панель

panel-doctor ['pænəl-,dɒktə] врач страховой компании

panelist ['pænəlist] дегустатор

panel-reactive ['pænəl-ri:,æktiv] тест-антигеновый, па-
нелированный

panencephalitis [,pænən,sefə'laitis] панэнцефалит

sclerosing ~ склерозирующий панэнцефалит, *уст.*
лейкоэнцефалит

subacute sclerosing ~ подострый склерозирующий
лейкоэнцефалит, Ван-Богарта болезнь

panesthesia [,pænis'θi:ʒə] совокупность всех ощущений
в данный момент

pang [pæŋ] 1. внезапная острая боль; муки, мучения
2. *pl.* угрызения совести

~s of death агония

~s of jealousy муки ревности

breast ~ стенокардия, грудная жаба

brow ~ 1. невралгия надглазничного нерва 2. мигрень

pangen ['pændʒən] детерминант, определитель, решающий фактор

panglossia [pæn'glɒsi:ə] логорея, речевое недержание, полифразия

panhematopenia [pæn,hi:mətəʊ'pi:ni:ə] см. **pancytopenia**

panhydrometer [pænhai'drɒmətə] ареометр для измерения плотности жидкостей

panhydrosis [pænhai'drəʊsis] профузное потоотделение

panhypopituitarism [pænhaipəʊpi'tu:itə,rizəm] гипофизарная кахексия, пангипопитуитаризм, Симмондса болезнь

panhysterectomy [pæn,histər'ektəmi:] пангистерэктомия, экстирпация матки с придатками

panic ['pænik] паника; выраженный беспричинный страх, боязнь || панический || пугать; наводить панику

homosexual ~ страх возникновения гомосексуализма

insanity ~ страх сойти с ума

lactate ~ лактат-спровоцированный панический приступ

panimmunity [,pæni'mju:niti:] иммунитет ко всем инфекционным болезням

panmyxia [pæn'miksi:ə], **panmixis** [pæn'miksis] панмиксия, свободное скрещивание (без выбора по религиозным, расовым, социальным и другим признакам)

panmyelophthisis [,pæn,maiə'lɒfθisis] панмиелофтиз, аплазия костного мозга

panmyelosis [,pænmaiə'ləʊsis] панмиелоз (гиперплазия всех трёх ростков миелопоэза)

panneuritis [,pænnʊ'raitis]:

~ epidemica алиментарный полиневрит, бери-бери

panneurosis [,pænnʊ'rəʊsis] панневроз (форма псевдоневротического течения шизофрении с одновременным сосуществованием навязчивых, истерических, вегетативных и других симптомов)

panniculalgia [pə,nikjʊl'ældʒi:ə] адипозалгия, болезненный липоматоз, болезненное ожирение, Деркума болезнь

panniculectomy [pə,nikjʊl'ektəmi:] хирургическое удаление избыточного скопления жира, особенно на животе

panniculitis [pə,nikjʊ'laitis] панникулит, целлюлит (воспаление подкожно-жировой клетчатки брюшной стенки)

nodular nonsuppurative ~ рецидивирующий узловатый ненагнаивающийся панникулит, Вёбера – Христиана болезнь

panniculus [pə'nikjʊləs], pl. **panniculi** [pə'nikjʊli] пласт, слой (ткани)

~ adiposus (подкожный) жировой слой

pannus ['pænəs], pl. **panni** ['pæni] офт. паннус, поверхностный диффузный сосудистый кератит

degenerative ~ дегенеративный паннус, псевдопаннус

phlyctenular ~ фликтенулёзный паннус

panodic [pə'nɒdik] см. **panthodic**

panophobia [,pænə'fəʊbi:ə] пан(то)фобия (патологическая боязнь всего окружающего)

panophthalmia [,pænɒf'θælmi:ə], **panophthalmitis** [,pænɒfθəl'maitis] панофтальмит

panoptic [pæn'ɒptik] выявляющий все элементы объекта (об эффекте окраски микропрепарата)

panosteitis [,pænɒsti:'aitis] паностит

panotitis [,pænəʊ'taitis] панотит (одновременное воспаление среднего и внутреннего уха)

panplegia [pæn'pli:dʒi:ə] тетраплегия

pansclerosis [,pænsklə'rəʊsis] генерализованный склероз

pansinu(s)itis [,pænsainə'saitis] пансинусит (воспаление слизистой оболочки всех околоносовых пазух)

pansphygmography [,pænsfig'mɒgrəfi:] одновременная запись сокращений сердца, пульсовой волны и движений грудной клетки

pansy ['pænzi:] фиалка трёхцветная, иван-да-марья, анютины глазки (Viola tricolor)

pansystolic [,pænsi'stɒlik] пансистолический (о шуме сердца)

pant [pænt] 1. судорожный или затруднённый вдох || тяжело дышать, задыхаться 2. сильно биться, трепетать

pantalgia [pænt'ældʒi:ə] паналгия (ощущение боли во всём теле)

pantamorphia [,pæntə'mɔ:fi:ə] аморфность, бесформенность

pantatrophia [,pæntə'trəʊfi:ə], **pantatrophy** [pæn'tætrəfi:] кахексия, общая атрофия

panther ['pænθə]:

Gray ~s «Седые пантеры» (движение за права пожилых)

pantherapist [pæn'θerəpist] терапевт общего профиля

panthodic [pæn'θɒdik] распространяющийся во всех направлениях, иррадиирующий (о нервных импульсах)

panting ['pæntiŋ] одышка, затруднённое или учащённое дыхание, удушье

pantogamy [pæn'tɒgəmi:] промискуитет

pantomogram [pæn'təʊtəʊ,græm] пантомограмма (панорамное рентгенологическое изображение)

dental ~ пантомограмма зубов

pantographia [,pæntə'græfi:ə] пантография, панорамная томография (объектов изогнутой формы)

pantophobia [,pæntə'fəʊbi:ə] см. **panophobia**

pantoptosis [,pæntəʊ'ptəʊsis] офт. опущение всех внутренних органов

pantoscopic [,pæntəʊ'skɒpik] бифокальный

pantropic [pæn'trɒpic] пантропный (о вирусе, который может поражать различные ткани организма)

panviewfiberscope [,pæn,vju:'faibə,skəʊp] универсальный фиброскоп

panzootic [,pænzəʊ'ɒtik] панзоотия (распространение инфекционной болезни животных на несколько стран)

pap [pæp] 1. паста; эмульсия 2. паренхима 3. мягкая пища; мякоть плода

papain [pə'peiin], **papainase** [pə'peiineiz] папаин, папайотин

papaver [pə'pævə] мак

~ somniferum токс. мак снотворный, опийный мак (содержит около 50 алкалоидов, включая опий)

paper ['peipə] 1. бумага; бумажная индикаторная полоска 2. документ; газета; статья; доклад 3. sl. «промокашка» (наркотик) 4. sl. рецепт на наркотическое вещество

active ~ активная [индикаторная] полоска *(для определения влажности)*

amboceptor ~ бумага для тестирования по сыворотке крови *(напр. сифилиса)*

antiseptic ~ бактерицидная [антисептическая] бумага

background ~s **1.** справочные материалы **2.** основные доклады

blotting ~ фильтровальная бумага для блоттирования

blue litmus ~ синяя лакмусовая полоска

census ~ переписной [опросный] лист; переписной бюллетень

chart ~ диаграммная бумага, бумага для самописца

collected ~s сборник трудов

exploration ~ *см.* **indicator** ~

heat-sensitive chart ~ термочувствительная диаграммная бумага

indicator ~ индикаторная [реактивная] бумажная полоска, бумажный экспресс-диагностикум

litmus ~ лакмусовая бумага

microfibril ~ микроволокнистая бумага

phenolphtalein test ~ фенолфталеиновая индикаторная бумага

reagent ~ *см.* **indicator** ~

test ~ **1.** *психол.* протокол тестирования **2.** *см.* **indicator** ~

wet blotting ~ симптом мокрой промокательной бумаги *(о легко рвущейся стенке кишки)*

Paper:

Public Health ~s Тетради общественного здравоохранения *(издание ВОЗ)*

paper-strip ['peipə-strip] *см.* **indicator** ~

papescent ['peipəsənt] мягкой консистенции

papilla [pə'pilə], *pl.* **papillae** [pə'pili:] сосок; сосочек, бугорок, вырост, сосочкообразное набухание ткани

~ **conical** конусовидный сосочек *(языка)*

~ **lentiformis** чечевицевидный сосочек *(языка)*

~ **of Vater** *см.* **bile** ~

alpine ~ узкий и удлинённый сосочек дермы

bile ~ большой сосочек двенадцатиперстной кишки, фатеров сосок

circumvallate ~ желобовидный сосочек *(языка)*

clavate ~e грибовидные сосочки *(языка)*

conic ~e конусовидные сосочки *(языка)*

dental ~ сосочек зуба, зубной сосочек

dermal ~e сосочки дермы, кожные сосочки

filiform ~e нитевидные сосочки *(языка)*

foliate ~e листовидные сосочки *(языка)*

fungiform ~e грибовидные сосочки *(языка)*

gingival ~ десневой [межзубной] сосочек

hair ~ сосочек волоса, волосяной сосочек

incisive ~ резцовый сосочек *(нёба)*

interdental ~ десневой [межзубной] сосочек

lacrimal ~ слёзный сосочек

minor duodenal ~ малый сосочек двенадцатиперстной кишки, санториниев сосочек

nerve ~ осязательное тельце, Мейснера тельце

optic ~ диск зрительного нерва, *уст.* сосок зрительного нерва

palatine ~ резцовый сосочек нёба

parotid ~ сосочек околоушной железы

renal ~e почечные сосочки

tactile ~ *см.* **nerve** ~

vallate ~e **circumvallate** ~

papillate ['pæpi,leit] покрытый сосочками; сосочкообразный, сосочковидный

papillectomy [,pæpil'ektəmi:] папиллэктомия, иссечение сосочка

papilledema [,pæpilə'di:mə] отёк диска зрительного нерва

papilliferous [,pæpi'lifərəs] имеющий сосочки

papilliform [pə'pili,fɔ:m] сосочкообразный, сосочковидный

papillitis [,pæpi'laitis] папиллит *(1. воспаление межзубного сосочка 2. воспаление почечных сосочков)*

optic ~ воспаление диска зрительного нерва

papillocarcinoma [,pæpiləu,ka:si'nəumə] папиллярный [сосочковый] рак, папиллокарцинома

papilloma [,pæpi'ləumə] папиллома *(эпителиальная доброкачественная опухоль)*, сосочковая опухоль

~ **acuminatum orvinereum** остроконечная кондилома

basal cell ~ базально-клеточная папиллома

bladder ~ папиллома мочевого пузыря

cylindric cell ~ эпителиоклеточная папиллома, переходная папиллома

intracanalicular [intraductal] ~ кровоточащая молочная железа, внутрипротоковая папиллома

inverted ~ переходно-клеточная [инвертированная] папиллома *(мочевого пузыря)*

keratotic ~ доброкачественный плоскоклеточный кератоз; кератическая папиллома

multiple laryngeal ~s папилломатоз гортани

psammomatous ~ серозная кистаденома яичника

squamous cell ~ чешуйчато-клеточная [плоскоклеточная] папиллома

transitional ~ эпителиоклеточная [переходно-клеточная] папиллома

villous ~ ворсинчатая папиллома

zymotic ~ фрамбезия, тропическая гранулёма, невенерический [тропический] сифилис

papillomatosis [,pæpi,ləumə'təusis] *дерм.* папилломатоз, множественные папилломы, полипоз

confluent and reticulated ~ сливающийся папулёзный [безымянный пигментный] папилломатоз, Гужеро – Карто болезнь

papillomavirus [,pæpi'ləumə,vairəs] вирус папилломы

papillopathy [,pæpi'lɒpəθi:] невропатия зрительного нерва с вовлечением его диска

papilloretinitis [,pæpiləu,reti'naitis] *офт.* ретинопапиллит

papillose ['pæpi,ləus] **1.** сосочковый, папиллярный **2.** бородавчатый, бугорчатый

papillotomy [,pæpi'lɒtəmi:] папилло(сфинктеро)томия

papillovirus [,pæpiləu'vairəs] человеческий папилловирус

Papovaviridae [pə,pəuvə'vi:ridi:], **papovavirus** [pə,pəuvə'vairəs] **(abbr. from papilloma, polyoma, vacuolating agents)** паповавирусы *(группа вирусов папилломы, полиомы и вакуолизирующего вируса обезьян, индуцирующих новообразования)*

pappus ['pæpəs] пушок *(на теле новорождённого)*

papular ['pæpju:lə] папулёзный, узелковый

papulation [,pæpju:'leiʃən] образование [появление] папул

papule ['pæpju:l] узелок, папула *(элемент сыпи)*

moist [mucous] ~ **1.** широкая [плоская, сифилитическая] кондилома, вегетирующий папулёзный сифилид **2.** остроконечная бородавка, остроконечная кондилома

papuliferous [ˌpæpjəˈlifərəs], **papulopustular** [ˌpæpjələʊˈpʌstʃələ] характеризующийся наличием папул

papuloid [ˈpæpjʊˌlɒid] напоминающий папулёзное высыпание

papulosis [ˌpæpjʊˈləʊsis] папулёз

lymphomatoid ~ лимфоматозный папиломатоз

malignant atrophic ~ атрофический папулёзно-чешуйчатый дерматит, злокачественный атрофический папулёз, Дегоса болезнь, или синдром

papulosquamous [ˌpæpjʊləʊˈskweiməs] папулёзно-чешуйчатый

papyraceous [ˌpæpiˈreiʃəs] папирусный (схожий с пергаментом)

papyrography [ˌpæpiˈrɒgrəfi] хроматография на бумаге, бумажная хроматография

par [pɑː] **1.** нормальное состояние **2.** равенство; паритет

~ **example** фр. например

~ **excellence** фр. по преимуществу, преимущественно

para [ˈpærə] рожавшая (женщина, родившая жизнеспособного ребёнка)

~ **0, nullipara** нерожавшая женщина

~ **I, primapara** женщина, рожавшая одного жизнеспособного ребёнка

~ **II, secundipara** женщина, рожавшая двух жизнеспособных детей

~ **III, tertipara, tripara** женщина, рожавшая трёх жизнеспособных детей

~ **IV, quadripara** женщина, рожавшая четырёх жизнеспособных детей

para-actinomycosis [ˌpærə-ˌæktinəʊmaiˈkəʊsis] актинобациллёз, псевдоактиномикоз

para-amnesia [ˌpærə-æmˈniːʒə] см. **peramnesia**

para-analgesia [ˌpærə-ˌænəlˈdʒiːziə] обезболивание нижней части тела, включая ноги

para-anesthesia [ˌpærə-ˌænisˈθiːʒə] пар(а)анестезия (отсутствие чувствительности в симметричных участках тела, чаще на руках или ногах)

para-appendicitis [ˌpærə-əˌpendiˈsaitis] периаппендицит (воспаление тканей вокруг червеобразного отростка)

paraballism [ˌpærəˈbæliˌzəm] конвульсивные движения обеих ног

parabath [ˌpærəˈbæθ] парафиновая ванна

parabiosis [ˌpærəbaiˈəʊsis] **1.** парабиоз (совместное существование двух организмов, имеющих общую кровеносную систему, напр. сросшихся близнецов) **2.** хирургическое соединение сосудистых систем двух организмов **3.** обратимое подавление возбудимости и проводимости

parablast [ˌpærəˈblæst] парабласт (зародышевый слой, из которого развиваются кровеносные и лимфатические сосуды)

parablepsia [ˌpærəˈblepsiə] извращённые или ложные видения

parabulia [ˌpærəˈbuːliə] парабулия (нарушение воли, проявляющееся в незавершении начатых действий)

paracanthoma [ˌpærəkænˈθəʊmə] паракантома (опухоль из шиповатых клеток эпидермиса)

paracele [ˈpærəsiːl] боковой желудочек головного мозга

paracenesthesia [ˌpærəˌsiːnisˈθiːʒə] патологическое чувство видеть во всём благополучие

paracentesis [ˌpærəsenˈtiːsis] парацентез (пункция полости)

~ **tympani** лат. парацентез барабанной полости

abdominal ~ лапароцентез, пункция живота

four quadrant ~ лапароцентез в четырёх квадрантах

paracentetic [ˌpærəsenˈtetik] относящийся к парацентезу

paracentral [ˌpærəˈsentrəl] парацентральный (напр. о скотоме)

paracervical [ˌpærəˈsɜːvikəl] парацервикальный (прилежащий к шейке матки)

paracholia [ˌpærəˈkəʊliə] уст. парахолия (нарушение секреции жёлчи)

parachroma [ˌpærəˈkrəʊmə] патологическая окраска кожи, изменение цвета кожи

paracinesia [ˌpærəsiˈniːziə], **paracinesis** [ˌpærəsiˈniːsis] см. **parakinesia**

paracmastic [ˌpærəkˈmæstik] **1.** относящийся к периоду затихания проявлений болезни **2.** инволюционный

paracme [pærˈækmiː] **1.** период затихания проявлений болезни **2.** возрастная инволюция организма, старение

paracoccidioidomycosis [ˌpærəkɒkˌsidiˌɒidəʊmaiˈkəʊsis] паракокцидиоидомикоз

paracone [ˌpærəˈkəʊn] стом. параконус

paracorporeal [ˌpærəkɔːˈpɔːriːəl] экстракорпоральный, расположенный вне организма

parac(o)usis [ˌpærəˈkuːsis] паракузия (любое нарушение слуха); извращённое восприятие звуков

paracrine [ˈpærəkrin] паракринный

paracusia [ˌpærəˈkjuːsiə] см. **parac(o)usis**

~ **willisana** лат. паракузия, Вилизия феномен (восприятие речи лучше в условиях шума, чем в тишине)

paracyesis [ˌpærəsaiˈiːsis] уст. внематочная беременность

paracystitis [ˌpærəsisˈtaitis] парацистит

paracystium [ˌpærəˈsistiəm] ткани, окружающие мочевой пузырь

paracytic [ˌpærəˈsitik] **1.** относящийся к клетке, в норме не встречающейся в данной ткани **2.** расположенный среди клеток, но не связанный с ними

paradidymis [ˌpærəˈdidimis], pl. **paradidymides** [ˌpærəˈdidimidiːz] придаток подвеска яичка, парадидимис, Жиральде орган

paradigm [ˈpærəˌdaim] **1.** парадигма (модель постановки проблемы, принятая в качестве образца решения исследовательских задач); концептуальная установка **2.** система; пример; образец

~ **for osteomyelitis** модель остеомиелита

~ **in diagnosis** диагностическая парадигма

~ **of healthcare** образец заботы о здоровье

evolutionary-comparative ~ эволюционно-сравнительная парадигма

peritonitis treatment ~ парадигма лечения перитонита

scientific ~ научный образец; научная система

paradipsia [ˌpærəˈdipsiə] парадипсия (патологическое потребление жидкости вне связи с потребностями организма)

paradise [ˈpærədais] **1.** рай **2.** sl. кокаин

paradoctor [ˌpærə'dɒktə] *см.* **paramedic**

paradontosis [ˌpærə'dɒntəsis] парадонтоз, альвеолярная пиорея

paradox ['pærədɒks] парадокс

hypoxic ~ гипоксический парадокс *(повышенное потребление кислорода в условиях его низкого давления)*

paraduodenal [ˌpærə,du:ə'di:nəl] парадуоденальный

paradysentery [ˌpærə'disən,teri:] диарея, напоминающая дизентерию

paraepilepsia [ˌpærə'epilepsi:ə] тип эпилепсии без судорог и потери сознания, характеризующийся только аурой

paraequilibrium [ˌpærə,i:kwi'libri:əm] головокружение, вертиго

paraesthesia [ˌpærəs'θi:ʒə] *см.* **paresthesia**

paraffin ['pærəfin] парафин, *pl.* парафиновые углеводороды, алканы

liquid ~ 1. жидкий вазелин, вазелиновое масло
2. медицинское парафиновое масло

hard ~ твёрдый парафин, парафиновый воск

native [nature] ~ озокерит

paraffinoma [ˌpærəfi'nəʊmə] парафинома *(опухолевидное образование в месте введения жидкого парафина)*

parafunction [ˌpærə'fʌŋkʃən] нарушение функции *(органа)*

paraganglioma [ˌpærə,gæŋgli:'əʊmə] параганглиома, феохромоцитома

gangliocytic ~ ганглиоцитарная параганглиома

nonchromaffin ~ хемодектома, нехромаффинная параганглиома

paraganglion [ˌpærə'gæŋgli:ən], *pl.* **paraganglia** [ˌpærə-'gæŋgli:ə] *анат.* (хромаффинный) параганглий, хромаффинное тельце, гломус

aorticolumbar ~ аортальный поясничный параганглий, хромаффинное тело аорты, орган Цуккеркандля

parageusia [ˌpærə'gju:si:ə] парагевзия *(расстройство вкусовой чувствительности)*

paragglutination [ˌpærə,glu:ti'neiʃən] групповая агглютинация, коагглютинация

paragglutinin [ˌpærə'glu:tənin] коагглютинин

paraglossa [ˌpærə'glɔ:sə] отёк языка, припухлость языка

paragnosis [ˌpærə'gnəʊsis] (патолого)анатомический [посмертный] диагноз

paragomphosis [ˌpærəgɒm'fəʊsis] вклинение головки плода в суженный родовой канал

paragonimiasis [ˌpærə,gɒni'maiəsis], **paragonimosis** [ˌpærə,gɒni'məʊsis] *параз.* парагонимоз

pulmonary ~ лёгочный парагониоз

paragrammatism [ˌpærə'græmətizm] параграмматизм *(нарушение речи в форме несоблюдения правил грамматики)*

paragranuloma [ˌpærə,grænjʊ'ləʊmə] парагранулёма (Ходжкина)

paragraphia [ˌpærə'græfi:ə] параграфия *(расстройство письма в форме неправильного написания отдельных слов или букв)*

paragrippe [ˌpærə'grip] парагрипп, ОРВИ

parahemophilia [ˌpærə,hi:mə'fili:ə] гипоакцелеринемия, парагемофилия, Оврена болезнь *(дефицит V фактора)*

parahormone [ˌpærə'hɔ:məʊn] парагормон

parahypnosis [ˌpærəhip'nəʊsis] нарушение сна *(напр. кошмарные сновидения, сомнамбулизм)*

parainfluenza [ˌpærə,influ'enzə] *см.* **paragrippe**

parakeratosis [ˌpærə,kerə'təʊsis] паракератоз *(нарушение процесса ороговения эпидермиса)*

parakinesia [ˌpærəki'ni:ʒə] паракинез(ия), Якоба симптом *(бессмысленные стереотипные двигательные акты)*

paralalia [ˌpærə'leili:ə] паралалия *(дефект речи с заменой букв)*

paralambdacism [ˌpærə'læmdəsizm] параламбдацизм *(неправильное или искажённое произношение буквы «л» или замена её другой буквой)*

paralepsy ['pærə,lepsi:] психолепсия *(внезапное падение психического тонуса)*

paralexia [ˌpærə'leksi:ə] паралексия *(искажение прочитываемых слов и букв или замена их другими)*

literal ~ литеральная паралексия *(пропуск или перестановка букв при чтении)*

verbal ~ вербальная паралексия *(пропуск или замена слов при чтении)*

paralgesia [ˌpæræl'dʒi:zi:ə] извращение болевой чувствительности

parallagma [ˌpæræ'lægmə] смещение костных отломков

parallergy [pær'ælə:dʒi:] параллергия *(реакция специфически сенсибилизированного организма на неспецифические раздражители)*

paralogia [ˌpærə'ləʊdʒi:ə] паралогия, расстройство мышления

paralogical [ˌpærə'lɒdʒikəl] паралогичный, алогичный, не поддающийся логике

paralogism [pə'ræləʊˌdʒizəm], **paralogy** [pə'rælədʒi:] *см.* **paralogia**

paralysis [pə'rælisis], *лат.,* *pl.* **paralyses** [pə'rælisi:z]
1. паралич; иммунный паралич; иммунологическая толерантность; *см. тж.* **palsy 2.** блокада нерва *(утрата любой функции)*

~ agitans *лат.* дрожательный паралич, паркинсонизм

~ hypokalemic periodic периодический гипокалиемический паралич

~ of accomodation *офт.* паралич аккомодации, циклоплегия

~ parturientium *лат.* родовой паралич *(нижних конечностей, возникший у роженицы)*

~ vacillans хорея

antepartum ~ *см.* **preparturient ~**

ascending tick ~ восходящий паралич

bilateral ~ двусторонний паралич, параплегия

bulbar ~ *см.* **pseudobulbar ~**

catatonic cerebral ~ кататонический церебральный паралич

cold ~ Эйленбурга холодовой паралич, врождённая парамиотония, Эйленбурга болезнь

compression ~ паралич от сдавления нерва

congenital abducens-facial [oculofacial] ~ Мёбиуса синдром *(врождённый паралич отводящего и лицевого нервов)*

crossed ~ односторонний паралич лица с поражением противоположной половины тела

crutch ~ костыльный паралич

decubitus ~ сонный паралич *(от сдавления нерва во время сна)*

descending ~ нисходящий паралич

diver's ~ 1. кессонная болезнь *(водолазов)* **2.** паралич ныряльщиков

epidemic [essential] ~ (острый эпидемический) полиомиелит, (острый атрофический) спинальный детский паралич, эпидемический детский паралич

facial ~ паралич лицевого нерва

familial periodic ~ (семейный) периодический паралич

flaccid ~ периферический [атонический, атрофический, вялый] паралич

general ~ (of the insane) прогрессирующий паралич; паралитическое слабоумие

histrionic ~ паралич мимических мышц

hypnogogic ~ гипнагогический паралич *(развивающийся во время засыпания)*

hypnopompic ~ гипнопомпический паралич *(развивающийся во время пробуждения)*

infantile ~ *см.* **epidemic ~**

Jackson's ~ Джексона синдром *(паралич подъязычного нерва в сочетании с гемиплегией на противоположной стороне)*

ileac ~ парез [паралич] кишечника

Klumpke's ~ Клюмпке паралич *(руки в результате травмы плечевого сплетения у младенцев во время родов)*

Landry's ~ Ландри паралич *(быстро прогрессирующая форма синдрома Гийена – Барре)*

laryngeal ~ ларингеальный паралич

mixed ~ сочетанный паралич *(сочетание двигательного и сенсорного параличей)*

muscle ~ 1. паралич мышц **2.** (кратковременная) утрата мышечного тонуса

neuromuscular ~ *анест.* нейромышечный блок

obstetrical ~ родовой [акушерский] паралич

oculomotor ~ глазодвигательный паралич

posthemiplegic ~ остаточные явления после перенесённого инсульта

postoperative intestinal ~ послеоперационный парез кишечника

preparturient ~ предродовой паралич

progressive bulbar ~ прогрессирующий бульбарный паралич

pseudobulbar ~ псевдобульбарный паралич

respiratory ~ 1. паралич дыхательных нервов или центра **2.** остановка дыхания *(напр. при передозировке анестетика)*

sleep ~ сонный паралич *(1. временный парез конечности вследствие длительного сдавления нерва во сне 2. пугающее ощущение неспособности выполнить произвольные движения, возникающее в момент засыпания или пробуждения)*

sodium-responsive periodic ~ нормокалиемический периодический паралич

spastic ~ спастический паралич, корковый паралич

supranuclear ~ *см.* **pseudobulbar ~**

tick ~ паралич при клещевом энцефалите

Todd's ~ Тодда паралич *(в результате перенесённого фокального эпилептического припадка)*

vasomotor ~ сосудистая атония

Volkmann's ~ Фолькманна ишемический паралич

wasting ~ прогрессирующая [прогрессивная] мышечная атрофия

paralytic [ˌpærəˈlitik] больной, поражённый параличом ‖ поражённый параличом, парализованный, паралитический

paralytogenic [ˌpærəˌlitəˈʤenik] парализующий, вызывающий паралич

paralyzant [ˈpærəˌlaizənt] вещество, вызывающее паралич; паралитический яд ‖ парализующий, вызывающий паралич .

paralyzer [ˈpærəˌlaizə] **1.** фактор, вызывающий паралич **2.** ингибитор *(химической реакции)*

paramastitis [ˌpærəmæˈstaitis] ретромаммарный абсцесс

paramastoid [ˌpærəˈmæstɔid] расположенный вблизи сосцевидного отростка

paramecium [ˌpærəˈmiːʃiəm] парамеция

paramedian [ˌpærəˈmiːdiən] парамедиальный *(расположенный вблизи срединной плоскости)*

paramedic [ˌpærəˈmedik] **1.** специально обученный оказанию неотложной медицинской помощи по алгоритмам персонал немедицинской специальности **2.** человек смежной с медициной специальности *(рентгенолог, лаборант и др.)*

paramedical [ˌpærəˈmedikəl] **1.** парамедицинский *(напр. о науках, близких к медицине, – физиологии, биохимии, генетике и др.)* **2.** относящийся к младшему медицинскому персоналу

paramenia [ˌpærəˈmiːniə] *гинек.* дисменорея

~ obstructionis *лат.* аменорея

paramesial [ˌpærəˈmiːsiəl] расположенный около средней линии тела

parameter [pəˈræmətə] **1.** параметр, показатель **2.** *психоан.* любые действия, кроме толкований, используемые психоаналитиком при лечении

actual ~ фактический параметр

climatic ~s климатические условия

correlation ~ коэффициент корреляции

demographic ~ демографический параметр

growth ~ показатели роста

estimable ~ параметр, поддающийся оценке

hematological ~s гемограмма, показатели крови

operation ~ эксплуатационная характеристика

predictive ~ прогностический фактор

vital ~s показатели жизненно важных функций

parametric [ˌpærəˈmetrik] **1.** околоматочный; относящийся к околоматочной клетчатке **2.** *стат.* параметрический *(о тесте)*

parametritis [ˌpærəməˈtraitis] параметрит, тазовый целлюлит

parametrium [ˌpærəˈmiːtriəm], *pl.* **parametria** [ˌpærəˈmiːtriə] параметрий, околоматочная клетчатка, околоматочное пространство

paramimia [ˌpærəˈmimiə] парамимия *(несоответствие мимики больного его эмоциям)*

paramnesia [ˌpæræmˈniːziə] *псих.* парамнезия, ложное воспоминание, псевдомнезия

reduplicative ~ редупликативная парамнезия

paramorphia [ˌpærəˈmɔːfiːə] патологические нарушения формы или строения органа

paramount [ˈpærəˌmaʊnt] **1.** первостепенный; главный; высший **2.** доминирующий; патогномоничный (напр. признак)

paramusia [ˌpærəˈmjuːziːə] парамузия (утрата способности к определению высоты музыкальных тонов или характера звукосочетаний)

paramyloid [pæˈræməˌlɔɪd] ахроамилоид, парамилоид (атипичный амилоид)

paramyloidosis [pəˌræmɪlɔɪˈdəʊsɪs] парамилоидоз (накопление в тканях ахроамилоида)

paramyoclonus [ˌpærəmaɪˈɒkləʊnəs]:

~ **multiplex** множественный парамиоклонус (состояние, характеризующееся кратковременными сокращениями мышц)

paramyotonia [ˌpærəˌmaɪəʊˈtəʊniːə] парамиотония (холодовой паралич, проявляющийся признаками пареза на холоде)

~ **congenita of Eulenburg** Эйленбурга врождённая парамиотония

paramyxovirus [ˌpærəˈmɪksəʊˌvaɪrəs] парамиксовирусы (подгруппа миксовирусов)

paraneoplastic [ˌpærəˌniːəʊˈplæstik] паранеопластический, сопутствующий новообразованию

paranephric [ˌpærəˈnefrik] **1.** околопочечный, паранефральный **2.** надпочечниковый

paranephritis [ˌpærənəˈfraitis] паранефрит

paranephros [ˌpærəˈnefrɒs], *pl.* **paranephroi** [ˌpærəˈnefrɔɪ] надпочечник, надпочечная железа

parangi [pəˈrænʤiː] фрамбезия, тропическая гранулёма, невенерический [тропический] сифилис

paranoia [ˌpærəˈnɔɪə] паранойя (систематизированный бред изобретательства, преследования, величия и пр. при отсутствии галлюцинаторных расстройств и нарушений мышления)

affect-laden ~ аффективно-заряженная паранойя

amorous ~ бред ревности, любовная паранойя

conjugal ~ супружеская паранойя, бред ревности

heboid ~ параноидная шизофрения

litigious ~ сутяжная паранойя, сутяжный бред, мания сутяжничества

querulous ~ кверулянтная паранойя

paranoiac [ˌpærəˈnɔɪæk] больной паранойей

paranoic [ˌpærəˈnɔɪk] паранойяльный

paranoid [ˈpærəˌnɔɪd] напоминающий паранойю, параноидный

paranosic [ˌpærəˈnɒsik] паранозический (связанный с выгодой болезни)

paranucleus [ˌpærəˈnuːkliːəs] парануклеус, дополнительное [акцессорное] ядро (клетки)

paraoophoron [ˌpærəəʊˈɒfərən] околояичник (рудиментарная структура)

paraoperative [ˌpærəˈɒpərətiv] относящийся к подготовке к операции (стерилизация инструментов и пр.)

paraparesis [ˌpærəpəˈriːsis] парапарез (парез двух конечностей)

parapharmaceutic [ˌpærəfɑːməˈsuːtik] парафармацевтический (о гигиенических товарах и предметах медицинского назначения)

paraphasia [ˌpærəˈfeiziə] *псих.* парафазия (путаница слов, неосмысленная речь)

central ~ парафазия центрального происхождения

literal ~ литеральная парафазия (пропуск, замена или перестановка отдельных звуков)

verbal ~ вербальная парафазия (замена слов другими, близкими по звучанию)

paraphia [pəˈreifiə] нарушение осязания

paraphilia [ˌpærəˈfiliə] половое извращение, парафилия (педофилия, некрофилия, пигмалионизм, гомосексуализм, мазохизм и пр.)

paraphimosis [ˌpærəfaiˈməʊsis] парафимоз

paraphonia [ˌpærəˈfəʊniə] расстройство голоса

~ **puberum**, ~ **pubescentium** мутация голоса (у мальчиков)

paraphrasia [ˌpærəˈfreiziə] *псих.* парафразия (непроизвольное отклонение от темы или объекта рассуждения)

paraphrenia [ˌpærəˈfriːniə] *псих.* парафрения, парафренный синдром (сочетание фантастического бреда с психическими автоматизмами, вербальными галлюцинациями, ложными узнаваниями)

~ **confubulans** конфабуляторная парафрения

~ **expansiva** экспансивная парафрения

~ **systematica** систематизированная парафрения

paraplasm [ˈpærəˌplæzm] параплазма, дейтоплазма (цитоплазматические включения)

paraplegia [ˌpærəˈpliːʤiə] параплегия, двусторонний паралич

ataxia ~ подострая дегенерация спинного мозга с развитием паралича нижних конечностей

flaccid ~ паралич с потерей мышечного тонуса и отсутствием сухожильных рефлексов

spastic ~ спастическая спинальная параплегия, Эрба – Шарко – Штрюмпеля болезнь

superior ~ верхняя параплегия, паралич верхних конечностей

tetanoid ~ спастическая [судорожная] нижняя параплегия

paraplegic [ˌpærəˈpliːʤik] параплегический

paraplegiform [ˌpærəˈpliːʤiˌfɔːm] напоминающий параплегию

parapleuritis [ˌpærəˌpluːˈraitis] параплеврит, периплеврит

parapraxia [ˌpærəˈpræksiə], **parapraxis** [ˌpærəˈpræksis] парапраксия (несоответствие действий больного поставленной цели; неадекватные поступки)

paraproctitis [ˌpærəprɒkˈtaitis] парапроктит, перипроктит

paraproctium [ˌpærəˈprɒktiəm], *pl.* **paraproctia** [ˌpærəˈprɒktiə] параректальная клетчатка

paraprofessional [ˌpærəprəˈfeʃənəl] парапрофессионал (напр. парамедик)

paraprostatitis [ˌpærəprɒstəˈtaitis] парапростатит (воспаление тканей, окружающих предстательную железу)

paraprotein [ˌpærəˈprəʊtiːn] *pl.* парапротеины (аномальные белки – крио- и макроглобулины, Бенс-Джонса белок и др.)

parapsis [pəˈræpsis] расстройство осязания, парапсис

parapsoriasis [ˌpærəsəʊˈraiəsis] парапсориаз (Брока)

acute ~ острый лихеноидный оспенновидный парапсориаз, оспенновидный парапсориаз

parapsychology [ˌpærəsaiˈkɒlədʒiː] парапсихология (наукоподобные представления: 1. о возможности восприятия без известных органов чувств 2. воздействии психической деятельности на физические явления вне организма)

parapsychosis [ˌpærəsaiˈkəʊsis] кратковременный психотический эпизод

parareflexia [ˌpærəriˈfleksiːə] состояние, характеризующееся ненормальными рефлексами

pararenal [ˌpærəˈriːnəl] околопочечный

pararhotacism [ˌpærəˈrəʊtəˌsizəm] нарушение произношения буквы «р»

parasacral [ˌpærəˈseikrəl] околокрестцовый, парасакральный

parasecretion [ˌpærəsiˈkriːʃən] уст. нарушение секреции

parasellar [ˌpærəˈselə] расположенный около турецкого седла

parasexuality [ˌpærəˌsekʃuˈæliti] парасексуальность (половой процесс у микроорганизмов, при котором два генома сливаются в одной клетке, рекомбинируются и редуцируются до исходного уровня)

parasinoidal [ˌpærəsaiˈnɒidl] расположенный около мозгового синуса

parasite [ˈpærəˌsait] паразит, паразитирующий организм

allantoic ~ близнец-паразит (один из двух эмбрионов, снабжающийся кровью через другого)

animal ~ животный паразит (простейшие, гельминты и пр.)

blood-inhabiting ~s кровепаразиты (напр. обитающие в эритроцитах)

blood protozoon ~ простейший кровепаразит

cell [cytozoic] ~ внутриклеточный паразит

ectozoic ~ см. epizoic ~

egg-larval ~ яйцеличиночный паразит (откладывающий яйца в яйцо хозяина и завершающий развитие в личинке последнего)

entozoic ~ эндопаразит, обитающий в просвете кишечника хозяина

epizoic [eurytrophic, external] ~ эктопаразит, наружный паразит

facultative ~ факультативный паразит (существующий как в хозяине, так и автономно)

generalized ~ см. heteroxenous ~

gregarious ~ групповой паразит (сосуществующий с группой других паразитов в хозяине)

heteroxenous ~ гетероксенный [разнохозяйный] паразит (полный цикл воспроизведения завершающий в организме нескольких видов хозяина)

incidental ~ случайный [мнимый] паразит

internal ~ эндопаразит, внутренний паразит

intradermal ~ внутрикожный паразит

larval ~ личиночный паразит

monoxenous ~ моноксенный паразит (паразит, развивающийся в организме одного вида хозяина)

nematode ~ паразитическая нематода

obligate ~ облигатный [истинный] паразит (не способен жить вне хозяина)

plurivorous ~ см. heteroxenous ~

primary ~ первичный паразит

secondary ~ вторичный паразит (развивающийся за счёт первичного паразита)

solitary ~ одиночный паразит (развивающийся по одной особи в каждой особи хозяина)

sonically freed ~s паразиты, элиминированные из клеток хозяина обработкой ультразвуком

temporary ~ временный паразит

parasitemia паразитемия (наличие паразитов в крови)

maximal ~s массивная паразитемия

primary patent ~ первичное появление паразитов в крови

sub-patent ~ скрытая паразитемия

parasitic [ˌpærəˈsitik] паразитический; паразитирующий (о червях, простейших); паразитарный (о болезнях)

parasiticide [ˌpærəˈsitisaid] паразитицид, антипаразитарное средство || антипаразитический

parasitifier [ˌpærəˈsitiˌfaiə] паразитоноситель

parasitism [ˈpærəsiˌtizəm] 1. паразитоз, паразитарная болезнь; паразитарная инвазия 2. паразитизм

ectendotrophic ~ комбинация экто- и эндопаразитизма

helminthic ~ гельминтозный паразитизм

intracellular ~ внутриклеточное паразитирование (напр. лейшманий)

intestinal ~ кишечный паразитоз, паразитарная инвазия кишечника

sporadic ~ случайный [спорадический] паразитизм

successive ~ последовательный паразитизм

parasitize [ˈpærəsiˌtaiz] 1. паразитировать 2. заражать паразитами

parasitogenic [ˌpærəˌsaitəˈdʒenik] 1. паразитарный 2. благоприятный для развития паразитов или паразитизма

parasitoidism [ˌpærəsiˈtɒiˌdizm] паразитизм в период личиночной стадии

parasitophobia [ˌpærəˌsaitəˈfəʊbiːə] паразитофобия (патологическая боязнь насекомых-паразитов)

parasmallpox [ˌpærəˈsmɔːlˌpɒks] см. paravariola

parasomnia [ˌpærəˈsɒmniːə] парасомния (любое нарушение сна)

paraspadias [ˌpærəˈspeidiːəs] врождённый боковой свищ мочеиспускательного канала

paraspasm [ˈpærəˌspæzəm] параспазм (спазм симметричных мышц левой и правой половины тела)

paraspecific [ˌpærəspəˈsifik] параспецифический (о неспецифической для данной болезни реакции организма)

paraspinal [ˌpærəˈspainəl] паравертебральный; вдоль позвоночника

parasternal [ˌpærəˈstəːnəl] окологрудинный, расположенный вблизи грудины

parastruma [ˌpærəˈstruːmə] увеличение околощитовидных желёз

parasuicide [ˌpærəˈsuːiˌsaid] парасуицид; незавершённое самоубийство; суицидальная попытка

parasympathetic [ˌpærəˌsimpəˈθetik] парасимпатическая нервная система

parasympathicotonia [ˌpærəsimˌpæθikəʊˈtəʊniːə] ваготония, парасимпатикотония

parasympatholytic [ˌpærəˌsimpəθəʊˈlitik] парасимпатолитик, парасимпатолитическое средство

parasympathomimetics [ˌpærəˌsimpəθəʊmiˈmetik] парасимпатомиметики, парасимпатомиметическое средство

parasynapsis [ˌpærəsiˈnæpsis] *ген.* парасиндез, парасинапсис

parasynovitis [ˌpærəˌsinəˈvaitis] периартрит

parasyphilis [ˌpærəˈsifilis] парасифилис (*отдалённые последствия сифилиса, напр. прогрессивный паралич*)

parasystole [ˌpærəˈsistəliː] парасистолия (*одновременное функционирование двух очагов автоматизма сердца*)

paratenon [ˌpærəˈtenɒn] рыхлая ткань, окружающая сухожилие

paratherapeutic [ˌpærəˌθerəˈpjuːtik] **1.** относящийся к побочной реакции медикамента **2.** *уст.* ятрогенный

parathion [ˌpærəˈθaiɒn] паратион, тиофос (*высокотоксичный фосфорорганический инсектицид, необратимый ингибитор холинэстеразы*)

parathormone [ˌpærəˈθɔːməʊn] паратгормон, паратиреоидный гормон, гормон околощитовидных желёз, ПТГ

parathymia [ˌpærəˈθaimiːə] паратимия (*несоответствие аффективных проявлений вызывающей их причине*)

parathyroid [ˌpærəˈθairɒid] паращитовидная [околощитовидная] железа

  ectopic ~ эктопия паращитовидной железы

parathyroidectomy [ˌpærəˌθairɒiˈdektəmiː] паратиреоидэктомия

parathyroprivic [ˌpærəˌθairəʊˈprivik], **parathyroprivous** [ˌpærəˌθairəʊˈprivəs] паратиреопривный (*1. лишённый околощитовидной железы 2. обусловленный отсутствием околощитовидной железы*)

paratope [ˈpærəʊtəʊp], **paratopia** [ˌpærəˈtəʊpiːə] паратоп, рецепторная зона, антидетерминанта (*антигенсвязывающий активный центр антитела*)

  complementary ~ комплементарный паратоп

  free ~ свободная антидетерминанта

paratrachoma [ˌpærətrəˈkəʊmə] конъюнктивит [бленнорея] с включениями, банный [бассейновый] конъюнктивит, паратрахома

paratrophia [ˌpærəˈtrəʊfiːə] дистрофия, дегенерация, паратрофия, перерождение

paratuberculosis [ˌpærətuˌbəːkjʊˈləʊsis] **1.** заболевание, напоминающее туберкулёз **2.** туберкулид (*поражение кожи токсической или аллергической природы, возникающее при туберкулёзе*)

paratype [ˈpærətaip] паратип (*совокупность антидетерминант в молекуле антитела*)

paratyphlitis [ˌpærətifˈlaitis] паратифлит (*воспаление клетчатки вокруг слепой кишки*)

paratyphoid [ˌpærəˈtaifɒid] напоминающий брюшной тиф

paratypic [ˌpærəˈtipik] **1.** связанный с внешними влияниями **2.** атипичный

parauterine [ˌpærəˈjuːtərin] околоматочный

paravaccinia [ˌpærəvækˈsiniːə] ложная коровья оспа, паравакцина, узелки доярок

paravariola [ˌpærəvəˈraiələ] аластрим, белая оспа, оспа кафров

paravertebral [ˌpærəˈvəːtəbrəl] паравертебральный, околопозвоночный

paravulnar [ˌpærəˈvʌlnə] околораневой (*напр. о введении антибиотиков*)

paraxon [pæˈræksɒn] цилиндродендрит, боковая ветвь осевого цилиндра нервной клетки

parazoon [ˌpærəˈzuːn] животный эктопаразит

parboil [ˈpɑːbɒil] **1.** обварить кипятком **2.** перегревать, перекалять

parchment [ˈpɑːtʃmənt] **1.** пергамент || пергаментный **2.** кожура; плёнка

  dialysis ~ диализная плёнка, мембрана

pare [pɛə] **1.** подрезать, иссекать (*края раны*) **2.** срезать (*волдыри*), чистить, очищать (*кожу*)

parectasia [ˌpærekˈteiziə], **parectasis** [pæˈrektəsis] перерастяжение, крайняя степень растяжения (*полого органа*)

parectropia [ˌpærekˈtrəʊpiːə] апроксия (*нарушение целенаправленных движений*)

pareidolia [ˌpæreiˈdɒliːə] парейдолия, парейдолические иллюзии (*зрительные иллюзии фантастического содержания*)

pareleidin [ˌpærəlˈiːidn] кератин

parencephalia [ˌpærenseˈfeiliːə] порок развития головного мозга

parencephalocele [ˌpærenseˈfeiləʊˌsiːl] грыжа мозжечка

parencephalon [ˌpærenˈsefələn] полушарие мозга

parenchyma [pəˈreŋkimə] паренхима, паренхиматозная ткань

  axial ~ паренхима осевого цилиндра

parenchymal [pəˈreŋkiməl], **parenchymatous** [ˌpærenˈkimətəs] паренхиматозный

parent [ˈpærent] **1.** родоначальник **2.** *pl.* родители **3.** источник, причина || исходный; питающий (*напр. об артерии*)

  adoptive ~s приёмные родители

  austere ~s суровые родители

  B-cell ~ В-клетка-предшественница, пре-В-клетка

  cleft ~ родитель с расщелиной губы

  cruel ~s жестокие родители

  dictatorial ~s властные [авторитарные] родители

  dominating ~s *см.* tyranical ~s

  donor ~ родитель-донор

  foster ~s приёмные родители

  intrusive ~s навязчивые [назойливые] родители

  lax ~s слабые [нестрогие] родители

  minor ~s несовершеннолетние родители

  natural ~ кровный родитель

  overinvolved ~s слишком занятые родители

  permissive ~s снисходительные [нестрогие] родители

  problem ~s проблемные родители

  prunish ~s щепетильные [благонравные] родители

  punitive ~s карающие родители

  repressive ~s репрессивные родители

  shrill ~s *см.* intrusive ~s

  substitute ~ сводный [неродной] родитель

  tolerant ~s толерантные [терпимые] родители

  tyranical ~s деспотичные [властные] родители

parentage [ˈpærentidʒ] **1.** происхождение, линия родства, родословная **2.** отцовство, материнство **3.** родители, предки

  common ~ общая родословная, общее происхождение

  native ~ рождение в стране проживания

parental [pəˈrentl] родительский

parentectomy [ˌpærənt'ektəmi] изоляция от родителей

parenteral [pæ'rentərəl] парентеральный *(о введении веществ в организм, минуя пищеварительный тракт)*

parenthood ['pærent,hu:d] отцовство; материнство

planned ~ планирование семьи

responsible ~ ответственность родителей

parergasia [ˌpærer'geiziə] парергазия *(расстройство волевой сферы, характеризующееся отсутствием или искажением волевых импульсов, необходимых для выполнения действий)*

paresis [pə'ri:sis] 1. парез, частичный [неполный] паралич 2. прогрессивный паралич

concominant ipsilateral ~ сопутствующий ипсилатеральный парез

facial ~ парез лицевой мускулатуры

flaccid ~ периферический [вялый, атоничный] парез

galloping ~ остро возникший прогрессирующий парез

general ~ поздний сифилитический психоз; тотальная [паралитическая] деменция

parturient ~ 1. послеродовой мастит 2. родовой парез

paresthesia [ˌpæris'θi:ziə] парестезия *(ощущение онемения, покалывания, жжения и т. п.)*

paretic [pə'retik] паретический

pareunia [pær'ju:niə] коитус, половой акт

pari ['pæri:]:

~ **passu** *лат.* в одинаковой пропорции

paridrosis [ˌpæri'drəusis] расстройство потоотделения

paries ['pæri:ˌiːz], *pl.* **parietes** [pə'raiə,ti:z] 1. часть органа или структуры, окружающая какой-л. орган 2. стенка *(органа или полости)*

~ **abdominalis** брюшная стенка

parietal [pə'raiətəl] 1. пристеночный, париетальный 2. теменной; относящийся к теменной области

parietitis [pə,raiə'taitis] воспаление стенки какого-л. органа

parietofrontal [pə,raiətəu'frʌntəl] лобно-теменной

parietography [pə,raiə'tɒgrəfi] париетография *(рентгенография стенки полого органа)*

parietosphenoid [pə,raiətəu'sfi:nɒid] относящийся к теменной и клиновидной костям

paristhmion [pæ'rismiɒn] греческая миндалина

paristhmitis [ˌpæris'maitis] тонзиллит

parity¹ ['pæriti:] 1. способность к деторождению 2. наличие родов в анамнезе; факт рождения ребёнка; количество родов *(в анамнезе)*

desired ~ желаемое число детей

planned ~ планируемое число детей *(в семье)*

synthetic ~ среднее число рождённых детей *(женщинами определённой когорты за репродуктивный период)*

parity² паритет, равенство

parkinsonian [ˌpɑ:kin'səuni:ən] 1. относящийся к паркинсонизму 2. страдающий паркинсонизмом

parkinsonism ['pɑ:kinsə,nizəm] *невр.* паркинсонизм, дрожательный паралич

parlor, palour ['pɑ:lə] приёмная; кабинет

beauty ~ косметический кабинет

parodontitis [ˌpærəndɒn'taitis] *стом.* периодонтит, перицементит, амфодонтит

parodontium [ˌpærə'dɒnʃi:əm] *стом.* пародонт, амфодонт

parodontopathy [ˌpærə,dɒn'tɒpəθi:] пародонтопатия, парадентопатия

parodynia [ˌpærə'di:ni:ə] 1. родовые схватки 2. дистоция, дискоординация родовой деятельности

parole [pə'rəul] условная [пробная] выписка из больницы психически больного, проходящего курс принудительного лечения; лечебный отпуск

parolivary [pər'ɒli,væri:] расположенный около оливы

paromphalocele [ˌpærɒm'fælə,si:l] околопупочная [параумбиликальная] грыжа

paroniria [ˌpærəu'nairi:ə] ночные кошмары, страшные сновидения

paronychia [ˌpærəu'ni:kiə] паронихия, перионихия

acute ~ острая паронихия

bacterial ~ бактериальная паронихия

candida ~ кандидомикотическая паронихия

chronic ~ хроническая паронихия

tendinose ~ сухожильный панариций

paroophoron [ˌpærəu'ɒfərɒn] придаток яичника, околояичник *(рудиментарная структура)*

parophthalmia [ˌpærɒf'θælmi:ə] воспаление тканей вокруг глаза

paropsis [pær'ɒpsis] 1. нарушение зрения 2. зрительная иллюзия

parorchidium [ˌpærəu'kidi:əm] крипторхизм *(неопущенное яичко)*

parorchis [pær'ɔ:kis] придаток яичка, морганиев придаток, эпидидимус

parorexia [ˌpærəu'reksi:ə] извращённый аппетит, парорексия

parosmia [pær'ɒzmi:ə], **parosphresis** [ˌpəres'fri:sis] паросмия *(расстройство обоняния)*

parosteal [pær'ɒsti:əl] относящийся к мягким тканям, прилежащим к надкостнице; параоссальный

parosteitis [ˌpærɒsti:'aitis] воспаление мягких тканей, прилежащих к надкостнице

parosteosis [ˌpærɒsti:'əusis], **parostia** [pə'rɒsti:ə] паростоз *(окостенение, оссификация мягких тканей)*

parostitis [ˌpærəu'staitis] *см.* **parosteitis**

parostosis [ˌpærɒs'təusis] *см.* **parosteosis**

parotid [pə'rɒtid] околоушная железа ǁ околоушный

parotidean [pə,rɒti'di:ən] относящийся к околоушной железе

parotidectomy [pə,rɒtid'ektəmi:] паротидэктомия *(удаление околоушной железы)*

parotiditis [pə,rɒti'daitis] *см.* **parotitis**

parotidoscirrhus [pə,rɒtidəu'skirəs], **parotidosclerosis** [pə,rɒtidəusklə'rəusis] 1. склероз околоушной железы 2. фиброзный рак околоушной железы

parotitis [ˌpærəu'taitis] паротит

~ **flegmonosa** гнойный паротит

celiac ~ осложнение паротитом заболевания органов брюшной полости *(напр. панкреатита)*

contagious [epidemic] ~ эпидемический паротит, *разг.* свинка

parous ['pærəs] 1. рожавшая 2. беременная

parovarial [pær'əuværi:əl], **parovarian** [pær'əuværi:ən] 1. околояичниковый 2. относящийся к придатку яичника

parovariotomy [pæˌrəʊværiːˈɒtəmɪ] удаление опухоли придатка яичника

parovarium [pæˈrɒʊværiːəm] придаток яичника, орган Розенмюллера

paroxia [pəˈrɒksiːə] извращение аппетита

paroxysm [ˈpærɒkˌsɪzəm] 1. пароксизм, внезапный приступ [рецидив] болезни, припадок 2. спазм, судорога 3. резкое ухудшение состояния

  ~ of palpitation of the heart приступ частых сердцебиений

  cold ~ приступ озноба

paroxysmal [ˌpærɒkˈsɪzməl] приступообразный, пароксизмальный; судорожный

pars [paːs], *pl.* **partes** [paːtiːz] часть, участок органа или структуры

  ~ ascendens восходящая часть *(петли нефрона)*

  ~ flaccida ненатянутая часть *(барабанной перепонки)*

  ~ intermedia hypophyseous *лат.* средняя [промежуточная] часть гипофиза

  ~ mastoidea сосцевидная часть *(пирамиды височной кости)*

  ~ petrosa каменистая часть

  ~ radiata лучистая часть

  ~ tensa натянутая часть *(барабанной перепонки)*

  ~ tuberalis туберальная часть гипофиза

part [paːt] часть; сегмент, отдел ‖ делить(ся), разделяться(ся)

  ~ of limb сегмент конечности

  ~s of mouth органы [структуры] полости рта

  applied ~ рабочая часть аппарата, находящаяся в непосредственном контакте с пациентом

  body ~s органы тела

  distant ~ отдалённая часть тела, отдалённый орган

  mandibular ~ *мед. тех.* бранша зажима

  presenting ~ предлежащая часть *(плода)*

  soft ~s мягкие ткани

parthenogenesis [ˌpaːθənəʊˈdʒenəsɪs] партеногенез *(вид полового размножения, при котором организм размножается из неоплодотворённой яйцеклетки)*

  natural ~ естественный

parthenology [ˌpaːθəˈnɒlədʒɪ] детская гинекология, гинекология детского возраста

parthenophobia [ˌpaːθənəʊˈfəʊbiːə] партенофобия *(патологическая боязнь девочек или девушек)*

partial [ˈpaːʃəl] парциальный, частичный

partiality [ˌpaːʃiːˈælɪtɪ] пристрастие; склонность к

  multilateral ~ многосторонняя поддержка *(в психотерапии)*

participation [paːˌtɪsəˈpeɪʃən] 1. участие; соучастие 2. содействие

  community ~ in health роль общества в здравоохранении

  patient ~ участие больного *(в лечебном процессе)*

  social ~ общественная активность

particle [ˈpaːtɪkəl] 1. частица, корпускула 2. фракция

  ~ of dust пылинка

  absorbed ~ поглощённая частица

  accelerated ~ ускоренная частица

  aitken ~s частицы Айткена, взвешенные частицы *(в атмосфере диаметром 10^{-3}–10^{-1} мкм)*

  alpha ~ альфа-частица

  atomic ~ элементарная частица

  attraction ~ *цитол.* центриоль

  beta ~ бета-частица *(электрон с отрицательным зарядом, ион с положительным зарядом, освобождающиеся при распаде радионуклида)*

  charged ~ заряженная частица

  Dane ~s Дейна частицы *(крупные сферические образования, содержащие гепатит-связанные антигены)*

  directly ionising ~s непосредственно ионизирующие частицы

  electron transport ~ электронотранспортная частица *(компонент митохондрий, осуществляющий перенос электронов)*

  elementary ~ элементарная частица *(дыхательный ансамбль, группа ферментов, участвующих в переносе электронов, расположенная в митохондриальных кристах)*

  empty ~ «пустая» вирусная частица *(не содержащая нуклеиновой кислоты)*

  heavy ~s барионы, тяжёлые частицы *(протон, нейтрон)*

  intracellular ~s внутриклеточные включения; внутриклеточные органеллы

  ionized ~ ионизированная частица

  penetrating ~ проникающая частица

  phage ~ фаговая корпускула, или частица

  plague-forming ~ бляшкообразующая частица

  plasmid-like ~s плазмидоподобные частицы, киллерные факторы

  proteinaceous infectious ~s белковые инфекционные частички, прионы

  subviral ~ субвирусная частица

  suspended viable ~s взвешенные живые частицы *(бактерии, грибы и др.)*

  tracer ~s меченые частицы

  undersize ~ *хим.* мелкие [подситные] фракции

  viral ~ вирусная частица

  virus ~ вирион *(покоящийся вирус, находящийся вне клетки хозяина)*

particular [paːˈtɪkjʊlə] 1. особый, частный, специфический 2. индивидуальный, отдельный

particulates [paːˈtɪkjʊləts] твёрдые частицы; частицы жидкости *(в воздухе)*; аэрозоли

  exhaust ~ частицы выхлопного газа

partigen [ˈpaːtɪdʒen] 1. фрагмент молекулы антигена 2. партиген *(микропланшет для проведения реакции радиальной иммунодиффузии)*

partition [paːˈtɪʃən], **partitioning** [paːˈtɪʃənɪŋ] 1. расчленение; разделение 2. распределение *(напр. медикамента в организме)* 3. часть 4. перегородка

  affinity ~ разделение по сродству; аффинная хроматография, хроматография по сродству

  reversed phase ~ обращённо-фазовое распределение

partner [ˈpaːtnə] 1. партнёр, член пары 2. компонент *(напр. лекарственного средства)*

  casual ~ случайный партнёр *(обычно сексуальный)*

  concurrent ~s одновременное наличие нескольких партнёров

  fusion ~s ~ сливающиеся клетки

myeloma ~ миеломная клетка-партнёр

partnership [ˈpɑːtnəˌʃip] **1.** партнёрство, сотрудничество **2.** партнёрские взаимоотношения врача и больного *(информированное согласие и совместное обсуждение методов диагностики, лечения, сроков лечения и пр.)*

children's mental health ~ партнёрство ради психического здоровья детей

"Doctor-Patient ~" «Партнёрство врача и пациента» *(общественная организация)*

health life social ~ партнёрство в сфере здравоохранения и социальной помощи

partogram [ˈpɑːtəgræm] партограмма *(графическая запись течения родов)*

partography [pɑːˈtɒgrəfiː] распределительная хроматография

part-time [pɑːt-taim] неполный рабочий день

partum [ˈpɑːtəm] *лат.* роды, рождение ребёнка

post ~ *лат.* после родов

parturiate [pɑːˈtjuːriːeit] рожать, родить

parturient [pɑːˈtjuːriːənt] роженица || родовой, послеродовой

parturifacient [pɑːˌtjuːriˈfeiʃənt] средство, стимулирующее роды || вызывающий или облегчающий роды

parturition [ˌpɑːtjʊˈriʃən] роды, родовой акт; рождение

expected ~ ожидаемые (сроки) родов

impending ~ 1. предвестники родов; приближающиеся роды **2.** преждевременные роды

induced ~ искусственные роды

party [ˈpɑːtiː] **1.** отряд, команда **2.** участник

ambulance ~ санитарная команда

congress ~ банкет в честь конгресса

intercollegiate working ~ межуниверситетская рабочая группа *(напр. по лечению инсульта)*

working ~ группа специалистов, или экспертов, рабочая группа *(напр. ВОЗ)*

parulis [pəˈruːlis] острый одонтогенный периостит, флюс

parumbilical [ˌpærəmˈbilikəl] околопупочный

parvalbumin [ˌpɑːvælˈbjuːmin] парвальбумин

parvicellular [ˌpɑːviˈseljʊlə] мелкоклеточный *(относящийся к клеткам небольшого размера или состоящий из них)*

parvovirus [ˈpɑːrvəʊˌvairəs] парвовирус

pascal [ˈpæskæl] паскаль, Па *(единица давления)*

pass [pæs] **1.** проходить, двигаться вперёд; протекать **2.** переходить из одного состояния в другое **3.** мочиться, иметь стул **4.** умереть, скончаться **5.** принимать *(решение, закон)*

to ~ catheter вводить катетер || катетеризация

passability [ˌpæsəˈbiliti]:

nasal ~ назальная проходимость

passage [ˈpæsiʤ] **1.** *анат.* проход, проток; отверстие, канал **2.** *микр.* пассаж *(пересев; смена микроорганизмом среды обитания)*; перенос *(напр. генов)* || пассировать **3.** отхождение кала или мочи **4.** проведение; прохождение *(напр. катетера, зонда)* **5.** выживаемость *(трансплантата)*

~ of blood кровотечение

~ of flatus отхождение газов

~ of mucus выделение слизи

~ of ovum выход яйцеклетки *(из яичника)*

~ of stone fragments изгнание фрагментов *(камней из жёлчного пузыря)*

~ of strains перенос штаммов

~ of sutures подача шовного материала *(операционной сестрой)*

~ of tissue пассаж клеток ткани

~ through chick embryo cultures пассаж вируса через клеточную культуру куриных эмбрионов

abnormal ~ патологический ход, или сообщение *(напр. артериовенозный свищ)*

air ~ 1. воздухоносный путь **2.** прохождение воздуха

alternating ~ чередующийся пассаж

animal ~ *микр.* пассаж через животное *(напр. вируса бешенства)*

auditory ~ слуховой проход

bile ~s жёлчные протоки, желчевыводящие пути

blind ~ слепой пассаж

breathing ~s дыхательные пути

continued serial ~ непрерывный серийный пассаж

false ~ ложный ход *(напр. повреждение уретры при катетеризации)*

food ~s пищеварительный тракт

generative ~ родовой канал, родовые пути

high egg ~ длительное пассирование на куриных эмбрионах

impaired ~ замедленный пассаж *(кишечника)*

initiation ~ исходный [первый] пассаж

involuntary ~ непроизвольное отхождение *(напр. фекалий)*

lacrimal ~s слёзные [слезоотводящие] пути

low egg ~ кратковременное пассирование на куриных эмбрионах

low-multiplicity ~ пассаж с низкой множественностью

musculomembranous ~ мышечно-мембранозный пассаж

narrowed ~ суженный проход, ход, канал

nasal ~ носовой ход

respiratory ~s *см.* **breathing ~s**

single ~ однократный пассаж

successive ~ последовательный пассаж

upper air ~s верхние дыхательные пути

passaging [ˈpæsiʤiŋ] **1.** пассирование *(культуры)* **2.** перевивание *(возбудителя болезни)*

high ~ многократное пассирование

passenger [ˈpæsənʤə] «пассажир» *(фрагмент ДНК, присоединённый к вектору для совместного клонирования путём введения в клетку-реципиент)*

competent ~ компетентный [информированный] пассажир *(максимально использующий шансы на спасение в аварийной ситуации)*

passing [ˈpæsiŋ] **1.** прохождение; протекание **2.** естественное отправление

involuntary ~ of feces недержание кала, энкопрез

passion [ˈpæʃən] **1.** страсть, страстное увлечение **2.** предмет увлечения **3.** взрыв чувств, сильное душевное волнение *(напр. вспышка гнева)*

sexual ~s половое влечение, половой инстинкт

unbalanced ~ неуравновешенная страсть

passive-aggressive ['pæsiv-ə'gresiv] пассивно-агрессивный *(тип личности)*

passive-dependent ['pæsiv-di'pendənt] пассивно-зависимый *(тип личности)*

passivism ['pæsi,vizəm] **1.** позиция пассивности, покорности **2.** *псих.* мазохизм, пассивная алголагния, алгофилия, мужской пассивизм

paste [peist] **1.** паста **2.** масса

  calcium hydroxide ~ *стом.* паста на основе гидроокиси кальция

  carborundum ~ *стом.* абразивная карборундовая паста

  electrode ~ электродная паста

  impression ~ *стом.* оттискная масса

  noncompression impression ~ *стом.* безусадочная оттискная масса

  polishing ~ *стом.* полировочная паста

  tooth ~ зубная паста

  zinc oxide ~ паста Лассара

Pasteurella [,pæstə'relə] **1.** пастерелла *(род грамотрицательных бактерий – возбудителей пастереллёза)* **2.** род бактерий Yersinia *(возбудителей чумы и туляремии)*

  ~ pestis *уст., норм.* **Yersinia pestis** *(палочка чумы)*

  ~ pseudotuberculosis палочка псевдотуберкулёза грызунов

pasteurellosis [,pæstərə'ləusis] *инф. бол.* пастереллёз, геморрагическая септицемия

pasteurization [,pæstʃəri'zeiʃən] пастеризация

  batch ~ пастеризация прерывистого действия

  continuous (-flow) ~ пастеризация непрерывного действия

  flash ~ мгновенная [моментальная] пастеризация

  holding ~ длительная [низкотемпературная] пастеризация

  paraflow ~ прямоточная пастеризация

  radio-frequency ~ радиочастотная пастеризация

  ultrasonic ~ ультразвуковая пастеризация

pastille [pæ'sti:l] лепёшка, пастилка *(лекарственная форма)*

past-pointing ['pæst-'pɒintiŋ] Барани указательная проба, пальце-пальцевая проба, реакция промахивания *(метод исследования вестибулярного анализатора)*

pasty ['peisti:] **1.** пастообразный, тестообразный **2.** бледный, одутловатый; нездоровый *(цвет лица)*

patch [pætʃ] **1.** пятно, бляшка; очаг *(напр. воспалительного процесса)* **2.** заплата, лоскут *(для трансплантации)*; повязка *(напр. на глаз)* **3.** кусочек наклеенного пластыря **4.** *pl.* «очажки», «пэтчи» *(скопления иммуноглобулиновых рецепторов на поверхности В-клеток после их сшивки антииммуноглобулином)*

  ~es of erythema участки [пятна] эритемы

  active ~ антигенная детерминанта, эпитоп

  aterosclerotic ~ атеросклеротическая бляшка

  butterfly ~ «фигура бабочки» *(сыпь на лице при системной красной волчанке)*

  circumscribed ~es ограниченные участки *(напр. шелушения)*

  complex ~ сложный лоскут

  cottonwool ~es «ватные комочки» *(отложения экссудата в сетчатке)*

  cup ~ создание резервуара *(из сегмента кишки для дериваzии мочи)*

  epidural blood ~ эпидуральная кровяная пломба

  epithelial ~ эпителиальная бляшка

  hairy ~es очаги оволосения

  herald ~ материнская [первичная] бляшка *(при розовом лишае)*

  moth ~ хлоазма

  mucous ~ пятно на слизистой оболочке, пятнистый сифилид на слизистой оболочке

  necrotic ~ участок некроза, некротический участок

  nitroglycerin ~ полоска пластыря с нитроглицерином *(при ИБС)*

  opaline ~ пятно на слизистой оболочке

  Peyer's ~es групповые лимфатические фолликулы, пейеровы [лимфоидные] бляшки

  sandy ~es изъязвление мочевого пузыря *(напр. при шистосоматозе)*

  smokers' ~ лейкоплакия курильщиков

  soldiers' ~es млечные пятна *(на эпикарде)*

patch-graft ['pætʃ-,græft] лоскут [заплата] из участка ткани *(используемый в сосудистой хирургии)*

patching ['pætʃiŋ] образование «бляшек», петчинг *(скопление рецепторов на клеточной мембране, обычно В-клеток)*

patchy ['pætʃi:] пятнистый, очаговый *(напр. отёк лёгких)*

patek ['pætek] *инф. бол.* фрамбезия, тропическая гранулёма, невенерический [тропический] сифилис

patella [pə'telə], *pl.* **patelae** [pə'teli:] надколенник, (над)коленная чашечка

  ~ partita дольчатый надколенник

  bipartite ~ удвоение надколенника

  cubital ~ сесамовидная кость в сухожилии трёхглавой мышцы плеча

  floating ~ баллотирование надколенника

  hypermobile [slipping, wandering] ~ соскальзывание [привычный вывих; патологическая подвижность] надколенника; «блуждающий надколенник»

patellapexy [pə'teləpeksi:] пателлопексия *(фиксация надколенника к бедренной кости)*

patency ['peitensi:] **1.** очевидность, явность **2.** активность **3.** раскрытое состояние *(сосуда, канюли)*

  antigenic ~ антигенная активность

  graft ~ проходимость протеза; проходимость шунта

  stent ~ проходимость стента

  uterine tubes ~ проходимость маточных труб

patent ['peitənt] **1.** незаросший, проходимый, открытый, функционирующий *(напр. о протоке)* **2.** явный, очевидный **3.** патент **4.** относящийся к периоду, в течение которого патоген может быть обнаружен в биологических жидкостях

  unexpired ~ действующий патент

paternal [pə'tə:nəl] **1.** родственный по отцу **2.** отцовский *(напр. антиген)* **3.** патерналистский

paternalism [pə'tə:nə,lizəm] патернализм *(«отеческое» [патерналистское] отношение к больному: безусловное и необсуждаемое принятие больным всех инструкций и назначений врача)*

medical ~ медицинский патернализм *(доктрина, утверждающая непререкаемый авторитет врача для больного)*

paternity [pə'tɜːnɪtɪ] **1.** отцовство **2.** происхождение по отцу **3.** источник, авторство

disputed [doubtful] ~ спорное отцовство

paterson ['pætəsən]:

moth ~ хлоазма, печёночное пятно

path [pæθ] **1.** путь, ход **2.** проводящий путь *(нервной системы)*

~ **of least resistance** путь наименьшего сопротивления *(напр. для распространения контрастного средства)*

clinical ~ критический путь *(оптимальная последовательность оказания медицинской помощи больному по принципу: минимизация времени и средств при максимальном качестве услуг)*

conductance ~ проводящий путь

critical ~ *см.* **clinical** ~

permeability ~ путь проницаемости

propagation ~ путь распространения *(напр. звуковой волны)*

reversed ~ **of rays** обратный ход лучей

pathema [pə'θiːmə] любое заболевание или болезненное состояние

pathematology [pəˌθiːmə'tɒlədʒɪ] *уст.* патология *(особ. психопатология)*

pathergy ['pæθərdʒɪ] патергия *(различные формы изменённой чувствительности организма к каким-л. агентам)*

pathetic [pə'θetɪk] относящийся к блоковому нерву

pathfinder ['pæθfaɪndə] *мед. тех.* **1.** калибровочный зонд; щуп **2.** нитевидный буж

PathNet ['pæθnet] автоматизация обработки данных в клинических лабораториях

pathoanatomy [ˌpæθəʊə'nætəmɪ] патологическая анатомия, патоморфология

pathobiology [ˌpæθəʊbaɪ'ɒlədʒɪ] патология

pathobolism [pə'θɒbəlɪzm] патологический обмен веществ, нарушенный метаболизм

pathoclisis [ˌpæθəʊ'klɪsɪs] патоклиза *(тенденция анатомического образования ЦНС реагировать на повреждающий фактор развитием патологического процесса)*

pathocrine ['pæθəʊˌkrɪn] относящийся к нарушениям функций эндокринной системы

pathocrinia [ˌpæθəʊ'krɪnɪə] нарушение функций эндокринной системы

pathocure [ˌpæθəʊ'kjʊə] патоисцеление *(исчезновение психической симптоматики при возникновении соматического расстройства)*

pathodontia [ˌpæθəʊ'dɒnʃə] одонтология *(раздел стоматологии, изучающий болезни зубов)*

pathoformic [ˌpæθəʊ'fɔːmɪk] относящийся к начальным проявлениям болезни; патоформирующий

pathogen ['pæθəʊdʒən] патогенный [болезнетворный] микроорганизм или фактор, возбудитель болезни ‖ патогенный, болезнетворный

bloodborn ~ кровяной патоген *(напр. вируса гепатита B)*

identified ~ идентифицированный возбудитель

most common ~ типичный, или наиболее частый, возбудитель заболевания

nosocomial ~ возбудитель нозокомиальной [внутрибольничной] инфекции

opportunistic ~ оппортунистический [условно-патогенный] агент *(становится патогенным при ослаблении иммунитета хозяина)*

pulmomary ~ патогенный [патологический] фактор для лёгких

ureasoproducing ~ уреазопродуцирующая бактерия

urinary tract ~**s** возбудители мочевой инфекции

pathogenesis [ˌpæθəʊ'dʒenəsɪs] патогенез *(1. учение об общих закономерностях развития, течения и исхода болезней 2. механизм развития патологического процесса)*

drug ~ развитие медикаментозного осложнения или побочной реакции; свойство медикамента вызывать заболевание

pathogen-free ['pæθəθən-ˌfriː] не содержащий микробов, абактериальный, стерильный *(напр. бокс)*

pathogenic [ˌpæθəʊ'dʒenɪk] патогенный, болезнетворный, вызывающий заболевание

pathogenicity [ˌpæθədʒə'nɪsɪtɪ] патогенность, болезнетворность, способность вызывать заболевание

cultural ~ культуральная патогенность

doubtful ~ сомнительная патогенность

potential ~ потенциальная патогенность

pathogeny [pæ'θɒdʒənɪ] *см.* **pathogenesis**

pathognomonic [pəˌθɒgnəʊ'mɒnɪk] патогномоничный, характерный для данной болезни

pathognomy [pæ'θɒgnəmɪ] диагностика болезни по её типичным признакам

pathography [pæ'θɒgrəfɪ] **1.** описание болезни **2.** научный труд в области патологии

pathoklisis [ˌpæθəʊ'klɪsɪs] *см.* **pathoclisis**

patholesia [ˌpæθəʊ'liːsɪə] истерия

pathologic(al) [ˌpæθə'lɒdʒɪkəl] **1.** патологический, обусловленный болезнью, относящийся к патологии **2.** морфологический *(о структуре опухоли)*

pathologicoanatomic [ˌpæθəˌlɒdʒɪkəʊˌænə'tɒmɪk] патологоанатомический

pathologist [pæ'θɒlədʒɪst] патолог *(патологоанатом, патоморфолог, патогистолог)*

chemical ~ биохимик; специалист по патологической химии

clinical ~ клиницист-патолог

forensic ~ судебно-медицинский эксперт

resident ~ врач, проходящий специализацию [резидентуру] по патологии *(напр. в хирургическом отделении)*

speech ~ логопед

pathology [pæ'θɒlədʒɪ] **1.** патология *(теория и практика, связанные с изучением и лечением болезней)* **2.** патологоанатомические [морфологические] изменения; патологический процесс; болезнь

~ **for surgeon** хирургическая патология, хирургические болезни

~ **of endometrium** патологические изменения эндометрия

~ **of maternal mortality** причины материнской смертности

~ **of the infant** болезни ребёнка младшего возраста

abdominal ~ патологический процесс в брюшной полости

acute cardiac ~ острое заболевание сердца, ИБС

basic ~ основы патологии

biopsy ~ биопсия патологического материала

cellular ~ целлюлярная [клеточная] патология (теория Вирхова)

clinical ~ частная [клиническая, специальная] патология

common ~ies распространённые болезни

comparative ~ сравнительная патология

concealed ~ скрытая патология

concise renal ~ краткое пособие по патологии почек

diagnostic ~ патологическая диагностика; диагностика заболеваний

environmental ~ патология, обусловленная экологией; воздействие внешней среды на развитие болезней

exotic ~ редко встречающаяся патология; завозные болезни

forensic ~ судебная медицина

geographic ~ медицинская география; эпидемиология болезней

gross and microscopic ~ макро- и микроскопическая патология (при вскрытии)

local ~ локальное поражение; местная причина

lumbar ~ патология поясничного отдела позвоночника

medical ~ заболевания, подлежащие консервативному лечению

mental ~ общая психиатрия, психопатология

occupational ~ профессиональные заболевания; профессиональная патология

ocular [ophtalmic] ~ болезни глаз

oral ~ отрасль стоматологии, изучающая заболевания органов полости рта

radiologic ~ радиационная патология

significant ~ тяжёлое заболевание; серьёзная патология

special ~ см. clinical ~

speech-language ~ 1. патология [расстройство] речи 2. логопедия

subgross ~ субмакропатология

surgical ~ 1. хирургическая патология, хирургические болезни 2. операционная диагностика

systemic ~ общая патология

vocal ~ies 1. расстройства голоса 2. фониатрия

patholysis [pæ'θɒli:sis] 1. распад поражённой ткани 2. выздоровление

pathomechanics [,pæθəʊmi'kæniks] патомеханика (напр. перелома)

pathomechanism [,pæθəʊ'mekənizm] патогенез, механизм развития болезни

pathometabolism [,pæθəʊmi'tæbə,lizm] обмен веществ при болезни, нарушенный метаболизм

pathometry [pæ'θɒmətri:] количественная оценка паразитарной и инфекционной заболеваемости

pathomimesis [,pæθəʊmi'mi:sis], **pathomimicry** [,pæθəʊ'mimikri:] симуляция болезни, патомимикрия (сознательная или непроизвольная)

pathomiosis [,pæθəʊmai'əʊsis] недооценка больным своего заболевания

pathomorphism [,pæθəʊ'mɔ:fizəm], **pathomorphology** [,pæθəʊmɔ:'fɒlədʒi:] патологическая анатомия, патоморфология

pathonomia [,pæθə'nəʊmi:ə], **pathonomy** [pæ'θɒnəmi:] патогенез; изучение механизмов патологического процесса

patho-occlusion [,pæθəʊ-ə'klu:ʒən] патологический прикус

pathophilia [,pæθəʊ'fili:ə] нозофилия (сверхценная идея о наличии у себя той или другой болезни)

pathophobia [,pæθəʊ'fəʊbi:ə] нозофобия, патофобия (патологическая боязнь заболеть)

pathophoresis [,pæθəʊfəʊ'risis] передача болезни

pathophoric [,pæθəʊ'fɔ:rik] переносящий болезнетворные агенты

pathophysiology [,pæθəʊ,fizi'ɒlədʒi:] 1. патофизиология 2. патогенез

neurological ~ патофизиология заболеваний нервной системы

stroke ~ патогенез [патофизиология] инсульта

pathoplasticity [,pæθəʊplæs'tisiti:] патопластичность (видоизменение проявлений психической болезни под влиянием конституциональных, возрастных, психогенных, социальных и других факторов, кроме собственно этиологических)

pathopoiesia [,pæθəʊpɒi'i:ʒə] патогенез

pathopsychology [,pæθəʊsai'kɒlədʒi:] патопсихология (область психологии, изучающая расстройство психических процессов)

pathopsychosis [,pæθəʊsai'kəʊsis] органический психоз

pathosis [pə'θəʊsis] патологическое состояние, патологический процесс

apical [periapical] ~ 1. поражение верхушки органа (напр. лёгкого) 2. стом. околоверхушечный патологический процесс

periodontal membrane ~ периодонтит

pathotropism [,pæθəʊ'trəʊpizəm] избирательное действие лекарственных средств на поражённые органы

pathovar ['pæθəʊvə] патогенный вариант (бактерии)

pathway ['pæθwei] 1. путь, ход (напр. миграции в окружающей среде); проводящий путь (нервной системы) 2. путь метаболизма, процесс обмена веществ 3. любая последовательность химических реакций в организме

~s in surgical management 1. выбор тактики хирургического лечения 2. методы хирургического лечения

~s involved in spasticity пути воздействия на спастичность (при ДЦП)

~s of blood coagulation процесс [механизм] свёртывания крови

~ of hearing проводящий путь органа слуха

additional ~ дополнительный путь (обмена)

afferent ~ афферентный путь (импульсация чувствительных нервов)

alternative ~ альтернативный путь (напр. лечения)

anaerobic metabolic ~ метаболизм анаэробных микроорганизмов

anastomotic ~s анастомозы, шунты

anterior visual ~ отрезок зрительного пути до наружного коленчатого тела

ascending/descending ~s восходящие и нисходящие проводящие пути

auditory ~s проводящий тракт слухового нерва

blocked ~ заблокированный путь

clinical ~s направление работы в клинике

efferent ~ эфферентный путь импульсации двигательных нервов

ejection ~s пути выброса *(крови)*

environmental ~ путь миграции в окружающей среде *(напр. патогена)*

exposure ~s пути облучения

extrinsic ~s of blood coagulation нарушение гемокоагуляции, обусловленное экзогенными факторами

fluid ~ система для внутривенного вливания

final common ~ завершающий путь, финальная фаза *(напр. болезней сердца)*

glycolytic ~ гликолитический путь метаболизма, метаболизм глюкозы

hexose monophosphate ~ пентозный цикл, гексозомонофосфатный путь

inherited ~s врождённые особенности и свойства

intrinsic ~s of blood coagulation нарушение гемокоагуляции, обусловленное эндогенными факторами

major metabolic ~s цикл трикарбоновых кислот, Кребса цикл *(каскад ферментативных реакций, приводящих к полному окислению и распаду пищи до воды и диоксида углерода в организме)*

membrane attack ~ формирование мембраноатакующего комплекса

nerve ~ нервный путь

principal ~ главный путь *(обмена)*

proprioceptive ~s проводящие пути проприоцептивной чувствительности

reflex ~ of asthma рефлекторный механизм возникновения (бронхиальной) астмы

salvage ~ путь утилизации отходов метаболизма

shunt ~ шунтовый [дополнительный] путь *(напр. метаболизма какого-л. соединения)*

slow ~ of tachycardia *кард.* медленное колено тахикардии

spinothalamic ~ спиноталамический проводящий путь

synthetic ~ for albumin механизм [путь] синтеза альбумина *(печенью)*

patience ['peiʃəns] 1. терпение, терпеливость 2. настойчивость, упорство

patient ['peiʃənt] 1. больной, пациент 2. терпеливый; упорный; настойчивый

~ in the womb патология внутриутробного развития плода

~ on ventilator больной, находящийся на искусственной вентиляции лёгких

affected ~ пострадавший *(напр. при травме)*; поражённый

AIDS-risk ~ больной с риском заболевания СПИДом

ambulatory ~ ходячий больной

arthritis ~ больной с поражением сустава

asymptomatic ~ пациент без клинических проявлений болезни

atypical ~ больной с атипичным течением болезни

bed [bed-bound, bed-ridden] ~ больной на постельном режиме; лежачий [нетранспортабельный, прикованный к постели] больной

best-managed ~ хорошо ухоженный больной

borderline ~ 1. пациент с пограничным заболеванием *(напр. язвенной болезнью)* 2. больной, страдающим пограничным психическим расстройством

brain-injured ~ пострадавший с черепно-мозговой травмой

broadly sensitized ~ больной, сенсибилизированный ко многим аллергенам

cancer ~ онкологический больной

cirrhotic ~ больной с циррозом *(печени)*

commit [compulsory] ~ госпитализированный по суду *(о больном)*

confused ~ 1. больной в состоянии спутанности сознания 2. беспокойный пациент

constipated ~ больной, страдающий запорами

contagious ~ заразный больной

contractual ~ больной, прикреплённый для медицинского обслуживания

coronary stent ~ больной со стентированной коронарной артерией

critically ill ~ больной в критическом состоянии, терминальный больной

day ~ больной, лечащийся в дневном стационаре

death-marked ~ умирающий больной

debilitated ~ ослабленный [истощённый] больной

dehydrated ~ обезвоженный больной

dialysis ~ больной, находящийся на (хроническом) диализе

disabled ~ больной-инвалид

discharged ~ выписанный больной

domiciliary ~ пациент, обслуживаемый по месту жительства

elderly ~ пожилой больной

enrolled ~ поступающий больной

erect ~ стоящий больной; вертикальное положение больного

evaluable ~s выборка больных *(напр. по результатам лечения)*

general surgical ~s общехирургические больные

geriatric ~ больной пожилого возраста

healthy ~ интактный (по изучаемому заболеванию) пациент

high-risk ~ больной с высоким риском *(заболевания)*

HIV-positive ~ ВИЧ-инфицированный больной

homosexual ~ больной-гомосексуалист

hospital ~ госпитализированный больной

hypertensive ~ больной с гипертензией

hypothyroid ~ больной с гипотиреозом

immunocompromised ~ больной с нарушенным иммунитетом, или иммунодефицитом

immunosuppressed ~ больной после курса иммуносупрессивной терапии

incontinent ~ больной, страдающий недержанием *(мочи)*

indoor [institutionalized] ~ *см.* **hospital ~**

insured ~ застрахованный больной

lepromatous ~ больной с лепроматозной формой заболевания

limb-spared ~ больной с сохранённой конечностью

litter ~ носилочный раненый или поражённый

long stay ~ длительно лежащий (в стационаре) больной

long-term paced ~ больной с длительно работающим водителем ритма

low-risk ~ больной с низкой степенью риска

lying ~ *см.* **recumbent** ~

malnourished ~ больной пониженного питания

maternity ~ роженица; родильница

medical ~ терапевтический больной

mental ~ психически больной

migraine ~ больной с мигренью

morbidity obese ~ больной с патологическим ожирением

multiply injured ~ *см.* **polytraumatized** ~

neurohypophysis ~ больной с поражением нейрогипофиза

neutropenic ~ больной с нейтропенией

new ~ первичный больной

node positive ~ больной с наличием поражённых лимфоузлов

nonanesthized ~ бодрствующий больной

non-white ~ темнокожий больной

normal ~ 1. больной без нарушения жизненно-важных функций 2. пациент контрольной группы

obstetric [obstetrical] ~ *см.* **maternity** ~

open ward ~ больной со свободным режимом

oriental ~ пациент восточного происхождения

pain ~ пациент с болевым синдромом

paying ~ больной, оплачивающий медицинскую помощь

pediatric ~ больной ребёнок

peregrinating ~ «кочующий» больной

polytraumatized ~ пострадавший с политравмой

poor risk ~ больной с высоким риском, пациент высокого риска

postoperative ~ оперированный больной

postpartum ~ родильница

primigravid ~ женщина, имеющая первую беременность

private ~ частный [платный] пациент

problematic ~ больной с неясным диагнозом

prostatic ~ пациент с болезнью предстательной железы

psychogenic ~ больной с психогенным расстройством

quadriplegic ~ пациент с квадриплегией

receptive ~ *психол.* рецептивный больной (*самостоятельно обращающийся для участия в психотерапевтической группе*)

recumbent ~ больной на постельном режиме, лежачий больной

refractory ~ больной с безуспешностью лечения (*напр. при недержании мочи*)

rehabilitation stroke ~ больной с инсультом в период реабилитации

released ~ выписанный пациент

reliable ~ больной, аккуратно исполняющий рекомендации врача

"right ~" больной, предъявляющий справедливые претензии к врачу

rolling-door ~ систематически посещающий (врача) больной; больной, «привязанный» к врачу

selected ~ 1. отобранный [выделенный] больной 2. отдельный больной, больной отдельной группы

semilying ~ больной на полупостельном [палатном] режиме

sleep apneic ~ больной с остановкой дыхания во сне

sophisticated ~ *психол.* пациент, хорошо усвоивший аспекты психотерапии

spinal cord ~ спинальный больной (*с повреждением спинного мозга*)

stable ~ больной в стабильном состоянии

stroke ~ больной с инсультом

suicidal ~ пациент с суицидальным поведением

surgical ~ хирургический больной, раненый или пострадавший, нуждающийся в хирургической помощи

symptomatic ~ пациент с клиническими проявлениями

terminally ill ~ больной, находящийся в терминальном состоянии

transplant ~ пациент, перенёсший трансплантацию

unconscious ~ больной в бессознательном состоянии

unipolar ~ больной, страдающий униполярным расстройством

unready ~ *психол.* пациент, не подготовленный к групповой психотерапии

unreliable ~ больной, не соблюдающий лечебный режим

unselected ~ произвольно взятый [рандомизированный] больной

unsophisticated ~ *психол.* неискушённый больной (*не освоивший аспекты психотерапии*)

voluntary [volunteer] ~ больной-доброволец (*напр. на клиническое исследование медикамента*)

patienthood ['peiʃənt,huːd] состояние больного

patient-triggering ['peiʃənt-'trigəriŋ] *анест.* система «отклонения», позволяющая следовать ритму дыхания больного

patrifocal [,pætri'fəʊkl] ориентированный на отца (*о семье*), определяемый отцом

patrilineage [,pætri'liniːidʒ] генеалогия по мужской линии

pattern ['pætərn] 1. структура, конфигурация, форма; схема, диаграмма; узор (*напр. на пальцах*) 2. характер, особенность 3. паттерн (*1. образец, модель, шаблон поведения 2. характеристика биоэлектрической активности 3. последовательность нервных импульсов, имеющая информационное значение*) 4. *ген.* параметр

~ and characteristics of cough характер и особенности кашля

~ for cast teeth модели для протеза зубов

~s in diagnosis and treatment стандарты в диагностике и лечении

~s in human evolutionary ecology экологические аспекты эволюции человека

~s of adhesive obstruction формы спаечной непроходимости

~ of bacteremia варианты бактериемии

~ of behavior ~ манера поведения; поведенческий паттерн

~s of blood flow характеристика кровотока

~ of bone resorption тип рассасывания костной ткани

~ of breathing форма дыхания

~ of embolization ход эмболизации (места оседания эмболов)

~ of fever тип лихорадки

~s of fine needle technique образцы биоптатов тонко-игольной методики

~ of fungal infection спектр грибковой инфекции (напр. при гемобластозах)

~ of healing ~ процесс выздоровления; процесс заживления (раны)

~s of human malformation синдромы пороков развития человека

~ of incomplete dominance (аутосомно-доминантный) тип с неполным доминированием

~s of ischemic colitis формы проявления ишемического колита

~ of life образ жизни

~ of occurrence of severe eye complication модель тяжёлых осложнений при поражении глаз

~ of perceiving псих. паттерн [форма] восприятия

~s of respiratory failure типы дыхательной недостаточности

~ of seizures характер припадков (при эпилепсии)

~ of transmission тип передачи (инфекции)

~ of urination стереотип мочеиспускания

abnormal ~s of mucin secretion аномальный характер секреции муцина

abnormal behavior ~ девиантный стиль поведения

abnormal respiratory ~s патологические формы дыхания

age ~ of fertility возрастное распределение рождаемости

alveolar-interstitial ~ картина альвеолярно-интерсти-циального отёка лёгких (на рентгенограмме)

ambulatory ~s in patients with poliomyelitis образцы ходьбы больных полиомиелитом

aminoacid clearance ~ кривые клиренса аминокислот

angiographic ~ ангиографическая картина (напр. инфаркта миокарда)

antimicrobial resistance ~s спектр антимикробной резистентности (грамотрицательной флоры)

autoantibody ~s характеристика аутоантител

bacterial colonization ~s состав бактериальной колонизации

behavior ~ форма поведения

bowel gas ~ рентг. особенности расположения газа в кишечнике, пневматизация кишечника

changing ~s меняющийся характер (напр. резистентности микобактерий)

childbearing ~ схема деторождения

circadian excretion ~ суточная характеристика экскреции

clinical ~s симптомокомплекс

coarse ~ шероховатый вид (напр. гранулёмы)

common ~ распространённые формы (напр. болезни)

concentration-time ~ of drug динамика изменения концентрации лекарственного вещества в зависимости от времени (напр. в крови)

crossover ~ перекрёстный тип (реагирования)

demographic ~ демографическая модель

developmental ~ путь развития

dietary ~ режим питания

different ~s of artery lesion различные виды [формы] поражения артерий (атеросклерозом)

disease ~ 1. нозологическая форма болезни 2. модель болезни

disturbed sleep ~ виды нарушения сна

double-bond ~ типы двойных связей (напр. жирных кислот)

EEG ~s маркёры [типы, матрицы] электроэнцефало-графических волн

echo ~ картина ультразвукового изображения

electrocardiographic ~s электрокардиографические комплексы

electrophoretic ~ электрофореграмма

enclosure ~ внутренняя планировка (напр. операционной)

endometrial ~s признаки поражения эндометрия

familial ~ семейные особенности; генетическая предрасположенность

family formation ~ особенность формирования семьи

family transaction ~ семейная модель взаимодействия

fracture ~s виды переломов

gene ~ набор генов, генотип

generalized interstitial ~ неспецифические интерсти-циальные изменения (напр. на рентгенограмме лёгких)

hemorrhagic ~ характерная картина кровотечения

histologic ~ гистологическая картина (напр. опухоли)

immune ~ иммунологический [антигенный] рисунок, или профиль

individual ~s индивидуальные образцы (напр. пальцевых узоров)

information ~ псих. информационный образ

ingrained ~s of thought устоявшиеся паттерны мышления

inheritance ~ наследственная предрасположенность, или отягощённость

inlay ~ модель (зубной) вкладки

labelling ~ характер включения метки

large heart ~s формы гипертрофии сердца

laser radiation ~ диаграмма направленности лазерного излучения

low frequency ~ профиль низкочастотных волн (на ЭЭГ)

main ~s of kyphosis основные типы кифозов

male ~ мужской тип (напр. облысения)

menstrual ~ характеристика менструаций (продолжительность, количество и пр.)

metabolite ~s характер метаболитов

morphological ~s морфологические варианты (напр. поражения артерий)

mixed ~ смешанный тип (напр. клеток опухоли)

mobility ~ схема перемещения населения

motility ~s типы сократительной деятельности (напр. желудка)

motor ~ 1. двигательный образ 2. характеристика движений

neuropsychological ~ нейропсихологическая модель *(напр. когнитивных расстройств)*

normal lobular ~ нормальное дольчатое строение *(напр. печени)*

obstructed breathing ~ стридор *(характерное для стеноза гортани дыхание)*

occlusive ~ форма зубного прикуса

ossification ~ центры [точки] окостенения

pain ~ характер боли

perception ~ 1. воспринимаемый образ 2. характер восприятия

peribronchial ~s перибронхиальный рисунок *(на рентгенограмме)*

perimenopausal ~s варианты течения менопаузы

personality ~ структура личности

psychiatric reaction ~s паттерны психических реакций *(напр. в процессе групповой психотерапии)*

radiating ~ радиальный ход *(напр. сосудов)*

radioactive decay ~ схема радиоактивного распада

radiological ~ образец рентгенографической картины *(напр. шаровидного рака лёгкого)*

random ~ рандомизированный образец *(напр. взятый в любом месте)*

recognizable ~s распознаваемые формы *(напр. врождённых пороков)*

recovery ~ характер пробуждения *(от наркоза)*

respiratory ~ режим вентиляции *(включающий объём, частоту, ритм и т. д.)*

restriction fragment ~ рестрикционная карта *(по данным картирования)*

risk factor ~s виды факторов риска

seizure ~ эпилептическая активность на электроэнцефалограмме; картина судорог

sensitivity ~ степень чувствительности

"shunting ~" «эффект шунтирования» *(при портальной гипертензии)*

smoking ~s виды курения

staffing ~ штатное расписание

"starburst" ~ симптом «вспыхнувшей звезды», симптом периостального козырька *(на рентгенограмме при саркоме кости)*

stippling ~ рисунок нормального прикуса *(зубов)*

stool ~s характер стула

symptom ~s of hyperkinetic children симптомокомплекс у детей с гиперкинезией

three-dimensional ~ трёхмерный тип связей

thymus ~ структура [морфология] тимуса

treatment ~ программа [стандарты] лечения

two-dimensional peptide ~ двухмерная пептидная карта *(белка)*, белковый фингерпринт

ultrasonic ~s ультразвуковое изображение

vascular ~ тип сосудистого рисунка

ventricular enlargement ~s признаки увеличения левого желудочка

voiding ~s характеристика мочеиспускания

wax ~ восковая модель *(напр. зуба)*

weighing ~ здрав. система оценки

X-ray ~ рентгенологическая картина

patternstimulator [ˌpætərn'stimjʊˌleitə] стом. фотостимулятор с обратимым шахматным полем

pauciarthritis [ˌpɔːsiə'θraitis] олигоартрит

paucibacillar [ˌpɔːsi'bæsilaː] содержащий малое количество бацилл

paucity ['pɔːsitiː] малое количество, недостаточность

~ **of expression** недостаточность экспрессии

~ **of speech** бедность речи

paulocardia [ˌpɔːlə'kaːdiə] 1. ощущение остановки сердца 2. брадикардия

paunchy ['pɔːntʃiː] пузатый, «с брюшком»

pauper ['pɔːpə] 1. бедняк, нищий, паупер 2. живущий на пособие по бедности

pause [pɔːz] пауза *(напр. компенсаторная)*

noncompensatory ~ неполная компенсаторная пауза

pausimenia [ˌpɔːsi'miːniːə] гинек. менопауза

pavementing ['peivməntiŋ] адгезия лейкоцитов

pavex ['peivəks] местная барокамера с переменным давлением *(для пассивного расслабления и сокращения сосудов)*

pavilion [pə'viljən] 1. анат. расширение в конечной части канала *(трубы)* 2. павильон, наконечник *(напр. катетера)* 3. корпус *(напр. небольшой больницы)*

~ **of the ear** ушная раковина

~ **of the oviduct** устье маточной трубы

~ **of the pelvis** большой таз

paving ['peiviŋ]:

crazy ~ рентг. симптом неровной булыжной мостовой

pavor ['peivə] 1. страх, ужас 2. террор 3. «гроза» *(объект, внушающий страх)*

~ **diurnus** дневные приступы страха

~ **nocturnus** ночные кошмары

pay [pei] 1. плата || платить 2. расплата, возмездие

call ~ гарантированный минимум зарплаты

statutory sick ~ установленное законом пособие по болезни

pay-bed ['peiˌbed] платная койка

payment ['peimənt] 1. уплата, платёж 2. выплата компенсаций

insurance ~ страховой взнос

redundancy ~s выходное пособие, пособие по увольнению

pay-patient [pei-'peiʃənt] платный больной

peace [piːs] 1. мир 2. общественный порядок 3. общественное спокойствие

peace-keeping [piːs-'kiːpiŋ] поддержание общественного порядка

peak [piːk] пик, максимум; линия *(спектра)*; острый [резкий] импульс || амплитудный

"breakthrough" ~ гетерогенный пик *(на хроматограмме)*

labor ~ период наиболее интенсивной работы

sharp ~ резкий (чёткий) пик; остроконечная вершина *(напр. плетизмограммы)*

temperature ~ максимальная температура; подъём температуры

widow's ~ «мыс вдовы» *(клиновидная линия роста волос на лбу)*

peaked [piːkt] 1. остроконечный 2. изможденный 3. болезненный, осунувшийся

peak-to-peak [piːk-tu-piːk] полный размах колебаний *(от максимума к минимуму)*

pearl [pəːl] **1.** «жемчужина» *(стеклянный шарик с лекарственным средством для ингаляции: в момент приступа шарик раздавливают в носовом платке и вдыхают его содержимое)* **2.** мелкие слизистые пробки *(обнаруживаемые в мокроте при бронхиальной астме)* **3.** гранула

  emergency medicine ~s медикаменты для неотложной помощи *(напр. при ИБС)*

  enamel ~ адамантома, эмелоид, эмалевые «капли» *(образующиеся на корнях зубов)*

  epidermic [epithelial] ~s эпителиальные узелки *(комплексы мелких, интенсивно окрашиваемых клеток, обнаруживаемых в эпителиоме)*

  garlic ~s *фарм.* чесночные «жемчужины»

  gouty ~ содержимое подагрического узла

  "horn ~s" *см.* **epidermic ~s**

  pneumonia Dx ~s ателектатическая пневмония *(обусловленная закупоркой бронха слизистой пробкой)*

peau [pəʊ] *фр.* кожа

  ~ d'orange *фр.* «кожура апельсина» *(участок втянутой поверхности кожи над карциномой молочной железы)*

peccant ['pekənt] **1.** вызывающий болезнь, болезнетворный, вредный **2.** болезненный, нездоровый

pechyagra [,peki'ægrə] подагра с поражением локтевого сустава

pecten ['pektən] **1.** *анат.* гребень, гребешок; гребневидный выступ **2.** заднепроходной [анальный] гребень

pectenosis [,pektə'nəʊsis] пектеноз *(сужение анального канала, вызываемое утолщением анального гребня)*

pectenotomy [,pektə'nɒtəmiː] рассечение анального гребня

pectin ['pektin] *pl.* пектины *(вид пищевых волокон)*

pectiniform [pek'tini,fɔːm] гребневидный

pectization [,pekti'zeiʃən] свёртывание *(коллоида)*, коагуляция

pectoral ['pektərəl] грудной, относящийся к груди

pectoralgia [,pektər'ælʤiːə] боль в груди

pectoralis [,pektə'reilis] грудная мышца

pectoriloquy [,pektə'riləkwiː], **pectorophony** [,pektərəʊ'fəʊniː] пекторилоквия

  high-pitched ~ пекторилоквия, усиленная бронхофония *(высокий перкуторный звук над грудной клеткой)*

  whispering ~ пекторилоквия шёпота

pectus ['pektəs], *pl.* **pectora** ['pektərə] грудная клетка, грудь

  ~ arquatum выгнутая грудная клетка

  ~ carinatum килевидная грудная клетка, клиновидная грудь

  ~ excavatum, ~ recurvatum воронкообразная [впалая] грудная клетка, «грудь сапожника»

  ~ gallinatum *см.* **~ carinatum**

peculiar [pi'kjuːliə] **1.** специфический; своеобразный **2.** личный; индивидуальный

peculiarity [pi,kjuːli'æriti] **1.** специфичность, особенность **2.** характерная черта, отличительное качество или свойство

  ~ies of mucinous carcinoma патогномоничные признаки муцинозного рака

  radiodiagnostic ~ies особенности рентгенодиагностики

pedal [pedl] ножной, относящийся к стопе

pedatrophia [,pedə'trəʊfiːə], **pedatrophy** [ped'ætrəʊfi:] **1.** дистрофия *(у детей)* **2.** туберкулёз брыжеечных лимфатических узлов у детей

pederasty ['pedər,æsti] педерастия *(мужской гомосексуализм с мальчиком или с молодым мужчиной)*

pederosis [,pedə'rəʊsis] *см.* **pedophilia**

pediatric [,piːdi:'ætrik] детский, педиатрический; относящийся к детям среднего и старшего возраста

pediatrician [,piːdi:ə'triʃən] педиатр

pediatrics [,piːdi:'ætriks] **1.** педиатрия **2.** обследование и лечение детей

  acute ~ неотложная педиатрия; острые заболевания детей

  bedside ~ клиническая педиатрия

  behavioral ~ 1. бихевиоральные аспекты педиатрии **2.** поведение детей

  community ~ социально-медицинская помощь детям

pediatrist [,piːdi:'ætrist] *см.* **pediatrician**

pediatry ['piːdi:,ætri] *см.* **pediatrics**

pedication [,piːdi:'keiʃən] *см.* **pederasty**

pedicellate(d) ['pedise,leitəd] имеющий ножку *(напр. об опухоли)*

pedicellation [,pedisə'leiʃən] формирование ножки *(напр. опухоли)*

pedicle ['pedikəl] **1.** ножка *(напр. опухоли)* **2.** питающая ножка *(трансплантата)* **3.** отросток *(позвонка)*

  Filatov – Gillies tubed ~ стебель Филатова, круглый [трубчатый] стебель, круглый стебельчатый лоскут

  gastric ~ трубчатый трансплантат из стенки желудка

pedicterus [pə'dikterəs] физиологическая желтуха, или гипербилирубинемия; желтуха новорождённых

pedicular [pə'dikjʊlə] **1.** вшивый **2.** вызванный вшами

pediculate [pə'dikjʊleit] имеющий ножку *(напр. об опухоли)*

pediculation [pə,dikjə'leiʃən] **1.** вшивость, педикулёз **2.** формирование ножки *(напр. опухоли)*

pediculicide [pə'dikjəli,said] **1.** уничтожение вшей **2.** *фарм.* педикулицид *(средство для уничтожения вшей)*

pediculosis [pə,dikjə'ləʊsis] вшивость, педикулёз

pediculous [pə'dikjələs] вшивый, заражённый вшами

pediculus [pə'dikjələs], *pl.* **pediculi** [pə'dikjəli]:

  arcus vertebrae ~ ножка дуги позвонка

Pediculus [pə'dikjələs] род вши

  ~ humanus capitis головная вошь

  ~ humanus corporis платяная вошь

  ~ inguinalis, ~ pubis лобковая вошь

  ~ vestimenti, ~ vestimentory *см.* **~ humanus corporis**

pedicure ['pedi,kjʊə] **1.** педикюр ‖ делать педикюр **2.** педикюрша; педикюрист **3.** специалист по патологии стоп

pedigree ['pedi,griː] **1.** родословная, генеалогия; педигри **2.** происхождение

  modified nuclear ~ модифицированная родословная нуклеарной семьи *(супругов с детьми, не состоящими в браке)*

pediluvium [,piːdi:'luːviːəm] ножная ванна

pedion ['piːdiːɒn] подошвенная поверхность стопы

pedionalgia [,piːdiəʊn'ælʤiːə] боль в подошве стопы

pedium ['piːdi:əm] *см.* **pedion**

pedobaromacrometer [,piːdəʊ,bærəʊmæ'krɒmətə] ростомер и весы для детей

pedobarometer [ˌpiːdəʊbæˈrɒmətə] детские весы

pedodontia [ˌpiːdəʊˈdɒnʃə], **pedodontics** [ˌpiːdəˈdɒntiks] детская стоматология

pedodynamometer [ˌpiːdəʊˌdainəˈmɒmətə] динамометр для измерения силы мышц ног

pedology [piːˈdɒlədʒi] изучение жизни и развития детей

pedometer [piːˈdɒmətə] 1. устройство для взвешивания и измерения новорождённых 2. шагомер

pedomorphism [ˌpiːdəʊˈmɔːfizm] педоморфизм, психический инфантилизм (реакции, мысли, поведение взрослого, адекватные психологии ребёнка)

pedonosology [ˌpiːdəʊnəʊˈsɒlədʒi] педиатрия, детские болезни

pedopathy [pəˈdɒpəθi] любая болезнь стоп

pedophilia [ˌpiːdəʊˈfiliə] педофилия, половое влечение к детям

pedophilic [ˌpiːdəʊˈfilik] 1. любовь к детям 2. педофильный, относящийся к педофилии

pedophobia [ˌpiːdəʊˈfəʊbiə] педофобия (1. патологическая боязнь детей 2. патологическая боязнь рождения ребёнка в семье)

pedorthics [pəˈdɔːrθiks] дизайн, производство и подгонка обуви

pedostat [ˈpedəˌstæt] педостат (устройство для открытого культивирования микроорганизмов)

peduncle [piˈdʌŋkəl] анат. ножка (напр. мозга, опухоли)

   cerebral ~ ножка мозга

   pineal ~ поводок (эпиталамуса), ножка шишковидной железы

peduncular [piˈdʌŋkjʊlə], **pedunculate(d)** [piˌdʌŋkjʊˈleitəd] имеющий ножку (напр. об опухоли)

pedunculus [piˈdʌŋkələs], pl. **pedunculi** [piˈdʌŋkəli] лат., см. peduncle

pee [piː] разг. 1. моча 2. мочеиспускание

peel [piːl] 1. корка, кожица; шелуха || снимать корку; очищать (фрукты, овощи) 2. шелушиться, лупиться, сходить (о коже) ◊ **to** ~ **out** отделять, отслаивать (напр. адвентицию сосуда)

   chemical ~**s** химические средства, вызывающие шелушение кожи

peeled [piːld]

   ~ **out** вылущенный из капсулы (напр. об эхинококкозе)

peeling [ˈpiːliŋ] 1. шелушение (кожи) 2. пилинг (косметическое снятие верхнего слоя эпидермиса)

   ~ **of the artery** денудация артерии

   ~ **of the skin** шелушение кожи

peeping [ˈpiːpiŋ] подглядывание, вуайеризм

peg [peg] мед. тех. штифт; шпилька; гвоздь || фиксировать отломки кости при помощи штифта

   bone ~ костный штифт

peinotherapy [ˌpainəʊˈθerəpi] лечебное голодание, нестите рапия

pelade [pəˈlaːd] фр. 1. алопеция, облысение 2. болезнь, напоминающая пеллагру

   ~ **decalvante** тотальная алопеция

pelage [ˈpelidʒ] волосяной покров, волосы

pelagic [pəˈlædʒik] 1. пелагический, морской, океанический 2. оффшорные воды

pelagism [ˈpelədʒizm] укачивание, воздушная или морская болезнь

pelidnoma [ˌpelidˈnəʊmə] очаговые мертвенно-бледные или синюшные пятна на коже

pelioma [ˌpeliˈəʊmə], **peliosis** [ˌpeliˈəʊsis] пурпура (множественные мелкие кровоизлияния в коже и слизистых оболочках)

   ~ **hepatis** печёночная пурпура (наличие в печени полостей, наполненных кровью)

   ~ **typhosum** лат. тифозная пурпура

pellagra [pəˈlægrə] пеллагра

   infantile ~ квашиоркор, детская пеллагра, синдром «депигментация – отёк»

pellagroid [pəˈlægrɔid] напоминающий пеллагру

pellagrous [peˈlægrəs] поражённый пеллагрой, пеллагрический

pellet [ˈpelet] 1. шарик, пилюля, гранула 2. имплантируемое лекарственное средство пролонгированного действия 3. осадок в пробирке (после центрифугирования) || осаждать (вещество) центрифугированием 4. дробь, дробинка

   cell ~ дебрис

   cotton ~ ватный шарик, тампон

   faecal ~ фекалии, экскременты типа овечьего кала

   shotgun ~**s** дробинки (в тканях после ранения)

pellicle [ˈpelikəl] 1. кожица, кутикула 2. тонкая плёнка, налёт

pellicula [peˈlikjʊlə] эпидермис

pelliculate [peˈlikjʊleit] покрытый тонкой плёнкой

pellium [ˈpeliːəm], **pellius** [ˈpeliːəs] 1. плёнка, мембрана 2. амнион, водная оболочка плода; «сорочка» новорождённого

pellucid [pəˈluːsid] прозрачный

pelma [ˈpelmə] подошва стопы

pelmatogram [ˌpelˈmætəgræm] отпечаток стопы

Pelobatas [ˌpeləʊˈbeitəs]:

   ~ **fuscus** токс. обыкновенная чесночница

peloid [ˈpiːlɔid] лечебная грязь, пелоид

pelopathy [piˈlɒpəθi], **pelotherapy** [ˌpiləʊˈθerəpi] грязелечение

pelvic [ˈpelvik] 1. тазовый 2. относящийся к почечной лоханке

pelvicellulitis [ˌpelviˌseljʊˈlaitis] пельвиоцеллюлит (воспаление клетчатки малого таза)

pelvicephalography [ˌpelviˌsefəˈlɒgrəfi] пельвицефалография (рентгенография родовых путей и головки плода)

pelvicephalometry [ˌpelviˌsefəˈlɒmətri] пельвицефалометрия (измерение размеров таза по отношению к размерам головки плода)

pelvifixation [ˌpelvifikˈseiʃn] хирургическая фиксация опущенного органа к тазу

pelvimeter [pelˈvimətə] тазомер, пельвиметр

pelvimetry [pelˈvimətri] пельвиметрия (определение размеров женского таза)

pelvioileoneocystostomy [ˌpelviəʊˌiliːəʊˌniːəʊsisˈtɒstəmi] пиелоилеонеоцистоанастомоз

pelviolithotomy [ˌpelviəʊliˈθɒtəmi] пиелолитотомия (удаление конкрементов из почечной лоханки)

pelvioperitonitis [ˌpelviəʊˌperitəˈnaitis] пельвиоперитонит, тазовый перитонит

pelvioscopy [ˌpelviˈɒskəpɪ] 1. пельвископия *(эндоскопия органов таза)* 2. пиелоскопия *(осмотр полости почечной лоханки)*

pelvis [ˈpelvɪs], *pl.* **pelves** [ˈpelviːz] 1. таз 2. нижняя часть туловища 3. чашевидная полость *(напр. почечная лоханка)*

~ **aequabiliter justo major** необычно широкий женский таз

~ **aequabiliter justo minor** узкий женский таз

~ **of gallbladder** карман Гартмана *(выпячивание шейки жёлчного пузыря)*

~ **of hunchbacks** кифотический таз

~ **of kidney [of ureter]** *см.* **renal** ~

~ **justo minor** *см.* **contracted** ~

~ **plana** *см.* **flat** ~

~ **spinosa** остистый таз *(таз с экзостозами)*

android ~ женский таз мужского типа

anthropoid ~ антропоидный таз *(с удлинённым переднезадним диаметром и укороченным поперечным диаметром)*

beaked ~ клювовидный таз

Chrobak ~ деформация таза после перенесённого коксита

contracted ~ узкий таз

coxalgic ~ кососуженный таз *(последствие поражения тазобедренного сустава)*

Deventer's ~ плоский простой [девентеровский] таз

dolichopellic ~ *см.* **anthropoid** ~

dwarf ~ карликовый таз, таз карлиц

extrarenal ~ внепочечная лоханка

false ~ большой таз

flat [flattened] ~ плоский таз

flattened and generally contracted ~ общесуженный плоский таз

frozen ~ «замёрзший таз», «включённый в таз» *(воспалительно-рубцовая инфильтрация, обусловленная опухолью и лучевой терапией)*

funnel (-shaped) ~ воронкообразный таз

generally contracted ~ общеравномерно суженный таз

giant ~ чрезмерно широкий таз

greater ~ *см.* **major** ~

gynandroid ~ женский таз мужского типа

gynecoid ~ нормальный женский таз

hardened ~ *см.* **frozen** ~

India rubber ~ *см.* **osteomalacic** ~

infantile ~ инфантильный таз, таз детского типа

inverted ~ расщеплённый таз

juvenile ~ *см.* **infantile** ~

Kilian's ~ таз с экзостозами

kyphotic ~ кифотический таз

large ~ *см.* **major** ~

lesser ~ малый таз

lordotic ~ лордозный таз

malacosteon ~ *см.* **osteomalacic** ~

masculine ~ *см.* **android** ~

mesatipellic ~ форма таза, при которой прямые размеры равны поперечным

nana ~ *см.* **dwarf** ~

Naegele's ~ Негеле таз, кососуженный таз

obliquely oval contracted ~ кососмещённый [узкий асимметричный] таз

osteomalacic ~ остеомалятический таз

pithecoid ~ *см.* **anthropoid** ~

platypellic [platypelloid] ~ плоский таз

Prague ~ спондилолистетический таз

pseudo-osteomalacic ~ рахитический таз, напоминающий остеомалятический

reduced ~ *см.* **generally contracted** ~

renal ~ почечная лоханка

Robert's ~ *см.* **transversely contracted** ~

Rokitansky's ~ *см.* **spondylolisthetic** ~

rostrate ~ *см.* **beaked** ~

round ~ форма таза круглой формы

rubber ~ *см.* **osteomalacic** ~

simple flat ~ плоскорахитический таз

small ~ малый таз

spider ~ паукообразная лоханка *(почки)*

spondylolisthetic ~ спондилолистетический таз

sprung ~ перелом заднего полукольца таза и разрыв симфиза

tipping ~ узкий таз

total ~ кости таза, таз в целом

transversely contracted ~ поперечно-суженный таз, Роберта таз

triradiate ~ выраженная форма остеомалятического таза

true ~ малый [истинный] таз

pelvisectoin [ˌpelviˈsekʃən] рассечение костей таза *(напр. симфизотомия)*

pelviureterography [ˌpelvijʊˌriːtəˈrɒɡrəfɪ] *рентг.* пиелоуретерография, уретеропиелография

pelvospondylitis [ˌpelvəˌspɒndiˈlaitis]:

~ **ossificans** оссифицирующий пельвоспондилит

pelycochirometresis [ˌpelikəʊˌkairəʊmiˈtriːsis] вагинальная пельвиметрия

pelycography [ˌpeliˈkɒɡrəfɪ] *рентг.* пельвиграфия

pelycometry [ˌpeliˈkɒmətrɪ] пельвиметрия *(определение размеров женского таза)*

pemphigoid [ˈpemfiˌɡɒid] *дерм.* пемфигоид ‖ напоминающий пузырчатку

bullous ~ буллёзный пемфигоид

pemphigus [ˈpemfiɡəs] *дерм.* пемфигус, дерматоз, обыкновенная [вульгарная] пузырчатка

~ **foliaceus** листовидная [эксфолиативная] пузырчатка

~ **vegetans** вегетирующая пузырчатка, Нейманна болезнь

~ **vulgaris** обыкновенная [вульгарная] пузырчатка

benign familial chronic ~ хроническая доброкачественная семейная пузырчатка, наследственный буллёзный дискератоз, Хейли – Хейли болезнь

ocular ~ пузырчатка глаз, атрофический мукосинехиальный буллёзный дерматит, доброкачественный пемфигоид слизистых оболочек

pen [pen]:

bleeding ~ *мед. тех.* ланцет, скальпель

penal [ˈpenəl] 1. уголовный 2. уголовно-исправительный; карательный; пенитенциарный

penalty [ˈpenəltɪ] 1. наказание; взыскание 2. штраф

administrative ~ административное взыскание

death ~ смертный приговор; смертная казнь

extreme [supreme] ~ высшая мера наказания

pencil ['pensil] **1.** карандаш *(лекарственная форма)* **2.** (узкий) пучок лучей

styptic ~ кровоостанавливающий карандаш

pencil-point ['pensil-pɔint] конический, остроконечный *(о форме иглы)*

pendulous ['pendjʊləs] **1.** отвислый, висячий **2.** сомневающийся, колеблющийся

penectomy [piːn'ektəmi] ампутация полового члена

penetrance ['penətrəns] **1.** пенетрантность *(частота проявления гена в популяции)* **2.** проницаемость

incomplete ~ неполная пенетрантность *(частичное проявление конкретного аллеля в группе родственных организмов)*

penetrant ['penətrənt] **1.** смачивающий реагент, смачивающее вещество **2.** пенетрантный, проявляющийся *(о гене)*

penetrate ['penətreit] **1.** проникать (внутрь) **2.** пенетрировать *(напр. о язве желудка)*

penetration [,penə'treiʃn] **1.** проникновение (внутрь); проницаемость; пункция; прокол **2.** пенетрация *(напр. язвы желудка)* **3.** глубина инвазии [прорастания] злокачественной опухоли **4.** глубина резкости *(объектива)*

~ of uterus перфорация матки

equilibrium ~ равновесная проницаемость

interface ~ преодоление культуральной границы

tissue ~ проникновение в ткани *(медикамента)*

vascular ~ **1.** сосудистая проницаемость **2.** прорастание сосудов *(напр. в ткани хозяина)*

X-ray ~ пенетрация рентгеновских лучей

penetrometer [,penə'trɔmətə] рентг. пенетрометр

penfil ['penfil] шприц-ручка, пенфил *(содержащий патрон с инсулином)*

peniaphobia [,piːniːə'fəʊbiːə] пениафобия *(патологическая боязнь обнищания)*

penicillin [,peni'silin]:

semisynthetic ~ полусинтетический пенициллин *(напр. ампициллин)*

penicillinase [,peni'silineis] *pl.* пенициллиназы *(ферменты, разрушающие пенициллины)*

penicillinase-resistant [,peni'silineis-ri'zistənt] устойчивый к пенициллиназе, пенициллиназорезистентный *(об антибиотике)*

penicillin-fast [,peni'silin-fæst] пенициллиноустойчивый, пенициллин-резистентный *(напр. о бактерии)*

penicillin-sensitive [,peni'silin-'sensitiv] пенициллиночувствительный

penicilliosis [,penisili'əʊsis] пенициллиоз *(микоз кожи и слизистых)*

penicillus [,peni'siləs] кисточка *(мелкое разветвление центральной артерии селезёнки)*

penile ['piːnail] относящийся к половому члену

penis ['piːnis] половой член, пенис, фаллос

~ captivus ущемление полового члена

~ palmatus см. **webbed** ~

~ plastica фиброэластическая индурация полового члена, Пейрони болезнь

buried ~ см. **webbed** ~

clubbed ~ искривление полового члена

gryposis ~ искривлённый рудиментарной хордой половой член

large ~ увеличение полового члена; макрофаллос, мегалопенис

trapped ~ деформированный рубцами половой член

webbed ~ скрытый половой член *(кожей мошонки)*

penischisis [piːˈniskisis] расщепление полового члена *(при эпи- или гипоспадии)*

penitentiary [,peni'tenʃəri] *суд. мед.* **1.** исправительное [пенитенциарное] учреждение **2.** тюрьма || тюремный, пенитенциарный

penitis [piː'naitis] воспаление полового члена

penlight ['pen,lait] свет рефлекторной лампы

penny-mountain ['peni-,mɑʊntin] чабрец обыкновенный, богородская трава *(Hypericium perforatum)*

penology [piːˈnɔlədʒi] пенология *(раздел науки о тюрьмах и тюремной медицине)*

pensée [paːˈŋ'sei]:

"~ operateire" *фр., псих.* «оперативное мышление»

pension [penʃn]:

disability ~ пенсия по инвалидности

incapacity ~ пенсия по нетрудоспособности

old age ~ пенсия по старости

retirement [retiring] ~ пенсия за выслугу лет

survivors' ~ пенсия при утрате кормильца

pensionary ['penʃə,neri], **pensioner** ['penʃənə] пенсионер

pentad ['pentæd], **pentalogy** [pen'tælədʒi] пентада *(совокупность пяти клинических признаков)*

Cantrell's ~ Кантрелла пентада *(гастрошизис, расщелина грудины, дефект диафрагмы и перикарда, порок сердца)*

Fallot's ~ Фалло пентада *(Фалло тетрада и дефект межпредсердной перегородки)*

pentamerous [pen'tæmərəs] состоящий из пяти сегментов

pentapeptide [,pentə'peptaid]:

tripalmitoyl ~ трипальмитоил пентапептид

Pentatrichomonas [,pentə,trikəʊ'məʊnəs] род трихомонады

~ ardindelteili трихомонада кишечная

pentavaccine [,pentə'væksiːn] пентавакцина *(содержащая убитые культуры тифа, паратифов А и В, холеры, бруцеллёза)*

penton ['pentən] пентон-антиген *(структура вируса)*

pentose ['pentəʊz] пентоза *(простой сахар, молекула которого содержит пять атомов углерода, напр. рибоза)*

pentosuria [,pentəʊ'sjuːriːə] пентозурия

penumbra [pə'nʌmbrə] **1.** полутень, полусвет **2.** пенумбра *(участок «ишемической полутени», окружающий центральную или ядерную зону инсульта, в которой несколько часов сохраняется живая ткань)*

ischemic ~ ишемическая полутень *(область вокруг инфаркта мозга, в которой клетки находятся в жизнеспособном, но не функционирующем состоянии)*

people [piːpl] **1.** народ; нация **2.** люди; популяция **3.** население, жители

~ living with HIV/AIDS люди, живущие с ВИЧ/СПИДом

~ with disabilities лица с ограниченными физическими возможностями, инвалиды

older ~ лица пожилого возраста

peculiar ~ «особенный народ» *(религиозная секта, отвергающая медицину)*

puffability ~ спирометрическое исследование у людей

street ~ 1. бездомные люди *(бомжи, бродяги)* 2. хиппи

peotomy [pɪˈɒtəmiː] ампутация полового члена

peplomer [ˈpeplaʊmə] пепломер *(часть липопротеидной оболочки вируса)*

peplos [ˈpeplaʊs] липопротеидная [внешняя] оболочка вириона

PEP-mask [ˌpep-ˈmæsk] **(positive expiratory pressure-mask)** *анест.* маска с положительным давлением на выдохе

pepo [ˈpiːpaʊ] тыквенное семя *(антигельминт)*

pepper [ˈpepə] 1. перец 2. *психол.* острота, едкость 3. вспыльчивость, раздражительность 4. живость; энергия; темперамент

betel ~ бетель

peppermint [ˈpepəmint] мята перечная *(Menfha piperita)*

pepsic [ˈpepsik] *см.* **peptic**

pepsin [ˈpepsin]; **pepsin A** пепсин *(основной пищеварительный фермент желудочного сока; расщепляет белки до пептонов)*

pepsinia [pepˈsiniːə] секреция пепсина

pepsinogenous [ˌpepsiˈnɒʤənəs] секретирующий пепсин; способствующий пищеварению

peptic [ˈpeptik] пептический *(1. относящийся к пепсину 2. желудочный; относящийся к пищеварению)*

peptidase [ˈpeptideis] пептидаза

signal ~ сигнальная пептидаза *(отщепляющая концевой лидерный пептид секретируемых белков)*

peptide [ˈpeptaid] пептид *(короткая цепочка аминокислот, которые входят в состав гормонов, антибиотиков, витаминов)*

antifunginal ~ противогрибковый пептид

atrial natriuretic ~ предсердный натрийуретический пептид

autologous ~ аутологический пептид, аутопептид

fusion ~ пептид слияния *(мембраны вируса и клетки)*

identification ~ *см.* **signal**

marker ~ маркёрный пептид *(участок гибридной белковой молекулы, облегчающий идентификацию или очистку белка)*

natriuretic ~ натрийуретический пептид

neural ~ нейропептид

signal ~ сигнальный пептид *(N-концевой участок белковой молекулы из 15–20 аминокислот, обеспечивающий секрецию белка)*

tail ~ концевой [терминальный] пептид

tripsinogen activation ~ пептид, активирующий трипсиноген

triptic ~ триптический пептид *(продукт гидролиза белков трипсином)*

vasoactive ~ вазоактивный пептид

peptidoglycan [ˌpeptidaʊˈglaikən] пептидогликан, мукопептид *(компонент клеточной стенки бактерии)*

peptidolytic [ˌpeptidaʊˈlitik] расщепляющий пептиды

peptogaster [ˈpeptidaʊˌgæstə] пищеварительный тракт

peptogenic [ˌpeptidaʊˈʤenik], **peptogenous** [pepˈtɒʤənəs] 1. образующий пептоны 2. способствующий пищеварению

peptolysis [pepˈtɒlisis] гидролиз [расщепление] пептонов

peptolytic [ˌpeptaʊˈlitik] расщепляющий пептоны

peptone [ˈpeptaʊn] пептон *(крупный белковый фрагмент, образующийся в процессе переваривания белков)*

bacteriologic ~ бактериологический пептон

peptonization [ˌpeptɒniˈzeiʃən] пептонизация *(гидролиз белков до водорастворимых пептидов и аминокислот)*

peptonuria [ˌpeptaʊnˈjuːriə] пептонурия

per [pɜː] 1. в, на *(о количестве чего-л. на единицу)* 2. по, через *(о передаче, пересылке)*

~ annum в год

~ anum ректально, через [в] прямую кишку *(напр. о введении лекарственного средства)*

~ capita на душу населения; на человека *(напр. потребление медикаментов)*

~ capita cost объём подушевых затрат *(на больных)*

~ cent на сотню *(процент)*

~ contiguitatem, ~ contiguum с переходом на смежные органы *(о распространении воспаления)*

~ continuitatem, ~ continuum по продолжению, на весь орган *(о тотальном поражении органа)*

~ day в сутки

~ diem в день

~ head *см.* **~ capita**

~ member *страх.* на одного застрахованного

~ mille на тысячу, промилле, ‰

~ os 1. *фарм.* перорально, внутрь 2. через рот *(о рентгенографии)*

~ primum (intentionen) первичное заживление *(раны)*

~ se сам по себе, по существу; в чистом виде

~ secundum (intentionen) вторичное заживление *(раны)*

~ thousand members *страх.* на тысячу застрахованных *(объём стационарной медицинской помощи, выражаемый в койкоднях)*

~ tubam введение [кормление] через трубку

~ vaginum чрезвлагалищный *(напр. способ)*

~ vias naturalis через естественные пути

~ year в год

peracidity [ˌpɜːrəˈsiditi] повышенная кислотность

peracute [ˌpɜːrəˈkjuːt] острейший, бурный, молниеносный

perarticulation [ˌpɜːrɑːˌtikjʊˈleiʃn] сустав, диартроз, синовиальное соединение

peratodynia [ˌpɜːrətaʊˈdiniːə] 1. кардиалгия, боль в области сердца 2. изжога; регургитация желудочного содержимого

perceive [pəˈsiːv] 1. воспринимать, понимать, осознавать 2. ощущать, чувствовать; различать

percentage [pəˈsentiʤ] процент, процентное содержание, процентная концентрация; процентный состав

~ of salt содержание солей в процентах; засоленность; минерализация

volume ~ of platelets объёмный процент тромбоцитов

percentile [pəˈsenˌtail] *стат.* процентиль

percept [ˈpɜːsept] воспринимаемый объект, мысленный образ, перцепт

perceptibility [pə‚septə'bɪlətɪ] воспринимаемость, ощутимость

~ of speech понимание речи

blunted ~ притуплённая чувствительность; притупление чувствительности

broad ~ общее представление

perceptible [pə'septəbl] воспринимаемый, ощущаемый

perception [pə'sepʃən] 1. восприятие, ощущение, чувствительность 2. осознавание, понимание, перцепция

~ of health status понимание важности состояния здоровья

altered mind/body ~ изменённое восприятие души/тела

associated ~ *псих.* ассоциированное восприятие

auditory ~ слуховое восприятие

color ~ восприятие цвета, цветовосприятие, цветоощущение

delusional ~ бредовая перцепция, бредовое восприятие

depth ~ глубинное зрение (*способность различать удалённость наблюдаемых объектов*)

extrasensory ~ экстрасенсорное восприятие (*не связанное с деятельностью известных органов чувств*)

habitual ~ привычное восприятие

intact ~ (болевая) чувствительность сохранена

light ~ светоощущение

object ~ восприятие предмета

optokinetic space ~ зрительное восприятие пространства

pain ~ болевая чувствительность

parapsychological ~ 1. *см.* **extrasensory ~** 2. проницательность

picture ~ зрительное восприятие; зрение

social ~ социальная перцепция

space ~ пространственное зрение (*способность воспринимать форму и пространственные взаимоотношения предметов*)

speech ~ восприятие речи

stereognostic ~ узнавание предметов наощупь

subliminal ~ подпороговое [подсознательное] восприятие

sudden ~ внезапное озарение, или прозрение; инсайт

time ~ восприятие [чувство] времени

unconscious ~ подсознательное восприятие

perceptive [pə'septɪv] 1. относящийся к восприятию, восприимчивый, воспринимающий 2. сенсорный; воспринимающий, ощущаемый

perceptivity [‚pə:sep'tɪvətɪ] перцептивность (*способность к восприятию*)

percipient [pə'sɪpɪːənt] воспринимающий человек

percolation [‚pə:kə'leɪʃən] 1. перколяция 2. процеживание, фильтрование, фильтрация 3. просачивание, проникновение

percuss [pə'kʌs] 1. перкутировать, выстукивать 2. поколачивать (*при массаже*)

percussion [pə'kʌʃən] 1. удар; сотрясение; столкновение двух тел 2. перкуссия, выстукивание 3. поколачивание (*приём массажа*)

auscultatory ~ аускультаторная перкуссия

comparative ~ сравнительная перкуссия

direct ~ непосредственная перкуссия

dull ~ притупление перкуторного звука; тупость перкуторного звука

mediate [pleximetric] ~ опосредованная перкуссия, перкуссия с использованием плексиметра

topographic ~ топографическая перкуссия

percussor [pə'kʌsə] перкуссионный молоточек

percutaneous [‚pə:kju:'teɪnɪəs] чрескожный (*напр. о пути заражения*), введённый через кожу (*о лекарственном средстве*)

perdominant [pə'dɒmɪnənt] пердоминант, доминирующий вид

perencephaly [‚pə:rən'sefəlɪ] наличие кист в полушариях большого мозга

perfect ['pə:fəkt] 1. совершенный, безупречный, идеальный (*напр. о зрении*) 2. точный; абсолютный

perfection(al)ism [pə'fekʃənə‚lɪzəm] *психол.* перфекционизм (*стремление к совершенству, к соответствию жёстким высоким стандартам*)

perflation [pə'fleɪʃən] продувание (*напр. маточных труб*)

perforans ['pə:fə‚rænz] *анат.* прободающий, перфорантный (*напр. о сосудах*)

perforate ['pə:fə‚reɪt] перфорировать, прободать

perforation [‚pə:fə'reɪʃən] 1. разрыв; перфорация, прободение 2. *хир.* создание отверстия в ткани или органе; пункция 3. патологическое отверстие

double gastric ~ перфорация парных язв желудка

entrance ~ входное отверстие (*раневого канала*)

exit ~ выходное отверстие (*раневого канала*)

globe ~ перфорация глазного яблока

iatrogenic ~ ятрогенный разрыв (*напр. пищевода при эзофагоскопии*)

stercoral ~ перфорация (кишки) каловым камнем

transabdominal ~ of the uterus чрезбрюшинная пункция матки

perforatorium [‚pə:fəʊrə'təʊrɪəm] акросома, перфораторий, апикальное тельце (*сперматозоида*)

perform [pə'fɔ:m]:

"~ for men" *фирм.* «предназначено для мужчин» (*напр. средство от импотенции*)

to ~ history собирать анамнез

performance [pə'fɔ:məns] 1. выполнение; исполнение; работа; действие; поступок 2. результат; успех 3. *тех.* характеристика, особенности 4. *тех.* производительность; работоспособность; коэффициент полезного действия

~ of artery shunt наложение артериального шунта

~ of motor activity проявление двигательной активности

~ of operation, ~ of surgery проведение [выполнение] операции

~ of Thiersh procedure выполнение операции Тирша

body ~ воссоздание стройной фигуры, бодибилдинг, фитнес

cardiovascular ~ сердечно-сосудистая деятельность

clinical ~ клинический эффект

cognitive ~ творческая активность

column ~ эффективность колонки (*газожидкостного хроматографа*)

environmental ~ экологические показатели

exercise ~ выполнение физической нагрузки

field ~ полевая эффективность *(напр. применения биопестицидов)*

high ~ высокая технология

linguistic ~ языковая активность *(как реализация языковой способности)*

mental ~ умственная деятельность

motor ~ двигательная активность

night ~ ночная производительность

psychomotor ~ психомоторная деятельность; психомоторная функция

pump ~ насосная работа сердца

reproductive ~ детородная функция, репродуктивная способность; фертильность

retarded ~ умственная отсталость

safe ~ безопасное проведение *(напр. операции)*

task ~ умственная работоспособность

threshold ~ пороговое исполнение

top ~ предельно достижимая производительность

visual ~ острота зрения

perfrication [ˌpəˈfriˈkeiʃən] втирание *(лекарственного средства)*

perfrigeration [ˌpəˌfrigəˈreiʃən] **1.** ознобление **2.** отморожение

perfume [ˈpəːˌfjuːm] **1.** аромат, запах **2.** духи, парфюм

perfusion [pəˈfjuːʒən] перфузия *(1. прохождение крови или другой жидкости через сосудистое русло 2. нагнетание жидкости в кровеносные сосуды)*

bloodless ~ перфузия кровезаменителя

collateral ~ коллатеральное кровообращение

compromised ~ нарушение кровоснабжения; недостаточная перфузия

differential tissue ~ диссоциация перфузии крови *(перераспределение кровоснабжения органов при шоке)*

inadequate cerebral ~ неадекватная [сниженная] перфузия головного мозга

luxury ~ избыточная [«роскошная»] перфузия

myocardial ~ кровоснабжение миокарда

misery ~ недостаточная [«нищая»] перфузия

palmar skin perfusion определение кожной перфузии на ладони

partial ~ регионарное искусственное кровообращение, регионарная перфузия

poor ~ снижение [обеднение] перфузии *(тканей)*

post ~ постперфузионный период

pulmonary ~ **1.** лёгочный кровоток, кровоснабжение лёгких **2.** перфузия лёгких

pulsatile ~ пульсирующая перфузия

tissue ~ тканевая перфузия

total ~ общее искусственное кровообращение, тотальная перфузия

zero ~ отсутствие перфузии

periadenitis [ˌperiˌædəˈnaitis] периаденит

periampular [ˌperiˈæmpjʊlə] периампулярный *(напр. о раке, исходящем из области большого дуоденального сосочка)*

perianal [ˌperiˈeinəl] перианальный, располагающийся в области заднего прохода

periangiocholitis [ˌperiˌængiˈəʊkəʊˈlaitis] перихолангит *(воспаление тканей, окружающих жёлчные протоки)*

periapical [ˌperiˈæipikəl] *стом.* околоверхушечный

periappendicitis [ˌperiˌəˌpendiˈsaitis] периаппендицит *(воспаление структур вокруг червеобразного отростка)*

~ **decidualis** периаппендицит, вызванный правосторонней трубной беременностью

periarteritis [ˌperiˌaːtəˈraitis] периартериит *(воспаление наружной оболочки артерии)*

~ **gummosa** сифилитический периартериит

~ **nodosa** узелковый [нодозный] периартериит, или панартериит; Куссмауля – Мейера болезнь

periarthritis [ˌperiaːˈθraitis] периартрит *(воспаление мягких тканей окружающих сустав)*

~ **of shoulder** плечелопаточный периартрит

chronic ~ хронический периартрит

periarticular [ˌperiaːˈtikjʊlə] вокругсуставной

periatrial [ˌperiˈeitriəl] расположенный вокруг предсердия

periauricular [ˌperiɔːˈrikjʊlə] **1.** расположенный вокруг предсердия **2.** расположенный вокруг ушной раковины

periaxillary [ˌperiˈæksiˌlæriː] расположенный вокруг подмышечной впадины

peribronchiolitis [ˌperiˌbrɒŋkiˈəʊˈlaitis] перибронхиолит

pericardectomy [ˌperikaˈdˈektəmiː] перикардэктомия *(резекция участка перикарда)*

pericardiac [ˌperiˈkaːdiːək], **pericardial** [ˌperiˈkaːdiːəl] **1.** относящийся к перикарду, перикардиальный **2.** окружающий сердце

pericardiocentesis [ˌperiˌkaːdiːˈəʊsenˈtiːsis] пункция перикарда

pericardiotomy [ˌperiˌkaːdiːˈɒtəmiː] перикард(и)отомия *(рассечение перикарда)*

exploratory ~ диагностическая перикард(и)отомия

pericarditis [ˌperikaːˈdaitis] перикардит

~ **with effusion** экссудативный [выпотной] перикардит

acute benign ~ *см.* **idiopathic** ~

adhesive ~ спаечный [адгезивный] перикардит

constrictive ~ констриктивный [сдавливающий] перикардит

drug-induced ~ перикардит, вызванный приёмом лекарственного препарата

external ~ перикардит с преимущественным поражением наружного листка перикарда

fibrinous [fibrous] ~ фибринозный перикардит

idiopathic ~ идиопатический [неспецифический] перикардит

obliterating ~ *см.* **adhesive** ~

purulent [suppurative] ~ гнойный перикардит

pericardium [ˌperiˈkaːdiːəm], *pl.* **pericardia** [ˌperiˈkaːdiːə] перикард, околосердечная сумка, сердечная сорочка

adherent ~ сращение перикарда с миокардом

bread-and-butter ~ перикард с толстыми фиброзными отложениями на поверхности

fibrous ~ фибринозный перикардит

serous ~ серозный перикардит

shaggy ~ *см.* **fibrous** ~

visceral ~ эпикард

pericecal [ˌperiˈsiːkəl] окружающий слепую кишку

pericemental [ˌperisiˈmentl] периодонтальный, околозубной

pericementitis [ˌperiˌsiːmenˈtaitis] периодонтит, амфодонтит, перицементит

pericementoclasia [ˌperisiˌmentəʊˈkleizə] разрушение [резорбция] периодонта и кости зубной альвеолы

pericementum [ˌperiːsiˈmentəm] периодонт, амфодонт, надкостница зуба, корневая оболочка, перицемент

perichondritis [ˌperikɒnˈdraitis] перихондрит (воспаление надхрящницы)

perichondrium [ˌperiˈkɒndriːəm] надхрящница, перихондр(ий)

periclasia [ˌperiˈkleizə] периодонтоклазия

pericolitis [ˌperikəʊˈlaitis] периколит (воспаление брюшины вокруг ободочной кишки)

pericolpitis [ˌperikɒlˈpaitis] гинек. перикольпит

pericorneal [ˌperiˈkɔːniːəl] перикорнеальный (расположенный вокруг роговицы)

pericoronal [ˌperiˈkɔːrənəl] окружающий коронку зуба

pericoronitis [ˌperiˌkɔːrəˈnaitis] перикоронит (воспаление мягких тканей вокруг коронки коренного зуба)

pericranial [ˌperiˈkreiniːəl] относящийся к надкостнице черепа

pericranium [ˌperiˈkreiniːəm] надкостница черепа

pericystic [ˌperiˈsistik] 1. расположенный вокруг кисты 2. окружающий пузырь (мочевой или жёлчный)

pericyte [ˈperisait] перицит, периваскулярная [маршанова] клетка, Руже клетка (фагоцит)

pericytial [ˌperiˈsitiːəl] перицеллюлярный, окружающий клетку

pericytoma [ˌperisaiˈtəʊmə] гемангиоперицитома

peridens [ˈperindenz] сверхкомплектный зуб, смещённый из зубной дуги

peridental [ˌperiˈdentl] периодонтальный, околозубной

periderm [ˈperiˌdəːm] эмбр. перидерма, надкожица (наружная часть эпидермиса)

peridesmic [ˌperiˈdezmik] 1. околосвязочный, окружающий связку 2. относящийся к влагалищной связке

peridesmitis [ˌperidezˈmaitis] воспаление мягких тканей, окружающих связку

perididymis [ˌperiˈdidimis] белочная оболочка яичка

peridurography [ˌperidʊˈrɒɡrəfi] эпидурография, перидурография (снимок позвоночного канала)

periendothelioma [ˌperiˌendəʊˌθiːliˈəʊmə] перицитома, злокачественная гемангиоперицитома, перителиома

perifistular [ˌperiˈfistjʊlə] окружающий свищ

perifolliculitis [ˌperifəˌlikjʊˈlaitis] перифолликулит (воспаление тканей, окружающих волосяной фолликул)

superficial pustular ~ стафилококковое [фолликулярное] импетиго, фолликулярная стафилодермия, поверхностный стафилококковый фолликулит

perigastric [ˌperiˈɡæstrik] перигастральный, окружающий желудок

periglottis [ˌperiˈɡlɒtis] слизистая оболочка языка

perihepatic [ˌperihiˈpætik] околопечёночный, окружающий печень

perihepatitis [ˌperiˌhepəˈtaitis] перигепатит (воспаление брюшины, покрывающей печень)

perikaryon [ˌperiˈkæriɒn], pl. **perikarya** [ˌperiˈkæriə] перикарион (совокупность клеточных элементов, расположенных вокруг ядра)

perikeratic [ˌperikəˈrætik] перикорнеальный, окружающий роговицу

peril [ˈperəl] опасность, риск

~ **of one's life** с опасностью для жизни

~ **insured against** страх. 1. опасности, покрытые страхованием 2. страховые риски

perilenticular [ˌperilenˈtikjʊlə] окружающий хрусталик

perilymph(a) [ˈperiˌlimfə] ото. перилимфа

perilymphangitis [ˌperiˌlimfænˈdʒaitis] перилимфангит

perimeter [pəˈrimətə] периметр (прибор для определения поля зрения и его дефектов)

projection ~ проекционный периметр

perimetritis [ˌperimiˈtraitis] периметрит

perimetrium [ˌperiˈmiːtriːəm], pl. **perimetria** [ˌperiˈmiːtriːə] периметрий (брюшина, покрывающая матку)

perimetry [pəˈrimətri] периметрия (исследование полей зрения)

layer-by-layer ~ послойная периметрия

multiple pattern ~ количественная периметрия

spot-checking ~ статическая периметрия

tangent screen ~ кампиметрия (метод исследования поля зрения)

perimyelis [ˌperiˈmaiəlis] 1. эндост 2. мягкая оболочка спинного мозга

perimyelitis [ˌperiˌmaiəˈlaitis] 1. эндостеит (воспаление эндоста) 2. воспаление мягкой оболочки спинного мозга

perimyelography [ˌperiˌmaiəˈlɒɡrəfi] рентг. перимиелография

perimyoendocarditis [ˌperiˌmaiəʊˌendəʊkaˈdaitis] панкардит

perimysium [ˌperiˈmisiːəm], pl. **perimysia** [ˌperiˈmisiːə] перимизий (слой соединительной ткани, окружающий мышцу)

perinatal [ˌperiˈneitl] перинатальный (период с 28-й недели внутриутробной жизни плода по 7-е сутки жизни новорождённого)

perinate [ˈperineit] новорождённый

perinatology [ˌperineiˈtɒlədʒi] перинатология

perineal [ˌperiˈniːəl] промежностный, перинеальный

perineauxesis [ˌperiniːɔːkˈsiːsis] рассечение промежности

perineocele [ˌperiˈniːəʊsiːl] промежностная грыжа

perineology [ˌperiniˈɒlədʒi] перинеология, тазовая хирургия (обычно занимающаяся дефектами и пластикой недостаточности тазового дна)

perineometer [ˌperiniˈɒmətə] инструмент для измерения силы сокращений мышц промежности

perineoplasty [ˌperiˈniːəʊˌplæsti] перинеопластика (восстановление целостности промежности)

perineorrhaphy [ˌperiniˈɔːrəfi] перинеорафия, наложение швов на промежность

perineostomy [ˌperiniˈɒstəmi] промежностная уретростомия

perineotomy [ˌperiniˈɒtəmi] перинеотомия (рассечение промежности)

perinephric [ˌperi'nefrik] околопочечный, паранефральный

perinephritis [ˌperinə'fraitis] паранефрит, перинефрит

perineum [ˌperi'niːəm], *pl.* **perinea** [ˌperi'niːə] промежность

  abnormal ~ аномалия промежности

  watering-pot ~ промежностный мочевой свищ

perineurium [ˌperin'uːriːəm], *pl.* **perineuria** [perin'uːriə] периневрий *(оболочка, окружающая пучки нервных волокон)*

periocular [ˌperi'ɒkjʊlə] периорбитальный, расположенный вокруг глаза *(напр. о морщинах)*

period ['piəriəd] 1. период; фаза; цикл; стадия 2. *pl.* менструация

  ~ of decay период полураспада

  ~ of infectivity заразный период *(болезни)*

  ~ of validity срок годности *(лекарственного средства)*

  ~ of weight loss цикл (лечебного) похудания

  absolute refractory ~ период абсолютной рефрактерности

  age ~ возрастная группа; период жизни

  amphibolic ~ критический период в течении болезни

  child-bearing ~ детородный период *(вне репродуктивного – менее 15 лет и старше 49 лет)*

  communicable [**contagious**] ~ заразный [контагиозный] период

  culture ~ период культивирования, культуральный период

  delay ~ период запаздывания

  dormant ~ период покоя

  eclipse ~ *вирус.* эклипс-фаза, невидимая фаза, скрытый период *(время между поражением клетки вирусом и его повторным появлением в клетке)*

  ejection ~ *кард.* фаза [период] изгнания

  extrinsic incubation ~ внешний инкубационный период

  fertile ~ фертильный период *(время от 10-го до 18-го дня последнего менструального цикла, наиболее вероятно зачатие)*

  follow-up ~ 1. период катамнеза 2. отдалённый период *(после лечения)*

  gestational ~ гестационный период, продолжительность беременности *(около 266 дней)*

  half-life ~ период полураспада

  immediate postoperative ~ ранний послеоперационный период

  incubation ~ инкубационный период

  induction ~ *иммун.* индуктивный период *(от инъекции антигена до появления антител в крови)*

  interim ~ промежуточный период, переходный период

  intersistolic ~ интерсистолический интервал

  involutional ~ период инволюции *(этап онтогенеза с прогрессирующей инволюцией органов и тканей)*

  isoelectric ~ изоэлектрический период *(от конца зубца S до начала T-волны на ЭКГ)*

  isolation ~ карантин

  last ~ последняя менструация

  latent ~ *инф.* латентный [скрытый] период

  M ~ период активного митоза

  menstrual [**monthly**] ~ менструальный цикл

  neonatal ~ неонатальный период, период новорождённости *(первые 28 дней жизни)*

  nitrat-free ~ периоды, свободные от нитратов *(время, свободное от действия препарата)*

  open enrollment ~ *страх.* период свободного выбора программы *(в течение которого клиент может перейти в другую страховую медицинскую программу)*

  organokinetic ~ органокинетический период

  painful ~**s** болезненные менструации

  patent ~ патентный период *(в течение которого возбудитель может быть обнаружен в крови, тканях, выделениях)*

  postinsertion ~ период после введения *(радиоактивного препарата)*

  postsphygmic ~ *кард.* фаза изометрического расслабления *(интервал диастолы – 0,08 с)*

  preejection ~ *кард.* фаза преобразования, фаза трансформации

  prepatent ~ период инфекционной инкубации

  puerperal ~ послеродовой [пуэрперальный] период, пуэрперий

  refractory ~ рефрактерный период, рефрактерная фаза

  reproductive ~ репродуктивный период *(интервал времени от 15 – минимального возраста вступления в брак – до 49 лет; период рожающих вне данного обозначается как детородный)*

  safe ~ безопасный период менструального цикла *(когда зачатие наименее вероятно, примерно 10 дней до и после менструации)*

  sphygmic ~ *кард.* сфигмическая фаза изгнания

  sterile ~ инфертильный [бесплодный] период *(жизни)*

  storm-and-stress ~ «трудный» (подростковый) возраст

  vulnerable ~ (**of heart**) уязвимый [ранимый] период сердечного цикла

  window ~ *фарм.* период окна

periodical [ˌpiːri'ɒdikəl] периодическое издание, журнал

periodicity [ˌpiːri'ɒdisiti] 1. периодичность; частота 2. менструация

periodontal [ˌperiːəʊ'dɒntəl] периодонтальный, околозубной

periodontics [ˌperiːəʊ'dɒntiks] пародонтология *(раздел стоматологии, изучающий болезни околозубных тканей)*

periodontist [ˌperiːəʊ'dɒntist] пародонтолог

periodontitis [ˌperiːəʊ'dɒn'taitis] периодонтит, перицементит, амфодонтит

  advanced ~ осложнённый периодонтит

  apical ~ верхушечный периодонтит

  juvenile ~ юношеский периодонтит

  suppurative ~ *см.* **periodontoclasia**

periodontium [ˌperiːəʊ'dɒnʃiːəm], *pl.* **periodontia** [ˌperiːəʊ'dɒnʃiːə] периодонт, корневая оболочка, перицемент

periodontoclasia [ˌperiːəʊˌdɒntəʊ'kleiːʒə], **periodontosis** [ˌperiːəʊdɒn'təʊsis] парадонтоз

perioesophageal [ˌperiːi'sɒfəgiːəl] параэзофагеальный *(расположенный около пищевода)*

periomphalic [ˌperiːɒm'fælik] параумбиликальный *(расположенный около пупка)*

perionychia [ˌperiːəʊ'nikiːə] 1. паронихия, пер(и)онихия *(воспаление околоногтевых тканей)* 2. *pl. от* **perionychium**

perionychium [ˌperiːəʊˈnikiːəm], *pl.* **perionychia** [ˌperiːəʊˈnikiːə] край ногтевого ложа, перионихий

perionyx [ˌperiːˈəʊniks] *лат.* рудимент эпонихия

perioophoritis [ˌperiːəʊˌɒfəʊˈraitis], **perioothecitis** [ˌperiːˌəʊəʊθiˈsaitis] периоофорит *(воспаление брюшины, покрывающей яичник)*

perioperative [ˌperiːˈɒpərətiv] относящийся к ведению больного во время операции, в пред- и послеоперационном периодах

perioral [ˌperiːˈɔːrəl] околоротовой

periorbit(a) [ˌperiːˈɔːbitə] надкостница глазницы

periorbital [ˌperiːˈɔːbitl] 1. относящийся к надкостнице глазницы 2. расположенный вокруг глазницы

periorbititis [ˌperiːˌɔːbiˈtaitis] воспаление надкостницы глазницы

periorchitis [ˌperiːɔːˈkaitis] периорхит *(воспаление влагалищной оболочки яичка)*

periosteal [ˌperiːˈɒstiːəl] параоссальный, надкостничный

periosteoma [ˌperiːˌɒstiˈəʊmə] остеофит, экзофит *(нарост на поверхности кости)*

periosteomyelitis [ˌperiːˌɒstiːəʊˌmaiəˈlaitis] паностит, запущенный остеомиелит

periosteophyte [ˌperiːˈɒstiːəʊfait] остеофит, экзофит *(нарост на поверхности кости)*

periosteotomy [ˌperiːˌɒstiˈɒtəmiː] рассечение надкостницы

periosteum [ˌperiːˈɒstiːəm], *pl.* **periostea** [ˌperiːˈɒstiːə] надкостница, периост

periostitis [ˌperiːɒsˈtaitis] периостит *(воспаление надкостницы)*

   albuminous ~ альбуминозный [серозный, слизистый] периостит

   chronic ~ хронический периостит

   dental ~ периодонтит, амфодонтит, перицементит

   ossifying ~ оссифицирующий периостит

periostosis [ˌperiːɒsˈtəʊsis], *pl.* **periostoses** [ˌperiːɒsˈtəʊsiːz] периостоз *(невоспалительное изменение надкостницы)*

periotic [ˌperiːˈəʊtik] расположенный вокруг внутреннего уха

peripachymeningitis [ˌperiːˌpækiːmeninˈdʒaitis]:

   spinal ~ пахименингит спинного мозга, эпидуральный абсцесс

peripapillary [ˌperiːˈpæpiˌlæri] перипапиллярный, окружающий сосочек, околососочковый

peripartum [ˌperiːˈpɑːtəm] перинатальный период *(охватывающий время накануне, во время и после родов)*

peripherad [pəˈrifəˌræd] по направлению к периферии *(напр. о ходе нервного волокна)*

peripheral-line [pəˈrifərəl-ˈlain] инфузия в периферическую вену

periphlebitis [ˌperiːfliˈbaitis] перифлебит *(воспаление окружающих вену тканей)*

periphrenitis [ˌperiːfriˈnaitis] перифренит *(воспаление брюшины, покрывающей диафрагму)*

peripleuritis [ˌperiːplʊˈraitis] параплеврит, периплеврит

peripneumonia [ˌperiːnjuːˈməʊniːə] плевропневмония

periporitis [ˌperiːpəˈraitis] псевдофурункулёз, множественные абсцессы потовых желёз

periprocedural [ˌperiːprəʊˈsiːdʒərəl] во время проведения процедур

periproctic [ˌperiːˈprɒktik], **periproctous** [ˌperiːˈprɒktəs] параректальная клетчатка ‖ параректальный

periprostatic [ˌperiːˈprɒsˌtætik] расположенный около предстательной железы

perirectitis [ˌperiːrekˈtaitis] парапроктит, перипроктит

perirenal [ˌperiːˈriːnəl] околопочечный, паранефральный

perirhinal [ˌperiːˈrainəl] околоносовой

perisalpingitis [ˌperiːˌsælpinˈdʒaitis] перисальпингит *(воспаление брюшины, покрывающей маточную трубу)*

perish [ˈperiʃ] 1. погибать; умирать; увядать 2. уничтожать; губить; изнурять

perishable [ˈperiʃəbəl] скоропортящийся; *pl.* скоропортящиеся продукты

perispermatitis [ˌperiːˌspɜːməˈtaitis] 1. воспаление тканей, окружающих семенной канатик 2. водянка семенного канатика

perisplenitis [ˌperiːsplinaitis] периспленит *(воспаление брюшинного покрова селезёнки)*

perispondylic [ˌperiːˈspɒndilik] паравертебральный

peristalsis [ˌperiːˈstɔːlsis] перистальтика, моторика

   abnormal ~ *см.* **retrograde** ~

   forward ~ пропульсивная перистальтика, изоперистальтика

   mass ~ форсированная перистальтика

   retrograde (reversed) ~ антиперистальтика, обратная перистальтика *(напр. при рвоте)*

   visible gut ~ видимая на глаз перистальтика кишечника

peristaltic [ˌperiːˈstɔːltik] перистальтический

peristasis [pəˈristəsis] перистатическая гиперемия

peristole [pəˈristəʊli] перистола *(тоническое сокращение всей мускулатуры желудка)*

peritendineum [ˌperitenˈdiniːəm], *pl.* **peritendinea** [periˈtenˈdiniːə] перитендиний, перитенноний *(соединительно-тканная оболочка сухожилий)*

peritendinitis [ˌperitendiˈnaitis] тендовагинит, тендосиновит

perithelioma [ˌperiˌθiːliˈəʊmə] перицитома, злокачественная гемангиоперицитома, перителиома

perithelium [ˌperiˈθiːliːəm], *pl.* **perithelia** [periˈθiːliːə] перителий *(слой соединительной ткани, окружающий капилляры)*

peritomy [piːˈritəʊmi] 1. перитомия *(рассечение конъюнктивы глазного яблока по окружности лимба роговицы)* 2. иссечение крайней плоти

peritoneal [ˌperitəʊˈniːəl] перитонеальный, брюшинный

peritoneocentesis [ˌperitəʊˌniːˈəʊsenˈtiːsis] лапароцентез, пункция живота, абдоминальный парацентез

peritoneoclysis [ˌperitəʊniːˈɒklisis] перитонеальный диализ, перитонеальный лаваж

peritoneography [ˌperiˌtəʊniːˈɒɡrəfi] *рентг.* перитонеография

peritoneoscopy [ˌperitəʊniːˈɒskəpi] лапароскопия, перитонеоскопия

peritoneotomy [ˌperitəʊniːˈɒtəmi] лапаротомия, чревосечение

peritoneum [ˌperitəʊˈniːəm], *pl.* **peritonea** [periˈtəʊniːə] 1. брюшина 2. брюшинная [брюшная] полость

   abdominal ~ *см.* **parietal** ~

intestinal ~ *см.* **visceral** ~

parietal ~ париетальная [пристеночная] брюшина

visceral ~ висцеральная [внутренностная] брюшина

peritonism ['peritəʊnizm] 1. перитонизм *(совокупность признаков раздражения брюшины невоспалительного характера)* 2. псевдоабдоминальный синдром

peritonitis [ˌperitəʊˈnaitis] перитонит *(воспаление брюшины)*

~ **encapsulans** осумкованный перитонит

adhesive ~ слипчивый [адгезивный] перитонит, перивисцерит

benign paroxysmal ~ *см.* **periodic** ~

bile [**biliary**] ~ жёлчный перитонит

chyle ~ хилёзный перитонит

circumscribed ~ отграниченный перитонит

diaphragmatic ~ поддиафрагмальный перитонит

encysted ~ *см.* ~ **encapsulans**

fecal ~ каловый перитонит

fibrocaseous ~ фиброзно-казеозный перитонит *(при туберкулёзе)*

gas ~ анаэробный перитонит

generalized ~ общий [генерализованный, разлитой] перитонит

localized ~ местный [локальный] перитонит

meconium ~ мекониевый перитонит

pelvic ~ пельвиоперитонит *(перитонит, локализованный в области малого таза)*

periodic ~ семейная периодическая болезнь, пароксизмальный [периодический] перитонит, семейный хронический полисерозит

pneumococcal ~ пневмококковый перитонит

primary ~ первичный [идиопатический] перитонит

productive ~ *см.* **adhesive** ~

regional ~ *см.* **localized** ~

septic ~ перитонит, вызванный гноеродными микроорганизмами

terminal ~ перитонит в терминальной стадии

peritonization [ˌperitəʊniˈzeiʃən] *хир.* перитонизация *(закрытие дефекта висцеральной брюшины)*

peritonize ['peritəʊnaiz] перитонизировать

peritonsillar [ˌperiˈtɒnsilə] пара- или перитонзиллярный, околоминдаликовый

peritrichous [pəˈritrikəs] перитрихиальный *(о жгутиковых или реснитчатых бактериях)*

peritumoral [ˌperiˈtuːmərəl] смежный с опухолью

perityphlitis [ˌperitiˈflaitis] *уст.* перитифлит *(воспаление тканей, окружающих слепую кишку)*

periumbilical [ˌperiːəmˈbilikəl] околопупочная (область)

periungual [ˌperiːˈʌŋgwəl] околоногтевой

periureteral [ˌperiːjʊˈriːtərəl], **periureteric** [ˌperiːjʊriˈterik] околомочеточниковый

periureteritis [ˌperiːjʊˌriːtəˈraitis], **periurethritis** [ˌperiːjʊriˈθraitis] периуретрит *(воспаление соединительной ткани, окружающей мочеиспускательный канал)*

perivesical [ˌperiˈvesikəl] привезикальный, околопузырный

periwinkle ['periˌwiŋkəl] барвинок *(Vinca)*

perleche [perˈleʃ] *фр.* ангулярный стоматит, заеда

permanency ['pəːmənənsi]:

object ~ *псих.* постоянство вспоминаемых образов

permanent ['pəːmənənt] 1. постоянный *(напр. сосудистый протез)*; долговременный 2. продолжающийся, сохраняющийся *(напр. о неврологических нарушениях при эпилепсии)* 3. фиксированный, вколоченный *(напр. камень)*

permeability [ˌpəːmiˈəˈbiliti] проницаемость, просачиваемость

air ~ воздухопроницаемость

capillary ~ проницаемость капилляров

microvascular ~ проницаемость капиллярного русла

permeabilizer [ˌpəːmiˈəbiˈlaizə] *pl.* агенты, повышающие проницаемость *(напр. гематоэнцефалического барьера)*

permease ['pəːmiˈeis] *pl.* пермеазы *(белки активного переноса веществ через клеточную стенку)*

permeation [ˌpəːmiˈeiʃən] 1. проникновение, внедрение, просачивание 2. диссеминация, распространение *(напр. злокачественной опухоли)*

permissible [pəˈmisəbəl] 1. позволительный, допустимый 2. безопасный; переносимый *(напр. о дозе облучения)*

permissive [pəˈmisiv] 1. терпимый, нестрогий в вопросах морали 2. толерантный, пермиссивный *(фермент, условия и пр.)* 3. факультативный, необязательный; условно-патогенный

permutation [ˌpəːmjʊˈteiʃən] перестановка, изменение порядка

pernicious [pəˈniʃəs] 1. пернициозный, характеризующийся тяжёлым злокачественным течением *(об анемии)* 2. вредный; пагубный

pernio(sis) [pəˈniːˈəʊsis] ознобление; переохлаждение; отморожение

perobrachius [ˌpiːrəʊˈbreikiˈəs] больной с пороком развития руки

perodactylia [ˌpiːrəʊdækˈtiliˈə], **perodactyly** [ˌpiːrəʊˈdæktili] врождённая деформация пальцев

peromelia [ˌpiːrəʊˈmiːliˈə], **peromely** [peˈrɒməli] перомелия *(укорочение конечности вплоть до отсутствия кисти или стопы)*

perone [pəˈrəʊni] малоберцовая кость

peroneal [ˌperəʊˈniːəl] перонеальный *(относящийся к малоберцовой кости или к латеральной части голени)*

peropus ['piːrəʊpəs] *терат.* плод с пороком развития нижней конечности

peroral [pəˈrɔːrəl] пероральный, принимаемый внутрь

perosomus [ˌpiːrəʊˈsəʊməs] *терат.* плод с пороком развития туловища

perosplanchnia [ˌpiːrəʊˈsplæŋkniˈə] порок развития внутренних органов

perosseous [pəˈrɒsiˈəs] чрескостный

peroxidase [pəˈrɒksideis] пероксидаза

peroxidation [peˌrɒksiˈdeiʃən] перекисное окисление

lipid ~ липопероксидация, перекисное окисление липидов

peroxide [pəˈrɒksaid] пероксид, перекисное соединение

hydrogen ~ перекись водорода

peroxidize [pəˈrɒksiˌdaiz] обрабатывать перекисью

peroxisome [pəˈrɒksiˌsəʊm] пероксисома *(органелла, содержащая ферменты, катализирующие деградацию ксенобиотиков и распад перекиси водорода)*

perpetrator ['pɜːpətreitə] правонарушитель; преступник

perpetual [pə'petʃʊəl] **1.** вечный; бесконечный **2.** пожизненный; постоянный

perpetuation [pə,petʃʊ'eiʃən] постоянство; вечность

   atrial fibrillation ~ постоянное [непрекращающееся] трепетание предсердий

perplexity [pə'pleksiti] **1.** растерянность, замешательство; сильное смущение **2.** затруднение, дилемма

   morbid ~ болезненная растерянность

   parental ~ родительская растерянность

   vague ~ лёгкая растерянность

persecutor ['pɜːsikjuːtə] преследователь

perseveration [pə,sevə'reiʃən] **1.** *псих.* персеверация *(склонность к застреванию в речи, мышлении, моторике и пр.)* **2.** палинопсия, зрительная персеверация *(повторное возникновение зрительного образа после его исчезновения)*

   clonic ~ продолжение клона

persicaria [,pɜːsi'kaːriːə] *фарм.* горец *(Polygonum)*

persist [pə'sist] **1.** существовать; сохраняться *(напр. о точке окостенения)* **2.** рецидивировать

persistence [pə'sistəns] **1.** стойкость, устойчивость, выносливость **2.** персистенция, персистирование *(сохранение в организме)* **3.** хроническое течение

   ~ of corpus luteum персистенция жёлтого тела

   ~ of maternal antibody персистентность материнских антител *(у детей до одного года жизни)*

   ~ of sensation стойкость ощущения

   ~ of vision инерция зрительного восприятия

   motor ~ способность сохранять позу, продолжать движение

person ['pɜːsən], *лат.* **persona** [pə'səʊnə] **1.** человек; лицо; личность; индивидуум **2.** самостоятельная особь; зооид *(в колонии)*

   ~ per household средняя величина домохозяйства *(отношение числа жителей домохозяйств к числу последних)*

   ~s with possible anthrax лица, подверженные заражению сибирской язвой

   colored ~ цветной [небелый] человек

   composite ~ составной персонаж *(в сновидении)*

   covered ~ охваченный *(напр. исследованием)*, состоящий на учёте *(напр. в диспансере)*

   disabled ~ нетрудоспособное лицо, инвалид

   disordered ~ психически больной

   displaced ~ перемещённое лицо

   distracted [disturbed] ~ *см.* **disordered** ~

   ever-married ~ лицо, состоящее или состоявшее когда-л. в браке

   expelled ~ изгнанник, беженец

   handicapped ~ человек с физическим или психическим дефектом; инвалид

   healthy ~ здоровый человек

   homeless ~ бездомный, бомж

   immune ~ иммунный организм

   immunocompromised ~ пациент с иммунодефицитом

   incapacitated ~ недееспособный человек

   insane ~ психически больной, невменяемый

   insured ~ застрахованное лицо

   key ~ ключевая фигура

   native ~ коренной житель

   natural ~ физическое лицо

   obese ~ индивидуум с ожирением, тучный пациент

   original ~ пробанд *(лицо, с которого начинается родословная)*

   pain-prone ~ личность, предрасположенная к боли

   protected ~ охраняемое лицо

   recent-infected ~ впервые выявленный больной инфекционным заболеванием

   stateless ~ лицо без гражданства

   unemployed ~ безработный

   young ~ *суд. мед.* подросток *(от 14 до 17 лет)*; молодой человек

persona [pə'səʊnə] персона *(в юнгианской психологии – обозначение социальных ролей индивидуума)*

personal ['pɜːsənəl] **1.** личный, индивидуальный *(напр. дозиметр)* **2.** характерный для данного лица

   food-handling ~ персонал пищевых предприятий

personalistics [,pɜːsənə'listiks] изучение личности

personality [,pɜːsə'næliti] **1.** *псих.* индивидуум, личность, лицо **2.** характерные особенности личности; имидж человека

   abnormal ~ **1.** психопатологическая личность **2.** расстройство личности, психические отклонения

   affective ~ *см.* **cyclothymic** ~

   alternating ~ *см.* **double** ~

   anankastic ~ анакастная личность, анакаст *(со склонностью к доминированию навязчивых идей и образованию навязчивых ритуалов)*

   a(nti)social ~ *нрк.* а(нти)социальная личность, *норм.* диссоциальная личность

   "as if" ~ личность «как-будто» *(при деперсонализации)*

   asthenic ~ астеническая [слабая] личность

   avoidant ~ уклоняющаяся [избегающая] личность

   borderline ~ пограничная личность; пограничный индивидуум

   compulsive ~ компульсивная личность

   contact-shunning ~ личность, избегающая контактов

   cyclothymic ~ циклотимик *(личность с цикличными колебаниями настроения)*

   damaged ~ ущербная личность

   dependent ~ зависимая [инфантильная] личность; акцентуация личности астенического типа

   disinhibited ~ неустойчивая личность

   disintegrated ~ дезинтегрированная [разобщённая] личность

   disordered ~ лицо с нарушенным мышлением

   disorganized ~ дезинтегрированная личность

   double [dual] ~ раздвоение личности

   dyssocial ~ диссоциальная [социопатическая] личность

   dyssociated ~ расстройство личности

   eccentric ~ эксцентричная личность

   emotionally unstable ~ эмоционально неустойчивая личность

   epileptoid ~ эпилептоидная личность, эпилептоид

   explosive ~ эксплозивная [вспыльчивая, несдержанная] личность

   fanatic ~ фанатичная личность

haltlose ~ *уст.* расторможенная (*ркм.* эмоционально неустойчивая) личность

high-strung ambitions ~ личность с чрезмерной амбицией

histrionic ~ гистрионная [истероидная, наигранная, лицемерная] личность

hyperthymic ~ гипертимная личность, гипертимик (*лицо с повышенной двигательной и психической активностью*)

hysterical ~ истерическая [демонстративная, диссоциативная] личность

immature ~ инфантильная [незрелая] личность

impulsive ~ возбудимая [импульсивная] личность

inadequate ~ психопатическая [неадекватная] личность, *нрк.* психопат

introvert ~ интроверт (*лицо, сосредоточенное на внутренних переживаниях*)

manipulative ~ манипулятивная личность

masochistic ~ 1. жертвенная личность (*допускающая и принимающая эксплуатацию собственных интересов и приносящая себя в жертву*) 2. мазохист (*человек, испытывающий сексуальное удовлетворение при ощущениях боли или унижении во время полового акта*)

multiple ~ расщепление личности; множественное сознание

narcissistic ~ нарциссическая [самовлюблённая, любующаяся собой] личность

neurotic ~ невротическая личность

obsessive ~ обсессивная [страдающая навязчивостями] личность

other-directed ~ направляемая окружающими личность

outgoing ~ уживчивый человек; человек с лёгким характером

paranoid ~ параноидная личность

passive-aggressive ~ пассивно-агрессивная [сопротивляющаяся] личность

pre-morbid ~ 1. человек [индивидуум] в состоянии предболезни 2. личность в преморбиде (*до болезни*)

psychasthenic ~ психастеническая личность

psychopathic ~ *см.* **inadequate** ~

querulent ~ кверулянт (*лицо, постоянно жалующееся на что-то*)

schizoid ~ шизоидная личность

self-defeating ~ пораженческая личность

sociopathic ~ *см.* **dyssocial** ~

solitary ~ нелюдимый, одинокий

split ~ *см.* **double** ~

syntonic ~ синтонная [сбалансированная] личность

personalization [ˌpɜːsənəliˈzeiʃən] персонализация (*возможность индивидуума выступать в общественной жизни путём свободного волеизъявления*)

personhood [ˈpɜːsənˌhuːd] индивидуальность, личностные черты человека

personification [pəˌsɒnifiˈkeiʃən] персонификация (*наделение человеческими свойствами объектов, не обладающих ими*)

personnel [ˌpɜːsəˈnel] персонал, штат, кадры

  ~ for health care кадры медико-санитарной службы

  alerting medical ~ персонал скорой медицинской помощи

  allied health [allied medical] ~ вспомогательный персонал немедицинской специальности, парамедицинский персонал

  auxiliary nursing ~ вспомогательный медицинский персонал по уходу за больными

  food-handling ~ персонал пищевых предприятий

  health ~ кадры здравоохранения

  medical augmentation ~ медицинский персонал усиления, резервный медицинский персонал

  nursing ~ сестринский персонал

  paramedical ~ 1. вспомогательный медицинский персонал 2. персонал, обслуживающий клинические отделения

  professional ~ *здрав.* кадры профессионалов, или специалистов

  related ~ смежный персонал

  safety ~ персонал служб гигиены и безопасности труда

  subprofessional [supportive] ~ *см.* **allied health** ~

person-to-person [ˈpɜːsən-tʊ-ˈpɜːsən] от человека к человеку (*о передаче инфекции*)

person-years [ˈpɜːsən-jiəz] *стат.* человеколет

perspiration [ˌpɜːspiˈreiʃən] 1. потоотделение, перспирация (*потеря жидкости через кожу*), выпотевание 2. пот; испарина

  insensible ~ 1. неощутимое потоотделение (*незаметное для окружающих*) 2. неучтённые потери (*воды с дыханием и потом*)

  perfuse and clammy ~ профузный холодный пот

  sensible ~ 1. ощутимое потоотделение (*с появлением видимых капель пота*) 2. учитываемые потери жидкости (*за счёт секреторной активности потовых желёз*)

perspire [pəˈspaiə] потеть

perspiring [pəˈspairiŋ] потливость

persuade [pəˈsweid] убеждать, урезонивать; склонять

  to ~ **the patient to relinquish both the alcohol and the benzodiazepines** убеждать больного бросить пить и принимать транквилизаторы

persuasion [pəˈsweiʒən] 1. убеждение, внушение 2. психотерапия, суггестивное лечение

pertinent [ˈpɜːtinənt] имеющий отношение; уместный; соответствующий; подходящий

pertubation [ˌpɜːtuːˈbeiʃən] продувание маточных труб

perturbation [ˌpɜːtəˈbeiʃən] 1. возмущение; нарушение; искажение (*сигнала*) шумами 2. расстройство, смущение, душевное волнение, пертурбация

perturbed [pəˈtɜːbd] беспокойный

pertussis [pəˈtʌsis] коклюш

pertussoid [pəˈtʌsɔid] коклюшеподобный кашель

pervasive [pəˈveisiv] 1. проникающий, распространяющийся повсюду; всеобъемлющий, глубокий (*о влиянии*) 2. *псих.* первазивный

perverse [pəˈvɜːs] 1. упрямый, капризный 2. ошибочный

perversion [pəˈvɜːʒən] 1. искажение 2. извращение, отклонение от нормы

  ~ of memory искажение памяти, искажение воспоминаний

  ~ of sense of touch нарушение осязания

  polymorphous ~ полиморфная перверсия

sexual ~ половое извращение, парафилия, перверсия

pervert ['pəːˌvəːt] больной с половым извращением

perverted [pə'vəːtəd] извращённый; искажённый

pervigilium [pəviˈdʒiliːəm] бессонница, асомния, инсомния

pes [pes], *pl.* **pedes** ['piːdiːz] 1. стопа; стопообразная структура 2. ножка

~ **abductus** отведённая стопа *(переднего отдела со смещением латерально)*

~ **adductus** приведённая стопа *(переднего отдела со смещением медиально)*

~ **anserinus** «гусиная лапка» *(вид разветвления лицевого нерва в области околоушной железы)*

~ **calcaneo-varus** пяточно-варусная стопа

~ **cavus** полая стопа *(чрезмерно выраженный свод стопы)*

~ **cerebri** ножка мозга

~ **equinovarus-adductus** приведённая варусная конская стопа *(при косолапости)*

~ **equinus** конская стопа

~ **excavatus** *см.* ~ **cavus**

~ **febricitans** слоновость

~ **gigas** макроподия *(чрезмерно длинные ноги)*

~ **hippocampi** ножка гиппокампа

~ **planovalgus** плосковальгусная стопа

~ **planus** плоская стопа, плоскостопие *(отсутствие свода стопы)*

~ **unguiformis** когтистая стопа

~ **valgus** вальгусная стопа

~ **varus** варусная стопа *(элемент косолапости)*

pessary ['pesəri] 1. *см.* **check** ~ 2. вагинальный суппозиторий

check ~ противозачаточный колпачок

diaphragm ~ 1. противозачаточный колпачок 2. маточное кольцо, пессарий

Hodge ~ Ходжа пессарий

prostin ~ простиновый пессарий *(содержащий простагландин)*

uterovaginal ~ маточно-влагалищный пессарий

pessimism ['pesiˌmizəm]:

therapeutic ~ терапевтический нигилизм

pessimistic [ˌpesiˈmistik] пессимистичный

pest [pest] 1. *уст.* чума 2. *вет.* эпизоотия с высокой летальностью 3. паразит; вредитель

~ **immune to treatment** вредитель, невосприимчивый [иммунный] к обработке *(инсектицидами)*

avian [**chicken, fowl**] ~ птичья чума

siberian ~ сибирская язва

pesticemia [ˌpestiˈsiːmiːə] пестицемия, септицемия при чуме

pesticide ['pestisaid] пестицид

composit ~ комбинированный пестицид

organochlorine ~ хлорорганический пестицид

pestiferous [pe'stifərəs] 1. контагиозный, заразный 2. вредный, опасный 3. зловонный

pestilence ['pestiləns] 1. эпидемия 2. чума

pestilence-wort ['pestiləns-wəːt] подбел лечебный *(Petasites officinalis)*

pestilential [ˌpestiˈlenʃəl] 1. эпидемический, заразный 2. зловонный

pestinfestation [ˌpestinfesˈteiʃən] заражённость вредителями

pestis ['pestis]:

~ **ambulans** лёгкая форма чумы

~ **bubonica** бубонная чума

~ **fulminans,** ~ **major** молниеносная форма бубонной чумы

~ **minor** 1. *см.* ~ **ambulans** 2. туляремия

~ **siderans** *см.* **pesticemia**

~ **variolosa** оспа

pet[1] [pet] любимое животное || домашний, комнатный

vicious ~ злое домашнее животное

pet[2] обида, раздражение || сердиться

petechia [pəˈtiːkiːə], *pl.* **petechiae** [pəˈtiːkiːiː] петехия, капиллярное кровоизлияние *(1–2 мм в диаметре)*

petechiasis [ˌpetiˈkaiəsis] петехиальная сыпь

petechiation [pəˌtiːkaiˈeiʃən]:

~ **of mucous membranes** петехиальное кровоизлияние на слизистых оболочках

petiole ['petiːəʊl] *анат.* стебелёк, ножка

epiglottic ~ стебелёк надгортанника

petit [pə'tiː] «петит» *(1. приступ эпилепсии 2. карликовая форма дрожжей)*

petrifaction [ˌpetriˈfækʃən], **petrification** [ˌpetrəfəˈkeiʃən] петрификация, кальцификация, дистрофическое обызвествление

petrissage [ˌpeitriˈsæʒ] разминание *(приём массажа)*

petrolate ['petrəʊˌleit], **petrolatum** [ˌpetrəʊˈleitəm] вазелин

borated ~ борный вазелин

liquid ~ вазелиновое масло

petromastoid [ˌpetrəʊˈmæstɒid] относящийся к каменистой и сосцевидной частям височной кости

petrosalpingostaphylinus [ˌpetrəʊˌsælpingəʊstæfiˈlainəs] мышца, поднимающая нёбную занавеску

petrositis [ˌpetrəʊˈsaitis] петрозит *(воспаление пирамиды височной кости)*

petrous ['petrəs] каменистый *(о части височной кости)*

petting ['petiŋ] 1. ласки, ласкание *(напр. ребёнка)* 2. петтинг *(достижение полового удовлетворения без полового сношения)*

petulance ['petjʊləns] раздражительность; капризность; плохое настроение; обидчивость

peyote [pei'əʊtiː], **peyotl** [pei'əʊtl] пейотль *(мексиканский кактус, содержащий галлюциноген мескалин)*

Pfeifferella [ˌfaifeˈrelə]:

~ **mallei** палочка сапа

phacitis [fəˈsaitis] воспаление хрусталика

phacocele ['fækəʊsiːl] подвывих хрусталика

phacocyst ['fækəʊsist] капсула хрусталика

phacoemulsification [ˌfækəʊiˌmʌlsifiˈkeiʃən] факоэмульсификация *(ультразвуковая фрагментация помутневшего хрусталика)*

~ **of cataract** факоэмульсификация катаракты *(ультразвуковая фрагментация хрусталика с аспирацией)*

phacoerysis [ˌfækəʊəˈriːsis] удаление хрусталика методом присасывания

phacoid ['fækɒid] хрусталиковидный

phacoma [fæ'kəʊmə] опухоль [гамартома] сетчатки из тканей хрусталика, наблюдается при факоматозе

phacomalacia [ˌfækəʊmə'leiʃiə] факомаляция *(размягчение хрусталика)*

phacomatosis [ˌfækəʊmə'təʊsis] офт. факоматоз *(наследственное заболевание, обусловленное поражением нервной системы и кожи)*

phacoscotasmus [ˌfækəʊskəʊ'tæzməs] помутнение хрусталика, катаракта

phacotherapy [ˌfækəʊ'θerəpi:] гелиотерапия, солнцелечение

phaeohyphomycosis [ˌfi:əʊˌhaifəʊmai'kəʊsis] феогифомикоз *(группа инфекций, вызываемых грибами, формирующими гифы в тканях)*

phage [feiʤ] (бактерио)фаг, бактериальный вирус

  broad host range ~ фаг, паразитирующий на различных штаммах бактерий

  carried ~ фаг, носимый лизогенной бактерией

  defective ~ дефектный фаг *(не способный к созреванию)*

  dependent-virulent ~ зависимо-вирулентный фаг *(недостаточно вирулентный фаг)*

  DNA ~ ДНК-содержащий (бактерио)фаг

  donor-specific ~ фаг, обладающий хозяйской специфичностью донора; фаг, специфичный к мужским штаммам

  female-specific ~ фаг, специфичный к женским штаммам

  free ~ внеклеточный [зрелый] фаг

  helper ~ фаг-помощник

  infecting ~ фаг, заражающий бактериальные клетки

  latent ~ латентный [симбиотический] фаг

  lysogenic ~ лизогенный фаг

  lytic ~ литический [вирулентный] фаг

  minute ~ мелкий фаг

  parent(al) ~ родительский [исходный] (бактерио)фаг

  resting ~ покоящийся фаг

  RNA ~ РНК-содержащий фаг

  strong ~ см. **virulent** ~

  symbiotic ~ см. **latent** ~

  temperate ~ умеренный фаг

  virulent ~ вирулентный [литический] фаг

  wild-type ~ «дикий» [исходный] тип фага

phagedena [ˌfæʤə'di:nə] фагеденическая [прогрессирующая] язва

  ~ **gangrenosa** тяжёлая форма влажной гангрены

  ~ **nosocomialis** госпитальная гангрена, травматический дифтерит

  sloughing ~ пролежень

phagedenic [ˌfæʤə'denik] разъедающий, изъязвляющий(ся), гангренозный

phage-typing ['feiʤ-ˌtaipiŋ] фаготипирование *(определение вида и типа бактерий с помощью фага)*

phagocyte ['fægəʊsait] фагоцит, фагоцитирующая клетка || фагоцитировать

  educated ~ иммунокомпетентный фагоцит

phagocytic [ˌfægə'sitik] фагоцитарный

phagocytolysis [ˌfægəʊsai'tɒlisis] разрушение фагоцитирующих клеток и лейкоцитов, наблюдающееся при свёртывании крови или в результате попадания в организм цитотоксических ядов

phagocytosis [ˌfægəʊsai'təʊsis] фагоцитоз

  complete ~ завершённый фагоцитоз

  impaired ~ ослабленный фагоцитоз

  incomplete ~ незавершённый фагоцитоз, эндоцитобиоз

  increased ~ повышенная фагоцитарная активность

  induced ~ индуцированный фагоцитоз

phagodynamometer [ˌfægəʊˌdainə'mɒmɪtə] фагодинамометр *(прибор для измерения силы пережёвывания пищи)*

phagological [ˌfægəʊ'lɒʤikəl] относящийся к фагу

phagolysosome [ˌfægəʊ'laisəʊsəʊm] фаголизосома *(внутриклеточный органоид, образующийся при слиянии фагосомы с лизосомой, содержащей гидролитические ферменты)*

phagomania [ˌfægəʊ'meiniə] псих. булимия, кинорексия *(резко усиленное чувство голода, обжорство)*

phagophobia [ˌfægəʊ'fəʊbiə] фагофобия *(патологическая боязнь проглатывания пищи)*

phagopyrosis [ˌfægəʊpai'rəʊsis] изжога, связанная с приёмом пищи

phagoresistance [ˌfægəʊri'zistəns] устойчивость к фагу

phagosome ['fægəʊsəʊm] фагосома *(вакуоль, отделившаяся от клеточной мембраны фагоцита и содержащая поглощённую частицу)*, фаговая частица

phagotherapy [ˌfægəʊ'θerəpi:] фаготерапия, лечение бактериофагом

phagotyping [ˌfægəʊ'taipiŋ] фаготипирование *(определение вида и типа бактерий при помощи фага)*

phagovare [ˌfægəʊ'veə] фаговар, уст. фаготип *(различие микроорганизмов по чувствительности к фагам)*

phakitis [fə'kaitis] см. **phacitis**

phakoemulsification [ˌfækəʊiˌmʌlsifi'keiʃən] см. **phacoemulsification**

phakomatosis [ˌfækəʊmə'təʊsis] см. **phacomatosis**

phalacrosis [ˌfælə'krəʊsis] алопеция

phalangeal [fə'lænʤiəl] фалангеальный

phalangectomy [ˌfælən'ʤektəmi] фалангэктомия *(хирургическое удаление одной или нескольких фаланг пальцев)*

phalangette [ˌfælən'ʤet] дистальная [ногтевая] фаланга пальца

  drop ~ молоткообразный палец

phalangitis [ˌfælən'ʤaitis] фалангит *(воспаление фаланги пальца)*

phalanx ['feiˌlæŋks], *pl.* **phalanges** [fə'lænʤi:z] фаланга пальца

  ~ **prima** первая [проксимальная] фаланга

  ~ **secunda** медиальная [вторая] фаланга

  shortened fifth medial ~**ges** брахидактилия, тип А2

  third ~ дистальная [третья] фаланга

phallic ['fælik] относящийся к половому члену, фаллический

phallitis [fə'laitis] воспаление полового члена, пенит

phallocampsis [ˌfæləʊ'kæmpsis] искривление эрегированного полового члена

phalloncus [fə'lɒŋkəs] **1.** отёк полового члена **2.** опухоль полового члена

phalloplasty ['fæləʊˌplæsti] фаллопластика

  augmentation ~ фаллопластика с увеличением органа

phallorrhea [ˌfæləʊˈriːə] выделения из мужского моче-испускательного канала

phallus [ˈfæləs], *pl.* **phalli** [ˈfælai] фаллос (*1. эмбр. половой бугорок 2. эрегированный половой член в его символическом значении*)

phanerogenetic [ˌfænərəʊdʒəˈnetik], **phanerogenic** [ˌfænərəʊˈdʒenik] с известной этиологией (*в противоположность криптогенному*)

phaneroscope [ˈfænərəʊskəʊp] линза для исследования кожной сыпи

phanerosis [ˌfænəˈrəʊsis] жировая дистрофия, (жировой) фанероз

phantasia [fænˈteiziːə] *лат.*, *см.* **phantasy**

phantasm [ˈfæntæzəm] фантазм (*образ, рисуемый фантазией*)

phantasmagoria [fænˌtæzməˈgɔːriːə] *псих.* фантасмагория

phantasmatomoria [fænˌtæzmətəʊˈmɔːriː] дементное или ребяческое поведение, ассоциированное с бредом

phantasy [ˈfæntəsiː] *псих.* бредоподобная идея, фантазия
  ~ of being pregnant фантазия беременности
  ~ of the cogged vagina фантазия зубастого влагалища
  forced ~ терапевтически вызванная фантазия
  magic ~ магическая фантазия
  primal ~ies примитивные фантазии, первофантазии (*субъективное истолкование внутриутробной жизни, кастрации, людоедства и пр.*)
  unconscious ~ бессознательная фантазия
  womb ~ *психоан.* фантазия внутриутробного пребывания

phantom [ˈfæntəm] **1.** фантом (*1. см.* **phantasm** *2. модель тела или его частей*) **2.** тень; силуэт; контур
  tissue-mimicking ~ *рад.* дозиметрический [тканеэквивалентный] фантом

phantom-cell [ˈfæntəm-sel] обесцвеченный эритроцит

pharmaceutical [ˌfaːməˈsuːtikəl] фармацевтический препарат; лекарственное средство; медикамент || фармацевтический, относящийся к фармации; лекарственный; медикаментозный
  dummy ~ индифферентный лекарственный препарат, плацебо
  proprietary ~s патентованные лекарственные препараты
  solid ~ твёрдая лекарственная форма

pharmaceutics [ˌfaːməˈsuːtiks] **1.** технология лекарственных форм и исследование физико-химических свойств ингредиентов **2.** *уст.* фармация

pharmacist [ˈfaːməsist] фармацевт (*1. провизор – специалист с высшим фармацевтическим образованием 2. помощник провизора – специалист со средним образованием*)
  clinical ~ *амер.* клинический [больничный] фармацевт
  dispensary ~ фармацевт, работающий в аптеке
  full-time ~ фармацевт, работающий полный день или полную неделю
  hospital ~ *см.* **clinical ~**
  part-time ~ фармацевт, работающий неполный день или неполную неделю
  ward ~ *англ.* палатный фармацевт

pharmacodiagnosis [ˌfaːməkəʊˌdaiəgˈnəʊsis] фармакодиагностика (*использование лекарственных средств с диагностической целью*)

pharmacodynamics [ˌfaːməkəʊˌdaiˈnæmiks] фармакодинамика (*изучение механизмов действия лекарственных веществ в организме*)

pharmacoeconomy [ˌfaːməkəʊiˈkɒnəmi] фармакоэкономика

pharmacoepidemiology [ˌfaːməkəʊˌepiˌdiːmiˈɒlədʒi] фармакоэпидемиология (*изучение эффективности и побочных реакций лекарственных средств в различных районах*)

pharmacogenetics [ˌfaːməkəʊdʒəˈnetiks] фармакогенетика (*1. раздел генетики, изучающий генетические основы реакций организма на лекарственные препараты 2. создание новых препаратов, адекватных генетическим особенностям людей*)

pharmacognosy [ˌfaːməˈkɒgnəʊsi] фармакогнозия (*изучение лекарственного сырья растительного и животного происхождения*)

pharmacokinetics [ˌfaːməkəʊkiˈnetiks] фармакокинетика (*изучение процессов поступления, распределения, биотрансформации и выведения лекарственных средств в организме*)
  erratic ~ неустойчивая фармакокинетика (*напр. теофиллина при взаимодействии с кетоконазолом*)
  linear ~ линейная фармакокинетика
  population ~ популяционная фармакокинетика

pharmacological [ˌfaːməkəʊˈlɒdʒikəl] фармакологический, фармацевтический, медикаментозный (*напр. остеопороз*)

pharmacologics [ˌfaːməkəʊˈlɒdʒiks] лекарственные средства

pharmacologist [ˌfaːməˈkɒlədʒist] фармаколог
  cardiovascular ~ специалист по фармакологии сердечно-сосудистых заболеваний
  clinical ~ клинический фармаколог
  experimental ~ фармаколог-экспериментатор

pharmacology [ˌfaːməˈkɒlədʒi] **1.** фармакология || фармакологический **2.** медикаментозное лечение
  ~ for prehospital emergency care медикаментозное лечение острых заболеваний на догоспитальном этапе
  ~ of angioplasty медикаментозная вазодилатация, фармакологическая ангиопластика
  ~ of epidural analgesia эффективность перидуральной анестезии
  ~ of fibrosis медикаментозное воздействие на фиброз
  ~ of inflammation медикаментозное лечение воспалительного процесса
  ~ of pain 1. обезболивание **2.** медикаментозное лечение болевого синдрома
  behavioral ~ поведенческая [бихевиоральная] фармакология
  biochemical ~ биохимическая фармакология
  cardiovascular ~ медикаментозное лечение сердечно-сосудистых болезней
  clinical ~ клиническая фармакология
  developmental ~ возрастная фармакология
  emergency ~ экстренное медикаментозное лечение
  environmental ~ экологическая медицина или фармакология

neurological clinical ~ клиническая нейрофармакология

perinatal ~ применение лекарственных средств в перинатальном периоде

preoperative ~ премедикация, предоперационная медикаментозная подготовка

receptor ~ реакция рецепторов на медикаменты

respiratory ~ фармакология лекарственных средств, действующих на дыхательные органы

sexual ~ медикаментозная коррекция сексуального поведения

pharmacomania [ˌfɑːməkəʊˈmeiniːə] фармакомания, пристрастие к лекарственным средствам

pharmacometries [ˌfɑːməˈkɒmətriːs] сравнительная оценка активности лекарственных средств

pharmacon [ˈfɑːməkɒn] лекарственный препарат, медикамент

pharmaco-oryctology [ˌfɑːməkəʊˌɒrikˈtɒlədʒiː] изучение синтетических медикаментов

pharmacophobia [ˌfɑːməkəʊˈfəʊbiːə] фармакофобия (патологическая боязнь лекарственных средств)

pharmacophore [ˌfɑːməkəʊˈfɔː] активный компонент медикамента

pharmacopoeia [ˌfɑːməkəʊˈpiːə] фармакопея (перечень используемых лекарственных средств с подробным описанием их формул, дозировок и т. д.)

Pharmacopoeia:

~ **Britanica** Британская фармакопея

Europoean ~ Европейская фармакопея

Extra ~ дополнение к фармакопее

pharmacopsychosis [ˌfɑːməkəʊsaiˈkəʊsis] психическое расстройство, обусловленное бесконтрольным приёмом лекарств, алкоголя или наркотиков

pharmacotherapy [ˌfɑːməkəʊˈθerəpi]:

supportive ~ поддерживающая медикаментозная терапия

pharmacovigilance [ˌfɑːməkəʊˈvidʒələns] безопасность лекарств; фармакологический надзор (инспекция качества лекарственных средств и их использования)

pharmacy [ˈfɑːməsi] 1. фармация (изыскание, изготовление и стандартизация лекарственных препаратов) 2. аптека 3. фармацевтическое дело

branch ~ аптечный киоск

chemical ~ фармацевтическая химия

community ~ американская розничная аптека, располагающаяся в микрорайоне

cooperative ~ англ. аптека, принадлежащая кооперативному обществу

galenic ~ фармация растительных лекарственных средств или лечебных трав

hospital ~ больничная аптека

independent ~ частновладельческая индивидуальная аптека (в отличие от частных аптек, принадлежащих монопольным компаниям)

interhospital ~ межбольничная аптека (аптека, обслуживающая несколько больниц)

multiple ~ англ. аптека, принадлежащая акционерному обществу, компании или фирме

professional ~ профессиональная аптека (один из типов американских аптек, в которой продаются только лекарственные средства и предметы санитарии и гигиены)

rural ~ 1. аптечная служба в сельской местности 2. сельская аптека

satellite ~ амер. филиал аптеки

pharyngalgia [ˌfæriŋˈældʒiːə] боль в горле

pharyngeal [fəˈrindʒiːəl] глоточный, фарингеальный

pharyngectomy [ˌfærinˈdʒektəmi] фарингоэктомия, резекция глотки

pharyngemphraxis [ˌfærindʒemˈfræksis] стеноз или закупорка глотки

pharyngismus [ˌfærinˈdʒizməs] фарингоспазм

pharyngitic [ˌfærinˈdʒitik] 1. относящийся к фарингиту 2. страдающий фарингитом

pharyngitis [ˌfærinˈdʒaitis] фарингит

atrophic ~ атрофический [сухой] фарингит

croupous ~ плёнчатый фарингит

follicular [glandular] ~ гранулёзный фарингит

membranous ~ см. **croupous** ~

phlegmonous ~ гнойный тонзиллит

streptococcal ~ стрептококковая ангина, стрептококковый фарингит

pharyngocele [fəˈriŋɡəʊsiːl] фарингоцеле (дивертикул глотки)

pharyngoesophageal [fəˌriŋɡəʊiˈsɒfədʒiːəl] глоточно-пищеводный

pharyngomycosis [fəˌriŋɡəʊmaiˈkəʊsis] грибковое поражение глотки

pharyngoperistole [fəˌriŋɡəʊpəˈristəʊliː] стеноз глотки

pharyngoplasty [fəˈriŋɡəʊˌplæsti] восстановительная операция на глотке

pharyngoplegia [fəˌriŋɡəʊˈpliːdʒiːə] фарингоплегия, паралич мышц глотки

pharyngorhinoscopy [fəˌriŋɡəʊraiˈnɒskəpi] задняя риноскопия, ринофарингоскопия, эпифарингоскопия

pharyngoxerosis [fəˌriŋɡəʊziˈrəʊsis] ощущение сухости в глотке

pharynx [ˈfæriŋks], pl. **pharynges** [fəˈrindʒiːz] глотка

laryngeal ~ гортанная часть глотки, гортаноглотка, гипофаринкс

nasal ~ носовая часть глотки, носоглотка, эпифаринкс

oral ~ ротовая часть глотки, ротоглотка, мезофаринкс

pharyngosalpingitis воспаление глотки и слуховой трубы

phase [feiz] 1. фаза, период, стадия, этап 2. изменение || осуществлять постепенный переход 3. агрегатное состояние

~ **I of clinical trial** клиническое испытание лекарственного средства I этапа (на малом числе людей на токсичность и переносимость организмом доз препарата)

~ **II of clinical trial** клиническое испытание II этапа (на эффективность разных доз препарата на несколько большей группе людей, контролируемое плацебо)

~ **III of clinical trial** клиническое испытание III этапа (широкомасштабное мультицентровое исследование со слепой маркировкой препарата и плацебо)

~ **of development** фаза развития

anal ~ психоан. анальная фаза (формирования либидо, соответствует возрасту 1–3 года)

apophylactic ~ негативная фаза

boundary ~ граничная фаза

bulge ~ фаза набухания *(напр. раневого процесса)*; объёмная фаза

chalk ~ фаза кальцификации, или обызвествления

coupling ~ **1.** фаза сцепления *(напр. генов)* **2.** стадия конъюгации хромосом

death ~ фаза отмирания

destructive ~ деструктивная фаза *(напр. в реакции отторжения трансплантата)*

early recovery ~ ранняя фаза выздоровления

ebb ~ **1.** фаза угасания *(эпидемии)* **2.** первая фаза метаболической реакции на кровопотерю *(вазоконстрикция, уменьшение потребления кислорода, снижение температуры)*

eclipse ~ *вирус.* эклипс-фаза, невидимая [темновая] фаза, скрытый период *(время между поражением клетки вирусом и его повторным появлением в клетке после отсутствия)*

effector ~ эффекторная фаза *(иммунного ответа)*

end ~ **of the treatment** завершающая фаза *(психоаналитического)* лечения

estrin ~ пролиферативная стадия

evaluation ~ фаза обследования *(первые психоаналитические сеансы с целью обследования, оценки больного и принятия решения о его лечении)*

exponential ~ экспонентная [экспоненциальная] фаза *(роста микроорганизмов)*

feeding ~ вегетативная фаза, фаза активного роста

fertile ~ период, благоприятный для зачатия

flow ~ вторая фаза метаболической реакции на кровопотерю *(активация адреналовой системы, увеличение катаболизма, повышение потребления кислорода)*

genital ~ *психоан.* генитальная фаза *(формирования либидо, соответствует возрасту старше 3 лет)*

inductive ~ индуктивная фаза *(иммунохимической реакции)*

inhibitory ~ фаза торможения

irreversible shock ~ необратимая фаза шока

lag ~ лаг фаза, латентная фаза *(напр. роста бактерий)*

latent ~ скрытый [латентный] период

log [logarithmic] ~ логарифмическая фаза *(роста, напр. бактерий)*

low-polarity liquid ~ жидкая фаза низкой полярности *(в газожидкостной хроматографии)*

luteal ~ лютеиновая фаза *(около 14 дней)*

mid ~ **of treatment** *психоан.* средняя фаза *(психоаналитического)* лечения *(проработка трансфера и сопротивлений)*

mobile [moving] ~ подвижная фаза *(напр. в тонкослойной хроматографии)*

negative ~ фаза снижения *(концентрации антител в крови)*

oedipal ~ *психоан.* фаза Эдипа, эдипальная фаза *(стадия психосексуального развития)*

opening ~ **of the treatment** *психоан.* начальная фаза *(психоаналитического)* лечения

operative risk ~ хирургическая фаза риска

oral ~ *психоан.* оральная фаза *(формирования либидо, соответствует возрасту до года)*

post-absorptive tissue equilibrium ~ фаза равновесия в тканях после всасывания *(вещества)*

predeposition ~ фаза, предшествующая отложению *(напр. амилоида)*

rebound ~ фаза восстановления *(напр. картины крови)*; симптом отдачи *(после инъекции антигена)*

recovery ~ восстановительная фаза, период выздоровления *(возобновление эмиграции лимфоцитов из лимфоузлов)*

recruitment ~ вовлечение, рекрутирование, рекрут-фаза

release ~ фаза расслабления

resting ~ фаза покоя

stance ~ *травм.* фаза опоры *(на нижнюю конечность)*

stationary ~ **1.** стационарная фаза **2.** неподвижная среда, носитель *(в хроматографии)*

swing ~ *травм.* фаза переноса *(нижней конечности при ходьбе)*

synaptic ~ синапсис *(конъюгация хромосом в мейозе)*

synthesis ~ фаза синтеза

transition ~ переходная фаза

voiding ~ момент [период] мочеиспускания

vulnerable ~ восприимчивая фаза *(период в сердечном цикле, в течение которого эктопический очаг может привести к рециркуляции импульса)*

phaser ['feizə]:

syringe ~ шприц-диспенсер

phase-shift ['feiz-ʃift] сдвиг фазы *(напр. о мутации)*

phasmophobia [ˌfæzməʊ'fəʊbiːə] боязнь теней

phatnoma [fæt'nəʊmə] альвеола [луночка] зуба, зубная ячейка

phatnorrhagia [ˌfætnəʊ'reiʤiːə] луночковое кровотечение *(после удаления зуба)*

phatnorrhea [ˌfætnəʊ'riːə] пародонтоз, альвеолярная пиорея

phene [fiːn] фен, фенотипический признак *(кодируемый одним геном)*

phenetics [fə'netiks] фенетика *(система классификации организмов по степени сходства)*

phengophobia [ˌfeŋɡəʊ'fəʊbiːə] светобоязнь, фотофобия *(напр. при воспалительных заболеваниях переднего отдела глаза)*

phenocopy ['fiːnəʊˌkɒpi] фенокопия *(изменение фенотипа, сходное с мутацией, что свидетельствует о критической ситуации экспрессии генов)*

phenodeviant [ˌfiːnəʊ'diːviːənt] фенодевиант *(признак с аномальным наследованием)*

phenodin ['fiːnəʊdin] гематин *(железосодержащий пигмент крови)*

phenogenetics [ˌfiːnəʊʤə'netiks] феногенетика *(анализ путей реализации генетической информации в фенотипе)*

phenogeography [ˌfiːnəʊʤi:'ɒɡrəfi] феногеография *(географическое распределение фенов как маркёров генотипического состава популяции)*

phenolization [fi:ˌnɒli'zeiʃən] обработка карболовой кислотой

phenology [fi'nɒləʤi] фенология *(учение о влиянии климата на человека)*

phenom ['fiːnɒm] феном *(совокупность фенотипических особенностей организма)*

phenomenology [fəˌnɒməˈnɒlədʒiː] **1.** феноменология **2.** семиотика, семиология *(1. учение о клинических проявлениях заболеваний 2. клиническое проявление заболеваний и патологических состояний)*

phenomenon [fəˈnɒmənɒn], *pl.* **phenomena** [fəˈnɒmənə] **1.** феномен, *разг.* необычное явление **2.** симптом, признак

abnormal motor ~a двигательные [соматомоторные] припадки

abstinence ~ синдром отмены, или абстиненции

accompanying ~ сопутствующие явления

age-involution ~ феномен возрастной инволюции тимуса

anamnestic ~ анамнестическая реакция, вторичный иммунный ответ, бустер-эффект

anaphylactoid ~ анафилактическая реакция

atmospheric ~ атмосферное явление

Babinski's ~ *см.* **great-toe ~**

Bell's ~ Белла феномен, симптом или паралич

blanching ~ феномен угасания [исчезновения] сыпи

blue-ares ~ *офт.* феномен «синяя дуга»

Bordet-Gengou ~ реакция связывания комплемента, реакция Борде – Жангу, РСК

bottleneck ~ резкое сокращение популяции вида

bystander ~ неспецифический феномен

capping ~ феномен образования «шапочки», кэппинг-феномен *(образование иммуноглобулиновых кластеров на поверхности B-лимфоцитов под действием специфического антигена)*

cognate ~ феномен распознавания своего, феномен когнатного распознавания

cogwheel ~ феномен зубчатого колеса

common ~ обычное явление

conversion ~ феномен конверсии; реакция конверсии

dawn ~ феномен «утренней зари» *(внезапное повышение натощак концентрации глюкозы в плазме между 5 и 9 часами утра у больных диабетом, получающих лечение инсулином)*

declamping ~ турникетный шок *(развивающийся после снятия жгута, длительно перетягивавшего конечность)*

demographic ~ демографическое явление; демографический взрыв

dependence ~ феномен привыкания

diaphragm ~ Литтена феномен *(движения диафрагмы при дыхании)*

distorter ~ феномен деформации

doll's head ~ феномен «головы куклы», окулоцефалический рефлекс

Donath – Landsteiner ~ Доната – Ландштейнера (Ландштайнера) феномен *(гемолиз, возникающий в пробах с пароксизмальной гемоглобинурией при охлаждении пробы до 5 °C и повторном согревании)*

déjà vu ~ *фр.* феномен [симптом] «уже виденного» *(впечатление, что новое событие уже имело место ранее)*

entopic ~ энтопический феномен *(зрительные ощущения, возникающие в результате поражения глаза)*

Erben ~ феномен [симптом] Эрбена *(при повышенной возбудимости парасимпатической нервной системы временное урежение пульса при наклоне туловища вперёд или переходе из вертикального положения в горизонтальное)*

face ~ Хвостека симптом, пищевой феномен *(сокращение мышц лица при ударе молоточком в области прохождения лицевого нерва)*

familial Marcus Gunn ~ Маркуса Гунна феномен *(максилло-пальпебральный синкинез)*

fern ~ феномен папоротника, феномен арборизации *(кристаллизация высушенной слизи шейки матки, напоминающая лист папоротника; наблюдается в период, оптимальный для овуляции)*

fixation block-confusion ~ *псих.* симптом спутанности и невозможности фиксации внимания

fluid ~ феномен «инвазивной гибридомы» *(возникновение и развитие опухоли при внутрибрюшинном введении клеток гибридомы)*

Fregoli ~ *псих.* Фреголи феномен, или симптом *(убеждённость больного в том, что его преследует лицо, перевоплощающееся в различных известных ему людей)*

freezing ~ феномен «примораживания» *(при паркинсонизме на фоне приёма препаратов леводопы внезапно возникающие кратковременные эпизоды резкой обездвиженности, напр., во время ходьбы)*

generalized Shwartzman ~ Швартцмана феномен *(генерализованная реакция)*

Goldblatt ~ Гольдблатта ренопрессорный механизм *(развитие гипертензии вследствие частичной окклюзии почечной артерии)*

great-toe ~ Бабинского симптом *(разгибание большого пальца стопы с подошвенным сгибанием остальных пальцев при штриховом раздражении наружного края стопы)*

humpty dumpty ~ феномен вазомоторного паралича

interference ~ феномен интерференции *(тип взаимодействия вирусов, при котором один подавляет репродукцию другого при совместном заражении клетки-хозяина)*

kindling ~ феномен возбуждения, киндлинг-феномен *(формирование стойкого очага повышенной судорожной готовности у экспериментальных животных, что при подпороговом раздражении вызывает эпилептический припадок)*

knee ~ коленный [пателлярный] рефлекс, рефлекс с четырёхглавой мышцы бедра, Эрба рефлекс

Koebner ~ Кебнера феномен, изоморфная реакция *(поражение кожи в виде длинных линий в ответ на расчёс, разрез или ожог)*

neck ~ Брудзинского симптом верхний *(непроизвольное сгибание ног в коленных суставах при пассивном сгибании головы)*

no-reflow ~ феномен невосстановления кровотока *(в некоторых участках головного мозга после временной ишемии)*

"on-off" ~ феномен «включение-выключение» *(напр. периоды повышенной двигательной активности, чередующиеся с полной обездвиженностью при паркинсонизме)*

palmoplantar ~ Филиповича симптом *(жёлтое окрашивание ладоней и стоп при тифозной лихорадке)*

paradoxical diaphragm [phrenic] ~ парадоксальные движения диафрагмы при дыхании *(напр. при пиопневмотораксе)*

psi ~ «пси»-феномен *(включающий как психодинамику, так и экстрасенсорное восприятие)*

Raynaud's ~ Рейно синдром *(спазм артерий пальцев с побледнением последних)*

rebound ~ симптом отдачи, Стюарта – Холмса симптом

reflow ~ феномен восстановления кровотока

second set ~ иммунологическая реакция реципиента на повторную пересадку трансплантата того же донора

"seeding out" ~ феномен оседания, заселения *(циркулирующими в крови кроветворными или лимфоидными клетками родственных территорий)*

"self-cure" ~ местная иммунная реакция

"shutdown" ~ фаза «закрытия» *(торможение эмиграции лимфоцитов из лимфоузлов в первые часы после инъекции антигена)*

social ~ социальное явление

Somogyi ~ Сомоджи феномен отдачи *(реактивная гипергликемия, обусловленная выбросом контринсулярных гормонов в ответ на гипогликемию)*

sphygmic ~ фаза опорожнения [изгнания] *(крови из желудочков)*

spike ~ феномен импульсации

staircase ~ *кард.* Боудича лестница

steal ~ феномен [синдром] обкрадывания *(кровотока)*

stone-heart ~ невозможность восстановления сердечной деятельности после асистолии

stress ~ фактор стресса, стрессовый фактор

telescope ~ соскальзывание фундопликационной манжеты *(после операции на пищеводе)*

tip-of-the-tongue ~ феномен на «кончике языка» *(неспособность вспомнить)*

toe ~ Бабинского рефлекс

tromboembolic ~а тромбоэмболические осложнения

undesirable ~ нежелательное явление

unique ~ уникальное явление

vacuum ~ *рентг.* вакуум-феномен *(выраженное линейное просветление на фоне межпозвонкового промежутка при дегенерации диска)*

veto ~ «вето»-феномен *(узнавание и последующее удаление из организма «вето-клетками» аутореактивных Т-лимфоцитов)*

"wearing-off" ~ феномен ослабления действия дозы, феномен «изнашивания» *(при длительном лечении паркинсонизма препаратами леводопы)*

Wenkenbach ~ (Самойлова –) Венкенбаха периоды

Westphal's ~ коленный [пателлярный] рефлекс, Вестфаля – Эрба рефлекс

"white graft" ~ инфильтрация трансплантата полиморфно-ядерными лейкоцитами

zero-hour ~ феномен нулевого часа *(развитие синдрома отмены в утренние часы, когда заканчивается действие накануне принятой дозы лекарственного средства)*

zone ~ феномен «зоны» *(задержка серологических реакций, обусловленная избытком антител или антигенов)*

phenon ['fiːnɒn] фенон *(группа организмов, выделенная на основе фенотипических признаков)*

phenoptosis [ˌfiːnəʊˈptəʊsis] феноптоз *(запрограммированная гибель организма, напр., вследствие старения)*

phenotype ['fiːnəʊtaip] фенотип *(индивидуальное проявление генотипа в конкретных условиях обитания; при изменении последних фенотип меняется без изменения генотипа; термин введён Иогансеном, 1903 г.)*

antigenic ~ иммунофенотип, антигенный фенотип

autosomal dominant ~ аутосомно-доминантный фенотип

B ~ В-клеточный (антигенный) фенотип

differentiated ~ зрелый [дефинитивный] фенотип

fluctuating ~ нестабильный фенотип *(меняющийся в онтогенезе)*

HLA ~ HLA-фенотип *(фенотипически выявляемая антигенная структура главного комплекса гистосовместимости человека)*

leukemic ~ лейкозный фенотип

membrane ~ поверхностный (антигенный) фенотип клетки

Mendelian inheritance ~ признаки, наследуемые по законам Менделя

offspring's ~ фенотип потомков

T-cell ~ Т-клеточный фенотип

X-linked ~ сцепленный с полом, или с Х-хромосомой, фенотип

phenotyping [ˌfiːnəʊˈtaipiŋ] определение фенотипа, фенотипирование

cytochrome P$_{450}$ ~ фенотипирование цитохрома P$_{450}$

phenylalanine [ˌfenəlˈæləniːn] фенилаланин *(основная аминокислота)*

phenylketonuria [ˌfenilˌkiːtəʊnˈjuːriːə] фенилкетонурия, Феллинга болезнь

pheochromoblast [ˌfiːəʊˈkrəʊməʊˌblæst] хромаффиноцит, феохромобласт

pheochromoblastoma [ˌfiːəʊˌkrəʊməʊblæsˈtəʊmə], **pheochromocytoma** [ˌfiːəʊˌkrəʊməʊsaiˈtəʊmə] феохромоцитома, феохромобластома, хромаффинная опухоль, хромаффино(цито)ма

nonsurgical ~ феохромоцитома, подлежащая консервативной терапии; консервативно леченная феохромоцитома

pheresis [fəˈriːsis] ферез *(удаление из изъятой крови какого-л. компонента с реинфузией оставшейся части донору)*

pheromone ['ferəʊˌməʊn] феромон *(сильнодействующее пахучее вещество, выделяемое животными, насекомыми или синтезируемое, детерминирующее их половую активность)*

alarm ~ феромон, сигнализирующий об опасности

female sex ~ женский половой феромон *(выделяемый самкой для привлечения самца)*

maternal ~ материнский феромон

priming ~ мотивирующий феромон, прайминг-феромон *(вызывающий долговременный эффект)*

releasing [signaling] сигнальный феромон

phial ['faiəl] пузырёк, бутылочка, флакончик *(для лекарственных средств)*

Phialophora [ˌfaiə'lɒfərə] фиалофоры *(род несовершенных грибов – возбудителей хромомикоза у человека)*

philagrypnia [ˌfiːlə'grɪpniːə] способность обходиться меньшим, чем большинство людей, временем сна

philiater [fi'laiətə] человек, интересующийся медициной

philocytase [ˌfiːlə'saiteis] амбоцептор *(гемолитическое антитело, против антигенов мембраны эритроцитов)*

philopatridomania [ˌfiləʊˌpætridəʊ'meiniːə] *псих.* ностальгия

philosophy [fi'lɒsəfiː] **1.** основные принципы; идея *(напр. метода)* **2.** тактика; установка; курс; теория; концепция; философия

~ of approach to spine trauma тактика (врача) при травме позвоночника

~ of project концепция проекта

~ of total care in dialysis концепция тотального лечения диализом

~ of urology методология обследования и лечения урологических больных

engineering ~ технические принципы

holistic ~ for prenatal care целостный подход к гигиене беременной

natural ~ *ист.* натурфилософия *(прежнее название естествознания)*

philter ['filtə] «любовный напиток»; средство, стимулирующее сексуальное влечение

philtrum ['filtrəm], *pl.* **philtra** ['filtrə] **1.** фильтр **2.** губной [подносовой] желобок

phimosis [fai'məʊsis], *pl.* **phimoses** [fai'məʊsiːz] фимоз *(сужение отверстия крайней плоти)*

~ palpebrarum врождённое сужение глазной щели

~ vaginalis сужение [стеноз] входа во влагалище

labial [oral] ~ атрезия ротового отверстия

phimotic [fai'mɒtik] фимозный

phlebarteriectasia [ˌflebaːˌtiːriːek'teiziːə] вазодилатация, дилатация сосудов *(артерий и вен)*

phlebectasia [ˌflebek'teiziːə], **phlebectasis** [ˌfleb'ektəsis] флебэктазия

phlebemphraxis [ˌflebem'fræksis] флеботромбоз

phlebeurysm ['flebjuːrizm] варикозное расширение вен

phlebismus [flə'bizməs] расширение вен и венозный застой

phlebitis [flə'baitis] флебит *(воспаление вены)*

adhesive ~ перифлебит

blue ~ синий болевой флебит, *см. тж.* **Phlegmasia coerulea dolens**

migrating ~ мигрирующий (тромбо)флебит, политромбофлебит, хроническая тромбопатия

pedal ~ флебит нижних конечностей

productive ~ флебофиброз, флебосклероз

puerperal ~ белый болевой флебит

septic ~ септический флебит

sinus ~ воспаление венозного синуса *(твёрдой мозговой оболочки)*

phleboclysis [flə'bɒklisis] внутривенное вливание

drip [slow] ~ внутривенное капельное вливание

phlebodynamics [ˌflebəʊdai'næmiks] динамика венозного давления

phlebogram ['flebəʊˌgræm] **1.** *рентг.* флебограмма **2.** кривая венного пульса

phlebography [flə'bɒgrəfiː] **1.** *рентг.* флебография **2.** описание вен **3.** запись венозной пульсации

retrograde spermatic ~ ретроградная веносперматикография

phleboid ['fliːˌbɔid] **1.** напоминающий вену **2.** венозный, венный **3.** содержащий большое количество вен

phlebolith ['flebəʊliθ] флеболит *(обызвествление)*, *см. тж.* **phlegmasia abba dolens**

phlebology [flə'bɒlədʒi] флебология *(раздел ангиологии, изучающий вены)*

phlebomanometry [ˌflebəʊmə'nɒmətriː] измерение венозного давления

phlebometritis [ˌflebəʊmi'traitis] воспаление вен матки

phlebomyomatosis [ˌflebəʊˌmaiəʊmə'təʊsis] утолщение стенки вены за счёт врастания мышечных волокон

phlebonarcosis [ˌflebəʊnaː'kəʊsis] внутривенный наркоз, внутривенная анестезия

phlebophlebostomy [ˌflebəʊfliː'bɒstəmiː] вено-венозный анастомоз

phleborrhagia [ˌflebəʊ'reidʒiːə] венозное кровотечение

phlebostasis [flə'bɒstəsis] **1.** венозный застой **2.** лечение острого отёка лёгких *(наложением жгутов на конечности для уменьшения ОЦК)*

phlebostrepsis [ˌflebəʊ'strepsis] скручивание концов пересечённой вены *(с целью гемостаза)*

phlebothrombosis [ˌflebəʊθrɒm'bəʊsis] флеботромбоз

phlebotomy [flə'bɒtəmiː] **1.** веносекция, флеботомия **2.** кровопускание, кровоизвлечение

bloodless ~ «бескровное кровопускание» *(наложение жгутов на конечности)*

phlegm [flem] **1.** слизь; слизистая мокрота **2.** флегматичность; хладнокровие

phlegmasia [ˌfleg'meiʒə] тяжело протекающий флебит нижних конечностей

~ alba dolens *лат.* белый болевой флебит *(острый диффузный тромбоз глубоких вен таза и нижних конечностей, сопровождающийся продолжительным спазмом артерий)*

~ coerulea dolens *лат.* синий болевой флебит *(острый распространённый тромбоз глубоких и подкожных вен нижних конечностей или таза)*

~ malabarica слоновость, элефантиазис

cellulitic ~ послеродовой септический тромбофлебит

thrombotic ~ тромбофлебит

phlegmon ['flegmɒn] флегмона

diffuse ~ разлитая [диффузная] флегмона

emphysematous [gas] ~ анаэробная инфекция, газовая гангрена или флегмона

pancreatic ~ флегмона поджелудочной железы

perimaxillary ~ околочелюстная флегмона

phlegmonosis [ˌflegmə'nəʊsis] *см.* **phlegmasia**

Phleum ['fliːəm]:

~ pratens тимофеевка луговая *(трава, содержащая аллергены)*

phlogistic [flə'dʒistik] воспалительный

phlogogenic [ˌflɒgəʊ'dʒenik] вызывающий воспаление

phlogotic [fləʊ'gɒtik] воспалительный

phlycten(a) [flik'ti:nə], *pl.* **phlyctenae** [flik'ti:ni:] фликте-на *(1. поверхностная пустула, наполненная серозным экссудатом 2. инфильтрат роговицы или конъюнкти-вы глазного яблока)*

phlyctenulae [flik'tenuli:] *pl. от* **phlyctenula** [flik'tenulə] фликтенулы *(высыпания в виде мелких узелков в области лимба на роговице или на конъюнктиве глазного яблока)*

phobanthropy [fləʊ'bænθrəpi:] антропофобия *(патоло-гическая боязнь людей)*

phobia ['fəʊbiːə] фобия, навязчивый страх, боязнь
  ~ of impulsive acts страх импульсивных действий
  animal ~ зоофобия, страх животных
  blood injury ~ фобия повреждения до крови
  bug ~ боязнь насекомых
  cancer ~ канцерофобия, боязнь заболеть раком
  performance ~ боязнь выступлений
  social ~ социальная фобия
  specific ~ специфическая [изолированная] фобия *(высоты, замкнутого пространства, определённого заболевания и пр.)*
  vechicle ~ страх пользования транспортом

phobic ['fəʊbik]:
  mixed ~ больной со смешанными фобиями

phobophobia [ˌfəʊbə'fəʊbiːə] фобофобия *(патологиче-ская боязнь появления навязчивого страха)*

phocomelia [ˌfəʊkəʊ'miːliːə], **phocomely** [fə'kɒmeli:] фо-комелия *(отсутствие или недоразвитие проксималь-ных отделов конечностей)*

phon [fɒn] фон *(единица уровня громкости звука)*

phonal ['fəʊnəl] голосовой

phonasthenia [ˌfəʊnæs'θiːniːə] фонастения, слабость голоса

phonation [fəʊ'neiʃən] голосообразование, фонация
  subenergetic ~ гипофония
  superenergetic ~ гиперфония

phonatory [fəʊ'neitəri:] голосовой *(о связках)*; относя-щийся к фонации

phonautograph [fəʊ'nætəgræf] фонограф *(аппарат, регистрирующий звуковые колебания воздуха)*

phoneme ['fəʊˌniːm] фонема *(минимальная единица звукового строя языка)*

phonetics [fə'netiks] фонетика *(наука о произношении звуков)*

phoniatrics [ˌfəʊni:'ætriks] фониатрия *(раздел ларинго-логии, посвящённый исследованию и лечению функции голосового аппарата)*

phonocardiography [ˌfəʊnəˌkɑː'diː'ɒgrəfi:] фонокардио-графия, ФКГ

phonocatheter [ˌfəʊnəʊ'kæθitə] микрофонный катетер, фонокатетер
  transureteral ~ мочеточниковый фонокатетер

phonology [fə'nɒlədʒi:] фонология *(раздел ларинголо-гии, посвящённый голосу и его изменениям)*
  child ~ произношение звуков ребёнком

phonopathy [fə'nɒpəθi:] нарушение голоса

phonophobia [ˌfəʊnə'fəʊbiːə] фонофобия *(патологиче-ская боязнь собственного голоса или других звуков)*

phonophore ['fəʊnəfɔ:] 1. ушная косточка 2. слуховой аппарат 3. разновидность стетоскопа

phonopsia [fəʊ'nɒpsiːə] фонопсия *(окрашенность слу-хового образа в определённый цвет)*

phonoreceptor [ˌfəʊnəri'septə] фонорецептор, рецептор звуков

phonorenography [ˌfəʊnəri'nɒgrəfi:] запись пульсации почечной артерии

phoresis [fəʊ'riːsis]:
  sonic ~ (ультра)форез, сонофорез

phoria ['fɔ:riːə] *офт.* гетерофория

phoroblast ['fɔ:rəʊblæst] *см.* **phoroplast**

phorocyte ['fɔ:rəʊsait] фибробласт

phorologist [fə'rɒlədʒist] эпидемиолог

phorology [fə'rɒlədʒi:] изучение переносчиков болезней

phorometry [fə'rɒmətri] *офт.* форометрия *(определе-ние характера и степени гетерофории)*

phoroplast ['fɔ:rəʊplæst] соединительная ткань

phose [fəʊz] зрительное ощущение

phosgene ['fɒsdʒi:n] фосген *(отравляющее вещество)*

phosphagen ['fɒsfədʒen] фосфаген *(фосфат креатинина)*

phosphatase ['fɒsfəteis] фосфатаза *(фермент, катализи-рующий гидролиз сложных эфиров фосфорной кислоты)*
  acid ~ кислая фосфатаза
  alkaline ~ щелочная фосфатаза

phosphate ['fɒsˌfeit] фосфат
  available ~s усвояемые фосфаты
  dicalcium ~ двузамещённый фосфат кальция
  high-energy ~ макроэргический фосфат *(при гидролизе которого высвобождается большое количество энергии)*
  histamine acid ~ фосфат гистаминовой кислоты
  nicotinamide adenine dinucleotide ~ никотинамида-денин-динуклеотидфосфат, НАД
  pyridoxal ~ пиридоксальфосфат *(кофермент в мета-болизме аминокислот)*
  sodium ~ натрия фосфат *(мочевой камень)*

phosphatemia [ˌfɒsfə'tiːmiːə] фосфатемия

phosphatidylserine [ˌfɒsfəˌtaidəl'serin] фосфатидил-серин *(фосфолипид)*

phosphaturia [ˌfɒsfə'tjuːriːə] фосфатурия, фосфурия

phosphocreatine [ˌfɒsfəʊ'kriːətiːn] фосфокреатин, креа-тинфосфат

phosphofructokinase [ˌfɒsfəʊˌfrʊktəʊ'kaineis] фосфо-фруктокиназа

phosphokinase [ˌfɒsfəʊ'kaineis]:
  creatine ~ креатинфосфокиназа

phospholipid [ˌfɒsfəʊ'lipid] *pl.* фосфолипиды *(сложные липиды, входящие в состав биологических мембран)*

phospholipoproteinosis [ˌfɒsfəʊˌlipəʊˌprəʊti:'nəʊsis]:
  alveolar ~ альвеолярный фосфолипопротеиноз

phosphonecrosis [ˌfɒsfəʊnə'krəʊsis] фосфорный некроз *(напр. кости)*

phosphoproteide [ˌfɒsfəʊ'prəʊti:d], **phosphoprotein** [ˌfɒsfəʊ'prəʊti:n] фосфопротеид, фосфопротеин

phosphorescence [ˌfɒsfə'resəns] фосфоресценция, свече-ние *(вещества без горения и выделения теплоты)*

phosphoribosyltransferase [ˌfɒsfəʊˌraibəʊsil'trænsfəreis]:
  hypoxanthine ~ гипоксантинфосфорибозил-транс-фераза

phosphorylation [ˌfɒsfərə'leiʃən] фосфорилирование *(ферментативное присоединение фосфата к органи-ческому соединению, напр. к глюкозе)*

oxidative ~ окислительное фосфорилирование *(образование соединений с макроэргическими связями)*

phosphuria [ˌfɒsˈfjuːriːə] *см.* **phosphaturia**

photalgia [fəʊˈtælʤiːə] боль, возникающая при ярком освещении

photesthesis [ˌfəʊtəsˈθiːsis] чувствительность к свету

photic [ˈfəʊtik] световой

photoablation [ˌfəʊtəʊæˈbleiʃən] лазерная абляция, лазерная коагуляция

epicardial laser ~ лазерная фотоаблация «окна» в перикарде

photoactive [ˌfəʊtəʊˈæktiv] светочувствительный

photoallergy [ˌfəʊtəʊˈæləʤi] фотосенсибилизация

photocatalyst [ˌfəʊtəʊˈkætəlist] фотокатализатор *(напр. хлорофилл)*

photocauterization [ˌfəʊtəʊˌkɔːtəraiˈzeiʃən] *см.* **photocoagulation**

photocell [ˈfəʊtəʊsel] фотоэлемент

photoceptor [ˌfəʊtəʊˈseptə] *см.* **photoreceptor**

photochemotherapy [ˌfəʊtəʊˌkiməʊˈθerəpi] фотохимиотерапия *(облучение поражённого органа ультрафиолетовыми лучами на фоне введения медикамента)*

photochromogen [ˌfəʊtəʊˈkrəʊməʤen] фотохромоген *(пигмент бактериальных колоний, образующийся на свету)*

photocoagulation [ˌfəʊtəʊkəʊˌæʤjʊˈleiʃən] фотокоагуляция, прижигание тканей *(воздействием лазерного излучения)*

argon laser ~ фотокоагуляция аргоновым лазером

epicardial laser ~ лазерная фотокоагуляция эпикарда *(при аритмии)*

xenon-arc ~ фотокоагуляция ксеноновой дуговой лампой

photocoagulator [ˌfəʊtəʊˌkəʊæʤjʊˈleitə] фотокоагулятор, светокоагулятор *(аппарат для коагулирования тканей воздействием мощного потока светового излучения)*

laser ~ лазерный фотокоагулятор

photocytotoxicity [ˌfəʊtəʊˌsaitəʊtɒkˈsisiti] фотоцитотоксичность

photodamages [ˌfəʊtəʊˈdæmiʤiz] фототравма *(глаз, кожи)*

photodensitometry [ˌfəʊtəʊˌdensiˈtɒmətri] фотоденситометрия

photodermatosis [ˌfəʊtəʊˌdəːməˈtəʊsis] фотодерматоз, актинодерматоз

photodynia [ˌfəʊtəʊˈdiniːə] боль, возникающая при ярком освещении

photodysphoria [ˌfəʊtəʊdisˈfɔːriːə] крайняя степень светобоязни

photoesthetic [ˌfəʊtəʊesˈθetik] чувствительный к свету

photofluorography [ˌfəʊtəʊflʊˈrɒgrəfi] флюорография, фоторентгенография

photogastroscope [ˌfəʊtəʊˈgæstrəʊˌskəʊp] фотогастроскоп

photogram [ˈfəʊtəˌgræm] фотографирование физиологического эксперимента

photography [fəˈtɒgrəfi]:

fundus ~ фотографирование глазного дна

infrared ~ инфракрасная фотография

spectral ~ спектральная фотография

photoinduced [ˌfəʊtəʊinˈdjuːst] вызванный [индуцированный] действием света

photolabelling [ˌfəʊtəʊˈleibəliŋ] фотомечение

photolethal [ˌfəʊtəʊˈliːθəl] относящийся к деструкции или смерти под воздействием света

photolithotroph [ˌfəʊtəʊˈliθəʊˈtrəʊf] *pl.* фотолитотрофы *(бактерии, образующие углекислоту при солнечном свете)*

photolysis [fəʊˈtɒlisis] фотолиз *(разложение вещества под воздействием света)*

flash ~ флэш-фотолиз, импульсный фотолиз

photometer [fəʊˈtɒmətə] фотометр, экспонометр

dual wavelength ~ двухволновый фотометр

photoelectric filter ~ фотометр с фильтром

photometry [fəʊˈtɒmətri] фотометрия

flame ~ пламенная фотометрия

infrared ~ фотометрия в инфракрасной области спектра

spectral ~ спектрофотометрия

visible ~ фотометрия в видимой области спектра

photomicrography [ˌfəʊtəʊmaiˈkrɒgrəfi] микрофотография; микрофотографирование

photomultiplier [ˌfəʊtəʊˈmʌltiplaiə] *рентг.* увеличитель изображения, усилитель визуализации

photomyoclonus [ˌfəʊtəʊmaiˈɒkləʊnəs] клонические судороги мышц в ответ на зрительное раздражение

photon [ˈfəʊtɒn] фотон, световой квант

linear-acceleration ~s линейный ускоритель фотонов

roentgen [X-ray] ~ фотон рентгеновского излучения

photoncia [fəʊˈtɒnsiːə] опухоль, обусловленная интенсивным воздействием света

photonosus [fəʊˈtɒnəʊsəs], **photopathy** [fəʊˈtɒpəθi] патологическое состояние, вызванное воздействием яркого света

photoperceptive [ˌfəʊtəʊpəˈseptiv] способный воспринимать свет

photoperiodism [ˌfəʊtəʊpiəˈriːəʊdizm] фотопериодизм *(совокупность изменений интенсивности обмена веществ и энергии, обусловленных изменением освещённости окружающей среды)*

photophobia [ˌfəʊtəʊˈfəʊbiːə] 1. светобоязнь 2. фотофобия *(страх освещённых мест)*

photophobic [ˌfəʊtəʊˈfəʊbik] страдающий светобоязнью

photophonostimulator [ˌfəʊtəʊˈfəʊnəʊstimjʊˈleitə] фотофоностимулятор *(прибор, генерирующий световые и звуковые сигналы на зрительный и слуховой анализаторы)*

photophore [ˌfəʊtəʊˈfɔː] 1. фотофор *(светящийся орган)* 2. осветительное устройство

photophthalmia [ˌfəʊtɒfˈθælmiːə] фотоофтальмия *(кератоконъюнктивит, вызванный попаданием света в глаза)*

photopia [fəʊˈtəʊpiːə] дневное [фотопическое] зрение

photopic [fəʊˈtəʊpik] фотопический *(относящийся к яркому освещению)*

photopsia [fəʊˈtɒpsiːə], **photopsy** [fəʊˈtɒpsi] фотопсия *(появление в поле зрения пятен, искр, линий и т. п.)*

photoptometry [ˌfəʊtɒpˈtɒmətri] измерение световой восприимчивости

photoradiation [ˌfəʊtəʊˌreidiˈeiʃən] фотооблучение *(метод выявления и разрушения некоторых опухолей)*

photoradiography [ˌfəʊtəʊˌreidiˈɒgrəfi] флюорография

photoradiometry [ˌfəʊtəʊˌreɪdiˈɒmətriː] пенетрометрия *(измерение проникающей силы ионизирующего излучения)*

photoradiotherapy [ˌfəʊtəʊˌreɪdiːəʊˈθerəpi] лазеротерапия, лечение лазером

photoreactivation [ˌfəʊtəʊriːˌæktiˈveɪʃən] фотореактивация *(напр. бактериофага)*

photoreception [ˌfəʊtəʊriˈsepʃən] светоощущение

photoreceptor [ˌfəʊtəʊriˈseptə] зрительный рецептор, фоторецептор

photoretinitis [ˌfəʊtəʊretiˈnaɪtis] фоторетинопатия *(поражение сетчатки в результате длительного воздействия солнца)*

photoscan [ˈfəʊtəʊskæn] фотосканограмма *(радиоизотопное исследование)*

photoscanning [ˌfəʊtəʊˈskænɪŋ] фотосканирование, радиография методом меченых атомов

photoscopy [fəʊˈtɒskəpi] 1. *офт.* **retinoscopia** 2. рентгеноскопия

photosense [ˈfəʊtəʊsens] фотосенс *(вещество, активизирующее химическую реакцию под воздействием флуоресцентного излучения)*

photosensitive [ˌfəʊtəʊˈsensitiv] светочувствительный; фотосенсибилизирующий

photosensitization [ˌfəʊtəʊˌsensitiˈzeɪʃən] фотосенсибилизация *(повышение чувствительности к действию света)*

photosensitizer [ˌfəʊtəʊˈsensiˌtaizə] фотосенсибилизатор

photostimulation [ˌfəʊtəʊˌstimjʊˈleɪʃən] фотостимуляция, световое раздражение

photostress [ˈfəʊtəʊstres] фотостресс, световой удар

photosynthesis [ˌfəʊtəʊˈsinθəsis] фотосинтез *(процесс синтеза углеводов из углекислого газа и воды растениями под действием энергии солнечного света)*

    anoxygenic ~ фотосинтез в отсутствие кислорода

    bacterial ~ бактериальный фотосинтез *(при котором бактерии используют в качестве донора кислорода сероводород, тиосульфат, жирные кислоты или другие органические соединения)*

phototaxis [ˌfəʊtəʊˈtæksis] фототаксис *(передвижение клеток или организмов под действием света)*

phototherapy [ˌfəʊtəʊˈθerəpi] светолечение, фототерапия

phototoxis [ˌfəʊtəʊˈtɒksis] патологическое состояние, обусловленное избыточным световым или ультрафиолетовым излучением

photovaporization [ˌfəʊtəʊˌveɪpɒriˈzeɪʃən] фотовыпаривание, выпаривание под воздействием света

    laser ~ лазерная фотовапоризация *(напр. эндометрия).*

photuria [fəʊˈtjuːriːə] экскреция фосфоресцирующей мочи

phren [fren] 1. диафрагма 2. *уст.* психика

phrenalgia [frenˈældʒiːə] 1. боль в диафрагме 2. психалгия, психическая невралгия

phrenasthenia [ˌfrenəsˈθiːniːə] 1. релаксация диафрагмы 2. психастения

phrenemphraxis [ˌfrenemˈfræksis] *см.* **phreniclasia**

phrenesia [frəˈniːzə] энцефалит

phrenesis [frəˈniːsis] психоз; делирий

phrenetic [frəˈnetik] маньяк ‖ маниакальный; исступлённый; фанатичный

phrenic [ˈfrenik] 1. диафрагмальный, грудобрюшный 2. психический

phrenicectomy [ˌfreniˈsektəmi] *хир.* иссечение участка диафрагмального нерва

phreniclasia [ˌfreniˈkleɪzə] *хир.* френикотрипсия, френикоэкзерез *(раздавливание зажимом диафрагмального нерва)*

phrenocardia [ˌfrenəʊˈkaːdiːə] психогенная кардиалгия

phrenocolic [ˌfrenəʊˈkɒlik] диафрагмально-ободочнокишечный

phrenocolopexia [ˌfrenəʊˌkɒləʊˈpeksiːə] *хир.* френоколопексия

phrenography [frəˈnɒɡrəfi] графическая запись движений диафрагмы

phrenopathy [frəˈnɒprəθi] эмоциональное, или психическое, расстройство

phrenoplegia [ˌfrenəʊˈpliːdʒiːə], **phrenoplegy** [frəˈnɒpliˌdʒi] 1. паралич диафрагмы 2. острый психоз

phrenoptosia [ˌfrenɒpˈtəʊsiːə] френоптоз *(опущение диафрагмы)*

phrenospasm [ˌfrenəʊˈspæzm] кардиоспазм, ахалазия кардии

phrynoderma [ˌfrinəʊˈdəːmə] фринодерма, авитаминозный фолликулярный кератоз

phthiriasis [θiˈraɪəsis] фтириаз *(наличие лобковых вшей)*

Phthirus [ˈθirəs]:

    ~ **pubis** лобковая вошь, площица

phthisiologist [ˌtiziˈɒlədʒist] фтизиатр

phthisiology [ˌtiziˈɒlədʒi] фтизиатрия, фтизиология

phthisiotherapist [ˌtiziːəʊˈθerəpist] фтизиатр

phthisis [ˈθaisis, ˈtaisis] 1. туберкулёз лёгких; *уст.* чахотка 2. любое заболевание, приводящее к истощению тканей

    ~ **bulbi** *лат.* сморщивание глазного яблока *(после перенесённого воспаления)*

    ~ **disperata** инкурабельный туберкулёз лёгких

    ~ **florida** остро прогрессирующий казеозный туберкулёз лёгких

    black ~ сибирская язва

    Mediterranean ~ периодическая болезнь, средиземноморская лихорадка

    miner's ~ силикоз

    pancreatic ~ истощение, обусловленное прогрессирующей атрофией поджелудочной железы

phycology [faiˈkɒlədʒi] наука о водорослях

phycomycete [ˌfaikəʊmaiˈsiːt] *pl.* фикомицеты *(класс грибов)*

phycomycosis [ˌfaikəʊmaiˈkəʊsis] фикомикоз

phygogalactic [ˌfaiɡəʊɡəˈlæktik] средство, прекращающее секрецию молока ‖ прекращающий секрецию молока

phylactic [faiˈlæktik] профилактический, иммунный

phylactotransfusion [faiˌlæktəʊˌtrænsˈfjuːʒən] иммунотрансфузия *(метод пассивной иммунизации)*

phylaxiology [faiˌlæksiˈɒlədʒi] наука об иммунитете

phylaxis [faiˈlæksis] иммунитет

phyletic [faiˈletik] филогенетический, относящийся к филогенезу

phyllode [ˈfiləʊd] листовидный *(напр. о саркоме)*

phylogenesis [ˌfailəʊˈdʒenəsis], **phylogeny** [faiˈlɒdʒəni] филогенез, история развития организма

PHY

phylogerontic [ˌfailəʊʤəˈrɒntik] относящийся к старческой жизни, старению

phylum [ˈfailəm], *pl.* **phyla** [ˈfailə] *биол.* тип, филюм *(единица систематики)*

phyma [ˈfaimə] узелок, небольшая кожная опухоль

phymatoid [ˈfaiməˌtɔid] напоминающий опухоль

physaliphore [fiˈsæliˌfɔ:] гигантская клетка, содержащая большую вакуоль *(в некоторых видах опухолей)*

physaliphorous [ˌfisəˈlifərəs] содержащий пузырьки или вакуоли *(о клетке)*

physalis [ˈfisəlis] вакуоль в гигантских клетках *(некоторых опухолей)*

physconia [fisˈkəʊni:ə], **physcony** [ˈfiskəni] увеличение живота

  ~ adiposa *лат.* «жирный» живот

  ~ aquosa *лат.* асцит

physeal [ˈfizi:əl] ростковый, физарный *(напр. о дисплазии)*, относящийся к ростковой зоне кости

physes [ˈfaisəs] зона роста, замыкательная пластинка

  radial ~ зона роста лучевой кости

physiatrics [ˌfizi:ˈætriks] 1. физиотерапия 2. реабилитация, восстановительное лечение

physiatrist [ˌfizi:ˈætrist] физиотерапевт

physic [ˈfizik] 1. терапия; врачевание 2. лекарственное средство *(чаще слабительное)* ‖ назначать лекарства; лечить очищением кишечника

  practical ~ практическая медицина, медицинская практика

physical [ˈfizikəl] 1. физический *(напр. о силе)*, материальный; органический. 2. относящийся к физике или естествознанию 3. физикальный; соматический, относящийся к телу 4. объективный *(напр. симптом)*; клинический; врачебный

physician [fiˈziʃən] 1. врач, доктор, клиницист 2. врач-терапевт 3. член общества терапевтов ◊ **~ in charge** лечащий врач

  ~ of first contact врач первого контакта

  ~ on board ship судовой врач

  academic ~ врач-клиницист, врач-преподаватель

  admitting ~ врач-консультант

  army ~ военный врач

  assistant house ~ помощник палатного врача-терапевта, интерн-терапевт

  attending ~ 1. врач-консультант 2. врач-супервизор интернатуры и резидентуры

  cancer ~ онколог

  chest ~ врач-пульмонолог

  chief ~ главный врач

  chiropractic ~ врач мануальной терапии

  civilian ~ гражданский [вольнонаёмный] врач

  community ~ участковый врач

  critical care ~ реаниматолог; врач-интенсивист

  district ~ районный врач

  emergency ~ 1. врач скорой медицинской помощи 2. врач неотложной помощи

  examining ~ врач, проводящий обследование больного

  family ~ семейный врач

  follow-up ~ врач, наблюдающий больного в отдалённые сроки

  head ~ *см.* **chief ~**

  hospital ~ больничный врач, ординатор

  house ~ 1. больничный ординатор-терапевт 2. терапевт-стажёр, живущий в больнице *(интерн, резидент)*

  ICU [intensive cure unit] ~ *см.* **critical care ~**

  impaired ~ скомпрометировавший себя врач *(напр. наркоман, алкоголик)*

  industrial ~ врач по гигиене труда

  initial ~ врач, оказывающий первичную помощь больному; врач первичной медицинской помощи

  junior ~ младший врач

  legal ~ судебно-медицинский эксперт

  mental ~ психиатр

  neonatal ~ врач-неонатолог, неонатолог

  nonpsychiatrist ~ врач-непсихиатр, врач общего профиля

  occupational ~ врач по профессиональным болезням, профпатолог

  operating ~ лечащий врач

  orthopaedic ~s ортопед

  outpatient ~ врач амбулатории

  practicing ~ практикующий врач

  primary care ~ врач первичной медико-санитарной помощи; врач общей практики

  public health ~ врач системы здравоохранения, *англ.* медицинский инспектор

  radiologist-referring ~ врач лучевой диагностики

  resident ~ врач-стажёр; врач-резидент *(имеющий лицензию и работающий в больнице)*

  respiratory ~ пульмонолог

  sanitation ~ врач-эпидемиолог

  school ~ школьный врач

  space ~ врач – специалист в области космической медицины

  speciality care ~ врач-специалист

  stroke ~ врач, занимающийся обследованием и лечением больных с инсультом

  team ~ член врачебной бригады

  transplant ~ врач-трансплантолог

  treating ~ лечащий врач

Physician:

  International ~s for Prevention of Nuclear War «Врачи мира за предотвращение ядерной войны»

  Queen's Honorary ~ лейб-медик королевы

physicist [ˈfizisist]:

  health ~ специалист в области радиационной защиты; дозиметрист

physics [ˈfiziks] 1. физика 2. физические методы *(напр. диагностики, лечения)*

  health ~ 1. радиационная гигиена 2. дозиметрия 3. радиационная безопасность

  medical ~ медицинская физика *(раздел биофизики)*

physinosis [fiziˈnəʊsis] заболевание, вызванное физическими факторами

physiogenesis [ˌfizi:əʊˈʤenəsis] эмбриология

physiognomy [ˌfizi:ˈɒgnəmi] 1. физиогномика *(изучение выражения лица и общего физического облика)* 2. физиономия, выражение лица, лицо

physiognosis [ˌfizi:ˈɒɡnəʊsis] физиогностика *(диагностика заболеваний по выражению лица или внешности больного)*

physiologist [ˌfizi:ˈɒləʤist] физиолог

physiology [ˌfizi:ˈɒləʤi] **1.** физиология **2.** функциональное состояние организма

~ **of hypothermia** физиологические аспекты гипотермии

applied ~ клиническая [прикладная] физиология

bacterial ~ физиология бактерий

basic ~ общая физиология

biliary ~ механизм [физиология] желчеобразования

circulatory ~ физиология кровообращения

development(al) ~ экспериментальная эмбриология

dynamic ~ физиология движений

Eisenmenger's ~ патофизиология при пентаде Эйзенменгера

environmental ~ экологическая физиология

human [medical] ~ физиология человека; медицинская физиология

morbid [pathologic] ~ патологическая физиология, патофизиология

reproductive ~ физиология репродуктивного процесса

respiratory ~ физиология дыхания

sensory ~ физиология органов чувств, физиология восприятия, физиология ощущения

tear ~ механизм слезоотделения

physiolysis [ˌfizi:ˈɒlisis] естественный распад, тканевый распад

physiomedical [ˌfizi:əʊˈmedikəl] относящийся к клинической физиологии

physiopathology [ˌfizi:əʊpəˈθɒləʤi] *см.* **morbid physiology**

physiopyrexia [ˌfizi:əʊpaiˈreksi:ə] лихорадка, вызванная физическими факторами

physiotherapist [ˌfizi:əʊˈθerəpist] физиотерапевт

manipulative ~ специалист по мануальной терапии

nurse ~ физиотерапевтическая медсестра

physiotherapy [ˌfizi:əʊˈθerəpi] физиотерапия, физическая терапия, физиатрия

evidence based ~ доказательная физиотерапия *(эффективность которой объективизирована рандомизированными контролируемыми исследованиями)*

physique [fiˈzi:k] телосложение, конституция, внешность

all-round ~ гармоничное, всестороннее физическое развитие

basic ~ общая физическая подготовленность

light ~ лёгкое телосложение; пониженное питание; дефицит массы тела

strong ~ крепкое (тело)сложение

physis [ˈfaisis] *лат.* ростковая зона *(кости)*

physocele [ˈfaisəʊsi:l] **1.** скопление газа **2.** наличие газа в грыжевом мешке

physocephaly [ˌfaisəʊˈsefəli] эмфизема мягких тканей головы

physohematometra [ˌfaisəʊˌhemətəʊˈmi:trə] растяжение полости матки кровью или газом

physometra [ˌfaisəʊˈmi:trə] растяжение полости матки воздухом и газом

physopyosalpinx [ˌfaisəʊˌpaiəʊˈsælpiŋks] пневмопиосальпинкс

physospasmus [ˌfaisəʊˈspæzməs] колика, вызванная метеоризмом

phytalbumin [faitælˈbju:min], **phytalbumose** [faiˈtælbjʊməʊs] растительный альбумин, фитоальбумин

phytoagglutinin [ˌfaitəʊəˈɡlu:tinin] фитогемагглютинин, растительный гемагглютинин

phytobezoar [ˌfaitəʊˈbi:zɔ:] фитобезоар

phytocenosis [ˌfaitəʊsəˈnəʊsis] фитоценозис, растительное сообщество

phytogenesis [ˌfaitəʊˈʤenəsis] фитогенез *(эволюционное развитие биологического мира)*

phytogenous [ˌfaitəʊˈʤenəs] растительного происхождения

phytohemagglutinin [ˌfaitəʊˌhi:məˈɡlu:tinin] *см.* **phytoagglutinin**

phytohormone [ˌfaitəʊˈhɔ:məʊn] фитогормон, ауксин *(ростовое вещество растений)*

phytomitogen [ˌfaitəʊˈmaitəʊʤən] растительный митоген, фитомитоген

phytoncide [ˈfaitənˌsaid] *pl.* фитонциды

phytoneering [ˌfaitəʊˈniəriŋ] фитониринг *(целенаправленное конструирование лекарственных средств из растительного сырья)*

phytonosis [ˌfaitəʊˈnəʊsis] заболевание, вызываемое растениями

phytopathy [faiˈtɒpəθi] фитопатия *(1. патологическое состояние, вызываемое растением 2. болезнь растений)*

phytophotodermatitis [ˌfaitəʊˌfəʊtəʊˌdə:məˈtaitis] фитофотодерматит *(появление на коже волдырей после контакта с растениями, чувствительность к которым повышена)*

phytosis [faiˈtəʊsis] фитоз *(болезнь, вызванная растительными паразитами)*

phytosterol [faiˈtɒstərɒl] фитостерин

dietary ~**s** пищевые фитостерины

phytotherapy [ˌfaitəʊˈθerəpi] фитотерапия, траволечение

phytotoxemia [ˌfaitəʊtɒkˈsi:mi:ə] фитотоксемия *(токсическое воздействие на растительность)*

phytotoxin [ˌfaitəʊˈtɒksin] фитотоксин, токсин растительного происхождения

pia [ˈpaiə] мягкий *(о мозговой оболочке)*; нежный

pia-arachnitis [ˌpaiə-əˌrækˈnaitis] лептоменингит *(воспаление мягкой и паутинной мозговых оболочек)*

pial [ˈpaiæl, ˈpi:æl] относящийся к мягкой [сосудистой] мозговой оболочке

pian [ˈpaiæn] фрамбезия, тропическая гранулёма, невенерический [тропический] сифилис

piarachnoid [ˌpaiəˈræknɔid] лептоменингит *(воспаление мягкой и паутинной мозговых оболочек)*

piarhemia [ˌpaiəˈhi:mi:ə] липидемия, липемия

piastrinemia [ˌpaiˌæstriˈni:mi:ə] тромбоцитоемия

pica [ˈpaikə] извращённый аппетит, парорексия, пикацизм *(влечение к поеданию несъедобных предметов)*

~ **of nonorganic origin** потребность в поедании неорганических веществ

pick-me-up [pik-mi-ʌp] возбуждающее средство

pickoff [ˈpikɒf] (измерительный) преобразователь, тензодатчик, тензочувствительный элемент

859

pickup ['pɪkʌp] **1.** захват **2.** захватывающее приспособление *(пинцет, зажим)* **3.** чувствительный [воспринимающий] элемент

  Adson ~ Адсона зубчатый пинцет

  DeBakey ~ Дебейки мягкий пинцет

  implantable ~ имплантируемый [вживляемый] датчик

  pressure ~ датчик давления

  sensory ~ чувствительный элемент

pickwickian [ˌpɪkˈwɪkiːən] ожирение, пиквикский синдром

picocurie [ˌpaɪkəʊˈkjuːri] пикокюри *(единица радиоактивности, 10⁻¹² кюри)*

picogram ['paɪkəʊˌɡræm] пикограмм, микромикрограмм *(одна триллионная грамма, 10⁻¹² г)*

picometer ['paɪkəʊˌmiːtə] пикометр *(одна триллионная метра, 10⁻¹² м)*

Picornaviridae [pɪˌkɔːnəˈvɪrɪdiː] семейство пикорнавирусов *(picoRNA – «маленькая РНК»)*

picornavirus [pɪˈkɔːnəˌvaɪrəs] пикорнавирус

picrogeusia [ˌpɪkrəʊˈɡuːziːə] пикрогевзия *(постоянное чувство горечи во рту)*

pictogram ['pɪktəʊɡræm] пиктограмма *(опосредованное запоминание слов с помощью изображений)*

picture ['pɪktʃə] картина *(напр. крови)*; образ; изображение, рисунок || изображать, представлять себе

  anodal-opening ~ анод-размыкательный эффект, анод-размыкательное сокращение *(мышцы)*

  blood ~ картина [формула] крови, гемограмма

  inward ~ внутренняя картина *(болезни)*

  panoramic ~ *рентг.* одонтопарадонтограмма

  slow motion ~ замедленное отображение

  underexposed [underpenetrated] ~ недоэкспонированная [мягкая] рентгенограмма

  X-ray ~ рентгенограмма, рентгеновский снимок

piebald ['paɪbɔːld] альбиноид *(характеризующийся белым локоном в волосах и пятнами депигментации)* || пегий; депигментированный

piebaldism ['paɪˌbɔːldɪzm], **piebaldness** ['paɪˌbɔːldnəs] неполный [частичный] альбинизм; «пегая кожа»

piece [piːs] часть; компонент; фрагмент; порция; частица

  ~s **of gravel in urine** песок в моче

  ~ **of omentum** прядь сальника

  ear ~s **1.** слуховой аппарат **2.** наушники

  Fc ~ Fc-фрагмент, Fc-область иммуноглобулина

  loose ~ **of cartilago** суставная мышь *(оторвавшийся фрагмент суставного мениска)*

  middle ~ средний отдел, или участок

  secretory, tail [transport] ~ секреторный отдел *(железы)*; секреторный компонент *(иммуноглобулина)*

piecemeal ['piːsˌmiːl] ступенчатый *(напр. некроз)*

piedra [paɪˈeɪdə] *микол.* трихоспория, пьедра, узловатый трихомикоз

  black ~ чёрная пьедра *(появление в волосах мелких узелков чёрного цвета)*

  white ~ белая пьедра *(появление в волосах мелких узелков белого цвета)*

pierce [pɪəs] **1.** прокалывать, пунктировать; перфорировать; проходить сквозь, пронизывать **2.** разрушать

piercing ['pɪəsɪŋ] **1.** введение чего-л. в орган **2.** пирсинг *(прокалывание уха, носа и пр.)*

piesaesthesia [ˌpaɪiːsesˈθiːziːə], **piesesthesia** [paɪiːsesˈθiːziːə] барестезия, чувство давления

piesimetry [paɪəˈsɪmətri] определение чувствительности кожи к давлению

piezotherapy [ˌpaɪəzəʊˈθerəpi] искусственный пневмоторакс

pig [pɪɡ] свинья; поросёнок

  germ-free ~ свинья-гнотобионт *(свободная от микробов)*

  Guinea ~ морская свинка

pigeonhole ['pɪdʒənˌhəʊl] **1.** *анат.* ласточкино гнездо **2.** классифицировать, систематизировать

piglet ['pɪɡlɪt] поросёнок

  gnotobiotic ~ поросёнок-гнотобионт

  miniature swine ~ карликовый поросёнок

pigment ['pɪɡmənt] пигмент, краситель || пигментировать

  aging ~ пигмент старения *(липофусцин, бурый пигмент, хромолипоид)*

  autochthonous ~ эндогенный пигмент

  bile ~ жёлчный пигмент

  blood ~ кровяной пигмент *(гем, гематоидин, гемосидерин и др.)*

  "brown atrophy" ~ *см.* **aging** ~

  exogenous [extraneous] ~ экзогенный пигмент

  hepatogenous ~ *см.* **bile** ~

  lipochrome ~ каротиноид, *уст.* липохром

  melanotic ~ меланин

  photolabile ~ светочувствительный пигмент

  respiratory ~ дыхательный пигмент

  visual ~ зрительный пигмент

  wear-and-tear ~s *см.* **aging** ~

pigmentation [ˌpɪɡmənˈteɪʃən] пигментация

  addisonian ~ гиперпигментация при хронической надпочечниковой недостаточности

  corneal ~ пигментный кератит

  vagabond's ~ пигментация бродяг *(обусловлена вшивостью)*

pigmentophage [pɪɡˈmentəʊfeɪdʒ] хромофаг

pigmentophore [pɪɡˈmentəʊˌfɔː] гистохроматофор, пигментофор, хроматобласт

pigtail ['pɪɡteɪl] **1.** косичка, коса **2.** «свиной хвостик», пигтейл *(форма кончика сердечного зонда)*

piitis [paɪˈaɪtɪs] воспаление мягкой мозговой оболочки

pike [paɪk] шип, колючка

  ~ **in hips** сгибание в тазобедренных суставах

pilar ['paɪlə], **pailary** ['pɪləri] волосистый, волосатый

pilaster [paɪˈlæstə]:

  ~ **of Broca** шероховатая линия бедренной кости

pilation [paɪˈleɪʃən] ломкость капилляров

pile¹ [paɪl] шерсть; волос; пух

pile² сосудистый узел; скопление крови; *pl.* геморрой

  acute ~ подкожная гематома в области заднего прохода

  internal ~ внутренний геморрой, геморрой I степени

  oesophageal ~ варикозное расширение вен пищевода

  prolapsed ~ выпавший геморроидальный узел

  second-degree ~ геморрой II степени *(узел, выпадающий во время стула и вправляющийся после него)*

  sentinel ~ складка кожи, прикрывающая наружный конец трещины заднего прохода, «пограничный [сторожевой] бугорок»

pileus ['paili:əs] амниотическая оболочка

~ **ventriculi** луковица двенадцатиперстной кишки

pili ['pailai] *лат.*, *pl. от* **pilus** 1. пили, фимбрии, (половые) ворсинки 2. волосы

~ **annulati** кольчатые волосы, кольцевидное поседение волос

~ **incarnati** вросшие волосы (*свободные концы которых врастают в кожу*)

~ **torti** *лат.* скрученные волосы

common ~ фимбрии [реснички] общего типа, пили I типа (*эшерихий*)

sex ~ «половые» реснички, секс-пили (*половой фактор бактерий*)

pilimiction [,paili'mikʃən] 1. выделение волос с мочой 2. наличие в моче слизи в форме нитей

pill [pil] 1. пилюля, драже, таблетка 2. контрацептивное средство

birth control ~s пероральные противозачаточные средства

bread ~ плацебо

chalybeate ~s железосодержащий препарат

enteric coated ~ драже или таблетка с энтеросолюбильным покрытием

horse ~ таблетка очень большого размера; «лошадиная» доза

peace ~ *sl.* «успокаивающая» таблетка

pep ~ *sl.* стимулирующая таблетка (*обычно фенамин*)

progestin only ~ контрацептивная таблетка, содержащая только гормон жёлтого тела

radio ~ радиодатчик, телеметрическая капсула

sleeping ~ снотворная таблетка

pillar ['pilə] столб; столбчатая структура; опора; дужка

~ **of microscope** стойка [станина] микроскопа

~s **of the fauces** нёбные дужки

~s **of the fornix** столбы и ножки свода (*мозга*)

anterior ~ **of the fauces** передняя нёбная дужка

articular ~ суставной отросток

bladder ~ ножки мочевого пузыря

Corti's ~s кортиевы дуги (*столбовые клетки спирального органа улитки*)

posterior ~ **of the fauces** задняя нёбная дужка

pilled [pild] гранулированный

pillet ['pilət] маленькая пилюля

pillhead ['pilhed] *sl.* человек, злоупотребляющий психотропными средствами

pillion ['piljən] временный протез нижней конечности

pillow ['piləu]:

psychological ~ симптом воздушной подушки

pilobezoar [,pailəu'bi:zɔ:] трихобезоар, волосяной шар

pilocystic [,pailəu'sistik] относящийся к дермоидной кисте, содержащей волосы

piloerection [,pailəui'rekʃən] пилоаррекция, пилоэрекция

pilology [pai'lɒlədʒi:] учение о волосах

pilomotor [,pailəu'məutə] пиломоторный (*о мышце, рефлексе*)

pilonidal [,pailəu'naidl] относящийся к эпителию, покрытому волосами, пилонидальный (*напр. синус*)

pilose ['pailəus] волосистый, волосатый

pilosebaceous [,pailəusi'beiʃəs] относящийся к волосяным фолликулам и сальным железам кожи

pilosis [paiʊləusis], **pilosism** ['pailəusizm] гирсутизм

pilot ['pailət] 1. руководитель 2. *мед. тех.* проводник ‖ вести; проводить; управлять 3. предварительный; поисковый; проверочный; пилотный

pilot-study ['pailət-,stʌdi] предварительное [поисковое, пробное] исследование

pilous ['pailəs] *см.* **pilose**

pilula ['pi:lʊlə] *лат.*, *pl.* **pilulae** ['pi:lʊli:] *см.* **pill**

pilule ['pilju:l] маленькая пилюля

pilus ['pailəs] *см.* **pili**

pimelitis [,pimə'laitis] воспаление жировой ткани

pimeloma [,pimə'ləumə] липома, жировик

pimelorrhea [,pimələu'ri:ə] стеаторея (*понос с выделением жира*)

pimelorthopnea [,pimələ:θɒр'ni:ə] одышка, обусловленная ожирением

pimelosis [,pimə'ləusis] 1. жировая дегенерация 2. ожирение 3. липоматоз

pimped ['pimpt] прыщеватый, прыщавый

pimple ['pimpəl] пустула, папула, узелок, гнойничок

pin [pin] *мед. тех.* 1. штифт, стержень 2. мандрен; спица

bone ~ костный гвоздь, или стержень

calcaneal ~ спица, проведённая через пяточную кость

dental retention ~ зубной опорный штифт

diverging ~ отхождение, миграция (*штифта*)

guide ~ направитель, или проводник (*для стержня*)

intramedullary ~ внутрикостный стержень

neurological ~ булавка для неврологических проб

radioactive ~ радиоактивная игла, игла с радиоактивным материалом

safety ~ *мед. тех.* безопасная булавка

pincement [pæns'mɒn] *фр.* пощипывание (*приём массажа*)

pincers ['pinsəz] *мед. тех.* 1. клещи, щипцы 2. пинцет

pineal ['piniəl] 1. шишковидный, конусовидный 2. относящийся к шишковидному телу

pinealocyte [pi'ni:æləu,sait] пинеалоцит (*клетка шишковидного тела*)

pinealoma [,piniə'ləumə] пинеалома, аденома шишковидного тела, пинеоцитома

pinealopathy [,piniə'lɒpəθi] заболевание шишковидного тела

pineoblastoma [,piniəublæs'təumə] пинеалобластома (*слабо дифференцированная форма пинеаломы*)

pineocytoma [,piniəusai'təumə] *см.* **pinealoma**

ping-pong [piŋ-pɒŋ] гонять пациентов на анализы и процедуры без необходимости («*пинг-понг*», отфутболивание)

pinhole ['pinhəul] 1. булавочное отверстие 2. *офт.* стенопеическое отверстие

piniform ['pinifɔ:m] шишковидный

pink[1] [piŋk] 1. розовый цвет (*напр. кожи новорождённого*) 2. хорошее состояние

pink[2] огнестрельная рана

pink[3]:

old-maid's ~ мыльнянка лекарственная (*Saponaria officinalis*)

pinkeye ['piŋkai] острый эпидемический конъюнктивит

pinlay ['pinlei] зубная вкладка на штифте

pinna ['pinə] наружное ухо, ушная раковина

~ **nasi** крылья носа

pinning ['piniŋ] остеосинтез *(спицей, штифтом)*, штифтование отломков кости

pino ['painəʊ] *см.* **pinna**

pinocyte ['painəʊsait, 'pinəʊsait] отёчная клетка

pinocytosis [,painəʊsai'təʊsis] пиноцитоз *(активное поглощение клеткой интерстициальной жидкости)*

pinpoint ['pinpɔint] 1. остриё булавки 2. что-л. очень малое, незначительное

pinprick ['pinprik] *невр.* укол иглой

pins-and-needles [pinz-ən-ni:dlz] форма парестезии

pint [paint] пинта *(единица ёмкости в Англии 0,57 л, в США 0,47 л)*

pinta ['pi:ntə] *инф. бол.* пинта, карате

pintado [pin'tædəʊ] больной пинтой

pintid ['pintid] *pl.* пинтиды *(эритематосквамозные пятна на коже при пинте)*

pinus ['painəs] шишковидное тело

pinworm ['pinwɜ:m] острица

pioepithelium [,paiəʊ,epi'θi:liəm] эпителий с признаками жирового перерождения

pioneer [paiə'niə] пионер *(1. исследователь, впервые применивший новый метод 2. растение, животное или сообщество, первым появляющееся на пустой территории)*

pionemia [paiɒ'ni:miə] липемия *(повышенное содержание жира в крови)*

piorthopnea [paiɔ:'θʊpniə] одышка, обусловленная ожирением

pioscope ['paiəʊskəʊp] колориметр для определения содержания жира в молоке

pipe [paip] 1. труба; трубопровод; трубка ǁ курить трубку; *sl.* курить наркотик 2. воздухоносные [дыхательные] пути

clyster ~ гибкая трубка для сифонной клизмы

light ~ световод *(фиброэндоскопа)*

pipet(te) [pai'pet] пипетка ǁ капать из пипетки, отмеривать пипеткой ◊ **to** ~ **off** отсасывать пипеткой

~ **with bulb** пипетка с баллончиком

blood-count [blood-diluting] ~ меланжер, смеситель для крови при подсчёте клеток

braking ~ пипетка с тормозом *(для микроанализа)*

capillary ~ капиллярная пипетка

delivery ~ пипетка на выдувание

disposable transfer ~ пипетка с одной меткой *(калиброванная на вытекание)*

dosing ~ дозирующая пипетка

drop ~ капельная пипетка

fine-tipped ~ пипетка с сужением

measuring ~ пипетка для отмеривания жидкостей

microliter ~ микропипетка

multichannel ~ многоканальная пипетка

self-adjusting transfer ~ *см.* **braking** ~

self-filling transfer [variable] ~ автоматическая пипетка

volumetric ~ градуированная пипетка

wide-bore ~ пипетка с широким отверстием для взятия пробы

pipetter [pai'petə]:

digital ~ цифровой дозатор, цифровая пипетка

piqure [pi'kju:r] *фр.* укол, пункция

diabetic ~ пункция по К. Бернарду *(для воспроизведения сахарного диабета)*

piriform ['pirifɔ:m] грушевидный

pirogene [,pairəʊ'dʒi:n] пироген *(вещество, повышающее температуру тела)*

endogene ~ эндогенный пироген

piroplasma [,pairəʊ'plæzmə] *уст.* пироплазма, *см. тж.* **babesia**

piroplasmosis [,pairəʊplæz'məʊsis] *инф. бол.* бабезиоз, *уст.* пироплазмоз

pis [pis] *фр.* мочеиспускание

~ **en deux temps** неполное опорожнение мочевого пузыря

pisiform ['pisifɔ:m] 1. гороховидный; размером с горошину 2. гороховидная кость

pistoning ['pistəniŋ] симптом «движения поршня» *(при врождённом вывихе головки бедра)*

pit [pit] 1. ямка, ямочка; углубление, вдавление *(напр. при отёке)* 2. оспина, рябинка 3. гипоплазия эмали зубов в виде ямок 4. углубление в отёчной ткани, остающееся после надавливания кончиком пальца

~ **of the stomach** надчревный отдел, эпигастральная область, эпигастрий

anal ~ *эмбр.* проктодеум

arm ~ подмышечная впадина

central ~ центральная ямка сетчатки

coated ~ окаймлённые углубления *(на внутренней поверхности мембран клеток)*

ear ~ ушная фистула, свищ козелка ушной раковины

gastric ~ желудочная ямка

granular ~**s** ямочки грануляций

iris ~**s** колобомы, поражающие строму радужки при интактном пигментном эпителии

lip ~**s** незаращение [расщелина] губы

optic ~**s** врождённые ямки в диске зрительного нерва

pit-a-pat [pit-ə-ræt] трепетание; биение сердца

to go ~ затрепетать; задрожать

feet went ~ подкосились ноги; задрожали колени

pitch [pitʃ] 1. высота *(тона; звука)*; шаг *(напр. спирали ДНК)* 2. уровень; степень; интенсивность *(напр. шума)* 3. количество пар оснований в одном витке двойной спирали ДНК

absolute ~ 1. абсолютная высота звука 2. абсолютный слух

fever ~ крайняя степень возбуждения; лихорадочное возбуждение

pitcher ['pitʃə]:

anatomy ~ анатомическая измерительная ложка *(для жидкости)*

pitchfork ['pitʃfɔ:k] 1. вилообразная структура 2. камертон

pitchpole ['pitʃpəʊl] скарификатор

pitfall ['pitfɔ:l] 1. просчёт; ошибка; дефект; неудача 2. ловушка, западня

~**s of corticosteroid injections** ошибки при инъекциях кортикостероидов

common ~s наиболее распространённые погрешности

diagnostic ~ диагностическая ошибка

medicolegal ~s судебно-медицинские правонарушения *(напр. врача)*

potential ~ потенциальная ловушка *(напр. о попытке клиента манипулировать психотерапевтом)*

pith [piθ] **1.** сердцевина *(напр. волоса)* **2.** суть; сущность **3.** пункция спинного и продолговатого мозга ‖ разрушать мозг; забивать животное пункцией продолговатого мозга **4.** костный мозг

pithiatism [pi'θaiətizm] **1.** патологическое состояние, обусловленное внушением **2.** лечение внушением, суггестивное лечение

pithiatry [pi'θaiətri] лечение внушением, суггестивное лечение

pithing ['piθiŋ] *см.* **pith 3**

pitting ['pitiŋ] наличие ямок после надавливания *(тест на выявление отёков)*

~ of optic nerve head вдавление в диск зрительного нерва

pituicyte [pi'tu:isait] питуицит *(веретеновидная глиальная клетка задней доли гипофиза)*

pituicytoma [pi,tu:isai'təumə] питуицитома

pituita [pi'tu:itə] вязкая слизь *(носовое отделяемое)*

pituitarism [pi'tu:itə,rizm] дисфункция гипофиза

pituitary [pi'tu:i,tæri] **1.** гипофиз ‖ гипофизарный **2.** слизеобразующий, секретирующий слизь

anterior ~ аденогипофиз, передняя доля гипофиза

pharyngeal ~ глоточный гипофиз

posterior ~ нейрогипофиз, задняя доля гипофиза

powdered ~ питуитрин

pituitous [pi'tu:itəs] слизистый, вызывающий отделение слизи

pity ['piti] жалость, сострадание; сожаление ‖ жалеть, соболезновать

pityriasis [,piti'raiəsis] микол. питириаз *(дерматоз, проявляющийся стойким отрубевидным шелушением кожи)*

~ alba себорейная экзема

~ capitis сухая перхоть

~ furfuracea сухая себорея

~ linguae десквамативный [мигрирующий, эксфолиативный] глоссит, географический язык

~ rosea розеолярный питириаз

~ rubra piliaris красный отрубевидный волосяной лишай, красный остроконечный лишай

~ sicca *см.* **capitis ~**

~ versicolor отрубевидный [разноцветный] лишай

pityroid ['pitirɔid] **1.** чешуйчатый, отрубевидный **2.** покрытый перхотью

Pityrosporon [,piti'rɒspərɒn], **Pityrosporum** [,piti'rɒspərəm]:

~ orbiculare представитель несовершенных грибов – возбудитель отрубевидного лишая

pivot ['pivət] **1.** стержень; ось **2.** коронка, насаживаемая на корень зуба

pivoting ['pivətiŋ] прикрепление коронки к корню зуба

pix [piks] смола; дёготь

pixel ['piksel] ячейка, пиксел *(элемент двухмерного изображения)*

place [pleis] **1.** место; точка на поверхности; участок; пространство **2.** гнездо; ячейка

~ of coronary bypass surgery роль операции шунтирования коронарных артерий

closed ~ замкнутое пространство

eating ~ предприятие общественного питания *(столовая, кафе)*

family ~ «семейное место» *(центр планирования семьи)*

unhealthy ~s *pl.* вредное производство

placebo [plə'si:bəu] плацебо, «пустышка»

placebocontrolled [plə,si:bəu,kən'trəuld] плацебо контролируемое *(об исследовании)*, сравниваемое с плацебо

placebo-treated [plə'si:bəu-'tri:tid] получавший плацебо

placement ['pleismənt] **1.** место; позиция; расположение *(напр. катетера)* **2.** помещение **3.** размещение; госпитализация

~ of arteriovenous shunt операция артериовенозного шунта

~ of indwelling catheter Foley установка постоянного катетера Фолея

~ of leg cylinder cast наложение циркулярной гипсовой повязки на ногу

~ of names on the register регистрация *(напр. больных)*

~ of nylon intratubal devices вставление внутриматочной трубы нейлонового контрацептива

career ~ трудоустройство *(напр. психически больных)*

community ~ передача на попечение общества

coronary stent ~ коронарное стентирование

electrode ~ установление электродов *(для стимуляции)*

endoscopic ~ of biliary prosthesis эндоскопическое протезирование жёлчного протока

endoscopic ~ of enteral feeding tubes эндоскопическая установка трубки в тощую кишку для зондового питания

pump ~ имплантация насоса *(для химиотерапии)*

selective ~ селективное трудоустройство

stent ~ установка стента, стентирование

thoracostomy tube ~ наложение трубчатой торакостомы

ureteral stent ~ стентирование мочеточника

placenta [plə'senə] плацента, послед, детское место

~ accreta приросшая плацента

~ circumvallata *см.* **circumvallate ~**

~ fenestrata окончатая плацента

~ increta врастающая плацента

~ marginata краевая плацента

~ membranacea плёнчатая плацента

~ multipartita многодольчатая плацента

~ percreta *см.* **invasive ~**

~ previa предлежащая плацента, предлежание плаценты

~ reniformis почковидная плацента

~ spuria ложная плацента *(часть плаценты, сосуды которой не сообщаются с основной частью)*

adherent ~ сращённая плацента

annular ~ *см.* **zonary ~**

apical ~ верхушечная плацента

battledore ~ краевое прикрепление пуповины

bilobate [bipartite] ~ двудолевая [двойная, двухдольчатая] плацента

circumvallate ~ «плацента, окружённая валиком»

compromised ~ нарушенная плацентация; плацентарная несостоятельность

dimidiate [duplex] ~ *см.* **bilobate ~**

endotheliochorial ~ эндотелиохориальная плацента

epitheliochorial ~ эпителиохориальная плацента

fetal ~ плодная поверхность плаценты *(хориоидная часть плаценты, содержащая кровеносные сосуды плода, от которых начинается пуповина)*

horseshoe ~ подковообразная плацента *(при беременности двойней)*

incarcerated ~ ущемлённая плацента

invasive ~ прорастающая плацента

maternal ~ материнская часть плаценты

retained ~ задержка отделения плаценты

succenturiate ~ добавочная плацента

term ~ зрелая плацента

trapped ~ *см.* **incarcerated ~**

tripartite ~ тройная плацента

velamentous ~ оболочечное прикрепление пуповины

zonary [zonular] ~ поясообразная плацента

placentation [ˌplæsənˈteiʃn] плацентация, формирование плаценты

placentitis [ˌplæsənˈtaitis] плацентит

placentography [ˌplæsənˈtɒgrəfi] плацентография

indirect ~ непрямая плацентография

radioisotope ~ радиоизотопная плацентография

ultrasonic ~ ультразвуковая плацентография

placentoma [ˌplæsənˈtəʊmə] хориокарцинома, хорион-эпителиома

placentotherapy [pləˌsentəʊˈθerəpi] лечебное применение экстракта из плаценты

placing [ˈpleisiŋ]:

~ of urinary catheter катетеризация; постановка [введение] катетера в мочевой пузырь

functional ~ наложение функциональной повязки

placing-reaction [ˈpleisiŋ-riˈækʃn] «готовность стоять» *(рефлекс у новорождённого)*

placode [ˈplækəʊd] *эмбр.* плакода *(зачаток анатомического образования)*

auditory ~ *см.* **otic ~**

dorsolateral ~ дорсолатеральная плакода

epibranchial ~ эпибранхиальная плакода *(зачаток ганглиев и нервов органа вкуса)*

lens ~ хрусталиковая плакода

nasal [olfactory] ~ обонятельная плакода

optic ~ *см.* **lens ~**

otic ~ статоакустическая плакода

plafond [pləˈfɒn] 1. плафон 2. потолок 3. свод *(особенно голеностопного сустава)*

tibial ~ дистальная суставная поверхность, или площадка, большеберцовой кости

plagiocephalism [ˌpleiʤiəʊˈsefəlizm], **plagiocephaly** [ˌpleiʤiəʊˈsefəli] плагиоцефалия *(асимметрия головы, обусловленная преждевременным закрытием части венечного шва)*

plague [pleig] 1. чума 2. любое эпидемическое заболевание с высокой летальностью; эпидемия 3. вспышка массового размножения грызунов с развитием эпизоотии

~ in domestic rodents 1. чума домашних грызунов 2. нашествие домашних грызунов

~ of rats нашествие крыс

black ~ чёрная [геморрагическая] чума

bubonic [glandular] ~ бубонная чума

Great ~ «Великая чума» *(эпидемия чумы в Лондоне в 1665 г.)*

Pahvant Valley ~ туляремия

pneumonic ~ лёгочная чума

premonitory ~ продромальный период чумы

septicemic ~ первично-септическая чума

Siberian ~ сибирская язва

sylvatic ~ лесная чума *(грызунов)*

white ~ туберкулёз

plague-spot [pleig-spɒt] 1. чумное пятно 2. местность, инфицированная чумой 3. источник заразы; притон, очаг морального разложения

plagued [pleigd] поражённый чумой

~ by depression *разг.* измученный депрессией

plain [plein] 1. ясный; явный, очевидный 2. простой *(напр. о диете)*; гладкий *(о волосах)* 3. обычный *(о томограмме)*; обзорный *(о рентгенограмме)*

plakin [ˈpleikin] *pl.* плакины *(вещества, подобные лейкинам)*

plan [plæn] 1. план; проект ‖ планировать 2. замысел, способ действий

care ~ план индивидуального социального обслуживания

competitive medical ~ *страх.* конкурирующая страховая программа

conservation ~ план охраны природы и природопользования

contributory ~ групповая медицинская страховая программа с долевым участием

faculty practice ~ групповая учебная практика врачей

family assistance ~ план помощи многодетным семьям

flexible benefit ~ медицинская страховая программа с гибким набором услуг *(медицинская страховка, страховка по уходу за ребёнком и т. п.)*

government insurance ~ программа государственного страхования

health care prepayment ~ схема предоплаты за оказание медицинских услуг

health insurance ~ план страхования от болезней

life ~ план жизни, жизненный сценарий

master ~ генеральный план; план комплексного развития

prepaid medical care ~ система страховой медицины *(план авансированного оказания медицинской помощи)*

pure endowment and term assurance ~ комбинированное страхование только на дожитие и до определённого срока

self-insured [self-funded] ~ самострахующаяся [самофинансирующаяся] медицинская организация *(берущая на себя бремя рисков, а не передающая их страховой компании)*

service ~ *страх.* программа обслуживания *(напр. «Голубой крест»)*

single-sampling ~ *стат.* план однократной выборки

wraparound ~ схема «Рэпэраунд» *(вид медицинской страховки, по которой благополучателю предоставляется возмещение за все вычеты и доплаты, которые не входят в базовую медицинскую страховку)*

planar ['pleɪnər] плоский; плоскостной

planchet [plænˈʃet] металлический контейнер для хранения радиоактивных веществ

plane [pleɪn] **1.** проекция; плоская поверхность, плоскость ‖ плоский; плоскостной **2.** грань **3.** послойный разрез (*напр. стенки полого органа*) **4.** уровень; стадия (*развития*)

~ **of body** плоскость тела

~ **of fetal head** позиция головки плода

~**s of fingernail** линии ногтевой пластинки

~ **of joint motion** плоскость движений в суставе

~ **of regard** плоскость взора (*воображаемая плоскость перемещения точек взора при боковом перемещении глаз*)

axial ~ рентг. аксиальная [горизонтальная] проекция

axiomesiodistal ~ сагиттальная дистально-медиальная плоскость зуба

base ~ плоскость ретенционных пунктов (*протеза зубов*)

bite ~ см. occlusal ~

Broca's ~ см. visual ~

cleavage ~ плоскость расщепления

coronal ~ фронтальная [венечная] плоскость (*тела*)

coronary ~ узи коронарное сечение, коронарная плоскость

datum ~ произвольная плоская поверхность

equatorial ~ горизонтальная плоскость экватора зуба

first parallel pelvic ~ см. pelvic ~ of inlet

fourth parallel pelvic ~ см. pelvic ~ of outlet

Frankfort horizontal ~ плоскость франкфуртской горизонтали (*проходящая через нижнеглазничный край и верхний край слухового прохода*)

frontal ~ фронтальная [венечная] плоскость (*тела*)

image ~ плоскость изображения

imaginary ~ воображаемая проекция

light ~ **of anesthesia** поверхностный наркоз

mandibular occlusal ~ окклюзионная плоскость нижнечелюстной зубной дуги

maxillary occlusal ~ окклюзионная плоскость верхнечелюстной зубной дуги

median [**midsagittal**] ~ срединная сагиттальная плоскость (*тела*)

myofascial ~ мышечно-фасциальный слой

nasion-postcondylar ~ плоскость, проходящая через шов лобной и носовой костей непосредственно позади суставных отростков нижней челюсти

occlusal ~ окклюзионная плоскость

pelvic ~ **of greatest dimensions** ~ см. pelvic ~ of inlet

pelvic ~ **of inlet** верхняя апертура таза, тазовый вход, плоскость наибольших размеров таза

pelvic ~ **of least dimensions** ~ см. pelvic ~ of outlet

pelvic ~ **of outlet** нижняя апертура таза, тазовый выход, плоскость наименьших размеров таза

popliteal ~ подколенная поверхность (*бедренной кости*)

principal ~ главная плоскость (*напр. прохождения рентгеновых лучей*)

sagittal ~ сагиттальная плоскость (*тела*)

second parallel pelvic ~ см. pelvic ~ of inlet

shear ~ плоскость среза

subcostal ~ подрёберная плоскость

third parallel pelvic ~ см. pelvic ~ of outlet

transaxial ~ аксиальная плоскость

transverse ~ поперечная плоскость (*тела*)

visual ~ зрительная плоскость

planigraphy [pləˈnɪɡrəfi] томография

planithorax [ˌplæniˈθɔːræks] рентг. переднезадняя проекция

planner ['plænə]:

health ~ организатор здравоохранения

planning ['plænɪŋ] планирование; проектирование

computer-aided ~ автоматизированное планирование

discharge ~ планирование выписки (*мероприятия по организации лечения больного после выписки*)

family ~ **1.** планирование семьи (*регулирование рождаемости*) **2.** контроль рождаемости

health manpower ~ планирование кадров здравоохранения

inductive ~ индуктивное планирование

long-term ~ долгосрочное планирование

macro ~ макропланирование

national health ~ планирование национального здравоохранения

natural family ~ физиологический метод предупреждения беременности или предохранения

network ~ сетевое планирование

spouses ~ см. family ~

planocellular [ˌpleɪnəʊˈseljʊlə] плоскоклеточный

planoconcave [ˌpleɪnəʊˈkɒnkeɪv] плосковогнутый (*о линзах*)

planoconvex [ˌpleɪnəʊˈkɒnveks] плосковыпуклый (*о линзах*)

planocyte ['pleɪnəʊsaɪt] планоцит (*эритроцит уплощённой формы*)

planography [pleɪˈnɒɡrəfi] см. planigraphy

planomania [ˌpleɪnəʊˈmeɪniə] патологическое стремление к бродяжничеству; дромомания

Planorbis [pləˈnɔːbis] планорбис (*род моллюсков, многие виды которых являются промежуточными хозяевами патогенных трематод*)

planotopokinesia [ˌplænəʊˌtɒpəʊkiˈniːziə] планотопокинезия, Мари симптом (*неспособность ориентироваться по карте или местности*)

plant[1] [plɑːnt] растение; саженец ‖ сажать, сеять

accumulator ~**s** кумулирующие растения (*факультативные аккумуляторы, напр., селена*)

C$_4$ ~ растение, фиксирующее диоксид углерода

century ~ столетник (*Agave americana*)

disease-resistant ~ иммунное растение

drug ~ лекарственное растение

indicator ~ растение-индикатор

medicinal ~ см. drug ~

poisonous ~**s** ядовитые растения

velvet ~ коровяк обыкновенный, медвежье ухо (*Verbascum thapsus*)

vulnerary ~ см. drug ~

plant[2] **1.** завод; фабрика; цех; станция **2.** установка; агрегат; оборудование

air conditioning ~ установка для кондиционирования воздуха

865

chemical treatment ~ установка для химической очистки (воды)

chlorination ~ установка для хлорирования (воды)

decontamination ~ очистительная установка

desalting ~ опреснительная установка

disinfection ~ дезинфекционная камера

disposal ~ завод по переработке отходов

distillation ~ установка для перегонки

gamma-ray irradiation ~ гамма-топограф, сцинтиграф

multiactivity ~ многоотраслевое целевое мероприятие

ozon ~ озонирующая установка, озонатор

physical ~ физические параметры

zink galvanizing ~ цинк-гальваническое производство

planta ['plæntə], *pl.* **plantae** ['plænti:]:

~ **pedis** подошва стопы

plantain ['plæntin] подорожник (*Plantago*)

plantalgia [,plænt'ældʒiə] боль в области подошвы стопы

plantar ['plæntər] подошвенный, плантарный

plantation [plæn'teiʃn] вживление, имплантация

~ **of tooth** имплантация зуба

planum ['pla:nəm] *лат., pl.* **plana** ['pla:nə] *см.* **plane**

planuria [plən'ju:riə] выделение мочи через патологическое отверстие наружу (*стерильное*)

plaque [plæk] 1. налёт; пятно; бляшка; участок, отличный от остальной поверхности 2. тромбоцит, кровяная пластинка

atheromatous ~ атероматозная бляшка

bacterial ~ *см.* **dental** ~

blood ~ тромбоцит, кровяная пластинка, бляшка Биццоцеро

calcified ~ кальцифицированная бляшка

calculus ~ зубной камень

clear ~ прозрачное пятно, бляшка

coalescing ~s слившиеся бляшки

dental ~s бактериальные бляшки (*зубной налёт*)

echogenic ~ *узи* гомогенная (*по плотности*) атероматозная бляшка

echolucent ~ *узи* гетерогенная (*по плотности*) атероматозная бляшка

fungal ~s 1. грибная колония (*в культуре*) 2. грибная бляшка (*на теле*)

germ ~ зародышевая плазма

hemolytic ~ зона гемолиза, гемолитическая «бляшка»

keratinaceous ~s бляшки ороговения

mucous ~ *см.* **dental** ~s

phage ~ негативная колония фага, стерильное пятно

senile ~s друзы, старческие бляшки (*участки атрофии коры головного мозга*)

subgingival ~ поддесневая бляшка

supragingival ~ наддесневая бляшка

ulcerated ~ изъязвлённая бляшка

plasm(a) ['plæzmə] 1. плазма (крови) ǁ плазматический; плазменный 2. протоплазма, цитоплазма 3. жидкая часть лимфы 4. крахмальная взвесь, используемая в приготовлении лекарств

antihemophilic ~ антигемофильная плазма

blood ~ плазма крови (*содержит 91 % воды, 6,5–8 % белков, около 2 % низкомолекулярных соединений*)

bovine ~ бычья плазма

citrated ~ цитратная плазма

clear ~ прозрачная плазма

dried ~ сухая плазма

fresh ~ свежезаготовленная плазма (*в первые трое суток*)

fresh frozen ~ свежезамороженная плазма

germ ~ зародышевая [зачаточная] плазма

hyperimmune equine ~ гипериммунная лошадиная сыворотка

pink ~ розовое окрашивание плазмы

platelet-rich ~ тромбоцит(ар)ный концентрат

pooled ~ пул плазмы (*плазма, изъятая от нескольких доноров*)

salt ~ консервированная солями плазма

seminal ~ семенная жидкость; плазма семенной жидкости

single donor ~ плазма, полученная плазмаферезом от одной дачи крови

supernatant ~ надосадочная плазма

true ~ цельная плазма

plasmablast ['plæzməblæst] плазмобласт (*предшественник плазматической клетки*)

vitro-induced ~s плазмобласты, индуцированные in vitro

plasmacrit ['plæzməkrit] гематокрит (*доля плазмы в общем объёме крови в процентах*)

plasmacyte ['plæzməsait] плазматическая [антителообразующая] клетка, плазмоцит

plasmacytoma [,plæzməsai'təumə] плазмоцитома (*1. миеломная болезнь 2. локальное проявление миеломной болезни*)

extramedullary ~ экстрамедуллярная плазмоцитома

mucocutaneous ~ (солитарная) плазмоцитома кожи и слизистых оболочек

multiple ~ **of bone** миеломная болезнь, множественная миелома костей

renal interstitial ~ плазмацитарный интерстициальный нефрит

plasmafiltration [,plæzməfil'treiʃn] плазмафильтрация; фильтрационная методика плазмафереза

plasmalemma [,plæzmə'lemə] клеточная [цитоплазматическая] оболочка, клеточная [плазматическая] мембрана, плазмолемма, цитолемма

plasmalogen [pləz'mælədʒən] глицерофосфолипид

plasmapheresis [,plæzməfə'ri:sis] плазмаферез (*1. метод выделения плазмы из крови с реинфузией форменных элементов 2. обменное переливание плазмы*)

plasmatic [plæz'mætik] относящийся к плазме, плазменный, плазматический (*о крови*)

plasmatosis [plæzmə'təusis] плазмолиз(ис) (*стадия цитолиза*)

plasmic ['plæzmik] *см.* **plasmatic**

plasmid ['plæzmid] плазмида (*1. внехромосомный генетический элемент, способный к длительному автономному существованию и репликации 2. искусственно сконструированная генно-инженерная кольцевая ДНК*)

bacteriocinogenic ~s бактериоциногенные плазмиды (*ответственные за синтез бактериоцинов*)

broad host range ~ плазмида с широким спектром хозяев

chimeric ~ химерная [рекомбинантная] плазмида

compatible ~s совместные плазмиды *(совместно существующие в клетке)*

conjugative ~s конъюгативные плазмиды *(способные передаваться от одной клетки к другой во время конъюгации)*

cryptic ~ криптическая плазмида *(фенотипически себя не проявляющая)*

curable ~ утрачиваемая *(выбрасываемая клеткой)* плазмида

F [fertile] ~ F-плазмида *(связана с конъюгацией штамма К-12 Escherichia coli)*

high-copy number ~ мультикопийная плазмида

nonconjugative ~ неконъюгирующая плазмида

noncurable ~ стабильная [неутрачиваемая] плазмида

silent ~ *см.* **cryptic** ~

Ti [tumor inducing] ~ плазмида, индуцирующая образование опухолей

R ~s [resistant] R-плазмиды *(несут гены, ответственные за устойчивость микробов к антибактериальному фармакологическому воздействию)*

recombinant ~ рекомбинантная плазмида *(изменённая методом генной инженерии и содержащая сегменты ДНК другого организма)*

transmissible ~ половой фактор *(бактерий)*

plasmin ['plæzmin] плазмин, фибринолизин *(фермент)*

plasminogen [plæz'minəʤen] плазминоген, профибринолизин

tissue activator ~ тканевой активатор плазминогена

plasmoblast ['plæzməʊblæst] иммунобласт, плазмобласт *(трансформированные Т- и В-лимфоциты)*

plasmocyte ['plæzməʊsait] *см.* **plasmacyte**

plasmodiotrophoblast [plæz,məʊdiəʊ'trəʊfəʊblæst] синцитиотрофобласт, синцитиальный слой трофобласта

plasmodium [plæz'məʊdiəm] 1. плазмодий; малярийный паразит 2. *гист.* симпласт *(масса протоплазмы, содержащая несколько ядер и образованная в результате деления ядер без разделения цитоплазмы)*

exoerythrocytic ~ малярийные паразиты вне эритроцитов, экзоэритроцитарная фаза развития малярии

placental ~ *см.* **plasmodiotrophoblast**

Plasmodium плазмодии *(род простейших, объединяющий внутриклеточных паразитов)*

~ **falciparum** серповидный плазмодий *(возбудитель тропической малярии)*

~ **malariae** возбудитель четырёхдневной малярии

~ **ovale** овальный плазмодий *(возбудитель овалемалярии)*

~ **vivax** возбудитель трёхдневной малярии

plasmogen ['plæzməʊʤen] плазмоген *(ген, расположенный в ДНК цитоплазмы)*

plasmokinin ['plæzməʊkainin] фактор VIII *(свёртывающей системы крови)*; антигемофильный фактор, или глобулин (А); тромбопластический фактор [компонент] плазмы

plasmolemma [plæzməʊ'lemə] *см.* **plasmalemma**

plasmolysis [plæz'mɒlisis] плазмолиз(ис) *(стадия цитолиза)*

plasmolyze ['plæzməʊlaiz] вызывать плазмолиз

plasmoma [plæz'məʊmə] плазмоцитома *(локальное проявление миеломной болезни)*

plasmon ['plæzmɒn] плазмон, плазмотип *(совокупность генов в цитоплазматических молекулах)*

plasmoptysis [plæz'mɒptisis] плазмоптиз *(выхождение протоплазмы из клетки)*

plasmorrhexis [,plæzməʊ'reksis], **plasmoschisis** [plæz'mɒskisis] фрагментация протоплазмы, плазморексис *(распад протоплазмы)*

plasmozyme ['plæzməʊzaim] фактор II *(свёртывающей системы крови)*, протромбин

plaster ['plæstə] 1. гипс ‖ гипсовать, накладывать гипс 2. пластырь ‖ накладывать пластырь

~ **of colophony** гуммозный пластырь

~ **of Paris** гипс

adhesive ~ лейкопластырь, липкий пластырь

blistering [cantharidis] ~ нарывной пластырь

capsicum ~ перцовый пластырь

comfortably fitting ~ удобно пригнанная гипсовая повязка

corn ~ мозольный пластырь

dental ~ зуботехнический гипс

mustard ~ горчичник

pouring ~ *стом.* жидкий моделировочный гипс

too tight ~ слишком тугая гипсовая повязка

too slack ~ слишком свободная гипсовая повязка

plastic ['plæstik] 1. пластмасса, пластик ‖ пластмассовый, пластиковый 2. пластичный, гибкий 3. восстановительный, пластический, реконструктивный *(об операции)*

~s **for hospital** предметы из пластмасс для больничного обихода

denture ~ пластинка для зубных протезов

penis ~s фаллопластика, пенипластика

plasticity [plæs'tisiti] пластичность, гибкость

~ **of the neuromuscular system** пластичность нейромышечной системы

neuronal ~ нейрональная пластичность *(изменение активности или реакций нейрона в ответ на поступающие на его входы сигналы)*

plasticizer ['plæsti,saizə] смягчитель, пластификатор

plastid ['plæstid] 1. включения клетки 2. пластида самовоспроизводящаяся клеточная *(органелла растительной клетки)*

blood ~ клетка крови *(напр. эритроцит)*

plastom ['plæstɒm] совокупность генов, входящих в геном *(пластида)*

plasty ['plæsti] пластическая операция

antireflux ~ антирефлюксная восстановительная операция

plate [pleit] 1. *анат.* пластинка 2. металлическая пластинка *(для соединения костных отломков)* 3. зубной протез 4. *микр.* чашка Петри; слой питательной среды *(в чашке Петри)* 5. планшет *(для клонирования, титрования и т. п.)* ‖ засевать, или пассировать, культуру на планшетах

adhesion ~s зоны контакта, соединение клеток между собой

agar ~ чашка с агаровой средой, агаровая пластинка

alar ~ **of neural tube** *эмбр.* крыльная пластинка *(нервной трубки)*

anterior cervical locking ~s замковые пластины для передней фиксации шейного отдела позвоночника

AO reconstruction ~ восстановительная пластинка международной ассоциации «Остеосинтез»

axial ~ первичная полоска эмбриона

basal ~ *офт.* базальная [основная] пластинка, Бруха оболочка

base ~ базисная пластинка протеза зубов

bite ~ прикусный шаблон

blood ~ тромбоцит, кровяная пластинка, Биццоцеро бляшка

blood agar ~ чашка или пластинка с кровяным агаром

bone [butress] ~ металлическая пластинка, используемая для скрепления отломков кости

cartilaginous ~ замыкательная [хрящевая] пластинка тела позвонка

catch ~ Петри чашка *(для улавливания микрофлоры воздуха)*

chorionic ~ хориальная пластинка *(основа стенки хориона)*

clinoid ~ *анат.* спинка турецкого седла

color(ed) ~ хроматическая таблица, таблица для исследования цветового зрения

compresative ~ компенсационная пластинка *(аппарата Илизарова)*

cortical ~ кортикальная пластинка *(кости)*

cough ~ чашка для посева микробов при кашле больного

cribriform ~ 1. (решётчатая) пластинка решётчатой кости **2.** кортикальная пластинка лунки зуба **3.** решётчатая пластинка склеры **4.** решётчатая фасция

crowded ~ пластинка с избыточно густой средой

culture ~ культуральная чашка

cutis ~ *эмбр.* дерматом

dental ~ базис протеза зубов

earth ~ заземлённый пассивный электрод

end ~ концевая пластинка *(двигательного нерва)*

epiphyseal ~ *см.* **growth ~**

flat bottom tissue culture ~ матрас для культуры тканей

flood ~ чашка с тонким слоем инокулята

floor ~ *см.* **ventral ~**

growth ~ ростковая [замыкательная] пластинка эпифиза, эпифизарная зона роста

lingual ~ назубная часть базиса нижнего съёмного протеза

melting hot ~ зуботехнический шпатель *(для моделирования восковых прикусных валиков)*

membrane filter ~ *микр.* посев в чашках с мембранными фильтрами

microtest-tissue ~ камера для микрокультивирования, Терасаки камера

microtiter ~ пластина [панель] микротитратора

motor ~ *см.* **end ~**

muscle ~ миотом, миомер, мышечная пластинка *(слой клеток между дерматомом и склеротомом, из которого развивается скелетная мускулатура)*

nail ~ ногтевая пластинка

neural ~ *эмбр.* нервная пластинка *(из которой развивается нервная трубка, а затем – ЦНС)*

orbital ~ глазничная пластинка *(решётчатой кости)*

palatal ~ назубная часть базиса верхнего частичного съёмного протеза

partial ~ частичный съёмный протез зубов

perforated ~ сетчатая тарелка

purity ~ микробиологическая чашка с селективной питательной средой для определения чистоты культуры

roentgenologic flat ~ обзорная рентгенограмма

sieve ~ *см.* **cribriform ~ 1**

slide ~ предметное стекло

spiral ~ костная спиральная пластинка

spot ~ пластинка с лунками *(для проведения реакции агглютинации)*

streak ~ штриховая культура бактерий

trial ~ временный базис пластинчатого съёмного протеза

tympanic ~ передняя стенка слухового прохода и барабанной полости

ventral ~ *эмбр.* вентральная пластинка нервной трубки

X-ray ~ рентгенограмма

plateau [pləˈtəʊ] плато; возвышение

~ at high-end diastolic pressure фаза плато высокого конечно-диастолического давления

isoelectric ~ изоэлектрическая линия *(на ЭКГ)*

plaque count ~ плато титрования *(постоянный уровень максимального числа бляшек при титровании)*

tibial ~ площадка большеберцовой кости

platelet [ˈpleitlət] тромбоцит, кровяная пластинка

washed ~s отмытые тромбоциты

plateletpheresis [ˌpleitlətfəˈriːsis] тромбоцитоферез

platiculture [ˈplætiˈkʌltʃə] пластинчатая разводка культуры микроорганизмов

plating [ˈpleitiŋ] **1.** фиксация *(концов отломков кости)* пластинкой **2.** *микр.* посев на чашках Петри, пластинчатая разводка

dilution ~ посев методом разведения

inoculation ~ посев на микрофлору

replica ~ реплика *(контактный способ получения копии клонов бактерий, выращенных на твёрдой среде)*

platybasia [ˌplætiˈbeisiə] платибазия *(1. вдавление основания затылочной кости и ската в заднюю черепную ямку 2. вклинение [дислокация] ствола мозга и мозжечка в большое затылочное отверстие)*

platycelous [ˌplætiˈsiːləs] плоский с проксимального направления и вогнутый с дистального *(о позвонке)*

platycephalic [ˌplætisəˈfælik], **platycephalous** [ˌplætiˈsefələs] с плоским черепом, проскоголовый

platycephaly [ˌplætiˈsefəli], **platycrania** [ˌplætiˈkreiniə] платикрания, платицефалия, плоскоголовость

platycoria [ˌplætiˈkɔːriə] широкий зрачок

platycyte [ˈplætisait] эпителиоидная клетка *(встречающаяся при туберкулёзе)*

Platyhelminth [ˌplætiˈhelminθ] платигельминты *(класс плоские черви)*

platyonychia [ˌplætiəʊˈnikiə] уплощение ногтей

platyopic [ˌplætiˈɒpik] широколицый

platypelvic [ˌplætiˈpelvik] имеющий широкий таз

platypnea [pləˈtipniə] затруднённое дыхание при вставании, нормализуется в положении лёжа

platypodia [ˌplætiˈpəʊdiə] плоскостопие

platysma [plə'tizmə], *pl.* **platysmata** [plə'tizmətə] подкожная мышца шеи

platyspondylia [ˌplætispɒn'diliə], **platyspondylysis** [ˌplætispɒn'dilisis] платиспондилия, «рыбьи» позвонки *(уплощение и деформация тел позвонков)*

plausibility [ˌplɔːzə'biləti]:

  biological ~ биологическая вероятность

play [plei]:

  fair ~ честная игра *(в спорте: отказ от допинга, доброжелательное, уважительное отношение к сопернику и т. д.)*

  make-believe ~ психол. игра «понарошку»

play-act [plei-ækt] псих. актёрствовать, ломать комедию

play-age [plei-eidʒ] дошкольный возраст *(3–5 лет)*

playgroup ['pleigruːp] детский сад на общественных началах; дошкольная группа детей

playing ['pleiiŋ]:

  role ~ психол. проигрывание роли; ведение игры, обыгрывание ситуации

play-therapy [plei-'θerəpi] игровая психотерапия

  costume ~ костюмированная психотерапия в лицах

plea [pliː] **1.** аргумент **2.** заявление ответчика или защиты **3.** иск по суду

  ~ of guilty признание себя виновным

  ~ of insanity заявление о невменяемости

pleasure ['pleʒə] **1.** удовольствие; наслаждение **2.** желание

  organ ~ психоан. внегенитальное удовлетворение

plectrum ['plektrəm] **1.** язычок **2.** молоточек **3.** шиловидный отросток

pledget ['pledʒət] тампон

  cotton ~ ватный тампон

plegia ['pliːdʒiə] плегия; паралич

pleiocromia [plaiəʊ'krəʊmiə], **pleiochromatism** [plaiəʊ'krəʊmətizm] плейохромия *(повышенное содержание пигментов, особенно в жёлчи)*

pleiotropic [plaiəʊ'trɒpik] плейотропный, множественный

pleiotropism [plai'ɒtrəpizm], **pleiotropy** [plai'ɒtrəpi] плейотропия *(влияние одного гена на несколько фенотипических признаков, как, напр., арахнодактилия, аномалии хрусталика, порок сердца)*

pleioxeny [ˌplaiəʊ'ziːni] многохозяйность паразита

pleochromocytoma [pliəʊˌkrəʊməʊsai'təʊmə] плеохромоцитома *(опухоль, состоящая из клеток с различным содержанием пигмента)*

pleocytosis [ˌpliəʊsai'təʊsis] плеоцитоз *(повышенное содержание клеточных элементов в цереброспинальной жидкости)*

pleomastia [ˌpliəʊ'mæstiə], **pleomazia** [ˌpliəʊ'meiziə] полимастия, гипермастия *(наличие добавочных грудных желёз)*

pleomorphic [ˌpliəʊ'mɔːfik] плеоморфный, полиморфный, имеющий различные формы

pleomorphism [ˌpliəʊ'mɔːfizm] плеоморфизм *(принятие организмом, напр. Plasmodium, ряда различных форм на протяжении жизненного цикла)*

  cellular ~ полиморфизм клеток

pleonasm [ˌpliəʊ'næzm] избыток, избыточность, гипертрофия

pleonexia [ˌpliəʊ'neksiə] псих. патологическая жадность

pleonosteosis [ˌpliːɒnˌɒsti'əʊsis] избыточный остеогенез

pleoptics [pli'ɒptiks] плеоптическое лечение, плеоптика *(напр. амблиопии)*

pleoptophor [pli'ɒptəʊfɔː] плеоптофор *(оптический прибор для лечения амблиопии)*

plerocercoid [ˌpliːrəʊ'səːkɔid] плероцеркоид *(личиночная стадия развития некоторых ленточных червей)*

plesiomorphic [ˌpliːziəʊ'mɔːfik] имеющий аналогичную форму

plessesthesia [ˌpleses'θiːziə] непосредственная перкуссия

plessor ['plesɒr] перкуссионный молоточек, плессиметр

plethora ['pleθərə] плетора *(избыток жидкости – особенно крови – в организме)*, гиперволемия

plethoric [plə'θɔːrik] относящийся к плеторе, плеторический

plethysmography [ˌpleθiz'mɒgrəfi] плетизмография *(измерение объёма тела, части тела или отдельного органа)*

  capacitance ~ ёмкостная плетизмография

  impedance ~ импедансная плетизмография, реоплетизмография

  radiation ~ радиационная плетизмография

pleura ['plʊərə], *pl.* **pleurae** ['plʊəriː] плевра

  cervical ~ купол плевры

  costal ~ рёберная плевра

  diaphragmatic ~ диафрагмальная плевра

  mediastinal ~ медиастинальная плевра

  parietal ~ пристеночная [париетальная] плевра

  pulmonary [visceral] ~ лёгочная [висцеральная] плевра

pleuracotomy [ˌplʊərə'kɒtəmi] торакотомия

pleuralgia [plʊə'rældʒiə] плевралгия, плевродиния

pleurectomy [plʊə'rektəmi] декортикация лёгких, плеврэктомия, эмпиемэктомия

  parietal ~ декортикация лёгкого; париетальная плеврэктомия

Pleur-Evac [plʊər-'iːvæk] фирм. плевральная аспирационная система

pleurisy ['plʊərizi], **pleuritis** [plʊə'raitis] плеврит

  ~ sicca см. **dry ~**

  ~ with effusion экссудативный [выпотной] плеврит

  adhesive ~ слипчивый [адгезивный, фиброзный] плеврит *(с образованием фиброзных спаек)*

  asbestos ~ асбестозный плеврит

  benign dry ~ эпидемическая плевродиния, эпидемическая миалгия, доброкачественный сухой плеврит *(вызываемый вирусами Коксаки B)*

  blocked ~ см. **encysted ~**

  chyleform [chylous] ~ хилёзный плеврит

  costal ~ (пара)костальный плеврит

  diaphragmatic ~ 1. базальный [диафрагмальный] плеврит **2.** см. **benign dry ~**

  dry ~ фибринозный [сухой] плеврит *(с отложением фибрина на поверхности плевры)*

  encysted ~ осумкованный плеврит

  epidemic benign dry [epidemic diaphragmatic] ~ см. **benign dry ~**

  exudative ~ экссудативный [выпотной] плеврит

  fibrinous ~ см. **dry ~**

  foetid ~ ихорозный плеврит

hemorrhagic ~ геморрагический плеврит

interlobar ~ междолевой плеврит

lupus ~ волчаночный плеврит

metapneumonic ~ метапневмонический плеврит

plastic ~ *см.* **dry** ~

productive ~ панцирный плеврит

proliferating ~ *см.* **dry** ~

pulmonary ~ висцеральный плеврит

sacculated ~ *см.* **encysted** ~

serofibrinous ~ серозно-фибринозный плеврит

wet ~ экссудативный [выпотной] плеврит

pleurocele ['pluːrəʊsiːl] лёгочная грыжа

pleurocentesis [ˌpluːrəʊsen'tiːsis] плевральная пункция, торакоцентез

pleuroclysis [plʊ'rɒklisis] лаваж [промывание] плевральной полости

pleurodesis [plʊ'rɒdəsis] *хир.* плевродез (*создание сращений плевральных листков*)

pleurodynia [ˌpluːrəʊ'diniə] *см.* **pleuralgia**

  epidemic ~ *см.* **benign dry pleuritis**

pleurolysis [plʊ'rɒlisis] *хир.* плевролиз, пневмолиз (*отделение лёгкого от спаек*)

pleuroparietopexy [ˌpluːrəʊpə'riətəʊˌpeksi] плевропариетопексия

pleuropneumonia [ˌpluːrəʊnʌˈʁməʊniə] плевропневмония

pleuropulmonary [ˌpluːrəʊ'pʌlmənæri] плевропульмональный (*напр. шок*), лёгочно-плевральный (*об осложнении*)

pleuropyesis [ˌpluːrəʊpaiˈiːsis] нагноение плевральной полости, эмпиема плевры

pleurorrhagia [ˌpluːrəʊˈreiʤiə] кровотечение в плевральной полости

pleurorrhea [ˌpluːrəʊˈriːə] гидроторакс; плевральный выпот

pleuroscopy [plʊ'rɒskəpi] торакоскопия

pleurothotonos [ˌpluːrəʊˈθɒtənəs], **pleurothotonus** [ˌpluːrəʊˈθɒtənəs] изгиб туловища в сторону большего сокращения мышц (*у больного столбняком*)

pleurotomy [plʊ'rɒtəmi] **1.** торакотомия **2.** иссечение панцирной плевры

pleurotyphoid [ˌpluːrəʊ'taifɔid] брюшной тиф, осложнённый плевритом (*симулирующим основное заболевание*)

plexal ['pleksəl] относящийся к сплетению (*напр. нервному*)

plexectomy [pleks'ektəmi] иссечение нервного сплетения

plexiform ['pleksifɔːm] переплетённый, сплетённый, напоминающий или образующий сплетение; перепончатый; сетчатый, сетевидный

plexitis [plek'saitis] плексит (*воспаление нервного сплетения*)

plexus ['pleksəs], *pl.* **plexuses** ['pleksəsiːz] сеть, сплетение (*напр. сосудистое*)

  ~ **chorioideus** *лат.* сосудистое сплетение

  ~ **nervorum spinalium** *лат.* сплетение спинномозговых нервов

  ~ **pampiniformis** лозовидное сплетение (*образованное яичковой веной у мужчин и яичниковой веной у женщин*)

  abdominal preaortic ~ брюшное аортальное нервное сплетение

  Auerbach's ~ *см.* **myenteric** ~

  brachial ~ плечевое сплетение

  caroticus ~ сонное сплетение

  celiac ~ солнечное сплетение

  cervical ~ шейное нервное сплетение

  choroid(al) ~ сосудистое сплетение

  coccygeal ~ копчиковое нервное сплетение

  lateral cord brachial ~ латеральный пучок плечевого сплетения

  lumbosacral ~ пояснично-крестцовое сплетение

  Meissner's ~ подслизистое кишечное нервное сплетение, мейснеровское сплетение

  myenteric ~ межмышечное кишечное нервное сплетение, ауэрбаховское сплетение

  pampiniform ~ гроздевидное сплетение

  pelvic autonomic ~**es** вегетативные нервные сплетения полости таза

  solar ~ *см.* **celiac** ~

  submucous ~ *см.* **Meissner's** ~

  subserous ~ подсерозное сплетение

  tympanic ~ барабанное сплетение

  vertebral ~ позвоночное сплетение

plica ['plaikə], *pl.* **plicae** ['plaisiː] **1.** *анат.* складка **2.** фибринозная плёнка

  ~ **malleris** *лат.* молоточковая складка (*барабанной перепонки*)

  ~ **salpingopalatina** *лат.* трубно-нёбная складка

  ~ **sublingualis** подъязычная складка

  ~ **vocalis** голосовая складка

plicate ['plaikeit] собирать в складку, формировать складку (*хирургическим путём*) ‖ складчатый; компактный

plication [plai'keiʃn] *хир.* образование складок, сборивание, пликация (*напр. фундопликация*)

  ~ **of small intestinum** интестинопликация, сборивание кишечника, Нобля операция

  annular ~ наложение кисетного шва

plicotomy [plai'kɒtəmi] рассечение связки

pliers ['plaiəz] *мед. тех.* щипцы, плоскогубцы

  clasp-bending ~ щипцы для сгибания бюгелей

  contouring ~ коронковые щипцы

  crown form ~ щипцы для моделирования зубных коронок

  cutting ~ щипцы-кусачки

  orthodontic ~ ортодонтические щипцы

  round nose ~ зуботехнические круглогубцы

  serrated long nose ~ зуботехнические плоскогубцы

  smooth crown ~ *см.* **contouring** ~

ploidy ['plɔidi] *ген.* плоидность (*число гаплоидных наборов хромосом, содержащихся в кариотипе (клетки, группы клеток организма)*)

plombage [plɒm'baːʒ] *фр., уст.* плюмбаж (*пломбирование патологической полости инертной массой*)

plop [plɒp] хлопающий шум

  tumor ~ звук, возникающий при опухоли левого предсердия от её удара по фиброзному кольцу клапана

plot [plɒt] **1.** график, графическая зависимость; диаграмма ‖ строить график; чертить **2.** единица опыта

  cot ~ график скорости гибридизации нуклеиновых кислот

  Fermi – Kurie β-energy distribution ~ Кюри – Ферми кривая (*распределения энергии бета-частиц*)

semilog ~ полулогарифмический график

plotted ['plɒtid] нанесённый на график; построенный на графике

plotter ['plɒtə] графопостроитель, построитель кривых

  curve ~ самописец

  visual field ~ экспресс-анализатор поля зрения

plug [plʌg] 1. закупоривающая масса, пробка (напр. тромб, серная пробка) 2. тампон || тампонировать 3. пломбировать (зуб) 4. вилка; штекер

  ~ **of cebaceous matter** сальная пробка

  ~ **of cerumen** серная пробка

  bronchial ~ окклюзия бронха

  cervical ~ слизистая пробка в шейке матки

  colostomy ~ колостомическое запирательное устройство

  cotton ~ ватный тампон

  ear ~ ушной вкладыш

  endotubal isthmic ~ контрацептивная пробка, вводимая через устье маточной трубы

  fibrous ~s закрытие дефекта разрастанием фиброзной ткани

  freeze-dried ~ лиофилизированная масса (напр. вакцины)

  gauze ~ марлевый тампон

  meconium ~ 1. мекониевая пробка 2. мекониевая непроходимость кишечника

  mucous ~ слизистая пробка; комок слизи

  omental ~ тампонада сальником на ножке

  platelet ~s сгусток из тромбоцитов

  postcoital ~ посткоитусная пробка

  sebaceous ~ сальная пробка

  Simpson's ~ Симпсона передняя тампонада носа

  struvite urethral ~ струвитовая пробка уретры

  tracheostomy ~ трахеостомическая заглушка

  water drain ~ дренажная пробка (в кислородном приборе)

plugger ['plʌgə] стом. штопфер

  amalgam ~ штопфер для амальгамовой пломбы

  automatic ~ автоматический уплотнитель золотой фольги

  tampon ~ инструмент для вкладывания [укладывания] тампона

plugging ['plʌgiŋ] 1. окклюзия; обтурация; тампонада 2. закупорка, засорение

plumbism ['plʌmbizm] сатурнизм, свинцовое отравление

pluralism ['pluərəlizəm]:

  cultural ~ культуральный плюрализм

  ethnic ~ этнический плюрализм

pluricausal [ˌpluːriˈkɔːzəl] многопричинный, полиэтиологический

pluridirectional [ˌpluːridəˈrekʃnəl] многопозиционный (напр. о томографии)

pluriglandular [ˌpluːriˈglændjʊlə] плюригландулярный (относящийся ко многим железам); полиэндокринный (напр. аденоматоз)

plurigravida [ˌpluːriˈgrævidə] женщина, имевшая несколько беременностей

plurilocular [ˌpluːriˈlɒkjʊlə] многокамерный, ячеистый

plurinuclear [ˌpluːriˈnuːkliər] многоядерный

pluripara [plʊˈripərə], **pluriparity** [ˌpluːriˈpæriti] многорожавшая

pluripotent(ial) [ˌpluːriˈpəʊˈtenʃəl] 1. плюрипотентный, полипотентный (напр. о стволовой клетке, из которой развиваются все форменные элементы крови) 2. полипотенциальный, широкого спектра (действия), действующий на несколько органов

pluriresistant [ˌpluːririˈzistənt] полирезистентный (о микрофлоре)

plutophobia [ˌpluːtəʊˈfəʊbiə] плутофобия (патологическая боязнь богатства)

P-mitrale [piːˈmaiˈtreili] митральный [расширенный] предсердный зубец (на ЭКГ при митральном стенозе)

pneodynamics [ˌniːəʊdaiˈnæmiks] см. **pneumodynamics**

pneograph ['niːəʊgræf] спирограмма

pneumal ['nuːməl] лёгочный

pneumarthrosis [nuːmaˈθrəʊsis] 1. пневмартроз 2. введение газа в полость сустава

pneumathemia [ˌnuːməˈθiːmiə] воздушная эмболия

pneumatization [ˌnuːmətiˈzeiʃn] анат. пневматизация (наличие заполненных воздухом полостей в костях, напр. пазухах черепа)

pneumatocele [nuːˈmætəʊsiːl] 1. воздушная киста лёгкого 2. пневматоцеле 3. лёгочная грыжа, грыжа лёгочной ткани

pneumatocyst [nuːˈmætəʊsist] воздушная киста

pneumatodyspnea [ˌnuːˈmætəʊˈdispniə] одышка при эмфиземе лёгких

pneumatoscope [nuːˈmætəʊskəʊp] 1. инструмент для измерения дыхательных экскурсий грудной клетки 2. инструмент для аускультаторной перкуссии грудной клетки

pneumatosis [ˌnuːməˈtəʊsis] пневматоз (скопление газа в органах и тканях)

  ~ **cystoides**, ~ **intestinalis** кистозный пневматоз кишечника

pneumatotherapy [ˌnuːmətəʊˈθerəpi] 1. баротерапия 2. гипобаротерапия

pneumatothorax [ˌnuːmətəʊˈθɔːræks] см. **pneumothorax**

pneumaturia [ˌnuːmətˈjuːriə] пневматурия (наличие в моче пузырьков воздуха или газа)

pneumectomy [nuːmˈektəmi] см. **pneumonectomy**

pneumoangiography [ˌnuːməʊˌændʒiˈɒgrəfi] рентг. газовая ангиография, капноангиография, пневмоангиография

pneumobacillus [ˌnuːməʊbəˈsiləs] клебсиелла пневмонии, Фридлендера палочка

pneumocardial [ˌnuːməʊˈkaːdiəl] сердечно-лёгочный

pneumocele ['nuːməʊsiːl] см. **pneumatocele**

pneumocentesis [ˌnuːməʊsənˈtiːsis] пневмоцентез, пункция лёгкого

pneumocephalia [ˌnuːməʊˈsefəliə], **pneumocephalus** [ˌnuːməʊˈsefələs] пневмоцефалия (наличие газа в полости черепа)

pneumocholecystitis [ˌnuːməʊˌkɒləsisˈtaitis] газовый [эмфизематозный] холецистит

pneumococcus [ˌnuːməʊˈkɒkəs], pl. **pneumococci** [ˌnuːməʊˈkɒksi] пневмококк

pneumocolon [ˌnuːməʊˈkəʊlɒn] наличие газа в ободочной кишке

pneumoconiosis [ˌnuːməʊˌkəʊniˈəʊsis], pl. **pneumoconioses** [ˌnuːməʊˌkəʊniˈəʊsiːz] пневмокониоз

bauxite ~ пневмокониоз у шахтёров, добывающих бокситы *(обусловленный вдыханием микрочастиц кремния и алюминия)*

coal workers' ~ антракоз, пневмокониоз шахтёров-угольщиков

mica ~ пневмокониоз, вызванный слюдой

rare earth ~ редкоземельный пневмокониоз

Pneumocystis [ˌnuːməʊˈsistis] пневмоциста *(род простейших)*

~ **carini** *лат.* возбудитель пневмоцистной пневмонии *(высококонтагиозный)*

pneumocystography [ˌnuːməʊsisˈtɒgrəfi] пневмоцисто(рентгено)графия *(рентгенография мочевого пузыря после введения в него газа)*

pneumocystosis [ˌnuːməʊsisˈtəʊsis] *см.* **plasma cell pneumonia**

pneumocyte [ˈnuːməʊsait] пневмоцит, альвеолоцит

pneumoderma [ˌnuːməʊˈdəːmə] подкожная эмфизема

pneumodynamics [ˌnuːməʊdaiˈnæmiks] динамика дыхания

pneumoempyema [ˌnuːməʊempaiˈiːmə] пиопневмоторакс *(скопление гноя и газа в плевральной полости)*

pneumoencephalography [ˌnuːməʊenˌsefəˈlɒgrəfi] *рентг.* пневмоэнцефалография

pneumogastrogram [ˌnuːməʊˈgæstrəgrəm] *рентг.* пневмогастрограмма

pneumography [nuːˈmɒgrəfi] 1. пневмография *(графическая регистрация дыхательных движений)* 2. рентгенография с введением воздуха в какую-л. полость

~ **of the brain** пневмоэнцефалография

subdural ~ субдуральная пневмоэнцефалография

pneumokidney [ˌnuːməʊˈkidni] наличие газа в почечной лоханке

pneumolysis [nuːˈmɒlisis] *хир.* пневмолиз, плевролиз *(освобождение лёгкого от сращений)*

pneumomalacia [ˌnuːməʊməˈleiʃiə] пневмомаляция *(размягчение ткани лёгкого)*

pneumomediastinum [ˌnuːməʊˌmiːdiəsˈtainəm] 1. пневмомедиастинум 2. эмфизема средостения

pneumomelanosis [ˌnuːməʊˌmeləˈnəʊsis] пневмомеланоз *(чёрная окраска лёгких, напр., при антракозе)*

pneumomyelography [ˌnuːməʊˌmaiəˈlɒgrəfi] *рентг.* пневмомиелография

pneumonectasia [ˌnuːməʊnəkˈteiziə], **pneumonectasis** [ˌnuːməʊˈnektəsis] эмфизема лёгких

pneumonectomy [ˌnuːməʊnˈektəmi] 1. пульмонэктомия 2. резекция лёгкого

segmental ~ **in bronchiectasis** сегментарная резекция лёгкого

sleeve ~ циркулярная пульмонэктомия

pneumonedema [nuːməʊniˈdiːmə] отёк лёгких

pneumonemia [nuːməʊnˈiːmiə] застой в лёгких

pneumonia [nuːˈməʊniə] пневмония, воспаление лёгких

~ **dissecans** гнойная интерстициальная пневмония

abortive ~ абортивная пневмония *(в течение 1–3 дней)*

adenovirus ~ аденовирусная пневмония

anthrax ~ сибиреязвенная пневмония

apex (apical) ~ верхушечная пневмония

aspiration ~ *см.* **acid aspiration pneumonitis**

asthenic ~ пневмония на фоне истощения, изнурения *(у пожилых больных)*

attended ~ сопутствующая пневмония

atypical ~ атипичная пневмония

bronchial ~ очаговая пневмония, бронхопневмония

caseous ~ *см.* **cheesy** ~

catarrhal ~ катаральная пневмония

central ~ центральная [прикорневая] пневмония

cheesy ~ казеозная пневмония *(при туберкулёзе лёгких)*

community-acquired ~ приобретённая в общине [внебольничная] пневмония

congenital ~ *см.* **intrauterine** ~

core ~ *см.* **central** ~

deglutition ~ *см.* **acid aspiration pneumonitis**

desquamative ~ десквамативная пневмония

double ~ двусторонняя пневмония

ephemeral ~ быстропроходящая пневмония *(в течение 36–48 ч)*

fibrinous ~ (серозно-)фибринозная пневмония

fungal ~ микотическая пневмония

giant cell ~ гигантоклеточная пневмония

herpes simplex virus ~ пневмония, вызванная вирусом простого герпеса

hospital-acquired ~ внутрибольничная [госпитальная, нозокомиальная] пневмония

hypersensitivity ~ аллергический альвеолит

hypostatic ~ гипостатическая [застойная] пневмония

inhalation ~ 1. аспирационная пневмония 2. посленаркозная бронхопневмония

intrauterine ~ внутриутробная пневмония новорождённых

lipid [lipoid] ~ липоидная пневмония, олеопневмония

lobar ~ долевая [лобарная] пневмония, лобит

lobular ~ очаговая пневмония, бронхопневмония

lymphoid interstitial ~ лимфоидная интерстициальная пневмония

Magrassi – Leonardi ~ Маграсси – Леонарди пневмония, эозинофильная лейкоцит(ар)ная пневмония

migratory ~ *см.* **wandering** ~

moniliasis ~ кандидоз лёгких, кандидозная пневмония

mycoplasmal ~ микоплазменная [первая атипичная] пневмония

necrotizing ~ гангрена лёгкого

nosocomial ~ *см.* **hospital-acquired** ~

opportunistic ~ оппортунистическая пневмония *(вызванная условно-патогенными микроорганизмами при иммунодефиците)*

organizing ~ пневмония с исходом в склероз; пневмосклероз

overwhelming ~ 1. сливная пневмония 2. обширная [распространённая] пневмония

plague ~ чумная пневмония

plasma cell [pneumocystis] ~ плазмоклеточная [пневмоцистная] пневмония, пневмоцистоз

rheumatic ~ ревматический пневмонит

terminal ~ пневмония, развивающаяся в терминальной стадии болезни

transient eosinophilic ~ летучая эозинофильная пневмония

usual interstitial ~ обычная интерстициальная пневмония, идиопатический лёгочный фиброз

varicella ~ воспаление лёгких, вызванное вирусом ветряной оспы

ventilatory-associated ~ пневмония, провоцированная ИВЛ

viral ~ вирусная пневмония

walking ~ амбулаторная пневмония *(переносимая на ногах)*

wandering ~ мигрирующая пневмония

wool-sorter's ~ лёгочная форма сибирской язвы

pneumonic [nuːˈmɒnik] 1. пневмонийный 2. лёгочный

pneumonitis [ˌnuːməʊˈnaitis] 1. пневмония 2. *см.* **plasmacell pneumonia**

acid aspiration ~ Мендельсона синдром *(пневмония, обусловленная аспирацией содержимого желудка)*

granulomatous ~ гранулематозный пневмонит

hypersensitivity ~ аллергический альвеолит, или пневмонит

parasitic ~ паразитарная пневмония

pneumocystis carinii ~ *см.* **plasmacell pneumonia**

radiation ~ лучевой пневмонит

recurrent ~ рецидивирующая пневмония

pneumonocele [nuːˈmɒnəʊsiːl] лёгочная грыжа

pneumonocentesis [nuːˌməʊnəʊsənˈtiːsis] пункция лёгкого

pneumonocirrhosis [nuːˈmɒnəʊsiˈrəʊsis] цирроз лёгкого, пневмоцирроз

pneumonography [ˌnuːmɒˈnɒgrəfi] *хир.* рентгенография лёгких

pneumonolysis [ˌnuːməʊˈnɒlisis] пневмолиз *(освобождение лёгкого от спаек)*

extrapleural ~ экстраплевральный пневмолиз

intrapleural ~ интраплевральный пневмолиз *(освобождение лёгкого от сращений с париетальной плеврой)*

pneumonometry [ˌnuːməʊˈnɒmətri] спирометрия

pneumonomoniliasis [nuːˌməʊnəʊˌməʊniˈlaiəsis] кандидоз лёгких

pneumonomycosis [nuːˌməʊnəʊmaiˈkəʊsis] пневмомикоз

pneumonopathy [ˌnuːməʊˈnɒpəθi] пневмопатия *(болезнь лёгких)*

pneumonopexy [nuːˈməʊnəʊˌpeksi] пневмопексия

pneumonotomy [nuːˌməʊˈnɒtəmi] пневмотомия

pneumo-orbitography [ˌnuːməʊ-ɔːbiˈtɒgrəfi] *рентг.* пневмоорбитография

pneumo-oxygenator [ˌnuːməʊ-ˈɒksiʤəˌneitə] кислородный ингалятор

pneumopericardium [ˌnuːməʊˌperiˈkɑːdiəm] пневмоперикард *(наличие газа в полости перикарда)*

pneumoperitoneum [ˌnuːməʊˌperitəʊˈniːəm] пневмоперитонеум

pneumophagia [ˌnuːməʊˈfeiʤiə] аэрофагия *(заглатывание избыточного количества воздуха)*

Pneumopkilis [ˌnuːməʊˈpkilis]:

~ parotidis вирус эпидемического паротита

pneumopyelography [ˌnuːməʊˌpaiəˈlɒgrəfi] *рентг.* пневмопиелография

pneumoradiography [ˌnuːməʊˌreidiˈɒgrəfi] *рентг.* пневморентгенография

pneumorrhagia [ˌnuːməʊˈreiʤiə] 1. кровохарканье, лёгочное кровотечение 2. инфаркт лёгкого, кровоизлияние в лёгкое

pneumotachography [ˌnuːməʊtəˈkɒgrəfi] пневмотахография

pneumotaxis [ˌnuːməʊˈtæksis] регуляция внешнего дыхания

pneumotherapy [ˌnuːməʊˈθerəpi] 1. лечение заболеваний лёгких 2. баротерапия

pneumothorax [nuːməʊˈθɔːræks] пневмоторакс

active ~ активный [«функционирующий»] пневмоторакс

artificial ~ искусственный пневмоторакс

clicking ~ «хлопающий» пневмоторакс *(синхронно биению сердца, при котором больной ощущает шум трения перикарда)*

encysted ~ осумкованный пневмоторакс

extrapleural ~ экстраплевральный пневмоторакс

fatal ~ смертельный пневмоторакс

induced ~ *см.* **artificial ~**

spontaneous ~ спонтанный пневмоторакс

tension ~ напряжённый пневмоторакс

therapeutic ~ лечебный пневмоторакс

valvular ~ клапанный пневмоторакс

pneumotropism [nuːˈmɒtrəpizm] пневмотропность *(возбудителя)*

pneumotyphus [ˌnuːməʊˈtaifəs] брюшнотифозная пневмония

Pneumovax [ˈnuːməʊˌvæks] *фирм.* пневмококковая вакцина

pneumoventriculography [ˌnuːməʊvenˌtrikjʊˈlɒgrəfi] *рентг.* пневмовентрикулография, воздушная [негативная] вентрикулография

Pneumovirus род [ˈnuːməʊˌvairəs] пневмовирусов *(включает вид респираторно-синцитиальных вирусов)*

pneusis [ˈnuːsis] дыхание

Poa [pəʊə]:

~ pratense мятлик луговой *(аллергенная трава)*

pock [pɒk] оспенная пустула

pocket [ˈpɒkət] 1. *анат.* слепой мешок, дивертикул, карман 2. район бедствия 3. очаг [среда] обитания, ниша 4. скопление гноя в замкнутой полости 5. *хир.* погружать в тканевой карман

~ of infection очаг инфекции

air ~ *мед. тех.* воздушная ячейка *(напр. матраца)*

fluid ~ затёк; слепой карман

gingival ~ (зубо)десневой карман

individual first-aid ~ индивидуальный пакет первой помощи

infrabony [intrabony] ~ внутрикостный патологический карман *(при пародонтозе)*

periodontal ~ *см.* **gingival ~**

pockmark [ˈpɒkmɑːk] оспенный рубчик

pocky [ˈpɒki] 1. рябой; оспенный 2. заражённый сифилисом

podagra [pəˈdægrə] подагра

podagral [pəˈdægrəl], **podagric** [pəˈdægrik], **podagrous** [pəˈdægrəs] подагрический

podalic [pəʊˈdælik] относящийся к стопе

podarthritis [ˌpɒdaˈθraitis] воспаление суставов стопы

podgy [ˈpɒdʒi] низкий, приземистый

podiatrist [pəʊˈdaiətrist] ортопед, специализирующийся на лечении болезней стоп

podiatry [pəʊˈdaiətri] 1. раздел ортопедии, освещающий диагностику и лечение болезней стоп 2. диагностика и лечение заболеваний стоп

poditis [pəʊˈdaitis] воспаление стопы

    tourniquet ~ ишемический отёк стопы, вызванный наложением жгута

podium [ˈpəʊdiəm] 1. стопа 2. структура, подобная стопе

podobrom(h)idrosis [ˌpɒdəʊbrəʊmiˈdrəʊsis] бромидроз стоп

podocyte [ˈpɒdəʊsait] эпицит, подоцит (клетка капсулы почечного клубочка)

pododermatitis [ˌpɒdəʊˌdəːməˈtaitis] дерматит стоп

podogram [ˈpɒdəʊgræm] подограмма (отпечаток стопы)

podography [pəʊˈdɒgrəfi] подография (снятие отпечатка стопы)

podologist [pəʊˈdɒlədʒist] см. **podiatrist**

podology [pəʊˈdɒlədʒi] см. **podiatry**

podomechanotherapy [ˌpɒdəʊˌmekənəʊˈθerəpi] лечение болезней стоп ортопедическими средствами

podometer [pəʊˈdɒmətə] подометр (прибор для измерения длины, ширины и высоты стопы)

podophobia [ˌpɒdəʊˈfəʊbiə] боязнь передвижений

podopompholyx [ˌpɒdəʊˈpɒmfʊliks] дисгидроз, «водяница» подошв

pogoniasis [ˌpəʊgəʊˈnaiəsis] усиленный или патологический рост бороды

pogonion [pəʊˈgəʊniɒn] кр. метр. погонион (передняя точка подбородочного выступа)

pogonophobia [ˌpəʊgəʊnəʊˈfəʊbiə] погонофобия (патологическая боязнь бородатых)

poietin [ˈpɔiətin] поэтин (любой гормон, участвующий в регуляции числа различных видов клеток периферической крови)

poikilocyte [ˈpɒikiləʊˌsait] пойкилоцит (эритроцит аномальной формы)

poikilocytosis [ˌpɒikiləʊsaiˈtəʊsis] пойкилоцитоз (наличие в крови эритроцитов разной необычной формы)

poikilodentosis [ˌpɒikiləʊdenˈtəʊsis] крапчатость зубов

poikiloderma [ˌpɒikiləʊˈdəːmə] пойкилодермия (дистрофическое изменение кожи, напр. в виде полос эритемы)

    ~ **atrophicans vasculare** атрофическая сосудистая пойкилодермия, атрофический сетчатый дерматит

poikilothermic [ˌpɒikiləʊˈθəːmik] холоднокровный, пойкилотермный

poikilothermy [ˌpɒikiləʊˈθəːmi] принадлежность к холоднокровным животным (способным к существованию в среде с непостоянной температурой – рептилии, амфибии)

poikilothrombocyte [ˌpɒikiləʊˈθrɒmbəʊsait] тромбоцит аномальной формы

poikilothymia [ˌpɒikiləʊˈθaimiə] реактивно-лабильная [пойкилотимическая] психопатия, пойкилотимия

point [pɔint] 1. точка, место 2. отличительная черта, особенность; смысл 3. кончик, остриё, наконечник; sl. игла 4. «созревать» (о гнойнике)

~ **of origin** 1. начальная точка отсчёта 2. начало координат

~ **of service** страх. место получения услуги по выбору

~ **of tenderness** болевая точка

alveolar ~ кр. метр. простион (самая передняя точка альвеолярного края верхней челюсти)

analgesic end ~ аналгезический эффект

anchoring ~ точка отсчёта (на шкале субъективной оценки стимулов)

apophysiary ~ 1. подносовая [субназальная] точка 2. точка Труссо (болевая точка у остистого отростка позвонка при невралгии)

auricular ~ кр. метр. центр наружного слухового отверстия

bleeding ~ источник кровотечения

branching ~ место разветвления (напр. сосуда)

calibrating fixed ~ реперная [постоянная] точка для градуировки

casualty collecting ~ пункт сбора раненых

contact ~s контактные пункты (зубов-антагонистов)

corresponding ~s см. **identical** ~s

craniometric ~ краниометрическая точка

critical control ~ критический контрольный пункт (в оценке качества продуктов питания)

cutoff ~ предельная точка

death ~ «точка смерти»

decontamination ~ пункт дезактивации

differential ~ дифференциальный признак

end ~ конечная точка, конечная концентрация (напр. дезинфектанта)

far ~ самая дальняя точка ясного зрения

fixation ~ офт. точка фиксации

glass ~ стеклянный наконечник

ground zero ~ эпицентр атомного взрыва

gutta-percha ~ гуттаперчевый наконечник (для пломбирования зубного канала)

identical ~s корреспондирующие [идентичные] точки сетчатки глаз

immunization ~ прививочный пункт

lacrimal ~ слёзная точка

lead ~ провоцирующий момент, «ведущая точка» (напр. дивертикул Меккеля при инвагинации кишечника)

loading ~ предел нагрузки

lower cutoff ~s нижний предел; нижняя граница нормы

maximum occipital ~ наиболее удалённая от надпереносья точка затылка

McBurney's ~ Мак-Бернея точка (над местом анатомического положения аппендикса)

mental ~ кр. метр. погонион (передняя точка подбородочного выступа)

metopic ~ кр. метр. метопион (место пересечения срединной линии и линии, соединяющей наиболее выступающие точки лобных бугров)

mounted diamond ~ стом. алмазная головка бора

mutation ~ точковая генная мутация (замена, вставка или потеря одного нуклеотида)

nasal ~ кр. метр. назион (место пересечения носолобного шва с передней срединной линией)

near ~ ближайшая точка ясного зрения

off-meridian ~s **of acupuncture** внемеридианные акупунктурные точки

pencil ~ заострённый кончик *(напр. канюли)*

physiological end ~ физиологический предел

pressure ~ **of artery** точка пережатия артерии

reference ~ ориентир *(напр. в диагностике)*; точка отсчёта; исходная точка

rubbery end ~ пружинящее сопротивление *(мышц)*

set ~ «установочная точка» *(напр. предел теплорегуляции организма)*

single ~ **of entry** *страх.* единая точка входа *(о единой системе доступа к медицинскому обслуживанию в рамках групповой медицинской страховки)*

significance ~ *стат.* уровень значимости

silver ~ серебряная пломба *(для корня зуба)*

subnasal ~ *кр. метр.* центр основания передней носовой ости

terminal inactivation ~ точка тепловой инактивации, или денатурации

thermal death ~ точка температурной гибели *(микроорганизмов)*

thermoregulatory set ~ центр терморегуляции

transition ~ момент перехода

trigger ~s триггерные зоны *(участки кожи повышенной чувствительности)*

vital ~s биологически активные точки

pointillage ['pɒintilæʒ] массаж кончиками пальцев, точечный массаж

pointing ['pɒintiŋ] 1. «созревший» *(гнойник)* 2. заострённый *(костный отломок)* 3. координационная проба

point-prevalence [pɒint-'prevələns] частота вновь выявленных заболеваний при осмотре населения *(ВОЗ)*

poise[1] [pɒiz] 1. равновесие, устойчивость 2. уравновешенность 3. осанка

poise[2] пуаз *(единица вязкости = 1 дин. = с/см^2)*

poison ['pɒizən] яд, токсин, отравляющее вещество ‖ отравлять ‖ ядовитый

~ **of jeal** «яд ревности»

acrid ~ раздражающий (едкий) яд

bacterial ~ бактериальный токсин

blood ~ кровяной яд

corrosive ~ едкий [разъедающий] яд

deadly ~ смертельный яд

digestive ~ кишечный яд

environmental ~ вещество, отравляющее окружающую среду

fatigue ~ токсин, вызывающий утомление; кенотоксин

general ~ отравляющее вещество общеядовитого действия

hemotropic ~ гемотропный яд

household ~ бытовой яд

industrial ~ промышленный яд

insect ~ яд насекомого

mitotic ~ ингибитор митоза

plant ~ растительный яд

purified bee ~ очищенный пчелиный яд

quick-acting ~ быстродействующий яд

rank ~ сильнодействующий яд

smallpox ~ токсин оспенного вируса

vascular ~ сосудистый яд

vegetable ~ *см.* **plant** ~

poisoning ['pɒizəniŋ] 1. отравление, интоксикация 2. применение яда

alcohol or drug ~ отравление алкоголем или другими психоактивными веществами

bacterial food ~ пищевая токсикоинфекция

blood ~ сепсис, *уст.* заражение крови

carbon monoxide ~ отравление угарным газом

cheese ~ тиротоксикоз *(отравление тирамином)*

cyanide ~ отравление цианидами

fatal ~ смертельное отравление

food ~ пищевое отравление, пищевая интоксикация, пищевой токсикоз

lead ~ сатурнизм, отравление свинцом

life-threatening ~ отравление, угрожающее жизни

loco ~ отравление астрагалом

manganese ~ отравление марганцем

mercury ~ меркуриализм *(отравление ртутью)*

mushroom ~ отравление грибами

organophosphate ~ отравление фосфорорганическими соединениями

oxygen ~ кислородное отравление

paralytic shellfish ~ *см.* **sausage** ~

peracute ~ острое отравление *(в больших дозах)*

phosphorus ~ **of mandible** поражение фосфором нижней челюсти

radioactive ~ радиоактивное поражение

sausage ~ *инф. бол.* ботулизм, аллантиазис

septic blood ~ интоксикация при сепсисе

silver ~ аргироз, аргирия

temporary ~ преходящее [обратимое] отравление

weed ~ отравление ядовитыми травами

poisonous ['pɒizənəs] 1. ядовитый, токсичный, токсический 2. вредный, губительный

polar ['pəʊlə] 1. полярный; полюсный 2. диаметрально противоположный

polarity [pəʊ'læriti] полярность *(1. зубца электрокардиограммы 2. аффективного расстройства)*

depressive predominant ~ преобладающая депрессия

manic predominant ~ преобладающая мания

polarography [ˌpəʊlə'rɒgrəfi] полярография

pulse ~ импульсная полярография

square wave ~ квадратно-волновая полярография

Polaroid ['pəʊlərɔid] *фирм.* поляризационный светофильтр, полароид

pole [pəʊl], *pl.* **poli** ['pəʊlai] 1. *электр.* полюс 2. сегмент, часть, конец, полюс *(крайняя точка оси органа)*

abapical ~ полюс бластоцисты *(противоположный анимальному)*

animal ~ *см.* **germinal** ~

anterior ~ **of eyeball** передний полюс глазного яблока

anterior ~ **of lens** передний полюс хрусталика

cephalic ~ головной конец плода

frontal ~ лобный полюс

germinal ~ анимальный [зародышевый] полюс *(яйцеклетки)*

pelvic ~ тазовый [ягодичный] конец плода

875

vegetal [vegetative, vitelline] ~ вегетативный полюс (яйцеклетки)

policeman [pə'liːsmən] инструмент (палочка с резинкой на конце) для удаления плотных частиц из стеклянного сосуда

policlinic [ˌpɒli'klinik] *см.* **polyclinic**

policy[1] ['pɒləsi] 1. тактика *(лечения)* 2. общие принципы, стратегия

~ **of primary care** тактика при первичной медицинской помощи

adaptation ~ адаптивная политика *(реагирования на глобальные климатические изменения)*

antibiotic ~**s** тактика антибиотикотерапии

antinatalist ~**s** политика сокращения рождаемости

drug ~ наркополитика, политика по отношению к наркотикам *(мероприятия по пресечению распространения наркотиков)*

health ~ политика в области здравоохранения

infection-control ~**s** стратегия профилактики инфекции

medical ~ установленные порядок и оплата медицинских услуг

national health ~ национальная политика в области здравоохранения

no-growth ~ политика ограничения прироста населения

open-door ~ политика открытых дверей *(в частности, в психиатрии)*

operative ~ оперативная [хирургическая] тактика

population ~ демографическая политика *(деятельность государства, направленная на регулирование процессов воспроизводства населения)*

practical ~**ies** практические рекомендации, методические указания

pronatalist ~ пронатальная политика *(благоприятствующая приросту населения)*

staff rotation ~ политика ротации [перемещения] сотрудников

treatment ~ лечебная тактика

policy[2] *страх.* полис

dread disease ~ страховой полис тяжелобольных

insurance ~ страховой полис, договор страхования

life insurance ~ полис страхования жизни

policy-making ['pɒləsi-'meikiŋ] выработка тактики *(напр. лечения)*

poliocidal [ˌpəʊliəʊ'saidəl] убивающий вирус полиомиелита

polioclastic [ˌpəʊliəʊ'klæstik] разрушающий серое вещество головного или спинного мозга

poliodystrophia [ˌpəʊliəʊdis'trəʊfiə], **poliodystrophy** [ˌpəʊliəʊ'distrəfi] дистрофия [атрофия] серого вещества головного мозга, Альпера болезнь

polioencephalitis [ˌpəʊliəʊenˌsefə'laitis] полиоэнцефалит *(воспаление серого вещества головного мозга)*

superior acute hemorrhagic ~ верхний острый геморрагический полиоэнцефалит, Вернике [болезнь] энцефалопатия

polioencephalomyelitis [ˌpəʊliəʊenˌsefələʊˌmaiə'laitis] полиоэнцефаломиелит *(воспаление серого вещества спинного и головного мозга)*

poliomyeliticidal [ˌpəʊliəʊˌmaiə'litiˌsaidəl] разрушающий или нейтрализующий вирус полиомиелита

poliomyelitis [ˌpəʊliəʊˌmaiə'laitis] полиомиелит, эпидемический детский паралич

abortive ~ абортивный полиомиелит

bulbar ~ бульбарный полиомиелит

endemic ~ эндемический полиомиелит *(возникающий спорадически)*

epidemic ~ классический, имеющий эпидемический характер

non-paralytic ~ непаралитический полиомиелит

postinoculation [postvaccinal] ~ поствакцинальный полиомиелит *(возникающий обычно через три недели после вакцинации)*

poliomyelopathy [ˌpəʊliəʊˌmaiə'lɒpəθi] полиомиелопатия *(любое заболевание, поражающее серое вещество головного или спинного мозга)*

plioplasm ['pəʊliəʊˌplæzm] *уст.* зернистая протоплазма, полиоплазма

poliosis [ˌpəʊli'əʊsis], **poliothrix** ['pəʊliəʊθriks] 1. поседение 2. преждевременное поседение

poliovaccine ['pəʊliəʊvækˌsiːn]:

oral ~ пероральная живая вакцина полиомиелита, Сэйбина вакцина *(из 1 или 3 сероваров аттенуированного вируса)*

poliovirus ['pəʊliəʊˌvairəs] вирус полиомиелита, полиовирус

wild ~ дикий полиовирус

poliphagia [ˌpəʊli'feidʒiə] полифагия, чрезмерное потребление пищи

polisher ['pɒliʃə] *стом.* полировочная фреза

cone-shaped smooth ~ конусообразная гладкая полировочная фреза

sloped smooth ~ полировочная фреза с изгибом

polishing ['pɒliʃiŋ] полировка, полирование зубов

rice ~**s** рисовые отруби

politzerization [ˌpɒlitzəri'zeiʃn] продувание ушей баллоном Политцера

poll [pəʊl] 1. голосование, баллотировка ‖ проводить голосование 2. опрос общественного мнения ‖ опрашивать 3. *sl.* голова, череп, темя

pollakidipsia [ˌpɒləki'dipsiə] полидипсия *(повышенное потребление воды, обусловленное жаждой)*

pollakiuria [ˌpɒləki'juːriə] поллакиурия *(учащённое мочеиспускание, свыше 6 раз в сутки)*

pollen ['pɒlən] пыльца ‖ опылять

ragweed ~ пыльца амброзии

pollenariom [ˌpɒlə'næriəm] полинарий *(место коллекции и хранения пыльцы различных растений)*

pollenosis [ˌpɒlə'nəʊsis] *см.* **pollinosis**

pollex ['pɒləks], *pl.* **pollices** ['pɒlisiːz] большой палец [1-й палец] кисти

~ **extensus** разгибательная контрактура большого пальца

~ **flexus** сгибательная контрактура большого пальца

~ **valgus** вальгусное отклонение большого пальца

~ **varus** варусное отклонение большого пальца кисти

pollicization [ˌpɒlisi'zeiʃn] поллицизация *(замещение большого пальца кисти большим пальцем стопы или смежными тканями)*

~ of index finger поллицизация [создание] первого пальца кисти

pollination [ˌpɒliˈneiʃn] опыление

pollinosis [ˌpɒliˈnəusis] поллиноз, сенная лихорадка

pollutant [pəˈluːtənt] загрязняющее вещество, загрязнитель *(вещество или вид энергии, вызывающее загрязнение окружающей среды)*; примеси *(в воздухе)*

air ~s загрязнители воздуха *(диоксиды азота, серы)*

carcinogenic air ~ канцерогенный загрязнитель воздуха, атмосферный канцероген

designated ~ загрязняющее вещество, выбросы которого регламентируются Актом о чистоте воздуха *(США)*

global ~ глобальное [планетарное] загрязняющее вещество *(наличие которого отмечено во всех районах земного шара)*

persistent ~ стойкий загрязнитель

pollute [pəˈluːt] загрязнять *(окружающую среду)*

polluter [pəˈluːtə] источник загрязнения

pollution [pəˈluːʃn] 1. загрязнение, загрязнённость 2. смешение рас 3. поллюция, сперматорея *(непроизвольное семяизвержение)*

~ from ships загрязнение сбросами с судов

~ of water object загрязнение водного объекта

accidental ~ загрязнение в результате аварийных разливов или сбросов сточных вод, случайное загрязнение

added ~ сопутствующее загрязнение

aesthetic ~ обезображивание окружающей среды

agricultural ~ загрязнение среды сельскохозяйственными отходами

air ~ загрязнение атмосферного воздуха

aircraft ~ эмиссии летательных аппаратов *(выбросы газов, дыма, различных примесей)*

background ~ фоновое загрязнение

consumption ~ эксплуатационное загрязнение

domestic smoke ~ загрязнение табачным дымом воздуха помещений

ear ~ *см.* **noise ~**

environmental ~ загрязнение окружающей среды

exotic ~ внешнее загрязнение

eye ~ 1. перегрузка зрительного восприятия *(множество реклам, надписей, указателей)* 2. обезображивание пейзажа

farm ~ *см.* **agricultural ~**

feedlot ~ загрязнение среды стоком с участков интенсивного откорма скота

global ~ глобальное [планетарное] загрязнение

hot water ~ тепловое загрязнение водоёмов сбрасываемой горячей водой

jet ~ загрязнение среды выбросами реактивных самолётов

land-based ~ загрязнение от береговых источников, загрязнение с суши *(моря)*

man-made ~ загрязнение среды, вызванное человеком, антропогенное загрязнение

marine ~ загрязнение морской среды

microwave ~ повышенный уровень микроволнового излучения

noise ~ зашумлённость, шумовые помехи, шумовое загрязнение *(среды)*

nuclear test ~ загрязнение, вызванное испытанием ядерного оружия

occupational ~ загрязнение (обычно воздуха) производственной среды

open dump ~ загрязнение среды в результате создания открытых свалок

optical ~ *см.* **eye ~**

pen ~ загрязнение среды отходами скотоводческих хозяйств

production ~ производственное загрязнение *(возникающее в процессе промышленного производства)*

sewage ~ загрязнение сточными водами

sweetwater ~ загрязнение пресноводных источников

tailpipe ~ загрязнение среды выбросами автомобилей, загазованность

third ~ загрязнение среды твёрдыми отходами

traffic ~ *см.* **vehicular ~**

transboundary [transfrontier] ~ трансграничный перенос загрязнений

urban air ~ загрязнение воздуха в городах

vehicular ~ автотранспортное загрязнение, автотранспортные выбросы

X-ray ~ повышенный уровень рентгеновского излучения

polonium [pəˈləʊniəm] полоний, Po *(радиоактивный элемент, используемый как источник α-излучения)*

polster [ˈpəʊlstə] *pl.* клапанообразные мышечно-эластические образования в кавернозных телах

Sanderson ~ возвышающиеся скопления малых фолликул в щитовидной железе

poltophagia [ˌpɒltəʊˈfeidʒiə] флетчеризм *(приём пищи небольшими порциями с тщательным пережёвыванием)*

polus [ˈpɒləs] *лат., pl.* **poli** [ˈpɒləs] *см.* **pole**

polyadenitis [ˌpɒliædəˈnaitis] полиаденит *(воспаление многих лимфатических узлов)*

polyalcohol [ˌpɒliˈælkəhɒl] полиспирт

polyandry [ˌpɒliˈændri] полиандрия, многомужие

polyarteritis [ˌpɒliˌɑːtəˈraitis] множественный артериит, полиартериит

~ nodosa узелковый периартериит, нодозный полиартериит

polyarthric [ˌpɒliˈɑːθrik] многосуставной

polyarthritis [ˌpɒliɑːˈθraitis] полиартрит, множественный артрит

~ destruens ревматоидный артрит

chronic villous ~ хронический ворсинчатый полиартрит

immune-mediated ~ аутоиммунный полиартрит

tuberculous ~ гипертрофическая остеоартропатия при заболеваниях лёгких

polyarticular [ˌpɒliɑːˈtikjʊlə] многосуставной

polybasic [ˌpɒliˈbeisik] многоосновный

polyblast [ˈpɒliblæst] свободный [амебоидный] макрофаг

polyblennia [ˌpɒliˈbleniə] избыточное выделение слизи

polycardia [ˌpɒliˈkɑːdiə] тахикардия

polychemotherapy [ˌpɒliˌkiməʊˈθerəpi] полихимиотерапия *(лечение одновременным введением нескольких химиотерапевтических средств)*

polychlorbiphenil [ˌpɒliˌklɔːbaiˈfenəl] *pl.* полихлорбифенилы

polycholia [ˌpɒliˈkəʊliə] избыточное выделение жёлчи

polychondritis [ˌpɒlikɒnˈdraitis]:

relapsing ~ рецидивирующий полихондрит

polychrest [ˈpɒlikrest] средство, используемое при многих состояниях и болезнях

polychromasia [ˌpɒlikrəʊˈmeiziə], **polychromatia** [ˌpɒlikrəʊˈmeiʃə] гемат. полихромазия, полихроматофилия

polychromatophil(e) [ˌpɒlikrəʊˈmætəʊfil] полихроматофильный эритроцит, полихроматофил

polychromemia [ˌpɒlikrəʊˈmiːmiə] гипергемоглобинемия

polychromia [ˌpɒliˈkrəʊmiə] гиперпигментация

polychylia [ˌpɒliˈkailiə] избыточная продукция лимфы

polyclinic [ˌpɒliˈklinik] 1. поликлиника 2. многопрофильная клиническая больница

polyclonal [ˌpɒliˈkləʊnəl] поликлональный (напр. обогащённый иммуноглобулин M)

polycoria [ˌpɒliˈkəʊriə] поликория (глаз с двумя и более зрачками)

Polycose [ˌpɒliˈkəʊs] фирм. углеводный модуль (пищевой ингредиент, содержащий гидролизованный крахмал)

polycrotism [pɒˈlikrətizm] поликротизм, поликротия (наличие нескольких зубцов на нисходящей части сфигмографической волны)

polycyesis [ˌpɒlisaiˈiːsis] многоплодная беременность, многоплодие

polycystic [ˌpɒliˈsistik] поликистозный, содержащий много кист

polycystosis [ˌpɒlisisˈtəʊsis]:

renal ~ поликистоз почек

polycythemia [ˌpɒlisaiˈθiːmiə] истинная полицитемия, эритремия

~ **rubra**, ~ **vera** см. **primary** ~

absolute ~ абсолютная полицитемия

primary ~ истинная полицитемия, эритремия

relative ~ относительная полицитемия (вследствие обезвоживания)

polydactylism [ˌpɒliˈdæktilizm], **polydactyly** [ˌpɒliˈdæktəli] полидактилия, гипердактилия, многопалость

polydentia [ˌpɒliˈdenʃiə] см. **polyodontia**

polydipsia [ˌpɒliˈdipsiə] полидипсия (повышенное потребление жидкости из-за жажды)

polydistrophy [ˌpɒliˈdistrəfi] наличие множественных аномалий органов и тканей

polyembryony [ˌpɒliəmˈbraiəʊni] полиэмбриония (развитие нескольких зародышей из одной зиготы)

polyesthesia [ˌpɒliəsˈθiːziə] полиэстезия (нарушение чувствительности, при котором одиночное раздражение воспринимается как множественное)

polyfactorial [ˌpɒlifæˈktɔːriəl] полифакториальный, многофакторный

polygalactia [ˌpɒligəˈlækʃiə] полигалактия (избыточное выделение молока)

polygamy [pɒˈligəmi] полигамия, многобрачие

polygene [ˈpɒliʤiːn] полиген, малый ген (один из группы генов, кодирующих какой-л. количественный признак)

polygenic [ˌpɒliˈʤenik] 1. полигенный, обусловленный действием нескольких генов 2. многофакторный

polyglandular [ˌpɒligˈlændjʊlə] плюригландулярный (относящийся к нескольким железам)

polyglobulia [ˌpɒliglɒbjʊliə], **polyglobulism** [ˌpɒliˈglɒbjʊlizm] эритроцитоз, полицитемия, полиглобулия

polygnathus [ˌpɒliˈnæθəs] асимметричные близнецы, у которых плод-паразит прикреплён к челюсти аутозита

Polygonum [pəʊˈligəʊnəm]:

~ **aviculare** лат., фарм. горец птичий (спорыш)

~ **bistorta** лат., фарм. горец змеиный (змеевик, раковые шейки, горлец, змеиный корень)

polygraph [ˈpɒligræf] полиграф (1. аппарат для одновременной регистрации нескольких физиологических показателей 2. детектор лжи)

polygyny [pəˈliʤini] полигиния, многожёнство

polygyria [ˌpɒliˈʤairiə] полигирия, микрогирия (аномалия мозга, при которой малые размеры мозговых извилин чередуются с их увеличением)

polyhedral [ˌpɒliˈhiːdrəl] многогранный, многофасетчатый

polyhedron [ˌpɒliˈhiːdrən] многогранник (форма вирусов)

polyhidrosis [ˌpɒlihaiˈdrəʊsis] гипергидроз, повышенное потоотделение

polyhydramnios [ˌpɒlihaiˈdræmniɒs] акуш. многоводие, гидрамнион

polyinfection [ˌpɒliinˈfekʃn] смешанная [ассоциированная, сочетанная] инфекция

polykaryocyte [ˌpɒliˈkaːriəʊsait] многоядерная клетка

polyleptic [ˌpɒliˈleptik] характеризующийся многими приступами

polylinker [ˌpɒliˈliŋkə] полилинкер (короткий участок ДНК, содержащий несколько уникальных сайтов узнавания для эндонуклеаз)

polylogia [ˌpɒliˈləʊʤiə] логорея, полифразия, речевое недержание

polylysogenic [ˌpɒlilaisəʊˈʤenik] полилизогенный (о микробе, содержащем несколько профагов)

polymastia [ˌpɒliˈmæstiə], **polymazia** [ˌpɒliˈmeiziə] полимастия, гипермастия (наличие добавочных грудных желёз)

polymelia [ˌpɒliˈmiːliə] полимелия (наличие добавочной конечности или её сегмента)

polymenorrhea [ˌpɒliˌmenəʊˈriːə] 1. полименорея, частые менструации 2. метроррагия, ациклическое маточное кровотечение

polymer [ˈpɒlimə] полимер (высокомолекулярное вещество, напр. глюкоза)

polymerase [pəˈliməreis] полимераза (фермент, катализирующий синтез ДНК или РНК из нуклеозидтрифосфатов)

RNA ~ РНК-полимераза (фермент, осуществляющий синтез РНК из рибонуклеозидтрифосфатов)

polymerization [pəˌliməriˈzeiʃn] полимеризация (реакция образования высокомолекулярного соединения – полимера – из более простых – мономеров)

chain ~ цепная полимеризация

polymicrobism [ˌpɒlimaiˈkrəʊbizm] смешанная [ассоциированная] культура (микробов)

polymicrogyria [ˌpɒliˌmaikrəʊˈʤairiə] полимикрогирия, микрополигирия (наличие множественных псевдоизвилин коры больших полушарий головного мозга)

polymorph ['pɒlimɔːf] **1.** полиморфный организм, полиморф **2.** полиморфно-ядерный [сегментно-ядерный] лейкоцит

polymorphism [ˌpɒli'mɔːfizm] *ген.* полиморфизм *(1. существование внутри вида нескольких отличающихся подвидов или генетически различных форм особей 2. наличие у клеток, тканей или органов различных вариантов строения 3. разнообразие триплетов ДНК, кодирующих аминокислоты)*

  allelic ~ аллельный полиморфизм

  antigene ~ антигенный полиморфизм

  balanced ~ сбалансированный полиморфизм

  cryptic ~ скрытый полиморфизм *(при котором генетически различные формы внешне не различимы)*

  extensive ~ выраженный полиморфизм

  gene ~ полиморфизм гена

  localized ~ ограниченный полиморфизм

  metabolic ~ метаболический полиморфизм

  nutrient-induced ~ полиморфизм, вызванный изменением питательной среды

  proteins genetic ~s генетический полиморфизм белков *(плазмы)*

  restriction fragment length ~ полиморфизм по длине рестрикционных фрагментов *(ДНК)*

  serologic ~ разнообразие сывороточных антигенных детерминант, серологический полиморфизм

  single nucleotide ~ изменение [полиморфизм] одного нуклеотида в ДНК

  single strand conformation ~ метод анализа конформационного полиморфизма однонитевой ДНК *(основанной на анализе электрофоретической подвижности имплифицированных и денатурированных ДНК)*

  transient ~ неустойчивый полиморфизм *(возникает при вытеснении одного аллеля доминирующим)*

polymorphocyte [ˌpɒli'mɔːfəʊsait] миелоцит

polymyalgia [ˌpɒlimai'ælʤiə]:

  ~ **rheumatica** ревматическая полимиалгия

polymyoclonus [ˌpɒlimai'ɒkləʊnəs] полимиоклонус, парамиоклонус

polymyosite [ˌpɒli,maiəʊ'sait] трихинеллёз

polymyositis [ˌpɒli,maiəʊ'saitis] полимиозит, дерматомиозит, Вагнера болезнь

polynesic [ˌpɒli'niːsik] возникающий во многих местах, многоочаговый *(об инфекции)*

polyneuritis [ˌpɒlinʊ'raitis] полиневрит

  ~ **potatorum** алкогольный полиневрит

  acute infective [acute febrile, Barre-Guillain, idiopathic] ~ *см.* **acute polyradiculoneuropathy** ~

  diphtheritic ~ дифтерийный полиневрит

  endemic ~ бери-бери

  infective ~ инфекционный полиневрит

polyneuropathy [ˌpɒlinʊ'rɒpəθi] полиневропатия *(поражение нескольких нервов)*

  amyloid ~ амилоидная полиневропатия

  carcinomatous ~ карциноматозная полиневропатия

  chronic inflammatory demyelinating ~ хроническая воспалительная демиелинизирующая полиневропатия

  cranial ~ полиневропатия черепных нервов

  disproteinemic ~ диспротеинемическая полиневропатия

  drug-induced ~ лекарственная полиневропатия

  hereditary chronic ~ (хроническая) наследственная полиневропатия, Шарко – Мари – Тута болезнь

  HIV-associated inflammatory ~ ВИЧ-ассоциированная воспалительная полинейропатия

  postinfective ~ постинфекционная полиневропатия

  progressive idiopathic ~ прогрессирующая идиопатическая полиневропатия

polynuclear [ˌpɒli'nʊkliə], **polynucleated** [ˌpɒli'nuːkliˌeitid] полинуклеарный, многоядерный

polynucleotide [ˌpɒli'nuːkliəʊtaid] полинуклеотид *(линейный полимер, состоящий из 20 и более нуклеотидов, напр. молекулы ДНК и РНК)*

  acceptor ~ полинуклеотид-акцептор

  donor ~ полинуклеотид-донор

polyodontia [ˌpɒliəʊ'dɒnʃiə] полиодонтия, гиперодонтия *(сверхнормативное число зубов)*

polyoencephalitis [ˌpɒliəʊensefə'laitis] полиоэнцефалит

polyoencephalomyelitis [ˌpɒliəʊˌensefəʊˌmaiə'laitis] полиоэнцефаломиелит

polyoma [ˌpɒli'əʊmə] полиома *(экспериментальная вирусная опухоль)*

Polyomavirus ['pɒliəʊməˌvairəs] род полиомавирусы *(содержат молекулу ДНК; способны трансформировать клетки в злокачественные)*

polyonc(h)osis [ˌpɒliɒŋ'kəʊsis] образование множественных опухолей

polyonychia [ˌpɒliəʊ'nikiə] полионихия *(наличие добавочных ногтей на пальцах рук или ног)*

polyopia [ˌpɒli'əʊpiə] полиопия, полиопсия *(состояние, при котором одиночный объект кажется множественным)*

polyorchidism [ˌpɒli'ɔːkidizm], **polyorchism** [ˌpɒli'ɔːkizm] полиорхизм *(наличие более двух яичек)*

polyorrhymenitis [ˌpɒliɔːraimə'naitis] полисерозит *(воспаление серозных оболочек нескольких полостей тела)*

polyosteochondrodystrophy [ˌpɒliˌɒstiəʊˌkɒndrəʊ'distrəfi] Олбрайта наследственная остеодистрофия

polyostotic [ˌpɒliɒs'tɒtik] относящийся к множественному поражению костей

polyotia [ˌpɒli'əʊʃə] полиотия *(наличие добавочных ушных раковин)*

polyovulatory [ˌpɒli'ɒvjʊləˌtɔːri] сверховуляция *(образование нескольких яйцеклеток в одном овуляторном цикле)*

polyp ['pɒlip] полип

  adenomatous ~ аденоматозный [железистый] полип, полипоидная аденома

  aural ~ *см.* **otic** ~

  bleeding ~ **1.** кровоточащий полип **2.** гемангиома в слизистой оболочке носа

  cardiac ~ круглый тромб, прикреплённый к эндокарду

  cellular ~ аденоматозный [железистый] полип, полипоидная аденома

  cutaneous fibrous ~ фиброзный полип кожи

  cystic ~ кистозный [кистевидный] полип

  fibroepithelial ~ фиброэпителиальный полип

  fleshy ~ миоматозный полип *(из гладкомышечной ткани)*

gelatinous ~ миксоматозный полип *(содержащий большое количество слизи)*

hydatid ~ кистозный [кистевидный] полип

juvenile ~ юношеский полип

lymphoid ~ лимфангиома прямой кишки

multifocal [multiple] ~s полипоз, множественные полипы

myomatous ~ миоматозный полип

occasional discrete ~s of the colon диссеминированный полипоз кишечника

otic ~ полип уха

pedunculated ~ полип на ножке

placental ~ плацентарный полип

sessile ~ полип на широком основании

vascular ~ 1. гемангиома *(в слизистой оболочке носа)* 2. ангиоматозный [сосудистый] полип

polypapilloma [ˌpɒlipæpiˈləʊmə] 1. папилломатоз, множественные папилломы 2. *инф. бол.* фрамбезия, тропическая гранулёма, невенерический [тропический] сифилис

polyparasitism [ˌpɒliˈpærəsitizm] сверхпаразитизм

polypathia [ˌpɒliˈpæθiə] сочетанные болезни, совокупность болезней

polypectomy [ˌpɒliˈpektəmi] полипэктомия

colonoscopic ~ полипэктомия при колоноскопии

polypeptide [ˌpɒliˈpeptaid] полипептид *(линейный полимер, образованный аминокислотами)*

gastric inhibitory ~ желудочный ингибирующий полипептид

t-complex ~ t-комплексный полипептид

vasoactive intestinal ~ вазоактивный интестинальный полипептид, ВИП

polyphagia [ˌpɒliˈfeidʒiə] полифагия; повышенный аппетит

polyphagous [pɒliˈfeidʒəs] 1. *см.* **polynuclear** 2. живущий на нескольких хозяевах *(о паразите)*

polyphalangism [ˌpɒlifəˈlændʒizm] полифалангия, гиперфалангия

polypharmacy [ˌpɒliˈfɑːməsi] 1. полипрагмазия *(одновременное назначение нескольких лекарственных средств или процедур); избыточное применение лекарственных средств* 2. полихимиотерапия

polyphobia [pɒliˈfəʊbiə] полифобия *(патологическая боязнь многих предметов или явлений)*

polyphrasia [ˌpɒliˈfreiziə] логорея, полифразия, речевое недержание

polyphyletic [ˌpɒlifaiˈletik] полифилетический *(имеющий различное происхождение)*

polypiform [pəʊˈlipifɔːm] полипоидный

polyplasmia [ˌpɒliːˈplæzmiə] гидремия, гемодилюция *(повышенное содержание воды в крови)*

polyplastic [ˌpɒliːˈplæstik] 1. сформированный из различных тканей 2. способный принимать различные формы

polyplegia [ˌpɒliːˈpliːdʒiə] паралич нескольких мышц

polyploid [ˈpɒliplɔid] полиплоидный *(о структурах или организмах, имеющих три и более полных набора хромосом)*

polyploidy [ˈpɒliplɔidi] полиплоидия *(удвоение набора хромосом, приводящее к генетической изоляции)*

polypnoea [ˌpɒlipˈniːə] тахипноэ, полипноэ

polypodia [ˌpɒliˈpəʊdiə] полиподия *(наличие дополнительной стопы)*

polypoid [ˈpɒlipɔid] полипоидный, напоминающий полип

polyposis [pɒliˈpəʊsis] полипоз

~ **of nose** полипоз [полипы] носа

congenital [familial] ~ coli врождённый [семейный] полипоз кишечный

familial ~ семейный полипоз

filiform ~ нитевидный полипоз

juvenile ~ юношеский полипоз

Peutz – Jaghers ~ Пейтца – Егерса полипоз

polypotome [pəʊˈlipətəʊm] инструмент для иссечения полипов

polypragmasy [ˌpɒliˈprægməsi] *см.* **polypharmacy 1**

polyradiculitis [ˌpɒlirəˌdikjʊˈlaitis] полирадикулоневрит

polyradiculomyelopathy [ˌpɒlirəˌdikjʊləʊmaiˈlɒpəθi]:

acute idiopathic [Barre – Guillain] ~ *см.* **polyradiculoneuropathy**

polyradiculomyopathia [ˌpɒlirəˌdikjʊləʊmaiˈɒpəθiə] сочетание Гийена – Барре синдрома с миозитом

poliradiculoneuritis [ˌpɒlirəˌdikjʊləʊnʊˈraitis] *см.* **polyradiculitis**

polyradiculoneuropathy [ˌpɒlirəˌdikjʊləʊnʊˈrɒpəθi] полирадикулонейропатия, демиелинизирующая полинейропатия, Гийена – Барре – Штроля синдром

polyribosome [ˌpɒliˈraibəʊsəʊm] полирибосома, полисома, эргосома *(комплекс рибосом в цитоплазме, транслирующих мРНК, – основной аппарат синтеза белков)*

polyrrhea [ˌpɒliˈriːə] избыточное отделение жидкости

polysaccharide [ˌpɒliˈsækəraid], **polysaccharose** [ˌpɒliˈsækərəʊs] полисахарид

specific ~s полисахариды, обладающие иммунными свойствами

polysarcia [ˌpɒliˈsɑːsiə] ожирение

~ **cordis** жировая дистрофия миокарда

polyscelia [ˌpɒliˈsiːliə] *терат.* наличие более двух ног

polyscopy [ˈpɒliskəpi] диафаноскопия

polysensibilization [ˌpɒliˌsensibiliˈzeiʃn] полисенсибилизация

polyserositis [ˌpɒlisiˈrəʊˈsaitis] полисерозит *(воспаление серозных оболочек нескольких полостей тела)*

familial paroxysmal ~ семейный пароксизмальный полисерозит, периодическая [армянская] болезнь, средиземноморская лихорадка

polysialia [ˌpɒlisaiˈeiliə] гиперсаливация, птиализм, сиалорея

polysinuitis [ˌpɒliˌsinjʊˈaitis] *см.* **polysialia**

polysinusitis [ˌpɒliˌsainəˈsaitis] полисинусит

polysome [ˈpɒlisəʊm] *см.* **polyribosome**

polysomia [ˌpɒliˈsəʊmiə] *эмбр.* удвоение органа плода или его самого

polysomnography [ˌpɒlisɒmˈnɒgrəfi] полисомнография *(регистрация активности во время сна)*

polysomy [ˌpɒliˈsəʊmi] полисомия *(увеличение группы гомологичных хромосом в результате их неправильного расхождения в анафазе деления)*

polysorbate 80 [ˌpɒliˈsɔːbeit] твин-80

polyspermia [ˌpɒliˈspɜːmiə], **polyspermism** [ˌpɒliˈspɜːmizm], **polyspermy** [ˌpɒliˈspɜːmi] полиспермия *(1. избы-*

точная секреция спермы 2. проникновение в яйцеклетку более одного сперматозоида)

polystomatous [ˌpɒliˈstəʊmətəs] *гельм.* имеющий много присосок

polysynaptic [ˌpɒlisiˈnæptik] полисинаптический *(используемый в производстве имплантатов)*

polytef [ˈpɒlitef] тефлон

polythelia [ˌpɒliˈθiːliə] полителия *(наличие добавочных сосков молочных желёз)*

polytoxicomania [ˌpɒliˌtɒksikəʊˈmeiniə] политоксикомания

polytraumatized [ˌpɒliˈtrɔːmətaizd] характеризующийся тяжёлой сочетанной травмой, относящийся к политравме

polytrichia [ˌpɒliˈtrikiə], **polytrichosis** [ˌpɒlitriˈkəʊsis] гипертрихоз, политрихия *(избыточное развитие волосяного покрова)*

polytrophia [ˌpɒliˈtrəʊfiə], **polytrophy** [pɒˈlitrəfi] чрезмерное питание, обжорство

polytropic [ˌpɒliˈtrɒpik], **polytropous** [pɒˈlitrəʊpəs] политропный *(инфицирующий различные ткани)*

polyunsaturated [ˌpɒliənˈsætʃəˌreitid] полиненасыщенный

polyuria [ˌpɒliˈjuːriə] полиурия

  diet-associated ~ полиурия, вызванная диетой

polyvaccine [ˌpɒliˈvæksiːn] ассоциированная [комбинированная] вакцина, поливакцина

polyvalent [ˌpɒliˈveilənt] 1. мультивалентный, поливалентный 2. относящийся к поливалентной антисыворотке

polyvirion [ˌpɒliˈvairiɒn] поливирион *(группы нуклеокапсидов в общей оболочке)*

pompholyx [ˈpɒmfəʊliks] дисгидроз, водяница *(на коже туловища)*

pomphus [ˈpɒmfəs] волдырь

ponograph [ˈpəʊnəʊɡræf] прибор для регистрации процесса утомления мышцы или чувствительности к боли

ponophobia [ˌpəʊnəʊˈfəʊbiə] патологическая боязнь переутомления

pons [ˈpɒnz], *pl.* **pontes** [ˈpɒntiːz] 1. *анат.* (варолиев) мост 2. участок, соединяющий две части органа

pontic [ˈpɒntik] *стом.* тело мостовидного протеза

pontile [ˈpɒntail], **pontine** [ˈpɒntain] относящийся к варолиеву мосту

pontobulbar [ˌpɒntəʊˈbʌlbə] относящийся к варолиеву мосту и продолговатому мозгу

pool¹ [puːl] 1. группа, совокупность 2. фонд; объединённый резерв; общий || объединять

  ~ **of doctors** *страх.* группа врачей *(объединённых для облегчения результативности и объёма платежей за оказанные услуги)*

  advisory ~ консультативная группа

pool² 1. водоём, бассейн, резервуар 2. пул крови *(смесь крови от нескольких доноров)*; депонирование; депо крови 3. скопление *(напр. злокачественных клеток)*

  ~ **of ascorbic acid** скопление аскорбиновой кислоты

  ~**s of extruded mucin** скопление выбухающего муцина в окружающую ткань *(при раке)*

  abdominal ~ кровоизлияние в брюшную полость

  amino acid ~ аминокислотный пул; аминокислотный состав

  cess ~ сточная яма

chronic carrier ~ популяция хронических носителей вируса

circulating ~ пул циркулирующих клеток

gene ~ общность генетического материала, генофонд, геном *(совокупность наследственных факторов популяции)*

lower motor neuron ~ нижний пул мотонейронов *(совокупность мотонейронов спинного мозга)*

marginal granulocyte ~ краевой гранулоцитарный вал клеток

metabolic ~ метаболический пул

mucus ~**s** скопление мокроты

neuron ~ гомогенная группа нейронов

plasma ~**s** пул плазмы *(плазма, полученная от многих доноров в один день)*

recirculating lymphocyte ~ *(рециркулирующий между вторичными лимфоидными органами, лимфатическими, кровеносными сосудами и тканями)* пул лимфоцитов

replicating ~ *ген.* репликационный фонд

storage ~ пул накопления *(напр. тромбоцитов)*

vaginal ~ скопление секрета в заднем своде влагалища

vascular ~**s** *рентг.* усиленное кровоснабжение; усиление сосудистого рисунка

pooling [ˈpuːliŋ]:

  ~ **of blood in spleen** депонирование крови в селезёнке; депо крови в селезёнке

  ~ **of saliva** депонирование слюны

poor [pʊə] 1. бедный, неимущий; несчастный 2. недостаточный, непитательный *(о пище)* 3. неблагоприятный *(напр. прогноз)* 4. *pl.* беднота, бедняки

poorhouse [ˈpʊəhaʊs] *ист.* богадельня, работный дом

pop [pɒp] *sl.* принимать, или вводить, наркотик

poples [ˈpɒpliːz] подколенная ямка

popliteal [pɒpˈlitiəl] подколенный

popping [ˈpɒpiŋ]:

  skin ~ *sl.* подкожная инъекция наркотика

poppy [ˈpɒpi] 1. мак *(Papaver)* 2. *sl.* наркотик

  opium ~ мак опийный, мак снотворный *(Papaver somniferum)*

popular [ˈpɒpjʊlə] 1. общепринятый, стандартный *(напр. об антибиотикотерапии)* 2. массовый; народный

population [ˌpɒpjʊˈleiʃn] 1. население; народонаселение; жители; популяция *(объекты, особи или группа, определённая каким-л. общим признаком, напр. больных гемофилией)* 2. заселение ◊ ~ **at risk** группа риска

  ~ **of lymphocytes** популяция лимфоцитов

  able-bodied ~ трудоспособное население

  aboriginal ~ коренное население, аборигены

  actual ~ фактическое население

  aged ~ население старших возрастов

  alien ~ проживающие в стране иностранцы

  attention-deficit disorders ~ группа лиц с дефицитом внимания

  axenic ~ аксеническая *(не содержащая других живых организмов)* популяция микроорганизмов

  bacterial ~ микрофлора

  catchment ~ выборочная популяция

central ~ среднее население *(число человеколет, прожитых населением в течение данного периода)*

civilian ~ гражданское население

clinical ~ контингент больных

clonal [cloned] ~ клоновая [клонированная] популяция; клеточный клон

closed ~ замкнутая популяция, закрытое население *(в котором миграция отсутствует или имеет незначительный объём, не влияющий на численность и структуру населения)*

clumped ~ агрегированная популяция

coliform ~ популяция колиформных бактерий

competing ~s конкурирующие популяции

continuous ~ непрерывная совокупность

crowded inner-city ~s жители густонаселённых городских районов

de facto ~ наличное население

de jure ~ постоянное население *(включает отсутствующих постоянных жителей, но не включает временно присутствующих)*

disadvantaged ~ население, живущее в плохих условиях

distinct ~ изолированная популяция

enumerated ~ фактическое население

extrophy ~ группа больных с экстрофией мочевого пузыря

first world ~ население развитых стран

functional β-adrenoreceptor ~s функциональные популяции β-адренорецепторов

general ~ 1. население в целом 2. генеральная совокупность данных о популяции

general autopsy ~ аутопсии в общей популяции, безвыборочные аутопсии

heterogeneous ~ гетерогенная популяция *(семейство клеток на разных стадиях развития, имеющих различное индивидуальное время генерации)*

high risk ~ контингент высокого риска *(напр. заболеваемости раком прямой кишки)*

indigenous ~ *см.* **aboriginal** ~

initial ~ исходная популяция

institutionalized patients ~ контингент госпитализированных больных

island ~ островная популяция *(людей)*

living ~ совокупность живущих

local ~ местное население

long-lived ~ долгоживущая [стабильная] популяция *(напр. клеток)*

marriageable ~ бракоспособное население

married ~ население, состоящее в браке

Mendelian ~ менделевская популяция *(свободноскрещиваемая группа организмов с общим пулом генов)*

microbial ~ микрофлора

midyear ~ среднегодовое население *(среднее арифметическое из численности населения на начало и на конец года)*

mooving ~ мигрирующее население

moribund ~ умирающая популяция *(клеток)*

native ~ *см.* **aboriginal** ~

neoplastic ~ популяция опухолевых клеток

nonnormal ~ совокупность с распределением, отличным от нормального

normal ~ здоровая популяция

old ~ старое население *(доля лиц старше 65 лет в котором превышает 7 %)*

open ~ открытая популяция *(в которой миграция – существенный компонент изменений населения)*

parent ~ *см.* **initial** ~

patient ~ группа больных

pediatric ~ 1. детское население 2. контингент детей *(напр. в травмопункте)*

present-in-area ~ фактическое население

prison ~ контингент заключённых

projected ~ прогнозируемая численность населения

protected ~ население, охваченное профилактическими мероприятиями

resident ~ постоянное население

rural ~ сельское население *(проживающее в населённых пунктах численностью менее 2,5 тыс. жителей)*

sedentary [settled] ~ осёдлое население

stable ~ стабильное население *(математическая модель закрытого населения с неизменными во времени возрастными интенсивностями рождаемости и смертности)*

stagnant surplus ~ застойное перенаселение

standard ~ 1. население, принятое за стандарт 2. стандартная совокупность

stationary ~ стационарное население *(в котором коэффициент естественного прироста равен 0)*

surplus ~ перенаселение

synchronous ~ популяция синхронно делящихся клеток

target ~ 1. изучаемая [определённая] популяция; «меченая» группа лиц 2. вакцинированное население 3. иммунизируемые животные 4. популяция клеток-мишеней

test ~ контрольная совокупность

tittered ~ стандартизованная популяция, популяция референс-клеток

university ~ студенческая популяция

urban ~ городское население

vaccinated ~ вакцинируемая группа населения

world ~ население мира

young ~ молодое население *(в котором доля лиц старше 65 лет меньше 4 %)*

poradenitis [pɒˌrædəˈnaitiz], **poradenolymphitis** [pɒrˌædənəʊlimˈfaitis] паховый [венерический] лимфогранулематоз, четвёртая венерическая болезнь, паховый подострый пораденит

~ **nostras**, ~ **venerea, subacute inguinal** ~ сифилитический лимфаденит

poral [ˈpɔːrəl] относящийся к порам, порозности

porcelain [ˈpɔːsəlin] *стом.* порселан *(керамический материал, используемый в протезировании)*

porcine [ˈpɔːsain] свиной *(напр. инсулин, гепарин, трансплантат)*

pore [pɔː] 1. отверстие, пора; щель 2. канал, проток

external acoustic ~ наружное слуховое отверстие

biliary ~ общий жёлчный проток

Galen's ~ паховый канал

gustatory ~ вкусовая пора, вкусовое отверстие

internal acoustic ~ внутреннее слуховое отверстие

nuclear ~ *мол. биол.* ядерная пора

sweat ~ потовая пора

taste ~ *см.* gustatory ~

porencephalia [ˌpɔːrensəˈfæliə], **porencephaly** [ˌpɔːrenˈsefə-li] порэнцефалия *(наличие кист в полушариях большого мозга)*

poriferous [pɔːˈrifərəs] пористый, порозный

poriomania [ˌpɔːriəʊˈmeiniə] дромомания, пориомания *(импульсивное влечение к перемене мест)*

porion [ˈpɔːriɒn], *pl.* **poria** [ˈpɔːriə] *кр. метр.* порион *(точка, расположенная на 5 мм выше наружного слухового прохода)*

pork [pɔːk] свинина

measly ~ мясо, заражённое личинками свиного солитёра

porkworm [ˈpɔːkwɜːm] *гельм.* трихинелла

porn [pɔːn], **porno** [ˈpɔːnəʊ] *разг.* порно, см. **pornography**

pornography [pɔːˈnɒgrəfi] порнография *(письменная или изобразительная продукция с чрезмерно натуралистическими, непристойно-сладострастными изображениями или описаниями полового акта)*

porocele [ˈpɔːrəʊsiːl] мошоночная грыжа с утолщением и склерозированием грыжевых структур

porocephaliasis [ˌpɔːrəʊsefəˈlaiəsis] порэнцефалия

~ of liver пентастамидоз

porokeratosis [ˌpɔːrəʊkerəˈtəʊsis] *дерм.* порокератоз, эксцентричный гиперкератоз, кератоатрофический невус

~ **palmaris et plantaris** ладонно-подошвенный порокератоз

disseminated superficial actinic ~ поверхностная диссеминированная лучевая кератодермия, точечный лучевой порокератоз

poroma [pəˈrəʊmə] 1. мозоль, омозолелость 2. экзостоз 3. склерозированная [уплотнённая] ткань 4. опухоль потовых желёз

eccrine ~ эккринная порома

porosis [pəˈrəʊsis], *pl.* **poroses** [pəˈrəʊsiːz] образование мозоли *(напр. костной)*

porosity [pəˈrɒsiti] 1. пористость, порозность; проницаемость 2. пора 3. перфорация

porotomy [pəʊˈrɒtəmi] меатотомия *(рассечение стеноза наружного отверстия мочеиспускательного канала)*

porous [ˈpəʊrəs] пористый, порозный

porphobilinogen [ˌpɔːfəʊbiˈlinəʊdʒən] порфобилиноген *(пигмент, присутствующий в моче больных порфирией)*

porphyria [pɔːˈfiːriə] порфирия, порфириновая болезнь *(нарушение обмена порфирина)*

~ **acuta intermittens**, ~ **hepatica** пилоропорфирия, острая печёночная [перемежающаяся] порфирия

~ **cutanea tarda, acquired** ~ поздняя порфирия кожи; симптоматическая порфирия

congenital erythropoietic ~ врождённая эритропоэтическая уропорфирия, Гюнтера болезнь

hepatic ~ печёночная порфирия

Swedish genetic ~ *см.* ~ **acuta intermittens**

variegate ~ смешанная порфирия *(характеризующаяся повышенной кожной чувствительностью к свету и механическим травмам, увеличением экскреции прото- и копропорфирина с калом и аутосомно-доминантным наследованием)*

porphyrin [ˈpɔːfirin] *pl.* порфирины *(пигменты – гем, жёлчные пигменты, гем цитохрома и др.)*

porphyrinuria [ˌpɔːfirinˈjuːriə] порфиринурия *(выделение с мочой порфиринов – продуктов распада гемоглобина)*

Porphyromonas [ˌpɔːfirəʊˈməʊnəs] род Порфиромонады

porrigo [pəʊˈraigəʊ] заболевание кожи волосистой части головы *(напр. фавус)*

~ **decalvans** гнёздная алопеция

~ **lavalis**, ~ **lupinosa**, ~ **scaltulata** *микол.* фавус, парша

port [pɔːt] 1. *анат.* вход, входное отверстие, входной канал; проход 2. порт, гавань

bypass ~ обходной анастомоз, шунт

drain ~ дренажный канал

transfer ~ шлюз; тамбур; входное отверстие *(напр. в абактериальный изолятор)*

porta [ˈpɔːtə], *pl.* **portae** [ˈpɔːti] ворота, вход, отверстие

~ **hepatis** ворота печени

~ **labirinthi** *ото.* окно улитки

~ **omenti** сальниковое отверстие

portable [ˈpɔːtəbl] 1. переносный, портативный, передвижной 2. съёмный, складной, разборный

Portagerm [ˈpɔːtədʒɜːm] *лаб., фирм.* транспортная среда *(в пузырьках)*

portal [ˈpɔːtəl] 1. *анат.* ворота органа ǁ воротный, относящийся к воротам; относящийся к воротной вене

~ **of entry** (входные) ворота инфекции

porte-aiquille [pɔːt-eiˈgwiː] *фр.* иглодержатель

porte-ligature [pɔːt-ˈligətʃə] 1. инструмент, облегчающий подведение нити в глубину раны 2. аподактильный способ завязывания узлов *(с помощью инструментов)*

porte-meche [pɔːt-ˈmeiʃ] *фр.* зона для вставления дренажа в свищ или рану

porte-noeud [pɔːt-ˈnuːd] *см.* **porte-ligature 1**

porter [ˈpɔːtə]:

hall ~ администратор приёмного отделения больницы

portiligature [ˌpɔːtiˈligətʃə] *см.* **porte-ligature**

portio [ˈpɒʃiəʊ] *лат.*, *pl.* **portiones** [ˈpɒʃiəʊniːz], **portion** [ˈpɔːʃn] часть, доля; сегмент; участок

~ **of bone** фрагмент [отдел] кости

~ **of excretory pathway** отдел выделительного тракта

~ **of intestine** сегмент кишки

~ **of personality** черта [особенность] личности

~ **of small intestine** участок тонкой кишки

~ **of talus** часть таранной кости

bulbous ~ **of pulp** *стом.* коронковая часть пульпы

circumscribed ~ ограниченный участок

diseased ~ поражённая часть *(напр. кишки)*

extracellular ~ внеклеточный сегмент *(напр. HLA-антигена)*

first ~ **of duodenum** верхний отдел двенадцатиперстной кишки

flexible ~ гибкий [подвижный] отдел *(напр. позвоночника)*

narrowed ~ суженный участок

resected ~ резецированный участок

sperm-rich ~ порция (эякулята), содержащая сперматозоиды

terminal ~ терминальный отдел *(кишечника)*

portly [ˈpɔːtli] дородный, тучный

portocaval [ˌpɔːtəʊ'keivəl] портокавальный *(напр. ана-стомоз)*

portoenterostomy [ˌpɔːtəʊentə'rɒstəmi] портоэнтероана-стомоз *(при атрезии печёночных протоков)*

portography [pɔː'tɒgrəfi] портография *(контрастная рентгенография воротной вены)*

   mesenteric ~ мезентериальная портография

   transhepatic ~ чреспечёночная портография

   umbilical vein ~ чреспупочная портография

portosystemic [ˌpɔːtəʊsis'temik] относящийся к системе воротной вены

portrayal [pɔː'treiəl] изображение, описание

   photographic ~ **of body temperature** фотографиче-ское изображение температуры тела

porus ['pəʊrəs], *pl.* **pori** ['pəʊrai] *см.* **pore**

pose [pəʊz] **1.** подвергать(ся), поставить под угрозу; оказаться под воздействием *(напр. газов)* **2.** формули-ровать; ставить, предлагать *(задачу, цель)* **3.** ставить в тупик, озадачить

   to ~ **a danger to** представлять опасность для

posed [pəʊzd]:

   human ~ **by the therapeutic use** пациент, находящий-ся на медикаментозном лечении

posiomania [ˌpəʊziəʊ'meiniə] дипсомания, истинный запой

position [pə'ziʃn] **1.** расположение, местонахождение; локализация **2.** положение, поза, позиция; осанка **3.** пред-лежание плода, *см. тж.* **presentation 4.** точка зрения

   ~ **of beta-blockers** роль бета-блокаторов

   ~ **of brow** лобное предлежание плода

   ~ **of fungi in nature** положение грибов в живой природе

   ~ **of operating suite** расположение операционного блока

   ~ **of shoulder** плечевое предлежание, поперечное положение *(плода)*

   ~ **of trunk** поза туловища

   ~ **of vertex** затылочное предлежание плода

   anatomical ~ анатомическая позиция *(вертикальное положение туловища с опущенными руками и обра-щёнными вперёд кистями)*

   body ~ положение тела

   Bozeman's ~ *см.* **genucubital** ~

   breech ~ ягодичное [тазовое] предлежание *(плода)*

   cephalic ~ головное предлежание

   coach ~ сидячее положение

   crouched ~ положение сидя на корточках, согнутое положение тела

   dorsal ~ положение лёжа на спине

   dorsal rigid ~ положение лёжа на спине с поджатыми ногами

   dorsosacral ~ положение для камнесечения; гинеко-логическое положение

   edgewise ~ положение лёжа на.боку

   Elliot's ~ положение лёжа на спине с валиком под лопатками

   erect ~ выпрямленное [вертикальное] положение стоя

   face-down ~ *см.* **recumbent** ~

   faulty ~ неправильное положение

   female ~ **to urinate** женская поза мочеиспускания

   fetal ~ **1.** положение плода *(в матке)* **2.** поза (спящего), напоминающая положение плода; эмбриональная поза

   final scrotal ~ окончательное положение (яичка) в мошонке

   fist ~ положение сжатого кулака

   flank ~ положение лёжа на боку, при котором нижние конечности согнуты, а верхние разогнуты для осу-ществления выпуклого разгибания верхней части туло-вища, что используется при операциях удаления почки

   Fowler's ~ полусидячее положение, Фаулера положе-ние *(нередко придаваемое после операции)*

   freeway ~ **of mandible** состояние физиологического покоя нижней челюсти

   frogged [froglike] ~ положение лягушки

   genucubital ~ коленно-локтевое положение

   genupectoral ~ *см.* **knee-chest** ~

   head-down ~ *см.* **recumbent** ~

   head-up ~ возвышенное положение, положение с возвышенным головным концом

   high-pelvic ~ положение с высоко приподнятым тазом

   inspiratory ~ фаза [состояние] вдоха

   knee-chest ~ коленно-грудное положение

   knee-elbow ~ *см.* **genucubital** ~

   lateral ~ положение лёжа на боку

   lateral jack-knife ~ положение лёжа на боку с приве-дёнными к животу ногами, положение складного ножа

   lateral recumbent [lateroprone, laterosemiprone] ~ положение лёжа на боку

   left occipitoanterior ~ передний вид затылочного предлежания плода – первая позиция

   left occipitoposterior ~ задний вид затылочного пред-лежания плода – первая позиция

   lying ~ положение лёжа

   map ~**s** положение на генной карте

   mentoanterior ~ передний вид лицевого предлежания плода

   mentoposterior ~ задний вид лицевого предлежания плода

   military ~ положение по стойке «смирно»

   normal ~ нормальное положение, расположение

   nursing ~ поза кормления

   occipitopubic ~ **of the vertex** передний вид затылоч-ного предлежания плода

   occlusal ~ окклюзионное отношение челюстей

   overlay ~ **of flap** расположение лоскута снаружи *(напр. при тимпанопластике)*

   postileal ~ **of appendix** позадиподвздошное располо-жение аппендикса

   procumbent [prone] ~ положение лёжа на животе, лежать ничком

   proper ~ правильное положение *(напр. отломков кости)*

   recovery ~ «спасительное положение» *(при потере сознания – на животе с повёрнутой набок головой)*

   recumbent ~ положение лёжа

   reference ~ исходное [начальное] положение

   remote ~ отдалённое [удалённое] место

   rest ~ **of mandible** состояние физиологического по-коя нижней челюсти

   retrocaecal ~ **of appendix** ретроцекальное располо-жение аппендикса

right mentotransverse ~ of the face лицевое предлежание плода – вторая позиция *(лицевая линия в поперечном размере)*

right nasoanterior ~ of the brow передний вид лобного предлежания плода – первая позиция

right nasoposterior ~ of the brow задний вид лобного предлежания плода – первая позиция

right nasotransverse ~ of the brow лобное предлежание плода – первая позиция

right occipitoanterior ~ of the vertex передний вид затылочного предлежания плода – вторая позиция

right occipitoposterior ~ of the vertex задний вид затылочного предлежания плода – вторая позиция

right sacroanterior ~ of the breech передний вид тазового предлежания плода – вторая позиция

right sacroposterior ~ of the breech задний вид тазового предлежания плода – вторая позиция

right sacrotransverse ~ of the breech тазовое предлежание плода – вторая позиция

Romberg ~ поза Ромберга *(положение исследуемого стоя с плотно сдвинутыми ступнями и вытянутыми вперёд руками)*

sacroanterior ~ of the breech передний вид тазового предлежания плода

sacroposterior ~ of the breech задний вид тазового предлежания плода

semiprone ~ положение, промежуточное между положением лёжа на животе и положением на боку

short-axis ~ of transducer позиция датчика по короткой оси

shoulder ~ предлежание плечиком

sitting ~ положение сидя

sitting up ~ возвышенное сидячее положение

squatting ~ положение на корточках

standing ~ положение стоя

strength ~ силовое статическое положение

subdiaphragmatic ~ поддиафрагмальное расположение *(напр. абсцесса)*

supine ~ положение лёжа на спине, навзничь

Trendelenburg ~ Тренделенбурга положение *(лёжа на спине с приподнятым по отношению к голове тазом под углом 45°)*

tuck ~ *см.* knee-chest ~

upright ~ вертикальное положение

ventricumbent ~ положение лёжа на животе

wine glass ~ положение захвата стакана

positioning [pə'ziʃəniŋ] 1. размещение; расположение; позиционирование; установка в заданное положение 2. *стом.* моделирование 3. определение местоположения 4. юстировка

~ **of anastomosis** выбор места для наложения анастомоза

~ **of catheter** позиционирование катетера *(напр. в желудочке сердца)*

~ **of patient** укладывание больного *(на операционный стол)*

~ **the bone** сопоставление (отломков) кости

Doppler ~ определение местоположения по допплеровскому сдвигу частот, допплеровское картирование

radiographic patient ~ «рентгенологическая укладка больного»

tool ~ позиционирование инструмента *(напр. иглы при пункции абсцесса)*

positive ['pɒzitiv] 1. позитивный; положительный *(напр. о реакции)*; указывающий на наличие чего-л. в исследуемом материале *(напр. микрофлоры в жёлчи)* 2. заражённый, инфицированный

black-and-white ~ *рентг.* чёрно-белый позитив

color ~ *узи* цветное изображение

false ~s ложноположительный результат

grey-and-white ~ *узи* серошкальное изображение

posology [pəʊ'zɒlədʒi] позология *(1. учение о дозировках медикаментов 2. дозирование лекарственных препаратов)*

possess [pə'zəs] 1. обладать *(терпением)*; владеть *(собой)* 2. овладевать, захватывать *(о чувстве, настроении)*; быть одержимым *(страстью, манией)*

possession [pə'zəʃn] 1. владение; овладение; обладание 2. одержимость

~ **of injecting paraphernalia** хранение инъекционного инструментария

posset ['pɒsət] 1. свёртываться *(о крови)* 2. срыгивать *(о грудных детях)*

posseting ['pɒsətiŋ] срыгивание *(у грудных детей)*

possible ['pɒsibl] 1. возможный; вероятный; предполагаемый 2. потенциальный

possum ['pɒsəm] [*аббр.* **patient-operated selector mechanism**] поссум *(прибор, чувствительный к лёгким прикосновениям, позволяющий больным с тяжёлыми параличами пользоваться вспомогательными приспособлениями)*

post¹ [pəʊst] 1. пост, пункт 2. пульт управления

aid ~ медицинский пункт, медпункт

casualty collecting ~ место сбора пострадавших *(напр. после землетрясения)*

light wounded collecting ~ пункт сбора легкораненых

regimental aid ~ полковой пункт медицинской помощи

sentinel ~ контрольный медицинский пост

post² столб; стойка; *стом.* штифт

cast ~ тело протеза *(зуба)*

crown ~ штифт для искусственного зуба

post³:

~ **meridiem** *лат.* после полудня

~ **mortem** *лат.* после смерти ‖ посмертный *(об изменениях в органах и тканях)*

~ **partum** после родов; после деторождения

postabortal [ˌpəʊstə'bɔːtl] послеабортный

postaccessual [ˌpəʊstək'sesjʊəl] после приступа *(напр. малярии)*

postacetabular [ˌpəʊstəsə'tæbjʊlə] расположенный позади вертлужной впадины

postadolescence [ˌpəʊstædəʊ'lesəns] постпубертатный период

postanesthesia [ˌpəʊstˌænəs'θiːziə], **postanesthetic** [ˌpəʊstˌænəs'θetik] посленаркозное состояние

postapoplectic [ˌpəʊstæpəʊ'plektik] постинсультный, возникший после инсульта

postaural [ˌpəʊstˈɔːrəl] заушный, позадиушной

postbrachial [ˌpəʊstˈbreɪkɪəl] относящийся к задней стороне плеча

postbulbar [ˌpəʊstˈbʌlbə] ретробульбарный

postcava [ˌpəʊstˈkeɪvə] нижняя полая вена

postcentral [ˌpəʊstˈsentrəl] постцентральный (напр. об извилине мозга)

postchroming [ˌpəʊstˈkrəʊmɪŋ] гист. обработка срезов солями хрома после предварительной фиксации

postcibal [ˌpəʊstˈsaɪbəl] после еды; послеобеденный

postclavicular [ˌpəʊstˌkleɪˈvɪkjʊlə] позадиключичный

postcornu [ˌpəʊstˈkɒnjʊ] задний рог бокового желудочка (головного мозга)

postcricoid [ˌpəʊstˈkraɪkɒɪd] гортаноглотка

postdialysis [ˌpəʊstdaɪˈæləsɪs] период после диализа

postdiastolic [ˌpəʊstdaɪəˈstɒlɪk] постдиастолический, протосистолический

postencephalitic [ˌpəʊstənˌsefəˈlɪtɪk] остающийся после воспаления мозга, постэнцефалитический

posterior [pɒsˈtɪərɪə] 1. задний 2. последующий 3. часто pl. ягодицы 4. поздний

  a ~i лат. на основании опыта

posteroanterior [ˌpɒstərəʊænˈtɪərɪə] заднепередний

posterocclusion [ˌpɒstərəʊˈkluːʒn] открытый прикус

posteroexternal [ˌpɒstərəʊekˈstɜːnəl] задненаружный

posterointernal [ˌpɒstərəʊɪnˈtɜːnəl] заднɜвнутренний

posterolateral [ˌpɒstərəʊˈlætərəl] заднебоковой, задненаружный

posteromedial [ˌpɒstərəʊˈmiːdɪəl] задневнутренний

postexercise [ˌpəʊstˈeksəsaɪz] после нагрузки; посленагрузочный (напр. об ЭКГ)

postfebrile [ˌpəʊstˈfiːbrɪl] постфебрильный, послелихорадочный

postfixation [ˌpɒstfɪkˈseɪʃn] вторичная фиксация

postganglionic [ˌpəʊstgæŋgliˈɒnɪk] постганглионарный

postgraduate [ˌpəʊstˈgrædjʊət] 1. специалист, окончивший вуз или продолжающий постдипломное образование 2. предмет, изучаемый после окончания вуза 3. аспирант

postgrippal [pɒstˈgrɪpəl] постгриппозный

posthemorrhage [pɒstˈhemərɪʤ] повторные кровотечения

posthemorrhagic [ˌpəʊstheməˈræʤɪk] постгеморрагический

posthepatic [ˌpəʊsthɪˈpætɪk] постпечёночный (напр. блок кровотока)

postheterokinesis [ˌpəʊstˌheterəʊkaɪˈniːsɪs] вариант мейоза, при котором половая хромосома перемещается к одному из полюсов, не разделившись при втором делении сперматоцита

posthetomy [pɒsˈθetəmɪ] обрезание крайней плоти, циркумцизия (напр. при фимозе)

posthioplasty [ˈpɒsθɪəʊˌplæstɪ] пластика крайней плоти

posthitis [pɒsˈθaɪtɪs] постит, воспаление крайней плоти

posthumous [ˈpɒstjʊməs] 1. посмертный 2. рождённый после смерти отца

posthypnotic [ˌpəʊsthɪpˈnɒtɪk] 1. постгипнотический, наблюдаемый после пробуждения или выхода из гипноза 2. после выхода из гипнотического состояния

postictal [pəʊstˈɪktəl] послеприпадочный

postinfection [ˌpəʊstɪnˈfekʃn], **postinfectious** [ˌpəʊstɪnˈfekʃəs] постинфекционный период; после заражения; постинкубационный период

postinfluenzal [ˌpɒstɪnfluˈenzəl] постгриппозный

postjunctional [pɒstˈʤʌŋkʃnl] постсинаптический

postlaryngeal [pɒstləˈrɪnʤɪəl] загортанный, позадигортанный

postload [ˌpəʊstˈləʊd] постнагрузка (сопротивление изгнанию крови из желудочков в аорту и лёгочную артерию вследствие повышения сосудистого сопротивления)

postmature [ˌpəʊstməˈtʃʊə] переношенный (о ребёнке)

postmaturity [ˌpəʊstməˈtʃuːrɪtɪ] 1. перезрелость 2. переношенность (состояние новорождённого при запоздалых родах)

postmediastinal [ˌpəʊstmiːdiːəsˈtaɪnəl] относящийся к заднему средостению

postmediastinum [ˌpəʊstmiːdiːəsˈtaɪnəm] заднее средостение

postmenopausal [ˌpəʊstmenəʊˈpɔːzəl] 1. постменопаузальный [климактерический] период (женщин старше 65 лет) 2. находящийся в менопаузе 3. возникший в климактерическом периоде

post mortem [ˌpəʊstˈmɔːtəm] лат. после смерти

postmortem [ˌpəʊstˈmɔːtəm] 1. посмертный; патологоанатомический 2. вскрытие трупа, аутопсия ‖ производить вскрытие трупа

postmyocardial [ˌpəʊstmaɪəʊˈkɑːdɪəl] постинфарктный

postnaris [pəʊstˈneɪrɪs] анат. хоана

postnasal [pəʊstˈneɪzəl] 1. носоглоточный 2. относящийся к задней половине носовой полости

postnatal [pəʊstˈneɪtəl] постнатальный, послеродовой, после рождения

postocular [ˌpəʊstˈɒkjʊlə] расположенный позади глазного яблока

postoperative [ˌpəʊstˈɒpərətɪv] послеоперационный

postoral [pɒsˈtəʊrəl] 1. ротоглоточный 2. относящийся к заднему отделу ротовой полости; возникающий позади рта

postpartum [pəʊstˈpɑːtəm] неонатальный; послеродовой; возникший после родов

postpharyngeal [ˌpəʊstfəˈrɪnʤɪəl] заглоточный, позадиглоточный

post-pill [ˌpəʊst-pɪl] 1. после отмены орального контрацептива 2. функциональное бесплодие (после приёма противозачаточных средств)

postprandial [ˌpəʊstˈprændɪəl] возникающий после приёма пищи

postpuberty [ˌpəʊstˈpjuːbətɪ] постпубертатный период, или возраст

postrenal [pəʊstˈriːnəl] субренальный (относящийся к нижележащим мочевым органам)

postsurgery [ˌpəʊstˈsɜːʤərɪ], **postsurgical** [ˌpəʊstˈsɜːʤɪkəl] послеоперационный; послераневой (напр. об инфекции)

postsynaptic [ˌpəʊstsɪˈnæptɪk] постсинаптический (о структуре, мембране, потенциале, процессе)

post-term [ˌpəʊst-tɜːm] роды после срока, уст. запоздалые роды

post-test [ˌpəʊst-test] последующий тест; постлабораторное исследование

post-transplantation [ˌpəʊst-ˌtrænsplən'teiʃn] посттрансплантационный

post-treatment [ˌpəʊst-'tri:tmənt] **1.** период после лечения **2.** повторное лечение

post-tussive [ˌpəʊst-'tʌsiv] послекашлевой *(симптом)*

postulate ['pɒstjʊleit] постулат *(неоспоримое утверждение или предположение)*

postural ['pɒstʃərəl] **1.** постуральный, обусловленный положением тела **2.** изменяющийся вместе с изменением положения тела *(напр. об АД)*

posture ['pɒstʃə] **1.** положение тела, поза, осанка **2.** настроение, состояние *(духа)* **3.** равновесие

abnormal ~ нарушение осанки, патологическое положение тела *(напр. вынужденное)*

antalgic ~ щадящее положение

body ~ осанка

correct ~ правильная осанка

crouched ~ скорченная поза

decerebellate ~ децеребеллярная поза *(опистотонус, ригидность мышц)*

erect ~ **1.** прямостояние *(ребёнка)* **2.** вертикальное положение

hounched over ~ сгорбленное положение

lordosis ~ разгибательное положение тела

poor ~ *см.* **abnormal** ~

sitting ~ положение сидя

supine ~ положение (лёжа) на спине

unusual ~ *см.* **abnormal** ~

Wernicke – Mann ~ Вернике – Манна поза *(характеризующаяся повышением мышечного тонуса сгибателей руки и разгибателей ноги у больных с центральным гемипарезом)*

posturing ['pɒstʃəriŋ] застывание

post-vaccinal [ˌpəʊst-'væksi:nəl] поствакцинальная реакция

postvital [ˌpəʊst'vaitəl] посмертный, поствитальный *(об окраске клеток)*

postwithdrawal [ˌpəʊstwið'drɔ:əl] постабстинентный *(напр. синдром)*

pot [pɒt] **1.** тигель; чашка; бак; резервуар; сосуд **2.** потенциометр **3.** *sl.* марихуана, гашиш, анаша, план, «трава»

potable ['pəʊtəbl] пригодный *(для питья)*

potash ['pɒtæʃ] поташ *(карбонат калия)*

caustic ~ каустическая сода

potassemia [ˌpɒtə'si:miə] гиперкалиемия

potassium [pəʊ'tæsiəm] калий, К

~40 калий-40, ⁴⁰K *(природный радиоактивный изотоп калия, период полураспада 1,3 миллиона лет, источник бета-излучения естественной радиоактивности живых тканей)*

~42 калий-42, ⁴²K *(искусственный радиоактивный изотоп калия, источник бета-излучения с периодом полураспада 12,47 ч, используемый в качестве индикатора при изучении распределения калия в организме)*

~43 калий-43, ⁴³K *(искусственный изотоп калия, источник бета-излучения с периодом полураспада 22 ч, используемый в качестве индикатора при исследовании перфузии миокарда)*

available ~ усвояемый [доступный] калий

isotopically exchangeable ~ изотопный обменный калий

potator ['pəʊteitə] алкоголик, потатор

potbelly ['pɒtˌbeli] увеличенный живот; вздутый живот

potency ['pəʊtənsi] **1.** потенция *(способность мужчины к половому акту)* **2.** действенность, эффективность, сила, активность *(напр. лекарственного вещества)* **3.** содержание действующих веществ *(в лекарственном средстве)* **4.** степень разведения **5.** способность эмбрионального зачатка к развитию до завершённого органа **6.** проходимость *(сосуда)*

~ of a gene способность гена к фенотипическому проявлению

~ of anesthetics действенность [эффективность] анестезирующих препаратов

~ of antibiotic потенциальная возможность антибиотика, спектр действия антибиотика

~ of antitoxin антитоксическое свойство, антитоксическая действенность

allergenic ~ аллергенность

anticoagulant ~ антикоагулянтная активность

antitubercular ~ противотуберкулёзное действие

assured ~ подтверждённая активность *(напр. вакцины)*

differentiation ~ способность к дифференцировке

immunological ~ иммуногенность *(напр. вакцины)*

neuromuscular blocking ~ степень нейромышечной блокады

protective ~ защитная активность *(напр. вакцины)*

reaginic ~ (сывороточный) титр реагинов

sexual ~ половая потенция

potent ['pəʊtənt] **1.** сильный; активный **2.** сильнодействующий *(о лекарственном веществе)*

potential¹ [pəʊ'tenʃəl] *лат.*:

~ coendi способность к совокуплению

~ concepiendi способность к зачатию

~ generandi способность к деторождению

potential² **1.** потенциал; электрическое напряжение ‖ потенциальный **2.** возможность, способность, вероятность ‖ возможный; вероятный **3.** действенный, эффективный

~ for disease вероятность [риск] развития болезни

~ malignant transformation риск малигнизации

~ for vision шанс сохранить зрение

action ~ потенциал действия, пиковый потенциал, спайк

advanced ~ опережающий потенциал

allergic ~ предрасположенность к аллергии, аллергическая готовность

auditory evoked ~s слуховые [акустические] вызванные потенциалы

biotic ~ биотический потенциал *(способность микроорганизма размножаться)*

body surface ~ картирование биопотенциалов на поверхности тела

boundary ~ граничный потенциал

brain ~ биопотенциал головного мозга

brainstem auditory evoked ~s стволовые акустические вызванные биопотенциалы

cell-wall ~ биопотенциал на оболочке клетки

contagious ~ возможность контактной передачи *(инфекции)*

demarcation ~ демаркационный потенциал, потенциал повреждения

denervation ~s денервационные потенциалы *(напр. с гортани)*

developmental ~ дифференцировочный потенциал

diagnostic ~ диагностическая ценность анализа выдыхаемого воздуха

electrode ~ электродный потенциал

endplate ~s биопотенциалы концевой пластинки

evoked ~ вызванный потенциал; ответная реакция

evoked occipital ~ вызванный биопотенциал зрительного нерва

excitatory postsynaptic ~ возбуждающий постсинаптический потенциал, ВПСП

fertility ~ генеративная способность; потенциал деторождений

fibrillation ~s потенциалы фибрилляций *(на ЭМГ)*

fibrinolytic ~ фибринолитическая активность

growth ~ способность к росту

high metastatic ~ высокая степень метастазирования

induced ~ вызванный [индуцированный] потенциал

infectivity ~ потенциал инфекционности

inhibitory postsynaptic ~ тормозной постсинаптический потенциал, ТПСП

injury ~ *см.* **demarcation** ~

ionization ~ потенциал ионизации

late event-related ~s *псих.* поздние событийные потенциалы

local ~ локальный [местный] потенциал

membrane ~ (транс)мембранный потенциал

miniature ~ миниатюрный потенциал *(концевой пластинки)*

mutagenic ~ мутагенность, мутагенный потенциал

neuropathic ~ нейропатический потенциал

osmotic ~ осмотический потенциал

oxidation-reduction ~ окислительно-восстановительный потенциал

peak ~ пиковый потенциал

performance ~ потенциал работоспособности

phosphorylation ~ потенциал фосфорилирования

postsynaptic ~ постсинаптический потенциал

protective ~ защитный потенциал

reaction ~ *псих.* потенциал реакции *(переменная, опосредующая связь между стимулом и реакцией)*

redox ~ *см.* **oxidation-reduction** ~

resting ~ потенциал покоя

somatosensory evoked ~s соматосенсорные вызванные потенциалы

specific action ~ потенциал специфического действия

spike ~ *см.* **action** ~

transmembrane ~ *см.* **membrane** ~

ulcerogenic ~ степень ульцерогенности *(свойство вызывать изъязвление)*

visual evoked ~s вызванные потенциалы зрительного нерва

zoonotic ~ контагиозность [заразительность] зооноза, риск заражения зоонозом

potentiality [pəʊˌtenʃiˈæliti] потенциальная возможность

potentiation [pəʊˌtenʃiˈeiʃn] *фарм.* потенцирование, синергизм, усиление *(эффекта)*

~ of antidepressant effect потенцирование антидепрессивного действия

long-lasting [long-term] ~ длительное стойкое потенцирование *(напр. медикамента)*

potentiator [pəʊˌtenʃiˈeitə] *фарм.* потенцирующее средство, или фактор; усилитель

potion [pəʊʃn] микстура; настойка *(лекарственная форма с большим объёмом медикамента)*

potomania [ˌpəʊtəʊˈmeiniə] потомания *(1. патологическое пристрастие к алкоголю 2. белая горячка)*

potpourri [pəʊˈpʊri], **pot-pourri 1.** ароматическая смесь из сухих цветочных лепестков **2.** разное *(раздел журнала с нетематическими сообщениями)*

pouch [pəʊtʃ] **1.** *анат.* мешок, карман **2.** дивертикул; киста

abdominovesical ~ углубление брюшинной полости между мочевым пузырём и передней брюшной стенкой

"blind ~" слепой карман, слепой мешок

branchial ~ *см.* **pharyngeal** ~

craniobuccal [craniopharyngeal] ~ *см.* **Rathke's** ~

Douglas ~ *см.* **rectouterine** ~

focal ~ *рентг.* изолированное [одиночное] выпячивание

gastric ~ *физиол.* изолированный [малый] желудочек

hair ~ волосяной мешочек

hypophyseal ~ *см.* **Rathke's** ~

ileal ~ подвздошно-кишечный резервуар

jejunal food ~ изолированный тонкокишечный сегмент *(с фистулой для изучения пищеварения)*

modified innervated antral ~ видоизменённый иннервированный малый желудочек

neurobuccal ~ *см.* **Rathke's** ~

pharyngeal ~ *эмбр.* глоточный карман, жаберный мешок

prosthetic ~ вместилище протеза; искусственная полость

Rathke's ~ Ратке карман *(выпячивание эпителия задней стенки ротовой полости зародыша, из которого образуется аденогипофиз)*

rectouterine ~ прямокишечно-маточное углубление, дугласов карман, дугласово пространство

uterovesical [vesicouterine] ~ пузырно-маточное углубление

visceral ~ *см.* **pharyngeal** ~

Willis's ~ сальниковая сумка

Zenker ~ пульсионный [ценкеровский] дивертикул

poultice [ˈpəʊltis] горячий компресс; припарка ‖ прикладывать припарки

kaolin ~ припарка с каолином

pound [paʊnd] фунт *(0,453 кг)*

apothecaries ~ аптекарский фунт *(0,373 кг)*

avoirdupois ~ фунт британской системы единиц массы и веса, (торговый) фунт

Pound:

Imperial Standard ~ имперский эталонный фунт *(0,45359 кг; Великобритания)*

poverty [ˈpɒvəti] **1.** бедность; нищета **2.** нехватка, скудность **3.** невыраженность *(напр. симптомов)*

~ of speech content бедность содержания речи

~ **of ideas** *псих.* бедность [скудность] мысли

~ **of speech content** скудность речевого содержания

~ **of thought** скудность мышления

~ **of vitamins** дефицит витаминов

clinical ~ «бедность» [дефицитарность] симптоматики

emotional [flattening] ~ эмоциональная бедность, эмоциональное оскудение, эмоциональная уплощённость

powder ['paʊdə] порошок || измельчать в порошок, посыпать порошком, припудривать

~ **of herb** сухое лекарственное растительное сырьё, измельчённое в порошок

abrasive ~ шлифующий порошок *(для микротома)*

baby ~ детская присыпка

bleaching ~ хлорная известь

coarse ~ крупный порошок

dusting ~ присыпка

fine ~ мелкий порошок

fumigating ~ порошкообразный фумигант

insect ~ инсектицидный порошок

liver ~ печёночный порошок *(для иммунофлуоресцентной гистохимии)*

moderately coarse ~ среднекрупный порошок

moderately fine ~ среднемелкий порошок

starch glove ~ перчаточная пудра, содержащая крахмал

water sterilization ~ порошок для обеззараживания воды

whole milk ~ сухое цельное молоко

wound ~ (стерильный) порошок для лечения ран

powdery ['paʊdərɪ] порошковидный, порошкообразный

power ['paʊə] 1. мощность; мощь; энергия || служить источником энергии 2. способность; сила; работоспособность; производительность 3. степень *(напр. увеличения)*; показатель степени 4. власть 5. статистическая мощность

~ **of attorney** доверенность

~ **of concentration** способность сосредоточиться

~ **of imagination** сила воображения

~**s of movement** локомоторная способность

~ **of test** *стат.* мощность или чувствительность критерия

~ **of vision** острота зрения

absorbing ~ 1. абсорбционная [поглощающая] способность 2. сила поглощения

adaptation ~ приспособляемость

adhesive [aggregation] ~ сила сцепления

antigenic ~ антигенность

antipollution ~ полномочия по борьбе с загрязнением

back vertex ~ *опт.* задняя вершинная рефракция

bactericidal ~ бактерицидность, бактерицидное действие

begetting ~ 1. воспроизводительная мощь 2. половая потенция

caloric ~ теплотворность

coagulating ~ коагулирующая способность

concentrating ~ концентрационная способность

contraceptive ~ регулирование рождаемости применением контрацептивных средств

defining ~ *см.* **magnifying** ~

disease-evoking [disease-inciting] ~ патогенность

evaporation ~ испаряемость

executive ~ исполнительная власть

grasping ~ сила захвата *(кисти)*

grow(ing) ~ способность к росту, жизнеспособность; энергия роста

healing ~ лечебное действие

human ~ физическая способность человека

hydrogen ~ активность водорода, «сила водорода», pH

invasive ~ инвазивность; болезнетворность; вирулентность

keeping ~ сохранение активности *(напр. лекарственного препарата)*

magnifying ~ разрешающая способность, кратность увеличения *(напр. микроскопа)*

medical ~ **of attorney** заблаговременное распоряжение *(на случай болезни)*

mental ~ интеллектуальные [умственные] способности

motive ~ движущая сила, энергия

nuclear ~ ядерная [атомная] энергия

peak ~ пиковая мощность

penetration ~ проникающая способность *(ионизирующего излучения)*

phylactic ~ иммуногенность *(напр. вакцины)*

previous ~ прогностическая весомость

radiated ~ мощность ионизирующего излучения

reducing ~ восстановительная способность

reference ~ исходный уровень мощности

resolving ~ *см.* **magnifying** ~

sensitizing ~ сенсибилизирующая активность

statistical ~ статистическая достоверность

stopping ~ 1. ингибирующая способность 2. убойная сила *(оружия)*

vital ~ жизненно важная функция

PowerChart ['paʊətʃɑːt] *комп.* набор программных средств для врача

powerlessness ['paʊələsnəs] слабость, бессилие

power-striding ['paʊə-'straɪdɪŋ] быстрая ходьба с целью укрепления здоровья

pox [pɒks] заболевания, сопровождающиеся высыпанием *(корь, оспа и др.)*, сыпь

cow ~ коровья оспа *(контагиозна для человека, однако ограничивается лёгким течением)*

crystal ~ ветряная оспа, варицелла

kaffir ~ *см.* **milk** ~

milk ~ 1. аластрим, белая оспа, оспа кафров *(разновидность натуральной оспы, отличающаяся лёгким течением и меньшей контагиозностью)* 2. вирус узелков доильщиц

monkey ~ оспа обезьян *(контагиозна для человека, однако ограничивается лёгким течением)*

rickettsial ~ риккетсиозный дерматит, везикулёзный риккетсиоз

Samoa [sanaga] ~ *см.* **milk** ~

wart ~ контагиозный пустулёзный дерматит

water ~ анкилостомидоз кожи

white ~ *см.* **milk** ~

Poxviridae [pɒks'viridi] семейство вирусов оспы

poxvirus [pɒks'vaɪərəs] поксвирус, вирус группы оспы

P-pulmonale [pi-pʌlməʊ'neɪli] лёгочный [высокий] предсердный зубец *(на ЭКГ при лёгочной гипертензии)*

practice ['præktis] **1.** практика, деятельность, врачебная практика || применять, осуществлять, тренировать(ся) **2.** метод(ы), способ(ы); приём(ы); технология || следовать в жизни

~ **in a serviced sitting** последипломная стажировка

~ **intubation** применять интубацию

~ **of psychotherapy** практическая психотерапия; психотерапевтические приёмы

~ **of rectal surgery** *pl.* методы операций на прямой кишке

~ **without walls** клиника «без стен»

academic ambulatory ~ учебная поликлиническая практика

anti-discriminatory ~ недискриминационная практика

anti-oppressive ~ ненасильственная практика *(без элементов давления, угнетения)*

chiropractic ~ хиропрактика

clinical ~ клиническая практика; клинический опыт

Common procedural coding ~ Единая система кодирования медицинских процедур *(применяемая в «Медикэр»)*

contraceptive ~ применение противозачаточных средств и регулирование рождаемости

contract ~ врачебная практика по договору *(напр. со страховой кассой)*

corporate ~ **of medicine acts and statutes** законы [положения] о корпоративной медицинской практике

daily ~ ежедневная [повседневная] тренировка

dental ~ зубоврачебная практика

dietetic ~ **1.** руководство по питанию **2.** аспекты питания от здоровых до больных, подлежащих интенсивной терапии

familial ~ практика семейного врача *(обеспечение первичной медицинской помощью всех членов семьи)*

fee-for-service ~ лечебная практика с оплатой за услуги

forensic ~ судебно-медицинская практика

general ~ общая [общеврачебная] практика

general pharmaceutical ~ *англ.* практическая фармацевтическая деятельность в розничных аптеках

group ~ **without walls 1.** групповая практика «без стен» *(в рамках которой врачи объединены в одно юридическое лицо, но продолжают практиковать в своих учреждениях)* **2.** методы лечения больных в группах

health ~ практика здравоохранения

hospital ~ стационарное лечение, больничная практика

hospital dental ~ лечение в стоматологическом стационаре

individual medical ~ *см.* **private medical** ~

job safety ~ техника безопасности на рабочем месте

nursing ~ сестринская практика

office ~ амбулаторный приём

panel ~ список страховых врачей

prepaid group ~ групповая врачебная практика с авансовой оплатой медицинских услуг *(через страховое общество)*

primary care private ~ частная практика по уходу за больным

private medical ~ частная медицинская практика

referral ~**s** практика направлений к (узким) специалистам *(на консультации)*

reinforced ~ подкрепляемый тренинг

specialist ~ специализированное лечение

surgical ~ практическая хирургия, работа хирурга

team ~ *см.* **group** ~

viable ~ жизнеспособный уровень *(врачебной деятельности)*

Practice:

Good Clinical ~**, GCP 1.** Международные правила и принципы клинических исследований лекарственных средств *(ВОЗ)* **2.** контроль качества конечной продукции *(в службах крови)*

Good Distribution ~**, GDP** Международные правила и принципы оптовой торговли лекарственными средствами

Good Laboratory ~**, GLP 1.** Международные правила и принципы лабораторной апробации качества лекарственных средств *(ВОЗ)* **2.** стандартизация тестирования и контрольных измерений *(в службах крови)*

Good Manufacturing ~**, GMP 1.** Международные правила и принципы производства и контроля качества лекарственных препаратов *(ВОЗ)* **2.** стандартизация операций *(в службах крови)*

Good Medical ~**, GMeP** стандартизованные международные требования к качеству лечебного процесса

Good Pharmacy ~ **, GPP** Международные правила и принципы фармацевтической практики

practitioner [prək'tiʃənə] практический [практикующий] врач, врач-практик

approved medical ~ назначенный врач *(напр. закрытого учреждения)*

attending ~ врач-резидент *(младший ординатор)*

family ~ семейный врач

family nurse ~ практикующая семейная медицинская сестра

folk ~ зарегистрированный специалист в области народной медицины

general ~ **1.** врач общей практики **2.** практикующий врач

midlevel ~ средний медицинский персонал *(ассистенты врача, медсёстры, акушеры и т. д.)*

nurse ~ (дипломированная) медсестра, допущенная к самостоятельной практике

primary contact ~ врач, первично принимающий больного

private ~ частнопрактикующий врач

registered ~ аттестованный врач *(имеющий допуск к самостоятельной врачебной деятельности)*

regular ~ врач, не причисляющий себя к какой-л. медицинской школе

praecoid ['priːkɒid] подобный старческой деменции

praecox ['priːkɒks] **1.** преждевременный, не достигший зрелости **2.** ускоренный *(напр. об эякуляции)*

pragmatagnosia [ˌprægmætæɡ'nəʊsiə] *псих.* прагматагнозия *(утрата способности узнавания предмета)*

pragmatamnesia [ˌprægmætæm'niːsiə] *псих.* прагматамнезия *(1. амнезия совершённых ранее действий 2. утрата знаний о внешнем виде хорошо знакомых предметов)*

pragmatic [præɡ'mætik] прикладной, прагматический, практический

prandial ['prændiəl] относящийся к еде, особенно к обеду

pratique [præ'ti:k] *фр.* свидетельство о снятии карантина *(с судна)*; разрешение на сообщение с берегом

praxis ['præksis] 1. обычай 2. практика в отличие от теории 3. *невр.* праксис *(способность к выполнению целенаправленных двигательных актов)*

praying ['preiiŋ] моление

beyond ~ безнадёжный *(о больном)*

preactivation [pri:ækti'veiʃn] предварительная активация

preadolescent [pri:ædə'lesnt] 1. предподростковый 2. ребёнок предподросткового возраста *(8–12 лет)*

preadult [pri:'ædʌlt] предшествующий взрослому, юношеский

preagonal [pri:'ægənəl], **preagonic** [pri:æ'gɒnik] преагональный, предсмертный, терминальный, непосредственно предшествующий смерти

prealbumin [pri:æl'bju:min] пре(д)альбумин, трансиретин

preanesthetic [ˌpri:ænəs'θetik] премедикация

preaortic [pri:ei'ɔ:tik] преаортальный *(расположенный кпереди от аорты)*

prearranged [pri:ə'reindʒd] заранее подготовленный, запланированный *(напр. об операции)*

preauricular [pri:ɔ:'rikjʊlə] расположенный впереди ушной раковины

prebase ['pri:beis] часть языка впереди его основания

prebiotic [ˌpri:bai'ɒtik] 1. относящийся к периоду до возникновения жизни на Земле 2. пребиотик *(клетчатка, пищевые волокна – питательный субстрат для нормальной микрофлоры кишечника – бифидо- и лактобацилл)*

precancer [pri:'kænsə] предрак, предопухолевое состояние

precancerous [pri:'kænsərəs] предраковый, предопухолевый

precarious [pri:'keəriəs] 1. случайный, ненадёжный; непрочный 2. опасный, рискованный

precartilage [pri:'ka:tilidʒ] зародышевая хрящевая ткань

precaution [pri:'kɔ:ʃn] профилактика; предосторожность

aseptic ~ асептическая мера предосторожности

blood/body fluid ~s профилактические мероприятия при работе с кровью и другими жидкостями тела

health ~ оздоровительная профилактика

pharmaceutical ~s предупреждение о побочном действии лекарственного средства

premedication ~ мероприятия до начала лечения *(напр. о снятии ЭКГ)*

suicide ~ предупреждение самоубийств

"universal ~s" всеобщая медицинская профилактика *(напр. инфицирования ВИЧ)*

precava [pri:'keivə] верхняя полая вена

preceptor [pri'septə] врач – руководитель практики

~ **of college of apothecaries** наставник колледжа аптекарей

preceptorship [pri'septəʃip] 1. наставничество 2. практика студентов в кабинете врача – руководителя

precertification [pri:ˌsə:tifi'keiʃn] предварительная сертификация

prechallenged [pri:'tʃælindʒd] предсенсибилизированный

precipitant [pri:'sipitənt] осадитель || осаждающий, преципитирующий

precipitate [pri:'sipiteit] 1. осадок, преципитат || осаждать(ся), преципитировать 2. преципитат *(ограниченное скопление фибрина и лейкоцитов на роговице)* 3. усугублять, способствовать, провоцировать

precipitation [pri:ˌsipi'teiʃn] 1. выпадение осадка, осаждение 2. преципитация *(комплекса антиген – антитело)*

~ **of back pain** нарастание боли в пояснице

alum ~ реакция преципитации антигена на квасцах

atmospheric ~ атмосферные осадки

fractional ~ дробное осаждение

"rings" ~ кольцепреципитация

thermal ~ термопреципитация

precipitator [pri:'sipiteitə] 1. отстойник 2. осадитель, преципитирующий агент

dust ~ пылеуловитель

electrical [electrostatic] ~ электрофильтр

precipitin [pri:'sipitin] *иммун.* преципитирующее антитело, преципитин

precision [pri'siʒn] 1. точность; чёткость; аккуратность; педантичность; достоверность || точный; прецизионный *(напр. шов, инструмент)* 2. сходимость *(напр. результатов повторного исследования)*

data ~ 1. точность данных 2. погрешность данных

forecast ~ точность прогнозирования

high ~ высокая достоверность

low ~ низкая достоверность

overall ~ суммарная погрешность

preclinical [pri'klinikəl] преморбидный, донозологический; доклинический

preclotting [pri'klɒtiŋ] пропитывание кровью синтетического сосудистого протеза *(перед включением в кровоток)*

preclude [pri'klu:d] устранять, предотвращать *(напр. диагностическую ошибку)*

precocious [pri'kəʊʃəs] преждевременный, ранний *(напр. о прорезывании зубов)*

precocity [pri'kɒsiti] преждевременное развитие, преждевременная зрелость

sexual ~ преждевременное половое развитие

precognition [ˌpri:kɒg'niʃn] 1. *псих.* предвидение 2. предсказание; ясновидение

precondition [pri:kən'diʃn] прекондиционирование *(о путях производства АТФ)*

preconscious [pri:'kɒnʃəs] предсознательность || предсознательный

preconvulsive [pri:kən'vʌlsiv] предсудорожный, предконвульсивный

precordial [pri:'kɔ:diəl] предсердечный, прекардиальный

precordialgia [ˌpri:kɔ:di'ældʒiə] боли в области сердца, загрудинные боли

precoronary [pri:'kɒrəˌnæri] 1. прекоронарный *(напр. стеноз)* 2. предынфарктный

precranial [pri:'kreiniəl] относящийся к передней части черепа

precuneus [pri:'kju:niəs] предклинье *(участок теменной доли мозга)*

precursor [pri:'kə:sə] предшественник; предвестник *(напр. заболевания)*; продром

~ **of eclampsia** предшественник эклампсии

~ of endometrial cancer предраковое состояние эндометрия

~s of sudden coronary death предвестники внезапной сердечной смерти

abnormal ~ необычный предшественник

angiotensin ~ предшественник ангиотензина

appropriate ~ подходящий предшественник

common ~ общий предшественник

direct ~ прямой предшественник

erythroid ~ эритроидная клетка-предшественница

hematopoietic ~ кроветворная клетка-предшественница

immediate ~ ближайший предшественник

major ~ главный предшественник

mobile ~ подвижный предшественник

normal ~ обычный предшественник

sole ~ единственный предшественник

steroid ~ предшественник стероидных гормонов *(прогестерон, андростерон и др.)*

vitamin ~ провитамин

predation [pri'deiʃn] система жертва – хищник

predator ['predətə] хищник

predecease [ˌpri:di'si:s] смерть кого-л., предшествовавшая смерти другого || умереть раньше другого

predecessor ['pri:disesə] 1. предшественник 2. предок

predecidual [pri:di'sidjʊəl] предменструальный, предецидуальный

predelivery [ˌpri:di'livəri] дородовой, предродовой

predentin [pri:'dentin] предентин *(необызвествлённое основное вещество дентина)*

predetermine [ˌpri:di'tə:min] предрешать, заранее определять, предопределять

prediabetes [pri:ˌdaiə'bi:tiz] преддиабет

obstetric ~ преддиабет в акушерстве

prediastole [ˌpri:dai'æstəli] интервал сердечного ритма, предшествующий диастоле

predicament [pri'dikəmənt]:

biological ~ биологическое затруднительное положение, биологическое неудобство

prediction [pri'dikʃn] 1. предопределение, прогнозирование 2. предсказание

~ of risk of retinoblastoms оценка риска развития ретинобластомы

antenatal ~ антенатальный прогноз *(аномалий развития)*

computer ~ of peptide maps компьютерное прогнозирование пептидных карт

computer-assisted ~ компьютерная диагностика

coronary risk ~ прогнозирование коронарного риска

fracture ~ предотвращение перелома

longitudinal ~ прогнозирование на основе долгосрочных исследований

predictive [pri'diktiv] прогностический; предсказывающий

predictor [pri'diktə] 1. прогностический фактор, предиктор, предвестник 2. *биом.* независимая переменная

~ of anastomotic healing прогностический фактор заживления анастомоза

~s of personal disorders предвестники личностных расстройств

~ of outcome фактор прогноза исхода

~s of recovery прогностические признаки [критерии] восстановления *(напр. сознания)*

biological ~ биологический индикатор *(вирусы, микробы, растения, живые организмы, свидетельствующие о каком-л. явлении, процессе)*

morphological ~s морфологические прогностические критерии *(напр. апоптоза)*

predigestion [ˌpri:dai'ʤestʃən] обработка пищи, способствующая её усвоению

predilection [ˌpri:di'lekʃn] склонность, предрасположенность, пристрастие

gender ~ половая предрасположенность *(напр. к болезни)*

pronounced ~ выраженная предрасположенность

predisposition [ˌpri:dispə'ziʃn] предрасположение, предрасположенность, склонность

~ to hypertension предрасположенность к гипертензии

~ to osteoporosis предрасположенность к остеопорозу

~ to surgical problems предрасположенность к хирургическим осложнениям

gender ~ половая предрасположенность *(напр. к болезни)*

predoctoral [pri:'dɒktərəl] доклинический, преклинический *(напр. о студенческой практике)*

predominant [pri'dɒminənt] доминирующий, численно преобладающий, превалирующий

predormition [pri:dɔ:'miʃn] полубессознательное состояние, предшествующее стадии сна

pre-eclampsia [ˌpri:-i'klæmpsiə] гестоз, *уст.* преэклампсия *(поздний токсикоз беременных)*

"preemie" [pri:'emiə] недоношенный новорождённый *(массой менее 2,5 кг)*

preeminent [pri:'eminənt] превалирующий, преобладающий, доминирующий *(напр. об анаэробах)*

preenzyme [pri:'enzaim] профермент, зимоген

preeruptive [pri:i'rʌptiv] предшествующий появлению сыпи

preevaluation [ˌpri:ivæljʊ'eiʃn] предварительная оценка

preexcitation [pri:ˌeksi'teiʃn] преждевременное возбуждение, предвозбуждение *(напр. миокарда)*

ventricular ~ синдром преждевременного возбуждения желудочков, Вольфа – Паркинсона – Уайта синдром, ВПУ-синдром

preference ['prefrəns] 1. предпочтение 2. льгота, привилегия

esthetic ~ эстетическое предпочтение

habitat ~ предпочтительный биотоп

internal ~s внутреннее предпочтение

sexual ~ половое предпочтение

prefilter [pri:'filtə] предварительный фильтр, префильтр

preformism [pri:'fɔ:mizm] преформизм *(концепция, по которой в зародыше заложены признаки и свойства взрослого организма)*

prefrontal [pri:'frʌntəl] *анат.* префронтальный

preganglionar [ˌpri:gæŋgli'əʊnə], **preganglionic** [ˌpri:gæŋgli'ɒnik] преганглионарный *(о нервном волокне)*

pregeminum [pri:'ʤeminəm] передние холмики четверохолмия

pregenital [pri:'ʤenitl] *психоан.* прегенитальный, доэдипальный, доэдипов *(относящийся к периоду от рождения до эдипальной стадии – примерно трёх лет)*

pregnancy ['pregnənsi] **1.** беременность **2.** чреватость **3.** богатство *(воображения)*

 abdominal ~ брюшная внематочная беременность

 abnormal ~ осложнённая беременность

 aborted ectopic ~ трубный аборт

 adolescent ~ беременность в подростковом возрасте

 advanced ~ переношенная беременность

 advanced extrauterine ~ запущенная внематочная беременность

 afetal ~ *см.* **false** ~

 ampullar ~ ампуллярная беременность *(располагающаяся в средней части маточной трубы)*

 angular ~ *см.* **cornual** ~

 bigeminal ~ *см.* **twin** ~

 cervical ~ шеечная беременность

 combined ~ одновременная внутри- и внематочная беременность

 consecutive ~ повторная [последующая] беременность

 cornual ~ беременность в рудиментарном роге матки

 current ~ текущая беременность

 defective ~ осложнённая беременность

 diabetic ~ беременность при сахарном диабете

 early ~ ранний срок беременности

 ectopic ~ внематочная [эктопическая] беременность

 entopic ~ внутриматочная беременность

 established ~ наличие беременности

 extramembranous ~ беременность с расположением плода в матке вне оболочек плодного яйца

 extrauterine ~ *см.* **ectopic** ~

 fallopian ~ *см.* **tubal** ~

 false ~ ложная [мнимая] беременность

 full-term ~ доношенная беременность

 gemellary ~ *см.* **twin** ~

 heterotopic ~ *см.* **ectopic** ~

 high-risk ~ беременность с повышенным риском

 hydatid ~ беременность, развивающаяся в эндометриоидной ткани

 hypertensive ~ беременность, осложнённая гипертензией

 hysteric ~ *см.* **false** ~

 incomplete ~ недоношенная беременность

 interstitial [intramural] ~ интерстициальная беременность *(развивающаяся в проксимальном отделе маточной трубы)*

 intraperitoneal ~ брюшная беременность *(развивающаяся в брюшной полости, вне матки)*

 late ~ поздний срок беременности; вторая половина беременности

 lost ~ выкидыш

 mesenteric ~ беременность, возникшая в маточной трубе с прорастанием в её связку

 molar ~ пузырный занос, хорионаденома

 multiple ~ многоплодная беременность, многоплодие

 mural ~ *см.* **interstitial** ~

 nervous ~ *см.* **false** ~

 nonuplet ~ *см.* **multiple** ~

 phantom ~ *см.* **false** ~

 physiological ~ нормальная [физиологическая] беременность

 plural ~ многоплодная беременность, многоплодие

 precocious ~ *см.* **adolescent** ~

 pseudocyesis ~ *см.* **false** ~

 recent ~ первая половина беременности

 rheumatic ~ беременность у больной ревматизмом

 risk ~ беременность у женщины с повышенным риском

 ruptured ectopic ~ разрыв трубы при внематочной беременности

 sarcofetal ~ беременность, осложнённая пузырным заносом

 sarcohysteric ~ ложная беременность на фоне пузырного заноса

 single [singleton] ~ одноплодная беременность

 spurious ~ *см.* **false** ~

 stump ~ беременность, развившаяся в культе матки после гистерэктомии

 triplet ~ трёхплодная беременность, беременность тройней

 tubal ~ трубная (внематочная) беременность

 tuboabdominal ~ трубно-брюшная беременность

 tubouterine ~ интерстициальная трубная беременность

 twin ~ двуплодная беременность, беременность двойней

 unwanted ~ нежелательная беременность

 uterotubal ~ маточно-трубная беременность

pregnant ['pregnənt] **1.** беременная **2.** чреватый **3.** содержательный

prehallux [priːˈhæləks] добавочный большой палец стопы

prehemiplegic [ˌpriːhemiˈpliːʤik] предшествующий гемиплегии

prehension [priˈhenʃn] *зоол.* хватание, схватывание, захватывание *(быстрая и внезапная фиксация чего-л. руками, лапами, челюстями, языком и пр.)*

prehepatic [ˌpriːhiˈpætik] предпечёночный *(напр. блок току крови)*

pre-hospital, prehospital [priːˈhɒspitl] догоспитальный, до поступления в больницу; внебольничный

prehybridization [priˌhaibridiˈzeiʃn] предгибридизация *(нуклеиновых кислот для снижения вероятности образования неспецифических дуплексов при гибридизации)*

prehyoid [priːˈhaiɔid] находящийся перед подъязычной костью

prehypophysis [ˌpriːhaiˈpɒfisis] передняя доля гипофиза

preictal [priːˈiktəl] наблюдающийся перед судорогами или приступом *(явления, предшествующие эпилептическому приступу)*

pre-illness [priː-ˈilnəs] предболезнь; до начала заболевания

preimmunization [priːˌimjuˈniˈzeiʃn] первичная иммунизация

preimplantation [ˌpriːimplænˈteiʃn] предимплантационный период; предимплантационная стадия

preinfarction [ˌpriːinˈfaːkʃn] предынфарктный

pre-injection [priː-inˈʤekʃn] до инъекции

preinoculation [ˌpriːinɒkjʊˈleiʃn] предварительная инокуляция

preirradiation [ˌpriːireidiˈeiʃn] предоперационное облучение

prejudice ['preʤudis] предубеждение, предвзятое мнение; предрассудок

race ~ расовый предрассудок

prejunctional [priːˈʤʌŋkʃənəl] пресинаптический (рецептор)

pre-kwashiorkor [priː-ˌkwæʃiˈɔːkɔ] состояние, предшествующее квашиоркору

prelabor [priːˈleibə] предродовой (о схватках, разрыве плодных оболочек)

preleukemia [priːljʊˈkiːmiə] прелейкоз, прелейкемия

preload [ˈpriːləʊd] преднагрузка (1. увеличение давления крови в желудочках, наблюдаемое при гиперволемии, полицитемии, клапанных пороках сердца, повышающих давление в желудочках 2. предварительная нагрузка на мышцы перед сокращением)

prelum [ˈpriːlʊm] давление; сдавление, сжатие

premalignancy [ˌpriːməˈlignənsi] предрак, предопухолевое состояние, или заболевание

premalignant [ˌpriːməˈlignənt] предраковый, предшествующий злокачественной опухоли

premarital [priːˈmæritl] добрачный

premature [priməˈtʃuːr] 1. преждевременный, ранний, незрелый 2. недоношенный (о младенце, родившемся до 37 недель беременности)

prematurity [ˌpriːməˈtʃuːriti] 1. преждевременное [раннее] развитие, преждевременность 2. недоношенность

premaxilla [ˌpriːmæksˈilə] резцовая [межчелюстная] кость

premaxillary [priːˈmæksiˌlæri] 1. предчелюстной 2. резцовая [межчелюстная] кость

premedical [priːˈmedikəl] преклинический (напр. о дисциплине); доклинический (напр. об обучении)

premedicant [priːˈmedikənt] лекарственное средство для премедикации

premedication [ˌpriːmediˈkeiʃn] 1. анест. премедикация 2. лекарственное средство для премедикации

pediatric ~ премедикация в педиатрической практике

premeditated [priːˈmediteitid] предумышленный

premenopausal [priːˈmenəʊpɔːzəl] предклимактерический

premenstrual [priːˈmenstruːəl] предменструальный

premenstruum [priːmenˈstruːəm] предменструальная фаза

premium [ˈpriːmiəm] 1. премия, вознаграждение 2. страховой взнос

insurance ~ страховая премия

single ~ единовременный взнос

premolar [priːˈməʊlə] 1. премоляр, малый коренной зуб 2. находящийся перед коренным зубом

premonition [priməˈniʃn] 1. предостережение 2. предчувствие

~ **of death** предчувствие смерти

premonitory [priːˈmɒnitɒri] продрома || предшествующий; начальный; продромальный (о периоде болезни, не проявляющемся клинически) 2. предостерегающий

premorbid [priːˈmɔːbid] преморбидный, преклинический (напр. о диагностике)

premordial [priːˈmɔːdiəl] эмбриональный

premortal [priːˈmɔːtl], **premortem** [priːˈmɔːtem] предсмертный; агональный

premunition [ˌpriːmjuːˈniʃn] нестерильный [инфекционный] иммунитет (сохраняющийся при наличии в организме возбудителя)

premunitive [priːˈmjuːnitiv] относящийся к профилактической вакцинации

prenarcosis [priːnaːˈkəʊsis] анест. премедикация

prenatal [priːˈneitl] антенатальный, пренатальный, дородовой, внутриутробный

first trimester ~ первый триместр пренатального периода

preneoplastic [ˌpriːniəʊˈplæstik] см. **premalignant**

prenubile [priːˈnjuːbail] препубертатный, не достигший брачного возраста

preoccupation [priˌɒkjʊˈpeiʃn] 1. состояние охваченности переживаниями, мыслями, воспоминаниями; фиксация 2. рассеянность; озабоченность 3. приоритетное направление исследования

~ **with fears** переполненность страхом

~ **with unsubstantiated** необоснованная обеспокоенность

excessive [undue] ~ псих. повышенная озабоченность; чрезмерная рассеянность

preoedipal [priːˈedipəl] психоан. преэдипов, доэдипальный, прегенитальный (относящийся к периоду от рождения до эдипальной стадии – примерно трёх лет)

preoperative [priːˈɒprərətiv] дооперационный, предоперационный, предшествующий операции

prepackaging [priːˈpækiʤiŋ]:

~ **of medication** расфасовка лекарственных средств

preparation [ˌprepəˈreiʃn] 1. анат. препарат || препарирование 2. фарм. препарат 3. приготовление, подготовка

~ **for surgery** подготовка к операции

~ **in substance** препарат в чистом виде

~ **of a patient** подготовка больного (к операции)

antitumor streptococcal ~ противоопухолевый стрептококковый препарат

blood ~ препарат крови

cavity ~ препарирование [просверливание] кариозной полости (в зубе)

cell-free ~ бесклеточный препарат

component ~ заготовка компонентов (крови)

contact ~ препарат-отпечаток, мазок-отпечаток

corrosion ~ коррозионный препарат

coverglass ~ препарат под покровным стеклом

crown ~ препарирование зуба под искусственную коронку

cytologic filter ~ цитологический препарат, полученный нанесением клеточной взвеси на фильтр

diagnostic ~ диагностикум

drug ~ лекарственный препарат

dusting ~ препарат для опыливания

enzyme ~ ферментный препарат

film ~ см. **smear** ~

formulary ~ препарат, входящий в формуляр лекарственных средств

galenical ~s галеновы препараты (лекарственные средства из растительного или животного сырья)

hanging-drop ~ препарат «висячая капля» (в микроскопии)

heart-lung ~ сердечно-лёгочный препарат

heart muscle ~ препарат изолированной сердечной мышцы

hemostyptic ~ гемостатическое средство

high-strength ~ высококонцентрированный препарат с высокой активностью

hypodermic ~ (лекарственный) препарат для подкожной инъекции

International biological reference ~ Международный биологический эталонный препарат

liposome ~ липосомный препарат

mechanical bowel ~ механическая подготовка кишечника

medicinal ~ лекарственный препарат

neuromuscular ~ нервно-мышечный препарат

oral ~ (лекарственный) препарат для перорального приёма

own-name ~s (лекарственные) препараты, приготовленные в аптеке по собственной (неофициальной) прописи

parallel chamber ~ желобоватое параллельное препарирование (зуба)

parenteral ~ препарат для парентерального введения

pharmaceutical ~ фармацевтический препарат, лекарственное средство

plasma ~ препараты плазмы крови

reference ~ стандартный [эталонный] препарат

sample ~ подготовка образцов

shoulderless crown ~ препарирование зуба без пришеечного уступа

smear ~ препарат-мазок (напр. крови)

squashed ~ (вы)давленный препарат

stained ~ окрашенный препарат (в микроскопии)

standard-strength ~ препарат стандартной активности

virus ~ вирусный препарат

prepare [pri'peə] 1. препарировать 2. приготавливать; делать, составлять 3. подготавливать

preparedness [pri'peədnəs] готовность (присущее некоторым раздражителям качество, которое вызывает патологический страх, фобию)

preparing [pri'peəriŋ] подготовка (напр. фармацевтов)

prepatellar [pri:pə'telə] преднадколенниковый

preperforative [,pri:pə:fə'reitiv] предперфоративный

preplanning [pri:'plæniŋ] прогнозирование

preponderant [pri'pɒndərənt] доминирующий, преобладающий; превосходящий

prepossession [,pri:pə'zeʃn] 1. предрасположение 2. предубеждение

prepotency [pri'pəʊtənsi] 1. доминирование (признаков) 2. препотенция (способность производителя передавать свои признаки потомству)

prepotent [pri'prəʊtənt] преобладающий, доминирующий

preprandial [pri'prændiəl] до приёма пищи, натощак

prepsychosis [,pri:sai'kəʊsis] предпсихоз, предпсихотическое состояние

prepuber(t)al [pri:'pju:bərəl/pri:'pju:bə:təl]], **prepubescent** [,pri:pju:'besənt] препубертатный, предшествующий периоду половой зрелости

prepuce ['pri:pju:s] крайняя плоть, препуций

redundant ~ избыточно длинная крайняя плоть

preputial [pri:'pju:ʃiəl] препуциальный (относящийся к крайней плоти)

preputiotomy [pri:,pju:ʃi'ɒtəmi] обрезание крайней плоти

preputium [pri:'pju:ʃiəm], pl. **preputia** [pri:'pju:ʃiə] лат. см. **prepuce**

prerequisite [pri:'rekwəzit] предпосылка

presbyacusia [,presbiə'kju:siə], **presbyacusis** [,presbiə'kju:sis] пресбиакузис; старческая тугоухость, или глухота

presbyatrics [presbi'ætriks] гериатрия, пресбиатрия

presbyope ['presbiəʊp] см. **presbytic**

presbyophrenia [,presbiəʊ'fri:niə] пресбиофрения, конфабуляторное старческое слабоумие

presbyopia [presbi'əʊpiə], **presbyopy** [presbi'ɒpi] пресбиопия, старческая дальнозоркость

presbytiatrics [,presbiti'ætriks] см. **presbyatrics**

presbytic [pres'bitik] страдающий старческой дальнозоркостью

preschizophrenics [,pri:skizəʊ'freniks]:
disturbed ~ нарушения, выявляемые до диагноза шизофрении

preschool [,pri:'sku:l] дошкольный

prescreening [pri:'skri:niŋ] предварительный отбор (для обследования)

prescribe [pri'skraib] прописывать (лекарственное средство)

as ~ed **by physician** (отпускается) по рецепту врача

prescribing [pri'skraibiŋ]:
substitute ~ назначение заместительной терапии

prescription [pri'skripʃn] 1. рецепт; (лекарственная) пропись 2. предписание, указание 3. рецептура (1. раздел фармации, посвящённый правилам выписывания рецептов 2. состав и способ изготовления медикамента) 4. психол. «заповедь» (свод культуральных норм)

~ **of spectacles** рецепт на очки; прописывание очков

exercise ~ назначение лечебной гимнастики

private ~ рецепт, выписанный частнопрактикующим врачом

refill [renewable, repeat] ~ рецепт, по которому повторно отпускается лекарственное средство

to make up a ~ приготовлять лекарственное средство согласно рецепту

presence ['prezens] 1. психол. присутствие, наличие; непосредственная близость; общество (какого-л. лица) 2. осанка, внешний вид ◊ ~ **of mind** присутствие духа

~ **of fetus** наличие плода (в матке)

presenile [pri'si:nail] 1. пресенильный, предшествующий старости 2. относящийся к преждевременной старости

presenilin [pri:'senəlin] пресенилин (белок, мутация гена которого обусловливает поражение мозга с развитием болезни Альцгеймера)

presenility [pri:se'niliti] преждевременная старость

presensitization [pri:,sensiti'zeiʃn] предварительная сенсибилизация

present [pri'zent] 1. демонстрировать, представлять; свидетельствовать; идентифицировать 2. проявлять(ся) (о симптоматике) 3. акуш. предлежать

to ~ **the case history at a meeting** представить историю болезни на обсуждение

presentation [,pri:zən'teiʃn] 1. представление 2. акуш. предлежание 3. демонстрация (больных); описание (случая); презентация (нового препарата)

~ **of disease** проявления [манифестация] болезни

~ of the bregma переднетеменное предлежание плода

~ of the buttocks ягодичное [тазовое] предлежание плода

~ of the cord предлежание пуповины

~ of the flexed breech смешанное ягодичное предлежание плода

~ of the frank breech чистое ягодичное предлежание плода

arm ~ предлежание ручки плода

atypical ~ атипичная клиническая картина

audiovisual ~s аудиовизуальное представление

back ~ спинное предлежание плода

brow ~ лобное предлежание плода

case ~ описание случая, клинический разбор

cephalic ~ головное предлежание плода

clinical ~ клиническая картина; *pl.* клинические проявления

disproportion ~ неправильное предлежание плода

face ~ лицевое предлежание плода

faulty fetal ~ патологическое предлежание плода

foot(ing) ~ ножное предлежание плода

late ~ поздняя обращаемость

oral ~ пероральный способ применения *(препарата)*

parietal ~ *акуш.* асинклитизм

placental ~ предлежание плаценты

polar ~ продольное положение плода

psychiatric ~ психическое проявление

radiographic ~ рентгенографическая картина

real-time ~ *узи* представление в реальном времени

shoulder ~ плечевое предлежание плода

trunk ~ поперечное положение плода

vertex ~ затылочное предлежание плода

presentative [prɪˈzentətɪv] **1.** интуитивный **2.** данный в ощущении

preseparator [priːˈsepəreɪtə] пресепаратор *(аппарат для предварительного улавливания аэрозолей определённого размера)*

preservation [ˌprezəˈveɪʃn] **1.** предохранение; сохранение **2.** консервирование

~ of anesthetic сохранность анестетика *(в крови)*

~ of the sphincter сохранение сфинктера *(во время операции)*

adrenergic ~ щажение адренергических нервных волокон *(во время ваготомии)*

cryo ~ криоконсервация, сохранение при низкой температуре

culture ~ **1.** сохранение культуры **2.** консервация культуры

myocardial ~ предохранение миокарда *(от гипоксии)*

short-term ~ кратковременное сохранение

splenic ~ сохранение селезёнки *(при травме)*

preservative [prɪˈzɜːvətɪv] **1.** фиксатор, фиксирующая жидкость **2.** консервант, консервирующее средство; антисептик

formalin ~ консервированный в растворе формалина

preserve [prɪˈzɜːv] **1.** предохранять; сохранять; консервировать **2.** *pl.* презервы *(пищевые продукты, консервированные без стерилизации – маринованием, солением и пр.)*

pre-set [priːˈset] программированный, заданный *(напр. о давлении)*

presomit [priːˈsəʊmɪt] эмбриональная стадия, предшествующая образованию сомитов *(до 19-го дня после фертилизации)*

presomite [priːˈsəʊmaɪt] *эмбр.* зачаток зародыша, предшествующий сомиту *(в периоде до 19 дней после стадии зиготы)*

presphenoid [priːˈsfiːnɒɪd] передняя часть тела клиновидной кости

presphygmic [priːˈsfɪɡmɪk] изометрический, пресфигмический *(напр. период, предшествующий сокращению желудочков)*

prespinal [priːˈspaɪnəl] предпозвоночный

presplit-aberration [ˌpriːsplɪtˌæbəˈreɪʃn] хромосомная аберрация до разделения

pressing [ˈpresɪŋ] **1.** надавливание, нажатие; придавливание *(компонент массажа)* **2.** спешный, неотложный

brain ~ мозговой штурм

pressor [ˈpresə] (вазо)прессорный, повышающий артериальное давление, сосудосуживающий || сосудосуживающее средство

pressoreceptor [ˌpresəʊriːˈseptə] баро(ре)цептор, прессорецептор

pressosensitive [ˌpresəʊˈsensɪtɪv] барорецепторный, чувствительный к давлению

pressure [ˈpreʃə] **1.** давление, сжатие, надавливание **2.** электрическое напряжение

~ of speech речевой напор

~ of thought напряжённость мышления

~ on examination надавливание при исследовании

abdominal ~ внутрибрюшное давление

acoustic ~ звуковое давление

actual ~ фактическое давление

air ~ атмосферное давление

alveolar liquid ~ давление жидкости в альвеолах

ambient ~ давление окружающей среды; атмосферное давление

back ~ преднагрузка сердца *(увеличение объёма крови, притекающей к сердцу, повышающее давление наполнения желудочков, наблюдаемое при гиперволемии, полицитемии вследствие затруднения оттока крови в лёгочных венах при клапанных пороках)*

baseline ~ исходное давление

biliary ~ давление в жёлчных путях

biphasic airway ~ двухфазное давление в дыхательных путях

biting ~ давление прикуса

bladder ~ внутрипузырное давление

blood ~ кровяное давление

capillary ~ внутрикапиллярное давление

carotid sinus ~ надавливание на область каротидного синуса

cerebrospinal ~ давление цереброспинальной жидкости

continuous positive airway ~ постоянное положительное давление в дыхательных путях *(терапия больных, страдающих апноэ сна)*

diastolic filling ~ давление в правом предсердии во время диастолы

differential ~ разность давлений, перепад давления

differential arteriovenous ~ артерио-венозный градиент давления

diffusion ~ осмотическое давление

eardrum ~ давление на барабанную перепонку

electric(al) ~ электрическое напряжение

end-diastolic ~ конечно-диастолическое давление

esophageal sphincter ~ напряжение сфинктера пищевода

eustachian tube ~ давление в слуховой трубе

excess ~ избыточное давление

external ~ внешнее давление

extreme ~ *см.* **excess** ~

gastric ~ внутрижелудочное давление

gauge ~ манометрическое давление

inlet ~ давление на входе

inspiratory triggering ~ давление, включающее систему стимуляции дыхательных мышц при ИВЛ

intracranial ~ внутричерепное давление

intraocular ~ внутриглазное давление, офтальмотонус, тензия глаза

intravariceal ~ давление внутри варикознорасширенных вен

jugular venous ~ давление в ярёмной вене

mean blood ~ среднее артериальное давление

mean left atrial ~ среднее давление в левом предсердии *(норма – 4–8 мм рт. ст.)*

mutation ~ мутационное давление

negative end-expiratory ~ отрицательное концевое давление выдоха *(при ИВЛ)*

occlusal ~ давление прикуса

ocular ~ 1. давление на глазные яблоки *(вагальная проба)* 2. *см.* **intraocular** ~

oncotic ~ онкотическое давление, коллоидно-осмотическое давление *(создаваемое белками плазмы)*

ophthalmotonous ~ *см.* **intraocular** ~

osmotic ~ осмотическое давление *(при котором молекулы воды начинают проникать в раствор через полунепроницаемую мембрану)*

osteous ~ внутрикостное давление

outlet ~ давление на выходе

partial ~ парциальное давление

perfusion ~ перфузионное давление

population ~ перенаселённость

portal ~ давление в воротной вене, портальное давление

positive end-expiratory ~ положительное давление в конце выдоха *(при ИВЛ)*

pulmonary ~ давление в лёгочном стволе

pulmonary artery wedge ~ давление заклинивания в лёгочной артерии *(когда катетер продвинут до окклюзии мелкого сосуда)*

pulse ~ пульсовое артериальное давление

selective ~ 1. *pl.* давление естественного отбора 2. селективное давление *(в отдельном сосуде)*

squeeze ~ давление сжатия

social ~**s** давление социальных ограничений

sonic ~ звуковое давление

standard (atmospheric) ~ нормальное атмосферное давление *(760 мм рт. ст., или 101325 Н/м²)*

transmembrane ~ трансмембранное давление *(сумма онкотического и гидростатического давления крови и диализата на мембрану)*

transmural ~ пристеночное давление, давление на стенку *(напр. сосуда)*

transpulmonary ~ транспульмональное давление

unrecordable blood ~ неизмеряемое [неопределяемое] кровяное давление

vapor ~ летучесть

pressureproof ['preʃəˌpruːf], **pressure-tight** ['preʃə-tait] герметический, герметичный

pressurization [ˌpreʃəriˈzeiʃn] 1. герметизация 2. создание давления, воздействие давлением

pressurized ['preʃəraizd] 1. герметический, герметичный 2. (находящийся) под давлением, выдерживающий высокое давление

presterilise [priːˈsterilaiz] предварительно стерилизовать

presternum [priːˈstɜːnəm] рукоятка грудины

prestress ['priːstres] дострессовый, предстрессовый

presumption [priˈzʌmpʃn] 1. самонадеянность 2. вероятность; презумпция, предположение *(об истинности, пока не доказано обратное)*

~ **of death** презумпция смерти

~ **of innocence** презумпция невиновности *(признание лица невиновным до тех пор, пока его вина не доказана)*

tender years ~ презумпция «нежного возраста»

presuppurative [priˈsʌpjʊrətiv] предшествующий нагноению *(о стадии воспалительного процесса)*

presurgical [priːˈsɜːʤikəl] предоперационный

presymptomatic [ˌpriːsimptəʊˈmætik] преклинический, доклинический, продромальный

presynaptic [ˌpriːsiˈnæptik] предсинаптический *(о нейроне, мембране, процессе)*

presyncope [priːˈsinkəpi] предобморочное состояние || предобморочный

pretaste [priːˈteist] дегустировать; опробовать пищу

preteen [priːˈtiːn] *см.* **preadolescent**

pretend [priˈtend] 1. притворяться, симулировать 2. притворство, обман

preterm [priːˈtɜːm] 1. роды до срока, *уст.* преждевременные роды 2. родившийся недоношенным

preterminal [priːˈtɜːminəl] предсмертный; агональный

pretermission [ˌpriːtəˈmiʃn] упущение, небрежность

~ **of duty** небрежное отношение к своим обязанностям

preternatural [ˌpriːtəˈnætʃərəl] сверхъестественный; противоестественный

pre-test [priː-test] предварительный [долабораторный] тест

pretrauma [priːˈtrɔːmə] состояние перед повреждением; предтравма

pretreatment [priːˈtriːtmənt] 1. предварительное лечение 2. предварительная обработка, подготовка

transplantation antigen ~ предварительное введение трансплантационных антигенов

pretuberculosis [ˌpriːtuˌbɜːkjʊˈləʊsis] туберкулёз в латентной [скрытой] стадии

prevalence ['prevələns] 1. распространённость; широкое распространение; частота распространения *(заболевания)*, встречаемость 2. преобладание

~ of cancer распространённость рака

~ of false positives частота ложноположительных результатов

~ of paralysis agitans заболеваемость дрожательным параличом

~ of ventricular arrhythmias распространённость желудочковых аритмий

clinical ~ заболеваемость

lifetime ~ 1. заболеваемость [распространённость] на протяжении жизни 2. частота (*напр. приступов*) при пожизненном течении болезни

period ~ уровень распространения (заболевания) за определённый период

point ~ уровень распространения (заболевания) в определённом месте и/или в определённое время

TB ~ заболеваемость туберкулёзом, распространённость туберкулёза

year ~ годичная распространённость

prevalent ['prevələnt] широко распространённый, преобладающий

prevenans ['prevənəns] предупредительность; превенция (*в борьбе со СПИДом*)

prevenception [‚prevən'sepʃn] контрацепция

prevent [pri'vent] 1. предотвращать, предохранять, предупреждать 2. препятствовать (*напр. распространению инфекции*)

to ~ the pressure sore предупредить пролежень

preventing [pri'ventiŋ]:

~ absorption предотвращать всасывание (*напр. токсиканта*)

prevention [pri'venʃn] предотвращение, предохранение, предупреждение, профилактика, превентивные меры

accidents ~ профилактика несчастных случаев; техника безопасности

disease ~ профилактика заболеваний, медицинская профилактика

drug ~ профилактика наркозависимости

primary [primordial] ~ первичная профилактика

public health ~ of harm профилактика вредных условий органами здравоохранения

relapse ~ профилактика [предупреждение] рецидива

response ~ ответ на профилактическую терапию, предупредительный ответ

secondary ~ вторичная профилактика (*лечение с целью предупреждения осложнений болезни*)

suicide ~ предотвращение самоубийств, суицидальная превенция

water pollution ~ предупреждение загрязнения воды; борьба с загрязнением воды

preventive [pri'ventiv] превентивный, предохранительный, предупредительный, профилактический

preventorium [priven'tɔːriəm] закрытый санаторий (*обычно для исключения туберкулёза у детей*)

preventriculus [‚pri:ven'trikjʊləs] кардиальное отверстие желудка

prevesical [pri'vesikəl] превезикальный (*расположенный впереди мочевого пузыря*)

previable [pri'vaiəbl] нежизнеспособный (*напр. плод*)

previous [pri:'viəs] предыдущий, предшествующий, предварительный

previtamin [pri:'vaitəmin] провитамин

previus [pri:'viəs] закупоривающий (*предмет или фактор, препятствующий прохождению плода через родовые пути*)

prey [prei] жертва ‖ стать жертвой; терзаться; мучиться; находиться под гнётом (*чего-л.*)

prezymogen [pri:'zaiməʤen] профермент

priapism ['praiə‚pisz] приапизм

priapitis [praiə'paitis] воспаление полового члена

priapus ['praiərəs] половой член, фаллос

price [prais]:

average wholesale ~ среднеоптовая цена (*используемая в процессе заключения договоров с аптеками*)

cost ~ себестоимость (*напр. медикамента*)

price-list [prais-list] прайс-лист (*перечень медикаментов или других средств с указанием их цен*)

pricing ['praisiŋ]:

package ~ страх. «цена за комплект» (*единый гонорар за все стационарные и амбулаторно-поликлинические услуги*)

shadow ~ страх. теневое ценообразование

prick [prik] 1. укол, прокол ‖ колоть, прокалывать 2. след укола или прокола 3. чувствовать острую колющую боль 4. скарификационная кожная проба 5. остриё, игла, шип, колючка

pin ~ булавочный укол

pricking ['prikiŋ] покалывание

prickle [prikl] шип, колючка

prick-test [prik-test] тест уколом, прик-тест

prima ['praimə]:

~ facie *лат.* на первый взгляд

primal [praiml] первобытный, примитивный

primary ['praiməri] 1. начальный, первоначальный 2. примордиальный; первичный 3. основной, главный; имеющий первостепенное значение

second ~ies первичная множественность (*злокачественной опухоли*)

primase ['praimeiz] примаза (*фермент, инициирующий репликацию нуклеиновых кислот*)

primate ['praimeit] особь из отряда приматов

prime [praim] 1. начало, начальный период 2. подвергать (*животные или клетки*) первичному воздействию антигена; служить затравкой (*при синтезе полимера*) 3. основной, главный, важнейший

~ of life первая половина жизни

prime-boost [praim-buːst] «прайм-буст» (*комбинированная иммунизация вначале рекомбинантной вирусной вакциной, а затем рекомбинантным белком*)

primed [praimd] примированный, сенсибилизированный

neonatally ~ примированный неонатально

primer ['praimə] 1. *иммун.* затравка, праймер; инициатор (*участок ДНК, с которого начинается синтез белка*) 2. основы, начало, «букварь»

~ for scientist and the clinician руководство для исследователей и клиницистов

~ of human neuroanatomy основы анатомии нервной системы

~ of medicine начальные основы медицины

~ on child care руководство по лечению детей

degenerate ~s «вырожденные» праймеры (*синтетические олигонуклеотиды, в одном из сайтов которых находятся разные основания*)

DNA ~ ДНК-затравка, ДНК-праймер

RNA ~ РНК-затравка, РНК-праймер

primigravida [ˌpraimiˈgrævidə] женщина, имеющая первую беременность

priming [ˈpraimiŋ] **1.** запуск, «затравка» **2.** примирование (*первичный контакт коммитированного лимфоцита с антигеном, создание иммунологической памяти*); сенсибилизирование ‖ примирующий (*напр. иммуноген*)

~ of the nasal mucosa сенсибилизация слизистой носа

T-cell ~ «запуск Т-клеток»

primipara [praiˈmipərə] **1.** первородящая; женщина, рожающая в первый раз **2.** женщина, имеющая единственного ребёнка

primipregnancy [ˌpraimiˈpregnənsi] первая беременность

primitive [ˈprimitiv] **1.** неразвитый, недифференцированный, незрелый, рудиментарный **2.** эмбриональный, примордиальный **3.** первичный, первоначальный **4.** первобытный (*человек*)

primogenitive [ˌpraiməʊˈdʒenitiv] **1.** первобытный **2.** перворождённый, обладающий первородством

primordial [praiˈmɔːdiəl] **1.** примордиальный, первичный (*относящийся к закладке органа*) **2.** зачаточный, зародышевый

primordium [praiˈmɔːdiəm] **1.** начало; происхождение ‖ первичный; первый **2.** эмбр. зачаток, закладка (*группа эмбриональных клеток, дающих начало органу*)

princeps [ˈprinsəps], *pl.* **principes** [ˈprinsipiːz] *лат.* главный (*напр. об артерии*)

principal [ˈprinsəpl] **1.** основа **2.** основной компонент ‖ основной; главный (*напр. ствол нерва*) **3.** подопытное животное (*в отличие от контрольного*) **4.** ведущий врач общей практики **5.** ректор университета; директор колледжа

principle [ˈprinsiplə] **1.** первопричина, источник, основа **2.** составная часть, элемент **3.** принцип, правило; фактор **4.** активное вещество медикамента

~s of cardiac arrhythmia механизмы аритмии сердца

~ of complacency *психол.* принцип удовольствия

~s of echocardiography основы эхокардиографии

~s of medical genetics основы медицинской генетики

active ~ активный компонент (*напр. лекарственного средства*)

all-or-nothing ~ принцип «всё или ничего» (*на подпороговое раздражение возбудимая клетка не даёт ответа, а на пороговое раздражение даёт максимальный ответ*)

anterior pituitary-like ~ хорионический [хориальный] гонадотропин

antianemic ~ гемопоэтин, антианемический фактор, витамин B_{12}

benefit ~ принцип выгоды

binary ~ бинарный [дихотомический] принцип (*напр. биологической систематики*)

bitter ~ *фарм.* горечь

competitive exclusion ~ принцип конкурентного исключения, Гаузе закон (*два вида с идентичными эколо-гическими потребностями не могут сосуществовать в одной и той же местности, т. е. занимать одну экологическую нишу*)

core ~s основные [главные] принципы (*напр. реабилитации*)

Dale's ~ Дейла принцип (*каждый нейрон представляет собой единую метаболическую систему и во всех окончаниях высвобождает один и тот же нейромидатор*)

Doppler ~ Допплера эффект

estrogenic ~ эстрогенное вещество

follicle-stimulating ~ пролан А, фолликулостимулирующий гормон

fundamental ~s фундаментальные принципы (*напр. безопасности*)

health ~s гигиенические аспекты (*напр. окружающей среды*)

hematinic ~ гемопоэтин, антианемический фактор

hemolytic ~ гемолитический токсин или субстрат

hypoglycemic ~ гипогликемический фактор (*об инсулине*)

luteinizing ~ пролан В, лютеинизирующий гормон

mix-match ~ принцип гармонического смешивания

nirvana ~ инстинкт смерти

organic ~ непосредственный результат

physical ~s физические основы

pain-pleasure [pleasure] ~ *психоан.* принцип удовольствия (*концепция, согласно которой человеческая психика стремится к достижению удовольствия и избеганию боли*)

pleasure ~ принцип удовольствия

prothrombin converting ~ протромбинконвертирующий фермент

reality ~ *психоан.* принцип реальности (*контролируется психической деятельностью и реализуется под влиянием требований действительности*)

root ~ основной принцип

toxic ~ токсическое вещество, или ингредиент

transforming ~ фактор переноса, фактор трансформации

ultimate ~ 1. активный компонент (*лекарственного средства*) **2.** химический элемент

weighted harm~ принцип наименьшего вреда (*в терапии*)

X ~ фактор X (*икс*)

print [print] **1.** отпечаток; след ‖ запечатлевать **2.** оттиск, отпечаток; штамп

~ of sole отпечаток стопы

dactyloscopic ~, fingers ~ отпечатки пальцев, дактилоскопический след

lip ~ отпечаток губ (*на стакане и т. п.*)

prion [ˈpraiɒn] *pl.* прионы (*сиалогликопротеиды с неустановленной функцией, способные трансформироваться в патологическую изоформу с развитием трансмиссивной спонгиоформной энцефалопатии*)

prior [ˈpraiə] **1.** приоритетный, более важный; веский **2.** прежний, предшествующий

a ~i *лат.* заранее, априорно (*не зависимо от опыта, не требуя доказательств*)

priority [praiˈɒriti]:

~ ies in psychiatric research приоритетность изучения психических болезней

physician's ~ экстренные действия врача

prism [prizm] призма

Nicol ~ Николя призма

pris(m)optometr [ˌprizmɒpˈtɒmətə] призматический оптометр

prismosphere [ˈprizməʊsfiə] сферопризматическая линза

prison [ˈprizən] тюрьма ‖ тюремный

privacy [ˈpraivəsi] 1. уединение, уединённость ‖ интимный; личный 2. (врачебная) тайна; секретность 3. частная жизнь; неприкосновенность личной жизни

private [ˈpraivət] 1. частный, личный; не относящийся к государственной службе или собственности 2. тайный, конфиденциальный, приватный

in ~ в частной жизни

medical ~ санитарка, сиделка

privates [ˈpraivəts] наружные половые органы

privation [praiˈveiʃn] 1. лишение; потеря; депривация 2. недостаток; отсутствие

privatism [ˈpraivətizm] стремление к уединению; уход в личную жизнь; отход от общественной деятельности

pro [prəʊ]:

~ et contra *лат.* за и против

~ forma *лат.* ради формы, *sl.* для проформы

~ narcosis *лат.* для наркоза

~ rata *лат.* пропорционально

~ tempore, ~ term *лат.* временно, в данное время

proaccelerin [ˌprəʊækˈselərin] фактор V (свёртывающей системы крови)

Proactinomyces [ˌprəʊæktinəʊˈmaisiːz] нокардии, проактиномицеты (отряд патогенных аэробных актиномицетов)

proactivator [prəʊˈæktiˌveitə] проактиватор

plasminogen ~ проактиватор плазминогена (способствующий превращению плазминогена в плазмин)

proarrythmic [ˌprəʊəˈriθmik] проаритмогенный, проаритмический, способный вызывать аритмию, способствующий возникновению аритмии

proatlas [prəʊˈætləs] рудиментарный позвонок, находящийся перед атлантом (встречается у некоторых животных и, в качестве аномалии, у человека)

probability [prɒbəˈbiliti] вероятность; правдоподобность

~ of event вероятность явления

~ of malignancy вероятность рака

birth ~ вероятность рождения (в течение определённого интервала времени)

conditional ~ условная вероятность

survivorship ~ вероятность дожития до следующего возраста (показатель, характеризующий долю лиц, доживающих до конца определённого возрастного интервала из числа живших в его начале)

probacteriophage [ˌprəʊbækˈtiːriəʊˌfeidʒ] профаг

proband [ˈprəʊbænd] *ген.* пробанд, пропозит (первично выявленный в данной семье больной наследственным заболеванием)

probang [ˈprəʊbæŋ] гибкий зонд для лечебных манипуляций (в носоглотке, гортани или пищеводе)

probation [prəˈbeiʃn] 1. испытание, стажировка 2. испытательный срок, «испытание», пробация (вид условного наказания или освобождения, напр., подростка)

probationer [prəˈbeiʃənə] 1. условно освобождённый преступник 2. условно осуждённый преступник

probe [prəʊb] 1. щуп; датчик; зонд (1. хирургический инструмент 2. меченая молекула, используемая для идентификации фрагментов биомолекул – ДНК и др.) 2. зондирование ‖ зондировать 3. ультразвуковой датчик 4. проба, образец ‖ брать пробу; испытывать, исследовать; пробовать, пытаться

~ of pulse oxymeter датчик пульсового оксигемометра

~ to examine errors попытка исследовать врачебные ошибки

anatomic graduated autopsy ~ анатомический трупный зонд с делениями

aural ~ ушной зонд

auro ~ ауро-зонд (антитела, нагруженные коллоидным золотом)

blunt ~ *см.* **bulbous-end ~**

bulb-headed ~ оливообразный зонд

bulbous-end ~ пуговчатый [тупоконечный] зонд

DNA ~ ДНК-зонд, ДНК-зондовая диагностика (использующаяся для идентификации инфекционных возбудителей, нуклеотидных последовательностей и ДНК)

dosimetry ~ дозиметрический пробник, клеточный зонд, или щуп

electron ~ электронный зонд

fiber ~ волоконно-оптический датчик

fluorescent ~ флуоресцентный зонд

fluted ~ *см.* **grooved ~**

fork ~ зонд-вилка

gene ~ генный зонд (меченый участок ДНК)

grooved ~ желобоватый зонд

heterologous ~ гетерологичный зонд (сегмент ДНК одного организма, использующийся для скрининга библиотеки сходных ДНК другого организма)

hollow ~ полый зонд

hook ~ зонд-крючок

intragenic genomic ~ интрагенный геномный зонд

live ~ прижизненная проба

magnet ~ зонд с магнитом, магнитный зонд

molecular ~ молекулярный зонд

noncoding ~ некодирующий зонд (к ДНК, некодирующей области генома)

photoaffinity ~ фотоаффинный зонд

pocket ~ зонд для измерения глубины десневого кармана

radioiodinated ~ меченный радиоактивным йодом зонд

radiolabelled oligonucleotide ~ тест с радиоизотопными олигонуклеотидами (исследование эритропоэтина)

radium ~ радиевый зонд

scanning ~ ультразвуковой датчик

spin ~ спиновый зонд

survey ~ зонд контрольно-измерительного прибора

temperature ~ температурный зонд, термометр-щуп

threaded ~ зонд с нарезкой

triplet ~ триплетная метка (триплет нуклеотидов, меченный изотопом)

ultrasonic ~ ультразвуковая головка, ультразвуковой преобразователь

voltage ~ диагностический электрод

wire ~ проволочный зонд

probing ['prəʊbiŋ] **1.** зондирование (*напр. раны*), исследование зондом **2.** взятие пробы, опробование; исследование

~ **of the lacrimonasal passages** зондирование слёзноносового канала

pharmacologic ~ фармакологическое изучение

probiotic [prəʊbai'ɒtik] пробиотик (*пищевая добавка, оптимизирующая микрофлору кишечника*)

probiosis [prəʊbai'əʊsis] симбиоз

probit ['prəʊbit] *токс.* единица вероятности (*эффекта*)

problem ['prɒbləm] **1.** проблема, задача **2.** сложная ситуация; трудный случай **3.** болезнь; осложнение

~**s in social functioning** *псих.* нарушения в социальной деятельности

~**s of coping** жизненные проблемы

~**s with maternal environment** неблагополучие в организме матери

acute medical ~ неотложное терапевтическое состояние

adolescence health ~**s** проблемы здоровья подростков

airway ~**s** нарушение проходимости воздухоносных путей

alcohol-related ~ проблема, связанная с алкоголем, или алкоголизмом

anatomic ~**s** морфологические причины (*напр. пневмония на фоне врождённой гипоплазии лёгких*)

cardiac ~**s** (патологические) изменения со стороны сердца (*напр. на ЭКГ*)

catheter related ~**s** осложнения, связанные с катетеризацией

concurrent ~ сопутствующее заболевание

congenital corneal ~**s** врождённые дефекты роговицы

diabetic foot ~ осложнение диабетической стопы

diagnostic ~**s** диагностические трудности

drinking ~ проблемное употребление алкоголя

drug-related ~ проблема, связанная с наркотиками (*напр. психическое расстройство*)

endocrine ~**s** эндокринологические расстройства

feeding ~ проблема кормления

life-threatening ~ жизнеугрожающее [критическое] состояние

marital ~**s** проблемы супружества

medical ~ нозологическая форма, болезнь

mental health ~**s** проблемы психического здоровья

mind-body ~ соотношение психического и телесного; психосоматическое расстройство

occupational ~ трудовая дезадаптация

outpatient ~ болезнь, подлежащая амбулаторному лечению

parent-child ~ проблема родитель – ребёнок, проблема «отцов и детей»

postoperative ~ послеоперационное осложнение

psychiatric behavioral ~ психическое поведенческое расстройство

related health ~**s** пограничные расстройства

relationship ~ проблема взаимоотношений

respiratory ~ **1.** (острое) респираторное заболевание (*напр. бронхит*) **2.** дыхательная недостаточность

severe clinical ~ тяжёлое заболевание, серьёзная клиническая проблема

sexual ~**s** сексуальные расстройства

substantial emotional ~**s** существенные эмоциональные расстройства

treatable ~**s** устранимые патологические синдромы (*напр. гипотермия, гиперкалиемия, кислотно-основной дисбаланс*)

two-decision ~ двухальтернативная задача

underlying ~ основная болезнь; основная причина болезни

unusual ~ **in diagnosis** необычная трудность в диагностике

problem-solving ['prɒbləm-'sɒlviŋ] процесс решения проблем

proboscis [prəʊ'bɒsis], *pl.* **proboscides** [prəʊ'bɒsidi:z] *терат.* хоботообразная деформация лица

procalcitonin [ˌprəʊkælsi'təʊnin] прокальцитонин (*маркёр системной воспалительной реакции инфекционной этиологии*)

Procaryotae [prəʊˌkærɡi'əʊti] прокариоты (*общее название бактерий и сине-зелёных водорослей, не имеющих отграниченного ядра и митохондрий*)

procatarctic [prəʊkə'ta:ktik] относящийся к провоцирующему фактору, вызвавшему заболевание

procatarxis [prəʊkə'ta:ksis] **1.** провоцирующий фактор, предрасположенность **2.** возникновение болезни под влиянием провоцирующего фактора (*при имеющейся предрасположенности*)

procedure [prəʊ'si:dʒə] **1.** процедура; манипуляция; операция **2.** методика, метод; техника (*напр. проведения операции*); технологический процесс **3.** приём; способ **4.** ход анализа (*исследования*); протокол (*лечения*)

~ **for measuring** способ оценки (*напр. экологического риска*)

~**s for medical diagnosis** диагностические процедуры в медицине

~ **of choice** предпочтительный метод (*напр. лечения*), «метод выбора»

adjustment ~ *психол.* метод подравнивания, метод установки (*эквивалентного раздражителя*)

advanced operative ~ усовершенствованная хирургическая технология

aesthetic ~ косметическая операция; косметическая процедура

antireflux ~ антирефлюксная операция (*реимплантация мочеточника*)

close ~ психологический тест на понимание текста

commitment ~ *см.* **commitment proceeding**

criminal ~ уголовный процесс

curative ~ радикальное вмешательство

diagnostic ~**s from physics** диагностические процедуры с использованием физических методов

dilution ~ разведение

Dotter ~ эндоваскулярная дилатация (*стентирование сосудов*), Доттера метод

drainage ~ дренирующая операция; дренирующая процедура, дренирование elective surgical ~ плановое хирургическое вмешательство

electrocution ~ умерщвление электрическим током

emergency ~ неотложное вмешательство (напр. операция)

enzymic ~ ферментный метод

established ~ общепринятый метод

experimental ~ методика эксперимента

face-lift ~ операция по устранению морщин на лице

filtering ~ дренирующая операция (при глаукоме)

forehead-lift ~ операция по устранению морщин на лбу

globe salvage ~ сохраняющая глазное яблоко операция

Hartmann ~ Гартмана операция (резекция кишки с колостомой и зашиванием культи дистального конца наглухо)

Heyrovsky ~ Гейровского операция (эзофагогастростомия при кардиоспазме)

immunoradiometric ~ иммунорадиометрический метод

immunotherapeutic ~ иммунотерапия

intervention ~ инвазивная процедура

isolation ~ процесс выделения, или идентификации (микроорганизмов)

jackknife ~s «метод складного ножа»

joint two stage ~ сочетанная двухэтапная процедура

Krukenberg ~ Крукенберга операция (расщепление предплечья с образованием двух «пальцев» из лучевой и локтевой костей у больного с отсутствием кистей)

labelling ~ методика введения метки

Ladd's ~ Ледда операция (при незавершённом повороте кишечника)

minor surgical ~ «малая» операция

Noble ~ Нобля операция, интестинопликация

office ~ амбулаторная операция или манипуляция

open-heart ~ операция на открытом сердце

post-mortem ~ вскрытие трупов, аутопсия

prescribed ~ предписанная технология (фармацевтического производства)

pull-through surgical ~ операция низведения проксимального сегмента кишки через дистальный

push-back ~ пластика мягкого нёба методом перемещения

routine ~ обычная [стандартная] процедура

salvage ~ органосберегающая [органосохраняющая] операция

second-look ~ операция «повторного осмотра» (напр. через несколько месяцев после онкологической операции)

selective plating ~ выращивание (культур микроорганизмов) на селективных средах

shelf ~ операция создания «навеса» (при врождённом вывихе бедра)

shunt ~s шунтирование

sphincter-saving ~ сфинктерсберегающая операция

stapling ~ операция с использованием циркулярного степлера (при геморрое)

Swenson's ~ Свенсона операция (резекция аганглионарной зоны кишки при болезни Гиршпрунга)

trial ~ 1. судебный процесс 2. диагностический процесс

urodynamic ~s исследование уродинамики

vascular ~ сосудистая операция

volumetric ~ объёмный метод (анализа)

Whipple ~ резекция поджелудочной железы по Уипплю

proceed [prə'si:d] развиваться, протекать (о процессе)

proceedings [prə'si:diŋz] 1. труды, протоколы, записки (учёного общества) 2. работа (комиссии)

commitment ~ судопроизводство о помещении лица в психиатрическую больницу

medicolegal ~ судебно-медицинская экспертиза

procelia [prəʊ'si:liə] боковой желудочек головного мозга

procelous [prəʊ'si:ləs] вогнутый спереди

process[1] ['prəʊses] 1. (патологический) процесс; течение, ход развития (болезни) 2. приём; метод; способ; технологический процесс (напр. в зубопротезировании) || обрабатывать, подвергать обработке; стерилизовать

activated sludge ~ очистка сточных вод активным илом

adaptive ~ процесс адаптации, адаптационный процесс

anaerobic contact ~ анаэробный контактный процесс (очистки сточных вод)

antemortem ~ предсмертный процесс

biological combustion ~es биоэнергетические процессы

catabolic ~ катаболический процесс

civil ~ 1. гражданское судопроизводство 2. привлечение к суду в гражданском порядке

cleavage ~ процесс расщепления (напр. белка)

cognition ~s познавательные процессы

decay ~ процесс разложения

disease ~ патогенез [механизм] заболевания; патологический процесс

due ~ судопроизводство, осуществляемое в соответствии с правовыми нормами; законность

excitative ~ процесс возбуждения

fed-batch culture ~ периодический процесс культивирования (микроорганизмов с добавлением питательных веществ во время ферментации)

gap-filling ~ застройка бреши (ферментативная реакция, приводящая к исчезновению бреши в одной из цепей ДНК)

gedonic ~ гедонический процесс

higher mental ~ высшие психические процессы

immune-mediated ~ аутоиммунный процесс

manufacturing ~ производственный процесс

membrane ~s процессы в клеточных мембранах

metabolic ~ процесс обмена веществ, метаболический процесс

nursing ~ сестринская практика; уход (за больным)

penal ~ процесс отбывания наказания

random ~ случайный процесс

regenerative ~ заживление, восстановление, регенерация, регенеративный процесс

solvent transfer ~ процесс обратного растворения

space-occupying ~ объёмное образование; объёмный процесс

spontaneous ~ самопроизвольный процесс

spotting ~ процесс образования комплексов иммуноглобулинов на поверхности цитомембраны в виде пятен, образование «шапочки»

symbolic ~ психол. знаковый [символический] процесс

timing ~ синхронизация, одновременный процесс

unlearning ~ процесс потери навыков или знаний

process² ['prɒses] *анат.* отросток; выступ; придаток

  aconeal ~ локтевой отросток

  acromial ~ акромион, акромиальный отросток

  alar ~ крыло петушиного гребня, крыльный отросток *(решётчатой кости)*

  alveolar ~ альвеолярный отросток *(челюсти)*

  apical ~ верхушечный [апикальный] дендрит

  articular ~es суставные отростки

  axis cylinder ~ аксон, нейрит, осевой цилиндр, осево-цилиндрический отросток

  ciliary ~es ресничные [цилиарные] отростки

  closed vaginal ~ облитерированный влагалищный отросток

  condylar [condyloid] ~ мыщелковый отросток *(нижней челюсти)*

  conoid ~ конусовидный [конический] бугорок *(ключицы)*

  coracoid ~ клювовидный отросток *(лопатки)*

  coronoid ~ венечный отросток *(1. нижней челюсти 2. локтевой кости)*

  dental ~ альвеолярный отросток *(челюсти)*

  ensiform ~ *см.* xiphoid ~

  falciform ~ серповидный отросток *(продолжение крестцово-бугорной связки)*

  frontonasal ~ *эмбр.* лобно-носовой отросток

  head ~ *эмбр.* хордальный [головной] отросток

  long ~ 1. передний отросток *(молоточка)* 2. длинная ножка *(наковальни)*

  malar ~ скуловой отросток *(верхней челюсти)*

  mandibular ~ *эмбр.* мандибулярная дуга

  mastoid ~ сосцевидный отросток *(височной кости)*

  maxillary ~ верхнечелюстной отросток

  odontoid ~ зуб, зубовидный отросток *(II шейного позвонка)*

  olecranon ~ локтевой отросток

  patent ~ интактный влагалищный отросток

  pterygoid ~ крыловидный отросток *(клиновидной кости черепа)*

  short ~ 1. боковой отросток *(молоточка)* 2. короткая ножка *(наковальни)*

  ulnar styloid ~ шиловидный отросток локтевой кости

  uncinate ~ крючковатый [полулунный] отросток *(позвонка)*

  ununited anconeal ~ несращение локтевого отростка

  vaginal ~ влагалищный отросток

  vermiform ~ червеобразный отросток, аппендикс

  xiphoid ~ мечевидный отросток *(грудины)*

  zygomatic ~ скуловой отросток

processing ['prəʊsesiŋ] 1. процессинг *(комплекс процессов созревания молекул РНК и белков в клетке под воздействием эндонуклеазы и протеаз)* 2. технология, модификация; обработка 3. процесс-анализ *(заключительная стадия группового психотерапевтического процесса с обсуждением и анализированием происходившего в группе)*

  ~ **of lysosomal enzymes** обмен лизосомальных ферментов

  ~ **of uranium** переработка урановой руды

  antigen ~ поглощение, переваривание и обработка антигена макрофагами для иммунокомпетентных клеток

  auditory ~ слуховые процессы

  automatic data ~ автоматизированная обработка данных

  central ~ переработка информации в мозге

  digital ~ устройство для обработки цифровой информации

  electronic data ~ электронная обработка данных

  electronic image ~ выявление электронного изображения

  food ~ обработка пищи

  heat ~ термическая обработка

  intrathymic ~ «обучение» [коммитирование] лимфоцитов в тимусе

  information ~ обработка информации

  knowledge ~ обработка знаний

  parallel ~ параллельная обработка информации

processor ['prəʊsesə] 1. установка 2. процессор, анализатор *(устройство для обработки препаратов)*

  multitip ~ многоячейковый капельный процессор

  tissue ~ гистопроцессор *(устройство для проводки образцов)*

  visual ~ обработка зрительной информации

  X-ray film ~ аппарат для проявления рентгенограммы

processus [prə'sesəs], *pl.* **processus** [prə'sesəs] *лат.*, *см.* process

pro-choice [prəʊ-tʃɒis] «за свободу выбора» *(о сохранении или избавлении от беременности)*, *см. тж.* **pro-life**

prochondral [prəʊ'kɒndrəl] прехондральный *(предшествующий стадии образования хряща)*

prochordal [prəʊ'kɔːdəl] прехордальный *(расположенный кпереди от спинной струны)*

procidentia [,prəʊsi'denʃiə] 1. выпадение, пролапс 2. выпадение матки

procoagulant [,prəʊkəʊ'ægjʊlənt] прокоагулянтное средство *(способствующее свёртыванию крови)* || прокоагулянтный

proconvertin [,prəʊkən'vɜːtin] фактор VII *(свёртывающей системы крови)*, антифибринолизин, проконвертин

procrastination [prəʊ,kræsti'neiʃn] прокрастинация, откладывание на потом, мешканье

procreation [,prəʊkri'eiʃn] 1. зачатие 2. воспроизведение *(потомства)*, размножение, прокреация, репродукция

  artificial ~ искусственное воспроизведение *(потомства)*

  medical ~ медицинское воспроизведение потомства *(путём экстракорпорального оплодотворения)*

procreative ['prəʊkri,eitiv] репродуктивный, способный к репродукции

procreator [,prəʊkri'eitə] 1. родитель 2. производитель

proctal ['prɒktəl] заднепроходной, анальный, прямокишечный

proctalgia [prɒk'tælʤiə] проктодиния, прокталгия *(болезненные спазмы прямой кишки)*

proctatresia [,prɒktə'triːziə] атрезия ануса, неперфорированный анус

proctectasia [,prɒktek'teiziə] проктэктазия *(увеличение или расширение прямой кишки, возникающее вследствие длительного запора)*

proctectomy [prɒk'tektəmi] резекция или ампутация прямой кишки

  complete ~ экстирпация прямой кишки

mucosal ~ демукозация прямой кишки, удаление слизистой прямой кишки

partial ~ резекция прямой кишки

pull-through ~ резекция прямой кишки с низведением

proctencl(e)isis [ˌprɒktən'klaisis] стриктура прямой кишки или анального отверстия

procteurynter ['prɒktju:ˌrintə] проктейринтер *(заполняемый жидкостью эластичный баллон)*

procteurysis [prɒk'tju:risis] расширение стеноза прямой кишки, или анального отверстия

proctitis [prɒk'taitis] проктит, воспаление прямой кишки

congestive ~ застойный проктит

factitial ~ *см.* **radiation** ~

idiopathic ~ идиопатический проктит

radiation ~ лучевой проктит

ulcerous ~ язвенный проктит

proctocele ['prɒktəʊsi:l] проктоцеле, выпадение прямой кишки

proctoclysis [prɒk'tɒklisis] капельная клизма

proctocolectomy [ˌprɒktəʊkəʊ'lektəmi] проктоколэктомия *(тотальная колэктомия)*

restorative ~ восстановительная проктоколэктомия

proctocolitis [ˌprɒktəʊkəʊ'laitis]:

ulcerative ~ язвенный проктоколит

proctocoloplasty [ˌprɒktəʊ'kəʊləʊˌplæsti] проктопластика *(пластика прямой кишки или анального отверстия)*

proctocolpoplasty [ˌprɒktəʊ'kɒlpəʊˌplæsti] проктокольпопластика *(пластика ректовагинального свища)*

proctocystoplasty [ˌprɒktəʊ'sistəˌplæsti] проктоцистопластика *(пластика пузырно-прямокишечного свища)*

proctodeum [ˌprɒktəʊ'di:əm] *эмбр.* заднепроходная ямка

proctodynia [ˌprɒktəʊ'diniə] *см.* **proctalgia**

proctologist [prɒk'tɒlədʒist] проктолог

proctology [prɒk'tɒlədʒi] проктология

proctomenia [ˌprɒktəʊ'mi:niə] эндометриоз прямой кишки

proctoparalysis [ˌprɒktəʊpə'rælisis] паралич сфинктера прямой кишки и недержание кала

proctoperineoplasty [ˌprɒktəʊˌperi'niəʊˌplæsti] промежностная проктопластика

proctopexy ['prɒktəʊˌpeksi] проктопексия *(фиксация прямой кишки при её выпадении)*

proctoplasty ['prɒktəʊˌplæsti] проктопластика, пластика прямой кишки

proctoplegia [ˌprɒktəʊ'pli:dʒiə] *см.* **proctoparalysis**

proctopolypus [ˌprɒktəʊ'pɒlipəs] полип прямой кишки

proctoptosia [ˌprɒktɒp'təʊsiə], **proctoptosis** [ˌprɒktɒp'təʊsis] *см.* **proctocele**

proctorrhagia [ˌprɒktəʊ'reidʒiə] прямокишечное кровотечение

proctorrhea [ˌprɒktəʊ'riə] слизистые выделения из прямой кишки

proctoscopy [prɒk'tɒskəpi] ректоскопия, проктоскопия

proctosigmoidectomy [ˌprɒktəʊˌsigmɒid'ektəmi] ректосигмоидэктомия *(резекция прямой и сигмовидной кишки)*

proctosigmoiditis [ˌprɒktəʊˌsigmɒi'daitis] проктосигмоидит

proctosigmoidoscopy [ˌprɒktəʊˌsigmɒi'dɒskəpi] ректороманоскопия, ректосигмоидоскопия, проктосигмоидоскопия

proctostasis [prɒk'tɒstəsis] проктостаз *(задержка продвижения кала в прямой кишке)*

proctostat ['prɒktəʊstæt] радиоактивная трубочка для лечения рака прямой кишки

proctostenosis [ˌprɒktəʊstə'nəʊsis] стеноз прямой кишки, проктостеноз

proctotomy [prɒk'tɒtəmi] вскрытие прямой кишки, проктотомия

proctotresia [ˌprɒktəʊ'tri:ziə] операция по устранению анальной атрезии, операция создания искусственного ануса

procumbent [prəʊ'kʌmbənt] положение на животе || распростёртый; лежащий ничком

procurement [prə'kjʊəmənt] приобретение, заготовка *(напр. консервированной крови)*

organ ~ донорство, донорское дело; изъятие органов

procurvation [ˌprəʊkə'veiʃn] сгибание кпереди

prod [prɒd] 1. зонд; щуп, пробник 2. стимул

prodigiosus [prədidʒi'ɒsəs] *лат.* странный; необыкновенный

prodromal [prəʊ'drəʊməl] продромальный, предболезненный *(при отсутствии клинических проявлений)*

prodrome ['prəʊdrəʊm] 1. предвестник болезни, продром, продромальные явления 2. аура, предвестник припадка

prodrug ['prəʊdrʌg] пролекарство *(предшественник лекарственного средства, превращающийся в организме в активные метаболиты)*

produce ['prɒdju:s - n., prə'dju:s - v.] 1. результат, исход 2. воспроизведение || производить, вызывать

producer [prə'dju:sə] 1. продуцент *(организм, синтезирующий какое-л. вещество, напр. антибиотики)* 2. производитель; поставщик

product ['prɒdəkt] 1. продукт; фабрикат; *pl.* продукция 2. препарат; лекарственное средство 3. результат

~s of activated lymphocytes продукты активации лимфоцитов

~ of antigenic recognition продукт антигенного распознавания

~s of conception содержимое матки, удаляемое при аборте

activation ~ вещество с наведённой активностью

active ~ радиоактивное вещество

biologically engineered ~s биоинженерные продукты

biomedical ~s биомедицинская продукция *(вакцины, антитела, сыворотки)*

biosynthetic ~ биосинтетическое средство

blood ~s 1. компоненты крови *(форменные элементы, плазма)* 2. препараты крови *(напр. иммуноглобулины, факторы свёртываемости и др.)*

bulk ~ массовый продукт

cleavage ~ продукт расщепления или распада

commercial ~ производственный продукт

crude ~ полуфабрикат

dairy ~s молочные продукты

decay [decomposition] ~ продукт распада, или разложения

dental ~s стоматологические материалы

disposable [disposal] ~ предмет [изделие] разового пользования

dose area ~ уровень облучения *(Гр × см²)*

double ~ «двойной продукт» *(умножение величины систолического давления на частоту сокращений сердца – тест функциональной нагрузки)*

drug ~ готовая лекарственная форма *(таблетка, раствор, капсула)*

early ~ начальный продукт

electronic ~ электронная версия

end ~ конечный продукт *(напр. обмена веществ или производства)*

fibrino(gen) degradation ~s продукты расщепления фибриногена

fission ~ продукты расщепления атомного ядра

flea control ~s противоблошиные средства

gravity-pharmaceutical ~ фармацевтический продукт, полученный в невесомости

gross national ~ валовой национальный продукт

haircare ~ средство по уходу за волосами

half-finished ~ полуфабрикат

immediate ~ непосредственный продукт

intermediate ~ промежуточный продукт

interventional ~ интервенционный инструмент

key [major] ~ основной продукт

metabolic-waste ~ конечный продукт обмена веществ

minor ~ побочный продукт

net ~ чистый продукт

nitrogenous waste ~s продукты азотистого обмена

nonfood ~ непищевой продукт

organophosphate premise ~s фосфорорганические препараты бытовой химии

orphan ~s некоммерческие продукты *(лекарственные препараты, оборудование и пр., которые могут быть полезными, но не приносят коммерческой выгоды)*

permethrin-containing ~ перметринсодержащее средство, или вещество *(инсектицид)*

perspiration ~s продукты потовыделения

pharmaceutical ~ *см.* **drug ~**

plasma-derived ~s препараты плазмы крови

quality control ~s контрольные [стандартные] материалы *(высушенные образцы крови или мочи с гарантированными известными концентрациями антигенов, гормонов, медикаментов и др. соединений для контроля достоверности проводимых анализов)*

residual ~ остаточный продукт

"rinse off ~s" смываемые средства *(о косметике)*

secondary ~ вторичный продукт

shielding ~s защитные средства *(напр. от рентгеновского излучения)*

single-use ~ изделие однократного применения

"stay on ~" остающийся на коже *(о лекарственном средстве)*

storage ~s продукты накопления *(нерасщеплённых веществ в клетках)*

tracheostomy ~s принадлежности для трахеостомии

training ~ учебное пособие *(напр. фантом)*

trypsin digestion ~ продукт расщепления иммуноглобулина трипсином

urinary rejection ~ мочевые продукты отторжения

vegetable ~s овощные продукты

volatile fission ~s летучие продукты деления, или расщепления

waste ~s 1. продукты жизнедеятельности, продукты выделения **2.** отбросы, отходы

production [prəˈdʌkʃn] **1.** воспроизведение, формирование **2.** продуцирование; генерация **3.** продукция; продукты

~ of antibodies продукция антител

~ of chromosome aberration индукция хромосомных аберраций

~ of collapse of lung создание коллапса лёгкого

~ of septal defect in heart патогенез дефекта перегородки сердца

~ of subcutaneous tunnel создание подкожного туннеля

excessive ketone body ~ избыточное образование кетоновых тел

heat ~ теплопродукция

illegal ~ of abortion незаконное производство аборта

illicit drug ~ криминальное производство наркотиков

intentional ~ of symptoms преднамеренное вызывание [имитация] симптомов

new bone ~ периостит, новообразованная ткань

ovarian progesterone ~ продукция прогестерона жёлтым телом

recombinant protein ~ рекомбинантное производство белка

sebum ~ продукция кожного сала

speech ~ речевая функция, воспроизведение речи

sputum ~ образование мокроты

tear ~ секреция слезы

toxin ~ токсинообразование

waste-free ~ безотходное производство

productive [prəˈdʌktiv] **1.** продуктивный *(напр. о воспалении)* **2.** пролиферативный

proemial [prəʊˈiːmiəl] **1.** *см.* **prodromal 2.** потенциально опасный

proenzyme [prəʊˈenzaim] профермент, проэнзим, зимоген

proerythroblast [ˌprəʊəˈriθrəʊblæst] проэритробласт *(предшественник эритроцита)*

pro-erythrocyte [ˌprəʊ-əˈriθrəʊsait] ретикулоцит

proestrogen [prəʊˈestrəʊdʒən] проэстроген

proferment [prəʊˈfəːment] *см.* **proenzyme**

profession [prəˈfeʃn] профессия, род занятий

allied health ~ вспомогательный персонал здравоохранения, *pl.* профессии, смежные с медицинскими, парамедики

health ~ медицинская профессия, медицинская специальность

medical ~ медицинский работник

remedial ~ вспомогательная медицинская профессия

professional [prəʊˈfeʃənəl]:

allied health ~ медицинский работник смежной специальности, парамедик

health ~ медицинский работник *(врач, фельдшер, медсестра)*; инспектор здравоохранения

health and fitness ~ специалист по обучению здоровому образу жизни

health care ~s персонал [кадры] здравоохранения

research ~s учёный; научный сотрудник

professor [prəˈfesə] профессор *(1. амер. любой преподаватель университета, колледжа 2. англ. высшее учёное звание преподавателя высшего учебного заведения)*

  adjunct [assistant] ~ адъюнкт-профессор *(преподаватель вуза, ведущий определённый курс по контракту)*

  associate ~ **1.** профессор кафедры *(соответствует доценту в России)* **2.** врач-консультант *(обычно высшей квалификации)*

  emeritus ~ заслуженный профессор в отставке, профессор-консультант

  full time ~ профессор на полной ставке *(обычно заведующий кафедрой)*

  visiting ~ специалист, приглашаемый для чтения цикла лекций в университете

Professor:

  Regius ~ профессор, кафедра которого учреждена одним из английских королей *(обычно в Оксфордском и Кембриджском университетах)*

profibrinolysin [ˌprəʊfaibriˈnɒlisin] плазминоген, профибринолизин *(предшественник фибринолизина)*

proficiency [prəˈfiʃnsi] опытность, умение, сноровка, мастерство

proficiency-testing [prəˌfiʃnsi-ˈtestiŋ] тестирование [оценка] профессиональных навыков

proficient [prəˈfiʃnt] специалист, эксперт || искусный, умелый, опытный

profile [ˈprəʊfail] **1.** профиль *(контуры головы при взгляде сбоку)* **2.** изображение исследуемой структуры на срезе **3.** контур; график; кривая зависимости **4.** характеристика; показатель

  ~ **of developing abuse** кривая роста насилия

  amylase ~ спектр изоформ амилазы

  anabolic ~ анаболический профиль *(состояние ассимиляции, или усвоения)*

  anticonvulsant ~ противосудорожные свойства *(напр. противоэпилептического препарата)*

  anxiolytic ~ анксиолитическое действие

  automated metabolic ~ автоматический анализ показателей метаболизма

  biochemical ~ биохимическое исследование; биохимический профиль

  bleeding ~ профиль кровоточивости; геморрагические особенности

  cardiodynamic ~ **of mitral insufficiency** кардиодинамическая характеристика митральной недостаточности

  cardiovascular risk ~ оценка [профиль] риска сердечно-сосудистых заболеваний

  character ~ особенности характера

  coagulation ~ коагулограмма *(определение протромбинового времени, активированного частичного тромбопластинового времени и активированного времени свёртывания крови)*

  developmental ~s характеристика развития эмбриолетальных мутантов

  diurnal ~ суточный ритм; биоритм

  dose ~ *рентг.* распределение доз по глубине материала и ткани

  drug ~ карта назначений *(при лекарственной терапии)*

  endocrine ~ гормональное обследование; эндокринологический профиль

  enzyme ~ изоферментный состав, спектр изоферментов

  facial ~ профиль *(лица)*

  favourable toxicity ~ благоприятный режим токсического воздействия *(напр. химиотерапии)*

  health ~ профиль медико-санитарной службы

  hemodynamic ~ гемодинамические сдвиги *(напр. на введение препарата)*

  hemostatic ~ *см.* **coagulation** ~

  immunological ~ иммунологический профиль

  lipid ~s показатели содержания липидов *(в крови)*

  metabolic ~s особенности обмена веществ

  molecular ~ молекулярная структура *(лекарственного препарата)*

  morphologic ~ морфологическая характеристика

  "Nottingham Health ~" «Ноттингемский профиль здоровья» *(опросник пациентов, перенесших инфаркт миокарда)*

  personality ~ *псих.* профиль личности

  pharmacological ~ фармакологические свойства *(препарата)*

  pollen ~ пыльцевая диаграмма

  recovery ~s процесс пробуждения *(после наркоза)*

  rheological ~ реологический профиль

  serum biochemistry ~ серологические анализы *(крови)*

  serum iron ~ содержание соединений железа в плазме крови

  "Sickness impact ~" опросник «Профиль влияния болезни»

  side-effect ~ спектр побочных реакций

  social ~ социальный аспект *(напр. туберкулёза)*

  symptom ~s характерные симптомы, или признаки

  test ~ набор лабораторных тестов *(выполняемый при госпитализации больного и служащий для оценки функции органов)*

  toxicological ~ токсикологический профиль, токсикологический паспорт

  typical ~ типичный профиль; типичный рисунок; типичная кривая *(напр. иммунологической реакции)*

  unconscious ~ бессознательный процесс

profiling [prəʊˈfailiŋ]:

  ~ **of prostaglandin biosynthesis** характеристика биосинтеза простагландинов

profilometry [ˌprəʊfaiˈlɒmətri] профилометрия мочеиспускания *(определение совокупности характеристик)*

  urethral pressure ~ профилометрия

profit [ˈprɒfit] **1.** прибыль; доход **2.** польза; выгода

profluent [prəʊˈfluːənt] текущий струёй, обильно текущий

profluvium [prəʊˈfluːviəm] **1.** истекание *(кровью)* **2.** обильные выделения

  ~ **alvi** понос, диарея

  ~ **seminis 1.** сперматорея **2.** семяизвержение

profondometer [ˌprəʊfɒnˈdɒmətə] рентгеновский локализатор инородного тела

profound [prəˈfaʊnd] **1.** глубокий *(напр. о сне)* **2.** полный, совершенный, абсолютный *(напр. о покое)*

profundoplasty [ˌprəʊˈfʌndəˌplæsti] реконструктивная операция на стенозированной глубокой бедренной артерии

profuse [prə'fju:s] профузный, массивный *(напр. о кровотечении)*; обильный; чрезмерный

progamous ['prɒgəməs] предшествующий оплодотворению яйцеклетки

progastrin [prəʊ'gæstrin] прогастрин, гастрин G

progenesis [prəʊ'ʤenəsis] 1. прогенез *(созревание половых клеток до достижения организмом взрослой стадии)* 2. преждевременное половое созревание

progenia [prəʊ'ʤi:niə] прогения, прогнатизм *(выступание нижней челюсти вперёд)*

progenitor [prəʊ'ʤenitə:] 1. прародитель; основатель родословной; предок 2. предшественник *(напр. клетка-предшественница)*

antibody-forming cells ~ антителообразующие клетки-предшественницы

antigen-reactive cells ~ антигенреактивные клетки-предшественницы, про-Т-лимфоциты

committed ~ коммитированная клетка-предшественница

granulocyte ~ предшественник зернистых нейтрофилов

monopotent ~ монопотентная клетка-предшественница

oligopotent ~ олигопотентная клетка-предшественница

pluripotent ~ плюрипотентная клетка-предшественница

primitive lymphoid ~ первичная клетка-предшественница лимфоцитов, пролимфобласт

thymus-homing ~ претимоцит

progeny ['prɒʤəni] 1. потомок; потомство 2. последователи 3. результат; исход; продукт

asexual ~ бесполое размножение

clonal ~ клон; клональное потомство

progeny-tested ['prɒʤəni-'testid] проверенный по родословной *(напр. донор)*

progeria [prəʊ'ʤi:riə] прогерия, «детская старость» *(преждевременное старение организма, обусловленное точечной мутацией в первой хромосоме)*

infantile ~ сенильный нанизм, Гетчинсона – Гилфорда [синдром] болезнь

progeroid [prəʊ'ʤeroid] похожий на состарившегося

progestational [,prəʊʤes'teiʃənəl] 1. способствующий наступлению или сохранению беременности *(напр. о лекарственном средстве)* 2. относящийся к гестагенным средствам

progestens [prəʊ'ʤestənz] гестагенные препараты

progesterone [,prəʊ'ʤesterəʊn] прогестерон, прогестин *(гормон жёлтого тела, способствующий нормализации менструального цикла и благоприятствующий беременности)*

false high ~ ложно-завышенный уровень прогестерона

progestogen [,prəʊ'ʤestəʊʤen] гестаген *(представитель группы стероидных гормонов, способствующих нормальному процессу беременности)*

progestomimetic [,prəʊ,ʤestəʊmi'metik] препарат, обладающий активностью прогестина

proglossis [prəʊ'glɒsis] кончик языка

proglottid [prəʊ'glɒtid], **proglottis** [prəʊ'glɒtis] проглоттида *(членик тела гельминта класса цестод)*

prognathic [prɒg'næθik] прогнатический *(о чрезмерно развитой верхней челюсти)*

prognathism ['prɒgnəθizm] прогнатия, прогнатизм *(чрезмерное развитие верхней челюсти)*

prognathous ['prɒgnæθəs] прогнатический, с выдающейся челюстью

prognose [prɒg'nəʊs] прогнозировать

prognosis [prɒg'nəʊsis] прогноз *(течение или исход болезни)*

~ **fausta** хороший прогноз

~ **in fair to good** благоприятный прогноз *(от удовлетворительного до хорошего)*

~ **quo ad valetudinem** *лат.* прогноз болезни

~ **quo ad vitam** *лат.* прогноз для жизни

eventual ~ окончательный прогноз *(напр. при муковисцидозе)*

grave [guarded] ~ неблагоприятный [сомнительный] прогноз

long-term ~ отдалённый [долгосрочный] прогноз

ominous [poor] ~ неблагоприятный прогноз

ultimate ~ *см.* **long-term** ~

visual ~ прогноз зрения

prognostic [prɒg'nɒstik] прогностический признак || прогностический

prognosti(fi)cation [prɒg,nɒstifi'keiʃn] прогнозирование; предсказание

progonoma [,prɒgəʊ'nəʊmə] гамартома, прогонобластома

melanotic ~ меланоамелобластома *(доброкачественная опухоль)*

progradation [,prəʊgrə'deiʃn] проградация *(процесс быстрого нарастания интенсивности размножения в популяции)*

program, programme ['prəʊgræm] план, программа *(напр. лечения)* || планировать; составлять программу

~ **on surgical control of hyperlipidemia** программа хирургического контроля гиперлипидемии

application ~ прикладная программа

categorical assistance ~ программа помощи нуждающимся *(в США включает 4 категории – слепые, дети без родителей, нетрудоспособные, престарелые)*

cholera ~ программа борьбы с холерой

circadian anti-ischemia ~ программа антиишемической терапии в зависимости от суточного ритма

clinical trial group ~ программа клинической группы по исследованию *(напр. СПИДа)*

computer ~ компьютерная программа

country health ~ программа развития здравоохранения страны

diversion ~ программа отвода *(лечение и воспитание лиц, переданных из уголовных судов, напр., за вождение автомобиля в нетрезвом состоянии)*

employee assistance ~ *страх.* программа содействия наёмным работникам

expended immunization ~ расширенная программа иммунизации *(ВОЗ)*

federal employee health benefit ~ *страх.* программа медицинского обслуживания государственных служащих

hepatology training ~ учебная программа по гепатологии

hospital insurance ~ программа медицинского страхования

intervention ~ *психол.* коррекционная программа

management ~ план ведения больного

maternal and child health ~s программа охраны материнства и детства

monitoring health ~s мониторинг программ здравоохранения

pilot ~ экспериментальная [поисковая] программа; опытный [пилотный] проект

preventive ~ профилактическая программа

relapse prevention ~ программа по предотвращению обострений *(у больных шизофренией)*

teen advocate ~ программа медицинской помощи подросткам

therapeutic ~ план лечения; метод лечения *(напр. вывиха)*

training ~ учебная программа

Program *см. тж.* Приложение

programming ['prəʊˌɡræmiŋ]:

genetic ~ генетическое программирование

neuro-linguistic programming нейролингвистическое программирование, НЛП

progranulocyte [prəʊˈɡrænjuːˌləʊˌsait] промиелоцит

progrediency [prəʊˈɡriːdiənsi] прогредиентность *(психического расстройства)*; прогрессирующее развитие *(спондилолистеза, шелушения кожи и пр.)*

progress ['prɒɡrəs] 1. успех, достижение *(в лечении)*; прогресс 2. развитие, совершенствование ‖ развивать, совершенствовать 3. ход, течение *(болезни)* 4. *псих.* прогредиентность

~ **in surgery** успехи [достижения] в хирургии

in ~ в действии *(напр. о диализе)*

progression [prəʊˈɡreʃn] 1. течение, ход; развитие *(напр. иммунного ответа)* 2. прогрессия; прогрессирующее развитие; распространение 3. *псих.* прогредиентность

~ **of atherosclerosis** прогрессирующее развитие атеросклероза

local ~ местный инвазивный рост *(опухоли)*

parity ~ увеличение числа детей

stopping ~ предупреждение [приостановка] прогрессирования *(напр. болезни)*

tumor ~ прогрессирование опухоли *(увеличение скорости роста, усиление кровоснабжения, метастазирование и пр.)*

progressive [prəʊˈɡresiv] прогрессирующий, нарастающий *(напр. о проявлениях болезни)*; поступательный

prohead ['prəʊhed] проголовка *(бактериофага)*

prohibition [ˌprəʊhiˈbiʃn] 1. запрет, запрещение *(напр. продажи спиртных напитков, «сухой закон»)* 2. прогибиционизм *(политика, направленная на полное запрещение, напр., наркотиков)*

pro-inflammation [prəʊ-infləˈmeiʃn] состояние, способствующее воспалению ‖ провоспалительный

proinsulin [prəʊˈinsulin] проинсулин *(неактивный предшественник инсулина)*

prointerleukin [ˌprəʊintəˈluːkin] проинтерлейкин

proiosystole [prəʊiːˈəʊˈsistəʊli] преждевременное сокращение сердца, экстрасистола

proiotia [prəʊˈiːəʊʃiə] недоразвитие половых органов

project ['prɒdʒekt] 1. проект; программа 2. план [схема] исследования

blindness prevention ~ программа предупреждения слепоты

conservation ~ проект [комплекс мероприятий] по охране природы

coronary drug ~ проект создания коронарных лекарственных средств

"Human Genome" ~ проект «Геном человека» *(международная исследовательская программа, целью которой является определение полной нуклеотидной последовательности ДНК человека)*

medical social research ~ программа медико-социальных исследований

national pancreatic cancer ~ национальный проект изучения рака поджелудочной железы *(США)*

pilot ~ *см.* **pilot program** ~

research ~ исследовательский проект

projectile [prəʊˈdʒektail] 1. реактивный снаряд; пуля 2. стремительно выбрасываемый *(напр. о рвоте фонтаном)* 3. упорный, некупируемый *(о болезни)*

projection [prəʊˈdʒekʃn] 1. выступ; вырост 2. *рентг.* проекция 3. *психоан.* проецирование *(отражение зрительных образов)*; проекция *(приписывание другим своих вытесненных влечений)* 4. проектирование; программа; прогнозирование 5. проводящие нервные пути

~s **for children** планирование рождения детей; планирование семьи

~s **to cerebellum** связи [проводящие пути] мозжечка

axial [base] ~ аксиальная [осевая] проекция

coronal ~ корональная [фронтальная, прямая] проекция

elongated ~ продолговатый вырост, шип *(напр. на поверхности эритроцита)*

finger-like ~s пальцевидные выросты *(на эритроцитах)*

frontal ~ *см.* **coronal** ~

half-axial ~ полуаксиальная проекция

health ~s прогнозирование состояния здоровья населения

impersonal ~ *психол.* обезличенная проекция

lateral ~ боковая проекция

long-term ~ долгосрочное прогнозирование

papillary ~s сосочковые разрастания

pigmented ~ пигментированное выпячивание, или возвышение *(о соске)*

population ~ предположительное исчисление населения, демографические прогнозы

tangential ~ тангенциальная проекция

Towne's ~ *рентг.* Тауне проекция *(позволяет получить изображение всего черепа и нижней челюсти)*

transaxial ~ *см.* **axial** ~

transverse ~ горизонтальная [поперечная] проекция

triangular ~s отростки треугольной формы *(об остеофитах)*

Waters' ~ *рентг.* Ватерса проекция *(позволяет исследовать верхнюю челюсть)*

projector [prəʊˈdʒektə]:

sound ~ излучатель звука, акустический излучатель

test-figures ~ проектор для проверки остроты зрения

Prokariotae [ˌprəʊkæriˈəʊti] *см.* **Procariotae**

prokaryote [prəʊ'kæriəʊt] прокариот *(одноклеточный микроорганизм, чьи клетки не имеют мембраны вокруг вещества ядра)*

pro-kinetic [prəʊ-ki'netik] прокинетик *(препарат, ускоряющий перистальтику кишечника)*

prolabium [prəʊ'leibiəm] **1.** красная кайма губ **2.** центральная выступающая часть верхней губы

prolactin [prəʊ'læktin] пролактин, лактогенный [лютеотропный, маммотропный] гормон *(выделяемый аденогипофизом)*

prolapse [prəʊ'læps], *лат.* **prolapsus** [prəʊ'læpsəs] **1.** выпадение, пролапс; пролабирование *(органа)* ‖ выпадать; пролабировать **2.** внедрение *(напр. участка кишки в соседний)*

~ **of funis** выпадение пуповины *(впереди головки плода, что может вызвать асфиксию и смерть)*

~ **of recti interna** инвагинация сигмовидной кишки в прямую

~ **of the corpus luteum** эктропион жёлтого тела

disk ~ грыжа межпозвонкового диска

first-degree ~ **of uterus** выпадение матки первой стадии *(шейка матки не достигает половой щели)*

holosystolic ~ пролабирование створок митрального клапана, *узи* голосистолический пролапс

mucosal ~ выпадение слизистой оболочки *(напр. илеоцекальной заслонки)*

pelvic floor ~ пролапс дна таза

second-degree ~ **of uterus** выпадение матки второй стадии *(шейка матки в половой щели или около неё)*

third-degree ~ **of uterus** выпадение матки третьей стадии *(шейка матки с маткой выходит из половой щели)*

urethral ~ уретроцеле

uveal ~ выпадение радужной оболочки

prolate ['prəʊleit] удлинённый, продолговатый *(напр. о форме черепа, лица)*

prolepsis [prəʊ'lepsis] **1.** частые обострения рецидивирующей болезни **2.** прогрессирующее сокращение ремиссий периодической болезни

proleptic [prəʊ'leptik] преждевременный, возникающий ранее ожидаемого срока *(о приступе болезни)*

prolicide ['prəʊlisaid] **1.** детоубийство **2.** истребление человеческого рода

Pro-life [prəʊ-laif] «За жизнь» *(движение против абортов, США)*

proliferation [prəʊ,lifə'reiʃn] пролиферация *(быстрый рост за счёт размножения клеток)*

clonal ~ клональная пролиферация

proliferative [prəʊ'lifərətiv], **proliferous** [prəʊ'lifərəs] пролиферативный, разросшийся

prolific [prəʊ'lifik] плодовитый, изобилующий чем-л.

proline ['prəʊli:n] пролин *(аминокислота)*

prolongation [,prəʊlɒŋ'geiʃn]:

QRS ~ удлинение комплекса QRS

prolongator [prəʊ'lɒŋgeitə] *pl.* пролонгаторы *(вещества, удлиняющие срок действия биологически активных препаратов)*

prolonged [prəʊ'lɒŋd] продолжительный *(напр. воспалительный процесс)*; пролонгированный *(о действии депонированного препарата)*

promastigote [prəʊ'mæstigəʊt] промастигота, жгутиковая стадия *(вне клеток промежуточного хозяина – насекомого в жизненном цикле лейшманий)*

promegakaryocyte [prəʊ,megə'kæriəʊsait] промегакариоцит *(предшественник мегакариоцита)*

promegaloblast [prəʊ'megaləʊblæst] промегалобласт *(родоначальная клетка эритроцитарного ряда)*

prometaphase [prəʊ'metəfeis] прометафаза, метакинез *(начальная стадия метафазы митоза)*

prominence ['prɒminəns] *анат.* выступ, выпуклость, возвышение над поверхностью

~ **of the pulmonary artery** *рентг.* выбухание дуги лёгочного ствола

capitated ~ головчатое возвышение *(плечевой кости)*

hypothenar ~ возвышение мизинца, гипотенар

laryngeal ~ выступ гортани, адамово яблоко *(выступ угла щитовидного хряща)*

thenar ~ возвышение большого пальца, тенар

promiscuity [,prɒmi'skju:əti] промискуитет *(1. неупорядоченность половых отношений в первобытном обществе до возникновения брака и семьи 2. половая вседозволенность, практикуемая в некоторых социальных группах, напр. в общинах хиппи)*

prominentia [,prɒmi'nenʃiə], *pl.* **prominentia** [,prɒmi'nenʃii:] *лат.*, *см.* **prominence**

promontorium [,prɒmɒn'təʊriəm], *pl.* **promontoria** [,prɒmɒn'təʊriə] *лат.*, **promontory** ['prɒmɒntəʊri] *анат.* мыс, промонторий *(выступающая часть какого-л. органа)*

promote [prə'məʊt] способствовать, провоцировать, вызывать; активировать; стимулировать; ускорять

promoter [prəʊ'məʊtə] **1.** способствующий [провоцирующий] фактор; активатор; стимулятор **2.** *ген.* промотор *(участок ДНК, с которым связывается РНК-полимераза, что вызывает инициацию транскрипции соответствующих генов)*

~ **of health** формирование, сбережение и укрепление здоровья

eosinophil stimulation ~ фактор, стимулирующий подвижность эозинофилов

mobile replication ~ подвижный промотор репликации *(ДНК)*

oxidation ~ активатор (катализатора) окисления

tumor ~ коканцерогенный фактор, коканцероген, активатор развития опухоли

promotion [prə'məʊʃn] **1.** активирование, активация; стимулирование, стимуляция; содействие **2.** промоушн, продвижение на рынке

~ **of health** укрепление [поддержка, продвижение, охрана] здоровья *(политика и стратегия государства и общества на улучшение состояния здоровья населения и повышение качества жизни)*

~ **of mass immunization** содействие массовой иммунизации

~ **of medicines** внедрение лекарственных средств

health ~ *см.* ~ **of health**

promotor [prəʊ'məʊtə] *см.* **promoter**

prompt [prɒmpt] индуцировать действие

prompting ['promptɪŋ] *психол.* побуждение (*модифика-ция поведения для выработки ранее отсутствовавше-го у человека отклика*)

promyelocyte [prəʊ'maiələʊsait] промиелоцит (*наибо-лее ранняя стадия в ряду гранулоцитов*)

pronaeus [prəʊ'niːəs] преддверие влагалища; влагалище

pronasion [prəʊ'neiziɒn] проназион (*точка пересечения меж-ду перегородкой носа и наивысшей поверхностью губы*)

pronation [prəʊ'neiʃn] **1.** положение лёжа на животе **2.** пронация (*вращение конечности медиально*)

pronatis [prəʊ'neitis] недоношенный ребёнок, недоно-шенный новорождённый

pronator [prəʊ'neitə] (мышца-)пронатор

~ **quadratus** квадратный пронатор

~ **teres** круглый пронатор

prone [prəʊn] **1.** лежащий на животе **2.** пронированный **3.** подверженный, склонный к чему-л.

~ **to anger** вспыльчивый

~ **to colds** подверженный простудам

proneness ['prəʊnəs] склонность, наклонность, пред-расположенность

pronephros [prəʊ'nefrɒs], *pl.* **pronefroi** [prəʊ'nefrɒi] *эмбр.* предпочка, пронефрос, головная почка

prong [prɒŋ] конический корень зуба

pronometer [prəʊ'nɒmətə] угломер, гониометр (*инстру-мент для измерения амплитуды движений в суставе*)

pronounced [prə'naʊnst] заметный; явно выраженный

pronucleus [prəʊ'nuːkliəs], *pl.* **pronuclei** [prəʊ'nuːkliːi] пронуклеус (*ядро яйцеклетки или сперматозоида в процессе оплодотворения*)

female ~ женский пронуклеус

male ~ мужской пронуклеус

proof [pruːf] **1.** проверка; испытание, проба **2.** доказа-тельство **3.** защищённый, безопасный

~ **of concept** слабость [недостатки] концепции

experimental ~ экспериментальное доказательство

forensic ~ судебное доказательство

policy ~ **of interest** *страх.* подтверждение страхового интереса полисом

prootic [prəʊ'ɒtik] предушной, кпереди от уха

propagate ['prɒpəgeit] **1.** распространяться (*напр. об инфекции*) **2.** размножаться; репродуцировать **3.** пере-давать по наследству

propagation [prɒpə'geiʃn] **1.** распространение (*напр. инфекции*) **2.** размножение; воспроизводство, репро-дукция (*напр. вирусов*)

human-to-human ~ распространение (*инфекции*) от человека к человеку

propagative ['prɒpəgeitiv] **1.** пропагативный (*о стадии жизненного цикла паразита*) **2.** размножающийся; репродуктивный

propedeutics [prəʊpiː'djuːtiks] пропедевтика (*вводный курс в клиническую дисциплину*)

propensity [prəʊ'pensəti] **1.** склонность, предрасполо-жение **2.** пристрастие

metastatic ~ свойство к метастазированию

properdin ['prəʊpəːdin] пропердин (*γ₂-глобулин сыво-ротки крови; фактор иммунитета*)

properitoneal [prəʊperitəʊ'niːəl] предбрюшинный

property ['prɒpəti] свойство, качество, признак

addicting ~ свойство вызывать привыкание (*к лекар-ственному средству*)

carcinogenic ~ies канцерогенные свойства

discriminative stimulus ~ies стимул-различительные свойства

flow ~ скользящее свойство (*напр. при таблетирова-нии*); реологическое свойство; текучесть

healing ~ целебное свойство

hydrophobic ~ гидрофобность

inherent ~ врождённое свойство

nutritive ~ питательное свойство

teratogenic ~ тератогенное свойство, тератогенность (*химических веществ и биологических агентов*)

toxic ~ токсическое свойство, ядовитость, токсичность

prophage ['prəʊfeidʒ] профаг, латентный [криптиче-ский] фаг (*форма существования фага в лизогенной бактерии, интегрированной с ДНК последней и репли-цирующейся совместно с ней*)

prophase ['prəʊfeiz] профаза (*первая стадия клеточно-го деления*)

prophecy ['prɒfəsai] пророчество, предсказание

prophlogistic [prəʊflɒ'dʒistik] вызывающий воспаление

prophylactic [prəʊfi'læktik] **1.** профилактическое сред-ство; профилактическая мера ‖ профилактический, предохранительный, предупредительный **2.** *амер.* презерватив

casual ~s целевые профилактические средства

prophylactodontics [prəʊfiˌlæktəʊ'dɒntiks] профилакти-ческая стоматология

prophylaxis [prəʊfi'læksis], *pl.* **profylaxes** [prəʊfi'læksiːz] профилактика

active ~ вакцинация, активная иммунизация

chemical ~ химиопрофилактика

collective drug ~ массовая химиопрофилактика (*от инфекций*)

dental [oral] ~ профилактическая санация зубов (*снятие зубного камня, налёта*)

passive ~ пассивная иммунизация

proplasia [prəʊ'pleiziə] проплазия, усиление активно-сти клетки или ткани (*напр. при регенерации*)

proplexus [prəʊ'pleksəs] сосудистое сплетение боковых желудочков головного мозга

propolis ['prɒpəlis] прополис, пчелиный клей

proportion [prə'pɔːʃn] **1.** пропорция, количественное соотношение **2.** *pl.* размеры **3.** часть, доля

~ **of risk reduction, attributable** ~ **of risk** «объясни-мый, или аттрибутивный, риск»

epidemic ~s распространённость эпидемии

propositus [prəʊ'pɒzitəs] *см.* **proband**

prop-pox [prɒp-pɒks] контагиозное заболевание кожи лица у регбистов

proprietary [prəʊ'praiətəri] патентованный, фирмен-ный (*о наименованиях медикаментов*)

proprioception [prəʊpriəʊ'sepʃn] проприоцептивная чувствительность (*восприятие сигналов от внутрен-них органов*)

proprioceptor [prəʊpriəʊ'septə] проприо(ре)цептор, проприоцептивное нервное окончание

proptometry [prɒp'tɒmətri] экзофтальмометрия *(измерение выстояния роговицы в мм от наружного края глазницы)*

proptosis [prɒp'təʊsis] проптоз *(смещение органа или его части вперёд, особенно глазного яблока)*

propulsion [prəʊ'pʌlʃn] **1.** пропульсия *(тенденция к падению вперед, обусловливающая семенящую походку при паркинсонизме)* **2.** проталкивание *(напр. крови сердечными сокращениями)*

jet ~ реактивное движение

propulsive [prəʊ'pʌlsiv] продвигающий(ся), пропульсивный, проталкивающий

proretrovirus [prəʊ,retrəʊ'vairəs] проретровирус *(ДНК-копия РНК-ретровируса, встроенная в геном клетки-хозяина)*

prorsad ['prɔːrsəd] в направлении сзади наперёд

prorubricyte [prəʊ'ruːbrisait] базофильный макроэритробласт

prosect [prəʊ'sekt] вскрывать; анатомировать

prosectorium [,prəʊsek'təʊriəm] секционная, прозекторская, секционный зал

prosencephalon [,prɒsen'sefələn] передний мозг *(передний мозговой пузырь эмбриона, дающий начало конечному и промежуточному мозгу)*

proserozyme [prəʊ'siːrəʊzaim] фактор II *(свёртывающей системы крови)*, протромбин

prosodemic [,prɒsəʊ'demik] относящийся к болезни, передающейся от человека к человеку

prosopagnosia [,prɒsəʊpæg'nəʊsiə] агнозия на лица, прозопагнозия

prosopalgia [,prɒsəʊp'ældʒiə] невралгия тройничного нерва, тригеминальная невралгия, лицевая боль

prosopectasia [,prɒsəʊpək'teiziə] гипертрофия тканей лица *(напр. при акромегалии)*

prosoplasia [,prɒsəʊ'pleiziə] прозопластическая [прогрессивная] метаплазия, прозоплазия

prosopoanoschisis [,prɒsəʊpəʊə'nɒskisis] врождённая расщелина лица

prosopodiplegia [,prɒsəʊpəʊdai'pliːdʒiə] двусторонний паралич мышц лица

prosoponeuralgia [,prɒsəʊpəʊnuː'rældʒiə] *см.* **prosopalgia**

prosopoplegia [,prɒsəʊpəʊ'pliːdʒiə] прозопоплегия, паралич Белла *(паралич мимической мускулатуры, обусловленный поражением лицевого нерва)*

prosoposchisis [prɒsəʊ'pɒskisis] врождённая расщелина лица

prosopospasm [prɒ'səʊpəʊspæzm] прозопоспазм *(спазм лицевой мускулатуры)*

prosoposternodymus [,prɒsəʊpəʊ,stə:nəʊ'daiməs], **prosopothoracopagus** [,prɒsəʊpəʊ,θɒrə'kɒpəgəs] близнецы, сросшиеся в области лица и груди

prosopotocia [,prɒsəʊpəʊ'təʊsiə] лицевое предлежание плода

prospective [prɒs'pektiv] **1.** будущий; ожидаемый **2.** проспективный

prospermia [prəʊ'spə:miə] ускоренная [преждевременная] эякуляция

prostacyclin [,prɒstə'saiklin] простациклин *(биологически активное вещество сосудистой стенки, обладающее мощным сосудосуживающим действием)*

prostaglandin [,prɒstə'glændin] *pl.* простагландины *(группа биологически активных веществ, производных полиненасыщенных жирных кислот)*

prostanoid ['prɒstə,nɒid] *pl.* простаноиды *(группа биологически активных веществ, объединяющая простагландины, простациклины и тромбоксаны)*

prostatauxe [,prɒstə'tɔːksi] гипертрофия предстательной железы

prostatectomy [,prɒstə'tektəmi] простатэктомия *(хирургическое удаление предстательной железы)*

prostatism ['prɒstətizm] простатизм *(нарушение мочеиспускания при болезнях предстательной железы)*

prostatitis [,prɒstə'taitis] простатит

prostatolith [prɒs'tætəʊliθ] конкремент предстательной железы

prostatorrhea [,prɒstətəʊ'riːə] простаторея *(выделение секрета предстательной железы)*

prosternation [,prəʊstə:'neiʃn] камптокормия *(неестественное положение туловища, напр., при истерии)*

prosthesis [prɒs'θiːsis], *pl.* **prostheses** [prɒstə'θiːsiːz] **1.** протез **2.** протезирование

ball-valve ~ шаровой протез *(клапана сердца)*

bioelectric ~ биоэлектрический протез

cleft palate ~ нёбный обтуратор

dental ~ зубной протез

disk ~ дисковый протез *(клапана сердца)*

fixed ~ несъёмный зубной протез

fixed bridge ~ мостовидный зубной протез

mitral ~ протез митрального клапана

penile ~ протез полового члена

plastic ~ протез из пластмассы, пластмассовый протез

removable ~ съёмный зубной протез

self-locking hip ~ самофиксирующийся протез тазобедренного сустава

surgical ~ имплантируемый [вживляемый] протез

temporary eye ~ лечебный глазной протез

prosthetics [prɒs'θetiks] протезирование

maxillofacial ~ челюстно-лицевое протезирование

prosthetist ['prɒsθetist] протезист

prosthion ['prɒsθiːɒn] *кр. метр.* простион *(самая передняя точка альвеолярного края верхней челюсти)*

prosthodontics [,prɒsθəʊ'dɒntiks] **1.** ортопедическая стоматология **2.** протезирование зубов

fixed partial ~ протезирование частичной потери зубов мостовидными протезами

prosthodontist [,prɒsθəʊ'dɒntist] стоматолог-ортопед

prostration [prɒs'treiʃn] **1.** прострация, изнеможение, изнурение, упадок сил **2.** распростёртое положение

heat ~ 1. тепловой удар **2.** тепловое оцепенение

nervous ~ неврастения, нервный срыв

protaminase [prəʊ'tæmineis] карбоксипептидаза B

protamine ['prəʊtəmiːn] протамин *(белок, который, соединяясь с нуклеиновыми кислотами, образует нуклеопротеины; нейтрализует действие гепарина)*

protanomaly [,prəʊtə'nɒməli] протаномалия *(слабость восприятия красного цвета вследствие отсутствия пигмента колбочек)*

protanopia [ˌprəʊtəˈnɒpɪə] протанопия *(форма дальтонизма)*

protean [ˈprəʊtiːən] 1. продукт начальной стадии расщепления белковой молекулы 2. меняющий форму; многообразный; амёбовидный

proteantigen [ˌprəʊtiˈæntɪʤen] протеин, используемый в качестве антигена

protease [ˈprəʊtieis] протеаза *(фермент, расщепляющий белки)*

protectant [prəʊˈtektənt] вещество-протектор

  sunlight ~ вещество, защищающее от солнечных лучей

protection [prəʊˈtekʃn] 1. защита *(напр. от инфекции)*; охрана, предохранение 2. компенсация *(напр. при увольнении)*; *sl.* выкуп

  ~ of labor охрана труда

  bends ~ защита от декомпрессионной болезни

  brain ~ защита мозга

  cavity ~ профилактика кариеса

  civil ~ гражданская оборона

  consumer ~ защита прав потребителя *(в частности, больного)*

  environmental ~ 1. защита [охрана] окружающей среды 2. защита окружающей среды от неблагоприятных воздействий

  health ~ 1. охрана здоровья 2. система здравоохранения

  heat ~ тепловая защита; теплоизоляция

  hypothermic ~ холодовая [гипотермическая] защита

  medical ~ медицинская служба гражданской обороны

  overloading ~ защита от перегрузки

  personal ~ индивидуальная защита *(напр. вакцинация)*

  radiation ~ радиационная защита

protective [prəʊˈtektɪv] 1. защитный, предохранительный, протективный 2. повязка; пластырь

protector [prəʊˈtektə] защитное приспособление; предохранитель

  ear [insert hearing] ~ ушной шумозащитный вкладыш, противошум

  lead ~ *рентг.* свинцовый протектор

  mouth ~ защитная пластинка для зубов

proteid(e) [ˈprəʊtiːid] протеид, сложный белок

protein [ˈprəʊtiːn] белок, протеин *(в состав белков входят 20 аминокислот; белки выступают как гормоны, фермент и др.)*

  acyl carrier ~ ацилпереносящий белок *(компонент более крупного комплекса, участвующего в биосинтезе жирных кислот или нуклеотидов)*

  animal ~ животный белок

  antigenic ~ антиген

  autoimmune ~ аутоиммунный белок *(вызывающий образование антител в организме)*

  basic ~ основной белок

  Bence Jones ~ Бенс Джонса [альбумин] белок

  beta-amyloid ~s амилоидные бета-белки

  calcium binding ~ кальцийсвязывающий белок

  catabolite activator ~ белковый активатор катаболического гена, БАК; белок-рецептор цАМФ *(влияющий на активность РНК-полимеразы, что препятствует связыванию фермента с участком транскрибируемой ДНК)*

  channel-forming ~ каналообразующие [пороформирующие] белки, порфирины *(способствующие образованию пор в мембране клетки)*

  chimeric ~ *см.* recombinant ~

  complement ~s белки комплемента

  complete ~ нативный белок

  compound [conjugated] ~ сложный белок, протеид

  contractile ~ сократительный белок

  corticosteroid-binding ~ кортикостероидсвязывающий глобулин, транскортин

  crude ~ неочищенный белок; общий белок

  cytoplasm(ic) ~ цитоплазматический белок

  cytoskeletal ~ белок цитоскелета

  defensive ~ антитело

  derived ~ дериват [производное] белка *(напр. пептон)*

  designed ~ сконструированный [рекомбинантный] белок

  dietary ~ пищевой белок, белок рациона

  DNA-binding ~ ДНК-связывающий белок

  docking ~ докинг-белок *(белок эндоплазматического ретикулума, способствующий секреции клеточных белков)*

  electron-carrying ~s белки – переносчики электронов

  feed ~ кормовой белок *(высушенная биомасса микроорганизмов, выращенных на отходах переработки растительного пищевого сырья, нефти, природном газе)*

  fibrillar ~ фибриллярный [волокнистый] белок

  foreign ~ чужеродный белок; антиген

  fused [fusion] ~ гибридный [химерный] белок *(продукт клонированных совместно двух или более кодирующих последовательностей из разных генов с образованием полипептидной цепи)*

  globular ~ глобулярный белок

  heat shock [heat stress] ~s стресс-белки, белки теплового шока *(синтезируемые в ответ на резкое повышение температуры)*

  heteromeric ~ гетеромерный белок *(состоящий из двух и более разных полипептидных цепей)*

  high ~ высокое содержание белка

  high mobility group ~s группа белков с высокой электрофоретической активностью

  homodimeric ~ гомодимерный белок *(состоящий из двух идентичных полипептидных цепей)*

  hydrolized ~ гидролизованный белок, белковый гидролизат

  immune ~ антитело

  iron ~ железосодержащий белок

  labile ~ лабильный белок

  M ~ антиген стрептококка М

  marker ~ маркёрный белок

  mitogen activated ~ митогенактивированный белок

  monocyte chemotactic ~~1 моноцитный хемотаксический белок-1

  myelin basic ~ основной белок протеина

  nonheme iron ~ белок, содержащий негеминовое железо

  nuclear ~ ядерный белок

  placenta ~ хорионический лактосоматотропный гормон

  protective ~ *см.* immune ~

  radiolabelled ~ радиоактивномеченый белок

  recombinant [Rec-] ~ рекомбинантный [химерный] белок *(кодируемый клонированной рекомбинантной ДНК)* reference ~ белок-свидетель

regulatory ~ регуляторный белок («включающий» или «выключающий» транскрипцию)

ribosomal ~ рибосомный белок

secreted [secretory] ~ секретируемый белок (выделяющийся без лизиса клетки)

serum ~ сывороточный белок (крови)

sensor ~ рецепторный [сенсорный] белок

simple ~ простой белок, протеин

single-cell ~ белок одноклеточных организмов

species-different ~ чужеродный белок

structural ~ структурный белок

surfactantassociated ~ сурфактантассоциированный белок

tolerated ~ белок, лишённый иммуногенных свойств

total ~ общее содержание белка (напр. в крови)

transporter carrier ~ белок-переносчик

vegetable ~ растительный белок

very late activation ~ очень поздно активируемый белок

whey ~ сывороточный белок (молока)

wild-type ~ белок микроорганизма дикого вида

proteinaceous [ˌprəʊtiːˈneɪʃəs] напоминающий белок

proteinase [ˈprəʊtiːneɪs] протеиназа, протеолитический фермент

protein-free [ˈprəʊtiːnˈfriː] безбелковый

proteinosis [ˌprəʊtiːnˈəʊsɪs] белковая дистрофия, диспротеиноз (избыточное накопление белка в тканях)

lipid ~ гиалиноз [липоидоз] кожи и слизистых оболочек, липоидный протеиноз, Урбаха внеклеточный холестероз

pulmonary alveolar ~ лёгочно-альвеолярный протеиноз

proteinuria [ˌprəʊtiːnˈjʊriːə] протеинурия (патологические изменения концентрации белка в моче), уст. альбуминурия

Bense Jones ~ Бенс Джонса протеинурия

gestational ~ гестационная протеинурия

orthostatic [postural] ~ ортостатическая [циклическая] протеинурия

serous [true] ~ истинная [сывороточная, почечная] протеинурия

protembryo [ˈprəʊtˌembriəʊ] зародыш на ранней стадии развития (до бластулы)

proteoclastic [ˌprəʊtiːəʊˈklæstɪk] протеолитический, расщепляющий белок

proteoglycan [ˌprəʊtiːəʊˈglaɪkæn] pl. протеогликаны (гликозаминогликаны – мукополисахариды, ковалентно связанные с белком; присутствуют во внеклеточном матриксе соединительной ткани)

proteolysis [ˌprəʊtiːˈɒlɪsɪs] протеолиз, расщепление белков

proteome [ˈprəʊtiəʊm] протеом (совокупность белков организма)

proteometabolism [ˌprəʊtiəʊməˈtæbəlɪzm] белковый обмен

proteomics [ˌprəʊtiˈəʊmɪks] протеомика, белковая инженерия (раздел науки и практики, изучающий качественный и количественный состав белков, синтезируемых клеткой, и их взаимодействие с целью расшифровки патологических реакций и создания новых белков, лекарственных препаратов и др.)

proteopepsis [ˌprəʊtiəʊˈpepsɪs] переваривание белков

proteopexis [ˌprəʊtiəʊˈpeksɪs], **proteopexy** [ˈprəʊtiəʊˌpeksi] см. proteinosis

proteose [ˈprəʊtiːəʊs] протеоза (смесь продуктов расщепления белка)

proteotherapy [ˌprəʊtiəʊˈθerəpi] протеинотерапия

prothrombin [prəʊˈθrɒmbɪn] фактор II (свёртывающей системы крови), протромбин

prothrombinase [prəʊˈθrɒmbɪneɪs] фактор V (свёртывающей системы крови)

prothrombinogen [prəʊˈθrɒmbɪnəʊdʒen] фактор VII (свёртывающей системы крови), антифибринолизин, проконвертин

prothrombinopenia [prəʊˌθrɒmbɪnəʊˈpiːniə] гипопротромбинемия

prothrombokinase [ˌprəʊθrɒmbəʊˈkaɪneɪs] фактор VIII (свёртывающей системы крови), антигемофильный фактор, или глобулин, тромбопластический компонент [фактор] плазмы A

prothymocyte [prəʊˈθaɪməʊsaɪt] протимоцит, претимусный Т-лимфоцит, про-Т-лимфоцит

protist [ˈprəʊtɪst] протист, одноклеточный организм

Protista [prəʊˈtɪstə] царство живых организмов, включающее простейших (Protozoa) и одноклеточные растения (Protophyta)

protiste [ˈprəʊtɪsti] 1. белок 2. простой белок, протеин

protistology [prəʊtɪsˈtɒlədʒi] 1. протистология (раздел биологии, изучающий одноклеточных животных и растений) 2. микробиология

protoalcoholism [ˌprəʊtəʊˈælkəʊhɒlɪsm] протоалкоголизм (состояние повышенного риска развития алкоголизма при предрасположенности к нему)

protobe [ˈprəʊtəʊb] бактериофаг, бактериальный вирус

protobiology [ˌprəʊtəʊbaɪˈɒlədʒi] раздел вирусологии, изучающий бактериофаги

protoblast [ˈprəʊtəʊblæst] 1. протобласт (клетка, не имеющая оболочки) 2. эмбр. бластомер

protoclone [ˈprəʊtəʊˌkləʊn] первичный [исходный] клон

protocol [ˈprəʊtəʊkɒl] протокол, стандарт, схема (напр. ведения наркоза, лечения больного, антибиотикотерапии и пр.); условия, правила

formalized ~ стандартный протокол

per ~ завершившие протокол клинического исследования (о пациентах)

treatment ~ протокол лечения, формуляр

Protoctista [prəʊtɒkˈtɪstə] уст., см. Protista

protodiastole [ˌprəʊtəʊdaɪˈæstəʊli] протодиастола (промежуток времени между окончанием систолы и закрытием аортального клапана)

protodiastolic [ˌprəʊtəʊˌdaɪəˈstɒlɪk] протодиастолический (относящийся к началу диастолы сердца)

protoduodenum [ˌprəʊtəʊˌdjuːəʊˈdiːnəm] верхняя часть двенадцатиперстной кишки

protoerythrocyte [ˌprəʊtəʊəˈrɪθrəʊsaɪt] эритробласт

protofibril [ˌprəʊtəʊˈfaɪbrɪl], **protofilament** [ˌprəʊtəʊˈfɪləment] протофибрилла (белковая нить, образующая волокнистые и трубчатые структуры клетки)

protogala [ˌprəʊtəʊˈgælə] молозиво, колострум

protogaster [ˈprəʊtəʊˌgæstə] эмбр. первичная кишка

protoleukocyte [ˌprəʊtəʊˈluːkəʊsaɪt] клетка – предшественница лейкоцита

protometrocyte [prəʊtəʊˈmiːtrəʊsait] стволовая клетка *(кроветворной ткани)*

protoneuron [prəʊtəʊˈnuːrɒn] гипотетический примитивный нейрон

protooncogene [prəʊtəʊˈɒŋkəʊʤiːn] протоонкоген *(ген, имеющий структуру, идентичную генам некоторых вирусов)*

protopathic [ˌprəʊtəʊˈpæθik] протопатический *(1. способный воспринимать только сильное воздействие боли, тепла и других факторов 2. означающий систему периферических нервных волокон, обеспечивающих генерализованное ощущение боли или температуры без точной локализации)*

protoplasm [ˈprəʊtəʊplæzm] протоплазма

protoplast [ˈprəʊtəʊplæst] 1. клетка 2. протопласт *(протоплазма клетки вместе с включениями, кроме оболочки)*

protoporphyrin [ˌprəʊtəʊˈpɔːfərin]:

~ **type III** протопорфирин III *(производное порфирина, которое, соединяясь с железом, образует гем гемоглобина, простетические группы миоглобина, каталазы, цитохромов и др.)*

protosource [ˌprəʊtəʊˈsɔːs] первоисточник *(напр. заражения)*

protosyphilis [ˌprəʊtəʊˈsifilis] первичный сифилис

prototype [ˈprəʊtəʊtaip] прототип *(простая форма; первичная форма, которой соответствуют поздние представители класса или вида)*

protoxin [prəʊˈtɒksin] протоксин *(предшественник токсина)*

Protozoa [ˌprəʊtəʊˈzəʊə] простейшие *(одноклеточные животные)*

protozoan [ˌprəʊtəʊˈzəʊən] представитель простейших || протозойный

protozoiasis [ˌprəʊtəʊzəʊˈaiəsis] инфекция, вызванная простейшими

protozoicide [prəʊtəʊˈzəʊisaid] средство, уничтожающее простейших

protozoology [ˌprəʊtəʊˌzəʊˈɒləʤi] протозоология, протистология *(наука о простейших)*

protozoophage [ˌprəʊtəʊˈzəʊəʊfeiʤ] фагоцит, поглощающий простейших

protract [prəʊˈtrækt] 1. длиться; продолжаться; затягиваться 2. продлевать, пролонгировать

protracted [prəʊˈtræktid] длительный; продолжительный; затяжной, затянувшийся

protraction [prəʊˈtrækʃn] 1. выступание зубов или челюсти вперёд 2. удлинение, растягивание, продление

dose ~ растягивание дозы во времени *(в лучевой терапии)*

mandibular ~ *стом.* нижняя прогнатия, прогения

maxillary ~ *стом.* верхняя прогнатия

protractor [prəʊˈtræktə] 1. протрактор *(инструмент для удаления из раны инородного тела)* 2. мышца, тянущая вперёд

protrude [prəʊˈtruːd] выступать вперёд, выдаваться, выпячиваться; выбухать

protrusio [prəʊˈtruːziəʊ]:

~ **acetabuli** протрузия вертлужной впадины

protrusion [prəʊˈtruːʒən] выступание вперёд, выпячивание; выбухание, протрузия, пролабирование

disk ~ внедрение [протрузия] хрящевой ткани межпозвонкового диска в губчатое вещество тела позвонка

primary ~ первичный вывих

protuberance [prəʊˈtuːbərəns] 1. *анат.* бугор, выступ, возвышение, выпуклость 2. опухоль

external occipital ~ наружный затылочный выступ

frontal ~ лобный бугор

internal occipital ~ внутренний затылочный выступ

mental ~ подбородочный выступ

parietal ~ теменной бугор

proved [pruːvd]:

~ **at surgery** подтверждённый во время операции *(о диагнозе)*

provider [prəˈvaidə] провайдер *(поставщик, предоставляющий что-л., напр., интернет-услуги)*

primary-care ~ оказывающий первую медицинскую помощь *(напр. при травме)*

provirus [prəˈvairəs] провирус *(геном вируса, встроенный в геном хозяина)*

provision [prəˈviʒn] 1. заготовка, снабжение, обеспечение 2. *pl.* провизия, запасы провианта 3. мера предосторожности

~ **for retirement** обеспечение старости

~ **of medical care** обеспечение медицинской помощью

provisional [prəˈviʒənəl] 1. временный *(напр. о зубной пломбе)*; провизорный *(шов)* 2. предварительный *(напр. диагноз)*; условный

provitamin [prəˈvaitəmin] провитамин *(предшественник витамина в организме)*

provocation [prɒvəˈkeiʃn] 1. раздражение 2. индуцирование; провокация; провокационная процедура

~ **of ventricular arrhythmias** воспроизведение аритмий

provocative [prəʊˈvɒkətiv] раздражитель, возбудитель; возбуждающее средство || возбуждающий; побуждающий; провоцирующий; стимулирующий

provoke [prəˈvəʊk] вызывать; побуждать; провоцировать

to ~ **an angry response from the patient** спровоцировать раздражённую реакцию больного

proxemics [prɒkˈsemiks] проксемика *(наука о коммуникативном пространстве, исследует пространственные условия общения – расположение собеседников в момент их контакта)*

proximad [ˈprɒksimæd] в проксимальном направлении

proximal [ˈprɒksiməl] проксимальный, расположенный ближе к центру, к срединной линии (тела) или к месту прикрепления *(мышц)*

proximate [ˈprɒksimeit] 1. ближайший, непосредственный; проксимальный 2. предварительный, приблизительный

prozone [ˈprəʊzəʊn] *иммун.* прозона, проагглютинационная зона

prudery [ˈpruːdəri] притворная стыдливость

pruinosity [pruiˈɒnsiti] налёт

Prunella [pruːˈnelə]:

~ **vulgaris** черноголовка обыкновенная

pruning [ˈpruːniŋ] прунинг *(удаление нейронов в структуре искусственных нейрональных сетей)*

prurience [ˈprʊəriəns], **pruriency** [ˈprʊəriənsi] 1. похотливость 2. непреодолимое желание, зуд

pruriginous [pruˈriʤinəs] 1. относящийся к почесухе 2. зудящий; вызывающий зуд

prurigo [pruˈraigəʊ] *лат.* почесуха, пруриго *(общее название дерматозов, характеризующихся высыпаниями, вызывающими сильный зуд)*

~ **aestivalis** летняя [солнечная] почесуха

~ **infantilis** детская почесуха, детская папулёзная крапивница, строфулюс

~ **nodularis** узловатая почесуха

pruritic [pruˈritik] зудящий

pruritus [pruˈraitəs] зуд ‖ зудящий ◊ ~ **ani** зуд заднего прохода, анальный зуд

~ **generalisatus** генерализованный [универсальный] зуд

~ **vulvae** зуд половых органов, генитальный зуд

bath ~ шистосомный дерматит, водный кожный зуд

essential ~ идиопатический зуд

senile ~ старческий зуд

symptomatic ~ рефлекторный зуд *(при системных заболеваниях)*

psammoma [sæˈməʊmə] псаммома, ацервулома *(опухоль головного мозга, характеризующаяся образованием множественных, обызвествлённых телец)*

psammotherapy [ˌsæməʊˈθerəpi] псаммотерапия, лечение песочными ваннами

psammous [ˈsæməs] псаммозный, псаммомный

pselaphesia [seləˈfiːziə], **pselaphesis** [seləˈfiːzis] осязание, тактильная чувствительность

psellism [ˈselizm] пселлизм *(нечёткое произношение отдельных согласных или замена их другими согласными звуками)*

pseudarthritis [ˌsjuːdaːˈθraitis] псевдоартрит

pseudarthrosis [ˌsjuːdaːˈθrəʊzis] ложный сустав, псевдоартроз, неоартроз

pseudesthesia [ˌsjuːdəsˈθiːziə] 1. нарушение осязания 2. галлюцинация 3. фантомный синдром, фантом ампутированных

pseudinoma [sjuːdiˈnəʊmə] уплотнение ткани, напоминающее опухоль

pseudoagglutination [ˌsjuːdəʊˌəɡluːtiˈneiʃn] неспецифическая агглютинация *(эритроцитов)*, псевдоагглютинация

pseudoagrammatism [ˌsjuːdəʊəˈɡræmətizm] *псих.* парафразия *(утрата смысла слов)*

pseudoallele [ˌsjuːdəʊəˈliːl] псевдоаллели, псевдоаллеломорфы *(тесно сцепленные локусы со сходным, но не полностью совпадающим фенотипическим проявлением)*

pseudoanemia [ˌsjuːdəʊəˈniːmiə] псевдоанемия, ложная анемия *(бледность при отсутствии гематологических признаков анемии)*

pseudoaneurysm [ˌsjuːdəʊˈænjʊrizm] ложная аневризма

pseudoangina [ˌsjuːdəʊənˈdʒainə] ложная стенокардия

pseudoasthma [ˌsjuːdəʊˈæzmə] одышка, диспноэ

pseudocast [ˈsjuːdəʊkæst] ложные цилиндры *(в осадке мочи)*

pseudocephalocele [sjuːdəʊˈsefələʊsiːl] выбухание [пролапс] мозга, травматическая мозговая грыжа

pseudocholera [ˌsjuːdəʊˈkɒlərə] мелиоидоз, Флетчера болезнь, Стентона болезнь, *уст.* псевдохолера

pseudocholinesterase [ˌsjuːdəʊˌkəʊlinˈestəreis] псевдохолинэстераза *(фермент, подобно холинэстеразе расщепляющий ацетилхолин, но значительно медленнее)*

pseudocirrhosis [ˌsjuːdəʊsiˈrəʊsis] 1. сердечный фиброз печени *(при хронической правожелудочковой недоста-*

точности) 2. ложный перикардитический цирроз печени, Пика синдром

pseudoclump [ˌsjuːdəʊˈklʌmp] скопление бактерий при ложной агглютинации

pseudocoarctation [ˌsjuːdəʊˌkəʊɑːkˈteiʃn] врождённая извитость дуги аорты, псевдокоарктация

pseudocoma [ˌsjuːdəʊˈkəʊmə] *псих.* бодрствующая кома, псевдокома

pseudoconvulsion [ˌsjuːdəʊkənˈvʌlʃn] *pl.* псевдосудороги

pseudocowpox [ˌsjuːdəʊˈkaʊpɒks] ложная коровья оспа, паравакцина, узелки доильщиц

pseudocoxalgia [ˌsjuːdəʊkɒkˈsælʤiə] асептический некроз головки бедренной кости, Пертеса болезнь, *уст.* псевдококсалгия

pseudocrisis [ˈsjuːdəʊkraisis] псевдокризис, ложный кризис *(болезни)*

pseudocroup [ˌsjuːdəʊˈkruːp] ложный круп *(острый стенозирующий ларинготрахеит)*

pseudocryptorchism [sjuːdəʊˈkriptɔːkizm] псевдокрипторхизм *(расположение нормально опустившегося яичка в паховом канале, обусловленное сокращением кремастерной мышцы)*

pseudocyesis [ˌsjuːdəʊsaiˈiːsis] мнимая беременность

pseudocylindroid [ˌsuːdəʊsiˈlindrɒid] ложный цилиндр *(в осадке мочи)*

pseudocyst [ˈsuːdəʊsist] ложная киста, кистоид

pancreatic ~ ложная киста поджелудочной железы

pseudodeciduosis [ˌsuːdəʊˌdisidjʊˈəʊsis] ложная децидуальная реакция эндометрия

pseudodementia [ˌsuːdəʊdiˈmenʃiə] *псих.* псевдодеменция, Вернике синдром *(мнимое снижение интеллекта, напр., при истерии, реактивных психозах)*

pseudodiabetes [ˌsuːdəʊˌdaiəˈbiːtiːz] транзиторный сахарный диабет *(новорождённых)*; субклинический диабет

pseudoerysipelas [ˌsuːdəʊeriˈsipələs] эризипелоид, ползучая эритема, рожа свиней

pseudoexfoliation [ˌsuːdəʊˌeksfəʊliːˈeiʃn] *офт.* псевдокапсулярная эксфолиация, псевдоэксфолиация

pseudogene [ˈsuːdəʊʤiːn] псевдоген *(функционально неактивный ген, возникший в результате мутации в родительском гене)*

pseudogestation [ˌsuːdəʊʤesˈteiʃn] мнимая беременность

pseudogiftedness [ˌsuːdəʊˈɡiftidnəs] псевдоодарённость

pseudoglanders [ˌsuːdəʊˈɡlændəz] *см.* **pseudocholera**

pseudoglaucoma [ˌsuːdəʊɡlɔːˈkəʊmə] псевдоглаукома, ложная глаукома

pseudoglioma [ˌsuːdəʊɡlaiˈəʊmə] поражение глаза, симулирующее ретинобластому

pseudogonorrhea [ˌsuːdəʊˌɡɒnəˈriːə] неспецифический уретрит

pseudogout [ˈsuːdəʊɡaʊt] псевдоподагра, кальциевая подагра

pseudogynecomastia [ˌsuːdəʊˌʤinəkəʊˈmæstiə] ложная гинекомастия

pseudohallucination [ˌsuːdəʊhəˌluːsiˈneiʃn]:

perceived ~s псевдогаллюцинации, воспринимаемые извне

pseudohematuria [ˌsuːdəʊˌhiːmətˈjuːriə] псевдогематурия (*красная окраска мочи, обусловленная приёмом некоторых видов пищи или лекарственных средств*)

pseudohemophilia [ˌsuːdəʊˌhiːməʊˈfiliə] псевдогемофилия; болезнь Виллебранда (*геморрагический синдром, напоминающий гемофилию, но при нормальном содержании VIII–IX факторов*)

pseudohermaphroditism [suːdəʊhəˈmæfrəʊdaitizm] псевдогермафродитизм, ложный гермафродитизм

pseudoheterotopia [ˌsuːdəʊˌhetərəʊˈtəʊpiə] посмертное смещение тканей (*выявляемое на вскрытии*)

pseudohypertelorism [ˌsuːdəʊhaipəˈteləʊrizm] ложный гипертелоризм

pseudohypertrophy [ˌsuːdəʊhaiˈpəːtrəʊfi] ложная гипертрофия, псевдогипертрофия

pseudoicterus [ˌsuːdəʊˈiktərəs] ложная желтуха (*напр. каротиновая*)

pseudoileus [ˌsuːdəʊˈiliːəs] паралитическая непроходимость кишечника

pseudoinfluenza [ˌsuːdəʊinfluˈenzə] псевдогрипп (*эпидемическая острая респираторная вирусная инфекция*)

pseudolithiasis [ˌsuːdəʊliˈθaiəsis] функциональная колика

pseudologia [ˌsuːdəʊˈlɔʤiə] псевдология, патологическая лживость

~ **phantastica** истерические фантазии (*склонность к рассказыванию вымышленных историй, как будто они происходили в действительности*)

pseudoluxation [ˌsuːdəʊləkˈseiʃn] неполный вывих, подвывих

pseudolymphoma [ˌsuːdəʊlimˈfəʊmə] лимфоцитома кожи, доброкачественный лимфаденоз кожи, доброкачественная лимфоидно-клеточная ретикулёма

pseudolysogeny [ˌsuːdəʊlaiˈsɔʤəni] псевдолизогения (*временное сосуществование вирулентного фага с генетически чувствительными бактериями*)

pseudomalady [ˌsuːdəʊˈmælədi] ложная [мнимая] болезнь

pseudomania [ˌsuːdəʊˈmeiniə] **1.** бред самообвинения, или самоосуждения (*приписывание себе якобы совершённых преступлений*) **2.** патологическая склонность ко лжи и фантазированию **3.** симуляция психического заболевания

pseudomaturation [ˌsuːdəʊˌmætjʊˈreiʃn] псевдовзрослость

pseudomelanosis [ˌsuːdəʊˌmeləˈnəʊsis] псевдомеланоз, трупный меланоз

pseudomelia [ˌsuːdəʊˈmiːliə] псевдомелия (*ложное ощущение наличия у больного лишней конечности на стороне, противоположной поражённому субдоминантному полушарию*)

~ **paraesthetica** ложное ощущение движений парализованной конечности

pseudomembrane [ˌsuːdəʊˈmembrein] дифтеритическая [фибринозная] плёнка

pseudomeningitis [ˌsuːdəʊˌmeninˈʤaitis] менингизм (*менингеальный синдром без патологических изменений цереброспинальной жидкости*)

pseudomnesia [suːdɔmˈniːziə] ложное воспоминание, парамнезия, псевдомнезия

pseudomutuality [ˌsuːdəʊˌmjuːtʃʊˈæləti] псевдовзаимозависимость, псевдовзаимность (*демонстративная близость при отсутствии глубоких чувств*)

pseudomyopia [ˌsuːdəʊmaiˈəʊpiːə] спазматическая близорукость, псевдомиопия

pseudomyxoma [ˌsuːdəʊmikˈsəʊmə] псевдомиксома, ложная миксома

pseudoneoplasm [ˌsuːdəʊˈniːəʊplæzm] ложная опухоль

pseudoneuritis [ˌsuːdəʊnʊˈraitis] зрительный псевдоневрит

pseudo-obstruction [ˈsuːdəʊ-ɒbˈstrʌkʃn] псевдообструкция (*закупорка пищеварительного канала, не сопровождающаяся механическим сужением кишечника*)

pseudopsia [suːˈdɒpsiə] зрительные галлюцинации, иллюзии или искажённое восприятие

pseudo-osteomalacia [ˈsuːdəʊ-ˌɒstiəʊməˈleiʃiə] рахитическое размягчение костей

pseudopapilledema [ˌsuːdəʊˌpæpiləˈdiːmə] ложный отёк соска зрительного нерва

pseudoparalysis [ˌsuːdəʊpəˈrælisis] псевдопаралич (*симптомокомплекс, клинически сходный с прогрессирующим параличом, не связанный с сифилисом центральной нервной системы*)

alcoholic ~ алкогольный псевдопаралич

tumor ~ опухолевый псевдопаралич

vascular ~ сосудистый псевдопаралич

pseudopelade [ˌsuːdəʊˈpiːleid] псевдопелада, атрофическая алопеция

pseudoperitonitis [ˌsuːdəʊˌperitəʊˈnaitis] перитонизм

pseudophakos [ˌsuːdəʊˈfeikəs] искусственный хрусталик (*состояние после его имплантации*)

pseudophthisis [ˌsuːdəʊˈθaisis] истощающее заболевание нетуберкулёзной этиологии

pseudoplegia [ˌsuːdəʊˈpliːʤiə] псевдоплегия (*паралич, не сопровождающийся органическими нарушениями*)

Pseudomonas [suːdəʊˈmɒnəs] род грамотрицательных бактерий

~ **aeruginosa** синегнойная палочка (*возбудитель пневмонии, раневых и других инфекций*)

pseudopodium [suːdəʊˈpəʊdiəm], *pl.* **pseudopodia** [suːdəʊˈpəʊdiə] псевдоподия (*временный цитоплазматический вырост у одноклеточных организмов*)

pseudopolyp [ˌsuːdəʊˈpɒlip] псевдополип (*утолщение слизистой оболочки кишки около язвы, напоминающее полип*)

colonic ~s полипозный колит

pseudopolyposis [ˌsuːdəʊˌpɒliˈpəʊsis] псевдополипоз (*покрытие слизистой оболочки кишечника воспалительными разрастаниями*)

pseudoporencephalia [ˌsuːdəʊpəʊrensəˈfeiliə] псевдопорэнцефалия, ложная порэнцефалия

pseudopseudohypoparathyroidism [ˌsuːdəʊˌsuːdəʊˌhaipəʊˌpærəˈθairɒidizm] псевдопсевдогипопаратиреоз (*наличие проявлений псевдогипопаратиреоза при нормальной реакции на гормон паращитовидных желёз*)

pseudorabies [ˌsuːdəʊˈreibiːz] ложное бешенство, инфекционный бульбарный паралич, Ауески болезнь

pseudoreaction [ˌsuːdəʊriˈækʃn] неспецифическая [ложная] реакция

pseudorecombinant [ˌsuːdəʊriˈkɒmbinənt] псевдорекомбинант (*вирус генома, который получен из геномов разных, но родственных вирусов*)

pseudoreminiscence [ˌsuːdəʊˌremiˈnisəns] псевдореминисценция *(искажённое воспоминание о действительно происходившем факте)*

pseudorheumatism [suːdəʊˈruːmətizm] ревматоидный артрит

pseudorickets [ˌsuːdəʊˈrikəts] почечный рахит, ренальный остит

pseudosclerosis [ˌsuːdəʊskləˈrəʊsis] **1.** тканевые изменения, имитирующие склероз **2.** Вестфаля – Штрюмпеля болезнь, псевдосклероз **3.** гепатолентикулярная дистрофия **4.** кортикостриоспинальная дегенерация, Крейтцфельда – Якоба болезнь

pseudosenility [ˌsuːdəʊsiˈniliti] псевдодеменция

pseudosmallpox [suːdəʊˈsmɔːlpɒks] аластрим, белая оспа, оспа кафров

pseudostrabism [ˌsuːdəʊstrəˈbizm] мнимое косоглазие, псевдострабизм

pseudosuicide [suːdəʊˈsuːisaid] псевдосуицид

pseudotabes [ˌsuːdəʊˈteibiːz] псевдотабес *(симптомокомплекс, напоминающий спинную сухотку, но обусловленный несифилитическим поражением нервной системы)*

  ergot ~ эрготинный псевдотабес *(при отравлении спорыньёй)*

  hypophysial ~ гипофизарный псевдотабес

pseudotrichiniasis [ˌsuːdəʊtrikiˈnaiəsis], **pseudotrichinosis** [ˌsuːdəʊtrikiˈnəʊsis] дерматомиозит, полимиозит, Вагнера болезнь

pseudotumor [ˌsuːdəʊˈtjuːmə] ложная «опухоль», псевдотумор *(обычно воспалительного характера)*

  ~ cerebri ложная опухоль мозга *(объёмное образование головного мозга неопухолевой природы)*

pseudovariola [ˌsuːdəʊvəˈraiələ] *см.* **pseudosmallpox**

pseudovirion [ˌsuːdəʊˈvairiɒn] псевдовирион, химерный вирус *(генно-инженерный имитатор вируса, включающий нуклеиновую кислоту и протеиновый капсид)*

pseudovomiting [ˌsuːdəʊˈvɒmitiŋ] регургитация содержимого из желудка или пищевода

psilocibin [ˌsailəʊˈsaibin], **psilocin** [ˈsailəʊsin] псилоцибин *(галлюциногенный агент, обнаруживаемый в 75 видах грибов Psilocybe, Panaeolus и Conocybe)*

psilosis [saiˈləʊsis] **1.** *уст.* спру **2.** выпадение волос

psilothin [ˈsiləʊθin], **psilothorn** [ˈsailəʊθɔːn] депиляторий

psilotic [saiˈlɒtik] **1.** относящийся к выпадению волос **2.** эпилирующий

psittacism [ˈsitəsizm] пситтацизм *(бессмысленная речь, похожая на механическое повторение слов попугаем)*

psittacosis [sitəˈkəʊsis] орнитоз, попугайная болезнь, *уст.* пситтакоз *(возбудитель Chlamidia)*

psomophagia [ˌsəʊməʊˈfeidʒiə], **psomophagy** [səʊˈmɒfədʒi] глотание пищи без разжёвывания

psora [ˈsəʊrə] *уст.* различные поражения кожи *(псориаз, чешуйчатый лишай, чесотка)*

psoralen [ˈsəʊrələn] *pl.* псоралены *(производные фурокумаринов, используемые в химии нуклеиновых кислот)*

psorelcosis [ˌsəʊrəlˈkəʊsis] изъязвление кожи при чесотке

psorenteritis [ˌsəʊrˌentəˈraitis] воспаление пейеровых бляшек при кишечных инфекциях

psoriasiform [ˌsəʊriˈæsifɔːm] напоминающий псориаз, псориазиформный

psoriasis [səʊˈraiəsis] псориаз, чешуйчатый лишай

  ~ arthropica артропатический псориаз

  ~ guttata каплевидный псориаз

  ~ serpinginosa ползучий псориаз

  pustular ~ пустулёзный псориаз

psoriatic [səʊraiætik] псориатический

psoric [ˈsəʊrik] чесоточный

psoroid [ˈsəʊrɔid] напоминающий чесотку

psorophthalmia [ˌsəʊrɒfˈθælmiə] блефарит *(воспаление краёв век)*

psorous [ˈsəʊrəs] *см.* **psoric**

psyalgalia [ˌsaiəlˈgeiliə] *см.* **psychalgia**

psychagogy [ˈsaikəgəʊdʒi] психагогика *(психотерапевтический метод воспитания или перевоспитания больных с пограничными состояниями)*

psychalgia [saiˈkældʒiə] психалгия *(1. психогенно возникшее чувство боли 2. чувство боли без чётких анатомических границ, напр., в голове, сердце)*

psychalia [saiˈkeiliə] состояние, характеризующееся слуховыми и зрительными галлюцинациями

psychanopsia [ˌsaikəˈnɒpsiə] зрительная агнозия, «душевная слепота»

psychasthenia [ˌsaikəsˈθiːniə] психастения *(крайняя нерешительность, тревожная мнительность, неуверенность в себе)*

psyche [ˈsaiki] **1.** психика, психические функции [психическая деятельность] индивидуума **2.** душа, дух

psycheclampsia [saikiˈklæmpsiə] острое психическое расстройство

psychedelic [ˌsaikəˈdelik] *см.* **psychoactive**

psychedelics [ˌsaikəˈdeliks] психоделики, психоделические средства, или вещества

psychedell [ˈsaikədel] *sl.* место, куда поставляются и где продаются наркотики

psychentonia [saikənˈtəʊniə] психическое (пере)напряжение

psychiatric(al) [ˌsaikiˈætrikəl] психиатрический

psychiatrist [saiˈkaiətrist] психиатр

  private ~ частнопрактикующий психиатр

psychiatry [saiˈkaiətri] психиатрия, диагностика и лечение психических заболеваний

  analytic [dynamic] ~ динамическая психиатрия *(на основах психоанализа)*

  borderline ~ пограничная психиатрия

  child ~ детская психиатрия

  community ~ реабилитационная психиатрия

  cultural ~ культуральная психиатрия

  forensic ~ судебная психиатрия

  geriatric ~ гериатрическая психиатрия

  industrial ~ *см.* **occupational ~**

  legal ~ *см.* **forensic ~**

  liaison ~ междисциплинарная психиатрия *(напр. в соматическом стационаре)*

  occupational ~ производственная психиатрия

  ortomolecular ~ молекулярная психиатрия

  social ~ социальная психиатрия; реабилитационная психиатрия

  pastoral ~ пастырская психиатрия

  phenomenon ~ феноменологическая психиатрия

preventive ~ профилактическая психиатрия

psychoanalytic ~ психоаналитическая психиатрия

psychic ['saikik] 1. психический (относящийся к психике); духовный 2. относящийся к парапсихологическим явлениям 3. относящийся к людям, обладающим экстрасенсорными способностями

psychics ['saikiks] 1. психика 2. психология

psycho ['saikəʋ] разг. сумасшедший, психопат, псих

psychoactivator [ˌsaikəʋækti'veitə] психостимулирующее [психоаналептическое] средство, психоактиватор

psychoactive [ˌsaikəʋ'æktiv] психоактивный, психотропный, уст. психоделический (о лекарственном средстве)

psychoanalysis [ˌsaikəʋə'nælisis] психоанализ (продолжающееся несколько лет психотерапевтическое лечение большой интенсивности, основанное на учении Фрейда и направленное на установление психической реальности пациента путём анализирования бессознательных механизмов переноса, сопротивления, катарсиса)

applied ~ прикладной психоанализ

freudian ~ фрейдовский психоанализ

jungian ~ юнгианский психоанализ

wild ~ «дикий» психоанализ (проводимый лицами, не имеющими специальной подготовки)

psychoanalyst [ˌsaikəʋ'ænəlist] психоаналитик

psychoasthenics [ˌsaikəʋəs'θeniks] раздел психиатрии, изучающий нарушения интеллекта

psychobiology [ˌsaikəʋbai'ɒləʤi] психобиология (научное направление, изучающее биологические основы психических процессов)

psychochemistry [ˌsaikəʋ'kemistri] психохимия (применение химических методов при изучении психологии и поведения)

psychochromesthesia [ˌsaikəʋˌkrɒməs'θiːziə] психохромэстезия (возникновение цветового образа при раздражении, напр., слухового анализатора)

psychocorrection [ˌsaikəʋkə'rekʃn] психокоррекция, психологическое консультирование

psychodelic [ˌsaikəʋ'delik] уст., см. **psychoactive**

psychodiagnosis [ˌsaikəʋ͵daiəg'nəʋsis] психодиагностика

psychodrama [ˌsaikəʋ'draːmə] психодрама, театр (метод психотерапии, основанный на разыгрывании и отреагировании трудных жизненных ситуаций в группе)

psychodysleptic [ˌsaikəʋdis'leptik] pl. психодислептические [галлюциногенные] вещества

psychoeducation [ˌsaikəʋedjʋ'keiʃn] психообразование (информирование о медицинских и культуральных характеристиках психических расстройств)

psychoendocrinology [ˌsaikəʋˌendəʋkri'nɒləʤi] эндокринологическая психиатрия

psychogenesis [ˌsaikəʋ'ʤenəsis] психогенез (возникновение и развитие психических процессов, включая психологические, поведенческие, эмоциональные и др. аспекты)

psychogen(et)ic [ˌsaikəʋʤə'netik] психогенный, обусловленный психической травмой

psychogeriatrics [ˌsaikəʋˌʤeri'ætriks] геронтологическая психиатрия, геронтопсихиатрия, психогериатрия

psychognosis [saikɒg'nəʋsis] психодиагностика

psychogogic [ˌsaikəʋ'gɒʤik] психостимулирующий (напр. о лекарственном средстве)

psychogram ['saikəʋgræm] психограмма (графическое изображение психической деятельности индивидуума)

psychokinesis [ˌsaikəʋki'niːsis] психическая активность, психокинез (1. представление об «использовании психической силы для перемещения или повреждения объектов» 2. импульсивное поведение)

psycholagnia [ˌsaikəʋ'lægniə], **psycholagny** ['saikəʋˌlægni] психолагния (половое возбуждение, вызванное сексуальными представлениями)

psycholepsy ['saikəʋˌlepsi] психолепсия (1. внезапное падение психического тонуса с кратковременным прекращением интеллектуальной деятельности 2. максимальное седативное действие препарата 3. кратковременная потеря сознания)

psycholeptic [ˌsaikəʋ'leptik] нейролептическое [психолептическое] средство, нейролептик

psycholinguistics [ˌsaikəʋliŋ'gwistiks] психолингвистика (раздел психологии, занимающийся изучением памяти и речи)

psychologic(al) [ˌsaikəʋ'lɒʤikəl] психологический

psychologist [sai'kɒləʤist] психолог

clinical ~ медицинский [клинический] психолог, психолог-клиницист

educational ~ психолог-преподаватель

industrial ~s психолог на промышленном предприятии

psychology [sai'kɒləʤi] психология (1. наука о закономерностях развития и функционирования психики, как особой формы жизнедеятельности 2. особенности характера, душевный склад человека)

abnormal ~ патопсихология

adolescent ~ психология подросткового возраста

analytical ~ аналитическая психология (психоаналитическая концепция Юнга)

applied ~ прикладная психология

association ~ ассоциативная психология (рассматривает способность к формированию ассоциаций из первичных психических единиц, как основу психической деятельности)

behavioristic ~ поведенческая психология (использующая способы десенситизации и флудинга в противоположность методу советов)

clinical ~ медицинская [клиническая] психология

cognitive ~ познавательная психология

depth ~ 1. глубинная психология 2. психоанализ

development ~ психология развивающегося организма

diagnostic ~ 1. диагностическая психология 2. оценка основных психических функций индивидуума

empiric ~ метод изучения психических процессов человека по его практической деятельности

engineering ~ инженерная психология

environmental ~ экологическая психология, психология влияния факторов окружающей среды (на человека)

existential ~ экзистенциальная психология

forensic ~ судебная психология

general ~ общая психология

genetic ~ эволюционная психология

gestalt ~ гештальт-психология

group ~ психология групп

health ~ психология здоровья

holistic ~ холистическая психология

humanistic ~ гуманистическая психология *(уделяет преимущественное внимание уникальности личности и реализации её потенциала)*

individual ~ индивидуальная психология *(психоаналитическая концепция А. Адлера)*

industrial ~ индустриальная психология *(работников в процессе труда)*

infant ~ психология младенческого возраста

Jungian ~ Юнговская [аналитическая] психология

legal ~ *см.* **forensic** ~

marketing ~ психология рынка, психология маркетинга

mass ~ психология масс

mob ~ психология толпы

organismic ~ организмическая психология

phenomenological ~ феноменологическая психология

physiological ~ психофизиология

purposive ~ целевая психология *(признающая целенаправленность определяющим свойством поведения и психических процессов)*

social ~ социальная психология

stimulus-response ~ психология стимулов-реакций

structural ~ структур(аль)ная психология

therapeutic ~ терапевтическая психология; психотерапия

topological ~ психология микроокружения индивидуума

transpersonal ~ трансперсональная психология

uprooted ~ психология «утратившего корни» *(мигранта)*

psychomancy [sai'kʊʊmænsi] суеверное представление о возможности общения с загробным миром

psychometrician [ˌsaikəʊmə'triʃn] специалист по психометрии, или математическим методам, в психологии

psychometrics [saikəʊ'metriks], **psychometry** [sai'kɒmətri] психометрия, психометрика *(количественная оценка психических компонентов – интеллекта, эмоциональных реакций и пр.)*

psychomimetic [ˌsaikəʊmai'metik] психомиметический *(психотропный, оказывающий воздействие на психику)*

psychomotor [ˌsaikəʊ'mʊtə] психомоторный *(относящийся к мышечной и психической активности)*

psychoneuroimmunology [ˌsaikəʊˌnuːrəʊˌimjʊ'nɒlədʒi] психонейроиммунология

psychoneurosis [ˌsaikəʊnʊ'rəʊsis] (психо)невроз *(психогенное обратимое психическое расстройство, проявляющееся эмоционально-аффективными и соматовегетативными симптомами)*

psychonomy [ˌsaikə'nəʊmi] психономия *(наука о закономерностях психической деятельности)*

psychonosema [ˌsaikəʊˌnəʊ'siːmə] психическое расстройство

psychonosis [saikəʊ'nəʊsis] психопатия, аномалия характера, патологический характер

psychonosology [ˌsaikəʊnəʊ'sɒlədʒi] классификация психических расстройств

psychoparesis [ˌsaikəʊpə'riːsis] умственная отсталость, олигофрения

psychopath ['saikəʊpæθ] *нрк.* психопат *(лицо с асоциальным поведением)*

sexual ~ сексуальный маньяк

psychopathia [ˌsaikəʊ'pæθiə] *нрк., лат.* психопатия, аномалия характера, патологический характер, расстройство личности

~ **martialis** невроз военного времени

psychopathic [ˌsaikəʊ'pæθik] *нрк.* психопатический *(относящийся к расстройству личности)*

psychopathist [sai'kɒpəθist] *уст.* психиатр

psychopathology [ˌsaikəʊpə'θɒlədʒi] 1. психопатология, общая психиатрия 2. психические нарушения

~ **in menstrual cycle** психические расстройства в предменструальном синдроме

major ~ психоз, психотическое расстройство

maternal ~ психопатология по материнской линии

paternal ~ психопатология по отцовской линии

serious [severe] ~ глубокие психические расстройства, выраженная психопатология

psychopathy [sai'kɒpəθist] *см.* **psychopathia**

psychopharmaceutical [ˌsaikəʊˌfaːmə'sjuːtikəl] *pl.* психофармакологические [психотропные] средства

psychopharmacology [ˌsaikəʊˌfaːmə'kɒlədʒi] психофармакология *(1. раздел медицины 2. использование психофармакологических средств)*

~ **of normal human** применение психотропных веществ здоровым человеком

~ **of smoking** психофармакологические аспекты курения

clinical ~ клиническая психофармакология *(1. изучение психофармакологических средств в клинике 2. применение психофармакологических средств в клинике)*

psychophonasthenia [ˌsaikəʊfəʊnæs'θiːniə] нарушение речи, обусловленное психическим расстройством

psychophylaxis [ˌsaikəʊfi'læksis] 1. психопрофилактика, профилактика психических заболеваний 2. психогигиена *(раздел психиатрии о психическом здоровье, эмоциональных реакциях и мероприятиях по предупреждению психических расстройств и их коррекции)*

psychophysics [ˌsaikəʊ'fiziks] изучение связи между силой раздражения органа чувств и интенсивностью ощущения

psychophysiology [ˌsaikəʊˌfizi'ɒlədʒi] 1. физиологическая психология 2. психосоматическая медицина

~ **of back pain** нейрофизиологические механизмы болей в спине

psychoplegia [saikəʊ'pliːdʒiə] острое слабоумие

psychoplegic [saikəʊ'pliːdʒik] 1. относящийся к острому психозу 2. нейролептический препарат ‖ снижающий мозговую активность

psychorrhexis [saikəʊ'reksis] злокачественная форма невроза страха

psychorrhoea [saikəʊ'riːə] психическая сверхактивность

psychosedative ['saikəʊˌsedətiv] седативное средство; нейролептик *(подавляющий психическую деятельность, воздействуя на подкорковые центры)*

psychosis [sai'kəʊsis], *pl.* **psychoses** [sai'kəʊsiːz] психоз

affective ~ аффективный психоз

affective-delusional ~ аффективно-бредовый психоз

alcoholic ~ (мета)алкогольный психоз

alternative ~ *см.* **manic-depressive** ~

amphetamine ~ амфетаминовый психоз

bipolar ~ биполярный психоз

circular ~ *см.* **manic-depressive** ~

climacteric ~ климактерический психоз

constitutional ~ функциональный психоз

cycloid ~ циклоидный психоз

desintegrative ~ дезинтегративный психоз; детская деменция; Геллера синдром

drug ~ лекарственный психоз

exhaustion ~ психоз [делирий] истощения *(при длительном голодании или психическом переутомлении)*

febrile ~ инфекционный психоз, лихорадочный бред

functional ~ психоз при органическом заболевании

generative [gestational] ~ психоз беременности, генеративный психоз

idiophrenic ~ *см.* **exhaustion** ~

induced ~ индуцированный психоз; индуцированный бред

infection-exhaustion ~ инфекционный психоз

invocational ~ «молитвенный» психоз

involutional ~ инволюционный [предстарческий, пресенильный] психоз, психоз увядания

Korsakoff's ~ корсаковский синдром; корсаковский психоз

late-life ~ психоз позднего возраста

legieren ~ *нем.* легированный психоз *(включающий проявления маниакального, депрессивного и шизофренического круга)*

manic-depressive ~ маниакально-депрессивный психоз, биполярное аффективное расстройство

organic ~ органический психоз

polyneuritic ~ *см.* **Korsakoff's** ~

postpartum ~ послеродовой [пуэрперальный] психоз

post-traumatic organic ~ посттравматический органический психоз

prison ~ тюремный психоз

psychogenic paranoid ~ психогенная паранойя; затяжной реактивный психоз

puerperal ~ *см.* **postpartum** ~

reactive ~ реактивный [психогенный] психоз *(возникающий на фоне острой психогении или длительной психической травматизации)*

schizo-affective ~ шизоаффективный психоз

schizophrenic ~**, catatonic type** кататоническая форма шизофрении

schizophrenic ~**, hebephrenic type** гебефреническая форма шизофрении

schizophreniform ~ шизофреноподобный [шизофреноформный] психоз

senile ~ старческое [сенильное] слабоумие, старческий психоз, сенилизм

situational ~ реактивный психоз

symptomatic ~ симптоматический психоз *(возникающий на фоне соматического заболевания или интоксикации)*

tardive ~ «поздний» психоз

toxic ~ интоксикационный психоз

unitary ~ *ист.* единый психоз

psychosomatic [ˌsaikəʊsəʊˈmætik] психосоматический *(1. соматические проявления психических болезней*

2. относящийся к соматическим заболеваниям у психически больных)

psychosomaticist [ˌsaikəʊsəʊˈmætisist] врач, специализирующийся на лечении психосоматических расстройств; психосоматолог

psychosomatics [ˌsaikəʊsəʊˈmætiks] психосоматика *(1. отрасль медицины, изучающая взаимоотношения психических и соматических расстройств 2. соматические болезни, обусловленные стрессорными факторами 3. стационарное отделение, специализирующееся на лечении психосоматозов либо на лечении соматических заболеваний у психически больных)*

psychosomimetic [saiˌkəʊsəʊmiˈmetik] *см.* **psychotomimetic**

psychostimulant [ˌsaikəʊˈstimjʊlənt] психостимулирующее [психоаналептическое] средство *(активирующее психомоторную деятельность)*

psychosurgery [ˌsaikəʊˈsəːdʒəri] *ист.* психохирургия *(лечение психических расстройств с помощью операций на головном мозге)* см. тж. **leikotomy**

stereotactic ~ *ист.* стереотаксическая психохирургия

psychosyndrome [ˌsaikəʊˈsindrəʊm] синдром психического заболевания, психосиндром

focal [partial] organic ~ локальный органический психосиндром, или психоорганический синдром

psychosynthesis [ˌsaikəʊˈsinθisis] психосинтез *(психодинамическая техника, разработанная Ассаджиоли, 1976 г.)*

psychotechnics [saikəʊˈtekniks] прикладная психология

psychotherapeutic [ˌsaikəʊˌθerəˈpjuːtik] психотерапевтический, психоаналитический; психотерапевтичный *(доброжелательный, жизнеутверждающий, облегчающий душевное состояние)*

psychotherapeutics [ˌsaikəʊˌθerəˈpjuːtiks] психотерапия, «разговорное лечение» *(вербальный обмен между экспертом и пациентом с целью облегчения его душевных страданий и выработки адаптивного поведения)*

~ **in drowsiness** психотерапия в сонном состоянии

~ **zen** дзен-психотерапия

analytical ~ *см.* **psychoanalysis**

behavior ~ поведенческая [бихевиоральная] психотерапия

biology ~ психотерапия биологическими методами

body ~ телесно-ориентированная психотерапия

brief psychodynamic ~ краткосрочная психодинамическая психотерапия *(ориентированная на инсайт психотерапия, основанная на психоаналитическом понимании работы психики; краткосрочный психоанализ из 10–20 сеансов)*

broad-focused ~ широкофокусная психотерапия

empiric ~ эмпирическая психотерапия *(активизация бессознательного, разблокирование энергии, сдерживаемой в эмоциональных и психосоматических симптомах)*

existential ~ экзистенциальная психотерапия

explorative ~ *см.* **psychoanalysis**

family ~ семейная психотерапия

group ~ групповая психотерапия

insight-oriented ~ *см.* **psychoanalysis**

long-term ~ долгосрочная психотерапия *(обычно психоанализ)*

LSD ~ ЛСД-психотерапия *(разработанная Грофом психотехника, основанная на пробуждении бессознательных процессов с помощью психоделического препарата; запрещена после отнесения ЛСД к наркотикам)*

music ~ музыкотерапия, музыкальная психотерапия

playing ~ игровая психотерапия

psychoanalytic ~ психоаналитическая психотерапия *(разговорное лечение, основанное на психоаналитическом понимании работы психики)*

psychodynamic ~ *см.* **psychoanalysis**

rational ~ рациональная психотерапия

short-term anxiety-provoking ~ краткосрочная психотерапия с провоцированием тревоги

suggestive ~ суггестивная психотерапия *(путём внушения, в т. ч. в состоянии гипноза)*

supportive ~ поддерживающая психотерапия *(оказание помощи пациенту с целью установления наилучшего уровня адаптации)*

time-limited ~ фиксированный курс психотерапии

psychotherapist [ˌsaikəʊ'θerəpist] психотерапевт

psychotherapy [ˌsaikəʊ'θerəpi] *см.* **psychotherapeutics**

psychotic [sai'kɒtik] 1. психотический 2. больной психозом

border-line ~ субпсихотический

psychoticism [sai'kɒtisizm] психотицизм *(1. «предрасположенность» к психозу 2. определение индивидуальных психологических черт с помощью психометрических тестов)*

psychotogen [sai'kɒtəʊdʒen] *см.* **psychotomimetic**

psychotogenic [sai,kɒtəʊ'dʒenik] психодислептический, галлюциногенный; вызывающий психоз

psychotomimetic [sai,kɒtəʊmai'metik] психотомиметическое [галлюциногенное] вещество, психодислептик, психотомиметик ‖ психодислептический, галлюциногенный

psychotropic [ˌsaikəʊ'trɒpik] психотропный *(влияющий на психические функции)*

psychroalgia [ˌsaikrəʊ'ældʒiə] болезненное ощущение холода

psychroesthesia [ˌsaikrəʊ'θiːziə] 1. повышенная холодовая чувствительность 2. ложное ощущение холода

psychrolusia [ˌsaikrəʊ'luːsiə] купание в холодной воде, «моржевание»

psychrophile ['saikrəʊfail] *pl.* психрофильные [холодолюбивые] бактерии, психрофилы *(развивающиеся при 15–20 °C)*

psychrophobia [ˌsaikrəʊ'fəʊbiə] 1. психрофобия, хеймофобия *(патологическая боязнь холода)* 2. повышенная чувствительность к холоду

psychrophore ['saikrəʊfɔː] психрофор, криоаппликатор *(устройство для воздействия холодом на поражённую область)*

psychrotherapy [ˌsaikrəʊ'θerəpi] криотерапия

psychrotroph [saikrəʊ'trɒf] *pl.* психротрофы *(бактерии, растущие при температуре от 0 до + 5 °C)*

psyctic ['siktik] охлаждение; переохлаждение

psylocybe ['sailəʊsaib] *см.* **psilocibin**

ptarmic ['taːmik] вызывающий чиханье, чихательный

ptarmus ['taːməs] многократное судорожное чиханье

pternalgia [təːn'ældʒiə] боль в пятке

pterion ['tiːriɒn] *кр. метр.* птерион *(место схождения лобной, теменной и височной костей и большого крыла клиновидной кости)*

pterygium [tə'ridʒiəm] 1. *офт.* крыловидная плева, птеригий 2. подногтевая пластинка, эпонихий 3. птеригиум ногтя 4. аномально большая кожная складка

~ colli крыловидная [«складчатая»] шея, птеригиум-синдром

pterygoid ['terigɒid] крыловидный

pterygoma [teri'gəʊmə] мочка уха

pterygomaxillary [ˌterigəʊ'mæksilæri] крыловидно-верхнечелюстной

pterygopalatine [ˌterigəʊ'pælətain] крылонёбный

pthiriasis [θai'raiəsis], **phthiriasis** [θai'raiəsis] фтириаз *(инфекция лобковыми вшами)*

ptilosis [ti'ləʊsis] птилоз *(выпадение ресниц)*

ptoma(t)ine ['təʊmətiːn] *уст.* птомаин *(вещество, образующееся в процессе разложения, – «трупный яд»: кадаверин, путресцин)*

ptomatopsia [ˌtəʊmə'tɒpsiə] аутопсия, (патологоанатомическое) вскрытие

ptosis ['təʊsis], *pl.* **ptoses** ['təʊsiːz] 1. выпадение; опущение; смещение *(органа)* 2. (блефаро)птоз *(опущение верхнего века)*

~ adiposa блефарохалазис *(двусторонняя атрофия кожи верхних век)*

congenital ~ врождённый птоз

false ~ псевдоптоз, ложный птоз

Horner's ~ Горнера синдром, или триада

morning ~ *см.* **waking ~**

senile ~ старческий птоз

visceral ~ опущение внутренних органов

waking ~ преходящий птоз верхних век в период просыпания

ptotic ['tɒtik] опущенный, относящийся к птозу

ptyalagogue [tai'æləgɒg] средство, способствующее слюноотделению ‖ способствующий слюноотделению

ptyalectasis [taiə'lektəsis] расширение протока слюнной железы

ptyalin ['taiəlin] птиалин *(амилаза, присутствующая в слюне)*

ptyalism ['taiəlizm] гиперсаливация, птиализм, сиалорея

ptyalith ['taiəliθ] птиалит *(конкремент в слюнной железе или в её протоке)*

ptyalocele [tai'æləʊsiːl] ранула, ретенционная подъязычная киста

ptyalography [taiə'lɒgrəfi] *рентг.* сиалография, саливография

ptyalolithiasis [ˌtaiələʊli'θaiəsis] слюнно-каменная болезнь, сиалолитиаз

ptyalorrhea [ˌtaiələʊ'riːə] гиперсаливация, птиализм, сиалорея

pubarche [pjʊ'baːki] появление лобкового оволосения *(начало периода полового созревания)*

Puberites [pjʊ'beritəs]:

~ domuncula *токс.* пробковая бука

pubertal ['pjuːbətəl] пубертатный

pubertism ['pjuːbətizm], **puberty** ['pjuːbəti] 1. половая зрелость, возмужалость; пубертатный период, период полового созревания 2. ребёнок в пубертатном периоде (10–16 лет)

  delayed ~ задержка полового созревания (позже 17 лет)

  persistent ~ затянувшийся пубертат

  precocious ~ преждевременное [раннее] половое созревание (до 9 лет)

pubes ['pjuːbiːz] наступление возраста половой зрелости

pubescence [pjuˈbesəns] половое созревание, возмужалость

pubescent [pjuˈbesənt] достигший половой зрелости

pubic ['pjuːbik] лобковый, лонный

pubiotomy [ˌpjuːbiˈɒtəmi] пубитомия (рассечение симфиза для расширения родового канала)

pubis ['pjuːbis], pl. **pubes** ['pjuːbiːz], **pubisure** ['pjuːbiʃʊə] 1. лобок, лобковое возвышение, лонный холм 2. лобковая [лонная] кость

public ['pʌblik] публика; общественность || национальный; государственный; народный; общественный; публичный

public-antigen ['pʌblik-'æntiʤən] убиквитарный [общераспространённый, общий] антиген

publicity [pʌbˈlisəti]:

  unfavourable ~ неблагоприятная гласность (напр. о побочных действиях вакцин)

pubococcygeal [ˌpjuːbəʊkɒkˈsiʤiəl] лонно-копчиковый

pubofemoral [ˌpjuːbəʊˈfemərəl] лонно-бедренный

pubomadesis [ˌpjuːbəʊməˈdiːsis] выпадение лобковых волос

pucker ['pʌkə] морщина; складка || морщиться, насупиться; собираться в складки

  macular ~ рубцевание сетчатки макулярной области (глаза)

pudendagra [pjuːdenˈdægrə] боли в наружных половых органах

pudendal [pjuˈdendəl] относящийся к наружным половым органам

pudendum [pjuˈdendəm], pl. **pudenda** [pjuˈdendə] половая область, наружные половые органы

  ~ femininum, female ~ женские половые органы

pudic ['pjuːdik] см. **pudendal**

puericulture ['pjuːəriˌkʌltʃə] 1. педиатрия 2. воспитание детей

puerile ['pjuːəril] 1. детский; ребяческий 2. незрелый, неразвитой; легкомысленный 3. пуэрильный (напр. о дыхании)

puerilism ['pjuːərilizm] пуэрилизм (поведение и высказывания взрослого человека, свойственные детям)

puerpera [pjuːˈerpərə], pl. **puerperae** [pjuːˈerpəriː] родильница

puerperal [pjuːˈerpərəl] послеродовой, пуэрперальный

puerperant [pjuːˈerpərənt] см. **puerpera**

puerperium [ˌpjuːərˈpiːriəm], pl. **puerperia** [ˌpjuːərˈpiːriə] послеродовой [пуэрперальный] период, пуэрперий (6 недель после родов, в течение которых матка возвращается к своим прежним размерам)

puff [pʌf] 1. дующий шум (при аускультации) 2. вздутие, волдырь 3. пуф, вздутие (хромосомы)

puffball ['pʌfbɔːl] 1. одуванчик лекарственный (Taraxacum officinale) 2. кардиоспермум (cardiospermum)

puffiness ['pʌfinəs] отёчность, одутловатость

  ~ of face одутловатость лица

pugil ['pjuːʤil], **pugillus** [pjuːˈʤiləs] кулак

pukeweed ['pjuːkwiːd] лобелия одутлая (Lobelia inflata)

Pulex ['pjuːleks] род блохи

  ~ dugesi, ~ irritans человеческая блоха

  ~ penetrans клещ

pulicicide [pjuˈlisisaid] средство, уничтожающее блох

pull [pʊl] 1. тяга; усилие; напряжение 2. натяжение; растяжение 3. растяжение мышцы; участок поражения в перерастянутой мышце 4. препарировать (ткань иглой)

  to ~ a muscle растянуть мышцу

  to ~ out удалять (о зубе)

pulley ['pʊli] 1. блок; ворот || работать с помощью блока 2. место перехода мышцы в сухожилие

  engine ~ ведущий ролик (бормашины)

  idler ~ направляющий ролик жёсткого рукава (для бормашины)

pull-through [pʊl-θruː] 1. низведение, «протаскивание» 2. операция низведения

  endorectal ileal ~ эндоректальное низведение подвздошной кишки

  Soave endorectal ~ Соаве операция, эндоректальное низведение сигмовидной кишки

pullulation [pʌljuˈleiʃn] прорастание или почкование (напр. дрожжевых клеток)

pull-up [pʊl-ʌp]:

  gastric ~ подтягивание желудка

pulmo ['pʊlməʊ, 'pʌlməʊ], pl. **pulmones** [pəlˈməʊniːz] лёгкое

pulmoaortic [ˌpʊlməʊeiˈɔːtik] относящийся к лёгочному стволу и аорте

pulmoflator ['pʊlməʊˌfleitə] аппарат искусственной вентиляции лёгких, аппарат ИВЛ

pulmometer [pʊlˈmɒmətə] спирометр (прибор для измерения жизненной ёмкости лёгких и др. показателей)

pulmonary ['pʊlməʊˌnæri] лёгочный (относящийся к лёгкому или к лёгочной артерии)

pulmonectomy [ˌpʊlməʊnˈæktəmi] пульмонэктомия

pulmonic [pʊlˈmɒnik] см. **pulmonary**

pulmonitis [ˌpʊlməʊˈnaitis] пневмонит, интерстициальная пневмония

pulmotor ['pʊlməʊtə] аппарат искусственной вентиляции лёгких, дыхательный аппарат

pulp [pʌlp] 1. пульпа (зуба) 2. химус (содержимое желудка или кишечника)

  coronal ~ коронковая пульпа

  dead ~ нежизнеспособная [девитализированная] пульпа

  dental ~ пульпа зуба

  devital ~ см. **dead ~**

  digital ~ «подушечка» (концевой фаланги) пальца

  enamel ~ пульпа зубного [эмалевого] органа

  nonvital ~ нежизнеспособная [девитализированная] пульпа

  putrescent ~ разлагающаяся пульпа

  radicular ~ корневая пульпа

  red ~ красная пульпа селезёнки

  vertebral ~ студенистое ядро (межпозвонкового диска)

vital ~ жизнеспособная пульпа

white ~ белая пульпа селезёнки

pulpal ['pʌlpəl] относящийся к пульпе

pulpectomy [pʌlp'ektəmi] экстирпация пульпы, пульпэктомия

   partially vital ~ девитальная экстирпация пульпы зуба

   vital ~ витальная экстирпация пульпы зуба

pulpifaction [pʌlpi'fækʃn] атрофия пульпы зуба

pulpiform ['pʌlpifɔːm] имеющий форму пульпы, напоминающий пульпу

pulpify ['pʌlpifai] снижать [уменьшать, сокращать] состав или строение пульпы

pulpitis [pʌl'paitis] пульпит

   closed ~ закрытый пульпит *(при котором полость зуба не сообщается с полостью рта)*

   open ~ открытый пульпит *(при котором полость зуба сообщается с полостью рта)*

   retrograde ~ некариозный [ретроградный] пульпит

   serous ~ серозный пульпит

   suppurative ~ гнойный пульпит

   ulcerative ~ язвенный пульпит

pulpless ['pʌlpləs] 1. депульпированный, лишённый пульпы 2. относящийся к зубу с удалённой или неживой пульпой

pulpodontia [pʌlpəʊ'dɒnʃiə], **pulpodontics** [pʌlpəʊ'dɒntiks] раздел стоматологии, изучающий заболевания пульпы и разрабатывающий методы лечения пульпитов

pulpotomy [pʌl'pɒtəmi] экстракция пульпы зуба

pulsate ['pʌlseit] 1. пульсировать, биться 2. вибрировать, дрожать

pulsatility ['pʌlsətiliti]:

   luteinizing hormone ~ импульсное выделение лютеинизирующего гормона

pulsation [pʌl'seiʃn] пульсация, биение

   digit ~s пульсация пальцевой артерии

   prominent jugular ~ выраженная пульсация ярёмных вен

pulsative ['pʌlsətiv] 1. пульсирующий *(напр. ток жидкости)* 2. импульсный *(о сонографии)*

pulsator [pʌl'seitə] *мед. тех.* вибратор

pulsatory [pʌl'seitəri] пульсирующий

pulse [pʌls] 1. пульс; толчок; вибрация; биение ‖ пульсировать, биться ‖ вибрировать 2. *электр.* импульс; импульсация 3. периодическое выделение 4. ударная доза *(медикамента)*

   ~ **of poor volume** пульс слабого наполнения

   abdominal ~ пульсация брюшной аорты

   abrupt ~ *см.* **cannonball** ~

   allorhythmic ~ аритмичный [аллоритмичный] пульс

   alternative ~ альтернирующий пульс *(характеризуется чередованием слабых и сильных ударов при правильном ритме)*

   ana(di)crotic ~ анакротический пульс *(малый, медленно поднимающийся пульс, проявляющийся на записи заметной вырезкой)*

   apex [apical] ~ верхушечный толчок *(сердца)*

   bigeminal [bisferiens] ~ бигеминия, близнецовый пульс *(форма аллоритмии, при которой экстрасистола следует за каждым нормальным сердечным сокращением)*

   bounding ~ *см.* **cannonball** ~

   bounding peripherial ~ пульс на периферических артериях хорошего [удовлетворительного] наполнения и напряжения

   bulbar ~ пульсация ярёмных вен, ярёмный пульс

   cannonball ~ скорый [подскакивающий] пульс, «пушечного ядра» пульс, Корригена пульс

   capillary ~ (пре)капиллярный пульс, Квинке пульс, Квинке симптом

   carotid ~ пляска [танец] каротид, пляска сонных артерий

   collapsing ~ *см.* **cannonball** ~

   cordy ~ напряжённый [твёрдый] пульс

   Corrigan's ~ *см.* **cannonball** ~

   coupled ~ *см.* **bigeminal** ~

   deep ~ *см.* **full** ~

   deficient ~ *см.* **dropped-beat** ~

   dicrotic ~ дикротический пульс *(проявляющийся сдвоенным ударом)*

   digitate ~ *см.* **bigeminal** ~

   dropped-beat ~ дефицит пульса, скачкообразный [прерывистый, перемежающийся] пульс *(с выпадением отдельных ударов)*

   electrical ~ электрический импульс

   emission ~ импульсное излучение

   epigastric ~ надчревная пульсация

   faint ~ неотчётливый [неясный] пульс

   feeble ~ слабый пульс

   filiform ~ *см.* **thready** ~

   full ~ пульс хорошего наполнения, полный пульс

   goat-leap ~ сверхдикротический пульс *(небольшой подъём с последующим большим скачком)*

   hard ~ напряжённый [твёрдый] пульс

   hepatic ~ пульсация печени, печёночный пульс

   high-dose ~ *см.* **pulse-therapy**

   hyperdynamic ~ высокий скорый пульс

   hypokinetic ~ пульс слабого наполнения

   impalpable ~ непрощупываемый пульс

   infrequent ~ редкий пульс, брадисфигмия

   intermittent [irregular] ~ *см.* **dropped-beat** ~

   jerky ~ толчкообразный [скачущий] пульс *(характеризующийся ускоренным подъёмом и спадом пульсовой волны при её нормальной амплитуде)*

   jugular ~ пульсация ярёмных вен, ярёмный пульс

   large volume ~ *см.* **full** ~

   light ~ световой импульс

   low ~ слабый пульс

   low dose ~ *см.* **pulse-therapy**

   luteinizing hormone ~s колебания секреции лютеинизирующего гормона

   monocrotic ~ монокротический пульс

   nail ~ *см.* **capillary** ~

   paired ~ двойной электрический импульс

   "peaked" ~ пульс с остроконечной вершиной *(на сфигмограмме при синдроме Рейно)*

   piston ~ *см.* **cannonball** ~

   plateau ~ платообразный пульс

   poor periphereal ~ слабый пульс на периферических артериях

pressure ~ пульсовые колебания кровяного давления

quadrigeminal ~ квадригеминия

quick-rising ~ скорый пульс *(характеризующийся крутой анакротой и таким же резким снижением катакроты)*

Quincke's ~ *см.* **capillary** ~

radial ~ пульс на лучевой артерии

rapid ~ частый [учащённый] пульс

reference ~ *узи* стандартное значение скоростных показателей *(допплерографии)*

regular ~ ритмичный [правильный] пульс

running ~ слабый частый пульс

satellite ~ сопутствующий импульс

sharp ~ *см.* **jerky** ~

shock ~ ударный импульс

sixty-six [slow] ~ пульс 66 и реже, брадисфигмия, вагус-пульс *(характеризующий ваготонию)*

small volume ~ пульс малого объёма, малый пульс

stimulation ~ стимулирующий (электрический) импульс, стимул

strong ~ *см.* **full** ~

tense ~ *см.* **cordy** ~

thready ~ нитевидный пульс

trembling [tremulous] ~ *см.* **running** ~

trigeminal ~ тригеминия

triphammer ~ *см.* **cannonball** ~

"two ~" *иммун.* метод «двух стимулов»

ultrasonic ~ ультразвуковой импульс

undulating ~ волнообразный [ундулирующий] пульс

unequal ~ неравномерный пульс

vagus ~ *см.* **sixty-six** ~

venous ~ венный пульс

vermicular ~ *см.* **running** ~

water-hammer ~ *см.* **cannonball** ~

weak arterial ~s слабая пульсация артерий

wiry ~ *см.* **filiform** ~

pulse-chase [pʌls-tʃeis] пульс-чейс *(введение кратковременной радиоактивной метки и её вытеснение при изучении механизма биосинтеза клеточных макромолекул)*

pulse-labelling [pʌls-'leibəliŋ] импульсное мечение, пульс-мечение, кратковременное мечение

pulselessness ['pʌlsləsnəs] отсутствие пульса

pulse-therapy [pʌls-'θeгəpi] пульс-терапия *(лечение ударными сверхвысокими дозами кортикостероидов)*

pulsimetry ['pʌlsimətri] пульсотахометрия *(измерение частоты и силы пульса)*

pulsion [pʌlʃn] выпячивание, выбухание

pulsus ['pʌlsəs] *лат.,* см. тж. **pulse 1**

~ **deletus** нитевидный [малый] пульс

~ **differens** различный пульс *(по величине пульсовых волн на симметричных конечностях)*

~ **formicans** малый [еле определяемый] пульс

~ **paradoxus** парадоксальный пульс *(провал в пульсовом объёме во время вдоха)*

~ **plenus** полный пульс *(при достаточном кровенаполнении)*

~ **tardus** медленный пульс, брадикардия

~ **vacuus** пустой пульс *(при кровопотере и уменьшении наполнения)*

pultaceous [pəl'teiʃs] мацерированный, размягчённый

pulverization [ˌpʌlveri'zeiʃn] пульверизация, распыливание

pulverize ['pʌlveraiz] **1.** растирать; измельчать в порошок **2.** распылять; разбрызгивать

pulverulent [pəl'verulent] порошкообразный; размельчённый

pulvinar [pəl'vainə] *анат.* подушка таламуса

pulvis ['pʌlvis] порошок *(лекарственная форма)*

pump [pʌmp] насос ǁ нагнетать; накачивать; откачивать

to ~ off откачивать

to ~ out выкачивать

air sampling ~ насос для взятия проб воздуха

aspiration ~ аспиратор, отсасыватель

blood ~ аппарат экстракорпорального кровообращения, перфузионный насос

booster ~ вспомогательный насос

breast ~ молокоотсасыватель

cation ~ катионный насос

cell ~ клеточный насос *(осуществление обменных процессов клетки с интерстициальной жидкостью)*

circulatory assistance ~ насос для вспомогательного кровообращения

dental ~ отсасыватель слюны, слюноотсос

discharge ~ выпускной насос

dispensing ~ дозирующий насос

efflux ~ *см.* **aspiration** ~

exchange ~ обменный насос

flexible-tube ~ шланговый насос

foot operated suction ~ отсасывающий [всасывающий] насос с ножным управлением

force ~ нагнетательный насос

hose ~ *см.* **flexible-tube** ~

infusion ~ инфузионный насос

intra-aortic ballon ~ **1.** внутриаортальный баллонный насос **2.** внутриаортальное баллонное вспомогательное кровообращение

ion ~ *физиол.* ионный насос

membrane ~ мембранный насос

peristaltic ~ перистальтический насос

pharyngeal ~ глоточный насос

potassium ~ калиевый насос *(осуществление активного транспорта калия через мембрану клеток посредством энергии АТФ)*

proton ~ протонный насос

sodium ~ натриевый насос, натриевая помпа *(вывод натрия из клеток)*

stomach ~ аппарат для аспирации желудочного содержимого

suction [withdrawal] ~ аспиратор, отсасыватель

pumping ['pʌmpiŋ] нагнетание; накачивание; откачивание

~ **of the air** отсос воздуха

intraaortic balloon ~ внутриаортальная контрпульсация, внутриаортальное кровообращение с помощью баллончика

pump-oxygenator [pʌmp-ˌɒksidʒə'neitə] насос-оксигенатор

puna ['puːnə] горная болезнь

punch [pʌntʃ] **1.** удар, толчок || бить кулаком **2.** *мед. тех.* перфоратор; пробойник; выкусыватель || перфорировать; иссекать; извлекать

biopsy ~ **1.** пробойник [кернер] для биопсии **2.** биопсийные кусачки

by ~ удаление органа кускованием (*о простатэктомии*)

cervical ~ щипцы для пункционной биопсии шейки матки

hold ~ толчок руками

hook ~ клювовидный выкусыватель

tonsil ~ кусачки для тонзилэктомии

punchdrunk [ˈpʌntʃdrʌŋk] травматическая энцефалопатия боксёров, деменция боксёров

punched [pʌntʃt] проколотый, перфорированный (*напр. трансплантат кожи*)

"~ out" 1. «пробитые пробойником» (*об изъязвлениях или участках просветления кости на рентгенограмме*) **2.** биопсийный материал

punctate(d) [ˈpʌŋkteitəd] точечный; покрытый точками; пятнистый

punctograph [ˈpʌŋktəʊgræf] рентгенолокализатор инородных тел

punctum [ˈpʌŋktəm], *pl.* **puncta** [ˈpʌŋtə] *анат.* **1.** точка; пятнышко, углубление **2.** верхушка; остроконечный отросток

~ cecum *анат.* слепое пятно

~a lacrimalia слёзные точки (*отверстия на вершине слёзных сосочков*)

~ ossification точка [центр] окостенения

~ proximum ближайшая точка (*ясного зрения*)

~ remotum удалённая точка; самая дальняя точка (*ясного зрения*)

puncture [ˈpʌŋtʃə] **1.** пункция, прокол || делать пункцию, пунктировать, прокалывать **2.** колотая рана || уколоть **3.** укус

accidental ~ случайный прокол (*кожи*)

cisternal [cranial] ~ цистернальная пункция

diabetic ~ Бернара сахарный укол (*пункция дна четвёртого желудочка*)

endosonographically guided transduodenal aspiration ~ трансдуоденальная пункционная аспирация под ультразвуковым контролем

exploratory ~ диагностическая пункция

heat ~ пункция мозга, вызывающая повышение температуры (*в эксперименте*)

inadvertent ~ неосторожная пункция

lumbar ~ *см.* **spinal** ~

marrow ~ костномозговая пункция

pleural ~ плевроцентез, плевральная пункция, торакоцентез

spinal ~ поясничная [люмбальная] пункция (*нрк. спинномозговая пункция*)

sternal ~ стернальная пункция

suboccipital ~ *см.* **cisternal** ~

thecal ~ *см.* **spinal** ~

ultrasonically guided ~ пункция под контролем ультразвука

ventricular ~ *см.* **cisternal** ~

washing ~ диагностический перитонеальный лаваж, пункция (брюшной полости) с промыванием

pungent [ˈpʌnʤənt] острый, жгучий; едкий (*напр. вкус, запах*)

punishment [ˈpʌniʃmənt] **1.** наказание **2.** кара; жестокое обращение

capital ~ смертная казнь

corporal ~ телесное наказание

cruel ~ жестокое наказание; жестокое обращение (*напр. с детьми*)

punitive [ˈpjuːnətiv] карательный

punk [pʌŋk] **1.** никчёмный человек **2.** *амер.* панк, шпана **3.** пассивный гомосексуалист

pupa [ˈpjuːpə], *pl.* **pupae** [ˈpjuːpiː] куколка (*стадия развития насекомого*)

pupil[1] [pjuːpl] зрачок

Adie's ~ *см.* **tonic** ~

Argyll Robertson ~ Аргайла Робертсона синдром, рефлекторная неподвижность зрачков на свет

artificial ~ искусственный зрачок (*отверстие в радужке, созданное при наличии бельма или заращении зрачка*)

cat's-eye ~ щелевидный зрачок

comma-shaped ~ зрачок в форме запятой

dilated unresponsive ~s расширенные зрачки, не реагирующие на свет

equal ~s одинаковые зрачки

festooned ~s фестончатые зрачки

fixed ~ фиксированный [неподвижный] зрачок

Horner's ~ Горнера синдром (*сочетание миоза, сужения глазной щели и энофтальма на одном глазу*)

ipsilateral dilated ~ ипсилатеральное расширение зрачка

irregular ~ асимметрия зрачков

key hole ~ зрачок, поражённый колобомой

miotic ~ миоз, сужение зрачка

oval-shaped ~s овальные зрачки

pinhole ~ сильно суженный зрачок

pin-point ~ резко суженный [точечный] зрачок (*размером с булавочную головку*)

seclusion ~ спайка [синехия] радужной оболочки с хрусталиком

stiff ~ *см.* **Argyll Robertson** ~

tonic ~ Эйди синдром, Аргайла Робертсона псевдосиндром (*поражённый зрачок больше здорового и слабо реагирующий на свет*)

pupil[2] ученик, воспитанник

pupilla [pjuːˈpilə], *pl.* **pupillae** [pjuːˈpili] *лат.* зрачок

pupillography [ˌpjuːpiˈlɒgrəfi] пупиллография (*метод исследования зрачковых реакций*)

pupillometry [ˌpjuːpiˈlɒmətri] пупиллометрия (*измерение диаметра зрачка*)

pupilloplegia [ˌpjuːpiləuˈpliːʤiə] пупиллоплегия, неподвижность зрачков, отсутствие зрачковых реакций

pupilloscopy [ˌpjuːpiˈlɒskəpi] скиаскопия, пупиллоскопия, теневая проба

pupillotonia [ˌpjuːpiləuˈtəuniə] нейротоническая зрачковая реакция, пупиллотония

pupp-tube [pʌp-tjuːb] зондовый (*напр. о парентеральном питании*)

pure [pjʊə] **1.** чистый; беспримесный **2.** истинный *(напр. о диарее)* **3.** эссенциальный *(об анемии)*

purgation [pə:ˈgeiʃn] очищение кишечника

purge [pə:dʒ] слабительное (средство) || применять слабительное

 saline ~ солевое слабительное (средство)

purging [ˈpə:dʒiŋ] приём слабительных

puric [ˈpjuːrik] **1.** относящийся к гною **2.** относящийся к пурину

purification [ˌpjuːərifiˈkeiʃn] очищение, очистка; обеззараживание *(воды)*

 bacterial ~ дезинфекция; стерилизация

 biological self- ~ биологическая самоочистка

 centrifugal ~ очистка центрифугированием

 chromatographic ~ хроматографическое очищение

 mechanico-chemical ~ **of sewage water** физико-химическая очистка сточных вод

 sequential ~ последовательная очистка

purified [ˌpjuːəriˈfaid] очищенный, рафинированный

puriform [ˈpjuːrifɔ:m] гноевидный

purine [ˈpjuːriːn] пурин *(азотсодержащее соединение, имеющее два кольца, напр. аденин, гуанин)*

purohepatitis [ˌpjuːrəʊˌhepəˈtaitis] абсцесс печени

puromucous [pjuːrəʊˈmjuːkəs] слизисто-гнойный

purple [ˈpə:pl]:

 visual ~ родопсин, зрительный пурпур

purpose [ˈpə:pəs] **1.** цель, намерение, замысел **2.** результат

 ~ **abdominalis, allergic** *— см.* **acute vascular** ~

 ~ **annularis telangiectodes** телеангиэктатическая кольцевидная пурпура

 ~ **fulminans,** ~ **nervosa** *см.* **acute vascular** ~

 ~ **of newborn** пурпура новорождённых *(обусловлена поступлением антитромбоцитарных факторов через плаценту)*

 ~ **pilicosa** точечные следы укусов блох

 ~ **simplex** *см.* **nonthrombocytopenic** ~

 acute vascular ~ геморрагический микротромбоваскулит, капилляротоксикоз, анафилактическая пурпура, Шёнлейна – Геноха болезнь

 anaphylactoid ~ *см.* **acute vascular** ~

 brain ~ множественные перикапиллярные кровоизлияния в мозг

 capillary ~ *см.* **acute vascular** ~

 dry ~ «сухая» пурпура

 factitious ~ спонтанная пурпура *(самопроизвольно возникающие болезненные экхимозы)*

 Henoch – Schönlein ~ *см.* **acute vascular** ~

 hyperglobulinemic ~ Вальденстрема макроглобулинемическая пурпура

 iodic ~ йодный дерматит

 Majocchi’s ~ *см.* ~ **annularis telangiectodes**

 malignancy ~ эпидемический цереброспинальный менингит *(сопровождающийся кровоизлияниями)*

 nonthrombocytopenic ~ простая пурпура *(кровоизлияния, не связанные с системными заболеваниями)*

 psychogenic ~**s** психогенная [невропатическая] пурпура

 Schönlein – Henoch ~ *см.* **acute vascular** ~

 thrombo(cyto)penic ~ тромбоцитопеническая [геморрагическая] пурпура, Верльгофа болезнь

 thrombotic thrombocytopenic [thrombotic thrombohemolytic] ~ тромбоцитопенический акроангиотромбоз, тромботическая микроангиопатия, тромботическая пурпура, Мошкович болезнь

 wet ~ «влажная» пурпура

purpuriferous [pə:pjuːˈrifərəs], **purpurigenous** [pə:pjuːˈridʒənəs] **1.** образующий пурпурный пигмент **2.** образующий родопсин, образующий зрительный пурпур

purpurinuria [ˌpə:pjuːrinˈjuːriə] порфиринурия

purr [pə:] *кард.* «(кошачье) мурлыканье» *(аускультативно-пальпаторный феномен)*

purring [ˈpə:riŋ] низкий вибрирующий звук, напоминающий кошачье мурлыканье

purse [pə:s] *анат.* мошонка

 Shepherd’s ~ пастушья сумка обыкновенная *(Capsella bursa-pastoris)*

pursue [pəˈsjuː]:

 to ~ **diagnostics** проведение диагностики, диагностический процесс

pursuit [pəˈsjuːt] **1.** преследование **2.** занятие

 target ~ слежение за мишенью

purulence [ˈpjuːrʊlens], **purulency** [ˈpjuːrʊˌlensi] **1.** гной **2.** нагноение

puruloid [ˈpjuːrʊlɔid] гноевидный

pus [pʌs] гной

 anchovy sauce ~ гной при амёбном абсцессе печени

 blue ~ синий гной *(при инфекции синегнойной палочки)*

 burrowing ~ гнойный затёк

 cheesy ~ казеозный [творожистый] гной

 creamy ~ сливкообразный гной

 curdy ~ казеозный гной с хлопьями

 healthy ~ гной без запаха

 ichorous ~ гнилостный [ихорозный, путридный] гной

 laudable ~ «доброкачественный» гной *(свидетельствующий о тенденции к заживлению)*

 sanious ~ кровянисто-гнилостный гной

push [pʊʃ] толчок; стимул; давление || толкать; стимулировать

 abdominal ~ подёргивания брюшной стенки

pusher [ˈpʊʃə] **1.** толкатель, эжектор, выбрасыватель, выдавливатель **2.** *sl.* «толкач», торговец наркотиками

 coil ~ толкатель спирали *(используемой при эмболизации сосудов)*

 radium needle ~ интродуктор, интубатор *(инструмент для введения радиевых игл)*

pushoff [ˈpʊʃɔf] отталкивание *(при ходьбе)*

“push-pull” [pʊʃ-pʊl] толчок; удар

pus-producing [pʌs-prəˈdjuːsiŋ] гноеродный

pussy [ˈpʌsi] гнойный; гноевидный

pustular [ˈpʌstjʊlə] пустулёзный, гнойничковый

pustulation [ˌpʌstjʊˈleiʃn] образование пустул, образование гнойничков

pustule [ˈpʌstjuːl] пустула, гнойничок

 intact ~ невскрывшаяся пустула

 intraepidermal ~**s** интраэпидермальные пустулы

 malignant ~ сибиреязвенный карбункул

 postmortem ~ гнойничковое заражение при аутопсии

 spongiform ~ пористая пустула

pustuliform [ˈpʌstjʊlifɔːm] пустуловидный, напоминающий пустулу

pustulocrustaceous [ˌpʌstjʊləʊkrʌsˈteiʃəs] пустулы, содержащие сухой гной

pustulosis [ˌpʌstjʊˈləʊsis] пустулёзное [гнойничковое] высыпание

~ **vaccinoformis [varioliformis] acuta** лат. вариолиформный пустулёз, Капоши пустулёзное [герпетиформное] высыпание

palmoplantar ~ ладонно-подошвенный пустулёз

putamen [pjuːˈteimən] 1. скорлупа; оболочка 2. анат. скорлупа чечевидного ядра (полосатого тела)

putrefaction [ˌpjuːtrəˈfækʃn] гниение, гнилостное разложение

putrefy [ˈpjuːtrəfai] гнить, разлагаться; вызывать гниение

putrescent [pjʊˈtresənt] гниющий; гнилостный

putrescine [pjʊˈtresiːn] путресцин (амин, образующийся в процессе гниения)

putrid [ˈpjuːtrid] путридный, гнилостный; распадающийся

putrilage [pjuːˈtriliʤ] гниющая [гнилостная] субстанция (напр. при гангрене)

puzzle [ˈpʌzl] 1. замешательство, смущение; недоумение || приводить в замешательство, в смущение 2. вопрос, ставящий в тупик; проблема

pyarthrosis [ˌpaiaːrˈθrəʊsis] гнойный артроз

staphylococcal ~ стафилококковый гнойный артрит

pycnodysostosis [ˌpiknəʊˌdisɒsˈtəʊsis] мукополисахаридоз VI типа, пикнодизостоз (низкий рост; незаращение родничков; остеосклероз)

pycnosis [pikˈnəʊsis] пикноз (сморщивание клеточного ядра или всей клетки)

pyelectasia [ˌpaiələkˈteiziə], **pyelectasis** [ˌpaiəˈlektəsis] пиелэктазия (расширение почечной лоханки)

pyelic [paiˈelik] 1. тазовый 2. лоханочный

pyelitis [paiəˈlaitis] пиелит (воспаление почечной лоханки)

~ **cystica** пиелит с образованием подслизистых кист

~ **glandularis** пиелит, осложнённый переходом плоского эпителия в железистый

encrusted ~ пиелит, осложнённый инкрустацией мочевых солей

pyelocaliceal [ˌpaiələʊˌkæliˈsiːəl] чашечно-лоханочный

pyelocaliectasis [ˌpaiələʊˌkæliˈektəsis] расширение почечной лоханки и чашечек

pyelocentesis [ˌpaiələʊsenˈtiːsis] пункция лоханки почки

pyelocystitis [ˌpaiələʊsisˈtaitis] цистопиелонефрит, пиелоцистит

pyelofluoroscopy [ˌpaiələʊfluːˈrɒskəpi] рентгенологическое исследование почечных лоханок; пиелоурография

pyelography [paiəˈlɒgrəfi] рентг. пиелография

~ **by elimination** см. **excretion** ~

air ~ пневмопиелография

ascending ~ восходящая [ретроградная] пиелография

excretion [intravenous] ~ внутривенная [экскреторная, выделительная] пиелография

percutaneous translumbar ~ чрескожная транслюмбальная пиелография

retrograde ~ см. **ascending** ~

wash-out ~ пиелография после контрастирования почек и повторной водной нагрузки и диуреза

pyelolithotomy [ˌpaiələʊliˈθɒtəmi] пиелолитотомия (удаление камней из почечной лоханки)

pyelonephritis [ˌpaiələʊniˈfraitis] пиелонефрит

concurrent ~ сопутствующий пиелонефрит

retrograde ~ восходящий пиелонефрит

pyelonephrosis [ˌpaiələʊniˈfrəʊsis] гидронефроз, гидронефротическая трансформация

pyeloplasty [ˈpaiələʊˌplæsti] пластическая операция на лоханочно-мочеточниковом сегменте

loop ~ «пластика петлёй» (пиелоуретрального сегмента почки)

pyelorenal [ˌpaiələʊˈriːnəl] пиелоренальный, лоханочно-почечный

pyelotomy [ˌpaiəˈlɒtəmi] пиелотомия, вскрытие лоханки (почки)

pyeloureterectasis [ˌpaiələʊjʊˌriːtəˈektəsis] пиелоуретерэктазия (расширение почечной лоханки и мочеточника)

pyeloureterography [ˌpaiələʊjʊˌriːtəˈrɒgrəfi] рентг. пиелоуретерография, уретеропиелография

pyelovenous [ˌpaiələʊˈviːnəs] пиеловенозный (напр. рефлюкс)

pyemesis [paiˈeməsis] рвота гнойным содержимым

pyemia [paiˈiːmiə] пиемия, гнойная интоксикация

metastatic ~ септикопиемия

otogenous ~ септикопиемия отогенного происхождения

portal ~ гнойный пилефлебит

pyesis [paiˈiːsis] нагноение; гноетечение

pygal [ˈpaigəl] ягодичный

pygalgia [paigˈælʤiə] боль в ягодичной области

pygist [ˈpaigist] гомосексуалист, педераст

pygmalionism [pigˈmeiliənˌnizm] пигмалионизм (влюблённость в объект, созданный самим)

pygmy [ˈpigmi] 1. карлик; пигмей || карликовый; относящийся к пигмеям 2. очень маленький предмет

pygoamorphus [ˌpaigəʊəˈmɔːfəs] терат. двойниковый порок развития, при котором аморфный плод прикреплён к аутозиту в каудальной области

pygodidymus [ˌpaigəʊˈdidiməs] терат. каудальное удвоение (плод с удвоенным или дополнительным тазом)

pygomelus [paiˈgɒmələs] плод [ребёнок] с дополнительной нижней конечностью или с удвоением нижних конечностей

pygopagus [paiˈgɒpəgəs] пигопаги (близнецы, сросшиеся в области крестца)

~ **parasiticus** двойниковый порок развития, при котором плод-паразит сросся с аутозитом в крестцовой области

pyic [ˈpaiik] гнойный

pyknic [ˈpiknik] пикнический (о телосложении)

pyknocardia [ˌpiknəʊˈkaːdiə] тахикардия

pyknocyte [ˈpiknəʊsait] сморщенный эритроцит

pyknocytoma [ˌpiknəʊsaiˈtəʊmə] оксифильная зернистая гранулёма

pyknodysostosis [ˌpiknəʊdisɒsˈtəʊsis] мукополисахаридоз VI типа, поздняя спондилоэпифизарная дисплазия, пикнодизостоз, Марото – Лами болезнь

pyknolepsy [ˈpiknəʊˌlepsi] пикнолепсия, частые приступы малой эпилепсии – абсансов

927

pyknomorphous [ˌpiknəʊ'mɔːfəs] пикноидный, имеющий толстую и широкую форму

pyknosis [pik'nəʊsis] пикноз *(сморщивание клеточного ядра или всей клетки)*

pyknosomatic [ˌpiknəʊsəʊ'mætik] пикнический тип конституции

pyknosphygmia [ˌpiknəʊ'sfigmiə] тахикардия

pyknotic [pik'nɒtik] пикнотичный

pylemphraxis [ˌpailem'fræksis] закупорка воротной вены

pylephlebectasia [ˌpailifləbek'teisiə], **pylephlebectasis** [ˌpailiflə'bektəsis] расширение воротной вены

pylephlebitis [ˌpaiiflə'baitis] пилефлебит *(воспаление воротной вены)*

  adhesive ~ тромбофлебит воротной вены

pylethrombophlebitis [ˌpailiˌθrɒmbəʊflə'baitis] тромбофлебит воротной вены

pylethrombosis [ˌpailiθrɒm'bəʊsis] пилетромбоз *(тромбоз воротной вены)*

pylic ['pailik] портальный *(относящийся к воротной вене)*

pylon ['pailɒn] временный протез нижней конечности, «деревянная нога»

pylorectomy [ˌpailəʊr'ektəmi] пилорэктомия

pyloric [pai'lɒrik] пилорический, привратниковый, относящийся к привратнику *(желудка)*

pyloristenosis [pai,lɔːristə'nəʊsis] пилоростеноз

pylorodiosis [pai,ləʊrəʊdai'əʊsis] *см.* **pyloroplasty**

pylorogastrectomy [pai,ləʊrəʊgæstr'ektəmi] резекция дистального отдела желудка

pyloromyotomy [pai,lɔːrəʊmai'ɒtəmi] пиломиотомия, Рамштедта операция

pyloroplasty [pai'lɔːrəʊˌplæsti] пилоропластика *(рассечение стенки привратника с последующим поперечным ушиванием образовавшегося дефекта)*

  double ~ задняя пиломиотомия в сочетании с пилоропластикой по Гейнеке – Микуличу

  Heineke – Mikulicz ~ пилоропластика по Гейнеке – Микуличу

pyloroschesis [pailo'rɒskiːsis] *см.* **pylorostenosis**

pylorospasm [pai'lɒrəʊspæzm] пилороспазм

  reflex ~ рефлекторный пилороспазм

pylorostenosis [pai,lɒrəʊstə'nəʊsis] пилоростеноз

pylorus [pai'lɔːrəs], *pl.* **pylori** [pai'lɔːri] привратник, пилорус *(желудка)*

pyocele ['paiəʊsiːl] 1. скопление гноя *(в полости)* 2. скопление гноя в мошонке

pyocelia [ˌpaiəʊ'siːliə] скопление гноя в полости брюшины; гнойный перитонит

pyocephalus [ˌpaiəʊ'sefələs] внутричерепное нагноение

  circumscribed ~ абсцесс головного мозга

  external ~ гнойный менингит

  internal ~ гнойный вентрикулит

pyochezia [ˌpaiəʊ'kiːziə] гнойные испражнения

pyococcus [ˌpaiəʊ'kɒkəs] гноеродный кокк

pyocoelia [paiəʊ'siːliə] *см.* **pyocelia**

pyocolpos [paiəʊ'kɒlpɒs] пиокольпос *(скопление гноя во влагалище)*

pyoculture [paiəʊ'kʌltʃə] гноеродная флора

pyocyanosis [ˌpaiəʊˌsaiə'nəʊsis] гнойный процесс, вызванный синегнойной палочкой

pyocyst ['paiəʊsist] гнойная киста

pyocytes ['paiəʊsaits] гнойные тельца *(лейкоциты гнойного экссудата)*

pyoderma [ˌpaiəʊ'dɜːmə] пиодермия, пиодерматоз, пиодермит

  ~ gangrenosum гангренозная [молниеносная язвенная] пиодермия, токсико-аллергический пустулёзный язвенный дерматит

  ~ vegetans, ~ verrucosum, ~ verrucous вегетирующая пиодермия

  chancriform ~ шанкриформная пиодерма

  deep ~s глубокий гнойный дерматит

  nasal ~ пиодермия носа

  skin-fold ~ пиодермия кожных складок

  superficial ~s поверхностная пиодермия

pyodermatitis [ˌpaiəʊdɜːmə'taitis], **pyodermia** [ˌpaiəʊ'dɜːmiə], **pyodermitis** [ˌpaiəʊdɜː'maitis] *уст., см.* **pyoderma**

pyogen ['paiəʊʤen] агент [фактор], вызывающий нагноение

pyogen(et)ic [ˌpaiəʊʤə'netik] пиогенный, вызывающий нагноение, обусловленный нагноением

pyohydronephrosis [ˌpaiəʊˌhaidrəʊnə'frəʊsis] гнойный гидронефроз

pyoid ['paiɒid] гноевидный, напоминающий гной

pyometra [ˌpaiəʊ'miːtrə] пиометра *(скопление гноя в полости матки)*

pyometritis [ˌpaiəʊmə'traitis] пиометрит *(воспаление матки, сопровождающееся скоплением в ней гноя)*

pyomyositis [ˌpaiəʊˌmaiəʊ'saitis] межмышечный абсцесс, абсцедирование мышц

  tropical ~ тропический (пио)миозит, или дерматомиозит; бунгпагга, ламбо-ламбо

pyonephrosis [ˌpaiəʊne'frəʊsis] пионефроз *(гнойное воспаление почки)*

pyo-ovarium [paiəʊ-əʊ'veiriəm] гнойный аднексит

pyopericarditis [ˌpaiəʊˌperika:'daitis] гнойный перикардит

pyoperitonitis [ˌpaiəʊˌperitəʊ'naitis] гнойный перитонит

pyoplania [ˌpaiəʊ'pleiniə] переход [распространение] гноя

pyopneumocholecystitis [ˌpaiəʊˌnuːməʊˌkɒləsis'taitis] газовый гнойный холецистит

pyopneumoperitonitis [ˌpaiəʊˌnuːməʊˌperitəʊ'naitis] пиопневмоперитонит, газовый перитонит

pyopneumothorax [ˌpaiəʊˌnuːməʊ'θɔːræks] пиопневмоторакс *(скопление гноя и газа в плевральной полости)*

pyopoiesis [ˌpaiəʊpɒi'iːsis] нагноение; образование гноя

pyopoietic [ˌpaiəʊpɒi'etik] способствующий нагноению

pyoptysis [pai'ɒptisis] выделение гнойной мокроты

pyorrhea [ˌpaiəʊ'riːə] выделение [истечение] гноя

  alveolar ~ пародонтоз, амфодонтоз, альвеолярная пиорея, Фошара болезнь

pyosalpingitis [ˌpaiəʊˌsælpin'ʤaitis] пиосальпингит *(воспаление фаллопиевой трубы, сопровождающееся образованием гноя в ней)*

pyosalpingo-oophoritis [ˌpaiəʊsælˌpiŋgəʊ-ˌəʊəʊfə'raitis] пиосальпингоофорит

pyosalpinx [ˌpaiəʊ'sælpinks] пиосальпинкс

pyosepticemia [ˌpaiəʊˌsepti'siːmiə] септикопиемия

pyosis [pai'əʊsis] нагноение; образование гноя

pyostatic [ˌpaiəʊ'stætik] средство, препятствующее нагноению ‖ препятствующий нагноению

pyostomatitis [ˌpaiəʊˌstəʊmə'taitis] гнойный стоматит

pyothorax [ˌpaiəʊ'θɔʊræks] пиоторакс, эмпиема плевры

pyoumbilicus [ˌpaiəʊəm'bilikəs] гнойный омфалит

pyourachus [ˌpaiəʊ'juːrəkəs] нагноение урахуса

pyovesiculosis [ˌpaiəʊvəˌsikjʊ'ləʊsis] гнойное воспаление семенных пузырьков

pyramid ['pirəmid] 1. анат. пирамида (1. продолговатого мозга 2. каменистой части височной кости 3. мозгового вещества почки 4. червя мозжечка) 2. sl. пирамидки (форма галлюциногена ЛСД)

~ **of light** световой конус, световой рефлекс (на барабанной перепонке при отоскопии)

~ **of medulla oblongata** пирамида продолговатого мозга

~ **of numbers** экол. возрастная [возрастно-половая] пирамида (графическое изображение распределения людей по возрасту и полу)

~ **of thyroid** перешеек, или пирамидальная доля, щитовидной железы

age ~ см. ~ **of numbers**

anterior ~ см. ~ **of medulla oblongata**

cerebellar ~ пирамида червя (задней доли мозжечка)

ecologic [food] ~ см. ~ **of numbers**

malpighian ~ почечная [мальпигиева] пирамида (участок мозгового вещества почки)

petrous ~ пирамида [каменистая часть] височной кости

population ~ см. **age** ~

posterior ~ тонкий пучок (в продолговатом мозге)

renal ~ см. **malpighian** ~

pyramidale [piˌræmi'deil] трёхгранная кость

pyramidotomy [ˌpirəmi'dɒtəmi] пирамидотомия (рассечение пирамидных путей)

pyramis ['pirəmis] пирамида; орган пирамидальной формы

~ **cerebelli** лат. пирамида червя (мозжечка)

~ **medullae oblongatae** пирамида продолговатого мозга

~ **ossis temporalis** пирамида височной кости

pyrenemia [pairi'niːmiə] наличие эритробластов в периферической крови

Pyrethrum [pai'riːθrəm]:

~ **carneum** пиретрум розовый

~ **Dalmatian** далматская ромашка, пиретрум цинерариелистный

pyretic [pai'retik] гипертермический, лихорадочный (относящийся к повышенной температуре тела)

pyreticosis [ˌpairəti'kəʊsis] лихорадочное состояние, лихорадка

pyretogen [pai'retəʊdʒən] см. **pyrogen**

pyretogenesis [ˌpairetəʊ'dʒenəsis] механизм развития гипертермии

pyretogenous [ˌpairə'tɒdʒənəs] 1. обусловленный гипертермией 2. пирогенный, вызывающий повышение температуры

pyretology [ˌpairə'tɒlədʒi] учение о лихорадке

pyretolysis [ˌpairə'tɒlisis] снижение [падение] температуры (тела)

pyretotherapy [ˌpairətəʊ'θerəpi] 1. пиротерапия, пирогенная терапия искусственная гипертермия 2. лечение лихорадочного заболевания

pyretotyphosis [ˌpairətəʊtai'fəʊsis] лихорадочный бред

pyrexia [pai'reksiə] гипертермия, лихорадка

local ~ местное повышение температуры; местное воспаление

pyerperal ~ послеродовая лихорадка (38 °С и выше, наблюдающаяся у некоторых женщин в течение двух недель после родов или выкидыша)

pyrexial [pai'reksiəl] гипертермический (относящийся к повышению температуры)

pyrexiophobia [paiˌreksiəʊ'fəʊbiə] патологическая боязнь повышения температуры

pyrheliometer [ˌpairihi:li'ɒmətə] пиргелиометр, уст. актинометр (прибор для измерения интенсивности излучения или прямой солнечной радиации)

pyridoxine [ˌpiːri'dɒksiːn] пиридоксин, адермин, витамин B_6

pyrogen ['pairəʊdʒən] 1. пироген, вещество, повышающее температуру тела 2. фактор, вызывающий лихорадку

bacterial ~ бактериальный эндотоксин с пирогенными свойствами

pyrogen-free ['pairəʊdʒən-fri:] апирогенный

pyrogenic [ˌpairəʊ'dʒenik] см. **pyretogenous 2**

pyrogenicity [ˌpairəʊdʒə'nisiti] пирогенные свойства, пирогенность (препарата)

pyrolagnia [ˌpairəʊ'lægniə] пиролагния (половое извращение, при котором возбуждение вызывается видом пожара или разжиганием огня)

pyromania [ˌpairəʊ'meiniə] пиромания (болезненное стремление к поджигательству)

pyromaniac [ˌpairəʊ'meiniək] 1. пироманиакальный 2. пироман; поджигатель

pyronyxis [ˌpairəʊ'niksis] см. **pyropunctura**

pyrophobia [ˌpairəʊ'fəʊbiə] пирофобия (патологическая боязнь огня)

pyropunctura [ˌpairəʊ'rʌŋktʃə] игнипунктура

pyroscope ['pairəʊskəʊp] прибор для определения интенсивности теплового излучения

pyrosis [pai'rəʊsis] изжога

pyrotherapy [ˌpairəʊ'θerəpi] см. **pyretotherapy 1**

pyrotic [pai'rɒtik] обжигающий, вызывающий ожог

pyrotoxin [pairəʊ'tɒksin] 1. пирогенный токсин 2. токсическое вещество бактериальной клетки; эндотоксин

pyrroloporphyria [ˌpirələʊpɔ:'fi:riə] острая перемежающаяся порфирия

pythogenic [ˌpaiθəʊ'dʒenik], **pythogenous** [pai'θɒdʒənəs] вызывающий распад, гниение, разложение

pyuria [pai'juːriə] пиурия (наличие гноя в моче)

pyxis ['piksis], pl. **pyxides** ['piksiˌdiːz] вертлужная впадина

Q

Q-fever [kju:-'fi:və], *см. тж.* **febris fuery** Ку-лихорадка, Ку-риккетсиоз, пневмориккетсиоз, Деррика – Бернетта болезнь

quack [kwæk] знахарь, шарлатан

quackery ['kwækərɪ] шарлатанство; знахарство; шаманство

medical ~ **1.** медицинское шарлатанство **2.** нелегальная медицинская практика

quader ['kwɒdə] *анат.* предклинье

quadrangular [kwɒdr'æŋdjʊlə] четырёхугольный, четырёхгранный (*напр. о кости, мышце*)

quadrant ['kwɒdrənt] квадрант (*четверть круга; для удобства описания округлые области делят на квадранты*)

lower ~ нижний квадрант

upper ~ верхний квадрант

quadrantanopsia [ˌkwɒdrəntən'ɒpsɪə] *офт.* квадрантная гемианопсия (*отсутствие одного квадранта поля зрения*)

quadrantectomy [ˌkwɒdrən'tektəmɪ] секторальная резекция молочной железы

quadrate ['kwɒdreɪt] **1.** квадрат || квадратный, четырёхугольный **2.** *анат.* квадратная кость

quadriceps ['kwɒdrɪseps] четырёхглавый (*о мышце*)

quadrigemia [ˌkwɒdrɪ'ʤemɪə] *невр.* четверохолмие

quadripara [ˌkwɒd'rɪpərə] женщина, рожавшая четыре раза

quadriparesis [ˌkwɒdrɪpə'ri:sɪs] тетрапарез, парез четырёх конечностей

quadriplegia [ˌkwɒdrɪ'pli:ʤɪə] тетраплегия, квадриплегия (*паралич рук и ног*)

quadriplex ['kwɒdrɪpleks] квадриплекс (*тетраплоид с четырьмя доминантными аллелями данного гена*)

quadrisect ['kwɒdrɪsekt] разделять на четыре части

quadritubercular [ˌkwɒdrɪtu:'bə:kjʊlə] имеющий четыре бугорка (*о большом коренном зубе*)

quadruplet [kwɒd'ru:plət] **1.** один из четырёх близнецов **2.** *pl.* четыре близнеца

quaggy ['kwægɪ] рыхлый, дряблый, отвислый

quaky ['kweɪkɪ] дрожащий, трясущийся

qualification [ˌkwɒlɪfi'keɪʃn] **1.** определение (*напр. деятельности*); уточнение **2.** квалификация, подготовленность **3.** ограничение

age ~ возрастной ценз

doctors ~ профессия врача

environmental ~ оценка качества окружающей среды

federal ~ федеральная квалификация (*подтверждает соответствие качества и набора медицинских услуг федеральным стандартам*)

foreign medical ~ зарубежная медицинская подготовка

physical ~ годность по состоянию здоровья; прошедший медицинскую комиссию

qualimetry [kwɒ'lɪmətrɪ] *уст.* квалиметрия (*определение жёсткости рентгеновского излучения*)

qualitative ['kwɒlɪˌteɪtɪv] качественный

quality ['kwɒlɪtɪ] **1.** (высокое) качество, сорт **2.** свойство, характерная особенность

~ **of life** *см.* **life** ~

~ **of sex** сексуальность, половое влечение

~ **of voice** тембр голоса

adequate ~ доброкачественность

affective ~**ies** эмоциональные свойства

annoying ~ раздражающее [беспокоящее] свойство

compromising image ~ *узи* ухудшение качества изображения

cost-effective ~ качество стоимости-эффективности (*лечения*)

eating ~ вкусовые качества

edible ~ пищевое качество, съедобность

life ~ качество жизни

mental ~**ies** умственные способности

nutritive ~ питательная ценность, питательное качество

off ~ низкое [нестандартное] качество

poor film ~ плохое качество рентгенограммы

preanalytical ~ обеспечение качества на преаналитическом этапе (*лабораторного исследования*)

preventive health care ~ качество профилактической медицинской помощи

prime ~ высшее качество

psychological ~ психологический признак, психологическое свойство

questionable ~ сомнительное качество

sense ~ качество ощущения, восприятия

standard ~ стандартное качество, доброкачественность

uniform ~ однородное качество

Quality:

Overall ~ **of Life Scale** опросник «Обобщённая оценка шкалы качества жизни»

World Health Organization ~ **of Life** опросник ВОЗ «Качество жизни»

qualitymetry ['kwɒlɪtɪmətrɪ] квалиметрия (*напр. оценка качества лечения*)

qualm [kwɔ:m] **1.** тошнота, приступ тошноты, позыв к рвоте **2.** беспокойство, тревожное состояние

quantification [ˌkwɒntɪfi'keɪʃn] определение количества или величины; подсчёт; вычисление; квантификация

serum immunoglobuline ~ типирование иммуноглобулинов сыворотки крови (*при иммуноэлектрофорезе*)

quantifier ['kwɒntɪfaɪə] дозатор

quantify ['kwɒntɪfaɪ] определять количество, оценивать (*напр. степень стеноза*)

quantimeter [kwɒn'tɪmɪtə] *уст.* квантиметр (*прибор для определения интенсивности рентгеновского излучения*)

quanti-Pirquet ['kwɒntɪ-'pɪrkeɪ] количественная оценка пробы Пирке

quantitation [ˌkwɒntɪ'teɪʃn] количественное определение, подсчёт (*напр. клеток*)

serum immunoglobulin ~ количественное определение иммуноглобулинов

quantitative [ˌkwɒntiˈteitiv] количественный

quantity [ˈkwɒntiti] количество, величина, размер, параметр ◊ **in** ~ в большом количестве

~ **of environment** количественная оценка окружающей среды

~ **of radiation 1.** доза излучения **2.** доза облучения

controlled ~ регулируемая величина

derived ~ производная величина

equilibrium ~ **of pollution** равновесная величина загрязнения

final ~ окончательная величина

finite ~ конечная величина *(имеющая определённые зафиксированные пределы)*

infinite ~ бесконечно большая величина

infinitesimal ~ бесконечно малая величина

physical ~ физическая величина

reference ~ опорная [эталонная] величина

stochastic ~ стохастическая величина *(определяется для областей конечных размеров)*

trace ~ следовое количество

variable ~ переменная величина

weighted ~ взвешенная величина

quantization [ˌkwɒntiˈzeiʃn] **1.** дозировка, разбивка на мелкие дозы **2.** разбивка на подгруппы

quantum [ˈkwɒntəm], *pl.* **quanta** [ˈkwɒntə] квант *(1. единица лучистой энергии 2. определённое количество чего-л. 3. объём)*

quarantine [ˈkwɒrəntiːn] карантин *(административно-санитарные мероприятия для предупреждения распространения инфекционных заболеваний, заключающиеся в изоляции больных и лиц, соприкасающихся с ними, в прекращении передвижения людей, животных, товаров из заражённых мест)*, карантинизация, изоляция *(инфекционного больного)* || устанавливать карантин, изолировать *(инфекционного больного)*

statutory ~ карантин, предусматриваемый законодательством

quartan [ˈkwɔːtən] квартанный, четырёхдневный, повторяющийся каждые четыре дня *(о лихорадке)*

quarter [ˈkwɔːtə]:

animal ~s виварий

isolation ~s изолированные помещения

residental ~ квартал жилых домов

quarterectomy [ˌkwɔːtəˈektəmi] ампутация конечности *(с плечевым или тазовым поясом)*

quarter-evil [ˈkwɔːtə-iːvl] эмфиматозный карбункул *(вызываемый микробами-анаэробами)*

quartile [ˈkwɔːtail] четверть, четвёртая часть, квартиль

lower ~ нижняя квартиль

upper ~ верхняя квартиль

quartipara [kwɔːˈtipərə] *см.* **quadripara**

quasi [ˈkweizi] как будто; якобы; почти

quasidominance [ˌkweiziˈdɒminəns] ложное доминирование, имитация доминантных свойств рецессивным признаком *(способность проявляться в последующих поколениях; вызывается повторными и близкородственными скрещиваниями)*

quasidominant [ˌkweiziˈdɒminənt] ложнодоминантный *(относящийся к рецессивному признаку, при анализе родословной проявляющему черты доминантного)*

quasilinkage [ˌkweiziˈliŋkidʒ] *ген.* ложное сцепление

quasispecies [ˌkweiziˈspiːʃiːz] кажущаяся разновидность *(постоянно меняющиеся антигенные варианты вируса гепатита)*

viral ~ квази-виды вирусов

quassation [kwɒˈseiʃn] дробление [размельчение] лекарственного сырья

quats [kwɒts] четвертичные аммонийные основания *(дезинфектанты)*

queasiness [ˈkwiːzinəs] недомогание

queasy [ˈkwiːzi] **1.** испытывающий тошноту или недомогание **2.** вызывающий тошноту

queer [kwiə] **1.** странный, чудаковатый **2.** чувствующий [испытывающий] недомогание или головокружение **3.** *sl.* пьяный

quell [kwel] подавлять; успокаивать *(боль, страх)*

quelling [ˈkweliŋ] **1.** реакция набухания капсулы *(у бактерий при инкубации со специфическими антителами)* **2.** отёк, припухлость

quenching [ˈkwentʃiŋ] **1.** тушение, гашение, охлаждение, закаливание **2.** сдвиг спектра β-излучения в сторону низких энергий; индуцируется при измерении рядом веществ *(напр. химикалиями или красителями)*

dry ~ сухое охлаждение

fluorescence ~ гашение флуоресценции *(для изучения реакции гаптен – антитело)*

thermal ~ температурное гашение *(понижение эффективности флуоресценции)*

querulent [ˈkwerʊlent], **querulous** [ˈkwerʊləs] кверулянтный, недовольный, жалующийся, подозрительный, ворчливый *(о пациенте)*

querulousness [ˈkwerʊlesnəs] кверулянтство, сутяжничество

query [ˈkwiəri] вопрос; сомнение || спрашивать; выражать сомнение

to ~ **an unnatural cause of death** подвергать сомнению неестественную причину смерти

question [ˈkwestʃən] **1.** вопрос || спрашивать, задавать вопрос, опрашивать *(пациента)* **2.** проблема || сомневаться, подвергать сомнению

~**ing patient** опрос [анкетирование] больного

beyond (all) ~ вне (всякого) сомнения, несомненно

historical ~s анамнестические данные; вопросы клиенту

in ~ рассматриваемый, обсуждаемый; тот, о котором идёт речь

open-ended ~s вопросы открытого типа

past (without) ~ *см.* **beyond (all)** ~

physician manpower ~ проблема врачебных кадров

test ~ экспериментальный [тестовый] вопрос

questionable [ˈkwestʃənəbl] проблематичный, сомнительный *(напр. диагноз болезни)*

questioning [ˈkwestʃəniŋ]:

~ **patient** опрос больного; анкетирование больного

questionnaire [ˌkwestʃəˈneə] **1.** опрашиваемый, интервьюируемый *(больной)* **2.** опросник, анкета, чек-лист

931

depression experience ~ опросник депрессивных переживаний

Dutch eating behavior ~ Датский опросник пищевого поведения

general health ~ опросник общей оценки здоровья

general well-being ~ опросник оценки общего благополучия

health assessment ~ опросник для оценки состояния здоровья и качества жизни

heart patients psychological ~ психологический опросник для кардиологических больных

Holmes – Rahe ~ Холмса – Рея анкета (*обследование для определения стрессовости различных жизненных событий*)

hospital ~ анкета [опросник] для поступающего в больницу

Minnesota living with heart failure ~ Миннесотский опросник по качеству жизни больных с хронической сердечной недостаточностью

parenthood stress ~ вопросник по оценке уровня стресса у родителей

quality of life after myocardial infarction ~ опросник по качеству жизни после перенесённого инфаркта миокарда

self-administered [self-report] ~ самоотчётный опросник; самооценка по опроснику (*напр. функциональной активности при стенокардии*)

separate ~ отдельная анкета

severe heart failure ~ опросник для больных с тяжёлой сердечной недостаточностью

shortness of breath ~ анкета-опросник пациента с одышкой

sixteen personality factors ~ психологический опросник по 16 шкалам

strength and difficulties ~ *псих.* опросник по оценке сильных сторон и трудностей

treatment ideology ~ опросник по методологии лечения

quick [kwik] **1.** ощущение шевеления плода (*при беременности*) **2.** чувствительное [болезненное] место **3.** надногтевая пластинка, ногтевая кожица, эпонихий **4.** острый (*о зрении или о слухе*) **5.** быстрый, быстро реагирующий ◊ ~ **with child** беременная

quickbeam ['kwikbi:m] рябина обыкновенная (*Sorbus aucuparia*)

quickening ['kwikəniŋ] первые признаки шевеления плода (*при беременности*)

quick-hardening [ˌkwik-'ha:dniŋ] быстротвердеющий

quick-of-effect [ˌkwik-əv-i'fekt] быстрое прекращение выделения (*напр. инсулина*)

quick-on-effect [ˌkwik-ɒn-i'fekt] быстрое высвобождение (*напр. инсулина*)

"Quick-strip" ['kwik-strip] *фирм.* иммунологический экспресс-метод на обнаружение наркотиков (*общепризнанный мировой стандарт*)

quick-tempered [ˌkwik-'tempəd] вспыльчивый, раздражительный

quid [kwid] прессованный табак для жевания ‖ жевать прессованный табак

quiescence [kwi'esns] **1.** покой; неподвижность **2.** временная задержка развития организма в неблагоприятных условиях

quiescent [kwi'esnt] **1.** неподвижный, статический **2.** находящийся в покое (*напр. о клетке*) **3.** заторможенный; спящий **4.** бессимптомный, неактивный, скрытый, латентный

quiet ['kwaiət] **1.** покой, спокойствие **2.** ограничение физической активности пациента

Quilt [kwilt]:

The AIDS Memorial ~ мемориал жертв СПИДа (*панно с 70 тыс. имён и 43 тыс. фотографий*)

quinestradol [ˌkwinestrə'daiəl] хинестрадол (*синтетический женский половой гормон*)

quinidine ['kwinidi:n] хинидин (*вещество, замедляющее деятельность сердца*)

quinine [kwi'ni:n] хинин (*вещество, применявшееся ранее для лечения малярии*)

quininize [kwini'naiz] вводить в организм алкалоиды коры хинного дерева (*хинин или хинидин*)

quininism ['kwini͵nizm] отравление алкалоидами коры хинного дерева (*хинином или хинидином*)

quinolone ['kwinəʊləʊn] *pl.* хинолоны (*группа антибиотиков*)

quinquina [kwin'kwinə] хинное дерево (*Cinchona*)

quinsy ['kwinzi] околоминдаликовый [паратонзиллярный, перитонзиллярный] абсцесс

quintan ['kwintæn] **1.** пятидневный, повторяющийся каждые пять дней **2.** окопная [волынская, пятидневная] лихорадка (*возбудитель – Rochalimacea quintana*)

quintuplet [kwin'tʌplət] **1.** один из пятерых близнецов **2.** *pl.* пять близнецов

quit [kwit] увольнение, освобождение, избавление ‖ бросать, *sl.* слезть (*с наркотиков*)

quiver ['kwivə] дрожь ‖ дрожать мелкой дрожью, трястись

quiz[1] [kwiz] эксцентричный человек, оригинал, чудак

quiz[2] экзамен, анкета, опрос

quota ['kwəʊtə] **1.** квота; доля; часть **2.** норма; степень ~ **of affect** выраженность аффекта

quotation [kwəʊ'teiʃn] цитата; ссылка

quote [kwəʊt] цитировать; ссылаться

quotidian [kwəʊ'tidiən] ежедневный, повторяющийся каждый день (*напр. о приступе малярии*)

quotient ['kwəʊʃənt] показатель, коэффициент, индекс, соотношение

achievement ~ коэффициент интеллектуального развития (*выраженный в процентах уровень интеллектуального развития ребёнка по сравнению с его сверстниками*)

assimilatory ~ коэффициент ассимиляции

blood ~ цветной показатель крови

cognitive laterality ~, **CLQ** доминирующего полушария головного мозга коэффициент (*показатель, характеризующий познавательные возможности правого и левого полушария головного мозга*)

intelligence ~ показатель умственного развития, коэффициент интеллектуальности, IQ

respiratory ~ дыхательный коэффициент (*отношение массы углекислого газа, выделенного микроорганизмами при тканевом обмене, к массе кислорода, утилизированного ими во время роста; в норме = 0,82*)

R

rabbetting ['ræbətɪŋ] вколоченный перелом

rabbia ['reɪbɪə] *см.* **rabies**

rabbit ['ræbɪt]:

~ **pox** оспа кроликов

Watanabe ~s Ватанабе кролики *(экспериментальная модель животных с гиперхолестеринемией)*

rabiate ['reɪbɪeɪt] страдающий бешенством

rabic ['reɪbɪk] **1.** относящийся к бешенству **2.** страдающий бешенством

rabicidal [reɪbɪ'saɪdl] разрушающий вирус бешенства

rabid ['ræbɪd] **1.** неистовый; яростный; фанатичный **2.** относящийся к бешенству; бешеный *(о собаке)*

rabies ['reɪbiːz] бешенство

dumb ~ паралитическое [«тихое»] бешенство

false ~ Ауески болезнь, псевдобешенство

furious ~ стадия возбуждения *(при бешенстве)*

paralytic [sullen] ~ *см.* **dumb** ~

rabific [reɪ'bɪfɪk] вызывающий бешенство

rabiform ['reɪbɪfɔːm] напоминающий бешенство

rabiology [reɪbɪ'ɒlədʒɪ] рабиология *(учение о бешенстве)*

race [reɪs] **1.** происхождение; род **2.** раса; порода *(животных)*

ethnic ~ этническая раса *(напр. европеоидная)*

racemose ['ræsəməʊs] гроздевидный *(об аневризме)*, кистевидный; пещеристый; варикозно расширенный *(о венах)*

rachial ['reɪkɪəl] *см.* **rachidial**

rachialbuminimetry [ˌreɪkɪælbjuːmɪ'nɪmətrɪ] определение содержания белка в спинномозговой жидкости

rachialgia [ˌreɪkɪ'ældʒɪə] спондилодиния *(боль в позвоночнике)*

rachianalgesia [ˌreɪkɪænəl'dʒiːzɪə] *см.* **rachianesthesia**

rachianesthesia [ˌreɪkɪænəs'θiːzɪə] спинальная [субарахноидальная] анестезия, *нрк.* спинномозговая анестезия

rachicentesis [ˌreɪkɪsən'tiːzɪs] поясничная [люмбальная] пункция, поясничный прокол

rachidial [reɪ'kɪdɪəl], **rachidian** [reɪ'kɪdɪən] **1.** позвоночный **2.** спинальный; спинномозговой

rachigraph ['reɪkɪgræf] прибор для регистрации искривления позвоночника

rachilysis [reɪ'kɪlɪsɪs] коррекция [исправление] сколиоза

rachiocampsis [ˌreɪkɪəʊ'kæmpsɪs] искривление позвоночника

rachiocentesis [ˌreɪkɪəʊsən'tiːsɪs] *см.* **rachicentesis**

rachiochysis [ˌreɪkɪ'ɒkɪsɪs] выпот в позвоночном канале

rachiometry [ˌreɪkɪ'ɒmətrɪ] измерение искривления позвоночника

rachiomyelitis [ˌreɪkɪəʊˌmaɪə'laɪtɪs] воспаление спинного мозга

rachiopagus [ˌreɪkɪ'ɒpəgəs] близнецы, сросшиеся в области позвоночника

rachiopathy [ˌreɪkɪ'ɒpæθɪ] поражение позвоночника

rachioplegia [ˌreɪkɪəʊ'pliːdʒɪə] спинальный паралич

rachiotomy [ˌreɪkɪ'ɒtəmɪ] ламинэктомия, рахиотомия *(резекция дужки позвонка для доступа к спинному мозгу)*

rachipagus [reɪ'kɪpægəs] *см.* **rachiopagus**

rachiresistance [ˌreɪkɪrɪ'zɪstəns] неэффективность региональной анестезии, объясняемая «сопротивлением» нерва к действию анестетика

rachis ['reɪkɪs], *pl.* **rachides** ['rækɪdiːz] **1.** ось; стержень **2.** позвоночник, позвоночный столб

~ **nasi** линия, соединяющая корень носа с его кончиком

rachischisis [reɪ'kɪskɪsɪs] рахисхизис, рахишизис *(незаращение позвонков с обнажением спинного мозга)*

~ **partialis** частичное расщепление тел позвонков

~ **posterior** незаращение дужек позвонков

rachisensibility [ˌreɪkɪsensə'bɪlətɪ] повышенная чувствительность к спинномозговым анестетикам

rachitis [re'kaɪtɪs] **1.** спондилит **2.** рахит, *см. тж.* **rickets**

~ **fetalis annularis** врождённый рахит

~ **fetalis micromelica** задержка роста длинных костей у плода

~ **tarda** поздний рахит

rachitism ['rækɪtɪzəm] предрасположенность к рахиту, рахит

racism ['reɪsɪzəm] расизм

rack[1] [ræk] подставка, опора; стеллаж; стойка, штатив

drying ~ штатив для сушки *(лабораторной посуды)*

pipette ~ штатив для пипеток

sterilizing ~ стерилизационная рамка

tube ~ штатив или стойка для пробирок

rack[2] сливать с осадка, декантировать, сцеживать

rack-and-pinion [ræk-ənd-'pɪnjən] кремальера *(микроскопа)*

racked [rækt]:

~ **with pain** истерзанный болью

raclage [ræ'klaːʒ] **1.** *уст.* кюретаж, выскабливание **2.** экскориация, ссадина, царапина

rad [ræd] рад *(единица поглощённой дозы ионизирующего излучения, 10^{-2} Гр)*

radappertization [ˌrædəpəti'zeɪʃn] стерилизация ионизирующим излучением

radectomy [reɪd'ektəmɪ] резекция верхушки корня зуба

radiability [ˌreɪdɪə'bɪlɪtɪ] проницаемость для излучения

radiad ['reɪdɪæd] по направлению к лучевой кости или к латеральной части предплечья

radial ['reɪdɪəl] **1.** лучевой *(напр. о кости)* **2.** радиальный *(напр. о расположении волокон)*

radiant ['reɪdɪənt] **1.** излучатель ‖ излучающий **2.** лучистый

radiate ['reɪdɪeɪt] **1.** излучать **2.** иррадиировать

radiathermy [ˌreɪdɪə'θɜːmɪ] коротковолновая диатермия

radiatio [reɪdɪ'eɪʃɪəʊ], *pl.* **radiationes** [reɪdɪeɪʃɪ'əʊniːz] *анат.* лучистость; лучистая структура *(о нервных волокнах)*

~ **acustica** слуховая лучистость (*пучок нервных волокон, соединяющих медиальное коленчатое тело со слуховой корой*)

~ **corporis callosi** лучистость [комиссура] мозолистого тела

~ **optica** зрительная лучистость (*нервные волокна, соединяющие латеральное коленчатое тело со зрительной корой мозга*)

radiation [reidi'eiʃn] **1.** излучение; ионизирующее излучение; эмиссия; радиация ‖ радиационный; радиологический ‖ относящийся к излучению **2.** облучение; лучевая терапия

~ **murmur** проведение шума

alpha ~ альфа-излучение, α-излучение

annihilation ~ аннигиляционное излучение

background ~ фоновое излучение, радиационный фон (*естественных источников*)

back-scattered [backward] ~ обратнорассеянное [обратное, отражённое] излучение

beamed ~ направленное излучение

beta ~ бета-излучение, β-излучение

broad-beam ~ неколлимированное излучение

characteristic ~ характеристическое излучение

complementary ~ дополнительная радиация

corpuscular ~ корпускулярное излучение

daily ~ суточная радиация

densely ionizing ~ сильноионизирующее излучение

diffuse ~ рассеянное [диффузное] излучение

direct ~ **1.** прямое излучение **2.** прямое облучение

directional neutron ~ направленное нейтронное излучение

direct solar ~ прямая солнечная радиация

electromagnetic ~ электромагнитное излучение

exposure staff ~ доза [экспозиция] облучения персонала

fluorescent ~ флуоресцентное излучение

forward-scattered ~ прямορассеянное излучение

fractionated ~ фракционированное [дробное] облучение

gamma(-particle) ~ гамма-излучение, γ-излучение

global active ~ суммарная активная радиация

hard ~ жёсткое [проникающее] излучение

heat ~ см. **infrared** ~

high-dose ~ интенсивная радиация, высокодозное облучение

high-energy ~ см. **hard** ~

hourly solar ~ часовая сумма солнечного излучения

incident ~ падающее излучение

incoming ~ приходящая [поступающая] радиация

induced ~ индуцированное [наведённое] излучение

infrared ~ инфракрасное [тепловое] излучение

instantaneous ~ импульсное облучение

interstitial ~ внутритканевое облучение

laser ~ лазерное излучение

long-lived ~ излучение долгоживущих изотопов

low-level ~ малые дозы радиации, малоинтенсивное излучение

microwave ~ СВЧ-излучение

monochromatic ~ монохроматическое излучение

multifield ~ многопольное облучение

multiple ~ многократное излучение

narrow-beam ~ коллимированное излучение

natural ~ см. **background** ~

net ~ остаточная радиация, радиационный баланс

neutron ~ нейтронное излучение

nonpenetrating ~ непроникающее излучение

occupational ~ профессиональное облучение (*напр. персонала АЭС*)

particle ~ корпускулярное излучение

penetrating ~ см. **hard** ~

photosynthetic(ally) active ~ фотосинтетическая активная радиация, ФАР

primary ~ первичное излучение

residual ~ остаточная радиация

roentgen ~ см. **X-ray** ~

scattered ~ см. **diffuse** ~

secondary ~ вторичное излучение

short-lived ~ излучение короткоживущих изотопов

soft ~ мягкое [слабопроникающее] излучение

solar ~ солнечное излучение

spray ~ **1.** рассеянное [диффузное] излучение **2.** побочное [паразитное] излучение

spurious ~ побочное [паразитное] излучение

thermal ~ инфракрасное [тепловое] излучение

total body ~ облучение всего организма

ultraviolet ~ ультрафиолетовое излучение

visible ~ видимая радиация, видимое излучение

X-ray ~ рентгеновское излучение

radiation-damaged [reidi͵eiʃn-'dæmidʒd] повреждённый ионизирующим излучением

radiation-exposed [reidi͵eiʃn-iks'pəʊzd] облучённый

radiation-induced [reidi͵eiʃn-in'dju:st] индуцированный [вызванный] ионизирующим излучением

radiation-proof [reidi'eiʃn-'pru:f] непроницаемый для ионизирующего излучения, рентгеноконтрастный

radiation-sensitizing [reidi'eiʃn-'sensətaiziŋ] радиосенсибилизирующий

radioautography [͵reidiəʊɔ:'tɒgrəfi] ауторадиография, радиоаутография

radical ['rædikəl] **1.** радикал **2.** затрагивающий основы; коренной; глубокий; основной; фундаментальный; радикальный

free ~ свободный радикал

radicidation [͵rædisi'keiʃn] радиационная дезинсекция

radicle ['rædikl] **1.** корешок (*напр. нерва*) **2.** венозная веточка

radicotomy [͵rædi'kɒtəmi] радикотомия (*перерезка корешков спинномозговых или черепных нервов*)

radiculalgia [rə͵dikju:'ældʒiə] радикулалгия (*боль в зоне иннервации корешка спинномозгового нерва*)

radicular [rə'dikju:lə] относящийся к корешку, корешковый

radiculitis [rə͵dikju:'laitis] радикулит (*воспаление корешков спинномозговых нервов*)

radiculoneuritis [rə͵dikju:ləʊnu:'raitis] радикулоневрит (*сочетанное воспаление спинномозговых нервов и их корешков*)

radiectomy [͵reidi'ektəmi] резекция верхушки корня зуба

radioactinium [͵reidiəʊæk'tiniəm] радиоактиний (*радиоактивный изотоп тория, ^{227}Th*)

radioactive [ˌreidiəʊˈæktiv] радиоактивный, радиа-ционный

radioactivity [ˌreidiəʊækˈtiviti] радиоактивность

airborne ~ радиоактивность атмосферы

artificial ~ искусственная радиоактивность

contaminating ~ 1. радиоактивные загрязняющие вещества 2. загрязняющая радиоактивность

dust-borne ~ радиоактивность пыли

environmental ~ радиоактивность окружающей среды

fall-out ~ радиоактивность осадков

induced ~ наведённая радиоактивность

monitored ~ контролируемая радиоактивность

natural ~ естественная [природная] радиоактивность

specific ~ удельная радиоактивность

tolerant ~ допустимый уровень радиоактивности

waterborne ~ радиоактивность вод

radioaerosol [ˌreidiəʊˈeərəʊsɒl] аэрозоль радиоактивно-го вещества, радиоактивный аэрозоль

radioallergosorbent [ˌreidiəʊˌæləgəʊˈsɔːbənt] радиоал-лергосорбентный *(тест)*

radioanaphylaxis [ˌreidiəʊˌænəfaiˈlæksis] повышенная чувствительность к воздействию радиации

radioassay [ˌreidiəʊˈæsei] 1. ауторадиографическое исследование 2. измерение радиоактивности 3. радио-активный анализ

radioautogram [ˌreidiəʊˈɔːtəʊɡræm] ауторадиограмма, радиоаутограмма

radioautography [ˌreidiəʊɔːˈtɒɡrəfi] ауторадиография, радиоаутография

radiobiology [ˌreidiəʊbaiˈɒləʤi] радиобиология

radiocarbon [ˌreidiəʊˈkaːbɒn] радиоактивный углерод, радиоуглерод, ^{14}C

radiocarcinogenesis [ˌreidiəʊˌkaːsinəʊˈʤenəsis] возник-новение лучевого рака

radiocardiography [ˌreidiəʊˌkaːdiˈɒɡrəfi] радиоизотоп-ная кардиография

radiocarpal [ˌreidiəʊˈkaːpəl] 1. лучезапястный 2. на лу-чевой стороне запястья

radiochemistry [ˌreidiəʊˈkemistri] радиохимия, радиа-ционная химия

radiochemotherapy [ˌreidiəʊˌkiməʊˈθerəpi] радиохи-миотерапия

radiochroism [ˌreidiəʊˈkrəʊizəm] радиохроизм *(степень фильтрации и поглощения излучения веществом)*

radiochromatography [ˌreidiəʊˌkrəʊməˈtɒɡrəfi] радио-хроматография

radiocidation [ˌreidiəʊsiˈdeiʃn] радиационная дезинсекция

radiocinematography [ˌreidiəʊsinəməˈtɒɡrəfi] рентгено-кинематография, кинорентгенография

radiocirculography [ˌreidiəʊserkjʊˈlɒɡrəfi] радиоцир-кулография *(радиографический метод исследования гемодинамики)*

radiocobalt [ˌreidiəʊˈkəʊbɔːlt] радиоизотоп кобальт-60, радиокобальт

radiocolloid [ˌreidiəʊˈkɒlɔid] радиоактивный коллоид

radiocontamination [ˌreidiəkənˌtæmiˈneiʃn] радиоактив-ное загрязнение или заражение

radiocurable [ˌreidiəʊˈkjʊərəbl] поддающийся лучевой терапии *(об опухоли)*

radiocystitis [ˌreidiəʊsisˈtaitis] лучевой цистит

radiode [ˈreidiəʊd] контейнер для источника ионизирую-щего излучения

radiodense [ˈreidiəʊˌdens] рентгеноконтрастный; рентгено-непроницаемый, не пропускающий рентгеновские лучи

radiodermatitis [ˌreidiəʊˌdəːməˈtaitis] лучевой дерматит, радиодерматит

radiodiagnosis [ˌreidiəʊˌdaiəɡˈnəʊsis] 1. радиодиагнос-тика, рентгенодиагностика 2. лучевая диагностика

radiodigital [ˌreidiəʊˈdiʤitəl] относящийся к пальцам лучевой части кисти (к большому и указательному) и к лучевой кости

radiodontics [ˌreidiəʊˈdɒntiks] стоматологическая рент-генология

radiodontist [ˌreidiəʊˈdɒntist] стоматолог-рентгенолог

radioecology [ˌreidiəʊiˈkɒləʤi] радиационная экология, радиационная биогеоценология, радиоэкология

radioelement [ˌreidiəʊˈeləmənt] радиоактивный элемент

radioepidermitis [ˌreidiəʊˌepidəːˈmaitis] лучевой [радиа-ционный] дерматит, радиодерматит

radioepithelitis [ˌreidiəʊˌepiθiˈlaitis] *см.* **radiodermatitis**

radiofrequent [ˌreidiəʊˈfriːkwənt] радиочастотный, вы-сокочастотный

radiogen [ˈreidiəʊʤen] любое радиоактивное вещество

radiogenetics [ˌreidiəʊʤəˈnetiks] радиационная генети-ка *(изучение влияния облучения на наследственность)*

radiogenic [ˌreidiəʊˈʤenik] радиогенный, радиоактивный

radiogram [ˈreidiəʊɡræm], **radiograph** [ˈreidiəʊɡræf] рентгенограмма, рентгеновский снимок ‖ производить рентгенографию

bitewing ~ рентгенограмма зубов с прикушенной плёнкой

distraction ~s рентгенограммы в процессе вытяжения кости

lateral ~ боковая рентгенограмма

panoramic ~ панорамная рентгенограмма

plain ~ обзорная рентгенограмма

sinus ~ рентгенограмма пазух носа

survey ~ *см.* **plain**

radiographer [ˌreidiˈɒɡrəfə] 1. рентгенолог 2. рентген-лаборант

diagnostic ~ рентгенолог-диагност *(специалист, занимающийся проведением рентгенографических ис-следований)*

therapeutic ~ рентгенолог-терапевт *(специалист, за-нимающийся методами радиотерапии)*

radiographic [ˌreidiəʊˈɡræfik] рентгеновский, рентгено-графический, радиографический

radiography [ˌreidiˈɒɡrəfi] радиография, рентгенография

body-section ~ (рентгено)томография

cinematographic ~ *см.* **radiocinematography**

contrast ~ контрастная рентгенография

double-contrast ~ рентгенография с двойным контра-стированием

dynamic contrast ~ динамическое контрастное рент-генологическое исследование

flush ~ импульсная [скоростная] рентгеносъёмка

follow-up ~ рентгенография в отдалённые сроки

isotopic ~ изотопная радиография

miniature ~ флюорография, мини-радиография

operative ~ операционная рентгенография

plain ~ обзорная рентгенография

quantitative digital ~ цифровая рентгенография

quantitative microfocal ~ 1. цифровая микрофокусная рентгенография 2. цифровая обработка микрофокусного рентгеновского изображения

regional ~ рентгенография исследуемой области

single-plane ~ рентгенография в одной проекции

spinal ~ рентгенография позвоночника

spot-film ~ прицельная рентгенография

static contrast ~ однократное контрастное рентгенологическое исследование

survey ~ см. **plain** ~

thoracic ~ рентгенография грудной клетки

radiohazard [ˌreidiəʊˈhæzəd] опасность радиоактивного облучения; опасность радиоактивного заражения

radioimmunity [ˌreidiəʊiˈmjuːniti] приобретённая радиорезистентность, радиационная устойчивость

radioimmunoassay [ˌreidiəʊˌimjʊnəʊˈæsei] радиоиммуноанализ; радиоиммунологический метод; радиоиммунная реакция

competitive ~ конкурентный радиоиммуноанализ

competitive-inhibition ~ радиоиммуноанализ методом конкурентного торможения

double-antibody ~ радиоиммуноанализ методом [двойной системы] двойных антител

fluid-phase ~ гомогенный радиоиммуноанализ

solid-phase ~ радиоиммуноанализ с применением иммобилизованных антител, твёрдофазный радиоиммуноанализ

radioimmunodiffusion [ˌreidiəʊˌimjʊnəʊdiˈfjuːʒn] метод радиоиммунодиффузии (в геле)

radioimmunoelectrophoresis [ˌreidiəʊˌimjʊnəʊiˌlektrəʊfəˈresis] радиоиммуноэлектрофорез

radioimmunosorbent [ˌreidiəʊˌimjʊnəʊˈsɔːbənt] радиоиммуносорбент

radioiodine [ˌreidiəʊˈaiəʊdain] радиоактивный йод, изотопы радиойода (^{123}I, ^{125}I, ^{130}I)

radioisotope [ˌreidiəʊˈaisətəʊp] см. **radionuclide**

fallout ~s радиоизотопы атмосферных осадков

induced ~ искусственный радиоизотоп

neutron-induced ~ радиоизотоп, полученный в результате активации нейтронами

radiokymography [ˌreidiəʊkaiˈmɒgrəfi] рентгенокимография

radiolabelled [ˌreidiəʊˈleibəld] меченный радиоактивным изотопом

radiolabelling [ˌreidiəʊˈleibəliŋ] введение радиоактивных изотопов, радиомечение

radiolesion [ˌreidiəʊˈliːʒən] лучевое повреждение

radioligand [ˌreidiəʊˈligænd] меченый лиганд (в молекуле лекарственного вещества)

radiological [ˌreidiəʊˈlɒdʒikəl] 1. радиологический, радиационный || относящийся к лучевой терапии 2. относящийся к рентгеновскому исследованию

radiologist [ˌreidiˈɒlədʒist] 1. рентгенолог; радиолог 2. лучевой диагност (специалист, владеющий рентге-

новскими, ультразвуковыми методами, компьютерной и магнитно-резонансной томографией)

general ~ врач-радиолог общей практики, лучевой диагност

pediatrician ~ детский радиолог

therapeutic ~ радиотерапевт

radiology [ˌreidiˈɒlədʒi] 1. рентгенология (отрасль медицины, использующая рентгеновские лучи в диагностике и лечении) 2. радиология 3. рентгенологическое или радиоизотопное исследование

~ **of jaundice** рентгенологическая диагностика и процедуры при желтухе; интервенционная радиология при желтухе

~ **of the alimentary tract** рентгенологическое исследование пищеварительного тракта

chiropractic ~ рентгенография в мануальной практике

diagnostic ~ 1. рентгенологическая диагностика 2. лучевая диагностика

essential ~ основы рентгенорадиологии

interventional ~ 1. инвазивные вмешательства под рентгенологическим контролем 2. интервенционная рентгенология

medical ~ медицинская радиология

radiolucency [ˌreidiəʊˈljuːsensi] 1. рентгенопрозрачность, проницаемость для рентгеновского излучения 2. просветление или участок просветления на рентгенограмме

periapical ~ околоверхушечное рентгенологическое разрежение пародонта

radiolus [reiˈdiəʊləs] зонд; щуп

radiolysis [ˌreidiəʊˈlisis] разложение под действием излучения, радиолиз

radiometry [reidiˈɒmətri] радиометрия (измерение плотности потока ионизирующего излучения)

advanced high resolution ~ усовершенствованная радиометрия с высоким разрешением

gamma ~ гамма-радиометр

radiomicrometry [ˌreidiəʊmaiˈkrɒmətri] радиомикрометрия, микрорентгенометрия (измерение малых доз ионизирующего излучения)

radiomimetic [ˌreidiəʊmaiˈmetik] радиомиметическое вещество, радиомиметик (химическое вещество, воздействие которого на генетический аппарат аналогично таковому радиоактивного излучения) || радиомиметический

radionecrosis [ˌreidiəʊnəˈkrəʊsis] лучевой некроз, радионекроз

radioneuritis [ˌreidiəʊnjuːˈraitis] лучевой неврит, радионеврит

radionuclide [ˌreidiəʊˈnuːklaid] радионуклид, радиоактивный изотоп, радиоизотоп

natural ~ природный радионуклид

transplutonium ~ трансплутониевый радионуклид

volatile ~ летучий радионуклид

radio-opacity [ˌreidiəʊ-əʊˈpæsiti] рентгеноконтрастность

radio-opaque [ˌreidiəʊ-əʊˈpæk] см. **radiopaque**

radio-osteonecrosis [ˌreidiəʊ-ˌɒstiəʊnəˈkrəʊsis] лучевой некроз кости, лучевой остеонекроз

radiopacity [ˌreidiəʊˈpæsiti] непроницаемость для рентгеновских лучей

radiopalmar [ˌreidiəʊˈpælmər] относящийся к лучевой поверхности кисти

radiopaque [ˌreidiəʊˈpeik] рентгеноконтрастный, рентгенонепрозрачный, задерживающий рентгеновские лучи

radioparent [ˌreidiəʊˈpeirənt] рентгенопрозрачный, пропускающий рентгеновское излучение

radiopathology [ˌreidiəʊpəˈθɒlədʒi] радиационная патология (раздел медицины, изучающий влияние радиоактивных веществ на клетки и ткани)

radiopelvimetry [ˌreidiəʊpelˈvimətri] рентгенопельвиметрия (определение размеров таза методом рентгенограммаметрии)

radiopharmaceutical [ˌreidiəʊˌfɑːməˈsjuːtikəl] радиофармпрепарат, радиофармацевтический препарат, РФП

radiophobia [ˌreidiəʊˈfəʊbiə] псих. радиофобия (патологическая боязнь облучения)

radiophotography [ˌreidiəʊfəˈtɒɡrəfi] флюорография, радиофотография, рентгенофотография

radiophylaxis [ˌreidiəʊfiˈlæksis] радиопрофилактика (предварительное облучение в низких дозах с целью уменьшения повреждающего эффекта при последующем облучении)

radiopill [ˈreidiəʊpil] радиокапсула, радиопилюля (кишечный радиопередатчик)

radiopotassium [ˌreidiəʊpəʊˈtæsiəm] радиоактивный калий, ⁴²K

radiopraxis [ˌreidiəʊˈpræksis] использование лучистой энергии в диагностике и лечении

radioprotection [ˌreidiəʊˌprəʊˈtekʃn] противолучевая [радиационная, радиологическая] защита

radiopulmonography [ˌreidiəʊˌpʌlməˈnɒɡrəfi] радиопульмонография, пульморадиография, радиопневмография, радиоспирография

radioreaction [ˌreidiəʊriˈækʃn] лучевая реакция организма

radioreceptor [ˌreidiəʊriˈseptə] радиорецептор (рецептор, воспринимающий излучение – световое, тепловое, ионизирующее)

radioresistance [ˌreidiəʊriˈzistəns] радиорезистентность, радиоустойчивость

radioresistant [ˌreidiəʊriˈzistənt] радиорезистентный, радиоустойчивый

radiosclerometer [ˌreidiəʊskliˈrɒmətə] пенетрометр (измеритель проникающей силы ионизирующего излучения)

radioscopy [ˌreidiˈɒskəpi] рентгеноскопия, радиоскопия

radiosensitivity [ˌreidiəʊˌsensiˈtiviti] радиочувствительность (чувствительность к воздействию ионизирующего излучения)

radiosensitization [ˌreidiəʊˌsensitiˈzeiʃn] радиосенсибилизация (повышение чувствительности к воздействию ионизирующего излучения с помощью физических и химических агентов)

radiosensitizer [ˌreidiəʊˈsensiˌtaizə] радиосенсибилизирующее вещество, радиосенсибилизатор

radiostereoscopy [ˌreidiəʊˌsteriˈɒskəpi] стереорентгеноскопия, рентгеностереоскопия

radiosterilization [ˌreidiəʊˌsteriliˈzeiʃn] стерилизация радиоактивным облучением

radiosurgery [ˌreidiəʊˈsɜːdʒəri] 1. радиохирургия (применение лучевой терапии в сочетании с оперативным вмешательством) 2. инвазивная [интервенционная] радиология 3. операция под рентгеновским контролем

radiotherapist [ˌreidiəʊˈθerəpist] радиотерапевт, радиолог

radiotherapy [ˌreidiəʊˈθerəpi] лучевая терапия, радиотерапия

   adjuvant ~ адъювантная лучевая терапия

   breast cancer ~ рентгенотерапия рака молочной железы

   extended-field ~ лучевая терапия с расширенным полем облучения

   interstitial ~ внутритканевая лучевая терапия

   intracavitary ~ внутриполостная лучевая терапия

   intraoperative ~ интраоперационная лучевая терапия

   local ~ местная лучевая терапия

   manual afterloading intracavitary ~ внутриполостная радиотерапия, регулируемая вручную

   megavoltage ~ мегавольтная лучевая терапия

   somatostatin-receptor mediated ~ лучевая терапия с использованием радиоактивного октреотида, внедряемого в злокачественные клетки

radiothermy [ˌreidiəʊˈθɜːmi] 1. лечение тепловым излучением 2. индуктотермия, коротковолновая диатермия

radiotolerance [ˌreidiəʊˈtɒlərəns] стойкость к облучению

radiotomy [reidiˈɒtəmi] томография

radiotoxemia [ˌreidiəʊtɒkˈsiːmiə] радиотоксемия (токсемия, вызванная воздействием ионизирующего излучения)

radiotracer [ˌreidiəʊˈtreisə] радиоактивная метка, радиоактивный индикатор

radiotransparent [ˌreidiəʊtrænsˈpærənt] рентгенопрозрачный, пропускающий рентгеновское излучение

radiotropic [ˌreidiəʊˈtrɒpik] радиотропный, чувствительный к облучению

radioulnar [ˌreidiəʊˈʌlnər] лучелоктевой

radium [ˈreidiəm] радий, Ra (радиоактивный элемент, применяемый в радиотерапии)

radiumize [ˈreidiəmaiz] лечить [облучать] радием

radius [ˈreidiəs], pl. **radii** [ˈreidiːi] 1. радиус; пределы; округа 2. лучевая кость

   ~ **of action** радиус действия

   ~ **of destruction** радиус разрушения

   distal ~ дистальный отдел лучевой кости

radix [ˈreidiks], pl. **radices** [ˈreidisiːz] 1. анат. корешок 2. корень (напр. языка, зуба)

   ~ **arcus vertebrae** лат. ножка дуги позвонка

   ~**ces craniales** черепные корешки (добавочного нерва, выходящие из продолговатого мозга)

   ~ **echinaceae** корень рудбекии [эхинацеи] пурпурной

   ~ **liquiritae** корень лакричника

   ~ **ononidis** корень стальника

   ~ **pili** корень волоса

   ~ **taraxaci** корень одуванчика

radon [ˈreidɒn] радон, Rn (инертный радиоактивный газ, продукт распада радия с излучением α- и γ-частиц)

radurization [ˌrædjuriˈzeiʃn] консервирование ионизирующим облучением

radwar [rædˈwɔː] 1. радиологическая война 2. применение боевых радиоактивных веществ

radwastes [ˈrædweists] радиоактивные отходы

   acid liquid ~ кислотные жидкие радиоактивные отходы

as-irradiated ~ невыдержанные радиоактивные отходы

cemented ~ цементированные радиоактивные отходы

cold ~ радиоактивные отходы низкой активности

contact-handled ~ радиоактивные отходы непосредственного обращения

high-level ~ высокоактивные отходы

middle-level ~ среднеактивные отходы

nonconditioned ~ некондиционные радиоактивные отходы

nonutility ~ радиоактивные отходы неэнергетических предприятий

nuclear power ~ радиоактивные отходы ядерных энергетических установок

spent fuel ~ отходы отработавшего ядерного топлива

raft [ra:ft] куча, масса

coarse ~s крупное скопление (*напр. клеток*)

rage [reiʤ] ярость, гнев ‖ неистовствовать, буйствовать

narcissistic ~ нарциссическая ярость

sham ~ ложная ярость

ragged [rægd] неровный, шероховатый; рваный (*напр. о ране*)

ragweed ['rægwi:d] амброзия (*аллергенное растение*)

ragwort ['rægwɔːt] крестовник золотистый (*Senecio aureus*)

rails [reils] *sl.* дорожки порошкообразного наркотика, насыпанные для вдыхания

rain [rein]:

◊ **right as** ~ совершенно здоровый

acid ~ кислотный дождь (*осадки, содержащие оксиды S и N и поступающие в атмосферу из промышленных зон*)

rainfall ['reinfɔːl] 1. дождевые осадки, дождь 2. количество осадков

abundant ~ обильные осадки

mean annual ~ среднегодовое количество осадков

raise [reiz] 1. повышение, увеличение ‖ повышать, поднимать, увеличивать 2. возбуждать; вызывать (*напр. тревогу*) 3. растить, воспитывать (*напр. детей*)

to ~ blood *разг.* харкать кровью

hand ~ ручное пособие (*напр. при родах*)

raised [reizd] выпуклый (*о бактериальной колонии*)

rale [ra:l] патологические шумы над лёгкими, слышимые при аускультации; хрипы

amphoric [border] ~ ателектатические шумы

cavernous ~ кавернозные хрипы

crepitaut ~ крепитирующие хрипы

gurgling ~ булькающие звуки

sibilant ~ свистящие хрипы

sonorous ~ звучные хрипы

ramal ['reiməl] *анат.* относящийся к ветви

ramex ['reiməks] 1. варикоцеле, варикозное расширение вен семенного канатика 2. опухоль мошонки

ramicotomy [ˌræmi'kɒtəmi] рамикотомия (*перерезка корешков спинномозговых или черепных нервов*)

ramification [ˌræmifi'keiʃn] 1. разветвление, ответвление 2. отросток

apical ~ бифуркация верхушки корня зуба

ramify ['ræmifai] разветвляться, ответвляться, разделяться

ramisection [ˌræmi'sekʃn], **ramisectomy** [ˌræmi'sektəmi] рамикотомия, рамисекция

ramitis [ræ'maitis] воспаление ветви (*нерва, сосуда*)

ramollissement [ˌra:mɒlis'mɔː] размягчение

ramose ['reiməʊs] разветвлённый, ветвистый

rampage [ræm'peiʤ] сильное возбуждение; неистовство, ярость, буйство ‖ быть в сильном возбуждении, неистовствовать

rampant ['ræmpənt] 1. сильно распространённый, свирепствующий (*о болезни, пороках*) 2. неистовый, буйный

Rampton ['ræmptɒn] Рэмптон (*название психиатрической больницы в Англии*)

ramus ['reiməs], *pl.* **rami** ['reimai] ветвь, ответвление (*напр. сосуда, нерва*)

~ of the forceps бранша щипцов

rancid ['rænsid] прогорклый, протухший

rancidity [ræn'siditi] 1. прогорклость 2. прогорклый запах; прогорклый вкус

rancour ['ræŋkə] злоба, затаённая вражда

random ['rændɒm] случайный; произвольный; беспорядочный; выбранный наугад

randomization [ˌrændɒmai'zeiʃn] *стат.* рандомизация (*распределение исследуемых лиц по группам методом случайного отбора*), метод слепого отбора, безвыборочный метод

cluster ~ кластерная рандомизация (*распределение больных на группы по неспецифическому признаку, напр. по району проживания и пр.*)

restricted ~ неполная рандомизация

randomised ['rændɒmaizd] рандомизированный, произвольно взятый для изучения (*о группе исследуемых больных*)

range [reinʤ] 1. сфера; зона; область 2. амплитуда колебаний ‖ колебаться в известных пределах, варьировать 3. интервал, размах, диапазон, предел(ы) 4. радиус действия 5. вариационный размах 6. класс ‖ классифицировать 7. ареал, область распространения ◊ **in the ~ of...** в пределах

~ of accommodation *офт.* объём [амплитуда, сила] аккомодации

~ of infectious agents 1. перечень возбудителей (*болезней*) 2. область распространения возбудителей (*болезней*)

~ of motion диапазон движений (*напр. шеи*)

accepted ~ *психол.* приемлемый уровень (*напр. поведения*)

antibacterial ~ антибактериальный спектр (*действия антибиотика*)

basal [baseline] ~ базальное [исходное] значение (*напр. кортизола*)

broad ~ широкий спектр (*напр. активности антибиотиков, дезинфектантов*)

close-to-critical ~ подкритическая область

control ~ диапазон [пределы] регулирования

critical temperature ~ интервал критических температур

dosage ~ диапазон доз

full ~ of chronic care полный объём при продолжительном лечении

host ~ круг [сфера] хозяев (*напр. вируса*)

mean ~ *биом.* осреднённый размах; осреднённый интервал

reference ~ справочный диапазон; границы нормы, диапазон нормальных колебаний *(напр. эритроцитов)*

toxicity ~ интервал токсичности

ranine ['reinain] 1. подъязычный 2. относящийся к подъязычной вене

rank [ræŋk] категория; разряд; степень; класс || классифицировать; относить к какой-л. категории; занимать какое-л. место

ranking ['ræŋkiŋ] 1. ранжирование 2. ранговая оценка, ранг

rankle [ræŋkl] гноиться *(о ране)*, вызывать нагноение

ranula ['rænjʊlə] ранула, ретенционная подъязычная киста

pancreatic ~ киста поджелудочной железы

rapacious [rə'peiʃəs] 1. хищный 2. прожорливый

rape [reip] *суд. мед.* изнасилование || изнасиловать

female ~ изнасилование женщины

gang ~ *см.* **multiple** ~

male ~ насильственное мужеложство

multiple ~ групповое изнасилование

statutory ~ половое сношение с несовершеннолетней *(до 16 лет в Великобритании)*

raphe ['reifi] *анат.* шов, линия сращения, линия соединения

abdominal ~ белая линия живота

anococcygeal ~ заднепроходно-копчиковая связка

longitudinal ~ **of tongue** срединная борозда языка

rapist ['reipist] насильник; лицо, совершившее изнасилование

rapper-dandies ['ræpə-'dændiiz] толокнянка обыкновенная, медвежье ушко *(Arctostaphylos uva ursi)*

rapport [ræ'pɔː] *психол.* раппорт *(1. связь, позитивный контакт 2. взаимопонимание, согласие)*

doctor-patient ~ контакт между врачом и пациентом

rapture ['ræptʃə] 1. восторг, экстаз || быть в восторге, экстазе 2. похищение

~ **of the deep** глубоководное опьянение *(психозы, обычно с эйфорией, у глубоководных ныряльщиков и иных лиц, подвергнувшихся сенсорной депривации и дезориентации, а также при наличии высокого уровня азота в крови)*

raptus ['ræptəs] 1. приступ; раптус; острое начало болезни 2. насилие; изнасилование

~ **hemorrhagicus** внезапное профузное кровотечение

~ **maniacus** маниакальный раптус

~ **melancholicus** меланхолический раптус

~ **nervorum** 1. острый невротический приступ 2. спазм; судорога

rare [reə] 1. редкий, редко встречающийся 2. разреженный *(о газах)*, разжиженный, разведённый

rarefaction [reərə'fekʃn] разрежение; разжижение, разведение

rash [ræʃ] сыпь, высыпания, эффлоресценция

antitoxin ~ (аллергическая) сыпь при сывороточной болезни

barber's ~ инфильтративно-нагноительная трихофития бороды и усов

butterfly ~ сыпь в виде кожной бабочки

canker ~ *уст.* скарлатина

caterpillar ~ раздражение, вызванное гусеницами

crystal ~ кристаллическая потница

diaper ~ опрелость *(у грудного ребёнка)*

drug ~ лекарственная [медикаментозная] сыпь

evanescent ~ исчезающая [пропадающая] сыпь

febrile ~ лихорадочное заболевание с высыпанием

fleeting erythematous circinate ~ трипаниды, кратковременные эритематозные высыпания *(у больных трипаносомозом)*

heat ~ красная [тропическая] потница, климатический гипергидроз

hydatid ~ высыпания при эхинококкозе

irritant ~ воспалительная сыпь

itchy ~ сыпь, вызывающая зуд

medicinal ~ лекарственная [медикаментозная] сыпь

milk ~ молочная сыпь

millet seed ~ потница

napkin [nappy] ~ *см.* **diaper** ~

nettle ~ крапивница

non-descript ~ сыпь неопределённого вида

papular ~ папулёзная сыпь

petechial ~ петехиальные [узелковые] высыпания

punctate ~ мелкоточечная сыпь

rose ~ **of infants** внезапная экзантема детей раннего возраста

scaly ~ чешуйчатая сыпь

serpiginous ~ серпигинозная [ползучая] сыпь

serum ~ сыпь при сывороточной болезни

tooth ~ сыпь (у детей) при прорезывании зубов

urticarial ~ уртикарная сыпь

vaccination ~ вакцинная токсидермия, вакцинная сыпь

wandering ~ десквамативный [мигрирующий] глоссит, географический язык

raspatory ['ræspətəʊri] *мед. тех.* распатор

curved ~ изогнутый распатор

gouge ~ желобоватый распатор

rib ~ рёберный распатор

scraping ~ распатор-скребок

straight ~ прямой распатор

rat [ræt] крыса || истреблять крыс

hypertensive ~ гипертензивная крыса

Lewis ~ крыса линии Льюис

spontaneously hypertensive ~**s** спонтанно гипертензивные крысы *(наследственный вариант гипертонии)*

stroke-prone ~ крыса с предрасположенностью к инсульту

Wistar ~ крыса линии Вистар

rat-borne [ræt-bɔːn] распространяемый или передаваемый крысами

rate [reit] 1. скорость, быстрота; темп; интенсивность 2. доза; норма 3. степень; коэффициент 4. частота *(пульса)* 5. мощность, интенсивность *(напр. ионизирующего излучения)* 6. считать, рассматривать; полагать 7. хрипы *(аускультативный феномен)* 8. *страх.* ставка, размер взноса

~ **of mortality** смертность, показатель смертности

~ **of natural increase** коэффициент естественного прироста *(населения)*

~ of ventilation *физиол.* интенсивность вентиляции

absorbed dose ~ мощность поглощённой энергии

admission ~ «госпитализированная» заболеваемость *(число госпитализаций на тысячу человек населения за определённый период)*

accident ~ число несчастных случаев; коэффициент травматизма

accuracy ~ степень точности

adjusted community ~ *страх.* скорректированный общественный тариф *(применяется в системе семейных врачей)*

age specific fertility ~ повозрастной [возрастной] коэффициент рождаемости

age specific nuptiality ~ повозрастной [возрастной] коэффициент брачности

age-standardized ~s стандартизованный возрастной показатель

amphoric ~ амфорические хрипы

angina attack ~ интенсивность приступов стенокардии; частота приступов стенокардии

attack ~ частота заболеваемости *(во время эпидемии)*

average annual ~s of increase среднегодовые темпы прироста *(населения)*

average payment ~ *страх.* средняя ставка оплаты

basal metabolic ~ интенсивность основного обмена

bed occupancy ~ коэффициент средней занятости койки, оборот койки

birth ~ рождаемость, коэффициент рождаемости

blood sedimentation ~ *см.* **erythrocyte sedimentation ~**

breathing ~ частота дыхания

breathing (air)flow ~ скорость потока воздуха при дыхании

bubbling ~ *см.* **moist ~**

case ~ заболеваемость, коэффициент заболеваемости

case fatality ~ летальность

cause-specific death ~ коэффициент смертности по причинам смерти *(годовое число смертей от данной причины)*

cavernous ~ кавернозные хрипы

central birth ~ (общий) коэффициент рождаемости *(отношение живорождённых к численности населения, ‰)*

cerebral metabolic ~ уровень обмена веществ в головном мозге

cohort fertility ~ коэффициент рождаемости для когорты

completed fertility ~ исчерпанная рождаемость *(кумулятивный коэффициент рождаемости для когорты женщин, достигших конца репродуктивного периода)*

conception ~ показатель оплодотворения, оплодотворяемость

concordance ~ частота схождения *(признака, поведенческого действия у членов специальной группы, особенно в парах близнецов)*

consonating ~ звучные хрипы

crackling [crepitant] ~ крепитация

crude birth ~ *см.* **central birth ~**

crude [death] mortality ~ (общий) коэффициент смертности *(число смертей на 1000 населения)*

crude marriage ~ (общий) коэффициент брачности *(число браков на 1000 человек)*

cumulative fertility ~ кумулятивный коэффициент рождаемости *(общее число живорождений к определённому возрасту в расчёте на 1000 женщин)*

cumulative survival ~ совокупная выживаемость

cure ~ показатель эффективности лечения

death ~ коэффициент смертности

dilution ~ степень разбавления или разведения

disability ~ показатель временной нетрудоспособности

discharge ~ коэффициент выписки из больницы

dose equivalent ~ мощность эквивалентной дозы *(ионизирующего излучения)*

dry ~ сухие хрипы

early neonatal ~ ранняя неонатальная смертность *(в течение первой недели жизни)*

erythrocyte sedimentation ~ скорость оседания эритроцитов, СОЭ

evaporation ~ 1. скорость [интенсивность] испарения **2.** коэффициент испарения

exercise heart ~ частота сердечных сокращений при физической нагрузке

exnupital birth ~ коэффициент внебрачной рождаемости *(число живорождений у женщин, не состоящих в браке, на 1000 женщин репродуктивного возраста, состоящих в браке)*

expectancy ~ ожидаемая частота, ожидаемый уровень развития *(напр. болезни)*

expiratory flow ~ скорость экспираторного потока, скорость выдоха

exposure ~ мощность [доза] облучения

false-positive ~ частота ложно-положительных результатов

fast frame ~ *узи* высокая частота смены кадров

fast ventricular ~ высокая частота желудочковых сокращений

fatal accident frequency ~ частота несчастных случаев со смертельным исходом

fatality ~ *см.* **lethality ~**

fertility ~ коэффициент плодовитости, фертильности, или репродукции, истинная рождаемость *(число новорождённых, приходящееся ежегодно на 1000 женщин детородного возраста – от 15 до 45 лет)*

fetal death [fetal mortality] ~ коэффициент внутриутробной смертности

fine ~ незначительные хрипы

first-marriage ~ коэффициент брачности для первых браков *(число первых браков на 1000 женщин/мужчин, никогда не состоявших в браке)*

five-year survival ~ пятилетний срок выживания

flow ~ скорость истечения; скорость тока жидкости *(напр. кровотока)*

general fertility ~ специальный коэффициент рождаемости *(отношение числа рождений за определённый период к числу человеколет, прожитых женщинами репродуктивного возраста в течение этого периода)*

glomerular filtration ~ уровень клубочковой [гломерулярной] фильтрации

gross reproduction ~ брутто-коэффициент воспроизводства населения *(показатель замещения поколений)*

guttural ~ трахеальные хрипы

heart ~ частота сердечных сокращений

heavy ~ высокая норма; высокая доза

high-dose ~ высокая доза облучения

HIV incidence ~ показатель уровня заражаемости ВИЧ

HIV prevalence ~ показатель уровня инфицированности ВИЧ

immunization ~ уровень иммунизации

illegitimate birth ~ *см.* **exnupital birth ~**

inception [incidence] ~ заболеваемость, коэффициент заболеваемости

infant mortality ~ младенческая смертность *(в возрасте до года, на 1000 живых детей)*

intrinsic natural increase ~ истинный коэффициент естественного прироста

inspiratory flow ~ скорость инспираторного потока, скорость вдоха

lapse ~ of temperature температурный градиент, перепад температур

large bubbling ~ крупнопузырчатые хрипы

legitimate birth ~ коэффициент брачной рождаемости

lethality ~ летальность *(процент умерших от числа больных)*

lifetime prevalence ~s заболеваемость на протяжении всей жизни

maternal mortality ~ коэффициент материнской смертности *(число летальных исходов на 100 000 родов, включая мертворождённых детей)*

medium bubbling ~ среднепузырчатые хрипы

memory ~ скорость запоминания

metabolic ~ интенсивность обмена веществ, уровень метаболизма *(напр. в покое)*

moist ~ влажные хрипы

morbidity ~ 1. заболеваемость, коэффициент заболеваемости *(на 1000, 10 000 или 100 000 населения)* 2. *стат.* болезненность, распространённость болезни

mortality ~ коэффициент смертности *(на 1000, 10 000 или 100 000 населения)*

motility ~ степень активности, или подвижности *(напр. сперматозоидов)*

mutation ~ частота мутаций

neonatal death [mortality] ~ смертность новорождённых *(в течение первого месяца жизни)*

netto reproduction ~ нетто-коэффициент воспроизводства населения *(количественная мера замещения материнского поколения дочерним)*

nupital fertility ~ специальный коэффициент брачной рождаемости *(годовое число детей, рождённых женщинами, состоящими в браке, на среднегодовую численность замужних женщин)*

order specific fertility ~ специальный коэффициент рождаемости по порядку рождения

oxygen uptake ~ скорость потребления кислорода

parasite ~ паразитарный индекс

parity progression ~ вероятность рождения ребёнка данной очерёдности

peak expiratory flow ~ пиковый уровень на выдохе

perfusion flow ~ скорость перфузии

perinatal mortality ~s перинатальная смертность *(число мертворождённых и умерших в течение первой недели жизни на 1000 родов)*

period ~ период распространения *(заболевания)*

permissible ~s допустимые нормы

photosynthetic ~ интенсивность фотосинтеза

point ~ момент распространения *(заболевания)*

pre-exercise heart ~ частота сердечных сокращений до физической нагрузки

prevalence ~ болезненность; распространённость, или коэффициент распространённости, болезни

protective efficacy ~ частота эффекта профилактики

protein catabolic ~ степень катаболизма белка

pulse ~ частота пульса

rapid heart ~ ускорение частоты сердечных сокращений

reaction ~ скорость реакции

recovery ~ скорость восстановления *(напр. функции)*, темп выздоровления

recurrence [relapse] ~ частота рецидивов

reproduction ~ *см.* **fertility ~**

respiration ~ частота дыхания

respiratory (air)flow ~ скорость потока воздуха при дыхании

respiratory ventilation ~ интенсивность лёгочной вентиляции

response ~ показатель отклика *(доля людей, откликнувшихся на просьбу включиться в исследование, от общего числа лиц, соответствующих критериям включения)*

resting metabolic ~ основной обмен в покое

ringing ~ *см.* **consonating ~**

salvage ~ *см.* **survival ~**

saturation ~ степень насыщения

scanty birth ~ низкая рождаемость

sedimentation ~ скорость оседания *(эритроцитов, клеток, бактерий, вирусов и т. п.)*

sequelae ~ частота осложнений

sero-conversion ~ показатель конверсии сыворотки

seroprevalence ~s частота серологических реакций

sex-age-specific death ~s коэффициенты смертности по возрастно-половым группам

shear ~ скорость сдвига

sibilant ~ свистящие хрипы

sickness ~ заболеваемость, коэффициент заболеваемости

sinoatrial [sinus] ~ синусный ритм *(сердца)*

slew ~ максимальная частота изменений амплитуды вольтажа на выходе электронного пейсмекера *(влияющая на деятельность сердца)*

small bubbling ~ мелкопузырчатые хрипы

sonorous ~ звучные хрипы

specific ~ of reaction удельная скорость реакции

specific growth ~ удельная скорость роста

specific metabolic ~ удельная скорость метаболизма

spleen ~ селезёночный (малярийный) индекс

standardized mortality ~ стандартизированные коэффициенты смертности

stillbirth ~ 1. коэффициент мертворождаемости *(к общему числу родов)* 2. смерть плода при родах

stimulation ~ частота раздражения

successful vaccination ~ показатель эффективности вакцинации

survival ~ коэффициент выживаемости

temperature ~ тепловой режим

total abortion ~ суммарный коэффициент абортов *(число абортов, произведёных в расчёте на 1000 новорождённых девочек за весь их репродуктивный период)*

total fertility ~ суммарный коэффициент рождаемости

true birth ~ *см.* fertility ~

urine flow ~ объём выделяемой мочи, диурез

ventricular ~ желудочковый ритм *(сердца)*

vesicular ~ крепитирующие хрипы, крепитация

rate-lowering [reit-'ləʊəriŋ]:

heart ~ брадикардитический, урежающий частоту сердечных сокращений *(об антагонистах кальция)*

ratemeter ['reitmi:tə]:

beat-to-beat ~ кардиоинтервалометр *(прибор для измерения интервалов между сердечными сокращениями)*

heart ~ кардиотахометр, ритмокардиометр

pulse ~ пульсотахометр, счётчик пульса

raticide ['rætisaid] яд для крыс

rating ['reitiŋ] 1. рейтинг, оценка 2. класс, разряд, уровень, ранг, положение; отнесение к классу 3. мощность, производительность

~s of permanent impairment градация хронической инвалидизации

experience ~ *страх.* тарификация по фактическим затратам *(определение размера страхового взноса на основе фактических затрат на лечение)*

global severity ~ общая оценка тяжести *(травмы)*

hazard ~ шкала опасности или риска *(при воздействии токсических веществ)*

hygienic ~ гигиеническое нормирование, гигиеническая регламентация

integrated hygienic ~ комплексное гигиеническое нормирование

medical ~ медицинская экспертиза

risk ~ степень риска

sanitation ~ санитарные нормы

sex maturity ~s степень половой зрелости

subthreshold ~ подпороговый уровень

ratio ['reiʃiəʊ], *см. тж.* rate 1. степень; коэффициент 2. пропорция, отношение, соотношение

~ of pharmacies per inhabitants соотношение аптек и численности жителей

absorption ~ коэффициент поглощения

age ~ соотношение возрастных групп

albumin-globulin ~ альбумин-глобулиновый коэффициент

amended insulin-glucose ~ скорректированный индекс инсулин-глюкоза

basal ~ основной рацион

bed/population ~ коэффициент обеспеченности населения больничными койками

benefit-cost ~ коэффициент «выгоды-затраты»

birth-death ~ коэффициент жизненности населения, жизненный индекс

body-weight ~ весоростовой коэффициент

cap/disk ~ отношение диаметра экскавации к диаметру диска зрительною нерва *(при глаукоме)*

cardiothoracic ~ отношение поперечного размера сердца к поперечному размеру грудной клетки

cell-color ~ цветной показатель крови, колориметрический индекс

child/woman ~ индекс детности *(число детей от 0 до 4 или 9 лет в расчёте на 1000 женщин репродуктивного возраста)*

contrast ~ *рентг.* коэффициент контрастности

cost/quality ~ показатель [соотношение] цена/качество

curative ~ терапевтический индекс

dependency ~ коэффициент демографической нагрузки *(число лиц в возрасте 0–14 лет и в возрасте 60 лет и старше на 1000 человек в возрасте 16–59 лет)*

diameter-thickness ~ показатель сферичности эритроцита *(отношение диаметра к толщине)*

dispersion ~ коэффициент дисперсии

distribution ~ коэффициент распределения

expiratory exchange ~ дыхательный коэффициент

extraction ~ клиренс, коэффициент очищения *(крови)*

filler-to-drug ~ соотношение между наполнителем и активным ингредиентом *(в лекарственной форме)*

glucose-nitrogen ~ отношение концентраций глюкозы и азота мочи *(при сахарном диабете)*

hand ~ отношение длины кисти к её ширине

hospital fatality ~ коэффициент внутрибольничной смертности

International Normalised ~ Международное нормализованное отношение, МНО *(протромбиновый тест при проведении антикоагулянтной терапии; рекомендуется поддерживать на уровне 2,0–3,0 или 3,0–4,0)*

karyoplasmic ~ ядерно-(цито)плазматический коэффициент

late fetal death ~ коэффициент мертворождаемости

likelihood ~ отношения правдоподобия *(вероятность события при некотором условии, напр. отношение частоты симптомов при наличии болезни к частоте симптомов в её отсутствие)*

low/high frequency ~ соотношение низко- и высокочастотных составляющих *(спектра ЭКГ)*

medical loss ~ уровень [показатель] убыточности медицинской организации

myeloid/erythroid ~ индекс миелоидно-эритроидных ростков

nucleo(cyto)plasmic ~ ядерно-(цито)плазматический коэффициент

packing ~ индекс упаковки *(отношение длины молекулы ДНК к длине нити)*

paternal sex ~ отцовское соотношение полов

proportional mortality ~ относительный показатель смертности

prothrombin ~ протромбиновый индекс

respiratory exchange ~ дыхательный коэффициент

saturation ~ коэффициент насыщения

segregation ~ соотношение расщепления *(соотношение потомков со специфическим генотипом или фенотипом)*

sex ~ половой индекс *(соотношение между мужчинами и женщинами на определённых стадиях жизнен-*

ного цикла: первичный – к моменту оплодотворения, вторичный – в момент рождения ребёнка – 105 мальчиков на 100 девочек)

signal-to-noise ~ соотношение сигнал/шум

standardized ~ стандартизированный показатель, или коэффициент

stillbirth ~ *см.* **late fetal death** ~

survival ~ **1.** показатель дожития до следующего возраста **2.** доля выживших организмов

therapeutic ~ терапевтический индекс

tissue-air ~ тканевоздушный коэффициент

toxin/toxoid ~ соотношение токсина и токсоида *(в дифтерийном токсине)*

transpiration ~ коэффициент транспирации; интенсивность транспирации

urine protein/creatinine ~ соотношение белка мочи и креатинина

variance ~ вариантное отношение, отношение дисперсий

ration [ræʃn] рацион

balanced ~ сбалансированный рацион

basal ~ основной рацион

emergency ~ **1.** неприкосновенный запас **2.** аварийный паёк

high-energy ~ высокоэнергетический рацион

low-fiber content ~ рацион с низким содержанием клетчатки

mineral-deficient ~ рацион с недостатком минеральных веществ

rational ['ræʃənəl] **1.** правильный; обоснованный; рациональный **2.** логичный; разумный

rationalization [ˌræʃənəli'zeiʃn] *психол.* **1.** рациональное осмысление; рационалистичное объяснение **2.** рационализация *(рациональная интерпретация неприемлемого для «Я» психического содержания)*

ratsbane ['rætsbein] семя чилибухи, рвотный орех *(крысиный яд)*

rattle [rætl] **1.** треск; грохот **2.** хрипение

death ~ предсмертные хрипы

rattlesnake ['rætlsneik]:

western diamondback ~ западная гремучая змея *(Crotalus atrox)*

raucous ['rɔːkəs] хриплый, резкий, пронзительный *(о голосе)*

Rauwolfia [rau'wuːlfiə]:

~ **serpentina** раувольфия *(сушёный корень кустарника содержит ряд алкалоидов, в т. ч. резерпин)*

rave [reiv] **1.** бред, бессвязная речь || бредить, говорить бессвязно **2.** неистовствовать

raving ['reiviŋ] **1.** неистовство **2.** бред || бредовой

ravish ['ræviʃ] *уст.* изнасиловать

raw [rɔː] **1.** сырой; необработанный; грубый **2.** больное место; ссадина || чувствительный; лишённый кожи; кровоточащий *(о ране, коже)*

ray [rei] **1.** луч || излучать(ся), облучать **2.** *pl.* излучение

actinic ~s актиническое излучение

alpha ~s альфа-излучение, альфа-лучи

beta ~s бета-излучение, бета-лучи *(электрон или позитрон, испускаемый при спонтанном превращении протона в нейтрон или нейтрона в протон)*

central ~ центральный [осевой] луч

chemical ~s *см.* **actinic** ~s

cosmic ~s космическое излучение

dynamic ~s терапевтически активное излучение

gamma ~s гамма-кванты, гамма-излучение, γ-излучение

grenz ~s длинноволновое [мягкое] излучение, Букки пограничные лучи

Gurwich ~s митогенетические лучи

hard ~s жёсткое [проникающее] излучение

incident ~ падающий луч *(напр. световой)*

infrared ~s инфракрасное [тепловое] излучение

laser ~ лазерный луч

luminous ~ световой луч

reflected ~ отражённый луч *(света)*

roentgen ~s рентгеновское излучение

scattered ~s рассеянное излучение

soft ~s мягкое [слабопроникающее] излучение

supersonic ~s ультразвук

ultrared ~s инфракрасное [тепловое] излучение

ultraviolet [violet] ~s ультрафиолетовое излучение

visible ~s видимое излучение, свет

X~s рентгеновское излучение

rayage ['reieʤ] дозирование ионизирующего излучения

reablement [ri:'eiblmənt] реабилитация

reabsorption [ri:əb'lsɔːpʃn] реабсорбция, обратное всасывание

reach[1] [ri:tʃ] **1.** досягаемость, предел досягаемости || проникать, достигать, распространяться **2.** радиус действия, сфера влияния

reach[2] рыгать; тужиться *(при рвоте)*

"reach-back" [ri:tʃ-bæk] *психол.* «зацикливание» *(период времени, в течение которого предстоящее событие влияет на поведение)*

reacquisition [ri:ˌækwi'ziʃn] повторное появление *(напр. стафилококка)*

react [ri:'ækt] **1.** реагировать **2.** влиять, воздействовать, взаимодействовать **3.** участвовать в реакции

reactant [ri:'æktənt] реагирующее вещество, реагент; медиатор

inflammatory ~s продукты воспаления

reacting [ri:'æktiŋ]

cross ~ перекрёстно-реагирующий *(напр. иммунологический материал)*

reaction [ri:'ækʃn] **1.** реакция **2.** противодействие, обратное действие **3.** влияние, воздействие **4.** *физиол.* промежуток времени между раздражением и ответной реакцией ◊ **no** ~ отсутствие реакции *(напр. на вакцину)*

~ **of passive latex agglutination** реакция обратной пассивной латекс-агглютинации

~ **of sensibility** проба на определение чувствительности

~ **to severe stress** реакция на тяжёлый стресс

accelerated ~ ускоренная (вакциноидная) реакция *(тип прививочной реакции)*

accommodation ~ реакция аккомодации, конвергентная реакция

acid ~ кислая реакция

acid-base кислотно-основная реакция

"acute phase" ~ острофазовая реакция

943

acute stress ~ острая реакция на стресс

addition ~ реакция присоединения

adverse ~ побочная [неблагоприятная, извращённая] реакция

alarm ~ 1. реакция тревоги *(первая стадия общего адаптационного синдрома)* 2. реакция на сигнал тревоги

alcohol flush ~ алкогольная реакция покраснения *(в связи с приёмом алкоголя)*

alkali(ne) ~ щелочная реакция

all-or-nothing ~ реакция «всё или ничего» *(на подпороговое раздражение возбудимая клетка не даёт ответа, а на пороговое раздражение даёт максимальный ответ)*

amphoteric ~ амфотерная реакция

anamnestic ~ анамнестическая реакция *(на антиген)*

anaphylactoid [anaphylaxis] ~ реакция анафилаксии, или гиперчувствительности; анафилактоидная реакция

antabus ~ антабусная реакция *(характеризующаяся вегетативными проявлениями – тахикардией, чувством страха, покраснением – и вырабатывающая рефлекторное отвращение к спиртному)*

antigen-antibody ~ реакция «антиген – антитело»

anxiety ~ *псих.* невроз страха, тревожный невроз

arousal ~ 1. реакция десинхронизации, реакция активации *(на электроэнцефалограмме)* 2. реакция пробуждения

axonal ~ Ниссля первичное раздражение, или реакция; центральный хроматолиз

back ~ обратная реакция

behavioral ~ поведенческая реакция

bi-bi ~ ферментативная реакция по механизму «пинг-понг»

biuret ~ биуретовая реакция *(на белок)*

bizzare ~ эксцентричная реакция *(напр. больного)*

blast-transformation ~ реакция бласттрансформации лимфоцитов, РБТЛ *(1. метод диагностики сенсибилизации организма 2. метод оценки состояния клеточного иммунитета)*

blood transfusion ~s посттрансфузионные реакции

bodily ~ системная [общая] реакция организма

capture ~ реакция захвата

cascade ~ каскадная реакция

catastrophic ~ *псих.* реакция катастрофы

characteristic ~ типичная реакция

cocarde [cockade] ~ кокардный тест *(реакция с туберкулином)*

combination ~ реакция присоединения

compatible ~ физиологически совместимая реакция

competing ~ конкурирующие реакции, одновременно протекающие реакции

complement-dependent ~ комплемент-зависимая реакция

complement-fixation ~ реакция связывания комплемента

complete ~ 1. *хим.* необратимая реакция 2. завершённая реакция

concomitant ~ *невр.* сопутствующая реакция

concurrent ~ сопутствующая, или побочная, реакция; конкурирующая реакция

conditioned reflex ~ условно-рефлекторная реакция

conduct ~ *см.* **behavioral** ~

conglutination ~ реакция агглютинации

consecutive ~ последовательная [консекутивная] реакция

consensual ~ содружественная зрачковая реакция

constitutional ~ *см.* **bodily** ~

convergence ~ *см.* **accommodation** ~

conversional ~ конверсионные расстройства, реакции конверсии *(выражение истерических аффектов через соматическую патологию)*

coupled ~ сопряжённая реакция

coupling ~ реакция связывания или присоединения

cross-match ~ «кросс-матч», проба на перекрёстно реагирующие антигены

cutaneous ~ кожная реакция

decomposition ~ реакция разложения, реакция распада

defense ~ защитная реакция

deferred ~ заторможенная реакция

delayed ~ 1. задержанная реакция, запаздывающий рефлекс 2. аллергическая реакция замедленного типа

delayed skin ~ гиперчувствительность замедленного типа, ГЗТ

diazo ~ диазореакция (Эрлиха)

direct antiglobulin rosetting ~ прямая антиглобулиновая реакция спонтанного розеткообразования

displacement ~ реакция замещения

dissociative ~ диссоциативная реакция, диссоциативное состояние

double coating indirect rosette forming ~ комплементарное розеткообразование

drop ~ капельная реакция

drug ~ побочная реакция на лекарство; лекарственная аллергия

early ~ *см.* **immediate** ~

echo ~ *псих.* эхолалия, эхофразия

Eisenmenger ~ Эйзенменгера реакция *(лёгочная гипертензия, обусловленная дефектом перегородки, приводящим к смешиванию крови)*

electrocutaneous [electroskin] ~ кожно-гальваническая [психогальваническая] реакция, кожно-гальванический [психогальванический] рефлекс

emotionally-charged ~ эмоциональный всплеск

energy-releasing [exergonic] ~ *см.* **heat-generating** ~

enhanced startle ~ повышенная пугливость

erythrocyte sedimentation ~ реакция [скорость] оседания эритроцитов, РОЭ

exclusion ~ реакция исключения *(суперинфицирующего фага)*

facilitation ~ стимуляция приживляемости трансплантата

false-negative ~ ложноотрицательная реакция

false-positive ~ ложноположительная реакция

Feulgen ~ Фёльгена реакция *(окрашивание ДНК в ядре клетки)*

first set ~ первичное отторжение трансплантата *(через 7–10 дней после пересадки)*

fixation ~ реакция связывания комплемента

flash ~ алкогольная реакция покраснения

focal ~ *см.* **local** ~

following ~ реакция следования

forward ~ прямая реакция

functional ~ функциональная реакция

galvanic skin ~ кожно-гальваническая [психогальваническая] реакция, кожно-гальванический [психогальванический] рефлекс

general adaptation ~ (общий) адаптационный синдром, Селье адаптационный синдром

generalized Schwartzman's ~ Шварцмана – Санарелли феномен, Шварцмана генерализованный феномен *(анафилактический шок в ответ на введение антигена сенсибилизированному животному)*

glyoxalic acid ~ триптофановая реакция *(реакция с глиоксалевой кислотой на триптофан)*, Гопкинса – Коула метод

graft ~ 1. реакция на трансплантат 2. прививочная реакция

graft versus host ~ гомологичная [вторичная] болезнь, реакция «трансплантат против хозяина», реакция отторжения *(обусловлена цитотоксической активностью иммунокомпетентных лимфоцитов аллотрансплантата)*

Gram ~ метод окраски бактерий по Граму

grief ~ реакция горя, лишения

gross stress ~ большая стрессовая реакция

group ~ 1. группоспецифическая реакция *(напр. бактериоагглютинации)* 2. тест для определения группы крови

habitual ~ безусловная реакция, безусловный рефлекс

hand-to-mouth ~ рефлекс «тянуть всё в рот»

healthy ~ здоровое возбуждение *(напр. после зарядки)*

heat-absorbing ~ эндотермическая реакция

heat-generating [heat-producing] ~ экзотермическая реакция

heat-shock ~ реакция на тепловой стресс

hemagglutination-inhibition ~ реакция торможения гемагглютинации

Herxheimer's ~ Герксхеймера реакция *(реакция замедленной гиперчувствительности в ответ на массовую гибель бактерий и освобождение антигена после лечения)*

HIV-associated acute stress ~ ВИЧ-ассоциированная острая стрессовая реакция

host-versus graft ~ реакция хозяина против трансплантата *(вследствие клеточнозависимых иммунных механизмов)*

hypersensitivity ~ аллергическая реакция

immediate ~ аллергическая реакция немедленного типа; гиперчувствительность немедленного типа, ГНТ, анафилаксия

immobilization ~ реакция иммобилизации *(антител, бактерий, ферментов и т. п.)*

immune ~ иммунный ответ

incompatible blood transfusion ~ реакция на переливание несовместимой крови, гемотрансфузионная реакция, гемотрансфузионный шок

incomplete ~ 1. незавершённая реакция 2. обратимая реакция

indifference ~ реакция безразличия

indirect antiglobulin rosetting ~ непрямая антиглобулиновая реакция розеткообразования

indirect pupillary ~ содружественная зрачковая реакция

inhibition ~ реакция торможения *(напр. прилипания лейкоцитов)*

injection site ~ местная реакция на инъекцию

innocent bystander ~ лекарственно-аллергическая лейкоэритропения

intracutaneous ~ внутрикожная реакция

involutional psychotic ~ инволюционная психотическая реакция

Jarisch-Herxheimer ~ *см.* **Herxheimer's** ~

Kahn ~ Кана реакция *(тест на наличие сифилиса)*

late ~ аллергическая реакция замедленного типа

lepra ~ реакция лепры

local ~ местная [очаговая] реакция

local anesthetic ~ токсическая реакция на введение местного анестетика

local basophil-rich ~ местная аллергическая реакция

lytic ~ литическая реакция

macrophage disappearance ~ реакция исчезновения макрофагов

maladaptive ~ реакция недостаточной [неадекватной] адаптации

maternal immune ~ иммуноконфликтная реакция у беременных

Mersky's ~ реакция торможения агглютинации таннизированных эритроцитов, РТГА ТЭ, Мерски реакция

microallergic ~ микробная [бактериальная] аллергия

miostagmin ~ Асколи реакция, термопреципитация

mixed antiglobulin rosetting ~ микст-реакция розеткообразования с антиглобулином

mixed lymphocytic culture ~ реакция смешанной культуры лимфоцитов, СКЛ-реакция

monophasic allergic ~ *см.* **immediate** ~

negative therapeutic ~ негативная реакция на терапию

ninhydrin ~ нингидриновая реакция *(гистохимический тест на наличие белка)*

numerical ~ численная реакция *(популяции паразита или хищника, проявляющаяся в ряде поколений на изменение плотности популяции его хозяина или жертвы)*

obsessive-compulsive ~ невроз навязчивых состояний, обсессивно-компульсивное расстройство

opposing ~ *см.* **incomplete** ~ 2

opposite ~ реакция противоположного направления

Otto's ~ Отто проба *(реакция агглютинации с протеем)*

overall ~ суммарная [итоговая] реакция

oxidation-reduction ~ окислительно-восстановительная реакция

oxidizing ~ реакция окисления, окислительная реакция

paraserum ~ параагглютинация, ложной агглютинации реакция

periodic acid Schiff ~ *гист.* PAS-реакция, ШИК-реакция

periosteal ~ периостальная реакция, реакция надкостницы *(на воспаление)*

peroxidase ~ пероксидазная реакция

persistent ~ стойкая реакция

phage-antiphage ~ реакция нейтрализации фага антисывороткой

phobic ~ реакция страха, фобия

photoallergic ~ фотоаллергическая реакция; (контактный) дерматит

placing ~ реакция опоры (патологический рефлекс)

plasmal ~ гист. плазмалевая реакция

polymerase chain ~ полимеразная цепная реакция, ПЦР (метод амплификации нуклеотидных последовательностей in vitro с помощью фермента ДНК-полимеразы)

poor ~ замедленная [слабая] реакция

Prausnitz – Kustner ~ Праусница – Кюстнера реакция (кожная проба для выявления IgE-антител у человека)

precipitin ~ реакция преципитации

primed [priming] ~ 1. первичная [инициаторная] реакция 2. затравочная реакция

prolonged depressive ~ псих. затянувшаяся [длительная, пролонгированная] депрессивная реакция

pseudo-Schick ~ ложноположительная реакция на дифтерийный токсин

psychogalvanic ~ кожно-гальванический рефлекс, психогальваническая реакция

quelling ~ реакция набухания (антител к бактериям Streptococcus)

reaginic [reagin-mediated] ~ (аллергическая) реакция, опосредуемая реагином

rebellious ~ психол. реакция отпора

recollection ~ анамнестическая реакция, вторичный иммунный ответ, бустер-эффект

red cell linked antigen-antiglobulin ~ реакция пассивного гемолиза

redox ~ см. oxidation-reduction ~

reorientation ~ феномен переориентации (перемещение аппарата Гольджи в клетке-киллере к участку связывания мишени)

replacement ~ реакция замещения, или обмена

reversed Prausnitz – Kustner ~ Праусница – Кюстнера обратимая реакция (появление уртикарной сыпи в месте инъекции специфического антииммуноглобулина Е при наличии в организме реагиновых антител)

reversible ~ обратимая реакция

Rieckenberg's ~ Рикенберга реакция (реакция иммунного прилипания при трипаносомозе)

secondary [second-order] ~ побочная реакция

"second-set" ~ 1. вторичное отторжение трансплантата, вторичный иммунный ответ, бустер-эффект 2. сверхбыстрое отторжения повторно пересаженного трансплантата

serum ~ сывороточная болезнь

side ~ см. **drug** ~

single-enzyme ~ одноферментная реакция

skin ~ кожная реакция, кожная проба

skin-galvanic ~ см. **electrocutaneous** ~

slow ~ медленная [замедленная] реакция

startle ~ реакция испуга

stress ~ стрессовая реакция, стресс-реакция

Sven – Gard ~ Свена – Гарда реакция (агглютинации бактерий)

sympathetic ~ симпатическая [симптикотоническая] реакция

symptomatic ~ аллергическая реакция на проводимую пробу или на терапевтическую дозу аллергена

synthetic ~ реакция синтеза

T-cell lymphocyte ~ Т-клеточный ответ

thermoprecipitin ~ проба кипячением с уксусной кислотой (для качественного определения белка в моче)

threshold ~ пороговая реакция

thymergastic ~ псих. аффективное расстройство поведения

total ~ суммарная [валовая] реакция

unimolecular ~ мономолекулярная реакция

unprimed ~ беззатравочная реакция

untoward ~ нежелательная [побочная, неблагоприятная] реакция (на лекарство)

vaccinal ~ вакцинальная реакция, прививочная реакция

vaccination ~ вакцинальная реакция

vasomotor ~ сосудодвигательная [вазомоторная] реакция

verbal ~ словесная [вербальная] реакция (при оценке состояния сознания)

Wassermann ~ Вассермана реакция (для диагностики сифилиса)

Weil – Felix ~ Вейля – Феликса реакция (диагностический тест на выявление тифа)

wheal-and-flare skin ~ «волдыря и гиперемии» реакция (на прививку по типу «цветения»)

white graft ~ белое отторжение трансплантата (острое отторжение кожного трансплантата до начала его васкуляризации)

Widal ~ Видаля реакция (на выявление антител против бактерий Salmonella)

xanthoproteic [xanthoprotein] ~ ксантопротеиновая реакция

zinc fluorescence ~ Шлезингера проба (для определения уробилина в моче)

reactivate [riːˈæktiveit] 1. реактивировать; восстанавливать, регенерировать 2. переходить из латентной формы в активную (о микроорганизмах); рецидивировать

to ~ **dormant memories** разбудить забытые воспоминания

reactivation [riːˌæktiˈveiʃn] реактивация, восстановление, регенерация

~ **of serum** восстановление иммунологической активности сыворотки

cross ~ кросс-реактивация, перекрёстная реактивация

host cell ~ реактивация (фага) клеткой хозяина

virus ~ реактивация вируса

reactive [riːˈæktiv] 1. реактив (вещество, применяемое для проведения химической реакции) ‖ реактивный; реагирующий; вступающий в реакцию (напр. об антителах) 2. воспалительный 3. противодействующий, возвратный

reactivity [ˌriːækˈtiviti] 1. реактивность 2. химическая активность, реакционная способность

~ **to the tuberculin skin test** вираж туберкулиновой пробы

allograft ~ реакция отторжения аллотрансплантата

cardiovascular ~ сердечно-сосудистая реактивность

cerebral vascular [cerebrovascular] ~ реактивность сосудов головного мозга, цереброваскулярная реактивность

depressed ~ сниженная реактивность

heightened airways ~ повышенная реактивность дыхательных путей

immune ~ иммунореактивность

immunologic ~ иммунологическая реактивность

individual ~ индивидуальная реактивность

mixed leukocyte ~ реактивность смешанной культуры лейкоцитов

neuromuscular ~ нервно-мышечная реактивность

reactogenic [rɪˌæktəʊˈdʒenik] реактогенный, вызывающий реакцию

reactogenicity [rɪˌæktəʊdʒeˈnisiti] реактогенность (вакцины)

reactor [rɪˈæktə] **1.** реактор, реакционный аппарат (сосуд, колонка, камера и т. д.) **2.** организм с положительной реакцией **3.** тест-животное

hollow-fibre ~ ферментёр с системой полых волокон (для проточного разделения клеток и среды с помощью полупроницаемой мембраны)

microbiologic ~ микробиологический реактив

readaptation [riːˌædæpˈteiʃn] реадаптация

reader [ˈriːdə] отсчётное устройство; считывающее устройство (напр. планшет-ридер)

microplate ~ устройство, считывающее результаты (иммуноферментного анализа) с микропластинок

multiscan plate ~ многоканальный спектрофотометр для прочтения планшетов, планшет-ридер

speech ~ понимание речи с губ

reading [ˈriːdiŋ] **1.** отсчёт; показание (прибора) **2.** считывание (данных); снятие показаний **3.** pl. показатели, данные

to give ~s давать показания (о приборе)

to take a ~ снимать показание (прибора)

automatic ~ автоматическая регистрация показаний (прибора)

blood pressure ~ показание или считывание показания кровяного давления

continuous ~ непрерывное снятие показаний

dial ~ показание шкалы; отсчёт по шкале

finger ~ чтение пальцами

genetic code ~ считывание кода генетической информации

instrument ~ показание прибора

lip ~ чтение с губ

screen ~s 1. отсчёт показаний по оптической шкале **2.** данные на экране

spirometer ~s показания спирометра

zero ~ отсчёт от нуля

readmission [riːədˈmiʃn]:

~ **to hospital** повторное поступление в больницу

readout [riːdˈaut] **1.** считывание; снятие (показаний прибора) **2.** отсчётное устройство; считывающее устройство

chromatograph ~ результат хроматографического анализа

digital data ~ цифровой отсчёт показаний

readsorbtion [riːædˈsɔːpʃn] реадсорбция, обратное всасывание

readthrough [riːdˈθruː] «считывание» (транскрипция нуклеиновой кислоты в определённой последовательности)

ready [ˈredi]:

◊ ~ **to use** готовый к применению (напр. о лекарственном средстве)

reagent [rɪˈeidʒənt] реактив; реагент (вещество, используемое в химической реакции с целью определения содержания или воспроизведения какого-л. вещества)

analytical ~ психоан. аналитический реактив (субъект, реагирующий на терапию)

antihuman fibrinogen ~ антифибриногеновый реагент человека

assay ~ химический реактив

biuret ~ биуретовый реактив

chemical ~ химический реагент, или реактив

color-coded ~ реактив для проведения колориметрического анализа, реагент с цветовой индикацией

diazo ~ диазореактив

grade ~ реактив марки «чистый»

hardness ~ реактив на жёсткость (воды)

labelled ~ меченый реактив

microanalytical ~ микроаналитический реактив, реактив для микроанализа

Nessler's ~ лаб. Несслера реактив

reference ~ референтный реагент (соответствующий антиген или антисыворотка); стандартный реактив

revealing ~ реактив обнаружения; проявитель (в хроматографии)

Schiff's ~ Шиффа реагент (водный раствор фуксина, обесцвеченный диоксидом серы для обнаружения альдегидов, при наличии которых окрашивается в синий цвет)

signal-generated ~ индикаторный реагент

single-liquid ~ одножидкостный реагент

spray ~s реактивы для распыления

staphylococcal-antisalmonella ~ стафилококковый реактив для идентификации сальмонелл

stock ~ исходный химический реактив

sulfhydryl-directed ~s препараты, влияющие на сульфгидрильные группы

therapeutic ~s терапевтические реактивы (напр. моноклональные антитела)

reagin [riːˈeidʒin] реагин (1. гомоцитотропное антитело, обычно IgE, которое при повторном контакте с антигеном индуцирует высвобождение вазоактивных субстанций 2. уст. антитело, реагирующее с кардиолипиновым антигеном)

rapid plasma ~s быстрые плазменные реагины

realimentation [riːˌælimenˈteiʃn] восстановительное питание

reality [rɪˈæliti] **1.** действительность, реальность **2.** истинность

psychic ~ психическая реальность (бессознательные восприятия, основанные на биологических данных и опыте развития человека)

reality-testing [rɪˈæliti-ˈtestiŋ] проверка восприятия реальности

realization [ˌriəlaiˈzeiʃn] **1.** осуществление, выполнение, реализация **2.** осознание, понимание

realize [ˈriəlaiz] **1.** осуществить, выполнять **2.** понимать

real-time [riəl-taim] узи реальный масштаб времени (при сонографии); в режиме реального времени

reamer ['riːmə] **1.** бор для расширения отверстий **2.** дрильбор *(инструмент для расширения канала зуба)*

ball ~ (костная) шаровидная фреза

medullary canal ~ сверло для наложения отверстий на трубчатых костях

reaming ['riːmiŋ] препарирование *(напр. зуба)*

reamputation [riːˌæmpjʊ'teiʃn] реампутация, повторная ампутация

reanalysis [riːə'næləsis] метанализ *(повторное исследование через длительный период времени)*

reanastomosis [riːəˌnæstəʊ'məʊsis] повторное наложение анастомоза

~ of divided nerve сшивание пересечённого нерва

reanimate [riː'ænimeit] **1.** воодушевлять **2.** реанимировать, оживлять организм

reanimation [riːæni'meiʃn] реанимация, оживление организма

reappearance [riːə'piərəns] повторное возникновение; возрождение *(напр. явления)*; возвращение

reappraisal [riːə'preizl] переоценка

rear [riə] **1.** воспитывать; выращивать; культивировать **2.** поднимать *(напр. голову)*; возвышать *(голос)*; возносить

rearrangement [riːə'reindʒmənt] **1.** перегруппировка; перестановка **2.** перестройка, реаранжировка *(молекул)*

~ of T-cell receptor genes перегруппировка [перестановка] генов рецепторов Т-клеток

~ of the genetic map of chromosome перестройка генетической карты хромосомы

abortive ~ незавершённая [абортивная] реаранжировка *(иммуноглобулиновых генов)*

chromosome ~ хромосомная перестройка

reason¹ ['riːzn] **1.** причина, основание; соображение; довод; объяснение **2.** этиология

common ~s for misdiagnosis основные причины диагностических ошибок

compelling ~ неизбежная причина

cost-related ~s финансовые причины *(напр. отказа от операции)*

culture ~s этнические показания *(напр. к циркумцизии)*

environmental ~ природная причина *(напр. землетрясение)*

ethical ~s этические соображения

non-therapeutic ~s без медицинских показаний

reason² **1.** интеллект, разум; рассудок ‖ размышлять **2.** здравый смысл

bereft of ~ умалишённый

to loose one's ~ сходить с ума

reasonable ['riːzənəbl] **1.** общепринятый, обычный, разумный **2.** приемлемый; целесообразный **3.** достаточный

reasoning ['riːzəniŋ] рассуждение; способность к рассуждению

abstract ~ абстрактное мышление

clinical ~ клиническое обоснование

reassembly [riːə'sembli] вторичная сборка *(напр. вириона)*

reassociation [riːəˌsəʊsi'eiʃn] оживление ассоциаций

reassortation [riːəsɔː'teiʃn] реассортация *(обмен генетическим материалом между двумя вирусами и возникновение нового вируса)*

reassortment [riːə'sɔːtmənt]:

genetic ~ 1. генетическая рекомбинация **2.** *pl.* вирусные рекомбинанты

reassurance [riːə'ʃʊərəns] повторное страхование, перестрахование

reattachment [riːə'tætʃmənt] реплантация

~ of detached retina повторная фиксация *(отслоенной сетчатки)*

digital ~ реплантация пальца

Reaumur [ˌreiəʊ'mjuːr] Реомюра термометр

rebalance [riː'bæləns]:

metabolic ~ восстановление равновесия обмена вещества

rebalancing [riː'bælənsiŋ] восстановление равновесия

rebandage [riː'bændidʒ] сменять [переменять] повязку

rebasing [riː'beisiŋ] перебазировка *(зубного протеза)*

rebellious [ri'beljəs] **1.** упрямый, непослушный, недисциплинированный *(ребёнок)* **2.** упорный, не поддающийся лечению *(о болезни)*; рефрактерный; резистентный

rebirthing [riː'bəːθiŋ] «второе рождение» *(система психотехник, направленная на вызывание ощущений, сходных рождению)*

rebleeding [riː'bliːdiŋ] рецидивирующее [повторное] кровотечение

reboosting [riː'buːstiŋ] многократные повторные инъекции антигена

rebound ['riːbaʊnd] **1.** отскок, рикошет **2.** рецидив ‖ повторный, рецидивирующий **3.** феномен отдачи *(напр. тромбоцитоз после отмены противоопухолевых препаратов, подавляющих функцию костного мозга)* ‖ иметь обратное действие

rebreathing [riː'briːðiŋ] возвратное дыхание *(повторное использование выдыхаемого воздуха при наркозе)*

rebuff [ri'bʌf] отпор, резкий отказ

recalcitrant [riː'kælsitrənt] **1.** *психол.* непокорный; непослушный **2.** резистентный, упорный, стойкий, не поддающийся *(напр. лечению)*

recall **1.** [ri'kɔːl] отмена, отзыв; сигнал к возвращению **2.** *иммун.* анамнестическая реакция; вторичный иммунный ответ, бустер-эффект **3.** *псих.* воспроизведение; припоминание; память ‖ вспоминать

~ of emotion воспроизведение [воспоминание] эмоций, связанных с прошлыми событиями

delayed ~ отложенное воспроизведение *(контроль памяти)*

drug ~ изъятие лекарственного средства из продажи

hypnotic ~ вспоминание в состоянии гипноза, гипнорепродукция

immediate ~ немедленное воспроизведение

surgical ~ повторение основ хирургии

recanalization [riːˌkænəlai'zeiʃn] реканализация, восстановление просвета *(напр. сосуда)*

laser ~ лазерная реканализация *(напр. стеноза бронха)*

recapitulation [rikəpitjʊ'leiʃn] *биол.* рекапитуляция *(формирование на ранних стадиях онтогенеза признаков предков, утраченных современными зрелыми формами, напр. жаберных щелей)*

serological ~ серологическая повторяемость

recatheterization [riːˌkæθəterai'zeiʃn] повторная катетеризация

receive [ri'si:v] 1. получать, брать 2. быть реципиентом

receiver [ri'si:və] 1. *анест.* приёмник, приёмный резервуар 2. ресивер *(сосуд для скапливания газа или пара, предназначенный для сглаживания колебаний давлений, вызываемых пульсирующей подачей)*

radiation ~ приёмник излучения

receiver-operator [ri'si:və-'ɒрəreitə] *стат.* приёмник-оператор

receiving-room [ri'si:viŋ-ru:m] приёмная; приёмное отделение

recent ['ri:sənt] 1. современный; ныне живущий 2. подострый *(напр. об инфекции, заболевании)*

receptacle [ri'septəkl] 1. вместилище; резервуар, ёмкость, сосуд 2. гнездо *(напр. для установки ампулы)*

~ for urine ёмкость для сбора мочи, мочеприёмник

receptaculum [,ri:sǝp'tækjʊləm], *pl.* **reseptacula** [,ri:sǝp-'tækjʊlǝ]:

~ chyli цистерна грудного протока

reception [ri'sepʃn] 1. рецепция, восприятие 2. приёмное отделение, приёмный покой 3. приём *(больных)*

receptionist [ri'sepʃənist] регистратор *(напр. в лечебном учреждении)*

receptive [ri'septiv] 1. рецептивный, воспринимающий 2. восприимчивый

receptiveness [ri'septivnəs], **receptivity** [,ri:sep'tiviti] 1. рецептивность, восприимчивость 2. поглотительная способность

calorific ~ теплоёмкость

interleukin ~ восприятие интерлейкина *(Т-клетками)*

receptolysin [ri,septəʊ'laisin] рецепто(ро)лизин *(вещество, разрушающее рецепторы)*

receptoma [risep'təʊmə] хемодектома, нехромаффинная параганглиома

receptor [ri'septə] 1. рецептор *(1. белковая молекула на поверхности клетки, в ядре или цитоплазме, связывающая специфические вещества – гормоны, антигены, нейромедиаторы 2. нервное окончание или специализированная клетка)* || рецепторный 2. датчик

α₂-~s α₂-адренорецепторы *(адренергические рецепторы в эффекторных тканях, способные селективно активироваться и блокироваться)*

β-adrenergic ~s β-адренергические рецепторы *(адренергические рецепторы эффекторных тканей, селективно активируемые и блокируемые)*

к-~ каппа-рецептор

acetylcholinesterase ~s ацетилхолинэстеразные рецепторы

adrenergic ~ адренорецептор, адренергический рецептор

auricular ~ слуховой рецептор

chemoattractant ~ хемоаттрактантный [хемотактический] рецептор

cholinergic ~ холинорецептор, холинергический рецептор

cold ~ холодовой рецептор

color ~ цветочувствительный рецептор

contact ~ контактный рецептор, контакт-рецептор

cytosolic estrogen ~ цитозольный рецептор эстрогена

delta opioid ~ дельта-опиоидный рецептор

distance ~ дистантный рецептор, телерецептор *(напр. зрительный, слуховой)*

dual ~ рецептор с двойной системой распознавания

Fc ~ Fc-рецептор *(к Fc-фрагменту антител)*

gravity ~ гравирецептор, гравитационный рецептор

high affinity ~ высокоаффинный рецептор *(с высокой степенью сродства к лиганду)*

histamine ~ гистаминергический рецептор

homing ~ *иммун.* «хоуминг-рецептор» *(о рецепторах лимфоцитов)*

inflammatory mediator ~s рецепторы медиатора воспаления

major histocompatibility complex-restricted antigen ~ рецептор антигена, ограниченный главным комплексом гистосовместимости

muscarinic ~ мускариновый рецептор

muscle ~ мышечный рецептор

olfactory ~ обонятельный рецептор

opiate ~s опиатные рецепторы *(способные связывать морфин; расположены вдоль сильвиева водопровода и в срединном центре таламуса)*

pressure ~ баро(ре)цептор, прессорецептор, прессорный рецептор

pulse ~ датчик объёмного пульса, пульсовый [метрический] датчик

scavenger ~ фагоцитарный рецептор *(макрофагов)*

sense [sensory] ~ чувствительное нервное окончание

serotoninergic ~ серотонинергический рецептор

sex hormone ~ рецептор полового гормона *(напр. эстрогена)*

sound ~ 1. приёмник звука 2. слуховой рецептор

stretch ~ тензорецептор, рецептор растяжения

T-cell ~ Т-клеточный рецептор

thermal ~ 1. приёмник теплового излучения 2. тепловой рецептор

visual ~ зрительный рецептор

volume ~ волюм(о)рецептор

receptor-mediated [ri,septə-'mi:dieitid] опосредованный рецепторами

recertification [ri:,sə:tifi'keiʃn] периодическая аттестация *(врачей-специалистов)*

recess [ri'ses] *анат.* углубление, карман; пазуха; впячивание

cecal ~ позадислепокишечное углубление, позадислепокишечный карман

cochlear ~ улитковое углубление *(преддверия костного лабиринта)*

costodiaphragmatic ~ рёберно-диафрагмальный синус, рёберно-диафрагмальное углубление

costomediastinal ~ рёберно-средостенный синус, рёберно-медиастинальное углубление

duodenojejunal ~ дуоденально-еюнальное углубление, двенадцатиперстно-тощекишечный карман, Трейтца карман

elliptical ~ эллиптическое углубление, или карман *(преддверия костного лабиринта)*

epitympanic ~ надбарабанное углубление, надбарабанное пространство, надбарабанный карман, аттик, эпитимпанум

jugular ~ яремная [надгрудинная] ямка

optic ~ зрительное углубление

pharyngeal ~ глоточный [розенмюллеров] карман, Розенмюллера ямка

pineal ~ шишковидное углубление, шишковидный карман *(III желудочка головного мозга)*

piriform ~ грушевидный карман *(в гортанной части глотки)*

pleural ~ плевральный синус, плевральное углубление, плевральный карман

retrocecal ~ позадислепокишечное углубление, позадислепокишечный карман

spherical ~ сферическое углубление, сферический карман, углубление (сферического) мешочка *(преддверия костного лабиринта)*

splenic ~ селезёночное углубление, селезёночный карман

suprapineal ~ надшишковидное углубление, надшишковидный карман

supratonsillar ~ надминдалинная ямка

recession [ri'seʃn] 1. понижение, уменьшение; спад 2. удаление, уход 3. *ген.* рецессивность 4. *офт., хир.* рецессия

~ **of eyeball** западение глазных яблок, энофтальм

~ **of intercostal spaces** втяжение межрёберных промежутков

~ **of medial rectus** перемещение отводящей мышцы глазного яблока

gingival ~ рецессия десны, атрофия десневого края

muscle ~ *хир.* перемещение места прикрепления мышцы ближе к её началу

tendon ~ *хир.* перемещение назад места прикрепления одной из мышц глаза *(при косоглазии)*

recessive [ri'sesiv] 1. рецессивный, скрытый; менее сильный *(о гене)* 2. рецессивные аллели *(проявляющиеся только в гомо- или гемизиготном состоянии)*

autosomal ~ аутосомно-рецессивный тип наследования

homozygous ~ гомозигота по рецессивному гену *(организм, у которого оба аллеля данного локуса рецессивны)*

recessus [ri'sesəs], *pl.* **recessus** [ri'sesəs] *лат.*, см. **recess**

recheck ['ri:tʃek] 1. повторный осмотр, повторный контроль 2. повторный анализ || повторно определять, повторно проводить анализ

recidivating [ri'sidiveitiŋ] рецидивирующий, повторяющийся

recidivation [risidi'veiʃn] рецидив

recipe ['resipi] 1. рецепт 2. средство; способ

recipient [ri'sipiənt] реципиент *(пациент, которому переливают кровь, пересаживают орган, ткань и т. д.)* || реципиентный 2. получатель *(напр. информации)* 3. приёмник, резервуар

allograft ~ больной [реципиент] с аллотрансплантатом

garbage ~ мусороприёмник

immune ~ иммунокомпетентный реципиент

liver transplantat ~ реципиент с пересаженной печенью

Medicaid ~s лица, обслуживаемые по системе Медикейд

renal allograft ~ реципиент с аллопочкой

reciprocal [ri'siprəkl] 1. реципрокный, взаимный, обоюдный; ответный 2. равный, эквивалентный; аналогичный, соответственный

reciprocation [ri,siprəu'keiʃn] возвратно-поступательное движение или изменение *(напр. зубцов R или T при инфаркте миокарда)*

reciprocity [resi'prɒsəti] взаимность, обратимость

recirculation [ri:,sə:kjʊ'leiʃn] рециркуляция *(воздуха)*, циркуляция в замкнутом цикле

~ **of ascitic fluid** реинфузия асцитической жидкости

reckling ['rekliŋ] 1. слабый, нуждающийся в уходе ребёнок || слабый, чахлый 2. младший в семье ребёнок

reclaim [ri'kleim] 1. восстанавливать, исправлять 2. регенерировать

reclamation [,reklə'meiʃn] 1. восстановление, исправление 2. регенерация

reclination [rekli'neiʃn] 1. реклинация *(отклонение кзади)* 2. *офт., хир.* реклинация хрусталика *(смещение помутневшего хрусталика в стекловидное тело с удалением его из оптической зоны)*

recognition [,rekəg'niʃn] узнавание, распознавание

~ **of parasites** распознавание [идентификация] паразита *(в крови)*

clinical ~ клиническая диагностика; клиническое исследование

codon ~ *ген.* кодон-распознавание

pattern ~ *псих.* распознавание образа

reading word ~ распознавание слов при чтении

self ~ *иммун.* самораспознавание *(иммунокомпетентными лимфоцитами субстанций собственного организма)*

recognition-hunger [,rekəg'niʃn-'hʌŋgə] *психол.* голод по признанию

recognize ['rekəgnaiz] узнавать, распознавать

recoil [ri'kɒil]

~ **of lung, elastic** ~ эластическая тяга *(лёгкого)*

recollection [,rekə'lekʃn] воспоминание, память

recombinant [ri'kɒmbinənt] рекомбинант *(клетка или особь, полученная путём генной инженерии)* || рекомбинантный, гибридный

recombination [,ri:kɒmbi'neiʃn] рекомбинация *(1. обмен генетического материала 2. обмен участками хроматид и хромосом в процессе клеточного деления)*

additive ~ аддитивная рекомбинация *(генетическая рекомбинация, происходящая при встраивании новой последовательности ДНК в существующий геном без какой-л. потери ДНК из генома хозяина)*

genetic ~ генетическая рекомбинация *(обмен генетическим материалом между молекулами ДНК или РНК или их частями, приводящий к образованию рекомбинантной, гибридной молекулы)*

high-frequency ~, **hfr** рекомбинация, происходящая с высокой частотой

interchromosomal ~ межхромосомная рекомбинация

site-specific ~ сайт-специфическая рекомбинация *(специфичная для отдельных участков ДНК)*

somatic ~ соматическая рекомбинация *(рекомбинация генов в ходе деления соматических клеток)*

recommendation [,rekəmen'deiʃn]:

standard option ~ выбор стандартной рекомендации

recon [ˈriːkɒn] рекон *(наименьший участок гена, вступающий в рекомбинации)*

recondition(ing) [ˌriːkənˈdɪʃənɪŋ] **1.** приведение в исправное состояние, восстановление **2.** реабилитация

reconstitution [ˌriːkɒnstɪˈtjuːʃn] воспроизведение, воссоздание

reconstruction [ˌriːkənˈstrʌkʃn] **1.** восстановление; воссоздание **2.** реконструкция; перестройка

3D ~ *см.* **three-dimensional** ~

biliary ~ реконструктивная операция на жёлчных путях

cardiac ~ реконструктивно-восстановительная операция на сердце

three-dimensional ~ *узи* трёхмерное [объёмное] изображение, реконструкция объёмного изображения *(напр. плода)*

immediate breast ~ одномоментная пластика молочной железы *(напр. протезом)*

multiplanar ~ мультипланарная реконструкция *(рентгеновского или ультразвукового изображения)*

plastic ~ *хир.* пластика, пластическая операция

surgical ~ хирургическое восстановление, восстановительная операция

ventricular ~ реконструкция желудочка

recontamination [ˌriːkənˌtæmɪˈneɪʃn] повторное загрязнение или заражение

recontour [riːˈkɒntʊə] ремоделировать, придать нормальную форму *(напр. груди при её воронкообразной деформации)*

record [ˈrekɔːd] **1.** запись, регистрация, учёт ‖ записывать, регистрировать **2.** протокол

anesthetic ~ запись анестезии; карта обезболивания

autopsy ~ протокол патологического вскрытия

biomedical ~ регистрация медико-биологических показателей или параметров

cancer case ~ карта регистрации онкологического больного

case [clinical] ~ история болезни, карта больного *(амбулаторная, диспансерная, стационарная)*

computerised patient ~ компьютеризированная медицинская карта

criminal ~ криминальное прошлое, преступление в анамнезе

discharge summary ~ выписной эпикриз

dispensary ~ карта амбулаторного больного

electronic health ~ электронный паспорт здоровья; электронная карта *(пациента)*

financial ~ финансовый документ

health ~s медико-санитарная документация

hospital ~ карта стационарного больного

hospital medical ~s больничная медицинская документация

machine-calculated ~s данные учёта, обработанные на компьютере

medical ~s **1.** медицинская карта, медицинская документация **2.** кабинет медицинской статистики

patient ~ *см.* **case** ~

prenatal ~ карта беременной

surgical ~ протокол операции

recorder регистрирующее устройство; самопишущий прибор, самописец

biomedical tape ~ регистратор для записи медико-биологических показателей на магнитной ленте

chart ~ ленточный самописец

digital ~ цифровой самописец

electrotonometry ~ электротонографическая регистрация внутриглазного давления

optical (light-beam) [photographic] ~ регистрирующее устройство с фотозаписью, фоторегистрирующее устройство

potentiometric ~ самопишущий потенциометр

problem-oriented ~ проблемно-ориентированное ведение медицинской карты

pulse ~ сфигмограф *(прибор для графической регистрации пульсации артерий)*

rectilinear ~ самописец для записи в прямоугольных координатах

round-chart ~ самописец с круглой диаграммой

simultaneous ~ синхронный регистратор

single-channel ~ одноканальный самописец

strip-chart ~ ленточный самописец

temperature-time [thermal] ~ термограф *(прибор для непрерывной регистрации температуры)*

weekly epidemiological ~ еженедельник эпидемиологической статистики

X-ray video tape ~ рентгеновский аппарат с видеозаписью

recording [rɪˈkɔːdɪŋ] **1.** регистрация; запись **2.** отведение *(ЭКГ)*

clinical ~ ведение истории болезни, запись клинических данных

continuous Doppler wave ~ непрерывно-волновая допплерография *(кровотока)*

ECG ~ запись ЭКГ

focal ~ точечное отведение

long-term ambulatory ECG ~ длительное ЭКГ-мониторирование в амбулаторных условиях *(по Холтеру)*

recover [rɪˈkʌvə] **1.** восстанавливать, регенерировать; возвращать к норме **2.** выздоравливать **3.** выделять *(микроорганизмы)* **4.** регенерировать

recoverable [rɪˈkʌvərəbl] излечимый

recovery [rɪˈkʌvərɪ] **1.** восстановление, регенерация, нормализация *(напр. числа лейкоцитов)* **2.** выздоровление, реконвалесценция **3.** восстановление сознания *(напр. после обморока или наркоза)* **4.** выделение, высеваемость *(микроорганизмов)*

~ **of a patient 1.** выздоровление больного **2.** пробуждение больного *(после наркоза)*

~ **of platelet count** восстановление числа тромбоцитов

~ **of renal function** восстановление функции почек

absolute ~ полное выздоровление

activity-based ~ активное лечение *(спинальной травмы с использованием локомоторной тренировки и электростимуляции спинного мозга)*

anesthesia ~ выход из наркоза, пробуждение после наркоза

apparent ~ кажущееся выздоровление

beyond ~ безнадёжный, неизлечимый, инкурабельный

fluid attenuated inversion ~ *рентг.* подавление сигнала свободы воды

natural ~ естественное выздоровление

partial ~ неполное выздоровление

postanesthetic ~ выход из наркоза, пробуждение после наркоза

spontaneous ~ самопроизвольное восстановление *(условной реакции после угасания)*

ultimate ~ полное выздоровление

uneventful ~ выздоровление с гладким течением

recreation [ˌrekrɪˈeɪʃn] **1.** рекреация, отдых, восстановление сил **2.** реабилитация

endoecological ~ эндоэкологическая реабилитация

recreative [ˈrekrɪeɪtɪv] рекреационный, предназначенный для отдыха, предназначенный для восстановления сил

recrement [ˈrekrəmənt] секрет, подвергающийся обратному всасыванию *(напр. слюна)*

recrudesce [ˌriːkruːˈdes] рецидивировать, повторяться *(напр. о приступе)*; обостряться *(о болезни)*

recrudescence [ˌriːkruːˈdesəns] рецидив, обострение *(болезни)*

~ in malaria рецидив малярии

~ of influenza новая вспышка гриппа

~ of psychotic illness обострение психоза

recrudescent [ˌriːkruːˈdesənt] рецидивирующий, повторяющийся, вновь обостряющийся *(о болезни)*

recruit [rɪˈkruːt] **1.** призывник; новый член *(общества, организации)* ‖ вовлекать, включать *(напр. в группу лиц для клинических исследований)* **2.** пополнять, комплектовать, охватывать **3.** укреплять *(здоровье)*

~ of donors привлечение к донорству

~ of inflammatory cells стимуляция выработки воспалительных клеток

to ~ blood supply увеличить кровоснабжение *(опухоли)*

collateral ~ коллатеральное кровоснабжение

substrate ~ мобилизующее действие субстрата *(фермента)*

recruitment [rɪˈkruːtmənt] **1.** рекрутмент *(1. феномен выравнивания громкости звука, феномен ускорения нарастания громкости 2. постоянное обновление пула иммунокомпетентных клеток)* **2.** восстановление здоровья

rectal [ˈrektəl] ректальный, прямокишечный

rectalgia [rekˈtældʒɪə] проктальгия *(боль в прямой кишке)*

rectectomy [rektˈektəmɪ] резекция прямой кишки

rectification [ˌrektɪfɪˈkeɪʃn] *хим.* очищение, ректификация

rectitis [rekˈtaɪtɪs] проктит

rectocele [ˈrektəsiːl] **1.** промежностная грыжа прямой кишки, ректоцеле **2.** грыжа живота, пролабирующая через прямую кишку

rectoclysis [rekˈtɒklaɪsɪs] капельная клизма

rectogenital [ˌrektəʊˈdʒenɪtəl] относящийся к прямой кишке и половым органам

rectopexy [ˈrektəʊˌpeksɪ] ректопексия *(фиксация прямой кишки при её выпадении)*

rectoplasty [ˈrektəʊˌplæstɪ] пластическая операция на прямой кишке, проктопластика

rectoromanoscope [ˌrektəʊrəʊˈmænəskəʊp] ректороманоскоп

rectoscope [ˈrektəʊskəʊp] ректоскоп

rectosigmoid [ˌrektəʊˈsɪgmɒɪd] ректосигмо(в)идный отдел

rectostenosis [ˌrektəʊstəˈnəʊsɪs] стриктура [стеноз] прямой кишки

rectourethral [ˌrektəʊjʊˈriːθrəl] ректоуретральный *(относящийся к прямой кишке и мочеиспускательному каналу)*

rectouterine [ˌrektəʊˈjuːtərɪn] прямокишечно-маточный

rectovaginal [ˌrektəʊˈvædʒɪnəl] прямокишечно-влагалищный, ректовагинальный

rectovesical [ˌrektəʊˈvesɪkəl] прямокишечно-(моче)пузырный, ректовезикальный

rectum [ˈrektəm], *pl.* **recta** [ˈrektə] прямая кишка

ballooned ~ раздутая прямая кишка

lower ~ нижний отдел прямой кишки

prolapsed ~ выпадение прямой кишки

upper ~ верхний отдел прямой кишки

recumbency [rɪˈkʌmbənsɪ] лежачее положение

lateral ~ в положении лёжа на боку

sternal ~ положение лёжа на груди

recumbent [rɪˈkʌmbənt] лежащий, лежачий

recuperate [rɪˈkuːpəreɪt] восстанавливать *(силы, здоровье)*, поправиться *(после болезни)*

to ~ physically and mentally восстановить физические и психические возможности

recuperation [rɪˌkuːpəˈreɪʃn] восстановление *(сил, здоровья)*, выздоровление; период выздоровления

recuperative [rɪˈkuːpərətɪv] восстанавливающий силы

recur [rɪˈkəː] рецидивировать, повторяться *(напр. о приступе)*; происходить вновь

recurrence [rɪˈkʌrəns] повторение; возврат; повторяемость; рецидив *(возникающий по прошествии относительно длительного времени после отмены лечения)*, см. тж. **relapse**

~ of clinical signs возврат клинических проявлений *(напр. опухоли)*

fatal ~ рецидив со смертельным исходом

local ~ местный рецидив

seizure ~ рецидив судорог

recurrent [rɪˈkʌrənt] **1.** периодический, повторяющийся, рецидивирующий, рекуррентный **2.** возвратный *(о нервах или сосудах, проходящих в обратном направлении, образуя петлю)*

recurvation [ˌriːkəːˈveɪʃn] искривление [изгиб, наклон] назад

recycling [riːˈsaɪklɪŋ] **1.** рециркуляция **2.** метаболический цикл; круговорот

~ of waste water восстановление сточных вод *(в круговороте)*

red [red] **1.** красный, алый **2.** багровый **3.** рыжий **4.** окровавленный

cerasine ~ судан III *(гистологический краситель)*

Congo ~ конго красный, конгорот *(гистологический краситель)*

neutral ~ нейтральный красный, нейтральрот *(гистологический краситель)*

phenol ~ феноловый красный *(краситель, индикатор pH)*

scarlet ~ 1. судан IV *(гистологический краситель)* **2.** *имм.* нафтол

trypan ~ трипановый красный *(гистологический краситель)*

redberry ['redberi] женьшень *(Panax ginseng C. A. Mey)*

red-blindness [red-'blaindnəs] дальтонизм, слепота на красный цвет

"red-boy" [red-bɒi] квашиоркор, детская пеллагра, синдром «депигментация – отёк»

reddening ['redniŋ] покраснение

~ of gastric mucosa гиперемия слизистой желудка

redefinition [ri:‚defə'niʃn]:

situation ~ *психол.* предопределение ситуации

redevelopment [ri:di'veləpmənt]:

~ of infection рецидив инфекции

~ of tumor рецидив опухоли

redia ['ri:diə], *pl.* **rediae** ['ri:dii:] редия *(третья стадия развития личинки паразитирующих трематод)*

redintegration [‚ri:dintə'greiʃn] 1. восстановление *(какого-л. события в памяти)* 2. воссоединение 3. восстановление части органа

redislocation [ri:‚disləʊ'keiʃn] повторный вывих; привычный вывих

redistillation [ri:‚disti'leiʃn] редистилляция, вторичная перегонка

redistribution [ri:‚distri'bju:ʃn] перераспределение

~ of cell ages перераспределение популяции клеток по возрасту

selective ~ избирательное перераспределение

redness ['rednəs] краснота, покраснение

redout ['redaʊt] «красная пелена» *(пелена перед глазами с возможным нарушением сознания при действии высоких нагрузок)*

redox ['redɒks] окисление-восстановление, окислительно-восстановительный потенциал

redress [ri'dres] 1. исправлять, восстанавливать 2. повторно перевязывать *(рану)*

redress(e)ment [rədres'mɔ:] *фр.* 1. исправление, восстановление, редрессация 2. повторная перевязка *(раны)*

reduce [ri'dju:s] 1. вправлять, репонировать, восстанавливать нормальное положение 2. уменьшать, ослаблять, снижать 3. худеть; вызывать похудение 4. *хим.* восстанавливать

to ~ pain уменьшать боль

to ~ susceptibility to pulmonary infection снижение риска лёгочной инфекции

to ~ to powder измельчать до порошкообразного состояния

reducer [ri'dju:sə]:

afterload ~s лекарственные средства, уменьшающие постнагрузку *(на сердце)*

preload ~s лекарственные средства, уменьшающие преднагрузку *(на сердце)*

reducible [ri'dju:səbl] 1. вправимый, приводимый в нормальное положение 2. восстанавливаемый

reductant [ri'dʌktənt] *хим.* восстановитель *(окисляемое вещество в окислительно-восстановительной реакции)*

reduction [ri'dʌkʃn] 1. вправление, репозиция; восстановление нормального положения *(органа)* 2. редукция, уменьшение, ослабление, снижение 3. *хим.* восстановление, раскисление

~ in circulation ослабление кровообращения

~ in sentence *суд. мед.* смягчение наказания

~ of embryo редукция эмбриона *(устранение, изъятие одного или нескольких эмбрионов при многоплодной беременности, индуцированной экстракорпоральным оплодотворением)*

~ of incarcerated hernia вправление ущемлённой грыжи

~ of intussusception *хир.* дезинвагинация

~ of prolapse of rectum вправление прямой кишки при выпадении

~ of the charge *суд. мед.* смягчение обвинения, предъявление обвинения в менее тяжком преступлении

~ of torsion of omentum расправление заворота сальника

blood pressure ~ снижение артериального давления

bony ~ сопоставление [репозиция] костных отломков

closed ~ закрытая репозиция *(костных отломков)*

demand ~ снижение спроса *(напр. на наркотики)*

frame ~ аппаратная репозиция *(костных отломков)*

gradual weight ~ постепенное снижение массы тела

harm ~ снижение вреда, или вредных последствий

longitudinal limb ~ продольный редукционный порок конечностей *(редукция компонентов конечности вдоль её продольной оси)*

manipulation ~ ручное вправление

manual ~ ручное расправление *(инвагината)*

methylene blue ~ восстановление метиленового синего *(для определения метаболической активности)*

open ~ открытая репозиция *(костных отломков)*

short-term ~ кратковременное снижение *(напр. артериального давления)*

size ~ измельчение, дробление

spontaneous ~ самопроизвольное вправление *(грыжи)*

supply ~ сокращение поставок, или снабжения

weight ~ снижение массы тела

redundancy [ri'dʌndənsi] чрезмерность, избыточность

~ of aortic cusps избыток створок аортального клапана

neuronal ~ избыточность нейрональных связей

reduplication [ri‚dju:pli'keiʃn] 1. удвоение *(напр. органа)* 2. раздвоение *(тона сердца)* 3. *анат.* дупликатура 4. *ген.* редупликация *(процесс воспроизведения ДНК в клетке)*; удвоение, копирование

~ of diastolic sound раздвоение второго тона

reduviid [ri'dju:viid] редувид *(кровососущий клоп – переносчик возбудителей болезни Чагаса)*

re-education [ri:-edjʊ'keiʃn] переобучение *(с целью реабилитации)*

reefing ['ri:fiŋ] уменьшение поверхности органа путём наложения сборивающих швов

reeler ['ri:lə] *ген.* мутант-вертун

reentry [ri:'entri], **re-entry** стойкая циркуляция импульса возбуждения в миокарде, повторный вход волны возбуждения, риэнтри

bundle branch ~ риэнтри из ножки пучка Гиса

counterclockwise atrial ~ трепетание предсердий с циркуляцией импульса против часовой стрелки

double wave ~ двухволновое трепетание предсердий

lower loop ~ нижнепетлевое трепетание предсердий

reestablishment [ri:is'tæbliʃmənt]:

~ of electrolyte balance восстановление электролитного баланса

re-evaluate [riː-iˈvæljʊeit]:

to ~ the risk of suicide повторно оценить риск суицида

re-evaluation [riː-iˌvæljʊˈeiʃn] повторная оценка

reexamination [riːigˈzæmineiʃn] повторное исследование, повторное обследование

~ of larynx повторное обследование гортани

reexpansion [riːikˈspænʃn]:

~ of atelectatic lung расправление ателектатического лёгкого

refection [riˈfekʃn] восстановление нормального состояния

refer [riˈfəː] 1. посылать, направлять *(больных к специалисту)* 2. ссылаться, упоминать 3. консультироваться, наводить справку

to ~ the patient to the psychiatrist направлять больного к психиатру

to ~ to treatment направлять на лечение

reference [ˈrefərəns] 1. эталон; стандарт; референс; норма || эталонный, стандартный, референтный *(напр. о сыворотке крови)* 2. специализированная помощь 3. консультация; консультант, арбитр 4. *суд. мед.* передача на рассмотрение в другую инстанцию

confidential ~ конфиденциальные сведения

dermatology ~ справочник по дерматологии

encyclopedic ~ of cancer энциклопедический справочник по раку

speech language pathology desk ~ настольная книга для лиц с нарушением речи

reference-antigen [ˈrefərəns-ˈæntidʒən] референс-антиген, стандартный антиген

referer [riˈfəːrə]:

susceptible ~ восприимчивое [чувствительное] лицо; восприимчивая особь *(напр. к инфекции)*

referral [riˈfəːrəl] 1. специализированная помощь 2. направление к врачу-специалисту 3. пациент, направленный к врачу-специалисту

~ to general surgeon направление к хирургу

hospital ~ направление пациента в специализированное отделение

refibrillation [riːfaibriˈleiʃn] рецидив фибрилляции, повторная фибрилляция

refine [riˈfain] 1. очищать, рафинировать 2. повышать качество; облагораживать 3. усовершенствовать

reflect [riˈflekt] 1. отгибать, загибать 2. отражать *(напр. тепло)* 3. осуществлять рефлекторную реакцию

reflection [riˈflekʃn] 1. отгибание; загибание 2. отражение *(напр. света)* 3. *псих.* рефлексия; самоанализ; размышление

bright tapetal ~ *офт.* яркое тапетальное отражение

pleural ~ *рентг.* тень плевры

specular ~ *узи* зеркальное отражение *(звуковых волн от внутренней поверхности какой-л. структуры)*

reflector [riˈflektə]:

dental ~ стоматологическое зеркало

reflex [ˈriːfleks] 1. рефлекс || рефлекторный 2. непроизвольный *(о движении)* 3. отражение; образ; отблеск

abdominal ~ брюшной рефлекс

Abrams' (heart) ~ Абрамса (сердечный) рефлекс *(замедление пульса на 8–12 уд./мин. из-за сдавления сосудисто-нервного пучка при приведении подбородка к груди у лежащего на спине больного)*

Achilles tendon ~ *см.* **ankle ~**

accommodation ~ рефлекс аккомодации *(глаза)*

acousticopalpebral ~ ауропальпебральный [кохлеопальпебральный] рефлекс

acquired ~ *см.* **conditioned ~**

acromial ~ акромиальный рефлекс

airway ~s рефлекторный кашель

anal ~ анальный рефлекс

ankle ~ ахиллов рефлекс

antagonistic ~es антагонистические рефлексы

aortic ~ *см.* **cardiac depressor ~**

aponeurotic ~ медиоплантарный рефлекс

aquired ~ условный [приобретённый] рефлекс

arc ~ 1. рефлекторная дуга 2. *см.* **spinal ~**

attention ~ of the pupil Пильтца рефлекс

attitudinal ~ рефлекс положения

auditory ~ слуховой рефлекс

auropalpebral ~ *см.* **acousticopalpebral ~**

Babinski ~ Бабинского [симптом] рефлекс *(при поражении пирамидного пути)*

behavior ~ *см.* **conditioned ~**

bending ~ сгибательный рефлекс

biceps ~ бицепс-рефлекс, рефлекс с двуглавой мышцы плеча, сгибательно-локтевой рефлекс

Bing ~ Бинга рефлекс *(при поражении пирамидного пути)*

blink ~ мигательный рефлекс

bone ~ периостальный [надкостничный] рефлекс

brachioradial ~ *см.* **radial ~**

bregmocardiac ~ родничково-сердечный рефлекс

brisk ~ живой рефлекс

bulbocavernous ~ бульбокавернозный рефлекс

bulbomimic ~ (тонический) бульбофациальный рефлекс, Мондонези симптом

cardiac ~ кардиальный рефлекс *(контролирующий частоту сердечных сокращений)*

cardiac depressor ~ аортальный депрессорный рефлекс

cardioacceleratory ~ рефлекс усиления сердечной деятельности

cardioinhibitory ~ рефлекс ослабления сердечной деятельности

carotid sinus ~ синокаротидный рефлекс

chain ~ цепной рефлекс

chemical ~ физиологическая реакция на действие гормона

chin ~ мандибулярный рефлекс

ciliary ~ *см.* **blink ~**

cochleo-orbicular [cochleopalpebral] ~ *см.* **acoustico palpebral ~**

cochleopupillary ~ улиткозрачковый рефлекс, кохлеарная [отогенная] зрачковая реакция

compound ~ сложный рефлекс

concealed ~ скрытый рефлекс

conditioned ~ условный [приобретённый] рефлекс

conjunctival ~ конъюнктивальный рефлекс

consensual light ~ содружественная зрачковая реакция на свет

convulsive ~ некоординированные сокращения мышц

coordinated ~ координированные сокращения мышц

corneal ~ **1.** роговичный [корнеальный] рефлекс

2. «(световой) рефлекс» *(отражение света от роговицы)*

cough ~ кашлевой рефлекс

cremasteric ~ кремастерный рефлекс

crossed ~ перекрёстный рефлекс

cutaneous ~ кожный рефлекс

deep ~ *невр.* глубокий рефлекс *(напр. периостальный)*

defense ~ защитный [оборонительный] рефлекс

deglutition ~ *см.* **swallowing** ~

delayed ~ запаздывающий [замедленный] рефлекс

depressor ~ депрессорный рефлекс

direct ~ прямой рефлекс

doll's head ~ окулоцефалический рефлекс, феномен «головы куклы»

enterogastric ~ энтерогастральный рефлекс

epigastric ~ солярный [эпигастральный] рефлекс, Тома – Ру симптом

exaggerated ~ повышенный рефлекс

extensor ~ разгибательный рефлекс

eye-closure ~ *см.* **blink** ~

facial ~ *см.* **bulbomimic** ~

faucial ~ *см.* **gag** ~

Flatau ~ носоподбородочный рефлекс, Флатау рефлекс *(рефлекс орального автоматизма)*

flexor ~ сгибательный рефлекс

Foix – Thevenard ~ Фуа – Тевенара рефлекс (осанки) *(постуральный рефлекс)*

food ~ пищевой рефлекс

framework ~ *ген.* каркасный участок *(район молекулы иммуноглобулина, характеризующийся меньшей изменчивостью по сравнению с гипервариабельными участками)*

gag ~ рвотный рефлекс

gastrocolic ~ гастроколический рефлекс *(волна перистальтики, возникающая в ободочной кишке при попадании пищи в желудок)*

gastroileac ~ гастроилеальный рефлекс *(расслабление илеоцекального клапана при попадании пищи в желудок)*

gluteal ~ ягодичный рефлекс

Gordon (I) ~ Гордона (I) рефлекс *(при поражении пирамидного пути)*

Gordon (II) ~ Гордона (II) рефлекс *(при малой хорее)*

grasp(ing) ~ хватательный рефлекс

great-toe ~ Бабинского рефлекс

gustolacrimal ~ вкусослёзный рефлекс

heart ~ уменьшение сердечной тупости при раздражении кожи прекордиальной области

hepatojugular ~ печёночно-ярёмный рефлекс

Hoffmann ~ Гофманна рефлекс *(при поражении пирамидного пути)*

homolateral ~ ипсилатеральный [гомолатеральный] рефлекс *(на стороне раздражения)*

homology ~ гомологичный участок

hypochondrial ~ гипохондральный рефлекс

impaired ~ ослабленный рефлекс

inborn ~ безусловный [врождённый] рефлекс

intestinal ~ кишечный рефлекс, рефлекс с кишечника

inverted ~ парадоксальный рефлекс

investigatory ~ ориентировочный рефлекс

ipsilateral ~ ипсилатеральный рефлекс *(на стороне раздражения)*

iris-dilatation ~ рефлекс расширения зрачка

jaw ~ *см.* **chin**

knee (jerk) ~ коленный рефлекс *(рефлекс с четырёхглавой мышцы бедра)*, Вестфаля рефлекс, Эрба рефлекс

labyrinthine ~ лабиринтный рефлекс

lacrimal ~ слёзный рефлекс, рефлекторное слезотечение

Landau ~ Ландау рефлекс *(физиологический рефлекс раннего детского возраста)*

laryngeal ~ кашлевой [ларингеальный] рефлекс

laryngospastic ~ ларингоспазм

lid ~ *см.* **corneal** ~

Liebesny ~ Либесни рефлекс, ишиокремастерный рефлекс *(при поражении седалищного нерва)*

light ~ *см.* **pupillary** ~

lip ~ губной рефлекс

mandibular [masseter] ~ *см.* **chin** ~

Marie – Foix ~ Мари – Фуа рефлекс *(при поражении пирамидного пути)*

Marinescu – Radovici ~ Маринеску – Радовичи рефлекс, ладонно-подбородочный рефлекс *(орального автоматизма)*

McCarthy ~ надбровный [надглазничный] физиологический рефлекс, Мак-Карти рефлекс

micturition ~ рефлекс мочеиспускания

myenteric ~ миэнтерический рефлекс *(сокращение кишки выше и расслабление ниже точки раздражения)*

myotatic ~ рефлекс растяжения мышцы

nasal ~ чихательный рефлекс

nasomental ~ *см.* **Flatau** ~

near ~ рефлекс аккомодации *(глаза)*

Neri ~ Нери рефлекс *(при поражении пирамидного пути)*

no direct pupilary light ~ отсутствие прямой реакции на свет

oculocardiac ~ глазосердечный [окулокардиальный] или (Даньини –) Ашнера рефлекс, Ашнера феномен

orbiculary oculi ~ орбикулярный феномен, векозрачковый рефлекс, (Гиффорда –) Галасси рефлекс

orientating ~ ориентировочный рефлекс

overactive gag ~ повышенный рвотный рефлекс

pain ~ болевой рефлекс

palatal [palatine] ~ нёбный рефлекс

paradoxical ~ парадоксальный рефлекс

patellar ~ *см.* **knee(jerk)** ~

Pavlov's ~ *см.* **acquired** ~

pendular ~ неустойчивый рефлекс

penile [penis] ~ бульбокавернозный рефлекс

pharyngeal ~ глоточный рефлекс; рвотный рефлекс

pilomotor ~ пиломоторный [волосковый] рефлекс

Piltz ~ Пильтца рефлекс *(зрачковый физиологический рефлекс)*

plantar ~ подошвенный [плантарный] рефлекс

pneocardiac ~ изменение ритма сердца при вдыхании раздражающих веществ

pneopneic ~ изменение частоты дыхания при вдыхании раздражающих веществ

poor righting ~es снижение установочных рефлексов

postural ~ постуральный [позотонический, статический] рефлекс

powerful ~ сильный [выраженный] рефлекс

present ~ рефлекс определяется

pressor ~ рефлекторное возбуждение сосудодвигательного центра

proprioceptive ~ проприоцептивный рефлекс

pulmonocoronary ~ пульмонокоронарный [лёгочно-коронарный] рефлекс

pupillary ~ зрачковый [пупилломоторный, световой] рефлекс

quadriceps ~ *см.* **knee** ~

radial ~ лучевой [пястно-лучевой] рефлекс

rectal ~ позыв на дефекацию

rectocardiac ~ ректокардиальный рефлекс

reinforced ~ повышенный рефлекс

Remak ~ Ремака (бедренный) рефлекс *(при поражении пирамидного пути)*

retarded ~ *см.* **delayed** ~

reverse ~ *см.* **paradoxical** ~

righting ~ установочный [выпрямительный] рефлекс

scapular ~ лопаточный рефлекс, Штейнхаузена рефлекс

scapulohumeral [scapuloperiosteal] ~ лопаточно-плечевой рефлекс

Schaffer ~ Шеффера рефлекс *(при поражении пирамидного пути)*

sinus ~ синокаротидный рефлекс

skin ~ кожный рефлекс

skin-muscle ~ кожно-мышечный рефлекс

sluggish ~ *см.* **delayed** ~

sole ~ *см.* **plantar** ~

sole tap ~ медиоплантарный рефлекс

spinal ~ спинальный рефлекс

static ~ постуральный [позотонический, статический] рефлекс

statotonic ~ рефлекс равновесия

stretch ~ *см.* **myotatic** ~

sucking ~ сосательный рефлекс

supination [supinator] ~ *см.* **radial** ~

supraorbital ~ надглазничный рефлекс *(закрывание век при лёгком постукивании по лбу в области прохождения надглазничного нерва)*

swallowing ~ глотательный рефлекс

switching ~ замыкательный рефлекс

tapetal ~ рефлекс с глазного дна

tendon ~ сухожильный рефлекс

toe ~ *см.* **Babinski** ~

trace conditioned ~ следовой условный рефлекс

trained ~ *см.* **conditioned** ~

triceps surae ~ *см.* **ankle** ~

unconditioned ~ безусловный [врождённый] рефлекс

utricular ~ *см.* **statotonic** ~

vasopressor ~ вазоконстрикторный [сосудосуживающий] рефлекс

vesical ~ *см.* **micturition** ~

virile ~ бульбокавернозный рефлекс

visceral traction ~ ларингоспазм при механическом раздражении (вытягивании) органов брюшной полости *(при хирургической операции)*

viscerogenic ~ висцеральный рефлекс

visceromotor ~ висцеромоторный [вегето-соматический] рефлекс

viscerosensory ~ висцеросенсорный рефлекс

vomiting ~ *см.* **gag** ~

Wartenberg ~ Вартенберга рефлекс *(при поражении пирамидного пути)*

withdrawal ~ защитный рефлекс *(напр. отдёргивание руки)*

reflexive [ri'fleksiv] рефлекторный; возвратный

reflexivity [ˌriːflek'siviti] рефлексия *(анализ собственного психического состояния)*

reflexogenic [riːˌfleksəʊ'dʒenik], **reflexogenous** [ˌriːflek'sɒdʒənəs] рефлексогенный, вызывающий рефлекс

reflexograph [riː'fleksəʊgræf] рефлексограф *(прибор для графической регистрации рефлексов)*

reflexology [ˌriːflek'sɒlədʒi] 1. *психол.* рефлексология 2. рефлексотерапия

reflexometer [ˌriːflek'sɒmətə] рефлексометр *(прибор для измерения силы и/или скорости реакции)*

reflexotherapy [riˌfleksəʊ'θerəpi] рефлексотерапия, рефлекторная терапия

reflow [riː'fləʊ] 1. возвратный [венозный] кровоток 2. восстановление кровотока

reflux ['riːfləks] 1. рефлюкс 2. регургитация; обратный ток *(напр. крови)*

bile ~ билиарный рефлюкс

esophageal [gastroesophageal] ~ желудочно-пищеводный рефлюкс

hepatojugular ~ печёночно-ярёмный рефлюкс, Пастеро — Рудо симптом

intrarenal ~ внутрипочечный рефлюкс

persistent ~ постоянный [персистирующий] рефлюкс

vesicorenal ~ пузырно-лоханочный рефлюкс

vesicoureteral [vesicoureteric] ~ пузырно-мочеточниковый рефлюкс

refluxing ['riːfləksɪŋ] рефлюксирующий

reformation [ˌrefə'meɪʃn] 1. преобразование 2. коррекция, исправление

adhesive ~ повторное образование спаек

refraction [ri'frækʃn] рефракция глаза *(отклонение луча света при прохождении через глаз, определяемое по положению главного фокуса относительно сетчатки)*

dynamic ~ динамическая рефракция глаза

imperfect ~ неправильная рефракция, или локализация, линзы глаза

ocular ~ рефракция глаза

static ~ статическая рефракция глаза

refractionist [ri'frækʃənist] оптометрист *(специалист по определению рефракции глаз и подбору очков)*

refractive [ri'fræktiv] относящийся к рефракции

refractivity [ˌriːfræk'tiviti] преломляющая способность

refractometer [ˌriːˈfrækˈtɒmətə] рефрактометр *(оптический прибор для определения рефракции глаза)*

refractoriness [riˈfræktərinəs] рефрактерность; нечувствительность *(к лечению)*

~ **to parathhormone** резистентность к паратгормону

absolute ~ абсолютная [полная] рефрактерность

relational ~ относительная [частичная] рефрактерность

refractory [riˈfræktəri] 1. крепкий *(напр. материал)* 2. резистентный, рефрактерный, невосприимчивый, не поддающийся лечению 3. упрямый; упорный, стойкий

~ **to conservative management** безуспешность [неэффективность] консервативного лечения

refracture [riːˈfræktʃə] повторный перелом, рефрактура *(хирургический метод)*

refrain [riˈfrein] 1. сдерживаться, воздерживаться; 2. подавлять *(напр. желание)*; обуздывать *(напр. гнев)*

reframing [riːˈfreimiŋ] рефрейминг, переформирование, «изменение рамки» *(техника НЛП, направленная на изменение отношения клиента к значимому событию)*

refrangibility [riˈfrænʤibiliti] преломляемость

refrangible [riˈfrænʤibl] преломляемый, преломляющийся

refresh [riːˈfreʃ] 1. *хир.* «освежать» края раны 2. восстанавливать силы

refreshment [riːˈfreʃmənt] восстановление сил, отдых

refrigerant [riˈfriʤərənt] 1. охлаждающее или замораживающее средство, хладагент *(напр. жидкий азот)* 2. жаропонижающее средство || жаропонижающий

refrigeration [riˌfriʤəˈreiʃn] 1. охлаждение, замораживание 2. криотерапия

refringence [riˈfrinʤəns] рефракция

refuge [ˈrefjuːʤ] 1. убежище 2. утешение; утешитель 3. спасение

refugee [ˌrefjʊˈʤiː] 1. беженец 2. эмигрант

refugium [riˈfjuːʤiəm]:

“**ultimum** ~” *лат.* состояние «близко к нулю»; «последний шанс»

refusal [riˈfjuːzl]:

food ~ отказ от приёма пищи

school ~ отказ от посещения школы

refuse[1] [riˈfjuːz] отказывать; отвергать; остатки; выжимки

to ~ **the diagnosis of schizophrenia** опровергнуть диагноз шизофрении

refuse[2] твёрдые отходы

refusion [riˈfjuːʒn] реинфузия; аутотрансфузия *(обратное переливание крови)*

regard [riˈgaːd]:

to ~ **the patient as a suicide risk** отнести больного к группе риска по суициду

regelkleine [ˈriʤelklain] менструация

regenerate [riˈʤenəreit] 1. регенерировать, восстанавливать(ся) 2. перерождаться

regeneration [riˌʤenəˈreiʃn] регенерация, восстановление, перерождение, (полное) обновление

aberrant ~ нарушенная регенерация

imperfect ~ неполная регенерация

intracellular ~ внутриклеточная регенерация

nerve ~ регенерация нерва

perfect ~ полная регенерация

reparative ~ восстановительная регенерация

regenerative [riˈʤenərətiv] регенеративный, восстанавливающийся, возрождающий

regimen [ˈreʤimən] 1. режим *(напр. питания)*; условия; способ; метод *(напр. воздействия)* 2. стандарт, протокол, схема *(напр. химиотерапии)* 3. стиль *(жизни)*

dosage ~ схема приема лекарственного средства

drug ~ схема лекарственного лечения

harsh environmental ~ суровые экологические условия

immunotherapy ~ схема [программа, режим] иммунотерапии

mutually agreeable treatment ~ взаимно согласованный режим лечения *(между врачом и больным)*

optimal dose ~ оптимальный режим применения

oral ~ пероральный способ приёма лекарственного средства

suggested ~ планируемый курс лечения

supportive ~ щадящий [поддерживающий] режим

therapeutic [treatment] ~ лечебная схема, схема [программа] лечения

regio [ˈreʤiəʊ], *pl.* **regiones** [reʤiˈəʊniːz] *лат.*, **region** [ˈriːʤən] 1. *анат.* область *(тела)* 2. область, зона, район, регион 3. *ген.* локус, участок

~ **of chin** подбородочная область

~ **of interest** *узи* область интереса *(исследуемый орган)*

~ **of viral genome** участок генома вируса

abdominal ~s области живота

affected ~ поражённая область, область поражения

anal ~ заднепроходная [анальная] область

anechogenic ~s анэхогенные участки

antebrachial ~s области предплечья

antibody constant ~ постоянный участок антитела

antibody variable ~ изменчивый [вариабельный] участок антитела

automatic ~ **of interest** автоматический выбор участка сканирования *(при денситометрии)*

axillary ~ подмышечная [подкрыльцовая] область

basilar ~ основание черепа

body ~s области [части] тела

brain ~ участок мозга

buccal ~ щёчная область

calcaneal ~ пяточная область

coding ~ кодирующая область *(гена)*

confidence ~ доверительная область

constant ~ константная область *(цепей иммуноглобулина)*

cool semiarid ~ холодная полуаридная область

crural ~ область голени

cubital ~ локтевая область

deltoid ~ дельтовидная область

disintegration ~ участок распада

endemic ~ эндемический очаг, эндемическая зона

epigastric ~ надчревная область

extreme arid ~ аридная область с экстремальными условиями

facial ~ область лица

flanking ~ фланкирующая [ограничивающая] область

frontal ~ лобная область

functional ~ функциональный участок *(возбуждения миокарда на ЭКГ)*

genital ~ половая [срамная] область

genitourinary ~ мочеполовая область, мочеполовой треугольник

goitrogenous ~ очаг эндемического зоба

haired ~ волосистая область

hilar ~ корень лёгкого; ворота лёгкого

hinge ~ «шарнирный» [междоменный] участок *(молекулы иммуноглобулина)*

hypervariable ~ гипервариабельный участок *(сайт вариабельной части цепи молекулы иммуноглобулина)*

hypochondriac ~ подрёберная область

hypogastric ~ подчревная область

infraclavicular ~ подключичная область

inframammary ~ передняя нижняя область груди, подгрудная область

infraorbital ~ подглазничная область

infrascapular ~ подлопаточная область, задняя нижняя область груди

infratemporal ~ подвисочная [межчелюстная, челюстно-жевательная] область

inguinal ~ паховая область, паховый треугольник

lumbar ~ поясничная область

mammary ~ область молочной железы

mastoid ~ сосцевидная область, область сосцевидного отростка

mental ~ подбородочная область

midabdominal ~ средний этаж брюшной полости

nasal ~ носовая область, область носа

noncoding ~ некодирующая область *(гена)*

nuchal ~ задняя область шеи, выйная область

occipital ~ затылочная область

ocular ~ глазничная область, область глазницы

olfactory ~ обонятельная область *(слизистой оболочки носа)*

oral ~ ротовая область, область рта

orbital ~ глазничная область, область глазницы

parietal ~ теменная область

pectoral ~ область груди

periampullary ~ периампуллярная зона

perineal ~ область промежности

placental ~ плацентарная площадка

preference ~ область предпочтения

promoter ~ промоторная область *(гена)*

pubic ~ (над)лобковая область

respiratory ~ дыхательная область *(полости носа)*

scapular ~ лопаточная область

signal ~ сигнальная последовательность *(нуклеотидная последовательность в гене, служащая местом связывания белка – фактора транскрипции)*

sternocleidomastoid ~ грудино-ключично-сосцевидная область

temporal ~ височная область

tricuspid valve ~ точка [область] выслушивания трёхстворчатого клапана

umbilical ~ пупочная область

urogenital ~ мочеполовая область, мочеполовой треугольник

ventilated lung ~s вентилируемые участки лёгких

vertebral ~ позвоночная область, задняя срединная область груди

zygomatic ~ скуловая область

regional ['riːʤənəl] 1. регионарный *(напр. об анестезии)* 2. региональный, распространенный в отдельном районе

register ['reʤistə] 1. журнал записей, журнал учёта 2. запись в журнале ‖ записывать, регистрировать 3. список, реестр, опись 4. счётчик, самописец, регистрирующий прибор 5. регистр, участок звукового диапазона

to ~ **a change in severity of the patient's depression** зарегистрировать изменение степени тяжести депрессии больного

chest ~ грудной регистр голоса

head ~ головной регистр голоса

Register:

British Medical ~ Британский регистр врачей, имеющих право заниматься медицинской практикой

Cochrane Controlled Trials ~ Регистр Кокрановской библиотеки публикаций с результатами контролируемых клинических испытаний

Federal ~ Федеральный регистр *(США)*

registered ['reʤistəd] 1. зарегистрированный; состоящий в регистре 2. имеющий лицензию или сертификат *(на право занятий лечебной практикой)*

registrant ['reʤistrənt] 1. медицинская сестра, состоящая в регистре и имеющая доступ к практической деятельности 2. больной, находящийся на учёте

registrar ['reʤistraː] 1. работник регистратуры 2. врач-ординатор

senior ~ старший ординатор

surgical ~ хирург стационара средней квалификации

Registrar:

~ **General** руководитель центрального бюро регистрации актов гражданского состояния

registration [ˌreʤis'treiʃn] 1. запись, регистрация 2. определение окклюзионного соотношения *(челюстей)*

bite ~ определение прикуса *(при протезировании)*

diagnosis ~ оформление диагноза

registry ['reʤistri] 1. регистратура 2. запись, регистрация 3. журнал записей, регистр

~ **of congenital anomalies** регистр врождённых аномалий развития

global ~ **of coronary events** глобальный регистр больных с ИБС

Registry:

Cardiovascular Data ~ Регистр данных сердечно-сосудистых поражений *(Американской кардиологической коллегии)*

regorge [ri'gɔːʤ] 1. изрыгать 2. обратное забрасывание

regress ['riːgrəs] регресс, упадок; рецидив; обратное развитие

spontaneously ~ спонтанное исчезновение *(напр. опухоли)*

throwback ~ упрощение организмов в процессе эволюции

regression [ri'greʃn] регрессия *(1. ген. мера изменения признака при изменении другого, кореллирующего с ним 2. псих. возвращение к более раннему, незрелому уровню функционирования 3. убыль симптомов болезни)*

~ of disease обратное развитие болезни, выздоровление, самоизлечение

atherosclerosis ~ регрессия атеросклероза

caudal ~ каудальная регрессия *(крестцово-копчиковая дисплазия, характеризующаяся атрезией прямой кишки и пороками развития мочеполовых органов)*

curvilinear ~ криволинейная регрессия

exponential ~ экспоненциальная регрессия

filial ~ регрессия потомков

linear ~ линейная регрессия

multiple ~ множественная регрессия

partial ~ парциальная регрессия

rectilinear ~ прямолинейная регрессия

simple ~ простая [единичная] регрессия

regrowth [riː'grəʊθ] рецидив опухоли

regular ['regjʊlə] 1. правильный, нормальный, соответствующий норме, регулярный 2. обычный, привычный; официальный 3. квалифицированный, профессиональный

regularity [ˌregjʊ'læriti] правильность, закономерность

regulate ['regjʊleit] регулировать, контролировать

regulation [ˌregjʊ'leiʃn] 1. регулирование, регуляция, контролирование, управление 2. регламентация, нормирование, установление стандартов или правил 3. *pl.* правила, нормы, инструкция

allosteric ~ аллостерическая регуляция *(активности фермента, осуществляемая эффекторной молекулой)*

food hygiene ~s правила пищевой гигиены

growh ~ регуляция роста

hospital ~s больничный распорядок

International health ~s Международные медико-санитарные правила *(по предупреждению завоза карантинных болезней – чумы, холеры, жёлтой лихорадки, оспы)*

national ~s on food additives национальные правила, касающиеся пищевых добавок

neurochemical ~ гуморальная [нейрохимическая] регуляция

neurohormonal ~ нейрогормональная регуляция

pollution ~ регламентирование загрязнения *(меры, ограничивающие загрязнение окружающей среды)*

private activities ~ регламентация деятельности частных фирм *(с целью охраны окружающей среды)*

quarantine ~s карантинный надзор

salt ~ регулирование (водно-)солевого режима

temperature ~ терморегуляция

regulator ['regjʊleitə]:

silent information ~ *ген.* регулятор неэкспрессируемой генетической информации

regurgitant [ri'gəːʤitənt] регургитирующий, текущий в обратном направлении

regurgitate [ri'gəːʤiteit] 1. течь в обратном направлении 2. срыгивать

regurgitation [riˌgəːʤi'teiʃn] 1. регургитация *(обратное забрасывание содержимого полого органа, напр. крови, при недостаточности митрального клапана)* 2. отрыжка; срыгивание

acid ~ кислая отрыжка

aortic ~ регургитация крови при недостаточности аортального клапана

concurrent ~ сопутствующая регургитация *(напр. крови)*

mitral ~ регургитация крови при недостаточности митрального клапана

tricuspid ~ регургитация крови при недостаточности трёхстворчатого клапана

rehabilitation [ˌriːəbili'teiʃn] реабилитация, восстановление здоровья *(комплекс медицинских, психологических, педагогических, социальных мероприятий, направленных на устранение или компенсацию утраченных функций, а также восстановления социального и профессионального статуса)*

~ of severe detrusor hypertrophy восстановительное лечение тяжёлой гипертрофии детрузора

back ~ реабилитация больных с заболеваниями спины

cardiac ~ реабилитация при болезнях сердца

dentoprosthetic ~ зубопротезирование

nutritional ~ реабилитация диетпитанием

oral ~ стоматологическая реабилитация

prosthetic voice ~ реабилитация голосовой функции с помощью протеза

pulmonary ~ реабилитация лёгочных больных

stroke ~ реабилитация больных, перенёсших инсульт

vocal ~ восстановление голоса

vocational ~ профессиональная реабилитация, восстановление трудоспособности

rehalation [riːhə'leiʃn] дыхание по закрытому контуру *(при наркозе)*

rehearsal [ri'həːʃl] повторение *(при запоминании)*

behavioral ~ поведенческая репетиция

reherniation [riːˌhəːni'eiʃn] рецидив грыжи

rehospitalization [riːˌhɒspitəli'zeiʃn] повторная госпитализация

rehydration [riːhai'dreiʃn] регидратация *(восстановление водного баланса)*

reimbursement [ˌriːim'bəːsmənt] компенсация, возмещение

Medicaid ~ *страх.* компенсация медицинской помощи фондом «Медикейд»

per diem ~ стоимость койкодня

reimplantation [riːˌimplɑːn'teiʃn] реимплантация, реплантация

~ of the ampulla реимплантация фатерова сосочка

~ of ureter реимплантация мочеточника *(антирефлюксная операция)*

reinfarction [ˌriːin'fɑːkʃn] повторный инфаркт миокарда

reinfection [ˌriːin'fekʃn] реинфекция, повторное заражение *(одним и тем же возбудителем)*

~ with parasites повторное заражение паразитами

reinfestation [riːinfes'teiʃn] реинвазия *(повторное заражение тем же паразитарным заболеванием)*

reinforce [ˌriːin'fɔːs] усиливать, укреплять; потенцировать

reinforcement [ˌriːin'fɔːsmənt] 1. усиление, укрепление; закрепление *(напр. в памяти)*; потенцирование 2. поддерживающее лечение *(напр. при лейкозе)*; адъювантная терапия

fixed-interval ~ подкрепление с постоянным временным интервалом

fixed-ratio ~ подкрепление с постоянным номером подкрепляемой реакции

negative ~ *психол.* отрицательное подкрепление (*наказанием*)

partial ~ частичное подкрепление

positive ~ *психол.* положительное подкрепление (*наградой*)

reinforcer [ˌriːinˈfɔːsə] подкрепляющий стимул, усилитель подкрепления

reinfusion [ˌriːinˈfjuːʒn] реинфузия (*напр. крови, асцитической жидкости*)

reinnervation [ˌriːinəˈveiʃn] *хир.* реиннервация (*восстановление нарушенной иннервации органов*)

reinoculation [ˌriːinˌɒkjʊˈleiʃn] повторная инокуляция, повторная прививка

reinstate [ˌriːinˈsteit] **1.** восстанавливать, начинать повторно (*напр. лечение*) **2.** укреплять, восстанавливать (*напр. здоровье*)

reinstatement [ˌriːinˈsteitmənt] срыв с восстановлением зависимости (*возвращение к прежнему уровню потребления наркотика после периода воздержания*)

reinstitution [ˌriːinstiˈtjuːʃn]:

~ of corticosteroids повторное назначение кортикостероидов

reinsurance [ˌriːinˈʃʊərəns] перестраховка (*страховка, приобретаемая страховой организацией в целях защиты от случаев чрезвычайно высоких затрат*)

reintegration [ˌriːintəˈgreiʃn] реинтеграция, восстановление психических функций

reintervention [ˌriːˌintəˈvenʃn] повторное вмешательство (*напр. хирургическое*)

reinvestigation [ˌriːinˌvestiˈgeiʃn] повторное исследование

reject [riˈʤekt] признавать негодным (*особ. к военной службе*); отторгать

rejection [riːˈʤekʃn] **1.** отторжение (*1. иммунологическая реакция несовместимости пересаженного органа 2. отказ от приёма, признания или привилегий; отрицание 3. устранение слабого низкочастотного эха с дисплея*) **2.** *pl.* отходы; экскременты

graft ~ отторжение трансплантата

second set ~ отторжение (трансплантата) по типу вторичного ответа

rejuvenation [riˌʤuːvəˈneiʃn], **rejuvenescence** [riˌʤuːvəˈnesəns] омоложение, омолаживание, обновление

facial ~ «омоложение» лица

rejuvenator [riˈʤuːvəˈneitə] скарификатор

rekindle [riːˈkindl]:

to ~ hope пробуждать надежду

relabelling [riːˈleibəliŋ] перемаркировка

relapse [riˈlæps] рецидив (*возникающий вскоре после отмены лечения*) ‖ рецидивировать; переносить рецидив

~ of leukemia рецидив лейкоза

rebound ~ рецидив заболевания после отмены лечения

true ~ in malaria истинный рецидив малярии (*вследствие развития сохранившихся экзоэритроцитарных форм паразитов*)

relapsing [riˈlæpsiŋ] **1.** рецидивирующий, повторяющийся **2.** возвратный (*напр. тиф*)

relate [riˈleit] **1.** устанавливать связь (*напр. между какими-л. явлениями*) **2.** относиться, иметь отношение

related [riˈleitid] **1.** родственный; близкий; пограничный (*о расстройстве*) **2.** связанный

closely ~ близкородственный (*напр. о штаммах вирусов*)

relatedness [riˈleitidnəs] взаимосвязанность (*отношений*)

relation [riˈleiʃn] **1.** отношение, связь, зависимость **2.** родство

arch ~ of the teeth соотношение зубных дуг

cause-effect ~s причинно-следственные связи

centric ~ of mandible to maxilla центральное соотношение, центральная окклюзия челюстей

close pathogenetic ~ тесная патогенетическая связь

consanguineous ~ кровное родство

cusp-to-cusp ~ бугорковое соотношение (*зубов-антагонистов*)

cusp-to-groove ~ фиссурно-бугорковое соотношение (*зубов-антагонистов*)

direct ~ непосредственная связь

fiduciary ~s доверительные отношения

input and output ~s соотношения «затраты – выпуск»

jaw ~ соотношение [окклюзия] челюстей

near ~ ближайший родственник

object ~s объектные отношения (*общение с переживаниями, значениями, ощущениями, а не реальными объектами*)

public ~s связи с общественностью, «пиар»

quantitative input and output ~s количественный анализ соотношений «затраты – выпуск»

spatial ~ пространственная координация

stimulus-response ~ связь «стимул – реакция»

relationship [riˈleiʃənʃip] **1.** взаимоотношение, взаимосвязь, зависимость **2.** родство **3.** среда

acriminious ~s язвительные [жёлчные] отношения

adversarial ~ соперничающие взаимоотношения

ambivalent ~s амбивалентные отношения (*склонные к резко противоположным эмоциям*)

blood ~ кровное родство

broken ~s нарушенные [неустойчивые] отношения

calamitous ~ пагубные отношения

casual ~ причинная взаимосвязь

close ~ 1. прямая [тесная] зависимость **2.** близкое родство

confiding ~ доверительные отношения

conflictual ~ конфликтные отношения

deep ~s сильные [глубокие] отношения

direct ~ прямое родство

discordant ~s противоречивые отношения

dissonant ~s диссонирующие [вносящие разлад] отношения

distant ~s холодные [сдержанные, дистанцированные] отношения

doctor-patient ~ взаимоотношения [взаимодействие] врача и больного

dose-effect ~ зависимость «доза – эффект»

dose-response ~ зависимость «доза – (ответная) реакция», зависимость «доза – ответ»

emotionally charged ~s эмоционально нагруженные отношения

empathic ~ взаимное сочувствие

enduring ~s прочные [устойчивые, продолжительные] отношения

figure-ground ~ соотношение фигуры и фона *(в восприятии)*

fulsome ~s неискренние отношения

genetic ~ генетическое родство, генетическая связь

harmonious ~s гармоничные отношения

heterosexual ~s гетеросексуальные связи

histocompatibility ~ взаимоотношение по тканевой совместимости

homosexual ~s гомосексуальные связи

host-parasite ~s взаимоотношения между хозяином и паразитом

incestuous ~s инцестуозные отношения

indirect ~ косвенная взаимосвязь

interpersonal ~s *псих.* межличностные (взаимо)отношения

intimate ~s интимные отношения

inverse ~ обратная зависимость *(напр. между прогестероном и пролактином)*

jaw ~s прикус

mother-child ~ отношения матери и ребёнка

neuromuscular ~ нервно-мышечный синапс, или соединение

passionate ~s горячие [пылкие] отношения

platonic ~s платонические отношения

pressure-flow ~ взаимосвязь давления и кровотока

remote ~ отдалённое родство

satisfying ~s отношения, доставляющие радость, удовлетворение

serological ~ серологическое родство

sexually abusive ~s сексуально оскорбительные отношения

stable ~s устойчивые [стабильные] отношения

strained ~s напряжённые отношения

structure-activity ~ зависимость активности (лекарственного вещества) от структуры

symbiotic ~ **with host** симбиотическая связь с организмом хозяина

transient ~s мимолётные [преходящие] отношения

unstable ~s нестабильные отношения

uptake-effect ~ зависимость «накопление вещества – эффект»

relative ['relətiv] **1.** условный, относительный, сравнительный **2.** соответственный **3.** связанный, взаимосвязанный **4.** родственник, родственница

angry ~ разгневанный родственник

close ~s кровные родственники

distant ~ отдалённый родственник

first degree ~s родственники первой степени *(родители и дети, братья и сёстры)*

second degree ~ родственники второй степени *(племянники)*

third ~ родственники третьей степени *(двоюродные сибсы)*

relativism ['relətivizəm] релятивизм *(мировоззренческая позиция, согласно которой всё человеческое познание субъективно, а потому относительно)*

relax [ri'læks] **1.** уменьшать напряжение, расслаблять(ся) **2.** послаблять, вызывать послабляющий эффект

to ~ **bowels** очищать кишечник

relaxant [ri'læksnt] **1.** миорелаксант ‖ вызывающий релаксацию **2.** *уст.* слабительное средство ‖ послабляющий, слабительный

relaxation [,ri:læk'seiʃn] **1.** релаксация, уменьшение напряжения, расслабление **2.** вазодилатация

~ **of ligaments** слабость связочного аппарата *(сустава)*

~ **of pelvic floor** растяжение [слабость] тазового дна *(после родов)*

~ **of splenic capsule** растяжение капсулы селезёнки *(обусловливающее депонирование крови)*

cardioesophageal ~ недостаточность кардиального жома

diastolic ~ диастолическое расслабление *(миокарда)*

isometric ~ изометрическое расслабление

longitudinal ~ *см.* **spin-lattice** ~

nuclear spin ~ ядерная спиновая релаксация

spin-lattice ~ спин-решёточная [продольная] релаксация *(в спектроскопии ядерно-магнитным резонансом)*

relaxin [ri'læksin] релаксин *(гормон, вырабатываемый плацентой при беременности)*

relay ['ri:lei] переключать *(напр. импульс с нейрона на нейрон)*

release [ri'li:s] **1.** выделение, секреция ‖ выделять, высвобождать, секретировать **2.** облегчение *(напр. страданий)* ‖ облегчать **3.** выписка *(из стационара)*

~ **from hospital** выписка из стационара

~ **of clamps** снятие зажимов *(напр. с сосуда)*

~ **of fibrous bands** иссечение фиброзных тяжей

~ **of heart** освобождение сердца *(напр. от влияния вагуса)*

~ **of neutrophils** высвобождение [выход] нейтрофилов *(из костного мозга)*

~ **of vaccines** выпуск [производство] вакцин

attenuated ~ уменьшенное [ослабленное] выделение *(напр. гормона)*

carpal tunnel ~ рассечение связки карпального канала

inflammatory mediator ~ выделение медиаторов воспаления

initial ~ первоначальное высвобождение *(микросфер из полимерной оболочки)*

modified ~ дозированное высвобождение *(напр. дипиридомола после инсульта)*

slow ~ медленное выделение; замедленное действие *(о лекарственном средстве)*

stress ~ снятие стресса

surgical ~ хирургическое устранение *(напр. контрактуры мышц)*

sustained ~ медленное высвобождение, пролонгированное выделение *(дюрантного препарата)*

releaser [ri'li:sə] пусковой механизм *(напр. заболевания)*

releasing [ri'li:siŋ] **1.** запуск, запускание ‖ пусковой *(напр. механизм взаимодействия гормонов)* **2.** рилизинг *(высвобождение медиатора из нейтрона)*

relevance ['reləvəns] **1.** значимость, актуальность, уместность **2.** важность; необходимость

~ **to food safety** необходимость в безопасности питания

clinical ~ **of mutation** клиническое значение мутаций

relevant ['reləvənt] **1.** уместный; соответствующий *(напр. о технике операции)*; причастный к делу, процессу и пр. **2.** релевантный *(относящийся к определённой цели, объекту, исследованию)*

reliability [ri͵laiə'biliti] **1.** надёжность, прочность **2.** достоверность

  diagnostic ~ достоверность [надёжность] диагноза, или диагностики

  interobserver ~ межэкспертная надёжность *(воспроизводимость оценок разными наблюдателями)*

  inter-rater ~ *стат.* внутриразрядная достоверность

reliable [ri'laiəbl] **1.** надёжный, прочный **2.** достоверный, подтверждённый *(напр. признак)*

reliance [ri'laiəns] **1.** доверие, уверенность **2.** привязанность, психологическая зависимость

relicense [ri:'laisns] (периодическое) подтверждение разрешения на врачебную практику

relief [ri'li:f] успокоение, облегчение, ослабление *(напр. боли)*

  ~ of obstruction jaundice устранение обтурационной желтухи *(напр. дренированием общего жёлчного протока)*

  food ~ стихание боли после приёма пищи

  post-operative pain ~ послеоперационное обезболивание

  temporary ~ временное облегчение *(о пункции кисты почки)*

Relief:

  International Medical Emergency ~ Международная скорая медицинская помощь *(негосударственная благотворительная организация, Великобритания)*

relieve [ri'li:v] **1.** успокаивать или ослаблять *(боль)* **2.** облегчать, уменьшать *(тяжесть, давление)* **3.** устранить блокаду

  to ~ oneself испражниться, помочиться

reline [ri:'lain] перебазировка зубного протеза

relocate [͵ri:ləʊ'keit] перемещать, смещать, передвигать

relocation [͵ri:ləʊ'keiʃn] перемещение, смещение, передвижка

reluctance [ri'lʌktəns] **1.** *психол.* неохота, нежелание; отвращение **2.** магнитное сопротивление *(напр. тканей)*

  ~ to eat отвращение к еде

  unreasonable ~ неразумное [чрезмерное] ограничение *(напр. в действиях)*

reluctancy [ri'lʌktənsi]:

  ~ to move нежелание двигаться

remediable [rə'mi:diəbl] излечимый, курабельный

remedial [rə'mi:diəl] **1.** излечивающий, целебный, лечебный *(о процедуре)* **2.** корригирующий; исправительный

remediless ['remidiləs] непоправимый, неизлечимый, инкурабельный, безнадёжный

remedy ['remədi] лекарственное средство; лечебное средство ‖ лечить; вылечивать

  beyond the reach of ~ies неизлечимый, инкурабельный; резистентный

  astringent ~ вяжущее средство

  cooling ~ жаропонижающее средство

  cough ~ средство от кашля

  herbal ~ лечебное средство из трав

  home [household] ~ «домашнее средство» *(лечения)*

  quack ~ *разг.* знахарское снадобье

remembering [ri'membəriŋ] припоминание, вспоминание

reminiscence [͵remi'nisns] *псих.* воспоминание, реминисценция

remission [ri'miʃn] ремиссия *(1. временное исчезновение симптомов заболевания 2. период ремиссии)*

  apparent ~ явная [очевидная] ремиссия

  excellent ~ стойкая ремиссия

  prolonged ~ длительная ремиссия

  spontaneous ~ спонтанная ремиссия

remit [ri'mit] **1.** временно ослабевать, стихать, уменьшать(ся) *(о проявлениях болезни)* **2.** отмена *(распоряжения)*

remittence [ri'mitəns] ремиссия *(временное исчезновение симптомов заболевания)*

remittent [ri'mitənt] перемежающийся *(о лихорадке)*, ремиттирующий *(о течении болезни)*

remitting [ri'mitiŋ] ремиттирующий *(напр. о форме рассеянного склероза)*

remnant ['remnənt] **1.** остаток **2.** след; рудимент

  ~s of placental tissue остатки плацентарной ткани

  cystic duct ~ культя пузырного протока

  gastric ~ культя желудка

  nonpatent ~ заращённый рудимент *(напр. об урахусе)*

  vitelline ~ рудимент желточного протока

remodelling [ri:'mɒdəliŋ] переделывание, коррекция, исправление, реконструкция *(напр. вертлужной впадины)*, ремоделирование *(восстановление формы и функции органа)*

  bone ~ ремоделирование костной ткани

  electrophysiological ~ of myocardium электрическое [электрофизиологическое] ремоделирование миокарда *(изменение электрической активности, обусловленное структурными изменениями)*

remote [ri'məʊt] дистанционный *(напр. о системе мониторинга)*; отдалённый

remote-controlled [ri'məʊt-kən'trəʊld] телеуправляемый, управляемый на расстоянии, с дистанционным управлением

removable [ri'mu:vəbl] **1.** удаляемый, устраняемый **2.** передвижной, съёмный, сменный

removal [ri'mu:vl] **1.** удаление, устранение **2.** перемещение, передвижение **3.** изгнание паразитов

  ~ of sutures снятие швов

  cast ~ снятие гипсовой повязки

  color ~ обесцвечивание

  hair ~ удаление волос, депиляция

  odor ~ дезодорация

  radical ~ радикальная операция, или резекция

  surgical ~ удаление хирургическим путём

remove [ri'mu:v] **1.** удаление ‖ удалять *(напр. опухоль)* **2.** перемещать, передвигать **3.** отменить *(напр. медикаменты)*

  to ~ dressing снимать повязку

  to ~ focci of infection санация очагов инфекции

remover [ri'mu:və]:

  clip ~ пинцет для снятия скобок

  root ~ элеватор для удаления корня зуба

removing [ri'mu:viŋ]:

  ~ of lens экстракция хрусталика

  ~ of oxygen отмена оксигенотерапии

~ **stitches** снятие швов

ren [riːn], *pl.* **renes** ['riːniːz] *лат., см.* **kidney**

renal ['riːnəl] почечный, ренальный, относящийся или воздействующий на почки

renal/urologic ['riːnəl/jʊərəʊ'lɒʤik] мочевыделительная система

rendezvous ['rɒndivuː] 1. свидание; место встречи 2. установка друг перед другом двух элементов (*напр. магнитных колец при наложении анастомоза*)

renew [ri'njuː] обновлять, восстанавливать, возобновлять

renewal [ri'njuːəl] обновление, восстановление, возрождение

~ **of youth** омоложение

cell ~ регенерация клеток

renicapsule [ˌreni'kæpsjuːl] капсула почки

reniculus [re'nikjʊləs], *pl.* **reniculi** [re'nikjʊlai] почечная доля, доля почки

reniform ['renifɔːm] почкообразный, почковидный

renin ['riːnin] ренин (*фермент, секретируемый почками и превращающий ангиотензиноген в ангиотензин*)

renipelvic [ˌreni'pelvik] относящийся к почечной лоханке

reniportal [ˌreni'pɔːtəl] 1. относящийся к воротам почки 2. относящийся к капиллярному кровообращению почки

renipuncture [ˌreni'pʌŋktʃə] *хир.* декапсуляция почки

rennin ['renin] реннин, химозин (*сычужный фермент, вырабатываемый желудком и створаживающий молоко*)

renogenic [ˌriːnəʊ'ʤenik] почечного происхождения

renography [riː'nɒgrəfi] ренография, нефрография

diuresis ~ (экскреторная) урография на фоне форсированного диуреза

renomedullary [ˌriːnəʊ'medjʊˌlæri] относящийся к мозговому веществу почки

renomegaly [ˌriːnəʊ'megəli] увеличение почки, реномегалия

renopathy [riː'nɒpəθi] нефропатия

renoprival [ˌriːnəʊ'praivəl] ренопривный, нефрогенный, обусловленный почками (*об артериальной гипертензии*)

renotrophic [ˌriːnəʊ'trɒfik] нефротропный, ренотропный

rent [rent] разрыв, трещина

~**s in excretory pathway** разрыв органа выделительной системы

correcting ~**s in urethra** восстановительная операция на мочеиспускательном канале

renunciation [riˌnʌnsi'eiʃn] отказ, самоотречение

instinctual ~ *психол.* отказ от удовлетворения инстинкта

reobase [riəʊ'beis] *физиол.* реобаза (*минимальная величина силы или напряжения электрического тока, способная вызвать возбуждение ткани*)

reocclusion [riək'luːʒən] повторная закупорка, рецидив окклюзии

reoccurrence [riə'kʌrəns] рецидив (*напр. заворота, язвы и пр.*)

reopening [riː'əʊpəniŋ]:

~ **of bronchus** реканализация бронха, восстановление [раскрытие] просвета бронха

reoperation [riˌɒpə'reiʃn] повторная [вторичная] операция

reovirus [ˌriːəʊ'vairəs] реовирус, респираторно-кишечный вирус

reoxidation [riˌɒksi'deiʃn] повторное окисление

reoxygenation [riˌɒksiʤə'neiʃn] реоксигенация, восстановление насыщения кислородом

repair [ri'peə] восстановление, заживление, репарация || восстанавливать (*напр. нарушенные функции*), вылечивать, заживлять

~ **of aortic aneurysm** восстановительная операция на аорте по поводу аневризмы

~ **of defect of foot** закрытие дефекта стопы

~ **of fistula** иссечение свища

~ **of fractured bone** заживление перелома кости

~ **of hernia** герниопластика, грыжесечение

~ **of one's health** восстановление здоровья

anterior vaginal ~ пластика передней стенки влагалища

aortic aneurism ~ пластическая операция при аневризме аорты

bone ~ репарация кости

chemical ~ химическое восстановление (*перевод свободных радикалов в стабильное молекулярное положение*)

damage ~ аварийный ремонт

definitive ~ радикальная коррекция (*порока сердца*)

DNA ~ репарация ДНК, ликвидация разрывов

duodenal atresia ~ устранение атрезии двенадцатиперстной кишки

edge ~ восстановление краевой части (*коронки зуба*)

elective ~ **for hernia** плановая герниопластика

endoplastic ~ **of laryngeal stenosis** эндоскопическое восстановление проходимости гортани при стенозе

epithelial ~ регенерация эпителия

fracture ~ сращение перелома

gap ~ заполнение бреши в спирали ДНК

hip ~ протезирование тазобедренного сустава

in good ~ в хорошем состоянии

mismatch ~ ошибки репарации (*в индукции хромосомных аберраций*)

operative ~ оперативное устранение дефекта

patch ~ пластика [закрытие] с помощью лоскута, или заплаты

peritoneal ~ перитонизация (*напр. десерозированных участков кишки*)

pin less ~ бесштифтовое восстановление зуба

plastic ~ **of eyelid** пластическая операция на веке

primary ~ **of colon wound** первичный шов раны кишки

prosthetic ~ протезирование

recombination ~ рекомбинантная репарация (*образование нативной молекулы ДНК путём обмена повреждённого сегмента на неповреждённый*)

stage [staged] ~ поэтапная [этапная] пластика

two-patch ~ реконструкция двумя заплатами (*напр. атриовентрикулярного канала*)

wound ~ заживление раны

reparation [ˌrepə'reiʃn] 1. возмещение, замещение, компенсация 2. репарация (*исправление дефектов синтеза ДНК*)

reparative ['repərətiv] восстановительный, реконструктивный; репаративный

repatency [ri'peitənsi] реканализация (*восстановление просвета сосуда*)

repeat [rɪ'piːt] **1.** повторение || повторять(ся) **2.** *ген.* дупликация **3.** повтор

DNA ~s последовательности ДНК, многократно встречающиеся в геноме

intragenic ~ внутригенный повтор

short tandem ~ короткий многократный повтор *(концевая нуклеотидная последовательность, состоящая из ди-, три- и тетрамерных повторяющихся элементов)*

tandem ~s тандемные повторы *(последовательность многократно повторяющихся друг за другом нескольких нуклеотидов)*

triplet ~ тринуклеотидный [триплетный] повтор

repeatability [rɪ,piːtə'bɪlɪtɪ] повторяемость; воспроизводимость *(степень совпадения между повторными измерениями)*

repeated [rɪ'piːtɪd] повторный, многократный, частый, рецидивирующий *(напр. о кровотечении)*

repellent [rɪ'pelənt] **1.** репеллент *(препарат, отпугивающий насекомых)* **2.** водоотталкивающий; водонепроницаемый

flea ~ репеллент против блох

repercolation [,riːpɜːkəʊ'leɪʃn] повторная перколяция

repercussion [,riːpɜː'kʌʃn] баллотирование *(напр. головки плода)*

reperfusion [,riːpɜː'fjuːʒən] реперфузия, восстановление кровотока *(напр. головного мозга после инсульта)*

repertoire ['repətwaː] состав; спектр

behaviour ~ «репертуар поведения»

paratopic ~ эпитопная карта *(антигена)*

preimmune ~ иммунологические особенности интактного организма

vast ~ of human behavior широкий диапазон [спектр] поведения человека

repetition [,repə'tɪʃn]:

compulsive ~ компульсивное [навязчивое] повторение

repetitive [rɪ'petətɪv] повторный, рецидивирующий *(напр. об аритмии)*

replace [rɪ'pleɪs] **1.** заменять *(напр. поражённый сустав искусственным)*; замещать **2.** восстанавливать *(напр. тургор кожи)*; вправлять *(напр. вывихнутую кость)*

to ~ missing teeth протезировать зубы

replacement [rɪ'pleɪsmənt] **1.** замещение; замена; пополнение **2.** заменитель

~ of bladder замещение (мочевого) пузыря

~ of blood loss восполнение [возмещение] кровопотери

~ of deficient hormones заместительная гормональная терапия

~ of tissue замещение ткани

~ of tracheostomy tube смена трахеостомной трубки

~ of umbilical cord *акуш.* вправление пуповины

amino acid ~ замена аминокислот

anatomic ~ анатомическое размещение *(напр. выпавшего органа)*

bladder ~ удаление мочевого пузыря

catheter ~ of the needle проведение катетера через иглу

fatty ~ жировое замещение

fluid ~ замещение жидкости

gentle ~ осторожное вправление *(напр. выпадения прямой кишки)*

hip ~ эндопротезирование тазобедренного сустава

hormone ~ заместительная гормональная терапия

joint ~ протезирование сустава

knee ~ протезирование коленного сустава

life-long hormone ~ пожизненная гормональная заместительная терапия

nutrient ~ замена питательного раствора

pacemaker ~ имплантация пейсмекера

parenteral fluid ~ парентеральное замещение потери жидкости

RNA base ~ замена РНК-оснований

surfactant ~ сурфактантная заместительная терапия

thyroxin ~ заместительная терапия *(при гипотиреозе)*

total hip ~ тотальное [полное] замещение тазобедренного сустава

replacer [rɪ'pleɪsə]:

milk ~ заменитель молока

replant [riː'plaːnt] **1.** реплантировать **2.** реплантированный орган или ткань *(пересадка оторванной ткани, конечности на прежнее место)*

replantation [riːplaːn'teɪʃn] реплантация

~ of tooth реплантация зуба

ear ~ combined with local flaps реплантация уха с использованием местного лоскута

replete [rɪ'pliːt] наполненный, насыщенный, переполненный, изобилующий

repletion [rɪ'pliːʃn] **1.** наполнение, переполнение **2.** плетора, гиперволемия

replica ['replɪkə] **1.** *ген.* реплика, отпечаток *(молекула нуклеиновой кислоты, синтезированная на другой молекуле – матрице)* **2.** модель; копия

gene ~ генная реплика, копия гена

replica-plating [,replɪkə-'pleɪtɪŋ] перепечатывание колоний микроорганизмов с чашки на чашку

replicase ['replɪkeɪs] репликаза *(вирусная РНК-зависимая полимераза)*

replicate ['replɪkeɪt] **1.** реплицировать, воспроизводить, повторять, делать копию **2.** размножаться *(о микроорганизмах)*; реплицироваться *(о вирусах)*

replication [,replɪ'keɪʃn] **1.** *ген.* репликация *(синтез на каждой из цепочек молекулы ДНК комплементарной ей цепочки)*, ауторепродукция *(воспроизведение молекул нуклеиновых кислот с передачей наследственной информации)* **2.** повторность *(напр. опыта)*; повторение

~ of lessons learned программа «распространение опыта и результатов» *(института устойчивых сообществ)*

bidirectional ~ репликация в двух направлениях, двунаправленная репликация

chromosome ~ хромосомная репликация

conjugative ~ конъюгативная репликация

consolidating evidence ~ обобщённый доказательный отчёт

discontinuous ~ прерывистая репликация *(синтез нитей ДНК в виде фрагментов)*

freeze-fracture ~ получение реплик с замороженных срезов

repair ~ восстановительная [репаративная] репликация

rolling-circle ~ репликация по принципу катящегося кольца

semidiscontinuous ~ репликация полупрерывистым образом *(с одной нити ДНК прерывистым образом, а в противоположном направлении – непрерывным)*

suppressing bacterial ~ подавление размножения бактерий, бактериостатический эффект

unidirectional ~ однонаправленная репликация

virus ~ репликация [копирование, размножение] вируса

replicative [ˈrəpˈlikətiv] репликационный

replicator [ˌrepliˈkeitə] *ген.* репликатор *(специфический сайт бактериального генома, с которого начинается репликация)*

replicon [ˈreplikɒn] репликон *(сегмент хромосомы или участок ДНК, способные к репликации как единое целое)*

repliconation [ˌreplikɒˈneiʃn] процесс образования репликона

replisome [ˈreplisəʊm] реплисома *(любой из сайтов на матриксе клеточного ядра, содержащий ферментные комплексы, которые, предположительно, осуществляют репликацию ДНК)*

repolarization [ˌriːˌpəʊləriˈzeiʃn] *физиол.* реполяризация *(процесс повторной поляризации деполяризованных мембран, клеток, волокон с приобретением заряда)*

report [riˈpɔːt] 1. сообщение, доклад; отчёт, сообщение ‖ докладывать, сообщать *(о больном)* 2. заключение *(эксперта)* 3. описание случая; клиническое наблюдение

~ of death to coroner сообщение о смерти следователю

to ~ the adverse effects of the drug to the pharmacy сообщить в фармацевтическое управление о вредных воздействиях данного лекарства

admission and discharge ~ сообщение о поступивших и выбывших больных

annual ~ годовой отчёт

case ~ 1. история болезни 2. описание случая

environmental ~ экологический отчёт

forensic psychiatric ~ судебно-психиатрическое заключение; акт судебно-психиатрической экспертизы

hospital morning ~ ежедневная сводка по больнице

laboratory ~ результаты лабораторного исследования

medical ~ отчёт о врачебной деятельности

radiological consultation ~ протокол рентгенологического исследования

sanitary ~ донесение о санитарном состоянии

reportable [riˈpɔːtəbl] подлежащий регистрации *(напр. об инфекционном заболевании)*

reporting [riˈpɔːtiŋ]:

~ of notifiable diseases извещение [передача сведений] о заболеваниях, подлежащих обязательной регистрации

repose [riˈpəʊz] 1. покой; отдых ‖ отдыхать 2. сон 3. спокойствие

reposition(ing) [ˌriːpəˈziʃəniŋ] репозиция, вправление *(восстановление нормального анатомического соответствия органов)*

~ of needle установка иглы *(напр. при перикардоцентезе)*

jaw ~ репозиция нижней челюсти

muscle ~ *хир.* перемещение места прикрепления мышцы

repositor [riˈpɒzitɒr] инструмент для репозиции, репозитор, репозиторий

repository [riˈpɒzitɒri] 1. депонированный, дюрантный, продлённого действия *(о лекарственном средстве)* 2. «депо» *(какого-л. вещества в организме)*

representation [ˌreprizenˈteiʃn] 1. представление; отображение 2. изображение, воспроизведение 3. *стат.* соответствие изучаемых характеристик выбранной совокупности, характеризующей генеральную совокупность

~ of arterial coats изображение слоёв артериальной стенки

~ of course of disease описание течения болезни

boundary ~ контурное представление *(распознаваемого объекта)*

central ~ представительство в коре головного мозга *(напр. каких-л. функций)*

diagrammatic [graphic] ~ графическое отображение

reference ~ опорное представление

representative [ˌrepriˈzentətiv] 1. характерный, показательный, репрезентативный 2. типичный представитель; уполномоченный; торговый агент

to be ~ of отражать, быть характерным

medical ~ медицинский представитель *(напр. фарм-фирмы)*

representativeness [ˌrepriˈzentətivnəs] 1. представительность 2. *стат.* репрезентативность *(свойство выборки отражать характеристики изучаемой генеральной совокупности)*

action ~ репрезентативность поступка

repression [riˈpreʃn] 1. сдерживание *(чувств, импульсов)* 2. *ген.* репрессия, подавление, угнетение 3. *психоан.* вытеснение *(бессознательное удержание вне сознания инстинктов, желаний, конфликтов, неприемлемых для «Я»)* 4. репрессивная политика

end-product ~ репрессия генов конечным продуктом по типу обратной связи

repressor [riˈpresə] 1. угнетатель 2. *ген.* репрессор *(белок-регулятор, генетически нейтрализующий ДНК)*

reprise [riˈpriːz] *фр.* реприз *(судорожный вдох, сопровождаемый свистом, возникающий за кашлевыми толчками при коклюше)*

reprocessing [riˈprəʊsesiŋ] 1. воспроизводство, повторная обработка 2. технологический цикл подготовки гемодиализатора к работе

reproducibility [ˌriːpriəʊˌdjuːsiˈbiliti] воспроизводимость *(напр. о близких результатах теста в разных условиях)*

reproduction [ˌriːprəˈdʌkʃn] 1. *биол.* размножение, репродукция 2. *псих.* воспроизведение

asexual ~ бесполое размножение

color ~ цветопередача

expanded ~ расширенное воспроизводство

human ~ планирование семьи, воспроизводство народонаселения

national ~ естественное размножение

sexual ~ половое размножение

vegetative ~ вегетативное размножение

virginal ~ партеногенез *(у некоторых насекомых – размножение из неоплодотворённого яйца)*

reproductive [ˌriːprəˈdʌktiv] 1. репродуктивный 2. генеративный, воспроизводительный

repudiate [ri'pju:dieit] отрекаться, отказываться, отвергать

repugnance [ri'pʌgnəns] **1.** несовместимость; противоречие **2.** антипатия, отвращение

repulsion [ri'pʌlʃn] *ген.* отталкивание *(конфигурация, при которой два мутантных неаллельных гена находятся на разных хромосомах)*

request [ri'kwest] **1.** просьба; требование **2.** спрос; запрос

requirement [ri'kwaiəmənt] **1.** потребность **2.** требование, необходимое условие

calculated maintenance ~ суточные физиологические потребности *(организма для жизнеобеспечения)*

daily nutrient ~ суточная потребность в питательных веществах

federal acquisition ~s федеральные правила потребления *(услуг, включая медицинские)*

hospitalization ~ потребность в госпитализации

maintenance ~s физиологические потребности *(напр. в питье)*

minor ~ потребность в микроэлементах

potency ~ требования к активности вакцины

reradiation [ri,reidi'eiʃn] **1.** обратное излучение **2.** переизлучение

back ~ переизлучение в обратном направлении

rescreening [ri'skri:niŋ] повторное массовое обследование *(населения)*

rescue ['reskju:] спасение, избавление, освобождение ‖ спасать, освобождать

marker ~ спасение генетического маркёра *(при рекомбинации инактивированного фага с интактным)*

research [ri'sə:tʃ] исследование, изучение, анализ, научно-исследовательская работа ‖ исследовать

advanced ~ перспективное исследование

basic ~ фундаментальное исследование

clinical ~ клиническое обследование

cost-effectiveness ~ анализ «затраты – эффективность»

ethnographic ~ этнографическое исследование

evaluative ~ оценочное исследование

germfree ~ исследование в асептических [безмикробных] условиях

health ~ исследование в области здравоохранения

human ~ исследование [эксперимент] на человеке

motivation ~ изучение мотивации

musculoskeletal ultrasound ~s ультразвуковое исследование костно-мышечной системы

nutritional ~ исследование пищевой ценности продукта

on-site ~ полевые исследования

population ~ демографические исследования

preclinical ~ профилактическое обследование

psychic ~ патопсихология

qualitative ~ качественное исследование

radiological ~s рентгенологические исследования

resectable [ri'sektəbl] доступный резекции; удалимый, операбельный *(об опухоли)*

resection [ri'sekʃn] резекция, иссечение

~ **of medial rectus** резекция отводящей мышцы глазного яблока

aggressive local ~ обширное местное иссечение *(опухоли)*, радикальная операция

complete ~ полное иссечение

extensive ~ обширная резекция

partial ~ частичная резекция

permanent skin ~ этапы операции с иссечением кожи

segmental pulmonary ~ сегментарная резекция лёгкого

sleeve ~ циркулярная резекция

subendocardial ~ субэндокардиальная резекция *(аритмогенной зоны миокарда)*

submucous ~ **of the nasal septum** подслизистая резекция носовой перегородки

transcervical ~ **of the endometrium** трансцервикальная резекция эндометрия

transurethral ~ **of the prostate** трансуретральная резекция предстательной железы

wedge ~ клиновидная резекция

reseeding [ri'si:diŋ] *микр.* пересев, повторный посев

resemblance [ri'zembləns] сходство

resentful [ri'zentfl] **1.** обиженный, возмущённый **2.** злопамятный

resentment [ri'zentmənt] **1.** чувство обиды, возмущение, негодование **2.** злопамятность

reservation [,rezə'veiʃn] **1.** сохранение **2.** резервация **3.** заповедник

pest ~ резервация насекомых-вредителей

reserve [ri'zə:v] **1.** резерв, запас **2.** изъятие; ограничение **3.** *экол.* заповедник, резерват **4.** сдержанность; осторожность; скрытность

alkali ~ щелочной [основный] резерв *(крови)*

breathing ~ резерв дыхания

vasodilatator ~ вазодилатационный потенциал

reservoir ['rezəvwa:] **1.** водохранилище; пруд; водоём; бассейн **2.** ёмкость; резервуар **3.** резервант *(возбудителя инфекции)*

~ **of infection** резервуар инфекции

~s **of rickketsias** эндемический очаг риккетсиоза

blood ~ депо крови

caecal ~ слепокишечный резервуар *(для деривации мочи)*

gastric ~ искусственный желудок

isoperistaltic ileal ~ изоперистальтический подвздошнокишечный резервуар

Ommaya ~ Оммайя резервуар *(устройство для инъекций лекарственных веществ в спинномозговую жидкость, вводимое в желудочки головного мозга)*

Pecquet's ~ млечная [хилёзная] цистерна, Пеке цистерна

sedimentation ~ отстойный бассейн

subcutaneous injection ~ подкожный инъекционный резервуар, или депо

reset [,ri:'set] **1.** вправление *(напр. вывиха)*, возвращение в исходное положение **2.** регулировка, настройка, наводка *(прибора)*, установка на нуль *(аппарата)*

resetting [,ri:'setiŋ] **1.** возврат [возвращение] в исходное положение *(напр. функции органа)* **2.** регулировка, установка на нуль *(аппарата)*

baroreceptor ~ нормализация функции барорецепторов *(напр. после острой гипертензии)*

resettlement [,ri:'setlmənt] **1.** переселение **2.** трудоустройство *(после перенесённого заболевания при получении инвалидности)*

reside [ˌriːˈzaid] **1.** проживать; обитать **2.** быть присущим, свойственным

residence [ˈrezidəns]:

~ **in endemic regions** постоянное местопребывание [жительство] в эндемичной местности

matrilocal ~ матрилокальное проживание (в семье, общине жены)

patrilocal ~ патрилокальное проживание (в семье, общине мужа)

residency [ˈrezidənsi] амер. резидентура (последипломная больничная подготовка врачей, предусматривающая специализацию в течение одного года интерном и в течение 3–5 лет резидентом; разработана в 1895 г.)

pharmacy ~ фармацевтическая резидентура (последипломная стажировка в больнице по клинической фармации)

surgical ~ хирургическая резидентура

resident [ˈrezidənt] **1.** резидент (1. постоянный житель || постоянный 2. лицо, проживающее по месту работы, особенно при лечебном учреждении 3. врач, проходящий последипломную клиническую подготовку – резидентуру) **2.** пользователь (напр. Интернета)

assisted ~ вторая ступень резидентуры (после интернатуры; 2 г.)

first assisted ~ третья ступень резидентуры (1 г.)

chief ~ четвёртая ступень резидентуры (последний год – с полной ответственностью за больного)

pathology ~ врач-резидент патологоанатом

radiology ~ врач-резидент радиолог

urban ~ человек, постоянно проживающий в городе

residual [riˈzidjʊəl] остаточное явление || резидуальный, остаточный, сохранившийся (напр. о проявлениях болезни)

residue [ˈrezidjuː] **1.** осадок, отстой **2.** остаток **3.** хим. группа, радикал

~ **of infection** последствие инфекции

~**s of pesticides** остаточные количества пестицидов (в пище)

acid ~ кислотный остаток

antibiotic ~**s** остаточное количество антибиотиков

ash ~ фарм. остаток после прокаливания

day ~ психол. дневной остаток (часть жизненного опыта, используемого в качестве строительного блока для сновидения)

defecation ~**s** дефекационные осадки, дефекат

distillation ~ остаток перегонки, кубовой остаток

gastric ~ остаток в желудке (напр. контрастной массы)

pesticide ~**s** остатки пестицидов (напр. в почве)

resilience [riˈziljəns], **resiliency** [riˈziljənsi] **1.** упругость, эластичность **2.** свойство приобретать прежнюю форму или размер (об имплантате) **3.** способность быстро восстанавливать физические и душевные силы

resilient [riˈziljənt] **1.** упругий, эластичный **2.** жизнерадостный, неунывающий

resin [ˈrezin] **1.** смола, камедь || смолить **2.** канифоль || канифолить **3.** полимер

acrylic ~ акриловая (зубопротезная) пластмасса, или смола

anion-exchange ~ анионообменная смола

autopolymer ~ самотвердеющая (зубопротезная) пластмасса

base ~ базисная (зубопротезная) пластмасса

cation-exchange ~ катионообменная смола

composite ~ композиционная (зубопротезная) пластмасса

embedding ~ смола для заливки (среда для заключения препаратов в блоки)

heat-curing ~ (зубопротезная) пластмасса, полимеризующаяся при нагревании

ion-exchange ~ ионообменная смола

restorative ~ пломбировочная пластмасса

synthetic ~ синтетическая смола, пластмасса

resist [riˈzist] противостоять, сопротивляться, препятствовать, противодействовать

resistance [riˈzistəns] **1.** устойчивость, резистентность, сопротивляемость, стойкость, невосприимчивость **2.** психоан. сопротивление (бессознательный отказ пациента пережить на опыте неприятные чувства, имеющие отношение к внутриличностным конфликтам)

~ **in patients** резистентность у больных (опухоли к химиотерапии)

~ **to expiration** сопротивление (дыханию) на выдохе

~ **to inspiration** сопротивление (дыханию) на вдохе

abrasive ~ сопротивление истиранию, прочность на износ (напр. зубов)

acid ~ кислотоустойчивость, кислотостойкость

alkali ~ щёлочестойкость; щёлочеустойчивость

antibiotic ~ устойчивость [резистентность] к антибиотику (микроорганизмов)

biotic ~ биотическая устойчивость, или резистентность

body ~ сопротивляемость организма

breathing ~ анест. сопротивление дыханию

capillary ~ резистентность капилляров

cerebral vascular ~ сопротивление сосудов головного мозга

character ~ характерологическое сопротивление

cold ~ холодоустойчивость, холодостойкость

drug ~ устойчивость [резистентность] (микроорганизмов) к лекарственному средству

electrode-skin ~ электродно-кожное сопротивление

environmental ~ **1.** сопротивление среды, устойчивость среды к внешнему воздействию **2.** сопротивление организма среде, средостойкость, средоустойчивость

flow ~ сопротивление потоку (крови, жидкости, газа)

galvanic skin ~ электрическое сопротивление кожи

heritable ~ наследственная резистентность

induced ~ выработанная [индуцированная] резистентность

immune ~ иммунитет

initial ~ первоначальная [первичная] устойчивость (напр. к антибиотикам)

innate ~ врождённая резистентность

insulin ~ инсулинорезистентность, (тканевая) резистентность к инсулину

lowered ~ сниженная резистентность

microbial ~ устойчивость [резистентность] микроорганизмов

multidrug [multiple drug] ~ поливалентная устойчивость, или полирезистентность, к лекарственным средствам

natural immune ~ естественный иммунитет

outlet ~ сопротивление выходного сфинктера

peripheral ~ (общее) периферическое сопротивление сосудов

primary ~ *см.* **initial** ~

pulmonary vascular ~ лёгочное сосудистое сопротивление, сопротивление в малом круге кровообращения

respiratory ~ *см.* **breathing** ~

specific ~ специфическая устойчивость *(напр. вредителя к отравляющему действию пестицида)*

steady-state ~ дыхательный коэффициент в условиях устойчивого состояния

systemic vascular ~ системное сосудистое сопротивление *(в большом круге кровообращения)*

tissue ~ резистентность ткани, тканевая резистентность

transference ~ *психоан.* трансферное сопротивление *(сильные желания трансферного удовлетворения)*

vascular ~ сосудистое сопротивление

virus ~ устойчивость к вирусной инфекции

weather ~ устойчивость к атмосферным воздействиям, метеоустойчивость

resistant [ri'zistənt] устойчивый, резистентный, стойкий, невосприимчивый

~ **to treatment** нс поддающийся лечению, некупируемый *(о приступе)*

disease ~ устойчивый к болезням, иммунный

resistive [ri'zistiv] резистивный, резистентный; способный сопротивляться

resolution [ˌrezəʊ'lu:ʃən] **1.** растворение **2.** разложение, расщепление **3.** исчезновение, рассасывание *(напр. опухоли)*; разрешение *(напр. воспалительного процесса)* **4.** *опт.* разрешающая способность *(напр. микроскопа)*

~ **of bacterial conjunctivitis** излечение бактериального конъюнктивита

~ **of clinical signs** исчезновение клинических симптомов; выздоровление

~ **of fecal incontinence** устранение причины недержания кала

~ **of hematoma** рассасывание гематомы

~ **of inciting cause** устранение вызвавшей причины *(напр. кашля)*

~ **of infection** купирование воспалительного процесса

~ **of injury** разрешение процесса повреждения

~ **of pericardial effusion** удаление [рассасывание] перикардиального выпота

~ **of pleural disease** излечение поражения плевры

~ **of respiratory distress syndrome** благоприятный исход респираторного дистресс-синдрома

coarse ~ низкая разрешающая способность

high ~ высокая разрешающая способность

spatial ~ пространственное разрешение

spontaneous ~ спонтанный регресс, спонтанное обратное развитие *(напр. кисты)*

symptom ~ устранение симптомов

time ~ разрешающая способность по времени

resolve [ri'zɒlv] **1.** растворять(ся); пептизироваться **2.** разлагать(ся) **3.** устранять, исправлять, корригировать

to ~ **a conflict** разрешать конфликт

resolvent [ri'zɒlvənt] **1.** средство, способствующее купированию патологического процесса *(напр. прекращению воспаления или рассасыванию новообразования)* **2.** *хим.* растворитель

resonance ['rezəʊnəns] **1.** перкуторный звук **2.** резонанс

amphoric ~ амфорический перкуторный звук

bandbox ~ коробочный перкуторный звук

bell-metal ~ металлический перкуторный звук

cavernous ~ амфорический оттенок перкуторного звука

cracked pot ~ шум [звук] треснувшего горшка *(при перкуссии)*

electron spin ~ электронный парамагнитный резонанс *(в спектрометрии)*, ЭПР

hydatid ~ шум дрожания гидатид *(при эхинококкозе)*

nuclear magnetic ~ ядерно-магнитный резонанс, ЯМР

proton magnetic ~ протонный магнитный резонанс

tympanic ~ тимпанический перкуторный звук, тимпанит

vesicular ~ везикулярное дыхание

vocal ~ голосовой резонанс *(при аускультации грудной клетки)*

resorbable [ri'sɔ:bəbl] способный к рассасыванию, рассасывающийся, рассасываемый

resorcinism [rəz'ɔ:sinizm] хроническое отравление резорцином

resorption [ri'sɔ:pʃən] **1.** *физиол.* всасывание, поглощение **2.** резорбция, рассасывание

~ **of pericardial clot** расслаивание сгустка в околосердечной сумке

bone ~ **of phosphorus** резорбция [вымывание] фосфора *(из костной ткани)*

clinical ~ резорбция [рассасывание] погибшего плода *(в матке)*

host ~ реакция организма, реакция хозяина

internal ~ пульповая резорбция твёрдых тканей *(зуба)*

root ~ резорбция зубного корня

resort [ri'zɔ:t] **1.** обращение *(за помощью)* ǁ обращаться *(за помощью)* **2.** курорт **3.** спасительное средство; утешение

to ~ **to operation** прибегать к операции

health ~ курорт

last ~ крайняя мера *(в выборе метода лечения)*

resource [ri'zɔ:s] **1.** способ, средство; ресурс **2.** *pl.* пищевые ресурсы

genetic ~s генетические ресурсы

health manpower ~s кадровые ресурсы здравоохранения

natural ~s естественные ресурсы, природные богатства

recreation ~s рекреационные ресурсы *(совокупность мест, пригодных для отдыха)*

respect [ri'spekt]:

~ **for person** уважение к личности

~ **of autonomy** уважение самостоятельности

respirable [re'spirəbl] вдыхаемый, пригодный [приспособленный] для вдыхания

respiration [ˌrespi'reiʃn] **1.** дыхание **2.** вентиляция

abdominal ~ брюшное [диафрагмальное] дыхание, брюшной тип дыхания

absent ~ непрослушиваемое дыхание

alternating-pressure ~ искусственное дыхание под переменным давлением

amphoric ~ амфорическое дыхание

artificial ~ искусственная вентиляция лёгких, ИВЛ, искусственное дыхание

assisted [augmented] ~ вспомогательное дыхание, вспомогательная ИВЛ

Biot's ~ биотовское дыхание *(чередование ритмических дыхательных движений и длительных пауз)*

bronchial ~ бронхиальное дыхание

buccal [buccopharyngeal] ~ дыхание через рот

cavernous ~ *см.* **amphoric** ~

cell ~ *см.* **internal** ~

Cheyne-Stokes ~ *см.* **tidal** ~

cogwheel ~ саккадированное [прерывистое] дыхание

compromise ~ угнетённое дыхание

controlled ~ *см.* **artificial** ~

costal ~ *см.* **thoracic** ~

dermal ~ кожное дыхание

diaphragmatic ~ *см.* **abdominal** ~

diffusion ~ апнойная оксигенация, диффузионное дыхание

electrophrenic ~ электростимуляционная ИВЛ с раздражением диафрагмального нерва

external ~ внешнее дыхание *(вентиляция лёгких, обеспечивающая газообмен с окружающей средой)*

fetal ~ внутриутробное дыхание *(через плаценту)*

forced ~ форсированное дыхание, произвольная гипервентиляция

grunting ~ стерторозное [клокочущее, хрипящее] дыхание

hand-operated ~ *см.* **manual** ~

harsh ~ жёсткое дыхание

hollow ~ амфорическое дыхание

hurried ~ учащённое дыхание

internal ~ тканевое [клеточное, внутреннее] дыхание

interrupted [jerky] ~ *см.* **cogwheel** ~

Kussmaul ~ Куссмауля дыхание *(характеризующееся равномерными редкими дыхательными движениями, глубоким шумным вдохом и усиленным выдохом)*

labored ~ затруднённое дыхание, затруднение дыхания

manual ~ ручная ИВЛ

meningitic ~ биотовское дыхание, дыхание при менингите

minimal ~ минимальное дыхание *(после кураризации)*

mitochondrial ~ окислительное фосфорилирование в митохондриях, клеточное дыхание

mouth-to-mouth ~ ИВЛ «изо рта в рот»

mouth-to-nose ~ ИВЛ «изо рта в нос»

noisy ~ шумное дыхание

overpressure [positive pressure] ~ искусственное дыхание под [избыточным] положительным давлением

puerile ~ пуэрильное дыхание *(у детей от 1 г. до 7 лет)*

reflex ~ рефлекторное дыхание

rough ~ *см.* **harsh** ~

shallow ~ поверхностное дыхание

short and shallow ~ одышка *(короткое и поверхностное дыхание)*

thoracic ~ грудное дыхание

tidal ~ Чейна – Стокса дыхание *(поверхностные и редкие дыхательные движения постепенно учащаются и углубляются до максимума с последующим апноэ)*

tissue ~ *см.* **internal** ~

tubular ~ *см.* **bronchial** ~

vesicular ~ везикулярное дыхание

wavy ~ *см.* **cogwheel** ~

respirator [ˌrespi'reitɒr] **1.** респиратор *(напр. противопылевой)*, противогаз **2.** аппарат искусственной вентиляции лёгких, дыхательный аппарат

airline ~ шланговый респиратор

artificial ~ аппарат искусственной вентиляции лёгких, дыхательный аппарат, аппарат искусственного дыхания, респиратор

body ~ респиратор наружного действия

cuirass ~ кирасный респиратор

electronically controlled ~ респиратор с электронным регулятором

facepiece ~ **1.** респиратор с лицевой маской **2.** аппарат искусственной вентиляции лёгких с лицевой маской

manual ~ ручной респиратор

mouthpiece ~ **1.** респиратор с загубником **2.** аппарат искусственной вентиляции лёгких с загубником

respiratory ['respirəˌtɒri] респираторный, дыхательный

respire [ri'spaiə] **1.** дышать **2.** отдышаться

respirogenesis [resˌpirəʊ'dʒenisis] восстановление дыхания

respond [ri'spɒnd] реагировать, отвечать *(на раздражение)*

to ~ **to treatment** реагировать на терапию, поддаваться лечению

respondent [ri'spɒndənt] респондент, опрашиваемый

responder [ri'spɒndə] респондер *(1. пациент, реагирующий на терапию 2. животное, реагирующее на антигенный раздражитель 3. иммунокомпетентная клетка, клетка – продуцент антител)*

high ~ животное, отвечающее выраженной иммунной реакцией на определённый антиген

immediate ~s быстрореагирующие респондеры *(у которых эффект наблюдают уже после приёма первой дозы препарата)*

low ~ животное, иммунологически слабо реагирующее на определённый антиген *(в связи с нарушением функции Т-лимфоцитов)*

response [ri'spɒns] **1.** реакция, реагирование, отклик, (ответная) реакция *(на раздражение)* **2.** восприимчивость, чувствительность **3.** отзывчивость, взаимность

~ **to lidocaine** проба с лидокаином, чувствительность к лидокаину

~ **to pain** реакция на болевое раздражение

~ **to systemic antibiotics** эффективность антибиотиков; реакция на антибиотики

abnormal mucosal immune ~ извращённый иммунный ответ слизистой оболочки

"all-or-nothing" ~ *физиол.* реакция по типу «всё или ничего»

anamnestic ~ *см.* **boosted** ~

antedating goal [anticipatory goal] ~ *психол.* опережающая [предвосхищающая] целевая реакция

antibody ~ антителообразование *(на введение антигена)*

antiself [autoimmune, autospecific] ~ аутоиммунный ответ, аутоиммунная реакция *(образование аутоантител)*

averse ~ реакция отвращения

avoidance ~ реакция избегания

behavioral ~ поведенческая реакция

boosted [booster] ~ анамнестическая [подкрепляющая, бустерная] реакция, вторичный иммунный ответ *(иммунологическая реакция повышенной чувствительности при вторичном контакте с антигеном)*

brain stem auditory evoked ~ вызванные слуховые потенциалы ствола мозга

cell-mediated anamnestic ~ клеточно-опосредованная анамнестическая реакция

cell-mediated immune ~ клеточно-опосредованный иммунитет

circulatory ~ реакция сердечно-сосудистой системы, сердечно-сосудистая реакция

click ~ реакция на щелчок, реакция на короткое звуковое раздражение

clinical ~ клиническая симптоматика *(болезни)*

color ~ цветовая чувствительность

conditioned ~ условный [приобретённый] рефлекс

control ~ регулирующее воздействие

depressed ~ невыраженная [незначительная] реакция *(напр. на введение атропина)*

drug ~ реакция на лекарственное средство

escape [evasive] ~ реакция избегания

evoked ~ *физиол.* вызванный потенциал *(изменение электрической активности части нервной системы, вызванное сенсорным стимулом)*

exaggerated ~ выраженная реакция *(напр. на АКТГ)*

executive ~ исполнительная реакция *(центральной нервной системы)*

eye ~ восприимчивость глаза

eyeblink ~ мигательная реакция

fever ~ температурная реакция

flicker-light ~ реакция (электроэнцефалограммы) на световое мелькание

galvanic skin ~ кожно-гальванический рефлекс, или реакция, КГР

goal ~ целевая реакция

humoral immune ~ гуморальный иммунный ответ *(синтез антител В-клетками иммунной системы в ответ на присутствие в организме чужеродных антител)*

immune ~ иммунная реакция, иммунный ответ

inconsistent ~ отсутствие реакции; безуспешность *(напр. лечения)*

inordinate ~ аллергическая реакция

isomorphic ~ изоморфная реакция, Кебнера феномен *(поражение кожи в виде длинных линий в ответ на повреждения, наблюдаемые при псориазе или красном плоском лишае)*

late asthma ~ отдалённые [поздние] последствия лечения астмы

learned ~ *см.* **conditioned** ~

leukemoid ~ лейкемоидная реакция

menace ~ угрожающая реакция; угрожающая поза

monitoring ~ **to therapy** контроль за эффективностью лечения

monosyllabic ~s односложные ответы

motor ~ двигательная реакция

orienting ~ ориентировочный рефлекс, ориентировочная реакция

osmatic ~ реакция на запах

peak ~ максимальная чувствительность

photoperiod(ic) ~ фотопериодическая чувствительность

poor ~ **to prednisone** неэффективность преднизона

positive menace ~ защитная реакция *(напр. глаза)*

quantal acute toxic ~ количественная остротоксическая реакция *(на лекарственное средство)*

radiation ~ реакция на облучение

rapid ~ быстрая ответная реакция

recruiting ~ реакция вовлечения *(на электроэнцефалограмме)*

respiratory ~ дыхательная реакция

second set ~ *см.* **anamnestic** ~

short-lived immune ~ непродолжительный [нестойкий] иммунный ответ

sluggish ~ вялая реакция *(зрачков на свет)*

startle ~ старт-рефлекс, четверохолмный рефлекс

target ~ ответ мишени

threshold ~ пороговая [критическая] реакция

thymic-dependent antibody ~ тимусзависимая реакция на антитело

triple immune ~ тройной иммунный ответ *(на три антигена одновременно)*

tumor ~ канцерогенный эффект

unconditioned ~ безусловный рефлекс

vestibulo-ocular ~ вестибулярно-окулярная реакция *(зрачка)*

WHO's ~ ответное действие ВОЗ

responsibility [ri͵spɒnə'biliti] **1.** ответственность **2.** обязанность **3.** надёжность **4.** вменяемость

~ **from offense** *суд. мед.* деликтная ответственность *(напр. за причинение вреда здоровью)*

~ **of physician** ответственность врача

criminal ~ **of minor** уголовная ответственность несовершеннолетних

diminished ~ ограниченная ответственность *(напр. правонарушителя в связи с умственной неполноценностью)*; ограниченная вменяемость

legal ~ юридическая ответственность

private ~ личная ответственность

responsive [ri'spɒnsiv] **1.** реактивный **2.** реагирующий, восприимчивый, чувствительный, отзывчивый **3.** обусловленный, вызванный; индуцированный; зависимый *(напр. о цинкзависимости при дерматозе)*

responsiveness [ri'spɒnsivnəs] **1.** реактивность **2.** восприимчивость, чувствительность, отзывчивость

antibody ~ гуморальный иммунный ответ

immunologic ~ иммунологическая реактивность

marrow ~ регенеративность костного мозга

renal ~ чувствительность почек *(напр. к АКТГ)*

rest[1] [rest] **1.** отдых, перерыв, пауза, покой ‖ отдыхать **2.** неподвижность **3.** *стом.* кламмер

~ **in peace** «отдыхай с миром», смерть

~ **in bed** постельный режим

absolute bed ~ строгий постельный режим

at ~ в покое, в состоянии покоя

bed ~ постельный режим

cage ~ 1. ограничение двигательной активности 2. корсет

chin ~ *мед. тех.* опора для подбородка

gastrointestinal ~ щадящая диета

incisal ~ резцовый кламмер

lingual ~ язычный кламмер

occlusal ~ кламмер с окклюзионной накладкой

rest² 1. остаток ‖ остальное ‖ оставаться 2. фрагмент эмбриональной ткани, сохранившейся во взрослом организме

aberrant ~ *пат. анат.* хористома

adrenal ~ добавочный надпочечник, маршанов орган

cell ~ *пат. анат.* гамартия

fetal ~ *см.* **cell** ~

malignant embryonic ~ гамартобластома

wolffian ~ вольфова киста (*остатки вольфова протока в женской половой системе*)

restbite ['restbait] физиологический [нормальный] прикус

restenosis [ˌriːstəˈnəʊsis] рестеноз (*повторное сужение просвета какого-л. органа*)

in-stent ~ повторный стеноз, обычно коронарной артерии, в которой находится стент

restful ['restfl] успокоительный, успокаивающий

resthouse ['resthaʊs] 1. санаторий для выздоравливающих 2. дом отдыха

restiform ['restifɔːm] *невр.* верёвчатый

restimulation [riˈstimjʊˈleiʃən] повторная стимуляция, рестимуляция

restitution [restiˈtjuːʃn] восстановление (*сил, здоровья*); возвращение к норме

epithelial cell ~ деление и восстановление клеток

restless ['restləs] беспокойный, возбуждённый

motor ~ общее двигательное беспокойство, акатизия

restlessness ['restləsnəs] беспокойство, возбуждённое [беспокойное] состояние

restoration [restəˈreiʃn] 1. восстановление (*сил, здоровья*) 2. замещение (*напр. дефекта зубного ряда*) 3. приведение в сознание (*напр. после обморока*) 4. *стом.* пломба; пломбировочный материал

~ of urine flow восстановление мочеиспускания

amalgam ~ амальгамовая пломба

dental ~ 1. замещение дефектов зубов или зубных рядов 2. зубной пломбировочный материал

interim ~ временная пломба

metal ~ металлическая пломба

plastic ~ 1. пластическая операция 2. пластмассовая пломба

porcelain ~ фарфоровый зубной протез (*коронка, вкладка*)

post core ~ восстановление (*зуба*) на штифтовой опоре

speech ~ восстановление речи

restorative [riˈstɒrətiv] 1. восстановительный (*напр. о хирургии*) 2. укрепляющее или тонизирующее средство ‖ укрепляющий, тонизирующий

restore [riˈstɔː] восстанавливать (*силы, здоровье*)

to ~ the circulating blood volume восстановить объём циркулирующей крови

restoring [riˈstɔːriŋ]:

~ quality of water восстановление качества воды

restrain [riˈstrein] 1. сдерживать, ограничивать 2. задерживать, подвергать изоляции 3. запрещать

restraint [riˈstreint] 1. сдержанность, самообладание 2. замкнутость 3. ограничение; стеснение; принуждение; обуздание 4. мера пресечения (*заключение под стражу, помещение в психиатрическую больницу*); средство механического удерживания больного

restrainer [riˈstreinə] приспособление для фиксирования рук или ног (*напр. во время операции*)

restrictase [riˈstrikteis] рестриктаза (*фермент, разрезающий цепь ДНК*)

restricter [riˈstriktə] ограничивающий себя (*напр. в еде*)

restriction [riˈstrikʃn] ограничение; рестрикция; задержка

~ of foramen ovale закрытие овального окна

~ of parents rights ограничение родительских прав

~ of thoracic cage сдавление грудной клетки

~ of ventilation ограничение вентиляции (*лёгких*)

caloric ~ ограничение в пище или в её калорийности

dietary salt ~ ограничение соли в пище

fluid ~ ограничение (*приёма*) жидкости

sodium ~ ограничение препаратов натрия (*поваренной соли*)

restrictive [riˈstriktiv] 1. ограничительный; сдерживающий 2. рестриктивный (*обусловленный сдавлением или спазмом полых органов*)

restructuring [ˌriːˈstrʌktʃəriŋ]:

neuro-endocrine ~ нейроэндокринная перестройка

restzustand [restˈzʊstænd]:

schizophrenic ~ *нем.* резидуальная шизофрения

result [riˈzʊlt] результат; исход; следствие ‖ происходить в результате (*чего-л.*), следовать проистекать

to ~ from происходить от, получаться в результате

to ~ in приводить к, повлечь за собой

baseline blood ~s основные [базисные] показатели крови

clinical ~s исходы заболевания

close ~ ближайший результат

controversial ~ спорный результат, сомнительный итог

deleterious ~ вредное последствие

end ~ отдалённый результат

false-negative ~ ложноотрицательный результат, отсутствие признака

immediate ~ *см.* **close** ~

lab ~s результаты лабораторных анализов

late ~ *см.* **end** ~

net ~ конечный результат

recent ~s непосредственные результаты (*напр. операций*)

remote ~ *см.* **end** ~

short-term ~ *см.* **recent** ~

surgical ~ результат [исход] хирургического лечения

resublimed [ˌriːsəbˈlaimd] подверженный повторной сублимации

resume¹ [riˈzjuːm] 1. резюме; сводка; конспект 2. анкетные данные

resume² 1. возобновлять, продолжать 2. поправить здоровье

to ~ one's health поправиться, выздороветь

resupinate [riːˈsuːpineit] 1. поворачиваться на спину ‖ лежащий на спине 2. патологически вывернутый

resurgence [ri'sə:ʤəns] 1. возрождение 2. восстановление (напр. здоровья)

~ **of tuberculosis** возрождение туберкулёза

pest ~ восстановление численности вредителя

resurgent [ri'sə:ʤənt] поправляющийся; восстанавливающийся; оживающий

resuscitate [ri'sʌsiteit] 1. реанимировать [оживлять] организм 2. приводить в сознание, приходить в сознание

resuscitation [ri,sʌsi'teiʃn] 1. реанимация, оживление организма 2. приведение в сознание

~ **for cardiac arrest** реанимация при остановке сердца

brain ~ реанимация мозга (методы, позволяющие уменьшить повреждение мозга)

cardiac ~ восстановление сердечной деятельности

cardiopulmonary ~ сердечно-лёгочная реанимация

closed-chest ~ реанимация с применением непрямого [закрытого] массажа сердца

expired-air ~ реанимация [оживление] выдыхаемым воздухом

fluid ~ восстановление водного баланса, инфузионная терапия

mouth-to-mouth ~ реанимация рот-в-рот

neonatal ~ оживление новорождённых

open-chest ~ реанимация с применением прямого [открытого] массажа сердца

volume ~ возмещение объёма (циркулирующей крови)

resuscitator [ri'sʌsiteitə] 1. реаниматолог, врач-реаниматор 2. аппарат для форсированной искусственной вентиляции лёгких

Ambu baby ~ детский ручной респиратор Амбу

hope ~ ручной респиратор

resuture [ri'sju:tʃə] наложение вторичного шва, повторное ушивание

retain [ri'tein] 1. удерживать, поддерживать, сохранять 2. оставлять (напр. жёлчные камни во время операции)

retainer [ri'teinə] 1. стом. фиксатор, держатель (1. ортодонтическое приспособление 2. часть мостовидного зубного протеза) 2. виварий

attachment ~ фиксатор (зубного протеза)

continuous bar ~ кламмер непрерывный (металлическая дуга, обычно опирающаяся на язычную поверхность зубов, помогающая их стабилизации и действующая как непрямая шина)

extracoronal ~ опорный назубной элемент (зубного протеза)

indirect ~ непрямой фиксатор (дугового зубного протеза)

matrix ~ матрицедержатель

three-quarter crown ~ удерживающий край контактной поверхности полукоронки

retaining [ri'teiniŋ]:

bladder ~ тренировка мочевого пузыря

retard [ri'ta:d] замедлять, задерживать, тормозить (развитие) ‖ пролонгированный

retardation [ri:ta:'deiʃn] 1. задержка, замедление, отставание, торможение 2. олигофрения, задержка психического развития, умственная отсталость 3. замедленная реакция 4. ген. ретардация

~ **of aging** замедление процесса старения

~ **of growth** задержка роста

intrauterine growth ~ задержка внутриутробного развития (плода)

language ~ задержка развития речи

mental ~ (**mild, moderate, profound, severe**) олигофрения, задержка психического развития, умственная отсталость (мягкая, умеренная, глубокая, тяжёлая)

psychomotor ~ 1. задержка психомоторного развития 2. психомоторная заторможенность

psychosocial ~ психосоциальная отсталость

reading ~ задержка в развитии навыков чтения

retarded [ri'ta:did] 1. замедленный, запаздывающий, отстающий (напр. о развитии) 2. умственно отсталый, психически неполноценный 3. запоздалый (напр. о прорезывании зубов), задержанный, заторможенный, ингибированный ‖ пролонгированный

retch [retʃ] 1. вызывать рвоту; тошнить 2. позыв к рвоте

retching ['retʃiŋ] 1. позыв на рвоту 2. рвота

non-productive ~ позывы на рвоту без отхождения рвотных масс

rete ['ri:ti], pl. **retia** ['ri:tiə] анат. сеть, сетка (1. сеточка из нервных волокон или мелких сосудов 2. структура, образованная сетью соединительно-тканных волокон)

~ **of testicle** сеть семенника

retention [ri'tenʃn] 1. задержка; удерживание; фиксация; сохранение 2. псих. ретенция (сохранение приобретённой информации) 3. анатомическая ретенция зубного протеза

~ **of afterbirth** задержка последа

~ **of dead ovum** несостоявшийся [задержавшийся] выкидыш

~ **of feces** запор

~ **of membranes** задержка плодных оболочек

~ **of vitamin** сохранение витамина

acute ~ **of urine** острая задержка мочи

blood clot ~ задержка кровяных сгустков

bridge ~ стом. опорный элемент мостовидного протеза

denture ~ ретенция [задержка] зуба

fluid ~ задержка жидкости (в организме)

gastric ~ застой в желудке

graft ~ приживление трансплантата

immunospecific ~ специфическая иммуносорбция

nitrogen ~ ретенция [отложение] азота

relative ~ относительная величина удерживания (при газожидкостной хроматографии)

sodium ~ задержка натрия

stool ~ задержка стула

urinary ~ 1. задержка мочи 2. остаточная моча

retentive [ri'tentiv] задерживающий, удерживающий

retentivity [riten'tiviti] удерживающая способность

retest [ri'test] повторный тест, повторное исследование

retethering [ri'teðəriŋ] повторное сращение; фиксация (напр. спинного мозга спайками)

retial ['ri:tiəl] относящийся к сети (особенно к сети кровеносных сосудов)

reticence ['retisəns] 1. молчаливость; скрытность 2. сдержанность

reticular [rə'tikjʊlə], **reticulated** [rə'tikjʊleitid] сетчатый

reticulation [rəˌtikjʊ'leiʃn] образование сеточки или сетчатой массы *(напр. на эритроцитах)*

reticulocyte [rə'tikjʊləʊˌsait] ретикулоцит *(эритроцит с базофильной сеточкой)*

reticulocytopenia [rəˌtikjʊləʊˌsaitəʊ'pi:niə] ретикулоцитопения *(уменьшенное содержание ретикулоцитов в крови)*

reticulocytosis [rəˌtikjʊləʊsai'təʊsis] ретикулоцитоз *(увеличенное содержание ретикулоцитов в крови)*

reticuloendothelioma [rəˌtikjʊləʊˌendəʊθi:li'əʊmə] ретикулоэндотелиома

reticuloendotheliosis [rəˌtikjʊləʊˌendəʊθi:li'əʊsis] злокачественный гистиоцитоз, ретикулоэндотелиоз

reticuloendothelium [rəˌtikjʊləʊˌendəʊ'θi:liəm] система макрофагов, система мононуклеарных фагоцитов, ретикулоэндотелиальная система, РЭС

reticuloma [rəˌtikjʊ'ləʊmə] злокачественная гистиоцитарная лимфома

reticulopenia [rəˌtikjʊləʊ'pi:niə] *см.* **reticulocytopenia**

reticulosis [rəˌtikjʊ'ləʊsis] ретикулёз

benign inoculation ~ болезнь кошачьих царапин, доброкачественный фелиноз, лимфоретикулёз

fibromyeloid ~ лимфогранулематоз, фибромиелоидный ретикулёз, Ходжкина болезнь

histiotic medullary ~ гистиоцитарный костномозговой ретикулёз

leukemic ~ моноцитарный лейкоз

lipomelanic ~ дерматопатическая лимфаденопатия, липомеланотический ретикулёз кожи, Потрие – Воренже синдром

reticulum [rə'tikjʊləm], *pl.* **reticula** [rə'tikjʊlə] **1.** тонкая сеть *(напр. внутриклеточных структур волокон соединительной ткани)* **2.** нейроглия **3.** ретикулярная ткань

agranular endoplasmic ~ *цитол.* агранулярная [незернистая] эндоплазматическая сеть

cytoplasmic ~ цитоплазматическая сеть

endoplasmic ~ эндоплазматическая [цитоплазматическая] сеть, эндоплазматический ретикулум

granular [rough(-surface)] endoplasmic ~ *цитол.* гранулярная [зернистая] эндоплазматическая сеть

sarcoplasmic ~ саркоплазматическая сеть *(структурный компонент кардиомиоцитов и скелетных мышечных волокон)*

smooth(-surface) endoplasmic ~ *цитол.* агранулярная [незернистая] эндоплазматическая сеть

stellate ~ сеть звёздчатых клеток эмалевого органа

trabecular ~ трабекулярная сеть

retiform ['retifɔ:m] сетевидный, сетеобразный

retina ['retinə] сетчатка, сетчатая оболочка

coarctate ~ воронкообразная отслойка сетчатки

detached ~ отслойка сетчатки

leopard ~ «леопардовая сетчатка», паркетное глазное дно

rod-free ~ пятно сетчатки, жёлтое пятно

shot-silk ~ «муаровая сетчатка» *(появление многочисленных волнообразных блестящих рефлексов, иногда наблюдающихся при осмотре глазного дна)*

retinaculum [ˌreti'nækjʊləm], *pl.* **retinacula** [ˌreti'nækjʊlə] *анат.* удерживатель *(уздечка, связка)*

~ of extensor muscles удерживатель сухожилий мышц-разгибателей

~ of flexor muscles удерживатель сухожилий мышц-сгибателей

~ of peroneal muscles удерживатель малоберцовых мышц

retinal ['retinəl] **1.** ретинальный, относящийся к сетчатке *(глаза)* **2.** ретинальдегид, витамин А

retinitis [ˌreti'naitis] ретинит *(воспаление сетчатки)*

~ pigmentosa пигментный ретинит

~ sclopedaria сильная травма сетчатки

azotemic ~ гипертоническая ретинопатия, артериоспастический [ангиоспастический] ретинит

central angiospastic ~ серозная [ангиоспастическая] центральная ретинопатия, экссудативный центральный ретинит, преретинальный отёк, идиопатическая плоская отслойка сетчатки

circinate ~ опоясывающий [кольцевидный, круговой] ретинит, кольцевидная дегенерация сетчатки

diabetic ~ диабетическая ретинопатия

gravidic ~ токсогравидарная ретинопатия

leukemic ~ лейкозная ретинопатия

metastatic [septic] ~ метастатический ретинит

toxoplasmic ~ токсоплазмозный (хорио)ретинит

X-linked ~ pigmentosa Х-наследуемый пигментный ретинит

retinoblastoma [ˌretinəʊblæs'təʊmə] ретинобластома, злокачественная нейроэпителиома сетчатки

retinochoroiditis [ˌretinəʊkəʊrɔi'daitis] ретинохориоидит, хориоретинит

~ juxtapapillaris околососочковый ретинохориоидит, Йенсена болезнь

bird shot ~ двусторонний диффузный васкулит сетчатки с множественными очагами депигментации пигментного эпителия сетчатки и собственно сосудистой оболочки кзади от экватора глазного яблока

retinodialysis [ˌretinəʊdai'ælisis] ретинодиализ, отслойка сетчатки

retinol ['retinɒl] ретинол, витамин А

retinopathy [ˌreti'nɒpəθi] ретинопатия *(поражение сетчатки невоспалительного характера)*

~ of prematurity ретролентальная фиброплазия, Терри синдром

AIDS ~ ретинопатия, являющаяся осложнением СПИДа

angiopathic ~ травматическая ретинопатия, травматическая ангиопатия сетчатки

arteriosclerotic ~ (артерио)склеротическая ретинопатия

background ~ начальная непролиферативная [фоновая] ретинопатия

compression ~ травматическая ретинопатия, травматическая ангиопатия сетчатки

diabetic ~ диабетическая ретинопатия

macular ~ макулопатия *(поражение жёлтого пятна)*

pigmentary ~ пигментная дегенерация сетчатки, пигментная ретинопатия

renal ~ почечная ретинопатия

solar ~ солнечная ретинопатия

tapetoretinal ~ пигментный ретинит

venous stasis ~ ретинопатия с венозным застоем

retinopexy [ˌretinəʊˈpeksi] ретинопексия *(формирование хориоретинальной спайки при лечении отслойки сетчатки)*

  laser ~ лазерная коагуляция отслойки сетчатки

retinoschisis [ˌretiˈnɒskisis] ретиносхизис *(расслоение сетчатки вследствие дегенерации с образованием кист между двумя слоями)*

retinoscopy [ˌretiˈnɒskəpi] офтальмоскопия в бескрасном свете, ретиноскопия *(для изучения сетчатки и её сосудов)*

retirement [riˈtaiəmənt] 1. уединение 2. уход на пенсию

retiring [riˈtaiərin] 1. застенчивый; склонный к уединению 2. увольнение в отставку

retract [riˈtrækt] 1. уменьшать(ся), сокращать(ся), сжимать(ся) 2. отводить назад, оттягивать

retractile [riˈtræktil] втягивающийся, сократимый

retraction [riˈtrækʃn] 1. втяжение, западение 2. ретракция; стягивание, сокращение 3. *стом.* перемещение зубов кзади, обычно с помощью ортодонтического аппарата

  clot ~ ретракция свёртка *(крови)*

  controlled scar ~ контролируемая подтяжка кожи

  eyeball ~ западение [сморщивание] глазного яблока

  intercostal ~ межрёберные втяжения

  lip ~ стягивающие губы *(при поражении нерва)*

  muscle ~ мышечная ретракция

  uterine ~ сокращение мускулатуры матки

retractor [riˈtræktɔ:] 1. ранорасширитель, крючок, ретрактор 2. мышца, тянущая назад; втягивающий мускул

  ~ **for neurosurgery** нейрохирургический ранорасширитель

  ~ **with prongs** острый зубчатый крючок

  abdominal ~ зеркало для брюшной стенки; брюшной крючок

  bladder ~ зеркало для мочевого пузыря

  brain ~ нейрохирургический подъёмник, нейрохирургический шпатель

  eye ~ 1. векоподъёмник 2. глазной ранорасширитель, зеркало для операций на слёзном мешке

  Farabeuf's ~ Фарабефа крючок *(для расширения раны)*

  four-toothed surgical ~ четырёхзубый хирургический крючок

  liver ~ печёночное зеркало

  rubber dam ~ ретрактор из резиновой пластинки *(для защиты мягких тканей)*

  self-retaining ~ ранорасширитель с кремальерой

  sharp pronged ~ острый зубчатый крючок

  shoulder blade ~ подъёмник для лопатки

  sternal ~ ретрактор для грудины

  surgical ~ хирургический ретрактор

  tracheotomy ~ трахеотомический расширитель, расширитель Труссо

  valve ~ клапанный дилататор *(расширитель при стенозе клапана сердца)*

  window-form ~ окончатый крючок

retrad [ˈri:trəd] в направлении кзади, в направлении к спине

retraining [ˌri:ˈtreinin] переобучение, переподготовка

retransfusion [ˌri:trænsˈfju:ʒən] обратное переливание крови, реинфузия [ретрансфузия] крови

retreat [riˈtri:t] 1. повторный курс лечения 2. уединение 3. убежище, приют 4. психиатрическая больница, наркологическая лечебница

  ~ **from reality** бегство от реальности *(расстройство психики в виде замещения реального воображаемым)*

  ~ **to bed** быть прикованным к постели

retrenchment [riˈtrentʃmənt] срезание [удаление] излишних тканей *(напр. при чрезмерном разрастании)*

retrieval [riˈtri:vl] 1. возвращение; извлечение 2. исправление *(напр. дефекта)* 3. поиск *(информации)*; воспоминание

  catheter-assisted ~ опорожнение мочевого пузыря катетером

retrieve [riˈtri:v] 1. найти; восстанавливать в памяти; возвращать в прежнее состояние 2. реабилитировать, восстанавливать; спасать *(положение)* 3. исправлять *(ошибку)*, заглаживать *(вину)*

retriever [riˈtri:və] устройство для извлечения из полости инородного тела *(напр. мочевого камня)*

  catheter ~ **for uroliths** катетер для извлечения мочевых камней

  intravascular ~ катетер для извлечения тромбов

retroaction [ˌretrəʊˈækʃn] 1. обратная реакция 2. противодействие, действие в обратном направлении

retroauricular [ˌretrəʊˈrikjʊlə] позадиушной

retrobulbar [ˌretrəʊˈbʌlbə] расположенный позади глазного яблока, ретробульбарный

retrocalcaneobursitis [ˌretrəʊkælˌkeiniəʊbə:ˈsaitis] ахиллобурсит

retrocaval [ˌretrəʊˈkeivəl] расположенный позади полой вены *(обычно мочеточник)*, ретрокавальный

retrocecal [ˌretrəʊˈsi:kəl] расположенный позади слепой кишки, ретроцекальный

retrocervical [ˌretrəʊˈsə:vikəl] расположенный позади шейки матки, ретроцервикальный

retrocession [ˌretrəʊˈseʃn] 1. возврат, рецидив 2. возникновение симптомов, обусловленное поражением внутренних органов 3. ретропозиция *(напр. матки)*

retroclusion [ˌretrəʊˈklu:ʒən] прошивание тканей вокруг сосуда *(для остановки кровотечения)*

retrocolic [ˌretrəʊˈkɒlik] расположенный позади ободочной кишки, позадиободочный

retrocollic [ˌretrəʊˈkɒllik] относящийся к задней части шеи

retrocollis [ˌretrəʊˈkɒlis] ретроколлис *(кривошея с наклоном головы назад)*

retrocursive [ˌretrəʊˈkə:siv] движущийся назад или в обратном направлении, ретрокурсивный

retrodeviation [ˌretrəʊˌdi:viˈeiʃn] ретродевиация, отклонение [изгиб] кзади

retrodisplacement [ˌretrəʊdisˈpleismənt] смещение кзади

retrofilling [ˌretrəʊˈfilin] пломбирование канала зуба

retroflexed [ˌretrəʊˈflekst] изогнутый кзади, отогнутый назад *(об органе)*

retroflexia [ˌretrəʊˈfleksiə] ретрофлексия *(резкий поворот на себя)*

retroflexion [ˌretrəʊˈflekʃn] ретрофлексия, загиб или перегиб *(органа)* кзади

retrogasserian [ˌretrəʊgəˈsi:riən] расположенный позади тройничного [гассерова] узла

retrognathia [ˌretrəʊˈgnæθɪə] ретрогнатия (*недоразвитые челюсти, смещённые назад, «птичье» лицо*)

retrognathic [ˌretrəʊˈgnæθɪk] ретрогнатический, сдвинутый кзади (*о челюсти*)

retrograde [ˌretrəʊˈgreɪd] 1. ретроградный, идущий в обратном направлении 2. *физиол.* катаболический, диссимилирующий 3. дегенерирующий, дегенеративный

retrography [retˈrɒgrəfɪ] зеркальное письмо (*проявление аграфии*)

retrogression [ˌretrəʊˈgreʃn] 1. дистрофия, дегенерация, перерождение, ухудшение, вырождение, регресс 2. возврат; безуспешность (*напр. лечения*)

retroillumination [ˌretrəʊɪˌluːmiˈneɪʃn] *офт.* ретроиллюминация

retroinfection [ˌretrəʊɪnˈfekʃn] заражение матери от плода

retroinjection [ˌretrəʊɪnˈʤekʃn] 1. рефлюкс, регургитация 2. ретроградное введение жидкости

retroiridian [ˌretrəʊɪˈrɪdɪən] расположенный позади радужки

retrojection [ˌretrəʊˈʤekʃn] промывание полости обратным током вводимой жидкости

retrolingual [ˌretrəʊˈlɪŋgwəl] расположенный позади языка, позадиязычный

retromammary [ˌretrəʊˈmæmərɪ] расположенный за молочной железой, ретромаммарный

retromandibular [ˌretrəʊˌmænˈdibjʊlə] позадичелюстной, ретромандибулярный

retromandibulism [ˌretrəʊˌmænˈdibjʊlizm] нижнечелюстная ретрогнатия

retronasal [ˌretrəʊˈneɪzəl] ретроназальный (*относящийся к носовой части глотки*)

retroorbital [ˌretrəʊˈɔːbitl] *см.* retrobulbar

retroperitoneal [ˌretrəʊˌperitəʊˈniəl] забрюшинный, ретроперитонеальный

retroperitoneoscopy [ˌretrəʊˌperitəʊniˈɒskəpɪ] эндоскопия забрюшинного пространства, ретроперитонеоскопия

retroperitoneum [ˌretrəʊˌperitəʊˈniːəm] забрюшинное [ретроперитонеальное] пространство

retroperitonitis [ˌretrəʊˌperitəʊˈnaitis] ретроперитонит (*воспаление забрюшинной клетчатки*)

retropharyngeal [ˌretrəʊfəˈrɪnʤiəl] заглоточный, ретрофарингеальный

retroplacental [ˌretrəʊpləˈsentl] ретроплацентарный

retroplasia [ˌretrəʊˈpleiziə] регрессивная [анапластическая] метаплазия

retroposed [ˌretrəʊˈpəʊzd] смещённый кзади

retroposition [ˌretrəʊpəˈziʃn] смещение (органа) кзади; ретропозиция (*напр. матки*)

retropulsion [ˌretrəʊˈpʌlʃn] 1. ретропульсия (*1. непроизвольное движение назад при паркинсонизме 2. патологическая походка с отклонением тела назад*) 2. ретроградное толчкообразное промывание (*напр. уретры*) 3. смещение органа кзади (*напр. головки плода во время родов*)

retrospective [ˌretrəʊˈspektiv] ретроспективный (*напр. о карте погоды за прошлые годы*), обращённый в прошлое

retrospondylolisthesis [ˌretrəʊˌspɒndələʊlisˈθiːsis] ретроспондилолистез (*соскальзывание тела позвонка кзади*)

retrostalsis [ˌretrəʊˈstælsis] обратная перистальтика

retrosternal [ˌretrəʊˈstɜːnəl] загрудинный, ретростернальный

retrouterine [ˌretrəʊˈjuːtərin] расположенный позади матки

retroversioflexion [ˌretrəʊˌvəːsiəʊˈflekʃn] ретроверсиофлексия (*матки*)

retroversion [ˌretrəʊˈvəːʒən] отклонение кзади

~ **of uterus** ретроверсия матки

retrovesical [ˌretrəʊˈvesikəl] расположенный позади мочевого пузыря, позадипузырный

retrovirus [ˈretrəʊˌvairəs] *pl.* ретровирусы (*группа РНК-вирусов, содержащих обратную транскриптазу*)

retrusion [riˈtruːʒən] ретрузия (*1. смещение нижней челюсти кзади 2. аномалия прикуса с расположением части зубов позади остальных*)

return [riˈtəːn] 1. возвращение, возврат ‖ возвращаться 2. рецидив, обострение ‖ рецидивировать, обостряться

~ **of breathing** возобновление дыхания

~ **of sign** повторное появление признака (*болезни*)

~ **of the repressed** *психол.* возвращение вытесненного

poor capillary ~ плохой капиллярный отток

tear production ~**s** восстановление продукции слёзной жидкости

venous ~ 1. венозный отток 2. венозный возврат

reunion [riˈjuːniən] соединение разъединённых частей (*напр. стягивание краёв раны*)

re-uptake [riˈʌpˈteik] обратный захват (*напр. серотонина*); обратное поглощение; повторный захват

reusable [riˈjuːsəbl] многократного пользования, пригодный для повторного использования, повторно используемый

reutilization [riˌjuːtilaiˈzeiʃn] повторное применение, повторное использование

revaccination [ˌriːvæksiˈneiʃn] ревакцинация

revascularization [riˌvæskjʊləriˈzeiʃn] реваскуляризация (*восстановление кровоснабжения*)

coronary ~ коронарная реваскуляризация

target lesion ~ реваскуляризация намеченного участка ишемии

revealing [riˈviːliŋ] выявление; выделение; установление (*напр. причины болезни*)

~ **of etiologic agent** идентификация [выделение] возбудителя

revellent [ˈrevələnt] раздражающее [отвлекающее] средство ‖ раздражающий, отвлекающий

revenge [riˈvenʤ] месть, реванш ‖ мстить

reverberation [riˌvəːbəˈreiʃn] 1. отражение, реверберация (*длительная циркуляция импульсов возбуждения в сетях нейронов*) 2. эхо

reverie [ˈrivəri] мечты, грёзы

reversal [riˈvəːsəl] 1. полное исчезновение, реструктуризация 2. отмена, аннулирование 3. реверсия (*изменение направления на обратное*); возвращение в прежнее состояние; обратное развитие

~ **into opposite** *психол.* обращение в противоположное

~ **of affect** реверсирование [инверсия] аффекта

~ **of antibody-dependent cytotoxicity** восстановление антителообусловленной цитотоксичности

~ **of blood flow** изменение кровотока в обратном направлении

~ **of curarization** декураризация

~ of disease устранение патологического процесса; обратное развитие заболевания

~ of sexual instincts извращение полового поведения

~ of sterilization восстановление фертильности после операции стерилизации

~ of toxicity детоксикация, дезинтоксикация

narcotic ~ использование антагонистов *(напр. налоксона)* для прекращения действия наркотиков

phase ~ инверсия фазы *(напр. на электроэнцефалограмме)*

pressure ~ выведение из анестезии с помощью гипербарической оксигенации *(для определения характера действия анестетиков)*

role ~ смена ролей *(в групповой психотерапии)*

sex ~ трансформация [изменение] пола *(при гермафродитизме)*; несоответствие генотипическому полу

reversibility [ri,və:si'biliti] 1. обратимость, обратное развитие, восстановление 2. реверсивность

reversible [ri'və:sibl] обратимый *(о болезненном процессе)*

reversion [ri'və:ʒən] 1. возвращение к прежнему состоянию, атавизм 2. возврат, перемена направления 3. реверсия, ревертирующая мутация *(возврат потомства мутантной особи к исходному фенотипу)*

to female type ~ феминизация, приобретение женских признаков

Mantoux ~ изменение туберкулинпозитивной реакции на негативную *(при проведении пробы Манту)*

reversive [ri'və:siv] обратный, движущийся в противоположном направлении, реверсивный *(напр. ток крови)*

revert [ri'və:t] возвращаться к прежнему [исходному] состоянию, проявлять атавистические признаки

revertant [ri'və:tænt] ревертант *(1. микроорганизм, вновь восстановивший в результате мутации свой «дикий» тип 2. особь с изменённым полом)*

review [ri'vju:] 1. обзор || делать обзор 2. рецензия 3. экспертиза, проверка 4. периодическое издание с обзорами, рецензиями и т. д.

~ of patients обследование больных

concurrent ~ синхронный аудит, одновременная проверка

drug utilization ~ анализ использования лекарственных средств

management ~ проверка; аудит; анализ

peer ~s 1. совместные *(врачебные или фармацевтические)* разборы, конференции практических врачей 2. сравнительные исследования *(медицинских служб)*

retrospective ~ ретроспективный анализ *(напр. результатов операций)*

reviewer [ri'vju:ə] 1. интервьюер *(проводящий опрос больных)* 2. консультант

revitalising [ri,vaitə'laiziŋ] восстановление || восстанавливающий *(напр. о маске для лица)*

revival [ri'vaivl] 1. реанимация, оживление организма 2. восстановление сил 3. возобновление; возрождение; регенерация

revive [ri'vaiv] 1. реанимировать, оживлять организм 2. оживать, приходить в сознание, приходить в чувства 3. восстанавливать силы

to ~ slowly восстанавливаться медленно

reviver [ri'vaivə] реаниматолог; реаниматор

revivescence [,rivai'vesəns] 1. восстановление сил 2. местная туберкулиновая реакция

revivification [ri,vivifi'keiʃn] 1. реанимация, оживление организма 2. регенерация, реактивация 3. «освежение» краёв раны

revivify [ri'vivifai] 1. реанимировать, оживлять организм 2. регенерировать, реактивировать

revolution [revə'lu:ʃn] 1. качественный скачок *(в какой-л. отрасли)* 2. полный оборот, цикл

demographic ~ демографическая революция *(коренные изменения в воспроизводстве населения в процессе исторического развития)*

revulsant [ri'vʌlsənt] раздражающее [отвлекающее] средство

revulsion [ri'vʌlʃn] 1. отвлекающее действие *(лекарственного средства)*, отвлечение, лечебное раздражение 2. переход патологического процесса на здоровую ткань или орган

reward [ri'wɔ:d] *психол.* вознаграждение || вознаграждать

re-X-ray [ri-eks-rei] повторная [контрольная] рентгенография

rhabdoid ['ræbdɒid] палочковидный *(протоплазматический стержневой выступ)*

rhabdomyoblastoma [,ræbdəu,maiəu,blæs'təumə] рабдомиосаркома, злокачественная рабдомиома

embryonal ~ 1. зернисто-клеточная [гранулярная] миобластома, эмбриональная рабдомиобластома 2. низкодифференцированная рабдомиосаркома

rhabdomyolysis [,ræbdəumai'ɒlisis] острый некроз скелетных мышц

recurrent ~ пароксизмальная миоглобинурия

rhabdomyoma [,ræbdəumai'əumə] рабдомиома *(опухоль, исходящая из поперечнополосатой мышцы)*

rhabdo(myo)sarcoma [,ræbdəu,maiəusa:'kəumə] рабдомиосаркома, рабдомиобластома, злокачественная рабдомиома

pleomorphic ~ плеоморфная рабдомиосаркома

rhabdosphincter [,ræbdəu'sfiŋktə] рабдосфинктер *(сфинктер, образованный поперечнополосатой мышечной тканью)*

rhabdovirus [,ræbdəu'vairəs] рабдовирус *(напр. вирус бешенства)*

rhachischisis [rə'kiskisis]:

~ complete *лат.* полный рахишизис *(незаращение позвоночного канала с дефектом мозговых покровов)*

rhagades ['ræɡədi:z] трещины на коже *(напр. у угла рта при кератодермии и т. п.)*

rhagadiform [rə'ɡædifɔ:m] имеющий форму трещины, растрескавшийся, покрытый трещинами

rhaphe ['reifi] *см.* **raphe**

rhebocrania [,ri:bəu'kreiniə] кривошея

rhegma ['reɡmə] 1. расщелина; разрыв 2. перелом; трещина 3. самопроизвольное вскрытие абсцесса

rhegmatogenous [,reɡmə'tɒdʒənəs] травматический; относящийся к механическим повреждениям *(разрыву, фрагментации, перелому и т. п.)*

rheobase ['ri:əubeis] реобаза, порог гальванической возбудимости

rheocardiography [ˌriːəʊkɑːdiˈɒɡrəfi] реокардиография *(исследование функционального состояния сердца)*

rheoencephalography [ˌriːəʊensefəˈlɒɡrəfi] реоэнцефалография, РЭГ *(исследование функционального состояния сосудов головного мозга)*

rheography [riˈɒɡrəfi] реография *(метод исследования кровенаполнения различных органов)*

   tetrapolar thoracic ~ тетраполярная грудная реография

rheology [riˈɒləʤi] реология *(раздел науки о деформациях и текучести материалов)*

   blood ~ реология крови

rheometer [riˈɒmətə] реометр, капиллярный вискозиметр

rheometry [riˈɒmətri] реометрия *(измерение потока газа, крови и т. п.)*

rheonome [ˈriːəʊnəʊm] электростимулятор

rheotachygraphy [ˌriːəʊtəˈkiɡrəfi] электромиография *(функциональное исследование мышечной системы)*

rheotaxis [ˌriːəʊˈtæksis] реотаксис *(стремление микроорганизмов к движению против течения)*

rhesus-factor [ˈriːsəsˈfæktə] резус-фактор

rheum(a) [ˈruːmə] слизистые или водянистые выделения

   epidemic ~ грипп

rheumapyra [ˈruːməpirə] ревматизм, ревматическая атака

rheumarthritis [ˌruːmɑːˈθraitis], **rheumarthrosis** [ˌruːmɑːˈθrəʊsis] острый суставной ревматизм, ревматический артрит

rheumatid [ˈruːmətid] кожные проявления ревматизма

rheumatism [ˈruːmətizm] ревматизм *(инфекционно-аллергическая болезнь, поражающая различные органы)*

   acute ~ острый ревматизм

   apoplectic ~ ревматизм в сочетании с геморрагическим инсультом

   desert ~ кокцидиоид(омик)оз, калифорнийская лихорадка, Посады – Вернике болезнь, *уст.* пустынный ревматизм

   gonorrheal ~ гонорейный артрит

   inflammatory ~ ревматическая атака, острый суставной ревматизм

   muscular [nonarticular] ~ фиброзит, фибромиалгия

   nodose ~ острый суставной ревматизм *(с формированием узелков на смежных с поражённым суставом сухожилиях и связках)*

   osseous ~ ревматоидный (поли)артрит, неспецифический инфекционный [деформирующий] артрит, инфектартрит

   palindromic ~ мигрирующий артрит *(повторные эпизоды ревматоидного артрита без лихорадки)*

   trench ~ траншейное люмбаго

   tuberculous ~ костно-суставной туберкулёз

rheumatismal [ˌruːməˈtizməl] ревматический

rheumatocelis [ruːmətəʊˈsiːlis] геморрагический васкулит, капилляротоксикоз, Шенлейна – Геноха пурпура

rheumatoid [ˈruːmətɔid] ревматоидный, напоминающий ревматизм

rheumatology [ˌruːməˈtɒləʤi] ревматология

rheumatopyra [ˌruːməˈtɒpirə] ревматизм, ревматическая атака

rheumatosis [ˌruːməˈtəʊsis] заболевание ревматического происхождения

rheumic [ˈruːmik] относящийся к слизистым или водянистым выделениям

rhexis [ˈreksis] разрыв *(сосуда, органа)*

rhigosis [riˈɡəʊsis] ощущение холода

rhinal [ˈrainəl] носовой, относящийся к носу

rhinalgia [rainˈælʤiə] боль в носу

rhinallergosis [ˌrainæləˈɡəʊsis] аллергический ринит

rhineberry [ˈrainbəri] жостер слабительный, крушина слабительная *(Rhamnus cathartica)*

rhinedema [ˌrainəˈdiːmə] отёк слизистой оболочки носа

rhinencephalic [ˌrainənsiˈfælik] относящийся к обонятельному мозгу

rhinencephalon [ˌrainənˈsefəlɒn] обонятельный мозг

rhinenchysis [rainˈenkaisis] промывание носовой полости

rhinesthesia [ˌrainesˈθiːziə] обоняние

rhineurynter [rainuːˈrintə] ринейринтер *(раздуваемый резиновый баллон для остановки носового кровотечения)*

rhinion [ˈriːniɒn] *кр. метр.* ринион *(самая нижняя точка шва, соединяющего носовые кости)*

rhinism [ˈrainizm] *см.* **rhinophonia**

rhinitis [raiˈnaitis] ринит *(воспаление слизистой оболочки полости носа)*

   ~ caseosa хронический ринит с образованием казеозных масс

   allergic [anaphylactic] ~ аллергический ринит

   atrophic ~ 1. (хронический) атрофический ринит 2. озена, зловонный насморк

   croupous ~ фибринозный ринит

   membranous ~ плёнчатый ринит

   perennial allergic ~ хронический аллергический ринит

   vasomotor ~ вазомоторный ринит

   year-round ~ круглогодичная форма ринита

rhinoantritis [ˌrainəʊənˈtraitis] риногенный гайморит

rhinobyon [raiˈnəʊbiɒn] тампон для носа, носовой тампон

rhinocele [ˈrainəʊsiːl] риноцеле *(полость или желудочек обонятельного мозга)*

rhinoch(e)iloplasty [ˌrainəʊˈkailəʊˌplæsti] пластика носа и верхней губы

rhinocleisis [rainəʊˈklaisis] закупорка носового хода

rhinodacryolith [ˌrainəʊˈdækriəʊliθ] ринодакриолит *(камень носослёзного протока)*

rhinodynia [ˌrainəʊˈdiniə] боль в носу

rhinogenous [raiˈnɒʤənəs] риногенный *(обусловленный патологическим процессом в носу)*

rhinolalia [ˌrainəʊˈleiliə] *см.* **rhinophonia**

rhinolith [ˈrainəʊliθ] ринолит, носовой конкремент

rhinology [raiˈnɒləʤi] ринология

rhinomucormycosis [ˌrainəʊˌmjuːkɔːmaiˈkəʊsis] *микол.* риномукоромикоз

rhinomycosis [ˌrainəʊmaiˈkəʊsis] риномикоз

rhinonecrosis [ˌrainəʊnəˈkrəʊsis] некроз носовых костей

rhinopharynx [ˌrainəʊˈfærinks] носовая часть глотки, носоглотка, эпифаринкс

rhinophonia [ˌrainəʊˈfəʊniə] гнусавость, ринолалия, ринофония

rhinophycomycosis [ˌrainəʊˌfaikəʊmaiˈkəʊsis] ринофикомикоз, риномукоромикоз

rhinophyma [ˌrainəʊˈfaimə] ринофима *(хроническое воспаление кожных покровов носа с развитием инфильтратов ярко-красного цвета и телеангиоэктазий)*

rhinoplasty ['rainəʊˌplæsti] ринопластика

rhinorrhea [ˌrainəʊ'riːə] ринорея *(повышенное выделение секрета слизистой оболочки носа)*

  cerebrospinal ~ носовая ликворея *(истечение цереброспинальной жидкости из носа)*

rhinosalpingitis [ˌrainəʊsælpin'dʒaitis] риносальпингит *(воспаление слизистой оболочки носа и евстахиевой трубы)*

rhinoscleroma [ˌrainəʊsklə'rəʊmə] риносклерома *(образование специфических узелков на слизистой оболочке полости носа и носоглотки)*

rhinoscopy [rai'nɒskəpi] риноскопия

  caudal ~ задняя риноскопия

  rostral ~ передняя риноскопия

rhinosporidiosis [ˌrainəʊspɒridi'əʊsis] риноспоридиоз *(хронический микоз на слизистой оболочке носа, гортани, иногда в ушах)*

rhinostenosis [ˌrainəʊstə'nəʊsis] стеноз [закупорка] носовых ходов

rhinotomy [rai'nɒtəmi] вскрытие полости носа, ринотомия

rhinovaccination [ˌrainəʊˌvæksi'neiʃn] вакцинация через слизистую оболочку носа

rhinovirus ['rainəʊˌvairəs] риновирус

  human ~es «Н»-риновирусы *(к которым чувствительны культуры трипсинизированных клеток человека)*

  monkey ~es «М»-риновирусы *(к которым чувствительны культуры трипсинизированных клеток обезьян)*

Rhipicephalus [ˌraipi'sefələs] род иксодовых клещей

rhizodontropy [ˌraizəʊ'dɒntrəpi] фиксация искусственной коронки к корню зуба

rhizodontrypy [ˌraizəʊ'dɒntripi] вскрытие корневого канала зуба *(для оттока гноя)*

rhizoid ['raizɒid] ризоид, корневой волосок || ризоидный, корневидный, нитеобразный *(о форме бактериальной колонии)*

rhizome ['raizəʊm] *фитотер.* ризома, корневище, подземный побег

rhizomelia [ˌraizəʊ'miːliə] ризомелия *(дисплазия проксимальных сегментов конечности по длине)*

rhizomelic [raizəʊ'melik] относящийся к тазобедренному или плечевому суставу

rhizomeningomyelitis [ˌraizəʊməˌniŋɡəʊˌmaiə'laitis] радикуломенингомиелит

rhizoneuron [ˌraizəʊ'njʊərɒn] нейрон спинномозгового ганглия

rhizotomy [rai'zɒtəmi] радикотомия *(перерезка корешков нервов)*

  anterior ~ передняя ризотомия

  posterior ~ задняя ризотомия

  trigeminal ~ ризотомия тройничного нерва

rhodophylaxis [ˌrəʊdəʊfai'læksis] способность эпителия сетчатки восстанавливать зрительный пурпур

rhodopsin [rəʊ'dɒpsin] родопсин, зрительный пурпур

rhombencephalon [ˌrɒmben'sefələn] 1. ромбовидный мозг 2. *эмбр.* задний мозговой пузырь

rhonch(i)al ['rɒŋkiəl] хриплый, хрипящий, относящийся к хрипам

rhonchus ['rɒŋkəs], *pl.* **rhonchi** ['rɒŋkai] хрип, хрипение, хрипящий звук

  expiratory ~ хрип на выдохе

  high-pitched ~ хрип высокого тона

  inspiratory ~ хрип на вдохе

  low-pitched ~ хрип низкого тона

rhotacism ['rəʊtəsizm] картавость

rhubarb ['ruːbaːb] ревень *(Rheum)*

  medicinal ~ ревень лекарственный *(Rheum officinale)*

rhypophagy [rai'pɒfədʒi] *псих.* копрофагия, скатофагия

rhypophobia [raipəʊ'fəʊbiə] рипофобия *(патологическая боязнь грязи, нечистот)*

rhythm [riθm] 1. ритм 2. ритмичность, периодичность, цикличность

  aberrant ~ *см.* irregular ~

  activity ~ ритм активности

  alpha ~ альфа-ритм *(мозга)*

  alternating bradycardia-tachycardia ~ синдром бради-тахикардии

  atrioventricular ~ атриовентрикулярный [узловой] ритм сердца

  beta ~ бета-ритм *(мозга)*

  bigeminal ~ бигеминия *(форма экстрасистолии)*

  biological ~ биоритм, биологический ритм

  cantering ~ *см.* gallop ~

  cardiac ~ ритм сердца, сердечный ритм

  circadian ~ *физиол.* циркадный [околосуточный, циркадианный] ритм

  circus ~ *кард.* циркуляция волны возбуждения, круговая волна возбуждения

  coupled ~ *см.* bigeminal ~

  daily ~ *физиол.* суточный ритм

  day-night ~ ритм смены дня и ночи

  delta ~ дельта-ритм *(мозга)*

  diurnal ~ дневной ритм

  driving ~ реакция усвоения, реакция следования, реакция навязывания *(на электроэнцефалограмме)*

  endogenous ~ *физиол.* эндогенный ритм

  escape ~ *см.* idioventricular ~

  exogenous ~ *физиол.* экзогенный ритм

  extrinsic ~ физиологический ритм, навязанный извне

  fatal ~ жизнеугрожающий ритм

  gallop ~ *кард.* ритм галопа

  H- ~ *кард.* Н-ритм, ритм пучка Гиса

  idioventricular ~ идиовентрикулярный [замещающий, выскальзывающий желудочковый] ритм *(возникающий при блокаде синоатриального узла)*

  irregular ~ нарушенный [неправильный] ритм, аритмия

  junctional ~ узловой ритм

  lead-II ~ ритм во втором стандартном отведении

  mu ~ мю-ритм, роландический ритм *(мозга)*

  nodal ~ *см.* atrioventricular ~

  pendulum ~ маятникообразный [эмбриональный] ритм сердца, эмбриокардия

  quadrigeminal ~ квадригеминия *(аритмия, при которой возникает трёхкратная экстрасистолия за одним синусовым сокращением сердца)*

  reciprocal ~ реципрокный ритм сердца, эхоритм

  regular ~ правильный [ритмичный] ритм

  regularly irregular ~ периодически неправильный ритм

respiratory ~ ритм дыхания

sinus ~ *кард.* синусовый [синусный] ритм

terminal ~ ритм сердца в терминальной стадии болезни

theta ~ тета-ритм *(мозга)*

tic-tac ~ *см.* **pendulum** ~

trigeminal ~ тригеминия *(аритмия, при которой экстрасистола следует после каждых двух нормальных сокращений сердца)*

triple ~ *см.* **gallop** ~

ultradian ~ ультрадианный ритм *(с циклами более суток)*

ventricular ~ желудочковый [идиовентрикулярный] ритм

ventricular escape complexes ~ *см.* **idioventricular** ~

vital ~ жизненный цикл

rhythmic(al) [ˈrɪθmɪkəl] ритмический, ритмичный, периодический, циклический

rhythmicity [rɪθˈmɪsɪtɪ] ритмичность, периодичность, цикличность

circadian ~ циркадная ритмичность

rhythmology [rɪθˈmɒlədʒɪ] ритмология *(теория и практика коррекции нарушений ритма сердца)*

rhytidectomy [ˌrɪtɪˈdektəmɪ], **rhytidoplasty** [ˈrɪtɪdəʊˌplæstɪ] косметическая операция по удалению морщин

cervicofacial [composite] ~ расширенное удаление морщин *(с лица и шеи)*

rhytidosis [rɪtɪˈdəʊsɪs] 1. преждевременное появление морщин на лице 2. сморщивание роговицы

rib [rɪb] 1. ребро 2. острый край

abdominal [asternal] ~s *см.* **spurious** ~s

beaded ~s рахитические «чётки»

bicipital ~ шейное ребро, слившееся с I ребром

cervical ~ шейное ребро

false ~s *см.* **spurious** ~s

floating ~s колеблющиеся рёбра

slipping ~ привычный подвывих в рёберно-хрящевом суставе, соскальзывание ребра

spurious ~s ложные рёбра

sternal [true] ~s истинные [грудинные] рёбра

rib-approximator [rɪb-əˌprɒksɪˈmeɪtə] *мед. тех.* ребросближатель

ribbon [ˈrɪbən] лента, полоска

test ~ индикаторная бумага, или полоска *(для определения pH среды, сахара и т. д.)*

riboflavin [ˈrɪbəʊˌfleɪvɪn] рибофлавин, лактофлавин, витамин B₂

~ **kinase** рибофлавинкиназа

ribonuclease [ˌrɪbəʊˈnuːklɪeɪs] рибонуклеаза, RNase *(фосфодиэстераза, катализирующая гидролиз рибонуклеиновых кислот)*

ribonucleoprotein [ˌrɪbəʊˌnuːklɪəʊˈprəʊtiːn] рибонуклеопротеид, РНП *(комплекс белка и рибонуклеиновой кислоты)*

ribonucleoside [ˌrɪbəʊˈnuːklɪəʊsaɪd] рибонуклеозид *(нуклеозид, в котором сахарный остаток представлен рибозой)*

ribonucleotide [ˌrɪbəʊˈnuːklɪəʊtaɪd] рибонуклеотид *(нуклеотид, в котором сахарный остаток представлен рибозой)*

ribose [ˈraɪbəʊs] рибоза *(сахар, входящий в состав РНК и некоторых коферментов)*

ribosome [ˈraɪbəʊsəʊm] *цитол.* рибосома, Пелейда гранула *(рибонуклеопротеидная частица, участвующая в полимеризации аминокислотных остатков и синтезе белка)*

membrane-bound ~s мембраносвязанные рибосомы

Ribovirus [ˈraɪbəʊˌvaɪrəs] подтип РНК-содержащих вирусов

ribozyme [ˈraɪbəʊˌzaɪm] рибозим *(молекула ДНК, которая может выполнять в организме функции фермента)*

rib-spreader [rɪb-ˈspredə] *мед. тех.* рёберный расширитель

rich [rɪtʃ] 1. изобилующий *(чем-л.)*, богатый 2. питательный

richweed [ˈrɪtʃwiːd] 1. амброзия трёхраздельная *(Ambrosia trifida)* 2. клопогон ветвистый *(Cimicifuga racemosa)* 3. коллинзония канадская *(Collinsonia canadensis)* 4. посконник морщинистый *(Eupatorium rugosum)*

ricin [ˈraɪsɪn] рицин *(высокотоксичный альбумин, присущий семенам клещевины)*

rickets [ˈrɪkəts] 1. рахит 2. размягчение костей, остеомаляция

acute ~ детская цинга

adult ~ 1. остеомаляция 2. рахитообразное поражение скелета у взрослых

celiac ~ кишечная остеодистрофия, кишечная остеомаляция, кишечный инфантилизм

fetal ~ (врождённая) хондродистрофия, ахондроплазия плода, Парро – Мари болезнь

hemorrhagic ~ *см.* **acute** ~

hepatic ~ печёночный рахит, печёночный инфантилизм

late ~ *см.* **adult** ~

renal ~ почечный [нефрогенный] рахит, почечный псевдорахит

tardy ~ *см.* **adult** ~

vitamin D-resistant ~ витамин Д-резистентный рахит

Rickettsia [rɪˈketsɪə] риккетсии *(род грамотрицательных бактерий кокковой формы)*

~ **sibirica** риккетсия сибирская *(возбудитель клещевого сыпного тифа)*

rickettsialpox [rɪˈketsɪəlˌpɒks] везикулёзный [осповидный] риккетсиоз *(передаваемый клещами)*

mouse mite-transmitted ~ везикулёзный [осповидный] риккетсиоз, Кью-Гардена пятнистая лихорадка

rickettsiosis [rɪˌketsɪˈəʊsɪs] *инф. бол.* эрлихиоз, риккетсиоз

tick-borne ~ **of North Asia** североазиатский [сибирский] клещевой риккетсиоз, сибирский [сыпной] клещевой тиф

vesicular ~ *см.* **mouse mite-transmitted rickettsialpox**

rickety [ˈrɪkətɪ] рахитический, страдающий рахитом

ridge [rɪdʒ] 1. *анат.* гребень, гребешок выступ 2. альвеолярный отросток *(челюсти)*

~ **of neck of rib** гребень шейки ребра

~ **of nose** валик носа

basal ~ 1. альвеолярный отросток *(челюсти)* 2. пояс зуба

buccal ~ щёчный бугорок коронки *(зуба)*

dental ~ бугорок коронки зуба

dermal ~**s** гребешки кожи, папиллярные линии

eustachian ~ евстахиева складка

frontal ~ лобный гребень

lower ~ альвеолярный отросток нижней челюсти

spiny ~ альвеолярный отросток (челюсти) с экзостозами

supraorbital ~ надбровная дуга

upper ~ альвеолярный отросток верхней челюсти

urogenital ~ мочеполовая складка (одна из парных продольных складок дорсальной части тела эмбриона)

right [rait] **1.** право ‖ правомерный, правый, справедливый, надлежащий **2.** pl. порядок **3.** истинное положение вещей **4.** здоровый

~ **to have a substitute decision-maker** право на возможность иметь представителя, принимающего решения

~ **to survival** право на существование

moral ~ моральное право

patients' ~**s** права пациентов

right-handed [rait-'hændid] **1.** праворукий, правша **2.** правосторонний

right-to-life [rait-tə-laif] «право на жизнь» (движение против абортов, США)

rigid ['riʤid] **1.** ригидный, неподатливый, жёсткий **2.** устойчивый, неподвижный (напр. о фиксации) **3.** строгий (напр. о контроле); суровый

rigidity [ri'ʤiditi] ригидность; оцепенелость, обусловленная напряжением мышц; неподвижность; окоченение

cadaveric ~ трупное окоченение

catatonic ~ псих. кататоническая ригидность

cervical ~ ригидность шейных мышц

clasp-knife ~ ригидность, или симптом «складного ножа»

cogwheel ~ ригидность, или симптом «шестерёнки»; экстрапирамидная ригидность (при болезни Паркинсона)

decerebellate ~ мозжечковая ригидность мышц

decerebrate ~ децеребрационная ригидность

decorticate ~ декортикационная ригидность

extensor ~ ригидность разгибательных мышц

extrapyramidal ~ экстрапирамидная ригидность

generalized ~ генерализованная ригидность

mild ~ умеренная ригидность

muscular ~ (мышечная) ригидность

plastic ~ пластическая ригидность

postmortem ~ трупное окоченение; посмертная ригидность

waxy ~ восковидная ригидность

rigor ['rigər] **1.** озноб, дрожь **2.** (мышечная) ригидность

~ **mortis** трупное окоченение

~ **nervorum** столбняк

~ **tremens** дрожательный паралич, паркинсонизм

acid ~ коагуляция мышечного белка под воздействием кислоты

calcium ~ остановка сердца в фазе систолы вследствие гиперкальциемии

heat ~ термокоагуляция мышечного белка

rigour ['rigə] **1.** точность; тщательность (напр. метода) **2.** суровость (напр. климата) **3.** pl. невзгоды, бедствия

rim [rim] мед. тех. **1.** ободок; оправа (очков); край; граница **2.** скоба; опорное кольцо

~ **of pelvis** арка таза

acetabular ~ анат. вертлужная [суставная] губа

adjustable wire ~ стом. проволочный фиксирующий ободок (нижнего съёмного протеза)

bite [**occlusion, record**] ~ прикусной валик

rima ['raimə], pl. **rimae** ['raimi:] анат. щель, трещина

~ **glottidis** голосовая щель (пространство между истинными голосовыми складками)

~ **pudendi** половая щель (между большими половыми губами)

ring [riŋ] **1.** анат. кольцо, кольцевидная структура **2.** хим. кольцо, цикл

abdominal ~ паховое кольцо

arterial ~ артериальный [виллизиев] круг (большого мозга)

Bandl's ~ Бандля кольцо (аномальная структура пограничного кольца, являющаяся признаком угрожающего разрыва нижнего сегмента матки)

Cannon's ~ Кеннона сфинктер (в печёночном углу ободочной кишки)

ciliary ~ ресничный [цилиарный] кружок

conjunctival ~ кольцо конъюнктивы, конъюнктивальное кольцо

contraction ~ см. **retraction** ~

crural ~ бедренное кольцо

"double ~" рентг. двойной контур (при инвагинации)

Falope ~ Фалопа кольцо (для перекрытия маточных труб с целью стерилизации)

hernial ~ грыжевое кольцо; грыжевое отверстие

Kayser – Fleischer ~ Кайзера -- Флейшера кольцо (отложение меди в виде кольца в десцеметовой мембране роговицы при гепатоцеребральной дистрофии)

lower esophageal ~ нижний пищеводный жом

lymphoid ~ лимфатическое [лимфаденоидное] глоточное кольцо, вальдейерово лимфатическое кольцо, Пирогова – Вальдейера кольцо

pelvic ~ тазовое кольцо

precipitin ~ кольцо преципитации (в реакции иммунохимической кольцепреципитации)

retraction ~ акуш. пограничное [контракционное] кольцо (место соединения мышц верхней и нижней частей матки)

ring i ~ «ринг-и-ринг» (общество взаимопомощи алкоголиков в Дании)

sewing ~ кольцо для наложения швов, сшивающее кольцо

signet ~ кольцевидный трофозоит (стадия развития малярийного плазмодия)

teething ~ зубное колечко

tracheal ~ кольцо трахеи, трахеальное кольцо

tympanic ~ барабанное кольцо

umbilical ~ пупочное кольцо

vascular ~ сосудистое кольцо (о двойной дуге аорты)

Waldeyer's ~ Вальдейера кольцо (из нёбной, трубной, язычной и глоточной миндалин)

ring-knife [riŋ-naif] циркулярный нож

ring-shaped [riŋ-ʃeipt] кольцевидный

ringworm ['riŋwə:m] дерматомикоз, дерматофития

~ of beard дерматомикоз бороды и усов

~ of body дерматомикоз гладкой кожи

~ of groin паховый дерматомикоз

~ of nails онихомикоз, грибковая онихия

~ of scalp дерматомикоз волосистой части головы

bald [black-dot] ~ трихофития, трихофитоз, стригущий лишай

crusted ~ фавус, парша

rinse [rins] полоскание || полоскать, промывать

rinsing ['rinsiŋ] полоскание, прополаскивание, промывание

mouth ~ полоскание полости рта

ripe [raip] зрелый, возмужалый

ripening ['raipəniŋ] *гист.* окисление [«созревание»] раствора краски

ripple [ripl] пульсация

rise [raiz] повышение; увеличение; подъём

pulse ~ нарастание импульса

rising ['raiziŋ] **1.** повышение, нарастание, увеличение **2.** прыщ

risk [risk] риск *(вероятность появления пагубных последствий, обусловленных химическим, биологическим или физическим агентом)*

~ and benefits риск [опасность] и выгоды *(напр. того или иного препарата при лечении гипертензии)*

actual ~ реальный риск *(напр. патологических родов)*

annual ~ of TB infection годовой риск инфицирования туберкулёзом

"at ~" с повышенным риском

attributable ~ «объяснимый» [атрибутивный] риск

carcinogenic ~ канцерогенный риск, риск возникновения рака

ecologically acceptable ~s экологически приемлемый риск

imposed ~ вынужденный [навязанный] риск *(напр. риск для здоровья, связанный с загрязнением окружающей среды)*

insurance ~ страховой риск

morbid ~ риск заболеваемости

occupational ~ of drug use дополнительный риск от употребления медикаментов

phantom ~ иллюзия риска

potential ~ to human потенциальная опасность для человека

recurrence ~ *ген.* повторный риск *(в потомстве)*

relative ~ относительный риск

suicide ~ риск суицида, суицидальная опасность

voluntary ~ добровольный риск *(напр. риск, связанный с курением, потреблением алкоголя)*

risus ['raisəs]:

~ caninus, ~ convulsivus, ~ sardonicus собачий оскал; сардоническая улыбка, или гримаса *(вызванная спазмом лицевых мышц при столбняке)*

rite [rait]:

~ de passage *фр.* ритуал посвящения

~s of passage ритуалы возрастных переходов

ritual ['ritʃʊəl] ритуал *(психическая или физическая деятельность, выполняемая для уменьшения беспокойства или его предупреждения)*

compulsive ~s навязчивые действия, ритуалы

contagion ~ ритуал с целью предотвращения заражения

ritualization [ˌritʃʊəli'zeiʃn] ритуализация *(поведения)*

rivalry ['raivlri] соперничество, конкуренция

sibling ~ соперничество сибсов *(между детьми в одной семье за родительские любовь, внимание, уважение)*

rivus ['raivəs]:

~ lacrimalis *лат.* «слёзный» ручей

riziform ['rizifɔːm] имеющий форму рисового зерна, рисовидный

RNA [ɑː'ənei] РНК, рибонуклеиновая кислота

antisense ~ антисмысловая РНК *(РНК-последовательность, комплементарная какому-то участку или всей молекуле специфической мРНК)*

informational [messenger] ~ информационная [матричная] РНК, иРНК, мРНК

nuclear ~ ядерная РНК

ribosomal ~ рибосомная РНК, рРНК

soluble [transfer] ~ транспортная [растворимая] РНК, тРНК

roborant ['rəʊbɒrənt] укрепляющее [тонизирующее] средство || укрепляющий, тонизирующий

robot ['rəʊbɒt] робот *(автомат, выполняющий сложные операции, заменяя человека)*

~ in endoscopic surgery робот в эндоскопической хирургии

anthropomorphous ~ антропоморфный робот

artificial intelligence ~ робот с искусственным интеллектом

prosthetic ~ роботизированный протез; биопротез

robotics [rəʊ'bɒtiks] робототехника *(отрасль, связанная с изучением, созданием и использованием комплексной автоматизации технологического процесса)*

applied ~ прикладная робототехника

robust [rəʊ'bʌst] **1.** крепкий, здоровый; сильный **2.** здравый, ясный *(ум)*

rock [rɒk] **1.** камень, скала **2.** причина опасности **3.** *sl.* кокаин

rocket-immunoelectrophoresis ['rɒkit-ˌimjʊnəʊiˌlektrəʊfəʊ'riːsis] ракетный электрофорез, электроиммунодиффузия *(метод прямого электрофореза в агаровом геле, содержащем специфическую антисыворотку)*

rocking ['rɒkiŋ] шарнирный *(напр. о протезе)*

rod [rɒd] **1.** стержень *(напр. для остеосинтеза)* **2.** палочка *(фоторецепторная клетка сетчатки)* **3.** палочка *(бактерия)*

bipolar staining ~ палочка с более выраженной окраской по полюсам

Corti's ~s клетки столбов *(спирального органа улитки)*; кортиевы дуги, кортиевы столбы

distractive ~s дистракционные стержни *(аппарата Илизарова)*

enamel ~ эмалевая призма *(зуба)*

germinal ~ *параз.* спорозоит

intramedullary ~ стержень для интрамедуллярного остеосинтеза

spreading ~ *микр.* шпатель, палочка для размазывания

stirring ~ *фарм.* стеклянная палочка для перемешивания

tie ~ связующий стержень, распорка

rodent[1] ['rəʊdənt] разъедающий *(напр. о язве)*

rodent[2] грызун; *pl.* грызуны *(Rodentia)*

wild ~s дикие грызуны

rodentborne ['rəʊdənt-bɔːn] распространяемый грызунами *(об инфекции)*

rodenticide [rəʊ'dentisaid] родентицид, зооцид, ратицид *(средство для уничтожения грызунов)*

coumarin ~ кумариновый родентицид

rodent-proof ['rəʊdənt-pruːf] недоступный для грызунов

rod-like [rɒd-laik] палочкообразный, палочковидный *(о форме бактерий)*

rodonalgia [rəʊdɒn'ældʒiə] эритромелалгия, болезненный ограниченный отёк кожи, Митчелла болезнь

rod-shaped [rɒd-ʃeipt] *см.* rod-like

roentgen ['rentgen] рентген *(единица уровня радиации, или гамма-излучения; 1 Р соответствует выделению энергии 83 эрг/г в воздухе или 93 эрг/г в воде или ткани)*

gram ~ грамм-рентген

roentgen-equivalent-man ['rentgen-i'kwivələnt-mæn], **REM** биологический эквивалент рентгена, бэр *(доза ионизирующего излучения, эквивалентная биологическому действию дозы 0,01 Дж/кг = 1 Зв)*

roentgenism ['rentgənizm] 1. побочное действие рентгеновского излучения 2. применение рентгеновского излучения в диагностических и лечебных целях

roentgenocinematography [,rentgenəʊ,sinəmə'tɒgrəfi] рентгенокинематография

roentgenographer ['rentgənəʊgræfə] рентгенлаборант

roentgenography [,rentgə'nɒgrəfi] рентгенография

body section ~ (рентгено)томография, послойное рентгеновское исследование

double contrast ~ рентгенография с двойным контрастированием

mucosal relief ~ рентгенография желудочно-кишечного тракта с двойным контрастированием

plain ~ обычное рентгенографическое исследование, обзорная рентгенография

sectional ~ *см.* **body section ~**

serial ~ серийная рентгенография

spot-film ~ прицельная рентгенография

roentgenologist [,rentgə'nɒlədʒist] рентгенолог

roentgenology [,rentgə'nɒlədʒi] рентгенология

roentgenolucent [,rentgənəʊ'luːsənt] рентгенопрозрачный, пропускающий рентгеновское излучение

roentgeno-oddities [,rentgənəʊ-'ɒdətiz] рентгенологическая казуистика

roentgenoscopy [,rentgə'nɒskəpi] ренгеноскопия, флюороскопия

roentgenotherapy [,rentgənəʊ'θerəpi] рентгенотерапия; лучевая терапия

roetheln ['reteln] (коревая) краснуха

role [rəʊl] роль *(образ, или тип, поведения, проявляемый кем-л. при общении с лицами, занимающими определённое место в его жизни)*

gender ~ полоролевое воспитание *(отношение к ребёнку как представителю определённого пола со стороны родителей)*

sex ~ сексуальное поведение *(повседневный мужской или женский тип поведения)*

sick ~ болезненная установка, установка на болезнь, роль больного *(индивидуум считает себя больным и требует соответствующего к себе отношения)*

role-playing [rəʊl-pleiiŋ] 1. *психол.* ролевая игра 2. обыгрывание ситуации *(психотерапевтическая методика, используемая в психодраме при осмыслении последствий конфликта и их устранении путём его воспроизведения)*

rolfing ['rɒlfiŋ] рольфинг, структурная интеграция *(телесно-ориентированная психотерапевтическая методика)*

roll [rɒl] 1. катание; вращение 2. походка вразвалку 3. реестр; ведомость

~ of honour список погибших на войне

~ of plaster машина для накатывания гипсовых бинтов

cotton ~ ватный валик *(для изоляции зуба от слюны)*

iliac ~ валикообразное уплотнение, пальпируемое в подвздошной области *(инфильтрированная сигмовидная кишка)*

neck ~ затылочный валик *(под голову)*

scleral ~ *анат.* Швальбе заднее пограничное кольцо, склеральная шпора

roller ['rəʊlə] рулон, пакет *(напр. бинта)*

rolling ['rəʊliŋ] роллинг *(первичный контакт лейкоцитов с медиаторами воспаления)*

roll-over-test [rəʊl-əʊvə-test] поворотный тест *(для оценки ренин-ангиотензиновой системы у женщин с беременностью до 32 недель)*

rombergism ['rɒmbergizm] симптом Ромберга, ромбергизм

rongeur [rɔː'ʒʊr] костные кусачки

cranial ~ черепные кусачки (Дальгрена)

intervertebral disk ~ нейрохирургические кусачки, щипцы-кусачки для ламинэктомии

roof [ruːf] 1. *анат.* крыша, свод 2. верхняя стенка

~ of midbrain крыша среднего мозга

~ of mouth нёбо

~ of orbit верхняя стенка глазницы

~ of pulp chamber верхняя стенка пульповой камеры

~ of skull свод черепа, крыша черепа

~ of tympanum крыша барабанной полости

~ of vagina свод влагалища

acetabular ~ дно вертлужной впадины

room [ruːm] 1. камера 2. отделение, комната, кабинет

~ for medical procedures процедурный кабинет, процедурная

~ for patients' examination смотровой кабинет

~ to discharge patients выписной кабинет *(в больнице)*

admission ~ приёмное отделение

aerosol inhalation ~ ингаляторий

anechoic ~ звукоизоляционный кабинет

autopsy ~ секционный зал, прозекторская

care ~ палата по оказанию неотложной медицинской помощи

cast ~ *см.* **plaster ~**

climatized ~ камера искусственного климата, климатологическая палата, биотрон

consulting ~ кабинет врача

delivery ~ родовая палата

dissecting ~ *см.* **autopsy** ~

doctor's common ~ ординаторская

dressing ~ перевязочная

emergency ~ кабинет неотложной помощи; травматологический пункт

intensive therapy ~ палата или отделение интенсивной терапии

labor ~ предродовая палата

natal ~ палата для новорождённых

operating ~ операционная, операционный зал

plaster ~ гипсовальная комната

porter's ~ комната больничного администратора

postmortem ~ секционная, морг

predelivery ~ предродовая [дородовая] палата

pus operating ~ операционная для гнойных операций, «гнойная операционная»

record ~ регистратура

recovery ~ послеоперационная палата

reference ~ справочный стол, справочный отдел

sanitary inspection ~ санитарный пропускник

scrub-up ~ предоперационная для обработки рук хирургов

sick inspection ~ смотровой кабинет

sound-field testing ~ *ото.* (звукоизолированная) камера со свободным звуковым полем

sterilizer ~ 1. стерилизационная камера 2. дезинфекционная камера

test ~ комната для производства анализов; лаборатория

treatment ~ *см.* ~ **for medical procedures**

waiting ~ зал ожидания

X-ray ~ рентгеновский кабинет

rooming-in ['ruːmiŋ-in] ведение послеродового периода, при котором новорождённый постоянно находится в одной палате с матерью

root [ruːt] 1. *анат.* корень, корешок 2. корень зуба

~ **of clitoris** ножка клитора

~ **of hair** корень волоса, волосяной корень

~ **of lung** корень лёгкого

~ **of nail** корень ногтя

~ **of nose** корень носа

~**s of the spinal cord** корешки спинно-мозговых нервов

aortic ~ устье аорты

dorsal nerve ~**s** задние корешки спинно-мозговых нервов

exposed ~ обнажённый корень зуба

motor ~ двигательный корешок (*тройничного нерва*)

nerve ~ нервный корешок

residual ~ неудалённый корень зуба

sensory ~ чувствительный корешок (*напр. тройничного нерва*)

ventral nerve ~**s** передние корешки спинно-мозговых нервов

ropiness ['rəʊpinəs] вязкость; тягучесть; липкость

ropy ['rəʊpi] вязкий; тягучий; липкий

rosacea [rəʊ'zeiʃiə] розовые [красные] угри

~ **hypertrophica** ринофима, винный [шишковидный] нос

rosary ['rəʊzəri] «чётки» (*грануловидные структуры, или образования*)

rachitic ~ рахитические «чётки» (*костные выступы, находящиеся в местах соединения рёбер с хрящами*)

rose [rəʊz] 1. *инф. бол.* рожа 2. роза (*Rosa*)

~ **bengal** бенгальский розовый (*краситель*)

rosedrop ['rəʊzdrɒp] розовые [красные] угри

rosein ['rəʊziːin] фуксин (*краситель*)

rosemary ['rəʊzmæri]:

dwarf ~ розмарин лекарственный (*Rosmarinus officinalis*)

roseola [rəʊ'ziːələ] *дерм.* розеола (*симметричные высыпания мелких пятен розово-красного цвета*)

~ **infantilis,** ~ **infantum** детская розеола, внезапная экзантема

epidemic ~ 1. (коревая) краснуха 2. корь

syphilitic ~ сифилитическая розеола, пятнистый сифилид

roseolous [rəʊ'ziːələs] розеолёзный

roset, rosette [rəʊ'zet] *иммун., микр.* розетка, розеткообразная структура (*образуемая скоплением клеток*)

rostellum [rɒs'teləm], *pl.* **rostella** [rɒs'telə] хоботок (*снабжённое крючками подвижное образование на головке ленточных червей*)

rostral ['rɒstrəl] *анат.* клювовидный; ростральный (*относящийся к переднему отделу носа*)

rostrate ['rɒstreit] имеющий клювовидный отросток (*находящиеся в местах соединения рёбер с хрящами*)

rostrum ['rɒstrəm], *pl.* **rostra** ['rɒstrə] *анат.* клюв, клювовидная структура

rosy-drops ['rəʊsi-drɒps] *см.* **rosedrop**

rot [rɒt] 1. гниение, разложение, распад ‖ гнить, разлагаться, распадаться 2. *гельм.* фасциолёз (*с преимущественным поражением печени и желчевыводящих путей*)

Barcoo ~ пустынная язва (*форма тропической язвы*)

grinder's ~ сидероз

pizzle [sheath] ~ энзоотический баланопостит

rota[1] ['rəʊtə] расписание дежурств

duty ~ 1. расписание дежурств 2. дежурная бригада

on-call ~ расписание вызовов

rota[2] 1. вращение 2. чередование

~ **dexterior** *лат.* по часовой стрелке

~ **sinister** *лат.* против часовой стрелки

rotacism ['rəʊtəsizm] ротацизм (*неправильное произношение звука «р»*)

rotametry [rəʊ'tæmətri] ротаметрия (*измерение количества жидкости или газа*)

rotary ['rəʊtəri] вращающийся, вращательный, поворотный, ротационный (*напр. о вывихе*)

rotate ['rəʊteit] 1. вращать(ся) 2. чередоваться, сменяться 3. скручиваться, обвиваться переплетаться

rotation [rəʊ'teiʃn] 1. *физиол.* ротация, вращение 2. чередование, периодическое повторение 3. поворот (*напр. головки плода*)

bed ~ оборачиваемость [оборот] койки

biotic ~ биотический круговорот

cardiac ~ поворот сердца

intestinal ~ *эмбр.* ротация [вращение] кишечника

inward ~ ротация кнутри

optical ~ вращение плоскости поляризации света

outward ~ ротация кнаружи

specific ~ удельное вращение

rotational [rəʊˈteiʃnəl] ротационный, вращательный

rotator [rəʊˈteitə] мышца-вращатель, ротатор

rotavirus [ˈrəʊtəˌvairəs] ротавирус

rotoscoliosis [ˌrəʊtəʊskəʊliˈəʊsis] сколиоз с ротацией позвонков, ротосколиоз

rotten [rɒtn] гнилой, разложившийся

rotula [ˈrɒtjʊlə] 1. надколенник, надколенная чашечка 2. дисковидный костный отросток 3. *редко* таблетка, лепёшка

rotular [ˈrɒtjʊlər] относящийся к надколеннику

rouge [ruːʒ] полировочный (зуботехнический) порошок *(на основе оксида железа)*

rough [rʌf] 1. грубый; необработанный 2. *микр.* шероховатый 3. приблизительный

roughage [ˈrʌfədʒ] 1. непереваренные остатки пищи *(напр. волокна плодов, растений и злаков)* 2. грубая диета *(возбуждающая перистальтику)*

rouleaux [ruːˈləʊks], *pl. от* **rouleau** [ruːˈləʊ] «монетные столбики» *(неустойчивые агрегаты эритроцитов)*

roulette [rʊˈlet]:

cosmic ~ *фр.* «космическая рулетка», игра со смертью

round [raʊnd] 1. обход *(врачебный)* 2. круговое движение, цикл 3. круглый, шарообразный, сферический

day ~ дневной обход

doctor's ~ врачебный [палатный] обход

morning ~ утренний обход

to go on a ~ идти на обход

ward ~ *см.* doctor's ~

round-around [raʊnd-əˈraʊnd] паронихия *(воспаление околоногтевых тканей)*

rounding [ˈraʊndiŋ]:

~ of cardiac silhouette *рентг.* округление контуров сердца, шаровидная тень сердца

roundworm [ˈraʊndwɜːm] круглый червь, нематода

giant intestinal ~ аскарида

route [ruːt] 1. способ применения или приёма *(лекарственного средства)* 2. путь передачи инфекции 3. *токс.* путь поступления в организм 4. *хир.* доступ

~ of administration способ употребления *(напр. наркотика)*

~s of transmission пути передачи *(напр. инфекции)*

aeromedical evacuation ~ маршрут санитарного авиатранспорта

extraperitoneal ~ внебрюшинный доступ

fecal-oral ~ фекально-оральный путь передачи инфекции

parenteral ~ парентеральный путь передачи инфекции

routine [ruːˈtiːn] 1. определённый режим, установившаяся практика 2. рутина, шаблон ‖ обычный, общепринятый 3. консервативный, привычный

laboratory ~s (обычные, рутинные) лабораторные анализы

row [rəʊ] улица; микрорайон

skid ~ спальный район города

rub [rʌb] 1. трение, шум трения *(при аускультации)* 2. натирание, растирание ‖ натирать, растирать

friction ~ шум трения

pericardial ~ шум трения перикарда

pleural [pleuritic] ~ шум трения плевры

to ~ in втирать *(напр. мазь)*

venereal ~ половой путь заражения

rubber [ˈrʌbə] 1. резина ‖ резиновый 2. массажист, массажистка

lead ~ просвинцованная резина

sanitary feed-type ~ санитарная пищевая резина

rubber-coated [ˈrʌbə-ˈkəʊtid], **rubber-covered** [ˈrʌbə-ˈkʌvəd] прорезиненный, покрытый слоем резины

rubber-dam [ˈrʌbə-dæm] *стом.* резиновый (внутриротовой) изолятор слюны

rubberized [ˈrʌbəraizd] *см.* rubber-coated

rubbing [ˈrʌbiŋ]:

~ of eye растирание глаз

rubbish [ˈrʌbiʃ] мусор, хлам

rubdown [ˈrʌbdaʊn] обтирание

rubedo [rʊˈbiːdəʊ] временное покраснение кожи

rubefacient [rʊbiˈfeiʃnt] 1. вызывающий гиперемию кожи 2. местное раздражающее средство

rubefaction [rʊbiˈfekʃn] покраснение кожи, вызванное локальным воздействием местнораздражающего средства

rubella [rʊˈbelə] (коревая) краснуха

congenital ~ врождённая краснуха

rubeola [rʊˈbiːəʊlə] 1. корь 2. краснуха

rubeosis [ˌruːbiˈəʊsis] краснота, покраснение *(кожи)*

rubescent [ruːˈbesənt] вызывающий покраснение *(кожи)*

rubidium-81 [rʊˈbidiəm] рубидий-81, ^{81}Rb *(искусственный радиоактивный изотоп)*

rubin [ˈruːbin] фуксин *(краситель)*

rubor [ˈruːbɔː] *уст.* краснота, покраснение *(признак воспаления)*

rubriblast [ˈruːbriblæst] полихроматический пронормобласт

ructus [ˈrʌktəs] отрыжка

rudiment [ˈruːdimənt] 1. рудиментарный [остаточный] орган, рудимент 2. зачаток, закладка *(органа или ткани)*

rudimentary [ˌruːdiˈmentəri] рудиментарный, остаточный, недоразвитый, зачаточный

ruffling [ˈrʌfliŋ] ундуляция, колебание

rufous [ˈruːfəs] рыжий, красновато-коричневый

ruga [ˈruːgə], *pl.* **rugae** [ˈruːgi] *анат.* морщина, складка, гребень

~ of stomach складки слизистой желудка

rugate [ˈruːgeit] морщинистый, складчатый

rugged [ˈrʌgid] шероховатый, неровный, грубый

rugine [rʊˈʒiːn] *мед. тех.* распатор

rugose [ˈruːgəʊs] морщинистый, складчатый

rugosity [rʊˈgɒsiti] 1. морщинистость, складчатость 2. *анат.* морщина, складка 3. шероховатость, неровность

rule [ruːl] 1. правило 2. постановление, решение *(напр. суда)* ‖ постановлять, решать 3. власть, правление ‖ управлять, руководить 4. норма права ‖ устанавливать правовую норму

~ of outlet *акуш.* правило выхода *(для определения возможности прохождения нормальным плодом выхода из таза, сумма заднего сагиттального и поперечного диаметров выхода должна быть ≥ 15 см)*

~s of safety engineering and industrial sanitation правила по технике безопасности и промышленной санитарии ·

to ~ out syphilis as a cause of dementia исключить сифилис в качестве причины слабоумия

accident prevention ~s правила техники безопасности

clinical prediction ~s правила клинического прогнозирования *(развития болезни в баллах)*

general ~s of abiotic factors operation общие закономерности действия абиотических факторов

moral ~s нравственные нормы

operating ~s правила эксплуатации

pair ~ правило парности *(мутация генов, влияющая на чётные сегменты оси тела)*

Rule:

American Law Institute ~ правило американского института юстиции *(человек не ответственен за совершение преступления, если оно в момент совершения было обусловлено психическим заболеванием, 1962 г.)*

Durham ~s правила Дюрхэма *(формула невменяемости, содержащаяся в законодательстве некоторых штатов США)*

McNaughten ~s правила Мак-Натена *(законодательная формула невменяемости, США)*

Negele's ~ Негеле правило *(вычисление даты родов путём добавления 9 месяцев и 7 дней к дате первого дня последней менструации)*

Ogino – Knaus ~ Огино – Кнауса правило *(основа «ритм»-метода контрацепции: зачатие наиболее вероятно в середине между 2 менструальными периодами)*

rule-following [ru:l-'fɒləʊiŋ] *психол.* следование правилам

ruler ['ru:lə]:

molecular ~ молекулярный правитель *(о С-протеине)*

rumination [ˌru:mi'neiʃn] *псих.* руминация *(1. навязчивое многократное явление в сознании одних и тех же мыслей 2. возвращение пережёванной пищи из пищевода в рот и повторное её проглатывание)*

obsessive ~s навязчивые мысли; «умственная жвачка»

suicidal ~s суицидальные мысли

rump [rʌmp] ягодичная область; ягодицы

run [rʌn] **1.** течение *(болезни)* **2.** серия опытов; проба, попытка ‖ проводить опыт(ы); пытаться **3.** разгон, пробег *(электрофоретических фракций)*; прохождение *(испытуемого)* **4.** течь, сочиться *(напр. о крови)* **5.** распространяться *(напр. о боли)*

free ~ свободный бег *(биоритм, индуцируемый внутренними свойствами организма)*

runaround ['rʌnəgaʊnd] паронихия *(воспаление околоногтевых тканей)*

rundown [rʌn'daʊn]:

end-plate current ~ затухание тока конечной пластинки

running ['rʌniŋ] **1.** проведение электрофореза *(передвижение фракций в электрическом поле)* **2.** распространяющийся, располагающийся *(о переломе)* **3.** гноящийся, слезящийся ·

wheel ~ беличье колесо *(тест на физическую активность лабораторных животных)*

runround ['rʌnraʊnd] *см.* **runaround**

rupia ['ru:piə] рупия *(1. язва, покрытая многослойной кровянисто-гнойной коркой 2. пустулёзный рупиоидный сифилид)*

rupture ['rʌptʃə] **1.** разрыв, прободение, перфорация; трещина, перелом ‖ разрывать(ся), прорывать(ся), вскрывать(ся) **2.** грыжа ‖ вызывать грыжу

~ of cornea перфорация роговицы

~ of the membranes разрыв [вскрытие] плодного пузыря

abscess ~ прорыв абсцесса

appendiceal ~ перфорация червеобразного отростка

artificial ~ of membranes искусственное вскрытие плодных оболочек

bile duct ~ перфорация [разрыв] жёлчного пузыря

expansion ~ обширный разрыв

external cardiac ~ наружный разрыв миокарда

transmural spontaneous esophageal ~ спонтанный трансмуральный разрыв пищевода, Бурхаве синдром

ruptured ['rʌptʃəd] разорванный, разорвавшийся, прободной, перфорированный, перфоративный

rush [rʌʃ] *sl.* «приход» *(интенсивное ощущение действия наркотика, обычно вводимого внутривенно)*

Russula ['rʌsju:l]:

~ emetica *лат. токс.* сыроежка едкая

rutidosis [ˌru:ti'dəʊsis] рутидоз *(ранние [преждевременные] морщины на лице)*

R-wave-controlled [a:-weiv-kən'trəʊld] управляемый зубцом R *(о кардиостимуляторе)*

S

saaminellesis [ˌseiəminəˈliːsis] зааминеллёз *(глубокий микоз)*

saber-legged [ˈseibəˌlegd] относящийся к саблевидным ногам

saber-shin [ˈseibəˌʃin] саблевидные голени *(искривление костей голени в сагиттальной плоскости в виде дуги)*

sabinism [ˈsæbinizm] отравление можжевельником, сабинизм

sabre [ˈseibə] сабля, шашка ‖ сабельный, напоминающий удар саблей *(о ране, рубце)*

sabulous [ˈsæbjʊləs] содержащий песок, песчаный *(напр. о конкрементах)*

sabulum [ˈsæbjʊləm] псаммозные [псаммомные] тельца, «мозговой песок»

saburra [səˈbʌrə] *лат.* **1.** гнилостное разложение пищи в желудке **2.** грязно-серый налёт в полости рта *(напр. при лихорадке)*

sac [sæk] **1.** *анат.* мешок; мешочек; сумка **2.** инкапсулированный абсцесс у корня зуба **3.** капсула опухоли или кисты

  abdominal ~ брюшная полость

  air [alveolar] ~ альвеолярный мешочек, альвеола

  amniotic ~ амнион, амниотический мешок, амниотическая [водная] оболочка

  anal ~ заднепроходные [анальные, морганиевы] пазухи *(углубления в стенке заднепроходного канала, расположенные между заднепроходными столбами)*

  aneurysmal ~ аневризматический мешок

  bursal ~ *иммун.* фабрициева сумка птиц *(в которой созревают В-лимфоциты)*

  dental ~ *см.* **tooth** ~

  dialysis ~ диализный мешочек

  dural ~ дуральный мешок *(твёрдая оболочка спинного мозга)*

  embryo(nic) ~ бластоциста, бластодермический [зародышевый] пузырёк

  enamel ~ наружный слой эмалевого органа

  endolymphatic ~ эндолимфатический мешок

  fetal ~ *см.* **gestation** ~

  fluid-filled ~ наполненная жидкостью капсула

  gestation ~ плодные оболочки, оболочки плода

  Golgi's ~ цистерна аппарата Гольджи *(структура пластинчатого комплекса клетки)*

  greater peritoneal ~ брюшинная полость

  hair ~ волосяной мешочек

  heart ~ перикард, околосердечная сумка, сердечная сорочка

  hernial ~ грыжевой мешок

  lacrimal ~ *см.* **tear** ~

  lesser peritoneal [omental] ~ сальниковая сумка

  lumbar ~ люмбальный мешок, *см. тж.* **dural** ~

  pleural ~ плевральная полость, полость плевры

  seed ~ семенной пузырёк

  serous ~ серозная полость

  synovial ~ синовиальная сумка, синовиальная оболочка

  tear ~ слёзный мешок

  tooth ~ десневой карман

  vitelline [yolk] ~ желточный мешок, или пузырь

saccade [səˈkeid] саккада, саккадо *(серия быстрых толчкообразных движений глаз)*

saccadic [səˈkædik] саккадический *(отрывистый, двигающийся толчками)*

saccate [ˈsækeit] осумкованный, инкапсулированный, мешотчатый

saccharase [ˈsækəreis] сахараза, инвертаза *(фермент, расщепляющий сахар на глюкозу и фруктозу)*

saccharephidrosis [ˌsækəˌefiˈdrəʊsis] выделение сахара с потом

sacchariferous [ˌsækəˈrifərəs] сахаросодержащий

saccharification [səˈkaːrifiˈkeiʃn] сахарообразование

saccharobiose [ˌsækərəʊˈbaiəʊz] *см.* **saccharose**

saccharolytic [ˌsækərəʊˈlitik] сахаролитический, расщепляющий сахар

saccharometabolism [ˌsækərəʊməˈtæbəʊlizm] сахарный обмен, процесс утилизации сахара в клетках

Saccharomyces [ˌsækərəʊˈmaisiːz] сахаромицеты *(род дрожжевых грибов)*

saccharorrhea [ˌsækərəʊˈriːə], **saccharosuria** [ˌsækərəʊsˈjuːriːə] гликозурия, гликурия, мелитурия

saccharose [ˈsækərəʊs], *лат.* **saccharum** [ˈsækərəm] свекловичный [тростниковый] сахар, сахароза

sacciform [ˈsækifɔːm], **saccular** [ˈsækjulə] мешкообразный, мешковидный, имеющий форму кармана

sacculation [ˌsækjʊˈleiʃn] *анат.* **1.** структура, образуемая группой мешочков **2.** образование мешочка или мешочков

  aneurysmal ~ образование мешотчатой аневризмы

saccule [ˈsækjuːl] **1.** мешочек *(напр. гортани)* **2.** *ото.* сферический мешочек *(перепончатого лабиринта внутреннего уха)* **3.** дивертикул

  grumous ~ жировое включение *(в дегенерирующем нейроне)*

  para-ureteric ~ парауретральный дивертикул *(мочевого пузыря)*

sacculitis [ˌsækjʊˈlaitis]:

  anal ~ проктит *(воспаление слизистой оболочки пазух заднепроходного канала)*

sacculotomy [ˌsækjʊˈlɒtəmi] саккулотомия *(вскрытие сферического мешочка перепончатого лабиринта)*

sacculus [ˈsækjʊləs], *pl.* **sacculi** [ˈsækjʊliː] мешочек

  ~ **hypophysialis** *лат.* гипофизарный карман, Ратке карман *(зачаток аденогипофиза)*

  ~ **vitellinus** *лат.* желточный мешочек

saccus [ˈsækəs], *pl.* **sacci** [ˈsæksai] мешок; *см. тж.* **sac**

sachet [seiˈʃei] пакетик *(с порошком)*; тюбик

sacrad [ˈseikræd] по направлению к крестцу

sacralgia [seiˈkrælʤiə] сакродиния, сакралгия

sacralization [ˌseikrəliˈzeiʃn] сакрализация *(сращение V поясничного позвонка с крестцом)*

sacrectomy [seiˈkrektəmi:] резекция крестца

sacrifice [ˈsækrifais] 1. жертва || жертвовать 2. жертвоприношение

sacriplex [ˈseikripleks] крестцовое сплетение

sacrococcygeal [ˌseikrəʊkɒkˈsiʤiəl] крестцово-копчиковый

sacrodynia [ˌseikrəʊˈdi:niə] *см.* **sacralgia**

sacroiliac [ˌseikrəʊˈiliːək] крестцово-подвздошный

sacroiliitis [ˌseikrəʊˌiliˈaitis] сакроилеит *(воспаление крестцово-подвздошного сочленения)*

sacrolisthesis [ˌseikrəʊlisˈθiːsis] сакролистез *(смещение крестца вперёд)*

sacrolumbar [ˌseikrəʊˈlʌmbə] крестцово-поясничный

sacropromontory [ˌseikrəʊˈprɒməntɒriː] мыс крестца

sacrosciatic [ˌseikrəʊsaiˈætik] крестцово-седалищный

sacrotomy [seiˈkrɒtəmi:] резекция части крестца

sacrouterine [ˌseikrəʊˈjuːtərin] крестцово-маточный

sacrovertebral [ˌseikrəʊˈvɜːtəbrəl] крестцово-позвоночный

sacrum [ˈseikrəm], *pl.* **sacra** [ˈseikrə] крестец, крестцовая кость

  assimilation ~ полная двусторонняя сакрализация V поясничного позвонка

sactosalpinx [ˌsæktəʊˈsælpinks] 1. гнойный сальпингит 2. выраженное расширение маточной трубы

  ~ **hemorrhagica** гематосальпинкс

sad [sæd] печальный, грустный, унылый; скорбный

saddle [sædl] 1. седло 2. структура седловидной формы 3. седловидная часть бюгельного [дугового] протеза

  Turkish ~ *анат.* турецкое седло

saddleback [ˈsædlbæk] лордоз *(искривление позвоночника, обращённое выпуклостью кпереди)*

sadism [ˈsædizm] садизм *(форма сексуального извращения, при котором субъект находит сексуальное удовлетворение в причинении боли партнёру)*

sadness [ˈsædnəs] уныние, грусть, огорчение, печаль

sadomasochism [ˌseidəʊˈmæsəkizm] садомазохизм *(форма сексуальной перверсии, проявляющаяся стремлением к жестокости в активной и/или пассивной формах)*

safe [seif] 1. сейф 2. холодильник; холодильная камера *(для хранения продуктов)* 3. безопасный, надёжный; невредимый, сохранный

safeguard [ˈseifgɑːd] 1. предосторожность; мера предосторожности 2. предохранительное устройство || предохранять 3. гарантия, защита, охрана || гарантировать, защищать, охранять

  ~ **against accidents** гарантия против несчастных случаев

  additional ~ дополнительная защита, мера предосторожности

  employees health ~ забота о здоровье сотрудников

safety [ˈseiftl] безопасность, надёжность, сохранность || предохранительный, безопасный, аварийный

  ~ **of labor** безопасность труда

  ~ **with lasers** техника безопасности при работе с лазерными устройствами

  drug ~ безвредность лекарственного средства

  electrical ~ электробезопасность

  environmental ~ экологическая безопасность

  food ~ безопасность пищевых продуктов

  intrinsical ~ внутренне присущая безопасность

  nuclear ~ ядерная безопасность

  occupational ~ техника безопасности *(на производстве)*

  patient ~ безопасность пациента

  radiation ~ радиационная безопасность

safety-pin [ˈseifti-pin] биполярная *(по концам)* окраска бактерий

saffron [ˈsefrən] шафран *(Crocus sativus)*

Safil [ˈseifil] *фирм.* рассасывающаяся синтетическая плетёная нить с покрытием

sagacity [səˈgæsəti:] 1. проницательность; прозорливость 2. сообразительность, понятливость *(животных)*

sage [seiʤ] шалфей *(Salvia)*

  absinth ~ полынь горькая *(Artemisia absinthium)*

  garden ~ шалфей лекарственный *(Salvia officinalis)*

sagebrush [ˈseiʤbrʌʃ] 1. полынь *(Artemisia)* 2. лебеда беловато-серая *(Atriplex Canescens)* 3. полынно-кустарниковая полупустыня

sagittal [ˈsæʤitəl] *анат.* сагиттальный *(расположенный в переднезаднем направлении)*

Saint-John's-wort [ˈseint-ˈʤɒnz-wɔːt] зверобой *(Hypericum)*

sal [sæl] *фарм.* 1. соль 2. любое вещество, напоминающее соль

  ~ **ammoniac** аммония хлорид

  ~ **volatile** аммония карбонат

salacity [səˈlæsiti:] 1. непристойность 2. развращённость; похотливость; сладострастие

salad [ˈsæləd]:

  word ~ *псих.* «словесная окрошка», словесный салат *(речь, состоящая из набора слов, лишённых смысловой и грамматической связи)*

salary [ˈsæləri:] заработная плата, оклад

  gross base ~ основной оклад, «брутто»-оклад

salience [ˈseiliəns] выпуклость; выступ; клин

  ~ **of substance-seeking behavior** наркоманическая иерархия мотивов в озабоченности поисками психоактивных веществ

salient [ˈseiliənt] 1. выступающий вперёд, выдающийся 2. характерный

saliferous [ˈsælifərəs] 1. солеобразующий 2. солесодержащий

salifiable [ˈsæliˌfaiəbl] солеобразующий

salimeter [səˈlimətə] *см.* **salmometer**

saline [ˈseilin] 1. соль *(натрия, калия и пр.)* 2. солевой раствор || содержащий соль 3. минеральное слабительное

  blended ~ 1. смесь солей 2. солевое слабительное

  hypertonic ~ гипертонический (солевой) раствор

  iced ~ охлаждённый [ледяной] изотонический раствор

  isotonic ~ *см.* **physiological** ~

  Krebs – Henseleit ~ Кребса – Хенселейта солевой раствор *(для криоперфузии органа)*

  normal ~ нормальный раствор *(содержащий 1 моль растворённого вещества в 1 л)*

phosphate buffered ~ фосфатный буферный раствор, ФБС

physiological ~ изотонический солевой раствор; физиологический раствор *(0,9 % раствор NaCl)*

salinometry [ˌsæliˈmɒmətriː] определение содержания соли в растворе

saliva [səˈlaivə] слюна

chorda ~ слюна, выделяемая подчелюстной железой при раздражении барабанной струны

ganglionic ~ слюна, выделяемая подчелюстной железой при её раздражении

lingual ~ слюна язычных желёз

resting ~ слюна, выделяющаяся в интервале между приёмами пищи

ropy ~ тягучая клейкая слюна

sympathetic ~ слюна, выделяемая подчелюстной железой при раздражении симпатических нервных волокон

thin ~ разжиженная слюна

viscous ~ вязкая слюна

watery ~ водянистая слюна

salivant [ˈsælivənt] средство, стимулирующее слюноотделение

salivary [ˈsælivəriː] слюнный

salivation [ˌsæliˈveiʃn] слюноотделение, саливация

evoked ~ стимулируемое слюноотделение

excessive ~ обильное слюнотечение

salivator [ˈsæliˌveitə] *см.* **salivant**

salivin [ˈsælivin] птиалин

salivolithiasis [səˌlaivəuliˈθaiəsis] слюнно-каменная болезнь, сиалолитиаз

sallow [ˈsæləu] желтоватый; болезненный, бледный *(цвет лица)*

sally-bloom [ˈsæli-bluːm] кипрей, иван-чай *(Chamenerium angustifolium)*

salmon [ˈsælmən] лосось *(часто используемая в биохимических исследованиях)*

Salmonella [ˌsælməuˈnelə] род сальмонеллы

~ **abortus equi** сальмонелла, вызывающая аборт у кобыл

~ **aertrycke** *см.* ~ **typhimurium**

~ **arizonae** аризонская сальмонелла

~ **choleraesuis** палочка свиной чумы

~ **enteritidis** Гертнера палочка *(возбудитель пищевой токсикоинфекции)*

~ **hirschfeldii** палочка паратифа С

~ **morgani** Моргана палочка

~ **paratyphi** A палочка паратифа А

~ **paratyphi** B, ~ **schottmulleri** палочка паратифа В

~ **typhimurium** палочка мышиного тифа; у людей вызывает пищевое отравление

~ **typhy**, ~ **typhosa** брюшнотифозная палочка

salmonellosis [ˌsælməunəˈləusis] *инф.* сальмонеллёз

"salmon-patch" [ˈsælmən-ˈpætʃ] симптом «пятен цвета лосося» *(интенсивная васкуляризация роговицы при интерстициальном кератите)*

salpingectomy [ˌsælpinˈdʒektəmiː] сальпингэктомия *(удаление маточной трубы)*

salpingemphraxis [ˌsælpindʒəmˈfræksis] **1.** закупорка маточной трубы **2.** закупорка слуховой трубы

salpingian [sælˈpindʒiən] **1.** относящийся к маточной трубе **2.** относящийся к слуховой трубе

salpingitic [ˌsælpinˈdʒitik] **1.** относящийся к сальпингиту **2.** страдающий сальпингитом

salpingitis [ˌsælpinˈdʒaitis] **1.** сальпингит *(воспаление маточной трубы)* **2.** *ото.* тубоотит, сальпингоотит

eustachian ~ евстахиит, воспаление слуховой трубы

mural ~ хронический интерстициальный сальпингит

salpingocatheterism [ˌsælpiŋgəuˈkæθətərizm] катетеризация слуховой трубы

salpingocele [sælˈpiŋgəusiːl] сальпингоцеле *(грыжа маточной трубы)*

salpingocyesis [sælˌpiŋgəusaiˈiːsis] внематочная трубная беременность

salpingolysis [ˌsælpinˈgɒlisis] сальпинголизис *(отделение маточной трубы от спаек)*

salpingo-oophoritis [sælˌpiŋgəu-ˌəuəfəˈraitis] аднексит, сальпингоофорит *(воспаление придатков матки)*

salpingo-oophorectomy [sælˌpiŋgəu-ˌəuəfəˈrektəmiː] удаление придатков матки с яичниками

salpingo-oophorocele [sælˌpiŋgəu-əuˈɒfərəusiːl] грыжа, содержащая маточную трубу с яичником

salpingo-oothecitis [sælˌpiŋgəu-əuɒθiˈsaitis] *см.* **salpingo-oophoritis**

salpingo-ovariectomy [sælˌpiŋgəu-əuˌværiˈektəmiː], **salpingo-ovariotomy** [sælˌpiŋgəu-əuˌværiˈɒtəmiː] *см.* **salpingo-oophorectomy**

salpingopalatine [sælˌpiŋgəuˈpælətain] относящийся к слуховой трубе и нёбу

salpingoperitonitis [sælˌpiŋgəuˌperitəuˈnaitis] воспаление маточной трубы и покрывающей её брюшины

salpingopexy [sælˈpiŋgəuˌpeksi] сальпингопексия *(фиксация маточной трубы)*

salpingopharyngeal [sælˌpiŋgəufəˈrindʒiəl] относящийся к слуховой трубе и глотке

salpingoplasty [sælˈpiŋgəuˌplæstiː] сальпингопластика

salpingorrhagia [sælˌpiŋgəuˈreidʒiə] кровотечение из маточной трубы

salpingoscopy [ˌsælpinˈgɒskəpiː] сальпингоскопия *(эндоскопия слуховой трубы)*

salpingostomy [ˌsælpinˈgɒstəmiː] сальпингостомия *(восстановление проходимости маточной трубы)*

salpingouterogram [ˌsælpiŋgəuˈjuːtərɒgræm] рентгенограмма матки и маточных труб

salpinx [ˈsælpinks], *pl.* **salpinges** [ˈsælpidʒiːz] **1.** маточная [фаллопиева] труба **2.** слуховая [евстахиева] труба

salt [sɔːlt] **1.** соль, поваренная соль ‖ солёный **2.** *pl.* солевое слабительное средство

bile ~s соли жёлчных кислот

bitter [epson] ~ горькая [английская] соль, магния сульфат, сернокислая магнезия

effervescent ~s шипучие растворы солей *(содержащие гидрокарбонат натрия, разрушаемый винной и лимонной кислотами с высвобождением углекислого газа при растворении в воде)*

medicated ~ лечебная поваренная соль *(напр. с примесью фтора)*

oral rehydration ~s солевой раствор для пероральной регидратации

pancreatic ~ смесь панкреатических ферментов, используемых в качестве дигестанта

poorly absorbable ~s плохо всасывающаяся соль

smelling ~s *англ.* раствор нашатырного спирта или карбоната аммония с добавлением душистого вещества

trace mineral(ized) ~ соль с добавкой микроэлементов

saltant ['sæltənt] мутант *(в культуре грибов или бактерий)*

saltation [‚sæl'teiʃn] 1. скачок; судорожные [скачкообразные] движения *(при ходьбе)* 2. *физиол.* сальтаторное проведение возбуждения 3. *ген.* сальтация; мутация *(резкое изменение организма, популяции, вида)*

saltatory ['sæltə‚təʊri] скачкообразный, резко меняющийся

salt-infusion [‚sɔːlt-in'fjuːʒən] вливание солевого раствора

salting-out ['sɒltiŋaʊt] *хим.* высаливание

saltpeter [‚sɔːlt'piːtə] селитра *(групповое название солей азотной кислоты – нитратов)*

Chilean ~ чилийская [натронная] селитра, натрия нитрат, азотнокислый натрий

potassium ~ калийная селитра, азотнокислый калий, нитрат калия

sodium ~ *см.* **Chilean ~**

wall ~ кальциевая селитра, азотнокислый кальций, нитрат кальция

salubrious [sə'luːbriəs] здоровый, полезный благоприятный для здоровья *(напр. климат)*, целебный

saluresis [‚sæljʊ'riːsis] сал(и)урия, салиурез *(выделение ионов натрия и хлора с мочой)*

saluretic [‚sæljʊ'retik] салуретик *(диуретик, усиливающий выделение из организма ионов натрия и хлора)*

salutarium [‚sæljʊ'tæriəm] курорт

salutary ['sæljʊtəri] *см.* **salubrious**

salute [sə'luːt]:

allergic ~ тест аллергика *(характерное потирание кончика носа пациентом, страдающим аллергическим ринитом)*

salvable ['sælvəbl] 1. спасаемый, восстанавливаемый 2. реанимируемый *(о больном)*

salvage ['sælvidʒ] 1. спасение 2. сохранение органа || спасать; сохранять

~ in myocardial infarction спасение больных инфарктом миокарда

~ of globe сохранение глазного яблока *(при эвисцерации)*

~ of hip восстановление функции тазобедренного сустава

fetal ~ сохранение плода *(после пластической операции на матке)*

limb ~ сохранение [спасение] конечности *(напр. после эмболэктомии)*

salve [sælv] *уст.* (целебная) мазь || смазывать мазью

salvo ['sælvəʊ], *pl.* **salvos** ['sælvəʊz] 1. залп, залповая [групповая] активность *(появление множественных биопотенциалов)* 2. пароксизм, приступ, атака

Samaritan [sə'mæritn] *ист.* 1. самаритянин, самаритянка 2. язык древней Самарии || самаритянский

~ fund фонд помощи бедным

~ home приют для бездомных детей

sameness ['seimnəs] *психол.* идентичность *(совокупность самобытных характерных особенностей человека, составляющих его индивидуальность)*

sample ['sæmpl] 1. проба, образец || пробовать, испытывать 2. *стат.* выборка, выборочная совокупность, ограниченный ряд наблюдений; порция *(напр. жёлчи)* || производить выборку 3. группа испытуемых

~ of data набор данных

~ of observations выборка наблюдений

aliquot ~s of milk кратные пробы молока

annual ~ выборка за год

arterial ~ артериальная кровь *(для исследования)*

assay ~ образец для анализа

atypical ~ нестандартный образец

average ~ средняя проба; средний образец

balanced ~ уравновешенная выборка

biased ~ смещённая выборка, необъективная [пристрастная] выборка

biopsy ~ биоптат, биопсийный материал

blood ~ проба крови

broth ~ образец культуральной жидкости

bulk ~ объёмная проба; объёмный образец

certified ~ аттестованный образец

check ~ 1. контрольная [опытная] проба 2. контрольная выборка

cluster ~ групповая выборка

community ~ группа людей; выборка из одной общины

comparable ~s сравнимые выборки

composite ~ смешанная [составная] проба *(напр. воздуха)*

diagnostic ~ образец для диагностического исследования

duplicating ~ дублирующая выборка

ELIZA-positive ~ *см.* **enzyme-linked immunosorbent-positive ~s**

environmental ~s образцы окружающей среды

enzyme-linked immunosorbent-positive ~s положительные результаты иммуноферментного анализа *(напр. на СПИД)*

fixed ~ постоянная [фиксированная] выборка

free ~s бесплатные образцы *(лекарств)*

initial ~ исходный образец

inpatient ~ группа [выборка] стационарных больных

marriage survey ~ группа обследуемых семей

master ~ главная выборка

microvolume ~ микрообъёмная проба

multiple ~s несколько образцов

multistage ~ многоступенчатая выборка

needle biopsy ~ аспирационный биоптат

ordered ~ упорядоченная выборка

original ~ *см.* **initial ~**

population ~ выборочная [отобранная] группа населения, популяционная группа

postprandial ~ проба, проведённая после приёма пищи; «пробный завтрак»

pretherapy ~ исходный анализ *(напр. крови)*, до начала лечения

probability ~ вероятностная выборка

puncture ~ пунктат *(полученный при биопсии)*

purposive ~ преднамеренная [целевая] выборка

quota ~ пропорциональная выборка

random ~ случайная выборка; рандомизированный образец; непроверявшаяся группа *(людей)*

replicate ~ повторная выборка

representative ~ репрезентативная [типичная, характерная] проба; репрезентативная выборка

set ~ выборочная совокупность

single [snap] ~ разовая [однократная] проба *(напр. воздуха)*

spiking ~ пиковая выборка

stool ~ проба фекалий

stratified ~ 1. расслоённая типическая выборка 2. районированная выборка

survey ~ обследуемая группа

systemic ~ механическая [системная] выборка

tissue ~ (лабораторный) образец ткани; биоптат ткани

total ~**s** общее количество или число *(напр. испытуемых)*

treated ~**s** 1. пролеченные больные 2. обработанный материал

unbiased ~ несмещённая выборка, объективная [беспристрастная] выборка

unscreened ~ *см.* **random** ~

urinalysis ~ проба мочи для анализа

sampler ['sæmplə] пробоотборник, прибор для взятия проб, автоматическая пипетка

air ~ воздушный пробоотборник

continuous ~ прибор для непрерывного отбора проб

filtration ~ фильтрационный воздухоотборник

gas ~ газовый пробоотборник

gravimetric dust ~ гравиметрический заборник пыли

high volume ~ крупнообъёмный пробоотборник

personal ~ индивидуальный пробоотборник

sedimentation ~ седиментатор *(для отбора проб пыли)*

slit ~ щелевой воздухоотборник

standard pollen ~ стандартный пыльцевой пробоотборник, Дюрхэма гравитационная подложка

water ~ батометр

sampling ['sæmpliŋ] 1. взятие проб *(напр. воздуха)*, отбор образцов 2. *стат.* выборка, выборочное наблюдение 3. ввод пробы

~ **by attributes** выборочный контроль по качественным признакам

~ **by variables** выборочный контроль по количественным признакам

~ **on successive occasions** отбор проб в несколько последовательных приёмов

analytical ~ отбор аналитических проб

anorectal ~ взятие проб ректального содержимого

caval ~ проба крови из нижней полой вены

chorionic villi ~ биопсия ворсинок хориона *(при подозрении на наследственное заболевание)*

cluster ~ 1. групповой выбор 2. выборочное обследование по группам

cytological ~ цитологический забор; взятие мазков

environmental ~ взятие образцов окружающей среды *(воздуха, воды, почвы)*

event ~ *психол.* событийный образец поведения

fetal blood ~ анализ крови плода

multiple antibody ~ многослойный иммуносэндвич *(детекторный иммунокомплекс из нескольких последовательных слоёв «первых», «вторых» и т. д. антител)*

one-shot air ~ одноразовый [одномоментный] отбор проб воздуха

probability ~ вероятностная выборка

qualitative ~ *см.* ~ **by attributes**

quasi-random ~ квазислучайный выбор

reduced ~ облегчённый выборочный контроль

remote ~ дистанционный отбор проб

scan ~ метод выборки данных сканирования

selective adrenal ~ взятие крови избирательно из надпочечниковой вены

sequential ~ последовательный отбор

simple ~ однократная выборка

stack ~ отбор проб (газа) из дымовых труб

stratified ~ 1. расслоённая выборка 2. районированный отбор

time ~ *психол.* временной образец поведения

unitary ~ однократная выборка

workplace air ~ забор воздуха на рабочем месте

samshu ['sæmʃuː] китайская рисовая водка

sanable ['sænəbl] излечимый, поддающийся лечению

sanative ['sænətiv] лечебный, целебный, оздоровительный

sanatorium [ˌsænəˈtɔːriəm] 1. санаторий 2. курорт

mountain resort ~ высокогорный санаторий

sanatory ['sænəˌtɒriː] санаторный, лечебный, целебный, оздоровительный

sanction ['sæŋkʃn] 1. санкция, ратификация, утверждение 2. поддержка; одобрение 3. мера наказания

criminal ~ *суд. мед.* уголовная ответственность

harsh ~ строгая мера взыскания

sand [sænd] песок

brain ~ псаммозные [псаммомные] тельца, мозговой песок

intestinal ~ мелкие кишечные конкременты

urinary ~ мелкие мочевые конкременты, мочевой «песок»

sandbag ['sændˌbæg] мешочек с песком *(груз на зашитую рану)*

sand-bath ['sændˌbaːθ] песочная ванна; песчаная ванна

sandfly ['sændˌflai] песчаный москит *(переносчик москитной лихорадки, лейшманиоза и бартонеллёза)*

sandoz ['sændɒz] сандоз *(лиганд кальциевых каналов клеточной поверхности)*

sandwich ['sændwiʤ] сэндвич *(1. трёхслойная структура, трёхслойная конструкция ‖ формировать сэндвич-структуру 2. трёхслойный композиционный материал)*

sandwich-type ['sændwiʤ-'taip] *ген.* многослойный, по типу сэндвича

sane [sein] 1. нормальный, здоровый 2. здравый, здравомыслящий, разумный, в здравом уме

sanguicolous [sæŋˈgwikələs] обитающий в крови *(о паразитах)*

sanguifacient [ˌsæŋgwiˈfeiʃnt] кроветворный, гемопоэтический

sanguiferous [sæŋˈgwifərəs] кровеносный

sanguification [ˌsæŋgwifiˈkeiʃn] *см.* **sanguinopoietic**

sanguimotion [ˌsæŋgwiˈməʊʃn] циркуляция крови, кровоток

sanguimotor(y) [ˌsæŋgwiˈməʊtəri:] циркуляторный, гемодинамический

sanguinary [ˌsæŋgwəˈneri:] тысячелистник обыкновенный (*Achillea millefolium*)

sanguine [ˈsæŋgwin] 1. кровяной, кровянистый 2. полнокровный; румяный 3. сангвинический; оптимистический (*темперамент*)

sanguineous [sæŋˈgwini:əs] кровяной (*1. гиперемированный 2. содержащий большое количество крови*)

sanguinopoietic [sæŋˌgwinəʊpɒiˈetik] кроветворный, гемопоэтический

sanguis [ˈsæŋgwis] *лат.* кровь

Sanguisorba [ˌsæŋgwiˈsɔːbə]:

~ **officinalis** кровохлёбка лекарственная

sanguisuga [ˌsæŋgwiˈsuːgə] пиявка

sanguivorous [sæŋˈgwivərəs] кровососущий, питающийся кровью

sanies [ˈseini:iz] кровянисто-гнойные выделения с запахом, ихорозный гной

sanify [ˈseinifai] оздоровлять, очищать, санировать

saniopurulent [ˌseini:əʊˈpjuːrʊlənt] кровянисто-гнойный

sanioserous [ˌseini:əʊˈsiːrəs] серозно-кровянистый, сукровичный

sanious [ˈseini:əs] *см.* **saniopurulent**

sanitarian [ˌsæniˈteəriən] санитарный инспектор, гигиенист, санитарный врач

sanitarium [ˌsæniˈteəriəm] *см.* **sanatorium**

sanitary [ˈsænitəri:] санитария (*совокупность мероприятий, направленных на осуществление гигиенических нормативов и требований*), содействие здоровью ‖ санитарный, гигиенический

production ~ производственная санитария

sanitate [ˈsæniteit] 1. санировать, оздоровлять 2. подвергать санитарной обработке 3. улучшать санитарные условия

sanitation [ˌsæniˈteiʃn] 1. санация, оздоровление, создание благоприятной окружающей среды 2. улучшение санитарных условий, санитарно-профилактические мероприятия, санитария 3. санитарный контроль

~ **in natural disasters and epidemics** санитарные меры при стихийных бедствиях и эпидемиях

~ **with ethanol** обработка этиловым спиртом

basic ~ основные санитарные условия или меры

environmental ~ оздоровление окружающей среды; гигиена окружающей среды

food ~ пищевая санитария

housing and municipal ~ жилищно-коммунальная санитария

on-site ~ санитарно-техническое сооружение (*в домовладении*)

personal ~ личная гигиена

poor ~ 1. плохие санитарные условия 2. плохой санитарный контроль

water ~ санитарная обработка воды (*очистка*)

sanitationman [ˈsæniˈteiʃnˌmæn] уборщик мусора; водитель мусоровоза

sanitization [ˌsænitiˈzeiʃn] санитарная обработка

sanitizer [ˈsænitaizə] дезинфицирующее средство

sanity [ˈsæniti:] 1. психическое здоровье 2. *уст.* здоровье

sanogenic [ˌsænəʊˈdʒenik] саногенный, оздоравливающий

sanpro [ˈsænˌprəʊ] *эвф.* менструальное кровотечение

santonica [sænˈtɒnikə] полынь цитварная (*Artemisia cina*)

sap [sæp] сок

cell ~ клеточный сок

nuclear ~ кариоплазма, кариолимфа, нуклеоплазма

saphena [səˈfiːnə] подкожная вена ноги (*большая или малая*)

~ **varix** варикозное расширение подкожной вены ноги

saphenectomy [ˌsæfəˈnektəmi:] сафенэктомия, иссечение большой подкожной вены ноги

saphenous [səˈfiːnəs] подкожный, относящийся к подкожной структуре ноги (*вене, нерву*)

sapo [ˈseipəʊ] *лат.* мыло

~ **animalis**, ~ **domesticus** хозяйственное мыло

Saponaria [ˌseipəʊˈneəriə]:

~ **officinalis** *токс.* мыльнянка лекарственная

saponification [səˌpɒnifiˈkeiʃn] омыление; превращение в мыло (*гидролитическое действие щёлочи на жиры*)

sapphism [ˈsæfizm] женский гомосексуализм, лесбиянство

sapremia [səˈpriːmiə] септицемия (*форма сепсиса*)

saprobe [səˈprəʊb], **saprobiont** [səˈprəʊˌbaiɒnt] сапробионт, сапрофит, сапробный организм (*обитатель мёртвого органического материала, вызывающий его разложение*)

saprodontia [ˌsæprəʊˈdɒnʃiə] кариес зуба

saprogenic [ˌsæprəʊˈdʒenik], **saprogenous** [səˈprɒdʒənəs] сапрогенный, гнилостный; вызывающий гниение, разложение или образующийся в результате гниения

sapronosis [ˌsæprəʊˈnəʊsis] сапроноз (*болезнь человека или животных, возбудители которой способны размножаться вне организма*)

saprophile [ˈsæprəʊfail], **saprophyte** [ˈsæprəʊfait] *см.* **saprobe**

sapropyra [ˌsæprəʊˈpairə], **saprotyphus** [ˌsæprəʊˈtaifəs] сыпной тиф

saprozoonosis [ˌsæprəʊzəʊəʊˈnəʊsis] сапрозооноз (*зооноз, возбудитель которого для завершения цикла развития нуждается в хозяине – позвоночном или другом природном резервуаре*)

sarapus [ˈsaːræpəs] человек, страдающий плоскостопием

Sarcina [ˈsaːrsinə] сарцины (*род условно-патогенных микроорганизмов*)

sarcitis [saːˈsaitis] миозит (*воспаление мышцы*)

sarcoadenoma [ˌsaːkəʊædəˈnəʊmə] аденосаркома

sarcoblast [ˈsaːkəʊˌblæst] миобласт, саркобласт (*клетка-предшественница миоцита*)

sarcocarcinoma [ˌsaːkəʊˌkaːsiˈnəʊmə] саркокарцинома (*смешанная опухоль, развившаяся из соединительно-тканных и эпителиальных клеток*)

sarcocele [ˈsaːkəʊsiːl] саркома яичка

Sarcocystis [ˌsaːkəʊˈsistik] род простейших, возбудителей саркоспоридиоза

sarcocystosis [ˌsaːkəʊsisˈtəʊsis] саркоспоридиоз, саркоцистоз (*протозойная инвазия, вызываемая саркоспоридиями*)

sarcoenchondroma [ˌsaːkəʊˌenkɒnˈdrəʊmə] хондросаркома

sarcogenic [ˌsaːkəʊˈʤenik] образующий мышечную ткань

sarcoid [ˈsaːkɒid] **1.** саркоид, люпоид *(поражение кожи при саркоидозе в виде бугорков или узлов)* **2.** новообразование, напоминающее саркому **3.** относящийся к саркоидозу

Darier – Roussy ~ диссеминированный узловатый, или подкожный, саркоид; Дарье – Русси саркоид

sarcoidosis [ˌsaːkɒiˈdəʊsis] саркоидоз, доброкачественный (лимфо)гранулематоз, саркоидоз Бека – Шаумана

extrathoracic ~ саркоидоз внегрудной локализации

pulmonary ~ саркоидоз лёгких, лёгочный саркоидоз

sarcolemma [ˌsaːkəʊˈlemə] сарколемма *(оболочка мышечного волокна)*

sarcology [saːˈkɒləʤiː] **1.** миология *(раздел анатомии, изучающий строение мышечной системы)* **2.** анатомическое строение мягких тканей

sarcolysis [saːˈkɒlisis] распад мягких тканей; распад мышц

sarcoma [saːˈkəʊmə], *pl.* **sarcomata** [saːˈkəʊmətə] саркома *(злокачественная опухоль, происходящая из соединительной ткани)*

adipose ~ липосаркома, злокачественная [инфильтрирующая] липома

AIDS related Kaposi's ~ Капоши саркома, обусловленная СПИДом

alveolar soft part ~ альвеолярная саркома мягких тканей

ameloblastic ~ амелобластосаркома, злокачественная адамантинома

angiolithic ~ псаммома, ацервулома

botryoid ~ ботриоидная [гроздевидная] саркома, смешанная мезодермальная опухоль, эмбриональная рабдомиосаркома

chloromatous ~ хлорома

deciduocellular ~ хориокарцинома, синцитиальная карцинома, хорионэпителиома

disseminated ~s диссеминированная саркома

encephaloid ~ круглоклеточная саркома

endometrial stromal ~ эндометриальная саркома, стромальная саркома матки

Ewing's ~ Юинга [опухоль] саркома, диффузная эндотелиома костей

fascicular ~ веретеноклеточная саркома

giant cell ~ злокачественная остеобластокластома, злокачественная гигантоклеточная опухоль

globocellular ~ *см.* **encephaloid ~**

histiocytic ~ ретикулоклеточная саркома, ретикулосаркома

idiopathic multiple pigmented hemorrhagic ~ идиопатическая множественная геморрагическая саркома, Капоши ангиоматоз

juxtacortical osteogenic ~ *см.* **parosteal ~**

leukocytic ~ лейкоз

lymphatic ~ лимфосаркома, лимфобластома, злокачественная лимфома

Kaposi's ~ *см.* **idiopathic multiple pigmented hemorrhagic ~**

melanotic ~ меланома, меланобластома, меланокарцинома, меланосаркома

meningeal ~ менингеальная саркома, арахноидэндотелиосаркома, злокачественная менингиома

mixed cell ~ злокачественная мезенхимома

myelogenic ~ злокачественная остеобластокластома, злокачественная гигантоклеточная опухоль

myeloid ~ 1. остеобластокластома, миелоидная опухоль **2.** полиморфно-клеточная саркома

osteoblastic [osteogenic] ~ остеогенная саркома, остеобластосаркома, остеоид-саркома

parosteal ~ паростальная [периостальная] саркома *(развивающаяся из камбиального слоя кости)*

reticulum cell [retothelial] ~ ретикулосаркома, ретикулоклеточная саркома

round cell ~ круглоклеточная саркома

Rous ~ Рауса саркома *(кур; используется в качестве экспериментальной модели злокачественной опухоли)*

spindle cell ~ веретеноклеточная саркома

synovial ~ синовиальная саркома, злокачественная синовиома, синовиальная саркоэндотелиома

telangiectatic ~ остеогенная саркома с сосудистым компонентом

sarcomatoid [saːˈkəʊmətɒid] напоминающий саркому, саркомоподобный

sarcomatosis [saːˌkəʊməˈtəʊsis] саркоматоз *(генерализация саркомы)*

sarcomere [ˈsaːkəˌmeə] саркомер *(сегмент миофибриллы между двумя соседними Z-линиями)*, миофибрилломер

sarcomphalocele [saːˈkəʊmˈfæləʊsiːl] гранулёма пупка

sarcoplasm [ˈsaːkəʊˌplæzm] саркоплазма *(цитоплазма мышечного волокна)*

sarcoplasmic [ˌsaːkəʊˈplæzmik] саркоплазматический

sarcoplast [ˈsaːkəʊplæst] **1.** саркопласт *(интерстициальная клетка в мышечной ткани)* **2.** миосателлитоцит

sarcopoietic [ˌsaːkəʊpɒiˈetik] образующий мышечную ткань, миогенный

Sarcoptes [saːˈkɒptiːz]:

~ scabiei зудень [клещ] чесоточный

sarcoptidosis [saːˌkɒptiˈdəʊsis] чесотка

sarcosis [saːˈkəʊsis] **1.** множественные опухоли мясистой консистенции **2.** патологическое разрастание мягких тканей

sarcosome [saːˈkəʊsəʊm] *уст.* саркосома *(митохондрия мышечного волокна)*

sarcosporidosis [ˌsaːkəʊspɒːriˈdiˈəʊsis] *параз.* саркоспоридиоз

sarcostosis [ˌsaːkɒsˈtəʊsis] оссификация мышечной ткани

sarcostyle [ˈsaːkəʊstail] миофибрилла *(сократимая структура мышечной ткани)*

sarcotherapeutics [ˌsaːkəʊθerəˈpjuːtiks], **sarcotherapy** [ˌsaːkəʊˈθerəpiː] лечение мясным бульоном или мясной диетой

sarcotubules [ˌsaːkəʊˈtuːbjuːlz] саркоплазматическая сеть *(в миоцитах)*

sarcous [ˈsaːkəs] мышечный, мясистый

sardonic [saːˈdɒnik] **1.** насмешливый, сардонический **2.** злобный *(о гримасе)*

sarsaparilla [ˌsaːsəpəˈrilə] **1.** аралия *(Aralia)* **2.** сарсапариль сизая *(Smilax glauca)*

sartorius [saːˈtɔːriəs] портняжная мышца

satellite ['sætəlait] **1.** спутник, сателлит *(хромосомы)* ‖ сателлитный **2.** сопутствующее образование или заболевание ‖ сопутствующий **3.** филиал учреждения *(напр. аптеки)* ‖ совместный *(напр. симпозиум)*; вспомогательный, подчинённый

bacterial ~ дочерняя колония бактерий, колония-сателлит

biomedical experiment scientific ~ космический медико-биологический спутник

chromosomal ~ САТ-зоны *(маленький сегмент хромосомы, отделённый от её основного тела перетяжкой)*

perineuronal ~ олигодендроглиоцит, окружающий нервную клетку

satellitism ['sætəlaitizm] симбиоз бактерий

satellitosis [ˌsætəlai'təʊsis] разрастание глиальных клеток вокруг повреждённых нейронов

satiation [seiʃi:'eiʃn], **satiety** [sə'taiti:] **1.** насыщение; сытость; насыщенность **2.** удовлетворённость

satisfaction [ˌsætis'fækʃn] **1.** удовлетворение; удовлетворённость **2.** искупление, расплата; возмещение

life ~ удовлетворённость жизнью

marital ~ супружеская удовлетворённость

patient and physician ~ **1.** комплаенс **2.** удовлетворение пациента и врача *(напр. действием медикамента)*

treatment ~ удовлетворённость лечением

satisfier [sætis'faiə] источник удовлетворения

saturant ['sætʃərənt] **1.** насыщающее вещество ‖ насыщающий **2.** поглощающий, впитывающий

saturation [ˌsætʃə'reiʃn] **1.** насыщение, сатурация, насыщенность **2.** поглощение, впитывание **3.** заполнение активных центров молекулы фермента его субстратом или молекулы гемоглобина кислородом либо углекислым газом

~ **of food with saliva** смешивание пищи со слюной *(при жевании)*

blood ~ насыщение крови *(кислородом)*

color ~ цветонасыщение

transferrin ~ содержание трансферрина *(в плазме крови)*

saturnism ['sætənizəm] сатурнизм, отравление свинцом

satyriasis [ˌsæti'raiəsis], **satyrism** ['sætirizm] *псих.* сатириаз *(патологическое повышенное сексуальное влечение у мужчин)*

saucer ['sɔ:sə]:

auditory ~ *эмбр.* дорсолатеральная [статоакустическая] плакода

saucerization [ˌsɔ:səri'zeiʃn] **1.** *хир.* формирование блюдцеобразного углубления *(напр. в кости)* **2.** вдавление тела позвонка при компрессионном переломе

saucer-shaped ['sɔ:sə-'ʃeipt] блюдцеобразный

sauriasuaurodermia [sɔ:ˌraiəsˌɔrəʊ'də:miə] ихтиоз, диффузная кератома, сауриаз

sauroderma [ˌsɔ:rəʊ'də:mə] крокодилова кожа

sausage ['sɒsidʒ] колбаса; сосиска

sigmoid ~ объёмное образование в сигмовидной кишке

sausage-poisoning ['sɒsidʒ-'pɔiznin] ботулизм, отравление «колбасным ядом»

sausarism ['sɒsərizm] **1.** паралич языка **2.** сухость языка

savage ['sævidʒ] **1.** жестокий, свирепый **2.** дикий, первобытный

savagery ['sævidʒəri] **1.** жестокость, свирепость **2.** дикость **3.** невозделанность, нетронутость

the ~ **of nature** дикость природы

savant ['sævnt] (известный) учёный, знаток

idiot ~ «учёный идиот» *(лицо с задержкой умственного развития, имеющее специфическую интеллектуальную способность, напр. к математике, музицированию и пр.)*

save ['seiv] **1.** спасать, спасти; уберегать **2.** сохранять; беречь; экономить **3.** избавлять; устранять; вылечить

to ~ **life** спасти жизнь

Saver ['seivə] *фирм.:*

cell ~ «сохранитель клеток крови» *(аппарат для реинфузии крови, собранной во время операции)*

savin(e) ['sævin] можжевельник казачий *(Juniperus sabina)*

saving ['seivin]:

daylight ~ перевод часов на летнее время

savory ['seivəri:] *бот.* чабер *(Satareja)*

savour ['seivə] **1.** особый вкус или запах, привкус **2.** примесь; душок

savoury ['seivəri:] **1.** вкусный, аппетитный **2.** острый; солёный; пряный

saw [sɔ:] пила ‖ пилить, распиливать

ampule ~ пилка для ампул

amputating [**amputation**] ~ ампутационная пила

band ~ *см.* **plaster** ~

crown ~ трепан

disk ~ дисковая пила

dissecting blade ~ анатомическая листовая пила

frame ~ рамочная пила

Gigli's wire ~ Джигли проволочная пила

hole ~ *см.* **crown** ~

plaster ~ пила для разрезания гипсовых повязок

saxifragant [ˌsæksi'freigənt] камнерастворяющий, камнеразрушающий

scab [skæb] **1.** *вет.* чесотка **2.** корка, струп ‖ покрываться корками и струпьями

scabby ['skæbi] покрытый корками

scabetic [skə'betik] *см.* **scabietic**

scabicide ['skeibisaid] противочесоточное средство *(препарат, уничтожающий клещей)*

scabies ['skeibi:z] чесотка

scabietic [ˌskeibi'etik] чесоточный

scabiophobia [ˌskeibiəʊ'fəʊbi:ə] боязнь клещей

scabious ['skeibiəs] *см.* **scabietic**

scabrities [skei'briʃii:z] шершавость, шероховатость *(кожи)*

~ **unguium** утолщение и ломкость ногтей

scabwort ['skæbwɔːt] девясил высокий *(Inula helenium)*

scaffold ['skæfəʊld] **1.** скелет, костяк **2.** клеточный каркас **3.** смертная казнь ‖ приговорить к смертной казни

~ **of the skull** строение черепа; кости черепа

scala ['skeilə] **1.** лестница **2.** лестницеподобная структура

~ **media** улитковый проток, канал улитки

~ **tympani** барабанная лестница *(улитки)*

~ **vestibuli** лестница преддверия, вестибулярная лестница *(улитки)*

Lowenberg's ~ *см.* **media** ~

scald [skɔ:ld] **1.** ожог, ошпаривание *(кипящей жидкостью или паром)* ‖ обжигать(ся), ошпариться **2.** повреждение ткани патологическим процессом ◊ **to be ~ed
to death** умереть от ожогов

   urine ~ мочевой пролежень

scalding ['skɔ:ldiŋ] **1.** обваривание; ошпаривание **2.** блан-
ширование; пастеризация **3.** жжение при мочеиспускании

   urine ~ мочевая мацерация *(раздражение кожи мочой)*

scale¹ [skeil] **1.** *дерм.* чешуйка ‖ шелушиться **2.** зубной
камень ‖ снимать [удалять] зубной камень

   coarse ~ крупная чешуйка

   horny ~ роговая чешуйка

   fine ~ мелкая чешуйка

   light ~ лёгкое шелушение

   psoriatic ~ псориатическая чешуйка

scale² **1.** *псих.* тест **2.** измерительный инструмент; шкала *(оценки)* ‖ весить, взвешивать

   ~ of living уровень жизни

   ~ of severity of sepsis шкала оценки тяжести сепсиса

   abbreviated injury ~ сокращённая шкала оценки тяжести травмы

   absolute ~ *см.* **Kelvin temperature Scale**

   adaptive behavior ~s тест на адаптацию *(умственно
отсталых людей, включающий три компонента – способность к самообслуживанию, возможность вступать в контакт, ответственность)*

   age-equivalent ~ шкала возрастных эквивалентов
(умственного развития)

   alcoholometric ~ спиртомерная шкала

   baby ~s весы для взвешивания грудных детей

   batching ~s дозирующие весы

   bed ~s весы-кровать, кроватные весы

   behavior and symptom rating ~ классификационная
[оценочная] шкала поведения и симптоматики

   binary ~ двоичная шкала; двоичный масштаб

   chroma ~ цветовая шкала

   clinical global impression ~ шкала общей клинической
оценки

   color ~ колориметрическая [цветовая] шкала

   coma ~ шкала [стадийность] комы

   comprehensive psychopathological rating ~ шкала
всесторонней оценки психопатологической динамики

   daily ~ суточная норма

   diopter ~ диоптрийная шкала

   distance ~ фокусировочная шкала

   dysfunctional attitude ~ шкала тестирования дис-
функциональных установок

   electronic chair ~ электронный стул-весы

   family interaction ~ семейная родословная

   floor ~s напольные весы

   global assessment ~ шкала глобальной оценки

   global deterioration ~ шкала глобального снижения
(когнитивных функций)

   grading ~ *см.* **rating ~**

   grading ~ for angina pectoris ступенчатая классификация стенокардии *(I – IV классы)*

   grading ~ for murmurs классификация шумов по
отношению к фазам сердечного цикла

   gray ~ серая [чёрно-белая] шкала *(градация ультразвукового изображения по оттенкам цвета)*

   hand ~s ручные весы

   lethality ~ шкала летальности; шкала суицидальности

   loudness ~ шкала громкости звука

   MMPI alcoholism ~ MMPI-шкала алкоголизма

   multidimensional perfectionism ~ многомерная шкала перфекционизма

   neonatal behavioral assessment ~ оценочная шкала
поведения новорождённого

   obesity ~s весы для взвешивания тучных лиц

   pharmaceutical ~s аптечные весы

   rating ~ *псих.* шкала оценок; оценочная [классифика-
ционная] шкала

   rating ~ for side effects шкала оценки побочных эффектов

   regular ~ равномерная [линейная] шкала

   resource-based relative value ~ относительная шкала
оценки, основанная на объёме используемых ресурсов

   risk ~ шкала риска *(эпидемиологическая оценка вероятности развития определённых осложнений)*

   self-report ~ шкала самооценки

   side effect rating ~ шкала оценки побочных действий

   sleep disfunction ~ опросник «Шкала для оценки нарушений сна»

   sliding ~ of insulin изменяющаяся шкала (содержания)
инсулина

   word behavior rating ~ словесно-поведенческая оценочная шкала

   X-ray ~ шкала рентгеновского излучения

Scale:

   Alzheimer's Disease Assessment ~ Шкала оценки болезни Альцгеймера

   Apgar ~ Апгар шкала *(оценки состояния новорождённого)*

   Baume ~ Боме шкала *(гидрометрическая шкала для
определения плотности жидкостей в относительных
единицах – градусах Боме)*

   Bayley ~s of Infant Development Бейли метод, используемый для оценки развития детей в течение первых двух или полутора лет жизни *(из трёх тестов –
умственного, двигательного и поведенческого)*

   Binet ~ Бине шкала *(для оценки умственного развития детей и взрослых)*

   Celsius ~ Цельсия шкала *(температуры)*

   Charriere ~ *см.* **French ~**

   Columbia Mental Maturity ~ Колумбийская шкала
тестирования общего интеллекта у детей *(3–12 лет)*

   Fahrenheit ~ Фаренгейта шкала *(температурная
шкала, в которой точка замерзания воды 32 °F, а точка кипения воды – 212 °F)*

   French ~, Fr французская шкала (Шаррьера) для
определения размеров зондов, трубок и катетеров

   Glasgow coma ~ шкала комы Глазго *(балльная система
оценки состояния больного по состоянию черепных нервов – открывание глаз, словесные и двигательные реакции)*

   Hamilton ~ of Depression шкала (оценки) депрессии
Гамильтона

   Hamilton Anxiety Rating ~ шкала (оценки) тревоги
Гамильтона

Injury Severity ~ индекс тяжести травмы

Kelvin Temperature ~ термодинамическая температурная шкала, абсолютная шкала температур, Кельвина шкала *(ноль КШ = -273,16 °C)*

Modified Ashworth ~ of Grading Spasticity модифицированная шкала спастичности *(мышц при ДЦП)*

NIH stroke ~ шкала инсульта Национального института здоровья *(США)*

Revised Trauma ~ переработанный индекс травмы

Scandinavian Stroke ~ Скандинавская шкала инсульта

Social and Occupational Functioning Assessment ~ шкала оценки социального и профессионального функционирования

Stanford – Binet intelligence ~ Станфорда – Бине шкала *(стандартизированный тест Бине – Симона, переработанный в Станфордском университете, для определения интеллектуальных способностей)*

visual analog ~ самооценка качества жизни по визуальной аналоговой шкале

Wechsler Adult Intelligence ~ Векслера шкала интеллектуальности для взрослых

Wechsler Intelligence ~ for Children Векслера стандартизированный тест для определения общего умственного развития у детей

Wechsler Memory ~ Векслера шкала оценки памяти

scalene ['skeilin] относящийся к лестничной мышце

scalenectomy [ˌskeilən'ektəmiː] резекция лестничных мышц

scalenotomy [ˌskeilə'nɒtəmiː] скаленотомия, пересечение передней лестничной мышцы

scalenus [skei'liːnəs] лестничная мышца

scaler ['skeilə] 1. инструмент для удаления зубного камня *(напр. крючок, экскаватор)* 2. «скалер» *(электромеханическое устройство в счётчике радиоактивности)*

pulse ~ импульсное пересчётное устройство

scaliness ['skeilinəs]:

excessive ~ избыточное шелушение

scaling ['skeiliŋ] 1. выпадение осадка *(из воды при нагревании)*; образование накипи 2. удаление накипи 3. удаление зубного камня

multidimensional ~ многомерное шкалирование

subgingival ~ удаление поддесневого зубного камня

supragingival ~ удаление наддесневого зубного камня

test ~ шкалирование теста

scallop ['skælɒp] 1. гребешок *(моллюск)* 2. *pl.* зубцы, фестоны; фестончатость

scalloping ['skæləʋpiŋ] вдавления и изъязвления на обычном гладком крае какого-л. образования

~ **of lung margins** зубчатое [фестончатое] очертание краёв лёгкого

scalp [skælp] волосистая часть кожи головы, скальп ‖ скальпировать

occipital ~ волосистая часть затылка

scalpel ['skælpl] 1. скальпель 2. секционный нож

bellied ~ брюшистый скальпель

electric ~ электронож

harmonic ~ гармонический [ультразвуковой] скальпель

laser ~ лазерный скальпель

ophthalmic ~ глазной скальпель

sharp-pointed ~ остроконечный скальпель

scalping ['skælpiŋ] снятие скальпа; иссечение лоскута кожи на волосистой части головы

scalpriform ['skælptifɔːm] долотообразный *(инструмент)*

scalprum ['skælprəm] *мед. тех.* 1. большой скальпель 2. распатор

scaly ['skeiliː] чешуйчатый

scan [skæn] 1. сканирование; радиоизотопная сканограмма, скан *(1. исследование с помощью методов сцинтиграфии 2. томограмма)* 2. анализ, разложение *(изображения)*

~ **of tumor** выявление опухоли *(при лучевой диагностике)*

to ~ the fetus for abnormalities обследовать плод с целью определения пороков развития

A–~ ультразвуковое сканирование в одной плоскости

abnormal perfusion lung ~ сканограмма, демонстрирующая аномальную перфузию лёгких

B–~ ультразвуковое сканирование в реальном времени

bone ~ сканограмма кости, сканирование кости

brain ~ сканограмма головного мозга

cerebrospinal fluid ~ сканограмма спинномозговой жидкости

color ~ цветная сканограмма

CT [computer tomography] ~ компьютерно-томографическое сканирование

endoluminal внутрипросветное [эндолюминальное] сканирование

indium-III labelled leukocyte ~ сканирование лейкоцитов, меченных индием III

lung ~ сканирование лёгких *(напр. при подозрении на эмболизацию)*

native ~ «нативный скан»

nuclear bone ~ радиоизотопное сканирование, или исследование, скелета

pulmonary perfusion ~ сканограмма кровоснабжения [перфузии] лёгких

radioisotope ~ (радиоизотопная) сканограмма

sagittal ~ сагиттальная плоскость сканирования

status ~ опрос состояния

thallium ~ таллиевое сканирование *(кровотока в миокарде)*

ultrasound ~ ультразвуковая сканограмма

urgent brain ~ экстренная нейровизуализация; экстренное сканирование головного мозга

ventilation-perfusion ~ сканирование вентиляции и перфузии *(тест на эмболию лёгких)*

scanner ['skænə] сканер *(аппарат для сканирования)*

color ~ цветной сканер

computed tomographic [CT] ~ компьютерный томографический сканер

Doppler ~ допплеровский сканер

infrared ~ инфракрасный сканер-термограф, тепловизор

multispectral ~ многоспектральное сканирующее устройство

real-time ~ сканер, работающий в режиме реального времени

rectilinear ~ прямолинейный сканер

sector ~ секторальное сканирование

spot ~ сканирующее устройство со световым или электрическим лучом

supersonic ~ ультразвуковой сканер

tomographic ~ томограф

transurethral ultrasonic ~ чрезуретральный ультразвуковой сканер

scanning ['skænɪŋ] **1.** сканирование **2.** сцинтиграфия *(регистрация распространения в организме принятых внутрь радиоактивных или радиофармацевтических веществ)*

abdominal CT ~ компьютерно-томографическое сканирование органов брюшной полости

B-mode real-time duplex ~ дуплексное сканирование в B-режиме в масштабах реального времени

compound ~ изменение позиции датчика по определённой траектории *(при УЗИ)*

"cut" [computed tomographic] ~ компьютерно-томографическое сканирование, или исследование

epitope ~ идентификация антигенных детерминант секвенциального типа в пределах (молекулы) белкового антигена

freehand ~ *узи* перемещение ультразвукового датчика, сопряжённого с системой позиционирования рукой

grey scale ~ *узи* чёрно-белая шкала сканирования

linear ~ *узи* линейное сканирование

multiple view ~ стереосканирование многовекторное [многопроекционное, полипозиционное] сканирование

multipurpose ~ многоцелевое сканирование

oblique ~ *узи* косое сканирование *(напр. почки)*

Polaroid color ~ поляроидные цветные снимки

radioisotope [radionuclide] ~ радиоизотопное [радионуклидное] сканирование

real-time ~ сканирование в режиме реального времени

retinal laser ~ лазерное сканирование сетчатки

scintillation ~ сцинтиграфия

supersonic [ultrasonic] ~ двумерная ультразвуковая эхография, ультразвуковое сканирование

transvaginal ~ *узи* трансвагинальное сканирование *(напр. ультрасонография)*

transverse-oblique ~ *узи* поперечно-косое сканирование

scanty ['skænti] скудный, недостаточный; ограниченный *(напр. о компенсации)*

~ **of breath** задыхающийся

scapegoat ['skeɪpɡəʊt] *психол.* козёл отпущения

scapegoating ['skeɪpɡəʊtɪŋ] *психол.* поиск козла отпущения

scapha ['skeɪfə] **1.** структура, имеющая форму лодки, ладьи **2.** продольная бороздка между завитком и противозавитком ушной раковины

scaphocephalia [ˌskæfəʊsə'feɪliːə], **scaphocephaly** [ˌskæfəʊ'sefəliː] скаф(ал)оцефалия, ладьевидный череп

scaphoid ['skæfɔɪd] **1.** ладьевидный, ладьеобразный **2.** ладьевидная кость

scapula ['skæpjuːlə], *pl.* **scapulae** ['skæpjuːliː] лопатка

~ **alata, alar** ~ *см.* **winged** ~

scaphoid ~ ладьевидная лопатка

slipping ~ скользящая лопатка

winged ~ крыловидная лопатка *(оттопыривание медиального края лопатки от грудной клетки)*

scapulalgia [ˌskæpjuːl'ældʒiːə] боль в лопаточной области

scapuloclavicular [ˌskæpjuːləʊklə'vɪkjʊlə] лопаточно-ключичный

scapus ['skeɪpəs] **1.** *мед. тех.* ось, вал; стержень, ствол **2.** тело; диафиз *(кости)* **3.** ручка

~ **penis** тело полового члена

~ **pili** стержень волоса

scar [skɑː] **1.** шрам, рубец ‖ рубцеваться, покрываться рубцами **2.** *суд. мед.* след, отпечаток

amputation ~ ампутационный рубец

appendicectomy ~ рубец после аппендэктомии

dense ~ плотный рубец

disfiguring ~ обезображивающий шрам

fibrous ~ фиброзный рубец

hyperplastic ~ гиперпластический рубец

keloid ~ ложный [рубцовый] келоид, келоидный рубец

longitudinal ~ продольный рубец

negligible ~ малозаметный рубец

obtrusive ~ выступающий рубец

pigmented ~ пигментированный рубец

unsightly ~ некрасивый [уродливый] рубец

scarce [skeəs] редкий, редко встречающийся

scarcity ['skeəsəti] **1.** недостаток, нехватка; дефицит **2.** голод

~ **of oxygen** недостаток кислорода, гипоксия

scare [skeə] страх, паника; ужас

war ~ военный психоз

scarf [skɑːf] **1.** шарф **2.** широкая полоска ткани; повязка

Mayor's ~ косыночная повязка, поддерживающая повязка *(для руки)*

scarfskin ['skɑːfskin] эпидермис

scarification [ˌskærɪfɪ'keɪʃən] скарификация *(нанесение мелких насечек на коже при вакцинации)*

~ **of pleure** скарификация плевры

scarify ['skærɪfaɪ] скарифицировать, делать насечки

scarlatina [ˌskɑːlə'tiːnə] скарлатина

~ **anginosa** скарлатина, осложнённая тонзиллитом и перитонзиллярным абсцессом

~ **hemorrhagica** геморрагическая скарлатина

~ **latens** латентная скарлатина *(без сыпи и других проявлений болезни)*

~ **maligna** токсическая скарлатина

~ **rheumatica** (лихорадка) денге

~ **simplex** лёгкая форма скарлатины

~ **thyphosa** скарлатина с тифозными проявлениями

puerperal ~ пуэрперальная скарлатина *(у рожениц)*

surgical ~ послеоперационная скарлатина

scarlatinal [skɑː'lætɪnəl] скарлатинозный

scarlatinella [skɑːˌləti'nelə] скарлатинозная краснуха, четвёртая болезнь, Филатова – Дьюкса болезнь

scarlatiniform [skɑːlə'tinifɔːm], **scarlatinoid** [skɑː'lætɪnɔɪd] **1.** скарлатиноподобный *(напр. о сыпи)* **2.** *см.* **scarlatinella**

scarlet ['skɑːlət] **1.** ярко-красный с оранжевым или жёлтым оттенком **2.** ярко-красный краситель **3.** раскрасневшийся; гиперемированный

~ **G** судан III *(краситель)*

~ **R** ярко-красный краситель

scarlet-fever [ˌskɑːlət-ˈfiːvə] скарлатина

scarping [ˈskɑːpiŋ] соскабливание; кюретаж; эксхолеация

  conjunctival ~s соскобы с конъюнктивы

scarred [skɑːd] поцарапанный, покрытый рубцами (о коже)

scarring [ˈskɑːriŋ] 1. рубцевание, образование рубцов 2. заживление (раны)

  glomerular ~ рубцевание клубочков (почек)

  myocardial ~ рубцовые изменения миокарда

  renal ~ сморщивание почек; сморщенная почка

scat [skæt] экскременты; помёт

scatacratia [skætəˈkreiʃiə] энкопрез, недержание кала

scatemia [skəˈtiːmiə] кишечная аутоинтоксикация

scatology [skəˈtɒlədʒiː] копрология (раздел диагностики, относящийся к исследованию кала)

scatoma [skəˈtəʊmə] каловый конкремент, копролит

scatophagy [skəˈtɒfədʒiː] псих. скатофагия, копрофагия

scatophilia [skəˈtɒfiliə] псих. скатофилия, копромания, копрофилия

scatoscopy [skəˈtɒskəpiː] копроскопия (диагностическое исследование кала)

scatter(ing) [ˈskætəriŋ] 1. рассеяние (напр. рентгеновских лучей) 2. распространять, издавать (запах) 3. разрушать (напр. надежду); повреждать 4. разноплановость мышления

  dye ~ing диффузное окрашивание (ткани)

  laser light ~ing лазерный рассеивающий свет

  small-angle X-ray ~ing малоугловое рассеяние рентгеновских лучей

scattergram [ˈskætəɡræm] диаграмма рассеивания

scatula [ˈskætjuːlə] плоская коробочка для пилюль

scavenge [ˈskævindʒ] 1. убирать мусор, грязь; удалять отработавшие газы 2. работать мусорщиком 3. питаться остатками мёртвых организмов, падалью (о животном)

scavenger [ˈskævəndʒə] 1. «клетка-мусорщик», скевинжер (выполняет антиоксидантную защиту) 2. уборщик

  smoke ~ вещества, нейтрализующие дым от курения

scavenging [ˈskævədʒiŋ] 1. уборка; утилизация 2. удаление, элиминация (активированных факторов комплемента)

  superoxide ~ утилизация супероксидных радикалов (осуществляемая в клетке супероксиддисмутазой)

scelalgia [siːlˈældʒiə] боль в ноге

scelotyrbe [ˌseləʊˈtəːbl] спастический паралич ног

  ~ agitans, ~ festinans дрожательный паралич, Паркинсона болезнь

  ~ fibriles затруднённая походка

  ~ tarantismus хорея

scenario [səˈnɑːriəʊ] психол. сценарий (программа поступательного развития, выработанная в раннем детстве под влиянием родителей и определяющая поведение индивидуума в его жизни)

  ~ of health концепция здоровья; программа здоровья

  ~ of hypotension патогенез гипотензии

  attack ~ сценарий нападения (о биотерроризме)

  clinical ~ клинический сценарий (предполагаемый вариант развития болезни)

scene [siːn] 1. место действия 2. явление; эпизод; происшествие

  ~ of the accident картина происшествия, картина несчастного случая

  changing ~ изменяющаяся клиническая картина (напр. пептической язвы)

  pediatric ~ сфера педиатрии

  primal ~ псих. примитивное действие

scenitis [siːˈnaitis] скинеит (воспаление парауретральных, или скиновых, протоков)

scent [sent] 1. запах, специфический запах ‖ ощущать запах 2. духи

scentometer [senˈtɒmətə] анализатор состава вдыхаемого воздуха

scepticism [ˈseptisizm] см. skepticism

schedule [ˈskedjuːl] 1. расписание, график ‖ составлять расписание, включать в график 2. план, программа ‖ составлять план, планировать 3. опись, список, инвентаризационная ведомость 4. режим (напр. рентгенотерапии) 5. ксерокопия

  ~ for clinical assessment схема [шкала] клинической оценки (напр. в нейропсихиатрии)

  ~ for standardized assessment of depressive disorders карта стандартизованного обследования депрессивного больного

  ~ of session расписание заседаний (напр. конгресса)

  aeromedical evacuation ~ план медицинской эвакуации по воздуху

  boost-bleed ~ схема иммунизации с кровопусканием после каждой бустер-инъекции

  census ~ переписной лист; опросный лист, анкета

  compliance ~ нормативно-правовой акт, норматив

  dosage [dosing] ~ схема применения (лекарственного средства), схема дозировки

  fee ~ тарифная сетка (перечень тарифов по оплате медицинских услуг)

  feeding ~ кормовой режим

  fixed interval ~ режим обучения с подкреплением через фиксированные интервалы времени

  fixed ratio ~ режим обучения с фиксированным отношением числа реакций и подкреплений

  immunodiagnostic interview ~ карта иммунологического обследования

  injection ~ 1. схема (протокол) иммунизации (животных) 2. программа вакцинации (населения)

  inoculation ~ см. injection ~

  international antigenic typing ~ международная система серотипирования антигенов

  interview ~ опросный лист, опросник; карта анамнеза

  mortality ~ схема смертности

  reinforcement ~ процесс закрепления выработанного рефлекса (вознаграждением, поощрениями)

  reward ~ режим подкрепления

  rotating ~ of antibiotics курсовая антибиотикотерапия

  sacrifice ~ способ [метод] умерщвления (животных в эксперименте)

  self-demand ~ схема по требованию (напр. кормления)

  short-spaced injection ~ интенсивный график иммунизации

  somatoform disorders ~ анкета по выявлению соматоформных расстройств

  therapy ~s программа [схема] лечения

two-dose ~ схема иммунизации двойной дозой

variable-interval ~ режим подкрепления с переменным интервалом

variable-ratio ~ режим подкрепления с переменным номером подкрепляемой реакции

schematograph [skiˈmætəʊgræf] устройство для графического отображения контуров тела

scheme [skiːm], *pl.* **schemata** [ˈskiːmətə] **1.** план, проект, программа; планирование ‖ планировать, проектировать **2.** схема, диаграмма **3.** система, структура

~ **of society** структура общества

baby ~ набор стимулов для проявления родительского поведения

body ~ **1.** *физиол.* схема тела **2.** *психол.* представление человека о расположении своих органов

Carter's capsular ~ классификация капсульных антигенов Картера *(рода Pasteurellae)*

dosage ~ схема применения *(лекарственного средства)*

Fisher – Delvin – Gnabasik immunotyping ~ Фишера – Девлина – Гнабасика серотипическая классификация *(для соматических антигенов B. aeroginosa)*

follow-up ~ система последующего наблюдения *(за больным)*

saving ~ **linked with life insurance** программа аккумуляции сбережений при страховании жизни

serological typing ~ схема серологического типирования

simulation ~ схема моделирования

syringe exchange ~ система обмена использованных шприцев на новые *(у наркоманов)*

third-party payment ~ система страховой медицины, при которой расходы на медицинскую помощь несут государство, предприниматели и сами застрахованные
Scheme:

National Health Insurance ~ система государственного медицинского страхования *(Великобритания)*

scheroma [skiˈrəʊmə] ксерофтальмия, офтальмоксероз *(сухость конъюнктивы и роговицы)*

schibboleth [ˈʃibəʊleθ] шибболет *(характерная речевая особенность, характеризующая происхождение человека)*; испытание, проверка

schindylesis [ˌskində'lisis] схиндилёз *(зубчатое соединение костей)*

schism [ˈskizəm] схизма, раскол *(1. нарушение внутрисемейных отношений 2. распад на фракции)*

schistasis [ˈskistəsis] **1.** расщепление; разъединение **2.** врождённое незаращение; врождённая расщелина

schistocelia [ˌskistəʊˈsiːliə] врождённое незаращение брюшной стенки

schistocephalus [ˌskistəʊˈsefələs] *терат.* плод с расщеплённой головой

schistocormia [ˌskistəʊˈkɔːmiə] врождённое раздвоение туловища

schistocystis [ˌskistəʊˈsistis] экстрофия [выворот] мочевого пузыря

schistocyte [ˈskistəʊsait] *pl.* шизоциты *(фрагменты эритроцита, обусловленные гемолизом)*

schistoglossia [ˌskistəʊˈglɒsiːə] врождённая расщелина языка

schistomelus [skisˈtɒmələs] *терат.* плод с расщеплёнными конечностями

schistoprosopia [ˌskistəʊprəʊˈsəʊpiːə] врождённое расщепление лица

schistorachis [skisˈtɒrəkis] расщеплённый позвоночник

schistosis [skisˈtəʊsis] силикоз

Schistosoma [ˌskistəʊˈsəʊmə] *pl.* шистосомы *(род трематод)*

~ **haematobium** шистосома мочеполовая

schistosomiasis [ˌskistəʊsəʊˈmaiəsis] *параз.* шистосомоз, бильгарциоз

~ **haematobia** *см.* **urinary** ~

~ **japonica** *см.* **asiatic** ~

~ **mansoni** кишечный шистосомоз, Менсона шистосомоз

asiatic [eastern] ~ азиатский [японский, восточный] шистосомоз, Катаямы болезнь

cutaneous ~ шистосоматидный [церкариальный] дерматит, зуд купальщика

genito-urinary ~ *см.* **urinary** ~

intestinal ~ *см.* ~ **mansoni**

Oriental ~ *см.* **asiatic** ~

urinary [vesical] ~ мочеполовой шистосомоз, египетская гематурия

schistosomicide [ˌskistəʊˈsəʊməsaid] шистосомоцидное средство

schistostera [ˌskistəʊˈstiːrə] врождённое расщепление грудины

schizamnion [skizˈæmniːən] шизамнион *(амнион, развившийся путём расщепления зародышевого узла)*

schizaxon [skizˈæksɒn] аксон, делящийся на две ветви

schizoaffective [ˌskizəʊəˈfektiv] шизоаффективное расстройство

schizocyte [ˈskizəʊsait] *см.* **schistocyte**

schizogony [skiˈzɒgəni] *биол.* шизогония, множественное деление

schizogyria [ˌskizəʊˈdʒairiə] шизогирия *(деформация мозговых извилин, наблюдаемая при случайном нарушении их целостности)*

schizoid [ˈskizɔid] **1.** шизоидный *(аналогичный мягким формам шизофрении)* **2.** шизоид *(об аутичной, или «закрытой», интровертированной личности)*

schizont [ˈskizɒnt] шизонт *(вторая стадия в развитии малярийного плазмодия)*

schizonticide [skiˈzɒntisaid], **schizontocide** [skiˈzɒntəsaid] (гемато)шизонтоцидное (противомалярийное) средство

schizonychia [ˌskizəʊˈnikiə] онихошизис, шизонихия *(расслоение ногтевых пластинок)*

schizophasia [ˌskizəʊˈfeiziə] шизофазия *(расстройство речи)*

schizophrenia [ˌskizəʊˈfriːniə] шизофрения, Блейлера болезнь

ambulatory ~ амбулаторная шизофрения

attack-like ~ *см.* **shift-like** ~

avolitional ~ шизофрения с волевым дефектом

borderline ~ *см.* **continuous sluggish** ~

catatonic ~ кататоническая шизофрения

coenesthopathic ~ шизофрения с сенестопатическими симптомами

continuous sluggish ~ вялотекущая [малопрогредиентная] шизофрения

disorganized ~ тяжёлая форма шизофрении с преобладанием бессвязности (инкогеренции), притуплёнными, парадоксальными эмоциями и отсутствием систематизированного бреда

engrafted ~ привитая шизофрения, пфропфшизофрения, олигошизофрения (развивающаяся у олигофрена)

hebephrenic ~ гебефрения (юношеская шизофрения)

latent ~ латентная шизофрения

nuclear ~ ядерная шизофрения (с быстрым наступлением выраженности психического дефекта)

paranoid ~ параноидная шизофрения

paraphrenic ~ парафренная шизофрения, парафрения

postemotive ~ постэмотивная шизофрения (проявляется в связи с эмоциональной травмой с последующим развитием процессуальной симптоматики)

prepsychotic ~ продромальная [препсихотическая] шизофрения

process ~ непрерывно-прогредиентная шизофрения (с хроническими и прогрессирующими церебральными изменениями и неблагоприятным исходом)

pseudoneurotic ~ неврозоподобная [псевдоневротическая] шизофрения, шизоневроз

pseudopsychopathic ~ психопатоподобная [псевдопсихопатическая] шизофрения

residual ~ резидуальная шизофрения

shift-like ~ приступообразно-прогредиентная [перемежающе-поступательная, шубообразная] шизофрения

simple ~ простая шизофрения

undifferentiated ~ недифференцированная шизофрения

schizoprosopia [ˌskizəʊprəʊˈsəʊpiə] врождённая расщелина лица (верхней губы и нёба)

schizosis [skiˈzəʊsis] состояние болезненного внимания индивидуума к себе при неприятии им общества и его членов

schizotrichia [ˌskizəʊˈtrikiə] узловатая трихоклазия, расщепление волос

schizotrypanosis [ˌskizəʊtripæˈnəʊsis], **schizotrypanosomiasis** [ˌskizəʊtriˌpænəsəʊˈmaiəsis] Чагаса болезнь

schizotymia [ˌskizəʊˈtiːmiə] см. **schizophrenia**

schizotypal [ˌskizəʊˈtaipl] шизотипический (о личностном расстройстве)

schizozoite [ˌskizəʊˈzəʊait] мерозоит

schlafkrankheit [ˈʃlæfkrænˌhait] нем. африканский трипаносомоз, сонная болезнь

schlammfieber [ˈʃlæmˌfeber] нем. безжелтушный лептоспироз, иловая лихорадка

schlepper [ˈʃlepə] шлеппер (вещество, вызывающее антигенные свойства в комплексе с неантигенным субстратом)

school [skuːl] 1. учебное заведение 2. учение, обучение; образование 3. занятия; уроки 4. институт; факультет (напр. медицинский) 5. обуздывать, дисциплинировать, сдерживать; воспитывать

~ **of health**, ~ **of patients** образовательное учреждение, клуб здоровья (форма обучения пациентов с факторами риска по укреплению и сохранению здоровья – «коронарные клубы», «школа больных сахарным диабетом, астмой» и пр.)

SCH

~ **of public health** школа общественного здравоохранения (подготовка педагогов, социальных работников, администраторов и пр. по проблемам общественного здравоохранения)

approved ~ см. **community** ~

back ~ обучение (пациентов) лечению болезней спины

classifying ~ суд. мед. распределительный центр (для малолетних правонарушителей)

community [correctional] ~ государственная коррекционная [исправительная] школа для малолетних правонарушителей (до 17 лет)

elementary ~ начальная школа, школа первой ступени (США)

graduate ~ **of public health** высшая школа здравоохранения

graduate nursing ~ школа повышения квалификации дипломированных медицинских сестёр

high(er) ~ средняя школа

medical ~ высшее медицинское учебное заведение; медицинская школа или факультет

midwifery ~ акушерское училище

nurse training ~ школа медицинских сестёр

pharmacy ~ высшее фармацевтическое учебное заведение

postgraduate medical [postgraduate medicine] ~ институт усовершенствования врачей, институт последипломного образования (1. бакалавриат 2. магистратура, аспирантура)

public ~ 1. англ. закрытое привилегированное среднее учебное заведение 2. амер. бесплатная государственная школа

residential ~ школа-интернат

secondary medical ~ медицинский колледж, медицинское училище

special ~ специальная школа (для детей, имеющих психические или физические недостатки)

university ~ **of medicine** медицинский факультет университета

vocational ~ производственно-техническое училище

School:

European ~ **of Oncology** Европейская школа онкологов

Harvard Medical ~ медицинский факультет Гарвардского университета; Гарвардская медицинская школа

Harvard ~ **of Medical Health** Гарвардская школа здравоохранения

Pennsylvania ~ **of Medicine** медицинский факультет Пенсильванского университета

Rochester ~ **for the Deaf** Рочестерская школа глухих

Royal ~ **of Medicine** Королевская (высшая) медицинская школа

Royal Postgraduate Medical ~ Королевский институт усовершенствования врачей

schoolar [ˈskʊlə]:

follow-up ~ курс усовершенствования

senior research ~ старший научный сотрудник

schrapnel [ˈʃræpnl]:

glass ~ стеклянные осколки (напр. взорвавшегося баллона)

schwannoma [swɑːˈnəʊmə] невринома, неврилеммома, *уст.* шваннома (*доброкачественная опухоль, образующаяся из соединительнотканной оболочки периферического нерва*)

sciage [siːˈɑːʒ] пилообразные движения краем кисти при массаже

sciascopy [saiˈæskəpiː] ретиноскопия

sciatic [saiˈætik] седалищный

sciatica [saiˈætikə] ишиалгия (*боль по ходу седалищного нерва*)

science [ˈsaiəns] 1. наука; научная деятельность 2. умение, мастерство, ловкость

  allied ~s смежные науки

  applied ~ прикладная наука

  basic medical ~s фундаментальные [основные] медицинские дисциплины (*анатомия, физиология, биохимия, микробиология, фармакология*), включённые в экзамены для врачей-иностранцев

  behavioral ~ 1. бихевиоризм (*теория о поведении личности*) 2. *pl.* поведенческие науки

  clinical ~ клиническая дисциплина; медицинская наука

  clinical medical ~s клинические науки (*терапия, хирургия, акушерство-гинекология, педиатрия, психиатрия*), включённые в экзамены для врачей-иностранцев

  cosmetic ~ косметология

  current ~ современное состояние науки

  elementary hearing ~ введение в аудиологию

  environmental ~ наука об окружающей среде; экология

  environmental health ~ гигиена окружающей среды

  forensic ~s судебные науки

  general ~ основы естественных наук (*физики, химии, биологии*)

  health ~s медико-санитарные дисциплины; науки о здоровом образе жизни

  life ~s биологические науки, науки о жизни (*биология, медицина, биоэтика, антропология, эксперименты на животных*)

  information ~ информатика

  management ~ менеджмент (*наука управления; методы управления*)

  medico-actuarial ~ врачебно-страховая статистика

  mental ~ 1. психология 2. психиатрия

  natural ~ 1. *pl.* естественные науки (*ботаника, зоология, химия, физика, геология и др.*) 2. любая отрасль знаний

  occupational health ~ гигиена труда

  paramedical ~s парамедицинские [смежные с медициной] науки

  physical ~s *см.* natural ~

  population ~ наука о народонаселении, демография

  protein ~ наука о белках

  pulmonary ~s пульмонология

  sanitary ~ гигиена (*совокупность мероприятий, направленных на осуществление гигиенических нормативов и требований*)

  sport ~ научные основы спорта

  technology-driven ~ наука, стимулируемая технологией

scientific [ˌsaiənˈtifik] научный

scientism [ˈsaiəntizəm] сайентизм, сциентизм (*1. теория познания 2. познание Бога*)

scientist [ˈsaiəntist] 1. научный сотрудник, учёный 2. естествоиспытатель

  computer ~ специалист по компьютерной технике

  food ~ научный работник в области питания; диетолог

  forensic ~ научный сотрудник в области юриспруденции

  natural ~ натуралист

  vision ~ учёный в области физиологии и патологии глаза

  visiting ~ младший научный сотрудник (*США*)

scieropia [saiərˈəʊpiə] дефект зрения (*при котором кажется, что объекты находятся в тени*)

scintiangiography [ˌsinti͵ænʤiˈɒɡrəfiː] радиоизотопная ангиография

scinticamera [ˌsintiˈkæmərə] сцинтилляционная камера

scintigram [ˈsintiͺɡræm] сцинтиграмма, сканограмма

scintigraphy [ˈsintiͺɡrəfiː] (радио)сцинтиграфия (*радиоизотопное определение функционального состояния органа*)

  delayed phase ~ отсроченная фаза сцинтиграфии

  dynamic/static brain ~ динамическая и статическая сцинтиграфия головного мозга

  radioisotope [radionuclide] ~ радиоизотопное сканирование

  ventilation perfusion ~ вентиляционно-перфузионная сцинтиграфия

scintillant [ˈsintilənt] сцинтиллятор, сцинтилляционная жидкость

  water-compatible liquid ~ водно-эмульсионный [жидкостный] сцинтиллятор, сцинтиллятор на водной основе

scintillascope [sinˈtiləͺskəʊp] *см.* ociptillator

scintillation [ˌsintiˈleiʃn] сцинтилляция, вспышка; мерцание

scintillator [ˌsintiˈleitə] сцинтилляционный счётчик

scintiscan [ˈsintiͺskæn] сцинтиграмма, сканограмма

  radionuclide ~ радиоизотопная сцинтиграфия

scintiscanner [ˌsintiˈskænə] 1. сканер (*радиоизотопный*) 2. гамма-топограф, сцинтиграф

scion [ˈsaiən] отпрыск, потомок

sciosophy [saiˈɒsəfiː] псевдонаука (*астрология, хиромантия и пр.*)

scirrhencanthis [ˌskirenˈkænθis] плотная опухоль слёзной железы

scirrhoma [skiˈrəʊmə] фиброзный рак, скирр

scirrhous [ˈskirəs] твёрдый, уплотнённый (*чаще об опухоли*)

scirrhus [ˈskirəs] 1. фиброзный рак, скирр 2. *уст.* участок фиброзного уплотнения

scission [ˈsiʒən] 1. *биохим.* расщепление 2. *биол.* дробление 3. разрезание, разделение 4. раскол (*в обществе*)

scissors [ˈsizərz] ножницы

  ~ **for turbmate resection** ножницы для резекции носовых раковин

  arteriotomy ~ ножницы для вскрытия артерии

  bandage ~ ножницы для разрезания перевязочного материала

  blood vessel dissecting ~ ножницы для вскрытия сосуда

  blunt ~ тупоконечные ножницы

  bone ~ ножницы-кусачки, костные кусачки

cautery ~ коагуляционные ножницы

corneal ~ ножницы для роговицы

crown ~ ножницы для подрезания зубных коронок

curved ~ изогнутые ножницы

dissecting ~ анатомические ножницы

dressing [gauze] ~ *см.* bandage ~

guillotine ~ гильотинные ножницы

hook ~ клювовидные ножницы

microforceps ~ микроножницы-пинцет

neurosurgery ~ нейрохирургические ножницы

pointed ~ остроконечные ножницы

probe pointed bowel ~ кишечные пуговчатые ножницы

rib ~ рёберные кусачки

Richter's ~ ножницы, изогнутые по оси *(Рихтера)*

spinal ~ *см.* neurosurgery ~

stitch ~ ножницы для снятия швов

strabismus ~ ножницы для операций по поводу косоглазия

sympathectomy ~ ножницы для симпатэктомии

scissura [si'sʊrə] *лат., pl.* **scissurae** [si'sʊri:] *см.* scissure

scissure ['sisju:ə] 1. щель, или расщелина 2. *биохим.* расщепление

sclera ['sklɪːrə], *pl.* **sclerae** ['sklɪːri:] склера, белочная оболочка *(глаза)*

blue ~ симптом голубых [синих] склер, лептосклерия

scleradenitis [ˌsklɪːrædə'naitis] лимфаденит, скераденит

sclerectasia [ˌsklɪːrək'teiziə] склерэктазия *(локальное выбухание склеры)*

sclerectoiridectomy [sklə,rektəʊˌirid'ektəmi:] иридосклерэктомия *(резекция участка радужки и склеры, используемая при глаукоме с целью создания фильтрующего рубца)*

sclerectomy [sklər'ektəmi:] 1. резекция участка склеры 2. удаление спаек при хроническом среднем отите

scleredema [ˌsklɪːrə'di:mə] склередема, отёчная склеродермия, Бушке болезнь

sclerema [sklə'ri:mə] склерема, подкожный адипонекроз, узловатая склерема новорождённых

sclerencephalia [ˌsklɪːrensə'feiliə], **sclerencephaly** [ˌsklɪːr-en'sefəli] склероз головного мозга

scleriasis [sklə'raiəsis] склеродермия, *уст.* склеродерма

scleritis [sklə'raitis] склерит *(воспаление склеры)*

annular ~ кольцевидный склерит

anterior ~ передний склерит

brawny ~ студенистый [мясистый] склерит

posterior ~ задний склерит, склеротенонит

scleroblastema [ˌsklɪːrəʊblæs'ti:mə] эмбриональная ткань, участвующая в образовании скелета

sclerochoroiditis [ˌsklɪːrəʊˌkəʊrɒi'daitis] склерохориоидит *(воспаление белочной и собственно сосудистой оболочек глаза)*

sclerocornea [ˌsklɪːrəʊ'kɔ:ni:ə] склерокорнеа *(диффузное помутнение роговицы, при котором роговица трудно отличима от склеры)*

sclerodactylia [ˌsklɪːrəʊdæk'tiliə], **sclerodactyly** [ˌsklɪːrəʊ-'dæktəli] склеродактилия *(поражение пальцев рук при системной склеродермии)*

scleroderma [ˌsklɪːrəʊ'də:mə] склеродермия *(поражение кожи, характеризующееся уплотнением)*

circumscribed ~ *см.* localized ~

diffuse [generalized] ~ системная [генерализованная, диффузная, универсальная] склеродермия, прогрессирующий системный склероз

linear ~ лентовидная склеродермия

localized ~ очаговая склеродермия

sclerogenic [ˌsklɪːrəʊ'dʒenik], **sclerogenous** [sklɪː'rɒdʒənəs] вызывающий склероз, склерозирующий

sclerogyria [ˌsklɪːrəʊ'dʒairiə] атрофия и склероз извилин коры головного мозга

scleroid ['sklɪːrɒid] склерозированный; (фиброзно) уплотнённый

scleroiritis [ˌsklɪːrəʊai'raitis] воспаление склеры и радужной оболочки

scleroma [sklə'rəʊmə] *инф.* (рино)склерома

respiratory ~ склерома верхних дыхательных путей

scleromalacia [ˌsklɪːrəʊmə'leiʃə] склеромаляция *(дегенеративные изменения склеры)*

~ perforans перфоративная склеромаляция

scleromeninx [ˌsklɪːrəʊ'meniŋks] твёрдая мозговая оболочка, пахименинкс

scleromere ['sklɪːrəʊmiə] метамер [сегмент] скелета

scleromyxedema [ˌsklɪːrəʊˌmiksə'di:mə] папулёзная микседема *(микседематоз с распространяющимся уплотнением ткани и папулами)*

scleronychia [ˌsklɪːrəʊ'nikiə] склеронихия, гипертрофия ногтя или ногтей

sclerophthalmia [ˌsklɪːrɒf'θælmiə] ксерофтальмия

sclerosal [sklə'rəʊsəl] 1. (фиброзно)уплотнённый 2. склерозированный

sclerose [sklə'rəʊs] 1. твердеть, уплотнять(ся) *(о ткани)* 2. подвергаться склерозу

sclerosing [sklə'rəʊsiŋ] склерозирующая терапия *(напр. гемангиомы)*

sclerosis [sklə'rəʊsis], *pl.* **scleroses** [sklə'rəʊsi:z] 1. (фиброзное) уплотнение 2. склероз

~ of white matter лейкодистрофия

~ redux рецидив твёрдого шанкра на месте бывшей первичной сифиломы

amyotrophic lateral ~ боковой амиотрофический склероз, Шарко болезнь

arterial ~ артериосклероз *(уплотнение и утолщение стенок артерий при старении, инфекционно-аллергических заболеваниях)*

arteriolar ~ артериолосклероз *(поражение артериол и мелких артерий с периваскулярным склерозом)*

Balo's ~ Бало концентрический склероз

bone ~ остеосклероз, эбурнеация

cerebrospinal ~ *см.* disseminated ~

combined ~ фуникулярный миелоз, комбинированный склероз

concentric ~ *см.* Balo's ~

coronary ~ склероз коронарных сосудов, коронаросклероз

dentinal ~ кальцификация дентинных канальцев, прозрачный дентин

diaphyseal ~ прогрессирующая диафизарная дисплазия, генерализованный гиперостоз, Камурати – Энгельманна болезнь

diffuse ~ периаксиальная энцефалитная болезнь Шильдера

disseminated ~ рассеянный [множественный] склероз, Шарко – Вюльпиана болезнь

dorsolateral ~ дегенерация задних и боковых рогов спинного мозга

endocardial ~ субэндокардиальный фиброэластоз

endoscopic ~ эндоскопическое склерозирование

focal ~ очаговый склероз

insular ~ *см.* **disseminated** ~

laminar cortical ~ дегенерация нервных волокон лучистого венца (*по пластинчатому типу*)

lenticular ~ склероз хрусталика

lobar ~ лобарный склероз

mantle ~ узловая атрофия коры головного мозга

multilocular [multiple] ~ *см.* **disseminated** ~

nodular ~ нодулярный склероз (*вариант лимфогранулематоза*)

posterior (spinalis) ~ сухотка спинного мозга

presenile ~ возрастной [пресенильный] склероз

primary lateral ~ первичный боковой склероз (*дегенеративное поражение боковых столбов спинного мозга*)

progressive systemic ~ системная [генерализованная] склеродермия, прогрессирующий системный склероз

prostatic ~ склероз предстательной железы

subchondral bony ~ субхондральный склероз кости

sutural ~ склерозированный шов кости, заращение костного шва

systemic ~ системная [генерализованная] склеродермия

transitional ~ переходный [промежуточный, диффузно-диссеминированный] склероз

tuberous ~ туберозный склероз, эпилойя, Бурневилля болезнь (*характеризуется триадой – эпилепсия, умственная отсталость, узелки на лице и в веществе мозга*)

unicellular ~ разрастание соединительной ткани между отдельными клетками органа

venous ~ флебофиброз, флебосклероз

sclerostenosis [ˌskliːrəʊstəˈnəʊsis] сморщивание и уплотнение ткани

sclerosteosis [ˌskliːrəʊstəˈəʊsis] склеростеоз, кортикальный гиперостоз с синдактилией

sclerostomy [skləˈrɒstəmi] *офт.* склеростомия (*формирование отверстия в склере*)

sclerotherapy [ˌskliːrəʊˈθerəpi] склерозирующая терапия

emergency ~ экстренная склеротерапия (*при кровотечении*)

injection ~ инъекционная склеротерапия

sclerothrix [ˈskliːrəʊˌθriks] сухость, твёрдость и ломкость волос

sclerotic [skləˈrɒtik] 1. склеротический, поражённый склерозом 2. склера, белочная оболочка глаза || склеральный 3. плотный, твёрдый

scleroticectomy [skləˌrɒtiˈsektəmi] *см.* **sclerectomy**

sclerotitis [ˌskliːrəʊˈtaitis] склерит (*воспаление склеры*)

sclerotome [ˈskliːrəʊtəʊm] 1. *эмбр.* склеротом (*переднемедиальная часть сегмента мезодермы*) 2. *офт.* хирургический нож

sclerotomy [skləˈrɒtəmi] склеротомия (*рассечение склеры*)

sclerotrichia [ˌskliːrəʊˈtrikiə] уплотнение и ломкость волос

sclerotylosis [ˌskliːrəʊtaiˈləʊsis] склеротилоз (*атрофический фиброз кожи, гипоплазия ногтей и ладонно-подошвенная кератодермия*)

sclerous [ˈskliːrəs] 1. (фиброзно)уплотнённый 2. склерозированный

scolecoid [ˈskəʊləkɒid] 1. червеобразный 2. напоминающий сколекс

scolecology [ˌskəʊləˈkɒləʤi] гельминтология

scolex [ˈskəʊleks], *pl.* **scoleces** [ˈskəʊlesiːz] сколекс (*головка ленточного червя*)

scoliokyphosis [ˌskəʊliːəʊkaiˈfəʊsis] кифосколиоз

scoliosimetry [ˌskəʊliːəʊsiˈmetri] сколиозометрия

scoliosis [ˌskəʊliːˈəʊsis] сколиоз (*боковое искривление позвоночника*)

coxitic ~ сколиоз, обусловленный поражением тазобедренного сустава

habit ~ сколиоз, обусловленный нарушением осанки

myopathic ~ миопатический сколиоз

nonstructural ~ функциональный [статический] сколиоз

osteopathic ~ остеопатический сколиоз

postural ~ *см.* **habit** ~

rachitic ~ рахитический сколиоз

sciatic ~ радикулоалгический сколиоз

static ~ статический сколиоз

structural ~ сколиоз, обусловленный морфологическими изменениями позвоночника

scoliotone [ˈskəʊliːəʊtəʊn] аппарат для лечения сколиоза методом вытяжения

Scolopendra [ˌskəʊləʊˈpendrə]:

~ **cingulata** *токс.* кольчатая сколопендра

scoop [skuːp] 1. черпак; хирургическая ложка 2. кюретка

gall-stone ~ ложка для удаления жёлчных конкрементов

to ~ **out** выскабливать (*ложкой*)

scope [skəʊp] 1. оптическое устройство (*микроскоп, кольпоскоп, ректоскоп и т. п.*) 2. пределы, поле (*деятельности*), границы (*напр. возможностей*) 3. масштаб; сфера

~ **of minor psychiatry** круг пограничной [малой] психиатрии

~ **of surgical research** сфера хирургических исследований

memory ~ электрокардиоскоп с компьютерной системой

rigid ~ жёсткий эндоскоп

Scopolia [skəʊˈpəʊliːə]:

~ **carcinolica** *токс.* скополия карцинолийская

scopometry [skəʊˈpɒmətri] денситометрия

scopophilia [ˌskəʊpəʊˈfiliːə] 1. скопофилия (*вуайеризм*) 2. эксгибиционизм

scopophobia [ˌskəʊpəʊˈfəʊbiːə] скопофобия (*патологическая боязнь обращать на себя внимание*)

scopusariopsosis [ˌskɒpjuˌsæriɒpˈsəʊsis] *микол.* скопуляриопсиоз

scoracratia [skɔːrəˈkreiʃiə] энкопрез, недержание кала

scorbutic [skɔːˈbjuːtik] цинготный, поражённый цингой

scorbutus [skɔːˈbjuːtəs] цинга, Барлоу болезнь

scorch [skɔːtʃ] 1. ожог || обжигать(ся) 2. больно ранить 3. след, пятно, рубец от ожога

scordinema [ˌskɔːdiˈniːmə] чувство тяжести в голове, потягивание и зевание – предвестники инфекционного заболевания

score [skɔː] оценка, показатель *(чаще балльный)*; результат *(измерения)*

albumin ~ индекс белка

chemical ~ химическая оценка в баллах

clinical activity ~ оценка клинической активности

clinical croup ~ клиническая классификация крупа

equated ~s приравненные результаты *(тестирования)*

injury severity ~ шкала тяжести повреждений

intelligence test ~ оценка коэффициента интеллектуального развития

lod ~s *стат.* лод-метод *(оценка сцепления генов, напр. HLA и восприимчивости к туберкулёзу)*

multiorgan dysfunction ~ шкала оценки полиорганной недостаточности

numerical ~ оценка в баллах

placental ~ плацентарный индекс

quality of life ~s оценка качества жизни

sepsis severity ~ балльная оценка тяжести сепсиса

simplified acute physiology ~ упрощённая шкала оценки острых физиологических изменений

test ~s результаты тестирования

top ~ наивысший результат

total clinical ~ общая клиническая шкала

trauma ~s травматические показатели

ultrasonographic risk ~ ультразвуковая оценка риска

zero ~ нулевая оценка

Score:

Apgar ~ количество баллов по шкале Апгар *(оценка состояния новорождённого по пяти критериям: пульс, глубина дыхания, мышечный тонус, окраска кожи, наличие рефлексов по трёхбалльной системе – 0–2)*

Bournemouth ~ Бурнмауза схема *(система критериев прогностической значимости иммунологических и других параметров при различных формах лейкоза)*

Glasgow Coma ~ шкала оценки глубины [тяжести] комы, разработанная в Глазго

Injury Severity ~ индекс тяжести травмы

Revised Trauma ~ переработанный индекс травмы

Simplified Acute Physiological ~ упрощённая оценка тяжести состояния *(учитывающая возраст, пульс, АД, температуру, частоту дыхания и др. показатели в баллах)*

scoretemia [skɔːˈtiːmiə] кишечная аутоинтоксикация

scoring [ˈskɔːriŋ] 1. оценка *(ответов испытуемого)*; подсчёт баллов 2. подсчёт *(баллов, колоний и пр.)* 3. *pl.* зоны роста костей

~ **of atopic dermatitis** оценка тяжести атопического дерматита

Glasgow multifactor prognostic ~ разработанная в Глазго многофакторная прогностическая шкала *(напр. исхода острого панкреатита)*

Scorpiones [ˌskɔːpiˈəʊniːz] скорпионы *(отряд членистоногих)*

scorpionism [ˌskɔːpiˈəˌnizəm] отравление ядом скорпиона

Scotchcast [ˈskɒtʃˌkaːst] *фирм., травм.* скотч-каст *(полимерный материал, заменяющий гипсовый бинт)*

scotochromogen [ˌskəʊtəʊˈkrəʊməʊdʒən] скотохромоген *(пигмент, образующийся в колониях бактерий в темноте)*

scotodinia [ˌskəʊtəʊˈdiniə] головокружение, головная боль и нарушение зрения

scotograph [ˈskəʊtəʊˌgræf] 1. приспособление [трафарет] для облегчения письма *(для слепых)* 2. ауторадиограмма

scotoma [skəʊˈtəʊmə], *pl.* **scotomata** [skəʊˈtəʊmətə] скотома *(1. дефект поля зрения 2. психол. «слепое пятно»)*

absolute ~ta абсолютные скотомы

annular ~ кольцевидная скотома

arcuate ~ дугообразная скотома

bilateral ~ двусторонняя скотома

binasal ~ биназальная скотома

cecocentral ~ центроцекальная скотома

color ~ участок цветовой слепоты в поле зрения

flittering ~ мерцательная скотома, глазная мигрень

hemianopic ~ гемианопическая скотома

mental ~ психическая скотома

negative ~ отрицательная [объективная] скотома

paracentral ~ парацентральная скотома

peripheral ~ периферическая скотома *(находящаяся за пределами центральных 30 градусов поля зрения)*

physiological ~ физиологическая скотома *(напр. слепое пятно, ангиоскотома и т. п.)*

positive ~ положительная [субъективная] скотома

relative ~ относительная скотома *(напр. ослаблено лишь цветоощущение)*

scintillating ~ *см.* flittering ~

transient ~ преходящая скотома

unilateral ~ односторонняя скотома

scotomatous [skəʊˈtɒmətəs] относящийся к скотоме

scotometry [skəʊˈtɒmətri] скотометрия *(определение формы и размера скотомы)*

scotophilia [ˌskəʊtəʊˈfiliə] никтофилия *(склонность к ночному образу жизни)*

scotophobia [ˌskəʊtəʊˈfəʊbiə] никтофобия, скотофобия *(патологическая боязнь темноты)*

scotopia [skəʊˈtəʊpiə] ночное [скотопическое] зрение

scotopic [skəʊˈtɒpik] скотопический *(относящийся к условиям плохой освещённости)*

scotoscopy [skəʊˈtɒskəpi] скиаскопия, диоптроскопия, пупиллоскопия, теневая проба

scototherapy [ˌskəʊtəʊˈθerəpi] лечение полным исключением световых лучей

scour [ˈskaʊə] 1. чистка, мытьё; промывание *(под сильным напором воды)* ‖ чистить; промывать *(напр. брюшную полость при перитоните)* 2. моющее средство

scourage [ˈskaʊridʒ] промывные воды

scourge [skəːdʒ] 1. кнут, плеть, бич ‖ бить кнутом, плетью 2. кара ‖ карать, наказывать

~ **of disease** бедствие, вызванное эпидемией

white ~ туберкулёз

scowl [skaʊl] 1. сердитый, злой взгляд ‖ хмуриться, сердито смотреть 2. хмурый, угрюмый вид

scrag [skræg] худой; тощий; чахлый

scrape [skreip] соскоб ‖ соскабливать, выскабливать

dermal lesion ~s соскобы с поражённого участка кожи

scraper ['skreɪpə] шабер (для ручной обработки съёмных зубных протезов)

bone ~ 1. костная ложка 2. распатор

scrapie ['skreɪpi] 1. скрепи (разновидность медленных инфекций, обусловленных мутацией гена белка-приона) 2. одноимённый вирус

scraping ['skreɪpɪŋ] 1. соскабливание, выскабливание, кюретаж 2. соскоб

anal ~ анальный соскоб

clonal ~ расщепление клона (появление субклона с индивидуальной специфичностью внутри клонированной клеточной популяции)

conjunctival ~ конъюнктивальный соскоб, соскоб с конъюнктивы

finger-nail [nail] ~ суд. мед. соскоб подногтевого содержимого

skin ~ кожный соскоб, соскоб кожи

scratch [skrætʃ] экскориация, царапина, ссадина || царапать, расчёсывать (напр. место укуса насекомого)

cat ~s кошачьи царапины

scream [skriːm] визжать

screatus [skriˈeɪtəs] невротический приступ кашля или храпения

screen [skriːn] 1. ширма, экран, щит || экранировать, защищать 2. рентг. усиливающий экран 3. фильтр, сито, решето 4. проводить рентгеноскопию 5. проводить скрининг (отбор лиц, подлежащих углублённому исследованию) 6. сетка от насекомых

~ for cancer скрининговое обследование на рак

~ for dysphagia проба [тест] на дисфагию

absorbing ~ поглощающий экран

anesthetic ~ наркозная дуга, наркозная ширма

anthelmintic ~s исследование [поиск] противогельминтных средств

bed ~ прикроватная ширма

biochemical [chemistry] ~ биохимическое исследование; (био)химический анализ (напр. крови)

clotting ~ исследование свёртываемости крови

complement ~ определение активности комплемента

first ~ начало [первый этап] скрининга

fluorescent [fluoroscopic] ~ флуоресцирующий [люминесцирующий] экран

health ~s профилактический медицинский осмотр

intensifying ~ усиливающий экран

lead ~ свинцовый экран

panel ~ ширма

primary immunologic ~ иммунологические тесты первого уровня

quick ~ фирм. быстрый иммунохроматографический тест (для выявления наркотических веществ в моче)

radiation ~ радиозащитный экран

radio-frequency ~ высокочастотный экран

safety ~ предохранительный щит

secondary immunologic ~ иммунологические тесты второго уровня

sewage ~ фильтр сточных вод

slip-on ~ подвижный экран

smoke ~ дымовая завеса (напр. от насекомых)

sound ~ звуковой экран

tangent ~ кампиметр (прибор для исследования поля зрения)

targeted ~ направленный скрининг (групп повышенного риска)

tertiary immunologic ~ иммунологические тесты третьего уровня

touch ~ сенсорный экран

toxicology ~ скрининг на наличие наркотических или токсических веществ

urine ~ исследование мочи

verbal auditory ~ for children отбор детей по вербально-слуховым тестам

viewing ~ проекционный экран

workstation ~ перегородка-экран между рабочими местами

X-ray intensifying ~ усиливающий рентгеновский экран

screened ['skriːnd] 1. экранированный, защищённый 2. просеянный; профильтрованный

screener ['skriːnə]:

visual field ~ экспресс-анализатор поля зрения

screening ['skriːnɪŋ] 1. скрининг (массовое обследование для выявления больных или лиц с высоким риском заболевания) 2. рентгеноскопия 3. отбор, проверка; отбраковка 4. экранирование, защита

~ by chest radiography скрининг методом рентгенографии грудной клетки

~ by immunological assay иммунологический скрининг

~ for battered baby suspect обследование при подозрении на избиение ребёнка

~ for cancer онкопрофосмотр

~ for hyperadrenocorticism скрининг-тест на гиперкортицизм

~ for infectious conditions скрининг на инфекционные заболевания

~ for interference экранирование от помех

antibody ~ серологическое тестирование

biochemical ~ биохимический скрининг (напр. беременных женщин)

blue-colony ~ скрининг геномной библиотеки (селекция определённого ДНК-клона путём гибридизации бактериальных колоний на фильтрах с их последующим лизисом)

cervical ~ (цитологический) скрининг на выявление рака шейки матки

cytologic ~ цитологическое исследование

epitope ~ скрининг антигенных детерминант, эпитопов (напр. вируса)

genetic ~ генетический скрининг (выявление людей, предрасположенных по генотипу к определённым заболеваниям)

health ~ медицинское обследование, диспансеризация

hemoccult ~ скрининг на скрытую кровь

immunoblot ~ массовое обследование методом иммуноблоттинга

immunodeficiency ~ массовое обследование с целью выявления иммунодефицитных состояний, скрининг иммунодефицитов

initial ~ первый этап скрининга

in vitro ~ изучение in vitro

library ~ скрининг библиотеки *(напр. генов)*

mandatory ~ обязательное обследование группы лиц *(напр. доноров на ВИЧ)*

mass ~ массовый скрининг

Michigan alcoholism ~ скрининговый тест на алкоголизм, разработанный в штате Мичиган

multiphasic [multiple] ~ многопрофильный скрининг *(включающий несколько видов обследования на различные болезни)*

neonatal ~ for abnormality скрининг новорождённых с целью выявления аномалий развития

population ~ массовое обследование популяции, скрининг популяции

routine ~ стандартное [обычное, рутинное] обследование

school-based hypertension ~ скрининг на гипертонию в школе

second ~ второй этап скрининга

selective mass ~ выборочный скрининг

targeted ~ направленный скрининг *(напр. групп повышенного риска)*

television ~ рентгеноскопия с применением телевизионной приставки

total force ~ поголовный скрининг

ultrasound ~ ультразвуковой скрининг

universal prenatal ~ общее пренатальное [дородовое] обследование *(беременных)*

screw [skruː] винт || привинчивать, зажимать винтом

~ for the neck of the femur винт для остеосинтеза шейки бедра

adjusting ~ установочный [регулировочный] винт *(микроскопа)*

binding ~ *см.* **clamping** ~

biphase ~ двухступенчатый винт

check ~ *см.* **adjusting** ~

clamping ~ зажимный винт

expansion ~ расширяющий (ортодонтический) винт

fixing ~ фиксирующий винт, затяжной винт

oral ~ роторасширитель

root ~ винтовой штифт для корня зуба

zero adjusting ~ винт для установки (прибора) на нуль

screwball ['skruːbɔːl] *sl.* 1. эксцентричный человек 2. эксцентричность

screwworm ['skruːwəːm] личинка мясной мухи *(Cochliomya hominioorax)*

scribomania [ˌskribəʊ'meiniə] графомания, графорея

script [skript]:

failure ~ *психол.* сценарий жизни неудачника

scrobiculate [skrəʊ'bikjuːleit] *анат.* имеющий небольшие вдавления, ямки или углубления

scrofula ['skrɒfjuːlə] скрофула, туберкулёз шейных лимфоузлов

scrofuloderma [ˌskɒfjʊləʊ'dəːmə], **scrofulotuberculosis** [ˌskɒfjʊləʊtjuːbəkjʊ'ləʊsis] колликвативный туберкулёз кожи, скрофулодерма

scrofulous ['skrɒfjuːləs] скрофулёзный

scrotal ['skrəʊtəl] относящийся к мошонке

scrotitis [ˌskrəʊ'taitis] воспаление мошонки

scrotocele ['skrəʊtəʊˌsiːl] мошоночная грыжа

scrotoplasty ['skrəʊtəʊˌplæsti] пластическая операция на мошонке

scrototomy [skrəʊ'tɒtəmiː] скрототомия *(разрез мошонки)*

scrotum ['skrəʊtəm], *pl.* **scrota** ['skrəʊtə] мошонка

acute ~ синдром отёчной мошонки *(заворот, травма или воспаление яичка и/или придатка)*

lymph ~ слоновость [элефантиаз] мошонки

shawl ~ брюшная эктопия мошонки, «шалевая» мошонка

watering-can ~ мочевая инфильтрация мошонки

scrub [skrʌb] 1. щёточка, щётка 2. чахлое [карликовое] животное или растение 3. чистка *(щёткой или мылом)* || выполнять грязную работу

scrubbing ['skrʌbiŋ] обработка рук *(перед операцией)*

wet ~ влажная уборка щёткой

scrub-room ['skrʌb-ruːm] предоперационная

scrub-up ['skrʌb-ʌp] *см.* **scrubbing**

scruff [skrʌf] задняя часть шеи, выя

scrum-pox ['skrʌm-pɒks] импетиго

scruple ['skruːpl] *фарм.* скрупул *(единица веса, равная 1,295 г)*

scrupulosity [ˌskruːpjʊ'lɒsəti] скрупулёзность

scrutinize ['skruːtinaiz] тщательно обследовать

sculpting ['skʌlptiŋ] *психол.* ваяние *(метод семейной психотерапии)*

sculpturing ['skʌlptʃəriŋ]:

~ **of valve** восстановление клапана

costal cartilage ~ создание костно-хрящевого каркаса

scum [skʌm] 1. пена; накипь 2. нечистоты, отбросы, мусор 3. опустившийся человек

scurf [skəːf] 1. перхоть 2. налёт, отложения

scurfy ['skəːfi] покрытый перхотью

scurvy ['skəːvi] цинга, Барлоу болезнь

Alpine ~ пеллагра, альпийский скорбут

land ~ Верльгофа болезнь, тромбоцитопеническая [геморрагическая] пурпура

scute [skjuːt] 1. пластинка; чешуйка; чешуя 2. крыша барабанной полости

sea ~ цинга у моряков

tympanic ~ пластинка, отделяющая надбарабанное углубление от клеток сосцевидных ячеек

scutiform ['skjuːtifɔːm] щитовидный *(о хряще)*

scutulum ['skjuːjuːləm], *pl.* **scutula** ['skjuːjuːlə] жёлтая блюдцеобразная корочка *(при фавусе)*

scutum ['skjuːtəm] *лат.*, *pl.* **scuta** ['skjuːtə] 1. *см.* **scute** 1 2. щитовидный хрящ 3. надколенник

~ **pectoris** грудина

scybalum ['sibələm], *pl.* **scubala** ['sibələ] фрагментарный [«овечий»] кал, копролит, каловый камушек

scyphiform ['saififɔːm], **scyphoid** ['saifʊid] чашеобразный

scytitis [sai'taitis] дерматит

sea [siː] 1. море || морской, приморский 2. огромное количество чего-л.

seafood ['siːfuːd] морепродукты, дары моря *(креветки, кальмары, мидии, морская капуста и пр.)*

seal [siːl] 1. печать; отпечаток; знак 2. пломба; уплотняющий слой; изоляция, герметизация || пломбировка, изолировать, герметизировать 3. обтуратор; клапан; перемычка; затвор 4. тампон; тампонада || тампонировать

~ of death in face печать смерти на лице

air ~ воздухонепроницаемое уплотнение

border ~ граница базиса протеза

double ~ временная пломба с лечебной прокладкой

golden ~ желтокорень, золотая печать *(Hydrastis canadensis)*

palatal ~ изоляция нёбного торуса съёмного протеза

posterior palatal ~ задняя нёбная граница полного съёмного протеза; линия А протезного ложа

retromolar ~ ретромолярная граница протезного поля

under ~ of secrecy врачебная тайна

underwater ~s подводный дренаж, подводное дренирование *(напр. плевральной полости)*

vacuum ~ 1. вакуумное [герметичное] уплотнение 2. вакуумное [герметичное] соединение

water ~ гидравлическое уплотнение; гидравлический затвор, водяная завеса *(сифона)*

sealant ['si:lənt] 1. пломбировочный материал, пломба 2. профилактическое покрытие зубных фиссур 3. герметик; уплотняющий материал

fissure ~ изоляция трещины зуба

sealed ['si:ld] герметичный, покрытый *(напр. имплантат коллагеном)*

sealing ['si:liŋ] 1. герметизация; закупорка; уплотнение 2. заполнение, наполнение

hermetic ~ герметическое закрытие *(напр. культи бронха)*

nick ~ лигирование [залечивание] разрыва *(в процессе синтеза ДНК)*

nonsuture ~ бесшовное закрытие *(раны)*

spontaneous ~ спонтанное закрытие *(перфоративного отверстия)*

seam [si:m] 1. шов, линия сращения 2. рубец, шрам 3. морщина

seamless ['si:mləs] бесшовный; гладкий

sear [siə] увядший, сухой || прижигать *(поражённую ткань)*

search [sə:tʃ] исследование, изучение, поиск || исследовать, изучать

~ for foreign body поиск инородного тела

~ for gene predisposing to mania поиск генов, предрасполагающих к маниакальному синдрому

magnetometer ~ поиск магнитометром *(инородного тела)*

searcher ['sə:tʃə] зонд, щуп

seasick ['si:sik] страдающий морской болезнью

seasickness ['si:siknəs] укачивание на море, морская болезнь

season ['si:zn] 1. сезон 2. период, промежуток времени

breeding ~ период размножения *(напр. паразитов)*; бридинг

spraying ~ сезон опыления *(ядохимикатами)*

seat [si:t] 1. опора, опорная поверхность 2. локализация, местонахождение

~ of fracture место перелома

~ of predilection излюбленная [доминирующая] локализация

lug ~ седло съёмного консольного зубного протеза

occlusal rest ~ окклюзионная накладка дугового протеза

war ~ театр военных действий

seatworm ['si:twə:m] *параз.* острица

seaweeds ['si:wi:ds] морские водоросли

sebaceous [sə'beiʃəs] 1. сальный, жировой 2. себорейный, относящийся к секрету сальных желёз

Sebaste [si'beist] *токс.* морской окунь

sebiferous [sə'bifərəs], **sebiparous** [sə'bipərəs] секретирующий жировое вещество

sebocystoma [ˌsəbəusis'təumə] киста сальной железы

sebocystomatosis [ˌsəbəusisˌtəumə'təusis] стеатоцистоматоз, пилосебоцистоматоз, себоцистоматоз

sebolith ['sebəuliθ] себолит, конкремент сальной железы

seborrhagia [sebəu'reidʒiə], **seborrhea** [ˌsəbəu'ri:ə] себорея, (гипер)стеатоз

~ adiposa жирная себорея

~ congestiva дискоидная красная волчанка, конгестивная себорея, атрофическая эритема

~ furfuracea см. **sicca ~**

~ oleosa см. **adiposa ~**

~ sicca сухая [чешуйчатая] себорея, отрубевидный [простой] питириаз

concrete ~ густая себорея

cutaneous ~ см. **adiposa ~**

seborrheal [ˌsəbəu'ri:əl], **seborrheic** [ˌsəbəu'ri:ik], **seborrhoic** [ˌsebə'rɒik] 1. себорейный 2. поражённый себореей

sebum ['si:bəm] кожное сало, секрет сальных желёз

~ preputiale смегма, препуциальная смазка

secernment [si'sə:nmənt] *уст.* секреция

seclude [si'klu:d] 1. отделять, изолировать 2. вести уединённый образ жизни

to ~ the dangerous patient изолировать опасного больного

seclusion [si'klu:ʒən] 1. уединение, изоляция 2. содержание в одноместной палате

secondaries ['sekənˌdæriz] проявления вторичного сифилиса

secondary ['sekənˌdæri] 1. второстепенный, побочный 2. вторичный, производный; возникший на фоне другой болезни *(напр. о бронхиальной астме на фоне синусита)* 3. вспомогательный, подсобный

second-look ['sekənd-ˌlʊk] повторный осмотр, повторная ревизия *(напр. об эксплоративной операции через несколько месяцев на наличие метастазов)*

second-set ['sekənd-ˌset] повторно пересаженный *(о трансплантате)*

second-set-reaction [ˌsekənd-set-ri'ækʃn] вторичное отторжение *(трансплантата у реципиента, иммунизированного первичной пересадкой)*

secrecy ['si:krəsi], **secret** ['si:krət]:

medical ~ врачебная тайна

secreta [si'kri:tə] секрет, отделяемое железы

secretagogue [si'kri:təgɒg] средство, усиливающее секрецию || усиливающий [повышающий] секрецию

mucus ~ средство, повышающее секрецию слизи

secretary ['sekrətəri]:

hospital ~ администратор, исполнительный директор больницы, клиники

Secretary:

~ **of State for Social Services** министр социальной службы *(возглавляет министерство социального обеспечения, Великобритания)*

secrete [si'kri:t] секретировать, выделять

secretin [si'kri:tin] секретин *(гормон, вырабатываемый слизистой оболочкой тонкой кишки)*

gastric ~ гастрин, гастрогастрин, желудочный секретин

secretion [si'kri:ʃn] 1. секреция, выделение 2. *физиол.* секрет *(любое отделяемое железы)*

acid ~ секреция соляной кислоты *(желудком)*

apocrine ~ апокринная секреция

aspirin ~ **by the pancreas** выделение аспирина поджелудочной железой

cervical ~ цервикальный секрет, секрет из шейки матки

endocrine ~ внутренняя [эндокринная] секреция

exocrine [external] ~ внешняя [экзокринная] секреция

expressed prostatic ~ ускоренное получение простатического сока

gastric ~ 1. желудочная секреция 2. желудочный сок

holocrine ~ голокринная секреция *(сопровождающаяся разрушением гландулоцита)*

internal ~ *см.* **endocrine** ~

intestinal ~ 1. кишечная секреция 2. *pl.* кишечный секрет

saliva ~ секреция хлорохина со слюной

thick ~s густая слизь

tracheobronchial ~s трахеобронхиальный секрет

vaginal ~ влагалищный секрет

secretoinhibitory [si,kri:təʊi'hibi,tʊri] задерживающий секрецию, останавливающий выделение секрета

secretomotor [si,kri:təʊ'məʊtə] возбуждающий секрецию, вызывающий выделение секрета

secretor [si'kri:tʊr] 1. секретирующий орган; секретирующая клетка 2. человек, у которого в биологических жидкостях содержатся антигены

immunoglobulin ~ иммуноглобулинсекретирующая клетка *(антителопродуцирующий B-лимфоцит)*

secretory [si'kri:təri] 1. секреторный, выделительный 2. экссудативный *(напр. отит)*

section[1] ['sekʃn] 1. рассечение, разрез; разделение 2. срез || рассекать, разделять

~s **of vertebral column** нарушение целостности позвоночника *(при травме)*

abdominal ~ лапаротомия, чревосечение

axial ~ осевое сечение, сечение по оси

frontal ~ фронтальное сечение, фронтальный разрез

celloidin ~ целлоидиновый срез

Cesarean ~ кесарево сечение

chronobiologic serial ~ хронобиологические серии наблюдений *(результаты, полученные при использовании модели Косинора по последовательно собранным данным)*

cross ~ 1. поперечный срез 2. поперечное сечение

field dental ~ полевое зубоврачебное отделение

four-chamber ~ *узи* четырёхкамерный срез

free-floating ~ свободноплавающий срез

free-hand ~ срез, сделанный руками

freeze-dried ~ лиофилизированный срез

frozen ~ замороженный [криостатный] срез

giant ~ тотальный срез *(срез целого органа)*

gross anatomical ~ макроскопический срез

lateral ~ *см.* **cross** ~

lengthwise [longitudinal] ~ 1. продольный разрез; продольный срез 2. продольное сканирование

lower uterine segment caesarian ~ низкое [перешеечное] кесарево сечение

microtomed ~ микротомный срез

paraffin-embedded tissue ~s срезы тканей, погружённых в парафин

part ~ частичный разрез

perineal ~ 1. промежностная уретротомия 2. промежностный разрез или доступ

sagittal ~ сагиттальный разрез

serial ~ серийный срез

thin ~ гистологический [тонкий] срез

transaxial ~ трансаксиальный срез

transverse ~ 1. поперечный разрез; поперечный срез *(на эхограмме)* 2. продольное сканирование

transverso-oblique ~ *узи* поперечно-косое сечение

ultrathin ~ ультратонкий срез

vagal ~ ваготомия

vaginal ~ родоразрешение рассечением влагалища

vertical ~ 1. продольный разрез 2. продольный срез

section[2] отдел, секция, подразделение

medical genetics ~ отдел медицинской генетики

mid ~ средняя часть *(напр. коронарной артерии)*

mobile dental ~ подвижное зубоврачебное отделение

pick-up evacuation ~ сортировочно-эвакуационное отделение *(госпиталя)*

reference ~ справочный отдел

slightly wounded ~ отделение легкораненых

treatment ~ палатное [лечебное] отделение *(госпиталя)*

sectioning ['sekʃniŋ] *гист.* изготовление срезов

coronal ~ венечная [сагиттальная] проекция; сагиттальный срез

dry-knife ~ изготовление срезов без добавления смачивающей жидкости

serial ~ серийные срезы

wet-knife ~ изготовление срезов влажной поверхностью ножа

sector ['sektə] сектор, участок; часть

urban ~ городское население

sectoranopia [,sektəræ'nəʊpi:ə] секторальное выпадение поля зрения

sectoring ['sektəriŋ] образование пограничного слоя *(у растущей колонии микроорганизмов)*

secundigravida [se,kʌndi'grævidə] женщина, имеющая вторую беременность

secundines ['sekʌn,di:nz] *акуш.* послед

retained ~ задержка отделения плаценты

secundipara [,sikʌn'dipərə] 1. повторнородящая; женщина, рожающая второй раз 2. женщина, рожавшая дважды

secundum [si'kʌndəm]:

~ **artem** *лат.* 1. по правилам искусства *(указание в рецепте)* 2. на профессиональном уровне

secure [si'kjʊə] 1. спокойный; уверенный 2. безопасный, надёжный, прочный; застрахованный 3. закреплять; скреплять; заграждать 4. выделять *(микроорганизмы)* to ~ **a vein** перевязать вену

Securex [si'kjʊəreks] *фирм.* комплект из полипропиленовой нити с режущими иглами и двумя клипсами *(для наложения косметического шва)*

security [si'kjʊərəti] **1.** безопасность, надёжность; гарантия; уверенность **2.** фиксация; закрепление *(напр. катетера)*; перевязка *(напр. вены)*

old-age ~ обеспечение старости

maximum ~ максимально строгий режим

radiation ~ радиационная безопасность

social ~ **1.** социальное страхование; социальное обеспечение **2.** социальная защита; социальная защищённость **3.** американская национальная пенсионная система

traffic ~ безопасность дорожного движения

sedation [sə'deiʃn] **1.** седативное действие; седативный эффект, седация **2.** воздействие седативным средством, применение седативных средств; поверхностный наркоз **3.** сонливость, успокоение, заторможенность

conscious ~ поверхностный наркоз с сохранением сознания *(напр. в стоматологии)*

nitrous oxide ~ седативное воздействие закисью азота

sedative ['sedətiv] седативное [успокаивающее] средство || седативный, успокаивающий

anxiolytic ~ анксиолитик, противотревожное средство, транквилизатор

cardiac ~ средство, уменьшающее возбудимость сердца

gaster ~ средство, снижающее раздражимость желудка

sedative-hypnotic ['sedətiv-hip'nɒtik] препарат с седативным и снотворным действием, гипнотик, снотворное

sedentary ['sedən,tæri] сидячий, малоподвижный *(образ жизни)*

sedigitate [si'diʤiteit] имеющий шесть пальцев на руке или ноге

sediment ['sedimənt] отложение; осадок, отстой; нанос || давать осадок, осаждать

gastric ~ осадок желудочного содержимого

inflammatory ~ повышенное число лейкоцитов в осадке мочи

normal urine ~ неизменный [нормальный] осадок мочи

salivary ~ слюнный осадок

strained ~ отфильтрованный осадок

urinary ~ мочевой осадок, осадок мочи

sedimental [sedi'mentl], **sedimentary** [sedi'mentəri] осадочный, выпадающий в осадок, осаждённый

sedimentation [,sedimən'teiʃn] седиментация, образование осадка, оседание, отстаивание, осаждение

blood ~ *см.* **erythrocyte** ~

density ~ осаждение в градиенте плотности

erythrocyte ~ оседание эритроцитов

plain ~ механическое отстаивание

quiescent ~ осаждение в спокойном состоянии

velocity ~ осаждение в центрифуге, скоростное осаждение

sedimentometry [,sedimən'tɒmətri] седиментометрия *(напр. автоматическое определение скорости оседания эритроцитов)*

sedoanalgesia [,si:dəʊænəl'ʤi:ziə] седоаналгезия *(комбинирование анестезии с внутривенной или внутримышечной седацией)*

seduce [si'dju:s] соблазнять, обольщать; совращать

seduction [si'dʌkʃn] соблазнение, обольщение

see [si:] **1.** видеть **2.** находить, обнаруживать **3.** осматривать *(пациента)*, освидетельствовать **4.** обращаться *(к врачу)*

seed [si:d] **1.** семя, зерно **2.** *микр.* посевной материал || делать посев, засевать **3.** обсеменять *(метастазами опухоли)* **4.** сперма

radiogold ~ микрокапсула радиоактивного золота

radium ~ радиевая капсула

radon ~ радоновая капсула

seeding ['si:diŋ] **1.** *микр.* посев **2.** диссеминация *(напр. клеток опухоли)*

~ **of carcinoma** метастазирование карциномы

~ **of culture medium** засев культуральной среды

~ **of gallbladder carcinoma** обсеменение раковыми клетками жёлчного пузыря

endothelial ~ высевание эндотелиальных клеток *(для трансплантации)*

hematogenous ~ гематогенная диссеминация *(микрофлорой)*

seek [si:k] **1.** искать **2.** добиваться

to ~ **medical advice** обращаться за медицинской помощью

seeker ['si:kə]:

bone ~ остеотропность, отложение в костях

seep [si:p] **1.** источник; выход воды **2.** просачиваться, сочиться; стекать

seepage ['si:piʤ] **1.** просачивание, фильтрация **2.** инфильтрация

segment ['segmənt] **1.** сегмент **2.** членик червя || делиться на сегменты

body ~ *эмбр.* сомит

bronchopulmonary ~ бронхолёгочный сегмент, сегмент лёгкого

elevated ST ~ подъём сегмента ST *(на ЭКГ)*

flail ~ патологически подвижный сегмент, флотирующий участок *(напр. грудной клетки)*

framework ~s *имм.* сегменты рабочей сети

gangrenous bowel ~ гангрена участка кишки

insertion ~ инсерционный сегмент; инсерция; ДНК-вставка

interannular [internodal] ~ перехват узла, перехват Ранвье

isophene ~ *ген.* псевдоаллель, ложный аллель, псевдоаллеломорф

joining ~ соединительный пептид, J-пептид *(α-цепи Т-клеточного рецептора)*

mesoblastic [mesodermal] ~ *см.* **body** ~

muscle ~ *эмбр.* миотом, миомер, мышечный сегмент, мышечная пластинка

pairing ~ конъюгирующий сегмент *(хромосомы)*

pasted ~s прилипшие членики *(червя к коже)*

primitive [protovertebral] ~ *см.* **body** ~

rivinian ~ барабанная [ривинусова] вырезка

spinal ~ сегмент спинного мозга

symptomatic blind ~ синдром слепого мешка, или сегмента

tapeworm ~ проглоттида (*членик тела гельминта класса цестод*)

transport ~ секреторный компонент, Т-сегмент, транспортный сегмент (*полипептидная цепь, специфичная для секреторного IgA и имеющая важное значение для его транспорта через мембрану*)

segmentation [ˌsegmən'teiʃn] 1. сегментация, разделение на сегменты 2. деление (*клетки*)

segmenter ['segməntə] шизонт (*стадия развития простейших, напр. малярийного плазмодия*)

segmentum ['segməntəm], *pl.* **segmenta** ['segməntə] *лат., см.* **segment**

segregate ['segriˌgeit] 1. сегрегат, выделившийся компонент 2. отделять, выделять, разделять, изолировать

segregation [ˌsegri'geiʃn] 1. отделение, выделение, изоляция 2. *ген.* сегрегация (*расхождение признаков среди потомков в ряду поколений*) 3. расщепление; разъединение; расхождение

  ~ of phenotype сегрегация фенотипа
  chromatid ~ расщепление хроматид
  gene ~ расщепление генов
  genetic ~ генетическая изоляция
  mendelian ~ менделевское расщепление
  nuclear ~ деление ядра; расхождение ядер
  plastid ~ расщепление при передаче пластид

segregator [ˌsegrə'geitə] 1. сепаратор, сегрегатор (*двойной катетер для раздельного получения мочи из почек*) 2. *стом.* сепаратор (*инструмент для раздвижения зубов*)

seismesthesia [ˌsiːzmes'θiːziə] ощущение вибрации

seism ['saizəm] землетрясение

seismocardiography [ˌsiːzməʊˌkaːdi'ɒgrəfi] сейсмическая баллистокардиография, сейсмокардиография

seismotherapy [ˌsiːzməʊ'θerəpi] вибротерапия, вибромассаж

seize [siːz] хватать, захватывать

seizure ['siːʒə] 1. острое начало (*болезни*), приступ, пароксизм 2. эпилептический припадок 3. судорога, конвульсия

  ~ of pain приступ болей
  abdominal ~ абдоминальный эпилептический припадок
  absence ~ абсанс, малый эпилептический припадок (*кратковременное выключение сознания, не сопровождающееся судорогами*)
  adversive ~ адверсивный эпилептический припадок
  affective ~ аффективный эпилептический припадок
  akinetic ~ акинетический эпилептический припадок
  aphasic ~ афатический эпилептический припадок
  atonic ~ атонический припадок
  audiogenic ~ рефлекторный слуховой [аудиосенсорный] эпилептический припадок
  bizarre ~ причудливые судороги
  catamenial ~ катамениальный [менструальный] эпилептический припадок
  cerebral ~ эпилептический припадок
  clear-cut ~ чётко очерченный припадок
  clonic ~ клонический эпилептический припадок
  cluster ~s серийные [кластерные] припадки
  complex partial ~ *см.* **psychomotor** ~
  diencephalic ~ диэнцефальный [вегетативный] эпилептический припадок

evoked ~ вызванный эпилептический припадок
febrile ~s фебрильные припадки
focal ~ фокальный [локальный, парциальный] эпилептический припадок
focal visceral ~ абдоминальная эпилепсия, *уст.* Мура синдром
generalized ~s генерализованные [большие] припадки
grand mal ~ большой судорожный эпилептический припадок
gustatory ~ вкусовой эпилептический припадок
hallucinatory ~ галлюцинаторный эпилептический припадок
high-frequency ~s высокочастотные судороги
ideatory ~ идеаторный эпилептический припадок (*фокальный ЭП в форме возникновения насильственных мыслей*)
intermittent ~ перемежающийся эпилептический припадок
larval ~ субклинический [неполный] приступ
major motor ~ большой судорожный припадок
masticatory ~ жевательный [мастикаторный] эпилептический припадок
multiple ~ множественные судороги
myoclonic ~s миоклонический припадок
neonatal ~ неонатальный (*эпилептический*) припадок
oculoclonic ~ окулоклонический эпилептический припадок
oculogyric [oculomotorius] ~ глазодвигательный [окулогирный] эпилептический припадок
partial ~s парциальные [локальные] припадки
petit mal ~ малый эпилептический припадок
photogenic ~ рефлекторный зрительный [светочувствительный] эпилептический припадок
procursive ~ прокурсивный эпилептический припадок
psychic ~ психический эпилептический припадок (*выражающийся преходящими изменениями психики*)
psychomotor ~ эпилептический припадок автоматизма, психомоторный эпилептический припадок
temporal lobe ~ височная [психомоторная] эпилепсия
thunderclap ~ припадок без ауры (*подобно грому среди ясного неба*)
tonic ~ тонический эпилептический припадок
tonico-clonic ~s судорожный, тонико-клонический припадок
visual ~ зрительный эпилептический припадок

seizure-like ['siːʒə-'laik] эпилептиформный, напоминающий эпилептический припадок

sejunction [si:'dʒʌŋkʃn] сеюнкция (*расщепление ассоциативных связей мышления – причина психических расстройств, по теории Вернике*)

selachophobia [ˌsiːleikəʊ'fəʊbiə] селахофобия (*патологическая боязнь акул*)

selaphobia [ˌsiːlə'fəʊbiə] патологическая боязнь молнии или яркой вспышки света

select [sə'lekt] отбирать, производить отбор

selected [sə'lektid]:
  randomly ~ случайно выбранный

selection [sə'lekʃn] отбор, подбор; селекция *(выборочное и запланированное воспроизводство особей с различными генотипами)*

~ for surgery отбор больных для оперативного лечения

~ of donor селекция донора *(напр. для изъятия органа для трансплантации)*

adverse ~ неблагоприятный отбор *(проблема включения в медицинскую страховую программу людей, показатели здоровья которых ниже, чем в среднем в популяции)*

antibiotic ~ подбор антибиотиков

clonal ~ клональная селекция

determinant ~ направленный отбор, направленная селекция *(напр. вируса)*

dosage ~ выбор дозы

drug ~ выбор медикамента

full-sib ~ отбор по полным сибсам

half-sib ~ отбор по полусибсам

immunogen ~ селекция детерминант с высоким иммуногенным потенциалом *(напр. в процессе приготовления вакцины)*

line(ar) ~ линейный отбор, линейная селекция

lytic ~ селекция методом лизиса *(отбор клеток с требуемым фенотипом путём разрушения остальных клеточных элементов смеси)*

messenger ~ выбор матрицы

natural ~ естественный отбор; «выживание сильнейших»

pedigree ~ родословная селекция

phenotypic ~ отбор по фенотипу

random ~ случайный отбор

sexual ~ половой отбор

sib ~ отбор клонов, клональная селекция

single-trait ~ отбор по одному признаку; селекция на один признак

selective [sə'lektiv] избирательный, селективный, выборочный

truncate ~ отсекающий отбор *(только особей, которые по данному количественному признаку превосходят или не достигают определённую величину)*

selectivity [ˌsəlek'tiviti] избирательность, селективность

target ~ дискриминация мишеней

selector [sə'lektə] переключатель *(в приборе)*

band ~ переключатель диапазонов

lead ~ переключатель отведений *(электрокардиографа)*

selen [sə'li:ni] лунообразная структура

selenium [sə'li:niəm] селен *(неметалл, являющийся микронутриентом; в высоких дозах становится токсикантом)*

selenodont [sə'li:nəʊdɒnt] имеющий лунчатые зубы ǁ селенодонтный, лунчатый

selenoprotein [sə,li:nəʊ'prəʊti:n] селенопротеид, селенсодержащий белок

selenosis ['seli:'nəʊsis] отравление селеном

self¹ [self] *псих.* 1. личность, сам; «самость»; «Я»; эго 2. вес личности

client's real ~ истинная суть пациента

cohesive ~ *психоан.* интегрированное «Я»

manifesting ~ *психол.* самовыражение

subliminal ~ *психоан.* подпороговое «Я»

self² *иммун.* «свой» *(в отличие от чужеродного для организма)*

altered ~ самоизменяющийся *(напр. оперон)*, изменённое «своё» *(изменённая аутоантигенная детерминанта)*

harmful ~ угрожающее «своё» *(аутоагрессивная детерминанта)*

not ~ чужой, чужеродный *(напр. трансплантат)*, «не свой», распознаваемый и отторгаемый, вызывающий иммунную реакцию

self-abasement [ˌself-ə'beismənt] самоуничижение

self-abnegation [ˌself-æbni'geiʃn] 1. самоотречение 2. самопожертвование

self-absorption [ˌself-əb'sɔ:pʃn] самопоглощение

self-abuse [ˌself-ə'bju:s] 1. самоунижение 2. онанизм, мастурбация

self-acceptance [ˌself-ək'septəns] самоприятие

self-accusation [ˌself-ækju'seiʃn] *псих.* самообвинение

self-acting [ˌself-'æktiŋ] автоматический; самопроизвольный

self-actualization [ˌself-ˌæktjʊəlai'zeiʃn] 1. самопознание; самосознание 2. самовыражение, самореализация

self-adhesive [ˌself-əd'hi:ziv] самоприлипающий, самоклеящийся

self-adjusting [ˌself-ə'dʒʌstiŋ] самонастраивающийся

self-administration [ˌself-ədmini'streiʃn] приём лекарственного средства без контроля врача, самолечение

self-affirmation [ˌself-æfə'meiʃn] *психол.* самоутверждение

self-aggregate [ˌself-'ægrigət] подвергаться спонтанной агрегации

self-aggression [ˌself-ə'greʃn] аутоагрессия *(1. самоповреждающие действия 2. форма активной клеточной иммунной реакции на аутоантигены)*

self-alienation [ˌself-eiliə'neiʃn] самоотчуждение, отчуждение собственного «Я»

self-analysis [ˌself-ə'nælisis] самоанализ

self-antigen [ˌself-'æntidʒən] аутоантиген

self-appraisal [ˌself-ə'preizl] самооценка

self-assembly [ˌself-ə'sembli]:

~ of myosin самосборка миозина

self-assertiveness [ˌself-ə'sɜːtivnəs] *психол.* самоутверждение

self-assessment [ˌself-ə'sesmənt] 1. *психол.* самооценка 2. самотестирование 3. программированное пособие, пособие по самоподготовке

perfect ~ совершенное [безупречное] самотестирование

self-assurance [ˌself-ə'sjʊərəns] самоуверенность; самонадеянность

self-awareness [ˌself-ə'weənəs] самосознание *(разрешение чьих-л. душевных переживаний, обусловленных жизненной ситуацией, как основная задача психотерапии)*

self-care [ˌself-'keə] самопомощь

self-catheterization [ˌself-ˌkæθəterai'zeiʃn]:

intermittent ~ периодическая самокатетеризация

self-centered [ˌself-'sentəd] 1. эгоистичный 2. эгоцентричный 3. аутичный

self-certification [ˌself-ˌsətifi'keiʃn] письменное представление о своём заболевании

self-cleaning [ˌself-'kli:i:ŋ] самоочищение

self-cleavage [ˌself-ˈkliːviːʤ] саморасщепление, автогидролиз

self-collected [ˌself-kəˈlektid] собранный, хорошо владеющий собой, хладнокровный

self-command [ˌself-kəˈmaːnd] самообладание, сдержанность

self-compatibility [ˌself-kəmˌpætəˈbiləti] самосовместимость

self-complacency [ˌself-kəmˈpleisnsi] самодовольство; самоуспокоенность

self-condemnation [ˌself-ˌkɒndemˈneiʃn] самоосуждение, самообвинение

self-confidence [ˌself-ˈkɒnfidəns] самоуверенность

  low ~ неуверенность в себе

self-conquest [ˌself-ˈkɒŋkwest] преодоление собственных пороков и недостатков

self-consciousness [ˌself-ˈkɒnʃəsnəs] 1. чувство неловкости, смущения; застенчивость 2. самосознание

self-contained [ˌself-kənˈteind] 1. сдержанный, замкнутый, необщительный 2. изолированный, отдельный 3. самостоятельный; независимый; автономный

self-contradiction [ˌself-kɒntrəˈdikʃn] внутреннее противоречие

self-control [ˌself-kənˈtrəʊl] самоконтроль, самообладание

self-decieving [ˌself-diˈsiːviŋ] самообман

self-defeating [ˌself-diˈfiːtiŋ] саморазрушение *(напр. о расстройстве личности)*

self-defense [ˌself-diˈfens] самозащита, самооборона

self-delusion [ˌself-diˈluːʒn] самообман

self-denial [ˌself-diˈnaiəl] самоотречение

self-deprecation [ˌself-deprəˈkeiʃn] 1. самоизнурение 2. самоуничижение, умаление собственного достоинства 3. самообвинение

self-destruction [ˌself-diˈstrʌkʃn] самоликвидация, самоуничтожение, самоубийство

selfdestructive [ˌself-diˈstrʌktiv] саморазрушительный, самодеструктивный *(напр. о поведении, акте)*

self-determinant [ˌself-diˈtəːminənt] аутоантигенная детерминанта, аутоэпитоп, аутодетерминанта

self-devotion [ˌself-diˈvəʊʃn] 1. преданность 2. самопожертвование

self-differentiation [ˌself-difərˌenʃiˈeiʃn] аутодифференциация, аутодифференцировка

self-digestion [ˌself-daiˈʤestʃən] аутолиз, самопереваривание; саморазрушение

self-discrimination [ˌself-diˌskrimiˈneiʃn] распознавание «своего», когнантное распознавание

self-dispraise [ˌself-disˈpreiz] самопорицание, неодобрение своих действий

self-distrust [ˌself-disˈtrʌst], **self-doubt** [ˌself-ˈdaut] неверие в собственные силы, неуверенность в себе

self-education [ˌself-edjʊˈkeiʃn] 1. самообучение, самосовершенствование 2. феномен «самообучения» *(ускользание Т-лимфоцита от механизма тимусной селекции)*

self-effacement [ˌself-iˈfeismənt] *см.* self-deprication 2, 3

self-encasement [ˌself-inˈkeismənt] ущемление участка тонкой кишки в брыжеечном кармане

self-energizing [ˌself-ˈenəʤaiziŋ] самовозбуждение ǁ самовозбуждающийся, с автономным источником питания *(напр. о кардиостимуляторе)*

self-epitope [ˌself-ˈepitəʊp] аутогенная детерминанта, аутоэпитоп, аутодетерминанта

self-esteem [ˌself-iˈstiːm] 1. самоуважение, чувство собственного достоинства 2. самооценка

  inflated ~ завышенная самооценка

  poor ~ заниженная самооценка

self-examination [ˌself-igˌzæmiˈneiʃn] 1. самопроверка, самообследование 2. самоанализ; критическая самооценка

  breast ~ самообследование молочной железы

self-existing [ˌself-igˈzistiŋ] эссенциальный, идиопатический, спонтанный, самопроизвольный

self-expression [ˌself-iksˈpreʃn] самовыражение

self-forgetfulness [ˌself-fəˈgetflnəs] самозабвение; бескорыстие

self-growth [ˌself-ˈgrəʊθ] саморазвитие *(напр. ребёнка)*

self-harm [ˌself-ˈhaːm] членовредительство, самоповреждение

  deliberate ~ умышленное членовредительство, или самоповреждение

self-hatred [ˌself-ˈheitrid] ненависть к себе

self-healing [ˌself-ˈhiːliŋ] самоизлечение, самозаживление

self-hemagglutination [ˌself-hiˌməˌgluːtiˈneiʃn] неспецифическая [спонтанная] гемагглютинация

self-humiliation [ˌself-hjʊˌmiliˈeiʃn] самоуничижение

self-hypnosis [ˌself-hipˈnəʊsis] аутогипноз

self-ideal [ˌself-aiˈdiəl] идеальный образ себя, идеал-«Я»

self-idiotype [ˌself-ˈidiˌəʊtaip] аутоидиотипическая детерминанта, аутоидиотип

self-immolation [ˌself-iməʊˈleiʃn] 1. самосожжение 2. самопожертвование

self-importance [ˌself-imˈpɔːtns] собственная значимость, большое самомнение

self-incrimination [ˌself-inkrimiˈneiʃn] дача невыгодных для себя показаний, самообвинение

self-induction [ˌself-inˈdʌkʃn] самоиндукция

self-indulgence [ˌself-inˈdʌlʤəns] потворство, потакание своим желаниям

self-infection [ˌself-inˈfeikʃn] аутоинфекция, аутогенная [эндогенная] инфекция

self-infliction [ˌself-inˈflikʃn] *см.* self-harm

self-injury [ˌself-ˈinʤəri] 1. случайное повреждение самого себя *(напр. хирургом во время операции)* 2. членовредительство

self-inoculation [ˌself-inɒkjʊˈleiʃn] аутовакцинация

self-interview [ˌself-ˈintəvjuː] саморегистрация *(напр. больного)*

selfishness [ˈselfiʃnəs] эгоизм, себялюбие

self-judgment [ˌself-ˈʤʌʤmənt] *психол.* самооценка

self-killer [ˌself-ˈkilə] 1. самоубийца 2. аутологичная клетка-киллер

self-killing [ˌself-ˈkiliŋ] *см.* self-murder

self-lighting [ˌself-ˈlaitiŋ] самовоспламеняющийся

self-limited [ˌself-ˈlimitid] самоограничивающийся, самокупирующийся

self-limiting [ˌself-ˈlimitiŋ] самоограничение

self-locking [ˌself-ˈlɒkiŋ] автоматически закрывающий(ся), самоблокирующий(ся) *(напр. о сосудистом зажиме)*

self-love [ˌself-'lʌv] **1.** себялюбие; эгоизм **2.** инстинкт самосохранения

self-maiming [ˌself-'meimiŋ] *см.* **self-harm**

self-marker [ˌself-'maːkə] *иммун.* отметчик [маркёр] «своего»

self-medication [ˌself-medi'keiʃn] самолечение

self-monitoring [ˌself-'mɒnitəriŋ] самонаблюдение, самоконтроль *(напр. за сахарным диабетом, АД и пр.)*

self-murder [ˌself-'məːdə] самоубийство, суицид

self-mutilation [ˌself-ˌmjuːti'leiʃn] **1.** членовредительство **2.** самоповреждение *(напр. расчёсы, генерализация инфекции)*

self-mutilator [ˌself-'mjuːtileitə] особь, наносящая сама себе увечье

self-neglect [ˌself-ni'glekt] самоуничижение; пренебрежительное [халатное] отношение к себе или своему здоровью

self-noise [ˌself-'nɒiz] собственные шумы

self-nourishing [ˌself-'nʌriʃiŋ] аутотрофный

self-observation [ˌself-ɒbzə'veiʃn] самонаблюдение

self-opinion [ˌself-ə'pinjən] самомнение; самоуверенность

self-organization [ˌself-ˌɔːɡənai'zeiʃn] самоорганизация *(генетическая организация индивидуумов или популяций)*

self-peptide [ˌself-'peptid] аутологичный пептид

self-pity [ˌself-'piti] жалость к себе

self-poisoning [ˌself-'pɒizniŋ] аутоинтоксикация, эндогенная интоксикация

self-pollution [ˌself-pə'luːʃn] онанизм, мастурбация

self-posessioning [ˌself-pə'zeʃniŋ] выдержка, самообладание, хладнокровие

self-potential [ˌself-pə'tenʃl] естественный потенциал

self-powered [ˌself-'pauəd] с автономным источником питания *(напр. о кардиостимуляторе)*

self-presentation [ˌself-prezn'teiʃn] *см.* **self-referral**

self-preservation [ˌself-ˌprezə'veiʃn] самосохранение

self-producing [ˌself-prə'djuːsiŋ] самопорождающий; вызванный самим, аутогенный

self-propagating [ˌself-'prɒpəɡeitiŋ] саморазмножающийся *(напр. о культуре клеток)*

self-punishment [ˌself-'pʌniʃmənt] самонаказание

self-rating [ˌself-'reitiŋ] *псих.* самооценка, ауторейтинг

self-recognition [ˌself-rekəɡ'niʃn] *иммун.* распознавание «своего»

self-recovery [ˌself-ri'kʌvəri] самоизлечение, спонтанное выздоровление

self-reference [ˌself-'refrəns] отношение к самому себе

self-referral [ˌself-ri'fəːrəl] самостоятельное обращение *(напр. больного к врачу)*

self-reliance [ˌself-ri'laiəns] уверенность в себе, в своих силах

self-renewing [ˌself-ri'njuːiŋ] самовосстанавливающийся, самообновляющийся

self-renunciation [ˌself-ri,nʌnsi'eiʃn] самоотречение, самопожертвование

self-replication [ˌself-repli'keiʃn] ауторепликация

self-report [ˌself-ri'pɔːt] самоотчёт; ответы на вопросы опросника

self-reproach [ˌself-ri'prəʊtʃ] *см.* **self-accusation**

self-restraint [ˌself-ri'streint] самоограничение, самообладание; сдержанность

self-slaughtor [ˌself-'slɔːtə] *см.* **self-murder**

self-strangulation [ˌself-ˌstræŋɡjʊ'leiʃn] *суд. мед.* самоудавление

self-sufficing [ˌself-sə'faisiŋ] **1.** независимый, самостоятельный **2.** самонадеянный, самодовольный **3.** автономный *(напр. о системе жизнеобеспечения)*

self-suggestion [ˌself-sə'ʤestʃn] самовнушение, аутосуггестия

self-support [ˌself-sə'pɔːt] самостоятельность, независимость

self-surrender [ˌself-sə'rendə] подчинение чужой воле, чужому желанию

self-surveillance [ˌself-sə'veiləns] самонаблюдение

self-suspension [ˌself-sə'spenʃn] вытяжение тела *(обычно за подмышечные впадины или голову)*

self-sustained [ˌself-sə'steind] самоподдерживающийся

self-tests [ˌself-'tests] самотестирование; самоконтроль

   perfect ~ совершенное самотестирование

self-tolerance [ˌself-'tɒlərəns] аутотолерантность *(толерантность к антигенам собственного организма)*

self-violence [ˌself-'vaiələns] *см.* **self-murder**

self-will [ˌself-'wil] упрямство, своеволие

sella ['selə] седлообразная структура

   ~ **turcica** турецкое седло

   bridged ~ закрытое турецкое седло *(с мостиком или перемычкой)*

   empty ~ «пустое» турецкое седло *(напр. при пневмоэнцефалографии)*

   tiny ~ турецкое седло малых размеров

sellar ['selər] относящийся к турецкому седлу

sellotape ['seləʊteip]:

   adhesive ~ прозрачная липкая лента *(применяемая в диагностике энтеробиоза)*

seltzer ['seltsə], **seltzer-water** ['seltsə-,wɔːtə] сельтерская вода

semantics [si'mæntiks] семантика *(1. изучение смысла и употребления слов 2. изучение связи между знаками и их смыслом; связь между признаками в системе; поведенческие реакции человека на символы)*

sematic [si'mætik] сематический, сигнализирующий об опасности

semblance ['sembləns] **1.** подобие, сходство **2.** *психоан.* видимость

semeiography [simi'ɒɡrəfi] описание симптомов *(болезни)*

semeiology [ˌsiːmi'ɒləʤi] **1.** семиотика, семиология, симптоматология **2.** патогномика

   general ~ общая семиотика

   special ~ частная семиотика

semeiotic [ˌsiːmi'ɒtik] **1.** симптоматический, семиотический **2.** патогномоничный, характерный для данной болезни *(о признаке)*

semeiotics [ˌsiːmi'ɒtiks] *см.* **semiotics**

semelincident [ˌseməl'insidənt] однократный эпизод *(об инфекционном заболевании, оставляющем стойкий иммунитет)*

semen ['siːmən], *pl.* **semina** ['siːmənə] сперма, семенная жидкость, эякулят

   frozen ~ замороженная сперма

lyophilized ~ лиофилизированная сперма

processed ~ обработанная сперма

stored ~ консервированная сперма

semenuria [ˌsiːmənˈjuːriə] сперматурия

semi-annual [ˌsemi-ˈænjʋəl] **1.** полугодовой, происходящий раз в полгода **2.** вегетирующий в течение полугода

semiarid [ˌsemiˈærid] полузасушливый, полупустынный, семиаридный

semicanal [ˌsemiːkəˈnæl], **semicanalis** [ˌsemiːkəˈnæliːz], *pl.* **semicanales** [ˌsemikəˈnæliːz] костные полукружные каналы (*общее название трёх полукружных каналов, входящих в состав костного лабиринта внутреннего уха*)

semicircular [ˌsemiˈsəːkjʋlə] полукружный (*о каналах костного лабиринта*)

semicoma [ˌsemiˈkəʋmə] лёгкая степень комы; сопор (*глубокая стадия оглушения*)

semicomatose [ˌsemiˈkəʋmətəʋs], **semiconscious** [ˌsemiˈkɒnʃəs] находящийся в полубессознательном состоянии || полубессознательный

semiconductor [ˌsemiˈkɒndʌktə] **1.** полупроводник **2.** полупроводниковый прибор

donor [electronic] ~ электропроводник

lamellar ~ слоистый полупроводник

low-resistance ~ низкоомный полупроводник

semicough [ˌsemiˈkɒf] покашливание

semidecussation [ˌsemiˌdiːkəˈseiʃn] частичный перекрёст (*напр. нервных волокон*)

semidiaphanous [ˌsemiˈdaiˈæfənəs] полупрозрачный

semi-dominance ['semi-ˌdɒminəns] неполное доминирование

semidormant [ˌsemiˈdɔːmənt] с пониженной активностью

semiflexion [ˌsemiˈflekʃn] неполное сгибание (*напр. конечности*)

semifluid [ˌsemiˈfluːid] полужидкий

semihard [ˌsemiˈhaːd] полужёсткий

semilente [ˌsemiˈlenti], **semilong** [ˌsemiˈlɒŋ] средней продолжительности действия (*препарат*)

semiliquid [ˌsemiˈlikwid] полужидкий

semilunar [ˌsemiˈluːnə] полулунный (*напр. клапан*), серповидный (*напр. эритроцит*)

semiluxation [ˌsemiˈləkˈseiʃn] неполный вывих, подвывих

semimalignant [ˌsemiˈməˈlignənt] условно злокачественный, с наклонностью к малигнизации

semimembranous [ˌsemiˈmembrənəs] полуперепончатый (*напр. о мышце*)

semimicroburette [ˌsemiˌmaikrəʋbjʋˈret] полумикробюретка

semi-mute [ˌsemi-ˈmjuːt] полунемой

seminal ['seminəl] относящийся к сперме || семенной; зародышевый

seminar ['seminaː] **1.** совещание специалистов **2.** краткосрочный интенсивный курс обучения

travelling ~ выездной семинар

workshop ~ научно-практический семинар, тренинг, обсуждение на рабочей группе

seminarcosis [ˌsemiːnaːˈkəʋsis] поверхностный [лёгкий] наркоз

semination [ˌsemiˈneiʃn] **1.** оплодотворение; обсеменение, инсеминация **2.** рассеивание семян

seminiferous [ˌsemiˈnifərəs] семявыносящий

seminific(al) [ˌsemiˈniˈfikl] образующий сперму

seminoma [ˌsemiˈnəʋmə] семинома (яичка), сперматогониома

ovarian ~ дисгерминома, эмбриональная карцинома [семинома] яичника

seminormal [ˌsemiˈnɔːməl] **1.** полунормальный (*о растворе*) **2.** не соответствующий норме

seminuria [ˌsiːmiˈnjuːriə] сперматурия (*наличие сперматозоидов в моче*)

semiologic [ˌsiːmiˈəʋˈlɒdʒik] симптоматический

semiology [ˌsiːmiˈɒlədʒi] *см.* **semeiology**

semiopaque [ˌsemiˈəʋˈpeik] полупрозрачный

semi-open [ˌsemi-ˈəʋrən] полуоткрытый (*напр. контур наркозного аппарата*)

semiotics [ˌsiːmiˈɒtiks] *см.* **semeiology**

semiparasite [ˌsemiˈpærəsait] полупаразит

semipenniform [ˌsemiˈpenifɔːm] одноперистый (*о мышце*)

semipermeable [ˌsemiˈpəːmiˈəbl] полупроницаемый

semiplegia [ˌsemiˈpliːdʒiə] гемиплегия (*паралич мышц одной половины тела*)

semipronation [ˌsemiːprəʋˈneiʃn] **1.** промежуточное положение, положение между лёжа на животе и положением на боку **2.** положение между пронацией и супинацией

semiquantitative [ˌsemiˈkwɒntiˌteitiv] полуколичественный

semirecumbent [ˌsemiˈriːˈkʌmbənt] **1.** полулежащий, в положении полулёжа **2.** находящийся на полупостельном режиме

semis ['siːmis] **1.** половина **2.** *pl.* полуфабрикаты

semisideration [ˌsemisideˈreiʃn] гемиплегия (*паралич одной из парных конечностей*)

semisitting [ˌsemiˈsitiŋ] полусидя || полусидячий (*напр. о положении больного*)

semisomnus [ˌsemiˈsɒmnəs], **semisopor** [ˌsemiˈsəʋpɔː] сопор (*глубокая стадия оглушения*)

semispecies [ˌsemiˈspiːʃiːz] полувид

semisphere ['semisfiə] полушарие

semistarvation [ˌsemiːstaːˈveiʃn] лечебное голодание

semisupination [ˌsemiːsuːpiˈneiʃn] положение между супинацией и пронацией

semisyngeneic [ˌsemiˈsindʒəˈneik] полусингенный

semisynthetic [ˌsemiːsinˈθetik] полусинтетический (*напр. антибиотик*)

semitendinosus [ˌsemiˈtendiˈnəʋsəs] полусухожильная мышца, часть сухожильной структуры

semitranslucent [ˌsemiːtrænsˈluːsent] полупрозрачный

send [send] **1.** приводить в какое-л. состояние **2.** помещать (*напр. в больницу, тюрьму*); изолировать **3.** прекратить общение

to ~ to sleep усыпить

sender ['sendə] **1.** передатчик, передающий прибор **2.** датчик **3.** регистр

sending ['sendiŋ] **1.** посылка, передача (*сигнала*) **2.** пересчёт и передача импульсов (*с предварительной регистрацией принятых импульсов*)

senega ['senədʒə] сенега, змеиный корень (*Polygala senega – отхаркивающее средство*)

senergia [siˈnəːdʒiə] синергия, синергизм, совместное действие

1013

senescence [si:'nesəns] старение; одряхление

~ **in the skin** старение кожи

dental ~ разрушение зубов и других структур в пожилом и старческом возрасте

senescent [si:'nesənt] стареющий

senesthoalgy [si:,nesθəʊ'ælʤi] сенестоалгия (болевое ощущение, потерявшее зависимость от психогении)

senesthopathic-hypochondriacal [si:,nesθəʊ'præθik-,haipəʊkɒn'driəkəl] сенестопатически-ипохондрический (о психозе)

senesthopathy [,si:nes'tɒpəθi] сенестопатия (крайне тягостные психогенные ощущения в различных частях тела)

seniculture [,si:ni'kʌltʃə] герогигиена, гигиена старости

senile ['si:nil] сенильный, старческий

senilism ['si:nilizm] преждевременное старение

senility [sə'niliti] 1. старость; старческий возраст 2. угасание, старение

premature ~ преждевременная старость

senior ['si:niə] 1. старший (по возрасту, положению); пожилой человек 2. половозрелое животное 3. старшекурсник (средней школы, университета)

~ **on tuberculosis** советник по борьбе с туберкулёзом (напр. врач-фтизиатр)

seniority [,si:ni'ɒrəti] 1. старшинство 2. трудовой стаж

senium ['si:niəm] старческий [сенильный] возраст

~ **praecox** см. **senilism**

senna ['senə]:

Alexandria ~, **Cassia** ~ кассия, александрийский лист (слабительное)

senopia [si:'nəʊpiə] пресбиопия, старческая дальнозоркость

sensate ['senseit] 1. относящийся к поверхностной [экстероцептивной] чувствительности 2. ощущать, чувствовать

sensation [sen'seiʃn] 1. чувство, восприятие, сенсорика, сенсация (ощущение) 2. новинка, сенсация (неожиданность)

~ **of distress** предчувствие беды

~ **of dizziness** ощущение головокружения

abnormal ~ расстройство чувствительности

aching ~ болезненная чувствительность, ощущение боли

achromatic ~ отсутствие цветового зрения, ахроматопсия, ахропсия

beltlike ~ зонестезия (парестезия в виде ощущения давящего пояса)

benumbed ~ ощущение онемения

bodily ~**s** физические ощущения

body ~**s** телесные сенсации, или сенсопатии (патологические телесные ощущения)

chilly ~ ощущение озноба, или познабливания

choke [**choking**] ~ ощущение [чувство] удушья

cincture ~ см. **beltlike** ~

color ~ цветовое восприятие

concomitant ~ локальное чувство, сохраняющееся после удаления или исчезновения раздражителя

creeping ~ ощущение «ползания мурашек»

dermal ~ чувствительность кожи

directional ~ чувство ориентации

distinct ~ отчётливое ощущение (напр. пульсации)

double simultaneous tactile ~ двойное одновременное тактильное ощущение

eccentric ~ см. **referred** ~

epileptic ~ зрительные, слуховые, вкусовые и другие галлюцинации, возникающие во время эпилептического приступа

external ~ восприятие внешних раздражений

girdle ~ см. **beltlike** ~

internal ~ эндогенное ощущение (напр. голод, жажда)

olfactory ~ обоняние, чутьё

pallesthetic ~ паллестезия (возникновение слухового ощущения при воздействии вибрации)

persistent ~ стойкое ощущение (продолжающееся после прекращения действия раздражителя)

pin ~ чувство покалывания

primary ~ непосредственное ощущение (в месте нанесения раздражения)

proprioceptive ~ проприоцептивная чувствительность

referred [**reflex**] ~ рефлекторное ощущение (локализация которого не совпадает с местом раздражения)

scraping ~ ощущение царапания

special ~ экстероцептивное ощущение, обусловленное функцией одного из органов чувств (напр. зрительное, слуховое)

testing pinprick ~ проверка чувствительности покалыванием кожи иглой

tingling ~ чувство пощипывания

touch ~ тактильная чувствительность, осязание

transferred ~ см. **referred** ~

visible [**visual**] ~ зрительное восприятие

sense [sens] 1. чувство, ощущение, восприятие || чувствовать; ощущать, воспринимать 2. pl. сознание; психика; разум; здравый смысл; значение || понимать 3. общее настроение, дух

~ **of discomfort** неприятное ощущение, ощущение дискомфорта

~ **of equilibrium** чувство равновесия, статокинетическое чувство

~ **of hearing** см. **acoustic** ~

~ **of sight** зрение

~ **of smell** обоняние

~ **of space** чувство пространства

~ **of taste** вкус

~ **of time** чувство времени

~ **of touch** осязание; на ощупь

~ **of vision** зрение

~ **of well-being** хорошее самочувствие

acoustic [**auditory, aural**] ~ слух, слуховое восприятие

brain ~ здравый смысл

chemical ~ химическая чувствительность

clockwise ~ правое направление вращения, вращение по часовой стрелке (напр. плоскости поляризации)

color ~ цветовое зрение, цветоощущение, цветоразличение

common ~ здравый смысл

genesic ~ инстинкт размножения

heightened ~ **of self-esteem** повышенная самооценка

joint ~ см. **kinesthetic** ~

kinesthetic ~ кинестезия, мышечно-суставное [проприоцептивное] чувство

light ~ 1. светоощущение 2. светочувствительность

limb position ~ ощущение положения конечности

motion ~ чувство движения

muscle [muscular] ~ *см.* **kinesthetic ~**

pain ~ болевая [ноцицептивная] чувствительность

pervasive ~ всеобъемлющее чувство

position [posture] ~ проприоцептивная чувствительность

pressure ~ барестезия, ощущение давления

reproductive ~ *см.* **genesic ~**

seventh ~ *см.* **visceral ~**

sixth ~ койнестезия, «общее чувство»; интуиция

space ~ пространственное чувство

special ~s специфические виды чувствительности *(слух, зрение, обоняние, вкус, осязание)*

static ~ чувство равновесия, статокинетическое чувство

stereognostic ~ стереогностическое чувство, стереогноз

tactile ~ *см.* **~ of touch**

temperature ~ температурная чувствительность

thermal ~ *см.* **temperature ~**

time ~ чувство времени

tone ~ способность различать тона, «музыкальный слух»

unfavourable ~ негативный смысл

vibration [vibratory] ~ чувство [ощущение] вибрации, вибрационная чувствительность

visceral ~ спланхнестезия, «висцеральное чувство» *(ощущение внутренних органов)*

senseless ['sensləs] 1. нечувствительный; бесчувственный 2. бессмысленный; бессодержательный

sensibiligen [ˌsensiˈbiliʤən] анафилактоген; аллерген

sensibilin [ˌsensiˈbilin], **sensibilisin** [ˌsensiˈbilizin] анафилактин; аллерген

sensibility [ˌsensiˈbiliti] 1. чувствительность, восприимчивость 2. реактивность 3. *pl.* уязвимость, ранимость 4. точность *(напр. прибора)*

articular ~ суставно-мышечное чувство

bone ~ вибрационная чувствительность, паллестезия

common ~ койнестезия, «общее чувство»

cortical ~ корковое восприятие

deep ~ проприоцептивная [глубокая] чувствительность, батиэстезия

dissociation ~ диссоциация чувствительности *(отсутствие чувств боли и тепла при сохранении чувства осязания)*

epicritic ~ эпикритическая чувствительность

pallesthetic [palmesthetic] ~ паллестезия *(возникновение слухового ощущения при воздействии вибрации)*

protopathic ~ протопатическая чувствительность *(филогенетически древний вид чувствительности, характеризующийся ограниченными возможностями дифференциации раздражений)*

recurrent ~ восстановление чувствительности передних корешков спинного мозга

somesthetic ~ *см.* **deep ~**

splanchnesthetic ~ спланхнестезия, интероцептивная [висцеральная] чувствительность

sensibilization [ˌsensibiliˈzeiʃn] сенсибилизация *(повышенная чувствительность организма к воздействию какого-л. фактора)*

sensibilizator [ˌsensibiliˈzeitə], **sensibilizer** [ˌsensibiˈlaizer], **sensibilizin** [ˈsensibiliˌzin] сенсибилизирующий агент, сенсибилизатор

sensible [ˈsensibl] 1. чувствительный, ощущаемый, ощутимый, воспринимаемый органами чувств 2. разумный; рассудительный 3. находящийся в сознании

sensiferous [senˈsifərəs] передающий [проводящий] ощущение

sensilla [senˈsilə] сенсилла *(чувствующий орган)*

sensimetry [senˈsimətri] эстезиометрия *(определение порога чувствительности, напр. температурной и др.)*

sensing [ˈsensiŋ]:

remote ~ 1. дистанционное изучение *(напр. биосферы самолётами и спутниками)* 2. ощущение на расстоянии 3. проведение телеметрии

sensitinogen [ˌsensiˈtinɒʤən] анафилактоген

sensitive [ˈsensitiv] 1. чувствительный; восприимчивый; впечатлительный 2. чуткий; быстро реагирующий 3. точный *(прибор)*; прецизионный *(шов)*

sensitivity [ˌsensiˈtiviti] 1. чувствительность; сенситивность; восприимчивость 2. сенсибилизация 3. светочувствительность 4. цена деления *(шкалы)*

~ to aspirin гиперчувствительность к аспирину

acceleration ~ высокая чувствительность к ускорению

age ~ 1. возрастная чувствительность 2. межвозрастные различия

antibiotic ~ чувствительность к антибиотикам

average ~ средний показатель чувствительности *(метода)*

carotid ~ чувствительность каротидных клубочков

chromatic [color] ~ цветовое зрение, цветоощущение, цветоразличение

contact ~ контактная чувствительность *(к аллергену)*

cross ~ перекрёстная чувствительность

dosage ~ чувствительность к облучению

drug ~ непереносимость лекарственного средства

excessive ~ чрезмерная чувствительность

food ~ies сенсибилизация на пищевые продукты

insulin ~ чувствительность к инсулину

light ~ светоощущение; светочувствительность

low grade ~ слабая реакция *(напр. на туберкулин)*

morbid ~ патологически повышенная чувствительность; болезненная раздражительность

overall ~ предельная (свето)чувствительность

radiation ~ радиочувствительность

sex ~ половая чувствительность

shear ~ чувствительность к повреждающему действию силы сдвига

skin ~ кожная сенсибилизация

threshold ~ пороговая чувствительность

ultimate ~ предельная чувствительность

X-ray ~ чувствительность к рентгеновским лучам, или рентгеновскому излучению

sensitization [ˌsensitiˈzeiʃn] 1. сенсибилизация, аллергизация *(повышение чувствительности организма к воздействию какого-л. фактора)* 2. сенситизация *(разновидность терапии отвращения, во время которой раздражитель, вызывающий у человека беспокойство, формирует к нему неприязнь)*

~ of cells сенсибилизация клеток *(нагрузка клеток антителами)*

antibody ~ пассивная сенсибилизация *(формируемая введением в интактный организм плазмы крови или лимфоидных клеток от активно сенсибилизированного донора)*

antigen ~ активная сенсибилизация *(возникающая при попадании аллергена [антигена] в организм)*

autoerythrocyte ~ 1. психогенная пурпура *(в области лица и шеи)* 2. аутоиммунная анемия

covert ~ скрытая сенситизация *(психотерапевтический метод)*

cross ~ перекрёстная сенсибилизация *(к антигенам, имеющим общие детерминанты с аллергеном, вызвавшим сенсибилизацию)*

drug ~ повышенная чувствительность к лекарственному препарату

epicutaneous ~ накожная сенсибилизация

passive ~ пассивная иммунизация *(при лечении специфической сывороткой)*

photodynamic ~ фотодинамическая сенсибилизация *(опухолевых клеток, бактерий воздействием лазерного излучения)*

protein ~ повышенная чувствительность к чужеродному белку, анафилаксия

RBS [Rh] ~ резус-сенсибилизация, резус-иммунизация

transfusion-induced ~ посттрансфузионная анафилаксия

sensitize ['sensitaiz] делать чувствительным, повышать чувствительность; сенсибилизировать

sensitizer ['sensi,taizə] сенсибилизирующее вещество

common ~ конвенциональные [убиквитарные] аллергены *(широко распространённые в природе)*

immunoselective ~ иммуноселективный сенсор *(напр. иммуноселективный электрод)*

optical ~ оптическая скамья, оптический сенсор *(клеточного сортера)*

radiation ~ радиосенсибилизатор

sensomobile [,sensəu'məubil] отвечающий движением на раздражение

sensor ['sensə] 1. чувствительный элемент; датчик, сенсор; первичный преобразователь 2. рецептор

biological oxygen demand ~ сенсор биологической потребности в кислороде, сенсор БПК

chemFET integrated circuit ~ химически чувствительный полевой транзистор с интегральной схемой-чипом

heat ~ тепловой датчик

implantable ~ имплантируемый [вживляемый] датчик

light ~ преобразователь световой энергии; светочувствительный элемент

liquid-level ~ датчик уровня жидкости

multipurpose enzyme ~ многоцелевой ферментный сенсор

nucleonic ~ преобразователь, чувствительный к ионизирующему излучению

optical ~ оптическая скамья, оптический сенсор *(клеточного сортера)*

oxygen ~s рецепторы кислорода

remote ~ дистанционный датчик, или сенсор

sight ~ зрительный рецептор

smell ~ обонятельный рецептор

tactile ~ *см.* **touch** ~

temperature ~ термочувствительный элемент

touch ~ тактильный рецептор

sensoriglandular [,sensəri'glændjulə] относящийся к рефлекторной секреции желёз

sensorimotor [,sensəri'məutə] сенсорно-двигательный *(нерв)*

sensorimuscular [,sensəri'mʌskju:lə] вызывающий рефлекторное сокращение мышцы

sensorineural [,sensəri'nu:rəl] относящийся к чувствительному нерву

sensorium [sən'sɔ:riəm], *pl.* **sensoria** [sən'sɔ:riə] 1. сенсориум *(1. чувствительная зона коры головного мозга 2. центр чувствительного нерва)* 2. сознание; психическая деятельность; сенсорная функция, чувствительность 3. *pl.* органы чувств

sensorivascular [,sensəri'væskjulə], **sensorivasomotor** [,sensəri,væsəu'məutə] относящийся к вазомоторным рефлексам

sensory ['sensəri] сенсорный, чувствительный; воспринимающий

sensory-system ['sensəri,sistəm] органы чувств

sensual ['senʃuəl] 1. чувственный 2. плотский, половой 3. сладострастный

sensualism ['senʃuəlizm] 1. эмоциональность, чувственность 2. сенсуализм *(философское учение, признающее единственным источником познания ощущения)*

sentence ['sentəns] 1. *суд. мед.* приговор, судебное решение || выносить приговор, осуждать 2. сентенция 3. предложение

~ of death *суд. мед.* смертный приговор

life ~ 1. пожизненное заключение 2. *психол.* жизненный приговор *(негативная развязка сценария «игры»)*

nominal ~ условное наказание

prison ~ наказание в виде лишения свободы

sentics ['sentiks] изучение эмоций

sentience ['senʃiəns] чувствительность

sentient ['senʃiənt] чувствующий, ощущающий

sentiment ['sentimənt] 1. чувство, сентимент; сентиментальность 2. *pl.* мнение, отношение, настроение

~ of pity чувство жалости, или сожаления

sentimorganide [,senti'mɔ:gənid] сантиморган, сантиморганида, сМ *(единица измерения генетического расстояния равная расстоянию между двумя генами в одной хромосоме, рекомбинация в мейозе происходит с частотой 1 %)*

sentinel ['sentinl] 1. «часовой»; сторожевой орган || охранять || сигнальный; сторожевой *(о регионарных лимфоузлах при раке)* 2. метка; маркёр || меченый; контрастный; рентгеноконтрастный; отличающийся 3. особь-часовой *(в группе животных)*

~ of disease барьер к распространению патологического процесса *(о лимфоузлах)*

sentisection [,senti'sekʃn] вивисекция без обезболивания

senvy ['senvi] горчица белая *(Sinapis alba)*

separate [sepə'reit] *v.,* ['seprət] *a.* 1. отделять(ся), разделять(ся), выделять, разобщать *(напр. ткани)*; рас-

ходиться ‖ отдельный, раздельный 2. изолированный
3. самостоятельный; особый; индивидуальный

separation [ˌsepəˈreiʃn] 1. отделение *(напр. плаценты)*; отслойка *(напр. сетчатки)* 2. разделение; выделение, разобщение, расхождение 3. изоляция *(напр. детей от родителей)* 4. классификация 5. сепарация

~ **by chromatography** хроматографическое разделение

~ **from the mother** *психоан.* разделение с матерью

~ **of adhesions** разделение спаек

~ **of daughter cell** отделение дочерней клетки

~ **of epidermal cells** слущивание эпидермиса

~ **of protein constituents** разделение белковых компонентов, или фракций

~ **of symphysis pubis** расхождение [разрыв] лобкового симфиза

adolescent-parental ~ разобщение в отношениях между детьми-подростками и их родителями

air ~ 1. разделение воздуха 2. классификация воздушных частиц

costochondral ~ разрыв рёберно-хрящевого соединения

de facto ~ фактическое раздельное жительство *(обычно супругов)*

delayed serum ~ отсроченное центрифугирование крови

diastolic ~ **of aortic cusps** *узи* сепарация створок аортального клапана

disjunctional ~ *ген.* альтернативное расхождение

distance ~ пространственная изоляция

dust ~ пылеотделение; пылеулавливание

epiphyseal ~ эпифизеолиз, отрыв эпифиза

equational ~ *ген.* эквационное деление

flash ~ мгновенная сепарация

in-vivo ~ **of epidermis** прижизненное снятие эпидермиса

judicial [legal] ~ судебное разлучение, постановление суда о разводе супругов

liquid-chromatographic ~ жидкостно-хроматографическое разделение

mass ~ 1. разделение изотопов 2. промежутки между линиями масс-спектра

paper electrophoretic ~ разделение методом электрофореза на бумаге

rosette ~ фракционирование [разделение] методом розеткообразования

time ~ **of pulses** временной интервал между импульсами

separator [ˈsepəˌreitə] 1. *мед. тех.* сепаратор 2. препаративная центрифуга

inertial ~ инерционный пылеуловитель, или пылеосадитель

separatorium [ˌsepərəˈtəʊriəm] *хир.* распатор

sepedon [ˈsepədɒn] септическое состояние; гнилостное разложение, гангрена

sepedo(no)genesis [ˌsepədənəʊˈdʒenəsis] причина сепсиса; патогенез сепсиса

sepia [ˈsiːpiə] сепия *(секрет чернильной железы у головоногих моллюсков)*

seplophobia [ˌsepləʊˈfəʊbiə] сеплофобия *(патологическая боязнь гниения и распада)*

sepsis [ˈsepsis], *pl.* **sepses** [ˈsepsiːz] 1. сепсис 2. гнойно-воспалительный процесс; гнойно-септическое заболевание

~ **agranulocytica** агранулоцитоз; агранулоцитарная ангина

~ **intestinalis** пищевая токсикоинфекция

~ **lenta** бактериальный [септический] эндокардит; хронический [затяжной] септический эндокардит

~ **of surgical wound** нагноение операционной раны

abdominal ~ (пре)септическое состояние больного, обусловленное перитонитом

bacteroides ~ 1. бактероидный сепсис 2. нагноение, обусловленное бактероидами

biliary ~ билиарный сепсис *(обусловленный инфекцией жёлчных путей или холангитом)*

catheter ~ сепсис, развившийся после катетеризации *(вены, мочеточника)*

focal ~ местноочаговая инфекция, вялопротекающий местный воспалительный процесс *(тонзиллит, гайморит, холецистит и пр.)*

gas ~ газовая гангрена

gut origin ~ энтерогенный [кишечный] сепсис

intra-abdominal ~ гнойный процесс в брюшной полости; перитонит

invasive ~ инвазивный сепсис *(вызванный использованием чрескожных методов)*

neonatal ~ сепсис новорождённых

oral ~ стоматогенный сепсис

overwhelming postsplenectomy ~ массивный [генерализованный] постспленэктомический сепсис

post-operative ~ нагноение операционного шва

primary ~ первичный [криптогенный] сепсис

pseudomonas ~ синегнойный сепсис; сепсис, вызванный синегнойной палочкой

puerperal ~ послеродовой [пуэрперальный] сепсис

resulting ~ развитие сепсиса, возникший сепсис

solution ~ сепсис, вызванный введением инфицированного раствора

surgical ~ 1. хирургический сепсис 2. нагноение послеоперационной раны

typhoid ~ брюшной тиф в фазе бактериемии

umbilical ~ пупочный сепсис

wound ~ раневой сепсис

sepsometry [sepˈsɒmətri] исследование органических загрязнений в воздухе

septa [ˈseptə] *pl. от* **septum**

fibrous ~ фиброзные перемычки

septal [ˈseptl] септальный, перегородочный *(напр. инфаркт миокарда)*

anterior ~ *узи* передне-перегородочный *(сегмент)*

upper ~ *узи* верхне-перегородочный *(сегмент)*

septan [ˈseptən] семидневный, повторяющийся с промежутком в 7 дней *(напр. о малярии)*

septate [ˈsepteit] разделённый перегородкой или перегородками *(о полости)*

septectomy [septˈektəmi] резекция перегородки *(напр. носовой)*

septemia [sepˈtiːmiə] см. **septicemia**

septic [ˈseptik] 1. септический, относящийся к сепсису 2. воспалительный; гнойный *(напр. перитонит)* 3. гнилостный; разлагающийся

septicemia [ˌsepti'si:miə] септицемия; сепсис, *уст.* заражение крови

argentophile ~ листериоз, листереллёз

Bruce's ~ *см.* **melitensis** ~

cryptogenic ~ криптогенный сепсис

hemorrhagic ~ геморрагическая септицемия пастереллёзной этиологии

melitensis ~ сепсис при бруцеллёзе

metastasizing [phlebitic] ~ *см.* **septicopyemia**

plague ~ чума

puerperal ~ послеродовой [пуэрперальный] сепсис

septicemic [ˌsepti'semik] относящийся к септицемии, септический

septicophlebitis [ˌseptikəʊfle'baitis] септический флебит

septicopyemia [ˌseptikəʊpi'i:miə] септикопиемия (сепсис с гнойным метастазированием)

septiferous [sep'tifərəs] вызывающий сепсис (о микроорганизмах)

septigravida [ˌsepti'grævidə] женщина, беременная в седьмой раз

septile ['septail] *см.* **septal** ~

septimetritis [ˌseptimi'traitis] септический метрит

septipara (VII-para) [sep'tipərə] женщина, рожавшая семь раз

septomarginal [ˌseptəʊ'ma:ʤinəl] относящийся к краю перегородки

septometry [sep'tɒmətri] измерение носовой перегородки

septonasal [ˌseptəʊ'neizəl] относящийся к носовой перегородке

septooptic [ˌsep'tɒptik] относящийся к носоглазничной перегородке

septoplasty [ˌseptəʊ'plæsti] пластика носовой перегородки

septum ['septəm], *pl.* **septa** ['septə] *анат.* перегородка

~ **of musculotubal canal** перегородка мышечно-трубного канала (височной кости)

atrioventricular ~ предсердно-желудочковая перегородка

buckled nasal ~ выгнутая носовая перегородка

deflected [deviated] nasal ~ искривлённая носовая перегородка или её искривление

enamel ~ эмалевый тяж (эмалевого органа)

femoral ~ бедренная перегородка

interalveolar ~ межальвеолярная перегородка (1. стенка между соседними лёгочными альвеолами 2. межлуночковая костная перегородка, разделяющая зубные альвеолы)

interatrial ~ межпредсердная перегородка

interdental ~ *см.* **interalveolar 2**

intermuscular ~ межмышечная перегородка

interventricular ~ межжелудочковая перегородка

lingual ~ перегородка языка

membranous ~ **of nose** перепончатая часть перегородки носа

nasal ~ перегородка носа, носовая перегородка

osseous ~ **of nose** костная перегородка носа

pectiniform ~ перегородка полового члена

pellucid ~ *невр.* прозрачная перегородка

placental ~ плацентарная перегородка

silicone rubber ~ силиконовая прокладка, закрывающая вход в колонку (при газожидкостной хроматографии)

ventricular ~ *см.* **interventricular** ~

sequela [si'kwelə], *pl.* **sequelae** [si'kweli] 1. последствие, остаточное явление 2. осложнение (болезни)

~ **to urethral surgery** осложнение операции на мочеиспускательном канале

cardiopulmonary ~e сердечно-лёгочные осложнения

delayed ~ позднее [отдалённое] осложнение

neurologic ~e неврологические осложнения или расстройства

radiation ~ последствие облучения

unwanted ~ нежелательное последствие; побочная реакция

sequenase [sikwe'neiz] секвеназа (мутантная форма ДНК-полимеразы, фага; широко используется при секвенировании, «чтении» последовательностей ДНК)

sequence ['si:kwəns] 1. последовательность; ряд; чередование; порядок следования 2. последовательность звеньев генома 3. последствие, остаточное явление; результат

~ **of events** ход событий

~ **of seasons** смена времён года

activation ~ последовательность возбуждения (участков миокарда на ЭКГ)

amino acid ~ аминокислотная последовательность

base ~ последовательность оснований (в нуклеиновых кислотах)

blood-clotting ~ система свёртывания крови

coding ~ кодирующая последовательность; кодирующая область (гена)

complementary ~ комплементарная последовательность (нуклеотидов)

consensus ~ обобщающая, согласованная последовательность (нуклеотидов)

decay ~ ряд [последовательность] радиоактивных распадов

degenerate ~ вырождённая последовательность (нуклеотидов)

elution ~ последовательность элюирования (при хроматографии)

flanking ~ фланкирующая последовательность (примыкающая с той или иной стороны)

generation ~s чередование поколений

garbled amino acid ~ искажённая аминокислотная последовательность

intergenic ~ 1. межгенная последовательность, межгенная область 2. интрон

intervening ~ вставочная последовательность, интрон

leader ~ *см.* **signal** ~

nucleotide ~ нуклеотидная последовательность, последовательность нуклеотидов

open-ended ~ незавершённый цикл

overlapping ~s перекрывающиеся последовательности (нуклеотидов)

partial ~ частичное секвенирование

Potter ~ симптомокомплекс аномалий плода (характерное лицо, множественные контрактуры и деформации конечностей)

probing-pulse ~ последовательность зондирующих импульсов

regulatory ~ *ген.* регуляторная последовательность *(нуклеотидов ДНК, регулирующая экспрессию гена)*

repetitive ~ повторяющаяся последовательность

response ~ ряд последовательных реакций

Shine – Dalgarno ~ *ген.* Шайна – Дальгарно последовательность *(сайт связывания рибосомы)*

signal [signaling] ~ сигнальная последовательность *(аминокислотная последовательность полипептида, сигнализирующая о месте назначения новосинтезированного белка)*

spacer ~ спейсер, спейсерная область *(нуклеотидная последовательность, разделяющая кодирующие области в геноме)*

terminal ~ 1. концевая последовательность *(аминокислот, нуклеотидов)* 2. терминальный участок *(на пути активации комплемента)*

twin ~ парная последовательность ДНК

viral ~ последовательность вирусного генома

sequencer ['si:kwənsə] 1. секвенсер, секвенатор *(аппарат для определения последовательности аминокислотных остатков в белках)* 2. указатель следования в базах данных

sequencing ['si:kwənsiŋ] 1. программирование 2. секвенирование, «чтение» *(определение нуклеотидной последовательности в молекуле ДНК)* 3. планирование процесса

~ by hybridization to oligonucleotide microchips секвенирование гибридизацией на олигонуклеотидных микрочипах

amino acid ~ определение аминокислотной последовательности в белках

dideoxy ~ расшифровка последовательности ДНК

direct ~ прямое секвенирование

DNA ~ расшифровка последовательности ДНК

gene ~ секвенирование гена

nucleotide ~ определение последовательности нуклеотидов в молекуле нуклеиновой кислоты

"shotgun" ~ секвенирование по методу «выстрела дробью» *(определение нуклеотидной последовательности с использованием крупных, «дробных» фрагментов с перекрывающимися последовательностями)*

sequential [si'kwenʃl] 1. последующий; непрерывный 2. серийный *(об индукции фермента)*

sequester [si'kwestə] отделяться, отторгаться, секвестировать

sequestered [si'kwestəd] секвестрированный; маскированный *(напр. об аутоантигенной детерминанте)*

sequestrant [si'kwestrənt] секвестрант *(вещество, связывающее нежелательные метаболиты, напр. холестерин, и способствующее выведению их из организма)*

sequestrate [si'kwestreit] отделять, изолировать

sequestration [ˌsi:kwes'treiʃn] 1. секвестрация *(образование секвестра и отторжение его от жизнеспособной ткани)* 2. изоляция *(напр. больного)*; наложение карантина 3. скопление *(напр. крови во внутренних органах)*

~ in muscle инкапсуляция в мышечной ткани *(напр. возбудителя трипаносомоза)*

~ of platelets депонирование [секвестрация] тромбоцитов *(напр. в селезёнке)*

extralobe ~ внедолевая секвестрация лёгочной ткани *(аберрантный участок лёгкого с самостоятельным кровоснабжением)*

iron ~ секвестрация железа *(напр. в печени)*

lung [pulmonary] ~ секвестрация доли лёгкого

sequestrectomy [si:kwes'trektəmi], **sequestrotomy** [si:kwes'trɒtəmi] секвестрэктомия *(удаление секвестра)*

sequestrum [si:'kwestrəm], *pl.* **sequestra** [si:'kwestrə] секвестр *(участок некротизированной ткани, напр. костной)*

primary ~ полностью отторгнутый участок кости

secondary ~ некротизированный фрагмент, частично связанный с основной костью

tertiary ~ небольшой участок омертвевшей ткани, который остаётся связанным с основной костью

sera ['si:rə], *pl. от* **serum** ['si:rəm]:

antivenom ~ противозмеиная сыворотка

blood typing ~ сыворотки для типирования крови

paired ~ парные сыворотки *(образцы крови без консерванта и с гепарином для серологических исследований)*

seral ['si:rəl] сывороточный, относящийся к сыворотке

seralbumin [ˌsi:ræl'bju:min] сывороточный альбумин

seralyzer [si:rə'laizə] автоматический анализатор биохимического состава плазмы крови

serangitis [si:ræn'dʒaitis] кавернит *(воспаление пещеристых тел полового члена)*

serial ['si:riəl] серийный *(напр. о рентгенографии)*; повторный *(напр. о записи ЭКГ в отличие от холтеровского мониторирования)*

serialography [ˌsi:riæ'lɒgrəfi] серийная рентгенография

series ['siəri:z] 1. серия, ряд, группа, выпуск 2. цикл 3. *такс.* семейство

~ of cases, ~ of observations серия [ряд] наблюдений

~ of replicated dilutions серия повторных разведений

~ of runs серия анализов

aromatic ~ ароматический ряд *(производные бензола или аналогичных циклических соединений)*

decay ~ радиоактивный ряд, ряд радиоактивных превращений

erythrocyte [erythrocytic, erythroid] ~ клетки кроветворения эритроцитного [эритроидного] ряда *(совокупность эритроцитов и ретикулоцитов, циркулирующих и находящихся в костном мозге)*

exposure ~ серия облучений

full-mouth ~ укомплектованные зубные ряды

genetic ~ генетический ряд

lymphocyte [lymphocytic] ~ клетки кроветворения лимфоцитарного ряда

mixed medical-surgical ~ смешанная серия терапевтических и хирургических больных

monocyte [monocytic] ~ клетки кроветворения моноцитарного ряда

myeloid ~ миелоидный ряд *(гранулоцитарный и эритроцитарный ряды)*

natural radioactive ~ серия естественных радиоактивных элементов random ~ случайная последовательность

spine radiographic ~ серия рентгенограмм позвоночника

trial ~ опытная серия

upper gastrointestinal ~ верхний отдел пищеварительного тракта

weighted ~ of growth взвешенный ряд распределения по росту

X-ray ~ серийная рентгенография; серия рентгенограмм

seriflux [ˈsiːriˌflʌks] водянистые выделения

serifuge [ˈsiːriˌfjuːʤ] малая центрифуга

serine [ˈseriːn] серин, Сер (аминокислота)

serious [ˈsiəriəs] 1. серьёзный, важный; сосредоточенный 2. опасный; тяжёлый (о болезни); вызывающий опасения

seriscission [ˌseriˈsiʃn] пересечение мягких тканей (напр. ножки полипа) тугой лигатурой

seroalbuminuria [ˌsiːrəʊˌælbjuminjʊˈriə] истинная [почечная, сывороточная] протеинурия

serocolitis [ˌsiːrəʊkəʊˈlaitis] периколит (воспаление брюшины, покрывающей ободочную кишку)

seroconversion [ˌsiːrəʊkənˈvəːʒən] сероконверсия (переход отрицательной серологиеской реакции в положительную и наоборот) ‖ сывороточно-позитивный

seroculture [ˌsiːrəʊˈkʌlʧə] серокультура (бактериальная культура на сыворотке крови)

serocyst [ˌsiərəʊˈsist] серозная киста

serodiagnosis [ˌsiərəʊˌdaiəɡˈnəʊsis] серологическая диагностика, сородиагностика

serodifferentiation [ˌsiərəʊˌdifərənsiˈeiʃn] классификация серотипов (напр. бактерий)

seroenteritis [ˌsiərəʊˌentəˈraitis] воспаление серозной оболочки кишки

seroenzyme [ˌsiərəʊˈenzaim] сывороточный фермент; фермент плазмы крови

seroepidemiology [ˌsiərəʊˌepiˌdiːmiˈɒlɒʤi] сероэпидемиология (эпидемиологическое исследование инфекции по данным серологических проб)

serofibrinous [ˌsiərəʊˈfaibrinəs] серозно-фибринозный (экссудат)

serofibrous [ˌsiərəʊˈfaibrəs] серозно-фиброзный (относящийся к серозной оболочке и фиброзной ткани)

serofluid [ˌsiərəʊˈfluːid] серозная жидкость; серозный экссудат

serogastria [ˌsiərəʊˈɡæstriə] протеинтеряющая гастропатия

serogenesis [ˌsiərəʊˈʤenəsis] образование антител, антителогенез

seroglobulin [ˌsiərəʊˈɡlɒbjuːlin] глобулин сыворотки крови, сероглобулин

serogroup [ˌsiərəʊˈɡruːp] серологическая группа, серогруппа

serohepatitis [ˌsiərəʊhepæˈtaitis] перигепатит

seroimmunity [ˌsiərəʊimˈjuːniti] пассивный иммунитет

serology [siəˈrɒləʤi] серология (1. раздел иммунологии, изучающий взаимодействия между антигенами и антителами 2. серологическое исследование; серологическая реакция)

blood group ~ серологическое определение групп крови

deep fungal ~ серологические реакции на глубокий микоз

forensic ~ судебно-медицинская серология

immunofluorescent ~ of parasites иммунофлуоресцентный метод определения антител к паразиту

positive ~ положительная серологическая реакция

site-directed ~ сайтнаправленная серология (использование антител к индивидуальным детерминантам антигена и синтетических пептидов, имитирующих последние, в серодиагностике инфекций)

seroma [siəˈrəʊmə] серома (скопление плазмы крови в тканях)

seromarker [ˌsiərəʊˈmaːkə] сывороточный маркёр

seromucous [ˌsiərəʊˈmjuːkəs] серозно-слизистый

seromyotomy [ˌsiərəʊmaiˈɒtəmi] разрез серозно-мышечного слоя

lesser curve ~ серо(зо)миотомия по малой кривизне желудка

seronegative [ˌsiərəʊˈneɡətiv] серонегативный (не имеющий специфических антител)

seroplastic [ˌsiərəʊˈplæstik] см. serofibrinous

seropneumothorax [ˌsiərəʊˌnjuːməʊˈθɔːræks] серозный выпот при пневмотораксе

seropositive [ˌsiərəʊˈpɒzitiv] сероположительный

seroprevalence [ˌsiərəʊˈprevələns] 1. доминирование серотипа 2. серологическая [гуморальная] реактивность

seroprevention [ˌsiərəʊpriˈvenʃn] серопрофилактика (профилактическое введение иммуноглобулинов)

seroprognosis [ˌsiərəʊprɒɡˈnəʊsis] прогноз болезни, основанный на результатах серологических реакций

seropurulent [ˌsiərəʊˈpjuːrulənt] серозно-гнойный

seropus [ˈsiərəʊpʌs] серозно-гнойное отделяемое

seroreaction [ˌsiərəʊriˈækʃn] 1. серологическая реакция 2. сывороточная болезнь

serorelapse [ˌsiərəʊriˈlæps] повышение титра антител после лечения

seroreversal [ˌsiərəʊriˈvəːsl] снижение титра антител после лечения

serosa [siːˈrəʊsə], pl. **serosae** [siːˈrəʊsiː] 1. серозная оболочка 2. хорион

serosanguineous [ˌsiərəʊsæŋˈɡwiniəs] серозно-геморрагический

seroscopy [siəˈrɒskəpi] агглютининоскопия

seroserous [ˌsiərəʊˈsiərəs] серо-серозный (о шве)

serositis [ˌsiərəʊˈsaitis] серозит (воспаление серозной оболочки)

serosity [siəˈrɒsiti] 1. серозная жидкость; серозный экссудат 2. сыворотка ‖ сывороточный 3. серозный (относящийся к отделяемому, оболочке органа)

serosubtyping [ˌsiərəʊsʌbˈtaipin] серологическое субтипирование (бактериальных штаммов для выявления субтиповых антигенов)

serosurvey [ˌsiərəʊˈsəːvei] 1. серодиагностика (напр. ВИЧ-инфекции) 2. скрининг серотипов (напр. бактерий)

serosynovitis [ˌsiərəʊˌsinəʊˈvaitis] серозный синовит

serotaxis [ˌsiərəʊˈtæksis] отёк кожи, вызванный аппликацией какого-л. раздражителя

serotaxonomy [ˌsiərəʊtækˈsɒnəmi] серологическая таксономия

serotest [ˌsiərəʊ'test] серологическая проба, серологический тест, серологический анализ

serotherapy [ˌsiərəʊ'θerəpi] сывороточная терапия, серотерапия

serothorax [ˌsiərəʊ'θɔːræks] гидроторакс

serotonin [ˌserəʊ'təʊnin] серотонин *(биогенный амин, играющий роль медиатора в некоторых синапсах и в развитии аллергических реакций)*

serotoninergic [ˌserəʊˌtəʊni'nəːʤik] 1. содержащий или активирующий серотонин 2. серотонинергический; серотониновый

serotoxin [ˌsiərəʊ'tɒksin] сывороточный токсин *(обычно образующийся при анафилактическом шоке)*

serotype ['siərəʊˌtaip] серологический тип, серотип *(антигенная характеристика клетки, установленная на основе её взаимодействия с антителами)*

  civilian ~ убиквитарный серотип *(широко распространённый в природе серотип микроорганизма)*

  disease-associated ~ патогенный [болезнетворный] серотип

  dominant ~ преобладающий серотип *(напр. бешенства)*

  military ~ серотип, используемый в качестве биологического оружия

  heterologous ~ гетерологичный серотип *(родственный, но не идентичный)*

  homologous ~ гомологичный [идентичный] серотип

  military ~ серотип бактерии, используемой в качестве биологического оружия

  Ogawa ~ серотип Огава *(холерного вибриона)*

  somatic ~ антигены цитоплазмы бактерий

serotyping ['siərəʊˌtaipiŋ] серологическое типирование *(напр. штамма)*

serous ['siərəs] 1. сывороточный 2. серозный

serovaccination [ˌsiərəʊˌvæksi'neiʃn] серовакцинация *(получение смешанного иммунитета путём введения сыворотки и вакцины)*

serovar ['siərəʊvær] серологический вариант, серовар *(один из подвидов бактерий)*

serozyme ['siərəʊzaim] фермент сыворотки крови

serpent ['səːpənt] 1. змея 2. злой, коварный человек

serpentine ['səːpəntain] *мед. тех.* змеевик || змеиный; змеевидный

serpiginous [səː'piʤinəs] *дерм.* серпигинозный, ползучий

serpigo [səː'paigəʊ] 1. дерматомикоз, дерматофития 2. герпес 3. серпигинозное поражение кожи 4. круглый червь

serration [sə'reiʃn] 1. зубчатость, зазубренность 2. зубчатое образование

  atraumatic ~ атравматическая нарезка *(на губках зажима)*

serratus [sə'reitəs] зубчатая мышца

serrefine [seri'fain] сосудистый зажим

serrenœud [ˌserinəʊ'uːd] *фр.* инструмент для завязывания швов

serrulate(d) ['serjuːleitid] мелкозубчатый

sertification [ˌsəːtifə'keiʃən] сертификация, аттестация *(определение квалификации, уровня знаний работника или учащегося, а также качества продукции)*

serum ['siərəm], *pl.* **serums** ['siərəmz], *pl. лат.* **sera** ['siərə] 1. сыворотка 2. сыворотка крови; плазма кро-

---

ви; иммунная сыворотка 3. серозная жидкость; серозный экссудат

  acute ~ сыворотка крови острого периода лихорадки *(первая из парных сывороток)*

  agglutinating ~ агглютинирующая сыворотка

  aggregated ~ свернувшаяся [свёрнутая] сыворотка

  allergenic [allergic] ~ аллергенная [сенсибилизирующая] сыворотка

  alloimmune ~ аллоиммунная сыворотка

  anallerginic [anallergic] ~ неаллергенная сыворотка

  anti-A ~ сыворотка, агглютинирующая эритроциты группы А

  antianthrax ~ противосибиреязвенная сыворотка

  antibody-containing ~ иммунная сыворотка

  anti-Candida ~ противогрибковая сыворотка

  anticarrier ~ сыворотка против носителя

  antichain ~ (моноспецифическая) антисыворотка к цепи иммуноглобулина

  anti-CSF ~ сыворотка против колониестимулирующего фактора

  antifibre ~ антиволоконная сыворотка *(иммунная сыворотка, содержащая антитела против фибропо-добных антигенов вирусов)*

  anti-FSH ~ сыворотка против фолликулостимулирующего гормона, анти-ФСГ-сыворотка

  antigas gangrene ~ противогангренозная сыворотка

  anti-H-chain ~ антисыворотка против тяжёлой цепи *(иммуноглобулина)*

  anti-Ig ~ антииммуноглобулиновая сыворотка

  anti-influenza ~ противогриппозная сыворотка

  anti-L-chain ~ сыворотка против лёгкой цепи *(иммуноглобулина)*

  anti-LH ~ сыворотка против лютеинизирующего гормона, анти-ЛГ-сыворотка

  antilymphocytic ~ антилимфоцитная сыворотка, АЛС

  anti-ophidic ~ противозмеиная сыворотка

  antiplague ~ противочумная сыворотка

  antiplatelet ~ антитромбоцитная сыворотка

  antipolymorph ~ сыворотка против полиморфно-ядерных лейкоцитов

  antirabies ~ антирабическая сыворотка

  antitetanic ~ противостолбнячная сыворотка

  antithymic cell ~ антитимоцитарная сыворотка

  antitissue ~ противотканевая сыворотка *(против тканеспецифичных антигенов)*

  antitotal ~ полииммуноглобулиновая [паниммуно-глобулиновая] антисыворотка

  articular ~ синовиальная жидкость, синовия

  autologous ~ аутологичная сыворотка беременных

  bacteriolytic ~ бактериолитическая сыворотка

  blister ~ волдырная жидкость

  blood ~ сыворотка крови; плазма крови

  borderline ~ *см.* **forte** ~

  clumping ~ агглютинирующая сыворотка

  complement-deficient ~ декомплементированная сыворотка

  convalescence [convalescent] ~ сыворотка реконвалесцентов *(лиц, перенесших какую-л. инфекцию)*

cutoff ~ (контрольная) сыворотка с минимальным рабочим разведением

endemic ~ сыворотка лиц, проживающих в эндемичном регионе

extended hyperimmune ~ антисыворотка, полученная после нескольких циклов реиммунизации

fat-laden ~ гиперлипидемическая сыворотка

foreign ~ чужеродная сыворотка

forte ~ высокочувствительная сыворотка (содержащая в высоком титре высокоавидные антитела)

γ-globulin-free ~ агаммаглобулиновая сыворотка

glycerine ~ сыворотка крови, содержащая 5 % раствор глицерина (среда роста для микобактерий)

heat-inactivated ~ сыворотка, инактивированная нагреванием

human convalescent variola ~ сыворотка лиц, переболевших оспой

human measles immune ~ противокоревая сыворотка

human pertussis immune ~ противококлюшная сыворотка

human scarlet fever immune ~ противоскарлатинозная сыворотка

hyperimmune ~ гипериммунная сыворотка

immunosuppressive ~ иммуносупрессивная сыворотка

key ~ основная (типирующая) сыворотка

late ~ сыворотка поздней фазы иммунного ответа

leukemic ~ лейкозная сыворотка (больного лейкозом)

maternal ~ плазма крови у матери

multipartial ~ поливалентная [полиспецифическая] сыворотка (содержащая антитела к нескольким антигенам)

neat ~ неразведённая [исходная] сыворотка (в тестах по тканевому типированию)

normal ~ нормальная [интактная] сыворотка

pericardial ~ перикардиальная жидкость; выпот в перикард

plague ~ см. antiplague ~

pooled ~ смешанная сыворотка (нескольких доноров)

posttherapy ~ сыворотка реконвалесцента (больного после лечения)

preabsorbed immune ~ абсорбированная [истощённая] антисыворотка

preillness ~ преморбидная сыворотка (взятая до начала болезни)

preimmune ~ неиммунная сыворотка

"private" ~ см. subtypic ~

protective ~ иммунная [защитная] сыворотка

public ~ сыворотка для идентификации убиквитарных антигенов; супертипирующая сыворотка

purified antitetanic ~ очищенная противостолбнячная сыворотка, столбнячный антитоксин

rapid salmonella diagnosis ~ сыворотка для ускоренной диагностики сальмонеллёза

reaginic ~ аллергоспецифическая [реагинная] сыворотка

reference ~ контрольная [эталонная, стандартная] сыворотка

relapse-phase ~ сыворотка (крови больного) в период рецидива болезни

scleroderma ~ сыворотка крови больного склеродермией

"sticky" ~ 1. ложноагглютинирующая сыворотка (с избыточным титром антител, дающая ложноположительную реакцию агглютинации) 2. неспецифическая [поликлональная] сыворотка

stock negative ~ контрольная неиммунная сыворотка

subtypic ~ субтипирующая сыворотка (предназначенная для определения индивидуальных антигенных детерминант в главном комплексе гистосовместимости)

supertypic ~ супертипирующая сыворотка (предназначенная для определения антигенов групп сцепления в главном комплексе гистосовместимости)

test ~ стандартная сыворотка, тест-сыворотка

whole ~ цельная сыворотка

Yersin's ~ см. plague ~

serumal [siə'ru:məl] сывороточный

serum-fast [ˌsiərəm-'fa:st] 1. относящийся к сыворотке с устойчивым титром антител 2. устойчивый к действию сыворотки

serumless ['siərəmləs] бессывороточный (напр. о среде)

Serum-set ['siərəm-set] Международная коллекция стандартных сывороток

serumuria [ˌsiərəmjʊ'ri:ə] альбуминурия

service ['sə:vis] 1. служба; сфера деятельности; род занятий; сфера обслуживания, сервис 2. действие; функция 3. случка, спаривание (животных) 4. суд. мед. исполнение постановления суда 5. сообщение, связь, движение 6. проводить обследование, осмотр

accident ~ 1. служба экстренной медицинской помощи при несчастных случаях 2. травматологическая служба

acute pain ~ обезболивание при острой боли; купирование острой боли

acute psychiatric ~ экстренная психиатрическая служба

airborne medical ~ 1. отделение санитарной авиации 2. медицинское обеспечение воздушно-десантных войск

ambulance ~ служба санитарного транспорта

anesthesia ~ анестезиологическое обеспечение, анестезиологическая служба

back-up ~ вспомогательная служба

basic health ~s основные службы здравоохранения

blood transfusion ~ служба переливания крови

clearinghouse ~ информационно-справочная служба

clinical ~ поликлиническая служба

community care ~ местная медицинская служба

community health ~ служба коммунального здравоохранения

community oriented medical ~ медицинское обслуживание психически больных, не изолированных от общества

contraceptive ~s обеспечение населения противозачаточными средствами и консультациями

contributory ~ пенсионный стаж

curative ~s терапевтические службы

dental ~ стоматологическая служба

dietetic ~ служба лечебного питания

denial ~ страх. отказ от обслуживания

domiciliary health ~ патронажная служба

drug-aid ~s службы оказания помощи потребителям наркотиков

emergency ~ *см.* **accident** ~

emergency bed ~ служба экстренной госпитализации

emergency call [emergency-life, emergency medical] ~ служба экстренной медицинской помощи, аварийно-спасательная служба

epidemiological intelligence ~ служба санитарно-эпидемиологического надзора

family doctor ~ практика [работа] семейного врача

family planning ~ служба планирования семьи

flying doctor ~ санитарная авиация

free medical ~ бесплатное медицинское обслуживание

general practitioner ~ деятельность врачей общей практики

grassroots health ~s службы здравоохранения низового уровня

health ~ система здравоохранения

health inpatient ~ больничные [стационарные] учреждения; больничное обеспечение

health laboratory ~s лабораторные службы здравоохранения

home health ~ медицинское обслуживание на дому

hospital ~ *см.* **health inpatient** ~

human ~s 1. обследование человека 2. социальная служба

hygienic ~ **in schools** школьно-санитарная служба, школьно-санитарный надзор

immunization ~ служба вакцинации

integrated health ~s интегрированное медико-санитарное обслуживание

intrahospital pharmacy ~ внутрибольничная аптечная служба

maintenance ~ эксплуатационные расходы

managing health ~ управление службой здравоохранения

maternity and child welfare ~ система охраны материнства и детства

maternity obstetric ~ 1. служба родовспоможения 2. акушерский стационар

mental health ~s служба охраны психического здоровья

mobile ~s передвижные пункты *(напр. обмена игл среди наркоманов)*

newborn ~s диспансерное обслуживание новорождённых

occupational health ~ 1. медицинская служба предприятий *(медпункт, медсанчасть)* 2. учреждения профессиональных заболеваний, или профпатологии

oral health ~ стоматологическая служба

organ-matching ~ служба поиска совместимых пар донор – реципиент

patient ~ обслуживание пациента

personal preventive ~ индивидуальное профилактическое обслуживание

port health ~s портовые медико-санитарные службы

postgraduate medical ~s постдипломное медицинское образование *(магистратура, аспирантура, факультеты и институты повышения квалификации)*

practitioner ~ служба врачей общей практики

preventive health ~ медико-профилактические мероприятия

production adversity ~ производственно-консультативная служба

public dental health ~s стоматологическая служба общественного здравоохранения

quarantine ~ карантинная служба, карантинный надзор

road accident ~s автодорожная медицина *(профилактика при дорожно-транспортных происшествиях и организация помощи при них)*

rural health ~ сельская служба здравоохранения

Samaritans advisory ~ благотворительная организация по оказанию психологической помощи

sanitation ~ санитарно-гигиеническая служба

sanitary epidemiological ~ *см.* **epidemiological intelligence** ~

school health ~ служба медико-санитарной помощи учащимся, служба школьной гигиены

simple preventive health ~ *страх.* простая медицинская профилактическая услуга

social ~ система социального обслуживания населения *(медпомощь, консультации)*

specialist ~ специализированная служба

specimen collection ~ служба сбора анализов

stroke ~ служба помощи больным с инсультом

surgical ~ 1. хирургическое лечение, операция 2. хирургическая служба

telephone emergency ~ «телефон доверия» *(анонимная психологическая помощь)*

twenty-four hour ~ круглосуточное дежурство, круглосуточная работа *(напр. аптеки)*

veterinary ~s ветеринарные услуги

visiting nurse ~ патронажная служба *(США)*

water ~ 1. подача воды 2. *pl.* водоснабжение

Service: *см. тж. Приложение*

serving ['sɜːvɪŋ] функционирующий, выполняющий функцию *(напр. носителя генетической информации)*

servo ['sɜːvəʊ] 1. сервомеханизм, сервомотор 2. следящая система

servo-ventilator [ˌsɜːvəʊ-'ventɪleɪtə] аппарат искусственного дыхания с сервомеханизмом

sesamoid ['sesəmɔɪd] сесамовидная кость || сесамовидный

sessile ['sesɪl] 1. имеющий широкое основание прикрепления, без ножки *(об опухоли)* 2. *зоол.* сидячий

session [seʃn] 1. сессия *(1. заседание, совещание, собрание, конференция 2. (психо)терапевтический сеанс, напр. психоанализа)* 2. учебный год; время приёма экзаменов в вузе

poster ~ постерная сессия, стендовое сообщение

rap ~ дискуссия за круглым столом || обсуждать; критиковать

single (vaccination) ~ календарь вакцинации; кампания прививок

training ~ тренировка, тренировочное занятие

working ~ производственный процесс

set [set] 1. комплект, набор *(напр. инструментов)* 2. прибор, аппарат, установка || устанавливать, регулировать *(напр. аппарат)* 3. ряд, серия *(напр. опытов)*, группа лиц *(связанных общими интересами)* 4. телосложение 5. сажать, трансплантировать; свёртываться *(о крови)* 6. твердеть *(о гипсе)* 7. вправлять *(напр. костные фрагменты)*; срастаться *(о кости)*

SET

to ~ up 1. восстанавливать *(здоровье, силы)* **2.** тренировать, закалять **3.** вызывать, причинять *(боль)*

~ of apparatus details комплектация деталей аппарата

~s of criteria комплекс критериев *(напр. диагностики)*

~ of electrodes комплект электродов

~ of genes набор генов; группа генов

~ of instruments for diagnosis диагностический набор

~s of minor surgical instruments малый хирургический набор

~ of observations множество наблюдений

~ of rules свод правил, инструкции

~ of samples серия образцов, набор проб

~ of sensation 1. сенсорная зона *(коры головного мозга)* **2.** органы чувств

~ of symptoms синдром, симптомокомплекс

~ of teeth зубной ряд

~ of the apparatus комплектность аппарата

~ of trial ocular lenses набор пробных очковых стёкол

~ up осанка, конституция; телосложение

blood bottle pump ~ система для гемотрансфузии с флаконом-насосом

blood test(ing) ~ набор для исследования крови

chromosome ~ хромосомный набор

control ~ контрольная группа

diagnostic guidelines ~ набор диагностических указаний

disposable ~ набор одноразового применения

doctor ~ укладка врача

double-glass bottle suction ~ аспирационная система из двух (стеклянных) бутылей

emergency intubation ~ набор для экстренной интубации

extension ~ набор насадок для вытяжения

first ~ 1. первичная трансплантация **2.** первичный трансплантат

gas mask ~ противогаз, респиратор

gavage ~ система для зондового питания

health plan employer data information ~ база данных по медицинским программам для работодателей

insemination cateters ~ набор катетеров для переноса спермы *(в маточную трубу)*

internal image ~ субпопуляция иммуноглобулинов, несущих идиотипические детерминанты к антигену

mental ~ психическая установка

nasal oxygen ~ система для эндоназальной оксигенотерапии

non-vented microdrip administration ~ система для внутривенных вливаний с микрокапельницей без клапана

oculist's diagnostic ~ офтальмологический диагностический набор

patella ~ *фирм.* комплект из стальной проволоки с обратнорежущей иглой для сшивания надколенника при переломе

permanent ~ остаточная деформация *(напр. лицевого скелета)*

preparatory ~ установочная реакция

second ~ 1. «повторный удар» *(при повторной трансплантации)* **2.** вторичный трансплантат

single-source ~ набор из одного источника *(напр. диагностических стандартов)*

standardized serum ~ панель типирующих сывороток; панель тест-антисывороток

staple ~ пуансон для скобок

suction biopsy ~ набор для аспирационной биопсии

suture ~ набор для наложения швов

testing ~ испытательная установка

transfusion ~ 1. система для внутривенных вливаний **2.** штатив [стойка] для инфузий

tubing ~ комплект трубок *(напр. для гемодиализа)*

tuning-fork ~ набор камертонов *(для исследования слуха)*

vented intravenous administration ~ система для внутривенных вливаний с клапаном

seta ['siːtə], *pl.* **setae** ['siːtiː] **1.** щетина **2.** тонкая, жёсткая, щетинообразная структура

setback ['setbæk] **1.** неудача, безуспешность **2.** задержка *(напр. развития)*; регресс; препятствие

seton ['siːtɒn] **1.** нить-проводник **2.** пучок ниток, полоска марли или другого инородного материала, пропускаемые через подкожные ткани или через кисту для формирования свища

setting ['setiŋ] **1.** оправа *(очков)* **2.** окружающая обстановка; фон; условия **3.** процесс сгущения; свёртывания *(напр. крови, белка)* **4.** контингент, группа **5.** классификация; группировка **6.** установка, регулировка, настройка **7.** сеттинг *(регламент, определяющий порядок, регулярность и продолжительность психотерапевтической работы)*

~ impossible standards установление или стремление к чрезмерно жёстким стандартам

~ of environmental standards гигиеническое нормирование

~ of fracture репозиция перелома

~ of ointment base застывание мазевой основы

~ of the plaster схватывание [затвердение] гипса *(накладываемого непосредственно на кожу)*

~ of trauma 1. травматизация, повреждение **2.** наличие травмы

acute ~ 1. острый приступ, или эпизод; острая ситуация **2.** острая стадия *(болезни)*

ambulatory ~ амбулатория, амбулаторное учреждение

behavior pattern ~ выработка навыка

clinical ~ клиническая картина; патологический процесс

critical care ~ отделение интенсивной терапии; палата интенсивной терапии

civilian ~ условия мирного времени; мирное время

college health ~ клиника колледжа

community ~ общественная больница, районная больница

correctional ~ исправительное учреждение

cultural ~s культуральные устои

experimental ~ экспериментальная установка

field ~ установка поля облучения

general medical ~ соматическое отделение больницы общего профиля

hospital ~ условия стационара в больнице

inpatient ~ 1. стационарное лечебное учреждение *(больница, клиника)* **2.** госпитализация в лечебное учреждение

medical ~ 1. медицинская аппаратура; медицинское оснащение 2. клиническая классификация; медицинское распределение (*напр. школьников с дефектами слуха*)

outpatient ~ амбулатория; поликлиника; пункт первой медицинской помощи

primary health care ~ больница первой медицинской помощи; больница скорой медицинской помощи

prison ~ места лишения свободы

psychiatric ~ психиатрическое учреждение

rate ~ нормирование работы, установление норм

relief valve ~ регулировка выпускного клапана

retarded ~ замедленное схватывание (*вяжущих веществ*)

sociocultural ~ социокультуральная общность

transfusion ~ гемотрансфузия, переливание крови

urban ~s городские условия (*жизни*)

visual microscope ~ **on a line** визуальное наведение микроскопа на штрих

wavelength ~ установка длины волны (*при спектрофотометрии*)

zero ~ установка на нуль, установка на нулевое деление шкалы

settle [setl] отстаиваться, осаждаться, давать осадок

settlement ['setlmənt] 1. заселение; колонизация, сеттльмент 2. благотворительное учреждение 3. оседание осадка

high ~ высокое разрешение (*о методе ЭКГ*)

urban ~s городское население

settler ['setlə] отстойник

mixer ~ смеситель-отстойник

settling ['setliŋ] 1. заселение; колонизация; круг людей || поселить(ся); заселять; колонизировать (*о микробах*) 2. отстаивание, оседание, осаждение, образование осадка; *pl.* отстой, осадок 3. благотворительное учреждение 4. окружающая обстановка

community ~ община

demographic ~ демографическая обстановка

dust ~ пылеулавливание

final ~ вторичное отстаивание

plain ~ механическое отстаивание

social ~ социальная среда

settling-out ['setliŋ-aut] осаждение, образование осадка

setup ['setʌp], **set-up** [set-ʌp] 1. организация; система, структура 2. осанка; конституция 3. установка; регулировка; постановка (искусственных) зубов (*на протезе*)

~ **of a cardiac surgery** организация проведения операций на сердце

buccal ~ постановка зубов с наклоном в щёчную сторону

edge-to-edge ~ постановка (передних) зубов в прямой прикус

measuring ~ измерительная установка

overjet ~ постановка зубов с верхним перекрытием

setwell ['setwel] валериана лекарственная, или аптечная (*Valeriana officinalis*)

seven [sevn]:

"Holy ~" семь классических психосоматических заболеваний (*язвенная болезнь, язвенный колит, эссенциальная гипертония, ревматоидный артрит, гипертиреоз, нейродермит, бронхиальная астма*)

sever ['sevə] 1. отделять, разъединять, отрезать 2. перерезать, разрезать

severe [si'viə] 1. тяжёлый, серьёзный, острый (*о болезни, о ранении*); выраженный, сильный (*о простуде*); грубый (*о деформации*); жестокий (*о боли*) 2. *психол.* строгий, суровый

severity [si'verəti] 1. строгость, суровость; жёсткость 2. серьёзность, опасность, степень тяжести 3. глубина, острота (*чувств*) 4. трудность, тяжесть

~ **of disk extrusion** выраженность экструзии (межпозвонкового) диска

~ **of symptoms** тяжесть симптомов

exquisite ~ исключительной тяжести

mild ~ выраженность лёгкой степени

moderate ~ средней степени, умеренный

trivial ~ незначительной степени

sew [səʊ] 1. шить, зашивать, накладывать швы (*на рану*) 2. просачиваться

sewage ['su:iʤ] сточные воды; нечистоты

combined ~ смешанные сточные воды

crude ~ необработанные [неочищенные] сточные воды

treated ~ обработанные сточные воды

sewerage ['su:əriʤ] 1. канализация; канализационно-очистная система 2. сточные воды 3. дренаж

sex [seks] 1. пол, устанавливать, определять пол 2. секс (*1. всё, что относится к полу 2. половое сношение*) || сексуальный

anal ~ анальный секс

assigned ~ биологический пол

chromosomal ~ *см.* **genetic** ~

endocrinologic ~ гормональный пол

genetic ~ генетический пол (*мужской при наличии XY половых хромосом и женский – при XX*)

gonadal ~ гонадный пол

intergrade ~ гермафродит

intermediate ~ гомосексуализм

morphologic ~ соматический, «наружный» пол

nonpenetrating ~ непроникающий секс

oral ~ оральный секс

penetrating ~ проникающий секс

psychologic ~ психический пол; психосексуальная направленность

safe ~ безопасный секс

social ~ социальный [паспортный] пол

sexdigital [seks'diʤitl], **sexdigitate** [seks'diʤiteit] *лат.* имеющий шесть пальцев на руке или ноге

sexduction [seks'dʌkʃn] сексдукция (*перенос генов, сцепленных с половым фактором, при конъюгации бактерий от донора к реципиенту*)

sexing ['seksiŋ] установление [определение] пола

sexist ['seksist] женофоб; человек, пренебрежительно относящийся к женщине

sexless ['seksləs] 1. бесполый 2. лишённый половой чувствительности, холодный

sex-limited [seks-'limitəd] *ген.* ограниченный полом

sex-linked [seks-'liŋkt] *ген.* сцепленный с полом (*о передаче признака или признаков*)

sexology [sek'sɒlədʒi] сексология *(раздел медицины, изучающий все аспекты пола)*

sex-ratio [seks-'reiʃiəu] отношение числа новорождённых мальчиков к общему числу новорождённых

sextan ['sekstən] шестидневный, повторяющийся с промежутком в шесть дней *(о приступах лихорадки)*

sextigravida [,seksti'grævidə] женщина, беременная в шестой раз

sextipara [seks'tipərə] женщина, рожавшая шесть раз

sexual ['sekʃuəl] 1. половой, сексуальный 2. личность, рассматриваемая с точки зрения его половых контактов или интересов

  contrary ~ гомосексуалист

sexuality [,sekʃu'æliti] 1. сексуальность 2. половая сфера 3. различие полов

  adolescent ~ половая жизнь подростков

  consecutive ~ смена пола

  infantile ~ *психоан.* младенческая сексуальность *(оральные, анальные и фаллические фазы психосексуального развития в первые 5 лет жизни)*

sexualization [,sekʃuəli'zeiʃn] сексуализация *(включение элементов сексуальности, напр., в рекламу, политику)*

sexy ['seksi] сексуальный, чувственный, эротический

shade [ʃeid] 1. тень; полумрак 2. экран, защитное стекло *(очков, бленда)*

  coming down ~ тёмная пелена, застилающая глаза

shadow ['ʃædəu] 1. тень, тёмный участок, затемнение *(на рентгенограмме)* || затенять; защищать; экранировать 2. ахроматит 3. уныние

  ~ **of calcification** тень обызвествлённого очага

  ~ **of death** призрак смерти

  blood ~ тень эритроцита

  butterfly ~ симптом бабочки *(на сканограмме при глиоме, исходящей из мозолистого тела, захватывающей оба полушария мозга)*

  cardiac ~ *см.* **of the heart**

  cardiovascular ~ тень сердца и сосудистого пучка

  cystic ~ кистозная полость

  heart ~ тень сердца

  linear ~ линейная тень

  nodular ~ очаговое затемнение

  posterior ~ *узи* дорсальная тень

  prominent hilar ~ *рентг.* усиленная тень корня лёгкого

  Purkinje's ~**s** Пуркинье феномен *(сдвиг световой чувствительности сетчатки в сторону коротких волн спектра при сумеречном свете, что обусловливает лучшее восприятие сине-фиолетовых цветов, чем жёлто-красных)*

  ring-shaped ~ *рентг.* округлая тень

  side ~**s** *узи* боковые акустические тени *(без отражений от патологического очага)*

  thymic ~ *рентг.* тень вилочковой железы

  wedge-shaped ~ клиновидная тень

shadow-casting ['ʃædəu-'ka:stiŋ] метод контрастирования объектов микроскопического анализа оттенением *(солями хрома, золота)*

shadowgram [ʃædəu'græm], **shadowgraph** [ʃædəu'græf] рентгенограмма, рентгеновский снимок

shadowing ['ʃædəuiŋ] 1. *гист.* метод оттенения, метод натенения 2. затенение, экранирование

  acoustic ~ акустическая тень; эхогенная структура, эхогенное оборудование

  widespread mottled ~ выраженная крапчатая тень *(напр. лёгочных полей)*

  x-ray ~ затемнение на рентгенограмме *(напр. признак поражения ткани лёгкого)*

shaft [ʃæft] 1. *анат.* ствол, стержневидная структура *(напр. диафиз кости)* 2. стержень *(волоса)* 3. шпиндель, штифт

  ~**s of articulator** *стом.* штифты артикулятора

  ~ **of femur** диафиз бедренной кости

  ~ **of penis** тело полового члена

  ~ **of radius** *лаб.* тело лучевой кости

  agitator ~ вал [стержень] мешалки

  cystoscope ~ тубус цистоскопа

shake [ʃeik] 1. дрожь; вибрация || дрожать, трястись; вибрировать 2. потрясение, шок; встряска || встряхивать, взбалтывать 3. *pl. разг.* лихорадка, лихорадочный озноб

  to ~ **the false belief** поколебать ложное мнение

  hatter's ~**s** меркуриализм, хроническое отравление ртутью *(напр. при производстве шляп)*

  spelter ~**s** отравление на производстве цинка

  teflon ~**s** фторопластовая, или полимерная, лихорадка

shaker[1] ['ʃeikə] *биохим.* качалка, вибратор; встряхиватель, шейкер, шюттль-аппарат

  blood pipette ~ аппарат для встряхивания меланжеров крови

  gyratory ~ шюттль-аппарат с круговым вращением, ротационный шейкер

  plate ~ планшетный шейкер *(аппарат для встряхивания планшетов)*

  reciprocal ~ вибрационный [возвратно-поступательный] шюттль-аппарат

shaker[2] 1. группа неврологических мутаций у мышей *(многие из которых – модели наследуемой патологии человека)* 2. потенциалзависимые калиевые каналы

shaking ['ʃeikiŋ] 1. встряхивание, взбалтывание 2. дрожание, вибрация *(приём массажа)* 3. дрожательный паралич 4. приступ малярии 5. *вет.* вертячка

  on vigorous ~ при энергичном взбалтывании

  convulsive ~ судорожный тремор

shallow ['ʃæləu] 1. неглубокий, поверхностный *(напр. о дыхании)*, мелкий 2. недоразвитый *(напр. мыщелок бедренной кости)*

  ~ **of trochlea** уплощение блока *(напр. большеберцовой кости)*

shallowness ['ʃæləunəs]:

  ~ **of affect** поверхностный [недостаточный] аффект

  ~ **of glenoid fossa** уплощение суставной ямки

sham [ʃæm] симуляция, притворство || симулировать, притворяться

  to ~ **illness** симулировать болезнь

shame [ʃeim] 1. стыд; позор 2. досада; неприятность 3. ложный, мнимый

shamelessness ['ʃeimləsnəs] циничность, бесстыдство

sham-feeding [ʃæm-'fi:diŋ] мнимое кормление

shampoo [ʃæm'pu:] 1. шампунь 2. мытьё головы || мыть голову 3. массировать

anti-dandruff ~ шампунь от перхоти

tar ~ дегтярный шампунь

sham-thymectomized [ʃæm-θai‚mektəʊ'maizd] подвергнутый ложной тимэктомии

shank [ʃæŋk] 1. нога 2. голень 3. большеберцовая кость 4. черенок, стержень, стволовая часть *(инструмента)*

shape [ʃeip] 1. форма, конфигурация, очертание, вид ‖ формировать(ся), принимать или придавать форму 2. образец, модель, шаблон ‖ приспосабливать; моделировать

aberrant ~ аберрантная [аномальная] форма

annular ~ кольцеобразная [кольцевидная] форма

crescend ~ полулунная форма

irregular ~ неправильная форма *(напр. тени на рентгенограмме)*

ovoid ~ овоидная [яйцевидная] форма *(напр. опухоли)*

pyriform ~ грушевидная форма

sausage-shaped ~ колбасовидная форма

shapeless ['ʃeipləs] аморфный, бесформенный

shapely ['ʃeipli] хорошо сложенный, стройный

shaping ['ʃeipiŋ] 1. придание формы, облика, вида; формирование; моделирование 2. шейпинг 3. формирование желаемого поведения *(метод поведенческой терапии)*

share [ʃeə] 1. доля, часть ‖ делить, распределять 2. участие, роль 3. акция

gradient positions ~ крайние точки градиента

sharebone ['ʃeəbəʊn] лобковая кость

sharing ['ʃeəriŋ]:

cost ~ распределение затрат *(форма возмещения затрат страхователя на медицинские услуги)*

haplotype ~ *ген.* разделение гаплотипов *(напр. среди заболевших сибсов-родственников)*

organ ~ обмен органами, обмен трансплантатами *(форма сотрудничества между центрами трансплантации)*

sharp [ʃa:p] 1. острый, резкий *(о боли)* 2. едкий *(запах)* 3. тонкий *(слух)* 4. раздражительный; суровый

sharp-eyed ['ʃa:p-aid] 1. обладающий острым зрением 2. проницательный, наблюдательный

sharpness ['ʃa:pnəs] резкость; чёткость; острота *(напр. зрения)*

~ **of the border** *рентг.* чёткость границ *(тени)*

~ **of the patellar reflex** выраженность коленного рефлекса

overall ~ *рентг.* предельная резкость *(изображения)*

softened ~ *рентг.* смягчённая резкость *(изображения)*

sharp-pointed [ʃa:p-'pɔintəd] остроконечный

shashitsu [ʃa:'ʃitzu:] цуцугамуши, акамуши, японская речная лихорадка

shatter ['ʃætə] 1. отломок; осколок ‖ раздробить, разбить 2. расстраивать *(здоровье)*

shave [ʃeiv] бритьё ‖ бриться, сбривать

close [near] ~ опасное [рискованное] положение

shear [ʃiə] 1. срез; сдвиг; срезывающая сила ‖ резать 2. лезвие; *pl.* ножницы ‖ стричь, срезать

fatal ~ смерть

coagulation ~s коагуляционные ножницы

plaster ~s ножницы для разрезания гипсовых повязок

rib ~s рёберные кусачки

shearing ['ʃiəriŋ] 1. стрижка ‖ стригущий; срезающий *(о травме)* 2. фрагментирование; фрагментация *(напр. молекул ДНК)*

sheath [ʃi:θ] 1. *анат.* оболочка, влагалище 2. канюля; капсула; гильза *(артроскопа)*

~ **of eyeball** влагалище глазного яблока

~ **of muscle** влагалище мышцы

~ **of Schwann** *см.* **neurolemmal** ~

arachnoid ~ паутинная оболочка

bulbar ~ *см.* ~ **of eyeball**

bundle ~ влагалище сосудисто-нервного пучка

contraception ~ презерватив *(диафрагма, вставляемая во влагалище)*

crural ~ бедренная фасция

dentinal ~ перитубулярный дентин, Неймана оболочка

endoneural ~ эндоневрий *(оболочка нервного волокна)*

lamellar ~ *см.* **nerve** ~

masculine ~ предстательная маточка

medullary ~ *см.* **myelin** ~

mucous ~ **of tendon** синовиальное влагалище сухожилия

myelin ~ миелиновый слой, миелиновая оболочка

nerve ~ периневрий *(оболочка пучков нервных волокон периферических нервов)*

neurilemmal [nucleated] ~ неврилемма, шванновская оболочка

periarteriolar lymphocyte ~ периартериальная лимфатическая муфта *(скопление первичных фолликулов в белой пульпе селезёнки)*

pial ~ мягкая мозговая оболочка

rectus ~ влагалище прямой мышцы живота

root ~ эпителиальное влагалище корня волоса

same ~ общий фасциальный футляр

tendon ~ синовиальное влагалище сухожилия

urethral ~ наружная [серозная] оболочка мочеиспускательного канала

sheathed ['ʃi:θt] миелинизированный

shed [ʃed] 1. сбрасывать; терять *(зубы, волосы)* 2. выделять *(жёлчь)* 3. распространять *(бактерии)* 4. излучать *(свет, тепло)*

shedding ['ʃediŋ] 1. выделение; идентификация *(напр. микроорганизма)* 2. утечка *(напр. антигена)* 3. слущивание *(напр. клеток)* 4. завершение тромбоцитопоэза *(образование тромбоцитов из мегакариоцитов)*

~ **of affected keratinocytes** шелушение поражённых кератиноцитов

oocyst ~ выделение ооцист паразитом

pollen ~ сбрасывание пыльцы

premature ~ **of teeth** преждевременная потеря зубов

sheep-pox ['ʃi:p-pɒks] овина, оспа овец

sheesha ['ʃi:ʃə] гашиш

sheet [ʃi:t] 1. простыня ‖ покрывать простынёй 2. слой, прослойка, пелена, покров 3. лист, пластина 4. таблица, ведомость 5. пласт *(клеток)*

~ **of plaster** полоска гипсового бинта

case ~ индивидуальная карта больного

case ~ **for newborn babies** карта развития новорождённого

confluent ~ *микр.* сливной слой *(клеток)*

cultural derived epidermal ~s эпидермальное покрытие из культуральных клеток

data ~ протокол результатов

draw ~ подстилка, укладываемая под больного

drip ~ простыня для влажного обёртывания

flow ~ карта экстренного больного

homogenous ~ гомогенный слой (напр. эритроцитов)

hospital history ~ медицинская карта, история болезни

molding ~ заливочная [формовочная] пластина (для геля)

neurovascular assessment ~s карта наблюдения за состоянием кровообращения и чувствительности

nursing flow ~ карта [лист] динамического наблюдения (за больным)

personal data ~ личная анкета, учётная карточка

reinterview survey work ~ анкета для повторного обследования

tally ~ учётный лист (напр. при вакцинации)

test ~ тест-объект (для бактериологического контроля)

toxicological data ~ токсикологический паспорт

treatment ~ лист назначений

shelf [ʃelf] 1. полка 2. уступ, навес; складка; объёмное образование

bone ~ хир. костный навес, костная полочка

rectal ~ патологическое образование в прямой кишке (чаще метастаз опухоли)

revolving circular ~ вращающаяся полка с круговыми отделениями, вертушка (в аптеке)

vocal ~ голосовая складка

shelf-life [ʃelf-laif] срок годности, срок хранения (напр. лекарственного средства)

shell [ʃel] 1. оболочка; корка; скорлупа, раковина моллюска || снимать оболочку; окутывать оболочкой 2. остов, каркас 3. стеклянный протез глаза

to ~ **out** хир. вылущивать, энуклеировать

nail ~ ногтевая пластинка

sandwich ~ защитная слоистая конструкция, слоистая оболочка

scleral ~ оболочка склеры

trocar cleeve ~ канюля троакара

shellfish [ˈʃelfiʃ] моллюск; ракообразное

feeding ~ съедобная устрица

shell-shock [ʃel-ʃɔk] 1. военный невроз; боевая психическая травма 2. контузия

shelter [ˈʃeltə] 1. приют, кров, убежище; навес 2. прикрытие, укрытие 3. защитная полоса

~ **to battered women** приют для избиваемых женщин

X-ray ~ рентгеновская ширма

shepherd's-purse [ˈʃepədz-pəːs] пастушья сумка обыкновенная (Capsella bursa pastoris)

shield [ʃiːld] 1. экран, щит, защита || экранировать, защищать 2. кожух

amputation ~ ампутационный ретрактор

biological ~ биологическая защита

concrete ~ бетонный экран (в радиационной защите)

cytherean ~ презерватив

dust ~ пылезащитный колпак

embryonic ~ зародышевый [эмбриональный] диск, или щиток, бластодиск, дискобластула

eye ~ 1. глазной щиток 2. pl. защитные очки

gamma-ray ~ экран для защиты от гамма-излучения

lead ~ свинцовый экран

lead eye ~ свинцовая защитная пластинка для глаза

neutron ~ экран для защиты от нейтронов

nipple ~ накладка для сосков

ozone ~ озоновый щит Земли (наибольшая концентрация озона на высоте около 50 км; задерживает интенсивное ультрафиолетовое излучение – фотоны длиной 200–310 нм)

protective ~ защитный экран, защитная ширма

radiance ~ экран для защиты от светового или теплового излучения

radiation ~ радиационная защитная ширма

reflection ~ отражатель

shadow ~ теневой экран (частичный)

skull ~ защитный шлем

storage ~ экранированный контейнер (для хранения радиоактивных образцов)

tube ~ защитный кожух (напр. рентгеновского аппарата)

water ~ водный экран

Shield:

Blue ~ «Голубой щит», «Синий щит» (некоммерческая организация, осуществляющая страхование амбулаторно-поликлинической помощи)

shieldbone [ˈʃiːldbəʊn] анат. лопатка

shielding [ˈʃiːldiŋ] экранирование, защита, ограждение || экранирующий, защитный

bone marrow ~ защита костного мозга (от лучевого повреждения)

bulk ~ сплошное экранирование

primary protective ~ первичный защитный (радиационный) барьер

shift [ʃift] 1. смещение, сдвиг, отклонение || смещаться, отклоняться 2. изменение || меняться, изменяться 3. мигрировать, перемещаться 4. средство, способ

~ **down** резкое уменьшение (напр. скорости роста микроорганизмов)

~ **in therapy** смена лечения

~ **of cardiac energy metabolism** переключение энергетического метаболизма клеток миокарда (от окисления жирных кислот к окислению глюкозы)

~ **up** резкое увеличение (напр. скорости роста микроорганизмов)

acute ~ внезапный переход (напр. от одного рациона к другому); внезапная смена

adaptive color ~ адаптационный цветовой сдвиг

allele ~ изменение частоты аллелей в популяции, аллельный сдвиг

antigenic ~ антигенная изменчивость (в структуре вируса), антигенный сдвиг (о мутациях)

axis ~ **of frontal plane** отклонение оси сердца во фронтальной плоскости

chloride ~ обмен хлоридов (в эритроцитах в процессе дыхания)

degenerative ~ дегенеративный сдвиг, сдвиг вправо (отсутствие молодых и незрелых форм клеток в лейкоцитарной формуле)

Doppler ~ Допплера сдвиг (частоты волнового процесса по отношению к истинному при относительном движении источника и приёмника)

frame ~ *ген.* сдвиг рамки *(мутация, обусловленная вставкой или утерей нуклеотидов, приводящая к смещению рамки считывания кодонов при синтезе белка)*

genetic ~ генетический сдвиг

intracohort net ~ *демогр.* чистое изменение в пределах одной когорты населения

large ~ резкое изменение, выраженный сдвиг *(напр. фауны)*

left ~ *см.* **regenerative** ~

mediastinal ~ смещение средостения

population ~ миграция

Purkinje ~ Пуркинье феномен *(сдвиг максимума световой чувствительности сетчатки в сторону более коротких волн спектра при переходе от дневного зрения к сумеречному)*

reading frame ~ *см.* **frame** ~

regenerative ~ регенеративный сдвиг, сдвиг влево *(увеличение в лейкоцитарной формуле палочкоядерных форм за счёт незрелых клеток)*

right ~ *см.* **degenerative** ~

set ~ *невр.* ответная реакция

threshold ~ изменение порога, пороговый сдвиг *(при аудиометрии)*

shifting ['ʃiftiŋ]:

cost ~ *страх.* перераспределение затрат

shift-down [ʃift-daʊn] перенос из непермиссивных в пермиссивные условия *(бактериальной или фаговой культуры)*

shift-up [ʃift-ʌp] перенос из пермиссивных в непермиссивные условия

Shigella [ʃi'gelə] род грамотрицательных бактерий семейства Enterobacteriaceae

shigellosis [ˌʃigə'ləʊsis] шигеллёз *(бактериальная дизентерия)*

shin [ʃin] **1.** передняя поверхность голени **2.** бугристость большеберцовой кости

bucked ~s поражённые голени

cucumber ~ голень, напоминающая огурец

saber ~ саблевидная голень *(проявление врождённого сифилиса)*

shinbone ['ʃinˌbəʊn] большеберцовая кость

shiner ['ʃinə]:

allergic ~s «полукружья» *(круги под глазами синюшного цвета у лиц, страдающих аллергическим ринитом и дерматитом)*

shingles ['ʃiŋgəlz] **1.** опоясывающий герпес, или лишай **2.** *pl.* невралгия при герпесе

shin-splints [ʃin-splints] «расколотая голень» *(боль в мышцах голени после чрезмерной нагрузки)*

shistosternia [ˌʃistəʊ'stɜːniə] врождённое расщепление грудины

shiver ['ʃivə] лёгкий озноб, дрожь, трепет ‖ дрожать, трястись, вздрагивать

shivering ['ʃivəriŋ] **1.** дрожание, дрожь, тремор; озноб **2.** спастические сокращения мышц

postoperative ~ послеоперационный озноб

shock [ʃɒk] **1.** удар, толчок ‖ ударять **2.** потрясение ‖ поражать, потрясать **3.** шок ‖ шоковый

allergic [anaphylactic] ~ анафилактический шок

anesthetic ~ анестетический коллапс *(обусловленный передозировкой анестетиков)*

apoplectic ~ геморрагический инсульт, апоплексия мозга

bacteremic ~ бактериемический шок

break ~ *см.* **electric** ~

burn ~ ожоговый шок

cardiac [cardiogenic] ~ острая сердечная слабость; кардиогенный коллапс *(при инфаркте миокарда)*

chronic ~ хроническая сосудистая недостаточность

cold ~ холодовый шок

colloidoclastic ~ анафилактоидный [коллоидокластический] шок

compensatory ~ компенсированная стадия шока

culture ~ «культуральный» шок *(состояние тревоги и депрессии от попадания в чуждую среду)*

declamping ~ турникетный шок

deferred [delayed] ~ отсроченный шок *(развивающийся через некоторое время после патологического воздействия)*

diastolic ~ **1.** диастолический удар *(ощущаемый при пальпации грудной клетки)*, акцент II тона сердца **2.** шок, возникающий при тампонаде перикарда

early ~ *см.* **compensatory** ~

electric ~ **1.** поражение электрическим током **2.** электрошок *(при электросудорожной терапии)*

electroconvulsive ~ **1.** электросудорожное раздражение **2.** электросудорожная терапия, ЭСТ

endotoxic [endotoxin] ~ эндотоксиновый [бактериально-токсический] шок

epigastric ~ шок, вызванный ударом в солнечное сплетение

erethismic ~ шок с последующим развитием делирия

explosion ~ взрывной удар; взрывная ударная волна

hematogenic ~ *см.* **oligenic** ~

hemorrhagic ~ геморрагический коллапс

"hot ~" *см.* **thermal** ~

insulin ~ гипогликемическая кома, инсулиновый шок

irreversible ~ необратимый шок

mental ~ психический [аффективный, эмоциональный] шок

neurologic ~ неврогенный коллапс *(обусловленный вазодилатацией)*

oligemic ~ гиповолемический коллапс

postoperative ~ послеоперационный [вторичный] шок

precordial ~ разряд дефибриллятора на прекордиальную область *(при реанимации)*

primary ~ первичный шок *(развивающийся при патологическом воздействии)*

psychic ~ *см.* **mental** ~

"red ~" «красный шок» *(обусловленный феноменом «сладжа» эритроцитов в капиллярах, нарушением тканевого кровотока и сопровождающийся обманчивой гиперемией кожи и слизистых)*

refrigeration ~ резкое охлаждение

secondary ~ вторичный шок

sense ~ нарушение чувствительности *(при истерии)*

serum ~ анафилактический шок

shell ~ 1. невроз военного времени 2. контузия *(при травме)*

surging ~ гидравлический удар *(крови)*

systemic tuberculin ~ анафилактический шок на туберкулин

systolic ~ систолический удар *(ощущаемый при пальпации грудной клетки)*, акцент I тона сердца

thermal ~ 1. тепловой удар 2. гипертермический шок *(обычно при сепсисе)*

thyroxin ~ тиреотоксический [тироксиновый] криз

toxic ~ токсический шок

vascular [vasogenic] ~ коллапс, острая сосудистая недостаточность

wet ~ *см.* **insulin** ~

wound ~ травматический шок

shocked [ʃɒkt] в состоянии шока

shock-producing [ʃɒk-prə'dju:siŋ] вызывающий шок, шокогенный

shockproof ['ʃɒk,pru:f] электрозащитное устройство || электрозащитный

shoe [ʃu:]:

protection ~s защитные бахилы

shoot [ʃu:t] 1. стрельба || стрелять; поражать; убить 2. приступ *(колики)* || пронизывать, иррадиировать, «дёргать», «стрелять» *(о боли)* 3. сильный удар; бросок 4. *sl.* инъекция наркотика в вену

shop [ʃɒp]:

chemist's [drug] ~ *англ.* аптека

short [ʃɔ:t] 1. короткий, кратковременный 2. недостаточный, неполный

to be ~ **of breath** страдать одышкой

shortage ['ʃɔ:tidʒ]:

general T-cell ~ общая Т-клеточная недостаточность, Т-клеточный иммунодефицит

shortbreathing ['ʃɔ:t,bri:ðiŋ] одышка

short-circuit [ʃɔ:t-'sə:kit] накладывать обходной анастомоз, шунтировать

shortcoming ['ʃɔ:tkʌmiŋ] недостаток, изъян, дефект

short-course [ʃɔ:t-kɔ:s] краткосрочный *(о курсе лечения)*

shortening ['ʃɔ:tniŋ]:

apparent ~ **of a limb** кажущееся укорочение конечности

shortgrowing [ʃɔ:t'grəuiŋ] низкорослый

short-head [ʃɔ:t-hed] *анат.* брахицефал

short-lived [ʃɔ:t-livd] короткоживущий

shortness ['ʃɔ:tnəs]:

~ **of breath** *см.* **shortbreathing**

~ **of memory** слабость памяти

short-sighted [ʃɔ:t-'saitəd] 1. близорукий 2. недальновидный

shortsightedness [ʃɔ:t'saitədnəs] близорукость, миопия

short-tempered [ʃɔ:t-'tempəd] вспыльчивый; невыдержанный, раздражительный

short-term [ʃɔ:t-tə:m] кратковременный, краткосрочный

short-winded [ʃɔ:t-'windəd] страдающий одышкой

shot¹ [ʃɒt] 1. выстрел 2. моментальное действие *(напр. реакция)*; удар; бросок 3. однократная доза; инъекция, впрыскивание 4. однократный пуск импульсного прибора 5. кинокадр, рентгеновский снимок с короткой экспозицией

booster ~ бустер-доза, повторная иммунизация, реиммунизация

fast low-angle ~ метод быстрой визуализации с помощью градиента эха

hot ~ вспыльчивый человек

serial ~s *рентг.* серийные съёмки или снимки

shot² 1. счёт *(напр. за лечение)* 2. доля, взнос

shot-feel [ʃɒt-fi:l] чувство прострела *(напр. при люмбаго)*

shotgunning ['ʃɒtgʌniŋ] 1. механическое фрагментирование ДНК 2. получение генотеки механическим фрагментированием ДНК

shoulder ['ʃəuldə] 1. плечевой сустав; надплечье 2. уступ препарированного зуба *(под пластмассовую или жакетную коронку)* 3. плечо *(хромосомы, хроматографического пика)*

~ **of forceps** ложка (акушерских) щипцов

flail ~ «разболтанный» плечевой сустав

frozen ~ плечелопаточный периартрит, Дюплея синдром; адгезивный капсулит, синдром «замороженного» плеча

knocked-down ~ вывих плеча

painful ~ плечекистевой синдром, Стейнброккера синдром

Sprengel's ~ высокое стояние лопатки, Шпренгеля болезнь, или деформация

stubbed ~ растяжение связок плечевого сустава *(у спортсменов)*

shoulder-blade ['ʃəuldə-bleid], **shoulder-bone** ['ʃəuldə-bəun] лопатка

shoulder-brace ['ʃəuldə-breis] спинодержатель *(приспособление для исправления сутулости)*

shoulder-girdle ['ʃəuldə-gə:dl] плечевой пояс

shovelweed ['ʃʌvlwi:d] пастушья сумка обыкновенная *(Capsella bursa pastoris)*

show [ʃəu] 1. появление кровянистых выделений в начале менструации или в первом периоде родов 2. выявлять, устанавливать, обнаруживать(ся), проявлять(ся) 3. шоу; выставка

dental ~ стоматологическая выставка

shower ['ʃauə] 1. обилие, множество || забрасывать 2. обильные осадки *(ливень, град, снег)* 3. душ

erythroblast ~ появление в крови эритро-, нормо- и миелобластов *(при эритромиелозе, анемиях)*

uric acid ~ повышение содержания мочевой кислоты в моче *(при эпизодах подагры)*

shrewish ['ʃru:iʃ] сварливый, ворчливый; злобный

shriek [ʃri:k] 1. пронзительный крик, вопль || кричать 2. скрежет, визг

shrill [ʃril] 1. пронзительный *(напр. крик)*, резкий; высокий *(напр. звук)* 2. назойливый; навязчивый; настойчивый

shrinkage ['ʃriŋkidʒ] сокращение, сжатие, сморщивание

shrivel [ʃrivl] высыхать *(напр. о склере)*; сморщиваться; съёживаться *(напр. от холода)*

shrunken ['ʃrʌŋkən] морщинистый, сморщенный

shudder ['ʃʌdə] дрожь, содрогание, вздрагивание || дрожать, содрогаться, вздрагивать

carotid ~ пляска сонных артерий, или каротид *(при недостаточности клапана аорты)*

shuffle [ˈʃʌfl] **1.** шаркать; волочить *(ноги)* **2.** ёрзать, беспрерывно шевелиться **3.** перемешивать

shunt [ʃʌnt] **1.** шунт, обходной анастомоз; свищ ‖ шунтировать **2.** сброс [объём] шунтируемой крови **3.** протекать в обход

~ **in 1.** больной на постельном режиме; «прикованный» к постели **2.** запертый **3.** замкнутый *(человек)*

arteriovenous ~ **1.** артериовенозный анастомоз **2.** артериовенозный свищ

diffusion ~ диффузионный шунт *(обеспечивающий транспорт газа из лёгочных альвеол в кровь)*

emergency ~ экстренное шунтирование

extrahepatic portosystemic ~ внепечёночный портально-системный [портокавальный] анастомоз

interatrial ~ сброс крови из одного предсердия в другое

interposition ~ шунтирование с интерпозицией *(трансплантата)*

interventricular ~ сброс крови из одного желудочка в другой

jejunocolic ~ тощетолстокишечный свищ

left-to-right ~ сброс крови «слева направо»

mesocaval ~ мезентерико-кавальный анастомоз

peritoneovenous ~ клапанный шунт со сбросом асцитической жидкости в венозную систему

portocaval ~ портокавальный анастомоз, портосистемный шунт

reversed [right-to-left] ~ сброс крови «справа налево», обратный сброс

servovalve ~ функционально-клапанный шунт

splenorenal ~ анастомоз селезёночной артерии с почечной, спленоренальный шунт

surgical lymphovenous ~ лимфовенозный анастомоз

transcutaneous intrahepatic porto-systemic ~ чрескожное внутрипечёночное портосистемное шунтирование

venous ~ венозный анастомоз

ventriculovenous ~ вентрикуловенозный шунт

shunting [ˈʃʌntiŋ] **1.** шунтирование **2.** сброс *(напр. крови через артериовенозные анастомозы)*

bidirectional ~ двунаправленное [переменное] шунтирование

intrapulmonary ~ внутрилёгочное шунтирование *(венозной крови)*

shut-down [ʃʌt-daun], **shut-off** [ʃʌt-ɒf] **1.** остановка, выключение *(напр. прибора)* ‖ отключать *(воду, ток)* **2.** закрывать; блокировать

antibody-mediated renal ~ аутоиммунная нефропатия

emergency ~ аварийная остановка

shut-in [ʃʌt-in] **1.** лежачий больной **2.** замкнутый [аутистичный, нелюдимый] человек

shutter [ˈʃʌtə] **1.** заслонка, задвижка, затвор, жалюзи **2.** диафрагма *(аппарата)*

focal plane ~ диафрагма рентгеновской трубки, шторно-щелевой затвор

silicon ~ силиконовая заслонка типа жалюзи *(клапан вдоха в наркозном аппарате)*

shuttle [ˈʃʌtl] **1.** челнок **2.** возвратно-поступательное движение ‖ двигаться взад и вперёд

ambulance ~ челночное движение санитарного транспорта *(к линии фронта и обратно)*

shyness [ˈʃainəs] застенчивость, робость, скромность

sia(gon)agra [ˌsaiəgɒnˈægrə] боль в верхней челюсти

sia(gon)antritis [ˌsaiəˌgɒnænˈtraitis] гайморит; верхнечелюстной синусит

sialaden [saiˈælədən] слюнная железа

sialadenitis [ˌsaiəˌlædəˈnaitis] сиаладенит *(воспаление слюнной железы)*

sialadenoncus [ˌsaiəˌlædəˈnɒnkəs] опухоль слюнной железы

sialadenosis [ˌsaiəˌlædəˈnəusis] опухание слюнной железы невоспалительного характера

sialadenotropic [ˌsaiəˌlædənəuˈtrɒpik] влияющий на секрецию слюнных желёз

sialagogic [ˌsaiələˈgɒdʒik] стимулирующий слюноотделение

sialagogue [saiˈæləgɒg] средство, стимулирующее слюноотделение

sialaporia [ˌsaiæləˈpəuriə] недостаточность функции слюнной железы

sialate [ˈsaiəleit] соль сиаловой кислоты

sialectasia [ˌsaiəlekˈteizə] расширение протока слюнной железы

sialic [saiˈælik], **sialine** [ˈsaiəlin] слюнный

sialidosis [saiˌæliˈdəusis], *pl.* **sialidoses** [saiˌæliˈdəusiːz] сиалидозы *(группа наследственных болезней накопления, обусловленных дефицитом ферментов сиалидаз)*

sialism [ˈsaiəlizm] гиперсаливация, птиализм, сиалорея

sialoadenectomy [ˌsaiələuˌædəˈnektəmi] сиаладенэктомия *(удаление слюнной железы)*

sialoadenosis [ˌsaiələuˌædəˈnəusis] хронический сиалоаденит

sialoadenotomy [ˌsaiələuˌædəˈnɒtəmi] рассечение слюнной железы

sialoaerophagy [ˌsaiələuˌeəˈrɒfədʒi] заглатывание слюны и воздуха

sialoangiitis [ˌsaiələuˌænfʒiˈaitis] сиалоангиит

sialocele [ˈsaiələusiːl] киста слюнной железы

sialochemistry [ˌsaiələuˈkemistri] химическое исследование слюны

sialodochitis [ˌsaiələudəuˈkaitis], **sialoductitis** [ˌsaiələudekˈtaitis] воспаление большого подъязычного протока *(слюнной железы)*

sialogenous [saəˈlɒdʒənəs] слюнообразующий

sialogogue [saiˈæləugɒg] *см.* **sialagogue**

sialography [saiəˈlɒgrəfi] *рентг.* сиалография, саливография

sialolith [saiˈælɒliθ] камень слюнного протока

sialolithiasis [ˌsaiələuliˈθaiəsis] слюннокаменная болезнь, сиалолитиаз

sialolithotomy [ˌsaiələuliˈθɒtəmi] сиалолитотомия *(удаление слюнного конкремента)*

sialoma [ˌsaiəˈləumə] опухоль слюнной железы

sialomesia [ˌsaiələuˈmiːziə] рвота слюной

sialophagia [ˌsaiələuˈfeidʒə] заглатывание избыточно выделяемой слюны

sialorrhea [ˌsaiələuˈriə] гиперсаливация, птиализм, сиалорея

sialoschesis [ˌsaiəˈlɒskəsis] гипосаливация, гипосиалия *(подавление секреции слюны)*

sialosemiology [ˌsaiələʊˌsiːmiˈɒlədʒi] исследование слюны *(с диагностической целью)*

sialosis [ˌsaiəˈləʊsis] слюноотделение, саливация

sialostenosis [ˌsaiələʊstəˈnəʊsis] стеноз большого подъязычного [слюнного] протока

sialosyrinx [ˌsaiələʊˈsiriŋks] 1. слюнный свищ 2. дренажная трубка для слюнного протока 3. шприц для промывания слюнного протока

sialotic [saiəˈlɒtik] относящийся к слюнотечению или слюноотделению

Siamese [ˌsaiəˈmiːz] сиамский *(обычно сросшийся близнец, по прежнему названию Таиланда – Сиам)*

sib [sib] один из двух или более близнецов, кровный родственник; *pl.* сибсы *(родные братья и сёстры)*

full **~s** полные сибсы *(родные братья и сёстры)*

sibilant ['sibilənt] свистящий *(о хрипах в лёгких)*

sibling ['sibliŋ] см. **sib**

half **~s** полусибсы *(братья и сёстры, связанные родством только по одному из родителей)*

HLA-identical **~s** сингенные сибсы *(идентичные по антигенам главного комплекса гистосовместимости)*

sib-pairs ['sib-peəz] пара сибсов

sib-set ['sib-set] группа сиблингов

affected **~** поражённая группа сибсов

sibship ['sibʃip] кровное [сибсовое] родство

Sic! [sik] *лат. (указывает на подлинность приведённых слов)* Так!

siccant ['sikənt], **siccative** ['sikətiv] высушивающее вещество, сиккатив ǁ высушивающий

sicchasia [siˈkeiziə] 1. тошнота 2. отвращение к пище

sick [sik] 1. больной ǁ болезненный 2. испытывающий тошноту ǁ тошнить

to go **~** заболеть

mentally **~** психически больной, душевнобольной

sicken ['sikən] 1. заболеть 2. вызывать заболевание 3. чувствовать тошноту, вызывать отвращение

sicklemia [sikˈliːmiə] серповидно-клеточная [дрепаноцитарная, менискоцитарная] анемия

sickle-shaped [ˌsikl-ˈʃeipt] серповидный

sickliness ['siklinəs] болезненное состояние, болезненность

sickling ['sikliŋ] выработка серповидно-клеточных эритроцитов

sickness ['siknəs] 1. болезнь, заболевание 2. тошнота 3. *sl.* абстиненция, состояние наркотического голодания

aerial **~** укачивание, воздушная болезнь

African sleeping **~** см. **sleeping ~**

air **~** см. **aerial ~**

alpine [altitude] **~** высотная [горная] болезнь

athletes **~** переутомление спортсменов

aviation **~** см. **aerial ~**

balloon **~** условия, имитирующие высотную болезнь

bends **~** кессонная болезнь

black **~** индийский висцеральный лейшманиоз, калаазар, лихорадка дум-дум

car **~** укачивание в автомобиле или поезде

cardiac decompression **~** сердечная форма декомпрессионной болезни

cave **~** гистоплазмоз

Ceylon **~** бери-бери, алиментарный полиневрит

compressed **~** см. **decompression ~**

country **~** *псих.* ностальгия

creeping **~** эрготизм, отравление спорыньёй

decompression **~** декомпрессионная болезнь, или слабость

exhibit **~** явно выраженная болезнь; проявление болезни

fainting [falling] **~** эпилепсия

flying **~** аэроневроз

green **~** ранний [ювенильный] хлороз, *уст.* бледная немочь

green tobacco **~** табачное отравление в период уборки

high-altitude **~** см. **acrial ~**

Indian **~** эпидемический гангренозный проктит

laughing **~** 1. псевдобульбарный [ложный бульбарный] паралич 2. *инф.* куру, болезнь «смеющихся людей»

milk **~** болезнь, вызванная употреблением молока от скота с интоксикацией некоторыми видами ядовитых растений

monthly **~** менструация

morning **~** тошнота беременных по утрам

motion **~** укачивание, болезнь движения

mountain **~** см. **altitude ~**

post-radiation **~** см. **radiation ~**

protein **~** белковая лихорадка *(реакция на введение чужеродного белка)*

radiation **~** лучевая болезнь *(состояние, вызванное рентгеновским облучением, превышающим 1 Зв)*

railroad **~** преходящие [транзиторные] судороги

sea **~** укачивание, морская болезнь

serum **~** сывороточная болезнь

sleeping [sleepy] **~** африканский трипаносомоз, сонная болезнь

space **~** космическая болезнь, «спутниковая болезнь» *(синдром укачивания у космонавтов)*

spotted **~** пинта, карате

stiff **~** кратковременная лихорадка скота

sweating **~** потница

travel **~** укачивание, болезнь туристов

vestibular **~** вестибулопатия

X-ray **~** лучевая болезнь

side [said] 1. бок, сторона ǁ боковой, латеральный 2. линия *(родства)* 3. побочный *(о действии лекарственного средства)*

distaff **~** *ген.* женская линия рода

herniated **~** на стороне грыжи

spear **~** *ген.* мужская линия рода

Side:

Moss **~** Мосс Сайд *(название специальной психиатрической больницы в Англии)*

side-effect [said-əˈfekt] побочный эффект, побочная реакция

sideration [ˌsidəˈreiʃn] внезапный приступ

siderism ['sidərizm] металлотерапия *(лечение, напр., невроза, прикладыванием металлических дисков к коже)*

sideroblast ['sidərəʊˌblæst] *гемат.* сидеробласт *(предшественник эритроцитов, в цитоплазме которого выявляются гранулы железа при сидеробластной анемии)*

ring ~ кольцевидный сидеробласт

siderocyte ['sidərəʊˌsait] *гемат.* сидероцит (*эритроцит, содержащий зёрна ферритина*)

sideroderma [ˌsidərəʊ'dɜːmə] сидеродерма (*коричневатый оттенок цвета кожи на ногах за счёт отложения гемосидерина*)

siderogenous [ˌsidərəʊ'ʤiːnəs] железообразующий (*эритроцит, в цитоплазме которого выявляются гранулы железа*)

sideropenia [ˌsidərəʊ'piːniə] сидеропения (*пониженное содержание железа в крови*)

siderophil ['sidərəʊˌfil], **siderophile** ['sidərəʊˌfail] сидерофил (*1. захватывающий железо || сидерофильный 2. клетка или ткань, содержащие железо*)

siderophilin [ˌsidə'rɒfilin] трансферрин (*гликопротеид плазмы крови, обратимо связывающий железо и переносящий его с током крови*)

siderophone ['sidərəʊˌfəʊn], **sideroscope** ['sidərəʊskəʊp] сидероскоп (*прибор для обнаружения магнитных инородных тел в глазу*)

siderophore ['sidərəʊˌfɔː] *pl.* сидерофоры (*железосодержащие соединения, синтезируемые бактериями*)

siderosilicosis [ˌsidərəʊˌsili'kəʊsis] сидеросиликоз, силикосидероз (*силикоз, обусловленный вдыханием железа и кремнезёма*)

siderosis [ˌsidə'rəʊsis] сидероз (*1. пневмокониоз, вызванный систематическим вдыханием пыли железа или его соединений 2. отложение соединений железа в организме 3. избыточное содержание железа в крови*)

~ **bulbi** сидероз глазных яблок

hepatic ~ гемохроматоз

urinary ~ гемосидеринурия

transfusional ~ трансфузионный (гемо)сидероз

siderous ['sidərəs] относящийся к железу

siemens ['siːməns] сименс, См (*единица проводимости; 1 См равен проводимости проводника сопротивлением 1 Ом*)

sieve [siv] 1. сито, решето; микрофильтр || просеивать, фильтровать 2. подвергать гель-фильтрации 3. проводить скрининг (*выборочный отбор больных*)

molecular ~ молекулярное сито, микрофильтр, ультрафильтр

sievert ['siːvət] зиверт, Зв (*единица поглощённой дозы излучения, 1 Зв = 100 бэр*)

sieving ['siːviŋ] 1. просеивание, фильтрование 2. гель-фильтрация, гель-хромография

sift [sift] 1. просеивать 2. фильтровать

sigh [sai] вздох || вздыхать; тосковать

sight [sait] 1. зрение 2. поле зрения 3. видеть, рассматривать, наблюдать

out of ~ вне поля зрения

day ~ дневное [фотопическое] зрение

dull ~ слабое зрение

far [long] ~ дальнозоркость, гиперметропия

near ~ близорукость, миопия

night ~ ночное [скотопическое] зрение

old ~ пресбиопия

second ~ 1. уменьшение пресбиопии в ранней стадии развития катаракты 2. улучшение миопического зрения с возрастом

short ~ *см.* **near** ~

weak ~ астенопия (*быстрое утомление глаз во время зрительной работы*)

sighting ['saitiŋ] визуальное наблюдение

accessory ~ дополнительный признак, непатогномоничный симптом

concominant ~ сопутствующий признак, или симптом

sightless ['saitləs] слепой

sigmatism ['sigmətizm] сигматизм, шепелявость (*вид косноязычия, при котором нарушено произношение шипящих и свистящих звуков*)

sigmoid ['sigmɒid] сигмовидная ободочная кишка || сигмовидный, S-образный

sigmoidectomy [ˌsigmɒid'ektəmi] резекция сигмовидной кишки

sigmoiditis [ˌsigmɒi'daitis] сигмоидит

sigmoidoproctostomy [sigˌmɒidəʊprɒk'tɒstəmi] сигморектальный анастомоз

sigmoidoscope [sig'mɒidəʊskəʊp] ректороманоскоп, сигмоидоскоп

flexible ~ гибкий сигмоидоскоп

rigid ~ жёсткий сигмоидоскоп

sigmoidostomy [ˌsigmɒid'ɒstəmi] сигмостомия (*создание наружного свища сигмовидной кишки*)

sign [sain] 1. симптом, признак болезни (*чаще объективный, в отличие от* symptot *– субъективного признака*) 2. (*условный*) знак, символ, отметка 3. регуляторная [сигнальная] последовательность (*в макромолекуле*) 4. след 5. подписывать(ся), ставить подпись

Aaron's ~ Аарона симптом (*боль в надчревной или левой подреберной области при надавливании в точке Мак Бернея – признак аппендицита*)

Abadie's ~ Абади симптом (*безболезненность при сдавливании пяточного сухожилия – признак спинной сухотки*)

accessory ~ дополнительный [второстепенный, непатогномоничный] признак

accompanying ~s сопутствующие клинические признаки

Allis' ~ Эллиса симптом (*необычное углубление, пальпируемое над большим вертелом, – признак перелома шейки бедренной кости с укорочением ноги*)

Amoss' ~ Амосса симптом (*неспособность больного перейти из положения лежа в положение сидя без опоры руками сзади, наблюдается при миопатии и полиомиелите*)

antecedent ~ продромальный признак, предвестник болезни

Aschner's ~ Ашнера симптом, глазо-сердечный рефлекс

Auenbrugger's ~ Ауэнбруггера признак (*выпячивание надчревной области при выпоте в околосердечной сумке*)

autonomic ~s вегетативные проявления (*болезни*)

Babinski's ~ Бабинского рефлекс (*при поражении пирамидного пути*)

Baillarger's ~ Байярже признак (*анизокория при прогрессивном параличе*)

Bamberger's ~ Бамбергера симптом (*1. пульсация яремной вены при недостаточности трёхстворчатого клапана 2. тупой звук при перкуссии угла лопатки,* который проясняется при наклоне больного вперёд; указывает на выпотной перикардит)

bandage ~ симптом жгута

Barany's ~ Барани калорическая проба (наблюдается при поражении мозжечка)

Barlow's ~ Барлоу симптом (указывает на врождённый вывих бедра)

"beak" ~ рентг. симптом клюва (при исследовании желудка)

behavioral ~s особенности поведения

Bell's ~ Белла симптом (признак поражения лицевого нерва)

Bielschowsky's ~ Бильшовского симптом (признак рассеянного склероза)

Bolduzzi's ~ Больдуцци симптом (при поражении пирамидного пути)

Bonhoeffer's ~ Бонгеффера признак (изменение мышечного тонуса при хорее)

Bonnet's ~ Бонне симптом (симптом ишиалгии)

brain stem ~s стволовые симптомы

Branham's ~ Бренхема симптом (замедление сердечных сокращений при сдавлении артериовенозной аневризмы)

Brudzinski's 1. нижний [контралатеральный] симптом Брудзинского (непроизвольное сгибание ноги в коленных и тазобедренных суставах при пассивном сгибании другой ноги в тех же суставах – признак менингита) 2. верхний симптом Брудзинского (непроизвольное сгибание ноги в коленных и тазобедренных суставах при пассивном сгибании головы больного, лежащего на спине, – признак менингита)

cardinal ~s основные показатели жизнедеятельности (пульс, температура, частота дыхания)

cerebellar ~s мозжечковые знаки, признаки поражения мозжечка

characteristic ~ типичный признак

chronic ~ признак хронической болезни

Chvostek's ~ Хвостека симптом, лицевой феномен (сокращение мышц лица в ответ на удар молоточком в области прохождения лицевого нерва)

clenched fist ~ симптом «сжатого кулака» (пациента с грудной жабой: надавливание сжатым кулаком на грудную клетку вызывает боль)

clinical ~ клинические признаки

cogwheel ~ симптом зубчатого колеса (проявление экстрапирамидной ригидности при паркинсонизме)

commemorative ~ признак перенесённой болезни

concomitant ~ сопутствующий признак, или симптом

confusing ~ ошибочно принятый признак

contralateral ~ см. Brudzinski lower ~

control of clinical ~s предотвращение проявлений болезни

Coopernail's ~ Купернейла симптом (кровоподтёки на промежности и половых органах при переломе таза)

crocodile tears ~ симптом крокодиловых слёз (при поражении лицевого нерва)

Cruveilhier's ~ «голова Медузы» – Крювелье симптом (расширение подкожных вен передней брюшной стенки при портальной гипертензии)

Cullen's ~ Куллена симптом (пропитывание кровью тканей в области пупка при кровоизлиянии в брюшную полость)

Dalrymple's ~ Дальримпля симптом (расширение глазной щели с обнажённой склерой над лимбом при тиреотоксикозе)

Darier's ~ Дарье симптом – признак центробежной кольцевидной эритемы

Dejerine – Lichtheim ~ Дежерина – Лихтгейма симптом (при подкорковой моторной афазии)

direct ~ симптом, непосредственно связанный с болезнью

diverse ~s разнообразие симптомов

doll's eye ~ симптом кукольных глаз (движение глазных яблок кверху при наклоне головы вперёд и движение их книзу при откидывании головы; наблюдается при паркинсонизме)

drawer ~ симптом «выдвижного ящика» (указывающий на растяжение или разрыв крестообразных связок коленного сустава)

echo ~ псих. эхолалия, эхофразия

Enroth's ~ Энрота симптом (припухлость верхних век при диффузном токсическом зобе)

episodic clinical ~s эпизодическое течение болезни; эпизодическое проявление симптомов

equivocal ~ сомнительный симптом

Erben's ~ Эрбена [феномен] симптом (при повышенной возбудимости парасимпатической нервной системы)

exhibiting ~s явные признаки (болезни)

extinction ~ симптом угасания сыпи

fascette ~ симптом фасетки

Faget's ~ Фаже симптом (брадикардия на фоне высокой температуры тела при жёлтой лихорадке)

familial ~s семейные признаки (характерные для некоторых семей, но не обязательно наследуемые)

flush-tank ~ обильное выделение мочи и исчезновение припухлости в поясничной области (признак гидронефроза)

focal neurological ~s очаговая неврологическая симптоматика, очаговые неврологические знаки

Forchheimer's ~ коревая энантема, Форхгеймера признак

Fournier's ~ Фурнье симптомы (1. саблевидные ноги 2. укорочение коронок и гипоплазия эмали больших коренных зубов при врождённом сифилисе)

Froment's ~ Фромента приём (проверка силы приводящей мышцы большого пальца кисти)

Fuchs' ~ Фукса симптом (при парезе глазодвигательного нерва)

Gaenslen's ~ Генслена симптом (боль в области крестцово-подвздошного сочленения при максимальном сгибании ног в суставах на стороне поражения и на другой стороне при разгибании их – признак сакроилеита)

gastrointestinal ~s признаки болезни желудочно-кишечного тракта

general ~ общий симптом

Gertvig – Magendie ~ Гертвига – Мажанди симптом (при поражении медиального продольного пучка)

Goldstein's (toe) ~ Голдстайна симптом (увеличение расстояния между первым и вторым пальцами стопы при болезни Дауна)

Gowers (I) ~ Говерса симптом *(при параличе лицевого нерва)*

heart ~ симптом изменения функции или конфигурации сердца

Hegar's ~ Хегара симптом *(ранний признак беременности)*

Heryng's ~ Геринга симптом *(затемнение верхнечелюстной пазухи при диафаноскопии)*

Hill's ~ Хилла – Флике симптом *(различие систолического давления на плечевой и бедренной артериях при аортальной недостаточности)*

historical ~s анамнестические [субъективные] данные

Hutchinson's ~ Гётчинсона [зрачок] симптом *(при супратенториальном объёмном поражении)*

identical ~ идентификационный признак

impending ~ угрожающий симптом

inconstant ~ непостоянный признак

indirect ~ косвенный симптом

Jackson's ~ Джексона симптом *(свистящее дыхание при наличии инородного тела в трахее или бронхах)*

Jacquemier's ~ Джеквимейера симптом *(синеватая окраска слизистой оболочки влагалища – возможный признак наличия беременности)*

Jellinek's ~ Еллинека симптом *(пигментация кожи вокруг глаз при диффузном токсическом зобе)*

jump ~ симптом подпрыгивания *(вызывается сильной болью)*

Kehr's ~ Кера симптом *(иррадиация боли в левое плечо при разрыве селезёнки)*

Kennedy – Wortis ~ Кеннеди – Уортиса симптом *(при субдуральной гематоме)*

Kernig's ~ Кернига симптом *(невозможность пассивного разгибания согнутой под прямым углом ноги в коленном и тазобедренном суставах – симптом менингита)*

key ~ патогномоничный признак

Kocher's ~ Кохера симптом *(обнажение полоски склеры при взгляде вверх – признак тиреотоксикоза)*

laboratory ~s лабораторные показатели

Lasegue's ~ Ласега симптом *(появление боли в пояснице у лежащего на спине больного при поднимании выпрямленной ноги и её исчезновение при сгибании в коленном суставе)*

Leibermeister's ~ Лейбермейстера симптом *(пятнистая бледность языка)*

Lermitte's ~ симптом Лермитта *(пронизывающая боль в руках и туловище, возникающая при сгибании шеи, – признак множественного склероза или других поражений шейного отдела спинного мозга)*

life-long or post-mortem morphological ~s прижизненные либо посмертные морфологические признаки

ligature ~ симптом лигатуры *(появление кровоподтёков на конечности дистальнее места наложения нетугого жгута)*

local ~ местный [локальный] симптом

localizing ~ локализующий симптом *(указывающий локализацию патологического процесса)*

Lust's ~ Люста симптом *(при тетании и спазмофилии)*

Macewen's ~ Макьюина симптом, симптом «треснувшего горшка» *(при перкуссии черепа – признак гидроцефалии)*

Magnan's ~ Маньяна симптом *(ощущение под кожей мелких инородных тел или насекомых, возникающее при отравлении кокаином)*

major ~ основной [главный] признак

Mannkopf's ~ Маннкопфа феномен *(отсутствие учащения пульса при болевом раздражении – симптом кататонического ступора)*

Marie – Guillain ~ Мари – Гийена симптом *(при сирингомиелии)*

Marinescu – Hirschberg ~ Маринеску – Гиршберга симптом *(при поражении пирамидного пути)*

Mayerson's ~ Майерсона симптом *(при паркинсонизме)*

meningeal ~s менингеальные симптомы

minor ~ малый [дополнительный] симптом

Mobius's ~ Мёбиуса симптом *(ослабление или отсутствие конвергенции глаз при тиреотоксикозе)*

Morquio's ~ Моркио симптом *(при полиомиелите)*

motor ~s нарушение двигательной активности

Musset's ~ Мюссе симптом *(ритмичное подёргивание головы синхронно с пульсом при аортальной недостаточности)*

neck ~ см. **Brudzinski** ~ 2

negative ~s негативные знаки, или симптомы

neurological ~s неврологическая симптоматика; неврологические признаки *(напр. очагового поражения)*

obstructive ~ симптом закупорки *(сосуда, протока и т. п.)*

Oliver – Porter's ~ Оливера – Портера симптом *(пульсация трахеи при аневризме дуги аорты)*

ominous prognostic ~ неблагоприятный прогностический признак

orbicularis ~ симптом раздельного зажмуривания глаз, Ревийо симптом *(неспособность закрыть глаз на стороне пареза лицевого нерва при сохранении способности закрыть оба глаза одновременно)*

Ortalani's ~ Ортолани признак, симптом «щелчка» *(при врождённом вывихе бедра)*

Parkinson's ~ маскообразное лицо при паркинсонизме

paroxysmal ~s эпизодические [пароксизмальные] проявления *(напр. феохромоцитомы)*

patent bronchus ~ рентг. симптом свободного просвета бронха *(при коллапсе лёгкого)*

Peteny's ~ Петени симптом *(при спазмофилии или тетании)*

physical ~s физикальные [телесные] признаки *(объективные симптомы внутренних болезней, выявляемые при перкуссии, аускультации или пальпации)*

positive ~s позитивные знаки или симптомы

posterior fat pad ~ рентг. задняя жировая подушка *(косвенный признак межмыщелкового перелома)*

premonitory ~s продромальные признаки

presenting ~ симптом, проявляющийся в настоящее время

principial ~ главный [основной, патогномоничный] симптом

prodromal ~s см. **premonitory** ~s

prominent ~ см. **principial** ~

Quinke's ~ (пре)капиллярный пульс, Квинке симптом

recognition ~ *ген.* сигнал распознавания; сайт узнавания *(последовательность аминокислот или нуклеотидов, узнаваемая регуляторным белком или пептидом)*

Remak's ~ Ремака симптом *(нарушение единства восприятия ощущений прикосновения и боли при спинной сухотке и полиневрите)*

Revilliod's ~ *см.* orbicularis ~

roentgen ~ рентгенологический признак

Romana's ~ Романьи симптом, окулогландулярный синдром *(одно- или двухсторонний конъюнктивит с отёком век и одутловатостью лица – признак американского трипаносомоза)*

Romberg's ~ Ромберга [феномен] симптом *(стоящий пациент более неустойчив с закрытыми глазами, чем с открытыми, – признак спинной сухотки)*

Sansom's ~ Сансома симптом *(раздвоение II тона сердца при митральном стенозе)*

scallop ~ краевая эрозия; разрушение участка кости в виде фестончатой выемки

scimitar ~ *рентг.* признак «турецкой сабли» *(криволинейная структура, видимая в основании лёгкого, – признак нарушения оттока из лёгочных вен)*

severe clinical ~s выраженные клинические проявления

signature ~ явный признак

silhouette ~ *рентг.* симптом силуэта

similar ~s сходные [аналогичные] признаки

skin ~s of systemic disease кожные проявления системного заболевания

slight ~ слабовыраженный [стёртый, абортивный] симптом

soft neurological ~s неврологическая микросимптоматика, лёгкие неврологические знаки

spinal ~ напряжение мышц спины на стороне поражения *(при плеврите)*

stable vital ~ стабильность жизненно важных показателей

Stellwag's ~ Штельвага симптом *(резкое мигание при тиреотоксикозе)*

stop ~ *мол. биол.* терминирующий кодон, стоп-кодон

string ~ симптом струны *(при пилоростенозе)*

subjective ~ субъективный признак *(определяемый только самим больным, напр., боль)*

substantial ~s выраженные признаки; постоянство симптоматики

subtle ~ невыраженный симптом

systemic ~ общий признак, признак системной болезни

Teleky's ~ Телеки симптом *(при отравлении свинцом)*

thumb ~ симптом большого пальца кисти *(при поражении пирамидных путей)*

Tinel's ~ Тинеля проба *(появление парестезий и чувства покалывания дистальнее места повреждения нерва при постукивании по ладонной поверхности выше запястья)*

"vacuum ~" картина вакуума

vital ~s 1. показатели [параметры] жизненно важных функций *(напр. пульс, АД, дыхание)* **2.** признаки жизни

Weisman's ~ Вейсмана симптом, феномен «попытки подражания» *(при поражении мозжечка)*

Westphal's ~ Вестфаля симптом *(отсутствие коленного рефлекса при алкогольном полиневрите)*

worsening ~s ухудшение симптоматики

wrist ~ при сжатии запястья другой рукой при синдроме Марфана большой и пятый пальцы заходят друг на друга

Zaufab's ~ седловидный нос *(признак врождённого сифилиса)*

signal ['signəl] сигнал; импульс

audible ~ звуковой сигнал

audio [auditory] ~ сигнал слуховой частоты

augmentative ~ 1. усилительный [усиливающий] сигнал **2.** вспомогательный [хелперный] фактор, или сигнал

background ~ сигнал фона, фоновый сигнал

bioelectrical ~ биоэлектрический сигнал

control-error ~ сигнал ошибки, возникающий в системе управления

distress ~ сигнал бедствия

echo ~ эхо-сигнал, отражённый сигнал

emergency shutdown ~ сигнал аварийной остановки

feedback ~ сигнал обратной связи

frequency-modulated ~ частотно-модулированный сигнал

hand ~ жест [знак] рукой; язык пальцев

incoming [input] ~ входной сигнал

intrinsic ~s *мол. биол.* внутренние сигналы *(напр. управляющие транспортом белка и его локализацией в клетке)*

low amplitude ~s низкоамплитудные сигналы *(ЭКГ)*

outcoming ~ выходной сигнал

outphase ~s противофазные сигналы

output ~ *см.* outcoming ~

priming ~ сенсибилизирующий [примирующий] фактор *(напр. первичный антиген)*

promoting ~ 1. сигнал, благоприятствующий протеканию реакции **2.** фактор стимуляции клеток, промоторный фактор

tolerizing ~ толерогенный сигнал, толероген *(антиген, вызывающий состояние толерантности)*

triggering ~ 1. фактор запуска реакции; триггер-сигнал **2.** *см.* augmentative ~ 2

signal-averaged ['signəl-'ævərifʤd] усреднённый сигнал *(комплекса QRS)*

signaling ['signəliŋ] передача сигнала

mitogenic ~ митогенная индукция; митогензависимая активация *(напр. лимфоцита)*

transmembrane ~ трансмембранная передача сигнала

signature ['signətʃə] **1.** сигнатура *(1. копия рецепта, выдаваемая больному в аптеке вместо оригинала 2. часть рецепта, содержащая указание для больного)* **2.** отличительная черта **3.** подпись, подтверждение

signe [sai'ni] *фр., см.* sign

~ de peau d'orange признак [симптом] апельсиновой корки

significance [sig'nifikəns] значимость; значение; важность

clinical ~ клиническая значимость

no ~ статистически не достоверно

statistical ~ статистическая значимость, достоверность

sign-out ['sain-,aʊt] письменный отказ *(от лечения)*

silence ['saɪləns] 1. молчание, безмолвие, тишина 2. бессимптомность, латентность, скрытое течение *(заболевания)*

electrocerebral ~ отсутствие электрической активности головного мозга, изоэлектрическая линия *(на ЭЭГ)*

silent ['saɪlənt] 1. молчащий 2. бессимптомный, латентный, скрытый *(о периоде заболевания)*

silhouette [ˌsɪlʊ'et] *рентг.* контур, силуэт *(напр. диафрагмы)*

abdominal ~ форма живота

globoid ~ шаровидный контур *(напр. сердца)*

rounded cardiac ~ округление контура сердца

silica ['sɪlɪkə] кремнезём, двуокись кремния, SiO₂

silicon ['sɪlɪkɒn] 1. кремний, Si 2. полупроводник

electron-bombarded ~ кремний, подвергнутый электронно-лучевой обработке

silicone ['sɪlɪkəʊn] 1. силиконовая резина, силикон, кремнеорганическое соединение *(пластмасса на основе кремния; может быть жидкой, желеобразной и твёрдой)* 2. силиконовый имплантат молочной железы

silicon-on-insulator [ˌsɪlɪkɒn-ɒn-'ɪnsəleɪtə] кремний на диэлектрике, КНД *(полупроводниковая структура)*

silicosis [sɪlɪ'kəʊsɪs] силикоз *(фиброз лёгких, развивающийся при воздействии пыли кремния)*

true ~ истинный силикоз

silicotuberculosis [ˌsɪlɪkəʊtuːˌbəːkjʊ'ləʊsɪs] силикотуберкулёз

siliquose ['sɪlɪkwəʊs] стручковидный *(обозначение формы катаракты, приводящей к сморщиванию хрусталика)*

Silverpin ['sɪlvəˌpɪn]:

Joan ~ мак снотворный *(Papaver somniferum)*

simesthesia [ˌsɪmes'θiːzɪə] костная чувствительность

simian ['sɪmɪən] обезьяний; относящийся к обезьянам

similarity [sɪmə'lærəti] сходство, подобие; соответствие

~ of samples *стат.* сходство выборок

overall ~ общее сходство

phenomenological ~ феноменологическое соответствие *(между болезнью человека и экспериментальной моделью)*

similia [sɪ'mɪlɪə]:

~ similibus curantur *лат.* подобное лечится подобным *(гомеопатическая доктрина)*

similimum [sɪ'mɪlɪməm] гомеопатическое лекарство

simple ['sɪmpl] 1. простой, несложный; элементарный 2. неспецифический *(уретрит)* 3. явный; истинный 4. *уст.* лекарственное растение

simpler ['sɪmplə] *уст.* знахарь, лечащий травами, травник

simplex ['sɪmpleks] симплекс *(гетерозигота по определённому доминантному гену)*

simplist ['sɪmplɪst] *см.* **simpler**

simulate ['sɪmjʊleɪt] 1. симулировать *(болезнь)* 2. имитировать; моделировать, воспроизводить

simulation [ˌsɪmjʊ'leɪʃn] 1. симуляция *(болезни)* 2. имитация; моделирование, воспроизведение

clinical ~ течение одной болезни под маской другой

computer ~ машинное моделирование *(напр. болезни)*; компьютерный дизайн *(напр. лекарства)*

gas-exchange ~ моделирование газового обмена

laboratory ~ лабораторное моделирование *(напр. физиологического процесса)*

simulator ['sɪmjʊleɪtə] имитатор, моделирующее устройство

arrhythmia ~ устройство, моделирующее аритмию

cardiac waveform ~ имитатор (электро)кардиограммы

electron ~ электронный аналог, электронная модель

heart murmur ~ имитатор шумов сердца

simultanagnosia [ˌsaɪməlˌtænəg'nəʊsɪə] симультанная агнозия *(потеря способности воспринимать группу объектов как целое)*

simultaneous [ˌsɪməl'teɪnɪəs] одновременный, симультанный, синхронный *(об операциях)*

sin [sɪn] грех, порок || нарушать общепринятые нормы

in ~ в незаконном браке

sinal ['saɪnəl] синусовый, синусный

sinapis ['sɪnəpɪs] горчица

sinapism ['sɪnəpɪzəm] горчичник

sincipital [sɪn'sɪpɪtəl] относящийся к темени

sinciput ['sɪnsɪpʊt], *pl.* **sincipita** [sɪn'sɪpɪtə] темя, верхне-передняя часть головы

sindiniks ['sɪndɪnɪks] синдиника *(учение об опасностях и способах их профилактики)*

sindinogenic [ˌsɪndɪnəʊ'dʒenɪk] синдиногенный *(приводящий к сбою в работе, к нарушению повседневной жизни)*

sine ['saɪne] *лат.* без

~ die на неопределённый срок

~ dolora безболевая форма *(напр. ишемической болезни сердца)*

~ qua non обязательные условия

sinew ['sɪnjuːi] 1. сухожилие 2. *pl.* мускулатура; физическая сила

weeping ~ ганглий *(киста сухожилия)*

sinewy ['sɪnjuːl] мускулистый

sing [sɪŋ] 1. шум *(ветра)* 2. звон *(в ушах)*

singe [sɪndʒ] ожог || опалять(ся)

to ~ one's feathers обжечься на чём-л.

single ['sɪŋgl] 1. человек-одиночка; один || одинокий, холостой; единственный *(напр. о почке)* 2. одномоментный, одноэтапный *(напр. об операции)*; разовый, однократный *(шприц)* 3. выбирать, отбирать

single-acting [ˌsɪŋgl-'æktɪŋ] 1. одностороннего действия, простого действия 2. одноразового действия

single-channel [ˌsɪŋgl-'tʃænl] одноканальный

single-dose [ˌsɪŋgl-'dəʊz] однократная доза

single-handed [ˌsɪŋgl-'hændɪd] однорукий

single-layered [ˌsɪŋgl-'leɪəd] 1. однослойный *(эпителий)* 2. однорядный *(шов)*

single-stage ['sɪŋgl-'steɪdʒ] один этап || одностадийный, одномоментный, одноэтапный *(напр. об операции)*

singleton ['sɪŋgltən] 1. одиночка; единичный предмет; объект, не имеющий пары 2. единственный ребёнок

single-use ['sɪŋgl-juːs] разового [однократного] применения или использования

singularity [ˌsɪŋgjʊ'lærəti] 1. сингулярность, особенность, исключительность, необычность 2. особая точка функции

isolated ~ изолированная особая точка

singultation [ˌsɪŋgəl'teɪʃn], **singultus** ['sɪŋgəltəs] икота

sinistral ['sɪnɪstrəl] 1. левша 2. расположенный с левой стороны тела, левосторонний, левый

sinistrality [ˌsinis'træliti] леворукость

sinistraural [ˌsinis'trɔːrəl] **1.** с функциональным преобладанием левого уха **2.** относящийся к левому уху

sinistrocardia [ˌsinistrəʊ'kaːdiə] синистрокардия; смещение сердца влево

sinistrocerebral [ˌsinistrəʊ'serəbrəl] относящийся к левому полушарию головного мозга

sinistrocular [ˌsinis'trɒkjuːlə] с функциональным преобладанием левого глаза

sinistrogyration [ˌsinistrəʊʤai'reiʃn] левовращение, поворачивающий, крутящий влево

sinistromanual [ˌsinistrəʊ'mænjuːəl] см. **sinistral 1**

sinistropedal [ˌsinis'trɒpədəl] с функциональным преобладанием левой ноги

smistrorse ['sinistrɔːrs] повёрнутый влево

sinistrotorsion [ˌsinistrəʊ'tɔːʃn] см. **sinistrogyration**

sinistrous ['sinistrəs] расположенный с левой стороны, левосторонний, левый

sink [siŋk] **1.** водосток **2.** приёмник сточных вод (напр. река, почва) **3.** физиол. вместилище [потребитель] притекающих метаболитов (ткань, орган); акцептирующая ткань, или орган, потребляющие или накапливающие вещества **4.** оседать; погружаться **5.** спадать (о воде) **6.** впитываться

sinking ['siŋkiŋ]:

~ **of the cornea** снижение тонуса глазных яблок

sinking-down ['siŋkiŋ-'daʊn] выпадение, провисание (органа)

sinoatrial [ˌsainəʊ'eitriəl] синусно-предсердный

sinogram ['sainəʊgræm] рентгенограмма синусов

sinter ['sintə] кальцификат; кальцификация

sinthase [sin'θeiz]:

nitric oxide ~ синтетаза оксида азота

sinthome [sin'θəʊm] психоан. синтом (остаток симптома по излечении)

sinuitis [ˌsinjʊ'aitis] см. **sinusitis**

sinuotomy [ˌsinjʊ'ɒtəmi] синусотомия (вскрытие синуса)

sinuous ['sinjuːəs] извилистый, волнистый

sinus ['sainəs], pl. **sinuses** ['sainəsiːz] **1.** анат. синус, пазуха, полость, каверна, карман, канал **2.** свищ с гнойным отделяемым **3.** синусно-предсердный узел, Киса – Флека узел

~ **aortae** синус аорты (общее название трёх выпячиваний стенки аорты, между полулунными заслонками её клапана)

~ **caroticus** каротидный синус (расширение в области бифуркации общей сонной артерии)

~ **epididymidis** пазуха придатка яичка

~**es of dura mater** синусы [пазухи] твёрдой мозговой оболочки

~**s lactiferi** млечные синусы (веретеновидные расширения млечных протоков перед их выходом на поверхность соска)

~ **of nail** ногтевой синус

~ **pocularis** предстательная маточка

~ **prostaticus** предстательная пазуха (углубление по обе стороны гребня предстательной части мужской уретры)

~**es rectales** см. **anal** ~**es**

~ **renalis** почечная пазуха (включающая чашечки и лоханку, почки)

~ **tarsi** пазуха предплюсны

~ **venarum**, ~ **venosus** венозный синус

accessory ~**es of nose** околоносовые [придаточные] пазухи носа

air ~ воздушная полость (в кости)

anal ~**es** заднепроходные [морганиевы, прямокишечные] пазухи, или синусы (углубления между одноимёнными столбами)

basilar ~ базальное сплетение (венозное)

branchiogenic ~ жаберный [бранхиогенный] свищ

cardinal ~ общая кардинальная вена, кювьеров проток

cavernous ~ пещеристый [кавернозный] синус, пещеристая пазуха

cerebral ~ **1.** желудочек головного мозга **2.** pl. синусы [пазухи] твёрдой мозговой оболочки

coronary ~ венечный [коронарный] синус (собирающий кровь из большинства вен сердца и открывающийся в правое предсердие)

cranial ~ черепная пазуха

delineating ~**es** полость со свищевым ходом

draining ~ **1.** дренирующаяся полость **2.** свищ (напр. при остеомиелите)

endodermal ~ желточный проток

ethmoidal ~**es** пазухи решётчатой кости

frontal ~ лобная пазуха

intercavernous ~ межпещеристый синус

lactiferous ~ млечный синус (расширение выводного протока молочной железы)

laryngeal ~ гортанный [морганиев] желудочек, желудочек гортани

lateral ~ поперечный синус (твёрдой мозговой оболочки)

lymph ~ лимфатический синус (в лимфоузле)

mastoid ~s сосцевидные ячейки (сообщающиеся между собой полости сосцевидного отростка височной кости, а также с сосцевидной пещерой)

maxillary ~ верхнечелюстная [гайморова] пазуха

Morgagni's ~ **1.** гортанный [морганиев] желудочек, желудочек гортани **2.** синус аорты **3.** см. **anal** ~**es**

nasal ~ носовая пазуха

oblique ~ **of pericardium** косая пазуха перикарда

occipital ~ затылочный синус

oral ~ эмбр. эктодермальная впадина преддверия полости рта

paranasal ~**es** околоносовые пазухи, придаточные пазухи носа

petrosus ~ пещеристый синус (твёрдой мозговой оболочки)

phrenicocostal ~ рёберно-диафрагмальный синус

pilonidal ~ эпителиальный копчиковый ход, волосяная [пилонидальная] киста

piriform ~ грушевидный карман (парное углубление в гортанной части глотки)

placental ~**es** краевые венозные расширения [синусы] плаценты

rectus pyriform ~ см. **piriform** ~

renal ~ почечная пазуха

sagittal ~ сагиттальный синус *(твёрдой мозговой оболочки)*

sick ~ слабость синусного узла

sigmoid ~ сигмовидный синус *(твёрдой мозговой оболочки)*

sphenoid(al) ~ клиновидная пазуха *(околоносовая пазуха в теле клиновидной кости)*

straight ~ прямой синус *(твёрдой мозговой оболочки)*

subcapsular ~ субкапсулярный синус *(область созревания эритроцитов в селезёнке или Т-лимфоцитов в тимусе)*

suture ~ лигатурный свищ

tarsal ~ пазуха предплюсны

tentorinal ~ прямой синус *(непарный синус твёрдой мозговой оболочки)*

transverse ~ **of pericardium** поперечная пазуха перикарда

tympanic ~ пазуха барабанной полости

urogenital ~ мочеполовая пазуха, мочеполовой синус

venous ~**es** венозные синусы [пазухи] твёрдой мозговой оболочки

sinusitis [ˌsainəˈsaitis] синусит *(воспаление слизистой околоносовой пазухи или пазух)*

frontal ~ фронтит *(воспаление слизистой лобной пазухи)*

paranasal ~ параназальный синусит

sphenoidal ~ сфеноидит *(воспаление слизистой пазухи клиновидной кости)*

sinusography [ˌsainəˈsɒgrəfi] рентг. синусография

sinusoid [ˈsainəsɔid] **1.** синусоподобный **2.** синусоидный капилляр

sinusoidalization [ˌsainəsɔidəˌliˈzeiʃn] применение синусоидального тока

sinusotomy [ˌsainəˈsɒtəmi] вскрытие пазухи

frontal ~ вскрытие лобной пазухи

maxillary ~ гайморотомия

nasal ~ эндоназальная синусотомия

siphon [ˈsaifən] сифон ‖ откачивать сифоном, пропускать через сифон

siphonage [ˈsaifənɪʤ] сифонное промывание *(напр. желудка)*

~ **of sinuses** промывание полостей *(сифоном)*

siren[1] [ˈsairən] терат. сирена, симпус *(плод со сросшимися нижними конечностями)*

siren[2] сирена, сигнал воздушной тревоги

sirenomelia [ˌsairənəˈmiːliə] сиреномелия *(врождённое сращение нижних конечностей)*

siriasis [siˈraiəsis] солнечный удар

sirup [ˈsirəp] фарм. сироп

sismotherapy [ˌsisməˈθerəpi] вибромассаж

sister [ˈsistə] англ. **1.** сестра ‖ сестринский; родственный; парный **2.** старшая медицинская сестра *(больницы, палаты, операционного отделения)* **3.** частнопрактикующая дипломированная медицинская сестра

departmental ~ старшая медицинская сестра отделения

full [german] ~**s** полные [родные] сёстры

half ~**s** сёстры по одному из родителей

nursing ~ сестра по уходу *(в интернате)*

ward ~ палатная медицинская сестра

sister-chromatid [ˈsistə-ˈkrəumətid] сестринские хроматидные обмены *(тест на мутагенную активность)*

sister-tutor [ˈsistə-ˈtjuːtə] сестра-наставница

midwifery ~ медицинская сестра-инструктор по акушерству

site [sait] **1.** место, участок; сайт *(1. местоположение точковой мутации или небольшого участка генома 2. виртуальное пространство в Интернете, имеющее своего владельца, адрес и состоящее из веб-страниц, воспринимаемых как единое целое)* **2.** местоположение; локализация *(напр. опухоли)* **3.** помещаться, располагаться, находиться

~ **of accident** место происшествия

~ **of action** место приложения действия

~ **of aspirin induced ulceration** зона язвы, вызванной аспирином

~ **of election** типичная локализация *(напр. перелома)*

~ **of entry** входные ворота *(инфекции)*

~ **of fracture** место перелома

~ **of infection** очаг инфекции

~ **of a pollen allergen** ген. сайт аллергена пыльцы

~ **of primary tumor** локализация [расположение] первичной опухоли

~ **of red cell destruction** место разрушения эритроцитов

~ **of suture** область шва

acceptor ~ акцепторный сайт *(правая точка сплайсинга)*

activator ~ активаторный центр *(фермента)*

active ~ активный центр *(участок фермента, в котором связывается молекула субстрата и проходит реакция)*

affected ~ поражённая сторона

allosteric ~ аллостерический центр *(часть молекулы фермента, связывающаяся с лигандом, что изменяет конформацию молекулы фермента и её активность)*

antibody repertoire ~ популяционное разнообразие антител *(к конкретному антигену)*

antigenic ~ область детерминанта, эпитопа *(в молекуле антигена)*

binding ~ связывающий участок, центр [сайт] связывания

cell-binding recognition ~ сайт связывания с клеткой, сайт узнавания *(на макромолекуле)*

chain-antigenic ~ антигенная детерминанта секвенциального типа, секвенциальный эпитоп

chromosomal integration ~ хромосомный сайт интеграции *(место в хромосоме, куда встраивается чужеродная ДНК)*

cleavage ~ сайт расщепления

cloning ~ сайт встраивания *(специфический участок векторной молекулы, в который встраивают фрагмент чужеродной ДНК)*

combining ~ паратоп, рецепторная зона *(участок соединения антитела с антигенной детерминантой – эпитопом)*

common ~ типичная локализация *(напр. перелома)*

decoding ~ декодирующий участок

donor ~ донорский участок *(при аутотрансплантации)*

endocardial ~ эндокардиальный очаг *(напр. вентрикулярной тахикардии)*

fragile ~ неокрашивающиеся участки в специфических зонах хромосомы – гэпы

initiation ~ участок [сайт] инициации, начала считывания

overlapping ~ перекрывающийся участок; перекрывающаяся последовательность (нуклеотидов) «внахлёст»

placental ~ плацентарная площадка

plaque ~ площадь пятна гемолиза, размер бляшки

polymorphic ~ полиморфный сайт *(участок хромосомы, представленный в популяции более чем одним вариантом – аллелем)*

primary ~ первичная локализация *(опухоли)*; первичный очаг *(поражения)*

privileged ~ пермиссивный участок, привилегированная область *(размещения и приживления трансплантата)*

promoter ~ сайт инициации запуска, транскрипции; промоторный участок, промотор

reaction ~ 1. реакционно-активный участок *(молекулы)*; область активного центра *(фермента)* 2. аллергическая папула

receptor ~ рецепторный участок

recognition ~ участок [сайт] узнавания

restriction cleavage ~s участки рестрикционного распознавания

Rh-combining ~ участок связывания резус-фактора

ribosome-binding ~ сайт связывания рибосомы

sensitized skin ~ участок сенсибилизированной поверхности кожи

sequence tagged ~s короткие секвенированные последовательности ДНК

splice acceptor ~s *ген.* сайт-акцепторы сплайсинга

splice-donor ~s *ген.* сайт-доноры *(сплайсинга)*

storage ~s депо, участок накопления *(напр. железа)*

test ~ область контакта с антигеном *(на коже)*, аппликационная зона

transcription start ~ сайт инициации транскрипции – начала считывания

valence ~ антигенный детерминант, эпитоп

site-specific [sait-spə'sifik] специфичный по месту *(напр. рак молочной железы)*

sit(i)ology [,saiti'ɒlədʒi] диетология, диететика

sitomania [,saitəʊ'meiniə] булимия, ситиомания, кинорексия *(резко усиленное чувство голода)*

sitophobia [,saitəʊ'fəʊbiə] ситофобия *(1. патологическая боязнь приёма пищи 2. отвращение к пище)*

sitosterol [sai'tɒstərɒl] ситостерин, ситостерол

sitotaxis [,saitəʊ'tæksis] *см.* **sitotropism**

sitotherapy [,saitəʊ'θerəpi] диетотерапия, лечебное питание

sitotoxin ['saitəʊ,tɒksin] пищевой токсин

sitotoxism [,saitəʊ'tɒksizm] пищевое отравление

sitotropism [sai'tɒtrəʊpizm] ситотропизм *(тенденция поворачиваться в сторону пищи у живых клеток)*

sitter ['sitə] 1. сиделка 2. *sl.* лицо, присутствующее во время приёма ЛСД другим человеком

baby ~ няня

situ ['sitʊ]:

in ~ «на месте», «в данном месте» *(1. оперировать, не извлекая орган за пределы его локализации 2. опухоль в ранней стадии в пределах слизистой оболочки)*

situation [sitjʊ'eiʃn] 1. расположение, местоположение 2. положение, состояние, ситуация, обстановка 3. социальное положение

abnormal ~ эктопия; дистопия *(органа)*

ambulance ~ амбулаторная практика

behavioral stress ~ стрессовая поведенческая ситуация

emergency ~ чрезвычайная ситуация

emotional deprivation ~ ситуация эмоционального лишения, обкрадывания

emotionally stressful ~ ситуация, вызывающая эмоциональный стресс

health ~ 1. санитарное состояние 2. состояние здравоохранения

interpersonal ~s межличностные взаимоотношения

mass casualty ~ стихийное бедствие

medical ~ медико-санитарная обстановка

precise ~ точная локализация

residual ~ остаточные явления

social ~s повседневное общение

world health ~ состояние здравоохранения в мире

worst-case ~ нештатная ситуация

situs ['saitəs] *лат.* место; положение

~ **inversus** *см.* **viscerum inversus**

~ **perversus** эктопия, дистопия органа

~ **solitus** нормальное расположение внутренних органов

~ **viscerum inversus** транспозиция [обратное расположение] внутренних органов *(печень слева, сердце справа и т. д.)*

size [saiz] размер, величина, объём; плотность *(клеточной популяции)* ‖ сортировать по величине, определять объём

~ **of family through best** оптимальный размер семьи

~ **of household** величина домохозяйства

burst ~ величина выхода фага после лизиса культуры

cross-sectional ~ поперечный размер

effect ~ диапазон действия *(напр. медикамента)*

field ~ размер поля *(облучения)*

French ~ шкала Шаррьера, французский калибр *(катетеров и бужей)*

hospital ~ мощность больницы *(определяемая количеством коек)*

ideal family ~ идеальное число детей в семье

individual burst ~ выход фага из одной определённой бактериальной клетки

litter ~ 1. число детей, родившихся одновременно 2. величина помёта *(животных)*

lot ~ размер партии *(напр. медикаментов)*

population ~ 1. численность населения 2. объём совокупности

population ~ **of the usual place of residence** численность постоянно проживающего населения

sample ~ *стат.* объём выборки

standardized sample ~ стандартизованный размер выборки

wanted family ~ желаемое число детей в семье

sizing ['saiziŋ] 1. измерение 2. калибровка; классификация *(напр. пыли по размерам частиц)*

microscopic ~ микрометрия

skatology [skæ'tɒlədʒi] 1. раздел биологии 2. копрологическое исследование

skelalgia [skel'ælʤi:ə] боль в ноге

skelasthenia [ˌskeləs'θi:ni:ə] слабость ног

skeletal ['skelətəl] относящийся к костям, скелету; костный *(напр. об инфекции)*

skeletization [ˌskeləti'zeiʃn] **1.** скелетирование *(удаление мягких тканей)* **2.** крайнее истощение

skeletogeny [ˌskelə'tɔʤəni:] развитие скелета

skeleton ['skelətən] **1.** остов, каркас, скелет *(напр. макромолекулы)* **2.** скелет *(костный каркас тела у позвоночных)* **3.** набросок, план

appendicular ~ *анат.* **1.** кости плечевого и тазового поясов **2.** сесамовидные кости

axial ~ *анат.* осевой скелет *(череп, позвоночник)*

cardiac ~ фиброзный каркас сердца

facial ~ лицевой череп, кости лица

family ~ семейная тайна, скрываемая от посторонних

gill arch ~ жаберный [висцеральный] скелет

membrane ~ мембранный остов, или каркас

strong ~ прочный скелет

visceral ~ совокупность костей, защищающих внутренние органы *(таз, рёбра, грудина и череп)*

skeletopia [ˌskelə'təupiə], **skeletopy** ['skelətəupi] скелетотопия *(расположение органов в теле человека относительно элементов скелета)*

skenitis [ˌski:'naitis] скинеит *(воспаление парауретральных протоков, или ходов Скина)*

skepticism ['skeptisizm] скептицизм *(сомнение, доведённое до правила)*

sketch [sketʃ] схема, схематическое изображение || описывать в общих чертах, изображать схематически

~es of coronary artery surgery этюды коронарной хирургии

skew [skju:] косой, скошенный, наклонный || перекос

skewness ['skju:nəs] *стат.* мера асимметрии кривой распределения *(показатель скошенности кривой распределения)*

skiagram ['skaiəˌgræm], **skiagraph** ['skaiəˌgræf] *рентг.* скиаграмма *(схематическое изображение рентгенограммы)*

skiametry [skai'æmətri] ретиноскопия

skiascopy [skai'æskəpi] **1.** ретиноскопия, скиаскопия, диоптроскопия, теневая проба **2.** рентгеноскопия, флюороскопия

skiatherapy [ˌskaiə'θerəpi] рентгенотерапия

skill [skil] **1.** мастерство, умение; опыт; квалификация **2.** талант; искусство, дар, способность

~s of career counseling опыт консультанта-психиатра

clinical ~s **1.** клинические навыки, клинический опыт **2.** справочник клинициста

communication ~s искусство общения *(врача с больным)*

expressive and receptive language ~s экспрессивные и рецептивные речевые навыки

healthy ~s гигиенические навыки

interpersonal ~ навыки межличностного общения

interviewing ~s сбор анамнеза

job ~ профессиональные навыки

management ~s опыт управления *(напр. больницей)*

motor ~s двигательные навыки

nursing ~s сестринские навыки; сестринское дело

oral reding ~ навыки устного чтения

pediatric clinical ~s искусство клинического обследования детей

physical ~s физические навыки

prototype clinical ~s модель врача-клинициста, или врача-лечебника

reading comprehension ~ навык понимания прочитанного

social ~s социальные навыки, социализация

strong diagnostic ~s отличные диагностические навыки

surgical ~ мастерство хирурга

technical ~ технический навык *(напр. вправления вывиха)*

skilled ['skild] искусный, умелый, компетентный

skilltraining ['skilˌtreiniŋ] *псих.* тренинг умений

skin [skin] **1.** кожа **2.** оболочка, плёнка, верхний слой

to ~ **over** зарубцовываться, заживать *(о ране)*; затягиваться грануляциями

alligator ~ см. **crocodile** ~

anesthetic ~ кожа, лишённая чувствительности *(онемевшая, анестезированная)*

anserin ~ см. **glossy** ~

blackened ~ **1.** потемневшая кожа **2.** загорелая кожа

bronzed ~ бронзовая пигментация кожи *(при болезни Аддисона)*

calloused ~ огрубелая [мозолистая, жёсткая] кожа

chapped ~ растрескавшаяся [обветренная] кожа

charred ~ обугленная кожа

clummy ~ липкая кожа

crocodile ~ крокодиловая кожа *(при тяжёлой степени ихтиоза)*

damp ~ влажная кожа

dead ~ **1.** онемевшая кожа **2.** омертвевшая кожа

deciduous ~ слущивающаяся кожа, кератолиз

delicate ~ нежная [чувствительная] кожа

desquamated ~ шелушащаяся кожа

elastic ~ сверхэластичная кожа *(при Элерса – Данлоса синдроме)*

excoriated ~ **1.** расцарапанная, в ссадинах кожа **2.** шелушащаяся кожа

farmer's ~ ромбовидная кожа шеи, «кожа фермера», «кожа моряка» *(обусловленная избыточной инсоляцией)*

fish ~ ихтиоз, диффузная кератома, гиперкератоз, рыбья кожа

flaky ~ см. **desquamated** ~

flushed ~ рефлекторная гиперемия кожи

freezened ~ лиофилизированная кожа

glabrous ~ гладкая кожа; кожа, лишённая волос

glossy ~ нейротическая атрофодермия, лиодермия, лоснящаяся кожа

goose ~ «гусиная кожа» *(при охлаждении)*

greasy ~ сальная [жирная] кожа

hide-bound ~ системная [генерализованная, диффузная, универсальная] склеродермия, прогрессирующий системный склероз

hyperaesthetic ~ сверхчувствительная кожа

inner ~ см. **true** ~

lax ~ см. **elastic** ~

leopard ~ кожа с участками депигментации

lichenified ~ лихенизированная [поражённая лишаем] кожа

loose facial ~ вялая [рыхлая] кожа лица

macerated ~ мацерированная кожа

malodorous ~ дурной запах кожи

marbled ~ мраморная кожа

nail ~ надногтевая пластинка, ногтевая кожица, эпонихий

outer ~ 1. наружный слой 2. эпидермис

paper [parchment] ~ ксеродерма, «пергаментная кожа»

piebald ~ витилиго

pig ~ «свиная» кожа (с участками лимфатического отёка)

porcupine ~ врождённая буллёзная ихтиозиформная эритродермия, эпидермолитический гиперкератоз, или ихтиоз

sailor's ~ см. **farmer's** ~

scaly ~ чешуйчатая кожа

scarf ~ эпидермис

scarred ~ см. **excoriated** ~ 1

shagreen ~ «шагреневая кожа» (плоские пятна овальной формы, цвета окружающей кожи или пигментированные)

shrivelled ~ ссохшаяся [сморщенная, увядшая] кожа

taut ~ упругая кожа

toad ~ фринодерма, авитаминозный фолликулярный кератоз

true ~ дерма, собственно кожа

velvety ~ бархатистая кожа

weather ~ обветренная кожа

yellow ~ ксантодермия

skin-blister [skin-ˈblistə] кожный волдырь, или пузырёк

skinbound [skin'baʊnd] поражённый склеродермией

skin-grafting [skin-ˈɡræftiŋ] пересадка кожи

skinhead [ˈskinhed] скинхед ‖ бритоголовый

skinny [ˈskini] тощий

skin-pointing [skin-ˈpɔintiŋ] кожная аппликационная проба

skin-sensitizing [skin-sensi'taiziŋ] кожно-сенсибилизирующий (напр. об антителах)

skipped [skipt] перепрыгивающий (напр. о предсердном зубце электрокардиограммы)

skull [skʌl] череп

brachycephalic ~ брахицефалический [укороченный] череп

cerebral ~ мозговой череп

dolichocephalic ~ долихоцефалический [удлинённый] череп

fenestrated ~ «решётчатый» череп (при остеопорозе костей)

frontopetal ~ фронтопетальный череп

geographical [maplike] ~ деформирующий остит [ограниченный остеопороз] черепа

mesocephalic ~ череп среднего размера, мезоцефалический череп

metriocephalic ~ пропорциональный череп

natiform ~ ягодицеобразный череп (при врождённом сифилисе)

occipitopetal ~ окципитопетальный череп

open-roofed ~ краниосхизис (череп с несращёнными швами)

orthocephalic ~ пропорциональный череп

pachycephalic ~ утолщённый череп

parietopetal ~ париетопетальный череп

scaphocephalic ~ ладьевидный [ладьеобразный, скафоцефалический] череп

stenobregmatic ~ суженный череп (с патологически уменьшенными височными областями)

steeple [tower] ~ акроцефалия, оксицефалия, башенный череп

trephined ~ трепанированный череп

visceral ~ лицевой [висцеральный] череп

skull-breaker [skʌl-ˈbreikə] краниокласт, акушерские костные щипцы

skullcap [ˈskʌlkæp] свод, или крыша, черепа

skylight [ˈskailait] 1. верхний [потолочный] свет 2. застеклённая крыша, колпак (над операционной)

skyline [ˈskailain] аксиальный, осевой (напр. о проекции при рентгенографии); горизонтальная линия

slab [slæb] 1. пластинка (для электрофореза) 2. полоска (агара и т. п.) 3. блок (смолы для изофокусировки)

~ **of plaster** гипсовая заготовка, гипсовая лонгета

slack [slæk] 1. слабый; вялый; дряблый 2. бездействие

slackening [ˈslækəniŋ]:

~ **of tension** снятие напряжения, облегчение

slant [slænt] 1. склон, уклон 2. микр. культура на скошенной питательной среде

antimongoloid ~ **of eyes** антимонголоидный разрез глаз (опущение наружных углов глазных щелей)

mongoloid ~ **of eyes** монголоидный разрез глаз

stock ~ исходная культура на скошенном агаре

slanting [ˈslæntiŋ]:

~ **of media** скашивание питательной среды

slash [slæʃ] 1. глубокий порез, глубокая рана ‖ глубоко ранить 2. срезать, сокращать, уменьшать

slasher [ˈslæʃə] резавшийся (с суицидальной целью); имеющий порезы

slate [sleit] сланец

asbestos ~ шифер (может являться причиной силикозов и рака)

slaughter [ˈslɔːtə] 1. резня, кровопролитие, массовое убийство; избиение 2. убой, забой (скота)

compulsory [emergency] ~ вынужденный убой (животных при обнаружении заболевания)

slaver [ˈslævə] слюнотечение

slayer [ˈsleiə] убийца

sleep [sliːp] 1. сон ‖ спать; засыпать 2. спячка

desynchronized ~ см. **rapid eye movement** ~

electrical ~ электросон

electrotherapeutic ~ лечение электросном

fast ~ см. **rapid eye movement** ~

frozen ~ 1. зимняя спячка 2. гипотермия, искусственная гибернация

hypnotic ~ гипнотический [парциальный, частичный] сон

induced ~ вызванный [индуцированный] сон

interferon-enhanced ~ потенцируемый интерфероном сон

leaden ~ тяжёлый сон

Mesmeric ~ 1. гипноз 2. обезболивание под гипнозом

non-rapid eye movement [NREM, orthodox] ~ медленный [ортодоксальный, синхронизированный] сон *(характеризуется наличием на ЭЭГ медленных высокоамплитудных колебаний дельта-волн)*

paradoxical ~ *см.* **rapid eye movement ~**

paroxysmal ~ (эссенциальная) нарколепсия *(непроизвольное желание уснуть)*

poor ~ диссомническое расстройство

prolonged ~ пролонгированный сон

rapid eye movement [REM] ~ быстрый [десинхронизированный, парадоксальный] сон *(характеризующийся наличием на ЭЭГ быстрых низкоамплитудных колебаний и быстрыми движениями глаз)*

slow wave ~ медленноволновой сон

sound ~ крепкий сон

synchronized ~ *см.* **non-rapid eye movement ~**

twilight ~ 1. сумеречное [полубессознательное] состояние; поверхностный сон 2. поверхностный наркоз *(напр. для обезболивания родов)*

winter ~ гибернация

yen ~ йен-сон *(сомнолентность курильщика опия)*

sleep-disorders [sli:p-di'sɔːdəz] расстройства, возникающие во время сна *(напр. эпилепсия)*

sleeper ['sli:pə]:

poor ~ человек, страдающий бессонницей

sleepiness ['sli:pinəs] сонливость

daytime [diurnal] ~ 1. нарколепсия 2. дневная сонливость

sleeping-draught ['sli:piŋ-drɑːft] снотворное средство

sleeping-sickness ['sli:piŋ-'siknəs] 1. сонная болезнь 2. летаргический энцефалит

sleep-learning [sli:p-'ləːniŋ] гипнопедия, обучение во сне

sleeplessness ['sli:pləsnəs] бессонница, диссомния

sleeptalking ['sli:p,tɔːkiŋ] сомнилоквия *(говорение во время сна)*

sleep-walking [sli:p-'wɔːkiŋ] сомнамбулизм, лунатизм, хождение во сне, снохождение

sleepy ['sli:pi] 1. сонный; сонливый 2. вялый 3. усыпляющий

sleeve [sli:v] *мед. тех.* рукав; манжета; муфта; патрубок; соединительное звено ‖ соединять при помощи соединительного звена

gloved ~ перчатка с рукавом

catheter guard ~ контейнер [оболочка] катетера

colonic muscular ~ муфта из мышечного слоя ободочной кишки *(деталь операции)*

periosteal ~ надкостничная муфта, надкостничный покров

slender ['slendə] 1. нежный, тонкий, стройный 2. слабый

slice [slais] шлиф, тонкий слой, срез *(для гистологического исследования)*

brain ~s срезы головного мозга

cortical ~s срезы коркового вещества *(напр. почки)*

hippocampal ~s срезы гиппокампа

liver ~s срезы печёночной ткани

slicing ['slaisiŋ]:

vertical ~ вертикальный срез *(на томограмме)*

slide [slaid] 1. предметное стекло; слайд 2. микроскопический препарат 3. скользящая часть механизма

blood ~ мазок крови

cavity [concave(-cell), depression, hollow-ground] ~ предметное стекло с лункой

glass [ground] ~ предметное стекло

microscope ~ 1. предметное стекло 2. монтажный столик *(в микроскопе)* 3. микроскопический препарат

mounting ~ *см.* **microscope ~ 1, 2**

multisample ~ многолуночный планшет; скрининг-планшет *(в гибридомной технологии)*

positive ~s положительные результаты анализа *(напр. на малярию)*

stained ~ окрашенный препарат

tape ~ аудиовизуальное средство *(обучения)*

whole ~ цельный препарат

sliding ['slaidiŋ] 1. сдвиг; перенос 2. скольжение ‖ скользящий *(о грыже)*

slight [slait] 1. *психол.* пренебрежение, неуважение 2. тонкий, хрупкий 3. незначительный, слабый *(напр. о приступе)*, лёгкий

slim [slim] 1. незначительный, несущественный 2. *разг.* синдром приобретённого иммунодефицита, СПИД

slime [slaim] 1. шлам; ил 2. слизь, муть, отстой

bacterial ~ бактериальная слизь

sling [sliŋ] 1. поддерживающая повязка *(типа косыночной на предплечье)* 2. перевязка; наложение повязки

fascial ~ 1. пращевидная повязка 2. петля из фасциальной пластинки *(для усиления анального сфинктера)*

patient handling ~ ручной подъёмник больного

pelvic ~ 1. тазовый гамак *(для лечения переломов костей таза)* 2. тазовая повязка

puborectal ~ лобковопрямокишечная мышца, пуборектальная «праща»

slip [slip] 1. скольжение; сползание, сдвиг 2. ошибка 3. длинная узкая полоска 4. суспензия твёрдых тел в жидкости 5. срыв *(приём алкоголя после лечения)*

~ of tongue оговорка

admission ~ учётная карточка о госпитализации больного

epiphyseal plate ~ эпифизеолиз, отрыв по линии эпифизарной пластинки

Freudian ~ фрейдовская оговорка *(отражающая бессознательные побуждения)*

requisition ~ направление на анализ

shoulder ~ вывих плеча

to ~ on the ice поскользнуться на льду

slippage ['slipidʒ] *псих.* соскальзывание *(внезапная потеря мысли, нити разговора)*

slipping-off ['slipiŋ-ɒf]:

~ of forceps соскальзывание щипцов

slit [slit] 1. щель; отверстие 2. длинный разрез ‖ делать отверстие; перфорировать

~ of prepuce рассечение крайней плоти

pudendal [vulvar] ~ половая [срамная] щель

slit-lamp [slit-'læmp] *мед. тех.* щелевая лампа

slobber ['slɒbə] слюна

slop [slɒp] *pl.* 1. помои; грязь; слякоть 2. жидкая пища; каша-размазня

slope [sləʊp] 1. откос; наклон *(напр. сегмента ST на ЭКГ)* 2. *микр.* скошенная питательная среда

~ of the dose-response curve *фарм.* наклон кривой доза – реакция

agar ~ скошенный агар, *разг.* «косячок»

Loeffler ~ Леффлера скошенная сывороточная среда *(для дифтерийных бактерий)*

response ~s *стат.* наклон кривых реакции

serum ~ скошенная сывороточная среда

slot [slɒt] прорезь, щель, слот ‖ прорезать; продалбливать

slouch [slaʊtʃ] 1. сутулость ‖ сутулиться 2. неуклюжая походка

slouching ['slaʊtʃɪŋ] сутулый

slough¹ [slʌf] 1. отторгающиеся некротические массы, отторгаться 2. струп ‖ покрываться струпом

to ~ off шелушиться *(о коже)*

~ of eosinophilic masses отторжение эозинофильных образований *(напр. матки)*

slough² [slaʊ] депрессия, уныние, отчаяние

sloughing ['slʌfɪŋ] отторжение некротических масс

~ of nail опадение [отделение] ногтевой пластинки от её ложа

epithelial ~ десквамация эпителия

mucosal ~ отторжение слизистой *(кишечника)*

slow [sloʊ] 1. медленный, тихий *(о пульсе, дыхании)* 2. вялый *(о течении болезни)*

slowdown ['sloʊˌdaʊn] 1. замедление, торможение 2. снижение темпа

doctor ~ спад оказания врачебной помощи

slow-reacting [sloʊ-rɪ'æktɪŋ] слабореактивный

slow-release [sloʊ-rɪ'liːs] медленно выделяющийся, депонированный *(напр. медикамент)*

sludge [slʌdʒ] 1. осадок, отстой; шлам; муть 2. сладж «сладж-синдром»

~ of blood сладж крови, «сладж-синдром» *(повышенная агрегация форменных элементов крови, внутрисосудистая агглютинация)*

biliary ~ билиарный сладж *(вязкая жёлчь)*

dewatered ~ обезвоженный ил

sluggish ['slʌgɪʃ] 1. медленный, медлительный 2. апатичный, вялый, вялотекущий *(напр. о шизофрении)*; инертный

slum [slʌm] *pl.* трущобы ‖ посещать трущобы *(напр. с санитарно-гигиенической или благотворительной целью)*

slurring ['slɜːrɪŋ] зазубрина *(на зубце R ЭКГ)*

slurry [slʌrɪ] суспензия

smack [smæk] 1. вкус, привкус; запах; примесь 2. глоток 3. *sl.* героин

small [smɔːl]:

~ for date, ~ for gestation age маловесный для гестационного возраста *(о новорождённом)*; пренатальная гипотрофия

smallpox ['smɔːlˌpɒks] (натуральная) оспа, вариола

abortive ~ лёгкая форма оспы *(без высыпаний)*

African ~ *см.* **natural ~**

American ~ *син.* **variola minor** аластрим, белая оспа, оспа кафров *(с лёгким течением и меньшей контагиозностью)*

black ~ пустулёзная [вторичная, поздняя] геморрагическая оспа, чёрная оспа

classical ~ *см.* **natural ~**

coherent ~ форма оспы, близкая к сливной, но при которой границы между пустулами ещё различимы

confluent ~ сливная оспа

discrete ~ дискретная оспа *(характеризующаяся чётко очерченными элементами сыпи и сравнительно лёгким течением)*

hemorrhagic ~ *см.* **black ~**

mild ~ *см.* **American ~**

modified ~ вариолоид

purpuric ~ оспенная пурпура, ранняя геморрагическая [первично-геморрагическая, молниеносная] оспа

West Indian ~ *см.* **American ~**

smart [smaːt] 1. жгучая боль ‖ вызывать, причинять жгучую боль, испытывать жгучую боль ‖ резкий, жгучий *(о боли)* 2. горе, печаль

smart-money [smaːt-'mʌnɪ] компенсация за увечье

smash [smæʃ] 1. гибель, уничтожение, разрушение ‖ разбить, сокрушить, уничтожить 2. катастрофа

smear [smɪə] 1. мазок ‖ брать мазок 2. вязкое или липкое вещество ‖ мазать, смазывать, размазывать 3. клевета, грязь

alimentary tract ~ мазок из промывных вод пищеварительного тракта

blood ~ мазок крови

buccal ~ мазок соскоба щеки *(для определения полового хроматина)*

buffy coat ~ мазок светлого слоя крови *(между осевшими эритроцитами и плазмой)*

cell ~ клеточный отпечаток

cervical ~ цервикальный мазок

cul-de-sac ~ цитологический мазок пунктата прямокишечно-маточного пространства

cytospin cell ~ цитоспиновый клеточный мазок *(приготовленный путём центрифугирования)*

direct ~ нативный мазок

dried ~ высушенный мазок

fast ~ экспресс-диагностика мазка

female genital tract ~ цитологический мазок, полученный из женских половых путей

Gram-stained ~ мазок, окрашенный по Граму

heat-fixed ~ фиксированный нагреванием мазок *(крови)*, термофиксированный препарат

impression ~ мазок-отпечаток

lymph node ~ мазок из лимфатического узла

oral ~ мазок из полости рта

peripheral ~ мазок периферической крови

prophylactic ~ for cytology взятие цитологических мазков с профилактической целью

sputum ~ мазок мокроты

stained ~ окрашенный мазок

superficial ~ мазок, взятый с поверхности *(органа)*

tissue [touch] ~ *см.* **impression ~**

vaginal ~ влагалищный мазок

VCE [vagina, ectocervix, endocervix] ~ экспресс-диагностика мазков женских половых органов, взятых по отдельности из влагалища, экто- и эндоцервикса

ZN-stained ~ мазок, окрашенный по Цилю – Нильсену

smearing ['smɪərɪŋ] *рентг.* размытость, нерезкость *(изображения)*

smegma ['smegmə] смегма, препуциальная смазка

smegmolith ['smegməʊliθ] препуциальный конкремент, смегмолит

smell [smel] **1.** запах ‖ чувствовать запах; пахнуть **2.** обоняние ‖ обонять **3.** зловоние ‖ дурно пахнуть

   ~ of alcohol запах алкоголя

   irritating ~ резкораздражающий запах *(напр. хлора)*

   punget ~ едкий запах

   rancid ~ зловонный запах

   sence ~ тонкое обоняние

smellage ['smeliʤ] любисток лекарственный *(Levisticum officinale)*

smell-brain ['smel-brein] обонятельный мозг

smeller ['smelə] дурно пахнущий объект

smelling-stick ['smeliŋ-stik] сассафрас лекарственный *(Sassafras officinale)*

smile [smail] улыбка ‖ улыбаться

smist [smist] смог, смист

smitten ['smitn] поверженный *(ударом)*, сваленный *(болезнью)*

   ~ with palsy поражённый параличом

smog [smɒg] смог *(густой туман с дымом и копотью)*

   oxidant ~ оксидантный смог

smoggy ['smɒgi] отравленный смогом, полный дыма и тумана

smoke [sməʊk] **1.** дым, копоть ‖ дымиться, коптить; окуривать **2.** курение ‖ курить

   environmental tobacco ~ табачный дым в окружающей среде

   second hand ~ пассивное курение

smokefree ['sməʊkfriː] относящийся к зоне, свободной от табачного дыма

smoke-in ['sməʊk-in] *sl.* сборище курильщиков марихуаны

smokemeter [,sməʊk'miːtə] **1.** прибор для измерения состава отработавших газов **2.** дымомер, измеритель плотности дыма

smoker ['sməʊkə]:

   compulsive ~ заядлый курильщик

   current ~ курильщик в настоящее время

   habitual ~ *см.* **compulsive ~**

smoking ['sməʊkiŋ] **1.** курение **2.** копчение

   involuntary [passive] ~ пассивное курение

smooth [smuːθ] **1.** гладкая поверхность ‖ гладкий *(напр. о поверхности антигена)*; ровный **2.** инкапсулированная [«гладкая»] форма *(колоний бактерий)*, S-форма **3.** однородный **4.** уравновешенный, спокойный

   to ~ down успокаивать(ся)

   to ~ over устранять; смягчать

   section ~ приспособление для расправления гистологических срезов

smoothie ['smuːði]:

   hangover special ~ «облегчение от похмелья»

smother ['smʌðə] **1.** душить **2.** задохнуться; умереть от удушья **3.** подавлять *(гнев)*

smudging ['smʌʤiŋ] нарушение дикции с выпадением ряда согласных

smuggling ['smʌgliŋ]:

   drug ~ контрабанда лекарственных средств, или наркотиков

snail [sneil] **1.** моллюск; улитка **2.** *мед. тех.* спираль

snake [sneik]:

   black ~ 1. чёрный полоз **2.** ямайская чёрная змея

   cat ~ кошачья змея

   coral ~ 1. коралловый аспид **2.** коралловая сверташка

   corn ~ крапчатый полоз

   glass ~ американский желтопузик

   grey ~ серый полоз

   poisonous ~ *см.* **venous ~**

   sea ~s морские змеи

   tiger ~ тигровая змея

   venous ~ ядовитая змея

snakebite ['sneikbait] укус змеи

snakeroot ['sneikruːt] корень сенеги, или змеевика *(Aristolochia serpentaria)*

snap [snæp] **1.** треск, щелчок; тон ‖ щёлкать, хлопать **2.** хруст, треск *(в суставе)* **3.** сломаться, порваться **4.** резкая, отрывистая речь **5.** укус *(напр. собаки)* ‖ укусить

   to ~ a tendon разорвать сухожилие

   closing ~ тон [щелчок] закрытия *(клапана сердца)*

   opening ~ тон [щелчок] открытия *(клапана сердца)*

   wrist ~ хруст при движении кистью *(руки)*

snapback ['snæp,bæk] внезапное улучшение *(состояния больного)*

snap-freezing [snæp-'friːziŋ] быстрое [мгновенное] замораживание

snapping ['snæpiŋ] слияние липосом с плазматической мембраной

snare [sneə] *мед. тех.* (полипная) петля

   galvanocaustic [hot] ~ диатермическая петля

"sneaking-through" феномен «ускользания» *(опухолевых клеток от иммунологического надзора)*

sneeze [sniːz] чиханье ‖ чихать

sneezing ['sniːziŋ]:

   paroxysmal ~ приступообразное чиханье

   reversive ~ повторяющийся форсированный вдох перед чиханьем

sniff [snif] **1.** сопение **2.** вдох носом ‖ нюхать, вдыхать

sniffer ['snifə] наркоман, вдыхающий наркотики

sniffing ['snifiŋ]:

   aerosol ~ вдыхание аэрозолей

   glue ~ нюханье клея

snore [snɔː] храп; храпение *(во время сна)* ‖ храпеть

snow [snəʊ] **1.** снег ‖ снежный **2.** *sl.* героин; кокаин

   carbon dioxide ~ снег угольной кислоты

   carbonic ~ «сухой лёд», твёрдая углекислота, CO_2

snowball ['snəʊbɔːl] калина *(Viburnum)*

"snowballs" ['snəʊbɔːlz] «снежные комья» *(крупные, неправильной формы скопления клеток в стекловидном теле при аутоиммунном панувеите)*

snowbird ['snəʊbəːd] *sl.* кокаинист

snowblindness [,snəʊ'blaindnəs] снежная слепота, снежная офтальмия, глетчерный катар

snuff [snʌf] **1.** лекарственный порошок для вдыхания через нос **2.** форсированное вдыхание через нос ‖ вдыхать через нос **3.** нюхать *(табак)*

snuffbox ['snʌfbɒks]:

   anatomical ~ анатомическая табакерка

snuffle [snʌfl] **1.** сопение *(затруднённое носовое дыхание, особенно у новорождённых)* **2.** насморк

soak [səʊk] впитывать(ся), всасываться, пропитывать(ся)

soaking ['səʊkɪŋ] впитывание, всасывание, пропитывание

soap [səʊp] мыло; моющее средство

  basic ~ щелочное мыло

  borax ~ борное мыло

  germicidal ~ бактерицидное мыло

  green [medicinal, soft] ~ зелёное [калиевое] мыло

soap-bubble [səʊp-bʌbl] *рентг.* симптом «мыльных пузырей» *(при мекониальной непроходимости)*

sob [sɒb] рыдание; всхлипывание || рыдать; всхлипывать

sober ['səʊbə] **1.** трезвый || отрезвлять **2.** здравый, умеренный

sobriety [səʊ'braɪətɪ] трезвость *(воздержание от употребления алкоголя и психоактивных веществ)*

socia ['səʊʃɪːə] добавочный орган

  ~ **parotidis** добавочная околоушная железа

sociability [ˌsəʊʃə'bɪlətɪ] социабельность, общительность; коммуникабельность

sociality [ˌsəʊʃɪ'ælətɪ] общительность

socialization [ˌsəʊʃəlɪ'zeɪʃn] социализация *(процесс вхождения индивида в социальную среду, усвоение им социальных норм, ценностей, ролей и навыков)*

society [sə'saɪətɪ] **1.** общество, социум **2.** общество *(организация)*; объединение, ассоциация

  ~ **for cardiac angiography and interventions** общество интервенционной (кардио)ангиографии

  ~ **for neuroscience** общество по изучению нервных болезней

  ~ **for psychophysiological research** общество психофизиологических исследований

  industrial ~ промышленно развитое общество

  insurance ~ страховое общество

  overnourished ~ies общество, страдающее перееданием

  permissive ~ общество вседозволенности

  polygamous ~ полигамное общество

Society:

  International ~ **of Technology Assessment in Health Care** Международное общество по оценке медицинских технологий

  Linnaean ~ Линнеевское общество

socioacusis [ˌsəʊsiːəʊ'kjuːsɪs] преждевременное ухудшение слуха, обусловленное современной цивилизацией

sociobiology [ˌsəʊsiːəʊbaɪ'ɒlədʒɪ] социобиология

sociocentric [ˌsəʊsiːəʊ'sentrɪk] социоцентрический *(1. ориентированный на общество 2. рассматривающий свою социальную группу как наилучшую)*

sociogenesis [ˌsəʊsiːəʊdʒe'niːsɪs] социогенез *(происхождение социальных форм поведения на основе прошлого межличностного опыта)*

sociogram ['səʊsiːəʊˌgræm] социограмма *(схема межличностных отношений, отражающая направленность симпатии, отвержения и безразличия в группе)*

sociology [ˌsəʊsɪ'ɒlədʒɪ] социология *(наука об обществе)*

sociometry [ˌsəʊsɪ'ɒmətrɪ] социометрия *(изучение межличностных отношений в группе)*

sociopath ['səʊsiːəʊpæθ] социопат *(человек, находящийся в разладе с обществом, склонный к антиобщественным поступкам)*

sociopathy [ˌsəʊsɪ'ɒpəθɪ] *псих.* социопатия, антисоциальное [диссоциальное] поведение

sociotherapy [ˌsəʊsiːəʊ'θerəpɪ] социотерапия, социальная терапия, социальная реабилитация *(1. комплекс мероприятий, проводимых с целью повышения эффективности лечения психически больных 2. создание благоприятной окружающей среды и межличностных отношений)*

sock [sɒk]:

  American ~ кондом, презерватив

socket ['sɒket] *анат.* углубление; ячейка, лунка

  ~ **of hip** вертлужная впадина

  bony ~ **of the eye** *см.* **eye** ~

  dry ~ луночковый постэкстракционный альвеолит

  extraction ~ постэкстракционная зубная луночка

  eye ~ глазница

  infected tooth ~ инфицированная луночка зуба

  postextraction ~ *см.* **extraction** ~

  tooth ~ альвеола [луночка] зуба, зубная альвеола, или ячейка

soda ['səʊdə] **1.** сода, углекислый натрий, Na_2CO_3 **2.** каустическая сода, NaOH

  ~ **lime** натронная известь *(смесь гидроксидов кальция и натрия, используемая для поглощения CO_2 в дыхательных аппаратах)*

  aqueous caustic ~ водный раствор каустической соды

  baking [cooking] ~ питьевая сода

  caustic ~ каустическая сода, едкий натр, гидроксид натрия, NaOH

  washing ~ *см.* **sodium carbonate**

sodium ['səʊdiːəm] натрий, Na *(металл, входящий в структуру всех организмов)*

  ~ **bicarbonate** гидрокарбонат [бикарбонат] натрия, $NaHCO_3$ *(применяется для уменьшения кислотности, для подщелачивания мочи и промываний)*

  ~ **carbonate** карбонат натрия, Na_2CO_3

  ~ **chloride** хлорид натрия, поваренная соль, NaCl

  ~ **fluoride** *стом.* фторид натрия, NaF

  ~ **hydroxide** *см.* **caustic** ~

  ~ **nitrite** нитрит натрия, $NaNO_2$ *(используется для снижения АД, снятия ангиоспазма и в качестве антидота при отравлении цианидами)*

  ~ **sulfate** сульфат натрия, Na_2SO_4 *(ингредиент многих минеральных вод со слабительным действием)*

  fluorescein ~ *офт.* флуоресцеин натрия *(краситель, светящийся в синем освещении)*

sodoku ['səʊdəʊkuː] *инф.* содоку, болезнь укуса

sodomist ['sɒdəmist] **1.** зоофил **2.** педераст; гомосексуалист

sodomy ['sɒdəmɪ] содомия *(обобщённое название парафилий – зоофилии, мужеложства и пр.)*

  forced ~ педерастия с применением насилия

soft [sɒft] **1.** мягкий, пластичный **2.** слабопроникающий *(об ионизирующем излучении)* **3.** слабый, вялый, дряблый *(о мышцах)* **4.** легкоразлагаемый *(напр. о детергентах)*

soft-bait [sɒft-beit] приманка для грызунов *(бромадиолон)*

softener ['sɒfnə] размягчитель *(напр. фекалий)*

softening ['sɒfnɪŋ] размягчение, смягчение

~ of the brain энцефаломаляция, размягчение [некроз] мозга

bone ~ остеомаляция

gastric ~ гастромаляция

green ~ нагноение с выделением зеленоватого гноя

pyriform ~ *см.* **yellow ~**

red ~ красное размягчение мозга *(при кровоизлиянии)*

white ~ белое размягчение мозга *(при ишемии)*

yellow ~ жёлтое размягчение мозга *(обусловленное жировым перерождением)*

Softtouch [ˌsɒftˈtʌtʃ] *фирм.* управляемый катетер *(с гибким наконечником для ангиографии)*

software[1] [ˈsɒftweə] программное обеспечение, компьютерные данные

~ for medical imaging программное обеспечение медицинской визуализации

softwear[2]:

medical management ~ операционно-перевязочный материал

soil [sɒil] 1. почва, земля 2. грязь || загрязнять, пачкать; испачкать

soilage [ˈsɒilidʒ] загрязнение; инфицирование *(раны)*

soil-borne [ˈsɒil-bɔːn] передающийся через почву

soiling [ˈsɒiliŋ] пачканье *(трусов – слабая форма энкопреза)*

fecal ~ каломазание; неопрятность калом

sodokosis [ˌsəudəuˈkəusis], **sokosha** [səukəuʃə] *см.* **sodoku**

sol [sɒl] золь, коллоидный раствор

Solanaceae [ˌsəuləˈneisiːi] *токс.* семейство паслёновых

solarium [səuˈlæriəm] солярий

solarization [ˌsəuˌlæriˈzeiʃn] соляризация *(облучение солнечными лучами)*

solation [sɒˈleiʃn] превращение геля в золь

sole[1] [səul] 1. подошва; подмётка *(ортопедической обуви)* 2. подошвенная поверхность стопы 3. *мед. тех.* основание; нижняя часть

sole[2] 1. единственный 2. исключительный

bruised ~ подошва с колотой раной, раненая стопа

solenoma [ˌsəulənˈəumə] рак эндометрия

solferino [sɒlfəˈriːnəu] фуксин

solid [ˈsɒlid] 1. твёрдая фаза, твёрдая частица, твёрдое вещество || твёрдый; плотный; крепкий 2. цельный, сплошной, однородный 3. чистый, без примесей 4. *pl.* сухой остаток, сухие вещества

~ of mucus твёрдый компонент слизи

aerated ~s взвешенные в воздухе твёрдые частицы; твёрдая фаза аэрозоля

dissolved ~s растворённые вещества

milk ~s 1. сухой молочный остаток 2. сухое молоко

pigment ~s пигментные частицы

suspended ~s взвешенные вещества

solidification [ˌsɒlidifiˈkeiʃn] загустение, застывание, отвердение

solid-state [ˈsɒlid-steit] твёрдый, в твёрдом [плотном] состоянии

solid-walled [ˈsɒlid-wɔːld] плотностенный, беспористый *(о сосудистом протезе)*

soliloquy [səˈliləkwi] 1. монолог 2. разговор с самим собой

solitary [ˈsɒlitəri] 1. одиночный, отдельный, обособленный 2. единственный, единичный, исключительный

solitude [ˈsɒlitjuːd] одиночество, уединение; заброшенность

solubility [ˌsɒljuˈbiliti] 1. растворимость || растворимый 2. разрешимость *(проблемы)*

mutual ~ взаимная растворимость

oil ~ растворимость в масле

solvent ~ растворимость в растворителе

solubilization [ˌsɒljuːbiliˈzeiʃn] солюбилизация, растворимость вещества

lipid ~ солюбилизация липидов

solubilized [ˈsɒljuːbilaizd] растворимый, солюбилизированный *(напр. комплекс комплемента)*

soluble [ˈsɒljuːbl] растворимый

fat ~ жирорастворимый *(напр. витамин D)*

freely ~ легкорастворимый

slightly ~ малорастворимый

sparingly ~ умеренно растворимый

solute [ˈsɒljuːt] растворённое вещество

solution [səˈluːʃn] 1. (истинный) раствор; микстура, жидкое лекарство || растворение 2. критическое завершение процесса 3. решение; разрешение *(вопроса)*

~ of calculi растворение камней *(напр. в мочевом пузыре)*

~ of contiguity нарушение соотношения *(напр. костей при вывихе)*

~ of continuity нарушение непрерывности или целостности *(напр. кости при переломе)*

alcoholic ~ спиртовой раствор

approximate ~ приближённое решение

balanced polyionic ~ сбалансированный полиионный раствор

buffered ~ буферный раствор

bulk ~ основная масса [основной объём] раствора

clarifying ~ осветляющий раствор

colloid(al) ~ золь, коллоидный раствор

compound iodine ~ *см.* **Lugol's ~**

concentrated ~ концентрированный раствор

contrast ~ рентгеноконтрастный раствор

culture ~ культуральный [питательный] раствор

Delaney's ~ Делани раствор, жидкость для подсчёта лейкоцитов

dialysis ~ раствор для диализа

dilute ~ разбавленный [слабый] раствор

disclosing ~ окрашивающий раствор *(используется для идентификации зубного налёта)*

disinfectant ~ дезинфицирующий раствор

dispersoid ~ коллоидный раствор, золь, эмульсия

dissolved ~s растворённые вещества в растворе

Earle's balanced salt ~ сбалансированный солевой раствор Эрла

filtered ~ отфильтрованный раствор

first antibody ~ препарат «первых» антител

freezing ~ охлаждающий раствор, замораживающий раствор

hybridization ~ раствор для гибридизации

hyperalimentation ~ раствор повышенной калорийности

infusion ~ инфузионный раствор

initial ~ исходный раствор

isotonic ~ изотонический раствор, изоосмотический раствор

Kubel – Tiemann litmus ~ Кубеля – Тимана лакмусовый индикатор *(для углеводных питательных сред)*

lactated Ringer's ~ лактатсодержащий Рингера раствор

load ~ меченый раствор

Lugol's ~ Люголя раствор *(спиртовой раствор солей йодида калия и йода)*

molal ~ моляльный раствор *(в котором 1 моль вещества растворён в 1000 г воды)*

molar [mole] ~ молярный раствор *(в котором 1 моль вещества растворён в 1000 мл воды)*

mother ~ основной [маточный] раствор

multielectrolyte ~ полиионный раствор

normal saline [normal salt] ~ физиологический раствор

nutrient ~ питательный раствор

peritoneal ~ раствор перитонеального диализа

physiological ~ *см.* saline ~ 1

potassium-glucose-insulin ~ поляризующая смесь *(состоящая из раствора глюкозы с инсулином и хлоридом калия)*

reconstituted ~ ресуспендированный осадок, депозит *(в растворе)*

reference ~ контрольный раствор, референс-раствор

saline [salt] ~ **1.** физиологический раствор **2.** солевой раствор

saturated ~ насыщенный раствор

sclerosing ~ склерозирующий раствор

sipped ~ раствор для питья

spray ~ раствор для опрыскивания

standard [standardized] ~ **1.** стандартный [аттестационный] раствор **2.** титрованный раствор *(используемый для сравнения или анализа)*

stock ~ *см.* **mother** ~

strong ~ концентрированный раствор

strong iodine ~ *см.* **Lugol's** ~

tenth-normal ~ децинормальный раствор

test [testing] ~ **1.** исследуемый раствор **2.** испытательный [аналитический] раствор

tracer ~ раствор индикатора

trial-and-error ~ решение методом проб и ошибок

unsaturated ~ ненасыщенный раствор

volumetric ~ титрованный раствор

weak ~ разбавленный раствор

Ziehl's ~ Циля карболовый фуксин *(для окраски микобактерий)*

solve [sɒlv] **1.** растворять **2.** разрешать *(проблему)*

solvency ['sɒlvənsi] растворяющая способность

solvent ['sɒlvənt] растворитель ‖ растворяющий

anhydrous ~ безводный растворитель

basic ~ основной растворитель

lipid ~ липидный растворитель, растворитель для жиров

solventia ['sɒlvəntjə] лекарственные средства, растворяющие [разжижающие] слизь, отхаркивающие средства

soma ['səʊmə] сома *(1. тело, туловище 2. совокупность всех клеток организма, исключая репродуктивные 3. тело клетки)*

somal ['səʊməl] *см.* **somatic**

somatagnosia [ˌsəʊmətæɡˈnəʊsiə] *псих.* соматоагнозия *(неспособность идентифицировать части собственного тела)*

somatalgia [ˌsəʊmətˈælʤiːə] **1.** боль в теле **2.** боль органического происхождения *(в противоположность психалгии)*

somatesthesia [ˌsəʊmətesˈθiːziːə] соматестезия *(чувство тела, чувствительность к телесным раздражениям)*

somatic [səʊˈmætik] соматический *(1. относящийся к соме, или туловищу, к стенке полости тела 2. относящийся к вегетативным функциям, исключая систему размножения)*

somatise ['səʊmətaiz]:

to ~ **one's mental distress** соматизировать своё психическое расстройство

somatization [ˌsəʊmətiˈzeiʃn] соматизация *(1. развитие соматических нарушений психогенной природы 2. психоан. преобразование тревоги в соматические симптомы)*

somatochrome [səʊˈmætəʊˌkrəʊm] нейрон с хорошо развитой цитоплазмой

somatodymia [ˌsəʊmətəʊˈdimiə] развитие сросшихся туловищами близнецов

somatoform [səʊˈmætəʊfɔːm] соматоформный *(имитирующий соматическую симптоматику – о психических расстройствах)*

somatogenic [ˌsəʊmətəʊˈʤenik] соматогенный

somatogram [səʊˈmætəʊɡræm] рентгенограмма тела

somatoliberin [ˌsəʊmətəʊˈliberin] соматолиберин, рилизинг-фактор гормона роста *(фактор, высвобождающий гормон роста)*

somatology [ˌsəʊməˈtɒləʤi] соматология *(раздел антропологии, изучающий вариации человеческого тела в целом – рост, массу, пропорции и т. п.)*

somatomammotropin [ˌsəʊmətəʊˈmæməʊˌtrəʊpin] соматомаммотропин *(пептидный гормон, продуцируется нормальной плацентой и некоторыми опухолями)*

somatome ['səʊmætɒmi] **1.** *мед. тех.* эмбриотом **2.** *эмбр.* сомит, спинной сегмент

somatomedin [ˌsəʊmətəʊˈmidin] соматомедин, IGF *(инсулиноподобный фактор роста)*

somatomegaly [ˌsəʊmətəʊˈmeɡəli] гигантизм, макросомия

somatometry [ˌsəʊməˈtɒmətri] соматометрия *(совокупность методов определения наружных размеров и массы тела человека)*

somatopagus [ˌsəʊməˈtɒpəɡəs] соматопаги *(плоды-близнецы, сросшиеся туловищами)*

somatopathic [ˌsəʊmətəʊˈpæθik] относящийся к соматическому заболеванию, соматопатический

somatophrenia [ˌsəʊmətəʊˈfriːniːə] *псих.* соматофрения *(приступ шизофрении)*

somatopleure [səʊˈmætəʊpluːə] *эмбр.* соматоплевра, соматическая мезодерма

somatopsychosis [ˌsəʊmətəʊsaiˈkəʊsis] соматогенный психоз

somatoscopy [ˌsəʊməˈtɒskəpi] соматоскопия *(изучение вариаций строения тела)*

somatosensory [ˌsəʊmətəʊˈsensəri] соматосенсорный *(чувствительность различных органов как противопоставление специфическим чувствам – слуху, зрению и др.)*

somatosexual [ˌsəʊmətəʊˈsekʃuːəl] соматосексуальный *(обозначение соматических аспектов сексуальности как противопоставление психосексуальным аспектам)*

somatostatin [ˌsəʊmətəʊˈstætin] соматостатин *(соматотропинрилизингингибирующий фактор)*

somatostatinoma [ˌsəʊmətəʊˌstætiˈnəʊmə]:

   duodenal ~ соматостатинома 12-перстной кишки *(соматостатинсекретирующая опухоль островков поджелудочной железы)*

somatotherapy [ˌsəʊmətəʊˈθerəpi] *псих.* соматотерапия *(лечение с воздействием на тело больного)*

somatotonia [ˌsəʊmətəʊˈtəʊniːə] соматотония *(тип темперамента с функциональным преобладанием двигательного аппарата)*, см. тж. **cerebrotonia** и **viscerotonia**

somatotopic [ˌsəʊmətəʊˈtɒpik] 1. относящийся к определённой области тела 2. относящийся к двигательной зоне коры головного мозга

somatotroph [səʊˈmætəʊtrɒf] соматотрофная клетка

somatotrop(h)ic [ˌsəʊmətəʊˈtrɒfik] стимулирующий рост тела

somatotropin [ˌsəʊmətəʊˈtrəʊpin] соматотропин, соматотропный гормон *(гормон роста)*

somatotype [səʊˈmætəʊtaip] тип конституции, тип телосложения

somatrem [ˈsəʊmətrem] полипептидный гормон, получаемый методом рекомбинантной ДНК *(замещает дефицит соматотропина)*

somesthesia [ˌsəʊmesˈθiːziə] см. **somatesthesia**

somesthetic [ˌsəʊmesˈθetik] соматосенсорный *(напр. о зоне коры головного мозга)*

somite [ˈsəʊmait] см. **somatome 2**

somnambulation [sɒmˌnæmbjuˈleiʃn] см. **somnambulism**

somnambulator [sɒmˈnæmbjuleitə] см. **somnambulist**

somnambulism [sɒmˈnæmbjuːlizm] сомнамбулизм, лунатизм, снохождение

somnambulist [sɒmˈnæmbjuːlist] страдающий сомнамбулизмом, сомнамбула

somnifacient [ˌsɒmniˈfeiʃnt] снотворное средство ‖ снотворный, гипнотический

somniferous [sɒmˈnifərəs], **somnific** [sɒmˈnifik] снотворный, гипнотический

somniloquence [sɒmˈniləʊkwəns], **somniloquism** [sɒmˈniləʊkwizm], **somniloquy** [sɒmˈniləʊkwiː] сомнилоквия, сноговорение *(речевая активность во время сна)*

somnipathy [sɒmˈnipəθiː] 1. расстройство сна 2. техника гипноза 3. гипнотический сомнамбулизм

somnocinematography [ˌsɒmnəʊˌsinəmæˈtɒgrəfi] запись движений во время сна

somnolence [ˈsɒmnələns], **somnolency** [ˈsɒmnələnsiː] 1. сонливость, гипносомния, сомнолентность 2. полубессознательное состояние

somnolescent [ˌsɒmnəʊˈlesənt] 1. сонный, сонливый 2. вызывающий сонливость

somnolism [ˈsɒmnəʊlizm] 1. техника гипноза 2. гипнотическое состояние

somnopathy [sɒmˈnəʊpəθi] см. **somnipathy**

somnus [ˈsɒmnəs] сон

sonar [ˈsəʊnɑː] ультразвуковой диагностический аппарат, сонар

sonarography [ˌsəʊnəˈrɒgrəfi] ультразвуковая эхография, ультразвуковое сканирование

soncogene [ˈsɒnkəʊʤiːn] ген, способный подавлять активность онкогенов

sonde [sɒnd] зонд

   ~ **coude** *фр.* зонд с изогнутым концом

sonic [ˈsɒnik] звуковой, акустический

sonicate [ˈsɒnikeit] 1. разрушать ультразвуком 2. гомогенат, полученный из клеток при воздействии ультразвука

sonication [ˌsɒniˈkeiʃn] 1. воздействие ультразвуком, озвучение 2. разрушение ультразвуком *(клеточной взвеси)*

sonicator [ˌsɒniˈkeitə] ультразвуковой аппарат

sonifier [ˈsɒnifaiə] ультразвуковой дезинтегратор

sonitus [ˈsɒnitəs] шум в ушах

sonochemistry [ˌsɒnəʊˈkemistri] ультразвуковая химия, сонохимия

sonoencephalogram [ˌsɒnəʊenˈsefələʊgræm] эхоэнцефалограмма

sonogram [ˈsɒnəgræm] эхограмма, сонограмма, ультразвуковая сканограмма

   orbital ~ ультразвуковая сканограмма глаза, сонограмма орбиты

sonographer [səˈnɒgrəfə] специалист по ультразвуковой эхографии

sonography [səˈnɒgrəfi] ультразвуковое исследование, сонография

   abdominal ~ ультразвуковая диагностика заболеваний органов брюшной полости

   B-mode см. **two-dimensional** ~

   color Doppler ~ цветная допплерография; цветное допплеровское картирование, ЦДК

   duplex ~ дуплексное сканирование или УЗИ

   endoluminal ~ эндолюминальная сонография

   fetal ~ УЗИ плода

   flow Doppler ~ флоуметрия

   high resolution ~ высокоразрешающая сонография

   power Doppler ~ энергетическая допплерография

   power-mode ~ энергетическая допплерография

   real-time ~ сонография в режиме реального времени

   three-dimensional, [3D] ~ трёхмерная [объёмная, 3D-] сонография, трёхмерная реконструкция изображения

   transcranial color-coded real-time ~ транскраниальная сонография с цветным допплеровским кодированием в реальном времени

   transvaginal ~ трансвагинальная сонография

   two-dimensional, [2D] ~ двухмерная [2D-] сонография, или томография, B-метод

sonolucent [ˌsɒnəʊˈluːsənt] пропускающий ультразвуковые волны, проницаемый для ультразвука

sonoluminescence [ˌsɒnəʊluːmiˈnesens] ультразвуковое излучение

sonometry [sɒˈnɒmətri] аудиометрия *(определение остроты слуха)*

sonomicrometry [ˌsɒnəʊmaiˈkrɒmətri] ультразвуковая микрометрия, ультразвуковое микроизмерение

sonomorphology [ˌsɒnəʊɔːˈfɒləʤi] *узи* эхоструктура

sonopalpation [ˌsɒnəʊpæl'peiʃn] ультразвуковая «пальпация»

sonoplacentography [ˌsɒnəʊˌplæsən'tɒɡrəfi] ультразвуковая плацентография

sonothrombolysis [ˌsɒnəʊθrɒm'bɒlisis] ультразвуковой тромболизис

sonotopography [ˌsɒnəʊtəʊ'pɒɡrəfi] *узи* сонотопография *(определение положения органа или ткани в теле)*

soor [suːr] кандидозный стоматит, молочница

soothe [suːð] 1. смягчать, облегчать *(боль)* 2. успокаивать, утешать

    to ~ the discomfort облегчить дискомфорт

sophisticated [sə̩fisti'keitid] 1. фальсифицированный; обманчивый 2. сложный *(напр. метод диагностики)*; усовершенствованный *(напр. о томографии)*; квалифицированный *(напр. уход)*

sophistication [sə̩fisti'keiʃn] подделка, фальсификация. *(пищевых продуктов, лекарственных препаратов)*

sophomania [sɒfə'meiniə] болезненная переоценка своих умственных способностей

sopor ['səʊpɔː] сопор, сопорозное состояние, субкома

soporific [ˌsəʊpəʊ'rifik] снотворное средство, наркотик || снотворный, наркотический

sorbefacient [ˌsɔːbə'feiʃnt] средство, способствующее абсорбции или адсорбции || способствующий абсорбции или адсорбции

sorbin ['sɔːbin], **sorbinose** ['sɔːbinəʊs] сорбоза

sorbitol ['sɔːbitɒl] сорбит, сорбитол *(заменитель сахара)*

sorcery ['sɔːsəri] колдовство, чары

sordes ['sɔːdiːz] *лат.* 1. тёмно-коричневый налёт или корка на губах, дёснах и зубах *(при лихорадке)*; зловоние 2. кал

    ~ gastricae застой и разложение пищи в желудке

sore [sɔː] 1. язва; свищ или другое открытое поражение кожи 2. кровоподтёк, синяк 3. воспалённый

    Bay ~ мексиканский кожный лейшманиоз

    bed ~ пролежень

    canker ~ афтозный стоматит

    Cochin ~ тропическая язва

    Cochin China ~ кожный лейшманиоз

    cold ~ *см.* **fever ~**

    cutaneous [Delphi] ~ кожный лейшманиоз

    desert ~ пустынная язва *(форма тропической язвы)*

    dry ~ антропонозный [поздноизъязвляющийся] кожный лейшманиоз

    fever ~ простой герпес, герпетическая лихорадка, пузырьковый лишай

    frontier ~ кожный лейшманиоз

    fungating ~ *см.* **cank ~**

    genital ~ воспаление гениталий

    hard ~ твёрдый шанкр, первичная сифилома

    mixed ~ смешанный шанкр *(при поражении сифилисом и мягким шанкром)*

    moist ~ зоонозный [остронекротизирующийся, сельский] кожный лейшманиоз

    Naga ~ Нага язва, тропическая язва

    Natal [oriental] ~ кожный лейшманиоз Восточного полушария, Боровского болезнь

    plaster ~ повреждение от гипсовой повязки

    pressure ~ *см.* **bed ~**

    primary ~ *см.* **hard ~**

    running ~ гноящаяся рана

    soft [syphilitic] ~ мягкий шанкр, шанкроид

    tropical ~ кожный лейшманиоз

    veldt ~ пустынная язва *(форма тропической язвы)*

soreness ['sɔːnəs] болезненность, болезненное ощущение

    muscle ~ заболевание мышц

    residual ~ остаточные болезненные явления

soroche [səʊ'rəʊtʃi], **sorroche** ['sɔːrəʊtʃi] высотная болезнь

sorption ['sɔːpʃn] сорбция *(аб- или адсорбция)*

sororiation [ˌsɔːrəʊri'eiʃn] увеличение молочных желёз у подростков

sorrow ['sɒrəʊ] печаль, горе; скорбь || скорбеть; печалиться, горевать

sorrowful ['sɒrəʊfl] печальный, убитый горем

sort [sɔːt] 1. фракционировать, сортировать *(клетки)* 2. классифицировать; распределять

    any ~ любого вида *(напр. возбудитель болезни)*

sorter ['sɔːtə] сортировщик, сортер

    dual laser flow ~ проточный сортер *(клеток)* с двухпучковым лазером

sorting ['sɔːtiŋ] сортировка; классификация

    fluorescence activated cell ~ флуоресцентный метод разделения клеток

    negative selective ~ сортировка *(клеток)* путём негативной селекции

souffle ['suːfl] нежный, дующий шум

    cardiac ~ шум сердца, сердечный шум

    fetal [funic(ular)] ~ *см.* **umbilical ~**

    placental ~ шум плаценты

    umbilical ~ шум пуповины

    uterine ~ маточный шум

soul [səʊl] душа, дух

sound¹ [saʊnd] 1. звук, шум, тон || издавать звук, звучать 2. выслушивать, выстукивать *(больного)* 3. *кард.* третий тон

    abnormal breath ~s патологические дыхательные шумы

    amphoric breath ~ амфорический звук

    accentuated heart ~s отчётливые сердечные тоны

    adventitious ~ случайный [добавочный] шум

    alarm ~ сигнальный звук

    atrial ~ *см.* **fourth ~**

    bandbox ~ коробочный перкуторный звук

    bell ~ металлический перкуторный звук

    bellows ~ шум (сердца) по типу «кузнечных мехов»

    bowel ~s кишечные шумы

    breath ~s дыхательные звуки

    bubbly ~s пузырчатые хрипы

    "cannon" ~ «пушечный» тон *(сердца)*

    cracked-pot ~ симптом «треснувшего горшка»

    diminished bowel ~s ослабленные кишечные шумы

    dull ~ тупой перкуторный звук

    eddy ~ машинный шум *(при открытом артериальном протоке)*

    ejection ~ шум выброса, или изгнания

    entotic ~ шум в ушах

    extracardiac ~ внесердечный шум

    extra heart ~ дополнительный тон сердца

first ~ систолический тон (сердца), первый тон

flag ~ «шум знамени» (хлопающий шум при наличии в дыхательных путях ложных плёнок)

flapping ~ хлопающий шум

fourth ~ предсердный тон, четвёртый тон

friction ~ шум трения (напр. плевры)

gallop ~ дополнительный тон сердца, обусловливающий возникновение ритма галопа

gurgling ~ булькающие звуки (кишечника)

harsh ~s жёсткое дыхание

heart ~ тон сердца

high pitched continuous obstructive bowel ~s постоянные звуки кишечной непроходимости высокого тона

hippocratic succussion ~ шум плеска Гиппократа (при наличии жидкости и газа в плевральной полости)

infrasonic ~ инфразвук

low bronchovesicular ~s ослабление бронховезикулярного дыхания

low-pitched ~ звук с преобладанием низких тонов

low-pitched snoring ~ низкочастотный храпящий звук; храпение (наблюдается при глубоком сне или коме)

lung ~s везикулярное дыхание

muffled breath ~s ослабленное дыхание

muffled [muted] heart ~s приглушённые сердечные тоны (напр. при выпоте в перикард)

obstructive ~s звуки, наблюдающиеся при непроходимости кишечника (шум плеска, перистальтики)

peculiar ~ специфический звук (при перкуссии)

pronounced second heart ~ акцент [усиление] второго тона сердца

rubbing ~ см. friction ~

second ~ диастолический тон (сердца), второй тон

shaking ~ см. hippocratic succussion ~

sharp heart ~s резкие сердечные тоны

splashing ~ шум плеска (напр. при гиперсекреции желудка)

split ~s расщепление тона (сердца)

tambour ~ барабанный шум (сердечных сокращений)

third ~ желудочковый тон (сердца), третий тон

thudding [thumping] heart ~s глухие [тяжёлые] сердечные тоны

tic-tac ~s эмбриокардия

wanted ~s функциональные звуки (в отличие от посторонних шумов)

water-wheel ~ шум мельничного колеса

wheezing ~s свистящие звуки (напр. над трахеей)

sound[2] 1. зонд, щуп 2. зондирование || зондировать; исследовать

hollow ~ желобоватый зонд

thermotherapy ~ зонд для теплолечения или термотерапии

uterine ~ маточный зонд

vein ~ зонд для экстирпации варикозно расширенных вен

Winternitz's ~ двухпросветный зонд (напр. для гипотермии желудка)

sound[3] 1. здоровый, крепкий; спокойный; глубокий (о сне) 2. тщательный (напр. об обследовании больного) 3. способный; умелый 4. сильный; прочный

~ of mind в здравом уме

soundness ['saʊndnəs] здоровье; нормальное состояние, норма

~ of mind психическое здоровье

soundproof ['saʊndpru:f] звуконепроницаемый

source [sɔːs] 1. основа, начало; первопричина 2. источник; исток 3. ткань или орган, производящие вещества

~ of anxiety источник [причина] беспокойства или тревоги

~ of pain очаг боли

~s of salmonellae источники появления сальмонелл (напр. в мясе)

alpha ~ источник альфа-излучения

bare ~ открытый [неэкранированный] (радиоактивный) источник

distant ~ отдалённый источник (напр. сепсиса)

donor ~ источник донорского материала

emission ~ источник загрязнения воздуха

gamma ray radiation ~ источник гамма-излучения

man-made ~s техногенные источники (напр. бария)

pollution ~ загрязняющий объект

power ~ источник питания (ЭКГ)

pulsed ~ импульсный источник

radiant ~ источник света

radiation ~ 1. источник излучения 2. радиоактивный источник

radioactive ~ радиоактивный источник, источник радиоактивного излучения

sealed ~ закрытый [экранированный] (радиоактивный) источник

seeds ~s радиоактивные источники в виде семян

strong ~ источник с большой интенсивностью излучения или с большой активностью

suction ~ аспирационная установка

transgenic ~ трансгенный источник

ultraviolet-light ~ источник ультрафиолетового излучения, ультрафиолетовый излучатель

sourcebook ['sɔːsbʊk] справочное пособие

~ for medical speech pathology письменные подлинники для изучения патологии речи

southern-blotting [ˌsʌðn-'blɒtɪŋ], southern-transfer [ˌsʌðn-'trænsfə] саузерн-блоттинг (метод обнаружения специфических нуклеотидных последовательностей с целью идентификации личности)

Southernwood ['sʌðn‚wʊd] полынь лечебная (Artemisia abrotanum)

sowda ['saʊdə] параз. совда-онхоцеркоз

sow-foot ['saʊfuːt] мать-и-мачеха (Tussilago farfara)

spa [spɑː] 1. минеральный источник 2. курорт с минеральными водами 3. комплекс водолечебных и косметологических процедур

Spa курортный город в Бельгии

space [speɪs] 1. пространство, место 2. промежуток, интервал, расстояние 3. помещение 4. комната

~ between occluding teeth межокклюзионная щель

~ in dentin интерглобулярный дентин, интерглобулярное пространство

~s of iridocorneal angle пространства радужно-роговичного угла, фонтановы пространства

abdominal ~ брюшная полость

alveolar ~s полости (лёгочных) альвеол

apical ~ околоверхушечное пространство периодонтальной щели

arachnoid ~ подпаутинное [субарахноидальное] пространство

atlantoaxial ~ атлантоаксиальное пространство

axillary ~ подмышечная [подкрыльцовая] полость

blood ~ лакуны, заполненные кровью

bounded edentulous ~ включённый дефект зубного ряда

capsular ~ просвет [полость] капсулы почечного клубочка

confined ~ замкнутое пространство

dead ~ 1. *физиол.* вредное [мёртвое] пространство 2. внутритканевая полость ушитой раны

disk ~ межпозвонковая щель, межпозвонковое пространство *(занятое диском)*

echo-free ~ *узи* эхонегативное пространство

epidural ~ эпидуральное пространство

episcleral ~ эписклеральное [теноново] пространство

epitympanic ~ надбарабанное углубление, надбарабанный карман, аттик, эпитимпанум

escapement ~s межокклюзионные щели при жевательном смыкании зубов

exclusive ~ замкнутое пространство

extracellular ~s внеклеточное пространство

free-end edentulous ~ концевой дефект зубного ряда

free way ~ расстояние между челюстями в состоянии физиологического покоя

glandular ~ железистое поле *(участок эпителия, все клетки которого выделяют секрет)*

H ~ ретрокардиальное [позадисердечное] пространство, Гольцкнехта пространство

haversian ~ канал остеона, гаверсов канал(ец)

intercellular ~ межклеточное пространство

intercostal ~ межреберье, межрёберный промежуток

interglobular ~ интерглобулярный дентин, интерглобулярное пространство

interlabial ~ половая [срамная] щель

interocclusal ~ межокклюзионное пространство *(зубных дуг)*

interpleural ~ средостение

interproximal ~ просвет между двумя соседними зубами

interradicular ~ межкорневое пространство *(промежуток между корнями многокорневых зубов)*

intracellular ~s внутриклеточное пространство

intravascular ~ (внутри)сосудистое русло, сосудистое пространство

joint ~ суставная полость, или щель; полость сустава

life ~ *см.* **social** ~

liquor containing ~ ликворосодержащее пространство

lymph ~s лимфатические лакуны

masticator ~ область жевательного аппарата

medullary ~ костномозговая полость

parapharyngeal ~ окологлоточное пространство

pararenal ~ околопочечное пространство

pathologic bone ~ патологический очаг в кости

perivascular ~ периваскулярное [вокругсосудистое] пространство, Вирхова – Робена пространство

phrenocostal ~ рёберно-диафрагмальный синус, рёберно-диафрагмальное углубление

pleural ~ плевральная полость

pneumatic ~ придаточная пазуха носа

popliteal ~ подколенная ямка

postresection ~ остаточная полость *(напр. после резекции лёгкого)*

potential ~ свободное плевральное пространство *(между грудной стенкой, лёгким и диафрагмой)*

predental ~ пространство [промежуток] перед зубовидным отростком атланта

pterygomandibular ~ крылочелюстное пространство

retroperitoneal ~ забрюшинное пространство

retrovaginal ~ прямокишечно-влагалищное углубление, дугласово пространство

social ~ *психол.* жизненное [социальное] пространство *(психологическое и социальное пространство индивидуума)*

subarachnoid ~ подпаутинное [субарахноидальное] пространство

subdural ~ субдуральное пространство *(под твёрдой мозговой оболочкой)*

subgingival ~ (физиологический) десневой карман

submaxillary ~ под(нижне)челюстной треугольник

synaptic ~ синаптическая щель

Tenon's ~ *см.* **episcleral** ~

test ~ пространство тестов, тестовое пространство

thenar ~ возвышение большого пальца, тенар

third ~ третье пространство *(полости тела и полых органов, в которых секвестрируется жидкость)*

urogenital ~ *см.* **interlabial** ~

vacuum ~ область разрежения; зона пониженного давления

vesicouterine ~ пузырно-маточное углубление

web ~ межпальцевое пространство

working ~ рабочее место

zonular ~s пространства пояска, петитов канал, пространства ресничной связки

space-occupying [speis-'ɒkjυpaiiŋ] внутрипросветное объёмное образование ‖ объёмный; пространственный

spacer[1] ['speisə] 1. прокладка, распорка 2. спейсер *(карманный аэрозольный ингалятор)*

spacer[2] спейсер, спейсерная область, промежуток *(нуклеотидная последовательность, разделяющая кодирующие области в геноме)*

space-saver [speis-'seivə] многолуночный планшет, агглютинационный планшет

spacing ['speisiŋ] 1. расположение в пространстве, размещение 2. *психол.* дистанцирование

optimal ~ **of night dosing** оптимальные интервалы [кратность] приёма в ночное время

spalling ['spɔːliŋ] отслаивание, растрескивание

span [spæn] 1. промежуток времени, интервал 2. протекать *(о болезни)*; распространяться, простираться

~ **of apprehension** объём восприятия

~ **of concentrations** диапазон концентраций *(вещества)*

childbearing ~ фертильный период жизни

life ~ **1.** продолжительность жизни; предельный возраст **2.** этап [период] жизни; жизненный цикл (*напр. клетки*) **3.** срок службы (*прибора*)

   memory ~ объём памяти

   platelet life ~ период жизни тромбоцитов; срок годности тромбоцитной массы

spanemia [ˌspæˈniːmiə] анемия, малокровие

spanomenorrhea [ˈspænəuˌmenəˈriːə] олигоменорея, гипоменорея

sparadrap [ˈspɑːrədræp] лейкопластырь, липкий пластырь

spare [speə] **1.** резервный, запасной **2.** худощавый, астенический **3.** щадить, беречь, сохранять (*напр. орган при операции*)

sparganoma [ˌspɑːɡəˈnəumə] спарганома (*инфильтрат или абсцесс – осложнения спарганоза*)

sparganosis [ˌspɑːɡəˈnəusis] *параз.* спарганоз (*инфекционный процесс, вызванный личинками-плероцеркоидами ленточных червей*)

sparganum [ˈspɑːɡənəm] спарганум (*личинки некоторых ленточных червей*)

sparing [ˈspeəriŋ] сохранение, сбережение; предотвращение выведения (*напр. калия из организма*)

   diuretic ~ воздержание от диуретиков

   skin ~ *рентг.* защита кожи

spasm [spæzm] спазм, судорога

   ~ **of accommodation** спазм аккомодации, циклоспазм

   affect ~s истерический припадок с навязчивым смехом, плачем и т. п.

   bronchial ~ бронхоспазм, бронхиолоспазм

   cadaveric ~ трупное окоченение

   canine ~ *см.* **cynic** ~

   carpopedal ~ карпопедальный спазм (*судороги в кистях и стопах*)

   clonic ~ клоническая судорога (*попеременное непроизвольное сокращение и расслабление мышцы*)

   contacted ~ извивающиеся спастические движения

   cynic ~ сардоническая гримаса, или улыбка

   dancing ~ сальтаторная [скакательная] судорога

   facial ~ **1.** спазм лицевых мышц **2.** дрожание подбородка; тик в области лица

   fixed ~ судорога при столбняке

   functional ~ *см.* **handicraft** ~

   glottic ~ ларингоспазм

   habit ~ тик

   handicraft ~ профессиональная судорога

   hemifacial ~ гемифациальный спазм; дискинезия мышц половины лица

   histrionic ~ *см.* **mimetic** ~

   inspiratory ~ *см.* **bronchial** ~

   lock ~ *см.* **writer's** ~

   masticatory ~ тризм, спазм жевательных мышц

   mimetic [**mimic**] ~ тик в области лица

   mobile ~ мобильный [подвижный] спазм (*наблюдается при торсионной дистонии*)

   nictitating ~ *см.* **winking** ~

   nodding ~ кивательная судорога, салаамов тик, судорога приветствия (*психогенного характера*)

   occupation ~ профессиональная судорога

   oculogyric ~ судорога [спазм] взора, окулогирный криз

   phonatory [**phonic**] ~ спастическая дисфония

   retrocollic ~ кривошея, обусловленная поражением задней группы мышц шеи

   rotatory ~ спастическая кривошея

   salaam ~ *см.* **nodding** ~

   saltatory ~ сальтаторная [скакательная] судорога (*мышц нижних конечностей*)

   synclonic ~ клоническая судорога группы мышц

   terminal clonic ~s терминальные клонические судороги

   tonic ~ тоническая судорога (*продолжительное непроизвольное мышечное сокращение*)

   tonoclonic ~ конвульсивное сокращение мышц, тетаническая судорога

   tooth ~s боли, возникающие при прорезывании зубов

   torsion ~ торсионная дистония, лордотическая дисбазия, торсионный спазм, Циена торсионный невроз

   vasomotor ~ ангиоспазм

   winking ~ блефароспазм

   writer's ~ писчий спазм, писчая судорога

spasmodermia [ˌspæzməuˈdɜːmiə] спазм сосудов кожи

spasmodic [spæzˈmɒdik] спазматический; судорожный; спастический

spasmolysant [spæzˈmɒlizənt] спазмолитическое [антиспазматическое] средство, спазмолитик

spasmolysis [spæzˈmɒlisis] снятие [купирование] спазма

spasmophilia [ˌspæzməuˈfiliə] спазмофилия, спазмофилический диатез

spasmotoxin [ˌspæzməuˈtɒksin] столбнячный экзотоксин

spasmus [ˈspæzməs] *лат., см. тж.* **spasm**

   ~ **apoplecticus** апоплектическая гемитония

   ~ **nutans 1.** кивательная судорога, «судорога приветствия», салаамов тик **2.** нистагм, сопровождающий кивательные движения головы

spastic [ˈspæstik] **1.** спастический; судорожный; спазмированный (*повышенный тонус мышц*) **2.** гипертензивный

spasticity [spæsˈtisiti] спастичность (*повышение мышечного тонуса сухожильных рефлексов*)

   ~ **of conjugate gaze** спазм взора

   clasp-knife ~ скованность мышц-разгибателей сустава, оказывающих сопротивление пассивному сгибанию; симптом «складного ножа»

spatial [ˈspeiʃəl] пространственный

spatium [ˈspeiʃiəm], *pl.* **spatia** [ˈspeiʃiːə] **1.** пространство **2.** ограниченный участок

   ~ **perisinusoideum** *лат.* перисинусоидальное пространство

   retroperitoneal ~ забрюшинное пространство

spatula [ˈspætʃələ] *мед. тех.* шпатель; лопаточка

   abdominal ~ шпатель [зеркало] для оттеснения внутренностей

   autoscopic ~ шпатель для прямой ларингоскопии

   kidney ~ зеркало для отведения почки

   mouth ~ шпатель для осмотра структур ротовой полости

spatulate [ˈspætʃəleit] лопатообразный (*о пальцах*)

spay [spei] кастрация животных (*обычно овариоэктомия*)

spearmint [ˈspiəmint] мята колосковая (*Mentha spicata*)

special [ˈspeʃl] **1.** особый, специальный; специфический (*об опухоли*); специализированный (*о больнице*); отличительный; характерный **2.** экстренный, срочный **3.** определённый, частный, конкретный **4.** индивидуальный, отдельный

specialist ['speʃlist]:

~ **in health education** врач по санпросветработе, гигиенист

clinical nurse ~ частнопрактикующая медицинская сестра-специалист *(включённая в государственный регистр)*

community medicine ~ специалист по здравоохранению

health care ~ *см.* ~ **in health education**

medical ~ врач-специалист *(в отличие от врача общей практики)*

occupational health ~ специалист по профессиональным болезням, профпатолог

respiratory disease ~ пульмонолог

speciality [ˌspeʃiˈæləti] **1.** специальность, основное занятие **2.** специализация **3.** отличительная черта, особенность

military occupational ~ *амер.* военно-учётная специальность

specialization [ˌspeʃəliˈzeiʃn] специализация *(наличие свойства, выделяющего данную болезнь, область тела, функцию, профессию и т. д.)*

cell ~ дифференциация клеток

special-purpose [speʃl-ˈpɜːpəs] специального назначения; специализированный

specialty [ˌspeʃiˈæləti] **1.** *амер.* специальность **2.** готовые лекарственные средства заводского приготовления *(обычно носят патентованное название)*

pharmaceutical ~ патентованное [фирменное] лекарственное средство

speciation [ˌspiːʃiˈeiʃn]:

~ **of the microorganism** идентификация микроорганизма

allopatric ~ *биол.* аллопатрическое видообразование *(при изоляции популяции друг от друга географическими барьерами)*

explosive ~ «взрывное» видообразование

species ['spiːʃiːz] **1.** вид, виды; разновидность; род **2.** образец, препарат **3.** порода *(животных)* **4.** сбор *(класс фармацевтических средств, представленных смесями лекарственных трав)*

associated ~ сопутствующий вид

casual ~ случайный вид

cosmopolitan ~ повсеместно распространённый [космополитный] вид

dangerous ~ исчезающий вид; вид, находящийся под угрозой исчезновения

dispersed ~ распространённый вид

human ~ человеческий род

native ~ местный [аборигенный] вид

related ~ родственные виды *(напр. грибов)*

representative ~ вид-представитель *(в систематической группе)*

species-specific ['spiːʃiːz-spəˈsifik] видоспецифический *(напр. антиген)*

specific [spəˈsifik] **1.** относящийся к виду **2.** особый, характерный, специфический **3.** точный, определённый,

конкретный **4.** избирательное лекарственное средство, оказывающее специфический эффект

strain ~ видоспецифический

specification [ˌspesifiˈkeiʃn] **1.** *pl.* спецификация *(для лекарственного средства – состав, маркировка, прозрачность, пирогенность, токсичность, срок годности и пр.)*, технические требования *(напр. для медицинской промышленности)* **2.** стандарты, инструкция **3.** детализация, конкретизация **4.** *суд. мед.* изложение состава преступления

~ **for pesticides** спецификация пестицидов

British standard ~ **1.** «Британский ведомственный стандарт» **2.** технические условия по Британскому стандарту

design ~s проектные условия *(напр. операционной)*

job ~ спецификация работы

tentative ~s пробные спецификации

test ~s спецификация теста

specificity [ˌspesiˈfisiti] **1.** специфичность **2.** иммуногенная специфичность

antigenic ~ антигенная специфичность, антигенность

anti-isotypic ~ антиидиотипическая специфичность *(антител)*

blood-group ~ групповая принадлежность крови

broad ~ широкая специфичность

carrier ~ специфичность носителя

colony ~ *иммун.* специфичность колонии

cross-reactive ~ **1.** перекрёстная специфичность *(антигена)* **2.** широкая [популяционная] специфичность *(локуса с несколькими аллелями)*

dual ~ «двойная» специфичность *(распознавания антигена)*

epitope ~ специфичность антигенной детерминанты

"forbidden" ~ «запрещённая» специфичность *(клона)*

host ~ специфичность паразитов в отношении хозяев

host-symbiont ~ специфичность между хозяином и симбионтом

immunochemical ~ иммунохимическая специфичность

isotypic ~ изотипичная специфичность *(вариант антигенной специфичности)*

marked ~ высокая специфичность

mutagene ~ мутагенная специфичность

native ~ природная (антигенная) специфичность; специфичность нативной детерминанты *(в денатурированном белке)*

neuronal ~ вариации распространения нейрона и распределение его ветвей по структурам

ordinary ~ *иммун.* специфичность отдельной субъединицы, (антигенная) специфичность индивидуальной цепи *(макромолекулы)*

organ ~ видоспецифические особенности органа

"private" ~ уникальная специфичность *(контролируемая аллелем одного из локусов главного комплекса гистосовместимости)*

relative ~ относительная специфичность *(медицинского скринингового теста)*

restricted [**stringent**] ~ **1.** узкая специфичность *(антисыворотки)* **2.** см. **"private"** ~

substrate ~ субстратная специфичность

type ~ типоспецифичность

specified ['spesifaid]:

no otherwise ~ без других указаний, БДУ *(формулировка МКБ-10)*

specify ['spesifai] точно определять, устанавливать

non ~ed неуточнённый *(о расстройстве)*

to ~ the type of personality disorder определять тип расстройства личности

spectator [spek'teitə] очевидец, наблюдатель

specullum ['spekju:ləm] **1.** зонд малых размеров **2.** *анат.* блестящая перегородка

specimen ['spesimən] **1.** образец, проба **2.** макропрепарат; удалённый орган *(напр. жёлчный пузырь)* **3.** особь

~ for culture 1. посев микрофлоры **2.** материал для посева микрофлоры

autopsied ~ патологоанатомический препарат

biological ~s биологические образцы *(органы, ткани, включая кровь, продукты секреции и экскреции, ВОЗ)*

biomedical ~s медико-биологические [биомедицинские] объекты, органы, ткани

biopsy ~ биоптат; биопсийный материал; пунктат

blood ~ 1. проба крови **2.** препарат крови

bone marrow ~ мазок крови костного мозга

bulk ~ толстый срез *(ткани)*

catheter ~ of urine, catheterised urine ~ порция мочи, взятой катетером; катетерная проба мочи

core biopsy ~ пункционный биоптат костного мозга

corrosion ~ *анат.* коррозионный препарат

excised ~ of cancerous bladder макропрепарат мочевого пузыря, поражённого раком

eye ~s материал из глаз или с глаз

false high ~ ложнозавышенная проба *(напр. крови)*

false low ~ ложнозаниженная проба *(напр. крови)*

fecal ~ проба фекалий

hemolyzed ~ гемолизированная проба *(крови)*

intestinal biopsy ~ биоптат кишки

lipemic ~ проба *(крови)* с высоким содержанием жира

mid-stream ~ of urine проба мочи из средней струи

morbid ~ *см.* **autopsied ~**

pathological ~ морфологическая биопсия *(напр. при болезнях, передаваемых половым путём)*

post-mortem ~s *см.* **autopsied ~**

reference ~ стандартный образец

serum ~ сывороточная проба

skin biopsy ~ биоптат кожи

surgical ~ операционный препарат

teaching ~ учебный препарат

tissue ~ гистологический препарат; препарат ткани

unsuitable ~s неприемлемый материал *(неправильно взятый или хранившийся)*

voided urine ~ проба, полученная при мочеиспускании

speck-in-eye [spek-in-ai] радужное пятно на глазном яблоке

spectacle-box ['spektəkl-bɒks], **spectacle-case** ['spektəkl-keis] **1.** набор стёкол для очков **2.** футляр для очков

spectacles ['spektəklz] очки

~ for aphakia очки при афакии

distance ~ очки для дальнего зрения, «для дали»

divided ~ бифокальные очки

magnifier ~ очки-лупа

protective ~ защитные [предохранительные] очки

pulpit ~ очки, содержащие коррегирующие зрение линзы только в нижнем сегменте стёкол

reading ~ очки для чтения, очки для ближнего зрения, «для близи»

reading ~ for supine position очки для чтения лёжа

stenopeic ~ стенопические [дырчатые] очки

trial ~ оправа для пробных линз *(для подбора очков)*

spectrofluorometer [,spektrəʊflu:'rɒmətə] спектрофлуориметр *(спектрометр для люминесцентного излучения)*

spectrography ['spektrə,grəfi] спектрография *(фоторегистрация спектров излучения и поглощения)*

mass ~ масс-спектрография

X-ray ~ рентгеноспектрография

spectrometry [spek'trɒmətri] спектрометрия *(измерение длины волны и интенсивности электромагнитного излучения)*

acoustic ~ анализатор, спектрометрия шума

atomic absorption ~ атом-абсорбционная спектрометрия

audio-frequency ~ звукочастотная спектрометрия

capillary column-gas chromatography mass ~ метод капиллярных колонок газовой хроматографии-масс-спектрометрии

collisional activation ~ спектрометрия комбинационного рассеивания

electron spin resonance ~ спектрометрия электронного парамагнитного резонанса

emission ~ эмиссионная спектрометрия

flame ~ пламенная спектрометрия

infrared ~ инфракрасная спектрометрия

isotope dilution-mass ~ метод разведения изотопа масс-спектрометрии

mass ~ масс-спектрометрия

qualitative ~ качественная спектрометрия

radiation ~ спектрометрия ионизирующих излучений

recoil-proton ~ спектрометрия *(быстрых нейтронов)* с регистрацией протонов отдачи

scintillation ~ сцинтилляционная спектрометрия

secondary ion mass ~ масс-спектрометрия вторичных ионов

X-ray fluorescence ~ рентгеновская флуоресцентная спектрометрия

spectrophobia [,spektrəʊ'fəʊbiə] эйзонтрофобия, спектрофобия *(патологическая боязнь зеркал)*

spectrophotometry [,spektrəʊfəʊ'tɒmətri] спектрофотометрия *(измерение спектров излучения и поглощения путём их сравнения с эталонным спектром)*

continuous ~ проточная спектрофотометрия

electrothermal atomic absorption ~ электротермическая атомная абсорбционная спектрофотометрия

infrared ~ инфракрасная спектрофотометрия

low-resolution ~ спектрофотометрия низкого разрешения

medium resolution ~ спектрофотометрия среднего разрешения

microplate scanning ~ сканирующая спектрофотометрия для (про)чтения планшетов, планшет-ридер

rapid flow ~ спектрофотометрия в быстром потоке

reflectance ~ отражающая спектрофотометрия

photographic ~ спектрофотометрия с фотографической регистрацией

reversed-optics ~ спектрофотометрия с обратной оптикой

visible ~ спектрофотометрия для видимой области

spectroscopy [spek'trɒskəpi] спектроскопия

absorption ~ измерение спектров поглощения

dispersive x-ray fluorescence ~ дисперсионная рентгенофлуоресцентная спектроскопия

electron spin resonance ~ электрон-спин-резонансная спектроскопия

flame-emission ~ пламенная спектроскопия по излучению

fluorescence ~ флуоресцентная спектроскопия

image selected in vivo ~ метод прижизненной магнитно-резонансной спектроскопии по селективному изображению

laser autofluorescent ~ лазерная аутофлуоресцентная спектроскопия

magnetic resonance ~ магнитно-резонансная спектроскопия

mass ~ масс-спектроскопия

near-infrared ~ спектроскопия в ближней инфракрасной области

nuclear magnetic resonance ~ ядерно-магнитно-резонансная спектроскопия, ЯМР-спектроскопия

phosphorescence ~ фосфоресцентная спектроскопия

photoacoustic ~ фотоакустическая спектроскопия

proton NMR~ протоновая ЯМР-спектроскопия

short-time ~ импульсная спектроскопия

time-resolved fluorescence ~ динамическая флуоресцентная спектроскопия

X-ray absorption ~ абсорбционная рентгеноспектроскопия

spectrotype ['spektrəʊˌtaip] 1. спектротип, тип спектра *(напр. антигенов, белков на электрофореограмме)* 2. фенотип *(организма)*

spectrum ['spektrəm], *pl.* **spectra** ['spektrə] 1. спектр; спектральная характеристика 2. диапазон

~ of intestinal obstruction варианты обтурационной непроходимости кишечника

~ of myocardial contusion виды ушиба сердца

~ of tuberculosis различные проявления туберкулёза

absorption ~ спектр поглощения

acoustic ~ акустический спектр

antibody isoelectric ~ состав антител по данным изоэлектрофокусирования

antimicrobial ~ антимикробный спектр *(антибиотика)*

audible ~ спектр слышимых [звуковых] частот

biological ~ биологический спектр

clinical ~ синдром; симптомокомплекс

continuous ~ непрерывный спектр

expanded ~ широкий спектр действия *(напр. гликозидов)*

fission-product ~ 1. спектр излучения продуктов деления 2. спектр масс продуктов деления

fortification ~ мерцательная скотома, глазная мигрень

hemodynamic ~ гемодинамические изменения *(напр. при инфаркте миокарда)*

histological ~ гистологический спектр, гистологическая картина

invisible ~ невидимая часть спектра

life form ~ биологический спектр

mutation ~ спектр мутаций

ocular ~ последовательный образ *(зрительное ощущение, сохраняющееся некоторое время после прекращения действия светового раздражителя)*

reference ~ стандартный спектр, спектр сравнения

reflection ~ спектр отражения

schizophrenia ~ круг шизофрении

sound-pressure ~ спектр звуковых давлений

ultraviolet ~ ультрафиолетовый спектр, УФС

visible(-light) ~ видимый спектр, спектр видимого излучения

specular ['spekjʊlə] 1. зеркальный; относящийся к зеркалу 2. произведённый с помощью расширителя

specularity [ˌspekjʊ'læriti] зеркальность

speculation [ˌspekjʊ'leiʃn] 1. размышление, обдумывание 2. теория; предположение; догадка

speculative ['spekjʊleitiv] 1. умозрительный; предположительный 2. теоретический; отвлечённый 3. дискуссионный

speculum ['spekju:ləm], *pl.* **specula** ['spekju:lə] 1. *мед. тех.* зеркало; расширитель 2. прозрачная перегородка *(головного мозга)*

bivalve vaginal ~ двухстворчатое влагалищное зеркало

Boucheron's ~ ушная воронка, ушное зеркало

duck-billed ~ *см.* **bivalve vaginal** ~

ear ~ ушная воронка, ушное зеркало

eye ~ векорасширитель

luminous ~ светящееся зеркало

wire ~ проволочное зеркало *(для отведения печени)*

speculum-elevator ['spekju:ləm-'eliveitə] *мед. тех.* зеркало-подъёмник

speech [spi:tʃ] 1. речь 2. произношение; говор 3. выступление, спич

articulated ~ членораздельная речь

clipped ~ *см.* **scamping** ~

conversational ~ разговорная речь

delayed ~ брадифазия, замедленная речь

desultory ~ *см.* **incoherent** ~

disordered ~ беспорядочная [бессвязная] речь

echo ~ *псих.* эхолалия, эхофразия *(повторение больным слов и фраз, услышанных от других людей)*

esophageal ~ псевдоголос, пищеводный голос *(после ларингэктомии)*

explosive ~ импульсивная речь

faulty ~ неправильная речь

helium ~ искажение голоса при дыхании гелиево-кислородной смесью

hesitant ~ заикающаяся [запинающаяся] речь

implicit ~ *см.* **inner** ~

incoherent ~ бессвязная [непоследовательная] речь

infantile ~ невнятная [детская] речь

inner [internal] ~ внутренняя речь *(участвующая в процессах мышления)*

jumbled ~ анартрия *(утрата членораздельной речи)*

kinetic [manual] ~ *см.* **non-verbal**~

mirror ~ зеркальная речь, эхопалилалия *(при которой больной непроизвольно повторяет слова, услышанные от других)*

mumbled ~ бормотание, невнятная речь

nonsensical ~ бессмысленная речь

non-verbal ~ невербальная речь *(язык жестов и мимики)*

plateau ~ монотонная речь

rambling ~ *см.* **disordered** ~

scamping ~ обрывистая речь *(с пропусками отдельных звуков или слогов)*

scanning ~ скандированная речь *(ритмичная или размеренная, обычно медленная речь, при которой каждый слог произносится отдельно)*

scattered ~ разорванная речь

slurred ~ невнятная [неразборчивая] речь

spirit ~ пылкая [эмоциональная] речь

staccato ~ *см.* **scanning** ~

subvocal ~ субвокальная речь *(слабые движения мышц, формирующих речь, но не способные создать звук)*

syllabic ~ *см.* **scanning** ~

symbolic ~ символическая речь

tardy ~ медлительная речь

unintelligible ~ непонятная [невразумительная] речь

whispered ~ шёпот, шёпотная речь

speech-therapy [spiːtʃ-'θerəpi], **speech-training** [spiːtʃ-'treiniŋ] исправление недостатков речи; логопедия

speed¹ [spiːd] **1.** скорость *(напр. метаболизма)* ‖ ускорять *(напр. сроки выздоровления)*; увеличивать **2.** число оборотов *(напр. в цикле Кребса)*

~ **of healing** сроки выздоровления *(напр. после инфаркта миокарда)*

scan ~ *узи* скорость ротации датчика

tape ~ скорость протяжки ленты *(напр. ЭКГ)*

speed² *sl.* «спид», «быстрый» *(психостимулятор амфетамин, экстази)*

speedball ['spiːdbɔːl] *sl.* «спидбол» *(комбинация психостимулятора и опиоида, напр. амфетамина и героина)*

speedwell ['spiːdwel]:

drug [officinal] ~ вероника лекарственная *(Veronica officinalis)*

spell [spel] **1.** промежуток времени, период **2.** приступ, припадок **3.** ремиссия ‖ дать передышку; отдохнуть **4.** называть по буквам; образовывать слова; читать по складам

~ **of illness** приступ болезни

breath-holding ~ задержка дыхания

crying ~ приступ плаксивости

dizzy ~ приступ головокружения, или «дурноты»

doubting ~s приступы сомнений

dying ~ кратковременная остановка сердца, «эпизод смерти»

fainting ~ кратковременный обморок

spelling ['speliŋ] **1.** произнесение слова по буквам **2.** правописание, орфография

sperm [spɜːm] **1.** сперма, семенная жидкость **2.** сперматозоид

active ~ активные сперматозоиды

chilled [fresh] ~ охлаждённая сперма

frozen ~ замороженная сперма

insemination ~ сперма для искусственного [экстракорпорального] оплодотворения

muzzled ~ сперматозоид, не способный соединиться с яйцеклеткой

thawed ~ размороженная сперма

spermaceti [ˌspɜːmə'setiː] *фарм.* спермацет

spermacrasia [ˌspɜːmə'kreiziə] олигоспермия

spermagglutinin ['spɜːməgluːtinin] спермагглютинирующее антитело, спермагглютинин

spermary ['spɜːməri] семенник *(мужская половая железа)*

spermatheca [ˌspɜːmə'θiːkə] сперматека, банк спермы *(семенная жидкость, хранящаяся для экстракорпорального оплодотворения)*

spermatic [spɜː'mætik] **1.** семенной *(проток)* **2.** относящийся к сперме

spermatid ['spɜːmətid] сперматида *(клетка-предшественница сперматозоида, происходящая из сперматоцита II порядка)*

spermatize ['spɜːmətaiz] оплодотворять

spermatoblast ['spɜːmətəʊˌblæst] сперматогоний

spermatocele ['spɜːmətəʊˌsiːl] сперматоцеле *(киста яичка или его придатка, содержащая сперматозоиды)*

spermatocide ['spɜːmətəʊˌsaid] спермацид, спермицид *(средство, разрушающее сперматозоиды)*

spermatocyst ['spɜːmətəʊˌsist] **1.** семенной пузырёк **2.** сперматоцеле

spermatocystitis [ˌspɜːmətəʊsis'taitis] везикулит, сперматоцистит *(воспаление семенного пузырька)*

spermatocyte ['spɜːmətəʊˌsait] сперматоцит *(клетка, развивающаяся из сперматогония)*

primary ~ сперматоцит I порядка *(сперматозоид в периоде роста)*

secondary ~ сперматоцит II порядка, пресперматида *(сперматозоид в периоде созревания)*

spermatogenesis [ˌspɜːmətəʊ'dʒenəsis], **spermatogeny** [ˌspɜːmə'tɒdʒəni] сперматогенез, сперматопоэз, спермогенез

incomplete ~ несовершенный сперматогенез

spermatogonium [ˌspɜːmətəʊ'gəʊniːəm], *pl.* **spermatogonia** [ˌspɜːmətəʊ'gəʊniːə] сперматогония *(клетка сперматогенного эпителия, на которой развиваются первичные сперматоциты)*

spermatolysin [ˌspɜːmə'tɒlisin] разрушающий сперматозоиды

spermatopathy [ˌspɜːmə'tɒpəθi] патологическое изменение спермы

spermatopoietic [ˌspɜːmətəʊpɒi'etik] сперматогенный, способствующий образованию и выделению семенной жидкости

spermatorrhea [ˌspɜːmətəʊ'riə] сперматорея *(непроизвольное истечение семени)*

spermatoschesis [ˌspɜːmə'tɒskisis] аспермия *(отсутствие продукции семенной жидкости)*

spermatozoa [ˌspɜːmətəʊ'zəʊə] *pl. от* **spermatozoon**

frozen ~ замороженные сперматозоиды

immobile ~ неподвижные сперматозоиды

spermatozoicide [ˌspɜːmətəʊ'zəʊisaid] средство, разрушающее сперматозоиды

spermatozoon [ˌspəːmətəʊˈzəʊɒn], *pl.* **spermatozoa** [ˌspəːmətəʊˈzəʊə] сперматозоид, зрелая мужская половая клетка

spermaturia [ˌspəːmətˈjuːriə] сперматурия *(выделение сперматозоидов с мочой)*

spermcounter [ˈspəːmˌkaʊntə]:

  electronic ~ электронный счётчик спермограмм

spermectomy [ˌspəːmˈektəmi] резекция семявыносящего протока

spermicidal [ˌspəːmiˈsaidəl] разрушающий сперматозоиды, спермицидный

spermicide [ˈspəːmisaid] *см.* **spermatocide**

spermid [ˈspəːmid] *см.* **spermatid**

spermiduct [ˈspəːmiˌdʌkt] 1. семявыносящий [семенной] проток 2. семявыбрасывающий [семяизвергающий] проток

spermiocyte [ˌspəːmiəʊˈsait] спермиоцит, первичный сперматоцит

spermiogenesis [ˌspəːmiəʊˈʤenəsis] спермиогенез *(процесс превращения сперматид в зрелые сперматозоиды)*

spermocytoma [ˌspəːməʊsaiˈtəʊmə] семинома (яичка), сперматогониома, сперматоцитома

spermolith [ˈspəːməʊliθ] конкремент в семявыносящем протоке

sperrung [ˈspəːrʌŋ] шперрунг, симптом остановки мыслей *(внезапный обрыв хода мысли или длительная задержка мыслительного процесса)*

sphacelation [ˌsfæsəˈleiʃn], **sphacelism** [ˈsfæsəlizm] гангренозный процесс, некроз, омертвение

sphaceloderma [ˌsfæsələʊˈdəːmə] гангрена кожи

sphacelus [ˈsfæsələs] 1. омертвение, некроз 2. гангренозные массы, омертвевшие ткани

sphagiasmus [sfeiʤiˈæzməs] 1. сокращение мышц шеи при приступе эпилепсии 2. малый эпилептический припадок

sphagitis [sfeiˈʤaitis] фарингит

sphalate [sfeiˈleit] вызывать некроз

sphenic [ˈsfiːnik] клиновидный, клинообразный

sphenion [ˈsfiːniɒn] *кр. метр.* сфенион *(клиновидный угол теменной кости)*

sphenocephaly [ˌsfiːnəʊˈsefəli] сфеноцефалия *(клиновидная форма черепа)*

sphenoethmoid [ˌsfiːnəʊˈeθmɔid] относящийся к клиновидной и решётчатой костям

sphenoiditis [ˌsfiːnɒiˈdaitis] 1. сфеноидит *(воспаление слизистой оболочки клиновидной пазухи)* 2. некроз клиновидной кости

sphenoidotomy [ˌsfiːnɒiˈdɒtəʊmiː] 1. вскрытие клиновидной пазухи 2. создание наружного искусственного свища клиновидной пазухи

sphenomalar [ˌsfiːnəʊˈmeilə] относящийся к клиновидной и скуловой костям

sphenomandibular [ˌsfiːnəʊmænˈdibjʊlə] клиновидно-нижнечелюстной

sphenomaxillary [ˌsfiːnəʊˈmæksiˌlæri] клиновидно-верхнечелюстной

sphenopalatine [ˌsfiːnəʊˈpælətain] основно-нёбный

sphenoparietal [ˌsfiːnəʊpəˈraiətəl] клиновидно-теменной

sphere [sfiə] 1. гранула; шар; шарик; сфера; сферическое тело 2. область [поле] деятельности 3. социальная среда

  ~ **of public health** сфера здравоохранения

  attraction ~ *эмбр.* астросфера *(группа двоякопреломляющих фибрилл, радиально отходящих от центросомы клетки)*

  cobalt ~**s** кобальтовые (микро)сферы

  defined antigen substrate ~**s** антиген-специфический гранулосубстрат

  embryonic ~ *эмбр.* морула

  millimeter ~**s** миллисферы *(лекарственная форма)*

  silastic ~**s** силастиковые [силиконовые] шарики *(для эмболизации)*

  vitelline [yolk] ~ *см.* **embryonic** ~

spheresthesia [ˌsfiərəsˈθiːziə] истерический комок

spherocyte [ˈsfiərəʊsait] сфероцит *(эритроцит сферической формы)*

spherocytosis [ˌsfiərəʊsaiˈtəʊsis] сфероцитоз *(наличие сфероцитов в крови)*

  hereditary ~ наследственный сфероцитоз, Минковского – Шоффара болезнь

spherolith [ˈsfiərəʊliθ] сферолит *(предшественник жёлчного конкремента)*

spheroma [sfiəˈrəʊmə] опухоль шаровидной формы

spherophakia [ˌsfiərəʊˈfeikiə] сферофакия *(врождённая шаровидная форма хрусталика)*

spherule [ˈsferuːl]:

  phospholipid ~**s** фосфолипидные микросферы

sphincter [ˈsfiŋktə] сфинктер, жом

  ~ **of the eye** круговая мышца глаза

  anal ~ сфинктер заднего прохода

  bicanalicular ~ сфинктер, охватывающий два протока

  capacitance ~**s** сфинктеры ёмкостных сосудов *(вен)*

  cardiac [cardioesophageal] ~ кардиальный сфинктер

  extrinsic ~ сфинктер, содержащий круговые мышечные волокна снаружи органа

  implantable ~ имплантируемый сфинктер *(напр. при илеостомии)*

  intrinsic ~ утолщение круговых волокон мышечной оболочки органа

  Lütkens ~**s** Люткенса сфинктер *(шейки жёлчного пузыря)*

  morality ~ *психол.* «нравственный сфинктер»

  precapillare ~ прекапиллярный сфинктер

  pyloric ~ сфинктер привратника

  resistance ~**s** сфинктеры артериол

  striated muscular ~ рабдосфинктер *(напр. сфинктер мочеиспускательного канала)*

  vaginal ~ вагинальный сфинктер

sphincteralgia [ˌsfiŋktərˈælʤiə] сфинктералгия *(боль в области сфинктера, напр. анального)*

sphincterectomy [ˌsfiŋktərˈektəmi] сфинктерэктомия

sphincteroplasty [ˈsfiŋktərəʊˌplæsti] сфинктеропластика *(восстановление или формирование нового сфинктера)*

  transduodenal ~ трансдуоденальная сфинктеропластика

sphincterotomy [ˌsfiŋktəˈrɒtəmi] сфинктеротомия *(рассечение сфинктера)*

  ~ **of iris** сфинктеротомия зрачка, или радужной оболочки

internal ~ рассечение внутреннего сфинктера

sphingolipid [ˌsfiŋgəʊˈlipid] *pl.* сфинголипиды *(содержащиеся в биологических мембранах, миелиновых оболочках нервных волокон липиды, в состав которых входит сфингозин)*

sphingolipidosis [ˌsfiŋgəʊˌlipiˈdəʊsis] сфинголипидоз *(болезни накопления сфинголипидов)*

cerebral ~ церебральный сфинголипидоз

sphingolipodystrophy [ˌsfiŋgəʊˌlipəʊˈdistrəfi] сфинголиподистрофия

sphingomyelinase [ˌsfiŋgəʊˈmaiəlineiz] сфингомиелиназа *(фермент, расщепляющий сфингомиелины)*

sphingomyelinosis [ˌsfiŋgəʊˌmaiəliˈnəʊsis] сфингомиелиноз, липоидный гистиоцитоз, липоидно-клеточная спленогепатомегалия, Ниманна – Пика болезнь

sphygmic [ˈsfigmik] пульсовый

sphygmocardiography [ˌsfigməʊkɑːdiˈɒgrəfi] сфигмокардиография *(регистрация сердечных сокращений на одном из кровеносных сосудов)*

sphygmography [sfigˈmɒgrəfi] сфигмо(осцилло)графия

sphygmophony [sfigˈmɒfəni] сфигмофония *(запись звуковых феноменов, возникающих при прохождении крови по артерии)*

sphygmoscopy [sfigˈmɒskəpi] сфигмоскопия, исследование пульса

sphygmus [ˈsfigməs] пульс; пульсация

sphyrectomy [ˌsfaiˈrektəmi] сфирэктомия *(удаление молоточка)*

spica [ˈspaikə], *pl.* **spicae** [ˈspaiki:] колосовидная повязка

hip ~ колосовидная повязка на бедро

spice [spais] 1. специя, пряность 2. привкус; примеси

spicular [ˈspikjuːlə] 1. относящийся к спикуле 2. игольчатый, игловидный, шиловидный, шиповатый

spicule [ˈspikjuːl], *лат.* **spiculum** [ˈspikjuːləm], *pl.* **spicula** [ˈspikjuːlə] спикула; шип, колючка; *pl.* костные иглы *(при опухоли кости)*; скелетная игла *(у губок)*

~ **of bone** отломок кости

spider [ˈspaidə] 1. паук; *pl.* паукообразные *(Araneida)* 2. паукообразная [звёздчатая] гемангиома, паукообразный невус

arterial [vascular] ~ телеангиэктазия, сосудистая звёздочка; капиллярная гемангиома

black widow ~ паук каракурт

spider-burst [ˈspaidə-bɜːst] звёздчатый варикоз *(расходящиеся тёмно-красные линии капилляров на коже)*

spike¹ [spaik] 1. шип, остриё 2. укол

spike² *физиол.* импульс, потенциал действия; всплеск, спайк

~ **and dome, ~ and (slow) wave** комплекс пик – волна *(на ЭЭГ)*

monoclonal ~ моноклональный пик *(напр. при лейкозе)*

peak ~ пиковый [максимальный] потенциал

protein ~ «пик белка» ‖ типировать белок *(при электрофорезе)*

spill [spil] 1. поток; ливень 2. обилие чего-л.

~ **of blood** лужица крови; пролитая кровь

cellular ~ диссеминация клеток *(напр. опухоли)*, метастазирование

chemical ~ утечка [выброс] токсичных веществ

tears ~ слёзоотделение; слёзотечение

spillage [ˈspilidʒ] аварийный разлив

spiloma [spaiˈləʊmə] невус, невоидная опухоль, родимое пятно

spin [spin] 1. собственное верчение, кружение 2. центрифугировать

to ~ **off** удалять центрифугированием

spina [ˈspainə] *pl.* **spinae** [ˈspaini:], *лат., см.* **spine**

~ **bifida** расщеплённый позвоночник; незаращение дужек позвонков; неполное закрытие позвоночного канала *(обычно поясничных или крестцовых)*

~ **bifida anterior** несращение [неслияние] половин тела позвонка

~ **bifida aperta, bifida cystica or manifesta** открытая расщелина позвоночника в сочетании со спинномозговой грыжей

~ **bifida occulta** расщелина позвоночника без спинномозговой грыжи

~ **bifida posterior** несращение дужек позвонков

~ **tibial** бугристость большеберцовой кости

~ **ventosa** туберкулёз фаланги пальцев кисти или стопы

spinal [ˈspainəl] 1. позвоночный *(относящийся к позвоночнику)* 2. спинальный *(о больном)*, спинномозговой *(относящийся к спинному мозгу)*; люмбальный, поясничный *(о пункции)*

spinalator [ˈspainəˌleitə] *фирм.* массажный стол *(для мануальной терапии и электромеханического массажа)*

spinalis [spaiˈneilis] спинной, относящийся к позвоночнику или спинному мозгу

spinant [ˈspainənt] средство, повышающее спинальные рефлексы

spindle [spindl] 1. *ген.* веретено 2. веретенообразная структура ‖ веретенообразный

aortic ~ луковица аорты

attraction ~ веретено тяготения, «сияние», «лучистость» *(цитоплазматическая фигура вокруг полюсов ахроматинового веретена)*

cleavage ~ веретено деления

muscle [neuromuscular] ~ (нервно-)мышечное веретено

neurotendinal ~ нервно-сухожильное веретено; периферический нейрон

sleep ~s сонные веретена *(на ЭЭГ)*

tendon ~ нервно-сухожильное веретено

spindle-shaped [spindl-ʃeipt] веретенообразный

spindly [ˈspindli] плохо развивающийся, хилый, долговязый

spine [spain] 1. позвоночник, позвоночный столб 2. *анат.* ость; отросток; выступ, гребень 3. шип, колючка 4. основа, суть

~ **of helix** ость завитка *(ушной раковины)*

~ **of vertebra** остистый отросток *(позвонка)*

alar [angular] ~ ость клиновидной кости

angulated ~ согнутый позвоночник

bamboo ~ позвоночник в виде бамбуковой палки

basilar ~ глоточный бугорок

bent ~ наклонённый позвоночник

cervical ~ шейный отдел позвоночника

cleft ~ врождённое расщепление позвоночника, рахишизис, спондилолиз, спондилосхиз *(дефект дужки позвонка)*

curved ~ искривлённый позвоночник

dendritic ~s дендритные шипики *(синаптические структуры, образующие аксоно-дендрические связи)*

dorsal ~ позвоночник, позвоночный столб

dynamic ~ позвоночник в динамике *(при движении)*

erect ~ вертикальное положение позвоночника

flat ~ плоская спина *(уплощение физиологических изгибов позвоночника)*

iliac ~ подвздошная ость

iliopectineal ~ подвздошно-лобковое [подвздошно-гребешковое] возвышение

immature ~s недостаточно сформировавшийся позвоночник

intercondyloid ~ межмыщелковое возвышение

ischial ~ седалищная ость

jugular ~ ярёмный отросток *(затылочной кости)*

kissing ~s Бострупа [синдром] феномен *(соприкасающиеся остистые отростки позвонков, беспокоящие пациента при поясничном лордозе)*

kyphotic ~ кифоз, кифотический позвоночник

lordotic ~ лордоз, лордотический позвоночник

lower ~ нижний отдел позвоночника

lumbar ~ поясничный отдел позвоночника

mental ~ подбородочная ость

neural ~ поперечный отросток позвонка

obturator ~ запирательный гребень *(лобковой кости)*

palatine ~s нёбные ости

pediatric ~ позвоночник ребёнка

pharyngeal ~ глоточный бугорок

poker ~ анкилозирующий спондилоартрит, Бехтерева (– Штрюмпелля – Мари) болезнь

pubic ~ лобковый [лонный] бугорок

rheumatoid ~ ревматоидное поражение позвоночника

scapular ~ ость лопатки

sciatic ~ седалищная ость

scoliotic ~ сколиотический позвоночник

suprameatal ~ надпроходная ость *(височной кости)*

thoracic ~ грудной отдел позвоночника

tibial ~ бугристость большеберцовой кости

trochlear ~ блоковая ость *(лобной кости)*

twisted ~ *см.* **curved** ~

tympanic ~ барабанная ость

typhoid ~ брюшнотифозный спондилит

spinhaler [spin'heilə] ингалятор, спинхалер

spinifugal [spai'nifju:gəl] направленный от спинного мозга *(о нервных импульсах)*

spinipetal [spai'nipətəl] направленный к спинному мозгу *(о нервных импульсах)*

spinnbarkeit ['spinba:kait] *нем.* тягучий характер слизи *(в шейке матки в период овуляции)*

spinner ['spinə] центрифуга

spinning ['spiniŋ] 1. вращение, верчение, кручение 2. центрифугирование

spinobulbar [ˌspainəʊ'bʌlbə] относящийся к спинному и продолговатому мозгу

spinocerebellar [ˌspainəʊˌserə'belə] относящийся к спинному мозгу и мозжечку

spinoneural [ˌspainəʊ'nu:rəl] относящийся к спинному мозгу и периферическим нервам

spinous ['spainəs] напоминающий шип, ость; остистый *(напр. отросток)*; шиповидный

spinthariscope [spin'θɑ:riskəʊp] спинтарископ, сцинтилляционный счётчик

spintherizm ['spinθərizm] фотопсия *(появление в поле зрения мелькающих искр, пятен, зигзагообразных линий)*

spintherometer [ˌspinθə'rɒmətə], **spintimeter** [spin'timətə] пенетрометр *(аппарат для определения проникающей способности рентгеновских лучей)*

spiradenitis [ˌspairædə'naitis] гидраденит *(гнойное воспаление апокринных потовых желёз)*

spiradenoma [ˌspairædə'nəʊmə] спираденома, аденома потовых желёз

cylindromatous ~ цилиндрома потовых желёз

eccrine ~ эккринная спираденома

spiral ['spaiərəl] спираль ‖ спиральный, винтовой, винтообразный, скрученный или свёрнутый кольцами

Curschmann's ~s Куршманна спирали *(в мокроте)*

death ~ «смертельная спираль» *(термин, означающий порочную практику взвинчивания страховых премий)*

spireme ['spaiəri:m] спирема *(нитевидная структура хромосомы в виде клубка в профазе митоза)*

spirillicide [spai'rilisaid] спириллицидный препарат

spirillosis [ˌspairi'ləʊsis] *инф. бол.* спириллёз

Spirillum [spai'riləm] спирилла *(род микроорганизмов винтообразной формы)*

spirit¹ ['spirit] 1. спирт ‖ спиртовой; *pl.* спиртные напитки 2. любая летучая или дистиллированная жидкость

~ **of ammonia**, ~ **of hartsborn, ammonia** ~ нашатырный спирт

camphor ~ камфарный спирт

colombian ~ метиловый спирт

methylated ~ денатурированный [метилированный] спирт, денатурат

peppermint ~ (спиртовая) настойка перечной мяты

proof ~ 50 % водный раствор этанола

raw ~ спирт-сырец

rectified ~ спирт-ректификат, очищенный спирт

spirit² 1. дух, душа, духовное начало, моральная сила; характер 2. настроение, душевное состояние

to be in low ~s быть в подавленном настроении

tough ~ неуступчивый характер

spiritless ['spiritləs] безжизненный; унылый

spiritual ['spiritʃʊəl] духовный, психический; душевный *(напр. покой)*

spirituous ['spiritʃʊəs] спиртной, алкогольный *(напиток)*

Spirochaeta [ˌspaiərəʊ'ki:tə] спирохета *(род грамнегативных микроорганизмов спирально извитой формы)*

spirochetal [ˌspaiərəʊ'ki:təl] спирохетозный

spirochetosis [ˌspaiərəʊki:'təʊsis] *инф. бол.* спирохетоз

bronchopulmonary ~ геморрагический лёгочный спирохетоз

icterohemorrhagic ~ желтушно-геморрагическая лихорадка, лептоспирозная желтуха, (Васильева –) Вейля болезнь

spirogram ['spaiərəʊgræm] спирограмма

spiroid ['spaɪrɒɪd] спиралевидный, напоминающий спираль

spiroma [spaɪ'rəʊmə] *см.* **spiradenoma**

spirometry [spaɪ'rɒmətrɪ] спирометрия

forced expiratory ~ спирометрия с форсированным выдохом

spirophore ['spaɪrəʊfɔ:] аппарат искусственной вентиляции, респиратор

spissitude ['spɪsɪtu:d] густота, плотность

spit [spɪt] слюна; мокрота || плевать, отхаркивать

spite [spaɪt] 1. злоба, злость 2. недовольство, зависть

spiteful [spaɪtfl] 1. злобный 2. злорадный, недоброжелательный

spitfire [ˌspɪt'faɪə] 1. вспыльчивый, раздражительный человек 2. огнестрельное оружие

spit-negative [spɪt-'neɡətɪv] отсутствие туберкулёзных палочек в мокроте

spit-positive [spɪt-'pɒsɪtɪv] наличие туберкулёзных палочек в мокроте

spitting ['spɪtɪŋ] сплёвывание; отхаркивание

spittle [spɪtl] слюна

spittoon [spɪ'tu:n] плевательница

splanchnic ['splæŋknɪk] 1. висцеральный, внутренностный 2. лекарственный препарат, применяемый при расстройствах кишечника

splanchnicectomy [ˌsplæŋknɪ'sektəmɪ] спланхнэктомия *(пересечение чревного нерва)*

chemical ~ химическая блокада чревного сплетения

splanchnoblast ['splæŋknəʊblæst] рудимент любого внутреннего органа

splanchnocele ['splæŋknəʊsi:l] грыжа любого внутреннего органа

splanchnocranium [ˌsplæŋknəʊ'kreɪnɪəm] спланхнокраниум *(часть черепа, развивающаяся из жаберных дуг, – нижняя челюсть)*

splanchnolith ['splæŋknəʊlɪθ] спланхнолит *(кишечный конкремент)*

splanchnomegaly [ˌsplæŋknəʊ'meɡəlɪ] спланхномегалия, гигантизм внутренних органов

splanchnomicria [ˌsplæŋknəʊ'mɪkrɪ:ə] внутренний орган необычно малого размера

splanchnopathy [splæŋk'nɒpəθɪ] болезни внутренних органов

splanchnopleure ['splæŋknəʊˌplu:r] внутренностная мезодерма, спланхномезодерма, спланхноплевра

splanchnoptosis [ˌsplæŋknəʊ'təʊsɪs] спланхноптоз, висцероптоз, Гленара симптомокомплекс

splanchnosclerosis [ˌsplæŋknəʊsklə'rəʊsɪs] висцеросклероз *(уплотнение органа за счёт разрастания соединительной ткани)*

splanchnoscopy [splæŋk'nɒskəpɪ] визуальный метод исследования внутренних органов *(при лапароскопии)*

splanchnoskeleton [ˌsplæŋknəʊ'skelətən] 1. любое костное образование во внутренних органах, языке, пенисе некоторых животных 2. кости, связанные с внутренностями *(рёбра, грудина, таз)*

splanchnotomy [splæŋk'nɒtəʊmɪ] анатомирование внутренних органов

splanchnotribe ['splæŋknəʊtraɪb] кишечный зажим

splash [splæʃ]:

succussion ~ шум плеска

splay [spleɪ] 1. скос || косой, скошенный; расширяющий 2. вывернутый наружу; вывихнутый 3. неуклюжий; косолапый

splayfoot ['spleɪfʊt] плоскостопие

splayfooted ['spleɪfʊtɪd] страдающий плоскостопием

spleen [spli:n] селезёнка

accessory ~ добавочная селезёнка

ague ~ малярийная селезёнка

bacon ~ сальная [ветчинная] селезёнка

enlarged ~ спленомегалия, мегалосплления

floating ~ блуждающая селезёнка

immune ~ селезёнка иммунного индивида, иммунокомпетентная селезёнка

lardaceous ~ *см.* bacon ~

movable ~ *см.* floating ~

porphyry ~ порфирная селезёнка

sago ~ саговая селезёнка

sugar-coated ~ глазурная селезёнка

traumatized ~ травма селезёнки; повреждённая селезёнка

wandering ~ *см.* ~ floating

waxy ~ диффузная восковидная селезёнка *(поражённая амилоидозом)*

splen [splen] *см.* **spleen**

splenadenoma ['splenædənəʊmə] сплен(аден)ома, фибросплленома

splenauxe [spli:'nɔ:ksi:] спленомегалия

splenculus [splen'kju:ləs] добавочная селезёнка

splenectomy [spli:n'ektəmɪ] спленэктомия *(удаление селезёнки)*

partial ~ резекция селезёнки

subtotal ~ субтотальная резекция селезёнки

splenectopia [ˌspli:nek'təʊpɪə], **splenectopy** [ˌspli:nek'təʊpɪ] эктопия [дистопия] селезёнки

splenelcosis [ˌspli:nel'kəʊsɪs] абсцесс селезёнки

spleneolus [spli:'ni:əʊləs] *см.* **splenculus**

splenetic [spli'netɪk] относящийся к заболеванию селезёнки

splenic ['splenɪk] селезёночный

splenification [ˌsplenɪfɪ'keɪʃn] *см.* **splenization**

splenitis [spli:'naɪtɪs] спленит, лиенит *(воспаление селезёнки)*

splenium ['spli:nɪəm], *pl.* **splenia** ['spli:nɪə], 1. повязка 2. *анат.* валик мозолистого тела

splenization [ˌsplenɪ'zeɪʃn] спленизация *(резкое уплотнение и гомогенизация ткани лёгкого)*

splenocele ['spli:nəʊsi:l] 1. грыжа с вовлечением селезёнки 2. опухоль селезёнки

splenocolic [ˌspli:nəʊ'kɒlik] относящийся к селезёнке и толстой кишке

splenocyte ['spli:nəʊsaɪt] спленоцит, селезёночный макрофаг

splenodynia [ˌspli:nəʊ'dɪnɪə] спленалгия *(боль в области селезёнки)*

splenogenic [ˌspli:nəʊ'dʒenɪk], **splenogenous** [spli:'nɒdʒənəs] происходящий из селезёнки

splenography [spli:'nɒɡrəfɪ] *рентг.* спленография

splenohepatomegalia [ˌspliːnəʊˌhepətəʊmiˈgeiliə], **splenohepatomegaly** [ˌspliːnəʊˌhepətəʊˈmegəli] спленогепатомегалия *(увеличение селезёнки и печени)*

splenoid [ˈspliːnɔid] имеющий форму селезёнки, подобный селезёнке

splenolytic [spliːˈnɒlitik] разрушающий ткань селезёнки

splenoma [spliːˈnəʊmə] спленаденома, фиброспленома

splenomalacia [ˌspliːnəʊməˈleiʃə] спленомаляция *(размягчение ткани селезёнки)*

splenomedullary [ˌspliːnəʊˈmedjuˌlæri] спленомедуллярный *(относящийся к селезёнке и костному мозгу)*

splenomegaly [ˌspliːnəʊˈmegəli] спленомегалия *(стойкое увеличение селезёнки)*

  congestive ~ застойная спленомегалия

  hyperreactive malarious ~ гиперреактивная малярийная спленомегалия *(персистирующая спленомегалия с исключительно высоким уровнем IgM и малярийных антител в сыворотке)*

  spodogenous ~ увеличение селезёнки, вызванное гемолизом эритроцитов

  tropical ~ висцеральный лейшманиоз, тропическая спленомегалия, Лейшмана – Донована болезнь

splenomyelogenous [ˌspliːnəʊˌmaiəˈlɒdʒənəs] образующийся в селезёнке и костном мозге

splenopathy [spliːˈnɒpəθi] болезни селезёнки

splenopexy [ˌspliːnəʊˈpeksi] спленопексия, фиксация селезёнки

splenopneumonia [ˌspliːnəʊnjuːˈməʊniə] спленопневмония, Дено пневмония, Гранше болезнь

splenoportography [ˌspliːnəʊpɔːˈtɒgrəfi] спленопортография

splenoptosis [ˌspliːnɒpˈtəʊsis] опущение селезёнки

splenorrhagia [ˌspliːnəʊˈreidʒiə] спленоррагия *(кровотечение из селезёнки)*

splenorrhaphy [spliːˈnɒrəfi] 1. спленорафия *(ушивание раны селезёнки)* 2. спленопексия *(подшивание селезёнки с устранением её подвижности)*

splenotomy [spliːˈnɒtəmi] 1. препарирование селезёнки 2. операция на селезёнке

splenunculus [spliːˈnʌŋkjuˌləs], *pl.* **splenunculi** [spliːˈnʌŋkjuˌliː] добавочная селезёнка

splice [splais] 1. соединение внакрой, сращивание 2. *ген.* расщеплять *(молекулу нуклеиновой кислоты)*

splicing [ˈsplaisiŋ] сплайсинг *(1. «разрезание» РНК 2. «вырезание» интронов из мРНК-предшественника)*

  gene ~ сплайсинг генов

  protein ~ белковая инженерия

splint [splint] шина, лонгета ‖ накладывать шину, шинировать

  to ~ the fractured arm шинировать перелом руки

  abduction ~ отводящая [абдукционная] шина *(удерживающая руку отведённой)*

  active ~ активная шина *(с шарнирным устройством, позволяющим совершать движения в суставе)*

  air ~ пневматическая шина *(для иммобилизации при переломе)*

  airplane ~ *см.* **abduction** ~

  alignment ~ стабилизирующая шина

  anchor ~ назубная шина с зацепными петлями

  Angle's ~ челюстная шина *(фиксирующаяся к зубам цементом)*

  Balkan ~ *травм.* балканская рама

  banjo traction ~ шина-лира *(для вытяжения пальцев)*

  calliper ~ шарнирная шина

  cap ~ колпачковая назубная шина

  coaptation ~ сближающая *(концы отломков кости)* шина

  contact ~ накладка, пластинка *(для остеосинтеза)*

  figure eight ~ 8-образная повязка

  fixed ~ постоянная [несъёмная] шина *(при пародонтозе)*

  Frojka pillow ~ подушка Фрейка *(при врождённом вывихе бедра)*

  gutter ~ желобоватая шина

  hairpin ~ лонгета типа заколки для волос

  half-ring ~ шина с полукольцами *(напр. для бедра)*

  hinged ~ *см.* **calliper** ~

  inflatable ~ *см.* **air** ~

  ladder ~ лестничная шина Крамера

  live ~ *см.* **dynamic** ~

  periodontal ~ периодонтальное шинирование

  plaster ~ гипсовая повязка

  pneumatic ~ *см.* **air** ~

  posterior ~ задняя лонгета

  protective ~ защитная [предохраняющая] шина

  removable ~ съёмная (назубная) шина

  sugar-tongs ~ V-образная шина

  suspension ~ поддерживающая шина

  T ~ Т-образная шина

  temporary ~ временная шина

  toe alignment ~ стабилизирующая шина для пятки

  tray ~ транспортная шина

  wire ~ проволочная шина

splintage [ˈsplintidʒ] шинирование

splinter [ˈsplintə] 1. заноза, осколок, обломок 2. острый отломок *(кости)*

  ~ of wood деревянная заноза

splinting [ˈsplintiŋ] 1. шинирование 2. наложение колпачковой шины *(для фиксации группы зубов)* 3. ригидность мышц при болезненных движениях

  ~ of knee шинирование коленного сустава

  dynamic ~ динамическая иммобилизация; динамическое шинирование *(повреждённого пальца вместе с соседним здоровым)*

  pneumatic ~ иммобилизация пневматической шиной

  ureteral ~ 1. стенозирование мочеточника 2. интубация мочеточника

splintroom [ˈsplintruːm] гипсовальня

split [split] 1. селективный; изолированный; раздельный *(напр. об изучении функции почек)* 2. трещина, щель ‖ раскалывать; расщеплять ‖ расщеплённый, расколотый, раздробленный 3. фрагмент ‖ делить на части, группы; распределять 4. *sl.* бросать лечение *(от наркомании)*

  incomplete ~ неполный [частичный] разрыв *(напр. стенки предсердия)*

  purchaser/provider ~ *экон.* разделение функций «заказчика/покупателя» услуг»

  shin ~s «расколотая голень» *(боль в мышцах передней области голени после чрезмерной физической нагрузки)*

  to ~ the plaster снимать гипс

split-brain [ˌsplit-'brein] расщеплённый мозг

split-gene [ˌsplit-'ʤiːn] сплит-ген (*расщеплённый на сегменты ген*)

split-structure ['split-'strʌktʃə] расщеплённая структура, сплит-структура (*напр. гена*)

splitter ['splitə] **1.** *психол.* мелочный, дотошный (*человек*); педант **2.** сильная головная боль

   sample ~ устройство для взятия образцов

splitting ['splitiŋ] **1.** расщепление; разъединение; расслаивание **2.** фрагментация (*напр. хромосомы*) **3.** деление (*клетки*)

   ~ of consciousness расщепление сознания

   ~ of ECG wave расщепление зубца электрокардиограммы

   ~ of fascia рассечение фасции

   ~ of heart sounds расщепление тонов сердца

   acid ~ кислотное расщепление

   fat ~ расщепление жиров

   phage ~ расщепление фагов

   sagittal ~ **of mandible** плоскостная остеотомия ветви нижней челюсти

   sternal ~ продольная стернотомия

splurge [splɜːʤ] выставление напоказ, хвастовство ‖ хвастаться, «пускать пыль в глаза»

splutter ['splʌtə] **1.** шипение, треск **2.** бессвязная речь, лопотание ‖ говорить быстро и бессвязно, лопотать **3.** брызги (*напр. слюны*) ‖ брызгать слюной; плеваться

spodogram ['spəʊdəʊɡræm] *гист.* сподограмма

spodography [spəʊ'dɒɡrəfi] микросжигание, микроинцинерация, микроозоление, сподография

spoil [spɒil] портить(ся); отравлять (*о продуктах*)

spoilage ['spɒiliʤ] **1.** порча **2.** испорченный продукт

   enzymic ~ ферментативное разложение

   putrefactive ~ гнилостная порча

spondée [spɒn'diː] *фр.* спондей (*слово из двух слогов с ударением обычно на каждом из них; используют для тестирования речи и слуха*)

spondylalgia [ˌspɒndil'ælʤiə] спондилалгия, дорсалгия

spondylarthritis [ˌspɒndila'θraitis] спондилоартрит (*воспаление межпозвонковых суставов*)

spondylarthrocace [ˌspɒndila'θrɒkəsi] **1.** туберкулёзный спондилит, туберкулёз позвоночника, Потта болезнь **2.** Руста синдром (*деструкция двух верхних шейных позвонков*)

spondyl(e) ['spɒndil] позвонок

spondylitis [spɒndi'laitis] спондилит (*воспаление межпозвонковых суставов, дисков или тел позвонков*)

   ~ tuberculosa туберкулёзный спондилит, туберкулёз позвоночника, Потта болезнь

   ankylosing ~ анкилозирующий спондилоартрит, Бехтерева (– Штрюмпелля – Мари) болезнь

   pyogenic ~ гнойный остеомиелит позвонка, или позвоночника; гнойный спондилит

   rhizomelic ~ *см.* **ankylosing** ~

spondylizema [ˌspɒndilai'ziːmə] смещение позвонка вниз, на место разрушенного

spondyloarthropathy [ˌspɒndiləʊa'θrɒpəθi] спондилоартропатия

spondylodesis [ˌspɒndiləʊ'diːsis] спондилодез (*операция на позвоночнике с целью его стабилизации*)

spondylolisthesis [ˌspɒndiləʊlis'θiːsis] спондилолистез (*смещение позвонка кпереди относительно нижележащего позвонка*)

spondylolysis [ˌspɒndi'lɒlisis], **spondyloschisis** [ˌspɒndi'lɒskisis] спондилолиз, спондилосхиз (*незаращение дужки позвонка или позвонков*)

spondylosis [ˌspɒndi'ləʊsis] (деформирующий) спондилёз (*дистрофические изменения дисков, суставов и связочного аппарата позвоночника с образованием остеофитов*)

   ~ deformans *лат.* деформирующий спондилёз

   radiological ~ рентгенологический спондилёз

   rhizomelic ~ анкилозирующий спондилоартрит, Бехтерева (– Штрюмпелля – Мари) болезнь

spondylosyndesis [ˌspɒndiləʊsin'diːsis] *см.* **spondylodesis**

spondylotherapy [ˌspɒndiləʊ'θerəpi] лечение заболеваний и повреждений позвоночника

spondylotomy [ˌspɒndi'lɒtəmi] ламинэктомия, рахиотомия (*вскрытие позвоночного канала путём удаления дуг позвонков*)

sponge [spʌnʤ] **1.** губка; тампон ‖ вытирать или мыть губкой **2.** адсорбент, используемый для впитывания жидкостей

   absorbable gelatin ~ гемостатическая губка

   Bernay's ~ прессованная стерильная вата

   collagen ~ коллагеновая губка

   contraceptive ~ контрацептивная губка

   exodontia ~ тампон, применяемый при удалении зуба

   gauze ~ марлевый шарик; тампон

   scrub ~ губка для мытья рук (*перед операцией*)

sponge-down [spʌnʤ-daʊn] обтирание (*мокрой губкой или махровой салфеткой*)

Spongia ['spʌnʤiə] тип губки

spongiform ['spʌnʤifɔːm] губковидный, губкообразный

sponginess ['spʌnʤinəs]:

   ~ of the gingiva пастозность десны

spongioblast ['spʌnʤiːəʊblæst] спонгиобласт (*малодифференцированная клетка нервной трубки*)

spongioblastoma [ˌspʌnʤiːəʊblæs'təʊmə] спонгиобластома, глиобластома (*опухоль головного мозга, происходящая из глиальных клеток*)

spongiocyte ['spʌnʤiːəʊsait] спонгиоцит (*1. вакуолизированная клетка в корковом веществе надпочечника 2. клетка нейроглии*)

spongioid ['spʌnʤiːɔid] *см.* **spongiform**

spongiosis [ˌspʌnʤiː'əʊsis] спонгиоз, межклеточный отёк

spongiositis [ˌspʌnʤiːəʊ'saitis] передний уретрит

spongy ['spʌnʤi] **1.** губчатый, пористый, ноздреватый **2.** впитывающий, абсорбирующий

sponsor ['spɒnsə] **1.** попечитель, куратор, наставник **2.** спонсор

   ~ general генеральный спонсор (*напр. конгресса*)

   main ~ главный спонсор

spontaneity [ˌspɒntə'neiəti] самопроизвольность; спонтанность

spontaneous [spɒn'teiniːəs] спонтанный, самопроизвольный

spool [spuːl] лигатурный ролик

spoon [spuːn] *мед. тех.* ложка; ложечка || скоблить ложечкой

~ **for molding teeth** *стом.* оттискная ложка

abrasion ~ кюретка

amalgam ~ ложечка для разогревания амальгамы

cataract ~ катарактная ложечка

crown ~ оттискная ложка для коронок

dental ~ стоматологический экскаватор

double-ended ~ двухсторонняя ложка

lens ~ ложечка для удаления хрусталика

uterine ~ гинекологическая кюретка

spoonerism ['spuːnərizm] спунеризм *(непроизвольная перестановка звуков в словах)*

spoon-fed [spuːn-fed] 1. получающий пищу с ложки 2. нуждающийся в постоянной опеке и помощи

spoon-meat [spuːn-miːt] жидкая пища для младенца

sporadic [spə'rædik] спорадический, спорадичный, случайный, единичный; отдельный

sporadoneure [spɔ:'rædəʊnuːr] одиночная нервная клетка в ткани

sporangium [spəʊ'rændʒiːəm], *pl.* **sporangia** [spəʊ'rændʒiːə] *микол.* спорангий

spore [spɔː] *бакт.* спора *(1. неполовое репродуктивное тело споровиков Protozoa 2. устойчивая форма спорообразующих видов бактерий)*

asexual ~ спора бесполого размножения

free moving ~ блуждающая спора

germinating ~ прорастающая спора

plurilocular ~ многоклеточная спора

resting ~ покоящаяся спора

sexual ~ спора полового размножения

spore-bearing [spɔː-'beəriŋ] спорогенный, спороносный *(о бактерии)*

spore-former [spɔː-'fɔːmər] спорообразующий микроорганизм

sporenrest ['spəʊrenrest] *нем.* покоящаяся клетка

sporicidal [ˌspɔːri'saidəl] спорицидный, уничтожающий споры

sporicide ['spɔːrisaid] спорицид *(средство для уничтожения спор микроорганизмов)*

sporidium [spəʊ'ridiːəm], *pl.* **sporidia** [spəʊ'ridiːə] споридий *(спора простейшего, эмбриональная стадия простейшего)*

sporification [ˌspɔːrifi'keiʃn] спорообразование

sporiparity [ˌspəʊri'pæriti] репродукция спорообразованием

sporiparous [spəʊ'ripərəs] размножающийся спорами

sporoagglutination [ˌspɔːrəʊəˌglʊti'neiʃn] спороагглютинация *(метод диагностики микозов по наличию специфических антител)*

sporocyst ['spɔːrəʊsist] спороциста *(1. личиночная стадия дигенного сосальщика, развивающаяся в теле промежуточного хозяина – моллюска 2. вторичная циста, развивающаяся из споробласта и образующая спорозоиты)*

daughter ~ дочерняя спороциста

sporocyte ['spɔːrəʊsait] материнская клетка споры

sporoderm ['spɔːrəʊdəːm] спородерма *(оболочка споры)*

sporogenesis [ˌspɔːrəʊ'dʒenəsis] спорогенез *(1. размножение с помощью спор 2. споро- или спорозоитообразование)*

sporogenous [spə'rɒdʒənəs] спорогенный

sporogony [spə'rɒdʒəni] спорогония *(1. размножение спорами 2. спорообразование)*

sporoplasm ['spɔːrəʊplæzm] спороплазма *(протоплазма споры)*

sporotrichosis [ˌspɔːrəʊtri'kəʊsis] споротрихоз, ринокладиоз, Берманна болезнь, Шенка болезнь

Sporozoa [ˌspɔːrəʊ'zəʊə] споровики *(класс паразитических простейших, напр. род Plasmodium)*

sporozoite [ˌspɔːrəʊ'zəʊait] спорозоит *(одна из клеток, образующихся в результате спорогонии)*

sport [spɔːt] 1. *биол.* почковая мутация || мутировать 2. спорт 3. забава

accidental ~ случайная мутация

water ~s половое извращение

sporular ['spɔːrjuːlə] споровый

sporulation [ˌspɔːrjuː'leiʃn] 1. спорообразование, споруляция 2. множественное деление

sporule ['spɔːrjuːl] спорула *(мелкая спора)*

spot [spɒt] 1. пятно, пятнышко; крапинка || покрываться пятнами; выделять небольшое количество крови из влагалища 2. место 3. белковая зона *(в электрофорезе)*, область локализации белка 4. световой указатель *(измерительного прибора)*, световое пятно *(напр. микроскопа)* 5. *pl., офт.* точки поля зрения 6. антителообразующая клетка

acoustic ~s *анат.* статические [слуховые] пятна *(пятна эллиптического и сферического мешочков)*

ash-leaf ~s гипомеланотические пятна *(проявления)*

basal ~ раствор для основного опрыскивания

Bitot's ~s *офт.* ксеротические бляшки, Искерского – Бито бляшки, Искерского пятна

blind ~ 1. *офт.* слепое пятно 2. *физ.* мёртвая точка 3. зона молчания

blue ~s *дерм.* 1. голубые пятна *(часто на крестце у новорождённых)* 2. см. **mongolian** ~s

Brushfield ~s Брушфильда пятна *(белесоватые пятна на границе наружной и средней трети радужки; характерны для Дауна синдрома)*

café-au-lait ~s пятна цвета кофе с молоком на коже

Campbell de Morgan ~s старческая ангиома

caviar ~s локальные флебэктазии в области языка

cherry-red ~ сосудистая оболочка глаза, имеющая вид красного пятнышка в области жёлтого пятна с беловатым отчётливым отёком сетчатки

cold ~ 1. *физиол.* холодовая точка 2. «холодный» узел *(при радиоизотопной диагностике)*

corneal ~ пятно роговицы

cotton-wool ~s пятна типа «ватных комочков»

death ~s трупные пятна

embryonic ~ 1. ядрышко яйцеклетки 2. зародышевый [эмбриональный] диск, или щиток, бластодиск

flying ~ сканирующий луч

focal ~ *рентг.* фокусное пятно, фокальная точка, фокус

genetic hot ~s «горячие» точки мутагенеза

germinal ~ ядрышко яйцеклетки

heat ~ *физиол.* тепловая точка

high ~s of occlusion (зубные) бугры, завышающие прикус

hot ~ 1. *физиол.* тепловая точка **2.** «горячий» узел *(на сканограмме)*; *ген.* «горячая точка» **3.** природный очаг *(заболевания)* **4.** *pl.* гипервариабельные участки *(иммуноглобулинов)* **5.** точечный ожог

hypnogenic ~ гипногенная точка

Koplik's ~ коревая сыпь слизистой оболочки щеки и языка; Коплика симптом, или пятна

mental blind ~ психическая скотома

milk ~s *анат.* млечные пятна

mongolian ~s монгольские пятна *(плоские гладкие коричневые или серо-голубые невусы, обычно выявляемые в области крестца у новорождённых народов Азии, Африки, Южной Европы, американских индейцев и полностью исчезающие в детстве)*

mulberry ~s высыпания багрового цвета *(при сыпном тифе)*

mutational hot ~ мутационная «горячая точка» *(участок генома, характеризующийся высокой мутабельностью)*

pain ~s болевые зоны

pelvic ~s *рентг.* тазовые пятна

plague ~ 1. геморрагическое пятно при чуме **2.** местность, заражённая чумой

receptive ~ яйцевой [воспринимающий] бугорок, бугорок оплодотворения *(на яйцеклетке)*

rose ~ брюшнотифозная розеола

Roth's ~ Рота пятно *(обесцвеченный участок на сетчатке глаза вокруг кровоизлияния)*

ruby ~s сенильная [старческая] гемангиома

sacral ~ *см.* **mongolian ~**

scanning ~ сканирующий зонд, или пучок *(электронов)*

sore ~ пролежень

Tardieu's ~s субплевральные кровоизлияния, Тардье пятна *(возникающие при асфиксии)*

Trousseu's ~ менингеальные знаки

yellow ~ пятно сетчатки, жёлтое пятно

spotted ['spɒtid] пятнистый, покрытый пятнами

spotting ['spɒtiŋ]:

vaginal blood ~ небольшое влагалищное кровотечение

spotty ['spɒti] **1.** пятнистый, прыщеватый **2.** разнообразный, неоднородный

spouse [spaʊs] *уст.* **1.** супруг; супруга **2.** *pl.* супружеская чета

sprain [sprein] растяжение *(напр. связки)*; повреждение || растягивать, вызывать растяжение

~ of ankle растяжение связок голеностопного сустава

first-degree ~ разрыв (связки) первой степени

hyperflexion ~ разрыв [растяжение] связок при чрезмерном сгибании

riders' ~ растяжение приводящих мышц бедра у наездников

Schlatter's ~ Осгуда – Шлаттера остеохондропатия бугристости большеберцовой кости

sprain-fracture [sprein-'fræktʃə] отрывной перелом

spray [sprei] **1.** бельмо, помутнение роговой оболочки **2.** распылитель, аэрозольный спрей || распылять, разбрызгивать **3.** опрыскивание **4.** распыляемый [разбрызгиваемый] раствор

to ~ with insecticides опрыскивать инсектицидами

herbicidal ~ гербицидный раствор для опрыскивания

nasal ~ носовой спрей; ингалятор; распылитель

water-emulsion ~ водная эмульсия (ядохимикатов) для опрыскивания

spray-drying [sprei-draiiŋ] сушка распылением

sprayer ['spreiə] **1.** распылитель, разбрызгиватель, пульверизатор **2.** опрыскиватель

knapsack ~ ранцевый опрыскиватель

powder ~ порошковдуватель, инсуффлятор

sprayer-duster ['spreiə-'dʌstə] опрыскиватель-опылитель

spraying ['spreiiŋ] **1.** распыление, разбрызгивание, пульверизация **2.** опрыскивание, обрызгивание

acid ~ опрыскивание кислотными растворами

air ~ распыление с самолёта *(инсектицидов)*

atomized ~ мелкокапельное опрыскивание

concentrate ~ опрыскивание концентрированным раствором

custom ~ опрыскивание (ядохимикатами) по контракту

indoor ~ распыление внутри помещений

mouth ~ орошение полости рта

urine ~ разбрызгивание мочи

spread [spred] **1.** распространение; разброс *(напр. вариантов)*, диапазон *(напр. возрастной)* || распространяться **2.** растяжение, расширение || растягиваться, расширяться **3.** пастообразные продукты || намазывать, распределять по поверхности, размазывать **4.** иррадиация || иррадиировать *(о боли)*

~ of experimental points разброс экспериментальных точек

~ of malignant neoplasm диссеминация злокачественного новообразования

~ of the coronal suture незаращение венечного шва *(черепа)*

blood ~ гематогенное метастазирование, распространение кровью

epidemic ~ эпидемическое распространение

fecal-oral ~ фекально-оральная передача *(инфекции)*

jejunal contraction ~ распространение волны сокращения по тощей кишке

spreader ['spredə] **1.** *мед. тех.* расширитель *(напр. буж)* **2.** шпатель *(бактериологический)* **3.** распылитель; разбрызгиватель

rib ~ рёберный расширитель

root canal ~ зонд для пломбирования корневого канала

sternal ~ расширитель для грудины

spreader-sticker ['spredə-'stikə] адгезивный агент, поверхностно-активное вещество *(напр. добавляемое в раствор пестицидов)*

spreading-factor ['sprediŋ-'fæktə] фактор распространения, спридинг-фактор, Дюран-Рейнальса фактор *(комплекс ферментов, повышающих проницаемость соединительной ткани)*

sprew [spru:] *см.* **sprue**

spring [spriŋ] **1.** ключ, источник, родник **2.** пружина **3.** упругость, эластичность **4.** отходить, ответвляться **5.** вытекать **6.** возникать, (внезапно) появляться

aerated ~ газированный углекислый источник

attachment ~ фиксирующая (ортодонтическая) пружинка

demand valve ~ пружина клапана «лёгочного автомата» *(кислородного прибора)*

disengage ~ *мед. тех.* разобщающая [разъединяющая, освобождающая] пружина

finger ~ (ортодонтическая) пружинка для перемещения зубов

healing ~ целебный источник

hot ~ *см.* **thermal** ~

tension ~ пружинная (ортодонтическая) тяга

thermal ~ горячий [термальный] минеральный источник

springy ['spriŋi] упругий, эластичный

sprinkle [spriŋkl] 1. опрыскивание, обрызгивание || опрыскивать, обрызгивать 2. посыпать, сыпать

sprouting ['sprautiŋ] спрутинг *(прорастание нервных волокон)*

sprue [spru:] 1. спру *(синдром мальабсорбции или нарушения всасывания из кишечника)* 2. *стом.* литник *(матрица для изготовления отверстий)*

nontropical ~ глютеновая энтеропатия, или целиакия

tropical ~ спру, злокачественные [тропические] афты

spur [spə:] 1. костная шпора, костный вырост, остеофит 2. кожный рог, роговая кератома 3 стимул, побуждение, мотивация 4. спорынья

calcaneal [heel] ~ пяточная шпора

Morand's ~ *анат.* птичья шпора

scleral ~ *офт.* склеральная шпора, склеральный валик

spurious ['spjuriəs] 1. ложный, кажущийся, фальшивый *(фиктивный)* 2. паразитный *(об излучении)*

spurt [spə:t] 1. струя || бить струёй 2. спурт, рывок || делать внезапное усилие 3. острое и быстрое развитие какого-л. процесса; приступ; вспышка

rapid growth ~s ростовый спурт *(период резкого роста ребёнка в 3–5 лет, а затем в препубертатном периоде у девочек и в пубертатном у мальчиков)*

sputum ['spju:təm], *pl.* **sputa** ['spju:tə] *лат.* мокрота

~ **coctum** слизисто-гнойная мокрота желтоватого цвета

~ **crudum** вязкая, слизистая мокрота

albuminoid ~ пенистая мокрота *(при отёке лёгких)*

bloody ~ кровянистая мокрота

carbonaceous ~ угольно-чёрная мокрота

frothy ~ *см.* **albuminoid** ~

globular [nummular] ~ густая, вязкая [монетоподобная] мокрота

prune juice ~ ржавая мокрота

raise ~ отхаркиваемая мокрота

rusty ~ *см.* **prune juice** ~

sanguinolent ~ *см.* **bloody** ~

squad [skwɒd] группа, команда, отделение

accident-assistant ~ группа скорой помощи

flying ~ отделение санитарной авиации

sanitary ~ санитарно-дезинфекционное отделение

vice ~ полиция нравов

Squadron ['skwɒdrən]:

Medical Service ~ эскадрилья санитарной авиации

squalene ['skwəli:n] сквален *(ненасыщенный углеводород, из которого образуется холестерин)*

squama ['skweimə], *pl.* **squamae** ['skweimi:] *анат.* чешуя, чешуйка 2. роговая чешуя

squamatization [ˌskweiməti'zeiʃn] чешуйчатая метаплазия

squamoglandular [ˌskweiməu'glændju:lə] чешуйчато-железистый

squamulate ['skwæmju:lit] 1. мелкочешуйчатый 2. покрытый маленькими чешуйками

square [skweə] 1. квадрат; клетка 2. площадь; квартал *(города)*

error mean ~ *биом.* среднеквадратичная ошибка

squat [skwɒt] 1. приземистый, коренастый || приседание; сидение на корточках 2. сильный удар, толчок; сотрясение 3. ушиб; рана

toes ~ приседание на носках ног

squawk [skwɔ:k] пронзительно кричать *(о птице)*

squaw-weed ['skwɔ:-wi:d] крестовник *(Senecio)*

squeamish ['skwi:miʃ] 1. подверженный тошноте 2. щепетильный, брезгливый; разборчивый 3. нервный

squeeze [skwi:z] сжатие, сжимание, сдавливание || сжимать, сдавливать

squiggle [skwigl] каракули

squill [skwil] морской лук *(Urginea maritima)*

squint [skwint] косоглазие, страбизм, гетеротропия || страдать косоглазием || страдающий косоглазием

alternating ~ альтернирующее косоглазие

comitant [concomitant] ~ содружественное косоглазие

convergent ~ сходящееся [конвергирующее] косоглазие, эзотропия

divergent ~ расходящееся [дивергирующее] косоглазие, экзотропия

downward ~ косоглазие книзу, инфравергенция, гипотропия

upward ~ косоглазие кверху, суправергенция, гипертропия

squint-eyed [skwint-'aid] страдающий косоглазием

squinting ['skwintiŋ] 1. косоглазый; косящий, косой 2. подслеповатый

squirt [skwə:rt] 1. шприц 2. слабая струя, струйка || бить струёй; разбрызгивать; спринцевать

stab [stæb] 1. укол, внезапная острая боль || колоть, стрелять *(о болевом ощущении)* 2. колотая рана, ножевое ранение 3. уколочная культура микробов, уколочная разводка

stabbing ['stæbiŋ] колотое ранение; колотая рана

stabile ['steibail] стабильный, стойкий, устойчивый, фиксированный, ригидный, прочный

stabilimeter [ˌsteibi'limətə] приспособление для определения устойчивости тела *(в позе Ромберга)*

stability [stə'biliti] 1. стабильность, устойчивость, состояние равновесия 2. эмоциональная стабильность, уравновешенность; постоянство, твёрдость *(характера)* 3. *мед. тех.* прочность, крепость; жёсткость

acid ~ кислотостойкость

carpal ~ стабильность кистевого сустава

day-to-day ~ суточная стабильность

endemic ~ эндемическая стабильность

enzootic ~ энзоотическая стабильность

irradiation ~ устойчивость к облучению, радиорезистентность

marital ~ прочность семейных отношений

mutagen ~ мутагенная стабильность

poor ~ слабая устойчивость *(напр. антибиотика к ферментам)*

storage ~ устойчивость при хранении

spine ~ стабильность позвоночника

thermal ~ термостабильность, теплоустойчивость, теплостойкость

stabilization [ˌsteibili'zeiʃn] 1. стабилизация, обеспечение устойчивости 2. иммобилизация

~ **of mesentery** фиксация брыжейки *(напр. при незавершённом повороте средней кишки)*

field ~ местная иммобилизация *(перелома)*

fracture ~ стабилизация [фиксация] перелома

open ~ оперативная стабилизация *(напр. позвоночника)*

tube current ~ *рентг.* стабилизация тока

stabilizer ['steibilaizə] стабилизатор, стабилизирующее устройство

MAST-cell ~ стабилизатор тучных клеток

ultraviolet (light) ~ стабилизатор против действия света, УФ-стабилизатор

stabilograph [ˌsteibi'lɒgrəf] прибор для регистрации колебаний центра тяжести тела в положении стоя

stab-inoculated [stæb-i'nɒkju:leitid] *микр.* посеянный уколом

stable ['steibl] 1. стабильный, стойкий, устойчивый, постоянный, неизменяемый 2. прочный, крепкий

metabolically ~ *физиол.* метаболически инертный

staccato [stə'ka:təʊ] скандированная речь

stack [stæk] 1. дымовая труба; вытяжная [выпускная] труба; выхлопная труба 2. пакет, набор, комплект

~ **of bones** измождённый человек

stacked-brick [stækt-brik] напоминающий кирпичную кладку *(вариант адгезии кишечных палочек)*

stactometer [stæk'tɒmətə] каплемер

stadiometer [steidi'ɒmətə] ростомер

stadium ['steidi:əm], *pl.* **stadia** ['steidi:ə] 1. стадия 2. стадион

~ **invasionis** инвазивная стадия

terminal ~ 1. терминальное состояние 2. терминальная стадия

staff [sta:f] 1. персонал, штат *(больницы)* 2. орган или структура в форме палки 3. желобоватый зонд, направитель

~ **of Aesculapius** Асклепия посох, жезл Эскулапа, кадуцей *(обвитый змеёй жезл – эмблема Американской медицинской ассоциации, медицинского корпуса королевской армии Великобритании и Канадского медицинского корпуса)*

accident ~ персонал [кадры] травматологической службы

attending ~ *см.* **hospital** ~

auxiliary ~ вспомогательный персонал

care ~ персонал, оказывающий социальные услуги

consulting ~ штат (врачей-)консультантов *(в лечебном учреждении)*

counterpart ~ дублирующий персонал

dietary ~ персонал пищеблока, или столовой

emergency ~ персонал неотложной и экстренной помощи

executive ~ административный персонал

fixed-term ~ сотрудники, нанятые на определённый срок *(ВОЗ)*

health ~ кадры системы здравоохранения

hospital ~ постоянный врачебный персонал больницы

house ~ врачебный персонал, обычно проживающий при больнице *(интерны, курсанты)*

internationally recruited ~ персонал, набранный по международному найму *(ВОЗ)*

lay ~ *см.* **subprofessional** ~

multipurpose ~ неспециализированный персонал

nonmedical ~ *см.* **subprofessional** ~

nursing ~ сестринский персонал

outpatient ~ врачебный персонал амбулатории

paramedical ~ парамедицинский персонал *(1. младший медперсонал, техники, работники вспомогательных служб 2. организованные лица, не имеющие медицинского образования, но оказывающие медицинскую помощь, – полицейские, спасатели, пожарные и пр.)*

rotational ~ ротационный [периодически сменяемый] персонал

subprofessional ~ вспомогательный персонал лечебного учреждения; парамедики

supervisory administrative ~ руководящий административный персонал

theatre ~ персонал операционного блока

trained ~ персонал, прошедший подготовку

WHO field ~ оперативный [полевой] персонал ВОЗ

staffing ['sta:fiŋ]:

health care ~ штаты медицинских работников

hospital ~ больничный персонал

staffroom ['sta:fru:m] кабинет сотрудников *(напр. ординаторская)*

stage [steidʒ] 1. стадия, фаза; ступень 2. степень *(напр. уровень)* 3. столик *(микроскопа)*

~ **of exhaustion** стадия истощения

~ **of gestation** срок беременности

~ **of invasion** период инвазии, или внедрения *(паразита)*

~ **of labor** период родов

adult ~ имагинальная стадия; имаго; взрослое насекомое

advanced ~s поздняя [запущенная] стадия

algid ~ алгидная стадия *(коллапса при холере)*

amphibolic ~ фаза кризиса *(болезни)*, период, этап

chronic slipping ~ стадия хронического соскальзывания *(напр. позвонка)*

cold ~ стадия озноба *(при малярии)*

consolidation ~ стадия консолидации *(перелома кости)*

convalescent ~ конвалесцентная стадия, стадия выздоровления

correctional ~ исправительная стадия наказания

defervescent ~ стадия стихания лихорадки

developmental ~ стадия развития; фаза роста и развития

dilating ~ **of labor** период раскрытия *(шейки матки)*, первый период родов

dormant ~ покоящаяся стадия, период покоя

early progenitor ~ стадия ранних [недифференцированных] клеток-предшественниц

end ~ конечная [далекозашедшая, терминальная] стадия (*напр. глаукомы*)

eradication ~ стадия ликвидации (*напр. малярии*)

essential ~ *физиол.* существенный этап

excitement ~ стадия возбуждения

exoerythrocytic ~ экзоэритроцитарная стадия (*развития малярийного паразита*)

expulsive ~ **of labor** период изгнания, второй период родов

first ~ **of labor** *см.* **dilating ~ of labor**

first ~ **of stabilization** первичная специализация (*в субординатуре и интернатуре*)

fixed ~ неподвижный столик (*микроскопа*)

formal operational ~ стадия формальных операций (*в развитии ребёнка*)

fourth ~ **of labor** ранний послеродовой период, четвёртый период родов

genital ~ *психоан.* генитальная стадия (*психосексуального развития*)

gonad maturation ~ стадия зрелости гонад

imperfect ~ несовершенная стадия (*неполовая стадия жизненного цикла грибов*)

incubative ~ *инф.* инкубационный период

latent ~ 1. *см.* **incubative** ~ 2. латентный [скрытый] период (*болезни*)

lethal hit ~ стадия летального удара (*одна из стадий реакции цитотоксичности*)

mechanical ~ подвижный столик (*микроскопа*)

Oedipal ~ *психоан.* эдипова стадия (*психосексуального развития*)

paroxysmal ~ пароксизмальная стадия (*коклюша*)

perfect ~ совершенная стадия (*жизненного цикла грибов, споры которых образуются после ядерного слияния*)

placental ~ последовый период, третий период родов

"poised ~" *иммун.* стадия равновесия (*в процессе подавления дифференцировки цитотоксических Т-клеток специфическими ингибиторами*)

precancerous ~ предраковые изменения; предраковое состояние

pre-judicial ~ досудебная стадия уголовного процесса

preserologic ~ состояние перед соскальзыванием позвонка

preslipping ~ стадия предэпифизеолиза

prodromal ~ продромальный период (*болезни*)

psychosocial ~s стадии психосоциального развития

pupal ~ стадия куколки

pyr(et)ogenic ~ стадия развития лихорадки

resting ~ 1. интерфаза (*период жизненного цикла клетки между двумя митотическими делениями*) 2. покоящаяся стадия (*напр. споры, цисты*)

ring ~ кольцевидный трофозоит (*стадия развития малярийного плазмодия*)

second ~ **of labor** период изгнания, второй период родов

sensitive ~ чувствительная (*напр. к облучению*) фаза клеточного цикла

sensorimotor (intelligence) ~ стадия сенсомоторного интеллекта (*в развитии ребёнка*)

single ~ один этап ‖ одноэтапный

subclinic ~ подострая стадия

Tanner ~s Таннера стадия развития (*период половой зрелости по таблице Таннера, начинающийся с роста волос на лобке у обоих полов, увеличения половых органов у мальчиков и грудных желёз у девочек*)

terminal ~ терминальная стадия (*напр. дифференцировки клеток, активации комплемента*)

third ~ **of labor** последовый период, третий период родов

tumor ~ опухолевая стадия

warm ~ нагревательный столик (*микроскопа*)

"stage-1" *фирм.* искусственная кожа «Стэйдж-1»

staged [steiʤd] стадийный; этапный, поэтапный (*напр. об операции*)

staggers ['stægəz] 1. головокружение, вертиго 2. кессонная болезнь 3. *вет.* ценуроз, вертячка

staging ['steiʤiŋ] 1. стадийность, фазность 2. определение стадии (*напр. заболевания*) 3. классификация по стадиям; стадирование (*напр. лимфогранулематоза*)

~ **of tracheal collapse** оценка степени западения трахеи

cancer ~ стадирование рака

casualty ~ градация [классификация] тяжести повреждений, или травмы

clinical ~ определение клинической стадии заболевания; стадийность развития

clinico-histological ~ клинико-гистологическое определение стадии заболевания

Dukes ~ стадии Дюкса (*система сравнения размеров опухолей ободочной и прямой кишки в соответствии со скоростью их лечения*)

FIGO ~ система ФИГО (*для определения степени распространения злокачественных опухолей яичников, матки и шейки матки*)

laparoscopic ~ лапароскопическая классификация по стадиям (*новообразований*)

surgical ~ хирургическое стадирование (*рака*)

TNM [tumor, node, metastasis] ~ стадийность злокачественного процесса (*Т – размер и глубина инвазии опухоли, N – вовлечение в процесс лимфатических узлов, М – метастазирование*)

stagnation [stæg'neiʃn] 1. стагнация, застой 2. остановка в развитии 3. зубной налёт

~ **of circulation** 1. прекращение [остановка] кровообращения 2. депонирование или застой крови

stain [stein] 1. краситель, красящее вещество ‖ красить, окрашивать; травить 2. пятно, пятнышко, грязь 3. проявлять (*хроматограмму*)

"~s all" универсальный краситель

acid ~ кислотный краситель

acid-fast ~ краситель кислотоустойчивых микробов

basic fuchsin-methylene blue ~ основный фуксинметиленовый синий краситель (*индикатор интактных эпоксигрупп*)

bipolar ~ биполярная окраска (*бактерий*)

black ~ тёмный (зубной) налёт

blood ~ кровяное пятно

brownish ~ коричневая пигментация *(эмали при флюорозе)*

C-banding ~ селективный краситель для хромосом, используемый в цитологии человека

contrast ~ контрастная окраска

dead-alive ~ дифференциальная окраска живых и мёртвых сперматозоидов

differential ~ дифференциальная окраска

direct ~ субстантивная окраска *(без использования протрав)*

double ~ двойная окраска

fecal Gram's ~ окраска фекального мазка по Граму

fluorescent ~ флуоресцентный краситель

general ~ общая окраска *(всего микропрепарата)*

Giemsa ~ Гимзы краситель

Golgi's ~ Гольджи окрашивание *(нервных клеток, волокон и нейроглии)*

Gram's ~ окрашивание по Граму

green ~ зелёный (зубной) налёт

hematoxylin and eosin ~ окрашивание гематоксилин-эозином

immunofluorescent ~ иммунофлуоресцентное окрашивание

indirect ~ аджективная окраска *(с использованием протрав)*

intravital ~ *см.* **vital ~**

iodin ~ краситель, выявляющий амилоид, целлюлозу, хитин, гликоген и др.

Mallory's triple ~ трёхвалентный краситель Маллори

metachromatic ~ метахроматическая окраска

neutral ~ нейтральный краситель

nuclear ~ ядерный краситель *(для ядер клеток)*

panoptic ~ паноптическая окраска *(сочетание окраски по Романовскому с другими окрасками)*

port-wine ~ капиллярная [пещеристая, кавернозная] гемангиома

regular ~ равномерная окраска

Romanowsky ~s красители Романовского

selective ~ 1. избирательный краситель 2. избирательная [элективная] окраска

sudan ~ окраска нативного мазка суданом *(на жиры)*

supravital ~ *см.* **vital ~**

tumor ~ *рентг.* тень опухоли

vital ~ 1. витальная [прижизненная] окраска 2. *pl.* прижизненные красители

staining ['steiniŋ] 1. окраска, окрашивание 2. подбор цвета искусственных зубов или базиса протеза

allochromic ~ аллохромное окрашивание

background ~ окрашивание фона

contrastive ~ контрастное окрашивание

differential ~ дифференциальное окрашивание *(выявляющее определённые тканевые структуры)*

double ~ окрашивание двумя различными красителями

elective ~ избирательное [элективное] окрашивание

enclosure ~ метод «окраски при заключении в среду»

fluorescent antibody ~ окрашивание флуоресцирующими антителами

Gram ~ 1. окрашивание по методу Грама 2. грамположительный, окрашивающийся по Граму

immunocytochemical ~ иммуноцитохимическое окрашивание

immunogold ~ иммунологический метод окрашивания золотом

immunoperoxidase ~ иммунопероксидазное окрашивание

immunosilver ~ иммунологический метод окрашивания серебром, иммуносеребрение

intravital ~ *см.* **vital ~**

metachromatic ~ метахроматическая окраска

multiple ~ окрашивание несколькими красками

negative ~ 1. фоновое [негативное] окрашивание 2. негативное контрастирование *(в электронной микроскопии)*

orthochromatic ~ ортохроматическое окрашивание

panchromic ~ панхромное окрашивание

positive ~ 1. позитивная окраска 2. позитивное контрастирование *(в электронной микроскопии)*

postvital ~ посмертное окрашивание

progressive ~ прогрессивная окраска

regressive ~ регрессивная окраска

regular ~ равномерная окраска

section ~ окрашивание срезов

supravital ~ суправитальное окрашивание

triple ~ тройная окраска

vital ~ витальное [прижизненное] окрашивание

Wright's ~ *микр.* окрашивание по методу Райта – Гимзы

Ziehl – Neelsen ~ *микр.* окрашивание по методу Циля – Нильсена

staircase ['steəkeis] феномен «лестницы» *(последовательность реакций, следующих одна за другой с увеличением или снижением их выраженности)*

stalagmometry [‚stæləg'mɒmətri] сталагмометрия *(измерение поверхностного натяжения жидкости)*

stalemate ['steilmeit]:

analytic ~ *психоан.* аналитический пат

stalk [stɔ:k] *анат.* стебель, стебелёк; ножка

abdominal ~ пупочный канатик, пуповина

allantoic ~ *эмбр.* аллантоидный стебелёк

belly ~ *см.* **abdominal ~**

body ~ *эмбр.* предшественник аллантоидного стебелька

cerebellar ~ мозжечковая ножка

connecting ~ *см.* **allantoic ~**

hypophyseal ~ 1. воронка гипоталамуса 2. гипофизарная ножка

infundibular ~ воронка гипоталамуса

pineal ~ структура, соединяющая эпифиз с крышей третьего желудочка

pituitary ~ *см.* **infundibular ~**

yolk ~ желточный [желточно-кишечный, пупочно-кишечный] проток

stall [stɔ:l] напальчник

stalwart ['stɔ:lwət] здоровый, крепкий

stamen ['steimən] семя, сперматозоид *(особенно в ранней фазе развития)*

stamina ['stæminə] жизнеспособность, стойкость, сопротивляемость *(организма)*

diminished ~ пониженная сопротивляемость

stammer ['stæmə] 1. заикание || заикаться 2. косноязычие

stammerer ['stæmərə] страдающий заиканием

stammering ['stæməriŋ] *см. тж.* **stuttering** 1. заикание, запинание; логоневроз; логоспазм 2. дисфункция (*дизартрия, дизурия*)

  ~ of bladder прерывистое мочеиспускание

stamp [stæmp] печать (*напр. врача*); штамп; маркировка

  "trading ~" психол. «купон» (*обстоятельство, приводимое пациентом в оправдание своих патологических чувств или поведения*)

stance [stæns] поза; положение; позиция

  ~ and gait поза и походка

  base-wide ~ поза с широко расставленными ногами

stanch [stɑːntʃ] 1. останавливать кровотечение (*из раны*) 2. замедлять (*течение болезни*)

stand [stænd] 1. штатив, стеллаж; подставка, стойка || стоять; быть устойчивым, стойким; выдерживать [переносить] лишения 2. стенд, установка для испытаний 3. недоумение, смущение; затруднение; дилемма

◊ **~ for instruments** штатив для инструментов

  ~ for infusion apparatus штатив для длительных вливаний

  bedpan ~ подставка для подкладного судна

  bowl ~ штатив для таза; подставка для лотка

  box-type ~ ящичный штатив

  drip ~ стойка для капельницы

  drum ~ подставка для стерилизационных коробок

  floor ~ напольная стойка, консоль

  floor-to-ceiling ~ напольно-потолочный штатив

  pipette ~ штатив для пипеток

  portable ~ подвижный [передвигающийся] штатив

  staining ~ подставка для окраски микропрепаратов

  transfusion ~ штатив для трансфузионной системы

  wall ~ настенный штатив

  X-ray examination ~ рентгеновская установка

standard ['stændəd] 1. стандарт; норматив; норма, образец; эталон || стандартный, нормативный; общепринятый; типовой 2. общепризнанные принципы диагностики и лечения, основанные на современных исследованиях 3. стойка; подставка; опора

  ~s of ethical conduct стандарты этичного поведения

  ~ of living, ~ of life качество жизни, жизненный уровень

  ~ of performance критерий работоспособности

  ~s of skin protection образцы защиты кожи; требования к защите кожи

  air quality ~ стандарт качества воздуха

  clean-air ~ норма чистоты атмосферы; максимально допустимый уровень загрязнения воздушной среды

  decent ~ of life средний [приемлемый] уровень жизни

  effluent ~ 1. норма сброса загрязнённого стока 2. норматив содержания токсических веществ в сбрасываемых сточных водах

  emission ~ 1. норма выброса (*газообразных отходов*) 2. норматив содержания токсичных веществ в газообразных выбросах

  environmental ~s стандарты качества окружающей среды, экологические нормативы

  "gold ~" «золотой стандарт» (*лучший метод диагностики или лечения, напр. количественная оценка микрофлоры тощей кишки при дисбактериозе*)

  health ~s 1. стандарты здоровья 2. гигиенические нормативы

  low ~ of living низкий уровень жизни

  medical education ~ уровни медицинского образования

  minimum uniform ~ унифицированный минимум стандартов

  nuclear magnetic resonance ~ эталон, основанный на явлении магнитно-ядерного резонанса

  nutritional ~s нормы питания

  pollution ~ допустимый уровень загрязнения (*окружающей среды*)

  postoperative ~ стандарты послеоперационного лечения, или ведения (*больного*)

  quality ~ стандарт качества

  radiation ~s нормы радиационной безопасности

  reasonable ~ of life *см.* **decent ~ of life**

  received ~ нормативный стандарт

  reference ~ нормативный стандарт, эталон, образец

  safety ~s правила техники безопасности

  setting environmental ~s установление стандартов окружающей среды

  stream water quality ~ норматив качества воды в водотоке

  toxicity ~ норматив токсичности (*напр. отработавших газов*)

  turbidity ~ стандарт мутности

  X-ray ~ эталон единицы экспозиционной дозы рентгеновского излучения

Standard:

  International ~s for Drinking Water Международные стандарты для питьевой воды

  International ~s for Food Международные стандарты для пищевых продуктов

  International ~s for Neurological Functional Classification of Spinal Cord Injury Международные стандарты классификации неврологических нарушений при повреждении спинного мозга

  National Ambient Air Quality ~s Национальные стандарты качества окружающего воздуха

standardization [ˌstændədiˈzeiʃn] стандартизация, нормирование

standardized ['stændədaizd] стандартизированный, унифицированный, выравненный, приведённый к единым условиям

standard-strength ['stændəd-'streŋθ] стандартная активность (*медикамента*)

standing ['stændiŋ]:

  social ~ социальное положение

standstill ['stændstil] остановка, пауза

  atrial [auricular] ~ асистолия предсердий; фибрилляция предсердий

  cardiac ~ асистолия, остановка сердца

  persistent atrial ~ стойкая [необратимая] асистолия

  sinus ~ прекращение активности синусного узла

  ventricular ~ асистолия желудочков

stannosis [stæˈnəusis] пневмокониоз (*от вдыхания частиц олова*)

stannum ['stænəm] Sn, олово

stapedectomy [ˌsteipəd'ektəmi] стапедэктомия *(удаление стремени или его части)*

stapediotenotomy [stei,pi:di:əʊtə'nʊtəmi] рассечение сухожилия мышцы стремени

stapes ['steipi:z], *pl.* **stapedez** ['steipi:di:z] стремя *(слуховая косточка)*

staphage ['stæfiʤ] стафаг *(диагностический аллерген из стафилококков)*

staphoid ['stæfɔid]:

   ~ AB стафилококковый анатоксин *(лизат стафилококков)*

staphyle ['stæfili] нёбный язычок

staphyledema [ˌstæfilə'di:mə] стафиледема *(отёк нёбного язычка)*

staphyline ['stæfilin] 1. относящийся к язычку мягкого нёба 2. гроздевидный

staphylion [stə'fili:ɒn] 1. *кр. метр.* стафилион *(срединная точка заднего края твёрдого нёба)* 2. язычок 3. сосок

staphylitis [ˌstæfi'laitis] стафилит

staphylococcemia [ˌstæfiləʊkɒk'si:miə] стафилококцемия *(наличие стафилококков в циркулирующей крови)*

staphylococcia [ˌstæfiləʊ'kɒksiə], **staphylococcosis** [ˌstæfiləʊ'kɒksis] стафилококковая инфекция

staphylococcus [ˌstæfiləʊ'kɒkəs], *pl.* **staphylococci** [ˌstæfiləʊ'kɒki:] стафилококк

   community ~ внутрибольничный штамм стафилококка

staphyloderma [ˌstæfiləʊ'də:mə] стафилодермия, стафилококковая пиодермия

staphylodialysis [ˌstæfiləʊdai'ælisis] 1. удлинённый нёбный язычок 2. паралич мягкого нёба *(вследствие ослабления [опускания] нёбного язычка)*

staphyloma ['stæfiləʊmə] стафилома *(выпячивание поверхности глазного яблока)*

   anterior ~ выпячивание возле переднего полюса глазного яблока

   ciliary ~ цилиарная стафилома

   equatorial ~ экваториальная стафилома

   posterior ~ задняя стафилома *(в заднем полюсе глазного яблока)*

   scleral ~ склеральная стафилома

staphylon ['stæfilɒn] язычок мягкого нёба

staphyloplasty ['stæfiləʊˌplæsti] стафилопластика *(устранение дефектов мягкого нёба)*

staphyloptosia [ˌstæfilɒp'təʊsiə] стафилорафия *(ушивание расщелины мягкого нёба)*

staphyloptosis [ˌstæfilɒp'təʊsis] *см.* **staphylodialysis 1**

staphylorrhaphy [ˌstæfi'lɒrəfi] *см.* **staphyloptosia**

staphyloschisis [ˌstæfi'lɒskisis] врождённая расщелина мягкого нёба и язычка

staphylotomy [ˌstæfi'lɒtəmi] стафилотомия *(1. рассечение стафиломы склеры 2. удаление язычка)*

staphylotropic [ˌstæfiləʊ'trɒpik] имеющий сродство к стафилококкам

staple [steipl] 1. *травм.* скоба 2. скобка *(сшивающего аппарата)* 3. *pl.* механический шов

   to ~ the bowel ends сшивать механическим швом концы кишки

stapled [steipld] ушитый механическим швом

stapler ['steiplə] сшивающий аппарат

anastomotic end-to-end ~ аппарат для наложения анастомоза конец-в-конец

   lung ~ ушиватель культи бронха, ушиватель ткани лёгкого

   single-row ~ однорядный сшивающий аппарат

   vascular ~ сосудосшивающий аппарат, ушиватель сосудов

stapling ['steiplɪŋ] 1. механический [скрепочный] шов 2. ушивание аппаратом, наложение механического шва

   circular ~ циркулярный [круговой] механический шов

   triple ~ тройной механический шов

star [sta:] звёздообразная структура ‖ звёздообразный

   daughter ~ *цитол.* диастер *(стадия двойной звезды)*

   lens ~s звёздчатая катаракта *(с помутнением вдоль швов хрусталика)*

   mother ~ *цитол.* монастер *(материнская звезда)*

starblind ['sta:blaind] полуслепой, слабовидящий

starch [sta:tʃ] крахмал

   alant ~ инулин

   animal ~ гликоген, животный крахмал

   digestible ~ переваримый [усвояемый] крахмал

   glove ~ перчаточный тальк, тальк для перчаток

   hepatic [liver] ~ *см.* **animal ~**

starch-forming [sta:tʃ-'fɔ:miŋ] образующий крахмал

starch-splitting [sta:tʃ-'splitiŋ] расщепляющий крахмал

starchy ['sta:tʃi] крахмалистый

start [sta:t] 1. начало; инициация ‖ начинаться; порождать 2. исходное положение 3. порыв; приступ

   ~ of treatment начало лечения

starter ['sta:tə] культура микроорганизмов, используемая для инициации ферментации

startle [sta:tl] 1. испуг ‖ испугать; встревожить 2. побуждать

starvation [sta:'veiʃn] 1. голод; голодание 2. голодная смерть; смерть от истощения 3. выращивание клеток на минимальной среде

   acute ~ однократное голодание

   oxygen ~ гипоксия, кислородное голодание

   protein ~ белковое голодание; белково-энергетическая недостаточность, БЭН

starve [sta:v] 1. голодать 2. лишать пищи, вызывая голод или смерть

stases ['steisi:z] *pl. от* **stasis**

stasibasiphobia [ˌsteisibeisi'fəʊbiə] стазибазифобия *(патологическая боязнь стояния и ходьбы)*

stasimorphy [ˌsteisi'mɔ:fi] *терат.* аномалия вследствие недоразвития

stasiphobia [ˌsteisi'fəʊbiə] стазифобия *(патологическая боязнь стояния)*

stasis ['steisis, 'stæsis], *pl.* **stases** ['steisi:z] стаз, застой

   biliary ~ холестаз, билиарный стаз; желтуха

   blood ~ 1. кровяной стаз, застой крови 2. гемостаз

   ciliary ~ ограничение подвижности ресничек эпителия

   colonic ~ копростаз, колостаз, каловый стаз

   foot ~ траншейная стопа

   growth ~ задержка роста; остановка роста

   intestinal ~ кишечный стаз *(задержка пассажа кишечного содержимого)*

pressure ~ 1. травматическая асфиксия 2. асфиктические кровоизлияния

urinary ~ мочевой стаз *(на любом уровне)*

vascular ~ застой крови, венозный стаз

state[1] ['steit] 1. состояние; ситуация; статус 2. кризис *(болезни)* 3. строение, структура

~ **of agitation** состояние возбуждения; возбуждённое состояние

~ **of awareness** 1. сознание, бодрствующее состояние 2. состояние настороженности, состояние бдительности

~ **of blood** картина крови

~ **of indecision** состояние нерешительности

~ **of mind** душевное состояние, состояние психики; умонастроение

~ **of world's mothers** положение матерей в мире

active ~ состояние бодрствования

acute confusional ~ острый психоорганический синдром *(делирий, сумеречные состояния и пр.)*

agravic ~ состояние невесомости

alarming ~ тревожное [стрессовое] состояние

alcohol withdrawal ~ синдром похмелья, абстиненция

alfa ~ состояние релаксации, умиротворения, сопровождающееся α-активностью мозга *(на ЭЭГ)*

altered ~ **of consciousness** *см.* **non-ordinary** ~ **of consciousness**

"anti-immune ~" «антииммунный статус» *(состояние иммунной системы, при котором повышены уровни антиген-специфических клеточных клонов, а содержание антиген-специфических Т- и В-клеток резко снижено)*

anxiety [anxious] ~ *псих.* состояние тревоги, тревожное состояние; невроз тревоги

balanced ~ состояние равновесия, сбалансированное состояние

borderline ~ *псих.* пограничное состояние; пограничное психическое расстройство

carrier ~ носительство *(антигена, вируса, бактерии)*

central excitatory [exited] ~ состояние возбуждения центральной нервной системы

clouded ~ сумеречное помрачение сознания

confused mental ~ спутанность сознания

constitutional psychopathic ~ антисоциальная личность

contractile ~ сократительная способность *(напр. миокарда)*

correlated ~ динамичное равновесие

deficit ~ *псих.* дефицитарное состояние

delirium ~ делириозное состояние

demographic ~**s** демографическое состояние населения

disease ~ патологическое состояние

dormant ~ состояние покоя

dreamy ~ сноподобное помрачение сознания *(полубессознательное состояние, сопровождающее эпилептический припадок)*

elated ~ гипоманиакальное состояние

emotional ~ эмоциональный всплеск, аффект

epileptic clouded [epileptic twilight] ~ эпилептическое сумеречное состояние, эпилептическое помрачение сознания

equilibrium ~ *лаб.* равновесное состояние, состояние равновесия

eunuchoid ~ евнухоидизм

fatigue ~ состояние утомлённости, усталости, истощения; неврастения

febrile ~ лихорадочное состояние

fibrinolytic ~ фибринолиз

fool ~ **of stomach** гнилостный процесс в желудке

gravity-free ~ *см.* **agravic** ~

ground ~ основное состояние *(атома или молекулы)*

hypermetabolic ~ чрезмерно повышенный основной обмен

hyperthyroid ~ гиперфункция щитовидной железы, тиреотоксикоз

hypnagogic [hypnoidal] ~ дремота [полусонное] гипнагогическое состояние *(при засыпании)*

hypnoleptic ~ гипнолепсия

hypnoid [hypnotic] ~ гипноз, состояние гипноза, гипнотический транс

hypometabolic ~ состояние пониженного метаболизма

hypothyroid ~ гипофункция щитовидной железы, гипотиреоз

immune ~ состояние иммунокомпетентности, или иммунореактивности

in fasting ~ натощак

initial ~ *см.* **original** ~

malignant ~ наличие злокачественной опухоли

mental ~ психическое состояние

microscopic ~ гистологическая картина

mini-mental ~ тест на оценку нарушений когнитивных функций

mixed ~ *псих.* состояние со смешанным аффектом

moribund ~ агональное состояние, агония

multiple ego ~**s** *психол.* уровень личности *(различные уровни психической организации, отражающие различный жизненный опыт)*

naked ~ обнажённое состояние; в обнажённом виде

native ~ нативное состояние

nonambulatory ~ неподвижное состояние *(о парализованном больном)*

non-ordinary ~ **of consciousness** необычное [изменённое] состояние сознания *(вызываемое физиологическими или фармакологическими методами с терапевтической или исследовательской целью)*

obsessive ruminative ~ навязчивое припоминание

oneiroid ~ онейроидное состояние

original ~ исходное [первоначальное] состояние

paranoid ~ параноидное состояние

persistent vegetative ~ псевдокома, вегетативное состояние *(при котором человек существует подобно растению – без сознания и способности к выполнению произвольных движений)*

phobic ~ фобический невроз; невроз страха

post-intoxication ~ постинтоксикационный [похмельный] синдром *(болезненное состояние, возникающее после алкогольного эксцесса)*

postprandial ~ период после еды, состояние после приёма пищи

pre-existing ~ предвозбуждённое состояние

refractory ~ рефрактерный период

resting ~ состояние покоя

ruminative tension ~ состояние напряжённого размышления

schizophrenic residual ~ резидуальное шизофреническое состояние

steady ~ **1.** устойчивое [установившееся] состояние; состояние равновесия **2.** *физиол.* гомеостаз **3.** стационарное состояние *(в культурах бактерий, животных клетках)*

subacute confusional ~ подострый психоорганический синдром

thyphoid ~ бессознательное, крайне тяжёлое состояние при тифе или других лихорадочных заболеваниях

toxic ~ состояние отравления

twilight ~ *см.* **clouded** ~

vegetative ~ *см.* **persistent vegetative** ~

virgin ~ *см.* **original** ~

virus-transformed ~ состояние, трасформированное вирусом

vital ~ **1.** анамнез жизни **2.** качество жизни

withdrawal ~ синдром отмены; абстинентное состояние; лекарственная зависимость

zero gravity ~ *см.* **agravic** ~

state² **1.** государство ‖ государственный **2.** *амер.* штат ‖ относящийся к штату

statement ['steitmənt] **1.** изложение, формулировка; методические рекомендации *(напр. по уходу за ребёнком)* **2.** бюллетень, официальный отчёт; ведомость

cautionary ~ меры предосторожности

death ~ акт о смерти

environmental impact ~ заключение о воздействии на окружающую среду

static ['stætik] в покое; в равновесии ‖ статический, неподвижный, стационарный

statim ['steitim] экстренно, немедленно

station¹ ['steiʃn] **1.** станция; место; место положения; пункт; помещение **2.** ареал, место распространения, участок обитания

~s of divorce этапы развода

advanced clearing ~ передовой пункт эвакуации раненых

advanced dressing ~ передовой перевязочный пункт

aid ~ **1.** пункт первой помощи **2.** отделение скорой медицинской помощи

ambulance ~ **1.** пункт первой медицинской помощи **2.** диспетчерская санитарной эвакуации

automatic monitoring ~ автоматическая мониторинговая станция

background ~ пункт [станция] контроля за фоновым загрязнением

bath ~ обмывочный пункт, душевая установка

biological orbiting space ~ биологическая станция на космической орбите

cleansing ~ обмывочно-дегазационный пункт

comfort ~ туалет

data capture ~ пункт сбора данных *(напр. при эпидемиологическом обследовании)*

dialysis ~ отделение гемодиализа

dressing ~ перевязочный пункт, пункт медицинской помощи, медпункт

emergency ~ *см.* **first-aid** ~

epidemiological intelligence ~ пост эпидемиологической разведки

feldsher ~ фельдшерско-акушерский пункт, ФАП

field ambulance ~ полевой медицинский пункт

first-aid ~ **1.** пункт первой помощи **2.** травматологический пункт **3.** отделение или станция скорой медицинской помощи

health ~ **1.** лечебное учреждение **2.** санаторий **3.** пункт медицинской помощи, медпункт

heart ~ кардиологический стационар

medical aid ~ пункт медицинской помощи, медпункт

medical receiving ~ приёмное отделение

nurse's ~ пост медицинской сестры

plaster preparation ~ кабинет для приготовления гипсовых бинтов, гипсовальня

quarantine ~ карантин

sampling ~ станция для отбора проб воды

sobering-up ~ вытрезвитель

treatment ~ **1.** пункт медицинской помощи, медпункт **2.** лечебное учреждение

walking wounded dressing ~ перевязочный пункт для легкораненых

station² проба; позиция

Romberg ~s Ромберга поза

stationary ['steiʃənæri] **1.** стационарный **2.** стабильный, постоянный

statistics [stə'tistiks] статистика *(1. раздел науки 2. статистические методы 3. совокупность статистических данных)*

accident ~ статистика несчастных случаев

actuarial ~ статистика страхования

birth ~ статистика рождаемости

civil [conjugal] ~ семейное положение

civil registration and vital ~ учёт и статистика естественного движения населения

death ~ статистика смертности

descriptive ~ описательная статистика

disability ~ статистика нетрудоспособности

global health ~ общая статистика здоровья

health ~ статистика здравоохранения; медицинская [санитарная] статистика

health service ~ статистика служб здравоохранения

hospital episode ~ больничная оперативная статистика

inferential ~ статистический вывод *(напр. отсутствие заметных различий между сравниваемыми средствами или методами)*

in-marriage ~ статистика браков между представителями одной расы, национальности, племени

morbidity ~ статистика заболеваемости

mortality ~ статистика смертности

multivariate ~ многомерная статистика

nonparametric ~ непараметрическая статистика

population ~ *см.* **vital** ~

psychological ~ психометрия

registration ~ статистика естественного движения населения

sampling ~ выборочная статистика, статистические методы взятия выборок, или проб

sickness ~ статистика заболеваемости

sickness absence ~ статистика невыходов на работу по болезни

sufficient ~ *биом.* выборка, достаточная доля статистической обработки

vital ~ демографическая статистика *(совокупность данных о рождении, здоровье, болезнях и смерти людей)*

statoacoustic [ˌstætəʊəˈkuːstik] вестибулокохлеарный *(относящийся к равновесию и слуху)*

statoconia [ˌstætəʊˈkəʊniːə], *лат., pl. от* **statoconium** [ˌstætəʊˈkəʊniːəm], **statoliths** [ˈstætəʊliθs] *ото.* статоконии, отолиты, статолиты *(кристаллы углекислого кальция в перепончатом лабиринте внутреннего уха, которые вызывают раздражение вестибулорецепторов)*

statometer [stəˈtɒmətə] экзофтальмометрия *(измерение выстояния роговицы от наружного края глазницы)*

statosphere [ˈstætəʊsfiə] *цитол.* центросома, центросфера, центральное тельце

stature [ˈstætʃə] 1. рост, стан, фигура; телосложение 2. качество, свойство

  mental ~ умственное развитие

  short ~ 1. приземистое телосложение 2. малорослость

  tall ~ чрезмерно большие размеры *(органа)*; макросомия

status [ˈsteitəs] статус, состояние

  ~ **anginosus** стабильная стенокардия, предынфарктное состояние

  ~ **arthriticus** подагрический диатез

  ~ **asthmaticus** астматический статус

  ~ **at last contact** состояние при последнем обследовании

  ~ **convulsivus** *см.* **epilepticus** ~

  ~ **cribalis,** ~ **cribratus** криброзное состояние *(диффузное расширение периваскулярных пространств сосудов головного мозга)*

  ~ **epilepticus** *лат.* эпилептический статус

  ~ **lacunaris** лакунарное состояние *(наличие множественных лакун на месте перенесённых малых глубинных инсультов)*

  ~ **lymphaticus** лимфатический статус

  ~ **multipartus macrobioticus** многодетность и долгожительство

  ~ **praesens** *лат.* состояние здоровья в момент обследования

  ~ **quo** *лат.* состояние без изменений

  ~ **spongiosus** спонгиозная энцефалопатия

  ~ **thymicolymphaticus** тимико-лимфатический статус, недостаточность коры надпочечников

  acid-base ~ кислотно-основной баланс, кислотно-основное состояние, КОС

  altered mental ~ нарушение [расстройство] психики

  Brucella canis ~ обследование (состояния) на бруцеллёз

  civil [conjugal] ~ *см.* **marital** ~

  cognitive ~ познавательный процесс

  cytokine ~ цитокиновый статус

  demographic ~ демографические данные, пирамида населения

  desired functional ~ желаемое функциональное состояние

  disability ~ нетрудоспособность

  disease ~ патологическое состояние; болезнь

  doctor's professional ~ 1. профессиональная подготовленность врача 2. репутация врача

  fertility planning ~ регулирование рождаемости

  fluid ~ водный баланс

  functional ~ жизнедеятельность

  general health ~ общее состояние здоровья

  glycemic ~ углеводный обмен

  hematological ~ картина крови

  immunological ~ иммунологический статус

  intact sexual ~ отсутствие половой активности

  magnesium ~ 1. магниевый обмен 2. содержание магния

  marital ~ семейное положение, брачное состояние

  mental ~ психическое состояние, психический статус

  mentation ~ состояние психической деятельности

  metabolic ~ состояние обмена веществ

  mobility ~ подвижность [миграция] населения

  nutritional ~ состояние питания

  outpatient ~ амбулаторные условия

  present ~ современное состояние *(напр. в лечении)*

  radiological ~ рентгенологический статус

statute [ˈstætʃuːt] 1. *здрав.* устав, акт, закон, статут 2. положение; законодательство

Statute:

  ~ **on conditions and procedures for the provision of psychiatric assistance** Положение об условиях и порядке оказания психиатрической помощи

statutory [ˈstætʃʊtəri] законодательный; установленный законом

statuvolence [stætˈjuːvəʊlens], **statuvolism** [stætˈjuːvɒlizm] аутогипноз

staurion [ˈstɔːriɒn] *кр. метр.* стаурион *(место пересечения срединного и поперечного швов нёба)*

stauroplegia [ˌstɔːrəʊˈpliːdʒə] альтернирующая гемиплегия, альтернирующий паралич

staxis [ˈstæksis] 1. стекание каплями 2. просачивание крови

stay [stei] 1. пребывание, нахождение ‖ находиться; оставаться *(напр. в больнице)* 2. выносливость; выдержка 3. опора, поддержка 4. *pl.* корсет

  "~ and play" транспортировка больного, осуществляемая лишь после проведения мероприятий по стабилизации жизненно важных функций пострадавшего

  to ~ on diet соблюдать диету

  extended ~ продлённое пребывание *(напр. паразита в организме)*

  hospital ~ пребывание в больнице

  postoperative ~ продолжительность послеоперационного пребывания в больнице

  short ~ кратковременное пребывание *(в стационаре)*, непродолжительная госпитализация

  surgical ~ пребывание в хирургическом отделении

steady [ˈstedi] 1. устойчивый; постоянный, стабильный 2. прочный, твёрдый 3. спокойный, уравновешенный

steal [stiːl] 1. стил-синдром, феномен обкрадывания *(отток крови из физиологически более васкуляризо-*

ванной области или обратный кровоток в менее кровоснабжаемый участок) **2.** красть, воровать *(напр. при клептомании)*

aortoiliac ~ синдром «аортоподвздошного обкрадывания»

jugular blood ~ синдром обкрадывания мозгового кровотока по ярёмной вене

subclavian ~ подключичный стил-синдром *(при закупорке начального отдела подключичной артерии обедняется кровоснабжение мозга)*

stealing ['sti:liŋ]:

pathological ~ патологическая склонность к воровству, клептомания

steam [sti:m] **1.** пар ‖ стерилизовать паром; подвергать действию пара; пропаривать, запаривать **2.** паровой стерилизатор

"white ~" белая пелена, застилающая глаза

steaming ['sti:miŋ] **1.** пропаривание **2.** стерилизация

steamy ['sti:mi] **1.** парообразный **2.** испаряющийся **3.** насыщенный парами

steapsin [sti:'æpsin] стеапсин, триацилглицеринлипаза, панкреатическая липаза

stearodermia [ˌsti:ərəʊˈdɜ:miə] поражение сальных желёз кожи

stearrhea [ˌstiəˈriə] *см.* **steatorrhea**

steatite ['stiətait] тальк

steatitis [ˌstiəˈtaitis] панникулит, целлюлит, жировая гранулёма, гиподермит

steatocystoma [ˌsti:ətəʊsisˈtəʊmə] стеато(цисто)ма, жировая киста

~ **multiplex** стеатоцистоматоз, множественная стеатоцистома

steatogenesis [ˌsti:ətəʊˈdʒenəsis] липогенез *(образование жира)*

steatohepatitis [ˌsti:ətəʊˌhepəˈtaitis] стеатогепатит, жировое перерождение печени

steatolysis [ˌsti:əˈtɒlisis] липолиз *(расщепление жира)*

steatoma [ˌsti:əˈtəʊmə] **1.** липома **2.** сальные железы, заполненные жиром

steatonecrosis [ˌsti:ətəʊnəˈkrəʊsis] жировой некроз, адипонекроз

steatopathy [ˌsti:əˈtɒpəθi] заболевание сальных желёз *(кожи)*

steatopyga [ˌsti:ətəʊˈpaiɡə], **steatopygia** [ˌsti:ətəʊˈpiɡʒiə] стеатопигия *(значительное развитие жировой ткани на ягодицах)*

steatorrhea [ˌsti:ətəʊˈri:ə] стеаторея, жировые испражнения

biliary ~ стеаторея вследствие ахолии

intestinal ~ кишечная стеаторея

pancreatic ~ панкреатическая стеаторея, муковисцидоз

steatosis [ˌsti:əˈtəʊsis] **1.** себорея, (гипер)стеатоз **2.** жировая дегенерация **3.** избыточное отложение жира

steel [sti:l] **1.** сталь ‖ стальной **2.** твёрдость ‖ жёсткий, жестокий

Steellex ['sti:leks] *фирм.* шовная стальная проволока

stefanion [steˈfeiniɒn] *кр. метр.* стефанион *(место пересечения коронарного шва и верхней височной линии)*

stege ['sti:dʒi] внутренний столб спирального органа улитки

stegnosis [stegˈnəʊsis] *см.* **stenosis**

stella ['stelə], *pl.* **stellae** ['steli:] звездообразная структура

stellar ['stelə], **stellate** ['steleit] звёздчатый, звёздообразный

stellectomy [stelˈektəmi] стеллэктомия *(удаление или разрушение шейно-грудного ганглия)*

stellite ['stelit] *мед. тех.* стеллит *(очень твёрдый, нержавеющий сплав из кобальта, хрома, вольфрама)*

stellula ['steljuːlə], *pl.* **stellulae** ['steljuːli:] звёздочка

stem [stem] **1.** род, племя; линия родства **2.** ствол; опорная структура ‖ стволовой **3.** стержень

~ **of hair** стержень волоса

brain ~ ствол головного мозга

double-division ~ капиллярная трубка (термометра) с двойной системой делений

infundibular ~ нейральный компонент ножки гипофиза

nerve ~ *анат.* нервный ствол

stemma ['stemə] родословная, родословное дерево, генеалогия

stemness ['stemnəs] стволовость *(феномен развития стволовых клеток из зародышевой ткани)*

sten [sten] *стат.* стандартное отклонение, в котором диапазон разброса делится на десять частей нормального распределения, по 5 по обе стороны от середины

stench [stentʃ] дурной запах, зловоние

stenocardia [ˌstenəʊˈka:diə] стенокардия, грудная жаба

~ **decubitas** *лат.* стенокардия положения лёжа *(усиливающаяся в горизонтальном положении)*, грудная жаба покоя

stenocephalic [ˌstenəʊsəˈfelik], **stenocephalous** [ˌstenəʊˈsefələs] узкоголовый

stenochoria [ˌstenəʊˈkɔːriə] стеноз; стриктура

stenopaic [ˌstenəʊˈpeiik], **stenopeic** [ˌstenəʊˈpi:ik], **stenosed** [stəˈnəʊst] имеющий узкое отверстие, суженный, стенозированный

stenosis [stəˈnəʊsis], *pl.* **stenoses** [stəˈnəʊsi:z] **1.** сужение; стеноз, стриктура **2.** остановка выделений, или секреции **3.** запор

~ **of cardia** кардиостеноз

aortic ~ стеноз аорты, аортальный стеноз

asymptomatic carotid ~ бессимптомный стеноз (внутренней) сонной артерии

buttonhole mitral ~ *см.* **fish-mouth mitral** ~

carotid-atery ~ стеноз сонной артерии

concentric ~ циркулярный стеноз

congenital pyloric ~ врождённый пилоростеноз

coronary ostial ~ стеноз устья коронарной артерии

Dittrich's ~ *см.* **infundibular** ~

double aortic ~ двойной аортальный стеноз *(клапанный и подклапанный)*

fibrotic ~ фиброзный стеноз

fish-mouth mitral ~ крайне выраженный митральный стеноз по типу «рыбьей пасти»

hypertrophic muscular subaortic ~ подклапанный гипертрофический стеноз аорты

infundibular ~ подклапанный [инфундибулярный] стеноз лёгочного ствола, Диттриха стеноз

in-stent ~ рестеноз при наличии стента *(напр. коронарной артерии)*

lumbosacral ~ стеноз позвоночного канала в пояснично-крестцовом отделе

mitral ~ стеноз левого атриовентрикулярного отверстия, митральный стеноз

muscular subaortic ~ обструктивная кардиомиопатия, подклапанный стеноз аорты, субаортальный мышечный стеноз

nasopharyngeal ~ стеноз носоглотки

papillary ~ стеноз (большого дуоденального) сосочка

peptic ~ язвенный [рубцовый] стеноз привратника *(желудка)*

pulmonary [pulmonic] ~ стеноз лёгочного ствола

pyloric ~ пилоростеноз, сужение привратника *(желудка)*

senile calcific aortic ~ сенильный кальцинированный аортальный стеноз

spinal ~ сужение позвоночного канала *(в результате дегенеративных изменений или ламинэктомии)*

subaortic ~ обструктивная кардиомиопатия, подклапанный стеноз аорты, субаортальный мышечный стеноз

subglottic ~ подсвязочный стеноз голосовой щели

supravalv(ul)ar ~ надклапанный стеноз аорты

tricuspid ~ стеноз правого атриовентрикулярного отверстия, трикуспидальный стеноз

upstream ~ стеноз магистрального (не периферического) кровеносного сосуда, «высокий» стеноз

valvular ~ стеноз клапана, клапанный стеноз

stenostegnosis [ˌstenəʊsteg'nəʊsis] *см.* **stenosis**

stenostenosis [ˌstenəʊstə'nəʊsis] стеноз протока околоушной железы, или стенонова протока

stenostomia [ˌstenəʊ'stəʊmiːə], **stenostomy** [ˌstenəʊ'stəʊmi:] сужение ротового отверстия

stenothorax [ˌstenəʊ'θɔːræks] сужение грудной клетки

stenotic [stə'nɒtik] стенозированный, вызванный стенозом, характеризующийся сужением

stenoxenous [sten'ɒksənəs] стеноксенный *(ограниченное число видов животных – потенциальных хозяев для паразитов)*

stent [stent] 1. стент, спираль *(устройство для восстановления просвета трубчатого органа)*; каркас 2. шинирование, интубация, стентирование

biliary ~ стент [эндопротез] общего жёлчного протока

biodegradable ~ стент, рассасывающийся в биологических тканях

coated ~ стент с (дакроновым) покрытием

double J ~s двойные J-стенты *(напоминающие свиной хвост)*

drug-eluting ~s стент без включения лекарственного препарата

intraluminal ~ внутрипросветный стент

intraurethral ~s стентирование уретры; установка постоянного катетера

nitinol ~ нитиноловый стент *(с памятью формы)*

occluded ~ окклюзированный [непроходимый] стент

permanently implanted ~ постоянная туннелизация *(напр. при аденоме предстательной железы)*

pigtail ~ *см.* **double J ~s**

radiopaque ~ рентгеноконтрастный стент

self-expandable [self-expanding] biliary ~ самоуправляющийся [саморасширяющийся] билиарный стент

shape memory airway ~ стент дыхательных путей с формой памяти

transanastomotic ~ стент [каркас] для анастомоза

T-tube tracheal ~ Т-образный стент трахеи

velocity coronary ~ коронарный стент на системе доставки

stented ['stentid] относящийся к стенту, использованный в качестве каркаса

stenting ['stentiŋ] шинирование, интубирование; стентирование

biliary ~ стентирование жёлчных протоков

concomitant ~ сочетанное стентирование *(напр. коронарных и почечных артерий)*

elective ~ плановое стентирование

tube ~ интубация кишечника *(нанизывание петель кишечника на трубку)*

ureteral ~ стентирование мочеточника

step [step] 1. шаг; след ноги 2. походка 3. ступень, стадия; этап *(операции)* 4. последовательный приём *(напр. процедуры)* 5. балл; *pl.* шкала

~ **down** программа лечения со ступенчатым снижением первоначально назначенной высокой дозы препарата до оптимальной

~**s to cleavage** стадии, приводящие к разрыву кольца *(напр. баллона)*

~ **up** программа лечения со ступенчатым повышением первоначально назначенной малой дозы препарата до оптимальной

amplification ~ «петля» усиления *(ключевой этап активации комплемента)*

basic ~s основные этапы *(напр. операции)*

color ~ цветовой порог *(зрения)*

enzymatic ~ ферментативный этап *(синтеза гема)*

first ~ первый этап *(напр. диагностического процесса)*

gentle ~ *фирм.* комфортная ортопедическая обувь

major ~s in anaerobic decomposition основные фазы [этапы] в процессе анаэробного разложения

nasal ~ назальная ступенька *(в поле зрения при глаукоме)*

next ~ следующий этап *(напр. при герниопластике)*

rate-limited ~ фактор, ограничивающий скорость *(напр. всасывания лекарственного вещества)*

scission ~ стадия расщепления, или разделения

sequential ~s последовательные этапы *(напр. дифференцировки гонад)*

twelve ~s «двенадцать шагов» *(программа взаимопомощи «анонимных алкоголиков»)*

step-back [step-bæk] *стом.* шаг назад *(обработка канала, начиная от верхушки в сторону коронки)*

stepbrother [step'brʌðə] сводный брат

step-by-step [step-bai-step] этапность, последовательность *(действий, операции)* ‖ ступенчатый, многоступенчатый; постепенный

stepchild ['step,tʃaild] сводный ребёнок *(пасынок, падчерица)*

stepfather ['step,fɑːðə] отчим

stephanion [ste'feini:ən] *кр. метр.* стефанион *(место пересечения венечного шва с височной линией лобной кости)*

stepmother ['step‚mʌðə] мачеха ‖ обращаться грубо, несправедливо; третировать

step-off [step-ɒf] **1.** выступ; ступенька **2.** симптом порога *(выстояние остистого отростка поясничного позвонка и образование углубления под ним при спондилолистезе)* **3.** походка

steppage ['stepiʤ] перонеальная [петушиная] походка, степпаж

stepparent ['step‚peərənt] приёмный родитель

step-test [step-test] ступенчатая проба, Мастера проба *(для выявления латентной коронарной недостаточности)*

stepwise [‚step'waiz] ступенчатый; пошаговый

sterair [ster'eə] стерильный воздух

stercobilin [‚stə:kəʊ'bailin] стеркобилин

stercolith ['stə:kəʊliθ] каловый конкремент, копролит

stercoraceous [‚stə:kə'reiʃəs], **stercoral** ['stə:kərəl], **stercorous** ['stə:kərəs] каловый, фекальный

stercoroma [‚stə:kə'rəʊmə] см. **stercolith**

stercus ['stə:kəs] экскременты, испражнения

stereo ['steri:əʊ] **1.** стереокопия **2.** стереозапись; стереоизображение **3.** стереотип, копия ‖ стереотипировать, копировать

stereoagnosis [‚steri:əʊæg'nəʊsis] астереогноз, нарушение осязания *(узнавать предметы на ощупь)*

stereoarthrolysis [‚steri:əʊa:'θrɒlisis] создание неоартроза при костном анкилозе

stereocampimetry [‚steri:əʊkæm'pimətri] исследование центрального поля зрения

stereocilium *pl.* **stereocilia** слуховые волоски *(фибриллярные структуры слухового и вестибулярного рецепторных аппаратов)*

stereocinefluorography [‚steri:əʊ‚sinəflu:'rɒgrəfi] стереорентгенокинематография

stereoelectrocardiography [‚steri:əʊi‚lektrəʊka:di'ɒgrəfi] стереоэлектрокардиография *(объёмная регистрация проекций векторкардиограммы)*

stereoencephalometry [‚steri:əʊen‚sefə'lɒmətri] стереоэнцефалометрия *(объёмное изображение структур головного мозга)*

stereoencephalotomy [‚steri:əʊen‚sefə'lɒtəmi] стереотаксическая операция, стереоэнцефалотомия

stereognosis [‚steri:ɒg'nəʊsis] стереогноз, пространственная чувствительность

stereography [‚steri:'ɒgrəfi] стереорентгенография

stereoisomerism [‚steri:əʊai'sɒmərizm] стереоизомерия *(соединения, имеющие одинаковую молекулярную формулу, но различное пространственное расположение атомов)*

stereomicroscope [‚steri:əʊ'maikrəskəʊp] стереоскопический микроскоп, стереомикроскоп

stereo-ophthalmoscope [‚steri:əʊ-ɒf'θælməʊskəʊp] бинокулярный офтальмоскоп

stereopathy [steri:'ɒpəθi] *псих.* стереопатия *(устойчивое, стереотипное мышление)*

stereopsis [steri:'ɒpsis] **1.** бинокулярное [стереоскопическое] зрение **2.** объёмное [трёхмерное] изображение; стереоскопический обзор

stereoscopy [steri:'ɒskəpi] стереоскопия *(техника совмещения двух плоских изображений объёмного предмета, дающая объёмное изображение)*

stereoselectivity [‚steri:əʊsəlek'tiviti] стереоселективность, стереоизбирательность *(напр. β-адренорецепторных агентов)*

stereoskiagraphy [‚steri:əʊski:'ægrəfi] стереорентгенография

stereotaxis [‚steri:əʊ'tæksis] **1.** стереотаксический метод, стереотаксис *(метод введения микроинструмента в заданные структуры мозга)* **2.** биол. стереотропизм

stereotaxy [‚steri:əʊ'tæksi] стереотаксия, стереотаксическая хирургия

~ of brain стереотаксическая операция на мозге

stereotypy ['steri:əʊ‚taipi] стереотипия *(1. сохранение определённого положения в течение длительного времени 2. непроизвольное повторение слов, движений и т. п.)*

motor [movement] ~ двигательная стереотипия *(непроизвольное повторение однообразных бесцельных движений)*

oral ~ вербигерация, эхолалия *(повторение бессмысленных слов или фраз)*

steric ['sti:rik] стерический, пространственный

sterile ['steril] **1.** стерильный; стерилизованный **2.** асептический **3.** бесплодный, неспособный к деторождению

sterility [stə'riliti] **1.** стерильность **2.** бесплодие *(неспособность брачной пары воспроизвести потомство)*

absolute ~ абсолютное женское бесплодие *(при отсутствии или выраженных аномалиях половых органов – яичников, матки и др.)*

aspermatogenic [dysspermatogenic] ~ секреторное мужское бесплодие

facultative ~ преднамеренная стерильность

gonadic ~ гонадная стерильность *(обусловленная нарушением стерильности гонад и невозможностью образования в них половых клеток)*

heritable ~ наследуемая [генная] стерильность

male ~ мужская стерильность

microbiological scaled ~ микробиологическая шкала стерильности

natural ~ 1. первичное бесплодие **2.** природная стерильность

normospermatogenic ~ экскреторное мужское бесплодие

one-child ~ вторичное женское бесплодие *(после единственных родов)*

relative ~ инфертильность *(бесплодие, обусловленное невынашиванием беременности)*

reversible ~ обратимое бесплодие

revocable ~ см. **relative ~**

secondary ~ вторичное бесплодие *(обусловленное невозможностью зачатия или по негинекологическим причинам)*

sterilization [‚sterili'zeiʃn] **1.** стерилизация, обеззараживание **2.** (половая) стерилизация; кастрация

~ by filtration стерилизация фильтрованием

~ by flowing steam, ~ by wet heat стерилизация текучим паром

chemical ~ химическая стерилизация

cold ~ холодная стерилизация *(облучением или другими нетепловыми методами)*

discontinuous ~ см. **intermittent ~**

dry-heat ~ стерилизация сухим жаром

eugenic ~ стерилизация по евгенической концепции *(напр. при фашизме)*

flame ~ стерилизация пламенем

fractional ~ *см.* **intermittent** ~

gamma-ray ~ стерилизация гамма-излучением

gas(eous) ~ стерилизация газом

intermittent ~ тиндализация, дробная стерилизация

irradiation ~ стерилизация облучением

pressure steam ~ автоклавирование, стерилизация насыщенным паром под давлением

radiation ~ стерилизация облучением

reversible ~ обратимая стерилизация *(женщин)*

steam ~ стерилизация паром

tubal ~ трубная стерилизация *(напр. обтурацией маточных труб)*

ultrasound ~ ультразвуковая стерилизация

ultraviolet ~ стерилизация ультрафиолетовым излучением

sterilizer ['sterɪlaɪzə] стерилизатор, стерилизационный аппарат

dressing ~ бикс, стерилизационная коробка

dry-air ~ суховоздушный стерилизатор, сухожаровой шкаф

gas ~ газовый стерилизатор

high-pressure ~ стерилизатор высокого давления

hot-air ~ *см.* **dry-air** ~

oil ~ масляный стерилизатор

steam ~ паровой стерилизатор, автоклав

steristrip ['sterɪstrɪp] *фирм.* стерильный пластырь; стерильная клейкая полоска *(для сближения краёв раны)*

sternad ['stəːnæd] по направлению к грудине

sternalgia [stəːnˈælʤiːə] стерналгия *(боль в области грудины)*

sternebra ['stəːniːbrə] *эмбр.* сегмент грудины

sternocleidomastoid [ˌstəːnəʊˌklaɪdəʊˈmæstɔɪd] грудино-ключично-сосцевидный

sternocostal [ˌstəːnəʊˈkɒstəl] грудино-рёберный

sternodynia [ˌstəːnəʊˈdiniːə], **sternodymia** [ˌstəːnəʊˈdiːmiːə] *см.* **sternopagia**

sternohyoid [ˌstəːnəʊˈhaɪɔɪd] грудино-подъязычный

sternomastoid [ˌstəːnəʊˈmæstɔɪd] грудино-сосцевидный

sterno-mediastinitis [ˌstəːnəʊˌmiːdiæstɪˈnaɪtɪs] передний медиастинит

sternopagia [ˌstəːnəʊˈpeɪʤiːə] сращение близнецов в области грудины

sternoschisis [stəːˈnɒskɪsɪs] врождённое расщепление грудины

sternotomy [stəːˈnɒtəmɪ] стернотомия

median plane [midline] ~ срединная стернотомия

sternotrypesis [ˌstəːnəʊtraɪˈpiːsɪs] пункция грудины

sternum ['stəːnəm], *pl.* **sterna** ['stəːnə] грудина

bifid [cleft] ~ расщепление грудины

sternutation [ˌstəːnjuːˈteɪʃn] чиханье

~ **convulsiva** приступы чиханья

sternutator [ˌstəːnjuːˈteɪtə] **1.** вещество, вызывающее чиханье **2.** чихательный газ

steroid ['sterɔɪd] *pl.* стероиды, изопентеноиды, (поли)изопреноиды *(большая группа биологически активных веществ – гормоны, жёлчные кислоты, сердечные гликозиды)* || стероидный

adaptive ~ стероиды, участвующие в процессе адаптации организма

anabolic ~ анаболические стероиды; стероидные анаболические средства

conjugated ~ конъюгированные [связанные] стероиды

contraceptive ~ контрацептивные стероиды

sex ~ половые стероидные гормоны

steroid-dependent ['sterɔɪd-dɪˈpendənt] гормональнозависимый, зависимый от стероидных гормонов

steroidogenesis [stəˌrɔɪdəʊˈʤenəsɪs] стероидогенез, образование стероидов

steroid-refractory ['sterɔɪd-rɪˈfræktərɪ] стероидрезистентный, не поддающийся лечению стероидными гормонами

sterol ['sterɒl] стерин, стерол, стероидный спирт

D-activated animal ~ витамин D_3

D-activated plant ~ витамин D_2

dietary ~s пищевые стерины

precursor ~s стерины-предшественники *(напр. холестерина)*

stertor ['stəːtɔː] хрип; храпение; стерторозное дыхание

stertorous ['stəːtərəs] тяжёлый, хрипящий, затруднённый *(о дыхании)*

stethalgia [steˈθælʤiːə] боль в груди или в грудной стенке

stethemia [steˈθiːmiːə] застой в лёгких

stethocatharsis [ˌsteθəʊkəˈθɑːsɪs] **1.** мокрота **2.** откашливание мокроты

stethocyrtometer [ˌsteθəʊsəːˈtɒmətə] инструмент для измерения кривизны или деформации позвоночника *(при кифозе)*

stethography [steˈθɒɡrəfɪ] **1.** запись движений грудной клетки **2.** фонокардиография

stethometer [steˈθɒmətə] стетометр *(прибор для измерения окружности грудной клетки и её изменений при дыхании)*

stethoparalysis [ˌsteθəʊpəˈrælɪsɪs] паралич дыхательных мышц

stethophone ['steθəʊfəʊn] **1.** стетоскоп **2.** стетофон *(прибор для аускультации сердца с усилением звука, а также для аускультации несколькими лицами)*

stethoscope ['steθəʊskəʊp] стетоскоп

sthenia ['sθiːniːə] **1.** состояние силы, энергии, напряжения **2.** патологическая активность

sthenic ['sθenɪk] активный, сильный, крепкий; стенический *(о лихорадке с высокой температурой и возбуждением)*

sthenometer [sθəˈnɒmətə] динамометр *(прибор для измерения силы какой-л. группы мышц)*

stibialism ['stɪbiːəlɪzm], **stibiosis** ['stɪbiːəʊsɪs] отравление сурьмой

stick [stɪk] **1.** ветка, прут; палка, трость, стек **2.** стержень

broken ~ **1.** перелом по типу зелёной ветки **2.** метод «разломанного стержня» *(о форме графической кривой)*

cleaning [interdental] ~ зубочистка

ointment ~ шпатель или палочка для мази

proof ~ щуп, зонд

silver nitrate ~ ляписный карандаш

wadding ~ палочка с ватой на конце

sticker ['stikə] 1. колючка, шип 2. адгезивная добавка

stickiness ['stiknəs] 1. клейкость, липкость, вязкость 2. сцепляемость

matrix ~ слипание матрикса *(хромосом)*

platelet ~ адгезивность [склеиваемость] тромбоцитов

sticking ['stikiŋ] прилипание, склеивание, адгезия

cell ~ (неспецифическая) адгезия клеток *(напр. к поверхности стекла)*

cell-cell ~ межклеточная адгезия; слипание клеток *(в культуре)*

stick-tights [stik-taits] череда *(Bidens tripartita)*

sticky ['stiki] клейкий, липкий, прилипающий; вязкий

stiff [stif] 1. бродяга, бомж 2. окоченевший, застывший, онемевший; оцепеневший 3. твёрдый; жёсткий; ригидный 4. крепкий; сильнодействующий, чрезмерный

~ **in death** застывший, окоченевший

stiffneck ['stifnek] *фирм.* фиксирующий шейный воротник

stiffness ['stifnəs] 1. жёсткость 2. тугоподвижность, ригидность 3. окоченение 4. *узи* прочность костной ткани

~ **in the morning** утренняя скованность *(при ревматоидном артрите)*

back ~ скованность спины

chest wall ~ «жёсткость» грудной стенки

joint ~ тугоподвижность суставов

neck ~ ригидность шеи

ventriculus ~ ригидность желудочка *(сердца)*

stifle[1] [staifl] 1. сдерживать, подавлять 2. *суд. мед.* удушение ‖ душить; задыхаться 3. заглушать *(шум)*; тушить *(огонь)*

stifle[2] коленная чашка, коленный сустав *(у животных)*

stigma ['stigmə], *pl.* **stigmata** ['stigmətə] 1. стигма; клеймо; метка; рубец; пятно; характерный признак заболевания 2. *pl.* мелкие кожные кровоизлияния 3. проявление смущения или дискредитации

~ **as a life-saving** символ спасения жизни *(о рубце на шее после перенесённой трахеотомии)*

~**s of degeneracy** физические признаки вырождения с умственной неполноценностью

~ **of graafian follicle**, ~ **of ovarii** *см.* **follicular** ~

costal ~ флотирующее десятое ребро

follicular ~ рубец после разрыва фолликула *(яичника)*

hereditary ~ наследственная стигма, стигма дисэмбриогенеза *(малая врождённая аномалия развития)*

hysterical ~ преходящие телесные признаки истерии *(напр. кожные изменения)*

malpighian ~**s** места впадения мелких вен селезёнки в более крупные

stigmal ['stigməl] относящийся к стигме

stigmata ['stigmətə] *pl. от* **stigma**

~ **of liver disease** характерные признаки поражения печени

~ **of recent hemorrhage** признаки свежего кровотечения *(напр. эрозии, язвы при эндоскопии)*

professional ~ профессиональные знаки *(пятна, пигментация, мозоли, рубцы, ссадины, татуировка, телеангиэктазии на коже и т. п.)*

syphilitic ~ врождённые проявления сифилиса

Ulrich – Turner ~ врождённые признаки синдрома Ульриха – Турнера

stigmatization [ˌstigməti'zeiʃn] стигматизация *(1. появление стигм – вдавлений, пятен или точек на коже 2. негативное отношение к явлению, дискредитация, «навешивание ярлыков», «клеймение»)*

stigmatometer [ˌstigmə'tɒmətə] рефрактометр

stigmatoscopy [ˌstigmə'tɒskəpi] рефрактометрия

stilet(te) [stai'let] *см.* **stylet(te)**

still [stil] дистиллятор ‖ дистиллировать, перегонять

stillbirth ['stilbə:θ] мертворождённость; рождение мёртвого плода *(в период с 28 недель беременности и позже)*

stillborn ['stilbɔ:n] мертворождённый

stillicidium [stilis'idiːəm] капанье, стекание по каплям; просачивание

~ **lacrimarum** эпифора *(ретенционное слезотечение)*

~ **narium** насморк

~ **urinae** мочеиспускание по каплям

stimulant ['stimjuːlənt] 1. стимулятор, аналептик, возбуждающее средство ‖ стимулирующий 2. стимуляция, раздражение 3. спиртной напиток

~ **of red cell production** стимулятор эритропоэза

amphetamine type ~ стимулятор на основе амфетамина

bronchial ~ отхаркивающее средство

cardiac ~ кардиотоник

cerebral ~ стимулятор ЦНС *(амфетамин, кофеин и др.)*

diffusible ~ стимулятор с быстрым, но кратковременным действием

gastric ~ стимулятор желудочной секреции

general ~ общая стимуляция *(организма)*

local ~ местная стимуляция

paradoxal ~ парадоксальная стимуляция *(тёплый предмет, прикладываемый на холодную точку тела, вызывает ощущение холода)*

respiratory ~ дыхательный аналептик

transcutaneous electrical nerve ~ чрескожная электростимуляция нерва

stimulate ['stimjuːleit] 1. стимулировать, усиливать деятельность 2. воздействовать; вызывать; инициировать 3. раздражать

to ~ **a degree of insight** стимулировать уровень понимания у больного

stimulation [ˌstimjuː'leiʃn] 1. стимуляция, стимулирование 2. раздражение; возбуждение

~ **of chemoreceptors** раздражение хеморецепторов

AC [alternating current] ~ электростимуляция переменным током

acoustic ~ фоностимуляция

afferent ~ афферентное возбуждение

antigenic ~ антигенная стимуляция

areal ~ местная [локальная] стимуляция

bipolar ~ биполярная стимуляция

cardiac ~ кардиостимуляция, электростимуляция сердца; навязывание ритма сердца

clonal ~ клональная индукция

coupled ~ сопряжённая [синхронная] стимуляция сердца

cranial-electrical ~ транскраниальная электростимуляция; электротранквилизация

cutaneous ~ (электро)стимуляция кожи, кожная стимуляция

DC [direct current] ~ *см.* galvanic ~

demand ~ стимуляция сердца «по требованию», деманд-стимуляция

endocavitary ~ **of heart** эндокраниальная стимуляция

functional neuromuscular ~ нейромышечная стимуляция функции

galvanic ~ гальванизация

growth ~ стимуляция роста

monopolar ~ монополярная [однополюсная, униполярная] электростимуляция

one-way ~ одномоментная стимуляция *(смешанной культуры лимфоцитов)*

overdriving ~ учащающая электростимуляция сердца

overriding ~ избыточная стимуляция *(напр. рецепторов ацетилхолином)*

paired ~ стимуляция сердца парными импульсами

paraspecific ~ неспецифическая стимуляция

peripheral nerve ~ стимуляция периферических нервов

photic ~ световая стимуляция, фотостимуляция

plus-minus ~ взаимостимуляция позитивных и негативных клеток, симметричная иммуностимуляция

prolonged ~ длительное раздражение

pulse ~ импульсная стимуляция

punctual ~ точечная стимуляция

receptor cross-linkage ~ стимуляция (B-клеток) путём перекрёстной сшивки иммуноглобулиновых рецепторов

repeated antigenic ~ множественная антигенная стимуляция

sensory ~ сенсорное раздражение

sexual ~ половая стимуляция

sympathetic nerve ~ раздражение симпатического нерва

synaptic ~ синаптическое возбуждение

transcranial magnetic ~ транскраниальная магнитная стимуляция

transcutaneous electrical ~ чрескожная электростимуляция

transitory ~ временная стимуляция

trigger ~ триггерная стимуляция *(стимуляция в ритме колебаний потенциалов мозга)*

vagal ~ стимуляция блуждающего нерва; повышение тонуса блуждающего нерва

stimulator ['stimjuːleitə] стимулятор *(генератор стимулирующих импульсов)*

acoustic ~ фоностимулятор

B-cell ~ B-клеточный митоген

electronic ~ электронный стимулятор

fixed-rate ventricular ~ *кард.* желудочковый стимулятор заданной скорости

human thyroid ~ стимулятор щитовидной железы человека

long-acting thyroid, LATS ~ длительно действующий тиреотропный фактор

nerve ~ нейростимулятор

oligoclonal ~ олигоклональный митоген

ovarian ~ стимулятор яичников

photic ~ фотостимулятор

punctual ~ точечный стимулятор

transcutaneous electronic nerve ~ чрескожный электронейростимулятор

transistorized ~ полупроводниковый стимулятор

urinary bladder ~ стимулятор мочевого пузыря

stimulus ['stimjuːləs], *pl.* **stimuli** ['stimjuːli] стимул; раздражитель

actual ~ фактический раздражитель; *псих.* реальный раздражитель

adequate ~ адекватный раздражитель

adversive ~ раздражитель, вызывающий отрицательную реакцию; повреждающий фактор

auditory ~ звуковой раздражитель

basic ~ 1. источник белого света *(в колориметрии)* 2. базисный стимул

conditioned ~ 1. условный рефлекс 2. адекватный раздражитель 3. фактор кондиционирования среды

consummatory ~ завершающий раздражитель

discriminative ~ различительный стимул

drive ~ понуждающий раздражитель

emotional ~ психический [эмоциональный] раздражитель

heterologous ~ неспецифический [неадекватный] раздражитель

heterotopic ~ гетеротропный импульс к сокращению сердца *(возникающий в атипичном очаге)*

homologous ~ специфический [адекватный] раздражитель

inadequate ~ неадекватный раздражитель; слишком слабый раздражитель

inductive ~ индуцирующий стимул

key ~ ключевой раздражитель

light ~ световой стимул

liminal ~ *см.* threshold ~

nociceptive ~ болевой [ноцицептивный] раздражитель

nomotopic ~ импульс к сокращению сердца, возникающий в синусном узле

potent ~ *см.* triggering ~

provoked ~ вызванный стимул

reference ~ 1. стандартный стимул *(в колориметрии)* 2. основной цвет *(колориметра)*

releasing ~ разрешающий [ключевой] раздражитель

sensitizing ~ сенсибилизирующий раздражитель

standard ~ *физиол.* эталонный [постоянный] раздражитель

startle ~ раздражитель, вызывающий испуг

stationary ~ постоянный раздражитель

subliminal [subthreshold] ~ подпороговый раздражитель

supramaximal ~ чрезвычайный раздражитель

suprathreshold ~ надпороговый раздражитель

test ~ измеряемый цвет *(в колориметрии)*

threshold ~ пороговый раздражитель

triggering ~ пусковой [триггерный, провоцирующий] момент, или стимул

unconditioned ~ безусловный рефлекс, раздражитель, стимул

stimulus-bound ['stimjuːləs-baʊnd] связанный с влечениями, управляемый влечениями

"stimulus – reaction" ['stimjuːləs-riˈækʃn], S – R понимание поведения как совокупности связей «стимул – реакция» *(концепция бихевиоризма)*

sting [stiŋ] 1. жало ‖ жалить, ужалить 2. укус *(насекомого)*, ожог крапивой 3. чувство жжения; острая боль *(напр. от укуса насекомого)* ‖ жечь, саднить, гореть, причинять острую боль 4. возбуждать; побуждать

bee ~ 1. жало пчелы ‖ жалить 2. укус пчелы

stinger ['stiŋə] 1. жало 2. жалящий объект *(насекомое, растение и пр.)* 3. «ужаление» *(жгучая или колющая боль)*; «прострел» 4. стингер *(переносной ракетно-зенитный комплекс)*

stink [stiŋk] зловоние

stiochiometry [ˌstiəʊkiˈɒmetri] стехиометрия

stipple ['stipl] точечный пунктир ‖ изображать [обозначать] пунктиром

stippling ['stipliŋ] 1. зернистость; точечность 2. появление «лимонной корочки» на десне

acidophilic ~ *цитол.* ацидофильная [эозинофильная] зернистость

basophilic ~ *цитол.* базофильная зернистость

stir [stəː] перемешивание; размешивание; взбалтывание; встряхивание ‖ мешать, перемешивать; размешивать; взбалтывать; встряхивать

stirps [stəːps], *pl.* **stirpes** ['stəːpiːs] 1. род, семейство, фамилия, генеалогическая линия 2. родоначальник, глава рода

stirrer ['stirə] (лабораторная) мешалка

radial ~ радиальная мешалка

stirrup ['stirəp] 1. *ото.* стремечко; стремя 2. скоба или дуга для скелетного вытяжения

Böhler ~ шина Бёлера

extension ~ скоба для скелетного вытяжения

leg ~ стремя для ноги *(для укрепления гипсовой повязки)*

traction ~ скоба или дуга для скелетного вытяжения

stitch[1] [stitʃ] 1. стежок; (хирургический) шов ‖ накладывать шов, сшивать, зашивать 2. шовный материал

to put ~es накладывать швы

to remove [to take out] ~es снимать швы

encircling ~ обвивной [захлёстывающий] шов

fascicular ~ межпучковый [периневральный, фуникулярный, фасцикулярный] шов *(нерва)*

glover's ~ скорняжный шов

interrupted ~ узловой шов

machine ~ аппаратный [механический] шов

Z-~ Z-образный шов, Z-образный стежок

stitch[2] внезапная острая колющая боль

stitching ['stitʃiŋ] наложение шва, сшивание, зашивание

stithe [stið] *ото.* наковальня

St.-John's-wort [seint-dʒɒnz-wɔːt] зверобой *(Hypericum)*

common ~ зверобой продырявленный *(Hypericum perforatum)*

stochastic [stəʊˈkæstik] 1. стохастический, случайный, вероятностный 2. беспороговый *(напр. о действии малых доз ионизирующего излучения)*

stock [stɒk] 1. запас(ы) 2. род; родословная; семья 3. группа населения; раса 4. *микр.* штамм; линия 5. биомасса 6. скот 7. порода скота

hospital ~ коечный фонд

human ~ человеческий род

medical ~ медицинское имущество

ward ~s запасы лекарственных средств, хранящиеся в больничной палате

stockinet(te) [stɒkiˈnet] чулок; трикотажная лента; трубчатый бинт *(используемый при лечении варикозного расширения вен нижних конечностей)*

graded compression ~s чулки, обеспечивающие дозировочную компрессию

stocky ['stɒki] приземистый, коренастый

stoichiology [stɒikiˈɒlədʒi] *мол. биол.* изучение физиологии элементов клетки и тканей

stoichiometry [stɒikiˈɒmetri] химический подсчёт соотношений элементов в веществе по массе или объёму

stolid ['stɒlid] флегматичный, вялый, бесстрастный

stoma ['stəʊmə], *pl.* **stomata** ['stəʊmətə] 1. отверстие, пора; устье 2. *хир.* стома; отверстие анастомоза 3. свищ

intestinal ~ 1. кишечная стома 2. кишечный свищ

stomacace [stəʊˈmækəsi] язвенный [язвенно-гангренозный] стоматит

stomach ['stʌmək] желудок

aberrant umbilical ~ аберрантные клетки желудочного эпителия в пупке

accessory ~ энтерогенная киста желудка

aviator's ~ аэроневроз, аэрофагия

bilocular ~ *см.* **hourglass ~**

cardiac ~ кардиальный отдел желудка

cascade ~ каскадный желудок *(при котором эвакуация содержимого подобна водопаду)*

completely-filled ~ *рентг.* тугое наполнение желудка

distal ~ дистальный отдел желудка

double ~ *см.* **hourglass ~**

drain-trap ~ *см.* **water-trap ~**

dumping ~ демпинг-синдром, синдром сбрасывания *(после резекции желудка с большим анастомозом)*

hourglass ~ двуполостный желудок *(в форме песочных часов)*

leather bottle ~ *см.* **sclerotic ~**

miniature ~ павловский [изолированный, малый] желудочек

on an empty ~ натощак

sclerotic ~ диффузный рак желудка, *уст.* пластический линит

side-down ~ *см.* **thoracic ~**

steer-horn ~ поперечно расположенный желудок

thoracic ~ врождённый короткий пищевод, грудной желудок

trifid ~ тройной [трёхполостный] желудок *(с двумя стенозами)*

"upset ~" «расстроенный желудок»

upside-down ~ перевёрнутый желудок *(заворот желудка вокруг горизонтальной оси)*

wallet ~ мешкообразный желудок *(разновидность гастрэктазии)*

waterfall ~ *см.* **cascade ~**

watermelon ~ арбузовидный желудок

water-trap ~ желудок в форме сифона *(с высоким расположением привратника, напоминающим изогнутую трубу с коленом)*

weakened ~ желудок с повреждённой стенкой *(после заглатывания агрессивной жидкости)*

stomachalgia [ˌstʌmək'ældʒiə] гастралгия

stomachic [stəʊ'mækik] 1. желудочное средство ‖ желудочный 2. способствующий пищеварению

stomachoscopy [ˌstʌmə'kɒskəpi] гастроскопия

stomach-pump ['stʌmək-pʌmp], **stomach-tube** ['stʌmək-tju:b] желудочный зонд

stomach-worm ['stʌmək-wə:m] *гельм.* желудочный червь *(Strongylidae)*

stomata ['stəʊmətə] *pl. от* **stoma**

stom(at)al ['stəʊmətəl] относящийся к стоме

stomatic [stəʊ'mætik] ротовой, оральный

stomatitis [ˌstəʊmə'taitis] стоматит *(воспаление слизистой оболочки полости рта)*

~ **traumatic** стоматит, обусловленный механической, термической или химической травмой

~ **tropica** стронгиллоидоз, кохинхинская диарея, спру, злокачественные [тропические] афты

angular ~ заеда, авитаминозный [ангулярный] стоматит, или хейлит

aphthobullous ~ *см.* **epidemic** ~

aphthous ~ афтозный стоматит

contagious pustular ~ контагиозный пустулёзный дерматит, или стоматит; контагиозная эктима

epidemic [epizootic] ~ ящур

gangrenous ~ (язвенно-)гангренозный стоматит

herpetic ~ герпетический стоматит

lead ~ свинцовый стоматит

maculofibrinous ~ рецидивирующий (язвенно-)гангренозный стоматит

mycotic ~ (бласто)микотический стоматит, стоматомикоз

necrotizing ulcerative ~ (язвенно-)гангренозный стоматит

psilosis ~ **interna** *см.* ~ **tropica**

ulcerative ~ язвенный [язвенно-гангренозный] стоматит

ulceromembranous ~ язвенно-плёнчатый стоматит

vesicular ~ везикулярный стоматит, Индианы лихорадка

Vincent ~ Венсана гингивит

stomatocytosis [ˌstəʊmətəʊsai'təʊsis] стоматоцитоз *(врождённая деформация эритроцитов, которые раздуты и имеют форму чашки)*

stomatodynia [ˌstəʊmətəʊ'dini:ə] боль в полости рта

stomatodysodia [ˌstəʊmətəʊdis'əʊdi:ə] дурной запах изо рта

stomatomalacia [ˌstəʊmətəʊmə'leiʃi:ə] стоматомаляция *(патологическое размягчение какой-л. структуры полости рта)*

stomatomenia [ˌstəʊmətəʊ'mi:ni:ə] циклическое кровотечение из дёсен *(викарная менструация у некоторых женщин)*

stomatomy [stəʊ'mætəmi] рассечение шейки матки

stomatomycosis [ˌstəʊmətəʊmai'kəʊsis] 1. (бласто)микотический стоматит 2. кандидозный стоматит, молочница

stomatonecrosis [ˌstəʊmətəʊnə'krəʊsis] нома *(гангрена тканей вокруг ротового отверстия)*

stomatosis [ˌstəʊmə'təʊsis] болезни структур полости рта

stomatotomy [ˌstəʊmə'tɒtəmi] *см.* **stomatomy**

stomenorrhagia [ˌstəʊmenəʊ'reidʒi:ə] *см.* **stomatomenia**

stomion ['stəʊmi:ən] *кр. метр.* стомион *(точка пересечения линии смыкания губ со срединно-сагиттальной плоскостью)*

stomodeum [ˌstəʊməʊ'di:əm] *эмбр.* ротовая ямка, стомодеум

stone [stəʊn] 1. конкремент, камень 2. кальциноз, кальцификация

artificial ~ зуботехнический гипс

cholesterol ductal ~s холестериновые камни в жёлчных путях

ear ~ статоконий, отолит, статолит

green ~ зелёный камень *(отложение на зубах)*

high-strength dental ~ огнеупорный зуботехнический гипс

non-opaque ~ рентгенонеконтрастный камень

ordinary laboratory ~ зуботехнический гипс

overlooked ~ невыявленный конкремент

plaster ~ *см.* **spectacle** ~

pulp ~ *стом.* дентикль *(минерализованная масса дентина в пульпе)*

radiopaque ~ рентгеноконтрастный конкремент

retained common bile duct ~ оставленный (недиагностированный) камень в общем жёлчном протоке

skin ~s кальцификация кожи

spectacle ~ гипс, $CaSO_4 \cdot 2H_2O$

tear ~ камень слёзного мешочка, дакриолит

urease ~ мочевой камень

vein ~ венный конкремент, флеболит

stone-blind [stəʊn-blaind] совершенно слепой

stoned [stəʊnd] «мертвецки пьяный» *(картина сильного алкогольного или наркотического опьянения)*

stone-dead [stəʊn-ded] мёртвый

stone-deaf [stəʊn-def] совершенно глухой

stonesound ['stəʊnsaʊnd] *мед. тех.* камнеискатель, камнещуп

stool [stu:l] стул, испражнения, фекалии

blood-streaked ~ стул с прожилками крови

butter ~ *см.* **fatty** ~

clay-colored ~s испражнения глинистого цвета

fatty ~ стеаторея, жирный [масляный] стул

heme positive ~ положительная проба на кровь в кале

loose ~ частый жидкий стул

pea-soup ~s испражнения в виде горохового супа

ribbonlike ~s лентовидный кал

rice-water ~s испражнения в виде рисового отвара

scant ~s скудный стул, небольшое количество фекалий

sheep dung ~s испражнения в виде овечьего кала

silver ~ «белый» стул *(при обтурации общего жёлчного протока)*

spinach ~ зеленоватый кашицеобразный стул

tarry ~ мелена, дёгтеобразный стул

Trelat's ~s слизистый стул с прожилками крови

voluminous ~ обильный стул

watery ~ водянистый стул

stop [stɒp] 1. остановка, прекращение; задержка; отмена ‖ останавливать(ся), прекращать, задерживать
2. помеха, препятствие; стопор

~ smoking прекращать курить

aperture ~ апертурная диафрагма

stopcock ['stɒpkɒk]:

~ for cuff inflation запорный кран для раздувания манжеты

stop-codon ['stɒp-kəʊdɒn]:

pre-core ~ кодон перед стоп-кодоном ко́ровой последовательности

stop-loss ['stɒp-lɒs] *страх.* стоп-лосс *(вид перестраховки, предусматривающей возмещение затрат при превышении ими определённой установленной суммы)*

stoppage ['stɒpiʤ] остановка, задержка; закупорка

stopper ['stɒpə] пробка || закрывать пробкой, закупоривать

cotton ~ ватная пробка

glass ~ стеклянная пробка

ground-in ~ притёртая пробка

ray ~ радиационный защитный экран

screw ~ навинчиваемая пробка

vented ~ пробка с отверстием

stopping ['stɒpiŋ] 1. остановка, прекращение, отмена 2. *стом.* пломба 3. пломбирование *(зуба)*

~ an outbreak купирование [ликвидация] вспышки *(инфекции)*

~ medication отмена медикаментозного лечения

~ of oxygen отмена оксигенотерапии

temporary ~ временная пломба

stopping-down ['stɒpiŋ-daʊn] экранирование

stop-speculum [stɒp-'spekjuːləm] расширитель, или зеркало с замком

storage ['stɔːriʤ] 1. хранение; накопление, откладывание, депонирование, аккумулирование 2. *психол.* хранение информации в памяти 3. память, запоминающее устройство *(ЭВМ)*

~ of diet соблюдение диеты

blood ~ 1. депонирование крови 2. консервация крови

limited ~ ограниченный срок хранения

passive ~ пассивное накопление *(мочи)*

posthumous ~ of sperm посмертное хранение спермы

storage-labile ['stɔːriʤ-'leibail] нестойкий при хранении

store [stɔː] 1. материальная комната; склад 2. запас, резерв || запасать, накапливать || резервный 3. большое количество, изобилие

intracellular ~ внутриклеточный пул *(напр. аминокислот)*

night drug ~ дежурная аптека

reduced glycogen ~s снижение содержания гликогена

stored [stɔːd] консервированный *(напр. о крови, пищевых продуктах)*

stories ['stɒriz] *pl. от* **story**

~ of illness история [анамнез] болезни

storm [stɔːm] 1. буря; ураган; циклон; шторм; гроза; ливень 2. сильное волнение; смятение 3. криз, пароксизм, приступ, обострение

auroral [magnetic] ~ магнитная буря

thyroid ~ тиреотоксический криз

stoss [stɒs], **stosstherapy** [,stɒs'θerəpi] лечение болюсом *(однократной массивной дозой или кратковременно большими дозами)*

stout [staʊt] 1. полный, тучный, дородный 2. крепкий

stove [stəʊv] 1. печь; кухонная плита 2. воздухонагреватель; сушильная камера

~ in chest травматическое нарушение каркасности грудной клетки

strabismal [strə'bizməl], **strabismic** [strə'bizmik] 1. относящийся к косоглазию 2. страдающий косоглазием, или страбизмом

strabismus [strə'bizməs] косоглазие, страбизм, гетеротропия

~ deorsum vergens *см.* **infravergent ~**

accommodative ~ аккомодационное косоглазие

alternating ~ альтернирующее косоглазие

concomitant ~ содружественное косоглазие

convergent ~ сходящееся [конвергирующее] косоглазие, эзотропия

cyclic ~ периодическое косоглазие

divergent ~ расходящееся [дивергирующее] косоглазие, экзотропия

dorso-lateral ~ дорсолатеральное косоглазие

external ~ *см.* **divergent ~**

incomitant ~ паралитическое косоглазие

infravergent ~ инфравергирующее косоглазие, косоглазие книзу, инфравергенция

internal ~ *см.* **convergent ~**

monocular [monolateral] ~ *см.* **unilateral ~**

supravergent ~ суправергирующее косоглазие, косоглазие кверху

unilateral [uniocular] ~ монолатеральное [одностороннее] косоглазие

vertical ~ вертикальное косоглазие *(при котором зрительная ось глаза отклонена вверх или вниз)*

strabometry [strə'bɒmətri] страбометрия *(метод измерения угла косоглазия)*

strabotomy [strə'bɒtəmi] операция коррекции косоглазия

straddle ['strædl] 1. широко расставленные ноги 2. широкий шаг 3. накрытие || накрывать, охватывать

to ~ the electrodes across the heart расположить электроды в области сердца

straighten [streitn] выпрямлять(ся), разгибать(ся)

straightening ['streitniŋ]:

penile ~ выпрямление [ортопластика] полового члена

strain¹ [strein] 1. напряжение, нагрузка 2. растяжение; деформация; повреждение || растягивать; деформировать 3. *pl.* потуги 4. процеживать, фильтровать

~ one's ears напрягать слух

~ one's voice сорвать голос; напрягать голос

adductor muscle ~ растяжение отводящих мышц бедра

eye ~ чрезмерное напряжение зрения

extension ~ относительное удлинение

extremity ~s повреждение [травма] мышц конечности

high-jumper's ~ растяжение мышц бедра у прыгунов в высоту

job ~ рабочее время

lumbar ligamentous ~ растяжение связок позвоночника

mental ~ 1. умственное напряжение 2. умственное переутомление

nerve ~ нервное перенапряжение

residual ~ 1. остаточная деформация **2.** остаточное напряжение

second-degree ~ растяжение (мышцы) второй степени (с частичным разрывом мышечных волокон)

surface ~ поверхностное натяжение

thermal ~ тепловая нагрузка, тепловой стресс

third-degree ~ растяжение (мышцы) третьей степени (полный разрыв)

strain² 1. род; вид; разновидность; микр. штамм (культура генетически однородных микроорганизмов); изолят **2.** наследственная черта

~ of insanity наследственное психическое заболевание

~s of laboratory mouse линия лабораторных мышей

Alabama ~s Ala-штаммы (синегнойной палочки; получены в университете штата Алабама)

antibiotic-resistant ~ антибиотикоустойчивый штамм

attenuated ~ аттенуированный [ослабленный] штамм

avianized ~ авианизированный штамм; штамм, адаптированный к куриным эмбрионам

bred ~ см. **inbred ~**

breeding ~s элита

cell ~ клон [линия] клеток

cloned ~ клонированный штамм

coisogenic ~ коизогенная линия (изогенная по всем генам, за исключением одного)

cold-adapted ~ холодовой штамм (адаптированный к низким температурам)

complement-resistant ~ комплементустойчивый штамм

donor ~ донорный штамм бактерий (источник генетического материала, передаваемого другому штамму)

drug-resistant ~ штамм, резистентный к лекарственным средствам

enteroinvasive ~ энтероинвазивный штамм

field rabies virus ~ полевой штамм вируса бешенства

histoincompatible ~s гистонесовместимые [несингенные] линии (животных)

homologous ~ гомологичный штамм

host ~ штамм-хозяин, штамм-акцептор (штамм микроорганизма, в котором клонируют чужеродную ДНК)

hybrid ~ гибридная линия

inbred ~ инбредный штамм; инбредная линия

indicator ~ индикаторный штамм

killer ~ штамм-убийца, штамм-киллер

master ~ см. **original ~**

mesogenic ~ мезогенный штамм, штамм со средней вирулентностью

mucoid ~ слизистый штамм (напр. синегнойной палочки)

multiresistant ~ полирезистентный штамм

mutant ~ мутантный штамм (бактерий)

nonpermissive ~ непермиссивный штамм

nonpiliated ~s безворсинчатые штаммы микробов

nontypable ~ нетипирующийся [не поддающийся типированию] штамм

Oka ~ Ока-штамм (вируса ветряной оспы, выделенный у мальчика по имени Ока)

original ~ исходная линия (клеток); природный [вакцинный] штамм (используемый для приготовления вакцины)

parent ~ 1. родительский штамм **2.** родительская линия

phage-changer ~ штамм, изменённый под действием фага

pilliated ~s ворсинчатые штаммы микробов

production ~ производственный штамм

proven-infective ~ штамм с доказанной инфективностью

pure ~ чистопородная линия

R ~ см. **rough ~**

recombinant ~ рекомбинантный штамм

reference ~ эталонный [справочный, референтный] штамм, референс-штамм

rough ~ «шероховатый» штамм, R-штамм (колонии бактерий с шероховатой поверхностью)

S ~ см. **smooth ~**

sensitive ~s чувствительные линии (животных)

serum-resistant ~ серологически атипичный штамм (не типируемый иммунной сывороткой)

serum-sensitive ~ серологически типируемый штамм

smooth ~ «гладкий» штамм, S-штамм (колонии бактерий с гладкой поверхностью)

stock ~ см. **original ~**

stringent ~ штамм со строгим контролем синтеза РНК

vaccinating [vaccine, vaccine seed] ~ см. **original ~**

Vi [virulence] ~ вирулентный штамм

virus-carrying bacterial ~ штамм – носитель бактериофага

wild-type ~ штамм «дикого типа»

strainer ['streinə] **1.** фильтр; перколятор **2.** натяжное устройство

air ~ воздухоочиститель, пылеуловитель, воздушный фильтр

straining ['streiniŋ] напряжение; затруднение

~ to vomit позыв к рвоте

strait [streit] проход, апертура

inferior pelvic ~ нижняя апертура таза, тазовый выход

superior pelvic ~ верхняя апертура таза, тазовый вход

straitjacket ['streit,ʤækət], **straitwaistcoat** ['streitweist-,kəʊt] ист. смирительная рубашка

stramonium [strei'məʊni:ən] дурман (Datura)

strand [strænd] **1.** волокно (мышцы); цепь, нить (молекулы) **2.** тяж; пучок; прядь **3.** полоса

~ for ampules штатив для ампул

Billroth's ~ трабекула селезёнки

complementary ~ комплементарная цепь (напр. ДНК)

fibrin ~ нить фибрина

template ~ матричная цепь (полинуклеотид, использующийся ДНК-полимеразой в качестве матрицы для синтеза комплементарной цепи)

strangalesthesia [,stræŋgələs'θi:ziə] зонестезия (парестезия в виде ощущения давящего пояса)

strange [streinʤ] странный, необычный, непривычный

strangle ['stræŋgl] **1.** задыхаться; душить; сдавить **2.** пережать (напр. кишку спайкой); сдавливать, ущемлять

strangulation [,stræŋgju:'leiʃn] странгуляция, сдавление, ущемление

~ of the optic nerve сдавление зрительного нерва

stranguria [stræŋ'gju:riə], **strangury** ['stræŋgu:ri] странгурия, болезненное [затруднённое] мочеиспускание (обычно по каплям)

strap [stræp] **1.** полоска лейкопластыря ‖ фиксировать с помощью лейкопластыря *(напр. повязку)* **2.** ремень *(напр. привязной)*

 commercial ~s стандартные [коммерческие] лямки *(для лечения перелома ключицы)*

 eight ~s восьмиобразная повязка

 electrode ~ ремень для крепления электродов

 figure of eight ~ восьмиобразная повязка

 head-chin ~ подбородочная пращевидная повязка, подбородочная праща

 pelvic ~ 1. тазовый гамак **2.** тазовый пояс

 restraining ~ фиксирующий [привязной] ремень *(напр. к каталке)*

strapping ['stræpiŋ] **1.** прикрепление [фиксация] ремнями **2.** сближение краёв раны лентой липкого пластыря ‖ накладывать липкий пластырь **3.** порка ремнём

 knee ~ наложение лейкопластырной повязки на коленный сустав

strata ['streitə] *pl. от* **stratum**

strategy ['strætədʒi] **1.** стратегия **2.** тактика; методика *(лечения)*

 ~ies for treating autoimmune disease направления лечения аутоиммунного заболевания

 antihypertensive ~ тактика лечения гипертонии

 applied research ~ стратегия прикладных исследований

 basic research ~ методы фундаментальных исследований

 bicarbonate ~ тактика лечения гидрокарбонатами

 coping ~ *психол.* стратегия совладания *(напр. с болью)*, копинг-стратегия

 diagnostic ~ методы диагностики

 divergent ~ies противоположные тенденции

 empirical research ~ эмпирический поиск (клинических) исследований

 mating [reproductive] ~ репродуктивная стратегия

 outpatient ~ амбулаторные условия

 preventive ~ стратегия профилактики *(направленная на всё население или на отдельные целевые группы – популяционную, высокого риска)*

stratification [ˌstrætifi'keiʃn] **1.** расслоение; расчленение **2.** стратификация *(1. формирование слоёв коры головного мозга на этапах эмбриогенеза 2. типологическая группировка, напр., больных)*

 ~ in the gallbladder узи «срезы» жёлчного пузыря

 ~ of patients распределение больных *(напр. по полу)*

 risk ~ стратификация риска *(распределение факторов риска по степени вероятности)*

stratified ['strætifaid] слоистый, послойный; многослойный *(напр. эпителий)*; неоднородный; стратифицированный

stratigram ['strætigræm] *рентг.* томограмма

stratigraphy [strə'tigrəfi] **1.** стратиграфия **2.** томография; ультрасонография

stratochamber [ˌstretəʊ'tʃeimbə] барокамера

stratum ['streitəm, 'strætəm], *pl.* **strata** ['streitə] **1.** слой; прокладка; пласт **2.** тип; группа

 ~ basale *лат.* базальный слой *(напр. эндометрия)*

 ~ corneum *лат.* роговой слой эпидермиса

 ~ germinativum зародышевый слой эпидермиса

 ~ granulosum зернистый слой эпидермиса

 ~ intermedium промежуточный [средний] слой

 ~ lucidum 1. блестящий слой **2.** прозрачное вещество

 ~ marginale *эмбр.* краевая вуаль

 ~ sinoviale синовиальная капсула, синовиальный слой

straw [strɔː]:

 poppy ~ маковая соломка

streak [striːk] **1.** тяж; полоса, полоска, прожилка; полосатость **2.** *микр.* линия, штрих ‖ делать посев штрихом **3.** зачаток **4.** черта *(характера)*

 ~s of blood прожилки крови *(напр. в фекалиях)*

 agar ~ штриховая культура бактерий на агаре

 angioid ~s ангиоидные полосы сетчатки

 bacterial ~ бактериальная штрихованность, бактериальная полосатая пятнистость

 descemet's ~s полосы на десцеметовой оболочке

 germinal ~ *эмбр.* первичная полоска *(участок ткани эмбриона, образующий мезодерму)*

 meningeal ~ рефлекторный дермографизм при менингите

 meningitic ~s менингеальные знаки

 primitive ~ *см.* **germinal ~**

 red ~s красные прожилки *(в мокроте)*

streaking ['striːkiŋ] *микр.* штриховая разводка

streak-inoculated [striːk-iˌnɒkjʊ'leitid] *микр.* посеянный штрихами

stream [striːm] поток; струя; течение ‖ течь; литься; струиться

 axial ~ осевой [центральный] ток *(напр. крови в сосуде)*

 blood ~ 1. кровоток; циркулирующая кровь **2.** кровеносное русло

 effluent ~ вытекающий поток

 fecal ~ продвижение фекалий

 fluid ~ поток жидкости или газа

 freshwater ~ 1. пресноводный поток **2.** река

 jet ~ 1. струя, струйное течение **2.** промывание (раны) струёй

 main ~ of consciousness фокус [центр] сознания, или внимания

 pin-point ~ of parallel X-rays прицельная рентгенография

 poor urinary ~ слабая струя мочи

 protoplasm ~ движение протоплазмы

 transpirational ~ *физиол.* транспирационный ток

 urine ~ мочеиспускание, мочевыделение

 weak ~ слабая струя *(напр. мочи)*

 X-rays ~s рентгеновы лучи

streblodactyly [ˌstrebləʊ'dæktili] стреблодактилия *(сгибательная контрактура пальцев кисти)*

 familial ~ наследственная стреблодактилия; камптодактилия

 minor ~ камптодактилия *(контрактура проксимальных межфаланговых суставов пальцев)*

street [striːt]:

 Great Ormond ~ Грейт-Ормонд-стрит *(улица в Лондоне, на которой находится «Детская больница»)*

 Harley ~ Харли-стрит *(улица в Лондоне, где находятся кабинеты преуспевающих врачей)*

streetworker ['striːtwəːkə] работник патронажа, работающий с беспризорными, безнадзорными и трудными детьми

stremma ['stremə] растяжение *(напр. связки)*

strength [streŋθ] **1.** сила **2.** эффективность, интенсивность **3.** стабильность, устойчивость, прочность **4.** *физ.* напряжённость **5.** крепость, концентрация *(раствора)* **6.** численность

~ **of abduction** отводящее усилие *(руки, ноги)*

~ **of preparation** активность лекарственного препарата, содержание активного вещества в лекарственном препарате

~ **of solution** концентрация раствора

~ **of stimulus** сила [интенсивность] раздражения

~ **of wound healing** прочность сращения раны

adhesion ~ прочность прилипания или слипания, прочность сцепления

antigen ~ антигенная активность

associative ~ прочность ассоциативных связей

back ~ становая сила *(показатель физического развития)*

breaking ~ сила разрыва, разрывающая сила

commercial ~ коммерческая активность

decreased vessel ~ снижение сосудистой резистентности

ferment ~ активность фермента

field ~ *см.* **magnetic field** ~

flavor ~ острота запаха; выраженность вкуса

magnetic field ~ напряжённость магнитного поля

muscle ~ мышечная сила

patient ~ численность больных и раненых в госпитале

pulse ~ напряжённость пульса

respiratory muscle ~ сила дыхательной мускулатуры

solution ~ концентрация раствора, крепость раствора

solvent ~ **1.** растворяющая способность **2.** концентрация растворителя

transpiration ~ интенсивность транспирации

strengthen ['streŋθn] **1.** усиливать(ся), укреплять(ся) **2.** повышать концентрацию *(раствора)*

strenuous ['strenjʊəs] **1.** сильный, энергичный **2.** напряжённый; требующий усилий *(напр. о физических упражнениях)*

strephenopodia [ˌstrefənəʊˈpəʊdiːə] варусная стопа

strephexopodia [ˌstrefəksəʊˈpəʊdiːə] вальгусная стопа

strephopodia [ˌstrefəʊˈpəʊdiːə] конская стопа

strephosymbolia [ˌstrefəsimˈbəʊliːə] перевёрнутое (зеркальное) восприятие объектов *(специфическое, трудноразличимое написание букв, вытягивающихся в противоположных направлениях, но остающихся сходными, напр. как p и d)*

strepitus ['strepitəs] шум *(обычно при аускультации)*

streptocerciasis [ˌstreptəʊsəˈkaiəsis], **streptocercosis** [ˌstreptəʊsəːˈkəʊsis] стрептоцеркоз *(гельминтоз, вызываемый личинками микрофилярий, паразитирующих в коже)*

streptococcus [ˌstreptəʊˈkɒkəs], *pl.* **streptococci** [ˌstreptəʊˈkɒksai] стрептококк

anaerobic ~ анаэробный стрептококк

fecal ~ фекальный стрептококк, энтерококк, стрептококк группы Д

hemolytic ~ гемолитический стрептококк

streptoderma [ˌstreptəʊˈdəːmə] стрептодермия, стрептококковая пиодермия

streptodornase [ˌstreptəʊˈdɔːneiz] стрептодорназа *(фермент, вырабатываемый некоторыми гемолитическими бактериями)*

streptokinase [ˌstreptəʊˈkaineiz] стрептокиназа *(фермент, способствующий растворению фибриновых волокон)*

streptolysin [strepˈtɒlizin] стрептолизин *(экзотоксин стрептококков, разрушающий эритроциты)*

streptotrichosis [ˌstreptəʊtraiˈkəʊsis] *инф.* нокардиоз, атипичный стрептотрихоз, актиномикоз, кладотрихоз, микотический дерматит

stress [stres] **1.** стресс *(1. реакция организма на нарушение гомеостаза 2. любой фактор, который может нанести вред здоровью человека)* ‖ создавать стресс **2.** усилие, нагрузка; давление; напряжение ‖ вызывать напряжение **3.** психический стресс *(вызывающий у индивидуума тревогу и неуравновешенность)*

~ **on stifle** толчок [удар] на коленный сустав

~ **to liver** повреждающее действие на печень

abnormal ~**es** чрезмерные нагрузки

acculturative ~ акультуральный [обусловленный культуральной адаптацией] стресс

anemic ~ анемический шок

bone ~ стрессовый [маршевый] перелом

catastrophic ~ *психол.* катастрофический стресс *(острая реакция на стресс)*

"cell ~**"** «клеточный стресс» *(нарушение проницаемости клеточной мембраны)*

environmental ~ внешнее стрессовое воздействие

exercise ~ физическая нагрузка, физическое напряжение

fetal ~ неблагополучие плода *(в матке)*

inoculation ~ стресс, вызванный инокуляцией

inversion ~ вальгусное [инверсионное] повреждение *(напр. связок голеностопного сустава)*

life ~ жизненный стресс *(события, вызывающие выраженные эмоциональные переживания)*

masticatory ~ жевательная нагрузка

mental ~ нервно-психическое напряжение, эмоциональный стресс

metabolic ~ метаболические расстройства, нарушения обмена веществ

minor ~ **1.** малая нагрузка **2.** микротравма

nutritional ~ стресс, вызванный нарушением питания

occlusal ~ окклюзионное давление

occupational ~ стресс, связанный с профессиональной деятельностью

operating ~ рабочая нагрузка, рабочее напряжение

oxidative ~ оксидантный [окислительный] стресс

precipitating ~ провоцирующий стресс

psychological ~ *см.* **mental** ~

psychosocial ~ психосоциальная нагрузка

repetitive ~ повторная нагрузка *(напр. на сустав)*

restant ~ ограниченная стрессорная нагрузка

shear ~ напряжение сдвига, напряжение при сдвиге

surgery ~ хирургический стресс

varus ~ варусная нагрузка, варусное давление

stressed [strest] стрессорный, вызывающий стресс

stress-induced [stres-in'dju:st] стрессиндуцированный, обусловленный [вызванный] стрессом

stressor ['stresə] стресс-фактор, стрессор

environmental ~ стресс-фактор окружающей среды

psychosocial ~ психосоциальный стрессор

stress-susceptible [stres-sə'septəbl] подверженный стрессу

stretch [stretʃ] 1. вытягивание, растягивание, удлинение || вытягивать растягивать, удлинять 2. промежуток времени, период, интервал *(времени)* 3. эластичность

globe ~ увеличение глазного яблока

sciatic nerve ~ натяжение седалищного нерва

stretcher ['stretʃə] носилки, носилки-каталка

~ with cover закрытые носилки *(для переноски трупов)*

collapsible [folding] ~ складные носилки

wheel ~ носилки-каталка

stretcher-bearer ['stretʃə-'beərə], **stretcherman** ['stretʃə-,mæn] санитар-носильщик

stretching ['stretʃiŋ] 1. разгибание; выпрямление 2. растягивание, стретчинг *(физические упражнения, включающие наклоны, сгибания, разгибания на растяжение мышц)*

~ of foreskin расширение стеноза крайней плоти

~ of muscle растяжение мышцы

~ the vertebral column вытяжение позвоночника

stretchproof [,stretʃ'pru:f] нерастягивающийся, неэластичный

stretch-receptor [stretʃ-ri'septə] тензорецептор, рецептор растяжения

stria ['straiə], *pl.* **striae** ['straii:] 1. *анат.* бороздка, полоска, штрих 2. *pl.* атрофические полосы кожи *(при беременности)*

~ fornicis мозговая полоска таламуса

~e cutis distensae полосы растяжения кожи

~e gravidarum рубцы беременности

~ mallearis молоточковая полоска *(барабанной перепонки)*

~ terminalis краевая полоса *(полоска белого вещества, отделяющая таламус от желудочковой поверхности хвостатого ядра)*

~ vascularis сосудистая полоска *(улиткового лабиринта)*

acoustic [auditory] ~s мозговые [слуховые] полоски четвёртого желудочка

lateral longitudinal ~ латеральная продольная полоска *(мозолистого тела)*

medial longitudinal ~ медиальная продольная полоска *(мозолистого тела)*

medullary ~ of the thalamus мозговая полоска таламуса

olfactory ~ обонятельная полоска *(мозга)*

striatal ['straiətəl] стриарный *(относящийся к полосатому телу)*

striate(d) ['straieitəd] полосатый, покрытый полосами или бороздками, исчерченный, слоистый; поперечно-полосатый *(напр. о мышце)*

striation [strai'eiʃn] 1. полосатость, бороздчатость, исчерченность 2. нанесение штриховой разводки

tabby-cat [tigroid] ~ «тигровое» сердце *(разновидность жировой дистрофии миокарда)*

striatum [strai'eitəm] *анат.* 1. полосатое тело 2. неостриатум

rat ~ полосатое тело головного мозга крысы

stricken ['strikən]:

~ with arthritis поражённый артритом

strict [strikt] точный, определённый, строгий, не допускающий отклонений *(напр. о диете)*

stricture ['striktʃə] 1. стриктура, стеноз, сужение 2. закупорка; остановка; задержка

annular ~ кольцевидная стриктура

bridle ~ стриктура, вызванная перетяжкой

contractile ~ рецидив стеноза, рецидивирующая стриктура

corrosive ~ of the stomach рубцовый стеноз привратника

false [functional] ~ *см.* spasmodic ~

lower esophageal ~ стриктура в нижней части пищевода

organic [permanent] ~ органический стеноз

recurrent [resilient] ~ *см.* contractile ~

spasmodic [spastic, temporary] ~ спастическое сужение, спазм *(полого органа)*

urethral ~ стриктура мочеиспускательного канала

stricturoplasty ['striktʃərəʊ,plæsti] расширение стриктуры *(чаще всего тонкой кишки путём её рассечения)*

stricturotomy [,striktʃə'rɒtəmi] рассечение стеноза

strident ['straidənt] хриплый; резкий, пронзительный; жёсткий *(о дыхании)*

stridor ['straidə:] стридор *(свистящее шумное дыхание, обусловленное резким сужением просвета гортани, трахеи или бронхов)*

~ dentium бруксизм, одонтеризм, Каролини феномен

~ serraticus пилящий стридор

expiratory ~ экспираторный стридор

inspiratory ~ инспираторный стридор

laryngeal ~ стридор гортани

thymic ~ стридор, вызываемый увеличенной вилочковой железой

stridulous ['stridju:ləs] хриплый; резкий, пронзительный; жёсткий *(о дыхании)*

strife [straif]:

rivalry ~ анизейкония *(неравенство величин изображения одного и того же предмета на сетчатке правого и левого глаза)*

strike [straik] 1. удар || ударить 2. откладывать яйца *(в организме животного; о насекомых)* 3. забастовка

hunger ~ голодовка

string [striŋ] 1. струна; пучок; волокно 2. сухожилие

auditory ~ слуховая струна

gene ~ генонема; хромонема *(нуклеопротеиновые нити хромосом)*

navel ~ пупочный канатик, пуповина

stringy ['striŋi] 1. волокнистый 2. тягучий, вязкий

strip [strip] 1. полоса; полоска; лента; узкая пластинка, стрип || записывать ЭКГ 2. стрип; индикаторная тест-полоска 3. отделяемое *(в результате выдавливания)* || выдавливать, удалять *(содержимое)* 4. экстирпация подкожной вены 5. соскабливать; отслаивать

to ~ off сдирать, соскабливать

to ~ to the waist раздеваться до пояса

~ of skin полоска кожи

Albustrix ~ *фирм.* индикаторная полоска *(для экс-пресс-определения белка)*

celluloid ~ *стом.* целлулоидная полоска *(для пломбирования)*

electrophoretic ~ полоска (бумаги) для электрофореза

finishing ~ абразивная полирующая (межзубная) полоска

glucose reagent ~ тест-полоска для определения глюкозы *(напр. в крови)*

Hemastix ~ *фирм.* индикаторная полоска на скрытую кровь

lung ~s кусочки лёгкого

parenchymal ~ кусочек паренхимы

plaster ~ полоска лейкопластыря

reagent ~ индикаторная полоска

recorder ~ лента записывающего устройства

stripe [straip] полоса; полоска; тонкий слой; прожилка

lucent ~s полосы просветления *(на рентгенограмме)*

mallear ~ молоточковая полоска *(барабанной перепонки)*

vascular ~ сосудистая полоска *(улиткового лабиринта)*

striped [straipt] полосатый

stripper ['stripə] зонд для экстирпации органа

fascia ~ ложка [распатор] для отслаивания фасции

tendon ~ сухожильный экстрактор

vein ~ венэкстрактор

stripping ['stripiŋ] **1.** экстирпация *(подкожной вены)* **2.** выдавливание, удаление *(содержимого)* **3.** соскабливание; отслаивание, отслойка

~ of vocal cord 1. экстирпация голосовой связки **2.** *pl.* обнажение [освобождение] голосовых складок

sapheno-femoral ~ of varicose veins экстирпация варикозных подкожных вен бедра

strive [straiv]:

~ for superiority *психол.* стремление к превосходству

strobila [strəʊ'bilə], **strobile** ['strəʊbil], *pl.* **strobilae** [strəʊ'bili:] стробила *(лентовидное тело взрослых цестод)*

strobilocercus [ˌstrəʊbiləʊ'sə:kəs] стробилоцерк *(личинка цестод)*

stroboscope ['strəʊbəʊˌskəʊp] стробоскоп *(оптический прибор для определения периодов повторяющихся движений, длительности импульсов и др.)*

stroke [strəʊk] **1.** удар; толчок ‖ ударять ‖ систолический **2.** внезапный приступ; припадок, «удар» *(инсульт; инфаркт; эмболия)*

~ of whip разрыв ахиллового [пяточного] сухожилия, «удар хлыстом», «щёлканье кнутом»

acute ~ острый инсульт

atherothrombotic ~ атеротромботический инсульт

cardioembolic ~ кардиоэмболический инсульт

completed ~ завершившийся [закончившийся] инсульт

disable ~ инвалидизирующий инсульт

embolic ~ эмболический инсульт

heart ~ 1. *кард.* верхушечный толчок **2.** приступ стенокардии

heat ~ тепловой удар

hemorrhagic ~ геморрагический инсульт, кровоизлияние в мозг

ischemic cerebral ~ ишемический церебральный инсульт

lacunar ~ очаговый [лакунарный] инсульт *(обусловленный нарушением перфузии крови в капиллярах мозга)*

light ~ фотостресс, световой удар

lightning ~ поражение [удар] молнией

minor ~ малый инсульт

progressive ~ прогрессирующий инсульт

recurrent ~ повторный инсульт; повторный инфаркт

small-vessel ~ *см.* **lacunar ~**

sun ~ солнечный удар

stroking ['strəʊkiŋ] поглаживание *(приём массажа)*

stroma ['strəʊmə], *pl.* **stromata** ['strəʊmətə] *анат.* строма *(опорная структура органа)*

~ of cornea собственное вещество роговицы

~ of iris строма радужки

hemopoietic ~ гемопоэтическая [кроветворная] строма

marrow ~ костномозговая строма

sex-cord ~ относящийся к строме полового тяжа

thymocyte-depleted ~ атимоцитарная строма *(костного мозга)*

vitreous ~ *офт.* стекловидная строма

stromal ['strəʊməl], **stromatic** [strəʊ'mætik] относящийся к строме

stromatolysis [ˌstrəʊmə'tɒlisis] стром(ат)олиз *(полный распад эритроцита при гемолизе)*

strong-built [strɒŋ-bilt] крепкого телосложения

Strongyloides [ˌstrɒŋʤə'lɒidi:z] угрицы *(род мелких нематод, паразитирующих в тонком кишечнике млекопитающих)*

strongyloidiasis [ˌstrɒŋʤəlɒi'daiəsis], **strongyloidosis** [ˌstrɒŋʤəlɒi'dəʊsis] стронгилоидоз, кохинхинская диарея, ангвиллюлёз

strontium ['strɒnʃiəm] стронций, Sr *(радиоактивный элемент с периодом полураспада от 0,7 мин. до 28 лет)*

strophulus ['strɒfju:ləs] детская почесуха, детская папулёзная крапивница

structure ['strʌktʃə] **1.** структура; строение **2.** конструкция; устройство **3.** образование; орган

~ of lots содержание лотов *(напр. на медицинское оборудование)*

adjacent ~s прилежащие структуры; соседние органы

age-sex ~ возрастно-половая структура *(населения)*

antibody-binding ~ антителосвязывающий рецептор (В-клеточная детерминанта)

antigen-recognition ~ антигенраспознающая структура *(рецепторы антигенов)*

associated ~ смежный орган

backbone ~ of a protein остов белка

bladder ~ строение мочевого пузыря

cartwheel ~ *цитол.* «структура в форме колеса» *(базального тельца)*

cellular ~ ячеистая структура; клеточная структура

cloverleaf ~ структура «клеверного листа» *(мРНК)*

cross-linked ~ сетчатая структура

cystic ~ кистозная структура

fine ~ ультраструктура; тонкая структура

genetic fine ~ генетическая тонкая структура *(локуса)*

helical ~ спиральная структура

honeycomb ~ ячеистая [сотовая] структура *(напр. при распаде лёгочной ткани)*

hyperfine ~ ультраструктура, сверхтонкая структура
indifferentiated ~ недифференцированная [малодифференцированная] ткань
intercellular ~ межклеточный контакт
kinship ~ структура родственных связей
ligamentous ~s связочный аппарат
loose ~ рыхлая структура
minute ~ 1. мелкая структура 2. микроскопическое строение
neurovascular ~s сосудисто-нервные образования
oral ~s органы ротовой полости
personality ~ структура личности
physical ~ антропометрические данные *(напр. больного)*
scale ~ чешуйчатая структура
secondary ~ вторичная структура *(белка)*
sex ~ распределение по полу, половой состав
sheet ~ пластинчатая структура
small ~s мелкие анатомические структуры
space ~ трёхмерная [пространственная, объёмная] структура
spherical ~ округлое образование *(напр. в лёгком)*
supporting ~ опорная структура, остов, каркас *(органа)*
three-dimensional ~ *см.* space ~
trophic ~ трофическая структура *(пути трансформации энергии в экосистеме)*
vesicular ~ ячеистая структура
viral ~ строение вируса
vital ~ жизненно важный орган
structured ['strʌktʃəd] рандомизированный, выбранный произвольно
structuredness ['strʌktʃədnəs] структурированность *(ткани)*
struggle [strʌgl] 1. борьба 2. напряжение, усилие
~ **for existence** борьба за существование
business ~ борьба за существование
death ~ агония
struma ['struːmə], *pl.* **strumae** ['struːmiː] 1. утолщение; нарост; вздутие; узел 2. зоб, струма
~ **gelatinosa** коллоидный зоб
~ **nodosa** *уст.* аденома щитовидной железы
adrenal ~ гиперплазия надпочечников; аденома надпочечника
cast iron [ligneous] ~ фиброзный тиреоидит, или зоб, Риделя струма
pituitary ~ гиперплазия гипофиза
retrosternal [substernal] ~ загрудинный [внутригрудной] зоб
thymus ~ тимома; персистентная вилочковая железа
strumectomy [struːˈmektəmi] струмэктомия *(удаление или резекция щитовидной железы)*
strumiprival [ˌstruːmiˈpraivəl], **strumiprivic** [ˌstruːmiˈpraivik], **strumiprivous** [ˌstruːmiˈpraivəs] струмоприв-ный *(обусловленный отсутствием щитовидной железы)*
strumitis [struːˈmaitis] тиреоидит, *уст.* струмит
strumoderma [struːməʊˈdəːmə] колликвативный туберкулёз кожи, скрофулодерма
strumous ['struːməs] зобный
strut [strʌt] 1. патологическая походка || ходить неестественной походкой 2. стойка; распорка *(для коррекции позвоночника)*

struvit ['struːvit] струвит *(фосфаторганический предшественник мочевых камней)*
infection-induced ~ струвит, обусловленный инфекцией
strychnine ['striknin] стрихнин *(ядовитый алкалоид семечек дерева Strychnos nux vomica)*
strychninism ['strikninizm] хроническое отравление стрихнином
stub [stʌb] 1. пень; пенёк *(зуба)* || вырывать *(напр. корень зуба)* 2. короткий отломок или остаток
~ **of a tooth** пенёк зуба
to ~ **the foot** придавить ногу
stubborn ['stʌbən] упрямый; неподатливый
stubby ['stʌbi] 1. коренастый, приземистый; короткий и толстый 2. приплюснутый *(напр. нос)* 3. щетинистый *(о бороде)*
stud [stʌd] *травм.* гвоздь, штифт, стержень
student [stjuːdnt]:
~s **with special needs** студенты-инвалиды
advanced ~ молодой научный работник; *англ.* аспирант
chiropractic ~ обучающийся хиропрактике
diversity ~ исследователь (биологического) разнообразия
graduate ~ аспирант
physically handicapped ~ учащийся, имеющий физический недостаток
senior medical ~ студент-медик старшего курса
surgery dental ~ студент, изучающий хирургическую стоматологию
study ['stʌdi] 1. изучение, исследование || изучать, исследовать, рассматривать 2. наука, отрасль науки
~ **of fracture** изучение распространённости переломов
analogue ~ исследование методом моделирования
applied social ~ies изучение общественного мнения; социологическое исследование
autopsy ~ секционное патологоанатомическое исследование; вскрытие
basic ~ies 1. основная подготовка 2. фундаментальное исследование
behavioral ~ies поведенческие исследования
blind ~ слепой метод исследования
blue [brown] ~ *психол.* мрачное настроение, глубокое раздумье
case-control [case-referent] ~ изучение методом «случай-контроль» *(сопоставление каждого испытуемого с контрольным объектом)*
check ~ies поверочные [контрольные] замеры или испытания
clinical ~ клиническое исследование
cohort ~ies когортные исследования
collaborative ~ совместное исследование
community ~ популяционное исследование *(напр. определённых коллективов)*
community health ~ изучение состояния здравоохранения в населённых пунктах
contrast ~ies контрастное (рентгенологическое) исследование
controlled clinical ~ контролируемое клиническое испытание

coronary intervention ~ интервенционное исследование коронарных больных

cross-disciplinary ~ междисциплинарное исследование (группой различных специалистов)

crossover ~ перекрёстное исследование

cross-sectional ~ одномоментное «срезовое» углублённое исследование

death certificate ~ изучение по свидетельствам о смерти

descriptive ~ описательное исследование

dose-response ~ исследование с применением различных доз

double-blind cross-over ~ двойной слепой перекрёстный метод изучения

double-blind multicenter ~ двойное слепое многоцентровое [кооперированное] исследование

double-blind placebo-controlled randomized ~ двойное слепое рандомизированное исследование, контролируемое плацебо

drug usage ~ исследование потребления лекарственных средств

environmental baseline ~ исследование исходного состояния окружающей среды

feasibility ~ies 1. технико-экономическое обоснование 2. исследование с целью изучения возможности реализации чего-л.

filtration ~ фильтрационный анализ

follow-up ~ катамнестическое исследование, изучение отдалённых результатов

food habit ~ исследование особенностей питания

freeze fracture ~ies исследования замораживанием сколов

genetic ~ генетическое исследование

growth-rate ~ изучение возрастного состава популяции

health professionals' follow-up ~ программа исследования здоровья медицинских работников

hematological ~ гематологическое исследование, анализ крови

hereditary ~ генеалогический анализ, изучение наследственности

histopathological ~ патогистологическое исследование

holter monitor ~ холтеровское мониторирование

integrated ~ комплексное исследование

intervention ~ интервенционное исследование

intravital ~ прижизненное изучение

ischemic burden ~ исследование больных с ишемией (миокарда)

lag ~ анализ поступивших счетов (отчёт о периодической финансовой деятельности ЛПУ)

longitudinal ~ 1. долговременное [продолжительное] исследование 2. демогр. продольное исследование народонаселения; исследование методом когорт

lower gastrointestinal contrast ~ контрастная ирригоскопия кишечника

matched pair ~ парное изучение

medicine ~ies методология медицины, «медициноведение»

motion ~ изучение трудовых движений

multicenter [multiclinic] ~ многоцентровое [кооперированное] исследование

naturalistic ~ натуралистическое исследование (наблюдение естественных процессов)

nerve conducting ~ies исследования нервной проводимости

overall ~ цикловой хронометраж

pilot ~ 1. пилотное [предварительное] обследование; поисковое исследование 2. экспериментальное исследование

placebo controlled ~ плацебо-контролируемое исследование

pneumocolon ~ пневмоколонография

population ~ демографическое исследование

population-based ~ популяционное исследование; обследование популяции

preconceptual ~ предварительное исследование, поисковая работа

private ~ самостоятельное изучение

prospective ~ проспективное исследование (изучение популяции на протяжении определённого промежутка времени, начиная с данного момента)

public health field ~ies полевые испытания в области общественного здравоохранения

radioiodine ~ исследование с применением радиоактивного йода (^{131}I или ^{125}I)

randomised ~ рандомизированное исследование (методом случайной выборки)

ratio delay ~ выборочный анализ рабочего времени

reinterview ~ повторное исследование

retrospective ~ ретроспективное исследование (изучение данных, полученных в прошлом)

science ~ науковедение

screening ~ отборочное исследование, скрининг

seroepidemiologic ~ сероэпидемиологическое исследование (на антигены или антитела)

simulation ~ моделирование, модельное исследование

sleep ~ies «слепое» изучение (при котором больной не знает, принимает ли он истинное лекарство или «пустышку»)

staff-movement ~ изучение передвижения персонала (в процессе работы)

time and motion ~ изучение трудового процесса во времени

toxicity ~ies токсикологические исследования

tracer ~ исследование с помощью радиоактивных индикаторов, радиоизотопное исследование

ultrastructural ~ies электронно-микроскопическое исследование

upper gastrointestinal contrast ~ рентгеноконтрастное исследование желудочно-кишечного тракта

validation ~ анализ беспристрастности, или достоверности (напр. выборки)

visual ~ визуальное исследование

within-patient ~ исследование одних и тех же больных

work ~ изучение организации труда

work flow ~ изучение последовательности операций в процессе работы; хронометраж производственного процесса

X-ray microanalytical ~ рентгеновский микроанализ

X-ray microscopic ~ рентгеномикроскопическое изучение

Study:

Framingham Heart ~ Фрамингемское исследование сердца *(взаимосвязи ИБС с гиперхолестеринемией)*

International ~ of Head Injury Project Международная группа по выработке стандартов лечения черепно-мозговой травмы

National Wilms Tumor ~ Научно-исследовательская группа по изучению опухоли Вильмса

Nurses' Health ~ Программа международного исследования здоровья медсестёр

Physician's Health ~ Программа исследования здоровья врачей

stuff [stʌf] **1.** вещество; материал **2.** лекарственный препарат **3.** тампонировать **4.** пломбировать *(зуб)* **5.** *sl.* героин

fatigue ~ ксенотоксин *(фактор утомления)*

food ~ пищевой продукт

raw ~ сырьё

stuffy ['stʌfi] *разг.* «с заложенным носом» *(при простуде)*

stump [stʌmp] культя

amputation ~ ампутационная культя; ампутированная конечность

bell-shaped ~ колоколообразная культя

cervical ~ культя шейки матки

club-shaped ~ булавовидная культя *(конечности)*

conical ~ коническая культя

cylindrical ~ цилиндрическая культя

inadequate ~ порочная ампутационная культя

insecure ~ ненадёжно [непрочно] обработанная культя

pain syndrome ~s фантомная боль, фантомный синдром

prepared ~ препарированная культя *(зуба)*

tender ~ *см.* **pain syndrome ~s**

stun [stʌn] вызывать временную потерю сознания, оглушать *(напр. ударом)*

stunning ['stʌnɪŋ] **1.** оглушение, оглушённость **2.** состояние дисфункции левого желудочка после инфаркта миокарда

myocardial ~ «оглушённый» [«замерший»] миокард *(об обратимой дисфункции при ИБС)*

stunt [stʌnt] **1.** остановка роста, задержка в росте ‖ останавливаться в росте **2.** карликовость *(возбудитель – вирус)* **3.** малорослое животное

stupe [stuːp] тёплый компресс, горячая примочка

stupefacient [ˌstuːpəˈfeɪʃənt] **1.** вызывающий ступор **2.** наркотический препарат

stupefaction [ˌstuːpəˈfækʃn] **1.** помрачение сознания, оглушение **2.** *псих.* процесс развития ступора

stupemania [ˌstuːpəˈmeɪnɪə] психическое расстройство со ступором

stupor ['stuːpə] **1.** помрачение сознания; оцепенение; оглушение **2.** *псих.* ступор *(состояние обездвиженности и нечувствительности с потерей сознания)*

~ vigilans каталепсия

apathic [anergic] ~ апатический ступор

benign ~ *см.* **depressive ~**

catatonic ~ кататонический ступор

delusion ~ острое слабоумие

dissociative ~ диссоциативный ступор

epileptic ~ эпилептический ступор

exogenous ~ экзогенный ступор

lethargic ~ летаргия, летаргическое состояние, летаргический сон, транс

malignant ~ ступор с неблагоприятным прогнозом

postconvulsive ~ *см.* **epileptic ~**

stuporous ['stuːpərəs] **1.** относящийся к помрачению сознания или оглушению **2.** находящийся в состоянии ступора, ступорозный

sturdy ['stəːdi] **1.** сильный; здоровый **2.** *вет.* ценуроз, вертячка *(возбудитель Coenurus cerebralis)*; головокружение **3.** здоровый, крепкий человек

stutter ['stʌtə] заикание ‖ заикаться

stuttering ['stʌtərɪŋ] **1.** заикание, запинание ‖ заикающийся **2.** прерывистый процесс

labiochoreic ~ хореическая жёсткость [тугоподвижность] губ с заиканием

urinary ~ прерывистое мочеиспускание

sty, stye [staɪ] ячмень

style [staɪl] **1.** стиль; манера; вкус **2.** род, сорт, тип **3.** игла

~ of life образ жизни

american ~ американский вариант *(напр. лечения артрита)*

dimensional ~ количественный критерий

healthy life ~ здоровый образ жизни

rescue american ~ американская система спасательных мер

temperament ~s виды темперамента

stylet(te) ['staɪlət] **1.** стилет *(проволочный проводник катетера; мандрен)* **2.** тонкий *(чаще металлический)* зонд

needle ~ игла-стилет

pencil point [pointed] ~ заострённый зонд

styliform ['staɪlɪfɔːm], **styloid** ['staɪlɔɪd] шиловидный, шилообразный

styloiditis [ˌstaɪlɔɪˈdaɪtis] стилоидит *(воспаление тканей, окружающих шиловидный отросток)*

stylomastoid [ˌstaɪləʊˈmæstɔɪd] шилососцевидный

stylomaxillary [ˌstaɪləʊˈmæksiˌlæri] шиловидно-верхнечелюстной

stylosteophyte [staɪˈlɒstiːəʊfait] костный шип, игольчатый остеофит

stylostixis [ˌstaɪlɒsˈtiksis] иглоукалывание, иглотерапия, акупунктура

stylus ['staɪləs] **1.** стилет **2.** палочка для нанесения прижигающего вещества *(напр. на бородавку)*

stypage ['staɪpidʒ] тампонирование, тампонада

stype [staɪp] тампон

stypsis ['stɪpsis] **1.** вяжущее действие **2.** применение вяжущих или гемостатических средств

styptic ['stɪptik] **1.** кровоостанавливающее [гемостатическое] средство ‖ оказывающий гемостатическое действие **2.** вяжущее средство

subacidity [ˌsʌbəˈsiditi] пониженная кислотность

subacute [ˌsʌbəˈkjuːt] подострый *(напр. о течении болезни)*

subalimentation [ˌsʌbəlimənˈteɪʃn] пониженное [недостаточное] питание

subaortic [ˌsʌbeɪˈɔːtik] субаортальный, расположенный под аортой

subarachnoid [ˌsʌbəˈræknɔɪd] субарахноидальный, подпаутинный

subareolar [ˌsʌbeiˈriːəʊlə] расположенный под околососковым кружочком

subastringent [ˌsʌbəˈstrinʤənt] слабовяжущий

subatloidean [ˌsʌbætˈlɔɪdiːən] расположенный под I шейным позвонком

sub-atmospheric [ˌsʌb-ˌætməsˈferik] вакуумный; ниже атмосферного давления

subaural [sʌbˈɔːrəl] субаурикулярный, расположенный под ушной раковиной

subaurale [ˌsʌbɔːˈreili] *кр. метр.* самая нижняя точка ушной раковины

subbasal [sʌbˈbeisəl] расположенный под основанием или базальной мембраной

subbrachycephalic [ˌsʌbbreikiːsəˈfælik] близкий к брахицефалическому, суббрахицефалический *(о форме черепа, индекс 78–79)*

subcallosal [ˌsʌbkeiˈləʊsəl] расположенный под мозолистым телом

subcaloric [ˌsʌbkæˈlɔːrik] малокалорийный

subcartilaginous [ˌsʌbkɑːtiˈlæʤinəs] 1. частично состоящий из хряща 2. субхондральный, расположенный под хрящом

subcellular [sʌbˈseljuːlə] субклеточный, внутриклеточный

subcentral [səbˈsentrəl] расположенный ближе к центру

subchondral [sʌbˈkɒndrəl] субхондральный *(зона кости, расположенная под суставным хрящом)*

subchronic [sʌbˈkrɒnik] подострый *(о течении болезни)*

subclass [ˈsʌbklæs] *такс.* подкласс *(категория между классом и отрядом в зоологии, классом и порядком – в бактериологии и ботанике)*

subclinical [sʌbˈklinikəl] 1. субклинический, преклинический, продромальный 2. бессимптомный, скрытый

subclone [ˈsʌbkləʊn] (клеточный) субклон; очередной пассаж *(в культуре)*

subcloning [ˈsʌbkləʊniŋ] пересев *(культуры клеток)*; субклонирование

subconscious [sʌbˈkɒnʃəs] 1. подсознательный *(о восприятии)*; неосознанный 2. находящийся в ступорозном состоянии, полубессознательный

subconsciousness [səbˈkɒnʃəsnəs] 1. *психол.* подсознание 2. частично бессознательное состояние

subcontinuous [sʌbkənˈtinjʊəs] перемежающийся

subcooling [sʌbˈkuːliŋ] частичное [неполное] охлаждение

subcortex [sʌbˈkɔːtəks] подкорковые образования *(головного мозга)*

subcortical [sʌbˈkɔːtikəl] подкорковый, субкортикальный

subcrepitation [ˌsʌbkrepiˈteiʃn] звуки, близкие к крепитации

subcultivation [ˌsʌbkʌltiˈveiʃn] субкультивирование *(пассирование, пересев клеток в клеточных культурах)*

repeated ~ повторное субкультивирование

subculture [sʌbˈkʌltʃə] 1. пересев, пассаж || пересевать, пассировать *(бактерии из маточной культуры в свежую питательную среду)* 2. субкультура, пассированная [пассажная, пересеянная, вторичная, субклонированная] культура 3. субкультура *(система ценностей и жизненных стилей определённой социальной группы, отличающаяся от господствующей в обществе культуры, хотя и связанная с ней)*

subcurative [sʌbˈkjuːrətiv] относящийся к минимальной лечебной дозе

subcutaneous [ˌsʌbkjuːˈteiniːəs] подкожный || подкожная клетчатка

subcutis [sʌbˈkjuːtis] 1. подкожная основа, подкожный слой 2. подкожный жир

subdelirium [ˌsʌbdəˈliːriːəm] слабовыраженный или непродолжительный бред

subdental [sʌbˈdentəl] расположенный ниже корня зуба

subdermal [sʌbˈdəːməl], **subdermic** [sʌbˈdəːmik] подкожный

subdiaphragmatic [ˌsʌbdaiəfrægˈmætik] поддиафрагмальный

subdivide [ˌsʌbdiˈvaid] подразделять

subdivision [ˈsʌbdiˌviʒən] 1. подразделение на подгруппы 2. вспомогательный орган

optional fifth-digit ~s факультативные [вспомогательные] 5-значные подрубрики *(в классификации болезней)*

subdominant [sʌbˈdɒminənt] субдоминант; соподчинённая особь || соподчиненный, субдоминантный

subdorsal [sʌbˈdɔːsəl] субдорсальный

subduction [sʌbˈdʌkʃn] движение книзу *(напр. глаза)*

subdue [sʌbˈdjuː] ослаблять, смягчать; уменьшать

subdural [səbˈduːrəl] субдуральный, подтвёрдооболочечный

subendothelium [ˌsʌbəndəʊˈθiːliːəm] субэндотелиальный слой, субэндотелий

subependymoma [ˌsʌbependiˈməʊmə] субэпендимальная астроцитома, субэпендимома

subepidermal [ˌsʌbepiˈdəːməl], **subepidermic** [ˌsʌbepiˈdəːmik] субэпидермальный, субкутикулярный

suberosis [suːbeˈrəʊsis] 1. пневмокониоз, вызываемый пробковой пылью 2. аллергия на пробковую пыль

subexcite [ˌsʌbekˈsait] вызывать слабое раздражение или возбуждение

subfamily [sʌbˈfæmili] *такс.* подсемейство *(категория между семейством и родом; между семейством и трибой, или коленом)*

subfascial [sʌbˈfæʃiəl] субфасциальный; находящийся под фасцией

subfebrile [sʌbˈfebril] субфебрильный *(в пределах 37–38 °C)*

subfertility [ˌsʌbfəːˈtiliti] снижение репродуктивной функции; относительное бесплодие

subgaleal [sʌbˈgeiliːəl] подапоневротический

subgene [sʌbˈʤiːn] *pl.* субгены *(группа генов, имеющих сходные фенотипические проявления)*

subgenus [sʌbˈʤiːnəs] *такс.* подрод *(категория между родом и видом)*

subglossitis [ˌsʌbglɒˈsaitis] воспаление нижней поверхности языка

subglottal [sʌbˈglɒtl], **subglottic** [sʌbˈglɒtik] находящийся ниже складок голосовой щели

subglottis [sʌbˈglɒtis] подголосовая полость гортани

subgrondation [ˌsʌbgrɒnˈdeiʃn] 1. вдавленный перелом черепа 2. давление нижележащего отломка кости на вышележащий

subgroup ['sʌbgruːp]:

~ **of high risk persons** подгруппа лиц с повышенной степенью риска

subgrundation [ˌsʌbgrʌn'deiʃn] см. **subgrondation**

subhyoid [sʌb'haiɔid] подподъязычный

subicteric [sʌb'iktərik] субиктеричный, слегка желтушный

subiculum [səb'ikjuːləm], pl. **subicula** [səb'ikjuːlə] 1. основание; опорная структура 2. подставка (между парагиппокампальной извилиной и аммоновым рогом гиппокампа)

subilium [sə'biliːəm] 1. терминальный отрезок подвздошной кишки 2. часть подвздошной кости, прилегающая к вертлужной впадине

subinfection [sʌbin'fekʃn] 1. интеркуррентная инфекция 2. инаппарантная [бессимптомная, субклиническая] инфекция

subinflammation [ˌsʌbinfləˈmeiʃn] слабовыраженное воспаление

subinoculation [ˌsʌbiˌnɒkjuˈleiʃn] прерывание (линии клеток); пассаж культуры

subintegumental [ˌsʌbinteɡjuˈmentl] подкожный; под покровом

subintern [sʌbin'təːn] субординатор

subintimal [sʌb'intiməl] находящийся под внутренней оболочкой сосуда

subintrance [səb'intræns] рецидив приступа после короткого периода времени

subintrant [səb'intrənt] начинающийся до окончания прежнего приступа (напр. о малярии), см. тж. **proleptic**

subinvolution [ˌsʌbinvəuˈluːʃn] субинволюция (задержка обратного развития, напр., матки после родов)

subisthmic [sʌb'ismik] подперешеечный, субистмический

subjacent [səb'ʤeisənt] подлежащий, нижележащий (о тканях)

subject ['sʌbʤekt] 1. человек, субъект, пациент 2. объект исследования; тема 3. испытуемый 4. предмет, дисциплина

~ **for dissection** труп для вскрытия

~ **of offence** субъект правонарушения

~ **with contact disturbances** субъект с нарушениями общения

alcoholic ~ больной алкоголизмом

anatomical ~ труп

cirrhotic ~ больной циррозом

conscious ~ мыслящая личность

drug-free ~s пациент, не принимающий лекарственные препараты

hardly accessible ~ трудно доступная контакту личность

hysterical ~ истерическая личность

necropsy ~ вскрытый труп

normal ~ здоровый человек, или индивидуум

obese ~ больной ожирением, тучный больной

pre-clinical ~s доклинические дисциплины

psychopathic ~ психопатическая личность

test ~ исследуемый пациент; испытуемый человек

subjective [səb'ʤektiv] субъективный

subjugal [səb'ʤuːɡəl] подскуловой

sub-kingdom [sʌb-'kiŋdəm] такс. подцарство (категория между царством и типом)

~ **of Animalia** подцарство в царстве животных (напр. многоклеточных)

sublation [səb'leiʃn] 1. подъём; поднятие 2. отслойка (напр. сетчатки), отделение; удаление; устранение

sublayer [səb'leiə] нижний слой, подслой

sublethal [səb'liːθəl] сублетальный, близкий к смертельному

sublimate ['sʌblimeit] 1. хим. сублимат, возгон || сублимировать, возгонять 2. псих. сублимировать

corrosive ~ сулема

sublimation [ˌsʌbliˈmeiʃn] 1. хим. возгонка, сублимация 2. психоан. сублимация (осуждаемые в обществе инстинктивные влечения, побуждения и желания модифицируются в социально приемлемые формы)

subliminal [səb'liminəl] 1. подпороговый; сублиминальный, подсознательный 2. действующий на подсознание

subline ['sʌblain], **sublineage** [sʌb'lainiʤ] сублиния клеток (напр. лимфоцитов)

~ **of myelogenous leukemia cells** сублиния клеток миелогенного лейкоза

sublingual [sʌb'liŋɡwəl] подъязычный

sublinguitis [ˌsʌbliŋˈgwaitis] воспаление подъязычной слюнной железы

sublobe ['sʌbləub] долька

sublumbar [sʌb'lʌmbə] подпоясничный, ниже поясничного отдела позвоночника

subluxation [sʌbləkˈseiʃn] неполный вывих, подвывих

atlantoaxial ~ подвывих в атлантоосевом суставе, подвывих атланта, Гризеля синдром

heritable ~ врождённый подвывих

overriding ~ верховой подвывих (смещение верхушек нижних суставных отростков вышележащего позвонка на верхушки верхних суставных отростков нижележащего позвонка)

recurrent ~ привычный подвывих

subaxial ~ подвывих осевого позвонка

submandibular [ˌsʌbmənˈdibjuːlə] подчелюстной

submania [sʌb'meiniːə] гипомания

submarginal [səb'maːʤinəl] расположенный у края, пограничный

submaxilla [sʌbˌmæk'silə] нижняя челюсть

submaxillaritis [səbˌmæksiləˈraitis] подчелюстной сиаладенит

submental [sʌb'mentəl] подподбородочный

submento-vertex [sʌb'mentəu-'vəːteks] акуш. подбородочно-затылочная позиция

submentovertical [sʌbˌmentəuˈvəːtikl] рад. субментовертикальный (горизонтальная плоскость основания черепа)

submerged [sʌb'məːʤd] стом. относящийся к операционному полю, покрытому слюной

submersion [sʌb'məːʒn] 1. погружение в жидкость 2. находящийся под водой

submicrogram [sʌbˌmaikrəuˈɡræm] малое количество, следы (какого-л. вещества)

submicroscopic(al) [sʌbˌmaikrəuˈskəupikəl] ультрамикроскопический, электронно-микроскопический

submicroscopy [ˌsʌbmaiˈkrɒskəpi] электронная микроскопия

submissive [səb'misiv] покорный, кроткий, смиренный, подчиняемый

submit [səb'mit]:

to ~ for pathology подвергнуть патологоанатомическому [патогистологическому] исследованию

submorphous [səb'mɔ:fəs] аморфно-кристаллоидный *(о строении конкремента)*

submucosa [ˌsʌbmju:'kəʊsə] подслизистая основа

submucosal [ˌsʌbmju:'kəʊsəl] подслизистый

subnarcotic [ˌsʌbna:'kɒtik] оказывающий слабое наркотическое действие

subnasale [ˌsʌbnei'seili], **subnasion** [səb'neizi:ɒn] *кр. метр.* точка соединения носовой перегородки и верхней губы

subneural [sʌb'nu:rəl] относящийся к периферической нервной системе

subnormal, sub-normal [səb'nɔ:məl] 1. больной с пограничной патологией || патологический; атипичный 2. недостаточный, сниженный *(по сравнению с нормой)*; аномальный; относящийся к ослаблению или ухудшению функции

educationally ~ школьно-незрелый ребёнок с пониженной способностью к обучению; *см. тж.* **learning disability**

mentally ~ ниже нормального уровня интеллектуального развития

subnutrition [ˌsʌbnu:'triʃən] пониженное [недостаточное] питание; частичное голодание

suboccipital [ˌsʌbɒk'sipitəl] подзатылочный

suboptimal [sʌb'ɒptiməl] недостаточный, неадекватный

suboral [sʌb'ɔ:rəl] околоротовой

suborbital [səb'ɔ:bitəl] подглазничный

suborder ['sʌbɔ:də] 1. *бот.* подпорядок *(категория между семейством и порядком)* 2. *биол.* подотряд *(категория между семейством и отрядом)*

suboxidation [ˌsʌbɒksi'deiʃn] кислородная недостаточность; гипоксия

subparietal [ˌsʌbpə'raiətəl] подтеменной

subpectoral [səb'pektərəl] расположенный под грудной мышцей

subperiosteal [ˌsʌbpəri'ɒsti:əl] поднадкостничный

subperitoneal [ˌsʌbpəritəʊ'ni:əl] внебрюшинный, забрюшинный, ретроперитонеальный

subphrenic [sʌb'frenik] поддиафрагмальный

subphylum [sʌb'failəm], *pl.* **subphyla** [sʌb'failə] *такс.* подтип *(категория, разделяющая тип и класс)*

Deoxyvira ~ подтип дезоксивирусов *(содержащих ДНК)*

Ribovira ~ подтип рибовирусов *(содержащих РНК)*

subpial [sʌb'paiəl] расположенный под мягкой мозговой оболочкой

subpituitarism [ˌsʌbpi'tu:iˌtærizm] гипопитуитаризм *(недостаточность функции гипофиза)*

subplacenta [ˌsʌbplə'sentə] базальная [отпадающая] оболочка *(матки)*

subpleural [sʌb'plʊərəl] подплевральный, субплевральный

subpopulation [sʌbˌpɒpjʊ'leiʃn] 1. подгруппа, субпопуляция 2. контингент [группа] населения

locomotory ~ мигрирующая популяция *(напр. совокупность претимоцитов в периферической крови)*

lymphocyte ~ субпопуляция лимфоцитов

subportion [sʌb'pɔ:ʃn] субфрагмент, малая часть

subprofessional [ˌsʌbprə'feʃənəl] 1. техник, специалист со средним образованием; специалист-практик *(без диплома)* || недипломированный 2. средний технический персонал

subpubic [sʌb'pju:bik] подлобковый; расположенный позади лобка

subregion [sʌb'ri:ʤən] субрайон *(главного комплекса гистосовместимости)*

subsample [sʌb'sæmpəl] 1. часть выборки, подвыборка 2. часть пробы

subsampling [sʌb'sæmpliŋ] взятие части из пробы

subsclerotic [ˌsʌbsklə'rɒtik] 1. субсклеральный *(расположенный под склерой)* 2. субсклеротический *(относящийся к начальной стадии склероза)*

subscriber [səb'skraibə] *страх.* подписчик *(лицо, на имя которого приобретена страховка)*

subscript [səb'skript] обозначение, индекс

subscription [səb'skripʃən] пропись *(основная часть рецепта)*

subserous [sʌb'si:rəs] субсерозный

subset [sʌb'set] подвид; подгруппа; субпопуляция

~s of T-lymphocytes подгруппа Т-лимфоцитов

cell ~ клеточная популяция

chromophilic ~ хромофильная субстанция

gelatinous ~ студенистое вещество

genetic ~ of rheumatoid arthritis генетическая подгруппа ревматоидного артрита

high-molecular ~ высокомолекулярное вещество

homogenous ~ однородное вещество

inducer T-cell ~ субпопуляция Т-клеток-хелперов

lymphocyte ~ подвид лимфоцитов

macromolecular ~ *см.* **high-molecular ~**

nutrient ~ питательное вещество

P ~ субстанция Р *(вещество, относящееся к группе нейропептидов, вызывающих ощущение боли)*

proteic ~ белковое вещество

surface-active ~ поверхностно-активное вещество

subside [səb'said] 1. притупляться, уменьшаться в интенсивности *(напр. о симптомах)* 2. исчезать, проходить, спадать 3. оседать, отстаиваться

subsidence ['sʌbsidəns] 1. ослабление, уменьшение, прекращение 2. падение, спад, стихание, снижение 3. оседание

~ of fever стихание лихорадки, спадение температуры

subsidiary [səb'sidiəri] вспомогательный, дополнительный

subsidy ['sʌbsədi] *страх.* субсидия, дотация, денежное ассигнование *(напр. по линии «Медикэр»)*

subsonic [səb'sɒnik] инфразвуковой

subspecialist [səb'speʃlist] специалист в пределах общей специальности *(напр. нейрохирург, проктолог, сексопатолог и др.)*

subspecialty [səb'speʃəlti] узкая специализация

subspecies ['sʌbspi:si:z] подвид *(напр. микроорганизмов)*

substance ['sʌbstəns] 1. вещество; материал; субстанция 2. сущность, суть; содержание

abiotic ~s абиотические факторы

abrasive ~ *стом.* шлифовальный материал

abused ~s вещества, вызывающие наркотическую зависимость *(алкоголь, наркотики, токсиканты и пр.)*

accessory food ~ пищевая добавка *(напр. витамин)*

active ~ активный компонент *(препарата)*

adamantine ~ **of tooth** зубная эмаль

adsorbed ~ адсорбированное вещество

adsorbing ~ адсорбирующее вещество, адсорбент

adsorptive ~ адсорбируемое вещество, адсорбат

agglutinating ~ агглютинин

allied ~s близкие по своим свойствам вещества

antidiuretic ~ антидиуретический фактор

antidotal ~ противоядие, антидот

anti-immune ~ антиантитело

antimitotic ~ антимитотическое вещество

antirot ~ противогнилостный состав

antiviral protective ~ антивирусный фактор *(напр. интерферон)*

arborescent white ~ **of cerebellum** древо жизни мозжечка

base-exchange ~ катионит, катионо-обменное вещество

basic ~ исходное вещество, исходный материал

biological ~ биологический препарат; биологическая субстанция

biological active ~ биологически активное вещество; биологически активная добавка

black ~ чёрное вещество *(головного мозга)*

blood group ~s антигены группы крови

blood grouping specific ~s группоспецифические вещества крови

bony ~ **of tooth** цемент зуба

cardiodepressant ~s миокард-депрессирующий фактор

caustic ~ едкое вещество

chromophilic ~ базофильное [тигроидное] вещество, Ниссля зернистость, хроматофильные глыбки *(скопление гранулярной эндоплазматической сети и рибосом в участке цитоплазмы нейрона)*

compact ~ **of bone** компактное вещество кости

contact ~ *хим.* катализатор

controlled ~ любое лекарство или вещество, рецепт и продажа которых регулируются

cortical ~ **of bone** корковое вещество кости

cytotoxin ~ цитотоксическое вещество, цитолизин

deleterius ~ агрессивное вещество

emitting ~ излучающее вещество

erythrocyte-sensitizing ~ вещество, сенсибилизирующее эритроциты

fat-free ~ обезжиренное вещество

fatigue ~ «вещество утомления», кенотоксин

foreign ~ примесь, постороннее вещество

"fright ~" «вещество страха»

fundamental ~ **of tooth** дентин

gonad stimulating ~ вещество, стимулирующее половую функцию

gray ~ серое вещество

ground ~ 1. основное [межуточное] вещество 2. межклеточное вещество

growth ~ ростовой фактор, ростовое вещество *(напр. ауксин)*

hazardous and noxious ~s опасные и ядовитые вещества

highly active ~ies сильнодействующие вещества

immunosuppressive ~ иммунодепрессивное средство

index ~ индикаторное вещество

inert ~ инертное [индифферентное] вещество

injurious ~ *см.* **noxious** ~

intercellular ~ *см.* **ground** ~

labelled ~ меченое вещество; вещество, меченное радиоизотопом

medicinal ~ лекарственное средство

medullary ~ *анат.* мозговое вещество *(жироподобное вещество, образующее миелиновую оболочку нервов)*

müllerian inhibiting ~ *нем.* мюллеровский ингибирующий фактор *(вызывающий регрессию мюллеровых протоков у плода)*

new active ~ новая активная субстанция *(термин предложен в 1997 г. вместо new chemical entity)*

Nissl ~ *см.* **chromophilic** ~

nitrogen-free ~ безазотистое вещество

noncaloric ~ вещество, не обладающее калорийностью

noxious ~ вредное, токсичное вещество

nucleolar ~ ядерное вещество *(клетки)*

nutrient ~ питательное вещество, нутриент

parent ~ исходное вещество

pharmaceutical ~ фармакологическая субстанция *(вещество или смесь веществ с установленной фармакологической активностью, являющееся объектом клинических испытаний)*

preventive ~ антитело

prokinetic ~ вещество, стимулирующее моторную функцию *(напр. желудка)*

promoting ~ активатор, ускоритель

psychoactive [psychotropic] ~ психотропное [психоактивное] средство

purulent ~ гнойная масса

rabbit aorta contracting ~ субстанция, вызывающая сокращение кроличьей аорты

radiopaque ~ рентгеноконтрастное вещество

reference ~ стандартный реактив, или препарат; эталон

reticular ~ 1. ретикулярная формация, или субстанция 2. ретикулярное вещество *(ретикулоцита)*

self-defense ~ вещество с самозащитными свойствами, автопротектор

slow-reacting ~ **(of anaphylaxis)** лейкотриен, медленно реагирующая субстанция, MPC-A *(анафилаксии)*

specific capsular [specific soluble] ~ специфический капсульный полисахарид *(пневмококка)*

standard ~ 1. вещество для установки титра, фиксанал 2. стандарт, эталон, стандартное вещество

surface active ~ поверхностно-активное вещество, ПАВ

toxic ~ токсическое вещество

toxic chemical ~ боевое отравляющее вещество, БОВ

trace ~ 1. следовое количество вещества 2. микроэлемент(ы)

vasoconstrictive ~ вазопрессорное вещество, вазопрессор

virus receptor ~ (клеточный) рецептор вируса *(напр. сиаломукопротеид поверхности эритроцитов)*

volatile ~s летучие вещества

waste radioactive ~s радиоактивные отходы

white ~ белое вещество *(головного или спинного мозга)*

zymoplastic ~ тромбопластин

substandard [sʌb'stændəd] **1.** нестандартный, не соответствующий нормативу *(напр. о качестве пищевого продукта)* **2.** недостаточно квалифицированный

substantia [səb'stænʃiə], *pl.* **substantiae** [səb'stænʃiː] *лат., см.* **substance**

substantial [səb'stænʃl] **1.** существенный, выраженный *(напр. о признаках)* **2.** крепкий *(напр. о здоровье)* **3.** питательный

substantiation [səb,stænʃi'eiʃn] **1.** доказывание **2.** доказательство

clinico-immunological ~ клинико-иммунологическое обоснование *(напр. лечения герпеса)*

substernal [səb'stəːnl] **1.** загрудинный **2.** подгрудинный

substitute ['sʌbstitjuːt] **1.** заменитель, заместитель; суррогат ‖ замещать, заменять **2.** *психол.* субститут *(доступный удовлетворению желания и достижимый заместитель нежелательного и недосягаемого)*

blood ~ кровезаменитель; «искусственная кровь»

bone graft ~ заменитель костного трансплантата *(костный имплантат из гидроксилапатита)*

gratification ~ чувство удовлетворения, достигнутое заместительными средствами

father ~ отчим; заместитель отца

milk acidified ~s кисломолочные заменители материнского молока

mother ~ мачеха

oxygen-carrying blood ~s переносящий кислород заменитель крови

platelet ~ заменитель тромбоцитов

plasma ~ плазмозаменитель

salt ~ заменитель (поваренной) соли

vascular ~ сосудистый протез

substitution [,sʌbsti'tjuːʃn] **1.** замена, замещение **2.** *психол.* субституция *(бессознательный защитный механизм, с помощью которого нежелательное и недосягаемое замещается чем-л. доступным удовлетворению желания и становится достижимым)*

~ of speech sounds замещение речевых звуков, литеральная парафазия

base ~ замена оснований *(тип мутации)*

bladder ~ замещение мочевого пузыря

gene ~ замена одного аллеля другим в пределах одного гена

symptom ~ симптом замещения

substrain ['sʌbstrein] субштамм *(вещество, на которое активно действует специфический фермент)*

substrate ['sʌbstreit] субстрат *(1. вещество, на которое действует определённый фермент и по названию которого он получает своё название: липид – липаза, крахмал (atylum) – амилаза 2. основа, на которой обитают микроорганизмы 3. питательная среда)*

arrhythmic ~ очаг [субстрат] аритмии

biological ~s of Alzheimer's disease биологические основы болезни Альцгеймера

electrophysiologic ~ электрофизиологический субстрат *(вызывающий трепетание предсердий)*

high energy ~ высокоэнергетический субстрат

substructure ['sʌbstrʌktʃə] **1.** подлежащая ткань или структура, подструктура **2.** более тонкая структура, субструктура **3.** внутрикостная часть зубного протеза

subteens ['sʌbtiːnz] дети десяти – двенадцати лет

subtest ['sʌbtest] подтест, субтест, частичный тест

subthalamic [,sʌbθə'læmik] гипоталамический, субталамический

subthreshold [sʌb'θreʃəuld] подпороговый *(напр. об электростимуляции)*

subtle [sʌtl] **1.** тонкий, нежный *(напр. о телосложении)* **2.** острый, проницательный *(напр. ум)* **3.** скрытый, замаскированный, стёртый, субклинический *(напр. симптом)* **4.** невидимый, едва различимый

subtraction [səb'trekʃn] вычитание

subtranslucent [,sʌbtræns'luːsnt] полупрозрачный

subtribe ['sʌbtraib] *такс.* подтриба *(категория, занимающая промежуточное положение между трибой, или коленом, и родом)*

subtype ['sʌbtaip] подтип *(напр. гепатита B)*, субтип *(напр. антигенов)*

subungual [səb'ʌŋgwəl] подногтевой

subunit [sʌb'juːnit] **1.** подгруппа **2.** производная единица *(напр. радиоактивности)*, субъединица *(иммуноглобулина)*

suburban [sə'bəːbən] житель пригорода ‖ пригородный, окраинный

suburethral [,sʌbjuː'riːθrəl] расположенный под мочеиспускательным каналом

subvalvular [sʌb'vælvuːlə] подклапанный, инфундибулярный

subviral [sʌb'vairəl] субвирусный *(относящийся к элементам структуры вируса)*

subvital [sʌb'vaitəl] субвитальный *(характеризующий низкую жизнеспособность)*

subvitaminosis [sʌb,vaitəmi'nəusis] гиповитаминоз

subvola [sʌb'vəulə] возвышение мизинца, гипотенар

subvolution [,sʌbvəu'luːʃn] завёртывание лоскута слизистой оболочкой *(напр. при пластической операции)*

subwaking [səb'weikiŋ] относящийся к промежуточному состоянию между бодрствованием и сном, просоночное состояние

subxiphoid [sʌb'zifɒid] подгрудинный *(напр. доступ)*, ниже мечевидного отростка

succagogue ['sʌkəgɒg] средство, стимулирующее выделение секрета ‖ стимулирующий выделение секрета

succedaneum [,sʌksə'deiniːəm], *pl.* **succedanea** [,sʌksə'deiniːə] **1.** заменитель *(напр. лекарства, наркотика)* **2.** альтернативное лекарство

succeed [sək'siːd] **1.** достигнуть цели, добиться **2.** наследовать, быть преемником **3.** приживляться; выживать *(напр. о трансплантате)*

succenturiate [,sʌksən'tjuːriːeit] заменяющий, замещающий; дополнительный

success [sək'ses] **1.** успех, удача; достижение **2.** успешный метод

~ of therapy эффективность лечения

diagnostic ~ диагностическая ценность

reproductive ~ плодовитость

successor [sək'sesə] преемник, наследник

succorrhea [ˌsʌkəʊˈriːə] патологически увеличенное выделение пищеварительных соков *(слюны, желудочного сока и др.)*

succus [ˈsʌkəs], *pl.* **succi** [ˈsʌksai] 1. жидкая часть тканей организма 2. сок, секрет *(железы)* 3. фармакопейный препарат, получаемый выдавливанием сока растений и добавлением к нему алкоголя для консервации

~ **entericus** секрет тонкой кишки

~ **pancreaticus** панкреатический сок

succussion [səˈkʌʃn] суккуссия *(диагностический приём для выявления шума плеска)*

hippocratic ~ Гиппократа шум плеска

suck [sʌk] 1. сосание || сосать 2. всасывание; засасывание || всасывать, засасывать 3. материнское молоко

to ~ **out** отсасывать

sucker [ˈsʌkə] отсос

sucking [ˈsʌkiŋ] 1. сосущий, грудной *(о ребёнке)*; отсасывающий; аспирирующий 2. кровососущий *(о насекомом)*

sucking-bottle [ˈsʌkiŋ-bɒtl] молочный рожок, бутылочка с соской

suckle [sʌkl] 1. кормить [вскармливать] грудью 2. сосать грудь

suckling [ˈsʌkliŋ] 1. грудной ребёнок; сосунок 2. сосание; аспирация

thumb ~ сосание большого пальца руки

sucrase [ˈsuːkreis] сахараза, инвертаза *(фермент)*, В-фруктофуранозидаза

sucrose [ˈsuːkrəʊs] сахароза, тростниковый сахар *(дисахарид, состоящий из глюкозы и фруктозы)*

sucrosuria [ˌsuːkrəʊsˈjuːriə] глюкозурия

suction [ˈsʌkʃn] 1. сосание 2. всасывание, засасывание, отсасывание, аспирация || всасывающий, аспирационный

constant ~ непрерывное отсасывание

nasogastric ~ назогастральная аспирация

vacuum ~ вакуумная аспирация

sudamen [suːˈdeimən] *дерм.* потница; милиум *(пузырёк с просяное зерно, образующийся вследствие закупорки волосяного фолликула и потовой железы)*

sudamina [suːˈdæminə] *дерм.* милиаризация *(появление на коже множества мельчайших просовидных очагов патологического процесса)*

Sudan [suːˈdæn] *гист.* судановый краситель, судан

sudanophilic [suːˌdænəˈfilik], **sudanophilous** [ˌsuːdəˈnɒfiləs] легко окрашивающийся суданом

sudanophobic [suːˌdænəʊˈfəʊbik] не окрашивающийся судановыми красителями

sudation [suːˈdeiʃn] потоотделение

sudatory [suːˈdætəri] потогонный *(о средстве)*

sudomotor [ˌsuːdəʊˈməʊtə] *pl.* нервы, стимулирующие секрецию потовых желёз

sudor [ˈsuːdɔː] пот, потение

~ **anglicus** милиаризация *(появление на коже мельчайших просовидных кист, обусловленных закупоркой волосяных фолликулов и потовых желёз)*

~ **cruentis** гематидодроз *(просачивание через кожу пота с кровью)*

~ **nocturnus** ночная потливость

sudoresis [ˌsuːdəʊˈriːsis] интенсивное [профузное] потоотделение

sudorific [ˌsuːdəˈrifik] потогонное средство || потогонный

sudorrhea [ˌsuːdəʊˈriːə] гипергидроз, потливость

suety [ˈsuːəti] 1. жирный, сальный 2. жировой

suffer [ˈsʌfə] 1. страдать; испытывать, претерпевать 2. терпеть, сносить

to ~ **from time-lag** испытывать недомогание после пересечения нескольких часовых поясов

sufferer [ˈsʌfərə] *суд. мед.* пострадавший, потерпевший

sufficiency [səˈfiʃnsi] 1. достаточность, скомпенсированность 2. достаток

circulatory ~ компенсация кровообращения

suffocant [ˈsʌfəkənt] отравляющее вещество удушающего действия || удушливый; удушающий

suffocate [ˈsʌfəʊkeit] 1. задыхаться 2. душить, удушать

suffocation [ˌsʌfəˈkeiʃn] 1. асфиксия, удушье 2. *суд. мед.* удушение

suffusion [səˈfjuːʒən] 1. обливание водой *(лечебная процедура)* 2. пропитывание *(напр. тканей кровью)* 3. гиперемия, покраснение 4. экстравазат

sugar [ˈʃʊgə] 1. сахар, сахароза 2. *sl.* наркотик

animal ~ животный крахмал, гликоген

beet ~ свекловичный сахар, сахароза

blood ~ сахар, содержащийся в крови *(преим. D-глюкоза)*

cane ~ тростниковый сахар, сахароза

corn ~ кукурузный сахар *(смесь глюкозы, мальтозы и декстрина, получаемая при гидролизе крахмала)*

deoxy ~ дезоксисахар *(в котором углеродных атомов больше, чем кислородных)*

fruit ~ плодовый [фруктовый] сахар, фруктоза

gelatin ~ глицин *(аминокислота, получаемая при гидролизе коллагена и желатина)*

grape ~ виноградный сахар, глюкоза

gum ~ арабиноза

heart ~ *см.* **muscle** ~

honey ~ *см.* **grape** ~

invert ~ смесь глюкозы и фруктозы *(получаемая при гидролизе сахарозы)*

liver ~ гликоген

malt ~ мальтозный сахар, лактоза

manna ~ манноза

meat ~ *см.* **muscle** ~

milk ~ *см.* **malt** ~

muscle ~ инозитол, инозит

pectin ~ *см.* **gum** ~

simple ~s моносахариды, простые сахара, простые углеводы

starch ~ крахмальный сахар, декстроза

total ~ общий сахар *(крови)*

trace ~ следы сахара *(в моче)*

wood ~ ксилоза

sugar-free [ˈʃʊgə-friː] не содержащий сахар

suggest [səˈʤest] 1. внушать 2. вызывать 3. имитировать, симулировать *(напр. гемолитическую анемию)*

suggestibility [səˌʤestiˈbiliti] внушаемость, гипнабельность

suggestible [səˈʤestibl] внушаемый, легко поддающийся внушению

suggestion [sə'ʤesʃn] 1. внушение, суггестия 2. совет, рекомендация; предложение 3. предположение; возможное обстоятельство

hypnotic ~ гипнотическое внушение

prestige ~ внушение престижа

tentative ~ пробное [предварительное] предложение

traumatic ~ посттравматическая суггестия *(состояние после травмы, при котором впоследствии даже слабое воздействие продуцирует чрезмерные истерические симптомы)*

verbal ~ вербальная суггестия, словесное внушение

suggestionist [sə'ʤesʃnist] психотерапевт, гипнолог; психоаналитик

suggestive [sə'ʤestiv] 1. способствующий внушению, суггестивный 2. вызывающий мысли

~ **of carotid sinus syncope** подозрение на обморок синокаротидного генеза

suggillation [ˌsʌʤi'leiʃn] 1. экхимоз *(обширное кровоизлияние в кожу или слизистую оболочку)*; кровоподтёк, синяк 2. ливедо *(синевато-фиолетовая окраска кожи за счёт сосудистого рисунка)* 3. трупное пятно

sui [sjuː] 1. *лат.* свой; естественный 2. подлинный

~ **generis** *лат.* 1. в чистом виде; своего рода, своеобразный 2. самостоятельная нозологическая форма || первичный *(напр. бронхит, аппендицит и пр.)*

suicidal [ˌsuːi'saidl] суицидальный *(относящийся к самоубийству)*

suicide ['suːisaid] 1. самоубийство, суицид || совершать самоубийство 2. самоубийца 3. крах, провал планов

~ **by starvation** самоубийство голоданием

abortive ~ *см.* **attempted** ~

altruistic ~ альтруистическое [расширенное] самоубийство

anomic ~ аномическое самоубийство *(в основе которого лежит дезорганизация личности – разрыв социальных связей, одиночество)*

antigen-induced immunological ~ иммунное антиген-индуцированное «самоубийство» *(метод элиминации антиген-специфических клеток антигеном с очень высокой удельной радиоактивностью)*

assisted ~ помощь в самоубийстве

attempted ~ попытка самоубийства, суицидальная попытка, незавершённый суицид

cluster ~ кластерный [подражательный] суицид

completed ~ суицид со смертельным исходом, завершённый суицид

copying ~ подражательный суицид

essay ~ *см.* **attempted** ~

false ~ симуляция суицидальной попытки, демонстративно-шантажный суицид

fatal ~ *см.* **completed** ~

focal ~ фокальный [скрытый, косвенный] суицид *(аутоагрессивные действия, целью которых не является добровольная смерть, однако осуществление которых ставит жизнь под угрозу)*

HIV-associated ~ ВИЧ-ассоциированный суицид

induced ~ спровоцированное самоубийство

near miss ~ *см.* **attempted** ~

physician-assisted ~ эвтаназия, самоубийство при врачебном содействии

psychic ~ суицид без применения физических агентов

race ~ вымирание народа вследствие искусственного снижения рождаемости

stimulated ~ стимулированный суицид

sub-intentioned ~ преднамеренный суицид

suicidology [ˌsuːisai'dɒləʤi] суицидология *(раздел психиатрии, изучающий психологию самоубийц)*

suit[1] [suːt] 1. иск 2. судебное дело, судопроизводство

suit[2] 1. костюм 2. защитная одежда

altitude ~ высотный костюм, скафандр

anti-G ~ противоперегрузочный костюм *(предотвращающий депонирование крови в нижней половине тела)*

pressure ~ скафандр с повышенным барометрическим давлением *(для кессонных работ)*

space ~ скафандр, позволяющий работать в космическом пространстве

suite [swiːt] 1. комплект; набор *(инструментов)* 2. помещение

~ **of function tests** набор функциональных тестов

endoscopy ~ эндоскопический набор, или комплект

operating ~ операционный блок

sulcate(d) ['sʌlkeitid] снабжённый бороздками, бороздчатый; извилистый

sulcus ['sʌlkəs], *pl.* **sulci** ['sʌlsai] *анат.* борозда

~ **for the transverse sinus** борозда поперечного синуса *(затылочной кости)*

~ **for vena cava** борозда нижней полой вены

~ **promontorii** борозда мыса *(барабанной полости)*

~ **of corpus callosum** борозда мозолистого тела *(большого мозга)*

~ **of occipital artery** борозда затылочной артерии *(височной кости)*

ampullary ~ ампуллярная бороздка *(вестибулярного лабиринта)*

bulbopontine ~ бульбарномостовая борозда

calcaneal ~ борозда пяточной кости

calcarine ~ шпорная [зрительная] борозда *(большого мозга)*

carotid ~ сонная борозда *(тела клиновидной кости)*

cingulate ~ поясная борозда

coronary ~ венечная борозда *(сердца)*

gingival ~ зубодесневая борозда, зубодесневой карман

Harrison's ~ Харрисона борозда *(углубление с обеих сторон грудной клетки у детей, проходящее между грудными мышцами и нижним краем рёбер)*

hypothalamic ~ гипоталамическая [подбугорная] борозда

intraparietal ~ внутритеменная [межтеменная] борозда *(большого мозга)*

occipitotemporal ~ затылочно-височная борозда *(большого мозга)*

olfactory ~ обонятельная [прямая] борозда *(большого мозга)*

parietooccipital ~ теменно-затылочная борозда *(большого мозга)*

precentral ~ предцентральная борозда

prechiasmatic ~ предперекрёстная борозда *(тела клиновидной кости)*

pulmonary ~ лёгочная борозда

retroolivary ~ позадиоливная борозда *(продолговатого мозга)*

sigmoid ~ борозда сигмовидного синуса *(затылочной кости)*

subparietal ~ подтеменная борозда

supra-acetabular ~ надвертлужная борозда *(подвздошной кости)*

terminal ~ пограничная борозда *(1. языка 2. правого предсердия)*

vomeral ~ борозда сошника

sulfate ['sʌlfeit]:

barium ~ бария сульфат; бариевая взвесь *(для рентгеноконтрастных исследований)*

chondroitin ~ хондроитинсульфат *(главный полисахарид хрящей, костной ткани, роговицы и других видов соединительной ткани)*

sulfide ['sʌlfaid]:

hydrogen ~ сероводород, сернистый водород

sulfonamide [səl'fɒnəmid] *pl.* сульфаниламиды *(группа бактериостатических препаратов)*

sulfotransferase [ˌsʌlfəʊ'trænsfəreis] сульфотрансфераза *(общее название группы ферментов, переносящих сульфатную группу)*

sulfur ['sʌlfə] 1. сера, S || окуривать серой 2. зеленовато-жёлтый цвет

vegetable ~ *фарм.* ликоподий

sulfurate ['sʌlfjuːreit] 1. пропитывать серой 2. окуривать или обра-батывать серой

sulfur-spring ['sʌlfə-spriŋ] серный источник

sulfurwort ['sʌlfə'wəːt] любисток лекарственный *(Levisticum officinale)*

sulk [sʌlk] дуться, сердиться

sulky ['sʌlki] 1. угрюмый, мрачный *(человек)* 2. гнетущий

sullage ['sʌliʤ] сточные воды, нечистоты, *см. тж.* sewage

Sumacal ['suːməkəl] *фирм.* углеводный модуль *(пищевой ингредиент, содержащий олигосахариды)*

summarise ['sʌməraiz]:

to ~ the case history сделать краткую выписку из истории болезни

summary ['sʌməri] 1. краткое изложение, конспект, сводка || суммарный, краткий 2. вывод, заключение; резюме 3. *экон.* осуществляемый в суммарном порядке || суммарный, краткий

discharge ~ выписной эпикриз

summation [sʌ'meiʃn] 1. суммация *(возбуждения)* 2. суммация эффекта, аддитивность

summit ['sʌmit] 1. верхушка, вершина 2. встреча руководителей государств

sump [sʌmp] 1. выгребная яма; сточный колодец 2. грязевик; отстойник

sump-syndrome [sʌmp-'sindrəʊm] «синдром слепого мешка» *(напр. образующийся после наложения холедоходуоденоанастомоза)*

sun [sʌn] солнце; солнечные лучи || подвергать воздействию солнца

sunbathe ['sʌnbeiθ] принимать солнечные ванны, загорать

sunburn ['sʌnbəːn] *дерм.* солнечная эритема; солнечный ожог

sundowner ['sʌndaʊnə] *sl., псих.* «ночной делирант»

sundowning ['sʌndaʊniŋ] *псих.* ночная [вечерняя] спутанность

sunken ['sʌŋkən] 1. погружённый 2. впалый, запавший, опущенный

sun-parlour [sʌn-'paːlə] солярий

sunscreen ['sʌnskriːn] 1. защита от солнца || солнцезащитный 2. солнцезащитный крем

sunshade ['sʌnʃeid] 1. навес, тент; зонт 2. *pl.* солнцезащитные очки, тёмные очки

sunspots ['sʌnspɒts] веснушки

sunstroke ['sʌnstrəʊk] солнечный удар; тепловой удар

superabduction [ˌsuːpəræb'dʌkʃn] чрезмерное отведение *(конечности)*

superacidity [ˌsuːpərə'siditi] повышенная кислотность

superacute [ˌsuːpərə'kjuːt] сверхострый, крайне острый

superalimentation [ˌsuːpərˌælimən'teiʃn] 1. перекармливание, переедание 2. усиленное питание

superalkalinity [ˌsuːpərˌælkə'liniti] повышенная щёлочность

"superantigen" [ˌsuːpər'æntiʤən] суперантиген *(«целый» антиген с резко повышенной иммуногенностью и цитотоксичностью)*

supercallosal [ˌsuːpəkæ'ləʊsəl] расположенный над мозолистым телом

supercapsid [ˌsuːpə'kæpsid] суперкапсид *(капсид с внешней оболочкой)*

supercentrifuge [ˌsuːpə'sentrifjuːʤ] ультрацентрифуга, суперцентрифуга

supercerebral [ˌsuːpə'serəbrəl] расположенный в верхней части головного мозга

superchlorination [ˌsuːpəˌkləʊri'neiʃn] суперхлорирование, хлорирование повышенной дозой хлора

superciliary [ˌsuːpə'siliæri] надбровный, надглазный

supercilium [ˌsuːpə'siliəm], *pl.* **supercilia** [ˌsuːpə'siliːə] 1. бровь 2. отдельные волосы брови

superconductivity [ˌsuːpəˌkɒndʌk'tiviti] сверхпроводимость

superdistension [ˌsuːpədis'tenʃn] перерастяжение, чрезмерное растяжение

superego [ˌsuːpər'iːɡəʊ] *психоан.* супер-эго, сверх-«Я» *(обозначение наивысшей инстанции, выполняющей функции цензора, отвергающего подсознательные влечения и желания)*

superexcitation [ˌsuːpərˌeksai'teiʃn] чрезмерное возбуждение, перевозбуждение

superfamily [ˌsuːpə'fæmili] суперсемейство *(генов)*

superfecundation [ˌsuːpəˌfiːkən'deiʃn] суперфекундация *(оплодотворение сперматозоидами двух яйцеклеток одного овуляционного цикла во время разных половых актов)*

superfemale ['suːpəfiːmeil] женщина с кариотипом XXX, XXXX и т. п., «суперженщина»

superfetation [ˌsuːpəfiː'teiʃn] суперфетация *(оплодотворение двух яйцеклеток разных овуляционных циклов)*

superfibrination [ˌsuːpəfaibri'neiʃn] гиперфибринемия

superficial [ˌsuːpə'fiʃəl] поверхностный, неглубокий

superficies [ˌsuːpə'fiʃiːiːz] наружная поверхность

superfunction [ˌsuːpəˈfʌŋkʃn] гиперфункция

supergene [ˌsuːpəˈdʒiːn] суперген *(блок сцепленных генов, передающихся потомству)* ‖ супергенный

supergenual [ˌsuːpəˈdʒenjuːəl] расположенный выше колена или коленчатого образования

superhelix [ˌsuːpəˈhiːliks] суперспираль *(в структуре вирусов)*

superimposition [ˌsuːpərɪmpəˈzɪʃn] 1. суперпозиция, наложение теней *(на рентгенограмме)* 2. многократное последовательное экспонирование 3. наслоение; присоединение *(напр. другой болезни)*

superimpregnation [ˌsuːpərɪmpregˈneɪʃn] *см.* **superfetation**

superinduction [ˌsuːpərɪnˈdʌkʃn] 1. индукция интенсивного антителогенеза 2. вирусологическая супериндукция

superinfection [ˌsuːpərɪnˈfekʃn] суперинфекция *(повторное заражение на фоне инфекции)*

   delta ~ дельта-суперинфекция *(при гепатите В)*

superintendence [ˌsuːpərɪnˈtendəns] контроль, надзор; управление

superintendent [ˌsuːpərɪnˈtendənt] руководитель учреждения

   ~ of nursing главная сестра больницы

   hospital [medical] ~ главный врач

   team ~ руководитель бригады *(врачей)*; заведующий отделом или отделением

superinvolution [ˌsuːpərˌɪnvəʊˈluːʃn] суперинволюция *(чрезмерно ускоренное обратное развитие)*

superjacent [ˌsuːpəˈdʒeɪsənt] расположенный над чем-л., вышележащий

superlactation [ˌsuːpəlækˈteɪʃn] 1. повышенная секреция молока 2. длительное кормление грудью; длительная лактация

superlayer [ˌsuːpəˈleɪə] *лаб.* поверхностный слой, надслой

supermaxilla [ˌsuːpəmækˈsilə] верхняя челюсть

supermicroscope [ˌsuːpəˈmaɪkrəʊskəʊp] электронный микроскоп

supermoron [ˌsuːpəˈmɔːrɒn] лицо с лёгкой умственной отсталостью

supermotility [ˌsuːpəməʊˈtiliti] чрезмерная подвижность

supernatant [ˌsuːpəˈneɪtənt] 1. надосадочная жидкость, супернатант 2. плавающий на поверхности, всплывающий; отстоявшийся

   cell-free ~ бесклеточный супернатант

   crude ~ неочищенный супернатант

   culture ~ культура клеток в надосадочной жидкости

   spun ~ надосадочная жидкость при центрифугировании

supernumerary [ˌsuːpəˈnuːmərəri] 1. избыточный, лишний; дополнительный, сверхчисленный, сверкомплектный 2. добавочная хромосома

supernutrition [ˌsuːpənjuːˈtriʃn] 1. повышенное [избыточное] питание; переедание 2. усиленное кормление

superovulation [ˌsuːpərˌɒvjuːˈleɪʃn] суперовуляция *(искусственная или патологическая гиперстимуляция функции яичников)*

superoxide [suːpərˈɒksaɪd] супероксид, перекись, высший оксид, или окисел

   ~ dismutase супероксиддисмутаза *(фермент, разлагающий радикал супероксида до* $O_2 + H_2O_2$*)*

superoxygenation [ˌsuːpərɒksɪdʒəˈneɪʃn] гипероксигенация, чрезмерное насыщение кислородом

superparasitism [ˌsuːpəˈpærəsɪtɪzəm] гиперпаразитизм

superpigmentation [ˌsuːpəpɪgmenˈteɪʃn] гиперпигментация

superposition [ˌsuːpəpəˈzɪʃn] 1. расположение над чем-л. 2. *рентг.* наложение, суперпозиция

superpressure [ˌsuːpəˈpreʃə] избыточное давление

superpurgation [ˌsuːpəpəːˈgeɪʃn] избыточное выделение газов

superrational [ˌsuːpəˈræʃnəl] *психол.* находящийся за пределами разума, не доступный пониманию

supersaturation [ˌsuːpəsætʃəˈreɪʃn] пересыщение; перенасыщение

   bile cholesterol ~ перенасыщение жёлчи холестерином

superscription [ˌsuːpəˈskrɪpʃn] надпись *(начало рецепта, состоящее из указания recipe (Rp) – «возьми»)*

supersecretion [suːpəsəˈkriːʃn] избыточная секреция

supersedence [ˌsuːpəˈsedəns] 1. невосприимчивость человеческими органами чувств; запредельность; трансцедентальность 2. замещение, замена

supersedent [ˌsuːpəˈsednt] лекарственное средство, частично облегчающее состояние больного

supersensible [ˌsuːpəˈsensəbl] сверхчувствительный

supersensitiveness [ˌsuːpəˈsensətivnəs] повышенная чувствительность; сверхчувствительность

supersoft [ˌsuːpəˈsɒft] сверхмягкий

supersonic [ˌsuːpəˈsɒnɪk] ультразвуковой, сверхзвуковой *(имеющий частоту свыше 34 000 колебаний в секунду)*

supersound [ˌsuːpəˈsaʊnd] ультразвук

superstition [ˌsuːpəˈstiʃn] 1. *псих.* суеверие, религиозный предрассудок 2. идолопоклонство

supertension [ˌsuːpəˈtenʃn] 1. некорригируемая гипертензия 2. перенапряжение

supervening [ˌsuːpəˈviːnɪŋ] последующий, дополнительно развившийся *(напр. о пневмонии)*

supervenosity [ˌsuːpəviˈnɒsiti] гипоксемия *(резкое снижение содержания кислорода в венозной крови)*

supervirulent [ˌsuːpəˈvirʊlənt] ультравирулентный, супервирулентный

supervision [ˌsuːpəˈviʒn] 1. строгий контроль, наблюдение; надзор 2. заведование 3. супервизия *(разбор и анализ, обычно коллегиальный, психотерапевтической или психоаналитической сессии)*

   applied ~ in psychotherapy метод наблюдения в психотерапии

   clinical ~ клинический надзор *(напр. за больными алкоголизмом)*; интенсивное клиническое наблюдение

   health ~ медицинское наблюдение; диспансерное наблюдение

   nursing ~ of head injury patient интенсивное наблюдение медицинских сестёр за больными с черепно-мозговой травмой

   routine ~ of normal delivery обычный контроль за нормальными родами

   sanitary ~ санитарный надзор

supervisor [ˈsuːpəvaɪzə] 1. инспектор; контролёр 2. старшая медицинская сестра *(отделения)*; главная медицинская сестра 3. методист, руководитель

   ~ of public health инспектор здравоохранения

nurse ~ старшая или главная медицинская сестра

supervitaminosis [ˌsuːpəˌvaitəmiˈnəʊsis] гипервитаминоз

supination [suːpiˈneiʃn] супинация *(вращательное движение предплечья кнаружи до поворота кисти ладонью вверх или движение стопой кверху до приподнятия её медиального края)*

supinator [ˈsuːpineitə] супинатор *(1. мышца предплечья, осуществляющая его супинацию 2. ортопедическая стелька)*

supine [ˈsuːpain] 1. лежащий навзничь, на спине 2. в положении супинации, супинированный *(о конечности)* 3. расположенный сверху *(о части тела)* 4. безразличный, инертный, вялый, пассивный

suppedaneous [sʌpeˈdeiniːəs] относящийся к икроножной мышце

supplement [ˈsʌplimənt] 1. дополнение, добавление, приложение 2. *pl.* пищевые добавки; дополнение к рациону 3. конглютинин

 amino-acid ~ аминокислотные добавки *(к пище)*

 antiflatulent ~s «ветрогонные» добавки *(к пище)*

 dietary ~s биологически активные добавки к пище – нутрицевтики *(источники пищевых веществ – аминокислот, пектинов, витаминов, минеральных комплексов)*, БАД

 enzyme ~ ферментная добавка; ферментная терапия

 food ~s *см.* **dietary** ~s

 inorganic salt ~ добавки неорганической соли

 legionella enrichment ~ обогащающая добавка при культивировании легионелл

 pharmaceutical dietary ~s (пара)фармацевтики *(лекарственные добавки к пище – витамины и минеральные компоненты)*

supplementation [ˌsʌplimənˈteiʃn]:

 enzyme ~ включение ферментов в комплексное лечение

 lifelong hormonal ~ пожизненная заместительная гормональная терапия

 oral ~ дополнительное пероральное введение *(напр. минералов)*

 parenteral ~ дополнительное парентеральное введение *(напр. калия)*

supply [səˈplai] 1. снабжение; поставка; подача ‖ снабжать; поставлять 2. запас ‖ восполнять 3. *pl.* продовольствие, припасы

 air ~ подача воздуха; снабжение воздухом

 biomedical ~ биомедицинское обеспечение

 blood ~ кровоснабжение

 cast room ~ies принадлежности гипсового кабинета

 community water ~ коммунальное водоснабжение

 controlled air ~ регулируемая система подачи воздуха

 dependable water ~ 1. гарантированное водоснабжение 2. гарантированная водообеспеченность

 domestic water ~ хозяйственное водоснабжение; питьевое водоснабжение

 drug ~ поставка наркотиков; торговля наркотиками

 expendable ~ *здрав.* предметы и материалы текущего потребления

 first piped water ~ примитивный водопровод

 forced air ~ принудительная подача воздуха

 laser power ~ блок питания лазера

 light ~ источник света *(напр. эндоскопа)*; светильник

marginal blood ~ маргинальное [коллатеральное] кровоснабжение

medical ~ies 1. медицинские принадлежности 2. медицинские поставки

motor ~ моторная иннервация; двигательная функция

nerve ~ иннервация

nutrient ~ 1. снабжение питательными веществами 2. запас питательных веществ

oxygen ~ to the fetus 1. обеспечение плода кислородом 2. кислородное оборудование для недоношенных

pipe-line gas ~ газопровод

power ~ *мед. тех.* блок [источник] питания, источник энергии

public water ~ 1. питьевое водоснабжение, коммунальное водоснабжение 2. водопровод, водопроводная система

storage ~ водоснабжение из водохранилищ

vascular ~ кровоснабжение; питающие сосуды

support [səˈpɔːt] 1. подставка; опора; поддержка ‖ поддерживать; подтверждать 2. штатив 3. плёнка-подложка *(в гистотехнике)* 4. носитель *(напр. активной массы)* ‖ удерживать, поддерживать

 ~ **of diagnosis** подтверждение диагноза

 to ~ **the patient during a crisis** поддерживать больного во время кризиса

 abdominal ~ бандаж для живота

 "Advanced Life ~**"** «Усовершенствованные методы реанимации» *(программа курсов по поддержанию жизни при травмах для парамедиков)*

 aggressive hemodynamic ~ интенсивная коррекция гемодинамических расстройств *(в т. ч. аппаратными методами)*

 ankle ~ голеностопный бандаж

 antigen-bound ~ нагруженная антигеном подложка

 arch ~ 1. свод стопы 2. (стелька-)супинатор

 arm ~ подставка [опора] для руки

 artificial circulatory ~ искусственное, вспомогательное кровообращение

 artificial nutritional ~ искусственное поддерживающее питание

 basic life ~ основные методы поддержания жизни при травматических повреждениях *(реанимационные приёмы взаимопомощи)*

 bodily ~ поддержка тела

 burette ~ штатив для бюреток

 cardiac life ~ поддержание сердечной деятельности

 circulatory ~ вспомогательное кровообращение

 corset ~ фиксация с помощью корсета

 elastic ~ эластическая опора

 emotional ~ **of a child** психологическая [эмоциональная] поддержка ребёнка

 external ~s **for wires** *травм.* внешние опоры для спиц

 intravenous nutritional ~ внутривенное питание

 knee ~ наколенник

 laboratory ~ 1. лабораторный контроль; лабораторное обеспечение 2. лабораторное подтверждение *(диагноза)*

 leg ~ подставка [опора] для ноги

life ~ 1. жизнеобеспечение *(напр. в космосе)* **2.** реанимация; интенсивная терапия **3.** симптоматическое [поддерживающее] лечение

managerial ~ организационная поддержка

mechanical ventilatory ~ механическое поддержание дыхания

metabolic ~ обеспечение метаболизма; метаболическая терапия

moulded neck ~ фиксация изготовленным по форме шейным воротником

mutual ~ взаимная помощь

nutritional ~ парентеральное питание; дополнительное [поддерживающее] питание; нутритивная терапия

overhead ~ потолочный штатив *(для электрохирургического прибора)*

paramedical ~ инженерно-техническое обеспечение медицинской аппаратуры

pelvic ~ тазовый упор

pharmacologic ~ фармакологическая коррекция; фармакологическое обеспечение

pipette ~ штатив для пипеток

prolong life ~ длительное поддержание жизни

respiratory ~ вспомогательное дыхание; искусственная вентиляция лёгких, ИВЛ

rigid ~ жёсткая фиксация, или иммобилизация

shoulder ~ подплечник

sling ~ перевязь; косыночная повязка

social ~ социальная поддержка

spinal ~ корригирующий корсет для позвоночника

swivel-frame head ~ поворотный дугообразный подголовник *(операционного стола)*

test tube ~ штатив для пробирок

thermal ~ коррекция температуры *(напр. при септическом шоке)*

tooth ~s опорные пункты зуба *(частичного съёмного протеза)*

urine-bag ~ штатив для мочеприёмника

ventilatory ~ *см.* **respiratory ~**

supporter [sə'pɔːtə] **1.** сторонник, приверженец **2.** подвязка, подтяжка **3.** суспензорий

abdominal ~ набрюшинник

supporting [sə'pɔːtiŋ] *психол.* поддержка

supportive [sə'pɔːtiv] заместительный; поддерживающий *(напр. о лечении)*

suppository [sə'pɒzitəʊri] суппозиторий

rectal ~ ректальный суппозиторий

vaginal ~ вагинальный суппозиторий

suppress [sə'pres] **1.** подавлять; сдерживать, ослаблять, тормозить **2.** останавливать *(напр. кровотечение)*

to ~ hemorrhage остановить кровотечение

supressant [sə'presənt] **1.** депрессант **2.** ингибитор

cough ~ противокашлевое средство

suppression [sə'preʃn] **1.** угнетение; задержка; ослабление, торможение *(напр. методом лечения)* **2.** *психол.* подавление *(защитный механизм, при помощи которого человек игнорирует неприятные или нежелательные для него мысли и чувства)* **3.** *ген.* супрессия

~ of encephalomyelitis иммуносупрессивная [супрессивная] терапия энцефаломиелита

~ of menses задержка менструаций

~ of neoplastic phenotype супрессия неопластического фенотипа *(восстановление нормальных свойств клеток подавлением онкогенов)*

~ of thyroid function подавление функции щитовидной железы

acid ~ in duodenal ulcer подавление кислотности при язве двенадцатиперстной кишки

antibody-induced ~ антителозависимая супрессия *(иммунного ответа)*

(bone) marrow ~ подавление костного мозга, миелосупрессия

cardiac arrhythmia ~ купирование аритмии сердца

carrier-induced ~ индуцированная носителем супрессия *(иммунного ответа)*

cough ~ подавление кашля

dexamethasone ~ дексаметазоновая проба

dust ~ снижение запылённости

maternal idiotype ~ внутриутробная [пренатальная] супрессия идиотипа

ovarian ~ угнетение функции яичников

overdrive ~ подавление сверхчастым воздействием наджелудочковой тахиаритмии *(при патологической импульсации с предсердий)*

parathyroid ~ снижение функции околощитовидных желёз

pharmacologic ~ 1. медикаментозное подавление *(напр. митоза опухолевых клеток)* **2.** супрессивное лечение

recombination ~ подавление рекомбинации *(уменьшение частоты кроссинговера, вызываемое старением, мутациями и пр.)*

short-term ~ транзиторная супрессия *(аллотипа)*

suppressor [sə'presə] супрессор *(1. подавляющее средство 2. ген-супрессор)*

amber ~s супрессоры амбер-мутации *(напр. у нематод)*

gene ~ ген-супрессор; ген-ингибитор *(обусловливающий восстановление нормального фенотипа, изменённого в результате мутации)*

intergenic ~ внегенный супрессор

soluble immune response ~ растворимый фактор подавления иммунного ответа

surge ~ *мед. тех.* защитный разрядник *(устройство, защищающее аппаратуру при превышении напряжения тока)*

suppurant ['sʌpjuːrənt] фактор, вызывающий нагноение || гнойный

suppuration [ˌsʌpjuˈreiʃn] нагноение, образование гноя

alveodental ~ гнойный периодонтит

supra-auricular [ˌsuːprəˈɔːˈrikjʊlə] супрааурикулярный, расположенный над ушной раковиной

suprabulge ['suːprəbʌlʤ] высота окклюзионной поверхности зуба

supracerebellar [ˌsuːprəserəˈbelə] **1.** расположенный в верхней части мозжечка **2.** расположенный над мозжечком

supraclavicular [ˌsuːprəkləˈvikjuːlə] надключичный

supraclusion [ˌsuːprəˈkluːʒn] смещение зуба из окклюзионной плоскости

supracondylar [ˌsuːprəˈkɒndilə], **supracondyloid** [ˌsuːprə-ˈkɒndilɒid] надмыщелковый

supradiaphragmatic [suːprəˌdaiəfrægˈmætik] наддиафрагмальный

supraduction [ˌsuːprəˈdʌkʃn] поворот одного глаза кверху

supraglenoid [ˌsuːprəˈgliːnɒid] расположенный над суставной впадиной лопатки

supraglottis [ˌsuːprəˈglɒtis] преддверие полости гортани

suprahyoid [ˌsuːprəˈhaiɒid] надподъязычный

supralethal [ˌsuːprəˈliːθl] супралетальный, сверхсмертельный (напр. об облучении)

supraliminal [ˌsuːprəˈliminəl] надпороговый, сверхпороговый

supramarginal [ˌsuːprəˈmaːʤinəl] надкраевой, расположенный над краем

supramastitis [ˌsuːprəmæsˈtaitis] поверхностный мастит

supramaxilla [ˌsuːprəmækˈsilə] верхняя челюсть

supramaxillary [ˌsuːprəˈmæksilæri] 1. верхнечелюстной 2. над верхней челюстью

supramental [ˌsuːprəˈmentəl] надподбородочный

supranormal [ˌsuːprəˈnɔːml] избыточный; сверх нормы

supraocclusion [ˌsuːprəɒbˈkluːʒən] глубокий прикус

supraorbital [ˌsuːprəˈɔːbitəl] супраорбитальный, надглазничный

suprapelvic [ˌsuːprəˈpelvik] надтазовый

suprapontine [ˌsuːprəˈpɒntain] расположенный над варолиевым мостом

suprapubic [ˌsuːprəˈpjuːbik] надлобковый, выше лобка

suprarenal [ˌsuːprəˈriːnəl] расположенный над почкой

suprarenalism [ˌsuːprəˈriːnəlizəm] гиперфункция надпочечников

suprarenalopathy [ˌsuːprəriːnəˈlɒpəθi] поражение надпочечников

suprasellar [ˌsuːprəˈselə] расположенный над турецким седлом

suprasonic [suːprəˈsɒnik] см. **supersonic**

suprasphincteric [ˌsuːprəsfiŋkˈterik] надсфинктерный

supratentorial [ˌsuːprətənˈtɔːriːəl] расположенный над мозжечковым намётом, супратенториальный

supratrochlear [ˌsuːprəˈtrɒkliːə] надблоковый

supraturbinal [ˌsuːprəˈtəːbinəl] верхняя носовая раковина

supravaginal [ˌsuːprəˈvæʤinəl] надвлагалищный, суправагинальный

supravalvular [ˌsuːprəˈvælvjuːlə] надклапанный (напр. стеноз)

supravergence [ˌsuːprəˈvəːʤəns] косоглазие кверху, суправергирующее косоглазие; суправергенция

supraversion [ˌsuːprəˈvəːʒən] 1. смещение зуба по вертикали 2. поворот обоих глаз кверху

sur [səː] ген продления жизни (увеличивающий продолжительность жизни дрожжей на 2/3)

sura [ˈsuːrə] икроножная область; задняя часть голени

sural [ˈsuːrəl] относящийся к икроножной области

surcingle [ˈsəːsiŋgl] хвост хвостатого ядра (серого вещества головного мозга)

surdity [ˈsəːditi], **surditas** [ˈsəːditəs] глухота

surdomute [ˈsəːdəʊmjuːt] глухонемой

surdomutism [ˈsəːdəʊmjuːˈtizəm] глухонемота, сурдомутизм

---

surface [ˈsəːfəs] 1. поверхность ‖ поверхностный 2. плоскость 3. внешность, наружность

~ **of separation** поверхность раздела двух сред

abrasive ~ поверхность истирания, поверхность износа

active cooling ~ эффективная поверхность охлаждения

adjoining ~s контактные поверхности (зубов)

body ~ поверхность тела

bosselated ~ бугорчатая [шишковатая] поверхность

boundary ~ пограничная поверхность

bumpy ~ см. **lumpy** ~

chewing ~ жевательная поверхность (зубов)

contact ~ поверхность соприкосновения

cut ~ поверхность разреза

extensor ~ разгибательная поверхность

flexor ~ сгибательная поверхность

glenoid ~ суставная поверхность

grinding ~ см. **chewing** ~

incisal ~ режущая поверхность (зуба)

lumpy ~ неровная поверхность (напр. почек)

mucosal ~ поверхность слизистой оболочки

notched ~ зазубренная поверхность

occlusal ~ окклюзионная поверхность (зуба)

palmar ~ ладонная поверхность

protective ~ защитное покрытие

radiation ~ излучающая поверхность

resilient tissue ~ эластическая прослойка (протеза)

rough [roughened] ~ бакт. шероховатая поверхность

smooth ~ бакт. ровная [гладкая] поверхность

wearing ~ трущаяся поверхность (зуба)

wettable ~ смачиваемая поверхность

surface-active [ˈsəːfəs-ˈæktiv] поверхностно-активный

surfactant [səˈfæktənt] сурфактант (1. комплекс гликозилированных белков, снижающий поверхностное натяжение и предотвращающий слипание альвеол 2. поверхностно-активное вещество, ПАВ)

low molecular weight ~ низкомолекулярный сурфактант, или детергент

pulmonary ~ лёгочный сурфактант

surfeit [ˈsəːfit] 1. излишество, неумеренность (напр. в пище) 2. переедать 3. перекармливать

surge [səːʤ] 1. всплеск; толчок; выброс; импульс ‖ импульсный 2. пульсация; колебания ‖ пульсировать; колебаться

luteinizing hormone ~ пик содержания лютеинизирующего гормона

surgeon [ˈsəːʤən] 1. хирург 2. амер. военный врач

~ **in charge** лечащий врач

acting assistant ~ нештатный [сверхштатный] хирург, работающий по контракту

air ~ 1. врач санитарной авиации 2. начальник медицинской службы военно-воздушных сил

ambulance ~ хирург скорой медицинской помощи

army ~ 1. военный врач 2. начальник медицинской службы армии

assistant ~ младший хирург, хирург-ассистент (резидент, интерн)

aural ~ хирург-оториноларинголог

burns ~ комбустиолог

cardiothoracic ~ кардиоторакальный хирург, кардио-хирург

cardiovascular ~ специалист по сердечно-сосудистой хирургии, кардиоангиохирург

casualty ~ хирург-травматолог

casualty house ~ 1. врач травматологического отделения 2. врач отделения экстренной хирургии

colorectal ~ проктолог

contract ~ вольнонаёмный врач (в военном ведомстве)

dental ~ врач-стоматолог

dermatological ~ врач-дерматолог

endocrine ~ хирург-эндокринолог

endoscopic ~ хирург-эндоскопист

ENT ~ см. **otorhinolaryngologist** ~

eye ~ оперирующий офтальмолог

flight ~ см. **air** ~ 1

gastrointestinal ~ хирург-гастроэнтеролог

general ~ 1. хирург общей практики 2. главный хирург

genito-urinary ~ уролог

gynecological ~ хирург-гинеколог

house ~ хирург-резидент (проживающий и проходящий подготовку в больнице)

junior ~ см. **assistant** ~

laparoscopic ~ хирург-лапароскопист

maxillofacial ~ челюстно-лицевой хирург; врач-стоматолог

obstetric ~ акушер-гинеколог

ophthalmic ~ оперирующий офтальмолог

oral ~ см. **maxillofacial** ~

orthopedic ~ хирург-ортопед

otorhinolaryngologist ~ хирург-оториноларинголог

passed assistant ~ нештатный [сверхштатный] хирург-ассистент

pediatric ~ хирург-педиатр, детский хирург

plastic ~ хирург-специалист в области пластических операций

police ~ полицейский врач, судебно-медицинский эксперт

rising ~ начинающий хирург

senior house ~ старший хирург стационара

ship's ~ судовой врач

spinal ~ врач-вертебролог

staff ~ штатный врач

sub-assistant ~ фельдшер; помощник (военного) врача

top ~ выдающийся хирург, хирург экстра-класса

traumatic ~ травматолог

urologic ~ хирург-уролог

vascular ~ сосудистый хирург

Queen's Honorary ~ лейб-медик королевы (Англия)

surgeoncy ['sɜːʤənsi] должность военного врача; служба в должности военного врача

surgeon-general ['sɜːʤən-'ʤenərəl] 1. начальник медицинской службы (в армии) 2. руководитель в системе здравоохранения; главный врач

surgeon-in-chief ['sɜːʤən-in-ʧiːf] главный хирург госпиталя или больницы (учреждён Харвеем Кушингом, США)

surgery ['sɜːʤəri] 1. хирургия 2. операция, хирургическое вмешательство 3. кабинет или приёмная врача-хирурга 4. операционная, операционный блок 5. приём врача

~ **is controversal** операция противопоказана; показания к операции противоречивы

ablative ~ органоуносящая операция

accident ~ 1. неотложная [экстренная] хирургия 2. травматология

additional ~ повторная [дополнительная] операция (при безуспешности первой)

anaplastic ~ см. **corrective** ~

angioaccess ~ операционный доступ к сосудам

antireflux ~ антирефлюксная операция

artery graft ~ операция с замещением дефекта артерии трансплантатом или протезом

aseptic ~ асептическая операция

aural ~ слухоулучшающая операция

back ~ 1. операция на позвоночнике 2. операция на задней части тела

battle(-field) ~ военно-полевая хирургия

bloodless ~ бескровная хирургия

brain ~ 1. хирургия головного мозга 2. операция на головном мозге

by-pass ~ операция обходного шунтирования (напр. в обход опухоли на кишке)

cancer ~ 1. онкологическая хирургия 2. операции по поводу рака

cardiac ~ 1. хирургия сердца 2. операция на сердце

cardiopulmonary bypass ~ операция с применением экстракорпорального кровообращения

cell ~ см. **gene** ~

cineplastic ~ кинепластическая операция, или ампутация (с формированием культи конечности, пригодной для протезирования)

clinical ~ показательная операция

closed heart ~ операция на закрытом сердце (без вскрытия его полости)

colorectal ~ 1. операция на ободочной и прямой кишке 2. колоректальная хирургия

conservative ~ щадящая [сберегательная, органосохраняющая] операция (напр. при раке)

conventional ~ традиционная хирургия; общепринятая операция

coronary artery bypass [graft] ~ операция шунтирования на коронарных артериях, аортокоронарное шунтирование, АКШ

corrective ~ 1. восстановительная [реконструктивная] хирургия 2. пластическая операция

cosmetic ~ косметическая [эстетическая] операция

craniofacial ~ черепно-лицевая хирургия

cryogenic ~ криохирургия

curative ~ хирургическое лечение; радикальная операция (напр. при раке желудка)

day-care ~ хирургия одного дня (вмешательство, не требующее госпитализации больного)

decompressive ~ хирургическая декомпрессия (напр. при сдавлении спинного мозга)

decorative ~ см. **cosmetic** ~

delayed ~ отсроченная операция (через 1–3 суток после интенсивной терапии и снижения острых явлений, обычно при холецистите)

dental ~ 1. операция на органах ротовой полости 2. хирургическая стоматология

dermatologic ~ вмешательство на коже (напр. дермабразия)

digestive ~ 1. абдоминальная хирургия 2. операция на органах желудочно-кишечного тракта

distal arterial ~ операция на периферических сосудах; хирургия периферических сосудов

elective ~ плановая операция

emergency ~ см. **urgent** ~

endoscope-assisted brain ~ эндоскопическая вспомогательная [ассистирующая] операция на мозге

esthetic ~ см. **cosmetic** ~

facial plastic ~ 1. пластическая хирургия лица 2. пластическая операция на лице

featural ~ косметическая операция на лице

fetal ~ внутриматочная хирургия (хирургическое лечение плода)

field ~ см. **battle(-field)** ~

filtering ~ фильтрующая операция (при глаукоме)

gamma ~ гамма-лучевая хирургия

gene ~ генная [клеточная] инженерия (метод рекомбинантных РНК)

general ~ общая хирургия

general hospital ~ хирургическое отделение общей больницы

gynecological ~ 1. оперативная гинекология 2. гинекологическая операция

hand ~ 1. хирургия кисти 2. операция на кисти

hand assisted laparoscopic ~ ручное вспоможение лапароскопической операции

heroic ~ операция отчаяния

hospital ~ 1. госпитальная хирургия 2. клиника госпитальной хирургии

hypospadias ~ операция по поводу гипоспадии, уретропластика

image-guided ~ хирургическая система, совмещённая с компьютерным томографом

immediate ~ см. **urgent** ~

infertility ~ хирургическое лечение бесплодия

jejunal interposition ~ операция тонкокишечной вставки

keyhole ~ «хирургия замочной скважины» (лапаро- или торакоскопические операции – минимально инвазивные операции)

laparoscopic tubal ~ лапароскопическая операция на маточной трубе

laser ~ лазерная хирургия; операция с помощью лазера

less radical ~ органосохраняющая операция (при раке молочной железы)

limited ~ см. **preserving** ~

major ~ «большая» операция, обширное оперативное вмешательство

manipulative ~ бескровная хирургическая процедура, хирургическая манипуляция

maxillofacial ~ челюстно-лицевая хирургия

microlymphatic ~ микрохирургия на лимфатических сосудах

microscopic ~ микрохирургия

microvascular ~ микрохирургия сосудов, микроваскулярная хирургия

microwave ~ операция с использованием микроволновой коагуляции

military ~ см. **battle(-field)** ~

minimal access ~ минимальный операционный доступ

minimally invasive ~ малоинвазивная операция; малоинвазивная хирургия (лапаро- или торакоскопическое вмешательство)

minor ~ «малая» операция, малое хирургическое вмешательство

morning ~ утренний приём хирургических больных

mutilating ~ калечащая операция (напр. ампутация)

neonatal ~ хирургия новорождённых

oculoplastic ~ пластическая хирургия глаза

office ~ см. **outpatient** ~

open heart ~ операция на открытом сердце (с применением искусственного кровообращения)

optional ~ операция по относительным показаниям

oral ~ см. **dental** ~

orthognathic ~ ортодонтическая операция

orthopedic ~ ортопедическая операция

outpatient ~ 1. амбулаторная хирургия 2. амбулаторная операция

pancreatic ~ операция на поджелудочной железе

parenchymal ~ операция на паренхиматозном органе

pediatric ~ детская хирургия

pelvic ~ операции на тазовых органах

peritoneovenous shunt ~ перитонеально-венозное шунтирование

permanent ~ заключительный этап операции

plastic ~ пластическая хирургия

port-access ~ хирургический доступ через проколы (при эндоскопических вмешательствах)

preprosthetic ~ хирургическая подготовка к протезированию (напр. зубов)

preserving ~ щадящая [сберегательная] операция (напр. при раке)

prophylactic dental ~ хирургические методы профилактики стоматологических заболеваний

pyeloplastic ~ пластическая операция на лоханке (почки)

reconstructive ~ см. **corrective** ~

rehabilitation ~ хирургическая коррекция, или реабилитация

reoperative ~ повторная операция

reparative [replacement, restorative] ~ см. **corrective** ~

replantation ~ 1. реплантационная хирургия 2. операция реимплантации

robot assisted totally endoscopic ~ дистанционная эндоскопическая операция с помощью робота

same-day ~ двухэтапная операция в один день (напр. при использовании переднезаднего доступа – торакального и абдоминального – на позвоночнике при коррекции юношеского кифоза)

sex-charge ~ секс-трансформирующая операция (изменяющая пол)

shame ~ «ложная» операция (проводимая на животном в эксперименте)

slightly-invasive ~ малоинвазивная хирургия

spare-part ~ *см.* **corrective ~**

specialty ~ частная хирургия

spinal [spine] ~ 1. хирургия позвоночника, спинальная хирургия 2. операция на спинном мозге; операция на позвоночнике

staged ~ поэтапная операция

stereotaxic ~ стереотаксическая операция

stoma ~ операция по наложению стомы

strabismus ~ хирургическое лечение косоглазия

supersonic ~ *см.* **ultrasonic ~**

thoracic ~ 1. торакальная хирургия 2. операция на органах грудной полости

thoracoscopic spine ~ 1. эндоскопическая хирургия грудного отдела спинного мозга 2. операция с аналогичным названием

transsexual ~ оперативное изменение пола, секс-трансформирующая операция

transvaginal ~ чрезвлагалищная операция

traumatic ~ травматология

ultrasonic ~ операция с применением ультразвука

unnecessary ~ непоказанная [ненужная] операция

upper abdominal ~ операция на верхнем этаже брюшной полости

urgent ~ экстренная [неотложная] операция

urologic ~ 1. оперативная урология 2. урологическая операция

vanity ~ *см.* **cosmetic ~**

video-assisted thoracoscopic ~ торакоскопическая операция с видеосопровождением

war ~ *см.* **battle(-field) ~**

wrist ~ *см.* **hand ~**

surgical ['sə:dʒikəl] хирургический; операционный

surmount [sə'maunt] преодолевать

surname ['sə:neim] фамилия

surplus ['sə:pləs] избыток, излишек, превышение *(напр. численности популяции клеща)*

~ of population избыток населения

surrogate ['serəgeit] 1. заменитель, суррогат ‖ заменять 2. замещающая личность

father ~ человек с авторитетом

mother ~ лицо, заменяющее функции матери *(напр. кормилица, воспитательница)*

surrogation [serə'geiʃn] замена, замещение

surroundings [sə'raundiŋz] окружающая среда; микросреда

unfamiliar ~ непривычная обстановка

sursanure [sə:'seinju:ə] *уст.* язва, заживающая с поверхности, и с наличием гноя в более глубоких участках

sursimulation [ˌsə:simju:'leiʃn] *фр.* сюрсимуляция *(симуляция психически больного)*

sursumduction [ˌsə:sʌm'dʌkʃn] поворот одного глаза кверху

sursumvergence [ˌsə:sʌm'və:dʒəns] *см.* **supravergence**

sursumversion [sə:sʌm'və:ʒən] поворот глаз кверху

surveillance [sə'veiləns] 1. надзор *(напр. эпидемиологический)*, наблюдение, контроль 2. инспектирование; обследование, «сервейланс» 3. тип исследования, основанный на наблюдении *(включает непрерывный мониторинг, напр., болезней)*

~ for adenocarcinoma контрольное наблюдение над больным с аденокарциномой

~ of contact диспансерное наблюдение за контактным лицом

~ of communicable diseases *см.* **sanitary-epidemiological ~**

automatic [computer] ~ автоматический контроль

drug ~ надзор, или контроль, за качеством и применением лекарственных средств

epidemiological ~ эпидемиологический надзор, или контроль

health ~ наблюдение за здоровьем *(напр. работников пищевых отраслей)*

immunological ~ иммунологический надзор, иммунитет к какому-л. заболеванию

outpatient ~ амбулаторный контроль

post-treatment ~ наблюдение за пролеченными пациентами

public health radiation ~ радиационный контроль, осуществляемый органами здравоохранения

sanitary-epidemiological ~ санитарно-эпидемиологический надзор, санитарный контроль

sexually transmitted disease ~ эпидемиологический надзор за заболеваниями, передаваемыми половым путём

Surveillance:

International ~ of Communicable Disease Международный контроль за инфекционными болезнями

National Adverse Drug Reactions ~ Государственный контроль за побочными [неблагоприятными] реакциями лекарственных препаратов

National ~ of AIDS Государственный контроль за заболеваемостью СПИДом

survey ['sə:vei] 1. осмотр, обследование, освидетельствование ‖ осматривать, обследовать 2. инспектирование ‖ инспектировать 3. исследование, изыскание 4. опыт

~ of fertility surgery опыт операций по поводу бесплодия

~ of ophthalmology обзор по офтальмологии

~ of population change обследование изменений численности и структуры населения

~ of vitamin D deficiency обследование на дефицит витамина D

air pollution ~ исследование загрязнения воздуха

area-wide ~s порайонные рейды обследования

atmospheric ~ контроль за загрязнением атмосферы

autopsy ~ патологоанатомическое исследование

blood lead ~ исследование содержания свинца в крови

community ~s популяционное исследование, исследование сообщества *(напр. на выявление болезни)*

coprological ~ копрологическое исследование

cross-sectional ~ перекрёстное исследование

current population ~ текущее обследование населения

demographic ~ демографическое обследование

dental fear ~ *псих.* исследование страха зубной боли *(тест для оценки стоматофобии)*

desk-by-desk ~ индивидуализированное обследование

dust ~ исследование пыли

emission ~ надзор за выбросами *(напр. загрязнений)*

family living ~ обследование условий жизни семьи

field ~ обследование на месте, обследование обходом

gastric mass screening ~ массовое исследование желудка (*у определённого контингента*)

health ~ **1.** исследование в области здравоохранения **2.** диспансеризация

household ~s *см.* **family living** ~

initial treatment ~ начальное обследование и лечение

mail ~ корреспондентский [анкетный] способ обследования

monitoring ~ контрольное долгосрочное обследование

morbidity ~ исследование причин заболеваемости

nationwide ~ общенациональное обследование

necropsy ~ *см.* **autopsy** ~

pilot ~ **1.** опытное [пилотное, пробное] обследование **2.** предварительное обследование

point prevalence ~ точечное исследование распространённости (*напр. болезни на данной местности*)

population ~ обследование населения; обследование популяции

proficiency ~ анализ профессиональных навыков

protection ~ дозиметрическое обследование

questionnaire ~ анкетное обследование, анкетирование

radiographic ~ рентгенологическое исследование

sample ~ выборочное обследование

sanitary ~ обследование санитарного состояния

walk ~s маршрутные наблюдения (*напр. за насекомыми*)

Survey:

National Natality ~ Национальная программа обследования рождаемости

US National Health ~ Американское национальное обследование здоровья населения

survivability [sə‚vaivə'biliti] выживаемость, способность к выживанию

survival [sə'vaivəl] **1.** выживание; выживаемость; жизнеспособность (*напр. новорождённого по шкале Апгар*) ‖ выживший **2.** продолжительность предстоящей жизни; дожитие **3.** пережиток

~ **as postself** выживать в памяти как личность

~ **in carcinoma** выживаемость при раке

~ **of fittest** *биол.* естественный отбор

actuary ~ актуарная [страховая] выживаемость

canula ~ продолжительность функционирования канюли

disease-free ~ **1.** период [стадия, фаза] ремиссии **2.** полностью выздоровевший (*напр. от онкологического заболевания*)

enzyme ~ сохранение фермента (*при фиксации для гистохимической реакции*)

event free ~ случаи выживаемости без рецидивов (*напр. при лейкозе*)

expected ~ ожидаемое долгожитие

extracellular ~ внеклеточное переживание

graft ~ срок жизнеспособности [выживаемость] трансплантата

group ~ доживаемость исходной совокупности

infarct ~ лицо, перенёсшее инфаркт миокарда

long [long-term] ~ выживаемость [выживание] в отдалённые сроки; длительная продолжительность жизни

overall ~ общая выживаемость

platelet ~ продолжительность жизни тромбоцитов

predicting graft ~ прогноз приживления трансплантата

reduced ~ сниженная продолжительность жизни (*напр. эритроцитов*)

relapse ~ выживаемость с рецидивами (*напр. при лейкозе*)

survive [sə'vaiv] **1.** выжить, остаться в живых **2.** дожить до определённого возраста

surviving [sə'vaiviŋ]:

cumulative proportion ~ кумулятивная выживаемость (*напр. после операций на сердце*)

survivor [sə'vaivə] **1.** выздоровевший; реконвалесцент **2.** выживший, уцелевший, оставшийся в живых

atomic bomb ~ выживший после облучения от взрыва атомной бомбы

irradiation-damaged ~ организм или клетка, выжившие после облучения сублетальными дозами

torture ~ переживший пытки

survivorship [sə'vaivəʃip] доживаемость (*до определённого возраста*)

suscept [sə'sept] организм, восприимчивый к болезням, уязвимость

~ **to malignant hyperthermia** подверженный злокачественной гипертермии

susceptibility [sə‚septi'biliti] **1.** чувствительность, восприимчивость, подверженность **2.** впечатлительность; обидчивость

~ **of bacteria to antibiotics** чувствительность бактерий к антибиотикам

~ **to diabetes** подверженность диабету

~ **to coeliac disease** восприимчивость к целиакии

~ **to osteoporosis** предрасположенность к остеопорозу

~ **to pulmonary infection** риск лёгочной инфекции

~ **to suggestion** подверженность внушению; гипнабельность

genetic ~ генетическая предрасположенность

susceptible [sə'septibl] чувствительный, восприимчивый (*напр. организм*)

suscitate ['sʌsiteit] повышать активность, стимулировать

suspect 1. ['sʌspekt] человек с подозрением на заболевание **2.** [sə'spekt] подозревать; предполагать

suspend [sə'spend] **1.** вешать, подвешивать **2.** задерживать; приостанавливать; тормозить

suspension [sə'spenʃn] **1.** подвешивание, подвеска **2.** временное прекращение, приостановка, отсрочка **3.** взвешенное состояние, суспензия, взвесь

~ **of consciousness** помрачение [спутанность] сознания

~ **of function** временное бездействие

~ **of movable kidney** подвешивание [фиксация] подвижной почки

~ **of red cells** взвесь эритроцитов

bacterial ~ бактерийная взвесь

balanced ~ демпферное подвешивание

broth ~ бульонная взвесь

buffy coat ~ светлый слой кровяного сгустка, лейкоцит(ар)ная плёнка

insulin zinc ~ суспензия цинк-инсулина

saline ~ взвесь в солевом растворе

washed (cell) ~ взвесь отмытых клеток

white-cell-rich ~ лейкоцит(ар)ная масса

suspensoid [sə'spensɒid] коллоидная суспензия

suspensory [sə'spensəri] суспензорий, поддерживающая повязка ‖ поддерживающий, подвешивающий

suspicion [sə'spiʃn] 1. подозрение, сомнение 2. настороженность, бдительность

  recurrent ~**s** повторяющаяся подозрительность

suspicious [sə'spiʃəs] подозрительный, вызывающий подозрение, сомнительный

suspirious [səs'pairi:əs] дышащий с заметным усилием, тяжело дышащий, характеризующийся одышкой

sustain [sə'stein] 1. выдерживать, выносить, испытывать 2. подтверждать 3. поддерживать; подкреплять

  to ~ **injuries** получить увечье

  to ~ **life** поддерживать жизнь

sustained [sə'steind] 1. длительный, непрерывный; постоянный; пролонгированный 2. поддерживаемый (напр. жизнь); выдерживаемый; подкрепляемый 3. стойкий (напр. о сокращении мышцы); устойчивый (об аритмии)

sustained-release [sə'steind-ri'li:s] продлённого [пролонгированного] действия (напр. нитроглицерин)

sustentacular [ˌsʌstən'tækjuːlə] опорный

sustentaculum [sʌstən'tækjuːləm], pl. **sustentacula** [sʌstən'tækjuːlə] анат. поддерживающая структура (напр. связка); опора

  ~ **tali** опора таранной кости

susurrus [sə'sʌːrəs] шум (аускультативный феномен)

sutura [suː'tjuːrə], pl. **suturae** [suː'tjuːri] анат. шов (неподвижное соединение костей черепа)

  ~ **coronalis** венечный шов

  ~ **intermaxillaris** межчелюстной шов

  bone ~ костный шов

  interparietal ~ сагиттальный [стреловидный] шов

  lambdoidal ~ лямбдовидный шов

  longitudinal ~ см. **interparietal** ~

  mendosal ~ дополнительный шов черепных костей

  metopic ~ лобный [метопический] шов

  opening cranial ~ краниорахишизис (несросшийся черепной шов)

  sagittal ~ см. **interparietal** ~

  squamous ~ чешуйчатый шов

sutural ['suːtjərəl] шовный

suture ['suːtʃə] 1. хир. шов 2. наложение шва, сшивание ‖ накладывать шов, сшивать 3. pl. шовный материал

  ~ **of eyelids** блефарорафия

  ~ **of gastric ulcer site** ушивание язвы желудка

  ~ **of wound** ушивание раны

  absorbable ~ рассасывающая шовная нить

  anchoring ~ укрепляющий [фиксирующий] шов

  apposition ~ см. **coaptation** ~

  approximation ~ глубокий сближающий шов (с захватом кожи и подкожной клетчатки)

  biparietal ~ сагиттальный [стреловидный] шов (черепа)

  blanket ~ обвивной [захлёстывающий] шов

  braided ~ плетёный шовный материал, плетёная шовная нить

  buried ~ погружной шов

  button ~ шов на пуговицах (накладываемый при эвентрации)

  catgut ~ кетгутовый шов

  chain(-stitch) ~ непрерывный шов, подобный машинному

  circular ~ циркулярный [«кисетный»] шов

  clavate ~ см. **guilled** ~

  coaptation ~ сопоставляющий [коаптационный] шов (с захватом только кожи)

  cobblers' ~ шов, накладываемый двумя иглами на концах нити, «скорняжный» [«сапожный»] шов

  continuous ~ см. **chain** ~

  Czerny's ~ Черни кишечный шов

  delayed ~ 1. поздний [отсроченный] шов (раны) 2. замедленное формирование шва

  dentate ~ см. **serrated** ~

  double-ended ~ шов, накладываемый одной нитью двумя иглами навстречу друг другу (напр. на сосуд)

  double-row [doubly armed] ~ см. **cobbler's** ~

  dry ~ соединение краёв раны лейкопластырем

  encircling ~ круговой [циркулярный] шов (напр. обхватывающий вокруг рассечённую грудину)

  everting ~ выворачивающий [эверсионный] шов

  eyeless needled ~ шов, накладываемый атравматической иглой

  far-end-near ~ глубокий шов с захватом краёв фасции

  figure-8 ~ восьмиобразный шов (с перекрещивающимися стежками)

  frontal ~ лобный [метопический] шов (черепа)

  funicular ~ межпучковый [периневральный] шов

  glovers' ~ см. **cobbler's** ~

  gut ~ кетгутовый шов

  harmonic ~ см. **plane** ~

  hemostatic ~ гемостатический шов

  implanted ~ см. **buried** ~

  interrupted ~ узловой шов

  intestinal button ~ кишечный анастомоз, наложенный с помощью «пуговки» (напр. Мэрфи)

  intradermic ~ внутрикожный шов

  inverting ~ вворачивающий [инверсионный] шов

  knotless ~ см. **chain** ~

  Lembert ~ серозно-мышечный шов, Ламбера шов (узловой и непрерывный)

  linear ~ линейный шов

  lockstitch ~ см. **blanket** ~

  loop ~ см. **interrupted** ~

  mattress ~ матрацный шов

  nerve ~ шов нерва

  nonabsorbable ~ нерассасывающийся шов

  noose ~ см. **interrupted** ~

  over-and-over ~ шов, смыкающий края раны (узловой и непрерывный)

  persistent ~**s** несъёмный [остаточный] шов

  plane ~ плоский [ровный] шов (черепа)

  plicating ~ сборивающий шов

  primary ~ первичный шов

  purse-string ~ кисетный шов

  quilled ~ шов с использованием валика (для профилактики прорезывания)

  quilted ~ см. **mattress** ~

  reinforced ~ укрепляющий шов

  relaxation [retension] ~ разгружающий шов (ослабляющий напряжение тканей в области основного шва)

retention ~ удерживающий шов

running ~ *см.* **continuous** ~

sagittal ~ сагиттальный [стреловидный] шов *(черепа)*

secondary ~ вторичный шов *(накладываемый на гранулирующую рану)*

serrated ~ зубчатый шов *(черепа)*

single-layer continuous ~ однослойный непрерывный шов

spiral ~ *см.* **continuous** ~

subcuticular ~ подкожный шов

tendon ~ сухожильный шов

tension ~ *см.* **retention** ~

transfixion ~ прошивная лигатура, шов-держалка

twisted ~ *см.* **blanket** ~

uninterrupted ~ *см.* **continuous** ~

sutureless ['suːtʃələs] бесшовный

suturing ['suːtʃəriŋ] сшивание, ушивание, наложение швов

swab [swɒb] **1.** тампон на палочке || вытирать или промывать тампоном **2.** мазок || брать мазок

to ~ out вытирать или промывать тампоном

alcohol ~ спиртовой тампон

cough ~ мазок мокроты

ear ~s ушной тампон

gauze ~ марлевый тампон

oral ~ мазок со слизистой оболочки рта

perianal ~ перианальный мазок *(на яйца гельминтов)*

pernasal ~ мазок из носоглотки

pharyngeal ~ мазок из зева

rectal ~ мазок из прямой кишки

soluble ~ рассасывающийся тампон

throat ~s мазки из зева

vaginal ~ влагалищный мазок

swabbing ['swɒbiŋ] **1.** тампонада **2.** взятие мазка

swallow ['swɒləʊ] глоток || глотать, проглатывать

to ~ comfortably свободно глотать

to ~ whole with some liquid проглотить целиком, запивая небольшим количеством воды

swallowing ['swɒləʊiŋ] глотание

air ~ аэрофагия

barium ~ рентгеноконтрастное исследование желудочно-кишечного тракта *(с перорально принятой бариевой взвесью)*

swallowwort ['swɒləʊwɜːt] **1.** цинанхум лекарственный *(Cynanchum officinalis)* **2.** чистотел большой *(Chelidonium majus)*

swarm [swɔːm] **1.** скопление *(насекомых)* || кишеть *(насекомыми)* **2.** рой пчёл || роиться

swarming ['swɔːmiŋ] рост бактерий на твёрдой среде

swathe [sweið] **1.** бинт || бинтовать **2.** бандаж, обхватывающая туловище повязка || обматывать; пеленать

S-wave [s-weiv]:

large ~s высокие зубцы S *(на ЭКГ)*

swayback ['sweibæk], **sway-back** патологическое усиление поясничного лордоза и грудного кифоза, «круглая спина»

swaying ['sweiiŋ]:

~ of body неустойчивость тела

sweat [swet] **1.** пот, испарина || потеть **2.** потогонное средство

to be damp with ~ покрываться испариной

bloody ~ гем(ат)идроз, кровавый пот

cold ~ холодный пот *(от страха)*

colliquative ~ профузный холодный липкий пот

colored ~ хромидроз *(окрашенный пот у людей, контактирующих с кобальтом, медью и другими веществами)*

excessive ~ гипергидроз, потливость

fetid ~ бромидроз, зловонный пот

night ~s ночная потливость

profuse ~ профузный пот

scanty ~ ангидроз

sweating ['swetiŋ] потение, потоотделение || потеющий, потогонный

~ with heat потение от жары, высокой температуры

sweatweed ['swetwiːd] алтей лекарственный *(Althaea officinalis)*

sweep [swiːp] **1.** мусор || мести, подметать; чистить **2.** протяжение; размах

chimney ~ подорожник ланцетный *(Plantago lanceolata)*

finger ~ удаление пальцем *(напр. инородного тела из глотки)*

sweeper ['swiːpə] **1.** чистильщик, уборщик **2.** щётка

magnet ~ магнитное устройство для удаления металлических инородных тел

sweetclover ['swiːtkləʊvə] донник лекарственный *(Melilotus officinalis)*

sweeteners ['swiːtənəz] подсластители, подслащивающие добавки; сладкие вещества *(заменяющие сахар)*

sweet-mary [swiːt-'meəri] мелисса лекарственная *(Melissa officinalis)*

swell-foot [swel-fʊt] опухшая [отёчная] стопа

swelling ['sweliŋ] **1.** припухлость, вздутие; отёк; опухание || набухать **2.** опухоль **3.** выпячивание *(напр. геморроидального узла)* **4.** увеличение; рост *(органа)*

~ of abdomen due to gas метеоризм *(растяжение живота газами)*, вздутие живота

~ of optic disk отёк зрительного диска

albuminous ~ *пат. анат.* зернистая дистрофия, мутное набухание

arytenoids ~ отёк черпаловидных хрящей с сужением голосовой щели

brain ~ набухание головного мозга

Calabar ~ лоаоз, калабарская опухоль

cloudy ~ *см.* **albuminous** ~

eyelid ~ отёк [припухлость] век

fatty ~ липома, жировая опухоль

fugitive ~ *см.* **Calabar** ~

giant ~ ангионевротический отёк

genital ~ *эмбр.* половой валик

gingival ~ припухлость дёсен

glassy ~ амилоидоз, амилоидная дистрофия

granulomatous ~ гранулематозное разрастание

hunger ~ алиментарная дистрофия, алиментарное истощение, голодный отёк

inflammatory ~ воспалительная припухлость

isosmotic ~ *см.* **albuminous** ~

levator ~ валик мышцы, поднимающей мягкое нёбо

malignant ~ злокачественная опухоль

muscular ~ мышечное возвышение

nasal ~ набухание [отёк] слизистой носа

optic disk ~ застойный диск зрительного нерва

painful ~ болезненное опухолевидное образование

tense tender ~ напряжённая болезненная припухлость

vulvar ~ набухание женских наружных половых органов

white ~ *уст.* туберкулёзный артрит

swim¹ [swim] плавать

swim² головокружение; обморок

swimming ['swimiŋ] головокружение, вертиго ‖ страдающий головокружением

swing [swiŋ]:

mood ~s перепады настроения; эмоциональная лабильность, аффективные колебания

switch [switʃ] **1.** включение, выключение, переключатель **2.** *психол.* переключение *(изменение ролевого поведения в ответ на внешний или внутренний стимул)*

~ T cells «включение» Т-клеток

bell-alarm ~ выключатель звукового сигнала тревоги; тумблер сигнального звонка

emergency off ~ аварийный выключатель

genetic ~ включение генов

molecular ~ **1.** рецептор **2.** регуляторная последовательность в геноме; сигнальная последовательность *(в гене, белке)*

mood ~es *псих.* инверсия аффекта *(из депрессии в манию и наоборот)*

phenotypic ~ смена фенотипа *(в онтогенезе)*

switchboard ['switʃbɔːd] пульт управления

switching ['switʃiŋ]:

metabolic ~ метаболическое выключение

swivel [swivl] *мед. тех.* шарнирное устройство ‖ вращающийся, поворотный

swollen [swəʊlən] распухший, вспухший, опухший

swoon [swuːn] обморок, синкопе ‖ падать в обморок

sword-cut [sɔːd-kʌt] **1.** резаная рана **2.** рубец

sword-shaped [sɔːd-ʃeipt] мечевидный

sycoma [sai'kəʊmə] крупная бородавка на ножке; кондилома

sycosiform [sai'kəʊsifɔːm] сикозиформный, напоминающий сикоз

sycosis [sai'kəʊsis] **1.** сикоз *(гнойное воспаление фолликулов волос на лице у мужчин)* **2.** язва века

~ barbae сикоз в области бороды

coccogenic ~ обыкновенный [непаразитарный, простой, стафилогенный] сикоз

lupoid ~ сикозиформная рубцовая эритема, люпоидный сикоз (Брока), Гоффмана сикозиформный атрофический фолликулит

parasitic ~ глубокая трихофития бороды

sygnathia [si'næθiə] сигнатия *(тяжи в ротовой полости, возможно остатки буккофарингеальной мембраны)*

syllable ['siləbl] слог; звук; слово

nonsense ~ бессмысленный слог *(в опытах на запоминание)*

syllable-stumbling ['siləbl-'stʌmbliŋ] «спотыкание» на слогах

syllepsiology [ˌsilepsi:'ɒləʤi] раздел акушерства и физиологии, изучающий механизмы зачатия и беременности

syllepsis [si'lepsis] **1.** зачатие, оплодотворение **2.** беременность

sylviduct ['silvidʌkt] *анат.* водопровод мозга, сильвиев водопровод

symbion ['simbi:ɒn], **symbiont** ['simbi:ɒnt] симбионт *(организм, находящийся в состоянии симбиоза с представителем другого вида)*

symbiose ['simbi:əʊs] симбиоз ‖ сосуществовать

symbiosis [ˌsimbai'əʊsis] симбиоз, сожительство особей различных видов

antagonistic [antipathetic] ~ паразитизм

bacterial ~ симбиоз бактерий, бактериальный симбиоз

contingent ~ эндобиоз без нанесения эндобионтом вреда хозяину

intracellular ~ внутриклеточный симбиоз

nutritive ~ пищевой симбиоз

symblepharon [sim'blefərɒn] симблефарон *(сращение конъюнктивы века с конъюнктивой глазного яблока)*

symbol ['simbəl] **1.** символ; знак, обозначение **2.** образец; идея

emergency medical identification ~ жетон, значок и т. п., имеющийся при больном со сведениями о болезни *(напр. сахарном диабете)*

expressive ~ внешнее проявление

mnemic ~ символ воспоминания

symbolia [sim'bəʊli:ə] способность распознавать [узнавать] предметы на ощупь

symbolism ['simbəlizm] **1.** символизм **2.** символика

birth ~ *психоан.* символическое представление отделения ребёнка от матери

symbolization [ˌsimbəli'zeiʃn] **1.** *психоан.* символизация *(представление вытесненного в бессознательное комплекса в виде сознательного символа)* **2.** совокупность символов и знаков

dream ~ символика сновидений

symbolophobia [ˌsimbələʊ'fəʊbiə] символофобия *(патологическая боязнь предметов, явлений, событий, сновидений, в которых скрыт неблагоприятный для больного смысл)*

symbrachydactyly [sim,bræki:'dæktili] врождённое укорочение пальцев и сращение их в проксимальных отделах

symmelia [si'miːliːə] сиреномелия *(сращение нижних конечностей)*

symmetry ['simətri] симметрия, соразмерность

bilateral ~ билатеральная [двусторонняя] симметрия

cubical ~ кубовидная симметрия

helical ~ спиралевидная симметрия

radial ~ радиальная симметрия

sympathalgia [sim,pæθ'ælʤiə] симпаталгия *(болевой синдром при поражении симпатической нервной системы)*

sympathectomy [ˌsimpəθ'ektəmi] симпатэктомия, десимпатизация

chemical ~ химическая десимпатизация *(напр. введением спирта)*

periarterial ~ периартериальная симпатэктомия, денервация [денудация] артерии

sympathetic [ˌsɪmpə'θetɪk] **1.** симпатический, относящийся к симпатической нервной системе **2.** благополучный (напр. об обстановке), благоприятный (о среде)

sympathicoblastoma [sɪmˌpæθɪkəʊblæs'təʊmə] нейробластома, симпатобластома

sympathicolytic [sɪmˌpæθɪkəʊ'lɪtɪk] симпатолитический (блокирующий симпатическую иннервацию)

sympathicomimetic [sɪmˌpæθɪkəʊmɪ'metɪk] симпатомиметический (облегчающий симпатическую передачу нервных импульсов)

sympathicopathy [sɪmˌpæθɪ'kɒpəθɪ] поражение симпатической нервной системы

sympathicotripsy [sɪmˌpæθɪkəʊ'trɪpsɪ] хир. симпатикотрипсия

sympathicotrope [sɪm'pæθɪkəʊtrəʊp], **sympathicotropic** [sɪmˌpæθɪkəʊ'trɒpɪk] симпатикотропный

sympathicus [sɪm'pæθɪkəs] симпатический отдел вегетативной нервной системы, симпатическая нервная система

sympathism ['sɪmpəθɪzm] внушаемость

sympathist ['sɪmpəθɪst] человек с повышенной внушаемостью

sympathoblast [sɪm'pæθəʊˌblæst] симпатобласт (клетка нервного гребня в образовании мозгового слоя надпочечников)

sympathogonia [ˌsɪmpəθəʊ'gəʊniːə] симпатогонии (недифференцированные клетки симпатической нервной системы)

sympatholytic [ˌsɪmpəθəʊ'lɪtɪk] симпатолитическое средство || симпатолитический

sympathomimetic [ˌsɪmpəθəʊmɪ'metɪk] симпатомиметическое [адреномиметическое] средство, симпатомиметик || симпатомиметический

sympathy ['sɪmpəθɪ] **1.** взаимодействие; взаимовлияние (об органах) **2.** способность к сопереживанию **3.** симпатия

sympexion [sɪm'peksɪɒn] симпексия, очаговые зёрна (конкремент в семенных пузырьках и сперме)

symphalangia [ˌsɪmfə'lænʤɪə], **symphalangism** [sɪm'fælənʤɪzm] **1.** синдактилия **2.** симфалангия, анкилоз пальцев кисти и стопы

symphyocephalus [ˌsɪmfiːəʊ'sefələs] краниопаги (близнецы, сращённые головами)

symphyogenetic [ˌsɪmfiːəʊʤə'netɪk] относящийся к взаимному влиянию наследственности и окружающей среды на структуру и функции организма

symphysic [sɪm'fɪzɪk] **1.** сращённый, слившийся, соединённый (напр. об органах) **2.** относящийся к симфизу

symphysiectomy [ˌsɪmfɪzɪ'ektəmɪ] см. **symphisiotomy**

symphysion [sɪm'fɪzɪɒn] кр. метр. наиболее выступающая вперёд точка альвеолярного отростка нижней челюсти

symphysiotomy [sɪmˌfɪzɪ'ɒtəmɪ] симфизиотомия (рассечение лобкового сращения с целью облегчения родовой деятельности)

symphysis ['sɪmfɪsɪs], pl. **symphyses** ['sɪmfɪsiːz] симфиз, гемиартроз, полусустав

cardiac ~ сращение перикарда со смежными органами

pubic ~ лобковый симфиз, лобковое [лонное] сращение, или сочленение

sacrococcygeal ~ крестцово-копчиковое соединение

symphysodactylia [ˌsɪmfɪzəʊdæk'tɪliə] синдактилия (сращение пальцев)

symplasm ['sɪmplæzm] симплазм (ткань, в которой отсутствуют клеточные структуры)

symplast ['sɪmplæst] симпласт (многоядерная клетка, образовавшаяся в результате слияния клеток)

sympodia [sɪm'pəʊdiə] сращение стоп

symport ['sɪmpɔːt] симпорт (сопряжённый транспорт двух веществ через мембрану в одном направлении)

symptom ['sɪmptəm] симптом, признак болезни (чаще субъективный, в отличие от **sign** – объективного признака)

abstinence ~s абстиненция, абстинентный синдром, синдром отмены

accessory ~ дополнительный [второстепенный] симптом

accidental ~ случайный симптом (не имеющий отношения к данному заболеванию)

accompanying ~ сопутствующий симптом

alarm ~ тревожный симптом

anchoring ~s психол. опорные (для диагностики) симптомы

Anton's ~ анозогнозия, Антона симптом (отсутствие осознания нарушений, вызванных болезнью)

Baumes's ~ загрудинная боль при стенокардии, Боме симптом

Baeyer's ~ симптом Бейера (при спинной сухотке)

bends ~ симптом высотных болей, симптом декомпрессионной болезни

Bezold's ~ воспалительный отёк в области верхушки сосцевидного отростка, Бецольда симптом (при мастоидите)

Bolognini's ~ ощущение крепитации при постепенно усиливающемся давлении на живот, Болоньини симптом (при кори)

Bonnet's ~ Бонне симптом (при поражении седалищного нерва)

Bragard's ~ Брагарда симптом (при поражении седалищного нерва)

Bumke's ~ отсутствие реакции расширения зрачка (при кататоническом ступоре), Бумке симптом

cardinal [**chief**] ~ **1.** главный [ведущий] симптом **2.** жизненно важные признаки

combined ~s комплекс [сочетание] признаков

concomitant ~ сопутствующий признак, или симптом

constitutional ~ симптом, свидетельствующий о генерализации патологического процесса

conversion ~ симптом превращения

Dandy's ~ Денди симптом (при поражении седалищного нерва)

deficiency ~ симптом недостаточности вещества (напр. гормона, витамина)

deficit ~s псих. дефицитарные симптомы

Dejerine's ~ симптом Дежерина (при поражении седалищного нерва)

Demarquay's ~ Демарке симптом (фиксирование или опущение гортани при разговоре; возможный признак сифилиса трахеи)

devastating ~ изнуряющий [изматывающий] симптом

direct ~ симптом, непосредственно связанный с болезнью

dissociation ~ симптом диссоциированного расстройства чувствительности

Epstein's ~ Эпштейна симптом *(при волнении верхнее веко не опускается, что придаёт лицу выражение страха; при неврозе у детей)*

equivocal ~ симптом, присущий нескольким болезням

endogenomorphous ~s эндогеноморфные симптомы *(депрессии)*

esophagosalivary ~ симптом обильного слюноотделения *(при раке пищевода)*

first rank ~ *псих.* первичный симптом

florid ~s ярко выраженные симптомы

flu-like ~ кратковременный [преходящий] симптом

focal ~s *невр.* очаговые симптомы, очаговая симптоматика

Foerster's ~ Ферстера симптом *(при поражении зрительного бугра)*

fundamental ~ основной [базовый] симптом

general ~ *см.* **constitutional** ~

Gowers's ~ Говерса симптом, Сикара симптом *(при поражении седалищного нерва)*

Griesinger's ~ припухлость в области сосцевидного отростка *(при тромбозе поперечного синуса)*, Гризингера симптом

guiding ~ *см.* **cardinal** ~

Haenel's ~ отсутствие ощущения боли при надавливании на глазное яблоко *(возможный признак спинной сухотки)*, Хенеля симптом

head ~s черепно-мозговые симптомы, черепно-мозговая симптоматика

Howship's ~ боль или парестезия на внутренней поверхности бедра *(при ущемлённой бедренной грыже)*, Хаушипа симптом

hyperbaric ~ гипербарический симптом

hypobaric ~ гипобарический симптом

impending ~ угрожающий симптом

indirect ~ косвенный симптом

induced ~ вызванный [индуцированный] симптом

Kerandel's ~ глубокая гиперестезия *(при африканском трипаносомозе)*, Керанделя симптом

klick ~ клик-симптом *(напр. нижнечелюстного сустава)*

Larrey's ~ Ларрея симптом *(при поражении седалищного нерва сильная боль по ходу седалищного нерва или в крестце при переходе из положения лёжа в положение сидя)*

larvate ~ скрытый симптом

Lasegue's ~ Ласега симптом *(при поражении седалищного нерва)*

Lhermitte's ~ Лермитта симптом *(при поражении шейного отдела спинного мозга, напр. при рассеянном склерозе)*

local ~ местный [локальный] симптом

Macewen's ~ Макьюина симптом, симптом треснувшего горшка *(при повышении внутричерепного давления)*

Marie's ~ Мари симптом, планотопокинезия *(при пространственной агнозии неспособность ориентироваться на плане, карте или местности)*

minor ~ *см.* **accessory** ~

motor ~ симптом нарушения двигательной функции, нарушение функции мотонейрона

Naffziger's ~ Наффцигера симптом *(при раздражении пояснично-крестцовых корешков)*

neighborhood ~ симптом поражения соседнего органа *(напр. сдавление опухолью другого органа)*

Neri – Lindner's ~ Нери – Линднера симптом *(при раздражении пояснично-крестцовых корешков)*

neurologic ~s неврологическая симптоматика

Oehler's ~ внезапное побледнение и похолодание руки *(при подъёме тяжести)*, Элера симптом

overt clinical ~ явный клинический симптом

partially reversible ischemic ~s частично обратимая ишемическая неврологическая симптоматика

passive ~ симптом, выявляемый без нагрузки

pathognomonic ~ патогномоничный [характерный для определённого заболевания] симптом

Pel – Ebstein ~ лихорадка интермиттирующего типа *(при лимфогранулематозе)*, Пеля – Эбштейна симптом

physical ~s физическая симптоматика

Pitres's ~ Питра симптом *(при спинной сухотке)*

postcibal ~ s симптомы, появляющиеся после приёма пищи

Pratt's ~ ригидность мышц поражённой конечности *(предшествующая гангрене)*, Прэтта симптом

precursory [premonitory] ~ *см.* **signal** ~

presenting ~ симптом, беспокоящий больного в данный момент

psychological ~s психологическая симптоматика

radicular ~ корешковый симптом; симптом радикулита

reflex ~ рефлекторный симптом

Remak's ~ Ремака симптом *(при спинной сухотке)*

Romberg – Howship ~ колющая боль по внутренней поверхности бедра до колена, иногда до стопы *(возможный признак ущемлённой грыжи запирательного отверстия)*, Ромберга – Хаушипа симптом

sensory ~ симптом нарушения чувствительности

Sicard's ~ *см.* **Gowers** ~

signal ~ предвестник приступа, аура, продром

Signorelli's ~ Синьорелли симптом *(при менингите)*

Sklowsky's ~ возможность опорожнения оспенного пузырька при лёгком сдавливании кожи *(при ветряной оспе)*, Скловского симптом

slight ~ слабовыраженный [стёртый, абортивный] симптом

static ~ симптом, выявляемый без нагрузки

subtle ~ *см.* **slight** ~

suggestive ~s of tuberculosis симптомы, подозрительные на туберкулёз

sympathetic ~ *см.* **reflex** ~

systemic ~s 1. общие симптомы *(слабость, потеря аппетита, недомогание и т. п.)* 2. симптомы, связанные с какой-л. системой *(напр. сердечно-сосудистой)*

target ~ симптом-мишень *(на который направлено фармакологическое воздействие)*

Tinel's ~ Тинеля симптом *(при частичном повреждении или начавшейся регенерации периферического нерва)*

transient ~ преходящий симптом

Trendelenburg's ~ походка вразвалку, «утиная» походка *(при врождённом вывихе бедра)*, Тренделенбурга симптом

Trunecek's ~ пульсация подключичной артерии в области прикрепления грудино-ключично-сосцевидной мышцы *(при атеросклерозе аорты)*, Трунечека симптом

utilizing ~s *псих.* использование симптомов

vertebral artery ~s симптомы нарушения кровотока по позвоночной артерии

visual ~ видимый симптом

Vulpian's ~ симптом Вюльпиана *(при спинной сухотке)*

withdrawal ~s абстиненция, абстинентный синдром, синдром отмены

symptomatic [ˌsimptəʊ'mætik] 1. клинически проявляющийся *(напр. камень почки)* 2. характерный *(напр. для определённой болезни)* 3. симптоматический *(напр. о лечении)*

symptomatology [ˌsimptəmə'tɒlədʒi] 1. семиотика, семиология, симптоматология 2. симптоматика

symptomatolytic [ˌsimptəʊˌmætəʊ'litik] устраняющий симптом(ы)

symptom-free ['simptəm-fri:], **symptomless** ['simptəmləs] отсутствие проявлений болезни, без клинических симптомов *(напр. исход лечения)*; бессимптомный, асимптоматический, скрытый, латентный

symptosis [simp'təʊsis] общее истощение; местная атрофия; маразм

sympto-thermal ['simptəʊ-'θɜ:məl] относящийся к симпато-температурным изменениям *(при слежении за овуляцией)*

sympus ['simpəs] *терат.* плод со сращёнными нижними конечностями

synaesthesia [sinəs'θi:ziə], **synaesthesis** [sinəs'θi:zis] 1. синестезия («склеивание» ощущений, напр. цветовой слух) 2. соощущение, межчувственная связь

synalgia [sin'ælʤiə] отражённая [реперкуссионная] боль

synanastomosis [ˌsinəˌnæstəʊ'məʊsis] множественные сосудистые анастомозы

synanthropic [ˌsinæn'θrəʊpik] синантропный, экологически связанный с человеком

synapse ['sinæps], *pl.* **synapses** ['sinæpsi:z] синапс *(структура, обеспечивающая передачу нервных импульсов)*

axoaxonic ~ аксо-аксональный синапс

axodendritic ~ аксодендритический синапс

axoepithelial ~ аксоэпителиальный синапс

axomuscular ~ мионевральный [нервно-мышечный] синапс

axosomatic ~ аксосоматический синапс

dendrodendritic ~ дендро-дендритический синапс

distant ~ синапс на расстоянии

excitatory ~ возбуждающий синапс

inhibitory ~ тормозный синапс

invaginated ~ инвагинационный синапс

stimulating ~ *см.* **excitatory ~**

synapsis [si'næpsis] 1. соединение, сочленение 2. синапс 3. синапсис *(конъюгация хромосом в мейозе)*

synaptology [ˌsinæp'tɒləʤi] раздел физиологии, изучающий синаптическую передачу возбуждения

synarthrosis [ˌsina:'θrəʊsis], *pl.* **synarthroses** [ˌsina:'θrəʊsi:z] синартроз *(непрерывное фиброзное, хрящевое или костное соединение костей)*

sync [siŋk] синхронизация

syncaryon [sin'kæriɒn] амфикарион, амфинуклеус, синкарион *(ядро зиготы)*

syncephalus [sin'sefələs] сросшиеся близнецы, имеющие два туловища и одну голову

syncheilia [sin'kaili:ə] синхейлия *(врождённая атрезия ротового отверстия)*

synchiria [sin'kairi:ə] состояние, при котором ощущение от стимула, воздействующего с одной стороны, воспринимается с обеих сторон

synchondrosis [ˌsinkɒn'drəʊsis], *pl.* **synchondroses** [ˌsinkɒn'drəʊsi:z] синхондроз, хрящевое соединение

synchronism ['siŋkrəʊnizm] синхронизм, синхронность

~ of host and parasite development сопряжённость [синхронность] развития паразита и хозяина

synchronizer ['siŋkrəʊnaizə] синхронизатор *(внешняя периодичность, определяющая биологический ритм)*

synchronous ['siŋkrəʊnəs] синхронный, одновременный

synclitism ['sinklitizm] синклитизм *(условие параллелизма между плоскостями головки плода и таза)*

synclonus ['sinkləʊnəs] общий клонус *(нескольких мышц)*

syncopal ['sinkəʊpəl] обморочный; синкопальный

syncope ['sinkəpi:] обморок, синкопе

altitude ~ высотный обморок

cardiac ~ потеря сознания вследствие внезапного падения сердечного выброса *(напр. при фибрилляции желудочков или остановке сердца)*

carotid sinus ~ синкопе каротидного синуса

cough ~ кашлевой обморок, беттолепсия *(на высоте кашлевого приступа)*

even ~ эпизодический обморок

hyperventilation ~ гипервентиляционный обморок

laryngeal ~ *см.* **cough ~**

local ~ местная острая потеря чувствительности *(напр. пальцев)*

micturition ~ обморок с непроизвольным мочеиспусканием

orthostatic ~ ортостатический обморок

postural ~ постуральный [позиционный] обморок *(обусловленный падением АД)*

psychogenic ~ психогенный обморок

vasovagal [vasodepressor] ~ синокаротидный [вазовагальный] криз, Говерса синдром *(при надавливании на область каротидного синуса или обоих синусов)*

syncretio [sin'kri:ʃi:əʊ] воспалительная спайка

syncretism [sin'kri:tizm] синкретизм *(смешение, слияние разнородных элементов, напр., различных культов и религиозных систем)*

syncytial [sin'siʃəl] синцитиальный

syncytiotrophoblast [sinˌsiti:əʊ'trɒfəʊblæst] *эмбр.* син-(цитио)трофобласт, синцитиальный слой трофобласта

syncytium [sin'siʃi:əm], *pl.* **syncytia** [sin'siʃi:ə] синцитий, соклетие *(многоядерная протоплазма, не разделённая на отдельные клетки)*

satellite ~ сателлитный синцитий

syndactylia [ˌsindæk'tiliːə], **syndactylism** [sin'dæktilzm], **syndactyly** [sin'dæktili:] синдактилия (*сращение соседних пальцев*)

syndesis [sin'diːsis] 1. *хир.* артродез 2. конъюгация хромосом, синапсис

syndesmitis [ˌsindez'maitis] 1. воспаление связки, синдесмит 2. конъюнктивит

syndesmology [ˌsindez'mɒləʤi] синдесмология (*раздел анатомии, изучающий соединения костей*)

syndesmophyte [sin'dezməʊfait] синдесмофит (*сращение тел позвонков*), «скобка» (*рентгенологический признак*)

marginal ~ краевой синдесмофит, или остеофит (*позвоночника*)

syndesmoplasty [sin'dezməʊˌplæsti] пластическая операция на суставных связках, пластика связок сустава

syndesmosis [ˌsindez'məʊsis], *pl.* **syndesmoses** [ˌsindez'məʊsiːz] синдесмоз (*фиброзное соединение костей*)

tibiofibular ~ межберцовый синдесмоз

tympanostapedial ~ барабанно-стременной синдесмоз

syndrome ['sindrəʊm] синдром, симптомокомплекс (*комплекс аномалий, связанных между собой этиологически или патогенетически*)

~ **of causal genesis** синдром каузального генеза (*комплекс аномалий, связанных между собой этиологически*)

~ **of corpus striatum** поражение стриопалидарной системы

~ **of formal genesis** синдром формального генеза

~ **of multiple endocrine neoplasia** синдром множественной эндокринной неоплазии

~ **of multiple malformations** синдром множественных пороков развития (*устойчивое сочетание двух или более первичных пороков развития в разных системах*)

Aarskog's (– Scott's) ~ фацио-генитальная дисплазия, Аарскога (– Скотта) синдром (*X-сцепленное заболевание, характеризующееся комплексом аномалий в строении лица и гениталий*)

Abderhalden – Fanconi ~ цистиноз, гликофосфаминный диабет, Абдергальдена – Фанкони синдром

abdominal muscle deficiency ~ синдром аплазии мышц передней брюшной стенки; «синдром чернослива»

abstinence ~ абстинентный синдром

Abt – Letterer – Siwe ~ гистиоцитоз со злокачественным течением, Эбта – Летерера – Сиве синдром

"academic frustration ~" синдром фрустрации у студентов

Achard – Meuson – Foux ~ Ашара – Мезона – Фукса синдром (*отсутствие копчика, нижних крестцовых позвонков, недоразвитие костей таза*)

Achard – Ramon ~ Ашара – Рамона синдром, потомания (*непреодолимое влечение к спиртному, часто заканчивающееся алкоголизмом*)

Achard – Thiers ~ Ашара – Тьера синдром (*сочетание гирсутизма с сахарным диабетом у женщин*)

acquired immune deficiency ~, **AIDS** синдром приобретённого иммунного дефицита; СПИД

actin dysfunction ~ синдром дефицита актина (*форма иммунодефицита с нарушением подвижности фагоцитов*)

acute abdominal ~ «острый живот»

acute brain ~ острый мозговой синдром (*любое острое нарушение деятельности головного мозга, обычно органической природы*)

acute coronary ~ острый коронарный синдром

acute radiation ~ острая лучевая болезнь

acute stiff lung ~ шоковое лёгкое, синдром острого уплотнения лёгкого

Adams – Stokes ~ *кард.* Адамса – Морганьи – Стокса синдром (*приступ внезапной потери сознания с судорогами, нарушением дыхания, коллапсом*)

adaptation ~ Селье адаптационный синдром, общий адаптационный синдром

Adie's (– Holmes) ~ Эйди (– Холмса) синдром, конституциональная арефлексия, пупиллотонический псевдотабес (*парадоксальная реакция зрачков на свет при инфекционном или токсическом поражениях*)

adiposogenital ~ адипозогенитальная дистрофия, гипофизарное ожирение, Пехкранца – Бабинского – Фрелиха синдром

adrenogenital ~ адреногенитальный синдром, вирилизирующая дисфункция коры надпочечников, Апера – Галле синдром

advanced sleep phase ~ синдром раннего наступления фазы сна

adversive ~ адверсивный синдром (*вращение в сторону поражения*)

afferent loop ~ синдром приводящей петли (*нарушение прохождения содержимого приводящей кишечной петли после резекции желудка*)

Aicardi's ~ Айкарди синдром (*агенезия мозолистого тела с хориоретинопатией*)

air-block ~ напряжённый пневмоторакс

Alajouanine's ~ Алажуанина синдром (*двусторонний парез отводящего и лицевого нервов по центральному типу, двусторонняя деформация стоп*)

Albright [McCune – Sternberg] ~ 1. Олбрайта [болезнь] синдром, Олбрайта – Мак-Кьюна – Штернберга болезнь (*сочетание преждевременного полового созревания, множественной фиброзной остеодисплазии и гиперпигментации кожи*) 2. псевдогипопаратиреоз, Олбрайта наследственная остеодистрофия, Мартина – Олбрайта синдром 3. почечный тубулярный ацидоз

alcohol amnestic ~ алкогольный амнестический синдром

alcohol brain ~ алкогольный церебральный синдром

alcohol dependence ~ синдром алкогольной зависимости

alcohol fetal ~ алкогольный синдром плода

alcohol induced pseudo-Cushing ~ кушингоидный синдром, вызванный алкоголизмом

alcohol withdrawal ~ похмельный синдром, абстинентный алкогольный синдром

Aldrich's ~ Олдрича синдром (*экзема, тромбоцитопения, восприимчивость к инфекции, мелена*)

Alice in Wonderland ~ «Алисы в стране чудес» синдром (*сочетание деперсонализации и галлюцинаций*)

Allemann's ~ Аллеманна синдром (*удвоение почки, пальцы типа барабанных палочек*)

Alpers's ~ Альперса [болезнь] синдром, прогрессирующая полиодистрофия мозга

Alport's ~ семейный гломерулонефрит с глухотой, наследственный семейный геморрагический нефрит, отоокуломеренальный синдром, Альпорта синдром

Alström – Hallgren ~ Альстрёма – Хальгрена синдром *(ретинопатия, ожирение, сахарный диабет, глухота и полидактилия)*

Alström – Olsen ~ Альстрёма – Ольсена синдром *(врождённый дефект зрения, тугоухость, диабет I с ожирением)*

alternating ~ альтернирующий синдром *(характеризующийся нарушением функций черепных нервов на стороне очага поражения и центральным парезом конечностей или расстройствами чувствительности на противоположной стороне)*

altitude disbarism ~ синдром высотного дисбаризма

alveolar-capillary block ~ синдром гипоксии, обусловленный повреждением альвеолярно-капиллярной мембраны

amotivational ~ синдром аспонтанности *(отсутствия мотиваций)*

Andermann's ~ Андерманна синдром *(агенезия мозолистого тела с невропатией)*

Andersen – Landsteiner – Fanconi ~ Андерсена – Ландштейнера – Фанкони синдром *(кистозный фиброз поджелудочной железы)*

Anderson – Novy ~ Андерсона – Нови синдром *(участки алопеции у новорождённых)*

Angelucci's ~ симптомокомплекс при весеннем конъюнктивите *(беспокойство, мышечная дрожь, вазомоторные нарушения)*

anginal [anginose] ~ симптомокомплекс стенокардии

angular gyrus ~ синдром угловой извилины, Герстманна синдром

anterior cord ~ синдром поражения передних отделов спинного мозга

anterior tibial compartment ~ передний туннельный синдром голени, передний большеберцовый синдром *(ишемический некроз мышц передней области голени, обусловленный сдавлением артерий)*

antibody deficiency ~ синдром недостаточности образования антител

anticardiolipin ~ синдром кардиолипиновых антител *(характерен для коллагеноза, осложнённого участками внутрисосудистого гемолиза)*

antiphospholipid ~ антифосфолипидный синдром

anxiety ~ синдром тревожного состояния *(напр. сердцебиение, чувство нехватки воздуха, потливость)*

aortic arch ~ Такаясу синдром дуги аорты *(множественный облитерирующий панартериит)*

aortoiliac steal ~ синдром аортоподвздошного «обкрадывания» *(ишемия брыжейки, обусловленная забрасыванием крови из неё в подвздошно-бедренную систему)*

apallic ~ апаллический синдром, персистирующее вегетативное состояние

Apert's ~ 1. Апера синдром, синдром акроцефалосиндактилии 2. синдром внутриутробных аномалий; симметричные воронкообразные втяжения по обе стороны грудины

apple peel ~ *рентг.* синдром яблочной кожуры *(врождённая атрезия кишечника)*

argentaffinoma ~ карциноидный синдром

Argyll Robertson's ~ Аргайла Робертсона синдром *(отсутствие прямой и содружественной реакции зрачков на свет при сохранности их реакции на аккомодацию и конвергенцию)*

Arnold – Chiari ~ Арнольда – Киари синдром *(врождённое смещение мозжечка и продолговатого мозга со сдавлением головного мозга в большом затылочном отверстии)*

Asbo – Hansen ~ Асбо – Хансена синдром *(врождённый герпетиформный дерматит)*

Asherman's ~ синдром абсорбции жидкости из матки во время гистероскопии

Asperger's ~ *псих.* Аспергера синдром *(социальная отчуждённость, высокопарный и педантичный стиль речи, преобладание узкоспециализированного интереса, напр. к расписаниям)*

aspiration ~ аспирационный пневмонит, Мендельсона синдром

aspirin-intolerance ~ синдром непереносимости аспирина

atypical mole ~ синдром атипичного невуса

auriculotemporal nerve ~ аурикулотемпоральный синдром, околоушно-височный гипергидроз, Фрея – Байярже синдром

autoimmune insulin ~ синдром антиинсулиновых аутоантител *(сочетание наличия аутоантител к инсулину с гипогликемией)*

autoimmune polyendocrine ~ аутоиммунный полиэндокринный синдром

Avellis ~ синдром Авеллиса *(ипсилатеральный паралич голосовой складки, мягкого нёба, потеря болевой и температурной чувствительности на контралатеральной стороне туловища, верхней и нижней конечностях)*

Ayerza – Arrilaga ~ первичная лёгочная гипертензия, лёгочное сердце, Айэрза – Аррилаги синдром

Babinski – Nageotte ~ Бабинского – Нажотта синдром *(альтернирующий синдром поражения продолговатого мозга)*

Bäverstedt ~ *нем.* доброкачественная гиперплазия лимфоретикулярной ткани, Бёверстедта синдром

Balint's ~ Балинта синдром, оптическая атаксия, психический паралич взора

Bannwarth's ~ Баннварта синдром *(парез лицевого нерва ревматического происхождения)*

Banti's ~ гепатолиенальный фиброз, Банти синдром

bare lymphocyte ~ синдром «голых» лимфоцитов *(лишённых антигенов гистосовместимости)*

Barre-Guillain's ~ первичный полирадикулоневрит, Барре – Гийена синдром

Barre – Lieou ~ Барре – Льеу синдром, задний шейный симпатический синдром

Barret's ~ хроническая пептическая язва нижней трети пищевода, Бэррета синдром

Bartter's ~ (гипер)альдостеронизм, обусловленный гиперплазией юкстагломерулярного комплекса, Бартера синдром

basilar artery ~ синдром базилярной [основной] артерии

Bassen – Kornzweig ~ абеталипопротеинемия, акантоцитоз, Бессена – Корнцвейга синдром

battered-child [battered-baby] ~ синдром избитого ребёнка (*повреждения мягких тканей, костей, органов у детей, нанесённые родителями*)

Baumgarten – Cruveilhier ~ Баумгартена – Крювелье синдром (*врождённое недоразвитие системы воротной вены, незаращение пупочной вены*)

Bean's ~ врождённая ангиопатия, Бина синдром (*кавернозные гемангиомы кожи и желудочно-кишечного тракта*)

Becker – Reuter ~ Бекера – Рейтера синдром (*врождённые множественные пигментные пятна на подбородке, шее, плечах*)

Beckwith – Wiedemann ~ Беквита – Виедемана синдром (*1. экзофтальм, макропсия и гигантизм 2. гипогликемия новорождённых*)

Behcet's ~ Бехчета тройной симптомокомплекс, или болезнь (*хронические рецидивирующие афтозно-язвенные изменения слизистой оболочки полости рта, половых органов, увеит или иридоциклит*)

Beguez – Chediak – Higashi – Steinbrinck ~ Бегуеза – Чедиака – Хигаси – Штейнбринка синдром (*расстройство обмена веществ с аномалиями лейкоцитов и нарушением пигментации кожи*)

Benedikt's ~ Бенедикта синдром (*альтернирующий паралич при поражении красного ядра головного мозга*)

Berenberg – Neuhauser ~ Беренберга – Нейгаузера синдром, кардиопищеводная халазия

Bernard – Horner ~ синдром Клода Бернара – Горнера (*при поражении симпатических волокон, иннервирующих глазное яблоко*)

Bernard – Soulier ~ Бернара – Сулье синдром, врождённая тромбоцитодистрофия

Bernheim's ~ Бернгейма синдром (*1. недостаточность аденогипофиза в пубертатном периоде 2. синдром правожелудочковой недостаточности без лёгочной гипертензии*)

Besnier – Boeck – Schaumann ~ саркоидоз, хронический эпителиоидно-клеточный ретикулоэндотелиоз, Бенье – Бека – Шауманна синдром

Besnier's ~ Бенье синдром (*аллергический диатез в сочетании с бронхиальной астмой и крапивницей*)

Biemond's ~ Бимонда синдром (*гипо- или аплазия радужной оболочки глаза*)

Binder's ~ Биндера синдром (*верхнечелюстно-лицевой синдром, носочелюстная гипоплазия*)

binge-eating ~ синдром «запойного переедания»

Binswanger ~ Бинсвангера [болезнь] синдром, хроническая подкорковая лейкоэнцефалопатия

Bischoff – Pompe ~ Бишоффа – Помпе синдром (*диффузное отложение гликогена в миокарде*)

Björnstad's ~ Бьёрнстада синдром (*глухота, курчавые волосы, поражение бровей и ресниц*)

B-K Mole ~ синдром наследственной меланомы (*назван по начальным буквам фамилий двух больных, у которых был впервые описан*)

Blackfan – Diamond ~ эссенциальная эритробластопения; врождённая гипопластическая анемия, синдром Блекфена – Даймонда

Blatin's ~ синдром дрожания гидатид, Блетина синдром (*дрожание, ощущаемое во время пальпации кисты при однокамерном эхинококкозе*)

blepharonasofacial ~ блефароназофасциальный синдром

blind loop ~ синдром слепой петли (*наблюдается при наличии замкнутых пространств в тонкой кишке*)

Bloch – Sulzberger ~ пигментный дерматоз, семейный хроматоформный невус, Блоха – Сульцбергера синдром

Bloom's ~ Блума синдром (*недоразвитие скелета, гипофизарная карликовость, гипогонадизм, телеангиэктазии лица, участки кератоза и гиперпигментации кожи туловища*)

blue diaper ~ синдром синих [голубых] пелёнок (*наследственное нарушение обмена триптофана*)

blue rubber bleb nevus ~ генерализованный кавернозный гемангиоматоз, синдром красно-голубого пузырчатого невуса

bobble-head doll ~ синдром качающейся головы куклы (*ритмичное покачивание головы и плеч у детей с гидроцефалией*)

body-packer ~ синдром перевозчика наркотика в собственном теле

Boerhaave's ~ Бурхаве синдром (*спонтанный разрыв пищевода*)

Bonnet's ~ Бонне синдром, синдром тромбоза пещеристого [кавернозного] синуса

Bonnevie – Ullrich ~ Бонневи – Ульриха синдром (*крыловидные складки кожи над суставами, их разболтанность, дискрания, малый рост и др.*)

borderline ~ пограничный синдром

Borjesson – Forssman – Lehmann ~ Борьесона синдром (*умственная отсталость, эпилепсия, эндокринные нарушения*)

bowel bacteria overgrowth ~ кишечный дисбактериоз

bowel-bypass ~ синдром обходного анастомоза кишки (*лихорадка, озноб, воспалительные папулы и пустулы на коже*)

brachioskeletogenital ~ брахиоскелетогенитальный синдром

brady-tachycardiac ~ бради-тахикардитический синдром

brain ~ associated with systematic infection мозговой синдром, связанный с системной инфекцией

brain-damage behavior ~ поведенческий синдром резидуально-органической природы

Brill – Lederer ~ Брилла – Ледерера синдром (*острая гемолитическая анемия*)

Briquet's ~ Бриквита синдром (*одышка и афония*)

Brissaud – Sicard ~ Бриссо – Сикара синдром (*альтернирующий синдром поражения моста мозга*)

Brock's ~ синдром средней доли, Брока синдром (*ателектаз и хронический пневмонит средней доли правого лёгкого*)

bronzing ~ солнечный удар

Brown-Sequard ~ Броун-Секара синдром, синдром половинного поражения спинного мозга

Budd – Chiari ~ Бадда – Киари синдром *(первичный тромбоз печёночных вен)*

burning feet ~ синдром жжения пяток, алиментарная мелалгия, Гопалана синдром *(напр. при алкогольной или диабетической нейропатии)*

burnout ~ *психол.* синдром «эмоционального выгорания» *(профессиональная деформация лиц, работающих в тесном эмоциональном контакте с клиентами и пациентами)*

Bywaters' ~ травматический токсикоз, краш-синдром, синдром (длительного) раздавливания, Байуотерса синдром

C~ синдром С, Опица синдром тригоноцефалии

Cacchi – Ricci ~ Какки – Риччи синдром *(губчатая почка, удвоение мочеточников, кистозное поражение печени, поджелудочной железы и др.)*

Caffey – Silverman ~ Каффи – Сильвермана синдром *(инфантильный кортикальный гиперостоз)*

Calve's ~ Кальве синдром *(плоский позвонок, платоспондилия)*

Canale – Smith ~ хроническая злокачественная иммунопролиферация, Канале – Смита синдром *(эритремия, гиперплазия ретикулоэндотелиальной системы)*

Canavan's ~ Канавана синдром, спонгиозная энцефалопатия, или дегенерация, белого вещества мозга

cancer family ~ «синдром раковых семей»; адрено-карциноматоз у членов семьи

Cantrell's ~ Кантрелла синдром *(гастрошизис и расщелина грудины)*

Capgras' ~ Капгра синдром *(состояние, при котором пациент не может узнать знакомого ему до этого человека)*

capillary leak ~ острый респираторный дистресс-синдром *(сопровождающийся пропотеванием плазмы в альвеолы)*, «шоковое лёгкое»

Caplan's ~ ревматоидный пневмокониоз, силико-артрит, Колине – Каплана синдром, или болезнь

carbohydrate-deficient glycoprotein ~ *ген.* синдром недостаточности углеводов в гликопротеидах

carcinoid ~ карциноидный [энтеродерматокардиопатический] синдром

cardiac preexcitation ~ синдром перевозбуждения сердца

cardiotomy ~ посткардиотомный [посткомиссуротомный, кардиотомический] синдром

Carini's ~ Карини синдром *(разновидность врождённого ихтиоза)*

carotid artery ~ синдром извитой сонной артерии

carotid sinus ~ синдром каротидного синуса, Шарко – Вейса – Бейкера синдром *(раздражение гиперактивности каротидного синуса может вызывать падение АД с брадикардией)*

carpal tunnel ~ запястный синдром, синдром канала запястья *(при сдавлении срединного нерва)*

carpe bossu ~ запястно-пястный синдром, «запястная шишечка»

Cassirer's ~ Кассирера синдром *(вазомоторный невроз, акроцианоз)*

cast ~ синдром сдавления гипсовой повязкой, корсетом

cat's cry ~ болезнь [синдром] кошачьего крика, Лежена синдром *(комплекс врождённых нарушений, включающий аномалию развития гортани, в результате которой крик ребёнка напоминает кошачий)*

cat's eye ~ синдром кошачьих зрачков, Шмида – Фраккаро синдром *(связан с наличием добавочной акроцентрической хромосомы – сочетание колобомы радужной оболочки с атрезией ануса и умственной отсталостью)*

cauda equina ~ синдром поражения конского хвоста *(сочетание асимметричных периферических параличей стоп, отсутствия ахилловых рефлексов, гипестезии и болей в области ног и промежности с нарушением функций тазовых органов)*

caval ~ синдром полой вены

celiac ~ синдром солнечного [чревного] сплетения, глютеновая энтеропатия

central cord ~ центральный спинальный синдром *(проявляющийся более выраженной парестезией или параличом верхних конечностей, чем нижних; обусловлен кровоизлиянием или отёком)*

cerebellar ~ мозжечковый синдром

cerebellomedullary malformation ~ *см.* **Arnold – Chiari** ~

cerebellopontine angle tumor ~ синдром опухоли мостомозжечкового угла *(напр. при невриноме слухового нерва)*

cerebro-costomandibular ~ церебро-косто-мандибулярный синдром *(микроцефалия, микрогнатия, дефекты рёбер)*

cerebro-hepato-renal ~ церебро-гепато-ренальный синдром, Цельвегера синдром *(аномалия развития головного мозга, мышечная гипотония, гепатомегалия, поликистоз почек и др.)*

cerebro-oculo-facio-sceletal ~ церебро-окуло-фацио-скелетный синдром, COFS-синдром

cervical disk ~ синдром шейного межпозвонкового диска, шейный компрессионный синдром

cervical fusion ~ синдром короткой шеи, Клиппеля – Фейля [синдром] болезнь

cervical rib ~ синдром шейного ребра *(сдавление шейного сплетения и подключичной артерии)*

cervicobrachial ~ синдром (передней) лестничной мышцы, скаленус-синдром, Наффцигера синдром

cervico-oculo-acusticus ~ синдром «глаза – шея – уши» *(врождённая перцептивная глухота, аномалия Клиппеля – Фейля, паралич отводящего нерва)*

Cestan – Chenais ~ Сестана – Шене синдром *(альтернирующий синдром поражения продолговатого мозга)*

Charcot's ~ перемежающаяся хромота, Шарко синдром

Charcot – Weiss – Baker ~ синдром каротидного синуса, Шарко – Вейса – Бейкера синдром *(эпизоды брадикардии с артериальной гипотонией)*

Charlin's ~ Чарлина синдром, синдром носоресничного нерва

Chediak – Higashi ~ Чедиака (– Штейнбринка) – Хигаси синдром *(наследуемое по аутосомно-рецессивному типу нарушение зернистости и структуры лейкоцитов с понижением их фагоцитарной функции)*

Cheney's ~ Ченея синдром, акроостеолиз

Chiari's ~ 1. *см.* **Arnold – Chiari** ~ 2. Киари – Бадда синдром 3. Киари – Фроммеля синдром (*атрофия матки и галакторея в послеродовом периоде*)

chiasma(tic) ~ синдром хиазмы, хиазмальный синдром, синдром перекрёста зрительных нервов (*выпадение полей зрения при поражении зрительного перекрёста*)

Chilaiditi's ~ Хилайдити синдром (*расположение петли ободочной кишки между диафрагмой и печенью*)

Chinese restaurant ~ синдром китайского ресторана (*чувство жжения в области желудка, боли в груди, гиперемия лица, головокружение, тахикардия, возникающие при приёме с пищей большого количества глутамата натрия, входящего в состав приправ*)

choleriform ~ холероподобный синдром

Christ – Siemens – Touraine ~ Криста – Сименса – Турена синдром, Сименса дерматит (*ангидроз, анодонтия, гипотрихоз, недоразвитие носового скелета и др.*)

chromosome 4p ~ синдром короткого плеча хромосомы 4p, Вольфа – Хиршхорна синдром (*гипертелоризм, микроцефалия, асимметрия черепа, делеция короткого плеча 4-й хромосомы*)

chromosome 8 trisomy ~ синдром трисомии 8-й хромосомы

chromosome 9p+ ~ синдром хромосомы 9p+ (*олигофрения, отставание в физическом развитии*)

chromosome ring (9) ~ синдром хромосомы r (9) (*характерное лицо, умственная отсталость, кольцевая 9-я хромосома*)

chromosome 10q+ ~ синдром хромосомы 10q+ (*отставание в физическом и психомоторном развитии, черепно-лицевые аномалии, изменения кариотипа*)

chromosome 13 trisomy ~ синдром трисомии хромосомы 13 (*трисомия 13, микроцефалия, полидактилия, расщелина губы и нёба*)

chromosome 14q distal partial trisomy ~ синдром частичной трисомии дистального отдела длинного плеча хромосомы 14q (*черепно-лицевые аномалии, умственная отсталость, пороки сердца, дупликация дистальной части 14q*)

chromosome 18 trisomy ~ синдром трисомии хромосомы 18, Эдвардса синдром (*множественные пороки развития, трисомия 18*)

chromosome 18p ~ синдром хромосомы 18p, синдром делеции короткого плеча 18-й хромосомы (*задержка роста, птоз или эпикант, скелетные аномалии, кариес*)

chromosome 21 trysomy ~ синдром трисомии хромосомы 21, Дауна синдром (*умственная отсталость, мышечная гипотония, плоское лицо, монголоидный разрез глаз, трисомия по 21-й хромосоме*)

chromosome 22q-(22r) ~ синдром хромосомы 22q-(22r), делеция длинного плеча 22-й хромосомы (*крупные, слегка выступающие глаза – «глаза лани», частичная моносомия 22-й хромосомы*)

chronic brain ~ хронический мозговой синдром (*нарушение функций головного мозга – памяти, ориентации*)

chronic fatigue ~ синдром хронической усталости, астения

Churg – Strauss ~ Черджа – Строса синдром (*разновидность узелкового периартериита*)

Clarke – Hadfield ~ муковисцидоз, фиброзный кистоз поджелудочной железы, Кларка – Хэдфилда синдром

click ~ «клик-синдром», симптом щелчка (*при пролабировании створок митрального клапана*)

clinical poverty ~ *псих.* синдром клинического оскудения

cluster headache ~ синдром групповых приступов головной боли

Cobb's ~ Кобба синдром (*врождённый ангиоматоз спинного мозга и кожи*)

Cockayne's ~ Коккейна синдром (*сочетание нанизма, пигментного ретинита, атрофии зрительных нервов, глухоты, умственной отсталости, обусловленных нарушением репарации ДНК*)

cocktail-party ~ синдром гипермобильности сустава (*обусловлен местной перегрузкой, травмой или дегенеративными изменениями*)

Coffin – Siris ~ Коффина – Сириса синдром (*множественные пороки скелета, умственная отсталость*)

Cohen's ~ Кохена синдром (*гипотония, ожирение, выступающие центральные резцы*)

cold agglutinin ~s синдром холодовой агглютинации (*напр. при Рейно синдроме*)

Collet – Sicard ~ Колле – Сикара синдром (*сочетанное поражение IX–XII черепных нервов при переломах и опухолях основания черепа*)

Coll – Zinsser – Engman's ~ Коула – Цинссера – Энгмена синдром (*врождённый дискератоз*)

Comby's ~ Комби синдром, диффузный септический пневмококковый перитонит

comedo ~ угревой синдром

compartment ~ 1. туннельный синдром (*повышение давления или сдавление какой-л. структуры в полости*), см. тж. **carpal tunnel** ~ 2. синдром длительного раздавливания, краш-синдром

compensatory antiinflammatory response ~, CARS компенсаторный противовоспалительный синдром

compression ~ см. **crush** ~

compulsive spending disorder ~ синдром импульсивно-безотчётного мотовства

Conn's ~ первичный гиперальдостеронизм, Конна синдром

constipation predominant irritable bowel ~ синдром раздражённой толстой кишки, протекающий преимущественно с картиной запоров

Cornelia de Longe ~ Корнелии де Лонге синдром (*задержка психомоторного развития, микроцефалия, микромелия, гипертрихоз и др.*)

coronary steal ~ синдром «обкрадывания» коронарных артерий

Corvisar's ~ Корвизара синдром (*Фалло тетрада с высоким правосторонним положением аорты*)

Costen's ~ височно-нижнечелюстной синдром, Костена синдром (*напр. при глубоком прикусе, деформирующем артрозе височно-нижнечелюстного сустава*)

costoclavicular ~ рёберно-ключичный синдром *(сдавление нейрососудистого пучка)*

Cotard's ~ меланхолическая парафрения, Котара синдром

cranio-oculo-dental ~ черепно-глазо-зубной синдром *(птоз, излишний рост волос, брахидактилия)*

cri du chat ~ *см.* **cat's** ~

Crigler-Najjar ~ врождённая негемолитическая желтуха I типа, негемолитическая гипербилирубинемия с ядерной желтухой, Криглера – Найяра синдром

Critchley's ~ Критчли синдром, музыкогенная эпилепсия

Crohn's ~ Крона синдром *(хроническое воспаление, обычно участка подвздошной кишки)*

Cronkhite – Canada ~ Кронкхайта – Канада синдром *(наследуемое по аутосомно-доминантному типу сочетание желудочно-кишечного полипоза, атрофии ногтей, диффузной алопеции и гиперпигментации кожи)*

crossover ~ **of pemphigus and lupus erythematosus** синдром, сочетающий признаки листовидной пузырчатки и красной волчанки

CRST ~ синдром CRST: сочетание кальциноза кожи (C), синдрома Рейно (R), склеродактилии (S) и телеангиэктазии (T)

crush ~ краш-синдром *(1. травматический токсикоз, синдром длительного раздавливания, Байуотерса синдром 2. компрессионный перелом позвоночника как позднее осложнение электрошоковой терапии)*

Cruveilhier – Baumgarten ~ Крювелье – Баумгартена синдром *(врождённое незаращение пупочной вены)*

Cushing's ~ гипераденокортицизм, Кушинга синдром *(напр. при базофильной аденоме гипофиза)*

Da Costa's ~ нейроциркуляторная дистония, или астения, военный синдром, синдром усилия, Да Косты синдром *(одышка, сердцебиение, боли в груди, слабость, диарея, диссомния; описан Da Costa в 1863 г. по опыту гражданской войны в США)*

Damashek – Estren ~ Дамашека – Эстрена синдром *(семейная гипопластическая анемия)*

Dandy – Walker ~ Денди – Уокера [болезнь] синдром *(гидроцефалия у детей, обусловленная атрезией срединной апертуры IV желудочка)*

Danlos – Ehler ~ Данлоса – Элерса синдром *(эластическая фибродисплазия кожи, мышц связочного аппарата суставов)*

Day – Riley ~ Дея – Райли синдром *(вегетативная дисфункция)*

DDD [depression, dependency, dread] ~ синдром подавления, зависимости, страха *(психотехнология приобщения личности к культу, секте)*

Debre's ~ доброкачественный лимфоретикулёз, болезнь «кошачьих царапин», Дебре синдром

Debre – Fibiger ~ адрено-генитальный синдром с потерей солей, псевдопилоростеноз, Дебре – Фибигера синдром

Debre – Kocher – Semelaigne ~ Дебре – Кохера – Семелена синдром, гипотиреоз с мышечной гипертрофией

deficiency ~ *см.* **immunodeficiency** ~

Dejerine – Klumpke ~ поражение нижнего отдела плечевого сплетения, Дежерина – Клюмпке паралич

Dejerine – Sottas ~ Дежерина – Сотта синдром *(наследственная мышечная атрофия)*

Dejerine – Souques – Sicard ~ Дежерина – Сука – Сикара синдром, синдром коленчатого узла

de Lange's ~ де Ланге синдром *(задержка роста, умственная отсталость, симптом «лица клоуна» – брахицефалия, густые сросшиеся брови и др.)*

delayed sleep phase ~ синдром задержки фазы сна

delayed stress ~ синдром отставленного стресса

deliberate self-harm ~ синдром умышленного [преднамеренного] членовредительства

depersonalization-derealization ~ деперсонализационно-дереализационный синдром

de Sanctis – Cacchione's ~ Сантиса – Каккьоне синдром, ксеродермическая идиотия

de Toni – Fanconi ~ де Тони (– Дебре) – Фанкони синдром *(наследственный почечный ацидоз с нефрокальцинозом, поздним рахитом и адипозогенитальной дистрофией)*

Devergie's ~ Девержи синдром, красный остроконечный лишай

Devic's ~ Девика [болезнь] синдром, оптикомиелит

de Vries' ~ де Ври синдром *(врождённая недостаточность лабильного фактора с синдактилией)*

Diamond – Blackfan ~ Даймонда – Блекфена [анемия] синдром *(врождённая гипопластическая анемия, конституциональная эритроидная гипоплазия)*

diarrhea predominant irritable bowel ~ синдром раздражённой толстой кишки, протекающий преимущественно с картиной диареи

Diaz's ~ спонтанный асептический некроз эпифиза таранной кости, Диаза синдром

DIDMOAD [diabetes insipidus, diabetes mellitus, optic atrophy and deafness] ~ нейросенсорная глухота, атрофия зрительных нервов, ювенильный сахарный и несахарный диабет

diencephalic ~ диэнцефальный [гипоталамический] синдром

Di George's ~ Ди Джорджи [Ди Георге] синдром *(иммунодефицит, обусловленный агенезией тимуса и паращитовидных желёз)*

Di Guglielmo ~ эритромиелоз, острая эритремия, эритробластоматоз, Ди Гульельмо болезнь

disequilibrium ~ синдром неуравновешенности

disintegrative ~ *см.* **Heller's** ~

disk ~ синдром радикулопатии, обусловленный сдавлением межпозвонкового диска

Dohie's ~ Дохи синдром, симметричная акропигментация *(комплекс врождённых кожных, глазных и психических расстройств)*

Donochue's ~ лепречаунизм, Донохью синдром *(аутосомно-рецессивное заболевание женщин, проявляющееся множественной дисфункцией эндокринной системы, метаболическими нарушениями)*

double crush ~ двойной синдром сдавления

Down's ~ Дауна болезнь, или синдром *(монголизм, синдром 21-й пары хромосом, эмбриодия)*

Dressler's ~ Дресслера синдром *(1. постинфарктный синдром; посткомиссуротомный синдром 2. пароксизмальная холодовая гемоглобинурия)*

drinking mother ~ синдром «пьющей матери»

drug-induced amnestic ~ амнестический синдром, вызванный алкоголизмом

drug withdrawal ~ синдром лекарственной абстиненции

dry mouth ~ синдром сухого рта *(обусловленный уменьшением слюноотделения)*

Duane's ~ Дуэйна синдром, глазная ретракция *(врождённый паралич прямых мышц глаза)*

Dubini ~ Дубини синдром, Дубини молниеносная [электрическая] хорея

Dubin – Johnson ~ конституциональная негемолитическая желтуха с липохромным компонентом, Дубина – Джонсона синдром

Dubowitz ~ Дубовица синдром *(комплекс наследственных аномалий многих органов)*

Duchenne's ~ Дюшенна синдром *(тазовый тип прогрессирующей мышечной атрофии, или миопатии)*

Duchenne – Erb ~ Дюшенна – Эрба синдром *(родовой паралич плечевого сплетения)*

dumping ~ демпинг-синдром *(ускоренная эвакуация пищи из культи желудка после резекции)*

Duncan's ~ Дункана синдром *(сцепленный с Х-хромосомой лимфопролиферативный синдром)*

Dunnigan ~ Даннигана синдром *(частичная липоатрофия при инсулинрезистентном диабете и гиперлипидемии)*

Dupre's ~ менингизм, Дюпрея синдром

Dyggve – Melchior – Clausen ~ Диггве – Мельхиора – Клаусена синдром *(короткое туловище, скелетные аномалии)*

Dyke – Young's ~ Дайка – Юнга синдром *(макроцитарная гемолитическая анемия)*

dysmnestic ~ амнестический синдром

dysplasia oculodentodigitalis ~ окуло-денто-дигитальная дисплазия, Мейера – Швикерата – Вейера синдром

dysplastic nevus ~ синдром диспластического невуса

Eaton – Lambert ~ миастенический синдром, Итона – Ламберта синдром

Ebstein's ~ Эбштейна аномалия *(смещение створок трикуспидального клапана вглубь желудочка, который разделяется на две части; сопровождается увеличением диаметра фиброзного кольца и правого предсердия)*

Ecklin's ~ Эклина синдром, гиперрегенераторная анемия новорождённых

"economy class" ~ синдром экономического класса *(тромбоэмболическая болезнь, обусловленная пережатием подколенной артерии во время длительных перелётов)*

edema ~ отёчный синдром

Edwards' ~ Эдвардса синдром *(пороки развития при аутосомной трисомии хромосомной группы E)*

effort ~ см. **Da Costa's** ~

Ehlers – Danlos ~ несовершенный десмогенез, гиперэластическая кожа, Элерса – Данлоса синдром *(проявляется гиперэластичностью кожи и разболтанностью суставов)*

Eiger – Bakwin ~ семейная остеоклазия с макрокранией, Айгера – Баквина синдром

Eisenmenger's ~ Эйзенменгера синдром *(дефект межжелудочковой перегородки с расширением лёгочного ствола и недостаточностью его клапана, нередко с декстропозицией аорты и гипертрофия правого желудочка с развитием лёгочной гипертензии)*

Ellis – van Creveld ~ хондроэктодермальная дисплазия, синдром дряблой кожи, Эллиса – Ван Кревельда синдром

empty-sella ~ *рентг.* «пустое» турецкое седло

endocrino-candidosis ~ гипоадренокортицизм в сочетании с гипопаратиреозом и монилиазом

endoscopic fluid absorbtion (EFAS) ~ синдром абсорбции жидкости *(при введении и выведении жидкости во время гистероскопии)*

Engelmann's ~ Энгельмана синдром *(врождённый склеротический гиперостоз с миопатией)*

Eulenburg's ~ Эйленбурга синдром *(врождённая парамиопатия, наследственный холодовый паралич)*

euthyroid sick ~ синдром эутиреоидной слабости

exophtalmos-macroglossia-gigantism (EMG) ~ синдром экзофтальма, макроглоссии и гигантизма

extrapyramidal ~ экстрапирамидный синдром

fabella ~ синдром фабеллы, хондромаляция фабеллы

facet ~ фасеточный синдром *(травматический артрит с поражением суставных поверхностей позвонков)*

Fagge's ~ врождённый гипотиреоз, Фагге синдром

Fahr ~ Фара [болезнь] синдром *(идиопатическое обызвествление базальных ганглиев)*

failed back surgery ~ синдром поясничных рецидивирующих болей после операций на позвоночнике

Fallot's ~ Фалло тетрада *(дефект межжелудочковой перегородки, стеноз лёгочного ствола, декстрапозиция аорты, гипертрофия правого желудочка)*

Fanconi's ~ 1. врождённая панцитопения, врождённая апластическая анемия, Фанкони [синдром] анемия 2. цистиноз, гликофосфаминный диабет, Абдергальдена – Фанкони синдром 3. Де Тони (Дебре) – Фанкони синдром *(наследственный почечный ацидоз с нефрокальцинозом, поздним рахитом и адипозогенитальной дистрофией)*

Farber's ~ Фарбера синдром *(диссеминированный липогранулематоз)*

fatigue ~ синдром хронической усталости, синдром истощения

fatty liver ~ жировой гепатоз

Fazio – Londe ~ Фацио – Лонде [болезнь] синдром *(ювенильный наследственный прогрессирующий бульбарный паралич)*

feline acquired immunodeficiency [feline leukosis virus] ~ синдром приобретённого иммунодефицита кошек, вирусный лейкоз кошек

Felty's ~ Фелти синдром *(ревматоидный артрит со спленомегалией и лейкопенией)*

feminizing testes ~ *см.* **testicular feminization** ~

fetal alcohol ~ алкогольный синдром плода *(пороки, обусловленные алкоголизмом у родителей)*

fetal face ~ синдром лица у плода, Робиноу синдром *(гипертелоризм, дисплазия зубов, выступающий лоб, вдавление спинки носа в сочетании с нанизмом)*

fibromyalgia ~ фибромиалгический синдром

Fiedler's ~ острый интерстициальный идиопатический миокардит, Абрамова – Фидлера синдром

first use ~ реакция гиперчувствительности больного на новый диализатор

Fischer – Evans ~ Фишера – Эванса [болезнь] синдром *(сочетание иммуноаллергической тромбоцитопении с приобретённой гемолитической анемией)*

fixed cord ~ *см.* **tethered cord** ~

floppy [infant] baby ~ Оппенгейма синдром, врождённая амиотония *(расстройство функции произвольных мышц)*

floppy valve ~ синдром пролабирования створок митрального клапана

focal dermal hypoplasia ~ наследственно-семейная эктомезодермальная аномалия, Гольтца – Горлина синдром

Foerster's ~ синдром Ферстера *(форма детского церебрального паралича)*

Foix – Alajouanine ~ Фуа – Алажуанина синдром *(патологическое разрастание сосудов и оболочек спинного мозга)*

Foix – Hillemand ~ Фуа – Иллемана синдром *(аплазия крестцовой и копчиковой костей и дисплазия нижних сегментов спинного мозга)*

Forbes – Albright ~ Форбса – Олбрайта синдром, Аргонса – дель Кастильо синдром *(галакторея, обусловленная гиперфункцией гипофиза или опухолью)*

Forsius – Eriksson ~ глазной альбинизм *(тип Форзиуса – Эрикссона)*

Foville ~ Фовилля синдром *(альтернирующий синдром поражения моста мозга)*

fragile X ~ синдром хрупкой Х-хромосомы

Franceschetti – Jadassohn's ~ сетчатки пигментный дерматоз, меланоформный невус, Франческетти – Ядассона синдром

Franceschetti – Zwahlen ~ челюстно-лицевой дизостоз, Франческетти – Цвалена синдром

Frankl-Hochwart ~ Франкль-Хохварта синдром *(при опухолях шишковидного тела)*

Freeman – Sheldon ~ Фримена – Шелдона синдром, краниокарпотарзальная дисплазия *(маленький рост, плоское лицо с маленьким носом, гипертелоризм и т. д.)*

Freund's ~ Фрейнда синдром *(кожный аллергоз на косметические средства)*

Frey's ~ *см.* **auriculotemporal nerve** ~

Friedreich's ~ наследственная атаксия, Фридрейха синдром

Fröhlich's ~ адипозогенитальная дистрофия, Фрелиха синдром

Froin's ~ синдром ликворной блокады, синдром «членения», Фруэна – Нонне синдром

frontal lobe ~ синдром лобной доли *(сочетание лобной атаксии с астазией-абазией, хватательными рефлексами, психическими нарушениями)*

Gaisbock's ~ Гайсбека [болезнь] синдром *(сочетание артериальной гипертонии и полицитемии)*

Gamstorp's ~ Гамсторпа синдром, эпизодическая семейная адинамия, наследственный периодический гиперкалиемический паралич

Ganser's ~ Ганзера синдром *(истерическое сумеречное помрачение сознания с преобладанием мимоговорения)*

Gänsslen's ~ Гёнсслена синдром *(семейный гемолитический желтушно-костный синдром)*

Gardner's ~ Гарднера синдром *(сочетание множественных новообразований – остеомы челюстей, эпидермоидных кист, полипоза ободочной кишки)*

Gasperini's ~ Гасперини синдром *(альтернирующий синдром поражения покрышки моста мозга)*

Gasser's ~ гемолитически-уремический синдром, Гассера синдром

Gastaut's ~ гемиплегическая эпилепсия *(у детей)*, Гасто синдром

gastrocardiac ~ гастрокардиальный [желудочно-сердечный] синдром, Ремхельда синдром

gastrojejunal loop obstruction ~ синдром приводящей петли *(после резекции желудка)*

Gelineau's ~ эссенциальная нарколепсия, Желино синдром

general adaptation stress ~ общий адаптационный синдром (Селье) *(совокупность реакций организма на чрезвычайные или патологические раздражители)*

Gerbasi's ~ Гербази [анемия] синдром *(псевдобирмеровская анемия у грудных детей)*

Gerlier's ~ паралитическое эндемическое головокружение, Жерлье синдром

Gerstmann's ~ *невр.* синдром угловой извилины, Герстманна синдром

Gerstmann – Straussler – Scheinker ~ *нем.* Герстманна – Штраусслера – Шейнкера синдром *(разновидность трансмиссивной спонгиоформной энцефалопатии)*

Gianotti – Crosti ~ Джанотти – Крости синдром *(аллергический пятнисто-узелковый акродерматит)*

Gilbert – Meulengracht ~ врождённая семейная негемолитическая желтуха, Жильбера – Мейленграхта синдром

Gilles de la Tourette ~ Жиль де ля Туретта синдром *(сочетание тикообразных подёргиваний мышц лица, шеи и плечевого пояса с покашливанием, сплёвыванием, копро- и эхолалией; обусловлен поражением полосатого тела)*

Goldberg – Maxwell ~ *см.* **testicular feminization** ~

Goldenhar's ~ окулоаурикуловертебральная дисплазия, Гольденхара синдром

Goodpasture's ~ Гудпасчера синдром *(сочетание лёгочного гемосидероза с гломерулонефритом)*

Good's ~ Гуда синдром, комплексный иммунодефицитный синдром *(тимома с агаммаглобулинемией)*

Gougerot – Hailey ~ Гужеро – Хейли – Хейли синдром *(семейная доброкачественная хроническая пузырчатка)*

Gradenigo's ~ Градениго синдром *(петрозит с параличом отводящего нерва и очаговым менингитом)*

graft versus host ~ «трансплантат против хозяина» *(реакция на пересадку органа)*

Gräsbeck – Imerslund ~ врождённая мегалобластическая анемия, Гресбека – Имерслунда синдром

gray [gray-baby] ~ серый оттенок кожи новорождённого (*может быть вызван трансплацентарным токсическим эффектом левомицетина, принимаемого матерью на поздних сроках беременности*)

gray-out ~ синдром «серой пелены» (*неполного выключения сознания*)

Gregg – Swan's ~ Грегга – Свана синдром, коревая эмбриопатия (*множественные пороки развития глаз, ушей, сердца и ЦНС*)

Grisel's ~ Гризеля синдром, или болезнь (*стойкая контрактура мышц, прикрепляющихся к I шейному позвонку, и обусловливающая развитие кривошеи*)

Grob's ~ язычно-лицевая дисплазия, Гроба синдром

Guillain – Barre ~ острая демиелинизирующая полинейропатия, Гийена – Барре синдром

gustatory sweating ~ *см.* **auriculotemporal nerve** ~

Hageman's ~ Хагемана синдром (*врождённый дефицит фактора XII свёртываемости крови*)

Haglund – Schinz ~ асептический некроз пяточной кости, Хаглунда – Шинца синдром

Hallermann – Streiff ~ Галлерманна – Штрейффа синдром (*нижнечелюстно-глазолицевая дисморфия*)

Hallervorden – Spatz's ~ Галлервордена – Шпатца синдром (*пигментный дегенеративный синдром бледного шара*)

Hamman's ~ спонтанная эмфизема средостения, Хаммена [болезнь] синдром

Hamman – Rich ~ прогрессирующий диффузный межуточный фиброз лёгких, Хаммена – Рича синдром

Hanhart's ~ врождённая акротермия, Хангарта синдром

hard water ~ синдром жёсткой воды (*проявляется у больных во время гемодиализа гипертензией, тошнотой, слабостью и пр.*)

Hartnup's ~ Хартнупа синдром (*пеллагра, мозжечковая атаксия, почечная аминоацидурия*)

Hass's ~ хондропатия проксимального эпифиза плечевой кости, Хасса синдром

Hayem – Widal ~ Гайема – Видаля синдром (*псевдолейкозный гиперспленизм, гемолитическая анемия*)

Heatley's ~ Хатли синдром (*гидроцефалия, стридор и миеломенингоцеле*)

Heller's ~ прогрессирующая детская деменция, Геллера синдром

HELLP ~ HELLP-синдром (*гемолиз, увеличение активности печёночных ферментов, тромбоцитопения*)

Helmholz – Harrington ~ Гельмгольца – Харрингтона синдром (*ограниченное помутнение роговой оболочки глаза, дизостоз черепа*)

helminth anaphylactic ~ синдром анафилаксии, развившейся на аскаридную инвазию

hemolytic-uremic ~ гемолитико-уремический синдром

Henoch – Schonlein ~ геморрагический васкулит, капилляротоксикоз, геморрагическая пурпура, Шенлейна – Геноха болезнь

hepatocutaneous ~ печёночно-кожный синдром

hepatonephric [hepatorenal] ~ гепаторенальный [печёночно-почечный] синдром

hero ~ *психол.* синдром «героя»

Heubner – Herter ~ Гейбнера – Гертера синдром (*стеаторея, анемия, остеопороз и другие осложнения у детей раннего возраста*)

hibernation ~ *узи* синдром «утомлённого» хронической ишемией миокарда

Hodgkin's ~ лимфогранулематоз, Ходжкина болезнь

holiday heart ~ синдром воскресного сердца (*нарушение сердечной деятельности в результате приёма избыточного количества алкоголя*)

Holmes – Adie ~ *см.* **Adie's(– Holmes)** ~

Holt – Oram ~ предсердно-пальцевая дисплазия, синдром «сердце – рука», Холта – Орама синдром (*дефект межпредсердной перегородки в сочетании с аномалиями предплечий, больших пальцев рук*)

Hopf's ~ Хопфа синдром (*комплекс пороков развития: бородавчатый кератоз кистей и стоп, эритемно-сквамозные высыпания, тотальная лейконихия, тапеторетинальная дегенерация*)

Horner's ~ Бернара – Горнера синдром (*сочетание одностороннего птоза, миоза, ангидроза и энофтальма*)

Horton – Magath – Brown ~ Хортона – Магата – Брауна синдром, гигантоклеточный [височный, краниальный, темпоральный] артериит

Hunt's ~ Ханта (Рамзая) синдром (*1. прогрессирующее мозжечковое дрожание 2. вовлечение ганглия коленца при опоясывающем лишае 3. ювенильный дрожательный паралич*)

Hunter's ~ мукополисахаридоз II типа, гаргоилизм, Гунтера синдром, или болезнь

Hurler's ~ мукополисахаридоз I типа, Пфаундлера – Гурлера синдром (*множественный дизостоз, гаргоилизм, митохондродистрофия*)

Hutchinson – Gilford ~ Гетчинсона – Гилфорда синдром (*пропорциональная карликовость, прогерия*)

hyperactive-child ~ синдром гиперактивности у детей

hyperkinetic ~ гиперкинетический синдром (*обычно с дефицитом внимания*)

hypermobility ~ синдром гипермобильности (*системные болезни, протекающие с недостаточностью соединительнотканного аппарата*)

hyperosmolar nonketotic ~ гиперосмолярный некетацидемический синдром

hyperventilation ~ невротический дыхательный синдром, гипервентиляционный синдром, ГВС

hyperviscosity ~ синдром повышенной вязкости крови, синдром сгущения крови

hypophyseal ~ адипозогенитальная дистрофия, гипофизарный синдром, или евнухоидизм, гипофизарное ожирение, Пехкранца – Бабинского – Фрелиха синдром

hypoplastic left-heart ~ синдром гипоплазии левых отделов сердца (*сочетание недоразвития левых отделов сердца с атрезией или гипоплазией аортального и/или митрального клапана и гипоплазией аорты*)

immunodeficiency ~ иммунодефицитный синдром (*сопровождающийся повышенной восприимчивостью к инфекции*)

impingement ~ синдром хронической травматизации плечелопаточного сустава

inadequate dialysis ~ синдром неадекватного диализа

irritable bowel [irritable colon] ~ синдром раздражённой толстой кишки, слизистый колит

Isaacs's ~ Исаакса [болезнь] синдром *(вариант наследственной миотонии)*

Ivemark's ~ Ивемарка синдром *(множественные врождённые пороки сердца, транспозиция крупных сосудов, агенезия селезёнки)*

Jackson's ~ Джексона синдром *(альтернирующий синдром одностороннего поражения продолговатого мозга)*

Jackson – Bravais ~ джексоновская эпилепсия, Джексона – Браве синдром

James – Swyer ~ односторонняя эмфизема лёгкого, Джеймса – Суайра синдром

Jampel – Schwartz ~ Жампеля – Шварца синдром *(остеохондродистрофия, нефропатия, гипертензия)*

Janke's ~ Янке синдром *(врождённый токсоплазмоз с преимущественным поражением глаз и мозга)*

Jansen's ~ Янсена синдром *(системный метафизарный энхондральный дизостоз, малый или карликовый рост)*

Jarcho's ~ Ярхо синдром *(окципито-фасциально-цервико-абдоминально-кольцевая дисплазия)*

jaw-winking ~ пальпебромандибулярная синкинезия, Маркуса Гунна феномен, Гунна синкинетический симптом *(увеличение ширины век во время жевания, иногда с ритмичным приподниманием верхнего века при открывании рта и с птозом при закрывании рта)*

Jeghers – Peutz – Touraine ~ Егерса – Пейтца – Турина синдром *(гиперпигментация губ и лица, полипоз кишечника)*

Jeune's ~ Жена синдром *(наследственная остеохондродистрофия, нефропатия, гипертензия)*

jimmy-legs ~ синдром усталых ног, синдром «ног, сдавленных сапогами»

Kalette's ~ Калетте синдром *(врождённая эктодермальная интракраниальная опухоль)*

Kanner's ~ детский аутизм, Каннера синдром

Kaposi's ~ Капоши саркоматоз, или ангиоретикуломатоз *(геморрагическая идиопатическая множественная саркома)*

Kaposi's double proliferation ~ Капоши синдром, или саркома, с гиперпролиферацией эндотелиоцитов и фибробластов

Kartagener's ~ Картагенера [синдром] триада *(полная инверсия органов в сочетании с бронхоэктазами и хроническим синуситом)*

Kasabach – Merritt ~ Казабаха – Мерритта синдром *(сочетание гемангиом, тромбоцитопенической пурпуры и анемии)*

Kawasaki's ~ Кавасаки синдром *(лимфаденопатия с поражением кожи и слизистых оболочек)*

Kennedy's ~ Кеннеди синдром *(внутричерепная гипертензия и одностороннее сдавление зрительного нерва)*

Kieser – Turner ~ Кизера – Тернера синдром *(наследственная артро-остео-ониходисплазия с экзостозами тазовых костей)*

Kimmelstiel – Wilson ~ диабетический [интеркапиллярный] гломерулосклероз, Киммелстила – Уилсона синдром

Kindberg – Löhr – (Leon) ~ эозинофильный лёгочный инфильтрат, Киндберга – Лера – (Леона) синдром

Klinefelter's ~ Клайнфелтера – Рейфенштейна – Олбрайта синдром *(сочетание хромосомного нарушения – XXY, первичного гипогонадизма, олиго- и азооспермии)*

Klippel – Feil ~ синдром короткой шеи, Клиппеля – Фейля болезнь *(слияние шейных позвонков)*

Klippel – Trenaunay (– Weber) ~ варикозный остеогипертрофический невус, Клиппеля – Треноне синдром, Вебера синдром

Knapp – Komrower ~ Кнаппа – Комровера синдром *(наследственная энзимопатия, связанная с нарушением обмена витамина B₆)*

König's ~ Кёнига синдром *(рассекающий остеохондроз [остеохондрит] дистального эпифиза бедра)*

Kopp's ~ острый ларинготрахеит, Коппа синдром

Kostman's ~ Костмана болезнь *(наследственный агранулоцитоз у грудных детей)*

Krause – Reese ~ энцефало-офтальмическая дисплазия, Краузе – Риза синдром

Kuhn – Mounier ~ врождённая трахеобронхомегалия с трахеомаляцией, Куна – Мунье синдром

labyrinthine ~ эндолимфатическая [лабиринтная] водянка, лабиринтное головокружение, Меньера [болезнь] синдром

Lambert – Eaton ~ Ламберта – Итона синдром *(миастенический синдром, обусловленный злокачественной опухолью)*

Lamy – Maroteaux ~ Лами – Морото синдром; дистрофический нанизм, или карликовый рост *(системный карликовый хондродистрофический дизостоз)*

Landry ~ Ландри синдром, Ландри восходящий паралич

Laron's ~ Ларона синдром *(нанизм, повышение уровня циркулирующего иммунореактивного соматотропного гормона)*

Larsen – Johanson's ~ остеохондропатия надколенника, Ларсена – Юханссона синдром

Laurence – Moon (– Bardet – Biedl) ~ Лоренса – Муна (– Барде – Бидля) синдром *(наследственное сочетание ожирения, гипогениталозма, пигментного ретинита, умственной отсталости, поли- и синдактилии)*

lazy-leukocyte ~ синдром «ленивых лейкоцитов» *(врождённая нейтропения, характеризующаяся замедленным выходом нейтрофилов из костного мозга в кровь и миграцией их к очагам воспаления, что проявляется рецидивирующими инфекциями верхних дыхательных путей)*

Leber's ~ Лебера атрофия зрительного нерва

Lefevre – Papillon ~ Лефевра – Папиллона синдром *(ладонно-подошвенный кератоз с парадонтозом)*

Lehndorf's ~ аллергическая анемия новорождённых, Лендорфа синдром

Lemli – Opitz – Smith ~ Лемли – Опитца – Смита синдром *(недоразвитие скелета, задержка психомоторного развития, гипогениталозм, малый рост и пр.)*

Lending's ~ Лендинга синдром *(ранняя детская амавротическая идиотия с общим ганглиозидозом GM-1)*

Lennox's ~ эпилептиформная энцефалопатия, Леннокса синдром

Lenoble – Aubineau ~ нистагм-миоклония, Ленобля – Обино синдром

Leri's ~ миелореостоз, Лери синдром *(дизостоз с деформацией суставов и порочным положением конечностей)*

Leriche's ~ аортоподвздошная окклюзия, Лериша синдром

Leri – Molin de Teyssieu ~ Лери – Молен де Тейсье синдром *(туберкулёз верхушки лёгкого со сдавлением плечевого сплетения, лимфаденитом)*

Leschke's ~ Лешке синдром *(врождённые бронхоэктазы, центрилобулярная эмфизема)*

Lesch – Nyhan ~ Леша – Найхана синдром *(гиперурикемия, нефролитиаз, умственная отсталость)*

lethal multiple pterygium ~ летальный синдром множественных птеригиумов

Letulle's ~ Летюлля синдром *(летучие лёгочные инфильтраты, кистовидная лимфома)*

Lev's ~ Лева болезнь *(блокада ножки пучка Гиса, обусловленная фиброзом или кальцификацией)*

Lhermitte's ~ Лермитта синдром, педункулярный галлюциноз *(зрительный галлюциноз при поражениях в области ножек мозга)*

Libman – Sacks ~ волчаночный эндокардит, Либмана – Сакса эндокардит, Капоши – Либмана – Сакса [болезнь] синдром

Lightwood – Albright ~ Лайтвуда – Олбрайта синдром *(идиопатический нефрокальциноз, карликовый рост, гипофосфатемический рахит)*

Lime's ~ боррелиоз, Лайма синдром

Lindau's ~ Линдау синдром, ангиоретикулома, гиперпластическая капиллярная ангиома, гемангиобластома

linear nevus sebaceous ~ синдром линейного сального невуса *(сочетание сального невуса на одной стороне лица и туловища с умственной отсталостью, судорожными припадками и др. нарушениями)*

Lobstein's ~ несовершенный поздний остеогенез, Лобштейна – Экмана синдром

locked-in ~ бодрствующая кома, синдром изоляции, или диэфферентации *(обусловленный двусторонним поражением корково-ядерных и корково-спинномозговых путей)*

loculation ~ синдром ликворной блокады, Фруэна (– Нонне) компрессионный синдром

Loeffler's ~ Леффлера синдром *(1. летучий эозинофильный инфильтрат (лёгкого), эозинофильная пневмония 2. рестриктивная кардиомиопатия, фибропластический эндокардит)*

long QT ~ синдром удлинения QT *(ЭКГ)*

Louis-Bar ~ атаксия-телеангиэктазия, Луи-Бар синдром

Loutit's ~ приобретённая иммуногемолитическая анемия, Лоутита синдром

lower nephron ~ острый канальцевый некроз, нефроз с поражением дистальных отделов нефронов

Lowe's ~ Лоу синдром, окулоцереброренальный синдром *(наследственная недостаточность канальцев почек в сочетании с умственной отсталостью, катарактой и глаукомой)*

low natural killer ~ синдром низкой активности естественных клеток-киллеров

Lundborg – Unverricht ~ Лундборга сенсоклоническая реакция, или синдром *(усиление миоклонических судорог при воздействии каких-л. раздражителей на органы чувств при миоклонус-эпилепсии)*

Lutembacher's ~ Лютамбаше синдром *(сочетание дефекта межпредсердной перегородки с митральным стенозом)*

Lyell's ~ острый токсический эпидермолиз, некротический дерматит, Лайелла синдром

Maffucci's ~ врождённый ангиохондроматоз, хондродисплазия с ангиоматозом, Маффуччи синдром

Magrassi – Leonardi ~ Маграсси – Леонарди синдром, эозинофильная моноцитарная пневмония

Majewski's ~ Маевского синдром *(карликовость, узкая грудная клетка, полидактилия, расщепление нёба, губы и пр.)*

malabsorption ~ синдром мальабсорбции *(нарушение всасывания в тонкой кишке, сопровождающееся гиповитаминозом, анемией, гипопротеинемией)*

male feminization ~ синдром феминизации мужчин

Mallory – Weiss ~ Маллори – Вейсса синдром *(разрыв слизистой оболочки кардии с кровотечением, наблюдающийся при сильной рвоте)*

maltreatment ~ синдром последствий жестокого обращения *(напр. избитого ребёнка)*

Marfan's ~ Марфана синдром *(1. наследственное сочетание вывиха или подвывиха хрусталика с арахнодактилией, удлинением конечностей, разболтанностью связочного аппарата 2. спастический парез нижних конечностей без расстройств трофики, чувствительности и функции сфинктеров при врождённом сифилисе)*

Mari – Sainton ~ Мари – Сэнтона синдром *(малый рост, генерализованный дизостоз)*

Marinesco – Sjogren ~ Маринеску – Шегрена синдром *(наследственное сочетание мозжечковой атаксии, катаракты и олигофрении)*

Maroteaux – Lamy ~ мукополисахаридоз VI типа, поздняя спондилоэпифизарная дисплазия, полидистрофическая карликовость, Марото – Лами болезнь

Marschall's ~ Маршалла синдром *(дисплазия лица, аномалии зубов, глаз, тугоухость)*

Martland's ~ Мартланда синдром, травматическая энцефалопатия [деменция] боксёров

Martorell's ~ 1. болезнь отсутствия пульса, множественный облитерирующий панартериит, синдром дуги аорты, Такаясу [болезнь] синдром, Мартореля синдром 2. Мартореля синдром *(язва переднебоковой поверхности нижней трети голени в результате облитерации артериол при гипертонической болезни)*

maternal obesity ~ синдром эндокринных нарушений у беременных, Шелдона синдром

Mauriac's ~ Мориака синдром *(сочетание задержки роста и полового развития с ожирением и гепатомегалией у детей с сахарным диабетом, леченных недостаточными дозами инсулина)*

Mau – Scheuermann ~ Мау – Шейерманна синдром *(остеохондропатия апофизов тел позвонков)*

McLeod's ~ МакЛеода синдром *(односторонняя повышенная прозрачность лёгкого)*

Meckel's ~ Меккеля синдром *(кистозная почка, окципитальное менингоцеле и полидактилия)*

meconium blockade [meconium plug] ~ мекониевая непроходимость кишечника у новорождённого

medicamentosus Cushing's ~ Кушинга медикаментозный синдром *(возникший под влиянием длительного приёма больших доз глюкокортикоидов)*

Meige – Milroy – Nonne ~ врождённая слоновость, Мейжа – Милроя – Нонне синдром

Melkersson – Rosenthal ~ Мелькерссона – Розенталя синдром *(сочетание рецидивирующего неврита лицевого нерва, отёка лица и складчатого языка)*

Melnick – Needles ~ Мельника – Нидлза синдром *(врождённая остеодисплазия – утолщение костей черепа, гипоплазия нижней челюсти, системная деформация костей, экзофтальм)*

Mendelson's ~ Мендельсона синдром *(аспирация желудочного содержимого при наркозе с развитием отёка лёгких)*

Meniere's ~ см. **labyrinthine** ~

Merzbacher – Pelizaeus ~ Мерцбахера – Пелицеуса синдром *(хроническая форма семейного диффузного склероза с олигофренией)*

metabolism disorder ~ метаболический синдром *(сочетание ожирения с артериальной гипертензией и сахарным диабетом 2-го типа)*

Meulengracht's ~ Мейленграхта синдром *(интермиттирующая юношеская желтуха или гипербилирубинемия)*

middle lobe ~ синдром средней доли, Брока синдром *(ателектаз и хронический пневмонит средней доли правого лёгкого)*

Mikulicz's ~ Микулича [болезнь] синдром *(увеличение слюнных и слёзных желёз, напр., при туберкулёзе, лейкозе)*

milk ~ молочный синдром *(нарушение фосфорно-кальциевого обмена вследствие длительного употребления молочных продуктов)*

milk-alkali ~ молочно-щелочной синдром, синдром пищевой гиперкальциемии, Бернетта синдром

Milkman's ~ Милкмена синдром, (Лоозера –) Милкмена болезнь *(остеопороз с множественными переломами)*

Millard – Gubler ~ Милляра – Гублера синдром *(альтернирующий синдром поражения моста мозга)*

Miller – Taussig ~ Миллера – Таусиг синдром *(контактный дерматит губ)*

Mills's ~ восходящая [нисходящая] прогрессирующая гемиплегия, Миллса синдром

Minkowski – Chaufferd ~ Минковского – Шоффара синдром *(микросфероцитарная гемолитическая анемия)*

Möebius' ~ врождённый глазолицевой паралич, Мёбиуса синдром *(косоглазие, гипомимия)*

Möebius – Poland ~ Мёбиуса – Поланда синдром *(врождённый порок развития грудной клетки, гомолатеральная гипоплазия верхней конечности)*

monocyte-macrophage ~ моноцитарно-макрофагальная [ретикуло-эндотелиальная] система

Montgomery's ~ Монтгомери синдром *(ксантоматоз кожи и слизистых оболочек, несахарный диабет)*

Morgagni's ~ фронтальный гиперостоз, синдром внутреннего лобного гиперостоза, Морганьи [болезнь, триада] синдром

Morgagni – Adams – Stokes ~ Морганьи – Адамса – Стокса синдром, Спенса синдром *(приступ внезапной потери сознания с судорогами, обусловленный брахиаритмией и ишемией мозга)*

morning glory ~ синдром «утреннего сияния» *(врождённая аномалия диска зрительного нерва: воронковидная форма, белесоватая ткань в центре, пигментный ободок вокруг диска, мелкое ветвление сосудов сетчатки по краю диска)*

Morris's ~ см. **testicular feminization** ~

Morvan's ~ Морвана [болезнь, хорея] синдром *(при ревматизме и ряде инфекционных заболеваний)*

Moschovitz's ~ Мошкович [болезнь] синдром, тромбоцитопенический акроангиотромбоз, тромботическая микроангиопатия, тромбогемолитическая тромбоцитопеническая пурпура

Moutot – Nicolas – Charlet ~ Муто – Никола – Шарле синдром *(язвенно-вегетирующий дистрофический буллёзный эпидермолиз)*

mucocutaneous lymph node ~ синдром кожно-слизистых лимфоузлов *(лимфаденопатия с поражением кожи и слизистых оболочек)*

Müller – Ribbing ~ Мюллера – Риббинга синдром *(форма энхондрального эпифизарного дизостоза)*

multiple endocrine neoplasia ~ синдром множественной эндокринной неоплазии

multiple organ failure ~ синдром полиорганной недостаточности

multiple pterygium ~ синдром множественных птеригиумов *(гипертрофия эпонихия)*

multiple unexplained symptoms ~ синдром множественных необъяснимых симптомов

Munchhausen's ~ псих. Мюнхгаузена синдром *(симуляция заболеваний с целью привлечения к себе внимания медиков)*

myofascial pain-disfunction ~ дисфункционально-болевой синдром височно-нижнечелюстного сустава

Naffziger's ~ см. **scalenus-anticus** ~

nail-patella ~ наследственная артро-остеоониходисплазия, наследственный онихоартроз, Тернера – Кизера синдром

neglect ~ синдром сенсорного дефицита

nephrotic ~ нефротический синдром

nerve entrapment ~ синдром ущемления нерва

nervous bowel ~ см. **irritable bowel** ~

neuroleptic induced deficiency ~ синдром дефицита, вызванного нейролептиком *(общетоксическое, неврологическое, экстрапирамидное побочные действия нейролептической терапии)*

neuroleptic malignant ~ злокачественный нейролептический синдром *(гипертермия с экстрапирамидными и вегетативными нарушениями, способными привести к смерти; возникает при применении высоких доз нейролептиков)*

Nezelof's ~ Незелофа синдром *(первичный врождённый иммунодефицит Т-системы, алимфоцитоз)*

Nievergelt's ~ Нифергельта синдром *(недоразвитие локтевых суставов, синостоз между костями предплечья, косолапость)*

night-eating ~ синдром ночного переедания

nonketotic hyperosmolar ~ гиперосмолярный некетоацидотический синдром

nonsense ~ *см.* **Ganser's** ~

non thyroidal illness ~ синдром нетиреоидных заболеваний, синдром эутиреоидной слабости, эутиреоидный патологический синдром

Noonan's ~ Нунан синдром *(сочетание стеноза клапана лёгочного ствола, гипертелоризма, оттопыренных ушных раковин и других нарушений)*

Nonne's ~ *см.* **cerebellar** ~

Nothnagel's ~ синдром четверохолмия, Нотнагеля синдром

obesity hypoventilation ~ синдром гиповентиляции при ожирении

Obrinsky's ~ *см.* **prune-belly** ~

obsessive-compulsive ~ обсессивно-компульсивный синдром

obstructive sleep apnea ~ обструктивный синдром апноэ во сне

oculocerebrorenal ~ окулоцереброренальный синдром, Лоу синдром *(наследственная недостаточность канальцев почек в сочетании с умственной отсталостью, катарактой и глаукомой)*

Ogilve's ~ Огилви синдром, синдром ложной обструкции ободочной кишки

olfactory reference ~ бред собственного запаха

Oljenick's ~ Ольеника синдром *(окципитализация I шейного позвонка)*

Ombredanne's ~ Омбреданна синдром, послеоперационный гипертермический синдром у новорождённых

Omenn's ~ Оменна синдром *(ретикулоэндотелиоз с эозинофилией)*

Ondine's ~ Ундины синдром, «проклятие русалки» *(первичный гиповентиляционный синдром)*

one-and-half ~ синдром «полутора» *(при одностороннем поражении моста мозга)*

open negative ~ абациллированная каверна, «открыто-отрицательный» синдром

Oppenheim's ~ Оппенгейма синдром, гипофизарный псевдотабес

oral-facial-digital ~ ротопальцелицевой дизостоз, Папийон — Леаж — Псома синдром *(наследственное сочетание «орлиного» носа, укорочения верхней губы, недоразвития пальцев, расщепления языка и твердого нёба)*

Oram – Holt's ~ Орама – Холта синдром *(дефект межпредсердной перегородки)*

organic brain ~, **OBS** органическое поражение головного мозга

organic mental ~ психический синдром органического происхождения, органический психосиндром

organic mood ~ органическое расстройство настроения, органический аффективный синдром

organic personality ~ расстройство личности органической природы *(вследствие дисфункции или повреждения головного мозга)*

outlet ~ синдром выходного отверстия

ovarian remnant ~ синдром культи яичника

overlap ~ синдром перекрёста *(1. сочетание апноэ во время сна на фоне хронической обструктивной болезни лёгких 2. сочетанное аутоиммунное расстройство)*

Owren's ~ парагемофилия, Оврена синдром

Paget – Schroetter ~ тромбоз усилия, Педжета – Шреттера синдром *(острое расстройство кровообращения в подмышечной вене с отёком руки)*

pain-dysfunction ~ *см.* **myofascial pain-disfunction** ~

Paltauf's ~ Пальтауфа синдром *(тимико-лимфатическое состояние, или статус)*

Pancoast ~ синдром верхушки лёгкого, Панкоста – Тобиаса – Хейра синдром *(сочетание боли и парестезий по ходу локтевого нерва, сужение зрачка и паралич мышцы, поднимающей верхнее веко)*

Papillon – Lefevre ~ ладонно-подошвенный гиперкератоз и периодонтит, Папийона – Лефевра кератодермия

paraneoplastic ~ паранеопластический синдром *(злокачественная интоксикация)*

parkinsonian dementia ~ синдром паркинсонической деменции

Pasini – Pierini ~ Пазини – Пьерини синдром *(прогрессирующая идиопатическая атрофия кожи)*

Pastia's ~ Пастиа синдром *(линейные пигментации тёмно-красного цвета в складках кожи при скарлатине)*

Patau's ~ Патау синдром *(хромосомное нарушение, проявляющееся задержкой умственного развития и дефектами сердца, почек, черепа)*

Pelger – Huet ~ Пельгера – Хьюита аномалия лейкоцитов *(наследственное отсутствие сегментированности лейкоцитов)*

Pellizzi's ~ эпифизарный вирилизм, Пеллицци синдром *(при опухоли шишковидного тела)*

Pendred's ~ Пендреда синдром *(наследственное сочетание зоба и глухоты)*

Pepper's ~ Пеппера синдром, симпатогониома

periodic somnolence ~ синдром периодической сомнолентности

persecution ~ бред преследования

persistent müllerian duct ~ синдром персистенции мюллерова протока

Petit's ~ Пети синдром, (Клода) Бернара – Горнера обратный синдром *(при раздражении симпатических нервных волокон в области шеи)*

Peutz – Jeghers ~ наследственный полипоз кишечника, пигментно-пятнистый полипоз, Пейтца – Егерса синдром

Pfannenstiel's ~ Пфанненштиля синдром *(злокачественная желтуха у новорождённых)*

Pfeiffer's ~ инфекционный мононуклеоз, Пфейффера железистая лихорадка

phantom lover ~ синдром фантомного любовника, эротомания

Pickwickian's ~ пиквикский синдром *(сочетание выраженного ожирения с лёгочной гиповентиляцией, малоподвижностью, сонливостью и эритроцитозом)*

Pierre Robin ~ Пьера Робена синдром *(наследственное сочетание гипоплазии нижней челюсти, микрогнатии, микроглоссии, глоссоптоза, расщелины твёрдого нёба)*

pineal ~ **1.** синдром шишковидного тела *(неврологические нарушения при поражении шишковидного тела)* **2.** эпифизарный вирилизм, Пеллицци синдром *(при опухолях шишковидного тела)*

Piper's ~ Пипера синдром *(системное заболевание тканей с нарушенной трофикой)*

pirouette's ~ синдром пируэта на ЭКГ *(развитие веретенообразной желудочковой тахикардии)*

Plummer – Vinson ~ сидеропенический синдром, сидеропеническая дисфагия, Пламмера – Винсона синдром

polycystic ovary ~ поликистоз яичников, Штейна – Левенталя синдром

popliteal pterygium ~ синдром подколенного птеригиума

possession ~ *псих.* синдром овладения *(син. отчуждения, психического автоматизма, внешнего воздействия, Кандинского – Клерамбо)*

Posner-Schlossman ~ Познера – Шлоссмана синдром *(аллергическая офтальмопатия с циклическими кризами глаукомы)*

post cardiac injury [postcardiotomy] ~ посткардиотомный синдром *(острый перикардит после операции на сердце)*

postcommissurotomy ~ посткомиссуротомный синдром

postconcussional ~ посткоммоционный синдром

postencephalitic ~ постэнцефалитический синдром

postgastrectomy ~ постгастрэктомический синдром *(обусловлен поступлением пищи из пищевода в кишечник и характеризуется исхуданием, поносом, отёками, анемией и гипопротеинемией)*

posthemodialysis ~ постгемодиализный синдром

postinfarction [postmyocardial infarction] ~ постинфарктный синдром, Дресслера синдром *(сочетание перикардита с плевритом)*

postnasal-drop ~ синдром задненосового затекания слизи в гортань

postphlebitic ~ постфлебитический синдром

"postpump" ~ *см.* **posthemodialysis** ~

post-torture ~ синдром перенёсшего пытки

posttraumatic brain ~ посткоммоционный синдром

posttraumatic-stress ~ посттравматический стрессовый синдром

postviral fatigue ~ синдром усталости после перенесённой вирусной инфекции

Potter's ~ Поттера синдром *(1. почечно-лицевой синдром 2. врождённое поликистозное заболевание)*

Potter – Erb ~ остеохондро(десмо)дисплазия, Поттера – Эрба синдром

Prader – Willi ~ Прадера – Вилли синдром *(наследственное сочетание умственной отсталости, низкого роста, ожирения, гипотонии мышц)*

Prasad – Koza ~ наследственная агаммаглобулинемия с лимфаденопатией, Прасада – Коуза синдром

preexcitation ~ синдром преждевременного возбуждения желудочков, Вольфа – Паркинсона – Уайта синдром, синдром ВПУ, WPW-синдром

pre-infarction ~ предынфарктный синдром

preleukemic ~ гемопоэтическая миелодисплазия *(миелопролиферативный синдром с делецией участка пятой хромосомы)*

premature-senility ~ преждевременное старение

premenstrual tension ~ синдром предменструального напряжения

Price's ~ Прайса синдром *(наследственное нарушение обмена триптофана)*

primary antiphospholipid ~ первичный антифосфолипидный синдром, Снеддона синдром *(характеризующийся наличием антифосфолипидных антител в крови, тромбозами, тромбоцитопенией)*

Prinzmetal – Massumi ~ Принцметала – Массуми синдром, синдром передней стенки грудной клетки

prune-belly ~ синдром «чернослива», синдром триады *(дряблая, пигментированная, обусловленная аплазией мышц, передняя брюшная стенка, двусторонний крипторхизм, двусторонний гидронефроз и мегауретер)*

pseudo-Cushing ~ кушингоидный синдром

pseudogout ~ синдром псевдоподагры, псевдоподагра, хондрокальциноз *(острый артрит, обусловленный выпадением из синовиальной жидкости кристаллов пирофосфата кальция)*

pseudo-Turner [pterygium colli] ~ крыловидная шея, птериголимфангиэктазия, псевдотернеровский синдром *(сочетание кожных складок на шее с множественными аномалиями конечностей и лимфангиэктазиями)*

Pudlak – Hermansky ~ Пудлака – Херманского синдром *(наследственное заболевание группы тромбоцитопатий)*

punch-drunk ~ деменция боксёров *(состояние, наблюдаемое у боксёров и алкоголиков из-за повторных травм мозга: слабость в нижних конечностях, неустойчивость походки, слабость мышц, тремор рук, запинания при разговоре, замедление умственной деятельности и эпилепсия)*

quasi morphine-abstinence ~ синдром квазиотмены морфина

Quick – Hussey's ~ Квика – Хассе синдром, наследственная тромбоцитопеническая пурпура

radicular ~ корешковый синдром

Raeder's paratrigeminal ~ паратригеминальный синдром, Редера синдром *(обусловленный патологическим процессом вблизи ганглия тройничного нерва)*

Ramsay – Hunt ~ Рамзая – Ханта синдром *(разновидность опоясывающего герпеса)*

Rapunzel's ~ Рапунцеля синдром *(непроходимость кишечника, наблюдающаяся в случаях психопатии, олигофрении)*

Rathner's ~ Ратнера синдром *(сочетание нейродермита с бронхиальной астмой)*

Raymond – Cestan ~ Раймона – Сестана синдром *(альтернирующий синдром поражения моста мозга)*

Refsum's ~ Рефсума синдром *(наследственное сочетание пигментного ретинита, хронического полиневрита и мозжечковых расстройств)*

Reiter's ~ уретероокулосиновиальный синдром, Рейтера [синдром, триада] болезнь

respiratory distress ~ of the newborn респираторный дистресс-синдром новорождённых, болезнь гиалиновых мембран

restless legs ~ синдром усталых [беспокойных] ног

Rett's ~ Ретта синдром *(аутизм, деменция и стереотипные движения у девочек, обусловленные гипераммониемией)*

Reye's ~ гепатоцеребральный синдром, Рейе синдром *(отёк головного мозга в сочетании с жировым перерождением печени и почечных канальцев — осложнения у детей после инфекции верхних дыхательных путей)*

Rh deficiency [Rh null] ~ гемолитическая анемия при отсутствии всех резусных антигенов

Richards – Rundle ~ Ричардса – Рандла синдром *(форма наследственной кетоацидурии)*

Rich – Hamman ~ *см.* **Hamman – Rich ~**

Richner – Hanhart's ~ Рихнера – Хангарта синдром *(особая форма ладонно-подошвенного кератоза)*

Rieger's ~ Ригера синдром *(мезодермальная дисгенезия роговой и радужной оболочек глаз)*

Riley – Day ~ семейная вегетативная дисфункция, Райли – Дея синдром

Rosenberg – Rowley's ~ нарушение канальцевой реабсорбции аминокислот в почках, Розенберга – Роуля синдром

Rosenthal's I ~ гемофилия С, Розенталя I синдром

Rothmund's ~ Ротмунда [дистрофия] синдром *(наследственное сочетание атрофической пойкилодермии и катаракты)*

Roussy – Levy ~ Русси – Леви синдром *(форма наследственной моторно-сенсорной невропатии)*

Rubinstein – Taybi ~ Рубинстайна – Тейби синдром *(врождённое сочетание утолщённых и укороченных пальцев кистей и стоп, глазного гипертелоризма, клювовидного носа, аномалий сердца, скелета и др.)*

Rud's ~ Руда синдром *(триада врождённых аномалий: ихтиоз, идиотия, эпилепсия)*

Ruiter's ~ аллергический васкулит, Рютера синдром

runting ~ рант-синдром, рант-болезнь, болезнь малорослости *(возникает при переносе новорождённым животным иммунокомпетентных лимфоцитов взрослого аллогенного донора)*

Russel – Silver ~ Рассела – Сильвера синдром *(карликовый рост)*

Sabin's ~ псевдотоксоплазмоз, Сэйбина синдром

Sabouraud's ~ монилетрихоз, Сабуро синдром

salt depletion [salt-losing] ~ адреногенитальный синдром с потерей солей, псевдопилоростеноз, Дебре – Фибигера синдром

Sanfilippo's ~ мукополисахаридоз III типа, Санфилиппо синдром

scalded skin ~ токсический эпидермальный некролиз, синдром ошпаренной кожи, Лайелла синдром

scalenus-anticus ~ синдром (передней) лестничной мышцы, скаленус-синдром, Наффцигера синдром

Scheie's ~ мукополисахаридоз V типа, или IS, Шейи синдром *(с умеренно выраженной деформацией скелета и сохранностью интеллекта)*

Schilder – Stengl ~ расстройство восприятия схемы тела, Шильдера – Штенгля синдром

Schilling's ~ Шиллинга синдром *(сочетание ретикулоэндотелиоза с иммунодефицитом)*

Schmidt's ~ Шмидта синдром *(альтернирующий синдром поражения каудальных отделов продолговатого мозга)*

Scholz's ~ Шольца синдром *(склероз головного мозга)*

Schwachman ~ Швахмана синдром *(аутосомно-рецессивное заболевание, характеризующееся гипоплазией поджелудочной железы, нейтропенией, метафизарным дизостозом и карликовостью)*

scimitar ~ рентг. синдром «турецкой сабли» *(сообщение лёгочных вен гипоплазированного правого лёгкого с нижней полой веной, что по форме напоминает турецкую саблю)*

seasonal affective disorder ~ синдром сезонного аффективного расстройства

seasonal nephrotic ~ сезонная почечная недостаточность, атопический нефротический синдром

Seckel's ~ Зеккела синдром *(комплекс врождённых аномалий: карликовость, микроцефалия, узкое лицо, большой нос и т. д.)*

Selye's ~ *см.* **adaptation ~**

Senear – Usher ~ себорейная [эритематозная] пузырчатка, Сенира – Ашера синдром

severe acute respiration ~, SARS тяжёлый острый респираторный синдром, ТОРС *(атипичная интерстициальная пневмония)*

Sezary's ~ ретикулярная эритродермия, Сезари ретикулёз

shaken baby ~ «синдром сотрясаемого ребёнка» *(патологические изменения, возникающие при его сильном раскачивании или подбрасывании вверх)*

Shapiro's ~ Шапиро синдром *(спонтанная рецидивирующая гипотермия с гипоплазией мозолистого тела)*

Sheehan's ~ послеродовый некроз гипофиза, Шихана синдром

short-bowel [short-gut] ~ синдром укороченной тонкой кишки *(нарушение всасывания после резекции тонкой кишки)*

shoulder-hand ~ плечевой синдром, синдром плеча *(разновидность постинфарктного синдрома)*

Shy – Drager ~ Шая – Дрейджера синдром *(форма множественной системной атрофии)*

sick-building ~ синдром «больного здания» *(дискомфорт у некоторых лиц, проживающих в старых зданиях)*

sick-sinus ~ синдром слабости [дисфункции] синусного узла *(брадиаритмия, перемежающаяся с тахикардией)*

Silverman's ~ преждевременный синостоз грудины, Сильвермана синдром

Sjogren's ~ ксеродерматоз, сухой кератоконъюнктивит, (Гужеро –) Шегрена синдром

Sjogren – Larsson ~ Шегрена – Ларссона синдром *(наследственное сочетание ихтиоза, спастических параличей и олигофрении)*

sleep apnea ~ синдром апноэ во сне; «смерть в колыбели» внешне здорового ребёнка

SYN

slep misperseption ~ синдром отсутствия чувства сна *(ошибочная убеждённость больного в отсутствии сна)*

"small-for-dates" ~ иммунодефицит новорождённых

Sneddon's ~ *см.* **primary antiphospolipid** ~

Somojy's ~ хроническая передозировка инсулина, Сомоджи синдром *(низкие цифры глюкозы в 2–4 ч утра)*

Sotos' ~ церебральный гигантизм, Сотоса синдром

splenic flexure ~ синдром селезёночного изгиба ободочной кишки *(боль в левом верхнем квадранте живота, симулирующая стенокардию)*

split ~ сплит-синдром *(расщепление сухожилия икроножной мышцы на два и более пучков)*

Sprengel's ~ высокое стояние лопаток, Шпренгеля синдром

staphylococcal scaled skin ~ токсический эпидермальный некролиз, Лайела болезнь

stagnant loop ~ *см.* **blind loop** ~

steal ~ синдром [феномен] «обкрадывания», стил-синдром *(отток крови из более васкуляризованной области в менее васкуляризованную вследствие сужения или закупорки снабжающей артерии)*, см. тж. **subclaviansteal** ~

Steele – Richardson – Olzewski ~ прогрессирующий супрануклеарный паралич, Стила – Ричардсона – Ольшевского [болезнь] синдром

Steinbrocker's ~ плечекистевой синдром, Стейнброкера синдром

Stein – Leventhal ~ *см.* **polycystic ovary** ~

Stevens – Johnson ~ злокачественная экссудативная эритема, буллёзная полиморфная эритема, Стивенса – Джонсона синдром

stiff-man ~ синдром скованного [ригидного, негнущегося] человека *(непостоянные мышечный спазм и тугоподвижность)*

Stockholm ~ стокгольмский синдром *(форма взаимоотношений между заложником и захватившим в заложники, с которым первый начинает себя идентифицировать и может даже симпатизировать ему)*

Stokes – Adams ~ *см.* **Adams – Stokes** ~

Streiff – Francois – Hallermann ~ Штрейффа – Франсуа – Халлерманна синдром *(нижнечелюстно-глазолицевая дисморфия)*

streptococcal toxic shock ~ синдром токсического стрептококкового шока

"stunning ~" синдром «оглушённого» острой ишемией миокарда

Sturge – Weber ~ невоидная аменция, энцефалотригеминальный ангиоматоз, Стерджа – Вебера болезнь

subclavian steal ~ подключичный стил-синдром, синдром [феномен] подключичного обкрадывания *(мозгового кровообращения)* см. тж. **steal** ~

sudden acute respiratory ~ *см.* **severe acute respiration** ~

sudden infant death ~ *см.* **sleep apnea** ~

"sump ~" «синдром выгребной ямы» *(после операции холедохоэнтероанастомоза)*

superior mesenteric artery ~ синдром верхней брыжеечной артерии, Уилки синдром *(ишемия дистальной трети двенадцатиперстной кишки)*

superior vena caval ~ синдром верхней полой вены *(расширение вен грудной стенки, цианоз и отёк лица при сдавлении или тромбозе верхней полой вены)*

Swyer – James ~ *см.* **McLeod's** ~

Sydenham's ~ Сиденгама болезнь, малая хорея

systemic inflammatory response ~, SIRS синдром системной [генерализованной] воспалительной реакции

T3-low ~ снижение концентрации общего тироксина в крови

tachycardia-bradycardia ~ *см.* **sick-sinus** ~

Tada's ~ Тада синдром *(триптофанурия с нанизмом)*

Takayasu's ~ Такаясу синдром, болезнь отсутствия пульса, синдром дуги аорты

tegmental ~ синдром покрышки среднего мозга *(сочетание гемиплегии с парезом или параличом наружных глазных мышц)*

temporomandibular ~ височно-нижнечелюстной синдром, Костена синдром *(сочетание височно-нижнечелюстного артроза или артрита с невралгией тройничного нерва)*

temporomandibular joint pain-dysfunction ~ дисфункционально-болевой синдром височно-нижнечелюстного сустава

Terry's ~ ретролентальная фиброплазия, Терри синдром

testicular feminization ~ синдром тестикулярной феминизации, мужской псевдогермафродитизм *(наличие яичек и вторичных женских половых признаков)*

tethered cord ~ рентг. синдром фиксации спинного мозга *(сопровождающийся недержанием мочи и кала и двигательными и сенсорными расстройствами нижних конечностей)*

Thersil's ~ Терсиля синдром *(краниостеноз с развитием экзофтальма, атрофии зрительных нервов, эпилептических припадков и олигофрении)*

thoracic outlet ~ синдром сдавления плечевого нервного сплетения *(на выходе из грудной клетки)*

Thost – Unna ~ наследственная ладонно-подошвенная кератома, Тоста – Унны синдром

Tietze's ~ Титце синдром, рёберный хондрит

Touraine's ~ большой афтоз, Турена синдром

Tourette's ~ *см.* **Gilles de la Tourette** ~

Treacher Collins's ~ Тречера Коллинса синдром, или деформация

triad ~ *см.* **prune-belly** ~

trisomy 21 ~ Дауна болезнь, генерализованная фетальная дисплазия *(обусловлена трисомией по 21-й паре хромосом)*

tumor-lysis ~ синдром распада опухоли *(гиперфосфатемия, гипокальциемия, гиперкалиемия и гиперурикемия, возникающие при химиотерапии злокачественной опухоли вследствие высвобождения внутриклеточных продуктов при лизисе клеток)*

Turner's ~ Тёрнера синдром, сексогенная карликовость *(болезнь женщин, обусловленная отсутствием в кариотипе одной X-хромосомы, проявляющаяся недоразвитием половых признаков и птеригиум-синдромом)*

twin-to-twin transfusion ~ синдром обменной гемотрансфузии у близнецов

Uing's ~ Юинга [опухоль] синдром (саркома диафиза длинных трубчатых костей)

Ullrich – Feichtiger ~ Ульриха – Фейхтигера синдром (черепно-нижнечелюстно-лицевая дисморфия)

unstable coronary ~ нестабильная стенокардия

Unterharnscheidt ~ Унтерхарншейдта синдром, синкопальный вертебральный синдром

Unverricht's ~ миоклонус-эпилепсия, миоклоническая эпилепсия

Usher's ~ Ашера синдром (врождённая нейросенсорная глухота и пигментный ретинит)

uveodermatologic ~ кожно-глазной синдром

van Bogaert's ~ Ван Богарта синдром (1. подострый склерозирующий лейкоэнцефалит 2. цветные видения зоологического содержания при лейкоэнцефалитах)

van Creveld – Ellis ~ Ван Кревельда – Эллиса синдром (триодермическая хондродисплазия)

van der Hoeve ~ Ван дер Хуве синдром (наследственная ломкость костей, синие склеры, отосклероз)

vanishing-lung ~ рентг. прогрессирующая лёгочная атрофия, «исчезающее лёгкое»

van Neck's ~ Ван Нека синдром (остеохондропатия седалищно-лобкового сочленения)

vestibular ~ вестибулярный синдром

Villaret's ~ Вилларе синдром (при патологических процессах в околоушной области)

virus-associated hemophagocytic ~ синдром, вызываемый вирусом герпетической группы (напр. Эпстайна – Барр)

vital-depressive ~ синдром витальной депрессии; витальность депрессии

vitreous-tug ~ грыжа стекловидного тела

Vogt – Koyanagi ~ Фогта – Коянаги синдром (разновидность увеоменингеального синдрома)

Vogt's ~ Фогта синдром (центральная диплегия с атетозом, наблюдающаяся у больных ДЦП)

Voltolini's ~ Вольтолини синдром (двусторонняя глухота у детей, возникающая после острого инфекционного заболевания)

Von Hippel – Lindau ~ множественный гемангиоматоз, фон Хиппеля – Линдау синдром

Waardelenburg's ~ Ваарделенбурга синдром (телекант, глухота, альбинизм)

Wallenberg's ~ Валленберга синдром, ретрооливарный синдром (альтернирующий синдром поражения продолговатого мозга)

war ~ см. **Da Costa's** ~

wasting ~ см. **runting** ~

Waterhouse – Friderichsen ~ Уотерхауса – Фридериксена синдром (молниеносный менингококковый сепсис с развитием острой надпочечниковой недостаточности)

Weber's ~ Вебера синдром (альтернирующий синдром поражения ножки мозга)

Weber – Klippel – Trenaunay ~ Вебера – Клиппеля – Треноне синдром (сосудисто-костная дизэмбриоплазия)

Wegener's ~ неинфекционный некротический гранулематоз, Вегенера гранулематоз

Weingarten's ~ Вейнгартена синдром (тропическая эозинофилия)

Wermer's ~ полиэндокринный [плюригландулярный] аденоматоз, Вермера синдром

Werner's ~ Вернера синдром (прогерия взрослых, преждевременное старение, катаракта, изменение кожи)

West's ~ эпилептическая энцефалопатия, Уэста синдром

Westphal – Leyden ~ острая мозжечковая атаксия, или синдром, Вестфаля – Лейдена

Westphal's ~ Вестфаля синдром (пароксизмальный паралич)

Weyers – Fülling ~ Вейерса – Фюллинга синдром, зубно-лицевой синдром

whiplash ~ хлыстовой синдром; хлыстовой механизм (перелома позвонка)

"whiplash shaken infant ~" синдром избитого ремнём ребёнка

Whipple's ~ интестинальная липодистрофия, Уиппла [болезнь] синдром

Whitaker's ~ Уитакера синдром (сочетание гипопаратиреоза, надпочечниковой недостаточности и кандидамикоза)

Wiedemann – Holtermüller ~ Видеманна – Холтермюллера синдром (череп в форме клеверного листа)

Wilson – Mikity ~ Вильсона – Микити синдром (фиброзирующая мононуклеарная пневмония, обычно недоношенных новорождённых)

Winchester's ~ Винчестера синдром (наследственно детерминированный дефицит соединительной ткани)

Wiskott – Aldrich ~ Вискотта – Олдрича синдром (наследственная тромбоцитопения с экземой и низкой иммунологической реактивностью)

Wissler – Fanconi ~ аллергическая псевдосептицемия, Висслера – Фанкони синдром

withdrawal ~ абстиненция, абстинентный синдром, синдром отмены

Wittmaack – Ekbon ~ см. **restless legs** ~

WL-symphalangism-brachydactyly ~ WL-синдром симфалангии-брахидактилии (множественные синостозы и кондуктивная глухота)

Wolff – Parkinson – White ~ см. **preexcitation** ~

Wolman's ~ врождённое нарушение жирового обмена, Вольмана синдром

Wood – Norman ~ Вуда – Нормана синдром (врождённый тип амавротической идиотии)

X-linked mental retardation ~ синдром сцепленной с Х-хромосомой умственной отсталости

X-linked recessive ~ Х-сцепленное рецессивное заболевание, или синдром

XXY ~ см. **Klinefelter's** ~

XYY ~ ХYY-синдром (обусловленный дополнительной Y-хромосомой; характеризуется высоким ростом и снижением интеллекта у мужчин)

yellow nail ~ синдром жёлтых ногтей

yellow vernix ~ дисфункция плаценты

Zappert's ~ острый церебральный тремор, Цапперта синдром

Zellweger's ~ церебро-гепато-ренальный синдром, Цельвегера синдром

Zieve's ~ Зивы синдром *(гиперхолестеринемия, гепатоспленомегалия, жировая инфильтрация печени, гемолитическая анемия, развившаяся после принятия большого количества алкоголя)*

Zollinger – Ellison ~ ульцерогенная аденома поджелудочной железы, гастринома, Золлингера – Эллисона синдром

syndromology [ˌsɪndrɒmˈɒləʤɪ] синдромология *(изучение таксономии, этиологии и видов врождённых аномалий развития)*

synechia ['sinekiə], *pl.* **synechiae** [si'neki:i] синехия; спайка; сращение; шварта; комиссура

anterior ~ передняя синехия *(между радужной оболочкой и роговицей)*

endometrial ~e внутриматочные сращения, или синехии

posterior ~ задняя синехия *(между радужной оболочкой и капсулой хрусталика)*

synecology [ˌsinəˈkɒləʤɪ] синэкология, биоценология, экология сообществ

synectenterotomy [ˌsinəkˌtentərˈɒtəmɪ] освобождение кишечника от спаек

synencephaly [ˌsinənˈsefəlɪ] плод с двумя туловищами и одной головой

syneresis [si'nerəsɪs] синерезис, разжижение *(напр. хрусталика)*

synergia [si'nɜːʤiə] синергия *(совместное сочетанное действие каких-л. органов или систем)*

synerg(et)ic [ˌsinəˈʤetik] синергический, совместно действующий

synergism ['sinəʤizm] синергизм; взаимное усиление действия *(лекарств, факторов и пр.)*

environmental ~ синергизм факторов среды, средовая синергия

synergist ['sinəʤist] **1.** синергически действующее лекарственное средство **2.** мышца-синергист

synesthesia [ˌsines'θi:ziə] синестезия, соощущение *(напр. ощущение цвета при слушании музыки)*

~ algica болезненная синестезия

syngamy ['singəmi] сингамия *(1. половое размножение 2. слияние гамет при оплодотворении)*

syngeneic [ˌsinʤəˈnetik] изогенный, сингенный *(генетически идентичный)*

syngenesiotransplantation [ˌsinʤəˌni:zi:əʊˌtrænsplæn'teiʃn] изогенная [сингенная] трансплантация

syngenesis [sin'ʤenəsɪs] половое размножение

syngenetic [ˌsinʤə'netik] **1.** размножающийся половым путём **2.** происходящий от общих предков

syngignoscism [ˌsinʤi'gnɒsizm] гипноз; внушение

syngonadic [ˌsingəʊ'nædik] овотестис *(совмещающий в одной половой железе мужские и женские функции)*

syngraft ['singræft] сингенный [изогенный, изологичный] трансплантат, сингенный изотрансплантат *(ткань или орган, пересаженный генетически идентичной особи — однояйцовому близнецу)*

synidrosis [sini'drəʊsɪs] гипергидроз, сочетающийся с какими-л. другими патологическими явлениями

synkaryon [sin'kæri:ɒn] амфикарион, амфинуклеус, синкарион *(ядро зиготы)*

synkinesis [sinki'ni:sis] синкинезия *(содружественное рефлекторное [непроизвольное] движение)*

synonychia [ˌsinəʊ'niki:ə] синонихия *(сращение двух или более ногтей пальцев при синдактилии)*

synophridia [ˌsinɒf'ridi:ə], **synophrys** [si'nɒfris] сращение бровей, сросшиеся брови

synophthalmia [ˌsinɒf'θælmi:ə], **synophtalmus** [ˌsinɒf'θælməs] *терат., офт.* циклопия, циклоцефалия

synopsis [si'nɒpsis] **1.** аннотация **2.** обзор **3.** справочник

~ medicinalis *лат.* медицинский обзор *(название сборника статей)*

~ of anesthesia (краткий) обзор по анестезиологии

~ of clinical dermatology справочник по клинической дерматологии

~ of neuropsychiatry справочник по нейропсихиатрии

~ of patients сводные данные о больных

interdisciplinary ~ междисциплинарный сводный обзор

synopsy [si'nɒpsi] синопсия *(возникновение определённых цветовых ощущений при прослушивании определённых звуков, чаще музыки)*

synoptophore [si'nɒptəʊfɔː] синоптофор *(прибор для диагностики и лечения двигательных и сенсорных расстройств при косоглазии)*

synorch(id)ism [si'nɔːkidizm] синорхизм, сращение обоих яичек

synoscheos [si'nɒski:ɒs] спайка полового члена с мошонкой *(при гермафродитизме)*

synosteology [ˌsinɒsti'ɒləʤɪ] артрология *(раздел медицины, изучающий болезни суставов, их диагностику и лечение)*

synosteotomy [ˌsinɒsti'ɒtəmɪ] артротомия *(вскрытие полости сустава)*

synostosis [ˌsinɒs'təʊsis] **1.** синостоз, сращение костей **2.** костный анкилоз

familial radioulnar ~ семейный луче-локтевой синостоз

synotia [si'nəʊʃi:ə] синотия *(врождённое сращение ушных раковин в передней области шеи при отоцефалии)*

synovectomy [ˌsinəʊ'ektəmɪ] синовэктомия *(иссечение синовиальной оболочки сустава)*

synovia [si'nəʊvi:ə] синовиальная жидкость, синовия

synovioma [si,nəʊvi:'əʊmə] синовиома, синовиальная эндотелиома, мезотелиома сустава

malignant ~ синовиальная саркома, злокачественная синовиома

synoviparous [ˌsinəʊ'vipərəs] продуцирующий синовиальную жидкость

synovitis [ˌsinəʊ'vaitis] синовит

bursal ~ бурсит

chronic hemorrhagic villous ~ *см.* pigmented villonodular ~

crystal-induced ~ кристаллический синовит

dry ~ синовит с незначительным выпотом

filarial ~ ворсинчатый синовит

fungous ~ фунгоидный [грибковый] артрит

pigmented villonodular ~ пигментный ворсинчато-узелковый синовит

prosthetic ~ синовит протезированного сустава

purulent ~ гнойный артрит

tendinous [vaginal] ~ тендовагинит, тендосиновит

villonodular ~ ворсинчато-узелковый синовит

synovium [si'nəʊviːəm] синовиальная капсула, или мембрана, синовиальный слой

synpolydactyly [ˌsinpɒliː'dæktili] синполидактилия

synteresis [ˌsintə'riːsis] профилактика, превентивное лечение

syntexis [sin'teksis] исхудание; истощение; изнурение

synthase ['sinθeis] синтаза *(общее название ферментов, катализирующих реакции в направлении, обратном действию лиаз)*

nitric oxide ~ синтаза оксида азота

RNA ~ РНК-полимераза *(фермент, осуществляющий синтез РНК)*

synthesis ['sinθəsis], *pl.* **syntheses** ['sinθəsiːz] 1. синтез 2. пластическая операция 3. S-период клеточного цикла, в котором синтезируется ДНК

~ **of continuity** восстановление целостности *(напр. кости при переломе)*

cholesterol ~ образование [синтез] холестерина

collagen ~ продукция коллагена

image ~ воспроизведение изображения, создание образа

impaired liver ~ нарушение синтезирующей функции печени

inducible enzyme ~ энзиматическая адаптация, «включаемый» ферментативный синтез

morphologic ~ гистогенез

primed ~ затравочный синтез, синтез с затравкой

programmed ~ синтез по заданной программе

solution-phase ~ синтез в жидкой фазе, гомогенный синтез

surface-simulation ~ создание имитирующих поверхностей, имидж-синтез *(при формировании синтетических антигенов)*

template-directed ~ матричный синтез *(биополимеров)*

synthetase ['sinθəteis] синтетаза *(класс ферментов, катализирующих образование молекул)*

aminoacyl-tRNA ~ аминоацил-тРНК-синтетаза

glutamine ~ глутаминсинтетаза

synthetic [sin'θetik] 1. синтетический; гипотетический *(напр. о рождаемости)* 2. относящийся к синтезу, воспроизводству *(напр. альбумина печенью)*

synthetism ['sinθətizm] завершённое лечение перелома

synthophil ['sinθəʊfil] *фирм.* нерассасывающаяся плетёная полиэстеровая нить с покрытием

synthorax [sin'θɔːræks] торакопаг *(близнецы, сросшиеся в области грудной клетки)*

syntopy ['sintəʊpi] синтопия *(топографическое отношение органа к соседнему образованию)*

syntripsis [sin'tripsis] многооскольчатый перелом

syntrophoblast [sin'trɒfəʊblæst] *эмбр.* син(цитио)трофобласт, синцитиальный слой трофобласта

syntropy ['sintrəʊpi] 1. тенденция двух болезней к совместному развитию 2. одинаковая пространственная ориентация ряда анатомических структур *(напр. позвонков)* 3. симбиоз

synulosis [ˌsinjuː'ləʊsis] завершившееся рубцевание

synulotic [ˌsinjuː'lɒtik] средство, вызывающее рубцевание или способствующее рубцеванию

syphilid ['sifilid] сифилид *(сыпь при вторичном сифилисе)*

acneiform ~ пустулёзный сифилид

acuminate papular ~ фолликулярный сифилид

bullous ~ сифилитическая пузырчатка *(у новорождённых)*

corymbose ~ папулёзный лентикулярный кокардоподобный сифилид; сифилитическая розеола, пятнистый сифилид

flat papular ~ папулёзный лентикулярный сифилид

frambesiform ~ сифилитическая рупия, пустулёзный рупиоидный сифилид

gummatous ~ гумма

lenticular ~ *см.* **flat papular** ~

macular ~ *см.* **corymbose** ~

nodular ~ бугорковый сифилид

pigmentary ~ сифилитическая лейкодерма, пигментный сифилид

pustular ~ пустулёзный сифилид

tubercular ~ *см.* **gummatous** ~

varioliform ~ *см.* **pustular** ~

syphilis ['sifilis] сифилис

~ **d'emblee** трансфузионный [обезглавленный] сифилис *(возникает при переливании инфицированной крови; протекает без образования язвы и твёрдого шанкра)*

~ **economica** бытовой сифилис

~ **hereditaria tarda** поздний врождённый сифилис

cardiovascular ~ сердечно-сосудистый сифилис

congenital ~ врождённый сифилис

endemic ~ эндемичный [невенерический] сифилис, беджель *(инфицируется при бытовом контакте; возбудитель – спирохета Treponeta bejel)*

latent ~ скрытый [латентный] сифилис

nonvenereal ~ *см.* **endemic** ~

ocular ~ сифилитическое поражение глаза

primary ~ первичный сифилис

secondary ~ вторичный сифилис

tertiary ~ третичный [гуммозный] сифилис

syphiloderm(a) ['sifiləʊdəːm, sifiləʊ'dəːmə] сифилид *(сыпь при сифилисе)*

syphiloid ['sifilɔid] напоминающий сифилис

syphiloma [ˌsifi'ləʊmə] сифилома *(первичная – твёрдый шанкр, третичная – гумма)*

syphilonychia [ˌsifilɒ'nikiə] сифилитическая онихия, сифилонихия

syphilophobia [ˌsifiləʊ'fəʊbiə] сифилофобия *(патологическая боязнь заболеть сифилисом)*

syphilophyma [ˌsifiləʊ'faimə] сифилома; гумма

syphilopsychosis [ˌsifiləʊ'saikəʊsis] сифилитический психоз

syphilous ['sifiləs] сифилитический

syphonage ['saifɒnidʒ]:

~ **of the sinuses** промывание полостей

syrette [si'ret] шприц-тюбик, сиретта

syrigmus [si'rigməs] аутофония, тимпанофония *(усиленное восприятие собственного голоса одним ухом)*

syringe [si'rinʤ, 'sirinʤ] 1. шприц ‖ впрыскивать, вводить с помощью шприца 2. резиновый баллон, спринцовка, «груша» ‖ спринцевать

air ~ *см.* **chip** ~

all-glass ~ цельностеклянный шприц

aspirating ~ аспирационный [отсасывающий] шприц

aural ~ ушное зеркало

backfill ~ пипетка-шприц с обратным наполнением

ball ~ резиновый баллон, спринцовка, «груша»

bladder ~ шприц для промывания мочевого пузыря

bulb ~ шприц с баллончиком

chip ~ шприц для продувания (зубной) полости, шприц-воздуходувка

constant rate ~ шприц с постоянной скоростью пипетирования

continuous-action ~ шприц непрерывного действия

dental ~ стоматологический шприц с изогнутой герметичной канюлей

disposable ~ шприц одноразового применения

dose [dosing] ~ дозировочный [градуированный] шприц

fountain ~ ирригатор, Эсмарха кружка

glass-tipped Luer ~ Люэра шприц со стеклянной канюлей

heparinised ~ гепаринизированный шприц

high pressure ~ шприц(-инжектор) для хроматографии высокого давления

hot ~ термошприц, термопипетка

hydrocolloid ~ *стом.* шприц для гидроколлоидной оттискной массы

loading ~ пипетка для внесения образца; инжектор

multi-purpose ~ пистолет многоцелевого назначения *(для подачи воды, воздуха и пр.)*

pre-filling ~ готовый к использованию шприц-тюбик

probe ~ зондовый шприц *(с тонким и длинным наконечником, используемый и как зонд при лечении заболеваний слёзного протока)*

repeating ~ автоматический шприц для непрерывного введения

rubber-bulb ~ **1.** ирригатор **2.** пульверизатор

sample application ~ шприц для внесения образца, аппликационная пипетка, сэмплер

self-aspirating ~ самоотсасывающий шприц

single-use ~ *см.* **disposable** ~

unit dose ~ шприц-тюбик, сиретта

syringectomy [ˌsirinʤˈektəmi] иссечение свища

syringing [ˈsirinʤiŋ] **1.** спринцевание; введение шприцем *(какого-л. раствора)* **2.** разрушение ткани путём многократного пропускания через шприц

~ **of middle ear** промывание среднего уха

syringitis [ˌsirinˈʤaitis] тубоотит, евстахиит, сальпингоотит *(воспаление слизистой оболочки слуховой трубы)*

syringoadenoma [siˌriŋɡəʊˌædəˈnəʊmə] сиринго(цист) аденома, сирингоцистаденоматозный [эккринный] невус, сирингоцистома

syringobulbia [siˌriŋɡəʊˈbʌlbiə] сирингобульбия *(форма сирингомиелии, характеризующаяся поражением продолговатого мозга)*

syringocarcinoma [siˌriŋɡəʊˌkaːsiˈnəʊmə] **1.** рак протока потовой железы **2.** кистозный рак

syringocele [siˈriŋɡəʊsiːl] спинномозговая грыжа

syringocoele [siˈriŋɡəʊsiːl] центральный канал *(спинного мозга)*, спинномозговой канал

syringocystadenoma [səˌriŋɡəʊˌsistædəˈnəʊmə] *см.* **syringoadenoma**

syringoma [ˌsiriŋˈɡəʊmə] сирингома *(кистозное перерождение потовых желёз)*

chondroid ~ хондроидная сирингома

syringomyelia [siˌriŋɡəʊmaiˈiːliːə] *невр.* сирингомиелия *(образование в спинном мозге полостей и разрастание глии)*

syringotomy [ˌsirinˈɡɒtəmi] иссечение свища

syrinx [ˈsirinks], *pl.* **syringes** [ˈsirinʤiːz] **1.** свищ, фистула **2.** патологическая полость в головном или спинном мозге

syrup [ˈsirəp]:

~ **of rhubard** ревенный сироп

syssarcosis [ˌsisaːˈkəʊsis] *анат.* соединение костей с помощью мышц *(напр. лопатки с грудиной)*

systaltic [sisˈtæltik] пульсирующий; попеременно расширяющийся и сокращающийся

system [ˈsistəm] **1.** система; способ; метод **2.** установка; оборудование **3.** классификация **4.** сеть *(напр. сосудистая)* **5.** организм

~ **of orthopedics** систематическое изложение ортопедии

~ **of progressive loading** метод прогрессирующей нагрузки

AB0 ~ система групп крови АB0

absorbent ~ лимфатическая система

absorption ~ **1.** поглотительная система **2.** абсорбционная установка

adaptive ~ адаптивная система

adjustable band gastric ~ усовершенствованная система управляемого бандажа желудка

adoptive transfer ~ метод создания адоптивного иммунитета *(путём переноса иммунокомпетентных клеток от донора реципиенту)*

advanced integrated life support ~ усовершенствованная система жизнеобеспечения

affected ~s поражаемые системы; органы-мишени

air conditioning ~ система кондиционирования воздуха

air pollution control ~ система контроля за загрязнением атмосферного воздуха

alarm ~ **1.** система оповещения об опасности **2.** «кнопка тревоги»

alarm delay ~ *мед. тех.* период [продолжительность] сигнала

alibi ~ **of alcoholics** система алиби алкоголиков *(об-основание необходимости выпивки в собственных глазах и глазах окружающих)*

alimentary ~ пищеварительный аппарат, пищеварительная система

amboreceptor-mediator ~ амборецепторно-медиаторная система контроля функции комплемента и др. *(напр. система антигенов гистосовместимости)*

amplification refractory mutation ~ амплификация рефрактерной мутационной системы

anticoagulation ~ противосвёртывающая система крови

antigen-driven ~ метод антигенной стимуляции *(в культуре лимфоцитов)*

antinociceptive ~ антиноцицептивная система

APUD ~ АПУД-система *(система эндокринных клеток, продуцирующих биологически активные соединения и участвующих в регуляции жизненно важных функций организма)*

archiving and communication ~s система автоматизации процессов получения, анализа и архивирования изображений

assay ~ **for tissue-type** система тестирования вида ткани

association ~ ассоциативная система

automated blood culture ~ система для автоматического культивирования микроорганизмов крови

automated suspension culture ~ автоматизированная система суспензионной культуры

automatic test ~ *мед. тех.* автоматическая испытательная система, автоматический тестер

automicrobic ~ автоматизированная система идентификации бактерий или определения бактериурии

autonomic nervous ~ вегетативная [автономная] нервная система

Ayer's ~ Эйра [Айра] система *(прерывистого введения газа при даче наркоза)*

batching ~ дозирующее устройство, дозатор

B-cell indicator ~ В-клеточная система индикации *(активности Т-лимфоцитов-супрессоров)*

bioengine computer design ~ биоинженерная компьютерная система моделирования

blood gas ~ газоанализатор крови

blood-group ~ система групп крови

blood-vascular ~ кровеносная система

boaeding-out ~ система предоставления домашнего пансиона *(выписанным больным)*

body ~ система органов

breathing ~ дыхательный контур *(наркозного аппарата)*

"buddy" ~ система аллогенной взаимоадаптации *(использование для многократных гемотрансфузий одной и той же пары донор – реципиент)*

cardiac conduction ~ проводящая система сердца

cell-free coupled ~ бесклеточная спаренная система *(вирусов)*

central nervous ~ центральная нервная система, ЦНС

cerebrospinal ~ спинномозговая [цереброспинальная] система

chromaffin ~ хромаффинная ткань, хромаффинная система

circadian timing ~ циркадианная система

circle absorption ~ *см.* breathing ~

circulatory ~ сердечно-сосудистая система

civilian-military contingency hospital ~ *амер.* система совместного использования гражданских и военных стационарных лечебных учреждений при чрезвычайных обстоятельствах

classification ~ классификация

clinical staging ~ **for cancer of the breast** клиническая классификация стадийности рака

closed ~ замкнутая [герметизированная] система

closed-circle ~ закрытый [замкнутый] дыхательный контур *(наркозного аппарата)*

closed culture ~ самоподдерживающаяся культура *(клеток)*

clotting [coagulating] ~ свёртывающая система *(крови)*, система коагуляции крови

coding ~ система кодирования; кодирующая система

collecting ~s узи коллекторная система

collimating ~ коллимирующая система *(в терапевтических и диагностических аппаратах)*

common mucosal immune ~ иммунные свойства слизистых оболочек

Community Health and Environmental Surveillance ~ Система надзора за состоянием здоровья населения и окружающей среды

complement ~ система комплемента

complete rebreathing ~ *мед. тех.* закрытый [замкнутый] дыхательный контур

comprehensive health ~ система охраны здоровья населения; комплексная система здравоохранения

computerized information ~ компьютеризированная информационная система *(напр. при подборе совместимых пар донор – реципиент)*

computer-video microscope ~ микроскоп с телевизионным ЭВМ-корректором изображения

conducting ~ **of heart** проводящая система сердца

continuous-flow ~ проточная система *(напр. электрофореза)*

continuous patient surveillance ~ система непрерывного слежения за состоянием пациента

contrast optical laser tracking ~ система с видеоконтрастным оптическим лазерным контролем

control ~ система регулирования, система управления

control computer ~ компьютерная управляющая система

controlled ecological life support ~ регулируемая экологическая система жизнеобеспечения

deficient immune ~ дефектная иммунная система

delivery ~ транспортная система, система доставки *(напр. о липосомах)*

Diego's ~ Диего группа крови

diffuse endocrine ~ рассеянная эндокринная система, *см.* APUD ~

digestive ~ пищеварительный аппарат, пищеварительная система

digital adaptive recording ~ цифровая самонастраивающаяся система регистрации данных

digital display ~ цифровая система визуализации, или отображения

digital radiographic imaging ~ система цифрового рентгенографического изображения

district health ~ районная система здравоохранения

Doppler detection ~ допплеровская система диагностики

draw-over ~ открытый контур наркозного аппарата

drug delivery ~ система доставки [транспортировки] лекарственного вещества к участку действия

drug monitoring ~ система сбора и распространения информации о побочных или нежелательных действиях лекарственных средств

endoscopic video projection ~ эндоскопическая видеоаппаратура

environmental radioactivity measurement ~ система измерения радиоактивности окружающей среды

equilibrium ~ сбалансированная система

error detection ~ система обнаружения погрешностей или ошибок

extraporation ~ метод электрошоковой стимуляции мембранной проницаемости *(клеток)*, метод электропорации

extrapyramidal ~ экстрапирамидная система *(включает ядра полосатого тела, некоторые ядра ствола мозга и мозжечок; осуществляет координацию движений и регуляцию мышечного тонуса)*

facial action coding ~ система кодирования активности лицевых мышц

fast-acting ~ быстродействующая система

faulty exhaust ~ неисправная система выделения газов

feedback ~ система с обратной связью; система обратной связи

fetal immune ~ иммунная система плода

freehand ~ *фирм.* имплантируемая система «свободная рука» *(включает имплантацию мышечных электродов и 8 ключевых мышц, управляющих кистью и пальцами)*

genetic ~ генетическая система

genitourinary ~ мочеполовая система

Glasgow coma ~ (балльная) система оценки по шкале комы, разработанная в Глазго *(состояния больного после черепно-мозговой травмы)*

global environmental monitoring ~ глобальная система мониторинга окружающей среды

haversian ~ *анат.* остеон, гаверсова система

health ~ *амер.* система здравоохранения

health information ~ система медицинской информации

hem(at)opoietic ~ система кроветворения

hemodialysis ~ система гемодиализа, аппарат искусственной почки, гемодиализатор

hepatic portal ~ *см.* **portal venous** ~

heterogeneous ~ гетерогенная система *(состоит из химически или механически различных компонентов, напр. эмульсия)*

homogeneous ~ гомогенная [однородная] система *(напр. истинный раствор)*

host-virus ~ система «вирус – клетка – хозяин»

human leukocyte antigen ~ антигенная система лейкоцитов человека, система тканевой совместимости, главный комплекс гистосовместимости, HLA-система

image management ~ *рентг.* система управления изображением

immersion ~ иммерсионная система *(микроскопа)*

immunomagnetic flow ~ проточная иммуномагнитная система *(для иммуноселективного удаления клеток из суспензии костного мозга)*

inducible adaptive enzyme ~ индуцируемая адаптивная ферментная система

information retrieval ~ информационная поисковая система

integrated delivery ~ интегрированная система оказания медицинской помощи

integrated drug abuse management ~ комплексная система лечения наркомании

integrated risk information ~ интегрированная информационная система оценки риска

integumentary ~ система покровов тела

intestinal immune ~ иммунная система кишечника

involuntary nervous ~ вегетативная [автономная] нервная система

laser flow cytometry ~ система лазерной проточной цитометрии

lead ~ система отведений *(при электрокардиографии)*

lens ~ оптическая система *(глаза)*

life support ~ система поддержания жизни, система жизнеобеспечения

limbic ~ лимбическая система, «висцеральный мозг» *(структура мозга, ответственная за вегетативные функции и эмоциональную сферу)*

liquid culture ~ суспензионная культура *(клеток)*

locomotor ~ *см.* **musculoskeletal** ~

lymphatic ~ лимфатическая система

lysogenic ~ лизогенная система, система «бактериальная клетка – фаг в состоянии профага»

macrophage ~ *см.* **mononuclear phagocyte** ~

major histocompatibility ~ *см.* **human leukocyte antigen** ~

major organ ~ система жизненно важных органов

male genital ~ мужские половые органы

management information ~ информационная система или служба управления

man-machine ~ система «человек – машина»

masticatory ~ жевательный аппарат

matriarchal family ~ матриархальная семья

medical ~ медицинское подразделение *(корпорации)*

medical laser ~ медицинская лазерная установка

medical nutritional ~ система лечебного питания

medicated urethral ~ **for erection** трансуретральное введение лекарственных препаратов для восстановления эрекции *(обычно простагландина E_1)*

messaging ~s системы сообщений *(между больным и врачом по электронной почте)*

metameric nervous ~ метамерная нервная система

meter-kilogram-second ~, **MKS, mks** система метр – килограмм – секунда, МКС-система

microendoscopic ~ микроэндоскопическая система *(для дискэктомии)*

microplate information management ~ компьютерная программа для обработки иммунологических тестов на планшетах

mitogen-driven ~ метод митогенной стимуляции *(в культуре лимфоцитов)*

modification-restriction ~ система рестрикции – модификации *(ДНК)*

monitoring ~ 1. система текущего контроля 2. система мониторного наблюдения *(за состоянием больного)*

mononuclear phagocyte ~ система мононуклеарных фагоцитов, ретикулоэндотелиальная система

motility assay ~ метод анализа (клеточной) подвижности

motor ~ опорно-двигательный аппарат

multi-drug efflux ~ 1. система удаления лекарственных веществ 2. полирезистентность микроорганизмов к антибиотикам

multienzyme ~ мультиферментная система *(последовательность связанных между собой ферментов, участвующих в метаболизме)*

multipatient ~ система для обслуживания одновременно нескольких больных

multiple unit pellet ~ таблетки МАПС *(около 1000 микрокапсул, покрытых кислотоустойчивой оболочкой, размеры гранул – 1–2 мм)*

musculoskeletal ~ костно-мышечная система, опорно-двигательный аппарат

national disaster medical ~ система медицинской помощи пострадавшим от стихийных бедствий

national emergency alarm repeater ~ национальная система оповещения о чрезвычайном положении

national health surveillance ~ национальная служба эпидемиологического надзора

nervous ~ нервная система

neuroendocrine ~ нейро-эндокринная система

neuromuscular ~ нервно-мышечная система

nocturnal warning ~ система предупреждения ночного энуреза

noise reduction ~ система шумоподавления

nonrebreathing ~ *мед. тех.* нереверсивный дыхательный контур

no-restraint ~ *псих.* система нестеснения

nurse call ~ система вызова медсестры

oculomotor ~ глазодвигательный аппарат

open marriage ~ система свободных браков

osseous ~ костная система, скелет

oxidation-reduction ~ окислительно-восстановительная система

parasympathetic nervous ~ парасимпатическая нервная система

patriarchal family ~ патриархальная семья

perforated cell ~ метод перфорированных клеток *(для изучения трансмембранного происхождения веществ)*

periferal nervous ~ периферическая нервная система

perinatal emergency transport ~ система экстренной перинатальной транспортировки

photorecording ~ фотозапись, система оптической регистрации

plasma kallikrein ~ калликреиновая система плазмы

portal venous ~ система воротной вены, портальная система печени

power ~ силовая установка

private ~ **of protection of health** частная система здравоохранения

programme information retrieval ~ информационно-поисковая система *(программы ВОЗ)*

programme-performance budgeting ~ система программирования-исполнения бюджетирования

prospective payment ~ система проспективного [запланированного] финансирования *(напр. оплаты медицинских услуг)*

pumping and oxygenating ~ система нагнетания и оксигенации крови

pyramidal ~ пирамидная система, пирамидный путь

quality ~ система качества

radiation alarm ~ система предупреждения о радиационной опасности

reference ~ 1. система отведений *(напр. при электрокардиографии)* 2. система координат

repressible adaptive enzyme ~ репрессируемая [подавляемая] адаптивная ферментная система

reproductive ~ репродуктивная [половая] система

respiratory ~ дыхательный аппарат, органы дыхания, дыхательная система

reticular activating ~ *физиол.* активирующая ретикулярная система

reticuloendothelial ~ *см.* **mononuclear phagocyte** ~

"revolving door" ~ *псих.* система «вращающихся дверей», частая повторная госпитализация *(больного)*

routine information ~s системы планового сбора данных

self-defense ~ цитокиновая система защиты *(клеточная система растворимых иммуномедиаторов)*

sensory ~ *физиол.* сенсорная система

shuttle ~ «челночная система» *(сперматозоидов)*

soft-agar [soft-gel] ~ культура (клеток) в мягком агаре

somatic nervous ~ *см.* **visceral nervous** ~

statistical analysis ~ система статистического анализа

stomatognathic ~ челюстно-ротовой аппарат

supernatant collection ~ элютриационная система, элютриатор *(устройство для сбора кондиционированной среды после культивирования клеток)*

supply ~ система подачи; система снабжения

sympathetic nervous ~ симпатическая нервная система

tactile vision substitution ~ тактильное зрение, тактильное световосприятие

target-specific antibody delivery ~ система антителозависимой направленной доставки (лекарства) к мишени

T-cell indicator ~ Т-клеточная система индикации *(представления антигена)*

ten-twenty ~ система «десять – двадцать» регистрации электроэнцефалограммы *(стандартная система отведений)*

therapeutic intervention scoring ~ шкала оценки лечебных мероприятий

time-invariant ~ система с постоянными параметрами

time-varying ~ система с переменными параметрами

to-and-fro absorption ~ маятниковый (дыхательный) контур *(наркозного аппарата)*

tracking ~ система слежения, следящая система *(напр. в эхокардиографии)*

tri-partite health ~ трёхуровневая система финансирования здравоохранения *(из государственных, частных и общественных фондов)*

ultrasonic imaging ~ ультразвуковая диагностическая система, УЗИ

urogenital ~ мочеполовой аппарат, мочеполовая система

value ~ система ценностей, ценностные установки, ценностная ориентация *(в психологии и социологии)*

vasomotor ~ система вазомоторной иннервации

vegetative nervous ~ *см.* **autonomic nervous ~**

vertebral-basilar ~ вертебрально-базилярная система

vestibular ~ вестибулярный анализатор, вестибулярный аппарат

visceral nervous ~ соматическая [висцеральная] нервная система

vision ~ видеосистема

visual ~ зрение; зрительная система

vital statistics ~ система учёта естественного движения населения

waste-handling ~ 1. система обработки отходов **2.** система очистки сточных вод

Wisconsin testing ~ когнитивные тесты Висконсинской системы

year-round airconditioning ~ установка круглогодичного кондиционирования воздуха

System:

International ~ of Units Международная система единиц, СИ

International Numbering ~ Международная цифровая система *(кодификации пищевых добавок)*

Medical Literature Analysis and Retrieval ~ Компьютерная система анализа и классификации медицинской литературы, МЕДЛАРС

National Standard Reference Date ~ Национальная система стандартных справочных данных, НСССД *(США)*

"Pin-index" ~ устройство, препятствующее ошибочному подключению к наркозному аппарату *(напр. баллона с углекислым газом)*

State ~ for Ensuring Uniform Measurement Государственная система обеспечения единства измерений, ГСИ

US Customary ~ традиционная американская система единиц

systematics [ˌsistə'mætiks] систематика, таксономия

systemic [sis'temik] системный, общий, относящийся ко всему организму, генерализованный

systole ['sistəʊli] систола *(сердца)*

aborted ~ абортивная систола *(исчезновение систолического удара на пульсе лучевой артерии вследствие слабости сокращения желудочка)*

atrial [auricular] ~ систола предсердий

extra ~ экстрасистола

frustrate ~ *см.* **aborted ~**

premature ~ преждевременная систола, экстрасистола

ventricular ~ систола желудочков

systolic [sis'tɒlik] систолический; сократительный *(о функции миокарда)*

systremma [sis'tremə] судороги икроножных мышц в виде их болезненного стягивания и формирования в них болезненных округлых уплотнений

T

Tempora mutantur et nos mutantur in illis
Времена меняются, и мы меняемся вместе с ними

tabacism ['tæbəˌsizm], **tabacosis** [ˌtæbəˈkəʊsis] табачный пневмокониоз

tabagism ['tæbəʤizm] никотинизм (*хроническое отравление никотином*)

tabardillo [ˌtæbaˈdiːləʊ] эндемический блошиный [крысиный сыпной] тиф, крысиный риккетсиоз

tabefaction [ˌtæbiˈfækʃn] **1.** истощение; изнурение **2.** атрофия

tabes ['teibiːz] **1.** сухотка спинного мозга (*поздний нейросифилис*) **2.** прогрессирующее истощение

~ **dorsalis** сухотка спинного мозга

~ **hereditaria** Фридрейха наследственная атаксия

~ **mesaraica [mesenterica]** туберкулёзный брыжеечный лимфаденит

~ **spasmodica** спинальный спастический паралич, Эрба [болезнь] спинальный паралич

~ **spinalis** *см.* ~ **dorsalis**

cerebral ~ поздний сифилитический психоз, прогрессивный паралич

diabetic ~ диабетическая невропатия

juvenile ~ ювенильная сухотка

peripheral ~ псевдотабес

tabescence [təˈbesəns] **1.** прогрессирующее истощение **2.** маразм

tab(et)ic [təˈbetik] табетический, относящийся к сухотке спинного мозга

tabetiform [təˈbetifɔːm] напоминающий спинную сухотку

tabid ['tæbid] *см.* **tab(et)ic**

tabification [ˌtæbifiˈkeiʃn] прогрессирующее истощение

table¹ [teibl] **1.** стол **2.** плоская (костная) пластинка

~ **of tooth** перетирающая поверхность зуба

arm ~ панель для руки (*операционного стола*)

autopsy ~ секционный стол

canting ~ *см.* orthostatic ~

casting ~ стол для заливки (*геля*)

clinostatic ~ клиностатический стол (*для исследования в горизонтальном положении*)

dissecting ~ *см.* autopsy ~

dressing ~ перевязочный стол

examining ~ стол для обследования больного

fracture ~ травматологический стол

hand-operated operating ~ операционный стол с ручным управлением

inclined ~ наклонный стол

inner ~ внутренняя пластинка (*черепной кости*)

instrument ~ инструментальный стол(ик) (*операционной сестры*)

object ~ предметный столик (*микроскопа*)

occlusal ~ окклюзионное поле

operating ~ операционный стол

orthostatic ~ ортостатический [наклоняющийся, опрокидывающийся] стол

oscillating ~ шюттль-аппарат с горизонтальной платформой

outer ~ наружная пластинка (*черепной кости*)

overbed ~ надкроватный столик

plaster ~ гипсовальный стол

posological ~ таблица доз (*лекарственных средств*)

postmortem ~ секционный стол

round ~ «круглый стол», встреча за круглым столом (*дискуссия на симпозиуме, конференции и пр.*)

side ~ приставной (инструментальный) столик

therapy ~ процедурный стол

tilt ~ *см.* orthostatic ~

treatment ~ *см.* therapy ~

vitreous ~ стекловидная пластинка (*тонкая внутренняя пластинка черепных костей*)

table² таблица

abridged life ~ сокращённая таблица смертности (*рассчитанная для 5 или 10-летних интервалов*)

actuarial life ~ таблица смертности для страхования жизни

aggregate life ~ общая таблица смертности

average standard ~ стандартная таблица усреднённых значений

decision ~ таблица принятия решений

eruption ~ таблица прорезывания зубов

exposure ~ таблица экспозиций (*напр. для лучевой терапии*)

generation ~ генеалогическая таблица

health effects assessment summary ~s таблицы оценки воздействий на здоровье

humidity ~ психрометрическая таблица

infant life ~ таблица младенческой смертности

life ~ **1.** *стат.* таблица вероятности дожития; показатель продолжительности жизни; Берксона – Тейга метод **2.** *демогр.* таблица смертности (*вероятностная модель, описывающая процесс вымирания теоретического поколения*)

manning ~ штатное расписание должностей

model life ~s типовые таблицы смертности (*отражающие общие закономерности этого процесса*)

mortality ~ *см.* life ~

multiple decrement ~s комбинированные таблицы выбытия (*описывающие действие демографических факторов на изменение численности некоторой когорты в результате смертности*)

nuptiality ~ таблицы брачности (*упорядоченная последовательность величин, характеризующих во времени вступление в брак*)

posological ~ таблица доз лекарственных средств

pregnancy ~ календарь беременности, акушерский календарь

reference ~ справочная таблица, таблица справочных данных

summary ~s сводные таблицы

survival ~ *см.* **life ~ 1**

tablespoon ['teiblspu:n] столовая ложка *(жидкая унция, или 15 мл)*

tablet ['tæblət] 1. таблетка 2. пластинка

acetest ~ индикаторная таблетка *(для экспресс-определения кетоновых тел)*

average ~ обычная таблетка

buccal ~ таблетка для медленного растворения в щёчном кармане

chewable ~ таблетка, принимаемая с прожёвыванием

clinitest ~ индикаторная таблетка *(для экспресс-определения глюкозы)*

coated ~ таблетка, покрытая оболочкой

delayed-action [delayed-release] ~ *см.* **prolonged action ~**

dummy ~ таблетка-пустышка, таблетка-плацебо

effervescent ~ быстрорастворимая [«шипучая»] таблетка

enteric-coated ~ таблетка с энтеросолюбильным покрытием, рассасывающаяся в кишечнике таблетка

extended-release ~ *см.* **prolonged action ~**

film-coated ~ *см.* **enteric-coated ~**

glucosuria testing ~ таблетка для экспресс-диагностики глюкозурии

hypodermic ~ растворимый в воде препарат, вводимый подкожно

multilayered ~ многослойная таблетка

occult reagent ~ индикаторная таблетка для определения скрытой крови

pessary ~ пессарий *(вагинальный суппозиторий в виде таблетки)*

prolonged action [repeat-action] ~ таблетка пролонгированного действия

sublingual ~ сублингвальная [подъязычная] таблетка

sugar-coated ~ таблетка с сахарным покрытием

sustained-action [sustained-release, time-release] ~ *см.* **prolonged action ~**

uncoated ~ таблетка без защитной оболочки

urine shugar reagent ~ таблетированный препарат для определения сахара в моче

taboo [tə'bu:] табу *(социокультуральные запреты и ограничения)*

taboparalysis [,teibəupə'rælisis], **taboparesis** [,teibəupə-'ri:sis] табопаралич *(сочетание прогрессивного паралича с сухоткой спинного мозга)*

tabula ['tæbjʊlə]:

◊ ~ **rasa** *лат.* «чистая доска» *(интеллект ребёнка до приобретения опыта)*

tabular ['tæbju:lər] 1. табличный, относящийся к перечню чего-либо 2. пластинчатый, слоистый

tabulate ['tæbjʊleit] располагать в виде таблицы, вносить в таблицу

tabulation [,tæbjʊ'leiʃn] 1. составление таблицы, сведение в таблицу, табулирование *(данных)* 2. классификация *(данных)* 3. *pl.* табличные данные

tache [tæʃ] 1. пятно; отметина 2. метка; знак

~s **lacteuses** «молочные пятна», лейкоплакии

~ **meningeale** менингеальные знаки

~ **noir** *фр.* участок некроза, покрытый чёрной коркой

tachistoscope [tə'kistəʊskəʊp] тахистоскоп *(прибор для исследования зрительного восприятия путём предъяв-*

ления зрительных тестов в течение короткого промежутка времени)

tachography [tə'kɒɡrəfi] тахография

tachometer [tə'kɒmətə]:

pulse rate ~ пульсотахометр *(прибор для непрерывного измерения частоты пульса)*

tachyarrhythmia [,tækiə'riθmi:ə] тахиаритмия *(аритмия на фоне тахикардии)*

repetitive ectopic atrial ~ повторная эктопическая предсердная тахиаритмия

ventricular ~ желудочковая тахиаритмия

tachyauxesis [,tæki:ɔːk'si:sis] рост части, опережающий рост целого

tachycardia [tæki'ka:di:ə]:

adenosin-sensitive ventricular ~ аденозинчувствительная желудочковая тахикардия

atrial [auricular] ~ предсердная тахикардия

autonomous pacemaker ~ заданная пейсмекером тахикардия

A-V nodal ~ *см.* **junctional ~**

bidirectional ventricular ~ двунаправленная желудочковая тахикардия *(попеременно положительные и отрицательные комплексы QRS)*

double ~ двунаправленная тахикардия *(при двух эктопических очагах автоматизма)*

ectopic ~ эктопическая тахикардия *(с водителем ритма вне синусного узла)*

essential ~ эссенциальная тахикардия *(неясного генеза)*

extreme ~ предельная тахикардия

intractable ventricular ~ устойчивая желудочковая тахикардия

junctional ~ атриовентрикулярная [узловая] пароксизмальная тахикардия

monomorphic ventricular ~ мономорфная желудочковая тахикардия

multifocal ~ политопная предсердная тахикардия

near-fatal ventricular ~ жизнеугрожающая желудочковая тахикардия

nodal ~ *см.* **junctional ~**

paroxysmal ~ пароксизмальная тахикардия

polymorphic ventricular ~ полиморфная желудочковая тахикардия

postural ~ ортостатическая [постуральная] тахикардия

recurrent ventricular ~ желудочковая пароксизмальная тахикардия

re-entrant ~ тахикардия «ре-энтри» *(обусловленная повторным возвращением импульса в один и тот же участок миокарда и длительной циркуляцией электрических импульсов)*

reflex ~ рефлекторная тахикардия

regular ~ тахиаритмия

salvos ~ пароксизмальная тахикардия

sinus ~ синусовая тахикардия *(до 225 ударов в минуту)*

supraventricular ~ суправентрикулярная [наджелудочковая] тахикардия

sustained ventricular ~ устойчивая желудочковая тахикардия

tachycrotic [tæki'krɒtik] относящийся к частому пульсу

tachydysrhythmia [ˌtæki:disˈriðmi:ə] тахиаритмия

tachylalia [ˌtæki:ˈleili:ə], **tachylogia** [ˌtæki:ˈləʊʤi:ə] тахилалия, тахифразия, логорея, тахифемия *(нарушение речи в форме выраженного многословия или ускоренного темпа речи)*

tachyphagia [ˌtæki:ˈfeiʤi:ə] тахифагия *(быстрое поедание пищи, заглатывание её без прожёвывания)*

tachyphasia [ˌtæki:ˈfeizi:ə], **tachyphemia** [ˌtæki:fi:ˈmi:ə], **tachyphrasia** [ˌtæki:ˈfreizi:ə] *см.* **tachylalia**

tachyphylaxis [ˌtæki:fəˈlæksis] тахифилаксия *(1. быстрое снижение лечебного эффекта при повторном применении лекарственного средства 2. снижение способности организма отвечать развитием анафилактических реакций на повторное введение веществ, вызывающих выраженную реакцию при первичном введении)*

tachypnea [ˌtæki:ˈpni:ə] тахипноэ, полипноэ *(учащённое поверхностное дыхание)*

tachyrhythmia [ˌtæki:ˈriðmi:ə], **tachysystole** [ˌtæki:sisˈtəʊl] тахикардия *(повышенная частота сердечных сокращений)*

tachytrophism [ˌtæki:ˈtrəʊfizm] ускоренный обмен веществ

tactic [ˈtæktik]:

   scare **~s** тактика запугивания

tactile [ˈtæktil] 1. тактильный, осязательный 2. осязаемый

taction [ˈtækʃn] чувство осязания, осязание

tactometry [tækˈtɒmətri] эстезиометрия *(определение порога тактильной чувствительности)*

tactor [ˈtæktər] осязательный рецептор

tactual [ˈtæktʃuːəl] тактильный, осязательный

taenia [ˈtiːniːə] лента, полоска *(плоская анатомическая структура)*

   ~ coli лентовидные мышцы ободочной кишки

Taenia цепни *(род ленточных червей)*

   ~ saginata *лат.* бычий [невооружённый] цепень *(возбудитель тениаринхоза)*

   ~ solium *лат.* свиной [вооружённый] цепень

taeniafuge [ˈtiːniːəˌfjʊʤ] тениафаг *(вещество, способствующее изгнанию ленточных червей из организма хозяина)*

taeniasis [tiːˈniːəsis] *вет.* тениоз *(инвазия Taenia solium)*

   human ~ тениаринхоз; тениоз

taenicide [ˈtiːniːsaid] тениоцид *(вещество, убивающее ленточных червей)*

taeniid [tiːˈniːid] тениид *(возбудитель тениидозов – эхинококкоза, альвеококкоза, тениоза и пр.)*

tag [tæg] 1. небольшой вырост *(выступающий участок непоражённой слизистой над сильно изъязвлённой поверхностью, напр., при колите)* 2. бирка 3. генетическая метка 4. *sl.* прилив наркотического опьянения

   ~ of omentum прядь сальника

   adenoid ~ аденоидное образование

   anal ~s перианальные протрузии

   anal skin ~ фиброзный полип в области анального отверстия, анальная бахрома

   emergency medical ~ медицинская карточка передового района

   expressed sequence ~s секвенированные последовательности ДНК *(экспрессируемые этикетки последовательностей)*

mortality identification ~ бирка, удостоверяющая личность умершего

   preauricular ~ околоушная папиллома, ушной придаток *(сосочкообразный вырост, расположенный впереди ушной раковины)*

   sentinel ~ складка кожи, прикрывающая наружный конец трещины заднего прохода, пограничный бугорок *(анального отверстия)*

   skin ~ мягкая бородавка, старческая фиброма, папиллома

tagging [ˈtægiŋ] мечение *(введение метки)*; маркирование

tail [teil] 1. хвост *(напр. концевой участок макромолекулы)* 2. отросток *(фага)* 3. коса; косичка

   ~ of epididymis хвост придатка яичка

   ~ of pancreas хвост поджелудочной железы

   ~ of spleen передний конец селезёнки

   cytoplasmic ~ цитоплазматический [внутриклеточный] концевой сегмент *(напр. секретируемого клеткой рецептора)*

   double J pig ~ двойной пигтейл Джи *(стент с полукольцами, обращёнными в разные стороны)*

   double pig ~ двойной пигтейл *(стент с полукольцами на концах, обращённых в одну сторону)*

   phage ~ отросток фага

   pig ~ «свиной хвостик» *(конец катетера)*

tailgut [ˈteilˌgʌt] 1. *эмбр.* постклоакальная [постанальная, хвостовая] кишка 2. конечный отдел кишечника

tailing [ˈteiliŋ] 1. наращивание *(цепи макромолекулы)* 2. образование «хвостов», образование размытых задних фонов *(в хроматографическом анализе)*

   peak ~ расширение *(площади)* пика, образование размытых пиков *(на хроматограмме)*

tailored [ˈteiləd] специально приготовленный или составленный *(напр. о диете)*

tail-shaped [ˈteiˈʃeipt] хвостовидный

tailspike [ˈteilspaik] хвостовой шип *(фаговой оболочки)*

taint [teint] 1. пятно; налёт; примесь *(чего-либо нежелательного)* 2. болезнь в скрытой форме ǁ инфекционный

tainted [ˈteintəd]:

   hereditary ~ наследственно отягощённый, с отягощённой наследственностью

take [teik] 1. брать, принимать внутрь 2. потреблять

   "~" of the graft приживление трансплантата

   ~ of vaccination положительная реакция на вакцинацию

   to ~ a culture *микр.* проводить посев

   to ~ antiserum получать иммунную сыворотку

   to ~ a history собирать анамнез

   to ~ care заботиться, беречь

   to ~ medicine принимать лекарство

   "to ~ the ferry" умереть, «сесть на паром»

   negative ~ отрицательный результат *(напр. прививки)*

   positive ~ положительный результат *(напр. прививки)*

taker [ˈteikə] 1. берущий, принимающий 2. человек, принимающий лечебное средство

   history ~ устройство для автоматизированного сбора анамнеза

taking [ˈteikiŋ]:

   ~ a sample of blood взятие пробы крови

   ~ history сбор анамнеза

   ~ of life отнятие жизни, умерщвление, убийство

~ up поглощение (*напр. антител макрофагами*)

case ~ запись [заполнение] истории болезни

history ~ выяснение [сбор] анамнеза

impression ~ снятие оттиска (*с челюстей*)

role ~ *психол.* принятие роли

test ~ участие в тесте (*в качестве испытуемого*)

talalgia [tə'lældʒiə] талалгия, боль в стопе

talc [tælk] тальк || опудривать [обсыпать] тальком

talcing ['tælkiŋ] опудривание [обсыпание] тальком

talcosis [tæl'kəusis] талькоз

  pulmonary ~ талькоз лёгких

talcous ['tælkəs] тальковый

talent ['tælənt] *психол.* талант, одарённость

taliped ['tæliped] страдающий косолапостью

talipes ['tælipiːz] стойкая деформация стопы; косолапость

  ~ calcaneovalgus кальканеовальгусная стопа (*дорсальное сгибание, пронация и отведение*)

  ~ calcaneovarus кальканеоварусная стопа (*дорсальное сгибание, супинация и приведение*)

  ~ calcaneus пяточная стопа (*касающаяся земли только пяткой и фиксированная в положении дорсального сгибания*)

  ~ equinus конская стопа (*фиксированная в положении подошвенного сгибания*)

  ~ equinovalgus эквиновальгусная стопа (*сочетание конской стопы с её пронацией*)

  ~ equinovarus эквиноварусная стопа (*сочетание конской стопы с косолапостью*)

  ~ planus плоская косолапость

  ~ valgus наружная косолапость, вальгусная стопа (*искривление стопы, при котором она опирается на землю своим внутренним краем*)

  ~ varus косолапость, варусная стопа (*деформация стопы, при которой она опирается на землю своим наружным краем*)

talipomanus [ˌtæli'pɒmənəs] косорукость, деформация кисти

talk [tɔːk] разговор; беседа

  baby ~ 1. детский лепет **2.** сюсюканье (*взрослых*)

  copious ~ многословность

  rambling ~ бессвязная речь

  rapid ~ быстрая речь

  self-derogatory ~ самоуничижающий разговор

talkative ['tɔːkətiv] болтливый, разговорчивый

talkativeness ['tɔːkətivnəs] болтливость (*характерная черта психически больного, особенно при сенильности*)

tall [tɔːl] высокий; высокого роста

tallow ['tæləu] **1.** жир, сало **2.** каломазание

talocrural [ˌteiləu'kruːrəl] голеностопный

talon ['tælən] **1.** выступ **2.** длинный коготь

talonid ['tælɒnid] дистальная поверхность нижнего моляра

talotibial [ˌteiləu'tibiːəl] таранно-большеберцовый

talus ['teiləs], *pl.* **tali** ['teiliː] таранная кость

tama ['teimə] отёк [припухлость] стопы или ноги

tambour [tæm'buːr] *фр.* мембрана с пишущим устройством регистрирующего прибора

tamisage ['tæmiseidʒ] исследование кала на инфекционное заболевание

tampan ['tæmpæn] южноафриканский ядовитый клещ

tampon ['tæmpɒn] тампон || вставлять тампон, тампонировать

tamponade [ˌtæmpɒ'neid], **tamponage** [ˌtæmpəu'niʤ], **tamponment** [tæm'pɒnmənt] тампонада

  balloon ~ тампонада резиновым баллоном

  cardiac [heart, pericardial] ~ тампонада сердца, тампонада полости перикарда

tan [tæn] **1.** танин; дубильное вещество **2.** загар || загорать **3.** желтовато-коричневый цвет; пигментация **4.** солнечный ожог

tanatophobia [ˌtænætəu'fəubiə] танатофобия (*патологический страх смерти*)

tandem ['tændəm] двойной (*о транслокации хромосом*)

  in ~ with valvular lesion в сочетании с поражением клапана

tang [tæŋ] **1.** резкий привкус; острый запах **2.** характерная черта, особенность **3.** хвост; что-либо, напоминающее хвост

tangentiality [tænˌʤenʃi'æliti] *псих.* расстройство ассоциативного мышления, при котором индивидуум легко переходит с одного предмета обсуждения на другой

tangle [tæŋgl]:

  neurofibrillary ~s нейрофибриллярные клубки

tango-foot ['tæŋgəufut] тендосиновит, обусловленный чрезмерной нагрузкой на танцах

tangoreceptor [ˌtæŋgəuri'septə] **1.** тактильный рецептор **2.** контактный рецептор

tank [tæŋk] **1.** ёмкость, резервуар, сборник, танк, тенк **2.** пастернак посевной (*Pastinaca sativa*)

  aeration ~ аэротенк, аэрокоагулятор

  agitation ~ смеситель, смесительный резервуар

  backwater ~ сборник оборотной воды

  bioaeration ~ *см.* **aeration ~**

  catch ~ ловушка (*напр. воздуха в системе внутривенного вливания*)

  chlorination ~ резервуар для хлорирования

  clarifying [depositing] ~ отстойник

  decanting ~ 1. осветительный резервуар, осветитель **2.** отстойник

  detritus ~ *см.* **digestion ~**

  developing ~ камера для хроматографии

  digestion ~ септик (*тенк*)

  distilling ~ перегонный куб

  distributing ~ 1. распределительный [регулирующий] резервуар **2.** автоцистерна для поливки улиц; поливомоечная машина

  dosing ~ дозатор

  drunk ~ изолятор для пьяных (*подобранных полицией*)

  freshwater ~ резервуар пресной воды

  hyperbaric oxygen ~ гипербарическая кислородная камера

  multiunit developing ~ многоячейковая [многоместная] хроматографическая камера

  preconditioning ~ резервуар для предварительной обработки воды

  ridge-and-furrow ~ аэротенк с гребенчатым днищем

  sedimentation ~ отстойник сточных вод

  seed ~ чан для выращивания посевного материала

separate sludge digestion ~ изолированный септик-(тенк)

septic ~ *см.* **digestion** ~

settling [sewage] ~ *см.* **sedimentation** ~

therapy ~ лечебная ванна

tankage ['tæŋkiʤ]:

garbage ~ утильный танкаж; пищевые отбросы

tanning ['tæniŋ] **1.** дубление *(материала)* **2.** загар

tansy ['tænzi] пижма *(Tanacetum)*

tantalum ['tæntələm] тантал, Та *(биологически инертный металл, имеет радиоактивные изотопы [176]Та и [186]Та с периодом полураспада от долей секунды до 600 суток)*

tantrum ['tæntrəm] вспышка гнева или раздражения

tanyphonia [,tæni'fəʊniːə] слабый голос *(вследствие перенапряжения голосовых мышц)*

taon ['tæɒn] бери-бери *(заболевание, обусловленное дефицитом витамина B[1] у детей Юго-Восточной Азии)*

tap [tæp] **1.** лёгкий удар *(напр. при перкуссии)* || легко ударять **2.** пункция, прокол || пунктировать; выкачивать жидкость **3.** пробка, тампон || ставить/удалять тампон **4.** делать надрез; вскрывать *(абсцесс)*

bloody ~ примесь крови в цереброспинальной жидкости *(при люмбальной пункции)*

chest ~ плевральная пункция

fourquadrant ~ пункция в четырёх квадрантах *(брюшной полости)*

mitral ~ щелчок открытия митрального клапана

negative ~ **for air** отсутствие газа при пункции, безуспешная пункция

peritoneal ~ лапароцентез, пункция брюшной полости, абдоминальная пункция

spinal ~ спинномозговая пункция

tape [teip] **1.** тесьма; лента || бинтовать **2.** марлевая полоска, малая салфетка, наклейка, тэйп *(липкий пластырь для фиксации, напр., суставов)*

adhesive ~ **1.** лейкопластырь, липкий пластырь **2.** изоляционная лента **3.** скотч

hospital ~ медицинский липкий пластырь

sealing ~ **1.** самоклеящаяся лента, скотч; лейкопластырь, липкий пластырь **2.** воздухонепроницаемая лента

tension free vaginal ~ рыхлая тампонада влагалища

video ~ видеозапись

taper ['teipə] **1.** ослабление, спад || убывать, сужать **2.** слабый источник света

to ~ **the dosage of steroid** уменьшить дозу стероидных гормонов

tapetum [tə'piːtəm] *анат.* крыша

tapeworm ['teipwəːm] **1.** ленточный червь, гельминт, цестода *(Cestoda)* **2.** цепень, солитёр

armed ~ вооружённый цепень, свиной солитёр *(Taenia solium)*

beef ~ *см.* **hookless** ~

broad ~ широкий лентец *(Diphyllobothrium latum)*

dog ~ **1.** эхинококк *(Echinococcus)* **2.** тыквовидный цепень, собачий солитёр *(Diphylidium canium)*

dwarf ~ карликовый цепень

fish ~ *см.* **broad** ~

fowl ~ птичий цепень

fringed ~ бахромчатый цепень *(Thysanosoma actiniodes)*

gid ~ цестода *(Multiceps multiceps)*

hookless ~ невооружённый цепень, бычий солитёр *(Taeniarhynchus saginayus)*

immature ~ неполовозрелая [пузырчатая] форма ленточного гельминта

late ~ *см.* **broad** ~

measly [pork] ~ *см.* **armed** ~

rat ~ крысиный цепень

solitary ~ *см.* **armed** ~

Swiss ~ *см.* **broad** ~

unarmed ~ *см.* **hookless** ~

taphephobia [,tæfə'fəʊbiə], **taphiphobia** [,tæfi'fəʊbiə], **taphophobia** [,tæfəʊ'fəʊbiə] тафефобия *(1. навязчивый страх быть погребённым заживо 2. навязчивый страх похорон и связанного с ними ритуала)*

tapinocephaly [,tæpinəʊ'sefəli] уплощение черепа; плоский череп

tapotement [təpəʊt'mɔː] *фр.* постукивание, поколачивание *(приём массажа)*

tapping ['tæpiŋ] **1.** *см.* **tapotement 2.** парацентез

~ **of ascites** лапароцентез и выпускание асцитической жидкости

abdominal ~ лапароцентез, пункция брюшной полости

pleural ~ плевроцентез, плевральная пункция, торакоцентез

tendon ~ определение сухожильных рефлексов

two plates ~ *псих.* тест моторики системы руки – туловище

tapping-test ['tæpiŋ-test] теппинг-тест *(определение способности поддерживать максимальный темп)*

tar [taː] смола; дёготь; гудрон

black ~ *sl.* «чёрная смола» *(форма героина, получаемого из опиумного мака)*

tarassis [tə'ræsis] истерия у мужских особей

tardive ['taːdiv], **tardy** ['taːdi] **1.** медленный; медлительный **2.** поздний *(напр. паралич)*; запоздалый, отдалённый

target ['taːgət] **1.** мишень *(1. ткань, против которой образуются антитела 2. ткань, специфически реагирующая на определённые цитокины)*; (поражаемый) орган, объект воздействия || селективный, направленный; прицельный *(напр. о биопсии)* **2.** клетка-мишень **3.** задача, задание, цель, план || плановый **4.** антикатод *(рентгеновской трубки)* **5.** *pl.* контрольные цифры

~**s for cancer chemotherapeutic agents** точки приложения противоопухолевых химиотерапевтических средств

~ **liver** поражать печень

anatomic ~ орган-мишень, локализация поражения

antibody-coated ~ нагруженная антителами [сенсибилизированная] мишень

cold ~ немеченая [«холодная»] мишень

country ~**s 1.** контрольные цифры по стране **2.** оптимальные задачи по стране *(напр. по рождаемости)*

cytotoxic ~ мишень для клетки-киллера

dead ~ поражённая клетка-мишень

drug ~**s** (изотопные) метки, или индикаторы, лекарственных средств

fresh ~ новая цель, или мишень

killed ~ *см.* **dead** ~

matching ~ гистосовместимая мишень

neoplastic ~ опухолевая мишень

planned ~ контрольные цифры

reference ~ эталонная мишень, референс-мишень

rotating ~ *рентг.* вращающийся антикатод

target-attaching ['tɑ:gət-ə'tætʃiŋ] меченый (*напр. глобулин*)

targeting ['tɑ:gətiŋ] конъюгирование лекарственного препарата с антителами для его доставки к ткани или органу-мишени; адресная доставка

~ **of lipid vesicles** мечение липидных пузырьков

~ **system** мечение системы (*напр. опухолевых клеток*)

target-organ ['tɑ:gət-'ɔ:gən] орган-мишень (*наиболее часто поражаемый орган при воздействии какого-либо средства*)

tariff ['tærif]

insurance ~ страховой тариф

tarragon ['tærəgɒn] полынь эстрагоновая, тархун (*Artemisia dracunculus*)

tarrify ['tærifai] желтушник левкойный (*Erysimum cheiranthoides*)

tarry ['tɑ:ri] дёгтеобразный; смолистый

tarsal ['tɑ:səl] 1. любая кость предплюсны || предплюсневой 2. тарзальный (*относящийся к хрящу века*)

tarsalgia [tɑ:'sældʒiə] подалгия (*боль в области предплюсны*)

tarsectomy [tɑ:'sektəmi] 1. удаление одной или нескольких костей предплюсны 2. иссечение участка хряща века

tarsectopia [ˌtɑ:sek'təʊpiə], **tarsectopy** [tɑ:'sektəʊpi] подвывих костей предплюсны

tarsitis [tɑ:'saitis] 1. воспаление предплюсневых костей 2. блефарит (*воспаление хряща века*), блефарит

tarsoclasis [tɑ:'sɒkləsis] перелом предплюсневых костей с целью коррекции косолапости

tarsomalacia [ˌtɑ:səʊmə'leiʃiə] тарзомаляция (*размягчение тарзальных хрящей века*)

tarsometatarsal [ˌtɑ:səʊˌmetə'tɑ:səl] предплюсне-плюсневой

tarsophalangeal [ˌtɑ:səʊfə'lændʒiəl] предплюсне-фаланговый

tarsoplasia [ˌtɑ:səʊ'pleiziə], **tarsoplasty** ['tɑ:səʊˌplæsti] пластическая операция на хряще века

tarsoptosia [ˌtɑ:sɒp'təʊsiə] *уст.* плоскостопие, плоская стопа

tarsorrhaphy [tɑ:'sɒrəfi] полное или частичное ушивание краёв век

tarsotomy [tɑ:'sɒtəmi] тарзотомия (*1. операция на костях предплюсны 2. рассечение хряща века*)

tarsus ['tɑ:səs], *pl.* **tarsi** ['tɑ:si:] 1. предплюсна 2. хрящ века, тарзальная пластинка

tartar ['tɑ:tə] зубной камень; налёт на зубах

tartrate ['tɑ:treit] остаток винной кислоты

antimony potassium ~ рвотный камень (*Tartar emetic*)

tasikinesia [ˌteisiki'ni:siə] навязчивое влечение к движению, ходьбе

task [tɑ:sk] 1. задача; задание || ставить задачу 2. *амер.* норма выработки

basic research ~s задачи фундаментальных научных исследований

tastant ['teistənt] любое вещество, изменяющее вкус

taste [teist] 1. вкус, вкусовое ощущение || ощущать вкус 2. привкус

bad ~ противный вкус; неприятный привкус (*во рту*)

color ~ «цветовой» вкус; извращение вкуса

foul ~ неприятный привкус (*во рту*)

pungent ~ острый, едкий, обжигающий на вкус

taste-blindness ['teist'blaindnəs] агевзия (*утрата вкусовых ощущений*)

tastiness ['teistinəs] вкусовые качества

tasting ['teistiŋ] дегустация, вкусовой анализ

tattoo(ing) [tə'tu:iŋ] 1. татуировка, татуирование || татуировать 2. метод лечения (*напр. новообразований*)

~ **of the cornea** татуировка [туширование] роговицы, татуаж (*закрашивание бельма роговицы*)

amalgam ~ амальгамная пигментация (*слизистой оболочки*)

electrolytic ~ электрокоагуляция (*напр. гемангиом*)

powder ~ *суд. мед.* внедрение частиц пороха в кожу (*при огнестрельном ранении*)

taurine ['tɔ:ri:n] таурин (*1. незаменимая аминокислота 2. кристаллическое вещество, образуемое при разложении таурохолевой кислоты*)

taurodontism [ˌtɔ:rəʊ'dɒntizm] *стом.* тауродонтизм, «бычий зуб» (*изменение формы зубов, при котором тела их увеличены, а корни уменьшены*)

taurocholanopoiesis [ˌtɔ:rəʊkəʊlænəʊpɔi'i:sis] синтез печенью таурохолевой кислоты

taut [tɔ:t] 1. тугой, упругий || натягиваться; сокращаться (*о связках*) 2. в хорошем состоянии; аккуратный

tautomenial [ˌtɔ:təʊ'mi:ni:əl] относящийся к менструальному периоду

tautomeric [ˌtɔ:təʊ'merik] таутомерный (*1. относящийся к одной и той же части 2. имеющий отношение к таутомерии*)

tautomerism [tɔ:'tɒmərizm] таутомерия (*подвижное равновесие между вращающимися изомерами или таутомерами*)

tax [tæks] налог, пошлина || облагать налогом

health ~ налог за подрыв своего здоровья (*курение, алкоголизм и пр.*)

taxis ['tæksis] 1. вправление (*напр. грыжи, вывиха*) 2. *биол.* таксис (*перемещение клетки или всего организма, вызываемое и направленное определённым внешним стимулом*)

bipolar ~ двуручное [ректовагинальное] вправление ретроверсии матки

negative [positive] ~ движение клетки по направлению к другой клетке или от неё

taxoid ['tæksɔid] анатоксин (*применяемый для активной иммунизации, сохранивший антигенные свойства, но потерявший токсичность бактериальный экзотоксин*)

taxology [tæk'sɒlədʒi] *см.* **taxonomy**

taxon ['tæksɒn], *pl.* **taxa** ['tæksə] таксон, таксономическая единица (*ступень, ранг иерархической лестницы организмов в биологической системе – вид, род, класс и пр.*)

taxonomy [tæk'sɒnəmi] таксономия (*классификация и систематизация понятий, имеющих иерархическое *строение, – органический мир, объекты географии, этнографии и пр.);* иерархическая система

polythetic [polytypic] ~ таксономия по статическим средним признакам

"T-beta" β-ген Т-клеточного рецептора

T-cell Т-клетка, Т-хелпер, Т-лимфоцит, хелперная клетка

supressive ~ Т-супрессор *(клетка, ответственная за супрессию иммунного ответа)*

tea [ti:] **1.** чай *(Thea)* **2.** *фарм.* чай, сбор; настой или отвар из лекарственных растений

breast ~ грудной сбор

camomile ~ настой ромашки

diuretic ~ мочегонный сбор

herb ~ отвар из трав

Indian kidney [Java] ~ почечный чай *(Orthosiphon stamineus Benth.)*

laxative ~ слабительный сбор

nervine ~ успокоительный сбор

Saint Germain ~ *см.* laxative ~

senna ~ настой сенны, или александрийского листа

teacher ['ti:tʃə]:

exercise ~ инструктор по лечебной физкультуре

medical ~ преподаватель медицины

nurse ~ преподаватель сестринского дела

nursery ~ воспитательница детского сада

teach-in [titʃ-in] диспут-семинар, «тич-ин» *(собрание для обсуждения злободневных вопросов)*

teaching ['ti:tʃiŋ]:

bedside ~ обучение у постели больного

clinical ~ преподавание в клинике; клиническое обучение

interdepartmental ~ междисциплинарное преподавание *(на смежных кафедрах)*

undergraduate ~ преддипломное преподавание

team [ti:m] **1.** бригада, группа || объединённый; коллективный *(подход к лечению)* **2.** единое целое, единый механизм

~ **of medical experts** группа медицинских специалистов

child welfare ~ бригада педиатрической помощи

dental health ~ бригада стоматологической помощи, зубоврачебная группа

emergency ~ бригада экстренной медицинской помощи

field epidemiological ~ полевая эпидемиологическая бригада

health ~ **1.** бригада медицинской помощи; коллектив медработников **2.** группа здоровья

hospital visit ~ группа, посещающая больницы

immunizing ~ прививочная бригада

in-take ~ бригада по первичному приёму *(больных)*

litter bearer ~ команда санитаров-носильщиков

malaria strategy ~ бригада по стратегии ликвидации малярии *(ВОЗ)*

maternity ~ акушерская бригада

mental health ~ бригада психиатрической помощи

mobile ~ выездная бригада

multidisciplinary health ~ **1.** многопрофильная медицинская бригада **2.** междисциплинарная группа *(по клиническим испытаниям медикамента)*

neurosurgical ~ нейрохирургическая бригада

nursing care ~ бригада сестринской помощи

pilot ~ группа, ведущая опытно-показательную [экспериментальную] работу

primary care ~ бригада первичной медико-санитарной помощи

rehabilitative ~ группа реабилитации, команда выздоравливающих

shock ~ (противо)шоковая бригада

surgical ~ **1.** операционная бригада; бригада хирургов **2.** персонал операционного блока

WHO evaluation ~ инспекционная бригада ВОЗ

teamwork ['ti:mwɜ:k] **1.** бригадный метод *(медицинского обслуживания)* **2.** взаимодействие; слаженная функция *(напр. кисти)*

dental ~ бригадная работа в стоматологии

tear [teə] **1.** разрыв, разрывание, дефект, дыра, щель || разрывать, ранить, колоть **2.** страсть, неистовство

~ **of the interosseous membrane** разрыв межкостной перепонки голени

~ **of the tissue** разрыв мягких тканей, рваная рана

to ~ **a ligament** разорвать связку

bucket handle ~ разрыв (мениска) по типу «ручки лейки»

complete ~ полный разрыв *(напр. стенки предсердия)*

initial ~ надрыв

Mallory – Weiss ~ Мэллори – Вейса разрыв *(слизистой желудка)*

perineal ~ разрыв промежности

skin ~s дефект кожи

tendon ~ разрыв сухожилия

urinary tract ~ свищ мочевых путей

tear [ti:ə] **1.** слеза **2.** капля *(росы)*

"crocodile ~s" «крокодиловы слёзы», спонтанное слёзоотделение *(наблюдается во время еды при параличе лицевого нерва)*

tearful ['tiəfl] плачущий, слезливый

tear-gas [ti:ə-gæs] слезоточивый газ

tearing ['ti:əriŋ]:

excessive ~ чрезмерное слезотечение, *син.* **epiphora**

teart [tə:t] **1.** почва или растение, содержащие молибден **2.** молибденоз

tease [ti:z] препарировать ткань при помощи иглы

teaspoon ['ti:spu:n] чайная ложка *(5 мл)*

teat [ti:t] **1.** грудной сосок **2.** молочная [грудная] железа, грудь

teatulation [ti:tju:'leiʃn] развитие объёмного образования, напоминающего сосок

technetium [tek'ni:ʃiəm] технеций, Tc *(искусственно созданный элемент с радиоактивными изотопами, используемыми в качестве индикатора при сцинтиграфии внутренних органов; период полураспада изотопа ^{99m}Tc 6 часов)*

technic ['teknik] *см.* **technique**

rendezvous ~ методика создания анастомоза притяжением двух магнитных колец, пережимающих стенки полых органов

technical ['teknikl] **1.** технический; технологический, промышленный **2.** специфический; относящийся к определённому виду знаний

technician [tek'niʃn] техник; специалист; лаборант

  dental laboratory ~ зубной техник

  emergency medical ~ средний медработник неотложной помощи

  histological ~ лаборант-гистолог

  hospital ~ больничный лаборант

  medical ~ медицинский работник *(обычно младшего или среднего звена)*

  nurse ~ медсестра-лаборант

  occupational health ~ специалист по профпатологии, профпатолог

  pharmacy ~ *амер.* вспомогательный персонал в аптеке

  physical therapy ~ медицинская сестра по физиотерапии

  prosthetic ~ техник-протезист

  radiation therapy ~ техник по лучевой [радиационной] терапии

  radiological ~ 1. рентгенлаборант; рентгенотехник 2. лаборант радиологического отделения

  sanitary ~ сантехник

  surgical ~ фельдшер хирургического отделения; операционная сестра

  tissue ~ техник-гистолог *(лаборант-препаратор)*

  tissue culture ~ лаборант по культурам тканей

  X-ray ~ рентгенлаборант, рентгенотехник

technique [tek'ni:k] 1. техника; методика, метод, способ; процедура 2. технология 3. оборудование, аппаратура

  ~ for drawer sign методика определения симптома выдвижного ящика

  ~s of allopathic medicine методы научной [аллопатической] медицины

  ~ of observations метод наблюдений

  acid-etch ~ метод кислотного травления *(зубопротезных материалов из пластмассы на эмали зубов)*

  advanced ~s высокие технологии *(напр. о лапароскопической хирургии)*

  afterloading ~ методика последующего введения *(радиоактивного препарата)*

  agar-layer ~ метод агаровых слоёв, двухслойный метод, Грация метод

  air-suspension ~ воздушно-суспензионный метод *(напр. приготовления лекарственных средств)*

  alternative ~ метод выбора *(напр. техники операции)*

  anesthetic ~ техника наркоза

  antibody-coated grid ~ метод (иммуноэлектронной микроскопии) с иммобилизованными на подложке антителами

  antigen-coated grid ~ метод (иммуноэлектронной микроскопии) с иммобилизованными на подложке антигенами

  antimalaria ~s противомалярийные методы

  ascending ~ восходящая хроматография

  autoradiographic ~ ауторадиография *(метод исследования диффузий радиоактивных ионов)*

  azo-dye ~ техника азоокрашивания, Пирса метод *(гистохимического выявления кислой фосфатазы)*

  bioengineering ~s биотехнология; биоинженерия

  bronchial challenge ~ бронхопровокационный аллерготест

  brush(ing) ~ 1. обработка щёткой *(напр. рук хирурга)* 2. щёточная биопсия, браш-биопсия

  by-pass ~ 1. метод наложения обходного анастомоза 2. метод обходного шунтирования

  calorimetric ~ калориметрический метод

  catheter ~ техника катетеризации

  cell mixing ~ методика со смесью клеток

  cell-sorting ~ метод клеточной сортировки

  chiro [chiropractic] ~ мануальная терапия, хиропрактика

  cloning ~ метод клонирования

  closed-chest ~s закрытый массаж сердца

  cocoping ~ метод двойного копинга *(для определения сразу двух антигенов на лимфоцитах)*

  cold knife ~ получение реплик с замороженных срезов

  cold target cell inhibition ~ метод подавления цитотоксичности немечеными клетками-мишенями

  column ~ колоночный метод *(напр. ионообменной хроматографии)*

  computer ~ компьютерная технология

  continuous culture ~ *микр.* метод непрерывного культивирования

  control ~s методы, оборудование и средства контроля за состоянием окружающей среды

  conventional ~ общепринятый [обычный] метод

  coring ~ методика соскабливания, или выскабливания

  coupling ~ метод связывания, метод пришивки; реакция синтеза *(полимера)*

  coverslip-transfer culture ~ метод переноса культуры на покровных стёклах

  cracking ~ тупое [разделение] разъединение *(тканей)*

  cryostat fresh-frozen section ~ метод криостатных свежезамороженных срезов

  cryothermal ~s криодеструкция *(напр. очага аритмии)*

  cup-plate ~ чашечный метод *(определения чувствительности микробов к антибиотикам)*

  cytodetection ~ цитологический метод диагностики

  darkroom ~ техника рентгенологического исследования; рентгенотехника

  delayed immunofluorescence ~ метод замедленной иммунофлуоресценции

  diagnostic ~s диагностическая технология, процедура диагностики

  differential label ~ дифференциальный метод лечения

  diffuse reflectance ~ метод диффузного отражения *(при анализе мочевых камней)*

  direct fluorescent antibody ~ прямая реакция флуоресцирующих антител

  Doppler ~ Допплера метод

  double [dual] dilution ~ метод серийных разведений

  double-meal ~ рентгенологическое исследование (желудочно-кишечного тракта) с двукратным приёмом контрастного вещества, двойное контрастирование

  dye-dilution ~ метод разведения красителя, красочный метод, Стюарта – Хамилтона метод

  dyed-starch ~ красочно-крахмальный метод *(определения амилазы и т. п.)*

  enzyme-linked immunoelectrontransfer blot ~ метод иммуноэлектроблоттинга с ферментативным делением

  enzyme multiplied immunoassay ~ гомогенный иммуноферментный анализ, ИФА

epidural ~ эпидуральная методика *(обезболивания)*

eversion suture ~ методика операции с выворачиванием краёв раны *(при завороте века)*

experimental ~ 1. методика эксперимента 2. экспериментальное оборудование

facial affect scoring ~ техника идентификации эмоций по выражению лица

"fall-back" ~ запасная [подстраховочная] методика

finger fracture ~ пальцевое разделение *(ткани при операции)*

"fingerprinting" ~ метод пептидных карт, метод обзорных хроматограмм, метод «пальцевых отпечатков» *(позволяет идентифицировать личность человека)*

flotation ~ метод флотации *(напр. в диагностике гельминтозов)*

fluorescent antibody ~ метод флуоресцирующих антител

flushing ~ метод вымывания *(напр. тромба из артерии)*

freeze-substitution ~ метод замораживания-замещения

fundamental ~s in surgery основные хирургические методы

"genomic walking" ~ метод «прогулки вдоль хромосомы» *(техника скрининга геномов)*

growth-inhibition ~ метод подавления колониеобразования

hanging drop ~ метод подвешенной капли, метод исследования (суспензии клеток) в подвешенной капле

"hapten-sandwich" ~ сэндвич-гаптеновый метод *(оценки эффекта T$_4$ клеток на функцию В-лимфоцитов без их связывания с антигеном)*

heat shock ~ метод теплового шока

hinged antibody ~ метод фиксированных антител

hit-or-miss ~ метод проб и ошибок

hot antigen suicide ~ метод самоубийства радиоактивного антигена *(ингибирование антиген-специфической функции лимфоцитов адгезией высокоактивным изотопом)*

Ilizarov ~ Илизарова метод, компрессионно-дистракционный метод

imaging ~ метод визуализации; способ получения изображения *(рентгенографией, УЗИ и др.)*

immortalization ~ метод иммортализации *(получение бессмертных линий клеток)*

immune adherence hemagglutination ~ метод иммунной адгезии-гемагглютинации

immunoalkaline staining ~ иммуноферментно-гистохимический метод *(с использованием щелочной фосфатазы)*

immunoblot ~ метод иммуноблоттинга, или иммунофильтрации

immunoenzyme bridge ~ иммуноферментный «мостиковый» метод *(с использованием системы двойных антител)*

immunofixation print ~ метод фиксированных отпечатков комплексов антиген – антитело

immunofluorescence ~ иммунофлюоресцентный метод

immuno-freeze-etching ~ иммуноэлектронный метод с замораживанием-травлением

immunoperoxidase ~ иммунопероксидазный метод

immunostaining ~ метод иммуноокрашивания

imported cover ~ метод укрытия отходов с использованием привозной грунтовой засыпки

impression ~ *стом.* методика снятия слепка

improved ~ усовершенствованный метод

interfacial ~ метод разграничивающих фаз *(реакция преципитации на границе раздела двух прозрачных фаз)*

ion-exchange ~ метод ионообмена *(для анализа, очистки)*

isotope dilution ~ метод изотопного разведения

killing ~ цитолитический метод, метод лизиса клеток

macroagarose ~ макрометод в агарозе *(визуализация активности факторов миграции лейкоцитов)*

management ~s методы управления

mandibular block ~ мандибулярная анестезия

matching ~ метод определения (гисто)совместимости

membrane-disruption ~ метод дезинтеграции клеток

microprobe ~ микрозондовая техника *(скрининг с использованием антител в качестве зонда)*

monolayer ~ метод монослоя, культивирование в монослое

"multiple-site" ~ 1. *иммун.* метод получения иммунных сывороток посредством введения минимальных количеств серебра или гаптен-белковых конъюгатов 2. множественные внутрикожные инъекции

negative staining ~ *микр.* метод фонового [негативного] окрашивания

neuro-muscular ~ воздействие на нервно-мышечный аппарат

noninvasive ~ бескровный [неинвазивный] метод *(напр. лечения)*

no-touch ~ 1. «тактика неприкосновенности» *(операция по поводу опухоли с изоляцией поражённого органа до манипуляций на нём)* 2. атравматическая методика 3. метод обязательной дотрансплантационной криоперфузии, лишь после которой возможно изъятие органов для пересадки

nuclear resonance ~ метод ядерного резонанса

one-layer ~ of suture однорядный шов *(напр. на кишке)*

one-step growth ~ метод одиночного цикла размножения вируса или фага

open-chest ~ открытый массаж сердца

open-closed ~ полузакрытый способ *(напр. лечения панкреонекроза)*

open-drop ~ открытый капельный метод

PAP ~ ПАП-метод *(пероксидаза-антипероксидаза)*

paraffin-embedding ~ техника заливки в парафин, методика приготовления парафиновых срезов

photoelectric detection ~ фотоэлектрический метод регистрации

plaque ~ метод (вирусных) бляшек

plate chamber ~ Хамма-Вудсворта метод, метод камерных планшетов

plating ~ *микр.* метод пластинчатого посева

play ~ *психол.* игровая техника

pock-counting ~ метод подсчёта местных вирусных поражений

potentiometric ~ потенциометрический метод

programme evaluation and review ~ метод оценки и проверки программы

progressive excavation ~ траншейный метод *(ликвидации отходов)*

projective ~**s** проективные методики, или тесты *(основанные на интерпретации испытуемым неопределённой информации)*

promising ~ перспективный метод

protein-sequencing ~ техника секвенирования белка *(определение первичной, или аминокислотной, последовательности белка)*

psychologic and physiologic ~**s** психологические и физиологические методы исследования

pulse ~ импульсный метод

radioimmunoassay ~ радиоиммунологический метод

radioimmunolocalization ~ метод радиоиммунолокализации *(анализ тканевой локализации антигена с помощью радиомеченых антител)*

random sampling ~ *стат.* метод случайной выборки

rebreathing ~ метод возвратного дыхания

Rebuck's ~ Ребук-тест, тест кожного окна

red cell sensitization ~ способ сенсибилизации эритроцитов

reference ~ эталонный [образцовый] метод

replica plating ~ *микр.* метод чашечных отпечатков

rest-care ~ *псих.* метод лечения созданием покоя в сочетании с диетой, физиотерапией, умеренными физическими упражнениями

reverse radial immunodiffusion ~ метод обратной радиальной иммунодиффузии

Rorschach ~ Роршаха методика *(с использованием теста чернильных пятен)*

rosetting ~ метод розеткообразования, метод розеток

sequential fusion ~ методика поэтапного слияния, каскадный метод *(получения и идентификации гибридом к минорным антигенам)*

shadow-casting ~ *гист.* метод оттенения напылением металла

shrinking field ~ метод сокращающихся полей *(в лучевой терапии)*

simplified ~ упрощённый метод

single breath constant expiratory ~ метод постоянной скорости выдоха при однократном вдохе

single-cell burst ~ метод получения выхода фага из отдельных изолированных бактерий

single-meal ~ рентгенологическое исследование (желудочно-кишечного тракта) с однократным приёмом контрастного вещества

single most valuable ~ наиболее информативный метод

single radial immunodiffusion ~ метод простой радиальной иммунодиффузии, Манчини метод

single tracer ~ использование метода одного изотопа

skin chamber [skin window] ~ *см.* **Rebuck's** ~ *см.* **Rebuck's test**

skin scraping ~ метод скарификации кожи *(напр. при диагностике чесотки)*

slide ~ *микр.* метод пластинок

sound-guided ~ процедура под контролем ультразвука

split-dose ~ метод дробления [расщепления] дозы *(напр. при лучевой терапии)*

spot-agar plaque ~ метод бляшкообразования в агаре *(реакция нейтрализации вируса в клеточной культуре)*

spreading ~ 1. метод посева микроорганизмов размазыванием *(по поверхности плотной питательной среды)* 2. метод изготовления препаратов разбросанных хромосом

sputter coating ~ *микр.* метод напыления *(в вакууме)*

squeeze ~ техника сдавливания *(рекомендации по преодолению психогенной импотенции)*

"squirt-and-cut" ~ анестезия по Вишневскому, метод «ползучего инфильтрата»

staining slide ~ метод окрашивания мазков на предметном стекле

stapled ~ методика механического шва

Stimson ~ способ вправления вывиха плеча по Стимсону

stop-start ~ техника «стоп-старт» *(рекомендации по преодолению психогенной импотенции)*

stress management ~**s** методы борьбы со стрессом

suiciding ~ метод «самоубийства» *(метод массовой гибели активнопролиферирующих клеток путём добавления в культуру этих клеток избытка радиоактивного тимидина)*

surgical ~ оперативная [хирургическая] техника

survey ~ метод обследования

three-basin plate ~ метод триплетных [трёхлуночных] планшетов *(сравнительного иммунодиффузионного анализа по Оухтерлони)*

tracer ~ метод меченых атомов, радиоизотопный метод

transcatheter occlusive ~**s** чрескатетерный окклюзионный метод

trial and error [try-and-see] ~ метод проб и ошибок

trypsin-Giemsa ~ метод окрашивания по Гимзе с трипсинизацией *(для анализа хромосом)*

two-layer ~ **of suture** двухрядный шов

"two pulse" ~ метод «двух стимулов», Медавара метод *(приготовления антилимфоцитарной антисыворотки)*

viscoelastic ~ упруговязкостный метод

Western blotting ~ вестерн-блоттинг *(метод определения искомого белка с помощью меченых антител путём гибридизации разделённых электрофорезом белков с меченым зондом, напр. антителом)*

Wiener's ~ Винера метод *(определения резус-принадлежности крови)*

word associations ~ техника словесных [свободных] ассоциаций

X-ray ~ рентгенографический метод; рентгеноструктурный анализ

technologist [tek'nɒlədʒist] техник; инженерно-технический работник, ИТР

certified surgical ~ аттестованный [дипломированный] помощник хирурга

laboratory ~ техник-лаборант

medical ~ медицинский лаборант

surgical ~ помощник хирурга *(лицо, окончившее курсы по обслуживанию операционного блока и основам оперативной техники, продолжительностью от 9 месяцев до 2 лет)*

technology [tekˈnɒlədʒɪ] **1.** методика; метод, способ **2.** техника и технология; технические и прикладные науки **3.** технические средства

~ **in education and training** технические средства и методы в обучении и подготовке (напр. медсестёр)

~ **of hypertermia** воспроизведение гипертермии (в процессе лечения)

accurate ~ достоверная [точная] технология (напр. двухэнергетическая рентгеновская абсорбциометрия)

acoustic response ~ ультразвуковая технология

advanced ~ передовая [высокая] технология

Advanced cell ~**ies** «Передовые клеточные технологии» (фирма, занимающаяся клонированием животных в рамках проекта «замороженный зоопарк», США)

appropriate ~**ies** рациональная технология

assisted reproductive ~ метод искусственного оплодотворения

Awareness ~**ies** фирм. «Диагностические технологии»

best available control ~ наилучшая из имеющихся технологий

breeding ~ технология скрещивания (для выведения новых сортов или пород)

cardiovascular ~ метод лечения сердечно-сосудистых болезней

cell ~ технология клеточных культур

cognitive ~**ies** творческие технологии

computer ~ вычислительная техника

contraceptive ~ пользование контрацептивами

3D ~ трёхмерная ультразвуковая технология; объёмное ультразвуковое изображение

4D ~ четырёхмерное ультразвуковое изображение (в режиме реального времени)

dental ~ зубоврачебная технология

dry-phase ~ метод анализа в безводной фазе

enhancement ~ высокая технология

entrapment ~ технология механического включения, технология механического захвата (напр. иммобилизация ферментов или целых клеток на ферменте)

environmentally appropriate ~ экологически приемлемая технология

enzyme ~ ферментативная технология

faulty ~ экологически грязная технология; технология, загрязняющая окружающую среду

four dimension ~ см. **4D** ~

gene ~ генная технология, генетическая инженерия

health ~ медико-санитарная технология

high-waste ~ многоотходная технология

imaging ~ визуализирующие методы; визуализирующие технологии (рентген, УЗИ и др.)

immobilized enzyme ~ технология с использованием иммобилизированных ферментов

immunoassay ~ методы иммунологического анализа; иммунотест

immunologic ~ иммунобиотехнология

intraoperative ~**ies** техника операции; интраоперационные методы

laser ~ техника использования лазера

low-waste ~ малоотходная технология

medical ~ медицинская технология; лабораторное дело

membrane ~ мембранная технология (разделение жидких и газовых смесей при помощи полупроницаемых мембран)

monoclonal antibody ~ технология моноклональных антител, гибридомная технология

nonwaste ~ см. **waste-free** ~

nuclear energy ~ **1.** ядерная технология **2.** ядерная техника

nucleic acid amplification ~**ies** технологии амплификации (увеличения числа копий) нуклеиновых кислот

recombinant DNA ~ генная [генетическая] инженерия, метод рекомбинантных ДНК

reproductive ~ репродуктивная технология; методы экстракорпорального оплодотворения

robot ~ робототехника

robotics ~ роботизированная технология

scintillation counting ~ определение радиоактивности сцинтилляционными счётчиками

soft ~ экологически безопасная технология

surgical ~ подготовка к операции и её проведению; хирургическая техника

system-specific ~ специфическая технология

three dimension ~ см. **3D** ~

treatment ~ **1.** лечебный процесс **2.** технология очистки (напр. сточных вод)

waste-free ~ безотходная технология

technomania [ˌteknəʊˈmeɪnɪə] «техномания» (широкое использование техники без учёта последствий)

technosphere [ˌteknəʊˈsfɪə] техносфера (изменённая человеком природная среда)

technophobia [ˌteknəʊˈfəʊbɪə] «технофобия» (боязнь вредного влияния техники на окружающую среду)

tecoma [təˈkəʊmə] текома (гормонально активная опухоль, исходящая из текоцитов)

tectal [ˈtektl] относящийся к крыше

tectocephaly [ˌtektəʊˈsefəlɪ] скаф(ал)оцефалия, ладьевидный череп

tectology [tekˈtɒlədʒɪ] структурная морфология (изучение строения растений и животных)

tectonic [tekˈtɒnɪk] **1.** восстановительный, пластический, реконструктивный (об операции) **2.** относящийся к восстановительной хирургии || восстановительный, пластический, реконструктивный **3.** тектонический

tectorial [tekˈtɔːrɪəl] текториальный, покровный

tectorium [tekˈtɔːrɪəm] покровная структура

tectospinal [ˌtektəʊˈspaɪnəl] покрышечно-спинномозговой, тектоспинальный

tectum [ˈtektəm], pl. **tecta** [ˈtektə] анат. покровная структура, покрышка, крыша

~ **of mesencephalon** крыша среднего мозга

tedious [ˈtiːdɪəs] скучный; утомительный

teeming [ˈtiːmɪŋ] **1.** демографически плодовитый **2.** изобилующий; кишащий (напр. о насекомых)

teen [tiːn] **1.** горе, страдание **2.** гнев, злоба

teen-age [ˈtiːnˈeɪʤ] юношеский, подростковый, тинейджерский (находящийся в возрасте от 13 до 18 лет)

teenager [ˈtiːneɪʤə], **teener** [ˈtiːnə] подросток, тинейджер

emotionally unstable ~ эмоционально неустойчивый подросток

teeth [tiːθ] *pl. от* **tooth**

  abutment ~ опорные зубы

  accessional ~ постоянные моляры, не имеющие предшествующих молочных зубов

  angulated ~ искривлённые зубы

  adjacent ~ смежные зубы

  anatomic ~ искусственные зубы, близкие по форме к естественным зубам

  anterior ~ передние зубы *(центральные и боковые резцы, клыки)*

  approximating ~ *см.* **adjacent** ~

  auditory ~ слуховые зубчики; зубовидные выступы *(улиткового лабиринта)*

  azzle ~ *см.* **molar** ~

  baby ~ *см.* **deciduous** ~

  bicuspid ~ премоляры, малые коренные зубы

  buccal ~ жевательные зубы *(премоляры и моляры)*

  burnishing ~ полирующиеся зубы

  calf ~ *см.* **deciduous** ~

  canine ~ *см.* **cuspid** ~

  cheek ~ моляры, большие коренные зубы

  chipped ~ обломанные зубы

  contiguous ~ *см.* **adjacent** ~

  corresponding ~ зубы идентичной группы *(на противоположной челюсти)*

  crowded ~ скученные зубы

  cuspid(ate) ~ клыки

  cutting ~ резцы

  decayed ~ кариозные зубы

  deciduous ~ молочные зубы

  denture ~ протезные зубы

  devitalized ~ девитализированные [депульпированные] зубы

  dichotomy [extra] ~ сверхкомплектные зубы

  erupted ~ прорезавшиеся зубы

  eye ~ *разг.* клыки верхней челюсти

  false ~ искусственные зубы

  fused ~ слившиеся зубы

  grinding ~ жевательные зубы *(премоляры и моляры)*

  hair ~ слуховые зубчики *(улиткового лабиринта)*

  homonymous ~ одноимённые зубы

  Hutchinson's ~ Гетчинсона зубы *(верхние центральные резцы с отвёрткообразной формой коронки, полулунной выемкой на режущем крае и уменьшенными по сравнению с другими зубами длиной и шириной при врождённом сифилисе)*

  impacted ~ *см.* **unerupted** ~

  incisor ~ резцы

  joined ~ шинированные зубы

  labial ~ резцы и клыки

  loose ~ шатающиеся зубы

  malaligned abutment ~ опорные зубы с непараллельными поверхностями

  malformed ~ зубы с ненормальной медиодистальной шириной

  maloccluded ~ зубы, нарушающие прикус

  malposed ~ эктопически расположенные зубы

  malpositioned ~ неправильно расположенные зубы

  metal insert ~ штифтовые зубы

  migrated ~ сместившиеся зубы

  milk ~ *см.* **deciduous** ~

  missing ~ отсутствие зубов

  molar [multicuspid] ~ моляры, большие коренные зубы

  narrow-edged ~ шиловидные зубы

  natal ~ пренатальные зубы *(зубы, прорезавшиеся до рождения)*

  natural ~ естественные [собственные] зубы

  notched ~ *см.* **Hutchinson's** ~

  occluding ~ сомкнутые зубы

  opposing ~ зубы-антагонисты

  oral ~ *см.* **anterior** ~

  outstanding ~ выступающие (из зубной дуги) зубы

  pegged [pegtop] ~ *см.* **Hutchinson's** ~

  permanent ~ постоянные зубы

  plaqued ~ зубы, покрытые налётом

  plastic ~ пластмассовые зубы

  posterior ~ жевательные зубы *(премоляры и моляры)*

  premolar ~ премоляры, малые коренные зубы

  primary ~ *см.* **deciduous** ~

  proclined [protruding] ~ *см.* **outstanding** ~

  rake ~ редкие зубы

  remaining ~ сохранившиеся зубы *(при дефектах зубных рядов)*

  retained ~ молочные зубы, не выпавшие в срок

  retroclined ~ уходящие назад зубы

  rotten ~ гнилые, испорченные зубы

  second(ary) ~ *см.* **permanent** ~

  secure ~ прочные зубы

  short-bite anterior ~ искусственные передние зубы на приточке

  sound ~ здоровые [интактные] зубы

  spacing ~ зубы с увеличенными межзубными промежутками *(более 2 мм)*

  spinous ~ шиповидные зубы

  stomach ~ клыки нижней челюсти

  stopped ~ запломбированные зубы

  succedaneous ~ *см.* **permanent** ~

  supernumerary [supplemental] ~ сверхкомплектные зубы

  temporarily arranged ~ зубы на восковой модели

  temporary ~ *см.* **deciduous** ~

  tilted ~ зубы, наклонённые в сторону дефекта

  tricuspid ~ моляры, большие коренные зубы

  unerupted ~ непрорезавшиеся [ретинированные] зубы *(прорезывание которых сдерживается соседними зубами)*

teethe [tiːð] прорезываться *(о зубах)*

teethbridge ['tiːθbrɪdʒ] *стом.* альвеола

teetotal [ˌtiːˈtəʊtl] трезвый, непьющий

teetotalism [ˌtiːˈtəʊtəlɪzm] воздержание от спиртных напитков; трезвость

tegmen ['tegmən], *pl.* **tegmina** ['tegminə] *анат.* покровная структура, крыша

  ~ **craina** свод черепа

  ~ **tympani** крыша барабанной полости

  ~ **ventriculy quarty** крыша четвёртого желудочка

tegmentum [teɡˈmentəm], *pl.* **tegmenta** [teɡˈmentə] покрышка среднего мозга

~ of pons, rhombencephali покрышка моста, задняя часть моста

tegument ['teɡjuːmənt] **1.** оболочка, наружный покров (*напр. кожа*) **2.** тегамент (*аморфный слой между нуклеокапсидом и наружным слоем вириона*)

tegumental [teɡjʊ'mentəl], **tegumentary** [teɡjʊ'mentəri] относящийся к наружным покровам

teichopsia [tai'kɒpsiə] мерцательная скотома, глазная мигрень; тейхопсия (*появление зигзагов или волн перед глазами*)

teknocyte ['teknəʊsait] юная форма нейтрофильного лейкоцита

tela ['tiːlə], *pl.* **telae** ['tiːliː] гист. **1.** сетевидная структура **2.** основа (*любая тонкая структура*)

~ aranea паутинная оболочка мозга

~ celluloza конъюнктива

~ choroidea сосудистая основа (*желудочков мозга*)

~ conjunctiva соединительная ткань

~ submucosa подслизистая основа

~ subserosa подсерозная оболочка

telalgia [tə'lælʤiə] иррадиирующая [рефлекторная, отражённая] боль

telangiectasia [tə,lænʤiːək'teiziə], *лат.* **telangiectasis** [tə,lænʤiː'ektəsis], *pl.* **telangiectases** [tə,lænʤiːək'teisiːz] телеангиэктазия (*локальное чрезмерное расширение капилляров и мелких сосудов*)

cephalooculocutaneous ~ атаксия-телеангиэктазия, Луи-Бар синдром

essential ~ 1. телеангиэктазия неясной этиологии **2.** серпигинозная [ползучая] гемангиома

familial [hereditary] hemorrhagic ~ наследственная геморрагическая телеангиэктазия, Рандю – Вебера – Ослера болезнь

spider ~ паукообразная телеангиэктазия

telangiectoma [tə,lænʤiːək'təʊmə] **1.** родимое пятно **2.** гемангиома

telangiitis [tə,lænʤ'aitis] воспаление капилляров, телеангиит

telangioma [tə,lænʤiː'əʊmə] капиллярная ангиодисплазия

telangion [tə'lænʤiːɒn] капилляр

telangiosis [tə,lænʤiː'əʊsis] порок развития капилляров

telarche [tə'laːki] увеличение молочных желёз в подростковом возрасте

telecanthus [,telə'kænθəs] телекант (*смещение внутренних углов глазных щелей латерально при нормально расположенных орбитах*)

telecardiogram [,telə'kaːdiəʊɡræm] телекардиограмма

telecardiography [,telə,kaːdi'ɒɡrəfi] телеэлектрокардиография, дистанционная электрокардиография

telecare [,telə'keə] дистанционное лечение; лечение с использованием средств телекоммуникации

teleceptor [,telə'septə] см. **telereceptor**

telecontrol [,teləkən'trəʊl] **1.** телеуправление, дистанционное управление **2.** телемеханика

telecurietherapy [,telə,kjuːri'θerəpi] дистанционная кюри-терапия

telediagnosis [,telə,daiəɡ'nəʊsis] дистанционная диагностика (*с помощью телеметрических средств*)

telediastolic [,telə,daiə'stɒlik] конечно-диастолический, поздний диастолический, пресистолический, теледиастолический

telefluoroscopy [,teləfluː'rɒskəpi] телерентгеноскопия

telegenesis [,telə'ʤenəsis] бтх. искусственное оплодотворение

telegony [te'leɡəʊni] телегония (*гипотеза о влиянии полового контакта с одним мужчиной на детей, рождённых в результате последующих сношений с другими мужчинами*)

tele-health [telə-helθ] см. **telemedicine**

teleirradiation [,teləireidi'eiʃn] дистанционное облучение

telemedicine [,telə'medisin] телемедицина (*1. консультации по диагностике и лечению с использованием средств телекоммуникации 2. телевизионная медицинская тематика*)

telemeter [tə'lemətə] дистанционный [телеметрический] измерительный прибор

telemetry [tə'lemətri] дистанционное измерение, телеметрия

biomedical ~ медико-биологическая телеметрия

cardiac [electrocardiographic] ~ см. **telecardiography**

telencephalization [,telen,sefəli'zeiʃn] кортикализация функций (*перемещение регуляторных функций от подкорковых узлов в кору головного мозга*)

telencephalon [,telen'sefəlɒn] **1.** эмбр. мозговой пузырь **2.** конечный мозг (*полушария большого мозга*)

teleneurite [,telə'nuːrait] концевое разветвление аксона

teleneuron [,telə'nuːrɒn] нервное окончание

teleoperator [,telə'ɒpəreitə] робот, дистанционный манипулятор

teleopsia [,teli'ɒpsiə] ошибка в оценке расстояния до объекта из-за поражения (*обусловленная поражением височно-теменной области*)

teleorganic [,teliɔː'ɡænik] жизнеспособный; витальный, жизненный

teleotherapeutics [,teliəʊθerə'pjuːtiks] лечение внушением

telepathy [tə'lepəθi] телепатия (*наукообразные представления об экстрасенсорной передаче мыслей на расстоянии*)

telephium [te'lifiəm] незаживающая язва

teleprocessing [,telə'prəʊsesiŋ] дистанционная обработка данных

teleradiography [,telə,redi'ɒɡrəfi] **1.** телерентгенография **2.** телерадиография

teleradiotherapy [,telə,rediəʊ'θerəpi] дистанционная кюри-терапия

telereceptor [,telərə'septə] дистантный рецептор, телерецептор (*напр. зрительный, слуховой, обонятельный*)

telergy ['telərʤi] **1.** автоматизм (*осуществление функций отдельных органов и систем самопроизвольно, аутохтонно, без контроля воли, сознания*) **2.** воздействие на расстоянии

telerobotic [,telərəʊ'bɒtik]

surgical ~ хирургический телеробот

teleroentgenography [,telərentge'nɒɡrəfi] телерентгенография

Telescopus [,telə'skəʊpəs]:

~ fallax *лат.* кошачья змея

telesystolic [ˌteləsɪsˈtɒlɪk] телесистолический *(относящийся к концу систолы)*

teletesting [ˌteləˈtestɪŋ] телетестинг, дистанционное тестирование

teletherapy [ˌteləˈθerəpɪ] 1. дистанционная лучевая терапия 2. психотерапия

  gamma-ray ~ дистанционная гамма-терапия, телегамматерапия

  X-ray ~ телерентгенотерапия

telethermometer [ˌteləθəˈmɒmətə] дистанционный термометр, телетермометр

teletransmission [ˌtelətrænsˈmɪʃn] передача по телевидению *(напр. лабораторных данных)*

teliogenization [ˌtiːliəʊˌdʒeniˈzeɪʃn]:

  ~ of hair follicles фаза покоя клеток волосяных фолликулов

telocentric [ˌteləʊˈsentrik] телоцентрический *(о хромосоме, в которой центромера располагается у одного из её концов)*

telocoele [ˈteləʊsiːl] полость конечного мозга

telodendria [ˌteləʊˈdendriə] множество концевых разветвлений аксонов

telodendr(i)on [ˌteləʊˈdendrɪɒn] телодендрин *(концевые разветвления аксона)*

telogen [ˈteləʊdʒen] телоген *(фаза покоя в цикле развития волоса)*

  ~ effluvium выпадение волос

telognosis [ˌtelɒɡˈnəʊsis] *см.* **telediagnosis**

telokinesia [ˌteləʊkiˈniːziə] телофаза *(заключительная стадия деления клеток мейоза или митоза)*

telomerase [təˈləʊməreiz] теломераза *(фермент обратная транскриптаза (ОТ) концевых участков хромосом теломер – «фермент бессмертия»)*

telomere [ˈteləʊmiə] теломера *(концевой участок плеча хромосомы, способствующий сохранению целостности концов хромосомы, чем больше длина теломера, тем больше продолжительность жизни особи)*

teloncus [ˈtelɒŋkəs] новообразование соска

telophase [ˈteləʊfeiz] телофаза *(заключительная стадия мейоза или митоза)*

telophragma [ˌteləʊˈfræɡmə] телофрагма, линия Z, полоска Z *(мышечного волокна)*

temper [ˈtempə] 1. нрав, характер, темперамент 2. раздражительность; вспыльчивость 3. настроение 4. *хим.* состав, содержание; смесь; раствор

  brittle ~ раздражительная [нервная] манера

temperament [ˈtemprəmənt] 1. характер 2. темперамент

  atrabilious ~ *см.* **melancholic ~**

  bilious [choleric, fiery] ~ холерический темперамент

  lymphatic ~ флегматичный темперамент

  melancholic ~ меланхолический темперамент

  phlegmatic ~ *см.* **lymphatic ~**

  sanguine(ous) ~ сангвинический темперамент

  stable ~ уравновешенный [ровный] темперамент

temperance [ˈtemprəns] 1. умеренность, воздержание 2. трезвость, трезвенность, воздержание от спиртных напитков

temperate [ˈtempərət] умеренный, воздержанный

temperature [ˈtemprətʃə] температура

  ~ of corpse температура трупа

  to take ~ измерять температуру тела

  accumulated ~ сумма температур

  alternating ~ переменная температура; перемежающаяся температура

  ambient ~ *см.* **environment ~**

  background ~ фоновая температура

  basal body ~ базальная температура тела *(в условиях основного обмена)*

  biocidal ~ температура, при которой невозможна жизнь

  body ~ температура тела

  breaking ~ температура разложения, температура разрушения

  Celsius [centigrade] ~ температура по шкале Цельсия

  core ~ внутренняя температура

  corrected outside air ~ корректированная температура наружного воздуха

  cryogenic ~ сверхнизкая температура

  daily mean ~ среднесуточная температура

  day-time ~ дневная температура

  deep-freeze ~ температура глубокого замораживания, сверхнизкая температура

  dry-bulb ~ температура по сухому термометру

  effective ~ эффективная температура

  equivalent ~ оперативная [эквивалентная] температура

  environment ~ температура окружающей среды

  erratic ~ неустойчивая температура

  Fahrenheit ~ шкала Фаренгейта *(таяние льда – 32 ˚F, кипение воды – 212 ˚F; 1 ˚C = 5/9 ˚F)*

  incubation ~ температура культивирования

  indoor ~ комнатная температура

  in-situ ~ контактно измеренная температура

  low-grade ~ субфебрильная температура, субфебрилитет

  moist-bulb ~ температура по влажному термометру

  normal ~ and pressure нормальные условия для газов *(273 К и 101,325 кПа или 0 ˚C и 760 мм рт. ст.)*

  operative ~ оперативная [эквивалентная] температура

  palmar skin ~ кожная температура ладони

  prolonged ~ длительная [продолжительная] температура

  rectal ~ ректальная температура

  saturation ~ температура насыщения; точка росы

  sensible ~ ощущаемая температура *(степень тепла или холода, ощущаемая человеком)*

  somatic ~ температура тела

  standard ~ стандартная температура для газов *(0 ˚C или 273 К)*; нормальная температура *(тела)*

  steady ~ установившаяся [ровная] температура

  subnormal ~ пониженная температура, температура ниже нормальной

  total radiation ~ энергетическая температура суммарного излучения

  transition ~ температура переходного состояния

  uniform ~ *см.* **steady ~**

template [ˈtemplət] 1. модель, шаблон, матрица 2. *биохим.* калька, химическая матрица *(для сборки молекул)*; матричная [информационная] РНК 3. кодирующая нить ДНК

antigen ~ антиген-матрица, матричный антиген

immune ~ иммунная матрица, иммунотемплат (планшет с иммобилизованными антигенами или антителами)

multiwell punching ~ многолуночный шаблон-пробойник (для гелевых пластин)

templation [tem'pleiʃn] психол. искушение; соблазн

temple [templ] 1. висок, височная область 2. амер. дужка очков

tempolabile [ˌtempəʊ'leibail] изменяющийся с течением времени

temporal ['tempərəl] 1. височный, расположенный в височной области 2. временный

temporary ['tempərəri] временный; хронологический; сезонный

temporomalar [ˌtempərəʊ'meilə] см. **temporozygomatic**

temporomandibular [ˌtempərəʊmən'dibjuːlə] височно-нижнечелюстной

temporomaxillary [ˌtempərəʊ'mæksilæri] височно-верхнечелюстной

temporo-occipital [ˌtempərəʊ-ɒk'sipitəl] височно-затылочный

temporoparietal [ˌtempərəʊpə'raiətəl] височно-теменной

temporosphenoid [ˌtempərəʊ'sfiːnɒid] височно-клиновидный

temporozygomatic [ˌtempərəʊˌzaigəʊ'mætik] височно-скуловой

tempostab(i)le [ˌtempərəʊ'steibl/bail] неизменяющийся, стабильный

temptation [temp'teiʃn] искушение, соблазн

 horrific ~ контрастное [ужасающее] влечение

 irresistible [strong] ~ непреодолимое искушение

tempus ['tempəs], pl. **tempora** ['tempərə] 1. висок 2. время

temulence ['temjʊləns] опьянение, алкогольное отравление

tenacity [tə'næsiti] 1. вязкость, липкость, клейкость, тягучесть 2. упорство, стойкость; сила воли

tenaculum [tə'nækjuːləm], pl. **tenacula** [tə'nækjuːlə] однозубый крючок, держатель, расширитель

 ophthalmic ~ глазной крючок

tenalgia [tiːn'ældʒiə] теналгия (боль в сухожилиях)

 ~ **crepitans** крепитирующий тендовагинит, крепитирующий паратенонит

tend [tend] заботиться, ухаживать (за больным)

tendency ['tendənsi] склонность, наклонность, стремление

 ~ **to stop breathing** склонность к остановке дыхания

 ~ **toward hysteria** предрасположенность к истерии

 completion ~ завершение намеченного, достижение цели

 familial ~ наследственность

 mental ~ предрасположенность к психическому расстройству

 morbid ~ патологическое влечение

 paranoid litigious ~ параноидная сутяжническая тенденция

tender ['tendə] 1. слабый, хрупкий (о здоровье); легкоранимый 2. болезненный (при дотрагивании или давлении)

tender-eyed ['tendər-aid] имеющий слабое зрение

tenderness ['tendənəs] 1. слабость, хрупкость (о здоровье) 2. болезненность (при дотрагивании или давлении)

 ~ **of bones** хрупкость [ломкость] костей

 abdominal ~ болезненность при ощупывании живота

 excitation ~ вызываемая болезненность

 focal ~ очаговая [локальная] болезненность

 joint ~ ригидность [тугоподвижность] суставов

 low abdominal ~ болезненность внизу живота

 marked ~ ощутимая боль

 mild ~ умеренная боль

 moderate ~ боль средней тяжести

 pencil ~ узколокальная болезненность (наличие болевой точки)

 point ~ болезненная точка

 pronounced ~ выраженная боль

 rebound ~ болезненность при внезапном ослаблении давления на брюшную стенку (напр. симптом Щёткина – Блюмберга)

 severe ~ сильная боль

 slight ~ слабая боль

tendines ['tendiniːz] pl. от tendo

tendinitis [tendi'naitis] тендинит (дистрофия ткани сухожилия, сопровождаемая явлениями реактивного воспаления)

 calcified ~ кальцифицирующий тендинит

tendinosis [ˌtendi'nəʊsis]:

 ~ **calcarea** кальциевые отложения в области прикрепления сухожилия к кости

tendinous ['tendinəs] сухожильный

tendo ['tendəʊ], pl. **tendines** ['tendiniːz] лат., см. **tendon**

tendo-loop ['tendəʊ'luːp] петля с режущей иглой 3/8 для наложения шва на сухожилие

tendolysis [ten'dɒləsis] см. **tenolysis**

tendon ['tendən] сухожилие

 ~ **of Zinn** ресничный поясок, ресничная [циннова] связка

 Achilles ~ см. **heel** ~

 biceps ~ сухожилие двуглавой мышцы плеча

 calcaneal ~ см. **heel** ~

 central ~ **of diaphragm** сухожильный центр диафрагмы

 conjoined ~ паховый серп, серповидный апоневроз, соединённое [соединительное] сухожилие, Генле связка

 coronary ~s фиброзные кольца (сердца)

 cricoesophageal ~ перстнепищеводное сухожилие

 exposed ~ обнажённое сухожилие

 frayed ~ надорванное сухожилие

 heel ~ пяточное [ахиллово] сухожилие

 lacerated ~ разорванное сухожилие

 quadriceps ~ сухожилие четырёхглавой мышцы

 ragged ~ рваное сухожилие

 torn ~ см. **lacerated** ~

 transected ~ рассечённое сухожилие

tendonitis [tendə'naitis] см. **tendinitis**

tendosynovitis [ˌtendəʊˌsinəʊ'vaitis], **tendovaginitis** [ˌtendəʊˌvædʒi'naitis] тендовагинит, тендосиновит (воспаление синовиальной оболочки сухожильного влагалища)

 de Quervain's ~ де Куэрвена тендовагинит (большого пальца кисти)

tenesmus [tə'nezməs] тенезмы *(ложные болезненные позывы к дефекации)*

tenia[1] ['ti:niːə], *pl.* **teniae** ['tiːniːiː] *анат.* полоска, лента

~e coli ленты ободочной кишки *(брыжеечная, свободная и сальниковая – пучки продольной мускулатуры)*

tenia[2] цепень; ленточный гельминт

teniacide ['tiːniːəˌsaid] тениацид *(средство, поражающее ленточных червей)*

teniafuge [ˌtiːniːə'fjuːʤ] средство, изгоняющее ленточных червей

tenial ['tiːniːəl] **1.** относящийся к ленточным червям **2.** относящийся к структуре, называемой лентой

teniasis [tiː'niːəsis] *параз.* тениоз *(присутствие ленточных червей в кишечнике)*

tenodesis [tə'nɒdəsis] *хир.* тенодез *(перемещение сухожилия к новой точке прикрепления)*

tenolysis [tə'nɒlisis] *хир.* тенолиз *(освобождение сухожилия от рубцов)*

tenomyotomy [ˌtenəʊmai'ɒtəmi] теномиотомия *(рассечение мышцы и её сухожилия)*

tenontagra [ˌtenɒn'tægrə] подагрическое поражение сухожилия

tenontitis [ˌtenɒn'taitis] **1.** *см.* **tendinitis 2.** тенонит *(воспаление теноновой капсулы глазного яблока)*

tenontolemmitis [təˌnɒntəʊle'maitis] тендовагинит, тендосиновит *(воспаление синовиальной оболочки сухожильного влагалища)*

tenoplasty ['tenəʊˌplæsti] тенопластика, пластика сухожилия

tenorrhaphy [tə'nɔːrəfi] тенорафия *(сшивание или ушивание сухожилия)*

tenositis [ˌtenəʊ'saitis] *см.* **tendinitis**

tenostosis [ˌtenɒs'təʊsis] оссификация сухожилия

tenosuture [ˌtenəʊ'suːtʃə] сшивание сухожилия; шов сухожилия

tenosynovectomy [ˌtenəʊˌsinəʊv'ektəmi] иссечение синовиального влагалища сухожилия

tenosynovitis [ˌtenəʊˌsinəʊ'vaitis] тендовагинит, тендосиновит *(воспаление синовиальной оболочки сухожильного влагалища)*

~ crepitans крепитирующий тендовагинит, крепитирующий паратенонит

~ stenosans пружинящие [защёлкивающиеся, щёлкающие] пальцы, стенозирующий лигаментит

nodular ~ гигантоклеточная опухоль сухожильного влагалища, узловатый тендосиновит, синовиоэндотелиома

tenotomize [tə'nɒtə'maiz] пересекать [частично рассекать] сухожилие

tenotomy [tə'nɒtəmi] пересечение или частичное рассечение сухожилия

curb ~ *офт.* иссечение «уздечки» *(с фиксацией на задней части апоневроза глазного яблока при косоглазии)*

tense [tens] **1.** натянутый, тугой, напряжённый **2.** возбуждённый; нервный

tenseness ['tensnəs] (психическая) напряжённость

tension ['tenʃn] **1.** напряжение, напряжённое состояние **2.** натяжение; растяжение **3.** парциальное давление **4.** напряжение, разность потенциалов

~ free без натяжения *(тканей при герниопластике)*

~ of blood кровяное давление

~ of ligaments растяжение связок

~ under stress (нервное) напряжение в условиях стресса

arterial ~ артериальное давление

arterial carbon dioxide ~ парциальное давление углекислоты в артериальной крови

arterial oxygen ~ парциальное давление кислорода в артериальной крови

blood-gas ~ парциальное давление газа в крови

interfacial ~ межфазное натяжение, поверхностное натяжение

intraocular ~ внутриглазное давление, офтальмотонус

intravenous ~ венозное давление

muscle ~ напряжение мышц, ригидность мышц

oxygen ~ давление кислорода, кислородный потенциал

peak ~ максимальное натяжение

premenstrual ~ предменструальный синдром, предменструальное напряжение

psychic ~ психическое [эмоциональное] напряжение, беспокойство, тревога

surface ~ поверхностное натяжение

tissue ~ тканевой тонус, тургор

tissue oxygen ~ парциальное давление кислорода в тканях

tensor ['tensə] напрягающая мышца

fascia lata muscle ~ напрягатель широкой фасции бедра

tent[1] [tent] палатка; покров, ‖ жить в палатке

face ~ головной тент *(при оксигенотерапии)*

fluoroscopy ~ полевой рентгеновский кабинет в палатке

hospital (ward) ~ госпитальная палатка

medical inspection ~ палатка для осмотра раненых

oxygen ~ кислородная палатка

steam ~ паровая палатка

surgical ~ операционная палатка

X-ray ~ полевой рентгеновский кабинет в палатке

tent[2] тампон для заполнения полости ‖ тампонировать, производить тампонаду

sponge ~ пористый [губчатый] тампон

surgeon's ~ хирургический тампон

tentative ['tentətiv] **1.** экспериментальный, пробный, опытный **2.** гипотетический, предполагаемый **3.** предварительный, временный

tentorial [ten'tɔːriəl] относящийся к намёту мозжечка

tentorium [ten'tɔːriəm], *pl.* **tentoria** [ten'tɔːriə] перепончатый покров; горизонтальная перегородка

~ of cerebellum намёт мозжечка, мозжечковый намёт

~ of hypophysis диафрагма турецкого седла

tentum ['tentəm] половой член

tenuity ['tenjuːəti] **1.** разрежённость, разрежение **2.** слабость *(звука)* **3.** бедность; скудность

tephromalacia [ˌtefrəʊmə'leiʃiːə] размягчение серого вещества спинного мозга

tephromyelitis [ˌtefrəʊmaiə'laitis] полиомиелит, церебральный детский паралич, Гейне – Медина болезнь

tephrosis [tef'rəʊsis] кремация

ter [ter]:

~ **in die** три раза в день

teras ['teræs], *pl.* **terata** ['terətə] плод с грубыми пороками развития

teratic [tə'rætik] относящийся к тяжёлым порокам развития

teratism ['terətizm] порок развития, уродство

ectopic ~ эктопия *(аномалия расположения)*

teratoblastoma [ˌterətəʊblæs'təʊmə] тератобластома, злокачественная тератома

teratocarcinoma [ˌterətəʊˌkɑ:si'nəʊmə] эмбриональный рак, тератокарцинома; злокачественная тератома

teratogen ['terətəʊʤən] 1. тератогенный фактор, тератоген *(обстоятельство или вещество, способствующее возникновению пороков развития плода)* 2. тератогенный ген

teratogenesis [ˌterətəʊ'ʤenəsis] 1. тератогенез *(механизм возникновения аномалий развития)* 2. тератогенность *(напр. медикамента)*

food-mediated ~ тератогенез, опосредованный питанием

teratogeny [ˌterə'tɒʤəni] см. **teratogenesis**

teratology [ˌterə'tɒləʤi] тератология *(раздел эмбриологии, изучающий аномалии развития)*

teratoma [ˌterə'təʊmə] тератома, эмбриоцитома *(опухоль, исходящая из зародышевых листков в периоде формирования эмбриона)*

adult [benign cystic, cystic mature] ~ дермоид, кистозная тератома, тератома кожного типа

malignant ~ **of the testis** злокачественная тератома яичка

sacrococcygeal ~ крестцово-копчиковая тератома

teratosis [ˌterə'təʊsis] см. **teratism**

atresic ~ атрезия полого органа

ceasmic ~ врождённая расщелина *(напр. нёба)*

ectogenic ~ врождённое недоразвитие *(напр. конечности)*

ectopic ~ врождённая эктопия, врождённая дистопия

hypergen(et)ic ~ врождённая гипертрофия или гиперплазия

symphysis ~ врождённое патологическое сращение

teratospermia [ˌterətəʊ'spə:miə] тератоспермия *(о наличии патологических сперматозоидов)*

terebinthinism [ˌterəbin'θinizm] отравление скипидаром

terebrant ['terəbrənt], **terebrating** [ˌterə'breitiŋ] сверлящий; пронизывающий, острый *(о боли)*

terebration [ˌterə'breiʃn] 1. трепанация 2. сверлящая боль, пронизывающая [острая] боль

teres ['ti:ri:z], *pl.* **teretes** ['ti:ri:ti:z] круглый и длинный *(обозначение мышц и связок)*

tergal ['tə:gəl] дорсальный, спинной; тыльный

term [tə:m] 1. время, срок, период, семестр 2. *pl.* нормальный период беременности; роды в срок 3. *pl.*, *уст.* менструация 4. термин, выражение; *pl.* положение *(статьи, договора)*

~ **of fitness** срок годности *(напр. лекарства)*

~ **of standard distribution** величина стандартного распределения

for ~ **of life** пожизненно

full gestation ~ нормальный срок беременности

generic ~ родовой термин

long ~ 1. отдалённый *(напр. результат лечения)* 2. длительный *(о ремиссии)*, долгосрочный 3. перспективный *(о плане и пр.)*

short ~ краткосрочный, краткосрочного действия

terminable ['tə:minəbl] ограниченный сроком, срочный, временный

terminal ['tə:minəl] 1. конечная часть, окончание, конец || концевой, терминальный *(напр. отрезок кишки)* 2. терминальный *(критический, безнадёжный, предсмертный)*; пациент, страдающий смертельной болезнью

axon ~**s** терминали аксона *(концевые ответвления аксона, участвующие в образовании синаптических контактов с другими нейронами или клетками-эффекторами)*

current ~ 1. электрический вывод 2. клемма, зажим

input ~**s** «входные участки» *(нейрона)*

nerve ~ нервное окончание, рецептор

presynaptic ~**s** пресинаптические окончания

terminalization [ˌtə:minəli'zeiʃn] терминализация *(хиазм хромосом)*

terminate ['tə:mineit] 1. завершить, закончить; истекать *(о сроке)* 2. прерывать *(о беременности)*

terminatio [ˌtə:mi'neiʃiəʊ] окончание, конец

~ **nervorum liberae** *лат.* свободные нервные окончания

termination [ˌtə:mi'neiʃn] 1. конечная часть, окончание, конец 2. завершение, прекращение; исчезновение *(напр. о симптомах пневмонии)*

~ **of aminoglycoside administration** отмена аминогликозида

~ **of arrhythmia** купирование аритмии

~ **of tachycardia** прекращение [устранение, купирование] тахикардии *(напр. фотокоагуляцией)*

chain ~ терминация синтеза полипептидной цепи

nerve ~ нервное окончание

premature ~ преждевременные роды

suction ~ **of pregnancy** прерывание беременности отсосом

terminator [ˌtə:mi'neitə]:

chain ~ терминатор *(последовательность нуклеотидов, терминирующая транскрипцию)*

terminology [ˌtə:mi'nɒləʤi] терминология, номенклатура

current procedural ~ текущая процедурная терминология *(список кодов, обозначающих виды медицинских услуг)*

terminus ['tə:minəs] 1. конец 2. концевая последовательность мономерных остатков в полимере

amino ~ аминоконец, N-конец *(полипептида)*

blunt ~ тупой конец *(двойной спирали ДНК)*

C- [carboxyl] ~ С-конец, карбоксильный конец *(полипептида)*

N- ~ N-конец, аминоконец *(первая аминокислота в белковой молекуле)*

terpene ['tə:pi:n] терпен *(представитель класса ненасыщенных углеводородов, обладающий специфическим ароматом, напр. мята)*

terra ['terə] *лат.* земля ◊ ~ **incognita** «неизвестная земля», неизвестный науке факт

~ **alba** белая глина

terrace ['teræs] терраса || накладывать многорядный шов

terracide [ˌterəˈsaid] террацид (*уничтожение человеком какого-л. района или части Земли*)

terracing [ˈterəsiŋ] послойное зашивание раны

terrencure [ˌteriŋˈkjuə] терренкур (*дозированная ходьба*)

territoriality [ˌteriˌtɔːriæliti] *см.* **territorial behavior**

territory [ˈteritəri]:

  trust ~ подопечная [обслуживаемая] территория

  vascular ~ регионарное кровоснабжение; область, кровоснабжаемая определённой артерией

terror [ˈterər] 1. страх, ужас 2. террор 3. объект, или субъект, внушающий страх, ужас 4. *разг.* тяжёлый человек; беспокойный ребёнок

  "~ of death" страх смерти

  night ~s ночные страхи, или кошмары (*у детей*)

  sleep ~s ужасы во время сна

  panic ~ панический ужас

terror-haunted [ˈterər-ˌhɔːnted] преследуемый террором

terror-stricken [ˈterər-ˌstrikən], **terror-struck** [ˈterər-ˌstrʌk] объятый [охваченный] ужасом, страхом

tertian [ˈtəːʃən] трёхдневная малярия || трёхдневный, повторяющийся каждый третий день (*чаще о приступах лихорадки*)

  malignant ~ злокачественная малярия (*повторение приступов через двое суток*)

tertiarism [ˈtəːʃiərizm] симптомокомплекс третичного сифилиса

tertiary [ˈtəːʃiæri] третичный (*напр. амин*); третий (*напр. компонент*)

tertigravida [təːʃiˈgrævidə] женщина, беременная в третий раз

tertipara [təːʃiˈpærə] женщина, рожавшая три раза

tertivalent [təːʃiˈveilənt] трёхвалентный

tesla [ˈteslə] тесла (*единица магнитной индукции*)

tessellated [ˈtesəˌleitid] мозаичный (*напр. кариотип*)

test [test] 1. тест; проба; анализ 2. испытание; исследование; проверка || испытывать, исследовать; производить анализ; проверять || испытательный; проверочный 3. реакция 4. реактив ◊ **~ by experience** проверка опытом, экспериментальная проверка

  ~ for activity испытание на активность (*лекарственного средства*)

  ~ for blood проба [реакция] на наличие крови

  ~ for detection of antibodies to HIV тестирование на антитела к ВИЧ-инфекции

  ~ for hearing тест на остроту слуха

  ~ for hypersensitivity аллергическая проба

  ~ for identity испытание на подлинность (*лекарственного вещества*)

  ~ for licensing тесты, прохождение которых требуется для получения лицензий

  ~ for mentality тест на интеллектуальное развитие, тест оценки интеллекта

  ~ for purity испытание на чистоту

  ~ for sterility испытание на стерильность

  ~ of abstract reasoning тест на абстрактное мышление

  ~ of fit критерий согласия

  ~ of numerical ability тест оценки математических способностей

  ~ of significance *стат.* критерии значимости, критерии достоверности

  ~ of variables of attention тест на внимание и импульсивность

  ~ with Nessler's reagent определение с помощью реагента Несслера (*содержания остаточного азота в крови*)

  to ~ the validity of the patient's thoughts проверять сохранность мышления больного

  ability ~ психотехническое испытание (*на оценку способностей*)

  abortus Bang ring ~ реакция агглютинации с молоком на бруцеллёз

  absorption ~ проба на поглощение

  accelerated storage ~ тестирование ускоренного старения медикамента

  acetic acid ~ проба с уксусной кислотой (*на белок*)

  achievement ~ тест постижения (*определяющий уровень приобретённых знаний*)

  acid(ified) serum ~ Хэма кислотный тест, реакция специфического гемолиза эритроцитов в кислой среде (*для диагностики пароксизмальной ночной гемоглобинурии*)

  acid perfusion ~ перфузионная проба

  acid phosphatase ~ for semen проба на кислую фосфатазу в сперме

  acid reflux ~ кислотная проба обратного заброса (*пищи*)

  ACTH-stimulation ~ проба [тест] со стимуляцией АКТГ (*на функцию коры надпочечников*)

  active rosette ~ реакция розеткообразования

  adhesion ~ реакция иммуноагглютинации (*эритроцитов*), реакция иммунного прилипания

  agar gel immunodiffusion ~ метод [реакция] иммунопреципитации, или иммунодиффузии, в агаровом геле

  agar "replicate" ~ тест отпечатков [реплик] на агаре

  agglutination ~ реакция агглютинации

  agglutination inhibition ~ реакция задержки [торможения] агглютинации

  AIDS blood ~ серодиагностический тест на СПИД

  aiming ~ *психол.* тест на «попадание в цель»

  albumin suspension ~ иммунологическая проба с эритроцитами, взвешенными в растворе альбумина, на резуспринадлежность крови

  alcohol use disorder identification ~ анкета для массового скрининга людей с ранними признаками алкоголизма

  aldosterone ~ определение альдостерона в суточной моче

  alkali denaturation ~ метод щелочной денатурации (*для определения гемоглобина F*)

  allergic [allergy] ~ аллергическая (диагностическая) проба; аллерготестирование, исследование на аллергию

  alternate binaural loudness balance ~ тест чередующегося бинаурального баланса громкости

  alternate cover ~ проба попеременного закрывания глаз (*на выявление косоглазия*)

  alternate response ~ тест с альтернативными вариантами ответа

  Ames ~ Эймса тест (*тест с метаболической активацией на канцерогенность*)

  ammonium sulfate precipitation ~ тест на преципитацию сульфата аммония

amniotic fluid shake ~ тест пенообразования амниотической жидкости

androsterone ~ определение андростерона мочи

animal ~ испытание на животных

anoxemia ~ гипоксемический тест

anterior drawer ~ симптом «переднего выдвижного ящика»

antibiotic sensitivity ~ определение чувствительности к антибиотику

antibody ~ тест на антитела

anti-cardiolipin antibody ~ тест на антитела к кардиолипину

anti-DNA ~ проба на антитела к ДНК

anti-DNAase ~ антидезоксирибонуклеазный тест

antiglobulin ~ антиглобулиновый тест, Кумбса реакция

antinuclear antibody ~ тест на антинуклеарные антитела

antistaphylolysin (AST) ~ AST-тест *(определение антистафилолизинов на стафилококк)*

antistreptolysin microtitration ~ микротитрационный антистрептолизиновый тест

aptitude ~ тест на выявление способностей *(при оценке профессиональной пригодности)*

ascaris skin ~ кожная проба на аскаридоз

Aschheim – Zondek ~ Ашгейма – Цондека реакция *(на беременность)*

association ~ *псих.* тест на выявление ассоциаций

at home ~ самоанализ, анализ на дому

augmented histamine ~ усиленная [максимальная] гистаминовая проба, Кея проба

Australian antigen ~ анализ крови на австралийский антиген *(вируса гепатита B)*

automated reagin ~ автоматизированный реагиновый тест

bacteriological ~ бактериологическая проба

Barany's caloric ~ *см.* caloric ~

Barany's pointed ~ Барани указательная проба, пальце-пальцевая проба, проба или реакция промахивания

basophil rosette ~ реакция розеткообразования базофилами

bed-side ~ анализ у постели больного

BEI ~ определение гормонального [бутанолэкстрагируемого] йода *(в крови)*

belt ~ проба с поясом *(при энтероптозе)*

bending ~ тест на сгибание и упругость *(ортодонтических проволок)*

Benedict's ~ Бенедикта проба *(выявление сахара в моче или других жидкостях организма)*

bentonite flocculation ~ реакция агглютинации частиц бентонита *(для выявления ревматоидного фактора)*

benzidine ~ бензидиновая проба *(на наличие крови)*

bile pigment ~ проба на жёлчные пигменты, реакция на жёлчь

bile solubility ~ тест растворения в жёлчи *(для дифференцировки некоторых видов микроорганизмов)*

bilirubin blood ~ определение билирубина в крови

Binet – Simon ~ тест Бине – Симона *(опросник для оценки умственного развития детей)*

bioassay ~ биологический анализ; биологическая проба, биопроба

blanching ~ феномен угасания *(сыпи)*

blank [blind] ~ контрольный [слепой] опыт

blastogenesis ~ реакция бласттрансформации *(в смешанной культуре лимфоцитов)*

blister ~ волдырная [гидрофильная] проба, Мак-Клюра – Олдрича проба

blood ~ 1. анализ крови 2. реакция на выявление крови

blood-bank ~ скрининг донорского банка крови; массовое типирование групп крови

blood-compatibility ~ проба на совместимость крови

blood fragility ~ проба на резистентность эритроцитов

blood-sedimentation ~ определение скорости оседания эритроцитов

bone conduction ~ определение костной проводимости звука

brain-stem evoked response ~ тест на реакцию ствола головного мозга

breath ~ проверка выдыхаемого воздуха на алкоголь *(водителей транспорта)*

breath-holding ~ проба с задержкой дыхания

British picture vocabulary ~ Британская методика оценки словарного запаса с помощью картинок

bromsulphalein ~ бромсульфофталеиновая проба

bronchial provocation ~ бронхопровокационная проба с аллергеном

brucella ring ~ *см.* abortus Bang ring ~

brucellin ~ бруцеллиновая реакция

butanol-extractable iodine ~ определение гормонального [бутанолэкстрагируемого] йода

calibration ~ 1. поверка 2. градуировка; калибровка 3. проверка калибровки или градуировки

caloric ~ калорическая проба Барани *(раздражение лабиринта холодной или тёплой водой)*

capacity use-dilution ~ оценка активности дезинфектанта *(по разведению)*

capillary fragility [capillary resistance] ~ определение капиллярной резистентности, симптом жгута, или щипка, эндотелиальная проба

carcinoembryonic antigen ~ определение карциноэмбрионального антигена

Casoni's ~ Касони [Каццони] проба *(реакция кожной гиперчувствительности на эхинококкоз)*

cell adhesion ~ тест клеточного прилипания *(тест опсонизации in vivo)*

cercarial agglutination ~ реакция агглютинации с живыми трематодами, циркариальный агглютинационный тест

check ~ контрольное испытание; контрольный опыт

chi-square ~ *стат.* критерий хи-квадрат

chloride ~ тест для определения хлоридов пота *(на муковисцидоз)*

choice reaction ~ *псих.* тест на реакцию выбора

cigarette ~ for diabetes insipidus тест на несахарный диабет с вдыханием адиурекрина

circulation time ~ определение скорости кровообращения

cis-trans ~ тест на цис-транс положение

citrate utilization ~ цитратный тест *(на усвоение лимонной кислоты бактериями)* clearance ~ клиренс-тест

clinical ~ of hearing клиническая проверка слуха

clot-lysis ~ определение фибринолитической активности крови

clunk ~ симптом приглушённого металлического звука (при нестабильности атланта)

coagulase ~ коагулазный тест (для идентификации стафилококков)

coin ~ феномен металлического звука (напр. при пневмотораксе)

cold antibody lysis ~ скрининг-тест с охлаждением, реакция лизиса эритроцитов на холод (для диагностики ночной пароксизмальной гемоглобинурии)

coliform(-bacteria) ~ исследование (воды) на колибактерии

color ~ цветовой тест; цветовая проба

comparative single intradermal tuberculin ~ сравнительная одноэтапная внутрикожная проба с туберкулином

compatibility ~ проба на совместимость

complement fixation ~ реакция связывания комплемента, Борде – Жангу реакция

complement lysis sensitivity ~ см. cold antibody lysis ~

concentration ~ определение концентрационной способности почек

concentration performance ~ проба на концентрацию внимания

conglutination ~ реакция конглютинации (для определения резус-антител)

conjunctival ~ конъюнктивальная [глазная] проба, офтальмопроба

Coombs' ~ Кумбса реакция (прямая и непрямая) (метод выявления сенсибилизированных эритроцитов)

cover-uncover ~ тест закрывания-открывания глаз (для выявления скрытого косоглазия у детей)

CO_2-withdrawal seizure ~ проба с гипервентиляцией для провокации судорожного припадка

cross-challenge ~ тест перекрёстного заражения

cross-immunization ~ тест перекрёстной иммунизации

cross-interference ~ тест перекрёстной интерференции (вирусов)

cross-neutralization ~ реакция перекрёстной нейтрализации

crude ~ предварительная проба

cryoglobulin ~ криоглобулиновый тест

cup ~ луночный тест (для определения чувствительности к антибиотикам)

cutaneous ~ (аллергическая) кожная проба

Day's ~ предварительная проба на кровь (с перекисью водорода), реакция Дея

definitive ~ суд. мед. 1. доказательная проба 2. доказательная реакция

delayed cutaneous hypersensitivity ~ тест замедленной кожной гиперчувствительности

diagnostic antibody ~ серологическая реакция

dichotic listening ~ тест для исследования слуха

Dick ~ Дика реакция (применяемая в диагностике скарлатины)

dipstick ~ for blood тест с индикаторной полоской на наличие крови

direct antiglobulin ~ прямая реакция Кумбса, прямой антиглобулиновый тест (аутоантитела против антигенов собственных эритроцитов, на аутоиммунную гемолитическую анемию)

direct complement fixation ~ прямая реакция связывания комплемента, прямая РСК

direct fluorescent-antibody [direct immunofluorescence] ~ прямая реакция иммунофлуоресценции

disaccharide tolerance ~ тест толерантности к дисахаридам

discontinuation ~ тест отмены (исчезновение симптомов определённой реакции после прекращения лечения)

disintegration ~ испытание (лекарственных форм) на биодеградацию

disk ~ метод дисков (определения чувствительности к антибиотикам)

dissolution ~ испытание на растворимость

dominant lethal ~ тест на доминантные летальные мутации (определение мутагенности химических соединений)

dope ~ антидопинговый тест

double-blind ~ двойной контрольный опыт, двойное контрольное испытание

double immunodiffusion ~ реакция двойной иммунодиффузии

draw-a-man ~ псих. тест «рисования людей» (проективный тест)

drop crossmatch ~ «капельная» проба на совместимость

dry filter-paper ~ тест сухой фильтровальной бумаги (для изучения дезинфектанта)

dye exclusion cytotoxic ~ цитотоксический тест с освобождением красителя

ear ~ испытание слуха, слуховой тест

edetic-acid ~ тест с этилендиаминтетрауксусной кислотой (определение функции околощитовидных желёз)

effort ~ тест с нагрузкой

electric pulp ~ электроодонтодиагностика

electrophoretic mobility ~ тест электрофоретической подвижности

emission ~ проверка отработанных газов (автомобиля на токсичность)

enzyme ~ ферментная проба

enzyme augmentation agglutination ~ реакция агглютинации с ферментативным усилением

erythrocyte adherence ~ реакция иммуноагглютинации (эритроцитов), реакция иммунного прилипания

erythrocyte, antibody, complement ~ тест ЕАС-розеток с эритроцитами барана, сенсибилизированными антителами и комплементом

erythrocyte fragility ~ определение осмотической стойкости эритроцитов

erythrocyte sedimentation ~ определение скорости оседания эритроцитов

estrogen receptor ~ тест на эстрогеновые рецепторы

evocative ~ провокационный тест

exercise tolerance ~ нагрузочная проба, тест на переносимость физической нагрузки

exercise treadmill ~ тест физической нагрузки на тредмиле

exploratory ~ поисковое исследование

exposure ~ тест экспозиции

factor-reversal ~ тест обратимости факторов

false negative ~ ложно-отрицательная проба *(напр. на скрытую кровь)*

false positive ~ ложно-положительная проба

fecal occult blood ~ анализ кала на скрытую кровь

Fehling's ~ Фехлинга тест *(на выявление сахара в моче)*

femoral stretch ~ тест с растяжением бедренного нерва

fermentation ~ проба на брожение, бродильная проба, ферментационный тест

fern ~ тест «папоротника» *(на эстрогенную активность)*

fibrin plate lysis ~ чашечный тест определения лизиса фибрина

field ~ *суд. мед.* полевая проба; проба, производимая на месте происшествия

figlu ~ тест фиглю *(для выявления дефицита фолиевой кислоты в организме)*

filtered speech ~ тест с использованием фильтрованной речи

finger-to-finger ~ *см.* **Barany's pointed** ~

fistula ~ *ото.* фистульная проба

fixation ~ *см.* **complement fixation** ~

flicker fusion frequency ~ определение критической частоты слияния мельканий

flocculation ~ коагуляционная [флоккуляционная, осадочная] проба, осадочная реакция

fluorescent-antibody ~ проба с флуоресцирующими антителами; реакция иммунофлуоресценции

fluorescent treponemal antibody-absorption ~ тест флуоресцирующей адсорбции трепонемных антител

foam stability ~ тест пенообразования амниотической жидкости

fragility ~ определение осмотической стойкости эритроцитов

Frei ~ Фрея проба *(на выявление венерической лимфогранулёмы)*

Friedman's ~ *уст.* Фридмана тест *(на наличие беременности)*

fructose tolerance ~ фруктозотолерантный тест

fundus reflex ~ офтальмоскопия в бескрасном свете, ретиноскопия

galactose tolerance ~ проба на переносимость [толерантность] к галактозе

galactosidase immunosorbent ~ твёрдофазный иммуногалактозидазный тест

gelatin agglutination ~ реакция агглютинации в желатине

gel diffusion precipitin ~ реакция иммунодиффузной преципитации в геле

genus-specific ~ проба для определения родовой принадлежности *(бактерии)*

global coagulation ~ общее время свёртываемости

glove ~ перчаточный тест *(на качество дезинфекции)*

glucose oxidase ~ глюкозооксидазный метод

glucose tolerance ~ проба на переносимость [толерантность] к глюкозе

gonadotropins urine ~ определение гонадотропина в суточной моче

greater sensitivity ~ высокочувствительный тест

grouping ~ определение группы крови

guaiac ~ гваяковая проба *(на скрытую кровь)*

Guthrie ~ Гатри проба *(на фенилкетонурию)*

head dropping ~ симптом воздушной подушки *(диагностика состояния экстрапирамидной системы)*

head-up tilt table ~ ортостатическая проба

Heaf's ~ Гифа (уколочная) проба; многоточечная туберкулиновая проба

heat ~ проба с кипячением *(для определения термолабильных белков в моче)*

heat stability ~ тест теплоустойчивости *(фермента)*

Heller's ~ Геллера тест *(на наличие альбумина в моче)*

hemagglutination-inhibition ~ реакция задержки, [подавления, торможения] гемагглютинации, РЗГА

hemalogic ~ анализ крови

hemoccult ~ проба на скрытую кровь

hemochromogen crystal ~ *суд. мед.* реакция на кристаллы гемохромогена *(предварительная проба на наличие крови)*

hemoglobin ~ определение содержания гемоглобина

hemolysis [hemolytic] ~ проба на гемолиз

Hering's ~ Геринга тест *(определение бинокулярного зрения)*

high-dose dexamethasone suppression ~ большая дексаметазоновая проба *(для дифференцировки опухоли коры надпочечников от их гиперплазии)*

histamine ~ гистаминовая проба *(метод исследования секреторной функции желудка)*

histolatex ~ реакция латекс-агглютинации

Hollander ~ Холландера инсулиновая проба

hot plate ~ *физиол.* тест горячей пластинки

hue ~ оттеночный тест *(при исследовании цветового зрения)*

hydrogen sulfide ~ тест обнаружения сероводорода *(в питательных средах)*

hydrostatic ~ *суд. мед.* гидростатическая жизненная проба, лёгочная жизненная проба

hypoxemia ~ гипоксемический тест

^{121}I uptake ~ тест включения радиоактивного йода *(определение функции щитовидной железы)*

ice cube ~ проба с кусочком льда *(для диагностики холодовой крапивницы)*

immune adhesion ~ реакция иммуноагглютинации *(эритроцитов)*, реакция иммунного прилипания

immune function ~ тест оценки состояния иммунитета

immunofluorescence ~ реакция иммунофлюоресценции, РИФ

immunologic pregnancy ~ иммунологический метод выявления беременности

incest ~ проверка на наличие летальных генов

incomplete sentence ~ *психол.* тест на завершение предложений

independence ~ критерий независимости

indirect fluorescent antibody ~ непрямой метод иммунофлюоресценции

indirect hemagglutination ~ реакция пассивной гемагглютинации, РПГА

infectivity ~ тест инфективности *(для обнаружения вирусов)*

information ~ тест общей осведомлённости

infrared spectrophotometric identification ~ определение подлинности (лекарственного вещества) по инфракрасному поглощению

inkblot ~ *см.* **Rorshach** ~

inoculation ~ инокуляционная проба

insulin ~ инсулиновая проба

intelligence ~ тест на интеллектуальное развитие, тест оценки интеллекта

interfacial precipitin ~ реакция кольцепреципитации

intradermal allergy ~ внутрикожный аллерготест

intraleukocytic killing ~ тест внутрилейкоцитарного умерщвления бактерий *(определение функциональной активности полиморфно-ядерных гранулоцитов)*

Ishihara ~ Исихары тест *(определение цветового зрения с помощью стандартных таблиц)*

17-ketosteroid assay ~ метод определения 17-кетостероидов

knee-heel ~ коленно-пяточная проба *(проверка координации движений)*

Kveim ~ Квейма проба *(для диагностики саркоидоза)*

laboratory ~ лабораторное испытание, лабораторная проверка, или проба

Lasegue ~ Ласега [проба] симптом

latex agglutination [latex fixation] ~ реакция латекс-агглютинации

latex slide ~ тест с латексом на предметном стекле

leakage ~ проба на герметичность

LE-cell ~ тест на LE-клетки *(красной волчанки)*

leukocyte adherence inhibition ~ реакция торможения адгезии лейкоцитов

leukocyte migration inhibition ~ реакция торможения миграции лейкоцитов

limit ~ испытание на предельное содержание *(примесей в лекарственном препарате)*

litmus ~ 1. лакмусовая реакция 2. безошибочный показатель, средство для испытания *(чего-л.)*

liver battery ~ набор печёночных тестов

liver imaging ~s способ [метод] визуализации печени

loading ~ нагрузочный тест, нагрузочная проба

loose-body ~ тест высвобождения волчаночных клеток, LEC-рилизинг тест

lung function ~ тесты внешнего дыхания

lupus band ~ тест волчаночных полос

lupus erythematosus cell ~ волчаночно-клеточный тест

lymphocyte rosette inhibition ~ тест торможения розеткообразования лимфоцитов, ТТР

lymphocyte transformation ~ тест трансформации лимфоцитов

macrophage migration (inhibition) ~ реакция торможения миграции макрофагов

macroscopic plate agglutination ~ реакция агглютинации на предметном стекле

major crossmatch ~ основной тест при определении совместимости групп крови

Mann-Whithney U ~ *стат.* Манна – Уитнея U-тест *(непараметрический тест)*

Mantoux ~ Манту реакция *(кожный тест с туберкулином)*

Master's two-step exercise ~ *кард.* Мастера двухступенчатая проба

mastery ~ тест овладения навыками

match ~ «спичечный тест» *(при оценке функции внешнего дыхания)*

Mauthner's ~ Маутнера тест *(определения цветового зрения с помощью флаконов с разноцветными растворами)*

medical college admission ~ вступительный тест в медицинский колледж

memory ~ тест на запоминание

methylamine ~ метиламиновая проба *(определение лактозы в моче)*

methylene blue ~ тест с метиленовым синим

Michigan alcoholism screening ~ Мичиганский тест на выявление алкоголизма

microagglutination ~ реакция микроагглютинации

microhemagglutination ~ for Treponema pallidum реакция микрогемагглютинации на сифилис

micronucleus ~ микроядерный тест *(на мутагенность вещества)*

microtiter vibriocidal antibody ~ микропроба на вибрицидные антитела *(метод серодиагностики холерного вибриона)*

migration-inhibition ~ *иммун.* реакция торможения миграции

milk-ring ~ реакция агглютинации с молоком коров на бруцеллёз

Minnesota multiphasic personality inventory ~ Миннесотский многофазный личностный инвентаризационный опросник [тест MMPI] *(психологический опросник в виде серий истинных и ложных утверждений)*

minor ~ вспомогательный тест *(напр. на совместимость крови)*

mirror absorption ~ *иммун.* зеркальный абсорбционный тест

missing-parts ~ *см.* **picture completion** ~

mixed agglutination ~ реакция смешанной агглютинации

mixed lymphocyte culture ~ реакция смешанной культуры лимфоцитов, СКЛ-реакция *(тест на совместимость)*

modified water deprivation ~ модифицированная проба с лишением воды

monitoring ~ контрольное испытание

Montenegro ~ кожная проба на лейшманиоз, Монтенегро реакция

motor sequencing ~ тест на последовательность движений

mouse protection ~ тест защиты на мышах

mucic acid ~ проба со слизевой кислотой, Толленса проба *(для определения лактозы)*

mucin clot prevention ~ муциновая проба на предотвращение образования сгустка

multiple-choice ~ тест с выбором правильного ответа из нескольких вариантов

negative ~ отрицательный результат опыта

nephelometric end-point ~ нефелометрический тест по конечной точке

neutralization ~ *см.* **protection** ~

nitrasin yellow swab ~ тампонный тест с нитразиновым жёлтым

nitric acid ~ проба азотной кислотой *(на наличие белка)*

nitroblue tetrazolium ~ тест с нитросиним тетразолием *(определение фагоцитарной активности полиморфно-ядерных лейкоцитов)*

normal lymphocyte transfer ~ тест переноса нормальных лимфоцитов

numerical ~ тест на оперирование с числами

nystagmus ~ *см.* **caloric** ~

object assembly ~ тест на сборку предметов

occult blood ~ проба на скрытое кровотечение

occupational ~ тест на профессиональные качества

odd ~ выборочное испытание

omnibus ~ *психол.* тест с перетасованными заданиями

one-or-two-tailed ~ одно- или двусторонний статистический критерий

one-stage prothrombin time ~ *см.* **prothrombin** ~

open patch ~ аппликационная кожная проба *(на контактный дерматит)*

ophthalmic ~ *см.* **conjunctival** ~

opsono-cytophagic ~ опсоно-фагоцитарный тест

oral ~ **1.** пероральный тест *(напр. с глюкозой)* **2.** устный тест

oral lactose-tolerance ~ проба пероральной толерантности к лактозе

orthostatic ~ ортостатическая проба *(метод исследования функционального состояния сердечно-сосудистой системы)*

orthotoluidine ~ ортотолуидиновая проба *(метод определения глюкозы в биологических жидкостях)*

Ortolani click ~ Ортолани симптом щелчка, или соскальзывания

oxytocin challenge ~ окситоциновая проба, Абурела проба

PABA screening ~ скрининг-тест с парааминобензойной кислотой

panel ~ панель-тест, скрининг-тест *(с использованием панели зондов)*

Pap [Papanicolaou] ~ Папаниколау тест, или метод

paper radioimmunosorbent ~ радиоиммуносорбентная проба на бумаге

parallax ~ *офт.* параллаксовый тест

parametric ~ *стат.* параметрический тест

parentage ~ *см.* **paternity** ~

patch ~ *см.* **open-patch** ~

paternity ~ тест на установление отцовства

patient-self ~ аутосерологическая проба

Patrick's ~ Патрика симптом *(усиление болей при сдавлении таза с боков)*

pelvic splay ~ тест с раздвиганием тазовых костей *(на наличие перелома)*

personnel research ~ психофизические исследования личного состава

Phalen's ~ Фалена проба *(появление парестезий и онемения в положении ладонного сгибания кисти в течение 1 минуты)*

phenolsulfonphthalein ~ фенолсульфофталеиновый тест *(показатель кальциевой секреции почек)*

phosphatase ~ фосфатазный тест *(определение степени пастеризации молока по снижению в нём активности щелочной фосфатазы)*

photopatch ~ кожная реакция на фоточувствительность

picture completion ~ *психол.* тест на восполнение недостающих деталей

Pirquet's ~ Пирке проба *(на туберкулёз)*

pitting ~ тест образования углублений *(в агаре)*

pituitary gonadotropin ~ определение гипофизарного гонадотропина в суточной моче

plasma reagin circle card ~ серологический тест на реагины плазмы с референс-антигеном *(трепонемальный антиген)*

plate agglutination ~ реакция агглютинации на пластинке

platelet adhesion ~ тест адгезии тромбоцитов

platelet agglutination ~ реакция тромбоагглютинации

platelet aggregation ~ реакция агрегации тромбоцитов

pointing ~ *см.* **Barany's pointed** ~

post ~ заключительный контроль *(напр. подготовки медицинских сестёр)*

postcoital ~ посткоитальный тест *(для диагностики бесплодия)*

posterior drawer ~ симптом «заднего выдвижного ящика»

postural ~ *см.* **orthostatic** ~

potency ~ тест для оценки эффективности вакцины

precipitin ~ реакция преципитации *(метод обнаружения и идентификации антител или растворимых антигенов)*

predicative ~s of genetic diseases прогностические тесты генетических болезней

pregnancy ~ тест на наличие беременности

pre-transfusion compatibility ~ предварительная проба на совместимость крови

prick ~ (кожная) инъекционная проба, прик-тест *(аллергический тест уколом)*

proficiency ~ тест на уровень подготовки *(при приёме на работу)*

progeny ~ тест по потомству *(оценка генотипа родителей по генотипам потомков)*

projective ~s *психол.* проективные тесты

proof ~ контрольное испытание

protection ~ реакция нейтрализации *(микроорганизма)*

prothrombin (consumption) ~ Квика проба *(определение протромбинового времени)*

protein ~ проба на белок

protein-bound iodine ~ проба на йод, связанный с белком *(оценка функции щитовидной железы)*

provocative ~ (аллергическая) провокационная проба

pulmonary function ~ лёгочная функциональная проба

pulp ~ определение жизнеспособности пульпы зуба

pyrogen ~ проба на пирогенность

qualitative ~ качественная проба, качественное испытание

quantitative ~ количественная проба; количественное испытание

quantitative cutaneous ~ кожная проба с разведениями

Queckenstedt ~ Квеккенштедта тест со сдавлением ярёмных вен *(для диагностики блока проходимости спинномозговой жидкости)*

quick ~ экспресс-метод

Quick's ~ Квика проба *(протромбиновая проба)*

radioallergosorbent ~ радиоаллергосорбентный тест, РАСТ

radioimmunosorbent ~ радиоиммунологический сорбентный тест

rapid ~ *см.* quick ~

rapid antigen ~ экспресс-тест на антиген

rapidly alternating speech perception ~ тест на восприятие быстро перемежающейся речи *(для исследования слуха)*

rapid plasma reagin ~ экспресс-метод определения сывороточных реагинов

rapid reagin card ~ карточная реагиновая экспресс-проба *(на сифилис с префиксацией иммунной сыворотки на твёрдой подложке)*

rapid slide agglutination ~ экспресс-диагностика с агглютинацией на предметном стекле

ratio ~ *ген.* тест соотношения рекомбинантов

reading ~ проверка способности читать

Rebuck ~ Ребука тест, тест «кожного окна» *(модификация скарификационной пробы на аллергию)*

recall antigen ~ кожная проба с панелью *(диагностических антигенов)*

red cell adherence ~ реакция иммуноагглютинации *(эритроцитов)*, реакция иммунного прилипания

red cell-linked-antigen ~ реакция непрямой гемагглютинации с антигеном на эритроцитах

remote association ~ *психол.* тест отдалённых ассоциаций

renal function ~s тесты, позволяющие оценить функцию почек *(лабораторные и рентгенологические методы)*

ring ~ дисковый метод определения чувствительности бактерий к антибиотикам

ring precipitin ~ реакция кольцепреципитации

Rinne's ~ Ринне проба *(на дифференциацию кондуктивной и нейросенсорной глухоты)*

roll-over ~ тест с переворачиванием *(для ранней диагностики позднего токсикоза беременности)*

Rorschach ~ Роршаха личностный тест; тест чернильных пятен *(оценка уровня интеллекта с помощью проективных методик)*

rosette ~ метод (иммунных) розеток, метод розеткообразования

rotation ~s тесты с вращением

Rothera's ~ Ротера тест *(исследование мочи на сахарный диабет по наличию ацетона или уксусной кислоты)*

rough ~ грубый [предварительный] тест

routine ~ обычный [стандартный] тест, или метод, исследования

rubacell ~ проба для определения противокоревого иммунитета

rubella HI ~ реакция подавления гемагглютинации при краснухе

Rubin's ~ диагностическое продувание маточных труб, пертубация

saline suspension ~ реакция агглютинации в солевой среде *(для обнаружения резус-агглютиногенов в крови)*

salt solution ~ волдырная [гидрофильная] проба, Мак Клюра – Олдрича проба

Schick ~ проба на дифтерию, Шика реакция

Schilling ~ Шиллинга проба *(на способность усваивать витамин B_{12} из кишечника)*

scholastic achievement ~ тест для оценки успеваемости

scholastic aptitude ~ тест на способность к обучению

scotch ~ метод щелочного препарирования кожи *(неоднократное нанесение 10 % раствора щелочи на поражённую кожу при диагностике чесотки)*

scratch ~ скарификационная (кожная) проба

screening ~ скрининг-тест, отсеивающий тест, предварительный отбор *(для более глубокого исследования)*

secretin ~ секретиновый тест *(метод исследования внешнесекреторной функции поджелудочной железы)*

sedimentation ~ 1. определение скорости оседания эритроцитов 2. реакция агглютинации

segregational ~ *ген.* тест на расщепление

selective answer ~ тест с заданными вариантами ответов

semi-global coagulation ~s тесты, характеризующие отдельные стадии свёртывания крови

sensitivity ~ проба на чувствительность *(напр. микроорганизма к лекарственному препарату)*

sensitization ~ аллергическая проба, аллерготест

sentence repetition ~ *психол.* тест на повторение предложений

serological [serum] ~ серологическая реакция, сывороточная проба; титры антител

serum bactericide ~ определение бактерицидной активности сыворотки

serum sensitivity ~ проба на агглютинабельность *(бактерий)*

sex ~ определение полового хроматина, половых хромосом

shadow ~ скиаскопия, диоптроскопия, пупиллоскопия, теневая проба

shake ~ тест пенообразования амниотической жидкости

shizont-infected-cell agglutination ~ реакция агглютинации клеток, инфицированных плазмодием *(малярии)*

short-term [short-time] ~ экспресс метод; ускоренное испытание

simple HIV ~ простой тест на ВИЧ

simularities ~ тест подобия, тест на установление сходства

"sitting" straight leg raising ~ тест поднятия выпрямленной ноги «сидя»

skin ~ (аллергическая) кожная проба

skin-prick ~ *см.* prick ~

slide agglutination ~ реакция агглютинации на предметном стекле

small increment sensitivity ~ определение восприятия звучания серии тонов *(с целью выявления поражения улитки)*

smear ~ взятие мазка *(напр. из шейки матки)*

special ~s специальные методы исследования *(напр. иммунологические)*

specific locus ~ тест специфических локусов *(тест на мутагенность веществ)*

speed ~ тест на скорость *(выполнения задания)*

sperm antibody ~ проба со спермальными антигенами

spiral omnibus ~ тест со спиральным расположением заданий *(циклическое чередование разнотипных вариантов с возрастанием их трудности)*

split renal function ~ раздельная почечная проба

spot ~ капельный тест

squat ~ тест с приседанием

starch iodine ~ йод-крахмальный тест

station ~ *невр.* проба на устойчивость, Ромберга проба

sterility ~ тест на стерильность

stool blood ~ тест на скрытую кровь

straight leg raising ~ тест на поднимание прямой ноги

stress ~ проба [тест] с нагрузкой

Student's ~ Стьюдента критерий (достоверности), t-критерий

Stycar ~s стандартные тесты для оценки развития детей и подростков

sublingual food ~ подъязычная проба на непереносимость пищи

substitution ~ подстановочный тест

sucrose lysis ~ сахарная проба, Гартмана – Дженкиса проба *(для диагностики пароксизмальной ночной гемоглобинурии)*

supression ~ тест подавления *(напр. АКТГ для выявления гипо- и гиперкортицизма)*

survival ~ тест на выживание

sweat ~ 1. тест на содержание хлорида натрия в потовой жидкости *(при муковисцидозе)* 2. Минора проба *(определение области расстройства потоотделения при помощи йода и крахмала)*

tanned red cell ~ тест таннизированных эритроцитов, Бойдена метод *(пассивной гемагглютинации)*

thematic apperception ~ тематический тест осмысленного восприятия, ТАТ *(проективный тест на толкование сюжетных картинок)*

thermal ~ температурная проба

third man ~ тест «у третьего лица» *(определение тканевой совместимости in vivo)*

three-glass ~ трёхстаканная проба, Ядассона проба *(исследование мочи в трёх порциях)*

thrombin generation ~ тест тромбинообразования

thrombin time ~ определение тромбинового времени

thromboplastin generation ~ тест образования тромбопластина

thyroid-stimulating hormone stimulation ~ тест стимуляции тиреотропного гормона

thyroid suppression ~ тест супрессии щитовидной железы

thyrotropin-releasing hormone stimulation ~ тест стимуляции тиреотропинвысвобождающего гормона

tibial compression ~ исследование на смещение голени при давлении на неё *(относительно бедра)*

tine ~ скарификационная (кожная) проба

tolerance ~ 1. *физиол.* проба на выносливость 2. проба на толерантность

toluidin red unheated serum ~ тест с толуидиновым красным и непрогретой сывороткой

tone decay ~ тест угасания тона *(для выявления ретрокохлеарного поражения слуха)*

tourniquet ~ проба со жгутом, турникетная проба

toxicity [toxicological] ~ испытание на токсичность

transplantation ~ проба на гистосовместимость

tray agglutination ~ агглютинационная проба в лунках *(на планшете)*

Trendelenburg's ~ Тренделенбурга проба

Treponema pallidum immobilization ~ реакция иммобилизации бледных трепонем, РИБТ

triple marker ~ тест тройного маркера

"triple T-~" тройной Т-тест *(с тремя инъекциями сустанона с целью оценки эрекции)*

T₁ root stretch ~ тест на растяжение спинномозгового корешка T_1

tube ~ пробирочный тест *(для определения чувствительности к антибиотикам)*

tuberculin (skin) ~ см. Mantoux ~

tube-slide agglutination ~ двухэтапная (пробирка – стекло) реакция агглютинации

tubular reabsorption ~ тест канальцевой реабсорбции

tuning fork ~s камертонная проверка *(слуха)*

twin cross-over ~ двойной перекрёстный опыт

two-glass ~ двухстаканная проба *(исследование мочи в двух порциях)*

two-locus neutrality ~ тест нейтральности двух локусов

"two questions ~" тест «два вопроса» *(при диагностике аппендицита)*

two-sided ~ двусторонний критерий

two-step exercise ~ см. Master's two-step exercise ~

two-tail ~ см. two-sided ~

Tzanck ~ Тзанка тест *(мазок-отпечаток, взятый с основания пемфигусного пузырька, на наличие специфических клеток)*

under ~ проходящий испытания, испытуемый, тестируемый

urinary concentration ~ тест на концентрацию мочи

urine pregnancy ~ тест на беременность *(определяется по наличию гонадотропина в моче)*

valgus stress ~ вальгусная нагрузочная проба

validation ~ 1. проверка пригодности; тест на соответствие стандартам 2. проверка правильности показаний прибора

van den Bergh's ~ ван ден Берга проба *(определение билирубина)*

Venereal Disease Research Laboratory ~ тест Научно-исследовательской лаборатории по изучению венерических заболеваний, VDRL-тест *(США)*

ventilatory drive ~s тесты вентиляционной перегрузки

verbal comprehension ~ вербальная память, тест на понимание речи

verbal fluency ~ устный тест на беглость речи

verbal subtest of Wechsler ~ Векслера вербальный субтест

Veterans Administration Screening ~ скрининговый тест (на алкоголизм) Управления по делам ветеранов (США)

vibriocidal ~ тест на агглютинацию [умерщвление] вибрионов

vision ~ зрительный тест (исследование зрительной функции)

visual B₂ ~ определение витамина B₂ в крови и моче

visual field ~ определение поля зрения

vitality ~ определение жизнеспособности

vitamin C ~ эндотелиальная проба (напр. баночная)

vocabulary ~ тест словарного запаса

vocational aptitude ~ тест [проверка] профпригодности

Voges – Proskauer ~ реакция Фогеса – Проскауэра (специфическая реакция на ацетоин, используемая при идентификации микроорганизмов)

wake-up ~ проба с пробуждением больного (после наркоза)

water ~ проба с водной нагрузкой

water deprivation ~ тест с лишением воды (для отличия несахарного диабета от сахарного)

Weber's ~ Вебера тест (проверка слуха)

whey agglutination ~ см. abortus Bang ring ~

word association ~s ассоциативный словесный тест (для выявления скрытых аффективных комплексов)

word-building ~ тест на составление слов

Wright's ~ Райта реакция (реакция агглютинации на бруцеллёз)

X-lined recessive lethal ~ тест рецессивных леталей, сцепленных с полом

zink turbidity ~ нефелометрическая проба с цинком

testalgia [tes'tælʤiə] орхиалгия, Купера болезнь

test-breakfast [test-'brekfəst], **test-dinner** [test-'dinə] «желудочный завтрак [обед]» (определение секреторной функции желудка после приёма 8 % раствора алкоголя)

testectomy [test'ektəmi] орхиэктомия

testee ['testi:] тестируемый, испытуемый, объект теста

tester ['testə] 1. испытательный прибор, контрольно-измерительный прибор 2. тестирующий; проводящий анализ, испытание (дегустатор, лаборант, исследователь)

diionic water ~ прибор для определения чистоты воды

lung ~ спирометр, спирограф

milk ~ лактометр

moisture ~ влагомер

near-sight ~ прибор для проверки зрения на близком расстоянии

pulp ~ аппарат для одонтодиагностики

rapid vision ~ прибор для экспресс-анализа зрения

testes ['testi:z] pl. от testis

testicle ['testikl] см. testis

testicular [tes'tikju:lə] тестикулярный (относящийся к яичку)

testiculoma [tes,tikju:'ləʊmə] опухоль яичка, адренобластома

testify ['testifai] свидетельствовать (о чём-л.); давать показания

testily ['testili] раздражительно, вспыльчиво

testimony ['testiməni] 1. показание 2. заключение (эксперта); утверждение 3. доказательство; свидетельство

courtroom ~ экспертное заключение в суде

false ~ лжесвидетельство, ложное свидетельское показание

testing ['testiŋ] 1. исследование, испытание, тестирование; проба ‖ испытательный 2. измерение, определение

~ **for the cremaster reflex** исследование кремастерного рефлекса

~ **for tightness** проба на пережатие (напр. гипсовой повязкой)

~ **of atomic weapons** испытание атомного оружия

acute toxicity ~ тестирование с острым токсическим воздействием

AIDS ~ проверка на СПИД

allergy ~ **of the skin** аллергические кожные пробы

anonymous ~ анонимное тестирование (напр. на СПИД)

automated multiphasic health ~ массовое автоматизированное многопрофильное обследование (населения)

batch ~ тестирование партии препарата, серийное тестирование

bedside glucose ~ определение уровня глюкозы у постели больного

blood ~ анализ крови

circulatory stress ~ проверка давления кровотока

clinical ~ **of anticancer agents** клиническая апробация противоопухолевых препаратов

clinical exercise ~ тестирование с применением физических упражнений

confidential ~ конфиденциальное тестирование

computer-aided ~ испытание с применением компьютера, автоматизированный контроль

cross ~ перекрёстное тестирование

culture and sensitivity ~ идентификация возбудителя и его чувствительности (к антибиотикам)

diagnostic ~ диагностическое обследование

exercise ~ нагрузочная проба, проба с физической нагрузкой

further diagnostic ~ дальнейшее диагностическое обследование

histocompatibility ~ определение гистосовместимости

in-house ~ 1. исследование в домашних условиях 2. исследование в «своём» [местном]

intercross ~ тестирование методом «интеркросс»

in vitro ~ лабораторное тестирование, исследование in vitro

lateral stress ~ проведение пробы на боковое раскачивание

long term carcinogenicity ~ длительное исследование на канцерогенность

mandatory ~ принудительное тестирование

mass ~ массовый контроль

microdroplet ~ канальный микроанализ

multiphasic health ~ многоступенчатое исследование состояния здоровья

muscle power ~ проверка мышечной силы

nerve conduction ~ проверка нервной проводимости

one-or two tailed ~ выбор одно- или двустороннего статистического критерия *(напр. при оценке медицинской технологии)*

patch ~ накожная проба

point-of-care ~ анализ [тестирование] непосредственно у постели больного

prenatal ~ пренатальная диагностика

proficiency ~ 1. проверка на надёжность *(напр. лабораторного оборудования)* 2. проверка на профессиональную пригодность

progressive exercise ~ тестирование с увеличивающейся физической нагрузкой

pulmonary function ~ функциональное исследование лёгких

quantitative exercise ~ количественные нагрузочные тесты

random ~ испытание с помощью случайных выборок

reality ~ пробы на реальность *(тест на способность отличить реальное от вымышленного)*

safe ~ безопасность тестирования; безопасное тестирование

semiquantitative ~ полуколичественное определение *(напр. прогестерона)*

sensitivity ~ анализ на чувствительность *(напр. к антибактериальным препаратам)*

sensory ~ исследование органа чувствительности

serologic ~ серологическое обследование, проведение серологических анализов

side-room ~ тестирование во внелабораторных условиях

stress ~ проведение нагрузочной пробы, тестирование с нагрузкой *(напр. при рентгенографии)*

substance-abuse ~ тестирование на наличие наркотических веществ

toxicity [toxicological] ~ испытание на токсичность

tuberculin ~ проведение туберкулиновой пробы

unlinked ~ анонимное несвязанное тестирование

urine ~ анализ мочи

urine ~ for drug abuse определение употребления наркотических веществ по моче

viability ~ тестирование жизнеспособности

visual ~ проверка зрения

voluntary ~ добровольное тестирование

testis ['testis], *pl.* **testes** ['testiːz] яичко; семенник, тестикул

~ flottans, ~ redux псевдоретенция яичка, мигрирующее яичко *(ложный крипторхизм)*

appendix ~ привесок яичка, морганиева гидатида

cryptorchid ~ крипторхизм, неопустившееся яичко

ectopic ~ эктопированное яичко, эктопия яичка

incompletely descended ~ неполное опущение яичка

inguinal ~ паховый крипторхизм

inverted ~ перекрут [заворот] яичка

maldescended ~ *см.* **cryptorchid ~**

migrating [moveable] ~ *см.* **~ flottans**

obstructed ~ брюшной [паховый] крипторхизм

pulpy ~ семинома яичка, сперматогониома, сперматоцитома

remaining ~ рудимент яичка

retained ~ *см.* **cryptorchid ~**

retractile ~ *см.* **~ flottans**

scrofulous ~ туберкулёз яичка

undescended ~ *см.* **cryptorchid ~**

testitis [tes'taitis] орхит *(воспаление яичка)*

test-meal ['test-miːl] *см.* **test-breakfast**

motor ~ рентгеноконтрастное определение двигательной активности пищеварительного тракта

testoid ['testɔid] 1. рудиментарное образование у женщин, напоминающее яичко 2. андроген, андрогенный гормон, мужской половой гормон ‖ андрогенный

testosterone [tes'tɒstərəʊn] тестостерон *(основной мужской половой гормон)*

test-tube [test-tjuːb] 1. пробирка 2. «ребёнок из пробирки» *(родившийся в результате экстракорпорального оплодотворения)*

test-type [test-taip] таблица для определения остроты зрения

tetanase ['tetəneiz]:

H-~ тетано(гемо)лизин *(компонент столбнячного экзотоксина)*

tetanic [te'tænik] 1. столбнячный; тетанический 2. агент, вызывающий судороги *(напр. стрихнин)*

tetaniform [te'tænifɔːm] *см.* **tetanoid**

tetanilla [tetə'nilə] 1. фибрилляция [фибриллярные подёргивания] мышц 2. тетания

tetanin(e) ['tetəniːn] столбнячный токсин

tetanism ['tetənizm] спазмофилия, детская тетания

tetanize ['tetənaiz] вызывать тетаническое сокращение мышцы *(напр. электрическим током)*

tetanoid ['tetənɔid] 1. напоминающий столбняк 2. напоминающий тетанию

tetanolysin [ˌtetə'nɒlisin] тетано(гемо)лизин *(компонент столбнячного экзотоксина)*

tetanophilic [ˌtetənəʊ'filik] имеющий сродство к токсину столбняка

tetanospasmin [ˌtetənəʊ'spæzmin] тетаноспазмин *(компонент столбнячного экзотоксина, вызывающий судороги)*

tetanotoxin [ˌtetənəʊ'tɒksin] столбнячный токсин

tetanus ['tetənəs] 1. столбняк 2. *физиол.* тетанус, тетаническое сокращение; судороги; спазм ◊ **~ anticus** эмпростотонус *(положение тела с согнутым вперёд туловищем за счёт сокращения мышц)*

~ ascendens «восходящий столбняк» *(в эксперименте на животных; начинается с поражения конечности)*

~ dorsalis *см.* **~ posticus**

~ lateralis изгиб туловища в сторону большего сокращения мышц при столбняке

~ neonatorum столбняк у новорождённых *(вследствие инфицирования пуповины)*

~ posticus опистотонус *(тоническое сокращение мышц спины и шеи с запрокидыванием головы и вытягиванием конечностей)*

anodal opening ~ тетаническое анодразмыкательное сокращение

apyretic ~ тетания

cephalic [cerebral] ~ энцефалитический столбняк

cryptogenic ~ криптогенный [идиопатический, эндогенный] столбняк

descending ~ нисходящая форма столбняка *(судороги мышц, начавшись с головы, спускаются вниз)*

diphtheria ~ судороги при дифтерийном крупе

drug ~ тонический спазм, обусловленный препаратом

generalized ~ генерализованный [общий] столбняк

hydrophobic ~ форма столбняка с преимущественным поражением мышц глотки

imitative ~ истерия с судорожными припадками, напоминающими столбняк

intermittent ~ *см.* **apyretic** ~

local ~ локализованный [местный] столбняк

paralytic partial ~ *см.* **cephalic** ~

postpartum [puerperal] ~ послеродовой [пуэрперальный] столбняк

toxic ~ *см.* **drug** ~

umbilical ~ *см.* **neonatorum** ~

uterus ~ *см.* **postpartum** ~

tetany ['tetəniː] тетания *(разновидность судорожных состояний)*

~ **of alkalosis** тетания вследствие алкалоза

duration ~ 1. тонический мышечный спазм *(при применении сильного гальванического тока)* 2. продолжительное оцепенение

gastric ~ желудочная тетания

hyperventilation ~ гипервентиляционная тетания

hypoparathyroid ~ паратиреопривная тетания

infantile ~ тетания, возникающая при рахите у детей

latent ~ скрытая тетания

manifest ~ явная тетания

neonatal ~ спазмофилия, детская тетания

parathyroid [parathyroprial] ~ паратиреопривная тетания *(после удаления околощитовидных желёз)*

puerperal ~ эклампсия, послеродовая тетания

tetarcone [ˌtetəˈkəʊn] задне-внутренний бугорок верхнего премоляра

tetartanop(s)ia [ˌtetətəˈnɒpsiə] *офт.* гомонимная квадрантная гемианопсия

tether ['teðə] 1. фиксация || фиксировать, привязывать 2. предел, граница; ограничение

tetrabrachius [ˌtetrəˈbreikiəs] *терат.* плод с четырьмя верхними конечностями

tetrachromic [ˌtetrəˈkrəʊmik] 1. относящийся к четырём цветам 2. способный различать четыре из семи цветов спектра

tetracoccus [ˌtetrəˈkɒkəs], *pl.* **tetracocci** [ˌtetrəˈkɒksai] тетракокк

tetracrotic [ˌtetrəˈkrɒtik] тетракротический *(о пульсовой кривой с четырьмя подъёмами в течение одного цикла)*

tetrad ['tetræd] тетрада *(совокупность четырёх элементов)*

Fallot's ~ Фалло [тетралогия] тетрада

tetradactyly [ˌtetrəˈdæktili] четырёхпалость

tetragonus [ˌtetrəˈɡəʊnəs] *анат.* платизма

tetralogy [teˈtrælədʒi] *см.* **tetrad**

tetrameric [ˌtetrəˈmerik], **tetramerous** [ˌtetrəˈmerəs] тетрамерный *(состоящий из четырёх частей, способных существовать в четырёх формах)*

tetraparesis [ˌtetrəpəˈriːsis] парез четырёх конечностей

flaccid ~ вялый тетрапарез

tetraplegia [ˌtetrəˈpliːʤiə] тетраплегия, квадриплегия *(паралич всех четырёх конечностей)*

tetraplegic [ˌtetrəˈpliːʤik] с парализованными конечностями

tetraploid ['tetrəplɒid] тетраплоид *(клетка с четырьмя наборами хромосом)*

tetrapus ['tetrəpəs] *терат.* плод с четырьмя стопами

tetrascelus [teˈtræsələs] *терат.* плод с четырьмя нижними конечностями

tetravaccine [ˌtetrəˈvæksiːn] тетравакцина *(комбинация брюшно-тифозной, паратифозных А и Б и холерной вакцин)*

tetrazolium [ˌtetrəˈzəʊliːəm]:

(para)nitroblue ~ (пара)нитросиний тетразолий *(краситель)*

tetter ['tetə] *разг.* болезни кожи *(лишай, экзема, фавус и т. п.)*

branny ~ сухая [чешуйчатая] себорея, отрубевидный [простой, сухой] питириаз

crusted ~ импетиго

dry ~ *см.* **scaly** ~

honeycomb ~ фавус, парша

humid ~ мокнущая экзема

milky ~ молочный струп *(при экссудативно-катаральном диатезе у грудных детей)*

moist ~ *см.* **humid** ~

scaly ~ экзема

wet ~ *см.* **humid** ~

tetterwort ['tetəwəːt] чистотел большой *(Chehdonium majus)*

texis ['teksis] беременность

textbook ['tekstbʊk] руководство; учебник; сборник трудов

Oxford ~ **of clinical pharmacology** Оксфордский справочник по клинической фармакологии

textiform ['tekstifɔːm] сетчатый, ретикулярный

textural ['teksʧərəl] структурный, морфологический *(напр. об изменениях кости)*

texture ['teksʧə] 1. текстура, структурное состояние; строение; текстура 2. *фарм.* наполнитель 3. *анат.* ткань

~ **of food** состав пищи

honeycomb ~ «ячеистая» структура *(напр. «сотовое лёгкое»)*

hyperechogenic ultrasonic ~ гиперэхогенная структура ультразвукового изображения

hypoechogenic ultrasonic ~ гипоэхогенная структура ультразвукового изображения

isoechogenic ultrasonic ~ структура средней эхогенности

irregular ultrasonic ~ неоднородная по эхогенности структура

meat-like ~s пищевые наполнители колбас

mosaically [mixed] ultrasonic ~ мозаичная [смешанная] структура ультразвукового изображения

small cellated ultrasonic ~ мелкоячеистая структура ультразвукового изображения

small grained ultrasonic ~ мелкозернистая структура ультразвукового изображения

surface ~ структура поверхности *(напр. колонии гриба)*

textus ['tekstəs] *анат.* ткань

~ **nervosus** нервная ткань

~ **ossens lamellaris** пластинчатая костная ткань

T-filter [ti-'filtə] Т-образный фильтр

T-group [ti-'gru:p] Т-группа *(лиц)*, группа тренинга

thalamencephalon [ˌθæləmen'sefələn] 1. промежуточный мозг 2. таламус, зрительный бугор

thalamic [θə'læmik] таламический *(относящийся к зрительному бугру)*

thalamocele ['θæləməʊsi:l] третий желудочек головного мозга

thalamotomy [ˌθælə'mɒtəmi] таламотомия *(хирургическое разрушение отдельных участков таламуса)*

thalamus ['θæləməs], *pl.* **thalami** ['θæləmi] таламус, зрительный бугор

thalass(an)emia [ˌθəlæsæ'ni:miə] талассемия, мишеневидно-клеточная гемолитическая анемия *(обусловленная аномалией структуры гемоглобина)* ◊ ~ **major** большая талассемия, средиземноморская [эритробластическая] анемия, Кули анемия

~ **minima** минимальная талассемия *(протекающая без клинических проявлений)*

~ **minor** малая талассемия, Риетти – Греппи – Микели болезнь

thalassophobia [ˌθəlæsəʊ'fəʊbiə] талассофобия *(патологическая боязнь моря)*

thalassotherapy [ˌθəlæsəʊ'θerəpi] талассотерапия, морелечение *(воздух, купание, прогулки)*

thalidomide [θə'lidəʊmaid] талидомид *(широко применявшийся в западных странах транквилизатор, изъятый из употребления в связи с выраженной тератогенностью)*

thallium ['θæli:əm] таллий *(имеет радиоактивные изотопы* ^{195}Tl – ^{210}Tl *с периодом полураспада от долей секунды до 4 лет)*

thallotoxicosis [ˌθæləʊˌtɒksi'kəʊsis] отравление таллием

thamuria [θeim'ju:riə] поллакиурия *(учащённое мочеиспускание)*

thanatobiologic [ˌθænətəʊˌbaiəʊ'lɒʤik] танатобиологический *(относящийся к процессам жизни и смерти)*

thanatogenesis [ˌθænətəʊ'ʤenəsis] танатогенез, механизм развития смерти

thanatognomonic [ˌθænətəʊ'nəʊmɒnik] свидетельствующий о приближении смерти *(о симптоме; неблагоприятный прогноз)*

thanatoid ['θænətɔid] 1. напоминающий смерть *(напр. о состоянии)* 2. смертельный, смертоносный

thanatology [ˌθænə'tɒləʤi] танатология *(изучение закономерностей процесса умирания)*

thanatophobia [ˌθænətəʊ'fəʊbiə] танатофобия *(патологическая боязнь смерти)*

thanatophoric [ˌθænətəʊ'fɔ:rik] летальный, смертельный

thanatopsy ['θænətɒpsi] вскрытие *(трупа)*, аутопсия

Thanatos ['θænətəs] Танатос *(персонифицированное обозначение инстинкта смерти, влечения к смерти, инстинкта и влечения агрессии и деструкции)*

thanatosis [ˌθænə'təʊsis] некроз, гангрена

thaumatropy [θɔː'mætrəpi] метаплазия

theater ['θiətə], **theatre** 1. *англ.* операционная 2. аудитория; демонстрационный зал

~ **of spontaneity** *псих.* «спонтанный театр»

major operating ~ большая операционная

minor operating ~ малая операционная

theatricality [ˌθiˌætri'kæləti] *психол.* театральность

thebaism ['θi:beiizm] морфинизм, морфиномания

theca ['θi:kə], *pl.* **thecae** ['θi:si:] 1. *анат.* оболочка, капсула 2. строма яичника

~ **cordis** перикард

~ **folliculi,** ~ **interna** соединительнотканная [внутренняя, круглоклеточная] оболочка фолликула *(сосудистый слой)*

~ **medullare spinalis,** ~ **vertebralis** твёрдая мозговая оболочка спинного мозга

thecal ['θi:kəl] оболочечный, капсульный

thecitis [θi:'saitis] тендовагинит, тендосиновит

thecoma [θi:'kəʊmə] текома, (ксантоматозная) текаклеточная фиброма *(яичка)*

thecomatosis [θi:kəʊmə'təʊsis] гиперплазия стромы яичника

thecostegnosis [θi:kəʊstəg'nəʊsis] сужение синовиального влагалища сухожилия

theelin ['θi:lin] эстрон *(женский половой гормон)*

theelol ['θi:lɒl] эстриол *(женский половой гормон)*

theine ['θi:i:n] теин *(активная составляющая чая)*

the(in)ism ['θi:inizm] теизм *(злоупотребление кофеином)*

thele ['θi:li:] сосок молочной железы

theleplasty ['θi:li,plæsti] пластика грудного соска

thelitis [θi:'laitis] телит *(воспаление грудного соска)*

thelium ['θi:li:əm], *pl.* **thelia** ['θi:li:ə] 1. *см.* **thele** 2. клеточный слой

theloncus [θi:'lɒŋkəs] новообразование с вовлечением в процесс грудного соска; рост соска

thelorrhagia [ˌθi:ləʊ'reiʤiə] кровотечение из грудного соска

thelymania [θeli'meiniə] сатириазис *(патологически повышенное половое влечение у мужчин)*

theme [θi:m]:

painful ~**s** болезненные (психотравмирующие) темы

thenar ['θi:nə] возвышение большого пальца кисти, тенар

thenen ['θi:nən] относящийся к ладонной поверхности кисти *(особ. к латеральной стороне)*

theobromine [θi:əʊ'brəʊmin] теобромин *(алкалоид, присутствующий в кофе, какао и чае, аналог пурина)*

theophylline [θi:'ɒfəlin] теофиллин *(алкалоид, близкий к теобромину)*

theory ['θi:əri]:

~ **and application** теория и практика

~ **of antigenic immaturity of conceptus** теория «иммунологического инфантилизма» *(плода)*, теория иммунологической незрелости плода

~ **of contiguity** теория смежностного распространения

~ **of gene starvation** теория голодания гена

adaptive enzyme ~ *иммун.* теория адаптивных ферментов

Adler's ~ индивидуальная психология Адлера

adsorption ~ **of narcosis** адсорбционная теория наркоза

"beads on a string" ~ теория «бусин на нити» *(линейного расположения генов на хромосоме)*

blunt sampler ~ теория «слепого» заборника

cataclysmic ~ *биол.* теория катастроф

cell ~ клеточная теория *(Вирхова)*

cellular defence ~ учение о фагоцитозе *(Мечникова клеточная теория иммунитета)*

chromosome ~ хромосомная теория наследственности

clonal selection ~ клонально-селекционная Бернета теория

colloid ~ **of narcosis** коллоидная теория наркоза

conversion ~ *ген.* конверсионная теория

cross-reactive antigen ~ теория перекрёстно-реагирующих антигенов

dual recognition ~ теория «двойного распознавания» *(об отдельных видах рецепторов Т-лимфоцитов для собственно антигенов гистосовместимости и для чужеродных антигенов)*

duplicity ~ **of vision** теория двойственности зрения

embryonal ~ эмбриональная теория возникновения опухолей, Конгейма теория зародышевых зачатков

emergency ~ роль активации симпатоадреналовой системы в поддержании гомеостаза при неотложных состояниях

enzyme inhibition ~ **of narcosis** теория ингибирования дыхательных ферментов во время наркоза

error ~ теория погрешностей, или ошибок

field ~ теория поля *(как совокупности переживаемых индивидуумом побудителей его активности)*

forbidden antigen [forbidden-clone] ~ теория «запрещённых клонов» *(одна из теорий иммунитета)*

"framework" ~ теория «решётки», теория реципрокной поливалентности, теория вариабельности антител

free-radical ~ свободно-радикальная теория *(старения; предложена Harman)*

Freud's ~ фрейдизм

frozen accident ~ *биол.* теория «замороженного случая»

game ~ теория игр

germ ~ микробная теория *(инфекции)*

germ layer ~ *эмбр.* теория зародышевых листков

gestalt ~ гештальтпсихология *(направление в психологии)*

hierarchial (factor) ~ иерархичная (факторная) теория *(способностей)*

immune deficiency ~ теория иммунологической недостаточности

incasement ~ *см.* **preformation** ~

instructive ~ инструктивная [матричная] теория *(биосинтеза антител)*

labelling ~ теория «приклеивания ярлыков», этикетирования

lateral-chain ~ *иммун.* теория боковых цепей *(Эрлиха)*

lattice ~ *иммун.* теория «решётки» *(образования комплексов антиген – антитело в виде трёхмерной решётки)*

life-event stress ~ теория стрессовых жизненных событий

lipoid ~ **of narcosis** липоидная теория наркоза

lock and key ~ теория специфического действия ферментов, теория «замка и ключа» *(Фишера)*

mnemic ~ мнемоническое правило

monophyletic ~ *см.* **unitarian** ~

network ~ теория сетей, Ерне теория естественного отбора

object relations ~ *психол.* теория объектных отношений

"one gene – one enzyme" ~ концепция «один ген – один фермент»

optimal level of arousal ~ теория оптимального уровня возбуждения *(как определяющего мотивацию)*

permeability ~ **of narcosis** теория проницаемости действия наркоза

pithecoid ~ теория происхождения человека и обезьяны от общего предка

polyphyletic ~ полифилетическая теория *(кроветворения)*

preformation ~ преформизм, теория преформации *(рассматривающая индивидуальное развитие как развёртывание и рост содержащихся в яйце и/или спермии специфических микроструктур)*

quantum ~ квантовая теория

quinoid ~ квиноидная теория *(согласно которой квиноидное вещество, содержащееся в хрусталике, под влиянием нарушения метаболизма аминокислот способствует перерождению растворимого белка и помутнению хрусталика)*

recapitulation ~ биогенетический закон, правило рекапитуляции, Мюллера – Геккеля закон

replacement ~ теория возмещения

resonance ~ **of hearing** резонаторная теория слуха *(Гельмгольца)*

saltation ~ *биол.* сальтационная теория, теория скачков

separation ~ *биол.* теория изоляции

sequestration antigen ~ теория «забарьерных» [секвестрированных] антигенов *(допускающая существование скрытых от иммунной системы аутоантигенов)*

serial endosymbiotic ~ теория последовательных эндосимбиозов

side-chain ~ *иммун.* теория боковых цепей *(Эрлиха)*

target ~ теория [принцип] мишени, принцип попадания *(в радиобиологии)*

template ~ *см.* **instructive** ~

transition state ~ *биол.* теория переходного состояния

unitarian ~ унитарная [монофилетическая] теория *(кроветворения)*

theque [tek] скопление невоцитов между эпидермисом и собственно дермой

therapeutic [ˌθerəˈpjuːtik] лечебный, терапевтический; консервативный

therapeutics [ˌθerəˈpjuːtiks] 1. терапия, клиническая медицина, лечебное дело 2. наука и искусство врачевания 3. научное обоснование лечения болезней

alimentary ~ диетотерапия

bacterial ~ антибактериальная терапия

dental ~ терапевтическая стоматология

differential ~ индивидуализированные терапевтические подходы

manipulative ~ мануальная терапия, хиропрактика

neurologic ~ лечение неврологически больных

perinatal ~ перинатальная терапия

pharmacological ~ фармакотерапия

rational ~ фармакотерапия

ray ~ лучевая терапия, радиотерапия

serum ~ серотерапия

suggestive ~ суггестивная психотерапия

surgical ~ 1. консервативное лечение хирургически больных 2. применение медикаментозных средств в хирургии; клиническая хирургия

therapeutist [ˌθerəˈpjuːtist], **therapist** [ˈθerəpist] терапевт, практикующий врач

auxiliary ~ котерапевт *(второй ведущий психотерапевтической группы)*

corrective ~ врач-ортопед

industrial ~ врач на промышленном предприятии

language ~ дефектолог *(специалист по лечению расстройств речи)*; логопед

"lay ~" лекарь-неспециалист

local authority occupational ~ профпатолог местных органов здравоохранения

massage ~ врач-массажист

nurse ~ медсестра, проводящая лечение *(напр. ребёнка с недержанием мочи)*

occupational ~ 1. специалист по профессиональным заболеваниям, профпатолог 2. специалист по трудотерапии

physical ~ физиотерапевт

registered respiratory ~ врач-пульмонолог, включённый в регистр и имеющий лицензию на практическую деятельность

speech ~ врач-логопед

therapia [ˌθerəˈriːə] см. **therapy**

therapist-in-training [ˈθerəpist-in-ˈtreiniŋ] врач, проводящий тренинг-терапию

therapy [ˈθerəpi] *син.* **treatment** лечение, терапия

~ ex juvantibus *лат.* пробное лечение *(напр. при дифференциальной диагностике пилоростеноза от пилороспазма)*

abortive ~ обрывающее [абортивное] лечение

acute ~ экстренное пособие, или лечение; лечение в острых ситуациях

adjunctive [adjuvant] ~ дополнительные лечебные мероприятия; вспомогательная [адъювантная] терапия *(напр. назначение гормонов после операции)*

adulticidal ~ лечение, направленное на уничтожение половозрелых особей гельминтов

aerosol ~ аэрозольтерапия

aggressive ~ 1. инвазивные методы лечения, включая операции 2. агрессивная терапия *(использование сильнодействующих лечебных средств)*

aggressive diuretic ~ форсированный диурез

aggressive medical ~ интенсивная медикаментозная терапия

alimentary ~ диетотерапия

allopathic ~ аллопатия *(научная терапия)*

alternate-day ~ альтернативная [прерывистая] терапия с назначением медикаментов через день *(напр. о гормонотерапии)*

ambulant ~ амбулаторное лечение

ancillary medical ~ дополнительное медикаментозное лечение

antacid ~ лечение антацидными препаратами

antibiotic ~ антибактериальная терапия

antibody [antibody mediated] ~ пассивная иммунотерапия, лечение антителами *(напр. антистафилакокковой плазмой)*

anticoagulant ~ антикоагулянтная терапия

anticonvulsant ~ противосудорожная терапия

anticriminal ~ терапия, ориентированная на предотвращение преступления

antihypertensive drug ~ гипотензивная [антигипертензивная] лекарственная терапия

antimicrobial ~ антибактериальная терапия

antioxidant ~ антиоксидантная терапия

antiparkinsonian ~ лечение паркинсонизма

antiphobic ~ антифобическая терапия

antirejection ~ лечение криза отторжения *(трансплантата)*

antisence ~ генная терапия с использованием «антисмысловых» последовательностей

anti-suicide oriented ~ антисуицидальная терапия

appropriate antibiotic ~ адекватная [рациональная] антибиотикотерапия

art ~ *психол.* арттерапия, терапия искусством

auricular needle ~ аурикулотерапия, аурикулоиглорефлексотерапия

autoserum ~ аутосеротерапия

aversion ~ терапия, направленная на выработку рефлекса отвращения *(напр. при хроническом алкоголизме)*

basic ~ базисное лечение *(назначение общепринятых препаратов по формуляру)*

beam ~ дистанционная лучевая терапия

beesting ~ апитерапия *(применение пчелиного яда и его препаратов с лечебной целью)*

behavior ~ лечение поведения, поведенческая терапия *(вид психотерапии)*

biofeedback ~ лечение методом обратной биологической связи

biological ~ies биологические методы лечения

boron-neutron capture ~ борон-нейтронная захватная терапия *(злокачественных опухолей)*

breathing ~ дыхательная терапия; дыхательная гимнастика

brief stimulus ~ (электросудорожная) терапия короткими импульсами

cancer gene ~ генная терапия рака

cardiovascular gene ~ генная терапия сердечно-сосудистых заболеваний

cell transplantation ~ имплантация культур клеток, лечение пересадкой клеток

chelation ~ комплексообразующая терапия, хелатотерапия *(напр. отравлений)*, см. тж. **deleading ~**

chiropractic ~ мануальная терапия

client centered [client oriented] ~ (психо)терапия, центрированная на клиенте; личностно-ориентированная (психо)терапия

clinical behavior ~ клиническая поведенческая терапия

clonal gene ~ клональная генотерапия, лечение рекомбинантными клонами *(клеток)*

cognitive(-behavioral) ~ когнитивно(-бихевиоральная) терапия *(поведенческая психотерапия с целью достижения изменений личности, исходя из сознательного жизненного опыта)*

collapse ~ коллапсотерапия *(туберкулёза лёгких)*

colloid ~ внутривенное введение коллоидного раствора *(напр. крахмала)*

combination ~ комплексная терапия, комбинированное лечение *(сочетание фармакотерапии и нелекарственных методов – физиотерапии, ЛФК и пр.)*

combined photon ~ комбинированная фотонная терапия

community ~ *см.* **group** ~

complementary ~ *см.* **adjunctive** ~

composite ~ *см.* **combination** ~

conditioned reflex ~ условно-рефлекторная терапия; поведенческая терапия

conjoint ~ *см.* **family** ~

contact radiation ~ 1. аппликационная [контактная] лучевая терапия 2. близкофокусная лучевая терапия

continuation ~ долечивание

converging beam ~ конвергентная лучевая терапия

convulsive shock ~ *см.* **electric shock** ~

costume play ~ игровая терапия в костюмах

creative arts ~ терапия художественным творчеством

critical component ~ основной компонент лечения

curie ~ *см.* **radium beam** ~

current ~ проводимая в данный момент терапия

cytoreductive ~ цитостатическая терапия

cytotoxic ~ химиотерапия *(цитотоксическими препаратами)*

daily living activities ~ терапия методом повседневных действий

dancemovement ~ *псих.* танцевально-двигательная терапия

decision ~ выбор метода лечения

deep X-ray ~ глубокая рентгенотерапия

definitive ~ 1. радикальная терапия, радикальные методы лечения 2. избирательная [направленная] терапия, индивидуализированное лечение

deleading ~ выведение из организма солей тяжёлых металлов с помощью хелатирующих препаратов

demand ~ лечение «по запросу» *(напр. рефлюксной болезни при возникновении изжоги)*

depot ~ лечение препаратами пролонгированного действия

dialysis ~ лечебный диализ

diathermic ~ диатермия

directly observed ~ приём (противотуберкулёзных) препаратов под непосредственным наблюдением медперсонала

dissolution ~ лечение растворением, медикаментозное растворение *(камней)*

diversional ~ терапия методом развлечений, отвлекающая терапия

domestic tasks ~ терапия выполнением «домашних заданий»

domiciliary oxygen ~ оксигенотерапия в домашних условиях

drip ~ капельная инфузионная терапия

drug ~ лечение лекарственными средствами, медикаментозное лечение, фармакотерапия

educational ~ образовательная терапия

efferent ~ эфферентная терапия *(плазмаферез, гемодиализ, энтеросорбция, криопреципитация)*

electric shock [electroconvulsive] ~ электросудорожная [электроконвульсивная] терапия, ЭСТ, электрошок

electrolyte ~ инфузионная терапия для восстановления водно-электролитного баланса

electron beam ~ *см.* **beam** ~

electrotherapeutic sleep ~ лечение электросном, электросон

emanation ~ лечение с помощью газообразных радиоактивных веществ

emperic ~ эмпирическая терапия

endocrine ~ *см.* **glandular** ~

endosonic root canal ~ ультразвуковая обработка корневого канала *(зуба)*

environmental ~ *псих.* терапия [лечение] средой *(создание благоприятной обстановки для больного – отношение окружающих, условия труда и быта и т. п.)*

enzyme replacement ~ ферментозаместительная терапия

established effective ~ традиционно установленная эффективность лечения

expectant ~ выжидательная терапия

extended antiplatelet ~ продолжительная антитромбоцитная терапия

ex vivo gene ~ генная терапия на пациенте *(введение гена в изолированные клетки больного, которые после культивирования и трансформации вводят обратно в организм с целью устранения генетического дефекта)*

familial [family] ~ 1. *псих.* семейная психотерапия *(нормализация взаимоотношений внутри семьи)* 2. лечение всех членов семьи

fast-electron ~ терапия быстрыми электронами

fetal ~ лечение плода *(в матке под контролем ультразвука)*

fever ~ *см.* **pyretic** ~

first-line ~ терапия первого выбора

fluid ~ инфузионная терапия

γ-~, gamma ~ гамма-лучевая терапия

game ~ игровая терапия

gene [gene replacement] ~ *см.* **ex vivo gene** ~

germ line gene ~ генная терапия с использованием клеток зародышевой линии

gestalt ~ гештальт-терапия *(метод психотерапии, основанный на изучении психики с точки зрения целостных структур – гештальтов)*

glandular ~ гормональная терапия, лечение эндокринными препаратами

glucocorticoid pulse ~ пульс-терапия глюкокортикоидами

gold ~ лечение препаратами золота

grid ~ растровая лучевая терапия

group ~ групповая [коллективная] психотерапия

3-H (hypertension, hypervolemia, hemodilution) ~ трёхкомпонентная терапия (субарахноидальных кровоизлияний) – гипертензия, гиперволемия, гемодилюция

4-H (3H, hepatin) ~ четырёхкомпонентная терапия (субарахноидальных кровоизлияний) – гипертензия, гиперволемия, гемодилюция, гепарин

heat ~ **1.** теплолечение, термотерапия **2.** тепловая обработка; обеззараживание прогреванием

heavy-particle ~ терапия тяжёлыми частицами

helium ~ гелиотерапия, терапия гелием

herbal ~ лечение травами, фитотерапия

high-energy beam ~ терапия лучами высокой энергии

high-frequency ~ ультравысокочастотная [ультракоротковолновая] терапия, УВЧ-терапия

hope ~ «терапия надежды» (*реабилитация больных с неврологическими расстройствами*)

hormone replacement ~ гормонозаместительная терапия

horticultural ~ «садовая» терапия (*реабилитация больных занятиями в саду или огороде*)

hunger ~ лечебное голодание, нестититерапия

hyperbaric oxygen ~ гипербарическая оксигенация, ГБО, гипербарооксигенотерапия

hypolipidemic ~ гиполипидемическая терапия

hyposensitization ~ гипосенсибилизирующая терапия

IF ~ лечение интерфероном, интерферонотерапия

immune-enhancing ~ иммуностимулирующая терапия

induction [initial] ~ стартовая [первоначальная] терапия

inhalation ~ ингаляционная терапия

innovative ~**ies** новейшие методы лечения

inotropic ~ лечение инотропными средствами

in-patient ~ стационарное лечение

insulin coma [insulin shock] ~ *псих.* лечение инсулиновым шоком, инсулинотерапия

insulin pump ~ «помповая» инфузия инсулина, продолжительное подкожное введение инсулина

intensity modulated radiation ~ рентгенотерапия модулированной интенсивности

intermittent ~ интермиттирующая [прерывистая] терапия (*вместо ежедневного приёма препаратов больной принимает их 2 или 3 раза в неделю*)

internal ~ *см.* **intracavitary** ~

internal metabolic ~ внутренняя метаболическая терапия

interpersonal ~ интерперсональная [межличностная] терапия

interstitial ~ внутритканевая (лучевая) терапия

intracavitary ~ внутриполостная (лучевая) терапия

intradiscal ~ лечение грыжи межпозвонкового диска

in vivo gene ~ генная терапия введением генов непосредственно в ткань или орган (*напр. в миокард*)

iron ~ лечение препаратами железа

ironchelation ~ лечение хелатами железа

isoserum ~ серотерапия, лечение сывороткой (*содержащей антитела*)

language ~ логопедия

large-field electron ~ крупнопольная терапия электронным пучком

laser ~ лечение лазером, лазерная терапия

life-long ~ пожизненное лечение

light ~ светолечение, фототерапия

litholytic ~ *см.* **dissolution** ~

long-term ~ продолжительное [длительное] лечение

low-flow oxygen ~ низкопоточная оксигенотерапия

ludo ~ игровая терапия

maintenance drug ~ *см.* **reinforcement** ~

manipulation ~ *см.* **manual** ~

mantle ~ мантиевидная (лучевая) терапия

manual ~ мануальная терапия

marital [marriage] ~ терапия супружеских пар, лечение сексуальных нарушений у супругов

medicamentous ~ лечение лекарственными средствами, фармакотерапия

megavoltage ~ мегавольтная (лучевая) терапия

microwave ~ микроволновая [сверхвысокочастотная] терапия, СВЧ-терапия

milieu ~ *см.* **environmental** ~

minimally invasive ~ малоинвазивная процедура

mist ~ лечение в парах увлажнённого и подогретого воздуха

monitoring ~ лечение под постоянным наблюдением

monoclonal antibody ~ лечение моноклональными антителами

motor [movement] ~ лечебная физкультура, лечение разработкой движений, двигательная терапия

mud ~ грязелечение

multidrug ~ полихимиотерапия; полипрагмазия

multimodality ~ комплексное [комбинированное] лечение

music ~ музыкотерапия

narcosis ~ лечение длительным сном

natural ~ *см.* **traditional** ~

neoadjuvant ~ неоадъювантная терапия

neuroprotective ~ нейропротективная терапия

nondirective ~ ненаправляющая [недирективная, партнёрская] терапия (*стимулирование клиента психотерапевтом самому находить решение своих проблем*)

nonfluid ~ лечение ограничением воды (*напр. острой диареи*)

nutritional ~ диетотерапия

occupational ~ **1.** трудотерапия; лечение занятостью **2.** медицина труда, лечение профессиональных заболеваний

ocular ~ лечение глазных болезней

operative ~ оперативное [хирургическое] лечение

opsonic ~ вакцинотерапия, *уст.* опсонотерапия

oral ~ пероральный приём лекарства

oral anticoagulant ~ (пер)оральная антикоагулянтная терапия

oral rehydration ~ (пер)оральная регидратационная терапия (*применение изотонического раствора для лечения острого поноса, особенно у детей*)

oriental ~ восточная медицина

out-patient ~ амбулаторное лечение

oxygen ~ кислородная терапия, оксигенотерапия

parenteral ~ парентеральная фармакотерапия

parenteral nutrition ~ парентеральное лечебное питание

pediatric physical ~ физиотерапия в детском возрасте

pharmacologic ~ медикаментозная терапия, фармакотерапия

photodynamic ~ фотодинамическая [фотохимическая] терапия *(лечение новообразований лазерным облучением после предварительного введения в организм фотосенсибилизирующего препарата)*

photoradiation ~ фотолечение

physical ~ **1.** физиотерапия **2.** лечебная физкультура

play ~ *псих.* людотерапия, игровая терапия *(психотерапия посредством сюжетно-ролевых игр)*

polar ~ лечение функциональных расстройств методами альтернативной медицины

postmenopausal hormonal ~ гормональная терапия после менопаузы

prior ~ предшествующее лечение; проведённая терапия

provocative ~ провокационная терапия

psorolen-ultraviolet-A ~ PUVA-терапия *(ультрафиолетовое облучение на фоне введения фотосенсибилизирующего препарата – псоролена А)*

psychiatric ~ies лечение психически больных

psychoanalytic ~ психоанализ

psychodramatic ~ психодрама *(техника ролевых игр)*

psychosocial occupational ~ психосоциальная реабилитация при профессиональных заболеваниях

pulse ~ пульс-терапия, «толчковая» терапия *(разовые внутривенные введения сверхвысоких доз лекарственных средств)*

pyretic ~ пиротерапия, пирогенная терапия, искусственная гипертермия

radiation ~ лучевая терапия

radium beam ~ кюритерапия, радиевая терапия

raster ~ растровая лучевая терапия

rational ~ рациональная психотерапия

recreation(al) ~ рекреационная [развлекательная] терапия *(метод реабилитации с включением развлечений – катание на лошадях, на лодках и пр.)*

reeducative ~ терапия переобучением

reflex ~ рефлекторная терапия

reinforcement ~ поддерживающее лечение; реабилитационная терапия; адъювантная терапия *(напр. при лейкозе)*

relaxation ~ релаксационная терапия

reliable ~ эффективное лечение

remedial ~ медикаментозное лечение *(напр. дефектов зрения)*

replacement ~ *см.* **substitution** ~

respiratory ~ искусственная вентиляция лёгких, ИВЛ

respiratory physical ~ физические методы кислородной терапии, физические методы лечения дыхательной недостаточности

restraining ~ ограничительная терапия

Rogerian ~ рогерианская [роджерианская] терапия *(психотерапия, при которой врач воздерживается от указаний пациенту, а лишь создаёт обстановку взаимопонимания и доверительности)*

root canal ~ обработка корневого канала *(зуба)*

rotation ~ ротационная (лучевая) терапия

sclerosing ~ склерозирующая терапия

sensitization ~ сенсибилизирующая терапия *(алкоголизма)*

sex ~ *см.* **marital** ~

shock ~ *псих.* шоковая терапия *(напр. инсулинотерапия)*

short-course ~ укороченный курс лечения

short-distance ~ короткодистанционная терапия

short-wave ~ индуктотермия, коротковолновая диатермия, коротковолновая терапия

single-agent ~ монотерапия *(лечение одним препаратом)*

single dose ~ разовая терапия

situation ~ *см.* **environmental** ~

sleep ~ лечение длительным сном

social ~ социотерапия, социальная терапия *(напр. трудовая терапия, групповая психотерапия)*

social network ~ терапия социальным окружением

solar ~ гелиотерапия, солнцелечение

somatic cell gene ~ генная терапия соматических клеток *(введение гена в соматическую клетку с целью коррекции генетического дефекта)*

spectator ~ участие в роли зрителя *(вид групповой психотерапии)*

speech ~ лечение дефектов речи, логопедическое лечение

split-course ~ прерывистый курс лечения

stabilization ~ патогенетическое лечение

step-down ~ ступенчатая терапия *(начало лечения парентеральными препаратами с последующим переходом на пероральные)*

stepped ~ поэтапное лечение

stimulating [stimulation] ~ стимулирующая терапия

stoss ~ *см.* **pulse** ~

structured learning ~ *псих.* структурированно обучающая терапия

stuttering ~ лечение заикания

substitution ~ заместительная терапия

superficial X-ray ~ поверхностная рентгенотерапия

supporting [supportive] ~ **1.** *псих.* поддерживающая терапия **2.** паллиативное лечение; симптоматическое лечение

surgical ~ хирургическое лечение; хирургическое вмешательство

systemic antibiotic ~ общая антибиотикотерапия

targeted antibiotic ~ прицельная антибиотикотерапия

telecobalt ~ дистанционная лучевая терапия с применением изотопов кобальта

teleradium ~ дистанционная кюритерапия

timely ~ своевременное лечение

tissue ~ тканевая терапия

total ~ общая [тотальная] рентгенотерапия *(обычно лейкоза)*

traditional ~ лечение традиционными методами или природными факторами *(травами, акупунктурой и пр.)*

transdermal nitrate ~ чрескожная нитратотерапия

triple-combination ~ трёхкомпонентная терапия *(напр. СПИДа)*

tutorial ~ дидактическая групповая психотерапия

ultrasonic ~ ультразвуковая терапия

ultraviolet light ~ ультрафиолетовое облучение, УФО

unqualified ~ неквалифицированная терапия

up-to-date ~ современная терапия

vacuum ~ вакуум-терапия

venom ~ лечение ядами *(напр. пчёл)*

THE

vigorous fluid ~ интенсивная инфузионная терапия

work ~ *см.* **occupational ~**

X-ray contact ~ контактная рентгенотерапия, лучевая терапия

X-ray deep ~ глубокая рентгенотерапия

zone ~ рефлекторная терапия *(раздражением рефлекторных зон)*

Theridiidae [θəˌriˈdaiidi] *токс.* семейство пауки-тенетники

theriodic [ˌθiːriˈɒdik] злокачественный

theriogenealogy [ˌθiːriːəʊˌdʒiːniˈɒlədʒi] териогенеалогия *(1. генеалогия животных 2. родословная животного)*

theriology [ˌθiːriˈɒlədʒi] териология *(учение о животных)*

therioma [ˌθiːriˈəʊmə] злокачественная опухоль

therm [θəːm] терм *(внесистемная тепловая единица)*

thermacogenesis [ˌθəːməkəʊˈdʒenəsis] гипертермия под действием пирогенных средств

thermae ['θəːmi] 1. термы, термальные [горячие] минеральные воды 2. тёплые водные процедуры

thermaerotherapy [ˌθəːmeəˌrəʊˈθerəpi] лечебное применение горячего воздуха

thermal ['θəːməl] 1. тепловой, термический, калорический 2. горячий, термальный *(об источнике)*

thermalgesia [ˌθəːmælˈdʒiːziə] *см.* **thermohyperesthesia**

thermalgia [θəːˈmældʒiə] термалгия, жгучая боль

thermalism ['θəːməlizm] лечение теплом, термопроцедуры, термовоздействия

thermanalgesia [ˌθəːmænəlˈdʒiːziə], **thermanesthesia** [ˌθəːmænəsˈθiːziə] термоанестезия *(отсутствие температурной чувствительности)*

thermatology [ˌθəːməˈtɒlədʒi] учение о лечебном применении тепла

thermelometer [ˌθəːməˈlɒmətə] высокочувствительный электрический термометр

thermesthesia [ˌθəːmesˈθiːziə] температурная чувствительность

thermic ['θəːmik] тепловой, термический

thermistor [θəːˈmistə]:

enzyme ~ ферментный терморезистор *(терморезистор с иммобилизированными на нём ферментами)*

thermoalgesia [ˌθəːməʊælˈdʒiːziə] *см.* **thermalgesia**

thermoanesthesia [ˌθəːməʊˌænəsˈθiːziə], **thermoanalgesia** [ˌθəːməʊˌænəlˈdʒiːziə] термоанестезия, отсутствие температурной чувствительности

thermocautery [ˌθəːməʊˈkɔːtəri] термокаутеризация *(разрушение тканей путём воздействия на них тепла)*

thermochemotherapy [ˌθəːməʊˌkeməʊˈθerəpi] термохимиотерапия *(применение термотерапии на фоне химиотерапии)*

thermocoagulation [ˌθəːməʊkəʊˌæɡjuˈleiʃn] термокаустика, термокоагуляция

thermocouple ['θəːməʊˌkʌpl] термопара, термоэлемент

hypodermic ~ термопара, вводимая под кожу

radiation ~ радиационная термопара

thermocurrent [ˌθəːməʊˈkʌrent] термоэлектрический ток, термоток

thermodiagnostics [ˌθəːməʊˌdaiæɡˈnɒstiks] метод диагностики, основанный на регистрации инфракрасного излучения

thermodilution [ˌθəːməʊdiˈluːʃn] термодилюционный метод *(метод определения гемодинамических показателей)*

thermoduric [ˌθəːməʊˈdjuːrik] 1. термостойкий, терморезистентный 2. переживающий пастеризацию, термоустойчивый *(о микроорганизме)*

thermoelastic [ˌθəːməʊiˈlæstik] *мед. тех.* термоэластичный

thermoesthesia [ˌθəːməʊesˈθiːziə] *см.* **thermesthesia**

thermoesthesiometry [ˌθəːməʊesˌθiːziˈɒmətri] термоэстезиометрия *(исследование температурной чувствительности)*

thermoexchange [ˌθəːməʊiksˈtʃeindʒ] *физиол.* теплообмен

thermoexcitory [ˌθəːməʊekˈsaitəri] теплопродуцирующий, теплообразующий

thermogenesis [ˌθəːməʊˈdʒenəsis] термогенез *(теплопродукция, теплообразование)*

thermogram ['θəːməʊɡræm] термограмма *(изображение, получаемое в результате термографии)*

thermography [θəːˈmɒɡrəfi] термография *(регистрация тепла, исходящего от различных частей тела)*

thermohaler [ˌθəːməʊˈheilə] термоингалятор *(аппарат для ингаляции тёплого воздуха, обычно с лекарственными средствами)*

thermohyperesthesia [ˌθəːməʊˌhaipərəsˈθiːziə] термогиперестезия *(повышенная чувствительность к температурным раздражителям)*

thermohypoesthesia [ˌθəːməʊˌhaipəʊəsˈθiːziə] термогипестезия *(пониженная чувствительность к температурным раздражителям)*

thermoinactivation [ˌθəːməʊinˌæktiˈveiʃn] термоинактивация, инактивация теплом

thermoinhibitory [ˌθəːməʊinˈhibitəri] подавляющий или прекращающий теплопродукцию

thermolabile [ˌθəːməʊˈleibl] термолабильный *(неустойчивый к тепловому воздействию)*

thermoluminescence [ˌθəːməʊˌluːmiˈnesəns] термолюминесценция

thermolysis [θəːˈmɒlisis] 1. *физиол.* теплоотдача 2. *хим.* термолизис *(лизис, вызванный теплом)*

thermomassage [ˌθəːməʊməˈsɑːʒ] тепловой массаж *(физиотерапевтическая процедура)*

thermometer [θəːˈmɒmətə]:

alcohol ~ спиртовой термометр

clinical [fever] ~ медицинский максимальный термометр

multichannel ~ прибор для многоканальной регистрации температуры

oral ~ ротовой термометр

oxygen vapor pressure ~ кислородный паровой (монометрический) термометр

radiant-energy ~ радиационный пирометр, пирометр суммарного излучения

recording ~ термограф

rectal ~ ректальный термометр

remote-sensing ~ термометр дистанционного действия, бесконтактный термометр

spirit-in-glass ~ стеклянный спиртовой термометр

surface ~ контактный термометр

thermocouple ~ термометр с термопарой

thermoresistive ~ терморезистивный термометр *(основанный на свойствах проводников изменять сопротивление при изменении температуры)*

wet-and-dry-bulb ~ психрометр

thermometry [θə'mɒmətri] термометрия *(измерение температуры тела)*

radiation ~ радиационная термометрия

thermoelectric ~ измерения температуры термометрическими методами

thermonegative [,θə:məʊ'negətiv] эндотермический

thermoneurosis [,θə:məʊnuː'rəʊsis] психогенное повышение температуры, термоневроз

thermopenetration [,θə:məʊ,penə'treiʃn] диатермия, термопенетрация, электропенетрация, эндотермия

thermophagy [θə:'mɒfəʤi] термофагия *(привычка принимать очень горячую пищу)*

thermophil(e) ['θə:məʊfail] термофильный микроорганизм, термофил *(с температурным оптимумом роста в пределах 50–100 °C)*

extreme ~ исключительно строгий термофильный микроорганизм, строгий термофил

thermophilic [,θə:məʊ'filik] термофильный организм, термофил ‖ термофильный

thermophore ['θə:məʊfɔ:] электротермическая грелка, термофор

thermophoresis [,θə:məʊfəʊ'ri:sis] перемещение *(напр. организма)* в среде с градиентом температуры

thermoplegia ['θə:məʊ'pli:ʤiə] тепловой удар; солнечный удар

thermopositive [,θə:məʊ'pɒzitiv] экзотермический

thermoradiotherapy [,θə:məʊ,reidiəʊ'θerəpi] терморадиотерапия *(лучевая терапия с предварительным искусственным повышением температуры органа-мишени с целью увеличения его радиочувствительности)*

thermoreceptor [,θə:məʊri'septə] температурный рецептор, терморецептор

thermoregulator [,θə:məʊ'regjʊ,leitə] **1.** терморегулятор **2.** термостат

thermorelay [,θə:məʊ'ri:lei] термореле, тепловое [термоэлектрическое] реле

thermoresistant [,θə:məʊri'zistənt] терморезистентный, теплоустойчивый, термостабильный, термостойкий

thermosensitive [,θə:məʊ'sensətiv] термолабильный, термопластичный *(напр. о дренажной трубке)*, теплочувствительный

thermostability [,θə:məʊstə'biliti] термостойкость, теплоустойчивость, термостабильность

thermostat ['θə:məʊstæt] *микр.* термостат

thermosteresis [,θə:məʊstə'ri:sis] отведение или лишение тепла

thermostimulation [,θə:məʊ,stimjʊ'leiʃn] термостимуляция

thermosystaltism [,θə:məʊ'sistəltizm] сокращение мышц под действием высокой температуры

thermotactic [,θə:məʊ'tæktik], **thermotaxic** [,θə:məʊ'tæksik] **1.** относящийся к терморегуляции **2.** относящийся к термотаксису

thermotaxis [,θə:məʊ'tæksis] **1.** *физиол.* терморегуляция **2.** *биол.* термотаксис

thermotherapy [,θə:məʊ'θerəpi] теплолечение, термотерапия

thermotolerant [,θə:məʊ'tɒlərənt] термостойкий, теплоустойчивый, термостабильный

thermotropism [θə:'mɒtrəʊpizm] перемещение структур организма в направлении или от источника тепла

theromorphia [θi:rəʊ'mɔ:fiə], **theromorphism** [θi:rəʊ'mɔ:fizm] атавизм

thesaurismosis [θi:sɔ:riz'məʊsis] болезнь накопления, болезнь депонирования, тезаурисмоз

amyloid ~ амилоидоз, амилоидная дистрофия

calcium ~ кальциноз, кальцификация, обызвествление

cholesterol ~ гистиоцитоз X, липоидный гранулематоз, Крисчена – Шюллера болезнь

glycogenic ~ гликогеноз, гликогеновая болезнь

kerasin ~ Гоше болезнь *(накопление глюкоцереброзидов в клетках ретикулоэндотелиальной системы)*

lipoid ~ липидоз

melanin ~ аддисонова [бронзовая] болезнь, хроническая недостаточность коры надпочечников

phosphatide ~ липоидный гистиоцитоз, фосфатидный липоидоз, нелейкемический ретикулёз, Нимана – Пика болезнь

urate ~ подагра

water ~ отёк

thesis ['θi:sis] *pl.* **theses** ['θi:si:z] **1.** тезис, положение **2.** диссертация

thiamin(e) ['θaiəmin] тиамин, аневрин, витамин B₁

thickening ['θikəniŋ]:

~ **of blood** сгущение крови

band-shaped ~ кольцевидное утолщение

thickness ['θiknəs] **1.** толщина **2.** слой **3.** густота, густая консистенция **4.** вязкость; плотность

~ **of the crystalline lens** толщина хрусталика

boundary-layer ~ толщина пограничного слоя

Breslow's ~ *гист.* Бреслоу толщина *(показатель способности опухоли к метастазированию)*

half-value ~ *рентг.* толщина (слоя) половинного ослабления *(ионизирующего излучения)*

mean corpuscular average ~ средняя толщина эритроцита

relative wall ~ *узи* относительная толщина стенки *(левого желудочка)*

skinfold ~ толщина кожной складки

slice ~ *рентг.* толщина среза

tenth-value ~ *рентг.* толщина (слоя) десятикратного ослабления *(ионизирующего излучения)*

thick-set [θik-set] коренастый, плотного сложения

thiemia [θi'i:miə] повышенное содержание серы в крови

thigh [θai] бедро; область бедра

drivers' ~ невралгия или неврит седалищного нерва у водителей автомашин

lateral ~ наружная поверхность бедра

thigmesthesia [,θigmes'θi:ziə] осязание, тактильная чувствительность

thigmotropism [θig'mɒtrəʊpizm] тигмотропизм *(движение в направлении или от осязательного стимула)*

Thimbles ['θimblz] наперстянка пурпуровая *(Digitalis purpurea)*

thin [θin] **1.** худой, тонкий; атрофированный *(напр. о мышцах)* || худеть, атрофироваться **2.** малочисленный *(о населении)* **3.** жидкий, разбавленный *(о растворе)*

thing [θiŋ] **1.** вещь, предмет **2.** *психоан.* Вещь *(объект инцеста)* **3.** факт; случай; обстоятельство

  living ~s живая природа; живые существа

thinking ['θiŋkiŋ] мышление; размышление; «думание» *(по И. П. Павлову)*

  abstract ~ абстрактное мышление

  accelerated ~ ускоренное мышление

  allusive ~ расплывчатое [разноплановое] мышление

  archaic ~ архаическое мышление

  autistic ~ аутистическое мышление, аутизм

  avoidant ~ уклоняющееся мышление

  bizzare ~ эксцентричное мышление *(напр. больного)*

  circumstantial ~ обстоятельное мышление

  clarified ~ чёткое рассуждение

  concrete ~ конкретное мышление

  creative ~ творческое [креативное] мышление

  current ~ современные представления

  dereistic ~ дереистическое мышление

  digressive ~ отвлекающийся от темы, отклоняющийся, отступающий; соскальзывание мыслей

  discursive ~ скачкообразное мышление

  hard ~ мучительное размышление

  incoherent ~ бессвязное [инкогерентное] мышление, разорванность мышления

  inhibited ~ заторможенность мышления

  lateral ~ 1. широкий кругозор; всесторонний подход к вопросу **2.** нестандартное мышление

  latest ~ in basic science современные воззрения в фундаментальных науках

  magical ~ магическое мышление

  oppositional ~ оппозиционное мышление

  paralogistic ~ паралогическое мышление

  phantasy ~ фантазийное мышление

  prelogical ~ инфантильное [дологическое, прелогическое] мышление

  retarded [rigid] ~ замедленное [ригидное] мышление

  safety ~ психология безопасности

  "sticky" [stiff] ~ вязкое мышление, вязкость мышления

  substitutive ~ «скачка идей»

  traditional ~ общепринятое [традиционное, рутинное] мышление

  verbal ~ вербальное мышление

  wishful ~ мышление, руководимое желанием *(а не логикой и фактами)*

thinking-aside ['θiŋkiŋ-ə'said] побочные ассоциации

think-tank ['θiŋk-tæŋk] «мозговой центр», коллектив учёных, научно-исследовательский институт

thin-layer [θin-'leiə] тонкослойный

thinner ['θinə] разжижитель; разбавитель

thinning ['θiniŋ] **1.** истончение **2.** похудание, исхудание

thioether [θaiəʊ'iːðə] этиловый [серный] эфир

thionine ['θaiəʊniːn] тионин *(краситель)*

thionucleotide [θaiəʊ'nuːkliːəʊtaid] тионуклеотид *(нуклеотид, в котором один или несколько атомов кислорода заменены на атом(ы) серы)*

thiopexy ['θaiəʊpeksi] фиксация серы

thiophilic [θaiəʊ'filik] тиофильный *(о бактериях, лучше растущих в присутствии серы или её соединений)*

thirst [θəːst] жажда || испытывать жажду

  excessive ~ полидипсия *(патологически усиленная жажда)*

  false ~ псевдодипсия *(жажда, не связанная с недостатком жидкости в организме)*

  insensible ~ *см.* **subliminal ~**

  morbid ~ *см.* **excessive ~**

  subliminal ~ адипсия *(патологически сниженное желание пить)*

  true ~ истинная жажда *(обусловленная недостатком жидкости в организме)*

  twilight ~ *см.* **subliminal ~**

thirteen [θəː'tiːn] *sl.* марихуана *(буква "M" является тринадцатой в английском алфавите)*

thobbling ['θɒbliŋ] кататимное [кататимическое] мышление

thoracal ['θɒrəkəl] грудной, торакальный

thoracectomy [θɔːrə'sektəmi] резекция ребра, или рёбер

thoracentesis [θɔːrəsen'tiːsis] *см.* **thoracocentesis**

thoracic [θəʊ'ræsik] *см.* **thoracal**

thoracicoabdominal [θəˌræsikəʊæb'dɒminəl] торакоабдоминальный *(относящийся к грудной и брюшной полостям)*

thoracobilia [θɔːrəkəʊbi'liːə] наличие жёлчи в грудной полости *(при жёлчно-бронхиальном свище)*

thoracocautery [θɔːrəkəʊ'kɔːtəri] *хир.* торакокаустика *(пережигание плевральных спаек)*

thoracocentesis [θɔːrəkəʊsen'tiːsis] торакоцентез, плевральная пункция

thoracocyllosis [θɔːrəkəʊsi'ləʊsis] деформация грудной клетки

thoracocyrtosis [θɔːrəkəʊsəː'təʊsis] аномально широкая кривизна грудной клетки

thoracodidymus [θɔːrəkəʊ'didiməs] *см.* **thoracopagus**

thoracodynia [θɔːrəkəʊ'diniə] торакодиния, торакалгия *(боль в грудной клетке)*

thoracolaparotomy [θɔːrəkəʊˌlæpə'rɒtəmi] тораколапаротомия

thoracolumbar [θɔːrəkəʊ'lʌmbə] тораколюмбальный

thoracolysis [θɔːrə'kɒlisis] пневмолиз *(освобождение лёгкого от сращений)*

thoracomelus [θɔːrə'kɒmələs] *терат.* плод с паразитической конечностью, сросшейся с грудной клеткой

thoracometry [θɔːrə'kɒmətri] измерение экскурсии грудной клетки

thoracomyodynia [θɔːrəkəʊˌmaiəʊ'diniə] торакомиодиния *(боль в мышцах грудной стенки)*

thoraco-omphaloxiphopagus ['θɔːrəkəʊ-ˌɒmfəlˌɒksifəʊ-'pægəs] торакоомфалоксифопаг *(близнецы, сросшиеся грудобрюшной областью)*

thoracopagus [θɔːrə'kɒpəgəs] торакопаг *(близнецы, сросшиеся в области грудной клетки)*

  ~ epigastricus рудиментарный торакопаг, плод-паразит *(прикреплённый к брюшной стенке аутозита)*

  ~ parasiticus рудиментарный торакопаг, плод-паразит *(прикреплённый к грудной клетке аутозита)*

thoracopathy [ˌθɔːrəˈkɒprəθi] болезни органов грудной полости

thoracoplasty [ˈθɔːrəkəʊˌplæsti] торакопластика *(удаление или резекция рёбер с целью спадения поражённых отделов лёгкого)*

thoracoschisis [θɔːrəˈkɒskisis] врождённая расщелина грудной стенки

thoracoscope [θəˈrækəʊskəʊp] 1. торакоскоп 2. стетоскоп

thoracoscopy [ˌθɔːrəˈkɒskəpi] торакоскопия, плевроскопия

thoracostomy [ˌθɔːrəˈkɒstəmi] 1. торакостомия; дренирование плевральной полости 2. торакоцентез

  open window ~ открытооконная торакостомия

thoracotomy [ˌθɔːrəˈkɒtəmi] торакотомия

  bush ~ торакотомия, осуществляемая знахарями

  formal ~ стандартная торакотомия

  posterolateral ~ задне-боковая торакотомия

thorax [ˈθɔːræks], *pl.* **thoraces** [θəʊˈreisiːz] грудная клетка, грудь

  ~ en carene *фр., см.* **pigeon** ~

  barrel-shaped ~ эмфизематозная [бочкообразная] грудная клетка

  contracted ~ плоская грудная клетка

  funnel ~ воронкообразная [инфундибулярная] грудная клетка

  pigeon ~ килевидная грудная клетка

thorium [ˈθɔːriəm] торий, Th *(радиоактивный элемент с атомной массой 232,04; имеет стабильный изотоп свинца ^{208}Pb)*

thorn [θɔːn] 1. шип растения *(инородное тело)* 2. колючее растение

  hart's ~ крушина слабительная

  sallow ~ облепиха крушиновидная *(Hippophae rhamnoides)*

thoron [ˈθɔːrɒn] торон, эманация тория *(радиоактивный газ, является изотопом радона)*

thought [θɔːt] 1. мышление; размышление; мысль 2. забота; внимательность 3. намерение; затея ◊ **to read smb's ~s** читать чьи-л. мысли

  desultory ~ инкогерентное [бессвязное, беспорядочное, отрывочное] мышление

  disturbance ~ расстройство психики

  echoing ~ высказывание мыслей вслух

  imageless ~ безобразное мышление

  intellectual ~ интеллектуальное [творческое] мышление

  medicine ~ теория медицины *(напр. Галена)*

  obsessive ~s навязчивые мысли

  suicidal ~s суицидальные мысли; мысли о самоубийстве

  unpleasant ~s неприятные мысли

thought-stopping [ˈθɔːtˈstɒpiŋ] фиксация мыслей *(приём в поведенческой терапии: фокусировка на ярком образе с целью отвлечения от навязчивых мыслей)*

thousand-leaf [ˈθaʊzndˌliːf] тысячелистник обыкновенный *(Achilea millefolium)*

thread [θred] нить ‖ продевать нить *(в иглу)*

  chromosome ~ хромофибрилла, субхромонема, элементарная хромосомная нить

  clap ~s уретральные нити *(в моче)*

  fatal ~ нить жизни *(терминальное состояние)*

  mycelial ~ мицелиальная нить, гифа

threadlike [ˈθredlaik] нитевидный, волокнистый

threadworm [ˈθredwɜːm] 1. кишечная угрица 2. острица

threat [θret] угроза *(напр. жизни)*; риск, опасность

  ~ to vision угроза потери зрения

  recurrent ~s периодические страхи

three [θriː]

  "big ~" «большая тройка», триада болезней, вызывающих затяжную гипертермию *(инфекции, новообразования, большие коллагенозы)*

three-dimensional [θriː-daiˈmenʃnəl] трёхмерный, пространственный, объёмный *(напр. о распределении дозы)*; стереоскопический

three-phase [θriː-ˈfeiz] трёхфазный, трёхэтапный *(напр. об операции)*

threonine [ˈθriːəʊniːn] треонин *(основная аминокислота)*

threpsology [θrepˈsɒləʤi] нутрициология, наука о питании; диетология

threptic [ˈθreptik] 1. относящийся к питанию 2. взаимоотношения между родителями и детьми

threshold [ˈθreʃəʊld] 1. порог, пороговая величина 2. предел, граница; мера чувствительности

  ~ of audibility порог слышимости, слуховой порог

  ~ of discomfort порог (слухового) дискомфорта

  ~ of harmfulness порог вредности *(напр. пестицида)*

  ~ of night vision скотопический порог, порог ночного [скотопического] зрения

  ~ of nose *анат.* порог полости носа

  ~ of reaction or responce порог реакции, или чувствительности

  ~ of visual acuity порог остроты зрения

  ~ of visual sensation зрительный порог, порог зрительного ощущения, порог светоощущения

  absolute ~ абсолютный порог ощущения *(в отличие от дифференциального порога)*

  achromatic ~ зрительный порог, порог зрительного ощущения, порог светоощущения

  anaerobic ~ анаэробный порог *(уровень нагрузки, превышение которого вызывает недостаточность аэробных процессов и анаэробного окисления)*

  auditory ~ *см.* ~ **of audibility**

  citric acid ~ пороговая концентрация лимонной кислоты

  differential ~ дифференциальный [разностный] порог, порог различения

  galvanic ~ реобаза

  hearing ~ *см.* ~ **of audibility**

  individual perception ~ порог осязательного ощущения

  intelligibility ~ порог разборчивости *(речи)*

  lactate ~ порог концентрации лактата

  lower seizure ~ порог судорожной готовности

  luminance difference ~ порог разности яркостей

  myoclonic ~ судорожный порог

  nuisance ~ порог вредного [нежелательного] воздействия; порог неприятных ощущений

  odor ~ порог ощущения запаха

  pain ~ порог болевой чувствительности

  renal ~ *нефр.* порог выведения

  scotopic ~ *см.* ~ **of night vision**

  seizure ~ судорожная готовность

  sensitivity ~ *см.* **absolute** ~

speech reception ~ порог восприятия речи

stimulus ~ *см.* **absolute** ~

theoretical renal phosphorus ~ рассчитанный почечный порог для фосфора

triggering ~ порог запуска, порог срабатывания

ventricular fibrillation ~ порог фибрилляции желудочков

visual ~ зрительный порог, порог зрительного ощущения, порог светоощущения

thrill [θril] **1.** вибрация [дрожание] грудной стенки *(при пороке сердца)* **2.** нервная дрожь; сильное волнение ‖ испытывать сильное волнение

diastolic ~ диастолическое дрожание *(пальпаторный феномен)*

hydatid ~ дрожание гидатид, феномен дрожания гидатид *(признак большой эхинококковой кисты)*

palpable [precordial] ~ «кошачье мурлыканье», прекордиальное дрожание *(пальпаторный феномен)*

presystolic ~ пресистолическое дрожание

purring ~ *см.* **palpable** ~

systolic ~ систолическое дрожание *(пальпаторный феномен)*

thriving [ˈθraiviŋ] цветущий

throat [θrəʊt] глотка; зев ◊ **to clear one's** ~ откашливаться

clergymen's sore ~ гранулёзный фарингит

putrid sore ~ гангренозный фарингит

septic sore ~ септический (стрептококковый) фарингит

sore ~ *разг.* больное горло *(ларингит, фарингит, тонзиллит)*

spotted sore ~ фолликулярная ангина; фолликулярный тонзиллит

strep ~ стрептококковое воспаление горла, острый фарингит

ulcerated sore ~ гангренозный фарингит

throb [θrɒb] **1.** биение, пульсация ‖ биться, пульсировать **2.** трепет, волнение ‖ волноваться

throbbing [ˈθrɒbiŋ] биение, пульсация, ритмическое движение; пульсирующая боль

throe [θrəʊ] **1.** болевой приступ, сильная боль **2.** агония ‖ агонизировать ◊ **~s of childbirth** «родовые муки», схватки

death ~ агония

thrombase [ˈθrɒmbeiz] тромбин, тромбаза, фибрин-фермент

thrombasthenia [ˌθrɒmbəsˈθiːniə] тромбастения, тромбастеническая гемофилия

thrombectomy [θrɒmbˈektəmi] тромбэктомия *(удаление тромба из кровеносного сосуда)*

thrombembolia [ˌθrɒmbemˈbəʊliə] *см.* **thromboembolia**

thrombi [ˈθrɒmbai] *pl. от* **thrombus**

thrombin [ˈθrɒmbin] тромбин, тромбаза, фибрин-фермент

thrombinogen [θrɒmˈbinəʊʤen] фактор II *(свёртывающей системы крови)*, протромбин

thromboangiitis [ˌθrɒmbəʊˌænʤiˈaitis] тромбангиит *(воспаление сосуда с его тромбозом)*

~ **obliterans** облитерирующий тромбангиит

thromboclasis [θrɒmˈbɒkləsis] тромболиз, растворение тромба

thrombocyst [ˈθrɒmbəʊsist] мембранная капсула, заключающая в себя тромб

thrombocytasthenia [ˌθrɒmbəʊsaitæsˈθiːniə] тромб(оцит)астения, Гланцманна – Негели болезнь

thrombocyte [ˈθrɒmbəʊsait] тромбоцит, кровяная пластинка, Биццоцеро бляшка

thrombocythemia [ˌθrɒmbəʊsaiˈθiːmiə] тромбоцитоз, тромбоцитемия

thrombocytocrit [ˌθrɒmbəʊˈsaitəʊkrit] прибор для определения количества тромбоцитов в крови

thrombocytolysis [ˌθrɒmbəʊsaiˈtɒlisis] тромбоцитолиз, разрушение тромбоцитов

thrombocytopathy [ˌθrɒmbəʊsaiˈtɒpəθi] тромбоцитопатия *(качественная неполноценность тромбоцитов)*

hereditary ~ геморрагическая [наследственная] тромбоцитопатия

thrombocytopenia [ˌθrɒmbəʊˌsaitəʊˈpiːniə] тромбо(цито)пения *(пониженное содержание тромбоцитов в крови)*

~ **with absent radius** тромбоцитопения с отсутствием лучевой кости, TAR-синдром

AIDS-related ~ СПИД-ассоциированная тромбоцитопения

cyclic ~ периодическая тромбоцитопения

essential ~ эссенциальная тромбоцитопения

immune-mediated ~ аутоиммунная тромбоцитопения

mild ~ незначительная тромбоцитопения

thrombocytopenic [ˌθrɒmbəʊˌsaitəʊˈpenik] тромбоцитопенический

thrombocytopoiesis [ˌθrɒmbəʊˌsaitəʊpɒiˈiːsis] тромбоцитопоэз *(процесс образования тромбоцитов)*

thrombocytosis [ˌθrɒmbəʊsaiˈtəʊsis] тромбоцитоз, тромбоцитемия *(увеличенное содержание тромбоцитов в крови)*

thromboelastography [ˌθrɒmbəʊiːlæsˈtɒgrəfi] запись эластических изменений тромба во время процесса свёртывания

thromboembolia [ˌθrɒmbəʊemˈbəʊliːə], **thromboembolism** [ˌθrɒmbəʊˈembəʊlizm] тромбоз, вызывающий эмболию; тромбоэмболия *(закупорка сосуда оторвавшимися частями тромба)*

saddle ~ седловидная тромбоэмболия *(тромб, «сидящий» на бифуркации аорты)*

thromboendarterectomy [ˌθrɒmbəʊˌendɑːtəˈrektəmi] тромбэндартериэктомия *(удаление пристеночного тромба с участком внутренней оболочки тромбированной артерии)*

thromboendarteritis [ˌθrɒmbəʊendˌɑːtəˈraitis] тромбоэндартериит

thrombogen [ˈθrɒmbəʊʤen] фактор II *(свёртывающей системы крови)*, протромбин

thrombogenic [ˌθrɒmbəʊˈʤenik] тромбообразующий

thrombogenicity [ˌθrɒmbəʊʤəˈnisiti]:

reduced ~ пониженная тромбогенность

thromboid [ˈθrɒmbɔid] напоминающий тромб

thrombokinase [ˌθrɒmbəʊˈkaineis] *см.* **thromboplastin**

thrombolymphangitis [ˌθrɒmbəʊˌlimfænˈʤaitis] тромболимфангиит

thrombolysis [θrɒmˈbɒlisis] тромболиз, растворение тромба

thrombolytic [ˌθrɒmbəʊˈlitik] тромболитический

thrombopathy [θrɒmˈbʊpəθi] тромбопатия, тромбоастения *(нарушение функции тромбообразования)*
  constitutional ~ 1. ангиогемофилия, Виллебранда болезнь 2. *см.* **thrombocytasthenia**
thrombopenia [ˌθrɒmbəʊˈpiːniə] тромбо(цито)пения *(пониженное содержание тромбоцитов в крови)*
thrombophilia [ˌθrɒmbəʊˈfiliːə] тромбофилия *(повышенная свёртываемость крови)*
thrombophlebitis [ˌθrɒmbəʊfləˈbaitis] тромбофлебит *(воспаление вены с её тромбозом)* ◊ ~ **migrans** мигрирующий (тромбо)флебит, политромбофлебит, хроническая тромбопатия
thromboplastin [ˌθrɒmbəʊˈplæstin] тромбопластин, тромбокиназа
  tissue ~ фактор III *(свёртывающей системы крови)*, тканевая тромбокиназа
thromboplastinogen [ˌθrɒmbəʊplæsˈtinəʊdʒən] фактор VIII *(свёртывающей системы крови)*, антигемофильный фактор, антигемофильный глобулин, тромбопластический компонент плазмы (А)
thrombopoiesis [ˌθrɒmbəʊpʊiˈiːsis] 1. тромбопоэз, тромбогенез *(образование тромбов)* 2. тромбоцитопоэз
thromboprophylaxis [ˌθrɒmbəʊˌprəʊfiˈlæksis]:
  ~ **in elective surgery** профилактика тромбозов в плановой хирургии
thrombose [ˈθrɒmbəʊz] вызывать тромбоз
thrombosed [ˈθrɒmbəʊst] тромбированный, закупоренный тромбами *(о сосуде)*
thrombosin [ˈθrɒmbəʊsin] *см.* **thrombin**
thrombosis [θrɒmˈbəʊsis], *pl.* **thromboses** [θrɒmˈbəʊsiːz] тромбоз, тромбообразование
  acute stent ~ острый тромбоз стента
  antibody-mediated ~ тромбоз, обусловленный антителами
  atrophic ~ застойный [марантический] тромбоз
  ball-valve ~ шаровидный тромбоз, прикрывающий отверстие клапана
  cerebral ~ тромбоз церебральных сосудов
  compression ~ тромбоз, вызванный сдавлением сосуда
  coronary ~ коронарный тромбоз
  creeping ~ прогрессирующий [ползучий] тромбоз
  effort ~ тромбоз усилия, травматический тромбоз подключичной вены, Педжета – Шреттера синдром
  infective ~ инфицированный тромбоз
  jumping ~ мигрирующий [«скачущий»] тромбоз
  marantic [**marasmic**] ~ застойный [марантический] тромбоз
  mesenteric ~ тромбоз брыжеечных сосудов
  mural ~ пристеночный [париетальный] тромбоз
  obstructive ~ стенозирующий тромбоз
  portal vein ~ тромбопилефлебит, тромбофлебит воротной вены
  posttraumatic arterial/venous ~ посттравматический артериальный/венозный тромбоз
  "rebound" ~ ретроградный [«рикошетный»] тромбоз
  stent ~ тромбирование [тромбоз] стента
  venous ~ венозный тромбоз, тромбоз вены, флеботромбоз
thrombostasis [θrɒmˈbɒstəsis] местный тромбоз

thrombosthenin [ˌθrɒmbəʊˈsθiːnin] фактор 6 тромбоцитов, тромбостенин, ретрактоэнзим
thrombotest [ˈθrɒmbəʊtest] тромботест *(определение характера сгустка фибрина в растворе хлористого кальция)*
thrombotic [θrɒmˈbɒtik] тромботический
thrombotonin [ˌθrɒmbəʊˈtəʊnin] серотонин
thrombus [ˈθrɒmbəs], *pl.* **thrombi** [ˈθrɒmbai] тромб
  agglutinative ~ агглютинационный [коагуляционный] тромб
  agonal [**agony**] ~ агональный тромб
  annular ~ кольцевидный тромб
  antemortem ~ *см.* **agonal** ~
  atrial wall ~**i** пристеночные тромбы в предсердии
  ball ~ шаровидный тромб
  ball-valve ~ шаровидный тромб на ножке, временами закрывающий отверстие митрального клапана
  bile ~ жёлчный тромб
  blood plate [**blood platelet**] ~ пластиночный [тромбоцитный] тромб
  calcified ~ венный конкремент, флеболит
  detached ~ оторвавшийся тромб, эмбол
  ferment ~ ферментный тромб
  "floating" ~ блуждающий тромб
  hyaline ~ гиалиновый тромб
  milk ~ нагрубание молочных желёз *(вследствие закупорки молочных протоков)*
  mixed ~ смешанный тромб
  mural ~ пристеночный [париетальный] тромб
  obstructive ~ закупоривающий [обтурирующий] тромб
  organized ~ организованный тромб
  pale ~ белый [лейкоцитарный] тромб
  parietal ~ *см.* **mural** ~
  primary ~ провизорный [первичный] тромб
  propagated ~ растущий тромб, прогрессирующий [ползучий] тромбоз
  red ~ красный [эритроцитный] тромб
  saddle ~ седловидный тромб *(на бифуркации аорты)*
  stratified ~ слоистый тромб
  white ~ *см.* **pale** ~
throttle [ˈθrɒtl] душить; задыхаться
through/peak [ˈθruːpiːk] (коэффициент) минимальный/пиковый *(соотношение минимального и максимального гипотензивного действий препарата)*
throughput [ˈθruːpʊt] пропускная способность, производительность *(установки)*
throwaway [ˈθrəʊəwei] предмет одноразового пользования ‖ не подлежащий повторному применению
throwback [ˈθrəʊbæk] регресс *(упрощение организмов в процессе эволюции)*
thrush [θrʌʃ] кандидоз, молочница
  ~ **of mouth** кандидозный стоматит, молочница
  ~ **of vulva** микотический [грибковый] вульвовагинит, молочница влагалища
  milk ~ *см.* ~ **of mouth**
thrust [θrʌst] 1. толчок; удар 2. колотая рана ‖ колоть, пронзать 3. нагрузка, давление 4. *мед. тех.* опора, упор

jaw ~ выдвижение челюсти

main ~ **of treatment** основной метод лечения

manual ~ толчок рукой *(приём при массаже)*

thrypsis ['θrɪpsɪs] оскольчатый перелом

thumb [θʌm] большой палец кисти

bifid ~ расщеплённый большой палец

bowler's ~ обызвествляющийся тендинит большого пальца, «палец игрока в боулинг»

clasped ~ молоткообразный большой палец

gamekeeper's ~ вальгусное положение большого пальца кисти, «палец егеря»

hitchhiker ~ удлинённый большой палец кисти *(аномалия развития)*

stub ~ укороченный большой палец кисти

tennis ~ обызвествляющийся тендинит большого пальца, «палец теннисиста»

thumbnail ['θʌmneɪl] ноготь большого пальца кисти

thumbprint ['θʌmprɪnt] отпечаток большого пальца

thumbscrew ['θʌmskruː] *мед. тех.* микрометрический винт, «барашек»

thumbsucker ['θʌmsʌkə] ребёнок, имеющий привычку сосать палец

thump [θʌmp]:

precordial ~ удар в прекордиальную область *(раскрытой ладонью при пресистолии)*

thumping ['θʌmpɪŋ]:

~ **of heart** биение сердца, сердцебиение

thunder ['θʌndə] 1. гром ‖ греметь 2. раскатистый звук, грохот ◊ ~ **and** ~ «громы и молнии» *(резкое осуждение)*

thunder-clap ['θʌndə-klæp] 1. удар грома 2. грохот

thunderstroke ['θʌndəstrəʊk] сражённый ударом молнии

thyme [taɪm] тимьян обыкновенный *(Thymus vulgaris)*

creeping [wild] ~ чабрец, тимьян ползучий *(Thymus serpyllum)*

thymectomy [θaɪm'ektəmɪ] тимэктомия *(удаление вилочковой железы)*

thymelcosis [ˌθaɪmel'kəʊsɪs] гнойное воспаление вилочковой железы

thymi ['θaɪmaɪ] *pl. от* **thymus**

thymic ['θaɪmɪk] тимусный, относящийся к вилочковой железе

thymic-dependent ['θaɪmɪk-dɪ'pendnt] *см.* **thymus-dependent**

thymidine ['θaɪmɪdiːn]:

tritiated ~ меченный тритием тимидин

thymine ['θaɪmiːn] тимин *(одно из азотистых оснований, входящих в состав нуклеиновых кислот)*

thymitis [θaɪ'maɪtɪs] тимит *(воспаление тимуса)*

thymocyte ['θaɪməʊsaɪt] тимоцит *(клетка вилочковой железы)*

common ~ промежуточный тимоцит *(промежуточной стадии дифференцировки)*

late cortical ~ созревающий кортикальный тимоцит

subcapsular ~ субкапсульный (незрелый) тимоцит

thymokesis [ˌθaɪməʊ'kiːsɪs] персистенция и гиперплазия вилочковой железы

thymokinetic [ˌθaɪməʊkaɪ'netɪk] тимокинетический *(активирующий функцию тимуса)*

thymoleptic [ˌθaɪməʊ'leptɪk] антидепрессант, тимолептическое средство, тимолептик

thymolysis [θaɪ'mɒlɪsɪs] инволюция вилочковой железы

thymoma [θaɪ'məʊmə] тимома *(опухоль вилочковой железы)*

thymopathy [θaɪ'mɒpəθɪ] 1. заболевание вилочковой железы 2. *псих.* тимопатия

thymulin ['θaɪməlɪn] тимолин, тимулин *(сывороточный тимический фактор, СТФ)*

thymus ['θaɪməs], *pl.* **thymi** ['θaɪmaɪ] вилочковая [зобная] железа, тимус

attractive ~ тимус в период колонизации

refractory ~ тимус, рефрактерный к колонизации

thymus-dependent ['θaɪməs-dɪ'pendənt], **thymus-derived** ['θaɪməs-dɪ'raɪvd] относящийся к Т-лимфоцитам; тимусзависимый; обусловленный тимусом

thypar ['θaɪraː] лишённый щитовидной и околощитовидных желёз

thyreoitis [ˌθaɪrɪəʊ'aɪtɪs] *см.* **thyroiditis**

thyroadenitis [ˌθaɪrɪəʊˌædə'naɪtɪs] тиреоаденит

thyroaplasia [ˌθaɪrəʊə'pleɪzɪə] тиреоаплазия *(врождённое отсутствие щитовидной железы)*

thyrocalcitonin [ˌθaɪrəʊˌkælsɪ'təʊnɪn] (тирео)кальцитонин *(гипокальциемический фактор)*

thyrocele ['θaɪrəʊsiːl] опухоль щитовидной железы, тироцеле

thyrochondrotomy [ˌθaɪrəʊkɒn'drɒtəmɪ] ларинготомия, тиреотомия *(рассечение передней стенки гортани по средней линии)*

thyrocolloid [ˌθaɪrəʊ'kɒlɔɪd] коллоидное вещество щитовидной железы

thyrocricotomy [ˌθaɪrəʊkraɪ'kɒtəmɪ] тиреокрикотомия *(рассечение эластического конуса гортани)*

thyrogenic [ˌθaɪrəʊ'ʤenɪk], **thyrogenous** [θaɪ'rɒʤənəs] тиреогенный *(обусловленный щитовидной железой)*

thyroglobulin [ˌθaɪrəʊ'glɒbjuːlɪn] тиреоглобулин *(белок щитовидной железы, участвующий в синтезе тироксина и трийодтирозина)*

thyroglossal [ˌθaɪrəʊ'glɒsəl] щитовидно-язычный

thyroglossectomy [ˌθaɪrəʊˌglɒs'ektəmɪ] иссечение щитовидно-язычного протока

thyrohyal [ˌθaɪrəʊ'haɪəl] 1. относящийся к щитовидной железе и подъязычной кости 2. большой рог подъязычной кости

thyrohyoid [ˌθaɪrəʊ'haɪɒɪd] щитовидно-подъязычный *(напр. о мышце)*

thyroid ['θaɪrɔɪd] 1. щитовидная железа 2. тиреоидный гормон

lingual ~ эктопия щитовидной железы в языке

overactive ~ гиперфункция щитовидной железы

substernal ~ загрудинный зоб

thyroidectomy [ˌθaɪrɔɪd'ektəmɪ] тиреоидэктомия

partial ~ частичная тиреоидэктомия

subtotal ~ субтотальная резекция щитовидной железы *(удаляется примерно 90 % железы)*

thyroiditis [ˌθaɪrɔɪ'daɪtɪs] тиреоидит

acute nonsuppurative [granulematous] ~ подострый [гигантоклеточный, гранулематозный] тиреоидит, Де Кервена болезнь

allergic ~ аутоиммунный тиреоид, зоб Хашимото

chronic ~ хронический тиреоидит

drug-induced ~ тиреоидит, обусловленный приёмом лекарств

  follicular [giant cell] ~ *см.* **acute nonsuppurative** ~

  Hashimoto's [immunologic] ~ *см.* **allergic** ~

  ligneous ~ фиброзный тиреоидит, или зоб, деревянистая струма, Риделя [тиреоидит] струма

  silent ~ скрытый [бессимптомный] тиреоидит

thyroidization [ˌθairɒidiˈzeiʃn] **1.** лечение препаратами щитовидной железы **2.** *гист.* подобная ткани щитовидной железы

thyroidology [ˌθairɒiˈdɒlədʒi]:

  clinical ~ клиника заболеваний щитовидной железы

thyroidomania [ˌθairɒidəʊˈmeiniə] психические расстройства, обусловленные тиреотоксикозом

thyroid-stimulating [ˈθairɒid-stimjʊˈleitiŋ] тиреотропный, стимулирующий щитовидную железу

thyrolaryngeal [ˌθairəʊlæˈrinʤiəl] щитовидно-гортанный

thyroliberin [ˌθairəʊˈlibərin] тиреолиберин, тиреотропин-рилизинг-гормон

thyrolingual [ˌθairəʊˈliŋgwəl] щитовидно-язычный

thyrolytic [ˌθairəʊˈlitik] разрушающий ткань щитовидной железы

thyromegaly [ˌθairəʊˈmegəli] тиреомегалия

thyronine [ˈθairəʊniːn] тиронин (*аминокислота*)

thyropathy [θaiˈrɒpəθi] тиреопатия, расстройство функции щитовидной железы

thyrophyma [ˌθairəʊˈfaimə] опухоль щитовидной железы

thyroprival [ˌθairəʊˈpraivəl] тиреопривный (*обусловленный удалением щитовидной железы*)

thyroprivia [ˌθairəʊˈpriviːə] гипотиреоз, микседема, Галла болезнь

thyrotomy [θaiˈrɒtəmi] тиреотомия (*1. вскрытие гортани по средней линии 2. рассечение щитовидной железы*)

thyrotoxic [ˌθairəʊˈtɒksik] тиреотоксический (*обусловленный повышенной функцией щитовидной железы*)

thyrotoxicosis [ˌθairəʊˌtɒksiˈkəʊsis] тиреотоксикоз

thyrotropin [θaiˈrɒtrəpin] тиреотропный гормон, ТТГ, тиреотропин (*гормон, осуществляющий контроль активности фолликулярных клеток щитовидной железы*)

  pituitary ~ тиреотропин, тиреотропный гормон гипофиза

  recombinant ~ рекомбинантный тиреотропин

thyroxine [ˈθairɒksin] тироксин (*гормон щитовидной железы*)

tibia [ˈtibiə], *pl.* **tibiae** [ˈtibiːi] большеберцовая кость

  distal ~ дистальный отдел большеберцовой кости

  saber(-shaped) ~ саблевидная голень

  upper ~ верхний отдел большеберцовой кости

tibial [ˈtibiːəl] большеберцовый, тибиальный

tibiofibular [ˌtibiəʊˈfibjuːlə] **1.** относящийся к большеберцовой и малоберцовой костям **2.** межберцовый сустав

tic [tik] тик (*множественные, стереотипные, клонические подёргивания мышц*) ◊ ~ **douloureux** невралгия тройничного нерва, тригеминальная невралгия; болевой тик

  bowing ~ кивательная судорога

  convulsive ~ мимический тик

  fever ~ клещевая лихорадка

  local ~ локализованный тик

  rotatory ~ спастическая кривошея

tick [tik] клещ (*кровососущий паразит, принадлежащий к отряду членистоногих*)

tick-born [tik-bɔːn] трансмиссивный, передаваемый клещами (*об инфекции*)

tick-infested [tik-inˈfestid] заражённый клещами

tickle [tikl] щекотание, щекотка || щекотать

tickler [ˈtiklə] :

  brain ~ *sl.* пилюля (*наркотика*)

tickling [ˈtikliŋ] щекотание, щекотка

  ~ **in throat** першение в горле

tickseed [ˈtiksiːd] череда (*Bidens*)

ticqueur [ˈtikjuːr] страдающий тиком

tidal [taidl] приливно-отливный (*напр. метод промывания полости*)

tide [taid] *физиол.* чередующиеся подъём и снижение (*какого-л. параметра*)

  acid ~ транзиторное повышение кислотности мочи при голодании

  alkaline ~ транзиторное понижение кислотности мочи после приёма пищи

  fat ~ алиментарная [пищевая] липемия

tidy [ˈtaidi] опрятный, аккуратный

tight [tait] **1.** плотный; непроницаемый, герметичный **2.** туго завязанный, тугой

tightener [ˈtaitnə]:

  wire ~ *мед. тех.* спиценатягиватель

tight-fitting [taitˈfitiŋ] плотно пригнанный

tightness [ˈtaitnəs] **1.** непроницаемость, герметичность **2.** напряжённость; тугость; плотность **3.** спазм (*бронхов*); удушье

  ~ **in the air** напряжённая атмосфера

  ~ **in the chest** стеснение в груди

tigroid [ˈtaigrɒid] относящийся к базофильному [тигроидному] веществу

tigrolysis [taiˈgrɒlisis] хроматолиз, тигролиз (*уменьшение или исчезновение базофильного вещества цитоплазмы нейронов*)

tilt [tilt] наклон, наклонное положение || наклонять(ся); поворачивать

  body-head down ~ опускание верхней части туловища (*напр. на операционном столе*)

  head ~ запрокидывание головы (*во время интубации*); наклон головы (*напр. при отите*)

  talus ~ отклонение таранной кости

  valgus ~ вальгусное отведение (*конечности*)

timbre [ˈtæmbrə] *фр.* тембр (*голоса*)

time [taim] время, срок; период; продолжительность (*воздействия*) || рассчитывать по времени; хронометрировать; согласовывать во времени, синхронизировать ◊ ~ **s a day** суточная кратность (*введения медикамента*)

  ~ **of death 1.** срок смерти **2.** момент наступления смерти

  ~ **of diagnosis** время постановки диагноза

  ~ **of exposure** время экспозиции

  ~ **of pressure increase** период повышения давления

  ~ **out** тайм-аут, перерыв

  ~ **to progression** время, по прошествии которого развивается прогрессия

~ to treatment failure временной интервал, по прошествии которого лечение становится неэффективным

accelerated ~ узи время ускорения потока (крови от щелчка открытия митрального клапана до пика скорости потока)

apex ~ интервал между двумя пиками сокращения мышцы

arm-to-tongue ~ время кровотока «рука – язык»

averaging ~ период осреднения (при отборе проб воздуха)

baseline prothrombin ~ исходное протромбиновое время

bleeding ~ время кровотечения

breath holding ~ время задержки дыхания

calcium clotting ~ время рекальцификации (плазмы)

capillary filling [refill] ~ время исчезновения белого пятна (после надавливания на кожу)

cell generation ~ время клеточной генерации (интервал между циклами клеточной репликации)

cell number (culture) doubling ~ время удвоения размера популяции клеток

central daylight ~ период максимальной освещённости за день

circulation ~ время кругооборота крови

clot retraction ~ время сокращения [ретракции] кровяного сгустка

clotting [coagulation] ~ время свёртывания крови, время коагуляции

cold [crash] ischemia ~ критическое время хранения трансплантата на холоде

conduction ~ физиол. время проведения возбуждения

daylight saving ~ летнее время (устанавливаемое для рационального использования светлого времени суток)

dead ~ нерабочее время, время простоя

deceleration [delay] ~ узи время замедления потока (от пика скорости до базовой линии)

delivery ~ срок родоразрешения

discrimination reaction ~ время реакции различения (двух раздражителей)

doubling ~ 1. время деления (напр. клеток, хромосом) 2. время удвоения (злокачественной опухоли)

dwell ~ время пребывания (вещества в какой-л. системе)

effective ~ of contamination продолжительность эффективного заражения местности

ejection ~ узи время выброса крови (от щелчка открытия до щелчка закрытия митрального клапана)

euglobulin clot lysis ~ эуглобулиновое время лизиса

exposure ~ 1. время [продолжительность] облучения 2. выдержка, время экспонирования

full ~ полная занятость, полный рабочий день

generation ~ время генерации (необходимое клетке для роста и образования двух дочерних клеток)

hospitalization ~ продолжительность госпитализации, койкодень

improper ~ неподходящее время; неподходящая фаза (напр. для зачатия)

isovolumetric contraction ~ время изоволюметрического сокращения

isovolumetric relaxation ~ время изоволюметрического расслабления

lag ~ время запаздывания (период развития хирургической инфекции до получения бактериологического диагноза)

latency [latent] ~ скрытый [латентный] период

left ventricular ejection ~ период изгнания из левого желудочка

lethal ~ летальное время (в течение которого наступает гибель организма после воздействия патогена или внешнего фактора)

life ~ 1. продолжительность [время] жизни 2. срок службы

local ~ местное время

median lethal ~ среднелетальное время, время половинной выживаемости (по истечении которого погибает 50 % подвергшихся воздействию)

median survival ~ 1. средняя продолжительность выживания, или жизни 2. среднее время приживления (напр. трансплантата)

MRT mean ~ среднее время удерживания препарата (в тканях)

normal exfoliation ~ срок физиологической смены молочных зубов

off ~ «застывание» (симптом паркинсонизма)

partial prothrombin ~ частичное протромбиновое время

partial thromboplastin ~ частичное тромбопластиновое время

presentation ~ временной порог возбуждения

pressure half ~ время полураспада градиента давления

prolonged clotting ~s увеличение времени образования кровяного сгустка

prothrombin ~ протромбиновое время, Квика время, уст. протромбиновый индекс

pulse transmission ~ скорость распространения пульсовой волны

radiation ~ время [экспозиция] облучения

real ~ 1. реальный масштаб времени (одновременно с исследованием ультразвукового изображения на экране) 2. фактическое время

recalcification ~ время рекальцификации (плазмы)

recovery ~ 1. время восстановления (функции) 2. время пробуждения (больных после наркоза)

refraction ~ рефракторный период, рефрактерная фаза

rejection ~ сроки отторжения (трансплантата)

residence ~ время пребывания (напр. нуклидов в организме)

retention ~ время удержания (напр. вещества сорбентом)

revival ~ время возможного восстановления (функции), «время оживления», период обратимых изменений

rise ~ анест. ускорение инспираторного потока

running ~ продолжительность, длительность (напр. процесса)

sampling ~ время отбора проб

serial thrombin ~ частичное тромбиновое время

sinus node recovery ~ время восстановления функции синусного узла

spare ~ свободное время

storage ~ время [хранения] пребывания *(напр. воды в водохранилище)*

survival ~ 1. время выживания 2. продолжительность жизни *(напр. клетки)*

tension ~ период изгнания

three ~s a week три раза в неделю

thrombin clotting ~ тромбиновое время *(образования сгустка плазмы при добавлении тромбина)*

thromboplastin generation ~ тест [время] генерации, или образования, тромбопластина

transit ~ время прохождения *(напр. в кишечнике)*

transmission ~ время распространения *(напр. пульсовых волн)*

turnaround ~ *страх.* время оборота *(период времени с момента получения счёта до момента осуществления платежа по нему)*

turnover ~ продолжительность обмена *(период между поглощением минеральных веществ и их высвобождением в результате распада)*

waiting ~ период ожидания *(обычно трансплантата)*

time-course [taim-kɔːs]:

~ **of drug** период действия лекарственного средства

time-domain [taim-'dəʊmein] временной анализ ЭКГ, Симсона метод *(усреднение ЭКГ-сигнала трёх ортогональных отведений)*

time-giver [taim-'givə] водитель ритма; пейсмекер

timekeeping ['taimkiːpiŋ] хронометрирование, хронометраж

time-lag [taim-læg] 1. разница во времени *(в разных часовых поясах)* 2. несвоевременность, упущенный момент

timely ['taimli] своевременно, в срок

timer ['taimə] 1. реле времени, таймер 2. регулятор выдержки времени; процедурные часы

blood coagulation ~ тромбоэластограф, механический гемокоагулограф

fluoroscopy ~ таймер экспозиции при рентгеноскопии

impulse ~ импульсное реле времени

stopwatch ~ секундомер

treatment ~ процедурные часы

time-resolved ['taim-riˌzɒlvd] динамический *(напр. об иммунофлуорометрическом анализе)*

timetable ['taimteibl] расписание, график

time-tested ['taim-ˌtestid], **time-tried** ['taim-traid] испытанный [апробированный] во времени; выдержавший проверку временем

timid ['timid] боязливый, робкий

timing ['taimiŋ] 1. хронометрия, хронометраж 2. синхронизация 3. временные рамки ‖ временной *(напр. механизм)* 4. календарь рождений *(распределение рождений в период детородного периода, или периода супружества)*

~ **of distraction** темп дистракции *(при чрескожном остеосинтезе)*

~ **of insemination** определение наиболее благоприятного времени для оплодотворения

~ **of pain** время появления боли

~ **of pyloric closure** хронометрия закрытия привратника

respiratory ~ синхронность дыхания

timorous ['timərəs] робкий, боязливый

tin [tin] 1. олово, Sn *(металл)* 2. оловянная посуда; консервная банка ‖ консервировать *(продукты)*

tinction [tiŋkʃn] окрашивание, окраска

tincturation [ˌtiŋktʃə'reiʃn] приготовление настойки

tincture ['tiŋtʃə] 1. настойка 2. подкрашивать; окрашивать

compound ~ настойка сложного состава

strong ~ концентрированная настойка

weak ~ разбавленная настойка

tine [tain] 1. зубной зонд; остриё зубного зонда 2. скарификатор; скарификатор-копьё

tinea ['tiniːə] дерматомикоз, дерматофития

~ **barbae** дерматомикоз [дерматофития] области бороды

~ **circinata**, ~ **corporis** дерматомикоз гладкой кожи

~ **cruris** паховый дерматомикоз, паховая эпидермофития

~ **favosa** фавус, парша

~ **imbricata** черепицеобразный микоз, или лишай

~ **nigra palmaris** *лат.* чёрный микоз, или кладоспориоз ладоней

~ **pedis** эпидермофития стопы

~ **tonsurance** трихофития, стригущий лишай

~ **unguineum** онихомикоз

~ **versicolor** разноцветный [отрубевидный] лишай

amiantacea, asbestoslike ~ асбестовидный лишай, фолликулярный асбестовый кератоз, асбестовый питириаз, псориазиформная себорея

black-dot ~ черноточечная трихофития

tingibility [ˌtinʤi'biliti] окрашиваемость, способность окрашиваться

tingle ['tiŋgl] 1. звон в ушах 2. покалывание, пощипывание *(в онемевшей части тела)* ‖ ощущать покалывание 3. трепет, дрожь

tinglers ['tiŋgləz] резкая колющая боль, прострел

tinkling ['tiŋkliŋ] звенящий звук

~ **in ears** звон в ушах

tinnitus [ti'naitəs] шум, гул, звон

~ **aurium**, ~ **in ears** ощущение шума в ушах

~ **cerebri** ощущение шума в голове *(но не в ушах)*

buzzing ~ гул, жужжание *(в ушах)*

clicking [**cracking**] ~ «потрескивание» или «хруст» в ухе при среднем отите

fizzing ~ шипение в ушах

telephone ~ шум в ушах после длительного разговора по телефону

vibratory ~ вибрационный шум в ушах *(обусловленный пульсацией сосудов)*

tint [tint] краска, оттенок, тон

bluish ~ синюшная окраска, цианоз

tintometer [tin'tɒmətə] колориметр *(прибор для определения концентрации вещества в растворах)*

tip [tip] 1. верхушка, (верхний) конец 2. наконечник

~ **of nose** верхушка [кончик] носа

~ **of tongue** верхушка [кончик] языка

~**s of villi** кончики ворсинок

fine ~ тонкий конец *(напр. зубного элеватора)*

Luer ~ люэровский наконечник *(шприца)*

steril ~ стерильный наконечник *(к пипетке)*

suction ~ наконечник отсасывающей трубки

tip[2] место свалки *(мусора, отходов)*

refuse ~ свалка отходов, или отбросов

Ti-plasmid [ti'plæzmid] Ti-плазмида *(содержащая онкоген)*

tipping[1] ['tipiŋ] искривление *(зубов)*, отклонение *(зубов)* от вертикальной оси

tipping[2]:

  controlled ~ санитарная свалка

tip-thermocouple [tip-,θə:məʊ'kʌpl]:

  D-type ~ абляционный термопарный [термистерный] катетер

tire [taiə] 1. уставать 2. утомлять, надоедать

tired ['taiəd] уставший

tiredness ['taiədnəs] усталость

tirefond ['taiəfɒnd] штопорообразный инструмент для удаления или репозиции отломков кости *(при травме черепа)*

tiring ['tairiŋ] серкляж *(фиксация костных отломков проволокой при переломе)*

tisic ['tisik] страдающий туберкулёзом

tisis ['tisis] туберкулёз

tissue ['tiʃu:] 1. ткань 2. сеть, сплетение 3. бумажная салфетка

  abnormal ~ патологически изменённая ткань

  accessory thymus ~ вспомогательная [минорная] тимусная ткань *(на пути миграции эпителиальных клеток)*

  adenoid ~ лимфоидная [лимфаденоидная, лимфоретикулярная] ткань

  adipose ~ жировая ткань

  adjacent ~ прилежащая [смежная] ткань

  affected ~ поражённая ткань

  areolar ~ рыхлая волокнистая [неоформленная] соединительная ткань, ареолярная ткань

  autogenous ~ аутогенная ткань, аутоткань

  blood-forming ~ кроветворная ткань

  blotchy ~ пятнистая ткань

  body ~ ткани тела

  boggy ~ дряблая [рыхлая] ткань

  bone [bony] ~ костная ткань

  bronchus-associated lymphoid ~ лимфоидная ткань, ассоциированная с бронхами

  brown adipose ~ бурая жировая ткань, бурый жир

  cancellous ~ губчатое вещество кости

  cartilaginous ~ хрящевая ткань

  cavernous ~ кавернозная ткань *(пещеристых тел)*

  central lymphoid ~ центральные лимфоидные органы

  chromaffin ~ хромаффинная ткань

  cicatricial ~ рубец

  compact ~ компактное вещество кости

  composite ~s *трансп.* участок тканей тела на сосудистой ножке

  conduction ~ **of the heart** проводящая система [ткань] сердца

  connective ~ соединительная ткань

  cribriform ~ рыхлая волокнистая [неоформленная] соединительная ткань

  decayed ~ гнилостная ткань

  decomposed ~ разлагающаяся ткань

  dense connective ~ плотная волокнистая соединительная ткань

  dental ~ дентин

  denture-supporting ~s ткани протезного ложа

  devitalized ~ нежизнеспособная ткань

  elastic ~ эластическая соединительная ткань

  embryonal ~ эмбриональная [зародышевая] ткань

  endothelial ~ эндотелий

  epithelial ~ эпителий, эпителиальная ткань

  erectile ~ кавернозная ткань *(пещеристых тел)*

  fatty ~ жировая ткань

  fibrous ~ волокнистая соединительная [фиброзная] ткань

  flabby ~ избыточно подвижная ткань в области челюстей *(в результате гиперплазии)*

  foreign ~ *см.* **heterologous** ~

  Gamgee ~ ватно-марлевая повязка

  gelatinous ~ *эмбр.* студенистая [желатинозная] соединительная ткань

  granulation ~ грануляционная [зернистая] ткань, грануляции

  gut-associated lymphoid ~ лимфоидная ткань, ассоциированная с кишечником

  hematopoietic ~ кроветворная ткань

  heterologous ~ чужеродная ткань

  host ~ питающая ткань; ткань организма хозяина

  hyperplastic ~ 1. гиперплазированная ткань, гиперплазия ткани 2. избыточно подвижная ткань в области челюстей *(в результате гиперплазии)*

  indifferent ~ недифференцированная ткань

  interstitial ~ интерстициальная [межуточная] ткань, интерстиций

  invaded ~ поражённая ткань

  investing ~ покровная ткань, тканевой покров

  islet ~ панкреатический островок, островок Лангерганса

  lepidic ~ *эмбр.* выстилающая ткань, выстилка

  loose connective ~ рыхлая волокнистая [неоформленная] соединительная ткань

  luteal ~ ткань жёлтого тела

  lymphoid ~ лимфоидная [лимфаденоидная, лимфоретикулярная] ткань

  malrelated ~ эктопированная ткань

  mature ~ дефинитивная [зрелая] ткань

  mesenchymal ~ мезенхима

  moribund ~s отмирающие ткани

  mucous ~ *эмбр.* студенистая [желатинозная] соединительная ткань

  multilocular adipose ~ бурая жировая ткань, бурый жир

  muscular ~ мышечная ткань

  myeloid ~ миелоидная ткань

  necropsy ~ посмертная ткань

  nerve [nervous] ~ нервная ткань

  non-viable ~ нежизнеспособная ткань

  osseous ~ костная ткань

  osteoid ~ остеоид, остеоидная ткань

  parenchymatous ~ паренхима

  periapical ~ околоверхушечная ткань *(зуба)*

  periodontal ~ периодонт, перицемент, корневая оболочка

  perivesical ~ околопузырная клетчатка

poorly perfused ~ плохо кровоснабжаемая ткань

protruded ~ выбухающая ткань, выпячивание *(напр. грыжи)*

reticular [reticulated] ~ ретикулярная [сетчатая] соединительная ткань

scar ~ рубцовая ткань

shrivelled ~ сморщившаяся ткань

skeletal ~ ткань скелета *(кость, хрящ, связка)*

sloughed ~ десквамированная ткань

snap-frozen ~ мгновенно замороженная ткань *(в ультракриотоме)*

sound ~ нормальная [здоровая] ткань

subcutaneous ~ подкожная основа

submucous ~ подслизистая основа

supporting ~ опорная ткань

target ~ «ткань-мишень» *(при облучении)*

trimming ~ дефинированная [зрелая] ткань

underlying ~s подлежащие ткани

withered ~ высохшая ткань

tissue-dissolving ['tiʃu:-di'zɒlviŋ] гистолитический, вызывающий гистолиз

tissular ['tiʃulə] тканевой

titer ['taitə] титр *(1. наибольшее разведение раствора, при котором ещё наблюдается положительная реакция 2. концентрация, напр., антител в сыворотке 3. единица измерения активности биопрепаратов)*

agglutination ~ титр агглютинации

antiacetylcholine receptor antibody ~s титр антител к ацетилхолиновым рецепторам

antibody ~ титр антител

antistreptolysin-0 ~ титр антистрептолизина-0

antiviral ~ титр антивирусных антител

challenge ~ разрешающая доза *(аллергена)*

coli ~ коли-титр, титр кишечной палочки

infectivity ~ титр инфекционности *(вируса)*

killing ~ индекс цитолиза

lymphocytotoxic ~ титр лимфоцитотоксических антител

lysis ~ титр лизиса *(гемолиза)*

negative protozoal ~ отрицательный результат серологического исследования на простейшие

paired IgM/IgG ~s исследование парными сыворотками IgM и IgG

peak ~ максимальное значение титра, пик титра

positive Lyme ~ диагностически значимый [положительный] титр антител к возбудителю болезни Лайма

postchallenge ~ титр после проверочного заражения

prechallenge ~ титр перед проверочным заражением

rising antibody ~ нарастание титра антител

test ~ титр пробы

viral antibody ~s титры вирусных антител

virus-neutralizing ~ титр вирус-нейтрализующих антител

titrant ['taitrənt] титрованный раствор

titrate ['taitreit] 1. титровать 2. титруемый раствор

to ~ **the insulin dose according to the blood sugar level** титровать дозу инсулина в соответствии с уровнем сахара в крови

titration [tai'treiʃn] титрование

~ **of dosage to effect** титрование дозы до эффективной

back ~ обратное титрование

checkerboard [chessboard] ~ титрование в двух направлениях, титрование методом «шахматной доски»

complexometric ~ комплексонометрия, комплексонометрическое титрование

dose ~ подбор дозы

exchange ~ обменное титрование

formol ~ Сёренсена метод *(метод определения белка с помощью формальдегида и щелочи)*

forward ~ предварительное титрование

hemolytic ~ титрование (комплемента) методом гемолиза

initial dose ~ подбор начальной дозы

nonaqueous ~ неводное титрование

titrator [tai'treitə] титратор, прибор для титрования

titre ['taitə] *см.* **titer**

titrimetry [tai'trimətri] титриметрия *(титрование растворов с автоматической регистрацией)*

titubation [,titju:'beiʃn] 1. шатающаяся или раскачивающаяся походка 2. ритмичное кивание головой 3. мозжечковый тремор

lingual ~ заикание

T-lymphocyte [ti'limfəusait] Т-лимфоцит, Т-клетка

T-mycoplasma [ti,maikəu'plæzmə] Т-микоплазма *(неподвижная грамотрицательная бактерия, выделяемая при мочеполовых расстройствах)*

toad [təud]:

Bufo ~ Буфо жаба

toadskin ['təudskin] фринодерма, авитаминозный фолликулярный кератоз

toadstool ['təudstu:l] гриб поганка, мухомор

tobacco [tə'bækəu] табак *(Nicotiana tabacit)*

mountain ~ арника горная *(Arnica montana)*

poison ~ белена чёрная *(Hyoscyatus niger)*

tobaccoism [tə'bækəuizm] никотинизм, отравление [интоксикация] никотином

tochil ['təutʃil] парагонимиаз

tocodynamometry [,təukəu,dainə'mɒmətri] токодинамометрия *(исследование сократительной функции матки)*

toco-ergometry ['təukəu-er'gɒmətri] определение сократительной [изгоняющей] способности матки

tocograph ['təukəugræf] гистерограф, токограф, токодинамограф *(прибор для измерения и регистрации сократительной деятельности матки во время родов)*

tocology [təu'kɒlədʒi] акушерство

tocolytic [,təukəu'litik] токолитический *(расслабляющий мускулатуру матки)*

tocomania [,təukəu'meiniə] послеродовой психоз

tocopherol [təu'kɒfərɒl] токоферол, витамин Е

tocophobia [,təukəu'fəubiə] токофобия *(патологическая боязнь родов)*

tocus ['təukəs] роды, родовой акт

toddler ['tɒdlə] ребёнок раннего возраста; ребёнок, начинающий ходить *(от 1 до 3 лет)*

toe [təu] палец стопы

clawed ~s сгибательная деформация пальцев стопы

great ~ большой палец стопы, I палец стопы

hammer ~ молоткообразный палец стопы

little ~ мизинец стопы, V палец стопы

overlapping fifth ~ заходящий пятый палец стопы

pigeon ~s килевидные пальцы стопы

stiff ~ ригидный палец стопы

webbed ~s синдактилия пальцев стопы

toe-drop [təʊ-drɒp] крючковидный палец стопы

toenail ['təʊneil] ноготь пальца стопы

ingrown ~ вросший ноготь [инкарнация ногтя] пальца стопы

toe-web ['təʊweb] межпальцевой промежуток

togavirus ['təʊdʒe,vaiərəs] тогавирус (большая группа вирусов, вызывающих краснуху, энцефалиты, геморрагическую лихорадку)

toil [tɔil] тяжёлый труд || усиленно трудиться

toilet ['tɔilət] 1. туалет, одевание (больного); уход (за раной) 2. дезинфицирование и перевязка [санация, обработка] раны

~ of the peritoneal cavity санация брюшной полости

toitpotency [,tɔit'pəʊtnsi] способность клетки к дифференцировке в целый организм

tokelau [təʊki:'læu:]:

~ tropica черепицеобразный микоз; индийский, или китайский, дерматомикоз

token ['təʊkən] 1. знак; признак; опознавательный знак 2. кажущийся; мнимый, виртуальный

tolerability [,tɒlərə'biliti]:

superior ~ высокая переносимость

tolerance ['tɒlərəns] 1. толерантность (1. способность организма воспринимать чужеродный белок без развития отторжения 2. способность организма переносить воздействие определённого лекарства или яда без развития соответствующего эффекта), переносимость, выносливость, устойчивость; привыкание 2. допуск, допустимое отклонение 3. допустимая доза 4. терпимость

~ after conflict терпимость после конфликта

~ for pesticide residues предельно допустимые количества остатков пестицидов (в продуктах питания)

~ of aceclofenac переносимость ацеклофенака

acoustic ~ акустическая толерантность; порог слухового дискомфорта

adoptive ~ приобретённая толерантность

anxiety ~ способность переносить тревогу, выносливость к тревоге

crossed ~ перекрёстная толерантность

drug ~ толерантность к лекарственному средству

drug-induced ~ толерантность, индуцированная лекарственными средствами, толерантность иммунологическая

effort [exercise] ~ переносимость физической нагрузки, толерантность к физической нагрузке

frustration ~ способность переносить фрустрацию, выносливость к фрустрации

glucose ~ толерантность к глюкозе

hapten-specific ~ высокодозовая толерантность

heat ~ теплоустойчивость, переносимость высокой температуры; термостабильность

immunologic(al) adoptive ~ иммунологическая адоптивная толерантность (отсутствие иммунного ответа, вызванное переносом живых клеток толерантного донора облучённому изогенному реципиенту)

internal ~ см. self ~

low dose ~ толерантность к низкой дозе

oral glucose ~ пероральный нагрузочный тест глюкозой

pain ~ болевая переносимость, болевая устойчивость

pesticide ~ допустимое содержание пестицидов (в сельскохозяйственных продуктах)

selective ~ расщеплённая [селективная] толерантность; иммунное отклонение

self ~ толерантность к «своему», аутотолерантность

split ~ см. selective ~

tissue ~ тканевая толерантность (к воздействию ионизирующего излучения)

transplantation ~ трансплантационная толерантность

tolerant ['tɒlərənt] толерантный, выносливый, устойчивый

tolerate ['tɒləreit] 1. переносить, выносить, выдерживать 2. допускать

tolerific [,tɒlə'rifik] способствующий развитию толерантности

tolerization [,tɒləri'zeiʃn] приобретение толерантности, толеризация

mutual ~ взаимная [реципрокная] толеризация (несингенных лимфоцитов)

tolerize ['tɒləraiz] 1. вызывать толерантность 2. лишать иммуногенности (антиген)

tolerogen ['tɒlərəʊdʒən] толероген (антиген, индуцирующий толерантность)

tolerogenic [,tɒlərəʊ'dʒenik] вызывающий иммунологическую толерантность

toluidine [təʊ'lu:idin]:

◊ **~ blue** гист. толуидиновый синий (краситель)

tomentum [təʊ'mentəm] (cerebri) мелкие кровеносные сосуды, проходящие между мягкой мозговой оболочкой и корой головного мозга

tomogram ['təʊməʊgræm] рентг. томограмма

lateral ~s томограммы в боковой проекции

supersonic ~ ультразвуковая томограмма

tomograph ['təʊməʊgræf]:

circular ~ томограф с круговым «размазыванием»

elliptic ~ томограф с эллиптическим «размазыванием»

linear ~ линейный томограф

tomography [təʊ'mɒgrəfi] томография, послойное рентгенологическое исследование

cardiac computer ~ компьютерная томография сердца

clinical ~ клиническая томография

computed [computerized] axial ~ аксиальная компьютерная томография

computer assisted ~ компьютерная томография, КТ

conventional ~ обычная томография

dynamic volume computer ~ динамическая объёмная компьютерная томография

fan-beam ~ томография с расходящимся пучком

hypocycloidal ~ гипоциклоидная томография

high-resolution computed ~ компьютерная томография высокого разрешения

inclined ~ томография в наклонном положении больного

linear ~ линейная томография

multiplanar ~ многоплоскостная томография

narrow-angle ~ зонография *(томография с малым углом качания рентгеновской трубки)*

plain film ~ панорамная томография

positron emission ~ позитронно-эмиссионная томография, ПЭТ

radioisotope [radionuclide] ~ радиоизотопная томография

single photon emission computerized ~ однофотонная эмиссионная компьютерная томография, ОЭКТ

stress myocardial perfusion ~ стресс-тест с перфузионной томографией миокарда

transversal ~ поперечная томография

ultrasonic ~ ультразвуковая томография

tomography-guided [təʊ'mɒgrəfi'gaidid]:

computed ~ сопровождаемый [контролируемый] компьютерной томографией

tomolevel ['təʊməʊlevəl] уровень среза *(при томографии)*

tomomania [,təʊməʊ'meiniə] **1.** *псих.* лапаротомофилия, Мюнхгаузена синдром **2.** неоправданно широкое назначение врачом хирургических вмешательств

tonaphasia [,tɒnə'feiziə] амузия *(потеря способности к воспроизведению или узнаванию мелодий)*

tone [təʊn] **1.** тон **2.** тонус *(длительно поддерживаемый уровень активности организма, его органов или систем)*

airway ~ тонус дыхательных путей

bronchomotor ~ бронхиальный тонус

fetal heart ~s **1.** тоны сердца плода **2.** эмбриокардия

heart ~ тон сердца

hedonic ~ *псих.* гедоническая окраска *(переживания)*

increased sphincter ~ повышенный тонус сфинктера

intrinsic ~ внутренний тонус

muscle ~ мышечный тонус

tissue ~ тканевой тонус, тургор

Traube's double ~ Траубе [симптом] двойной тон

vagal ~ тонус блуждающего нерва

vascular [vasomotor] ~ сосудистый тонус

tonga ['tɒŋgə] фрамбезия, тропическая гранулёма, невенерический сифилис

tongs [tɒŋz] **1.** *мед. тех.* щипцы **2.** скоба *(для скелетного вытяжения)*

caliper ~ скоба в виде кронциркуля *(для вытяжения за теменные бугры)*

skull traction ~ Глиссона петля *(для вытяжения при переломе шейных позвонков)*

tongue [tʌŋ] язык

adherent ~ язык, сросшийся с дном полости рта или с дёснами

baked ~ фулигинозный язык *(сухой язык с тёмным налётом)*

bald ~ лакированный язык, атрофический глоссит

bifid ~ *см.* cleft ~

black ~ чёрный [«волосатый»] язык

blue ~ африканская катаральная лихорадка

burning ~ глоссалгия, глоссодиния

cardinal ~ ярко-красный воспалённый язык *(при пеллагре)*

cleft ~ двойной [расщеплённый] язык

coated ~ обложенный язык

cobble-stone ~ лейкоплакия языка

crocodile ~ *см.* fissured ~

enlarged ~ глоссомегалия, гипертрофия языка, гипертрофированный язык

fissured ~ *см.* бороздчатый [складчатый] язык

frog ~ ранула

furred ~ *см.* coated ~

furrowed ~ *см.* fissured ~

geographical ~ десквамативный глоссит, географический язык

glistening, glossy ~ блестящий [гладкий] язык

grooved ~ *см.* fissured ~

hairy ~ *см.* black ~

hobnail ~ интерстициальный глоссит с гипертрофией сосочков *(при сифилисе)*

large ~ *см.* enlarged ~

mappy ~ *см.* geographical ~

protrusion ~ высунутый [выпадающий] язык

raspberry ~ гунтеровский глоссит, гунтеровский [малиновый] язык

ribbed ~ *см.* fissured ~

Sandwith's bald ~ гладкий пеллагрический язык

scrotal ~ *см.* fissured ~

stippled ~ шершавый язык

strawberry ~ «клубничный» язык *(с белёсым налётом, через который просвечивают красные точки сосочков – характерен для скарлатины)*

sulcated ~ *см.* scrotal ~

white ~ **1.** язык, покрытый белым налётом **2.** микотическое поражение языка

wooden ~ деревянистый язык *(поражённый актиномикозом)*

wrinkled ~ *см.* scrotal ~

tongue-swallowing [tʌŋ'swɒləʊiŋ] западение языка

tonguetie ['tʌŋtai] анкилоглоссия *(врождённое укорочение уздечки языка)*

tonic ['tɒnik] **1.** тонизирующее средство || тонизирующий **2.** тонический *(1. относящийся к нормальному тонусу мышц 2. характеризующийся продолжительным напряжением мышцы)*

bitter ~ тонизирующая горечь

hair ~ средство для укрепления волос

tonicity [təʊ'nisiti] тонус

tonicize ['təʊnisaiz] усиливать тонус

tonofibril [,tɒnəʊ'faibril] тонофибрилла *(тонкие волокна, присутствующие в цитоплазме эпителиальных клеток)*

tonograph ['təʊnəʊgræf] (электро)тонограф *(прибор для регистрации измерений давления)*

tonography [təʊ'nɒgrəfi] тонография *(метод исследования гидродинамики глаза)*

tonometer [təʊ'nɒmətə] тонометр *(прибор для измерения давления – артериального, внутриглазного)*

applanation ~ аппланационный тонометр *(измерение внутриглазного давления производится посредством сплющивания роговой оболочки какой-нибудь плоской поверхностью – аппланация)*

impression ~ импрессионный тонометр *(построен на принципе вдавления склеры с помощью специального стержня – плунжера)*

tonotaxis ['təʊnəʊˌtæksis] тонотаксис *(реакция на изменение осмотического давления)*

tonsil ['tɒnsil] **1.** *анат.* миндалина **2.** нёбная миндалина
~ **of cerebellum** миндалина мозжечка
cryptic ~**s** миндалины с глубокими криптами
eustachian ~ трубная [тубарная] миндалина
faucial ~ *см.* **palatine** ~
intestinal ~**s** групповые лимфатические фолликулы *(тонкой кишки)*, пейеровы бляшки
lingual ~ язычная [четвёртая] миндалина
Luschka's ~ (носо)глоточная [третья] миндалина, Лушки миндалина
nasopharyngeal ~ глоточная миндалина
palatine ~ нёбная миндалина
pharyngeal [third] ~ *см.* **Luschka's** ~
tubal ~ трубная [тубарная] миндалина

tonsilla [tɒn'silə], *pl.* **tonsillae** ['tɒnsili:] *лат., см.* **tonsil:**
~ **intestinales** *лат.* Пейеровы бляшки

tonsillar ['tɒnsilə] тонзиллярный *(относящийся к нёбной миндалине)*

tonsillectome [tɒnsil'ektəm] *мед. тех.* тонзиллотом

tonsillectomy [tɒnsil'ektəmi] тонзиллэктомия, удаление миндалин

tonsillith ['tɒnsiliθ] конкремент в нёбной миндалине, тонзиллолит

tonsillitis [tɒnsi'laitis] **1.** ангина **2.** тонзиллит, амигдалит
follicular ~ фолликулярная ангина
lacunar ~ лакунарная ангина
parenchymatous ~ фолликулярная ангина
superficial ~ катаральная ангина
Vincent's ~ язвенно-плёнчатая ангина, Симановского – Плаута – Венсана ангина

tonsillolith [tɒn'siləʊliθ] *см.* **tonsillith**

tonsillotome [tɒn'siləʊtəʊm] *мед. тех.* тонзиллотом

tonsillotomy [ˌtɒnsi'lɒtəmi] тонзиллотомия *(частичное удаление миндалин)*

tonsolith ['tɒnsəʊliθ] *см.* **tonsillith**

tonus ['təʊnəs] мышечный тонус
myogenic ~ собственный тонус мышц
neurogenic ~ нервно-мышечный тонус

tool [tu:l] **1.** инструмент **2.** способ, средство, приспособление
~**s for environment risk assessment** методы оценки риска воздействия факторов окружающей среды
~**s for health planning** методы в планировании здравоохранения
clinical ~**s** клинический инструмент, клиническое средство *(напр. диагностики)*
cutting ~ режущий инструмент
essential ~**s of surgeon** инструмент выбора в руках хирурга
follow-up ~**s** методы исследования в отдалённом периоде
item ~ метод выбора
radiographic ~ рентгенологический метод
screening ~ средство массового обследования
surgical ~**s** хирургический инструментарий

tooth [tu:θ], *pl.* **teeth** [ti:θ] зуб

abscessed ~ «причинный» зуб альвеолярного абсцесса
abutment ~ опорный зуб
ankylosed ~ анкилоз зуба *(с костью альвеолы)*
artificial ~ искусственный зуб
barred ~ зуб с расходящимися корнями
bicuspid ~ премоляр; малый коренной зуб
canine ~ зуб-клык
causative ~ *см.* **abscessed** ~
crown ~ зуб с коронкой
decayed ~ кариозный зуб
deciduous ~ молочный [выпадающий] зуб
devitalized ~ зуб с нежизнеспособной или удалённой пульпой, депульпированный зуб
erupted ~ прорезавшийся зуб
filled ~ пломбированный зуб
impacted ~ ретенированный [непрорезавшийся] зуб
impinging ~ травмирующий зуб
incisor ~ зуб-резец
instanding ~ зуб, смещённый в полость рта
late ~ *см.* **wisdom** ~
lingual bladed ~ искусственный зуб с режущей вкладкой
loose ~ шатающийся зуб
maloccluded ~ зуб, нарушающий прикус
molar ~ моляр, большой коренной зуб
nonvital ~ *см.* **devitalized** ~
peg ~ конусообразный зуб со сходящимися боковыми поверхностями
plastic ~ пластиковый [пластмассовый] зуб
point-filled endodontic ~ зуб, запломбированный внутриканальным штифтом
porcelain ~ фарфоровый зуб
postpermanent ~ зуб третьего прорезывания
predeciduous ~ эпителиальное роговидное образование десны альвеолярного гребня
prepared ~ препарированный зуб
premolar ~ премоляр, малый коренной зуб
primary ~ первичный зуб
pulpless ~ *см.* **devitalized** ~
screwdriver ~ неправильное развитие резцов при врождённом сифилисе
second ~ вторичный зуб
unerupted ~ *см.* **impacted** ~
viable [vital] ~ здоровый зуб, зуб с жизнеспособной пульпой
wisdom ~ зуб мудрости, третий моляр

toothache ['tu:θeik] одонталгия, зубная боль
wretched ~ сильная зубная боль

toothed ['tu:θt] зубчатый

tooth-grinding ['tu:θˈgraindiŋ] бруксизм, одонтеризм, Каролини феномен

toothing ['tu:θiŋ] прорезывание зубов

toothlessness ['tu:θləsnəs] отсутствие зубов

toothpick ['tu:θpik] зубочистка

top [tɒp] **1.** вершина, верхушка *(напр. лёгкого)*; верхняя часть **2.** высшая ступень, высшее положение; первое место **3.** верхняя одежда
~ **of opening** центр отверстия

topagnosia [ˌtɒpæg'nəʊziə], **topagnosis** [ˌtɒpæg'nəʊsis] топагнозия, локальная потеря чувствительности

topalgia [təʊpˈælʤiə] топалгия, локализованная [локальная] боль

topectomy [təʊpˈektəmi] топэктомия *(удаление определённой цитоархитектонической зоны коры полушарий большого мозга)*

toper [ˈtəʊpə] алкоголик

topesthesia [ˌtɒpəsˈθiːziə] нормальное чувство локализации, топестезия

top-factor [ˈtɒpfæktə] человек, человеческий фактор *(центральное звено в обществе)*

tophaceous [təʊˈfeiʃəs] подагрический; относящийся к отложению солей мочевой кислоты и уратов

tophus [ˈtəʊfəs], *pl.* **tophi** [ˈtəʊfai] подагрический узел; отложение солей

  dental ~ зубной камень

  gouty ~ подагрический узел

topic [ˈtɒpik] 1. тема, проблематика, вопросы, данные 2. локализация, расположение

  ~ in child neurology актуальные проблемы детской неврологии

  critical appraised ~ клинический анализ литературы по определённой тематике

  current ~s современные проблемы, вопросы

topica [ˈtɒpikə] лекарственное средство для местного применения

topical [ˈtɒpikəl] местный, локальный; топический

topoalgia [ˌtɒpəʊˈælʤiə] *см.* **topalgia**

topoanesthesia [ˌtɒpəʊˌænəsˈθiːziə] *см.* **topagnosia**

topognosia [ˌtɒpɒgˈnəʊziə], **topognosis** [ˌtɒpɒgˈnəʊsis] *см.* **topesthesia**

topographical [ˌtɒpəʊˈgræfikəl] топографический

topography [təʊˈpɒgrəfi] топография *(напр. органа)*

  computer optical ~ компьютерно-оптическая топография

topoisomerase [ˌtəʊpəʊaiˈsɒməreis] *pl.* топоизомеразы *(ферменты, катализирующие топологические реакции ДНК)*

topology [təˈpɒləʤi] 1. топографическая анатомия 2. определение локализации органов плода в родовых путях

toponarcosis [ˌtɒpəʊnɑːˈkəʊsis] местная анестезия, местное обезболивание

toponeurosis [ˌtɒpəʊnuːˈrəʊsis] локальный невроз, органоневроз

topophobia [ˌtɒpəʊˈfəʊbiə] топофобия *(патологическая боязнь определённого места или помещения)*

toposcope [ˈtɒpəʊskəʊp] топоскоп *(прибор для многоточечной регистрации пространственного распределения биоэлектрической активности головного мозга)*

torch [tɔːʧ] 1. *мед. тех.* осветительный прибор; светильник; факел ‖ освещать *(напр. полость сустава)* 2. *sl.* сигарета с марихуаной

  transillumination ~ диафаноскоп *(для исследования гидроцефалии)*

torchweed [ˈtɔːʧwiːd] коровяк обыкновенный *(Verbascum thapsus)*

torcular [ˈtɔːkjuːlər]:

  ~ Herophili синусный сток, жом Герофила *(твёрдой мозговой оболочки)*

torment [ˈtɔːmənt], *pl.* **tormina** [ˈtɔːminə] 1. мучение, мука ‖ мучить; раздражать 2. источник мучений 3. схваткообразные боли

tormented [ˈtɔːməntid]:

  ~ with neuralgia страдающий невралгией

tormentil [ˈtɔːmentil] лапчатка прямостоячая, дубровка, калган *(Potentilla tormentilla Neck)*

tormina [ˈtɔːminə] колика; кишечная колика

  ~ celsi дизентерия

  post-partum ~ послеродовые боли

torose [ˈtəʊrəʊs], **torous** [ˈtəʊrəs] узловатый, бугристый

torpent [ˈtɔːpənt], **torpid** [ˈtɔːpid] торпидный, вялый, неактивный

torpidity [tɔːˈpiditi] 1. вялость, неактивность, инертность 2. безразличие 3. тугоподвижность мышления

torpor [ˈtɔːpɔː] 1. вялость, инертность 2. оглушение, оцепенение

  ~ intestinorum запор

  ~ retinae замедленность или отсутствие реакции на свет

torque [tɔːk] 1. вращение, кручение, поворот 2. боковой сдвиг протезного базиса зубов

  longitudinal ~ скручивание по оси *(пальца)*

torrent [ˈtɒrənt]:

  ~ of blood поток крови

torsade [tɔːˈsaːd]:

  ~ de pointes *фр., кард.* трепетание-мерцание *(желудочков)*; «пируэтное» нарушение ритма сердца, «пляска точек» *(удлинение интервала QT с 40 до 100 м/с при наличии предрасположенности к пароксизмальной полиморфной желудочковой тахикардии)*

torsion [ˈtɔːʃən] 1. вращение 2. закручивание; перекручивание, скручивание 3. перекрут *(органа)*

  ~ of gallbladder перекрут жёлчного пузыря

  ~ of spleen перекрут селезёнки

  ~ of the appendix testis перекрут привеска яичка

  ~ of the trunk поворот туловища

  bilateral tibial ~ двустороннее медиальное искривление большеберцовой кости

  intestine ~ заворот тонкой кишки

  negative ~ вращение [заворот] против часовой стрелки

  omentum ~ перекрут большого сальника

  positive ~ вращение [заворот] по часовой стрелке

  uterine ~ перегиб матки *(вокруг оси, обычно вправо)*

torsionometer [ˌtɔːʃəˈnɒmətə] торсионометр *(прибор для измерения угла поворота позвоночника по его вертикальной оси)*

torsiversion [ˌtɔːsiˈvəːʒən] *стом.* тортоаномалия *(поворот зуба относительно своей оси)*

torso [ˈtɔːsəʊ] туловище, торс

torsoclusion [ˌtɔːsəʊˈkluːʒən] 1. методика акупрессуры 2. *см.* **torsiversion**

tort [tɔːt] гражданское правонарушение, деликт

torticollar [ˌtɔːtiˈkɒlə] относящийся к кривошее

torticollis [ˌtɔːtiˈkɒlis] кривошея; скрученная шея

  dermatogenic ~ дерматогенная кривошея

  dystonic [intermittent] ~ спастическая кривошея

  psychogenic ~ психогенная кривошея

  rheumatic ~ ревматическая (мышечная) кривошея

  spasmodic ~ спастическая кривошея

  spurious ~ ложная кривошея

symptomatic ~ *см.* **rheumatic ~**

tortua ['tɔːtʃuːə]:

~ **facies** невралгия тройничного нерва

tortuosity [ˌtɔːtʃʊˈɒsɪti] извилистость, извитость; скрученность

vessel ~ извитость сосудов

tortuous ['tɔːtʃʊəs] извилистый, извитый; скрученный

torture ['tɔːtʃə] **1.** пытка; истязание **2.** муки; агония

sexual ~ садизм

toruli ['tɔːrjuːlai] *pl. от* **torulus:**

~ **tactiles** *лат.* осязательные валики

toruloma [ˌtɔːrjuːˈləʊmə] торулёма (*напоминающее опухоль образование в лёгких, развивающееся в результате криптококкоза*)

torulopsosis [ˌtɔːrjuːˈlɒpsəʊsɪs] торулопсоз (*оппортунистический микоз*)

torulosis [ˌtɔːrjuːˈləʊsɪs] криптококкоз, торулёз, европейский [Буссе – Бушке] бластомикоз (*глубокий микоз*)

torulus ['tɔːrjuːləs], *pl.* **toruli** ['tɔːrjuːlai] небольшое возвышение, сосочек

torus ['tɔːrəs] **1.** *анат.* торус, возвышение, выпуклость, вздутие **2.** валикообразная структура с отверстием

~ **manus** запястье

~ **uretericus** межмочеточниковая складка

mandibular ~ нижнечелюстной валик

palatine ~ нёбный валик

toryweed ['təʊriwiːd] чернокорень лекарственный (*Cynoglossum officinale*)

total ['təʊtl] общее число (*напр. наблюдений*) || общий, тотальный, системный (*напр. о сосудистом сопротивлении*)

totem ['təʊtəm] тотем (*существо, предмет или явление, являющееся объектом почитания*)

totemism ['təʊtəmɪzm] тотемизм (*комплекс верований в сверхъестественное родство между людьми и тотемами*)

totipotency [ˌtəʊtiˈpəʊtənsi] мультипотентность, полипотентность, тотипотентность (*способность стволовых клеток дифференцироваться в любой тип клеток*)

totipotent [təʊˈtipətənt], **totipotential** [ˌtəʊtipəʊˈtenʃəl] *эмбр.* тотипотентный (*относящийся к стволовым клеткам, развивающимся на первой неделе после оплодотворения и дающим начало всем клеткам эмбриона*)

totter ['tɒtə] **1.** идти дрожащей походкой, ковылять **2.** трястись, шататься **3.** гибнуть, разрушаться

touch [tʌtʃ] **1.** осязание; тактильная чувствительность || осязать **2.** пальпация, пальцевое или ручное исследование; проба **3.** прикосновение, соприкосновение || трогать, прикасаться **4.** общение, подход (*к людям*); такт **5.** лёгкий [слабый] приступ (*болезни*) ◊ **"no ~"** «тактика неприкосновенности» (*напр. в отношении некоторых опухолей*)

abnormal ~ нарушенное [патологическое] ощущение, или восприятие

by ~ наощупь

double ~ бимануальное [двуручное] исследование (*напр. абдоминально-ректальное*)

light ~ 1. зрительное восприятие; светоощущение **2.** цветовое зрение; цветоощущение, цветоразличение

personal ~ характерные черты человека

rectal ~ ректальное исследование

soft to мягкий на ощупь

vaginal ~ влагалищное [вагинальное] исследование

touchable ['tʌtʃəbl] осязаемый

touch-and-heal ['tʌtʃən'hiːl] зверобой продырявленный (*Hypericum perforatum*)

toucherism ['tʌtʃərizm] парафилия прикосновения

touchines ['tʌtʃinəs] *психол.* **1.** восприимчивость, обидчивость **2.** подозрительность

touching ['tʌtʃiŋ]:

~ **of tumor 1.** пальпация опухоли **2.** контактирование с опухолью (*во время операции*)

compulsive ~ навязчивая потребность к прикосновению

stetoscope ~ аускультация через стетоскоп

touch-me-not [tʌtʃ-mi-nɒt] «не тронь меня» (*о язве, меланоме и пр.*)

tough [tʌf] **1.** жёсткий, плотный, упругий **2.** крепкий, прочный, твёрдый **3.** вязкий, тягучий **4.** упрямый, упорный; стойкий; выносливый; сильный

tourniquet ['tɔːniket] *мед. тех.* турникет; жгут; перетяжка

forceps ~ турникет с зажимом (*при операциях с вовлечением крупных сосудов*)

garrotte ~ *см.* **spanish ~**

pneumatic ~ пневматический турникет, пневматический жгут

spanish ~ жгут с использованием закрутки (*палочкой*)

surgeon's ~ сосудистый зажим, «бульдог»

torcular [windlass] ~ *см.* **spanish ~**

tow [təʊ] бечева (*используется для наложения компрессов*)

towel ['taʊəl] **1.** полотенце || вытирать полотенцем **2.** гигиенический женский пакет, прокладка

red ~ симптом «кровавого полотенца»

tow-head ['təʊhed] **1.** светлые волосы **2.** светловолосый человек

toxanemia [ˌtɒksəˈniːmiə] анемия токсического происхождения

toxemia [tɒkˈsiːmiə] токс(ин)емия (*наличие токсинов в крови*)

~ **of pregnancy** токсикоз беременных, гестоз

alimentary ~ алиментарная токсемия (*вследствие пищевого отравления*)

convulsive [eclamptic, pregnancy] ~ эклампсия (*тяжёлая форма позднего токсикоза беременных*)

toxic(al) ['tɒksikl] токсический, ядовитый, потенциально летальный

toxicant ['tɒksikənt] ядовитое вещество || ядовитый, токсичный

blood ~ гематоксикант, кровяной яд

environmental ~s токсические вещества во внешней среде

lipid-soluble ~ жирорастворимое ядовитое вещество

toxicemia [ˌtɒksiˈsiːmiə] *см.* **toxemia**

toxicide ['tɒksisaid] противоядие, антидот

toxicity [tɒkˈsisiti] **1.** токсичность **2.** токсикоз, интоксикация (*при ложном крупе*); отравление **3.** *pl.* токсические [отравляющие] вещества (*химикаты; большие дозы медикаментов*)

~ **of pesticides** токсичность пестицидов (*напр. для рыб*)

acetaminophen ~ **1.** токсичность ацетаминофена **2.** отравление ацетаминофеном

acute ~ кратковременный токсический эффект, острая токсичность

bleomycin lung ~ токсическое действие блеомицина на лёгкие

chronic ~ продолжительный токсический эффект, хроническая токсичность

effective ~ эффективная токсичность

fatal drug ~ летальный уровень лекарственной токсичности

genetic ~ генетическое влияние токсичности

glomerular ~ токсическое воздействие на клубочки (почек)

hematologic ~ токсическое воздействие на кровь и кроветворение

immediate ~ *см.* **acute** ~

inhalation ~ ингаляционная токсичность, токсичность вещества при ингаляционном воздействии

liver ~ гепатотоксичность

long-term ~ длительное токсическое воздействие

oral ~ пероральная токсичность, токсичность вещества при пероральном воздействии

organ directed ~**ies** органотропная токсичность (*напр. противоракового средства*)

oxygen ~ **1.** токсическое действие кислорода **2.** отравление [интоксикация] кислородом

selective ~ избирательная [органотропная] токсичность

skin ~ токсическое воздействие на кожу; токсичность вещества при поступлении через кожу

snake venon ~ отравление змеиным ядом; токсичность змеиного яда

subacute ~ подострая токсичность

undue ~ неспецифическая токсичность

uremic ~ уремический токсикоз

Toxicodendron [ˌtɒksikəʊˈdendrɒn]:

~ **orientale** *токс.* токсикодендрон восточный; сумах восточный

toxicoderma [ˌtɒksikəʊˈdəːmə], **toxicodermatosis** [ˌtɒksikəʊˌdəːməˈtəʊsis] токси(ко)дермия, токсическая экзантема

toxicogenic [ˌtɒksikəʊˈdʒenik] **1.** токсикогенный, образующий токсин **2.** вызванный отравлением

toxicohemia [ˌtɒksikəʊˈhiːmiə] *см.* **toxemia**

toxicoid [ˈtɒksikɒid] напоминающий яд

toxicoinfection [ˌtɒksikəʊinˈfekʃn]:

food ~ пищевая токсикоинфекция, (бактериальное) пищевое отравление

toxicokinetics [ˌtɒksikəʊkiˈnetiks] токсикокинетика (*раздел токсикологии, изучающий пути поступления токсических веществ в организм, их распределение, биотрансформацию и выведение*)

toxicology [ˌtɒksiˈkɒlədʒi] токсикология (*1. раздел медицины, изучающий действие ядов на организм человека и методы диагностики и лечения отравлений 2. исследование яда, или отравляющего вещества*)

~ **by liquid chromatography** исследование токсических веществ методом жидкостной хроматографии

~ **of liver** поражение печени, вызываемое действием токсических или лекарственных средств

applied ~ прикладная токсикология

clinical ~ клиническая токсикология

ecological ~ экотоксикология, экологическая токсикология

genetic ~ токсическое воздействие на генетический аппарат

industrial ~ промышленная токсикология

inhalation ~ **1.** отрасль науки, изучающая отравляющие газы **2.** токсикологическое исследование ингаляции (*напр. трёххлористого азота*)

preventive ~ профилактическая токсикология (*раздел науки о предупреждении опасности токсичных воздействий на живые организмы и экосистемы*)

pyrethroid ~ токсическое действие пиретроидных инсектицидов

reproductive ~ токсическое действие на репродуктивные органы и развитие плода

toxicomania [ˌtɒksikəʊˈmeiniə] токсикомания (*патологическое пристрастие к веществам, не относимым к наркотическим, характеризующееся хронической интоксикацией, синдромами психической и физической зависимости*)

toxicometry [ˌtɒksiˈkɒmətri] токсикометрия (*определение параметров токсичности веществ*)

toxicopathic [ˌtɒksikəʊˈpæθik] относящийся к интоксикации

toxicopathy [ˌtɒksiˈkɒpəθi] токсикоз; интоксикация

toxicophobia [ˌtɒksikəʊˈfəʊbiə] токсикофобия (*патологическая боязнь отравиться*)

toxicosis [ˌtɒksiˈkəʊsis] токсикоз; интоксикация

alimentary ~ пищевое отравление, пищевой токсикоз, пищевая интоксикация

clinical ~ системное воздействие на организм токсических средств (*напр. при гестозах*)

endogenic ~ аутоинтоксикация, эндогенная интоксикация

exogenic ~ экзогенная интоксикация

gestational ~ токсикоз беременных, гестоз

retention ~ ретенционная аутоинтоксикация

vitamin D ~ отравление витамином D

toxicosozin [ˌtɒksikəʊˈzəʊzin] белок, обладающий специфическим антитоксическим действием

toxiferous [tɒkˈsifərəs] токсичный; ядовитый

toxigenesis [ˌtɒksiˈdʒenəsis] токсикогенез, образование токсинов

toxigenic [tɒksiˈdʒenik] *см.* **toxicogenic**

toxigenicity [ˌtɒksidʒəˈnisiti] токсигенность

toxin [ˈtɒksin] токсин (*pl. ядовитые вещества белкового характера, вырабатываемые патогенными микроорганизмами*)

animal ~ зоотоксин

bacterial ~ бактериальный токсин

botulinum ~ ботулинический токсин, ботулотоксин

burn ~ ожоговый токсин

cholera ~ холероген, холерный экзотоксин, холерный энтеротоксин

Dick [erythrogenic] ~ эритрогенный токсин, Дика токсин

extracellular ~ экзотоксин, истинный токсин (выделяемый во внешнюю среду)

fatigue ~ токсин усталости, кенотоксин

fugu ~ тетродотоксин (токсин, содержащийся в яичниках рыбы фугу, а также в гонадах некоторых земноводных)

heat-labile ~ термолабильный токсин

highly potent ~ высокоактивный токсин

intracellular ~ эндотоксин (связанный с клеткой микроорганизма и освобождающийся при его гибели)

killer ~ токсин (клетки-)киллера, киллерный токсин

normal ~ раствор, содержащий 100 летальных доз токсина в 1 мл

plant ~ фитотоксин

seizurogenic ~s токсины, вызывающие судороги; эпилептогенные токсины

tetanus ~ столбнячный токсин

true ~ см. **extracellular** ~

toxin-1:

toxic shock syndrome ~ токсин-1, вызывающий токсический шоковый синдром

toxin-antitoxin ['tɒksin'æntitɒksin] токсин-антитоксин (напр. смесь дифтерийного токсина и его анатоксина для активной и пассивной иммунизации)

toxinase ['tɒksineiz] токсиназа (фермент, разрушающий токсин)

toxinemia [tɒksi'ni:miə] токс(ин)емия (наличие токсинов в крови)

toxinic [tɒk'sinik] токсинный

toxinicide [tɒk'sinisaid] вещество, разрушающее токсин

toxinosis [ˌtɒksi'nəʊsis] заболевание, вызванное токсином

toxipathy [tɒk'sipəθi] токсикоз, интоксикация

toxocariasis [ˌtɒksəʊkə'riəsis] токсокароз (гельминтоз собак, кошек, пушных зверей; известны единичные случаи заболевания у человека)

human ~ личиночная стадия токсокароза (совершающая соматическую или гепатопульмональную миграцию)

toxoid ['tɒksɒid] анатоксин, токсоид (токсин, токсофорная группа которого разрушена формальдегидом, а гаптофорная группа обусловливает активную иммунизацию)

bulk ~ анатоксин в нерасфасованной форме

diphtheria ~ дифтерийный анатоксин

formol ~ формалинизированный анатоксин

immunopurified tetanus ~ иммуноочищенный столбнячный токсин

staphylococcus ~ стафилококковый анатоксин

tetanus ~ столбнячный анатоксин

toxolysin [tɒk'sɒlisin] токсолизин (антитоксин)

toxonosis [ˌtɒksəʊ'nəʊsis] см. **toxinosis**

toxophil(e) ['tɒksəʊfail] восприимчивый к действию токсина

toxophore ['tɒksəʊfɔː] токсофорная группа (действующее начало в молекуле токсина)

toxoplasmosis [ˌtɒksəʊplæz'məʊsis] параз. токсоплазмоз

Toxyline ['tɒksilain] телефон экстренной помощи при отравлениях

trabecula [trə'bekjulə], pl. **trabeculae** [trə'bekjuli:] анат. трабекула (1. соединительнотканная перемычка,

делящая паренхиму органа на доли 2. часть губчатого вещества кости)

~ **of bone** костная перекладина, костная балка, костная трабекула

~**e of corpora cavernosa of penis** трабекулы пещеристых тел полового члена

~**e of corpus spongiosum of penis** трабекулы губчатого тела полового члена

~**e of spleen** трабекулы селезёнки

~**e testis** перегородочки яичка

fleshy ~**e of heart** мясистые трабекулы сердца

septomarginal ~ перегородочно-краевая трабекула (правого желудочка)

trabecular [trə'bekjulə] трабекулярный

trabecularism [trə'bekju:lærizm] трабекулярная структура (напр. опухоли)

trabeculate [trə'bekju:leit] см. **trabecular**

trabeculation [trə,bekju:'leiʃn] образование трабекул

trabeculectomy [trə,bekju:'lektəmi], **trabeculotomy** [trə,bekju:'lɒtəmi] трабекулэктомия, трабекулотомия (операция, выполняемая при глаукоме с целью снижения давления внутри глаза)

trace [treis] 1. след 2. запись (регистрирующего прибора), записанная кривая; осциллограмма ‖ записывать 3. метить; маркировать 4. изображение на срезе структур, видимых как линии (напр. мембран) 5. следовое количество, следы какого-л. элемента ‖ относящийся к микроэлементам

~ **of albumin** следы белка

~**s of poison** следы яда

Doppler (flowmetry) ~ узи допплеровская кривая

memory ~ энграмма (структурное и функциональное изменение, возникающее в центральной нервной системе при воздействии на организм каких-л. раздражителей и сохраняющееся длительное время)

mnemic ~ след воспоминания

"stone ~" урол. каменная дорожка

trace-element ['treis'elimənt] микроэлемент, олигоэлемент

tracer ['treisə] 1. радиоактивный [изотопный, люминесцентный] индикатор, меченый атом 2. самопишущий измерительный прибор, самописец 3. следящее устройство

chemical ~ химический индикатор

isotopic ~ изотопный индикатор

radioactive ~ радиоактивный индикатор

trachea ['treikiə], pl. **tracheae** ['treikii:] трахея

collapsing ~ экспираторный [функциональный] трахеостеноз, экспираторный стеноз

scabbard ~ трахеостеноз, стеноз трахеи

tracheal ['treikiəl] трахеальный

tracheitis [ˌtreiki'aitis] трахеит (воспаление слизистой оболочки трахеи)

trachelagra [træke'lægrə] поражение мышц шеи, вызывающее кривошею

trachelectomy [ˌtreiki'lektəmi] ампутация шейки матки, трахелэктомия

trachelism(us) ['treikəlizməs] спазм шейных мышц

trachelitis [ˌtreikə'laitis] цервицит, трахелит (воспаление шейки матки)

trachelocyllosis [ˌtrækələʊsi'ləʊsis] кривошея

trachelocystitis [ˌtrækələʊsis'taitis] трахелоцистит (*воспаление шейки мочевого пузыря*)

trachelokyphosis [ˌtrækələʊkai'fəʊsis] 1. туберкулёзный спондилит, туберкулёз позвоночника, Потта болезнь 2. патологический шейный кифоз

trachelology [trækə'lɒlədʒi] раздел медицины, изучающий болезни и повреждения шеи

trachelomyitis [ˌtrækələʊmai'aitis] миозит шеи

tracheloplasty ['trækələʊˌplæsti] трахелопластика (*пластическая операция на шейке матки*)

trachelorrhaphy [ˌtrækə'lɒrəfi] трахелорафия (*восстановление формы шейки матки после её разрыва*)

trachelotomy [trækə'lɒtəmi] трахелотомия, дисцизия [*рассечение*] шейки матки

tracheoaerocele [ˌtreiki:əʊ'eərəʊsi:l] трахеоцеле, аэроцеле, дивертикул трахеи

tracheobronchitis [ˌtreiki:əʊbrɒŋ'kaitis] трахеобронхит

tracheobronchomegaly [ˌtreiki:əʊˌbrɒŋkəʊ'megəli] трахеобронхомегалия, Мунье-Куна синдром

tracheobronchoscopy [ˌtreiki:əʊbrɒŋ'kɒskəpi] (трахео)бронхоскопия

tracheocele ['treiki:əʊˌsi:l] *см.* **tracheoaerocele**

tracheoesophageal [ˌtreiki:əʊi:'sɒfədʒi:əl] трахеоэзофагеальный, трахеопищеводный, пищеводно-трахеальный

tracheofissure [ˌtreiki:əʊ'fiʃuːr] 1. трахеостомия 2. трахеостома

tracheomalacia [ˌtreiki:əʊmə'leiʃə] трахеобронхомаляция, трахеобронхопатическая маляция (*размягчение хрящей трахеи и бронхов*)

 persistent ~ стойкая трахеомаляция

tracheoplasty ['treiki:əʊˌplæsti] трахеопластика (*восстановление целости стенок трахеи*)

tracheopyosis [ˌtreiki:əʊpai'əʊsis] гнойный трахеит

tracheorrhagia [ˌtreiki:əʊ'reidʒiə] кровотечение из слизистой оболочки трахеи

tracheorrhaphy [ˌtreiki:'ɒrəfi] шов [*ушивание*] трахеи

tracheostenosis [ˌtreiki:əʊstə'nəʊsis] трахеостеноз (*сужение просвета трахеи*)

tracheostoma [ˌtreiki:'ɒstəʊmə] трахеостома (*искусственный наружный свищ трахеи*)

tracheostomy [ˌtreiki:'ɒstəmi] трахеостомия (*вскрытие просвета трахеи с подшиванием краёв разреза трахеи к краям разреза кожи для образования трахеостомы*)

 permanent ~ постоянная трахеостома

 temporary ~ временная трахеостома

tracheotome ['treiki:əʊtəʊm] *мед. тех.* трахеотом

tracheotomy [ˌtreiki:'ɒtəmi] трахеотомия (*вскрытие трахеи с введением в её просвет специальной трубки*)

 emergency ~ экстренная трахеотомия

trachitest ['treiki:test] серологическая проба на ринотрахеит

trachitis [trei'kaitis] *см.* **tracheitis**

trachoma [trə'kəʊmə] трахома (*хроническое контагиозное заболевание глаз*)

trachomatous [trə'kəʊmətəs] трахоматозный

trachyphonia [treiki'fəʊniːə] 1. хриплый голос; охриплость голоса 2. грубый голос

tracing ['treisiŋ] 1. слежение, прослеживание 2. запись (*регистрирующего прибора*), кривая (*напр. электрокардиограммы*) 3. мечение, введение метки

 ~ of contact *см.* **contact ~**

 arrow point ~ графическая запись движений

 atrial ~ *рентг.* контрастирование предсердий

 carotid artery ~ пульсация сонной артерии

 contact ~ прослеживание контактных лиц (*при инфекционных заболеваниях*)

 Gothic arch ~ *см.* **arrow point ~**

 pulse ~ пульсовая волна

 retrograde ~ катаболическое мечение

track [træk] 1. след 2. путь, трасса 3. направляющее устройство, проводник (*катетера*) 4. жизненный путь

 background ~ фоновый след

 germ ~ зародышевый путь (*происхождения половых клеток*)

tract [trækt] 1. тракт, нервный путь, или пучок 2. ход; проход

 alimentary ~ пищеварительный тракт

 ascending ~ восходящий [*афферентный*] нервный путь

 association ~ ассоциативный путь

 biliary ~ жёлчные пути

 complex fistulous ~ сложный свищевой ход

 corticospinal ~ корково-спинномозговой [*пирамидный*] путь

 descending ~ нисходящий [*эфферентный*] нервный путь

 digestive ~ пищеварительный тракт

 draining ~ *см.* **fistulous ~**

 ear ~ наружный слуховой проход

 female reproductive ~ женские половые пути

 fistulous ~ свищевой [*дренирующийся*] ход, свищ

 Flechsig's ~ задний [*дорсальный*] спиномозжечковый путь, прямой спиномозжечковый пучок, пучок Флексига

 genital ~ половые пути

 Gowers' ~ передний [*вентральный*] спиномозжечковый путь, перекрещенный спиномозжечковый пучок, Говерса пучок

 Helweg's ~ оливоспинномозговой [*треугольный, трёхгранный*] пучок, Гельвега пучок

 impatent tubular ~ непроходимость маточных труб

 intestinal ~ кишечник

 lower respiratory ~ нижние дыхательные пути

 lower urinary ~ нижние мочевые пути

 Monakow's ~ *см.* **rubrospinal ~**

 nerve ~ нервный путь, нервный пучок

 olfactory ~ обонятельный путь

 olivocochlear ~ оливоулитковый путь

 olivospinal ~ *см.* **Helweg's ~**

 optic ~ зрительный тракт

 outflow ~ 1. путь оттока (*напр. лимфы*) 2. выходной отдел (*напр. мочевого пузыря*)

 pulmonary outflow ~ *рентг.* конус лёгочного ствола

 puncture ~ раневой канал

 pyramidal ~ корково-спинномозговой [*пирамидный*] путь

 reproductive ~ половые пути

 respiratory ~ дыхательные пути

 rubrospinal ~ красноядерно-спинномозговой [*руброспинальный*] путь, Монакова пучок

 sinus ~ *см.* **fistulous ~**

spinocerebellar ~ спинно-мозжечковый путь

spinothalamic ~ спинобугорный [спиноталамический] путь

tectospinal ~ тектоспинальный тракт

thyroglossal ~ щитовидно-язычный проток

urinary ~ мочевые пути

uveal ~ сосудистая оболочка глазного яблока, увеальный тракт

ventricular outflow ~ выходной отдел желудочка (сердца)

vestibulospinal ~ преддверно-спинномозговой путь

visual ~ зрительный тракт

wound ~ раневой канал

traction ['trækʃn] **1.** вытяжение (напр. скелетное); дистракция **2.** акуш. тракция **3.** физиол. мышечная тяга

~ **for dislocation** вытяжение при вывихе

~ **for fracture of jaw** вытяжение при переломе челюсти

axis ~ осевая тракция

balanced skeletal ~ демпферное скелетное вытяжение

bilateral bucks ~ вытяжение за гамак

boot ~ вытяжение с помощью специальной обуви

counterbody ~ вытяжение [противовытяжение] за счёт массы тела

Dunlop's ~ см. **skin** ~

elastic ~ вытяжение с применением эластичной тяги

gallows ~ вытяжение с помощью подтяжек

halo ~ **of skull** гало-тракция (вытяжение за череп с циркулярной фиксацией)

hinged ~ вытяжение петлёй (Глиссона)

in-line ~ вытяжение по оси

lateral ~ боковая тяга (при вправлении вывиха плеча)

lumbar ~ вытяжение поясничного отдела позвоночника

overhead olecranon ~ скелетное (надголовковое) вытяжение за локтевой отросток

prereduction ~ предварительное вытяжение перед вправлением

sham ~ симуляция вытяжения (позвоночника при радикулите)

skeletal ~ скелетное вытяжение

skin ~ накожное вытяжение (обычно клеевое)

spinal ~ вытяжение позвоночника

two-pin ~ скелетное вытяжение с помощью двух спиц

tractor ['træktə] аппарат [приспособление, средство] для вытяжения, или тяги

tractotomy [træk'tɒtəmi] трактотомия (пересечение проводящих путей головного или спинного мозга с целью прекращения патологической импульсации)

mesencephalic ~ мезэнцефальная трактотомия

trigeminal ~ пересечение нисходящей ветви тройничного нерва

tractus ['træktəs], *pl.* **tractes** ['træktəs] лат., см. **tract**

trade [treid]:

offensive ~ неприятная [неэстетическая] профессия

trademark ['treidmɑːk] торговая марка, фирменное название (напр. лекарственного средства)

traffic ['træfik] движение; транспорт || уличный, транспортный, автодорожный (о травматизме)

plasma cholesterol ~ транспорт холестерина плазмы

trafficking ['træfikiŋ] направленная миграция (клеток в период их дифференцировки и созревания в эмбриогенезе)

tragal ['treigəl] относящийся к козелку (ушной раковины)

tragi ['treidʒai] *pl. om* **tragus** лат. волосы уха

tragion ['treidʒiːɒn] кр. метр. козелковая точка, трагион (точка, лежащая на пересечении двух линий, касательных к переднему и верхнему краю козелка ушной раковины)

tragophonia [ˌtrægəʊˈfəʊniːə], **tragophony** [trəˈgɒfəni] эгофония, бронхофония с дрожащим звуком, «козье блеяние»

tragus ['treigəs], *pl.* **tragi** ['treidʒai] козелок (ушной раковины)

trail [treil] след; хвост

radioactive ~ радиоактивный след

trailer ['treilə]:

gauze ~ марлевая турунда

train [trein] **1.** поезд, транспорт **2.** подготовка, воспитание || тренироваться **3.** цепь, ряд, вереница (событий, мыслей); последовательность

~ **of thought** псих. ментизм, наплыв мыслей

ambulance [hospital] ~ санитарный поезд

medical ~ санитарный поезд, транспорт медицинской службы

pulse ~ последовательность импульсов, импульсная посылка

sanitary ~ **1.** санитарный транспорт; санитарный поезд **2.** амер. санитарно-профилактический отряд

trainable ['treinəbl] поддающийся обучению, обучаемый

trainee [ˌtreiˈniː] проходящий подготовку (напр. врач); стажёр, практикант

traineeship [ˌtreiˈniːʃip] **1.** период подготовки **2.** стажировка, прохождение практики; аспирантура; ординатура

predoctoral ~ преклиническая практика

trainer ['treinə] **1.** инструктор (напр. по ЛФК) **2.** тренажёр

athletic ~ инструктор по лечебной физкультуре

body fit ~ тренажёр для совершенствования телосложения

training ['treiniŋ] **1.** подготовка; усовершенствование; обучение (напр. персонала); воспитание **2.** тренировка, тренинг

~ **family physicians** подготовка семейных врачей

~ **in groups** групповые методы лечения

~ **in tropical diseases** специализация [подготовка] по тропическим болезням

~ **of deaf persons in communication** обучение коммуникации глухих

~ **of trainers** стажировка профессорско-преподавательского состава

~ **on AIDS** обучение по проблемам СПИДа

assertion [assertive, assertiveness] ~ тренировка уверенности, настойчивости; тренинг уверенности в себе

autogenic ~ аутогенная тренировка, аутотренинг

behavior ~ поведенческая [бихевиоральная] терапия (обучение приспособительным умениям, полезным при столкновении со сложными жизненными ситуациями)

biofeedback ~ выработка биологической обратной связи

clinical ~ клиническая подготовка

colostomy aid ~ обучение уходу за колостомой

dyslexia ~ обучение при дислексии

eccentric muscle ~ эксцентрическая мышечная тренировка

endoscopy ~ подготовка по эндоскопии

esophageal speech ~ обучение чревовещанию (после удаления гортани)

exercise ~ физическая подготовка

feedback ~ методика обучения с обратной связью

formal surgical ~ официальная хирургическая подготовка

gait ~ обучение походке

general vocational ~ общее профессиональное обучение (при реабилитации)

graded exercise ~ дозированные физические упражнения

graduate (medical) ~ постдипломная (медицинская) подготовка; усовершенствование

dysphasia ~ обучение больных с дисфазией

elementary ~ начальное (профессиональное) обучение (при реабилитации)

habit ~ тренинг [формирование] навыков

hospital [in-service, in-plant] ~ стажировка [повышение квалификации] врача по месту работы

internship ~ интернатура

locomotor ~ обучение передвижению

maxillofacial ~ подготовка по хирургической стоматологии

on-the-job ~ см. hospital ~

physical and recreational ~ лечебная физкультура и организация досуга (при реабилитации)

postbasic [postgraduate] ~ см. graduate ~

postural ~ тренировка постуральных изменений

public health ~ медико-санитарное обучение; подготовка в области общественного здравоохранения

residency ~ подготовка врачей-специалистов, вторичная специализация

self-instructional ~ см. autogenic ~

sensitivity ~ тренинг сензитивности, или чувствительности

sex ~ сексуальная подготовка

speech ~ обучение речи (при её расстройствах)

strength ~ тренировка для развития силы

toilet ~ научение навыкам опрятности

work adjustment ~ тренинг трудовой адаптации

work-oriented specific ~ обучение, ориентированное на работу по специальности (при реабилитации)

training-therapy ['treiniŋ'θегәрi] тренинг-терапия (групповая психотерапия с использованием различных ситуаций)

"train-of-four" ['treinәv'fɔ:] анест. «ряд из четырёх» (оценка степени нейромышечного блока)

trainsick ['treinsik] страдающий тошнотой в поезде

trait [treit] **1.** признак, элемент фенотипа; особенность, характерная черта ‖ наследование признака **2.** pl. черты лица

abnormal personality ~s аномальные личностные черты

autosomal dominant ~ аутосомно-доминантное наследование

autosomal recessive ~ аутосомно-рецессивное наследование

brachydactyly, anodontia, hypotrichosis, albinoid ~ глазокостно-кожный синдром (брахидактилия, адентия, гипотрихоз, альбинизм)

character ~ характерологический [характерный] признак

chromosomal ~ хромосомный признак

desirable ~ желаемый признак

dominant ~ доминантный признак

fully penetrant single-gene ~s признаки, контролируемые одиночным геном с полной пенетрантностью

genetic ~ генетическая линия, генетическое наследие

immunogenetic ~s иммуногенетическая характеристика (напр. индейцев)

inherent personality ~s наследственные признаки личности

liminal ~ пороговый признак (отсутствующий в норме и проявляющийся при достижении определённых пороговых значений, напр., образование жёлчных камней)

marker ~ маркёрный признак (облегчающий обнаружение или идентификацию объектов или процессов)

multigenic ~ полигенный признак; мультифакториальное наследование

nonpenetrant ~ ген. непенетрантный признак

normal personality ~s личностные черты здорового человека

obsessional ~s псих. черты навязчивости

personality ~ личностная черта, индивидуальная особенность

quantitative ~s количественные признаки

recessive ~ ген. рецессивный признак

sex-influenced [sex-linked] ~ признак, сцепленный с полом

sickle cell ~ серповидно-клеточная аномалия эритроцитов (гетерозиготная форма S-гемоглобинопатии)

"some ~s" некоторые особенности, или отклонения, в поведении

source ~ психол. глубинная черта

surface ~ психол. поверхностная черта

trajector [trә'ʤektә] инструмент для определения хода огнестрельного раневого канала

trance [træns] транс; гипнотическое состояние, характеризующееся ослаблением реакций на окружающие раздражители (под воздействием гипноза, медитации, препаратов)

alcoholic ~ алкогольный транс (автоматизированное поведение, амнезирующееся после отрезвления)

extatic ~ состояние экстаза

hypnotic ~ гипнотическое [полубессознательное] состояние

induced ~ гипнотическое состояние

trance-coma ['træns'kәumә] глубокий сон после гипноза

tranquility [træn'kwilәti] спокойствие, покой; седативное [транквилизирующее] действие

domestic ~ домашний покой

mental ~ психический покой

tranquilization [,træŋkwilai'zeiʃn]:

intravenous ~ внутривенное введение транквилизаторов

tranquilizer [ˌtræŋkwiˈlaizə] транквилизатор, антифобическое седативное [атарактическое, противотревожное, анксиолитическое] средство

    benzodiazepine-based ~s бензодиазепиновые транквилизаторы, производные бензодиазепина

    major ~s большие транквилизаторы, нейролептики

    minor ~s малые транквилизаторы, анксиолитики

transabdominal [ˌtrænsæbˈdɒminəl] абдоминальный, брюшной (об оперативном доступе)

transaction [trænˈzækʃn] **1.** действие извне (регуляторное действие белка на активность гена, не кодирующего данный белок) **2.** психол. трансакция, взаимодействие

    ~s **of the medical society of London** труды Лондонского медицинского общества

trans-activation [ˈtræns-æktiˈveiʃn]:

    ~ **of transcription** активатор транскрипции ВИЧ-генов

transaminase [trænsˈæmineis] pl. аминотрансферазы, уст. трансаминазы (ферменты, катализирующие реакции трансаминирования – перенос аминогрупп от α-аминокислот к α-кетокислотам)

    glutamic-oxalacetic ~ аланинаминотрансфераза, АлАТ

    glutamic-pyruvic ~ аспартатаминотрансфераза, АсАТ

    glycin ~ глицин-амидинотрансфераза

transamination [ˌtrænsæmiˈneiʃn] переаминирование, трансаминирование

transanimation [ˌtrænsæniˈmeiʃn] **1.** искусственная вентиляция лёгких «изо рта в рот» **2.** реанимация мертворождённого ребёнка

transatrial [trænsˈeitriəl] кард. чрезушковый (напр. метод введения венозного фильтра)

transaxial [trænsˈæksiəl] эполетный, чресподмышечный (напр. о рентгенографии)

transaxillary [ˌtrænsˈæksiˌlæri] чресподключичный (напр. доступ)

transbronchial [ˌtrænsˈbrɒŋkiəl] чрезбронхиальный, трансбронхиальный

transcalent [ˌtrænsˈkeilənt] теплопроводный, диатермичный

transcapillary [ˌtrænsˈkæpiˌlæri] чрескапиллярный

transcapsidation [ˌtrænskæpsiˈdeiʃn] феномен замещения капсидов (у вирусов)

transcedent [ˈtrænsedənt] трансцедентный (выходящий за границы возможного опыта, недоступный пониманию)

transcervical [ˌtrænsˈsəːvikəl] чрезвертельный (обычно перелом)

transcobalamin [ˌtrænskəʊˈbæləmin] транскобаламин (белок, отражающий активность аутоиммунного заболевания)

transcondylar [ˌtrænsˈkɒndilər] чрезмыщелковый

transcortical [ˌtrænsˈkɔːtikəl] **1.** транскортикальный (проходящий через корковый слой органа) **2.** внутрикорковый (идущий из одной области коры большого мозга в другую)

transcribe [trænˈskraib] считывать, транскрибировать (генетическую информацию)

transcricoid [ˌtrænsˈkraikɒid] чресперстневидный (о трахеотомии)

transcript [ˈtrænskript] транскрипт (копия с матрицы ДНК)

antisense ~ антисмысловой транскрипт (экспериментально получаемый или природный полирибонуклеотид)

full-length ~ первичный [непроцессированный] транскрипт

reverse ~ обратный транскрипт (продукт, синтезируемый РНК-зависимой ДНК-полимеразой)

trancriptase [trænˈskripteis] транскриптаза (ДНК-зависимая РНК-полимераза)

reverse ~ обратная транскриптаза (РНК-зависимая ДНК-полимераза, использующая молекулу РНК в качестве матрицы для синтеза комплементарной цепи ДНК)

transcription [trænˈskripʃn] ген. транскрипция, матричный синтез РНК (синтез цепи иРНК на матрице ДНК)

transcripton [trænˈskriptɒn] транскриптон (кодирующая и операторная части гена)

transcultural [trænsˈkʌltʃərəl] транскультуральный (охватывающий широкий диапазон явлений – этнических, климатических, социальных и пр.)

transcutaneous [ˌtrænskjuːˈteiniəs] чрескожный

transducer[1] [trænsˈduːsə] преобразователь, датчик, сенсор, трансдьюсер (напр. ультразвукового аппарата)

bioelectrical ~ биоэлектрический преобразователь биоэлектрический датчик

blood pressure ~ датчик кровяного давления

convex ~ узи выпуклый датчик

epidural ~ датчик эпидурального давления

flow ~ датчик кровотока

impedance ~ импедансный датчик

implantable ~ имплантируемый [вживляемый] датчик

monitoring ~ контрольный датчик

noninvasive ~ бескровный датчик, внешний датчик

respiration ~ датчик дыхания

signal value ~ измерительный датчик

ultrasonic ~ **in costal position** субкостальная позиция ультразвукового датчика

ultrasonic ~ **in suprasternal position** супрастернальная позиция ультразвукового датчика

ultrasound ~ ультразвуковой преобразователь; ультразвуковой датчик

wobbling ~ узи механический датчик

transducer[2] клетка-трансдуктор (передающая активирующий сигнал другой клетке)

nuclear ~ детектор ионизирующих излучений

transductant [trænsˈdʌktənt] трансдуктант (микроорганизм, приобретший генетический признак в результате трансдукции)

transduction [trænsˈdʌkʃən] преобразование, трансдукция (1. перенос генетического материала из одной клетки в другую с помощью вирусного вектора 2. превращение энергии из одной формы в другую)

abortive ~ абортивная [неполная] трансдукция (без интеграции фрагмента бактерии-донора в геном бактерии-реципиента)

complete ~ полная трансдукция (с полной интеграцией перенесённого генетического фрагмента в геном бактерии-реципиента)

energy ~ преобразование энергии

general ~ неспецифическая [общая] трансдукция

high-frequency ~ высокая частота трансдукции *(фагом)*

restricted [specialized] ~ специфическая [локализованная, ограниченная] трансдукция *(напр. лизогенными фагами)*

unrestricted ~ неограниченная трансдукция

transductor [træns'dʌktə] трансдуктор *(клетка, принимающая регуляторный сигнал по нервным путям и трансформирующая его в эндокринный, выделяя нейромедиатор)*

transect [træn'sekt] пересекать, рассекать, делать поперечный разрез, разделять

transection [træn'sekʃn] **1.** пересечение, рассечение; разрыв *(органа)* **2.** поперечный разрез, поперечное сечение, срез

~ **of common bile duct** поперечный разрыв общего жёлчного протока *(при закрытой травме живота)*

cord ~ перерыв спинного мозга

esophageal ~ пересечение пищевода

ring ~ разрыв тазового кольца *(напр. при переломе)*

transendoscopic [ˌtrænsendəʊ'skəʊpik] чрезэндоскопический

transfectability [ˌtrænsfektə'biliti] **1.** способность к переносу инфекции и заражению **2.** возможность трансфекции

transfectant [træns'fektənt] клетка, инфицированная вирусной нуклеиновой кислотой

transfection [træns'fekʃn] трансфекция *(1. введение в эукариотический организм модифицированного гена 2. введение в бактериальные клетки изолированных молекул фаговой ДНК, приводящее к образованию зрелого фагового потомства)*

transfer ['trænsfə:] **1.** перенос, перемещение, передача, перевод *(напр. больного в другое отделение)* ‖ переносить, перемещать, передавать, переводить **2.** пассаж, перевивка **3.** трансплантация, пересадка

~ **by food-chains** перенос по пищевым цепочкам *(напр. радионуклидов)*

~ **of aminogroups** перенос аминогрупп *(от одного метаболита к другому)*

~ **of antibody formation** передача способности к антителообразованию

~ **of blood** переброс крови *(из большого круга в малый)*

~ **of colicinogeny** передача колициногенности

~ **of graft** трансплантация органа

~ **of heat** теплопередача, теплообмен, теплоотдача

~ **of ions** транспорт ионов

~ **of pedicle** перемещение лоскута на ножке

~ **of protein** перенос [доставка] белка

~ **of some transuranic elements to milk** выделение трансурановых элементов с молоком

to ~ **to medium** *микр.* пересадка [пересев] на среду

to ~ **to solution** *микр.* перенос на раствор

to ~ **the patient to the intensive care unit** перевести больного в отделение интенсивной терапии

to ~ **the tendon** пересадить [переместить] сухожилие

adoptive ~ адоптивный перенос *(вид лечения)*

allogenic ~ аллотрансплантация

blood-brain ~ гематоэнцефалический транспорт

cell-free ~ **of delayed hypersensitivity** пассивный перенос реакции замедленной гиперчувствительности

chromosome-mediated gene ~ хромосомный перенос генов

conjugal ~ конъюгационный [конъюгативный] перенос *(ДНК)*

embryo ~ перенос зародыша, полученного in vitro в матку женщины-реципиента

emergency ~ аварийный переход

episomal ~ перенос эписомы

free bone ~ пластика [замещение] свободным костным трансплантатом

gamete intrafallopian ~ перенос гамет в маточную трубу *(разновидность экстракорпорального оплодотворения)*

gene ~ перенос гена *(из одной клетки в другую)*

heterologous ~ ксенотрансплантация, *уст.* гетеротрансплантация

homologous ~ *см.* **allogenic** ~

horizontal gene ~ горизонтальный перенос гена *(напр. между сходными клетками, организмами)*

interspecific gene ~ межвидовой перенос гена

intraspecific gene ~ внутривидовой перенос гена

intrinsic tendon ~ пересадка собственного сухожилия

isologous ~ изотрансплантация *(внутривидовая пересадка)*

linear energy ~ линейная передача энергии

lymphoid-cell ~ перенос иммунокомпетентных лимфоцитов

microvascular free ~ свободная пересадка на микрососудистой ножке

nuclear ~ перенос ядра клетки при клонировании

omental ~ транспозиция [перемещение] сальника

parabiotic ~ парабиотический перенос

passive ~ пассивная передача *(напр. антител от матери)*

placental ~ переход через плаценту *(напр. лекарственного вещества)*

retrograde tubal ~ **of human embryos** ретроградный перенос человеческого эмбриона в маточную трубу *(при экстракорпоральном оплодотворении)*

retrovirus mediated gene ~ перенос генов ретровирусом

serial ~ **of lymphocytes** последовательный перенос лимфоцитов

shuttle ~ «челночный» перенос *(генов)*

tendon ~**s for radial nerve palsy** пересадка сухожилия при параличе лучевого нерва

toe-to-hand ~ пересадка пальца стопы на кисть

transvaginal gamete intrafallopian ~ чрезвлагалищный перенос гаметы в маточную трубу

vector-mediated gene ~ векторный перенос генов

vertical gene ~ вертикальный перенос генов *(от родителей потомству)*

xenogenic ~ ксенотрансплантация

zigote intrafallopian ~ перенос зиготы в маточную трубу

transferability [ˌtrænsfə:rə'biliti] пригодность для трансплантации

transferase ['trænsfəreis] *pl.* трансферазы *(ферменты, катализирующие перенос функциональных групп)*

carboxyl ~ карбоксилтрансферазы *(ферменты, катализирующие реакции переноса карбоксильной группы)*

deoxynucleotidyl ~ дезоксинуклеотидилтрансфераза

terminal ~ терминальная трансфераза *(фермент, способный добавлять нуклеотидные остатки к концу цепей ДНК)*

transference [træns'fə:rəns] 1. перенос, передача *(напр. инфекции)* 2. трансфер *(перенос [смещение] аффекта с одного объекта на другой – важный аспект психоаналитических видов терапии)* 3. трансференция *(переход симптомов заболевания из одной части тела в другую, обычно встречается при истерии)*

 ~ **of creativity** перенос творчества

 ~ **of pain** рефлекторная боль

 eroticized ~ эротизированный перенос

 hostile ~ враждебный перенос

 libidinal ~ либидинозный перенос

 narcissistic ~ нарциссический перенос

 negative ~ отрицательный перенос *(сопротивление анализу, нежелание помогать аналитику)*

 positive ~ положительный перенос *(любовь клиента к идеализированному консультанту)*

 thought ~ передача или принятие мыслей на расстоянии

 twinship ~ близнецовый перенос

transfer-factor ['trænsfə:-ˌfæktə] фактор переноса

transfer-proficient ['trænsfə:-prə'fiʃnt] способный к переносу *(напр. ген)*

transferred ['trænsfə:d] 1. отражённый, рефлекторный 2. перемещённый, переведённый *(напр. больной)*

 materno-embryonally ~ перенесённый [переданный] от матери эмбриону *(напр. об антителах)*

transferrin ['trænsfə:rin] трансферрин *(белок, транспортирующий железо)*

transfix ['trænsfiks] 1. закреплять [фиксировать] на другом месте 2. прокалывать

 to ~ **the testicle** прикрепить перемещённое яичко

transfixation [ˌtrænsfik'seiʃn] 1. чрескостный остеосинтез 2. максимальное обнажение кости оттягиванием мягких тканей при ампутации конечности

transfixion [træns'fikʃn] трансфикция *(круговой разрез мягких тканей, покрывающих кость при ампутации)*

transforation [ˌtrænsfɔ:'reiʃn] перфорация головки плода

transforator ['trænsfɔ:reitə] *мед. тех.* перфоратор

transform [træns'fɔ:m] 1. трансформировать, превращать 2. изменять, преобразовывать, видоизменять

transformant [træns'fɔ:mənt] трансформированная клетка

transformation [ˌtrænsfɔ:'meiʃn] 1. *ген.* трансформация *(искусственное воспроизведение нового фенотипа методом введения в клетку экзогенной ДНК)* 2. метаморфоз *(превращение, перерождение ткани)*; преобразование; переход 3. *биол.* скачкообразное изменение строения, образа жизни и среды обитания животного 4. изменение пола на противоположный *(мужского на женский и наоборот)*

 ~ **to laparotomy** переход на лапаротомию *(при лапароскопической операции)*

 allogenic ~ аллогенная трансформация

blast-cell ~ бластотрансформация *(лимфоцитов)*

cell ~ перерождение нормальных клеток в опухолевые

chemical ~ химическое изменение

gene(tic) ~ генетическая трансформация *(приобретение новых генетических признаков организмом при искусственном внедрении в него чужеродной ДНК)*

 hemorrhagic ~ геморрагическая трансформация

 hypoechogenic ~ гипоэхогенная трансформация

 log ~ логарифмическое преобразование

 malignant ~ озлокачествление, малигнизация, опухолевая [неопластическая] трансформация *(наследуемое изменение свойств клеток в результате инфекции онкогенными вирусами)*

 martensite ~ *мед. тех.* мартенситное превращение *(восстановление первичной формы протеза с памятью в организме под действием тепла)*

 neoplastic ~ *см.* **malignant**

 nodular ~ узловое перерождение *(напр. печени)*

 radioactive ~ радиоактивный распад с образованием новых элементов

 sebaceous ~ жировое перерождение

 social ~ социальные изменения

 spontaneous ~ спонтанная трансформация *(превращение нормальных клеток в опухолевые)*

transformer [træns'fɔ:mə] трансформатор

 audio-frequency ~ трансформатор звуковой частоты

 cautery ~ трансформатор для гальванокаутера

 mains supply ~ сетевой трансформатор, трансформатор блока питания

 medical isolating ~ медицинский разделительный трансформатор

 step-down ~ понижающий трансформатор

 step-up ~ повышающий трансформатор

 voltage-regulating ~ трансформатор регулировки напряжения

 X-ray ~ трансформатор рентгеноустановки

transfrontier [træns'frʌntiə] трансграничный *(напр. о передаче малярии)*

transfuse [træns'fju:z] переливать кровь || проводить внутривенное вливание

transfusion [træns'fju:ʒən] 1. переливание крови или её компонентов, гемотрансфузия 2. внутривенное вливание

 ~ **of antihemophilic factor** переливание антигемофилического фактора

 ~ **of blood expander** переливание кровезаменителя

 ~ **of packed blood cells** переливание форменных элементов крови

 arterial ~ внутриартериальное переливание крови

 autologous blood ~ аутогемотрансфузия

 blood ~ переливание крови, гемотрансфузия

 chronic blood ~ переливание крови на протяжении длительного времени

 cross-matched ~ переливание крови после перекрёстных определений на совместимость

 cutdown ~ вливание с помощью вено- или артериосекции

 direct ~ прямое переливание крови

 drip ~ капельное переливание крови

 exchange [exsanguination] ~ обменное переливание крови

fetal ~ чресплацентарное смешение крови *(матери и плода)*

immediate ~ прямое переливание крови

indirect ~ непрямое переливание крови

intrauterine ~ внутриутробное переливание крови

matched ~ переливание совместимой крови

mediate ~ непрямое переливание крови

replacement ~ обменное переливание крови

subcutaneous ~ подкожное вливание

substitution [total] ~ обменное переливание крови

vaccinating ~ переливание крови реконвалесцента больному

transgenation [ˌtrænsʤeˈneiʃn] (внутри)генная мутация, внутригенная перестройка, трансгенация

transgenerational [ˌtrænsʤenəˈreiʃnl] чреспоколенческий

transgenesis [ˌtrænsʤəˈni:sis] трансгенез *(введение генов одного вида в геном особи или растения другого вида)*

transgenic [trænsˈʤenik] трансгенный *(о животных и растениях, созданных методом генной инженерии)*

transgenosis [ˌtrænsʤəˈnəʊsis] трансгеноз *(перенос в геном существующего вида фрагмента ДНК другого вида)*

transgress [trænzˈgres] *суд. мед.* совершать правонарушение; нарушать нормы, права

transhepatic [ˌtrænshiˈpætik] чреспечёночный *(напр. о холангиографии)*

transhiatal [ˌtrænshaiˈeitl] трансгилюсный; проходящий через анатомическое отверстие

transient [ˈtrænsi:ənt] **1.** временный, транзиторный, преходящий *(напр. о нарушении мозгового кровообращения)* **2.** тон *(сердца)*

transilient [trænˈsili:ənt] проходящий через что-л. *(о волокнах коры головного мозга, проникающих из одной извилины в другую)*

transillumination [ˌtrænsiˌlu:miˈneiʃn] диафаноскопия, трансиллюминация *(просвечивание объекта проходящим светом)*

~ **of antrum** просвечивание гайморовой полости

~ **of skull** трансиллюминация [просвечивание] черепа

transit [ˈtrænsit] **1.** прохождение, пассаж, переход; эвакуация; опорожнение || передвижной *(напр. об изоляторе)* **2.** перемена, переход из одного состояния в другое

alimentary ~ прохождение содержимого по пищеварительному тракту

gastric ~ прохождение содержимого через желудок

intestinal ~ прохождение содержимого через кишечник

orocecal ~ ороцекальное прохождение *(пищи от ротовой полости до слепой кишки)*

transition [trænˈziʃn] **1.** переход, пассаж, перемещение **2.** переходный период || переходный **3.** *ген.* транзиция *(точечная мутация, вызванная заменой одного пуринового или пиримидинового основания на другое пуриновое или пиримидиновое)*

~ **from hyperplasia to neoplasia** малигнизация, переход гиперплазии в неоплазию

B – Z ~ of DNA переход из B в Z-форму двойной спирали ДНК

cervicothoracic ~ шейно-грудное сочленение позвоночника

demographic ~ демографический переход *(обозначение смены типов воспроизводства населения)*

helix – coil ~ переход спираль – клубок *(в биополимерах)*

life cycle ~**s** переходные периоды жизненного цикла

nick ~ *ген.* перенос одноцепочечного разрыва

transitional [trænˈziʃənəl] **1.** переходный **2.** шунтирующий; обходной *(напр. кровоток)* **3.** перемежающийся, транзиторный *(напр. гидронефроз)*

transitivism [trænsitiˈvizm], **transitivity** [ˌtrænsiˈtiviti] *псих.* транзитивизм *(убеждённость больного в том, что какие-л. ощущения испытываются не только им, но и окружающими его людьми или же только другими лицами, которые и являются больными, в то время как сам он здоров)*

transitory [ˈtrænsətri] преходящий, кратковременный, транзиторный

translation [trænsˈleiʃn] **1.** передача; смещение; перемещение; поступательное движение **2.** перевод; пересчёт *(из одних единиц в другие)* **3.** трансляция *(второй этап реализации генетической информации в клетке: синтез белка из полипептидных цепей рибосомами на матрице мРНК)* **4.** *психоан.* истолкование

backward ~ заднее смещение; заднее поступательное движение

horizontal ~ горизонтальное смещение *(напр. позвонка)*

in vitro cell-free ~ бесклеточный синтез белка «в пробирке»

translocase [trænsˈləʊkeis] **1.** перенос, перемещение *(напр. инфекции из желудка в лёгкие)* **2.** транслоказа *(фермент, вызывающий движение, напр. перемещение рибосомы вдоль мРНК)*

translocation [ˌtrænsləʊˈkeiʃn] транслокация *(структурное изменение хромосом, заключающееся в переносе участка хромосомы в новое положение или во взаимном обмене участками)*

~ **of extracellular fluid to cellular fluid** перемещение внеклеточной жидкости в клетки

balanced ~ сбалансированная транслокация

mutual [reciprocal] ~ взаимная [реципрокная] транслокация *(взаимный обмен сегментами между разными хромосомами)*

unbalanced ~ несбалансированная транслокация

translucent [trænsˈlu:sənt] просвечивающий, пропускающий свет, (полу)прозрачный

transluminal [trænsˈlu:minəl] чреспросветный *(напр. о венозной кардиостимуляции)*; внутрипросветный *(напр. об эндоваскулярном методе операции)*

translumination [ˌtrænsˌlu:miˈneiʃn] внутрипросветное [внутриполостное] освещение

laparoscopic ~ лапароскопическое освещение

transmethylation [ˌtrænsməθiˈleiʃn] трансметилирование *(реакция, в результате которой аминокислота теряет метиловую группу)*

transmigration [ˌtrænsmaiˈgreiʃn] **1.** диапедез, трансмиграция **2.** переход; перенос из одного положения в другое

external ~ перемещение яйцеклетки в брюшной полости в маточную трубу противоположной стороны

internal ~ миграция яйцеклетки по маточной трубе

transmissible [trænsˈmisibl] передающийся; передаваемый, трансмиссивный

transmission [træns'miʃn]:

~ from feed to animal tissues переход из корма в ткани животных (о токсикантах)

~ of radioactive substances перенос радиоактивных веществ

acoustical ~ звукопроницаемость

aerial ~ воздушный путь передачи (инфекции)

arthropod ~ передача инфекции насекомыми

autochtonous ~ аутохтонная передача (без изменения местоположения)

autosomal dominant ~ аутосомно-доминантный тип наследования

autosomal recessive ~ аутосомно-рецессивное наследование

biological ~ естественный путь передачи (инфекции)

duplex ~ двустороннее проведение возбуждения

electronic ~ электронная передача (данных)

fomite ~ косвенная [непрямая] передача (инфекции)

hereditary ~ передача наследственных факторов

heterosexual ~ гетеросексуальная передача инфекции

horizontal ~ «горизонтальная» передача (инфекции), контактное распространение (от человека к человеку)

iatrogenic ~ ятрогенная передача (инфекции при медицинских процедурах)

insect ~ перенос (инфекции) насекомыми

interspecies ~ межвидовая передача (напр. инфекции)

intrafamilial ~ внутрисемейная передача (вируса)

neuromuscular ~ нервно-мышечная проводимость; нервно-мышечная передача

person-to-person ~ см. **horizontal ~**

transfrontier ~ трансграничная передача

transovarial ~ трансовариальная передача (вирусов)

vertical ~ «вертикальная» передача инфекции (наследственная)

transmitter [træns'mitə] 1. биол. медиатор 2. переносчик (возбудителя инфекции) 3. источник, излучатель 4. датчик; измерительный преобразователь

anatomic ~ автономный трансмиттер

neurochemical ~ нейротрансмиттер, нейромедиатор

temperature sensitive radio ~ термочувствительный дистантный передатчик

transmural [træns'mjuːrəl] трансмуральный (поражающий всю толщу стенки)

transmutation [ˌtrænsmjuːˈteiʃn] преобразование, превращение

transonance ['trænsəʊnəns] передача звука через какой-л. объект (напр. тонов сердца через грудную стенку)

transosseous [træns'ɒsiːəs] чрескостный (напр. остеосинтез)

transparent [træns'pærənt] прозрачный; проницаемый

transparietal [ˌtrænspəˈraiətl] чрестеменной

transpeptidase [træns'peptideiz] транспептидаза (фермент, катализирующий реакцию переноса аминокислот)

γ-glutamyl ~ гамма-глютамилтранспептидаза

transperitoneal [ˌtrænsperitəʊˈniːəl] чрезбрюшинный

transphosphorylation [træns,fɒsfɔːrəˈleiʃn] перефосфорилирование, трансфосфорилирование

transpiration [trænspiˈreiʃn] 1. выделение из организма жидкости в виде паров 2. перспирация, потоотделение

pulmonary ~ лёгочная перспирация

transplacental [ˌtrænspləˈsentl] трансплацентарный (напр. о передаче инфекции)

transplant [træns'plænt] трансплантат ‖ трансплантировать, пересаживать, делать пересадку

cadaveric ~ трупный трансплантат

composite ~ композитный трансплантат (участок ткани на сосудистой ножке – с сохранением в нём кровотока)

fetal ~ фетальный трансплантат

Gallie's ~ узкие полоски широкой фасции бедра, используемые в качестве шовного материала

transplantability [ˌtræns,plæntəˈbiliti] 1. приживаемость трансплантата 2. пригодность для трансплантации

transplantation [ˌtræns,plæn'teiʃn] трансплантация (пересадка органа, ткани или клеток)

~ of stoma site перемещение места стомы

allogenic bone marrow ~ аллогенная трансплантация клеток костного мозга

autogenous muscle ~ аутотрансплантация мышцы

biparental ~ бипарентальная трансплантация (пересадка ребёнку костного мозга, взятого от обоих родителей)

bone marrow ~ трансплантация костного мозга

cadaveric renal ~ трансплантация кадаверной [трупной] почки

concordant ~ трансплантация при биологической совместимости донора и реципиента

discordant ~ трансплантация при биологической несовместимости донора и реципиента

first ~ первичная трансплантация

heteroplastic ~ ксеногенная [ксенопластическая] трансплантация, ксенопластика; уст. гетеропластическая трансплантация

heterotopic ~ гетеротопическая трансплантация (пересадка органа на несвойственное для него место)

homoplastic ~ аллогенная [аллопластическая] трансплантация, уст. гомопластическая трансплантация

homotopic ~ см. **orthotopic ~**

islet ~ трансплантация островковых клеток

microsurgical composite tissue ~ пересадка композитного [обычно кожно-мышечного] лоскута на сосудистой ножке

neural ~ нейротрансплантация (пересадка клеток головного мозга)

nucleus ~ пересадка клеточного ядра

orthotopic ~ ортотопическая трансплантация (пересадка органа на свойственное для него место)

renal ~ трансплантация почки

transplanted [træns'plæntid] трансплантированный, пересаженный

transpleural [træns'pluːrəl] чресплевральный

transport ['trænspɔːt] перенос, перемещение ‖ перемещать

~ of products of digestion перемещение продуктов пищеварения

active ~ активный транспорт (веществ в клетках против градиента концентрации этих веществ)

axonal ~ аксональный транспорт, аксоплазматиче-ский поток

back ~ обратный транспорт *(прохождение веществ через диализную мембрану из диализата в кровь вследствие диффузии или конвекции)*

electron ~ перенос электронов через клеточную мембрану

intraaxonal ~ аксональное перемещение *(напр. столбнячного токсина)*

lung mucociliary ~ мукоцилиарный транспорт в лёгких

membrane ~ трансмембранное перемещение

renal sodium ~ транспорт натрия в почках

transmembrane ~ **of matters** трансмембранный транспорт веществ

transposase [trænz'pəʊzeis] транспозаза *(фермент, катализирующий транспозицию сегментов ДНК)*

transposition [ˌtrænspəʊ'ziʃn] **1.** перемещение; перенос **2.** транспозиция *(расположение органа, противоположное нормальному относительно сагиттальной плоскости)* **3.** внутренняя [внутрихромосомная] транслокация *(перемещение генов из одного локуса в другой)*

~ **of affect** *психол.* перемещение аффекта

~ **of arterial stems [of great vessels]** транспозиция магистральных сосудов, транспозиция артериального ствола *(отхождение аорты от правого желудочка, лёгочной артерии – от левого)*

~ **of the great vessels** транспозиция магистральных сосудов *(аорта выходит из правого желудочка, лёгочная артерия – из левого)*

lateral ~ **of the forearm** наружный вывих предплечья

vessel ~ **1.** *анат.* транспозиция магистральных сосудов сердца **2.** *хир.* перемещение сосуда *(напр. нижнеполярной артерии почки)*

transposon [træns'pəʊzɒn] транспозон *(мигрирующий генетический элемент, способный внедряться в определённые участки ДНК и несущий фенотипический признак)*

transracial [træns'reiʃəl] межрасовый

transradiancy [træns'reidiənsi]:

~ **of lung** односторонняя эмфизема лёгкого, сверхпрозрачность лёгкого, «светлое» лёгкое, Маклеода синдром

transreplication [ˌtræns,repli'keiʃn] конверсия генов, трансмутация, трансрепликация

transsection [træns'sekʃn] *см.* **transection**

transseptal [træns'septl] чресперегородочный, транс-септальный

transsexual [træns'sekʃuːəl] **1.** транссексуал ‖ транссексуальный, относящийся к транссексуализму **2.** относящийся к секстрансформирующей операции

transsexualism [træns'sekʃuːəlizm] *псих.* транссексуализм *(убеждённость индивидуума в собственной принадлежности к противоположному полу)*

transthermia [træns'θəːmiə] диатермия

transthoracic [ˌtrænsθəʊ'ræsik] (транс)торакальный *(об оперативном доступе)*

transthyretin [ˌtrænsθai'retin] преальбумин, транстиретин

transubstantiation [ˌtrænsəbstænʃi'eiʃn] замена [замещение] одной ткани другой *(напр. участка стенки артерии лоскутом брюшины)*

transudate ['trænsuːdeit] транссудат, отёчная жидкость

abdominal ~ асцит

modified ~ изменённый выпот

transudation [trænsu'deiʃn] **1.** транссудация, просачивание, пропотевание **2.** потение; испарина

transude [træn'suːd] пропотевать

transuretero-ureterostomy [ˌtrænsjuːriːtərəʊ-juˌriːtər-'ɒstəmi] трансуретероуретеростомия *(наложение анастомоза концом одного мочеточника в бок другого)*

transurethral [ˌtrænsjuː'riːθrəl] трансуретральный

transvaginal [træns'væʤinəl] чрезвлагалищный

transvector [træns'vektɔː] трансвектор *(животное, не способное к образованию токсинов, но способное их аккумулировать и вызывать отравление ими)*

transverse [træns'vəːs] поперечный

transversectomy [ˌtrænsvəː'sektəmi] удаление поперечных отростков позвонков

transversion [træns'vəːʃn] **1.** *ген.* трансверсия *(точечная мутация, вызванная заменой пиримидина на пурин или наоборот)* **2.** транспозиция [перемещение] зуба

transvestism [træns'vestizm] трансвестизм *(переодевание в одежду противоположного пола, преимущественно женского, с копированием соответствующего поведения)*

dual-role ~ двуролевой трансвестизм

(non)fetishistic ~ (не)фетишистский трансвестизм

transvestite [træns'vestait] трансвестит, трансвеститор *(лицо, занимающееся трансвестизмом)*

trap [træp] **1.** ловушка; уловитель ‖ ставить ловушку **2.** фильтр-пробка *(напр. в системе для переливания)*

to fall into a ~ попасть в ловушку

air ~ воздушная ловушка

bacterial ~ бактериальный фильтр

blacklight ~ инфракрасная ловушка для насекомых

finger ~s устройство для репозиции переломов пястных костей

pheromone ~ феромонная [феромоновая] ловушка

saliva ~ слюносборник

sanitary ~ сифон *(напр. U-образная труба, предназначенная для предотвращения обратного выброса газов)*

sediment ~ *мед. тех.* отстойник

trapezium [trə'piːziːəm], *pl.* **trapezia** [trə'piːziːə] большая многоугольная кость, *уст.* кость-трапеция *(запястья)*

trapezius [trə'piːziːəs] **1.** трапеция; трапециевидная структура **2.** трапециевидная мышца

trapezoid ['træpəzɒid] **1.** трапециевидная кость **2.** *анат.* трапециевидное тело

trapping ['træpiŋ] **1.** улавливание, отделение; сепарация **2.** захват *(пузырьков воздуха при гемотрансфузии)*; ущемление *(напр. о грыже)* **3.** *иммун.* трэппинг *(специфическое накопление лимфоцитов)* **4.** организация ловушек; захват *(носителя заряда)*

antigen ~ специфическое накопление антигенов *(связывание их иммунокомпетентными лимфоцитами)*; иммунный комплекс

exon ~ улавливание экзонов *(молекулярная идентификация генов, основанная на детекции их функциональных канонических последовательностей)*

gas ~ **1.** газовая ловушка **2.** улавливание воздуха *(в инфузионной системе)*

trash [træʃ] отбросы; отходы

traulism ['trɔːlizm] заикание

trauma ['trɔːmə], *pl.* **traumata** ['trɔːmətə] травма; повреждение; рана

    auditory ~ баротравма

    birth [birthprimal] ~ родовая травма

    blunt ~ закрытая травма

    emotional ~ психическая травма

    head ~ черепно-мозговая травма, ЧМТ

    hidden ~ маскированное повреждение, «скрытая» травма

    intermittent ~ хроническая травматизация

    major ~ обширная травма

    multisystem ~ политравма *(повреждение двух и более систем или органов)*

    nonpenetrating ~ *см.* **blunt** ~

    occlusal ~ *стом.* травматическая окклюзия

    original ~ первичная [первоначальная] травма

    physical ~ физическая травма, телесное повреждение

    previous ~ предшествующая травма

    psychic ~ психическая травма

    recent ~ подострая травма

    repetitive ~ повторная травма

    self ~ аутотравма, самоповреждение; членовредительство

    "trivial ~" банальная [незначительная] травма

traumasthenia [trɔːmæs'θiːniːə] травматическая астения

traumatic [trɔː'mætik] травматический

traumatism ['trɔːmətizm] 1. травма *(как патологическое состояние)* 2. травматизм

traumatize ['trɔːmətaiz] травмировать; ранить

traumatology [trɔːmə'tɔːlədʒi] травматология

    emergency ~ неотложная травматология

traumatonesis [ˌtrɔːmətəʊ'niːsis] хирургическая обработка раны

traumatopathy [ˌtrɔːmə'tɒpəθi] осложнения травмы или ранения

traumatophilia [ˌtrɔːmətəʊ'filiə] склонность к самоповреждениям

traumatophobia [ˌtrɔːmətəʊ'fəʊbiə] патологическая боязнь ранения

traumatopnea [ˌtrɔːmə'tɒpniə] травматический пневмоторакс

traumatopyra [ˌtrɔːmətəʊ'pairə] травматическая лихорадка

traumatosepsis [ˌtrɔːmətəʊ'sepsis] раневой сепсис

traumatotherapy [ˌtrɔːmətəʊ'θerəpi] лечение травмы

travail ['træveil] 1. тяжёлый труд; мучительные усилия || мучиться 2. роды, родовой акт, родовые схватки || рожать

travel [trævl] 1. перемещение, движение || двигаться; распространяться *(напр. об инфекции)* 2. поездка, путешествие

tray [trei] 1. лоток; жёлоб; кювета; поддон 2. *стом.* оттискная ложка

    ~ for bronchoscopy столик для бронхоскопического набора

    baseplate ~ индивидуальная оттискная ложка

    catheter ~ лоток или тазик для хранения катетеров

    custom ~ припасовочная оттискная ложка

    desinfecting ~ лоток с дезинфицирующим раствором

    film-processing ~ кювета для обработки плёнки

    hemagglutination ~ панель для микротитрования

    impression ~ оттискная ложка

    perforated metal ~ решётчатая оттискная ложка

    stock ~ стандартная оттискная ложка

    strip ~ лоток для стрипов

    thoracocentesis ~ лоток для торакоцентеза

tread [tred] 1. походка || ходить; ступать 2. проводить физическую нагрузку *(напр. Мастера пробу)*

treadbahn ['tredbɑːn], **treadmill** ['tredmil] тредбан, тредмил, «бегущая дорожка»; тренажёр

treat [triːt] 1. лечить; заботиться о больном 2. обрабатывать, подвергать обработке

treatability [ˌtriːtə'biliti] излечимость; исправимость

    ~ of felonious behavior коррекция преступного поведения

treatable ['triːtəbl] излечимый

treating ['triːtiŋ], **treatment** ['triːtmənt] 1. лечение; курс лечения; терапия, *см. тж.* **therapy** 2. обращение, обхождение 3. обработка

    ~ of choice метод выбора

    ~ of the artery выделение [препаровка] артерии

    ~ with Nessler's reagent определение с помощью реактива Несслера *(содержания остаточного азота в крови)*

    acute ~ экстренная терапия; экстренная первая медицинская помощь

    adjuvant ~ адъювантное лечение; дополнительное лечение

    agent first-line ~ лечение препаратом первой линии, или выбора

    aggressive ~ 1. активное хирургическое лечение *(напр. язвенно-некротического энтероколита)* 2. инвазивный метод лечения

    antiepileptic ~ антиконвульсантная терапия, противосудорожное лечение

    anti-relapse ~ противорецидивное лечение

    appropriate ~ адекватное лечение

    bacteriophage ~ фаготерапия

    barbarous ~ жестокое обращение *(напр. с ребёнком)*

    behavioral ~ бихевиоральная [поведенческая] терапия

    biological ~ **in psychiatry** биологическая терапия [биологическое воздействие] в психиатрии

    brace ~ корсетотерапия

    causal ~ этиотропная терапия, этиологическое лечение

    chemical ~ химическая обработка

    chlorine ~ хлорирование, обработка хлором

    coersive ~ *см.* **compulsory** ~

    comprehensive ~ комплексное [всестороннее] лечение

    compulsory ~ принудительное лечение *(напр. больных хроническим алкоголизмом)*

    concurrent ~ лечение сопутствующего заболевания

    conservative ~ 1. выжидательная лечебная тактика; консервативное лечение 2. сберегательная [щадящая] операция

    controlled environment ~ лечение в контролируемой среде *(напр. в барокамере)*

cross-fire ~ глубинно-сфокусированное облучение (*опухоли*)

CT-guided percutaneous ~ чрескожное пункционное лечение под контролем компьютерной томографии

curative ~ радикальное лечение

cytostatic ~ цитостатическая терапия, химиотерапия

definitive ~ 1. своевременное лечение 2. эффективный [радикальный] метод лечения

denture ~ протезирование зубов

depot ~ лечение депонированным препаратом

diet ~ лечебное питание, диетотерапия

directly observed ~ приём препаратов в присутствии медработника (*напр. при лечении туберкулёза, психических расстройств*)

drip ~ инфузионно-капельная терапия

drug ~ лечение лекарственными средствами, фармакотерапия

early ~ первая медицинская помощь

elective ~ **of peptic ulcer** плановое лечение пептической язвы

emergency [emergent] ~ неотложная терапия, экстренное пособие; лечение острых заболеваний

empiric ~ эмпирическое [пробное] лечение (*стартовое лечение инфекции без идентификации возбудителя*)

enforced ~ *см.* **compulsory** ~

environmental controlled ~ *см.* **controlled environment** ~

enzyme ~ ферментное лечение

expectancy [expectant] ~ пробное лечение, выжидательная терапия, или тактика

exposure ~ открытое лечение ожогов

failed ~ безуспешность [неэффективность] лечения

fever ~ пир(ет)отерапия, пирогенная терапия, искусственная гипертермия

first-aid ~ оказание первой помощи

forced ~ 1. *см.* **compulsory** ~ 2. лечение форсированием диуреза

general ~ общее [системное] лечение

gland ~ гормонотерапия, гормональная терапия

ground ~ **of plants** наземная обработка растений

group ~ групповое лечение, лечение в группе

heat ~ тепловая обработка; термовоздействие

heroic ~ метод лечения с повышенной опасностью для больного

hospital ~ больничное [стационарное] лечение

immediate ~ неотложное [экстренное] лечение

indoor ~ *см.* **hospital** ~

initial ~ **of wound** первичная обработка раны

injection ~ инъекционный метод лечения

inpatient [institutional] ~ *см.* **hospital** ~

integrated ~ комплексное лечение

interferon ~ **of targets** обработка интерфероном (клеток-)мишеней

intermittent ~ прерывистое лечение

internal ~ эндоскопическое лечение

interventional ~ интервенционная процедура, интервенционное вмешательство

intralesional ~ лечение внутриочаговыми инъекциями (*напр. воспалительного процесса*)

isoserum ~ серотерапия

laser ~ лечение лазером, лазерная терапия

last-resort ~ крайние меры лечения, «терапия отчаяния»

leukemogenic ~ терапия [лечение] лейкозов

life sustaining ~ лечение, поддерживающее жизнь (*в отделении реанимации*)

light ~ светолечение, фототерапия

limb-sparing ~ лечение с сохранением конечности (*напр. при саркоме*)

low threshold ~ низкопороговое лечение

maintenance ~ поддерживающее лечение (*напр. инсулином при сахарном диабете*)

mandatory ~ *см.* **compulsory** ~

manipulation ~ 1. мануальная терапия 2. лечебные процедуры

mechanical ~ механотерапия

medical [medicinal] ~ консервативное лечение, лечение лекарственными средствами, фармакотерапия

meticulous ~ тщательное лечение

monitoring ~ контролируемое лечение

moral ~ система гуманного отношения к психически больным, принцип «нестеснения»

multimodality [multiple] ~ *см.* **integrated** ~

multiple field ~ многопольная лучевая терапия

myelosuppressive ~ терапия, направленная на подавление функции костного мозга

nonoperative ~ *см.* **medical** ~

office ~ амбулаторное лечение

other ~ альтернативное лечение

painful ~ болезненная процедура

palliative ~ паллиативное лечение

pharmacologic ~ медикаментозное лечение, фармакотерапия

physiologic ~ симптоматическое лечение

prehospital ~ лечение на догоспитальном этапе

prescribed ~ назначенное [прописанное] лечение; план лечения

pressure environment ~ баротерапия

presumptive ~ *см.* **expectancy** ~

preventive ~ превентивное [профилактическое] лечение

previous ~ предварительное [предыдущее] лечение

prosthodontic ~ протезирование зубов

psychic ~ психотерапия

psychosocial ~ психосоциальные аспекты лечения

PUVA ~ ПУВА-терапия, фотодинамическая терапия

radiation ~ лучевая терапия

radical ~ радикальное лечение

radium ~ кюритерапия, радиевая терапия

rescue out-patient ~ спасение больных с проведением лечения на догоспитальном этапе

residential ~ *см.* **hospital** ~

root canal ~ лечение корневого канала пульпы зуба

rough ~ *психол.* грубое обращение

sand ~ псаммотерапия, лечение песочными ваннами

sandwich ~ комбинированное лечение

sewage ~ обработка [очистка] сточных вод; обработка отходов

shock ~ *псих.* шоковая терапия (*напр. инсулинотерапия*)

short burst oxygen ~ кратковременная гипероксигенотерапия

"shotgun ~" лечение препаратами широкого спектра действия

single session ~ одномоментное лечение; лечение одним сеансом, или сессией

social ~ социальное обслуживание

somatic ~ лечение больных с соматическими расстройствами

sonic ~ обработка ультразвуком

spa ~ лечение минеральными водами

spray radiation ~ общее облучение, облучение всего тела

standardized ~ стандартизованное лечение; лечение в соответствии со стандартом, или формуляром

string-method ~ метод бужирования стеноза пищевода бусинкой на нити

suggestive ~ суггестивная терапия, гипнотерапия

supporting ~ поддерживающая терапия

surgical ~ хирургическое лечение

topical ~ местное лечение

transplant ~ профилактика криза отторжения трансплантата

triply ~ тройная схема терапии *(напр. язвенной болезни)*

ultrahigh-frequency ~ ультравысокочастотная [ультракоротковолновая] терапия, УВЧ-терапия

ultrasound ~ 1. ультразвуковая терапия, сонотерапия 2. обработка ультразвуком

unlawful ~ незаконное [запрещённое] лечение

vaccine ~ вакцинация; вакцинотерапия *(лечение введением вакцины или анатоксина)*

water ~ 1. водолечение, гидротерапия 2. очистка [обработка] воды *(на водоочистных сооружениях)*, водоподготовка

whey ~ серотерапия

X-ray ~ 1. обработка рентгеновскими лучами 2. рентгенотерапия; рентгеновское облучение

tree [tri:]:

arterial ~ артериальная сеть

biliary ~ желчевыводящие пути; общий жёлчный проток

black alder ~ крушина ольховидная, крушина ломкая *(Rhamnus frangula)*

bronchial ~ бронхиальное дерево

cranberry ~ калина обыкновенная *(Viburnum opulus)*

decision ~ дерево принятия решения *(математический метод разработки стратегии)*

genealogic ~ родословная, генеалогическое дерево

taxonomic ~ таксономическое дерево

trefoil ['tri:fɒil]:

marsh ~ вахта трёхлистная, трифоль *(Menyanthes trifoliata)*

tregone ['tri:gəʊn]:

~ **of bladder** мочепузырный треугольник, Льето треугольник

trema ['tri:mə] 1. *анат.* отверстие, канал, проход 2. вульва

trematode ['tremətəʊd] трематода, дигенетический сосальщик

trembling ['tremblɪŋ] 1. дрожь 2. страх, трепет

tremelloid ['tremələɪd], **tremellose** ['tremələʊs] студенистый, желеобразный, киселеобразный

tremens ['trem:ns] *лат.* алкогольный делирий, белая горячка, тромомания

tremogram ['tri:məʊgræm] тремограмма *(графическое изображение тремора)*

tremography [tri:'mɒgrəfi] тремография *(регистрация частоты и амплитуды дрожания частей тела)*

tremolabile [treməʊ'leibil] разрушающийся или теряющий активность при встряхивании *(напр. о ферменте)*

tremor ['tremə] дрожание, тремор

coarse ~ крупноразмашистое дрожание

essential [familial] ~ эссенциальное [идиопатическое, наследственное] дрожание

fibrillary ~ фибриллярное подёргивание, фибрилляция

fine ~ мелкоразмашистое дрожание

flapping ~ «порхающее» дрожание, «порхающий» тремор *(чаще при гепатаргии)*

heredofamilial ~ *см.* **essential** ~

hovering ~ тонкий тремор

intention [kinetic] ~ интенционное [кинетическое, динамическое] дрожание *(возникает при произвольных движениях при поражении мозжечка)*

mercurial ~ ртутное дрожание

metallic ~ дрожание при отравлении солями металлов

palpitations ~ сильное сердцебиение

parkinsonian ~ паркинсоновский тремор

passive ~ статическое дрожание, дрожание положения

physiological ~ физиологический тремор

pill-rolling ~ тремор, напоминающий перекатывание пилюль

senile ~ старческое дрожание

static ~ статическое дрожание, дрожание положения

volitional ~ *см.* **intention** ~

wing-beating ~ *см.* **coarse** ~

tremorgram ['treməʊgræm] *см.* **tremogram**

tremor-test ['tremətest] тест на тремор *(для определения усталости по дрожанию пальцев рук)*

tremostable [,treməʊ'steibl] стабильный [устойчивый] к встряхиванию

tremulor ['tremju:lə] устройство для вибромассажа

tremulous ['tremju:ləs] 1. дрожащий *(голос)* 2. робкий

trend [trend] тенденция; ход; тренд; направление развития или изменений *(напр. гемодинамики с возрастом)*

~**s in infectious conditions** тенденции в распространении инфекционных заболеваний

~ **of thoughts** направленность мыслей

evolutionary ~ направление эволюции

feeding ~ особенности питания

modern ~**s** современные направления *(в области неотложной хирургии)*

mutation ~ серия мелких мутаций, развивающихся в одном направлении; направление мутационного процесса

preventive ~ профилактическое направление

recent ~**s** современное состояние *(напр. учения о какой-либо болезни)*

trepan [tri'pæn] трепан; трефин ‖ трепанировать, производить трефинацию

trepanation [trepə'neiʃn] трепанация; трефинация

trepanize [trepə'naiz] трепанировать, производить трепанацию или трефинацию

trephanobiopsy [ˌtrefənəʊ'baiɒpsi] трепанобиопсия

trephination [ˌtrefi'neiʃn] *см.* **trepanation**

trephine [trə'fi:n] трепан, трефин || трепанировать, производить трепанацию *или* трефинацию

trephinement [tre'fainmənt] *см.* **trepanation**

trephocyte ['trefəʊsait] клетка, обеспечивающая питание других клеток

trepidation [trepi'deiʃn] **1.** дрожь; дрожание, тремор **2.** тревога, беспокойство

treponema [ˌtrepəʊ'ni:mə] *микр.* трепонема

~ pallidum бледная трепонема, *уст.* бледная спирохета *(возбудитель сифилиса)*

treponematosis [ˌtrepəʊni:mə'təʊsis], **treponemiasis** [ˌtrepəʊni'maiəsis] болезнь, вызываемая трепонемами *(напр. сифилис)*

treppe ['trepə] *кард., физиол.* феномен лестницы, Боудича лестница

tresis ['tri:sis] перфорация

trespass ['trespəs] *суд. мед.* проступок

triacylglycerol [traiˌæsil'glisərɒl] триацилглицерин

triad ['traiæd] **1.** триада || тройной **2.** трёхвалентный **3.** обыгрывание отношений отец – мать – ребёнок в групповой психотерапии

~ of anesthesia триада анестезии *(подавление эфферентного и афферентного звеньев рефлекторной дуги, центральных синаптических механизмов координации)*

acute compression ~ триада острого сдавления сердца, Бека триада *(повышение венозного давления, снижение артериального давления и глухость тонов сердца при тампонаде)*

Charcot's ~ Шарко триада *(1. при рассеянном склерозе: нистагм, скандирующая речь, интенционное дрожание 2. при остром холангите: лихорадка, озноб и желтуха)*

clinical ~ клиническая триада

Hutchinson's ~ Гетчинсона триада *(при врождённом сифилисе: интерстициальный диффузный кератит, глухота и зубы Гетчинсона)*

mutually reinforcing ~ взаимно потенцирующая триада *(депрессия, эректильная дисфункция, ИБС)*

portal ~ портальная триада *(ветвь воротной вены, печёночная артерия и междольковый жёлчный каналец)*

Saint's ~ Сейнта триада *(грыжа пищеводного отверстия диафрагмы, холелитиаз и дивертикулёз толстой кишки)*

unhappy ~ «несчастливая триада» *(разрыв большеберцовой коллатеральной и передней крестообразной связок и медиального мениска)*

Whipple's ~ Уиппла триада *(синдром гиперфункции поджелудочной железы, напр., при инсуломе)*

triage [tri:'a:ʤ] сортировка раненых или больных

trial ['traiəl] **1.** испытание; исследование; проверка; проба; опыт || испытательный; пробный; опытный **2.** переживание, испытание **3.** *суд. мед.* судебный процесс ◊ **by ~ and error** методом проб и ошибок

anti-angiogenesis ~s исследования антиангиогенезных средств

blind ~ слепое исследование

cardiac arrhythmia suppression ~ многоцентровое изучение подавления [устранения] аритмии

clinical ~ клиническое испытание; клиническая проверка

comparative ~ сравнительное испытание

controlled clinical ~ клиническое исследование по определённой программе, или в контролируемых условиях

coronary prevention ~ исследование мер профилактики ишемической болезни сердца

criminal ~ уголовное судопроизводство, судебный процесс по уголовному делу

cross-immunity ~ проба на перекрёстный иммунитет

cross-over ~ перекрёстное изучение

diabetes control and complication ~ исследование контроля за течением сахарного диабета и его осложнениями

dietary ~ пробная диета *(напр. гипоаллергенной пищей)*

dose-finding ~ испытание с целью оптимизации дозировки; титрование доз

double-blind crossover randomized ~ двойной слепой перекрёстный рандомизированный метод

explanatory ~ «исследовательское [прагматическое] испытание» *(дополнительное испытание лекарственного препарата на группе больных в менее строгих условиях – без слепого метода)*

field ~ испытание в условиях практической работы

food elimination ~ элиминационный тест в поиске пищевого аллергена

interventional ~s испытания интервенционных методов *(напр. лечения рака)*

ischemic burden ~ исследование больных с отягощённостью ишемией *(миокарда)*

jury ~ суд присяжных

medical research council ~ медицинское научно-консультативное исследование *(напр. гипертензии)*

multicenter placebo-controlled ~ мультицентровое плацебоконтролируемое изучение

pragmatic ~ *см.* **explanatory ~**

prospective randomized ~ поисковое проспективное испытание

provocation diet ~ провокационный диетический тест

sequential ~s исследование методом последовательных номеров

single blind ~ простой слепой метод, метод «ослепления» *(при клиническом исследовании)*

vaccine ~ испытание [апробация] вакцины

trialism ['traiəlizm] теория гемопоэза из трёх зачатков

triangle ['traiæŋgl] **1.** треугольник **2.** треугольное образование

~ of auscultation аускультационный треугольник

~ of election верхний сонный треугольник

~ of necessity нижний сонный треугольник

~ of safety безопасный треугольник *(у левого края рукоятки грудины)*

anterior ~ of neck передняя область шеи, передний треугольник шеи

Calot's ~ Кало треугольник *(образуемый пузырной артерией и общим жёлчным и пузырным протоками)*

`Codman's ~` *рентг.* Кодмана треугольник (*треугольная тень на поверхности кости, обусловленная выбухающей опухолью*)

digastric ~ под(нижне)челюстной треугольник

drama ~ *психол.* «драматический треугольник»

Einthoven's ~ Эйнтховена треугольник (*в теории электрокардиографии*)

facial ~ лицевой треугольник (*плоскость между антропометрическими точками – базионом, альвеолярным отростком и назионом*)

Farabeuf's ~ Фарабефа треугольник (*часть сонного треугольника, ограниченная внутренней ярёмной и впадающей в неё лицевой венами, а сверху – подъязычным нервом*)

femoral ~ бедренный [скарповский] треугольник

interscalene ~ межлестничный треугольник

Langenbeck's ~ треугольник, образованный линиями, опущенными от передней верхней ости подвздошной кости на большой вертел и хирургическую шейку бедра

Petit's ~ поясничный [Петитов] треугольник

posterior ~ of neck латеральная [боковая] область шеи, надключичная область, задний шейный треугольник

Scarpa's [Scarpus] ~ *см.* **femoral ~**

sternocostal ~ грудино-рёберный треугольник, Ларрея [щель] треугольник

tracheal ~ нижний сонный треугольник

Trautmann's ~ Траутманна треугольник (*область черепа, ограниченная сзади сигмовидным синусом, спереди – задним полукружным каналом, сверху – верхним краем каменистой части височной кости*)

urogenital ~ мочеполовая диафрагма

vesical ~ мочепузырный треугольник, Льето треугольник

triatrial [trai'eitriəl] *терат.* имеющий три предсердия (*о плоде*)

tribadism ['tribədizm], **tribady** ['tribədi] женский гомосексуализм, лесбиянство

tribe [traib] 1. триба, подсемейство (*напр. бактерий*) 2. племя; клан; популяция людей

tribulation [ˌtribjʊ'leiʃn] страдание; горе; несчастье

tribunal [trai'bju:nəl] суд, трибунал

mental health review ~ кассационный суд по пересмотру оценки состояния психического здоровья

tributary ['tribjʊtəri] 1. венозная ветвь 2. приток (*напр. крови*)

tricephalus [trai'sefələs] *терат.* плод, имеющий три головы

triceps ['traiseps] трёхглавая мышца ‖ трёхглавый (*о мышце*)

trichalgia [trik'ældʒiə] трихалгия, триходиния (*боль, возникающая при дотрагивании до волос*)

trichangiectasia [ˌtrikænʤiek'teiziə] *см.* **telangiectasia**

trichatrophia [ˌtrikə'trəʊfi:ə] трихатрофия (*атрофия волос*)

trichauxis [trik'ɔ:ksis] гипертрихоз (*избыточный рост волос*)

trichiasis [tri'kaiəsis] трихиаз (*загибание волос, особенно ресниц, внутрь*)

trichilemmoma [ˌtrikiləm'əʊmə] трихолеммома (*доброкачественная опухоль, происходящая из эпителия наружного корневого влагалища волосяного фолликула*)

trichina [tri'kainə], *pl.* **trichinae** [tri'kaini:] трихина (*личиночная форма трихинеллы*)

trichinellocidal [ˌtrikinələʊ'saidl] трихинеллоцидный (*препарат*)

trichinellosis [ˌtrikinə'ləʊsis], **trichiniasis** [ˌtriki'naiəsis] *параз.* трихинеллёз

trichinization [ˌtrikini'zeiʃn] заражение трихинеллами

trichinosis [ˌtriki'nəʊsis] *см.* **trichinellosis**

trichmous ['trikməs] заражённый трихинеллами

trichion ['trikiɒn] *кр. метр.* трихион (*точка на границе волосистой части лба по срединной линии*)

trichitis [tri'kaitis] воспаление луковицы волоса

trichobacteria [ˌtrikəʊbæk'tiəriə] жгутиковые бактерии

trichobasalioma [ˌtrikəʊbeisæli:'əʊmə] Понсе трихобазалиома, или опухоль

trichobezoar [ˌtrikəʊ'bi:zɔ:] трихобезоар, волосяной шар желудка

trichocardia [ˌtrikəʊ'ka:diə] ворсинчатое [волосатое] сердце

trichocephaliasis [ˌtrikəʊˌsefə'laiəsis], **trichocephalosis** [ˌtrikəʊˌsefə'ləʊsis] *параз.* трихоцефалёз, трихиуриаз, трихуроз

trichoclasmania [ˌtrikəʊklæz'meiniə] *см.* **trichocryptomania**

trichoclasia [ˌtrikəʊ'kleiziə], **trichoclasis** [tri'kɒkləsis] *см.* **trichorrhexis**

trichocryptomania [ˌtrikəʊˌkriptəʊ'meiniə] трихотилломания, трихокриптомания (*компульсивное выдёргивание волос*)

trichocryptosis [ˌtrikəʊkrip'təʊsis] заболевание фолликулов волос

trichodiscoma [ˌtrikəʊdis'kəʊmə] триходискома (*опухоль волосяного диска*)

trichodophlebitis [ˌtrikəʊdəʊfli:'baitis] воспаление венул

trichoepithelioma [ˌtrikəʊˌepiθi:li:'əʊmə] трихоэпителиома, множественная доброкачественная кистозная эпителиома

trichoesthesia [ˌtrikəʊəs'θi:ziə] трихэстезия (*чрезмерная чувствительность кожных волосков*)

trichoesthesiometry [ˌtrikəʊəsˌθi:zi'ɒmətri] трихэстезиометрия (*исследование чувствительности кожных волосков*)

trichofolliculoma [ˌtrikəʊfəˌliku:'ləʊmə] трихофолликулома (*доброкачественная опухоль волосяных фолликулов*)

trichogen ['trikəʊʤen] средство, способствующее росту волос

trichoglossia [ˌtrikəʊ'glɒsi:ə] чёрный [«волосатый»] язык

trichohyaline [ˌtrikəʊ'haəli:n] трихогиалин (*белок, содержащийся в волосах*)

trichoid ['trikɒid] волосовидный

tricholith ['trikəʊliθ] плотный узелок на волосе (*при трихоспории*)

trichologia [trikəʊ'ləʊʤiə] *см.* **trichocryptomania**

trichology [tri'kɒləʤi] трихология (*раздел дерматологии, изучающий волосы и их болезни*)

trichoma [tri'kəʊmə] 1. колтун, трихома 2. трихиаз (*рост ресниц, при котором их концы раздражают глазное яблоко*)

trichomegaly [ˌtrikəʊ'megəli] трихомегалия *(аномально длинные ресницы)*

trichomoniasis [ˌtrikəʊməʊ'naiəsis] *инф. бол.* трихомоноз, трихомониаз

  vaginal ~ трихомонозный вагинит

trichomycosis [ˌtrikəʊmai'kəʊsis] трихомикоз

  ~ **axillaries,** ~ **nodosa** узелковый трихомикоз, Беджеля болезнь, трихоспория

    ~ **of the beard** трихомикоз бороды и усов

    ~ **of the scalp** трихомикоз волосистой части головы

    perigenital ~ перигенитальный трихомикоз

trichonocardiosis [ˌtrikəʊnəʊˌka:di'əʊsis] трихомикоз, трихонокардиоз

trichonodosis [ˌtrikəʊnəʊ'dəʊsis] трихонодоз *(самопроизвольное скручивание волос в узелки)*

trichopathic [ˌtrikəʊ'pæθik] относящийся к болезни волос

trichopathophobia [ˌtrikəʊˌpæθəʊ'fəʊbiə] трихо(пато)фобия *(патологическая боязнь попадания волос в пищу на одежду или на поверхность тела)*

trichopathy [tri'kɒpəθi] трихопатия *(болезнь волос)*

trichophagy [tri'kɒfədʒi] трихофагия *(патологическое влечение к поеданию волос)*

trichophobia [ˌtrikəʊ'fəʊbiə] *см.* **trichopatholobia**

trichophytid [tri'kɒfitid] трихофитид *(аллергические проявления на грибковые аллергены)*

trichophytosis [ˌtrikəʊfai'təʊsis] трихофития, трихофитоз, стригущий лишай

trichoptilosis [ˌtrikəʊti'ləʊsis] трихоптилоз, трихошизис *(кисточкообразное расщепление кончиков волос)*

trichorrhea [ˌtrikəʊ'ri:ə] трихорея *(патологическое выпадение волос)*

trichorrhexis [ˌtrikəʊ'reksis] трихоклазия, трихорексис, хрупкость [ломкость] волос

  ~ **nodosa** узловатая трихоклазия

trichoschisis [tri'kɒskisis] *см.* **trichoptilosis**

trichoscopy [tri'kɒskəpi] исследование волос

trichosis [tri'kəʊsis] трихоз *(болезнь волос)*

  ~ **antrax** алопеция

  ~ **decolor** обесцвечивание [поседение] волос

trichosporosis [ˌtrikəʊspə'rəʊsis] трихоспория, пьедра, узловатый трихомикоз

trichostasis [tri'kɒstəsis]:

  ~ **spinalosa** пучкообразные волосы

trichostrongylosis [ˌtrikəʊˌstrɒndʒə'ləʊsis] *гельм.* трихостронгилидоз

trichosyphilis [ˌtrikəʊ'sifilis], **trichosyphilosis** [ˌtrikəʊsifi'ləʊsis] нарушение роста волос при сифилисе

trichotillomania [ˌtrikəʊˌtiləʊ'meiniə] *см.* **trichocryptomania**

trichotomous [trai'kɒtəməs] разделённый на три части

trichotrophy [tri'kɒtrəʊfi] питание волос

trichromat ['traikrəʊmæt] трихромат *(человек с нормальным цветовым зрением)*

trichrom(at)ic [ˌtraikrəʊ'mætik] имеющий нормальное цветовое зрение

trichromatopsia [ˌtraikrəʊmə'tɒpsiə] нормальное цветовое зрение

trichterbrust ['triʃterbru:st] воронкообразная грудная клетка, «грудь сапожника»

trichuriasis [ˌtrikju:'raiəsis] трихоцефалёз, трихиуриаз, трихуроз *(гельминтоз, вызываемый власоглавом)*

Trichuris [trik'ju:ris] власоглав

tricipital [trai'sipitəl] трёхглавый *(о мышце)*

trick [trik] хитрость, обман

  confidence ~ злоупотребление доверием

trickle [trikl] струйка ‖ течь тонкой струёй, сочиться, капать

  ~ **of blood** струйка крови

tricorn ['traikɔ:n] боковой желудочек головного мозга

tricrotic [trai'krɒtik] трёхвершинный *(напр. о сфигмографической волне)*

tricuspid [trai'kʌspid] 1. трёхстворчатый, трикуспидальный *(клапан)* 2. трёхбугорковый *(зуб)*

tridactyly [trai'dæktəli] трёхпалость *(порок развития)*

tridermogenesis [ˌtraidə:məʊ'dʒenəsis] образование трёх зародышевых листков *(эктодермы, энтодермы, мезодермы)*

tridermoma [ˌtraidə:'məʊmə] тератома, развившаяся из трёх зародышевых листков

tridigitate [trai'didʒiteit] трёхпалый

tridymus ['tridiməs] близнец из тройни

trielcon [trai'elkɒn] щипцы с тремя браншами, трёхгубые щипцы *(для извлечения инородных тел)*

triencephalus [traiən'sefələs] *терат.* плод с головой без рта, носа и глаз

trifacial [trai'feiʃəl] тройничный *(о нерве)*

trifid ['traifid] расщеплённый на три части

trifurcation [traifə:'keiʃn] трифуркация *(разделение сосуда на три ветви)*

trigeminal [trai'dʒeminl] тройничный *(нерв)*; тригеминальный *(о невралгии)*; относящийся к тройничному нерву

trigeminy [trai'dʒemini] *кард.* тригеминия

trigenic [trai'dʒenik] тригенный, контролируемый тремя генами

trigger ['trigə] 1. импульс, побуждение; раздражение ‖ вызывать реакцию, приводить в движение 2. провоцирующий [раздражающий] фактор, триггер, «спусковой крючок» *(аллергены, вирусы, пыль, охлаждение, приводящие к активации тучных клеток, лимфоцитов и макрофагов)*

  easy on ~ вспыльчивый, легко возбудимый

  quick on ~ импульсивный, быстро реагирующий

  transfusion ~ трансфузионный триггер *(уровни гемоглобина и гематокрита, являющиеся показаниями к гемотрансфузии)*

triggered ['trigərd] синхронизированный, управляемый *(об электрокардиостимуляции)*; запускаемый

trigger-happy ['trigə'hæpi] 1. склонный к неуравновешенному реагированию 2. воинственный, агрессивный

triggering ['trigəriŋ] 1. (антигенная) стимуляция *(напр. примированной клетки)* 2. запуск *(напр. процесса)*; индукция ‖ индуцирующий, провоцирующий

  ~ **of interferon** сенсибилизация интерфероном

  ~ **of mast cells** вовлечение [стимуляция, провокация] тучных клеток

  ~ **of psychosis** запуск психоза

triglyceride [trai'glisəraid]:

high ~s высокое содержание триглицеридов *(в крови)*

medium chain ~s среднецепочечные триглицериды

trigonal ['traigəʊnəl] 1. треугольный 2. относящийся к мочепузырному треугольнику

trigone ['traigəʊn] 1. *см.* **triangle** 2. *стом.* тригон

carotid ~ сонный треугольник

lumbocostal ~ пояснично-рёберный треугольник

vesical ~ мочепузырный треугольник, Льето треугольник

trigonectomy [,traigəʊn'ektəmi] иссечение мочепузырного треугольника

trigonid [trai'gɒnid] первые три бугорка нижнего моляра

trigonitis [,traigəʊ'naitis] тригонит *(воспаление мочевого пузыря с локализацией процесса в области мочепузырного треугольника)*

trigonocephaly [,trigəʊnəʊ'sefəli] тригоноцефалия *(треугольная форма черепа)*

trigonum [trai'gəʊnəm], *pl.* **trigona** [trai'gəʊnə] *лат.* любая структура треугольной формы *(ямка, пространство, мышца)*

~ cerebrale свод головного мозга

~ femorale бедренный треугольник

~ lumbale поясничный [петитов] треугольник

triiodothyronine [,traiaiəʊdəʊ'θairəʊniːn] трийодтиронин *(гормон щитовидной железы)*

trilabe ['traileib] *см.* **trielcon**

trilateral [trai'lætərəl] трёхсторонний

trilling ['triliŋ] *см.* **tridymus**

trillion ['triljən] миллиард, 10⁹; *амер.* триллион, 10¹²; *нем.* квинтильон, 10¹⁸

trilobate [trai'əʊbeit], **trilobed** [trai'ləʊbd] трёхдольчатый

trilocular [trai'lɒkjuːlə] трёхполостной, трёхкамерный

trilogy ['triləʤi] триада *(сочетание трёх признаков)*

~ of Fallot Фалло триада *(дефект межпредсердной перегородки, стеноз лёгочного ствола, гипертрофия правого желудочка); см. тж.* **Fallot's tetrad**

trim [trim] 1. порядок; готовность || приводить в порядок 2. стрижка || стричь *(ногти, волосы)*

trimester [trai'mestə] триместр, трёхмесячный период *(обычно о беременности)*

first ~ первый триместр, первая треть *(беременности)*

second ~ второй триместр

third ~ третий триместр

trimetaphosphatase [,traimetə'fɒsfəteis] триметафосфатаза

trimethylaminuria [trai,meθilæmin'juːriːə] триметиламинурия *(выделение триметиламина с мочой и потом с неприятным запахом)*

trimmer ['trimə]:

margin ~ инструмент для удаления эмалевого края кариозной полости *(зуба)*

model ~ *стом.* аппарат для обрезания гипсовых моделей

trimming ['trimiŋ] приведение в порядок

~ of cast 1. моделирование гипсовой повязки *(при переломе)* 2. подгонка гипсовой модели зубов

trinucleotide [trai'nuːkliːəʊtaid] тринуклеотид *(три смежных нуклеотида нуклеиновой кислоты – кодируют одну аминокислоту)*

triocephalus [,traiəʊ'sefələs] *см.* **triencephalus**

triose ['traiəʊs] триоза *(углевод, имеющий три атома углерода, напр. глицеральдегид)*

trip [trip] 1. путешествие, рейс 2. ошибка 3. спотыкание, падение 4. *sl.* марка *(с наркотиком, обычно ЛСД)* || галлюцинировать *(под воздействием наркотика)*

acid ~ «кислотное» галлюцинирование *(под воздействием ЛСД)*

"bad ~" непредвиденное, извращённое действие галлюциногена *(страх смерти, сумасшествия, искажение схемы тела, параличи и т. п.)*

tripara ['tripərə] трижды рожавшая женщина

triphalangeal [,traifə'lænʤiːəl] трёхфаланговый *(напр. палец)*

tripharmacon [trai'faːməkɒn], **tripharmacum** [trai'faːməkəm] лекарственный препарат, состоящий из трёх компонентов, «тройчатка»

triphosphate [trai'fɒsfeit]:

adenosine ~ аденозинтрифосфат, АТФ *(участвующий в энергетическом цикле клеток в качестве донора фосфатной группы)*

guanosine ~ гуанозинтрифосфат, ГТФ

inositol ~ трифосфат инозитола *(способствует поступлению кальция в клетку)*

triphosphohydrolase [,trai,fɒsfəʊ'haidrəʊleis] трифосфогидролаза

triple ['tripl] 1. триада *(симптомов)* 2. трёхвалентная вакцина

triple-bypass ['tripl'baipæs] тройное шунтирование

triple-drug ['tripl'drʌg] трёхкомпонентный *(напр. о химиотерапии)*

triplegia [trai'pliːʤiːə] триплегия *(паралич трёх конечностей)*

triplet ['triplət] 1. триплет, кодон *(единица генетического кода из трёх нуклеотидов в молекуле ДНК или РНК; всего возможно 64 сочетания нуклеотидов в триплетах – 61 из них кодирует 20 аминокислот, 3 – являются нонсенс-кодонами)* 2. один из близнецов тройни; *pl.* тройня

base ~ триплет оснований *(последовательность трёх оснований нуклеиновых кислот, кодирующая одну из аминокислот или инициирующая и терминирующая биосинтез белка)*

coding ~ кодирующий триплет

nonsense ~ нонсенс [терминирующий] кодон *(в котором замена основания приводит к терминации растущей полипептидной цепи и появлению неактивных белковых молекул)*

orthogonal ~ трёхмерная эхография

triplication [,tripli'keiʃn] утроение *(органа)*

~ of ostium тройное устье *(напр. маточной трубы)*

tripling ['tripliŋ] тригеминия *(чередование двух нормальных систол и одной экстрасистолы)*

triploblastic [,tripləʊ'blæstik] имеющий три зародышевых листка *(об эмбрионе)*

triploid ['triplɔid] триплоид *(клетка с тремя наборами хромосом)* || триплоидный

triplokoria [,tripləʊ'kɔːriːə] наличие трёх зрачков в одном глазу

triplopia [trip'ləʊpiːə] триплопия *(утроенное изображение предмета в поле зрения)*

triploscope ['triplǝuˌskǝup] триплоскоп *(операционный микроскоп с тремя бинокулярными системами – для двух хирургов и операционной сестры)*

tripod ['traipɒd]:

~ **of life** триада жизненно важных органов *(головной мозг, сердце, лёгкие)*

Haller's ~ *анат.* чревный ствол

vital ~ *см.* ~ **of life**

tripper ['tripǝ] экскурсант, турист

triprosopus [ˌtraiprǝu'sǝupǝs] *терат.* плод, имеющий три лица

tripsis ['tripsis] 1. утроение *(органа)* 2. массаж

tripus ['traipǝs] сросшиеся близнецы с тремя стопами

triquetrum [trai'kwetrǝm] 1. трёхгранная кость *(запястья)* 2. вставочная кость *(черепа)*, вормиева кость

tris [tris] трис, тригидроксиметиламинометан *(широко используемый буфер в биохимии)*

trismus ['trizmǝs] тризм *(тоническое сокращение жевательных мышц)*

partial ~ парциальные судороги жевательных мышц

trisomy ['traisǝumi] трисомия *(наличие дополнительной [третьей] хромосомы, обусловленное нерасхождением хромосом в анафазе, – причина болезни Дауна)*

~ **21** трисомия 21, Дауна болезнь, монголизм

trisplanchnic [trai'splæŋknik] относящийся к трём полостям организма – грудной, брюшной и черепа

tristemania [tristi'meini:ǝ] меланхолия

tristichia [trai'stiki:ǝ] тристихия *(три ряда ресниц)*

trisulcate [trai'sʌlkeit] трёхбороздчатый

tritanomaly [ˌtraitǝ'nɒmǝli] тританомалия *(частичная цветовая слепота)*

tritanopia [ˌtraitǝ'nǝupi:ǝ] тританопия *(форма дихромазии, при которой отсутствует восприятие преимущественно фиолетового цвета)*

tritiated ['tritieitid] меченный тритием

triticeum [trai'tisi:ǝm] зерновидный хрящ *(гортани)*

tritium ['triti:ǝm] тритий *(изотоп водорода, эмиттирующий бета-частицы)*

tritocone ['tritǝukǝun] дистально-щёчный бугорок верхнего премоляра

tritoconid ['tritǝukǝunid] дистально-щёчный бугорок нижнего премоляра

triturate ['tritʃǝreit] 1. приготавливать смесь сильнодействующих или ядовитых лекарственных веществ с индифферентным веществом 2. растирать [измельчать] в порошок

trituration [ˌtritʃǝ'reiʃn] 1. тритурация *(смесь сильнодействующих или ядовитых лекарственных веществ с индифферентным веществом)* 2. растирание [измельчение] в порошок

triturator [tritʃǝ'reitǝ] аппарат для растирания в порошок

trivalent [trai'veilǝnt] трёхвалентный, трёхкомпонентный *(напр. о вакцине)*

trivalve ['traivelv] трёхстворчатый, трёхлепестковый

trivial ['trivi:ǝl] обычный, лёгкий *(напр. о ранении)*; тривиальный *(об исторически сложившемся названии лекарства)*

trizonal [trai'zǝunǝl] трёхзонный, трёхслойный

trocar ['trǝuka:] *мед. тех.* троакар

cutting-out ~ троакар-выкусыватель

trochanter [trǝu'kæntǝ] вертел

greater [major] ~ большой вертел *(бедренной кости)*

lesser [minor, small] ~ малый вертел *(бедренной кости)*

third ~ третий вертел *(бедренной кости)*

trochanterian [ˌtrǝukǝn'teriǝn], **trochanteric** [ˌtrǝukǝn'terik] вертлужный, относящийся к вертелу *(бедренной кости)*

trochanterplasty [trǝu'kæntǝˌplæsti] восстановительная операция на шейке и вертелах бедра

trochantin [trǝu'kæntin] малый вертел *(бедренной кости)*

troche ['trǝuki] *фарм.* пастилка, лепёшка, *редко* таблетка

trochinter [trǝu'kintǝ] 1. большой вертел *(бедренной кости)* 2. большой бугорок *(плечевой кости)*

trochiscus [trǝu'kiskǝs] *см.* **troche**

trochlea ['trɒkli:ǝ], *pl.* **trochleae** ['trɒkli:i:] 1. *анат.* блок 2. головка суставного конца кости

~ **of humerus** блок плечевой кости

~ **of talus** блок таранной кости

~ **phalangis** головка фаланги пальца

trochlear ['trɒkliǝr] блоковый

trochleariform [ˌtrɒkli:'ærifɔ:m] блоковидный

trochocardia [ˌtrǝukǝu'ka:diǝ] вращение сердца вокруг (продольной) оси

trochocephaly [ˌtrǝukǝu'sefǝli] трохоцефалия *(округлая форма головы)*

trochorizocardia [ˌtrǝukǝuˌraizǝu'ka:diǝ] вращение сердца вокруг (продольной) оси в сочетании с горизонтальным положением

trolley ['trɒli]:

~ **for bed pans** тележка для подкладных суден

~ **for dressing material** тележка для перевязочного материала

~ **for newborns** тележка для перевозки новорождённых

distribution ~ раздаточная тележка

emergency ~ 1. автомобиль скорой медицинской помощи 2. тележка с реанимационным оборудованием

plaster ~ столик на колёсиках для приготовления гипсовых бинтов

resuscitation ~ тележка с оборудованием для реанимации

surgical emergency ~ автобус-операционная

vari-height ~ каталка с регулируемой высотой

trombiculiasis [trɒmˌbikju:'laiǝsis], **tromboculosis** [trɒmbǝukju:'lǝusis] заражение клещом-краснотёлкой

trombidiasis [trɒmˌbidi'aiǝsis], **trombidiosis** [trɒmˌbidi-'ǝusis] тромбодиаз *(дерматозооноз, вызываемый клещом-краснотёлкой)*

tromomania [ˌtrɒmǝu'meiniǝ] алкогольный делирий, белая горячка, тромомания

tromophobia [ˌtrɒmǝu'fǝubiǝ] тромофобия, тремофобия *(патологическая боязнь появления дрожания при посторонних лицах)*

tromophonia [ˌtrɒmǝu'fǝuniǝ] дрожащий голос

troop [tru:p]:

ambulance ~ санитарно-транспортный взвод

tropeinism [trǝu'pi:inizm] отравление веществами, содержащими атропин

trophectoderm [trɒf'ektǝudǝ:m] *см.* **trophoblast**

trophedema [ˌtrɒfəˈdiːmə] трофедема *(хронический местный отёк, чаще на лице)*

trophesial [trɒˈfiːsiəl], **trophesic** [trɒˈfiːsik] относящийся к трофоневрозу

trophesy [ˈtrɒfəsi] *см.* **trophoneurosis**

trophic [ˈtrɒfik] 1. трофический 2. алиментарный

trophicity [trəʊˈfisiti]:

~ **of the muscle-skeletal system** трофика костно-мышечной системы

neural ~ нейротрофика

tissue ~ трофика тканей

trophism [ˈtrɒfizm] трофическое влияние, трофика; питание

trophoblast [ˈtrɒfəʊblæst] *эмбр.* трофобласт

trophocyte [ˈtrɒfəʊsait] клетка, выполняющая трофическую функцию *(напр. клетка Сертоли)*

trophoneurosis [ˌtrɒfəʊnʊˈrəʊsis] трофоневроз *(нарушение трофики вследствие расстройства иннервации)*

dessiminated ~ склеродермия

trophonosis [ˌtrɒfəʊˈnəʊsis], **trophopathy** [trɒˈfɒpəθi] алиментарное заболевание *(напр. авитаминоз)*

trophotaxis [ˌtrəʊfəʊˈtæksis], **trophotropism** [ˌtəʊfəʊˈtrəʊpizm] *биол.* трофотаксис, пищевой таксис

trophozoite [ˌtrɒfəʊˈzəʊait] трофозоит *(стадия развития малярийного паразита в эритроцитах)*

tropism [ˈtrəʊpizm] тропизм *(реакция на раздражитель, проявляющаяся направлением движения или роста)*

tropocollagen [ˌtrəʊprəʊˈkɒlədʒen] тропоколлаген *(структурная единица коллагена)*

trot [trɒt] бег трусцой, джоггинг ‖ бежать трусцой

trouble [ˈtrʌbl] 1. тревога, беспокойство, страх; проблема, хлопоты; беспорядки ‖ беспокоить, мучить, причинять страдания 2. повреждение; авария; перебой; нарушение ‖ нарушать, выводить из строя

~ **on the road** дорожно-транспортное происшествие, ДТП

chest ~ 1. хроническое заболевание лёгких 2. туберкулёз лёгких

foot ~ расстройство [нарушение] походки

trouble-free [ˈtrʌbl-friː], **troubleproof** [ˈtrʌbl-pruːf] безаварийный, бесперебойный

troublesome [ˈtrʌblsəm] беспокойный, хлопотливый, назойливый

trough [trɒf] впадина, углубление

gingival ~ углубление, образовавшееся в результате деструкции межзубных тканей десны

synaptic ~ синаптическая щель

trousers [ˈtraʊzəz]:

pneumatic ~ пневматические брюки *(антишоковый костюм)*

truancy [ˈtruːənsi] прогул; манкирование *(службой, школой)*

truant [ˈtruːənt]:

medical ~ врач-труэнт *(сменивший медицину на новое занятие, напр. писательство)*

truck [trʌk]:

surgical ~ *см.* **surgical emergency trolley**

truculence [ˈtrækjʊləns] свирепость, агрессивность

truncal [ˈtrʌŋkl] 1. туловищный 2. относящийся к стволу *(нерва, сосуда)*

truncate [ˈtrʌŋkeit]:

to ~ **the febrile convulsion** снять фебрильные судороги у новорождённого

truncation [trʌŋˈkeiʃn] 1. срезание; усечение 2. *ген.* процессирование, процессинг *(макромолекул)*

truncular [ˈtrʌŋkjʊlə] стволовой, относящийся к стволу *(напр. блуждающего нерва)*

truncus [ˈtrʌŋkəs], *pl.* **trunci** [ˈtrʌŋkiː] *лат. см.* **trunk**

~ **arteriosus** общий артериальный ствол *(сохранение первичного эмбрионального артериального ствола, в результате которого из сердца выходит сосуд, располагающийся над дефектом в межжелудочковой перегородке)*

~ **brachiocephalicus** плечеголовной ствол

~ **of brachial plexus** ствол плечевого сплетения

~ **pulmonalis** лёгочный ствол, лёгочная артерия

persistent ~ **arteriosus** открытый [функционирующий] артериальный проток

trunk [trʌŋk] *анат.* 1. туловище, торс 2. ствол *(нерва, сосуда)*

atrioventricular ~ ствол предсердно-желудочкового пучка

brachiocephalic ~ плечеголовной ствол *(артериальный)*

bronchomediastinal ~ бронхосредостенный ствол *(лимфатический)*

celiac ~ чревный ствол *(артериальный)*

costocervical ~ рёберно-шейный ствол *(артериальный)*

intestinal ~ кишечный ствол *(лимфатический)*

jugular ~ ярёмный ствол *(лимфатический)*

lower ~ нижняя половина туловища

lumbar ~ поясничный ствол *(лимфатический)*

nerve ~ нервный ствол

paralysed ~ парализованное тело

posterior ~ задняя поверхность туловища

pulmonary ~ *см.* **truncus pulmonalis**

sympathetic ~ симпатический ствол

thyrocervical ~ щитошейный ствол *(артериальный)*

vagal ~ ствол блуждающего нерва

trusion [ˈtruːʒn] аномальное положение зубов

bimaxillary ~ неправильное положение зубов верхней и нижней челюстей

coronal ~ неправильное положение зубной коронки

mandibular ~ неправильное положение зубов нижней челюсти

maxillary ~ неправильное положение зубов верхней челюсти

truss [trʌs] 1. грыжевой бандаж 2. поддерживающее [фиксирующее] устройство

bag ~ суспензорий

nasal ~ шина при переломе носа

trust [trʌst] 1. доверие, вера ‖ доверять 2. ответственность, долг, обязательство 3. надежда 4. опека 5. кредит

brain ~ мозговой центр *(совещательный орган)*

National AIDS ~ Национальный центр по борьбе со СПИДом *(США)*

trustee [ˌtrʌsˈtiː] доверенное лицо, опекун, попечитель

truth [truːθ] 1. правда; истина 2. точность, соответствие; соосность *(напр. игл для ангиографии)*

try [trai] **1.** пробовать, испытывать **2.** пытаться, стараться **3.** судить, привлекать к судебной ответственности

try-in [trai-in] припасовка, примерка, подгонка *(зубного протеза)*

   esthetic ~ эстетическая оценка зубов *(при проверке конструкции протеза)*

trying [traiiŋ] изнурительный, утомительный; раздражающий

trypanocidal [trai‚pænəʊ'saidl] уничтожающий трипаносом, трипаноцидный *(о средстве)*

trypanocide [trai'pænəʊsaid] трипаноцид *(вещество, убивающее трипаносом)*

Trypanosoma [trai‚pænəʊ'səʊmə], *pl.* **Tripanosomae** [trai‚pænəʊ'səʊmi:] трипаносомы *(род простейших класса жгутиковых)*

trypanosomiasis [trai‚pænəʊsəʊ'maiəsis] *параз.* трипаносомоз

   African human [Gambian] ~ африканский трипаносомоз, сонная болезнь

   South American ~ американский трипаносомоз, Шагаса болезнь

trypanosomicide [trai‚pænəʊ'səʊmisaid] средство, уничтожающее трипаносом

trypanotolerance [trai‚pænəʊ'tɒlərəns] устойчивость [толерантность] к трипаносомам

trypesis [trai'pi:sis] *см.* **trephination**

trypomastigote [‚traipəʊ'mæstigəʊt] трипомастигота *(стадия в жизненном цикле трипаносом)*

trypsin ['tripsin] трипсин *(пищеварительный фермент)*

tryptamine ['triptəmi:n] триптамин, индолэтиламин

tryptic ['triptik] триптический *(относящийся к трипсину)*

trypticase ['triptikeis] трипсинизированный *(напр. агар)*

tryptophan ['triptəʊfæn] триптофан *(незаменимая аминокислота)*

tsetse ['tsetsi:] цеце *(африканская кровососущая муха)*

Tsubo-therapy ['tsu:bɒ'θerəpi] цубо-терапия *(метод рефлексотерапии)*

tuba ['tju:bə], *pl.* **tubae** ['tju:bi:] *лат., см.* **tube**

tubage ['tu:bæʒ] **1.** введение трубки *(напр. катетера)*, интубация **2.** тюбаж *(промывание желчевыводящих путей)*

tubal [tu:bl] трубный *(напр. о беременности)*; относящийся к маточной трубе

tubby ['tʌbi] **1.** коренастый, короткий **2.** пухлый, упитанный *(о ребёнке)*

tube [tju:b] **1.** труба; трубка; канюля **2.** трубчатый орган **3.** пробирка; тюбик ‖ разливать по пробиркам **4.** электронно-лучевая трубка; электронная лампа

   ~ of fluid пробирка с жидкостью

   Aberdine ~ Абердина трахеостомическая трубка

   agar ~ пробирка с агаровой средой

   agglutination ~ пробирка для агглютинации

   air ~ **1.** *анат.* трахея или бронх **2.** *мед. тех.* воздушный шланг

   alimentary ~ пищеварительный [желудочно-кишечный] тракт, или канал; пищеварительная трубка

   anaerobic ~ анаэробная пробирка

   antibody-coated ~ покрытая [сенсибилизированная] антителами пробирка

   aspirant ~ аспирационная трубка

   auditory ~ слуховая [евстахиева] труба

   binocular oblique ~ бинокулярный наклонный тубус

   blood specimen ~ пробирка для взятия крови

   blood sugar ~ пипетка для определения содержания глюкозы в крови

   boiling ~ термостойкая пробирка

   bougienage ~ полый буж

   bouillon ~ пробирка с бульоном

   breathing ~ загубник

   Brompton endobronchial ~ Бромптона эндобронхиальная трубка *(для однолёгочного наркоза через левый бронх)*

   bronchial ~s бронхиолы

   broth ~ *см.* **bouillon** ~

   Bryce – Smith ~ Брайс – Смита двухпросветная интубационная трубка *(для раздельной интубации бронхов)*

   buccal ~ ортодонтическая щёчная направляющая трубка

   capillary ~ *мед. тех.* капиллярная трубка, капилляр

   cardiac ~ *эмбр.* сердечная трубка

   Carlens ~ Карленса двухпросветная интубационная трубка *(для раздельной интубации бронхов)*

   cathode-ray ~ электронно-лучевая трубка

   centrifuge ~ центрифужная пробирка

   cerebromedullary ~ *эмбр.* нервная [медуллярная, мозговая] трубка

   chest ~ **1.** плевральная дренажная трубка **2.** *pl.* дренирование плевральной полости

   collecting ~ **1.** пробирка для сбора образцов **2.** *pl.* прямые почечные канальцы

   colonic ~ газоотводная трубка

   conjugation ~ **1.** *биол.* соединительный [конъюгационный] мостик **2.** конъюгационная трубка *(у бактерий)*

   connection [connecting] ~ соединительный шланг, или трубка; коннектор

   core ~ трубка-пробоотборник

   corrugated ~ гофрированный шланг *(наркозного аппарата)*

   counting ~ *радиол.* сцинтилляционный флакон; торцевой счётчик *(радиоактивности)*

   cuffed ~ интубационная трубка с надувной манжетой

   culture ~ культуральный сосуд, культуральная пробирка *(напр. для выращивания микроорганизмов)*

   dental ~ рукав для бормашины

   digestive ~ *см.* **alimentary** ~

   disposable ~ пробирка одноразового использования

   double-lumen ~ двухпросветная интубационная трубка *(для раздельной интубации бронхов)*

   drainage ~ дренажная трубка

   draught ~ аспирационная трубка

   dressed ~ резиновая трубка, обёрнутая марлей для дренирования полости

   dropping ~ пипетка

   dual-lumen ~ *см.* **double-lumen** ~

   duodenal ~ дуоденальный зонд

   Durham's ~ *см.* **tracheotomy** ~

   endotracheal ~ интубационная [эндотрахеальная] трубка

   end-window counter ~ *см.* **counting** ~

eustachian ~ *см.* **auditory** ~

fallopian ~ маточная [фаллопиева] труба, яйцевод

feeding ~ питательная трубка *(для зондового питания)*

fermentation ~ *микр.* бродильная трубка

flatus ~ газоотводная трубка

gavage ~ желудочный зонд

Gebauer ~ Гебауэра двухпросветная интубационная трубка *(для интубации левого бронха)*

germ ~ *микол.* зародышевая почка

glass vaginal ~ стеклянный влагалищный наконечник

graduated ~ градуированная мензурка

high-vacuum ~ электровакуумный прибор

image converter ~ электронно-оптический преобразователь, ЭОП

inflatable and collapsible ~ раздуваемая и спадающаяся трубка *(напр. для селективной холангиографии)*

inhaling ~ шланг наркозного аппарата

intestinal ~ трубка [катетер] для интубации кишечника

intratracheal ~ *см.* **endotracheal** ~

Kibrick's ~ Кибрика пробирка *(для реакции агглютинации сперматозоидов в желатине)*

Levin ~ назогастральный зонд

lymph ~s лимфатические сосуды

Mackray endobronchial ~ Макрэя эндобронхиальная трубка *(для однолёгочного наркоза через правый бронх)*

matched color-comparison ~s колориметрические пробирки для визуальной колориметрии

medullary ~ *см.* **cerebromedullary** ~

microhematocrit ~ гематокритная микропробирка

microsuction ~ микронаконечник для отсасывателя

Murphy endotracheal ~ Мэрфи эндотрахеальная трубка *(для трахеостомы)*

nasal feeding [nasogastric] ~ назогастральный зонд

neural ~ *см.* **cerebromedullary** ~

otopharyngeal ~ слуховая [евстахиева] труба

ovarian ~s яйцевые трубки, яйценосные тяжи, Пфлюгера мешки

pharyngotympanic ~ *см.* **auditory** ~

photomultiplier ~ фотоэлектронный умножитель

pus ~ пиосальпинкс *(скопление гноя в маточной трубе)*

radium ~ радиевый зонд

rectal ~ 1. ректороманоскоп 2. наконечник для клизмы

Replogle ~ *фирм.* двухпросветный зонд с множественными отверстиями на конце

rotation-anode (X-ray) ~ рентгеновская трубка с вращающимся анодом

Ryle's ~ Райла трубка *(для аспирации жидкости из желудка или кормления)*

sampling ~ пробоотборная трубка

screw-cap ~ пробирка с завинчивающейся пробкой или крышкой

sedimentation ~ центрифужная пробирка

short-distance (X-ray) ~ рентгеновская трубка для близкофокусной терапии

sloped ~ пробирка со скошенной питательной средой

small-bore ~ трубка с узким просветом

smooth-tipped endotracheal ~ интубационная трубка со сглаженным концом

soft ray ~ генератор мягкого рентгеновского излучения

Southey's ~s Саутея трубочки *(для дренирования)*

spray ~ распылитель, пульверизатор, спрей

stomach ~ желудочный зонд

straight observation ~ прямой тубус, оптическая система для прямого наблюдения

suction ~ аспирационная трубка

superficial therapy (X-ray) ~ *см.* **short-distance (X-ray)** ~

supra-pubic drainage ~ надлобковая дренажная трубка

surface therapy (X-ray) ~ рентгеновская трубка для поверхностного облучения

T ~ Т-образная трубка

test ~ 1. пробирка 2. культура бактерий в пробирке

therapy X-ray ~ рентгеновская трубка для лучевой терапии

thermionic ~ лампа с термокатодом

toss-away ~ *см.* **disposable** ~

tracheotomy ~ трахеотомическая трубка, трахеотомическая канюля

transfusion ~ трубка для переливания *(крови)*

upper digestive ~ верхний отдел пищеварительного тракта

uterine ~ маточная [фаллопиева] труба, яйцевод

vacutainer ~ пробирка с вакуумом *(для взятия крови)*

vacuum-sealed ~ запаянная пробирка; герметичный сосуд

Vellacott endobronchial ~ Веллакотта эндобронхиальная трубка *(для однолёгочного наркоза через правый бронх)*

Wangensteen ~ Вангенстина зонд *(для желудочно-кишечной аспирации)*

White ~ Уайта двухпросветная трубка *(для интубации правого бронха)*

X-ray ~ рентгеновская трубка

tubectomy [tuːˈbektəʊmi] сальпингэктомия *(удаление маточной трубы)*

tubelike [ˈtuːblaik] трубкообразный

tuber [ˈtuːbə], *pl.* **tubera** [ˈtuːberə] *анат.* бугор

~ **cinereum** бугор серого вещества

~ **of the ischium** седалищный бугор

~ **of the vermis** бугор червя *(задней доли мозжечка)*

ashen ~ серый бугор *(гипоталамуса)*

calcaneal ~ бугор пяточной кости

frontal ~ лобный бугор

gray ~ серый бугор *(гипоталамуса)*

maxillary ~ бугор верхней челюсти

omental ~ сальниковый бугор *(печени)*

parietal ~ теменной бугор

tubercle [tuːˈbəːkl] 1. бугорок 2. туберкулёзный бугорок, туберкулёзная гранулёма, туберкулома *(опухолевидный инкапсулированный туберкулёзный очаг творожистого некроза)* 3. бугорок коронки зуба

~ **of cuneate nucleus** бугорок клиновидного ядра *(продолговатого мозга)*

~ **of nucleus gracilis** бугорок тонкого [нежного] ядра *(продолговатого мозга)*

~ **of rib** бугорок ребра

adductor ~ приводящий бугорок *(бедренной кости)*

anatomical ~ трупный бугорок, бугорок анатомов, трупная бородавка

articular ~ суставной бугорок *(височной кости)*

auricular ~ бугорок ушной раковины, дарвинов бугорок

carotid ~ сонный бугорок, бугорок Шассеньяка

cloacal ~ *см.* **genital ~**

conoid ~ конусовидный [конический] бугорок, клювовидная бугристость *(ключицы)*

corniculate ~ рожковидный [санториниев] бугорок *(черпалонадгортанной складки)*

crown ~ бугорок коронки зуба

cuneiform ~ клиновидный [врисбергов] бугорок *(черпалонадгортанной складки)*

darwinian ~ *см.* **auricular ~**

dental ~ бугорок коронки зуба

dissection ~ *см.* **anatomical ~**

epiglottic ~ надгортанный бугорок

genial ~ подбородочный бугорок

genital ~ *эмбр.* половой бугорок

infraglenoid ~ подсуставной бугорок *(лопатки)*

intervenous ~ межвенозный [ловеров] бугорок, Лоуэра бугорок

Jugular ~ ярёмный бугорок *(затылочной кости)*

Lister's ~ Листера бугорок

mental ~ подбородочный бугорок

miliary ~s просовидные [милиарные] бугорки *(при туберкулёзе)*

olfactory ~ обонятельный бугорок

pearly ~ милиум, белые угри

phallic ~ *см.* **genital ~**

pharyngeal ~ глоточный бугорок

postmortem [prosector's] ~ *см.* **anatomical ~**

pubic ~ лобковый [лонный] бугорок

supraglenoid ~ надсуставной бугорок *(лопатки)*

wedge-shaped ~ бугорок клиновидного ядра *(на дне IV желудочка головного мозга)*

tubercular [tuːˈbəːkjuːlə] бугорковый

tuberculate(d) [tuːˈbəːkjuːleitid] покрытый бугорками

tuberculation [tuːˌbəːkjuːˈleiʃn] образование бугорков

tuberculid [tuːˈbəːkjuːlid] туберкулид *(поражение кожи токсической или аллергической природы при туберкулёзе)*

nodular ~ индуративный туберкулёз кожи, индуративная эритема, Базена болезнь

papular ~ лихеноидный туберкулёз кожи, милиарная скрофулодерма

papulonecrotic ~ папулонекротический туберкулёз кожи, папулонекротический туберкулоид, Гамбургера туберкулоид

rosacea-like ~ розацеоподобный туберкулоид, Левандовского болезнь

tuberculigenous [tuːˌbəːkjuːˈlidʒənəs] вызывающий туберкулёз

tuberculin [tuːˈbəːkjuːlin] туберкулин *(фильтрат автоклавированной культуры туберкулёза)*

Koch's old ~ *ист.* Коха старый туберкулин, альттуберкулин, полный туберкулин

purified protein derivative ~ очищенный туберкулин *(отличающийся от старого тем, что бактерии выращивают на синтетических средах)*

tuberculination [tuːˌbəːkjuːliˈneiʃn] туберкулиновая проба

tuberculization [tuːˌbəːkjuːliˈzeiʃn] образование бугорков или узелков

tuberculize [tuːˈbəːkjuːlaiz] заражать туберкулёзом

tuberculocele [tuːˈbəːkjuːləusiːl] туберкулёзный орхит

tuberculocidal [tuːˌbəːkjuːləuˈsaidl] уничтожающий микобактерии туберкулёза

tuberculoderma [tuːˌbəːkjuːləuˈdəːmə] 1. туберкулёз кожи 2. туберкулид *(поражение кожи токсической или аллергической природы при туберкулёзе)*

tuberculoid [tuːˈbəːkjuːlɔid] 1. напоминающий туберкулёз 2. напоминающий бугорок

tuberculoma [tuːˌbəːkjuːˈləumə] туберкулёма *(творожистое скопление вещества при туберкулёзе)*

tuberculosilicosis [tuːˌbəːkjuːləuˌsiliˈkəusis] силикотуберкулёз

tuberculosis [tuːˌbəːkjuːˈləusis] туберкулёз

~ cutis verrucosa бородавчатый туберкулёз кожи

~ G туберкулёз G *(скоротечная форма, резистентная к лечению)*

acute miliary ~ *см.* **disseminated ~**

anthracotic ~ туберкулёз в сочетании с антракозом

arrested ~ неактивный туберкулёз

attenuated ~ ослабленная форма туберкулёза, проявляющаяся возникновением натёчников

basal ~ туберкулёз базальных сегментов лёгкого

caseous ~ казеозный туберкулёз

childhood-type ~ *см.* **primary ~**

closed ~ абациллярный туберкулёз

cutaneous ~ туберкулёз кожи

disseminated ~ острый милиарный [диссеминированный] туберкулёз

enteric ~ туберкулёз кишечника

extrapulmonary ~ внелёгочный туберкулёз

fibrous-cavernous ~ фиброзно-кавернозный туберкулёз

focal ~ очаговый туберкулёз

galloping consumption ~ галопирующий [быстро прогрессирующий] туберкулёз, *уст.* скоротечная чахотка

general ~ *см.* **miliary ~**

healed [inactive] ~ неактивный туберкулёз

lymphatic ~ туберкулёз лимфатических узлов

miliary ~ милиарный туберкулёз

pelvic ~ туберкулёз тазовых органов

postprimary ~ вторичный [послепервичный] туберкулёз

primary ~ первичный туберкулёз

pulmonary ~ туберкулёз лёгких

quiescent ~ неактивный [стихающий] туберкулёз

rapidly progressing ~ *см.* **galloping consumption ~**

reinfection [secondary] ~ вторичный [послепервичный] туберкулёз

vertebral ~ туберкулёз позвоночника

urine genital ~ урогенитальный туберкулёз

tuberculostatic [tuːˌbəːkjuːləuˈstætik] туберкулостатическое средство

tuberculotherapist [tuːˌbəːkjuːləuˈθerəpist] врач-фтизиатр

tuberculous [tuːˈbəːkjuːləs] туберкулёзный

tuberculum [tuːˈbəːkjuːləm], *pl.* **tubercula** [tuːˈbəːkjuːliː] *лат.*, *см.* **tubercle**

tuberiferous [tuːbəˈrifərəs], **tuberose** [ˈtuːbərəus] *см.* **tuberous**

tuberosity [ˌtuːbəˈrɒsiti] *анат.* бугристость; бугор *(напр. пяточной кости)*

~ **of ulna** бугристость локтевой кости

bicipital ~ бугристость лучевой кости

calcaneal ~ бугор пяточной кости

gluteal ~ ягодичная бугристость

greater ~ большой бугорок *(плечевой кости)*

iliac ~ подвздошная бугристость

ischial ~ седалищный бугор

lesser ~ малый бугорок *(плечевой кости)*

masseteric ~ жевательная бугристость *(на наружной поверхности ветви и угла нижней челюсти)*

maxillary ~ бугор верхней челюсти

pterygoid ~ крыловидная бугристость *(на внутренней поверхности ветви нижней челюсти)*

scaphoid ~ бугристость ладьевидной кости

tibial ~ бугристость большеберцовой кости

tuberous [ˈtuːbərəs] бугорчатый, бугристый; шишковатый

tubing [ˈtuːbiŋ] 1. формирование трубки или трубчатого трансплантата *(по типу чемоданной ручки)* 2. трубка-переходник *(инфузионной системы)*; система трубок *(для дренирования)*

~ **of media** разливание питательных сред по пробиркам

dialysis ~ диализный шланг, диализная трубка

drainage ~ дренажная трубка

flow ~ 1. дыхательная [интубационная] трубка; газопровод 2. соединительная трубка *(в инфузионной системе)*

inlet ~ соединительная трубка для ввода

latex ~ латексная трубка

wide-bore ~ *мед. тех.* широкопросветная трубка

tuboligamentous [ˌtuːbəʊˌligəˈmentəs] относящийся к широкой связке матки и маточной трубе

tuboplasty [ˈtuːbəʊˌplæsti] пластика маточных труб

ballon ~ баллонная пластика маточных труб

transcervical ballon ~ трансцервикальная баллонная тубопластика

tuborrhea [ˌtuːbəʊˈriːə] выделения из слуховой трубы

tubotorsion [ˌtuːbəʊˈtɔːʃn] изгиб [скручивание] тубулярных структур

tubotympanal [ˌtuːbəʊˈtimpənəl] относящийся к слуховой трубе и барабанной полости

tubular [ˈtuːbjuːlə] трубчатый, тубулярный

tubule [ˈtuːbjuːl] трубочка, каналец

collecting ~ *см.* **straight** ~ **of kidney**

convoluted ~ **of kidney** извитой почечный каналец

convoluted seminiferous ~ извитой семенной каналец

dental [dentinal] ~s дентинные [зубные] канальцы

hepatic ~s печёночные пластинки, печёночные балки, печёночные трабекулы

renal ~s почечные канальцы *(извитые и прямые)*

Scene's ~s Скина ходы, или протоки

seminiferous ~s семенные канальцы *(извитые и прямые)*

straight ~ **of kidney** прямой почечный каналец

straight seminiferous ~ прямой семенной каналец

uriniferous ~s *см.* **renal** ~s

tubulization [ˌtuːbuːliˈzeiʃn] *нейрохир.* тубулизация *(при сшивании нерва)*

tubulocyst [ˈtuːbjuːləʊsist] трубчатая киста

tubulorrhexis [ˌtuːbjuːləʊˈreksis] тубулорексис *(повреждение почечного канальца с разрывом стенки)*

tubulose [ˈtuːbjuːləʊs], **tubulous** [ˈtuːbjuːləs] трубчатый, имеющий много трубок

tubulus [ˈtjuːbjuːləs] *лат., pl.* **tubuli** [ˈtjuːbjuːli] *см.* **tubule**

tuck-and-roll [tʌk-ən-rɒl] подворачивание-перекатывание *(о механизме травмы при падении)*

tuft [tʌft] 1. пучок; гроздь; скопление 2. ряд стежков; группа анатомических структур 3. концевая [ногтевая] фаланга

hair ~ волосяная луковица

malpighian [renal] ~ клубочек почечного тельца, (мальпигиев) почечный клубочек

synovial ~s синовиальные ворсины

tug [tʌg], **tugging** [ˈtʌgiŋ] 1. тянущее или дёргающее усилие, рывок 2. напряжение сил 3. борьба

tracheal ~ пульсация трахеи *(при аневризме аорты)*, Оливера – Кардарелли симптом

tuition [tjʊˈiʃn]:

laboratory ~ лабораторное обучение

tularemia [ˌtuːləˈriːmiə] туляремия *(острый природно-очаговый зооноз)*

tumbler [ˈtʌmblə] стаканчик *(лабораторный)*

tumefacient [ˌtuːməˈfeiʃnt] вызывающий опухание, вызывающий отёк

tumefaction [ˌtuːməˈfækʃn] 1. опухание, распухание, отёк 2. опухоль

tumefy [ˈtuːməfai] опухать, распухать

tumescence [tuːˈmesəns] *см.* **tumefaction** 1

nocturnal penile ~ ночная эрекция

vacuum ~ вакуумное кровенаполнение *(с целью осуществления эрекции)*

vasomotor ~ отёк конечностей, обусловленный нарушением кровообращения

tumid [ˈtuːmid] опухший, распухший; отёчный

tumor [ˈtuːmə] 1. припухлость, вздутие, объёмное образование *(напр. при пилоростенозе)* 2. опухоль, новообразование, бластома, неоплазма ◊ ~ **albus** «белая опухоль», туберкулёзный артрит *(чаще коленного сустава)*

~ **in situ** *лат.* преинвазивная карцинома, карцинома на месте

~ **of pituitary gland** опухоль [аденома] гипофиза

acute splenic ~ быстрое увеличение селезёнки *(при сепсисе)*

adenoid ~ аденома

adipose ~ липома, жировик

advanced ~ запущенная опухоль

ameloblastic adenomatoid ~ адамантинома, адено-амелобластома

amyloid ~ местный [очаговый] амилоидоз

androgen producing ~ опухоль, продуцирующая андрогены

anlage ~ эмбриональная [зародышевая] опухоль *(напр. сетчатки)*

aortic body ~ хемодектома, нехромаффинная параганглиома

benign ~ доброкачественная опухоль

blood ~ 1. аневризма 2. геморрагическая киста, гематома, кровяная опухоль

blood ~ of head кефалогематома

bloodgood's varicocoele ~ кровоточащий сосок *(молочной железы)*

borderline ~ пограничная опухоль *(яичника)*

brain ~ опухоль головного мозга

Brenner ~ аденофиброма яичника, оофорома, слизистая доброкачественная эпителиома, Бреннера опухоль

Brodie's ~ листовидная [филлоидная] цистосаркома, Броди опухоль

Brooke's ~ трихоэпителиома, множественная доброкачественная кистозная эпителиома, Анселля – Брука опухоль

brown ~ «бурая опухоль» *(опухолеподобное поражение кости при гиперпаратиреозе, сходное с гигантоклеточной опухолью)*

Burkitt's ~ Беркитта [лимфома] опухоль, злокачественная лимфома недифференцированного типа

calcifying giant-cell ~ *см.* **Codman's ~**

carcinoid ~ карциноид, аргентаффинома, энтерохромаффинома

carotid body ~ хемодектома, нехромаффинная параганглиома

cerebral ~ *см.* **brain ~**

chromaffin(-cell) ~ феохромоцитома, хромаффинная опухоль, хромаффиноцитома

clear-celled renal ~ светлоклеточный рак почки, гипернефрома почки, опухоль Гравитца

Codman's ~ хондробластома, обызвествляющаяся гигантоклеточная опухоль, хондроматозная остеокластома, Кодмана опухоль

collision ~ опухоль, образовавшаяся в результате слияния двух разнородных опухолей *(напр. рака и саркомы)*

colloid ~ миксома

composite ~ *см.* **mixed ~**

confined to skin ~ опухоль, ограниченная кожей

connective(-tissue) ~ опухоль, исходящая из соединительной ткани, соединительнотканная опухоль

craniopharyngeal duct ~ краниофарингиома, опухоль гипофизарного хода, опухоль кармана Ратке, Эрдгейма опухоль

cystic ~ кистозная опухоль

dermal duct ~ эккринная порома

dermoid ~ дермоид, дермоидная киста, кистозная тератома

desmoid ~ десмоидная опухоль, десмоидная [инвазивная] фиброма, агрессивный фиброматоз

dumb-bell ~ *см.* **hourglass ~**

ectopic ~ опухоль эктопированного органа

EHC ~ Энгельбрета – Хольма – Сварма опухоль

embryonal [embryonic] ~ эмбриональная опухоль *(напр. Вильмса опухоль)*

endodermal sinus ~ опухоль эндодермального синуса

endometrioid ~ эндометриоидная опухоль

Erdheim ~ *см.* **craniopharyngeal duct ~**

Ewing's ~ омобластома, диффузная эндотелиома кости, Юинга опухоль

false ~ ложная опухоль, псевдотумор *(напр. воспалительный инфильтрат)*

fatty ~ липома, жировик

fecal ~ каловая опухоль

feminizing ~ феминизирующая опухоль

fibroid ~ 1. фиброма 2. лейомиома

functioning ~ иммунологически или гормонально активная опухоль

gastrin-secreting ~ гастринома *(гастринпродуцирующая опухоль)*

gelatinous ~ миксома

germ-cell [germinal] ~ гоноцитома, герминома, эмбрионально-клеточная опухоль

ghost cell ~ «призрачная» опухоль

giant cell ~ гигантоклеточная опухоль

glomus ~ опухоль гломуса, гломангиома, Барре – Массона опухоль

granular cell ~ (зернисто-клеточная) миобластома, Абрикосова опухоль

granulosa cell ~ гранулёзоклеточная опухоль, фолликулома, аденома граафовых пузырьков яичника, фолликулярная оофорома; базальный [фолликулоидный] рак, или цилиндрома, яичника

grape-like ~ ботриоидная [гроздевидная] саркома, смешанная мезодермальная опухоль, ботриоидный полип, эмбриональная рабдомиосаркома

Grawitz's ~ *см.* **clear-celled renal ~**

green ~ хлорома *(лейкозный инфильтрат в виде опухолевидного образования зелёного цвета)*

gumma ~ гумма *(хронический инфильтрат в виде узла)*

hair matrix ~ опухоль матрикса волоса, пиломатрик(с)ома, эпителиома кожи Малерба

hematopoietic ~ гематобластоз *(опухоль кроветворной ткани)*

hemorrhoidal ~ геморроидальный узел

heterologous ~ гетерологичная опухоль *(опухоль иного строения, чем ткань, в которой она возникла)*

high-grade ~ высокозлокачественная опухоль, опухоль высокой степени злокачественности

hilar cell ~ адренокортикоидная аденома яичника

histioid ~ гистиоидная опухоль

homologous ~ гомологичная опухоль *(опухоль аналогичного строения с тканью, в которой она возникла)*

hormone-responsive ~ гормонально-активная опухоль

hourglass ~ опухоль в форме гантели или песочных часов

hylic ~ опухоль из гилюсных клеток яичка, опухоль из клеток Лейдига

hypophyseal-duct ~ *см.* **craniopharyngeal duct ~**

induced ~ индуцируемая опухоль

innocent ~ доброкачественная опухоль

islet cell ~ инсулома *(опухоль из панкреатических островков)*

Krukenberg's ~ Крукенберга опухоль, крукенберговский метастаз *(рака желудка в яичник)*

Leydig ~ *см.* **hylic ~**

Lindau's ~ ангиоретикулёма, капиллярная гиперпластическая ангиома, гемангиобластома, Линдау киста

low-grade ~ низкозлокачественная опухоль *(высокодифференцированная и/или неметастазирующая либо редко метастазирующая опухоль)*

luteinized granulosa-theca cell ~ люте(ин)ома *(гормонально-активная опухоль яичника)*

malignant ~ злокачественная опухоль

margaroid ~ холестеатома, жемчужная опухоль

mast cell ~ мастоцитома *(доброкачественная опухоль из тучных клеток)*

melanotic neuroectodermal ~ меланоамелобластома, меланотическая нейроэктодермальная опухоль

mesonephroid ~ мезонефрома, (мезонефроидная) светлоклеточная карцинома яичника, мезонефрогенный рак

metastatic ~**s** метастатическая опухоль; опухолевые метастазы

mixed ~ смешанная опухоль, плеоморфная аденома, фибромиксохондроэпителиома, рецидивирующая эпителиома

mucoepidermoid ~ мукоэпидермоидная опухоль, эпителиома с двойной метаплазией, слизеобразующая эпителиома, Скорпиля опухоль

mucous ~ миксома

muscular ~ миома

myeloid ~ плазмоцитома

Nelaton's ~ соединительнотканная опухоль, расположенная между брюшиной и мышцами брюшной стенки

nerve sheath ~ шваннома *(опухоль оболочки нерва)*

NK-sensitive ~ опухоль, чувствительная к лизису естественными клетками-киллерами

nonfunctioning ~ гормонально-неактивная опухоль *(эндокринной железы)*

nonresectable ~ нерезектабельная опухоль

odontogenic ~ одонтогенная опухоль

oil ~ липогранулёма, липоидная гранулёма, стеатогранулёма

oncocytic hepatocellular ~ онкоцитарная гепатоцеллюлярная опухоль, фиброламеллярный печёночно-клеточный рак

organoid ~ органоидная опухоль

papillary ~ папиллома, сосочковая опухоль

paraffin ~ парафинома

pearl(y) ~ холестеатома, жемчужная опухоль

phantom ~ *см.* **false** ~

plasma cell ~ плазмоцитома

pontine-angle ~ опухоль угла варолиева моста

potato ~ **of the neck** опухоль шеи *(обычно хемодектома каротидного клубочка)*

ranine ~ ранула, подъязычная ретенционная киста

Rathke's pouch ~ *см.* **craniopharyngeal duct** ~

recurrent ~ рецидив опухоли

related ~**s** пограничные опухоли

residual ~ резидуальная опухоль *(оставшаяся после резекции органа)*

retinal anlage ~ *см.* **melanotic neuroectodermal** ~

retroperitoneal ~ забрюшинная опухоль

rind ~ лепидома *(опухоль, исходящая из выстилающей ткани)*

Rokitansky's ~ многокамерная киста яичника, Рокитанского опухоль

sand ~ псаммома, ацервулома

scrotal ~ элефантиаз [слоновость] мошонки

sebaceous ~ киста сальной железы

secondary ~ метастаз, вторичная опухоль

Sertoli cell ~ тубулярная аденома яичка, опухоль из клеток Сертоли, сертоликлеточная опухоль

sheath ~ менингиома

solid ~ солидная опухоль *(из плотной ткани)*

stalked ~ опухоль на ножке

stercoral ~ каловый камень

sternomastoid ~ грудино-ключично-сосцевидная опухоль

"sugar" ~ светлоклеточная опухоль

syngeneic ~ сингенная опухоль

teratoid ~ тератома

theca cell ~ текома, текаклеточная опухоль, текаклеточная ксантоматозная фиброма

tomato ~ грибовидный [фунгоидный] микоз

transmissable veneral ~ заразная венерическая гранулёма

true ~ опухоль, новообразование, бластома, неоплазма

turban ~ цилиндрома кожи головы, Шнигглера – Брука опухоль *(множественные кожные опухоли, охватывающие волосистую часть головы подобно тюрбану)*

unclassified ~ новообразование неуточнённой локализации

varicose ~ конгломерат варикозно расширенных вен

vascular ~ 1. аневризма 2. ангиома

villous ~ ворсинчатая опухоль, волосатый [ворсинчатый] полип

virilizing ~ вирилизирующая опухоль

Warthin's ~ (цист)аденолимфома, бранхиогенная аденома, онкоцитома, папиллярная лимфоматозная цистаденома, Уортина опухоль

white ~ *см.* ◊ **albus**

Wilms' ~ аденосаркома почки, нефробластома, смешанная опухоль почки, Вильмса опухоль

"xenogenogenized" ~ высокоиммуногенный вариант опухоли *(обусловленный мутагенной трансформацией первичного очага малигнизации)*

tumoraffin [ˌtuːməˈræfin] онкотропный, имеющий сродство к опухолевой ткани

tumor-associated [ˈtuːmə-əˈsəuʃieitid] опухолеспецифический

tumored [ˈtuːmərd] поражённый опухолью

tumoricidal [ˌtuːməriˈsaidl] уничтожающий опухолевые клетки *(об агенте)*

tumorigenesis [ˌtuːməriˈdʒenəsis] онкогенез

tumorigenicity [ˌtuːməridʒeˈnisiti] онкогенность, онкогенный потенциал

tumor-inhibitory [ˈtuːmə-inˈhibitəri] ингибирующий [тормозящий, угнетающий] развитие опухоли

tumorlet [ˈtuːmələt] 1. микроопухоль 2. *pl.* опухолеобразные разрастания в рубце, микрокарциноиды *(пролифераты из эндокринных клеток размерами до 3–5 мм, возникающие на фоне хронических неспецифических заболеваний лёгких)*

tumorous [ˈtuːmərəs] 1. опухший, распухший 2. опухолевый

tumor-specific [ˈtuːmə-spəˈsifik] опухолеспецифичный *(фактор)*

tumour ['tjuːmə] *см.* **tumor**

tumult ['tjuːmʌlt] **1.** волнение; невротическое состояние; смятение чувств **2.** шум, суматоха

~ **cordis** аритмия сердечной деятельности

tune-up [tjuːn-ʌp] психологическая подготовка, настрой

Tunga ['tʌŋɡə] песчаная блоха

tungiasis [təŋˈɡaiəsis] *инф. бол.* тунгиоз *(инфестация тропической песчаной блохой)*

tunic ['tuːnik] *анат.* оболочка

brain ~ оболочка головного мозга

fibrous ~ **of corpus spongiosum** белочная оболочка губчатого тела

fibrous ~ **of eyeball** фиброзная оболочка глазного яблока

mucosal [mucous] ~ слизистая оболочка

muscular ~ мышечная оболочка

nerve ~ оболочка нерва

nervous ~ **of eyeball** сетчатка, сетчатая оболочка глазного яблока

serous ~ серозная оболочка

tunica ['tuːnikə], *pl.* **tunicae** ['tuːnikiː] *лат., см.* **tunic**

~ **adventicia** адвентициальная оболочка

~ **albuginea** белочная оболочка

~ **media** средняя оболочка кровеносных сосудов

~ **propria** собственный слой слизистой оболочки трубчатых органов

~ **serosa** серозная оболочка

~ **vasculosa** сосудистая оболочка

tunicary ['tuːnikæri] оболочечный

tunnel ['tʌnəl] **1.** *анат.* туннель, канал **2.** подземный ход **3.** дымоход

carpal ~ канал запястья

Corti's ~ внутренний [кортиев] туннель *(спирального органа улитки)*

cubital ~ гийонов [локтевой] канал

outer ~ паратуннель, Нюэля [туннель] пространство *(спирального органа улитки)*

subcutaneous ~ подкожный туннель

tunneling ['tʌnəliŋ] *хир.* туннелизация

turbid ['təːbid] **1.** мутный **2.** плотный, густой

turbidimetry [təːˈbidimətri] нефелометрия *(определение концентрации растворённых веществ по интенсивности света, рассеянного исследуемым веществом)*

turbidity [təːˈbiditi] **1.** муть, мутность, помутнение **2.** нечёткость *(изображения)*, вуаль

bacterium ~ бактериальная муть

plasma ~ помутнение плазмы

thymol ~ тимоловая проба

turbinal ['təːbinəl], **turbinate** ['təːbineit] **1.** спиралеобразный, спиралевидный **2.** носовая раковина

ethmoid ~ носовые раковины

turbinectomy [ˌtəːbinˈektəmi] конхэктомия, турбинэктомия *(удаление носовой раковины)*

turbinotome [təːˈbinətəum] *мед. тех.* конхотом

turbinotomy [ˌtəːbiˈnɒtəmi] конхотомия *(резекция носовой раковины)*

turbodrill ['təːbəudril] турбодрель, турбобур

turbulence ['təːbjuləns]:

~ **free** ламинарный *(напр. поток крови)*

turbulent ['təːbjulənt] **1.** турбулентный *(напр. о состоянии атмосферы)* **2.** бурный *(о поведении)*; буйный; беспокойный; непокорный

turgent ['təːʤənt] опухший, распухший

turgesce [təːˈʤesə] опухать, распухать

turgescence [təːˈʤesəns] **1.** припухлость **2.** *физиол.* тургор

turgescent [təːˈʤesənt] опухающий, распухающий

turgid ['təːʤid] опухший, распухший

turgor ['təːɡə] *физиол.* тургор

poor ~ пониженный тургор *(кожи)*

turista [tuːˈristə] *разг.* диарея путешественников

turkey ['təːki] индюк; индейка

turmoil ['təːmɔil] суматоха, беспорядок

adolescent ~ подростковое смятение

turn [təːn] **1.** поворот, оборот, виток, тур *(бинта)* || поворачивать(ся), переворачивать(ся), вращать **2.** загибать, закручивать; отгибать **3.** *pl.* менструации ◊ **to** ~ **sick** почувствовать тошноту

~ **of life** менопауза

~ **on 1.** вводить в действие, в строй **2.** одурманивать наркотиками **3.** сексуально возбуждать

cochlear ~ улитковый завиток

head ~ поворот головы, вращение

helical ~ виток спирали

negative superhelical ~ виток отрицательной сверхспирали *(ДНК)*

turning ['təːniŋ] акушерский поворот

turnover ['təːnˌəuvə] **1.** оборот **2.** метаболизм, основной обмен, функциональный цикл *(напр. фермента)*

bed(-population) ~ оборот койки

bile acid ~ обмен жёлчных кислот

bone ~ метаболизм костной ткани

cross-bridge ~ *мол. биол.* обновление поперечных перемычек

intron ~ метаболизм интронов *(в ходе процессинга первичного транскрипта)*; вырезание интронов

labor ~ текучесть рабочей силы

myocardial triglyceride ~ кругооборот [метаболизм] триглицеридов в миокарде

professional ~ текучесть кадров

sternal ~ поворот грудины на 180° *(хирургический приём)*

turnsick ['təːnsik], **turnsickness** ['təːnsiknəs] **1.** головокружение **2.** ценуроз

turpentine ['təːpəntain]:

Canada ~ канадский бальзам

turpitude ['təːpitjuːd] низость; подлость; развращённость; порочность

turricephaly [ˌtəːriˈsefəli] акроцефалия, акрокрания, башенный череп

turunda [tjuːˈrʌndə], *pl.* **turundae** [tjuːˈrʌndiː] турунда; тампон

tussal ['tʌsəl] *см.* **tussive**

tussiculation [təˌsikjuˈleiʃn] короткий отрывистый кашель

tussicul [təˈsikjuːl] лёгкий кашель, покашливание

tussis ['tʌsis] кашель

~ **convulsiva**, ~ **quinta** коклюш

tussive ['tʌsiv] кашлевой; вызванный кашлем, сопровождающийся кашлем

tutor[1] ['tju:tə] 1. куратор, наставник, репетитор, тьютер *(руководитель студенческой группы)*; научный руководитель *(Англия)*; младший преподаватель *(США)* 2. доверенное лицо, опекун, попечитель || опекать; обучать 3. пособие по самообразованию

English ~ Английский наставник *(книга-самоучитель)*

midwifery sister ~ медицинская сестра-инструктор по акушерству

senior clinical ~ старший врач-наставник

tutor[2] тутор *(фиксирующая гипсовая повязка на сустав, или ортез)*

tutorial [tjʊˈtɔːriəl]:

surgical ~ справочник хирурга, руководство по хирургии

tutorship ['tju:təʃip] 1. опека, попечительство 2. должность наставника, преподавателя

Tutsan [tʌtsn] зверобой *(Hypericum)*

twang[1] [twæŋ] гнусавость

nasal ~ носовой оттенок голоса, произношение «в нос»

twang[2] 1. стойкий запах 2. привкус

tweak [twiːk]:

to ~ **a muscle** растянуть мышцу

tween-brain ['twiːn'brein] промежуточный мозг

tweezer ['twiːzə] удалять пинцетом, щипчиками

tweezers ['twiːzəz] пинцет; маленькие щипцы

dental ~ стоматологический пинцет

soldering ~ паяльный пинцет

splinter ~ пинцет для удаления (костных) осколков

surgical ~ хирургический пинцет

twenty-twenty ['twenti'twenti] двадцать на двадцать, 20/20 *(острота зрения, равная единице в РФ)*

twig [twig] веточка *(напр. нерва)*

twilight ['twailait] 1. сумерки; сумрак, полумрак 2. сумеречное состояние сознания 3. неточное представление; неясность чего-л.

twilight-state ['twailait'steit] сумеречное состояние

alcoholic ~ патологическое опьянение

twilt [twilt]:

head ~ запрокидывание головы

twin [twin] 1. близнец || являющийся близнецом 2. родить двойню 3. парная вещь || двойной, сдвоенный, спаренный

adolescent ~s близнецы-подростки

allantoido-antiopagous ~s аллантоидо-антиопаг *(сращение между пупочными кровеносными сосудами близнецов)*

attached ~s *см.* **conjoined** ~s

binovular ~s двуяйцовые [дизиготные] близнецы

conjoined ~s сращённые [сиамские] близнецы

dichorial [**dichorionic, diovular, dizygotic**] ~s *см.* **binovular** ~s

enzygotic ~s *см.* **uniovular** ~s

fraternal [**heterologous**] ~s *см.* **binovular** ~s

identical [**monochorial, monovular, monozygotic**] ~s *см.* **enzygotic** ~s

parasitic ~ паразитический близнец

Siamese ~s *см.* **conjoined** ~s

uniovular ~s однояйцовые [монозиготные] близнецы

twinge [twindʒ] приступ резкой боли

~ **of toothache** приступ зубной боли

twinning ['twiniŋ] 1. рождение двойни 2. разделение на две равные симметричные части 3. удвоение органа

experimental ~ экспериментальное [индуцированное] удвоение *(органа)*

twist [twist] 1. кручение; поворот; заворот 2. вывих 3. характерная особенность; отличительная черта 4. искажение смысла 5. *sl.* смешанный напиток

~ **of stomach** заворот желудка

~ **on a pedicle** перекручиваться вокруг ножки *(напр. о кисте)*

to ~ **the ankle** вывихнуть в голеностопном суставе

twisted ['twistid] 1. скрученный; перекрученный, изогнутый, витой 2. вывернутый, вывихнутый, выкрученный

twister ['twistə]:

wire ~ инструмент для стягивания проволокой (костных) отломков

twitch [twitʃ] 1. судорога; конвульсия 2. дёргаться, подёргиваться

to ~ **involuntarily** непроизвольно подёргиваться

head ~ подёргивание головы

twitching ['twitʃiŋ] судорожное сокращение, подёргивание

eyelid ~ подёргивания век

facial ~ тик, подёргивания лица

muscle ~ мышечные подёргивания

two-chambered [tuːˈtʃeimbərd] двухкамерный, с двумя полостями

two-dimensional [tuːdaiˈmenʃnəl] двухмерный; плоский

two-stage [tuːˈsteidʒ], **two-step** [tuːˈstep] двухэтапный; двухстадийный; двухступенчатый

two-way [tuːˈwei] 1. двусторонний; двустороннего действия 2. двоякий, двойственный

tychastics [taiˈtʃæstiks] раздел медицины, изучающий производственный травматизм

tylion ['tiliɒn] *кр. метр.* тилион *(середина переднего края предперекрёстной борозды тела клиновидной кости)*

tyloma [taiˈləʊmə] мозоль, омозолелость

tylosis [taiˈləʊsis], *pl.* **tyloses** [taiˈləʊsiːz] кератодермия, точечный ладонно-подошвенный кератоз, точечный ладонно-подошвенный кератоз

~ **ciliaris** *офт.* тилёз

~ **linguae** лейкоплакия языка

tympanal ['timpənəl] *см.* **tympanic**

tympanectomy [ˌtimpənˈektəmi] мирингэктомия *(удаление барабанной перепонки)*

tympania [timˈpæniə] метеоризм

tympanic [timˈpænik] 1. барабанный *(относящийся к барабанной перепонке или полости)* 2. тимпанический *(перкуторный звук)*

tympanichord ['timpæniˌkɔːd] барабанная струна

tympanism ['timpənizm], **tympanites** [ˌtimpəˈnaitiːz] *см.* **tympania**

tympanitic [ˌtimpəˈnaitik] 1. относящийся к метеоризму 2. тимпанический *(о перкуторном звуке)*

tympanitis [ˌtimpəˈnaitis] мирингит, средний отит; тимпанит *(1. воспаление барабанной перепонки 2. перкуторный звук)*

tympanophonia [ˌtimpənəʊˈfəʊniə], **tympanophony** [ˌtimpəˈnɒfəʊni] 1. шум в ушах 2. аутофония, тимпанофония

tympanoplasty ['timpənəʊ‚plæsti] тимпанопластика *(пластика звукопроводящего аппарата среднего уха)*

tympanosclerosis [‚timpənəʊsklə'rəʊsis] тимпаносклероз, псевдоотосклероз, склероотит

tympanotomy [‚timpə'nɒtəmi] миринготомия, тимпанотомия *(прокол барабанной перепонки)*

tympanous ['timpənəs] относящийся к метеоризму

tympanum ['timpənəm] барабанная полость *(среднего уха)*

   ruptured ~ перфорация барабанной перепонки

tympany ['timpəni] тимпанический перкуторный звук, тимпанит

tyndallization [‚tindəli'zeiʃn] тиндализация, дробная стерилизация

type [taip] 1. тип; класс, род, вид; *микр., уст.* тип *(заменён на вар)* 2. группа *(крови)* 3. категория; серия

   ~ for cesarean section классификация [определение] показаний к кесареву сечению

   ~ of error характер ошибки

   ~ of fluid вид жидкости *(плазма, раствор глюкозы)*

   ~s of fractures виды переломов

   ~ of injury вид повреждения

   ~s of penalties *суд. мед.* виды наказаний

   ~ of surgery разновидность операции

   antigenic ~ тип антигенной структуры

   attitudinal ~ *психол.* тип направленности характера *(экстра- и интраверсия)*

   basic personality ~ основные личностные признаки, характерные черты индивидуума, тип личности

   blood ~ группа крови

   body ~ конституция *(организма)*; тип телосложения

   convoluted cell ~ лимфоциты со «складчатым» ядром *(признак синдрома Сизари)*

   development ~ опытный образец

   easy going ~ добродушно-беззаботный тип *(человека)*

   exception ~ *психол.* тип обиженного

   feeling ~ чувствующий тип *(по Юнгу)*

   intuitive ~ интуитивный тип *(по Юнгу)*

   inkwell ~ инвагинационный тип, подобный чернильнице *(об анастомозе)*

   migratory ~ **of arthritis** летучий [мигрирующий] характер артрита

   personality ~ тип личности

   reaction ~ 1. тип реакции 2. фенотип *(организма)*

   spindle cell ~ веретеноклеточный тип *(опухоли)*

   test ~s *офт.* оптотипы

   thinking ~ мыслительный тип *(по Юнгу)*

   various~s различные виды *(напр. швов и узлов)*

   wild ~ дикий тип *(природный фенотип с признаками, детерминируемыми немутантными аллелями)*

typhemia [tai'fi:miə] тифозная бактериемия

typhic ['taifik] тифозный; брюшно-тифозный

typhinia [tai'fini:ə] возвратный тиф

typhization [‚taifi'zeiʃn] применение брюшно-тифозной вакцины

typhlectasia [‚tiflek'teiziə] тифлэктазия *(дилатация слепой кишки без утолщения её стенки)*

typhlectomy [tif'lektəmi] резекция слепой кишки

typhlitis [tif'laitis] тифлит *(воспаление слепой кишки)*

typhlocele ['tifləʊsi:l] киста слепой кишки

typhlolexia [‚tifləʊ'leksiə] алексия, вербальная [словесная] слепота

typhlology [tif'lɒlədʒi] раздел офтальмологии, посвящённый проблемам слепоты

typhlon ['tiflɒn] слепая кишка

typhlopexy ['tifləʊ‚peksi] цекопексия *(фиксация подвижной слепой кишки к брюшной стенке)*

typhlosis [ti'fləʊsis] слепота

typhlostomy [tif'lɒstəmi] цекостомия *(наложение наружного свища на слепую кишку)*

typhlotomy [tif'lɒtəmi] цекотомия *(вскрытие слепой кишки)*

typhogenic [‚taifəʊ'dʒenik] вызывающий тиф

typhoid ['taifɔid] 1. тифоподобный, тифоидный 2. брюшно-тифозный 3. тяжёлое состояние при интоксикации, протекающее подобно брюшному тифу

   ~, paratyphoid A and paratiphoid B тиф, паратифы А и В *(тривакцина)*

   abdominal ~ брюшной тиф

   ambulatory ~ амбулаторный брюшной тиф

   apyretik ~ безлихорадочный брюшной тиф

   bilious ~ возвратный тиф

   latent ~ *см.* **ambulatory** ~

   provocation ~ «провокационный» брюшной тиф *(в результате вакцинации во время инкубационного периода)*

   triple ~ *см.* **~, paratyphoid A and paratiphoid B**

   walking ~ *см.* **ambulatory** ~

typhoidal [tai'fɔidəl] брюшно-тифозный; напоминающий брюшной тиф

typhopneumonia [‚taifəʊnu:'məʊniə] осложнение брюшного тифа пневмонией

typhosepsis [taifəʊ'sepsis] брюшно-тифозная септицемия

typhous ['taifəs] сыпно-тифозный; тифозный

typhus ['taifəs] 1. *ист.* (эпидемический) сыпной тиф 2. лихорадка ◊ ~ **mitior** абортивная форма сыпного тифа

   ~ abdominalis брюшной тиф

   ~ enantematicus сыпной [вшивый] тиф, эпидемический сыпной тиф

   ~ mexicain *см.* **endemic** ~

   ~ recurrens тиф возвратный вшивый; эпидемический [европейский] тиф; возвратная лихорадка

   amarillik ~ жёлтая [амарилльная] лихорадка, амариллёз

   classic(al) ~ (эпидемический) сыпной тиф

   endemic ~ эндемический блошиный [эндемический сыпной, малайский городской] тиф, крысиный [мышиный] риккетсиоз

   epidemic [European] ~ (эпидемический) сыпной тиф *(вызываемый риккетсиями)*

   flea-born ~ *см.* **endemic** ~

   flood ~ цуцугамуши, акамуши, японская речная лихорадка

   louse(-borne) ~ *см.* **epidemic [European]** ~

   Minas Gerais ~ пятнистая лихорадка Скалистых гор, американский клещевой риккетсиоз

   mite(-borne) ~ *см.* **flood** ~

   murine ~ *см.* **endemic** ~

North Queensland tick ~ австралийский клещевой риккетсиоз, Северного Квинсленда клещевой сыпной тиф

recrudescent ~ спорадический сыпной тиф, Брилла (–Цинссера) болезнь

scrub ~ *см.* **flood** ~

Siberian tick ~ сыпной клещевой тиф

tick ~ клещевой риккетсиоз

tropical ~ *см.* **flood** ~

typing ['taipiŋ] 1. классификация; определение группы, или типа 2. типирование (*лейкоцитарных антигенов ткани*)

antigenic ~ скрининг антигенов; антигенное картирование

bacteriophage ~ фаготипирование (*бактериального штамма*)

blood ~ определение группы крови

colicine ~ колицинотипирование (*определение чувствительности кишечных бактерий к различным колицинам*)

genetic ~ генотипирование

gomozygous cell ~ типирование гомозиготными клетками

phage ~ *см.* **bacteriophage** ~

primed lymphocyte ~ типирование посредством примированных лимфоцитов

reverse ~ обратное типирование (*копирование гена с помощью ревертазы*)

serologic ~ серологическое типирование (*бактерий*)

sex ~ формирование гендерной роли

tissue ~ тканевое типирование (*определение гистосовместимости тканей донора и реципиента*)

vibrio phage ~ фаготипирование вибрионов

typodont ['taipəʊdɒnt] модель [образец] зуба

typology [tai'pɒlədʒi] *см.* **typing**

tyramine ['tairəmi:n] тирамин (*естественно образующийся в сыре и других продуктах амин; в сочетании с ингибиторами МАО способствует резкому повышению артериального давления*)

tyrogenous [tai'rɒdʒenəs] обусловленный употреблением сыра (*напр. об отравлении*)

tyroid ['tairɔid] *пат. анат.* творожистый, казеозный -

tyroma [tai'rəʊmə] казеома, казеозная опухоль

tyromatosis [ˌtairəʊməˈtəʊsis] творожистый [казеозный] некроз, казеоз

tyrosinosis [ˌtairəʊsiˈnəʊsis] тирозиноз (*врождённое расстройство обмена тирозина в организме*)

tyrotoxicosis [ˌtairəʊtɒksiˈkəʊsis], **tyrotoxism** [tairəʊ'tɒksizm] отравление сыром или другими молочными продуктами

tysonitis [ˌtaisəˈnaitis] тизонит (*воспаление желёз крайней плоти*)

U

uber ['juːbə] молочная железа

uberty ['juːbərti] фертильность, плодовитость

ubiety [juːˈbaiəti] местонахождение

ubiquinone [ˌjuːbikwiˈnəʊn] убихинон *(кофермент в цепи переноса электронов в митохондриях клеток)*

ubiquitin [juːˈbikwitin] убиквитин *(белок, «метящий» другие белки для их расщепления в протеосоме)*

ubiquitous [juˈbikwitəs] непременный; убиквитарный, распространённый повсеместно *(об инфекции)*

ubiquity [juˈbikwəti] вездесущность, повсеместность, убиквитарность *(об антигенах)*

udometer [juˈdɒmetə] дождемер

ugly ['ʌɡli] 1. неприятный, скверный *(запах)*; уродливый, отталкивающий 2. угрожающий, опасный *(симптом)* 3. вздорный, склочный

ulalgia [juːˈlældʒiə] боль в десне

ulatrophia [juːlˈætrəʊfiə] атрофия десны

ulcer ['ʌlsə] 1. язва 2. пролежень

~ **in mouth** молочница

Aden ~ кожный лейшманиоз Старого Света, Боровского болезнь

amputation ~ 1. циркулярная [круговая] язва конечности 2. язва, приводящая к отторжению дистальной части конечности

anal ~ трещина заднего прохода

anastomotic ~ язва анастомоза *(возникшая после гастроэнтеростомии)*

atonic ~ вялотекущая язва

autochthonous ~ *уст.* шанкр

bahia ~ кожно-слизистый лейшманиоз, лейшманиоз слизистых оболочек

Buruli ~ Бурули язва *(тропическая инфекционная болезнь)*

callous ~ каллёзная [омозолелая] язва

"chewing gum" [**chiclero's**] ~ кожный лейшманиоз Нового Света, американский лейшманиоз

cicatrizing ~ рубцующаяся язва

Clarke's ~ язва шейки матки

cockscomb ~ язва с кондиломами, язва с разрастаниями в виде петушиного гребня

cold ~ 1. небольшая язва на ноге 2. отморожение

constitutional ~ симптоматическая язва

corrosive ~ нома

creeping ~ ползучая язва

Curling's ~ Курлинга острая язва двенадцатиперстной кишки *(возникающая после обширного ожога тела пострадавшего)*

decubital [**decubitus**] ~ пролежень

dendritic ~ ветвистая язва роговицы

dental ~ язва языка вследствие травматизации острым краем разрушенного зуба

distention ~ язва кишечника от перерастяжения *(над стенотическим участком)*

duodenal ~ язва двенадцатиперстной кишки

elusive ~ хроническая язва мочевого пузыря, Ханнера язва, интерстициальный цистит *(с поражением всех слоёв стенки)*

erethistic ~ чрезвычайно болезненная язва

esophageal ~ язва пищевода

exuberant ~ язва с избыточными грануляциями

fissured ~ язва линейной формы

Gabon ~ *см.* **tropic** ~

gastric ~ язва желудка

gravitational ~ трофическая язва нижней конечности

hard ~ *см.* **syphilitic** ~

healthy ~ излечиваемая язва, легко заживающая язва

herpetic ~ герпетическая язва

hollow ~ глубокая язва, свищ

Hunner's ~ *см.* **elusive** ~

hypopyon ~ ползучая язва роговицы, гипопион-кератит

indolent ~ хроническая [незаживающая, вяло заживающая] язва

infected corneal ~ инфицированная язва роговицы

jejunal ~ язва тощей кишки

kissing ~ «целующиеся язвы» *(на противоположных поверхностях стенки двенадцатиперстной кишки)*

lupoid ~ кожная язва, напоминающая проявление обыкновенной волчанки

marginal ring ~ **of the cornea** краевая язва роговицы

Marjolin's ~ Марьолина язва *(карцинома, развивающаяся по краю хронической язвы кожи)*

Mooren's ~ разъедающая язва роговицы (Морена)

Mozambique ~ *см.* **tropic** ~

mycotic ~ фунгозная язва

peptic ~ пептическая язва *(желудка или двенадцатиперстной кишки)*

perambulating ~ *см.* **phagedenic** ~

perforated ~ перфоративная язва

phagedenic ~ фагеденическая [прогрессирующая] язва

plaster ~ язва, вызванная гипсовой повязкой

pressure ~ пролежень

"punched-out" ~ «пробитые пробойником» изъязвления, или язвы

radiation ~ лучевая язва

rodent ~ базалиома, базально-клеточный рак

round ~ *см.* **peptic** ~

ruptured ~ *см.* **perforated** ~

sea-anemone ~ глубокая язва стенки тонкой кишки с обрывистыми некротическими краями, напоминающая язву при амебиазе

serpiginous ~ ползучая [серпигинозная] язва

shallow ~ плоская язва

simple ~ простая язва *(вызванная местным нарушением кровообращения)*

sloughing ~ *см.* **phagedenic** ~

soft ~ *см.* **venereal** ~

stasis ~ варикозная язва

stercoral ~ язва кишечника, вызванная каловым конкрементом

stomal ~ пептическая язва анастомоза

stress ~ стрессовая язва

syphilitic ~ твёрдый шанкр (первичная сифилома)

Syriac ~ дифтерия

Tashkent ~ см. **Aden** ~

trophic ~ трофическая язва

tropic(al) ~ тропическая язва (неясной этиологии, быстро развивающаяся на голени и переходящая на кости)

undermining ~ хроническая язва кожи с нависающими краями

undulent ~ хроническая язва

varicose ~ см. **stasis** ~

venereal ~ мягкий шанкр

Zambezi ~ см. **tropical** ~

ulcerated [ˈʌlsəˈreitid] язвенный, изъязвлённый

ulceration [ʌlsəˈreiʃn] 1. образование язв; изъязвление 2. язвы; множество язв

mucocutaneous ~s изъязвление кожи и слизистых

pin-point ~s точечные изъязвления

postbulbar duodenal ~ постбульбарная [ниже луковицы] язва двенадцатиперстной кишки

recurrent oral ~ рецидивирующий афтозный стоматит, афтоид

septic ~ септическое изъязвление

stress ~ стрессовая язва, стресс-язва

ulcerogenesis [ʌlsərəʊˈʤenəsis] образование язвы

ulcerogenic [ʌlsərəʊˈʤenik] ульцерогенный, вызывающий язву

ulcerous [ˈʌlsərəs] ульцерозный, характеризующийся наличием язвы, приводящий к изъязвлению

ulciform [ˈʌlsifɔːm] крючковидный, крючковатый

ulcus [ˈʌlkəs], *pl.* **ulcera** [ˈʌlkərə] *лат.*, см. **ulcer**

~ **durum** см. **hard ulcer**

~ **rotondum**, ~ **simplex** пептическая язва желудка, *уст.* круглая язва желудка

ule [ˈjuːli] рубец, рубцовая ткань

ulerythema [juːləriˈθiːmə] рубцующаяся эритема, рубцовая атрофия кожи

ulitis [juːˈlaitis] гингивит

ulna [ˈʌlnə], *pl.* **ulnae** [ˈʌlniː] локтевая кость

ulnad [ˈʌlnæd] по направлению к локтевой кости или к медиальной поверхности предплечья

ulnar [ˈʌlnə] локтевой

ulnocarpal [ʌlnəʊˈkɑːpəl] запястно-локтевой

ulocace [ʌləʊˈkeis] язвенно-некротический гингивит

ulocarcinoma [ʌləʊˌkɑːsiˈnəʊmə] рак десны

ulodermatitis [juːləʊdəːˈmaˈtaitis] рубцующийся дерматит

uloid [ˈjuːlɔid] 1. рубцовое поражение кожи вследствие дегенеративного процесса в её глубоких слоях 2. напоминающий рубец

uloncus [jʊˈlɒnkəs] 1. опухоль десны 2. отёк десны

ulorrhagia [juːləʊˈreiʤiə] дёсневое кровотечение

ulosis [ˈjuːləʊsis] рубцевание

ulotic [jʊˈlɒtik] способствующий рубцеванию

ulotomy [juːˈlɒtəmi] 1. иссечение рубцовой ткани 2. гингивэктомия (иссечение десневых сосочков или десневого края)

ulotrichous [juːˈlɒtrikəs] покрытый курчавыми волосами

ulotripsis [juːləʊˈtripsis] массаж дёсен

ultex [ˈʌlteks] бифокальное стекло

ultima [ˈʌltimə] *лат.* исход; окончательный этап развития

ultimate [ˈʌltimət] 1. первичный, основной; элементный (напр. анализ) 2. предельный, максимальный (напр. о дозе) 3. отдалённый; конечный (напр. продукт обмена)

ultimum [ˈʌltiməm]:

“~ **refugium**” *лат.* состояние «близко к нулю», «последний шанс», последняя надежда (напр. «операция отчаяния»)

ultra [ˈʌltrə] 1. человек крайних взглядов 2. глубокий (о замораживании)

ultracentrifugation [ʌltrəsəntrifjʊˈgeiʃn] ультрацентрифугирование

analytic(al) ~ аналитическое ультрацентрифугирование (регистрирующее седиментацию вирусов, нуклеиновых кислот и других макромолекул)

preparative ~ препаративное ультрацентрифугирование, ультрацентрифугирование под давлением (используемое для осаждения микроорганизмов, вирусов, макромолекул)

scanning ~ см. **analytic** ~

ultracytochemistry [ʌltrəˌsaitəʊˈkemistri] ультрацитохимия

ultradian [ʌltrəˈdiːən] ультрадианный (относящийся к биологическим ритмам с циклами более суток)

ultrafilter [ʌltrəˈfiltə] ультрафильтр, мембрана

microporous ~ микропористый фильтр (с размером пор 500–5000 нм)

ultrafiltration [ʌltrəfilˈtreiʃn] ультрафильтрация

affinity ~ аффинная ультрафильтрация

dialytic ~ диализная ультрафильтрация

slow continuous ~ медленная непрерывная ультрафильтрация

ultrafine [ʌltrəˈfain] сверхтонкий (напр. шовный материал); микроскопический

ultraincision [ʌltrəinˈsiʒn] ультразвуковое рассечение

ultralente [ʌltrəˈlentə] *лат.* очень продолжительный, сверхдлительный (о действии медикамента)

ultraligation [ʌltrəliˈgeiʃn] перевязка артерии проксимальнее ветвления

ultramicrobalance [ʌltrəˌmaikrəʊˈbæləns] ультрамикровесы

ultramicrobe [ʌltrəˈmaikrəʊb] вирус

ultramicron [ʌltrəˈmaikrɒn] ультрамикрон (мельчайшая частичка, видимая под электронным микроскопом, равная 5 нм или 5×10^{-9} м)

ultramicrotomy [ʌltrəmaiˈkrɒtəmi] ультрамикротомия

freezing ~ криоультрамикротомия

ultrapasteurization [ʌltrəˌpæstʃəriˈzeiʃn] ультрапастеризация, сверхпастеризация

ultrarapid [ʌltrəˈræpid] сверхбыстрый

ultrasensitive [ʌltrəˈsensitiv] сверхчувствительный, с низким пределом чувствительности

ultrasome [ʌltrəˈsəʊm] микроскопический объект

ultrasonic [ʌltrəˈsɒnik] ультразвуковой (частотой свыше 20 тыс. колебаний в с)

ultrasonication [ˌʌltrəˌsɒniˈkeiʃn] **1.** ультразвуковая обработка, озвучивание *(клеток)* **2.** стерилизация ультразвуком *(напр. рук хирурга)*

ultrasonics [ˌʌltrəˈsɒniks] **1.** ультразвук, ультразвуковые колебания **2.** ультраакустика *(физика свойств звуковых волн очень высокой частоты)* **3.** ультразвуковое исследование

biomedical ~ ультразвук в медицине и биологии

ultrasonography [ˌʌltrəsəˈnɒgrəfi] ультразвуковая эхография, ультрасонография

Doppler ~ ультразвуковая допплерография, УЗДГ *(измерение скорости кровотока методом Допплера)*

grey-scale ~ чёрно-белая [серошкальная] ультразвуковая эхография

perioperative ~ ультразвуковое исследование в ходе операции

transvaginal ~ чрезвлагалищная ультрасонография

ultrasonoscope [ˌʌltrəˌsɒnəˈskəup] ультразвуковой эхоскоп *(визуальный индикатор)*

ultrasonosurgery [ˌʌltrəˌsɒnəuˈsɜːdʒəri] рассечение тканей с помощью ультразвука; ультразвуковая хирургия

ultrasonotomography [ˌʌltrəˌsɒnəutəˈmɒgrəfi] ультразвуковая томография

ultrasound [ˈʌltrəˌsaund] **1.** ультразвук **2.** ультразвуковой аппарат **3.** ультразвуковая диагностика, ультразвуковое исследование, или сканирование, сонография

~ **of prostate** ультразвуковое исследование предстательной железы

~ **of salivary gland** ультразвуковое исследование слюнной железы

abdominal ~ ультразвуковое сканирование органов брюшной полости

antenatal ~ дородовое [антенатальное] ультразвуковое исследование

breast ~ ультразвуковое исследование молочных желёз или органов грудной клетки

clinical ~ ультразвуковая диагностика

color ~ цветное ультразвуковое изображение, цветная допплерография

diagnostic ~ ультразвуковая диагностика, диагностика с помощью эхолокации

Doppler ~ ультразвуковая допплерография

endoluminal ~ ультразвуковая эндолюминальная диагностика, или сканирование

endoscopic ~ эндоскопическая ультрасонография

grey-scale ~ серая [чёрно-белая] шкала ультразвука, серошкальная сонография

high resolution ~ ультразвуковое исследование с высоким разрешением

intelligent ~ интеллектуальный ультразвуковой аппарат *(с высоким уровнем автоматизации)*

intravascular ~ внутрисосудистое ультразвуковое исследование

laparoscopic ~ применение ультразвука при лапароскопии

ophthalmic ~ ультразвуковое исследование глазного яблока

prenatal ~ *см.* **antenatal** ~

real-time ~ ультразвуковое исследование в реальном масштабе времени

transvaginal ~ чрезвлагалищное ультразвуковое исследование

three-dimensional ~ трёхмерное [объёмное, 3D] ультразвуковое изображение

two-dimensional ~ двумерное [2D] ультразвуковое изображение

vascular Doppler ~ Допплеровское ультразвуковое исследование сосудов

ultrastructural [ˌʌltrəˈstrʌktʃərəl] ультраструктурный; электронно-микроскопический *(об исследовании)*

ultratherm [ˈʌltrəθəːm] аппарат для индуктотермии

ultraviolet [ˌʌltrəˈvaiələt] ультрафиолетовые лучи ‖ ультрафиолетовый

deadly ~ губительное ультрафиолетовое излучение

far ~ дальняя область ультрафиолетового излучения, коротковолновое ультрафиолетовое излучение

near ~ ближняя область ультрафиолетового излучения, длинноволновое ультрафиолетовое излучение

vacuum ~ вакуумная ультрафиолетовая область спектра

ultravirus [ˌʌltrəˈvairəs] *уст.* вирус

ultromotivity [ˌʌltrəuməuˈtiviti] способность к спонтанному движению

ululate [ˈjuːljuleit] вопить; стенать, причитать; выть

ululation [ˌjuːljuˈleiʃn] вой, завывание; стенания

umbilectomy [ˌʌmbilˈektəmi] иссечение [удаление] пупка

umbilication [ˌʌmbiliˈkeiʃn] вдавление [втяжение] в форме пупка; образование вдавления

umbilicus [əmˈbilikəs], *pl.* **umbilici** [əmˈbilisi] пупок

everted ~ вывернутый пупок

posterior ~ эпителиальный копчиковый ход

weeping ~ мокнущий [«слезящийся»] пупок, гранулёма пупка

umbo [ˈʌmbəu], *pl.* **umbones** [ˈʌmbəuniːs] выпячивание какой-л. поверхности, выпуклость

membranae tympani ~ выпячивание барабанной перепонки

umbrascopy [əmˈbræskəpi] офтальмоскопия в бескрасном свете, ретиноскопия

unable [ʌnˈeibl] немощный; неспособный

~ **to walk** неспособный передвигаться

unadaptation [ʌnˌædæpˈteiʃn] дезадаптация

unaffected [ˌʌnəˈfektid] непоражённый, незатронутый; неподверженный воздействию, интактный

unanesthetized [ʌnəˈnesθətaizd] не подвергшийся наркозу

unattendent [ˌʌnəˈtendənt] не леченный *(о болезни)*; не обработанный *(о ране)*

unauthorized [ʌnˈɔːθəraizd] **1.** запрещённый *(законом, правилами)*; неразрешённый **2.** неуполномоченный

unavailable [ˌʌnəˈveiləbl] недоступный

unavoidable [ˌʌnəˈvɔidəbl] неизбежный, неотвратимый *(напр. рецидив болезни)*

unbalance [ʌnˈbæləns] отсутствие равновесия, рассогласование, дисбаланс

unbalanced [ʌnˈbælənst] **1.** относящийся к нарушению равновесия, дисбалансу **2.** лишённый душевного равновесия; неуравновешенный, неустойчивый *(о психике)* **3.** неудержимый *(напр. рост опухоли)*

unbiased [ʌnˈbaiəst] непредубеждённый, объективный

unbloody [ʌn'blʌdi] бескровный

unbound [ʌn'baʊnd] несвязанный

unbundling [ʌn'bʌndliŋ] *страх.* разкомплектовка *(практика выставления отдельных счетов за медицинские услуги, ранее входившие в один ценовой набор)*

uncertainty [ʌn'sɜːtnti] 1. сомнение; неизвестность 2. изменчивость

~ **about self-image** *психол.* неопределённость в представлении о себе

~ **of diagnosis** неуверенность или сомнения в диагнозе

experimental ~ 1. погрешность эксперимента 2. значение погрешности

fractional ~ 1. относительная погрешность 2. незначительная погрешность

overall ~ общая [суммарная] погрешность

random ~ случайная погрешность

unchastity [ʌn'tʃæstəti] невоздержанность; нечистоплотность; распущенность

uncinariasis [ʌnsinə'raiəsis] *гельм.* унцинариоз; анкилостомоз

uncinate ['ʌnsineit] 1. крючковидный 2. относящийся к крючку *(парагиппокампальной извилины)*

uncinatum [ʌnsi'neitəm] крючковидная кость

uncipressure ['ʌnsiˌpreʃə] остановка кровотечения прижатием сосуда крючком

unclassified [ʌn'klæsifaid] неклассифицируемый; неуточнённой локализации

uncoating [ʌn'kəʊtiŋ]:

virus ~ утрата вирусом оболочки, декапсидация вириона

uncommitent [ʌnkə'mitənt] некоммитированный, незрелый, девственный *(лимфоцит)*

uncommon [ʌn'kɒmən] необычный, атипичный *(напр. о расположении сердца)*

uncomplemented [ʌn'kɒmpləˌmentəd] лишённый комплемента

unconcern [ʌnkən'sɜːn] 1. *психол.* беззаботность 2. равнодушие; безразличие

callous ~ грубое равнодушие

unconditioned [ʌnkən'diʃnd] 1. безусловный *(напр. рефлекс)*; абсолютный 2. некондиционный *(напр. продукт)* 3. неподготовленный; непривычный

unconjugated [ʌn'kɒndʒʊgətəd] 1. неконъюгированный, несвязанный *(напр. билирубин)* 2. некондиционный; нестандартный

unconscious [ʌn'kɒnʃəs] бессознательный ‖ находящийся без сознания

unconsciousness [ʌn'kɒnʃəsnəs] 1. бессознательное состояние ‖ находящийся в бессознательном состоянии 2. *психоан.* бессознательное; подсознание

collective ~ коллективное бессознательное *(потенциальные воспоминания, унаследованные из филогенетического прошлого индивидуума)*

(im)personal ~ (без)личное бессознательное

uncontaminated [ʌnkən'tæmineitid] 1. незагрязнённый, без примесей 2. неинфицированный, незаражённый

uncontrollable [ʌnkən'trəʊlbl] 1. непроизвольный, неконтролируемый; неуправляемый 2. неукротимый *(о рвоте)*

unconventional [ʌnkən'venʃnəl] нетрадиционный *(напр. способ лечения)*; не апробированный методами доказательной медицины

uncooperative [ʌnkəʊ'ɒrərətiv] неконтактный, не соблюдающий режим лечения

unco-ossified [ʌnkəʊ'ɒsifaid] несращённый *(перелом)*

uncorrectable [ʌnkə'rektəbl] 1. непоправимый; неизлечимый 2. недифференцированный *(напр. о причине смерти)*

uncoupler [ʌn'kʌplə] *pl.* разобщающие агенты *(напр. фосфорилирования)*

uncoupling [ʌn'kʌpliŋ] разобщение, разъединение, разрыв; расщепление

mitochondrial ~ митохондриальная десинхронизация

uncovertebral [ʌnˌkəʊvə'tebrəl] унковертебральный, полулунный *(напр. сустав)*; относящийся к крючковидному отростку позвонка

uncrystallized [ʌn'kristəlaizd] некристаллизованный

unction ['ʌŋkʃn] 1. мазь 2. смазывание мазью, втирание мази

unctuous ['ʌŋkʃuːəs] жирный, маслянистый

uncured [ʌn'kjʊəd] не вылеченный, не излеченный

uncus ['ʌnkəs], *pl.* **unci** ['ʌnsai] 1. крючок *(парагиппокампальной извилины)* 2. *анат.* образование в виде крючка

undecrement [ʌn'dekrimənt] незатухающий *(о возбуждении)*

undefined [ʌndi'faind] недиагностированный, неуточнённый

undenaturated [ʌndiˌneitʃə'reitid] нативный; естественный *(напр. бактериальный антиген)*

underachievement [ʌndərə'tʃiːvmənt] 1. результат ниже ожидаемого 2. неуспеваемость

underactive [ʌndər'æktiv] гипоактивный

underactivity [ʌndəræk'tivəti]:

detrusor ~ гипорефлекторный мочевой пузырь

underage [ʌndər'eidʒ] несовершеннолетний; незрелый

underbite ['ʌndəbait] недоразвитие нижней челюсти или выступающая верхняя челюсть

undercooled ['ʌndəkuːld] переохлаждённый

undercorrected ['ʌndəkəˌrektəd] недостаточно корригированный, нескорригированный *(напр. о гиповолемии)*

undercutting ['ʌndəkʌtiŋ] подрезание, неполное пересечение

~ **for denervation** частичное иссечение с целью денервации

cortical ~ кортикальная перерезка, лоботомия

under-developed [ʌndədi'veləpt] недоразвившийся *(орган, организм)*; незрелый

underdiagnosis [ʌndə,daiəg'nəʊsis] нераспознанность заболевания; диагностическая ошибка

underdosage [ʌndə'dəʊsidʒ] недостаточная дозировка

underdose ['ʌndədəʊs] заниженная [недостаточная] доза ‖ давать заниженную дозу

underfunding ['ʌndəˌfʌndiŋ] недостаточное финансирование

undergraduate [ʌndə'grædʒʊət]:

senior medical ~ студент старшего курса медицинского колледжа; лицо, имеющее неполное высшее образование

underground ['ʌndəgraʊnd] подземный *(о месте обитания)*

underhorn ['ʌndəhɔ:n] нижний рог *(бокового желудочка головного мозга)*

underhung ['ʌndəhʌŋ] 1. выступающий вперёд *(о нижней челюсти)* 2. имеющий выступающую нижнюю челюсть

underimmunization [ˌʌndərimjuːni'zeiʃn] иммунизация субиммуногенными дозами

underjaw ['ʌndəʤɔ:] нижняя челюсть

underjawed ['ʌndəʤɔ:d] имеющий выступающую нижнюю челюсть

underline ['ʌndəlain] 1. относящийся к внутренним органам 2. фон *(о патологическом процессе)*

underload [ˌʌndə'ləud]:

 information ~ информационный дефицит, недостаток информации

underlying [ˌʌndə'laiiŋ] 1. лежащий в основе; основной *(о болезни)* 2. подлежащий, находящийся [расположенный] под чем-л. *(напр. субхондральный хрящ)* 3. скрытый, бессимптомный *(напр. о болезни)*

undermine [ˌʌndə'main] 1. разрушать, подрывать *(напр. здоровье)* 2. оставаться неизвестным, невыявленным, неустановленным *(напр. о причине болезни)*

undernourishment [ˌʌndə'nʌriʃmənt], **undernutrition** [ˌʌndənuː'triʃn] 1. недоедание 2. пониженное питание; истощение, гипотрофия

underpopulation [ˌʌndəˌpɒpju'leiʃn] 1. низкая плотность населения, малочисленное население 2. недоуплотнение популяции

under-replication [ˌʌndəˌrepli'keiʃn] подавленная [замедленная] репликация

undersense ['ʌndəˌsens] 1. внутреннее чувство, интуиция, подсознательное чутьё 2. противоречивое чувство

undersexed [ˌʌndə'sekst] сексуально холодный

undersocialized [ˌʌndə'səuʃəlaizd] слабо социализированный

understanding [ˌʌndə'stændiŋ] 1. понимание; взаимопонимание 2. понятливость; ум; интеллект 3. интерпретация, пояснение, толкование *(напр. биотестов)*

 ~ **of electrocardiogram** расшифровка электрокардиограмм

 ~ **of the cancer** представления о раке

 ~ **of the development of Mallory's body** трактовка развития телец Маллори

understerilization [ˌʌndəˌsterilai'zeiʃn] неполная стерилизация

underventilation [ˌʌndəˌventi'leiʃn] гиповентиляция

underweight ['ʌndəweit] пониженная масса ‖ с пониженной массой, имеющий дефицит массы тела *(напр. ребёнок)*

underwork ['ʌndəwɜ:k] неквалифицированная [низкооплачиваемая] работа

underwriter ['ʌndəraitə] страховщик

underwriting ['ʌndəraitiŋ] 1. подтверждение 2. приём на страхование 3. *страх.* несение бремени риска за что-л.

undescended [ˌʌndi'sendid] не опустившийся, не достигший нормального положения *(о яичке)*

undetectable [ˌʌndi'tektəbl] не обнаруживаемый, не выявляемый

undetermined [ˌʌndi'tə:mind] неясный, неизвестный; неопределённого происхождения

undiagnosed [ˌʌndaiæg'nəust] невыявленный, нераспознанный

undifferentiated [ˌʌnˌdife'renʃieitəd] незрелый, недифференцированный; малодифференцированный *(о злокачественных клетках)*

undigested [ˌʌndi'ʤestəd] непереваренный; неусвоенный

undiluted [ˌʌndai'lu:təd] неразбавленный, неразведённый

undine ['ʌndi:n] стеклянный сосуд для промывания глаз, ундинка

undinism ['ʌndinizm] ундинизм *(сексуальное возбуждение, вызываемое струёй воды, актом мочеиспускания)*

undirect [ˌʌndə'rekt] *рентг.* непрямой, косвенный *(напр. признак)*

undoing [ʌn'du:iŋ] *психол.* уничтожение сделанного *(защитный бессознательный механизм, когда неприемлемое сделанное подвергается отреагированию в противоположных действиях)*

undress [ʌn'dres] разбинтовывать, снимать повязку

undressed [ʌn'drest] неперевязанный, незабинтованный

undue [ʌn'dju:] 1. неадекватный; несоответствующий; неподходящий 2. несвоевременный

undulating ['ʌnduːleitiŋ] ундулирующий, волнообразный

undulation [ˌʌndu:'leiʃn] 1. ундуляция, волнообразные движения или изменения 2. неровность поверхности

 jugular ~ венозный пульс

 respiratory ~ дыхательные волны *(напр. на кривой артериального давления)*

unease [ʌn'i:z] 1. беспокойный, тревожный 2. неловкий

 social ~ социальное напряжение

uneasiness [ʌn'i:zinəs] 1. неудобство 2. беспокойство, тревога 3. неловкость, стеснённость

unechogenous [ʌnˌekəu'ʤenəs] *узи* анэхогенный

uneducated [ʌn'edjukeitid] необразованный

unemployment [ʌnim'plɔimənt] безработица

unexplained [ʌniks'pleind] необъяснимый, непонятный; неясной или неизвестной этиологии *(напр. о гипотензии)*

unexposed [ʌniks'pəuzd] 1. интактный, не подвергнутый воздействию 2. не обнажённый, не оголённый *(напр. о корнях зубов)*

unfairness [ʌn'feənəs] необъективность, несправедливость; зло

unfavorable [ʌn'feivərəbl] неблагоприятный; отрицательный

unfit [ʌn'fit] 1. негодный, неподходящий 2. непригодный *(по состоянию здоровья)*; нездоровый

 ~ **for a general anesthetic** не переносящий наркоза

 ~ **to plead** процессуально недееспособный

 permanently ~ **for Naval Service** негоден к службе в Военно-морском флоте с исключением с учёта

unforeseen [ʌnfɔː'si:n] непредвиденный, непредусмотренный

unforthcomingness [ʌnfɔːθ'kʌmiŋnəs] немотивированность

unfortunate [ʌn'fɔːtʃənət] 1. неудачник, неудачница 2. проститутка

ungraded [ʌn'greidid] неквалифицированный, несистематизированный

ungual ['ʌŋgwəl] ногтевой

unguent ['ʌŋgwent] мазь

unguiculus [ʌŋ'gwikjuləs] ноготок; коготок

unguis ['ʌŋgwis], *pl.* **ungues** ['ʌŋwiːz] 1. ноготь 2. *уст.* гипопион *(скопление гноя в передней камере глаза)* 3. ногтеобразная структура

~ **incarnatus** вросший ноготь

ungula ['ʌŋgjʊlə] акушерские щипцы

unhappiness [ʌn'hæpinəs] несчастье

unhealthy [ʌn'helθi] 1. вредный *(для здоровья)*, пагубный; антисанитарный 2. болезненный, нездоровый

unhygienic [ʌnhai'ʤiːnik] антисанитарный

unicameral [ˌjuːni'kæmərəl], **unicamerate** [ˌjuːni'kæməreit] однокамерный, однополостный

unicellular [ˌjuːni'selju:lə] одноклеточный

uni-enzyme [ˌjuːni'enzaim] унифермент

unifamilial [ˌjuːnifæ'miliəl] семейный, возникший в одной семье *(о болезни)*

unification [ˌjuːnifi'keiʃn] 1. объединение 2. унификация

~ **of pharmaceutical formulas for potent drugs** унификация рецептур для сильнодействующих лекарств

unifocal [ˌjuːni'fəʊkəl] 1. (одно)очаговый *(напр. о поражении миокарда)* 2. однородный, гомогенный *(об эхогенности)*

uniform ['juːnifɔːm] 1. форменная одежда, униформа || форменный 2. единообразный, однообразный, единородный, равномерный *(напр. об АД на руках)*

uniformity [ˌjuːni'fɔːmiti] 1. однородность, единообразие, постоянство, равномерность 2. унификация

~ **of blood flow** однородность кровотока

unigenic [ˌjuːni'ʤenik] моногенный *(имеющий единый предковый ген)*

unigerminal [ˌjuːni'ʤəːminəl] однояйцовый, монозиготный

unigravida [ˌjuːni'grævidə] женщина, беременная в первый раз

unilamellar [ˌjuːnilə'melə] однослойный, ламеллярный

unilaminar [ˌjuːni'læminə], **unilaminate** [ˌjuːni'læmineit] однослойный

unilateral [ˌjuːni'lætərəl] односторонний *(о локализации патологического процесса)*

unilocular [ˌjuːni'lɒkjʊlə] однокамерный, однополостный

uninfected [ʌnin'fektid] незаражённый, неинфицированный

uninhibited [ʌnin'hibitid] 1. раскованный, не стеснённый условностями *(о поведении)* 2. незаторможенный; неадаптированный, гипорефлекторный *(мочевой пузырь)*

uninjured [ʌn'inʤəd] неповреждённый, непоражённый, интактный

uninsured [ʌnin'ʃʊəd] незастрахованный

unintelligible [ʌnin'teliʤibl] *псих.* непонятный, невразумительный; неразборчивый *(о почерке)*

unintended [ʌnin'tendəd] 1. непроизвольный 2. непреднамеренный; случайный

uninuclear [ˌjuːni'nuːkliːə], **uninucleate** [ˌjuːni'nuːkliːeit] одноядерный, мононуклеарный

uniocular [ˌjuːni'ɒkjuːlə] 1. относящийся к одному глазу; монокулярный 2. одноглазый

union ['juːnjən] 1. соединение, слияние; сращение; заживление 2. союз

~ **by second intention** заживление вторичным натяжением

~ **of male and female** слияние мужской и женской половых клеток

bony ~ сращение перелома кости

clinical ~ клиническое сращение *(перелома)*

common law ~ *см.* **consensual** ~

complement ~ единица комплемента *(минимальная гемолитическая доза комплемента)*

compression ~ **of fracture** компрессионный метод лечения перелома кости

conjugal ~ брачный союз

consensual ~ консенсуальный брак; брачный союз, основанный на обычном праве *(заключённый без необходимого юридического или религиозного оформления, но отличный от сожительства)*

delayed ~ замедленная консолидация *(перелома)*

family ~ семья, брачный союз

faulty ~ неправильное [порочное] сращение *(костных отломков)*

free ~ гражданский брак

hemorrhagic ~ геморрагическая единица, ГЕ *(количество змеиного яда, вызывающего кровоизлияние у трёхдневного куриного эмбриона)*

illicit ~ *см.* **free** ~

incestuous ~ инцестный [кровно-родственный] брак

incomplete ~ частичное [неполное] сращение

primary ~ заживление первичным натяжением

secondary ~ заживление вторичным натяжением

sexual ~ совокупление, половой акт

syngamic nuclear ~ слияние сперматозоида с яйцеклеткой

trade ~ профсоюз, тред-юнион

vicious ~ *см.* **faulty** ~

unioval [ˌjuːni'əʊvəl], **uniovular** [ˌjuːni'ɒvjuːlə] однояйцовый, монозиготный *(о близнецах)*

unipara [ˌjuːni'pɪrərə] женщина, рожавшая один раз

uniparous [juː'nipərəs] родившая одного ребёнка

unipolar [ˌjuːni'pəʊlə] монополярный, униполярный

uniport ['juːnipɔːt] однонаправленный трансмембранный транспорт молекул или ионов *(напр. при диализе)*

unique [juː'niːk] уникальный; специфический *(напр. признак)*

unirradiated [ʌni'reidiːeitid] необлучённый

uniseptal [ˌjuːni'septəl], **uniseptate** [ˌjuːni'septeit] имеющий одну перегородку

unisex [ˌjuːni'seks] юнисекс, унисекс *(одинаковый для лиц обоего пола: 1. уравнение полов в работе, спорте, поведении 2. унификация мужской и женской одежды)*

unisexual [ˌjuːni'sekʃuːəl] относящийся к одному полу

unit ['juːnit] 1. единица *(измерения)* 2. аппарат; прибор, устройство, приспособление; установка 3. отделение *(лечебного учреждения)*; блок 4. группа лиц или объектов, рассматриваемых как целое

~ **for treatment of alcohol and drug addiction** наркологическое отделение

~ **of radioactivity** единица радиоактивности

~ **under test** 1. проверяемый прибор; испытываемое устройство 2. объект испытаний

accommodation ~ жилая единица; квартира; дом на одну семью

activity ~ единица действия, ЕД

acute medical ~ отделение неотложной терапии

acute psychiatric ~ отделение по оказанию срочной психиатрической помощи

administrative segregation ~ отделение для административной изоляции заключённых

adnexal ~**s** придатки, придаточные структуры

adolescent ~ подростковое отделение

aerator-clarifier ~ аэротенк-отстойник

air-turbine ~ установка (стоматологическая) с воздушной турбиной

alarm ~ прибор для подачи сигнала тревоги

alcohol measure ~ спиртометр, алкоголеметр

alpha ~**s** цитоплазматические гранулы [глыбки] гликогена (в клетках печени)

amboceptor ~ гемолитическая единица

anatomic ~ анатомическая единица

anesthesia ~ анестезиологический блок

antigen recognition ~ антигенраспознающий комплекс (клетки)

antitoxic (serum) ~ антитоксическая единица, АЕ (единица активности антитоксина, способная нейтрализовать определённую дозу токсина)

artificial respirating ~ аппарат искусственной вентиляции лёгких, респиратор

atomic mass ~ атомная единица массы

audio response ~ комп. акустическое ответное устройство, устройство речевого ответа

autonomous control ~ автономное [местное] устройство управления

base ~**s** основные единицы в системе СИ (длины – метр, массы – килограмм, времени – секунда, электрического тока – ампер, температуры – кельвин, количества вещества – моль, силы света – кандела)

basic ~ **of heredity** основная единица наследственности (ген)

basis data ~ основная информационная единица (США)

bath ~ дезинфекционно-банное подразделение

biofeedback ~ установка для осуществления биоуправления, установка биологической обратной связи

biological ~ единица биологической активности лекарственного препарата

blower ~ вентиляционная установка

bone marrow transplant ~ отделение пересадки костного мозга

brief therapy ~ псих. отделение кратковременного лечения

British thermal ~, **BTU** британская тепловая единица, БТЕ (количество теплоты, необходимое для нагревания 1 фунта воды от 39 °F до 40 °F; равна 252 калориям)

burn ~ ожоговый центр; ожоговое отделение

burst-forming ~ бурстобразующаяся эритроидная единица

cancer ~ онкологическое отделение

cardiovascular care ~ кардиологическое отделение

central display ~ комп. центральный дисплей

chlorination ~ хлоратор

clinical ~ клиника; клиническое отделение

complement ~ гемолитическая единица комплемента (количество комплемента, вызывающее лизис 50 % эритроцитов)

compression-extension ~ аппарат для компрессионно-дистракционного остеосинтеза

continuous flow microdialysis ~ устройство для проточного микроанализа, проточный микроанализатор

control ~ 1. блок [устройство] управления 2. изолятор

convergent beam ~ аппарат для конвергентного облучения

coronary care ~ коронарное отделение интенсивной терапии

crisis ~ кризисный стационар, или отделение (обычно для больных, совершивших суицидальную попытку или имеющих суицидальные намерения)

critical care ~ отделение интенсивной терапии

crossover ~ генетическая единица кроссинговера

cryosurgery ~ аппарат для криохирургии

defining ~ основная единица

dental ~ стоматологическая установка

derived ~ производная единица

dialysis ~ диализатор, установка для диализа

disaster ~ аварийно-спасательный отряд (при катастрофах)

disease ~ нозологическая единица, или форма

display ~ дисплей (экран или устройство для индикации)

electric power ~ блок электропитания

electromotive ~ единица электродвижущей силы

emergency-life ~ см. **disaster** ~

enzyme ~ единица активности фермента

erythropoietin dependent colony forming ~ эритропоэтинзависимая колониеобразующая клетка

extended care ~ реабилитационное отделение

family ~ семейная ячейка, семья

fetal intensive care ~ см. **premature baby** ~

fibrous ~ фиброзное сращение; прорастание фиброзной ткани

field surgical ~ полевой хирургический отряд

focus-forming ~ бляшкообразующая единица, БОЕ

foot-pound-second ~ единица британской имперской системы (основные единицы: фут, фунт, секунда)

frozen ~ замороженный образец

gamma-beam [gamma-ray] (teletherapy) ~ гамма-терапевтическая установка

general medical ~ общее терапевтическое отделение

genetic ~ генетическая единица

Haunsfild ~ Хаунсфилда единица (для измерения оптической плотности тканей при прохождении рентгеновского излучения: от -1000 до +1000 условных единиц)

health ~ медицинский пункт, здравпункт

health management ~ факультет менеджмента в здравоохранении

hemodialysis ~ отделение гемодиализа

hemolytic ~ (международная) гемолитическая единица

high dependency ~ палата с постоянным сестринским постом

hyperemia ~ биодоза, эритемная доза (УФО)

immunizing ~ иммунизирующая единица, вакцинирующая доза

intensive care [intensive therapy] ~ отделение интенсивной терапии (и реанимации)

international ~ **of penicillin** международная единица пенициллина (*активность 0,6 мкг сухого кристаллического бензилпенициллина равна 1675 ЕД*)

laser ~ лазерная установка, лазерный аппарат

local health ~ местный орган здравоохранения

lung ~ ацинус (*структурная единица лёгкого*)

lung compliance ~ прибор для определения растяжимости лёгких

map ~ единица генетической карты (*расстояние между генетическими признаками*)

mapping ~ единица картирования (*наименьший объект на карте*)

maintenance hemodialysis ~ отделение поддерживающего гемодиализа

major derived ~ важнейшая производная единица

maximum security ~ *псих.* отделение со строгим наблюдением или надзором

medical ~ 1. терапевтическое отделение 2. бригада неотложной помощи

membrane attack ~s мембраноатакующие компоненты, мембраноатакующий комплекс (*активации комплемента*)

mental observation ~ психиатрическое учреждение

microwave treatment ~ микроволновая установка (*для лечения*)

mobile health [mobile medical] ~ передвижная амбулатория, передвижной медицинский пункт

mobile surgical ~ мобильная хирургическая бригада

monitoring ~ контрольная установка

Morgan ~ морганида, сантиморганида (*единица измерения на генной карте; соответствует расстоянию между генами, рекомбинация которых происходит с частотой 1 %*)

motor ~ мотонейрон, двигательная единица (*эфферентный нейрон, иннервирующий группу мышечных волокон*)

mouse ~ мышиная единица (*единица измерения биологической активности эстрогенов*)

nampling ~ единица наблюдения

neonatal intensive care ~ отделение интенсивной терапии новорождённых

nephelometric turbidity ~s нефелометрические стандарты мутности

nerve ~ нейрон, нервная единица

neuromuscular ~ нервно-мышечная единица

new clinical drug evolution ~ отдел оценки новых лекарственных средств; департамент контроля

nursing ~ пост медицинской сестры, сестринский пост

oral evacuating ~ стоматологический слюноотсос

Oxford ~ Оксфордская единица пенициллина (*количество антибиотика, предотвращающее рост колоний золотистого стафилококка в диаметре 26 мм*)

photofluorographic ~ флюорограф

pick-up ~ (измерительный) преобразователь; датчик

pilot ~ диагностическое [обсервационное] отделение

plaque forming ~ бляшкообразующее число (*для определения титра фагов, вирусов, колицинов*)

power ~ 1. единица мощности 2. блок питания

pox-forming ~ оспенный рубец, оспинка

premature baby ~ отделение для недоношенных новорождённых

primary health ~ пункт оказания первичной медицинской помощи

prison psychiatric ~ психиатрическое отделение тюрьмы

protein nitrogen ~ активность аллергена в единицах белкового азота

provider ~ больница

psychiatric crisis ~ *см.* crisis ~

pump ~ насос, насосная установка, пневматический аппарат

radiation ~s **and measurements** радиационные единицы и измерения

rat ~ крысиная единица (*единица биологической активности эстрогенов*)

readout ~ 1. отсчётное устройство 2. считывающее устройство

rheumatic disease ~ нозологическая единица «ревматизм»

roentgen ~ рентген (*единица дозы ионизирующего излучения*)

sample ~ количество образца; элемент выборки

sampling ~ единица наблюдения

serialography ~ сериограф (*приставка к рентгеновскому аппарату для серийных снимков*)

skin test ~ единица измерения кожного теста

sleep inducing ~ аппарат для лечения электросном

Somogyi ~ Сомоги единица (*мера активности амилазы в сыворотке крови*)

slab gel ~ ячейка для электрофореза в слое [пластинке] геля

stroke ~ отделение для больных инсультом

suction ~ аспиратор, отсасыватель

surgery ~ 1. операционный блок 2. хирургическое отделение

surgical intensive care ~ отделение хирургической интенсивной терапии

surgical X-ray TV ~ операционная рентгенотелевизионная установка

Svedberg ~ единица седиментации Сведберга

temperature control ~ термограф

transplant ~ отделение трансплантации

treatment ~ комплект лечебных средств

ultrasonic ~ ультразвуковая установка

water-turbine ~ (стоматологическая) установка с водяной турбиной

X-ray ~ 1. рентгенодиагностическая или рентгенотерапевтическая установка 2. рентгенологический кабинет 3. Кинбека единица (*1/10 эритемной дозы рентгеновских лучей*)

X-ray TV ~ рентгенотелевизионная установка

unitary ['juːniˌtærɪ] 1. унитарный (*напр. о теории гемопоэза*) 2. однократный (*о выборке*)

unite [juˈnaɪt] 1. соединять(ся); объединяться(ся) 2. срастаться, приживляться

unitization [ˌjuːnɪtɪˈzeɪʃn] автономизация, разделение на подразделения

unity ['juːnɪtɪ] единение, единство

univalent [ˌjuːniˈveilənt] 1. моновалентный *(напр. об антителах)*, хим. одновалентный 2. унивалент *(неконъюгированная хромосома на стадии первого мейотического деления)*

universe [ˈjuːnivəːs] 1. популяция 2. совокупность
 epitope ~ разнообразие антигенных детерминант *(напр. бактерий, вирусов)*

unlawful [ʌnˈlɔːfl] 1. внебрачный 2. насильственный 3. криминальный, уголовный

unlearning [ʌnˈləːniŋ] психол. разучение, утрата приобретённого в ходе научения

unloading [ʌnˈləʊdiŋ] 1. избавление 2. расслабление
 ~ of oxygen from oxyhemoglobin выделение кислорода из оксигемоглобина

unlock [ʌnˈlɒk] 1. разъединить *(костные фрагменты)* 2. снять запирающее устройство

unlust [ʌnˈlʌst] неудовольствие, скука

unmedullated [ənˈmedjuːleitəd] не имеющий миелиновой оболочки, безмиелиновый

unmixed [ʌnˈmikst] несмешанный, беспримесный, чистый

unmyelinated [ənˈmaiəliˌneitid] немиелинизированный, безмякотный *(о нервном волокне)*

unnecessary [ʌnˈnesəsri] необязательный; неоправданный; нежелательный *(напр. о побочном действии медикамента)*

unobstructed [ʌnəbˈstrʌktəd] свободнопроходимый, незакупоренный *(напр. о дыхательных путях)*

unofficial [ʌnəˈfiʃl] неофициальный *(лекарство, не занесённое в Фармакопею)*

unoperative [ʌnˈɒpərətiv] неоперабельный, не поддающийся хирургической коррекции

unopposed [ʌnəˈpəʊzd] не встречающий сопротивление *(напр. об эстрогенной стимуляции овогенеза)*

unoxidizable [ʌnˌɒksiˈdaizəbl] неокисляемый, неокисляющийся

unoxidized [ʌnˈɒksidaizd] неокисленный

unpainful [ʌnˈpeinfl] безболезненный

unpair [ʌnˈpeə] денатурировать *(нарушать комплементарное взаимодействие в нуклеиновых кислотах)*

unpenetrable [ʌnˈpenətrəbl] 1. непроницаемый 2. непенетрирующий

unphysiologic [ʌnˌfiziəˈlɒdʒik] нефизиологичный, неестественный; патологический

unpredictable [ʌnpriˈdiktəbl] непредсказуемый, не поддающийся прогнозу

unprimed [ʌnˈpraimd] непримированный *(не имевший контакта с антигеном)*

unprompted [ʌnˈprɒmptid] спонтанный, самопроизвольный

unpurified [ʌnˈpjʊərifaid] неочищенный

unreason [ʌnˈriːzn] неразумность, глупость, безумие; абсурдность

unrecognized [ʌnˈrekəgnaizd] нераспознанный; скрытный, бессимптомный *(напр. о болезни)*

unrefined [ʌnriˈfaind] см. **unpurified**

unreliable [ʌnriˈlaiəbl] ненадёжный, недостоверный

unrelieved [ʌnriˈliːvd] некупируемый, неустраняемый; несни114маемый *(напр. о боли)*

unremarkable [ʌnriˈmaːkəbl] незаметный; скрытный, бессимптомный *(о течении болезни)*

unremediable [ʌnˈremədiəbl] инкурабельный, неизлечимый

unremitting [ʌnriˈmitiŋ] непрерывный *(о течении болезни)*

unresectable [ʌnriˈsektəbl] нерезектабельный; не подлежащий резекции

unresolved [ʌnriˈzɒlvd] 1. неразрешимый 2. трудно диагностируемый; не поддающийся лечению

unresponsive [ʌnriˈspɒnsiv] 1. нереагирующий, не отвечающий на воздействия; невосприимчивый 2. не поддающийся лечению; резистентный

unresponsiveness [ʌnriˈspɒnsivnəs] бесчувственность, ареактивность
 immunological ~ иммунологическая толерантность
 long-lived ~ стойкая невосприимчивость
 protein overdose ~ ареактивность при белковой перегрузке *(вызванная многократным введением массивных доз белкового антигена)*

unroofing [ʌnˈruːfiŋ] удаление [иссечение] свода *(напр. патологической полости)*

unsalvagable [ʌnˈsælvədʒəbl] несовместимый с жизнью, нежизнеспособный

unsanitary [ʌnˈsænətəri] антисанитария ‖ антисанитарный *(напр. об условиях)*

unsatisfactory [ʌnˌsætisˈfæktəri] неудовлетворительный

unsatisfied [ʌnˈsætisfaid] неудовлетворённый

unsaturated [ʌnˈsætʃəreitid] 1. ненасыщенный 2. хим. содержащий двойные и тройные связи

unselected [ʌnsəˈlektid] рандомизированный, произвольно взятый

unsolvable [ʌnˈsɒlvəbl] 1. нерастворимый 2. неразрешимый

unsolved [ʌnˈsɒlvd] неразрешимый; неконтролируемый, неустранимый *(напр. об осложнении)*

unsound [ʌnˈsaund] 1. нездоровый, слабый; болезненный 2. дефективный, аномальный

unspecified [ʌnˈspesəfaid] 1. неспецифический 2. неуточнённый *(о болезни в классификации)*

unstable [ʌnˈsteibl] нестабильный, неустойчивый, изменчивый
 emotionally ~ эмоционально неустойчивый, эмоционально лабильный

unsteadiness [ʌnˈstedinəs] нестабильность, неустойчивость *(напр. позвоночника)*

unsterile [ʌnˈsterail] нестерильный

unsterilized [ʌnˈsterilaizd] нестерилизованный

unstrained [ʌnˈstreind] непроцеженный, нефильтрованный

unstriated [ʌnˌstraiˈeitid] без поперечной исчерченности, гладкий *(о мышцах)*

unsuitable [ʌnˈsjuːtəbl] неадекватный, неприемлемый

unsusceptible [ʌnsəˈseptəbl] невосприимчивый; нечувствительный

untoward [ʌnˈtəʊəd] 1. неблагоприятный; побочный *(о реакции на медикамент)* 2. неудачный 3. несовместимый; неподходящий

untrue [ʌnˈtruː] отклоняющийся от нормы, аномальный

untwist [ʌnˈtwist] раскручивать *(напр. сверхспираль ДНК)*

ununited [ʌnju:'naitid] несоединённый, несросшийся *(перелом)*

unusual [ʌn'ju:ʒʋəl] необычный; атипичный *(напр. остеомиелит)*

unviable [ʌn'vaiəbl] нежизнеспособный

unwell [ʌn'wel] нездоровый, больной

unwholesome [ʌn'həʋlsəm] **1.** нездоровый **2.** вредный

unwieldy [ʌn'wi:ldi] громоздкий, неуклюжий

unwilling [ʌn'wiliŋ] недобровольный

unwindase [ʌn'waindeiz] хеликаза *(фермент, расплетающий двойную спираль молекулы ДНК)*

unyielding [ʌn'ji:ldiŋ]:

   ~ to therapy резистентный к терапии; безуспешность лечения

upbringing ['ʌpbriŋiŋ] воспитание

update [ʌp'deit] **1.** модернизация, доведение до уровня современности **2.** корректировка, обновление **3.** современный *(напр. метод)*

   ~ on manifestation of HIV infection современные данные о проявлениях ВИЧ-инфекции

   psychopharmacology ~ современные данные по психофармакологии

updating [ʌp'deitiŋ] уточнение, обновление *(данных, методов и т. п.)*

uperization [ju:pəri'zeiʃn] уперизация *(метод стерилизации молока)*

uperizer ['ju:pəraizə] уперизатор *(установка для стерилизации молока)*

upgrade [ʌp'greid] подъём, совершенствование ‖ переводить что-л. на более высокую ступень, совершенствовать

   ~ of equipment оптимизация оборудования

upgrowth ['ʌpgrəʋθ] рост, развитие

upregulation [ʌpregjʋ'leiʃn] повышение уровня регуляции; повышение функциональной активности

upright [ʌp'rait] прямостоящий, прямой, вертикальный

uprooting [ʌp'ru:tiŋ] *псих.* искоренение

upset [ʌp'set] **1.** расстройство, нарушение; беспорядок ‖ расстроенный **2.** недомогание, дискомфорт, дисфункция ‖ расстраивать; нарушать функцию

   ~ of mentality расстройство сознания

   emotional ~ нервное потрясение

   gastroenteric ~ желудочно-кишечное расстройство

   stomach ~ *разг.* «желудочное расстройство»

upside ['ʌpsaid] верхняя часть или сторона

upslope ['ʌpsləʋp] анакрота *(восходящее колено кривой пульса)*

upstream [ʌp'stri:m] *ген.* предшествующий участок оперона, регуляторный участок перед геном

upstroke [ʌp'strəʋk]:

   ~ of R wave восходящее колено зубца R

   carotid ~ пульсация сонных артерий

uptake ['ʌpteik] поглощение, усвоение, потребление, захват ‖ поглощать, усваивать

   ~ of antitumor agent включение противоопухолевого агента

   ~ of convulsant in brain накопление конвульсанта в головном мозге

   amine precursor ~ and decarboxylation APUD-система *(накопление предшественников биогенных аминов, их декарбоксилирование и выработка биологически активных производных)*

   cell ~ включение клеткой какого-л. вещества *(напр. меченого тимидина)*

   defective ~ нарушение поглощения

   glucose ~ by heart потребление [захват] глюкозы кардиомиоцитами

   luxury ~ избыточное поглощение

   oxygen ~ утилизация кислорода

   periferal glucose ~ усвоение глюкозы периферическими тканями

   thyroid iodine ~ поглощение йода щитовидной железой

up-to-date [ʌp-tə-deit] **1.** новейший, современный **2.** модернизированный

urachal ['ju:rəkəl] относящийся к мочевому протоку

urachus ['ju:rəkəs] *эмбр.* мочевой проток, урахус

   patent [persistent] ~ незаращённый мочевой проток

uracil ['ju:rəsil] урацил *(одно из азотсодержащих оснований, входящих в состав РНК)*

uracrasia [ju:rə'kreiziə] недержание мочи, энурез

uragogue ['ju:rəgɒg] мочегонное средство

uranalysis ['ju:rə,næləsis] анализ мочи

uraniscochasma [ju:,ræniskəʋ'kæzmə] *см.* **uranoschisis**

uraniscolalia [ju:,ræniskəʋ'leiliə] речевой дефект при расщеплённом твёрдом нёбе

uranisconitis [ju:,ræniskəʋ'naitis] воспаление твёрдого нёба

uraniscoplasty [ju:ræ'niskəʋ,plæsti] *см.* **uranoplasty**

uraniscorrhaphy [ju:rænis'kɔrəfi] ушивание расщелины нёба

uraniscus [ju:rə'niskəs] нёбо

uranism ['ju:rənizm] педерастия; мужской гомосексуализм

uranium [jʋ'reiniəm] уран, U *(имеет изотопы ^{233}U, ^{235}U, ^{238}U с периодом полураспада около $4,5 \times 10^9$ лет)*

uranophobia [ju:rənəʋ'fəʋbiə] уранофобия *(боязнь смотреть в небо)*

uranoplasty ['ju:rənəʋ,plæsti] уранопластика, палатопластика *(устранение дефекта твёрдого нёба)*

uranoplegia [ju:rənəʋ'pli:ʤiə] паралич мышц мягкого нёба

uranorrhaphy [ju:rə'nɔ:rəfi] стафилорафия *(ушивание расщелины мягкого нёба)*

uranoschisis [ju:rə'nɔ:skisis] незаращение [расщелина] твёрдого нёба

uranostaphyloplasty [ju:rənəʋ'stæfələʋ,plæsti], **urnostaphylorrhaphy** [ju:rənəʋ,stæfə'lɒrəfi] устранение дефектов мягкого и твёрдого нёба

uranostaphyloschisis [ju:rənəʋ,stæfə'lɒskisis] расщелина мягкого и твёрдого нёба

uraroma [ju:rə'rəʋmə] запах мочи

urarthritis [ju:rа:'θraitis] подагрический артрит

urate ['ju:reit] урат, соль мочевой кислоты

   ammonium ~ аммония урат *(мочевой камень)*

   sodium ~ натрия урат *(мочевой камень)*

uratemia [ju:rei'ti:miə] уратемия *(повышенное содержание мочевой кислоты в крови)*

uratolytic [ju:reitəʋ'litik] растворяющий или разрушающий ураты

uratoma [ˌjʊərəˈtəʊmə] подагрический узел

uratosis [ˌjuːrəˈtəʊsis] подагра

uraturia [ˌjuːrəˈtjuːriə] уратурия *(повышенное содержание уратов в моче)*

urbanite [ˈəːbənait] городской житель, горожанин

urbanoid [əːbəˈnɒid] характерный для большого города

urbiculture [əːbiˈkʌltʃə] городской образ жизни

urblet [ˈəːblət] пригород, промышленный пригород

ur-defenses [əː-diˈfensis] фундаментальные основы мировоззрения, необходимые для психологической интеграции в человеческое сообщество

urea [ˈjuːriə] мочевина *(основной продукт распада в процессе метаболизма белков)*

ureagenesis [juːriːəˈdʒenəsis] образование мочевины

ureal [juːˈriːəl] мочевинный, содержащий мочевину

ureametry [juːriːˈəmətri] определение содержания мочевины в моче

ureaplasmosis [ˌjuːriːəplæzˈməʊsis] *инф.* уреаплазмоз

ureapoiesis [juːriːəppiˈiːsis] образование [синтез] мочевины

urease [ˈjuːriːeis] уреаза *(фермент, катализирующий гидролиз мочевины с образованием аммиака и углекислого газа)*

urecath-set [juːˈriːkæθ-set] набор катетеров

urecchysis [jʊˈrekisis] мочевая инфильтрация

uredema [juːrəˈdiːmə] мочевая инфильтрация тканей, мочевой затёк

uredo [jʊˈriːdəʊ] 1. крапивница 2. чувство жжения на коже

ureidosuccinase [jʊriːdəʊˈsʌksineiz] уреидосукциназа

urelcosis [juːrelˈkəʊsis] изъязвление мочевых путей, образование язв в мочевых путях

uremia [juːˈriːmiə] уремия

  terminal ~ терминальная стадия хронической почечной недостаточности

uremic [juːˈriːmik] уремический, обусловленный уремией

uremigenic [juːriːmiˈdʒenik] 1. вызывающий уремию 2. вызванный уремией

ureoplasmosis [juːriːəʊplæzˈməʊsis] *инф.* уреоплазмоз

ureotelic [juːriːəʊˈtelik] уреотелический *(выводящий аминный азот в виде мочевины)*

uresiesthesia [juːriːsiesˈθiːziə] позывы к мочеиспусканию

uresis [juːˈriːsis] мочеиспускание

ureter [juːˈriːtə] мочеточник

  double ~ двойной мочеточник

  ectopic ~ эктопия устья мочеточника

  obstructed ~ закупорка [обструкция] мочеточника

  retrocaval ~ ретрокавальный мочеточник

  tortuous ~ извитой мочеточник

  upper ~ верхний отдел мочеточника

ureteral [juːˈriːtərel] мочеточниковый

ureteralgia [juːˌriːtərˈældʒiə] боль в мочеточнике

uretercystoscope [juːˌriːtəˈsistəʊskəʊp] катетеризационный цистоскоп

ureterectasia [juːˌriːtərekˈteiziə] расширение мочеточника

ureterectomy [juːˌriːtərˈektəmi] экстирпация мочеточника

  partial ~ резекция мочеточника

ureteric [juːrəˈterik] *см.* **ureteral**

ureteritis [juːˌriːtəˈraitis] уретерит *(воспаление мочеточника)*

ureterocele [juːˈriːtərəʊsiːl] уретероцеле, грыжа устья мочеточника

ureterocolostomy [juːˌriːtərəʊkəʊˈlɒstəmi] уретероколоанастомоз *(пересадка мочеточника в толстую кишку)*

ureterocystanastomosis [juːˌriːtərəʊsistˌænæstəʊˈməʊsis],

ureterocystostomy [juːˌriːtərəʊsistˈɒstəʊmi] уретероцистоанастомоз *(имплантация мочеточника в мочевой пузырь)*

ureterodialysis [juːˌriːtərəʊdaiˈælisis] разрыв мочеточника

ureteroenterostomy [juːˌriːtərəʊˌentəˈrɒstəmi] уретероэнтеростомия

ureterography [juːˌriːtəˈrɒgrəfi] *рентг.* уретерография

ureteroileoneocystostomy [juːˌriːtərəʊiliːəʊniˈəʊsistˈɒstəʊmi] уретероилеонеоцистостомия *(восстановление дефектного мочеточника сегментом тонкой кишки, нижнюю часть которой имплантируют в мочевой пузырь)*

ureterolith [juːˈriːtərəʊliθ] камень мочеточника

  immovable [persistent] ~ включенный в мочеточник камень

ureterolithiasis [juːˌriːtərəʊliˈθaiəsis] уретеролитиаз *(образование или наличие конкремента в мочеточнике)*

ureterolithotomy [juːˌriːtərəʊliˈθɒtəmi] уретеролитотомия

ureterolithotripsy [juːˌriːtərəʊliˈθɒtripsi] уретеролитотрипсия *(раздробление камней в мочеточнике)*

ureterolysis [juːriːterˈɒlisis] 1. уретеролиз *(освобождение мочеточника от спаек)* 2. разрыв мочеточника

ureteroneocystostomy [juːˌriːtərəʊˌniːəʊˈsistɒstəmi] *см.* **ureterocystostomy**

ureteroneopyelostomy [juːˌriːtərəʊˌniːəʊˌpaiəˈlɒstəmi] уретеропиелостомия *(вшивание мочеточника в почечную лоханку)*

ureteronephrectomy [juːˌriːtərəʊnəˈfrektəmi] уретеронефрэктомия *(удаление почки с мочеточником)*

ureteropathy [juːˌriːtəˈrɒpəθi] патологический процесс в мочеточнике

ureteropelvic [juːˌriːtərəʊˈpelvik] относящийся к мочеточнику и почечной лоханке

ureteropelvioplasty [juːˌriːtərəʊˈpelviəʊˌplæsti] уретеропельвиопластика *(восстановительная операция при стенозе лоханочно-мочеточникового соустья)*

ureterophlegm [juːˈriːtərəʊˈflem] скопление слизи в мочеточнике

ureteroplasty [juːˈriːtərəʊˌplæsti] пластическая операция на мочеточнике, уретеропластика

ureteropyelitis [juːˌriːtərəʊpaiəˈlaitis] воспаление мочеточника и почечной лоханки

ureteropyelography [juːˌriːtərəʊpaiəˈlɒgrəfi] *рентг.* пиелоуретерография, уретеропиелография

ureteropyelo(neo)stomy [juːˌriːtərəʊpaiələʊniˈɒstəmi] *см.* **ureteropelvioplasty**

ureteropyelonephritis [juːˌriːtərəʊpaiələʊniˈfraitis] уретеропиелонефрит *(воспаление почечных лоханок и мочеточников)*

ureteropyeloplasty [juːˌriːtərəʊˈpaiələʊˌplæsti], **ureteropyelostomy** [juːˌriːtərəʊˌpaiəˈlɒstəmi] *см.* **ureteropelvioplasty**

ureteropyosis [juːˌriːtərəʊpaiˈəʊsis] скопление гноя в мочеточнике

ureterorectoneostomy [juːˌriːtərəʊˌrektəʊniˈɒstəmi] уретероректонеостомия *(имплантация мочеточника в прямую кишку)*

ureterorrhagia [juˌriːtərəʊˈreɪʤɪə] уретерроррагия *(кровотечение из мочеточника)*

ureterorrhaphy [juˌriːtəˈrɒrəfi] уретерорафия *(сшивание концов резецированного мочеточника)*

ureteroscopy [juˌriːtəˈrɒskəpi] уретероскопия

ureterosigmoidostomy [juˌriːtərəʊsɪgmɒɪˈdɒstəmi] анастомоз между мочеточником и сигмовидной кишкой

ureterostenoma [juˌriːtərəʊstəˈnəʊmə] область сужения мочеточника

ureterostenosis [juˌriːtərəʊstəˈnəʊsɪs] стриктура мочеточника

ureterostomy [juˌriːtərˈɒstəmi] уретеростомия; уретеростома

  cutaneous ~ кожная уретеростомия, уретерокутанеостомия

ureterotomy [juˌriːtərˈɒtəmi] уретеротомия *(вскрытие мочеточника)*

  intubated ~ уретеротомия и интубация мочеточника

ureteroureteral [juˌriːtərəʊjuːˈriːtərəl] межмочеточниковый *(анастомоз)*

ureterovaginal [juˌriːtərəʊˈvæʤɪnəl] мочеточниково-влагалищный *(напр. свищ)*

ureterovesicostomy [juˌriːtərəʊˌvesiˈkɒstəmi] уретероцисто-анастомоз *(имплантация мочеточника в мочевой пузырь)*

urethra [juˈriːθrə] мочеиспускательный канал, уретра

  female ~ женский мочеиспускательный канал, женская уретра

  male ~ мужской мочеиспускательный канал, мужская уретра

  membranous ~ перепончатая часть мужского мочеиспускательного канала

  penile ~ висячая [губчатая] часть мужского мочеиспускательного канала

  prostatic ~ предстательная часть мужского мочеиспускательного канала

  proximal ~ проксимальный отдел мочеиспускательного канала

  spongy ~ *см.* **penile** ~

  unstable ~ нестабильная уретра

urethral [juːˈriːθrəl] относящийся к мочеиспускательному каналу, уретральный

urethralgia [juːriˈθrælʤɪə] рези в мочеиспускательном канале

urethratresia [juːˌriːθrəˈtriːzɪə] атрезия мочеиспускательного канала

urethremphraxis [ˌjuːriːˌrəmˈfræksɪs] обструкция [закупорка] мочеиспускательного канала

urethreurynter [juːriˈθruːˈrɪntə] уретрейринтер *(инструмент для расширения мочеиспускательного канала)*, уретральный буж

urethrism [ˈjuːriθrɪzm] спазм мочеиспускательного канала

urethritis [ˌjuːriˈθraɪtɪs] уретрит *(воспаление мочеиспускательного канала)*

  ~ **venerea** гонорея, гонорейный уретрит

  non-gonococcal ~ негонококковый уретрит

  nonspecific [**simple**] ~ неспецифический уретрит

  specific ~ гонорея, гонорейный уретрит

urethrobalanoplasty [juːˌriːθrəʊˈbælænəʊˌplæsti] уретробаланопластика *(устранение гипоспадии или эписпадии)*

urethrocele [juˈriːθrəʊsiːl] уретроцеле *(выпячивание стенки мочеиспускательного канала, обычно у женщин)*

urethrocystitis [juˌriːθrəʊsɪsˈtaɪtɪs] уретроцистит

urethrocystography [juˌriːθrəʊsɪsˈtɒgrəfi] *рентг.* уретроцистография

urethrocystometry [juˌriːθrəʊsɪsˈtɒmətri] уретроцистометрия *(измерение давления в мочевом пузыре и мочеиспускательном канале)*

urethrodynia [juˌriːθrəʊˈdɪnɪə] рези в мочеиспускательном канале

urethrography [juːriˈθrɒgrəfi] *рентг.* уретрография

  ascending ~ восходящая уретрография

  descending ~ нисходящая уретрография

  voiding ~ микционная уретрография

urethrohemorrhagia [juˌriːθrəʊˈheməreɪʤɪə] *см.* **urethrorrhagia**

urethrometry [ˌjuːriˈθrɒmətri] уретрометрия *(определение степени сужения уретры)*

urethrophraxis [juˌriːθrəʊˈfræksɪs] обструкция [закупорка] мочеиспускательного канала

urethrophyma [juˌriːθrəʊˈfaɪmə] объёмное образование в мочеиспускательном канале

urethroplasty [juˈriːθrəʊˌplæsti] уретропластика *(восстановление мочеиспускательного канала)*

  transpubic ~ чрезлобковая уретропластика

urethrorrhagia [juˌriːθrəʊˈreɪʤɪə] уретроррагия *(кровотечение из мочеиспускательного канала)*

urethrorrhaphy [ˌjuːriˈθrɒrəfi] шов уретры

urethrorrhea [juˌriːθrəʊˈrɪə] выделения из мочеиспускательного канала

urethroscopy [ˌjuːriˈθrɒskəpi] уретроскопия

urethrostaxis [juˌriːθrəʊˈstæksɪs] кровоточивость слизистой оболочки мочеиспускательного канала

urethrostenosis [juˌriːθrəʊstəˈnəʊsɪs] стриктура [сужение] мочеиспускательного канала, уретростеноз

urethrostomy [ˌjuːriˈθrɒstəmi] 1. уретростомия *(создание свища мочеиспускательного канала)* 2. уретростома

  perineal ~ промежностная уретростома

urethrotomy [juˌriˈθrɒtəmi] уретротомия *(иссечение или рассечение участка стеноза мочеиспускательного канала)*

  external ~ наружная уретротомия

  internal ~ внутренняя уретротомия

  perineal ~ промежностная уретротомия

uretic [juˈretik] 1. мочевой *(относящийся к моче)* 2. мочегонное средство, диуретик

urge [əːʤ] 1. побуждение, императивный мотив; сильное желание ‖ побуждать 2. непроизвольный акт

  to ~ **cough** приступ кашля ‖ кашлять

  micturate ~ позыв на мочеиспускание

  sexual ~ сексуальное влечение

urgency [ˈəːʤənsi] 1. настоятельность, безотлагательность, срочность, ургентность; безотлагательная ситуация 2. сильная потребность в мочеиспускании

  motor ~ острый позыв к мочеиспусканию вследствие чрезмерной функции детрузора

  sensory ~ острый позыв к мочеиспусканию вследствие повышенной чувствительности мочевого пузыря и уретры

voiding ~ императивный [неудержимый] позыв к мочеиспусканию

urgent ['əːʤənt] 1. экстренный, ургентный, срочный, неотложный, безотлагательный 2. крайне необходимый 3. настойчивый, упорный, назойливый

urhidrosis [juːrhidˈrəʊsis] ургидроз (выделение избыточного количества мочевины и мочевой кислоты с потом)

uric ['juːrik] см. **urinary**

uric(acid)emia [juːrikˌæsiˈdiːmiə] урикемия (повышенное содержание мочевой кислоты в крови)

uricolysis [juːriˈkɒlisis] 1. разложение мочевой кислоты 2. растворение уратов

uricolytic [juːriˈkɒlitik] разлагающий мочевую кислоту; растворяющий уратные конкременты

uricometry [juːriˈkɒmətri] определение мочевой кислоты в моче

uricosuric [juːrikəʊˈsjuːrik] средство, способствующее выведению мочевой кислоты

uridrosis [juːriˈdrəʊsis] см. **urhidrosis**

uriesthesia [juːriesˈθiːziə] см. **uresiesthesia**

urinable ['juːrinəbl] выделяющийся с мочой

urinal ['juːrinəl] мочеприёмник; писсуар; «утка»

  incontinence ~ мочеприёмник, используемый при недержании мочи

urinalysis [juːriˈnælisis] исследование [анализ] мочи

  admission ~ анализ мочи при поступлении пациента

  drug ~ анализ мочи на наличие психоактивных веществ

  monitor serial ~ проведение повторных исследований мочи

urinary ['juːrinæri] мочевой, относящийся к моче

urinate ['juːrineit] мочиться

urinating [juːriˈneitiŋ]:

  ~ in inappropriate location выделение мочи в несоответствующем месте

  inappropriate ~ нарушение мочеиспускания, дизурия

urination [juːriˈneiʃn] мочеиспускание

  copious ~ обильное мочевыделение

  involuntary ~ непроизвольное мочеиспускание, непроизвольное мочевыделение

  precipitant ~ внезапный и сильный позыв на мочеиспускание

  repeated ~ частое или повторное мочеиспускание

  squat ~ мочеиспускание по женскому типу

  stuttering ~ прерывистое мочеиспускание

urinative [juːriˈneitiv] мочегонное средство, диуретик || мочегонный, диуретический

urine ['juːrin] моча

  acidic ~ моча кислой реакции (pH < 6,0)

  alkaline ~ моча щелочной реакции (pH > 6,0)

  black ~ чёрная моча (содержащая меланин)

  blood ~ кровянистая моча

  chylous ~ хилёзная моча

  cloudy ~ мутная моча (содержащая избыточное количество фосфатов)

  concentrated ~ моча с высокой плотностью, концентрированная моча

  crude [dilute] ~ моча с низкой плотностью

  dirty ~ моча, содержащая психоактивные средства

  discolored ~ окрашенная моча

  gouty ~ моча с высоким содержанием мочевой кислоты

  honey ~ «сладкая моча» (при сахарном диабете)

  milky ~ см. **chylous** ~

  nebulous ~ см. **cloudy** ~

  obligatory ~ облигатная моча (в количестве, необходимом для выведения продуктов метаболизма)

  passing ~ мочеиспускание, мочевыделение

  residual [retained] ~ остаточная моча

  untreated ~ необработанная [свежая] моча

urinidrosis [juːriniˈdrəʊsis] ургидроз (выделение мочевины и мочевой кислоты с потом)

uriniferous [juːriˈnifərəs] выводящий мочу (о почечных канальцах)

urinific [juːriˈnifik], **uriniparous** [juːriˈnipərəs] мочеобразующий

urinogenital [juːrinəʊˈʤenitəl] мочеполовой, урогенитальный || мочеполовой аппарат

urinogenous [juːriˈnɒʤənəs] 1. продуцирующий или выделяющий мочу 2. образующийся из мочи; урогенный

urinoglucosometry [juːrinəʊˌgluːkəʊˈsɒmətri] уроглюко(зо)метрия (определение содержания сахара в моче)

urinologist [juːriˈnɒləʤist] уролог

urinology [juːriˈnɒləʤi] урология

urinoma [juːriˈnəʊmə] 1. мочевой затёк, урогематома (скопление мочи в области повреждённого органа) 2. киста, содержащая мочу

urinometry [juːriˈnɒmətri] измерение плотности мочи

urinoscopy [juːriˈnɒskəpi] исследование [анализ] мочи

urinosexual [juːrinəʊˈsekʃʊəl] см. **urinogenital**

urinous ['juːrinəs] мочевой (относящийся к моче); уринозный (подобный моче)

uritis [juːˈraitis] ожоговый дерматит

urningism ['əːniŋgizm] см. **uranism**

uroacidimeter [juːrəʊˌæsiˈdimətə] pH-метр для исследования мочи

uroanthelone [juːrəʊˈænθələʊn] см. **urogastrone**

uroazotometry [juːrəʊˌæzəʊˈtɒmətri] количественное определение азота в моче

urobilin [juːrəʊˈbailin] уробилин (жёлчный пигмент, обнаруживаемый в моче)

urobilinemia [juːrəʊbiliˈniːmiə] уробилинемия (наличие уробилина в крови)

urobilinogen [juːrəʊbiˈlinəʊʤən] уробилиноген (продукт восстановления билирубина)

urobilinuria [juːrəʊˌbiliˈnjʊriə] (гипер)уробилинурия

urocele ['juːrəʊsiːl] мочевой затёк в мошонке, мочевая инфильтрация мошонки

urocheras [juːˈrɒkəræs] см. **uropsammus**

urochesia [juːrəʊˈkiːziə] выделение мочи из заднего прохода

urochrome ['juːrəʊkrəʊm] урохром (пигмент мочи)

uroclepsia [juːrəʊˈklepsiə], **uroclepsis** [juːrəʊˈklepsis] недержание мочи

urocrisis [juːrəʊˈkraisis] 1. криз с обильным выделением мочи 2. табетический криз с локализацией боли в мочевых органах

urocyanin [juːrəʊˈsaiənin] уроцианин (голубой пигмент, иногда обнаруживаемый в моче при скарлатине)

urocyanosis [juːrəʊsaiəˈnəʊsis] голубая окраска мочи (чаще при индиканурии)

urocyst ['juːrəʊsist], **urocystis** [juːrəʊ'sistis] мочевой пузырь

urocystic [ˌjuːrəʊ'sistik] мочепузырный

urocystitis [ˌjuːrəʊsis'taitis] цистит *(воспаление мочевого пузыря)*

urocystolithiasis [juːrəʊˌsistəʊli'θaiəsis] мочекаменная болезнь, уролитиаз

urocystolith [juːrəʊsistəʊ'liθ] *pl.* камни мочевого пузыря

urodialysis [juːrəʊdai'ælisis] почечная [секреторная] анурия

urodochium [juːrəʊ'dɒkiəm] *см.* **urinal**

urodynamic [juːrəʊdai'næmik] *pl.* уродинамика, мочеотделение

urodynia [juːrəʊ'diniə] болезненное мочеиспускание

uroedema [juːrəʊ'diːmə] *см.* **uroplania**

uroenterone [juːrəʊ'entərəʊn] *см.* **urogastrone**

urofluometry [juːrəʊflʊ'ɒmətri] урофлуометрия *(определение объёмной скорости мочеиспускания)*

urofuscin [juːrəʊ'fʌsin] фуксин, выделяемый мочой

urofuscohematin [juːrəʊˌfʌskəʊ'hemətin] урофускогематин *(пигмент, обнаруживаемый в моче при лепре)*

urogastrone [juːrəʊ'gæstrəʊn] урогастрон *(депрессор желудочной секреции, выделенный из мочи)*

urogenital [juːrəʊ'dʒenitl] *см.* **urinogenital**

urogenous [juːrəʊ'dʒenəs] *см.* **urinogenous**

uroglaucin [juːrəʊ'glɔːsin] *см.* **urocyanin**

urography [juː'rɒgrəfi] *рентг.* урография, экскреторная пиелоуретерография

  ascending [cystoscopic] ~ *см.* **retrograde ~**

  descending [excretion, excretory] ~ экскреторная [нисходящая, выделительная] урография

  intravenous ~ внутривенная урография

  retrograde ~ ретроградная [восходящая] урография

urohematin [juːrəʊ'hemətin] **1.** урогематин **2.** уробилин, мезобилин

uroheparin [juːrəʊ'hepərin] инактивированный гепарин, выделяемый с мочой

urohydropropulsion [juːrəʊˌhaidrəʊprəʊ'pʌlʃn] урогидропропульсия *(проталкивание мочевых камней пульсирующей струёй воды)*

urokinase [juːrəʊ'kaineis] урокиназа *(вырабатываемый почками фермент, участвующий в растворении тромбов крови)*

urokinetic [juːrəʊki'netik] мочегонное средство, диуретик

urolagnia [juːrəʊ'lægniə] уролагния *(достижение полового удовлетворения посредством манипуляций с мочой или наблюдения за мочеиспусканием партнёра)*

urolith ['juːrəʊliθ] мочевой конкремент или камень, уролит

  active ~s подвижные мочевые камни

  apatite ~s [calcium phosphate] ~s фосфатно-кальциевые мочевые камни

  radiodense ~s мочевые рентгеноконтрастные конкременты

  struvite ~s струвитовые мочевые камни

urolithiasis [juːrəʊli'θaiəsis] мочекаменная болезнь, уролитиаз

infection-induced ~ мочекаменная болезнь, обусловленная инфекцией

urological [juːrəʊ'lɒdʒikl] урологический

urologist [jʊ'rɒlədʒist] уролог

  practicing ~ практикующий уролог

  trainee ~ уролог-стажёр, проходящий специализацию уролог

urology [jʊ'rɒlədʒi] **1.** урология **2.** урологические болезни

  female ~ урологические болезни у женщин

urolutein [juːrəʊ'luːtiːin] жёлтый пигмент мочи

uromancy ['juːrəʊˌmænsi] прогноз, основанный на результатах исследования мочи

uromanometry [juːrəʊmə'nɒmətri] уроманометрия *(измерение давления в мочевых путях)*

uromantia [juːrəʊ'mænʃiə] *см.* **uromancy**

uromelanin [juːrəʊ'melənin] уромеланин

uromelus [juː'rɒmələs] *терат.* симпус, сирена *(плод со сросшимися нижними конечностями)*

uroncus [jʊ'rɒŋkəs] **1.** киста, содержащая мочу **2.** мочевой затёк

uronephrosis [juːrəʊnə'frəʊsis] гидронефроз, гидронефротическая трансформация

uronology [jʊrɒ'nɒlədʒi] *см.* **urology**

urononcometry [juːrəʊˌnɒn'kɒmətri] суточный диурез

uropathogen [juːrəʊ'pæθəʊdʒen] *pl.* микрофлора мочи, инфекция мочевых путей

uropathy [jʊ'rɒpəθi] уропатия *(врождённые заболевания мочевых путей – гидронефроз, мегауретер и пр.)*

  prune belly ~ уропатия в сочетании с аплазией мышц передней брюшной стенки

uropenia [juːrəʊ'piːniə] олигурия

urophanic [juːrəʊ'fænik] содержащийся в моче

urophilia [juːrəʊ'filiə] урофилия *(наслаждение вкусом, запахом мочи и процессом мочеиспускания)*

urophobia [juːrəʊ'fəʊbiə] урофобия *(патологическая боязнь появления позыва на мочеиспускание в неподходящей обстановке)*

uroplania [juːrəʊ'pleiniə] *см.* **urinoma 1**

uropoiesis [juːrəʊpɒi'iːsis] образование мочи; мочевыделение

uroporphyrin [juːrəʊ'pɔːfirin] уропорфирин

uropsammus [juːrəʊ'sæməs] **1.** мочевой песок **2.** мочевой осадок

urorrhagia [juːrəʊ'reidʒiə] полиурия *(напр. при несахарном диабете)*

urorrhea [juːrəʊ'riə] недержание мочи

urorubin [juːrəʊ'ruːbin] урорубин *(красный пигмент мочи)*

uroscheocele [jʊ'rɒskiəʊˌsiːl] *см.* **urocele**

uroschesis [jʊ'rɒskisis] **1.** прекращение секреции мочи, анурия **2.** остаточная моча

uroscopy [jʊ'rɒskəpi] *см.* **urinoscopy**

urosemiology [juːrəʊˌsiːmi'ɒlədʒi] уросемиология, уросемиотика *(семиотика патологических изменений мочи)*

urosepsis [juːrəʊ'sepsis] уросепсис *(обусловленный мочевой инфекцией)*

uroseptic [juːrəʊ'septik] уросептический

urosis [jʊ'rəʊsis] болезни органов мочевыделения

urostealith [juːrəʊ'stiːəliθ], **urosteatoma** [juːrəʊˌstiːə'təʊmə] мочевой конкремент, содержащий жироподобное вещество

urothelium [ˌjuːrəʊˈθiːliəm] уротелий *(переходно-клеточный эпителий мочевых путей)*

urotoxia [ˈjuːrəʊˌtɒksiə] единица токсичности мочи

urotoxicity [ˌjuːrəʊtɒkˈsisiti] токсичность мочи

urotoxy [ˈjuːrəʊtɒksi] см. **urotoxia**

uroureter [ˌjuːrəʊjʊˈriːtə] гидроуретер; мегауретер *(скопление мочи в расширенном мочеточнике)*

urticae [əˈtaiki]:

  ~ molles мягкие волдыри

  ~ profundae глубокие волдыри

urticant [ˈəːtikənt] фактор, вызывающий образование зудящих волдырей

urticaria [ˈəːtikaːriə] крапивница, аллергическая сыпь, уртикария

  ~ endemica эндемическая крапивница *(вызванная нитями паутины гусениц)*

  ~ factitia искусственная крапивница

  ~ photogenica *лат.* солнечная крапивница

  ~ pigmentosa пигментная крапивница

  bullous ~ буллёзная крапивница

  cold [congelation] ~ холодовая крапивница

  contact ~ контактный дерматит

  generalized ~ генерализованная уртикарная сыпь

  giant ~ гигантская крапивница, ангионевротический отёк, Квинке отёк

  papular ~ детская почесуха, папулёзная детская крапивница

  recurrent ~ хроническая крапивница

urticarial [ˌəːtiˈkaːriəl], **urticarious** [ˌəːtiˈkaːriəs] относящийся к крапивнице, покрытый волдырями

urticate [ˈəːtikeit] 1. вызывать образование зудящих волдырей 2. имеющий зудящие волдыри

urtication [ˌəːtiˈkeiʃn] 1. образование зудящих волдырей 2. чувство жжения, напоминающее ожог крапивой

usage [ˈjuːsidʒ] 1. употребление, потребление 2. обращение

  codon ~ частота использования кодона

  drug ~ употребление лекарственных средств

  harsh ~ грубое обращение *(напр. с ребёнком)*

use [juːs] 1. употребление; применение; использование 2. привычка; обычай

  ~ of aids for daily life использование предметов повседневной жизни *(при реабилитации)*

  ~ of prosthesis пользование протезом

  do not ~ нельзя применять, противопоказано *(напр. аспирин)*

  concurrent ~ одновременное использование, совместное назначение *(напр. двух препаратов)*

  consumptive water ~ 1. водопотребление, безвозвратное водопотребление 2. эватранспирация, суммарное испарение

  drug ~ употребление психоактивных веществ, наркомания

  experimental ~ пробное потребление *(редкий или случайный приём психоактивного вещества)*

  harmful [hazardous] ~ пагубное [связанное с риском вредных последствий] употребление *(напр. алкоголя)*

  judicious ~ of emetics рациональное использование рвотных

  multiple drug ~ политоксикомания *(одновременное употребление нескольких наркотических или психоактивных веществ)*

  nonmedical ~ of drugs использование лекарственных средств в немедицинских целях, токсикомания

  off label ~ применение вопреки инструкции

  organoleptic ~ применение в качестве душистого вещества

  overzealous ~ чрезмерное [избыточное] использование *(напр. диуретиков)*

  per capita water ~ потребление воды на душу населения

  punitive ~ of medication карательное использование медикаментов

  recreational ~ рекреационное употребление *(наркотика, алкоголя или психоактивного вещества с целью развлечения)*

  selective antibiotic ~ рациональная антибиотикотерапия, избирательное применение антибиотиков

  single ~ однократное использование; (предмет) однократного применения

  unsanctioned ~ несанкционированное употребление *(алкоголя, наркотиков, лекарств)*

  water ~ использование воды, потребление воды, водопотребление

use-effectiveness [ˌjuːs-iˈfektivnəs] эффективность использования *(препарата)*

usefulness [ˈjuːsflnəs] целесообразность

  clinical ~ клиническая ценность *(напр. медикамента)*

user [ˈjuːzə] 1. потребитель, пользователь 2. пациент

  ~ of health care пользующийся медицинской помощью

  (ex-)active ~ (бывший) активный потребитель *(наркотиков)*

  intravenous drug ~ наркоман или токсикоман, пользующийся внутривенными инъекциями

  potential drug ~s потенциальные потребители наркотиков

  street drug ~ уличный потребитель наркотиков, или наркоман

ustion [ˈʌstʃən] прижигание, электрокаутеризация

usual [ˈjuːʒʊəl] 1. обычный, общепринятый *(напр. метод лечения)*; типичный *(напр. о локализации грыжи)* 2. наиболее распространённый *(о болезни)*

usura [ˈjuːʒʊrə] *лат.* ссадина, разрушение ткани

usure [ˈjuːʒʊr] локальная атрофия, обусловленная сдавлением опухолью

ut [ʊt]:

  ~ infra *лат.* как указано

uta [ˈʊtə] кожно-слизистый лейшманиоз, ута

  ~ hembra кожно-слизистый лейшманиоз с изъязвлениями

uteralgia [uːtərˈældʒiə] невралгическая боль в области матки

uterectomy [uːtərˈektəʊmi] экстирпация матки, гистерэктомия

uteri [ˈjuːtəri]:

  septate ~ перегородка матки

uterine [ˈjuːtərin] маточный *(относящийся к матке)*

uterismus [juːtəˈrizməs] болезненные спастические сокращения матки

uterofixation [ˌjuːtərəʊfikˈseiʃn] гистеропексия *(фиксация патологически подвижной матки)*

uterogenic [ˌjuːtərəʊˈdʒenik] развившийся в матке

uterogestation [ˌjuːtərəʊdʒæsˈteiʃn] маточная беременность

uterography [ˌjuːtəˈrɒgrəfi] *рентг.* метрография, гистерография

uterolith [ˌjuːtərəʊˈliθ] обызвествлённая миома матки

uteromania [ˌjuːtərəʊˈmeiniə] женский гиперэротизм, нимфомания *(повышенное половое влечение)*

uterometer [ˌjuːtəˈrɒmətə] инструмент для измерения матки

utero-ovarian [ˌjuːtərəʊˈværiən] маточно-яичниковый

uteropexy [ˌjuːtərəʊˈpeksi] *см.* **uterofixation**

uteroplasty [ˈjuːtərəʊˌplæsti] пластическая операция на матке

uterosacral [ˌjuːtərəʊˈseikrəl] маточно-крестцовый

uterosalpingography [ˌjuːtərəʊˌsælpiŋˈgɒgrəfi] *рентг.* метросальпингография, гистеросальпингография, утеросальпингография

uteroscopy [ˌjuːtərˈɒskəpi] гистероскопия *(метод исследования полости матки)*

uterotomy [ˌjuːtəˈrɒtəmi] гистеротомия *(вскрытие полости матки)*

uterotonic [ˌjuːtərəʊˈtɒnik] средство, стимулирующее сокращение матки; утеротоник

uterotractor [ˌjuːtərəʊˈtræktə] хирургический инструмент для фиксации матки

uterotubography [ˌjuːtərəʊtʊˈbɒgrəfi] *см.* **uterosalpingography**

uterovaginal [ˌjuːtərəʊˈvædʒinəl] маточно-влагалищный

uteroventral [ˌjuːtərəʊˈventrəl] маточно-абдоминальный

uterus [ˈjuːtərəs], *pl.* **uteri** [ˈjuːtəri] матка

~ **and supports** матка с придатками

~ **didelphys** удвоенная [двойная] матка *(с удвоением шейки и влагалища; возникает из-за нарушений слияния парамезонефральных протоков в единый)*

~ **septus duplex** удвоение матки, разделение полости матки перегородкой

backward-turned ~ ретрофлексия [загиб] матки

bicornuate ~ двурогая матка

bifid ~ *см.* ~ **septus duplex**

capped ~ тоническое сокращение мышц дна матки

double [**duplex**] ~ *см.* ~ **didelphys**

full-term ~ матка при доношенной беременности

infantile ~ инфантильная матка

prolapsed ~ выпадение матки

pubescent ~ *см.* **infantile** ~

utility [jʊˈtiliti]:

clinical ~ **of bronchoalveolar lavage** клиническая ценность бронхоальвеолярного лаважа

utilizable [ˌjuːtiˈlaizəbl] 1. полезный 2. усвояемый

utilization [ˌjuːtilaiˈzeiʃn] 1. утилизация; использование; применение; усвоение 2. коэффициент использования

cellular ~ **of glucose** утилизация глюкозы клетками *(крови)*

net protein ~ использование чистого белка

oxygen ~ потребление кислорода

utilizer [ˈjuːtiˈlaizə]:

high ~ *страх.* интенсивный пользователь *(медицинских услуг)*

low ~ *страх.* потребитель ограниченного набора *(медицинских услуг)*

utricle [ˈjuːtrikl] эллиптический мешочек, маточка *(вестибулярного лабиринта)*

prostatic ~ предстательная маточка

utriculitis [jʊˌtrikjʊˈlaitis] 1. лабиринтит *(воспаление внутреннего уха)* 2. воспаление предстательной маточки

utriculus [jʊˈtrikjʊləs], *pl.* **utriculi** [jʊˈtrikjʊliː] *см.* **utricle**

~ **prostaticus** предстательная маточка

utterance [ˈʌtrəns] 1. дикция, произношение 2. манера говорить

spasmodic ~ заикание

Uva [ˈjuːvə]:

~ **ursi** *лат., фарм.* медвежьи ушки

uvea [ˈjuːviə] сосудистая оболочка глазного яблока, увеальный тракт

uveal [ˈjuːviəl] увеальный *(относящийся к сосудистой оболочке глазного яблока)*

uveitis [ˌjuːviˈaitis], *pl.* **uveitides** [ˌjuːviˈaitidiːz] увеит *(воспаление сосудистой оболочки глазного яблока)*

anterior ~ иридоциклит, передний увеит

lens induced ~ факогенный [белковоанафилактический] эндофтальмит, факоантигенный увеит *(обусловленный аллергической реакцией на белки хрусталика)*

posterior ~ задний увеит

worsening ~ усугубление увеита

uveomeningitis [ˌjuːviəʊˌmeninˈdʒaitis] увеоменингеальный синдром

uveoparotitis [ˌjuːviəʊpærəʊˈtaitis] увеопаротит, увеопаротидная лихорадка, Хеерфордта синдром

uviform [ˈjuːvifɔːm] гроздевидный, кистевидный

uviofast [ˈjuːviəʊfæst] резистентный к воздействию ультрафиолетового излучения

uviol [ˈjuːviɒl] увиоловое стекло *(пропускающее ультрафиолетовые лучи)*

uviolize [ˌjuːviɒˈlaiz] подвергать ультрафиолетовому облучению

uviolizing [ˌjuːviɒˈlaiziŋ] ультрафиолетовое облучение

uvioresistant [ˌjuːviəʊriˈzistənt] резистентный к воздействию ультрафиолетового излучения

uviosensitive [ˌjuːviəʊˈsensitiv] чувствительный к ультрафиолетовому излучению

uvula [ˈjuːvjʊlə], *pl.* **uvuli** [ˈjuːvjʊli] нёбный язычок

~ **of bladder** язычок мочевого пузыря

~ **of cerebellum** язычок мозжечка

bifid ~ удвоение [расщепление] нёбного язычка

palatine ~ нёбный язычок

uvulaptosis [ˌjuːvjʊlæpˈtəʊsis] *см.* **uvuloptosis**

uvularis [ˌjuːvjʊˈlæris] мышца нёбного язычка

uvulectomy [ˌjuːvjʊlˈektəmi] иссечение нёбного язычка

uvulitis [ˌjuːvjʊˈlaitis] воспаление нёбного язычка, увулит

uvulopalatopharyngoplasty [ˌjuːvjʊləʊˌpælətəʊfəˈriŋɡəʊˌplæsti] увулопалатофарингопластика

uvuloptosis [ˌjuːvjʊlɒpˈtəʊsis] опущение нёбного язычка

uvulotomy [ˌjuːvjʊlˈɒtəmi] надрез язычка мягкого нёба

V

Vox populi vox dei
Голос народа – голос божий

vacation [vəˈkeiʃn] 1. аннулирование || аннулировать 2. освобождение || освобождать

vaccigenous [vækˈsiʤənəs] образующий вакцину

vaccina [vækˈsinə] *см.* vaccine

vaccinal [ˈvæksinəl] 1. вакцинный *(относящийся к вакцине)* 2. вакцинальный *(относящийся к вакцинации)*

vaccinate [ˈvæksineit] 1. вакцинировать, производить вакцинацию 2. производить оспопрививание

vaccination [ˌvæksiˈneiʃn] 1. вакцинация, прививка 2. оспопрививание

  alimentary ~ пероральная вакцинация

  animal ~ прививка (человеку) коровьей оспы, Дженнера метод оспопрививания

  arm-to-arm ~ *см.* variolation

  booster ~ повторение вакцинации

  bordetella pertussis ~ вакцинация против коклюша

  bovine ~ *см.* animal ~

  compulsory ~ обязательная вакцинация

  emergency ~ вынужденная [экстренная] вакцинация *(по эпидпоказаниям)*

  enteral ~ *см.* alimentary ~

  heterotopic ~ перекрёстная вакцинация *(повышение иммунной защиты вакциной другого вида возбудителя)*

  inactivated tick-borne encephalitis virus ~ вакцина инактивированного вируса клещевого энцефалита

  Jennerian ~ *см.* animal ~

  lymphocyte ~ лечение лимфоцитами, лимфоцитотерапия

  mandatory ~ *см.* compulsory ~

  natural ~ иммунизация матери антигенами плода

  original ~ первичная вакцинация

  polio ~ вакцинация от полиомиелита

  postexposure ~ постинфекционная вакцинация

  preventive ~ профилактическая вакцинация

  primary ~ первичная вакцинация

  rabies ~ антирабическая вакцинация

  renewed ~ ревакцинация

  scheduled ~ плановая вакцинация, календарные прививки

  simultaneous ~ симультанная вакцинация *(одновременное введение иммунной сыворотки и живой вакцины)*

  smallpox ~ оспопрививание

  spray ~ вакцинация распылением *(вакцины)*

  triple ~ 1. тривакцинация 2. тройная [трёхвалентная] вакцина *(напр. от холеры, брюшного и сыпного тифов)*

vaccinator [ˈvæksiˌneitə] 1. вакцинатор; лицо, производящее вакцинацию 2. вакциностиль *(скарификатор для накожной вакцинации)*

vaccine [vækˈsiːn] 1. вакцина *(любой препарат для активной иммунизации)* 2. *уст.* коровья оспа; содержимое пустул коровьей оспы

  adjuvant ~ вакцина с адъювантом

  AIDS ~ вакцина против СПИДа

  alcoholized ~ спиртовая вакцина

  allergen-free ~ безаллергенная [десенсибилизированная] вакцина

  anthrax ~ сибиреязвенная вакцина

  anti-HCG ~ (контрацептивная) антихориогонадотропиновая вакцина человека

  antipregnancy ~ контрацептивная [противозачаточная] вакцина

  associated ~ ассоциированная [комбинированная, комплексная] вакцинация

  attenuated ~ ослабленная [аттенуированная] вакцина

  autogenous [autologous] ~ аутовакцина, аутоиммунная вакцина *(с использованием бактерий, выделенных самим пациентом)*

  avian embryo [avianized] ~ бактериальная [авианизированная] вакцина *(ослабленная многократными пассажами на куриных эмбрионах)*

  BCG ~ *(фр.* bacille Calmette – Guerine) противотуберкулёзная вакцина, вакцина БЦЖ, Кальметта – Герена вакцина *(полученная многолетним культивированием Mycobacterium bovis на глицеринокартофельной среде с жёлчью)*

  blackleg ~ противогангренозная вакцина

  bovine ~ противооспенная вакцина *(от телят)*

  brain-tissue ~ вакцина, приготавливаемая пассажами в ткани головного мозга

  calf-lymph ~ *см.* bovine ~

  caprinized ~ *см.* attenuated ~

  capsular ~ капсульная вакцина *(приготовленная из серотип-специфических капсульных полисахаридов)*

  carrier-coupled ~ вакцина на основе носителя, лишённого гаптеновой части

  cell-culture ~ вакцина, приготавливаемая в культуре клеток

  Cheil's ~ Чейла вакцина *(против вируса гепатита B)*

  chick embryo ~ *см.* avian embryo ~

  commercial ~ промышленно выпускаемая вакцина

  complex ~ *см.* mixed ~

  corresponding ~ *см.* autogenous ~

  cross-subgroup ~ вакцины с внутригрупповой перекрёстной специфичностью

  dead ~ убитая вакцина

  desiccated ~ высушенная вакцина

  diphteria and tetanus toxoids and pertussis [DPT] ~ ассоциированная коклюшно-дифтерийно-столбнячная вакцина, АКДС-вакцина

  dust ~ порошковидная вакцина

  egg-derived ~ *см.* avian embryo ~

  engineered ~ рекомбинантная [генно-инженерная] вакцина

  Fermi's ~ Ферми (антирабическая) вакцина

  Formulated [formaline-killed] ~ формалинизированная вакцина, формолвакцина

formalized wart ~ антипапилломатозная формолауто-вакцина (приготовленная из обработанных формалином папиллом)

freeze-dried ~ лиофилизированная вакцина

French neurotropic virus ~ французская нейротропная вирусная вакцина (против жёлтой лихорадки)

gene-spliced ~ см. **engineered** ~

Haffkine's ~ Хавкина (противочумная) вакцина

Hemophilus influenzae type B [HIB] ~ вакцина из гемофильных палочек типа В

Hemophilus pertussis ~ противококлюшная вакцина (против гемофильной коклюшной палочки)

hepatitis B ~ вакцина против гепатита В

heterogeneous ~ гетерогенная вакцина

high-potent freeze-dried ~ высокоиммуногенная лиофилизированная вакцина

hokworm ~ противогельминтная вакцина

humanized ~ ист. гуманизированная вакцина (противооспенная вакцина, получаемая от человека, больного коровьей оспой)

inactivated ~ инактивированная [убитая] вакцина

influenza virus ~ противогриппозная вакцина

killed ~ см. **inactivated** ~

liposome ~ вакцина, заключённая в липосомы

live measles virus ~ живая коревая вакцина

live-virus ~ живая вирусная вакцина

measles-mumps-rubella [MMR] ~ тривакцина против кори, эпидемического паротита и краснухи

mixed ~ ассоциированная [комбинированная, комплексная] вакцина, поливакцина

modified live ~ см. **attenuated** ~

multipartial [multivalent] ~ см. **polyvalent** ~

nerve-tissue ~ вакцина, приготавливаемая пассажами в нервной ткани

oil-adjuvant ~ вакцина с масляным адъювантом

oral killed typhoid ~ пероральная убитая брюшнотифозная вакцина

oral poliomyelitis ~ см. **Salk's** ~

Pasteur's ~ Пастера вакцина (сибиреязвенная вакцина)

peptide ~ пептидная вакцина (короткая цепочка из аминокислот, индуцирующая образование антител к специфическому инфекционному агенту)

personal ~ см. **autogenous** ~

phenolized ~ фенолизированная вакцина

polio ~ полиомиелитная вакцина

polyvalent ~ поливалентная вакцина

potent ~ высокоиммунная вакцина

pseudorabies ~ псевдорабическая вакцина

quadruple ~ четырёхвалентная вакцина, тетравакцина

rabies ~ антирабическая вакцина

recombinant hepatitis B ~ рекомбинантная вакцина против гепатита В

respiratory ~ аэрозольная вакцина

rinderpest ~ противочумная вакцина

Sabin ~ Сэбина вакцина (инъекционная аттенуированная поливалентная вакцина против полиомиелита)

Salk's ~ Солка пероральная поливалентная убитая вакцина против полиомиелита

Semple's ~ Сэмпла вакцина (против бешенства)

sexual stage ~ спорогенные вакцины (на основе антигенов половой стадии малярии)

single-protein ~ монобелковая вакцина

Skinner's ~ Скиннера вакцина (противогерпетическая)

smallpox ~ противооспенная вакцина

space-manufactured ~ вакцина, изготовленная в космосе

split (product) ~ субъединичная вакцина; расщеплённая инактивированная вакцина

stock ~ см. **autogenous** ~

suspension ~ жидкая [суспензионная] вакцина

synthetic ~ искусственная вакцина

TAB ~ вакцина против брюшного тифа и паратифов А и В

tetanus ~ столбнячный анатоксин, противостолбнячная вакцина

tick ~ клещевая вакцина

tissue-culture ~ культуральная вакцина; вакцина, приготовленная на культуре ткани

toxic ~ вакцина на основе токсина

triple ~ трёхвалентная вакцина, тривакцина (содержащая три различных антигена)

trivalent oral polio ~ см. **Salk's** ~

tumor ~ опухолевая вакцина

typhus ~ сыпнотифозная вакцина

univalent ~ моновалентная вакцина

variola ~ **falsa** ложная коровья вакцина, паравакцина

Weigl's louse ~ Вейгля (фенолизированная) риккетсиозная вакцина (приготовленная из суспензии обработанных фенолом вшей)

whole-cell microbial ~ цельноклеточная микробная вакцина

vaccine-challenged [væk'siːn-'tʃælindʒd] поствакцинальный, вызванный введением вакцины

vaccinee ['væsiniː] вакцинируемый, получивший прививку (об индивидууме)

vaccinella [væksi'nelə] вариолоид (лёгкая форма натуральной оспы у вакцинированных)

vaccinia [væk'siniə] вакциния (1. коровья оспа 2. генерализованный осповакцинальный дерматоз)

generalized ~ генерализованная вакциния

prenatal ~ внутриутробное заражение плода вакцинией (обычно с летальным исходом)

progressive ~ прогрессирующая [гангренозная, некротическая] вакциния

vaccinial [væk'siniəl] относящийся к коровьей оспе

vaccinide ['væksinidi] местная реакция на вакцинацию

vacciniform [væk'sinifɔːm] напоминающий коровью оспу

vacciniola [væksini'əulə] см. **vaccinide**

vaccinization [væksini'zeiʃn] многократная вакцинация

vaccinoid ['væksinɒid] вакциноидный

vaccinophobia [væksinəu'fəubiə] вакцинофобия

vaccinostyle [væk'sinəustail] вакциностиль (скарификатор для накожной вакцинации)

vaccinotherapy [væksinəu'θerəpi] вакцинотерапия

vaccinum ['væksinəm] лат. **vaccine**

vacreation [vækri'eiʃn] вакреация (пастеризация и дезодорация молока в вакууме)

vacuolation [vækjuəu'leiʃn] цитол. вакуолизация, образование вакуолей, наличие вакуолей

vacuole ['vækjʊəʊl] **1.** *цитол.* вакуоль, пузырёк **2.** небольшая полость *(в ткани)*

autophagic ~ аутолизосома, аутофагосома аутофагическая вакуоль, цитолизосома

clear-cytoplasmic ~s прозрачные вакуоли в цитоплазме

sap ~ вакуоль с клеточным соком

vacuolization [ˌvækjʊəʊliˈzeiʃn] *см.* **vacuolation**

vacuome ['vækjʊəʊm] система вакуолей в клетке

vacutome ['vækjʊtəʊm] вакуумный дерматом

Vademecum [ˌvɑːdiˈmeikəm] *(лат. – иди со мной)* карманный справочник *(напр. лекарственных средств)*

vagabondage ['vægəbɒndiʤ] дромомания, бродяжничество *(импульсивное влечение к перемене мест)*

vagal ['veiʤəl] вагусный, относящийся к блуждающему нерву

vagina [vəˈʤainə], *pl.* **vaginae** [vəˈʤainiː] влагалище

~ **dentata** *лат., психол.* зубастое влагалище *(символический образ, возникающий под воздействием психоделических препаратов в процессе переживания «второго рождения» – ребёфинга)*

~ **pili** волосяное влагалище *(окружающее корень волоса)*

anterior ~ передний свод влагалища

vaginal ['væʤinəl] влагалищный, вагинальный

vaginalitis [ˌvæʤinəˈlaitis] воспаление влагалищной оболочки яичка

vaginate ['væʤineit] имеющий оболочку, снабжённый оболочкой

vaginectomy [ˌvæʤinˈektəmi] **1.** иссечение влагалища **2.** иссечение части влагалищной оболочки

vaginismus [ˌvæʤiˈnizməs] вагинизм, вульвизм, кольпоспазм

mental ~ вагинизм, вызванный неприятием полового акта

nonorganic [psychogenic] ~ неорганический [психогенный] вагинизм

vaginitis [ˌvæʤiˈnaitis], *pl.* **vaginitides** [ˌvæʤiˈnaitidiːz] *см.* **vaginosis**

~ **testis** воспаление влагалищной оболочки яичка

atrophic ~ атрофический вагинит

emphysematous ~ эмфизематозный кольпит

mycotic ~ микотический вагинит, вагиномикоз

postmenopausal ~ постменопаузный вагинит

prepubertal ~ препубертатный вагинит

senile ~ атрофический кольпит

vaginocele ['væʤinəʊˌsiːl] кольпоцеле *(грыжа влагалища)*

vaginodynia [ˌvæʤinəʊˈdiniə] боль во влагалище

vaginofixation [ˌvæʤinəʊfikˈseiʃn] вагинофиксация, вагинопексия, кольпопексия *(подшивание стенок влагалища к брюшной стенке)*

vaginography [ˌvæʤiˈnɒɡrəfi] *рентг.* кольпография, вагинография

vaginomycosis [ˌvæʤinəʊmaiˈkəʊsis] микоз влагалища

vaginopathy [ˌvæʤiˈnɒpəθi] заболевание влагалища

vaginoperineoplasty [ˌvæʤinəʊˌperiˈniːəʊˌplæsti] кольпоперинеопластика *(пластическая операция на влагалище и промежности)*

vaginoperineorrhaphy [ˌvæʤinəʊˌperiniˈ ɒrəfi] кольпоперинеорафия *(ушивание разрывов влагалища и промежности)*

vaginopexy [ˌvæʤinəʊˈpeksi] *см.* **vaginofixation**

vaginoplasty ['væʤinəʊˌplæsti] кольпопластика *(пластическая операция на влагалище)*

vaginoscope ['væʤinəʊskəʊp] кольпоскоп; влагалищное зеркало

vaginoscopy [ˌvæʤiˈnɒskəpi] кольпоскопия, вагиноскопия

vaginosis [ˌvæʤiˈnəʊsis] (эндо)кольпит, вагинит *(воспаление слизистой оболочки влагалища)*

anaerobic ~ неспецифический [анаэробный] вагинит

vaginotomy [ˌvæʤiˈnɒtəmi] кольпотомия *(рассечение стенки влагалища)*

vaginovesical [ˌvæʤinəʊˈvesikl] пузырно-влагалищный

vagisection [ˌvæʤiˈsekʃn] ваготомия *(пересечение блуждающего нерва или его ветвей)*

vagitus [vəˈʤaitəs] крик [плач] новорождённого

~ **vaginalis** крик новорождённого во влагалище в процессе родов

vagolysis [veiˈɡɒlisis] *хир.* деструкция блуждающего нерва

vagolytic [ˌveiɡəʊˈlitik] ваголитический, подавляющий функцию блуждающего нерва

vagomimetic [ˌveiɡəʊmiˈmetik] вагомиметический

vagotomy [veiˈɡɒtəmi] ваготомия

complete ~ полная [тотальная] ваготомия

highly selective ~ селективная проксимальная ваготомия, СПВ *(пересечение ветвей блуждающего нерва, иннервирующих верхние отделы желудка)*

incomplete ~ неполная [частичная] ваготомия

parietal cell ~ париетально-клеточная ваготомия

proximal [selective] ~ *см.* **highly selective** ~

truncal ~ стволовая ваготомия

vagotonia [ˌveiɡəʊˈtəʊniə] ваготония, парасимпатикотония

vagotropic [ˌveiɡəʊˈtrɒpik] ваготропный *(действующий на блуждающий нерв)*

vagrancy ['veiɡrənsi] *см.* **vagabondage**

vagrant ['veiɡrənt] **1.** бродяга, бомж **2.** бродячий; странствующий **3.** *психол.* изменчивый, блуждающий *(напр. взгляд)*

vague [veiɡ] неопределённый, неясный *(напр. о боли)*

vagus ['veiɡəs], *pl.* **vagi** ['veʤai] блуждающий нерв

vagustoff ['veiɡəˌʃtɒf] ацетилхолин

vainglorious [veinˈɡlɔːriəs] *психол.* хвастливый

valence ['veilens], **valency** ['veilensi] валентность *(1. число детерминант антигена 2. число рецепторных зон антитела 3. число различных антигенов в вакцине или специфических антител в антисыворотке 4. свойство атома)*

valenemia [ˌvælinˈiːmiə] гипервалинемия *(нарушение обмена валина, ведущее к развитию болезни кленового листа)*

valerian [vəˈliːriən] валериана *(Valeriana)*

common ~ валериана лекарственная, валериана аптечная *(Valeriana officinalis)*

Greek ~ синюха голубая, валериана греческая *(Polemonium caeruleum)*

valetudinarian [ˌvæləˌtuːdiˈnaːriən] **1.** инвалид **2.** немощный человек

valetudinarianism [ˌvæləˌtuːdiˈnaːriənizm] **1.** инвалидность, нетрудоспособность **2.** болезненность, слабое здоровье

valgoid ['vælgɒɪd] вывернутый кнаружи, вальгусный

valgus ['vælgəs] вальгусная деформация ‖ вывернутый кнаружи, вальгусный ·

valid ['vælɪd] 1. действительный, действующий; законный 2. веский, обоснованный; имеющий юридическую силу 3. валидный; достоверный 4. пригодный *(к употреблению)*

validate ['vælɪdeɪt]:

to ~ **the hospital's invoice** утвердить [завизировать] больничный счёт

validation [ˌvælɪ'deɪʃn] 1. проверка достоверности; подтверждение правильности, валидности; валидизация 2. аттестация; ратификация 3. клинические исследования

~ **of an automatic metabolic monitor** обоснование автоматического метаболического мониторинга

~ **of classification** валидизация классификации

~ **of in vitro toxicology tests** валидность [достоверность] лабораторных токсикологических тестов

~ **of markers** валидизация маркёров *(для клинических исследований)*

~ **of personal disorders** идентификация личностных расстройств

constructive ~ объективная идентификация *(напр. психического расстройства)*

data ~ подтверждение правильности данных

external ~ внешняя валидизация *(напр. психического расстройства)*

validity [və'lɪdɪti] 1. действительность, законность, истинность, валидность 2. достоверность, правильность; обоснованность, доказанность; точность; валидность 3. годность, пригодность, надёжность

~ **of complaint** обоснованность жалобы

~ **of diagnostic concepts** достоверность диагностических концепций

~ **of medical record** обоснованность медицинского заключения

~ **of test** валидность [достоверность] теста

~ **of the patient's thoughts** сохранность мышления больного

ecological ~ экологическая обоснованность

external ~ внешняя обоснованность

face ~ *психол.* «очевидная» валидность *(устанавливаемая без специальных процедур)*

predictive ~ прогностическая валидность

sampling ~ валидность [достоверность] выборки

test ~ валидность теста

without ~ несостоятельный, необоснованный

valine ['vælɪn] валин *(незаменимая моноаминокарбоновая аминокислота)*

vallate ['væleɪt] *анат.* окружённый валиком, чашеобразной формы

vallecula [və'lekjʊlə] *анат.* углубление; жёлоб, выемка

valleculate [və'lekjʊlɪt] желобоватый

valley ['vælɪ] *см.* **vallecula**

~ **of cerebellum** долинка мозжечка

vallum ['væləm] 1. выступающая структура; стенка 2. бровь

~ **unguis** *лат.* ногтевой валик

value ['vælju:] 1. ценность; цена; стоимость; оценка ‖ оценивать 2. величина; значение; относительное число; количество; мера; объём 3. значимость

~ **of children to parents** ценность детей для родителей

~ **of ultrasound diagnosis** эффективность ультразвуковой диагностики

acid ~ кислотное число *(показатель качества пищевых жиров, выражаемый количеством едкого калия в мг, необходимым для нейтрализации свободных жирных кислот, содержащихся в 1 г жира)*

actual ~ действительное значение

allowed ~ допустимое значение

arbitrary ~ произвольное значение

average ~ средняя величина

baseline ~ исходный [первоначальный] уровень *(напр. протромбинового времени)*

buffer ~ *хим.* показатель буферности, буферность *(способность вещества в растворе связывать кислоту или щёлочь, сохраняя pH раствора)*

caloric ~ *см.* **energy** ~

ceiling ~ максимальная величина *(напр. допустимого уровня воздействия)*

constant ~ постоянная величина

cross(ing)-over ~ *ген.* процент кроссинговера

cut-off ~ *стат.* пренебрегаемая [малозначимая] величина

diagnostic ~ диагностическое значение

energy ~ калорийность, калорийная [энергетическая] ценность

ethical ~s моральные ценности

extreme ~ экстремальное значение

F ~ F величина *(время в минутах, необходимое для инактивации температурой 121 ˚C всей популяции клеток или спор)*

fasting ~ значение натощак *(напр. об активности ферментов)*

fuel ~ *см.* **energy** ~

global [gross] protein ~ общая белковая ценность

globular ~ цветовой показатель *(крови)*

gross calorific ~ высшая теплотворная способность

high fasting ~s увеличение уровня [концентрации] натощак *(напр. жёлчных кислот)*

incentive ~ побудительная ценность

intrinsic ~ внутренняя ценность *(о моральном статусе зародыша человека)*

iodine ~ йодное число

lab ~s лабораторные показатели

legitimate ~ допустимое значение

liminal ~ пороговая концентрация; максимальная величина, не вызывающая нежелательную побочную реакцию

limiting ~ предельная величина

lytic ~ показатель литической активности, цитотоксический индекс

normal biochemical ~s биохимические показатели, соответствующие норме

nutritive ~ питательная ценность

peak ~ максимальное значение

phenotypic ~ метрические параметры некоторых признаков, типичных для определённого фенотипа

predicted ~ предсказанное значение

predictive [prognostic] ~ прогностическая ценность, прогностическая сила *(теста)*

quick ~ количественный экспресс-анализ

real ~ действительное значение

reference ~ 1. исходное значение 2. справочное (табличное) значение; стандартная величина 3. нормальное значение, норма *(напр. анализов)*

relative nutritive ~ относительная питательная ценность

resting ~ базальный уровень *(напр. тестостерона)*

rough ~ приблизительное значение

S ~ константа седиментации *(напр. иммуноглобулинов)*, Сведберга константа

saponification ~ число омыления

saturation ~ величина насыщения

single ~ единственное значение

steady-state ~ установившееся [устойчивое] значение

survival ~ выживаемость

target ~ 1. зависимое от метода значение 2. аттестованное значение

tentative ~ предварительное значение

terminal ~ конечное значение

threshold limit ~ *см.* **liminal** ~

true food [true nutritive] ~ истинная питательная ценность, истинная калорийность

yield ~ предельное напряжение сдвига в вискозиметре *(напр. при контроле качества мазей)*

valvate ['vælveit] вальвулярный, клапанный

valve [vælv] 1. *анат.* клапан, заслонка 2. вентиль, клапан *(прибора)* 3. электронная лампа

~ **of colon** илеоцекальный клапан, баугиниева [подвздошно-слепокишечная] заслонка *(ободочной кишки)*

~ **of navicular** заслонка ладьевидной ямки, геренова складка *(в мужском мочеиспускательном канале)*

~ **of vein** венозный клапан

~ **of vermiform appendix** заслонка червеобразного отростка, Герлаха заслонка

abnormal ~ поражённый [аномальный] клапан *(напр. сердца)*

air dilution ~ клапан подсоса воздуха *(в кислородном приборе)*

air-exhaust ~ вентиляционный клапан

anal ~ заднепроходная [анальная, морганиева] заслонка *(в конце заднепроходных столбов)*

aortic ~ клапан аорты, аортальный клапан

artificial ~ искусственный клапан

ball(-type) ~ шариковый клапан *(протез клапана сердца)*

bicuspid ~ *см.* **mitral** ~ 1

caval ~ заслонка нижней полой вены, евстахиев клапан, евстахиева заслонка

cloth-covered ~ протез клапана с покрытием

coronary ~ заслонка венечного синуса, тебезиев клапан

demand ~ *мед. тех.* дыхательный клапан, подающий газ во время наркоза в соответствии с необходимостью

eustachian ~ *см.* **caval** ~

floppy mitral ~ «парусящие» створки митрального клапана

globe ~ *мед. тех.* шаровой [шариковый] клапан

Heister's ~ спиральная складка, спиральная заслонка, Гейстера клапан

Houston's ~s поперечные складки прямой кишки, Хаустона складки

ileocecal [ileocolic] ~ *см.* ~ **of colon**

implantable ~ имплантируемый клапан

incompetent ~ недостаточность клапана сердца

inflating ~ *анест.* клапан вдоха

inflation ~ воздушный клапан

inspiratory relief ~ *анест.* клапан дополнительного вдоха

Kerckring's ~s круговые [керкринговые] складки *(слизистой оболочки тонкой кишки)*

left atrioventricular ~ *см.* **mitral** ~ 1

lymphatic ~ лимфатический клапан

mitral ~ левый предсердно-желудочковый [двустворчатый, митральный] клапан

needle ~ *мед. тех.* игольчатый клапан

one-way ~ *анест.* клапан однонаправленного действия

overpressure ~ *мед. тех.* аварийный клапан избыточного давления

parachute mitral ~ парашютный митральный клапан *(характеризуется наличием только одной папиллярной мышцы, к которой присоединяются хорды обеих створок)*

pinch ~ *анест.* клапан с зажимом

pop-off ~ 1. *см.* **relief** ~ 2. «хлопающий» клапан

porcine ~ свиной клапан

prosthetic heart ~ искусственный клапан сердца

pulmonary (trunk) ~ клапан лёгочного ствола

relief ~ *анест.* выпускной клапан

respiratory flow-regulating ~ клапан, регулирующий скорость потока вдыхаемого газа

right atrioventricular ~ *см.* **tricuspid** ~

Rosenmuller's ~ слёзная складка, складка носослёзного канала, Розенмюллера складка

safety ~ *анест.* предохранительный клапан

semilunar ~ полулунная заслонка *(клапана аорты или лёгочного ствола)*

Spitz – Holter ~ Спитца – Холтера клапан *(клапан, вводимый в желудочки мозга для дренирования спинномозговой жидкости при гидроцефалии)*

stenosed ~ стеноз клапана

tricuspid ~ правый предсердно-желудочковый [трёхстворчатый] клапан

urethral ~s клапаны (задней) уретры *(поперечные складки слизистой оболочки мочеточника)*

vacuum ~ 1. предохранительный вакуумный клапан 2. вакуумная электронная лампа

vesicoureteral ~ пузырно-мочеточниковый клапан

valvotomy [væl'vɒtəmi] вальвулотомия *(рассечение спаек створок сердечных клапанов)*

closed ~ закрытая комиссуротомия

mitral ~ митральная комиссуротомия

valvula ['vælvjʊlə], *pl.* **valvulae** ['vælvjʊliː] маленький клапан или клапаноподобная структура

~**e conniventes** *см.* **Kerckring's valves**

valvular ['vælvjʊlə] клапанный || функционирующий подобно клапану

valvulation [ˌvælvjʊ'leiʃn] имеющий форму клапана; функционирующий как клапан

valvulitis [ˌvælvjʊ'laitis] вальвулит (*воспаление структур клапана сердца*)

valvuloplasty ['vælvjʊləʊˌplæsti] вальвулопластика (*восстановление функции клапана, напр., сердца*)

  balloon ~ баллонная вальвулопластка

  heart ~ пластика клапана сердца (*без протезирования*)

vampirism ['væmpaiərizm] 1. некросадизм (*достижение полового удовлетворения посредством осквернения трупов*) 2. вампиризм (*наукоподобное представление о возможности «подпитки» одного человека «энергетикой» другого*)

vandalism ['vændəlizəm] вандализм, варварство (*бессмысленно жестокое разрушение исторических памятников и культурных ценностей*)

  sexual ~ сексуальный вандализм

Vandalroot ['vændəlˌruːt] валериана лекарственная, валериана аптечная (*Valeriana officinalis*)

vanillism [və'nilizm] профессиональный дерматит у работающих с ванилином

V-antigen [viː'æntidʒen] вирусный антиген

vapocauterization [ˌveipəˌkɔːtəri'zeiʃn] каутеризация паром

vapor ['veipə] 1. пар 2. туман 3. лекарственный препарат для ингаляций

vapo(ra)rium ['veipəˌreiriəm] паровой ингалятор

vaporization [ˌveipəri'zeiʃn] 1. испарение, парообразование 2. выпаривание 3. вапоризация, ингаляция (*лечебное применение пара*)

  laser ~ выжигание [выпаривание] опухоли лазером

vaporize ['veipəraiz] 1. испарять(ся) 2. выпаривать 3. применять пар с лечебной целью

  to ~ **the area of leucoplakia with the CO₂ laser beam** вапоризировать зону лейкоплакии с помощью CO_2-лазера

vaporizer [ˌveipə'raizə] 1. паровой ингалятор 2. аэрозольный ингалятор

  anesthesia ~ наркозный испаритель

  bubble ~ барботажный наркозный испаритель

  draw-over (anesthetic) ~ проточный (наркозный) испаритель

  oxford miniature ~ миниатюрный оксфордский испаритель (*наркозного аппарата*), фторотек

  temperature compensated (anesthetic) ~ (наркозный) испаритель с температурной компенсацией

  water ~ увлажнитель (*наркозного аппарата*)

vapotester [ˌveipə'testə] прибор для измерения взрывоопасной концентрации анестетика в газовой смеси

vapotherapy [ˌveipə'θerəpi] лечение ингаляциями

var¹ [vaː] вар (*аббр. варианта: внутривидовой таксон, обозначающий совокупность штаммов, входящих в одну таксономическую группу*)

  culture ~ культивар

  phage ~ фаговар

var² вар (*реактивная мощность электрической цепи*)

variability [ˌværiə'biliti] 1. изменчивость, непостоянство 2. изменение; колебания; вариация

~ **of response** разнообразие реакций

  day-to-day ~ суточные колебания; суточная вариация

  ethnic ~ этническая вариабельность

  heart rate ~ вариабельность сердечного ритма

  hereditary ~ наследственная изменчивость

  individual ~ индивидуальное различие

  modification ~ модификационная изменчивость

  potential ~ потенциальная изменчивость

  qualitative ~ качественная изменчивость

variable ['væriəbl] 1. варьирующийся [изменчивый] признак || преходящий, вариабельный, изменчивый, переменный, непостоянный (*напр. эффект*) 2. аберрантный; аномальный

  continuous ~s непрерывные показатели

  demographic ~s демографические показатели

  dependent ~ зависимая переменная величина

  discrete ~s дискретные показатели

  predictive ~ прогностический параметр

  psychological ~ психологический фактор

  qualitative ~s качественные показатели

  quantitative ~s количественные показатели

  random ~ случайная величина

variance ['væriəns] 1. изменение, отклонение (*от нормальной величины*), варианта 2. расхождение, несоответствие 3. *стат.* дисперсия, степень свободы 4. *биол.* отклонение от вида

  genetic ~ генетическая изменчивость

  intra-class ~ внутриклассовая дисперсия

  residual ~ остаточная дисперсия

variant ['veriənt] вариант || переменный, способный изменяться

  host-range ~ (вирусный) штамм с широким кругом хозяев

  identical ~s идентичные штаммы (*микробов*)

  L-phase ~ L-форма (*бактерий*)

variation [ˌveri'eiʃn] 1. вариация, варьирование, отклонение, колебание 2. изменение 3. коэффициент вариации

  ~ **in heart sounds** изменения сердечных тонов

  ~s **in intensity** степени интенсивности (*напр. желтухи*)

  autogenous ~ генотипическая [наследственная] изменчивость

  circadian ~s циркадианные [суточные] изменения

  cultural ~s *психол.* культуральные особенности

  cyclic ~ периодическое [циклическое] изменение

  daily [day-to-day] ~s *см.* **circadian** ~s

  development(al) ~s варианты развития (*морфологические различия в строении органов или частей тела, наблюдающиеся в различных семьях и этнических группах*)

  discontinuous ~ прерывистая изменчивость; мутация

  diurnal ~s *см.* **circadian** ~s

  environmental ~ изменение, приобретённое под влиянием внешних условий

  fractional ~ 1. относительное изменение 2. незначительное изменение

  genetic ~ генетическая изменчивость; генетическое различие

  histologic ~s гистологические [морфологические] варианты

  host-controlled ~ вариация, контролируемая клеткой хозяина

interspecies ~ межвидовая изменчивость

intraspecies ~ внутривидовая изменчивость

seasonal ~ сезонные колебания *(напр. приступов астмы)*

sex-associated ~ изменчивость, связанная с полом

slight ~ незначительные колебания *(напр. RR-интервала на ЭКГ)*

species-specific ~s видоспецифические вариации

varication [ˌverikeiʃn] образование или наличие варикозного расширения вен

variceal [ˌværiˈsiːəl] варикозный, относящийся к варикозному расширению вен

varicectomy [ˌværikˈektəmi] флебэктомия *(иссечение варикозно расширенных вен)*

varicella [ˌværiˈselə] **1.** ветряная оспа **2.** аластрим *(разновидность натуральной оспы с более лёгким течением и меньшей контагиозностью)*

~ **bullosa** ветряная оспа, напоминающая пузырчатку

~ **hemorrhagica** ветряная оспа, осложнённая кровоточивостью

~ **pustulosa** ветряная оспа, сопровождающаяся высыпаниями

varioloid ~ аластрим

varicellation [ˌværisəˈleiʃn] вакцинация против ветряной оспы

varicelliform [ˌværiˈselifɔːm], **varicelloid** [ˌværiˈselɒid] напоминающий ветряную оспу

varices [ˈværisiːz] *pl. от* **varix** [ˈværiks] варикозно расширенные вены

colonic ~ варикозное расширение вен толстой кишки

esophageal ~ варикозное расширение вен пищевода

gastroesophageal ~ варикозное расширение вен пищевода и кардиального отдела желудка

treating esophageal ~ обработка варикозно расширенных вен *(прошивание, коагуляция)*

variciform [væˈrisifɔːm] напоминающий варикозно расширенную вену, варикозоподобный

varicoblepharon [ˌværikəʊˈblefərɒn] варикозность века

varicocele [ˈværikəʊˌsiːl] варикоцеле, варикозное расширение вен семенного канатика

varicocelectomy [ˌværikəʊsəˈlektəmi] иссечение варикозно расширенных вен яичка

varicography [ˌværiˈkɒɡrəfi] рентгенография варикозно расширенных вен

varicoid [ˈværikɒid] *см.* **variciform**

varicole [ˈværikəʊl] *см.* **varicocele**

varicophlebitis [ˌværikəʊfləˈbaitis] воспаление варикозно расширенных вен; тромбофлебит

varicose [ˈværikəʊs] варикозный *(о расширении вен)*

varicosity [ˌværiˈkɒsiti] варикозно расширенная вена; *pl.* варикозное расширение вен, варикоз

varicotomy [ˌværiˈkɒtəmi] иссечение варикозно расширенной вены

varicula [vəˈrikjʊlə] варикозное расширение вен конъюнктивы

variety [vəˈraiəti] **1.** разновидность, вариант, форма *(напр. шанкроида)* **2.** ряд, множество

~ **of bacteria** штамм микроба

~ **of composite tumor** разновидность смешанной опухоли

~ **of drugs** ассортимент лекарств

~**ies of hemoglobin** варианты гемоглобина

~ **of influenza** тип [род] гриппа *(A, B, C)*

~ **of life** разнообразие жизни

~ **of organism** вар; серовар, (серологический) вариант микроорганизма

~ **of reasons 1.** многообразие причин **2.** различного происхождения

clonal ~ клональное разнообразие, клональный полиморфизм

variola [vəˈraiəʊlə] *син.* **smallpox 1.** натуральная оспа **2.** оспа животных

~ **cristallina** ветряная оспа

~ **hemorrhagica** *см.* **black** ~

~ **inserta** натуральная оспа

~ **major** тяжёлая форма оспы

~ **minor,** ~ **mitigata** аластрим *(разновидность натуральной оспы с более лёгким течением и меньшей контагиозностью)*

~ **pemphigus** оспа с крупной сыпью

~ **sine eruptione,** ~ **sine variolis** оспа без сыпи

~ **varicosa** оспа без развития стадии папул

~ **vera** натуральная оспа

black ~ геморрагическая пустулёзная [чёрная] оспа

bovine ~ коровья оспа

coherent ~ дискретная оспа *(с чётко очерченными элементами сыпи)*

confluent ~ сливная оспа *(со слиянием элементов сыпи, образованием гнойных участков и тяжёлой интоксикацией)*

equine ~ оспа лошадей

semiconfluent ~ *см.* **coherent** ~

variolar [vəˈraiəʊlə] оспенный *(относящийся к натуральной оспе)*

variolate [ˈværiəʊleit] **1.** *ист.* прививать (натуральную) оспу, производить вариоляцию **2.** делать царапины или рубцы, напоминающие вариоляцию

variolation [ˌværiəʊˈleiʃn] *ист.* вариоляция *(оспопрививание материалом от больного человека, применявшееся до метода Дженнера)*

varioliform [ˌværiˈɒlifɔːm] вариолиформный, оспоподобный

variolization [ˌværiəʊliˈzeiʃn] *см.* **variolation**

varioloid [vəˈraiəʊlɒid] **1.** вариолоид *(лёгкая клиническая форма оспы у вакцинированных)* **2.** вариолиформный, оспоподобный

variolous [vəˈraiəʊləs] оспенный *(относящийся к натуральной оспе)*

variolovaccina [vəˌraiəʊləˈvæksin], **variolovaccinia** [vəˌraiəʊləʊvækˈsiniə] коровья оспа, вызванная инокуляцией телёнку оспенного детрита от человека

variotope [vəˈraiətəʊp] вариотоп *(1. частичная детерминанта остова молекулы 2. скелетная или каркасная антигенная детерминанта)*

variotype [ˈværiəʊˌtaip] вариотип *(совокупность вариотипических детерминант в молекуле антигена)*

varix [ˈværiks], *pl.* **varices** [ˈværisiːz] варикозно расширенный сосуд

~ lymphaticus варикозное расширение лимфатических сосудов

anastomotic [aneurysmal, aneurysmoid] ~ артериовенозная аневризма, аневризмальный варикозно расширенный сосуд

cirsoid ~ гроздевидное расширение вен с наличием артериовенозных шунтов

esophageal ~s варикозное расширение вен пищевода

turbinal ~ варикозное расширение вен носовых раковин

varolian [və'rəʊliən] относящийся к варолиеву мосту

varus ['væɹəs] варус, варусная деформация; деформация конечности с углом, открытым кнутри

vas [væs], *pl.* **vasa** ['veisə] сосуд; проток; канал

~ aberrans 1. аберрантный сосуд **2.** отклоняющийся проточек

~ afferens приносящий сосуд *(1. любой сосуд, приносящий кровь к органу или ткани 2. лимфатический сосуд, входящий в лимфатический узел)*

~ collaterale коллатеральный сосуд

~ deferens 1. сосуд, выносящий кровь из органа **2.** семявыносящий проток

~ efferens выносящий сосуд *(1. сосуд, выносящий кровь из органа или ткани 2. лимфатический сосуд, покидающий лимфатический узел)*

~a sanguinea прободающие кровеносные сосуды; вены-перфоранты

~ sinusoideum синусоидный сосуд

~a vasorum сосуды сосудов

vascular ['væskjʊlə] васкулярный, сосудистый

vascularity [,væskjʊ'læriti] наличие кровеносных сосудов *(в участке ткани)*

vascularization [,væskjʊləri'zeiʃn] образование новых кровеносных сосудов *(напр. в тромбе)*, васкуляризация

vasculature ['væskjʊlətʃə] сосудистая сеть органа; капиллярная сеть

~ of brain кровоснабжение мозга

ocular ~ кровоснабжение [васкуляризация] глаза

pulmonary ~ 1. система лёгочной артерии **2.** сосудистый рисунок лёгочных полей

vasculitis [,væskjʊ'laitis] васкулит, ангиит

antibody-mediated ~ аллергический васкулит

cutaneous ~ кожный васкулит

cytomegalovirus ~ цитомегаловирусный васкулит

digital ~ васкулит пальцев

hyperergic ~ узелковый панартериит, гиперергический васкулит

leukocytoclastic ~ лейкоцитокластический васкулит *(проявляющийся пурпурой и выходом эритроцитов из сосудов)*

widespread ~ системный васкулит

vasculocardiac [,væskjʊləʊ'kɑːdiæk] сердечно-сосудистый

vasculogenesis [,væskjʊləʊ'ʤenəsis] образование и развитие сосудов

vasculomotor [,væskjʊləʊ'məʊtə] **1.** сосудодвигательный, вазомоторный **2.** сосудосуживающий

vasculopathy [,væskjʊ'lɒpəθi] вазопатия, заболевание сосудов

vasculum ['væskjʊləm], *pl.* **vascula** ['væskjʊlə] сосуд малых размеров

vasectomy [və'sektəmi] вазэктомия *(резекция семявыносящего протока или его участка)*

no-scalpel ~ склерозирующая вазэктомия

vaseline ['væsəliːn] вазелин || смазывать вазелином

vasifaction [,væsi'fekʃn] образование кровеносных сосудов

vasiform ['væsifɔːm] имеющий форму сосуда трубчатой структуры

vasitis [və'saitis] деферентит *(воспаление семявыносящего протока)*

vasoactive [,veisəʊ'æktiv] вазоактивный, влияющий на сосуды

vasoclusion [,væsə'kluːʒən]:

reversible ~ реканализация семенного протока

vasoconstriction [,væsəʊkən'strikʃn] сужение кровеносных сосудов, вазоконстрикция

coronary ~ сужение коронарных сосудов

differential ~ and vasodilatation диссоциация вазоконстрикции и вазодилатации *(разных органов при шоке)*

periferial ~ вазоконстрикция периферических сосудов

vasoconstrictive [,væsəʊkən'striktiv] сосудосуживающий

vasoconstrictor [,væsəʊkən'striktə] сосудосуживающий фактор, или средство; вазоконстриктор || сосудосуживающий

topic ~ местное сосудосуживающее средство

vasocorona [,væsəʊkə'rəʊnə] сосудистое сплетение спинного мозга

vasodentin [,væsəʊ'dentiːn] околопульпарный дентин, содержащий кровеносные сосуды

vasodepression [,væsəʊdi'preʃn] снижение сосудистого тонуса; сосудистая недостаточность

vasodepressor [,væsəʊdi'presə] сосудорасширяющий фактор, вазодилататор || сосудорасширяющий

vasodilatation [,væsəʊdilə'teiʃn] *см.* **vasodilation**

coronary ~ расслабление венечных артерий

vasodilating [,væsəʊdi'leitiŋ] сосудорасширяющий, вазодилатирующий *(напр. об антагонистах кальция)*

vasodilation [,væsəʊdi'leiʃn] расширение кровеносных сосудов, вазодилатация

vasodilator [,væsəʊdi'leitə] сосудорасширяющий фактор, вазодилататор || сосудорасширяющий

coronary ~s коронарные вазодилататоры

nitrogenous ~s нитрогенные сосудорасширяющие препараты

vaso-epididimostomy [,væsəʊ-,epididi'mɒstəmi] вазоэпидидимостомия *(создание анастомоза между семявыносящим протоком и протоком придатка яичка)*

vasofactive [,væsəʊ'fæktiv], **vasoformative** [,væsəʊ'fɔːmətiv] способствующий новообразованию кровеносных сосудов

vasoganglion [,væsəʊ'gæŋgliən] сосудистое сплетение; сосудистая сеть

vasography [vei'sɒgrəfi] *рентг.* ангиография, вазография

placental ~ рентгенография кровеносных сосудов плаценты

vasohypertonic [,væsəʊ,haipə'tɒnik] сосудосуживающий; гипертензивный

vasohypotonic [,væsəʊ,haipəʊ'tɒnik] сосудорасширяющий; гипотензивный

vasoinhibitor [ˌvæsəʊinˈhibitə] средство, подавляющее функцию сосудодвигательных нервов

vasolabile [ˌvæsəʊˈleibl] вазолабильный, характеризующийся лабильностью сосудистого тонуса

vasoligation [ˌvæsəʊliˈgeiʃn], **vasoligature** [ˌvæsəʊˈligətʃə] 1. перевязка сосуда 2. перевязка семявыносящего протока

vasomotion [ˌvæsəʊˈməʊʃn] 1. сосудодвигательная реакция 2. «игра вазомоторов» (*повышенная лабильность сосудистого тонуса*)

   pulmonary ~ лёгочная гемодинамика, кровообращение в лёгких

vasomotor(ial) [ˌvæsəʊˈməʊtə, ˌvæsəʊmˈɔtɔriəl] 1. сосудодвигательный, вазомоторный 2. сосудосуживающий

vasoneuropathy [ˌvæsəʊnuːˈrɔpəθi] вазонейропатия (*любое заболевание, вовлекающее нервы и кровеносные сосуды*)

vasoneurosis [ˌvæsəʊnuːˈrəʊsis] вегетососудистая дистония, ангионевроз, вазомоторная лабильность

vasoparalysis [ˌvæsəʊpəˈrælisis] вазопаралич; парез сосудов

vasopressin [ˌvæsəʊˈpresin] вазопрессин, антидиуретический гормон, адиуретин, ВП, АДГ

vasopressor [ˌvæsəʊˈpresə] фактор, повышающий кровяное давление ǁ сосудосуживающий

vasopuncture [ˌvæsəʊˈpʌnktʃə] 1. пункция семявыносящего протока 2. пункция сосуда

vasoreactivity [ˌvæsəʊˌriækˈtivəti] реактивность сосудов

vasoreflex [ˌvæsəʊˈriːfleks] сосудистый рефлекс

vasorelaxation [ˌvæsəʊrilækˈseiʃn] расширение сосудов, понижение тонуса сосуда

vasoresection [ˌvæsəʊriˈsekʃn] резекция семявыносящего протока

vasosection [ˌvæsəʊˈsekʃn] 1. вазотомия (*вскрытие семявыносящего протока*) 2. *см.* **vasoresection**

vasosensory [ˌvæsəʊˈsensəri] относящийся к чувствительной иннервации кровеносных сосудов

vasospasm [ˌvæsəʊˈspæzm] вазоспазм, ангиоспазм; сужение кровеносных сосудов, вазоконстрикция

   cerebral ~ спазм сосудов головного мозга

vasostimulant [ˌvæsəʊˈstimjʊlənt] 1. фактор, возбуждающий вазомоторные нервы ǁ вазомоторный 2. сосудосуживающий фактор, вазоконстриктор

vasostomy [væsˈɒstəmi] операция по формированию искусственного канала к семявыносящему протоку

vasotomy [veiˈsɒtəmi] *см.* **vasoresection**

vasotonic [ˌvæsəʊˈtɒnik] относящийся к тонусу сосудов; вазотоник

vasotribe [ˈvæsəʊtraib] кровоостанавливающий зажим

vasotripsy [ˈvæsəʊtripsi] остановка кровотечения раздавливанием или пережатием сосуда

vasotrophic [ˌvæsəʊˈtrɒfik] относящийся к сосудистой трофике – питанию сосудов

vasovagal [ˌvæsəʊˈveigəl] вазовагальный (*относящийся к действию блуждающего нерва на кровеносные сосуды*)

vasovasostomy [ˌvæsəʊˌveiˈzɒstəmi] анастомоз между двумя участками семявыносящего протока

vasovesiculitis [ˌvæsəʊvəˌsikjʊˈlaitis] вазовезикулит (*воспаление семенных пузырьков и семявыносящего протока*)

vastus [ˈvæstəs] *лат.* 1. очень большой, обширный 2. многочисленный (*напр. о мышцах*)

vault [vɔːlt] *анат.* свод, сводчатое образование

   ~ **of palate** свод нёба

   ~ **of pharynx** свод глотки

   ~ **of skull** свод [крыша] черепа, черепной свод

   vaginal ~ свод влагалища

vection [vekʃn] перенос [передача] переносчиком инфекционного агента

vector[1] [ˈvektə] вектор (*1. направление электродвижущей силы электрического поля сердца 2. молекула ДНК, способная переносить встроенный в плазмиду вирус или чужеродный генетический материал от одной клетки к другой*)

   ~ **of choice** *психол.* вектор выбора (*отражает отношения индивидуума в структуре дружбы, престижа и т. д.*)

   amplifying ~ многокопийная векторная ДНК

   cardiac ~ сердечный вектор

   cloning ~ клонирующий вектор (*плазмида или вирусная ДНК, предназначенная для клонирования тестируемых фрагментов ДНК*)

   excretion ~ секретируемый вектор

   expression ~ экспрессирующий вектор (*плазмид дрожжей или генома вирусов животных, используемый для переноса генетического материала в клетки хозяина*)

   generalized cloning ~ клонирующий вектор общего назначения

   gene-therapy ~ генотерапевтический вектор (*плазмида или вирус, переносящие генные сегменты в клетку другой особи*)

   high-expression ~ вектор с повышенной экспрессией гена

   insertion ~ векторная ДНК, имеющая сайт рестрикции для встраивания чужеродной ДНК

   instantaneous ~ мгновенный [моментный] (сердечный) вектор

   integrating ~ интегрирующий вектор (*сконструированный для встраивания клонированной ДНК в геном клетки-хозяина*)

   lytic ~ векторная нуклеиновая кислота литического [лизирующего] вируса

   manifest ~ действительный (сердечный) вектор

   mixed-virus ~ вектор на основе геномов двух или более типов вирусов

   open reading frame ~ вектор с открытой рамкой считывания гена

   plasmid ~ плазмидный вектор

   promoter-probe ~ векторная ДНК, созданная для селекции промоторов с помощью маркерного гена, не имеющего промотора

   replacement ~ векторная ДНК, имеющая сайт рестрикции для вставки необходимого гена или фрагмента ДНК

   self-ligated ~ вектор с «липкими» (комплементарными) концами, саморазмыкающийся вектор

   shuttle ~ челночный вектор (*плазмидная ДНК, способная реплицироваться в клетках двух разных типов, напр. E. coli и дрожжей*)

   spatial ~ пространственный (сердечный) вектор

translational fusion ~ векторная ДНК

viral ~ *ген.* вирусный вектор

vector² переносчик *(возбудителя инфекции)*

biological ~ биологический [специфический] переносчик *(обязательный в жизненном цикле патогенного организма)*

insect ~ насекомое-переносчик *(болезни)*

mechanical ~ механический переносчик *(способствующий инвазии патогена в организм)*

vector-borne ['vektə'bɔːn] трансмиссивный, передаваемый переносчиком *(об инфекционной болезни)*

vectorcardiography [ˌvektəˌkaːdi'ɒgrəfi] вектор(электро)кардиография *(вариант ЭКГ)*

spatial ~ пространственная вектор(электро)кардиография

vectorial [vek'tɔːriəl] **1.** векторный **2.** относящийся к переносчику *(инфекции)*

veer [viə] поворачивать(ся), изменять направление

vegan ['veʤən] веган, строгий вегетарианец *(не употребляющий в пищу продукты животного происхождения, включая молоко)*

veganism ['veʤənizm] вегетарианство

vegetable ['veʤətəbl] **1.** овощи || растительный; овощной **2.** *sl.* человек, интеллект которого разрушен болезнью

green ~s зелень; овощи

vegetal ['veʤətəl] вегетативный *(напр. о жизни)*

vegetarian [ˌveʤə'teəriən] вегетарианец || вегетарианский

vegetarianism [ˌveʤə'teərəˌnizm] вегетарианство

vegetation [ˌveʤə'teiʃn] **1.** патологическое разрастание ткани; вегетации **2.** тромботические наложения на эндокарде *(при бородавчато-язвенном эндокардите)*

adenoid ~ аденоиды, аденоидные вегетации

calcified ~ обызвествлённые вегетации

polypoid ~ полипоидные разрастания

vegetative ['veʤə,teitiv] вегетативный; вегетирующий; вегетационный; активно растущий

vehemency ['viəmənsi], **vehement** ['viəmənt] *психол.*
1. сильный; страстный; горячий; неистовый, яростный **2.** резкий; интенсивный *(напр. цвет, запах и пр.)*

vehicle ['viːikl] **1.** перевозочное средство *(автомобиль, вагон, повозка)* **2.** проводник *(напр. звука)*; переносчик *(инфекции)* **3.** растворитель; нейтрализатор; фиксатор *(яда)* **4.** *фарм.* наполнитель, носитель

~ for antibiotics переносчик антибиотиков *(напр. чрескожно)*

~ of spread средство распространения *(напр. гепатита)*

dosing ~ растворитель, носитель *(при введении химического вещества в организм)*

pleasant-testing ~ связующее вещество приятного вкуса *(напр. антидот)*

vehiculum [vi'hikjuləm] *см.* **vehicle 4**

veil [veil] **1.** вуаль; пелена; оболочка || скрытый, замаскированный; покрытый пеленой **2.** перепонка; перегородка; структура, закрывающая вход **3.** *микол.* покрывало **4.** хрипотца *(в голосе)* || глухой, приглушённый *(о голосе)*

posterior ~ of soft palate мягкое нёбо, нёбная занавеска

uterine ~ внутриматочное контрацептивное средство; внутриматочная спираль, ВМС

vein [vein], *лат.* **vena** ['viːnə] вена

accompanying ~ сопровождающая вена

autologous ~ аутовена, аутогенная [аутологическая] вена *(для трансплантационного замещения артерии)*

azygos ~ непарная вена

basilic ~ медиальная подкожная вена руки

brachiocephalic ~ плечеголовная вена

capillary ~ венула

common cardinal ~ кювьеров проток *(эмбриона)*

communicating ~ коммуникантная вена; перфорантная вена

diploic ~ диплоическая вена

dorsal hand ~ вена тыльной поверхности кисти

draining [emissary] ~ вена-выпускник, эмиссарная [дренирующая] вена

hepatic ~ печёночная вена

iliac ~s общие подвздошные вены

innominate ~ безымянная вена

jugular ~ ярёмная вена

mesenteric ~ брыжеечная вена

portal ~ воротная вена

pulmonary ~ лёгочная вена

reversed saphenous ~ реверсированная подкожная вена *(для трансплантации)*

saphenous ~ подкожная вена

spider ~s телеангиэктазии, сосудистые звёздочки

splanchnic ~ чревная вена

varicose ~s варикозно расширенные вены, варикозное расширение вен

vein² *психол.* настроение; склонность

~ of cruelty склонность к жестокости

in the same ~ в том же духе

to be in ~ for smth. быть в настроении делать что-то

veined [veind] с просвечивающим венозным рисунком

vein-graft [vein-graːft] венозный трансплантат

veinlet ['veinlet] венула

veinprint ['vein,print] «отпечаток» венозного рисунка на тыльной поверхности кисти *(присущ каждому индивидууму)*

velamen [vi'leimən], *pl.* **velamina** [vi'læminə] *анат.* оболочка, капсула, занавеска

velamentous [ˌvelə'mentəs], **velar** ['viːlə] оболочечный

vellication [ˌveli'keiʃn] мышечные (фибриллярные) подёргивания

vellus ['veləs] (первородный) пушок, пушковые волосы *(покрывающие тело человека)*

velocimetry [ˌviːləʊ'simətri]:

doppler ~ измерение скорости кровотока допплеровским методом

velocity [və'lɒsiti] **1.** скорость *(напр. прироста опухоли)* **2.** быстродействие

~ of circumferential fiber shortening узи скорость укорочения циркулярных волокон миокарда

~ of sound скорость звука

blood ~ скорость кровотока

efflux ~ скорость выброса *(напр. крови)*

exhaust ~ *мед. тех.* вытяжная вентиляция

linear flow ~ линейная скорость кровотока *(при доп-плеровском исследовании)*

maximum ~ **of an enzymatic reaction** максимальная скорость ферментативной реакции

nerve conduction ~ скорость проводимости нерва

peak ejection ~ пиковая [максимальная] скорость выброса

prostatic specific antigen ~ скорость прироста простатоспецифического антигена

pulse ware ~ скорость распространения пульсовой волны

reaction ~ скорость реакции

volume ~ объёмная скорость *(напр. кровотока)*

veloergometer [veləʊ'ɡɒmɪtə] велоэргометр, велосипедный эргометр

velopharyngeal [ˌviləʊ'ɛfərɪndʒɪəl] нёбно-глоточный

velosynthesis [ˌviləʊ'sɪnθɪsɪs] стафилорафия *(зашивание расщелины мягкого нёба)*

velum ['viːləm], *pl.* **vela** ['viːlə] **1.** водная [амниотическая] оболочка *(плода)*, амнион **2.** большой сальник **3.** *анат.* оболочка, капсула, занавеска; парус

anterior/inferior medullary ~ верхний/нижний мозговой парус

velvety ['velvəti] *микол.* бархатистый *(о культуре гриба)*

vena ['viːnə], *pl.* **venae** ['viːni] *лат. см.* **vein**

~ **cava** полая вена

~ **interlobularis** междольковая вена

~ **postcava** нижняя полая вена

~ **sublobares** собирательная вена *(печени)*

kinked ~ **cava** трансформация [извитость] полой вены

large ~ **cava** расширение полой вены

venacavography [ˌviːnəkei'vɒɡrəfi] (вено)кавография, флебокавография *(ангиография полой вены)*

venality [viː'næləti] коррупция

venation [viː'neiʃn] венозная сеть

vendetta [ven'detə] **1.** вендетта, кровная месть **2.** продолжительная вражда

vendor ['vendɔː] частный врач или фармацевт, обеспечивающий медицинское или лекарственное обслуживание больных по системе социального страхования

venectasia [ˌviːnək'teizə] венэктазия, флебэктазия *(стойкое расширение вен)*

venectomy [ˌviːˈnektəmi] венэктомия, флебэктомия *(иссечение вены)*

veneer [və'niːə] *стом.* коронка с фарфоровой покровной фасеткой

resin ~ полимерное покрытие *(зубов)*

venenation [ˌvenə'neiʃn] отравление, интоксикация *(при укусах, ужалении)*

veneniferous [ˌvenə'nifərəs] передающий [переносящий] яд

venenific [ˌvenə'nifik] образующий яд, токсигенный

venenous ['venənəs] ядовитый

venepuncture ['venəˌpʌnktʃə] *см.* **venipuncture**

venereal [və'niːrɪəl] венерический

venereology [vəˌniːri'ɒlədʒi] венерология

venereophobia [vəˌniːriəʊ'fəʊbiə] венерофобия *(навязчивый страх зара-зиться венерической болезнью)*

venery ['venəri] коитус, половой акт

venesect ['venəsekt]:

to ~ **the patient** произвести венесекцию больному

venesection [ˌvenə'sekʃn] веносекция, венесекция, флеботомия

vengeance ['vendʒəns] месть

veniplex ['venəpleks] венозное сплетение

venipuncture ['veniˌpʌnktʃə] венопункция, венепункция

venisuture [ˌveni'sjuːtʃə] шов вены

venoarterial [ˌviːnəʊaː'tiːrɪəl], **venoatrial** [ˌviːnəʊ'eitriəl] артериовенозный *(напр. шунт)*

venoclysis [vi'nɒklisis] внутривенное вливание

venodilation [ˌviːnəʊdai'leiʃn] расширение [дилатация] вен

venogram ['viːnəʊɡræm] **1.** *рентг.* флебограмма **2.** кривая венозного пульса

venography [vi'nɒɡrəfi] *рентг.* флебография, венография

portal ~ портография

venom ['venəm] **1.** яд *(биологического происхождения)*, ядовитое вещество **2.** злоба

bee ~ пчелиный яд

insect ~ яд насекомого

snake ~ змеиный яд

spider ~ яд паука

vipera ~ яд гадюки

wasp ~ яд осы

venomotor [ˌviːnəʊ'məʊtə] вызывающий изменение просвета вен

venomous ['venəməs] ядовитый

venopressor [viːnəʊ'presə] **1.** фактор, повышающий венозное давление ‖ повышающий венозное давление **2.** относящийся к венозному давлению

venosclerosis [ˌviːnəʊsklə'rəʊsis] флебофиброз, флебосклероз

venosity [vi'nɒsiti] **1.** венозный застой, недостаточная аэрация крови **2.** обильная васкуляризация

venospondylography [ˌviːnəʊspɒndi'lɒɡrəfi] венеспондилография

venostasis [ˌviːnəʊ'steisis] компрессия нижних конечностей *(с целью «бескровного кровопускания»)*

venostat ['viːnəʊstæt] венозный (кровоостанавливающий) зажим

venostomy [viː'nɒstəʊmi] веносекция, венесекция

venotomy [viː'nɒtəmi] венотомия, флеботомия *(вскрытие просвета вены, напр., для удаления тромба)*

venous ['viːnəs] венозный, венный

venovenostomy [ˌviːnəʊvi'nɒstəmi] веновенозный анастомоз

vent [vent] **1.** входное или выходное отверстие; вентиляционное отверстие **2.** аспирационное отверстие *(дренажной трубки)* ‖ делать отверстие *(в аспирационной трубке)*; давать выход *(чувствам)* **3.** задний проход, анус

~ **in left ventricle** вход в левый желудочек

air ~ воздухоприёмное отверстие

alveolar ~**s** *анат.* отверстия между соседними лёгочными альвеолами

main ~ вентиляционный канал

multiple ~**s** множественные отверстия *(на конце катетера)*

night ~ форточка

venter ['ventə] **1.** живот, брюшная полость **2.** крупная полость тела **3.** матка **4.** брюшко мышцы

ventilated ['ventileitid] **1.** вентилируемый (о помещении) **2.** находящийся на искусственной вентиляции (пациент)

ventilation [ˌventi'leiʃn] **1.** (механическая) вентиляция **2.** дыхание, внешнее дыхание, газообмен (в лёгких); вдох (при искусственном дыхании) **3.** психол. обсуждение, выяснение

~ **to perfusion mismatch** нарушение вентиляционно-перфузионных отношений

~ **with expire air** рециркуляционная вентиляция (искусственное дыхание выдыхаемым воздухом)

alveolar ~ альвеолярная вентиляция за одну минуту

assisted ~ вспомогательная вентиляция лёгких, вспомогательное дыхание

augmented ~ увеличенная вентиляция

cigarette smoke ~ окуривание сигаретным дымом, «пассивное курение»

continuous positive pressure ~, **CPPV** вентиляция при постоянном положительном давлении

controlled ~ управляемое дыхание, искусственная вентиляция лёгких, ИВЛ

conventional ~ традиционная вентиляция

dead space ~ мёртвое дыхательное пространство

differential lung ~ раздельная искусственная вентиляция лёгких

forced ~ **1.** принудительная вентиляция **2.** форсированное дыхание

high frequency oscillatory ~ высокочастотная колебательная вентиляция

high-frequency positive-pressure ~ гипервентиляция с положительным давлением на выдохе

intermittent demand ~ прерывистая вентиляция по потребности (организма)

intermittent mandatory ~ перемежающаяся принудительная вентиляция (лёгких)

intermittent minute ~ перемежающаяся минутная вентиляция лёгких

intermittent negative-pressure assisted ~ перемежающаяся вспомогательная вентиляция с отрицательным давлением

intermittent pressure ~ ИВЛ под переменным давлением

jet ~ струйная [эжекционная] ИВЛ

manual ~ ручная ИВЛ

maximum voluntary ~ максимальная вентиляция лёгких, МВЛ

mechanical ~ аппаратное дыхание

minute ~ минутный объём дыхания, МОД

mouth-to-mouth ~ искусственное дыхание «рот в рот»

mouth-to-nose ~ искусственное дыхание «рот в нос»

plenum ~ нагнетательная система вентиляции

poor ~ нарушенная [недостаточная] вентиляция (лёгких)

positive pressure ~ ИВЛ под положительным давлением (на выдохе)

pressure support ~ вентиляция лёгких с поддержкой давлением

spontaneous intermittent mandatory ~ непостоянная принудительная вентиляция лёгких, спонтанно возобновляемая больным для увеличения дыхательного объёма и синхронизируемая с его дыхательным ритмом

ventilator [ˌventi'leitə] **1.** вентилятор **2.** аппарат ИВЛ, дыхательный аппарат, респиратор

anesthetic ~ наркозный аппарат

belt ~ аппарат ИВЛ «пневматический пояс»

cabinet ~ боксовый респиратор

cuirass ~ аппарат ИВЛ с кирасой, кирасный аппарат ИВЛ

intensive care ~ респиратор для отделений интенсивной терапии

pressure-cycled ~ аппарат ИВЛ с переключением по давлению

Sheffild infant ~ Шеффилда респиратор для новорождённых

time cycled ~ аппарат ИВЛ с переключением по времени

volume pre-set time cycled ~ объёмный респиратор с синхронизатором

ventilator-associated [ˌventi'leitə-ə'səʊʃieitid], **ventilator-induced** [ˌventi'leitə-in'dju:st] вызванный [обусловленный] ИВЛ (напр. о пневмонии)

"ventimask" ['ventimɑːsk] наркозная маска для подачи кислородно-воздушной смеси (содержащей 28–35 % кислорода)

ventouse [vɔːn'tuːz] фр. **1.** (акушерский) вакуум-экстрактор **2.** уст. медицинская банка

ventrad ['ventræd] по направлению к брюшной поверхности

ventral ['ventrəl] вентральный, брюшной

ventricle ['ventrikl] **1.** желудочек (сердца, головного мозга) **2.** маленькая камера

~ **of the brain** желудочек головного мозга

aortic ~ **of heart** левый желудочек сердца

first ~ **of cerebrum** боковой желудочек головного мозга

fourth ~ **of cerebrum** четвёртый желудочек головного мозга

laryngeal ~ гортанный [морганиев] желудочек, желудочек гортани

lateral ~ **of cerebrum** боковой желудочек головного мозга

noncomplaint left ~ ригидная стенка левого желудочка

pulmonic ~ **of heart** правый желудочек сердца

single ~ единый желудочек (трёхкамерного сердца)

terminal ~ терминальный желудочек (спинного мозга), Краузе желудочек

third ~ **of cerebrum** третий желудочек головного мозга

ventricornu [ˌventri'kɔːnjʊ] передний рог спинного мозга

ventricular [ven'trikjʊlə] вентрикулярный, желудочковый

ventriculitis [venˌtrikjʊ'laitis] вентрикулит (воспаление желудочка, особенно мозга)

ventriculoatriostomy [venˌtrikjʊləʊˌeitri'ɒstəmi] вентрикулоатриостомия, вентрикулокардиоанастомоз, Шпитци операция

ventriculocisternostomy [venˌtrikjʊləʊˌsistə'nɒstəʊmi] вентрикулоцистерностомия (операция шунтирования желудочков мозга с субарахноидальным пространством)

ventriculography [venˌtrikjʊ'lɒgrəfi] рентг. вентрикулография

air-pantopaque ~ воздушно-контрастная вентрикулография

double contrast ~ двойная контрастная вентрикулография

ventriculonector [ven͵trikjʊləʊ'nektə] предсердно-желудочковый [атриовентрикулярный] пучок, Гиса пучок

ventriculoscopy [ven͵trikjʊ'lɒskəpi] вентрикулоскопия

ventriculostomy [ven͵trikjʊ'lɒstəmi] *нейрохир.* вентрикулостомия

ventriculotomy [ven͵trikjʊ'lɒtəmi] вскрытие желудочка *(сердца или мозга)*

ventriculus [ven'trikjʊləs], *pl.* **ventriculi** [ven'trikjʊli:] *лат.* 1. *см.* **ventricle** 2. желудок

~ **cerebralis** *лат.* желудочек мозга

~ **lateralis** боковой желудочек мозга

~ **quartus** четвёртый желудочек мозга

~ **tertius** третий желудочек мозга

ventriduct ['ventridʌkt] направлять в сторону брюшной поверхности

ventrocystorrhaphy [͵ventrəʊsis'tɔ:rəfi] подшивание кисты или полого органа к брюшной стенке

ventrodorsad [͵ventrəʊ'dɔ:sæd] в направлении от живота к спине

ventrofixation [͵ventrəʊfik'seiʃn] вентрофиксация *(подшивание опущенного органа к брюшной стенке, напр., матки)*

ventroptosia [͵ventrɒp'təʊsiə], **ventroptosis** [͵ventrɒp'təʊsis] гастроптоз

ventroscopy [ven'trɒskəpi] лапароскопия, перитонеоскопия

ventrosuspension [͵ventrəʊsəs'penʃn] *см.* **ventrofixation**

ventrotomy [ven'trɒtəmi] лапаротомия, чревосечение

venule ['venju:l], *лат.* **venula** ['venju:lə], *pl.* **venulae** ['venju:li] *анат.* венула

~**e stellatae reni** звёздчатые вены коркового вещества почки

postcapillary ~**e** посткапиллярные вены *(лимфатических узлов, миндалин и пейеровых бляшек; выстланы кубическим эндотелием, через который лимфоциты крови мигрируют в паренхиму)*

veracity [və'ræsəti] правда, правдивость; достоверность, точность

verbal ['və:bl] 1. вербальный, словесный, относящийся к речи 2. устный

verbalization [͵və:bəli'zeiʃn] 1. вербализация 2. многословие, разглагольствование

verbatim [və:'beitim] *лат.* дословный || дословно

verbigeration [͵və:biʤə'reiʃn] *псих.* вербигерация *(однообразное повторение одних и тех же бессмысленных слов или фраз)*

hallucinatory ~ галлюцинаторная вербигерация

verbochromia [͵və:bəʊ'krəʊmiə] *псих.* вербохромия *(отдельные слова вызывают ощущение цвета)*

verbomania [͵və:bəʊ'meiniə] *псих.* неудержимая болтливость, логорея

verbose ['və:bəʊs] многоречивый

verdohemoglobin [͵və:dəʊ͵hi:məʊ'gləʊbin] вердогемоглобин, вердоглобин, холеглобин

verge [və:ʤ] 1. граница; окраина, край, предел 2. кайма

vergence ['və:ʤens], **vergency** ['və:ʤensi] нарушение содружественных движений глаз

vergetures ['və:ʤətʃju:ris] атрофические полосы, или стрии, кожи

verification [͵verifi'keiʃn] 1. проверка, контроль 2. верификация, подтверждение *(напр. диагноза)*

~ **of ovulation** подтверждение овуляции

biopsy ~ верификация биопсией

gender ~ подтверждение [верификация] половой принадлежности

insurance ~ подтверждение страхования

mandatory ~ обязательная поверка; обязательный контроль

simplified ~ упрощённая проверка

verify ['verifai] 1. проверять, контролировать 2. подтверждать *(напр. диагноз)*

vermian ['və:miən] относящийся к червям или к червю мозжечка

vermicidal [͵və:mi'saidəl] противоглистный, антигельминтный

vermicide ['və:misaid] вермицид; средство, уничтожающее кишечных гельминтов

vermiculation [və:͵mikjʊ'leiʃn] 1. перистальтика 2. червеобразное движение

vermifuge ['və:mifju:ʤ] глистогонное средство

vermilion [və:'miljɒn] красная кайма губы

vermin ['və:min] 1. хищник *(животное, птица)* 2. паразит *(вши, клопы и пр.)* 3. преступник

vermination [͵və:mi'neiʃn] 1. *параз.* инвазия, инфестация *(напр. гельминтами)* 2. размножение паразитов; воспроизводство [выращивание] червей или личинок

verminophobia [və:͵minəʊ'fəʊbiə] верминофобия *(патологическая боязнь бактерий и микробов)*

verminosis [͵və:mi'nəʊsis] паразитоз

verminous ['və:minəs] 1. относящийся к паразитическим червям и членистоногим 2. кишащий паразитами 3. передаваемый паразитами 4. отвратительный, вредный

vermiphobia [və:͵minəʊ'fəʊbiə] 1. патологическая боязнь червей, паразитов 2. необъяснимая убеждённость в инвазии паразитами, гельминтами

vermis ['və:mis], **vermes** ['və:mi:z] 1. *анат.* червь мозжечка 2. *анат.* червеобразная структура

vermix ['və:miks] червеобразный отросток, аппендикс

vernacular [və'nækjʊlə] 1. эндемический, характерный для данной местности *(о болезни)* 2. народный, общеупотребительный *(в противоположность научному)*

vernix ['və:niks]:

~ **caseosa** *акуш.* первородная (сыровидная) смазка; сальный секрет

verocytotoxin [͵və:rəʊ'sitəʊ͵tɒksin] веро(цито)токсин *(истинный бактериальный экзотоксин)*

verruca [və'ru:kə], *pl.* **verrucae** [və'ru:ki] *лат.* бородавка

~**ae acuminatae** вирусные папилломы, остроконечные кондиломы

~ **cornea** мясистые грануляции или разрастания

~ **juvenalis** *см.* ~ **plana**

~ **necrogenica** бугорок анатомов, трупный бугорок

~ **peruana**, ~ **peruviana** бартонеллёз, перуанская бородавка *(проявляющаяся лихорадкой и высыпанием папул)*

~ **plana** плоская [юношеская] бородавка

VER

~ **plantaris** подошвенная бородавка

~ **senilis** старческая кератома

~ **simplex** простая бородавка

plantar ~ *см.* ~ **plantaris**

verrucose ['verʊkəʊs] *см.* **verrucous**

verrucosis [ˌverʊ'kəʊsis] наличие множественных бородавок

verrucous ['verʊkəs] веррукозный, напоминающий бородавку; бородавчатый

verruga [və'ruːgə], **verrugas** [və'ruːgəs] *см.* **verruca**

versa ['vəːsə]:

vice ~ 1. *лат.* наоборот, обратная реакция 2. усугубление, ухудшение

verschroben [fer'ʃrɒben] *нем.* фершробен *(психотический тип изменения личности с манерными движениями, вычурными мимикой и поступками, неподходящими по смыслу высказываниями, неологизмами в речи и т. д.)*

version ['vəːʒən] 1. акушерский поворот *(плода в матке)* 2. патологический наклон матки *(напр. ретроверсия, декстроверсия)* 3. содружественный поворот глазных яблок 4. вариант; модификация *(какого-л. объекта или структуры)*

abdominal ~ наружный акушерский поворот

bimanual [bipolar] ~ классический [наружно-внутренний] акушерский поворот

cephalic ~ *акуш.* поворот на головку

combined ~ классический [наружно-внутренний] акушерский поворот

external ~ *см.* **abdominal** ~

internal ~ классический [наружно-внутренний] акушерский поворот

lateral ~ **of uterus** латерофлексия матки

pelvic ~ *акуш.* ягодичный поворот

podalic ~ *акуш.* поворот на ножку

postural ~ постуральный [позиционный] поворот плода *(изменением положения матери)*

spontaneous ~ самопроизвольный поворот *(плода в матке)*

test ~ описание реакции; процедура анализа; постановка пробы

versus ['vəːsəs] *лат.* 1. против; в сравнении с 2. превалирование, доминирование

angioplasty ~ **surgery trils** сравнение результатов баллонной ангиопластики с таковыми хирургического лечения

antiarrhythmics ~ **implantable defibrillators** сравнение эффективности имплантации кардиовертера и антиаритмической терапии

battle injuries ~ **civilian injuries** сравнение боевых повреждений с травмами мирного времени

graft ~ **host reaction** гомологичная [вторичная] болезнь, реакция «трансплантат против хозяина» *(обусловлена цитотоксической активностью иммунокомпетентных лимфоцитов аллотрансплантата, которые распознают клеточные структуры реципиента как чужеродные)*

inpatient ~ **outpatient** предпочтительность госпитализации и стационарного лечения перед амбулаторным

laser ~ **electrical cautery** доминирование свойств лазера над электрическим прижиганием

pigment ~ **cholesterol cholelithiasis** превалирование пигментного холелитиаза над холестериновым

pneumatic ~ **metallic dilator** преимущества пневматического [баллонного] дилататора перед металлическим

randomised trial of losartan ~ **captopril** сравнительное рандомизированное исследование лозартана и каптоприла

regular ~ **on demand beta-agonist use** регулярное или прерывистое (по потребности) применение бета-агонистов

surgery ~ **medical therapy** преимущества оперативного лечения перед консервативным

unipolar ~ **bipolar recording** сравнение результатов униполярной регистрации потенциалов с биполярными *(при картировании миокарда)*

vertebra ['vəːtəbrə], *pl.* **vertebrae** ['vəːtəbriː] позвонок

~ **dentata** осевой [второй шейный] позвонок

~ **plana** плоский позвонок *(следствие остеохондропатии или эозинофильной гранулёмы)*

~ **sphenoidalis** *см.* **wedsharped** ~

basilar ~ нижний поясничный позвонок

block ~ слившиеся [спаянные] позвонки

butterfly ~ расщеплённый позвонок в форме бабочки *(на рентгенограмме)*

caudal ~ хвостовой позвонок

cervical ~ шейный позвонок

cleft ~ *см.* **butterfly** ~

coccygeal ~ копчиковый позвонок

collapsed ~ компрессионный перелом позвонка

dorsal ~ *см.* **thoracic** ~

false ~e сросшиеся (крестцовые или копчиковые) позвонки

lumbar ~ поясничный позвонок

odontoid ~ осевой [II шейный] позвонок, эпистрофей

prominent ~ выступающий [VII шейный] позвонок

sacral ~ крестцовый позвонок

thoracic ~ грудной позвонок

true ~ истинный позвонок

wedsharped ~ клиновидный позвонок, клиновидная форма позвонка

vertebral ['vəːtəbrəl] вертебральный, позвоночный *(относящийся к позвонкам)*

vertebrarium [ˌvəːtə'breiriəm] позвоночник, позвоночный столб

vertebrectomy [ˌvəːtə'brektəmi] вертебрэктомия *(хирургическое удаление позвонка)*

vertebrochondral [ˌvəːtəbrəʊ'kɒndrəl] относящийся к ложным рёбрам

vertebroplasty ['vəːtəbrəʊˌplæsti] вертебропластика *(чрескожное введение полимера в поражённый позвонок, который после отвердения придаёт стабильность позвоночнику)*

vertebrosternal [ˌvəːtəbrəʊ'stəːnəl] относящийся к истинным рёбрам

vertex ['vəːteks], *pl.* **vertices** ['vəːtisiːz] 1. верхушка, верхняя часть 2. темя 3. *кр. метр.* верхушечная точка *(самая верхняя точка темени по средней линии)*

~ **of bladder, bladder** ~ дно мочевого пузыря

vertical [ˈvəːtikl] **1.** вертикальный **2.** относящийся к темени

verticomental [ˌvəːtikəuˈmentəl] теменно-подбородочный (напр. о размере черепа)

vertiginous [vəːˈtiʤinəs] относящийся к головокружению

vertigo [ˈvəːtigəu] головокружение, вертиго

~ **tenebrica** вертиго, обусловленное ночной темнотой, локомоторная атаксия

alternobaric ~ головокружение, связанное с изменением барометрического давления

auditory ~ водянка лабиринта внутреннего уха, эндолимфатическая водянка, Меньера болезнь

deafness and episodic ~ Меньера синдром (глухота и приступы головокружения)

endemic paralytic ~ эндемическое паралитическое головокружение, Жерлье синдром

height ~ головокружение при взгляде вниз с большой высоты или высоко вверх

horizontal ~ головокружение в положении лёжа

labyrinthine ~ см. **auditory** ~

laryngeal ~ беттолепсия, кашлевой обморок

linear ~ линеарное головокружение

mechanical ~ головокружение, обусловленное вращением тела

nocturnal ~ ощущение «проваливания» при засыпании

ocular ~ головокружение вследствие нарушения зрения

organic ~ головокружение, обусловленное органическим поражением головного мозга

paralyzing ~ см. **endemic paralytic** ~

positional [postural] ~ позиционное [постуральное] головокружение

pressure ~ см. **alternobaric** ~

rotatory [sham-movement, subjective, systematic, systemic] ~ системное головокружение, или вертиго (ощущение кругового движения окружающих предметов или собственного тела)

vertical ~ см. **height** ~

vertigraphy [vəːˈtigrəfi] томография, послойное рентгенологическое исследование

verumontanitis [ˌvəːruˌmɒntəˈnaitis] воспаление семенного холмика

verumontanum [ˌvəːrumɒnˈteiniəm] анат. семенной холмик, семенной бугорок

vesania [viˈseiniə] уст. психоз, психическое заболевание; помешательство

vesica [ˈvesikə], pl. **vesicae** [ˈvesiki] пузырь

~ **biliaris**, ~ **fellea** жёлчный пузырь

~ **prostatica** предстательная маточка

~ **urinaria** мочевой пузырь

vesical [ˈvesikl] везикальный, мочепузырный

vesicant [ˈvesikənt] (кожно-)нарывное средство ‖ нарывной

vesication [ˌvesiˈkeiʃn] **1.** образование пузырей или волдырей **2.** пузырь, пузырёк, волдырь

vesicatory [ˈvesikətɒri] (кожно-)нарывное средство

vesicle [ˈvesikl], лат. **vesicula** [vəˈsikjulə] везикула (пузырёк диаметром 1–5 мм, возвышающийся над поверхностью кожи и заполненный серозным или кровянистым содержимым)

~**s of endoplasmic reticulum** вакуоли эндоплазматической сети

acoustic ~ эмбр. слуховой [статоакустический] пузырёк, статоциста

air ~ альвеола лёгкого, лёгочная альвеола

auditory ~ см. **acoustic** ~

blastodermic ~ бластодермический [зародышевый] пузырёк, бластоциста

brain [cephalic, cerebral, encephalic] ~ эмбр. мозговой пузырь

germinal ~ зародышевый пузырёк, уст. ядро яйцеклетки

ocular [ophthalmic, optic] ~ эмбр. глазной пузырь

otic ~ см. **acoustic** ~

phagocytotic ~ фагосома

seminal ~ семенной пузырёк

synaptic ~**s** синаптические пузырьки (выполняют функцию транспорта медиатора к субсинаптической мембране)

umbilical ~ эмбр. желточный мешок

vaccinial ~ оспенный пузырёк, пустула

vesicocele [ˈvesikəuˌsiːl] грыжа мочевого пузыря

vesicoclysis [ˌvesiˈkɒklisis] промывание [лаваж] мочевого пузыря

vesicofixation [ˌvesikəufikˈseiʃn] везикофиксация (1. пришивание матки к стенке мочевого пузыря 2. хирургическая фиксация мочевого пузыря)

vesicorectal [ˌvesikəuˈrektəl] пузырно-прямокишечный (напр. свищ)

vesicorectostomy [ˌvesikəurekˈtɒstəmi] везикоректостомия (наложение соустья между мочевым пузырём и прямой кишкой)

vesicosigmoidostomy [ˌvesikəuˌsigmɒiˈdɒstəmi] везикосигмоанастомоз (наложение соустья между мочеточником и сигмовидной кишкой)

vesicospinal [ˌvesikəuˈspainəl] относящийся к мочевому пузырю и позвоночнику (напр. о спинальных регуляторных механизмах)

vesicostomy [ˌvesiˈkɒstəmi] везикостомия (создание наружного свища мочевого пузыря для отведения мочи)

vesicotomy [ˌvesiˈkɒtəmi] цистотомия (создание наружного свища мочевого пузыря)

vesicoumbilical [ˌvesikəuəmˈbilikəl] пузырно-пупочный (напр. свищ)

vesicovaginal [ˌvesikəuˈvæʤinəl] уретровагинальный

vesicula [vəˈsikjulə], pl. **vesiculae** [vəˈsikjuli] лат., см. **vesicle**

vesicular [vəˈsikjulər] везикулярный (относящийся к пузырьку), состоящий из пузырьков

vesiculation [vəˌsikjuˈleiʃn] дерм. пузырьковая сыпь; крапивница, уртикария

vesiculectomy [vəˌsikjuˈlektəmi] везикулэктомия (удаление семенных пузырьков)

vesiculiform [vəˈsikjulifɔːm] напоминающий пузырёк, похожий на пузырёк

vesiculitis [vəˌsikjuˈlaitis] везикулит, сперматоцистит

vesiculocavernous [vəˌsikjuləuˈkævənəs] везикулокавернозный (1. звук при аускультации 2. о структуре отдельных опухолей)

vesiculography [vəˌsikjuˈlɒgrəfi] рентг. везикулография

vasoseminal ~ вазовезикулография

vesiculotomy [vəˌsikjʊˈlɒtəmi] везикулотомия *(вскрытие семенного пузырька)*

vespajus [vesˈpeiʤəs] гнойное воспаление волосяных фолликулов на голове

vessel [ˈvesəl] 1. *анат.* сосуд 2. сосуд, резервуар, баллон

absorbent ~ лимфатический сосуд

afferent glomerular ~s афферентные капилляры сосудистого клубочка

anastomotic ~ анастомотический сосуд

bile ~ жёлчный проточек, жёлчный каналец

bleeding ~ кровоточащий сосуд

blood ~ кровеносный сосуд

chyliferous ~s млечные сосуды, Азелли сосуды

collateral ~ коллатеральный сосуд, сосудистая коллатераль

competent ~ компетентный [нормально функционирующий] сосуд

conical ~ коническая колба (Эрленмейера)

constricted ~ суженный сосуд

culture ~ сосуд для культивирования клеток

cylindrical ~ химический стакан

Dewar ~ *мед. тех.* Дьюара сосуд

efferent ~s выносящие сосуды

engorged ~ полнокровие сосудов

"ghost ~s" «сосуды-призраки» *(обеднённые кровью сосуды роговицы при глубоком кератите)*

graduated ~ измерительный стакан, мензурка, градуированный сосуд

great ~ магистральный сосуд, крупный сосуд

growth ~ *см.* **culture** ~

incompetent ~ некомпетентный [нефункционирующий] сосуд

individual blood ~ отдельный кровеносный сосуд

intrinsic ~s сосуды, происхождение которых связано с данной тканью, органом

lacteal ~s *см.* **chyliferous** ~s

meandering ~ *см.* **winding** ~

narrow ~ узкий сосуд

nutrient ~ питательный сосуд

occluded ~ закупоренный сосуд

pressure ~ 1. автоклав 2. аппарат высокого давления

resident ~s постоянные сосуды *(в отличие от новообразованных)*

stented ~ стентированный сосуд *(обычно коронарная артерия)*

tortuous ~s извитые сосуды; извитость сосудов *(напр. при портальной гипертензии)*

winding ~ извилистый [спиральный] сосуд

vest [vest]:

life ~ спасательный жилет

vestibular [vesˈtibjʊlə] *анат.* вестибулярный, преддверный

vestibule [ˈvestibjuːl] *анат.* 1. преддверие 2. преддверие (костного) лабиринта

~ **of ear** центральная часть костного лабиринта

~ **of larynx** преддверие гортани

~ **of mouth** преддверие рта

~ **of nose** преддверие носа

~ **of omental bursa** преддверие сальниковой сумки

~ **of vagina** преддверие влагалища

gastroesophageal ~ надкардиальное расширение пищевода

vestibulopathy [vesˌtibjʊˈlɒpəθi] вестибулопатия, вестибулярный синдром

vestibuloplasty [vesˈtibjʊləʊˌplæsti] пластика свода полости рта

vestibulotomy [vesˌtibjʊˈlɒtəmi] вестибулотомия, фенестрация преддверия *(костного лабиринта)*

vestibulovaginal [vesˌtibjʊləʊˈvæʤinəl] преддверно-влагалищный, относящийся и к влагалищу, и к его преддверию

vestibulum [ˈvestibjuːləm]; *pl.* **vestibula** [ˈvestibjuːlə], *лат., см.* **vestibule**

vestige [ˈvestiʤ] 1. след, признак 2. рудиментарный остаток, рудимент

bronchial cleft ~s жаберно-щелевые рудименты

vestigial [vesˈtiʤiəl] рудиментарный

vestigium [vesˈtiʤiəm] *pl.* **vestigia** [vesˈtiʤiə] *см.* **vestige**

~ **processus vaginalis** рудиментарный остаток влагалищного отростка

veteran [ˈvetərən] 1. бывший военнослужащий 2. отмеченный государством за многолетнюю трудовую деятельность

disabled ~ инвалид войны

discharged ~ демобилизованный участник войны

veterinary [ˈvetəriˌnæri] ветеринарный

vetoing [ˈviːtəʊiŋ] феномен «вето» *(рестрикция цитотоксикации специальными «вето»-клетками)*

veto-like [ˈviːtəʊˈlaik] по типу «вето» *(об инактивировании предшественников цитотоксических Т-лимфоцитов клетками селезёнки)*

vex [veks] 1. досаждать, раздражать 2. страдать, мучиться *(от болезни)*

vexation [vekˈseiʃn] 1. досада, раздражение 2. неприятность

via [vaiə] через, с помощью

~ **acupuncture** при помощи иглоукалывания

~ **bile** с жёлчью *(напр. о выведении гепатотоксиканта)*

~ **empericism** эмпирически *(напр. о подборе доз)*

~ **lateral approach** через боковой доступ

viability [ˈvaiəbiliti] 1. жизнеспособность, жизнестойкость 2. способность к воспроизведению

~ **of semen** жизнеспособность спермы

viable [ˈvaiəbl] жизнеспособный *(напр. плод с 28-й недели гестации)*

vial [ˈvaiəl] пробирка, пузырёк, ампула, флакон, бутылочка

vibesate [ˈvaibəseit] аэрозольный препарат, создающий плёнку на поражённом участке кожи

vibex [ˈvaibeks], **vibix** [ˈvaibiks], *pl.* **vibices** [viˈbaisiːz] 1. геморрагическое пятно в виде полосы *(на коже)* 2. линейное подкожное кровоизлияние

vibrant [ˈvaibrənt] дрожащий

vibration [vaiˈbreiʃn] 1. дрожание, сотрясение, вибрация 2. вибрационный массаж

sonic ~ обработка ультразвуком *(напр. при суспендировании)*

vibrator [ˈvaibreitə] вибратор *(прибор, генерирующий колебания различной частоты)*

vibratory ['vaibrəˌtɒri] вибрационный *(напр. о чувствительности)*; вибрирующий

vibrio ['vibriəʊ] вибрион

~ alginolyticus возбудитель раневых инфекций у иммунодефицитных пациентов и лиц с тяжёлыми ожогами

~ fluvialis вид, схожий с некоторыми штаммами бактерий рода Aeromonas, возбудитель диареи у человека

cholera ~ холерный вибрион

El-Tor ~ холерный вибрион Эль-Тор

NAG [nonagglutinating] ~s холероподобные неагглютинирующиеся вибрионы

vibriocarrier [ˌvibriəʊ'kæriə] вибриононоситель

vibrion ['vibriɒn] *см.* **vibrio**

paracholera ~s холероподобные [неагглютинирующиеся] вибрионы

vibrissa [vai'brisə], *pl.* **vibrissae** [vai'brisi] *лат.* вибрисса *(волоски, растущие по краям ноздрей)*

vibrocardiography [ˌvaibrəʊˌkaːdi'ɒgrəfi] виброкардиография *(регистрация низкочастотных колебаний грудной клетки, вызванных сердечными сокращениями)*

vibrocare ['vaibrəʊkeə] вибромассаж

vibromasseur [ˌvaibrəʊmə'səː] вибромассажёр

vibrotherapeutics [ˌvaibriəʊˌθerə'pjuːtiks] вибромассаж

vicarious [vai'kæriəs] викарный, заместительный, компенсаторный

vice[1] [vais] 1. порок, дефект, недостаток 2. аморальность, безнравственность, развращённость 3. зло

inherent ~ 1. врождённый порок развития 2. *страх.* риск порчи товаров во время транспортировки

organized ~ подпольные публичные и игорные дома, притоны

vice[2]:

~ versa *лат.* напротив, наоборот

vicinity [vi'sinəti] 1. окрестности; район 2. соседство; близость 3. *pl.* смежные [соседние] органы

vicious ['viʃəs] 1. порочный, дефектный, патологический 2. неправильный, ошибочный 3. злой, злобный

victim ['viktim] жертва; потерпевший, пострадавший *(напр. аспирировавший инородное тело)*; поражённый

~ of illness заболевший внезапно

~ of injury травмированный, получивший травму

~ of poison жертва отравления

~ of psychiatric abuse жертва злоупотребления психиатрической службы

to fall a ~ стать жертвой кого-л., чего-л.

accident ~ жертва несчастного случая

fashion ~ жертва моды

head-injury ~ пострадавший от черепно-мозговой травмы

male ~ мужчина-жертва *(насилия)*

rape ~ жертва изнасилования

victimization [ˌviktimai'zeiʃn] 1. преследование 2. обман 3. принесение в жертву

victimize ['viktimaiz] 1. делать своей жертвой, мучить, изводить 2. подвергать преследованию 3. увольнять 4. обманывать

victimology [ˌvikti'mɒlədʒi] виктимология, изучение поведения жертвы *(которое могло провоцировать преступление)*

vide ['vaidi]:

~ infra *лат.* смотри ниже

~ supra *лат.* смотри выше

video ['vidiəʊ] 1. видео 2. изображение

videognosis [ˌvidiəʊ'gnəʊsis] видеодиагноз *(анализ, напр., рентгенограммы, переданной по телевидению)*

videography [ˌvidi'ɒgrəfi] видеография *(запись и воспроизведение изображений на видеодиске)*

videolaparoscopy [ˌvidiəʊˌlæpə'rɒskəpi] видеолапароскопия

videorecord [ˌvidiəʊ'rekɔːd], **videotape** [ˌvidiəʊ'teip] видеозапись

Vie [vai]:

La ~ Libre *фр.* «свободная жизнь» *(французская ассоциация взаимопомощи алкоголиков)*

view [vjuː] 1. вид; проекция; направление ‖ наблюдать; смотреть; рассматривать 2. взгляд; точка зрения 3. поле зрения

angled ~ угловая проекция

antero-posterior ~ переднезадняя проекция

axial (base) ~ аксиальная [горизонтальная, осевая] проекция

biological ~ биологический анализ

cross-sectional ~s послойное изображение *(на томограммах)*

cross-table lateral ~ *рентг.* положение в латеропозиции

current ~s современная точка зрения

endoscopic ~ эндоскопическая картина, эндоскопическое изображение

expiratory ~s рентгенография с задержкой дыхания на выдохе

frontal ~ прямая проекция, вид спереди

lateral ~ боковая проекция, вид сбоку

left parasternal short-axis ~ *узи* сечение по короткой оси из левого парастернального доступа

longitudinal ~ of aneurysm *узи* продольный вид аневризмы

medical practitioner's ~ заключение врача общей практики

oblique ~ косая проекция; вид сбоку

parasternal long and short-axis ~ of heart *узи* парастернальный вид по продольной и короткой осям сердца

plan ~ вид сверху

profile ~ боковое изображение

rear ~ вид сзади

sectional ~ вид в разрезе, разрез

side ~ вид сбоку

"skyline" ~s горизонтальная плоскость

"standing" ~s рентгенография в положении стоя

subcostal long-axis ~ *узи* субкостальный продольный вид *(напр. левого желудочка)*

three-dimensional ~ трёхмерное [объёмное] изображение

to have a ~ of patients осмотреть [осматривать] больных

Towne's ~ Тауна проекция *(25—35° лобно-затылочная проекция)*

two-dimensional ~ of heart *узи* двумерный вид сердца

ventrodorsal ~s *см.* **antero-posterior ~**

whole genome ~s полное изображение [расшифровка] генома

world ~ *психол.* картина [видение] мира

viewer ['vjuːə]:

agglutination ~ агглютиноскоп

dark ground ~ темнопольный видеоскоп

X-ray ~ негатоскоп

viewing ['vjuːɪŋ]:

binocular ~ бинокулярное видение

viewpoint ['vjuːpɔint] точка зрения

vigil ['vidʒil] 1. бессонница 2. бодрствование; дежурство

bedside ~ ночное дежурство у постели больного

coma ~ полукоматозное состояние; оглушение *(с открытыми глазами)*

fatiguing ~ истощающее бодрствование

vigilambulism [ˌvidʒiˈlæmbjulizm] *псих.* амбулаторный автоматизм *(помрачение сознания без психотических симптомов, проявляющееся длительным непроизвольным блужданием с упорядоченным поведением, но последующей амнезией)*

vigilance ['vidʒiləns] 1. бдительность; настороженность; контроль за безопасностью *(напр. лекарств)* 2. бодрствование; бессонница 3. *псих.* вигильность

life long ~ длительное тщательное наблюдение

vignette ['vinjet]:

clinical ~s клинические зарисовки

vigor ['vigə] 1. сила, энергия; интенсивность 2. активная физическая и умственная деятельность; жизнеспособность 3. законность, валидность

~ **vitalis** *лат.* жизнерадостное самочувствие, «здоровый дух»

vigorous ['vigərəs] 1. бодрый, энергичный, сильный, активный, крепкий *(о человеке)* 2. выраженный, интенсивный *(о терапии)*

villi ['vilai] *pl. от* **villus** ['viləs] *анат.* ворсинки, ворсины

amniotic ~ амниотические ворсинки

anchoring ~ якорные ворсины хориона, срастающиеся с эндометрием

arachnoid ~ арахноидальные [пахионовы] грануляции *(ворсинки паутинной оболочки мозга, врастающие в твёрдую мозговую оболочку)*

chorionic ~ *см.* **anchoring** ~

floating [free] ~ свободные ворсины *(хориона)*

jejunal ~ ворсинки тощей кишки

lingual ~ нитевидные сосочки языка

pericardial ~ сращения между перикардом и эпикардом

placental ~ ворсины плаценты

pleural ~ плевральные ворсинки

synovial ~ синовиальные ворсинки

villiferous [viˈlifərəs] ворсинчатый

villoma [viˈləumə] ворсинчатая опухоль, папиллома

villonodular [ˌviləuˈnɒdjulə] ворсинчато-узелковый, вилло-нодулярный

villositis [ˌviləuˈsaitis] воспаление хориона

villosity [viˈlɒsiti] 1. ворсинка 2. ворсинчатость

villous ['viləs] покрытый ворсинками; ворсинчатый

villusectomy [ˌviləsˈektəmi] синовэктомия *(иссечение синовиальной оболочки сустава)*

Vinca ['vinkə]:

~ **minor** *фарм.* барвинок малый *(растение, обладающее противоопухолевым действием)*

vinculum ['viŋkjuləm], *pl.* **vincula** ['viŋkjulə] 1. связь 2. соединительная связка, спайка 3. *анат.* уздечка *(напр. языка)*

~ **matrimoniale** брачный союз

~ **tendinum** связка сухожилия

~ **umbilicale** пуповина

vindicatory ['vindikətəri] 1. кара, карательная [принудительная] мера 2. карательный [принудительный] орган

vinegar ['vinigə] 1. уксус, уксусная кислота *(полученная микробиологическим путём)* 2. *психол.* неприятный характер; нелюбезный ответ

apple [sider] ~ яблочный уксус

white-wine ~ 6 % уксусная кислота

Vinera ['vinirə]:

~ **Lebetina** *лат.* гюрза

vinomania [ˌvainəuˈmeiniə] виномания *(патологическая жажда вина)*

vint [vint] «винт» *(наркотик)*

violate ['vaiəleit] 1. нарушать *(закон)*; преступать 2. насиловать; изнасиловать

to ~ **the patient's trust** подорвать доверие больного

violation [ˌvaiəˈleiʃn] 1. нарушение 2. насилие, применение силы 3. изнасилование

~s **of human rights** нарушения прав человека

~ **of law** правонарушение, нарушение закона

administrative ~ административное правонарушение

protocol ~ нарушение [стандарта] протокола *(напр. лечения)*

violence ['vaiələns] 1. сила, неистовство, стремительность 2. жестокость, насилие; умышленное нанесение физического вреда 3. изнасилование

~ **against women** насилие над женщиной

domestic ~ домашнее [бытовое] насилие

to do ~ оскорблять действием, насиловать

violent ['vaiələnt] 1. неистовый, яростный; интенсивный, сильный, неукротимый 2. насильственный; принудительный 3. вспыльчивый, страстный, горячий

violet ['vaiələt] 1. фиалка 2. фиолетовый *(краситель)*

crystal ~ кристаллический фиолетовый *(краситель)*

gentian ~ генцианвиолет *(краситель)*

Lauth's ~ тионин *(краситель)*

methyl ~ метиловый фиолетовый *(краситель)*

Patent blue ~ патентованный синий *(краситель)*

visual ~ йодопсин *(пигмент сетчатки)*

viosterol [vaiˈɒstərɒl] эргокальциферол, витамин D_2

viper ['vaipə] 1. гадюка 2. вероломный человек 3. *sl.* наркоман

Vipera ['vaipərə]:

~ **berus** гадюка европейская

~ **lebetina turan** гюрза

vipoma [viˈpəumə], **VIPoma** випома *(эндокринная опухоль островковых клеток, продуцирующих вазоактивный интестинальный полипептид, ВИП)*

Vira ['vairə] царство вирусов

viraginity [ˌvairəˈdʒiniti] наличие у женщины мужских черт в характере и поведении, мужеподобность

viral ['vairəl] вирусный

viremia [vai'ri:miə] вир(ус)емия *(наличие вирусов в крови)*
  widespread ~ генерализованная виремия
viremic [vai'ri:mik] заражённый вирусом, виремический
virgin ['və:ʤin] 1. девственница || девственная, виргинная *(о самке)*; неоплодотворённая 2. некоммитированный *(о лимфоците)* 3. чистый, несмешанный
virginity [və:'ʤiniti] девственность
viricidal [ˌvairi'saidəl] *см.* **virucidal**
virile ['viril] 1. мужской; вирильный, маскулинизированный 2. достигший половой зрелости
virilescence [viri'lesəns] вирилизация, маскулинизация, андрогенизация, мужеподобность *(женщины)*
  adrenal ~ вирилизм надпочечникового происхождения
virilia [vi'riliə] мужские половые органы
virilism ['virilizm] вирилизм, маскулинизм, вирилизирующий [вирильный] синдром
virility [vi'riliti] 1. мужество, возмужалость 2. половая зрелость 3. вирильность *(совокупность нормальных мужских половых признаков)*
virilization [ˌvirili'zeiʃn] *см.* **virilescence**
virin [vi'rin] *pl.* вирины *(инсектицидные препараты на основе вирусов)*
virion ['vairiən] вирион *(покоящаяся вирусная частица)*
  enveloped ~ вирион, имеющий оболочку
  rod-shaped ~ палочкообразный вирион
viripotent [viri'pəʊtənt] половозрелый
virocyte [ˌvirəʊ'sait] лимфоретикулярная клетка, *уст.* вироцит
virogene ['vairəʊʤi:n] вирусный ген || вирусного происхождения, вирусной природы
viroid ['vairɒid] вироид *(1. общий термин для любых биологических ингредиентов, используемых в иммунизации 2. часть цепи информационной РНК)*
viroimmunoassay [ˌvairəʊˌimju:nəʊ'æsei] иммунологический анализ антигенной структуры вирусов
virokine ['vairəʊkin] *pl.* вирокины *(вирусспецифические белки)*
virolactia [ˌvairəʊ'lækʃə] выделение вирусов с молоком
virologist [vai'rɒləʤist] вирусолог
virology [vai'rɒləʤi] вирусология
  food ~ пищевая вирусология
virolysis [ˌvairəʊ'lisis] лизис вирусов, виролиз
  complement-dependent ~ комплементзависимый виролиз
viropexis [ˌvairəʊ'peksis] виропексис *(способ внедрения вируса в клетку)*
viropexy [ˌvairəʊ'peksi] виропексия *(проникновение вирусов внутрь клеток)*
viroplasm ['vairəʊplæzm] вироплазма *(электронноплотное образование в цитоплазме заражённых вирусом клеток)*
virose [vai'rəʊz] ядовитый, токсический
virosis [vai'rəʊsis], *pl.* **viroses** [vai'rəʊsi:s] вирусная болезнь
virosome ['vairəʊsəʊm] 1. виросома 2. вируслипосомная вакцина
virtual ['və:tʃʊəl] виртуальный, призрачный, мнимый *(напр. о величине, пороге)*
virtue ['və:tʃu:] 1. нравственность; добродетель; доброжелательность 2. достоинство, хорошее качество 3. сила; действие, эффективность *(напр. медикамента)*

virucidal [ˌvairə'saidəl] вирулицидный, вироцидный *(способный инактивировать вирусы)*
virucide ['vairəsaid] противовирусный [вирулицидный] препарат, вируцид
virulence ['virjʊləns] 1. вирулентность *(степень патогенности)* 2. ядовитость, токсичность
virulence-plasmid ['virjʊləns-'plæzmid] плазмида вирулентности
virulent ['virjʊlənt] 1. вирулентный 2. ядовитый 3. опасный *(о болезни)*
virulicidal [ˌvirjʊ'lisidəl] *см.* **virucidal**
virulicide [ˌvairəli'said] *см.* **virucide**
viruliferous [ˌvirjʊ'lifərəs] вирусоноситель || содержащий вирус
viruria [vair'u:riə] вир(ус)урия *(наличие вирусов в моче)*
virus ['vairəs], *pl.* **viruses** ['vairəsi:z]:
  ~ **fixe** *лат.* фиксированный вирус *(вакцинный штамм вируса бешенства)*
  acaropathogenic ~ акаропатогенный вирус
  adapted ~ адаптированный вирус
  adeno-associated ~ аденоассоциированный [аденосателлитный] вирус, аденосателлит *(может размножаться только в присутствии аденовирусов)*
  adenoidal-pharyngeal-conjunctival ~es аденовирусы
  adeno-satellite ~ *см.* **adeno-associated** ~
  alastrim ~ вирусы белой оспы, или аластрима
  animal ~es вирусы животных
  arthropod-borne ~ арбовирус, артропонозный [трансмиссивный] вирус *(переносимый членистоногими)*
  attenuated ~ аттенуированный [ослабленный] вирус *(вызывающий выработку антител, но не приводящий к развитию заболевания)*
  Aujeszky's disease ~ *см.* **pseudorabies** ~
  bacterial ~ бактериофаг, бактериальный вирус *(летальный для бактерий)*
  blue tongue ~ вирус синего языка овец
  blood-born ~es вирусы, обитающие в кровяных клетках
  breakbone fever ~ *см.* **dengue** ~
  CA ~ *см.* **croup-associated** ~
  California ~ вирус калифорнийского энцефалита
  causal ~ вирус-возбудитель
  cell-free ~ внеклеточный вирус
  central European tick-born encephalitis ~ вирус центральноевропейского клещевого энцефалита
  chicken-pox ~ вирус ветряной оспы
  Chikungunya ~ Чикунгунья вирус *(тропической лихорадки)*
  circulative ~ циркулирующий вирус *(передающийся потомству)*
  Colorado tick fever ~ вирус колорадской клещевой лихорадки
  common-cold ~ простудный вирус *(любой из многочисленных вирусов, являющихся этиологическим фактором общепростудных заболеваний)*
  cowpox ~ вирус (оспо)вакцины
  Coxsackie ~ *см.* **coxsackie-virus**
  Crimean-Congo hemorrhagic fever ~ вирус конгокрымской геморрагической лихорадки, вирус Конго

croup-associated ~ вирус стенозирующего ларинго-трахеита; вирус псевдокрупа, или парагриппа 2-го типа

cytopathogenic ~ цитопатогенный вирус *(вызывающий дегенеративные изменения клеток хозяина)*

defective ~ дефектный [абортивный] вирус

delta hepatitis ~ вирус гепатита D, дельта-вирус

dengue ~ вирус денге

distemper ~ вирус чумы *(собак)*

DNA tumor ~**es** опухолевые ДНК-вирусы

dsDNA ~ вирус, содержащий двухнитевую ДНК

EB ~ *см.* **Epstein – Barr** ~

Ebola ~ Эбола вирус *(возбудитель геморрагической лихорадки Эбола)*

ECHO ~ *см.* **enterocytopathogenic human orphan** ~**es**

ecotropic ~ экотропный вирус *(не вызывающий болезней у природного хозяина, но воспроизводящийся в культуре клеток тех видов, к которым принадлежит хозяин)*

egg-adapted ~ вирус, адаптированный многократными пассажами на куриных эмбрионах

encephalomyocarditis ~ вирус энцефаломиокардита, вирус полиоэнцефалита грызунов, или параполиомиелита

enteric orphan ~ энтеровирусы, кишечные вирусы-сиротки

enterocytopathogenic human orphan ~**es** кишечные цитопатогенные человеческие вирусы-сиротки

enveloped DNA ~**es** имеющие оболочку ДНК-содержащие вирусы

ephemeral fever ~ рабдовирус

epidemic mialgia ~ вирус эпидемической плевродинии

epidemic parotitis ~ вирус (эпидемического) паротита, вирус свинки

Epstein – Barr ~ Эпштейна – Барр вирус, цитомегаловирус, ЦМВ

excluded ~ исключённый вирус *(развитие которого подавлено заражением клетки другим вирусом)*

extracellular ~ внеклеточная (вирионная) форма вируса

filter-passing ~ фильтрующийся вирус

fixed rabies ~ фиксированный вирус бешенства *(используемый в качестве вакцины)*

friend ~ **1.** симбионтный вирус **2.** Фрейнда вирус *(возбудитель злокачественной ретикулопатии у мышей)*

granulosis ~ вирус гранулёза *(используется в качестве основы для биоинсектицидов)*

helper ~ вирус-помощник *(репродукция которого, способствует превращению дефектного вируса в контагиозный)*

hepatitis A ~ (HAV) вирус инфекционного гепатита, вирус гепатита A

hepatitis B ~ (HBV) вирус сывороточного гепатита, вирус гепатита B

hepatitis C ~ вирус гепатита C

herpes simplex ~ вирус простого герпеса

herpes-zoster ~ вирус опоясывающего герпеса

high passage ~ многократно пассированный вирус

human herpes ~ 6 герпесвирус человека, тип 6

human immunodeficiency ~ вирус иммунодефицита человека, ВИЧ *(выделен L. Montagnier в 1983 г. в институте Пастера из пунктата лимфоузлов и лимфоцитов)*

human papilloma ~ вирус бородавки [папилломавирус] человека

human T cell leukemia/lymphoma ~ вирус Т-клеточного лейкоза, Т-клеточной лимфомы человека вирус

human T-lymphotropic ~ Т-лимфотропный вирус *(вызывающий Т-клеточный и волосатоклеточные лейкозы)*

immunodeficiency ~ вирус иммунодефицита

incomplete ~ неполноценный вирус

indigenous ~ местный тип [штамм] вируса

infectious hepatitis ~ *см.* **hepatitis A** ~

infectious warts ~ вирус папилломы человека

influenza ~**es** вирусы гриппа

intact ~ интактный [неизменённый, исходный] вирус

interfering ~ интерферирующий вирус

Japanese B encephalitis ~ вирус японского энцефалита B

latent ~ латентный [неинфекционный] вирус

lymphadenopathy associated ~ вирус, вызывающий лимфаденопатию *(прежнее название ВИЧ)*, см. **human immunodeficiency** ~

lymphocytic choriomeningitis ~ вирус лимфоцитарного хориоменингита

lysogenic ~ лизогенный вирус, профаг

mammary cancer [mammary tumor] ~ **of mice** фактор рака молочных желёз мышей, фактор молока, Биттнера вирус

masked ~ маскированный вирус, псевдовирус *(интегрированный в геном и находящийся в латентном состоянии)*

master seed ~ исходный вакцинный вирус

measles ~**es** вирусы кори

milker's nodes ~ вирус паравакцины, вирус псевдооспы коров

modified ~ модифицированный [инактивированный] вирус

modified live ~ модифицированная живая вакцина

Mokola ~ Мокола вирус *(родственный вирусу бешенства; впервые выделен от землероек-белозубок рода Crocidura в Нигерии; является причиной смертельного неврологического заболевания людей и кошек в Африке)*

mumps ~ вирус (эпидемического) паротита, вирус свинки

Murray Valley encephalitis [MVE] ~ Муррея вирус энцефалита долины, вирус австралийского энцефалита

naked ~ голый вирус *(состоящий только из нуклеокапсида и не имеющий оболочки)*

negative-strand ~ вирус, геном которого представлен нитью РНК, комплементарной матричной РНК

neurotropic ~ нейротропный вирус

Newcastle disease [ND] ~ вирус ньюкаслской болезни, вирус псевдочумы птиц

nonenveloped ~ безоболочечный вирус

nonoccluded ~**es** «невкрапленные» вирусы

nonpersistent ~ нестабильный вирус *(не сохраняющийся в переносчике)*

nuclear polyhedrosis ~ вирус ядерного полиэдроза *(используется в качестве основы для биоинсектицидов)*

occluded ~**es** «вкрапленные» вирусы

occult ~ провирус

oncogenic ~ онкогенный [опухолеродный] вирус

o'nyong-nyong ~ вирус лихорадки О'Ньонг-ньонг

original ~ первоначальный вирус, дикий вирус

orphan ~es *см.* **enterocytopathogenic human orphan** ~es

pantropic ~ политропный [пантропный] вирус

pappataci fever ~ вирус флеботомной лихорадки

parainfluenza ~ вирус парагриппа

paravaccinia ~ вирус паравакцины, вирус псевдооспы коров

passenger ~es *см.* **enterocytopathogenic human orphan** ~es

persistent ~ персистирующий вирус *(длительно сохраняющийся в переносчике и периодически индуцирующий циклы литической инфекции)*

phlebotomus fever ~ вирус флеботомной лихорадки

Powassan ~es вирусы клещевого энцефалита Повассан

propagative ~ распространяющийся вирус *(передающийся многими хозяевами)*

pseudocowpox ~ *см.* **paravaccinia** ~

pseudorabies ~ вирус псевдобешенства, вирус болезни Ауески

rabies ~ вирус бешенства

reassortant ~ псевдовирион, химерный вирус *(генно-инженерный имитатор вируса, включающий нуклеиновую кислоту и протеиновый капсид)*

respiratory syncytial ~ респираторно-синцитиальный вирус

reverse ~ реверсированный вирус *(напр. полиомиелита, превратившийся из вакцинного вида в дикий)*

Rift Valley fever ~ Рифт Валли вирус, вирус лихорадки долины Рифт

rinderpest ~ вирус чумы

RNA-tumor ~ онкогенный ретровирус; онкогенный вирус, содержащий РНК

Rous-associated ~ Рауса саркомы ассоциированный вирус *(первый онкогенный вирус, выделенный в 1911 г. Раусом из спонтанной саркомы кур)*

sandfly fever ~ вирус флеботомной лихорадки

satellite ~ вирус, сопутствующий другому вирусу

Semliki forest ~ вирус леса Семлики

Sendai ~ Сендай вирус, японский гемагглютинирующий вирус мышей

simian ~ вакуолизирующий обезьяний вирус-40, ОВ-40

Sindbis ~es Синдбис вирусы *(возбудитель лихорадки Синдбис; эндемичен в дельте Нила)*

slow ~ 1. вирус медленной инфекции 2. медленная вирусная инфекция *(с длительным инкубационным периодом)*

smallpox ~ вирус натуральной оспы, вирус оспы человека

ssDNA ~ вирус, содержащий одноцепочную ДНК

stable ~ стойкий вирус

street ~ «уличный» вирус *(бешенства)*

tick-borne encephalitis ~ вирус клещевого энцефалита

tumor ~ онкогенный [опухолеродный] вирус

vaccine [vaccinia] ~ вирус коровьей оспы *(поксвирусы рода Orthopoxvirus, используемые для иммунизации против оспы)*

vacuolating ~ вакуолизирующий обезьяний вирус, ОВ-40

varicella-zoster ~ вирус опоясывающего лишая

variola ~ *см.* **smallpox** ~

versatile ~ вирус, способный размножаться в различных тканях

vesicular stomatitis ~ вирус везикулярного стоматита

visceral disease ~ цитомегаловирус

xenotropic ~ ксенотропный вирус *(не вызывающий заболевания у природного хозяина и размножающийся только в клеточной культуре тканей различных видов)*

yellow fever ~ вирус жёлтой лихорадки

Virus родовое название вирусов

virus-challenged ['vairəs-'tʃælindʒd] вирус-индуцированный

virusemia [ˌvairə'siːmiə] вирусемия, виремия *(наличие вирусов в крови)*

virusoid [ˌvairə'spid] вирусоид *(небольшая, состоящая из 300–400 нуклеотидов, кольцевая однонитевая ДНК)*

virus-satellite ['vairəs-ˌsætəlait] вирус-сателлит *(самостоятельно не способный к репликации)*

virus-transformed [ˌvairəs-træns'fɔːmd] изменённый действием вируса *(напр. о клетке)*

vis [vis], *pl.* **vairis** ['vairis] 1. сила; энергия 2. насилие 3. прочность; сопротивление

~ **a tergo** противодействие

~ **conservatrix** врождённое свойство противостоять болезням

~ **formativa** регенерационная способность

~ **in situ** наследственность; врождённое свойство организма

~ **inertia** сила инерции; пассивность

~ **vitae,** ~ **vitalis** жизненная сила

visage ['vizidʒ] 1. лицо 2. выражение лица, вид

visagiste ['vizidʒist] косметолог, визажист

visanic [vi'sænik] психически больной

vis-à-vis [ˌviːzaː'viː] *фр.* напротив, друг против друга, лицом к лицу

viscera ['visərə] *pl. от* **viscus** ['viskəs] внутренние органы

adjacent ~ смежные органы

viscerad ['visəræd] в направлении внутренних органов

visceral ['visərəl] висцеральный *(относящийся к внутренним органам)*

visceralism ['visərəlizm] висцеральная [соматогенная] теория происхождения болезней

viscerocranium [ˌvisərəʊ'kreiniəm] лицевой череп

viscerogenic [ˌvisərəʊ'dʒenik] висцерального происхождения, соматогенный

visceroinhibitory [ˌvisərəʊin'hibitʊri] тормозящий деятельность внутренних органов

visceromegaly [ˌvisərəʊ'megəli] спланхномегалия, гигантизм внутренних органов

visceromotor [ˌvisərəʊ'məʊtə] висцеромоторный *(относящийся к двигательной функции внутренних органов)*

visceroptosia [ˌvisərɒp'təʊsiə], **visceroptosis** [ˌvisərɒp'təʊsis] спланхноптоз, висцероптоз

viscerosensory [ˌvisərəʊ'sensəri] висцеросенсорный *(относящийся к чувствительной иннервации внутренних органов)*

visceroskeleton [ˌvisərəʊˈskelətɒn] **1.** опорные элементы [остов, «скелет»] органа *(напр. хрящи трахеи)* **2.** часть скелета, несущая защитную функцию по отношению к внутренним органам *(напр. грудная клетка)*

viscerotonia [ˌvisərəʊˈtəʊniə] висцеротония *(тип темперамента с функциональным преобладанием органов пищеварения)*, см. тж. **cerebrotonia** и **somatotonia**

viscerotropic [ˌvisərəʊˈtrɒpik] висцеротропный *(воздействующий на внутренние органы)*

viscid [ˈvisid] вязкий, клейкий, липкий *(напр. секрет)*

viscidosis [visiˈdəʊsis] муковисцидоз, фиброзно-кистозная дегенерация поджелудочной железы

viscoelasticity [ˌviskəʊilæsˈtisiti] вязкоупругость

visco(si)meter [ˌviskəʊˈsimətə]:

ball-and-bucket ~ вискозиметр с падающим шариком, Стокса вискозиметр

visco(si)metry [ˌviskəʊˈsimətri] вискозиметрия *(измерение вязкости жидкостей)*

viscosities [visˈkɒsitiːz] вяжущие средства

viscosity [visˈkɒsiti] **1.** вязкость, липкость, клейкость, тягучесть **2.** коэффициент вязкости **3.** внутреннее трение

~ **of blood** вязкость крови

characteristic ~ характеристическая вязкость

intrinsic ~ собственная вязкость

relative ~ относительная вязкость

social ~ социальная прилипчивость

specific ~ удельная вязкость

viscous [ˈviskəs] вязкий, липкий, клейкий, тягучий

viscus [ˈviskəs], *pl.* **viscera** [ˈviserə] внутренний орган

herniated ~ ущемлённый орган, содержимое грыжевого мешка

hollow ~ полый орган

ruptured ~ разрыв органа; перфорация

visible [ˈvizəbl] **1.** видимый; явный **2.** оптический

visile [ˈvizail] человек с преимущественно зрительным типом воображения || зрительный

visio [ˈviziəʊ] *лат.* зрение

~ **oculus uterque** зрение обоих глаз

vision [ˈviʒən] **1.** зрение; острота зрения **2.** видимость; обзор **3.** зрительный образ; зрительная галлюцинация **4.** сновидение **5.** проницательность

~ **of the world** мировоззрение

achromatic ~ ахроматопсия, цветовая слепота

binocular ~ бинокулярное [стереоскопическое] зрение

blue ~ цианопсия *(нарушение восприятия, при котором все предметы представляются окрашенными в синий цвет)*

blurred ~ нечёткое [затуманенное, расплывчатое] зрение

central ~ центральное [макулярное, фовеальное] зрение

chromatic [color] ~ цветовое зрение, хроматопсия, цветоощущение

cone ~ *см.* **photopic** ~

day ~ дневное зрение

dichromatic ~ дейтероанопсия *(слепота на зелёный цвет)*

direct ~ центральное [макулярное, фовеальное] зрение

double ~ диплопия, двойное зрение *(двоение в глазах)*

eccentric ~ *см.* **peripheral** ~

green ~ хлоропсия *(нарушение зрения, при котором окружающие предметы кажутся зелёными)*

half ~ гемианопсия *(дефект поля зрения, локализующийся в одной половине поля зрения каждого глаза)*

halo ~ наличие в поле зрения радужных кругов вокруг источника света

haploscopic ~ глубинное зрение

half ~ гемианопсия *(дефект зрения, локализующийся в одной его половине каждого глаза)*

hypnagogic ~ гипнагогические зрительные образы *(возникающие при засыпании)*

indirect ~ *см.* **peripheral** ~

iridescent ~ *см.* **halo** ~

maintaining ~ **1.** сохранение зрения **2.** остаточное зрение

mesopic ~ сумеречное [мезопическое] зрение

monocular ~ монокулярное зрение

multiple ~ полиоп(с)ия

near ~ близорукость

night ~ ночное [скотопическое] зрение *(восприятие света палочками сетчатки)*

panoramic ~ пространственное зрение

perfect ~ идеальное [безупречное] зрение

peripheral [peripheric] ~ периферическое зрение

photerythrous ~ *см.* **dichromatic** ~

photopic ~ дневное [фотопическое] зрение *(восприятие света колбочками сетчатки)*

pseudoscopic ~ нарушение пространственного зрения

qualitative ~ пространственное зрение, способное различать качественную характеристику объекта *(форму, размер, цвет и пр.)*

quantitative ~ зрение, способное различать темноту и свет

rainbow ~ *см.* **halo** ~

red ~ эритропсия

robot ~ техническое зрение робота

rod ~ *см.* **night** ~

scoterythrous ~ протанопия *(дихромазия, при которой отсутствует восприятие красного цвета)*

scotopic ~ *см.* **night** ~

shaft ~ *см.* **tubular** ~

solid [stereoscopic] ~ *см.* **binocular** ~

telechiric ~ дистанционное зрение *(человека-оператора)*

trichromatic ~ трёхцветовое зрение *(способность различать основные цвета – красный, зелёный, синий)*

triple ~ триплопия, тройное зрение *(троение в глазах)*

tubular [tunnel] ~ трубчатое [туннельное] зрение *(1. резко суженное поле зрения 2. узкий кругозор; ограниченность, узость взглядов; «зашоренность»)*

twilight ~ *см.* **night** ~

under direct ~ под контролем зрения, под визуальным контролем

yellow ~ ксантопсия *(нарушение восприятия, при котором все предметы представляются окрашенными в жёлтый цвет)*

visit [ˈvizit] **1.** посещение, визит, осмотр **2.** настигать, поражать *(о болезни, бедствии)*

domeciliary ~ визит *(врача)* на дом

follow-up ~ посещение в отдалённые сроки; отсроченный визит *(больного к врачу)*

nurse home ~ посещение медицинской сестрой больного на дому

prenatal ~ дородовое посещение *(беременной)*

visiting-round ['vizitiŋ'raʊnd] обход *(больных)*

visitor ['vizitə]:

district ~ прихожанка, помогающая священнику при посещении больных

health ~ патронажная медсестра; социальный работник

visual ['viʒʊəl] 1. зрительный, визуальный, видимый 2. оптический

visualization [‚viʒʊəlai'zeiʃn] визуализация *(1. зрительное восприятие; зрительный образ 2. формирование зрительного образа)*

~ **of the pancreas** контрастирование поджелудочной железы *(напр. при аортографии)*

advanced medical ~ новые методы визуализации в медицине

color doppler ~ *узи* цветное допплеровское картирование, цветная допплеровская визуализация

photistic ~ фотистическая визуализация *(вид синестезии)*; дневное зрение

visuognosis [‚viʒʊɒg'nəʊsis] зрительное восприятие

visuomotor [‚viʒʊəʊ'məʊtə] синхронизация зрительных восприятий с движениями тела

visuosensory [‚viʒʊəʊ'sensəri] относящийся к восприятию зрительных образов

visus ['vizʊs] *лат.* зрение; острота зрения

~ **oculi dextri/sinistri** острота зрения на правый/левый глаз

~ **sardonicus** «сардонический вид» *(обусловлен судорожным сокращением мимических мышц; выражает одновременно страдание и улыбку)*

visuscope ['vizjʊskəʊp] визускоп *(прибор для исследования глазного дна)*

vitadynamic [‚vaitədai'næmik] относящийся к жизненному процессу; функционирующий

vitaglass ['vaitəglæs] стекло, пропускающее ультрафиолетовые лучи

vital ['vaitəl] 1. витальный, жизненный, необходимый для жизни, жизнеспособный 2. предназначенный для терапии лекарственнозависимых больных 3. *pl.* жизненно важные органы 4. смертельный *(о ране)*

vitality [vai'tæliti] 1. жизнеспособность; живучесть; жизненность 2. энергия; живость

vitalometer [vaitə'lɒmətə] аппарат для электроодонтодиагностики

vitals ['vaitəlz] 1. жизненно важные органы 2. внутренние органы

vitamer ['vaitəmə] витамер *(одна из нескольких химических форм витамина)*

vitamin ['vaitəmin]:

~ **A₁** ретинол, витамин A₁

~ **A₁ acid** ретиноевая кислота, витамин A₁-кислота

~ **A₁ aldehyde** ретинальдегид, витамин A₁-альдегид

~ **B₁** тиамин, аневрин, витамин B₁

~ **B₂** рибофлавин, витамин B₂

~ **B₄** холин, витамин B₄

~ **B₆** пиридоксин, адермин, витамин B₆

~ **B₉** *см.* ~ **M**

~ **B₁₂** цианокобаламин, внешний фактор Касла, витамин B₁₂

~ **B꜀** *см.* ~ **M**

~ **Bₜ** карнитин, витамин Bₜ

~ **Bₓ** парааминобензойная кислота, витамин Bₓ

~ **C** аскорбиновая кислота, витамин C

~ **D** кальциферол, витамин D

~ **D₂** эргокальциферол, витамин D₂

~ **D₃** холекальциферол, витамин D₃

~ **E** токоферол, витамин E

~ **F** незаменимые [эссенциальные] жирные кислоты, витамин F

~ **G** рибофлавин

~ **H** биотин, витамин H

~ **K** филлохиноны, витамин K

~ **M** фолиевая [птероилглютаминовая] кислота, витамин B₉, витамин B꜀, витамин M

~ **P** биофлавоноиды, витамин P

~ **PP** никотиновая кислота, ниацин, витамин PP

~ **U** витамин U, S-метилметионин *(противоязвенный фактор)*

antiberiberi [antineuritic] ~ *см.* ~ **B₁**

antiscorbutic ~ аскорбиновая кислота, витамин C

antisterility ~ *см.* ~ **E**

coagulation ~ коагулирующий витамин, витамин K

fat-soluble ~s растворимые в жирах витамины

fertility ~ *см.* **antisterility** ~

vitamin-free ['vaitəmin'fri:] не содержащий витаминов

vitaminize ['vaitəmi‚naiz] витаминизировать, обогащать витаминами

vitanition [‚vaitə'niʃn] авитаминоз

vitellicle [vai'telikl] желточный мешок, желточный пузырь

vitelline [vai'telin] *эмбр.* желточный; напоминающий или относящийся к желтку яйца

vitellointestinal [‚vaiteləʊin'testinəl] желточно-кишечный, пупочно-кишечный *(проток)*

vitellus ['vaitələs] желток

vitiation [viʃi:'eiʃn] 1. повреждение, порча 2. снижение функции

vitiliginous [‚viti'liʤinəs] относящийся к витилиго

vitiligo [viti'laigəʊ], *pl.* **vitiligines** [viti'liʤini:z] витилиго, пегая кожа *(очаговая депигментация кожи)*

~ **capitis** 1. депигментация волос 2. очаговая алопеция

~ **iridis** депигментация радужной оболочки

Cazenave's ~ гнёздная [круговая, очаговая] алопеция

circumnevic ~ центробежная приобретённая лейкодерма, Саттона невус

syphilitic ~ сифилитическая лейкодерма

vitiligoidea [vitilai'gɒidə] ксантома *(жёлтый узелок на коже, состоящий из гистиоцитов, содержащих липиды)*

~ **planum** ксантелазма, плоская ксантома

vitium ['viʃiəm] *лат.* порок; дефект; аномалия *(развития)*; недостаток

~ **caducum** эпилепсия

~ **conformationis** порок развития

~ **primae formationis** наследственный [первичный] порок развития

vitochemical [ˌvaitəʊˈkemikəl] биохимический, относящийся к живой материи; органический

vitodynamics [ˌvaitəʊdaiˈnæmiks] биодинамика

vitrectomy [viˈtrektəmi] витрэктомия (удаление стекловидного тела или его части)

vitreocentesis [ˌvitriəʊsenˈtiːsis] витреоцентез (прокол стекловидного тела)

vitreodentin [ˌvitriəʊˈdentin] витреодентин, «стеклянный» дентин

vitreoretinal [ˌvitriəʊˈretinəl] витреоретинальный (относящийся к стекловидному телу и сетчатке)

vitreoretinopathy [ˌvitriəʊˌretiˈnɒpəθi] офт. витреоретинопатия

vitreous [ˈvitriəs] 1. офт. стекловидный; относящийся к стекловидному телу 2. гиалиновый

  artificial ~ протез глаза

  fluid ~ синехии, спайки радужной оболочки глаза

  primary ~ зачаток глаза

vitreum [ˈvitriəm] см. **vitreous**

vitrification [ˌvitrifiˈkeiʃn] 1. стом. превращение фарфоровой массы в стекловидную субстанцию 2. переход жидкости в стеклообразное состояние при понижении температуры

vitriol [ˈvitriɒl] кристаллический сульфат, купорос

vitrodentine [ˌvitriəʊˈdentin] витродентин, «стеклянный» дентин (содержащий большое количество канальцев)

vitropression [ˌvitriəʊˈpreʃn] дерм. диаскопия (установление истинного цвета элементов сыпи путём их обескровливания надавливанием предметным стеклом)

vituperation [ˌvaitjuːpəˈreiʃn] псих. брань, поношение

vivacious [viˈveiʃəs] оживлённый

vividialysis [ˌvitriəʊsenˈtiːsis] виводиализ (1. детоксикация организма путём диализа 2. диализ через биологическую мембрану)

vivification [ˌvivifiˈkeiʃn] 1. вивификация, «освежение» краёв раны 2. ассимиляция белков пищи

vivify [ˈvivifai] оживлять

viviparous [viˈvipərəs] живородящий (о животных)

viviperception [ˌvivipəˈsepʃn] изучение жизненных процессов в организме

vivisection [ˌviviˈsekʃn] вивисекция, живосечение

vivosphere [ˈvivəʊsfiə] биосфера

vix [viks]:

  ~ **medicatrix naturae** лат. самоисцеляющие силы организма; целебные силы природы

vocabulary [vəʊˈkæbjʊləri] 1. словарь; лексикон; запас слов 2. терминология

  full-range picture ~ словарь картинок широкого профиля (тест)

  passive [potential, recognition] ~ пассивный словарь

vocal [ˈvəʊkəl] 1. голосовой; речевой (напр. аппарат) 2. устный

vocalization [ˌvəʊkəlaiˈzeiʃn] вокализация (1. использование голоса; речи 2. издавание звуков животным – вой, мычание, лай и пр.)

  socialized ~ звуковая [голосовая] коммуникация

vocalize [ˈvəʊkəlaiz] издавать звуки (1. голосить; стонать 2. мяукать, лаять)

vocation [vəʊˈkeiʃn] 1. склонность; призвание 2. профессия

voice [vɔis] голос

  ~**s inside smb's head** псих. голоса, слышимые «внутри»

  ~**s outside smb's head** псих. голоса, слышимые «снаружи»

  amphoric ~ амфорофония, амфорический звук

  breathy ~ голос с придыханием

  bronchial ~ бронхофония

  cavernous ~ см. **amphoric** ~

  creaky ~ скрипучий голос

  diplophonic [double] ~ ди(пло)фония, дифтонгия, голос с двойным звучанием

  horse [husky] ~ сиплый, охрипший голос

  hypernasal [nasal] ~ гнусавость; голос, звучащий «в нос»

  rough ~ грубый голос

  soundless ~ беззвучный голос

  tinny ~ резкий [звенящий] голос

  ventricular ~ чревовещание

  whispered ~ шепчущий

voicebox [ˈvɔisbɒks] гортань

voicecast [ˈvɔiskaːst] см. **voiceprint**

voiceless [ˈvɔisləs] 1. потерявший голос 2. немой, безгласный

voiceprint [ˈvɔisprint] плёнка с записью голоса, «отпечаток голоса», спектрограмма голоса или речи (способ идентификации личности)

void [vɔid] 1. пустота; вакуум || пустой, свободный, незанятый 2. опорожнение || опорожнять (кишечник, мочевой пузырь); мочиться 3. лишать юридической силы

  aching ~ чувство пустоты, опустошённости, невосполнимой утраты

  intercellular ~ межклеточное пространство

voided [ˈvɔidid]:

  first ~ начальная порция мочи

voiding [ˈvɔidiŋ] 1. относящийся к мочеиспусканию, микционный (напр. о рентгенографии) 2. опорожнение кишечника, мочевого пузыря 3. pl. экскременты

  dysfunctional ~ нарушение мочеиспускания, дизурия

  incomplete ~ неполное опорожнение мочевого пузыря

voix [vwæ] фр. голос

vola [ˈvəʊlə] ладонь; подошва (стопы)

  ~ **manus** ладонная поверхность кисти

  ~ **pedis** подошвенная поверхность стопы

volar [ˈvəʊlər] относящийся к сгибательной поверхности кисти – волярный или к сгибательной поверхности стопы – подошвенный

volatile [ˈvɒlətil] 1. летучий (о жидкости), быстроиспаряющийся 2. непостоянный, изменчивый

vole [vəʊl] 1. мелкий грызун 2. мышь-полёвка

volition [vəʊˈliʃn] психол. 1. волевой акт, желание, хотение 2. воля, сила воли

volitional [vəʊˈliʃənəl] 1. волевой; произвольный; добровольный 2. вызванный, индуцированный (напр. биопотенциал)

volley [ˈvɒli] 1. залп; град; поток чего-л. 2. искусственно вызванная серия мышечных сокращений или нервных импульсов

antidromic ~ антидромная [центростремительная, чувствительная] импульсация

volsella [vɒl'selə] *см.* **vulsella**

volt [vəʊlt] вольт, В *(единица электрического напряжения в системе СИ)*

voltage ['vəʊltədʒ] 1. напряжение электрического тока, вольтаж 2. амплитуда электрокардиограммы

constant ~ постоянное напряжение

volubility [ˌvɒljʊ'bɪləti] говорливость; болтливость

volume ['vɒljuːm] 1. объём ‖ объёмный 2. ёмкость, вместимость 3. сила звука; интенсивность; громкость 4. том; книга

~ **of premiums** *страх.* объём страховых платежей

~ **of respired gas** дыхательный объём

apparent ~ **of distribution** условный объём распределения жидкости, в котором необходимо растворить введённое в организм лекарственное вещество, чтобы получилась концентрация равная последней в плазме крови

bed ~ чистый объём вещества *(напр. сорбента в хроматографической колонне)*

blood ~ объём циркулирующей крови, ОЦК

cerebral blood ~ объём крови в мозге

closing ~ объём закрытия *(с затруднённым выдохом из нижних отделов лёгких)*

corpuscular ~ *см.* **packed cell** ~

elution ~ элюирующий объём *(хроматографической колонки)*

end-diastolic ~ конечно диастолический объём *(крови – 120–130 мл)*

end-systolic ~ конечно систолический объём *(крови – 10–30 мл)*

estimated blood ~ вычисленный (по формуле) объём циркулирующей крови

expiratory reserve ~ резервный объём выдоха

extended mandatory minute ~ расширенный принудительный минутный объём *(режим дыхания больного во время наркоза)*

forced expiratory ~ **in 1 second** форсированный объём выдоха в 1 с

fractional free ~ доля свободного объёма

gram-molecular ~ молярный объём

hourly urine ~s почасовой сбор мочи

inspiratory reserve ~ резервный объём вдоха

intrathoracic gas ~ внутригрудной объём газа

mandatory minute ~ стабильный минутный объём *(дыхания, крови)*

mean corpuscular ~ средний объём эритроцита

net retention ~ чистый удерживаемый объём *(в газожидкостной хроматографии)*

packed cell ~ гематокритное число, гематокрит

partial ~ парциальный удельный объём

pre-set ~ задаваемый [программируемый] объём дыхания

pulmonary minute ~ *см.* **pulmonary minute** ~

pulmonary residual ~ остаточный объём лёгких

reserve ~ резервный объём *(вдоха, выдоха)*

residual ~ остаточный объём *(лёгких)*

residual [bladder] urine ~ объём остаточной мочи

respiratory ~ дыхательный объём

respiratory minute ~ минутный объём дыхания, минутный объём лёгочной вентиляции

resting tidal ~ дыхательный объём воздуха за один дыхательный цикл

sample ~ *узи* контрольный объём *(область пересечения передающего и приёмного лучей, в которой анализируется допплеровский спектр эхо-сигналов)*

severe ~ избыточный объём, переполнение

specific retention ~ удельный удерживаемый объём *(в газожидкостной хроматографии)*

stroke ~ ударный [систолический] объём сердца, или крови

tidal ~ дыхательный объём

total blood ~ общий объём крови

total stroke ~ *узи* полный (с учётом регургитации) ударный объём

vascular ~ 1. сосудистый объём 2. объём циркулирующей крови, ОЦК

volum(en)ometry [ˌvɒljuːmə'nɒmətri] волюминометрия *(измерение объёма твёрдых тел)*

volu(mo)metric [ˌvɒljuːməʊ'metrɪk] объёмный, волю(мо)метрический

voluntary ['vɒləntəri] 1. добровольный 2. сознательный, умышленный 3. произвольный *(напр. о сокращении мышц)*; контролируемый; по собственному желанию, побуждению

volunteer [ˌvɒlən'tɪə] доброволец, волонтёр *(1. участник исследования, эксперимента 2. неоплачиваемый работник)*

healthy [normal] ~ здоровый доброволец *(участник эксперимента)*

voluntomotory [ˌvəʊləntəʊ'məʊtəri] относящийся к произвольным движениям

volute [vəʊ'ljuːt] свёрнутый; изогнутый; скрученный; спиральный

volution [və'luːʃn] завиток *(напр. уха)*

tuberculin ~ туберкулиновый вираж

volvulus ['vɒvjʊləs] заворот петли кишки

cecal ~ заворот слепой кишки

mesenteric ~ заворот брыжейки *(с большим участком кишки)*

sigmoid ~ заворот сигмовидной кишки

small-intestinal ~ заворот тонкой кишки

vomer ['vəʊmə], *pl.* **vomeris** ['vəʊmərɪːz] *анат.* сошник

vomerine ['vəʊmərɪn] *анат.* относящийся к сошнику

vomica ['vɒmɪkə] 1. полость, полостное образование *(напр. абсцесс лёгкого)* 2. отхаркивание большого количества гнойной мокроты

vomicose ['vɒmɪkəʊs] 1. язвенный; изъязвлённый, покрытый язвами 2. гноящийся

vomit ['vɒmɪt] 1. рвота; рвотные массы ‖ извергать рвотные массы 2. ёмкость для рвотных масс 3. рвотное средство

black [coffee-ground] ~ рвотные массы в виде «кофейной гущи»

vomiting ['vɒmɪtɪŋ]:

~ **of pregnancy** рвота беременных

bilious ~ жёлчная рвота

cerebral ~ рвота центрального происхождения *(при поражении головного мозга)*

coffee-ground ~ рвота «кофейной гущей»

cyclic ~ периодическая [рецидивирующая, циклическая] рвота

dry ~ позывы к рвоте; срыгивания

epidemic ~ вирусная диарея

fecal ~ «каловая» рвота

incoercible ~ неукротимая рвота

intermittent ~ *см.* cyclic ~

periodic ~ *см.* cyclic ~

pernicious ~ *см.* incoercible ~

projectile ~ рвота «фонтаном»

psychogenic ~ психогенная рвота

recurrent ~ *см.* cyclic ~

severe ~ *см.* incoercible ~

stercoraceous ~ *см.* fecal ~

uncontrollable ~ *см.* incoercible ~

vomitive ['vɒmitiv], **vomitory** ['vɒmitɔːri] рвотное средство || вызывающий рвоту, рвотный

vomiturition [ˌvɒmitjuˈriʃn] позывы к рвоте

vomitus ['vɒmitəs] *лат.* 1. рвота 2. рвотные массы

~ **cruentus** рвота с примесью крови

~ **marinus** рвота при морской болезни

~ **matitinus** рвота поутру *(при остром гастрите)*

~ **nigra** рвота тёмной кровью

voodoo ['vuːduː] 1. вуду *(религиозное направление, сочетающее культ почитания духов и некоторые католические обряды)* 2. чёрная магия, колдовство

voracity [vɒˈræsəti] прожорливость

vortex ['vɔːteks], *pl.* **vortices** ['vɔːtisiːz] 1. вихрь 2. водоворот 3. *анат.* завиток

~ **of the heart** завиток сердца

vortexing ['vɔːteksiŋ] интенсивное перемешивание *(растворов)*

vorticose ['vɔːtikəʊs] улиткообразная структура

voucher ['vaʊtʃə] *суд. мед.* опознавательный документ; расписка; ваучер

voussure [vuːˈsʌr] *фр.* выбухание грудной стенки в прекордиальной области

vox [vɒks], *pl.* **voces** ['vəʊsiːz] *лат.* голос

~ **cholerica** приглушенный голос *(характерный для холеры)*

~ **populi** «глас народа»

voxel ['vɒksel] элемент объёмного изображения, воксел

voyage ['vɒiiʤ] путешествие, рейс, вояж

voyereur [vɒiəˈjuːr], **voyeur** [vɒiˈjuːr] страдающий вуайеризмом, скопофил

voyeurism ['vɒijərizm] вуайеризм, скопофилия *(патологическое стремление к разглядыванию половых органов или созерцанию эротических сцен)*

vulgar[1] ['vʌlgə] вульгарный, пошлый, грубый

vulgar[2] народный, национальный

~ **era** наша эра

~ **error** распространённая ошибка

~ **name** народное название *(в противовес научному)*

vulgaris [vʌlˈgeiris] обыкновенный, заурядный, обычного типа, распространённый, общий

vulnerability [ˌvʌlnərəˈbiliti] 1. восприимчивость *(к инфекции, к болезни)* 2. повышенная ранимость 3. чувствительность *(к боли)*

~**ies to delinquency** факторы, влияющие на преступность

genetic ~ генетическая уязвимость

plaque ~ атеросклеротическая бляшка, способная сорваться и стать причиной эмболии

selective ~ избирательная уязвимость

vulnerable ['vʌlnərəbl] восприимчивый; чувствительный, уязвимый

~ **to infections** подверженный инфекциям

vulnerary ['vʌlnəˌræri] 1. средство, способствующее заживлению раны || способствующий заживлению раны 2. относящийся к ране или её заживлению

vulnerate ['vʌlnəreit] ранить; повредить

vulsella [vəlˈselə] *pl. от* **vulsellum** [vəlˈseləm] пулевые щипцы; маточные щипцы

curved uterine ~ изогнутые крючковатые щипцы

vulva ['vʌlvə], *pl.* **vulvae** ['vʌlviː] наружные женские половые органы, вульва

infantile ~ инфантильная вульва

vulval ['vʌlvəl], **vulvar** ['vʌlvər] относящийся к наружным женским половым органам

vulvectomy [vəlˈvektəmi]:

radical ~ радикальная вульвэктомия *(с полным удалением всех близлежащих лимфатических узлов)*

simple ~ простая вульвэктомия *(выполняется при наличии доброкачественных новообразований)*

vulvismus [vəlˈvizməs] вагинизм, вульвизм, кольпоспазм

vulvitis [vəlˈvaitis] кольпит, вульвит

~ **blennorrhagica** гонорейный вульвит

erythematous ~ вульвит у девочек-подростков

leukoplakic ~ крауроз *(атрофия слизистой оболочки женских половых органов)*

W

wad [wɒd] **(of cottonwool)** ватная пробка, тампон

wadding ['wɒdiŋ] 1. вата 2. материал для тампонады

  cotton ~ ватная прокладка *(под гипсовую повязку)*

waddle [wɒdl] «утиная» походка ‖ ходить вперевалку

wafer ['weifə] 1. облатка; капсула 2. пластина; пластинка

  wax interocclusal ~ *стом.* окклюзионный валик из воска

wahneinfall [waːnein'faːl] *нем.* бредовое озарение, бредовый вымысел

wahnstimmung [waːn'stimuŋ] *нем.* бредовое настроение

waif [weif] бездомный человек; беспризорный ребёнок

wail [weil] 1. вопль 2. причитания, стенания ‖ вопить, выть; оплакивать, стенать

waist [weist] 1. талия 2. перехват; сужение; узкая часть

  ~ of the heart *рентг.* талия сердца *(сужение изображения между тенями сердца и сосудов)*

  flat ~ *рентг.* сглаженная талия *(сердца)*

  small ~ тонкая талия

  wasp ~ узкая [«осиная»] талия

wait [weit] 1. ожидание; выжидание ‖ ожидать; выжидать 2. прислуживать

  "~ and see" выжидать и наблюдать *(онкологическая настороженность в отношении малигнизации)*

waiting-list ['weitiŋ-list] журнал очерёдности *(напр. больных на госпитализацию)*

waiting-room ['weitiŋ-ruːm] приёмная

wake [weik] 1. будить; пробуждаться, просыпаться 2. бодрствовать 3. осознать, опомниться

wakeful ['weikfəl] 1. бодрствующий 2. страдающий бессонницей

wakefulness ['weikfəlnəs] 1. бодрствование 2. бессонница, асомния, инсомния 3. бдительность

  abnormal ~ бессонница, асомния, инсомния

wakeless ['weikləs] крепкий, непробудный *(о сне)*

wale [weil] рубец, полоса *(напр. от удара кнутом)* ‖ оставлять рубцы, полосовать *(плетью)*

walk [wɔːk] 1. ходьба, передвижение ‖ ходить 2. прогулка 3. шаг 4. расстояние

  heel ~ хождение на пятках

  toe ~ хождение на носках или кончиках пальцев

walker ['wɔːkə] 1. ходок 2. стремя *(для укрепления гипсового сапожка)*

  body armor ~ заменитель гипсовой повязки для голени

walking ['wɔːkiŋ] 1. походка 2. ходьба; спортивная ходьба 3. ходячий *(о больном)* 4. лёгкий *(о форме болезни)*

  chromosomal ~ *ген.* «прогулка по хромосоме» *(метод молекулярной генетики, заключающийся в использовании частично перекрывающихся зондов)*

  crutch ~ ходьба на костылях

  excessive ~ продолжительная ходьба

  genomic ~ *см.* **chromosomal ~**

  pole ~ ходьба с палкой или тростью

  primer ~ *ген.* праймер-опосредованная прогулка, «блуждающая затравка» *(метод секвенирования протяжённых сегментов ДНК)*

sleep ~ сомнамбулизм, лунатизм

wall [wɔːl] 1. *анат.* стенка; перегородка 2. оболочка, покрывающая стенку, орган или выстилающая полость

  abdominal ~ брюшная стенка

  cell ~ оболочка клетки, клеточная оболочка

  compliant chest ~ податливая грудная стенка

  embryo sac ~ оболочка зародышевого мешка

  enamel ~ *стом.* эмалевый слой стенки полости

  flapping chest ~ перелом рёбер с нарушением каркасности груди, флотирующая грудная клетка

  inner arterial ~ интима *(внутренняя оболочка артерии)*

  left chest ~ левая половина грудной стенки

  nail ~ ногтевой валик

  right chest ~ правая половина грудной стенки

  splanchnic ~ стенка внутреннего органа *(напр. желудка)*

  thoracic ~ грудная стенка

wall-deficient [wɔːl-di'fiʃnt] имеющий дефектную стенку *(напр. о бактериях)*

wallet ['wɔːlit]:

  medical ~ медицинская сумка

walleye ['wɔːlai], **wall-eye** [wɔːl-ai] 1. расходящееся [дивергирующее] косоглазие, экзотропия 2. бельмо, лейкома

wallstent ['wɔːlstent] стентирование суженного просвета *(артерии, канала)*

  urolume ~ интрапростатическая сетчатая спираль *(для туннелизации или стентирования уретры)*

wallop ['wɒləp] 1. сильный удар ‖ сильно ударить, избить 2. физическая сила

wambles ['wɒmblis] гастроэнтерит *(после приёма молока, молочных или мясных продуктов)*

wan [wɒn] бледный, изнурённый; болезненный ‖ изнурять; выглядеть изнурённым, больным

wander ['wɒndə] 1. бродить; странствовать, скитаться 2. блуждать *(о мыслях, взгляде)*

wandering ['wɒndəriŋ] блуждание ‖ нефиксированный, блуждающий *(напр. об органе)*; подвижный

  ~ of a tooth смещение зуба

  compulsive ~ страсть к странствованию, бродяжничеству

wanderlust ['wɒndəlʌst] *нем.* страсть к перемене мест

wane [wein] 1. убывание 2. спад; упадок ‖ убывать

  parasitemias ~ убыль [спад] паразитемии

waning ['weiniŋ] истощение, изнурение

want [wɒnt] 1. нужда, необходимость, потребность 2. недостаток, дефицит; отсутствие ‖ испытывать недостаток

war [wɔː] 1. война; период военного времени 2. вражда, антагонизм 3. борьба *(напр. человека со стихией)*

  ~ between man and nature борьба человека с природой

  ~ of elements борьба стихий

  ~ of nerves психологическая война, война нервов

  ~ to knife война на истребление

  conventional ~ война с применением обычного оружия

lymphocyte "civil" ~ **1.** массовый аутолиз лимфоцитов *(клетками-киллерами)* **2.** реакция «трансплантат против хозяина»

ward [wɔːd] **1.** больничная палата; отделение больницы или госпиталя ‖ помещать в больничную палату **2.** камера **3.** опека ‖ опекаемый; подопечный

accident [casualty] ~ палата для травматологических больных; травматологическое отделение больницы; травматологический пункт

contagious isolation ~ **1.** палата-изолятор, бокс **2.** инфекционное отделение

day ~ палата дневного пребывания

emergency ~ палата интенсивной терапии

general ~ общая палата

labor [lying-in] ~ родильный зал

maternity ~ родильное отделение

medical ~ терапевтическое отделение *(больницы)*

probationary ~ обсервационное [карантинное] отделение, изолятор

psychopathic ~ палата в многопрофильной больнице для временной госпитализации психотических больных

reception ~ приёмное отделение

recovery ~ палата для выздоравливающих

rehabilitation ~ **1.** реабилитационная палата *(для выздоравливающих)* **2.** реабилитационное отделение

resuscitation ~ *см.* **special care** ~

secure ~ *псих.* палата наблюдения

special care ~ реанимационная палата; палата интенсивной терапии

surgical ~ **1.** хирургическая палата **2.** хирургическое отделение

wardmaid [ˈwɔːdmeid] уборщица больничных палат

warfare [ˈwɔːfeə] **1.** война, ведение войн **2.** конфликт, столкновение

atomic, biological and chemical ~ атомная, биологическая и химическая война

ecologic ~ экологическая война, экоцид, биоцид *(война с уничтожением среды обитания – всего живого)*

electronic ~ электронная война

environmental ~ *см.* **ecologic** ~

germ ~ бактериологическая война

psychological ~ психологическая война, война нервов

unorthodox ~ война необычными методами и средствами

viral ~ биологическая война *(с применением вирусов)*

"warhead" [ˈwɔːhed] «боеголовка» *(активный компонент иммунотоксина или иммунолипосомы)*

bacterial ~ боеголовка биологического оружия

warm [wɔːm] **1.** тёплый **2.** жаркий **3.** горячий

~ **up** разминка ‖ разминать, делать разминку

warm-blooded [wɔːm-ˈblʌdid] теплокровный

warmer [ˈwɔːmə] **1.** грелка **2.** нагревательный прибор

warming [ˈwɔːmiŋ]:

general ~ **of body** разогрев *(1. общее нагревание тела 2. первая фаза группового психотерапевтического процесса)*

warmot [ˈwɔːmɒt] полынь горькая *(Artemisia absinthium)*

warmth [wɔːmθ] **1.** тепло **2.** местное повышение температуры

warm-up [wɔːm-ʌp] врабатывание, «разогрев»

warn [wɔːn]:

to ~ **the patient of the possible complications** предупреждать больного о возможных осложнениях

warning [ˈwɔːniŋ] **1.** предостережение, предупреждение; профилактика **2.** предвещающий симптом, предвестник; знак, признак

alcohol ~**s** предупреждение на упаковке лекарства о несовместимости с приёмом спиртного

cautionary ~ предупредительная надпись *(на этикетке лекарственного средства)*

government health ~ официальное предупреждение о вреде здоровью *(напр. на пачке сигарет)*

warrant [ˈwɒrənt] **1.** основание; гарантия ‖ подтверждать, гарантировать **2.** полномочие; предписание; осуществление

death ~ заключение о неизбежности смерти *(прогноз врача)*

warranty [ˈwɒrənti]:

full life [life-time] ~ пожизненная гарантия

wart [wɔːt] **1.** бородавка **2.** нарост *(на коже)*; бугорок

acuminate ~ *см.* **genital** ~

anatomic ~ *см.* **postmortem** ~

butcher's ~ туберкулёзный [узелок] бугорок *(гранулёма, состоящая из эпителиоидных, лимфоидных и гигантских клеток с некротическим центром и микобактериями)*

common ~ простая [обыкновенная] бородавка

fig ~ *см.* **genital** ~

flat ~ плоская [юношеская] бородавка *(вирусной этиологии)*

fugitive ~ преходящая [непостоянная] бородавка

genital [gonorrheal] ~ остроконечная кондилома, или бородавка

infectious ~ *см.* **common** ~

moist ~ *см.* **genital** ~

mosaic ~ бородавчатоподобные плоские образования на коже

necrogenic ~ *см.* **postmortem** ~

perianal ~**s** перианальные кондиломы

Peruvian ~ бартонеллёз, перуанская бородавка

plane ~ *см.* **flat** ~

plantar ~ подошвенная [роговая] бородавка

pointed ~ *см.* **genital** ~

postmortem [prosector's] ~ трупный бугорок, трупная бородавка, бугорок анатомов

seborrheic ~ себорейный кератоз, себорейная бородавка

senile ~ старческий кератоз, старческая бородавка

soft ~ мягкая бородавка

venereal ~ *см.* **genital** ~

viral ~ *см.* **common** ~

vitreous ~**s** локальные утолщения на роговой и сосудистой оболочках, в капсуле хрусталика

wartwort [ˈwɔːtwɜːt] чистотел большой *(Chelidonium majus)*

warty [ˈwɔːti] покрытый бородавками; бородавчатый

was-bird [ˈwɒzbɜːd] *sl.* человек, утративший свои былые качества; опустившийся человек, бомж

wash [wɒʃ] **1.** мытьё; промывание; обработка ‖ мыть; промывать; обрабатывать **2.** *бакт.* смывы ‖ брать смывы **3.** примочка; лосьон

alkaline ~ обработка [промывание] щелочным раствором

endotracheal ~ эндотрахеальный смыв

eye ~ глазная примочка

lung ~ бронхоальвеолярный смыв; бронхоальвеолярный лаваж, БАЛ

prostatic ~ смывы из предстательной железы

throat ~ полоскание горла

tooth ~ зубной эликсир; жидкость для полоскания зубов

washcloth ['wɒʃklɒθ] влажный компресс (*напр. на промежность*)

washdown ['wɒʃdaʊn] смыв

washer ['wɒʃə] **1.** промывной аппарат; мойщик **2.** *псих.* лицо, компульсивно моющее руки

air ~ воздухоочиститель; водяной фильтр для воздуха, воздухопромыватель

microplate ~ устройство для мойки микропланшетов

ultrasonic ~ устройство для мойки ультразвуком

washing ['wɒʃɪŋ]:

hand ~ 1. мытьё рук **2.** обработка рук (*хирурга*)

stomach ~s промывание желудка; смывы с желудка

washout ['wɒʃaʊt] **1.** промывание; лаваж; вымывание **2.** перфузия (*крови*); кровенаполнение (*органа*)

bilateral antral ~s двустороннее промывание пазух

bowel ~ промывание кишечника

nitrogen ~ вымывание азота

total body ~ обменное замещение крови

washproof ['wɒʃpruːf] водопроницаемый, пропускающий испарения (*напр. пластырь*)

washup [ˌwɒʃʌp] моечная (*в операционном блоке*)

wasp [wɒsp] оса

Wasserman-fast ['vaːsərmaːn-fæst] сохранение положительной реакции Вассермана после лечения

wastage ['weɪstɪʤ] потери; утечка; убыль

fetal ~ *см.* **pregnancy ~ 2**

normal ~ естественные потери

pregnancy ~ 1. отторгшиеся плодные оболочки **2.** самопроизвольный выкидыш

waste [weɪst] **1.** потеря; порча; ущерб **2.** истощение; изнурение ‖ истощать(ся); изнурять(ся); чахнуть **3.** отбросы, мусор, отходы; экскременты

biotech ~ биотехнологические отходы, отходы биотехнологической промышленности

degradable ~ разлагаемые загрязняющие вещества

food processing ~ отходы пищевой промышленности

high-level nuclear ~s высокоактивные отходы (*радионуклиды*)

trade ~s промышленные отходы

waster ['weɪstə] истощённый [ослабленный] пациент

purine ~ больной подагрой

wastewater ['weɪstˌwɔːtə] сточные воды

activated-sludge ~ активированный шлам сточных вод

wasting ['weɪstɪŋ] **1.** опустошение **2.** истощение; исхудание; вастинг-синдром **3.** атрофия (*органа*)

gross muscle ~ выраженная гипотрофия мышц, резкое истощение

renal ~ чрезмерное выведение почками (*напр. калия*)

salt ~ солевое истощение (*обусловлено патологически повышенной экскрецией соли*)

wasting-disease ['weɪstɪŋ-dɪ'ziːz] синдром истощения (*при иммунодефиците*)

watch [wɒʧ] **1.** наблюдение, надзор, присмотр (*за больным*); контроль ‖ наблюдать, присматривать **2.** дежурство ‖ дежурить **3.** бодрствование ◊ **to ~ by a sickbed** дежурить у постели больного

night ~ ночное дежурство

Watch:

Med ~ государственная система слежения за побочным действием лекарственных средств и информирования при их возникновении

watch-dog [wɒʧ-dɒg] «сторожевой пёс» (*наблюдатель, контролирующий появление генетически модифицированных продуктов*)

watchfulness ['wɒʧflnəs]:

frozen ~ *псих.* застывшая настороженность

water ['wɔːtə] **1.** вода ‖ водный; влажный (*о повязке*) **2.** жидкие выделения организма (*слёзы, пот, моча*) **3.** водоём **4.** паводок; прилив и отлив

~ on the brain гидроцефалия

~ on the chest гидроторакс

~ of combustion *см.* **metabolic ~**

acid ~ закисленная или кислая вода

acidulous ~ углекислая (минеральная) вода

alkaline ~ щелочная вода

ambient ~ вода окружающей среды

ammonia ~ нашатырный спирт

apoplastic ~ интерстициальная жидкость

bidistilled ~ бидистиллированная вода

body ~ биологические жидкости; водные пространства организма

bound ~ связанная вода

buffered peptone ~ *лаб.* пептонная, забуференная вода

calcic ~ вода, содержащая соли кальция

chalybeate ~ вода, содержащая соли железа

chlorine ~ хлорная вода

dead ~ стоячая вода

drinking ~ питьевая вода

false ~s ложные воды (*истечение околоплодной жидкости до разрыва амниотической оболочки*)

fluorinated ~ фторированная вода

glucose ~ раствор глюкозы

ground ~ *pl.* грунтовые воды

hard ~ жёсткая вода (*содержащая кальциевые и магниевые соли*)

heavy ~ тяжёлая вода (*оксид дейтерия*)

joint ~ синовиальная жидкость, синовия

metabolic ~ метаболическая [эндогенная] вода

mother ~ маточный раствор

nonavailable ~ неусвояемая [недоступная] вода

obligatory ~ облигатная [минимально необходимая] вода (*в организме*)

oxygenated ~ перекись водорода

peptone ~ пептонная вода (*питательная среда*)

potable ~ *см.* **drinking ~**

purified ~ дистиллированная вода

pyrogen-free ~ апирогенная вода; апирогенный раствор

raw ~ 1. сырая вода 2. вода, поступающая для очистки

redistilled ~ *см.* **bidistilled** ~

safe ~ безопасная (экологически чистая) вода

saline ~ солевой раствор

service ~ техническая вода

tap ~ водопроводная вода

top ~ высококачественная вода

total body ~ общее содержание воды в организме (60 % от массы тела)

tritiated ~ тритиевая вода

untreated ~ непрокипячённая вода

urine ~ водный компонент мочи

vicious ~ грязная вода

waste ~ сточные воды

waterbed ['wɔːtəbed] водяной матрац

water-bite ['wɔːtə-bait] траншейная стопа, влажная стопа *(острые дистрофические изменения, подобные отморожению)*

waterborne ['wɔːtəbɔːn] передающийся через воду *(об инфекции)*

waterbrash ['wɔːtəbræʃ] отрыжка

watercure ['wɔːtəkjuə] водолечение

water-drop ['wɔːtə-drɒp] 1. капля воды 2. слеза

water-immersion ['wɔːtər-i'məːʃn] погружение в воду

watering ['wɔːtəriŋ] питьё

water-in-oil ['wɔːtər-in-ɒil] водно-жировой *(об эмульсии)*

waterlogging ['wɔːtəlɒgiŋ] гидратация *(при обезвоживании)*

water-miscible [,wɔːtə'misəbl] водорастворимый *(напр. о веществе)*

waterpox ['wɔːtəpɒks] ветряная оспа

waterproof ['wɔːtəpruːf] водонепроницаемый; герметичный; влагостойкий

water-repellent ['wɔːtə-ri'pelənt] гидрофобный, водоотталкивающий

waters ['wɔːtəz] *pl. от* **water** околоплодные воды

watershed ['wɔːtəʃed] 1. водораздел 2. зона смежного кровоснабжения органа

water-soluble ['wɔːtə-'sɒljubl] водорастворимый

watertight ['wɔːtətait] *см.* **waterproof**

waterworks ['wɔːtəwəːks] 1. обработка воды *(напр. хлором)* 2. мочевыводящая система

watsoniosis [wɔːt,səuni'əusis] *гельм.* уотсониоз

watt [wɒt] ватт, Вт *(единица мощности в системе СИ)*

wave [weiv] волна; колебание

alpha ~s альфа-волны *(электроэнцефалограммы)*

anacrotic ~ анакротическая [добавочная] волна *(на восходящей части сфигмограммы)*

beta ~s бета-волны *(ЭЭГ)*

brain ~ *разг.* электроэнцефалограмма

compression ~ взрывная [ударная] волна

continuous ~ постоянно-волновой допплер

deep ~ глубокий зубец *(ЭКГ)*

delta ~s дельта-волны *(ЭЭГ)*

detonation ~ *см.* **compression** ~

dicrotic ~ дикротический зубец, дикротическая волна, дикрота

diphasic ~ двухфазная волна

electrocardiographic ~s зубцы или волны электрокардиограммы

electroencephalographic ~s волны электроэнцефалограммы

excitation ~ *физиол.* волна возбуждения

extracorporeal shock ~s экстракорпоральные ударные волны

f(f) ~s зубцы мерцания предсердий, зубцы f *(наличие на ЭКГ беспорядочных волн)*

F(F) ~s зубцы трепетания предсердий, зубцы F *(наличие на ЭКГ частых регулярных предсердных волн F, имеющих пилообразную форму)*

fibrillary ~s зубцы мерцания предсердий, зубцы f *(ЭКГ)*

fluid ~ флюктуация *(симптом наличия жидкости в полости, напр. в брюшной)*

hertzian ~s радиоволны

high frequency pulsed ~ импульсный высокочастотный допплер

inverted T ~s инверсия зубцов T *(ЭКГ)*

large S ~s глубокие зубцы S *(электрокардиограммы)*

normal P ~ неизменённый зубец P *(ЭКГ)*

peaked ~ пиковый зубец *(ЭКГ)*

percussion ~ первая основная сфигмографическая волна при дикротическом пульсе

premature P ~ предсердная экстрасистола

pulse ~ пульсовая волна

pulsed ~ импульсный допплер

Q ~ зубец Q *(ЭКГ)*

R ~ зубец R *(ЭКГ)*

random ~s случайные волны *(на ЭКГ)*

recoil ~ *см.* **dicrotic** ~

S ~ зубец S *(ЭКГ)*

sawtooth ~s волны пилообразной формы

sharp ~s заострённые волны *(напр. на ЭКГ)*

shock ~ ударная волна *(ультразвука)*

short ~ короткая волна

sinus P ~s предсердные зубцы P синусного происхождения

"sloppy" R ~s «размытые» волны R

T ~ зубец T *(ЭКГ)*

tall P ~s высокие лёгочные зубцы предсердия *(на ЭКГ при лёгочной гипертензии)*

tall peaked T ~s высокие пикообразные зубцы T *(электрокардиограммы)*

theta ~s тета-волны *(электроэнцефалограммы)*

tidal ~ вторая дополнительная сфигмографическая волна при дикротическом пульсе

U ~ зубец U *(ЭКГ)*

ultrasonic ~s ультразвуковые волны, ультразвук

vertex sharp ~ вертекс-потенциал *(на ЭЭГ)*

widened P ~s расширенные зубцы P *(при митральном стенозе)*

waveform ['weivfɔːm] волнообразность *(форма биопериодичности для описания модели)*

wavelength ['weivleŋθ] длина волны

emission ~ длина волны излучения

wax[1] [wæks] 1. воск, парафин; вакса ‖ восковой; парафинированный 2. ушная сера 3. озокерит

baseplate ~ зуботехнический базисный воск

box ~ хирургический воск для остановки кровотечения из костной ткани

casting ~ *стом.* литьевой воск

ear ~ ушная сера

grave ~ (трупный) жировоск

impacted ~ ухо, забитое серной пробкой

occlusive ~ окклюзия серной пробки

paraffin ~ парафиновый воск *(используется в качестве основы для приготовления мазей)*

shape ~ зуботехнический моделировочный воск

white ~ 1. белый воск 2. отбеленный пчелиный воск

yellow ~ 1. жёлтый воск 2. неотбеленный пчелиный воск

wax² приступ гнева; ярость ‖ рассвирепеть, прийти в ярость

waxing¹ ['wæksiŋ] изготовление восковых зуботехнических моделей

waxing² агрессивность; раздражительность

waxlike ['wækslaik] воскообразный

waxy¹ ['wæksi] восковой; воскоподобный

waxy² вспыльчивый, раздражительный

way [wei] 1. метод, средство, способ, манера; образ действия 2. движение вперёд 3. обычай, привычка; особенность 4. образ жизни 5. состояние

~ of doing things манера поведения

~ of individual образ жизни индивидуума

~s of perceiving and thinking процессы восприятия и мышления

air ~s дыхательные пути

alternative ~ of reacting to a problem альтернативный путь решения проблемы

healthy ~ of life здоровый образ жизни

waybread ['weibred] подорожник большой *(Plantago major)*

waythorn ['weiθɔ:n] жостер слабительный, крушина слабительная *(Rhamnus cathartica)*

weak [wi:k] 1. (физически) слабый, немощный, хилый 2. умственно отсталый 3. слабый, низкой концентрации *(о растворе)* 4. нерешительный, слабовольный

weakening ['wi:kəniŋ]:

~ of allograft reactivity подавление реакции аллотрансплантата, супрессия аллотрансплантата

weak-eyed [wi:k-aid] со слабым зрением, слабовидящий

weakness ['wi:knəs] 1. слабость; недостаток 2. склонность, пристрастие *(к чему-л.)* 3. парез *(мышц)*

~ in physique слабое физическое развитие

ego ~ недостаточная [пониженная] самооценка

emotional ~ эмоциональная слабость

episodic ~ приступ слабости

flaccid ~ парез; выраженная мышечная слабость

heart ~ сердечная слабость, сердечная недостаточность

motor ~es двигательные расстройства, или нарушения; слабость мышц

physical ~ недостаточное физическое развитие

uterine ~ слабость родовой деятельности

weal [wi:l] 1. *см. тж.* **wale** рубец; полоса 2. припухлость, незначительный отёк

histamine ~s гистаминовые рубцы

wean [wi:n] 1. отнимать от груди 2. отключать, разъединять *(напр. пациента от аппарата ИВЛ)*

to ~ the child отнимать ребёнка от груди

weanling ['wi:nliŋ] младенец, недавно отнятый от груди; отъёмыш

weapon ['wepən] 1. оружие 2. средство самозащиты *(у животных и насекомых)*

~ of mass destruction оружие массового уничтожения

biological warfare ~s средства ведения бактериологической войны; бактериологическое оружие

unconventional ~s запрещённое конвенцией оружие *(бактериологическое, химическое, ядерное)*

wear [weə] износ; изнашивание

abrasive ~ истирание *(напр. зубов)*

weariness ['wiərinəs] утомление; усталость

wearing-off ['wiəriŋ-ɒf] истощение эффекта дозы *(напр. при лечении паркинсонизма)*

weary ['wiəri] утомлённый

weasand ['wi:zənd] 1. трахея; горло 2. проход

web [web] 1. перепонка; мембрана; перемычка 2. соединительная ткань 3. сеть

antral ~ мембрана антрального отдела желудка

congenital pyloric ~ врождённая мембрана привратника

laryngeal ~ 1. врождённая фиброэластическая мембрана гортани 2. сращения, спайки в гортани

lateral leg ~ очертание [граница] латеральной поверхности голени

world wide ~ (www) всемирная паутина *(обозначение Интернета)*

weber ['webər] вебер, Вб *(единица магнитного потока в системе СИ)*

webeye ['webai], **web-eye** [web-ai] *офт.* крыловидная плева, птеригий

web-fingered [web-fiŋgərd] страдающий синдактилией кисти

web-toed [web-tɒid] страдающий синдактилией стопы

wed [wed] 1. вступать в брак 2. сочетать(ся); соединять(ся)

wedge [wedʒ] 1. клин ‖ закреплять клином 2. клиновидная структура 3. черепицеобразная структура

V-shaped ~ V-образный клин, или участок *(обычно кости)*

wedge-shaped [wedʒ-ʃeipt] клинообразный, клиновидный

wedging ['wedʒiŋ]:

~ of plaster фиксация черепицеобразным наложением пластыря

anterior ~ of vertebral body сдавление [клиновидное сужение] передней части тела позвонка

complete ~ полное сплющивание *(позвонка)*

wedlock ['wedlɒk] брак, супружество

weed [wi:d] 1. сорная трава, сорняк 2. *sl.* марихуана 3. *sl.* табак

~ away удалять, очищать

asthma ~ лобелия надутая *(Lobelia inflata)*

Jamestown [Jimson, stink] ~ дурман обыкновенный *(Datura stramonium)*

killer ~ *sl.* галлюциноген

weep [wi:p] 1. плакать, рыдать 2. покрываться каплями; мокнуть *(от экземы)* 3. просачиваться; отделяться *(о транссудате)*

weighing [weiiŋ] взвешивание, определение массы

weight [weit] **1.** масса, вес ‖ взвешивать, определять массу **2.** груз, нагрузка; бремя ‖ нагружать; обременять; отягощать **3.** значение

~ **per volume** отношение массы к объёму

actual ~ действительная [фактическая] масса

ash-free ~ обеззоленное вещество

bare ~ *см.* **actual** ~

birth ~ масса тела при рождении

bulk ~ масса единицы сыпучего материала

cuting ~ сгонка массы тела *(при избыточном весе)*

estimated ~ вычисленная масса тела *(по номограмме)*

fetal ~ масса тела плода

fresh ~ масса сырой ткани

health ~ нормальная масса тела, нормальный вес

high molecular ~ большая молекулярная масса

net ~ чистый [собственный] вес, вес-нетто

optimum body ~ оптимальная масса тела

previous ~ исходная масса *(тела)*

relative ~ относительная масса *(тела)*

sole ~ *см.* **net** ~

subnormal birth ~ *см.* **very low birth** ~

target ~ запланированная масса *(тела)*

traction ~ груз для вытяжения

very low birth ~ маловесный новорождённый *(с массой тела 401–1500 г)*

weight-bear [weit-beə] удержание, или удерживание массы *(тела)*

welding ['weldiŋ]:

~ **of bone** сварка костных фрагментов

welfare ['welfeə] **1.** благосостояние **2.** условия жизни

child ~ охрана здоровья детей

social ~ социальное пособие *(выплачиваемое безработным, престарелым и больным)*

well[1] [wel] **1.** лунка, ячейка **2.** колодец

~ **of immunological plate** лунка иммунологического планшета

blinol ~ хемотаксический планшет

microtiter ~ лунка на микротитровальном планшете

well[2] здоровый; хороший

wellbeing [,wel'bi:iŋ] **1.** здоровье; хорошее самочувствие **2.** благополучие; благосостояние

emotional ~ эмоциональное благополучие

Wellbeing:

"~ **at work and daily routine**" «Благополучие на работе и в повседневной жизни» *(опросник)*

well-defined [,wel-di'faind] достоверно установленный *(напр. о заболевании)*

well-developed [wel-di'veləpt] хорошо развитый

well-directed [,wel-di'rektid] точно направленный

well-marked [,wel-'ma:kt] хорошо выраженный, отчётливый

wellness ['welnəs]:

patient's ~ хорошее самочувствие больного *(отсутствие болезненных проявлений при оценке качества жизни)*

well-timed [,wel-'taimd] своевременный

well-woman [,wel-'wʊmən] здоровая женщина

welt [welt] волдырь

wen[1] [wen] стеатома, жировая киста, жировик; атерома скальпа

explosive ~ фурункул

wen[2] большой перенаселённый город

wet [wet] мочить, смачивать, увлажнять ‖ мокрый *(1. влажный 2. амер. отстаивающий свободную продажу алкогольных напитков 3. страдающий недержанием мочи)*

wet-dream [,wet-'dri:m] поллюция

wet-dressing [,wet-'dresiŋ] влажный компресс

wettability ['wetəbiliti] смачиваемость

wetting ['wetiŋ] **1.** смачивание; увлажнение **2.** недержание мочи

whartonitis [hwa:tə'naitis] воспаление поднижнечелюстного протока

what [wɒt]:

~ **if** что если *(методика анализа риска)*

wheal [wi:l] волдырь; пустула

wheelchair ['wi:ltʃeə] кресло-каталка

wheel-running [,wi:l-'rʌniŋ] бег (мышей) в беличьем колесе

wheeze [wi:z] стридор; стридорозное [свистящее] дыхание; свистящие хрипы

asthmatoid ~ астматоидное дыхание; астматоидный трахеобронхит

harsh ~s жёсткие хрипы

wheezing ['wi:ziŋ]:

expiratory ~ свистящий выдох

whelk [welk] **1.** акне **2.** пустула

whey [wei] сыворотка *(молока)*

deproteinized ~ безбелковая молочная сыворотка

whey-faced [wei-feist] бледный *(от страха)*

whimper ['wimpə] стон; хныканье

whimpering ['wimpəriŋ] хныканье, капризничанье; стоны, стенания

whip [wip] кнут, хлыст ‖ хлыстать, сечь, бить

whiplash ['wiplæʃ] сочетание резкого сгибания и разгибания головы *(причина «хлыстового перелома» шейного позвонка)*

whipping ['wipiŋ] битьё, побои, порка, бичевание, флагелляция

whipworm ['wipwə:m] *гельм.* власоглав

whirl [wə:l] **1.** кружение; оборот ‖ кружиться *(о голове)* **2.** смятение чувств

whirlbone ['wə:lbəʊn] **1.** надколенник **2.** головка бедренной кости

whirlpool ['wə:lpu:l] **1.** водоворот **2.** гидромассаж; вихревая ванна *(для водолечения)*

whisky-liver ['wiski-'livə] цирроз печени *(алкогольный)*, «печень алкоголика»

whisper ['wispə] **1.** шептать, говорить шёпотом **2.** шелестеть; урчать *(в животе)*

whistle [wisl] свист; свисток

Galton's ~ Гальтона свисток *(для проверки слуха)*

Sahli's ~ Сахли симптом *(урчание в животе)*

whistling ['wisliŋ] свистящее дыхание

water ~ урчание в животе

white [wait] **1.** белый, бледный **2.** седой **3.** без вредного умысла *(напр. о лжи)*

~ **of the egg 1.** яичный белок **2.** альбумин

~ of the eye склера глаза

New Zealand ~ новозеландские белые *(мыши)*

white-faced [ˌwaɪt-ˈfeɪst] бледный *(напр. от страха)*

white-graft [ˌwaɪt-ˈgrɑːft] феномен «белый трансплантат» *(признак отторжения)*

whitehead [ˈwaɪthed] милиум, белые угри *(мелкие субэпидермальные кератиновые кисты)*

whiteleg [ˈwaɪtleg] белый болевой флебит

whitening [ˈwaɪtnɪŋ] поседение волос

whitepox [ˈwaɪtpɒks] аластрим, белая оспа, оспа кафров

whites[1] [ˈwaɪts] бели

whites[2] «белые одежды» *(медицинский халат)*

whitethorn [ˈwaɪtθɔːn] боярышник колючий *(Crataegus oxyacantha)*

whitlow [ˈwaɪtləʊ] гнойное воспаление мякоти дистальной фаланги пальца, панариций

herpetic ~ герпетические высыпания

melanotic ~ меланома ногтевого ложа

thecal ~ панариций дистальной фаланги

whiz [wɪz] центрифугировать

whizzer [ˈwɪzə] центрифуга

whole [həʊl] целый, неповреждённый; цельный *(напр. о крови)*

wholefood [ˈhəʊlfuːd] «натуральная пища» *(продукты, не подвергшиеся консервированию, термической обработке)*

wholesome [ˈhəʊlsəm] 1. полезный; благотворительный 2. имеющий лицензию на оказание медицинских услуг с подушевой оплатой 3. здоровый

whoop [huːp] судорожный шумный вдох во время приступа кашля *(при коклюше)* ‖ закашляться

whooping-cough [ˈhuːpɪŋ-kɒf] коклюш

whore [hɔː] проститутка ‖ развратничать, распутствовать

scarlet ~ проститутка

whorl [wəːl] 1. *ото.* виток спирального канала улитки 2. завиток сердца 3. завиток пальцевого узора 4. завиток волос *(на макушке)*

wick [wɪk] тампон

wicked [ˈwɪkɪd] злой, порочный, безнравственный

widening [ˈwaɪdnɪŋ]:

~ of bridge of nose широкая спинка носа

wide-ranging [waɪd-ˈreɪndʒɪŋ] широкомасштабный *(напр. анализ)*

widespread [ˈwaɪdspred] широко распространённый; системный *(напр. паралич)*

widow [ˈwɪdəʊ] вдова

widower [ˈwɪdəʊə] вдовец

width [wɪdθ] 1. ширина; широта; расстояние 2. широта, полоса

~ of chest ширина грудной клетки

~ of pelvis ширина таза

cervical ~ ширина шейки матки

full ~ at half maximum *рентг.* ширина элемента изображения, при которой его можно различить при интенсивности равной половине от максимальной

hip ~ окружность бедра

increased ~ of P waves увеличение ширины зубца P *(ЭКГ)*

wildcat [ˈwaɪldkæt] вспыльчивый, необузданный человек

wilful [ˈwɪlfʊl] 1. преднамеренный, предумышленный 2. упрямый, своенравный

will [wɪl] 1. воля, сила воли; желание 2. свобода действий 3. завещание

~ to be up желание стать выше

~ to meaning «воля к смыслу», воля к осмысленному существованию; мотивационный фактор в жизни человека

~ to power стремление к власти

free [good] ~ добрая воля; свободное волеизъявление

living ~ (заблаговременное, прижизненное) изъявление воли, или распоряжение *(больного перед госпитализацией или операцией)*

willow [ˈwɪləʊ]:

bay ~ кипрей, иван-чай *(Chamenerium angustifolium)*

wince [wɪns] содрогание, вздрагивание ‖ вздрагивать; морщиться *(от боли)*

wind [wɪnd] 1. ветер 2. дыхание 3. газы *(в животе)*; метеоризм 4. запах

second ~ второе дыхание

short ~ одышка

windage [ˈwɪndɪdʒ] травма воздушной [взрывной] волной

windburn [ˈwɪndbəːn] обветренность лица

windchill [ˈwɪndtʃɪl] озноб, ознобление

wind-contusion [ˌwɪnd-kənˈtjuːʒn] *см.* **windage**

windflower [ˈwɪdˌflaʊə] 1. прострел раскрытый, сон-трава *(Pulsatilla patens)* 2. пастушья сумка обыкновенная *(Capsella bursa pastoris)*

windiness [ˈwɪndɪnəs] метеоризм

window [ˈwɪndəʊ]:

~ of tolerance период [стадия] толерантности *(в эмбриогенезе)*

acoustic ~ акустическое окно *(при эхографии)*

aortic ~ *рентг.* аортальное окно

aortopulmonary ~ незаращение артериального протока, открытый артериальный проток

cochlear ~ *ото.* окно улитки, круглое окно

oval ~ *ото.* окно преддверия, овальное окно

round ~ *см.* **cochlear ~**

skin ~ «кожное окно» *(аллергическая кожная проба)*

sonic ~ *узи* «звуковое окно»

therapeutic ~ «терапевтическое окно» *(1. диапазон терапевтических доз препарата – от минимально эффективной до токсической 2. оптимальный период времени для лечения с момента начала заболевания, напр. инсульта)*

windowing [ˈwɪndəʊɪŋ] фенестрация, наложение фрезевого отверстия *(на кости)*; декомпрессионная остеоперфорация, вскрытие костномозгового канала

windpipe [ˈwɪndpaɪp] трахея

wing [wɪŋ]:

~ of nose крыло носа

ashen [gray] ~ *анат.* треугольник блуждающего нерва, «серое крыло»

bite ~ устройство прикусное *(применяется при рентгенографии зубов; позволяет одновременно осматривать коронки верхней и нижней челюсти)*

pelvic ~ крыло подвздошной кости

winging ['wiŋiŋ]:

  ~ of the scapula крыловидная лопатка

wink [wiŋk] мигание, моргание || мигать, моргать

  anal ~ «игра сфинктера» *(сокращение – расслабление)*

  jaw ~ пальпебро-мандибулярная синкинезия, (Маркуса) Гунна феномен

winner ['winə] *психол.* победитель *(тот, кто достигает декларируемой цели)*

winter ['wintə]:

  "nuclear ~" «ядерная зима» *(представление о последствиях ядерной войны, уничтожившей цивилизацию и всё живое)*

wire ['waiə] 1. проволока 2. провод 3. игла *(для посева микроорганизмов)*

  to be on ~s быть в состоянии нервного возбуждения

  to ~ together the bone fragments соединять проволокой костные отломки

  arch ~ ортодонтическая дуга

  bare ~ неизолированный провод

  drill ~ спица для скелетного вытяжения, Киршнера спица

  earth ~ провод заземления

  extension ~ *см.* **drill ~**

  gauge ~ проволочная межзубная лигатура

  ground ~ *см.* **earth ~**

  guide ~ проводник; проволочный направитель

  hot ~ *мед. тех.* нагреваемая спираль

  inserting ~ *см.* **drill ~**

  planting ~ игла [петля] для посева микрофлоры

  retrieved orthopedic ~s корректирующая ортопедическая стальная проволока

  separating ~ проволочная лигатура для разъединения смежных зубов

  stiff fine needle guide ~ жёсткий тонкоигольный проволочный проводник *(напр. для ангиографии)*

  surgical ~ хирургическая проволока

  tightener ~ спица аппарата Илизарова *(предназначенная для компрессии или вытяжения)*

wiring ['waiəriŋ] фиксация проволокой; серкляж

  ~ of teeth иммобилизация зубов проволокой

  circumferential ~ серкляж, круговая фиксация проволокой *(костных отломков)*

  orthodontic ~ ортодонтическое скрепление проволокой

wiry ['waiəri] 1. проволочный; похожий на проволоку 2. выносливый, «жилистый»

wisdom ['wizdəm] 1. мудрость 2. здравый смысл

  ~ of the body совершенство организма, гомеостаз организма, «мудрость тела»

  conventional ~ общепринятая точка зрения; традиционный образ мыслей

wish [wiʃ] 1. желание || желать, хотеть 2. предмет желания

  ~ of having a child желание иметь ребёнка

  death ~ «инстинкт смерти», подсознательное стремление к смерти, желание умереть

  fundamental ~es базисные желания *(есть, пить, спать)*

Wistar ['wista:r] Вистар *(экспериментально выведенная линия крыс)*

wit [wit] 1. разум || знать, ведать 2. остроумие

witchcraft ['witʃkra:ft] знахарство; колдовство; чёрная магия

witch-doctor [witʃ-'dɒktə] колдун, знахарь

witch-hazel [witʃ-'heizəl] гамамелис *(Hamamelis Gronov)*

withdraw [wið'drɔ:] 1. извлекать; возвращать в исходное положение; низводить *(напр. ущемлённые органы из грудной полости в брюшную)* 2. отвыкать, прекращать употребление, бросать *(наркотик, алкоголь, курение)*

withdrawal [wið'drɔ:əl] 1. отказ, отсутствие; отведение; выведение 2. отмена лечения; синдром отмены, абстиненция; похмелье; *sl.* ломка, «кумар» 3. *псих.* аутизм; уход в себя, замыкание в себе 4. забор [изъятие] образца *(шприцем)*

  ~ of amniotic fluid взятие амниотической жидкости

  ~ of antihypertensive therapy отмена гипотензивной терапии

  ~ of body fluid удаление жидкости из организма

  ~ of cathexis избавление от привязанности

  ~ of life support отказ от лечения, или поддержки жизнеобеспечения *(напр. онкологического больного)*

  ~ of oral contraceptives прекращение приёма противозачаточных препаратов

  abrupt ~ внезапный синдром отмены

  apathetic ~ апатическая отстранённость, апатическая аутизация

  autistic ~ уход в собственные переживания; аутистическая замкнутость

  blood ~ взятие крови; кровопускание

  conditioned ~ условно-рефлекторное состояние отмены, условно-рефлекторная абстиненция

  gluten ~ исключение глютена *(из диеты)*

  protracted ~ затяжное состояние отмены *(у лиц с зависимостью)*

  social ~ социальное отчуждение, социальная самоизоляция

  thought ~ *псих.* изъятие [отнятие] мыслей, аутизм мышления

  treatment ~ прекращение лечения

withdrawn [wið'drɔ:n] 1. замкнутый, углублённый в себя *(о человеке)* 2. изолированный

withhold [wið'həuld] воздержаться от чего-л.

  to ~ information from relative скрывать информацию от родственника

witness ['witnəs] 1. *суд. мед.* очевидец, свидетель || быть свидетелем 2. свидетельство *(напр. врача)*; свидетельское показание || свидетельствовать; заверять

  expert ~ судебный эксперт

  medical ~ медицинский эксперт

  skilled ~ эксперт

wizened ['wizənd] высохший

wobbe [wɒb] прецессия *(неоднозначное спаривание антикодона и кодона)*

wobble [wɒbl] 1. качание; колебание || качаться, идти шатаясь 2. дрожать *(о голосе, звуке)*

woe [wəu] горе; скорбь; бедствие; несчастье

wohlfahrtiosis [ˌvəulfa:ti'əusis] вольфартоз *(инвазия личинками мух Wohlfahrtia)*

wolfsbane ['wulfsbein] борец аконит *(Aconitum napellus)*

woman ['wumən]:

  baren ~ *см.* **infertile ~**

black ~ негритянская женщина

common ~ 1. вульгарная женщина 2. проститутка

gay ~ лесбиянка

infertile ~ бесплодная [инфертильная] женщина

lactating ~ *см.* **nursing** ~

lying-in ~ роженица

menopausal ~ женщина в период менопаузы

micturition normal ~ нормальное мочеиспускание по женскому типу

nursing ~ кормящая мать

parous ~ рожавшая женщина

parturient ~ роженица

postmenopausal ~ *см.* **menopausal** ~

puerperal ~ женщина в послеродовом периоде *(родильница, роженица)*

reference ~ эталонная женщина *(здоровая женщина 20–30 лет, массой тела 55 кг, занимающаяся домашним хозяйством или лёгким трудом, проводящая 4–6 часов сидя, спящая 8 часов в сутки и ведущая здоровый образ жизни)*

scarlet ~ проститутка

womb [wuːm] *анат.* матка

wood-louse ['wʊd-laʊs] мокрица

wood-mat ['wʊd-mæt] чернокорень лекарственный *(Cynoglossum officinale)*

wool [wʊl] 1. шерсть 2. вата

  absorbent cotton ~ гигроскопическая вата

  cotton ~ вата

  glass ~ стекловолокно

woolen ['wʊlən] медвежье ухо, коровяк обыкновенный *(Verbascum thapsus)*

word [wəːd]:

  content [operative] ~ ключевое слово

wordblindness ['wəːdblaindnəs]:

  congenital ~ врождённая «слепота на слова» *(специфическая дизлексия)*

work [wəːk] 1. работа || работать 2. обработка 3. *pl.* завод, фабрика, производственное сооружение 4. *sl., pl.* «кухня» *(шприц, ложка и другие предметы, используемые для принятия или введения наркотика)*

  case ~ 1. социальная служба 2. изучение условий жизни неблагополучной семьи, патронаж

  clinical ~ лечебная работа

  dental ~ стоматологическая процедура *(экстракция зуба, гингивотомия)*

  drug ~ эффективность лекарственного средства

  essential reference ~ 1. работа по стандартам или протоколам 2. основная стандартная работа *(напр. по принципам военно-полевой хирургии)*

  elastic ~ **of breathing** эластическая фракция общей работы дыхания

  emergency-life ~s аварийно-спасательные работы

  excessive ~ **of breathing** избыточная деятельность системы дыхания

  group ~ групповая работа, работа в группе

  medical social ~ медико-социальная работа

  municipal water ~s городской водопровод

  outreach ~ выездная работа *(напр. сотрудника социальной службы по профилактике ВИЧ-инфекции)*

  paint ~ работа, связанная с красками

  repetition ~ серийное производство

  respiratory ~ 1. работа дыхательных мышц 2. внешнее дыхание

  sewage treatment ~s сооружения по очистке сточных вод

  shift ~ работа по «скользящему» графику, сменная работа

  social case ~ медико-социальная работа

  standardized ~ стандартизированная нагрузка

  water treatment ~s водоочистные (водопроводные) сооружения

  weekend ~ сверхурочная работа

  wit ~ юморотворчество

workaholic [ˌwəːkə'hɒlik] трудоголик; «горящий на работе»

worker ['wəːkə]:

  allied health ~s *pl.* парамедицинский персонал

  basic health ~ работник низшего звена здравоохранения

  case ~ патронажная сестра

  commercial sex ~ проститутка; торгующий телом

  education social ~ инспектор органов образования *(курирует детей до 16 лет из неблагополучных семей или имеющих физические либо психические недостатки)*

  health ~ *см.* **medical social** ~

  hospital ~ медперсонал больницы

  intensive care ~ работник отделения интенсивной терапии

  lead ~ работник свинцовой промышленности

  low-grade medical ~s средний медицинский персонал

  medical social ~ работник медико-социальной службы

  nephrology social ~ социальный работник, обслуживающий нефрологических больных

  pollution ~ работник по охране окружающей среды

  public health ~ работник общественного здравоохранения

  rehabilitation ~ работник реабилитационного отделения

  research ~ научный сотрудник, или работник

  social ~ работник социальной службы, социальный работник

  welfare ~ *см.* **education social** ~

working ['wəːkiŋ]:

  ~ **out** *психоан.* разработка *(стадия психотерапевтического процесса, при которой раскрывается личная история пациента и его психодинамика)*

  ~ **over,** ~ **through** 1. проработка *(напр. межличностного конфликта)* 2. *психоан.* переработка *(процесс достижения инсайта и личностных изменений пациента посредством исследования конфликтов и проблем)*

  ~ **up** выработка *(стратегии)*

workload ['wəːkləʊd] рабочая нагрузка

  inspiratory ~ дыхательная нагрузка

workmate ['wəːkmeit] коллега по работе

workplace ['wəːkpleis]:

  accident-free ~ безопасность на рабочем месте

  advanced ~ **for image-guided surgery** автоматизированный комплекс хирургической системы с КТ-рентгеновской установкой

work-related [wəːk-riˈleitid] связанный с работой, профессиональный *(напр. о болезни)*

workshop [ˈwəːkʃɒp] воркшоп *(1. совещание экспертов по актуальной теме 2. серия обучающих семинаров по вырабатыванию практических навыков, мастер-класс)*

   ~ in aviation cardiology совещание группы экспертов по вопросам авиационной медицины

   focused ~ научный симпозиум по определённой тематике

   histocompatibility ~ совещание группы экспертов по гистосовместимости

   human gene mapping ~ совещание группы экспертов по картированию генов человека

   NLP [neurolinguistic programming] practic ~ воркшоп НЛП-практик *(обучение навыкам нейролингвистического программирования)*

   pancreatic growth ~ семинар по опухолям поджелудочной железы

   survival skills ~ семинар по навыкам выживания

workstation [ˈwəːksteiʃn]:

   analyzer ~ анализатор [оператор] рабочей станции

work-up [wəːk-ʌp] 1. завершение *(какого-л. процесса)* 2. обследование, исследование *(больного)*

   ~s for uveitis обследование по поводу увеита

   ~ is declined обследование закончено

   complete diagnostic ~ полный спектр [набор] диагностических методов

   diagnostic ~ диагностическое обследование

   serologic ~ проведение серологических реакций

world [wəːld] мир, Вселенная ‖ мировой, всемирный *(напр. конгресс)*

   ~ of living organisms сфера, заселённая живыми организмами

   assumptive ~ видение [представление] микроокружения *(больным)*

   internal ~ внутренний мир

   microbial ~ микрофлора, мир микроорганизмов

   social ~ социальное окружение, социальная сфера

worm [wəːm] червь, гельминт; личинка; гусеница

   adult ~ взрослая особь гельминта, нематода

   assassin ~ анкилостома *(возбудитель анкилостомоза)*

   bladder ~ цистицерк, пузырчатый глист, финна

   brain ~ 1. гельминт, паразитирующий в головном мозге 2. *анат.* червь мозжечка

   case ~ возбудитель эхинококкоза

   cestod [cestoid] ~s цестоды, цестоиды *(ленточные черви)*

   dragon ~ *см.* **guinea ~**

   eye ~ возбудитель лоаоза

   filarial heart ~ филярия *(возбудитель дирофиляриоза)*

   flat ~s плоские черви

   gape ~ сингамус, маммоногамус *(возбудитель сингамидоза)*

   giant kidney ~ свайник-великан *(возбудитель диоктофимоза)*

   guinea ~ *параз.* ришта *(вид нематод, возбудитель дракункулёза)*

   large stomach ~ большой желудочный гельминт

   maw ~ аскарида

   medina ~ *см.* **guinea ~**

   nematode ~s круглые черви, нематоды

   palisade ~s стронгилиды

   parasitic ~ червь-паразит, гельминт

   seat ~ острица *(возбудитель энтеробиоза)*

   serpent ~ *см.* **guinea ~**

   tongue ~s пентастомиды *(кровососущие членистоногие)*

   tunnel ~ анкилостома

   whip ~s круглые черви

wormian [ˈwəːmiən] о вормиевых костях

worm-powder [ˈwəːmpaudə] глистогонное средство, нематоцид

wormwood [ˈwəːmwud] полынь горькая *(Artemisia absinthium)*

worn [wɔːn] 1. изнурённый, осунувшийся, измотанный 2. изношенный; отработанный 3. *p.p. от* **wear** носимый *(напр. аппарат в ухе)*

worried [ˈwʌrid] беспокойный

worry [ˈwʌri] 1. беспокойство, тревога, мучение ‖ беспокоиться 2. забота

worrying [ˈwʌriiŋ] волнение

worsen [ˈwəːsn] ухудшать(ся); прогрессировать *(о патологическом процессе)*

worsening [ˈwəːsniŋ] ухудшение, обострение *(заболевания)*

   ~ of back pain усиление боли в спине

   arrhythmia ~ усугубление [прогрессирование] аритмии

wort [wəːt] целебная трава, лекарственное растение

   peristerian ~ вербена лекарственная *(Verbena officinale)*

   sulfur ~ горичник аптечный *(Peucedanum officinale)*

wound [wuːnd] 1. рана, ранение ‖ ранить 2. обида; оскорбление

   abraded ~ ссадина *(рана, вызванная резким трением [осаднением] о какую-л. шероховатую поверхность)*

   aseptic ~ асептическая рана

   avulsed [avulsive] ~ скальпированная рана; рана с отрывом части ткани

   bite ~ укушенная рана

   blowing ~ *см.* **sucking ~**

   blast [bullet] ~ огнестрельная рана; огнестрельное ранение

   chopped ~ рубленая рана

   civilian ~ ранение мирного времени

   combat ~ 1. ранение на фронте 2. *см.* **blast ~**

   comminuted ~ *см.* **contused ~**

   concealed ~ скрытая рана

   contact ~ ранение в упор *(огнестрельное)*

   contaminated ~ инфицированная [загрязнённая] рана

   contused ~ ушибленная рана

   crucifixion ~ крестообразная рана

   crushed ~ размозжённая рана

   debrided ~ обработанная рана

   dehisced ~ открытая рана

   draining ~ рана со свищевым ходом; дренирующаяся рана

   entrance [entry] ~ входное отверстие раневого канала

   exit ~ выходное отверстие раневого канала

   extraction ~ (пост)экстракционная рана *(рана после извлечения зуба)*

   exudating ~ рана с выделениями

fatal ~ смертельная рана

firearm ~ *см.* **blast ~**

flesh ~ поверхностная рана

fragment ~ *см.* **lacerated ~**

gaping ~ зияющая рана

graze ~ осаднение *(вокруг раны)*

gunshot ~ *см.* **blast ~**

gunspot ~ точечное осколочное ранение

gutter ~ касательное ранение *(огнестрельное)*

high-velocity missile ~s ранение осколком реактивного снаряда

incised ~ резаная рана

infected ~ *см.* **contaminated ~**

lacerated ~ рваная рана

leaking ~ сочащаяся рана

missile ~ **1.** пулевая рана; пулевое ранение **2.** осколочное ранение

nonpenetrating ~ тупая травма *(напр. печени)*

nonperforating ~ слепое ранение

open ~ ранение с обнажением внутренних органов или структур

open 'sucking' chest ~ *см.* **sucking ~**

operative ~ операционная рана

penetrating ~ проникающее ранение *(с повреждением внутренних органов)*

perforating ~ сквозное ранение

poisoned ~ септическая рана

punctured ~ **1.** колотая рана **2.** *pl.* следы татуировки

self-inflicted ~ членовредительство; самонанесение; самострел

seton ~ дренированная рана; свищ

severe ~ тяжёлое ранение

shell ~ **1.** осколочное ранение **2.** осколочная рана

shotgun ~ *см.* **blast ~**

slash ~ резаная рана

sluggish ~ вяло заживающая рана

stab ~ *см.* **punctured ~ 1**

subcutaneous ~ поверхностная рана *(кожи и подкожной клетчатки)*

sucking ~ «подсасывающая» рана *(при открытом пневмотораксе)*

tangential ~ касательное ранение

tentative ~ *суд. мед.* насечка

tidy ~ хорошо обработанная [чистая] рана

traumatopneic ~ *см.* **sucking ~**

trivial ~ лёгкое ранение

unattended ~ необработанная рана

untidy ~ *см.* **contaminated ~**

vital ~ смертельная рана

yawning ~ *см.* **gaping ~**

wounded ['wʊndid]:

~ in action ранен в бою

seriously ~ тяжелораненый

slightly [walking] ~ легкораненый

wounding ['wuːndiŋ]:

symbolic ~ *психол.* символическое ранение

woven ['wəʊvn] тканный *(напр. сосудистый протез)*

wrap [ræp] окутывание *(напр. швов пищевода стенкой желудка)* ‖ окутывать, обёртывать; закрывать

adhesive ~ циркулярная спайка *(охватывающая орган)*

muscle ~s обёртывание лоскутом мышцы

wrapping ['ræpiŋ]:

~ of injured spleen with mesh окутывание повреждённой селезёнки сеткой

gastric ~ бандажирование желудка *(при ожирении)*

wrath [rɒθ] гнев, ярость

wreath [riːθ] **1.** завиток, кольцо **2.** венок

ciliary ~ *офт.* ресничный венец, ресничный [цилиарный] венчик

wreck [rek] крушение, гибель, катастрофа, авария ‖ потерпеть аварию; подорвать здоровье

human ~ люди, попавшие в аварию или катастрофу; погибшие люди

wrench [rentʃ] **1.** дёрганье; скручивание; щемящая боль **2.** вывих

~ of ankle вывих в голеностопном суставе

wretched ['retʃid] несчастный, жалкий

wriggle [rigl] **1.** изгиб, извив ‖ извиваться, корчиться **2.** продвигаться; пробираться

wriggler ['riglə] личинка или куколка комара

wrinkle [riŋkl] морщинка, складка

body ~s кожные складки

wrinkling ['riŋkliŋ] морщинистость; складчатость

~ of lens capsule сморщивание капсулы хрусталика

wrist [rist] **1.** запястье **2.** кости запястья; кистевой [запястный] сустав

dorsal ~ тыльная поверхность запястья

tennis ~ тендовагинит лучезапястного сустава

volar ~ ладонная поверхность запястья

wrist-cutting [rist-'kʌtiŋ] *псих.* порезы запястий

wristdrop ['ristdrɒp] свисающая [падающая] кисть *(при параличе лучевого нерва)*

writer ['raitə] **1.** автор, писатель **2.** пишущее устройство, самописец

ECG ~ электрокардиограф

writhe [raið] **1.** корчиться от боли **2.** страдать, мучиться, терзаться

writing ['raitiŋ] письмо; письменность

automatic ~ бессознательное письмо *(психически больного)*

specular ~ зеркальное письмо

wryneck ['rainek] кривошея

wuchereriasis [vʊˌkeriˈraiəsis] *параз.* вухерериоз *(инвазия филярий)*

wymote ['waiməʊt] алтей лекарственный *(Althaea officinalis)*

X

xanthelasma [ˌzænθəˈlæzmə] (плоская) ксантелазма, плоская ксантома

xanthelasmatosis [ˌzænθəlæzməˈtəʊsis] ксантоматоз, экстрацеллюлярный холестериноз, Керля – Урбаха болезнь

xanthelasmoidea [ˌzænθəlæzˈmɒidiə] пятнистый мастоцитоз, пигментная крапивница

xanthemia [zænˈθiːmiə] каротинемия *(повышенное содержание каротина в крови)*

xanthic [ˈzænθik] **1.** жёлтый **2.** относящийся к ксантину

xanthine [ˈzænθiːn] ксантин *(азотсодержащий продукт окисления пуринов – аденозина и гуанина)*

xanthi(n)uria [ˌzænθinˈjuːriə] ксантинурия

xanthochromia [ˌzænθəʊˈkrəʊmiə] **1.** ксантодермия, ксантохромия кожи **2.** ксантохромия *(окрашенность ткани или жидкости, напр. спинномозговой, в жёлтый цвет)*

xanthoderma [ˌzænθəʊˈdɜːmə] ксантодермия, ксантохромия кожи

xanthodont [ˈzænθəʊdɒnt] имеющий жёлтые зубы

xanthogranuloma [ˌzænθəʊˌgrænjʊˈləʊmə] ксантогранулёма *(инфильтрация забрюшинных тканей липидными макрофагами)*

    juvenile ~ ювенильная ксантогранулёма

    necrobiotic ~ некробиотическая ксантогранулёма *(проявляющаяся в виде множественных больших, иногда изъязвлённых, узелков)*

xanthoma [zænˈθəʊmə], *pl.* **xanthomata** [zænˈθəʊmətə] ксантома *(патологические образования в коже и других тканях, обусловленные нарушением жирового обмена)*

    ~ **disseminatum** диссеминированная ксантома, ксантоматоз

    ~ **tuberosum** бугорчатая [туберозная] ксантома

    eruptive ~ta высыпающие ксантомы

    plane ~ta плоские ксантомы

    tendon ~ta сухожильные ксантомы

    tuberous ~ *см.* ~ **tuberosum**

    verrucous ~ бородавчатая ксантома *(папиллома слизистой оболочки рта и кожи)*

xanthomatosis [ˌzænθəʊməˈtəʊsis] *лат.*, *см.* **xanthelasmatosis**

    ~ **bulbi** ксантоматоз глазного яблока

    ~ **generalisata ossium** костный ксантоматоз *(локализация ксантом в костях)*

    cerebrotendinous ~ сухожильно-мозговой ксантоматоз *(порок развития с преимущественным поражением головного мозга, сухожилий и хрусталика глаза)*

xanthopathy [zænˈθɒpəθi] ксантодермия, ксантопатия кожи

xanthopsia [zænˈθɒpsiə] ксантопсия *(видение в жёлтом цвете)*

xanthopsin [zænˈθɒpsin] жёлтый зрительный пурпур

xanthopsydracia [ˌzænθɒpsiˈdreisiə] высыпание мелких желтоватых пустул

xanthorrhea [ˌzænθəʊˈriːə] влагалищные выделения желтоватого цвета

xanthosis [zænˈθəʊsis] **1.** ксантохромия *(окраска патологически изменённых тканей или жидкостей в жёлтый цвет)* **2.** аурантиаз кожи, каротинодермия, каротиновая желтуха

X-axis [eksˈæksis] *стат.* ось абсцисс

X-chromosome [eksˈkrəʊməsəʊm] X-хромосома, женская хромосома

xenoantibody [ˌzenəʊˈæntibɒdi] ксеногенное антитело, ксеноантитело

xenoantiserum [ˌzenəʊæntiˈsiːrəm] ксеногенная антисыворотка, ксеноантисыворотка

xenobiotic [ˌzenəʊbaiˈɒtik] ксенобиотик *(1. чужеродное токсическое вещество 2. соединение, полученное искусственным путём)* || ксенобиотический, чужеродный

xenodiagnosis [ˌzenəʊdaiəgˈnəʊsis] ксенодиагностика *(1. метод диагностики возбудителя заражением его переносчика или лабораторного животного 2. метод идентификации возбудителя скармливанием заражённых продуктов крысам или мышам с последующим вскрытием и исследованием последних)*

xenogenic [zenəʊˈʤenik] **1.** экзогенный, чужеродный **2.** ксеногенный *(относящийся к другому биологическому виду, напр., о трансплантации опухоли человека мыши)*

xenogenicity [ˌzenəʊʤeˈnisiti] ксеногенные свойства, ксеногенность

xenogenous [zəˈnɒʤənəs] *см.* **xenogenic**

xenoglossia [ˌzenəˈglɒsiə] ксеноглоссия *(феномен внезапно возникающей способности говорить на иностранных языках, в том числе давно исчезнувших или неизвестных ранее)*

xenograft [ˈzenəʊgræft] ксенотрансплантат, *уст.* гетеротрансплантат

    porcine ~ свиной ксенотрансплантат

xenograph [ˈzenəʊgræf] непрозрачная рентгенограмма

xeno-hepatocyte [ˌzenəʊ-ˈhepətəʊsait] ксеногепатоцит

xenolalia [ˌzenəʊˈleiliə] *невр.* ксенолалия *(нарушение речи с изменением её структуры)*

xenology [zeˈnɒləʤi] паразитология

xenomenia [ˌzenəʊˈmiːniə] викарная менструация

xenon [ˈzenɒn] ксенон, Xe *(изотопы ¹²¹Xe – ¹⁴⁴Xe с периодом полураспада от долей секунды до 36,4 сут.)*

xenoparasite [ˌzenəʊˈpærəsait] паразит, становящийся патогенным при ослаблении сопротивляемости организма хозяина

xenophobia [ˌzenəʊˈfəʊbiə] *псих.* ксенофобия *(1. патологическая боязнь незнакомых лиц 2. ненависть к иностранцам и всему иностранному)*

xenophthalmia [ˌzenɒfˈθælmiə] воспалительный процесс в глазу, вызванный инородным телом

xenorexia [ˌzenəʊˈreksiə] поедание несъедобных продуктов — мела, глины и пр.

xenotransplantation [ˌzenəʊˌtrænsplænˈteiʃn] ксенотрансплантация (пересадка органов и тканей между организмами разных видов)

xeransis [ziˈrænsis] высыхание (тканей)

xerantic [ziˈræntik] высушивающий, способствующий высыханию

xerasia [ziˈreiziə] сухость и ломкость волос

xerochilia [ˌziːrəʊˈkailiə] сухость губ

xeroderm(i)a [ˌziːrəʊˈdəːmiə] ксеродермия, ксеродерма, абортивный ихтиоз, астеатоз

 ~ of Kaposi, ~ pigmentosum пигментный эпителиоматоз, пигментная ксеродерма, Капоши дерматоз

xerography [ziˈrɒgrəfi] см. **xeroradiography**

xeroma [ziˈrəʊmə] см. **xerophthalmia**

xeromammography [ˌziːrəʊməˈmɒgrəfi] ксеромаммография (электрорентгенография молочной железы)

xeromenia [ˌziːrəʊˈmiːniə] ксеромения (сохранение цикличных симптомов, присущих менструации без выделения крови)

xeromycteria [ˌziːrəʊmikˈtiːriə] сухость слизистой оболочки носа

xeronosus [ziˈrɒnəʊsəs] 1. ксероз (патологическая сухость кожи, слизистых) 2. возрастной склероз

xerophagy [ziˈrɒfədʒi] сухоядение, еда всухомятку

xerophthalmia [ˌziːrɒfˈθælmiə], **xerophthalmus** [ˌziːrɒfˈθælməs] ксерофтальмия, офтальмоксероз (сухость поверхности конъюнктивы и роговицы)

xeroradiography [ˌziːrəʊˌreidiˈɒgrəfi] электрорентгенография, ксерорентгенография

xerosis [ziˈrəʊsis] см. **xeronosus**

xerostomia [ˌziːrəʊˈstəʊmiə] ксеростомия (сухость во рту)

xerotic [ziˈrɒtik] ксеротический; сухой; вызываемый ксерозом

xerotocia [ˌziːrəʊˈtəʊsiə] роды, осложнённые дородовым излитием околоплодных вод, «сухие роды»

xerotomography [ˌziːrəʊtəˈmɒgrəfi] электротомография

xerotripsis [ˌziːrəʊˈtripsis] сухое трение

X-inactivation [eks-inæktiˈveiʃn] инактивация X-хромосомы

xiphisternum [ˌzifiˈstəːnəm] мечевидный отросток (грудины)

xiphocostal [ˌzifəʊˈkɒstəl] относящийся к мечевидному отростку (грудины) и рёбрам

xiphodidymus [ˌzifəʊˈdidiməs] см. **xiphopagus**

xiphodynia [ˌzifəʊˈdiniə] ксифодиния (боль в мечевидном отростке)

xiphoid [ˈzifɒid] мечевидный, мечеобразный

xiphoiditis [ˌzifɒiˈdaitis] воспаление мечевидного отростка (грудины)

xiphopagus [ziˈfɒpəgəs] ксифопаг (близнецы, сросшиеся в области мечевидного отростка)

x-knee [eksˈniː] x-образные ноги (вальгусная деформация коленных суставов)

X-linked [eksˈliŋkt] ген. Х-сцепленный, сцепленный с Х-хромосомой, или с полом

X-radiation [eksˌreidiˈeiʃn] 1. рентгеновское излучение 2. рентгеновское облучение || получить дозу рентгеновского облучения

X-ray [eksˈrei] pl. 1. рентгеновское излучение, рентгеновские лучи 2. рентгенограмма; рентгенодиагностика || рентгеновский, рентгенологический

 ~ of the spine рентгенологическое исследование позвоночника

 anteroposterior ~ рентгенограмма в переднезадней проекции

 chest ~ рентгенограмма грудной клетки

 flash ~ импульсное рентгеновское излучение

 on ~ под рентгенологическим контролем

 quantitative microfocal ~ цифровая обработка микрофокусного рентгеновского изображения

 routine ~ стандартная [общепринятая] рентгенограмма

 scull ~ рентгенограмма черепа

 superficial ~ рассеянные рентгеновские лучи

X-ray-lucent [eks-rei-luːsnt] рентгенопроницаемый

X-ray-narrowing [eks-rei-nærəʊiŋ]:

 ~ of disk рентгенологическая картина сужения межпозвонкового пространства

xylanthrax [zaiˈlænθræks] древесный уголь

xylonite [ˈzailənait] целлулоид

xylene [zaiˈliːn] гист. ксилен (жидкость, применяемая для увеличения прозрачности тканей)

xylose [ˈzailəʊs] ксилоза (сахар-пентоза, участвующий в процессах взаимных превращений углеводов)

xyrophobia [ˌzairəʊˈfəʊbiə] ксирофобия (патологическая боязнь бритв)

xyrospasm [ˈzairəʊspæzm] профессиональная судорога кисти; профессиональный невроз пальцев рук

xysma [ˈzizmə] наличие слизистых плёнок в кале

xyster [ˈzistə] мед. тех. распатор

XYY [eksdʌblˈwai] ген. синдром лишней Y-хромосомы

Y

yard [ja:d] ярд (англ. мера длины, равная 91,4 см)

yarrow ['jærəʊ] тысячелистник (Achillea)

yato-bigo ['ja:təʊ-'biɡəʊ] японская туляремия

yaw [jɔ:] фрамбезид (изолированное поражение кожи при фрамбезии)

  guinea corn ~ высыпание на коже при фрамбезии, напоминающее зёрна маиса

  mother ~ фрамбезиома (элемент кожной сыпи при фрамбезии)

yawn [jɔ:n] зевота ‖ зевать

yawning ['jɔ:niŋ] зевота

yaws [jæwz] параз. (тропическая) фрамбезия, тропическая гранулёма, невенерический сифилис

  forest ~ мексиканский кожный лейшманиоз, кожный лейшманиоз Центральной Америки

y-axis [wai'æksis] стат. ось ординат

Y-chromosome [wai-'krəʊməʊsəʊm] Y-хромосома, мужская хромосома

year [jiə] 1. год 2. возраст; годы

  ~ of account отчётный год

  artificial ~ см. civil ~

  average ~ стат. среднегодовой (напр. о заболеваемости, обороте койки и пр.)

  childbearing ~s детородный возраст

  civil ~ календарный год

  contract ~ страх. контрактный год (в течение которого действует договор на оказание услуг)

  disability adjusted life ~ год жизни, адаптированной к инвалидности

  quality-adjusted life ~s годы жизни, приведённые к единой величине с учётом качества жизни

  teenager ~s подростковый возраст

Year:

  International Health and Medical Research ~ Международный год здравоохранения и медицинских исследований

  World Mental Health ~ Всемирный год охраны психического здоровья

yearn [jə:n] 1. томиться, тосковать 2. жаждать

yeast [ji:st] дрожжевой грибок; дрожжи

  alcohol ~ спиртовые дрожжи

  asporogenous ~ аспорогенные дрожжи

  beer's [brewers'] ~ пивные дрожжи

  flocculating ~ хлопьевидные [флоккулирующие] дрожжи

  food ~ пищевые дрожжи

  granular ~ зернистые дрожжи

  high-protein ~ дрожжи с повышенным содержанием белка

  methanol ~ дрожжи, утилизирующие метанол

  nutrient ~ пищевые или кормовые дрожжи

  recombinant ~ рекомбинантные дрожжи

  spore-forming ~ спорообразующие дрожжи

  wild ~ дикие дрожжи

yeastrel ['ji:strəl] микр. дрожжевой экстракт (для приготовления бактериальных питательных сред)

yeki ['jei:ki] япон. бубонная чума

yelk [jelk] см. yolk

yell [jel] пронзительный крик ‖ кричать, вопить

yellow ['jeləʊ] желтизна, желтуха, жёлтый цвет

  brilliant ~ бриллиантовый жёлтый (краситель)

  nitrasin ~ нитразиновый жёлтый (краситель)

  isual ~ ретинальдегид, зрительный жёлтый, ретинал(ь) (зрительный пигмент)

yellowing ['jeləʊiŋ] пожелтение

  ~ of teeth жёлтое окрашивание зубов

Yersinia [jer'siniə] Иерсинии (род грамотрицательных бактерий семейства Enterobacteriaceae)

  ~ enterocolitica возбудитель иерсиниоза

  ~ pestis возбудитель чумы; чумная палочка

yersiniosis [jer,sini'əʊsis] иерсиниоз, дальневосточная скарлатиноподобная лихорадка (сопровождающаяся энтеритом)

yield [ji:ld] 1. продукт, продуктивность, выход 2. урожай 3. исход (болезни)

  ~ of fluorescence выход флуоресценции

  cell ~ 1. биомасса 2. клеточный урожай

  growth ~ урожай клеток

  intermediate ~ микр. промежуточная культура

  total ~ суммарный [общий] выход (продукта в ходе его очистки)

  virus ~ выход вируса

yielding [ji:ldiŋ]:

  ~ to the therapy успешный исход лечения

yochubio [jəʊ'tʃu:biəʊ] япон. сыпной тиф

yoga ['jəʊɡə] йога

yogurt ['jəʊɡət] йогурт

yohimbine [jəʊ'himbi:n] йохимбин (алкалоид симпатолитического действия)

yolk [jəʊk] цитол. дейтероплазма; желток

young [jʌŋ] 1. молодой, юный, подростковый 2. биол. неполовозрелый 3. плод

  ~ in viviparous animal плод у живородящих животных

  quite ~ раннее детство

  viable ~ жизнеспособный новорождённый

youngster ['jʌŋstə] мальчик; подросток

yperite ['aipərait] иприт, горчичный газ, дихлордиэтилсульфид

Y-plasty ['wai-,plæsti] Y-образная пластика (напр. лоханочно-мочеточникового сегмента)

Y-Roux-anastomosis [,wai-rʊ-ə,næstəʊ'məʊsis] Y-образный анастомоз по Ру

Y-shaped [wai-'ʃeipt] Y-образный (разрез)

yttrium-90 ['itriəm-,nainti] иттрий-90 (радиоактивный изотоп, применяемый в лучевой терапии)

Z

zaire ['zairə] холера

zanthine ['zænθiːn] ксантин *(промежуточный продукт распада пуринов)*

zeal [ziːl] рвение, усердие

zealot ['zelət] фанатический приверженец *(чего-л.)*, ревнитель

zealotic [ze'lɒtik] фанатический; изуверский

zealotology [ˌzelə'tɒlədʒi] фанатизм

zealotypia ['zelɒtipiə] чрезмерное [болезненное] рвение, усердие, энтузиазм

zein ['ziːin] зеин *(белок, присутствующий в кукурузе)*

zeism ['ziːizəm], zeismus [ziː'isməs] активный ингредиент пеллагры

Zeitgeber ['zaitgeibə] *нем.* задатчик времени, «сигнал времени» *(периодически изменяющийся внешний фактор, обеспечивающий синхронизацию биологического ритма)*

Zeitgeist ['zaitgaist] *нем., психол.* «дух времени» *(устойчивый стереотип мнений, традиций мышления, скрытых влияний)*

zeoscope ['ziːəuskəup] аппарат для определения содержания алкоголя в крови

zero ['ziːrəu] ноль, ничто, нулевая точка

  absolute ~ абсолютный ноль, ноль градусов Кельвина *(-273,16 °С)*

  physiological ~ физиологический ноль *(начальная точка развития)*

  temperature ~ температурный ноль *(температура, ниже которой физиологические процессы прекращаются или замедляются)*

zeroing ['ziːrəuiŋ] обнуление, установка на нулевое деление шкалы

zero-risk ['ziːrəu-risk] отсутствие риска, нулевой риск ‖ безопасный

zero-zone ['ziːrəu-zəun] эпицентр

zestocausis [ˌzestəu'kɔːsis], zestocautery [ˌzestəu'kɔːtəri] термокоагуляция

zetacrit ['zeitəkrit] зетакрит *(вертикальное центрифугирование крови в капиллярной трубке; трактуется как гематокрит)*

zidovudine [zai'dəuvjuːdiːn] азидотимидин, зидовудин *(применяется для лечения СПИДа)*

zig-zag [zig-zæg] *sl.* пьяный

zillmeriss ['zilməris] формировать резерв взносов по страхованию жизни методом Цильмера

zinc [ziŋk] цинк, Zn *(металлический элемент, имеющий изотопы $^{60}Zn - ^{72}Zn$ с периодом полураспада от $8,5 × 10^{-6}$ с до 245 сут.)*

zincalism ['ziŋkəlizm] хроническое отравление цинком

zinc-responsive [ziŋk-ris'pɒnsiv] цинкзависимый *(напр. дерматоз)*

zipper ['zipə] застёжка-молния *(применяется при открытом способе лечения перитонита)*

zirconium [zəː'kəuniəm] цирконий, Zr *(металлический элемент, имеющий изотопы $^{86}Zr - ^{99}Zr$ с периодом полураспада от 30 с до $9,5 × 10^5$ лет)*

zoacanthosis [ˌzəuækən'θəusis] дерматит, обусловленный раздражением кожи частицами животного происхождения *(напр. волосками гусениц)*

zoanthropy [zəu'ænθrəupi] зооантропия *(бред превращения в животное)*

zoetic [ˌzəu'etik] относящийся к жизни; биологический

zombie ['zɒmbi] зомби *(1. обозначение человека в спутанном и неконтролируемом им самим состоянии сознания 2. sl. дурманящая алкогольная смесь)*

zona ['zəunə], *pl.* zonae ['zəuniː]: 1. *анат.* пояс; зона; область 2. опоясывающий герпес, или лишай

  ~ compacta компактная зона *(функционального слоя эндометрия)*

  ~ fasciculata пучковая зона

  ~ glomerulosa клубочковая зона *(коры надпочечника)*

  ~ ignea опоясывающий лишай

  ~ orbicularis круговая зона *(пучок волокон капсулы сустава, опоясывающий шейку бедренной кости)*

  ~ pellucida прозрачная оболочка *(яйцеклетки)*

  ~ reticularis сетчатая зона

  ~ spongiosa губчатая зона

zonary ['zəunəri] кольцевидный

zonate ['zəuneit] окаймлённый

zone [zəun] 1. *анат.* пояс; зона; область; сфера 2. участок

  abdominal ~s области живота *(надчревная, подрёберная и др.)*

  androgenic ~ *эмбр.* фетальная кора надпочечника

  "antibody excess" ~ зона избытка антител *(в реакции антиген – антитело)*

  "antigen excess" ~ зона избытка антигена *(в реакции антиген – антитело)*

  aversion ~ зона раздела, возникающая при контакте растущих колоний микроорганизмов

  breathing ~ зона дыхания *(пространство, ограниченное радиусом 50 см от лица работающего)*

  cervical ~ of tooth шейка зуба

  ciliary ~ большое кольцо радужки

  comfort ~ зона теплового комфорта, комфортная зона

  contamination ~ загрязнённая [неблагополучная] зона

  dead ~ мёртвая зона *(1. зона нечувствительности прибора 2. мёртвое пространство)*

  dolorogenic ~ триггерная зона, зона возбуждения боли *(при невралгии)*

  ependymal ~ эпендима, эпендимный слой

  epileptogenic ~ фокус эпилептической активности *(коры большого мозга)*

  equivalence ~ зона эквивалентности *(в реакции антиген – антитело)*

  ero(to)genic ~ эро(то)генная зона

hemolysis ~ *микр.* зона гемолиза, пятно гемолиза, «бляшка»

inhibition ~ зона задержки роста

language ~ речевая зона *(коры большого мозга)*

latent ~ немая зона

mantle ~ область мантии *(1. скопление лимфоидной ткани в нелимфоидных органах 2. эмбр. средняя зона в нервной трубке, где происходит дифференцировка нейронов и клеток нейроглии)*

pellucid ~ блестящая зона, блестящая оболочка *(яйцеклетки)*

primacy ~ основная (эрогенная) зона

radiation danger ~ зона радиационной опасности

radiolucent ~ *рентг.* зона просветления

reflexogenic ~ рефлексогенная зона

sanitary protection ~ санитарно-охранная зона

single exposure ~ зона однократного воздействия *(отношение средней смертельной концентрации к пороговой концентрации)*

specific action ~ зона специфического [избирательного] действия

tender ~**s** (Захарьина –) Геда зоны

time ~ часовой пояс

transitional cell ~ переходная [проксимальная] зона *(атриовентрикулярного соединения)*

trigger ~ триггерная [хеморецепторная] зона *(рефлекса возбуждения боли)*

vermilion ~ красная кайма *(губы)*

working ~ *гиг.* рабочая зона

zero ~ эпицентр

zonesthesia [ˌzəʊnəsˈθiːziə] зонестезия *(парестезия в виде ощущения давящего пояса)*

zonifugal [zəʊˈnifjʊɡəl] центробежный *(идущий из какого-л. участка)*

zoning [ˈzəʊnɪŋ] проявление чёткой (иммунной) реакции в присутствии минимальных количеств сыворотки

restrictive ~ ограничительное зонирование *(обусловленное радиоактивным загрязнением)*

zonked [zɒŋkt] *sl.* мертвецки пьяный

zonula [ˈzəʊnjʊlə], *pl.* **zonulae** [ˈzəʊnjʊli] *лат.*, см. **zonule**

zonular [ˈzəʊnjʊlər] относящийся к пояску или небольшому участку, зонулярный

zonule [ˈzəʊnjʊl] 1. *анат.* поясок 2. небольшой участок ~ **ciliaris, ciliary** ~, ~ **of Zinn** ресничный поясок, ресничная [циннова] связка *(хрусталика глаза)*

zonulitis [ˌzəʊnjʊˈlaitis] воспаление ресничного пояска

zonulolysis [ˌzəʊnjʊˈlɒlisis] *офт.* зонулолиз, Барракера метод *(удаления хрусталика при катаракте)*

zooanthroponosis [ˌzəʊəʊænˌθrəʊpəʊˈnəʊsis] *инф. бол.* зооантропоноз, антропозооноз *(заболевание, присущее животным и человеку)*

zooblast [ˈzəʊəʊblæst] животная клетка, клетка организма животного

zoocide [ˈzəʊəʊsaid] *pl.* зооциды *(яды, используемые для борьбы с вредными позвоночными)*

zooerastia [ˌzəʊəʊiˈræstiə] см. **zoophilia 1**

zoograft [ˈzəʊəʊɡræft] ксенотрансплантат

zoografting [ˈzəʊəʊˌɡræftiŋ] ксенопластика, зоопластика *(операция с использованием ткани животного)*

zooid [ˈzəʊid] зооид *(1. подвижная спора 2. животный организм)*

zoolagnia [ˌzəʊəʊˈlægniə] см. **zoophilia 1**

zoom [zuːm] объектив (микроскопа) с переменным фокусным расстоянием

zoomania [ˌzəʊəʊˈmeiniə] патологическая привязанность к животным

zoomylus [zəʊˈɒmiləs] *уст.* дермоидная киста

zoonosis [ˌzəʊəʊˈnəʊsis] зооноз *(общее название инфекционных и инвазионных болезней животных и человека)*

potential ~ возможность заражения зоонозом

zoopathology [ˌzəʊəʊpəˈθɒlədʒi] учение о болезнях животных

zoophilia [ˌzəʊəʊˈfiliə], **zoophilism** [zəʊˈɒfilizəm] 1. зоофилия, зоолагния, скотоложство, содомия 2. патологическая привязанность к животным

zoophobia [ˌzəʊəʊˈfəʊbiə] зоофобия *(патологическая боязнь животных)*

zooplasty [ˈzəʊəʊˌplæsti] см. **zoografting**

zooprophylaxis [ˌzəʊəʊˌprəʊfiˈlæksis] создание у человека противопаразитарного иммунитета путём ксеновакцинации

zoopsia [zəʊˈɒpsiə] *псих.* зоопсия *(зрительные галлюцинации, содержанием которых являются животные)*

zoosadism [ˌzəʊəʊˈseidizm] *псих.* зоосадизм

zooscopy [zəʊˈɒskəpi] см. **zoopsia**

zoosis [zəʊˈəʊsis] 1. антропозооноз *(заболевание, общее для человека и животных)* 2. болезнь, вызванная животным-паразитом; паразитоз; паразитарное заболевание 3. зооноз *(болезнь животных)*

zoosmosis [zəʊɒsˈməʊsis] осмос в живых тканях

zoosperm [ˌzəʊəʊˈspəːm] 1. сперматозоид 2. зооспора

zootoxin [ˈzəʊəʊˌtɒksin] зоотоксин *(яд животного происхождения)*

zootrophotoxism [ˌzəʊəʊˌtrɒfəʊˈtɒksizm] отравление пищей животного происхождения

zoster [ˈzɒstə] опоясывающий лишай

zosteriform [zɒsˈterifɔːm], **zosteroid** [ˈzɒstərɔid] герпетиформный, напоминающий опоясывающий лишай

Z-plasty [ˈzed-ˌplæsti] Z-пластика *(чаще кожи)*, метод встречных треугольников

Zuckergussleber [ˈtsʊkerˌɡʊsleibə] *нем.* «глазурная печень» *(название по сходству с сахарной глазурью; наблюдается при сердечном циррозе)*

zwitterion [ˈtsviteraiɒn] цвиттерион *(несущий одновременно отрицательный и положительный заряды)*

zygapophysis [ˌzaigəˈpɒfisis], *pl.* **zygapopheses** [ˌzaigəˈpɒfisiːz] суставной отросток позвонка

zygion [ˈzigiɒn] *кр. метр.* зигион *(наиболее выступающая кнаружи точка скуловой дуги)*

zygodactyly [ˌzaigəʊˈdæktili] синдактилия

zygoid [zaiˈɡɒid] диплоидный

zygoma [zaiˈɡəʊmə] 1. скуловая кость 2. скуловая дуга

zygomatic [ˌzaigəʊˈmætik] скуловой

zygomaxillare [ˌzaigəʊˈmæksiˌlæri] относящийся к скуловой кости и нижней челюсти

zygomycosis [ˌzaigəʊmaiˈkəʊsis] зигомикоз *(вызываемый представителями Zygomycetes)*

zygosis [zai'gəusis] конъюгация, зигозис (*слияние двух гамет*)

zygosity [zai'gɒsiti] *ген.* зиготность (*характеристика организмов по происхождению их зигот*)

twin ~ зиготность близнецов (*гомо- или гетеро-*)

zygosperm ['zaigəuspə:m], **zygospore** ['zaigəuspɔ:] зигоспора

zygote [zai'gəut] *ген.* зигота (*оплодотворённая яйцеклетка*)

zygotene ['zaigəuti:n] зиготена (*стадия профазы мейоза, в которой наблюдается конъюгация хромосом*)

zymad ['zaimæd] 1. болезнетворный организм 2. фактор, вызывающий брожение

zyme [zaim] фермент, энзим

zymodeme ['zaiməudi:m] 1. зимодим (*популяция трипаносом, имеющих одинаковый набор специфических ферментов*) 2. зимограмма (*набор полос на электрофореграмме, соответствующий изоферментам*)

zymogen ['zaiməudʒen] 1. зимоген, профермент, проэнзим 2. микроорганизм, продуцирующий фермент

zymogenesis+ [,zaiməu'dʒenəsis] активация профермента

zymogenic [,zaiməu'dʒenik], **zymogenous** [zai'mɒdʒənəs] вызывающий брожение, ферментативный

zymogram ['zaiməugræm] зимограмма (*ферментный спектр сыворотки крови*)

zymohydrolysis [,zaiməuhai'drɒsis] ферментативный гидролиз

zymology [zai'mɒlədʒi] энзимология

zymolysis [zai'mɒlisis] ферментативное расщепление, зимолиз

zymolyte ['zaiməulait] субстрат фермента

zymoma [zai'məumə], **zymome** ['zaimɒmi] 1. фермент 2. патогенный микроорганизм

zymonematosis [,zaiməu,ni:mə'təusis] бластомикоз

zymophore ['zaiməufɔ:] активный центр фермента

zymoplastic [zaiməu'plæstik] продуцирующий ферменты, ферментообразующий

zymoprotein [,zaiməu'prəuti:in] однокомпонентный фермент (*представляющий собой простой белок, напр., дрожжевой*)

zymoscope ['zaiməuskəup] прибор для определения эффективности ферментации

zymosis [zai'məusis] 1. ферментативное расщепление, зимоз 2. инфекционная болезнь 3. развитие или распространение инфекционной болезни

zymosthenic [zaiməu'sθenik] повышающий активность фермента

zymotechny [zaiməu'tekni] энзимная технология

zymotic [zai'mɒtik] 1. ферментативный, зимотический 2. инфекционный, контагиозный

zymozan ['zaiməuzən] зимозан (*антикомплементарный фактор*)

zymurgy [zai'mə:dʒi] см. **zymotechny**

ПРИЛОЖЕНИЯ □ APPENDIX

АНГЛО-РУССКИЙ СЛОВАРЬ
МЕДИЦИНСКИХ СОКРАЩЕНИЙ □
ENGLISH-RUSSIAN DICTIONARY
OF MEDICAL ABBREVIATIONS

A

Ab ovo
С яйца

A *англ., усл.* годен к службе в военно-воздушных силах *(военно-учётная категория)*

A *усл.* группа крови А (II)

a *усл.* группоспецифическая детерминанта вирусного гепатита

A *усл.* доминантный ген

a *усл.* рецессивный ген

A *усл.* работа дыхания

a absolute □ абсолютный

A absolute temperature □ абсолютная температура

A absorbance □ 1. всасываемость 2. спектральная поглощательная способность

A abstract □ 1. конспект; резюме; реферат ‖ реферативный *(напр. обзор)* 2. абстрактный

a abundant □ обильный; широко распространённый, часто встречающийся

A 1. academy ‖ academic □ 1. академия ‖ академический; высшее учебное заведение, вуз 2. училище

2. academician □ академик

a acceleration □ 1. ускорение 2. акселерация *(ускоренное формирование [развитие] детей и подростков)*

a accommodation □ приспособление; аккомодация

A, a accumulator □ аккумулятор; сумматор накапливающего типа, накапливающий сумматор

A A-cell, alpha cell □ А-клетка, α-клетка, *(выделяющая глюкагон)*

A acetum □ уксус

A, a acid □ 1. кислота ‖ кислый, кислотный 2. *sl.* наркотик ЛСД; амфетамины

a acidity, total □ общая кислотность

A Acinetobacter □ Ацинетобактер *(род бактерий)*

A Actinomyces □ актиномицеты, лучистые грибки

A action □ действие

a active □ 1. активный 2. действующий

a activity □ активность; деятельность

a acute □ острый

A adenine □ аденин, А

A adenosine acids □ аденозиновые кислоты

A adjuvant □ адъювант *(вещество, повышающее лечебное действие препарата)* ‖ вспомогательный; стимулирующий иммунитет; синергентный

A adrenalin □ адреналин

a adult □ 1. взрослая особь ‖ взрослый 2. развитой

a agar □ агар

a age □ 1. возраст 2. период 3. старость 4. совершеннолетие

a aged □ старый

A air □ воздух

a airway □ воздухоносные пути

A alanine □ аланин, Ала

A alcohol □ алкоголь; спирт

a allergy □ аллергия

a allied □ объединённый

A allogen □ аллогенный антиген *(генетически различный между донором и реципиентом в пределах одного вида)*

a alteration □ 1. изменение, перемена 2. повреждение, альтерация; деформация

a alveolar □ альвеолярный

a ambient □ 1. окружающий 2. атмосферный, наружный *(о воздухе)*

A ambulance □ санитарный транспорт *(самолёт, автомобиль)*

A, a ampere □ ампер, А

A, a amplitude □ амплитуда

A 1. anesthesia □ анестезия, обезболивание; наркоз

2. anesthetist □ специалист по анестезии *(1. анестезиолог 2. анестезист – специалист со средним медицинским образованием)* **3.** anesthetic □ анестетик *(препарат)*

a analysis □ анализ

A androstenedione □ андростендион

Å Ångstrom □ *ист.* ангстрем, Å *(l Å = 10^{-10} м = 10^{-8} см = 0,1 нм)*

a annual □ ежегодный, годичный

a *лат.* annum □ year □ год

a anode □ анод

a *лат.* ante □ before □ перед

a anterior □ передний

a anxiety □ беспокойство; боязнь; тревога

a appearance □ вид, внешность *(больного)*

A, a *лат.* aqua ‖ aqueous □ water □ вода ‖ водный; водяной; водянистый

a arch □ дуга *(пальцевой узор)*

A, a area □ 1. область; район 2. пространство; территория

A argon □ аргон

A, a artery ‖ arterial □ артерия ‖ артериальный

a article □ 1. статья 2. предмет

A Aspergillus □ аспергилла

a assessment □ оценка *(напр. тяжести состояния больного)*

a assistant □ помощник, ассистент

a association □ ассоциация, общество; сообщество

a asymmetry ‖ asymmetric(al) □ асимметрия ‖ асимметричный, несимметричный

a asymptomatic □ бессимптомный, асимптоматический; субклинический

A atomic weight □ атомная масса

a atrium □ предсердие

A attendance □ 1. посещаемость; посещение 2. уход *(за больным)*; обслуживание

a augmented □ увеличенный, усиленный *(напр. aVF – усиленное отведение ЭКГ от левой ноги)*

a automatic □ автоматический

a auxiliary □ вспомогательный

a axial □ осевой

A mass number □ *усл.* массовое число *(атома)*

a non-agouti □ *усл.* неагути *(о генах лабораторных мышей)*

A start of anesthesia □ *усл.* начало анестезии; вводный наркоз

a total acidity □ *усл.* общая кислотность

a venous wave produced by atrial contraction □ *усл.* венная волна, вызванная сокращением предсердий

Aᵗ black and tan agouti □ *усл.* чёрные и «загорелые» агути *(о генах, определяющих цвет лабораторных мышей)*

Aᵣ relative atomic mass □ относительная атомная масса

Aʷ white-bellied agouti □ *усл.* «белобрюхие» агути *(о генах лабораторных мышей)*

AI, AII *англ., усл.* годен к повсеместному несению службы на любом театре военных действий *(военно-учётная категория)*

A1 *англ., усл.* полностью годен к лётной службе в качестве лётчика *(военно-учётная категория)*

A-1, 1-A *амер., усл.* годен к военной службе *(военно-учётная категория)*

A-1-0, 1-A-0 *амер., усл.* отказывается от военной службы по религиозным или моральным убеждениям и может быть использован лишь для несения небоевых обязанностей *(военно-учётная категория)*

A2 *англ., усл.* ограниченно годен к лётной службе в качестве лётчика *(военно-учётная категория)*

A-2, 2-A *амер., усл.* пользуется отсрочкой от призыва по броне *(военно-учётная категория)*

A₂ England English flu epidemic (1972) □ грипп A₂-Англия *(эпидемия гриппа в Англии, 1972)*

A₂, a₂ aortic second sound □ второй тон на аорте

A-3, 3-A *англ., усл.* годен к лётной службе в качестве члена экипажа *(военно-учётная категория)*

A-3, 3-A *амер., усл.* пользуется отсрочкой от призыва в армию из-за наличия иждивенцев *(военно-учётная категория)*

A4 *англ., усл.* годен подниматься в воздух в качестве пассажира *(военно-учётная категория)*

A-4, 4-A *амер., усл.* участник войны, единственный оставшийся в живых сын *(военно-учётная категория)*

A-5, 5-A *амер., усл.* за пределами призываемой возрастной категории *(военно-учётная категория)*

A68 аномальный белок *(амилоид)*, обнаруживаемый в спинномозговой жидкости при болезни Альцгеймера

aa acetic acid □ уксусная кислота

AA achievement age □ соответствие умственного развития ребёнка среднему уровню развития в этом возрасте

AA acquired amyloidosis □ приобретённый амилоидоз

aa acrylic acid □ акриловая кислота

A/A acting assistant □ исполняющий обязанности помощника

AA acupunctural analgesia □ аналгезия посредством акупунктуры

AA adjuvant arthritis □ адъювантный артрит

AA Alcoholics Anonymous □ Общество анонимных алкоголиков, ОАА *(США)*

AA, Aa, aa alleles □ аллельные гены

aA *лат.* allergosis alienus □ аллергозы, не связанные с пыльцевой сенсибилизацией

AA *амер.* alveolar-arterial □ альвеолярно-артериальный

AA aminoacetone □ аминоацетон

AA amino acid(s) □ аминокислота (аминокислоты)

AA aminoacyl □ аминоацил

AA ammonium acetate □ ацетат аммония

AA amyloid albumin □ амилоидный альбумин

AA, aa *лат.* ana □ equal quantities of each are to be used □ поровну, на равные части, равными частями

AA antiandrogens □ антиандрогены *(синтетические соединения, подавляющие действие мужских половых гормонов)*

AA aplastic anemia □ апластическая анемия

AA arithmetic average □ средняя арифметическая

aa arteries □ артерии

AA ascending aorta □ восходящая аорта

AA ascorbic acid □ аскорбиновая кислота, витамин C

AA Association of Anesthetists □ Ассоциация [Общество] анестезистов

aa atomic age □ атомный век

1a-a 1-region associated antigens □ антигены, ассоциированные с районом 1-MHC *(главного комплекса гистосовместимости)*

10AA mixture of ten amino acids □ смесь из 10 аминокислот

AAA abdominal aortic aneurysm □ аневризма брюшной аорты

AAA abnormal auditory adaptation □ нарушенная слуховая адаптация, нарушение слуховой адаптации

AAA acquired aplastic anemia □ приобретённая апластическая анемия

AAA acute anxiety attack □ острый приступ страха

AAA adenine-adenine-adenine □ три последовательных адениновых основания

A&A aid and attendance □ посещение и оказание помощи; оказание помощи и уход за больным

AAA, aaa amalgam □ амальгама

AAA American Academy of Allergy □ Американская аллергологическая академия

AAA American Aging Association □ Американская ассоциация лиц пожилого и престарелого возраста

AAA American Anthropological Association □ Американская антропологическая ассоциация

AAA American Association of Anatomists □ Американская ассоциация анатомов

AAA aminoacetic acid □ аминоуксусная кислота

AAA androgenic anabolic agent □ андрогенный анаболический гормон

AAAAI American Academy of Allergy, Asthma and Immunology □ Американская аллергологическая, астматическая и иммунологическая академия

AAAAM American Academy of Anti-Aging Medicine □ Американская академия геронтологической медицины

AAAI American Association for Artificial Intelligence □ Американская ассоциация по искусственному интеллекту

AAALAC American Association for Accreditation of Laboratory Animal Care □ Американская ассоциация лиц по уходу за лабораторными животными

AAAM American Association for Automotive Medicine □ Американская ассоциация по автодорожной медицине

AAAS American Association for the Advancement of Science □ Американская ассоциация за прогресс науки

AAATCM American Academy of Air Traffic Control Medicine □ Американская академия медицинского контроля на воздушном транспорте

AABB American Association of Blood Banks □ Американская ассоциация банков крови

AABB Association for the Advancement of British Biotechnology □ Ассоциация по внедрению достижений британской биотехнологии в практику

AABD Aid to the Aged, Blind, and Disabled □ Общество содействия старикам, слепым и инвалидам

AAC average annual costs □ среднегодовые расходы

AACA American Association of Certified Allergists □ Американская ассоциация аллергологов, имеющих сертификат на право самостоятельной деятельности

AACA American Association of Clinical Anatomists □ Американская ассоциация клинических анатомов

AACC American Association of Clinical Chemists □ Американская ассоциация клинических химиков

AACD American Academy of Cosmetic Dentistry □ Американская академия эстетической стоматологии

AACD American Academy of Craniomandibular Disorders □ Американская академия черепно-челюстных нарушений

AACE American Association for Cancer Education □ Американская ассоциация по противораковой пропаганде

AACE American Association of Clinical Endocrinologists □ Американская ассоциация клинических эндокринологов

AACIA American Association of Clinical Immunology and Allergy □ Американская ассоциация клинических иммунологов и аллергологов

AACMS American Association of Councils of Medical Staffs □ Американская ассоциация союзов медицинского персонала

AACN American Association of Critical-Care Nurses □ Американская ассоциация медсестёр отделений интенсивной терапии и реанимации

AACP Alcohol Abuse Control Program □ Программа борьбы с алкоголизмом

AACP American Academy of Cerebral Pals □ Американская академия по изучению детского церебрального паралича

AACP American Academy of Child Psychiatry □ Американская академия детской психиатрии

AACR American Association for Cancer Research □ Американская ассоциация по изучению рака

AACT American Academy of Clinical Toxicology □ Американская академия клинической токсикологии

AACU American Association of Clinical Urologists □ Американская ассоциация клинических [университетских] урологов

AAD alloxazine adenine dinucleotide □ аллоксазин-аденин-динуклеотид

AAD alpha-1 antitrypsin deficiency □ дефицит а1-антитрипсина

AAD American Academy of Dentists □ Американская академия стоматологов

AAD American Academy of Dermatology □ Американская академия дерматологии

Aad 2-aminoadipic acid □ 2-аминоадипиновая кислота

A&D ascending and descending □ восходящий и нисходящий отделы ободочной кишки

AADE American Association of Dental Editors □ Американская ассоциация издателей стоматологической литературы

AADM American Association of Dental Medicine □ Американская стоматологическая ассоциация

AaDO$_2$ alveolar-arterial oxygen pressure difference □ альвеолярно-артериальное различие парциального напряжения кислорода

AADP American Academy of Denture Prosthetics □ Американская академия зубного протезирования

AADR American Academy of Dental Radiology □ Американская академия стоматологической радиологии

AADR American Association for Dental Research □ Американская ассоциация по проведению зубоврачебных исследований

AADS American Association of Dental Schools □ Американская ассоциация школ зубных врачей

A&E accident and emergency □ острая травма и заболевание, требующие экстренной помощи

AAE acute allergic encephalitis □ острый аллергический энцефалит

AAE American Association of Endodontists □ Американская ассоциация эндодонтистов

A&E Analysis and Evaluation □ анализ и оценка

AAE antibiotic-associated enterocolitis □ энтероколит, индуцированный [обусловленный] антибиотиками

AAEE American Association for Electromyography and Electrodiagnosis □ Американская ассоциация по электромиографии и электродиагностике

AAF Academic Aid Fund □ Академический фонд помощи

AAF acetic-alcohol-formalin □ уксусная кислота, спирт, формалин *(фиксирующая жидкость)*

AAF acetilaminofluorene □ ацетиламинофлуорен

AAF amino-allantoid fluid □ аминоаллантоидная жидкость

AAF Army Air Force □ Военно-воздушные силы, ВВС

AAFPRS American Academy of Facial Plastic and Reconstructive Surgery □ Американская академия лицевой, пластической и восстановительной хирургии

AAFS American Ambulance and Field Service □ Американская полевая медико-санитарная служба

AAG a$_1$-acid glycoprotein □ а$_1$-кислый гликопротеид, а$_1$-ацидогликопротеид

AAGL American Association of Gynecological Laparoscopists □ Американская ассоциация гинекологов-лапароскопистов

AAGP American Academy of General Practice □ Американская академия врачей общей практики

AAGS, AAGUS American Association of Genitourinary Surgeons □ Американская ассоциация хирургов-урологов

AAH adrenal androgenic hyperfunction □ андрогенная гиперфункция надпочечников

AAHD American Association of Hospital Dentists □ Американская ассоциация больничных [госпитальных] зубных врачей

AAHP American Association of Health Plans □ Американская ассоциация страховых медицинских организаций

AAHPER American Association for Health, Physical Education and Recreation □ Американская ассоциация по развитию здравоохранения, физического воспитания и досуга

AAI American Association of Immunologists □ Американская ассоциация иммунологов

AAID American Academy of Implant Dentures □ Американская академия по имплантации зубных протезов

AAIN American Association of Industrial Nurses □ Американская ассоциация медицинских сестёр промышленных предприятий

AAIP American Association of Indian Physicians □ Американская ассоциация индийских врачей

AAL active avoidance learning □ обучаемость активному избеганию *(подопытных животных)*

AAL anterior axillary line □ передняя подмышечная линия

AAL Arctic Aeromedical Laboratory □ лаборатория арктической авиационной медицины

AAM acrylamide □ акриламид

AAMA American Association of Medical Administrators ~ Американская ассоциация медицинских администраторов

AAMA American Association of Medical Assistants □ Американская ассоциация ассистентов [помощников] врачей

AAMC American Association of Marriage Counselors □ Американская ассоциация консультантов по вопросам семьи и брака

AAMC American Association of Medical Clinics □ Американская ассоциация клинических лечебных учреждений

AAMC Association of American Medical Colleges □ Ассоциация медицинских колледжей *(США)*

AAMC Australian Army Medical Corps □ медицинская служба австралийской армии

AAMCH American Association for Maternal and Child Health □ Американская ассоциация охраны здоровья матери и ребёнка

AAMD American Academy of Medical Directors □ Американская академия директоров лечебных учреждений

AAMD American Association of Mental Deficiency □ Американская ассоциация по изучению умственной отсталости

AAMFC American Association of Marriage and Family Councelors □ Американская ассоциация консультантов по вопросам семьи и брака

AAMI age-associated memory impairments □ возрастные расстройства памяти

AAMI Association for the Advancement of Medical Instrumentation □ Ассоциация по совершенствованию медицинского оборудования

AAMMC American Association of Medical Milk Commissioners □ Американская ассоциация членов комиссии по санитарному контролю молока

AAMP American Academy of Maxillofacial Prosthesis □ Американская академия челюстно-лицевого протезирования

AAMRL American Association of Medical Record Librarians □ Американская ассоциация библиотекарей медицинских библиотек

AAMS Australian Aerial Medical Services □ австралийская авиационная медико-санитарная служба

AAMSE American Association of Medical Society Executive □ Американская ассоциация руководителей медицинских обществ

AAN acrylate-acrylonitrile □ сополимер эфира акриловой кислоты и акрилонитрила

AAN alpha-amino nitrogen □ a-аминоазот

AAN American Academy of Neurology □ Американская академия неврологии

AAN American Association of Neuropathologists □ Американская ассоциация невропатологов

AANA American Association of Nurse Anesthetists □ Американская ассоциация медицинских сестёр-анестезистов

AANS American Association of Neurological Surgeons □ Американская ассоциация нейрохирургов

AANS Australian Army Nurse Service □ служба медицинских сестёр австралийской армии

AAO American Academy of Ophthalmology □ Американская академия офтальмологии

AAO American Academy of Optometry □ Американская академия оптометрии

AAO American Academy of Otolaryngology □ Американская академия отоларингологии

AAO American Association of Orthodontists □ Американская ассоциация ортодонтов

AAO amino acid oxidase □ оксидаза аминокислоты

AAO ascorbic acid oxidase □ аскорбат-оксидаза

A-a O₂ alveolar-arterial oxygen tension difference □ альвеолярно-артериальный градиент [различие] парциального напряжения кислорода

AAOG American Association of Obstetricians and Gynecologists □ Американская ассоциация акушеров и гинекологов

AAOM American Academy of Occupational Medicine □ Американская академия профессиональных заболеваний

AAOM American Academy of Oral Medicine □ Американская стоматологическая академия

AAOO American Academy of Ophthalmology and Otolaryngology □ Американская академия офтальмологии и отоларингологии

AAOP American Academy of Oral Pathology □ Американская академия патологии органов полости рта

AAOP American Academy of Orofacial Pain □ Американская академия изучения боли в области лица и ротовой полости

AAOPB American Academy of Pathologists and Bacteriologists □ Американская академия патологов и бактериологов

AAOPS American Association of Oral and Plastic Surgery □ Американская ассоциация врачей челюстно-лицевой и пластической хирургии

AAOS American Academy of Orthopedic Surgery □ Американская академия ортопедической хирургии

AAOS American Association of Orthopedic Surgeons □ Американская ассоциация хирургов-ортопедов

AAP American Academy of Pediatrics □ Американская академия педиатрии

AAP American Academy of Periodontology ☐ Американская академия периодонтологии

AAP American Academy of Psychoanalysis ☐ Американская академия психоанализа

AAP American Academy of Psychotherapists ☐ Американская академия психотерапевтов

AAP American Association of Pathologists ☐ Американская ассоциация патологов

A&P anterior and posterior ☐ передний и задний; переднезадний *(о проекции при рентгенологическом исследовании)*

AAP Association of Academic Psychiatrists ☐ Ассоциация научных работников-психиатров

AAP Association of American Physicians ☐ Американская ассоциация врачей-терапевтов

A&P auscultation and percussion ☐ аускультация и перкуссия

AAPA American Association of Physician Assistants ☐ Американская ассоциация помощников врачей

AAPB American Association of Pathologists and Bacteriologists ☐ Американская ассоциация патологов и бактериологов

AAPHP American Association of Public Health Physicians ☐ Американская ассоциация врачей – организаторов здравоохранения

AAPL American Academy of Psychiatry and the Law ☐ Американская академия психиатрии и права

AAPM American Association of Physicists in Medicine ☐ Американская ассоциация физиков в медицине

AAPMR American Academy of Physical Medicine and Rehabilitation ☐ Американская академия физических методов лечения и реабилитации

AAPPP American Association of Planned Parenthood Physicians ☐ Американская ассоциация специалистов по планированию семьи

AAPRS American Association of Plastic and Reconstructive Surgery ☐ Американская ассоциация специалистов по пластической и реконструктивной хирургии (это хирургия)

AAPS American Association of Plastic Surgeons ☐ Американская ассоциация специалистов по пластической хирургии

AAPS Arizona Articulation Proficiency Scale ☐ Аризонская шкала артикуляционных способностей

AAPS Asian Association of Pediatric Surgeons ☐ Ассоциация детских хирургов Азии

AAPS Association of American Physicians and Surgeons ~ Ассоциация американских врачей-терапевтов и хирургов

AAPSC American Association of Psychiatric Services for Children ☐ Американская ассоциация детских психиатрических учреждений

AAPSW Associate of the Association of Psychiatric Social Workers ☐ член Ассоциации социальных работников [санитарных активистов] психиатрической службы

AAR antigen – antiglobulin reaction ☐ реакция антиген – антитело

AARDS acute adult respiratory distress syndrome ☐ синдром острых респираторных расстройств у взрослых

AARP American Association of Retired People ☐ Американская ассоциация пенсионеров

AARS American Association of Railway Surgeons ☐ Американская ассоциация хирургов железнодорожных лечебных учреждений

AAS anthrax antiserum ☐ противосибиреязвенная сыворотка

AAS aortic arch syndrome ☐ синдром дуги аорты, синдром Такаясу

AAS auxiliary ambulance service ☐ вспомогательная медико-санитарная транспортная служба

AASA American Association of Surgical Assistants ☐ Американская ассоциация ассистентов хирургов

AASD American Academy of Stress Disorders ☐ Американская академия по изучению дистресса или стрессовых расстройств

AASH adrenal androgen-stimulating hormone ☐ надпочечный андроген-стимулирующий гормон

AASH American Association for the Study of Headache ☐ Американская ассоциация по изучению головной боли

AASLD American Association for the Study of Liver Diseases ☐ Американская ассоциация по изучению заболеваний печени

AASM American Association of Sleep Medicine ☐ Американская сомнологическая ассоциация

AASND American Association for the Study of Neoplastic Diseases ☐ Американская ассоциация по изучению новообразований

aasp ascending-aorta synchronized pulsation ☐ синхронизированная пульсация восходящей аорты

AAST American Association for the Surgery of Trauma ☐ Американская ассоциация хирургов-травматологов

AAT Academic Aptitude Test ☐ тест на выявление способностей к научно-исследовательской работе

AAT acute abdominal tympanites ☐ острое вздутие живота, метеоризм

AAT alanine aminotransferase ☐ аланин-аминотрансфераза, АлАТ

AAT alpha antitrypsin ☐ a-антитрипсин

A₁AT alpha-1 antitrypsin ☐ a_1-антитрипсин

AAT American Academy of Toxicology ☐ Американская академия токсикологии

AATB American Association of Tissue Banks ☐ Американская ассоциация банков тканей

AATM American Academy of Tropical Medicine ☐ Американская академия тропической медицины

AATP American Academy of Tuberculosis Physicians ☐ Американская ассоциация фтизиатров

AATS American Association of Thoracic Surgeons ☐ Американская ассоциация торакальных хирургов

AAU Amateur Athletic Union ☐ Союз спортсменов-любителей

AAV adeno-associated virus ☐ аденоассоциированный вирус

A&V, a&v artery and vein ☐ артерия и вена

AAVP Association of American Volunteer Physicians ☐ Ассоциация американских врачей-добровольцев

A&W alive and well ☐ живой и здоровый, жив и здоров

AB *усл.* AB (IV) ☐ группа крови

AB able-bodied ☐ годен к военной службе

AB, ab abortion □ 1. аборт; выкидыш 2. остановка развития 3. недоразвитие органа

ab about □ около, приблизительно

A/B acid-base ratio □ кислотно-основное состояние, КОС

AB actual bicarbonate □ истинный гидрокарбонат, *уст.* бикарбонат

AB alcian blue □ алциановый голубой *(краситель)*

Ab antibody □ антитело

AB antigen binding □ связующий антиген *(фрагмент молекулы)*

AB apex beat □ верхушечный толчок

AB *лат.* Artium Baccalaureus □ Bachelor of Arts □ бакалавр искусств *(специалист, окончивший вуз по одной из гуманитарных или математических дисциплин)*

AB asbestos bodies □ асбестовые тельца *(скопление асбестовой пыли в ткани лёгких)*

AB assisted breathing □ вспомогательная вентиляция лёгких, вспомогательное дыхание, вспомогательная ИВЛ

AB asthmatic bronchitis □ астматический бронхит

AB at birth □ при рождении, во время родов

AB axiobuccal □ щёчная поверхность зуба, относящаяся к продольной оси

AB0 blood groups (named for agglutinogens) □ группы крови AB0 *(по названиям агглютиногенов)*

ABA activity-based anorexia □ анорексия, предопределённая активностью *(экспериментальная модель с лишением мышей пищи, в результате которого возрастает их активность)*

ABA American Bum Association □ Американская ассоциация по ожогам

aba antibacterial activity □ антибактериальная активность

ABA azobenzenearsonate □ азобензиларсонат

ABAI American Board of Allergy and Immunology □ Американский совет по аллергии и иммунологии

AbAP antibody-against-panel (assays) □ набор диагностических антител, диагностикум

ABAS American Board of Abdominal Surgeons □ Американский совет абдоминальных хирургов

abb. abbreviation; abbreviated □ сокращение; аббревиатура ‖ сокращённый

ABB acid base balance □ кислотно-основное состояние или равновесие, КОС

abbr., abbrev. □ *см.* **abb.**

ABC *усл.* 1. азбука; элементарный курс 2. основы, начала, памятка; наставление; руководство

abc abscess □ абсцесс, гнойник

ABC absolute basophil count □ абсолютное число базофилов

ABC acetate bicarbonate □ ацетат гидрокарбонат, *уст.* ацетат бикарбонат

ABC aconite, belladonna, chloroform □ жидкая мазь из аконита, белладонны и хлороформа

ABC activated blood clotting (time) □ активированное время свёртывания крови

ABC acidophilic broth culture □ ацидофильная бульонная культура, АБК

ABC advanced biomedical capsule □ усовершенствованная медико-биологическая капсула

ABC American Biology Council □ Американский совет по биологии

ABC American Blood Commission (HEW) □ Американская трансфузиологическая комиссия

ABC aneurysmal bone cyst □ аневризматическая костная киста

ABC antibody-coated bacteria □ бактерии, нагруженные [покрытые] антителами

ABC antigen-binding capacity □ антигенсвязывающая способность *(сыворотки);* антигенсвязывающая ёмкость *(иммуносорбента)*

ABC aspiration biopsy cytology □ цитологическое исследование аспирационного биоптата

ABC atomic, bacteriological and chemical □ атомный, бактериологический, химический *(об оружии)*

ABC avidin-biotin-peroxidase complex □ авидин-биотин-пероксидазный комплекс *(иммунохимический метод анализа)*

ABCAG American Breast Cancer Adjuvant Group □ Американская вспомогательная группа по изучению рака грудной железы

ABCBA airway, breathing, circulation, brain, assess other injuries □ провести комплекс реанимационных мер по восстановлению проходимости воздухоносных путей, функций дыхания, кровообращения, мозга и оценить степень других повреждений *(Safar, 1977)*

ABCC Atomic Bomb Casualty Commission □ Комиссия по изучению последствий атомных взрывов *(США)*

ABCD airway, breath, circulation, drugs □ *см.* **ABC** *(Safar)*

ABCDG airway, breath, circulation, drugs, gauge □ *см.* **ABC** *(Safar)* начав реанимационные мероприятия, оценить их первичные результаты и выявить причину остановки сердца *(Сафар)*

ABCI airway, breath, circulation, intensive care □ *см.* **ABC** *(Safar)* осуществив реанимационные мероприятия, проводить интенсивную терапию постреанимационных синдромов *(Сафар)*

ABCIL antibody-mediated cell-dependent immune lympholysis □ клеточнозависимый иммунный лимфолиз, опосредованный антителами

ABC method alum, blood, clay method □ метод осаждения и дезодорации

ABCP Association of Blind Chartered Physiotherapists ~ Ассоциация слепых дипломированных физиотерапевтов

ABCRS American Board of Colon and Rectal Surgery □ Американский совет хирургов-проктологов

ABC (Safar) airway, breath, circulation (Safar) □ триада реанимации *(восстановление проходимости воздухоносных путей и дыхания, массаж сердца и внутривенное введение лекарственных средств, Сафар, 1977)*

ABC warfare atomic, biological, chemical warfare □ атомное, биологическое и химическое оружие

ABD, Abd, abd abdomen ‖ abdominal □ живот, брюшная полость ‖ абдоминальный, относящийся к брюшной полости

abd 1. abduction □ отведение **2.** abductor □ отводящая мышца, абдуктор

ABD all but dissertation □ докторант, соискатель учёной степени, ещё не представивший диссертации

ABD American Board of Dermatology □ Американское дерматологическое общество

abd. hyst. abdominal hysterectomy □ абдоминальная экстирпация матки, чрезбрюшинная гистерэктомия

ABDIC Adriamycinum, Bleomycinum, DTIC, CCNU □ адриамицин, блеомицин, ДТИК, CCNU *(программа химиотерапии онкологических больных)*

abdms (m) (t) (o) *амер.* abdomen without masses, tenderness, organomegaly □ заболеваний органов брюшной полости не обнаружено *(нет объёмного образования, болезненности и увеличения органа)*

ABE acute bacterial endocarditis □ острый бактериальный эндокардит

ABEA American Broncho-Esophageal Association □ Американская ассоциация специалистов по бронхо- и эзофагоскопии

ABEPP American Board of Examiners in Professional Psychology □ Американский совет экзаменаторов по профессиональной психологии

ABFP American Board of Family Practice □ Американский совет врачей семейной практики

ABG air bone gap □ костно-воздушный интервал *(разрыв на аудиограмме)*

ABG arterial blood gases □ газы (O_2, CO_2) артериальной крови

ABG axiobuccogingival □ щёчно-десневая поверхность зуба, относящаяся к продольной оси

ABGS adjustable band gastric system □ усовершенствованная система управляемого бандажа желудка

ABHI Association of British Health-Care Industries □ Британская ассоциация по производству медицинской техники

ABI atherothrombotic brain infarction □ атеротромботический инфаркт головного мозга

A-bile bile from the common duct □ дуоденальная [холедоходуоденальная] жёлчь, порция А жёлчи

ABIM American Board of Internal Medicine □ Американское терапевтическое общество

ABIS Apollo Bioenvironmental Information System □ (медико-)биологическая информационная система космического аппарата «Аполлон» *(США)*

ABL a-beta-lipoproteinemia □ абеталипопротеинемия

ABL antigen-binding lymphocyte □ антигенсвязывающий лимфоцит

ABL axiobuccolingual □ щёчно-язычная поверхность зуба

ABLB Alternate Binaural Loudness Balance *(test)* □ бинауральный баланс громкости *(тест)*

ABLR American Burkitt Lymphoma Registry □ Американский регистр лимфомы Беркитта

ABMM American Board of Medical Microbiology □ Американское общество медицинской микробиологии

ABMS American Board of Medical Specialists □ Американское общество врачей-специалистов

abn abnormal □ 1. аномальный, атипичный, отклоняющийся от нормы 2. патологический

ABN advanced beneficiary notice □ *страх.* предварительное бенефициарное уведомление *(по процедурам взятия и анализа крови)*

ABN Association of British Neurologists □ Ассоциация неврологов [невропатологов] Великобритании

ABNM American Board of Nuclear Medicine □ Американское общество по ядерной медицине

abnml, abnorm. abnormal □ 1. аномальный, атипичный, отклоняющийся от нормы 2. патологический

ABNS American Board of Neurological Surgery □ Американское нейрохирургическое общество

abo absent bed occupancy □ наличие свободных мест *(в больнице)*

ABO American Board of Ophthalmology □ Американское общество офтальмологов

ABOG American Board of Obstetrics and Gynecology □ Американское общество акушеров-гинекологов

AB0-HD AB0 hemolytic disease □ гемотрансфузионное осложнение, обусловленное групповой несовместимостью крови; несовместимость крови по групповым факторам AB0

abor. aboriginal □ 1. абориген, коренной житель ‖ абористенный, исконный, коренной 2. первобытный 3. местный

abor. abortion □ аборт

ABOS American Board of Orthopedic Surgery □ Американское общество ортопедов-хирургов

ABP absolute boiling point □ абсолютная точка кипения

ABP adaptive balance profile □ адаптационный профиль организма

ABP androgen-binding protein □ андроген-белковый комплекс; белок, связывающий андрогены

ABP arterial blood pressure □ артериальное давление крови, АД

ABPA allergic-bronchopulmonary aspergillosis □ аллергический бронхолёгочный аспергиллёз

ABPAP avidin-biotin-peroxidase-antiperoxidase □ комплекс авидин-биотин-пероксидаза-антипероксидаза *(иммунохимический метод анализа)*

ABPI Association of the British Pharmaceutical Industry □ Ассоциация работников фармацевтической индустрии Великобритании

ABPM American Board of Preventive Medicine □ Американское общество превентивной [профилактической] медицины

ABPN American Board of Psychiatry and Neurology □ Американское общество психиатров и невропатологов

ABPsS Associate of the British Psychological Society □ член Британского общества психологов

ABR absolute bed rest □ строгий постельный режим

ABR American Board of Radiology □ Американское рентгенорадиологическое общество

ABR annual biting rate □ интенсивность нападения переносчика *(в течение года)*

ABR auditory brainstem response □ слуховые потенциалы ствола мозга

ABRA American Blood Resources Association □ Американская ассоциация банков крови

abras abrasions □ выскабливание, *уст.* абразия

ABRS Advisory Board for the Research Councils □ Совещательная коллегия советов научно-исследовательских учреждений

abrt abortive □ 1. абортивный, недоразвитый 2. стерильный

ABR test abortus-Bang ring test ☐ агглютинационный тест на выявление бруцеллёза

ABS abdominal surgery ☐ 1. хирургия брюшной полости, абдоминальная хирургия 2. операция на органах брюшной полости

abs. absent ☐ отсутствующий

abs. absolute ☐ абсолютный; чистый, беспримесный

abs. absolute value ☐ абсолютное значение; абсолютная величина

abs. absorption ☐ абсорбция, поглощение, впитывание, всасывание

ABS acryzonitrile-butadiene-sterene ☐ акризонитрил-бутадион-стерин

ABS acute brain syndrome ☐ острое нарушение мозгового кровообращения

ABS alkylbenzene sulfonate ☐ алкилбензолсульфонат, АБС

ABS American Biological Society ☐ Американское биологическое общество

ABS American Bureau of Standards ☐ Американское бюро стандартов

Abs E absolute error ☐ абсолютная ошибка

ABS, Abs antibodies ☐ антитела

abs. feb. *лат.* absente febre ☐ in the absence of fever ☐ в отсутствие лихорадки; нелихорадящий

abs. fev. in the absence of fever ☐ при нормальной температуре, при отсутствии лихорадки

abs. t. absolute temperature ☐ абсолютная температура

abst. abstract ☐ 1. абстрактный, отвлечённый 2. экстракт 3. оттиск, реферат 4. отвлекать; экстрагировать; дистиллировать

abt abort ☐ 1. аборт 2. прекращение [прерывание] действия

abt about ☐ около; приблизительно

ABT autologous blood transfusion ☐ переливание аутологичной крови, аутогемотрансфузия

ABTS Army Blood Transfusion Service ☐ гемотрансфузионная служба армии

ABU American Board of Urology ☐ Американское урологическое общество

ABu aminobutyric acid ☐ аминомасляная кислота

ABV arthropod-born virus ☐ арбовирусы *(группа РНК-вирусов, передающихся при укусе членистоногими)*

ABVD Adriamycinum, Bleomycinum, Rosevinum, DTIC ☐ адриамицин, блеомицин, розевин [винбластин], ДТИК *(программа химиотерапии онкологических больных)*

ABY acid bismuth yeast ☐ дрожжи висмутовой кислоты

AC abdominal circumference ☐ окружность живота

ac. academic ☐ академический, учебный *(в применении к вузам)*

ac. academy ☐ 1. академия; (высшее) учебное заведение 2. *амер.* специальное училище 3. специальный курс лекций

ac. accelerator ☐ ускоритель, акселератор

ac. accuracy ☐ точность, тщательность

Ac. acetate ☐ соль уксусной кислоты, ацетат

Ac. acetyl ☐ ацетил, остаток CH_3CO

AC acetylcholine ☐ ацетилхолин, АцХ

AC, ac acid ☐ кислота ‖ кислый; кислотный

AC acromioclavicular ☐ акромиально-ключичный

Ac. actinium ☐ актиний

AC activated charcoal ☐ активированный древесный уголь

ac. active ☐ 1. активный, действующий 2. состоящий на действительной военной службе

ac. activity ☐ 1. активность; деятельность 2. боевая деятельность

ac. acute ☐ острый; резкий

AC adenylate cyclase ☐ аденилатциклаза

AC adherent cell D плотно прилегающая клетка

AC adrenal cortex ☐ корковый слой или кора надпочечника

AC Adriamycinum, Cyclophosphanum ☐ адриамицин, циклофосфан *(программа химиотерапии онкологических больных)*

AC aerobic capacity for work ☐ аэробная работа; максимальная аэробная производительность

AC air changes ☐ воздухообмен

AC 1. air conditioning ☐ кондиционирование воздуха 2. air conduction ☐ 1. проводимость воздухоносных путей 2. воздушная проводимость *(напр. слуха)*

ac air-cooled ☐ охлаждение воздухом

AC, ac alternating current ☐ переменный ток

A/C 5-amino-4-imidasole-carboxamide ☐ 5-амино-4-имидазол-карбоксамид

AC anodal closure ☐ анодное замыкание, анодзамыкательное действие *(тока на живую ткань)*

AC, a.c. *лат.* ante cibum ☐ before meals ☐ до еды, перед едой

AC anterior chamber ☐ передняя камера *(напр. глаза)*; передняя полость

AC anticoagulant ☐ антикоагулянт

AC anticomplementary ☐ антикомплементарный

AC anti-inflammatory corticoid ☐ противовоспалительный гормон коры надпочечников

AC aortic closure ☐ закрытие аортального клапана

AC arm circumference ☐ окружность [обхват] плеча

AC arterialized capillary ☐ артериола

AC asynchronic contraction ☐ асинхронное сокращение

AC atriocarotid ☐ предсердно-сонный

AC auriculocarotid ☐ ушково-сонный, аурикулокаротидный

AC autocorrelation ☐ саморегуляция

AC axiocervical ☐ пришеечная поверхность зуба, относящаяся к продольной оси

AC cyanic acid ☐ циановая кислота

A-C interval interval between the A and the C waves of the atrial pressure curve ☐ интерсистолический интервал на кривой предсердного давления

Ac.a. acetic acid ☐ уксусная кислота

ACA adenine-cytosine-adenine ☐ аденин-цитозин-аденин

ACA adenocarcinoma ☐ аденокарцинома

ACA American Chiropractic Association ☐ Американская ассоциация хиропрактиков

ACA American College of Allergists ☐ Американская коллегия аллергологов

ACA American College of Anesthesiologists ☐ Американская коллегия анестезиологов

ACA American College of Angiology ☐ Американский колледж ангиологии

1287

ACA American College of Apothecaries □ Американская коллегия [корпорация] аптекарей (владельцев аптек)

ACA anterior cerebral artery □ передняя артерия большого мозга

ACA automatic clinical analyser □ автоматический клинический анализатор

acad. academic □ академический, учебный *(в применении к вузам)*

Acad., acad. academy □ 1. академия 2. (высшее) учебное заведение 3. *амер.* специальное училище 4. специальный курс лекций

ACAID anterior chamber-associated immune deviations □ иммунопатология передней камеры глаза

ACAPS asymptomatic carotid artery plaque study □ исследование бессимптомного атеросклероза сонных артерий

ACAST Advisory Committee on the Application of Science and Technology to Development of the Economic and Social Council □ Консультативный комитет ЭКОСОС по применению достижений науки и техники в целях развития

ACB aortocoronary bypass □ аортокоронарное шунтирование; аортокоронарный анастомоз

ACB assay, ACB test antibody-coated bacteria assay (test) □ *иммун.* метод исследования бактерий, нагруженных антителами

acc acceleration □ акселерация; ускорение

acc. accidental □ случайный

Acc., acc. accommodation □ аккомодация; приспособляемость; приспособление

ACC acute lymphocytic leukemia □ острый лимфолейкоз

ACC adenoid cystic carcinoma □ кистозная аденокарцинома

ACC Administration Committee on Coordination □ Административный комитет по координации *(ВОЗ)*

ACC alveolar cell carcinoma □ альвеолярно-клеточная карцинома

ACC Ambulance Car Company □ автомобильная рота санитарного транспорта

ACC ambulatory care center □ центр амбулаторного обслуживания; медицинский пункт

ACC American College of Cardiology □ Американский колледж кардиологии

ACC American College of Chemosurgery □ Американский колледж химиохирургии

ACC anodal closure contraction □ анодзамыкательное сокращение, сокращение (мышцы) при замыкании тока на аноде, АЗС

ACC anodal closure clonus □ клоническое сокращение *(мышцы)* при замыкании тока на аноде, клоническое анодзамыкательное сокращение *(мышцы)*

ACC articular chondrocalcinosis □ кальциноз суставных хрящей

ACC automation classification code □ код автоматической классификации

ACCA American Clinical and Climatological Association □ Американская ассоциация клиницистов и климатологов

ACCC Association of Community Cancer Centers □ Ассоциация государственных онкологических центров *(США)*

ace. dis. accidental discharge □ *суд. мед.* случайный выстрел

accel. accelerator □ ускоритель, катализатор

ACCEL American College of Cardiology Extended Learning □ Американский колледж экстенсивного изучения кардиологии

ACCEPT Alcoholism Center – Coordination Education, Prevention and Treatment □ Координационный центр по профилактике и лечению алкоголизма

ACCESS American College of Cardiology Extended Study Services □ Американский центр [колледж] служб экстенсивного изучения кардиологии

AcCh acetylcholine □ ацетилхолин, АцХ

AccI accidental injury □ несчастный случай

ACCI Action Committee of Childhood Immunization □ Действующий комитет по иммунизации детей

accid accident(al) □ 1. несчастный случай; травма 2. осложнение 3. авария; выход из строя 4. дорожно-транспортное происшествие, ДТП

ACCl anodal closure clonus □ клоническое сокращение мышц при замыкании тока на аноде; клоническое анодзамыкательное сокращение *(мышцы)*

ACCME Advisory Committee on Continuing Medical Education □ Консультативный комитет по непрерывному медицинскому образованию

accn accommodation □ аккомодация; приспособляемость; приспособление

AcCoA acetyl coenzyme A □ ацетилкоэнзим А, АцКоА

accom. accommodation □ аккомодация; приспособляемость; приспособление

ACCP American College of Chest Physicians □ Американская коллегия торакальных врачей

ACCP American College of Clinical Pharmacology □ Американский колледж клинической фармакологии

ACCR amylase-creatinine clearance ratio □ отношение клиренсов амилазы и креатинина

ACCS Automatic Checkout and Control System □ система автоматического контроля и управления

accur. accurately □ 1. точно; правильно 2. аккуратно

ACD absolute cardiac dullness □ абсолютная сердечная тупость

ACD Acado □ Акадо *(арбовирус)*

ACD (citric) acid, (sodium) citrate, dextrose □ цитратно-декстрозный раствор *(для консервации крови)*, *см. тж.* **ACD-AG**

ACD active case detection □ активное выявление заболеваний

ACD adult celiac disease □ глютеновая болезнь, энтеропатия взрослых

ACD allergic contact dermatitis □ аллергический контактный дерматит

ACD American College of Dentists □ Американская коллегия [корпорация] зубных врачей

ACD anterior chest diameter □ переднезадний диаметр грудной клетки

ACD arteria colica dextra □ правая ободочная артерия

ACD Australian College of Dermatologists □ Австралийская коллегия дерматологов

ACD citric acid □ лимонная кислота

ACD-AG sodium citrate, citric acid, dextrose, adenine, guanine □ консервант крови, включающий натрия цитрат, лимонную кислоту, глюкозу, аденин и гуанин

AC-DC, A-C/D-C, ac-dc alternating current-direct current □ преобразование переменного тока в постоянный

acdnt accident □ 1. несчастный случай; травма 2. лётное происшествие 3. дорожно-транспортное происшествие, ДТП

ace. acentric □ ацентрический (фрагмент хромосомы)

ACE acetyl cholinesterase □ ацетилхолинэстераза

ACE adrenocortical extract □ экстракт коры надпочечников

ACE Adriamycinum, Cyclophosphanum, Etoposid □ адриамицин, циклофосфан, этопозид (программа химиотерапии онкологических больных)

ACE air conditioning equipment □ кондиционер, оборудование для кондиционирования воздуха

ACE American Council of Education □ Американский совет по образованию

ACE anesthetic mixture of alcohol, chloroform and ether □ анестезирующая смесь из спирта, хлороформа и эфира

ACE angiotensin converting enzyme □ энзим, конвертирующий ангиотензин, ангиотензин-конвертаза

ACE automatic computing equipment □ автоматическое счётно-решающее устройство, ЭВМ

ACED anhidrotic congenital ectodermal dysplasia □ врождённая ангидротическая эктодермальная дисплазия

A-cells accessory cells □ А-клетки, добавочные клетки (1. ацидофильные инсулоциты, альфа-клетки 2. макрофаги, участвующие в иммунных реакциях)

Ac-Em actinium emanation □ эманация актиния, актинон

ACE mixture alcohol-chloroform-ether mixture □ смесь из спирта, хлороформа и эфира

ACEI angiotensin converting enzyme inhibitor □ ингибитор ангиотензинпревращающего [ангиотензинконвертирующего] фермента

ACEP American College of Emergency Physicians □ Американская коллегия врачей неотложной помощи

ACERP American College of Emergency Room Physicians □ Американская коллегия врачей кабинетов неотложной помощи

Acet. acetate □ ацетат, соль уксусной кислоты

Acet. acetone □ ацетон

Acet. a. acetic acid □ уксусная кислота

ACF accessory clinical findings □ вспомогательные клинические данные

ACF area comparability factor □ поправочный коэффициент для показателей смертности, вычисленных без учёта территориальных различий

ACFMR Accreditation Council for Facilities for the Mentally Retarded □ Аккредитованный комитет содействия умственно отсталым

AcG, ac-g accelerator globulin, factor V □ тромбоцитарный акселератор-глобулин, фактор V тромбоцитов, АС-глобулин

ACG American College of Gastroenterology □ Американская коллегия гастроэнтерологов

ACG angiocardiography □ ангиокардиография

ACG apex cardiogram □ апексокардиограмма, кардиограмма с верхушки сердца

ACGIH American Conference of Governmental Industrial Hygienists □ Американская конференция гигиенистов, работающих на государственных промышленных предприятиях

ACGME Accreditation Council for Graduate Medical Education □ Аккредитационный совет по постдипломному медицинскому образованию

ACH acetaldehyde □ ацетальдегид

ACh acetylcholine □ ацетилхолин, АцХ

ACH adrenal cortical hormone □ гормон коры надпочечников

ACH ammonium chlorhydroxide (antiperspirant) □ хлоргидроксид аммония (антиперспирант)

ACHA American College Health Association □ Ассоциация американских медицинских колледжей

ACHA American College of Hospital Administrators □ Американская коллегия больничных администраторов

ACHE acetylcholinesterase □ ацетилхолинэстераза

ACH index index for nutritional condition (arm girth, chest depth and hip width) □ индекс состояния питания детей (основанный на измерении обхвата плеча, глубины груди и окружности бедра)

ACh-induced acetylcholine-induced □ вызванный ацетилхолином

AChR acethylholine receptor □ холинергический ацетилхолиновый рецептор

ACHR Advisory Committee on Health Research □ Консультативный комитет по медицинским научным исследованиям, ККМНИ

AC/hr air changes per hour □ обмен [оборот] воздуха в час

AChS Associate of the Society of Chiropodists □ член общества хиропрактиков-педикюрш

ACI acute coronary infarction □ инфаркт миокарда, острый коронарный тромбоз

ACI acute coronary insufficiency □ острая коронарная недостаточность, приступ ишемической болезни сердца

acid p'tase acid phosphatase □ кислая фосфатаза

ACIGY Advisory Council for the International Geophysical Year □ Консультативный комитет по делам Международного геофизического года

ACIP Advisory Committee on Immunization Practices □ Консультативный комитет по иммунизации (ВОЗ)

ACL anterior cruciate ligament of the knee □ передняя крестообразная связка колена

ACL anticardiolipin antibody □ антитело против кардиолипина, кардиолипиновое антитело, антикардиолипин

ACLA anticardiolipin lupus anticoagulant □ антикардиолипиновый волчаночный антикоагулянт

ACLM American College of Legal Medicine □ Американский колледж судебной медицины

ACLS Advanced Cardiac Life Support □ длительное поддержание сердечной деятельности

ACLS American Council of Learned Societies □ Американский совет научных обществ

ACM Adriamycinum, Cyclophosphanum, Methotrexatum □ адриамицин, циклофосфан, метотрексат (программа химиотерапии онкологических больных)

ACM albumin-calcium-magnesium □ магнезио-кальциево-белковый комплекс

ACM arteria colica media □ средняя ободочная артерия

ACM Association for Computing Machinery □ Ассоциация лиц, занимающихся компьютерными машинами *(США)*

ACMB Advisory Council of Medical Boards □ Консультативный совет медицинских обществ

ACMC Association of Canadian Medical Colleges □ Ассоциация канадских медицинских колледжей

ACME Accreditation Council for Medical Education □ Аккредитационный совет по медицинскому образованию

ACMR Advisory Committee on Medical Research (WHO) □ Консультативный комитет по медицинским исследованиям *(ВОЗ)*

ACMS Advisory Committee on Medical Science □ Консультативный комитет по медицинской науке

ACMS American Council of Medical Staffs □ Американский комитет медицинских работников

ACMV assist control mode ventilation □ вспомогательная контролируемая вентиляция лёгких

ACMW American Committee on Maternal Welfare □ Американский комитет охраны материнства

ACN acute conditioned necrosis □ острый индуцированный некроз

ACN air conduction in the presence of bone conduction noise □ воздушная проводимость при наличии костной проводимости звука

ACNHA American College of Nursing Home Administrators □ Американская коллегия администраторов пансионатов для хронических пожилых больных

ACNM American College of Nurse-Midwives □ Американская коллегия медицинских сестёр-акушерок

ACO acute coronary occlusion □ острая окклюзия коронарной артерии

ACO American Council of Otolaryngology □ Американский совет по отоларингологии

ACOG American College of Obstetricians and Gynecologists □ Американская коллегия акушеров и гинекологов

ACOHA American College of Osteopathic Hospital Administrators □ Американская коллегия [корпорация] администраторов ортопедических учреждений

ACOMR Advisory Committee on Meteorological Research □ Консультативный комитет по метеорологическим исследованиям

ACOOG American College of Osteopathic Obstetricians and Gynecologists □ Американская коллегия акушеров и гинекологов, занимающихся детской ортопедией и родовыми травмами

ACOP Adriamycinum, Cyclophosphanum, Vincristinum [Oncovin], Prednisolonum □ адриамицин, циклофосфан, винкристин [онковин], преднизолон *(программа химиотерапии онкологических больных)*

A-COPP Adriamycin-Cytoxan, Oncovin, Prednisone, Procarbazine □ адриамицин-цитоксан, онковин, преднизон, прокарбазин *(программа химиотерапии онкологических больных)*

ACORDE A Consortium on Restorative Dentistry Education □ Консорциум по подготовке в области восстановительной стоматологии

ACOS American College of Osteopathic Surgeons □ Американская коллегия ортопедов-хирургов

acous. acoustics □ 1. акустика 2. акустические характеристики

ACP acetyl carrier protein □ белок-носитель ацетила, ацилпереносящий белок, АПБ

AcP, ACP acid phosphatase □ кислая фосфатаза

ACP alternative complement pathway □ альтернативный путь активации комплемента

ACP American College of Pathologists □ Американская коллегия патологов

ACP American College of Physicians □ Американская коллегия врачей

ACP American College of Psychiatrists □ Американская коллегия психиатров

ACP anodal closing picture □ анодзамыкательный эффект, анодзамыкательное сокращение, АЗС

ACP applied cardiopulmonary pathophysiology □ 1. клиническая сердечно-лёгочная патофизиология 2. патофизиологические изменения сердечно-лёгочной деятельности

ACP aspirin, caffeine, phenacetin □ аспирин, кофеин, фенацетин *(«тройчатка»)*

ACP Association of Clinical Pathologists □ Ассоциация клинических патологов

ACPA American Cleft Palate Association □ Американская ассоциация по содействию больным с расщелиной твёрдого нёба

ACPAP Advisory Committee on Physicians' Assistant Programs □ Консультативный комитет по программам подготовки помощников врачей

AcPase acid phosphatase □ кислая фосфатаза

ACPC aminocyclopentanecarboxylic acid □ аминоциклопентанкарбоновая кислота

ACPEF American Cleft Palate Educational Foundation □ Американский фонд по обучению лиц с расщелиной твёрдого нёба

ACPM American College of Preventive Medicine □ Американский колледж превентивной [профилактической] медицины

ACPMR American Congress of Physical Medicine and Rehabilitation □ Американский конгресс по физиотерапии и реабилитации

AC potential action potential □ потенциал действия; спайк

ACPP adrenocorticopolypeptide □ адренокортикополипептид

ACq air conduction in quiet □ воздушная проводимость в покое

ACR absolute catabolic rate □ абсолютная скорость катаболизма

ACR American College of Radiology □ Американский колледж радиологии

ACR American College of Rheumatologists □ Американская коллегия ревматологов

ACR anticonstipation regimen □ режим [диета] против запоров

ACRE acetylcholinesterase □ ацетилхолинэстераза

ACRM American College of Rehabilitation Medicine □ Американский колледж реабилитационной медицины

ACRM American Congress on Rehabilitation Medicine □ Американский конгресс по реабилитационной [восстановительной] медицине

ACRMD Association for Children with Retarded Mental Development □ Ассоциация по развитию умственно отсталых детей

ACS acrocephalosyndactyly □ акроцефалосиндактилия, Апера синдром (*сочетание дизостоза черепа, гипертелоризма, экзофтальма и синдактилии*)

ACS acute coronary syndrome □ острый коронарный синдром

ACS Ambulatory Care Service □ служба амбулаторной помощи

ACS American Cancer Society □ Американское противораковое общество

ACS American Chemical Society □ Американское химическое общество

ACS American College of Surgeons □ Американская коллегия хирургов

ACS anticytotoxic serum □ антитоксическая [антицитотоксическая] сыворотка

ACS antireticular cytotoxic serum □ *ист.* антиретикулярная цитотоксическая сыворотка, сыворотка Богомольца, АЦС

ACS arteria colica sinistra □ левая ободочная артерия

ACSM American College of Sports Medicine □ Американский колледж спортивной медицины

ACSR American Council for Soviet Relations □ *уст.* Американский совет по взаимосвязям с СССР

acst. acoustic □ акустический

ACSW Association of Certified Social Workers □ Ассоциация сертифицированных социальных работников

Act. actinium □ актиний

ACT activated clotting [coagulation] time (whole blood) □ активированное время [коагуляции] свёртывания (*цельной крови*)

act. active □ 1. активный; действующий 2. состоящий на действительной военной службе

act. activity □ 1. активность, деятельность 2. боевая деятельность

act. actual □ 1. фактический, действительный; действующий 2. абсолютный

ACT advanced cell technology □ современная клеточная технология

ACT anticoagulant therapy □ антикоагулянтная терапия

ACT atropine coma therapy □ атропинокоматозная терапия

ActD actinomycin D □ актиномицин Д

ACTe anodal closure tetanus □ анодзамыкательное сокращение, АЗС; анодзамыкательный тетанус

ACTH adrenocorticotropic hormone □ адренокортикотропный гормон, кортикотропин, АКТГ

ACTH-RF, ACTH-RH adrenocorticotropic hormone-releasing factor, corticotropin-releasing hormone □ кортиколиберин, кортикотропин-рилизинг-фактор, КРФ

activ. activate □ продукт активирования ‖ активировать

actl. actual □ 1. фактический, действительный; действующий 2. абсолютный

actn action □ действие; работа

ACTP adrenocorticotropic polypeptide □ *см.* **ACTH**

Act. Std. Actual Standard □ действующий стандарт

ACU acute care unit □ отделение интенсивной терапии и реанимации

ACV alarm check valve □ сигнальный контрольный клапан

ACVD acute cardiovascular disease □ острое сердечно-сосудистое заболевание

acyl-CoA acylcoenzyme A □ ацилкоэнзим A

AD accidental death □ смерть от несчастного случая

AD achievement drive □ соответствие двигательной активности

AD active duty □ действительная военная служба

ad. adapted □ 1. приспособленный 2. адаптированный

ad. adapter □ переходное устройство, сопрягающее устройство; адаптер

ad. add □ прибавлять, присоединять

ad. addenda □ приложение, дополнение

AD adenoidal degeneration □ аденоматозный рост, аденоматозная дегенерация

Ad adenovirus □ аденовирус

AD admitting diagnosis □ диагноз при поступлении

ad. adrenaline [epinephrine] □ адреналин

AD Adriamycinum, DTIC □ адриамицин, ДТИК (*программа химиотерапии онкологических больных*)

AD adverse effects □ побочные эффекты; нежелательные явления или реакции

AD aid to disabled □ пособие [помощь] инвалидам

AD alcohol dehydrogenase □ алкогольдегидрогеназа

AD Aleutian disease □ алеутская болезнь

AD Alzheimer's dementia; Alzheimer's disease □ болезнь Альцгеймера; деменция Альцгеймеровского типа

AD ambulance driver □ водитель санитарной машины

A/D analog-to-digital □ *выч. тех.* аналого-цифровой

AD *лат.* Anno Domini □ нашей эры, н. э.

AD anodal duration □ продолжительность анодного сокращения (*мышцы*)

AD antigenic determinant □ антигенная детерминанта

AD (pattern) arterial deficiency (pattern) □ артериальная недостаточность (*состояние кровообращения*)

AD atopic dermatitis □ атопический дерматит

AD, ad *лат.* auris dextra □ right ear □ правое ухо

AD autosomal dominant □ аутосомная доминанта

AD average deviation □ среднее отклонение

AD axiodistal □ дистальная поверхность зуба, относящаяся к продольной оси

AD axis deviation □ отклонение электрической оси (*сердца*)

AD diphenylchlorarsine □ дифенилхлорарсин

AD drug addict □ злоупотребляющий медикаментами (*1. токсикоман 2. наркоман*)

a/d on alternate days □ через день

ADA adenosine desaminase □ аденозиндезаминаза (*важнейший фермент иммунной системы*), АДА

ADA American Dental Association □ Американская ассоциация зубных врачей

ADA American Diabetes Association diet number □ номера диет по классификации Американской ассоциации диабетологов

ADA American Diabetic Association ☐ Американская ассоциация по профилактике и лечению сахарного диабета *(объединяет больных, членов их семей, врачей и спонсоров)*

ADA American Dietetic Association ☐ Американская ассоциация диетврачей или диетологов

ADA Americans with Disabilities Act ☐ Акт об американцах с ограниченными возможностями

ADA anterior descending artery ☐ передняя нисходящая артерия

ADA automatic data acquisition ☐ *выч. тех.* автоматический сбор данных

ADAC analog-digital-analog converter ☐ *выч. тех.* аналого-цифро-аналоговый преобразователь, АЦАП

ADAM complex amniotic deformities, adhesions, mutilations complex ☐ АДАМ-комплекс *(амниотические деформации, перетяжки, мутиляции)*

ADAMHA Alcohol, Drug Abuse and Mental Health Administration ☐ Управление по гигиене психического здоровья и профилактике нарко- и токсикомании

ADAML ADAM late complex ☐ поздний АДАМ-комплекс *(развившийся в поздние сроки)*

adapt. adaptability ☐ приспособляемость, адаптация

ADC AIDS-dementia complex ☐ синдром деменции, обусловленный приобретённым иммунодефицитом

ADC Allergic Disease Center ☐ Центр по изучению аллергических заболеваний

ADC analog-to-digital converter ☐ *выч. тех.* аналого-цифровой преобразователь, АЦП

ADC anodal duration contraction ☐ длительное анодзамыкательное сокращение *(мышцы)*

ADC apparent diffusion coefficient ☐ измеряемый коэффициент диффузии, ИКД

ADC Army Dental Corps ☐ зубоврачебная служба сухопутных войск *(США)*

ADC average daily census ☐ среднесуточное число больных

ADC axiodistocervical ☐ дистальная поверхность зуба, относящаяся к продольной оси

ADCC antibody-dependent cellular cytotoxicity ☐ обусловленная антителами клеточная цитотоксичность

ADCor Army Dental Corps ☐ зубоврачебная служба армии

add. *лат.* **1.** addatur ☐ let there be added ☐ пусть будет добавлено **2.** adde ☐ add ☐ добавь *(указание в рецепте)*

Add., add. *лат.* addenda ☐ 1. приложение 2. дополнение, добавление

add. addition ☐ дополнение, добавление; присоединение; суммирование; прибавление

add. 1. adductor ☐ приводящая мышца, аддуктор **2.** adduction ☐ приведение

ADD attention deficit disorder ☐ синдром дефицита внимания

ad def. an. *лат.* ad defectionem animi ☐ to the point of fainting ☐ падать в обморок

ad deliq *лат.* ad deliquiium ☐ to faint ☐ падать в обморок

addict addiction ☐ наркопристрастие, наркомания

addl additional ☐ дополнительный, добавочный

addn ☐ *см.* add. addition

ADE acute disseminated encephalitis ☐ острый диссеминированный энцефалит

Ade adenine ☐ аденин

ADE adverse drug event ☐ побочное действие лекарственного средства

ADE American Medical Association on Drug Evaluation ☐ Американская медицинская ассоциация по оценке лекарственных средств

ad effect *лат.* ad effectum ☐ until effectual ☐ порог эффекта *(возбудимости)*

ADEM acute disseminated encephalomyelitis ☐ острый диссеминированный энцефаломиелит

ADF ATL-derived factor ☐ фактор производного Т-клеточного лейкоза взрослых

ad. feb. *лат.* adstante febre ☐ fever being present ☐ лихорадить, температурить

ADG average daily gain ☐ средний суточный прирост массы *(тела)*

ADG axiodistogingival ☐ дистально-десневая поверхность зуба, относящаяся к продольной оси

ADGMS Assistant Director-General of Medical Services ☐ помощник начальника медицинского управления

ad gr. acid *лат.* ad gratus aciditatem ☐ to an agreeable acidity ☐ довести до соответствующей кислотности

ad gr. gust. *лат.* ad gratus gustum ☐ to an agreeable taste ☐ в соответствии со вкусом

ADH Academy of Dentistry for the Handicapped ☐ Зубоврачебная школа по обучению инвалидов

adh. adhesive ☐ клей; клеящее вещество, адгезив

ADH adrenalin-heparin complex ☐ адреналин-гепариновый комплекс

ADH alcohol dehydrogenase ☐ алкогольдегидрогеназа, АДГ

ADH antidiuretic hormone ☐ антидиуретический гормон, адиуретин, вазопрессин, АДГ

ADHA American Dental Hygienists' Association ☐ Американская ассоциация специалистов по гигиене полости рта

ADHD attention deficit/hyperactivity disorder ☐ синдром гиперактивности с дефицитом внимания

adhib. *лат.* adhibendus ☐ to be administered ☐ подлежащий госпитализации; подлежащий лечению

adhsv. adhesive ☐ клей, клеящее вещество; герметик; адгезив

ADHUK Association of Dental Hospitals of the United Kingdom ☐ Ассоциация стоматологических больниц Великобритании

ADI acceptable daily intake ☐ приемлемое [допустимое] суточное поступление в организм *(напр. пестицидов)*

ADI American Documentation Institute (Library of Congress) ☐ Американский институт официальных документов *(Библиотека Конгресса США)*

ADI axiodistoincisal ☐ дистально-резцовая поверхность зуба, относящаяся к продольной оси

ad int. *лат.* ad interim ☐ in the meantime ☐ тем временем, между тем

adj adjunct ☐ вспомогательное средство

adj. adjacent ☐ смежный; соседний *(напр. орган)*

adj. adjustment ☐ *мед. тех.* 1. регулировка, регулирование, установка 2. настройка, юстирование 3. выравнивание

ADL activities of daily living □ повседневная активность

ad lib. *лат.* ad libidum □ freely □ по желанию, сколько угодно, до насыщения

ADLMA American Dental Library and Museum Association □ Американская ассоциация стоматологических библиотек и музеев

ADM administrative medicine □ медицинская администрация, орган управления здравоохранением

ADM administrator □ администратор

adm. admission □ поступление; госпитализация *(больных)*

ADMA American Drug Manufactures' Association □ Американская ассоциация производителей лекарственных средств

ADMA asymmetrical dimethylarginine □ асимметричный диметиларгинин *(ингибитор синтазы оксида азота)*

ADME absorption, distribution, metabolism, excretion □ всасывание, распределение, метаболизм, выделение *(напр. медикамента)*

ADMI American Dry Milk Institute □ Американский институт по исследованию производства сухого молока

admin. administration □ 1. администрация 2. оказание помощи 3. назначение *(лекарств)*

admov. *лат.* admove □ apply □ примени, употреби *(указание в рецепте)*

ADMS Assistant Director of Medical Services □ 1. начальник медицинской службы дивизии 2. помощник начальника медицинской службы армии или округа 3. начальник отдела медицинского управления 4. помощник директора по лечебной работе

ADMS automated data management system □ *выч. тех.* автоматическая система обработки данных

admt., admtd admitted □ 1. допущенный 2. поступивший, госпитализированный

ADN-B antideoxyribonuclease B □ антидезоксирибонуклеаза B

ad neut. *лат.* ad neutralizandum □ to neutralize □ довести до нейтрализации

ADNFLE Autosomal dominant nocturnal frontal lobe epilepsy □ аутосомно-доминантная ночная фронтальная эпилепсия, НФЭ

Ado adenosine □ аденозин, A

ADO axiodisto-occlusal □ дистально-окклюзионная поверхность зуба, относящаяся к продольной оси

AdOAP Adriamycinum, Vincristinum, Cytarabinum, Prednisolonum □ адриамицин, винкристин [онковин], цитарабин [алексан], преднизолон *(программа химиотерапии онкологических больных)*

ADP adenosine diphosphate □ аденозиндифосфат, АДФ

ADP atrial premature depolarization □ преждевременная деполяризация предсердий

ADP automatic data processing □ *выч. тех.* автоматическая обработка данных

ad part dolent *лат.* ad partes dolentes □ to the painful parts □ к болезненным местам

ADPC automatic data processing center □ *выч. тех.* центр автоматической обработки данных

ADP deaminase adenosine diphosphate deaminase □ аденозиндифосфатдезаминаза, АДФ-дезаминаза

ADPE automatic data processing equipment □ *выч. тех.* оборудование (для) автоматической обработки данных

ADPKD autosomal dominant polycystic kidney disease □ аутосомно-доминантная поликистозная болезнь почек

ADPL average daily patient load □ средняя нагрузка приёма больных в день

ad pond. om. *лат.* ad pondus omnium □ to the weight of the whole □ к общей массе

adq. adequate □ адекватный

ADR Accepted Dental Remedies □ общепринятые стоматологические лечебные средства

Adr adrenaline □ адреналин

Adr adriamycin □ адриамицин Д

ADR advanced diagnostic research □ диагностическое исследование *(больного)* в полном объёме, расширенное диагностическое исследование больного

ADR adverse drug reaction □ неблагоприятная лекарственная реакция, побочное действие медикамента

ADR airway dilation reflex □ рефлекс дилатации воздухоносных путей

ADRA Animal Disease Research Association □ Ассоциация по изучению болезней животных

ADS Advanced Dressing Station □ передовой перевязочный пункт

ADS antibody deficiency syndrome □ агаммаглобулинемия, синдром дефицита антител

ADS antidiuretic substance □ антидиуретическая субстанция, антидиуретический фактор или гормон

ADS Army Dental Services □ зубоврачебная служба армии

ADS Automatic Development System (Blue Shield) □ автоматизированная система развития («Синий щит»)

ADSAPI accentuated decrease in systemic arterial pressure during inspiration □ выраженное снижение системного артериального давления во время вдоха

ad sat. *лат.* ad saturandum □ to saturation □ до насыщения *(указание в рецепте)*

ADSP age-duration-specific fertility □ плодовитость в зависимости от возраста и времени пребывания в браке

AdT adenosine triphosphate □ аденозинтрифосфат, аденозинтрифосфорная кислота, АТФ

ADT agar-gel diffusion test □ агаро-гелевый диффузионный тест

ADT alternate-day therapy □ прерывистая терапия *(через день)*

ADT anything that you desire; placebo □ всё, что пожелаете; плацебо

ADTA American Dental Trade Association □ Американская торговая ассоциация по стоматологическому оборудованию

ADTe anodal duration tetanus □ длительное анодзамыкательное сокращение, АЗС, анодзамыкательный тетанус

ADTe tetanic contraction □ судороги при столбняке

ad tert. vic. *лат.* ad tertiam vicem □ three times □ три раза

ad us. *лат.* ad usum □ according to custom □ в соответствии с привычкой

ad us. exter. *лат.* ad usum externum □ for external use □ для наружного употребления

ad us. int. *лат.* ad usum internum □ for internal use □ для внутреннего употребления

Adv adenovirus □ аденовирус

Adv-7 adenovirus (type) 7 □ аденовирус типа 7

adv. advanced □ 1. усовершенствованный 2. перспективный; наиболее современный

adv. *лат.* adversus □ opposite □ противоположный; противолежащий

Adv. Cse Advanced Course □ 1. курсы усовершенствования; курсы повышения квалификации 2. руководство по специальности

advert., advt advertisement; advertising □ объявление, реклама; рекламирование

ad 2 vic. *лат.* ad duas vices □ for two doses □ до двух доз; удвоенная доза

ADW air dried wood □ воздушно-сухая древесина

A5D5W alcohol 5 %, dextrose 5 % in water □ 5%-ный водный раствор спирта и 5%-ный раствор глюкозы

AdX adrenal-ectomized □ лишённый надпочечников *(об экспериментальном животном)*

AE above elbow □ выше локтя

AE absolute error □ абсолютная ошибка

AE acrodermatitis enteropathica □ энтеропатический акродерматит

AE adult erythrocyte □ зрелый эритроцит

AE adverse effect □ нежелательное явление, НЯ *(любое неблагоприятное медицинское явление, наблюдаемое у принявшего лекарственный препарат пациента или субъекта клинического исследования)*

ae., aet., aetat. *лат.* aetatis □ of age □ в возрасте

AE alveolar echinococcosis □ альвеолярный эхинококкоз

AE aminoethyl group □ аминоэтиловая группа

AE antitoxic unit □ антитоксическая единица, АЕ

AE *нем.* Antitoxineinheit □ *уст.* антитоксическая единица, АЕ *(с 1957 г. ВОЗ рекомендовала термин «Международная единица», МЕ)*

AE *нем.* Avena Einheit □ единица измерения силы растительных гормонов

AEA Atomic Energy Authority □ Комитет по атомной энергии

AEA solution alcohol-ether-acetone solution □ спирт-эфир-ацетон

AEC Agency of Environmental Conservation □ Агентство по охране окружающей среды, АООС *(США)*

AEC at your earliest convenience □ как Вам удобно *(указание в рецепте)*

AEC Atomic Energy Commission □ Комиссия по атомной энергии *(США)*

AEC automatic exposure control □ автоматический контроль излучения

AECC Aeromedical Evacuation Control Center □ Центр управления медицинской эвакуацией по воздуху

AED acceptable emergency dose □ допустимая доза облучения при аварии, допустимая аварийная доза

AED antiepileptic drug □ антиэпилептическое лекарственное средство

AEF adherence enhancing factor □ фактор, усиливающий адгезию

AEF allogenic effect factor □ фактор аллогенного эффекта *(высвобождающийся из В-лимфоцитов и макрофагов в смешанной культуре лимфоцитов)*

AEF amyloid enhancing factor □ фактор, усиливающий амилоидоз

AEFI after effects following immunization □ неблагоприятные последствия иммунизации

aeg. *лат.* aeger, aegra □ patient □ больной; больная

AEG air encephalogram □ пневмоэнцефалограмма

AeMA Aeromedical Association □ Ассоциация авиационной медицины

A₂ England English flu epidemic (1972) □ грипп A$_2$-Англия *(эпидемия гриппа в Англии, 1972)*

AEP a-aminoethylphosphonic acid □ a-аминоэтилфосфоновая кислота

AEP averaged evoked potentials □ усреднённый вызванный потенциал

AEPCO Association of Economic Poisons Control Officials □ Ассоциация контролёров по наблюдению за использованием промышленных ядов

aeq. *лат.* aequalis □ equal □ равный

AEq age equivalent □ возрастной эквивалент

AER acoustic evoked response □ вызванная реакция на звук

AER acute exertional rhabdomyolysis □ острая травматическая миоглобинурия; синдром сдавления, травматический токсикоз

AER aldosterone excretion rate □ скорость экскреции альдостерона

AER auditory averaged evoked response □ вызванная реакция на слуховое раздражение средней силы

AER averaged electroencephalic response □ интегрированная оценка электроэнцефалографической реакции

AER average evoked response □ средняя величина вызванной реакции

AERE Atomic Energy Research Establishment □ Научно-исследовательский центр по атомной энергии *(г. Харуэлл, США)*

AERO Aerobacter □ Аэробактер

AES Adult Emergency Services □ служба скорой медицинской помощи для взрослых больных

AES American Encephalographic Society □ Американское энцефалографическое общество

AES American Endoscopic Society □ Американское эндоскопическое общество

AES American Entomological Society □ Американское энтомологическое общество

AES American Epidemiological Society □ Американское эпидемиологическое общество

AES American Epidermological Society □ Американское дерматологическое общество

AES American Epilepsy Society □ Американское общество по проблемам эпилепсии

AES American Ethological Society □ Американское этологическое общество

AES American Eugenic Society □ Американское общество евгеники *(изучающее возможности улучшения наследственных свойств человека)*

AES antieosinophil serum □ антиэозинофильная сыворотка

aesth. aesthetics □ эстетика

AET absorption-equivalent thickness □ абсорбционно-эквивалентная плотность

aet. *лат.* aetas □ age □ 1. возраст; жизнь 2. лицо, личность 3. эра

AF accuracy factor □ фактор точности

AF acid-fast □ кислотоустойчивый *(напр. о бактериях)*

AF albumine-free □ очищенный [свободный] от белка *(напр. туберкулин)*

AF aldehyde fuchsin □ альдегидовый фуксин

AF amaurosis fugas □ мгновенная слепота

AF amniotic fluid □ околоплодные воды; амниотическая жидкость

AF antibody-forming □ антителообразующий, формирующий антитела

AF aortic flow □ аортальный кровоток, ток крови по аорте

AF Armed Forces □ вооружённые силы

AF Arthritis Foundation □ Фонд по проблемам артрита *(США)*

af as follows □ как указано далее

AF atrial fibrillation □ фибрилляция предсердий *(частота сердечных сокращений 120–180 в мин)*

AF atrial flutter □ трепетание предсердий *(частота сердечных сокращений 250–400 в мин)*

AF, af audio frequency □ звуковая частота, частота звука

AF auricular fibrillation □ фибрилляция желудочков

AFA alcohol, formalin, acetic acid □ *микр.* алкоголь, формалин, уксусная кислота

AFA Allergy Foundation of America □ Американский фонд по проблемам аллергии

Afa-1 afimbrial adhesin 1 □ афимбриальный адгезин-1, АФА-1

AFACA Associate Fellow of American College of Allergists □ член-корреспондент Американской коллегии аллергологов

AFAL Air Force Aeromedical Laboratory □ лаборатория авиационной медицины ВВС *(США)*

AFARA Arthritis Foundation's American Rheumatism Association □ Фонд по исследованию артрита Американского ревматологического общества

AFB acid fast bacilli □ кислотоустойчивые бациллы

AFB American Foundation for the Blind □ Американский фонд по проблемам слепых

AFC antibody-forming cells □ антителообразующие клетки, АОК

AFCP antibody-forming cell precursor [progenitor] □ предшественник антителообразующей клетки, пре-АОК

AFCR American Federation for Clinical Research □ Американская федерация клинических исследований

AFD accelerated freeze-drying □ ускоренная сублимационная сушка или лиофилизация

AFDC Aid to Families with Dependent Children □ помощь семьям с детьми-инвалидами

AFDH American Fund for Dental Health □ Американский фонд по проблемам гигиены полости рта

AFEB Armed Forces Epidemiology Board □ Эпидемиологический отдел [департамент] вооружённых сил *(США)*

aff afferent □ афферентный

aff. *лат.* affinis □ родственный, близкий; сходный *(но не идентичный)*

AFGF acidic fibroblast growth factor □ кислый фактор роста фибробластов

AFGPs antifreeze glycoproteins □ холодоустойчивые гликопротеиды, *уст.* холодоустойчивые гликопротеины

AFH Air Force Hospital □ Госпиталь военно-воздушных сил *(США)*

AFH anterior facial height □ высота лица

AFHPSP Armed Forces Health Professions Scholarship Program □ Программа санитарной подготовки кадров вооружённых сил *(США)*

AFI amaurotic familial idiocy □ амавротическая семейная идиотия

AFib atrial fibrillation □ фибрилляция предсердий

AFIP Armed Forces Institute of Pathology □ Институт патологии вооружённых сил *(Великобритания)*

AFL anti-fatty liver □ профилактика и лечение жирового перерождения печени

AFl atrial flutter □ трепетание предсердий

AFLAR African League Against Rheumatism □ Африканская лига ревматологов

AFMCH American Federation for Maternal and Child Health □ Американская федерация охраны (здоровья) матери и ребёнка

AFMD Armed Forces Medical Department □ Управление медицинской службы вооружённых сил

AFML Armed Forces Medical Library □ Медицинская библиотека вооружённых сил

AFNC Air Force Nurse Corps □ кадры [персонал] медицинских сестёр военно-воздушных сил

AFOCC Asian Federation of Organization for Cancer Research and Control □ Федерация организаций по изучению и предупреждению рака стран Азии

AFOM Associate of the Faculty of Occupational Medicine □ член Общества профессиональной патологии

AFORMED alternating failure of response, mechanical, to electrical depolarization of the heart □ перемежающееся нарушение ответа, механики на электрическую деполяризацию сердца

AFOS American Foundation of Oncologic Societies □ Американский фонд онкологических обществ

AFP alpha fetoprotein □ альфа-фетопротеин, а-фетопротеин, АФП

AFP anterior faucial pillar □ передняя дужка зева

AFPD American Federation of Physicians and Dentists □ Американская федерация стоматологов и зубных врачей

AFPs antifreeze polypeptides □ холодоустойчивые полипептиды

AFRD acute febrile respiratory disease □ острое респираторное заболевание, ОРЗ

AFREIC Air Force Radiation Effects Information Center ~ Информационный центр ВВС по исследованию воздействий радиоактивного излучения

AFRO African Regional Organization □ Организация Африканского региона *(ВОЗ)*

AFRRI Armed Forces Radiological Research Institute □ Радиологический научно-исследовательский институт вооружённых сил *(США)*

AFS American Fracture Society □ Американское травматологическое общество

AFS antifibroblast serum ☐ антифибробластная сыворотка; сыворотка, содержащая антитела к фибробластам

AFS apparent free space ☐ кажущееся свободное пространство

AFS awakening from sleep ☐ пробуждение

AFSAM Air Force School of Aerospace Medicine ☐ Школа космической медицины военно-воздушных сил *(США)*

AFT Acceptance Functional Test ☐ заключительное функциональное тестирование испытуемых

AFT agglutination-fiocculation ☐ реакция агглютинации-флоккуляции

AFV antifertility vaccine ☐ антифертильная вакцина

AG abdominal girth ☐ окружность живота, талия

Ag agglutinogen ☐ агглютиноген

A:G, A/G albumin/globulin ☐ альбумино-глобулиновый индекс или коэффициент, А/Г

A/G anti-gas ☐ 1. средство против отравляющего газа 2. противохимическая защита

Ag, ag antigen ☐ антиген, Аг

AG antiglobulin ☐ антиглобулин

Ag *лат.* argentum ☐ silver ☐ серебро

AG atrial gallop ☐ пресистолический (предсердный) ритм галопа

AG attached gingiva ☐ прикрепляемый к десне

AG axiogingival ☐ десневая стенка зубной полости, относящаяся к продольной оси

AG azurophilic granules ☐ азурофильные гранулы

AGA accelerated-growth area ☐ область ускоренного роста

AGA American Geriatrics Association ☐ Американская гериатрическая ассоциация

Ag – A antigen – antibody ☐ антиген – антитело

AGA antiglomerular antibody ☐ антигломерулярные антитела

AGA appropriate for gestational age ☐ соответствующий гестационному возрасту *(по массе тела)*, новорождённый с нормальной массой тела

AGA revivator ☐ дыхательный мешок Амбу

Ag – Ab antigen – antibody ☐ антиген – антитело *(комплекс)*

AGC absolute granulocyte count ☐ абсолютное количество гранулоцитов

Ag-C agglutinogen-C ☐ агглютиноген-С

AGCT Army General Classification Test ☐ Основной армейский классификационный тест *(США)*

AGCUS atypical glandular cells of undetermined significance ☐ атипичные железистые клетки неопределённого происхождения

AGD Academy of General Dentistry ☐ Академия (Школа) общей стоматологии

AGD agar/agarose-gel diffusion ☐ агаро-гелевая диффузия, диффузия в агаровом геле

agd agreed ☐ согласовано

AgD antigen delta ☐ антиген вируса гепатита дельта

AGDD agar-gel double diffusion ☐ двойная агаро-гелевая диффузия

A-GDP agar-gel diffusion precipitin ☐ реакция преципитации в геле, РПГ

AGEA American Gastro-Enterological Association ☐ Американская гастроэнтерологическая ассоциация

AGEPC acetyl glyceryl ether phosphoryl cholin ☐ фактор активации тромбоцитов, ФАТ

AGES patient age, tumor grade, extent and size ☐ прогностическая шкала, основанная на учёте возраста больного, степени распространённости и размеров опухоли

ag. feb. *лат.* aggrediente febre ☐ when the fever increases; during the onset of the fever ☐ при повышении температуры; во время начала лихорадки

AGG agammaglobulinemia ☐ агаммаглобулинемия

agg. aggravated ☐ аггравирующий

aggred. feb. *см.* **ag. feb.**

AGGS anti-gas gangrene serum ☐ противогангренозная сыворотка

AGID agar gel immunodiffusion ☐ иммунодиффузия в агаровом геле

agit. *лат.* agitate or agita ☐ shake, stir ☐ встряхивать, взбалтывать

agit. a. us. *лат.* agita ante usum ☐ shake before using ☐ взбалтывать перед употреблением

agit. bene *лат., фарм.* agita bene ☐ shake well ☐ тщательно взбалтывать

agit. vas. *лат.* agita vase ☐ the vial being shaken ☐ взбалтывать перед употреблением; встряхивать флакон *(напр. микстуру перед употреблением)*

AGL acute granulocytic leukemia ☐ острый гранулоцитарный лейкоз

AGM abnormalities in glucose metabolism ☐ нарушение [расстройство] углеводного обмена

AGM awakening grand mal ☐ просоночный большой (эпилептический) припадок

AGMIV African green monkey immunodeficiency virus ☐ вирус иммунодефицита африканской зелёной мартышки

AGMK African green monkey kidney ☐ почка африканской зелёной мартышки *(о культуре ткани)*

AGN acute glomerulonephritis ☐ острый гломеруло-нефрит

agn augmentation ☐ повышение, увеличение, прирост

a₁-AGP alpha₁ [a₁]-acid glycoprotein ☐ альфа₁ [a₁]-кислый гликопротеид

AGPA American Group Practice Association, American Group Psychotherapy Association ☐ Американская ассоциация групповой психотерапии

AGPI agar-gel precipitin inhibition ☐ ингибирование преципитации в агаровом геле

Ag-processing antigen processing ☐ обработка антигенов *(макрофагами)*

A/G ratio albumin/globulin ratio ☐ альбумино-глобулиновый индекс или коэффициент

AGRF American Geriatrics Research Foundation ☐ Американский фонд научных исследований по гериатрии

AGS adrenogenital syndrome ☐ адреногенитальный синдром

Ags alpha-galactosidase ☐ а-галактозидаза

AGS American Geriatric Society ☐ Американское гериатрическое общество

AGS American Gerontological Society ☐ Американское геронтологическое общество

AGS American Gynecological Society ☐ Американское гинекологическое общество

Ags antigens ☐ антигены

AGS artificial-gut system ☐ система искусственной кишки

agst, agt against □ против

A-GT anti-gas training □ обучение противохимической защите

AGT antiglobulin test □ антиглобулиновый тест

AGTT abnormal glucose tolerance test □ диабетическая [патологическая] проба на толерантность к глюкозе

AGV aniline gentian violet □ анилиновый генцианвиолет

AGVHD acute graft-versus-host disease □ острый криз отторжения трансплантата, реакция «трансплантат против хозяина», *см. тж.* **GVH**

AH abdominal hysterectomy □ абдоминальная экстирпация матки, чрезбрюшинная гистерэктомия

AH acetic acid hapten □ гаптен уксусной кислоты

AH acetohexamide □ ацетогексамид

AH acute hepatitis □ острый гепатит

AH adult home □ дом престарелых

AH amenorrhea and hirsutism □ аменорея и гирсутизм

AH aminohippurate □ аминогиппурат

Ah, ah ampere-hour □ ампер-час

AH antihyaluronidase □ антигиалуронидаза

AH arterial hypertension □ артериальная гипертензия

AH atrium – His, atrionodal – bundle interval □ интервал [время] предсердной проводимости, интервал синусовый узел – пучок Гиса

AH, ah hypermetropic astigmatism □ гиперметропический астигматизм

AH, Ан *амер., усл.* госпитальное судно, корабельный госпиталь

AHA acquired hemolytic anemia □ приобретённая гемолитическая анемия

AHA alfa-hydroxy acids □ альфа-гидроксикислоты *(фруктовые кислоты, используемые в производстве косметических средств)*

AHA American Heart Association □ Американская кардиологическая ассоциация

AHA American Hospital Association □ Американская ассоциация больничных учреждений

AHA antiheart antibody □ антитела к миокарду

AHA Area Health Authority □ Зональный отдел здравоохранения

AHA Association Institute of Hospital Administrators □ Объединённый институт больничных администраторов

AHA autoimmune hemolytic anemia □ аутоиммунная гемолитическая анемия

AHC acute hemorrhagic conjunctivitis □ острый геморрагический конъюнктивит

AHCPR Agency for Health Care Policy and Research □ Агентство по политике и исследованиям здорового образа жизни

Ahd aldehyde dehydrogenase □ альдегиддегидрогеназа

AHD arteriosclerotic heart disease □ артериолосклеротическое поражение сердца; коронарокардиосклероз

AHD atherosclerotic heart disease □ атеросклеротическое поражение сердца

AHD autoimmune hemolytic disease □ аутоиммунная гемолитическая болезнь

Ahd-1 aldehyde dehydrogenase-1 □ альдегиддегидрогеназа-1

Ahd-3 aldehyde dehydrogenase-3 □ альдегиддегидрогеназа-3

AHE acute hemorrhagic encephalomyelitis □ острый геморрагический энцефаломиелит

AHEC Area Health Education Center □ Зональный центр санитарного просвещения

AHF acquired factor VIII □ приобретённый антигемофильный фактор, приобретённый фактор VIII крови

AHF American Health Foundation □ Американский фонд здоровья

AHF American Hospital Formulary □ Американский справочник больничных учреждений

AHF antihemolytic factor □ фактор, препятствующий гемолизу

AHF antihemophilic factor VIII □ фактор VIII крови, антигемофильный фактор или глобулин, АГГ

AHG aggregated human IgG □ человеческий агрегированный иммуноглобулин G

AHG antihemophilic globulin □ фактор IX, антигемофильный глобулин В, кристмас-фактор

AHGG antihuman gammaglobulin □ антитела или сыворотка против гаммаглобулинов человека

AHH alpha-hydrazine – analogue of histidine □ альфа-гидразин – аналог гистидина

AHH arylhydrocarbon hydroxylase □ арилгидрокарбонгидроксилаза

AHI apnea-hypopnea index □ индекс апноэ-гипопноэ *(частота приступов апноэ и гипопноэ за 1 ч сна)*

AHL acute hemorrhagic leukoencephalitis □ острый геморрагический лейкоэнцефалит

ahl *лат.* ad hunc locum □ в этом месте

AHLE acute hemorrhagic leukoencephalitis □ острый геморрагический лейкоэнцефалит

AHLS antihuman lymphocyte serum □ антилимфоцитарная сыворотка человека

AHME Association for Hospital Medical Education □ Ассоциация менеджеров по больничному образованию

AHN assistant head nurse □ помощник главной медицинской сестры

AHO Albright's hereditary osteodystrophy □ наследственная остеодисплазия Олбрайта, болезнь [синдром] Олбрайта – Мак-Кьюна – Штернберга

AHP acute hemorrhagic pancreatitis □ острый геморрагический панкреатит

AHP air at high pressure □ 1. гипербарические условия 2. гипербаротерапия

AHP allied health personnel □ парамедицинский персонал *(инженерно-технический персонал, аптекари, логопеды и др.)*

AHP American Hand Prosthetics □ Американская корпорация по производству протезов кисти

AHP Artificial Heart Program □ программа по созданию искусственного сердца

AHP assistant house physician □ помощник врача-терапевта, врач интерн-терапевт

AHPO (area) anterior hypothalamic-preoptic (area) □ предзрительное поле переднего гипоталамуса

AHPPT Act Allied Health Professions Personnel Training Act □ Программа подготовки [обучения] парамедицинского персонала

AHR – AIM

AHRC Association for the Help to Retarded Children □ Ассоциация помощи умственно отсталым детям

AHRQ Agency for Health Care Research and Quality □ Агентство по медицинским исследованиям и качеству

AHS adult health study □ исследование здоровья взрослых

AHS African horse sickness □ африканская болезнь лошадей

AHS American Human Society □ Американское социологическое общество, Американский институт человека

AHS assistant house surgeon □ помощник палатного врача-хирурга, врач интерн-хирург

AHT antihyaluronidase liter □ титр антигиалуронидазы

AHT augmented histamine test □ усиленная [максимальная] гистаминовая проба, проба Кея

A-H time conduction time from atrium to His bundle □ время атриовентрикулярной проводимости

a.h.v. *лат.* ad haec vocem □ при этом слове

AHys hyaluronidase activity □ активность (бактериальной) гиалуронидазы

AI accidentally incurred □ случайные потери

AI adenine and inosine □ аденин и инозин

AI adiposity index □ показатель подкожно-жирового слоя

AI aggregation index □ индекс [показатель] агрегации *(клеток)*

AI albumin index □ индекс яичного белка

AI ambulatory induced □ вызванный [обусловленный] ходьбой; возникший во время прогулки

ai amelogenesis imperfecta □ нарушение амелогенеза

AI American Institute □ американский институт

AI anatomic index □ анатомический индекс *(показатель тяжести травмы, зависит от локализации)*

AI Anthropological Institute □ Антропологический институт

AI aortic insufficiency [incompetence] □ аортальная недостаточность, недостаточность аортального клапана

AI apical impulse □ верхушечный толчок

AI, A/I aptitude index □ показатель [индекс] специальных способностей

AI artificial insemination □ искусственное оплодотворение или осеменение

AI artificial intelligence □ искусственный интеллект

AI atherogenic index □ атеросклеротический индекс, индекс развития атеросклеротического процесса

AI axioincisal □ режущая поверхность зуба, относящаяся к продольной оси

AIA Allergy Information Association □ Информационный аллергологический центр

AIA Associate of the Institute of Actuaries □ член института страховых статистиков

AIAA American Institute of Aeronautics and Astronautics □ Американский институт аэронавтики и астронавтики

AIAO autoimmune aspermatogenic orchitis □ аутоиммунный асперматогенный орхит

AIBA amino-isobutyric acid □ аминоизомасляная кислота

AIBS American Institute of Biological Sciences □ Американский институт биологических исследований

AIC aminoimidazolecarboxamide □ аминоимидазолкарбоксамид

AIC arteria ileocolica □ подвздошно-ободочная артерия

AIC *фр.* Association des Infirmières Canadiennes □ Канадская ассоциация лечебных учреждений

AICA anterior inferior cerebellar artery □ передненижняя мозжечковая артерия

AICF autoimmune complement fixation □ аутоиммунная фиксация комплемента

AICR American Institute of Cancer Research □ Американский институт по исследованиям онкологических заболеваний

AID acute infectious disease □ острое инфекционное заболевание

AID approval by individual diagnosis □ подтверждение диагноза больного

AID artificial insemination by donor □ искусственная инсеминация донорской спермой, гетерономное зачатие

AID autoimmune disease □ аутоиммунное заболевание

AID automatic information distribution □ *мед. тех.* автоматизированное распространение информации

AIDP Acute Inflammatory Demyelinating Polyradiculopathy □ острая воспалительная демиелинизирующая полирадикулонейропатия, болезнь Гийена – Барре

AIDS acquired immune deficiency syndrome □ синдром приобретённого иммунодефицита, СПИД

AIDS-CNS AIDS-central nervous system □ поражение центральной нервной системы, обусловленное синдромом приобретённого иммунодефицита

AIEP amount of the insulin extractable from the pancreas □ количество экстрагируемого инсулина из поджелудочной железы

AIF apoptosis induced factor □ апоптозиндуцирующий фактор

AIFM *фр.* Association Internationale des Femmes Médecins □ Международная ассоциация женщин-врачей

AIH American Institute of Homeopathy □ Американский институт гомеопатии

AIH artificial homologous insemination □ искусственная инсеминация донорской спермой, гетерономное зачатие

AIH artificial insemination from husband □ искусственная инсеминация спермой супруга

AIHA American Industrial Hygiene Association □ Американская ассоциация специалистов по промышленной гигиене

AIHA American International Health Alliance □ Американский международный союз здравоохранения

AIHA autoimmune hemolytic anemia □ аутоиммунная гемолитическая анемия

AIHC American Industrial Health Conference □ Американская конференция по промышленной медицине

AIIMS All-India Institute of Medical Sciences □ Всеиндийский научно-исследовательский институт медицины

AIL artificial intelligence laboratory □ лаборатория искусственного интеллекта

AILD angioimmunoblastic lymphadenopathy with disproteinemia □ ангиоммунобластная лимфаденопатия с диспротеинемией

AIM Academy-International of Medicine □ Международная академия по проблемам медицины

AIM alarm information monitor □ блок сигнализации тревоги

AIM automated information management subsystem □ *мед. тех.* автоматизированная система поиска и хранения научной информации

AIMLS Associate of the Institute of Medical Laboratory Science □ сотрудник института медико-лабораторных наук

AIMLT Associate of the Institute of Medical Laboratory Technology □ сотрудник института медико-лабораторных технологий

AIMS abnormal involuntary movement scale □ *псих.* шкала оценки непроизвольных движений – дискинезии (*у пациентов, принимающих нейролептики*)

AIMS American Institute for Mental Studies □ Американский институт психических исследований

AIMSW Associate for the Institute of Medical Social Workers □ член института [службы] социальных работников

AIN acute interstitial nephritis □ острый интерстициальный нефрит

AIN American Institute of Nutrition □ Американский институт питания

AINA automated immunonephelometric assay □ автоматизированный иммунонефелометрический анализ

AIO activity, interest, opinion □ психография (*отрасль психологии, изучающая образ жизни людей*)

AIOPA Association of Independent Organ Procurement Agencies □ Ассоциация независимых агентств по заготовке, хранению и продаже органов

AIOS Acute Illness Observation Scale □ шкала симптомов острых заболеваний, ШСОЗ

aip accident insurance policy □ страховой полис от несчастных случаев

AIP acute intermittent porphyria □ острая перемежающаяся порфирия

AIP American Institute of Psychoanalysis □ Американский институт психоанализа

AIP average intravascular pressure □ среднее внутрисосудистое давление

AIPAC American Immunization Practices Advisory Committee □ Американский консультативный комитет по проблемам вакцинации

AIPC *фр.* Association Internationale de Prophylaxie de la Cècitè □ Международная ассоциация по предупреждению болезней, вызывающих слепоту

AIPF All-India Pharmacists' Federation □ Всеиндийская федерация фармацевтов

AIPU All-India Pharmacists' Union □ Всеиндийский союз фармацевтов

AIR amino-imidazole ribonucleotide □ амино-имидазол рибонуклеотид

aircond. air conditioning □ кондиционирование воздуха

AIRF acute intrinsic renal failure □ острая почечная недостаточность, обусловленная поражением почечной паренхимы

AIS Abbreviated Injury Scale □ сокращённая (суммарная) шкала оценки тяжести пострадавшего

AIU absolute iodine uptake □ абсолютное поглощение йода

AIUM American Institute of Ultrasound in Medicine □ Американский институт ультразвуковой медицины

AJ ankle jerk □ 1. клонус стопы 2. лодыжечный рефлекс

AJCC American Joint Cancer Commission □ Американская объединённая комиссия по злокачественным новообразованиям

AJPBDS anomalous junction of the pancreatico-biliary ductal system □ аномальное соустье общего жёлчного и панкреатического протоков

AJR accelerated junction rhythm □ синусовая тахикардия, ускоренный узловой ритм

AK, A/K above knee □ выше колена (*об ампутации*)

AK adenylate kinase □ аденилаткиназа

AKA above knee amputation □ ампутация выше колена

AKA Akabane □ Акабане (*арбовирус*)

AKA, aka also known as □ также известен как

AKC Associate King's College (*London*) □ Объединённая Королевская коллегия, Объединённое Королевское общество (*Лондон*)

AKF American Kidney Fund □ Американский фонд по финансированию нефрологических больных

A/kg ampere per kilogramme □ ампер на 1 кг, А/кг

Akp alkaline phosphatase □ щелочная фосфатаза

AKP Artificial Kidney Program □ программа диализа [работы] искусственной почки

aks auditory and kinesthetic sensations □ слуховое и кинестетическое восприятие

AL acute leukemia □ острый лейкоз

AL adaptation level □ уровень адаптации

Al albumin □ альбумин

al alcohol □ алкоголь; спирт

al allied □ 1. объединённый 2. родственный; близкий; смежный

Al aluminium □ алюминий

AL 1. amyloid light chain □ L-цепи [лёгкие цепи] амилоида 2. amyloidosis of light chains □ амилоидоз лёгких цепей

AL arterial line □ внутриартериальный катетер, канюля

AL Aviation (Medical) Laboratory □ авиационно-медицинская лаборатория

AL *лат.* limen absolutum □ absolute threshold □ абсолютный порог, порог обнаружения или ощущения

Ala alanine □ аланин, альфа-аминопропионовая кислота, Ала

ALA American Laryngological Association □ Американская ассоциация ларингологов

ALA American Lung Association □ Американская пульмонологическая ассоциация

ALA aminolevulinic acid □ аминолевулиновая кислота

ALa axiolabial □ губная поверхность зуба, относящаяся к продольной оси

ALA-1 activated lymphocyte antigen-1 □ Ly-антигены, Ly-аллоантигены (*аллоантигены, содержащиеся на стимулированных антигеном или митогеном лимфоцитах мышей*)

Al-Anon Alcoholics Anonymous □ Общество анонимных алкоголиков

ALa-AT alanine transaminase □ аланинаминотрансфераза, аланин-трансаминаза, АЛТ, АлАТ

ALAC Artificial Limb and Appliance Centre □ Центр по производству протезов конечностей и принадлежностей к ним

ALAD abnormal left axis deviation □ патологическое отклонение электрической оси сердца влево

ALA-D delta-aminolevulinic acid dehydrogenase □ дегидрогеназа Д-аминолевулиновой кислоты

ALADO Latin American Association of Orthodontics □ Латиноамериканская ассоциация ортодонтистов

ALaG axiolabiogingival □ губодесневая поверхность зуба, относящаяся к продольной оси

ALaL axiolabiolingual □ губоязычная поверхность зуба, относящаяся к продольной оси

Al-Anon alcoholics anonymous □ анонимные алкоголики (форма непрофессиональных групп само- и взаимопомощи)

ALARA as low as reasonably achievable □ настолько низко, насколько возможно (о дозе облучения)

Ala-strains Alabama-strains □ Ala-штаммы синегнойной палочки (полученные в университете штата Алабама)

Al-a-Teen Alcoholics Teenager □ Общество подростков-алкоголиков (США)

Alb albumin □ альбумин

alb. лат. albus □ white □ белый (напр. о лабораторных мышах)

alc. alcohol □ алкоголь; спирт

ALC approximate lethal concentration □ приблизительная смертельная концентрация

ALC axiolinguocervical □ язычно-пришеечная поверхность зуба, относящаяся к продольной оси

Ald aldolase □ альдолаза

ALD adrenoleukodystrophy □ адренергическая [меланокожная] лейкодистрофия, болезнь Аддисона – Шильдера (наследственное дегенеративное заболевание белого вещества головного мозга)

ALD assistive listening device □ вспомогательное слуховое устройство, слуховой аппарат

ALERT Africa Leprosy and Rehabilitation Training Centre □ Африканский центр лепрологии и трудовой реабилитации больных

ALF Alfuy □ Алфай (арбовирус)

ALFA air lubricated free attitude simulator □ тренажёр (космонавта) на воздушной подушке, допускающий движение по трём осям

ALG antilymphocyte globulin □ антилимфоцитарный глобулин

ALG axiolinguogingival □ язычно-десневая поверхность зуба, относящаяся к продольной оси

ALGB acute leukemia group B □ острый В-клеточный лейкоз

algo algorythm □ алгоритм

ALGOL 60 выч. тех. язык Алгол-60

ALH anterior lobe hypophysis □ аденогипофиз, передняя доля гипофиза

ALI acute lung injury □ острая травма лёгкого

ALI annual limit on intake □ предел годового поступления [поглощения] (радионуклидов)

ALIMDA Association of the Life Insurance Medical Directors of America □ Американская ассоциация медицинских руководителей учреждений по страхованию жизни

ALK activated lymphocyte killing □ киллинг [цитолиз] активированными лимфоцитами

alk. alkali ‖ alkaline □ щёлочь ‖ щелочной

Alk phos alkaline phosphatase □ щелочная фосфатаза

alky alkalinity □ щелочность

ALL acute [lymphocytic, lymphogenous] lymphoblastic leukemia □ острый лимфобластный лейкоз, острый лимфолейкоз

all. allergy □ аллергия

alle alloisoleucine □ аллоизолейцин

allyl allooxylysin □ аллоксилизин

ALMe acetyl-lysine methyl □ метиловый эфир ацетиллизина

ALMI anterior lateral myocardial infarct □ переднебоковой инфаркт миокарда

ALMV anterior leaflet of the mitral valve □ передняя створка митрального клапана

ALO average lymphocyte output □ средний выброс лимфоцитов

ALO axiolinguo-occlusal □ язычно-окклюзионная поверхность зуба, относящаяся к продольной оси

ALP alkali-labile pepsin □ щёлочно-лабильный пепсин

AlP alkaline phosphatase □ щелочная фосфатаза

ALP Ambulance Loading Post □ пункт погрузки на санитарный транспорт

ALP anterior lobe of pituitary □ аденогипофиз, передняя доля гипофиза

ALP antilymphocyte plasma □ антилимфоцитная [антилимфоцитарная] плазма

ALPHA Area-Wide and Local Planning for Health Action □ Региональное и местное планирование медицинского обслуживания (США)

AlPs alkaline phosphatase □ щелочная фосфатаза

ALARA as low as reasonably achievable □ настолько низкая, насколько возможно (о рентгенологической дозе)

ALPSA anterior labroligamentous periosteal sleeve avulsion □ передний периостальный разрыв связок

ALRA Abortion Law Reform Association □ Ассоциация сторонников реформы закона об абортах

ALROS American Laryngological, Rhinological and Otological Society □ Американское общество оториноларингологов

ALS Advanced Life Support (program designed to teach emergency resuscitation) □ «Современные методы реанимации» (программа курсов)

ALS amyotrophic lateral sclerosis □ боковой амиотрофический склероз, БАС; болезнь Шарко

ALS antileucocytic serum □ антилейкоцитарная сыворотка

ALS antilymphocytic serum □ антилимфоцитная [антилимфоцитарная] сыворотка, АЛС (биологический иммунодепрессант)

ALS Associate of the Linnean Society □ член-корреспондент Линнеевского общества

ALT, AlT alanine aminotransferase □ аланин-аминотрансфераза, АЛТ, АлАТ

alt. alteration □ альтерация; изменение, перестройка; преобразование (напр. ткани)

alt. alternation □ чередование; смена

alt. altitude □ 1. высота 2. отметка уровня

ALTB acute laryngotracheobronchitis □ острый ларинго-трахеобронхит

alt. dieb. *лат.* alternis diebus □ every other day □ через день

ALTEE acetyl-L-tyrosine ethyl ester □ этиловый эфир ацетил-L-тирозина

alt. hor. *лат.* alternis horis □ every other hour □ через час

alt. noc. *лат.* altera nocte □ every other night □ через ночь

Alum 1. aluminium □ алюминий **2.** aluminium potassium sulfate □ алюминиево-калиевые квасцы

ALV artificial lung ventilation □ искусственная вентиляция лёгких, искусственное дыхание, ИВЛ

ALV avian leukosis retrovirus □ ретровирус птичьего лейкоза

alv. adst. *лат.* alvo adstricta □ when the bowels are constipated □ при запорах

alv. deject. *лат.* alvi dejectiones □ the intestine discharges □ дефекация, отправление кишечника

ALW arch-loop-whorl system □ система дуга – петля – завиток *(дактилоскопическая классификация Гальтона)*

a.m. above-mentioned □ вышеуказанный, вышеупомянутый

AM Aerospace Medicine □ авиационно-космическая медицина

AM alveolar macrophage □ альвеолярный макрофаг

AM alveolar mucosa □ слизистая альвеола

am. ambient □ **1.** окружающий **2.** относящийся к окружающей среде или окружающим условиям

Am. America ‖ american □ Америка ‖ американский

Am americium □ америций

am ametropia ‖ ametropic □ аметропия ‖ аметропический

Am ammonium □ аммоний

Am amperemeter □ амперметр

A/m, A × m⁻¹ ampere per meter □ ампер на метр, А/м, А × м⁻¹

am. amphibia □ *биол.* амфибия

am amplitude □ амплитуда

AM amplitude modulation □ амплитудные колебания

am anglemeter □ угломер

AM anovular menstruation □ ановуляторный менструальный цикл

am *лат.* ante meridiem □ before noon □ до полудня

AM Applied Microbiology □ прикладная микробиология

AM arithmetic mean □ *стат.* средняя арифметическая

AM Associate Member □ **1.** член общества **2.** член-корреспондент *(учёное звание)*

AM atypical mycobacteriosis □ атипичный микобактериоз

AM Aviation Medicine □ авиационная медицина

AM axiomesial □ мезиальная поверхность зуба, относящаяся к продольной оси

Am a-marker □ а-маркёр, а-аллотип

AM mixed astigmatism □ смешанный [миопо-гиперметропический] астигматизм

AM myopic astigmatism □ миопический астигматизм

AMA Aeromedical Association □ Ассоциация работников авиационной медицины

AMA Aerospace Medical Association □ Ассоциация работников авиационной и космической медицины

ama against medical advice □ против медицинских рекомендаций; не признающий медицинских рекомендаций

AMA American Medical Association □ Американская медицинская ассоциация

AMA Australian Medical Association □ Австралийская медицинская ассоциация

AMA antimitochondrial antibody □ антимитохондриальные антитела

AMA – AMPAC American Medical Association – American Medical Political Action Committee □ Комитет политической деятельности врачей Американской медицинской ассоциации

AMA – DE American Medical Association – Drug Evaluations □ Фармакологический комитет Американской медицинской ассоциации

AMA – ERF American Medical Association – Education and Research Foundation □ Фонд образования и научно-исследовательской работы Американской медицинской ассоциации

AMAL Aeromedical Acceleration Laboratory □ авиационно-медицинская лаборатория по изучению воздействия ускорения на организм

amal. 1. amalgam □ амальгама **2.** amalgamation □ амальгамирование; соединение; смешение

am. alc. amyl alcohol □ амиловый спирт

AMA – MRP American Medical Association – Medical Retirement Plan □ Программа Американской медицинской ассоциации медицинского обследования лиц, выходящих на пенсию

AMAS adult manifest anxiety scale □ шкала оценки тревоги

~A for adults □ шкала оценки тревоги у взрослых *(от 19 до 59 лет)*

~C for college students □ шкала оценки тревоги у студентов

~E for elderly individuals □ шкала оценки тревоги у пожилых *(страше 60 лет)*

AMAUS Aeromedical Association of the United States □ Ассоциация работников авиационной медицины США

amb. ambient □ **1.** окружающий **2.** относящийся к окружающей среде

amb. ambulance □ **1.** санитарно-транспортное средство **2.** отряд первой медицинской помощи

amb. ambulatory □ амбулатория

AMB anomalous muscle bundle □ аномальный мышечный пучок

AMBER advanced multiple-beam equalization radiography □ передовая многопучковая выравнивающая радиография

Amb. Serv. Ambulance Service □ санитарно-транспортная служба

Amb. Serv. Pk. Ambulance Service Park □ парк санитарного транспорта

AMC Aerospace Medical Command □ Управление авиационно-космической службы *(США)*

AMC Army Medical Center □ Военно-медицинское управление

AMC Army Medical Corps □ медицинская служба сухопутных войск

AMC arthrogryposis multiplex congenita ☐ врождённый артрогрипоз *(врождённый множественный порок развития суставов конечностей)*

AMC axiomesiocervical ☐ мезиопришеечная поверхность зуба, относящаяся к продольной оси

AMCA American Medical Curling Association ☐ Американская медицинская ассоциация Курлинга

AMCA amino-methyl-cyclohexane-carbonic acid ☐ аминометилциклогексанкарбоновая кислота

Am-CAP American Medical Computer Assistance Program ☐ Американская программа компьютеризации медицины

AMCAS American Medical College Application Service ☐ Американский медицинский колледж прикладных служб

AMCRA American Managed Care and Review Association ☐ Американская ассоциация организаторов здравоохранения

Amcross American Red Cross ☐ Американский Красный Крест

Am. Cyc. American Cyclopaedia ☐ Американская энциклопедия

AMD abdominal muscular deficiency ☐ аплазия [гипоплазия] мышц передней брюшной стенки

AMD actinomycin D ☐ актиномицин Д

AMD Aerospace Medical Division ☐ Управление авиационно-космической медицинской службы

AMD air-moving device ☐ вентилятор

AMD alpha-methyldopa ☐ альфа-метилдопа, а-метилдопа

AMD axiomesiodistal ☐ мезиодистальная поверхность зуба, относящаяся к продольной оси

AMDA Airline Medical Directors' Association ☐ Ассоциация директоров службы авиационной медицины *(США)*

AMDEVAC Aeromedical evacuation ☐ медицинская эвакуация по воздуху

AMDS Association of Military Dental Surgeons ☐ Ассоциация военных хирургов-стоматологов *(США)*

AME aviation medical examiner ☐ специалист врачебно-лётной экспертизы

AMEA American Medical Electroencephalographic Association ☐ Американская ассоциация по медицинской электроэнцефалографии

AMed Army medical ☐ военно-медицинский

AMedLab Army Medical Laboratory ☐ военно-медицинская лаборатория

A Med Serv, A Med Sv Army Medical Service ☐ военно-медицинская служба

AMEE Association for Medical Education in Europe ☐ Ассоциация по медицинскому образованию в Европе

AMEL Aeromedical Equipment Laboratory ☐ лаборатория авиамедицинского оборудования

AMEP American College of Emergency Physicians ☐ Американская коллегия врачей неотложной помощи

AMES Aeromedical Evacuation System ☐ система медицинской эвакуации по воздуху

AMESLAN American Sign Language ☐ американский язык знаков глухонемых

AMETIA antibody-masking enzymetagged immunoassay ~ антителомаскирующий иммуноферментный анализ, АМИФА

AMG American Medical Graduate ☐ выпускник американского медицинского вуза

AMG antimacrophage globuline ☐ антимакрофагальный глобулин

AMG axiomesiogingival ☐ мезиодесневая поверхность зуба, относящаяся к продольной оси

AMH automated medical history ☐ автоматизированная история болезни

Amh mixed astigmatism with myopia predominating ☐ смешанный астигматизм с преобладанием миопии

AMHT automated multiphasic health testing ☐ автоматизированное многоэтапное [многофазное] обследование здоровья

AMHTS automatic multiphasic health testing and screening ☐ автоматизированное профилактическое медицинское обследование *(населения)*

AMI acute myocardial infarction ☐ острый инфаркт миокарда, ОИМ

AMI American Medical International ☐ Американский фонд, субсидирующий международные научно-исследовательские работы по медицине *(напр. по пересадке сердца)*

AMI anterior myocardial infarction ☐ инфаркт передней стенки миокарда

AMI axiomesioincisal ☐ мезиорезцовая поверхность зуба, относящаяся к продольной оси

AMI-P acute myocardial infraction and pericarditis ☐ острый инфаркт миокарда и перикардит

AMIS Aspirin Myocardial Infarction Study ☐ изучение аспиринового инфаркта миокарда

AMJA American Medical Joggers Association ☐ Американская ассоциация лиц, занимающихся оздоровительным бегом трусцой

AML acute monocytic leukemia ☐ острый моноцитарный лейкоз

AML acute myeloblastic [myelocytic, myelogenous, myeloid] leukemia ☐ острый миелобластный [миелоидный] лейкоз

AML Aeromedical Laboratory ☐ авиационно-медицинская лаборатория

AML anterior mitral leaflet ☐ передняя створка митрального клапана

AML Automated Medical Laboratories ☐ результаты [данные] анализов автоматизированной медицинской лаборатории

AMLC Aerospace Medical Laboratory Clinical ☐ клиническая лаборатория института [отдела] авиационно-космической медицины

AMLS antimouse lymphocyte serum ☐ противомышиная лимфоцитная [лимфоцитарная] сыворотка

AMM agnogenic myeloid metaplasia ☐ миелоидная метаплазия неизвестной этиологии

Amm amalgam ☐ амальгама

amm. ammoniacal ☐ аммиачный

AMM *фр.* Association Médicale Mondiale ☐ Всемирная медицинская ассоциация

Am marker ☐ Am-маркёр, Am-аллотип

AMML acute myelomonocytic leukemia ☐ острый миеломоноцитарный лейкоз

Ammon. ammonium ‖ ammoniated ☐ аммоний ‖ аммониевый

ammtr amperemeter ☐ амперметр

AMO *англ.* Army Medical Officer ☐ офицер медицинской службы сухопутных войск

AMO axiomesio-occlusal ☐ мезиоокклюзионная поверхность зуба, относящаяся к продольной оси

AMoL acute monocytic leukemia ☐ острый моноцитарный лейкоз

amor. amorphous ☐ аморфный

AMP acid mucopolysaccharide ☐ кислый мукополисахарид

AMP adenosine monophosphate ☐ аденозинмонофосфат, АМФ

amp. ampere ☐ ампер

Amp amphetamine ☐ амфетамин

Amp ampicillin ☐ ампициллин

amp. amplifier ☐ усилитель

amp. amplitude of vibration ☐ амплитуда вибрации

amp. ampule ☐ *фарм.* ампула

amp. ampulla ☐ *анат.* ампула, сосочек

amp. amputation ☐ ампутация

AMP average mean pressure ☐ средняя величина давления

AMPA American Medical Publishers' Association ☐ Американская ассоциация издателей медицинской литературы

amp.-h. ampere-hour ☐ ампер-час

amph. amphimict ☐ амфимиктический *(развивающийся в результате полового размножения)*

amph. amphoric ☐ амфорический

Am. Pharm. Assoc. American Pharmaceutical Association ☐ Американская фармацевтическая ассоциация

amp-hr amper-hour ☐ ампер-час

Am. Phyto S. American Phytopathological Society ☐ Американское фитопатологическое общество

ampl. amplified ☐ 1. расширенный 2. усиленный

ampl. amplifier ☐ усилитель

AMPS abnormal mucopolysacchariduria ☐ патологическая мукополисахаридурия

AMPS acid mucopolysaccharide ☐ кислый мукополисахарид

AMPT alpha-methylparatyrosine ☐ альфа-метилпаратирозин

AMRA American Medical Research and Development Command ☐ Американская медицинская научно-исследовательская группа усиления

AMRG Air Management Research Group ☐ Консультативная группа по вопросам научно-исследовательских работ в воздушной среде *(ВОЗ)*

AMRL Aerospace Medical Research Laboratory ☐ научно-исследовательская лаборатория института [отдела] авиационной и космической медицины

AMRO Regional Organization [Office] for the Americans *(WHO)* ☐ Региональная организация [бюро] стран Американского континента *(ВОЗ)*

AMRS automated medical record system ☐ автоматизированная система медицинской регистрации

AMRTP Aerospace Medicine Residency Training Program ☐ Программа подготовки кадров по авиационно-космической медицине *(США)*

AMS Academy of Medical Sciences *(Moscow)* ☐ Российская академия медицинских наук, РАМН, *ист.* АМН СССР

AMS acute mountain sickness ☐ острая высотная [горная] болезнь

AMS aggravated in military service ☐ аггравирующий на военной службе

AMS American Meteorological Society ☐ Американское метеорологическое общество

AMS American Microbiological Society ☐ Американское микробиологическое общество

ams. amount of substance ☐ количество вещества

AMS antimacrophage serum ☐ антимакрофагальная сыворотка

AMS Arkansas Medical Society ☐ Арканзасское медицинское общество

AMS Army Medical Service ☐ медицинская служба армии

AMS *фр.* Assemblée Mondiale de la Sante ☐ Всемирный съезд по вопросам здравоохранения

AMS Association of Medical Students ☐ Ассоциация студентов-медиков

AMS Association of Military Surgeons ☐ Ассоциация военных хирургов *(США)*

AMS auditory memory span ☐ продолжительность слуховой памяти

AMS automated multiphasic screening ☐ автоматизированный многофазный [многоэтапный] скрининг

AMS Auto Microbic System ☐ автоматизированная система выявления бактерий или бактериурии

AMS Aviation Medical Service ☐ медицинская служба военно-воздушных сил

AMSA American Medical Society of Alcoholism ☐ Американское медицинское антиалкогольное общество

AMSA American Medical Students' Association ☐ Американская ассоциация студентов-медиков

AMSAB American Medical Students' Association of Bologna ☐ Американская ассоциация студентов-медиков Болоньи

AMSC Army Medical Specialist Corps ☐ медицинская служба сухопутных войск

AMSCO American Sterilizer Corporation ☐ Американская корпорация по производству стерилизационного и другого медицинского оборудования

Am. Soc. CLU American Society of Chartered Life Underwriters ☐ Американское общество агентов по страхованию жизни

AMSUS Association of Military Surgeons of the United States ☐ Ассоциация военных хирургов Соединённых Штатов Америки

AMT Academy of Medicine, Toronto ☐ Медицинская академия Торонто

AMT alpha-methyltyrosine ☐ альфа-метилтирозин

Amt amethopterin ☐ аметоптерин

amt amount ☐ количество; доза

AMT Arumowot □ Арумовот *(арбовирус)*

amu atomic mass unit □ атомная единица массы по углеродной шкале, а. е. м.

AMV Assisted Mechanical Ventilation □ вспомогательная искусственная вентиляция лёгких, ВИВЛ

AmVD American Venereal Disease *(Association)* □ Американская ассоциация специалистов по венерическим заболеваниям

AMVI acute mesenteric vascular in sufficiency □ острое нарушение брыжеечного кровообращения или кровоснабжения кишечника

AMWA American Medical Women Association □ Американская ассоциация женщин-медиков

AMWA American Medical Writers' Association □ Американская ассоциация писателей-медиков

Amy amylase □ амилаза

Amy-1 salivary amylase □ амилаза слюны, амилаза-1

Amy-2 pancreatic amylase □ амилаза поджелудочной железы, амилаза-2

An линия инбредных мышей Андервонта

AN aceptic necrosis □ асептический некроз

An actinon □ актинон, эманация актиния

an *лат.* alae nasi □ *кр. метр.* наружная точка крыла носа

AN anesthesiology □ анестезиология

AN, an aneurysm □ аневризма

An. anisometropia □ анизометрия, гетерометрия *(неодинаковость рефракции глаз)*

An. annals □ ежегодник, анналы

An, an anode □ анод || анодный

AN, an. anonymous □ анонимный *(напр. об обществе алкоголиков)*

AN anorexia nervosa □ нервная анорексия

AN, an antenatal □ антенатальный, дородовый

an. anterior □ передний

AN avascular necrosis □ ишемический некроз

AN normal atmosphere □ в условиях нормального атмосферного давления

ANA acetylneuraminic acid □ ацетилнейраминовая кислота

ANA American Neurological Association □ Американская ассоциация неврологов

ANA American Nurses' Association □ Американская ассоциация медицинских сестёр

ANA antinuclear antibody □ антиядерное [антинуклеарное] антитело

ANA aspartyl naphtylamide □ аспартилнафтиламид

anaes. 1. anaesthesia □ анестезия, обезболивание; наркоз **2.** anaesthetic □ анестетик, анестезирующее [обезболивающее] средство

anal. analgesia □ **1.** аналгезия, алгия *(потеря чувствительности)* **2.** аналгезия, обезболивание

anal. analogy □ аналогия

anal. analysis □ анализ; расчёт

Anal. analyst □ **1.** аналитик; лаборант-химик **2.** специалист по психоанализу

anal. analytical □ аналитический

ANAP agglutination negative, absorption positive □ отрицательная реакция агглютинации, положительная абсорбция

anat. anatomical □ анатомический

Anat. anatomy □ анатомия

ANC absolute neutrophil count □ абсолютное число нейтрофильных лейкоцитов

ANC antigen-neutralizing capacity □ антиген-нейтрализующее свойство

ANC Army Nurse Corps □ кадры [персонал] медицинских сестёр армии

ANCA antineutrophil cytoplasmic antibody □ антинейтрофильное цитоплазматическое антитело

AnCC anodal closure contraction □ анодзамыкательное сокращение, АЗС

ANCoA Aerial Nurse Corps of America □ кадры [персонал] медицинских сестёр авиации США

ANDA Abbreviated New Drug Application □ краткая информация о применении новых лекарственных средств

ANDI anomal development and involution □ аномальное развитие и инволюция *(определение доброкачественных опухолей груди*

Andro androsterone □ андростерон

AnDTe anodal duration tetanus □ длительное анодзамыкательное сокращение, анодзамыкательный тетанус

anes., anesth. 1. anesthesia □ анестезия, обезболивание; наркоз **2.** anesthesiology □ анестезиология

ANF alpha-naphtaflavone □ альфа-нафтофлавон, а-нафтофлавон

ANF American Nurses' Foundation □ Фонд медицинских сестёр США

AnF antihemolytic factor □ фактор, препятствующий гемолизу

ANF antinuclear factor □ антинуклеарный фактор

ANF average normal function □ усреднённый функциональный показатель

Ang. angiogram □ ангиограмма

Ang angiopoetin □ ангиопоэтин *(белок, увеличивающий количество эритроцитов и ускоряющий рост кровеносных сосудов)*

anh. 1. anhydride □ ангидрид **2.** anhydrous □ безводный

ANHA American Nursing Home Association □ Американская ассоциация медицинских сестёр интернатов для престарелых

ANHS Alaska Native Health Service □ местная служба здравоохранения Аляски

ank. ankle □ лодыжка

ANLL acute nonlymphocytic leukemia □ острый нелимфоцитарный лейкоз

anls animals □ животные

ANM assistant nurse midwife □ помощница акушерки

ANMPO Army and Navy Medical Procurement Office □ Управление медицинского снабжения армии и флота *(США)*

Ann., ann. 1. annals □ ежегодник, анналы *(сборник научно-практических работ)* **2.** annual □ ежегодный, годичный

ANNA American Nephrology Nurses' Association □ Американская ассоциация медицинских сестёр нефрологического профиля

annot. annotation □ **1.** аннотация **2.** примечание

Ann. Rep. Annual Report □ ежегодный отчёт

AnOC anodal contraction □ анодразмыкательное сокращение, АРС

anom. anomalous □ неправильный: аномальный, относящийся к пороку развития

Anom., anom. anonymous □ анонимный (напр. об алкоголике)

ANOV, ANOVA analysis of variance □ стат. вариационный [дисперсионный] анализ

ANP A-norprogesterone □ А-норпрогестерон

ANP atrial natriuretic peptide □ предсердный натрийуретический пептид

ANRC American National Red Cross □ Американский Красный Крест

ANRL antihypertensive neutral renomedullary lipid □ антигипертензивный нейтральный липид мозгового слоя почек

ANS American Neurology Society □ Американское неврологическое общество

ANS anti-rat neutrophil serum □ антикрысиная нейтрофильная сыворотка

ANS Army Nursing Service □ кадры [служба] медицинских сестёр армии

ANS arteriolonephrosclerosis □ артерио(ло)нефросклероз; атеросклеротический нефросклероз

ANS autonomic nervous system □ вегетативная [автономная] нервная система

ANSC American National Standards Committee □ Национальный комитет стандартов США

ANSI American National Standards Institute □ Национальный институт стандартов США

ANSS American Nature Study Society □ Американское общество природоведения

ANT 2-amino, S-nitro, thiazol □ 2-амино-S-нитротиазол

ant anterior □ передний

ANT antihyaluronidase titer □ титр антигиалуронидазы

ant. ax. line anterior axillary line □ передняя подмышечная линия

Anthrop anthropology □ антропология

anti-DNP antidesoxyribonucleoprotein □ антитела к дезоксирибонуклеопротеину

antifr. antifreezing □ незамерзающий

anti-GBM antiglomerular basement membrane □ антитела против базальной мембраны почечных гломерул

anti-HBc antibody to hepatitis B core antigen □ антитела к ядерным антигенам гепатита B

anti-HBe antibody to hepatitis B «e» antigen □ антитела к антигенам «e», или внутренним антигенам, гепатита B

anti-HBs antibody to hepatitis B surface-antigen □ антитела к поверхностным антигенам гепатита B

anti-HD antibody to hepatitis D virus □ антитела к вирусу гепатита D

Anti-HIV antibody to human immunodeficiency virus □ антитела к вирусу иммунодефицита человека

anti-1 cold autoantibodies □ холодовые агглютинины, холодовые аутоантитела

anti-NP antinucleoprotein □ антитела к нуклеопротеидам

Anti-SMA Anti-Smooth Muscle Antibody □ антитела к гладкой мускулатуре

anti-SRS-A anti-slow reacting substance □ антитела к лейкотриену, уст. антитела к медленно реагирующей субстанции анафилаксии (нейтрализующие действие медленно реагирующей субстанции анафилаксии), анти-SRS-A

ant. jentac. лат. ante jentaculum □ before breakfast □ до завтрака, перед завтраком

ant. pit. anterior lobe of pituitary □ аденогипофиз, передняя доля гипофиза

ant. prand. лат. ante prandium □ before meals □ перед едой

ANTU alphanaphtyl thiourea □ а-нафтил-тиомочевина

ANUG acute necrotizing ulcerative gingivitis □ острый некротизирующий язвенный гингивит

AO American Optical (Company) □ Американская компания по производству оптических приборов

a.o. and others □ и другие

AO anodal opening □ размыкание анода

AO anterior oblique □ переднекосой (диаметр таза)

AO antioxidant □ антиоксидант, антиокислитель

AO aortic opening □ открытие аортального клапана

AO Association on Osteosynthesis □ Международная ассоциация «Остеосинтез» (Швейцария)

AO atrioventricular valves opening □ открытие предсердно-желудочкового клапана

AO axio-occlusial □ окклюзионная поверхность зуба, относящаяся к продольной оси

AOA Academy of Aphasia □ институт [школа-интернат] по обучению лиц, страдающих афазией

AOA American Optometric Association □ Американская ассоциация оптометристов

AOA American Orthopsychiatric Association □ Американская ассоциация психокоррекции

AOA American Osteopathic Association □ Американская ассоциация остеопатов

AOB alcohol on breath □ наличие алкоголя в выдыхаемом воздухе ‖ издавать запах алкоголя

AOC American Optical Corporation □ Американская оптическая корпорация (по производству оптико-механических и электронных приборов)

AOC anodal opening contraction □ анодразмыкательное сокращение, АРС (сокращение мышц при размыкании анода)

AOCl anodal opening clonus □ анодразмыкательный клонус (клонус мышц при размыкании анода)

AOD arterial occlusive disease □ окклюзионное поражение артерий; окклюзия артерии

AOFS American Orthopedic Foot Society □ Американское общество ортопедов – специалистов по заболеваниям стоп

AOHA American Osteopathic Hospital Association □ Американское общество больничных остеопатов

AOI Association for Osteosynthesis Institute □ Ассоциация ортопедотравматологических лечебных учреждений по остеосинтезу

aol лат. angulus oculi lateralis □ кр. метр. точка наружного угла глаза

AOM Academy of Occupational Medicine □ Институт профессиональных заболеваний или профессиональной патологии

AOM active organic matter □ активное органическое соединение, АОС

AOM – APA

aom *лат.* angulus oculi medialis □ *кр. метр.* точка внутреннего угла глаза

AOM *лат.* artium obstetricus magister □ Master of Obstetrics Art □ магистр акушерства

AOMA American Occupational Medical Association □ Американская медицинская ассоциация профпатологии

AOO anodal opening odor □ запах при размыкании анода

AOP anodal opening picture □ анодразмыкательный эффект

AOP Association of Optical Practitioners □ Ассоциация врачей-оптометристов

AOPA American Orthotics and Prosthetics Association □ Американская ассоциация ортопедов и протезистов

a/or and/or □ и/или

AORN Association of Operating Room Nurses □ Ассоциация операционных сестёр

AORT Association of Operation Room Technicians □ Ассоциация парамедицинского персонала операционных блоков

aort. regurg. aortic regurgitation □ аортальная регургитация

aort. sten. aortic stenosis □ стеноз устья аорты, аортальный стеноз

Ao-RV aorta-right ventricle □ транспозиция аорты; аорта, отходящая от правого желудочка

AOS American Ophthalmological Society □ Американское офтальмологическое общество

AOS American Otological Society □ Американское общество отиатров

AOS anodal opening sound □ звук при размыкании анода

AOT Association of Occupational Therapists □ Ассоциация профпатологов

AOTA American Occupational Therapy Association □ Американская ассоциация по изучению и лечению профессиональных заболеваний

AOTe anodal opening tetanus □ анодразмыкательный тетанус

AOtS American Otological Society □ Американское отиатрическое [отологическое] общество

Aox-1 aldehyde oxidase-1 □ альдегид-оксидаза-1

Aox-2 aldehyde oxidase-2 □ альдегид-оксидаза-2

AP abdominal perineal □ брюшно-промежностный (*напр. о доступе резекции прямой кишки*)

ap above proof □ выше установленного градуса (*о спирте*)

AP Academic Press □ 1. академическое издание 2. название издательства

AP acid phosphatase □ кислая фосфатаза

AP action potential □ потенциал действия

AP activator protein □ активатор белка

AP acute proliferative □ острый пролиферативный (*процесс*)

AP air pollution □ загрязнение воздуха

AP alkaline phosphatase □ щелочная фосфатаза

AP alkaline potential □ щелочной потенциал, щелочной резерв

AP allergic potential □ предрасположенность к аллергии, аллергическая готовность

AP alveolar pressure □ альвеолярное давление

AP aminopeptidase □ аминопептидаза

Ap^r ampicilline □ ампициллинустойчивый (*о бактериях*)

Ap^s ampicilline □ ампициллинчувствительный (*о бактериях*)

AP angina pectoris □ стенокардия, грудная жаба

AP anomalous propagation □ аномальное распространение

AP *лат.* antepartum □ предродовой, дородовой

ap *лат.* anteprandial □ before meals □ до еды; перед едой

AP anterior pituitary (*gland*) □ аденогипофиз, передняя доля гипофиза

AP anteroposterior □ переднезадний; прямой (*напр. о проекции тела на рентгенограмме*)

AP aortic pressure □ аортальное давление, давление в аорте

ap. apex □ 1. верхушка 2. вершина

ap. apothecary □ аптекарь, фармацевт

Ap. appendectomy □ аппендэктомия

Ap. appendix □ червеобразный отросток

AP arterial pressure □ артериальное давление, АД

AP artificial pneumothorax □ искусственный [лечебный] пневмоторакс

AP atomic power □ атомная энергия

AP auricular points □ аурикулярные точки

AP axiopulpal □ стенка камеры, относящаяся к продольной оси (*зуба*)

3AP 3-acetylpyridine □ 3-ацетилпиридин

APA aldosterone-producing adenoma □ альдостерон-продуцирующая аденома

APA Ambulatory Pediatric Association □ Ассоциация амбулаторных врачей-педиатров

APA American Patients Association □ Американская ассоциация больных

APA American Pharmaceutical Association □ Американская фармацевтическая ассоциация

APA American Physiotherapy Association □ Американская ассоциация физиотерапевтов

APA American Psychiatric Association □ Американская ассоциация психиатров

APA American Psychoanalytic Association □ Американская ассоциация психоаналитиков

APA American Psychological Association □ Американская ассоциация психологов

APA American Psychopathological Association □ Американская ассоциация психопатологов

APA aminopenicillanic acid □ аминопенициллановая кислота

6APA 6-aminopenicillanic acid □ 6-аминопенициллановая кислота

APA antipernicious anemia factor □ цианкобаламин, антианемический [антипернициозный] фактор, внешний фактор Касла

APA available phosphoric acid □ усвояемая фосфорная кислота

APACHE Acute Physiology, Age, Chronic Health Evaluation □ *анест.* балльная система оценки тяжести состояния больных и прогноза (*по 14 показателям*)

APAG antipseudomonal aminoglycosidic penicillin □ антисинегнойный аминогликозидный пенициллин

APAP acetylparaminophenol □ ацетилпараминофенол

APB atrial premature beat □ предсердная экстрасистола, преждевременное сокращение предсердий

APC acetylsalicylic acid, phenacetin and caffeine □ аскофен *(ацетилсалициловая кислота, фенацетин и кофеин)*, «тройчатка»

APC adenomatous polyposis coli □ палочка аденоматозного полипоза

APC age-period-cohort analysis □ *стат.* возрастно-когортно-временной анализ

APC air pollution control □ контроль загрязнения воздуха

APC antigen-presenting cell □ антигенпредставляющая [антигенпрезентующая] клетка, АПК

APC antiphlogistic corticoid □ противовоспалительный кортикоид; противовоспалительное стероидное средство

ApC aperture current □ входное отверстие электрического тока *(на коже при электротравме)*

APC atrial premature contraction □ *см.* **APB**

APC auricular premature contraction □ экстрасистола из ушка сердца

APCA Air Pollution Control Association □ Ассоциация по борьбе с загрязнением воздушной среды

APCB Air Pollution Control Board □ Комиссия [Совет] по борьбе с загрязнением воздуха

APC-C acetylsalicylic acid, phenacetin, caffeine with codeine □ ацетилсалициловая кислота, фенацетин, кофеин и кодеин

APCD Air Pollution Control Department □ департамент [отдел] борьбы с загрязнением воздуха

APCKD adult type polycystic kidney disease □ поликистозная дегенерация почек взрослого типа

APD action-potential duration □ продолжительность потенциала действия

APd aortic diastolic pressure □ диастолическое давление

APD Association of Professors of Dermatology □ Ассоциация профессорско-преподавательского состава дерматологов

APD atrial premature depolarization □ преждевременная деполяризация предсердий

APD autoimmune progesterone dermatitis □ аутоиммунный прогестероновый дерматит

APD automated peritoneal dialysis □ автоматизированный компьютерный перитонеальный диализ

APD average pore diameter □ средний диаметр пор *(фильтра)*

APE absolute plating efficiency □ индекс чистой культуры

APE adapted physical educator □ адаптированный самоучитель врача

APE aminophyline, phenobarbital, ephedrine □ аминофиллин, фенобарбитал, эфедрин

APE anterior pituitary extract □ экстракт аденогипофиза

APECE autoimmune polyendocrinopathy-candidiasis-ectodermal dystrophy □ аутоиммунная полиэндокринопатическая кандидозно-эктодермальная дистрофия

APEX advance-purchase excursion □ повышенная подвижность органа

APF acidulated phosphate-fluoride □ кислый флуорид фосфата

APF American Physicians Fellowship *(for the Israel Medical Association)* □ Американская секция врачей *(Медицинской ассоциации Израиля)*

APF anabolism-promoting factor □ анаболический фактор

APF animal protein factor □ цианкобаламин, *уст.* внешний фактор Касла, витамин B_{12}, антианемический [антипернициозный] фактор

APG American Physicians Guild □ Американский союз врачей

APGO Association of Professors in Gynecology and Obstetrics □ Ассоциация профессорско-преподавательского состава акушеров-гинекологов

APH ante-partum hemorrhage □ дородовое кровотечение

APH anterior pituitary hormone □ гормон аденогипофиза или передней доли гипофиза

APHA American Protestant Hospital Association □ Американская протестантская больничная ассоциация

APHA American Public Health Association □ Американская ассоциация здравоохранения

APHAS Automated Patient History Acquisition System □ автоматизированный архив историй болезней

APHIS Animal and Plant Health Inspection Service (USDA) □ служба инспекции по охране фауны и флоры

APHP antipseudomonas human plasma □ донорская [человеческая] противосинегнойная плазма

APi analytical politest identification of microorganisms □ аналитическая [микропробирочная, микролуночная] политестовая система энзимоидентификации микроорганизмов

APi A analytical politest identification of anaerobes □ аналитическая политестовая система энзимоидентификации анаэробных бактерий

APi E analytical politest identification of enterobacteria □ аналитическая политестовая система энзимоидентификации энтеробактерий

APi Staph analytical politest identification of staphylococcus □ аналитическая политестовая система энзимоидентификации стафилококков

APIM *фр.* Association Professionale Internationale des Médecins □ Международная профессиональная ассоциация врачей

APIVR artificial-pacemaker-induced ventricular rhythm □ навязанный [индуцированный] кардиостимулятором желудочковый ритм

APK, Apk acid phosphatase kidney □ кислая фосфатаза почек

APKD adult polycystic kidney disease □ поликистоз почек взрослых, поликистозная дегенерация почек взрослых

APL abductor pollicis longus □ длинная мышца, отводящая большой палец кисти

APL accelerated painless labor □ ускоренные безболезненные роды

APL acid phosphatase of liver □ кислая фосфатаза печени

APL acute promyelocytic leukemia □ острый промиелоцитный лейкоз

APL anterioposterior and lateral □ *рентг.* прямая [переднезадняя] и боковая проекции

APL anterior pituitary-like substance □ синтетический хорионический гонадотропин (*синтетический гормон аденогипофиза*)

aPL antiphospholipid antibody □ антифосфолипидное антитело, аФЛ

APL Applied Physics Laboratory □ лаборатория прикладной физики

APL autologous peripheral lymphocytes □ аутологичные лимфоциты периферической крови, аутолимфоциты периферической крови

APLAR Asian and Pacific League Against Rheumatism □ Лига ревматологов Азии и Тихоокеанского региона

APLat anterioposterior and lateral □ *см.* **APL**

APLD automated percutaneous lumbar discectomy □ компьютерная чрескожная поясничная дискэктомия

APM Academy of Physical Medicine □ Академия [Институт] физиотерапии

APM Academy of Psychosomatic Medicine □ Академия [Институт] психосоматической медицины

APM adenosinemonophosphate □ аденозинмонофосфат, АМФ

APm aortic mean pressure □ среднее давление в аорте

APM Association for Palliative Medicine □ Ассоциация паллиативной медицины (*Великобритания*)

APM Association of Professors of Medicine □ Ассоциация профессорско-преподавательского состава медицинских вузов

APM-12 alum-precipitated streptococcal type 12 M protein □ белок стрептококка типа 12 М, осаждённый квасцами

APMR Association for Physical and Mental Rehabilitation □ Ассоциация физической и психической реабилитации больных

APn artificial pneumothorax □ искусственный [лечебный] пневмоторакс

APN average peak noise □ средний уровень шума

APNS asymptomatic pulmonary nodule study □ изучение бессимптомных лёгочных объёмных [шаровидных] образований

apo apolipoprotein □ аполипопротеин

apo A-1 major apoprotein of high-density lipoproteins □ главный белковый комплекс липопротеидов [липопротеинов] высокой плотности

apo B apoprotein B of low-density lipoproteins □ белковый компонент В липопротеидов [липопротеинов] низкой плотности

apo C-111 major apoprotein of very low-density lipoproteins □ основной белковый компонент липопротеидов [липопротеинов] очень низкой плотности

Apoc. apocalypse □ апокалипсис

APORF acute postoperative renal failure □ острая послеоперационная почечная недостаточность

APP alternating-pressure pad □ матрац с перемежающимся [переменным] давлением (*предохраняющий от пролежней*)

app. apparatus □ 1. аппарат; прибор 2. устройство; установка

app. apparent □ несомненный, очевидный; явный (*напр. о болезни*)

app. appendix □ 1. добавление; приложение 2. дополнительный орган 3. червеобразный отросток

app. applicant □ 1. вольноопределяющийся 2. добровольно вступающий на военную службу

app. applied □ прикладной

app. approximate □ приблизительный; приближённый

APP Aviation Psychology Program □ программа по авиационной психологии

appt. appointment □ визит, время посещения врача

APPV aqueous procaine penicillin V □ пенициллин V в водно-прокаиновом растворе

App and Dtn apprehended and detained □ *суд. мед.* задержанный и арестованный

appar. apparatus □ 1. аппарат; прибор 2. устройство; установка

appl. applicant □ *см.* **app.** applicant

appl. application □ применение, использование

appl. applied □ прикладной

applic. application □ аппликация

APPP Association of Planned Parenthood Physicians □ Ассоциация врачей по планированию семьи

Appr. Auth. approving authority □ *суд. мед.* власти, утверждающие приговор военного суда

appro. on approbation □ на апробацию, на пробу

approx. approximate ‖ approximately □ приближаться; приблизительный ‖ приблизительно

appy appendectomy □ аппендэктомия

APR amebic prevalence rate □ соотношение амёбного распространения

APR anterior pituitary reaction □ реакция аденогипофиза или передней доли гипофиза

APS adenosine-5'-phosphosulfate □ аденозин-5'-фосфосульфат

APS ammonium persulfate □ персульфат аммония

APS antiphospholipid syndrome □ антифосфолипидный синдром

APS antiplatelet serum □ антитромбоцитарная иммунная сыворотка

APSAC anisoylated plasminogen/streptokinase activator complex □ анизоилированный активатор комплекса стрептокиназы и плазминогена

APT alum precipitated toxoid □ токсоид, осаждённый алюм(иниев)окалиевыми квасцами

APT apical pneumothorax treatment □ лечение апикального пневмоторакса

APTA American Physical Therapy Association □ Американская ассоциация физиотерапевтов

APTT activated partial thromboplastin time □ частичное активированное тромбопластиновое время

APUD amine precursor uptake and decarboxilation □ АПУД-система (*1. накопление предшественников биогенных аминов, их декарбоксилирование и выработка пептидных гормонов и нейромедиаторов 2. АПУД-клетки, клетки Кульчицкого – совокупность эндокринных клеток, расположенных в различных органах и секретирующих пептидные гормоны*)

AP view anterior-posterior view □ прямая [переднезадняя] проекция, переднезадний вид

APWA American Public Welfare Association □ Американская ассоциация медицинской помощи малоимущим группам населения

apx. appendix □ 1. приложение; дополнение 2. дополнительный орган 3. червеобразный отросток

AQ achievement quotient □ коэффициент интеллектуальности, показатель умственного развития

aq. *лат.* aqua ‖ aqueous □ water □ вода ‖ водный; водянистый

aq. bull. *лат.* aqua bulliens □ boiling water □ кипящая вода

aq. dest. *лат.* aqua destillata □ distilled water □ дистиллированная вода

aq. ferv. *лат.* aqua fervens □ warm water □ тёплая вода

aq. frig. *лат.* aqua frigida □ cold water □ холодная вода

aq. pluv. *лат.* aqua pluvialis □ rain-water □ дождевая вода

AQL assurance quality level □ гарантированный уровень качества

AQRST manifest mean QRST axis □ среднее положение электрической оси сердца, нормограмма *(на ЭКГ)*

AQS additional qualifying symptoms □ дополнительно выявленные симптомы

aq. sol. aqueous solution □ водный раствор

aq. tep. *лат.* aqua tepid □ warm water □ тёплая вода

AR absent radius □ аплазия лучевой кости

AR adverse reaction □ побочная [неблагоприятная] реакция *(обычно медикамента)*

AR age ratio □ соотношение численности возрастных групп

AR alarm reaction □ реакция тревоги

AR, A/R, a/r all risks □ все группы риска

AR analytical reagent □ 1. химический реактив 2. чистый реагент, стандартный реактив для химического анализа

AR annual return □ годовой отчёт, годовой обзор

AR aortic regurgitation □ аортальная регургитация, регургитация крови при недостаточности аортального клапана

ar. area □ 1. область; зона 2. ареал 3. площадь; пространство

Ar argon □ аргон

AR Argyll Robertson (pupil) □ реакция (зрачков на свет) Аргайла Робертсона, *нрк.* Арджила Робертсона

AR artificial respiration □ искусственная вентиляция лёгких, ИВЛ

AR at risk □ в состоянии риска

AR automated reagin (test) □ автоматизированный реагиновый (тест)

AR total radiation area □ общая поверхность облучения

ARA American Rheumatism Association □ Американская ревматологическая ассоциация

Ara arabinose □ арабиноза

Ara-A adenine arabinoside □ аденинарабинозид

Ara-C cytosin arabinoside □ цитозинарабинозид, цитарабин, цитозар, Ара-С

Ara-U uracil arabinoside □ урациларабинозид

ARAMIS American Rheumatism Association Medical Information System □ Медицинская информационная система Американской ревматологической ассоциации *(банк данных о заболеваемости ревматизмом)*

Arbo, arboviruses arthropod born viruses □ арбовирусы *(группа РНК-вирусов, передающихся при укусе членистоногими. Объединяет свыше 200 видов)*

ARC Addicts Rehabilitation Center □ Центр реабилитации наркоманов

ARC AIDS-related complex □ СПИД-ассоциированный комплекс *(слабость, утомляемость, потеря аппетита, присоединение оппортунистических инфекций и пр.)*

ARC American Red Cross □ Американский Красный Крест

ARC anomalous retinal correspondence □ аномальная корреспонденция сетчатки

ARC antigen-reactive cell □ антигенреактивная клетка

ARC Arthritis and Rheumatism Council □ Совет [Комитет] по исследованию артрита и ревматизма

arch. archives □ архив

ARC antigen-reactive cell opsonization □ сенсибилизация антигенреактивными Т-эффекторами

ARCOS All Russian Cooperative Society Limited □ Всероссийское кооперативное общество АРКОС *(осуществляющее торговые операции с Великобританией)*

ARC-P antigen-reactive cells progenitor □ предшественники антигенреактивных клеток

ARD acute respiratory disease □ острое респираторное заболевание, ОРЗ

ARD alcohol-related disabilities □ инвалидность, обусловленная алкоголизмом

ARD anorectal dressing □ аноректальная повязка

ARDS adult respiratory distress syndrome □ респираторный дистресс-синдром взрослых, РДСВ; шоковое [влажное] лёгкое

ARF acute renal failure □ острая почечная недостаточность, ОПН

ARF acute respiratory failure □ острая дыхательная недостаточность, ОДН

ARF acute rheumatic fever □ (острая) ревматическая лихорадка, ревматическая атака

ARFC autologous rosette-forming cells □ аутологичные розеткообразующие клетки

ARG aggregated rabbit IgG □ кроличий агрегированный иммуноглобулин G

Arg arginine □ аргинин, Арг

ARI acute respiratory infection □ острая респираторная инфекция, *см. тж.* **ARVI**

ARI Air-Conditioning and Refrigeration Institute □ Институт кондиционирования и холодильного дела *(США)*

ARIA automated radioimmunoassay □ автоматизированный радиоиммунологический метод

ARIC Associate of the Royal Institute of Chemistry □ член Королевского химического института

ARK Arkonam □ Арконам *(арбовирус)*

ARL average remaining lifetime □ средняя продолжительность оставшейся жизни

ARM allergy relief medicine □ противоаллергическое средство

ARM artificial rupture of the membranes □ искусственное вскрытие плодных оболочек

ARMH Academy of Religion and Medical Mental Health □ Академия религии и психических заболеваний

ARMS amboreceptor-mediator system □ амборецепторно-медиаторная система

ARMS amplification refractory mutation system □ амплификация рефрактерной мутационной системы

ARN acute retinal necrosis □ острый некроз сетчатки

ARNMD Association for Research in Nervous and Mental Diseases □ Ассоциация содействия исследованиям нервных и психических заболеваний *(США)*

ARO Association of Research in Ophthalmology □ Научно-исследовательская ассоциация по проблемам офтальмологии *(США)*

AROM active range of motion □ активный диапазон движений

arom. aromatic □ *фарм.* ароматический

ARP at risk period □ в период риска

arr. arrange □ размещать, располагать; классифицировать

arr. arrester □ *мед. тех.* 1. задерживающее приспособление 2. разрядник, предохранитель от перенапряжений

ARRC Association of the Royal Red Cross □ Ассоциация обществ Королевского Красного Креста *(Англия)*

arrgt arrangement □ 1. размещение, расположение; классификация 2. приспособление; средство; средства

ARRS American Roentgen Ray Society □ Американское рентгенологическое общество

ARS acute radiation sickness □ острая лучевая болезнь

ARS AIDS-related syndrome □ СПИД-ассоциированный комплекс или синдром

ARS American Radium Society □ Американское радиологическое общество

ARS antirabies serum □ антирабическая сыворотка

ARS arteria rectalis superior □ верхняя прямокишечная артерия

ARSanA Associate of the Royal Sanitary Association □ член Королевской ассоциации санитарии *(Шотландия)*

ARSanI Associate of the Royal Sanitary Institute □ член Королевского института санитарии

ARSH Associate of the Royal Society for the Promotion of Health □ член Королевского общества содействия здравоохранению

ARSH Associate of the Royal Society of Health □ член Королевского общества здравоохранения

ART acoustic reflex threshold □ порог акустического рефлекса

ART advanced research and technology □ передовые исследования и технологии

art. article □ статья *(в газете, журнале)*

ART assisted reproductive technologies □ вспомогательные репродуктивные технологии

ART atraumatic restorative treatment □ атравматичное восстановительное лечение

art, artif. artificial □ искусственный

art. insem. artificial insemination □ искусственное оплодотворение

ARU audio response unit □ *мед. тех.* акустическое ответное устройство, устройство речевого ответа

ARV AIDS-associated retrovirus □ синдром приобретённого иммунодефицита, вызванный ретровирусом HIV-1 или HIV-2

ARVI acute respiratory virus infection □ острая респираторная вирусная инфекция, ОРВИ

ARX American Red Cross □ Американский Красный Крест

AS acetylstrophantidin □ ацетилстрофантидин

AS Adams – Stokes (disease) □ синдром Адамса – Стокса или Морганьи – Адамса – Стокса

a/s after sight □ по предъявлении

AS alimentary system □ пищеварительная система

AS American Standard □ американский стандарт

A • S ampere-second □ ампер-секунда, А • с

AS anabolic steroid □ анаболический стероид

AS androsterone sulfate □ андростерона сульфат

AS angiosarcoma □ ангиосаркома

AS Anglo-Saxon □ англосаксонский

AS ankylosing spondylitis □ анкилозирующий спондилит, болезнь Бехтерева, болезнь Штрюмпеля – Бехтерева – Мари

AS Anthropological Society □ антропологическое общество

AS antistreptolysin □ антистрептолизин

AS anxiety state □ состояние страха

AS aortic stenosis □ стеноз устья аорты; аортальный стеноз

As arsenic □ мышьяк

AS *лат.* arteriae sigmoideae □ sigmoid arteries □ сигмовидные артерии

AS arteriosclerosis □ артериосклероз

AS assistant surgeon □ младший хирург, помощник хирурга

as. astigmatism ‖ astigmatic □ астигматизм ‖ астигматический

as. asymmetry ‖ asymmetric(al) □ асимметрия ‖ асимметричный, несимметричный

AS *лат.* auris sinistra □ left ear □ левое ухо

AS shelter for animal □ убежище для животных *(в случае массовых катастроф)*

ASA acetylsalicylic acid □ ацетилсалициловая кислота, аспирин

ASA Acoustical Society of America □ Американское акустическое общество

ASA Adams – Stokes attack □ синдром Адамса – Стокса или Морганьи – Адамса – Стокса

ASA American Society of Anesthesiologists □ Американское общество анестезиологов

ASA American Standards Association □ Американская ассоциация по стандартизации

ASA система оценки физического статуса больных от I до III

ASA American Statistical Association □ Американская ассоциация статистиков

ASA American Stomatological Association □ Американская ассоциация стоматологов

ASA American Surgical Association □ Американская хирургическая ассоциация»

ASA arylsulfatase-4 □ арилсульфатаза-4

5-ASA 5-aminosalicylic acid □ 5-аминосалициловая кислота, 5-АСК

ASAIO American Society for Artificial Internal Organs □ Американское общество по использованию искусственных внутренних органов

ASAP as soon as possible □ как можно скорее, при первой возможности

A.Sax. Anglo-Saxon □ англосакс ‖ англосаксонский

ASB anencephaly and spina bifida □ анэнцефалия и расщепление дуг позвонков

ASBC American Society of Biophysics and Cosmology □ Американское общество по биофизике и космологии

ASC Advanced Surgical Centre □ передовой хирургический пункт

ASC altered state of consciousness □ изменённое состояние сознания

ASCA automatic subject citation alert □ автоматизированная библиографическая сигнальная предметная система

ASCA (topics) automatic subject citation alert □ Аскатопикс *(автоматическое оповещение о библиографических описаниях по темам)*

ASCH American Society of Clinical Hypnosis □ Американское общество клинических гипнологов

ASCI acute spinal cord injury □ острое повреждение спинного мозга

ASCI American Society for Clinical Investigations □ Американское общество по клиническим исследованиям

ASCII American Standard Code for Information Interchange □ *мед. тех.* Американский стандартный код для обмена информацией

ASCLT American Society of Clinical Laboratory Technicians □ Американское общество клинических лаборантов

ASCO American Society of Clinical Oncology □ Американское общество клинических онкологов

ASCP American Society of Clinical Pathologists □ Американское общество клинических патологов

ASCUS atypical squamous cells of undetermined significance □ атипичные чешуйчатые клетки неопределённого происхождения

ASCVD atherosclerotic cardiovascular disease □ атеросклероз сердечно-сосудистой системы

ASD aldosterone secretion defect □ нарушение секреции альдостерона

ASD atrial septal defect □ дефект межпредсердной перегородки, ДМПП

ASDA American Sleep Disorders Association □ Американская ассоциация по изучению расстройств сна

ASEX Arizona sexual experiences scale □ Аризонская шкала оценки сексуальной функции

ASF aniline, formaldehyde, and sulfur □ композиция из анилина, формальдегида и серы *(используется в гистологической технике)*

ASFR age specific fertility rate □ возрастной коэффициент фертильности

ASG American Society for Genetics □ Американское общество генетиков

ASGE American Society of Gastroenterology □ Американское гастроэнтерологическое общество

ASH Action on Smoking and Health □ Движение за отвыкание от курения и укрепление здоровья *(США)*

ASH aldosterone-stimulation hormone □ гормон, стимулирующий секрецию альдостерона

ASH American Society for Hematology □ Американское гематологическое общество

ASH American Society of Hypertension □ Американское общество по проблемам гипертензии

As. H. astigmatism hypermetropic □ гиперметропический астигматизм

ASH asymmetric septal hypertrophy □ ассиметричная гипертрофия перегородки *(сердца)*

ASHA American School Health Association □ Американская ассоциация охраны здоровья школьников

ASHD arteriosclerotic heart disease □ кардиосклероз, артериосклеротическое поражение сердца

ASHI American Society for Histocompatibility and Immunogenetics □ Американское общество по проблемам гистосовместимости и иммуногенетики

ASHI Association for the Study of Human Infertility □ Ассоциация по изучению инфертильности человека *(США)*

ASHP American Society of Hospital Pharmacists □ Американское общество клинических фармацевтов

ASHVE American Society of Heating and Ventilating Engineers □ Американское санитарно-техническое общество по отоплению и вентиляции

ASI 1. addiction severity index □ индекс степени зависимости 2. anxiety sensitivity index □ опросник для оценки чувствительности к тревоге или страху перед её возникновением

ASIF Association for the Study of Internal Fixation □ Международная ассоциация по изучению внутренней фиксации переломов *(при остеопорозе)*

ASII American Information Science Institute □ Американский институт информатики

ASIM American Society of Internal Medicine □ Американское общество терапевтов

ASIS American Society for Information Science □ Американское общество по информатике

ASIS anterior superior iliac spine □ передняя верхняя подвздошная ость

ASIS Association for the Study of Internal Secretions □ Ассоциация по изучению (органов) внутренней секреции *(США)*

ASK, AsK antistreptokinase □ антистрептокиназа

asl above sea level □ над уровнем моря

ASL, AsL antistreptolysin □ антистрептолизин

ASLD, Asl-D antistreptolysin-D □ антистрептолизин-Д

ASLO, Asl-O antistreptolysin-O □ антистрептолизин-О

ASLO American Society for Limnology and Oceanography □ Американское лимнологическое и океанографическое общество

ASM American Society for Microbiology □ Американское общество микробиологов

ASM, asm anion selective membrane □ анионообменная мембрана

asm. assembly □ 1. ассамблея, законодательное собрание 2. агрегат; комплект 3. сборка ‖ сборочный

ASM atrial systolic murmur □ пресистолический шум

ASM audiosonometry □ аудиосонометрия

As. M. myopic astigmatism □ миопический астигматизм

ASMA Aerospace Medical Association ☐ Ассоциация служащих авиационно-космической медицины

ASMA Arizona State Medical Association ☐ Медицинская ассоциация штата Аризона

A-SME Academy of Shape Memory Effect ☐ Академия материалов и имплантатов с памятью формы

ASME Association for the Study of Medical Education ☐ Ассоциация по изучению медицинского образования

ASMI anteroseptal myocardial infarct ☐ инфаркт переднего отдела межжелудочковой перегородки

ASMS American-Soviet Medical Society ☐ *ист.* Американо-Советское медицинское общество

ASN alkali-soluble nitrogen ☐ щёлочно-растворимый азот

ASN American Society of Nephrology ☐ Американское нефрологическое общество

Asn asparagine ☐ аспарагин, Асн

ASN average sample number ☐ средний объём выборки

ASO, AsO antistreptolysin-O ☐ антистрептолизин-О

ASO arteriosclerosis obliterans ☐ облитерирующий артериосклероз

ASO titer antistreptolysin-O titer ☐ титр антистрептолизина-О

ASP American Society of Parasitologists ☐ Американское общество паразитологов

ASP area of systolic pressure ☐ граница колебаний систолического давления

Asp asparatic acid ☐ аспарагиновая кислота, Асп и её производные

asp as soon as possible ☐ *см.* **ASAP**

asp vipera aspis ☐ випера *(ядовитая змея рода гадюк)*

ASPAN American Society of Post-Anesthesia Nurses ☐ Американское общество медицинских сестёр постнаркозных палат или отделений

Asp-AT aspartat transaminase ☐ аспартатаминотрансфераза, аспартат-трансаминаза, АСТ, АсТ

ASPCA American Society for Prevention of Cruelty to Animals ☐ Американское общество по предотвращению жестокого обращения с животными

ASPCC American Society for Prevention of Cruelty to Children ☐ Американское общество по предотвращению жестокого обращения с детьми

ASPHER Association of Schools of Public Health in the European Region ☐ Ассоциация школ здравоохранения Европейского региона *(ВОЗ)*

asphyx. asphyxiant ‖ asphyxiated ☐ удушающее вещество ‖ 1. отравленный газами 2. в состоянии асфиксии

ASPN American Society of Pediatric Nephrology ☐ Американское общество педиатров-нефрологов

ASPS advanced sleep phase syndrome ☐ синдром раннего наступления фазы сна

ASPS American Standard Practice of School Lighting ☐ Американские нормы освещения школьных помещений

aspt aspirant ☐ кандидат на должность

a-spv adequate selective proximal vagotomy ☐ адекватная селективная проксимальная ваготомия

ASR acoustic startle reflex ☐ акустический рефлекс вздрагивания

ASR aldosterone secretory rate ☐ скорость секреции альдостерона

ASR automatic speech recognition ☐ автоматическое распознавание речи

ASRS Adult Self-Report Scale ☐ шкала самооценки для взрослых

ASRT American Society of Radiologic Technologists ☐ Американское общество рентгенотехников

ASS anterior superior spine ☐ верхняя передняя (подвздошная) ость

ass. assay ☐ (количественный) анализ; проба; тест

ass. assembly ☐ 1. ассамблея, союз, общество 2. «микросообщество», минимальное сообщество 3. сборка

ass. assistant ☐ 1. ассистент 2. помощник; заместитель

ass. associate ☐ 1. член общества 2. член-корреспондент *(учёное звание)*

ass. association ☐ 1. ассоциация, общество 2. *биол.* сообщество

ASSanE American Society of Sanitary Engineering ☐ Американское общество работников сферы санитарной техники

assce assurance ☐ страхование

asscn association ☐ 1. ассоциация, общество 2. *биол.* сообщество

assd assured ☐ застрахованный

ASSE ☐ *см.* **ASSanE**

ASSE American Society of Safety Engineers ☐ Американское общество инженеров по технике безопасности

ASSI Accurate Surgical and Scientific Instruments Corporation ☐ Корпорация «Точные хирургические и научно-исследовательские аппараты и инструменты»

assim. assimilated ☐ ассимилированный

assist. assistant ☐ 1. ассистент 2. помощник, заместитель

assn., assoc. association ☐ 1. ассоциация, общество 2. *биол.* сообщество

assoc. associate ☐ 1. член общества 2. член-корреспондент *(учёное звание)*

assocd associated ☐ сопутствующий; связанный; соединённый

assocn association ☐ 1. ассоциация, общество 2. *биол.* сообщество

Asst CS Assistant Chief Surgeon ☐ заместитель главного военного врача

assur. assurance ☐ обеспечение; гарантия

assy assembly ☐ 1. ассамблея, союз, общество 2. «микросообщество», минимальное общество 3. сборка, монтаж, компоновка

AST antisyphilitic treatment ☐ лечение сифилиса, противосифилитическое лечение

AST, AsT aspartate aminotransferase [transaminase] ☐ аспартатаминотрансфераза, аспартат-трансаминаза, АСТ, АсТ

AST Association of Surgical Technologists ☐ Ассоциация помощников хирургов *(работников операционных блоков)*

ast. astigmatism ☐ астигматизм

asth. asthenopia ☐ астенопия *(быстро наступающее утомление глаз во время зрительной работы)*

ASTM American Society of Testing and Materials ☐ Американское общество по испытаниям и материалам

ASTMH American Society of the Tropical Medicine and Hygiene □ Американское общество тропической медицины и гигиены

ASTO antistreptolysin-O □ антистрептолизин-О

ASTP American Society of Transplant Physicians □ Американское общество врачей-трансплантологов

astring. astringent □ вяжущее средство

ASTS American Society of Transplant Surgeons □ Американское общество хирургов-трансплантологов

AST-test antistaphylolysine test □ AST-тест *(определение антистафилолизинов в крови)*

ASurgGen Assistant to the Surgeon-General □ заместитель главного врача департамента здравоохранения

ASV antisnake venom □ противозмеиная сыворотка

ASV automatic self-verification □ автоматический самоконтроль

ASV-17 avian sarcoma virus 17 □ вирус птичьей саркомы типа 17

Asx asparagine or aspartic acid □ аспарагин или аспарагиновая кислота

ASXRED American Society for X-ray and Electron Diffraction □ Американское общество по исследованию рентгеновых лучей и дифракции электронов

asym. asymmetry || asymmetric(al) □ асимметрия || асимметричный, несимметричный

AT acceleration time □ *узи* время ускорения потока *(крови от щелчка открытия митрального клапана до пика скорости потока)*

AT adjunctive therapy □ дополнительное лечение

a.t. air temperature □ температура воздуха

At, at air-tight □ воздухонепроницаемый, герметичный, герметический

AT *нем.* Alt Tuberculin □ old tuberculin □ старый [исходный, первоначальный] туберкулин [альт-туберкулин] Коха, *см. тж.* **АТК** *(6–8-недельный фильтрат убитой культуры микобактерий туберкулёза. Включён в фармакопею США)*

AT ambulance train □ санитарный транспорт

AT III antithrombin III □ антитромбин III

At antitrypsin □ антитрипсин

AT, at apparent time □ истинное [астрономическое] время

At astatine □ астатин

At, at atom || atomic □ атом || атомный

at. attention □·1. внимание, забота, попечение 2. гигиенический контроль, уход *(за больным)*

AT auto-training □ аутогенная тренировка, аутотренинг

at technical atmosphere □ техническая атмосфера, ат

ATA alimentary toxic aleukia □ алиментарно-токсическая алейкия, эндемическая аплазия кроветворных органов

ATA antithyroglobulin antibodies □ антитела к антитиреоглобулину

ATA anti-toxoplasma antibodies □ антитоксоплазмозные антитела

ATA tetanus antitoxin □ противостолбнячный анатоксин

ATB at the time of the bombing □ (период) от начала компрессии газа *(о баротерапии)*

ATC Anatomical Therapeutic Chemical classification □ анатомо-терапевтически-химическая классификация

ATC antithyroid compound □ антитиреоидное соединение

ATC approved type certificate □ свидетельство утверждённого типа

ATC around the clock □ круглосуточно *(о наблюдении, о назначении лекарств)*

ATC automatic tuning control □ *мед. тех.* автоматическая настройка

ATCC American Type Culture Collection □ Американская коллекция типовых культур *(микроорганизмов)*

ATCC 6633 American Type Culture Collection Bacillus subtilis □ культура сенной палочки из Американской коллекции типовых культур *(микроорганизмов)*

ATCC 9341 American Type Culture Collection Micrococcus luteus □ культура жёлтого микрококка из Американской коллекции типовых культур *(микроорганизмов)*

ATCC 14990 American Type Culture Collection group B Streptococci, Staphylococcus epidermidis □ культура стрептококка группы B и эпидермального стафилококка из Американской коллекции типовых культур *(микроорганизмов)*

ATCC 25922 American Type Culture Collection Escherichia coli □ культура кишечной палочки из Американской коллекции типовых культур *(микроорганизмов)*

ATCC 25923 American Type Culture Collection Staphylococcus aureus □ культура золотистого стафилококка из Американской коллекции типовых культур *(микроорганизмов)*

ATCC 27853 American Type Culture Collection Pseudomonas aeruginosa □ культура синегнойной палочки из Американской коллекции типовых культур *(микроорганизмов)*

Atchd Ch Med Attached Chaplain and Medical □ приданный личный состав военного духовенства и медицинской службы

ATD Alzheimer-type dementia □ деменция на почве болезни Альцгеймера

ATD asphyxiating thoracic dystrophy □ дистрофия *(напр. миокарда)* вследствие травматической асфиксии

ATE adipose tissue extract □ экстракт жировой ткани

ATEE acetyltyrosine ethyl ester □ этиловый эфир ацетилтирозина

Atetra P. adenosine tetraphosphate □ аденозинтетрафосфат

at. fib. atrial fibrillation □ мерцание [фибрилляция] предсердий, мерцательная аритмия

ATG 1. antithrombocyte globuline □ антитромбоцитарный глобулин 2. antithymocyte globulin □ антитимоцитный [антитимоцитарный] глобулин 3. antithyroglobulin □ антитиреоглобулин

ATI acute trauma index □ прогностический индекс острой травмы; индекс исхода острой травмы

АТК *нем.* Alt Tuberculin Koch □ старый [исходный, первоначальный] туберкулин [альт-туберкулин] Коха, АТК *(6–8-недельный фильтрат убитой культуры микобактерий туберкулёза. Включён в фармакопею США)*

ATL 1. adult T-cell leukemia □ Т-клеточный лейкоз взрослых 2. adult T-cell lymphoma □ Т-клеточная лимфома взрослых

ATL Advanced Technology Laboratories □ расширенное лабораторно-функциональное исследование

ATLS Advanced Trauma Life Support system □ усовершенствованная система жизнеобеспечения

ATLV adult T-cell leukemia virus carrier □ взрослый носитель вируса Т-клеточного лейкоза

atm 1. standard atmosphere □ физическая [барометрическая, нормальная] атмосфера, атм **2.** atmospheric □ атмосферный

ATMA Alaska Territorial Medical Association □ Медицинская ассоциация Аляски

atm. press. atmospheric pressure □ атмосферное давление

ATN acute tubular necrosis □ острый некроз канальцев *(почки)*

at. no. atomic number □ атомный номер, порядковый номер

ATP adenosinetriphosphate □ аденозинтрифосфат, АТФ

ATP annual transmission potential □ ежегодный потенциал передачи инфекции

ATPase adenosine triphosphatase □ аденозинтрифосфатаза, АТФ-аза

ATPD ambient temperature and pressure dry □ температура и давление сухого воздуха

ATP-g-S adenosine-5'-(g-thio)-triphosphate □ аденозин-5'-(g-тио)-трифосфат

ATPS ambient temperature and pressure saturated with water vapor □ температура и давление окружающего воздуха, насыщенного влагой

ATR Achilles tendon reflex □ ахиллов (сухожильный) рефлекс

atr. fib. atrial fibrillation □ фибрилляция предсердий

ats absolute temperature scale □ абсолютная температурная шкала

ATS American Temperance Society □ Американское общество трезвости

ATS American Thoracic Society □ Американское торакальное общество

ATS antitetanic serum □ противостолбнячная сыворотка, ПСС

ATS antithymocyte serum □ антитимоцитная [антитимоцитарная] сыворотка

ATS anxiety tension state □ состояние тревоги; состояние напряжённости и страха

ATS arteriosclerosis □ артериосклероз

ATS autotransfusion system □ система для аутотрансфузии *(крови)*

ATT aspirin tolerance time □ время толерантности к аспирину

ATTC American Tissue Type Collection □ Американская коллекция типовых тканевых культур

Att. Med. Attached Medical Detachment □ приданный медицинский отряд, медицинский отряд усиления

at wt atomic weight □ атомная масса, атомный вес

AU activity unit □ единица действия, ЕД

AU Ångstrom unit □ *ист.* ангстрем, Å (1 Å = 10⁻¹⁰ м = 10⁻⁸ см = 0,1 нм)

AU antitoxin unit □ антитоксическая единица

AU arbitrary unit □ произвольная единица

AU *лат.* aures unitas □ both ears together □ биауральный *(об исследовании слуха)*, «оба уха вместе»

AU *лат.* auris uterque □ each ear □ моноауральный, «каждое ухо в отдельности»

Au *лат.* aurum □ gold □ золото

Au Australia □ Австралия ‖ австралийский, *см. тж.* **Au antigen**

Au azauridine □ азауридин

AUA American Urological Association □ Американская ассоциация урологов

AUA auditory acuity □ острота слуха

Au antigen Australia antigen □ австралийский антиген, гепатит-ассоциированный антиген *(гепатита В)*

AUC area under curve □ площадь под кривой «концентрация – время» *(всасывания лекарственного препарата)*

AUC concentration-versus-time curve □ кривая зависимости концентрации (антибиотика) от времени (выведения)

AUCC area under the cytotoxic curve □ площадь под цитотоксической кривой

aud. audibility ‖ audible □ слышимость ‖ слышимый

AUDIT alcohol use disorder identification test □ анкета для массового скрининга людей с ранними признаками алкогольной зависимости

aud. snl. audio signal □ звуковой [акустический] сигнал

Aug. August □ инбредная линия крыс А (август)

augm. 1. augmentation □ увеличение, прирост, приращение **2.** augmentative □ увеличивающийся

AUL acute undifferentiated leukemia □ острый недифференцированный лейкоз

aur. *лат.* auris, aures □ ear, ears □ ухо, уши

aur. fib. auricular fibrillation □ фибрилляция предсердий

a.u.s. *лат.* actum ut supra □ do as directed above □ действуй, как указано выше

AUS artificial urinary sphincter □ искусственный сфинктер мочевого пузыря

ausc. auscultation □ аускультация

AUSCRFC All-Union Society for Cultural Relations with Foreign Countries □ Всесоюзное общество культурных связей с заграницей, ВОКС

Au/SH Australia/serum hepatitis □ гепатит В, австралийский [сывороточный] гепатит

Aust. P. Australian Patent □ австралийский патент

aut(o) automatic □ 1. автоматический 2. самопроизвольный, спонтанный

aut. eq. automatic equipment □ автоматическое оборудование, автоматическая аппаратура

auth. authentic □ 1. подлинный, аутентичный 2. достоверный, действительный, объективно доказанный

Auth. 1. authorities □ 1. орган управления, власть 2. начальство, руководство **2.** authorized □ авторизованный, официально принятый, разрешённый

aut. meas. automatic measurement □ автоматическое измерение

auto. automatic □ автоматический

Autobac. Automicrobic System □ автоматизированная система выявления бактерий или бактериурии

autom. automatization □ автоматизация

Auto-PEEP auto-positive end-expiratory pressure □ аутоположительное конечное давление выдоха

AutoROI Automatic Region of Interest □ автоматический выбор участка сканирования *(при денситометрии)*

autosyn automatically synchronous □ автоматически синхронизирующийся *(напр. кардиостимулятор)*

aux., auxil. auxiliary □ 1. вспомогательный 2. добавочный 3. запасный

AV acid value □ кислотное число

AV Adriamycinum, Vincristmum □ адриамицин, винкристин *(программа химиотерапии онкологических больных)*

AV aortic valve □ клапан аорты, аортальный клапан

A-V arteriovenous □ артериовенозный *(напр. шунт)*

AV assisted ventilation □ вспомогательная вентиляция *(лёгких)*

AV, A-V atrioventricular □ атриовентрикулярный *(о проводимости; блокаде)*, относящийся к предсердиям и желудочкам

av. auro-visual □ аудиовизуальный

av. average □ 1. среднее число, среднее *(значение)* ‖ средний 2. средние показатели

av avoirdupois □ британская система единиц массы и веса

Av-1 1. Abelson virus 1 □ вирус Эйбелсона-1 **2.** Abelson virus 1 susceptibility □ чувствительность к вирусу Эйбелсона-1

Av-2 1. Abelson virus 2 □ вирус Эйбелсона-2 **2.** Abelson virus 2 susceptibility □ чувствительность к вирусу Эйбелсона-2

AV/AF anteverted, anteflexed □ в состоянии антеверсии, антефлексии *(о положении матки)*

avail. availability ‖ available □ 1. готовность; работоспособность 2. доступность ‖ имеющийся в распоряжении; наличный

AVAMP Cytarabinum [Alexan], Vincristinum, Methotrexatum [Ametoptherin], Mercaptopurinum, Prednisolonum □ цитарабин [алексан], винкристин, метотрексат [аметоптерин], меркаптопурин, преднизолон *(программа химиотерапии онкологических больных)*

AVB atrioventricular block □ предсердно-желудочковая [атриовентрикулярная] блокада

AVC Adriamycinum, Vincristinum, Cyclophosphanum □ адриамицин, винкристин, циклофосфан *(программа химиотерапии онкологических больных)*

AVC atrioventricular canal □ предсердно-желудочковый канал

A-V conduction atrioventricular conduction □ предсердно-желудочковая [атриовентрикулярная] проводимость

AVCP Adriamycinum, Vincristinum, Cyclophosphanum, Phtoruracilum [Fluorouracil] □ адриамицин, винкристин, циклофосфан, фторурацил *(программа химиотерапии онкологических больных)*

AVCS atrioventricular conduction system □ проводящая система сердца

AVD apparent volume of distribution □ условный объём распределения *(в котором необходимо растворить лекарственное вещество, чтобы получить концентрацию лекарственного вещества, равную его концентрации в плазме крови)*

---

* Вильсон – автор, предложивший однополюсные отведения ЭКГ.

AVD, A-VD arterial venous difference □ артериовенозная разница *(напр. по кислороду)*

AVD atrioventricular valve dysplasia □ дисплазия атриовентрикулярного клапана

A-V DO$_2$ oxygenium arteriovenous difference □ артериовенозная разница объёмного содержания кислорода *(в норме 4–5 мл на 100 мл)*

AVED ataxia with vitamin E deficiency □ атаксия с дефицитом витамина Е

av. eff. average efficiency □ 1. средняя производительность 2. средний коэффициент полезного действия

AVF arteriovenous fistula □ артериовенозная фистула, артериовенозный свищ, артериовенозный шунт

aVF augmented Vilson foot lead □ однополюсное усиленное отведение ЭКГ от левой ноги по Вильсону*, см. тж. **aVL, aVR**

avg., avge average □ 1. среднее число, среднее *(значение)* ‖ средний 2. средние показатели

AVH acute viral hepatitis □ острый вирусный гепатит

AVI air velocity index □ скорость воздушной струи

AVID antiarrhythmics versus implantable defibrillators □ сравнительное изучение эффективности имплантации кардиовертера и антиаритмической терапии

aVL augmented Vilson left lead □ однополюсное усиленное отведение ЭКГ от левой руки по Вильсону, см. тж. **aVF, aVR**

av.l. average length □ средняя длина

AVM arteriovenous malformation □ артериовенозный порок развития; артериовенозный свищ

AVN atrioventricular node □ атриовентрикулярный узел, A-V узел, узел Ашоффа – Тавара

avoir. avoirdupois □ британская [английская] система мер массы и веса

AVP Adriamycimim, Vincristinum, Prednisolonum □ адриамицин, винкристин, преднизолон *(программа химиотерапии онкологических больных)*

AVP arginine-vasopressin □ аргинин-вазопрессин

AVR aortic valve replacement □ замещение аортального клапана

aVR augmented Vilson right lead □ однополюсное усиленное грудное отведение ЭКГ от правой руки по Вильсону, см. тж. **aVF, aVL**

AVPU alert, responsive to verbal stimuli, responsive to painful stimuli, unresponsive □ в сознании, реагирует на вербальные, болевые стимулы, не реагирует *(методика оценки психического состояния)*

AVRP atrioventricular refractory period □ рефрактерный период атриовентрикулярного узла

AVs alveolar vessels □ альвеолярные сосуды

AVS Army Veterinary Service □ ветеринарная служба сухопутных войск

AVSC Association for Voluntary Surgical Contraception □ Ассоциация добровольной хирургической стерилизации мужчин *(США)*

A-V shunt arteriovenous shunt □ артериовенозный шунт, артериовенозный свищ

AVT Allen vision test □ зрительный тест Аллена

AW above the waist □ выше пояса

AW accidentally wounded □ ранен в результате несчастного случая

A/W actual weight □ действительная [фактическая] масса

aw airway □ воздухоносные пути || относящийся к воздухоносным путям

AW anterior wall □ передняя стенка

a.w. atomic weight □ атомная масса

AWI acceptable weekly intake □ допустимое поступление за неделю

AWI anterior wall infarction □ инфаркт передней стенки миокарда

AWIGS Advanced Workplace for Image-Guided Surgery □ автоматизированная рентгено-хирургическая система

AWMI anterior wall myocardial infarction □ инфаркт передней стенки миокарда

AWR airway resistance □ сопротивление воздухоносных путей

awu atomic weight unit □ атомная единица массы

AWWA American Water Works Association □ Американская ассоциация по строительству водопроводов

ax axis □ 1. ось 2. осевой позвонок

AXR plain abdominal X-ray □ обзорная рентгенография брюшной полости

AZ Air-Zero □ эпицентр взрыва атомной бомбы в воздухе

Az *лат.* azote □ nitrogen □ азот

Az. Azotobacter □ азотобактер

AZA azathioprine □ азатиоприн

Azg azaguanine □ азагуанин

AZT Aschheim – Zondek test □ l. *акуш.* реакция Ашгейма – Цондека 2. *урол.* тест Ашгейма – Цондека

AZT azidothymidine □ азидотимидин, АЗТ *(препарат, применяемый для лечения СПИДа)*

B

Bene diagnoscitur, bene curatur
Хорошо распознаётся – хорошо вылечивается

Azur azauridine □ азауридин

B *англ., усл.* годен к службе в наземных частях авиации *(военно-учётная категория)*

B-4, 4-B *амер., усл.* пользуется отсрочкой от призыва *(военно-учётная категория)*

B *усл.* группа крови B (III)

B бета-клетка, β-клетка *(выделяющая инсулин)*

B bacillus □ палочка, бацилла

b. bag □ мешок *(напр. дыхательный)*

B *лат.* balneum □ bath □ бальнеопроцедура *(ванна, баня)*

B *лат.* balneum arenae □ sand bath □ песочная ванна

B *усл.* **1.** asparagine □ аспарагин, Асн **2.** asparatic acid □ аспарагиновая кислота

B bar □ бар *(внесистемная единица давления)*

B barometric □ барометрический

b base □ основание, основа

b bath □ ванна

B battery □ *усл.* анодная батарея

B Baume's scale □ шкала Баума

b behavior □ поведение

B bel □ бел *(единица звука)*, Б

b. betterness □ **1.** улучшение **2.** повышение качества

b biannual □ происходящий два раза в год

B., b. bicuspid □ **1.** двустворчатый *(клапан)* **2.** передне-коренной зуб

B bile □ пузырная жёлчь, жёлчь B, порция B жёлчи

B binary □ **1.** двоичный **2.** бинарный, двойной, двучленный, с двумя переменными

B bit □ бит *(двоичный знак, двоичная цифра; двоичная единица информации)*

b black □ чёрный *(ген, определяющий окраску или цвет тела)*

B blood □ кровь

B bloodbank □ банк крови, центр заготовки крови

b. boil at □ точка кипения

B bone marrow □ костный мозг || костномозговой

b. born □ **1.** рождённый **2.** прирождённый, наследственный

B boron □ бор

b. breadth □ ширина

b. breath □ **1.** дыхание || дыхательный **2.** обеспечение искусственного дыхания

B. British □ британский; английский

B British thermal unit □ британская тепловая единица *(0,252 большой калории)*

B bromuridine □ бромуридин

b. broth □ бульон

b. brother □ брат

b. brown □ коричневый *(ген, определяющий окраску или цвет тела)*

B Brucella □ род микроорганизмов Бруцеллы

B buccal □ щёчный, относящийся к щеке

B bursa □ **1.** сумка **2.** суставная бурса || относящийся к фабрициевой сумке птиц *(в которой развиваются B-лимфоциты)*

B bursts □ залпы импульсов *(об электрокардиостимуляции)*

b. button □ кнопка *(управления)*

B I Billroth I □ резекция желудка по Бильрот I

B II Billroth II □ резекция желудка по Бильрот II

BA Bachelor of Arts □ бакалавр искусств *(обладатель степени бакалавра по гуманитарным наукам или математике)*

BA backache □ боль в спине

BA bacterial agglutination □ агглютинации бактерий

BA *лат.* balneum arenae □ sand bath □ песочная ванна

Ba barium □ барий

ba. battery □ батарея || батарейный

BA bell alarm □ звуковой сигнал тревоги

BA blocking antibody □ блокирующее антитело

BA blood agar □ кровяной агар

BA bone age □ костный возраст

BA boric acid □ борная кислота

BA bovine albumin □ бычий альбумин

BA brachial artery □ плечевая артерия

B-A British-American □ англо-американский

BA British Association for the Advancement of Science □ Британская ассоциация содействия развитию науки

BA bromo-acetone □ бром-ацетон

BA bronchial asthma □ бронхиальная астма

BA buccoaxial □ щёчно-осевой

BAA benzoyl arginine amide □ бензоиларгининамид

BAAS British Association for the Advancement of Science □ Британская ассоциация содействия развитию науки

BAC bacterial antigen complex □ бактериальный антигенный комплекс

BAC bacteriological □ бактериологический, микробиологический

BAC biologically active compound □ биологически активное вещество

BAC blood alcohol [concentration] content □ содержание алкоголя в крови

BAC British Association of Chemists □ Британская ассоциация химиков

BAC buccoaxiocervical □ щёчно-пришеечная поверхность зуба, относящаяся к его продольной оси

BACA British Association of Clinical Anatomists □ Британская ассоциация клинических анатомов

BACOP Bleomycinum, Adriamycinum,

Cyclophosphanum, Vincristinum [Oncovin], Prednisolonum □ блеомицин, адриамицин, циклофосфан, винкристин [онковин], преднизолон (*программа химиотерапии онкологических больных*)

BACS brief assessment of cognition in schizophrenia □ краткая оценка познавательных способностей при шизофрении (*тест*)

bact 1. bacterial □ бактериальный **2.** bacteriological □ бактериологический, микробиологический **3.** bacterium □ бактерия, микроб

bacter. bacteriological □ бактериологический, микробиологический

BAD British Association of Dermatology □ Британская ассоциация дерматологов

BADS British Association of Dermatology and Syphilology □ Британская ассоциация дерматовенерологов

BaE barium enema □ бариевая клизма

BAEP brainstem auditory evoked potentials □ вызванные слуховые потенциалы ствола мозга

BAER brainstem auditory evoked response □ вызванные слуховые потенциалы мозгового ствола

BAERE British Atomic Energy Research Establishment □ Британский научно-исследовательский центр по атомной энергии (*г. Харуэл*)

BAFM British Association of Forensic Medicine □ Британская ассоциация судебной медицины

BAFME benign adult familial myoclonus epilepsy □ доброкачественная семейная миоклонус-эпилепсия взрослых

BAG buccoaxiogingival □ щёчно-десневая поверхность зуба, относящаяся к его продольной оси

BAGG buffered azide glucose glycerol □ азид глюкозо-глицериновый буфер

BAH Bahig □ Бахиг (*арбовирус*)

BAI Beck anxiety inventory □ опросник Бека по выявлению тревоги

BAK Bakau □ Бакау (*арбовирус*)

BAK benzalkonium chloride □ бензалкониум хлорид

BAL Balagody □ Балагоди (*арбовирус*)

Bal., bal. balance □ 1. весы ‖ взвешивать 2. остаток; баланс 3. равновесие

Bal., bal. *лат.* balneum ‖ bath □ ванна; баня; купание

BAL blood alcohol level □ содержание [уровень] алкоголя в крови

BAL British Anti-Lewisite □ британский антилюизит, димеркапрол, унитиол, динитропропанол, БАЛ

BAL bronchoalveolar lavage □ бронхоальвеолярный [бронхиальный] лаваж, БАЛ

BAL-31 нуклеаза из бактерии Alteromonas espejiana BAL-31

bal. arenae *лат.* balneum arenae □ sand bath □ песочная ванна

BALB test binaural alternate loudness balance test □ тест определения бинаурального баланса громкости

B-ALL B-cell acute lymphoblastic leukemia □ острый В-клеточный лимфобластный лейкоз

bal. mar. *лат.* balneum maris □ salt or seawater bath □ морская [солёная] ванна; морское купание

bals. balsam □ бальзам

BALT bronchus-associated lymphoid tissue □ лимфоидная ткань, ассоциированная с бронхами (*скопления лимфоидных элементов по бронхиальному дереву*)

bal. vap. *лат.* balneum vapour □ steam or vapor bath □ паровая ванна

BaM barium meal □ бариевая взвесь

BAM basophil-associated mononuclear □ базофильно-окрашенный мононуклеар

BAME benzoylarginine methyl ester □ метиловый эфир бензоиларгинина

BAN Banzi □ Банзи (*арбовирус*)

BAN British Association of Neurologists □ Британская ассоциация невропатологов

BAO Bachelor of the Art of Obstetrics □ бакалавр акушерства

BAO basal acid output □ базальная секреция соляной кислоты (*желудочного сока*)

BAOMS British Association of Oral and Maxillofacial Surgeons □ Британская ассоциация челюстно-лицевых хирургов

B&O supp. belladonna and opium suppository □ свечи с белладонной и опиумом

BAP bacterial alkaline phosphatase □ бактериальная щелочная фосфатаза

BAP blood agar plate □ чашка с кровяным агаром

BAP brachial-artery pressure □ давление в плечевой артерии

BAPA benzoyl-dl-arginine-p-nitroanilide □ бензоил-dl-аргинин-p-нитроанилид

BA Phys Med British Association of Physical Medicine □ Британская ассоциация физиотерапевтов

BAPN beta-aminopropionitrile □ b-аминопропионитрил

BAPS British Association of Pediatric Surgeons □ Британская ассоциация детских хирургов

BAPS British Association of Plastic Surgeons □ Британская ассоциация пластических хирургов

BAPT British Association of Physical Training □ Британская ассоциация по физическому воспитанию

Bar., bar. barometer ‖ barometric(al) □ барометр ‖ барометрический

BAR biological alcohol research □ изучение биологического воздействия алкоголя

BARL Baylor Auditory Research Laboratory (Texas Medical Center) □ Бейлорская научно-исследовательская аудиологическая лаборатория (*Техасского медицинского центра*)

BARP bare and acid resisting paint □ водно- и кислотоустойчивая краска

BARP British Association of Radiology and Physiotherapy □ Британская ассоциация радиологов и физиотерапевтов

BART blood-activated recalcification time □ активированное время рекальцификации плазмы крови

bas. basal □ базальный; основной

BAS benzyl analogue of serotonin □ бензиловый аналог серотонина

BAS British Anatomical Society □ Британское анатомическое общество

BAS British Antivivisection Society □ Британское антививисекционное общество

Baso basophile □ базофильный гранулоцит [лейкоцит], базофил

BASw bell-alarm switch □ включатель звукового сигнала тревоги, тумблер сигнального звонка

BAT basic air temperature □ приборная исправленная температура воздуха

BAT Batai □ Батаи *(арбовирус)*

b/a test blood alcohol test □ тест на содержание алкоголя в крови

BatPwr battery power □ *мед. тех.* питание от (аккумуляторной) батареи

BatSup battery supply □ *мед. тех.* батарейное питание

batt. battery □ *мед. тех.* батарея

BAU British Association Unit □ единица Британской ассоциации стандартов

BAUS British Association of Urological Surgeons □ Британская ассоциация хирургов-урологов

BB baby bottle □ детская [молочная] бутылочка

BB bed bath □ длительная ванна; «водяная постель»

BB blanket bath □ влажное обёртывание, влажное укутывание

BB *англ., усл.* годен к службе в гарнизонных войсках метрополии *(военно-учётная категория)*

BB blood bank □ банк крови; центр заготовки крови

BB blood buffer base □ основной буфер крови, буферные основания крови, БО

BB blue bloaters (emphysema) □ эмфизема лёгких

BB Blue Book □ «Синяя книга» *(отчёт министерства, парламентской комиссии, издаваемый с разрешения правительства, Великобритания. Названа по цвету обложки)*

bb bomb □ бомба || бомбардировать

BB breakthrough bleeding □ внезапное профузное [массивное] кровотечение

BB buffer bicarbonate □ буферный гидрокарбонат [уст. бикарбонат]

bb bursae □ сумки

BBA born before arrival □ (ребёнок) рождённый до оказания акушерской помощи

BBB blood-brain barrier □ гематоэнцефалический барьер, ГЭБ

BBB buccal Barr bodies □ тельца Барра *(половой хроматин)*

BBB bundle branch block □ блокада ножки пучка Гиса

BBC brombenzylcyanide □ бромбензилцианид

BBD baby born dead □ мёртворождённый

B bile bile from the gallbladder □ *усл.* пузырная жёлчь, порция В жёлчи

BBL bastard bipolar lead □ гибрид биполярного свинца

BBL bronchoscopy and bronchial lavage □ бронхоскопия и лаваж бронхов, бронхоальвеолярный лаваж, БАЛ

BB leprosy borderline leprosy □ пограничная [диморфная] лепра

BBPS build and blood pressure study □ изучение конституции [телосложения] и кровяного давления

BBS borate buffered saline □ *иммун.* боратный буферный раствор

BBT basal body temperature □ базальная температура тела *(в условиях основного обмена)*

BBTD baby bottle tooth decay □ кариес, обусловленный искусственным вскармливанием

BB/Wor biobreeding Worcester □ *иммун.* биологически выведенная порода (экспериментальных животных) Вустера

BC *лат.* Baccalaureus Chirurgiae □ Bachelor of Surgery □ бакалавр хирургии

BC bactericidal concentration □ бактерицидная концентрация

BC balance of competence □ способность к равновесию, балансирующее свойство

BC battle casualties □ боевые потери

BC biliary colic □ печёночная [жёлчная] колика

BC binary code □ двоичный код

BC birth certificate □ свидетельство о рождении

BC birth control □ 1. регулирование [планирование] рождаемости 2. противозачаточные меры

BC blastic crisis □ бластный криз

BC Blood Center □ банк крови, центр заготовки крови

BC Blood Council □ совет службы крови

BC blood culture □ гемокультура *(культура микроорганизмов, выделенная из крови)*

BC bone conduction □ костная проводимость *(напр. звука)*

BC buccocervical □ щёчно-пришеечный *(о поверхности зуба)*

BC *амер.* Bureau of Census □ Управление демографической статистики

BC pure culture of bacillus Bulgaricus □ чистая культура болгарской палочки

BC vitamin B_c (chicken) □ витамин B_c *(фактор роста цыплят)*, фолиевая кислота

BCA Blue Cross Association □ 1. ассоциация «Голубой крест» *(добровольное страховое общество, оплачивающее больничную помощь, США)* 2. общество «Синий крест» *(оказывающее бесплатную ветеринарную помощь домашним животным, Англия)*

BCA breast cancer antigen □ антиген опухоли молочной железы

BCAAs branched chain amino acids □ разветвлённая цепь аминокислот

BCAF B-cell activation factor □ фактор активации В-клеток

BCB brilliant cresyl blue □ бриллиантовый-крезиловый синий *(краситель)*

BC/BS Blue Cross/Blue Shield □ Ассоциация «Голубой крест и Синий щит», *см. тж.* **BCA** Blue Cross Association

BCC basal cell carcinoma □ базально-клеточная эпителиома [карцинома], базалиома

BCC Birth Control Campaign □ движение [кампания] за контроль рождаемости

BCC birth control clinic □ клиника по контролю рождаемости

BCCG British Cooperative Clinical Group □ Британская объединённая клиническая группа

BCD between comfort and discomfort □ предельно допустимый уровень, ПДУ

BCDDP Breast Cancer Detection Demonstration Project □ программа выявления рака молочной железы *(США)*

BCDF B-cell differentiation factor □ фактор дифференцировки В-клеток

BCDS Blue Cross Data Service □ Служба информации ассоциации «Голубой крест», *см.* **BCA** Blue Cross Association

BCE basal cell epithelioma □ базально-клеточная эпителиома [карцинома], базалиома

BCE British Commonwealth and Empire □ Британское содружество наций и империя

B-cells beta-cells □ 1. бета-клетки, β-клетки, базофильные инсулоциты 2. В-лифмоциты, В-клетки

BCF basophil chemotactic factor □ фактор хемотаксиса базофилов

BCG bacille Calmette-Guerin □ бацилла Кальмета – Герена, вакцина БЦЖ *(вакцинный штамм, полученный путём аттенуации патогенной культуры микобактерий туберкулёза бычьего типа)*

BCG 1. ballistocardiogram □ баллистокардиограмма
2. ballistocardiograph □ баллистокардиограф, БКГ

BCG bromcresyl green □ бромкрезиловый зелёный *(краситель)*

BCGF B-cell growth factor □ фактор роста В-клеток

BCG nurse медсестра-вакцинатор БЦЖ

BCG test bicolor guaiac test □ (двухцветная) гваяковая реакция *(на скрытую кровь)*

BCh *см.* **B. Chir.**

BCH basal cell hyperplasia □ базально-клеточная гиперплазия

BCH Boston Children's Hospital □ Бостонская детская больница

BCH Boston City Hospital □ Бостонская городская больница

BChD Bachelor of Dental Surgery □ бакалавр хирургической стоматологии

B. Chir. *лат.* Baccalaureus Chirurgiae □ Bachelor of Surgery □ бакалавр хирургии

BCHS Bureau of Community Health Services □ бюро общинного здравоохранения; администрация службы здравоохранения

BCIC Birth Control Investigation Committee □ Комитет по исследованию регулирования рождаемости *(Великобритания)*

BCKA branched-chain ketoacid urea □ выделение с мочой кетокислот с разветвлённой цепью

BCLA Birth Control League of America □ Американская лига по контролю рождаемости

BCM blood-chemistry monitoring □ биохимический мониторинг крови *(постоянное биохимическое исследование крови)*

BCM body cell mass □ общая клеточная масса организма

BCMA British Columbia Medical Association □ Медицинская ассоциация Британской Колумбии

BCME bischloromethyl ether □ дихлорметиловый эфир

BCNU bischlorethylnitrosourea □ дихлорэтилнитромочевина

BCNU *фирм.* carmustine □ кармустин *(противораковый препарат)*

BCP B-cell precursor □ В-клетка-предшественник

BCP birth control pill □ пероральное противозачаточное средство

BCP bromcresyl purple □ бромкрезиловый фиолетовый *(краситель)*

BCP-D bromcresyl purple desoxycholate agar □ агар с добавлением в питательную среду бромкрезилового пурпурового и дезоксихолата натрия *(метод дифференциации холерных вибрионов)*

BCPE British College of Physical Education □ Британский колледж физической культуры

BCRC Baltimore Cancer Research Center □ Балтиморский научно-исследовательский онкологический центр

BCRP breast cancer resistance protein □ протеин сопротивления раку груди

BCRU British Committee on Radiation Units and Measurements □ Британский комитет по радиационным единицам и измерениям

BCS Bachelor of Chemical Science □ бакалавр химических наук

BCS battered child syndrome □ синдром избитого ребёнка

BCs beta-cells □ 1. бета-клетки, β-клетки 2. В-лимфоциты, В-клетки

BCS British Cardiac Society □ Британское кардиологическое общество

BCS Budd – Chiari syndrome □ синдром Бадда – Киари [Бадда – Чиари] *(тромбофлебит печёночных вен, сопровождающий синдромом портальной гипертензии)*

BCT Birth Control Trust □ объединение планирования семьи

BCW biological and chemical warfare □ биологическая и химическая война

BD base deficit □ дефицит оснований

BD basophilic degeneration □ базофильная дегенерация

BD behavior disorder □ нарушение поведения

BD bile duct □ (общий) жёлчный проток

B/D, B-D Binary-to-Decimal □ *выч. тех.* преобразование двоичного кода в десятичный

b.d. *лат.* bis die □ twice a day □ два раза [дважды] в день

BD block design (psychology) □ *психол.* задержка [блокада] мышления, психическое торможение

bd board □ 1. правление; совет; комитет 2. департамент; министерство 3. панель, пульт; щит 4. стол; пансион

b.d. bone dry □ абсолютно сухой

BD borderline dull □ граница тупости; граница притупления *(напр. сердца)*

bd. boundary □ граница, разграничительная линия

BD brain death □ гибель мозга, мозговая смерть

BD buccodistal □ щёчно-дистальный, относящийся к щёчной и дистальной стенкам полости зуба

BD, bd bulk density □ объёмная плотность

BDA British Dental Association □ Британская зубоврачебная ассоциация

BDA British Dermatological Association □ Британская дерматологическая ассоциация

BDA British Diabetes Association □ Британская ассоциация диабетологов

BDAC Bureau of Drug Abuse Control □ наркологическое бюро; бюро контроля за злоупотреблением медикаментами

BDB bis-diazotized-benzidine □ *иммун.* бис-диазотированный бензидин

BDC Breast Diagnostic Center □ маммологический диагностический центр, центр диагностики заболеваний молочной железы

BDE bile duct examination/exploration □ обследование/ревизия (общего) жёлчного протока

BDG broth buffered desoxycholate glucose □ забуференный бульон с дезоксихолатом натрия и глюкозой (для выделения шигелл и сальмонелл)

BDHA British Dental Hygienists' Association □ Британская ассоциация стоматологов-гигиенистов

BDI Beck Depression Inventory □ опросник Бека для оценки депрессии

~**FS** fast screen □ краткая версия опросника для скрининга депрессии в общемедицинской сети

BDI Birth Defect Institute (New York State Health Department) □ Институт врождённых пороков развития (Департамент здравоохранения штата Нью-Йорк)

BDI Bureau of Disability Insurance □ бюро страхования потери трудоспособности

BDL below detectable limits □ подпороговый, ниже ощутимого предела

bdl bundle □ связка; пачка; пучок

BDM basic decision model □ здр. основная модель принятия решений

BDNF brain derived neurotrophic factor □ мозговой нейротрофический фактор

BDS Bachelor of Dental Surgery □ бакалавр хирургической стоматологии

BDSc Bachelor of Dental Science □ бакалавр терапевтической стоматологии

BDTA British Dental Trade Association □ Британская торговая стоматологическая ассоциация

BDU basic display unit □ базовый [основной] дисплей

BE bacillary emulsion □ фильтрат культуры микобактерий туберкулёза, старый туберкулин Коха, см. **ATK**

BE bacterial endocarditis □ септический [бактериальный] эндокардит

BE barium enema □ 1. бариевая клизма 2. введение бариевой взвеси

BE base excess □ излишек буферных оснований, сдвиг буферных оснований, СБО

BE below elbow □ ниже локтя

Be beryllium □ бериллий

BE bovine enteritis □ энтерит крупного рогатого скота

BE brain encephalitogen □ энцефалитогенное вещество головного мозга

BE bronchoenterology □ учение о болезнях кишечника и лёгких [бронхов]

BE bronchoesophagology □ бронхоэзофагология (учение о морфологии, физиологии, патологии пищевода и бронхов)

BEA blood ethyl alcohol □ содержание этилового алкоголя в крови

BEA bovine epithelial antigens □ бычьи эпителиальные антигены

BEA Burg el Arab □ Бург-эль-Араб (арбовирус)

---

* 1 бэр = 0,01 Дж/кг. В СССР за норму принято предельное облучение до 35 бэр за 70 лет жизни.

BEB Bebaru □ Бебару (арбовирус)

BEC Bureau of Employees' Compensation □ бюро выплаты компенсаций за потерю трудоспособности (США)

BECF brain extracellular fluid □ внеклеточная жидкость головного мозга

bef. before □ до, перед

BEF B-cell-derived enhancing factor □ фактор, усиливающий продукцию B-клеток

BEI butanol-extractable iodine □ йод, экстрагируемый бутанолом

BEIR Biological Effects of Ionizing Radiations □ биологические последствия ионизирующей радиации

bel. below □ ниже

Benz. benzoate □ фарм. бензоат

BER basic electrical rhythm □ основной электрический ритм

Ber Bergey's manual of determinative bacteriology □ определитель бактерий Берджи

BER biological equivalent of Roentgen □ биологический эквивалент рентгена (доза любого ионизирующего излучения – альфа-лучи, бета-лучи, нейтроны – эквивалентная по своему биологическому действию дозе в 1 рентген), бэр*

BERBOH British Examining and Registration Board in Occupational Hygiene □ Британская экзаменационная и аттестационная [регистрационная] комиссия по гигиене профессиональных заболеваний

BES balanced electrolyte solution □ сбалансированный электролитный раствор

BES Biological Engineering Society (British) □ Биотехнологическое общество (Великобритания)

BES breast self-examination □ самообследование молочной железы (на рак), СМЖ

BES British Ecological Society □ Британское экологическое общество

BESRL Behavioral Science Research Laboratory □ Научно-исследовательская лаборатория по изучению поведенческих наук

BESS Biomedical Experiment Scientific Satellite □ спутник «БЕСС» (для биологических исследований)

BEST blitz electroshock therapy □ электрошоковая терапия

BEV billion electron volts □ биллион электрон-вольт (амер., фр. миллиард, 10^9; англ., другие европейские страны – триллион, 10^{12})

BF backlash feelings □ нарушение чувствительности

BF beat frequency □ частота биений или ударов (напр. сердца)

BF bentonite flocculation □ осаждение бентонитом

BF blastogenic factor □ бластогенный фактор, онкоген

BF body fat □ жировой компонент [жир] тела

BF breast fed □ питание грудью; грудное вскармливание

BF bronchofiberscope □ фибробронхоскоп

BF butterfat □ масло-жир

BFA burst feeder activity □ активность бурстподдерживающего подслоя, бурстфидерная активность, БФА

BFC benign febrile convulsion □ благоприятно протекающий судорожный синдром

bfg briefing □ инструктаж; брифинг

BFM Berlin – Francfurt – Munster □ BFM-протокол *(лечения острого лейкоза)*

BFN biologic false-negative reaction □ (биологически) ложноотрицательная реакция

BFP biologic false-positive reaction □ (биологически) ложноположительная реакция

BFR blood flow rate □ скорость кровотока

BFR bone formation rate □ скорость костеобразования или остеогенеза

bfr buffer □ *хим., выч. тех.* 1. буфер; буферный раствор 2. буферно-запоминающее устройство 3. буферный регистр

BFR buffered Ringer's (solution) □ буферный раствор Рингера

BFRI Boston Federation of Residents and Interns □ Бостонская федерация врачей-резидентов и интернов

BFT bentonite flocculation test □ коагуляционная [флоккуляционная] проба с бентонитом

BFT biofeedback training □ обучение методом биологической обратной связи

BFU-E erythroid burst forming unit □ эритроидная [эритроцитарная] «взрывообразующая единица», или клетка

BFVD British Federation Against Venereal Diseases □ Британская федерация борьбы с венерическими болезнями

BFW behavior following wakefulness □ поведение после пробуждения

bg bag □ мешок *(напр. дыхательный)*

BG basic gastrin □ базальный гастрин

BG blood glucose □ сахар крови

BG bone graft □ костный трансплантат

BG buccogingival □ щёчно-десневой, относящийся к щеке и дёснам

BG *фр.* by gavage □ 1. насильственное питание; зондовое питание 2. гипералиментация *(кормление пищей избыточной калорийности)*

BG bypass graft □ обходной шунт, обходной трансплантат

BGA blood gas analyser □ газоанализатор крови

BGC blood group class □ категория группы крови

Bge beta-galactosidase structural electrophoretic variation □ электрофоретические варианты бета-галактозидазы

BGG bovine gamma globulin □ бычий гамма-глобулин

BGH bovine growth hormone □ бычий гормон роста

BGH British General Hospital □ Британская больница общего типа

BGLB brilliant green lactose broth □ лактозный бульон с добавлением бриллиантового зелёного *(красителя)*

Bgl-e beta-galactosidase structural electrophoretic variation □ электрофоретические варианты бета-галактозидазы

Bgl-s beta-Δ-galactosidase systemic □ системная бета-D-галактозидаза

Bgl-t beta-galactosidase temporal □ возрастная бета-галактозидаза

BGM green monkey kidney cells □ клетки почек зелёных обезьян

BGOO benign gastric outlet obstruction □ рубцовый доброкачественный стеноз привратника

BGP beta-glycerophosphatase □ бета-глицерофосфатаза

BGP butyl glycolylbutyl phthalate □ бутил-гликолилбутил-фталат

BGS beta-Δ-galactosidase systemic, *см.* **Bgl-s**

BGS British Geriatric Society □ Британское гериатрическое общество

BGSA blood granulocyte-specific activity □ специфическая активность зернистых лейкоцитов

BGT beta-galactosidase temporal □ возрастная бета-галактозидаза, *см. тж.* **Bgl-t**

BGT bicolor guaiac test □ гваяковая проба на скрытую кровь *(появление синего окрашивания при взаимодействии перекиси водорода со спиртовым раствором гваяковой смолы в присутствии кровяных пигментов)*

BGTT borderline glucose tolerance test □ субнормальный [пограничный] уровень глюкозо-толерантного теста

Bh *англ., усл.* годен для несения военной службы в пределах метрополии *(военно-учётная категория)*

BH Base Hospital □ основной госпиталь

B/H bill of health □ карантинное свидетельство; санитарное свидетельство

BH birth history □ 1. история родов 2. акушерский анамнез

BH brain hormone □ мозговой гормон

BH breath holding □ задержка дыхания

BH bundle of His □ атриовентрикулярный пучок, пучок Гиса

BHA Bhanja □ Бханджа *(арбовирус)*

BHA bound hepatitis antibody □ антитела, ассоциированные с вирусом гепатита

BHA butylated-hydroxyanisole □ бутиловый гидроксианизол

BHAGL bony humeral avulsion of glenohumeral ligament □ разрыв гленогумеральной связки в области плечевой кости

BHC benzene-hexachloride □ бензолгексахлорид

BHE Bureau of Health Education □ бюро санитарного просвещения

BHI blues health insurance □ социальное страхование

BHI brain-heart infusion □ сердечно-мозговая вытяжка

BHIB beef-heart infusion broth □ бульон на экстракте из бычьего сердца

BHK baby hamster kidney □ почка детёныша хомяка

BHL biological half-life □ биологический период полураспада

BHM Bureau of Health Manpower □ бюро [отдел] кадров здравоохранения

BHME Bureau of Health Manpower Education □ бюро обучения кадров здравоохранения

BHN Brinell hardness number □ твёрдость по Бринелю

BHR biotechnical and human research □ исследование в области биотехники и жизнедеятельности человеческого организма

BHR bronchial hyperreactivity □ бронхиальная гиперреактивность

BHRD Bureau of Health Resources Development □ бюро развития служб здравоохранения

BHS Bachelor of Health Sciences □ бакалавр организации здравоохранения

BHS basic health services □ основные службы здравоохранения

BHS Beck Hopelessness Scale □ опросник Бека для оценки ощущения безнадёжности у пациентов

BHS behavioral science □ бихевиоральные [поведенческие] науки

BHS beta-hemolytic streptococcus □ бета-гемолитический стрептококк, β-гемолитический стрептококк

BHSR Bureau of Health Services Research □ бюро научных исследований медицинского обслуживания

BHT butylated hydroxytoluene □ бутилированный гидрокситолуол (консервант для сперматозоидов)

BHU basic health unit □ индекс [показатель] здоровья

BH/VH body hematocrit-venous hematocrit ratio □ соотношение капиллярного гематокрита к венозному

B. Hyg. Bachelor of Hygiene □ бакалавр гигиены

BI bacterial index □ бактериальный индекс; индекс микробного загрязнения

Bi bisexual □ бисексуальный, двуполый

Bi bismuth □ висмут

BI bodily injury □ телесное повреждение

BI bone injury □ повреждение кости, костное повреждение

BI brain-injured □ пациент с черепно-мозговой травмой || относящийся к черепно-мозговой травме

BI Broca index □ индекс Брока

BI buffer index □ 1. буферный индекс 2. буферный раствор

BI burn index □ ожоговый индекс

BIAC Bioinstrumentation Advisory Council □ биотехнологический консультативный совет

bib. лат. bibe □ drink □ пить || питьё

BIBRA British Industrial Biological Research Association □ Британская биотехнологическая научно-исследовательская ассоциация

BIC blood isotope clearance □ клиренс [очищение] крови от изотопов

BID, b.i.d. лат. bis in die □ twice a day □ дважды в день

BID brought in dead □ умерщвлять; забивать; убивать

BIDLB block in the posteroinferior division of the left branch □ блокада нижнезадней ветви левой ножки пучка Гиса

BIDS brittle hair, impaired intelligence, decreased fertility and short stature □ ломкость волос, нарушение интеллектуального развития, снижение половозрелости, низкий рост

BIF biotin immunofluorescence □ биотин-опосредованная иммунофлуоресценция

bifn. bifurcation □ раздвоение; бифуркация

BIH benign intracranial hypertension □ внутричерепная гипертензия доброкачественной природы

bihor. лат. bihorium □ during two hours □ в течение двух часов

BIID body integrity identity disorder □ псих. синдром невосприятия целостности собственного тела (больной считает какую-нибудь часть тела «не своей» и пытается от неё избавиться)

BIIT blood incubation infectivity test □ посев крови для выделения гемокультуры

BI-IV англ., усл. годен к несению военной службы в метрополии и за границей (военно-учётная категория)

BIL basal insulin levels □ исходный уровень инсулина

bil. bilateral □ двусторонний, билатеральный

Bil. test bilirubin test □ билирубиновый тест

bilat. bilateral □ двусторонний, билатеральный

BILG Boston Interhospital Liver Group □ Бостонская межклиническая гепатологическая группа

bili bilirubin □ билирубин

BIM Bimiti □ Бимити (арбовирус)

BIML фр. Bureau Internationale de Metrologie légale □ Международное бюро законодательной метрологии

BIMS Bisoprolol International Multicenter Study □ Международное комплексное исследование бисопролола

BIN, bin. binary □ 1. двоичный (напр. о коде) 2. двойной, бинарный (напр. газ)

b.i.n. лат. bis in nocte □ twice a night □ дважды за ночь

bio. biological □ биологический

BIOB Boston Interhospital Organ Bank □ Бостонский межбольничный [межгоспитальный] банк органов (для трансплантации)

bioch. 1. biochemical □ биохимический 2. biochemist □ биохимик

Biochem. biochemistry □ биохимия

Biocon biocontamination □ загрязнение биосферы

BioDef., Biodef. biological defense □ биологическая защита

biol. biologist □ биолог

Biol. biology || biological □ биология || биологический

biomed. biological-medical □ биомедицинский, медико-биологический

BIONICS Biological Electronics □ бионика; биология и электроника

BIOPACK biological package □ контейнер с биологическими образцами или живыми организмами

BIORECS bio-recording systems □ системы биологической регистрации

BIOS амер. biological investigation of space □ биологическое исследование космоса

BIOS biological satellite □ спутник для биологических исследований

bioser bioserotype □ (био)серовар, (био)серотип

biotech biotechnology □ биотехнология

BIOWAR biological warfare □ биологическая война; боевые действия с применением биологического оружия

BIPAP bilevel positive air pressure □ двухуровневая поддержка положительного давления в дыхательных путях, см. тж. **CPAP**

BIPM фр. Bureau Internationale des Poids et Mesures □ Международное бюро мер и весов, МБМВ

BIPP, bipp bismuth iodoform, paraffin paste (Morison's paste) □ висмут, йодоформ, парафиновая паста (паста Морисона)

BIR basic incidence rate □ основной показатель заболеваемости

BIR British Institute of Radiology □ Британский радиологический институт

BIRF *амер.* Biochemical Research Foundation □ Биохимический научно-исследовательский фонд

BIS Board of Inspection and Survey □ управление инспекции и наблюдения

Bism. bismuth □ висмут

BISp between ischial spine □ расстояние между седалищными буграми

BIST built-in self-test □ встроенный самоконтроль

bit binary digit □ бит *(двоичный разряд, двоичная единица информации типа «да – нет»)*

BIT built-in test □ встроенный тест, встроенная система контроля

BIV bovine immunodeficiency virus □ бычий вирус иммунодефицита

BJ biceps jerk □ сгибательно-локтевой рефлекс

BJ bone and joint □ костно-суставная система, кости и суставы

BJP, BJ protein Бенс-Джонса белок *(1. выделяемый с мочой белок при миеломной болезни, Бенс-Джонса протеинурия 2. проба Бенс-Джонса на обнаружение белка в моче)*

BK bacillus Kochii □ микобактерия туберкулёза, бацилла [палочка] Коха, БК

BK+ bacillus Kochii(+) □ 1. туберкулёз лёгких с выделением микобактерий, (БК+) 2. бацилловыделитель

BK– bacillus Kochii(–) □ 1. туберкулёз лёгких без выделения микобактерий, (БК–) 2. абациллярный больной туберкулёзом лёгких

Bk Becquerel □ беккерель, Бк

BK below knee □ ниже коленного сустава *(об ампутации)*

Bk berkelium □ берклий

bk break □ прекращение; перерыв ‖ прекратить, прервать

BKA below-knee amputation □ ампутация ниже колена

bkdn breakdown □ поломка; разрушение; электрический пробой

bkfst breakfast □ завтрак

bkgd background □ фон, исходное состояние

BKPA British Kidney Patient Association □ Британская ассоциация нефрологических больных

BKTT below knee to toe □ от колена до пальцев *(стопы)*

BKWP below knee walking plaster □ гипсовая повязка «сапожок»

BL baseline □ неопределенная величина *(напр. проба мочи)*

bl. bleeding □ кровотечение

BL blood loss □ кровопотеря

bl. blue □ голубой; синий

BL B-lymphocytes □ В-лимфоциты, В-клетки

BL borderline lepromatous □ пограничный случай лепроматоза, недифференцированная лепра

BL buccolingual □ щёчно-язычный

BL Burkitt's lymphoma □ лимфома Беркитта

BLA bacteriophage-linked antigen □ бактериофаг-антигенный конъюгат

BLAR British League Against Rheumatism □ Британская антиревматическая лига

BLB mask Boothby Lovelace Bulbulian mask □ высотная кислородная маска (Будби, Ловлейс, Булбулиан)

BLC, blc balance □ 1. весы 2. равновесие; баланс

blck blockade □ блокада, блок

B-LCL lymphoblastoid B-cell line □ лимфобластная В-клеточная линия

bl. cult. blood culture □ гемокультура *(культура микроорганизмов, выделенная из крови)*

bld blind □ слепой *(мутантный ген)*

BLG beta-lactoglobulin □ бета-лактоглобулин, β-лактоглобулин

BLIPS brief limited intermittent psychotic symptoms □ краткие периодические психотические симптомы

blk black □ чёрный *(ген окраски или цвета)*

BLM basic language machine □ основной язык вычислительной машины

BLM bilayer lipid membrane □ двухслойная липидная мембрана

blo. blower □ вентилятор; нагнетатель

BLP beta-lipoprotein □ бета-липопротеид, β-липопротеид

Bl. Pr. blood pressure □ кровяное давление

BLROA British Laryngological, Rhinological and Otological Association □ Британская ассоциация оториноларингологов

BLS bare lymphocyte syndrome □ синдром «голых» [«лысых»] лимфоцитов, СГЛ

BLS basic life support □ жизнеобеспечение; обеспечение основ жизни

BLS blind loop syndrome □ синдром слепой петли

BLS blood sugar □ содержание сахара в крови

BLS Bureau of Labor Statistics □ бюро рабочей статистики

blst blast □ 1. взрыв; взрывная [ударная] волна; струя 2. разрыв внутренних органов *(напр. лёгкого, селезёнки и др.)*

BLT blood-clot lysis time □ время лизиса кровяного сгустка

BLT blood type □ группа крови

BLT bright light therapy □ терапия (сезонных депрессий) ярким светом

BLV bovine leukemia virus □ вирус лейкоза крупного рогатого скота

blw below □ ниже, под

B-lymphocyte bursa-lymphocyte □ В-лимфоцит, В-клетка

B.M. Bachelor of Medicine □ бакалавр медицины

b.m. *лат.* balneum maris □ seawater bath □ морская ванна; морское купание

BM basal metabolism □ основной обмен

BM basement membrane □ базальная мембрана

b.m. *лат., фарм.* bene misceatur □ mix well □ хорошо смешать

bm. bi-monthly □ 1. выходящий раз в два месяца 2. выходящий два раза в месяц

BM body mass □ масса [вес] тела

BM bone marrow □ костный мозг

BM bowel movement □ перистальтика кишечника

BM buccomesial □ относящийся к щёчной и медиальной поверхностям *(полости зуба)*

BMA British Medical Association □ Британская медицинская ассоциация

B. malayi Brugia malayi □ возбудитель бругиоза с развитием слоновости

BMC bone marrow cell □ клетка костного мозга

BMC bone mineral content □ минеральный состав кости

BMD basophilic myocardial degeneration □ базофильная дегенерация [перерождение] миокарда

BMD Becker muscular dystrophy □ мышечная дистрофия Беккера

BMD bone marrow depression □ угнетение костномозгового кроветворения

BMD bone mineral density □ минеральная плотность кости *(д/см²)*

BMDDP Bureau of Medical Devices and Diagnostic Products □ бюро медицинских приборов и диагностических средств

BME basal medium Eagle (culture medium) □ основная среда Игла *(для культивирования клеток и тканей)*

BME Biomedical Engineering □ биомедицинская техника

BME bis(N-maleimidomethyl) ether □ метиловый эфир бис-N-малеимидометила

BME blood micro equipment □ оборудование для микроанализа крови

B Med Sc Bachelor of Medical Science □ бакалавр медицинских наук

BMF B-cell maturation factor □ фактор созревания B-клеток, пре-B-клеточный фактор

BMFF B-cell memory-forming factor □ фактор формирования B-клеток памяти

BMH British Military Hospital □ Британский военный госпиталь

BMH British Ministry of Health □ Министерство здравоохранения Великобритании

BMI biological and medical investigations □ биомедицинские исследования

BMI body mass index □ индекс массы тела *(отношение веса к квадрату роста в метрах; норма от 18 до 25)*

BMI bone marrow inducer □ индуктор костного мозга *(ген, подавляющий пролиферацию и стимулирующий апоптоз клеток)*

BML bone marrow lymphocytosis □ костно-мозговой лимфоцитоз

B_m-ly memory B-lymphocyte □ B-лимфоцит памяти

BMMD body mass-measurement device □ весы для измерения массы тела

BMMP benign mucous membrane pemphigoid □ доброкачественный пемфигоид слизистых оболочек [доброкачественная пузырчатка]

BMN bone marrow necrosis □ некроз костного мозга

BMNC blood mononuclear cells □ мононуклеарные клетки крови

BMO Brigade Medical Officer □ начальник медицинской службы бригады *(Великобритания)*

B-MOPP Bleomycinum, Embichinum [Mustargen], Vincristinum [Oncovin], Procarbazinum, Prednisolonum □ блеомицин, эмбихин [мустарген], винкристин [онковин], прокарбазин, преднизолон *(программа химиотерапии онкологических больных)*

BMP bone morphogenetic protein □ костный морфогенетический белок *(индуктор роста костной ткани)*

BMPase bone morphogenetic proteinase □ протеиназа костной субстанции

BMR basal metabolic rate □ величина основного обмена, интенсивность основного обмена

BMRC British Medical Research Council □ Медицинский научно-исследовательский комитет Великобритании

BMS Bachelor of Medical Science □ бакалавр медицинских наук

BMSA British Medical Students' Association □ Британская ассоциация студентов-медиков

BMSH beta-melanocyte-stimulating hormone □ бета-мелано-цитстимулирующий гормон, β-меланоцитстимулирующий гормон

BMSSVD British Medical Society for Study of Venereal Diseases □ Британское медицинское общество по исследованию и лечению венерических болезней

BMT bone marrow transplantation □ трансплантация костного мозга

BMT British Mean Time □ Британское среднее время

bmtr barometer □ барометр

BMV bovine mammillitis virus □ вирус маммиллита крупного рогатого скота

BMZ basement membrane zone □ зона базальной мембраны

BN binary number □ двоичное число

BN bulimia nervosa □ нервная булимия

BNA Basel Nomina Anatomica □ Базельская анатомическая номенклатура *(Швейцария, 1895)*

BNA British Neuroscience Association □ Британская ассоциация по нейронаукам

BNCDS British National Child Development Study □ Британский национальный научно-исследовательский институт развития ребёнка

BNCSR British National Committee on Space Research □ Британский национальный комитет по космическим исследованиям

bnd band □ 1. пояс; полоса; лента 2. диапазон *(частот)*

BNDD Bureau of Narcotics and Dangerous Drugs □ бюро по наркотикам и сильнодействующим препаратам

BNF British National Formulary □ Британский национальный реестр лекарственных средств, разрешённых к применению

BNHS British National Health Service □ Британская национальная служба здравоохранения

Bn Med Sec *амер.* Battalion Medical Section □ батальонный медицинский пункт

BNO bladder neck obstruction □ контрактура шейки мочевого пузыря

BNO bowels not opened □ кишечник не очищен; страдает задержкой стула *(о больном)*

BNP B-type natriuretic peptide □ натрийуретический пептид B-типа

BNPA binasal pharyngeal airway □ носоглоточный воздуховод

BNS *нем.* blitz, neck, salaam □ салаамовы приступы или судороги

BO blackout □ временное выключение зрения [сознания], «чёрная пелена» перед глазами

BO body odor □ запах пота, запах тела

BO bowel obstruction □ непроходимость кишечника

BO bowels opened □ кишечник очищен; задержки стула нет *(о больном)*

BO buccoocclusal □ относящийся к щеке и прикусу

BO burials officer □ начальник похоронной команды

BOA born of arrival □ рождённый в срок

BOA British Optical Association □ Британская оптическая ассоциация

BOA British Orthopedic Association □ Британская ортопедическая ассоциация

BOB Bureau of Biologicals *(FDA)* □ бюро контроля за биологическими препаратами *(Департамента здравоохранения США)*

BOD bacterial optical density □ оптическая плотность бактерий

BOD biochemical [biological] oxygen demand □ биологическая [биохимическая] потребность в кислороде, БПК

BOD biological oxygen demand □ биологическая потребность в кислороде, БПК

BOD Bureau of Drugs □ бюро контроля за лекарственными средствами *(Департамента здравоохранения США)*

BOFA b-oncofoetal antigen □ b-онкофетальный антиген

BOHS British Occupational Hygiene Society □ Британское общество гигиены профессиональных заболеваний

bol. *лат.* bolus □ pill □ болюс *(1. крупная таблетка 2. значительный объём)*

BoLA bovine leukocyte antigen □ главный комплекс гистосовместимости крупного рогатого скота

BOM bilateral otitis media □ двусторонний средний отит

BOM Bureau of Medicine (FDA) □ Медицинское бюро *(Департамента здравоохранения США)*

BONENT Board of Nephrology Examiners-Nursing and Technology □ Экзаменационная комиссия по нефрологии для сестринского и вспомогательного персонала

BOOP bronchiolitis obliterans with organizing pneumonia □ облитерирующий бронхиолит с организующейся пневмонией, ОБОП

boost booster □ 1. бустер; усилитель; сервомеханизм 2. бустер-доза; ревакцинационная доза

BOR benevolent overreaction □ повышенная благотворительная деятельность или активность

BOR bowels open regularly □ регулярно очищать кишечник

BORR blood-oxygen release rate □ скорость связывания тканями кислорода из крови

bot. botanic(al) || botanist □ ботанический || ботаник

bot. bottle □ бутылка; флакон

bot. bottom □ 1. дно; низ, нижняя часть 2. основание, фундамент

BOV brown oil of vitriol □ неочищенная серная кислота

BOW bag of water □ амниотический мешок, плодный пузырь

BOW born out of wedlock □ рождённый вне брака, внебрачный

Bp *англ., усл.* не годен к несению военной службы *(военно-учётная категория)*

BP back pressure □ противодавление

BP barometric pressure □ барометрическое давление

BP, bp base pair □ комплементарная пара гетероциклических оснований

BP basic protein □ основной белок

BP bedpan □ подкладное судно

BP behavior pattern □ форма поведения

bp below proof □ ниже установленного градуса; разведённый *(о спирте)*

BP benzo(a)pyrene □ бензо(а)пирен

BP bioscience program □ программа биологических исследований

BP biotic potential □ биопотенциал

BP biparietal □ поперечный размер головки плода *(расстояние между теменными буграми)*

BP, bp birth place □ место рождения

BP bladder puncture □ пункция мочевого пузыря

BP blood pressure □ кровяное давление

BP, b.p. boiling point □ точка [температура] кипения

bp brachypodism □ брахиподия || коротконогие *(о лабораторных мышах)*

BP British Patent □ Британский патент

BP British Pharmacopoeia □ Британская фармакопея

BP bronchopleural □ бронхоплевральный

BP bullous pemphigus □ буллёзная пузырчатка

BP butylphenol □ бутилфенол

BP bypass □ обходной анастомоз, обходной шунт

BPA Biological Photographic Association □ Ассоциация лиц, занимающихся фотографией биологических объектов

BPA bovine plasma albumin □ бычий альбумин плазмы

BPA British Pediatric Association □ Британская ассоциация педиатров

BPA burst-promoting activity □ бурст-промоторная активность

BPAS British Pregnancy Advisory Service □ Британская консультативная служба, обслуживающая беременных

BPB bromophenol blue □ *иммун.* бромфенол синий *(краситель)*

BPC British Pharmaceutical Codex □ Британский фармацевтический кодекс

BPCRS British Pharmacopoeia. Chemical Reference Substance □ Британская фармакопея. Справочная таблица химических веществ

BPD biparietal diameter □ межтеменной размер

BPD borderline personality disorders □ пограничные состояния; нервно-психические расстройства

BPD bronchopulmonary dysplasia □ бронхолёгочная дисплазия

BPF Brazilian purpuric fever □ Бразильская пурпурная лихорадка

BP fistula bronchopleural fistula □ бронхоплевральный свищ

BPG bypass graft □ обходной (сосудистый) протез

BPH benign prostatic [hyperplasia] hypertrophy □ доброкачественная [гиперплазия] гипертрофия предстательной железы

BPh British Pharmacopoeia □ Британская фармакопея

B Pharm Bachelor of Pharmacy □ бакалавр фармации

BPL benzylpenicilloyl-polylysine □ бензилпенициллоил-полилизин

BPL birth place □ место рождения

BPL β-propriolactone □ β-проприолактон

BPM, bpm beats per minute □ ударов в минуту (о пульсе)

BPMF British Postgraduate Medical Federation □ Британская федерация лиц, окончивших медицинские вузы

BPN brachial plexus neuropathy □ неврит плечевого сплетения

BPO benzoyl peroxide □ пероксид бензоила

BPO-FLys benzylpenicilloyl-formyllysine □ бензилпенициллоил-формиллизин

BP quality British Pharmacopoeia quality □ фармацевтической чистоты согласно Британской фармакопее

BPRS Brief Psychiatric Rating Scale □ краткая оценочная шкала психического состояния

BPRS Brief Psychiatric Rating Scale □ краткая психиатрическая оценочная шкала

BPS British Psychological Society □ Британское общество психологов

BPS Bureau of Product Safety (FDA) □ бюро пищевой санитарии (Департамента здравоохранения США)

BPT boiling point □ точка кипения

BPT bronchial provocation test □ бронхоспастическая проба с аллергеном, бронхопровокационный аллерго-тест

BPV back-pressure valve □ клапан обратного давления

BPV bovine papilloma virus □ папилломавирус крупного рогатого скота

Bq becquerel □ беккерель, Бк (единица активности нуклида в радиоактивном источнике, равная 1 распаду радионуклида в секунду)

BQA Bureau of Quality Assurance □ бюро страхования жизни

BR basic requirements □ основные требования; требование стандарта

BR bed rest □ постельный режим

BR bedside rounds □ клинический обход (больных)

BR bilirubin □ билирубин

BR bio-recording systems □ системы биологической регистрации

BR Birmingham Revision □ Бирмингемская ревизия анатомической номенклатуры; Бирмингемская пересмотренная анатомическая номенклатура

BR Blue Ribbon Army □ Общество трезвости «Синяя лента»

BR, br boiling range □ диапазон кипения

BR Book of Reference □ справочник, справочное издание

br. branch □ 1. отрасль 2. отделение 3. ветвь (сосуда)

BR British Revision □ см. **BR** Birmingham Revision

Br bromine □ бром

br. bronchitis □ бронхит

br. brother □ брат

br. brown □ коричневый, бурый

Br Brucella □ бруцеллы (группа бактерий)

br. brush □ щётка

BRAB bridged avidin-biotin method □ «мостиковый» авидин-биотиновый метод, (иммуноферментный) метод с авидин-биотиновым усилением

BRAT behavior and therapy □ исследование и коррекция поведения

BRB bright red blood □ артериальная кровь

BRBC bovine red blood cells □ бычьи эритроциты

BRC biomedical recovery capsule □ спасаемая биомедицинская капсула

BRC British Red Cross □ Британский Красный Крест

BRCA breast cancer □ рак молочной [грудной] железы

BRCA-2 ген-маркёр рака молочной железы

BRCS British Red Cross Society □ Британское общество Красного Креста

brd board □ 1. правление; совет 2. департамент; министерство 3. стол, пансион 4. комиссия

BrDU 5-brom deoxyuridine □ иммун. 5-бромдезоксиуридин (предшественник синтеза ДНК)

BRH Bureau of Radiological Health (FDA) □ бюро радиационной защиты (Департамента здравоохранения США)

BRI Brain Research Institute □ Британский научно-исследовательский институт мозга

Bri Mil Hosp British Military Hospital □ английский военный госпиталь

Brit. AAS British Association for the Advancement of Science □ Британская ассоциация содействия развитию науки

Brit. Hosp. British Hospital □ английский госпиталь

Brit. Pharm. British Pharmacopoeia □ Британская фармакопея

brk break □ 1. перерыв; разрыв 2. перелом || ломать, разбивать, разрушать

brkf breakfast □ завтрак

brkt bracket □ мед. тех. 1. скоба, скобка 2. кронштейн, консоль, подставка

brm barometer □ барометр

BRM biological response modifiers □ биологические модификаторы

BRM biuret reactive material □ реактивы для биуретовой реакции

brm barometric □ барометрический

BRMF B-cell-replication and maturation factor □ фактор размножения и созревания B-клеток

Brom. bromide □ фарм. бромид

Bros Brothers □ братья (обычно в названиях обществ)

BRP bilirubin production rate □ скорость образования билирубина

BRP Biomedical Research Panel □ Биомедицинская научно-исследовательская группа

BRP British Patent □ Британский патент

brph bronchophony □ бронхофония

BrPM breath per minute □ частота дыхания в минуту

BRS basic radiological system □ основная рентгенорадиологическая система

BRS Biofeedback Research Society □ Научно-исследовательское общество по изучению физиологических параметров

BRS British Roentgen Society □ Британское рентгенологическое общество

BRSG Biomedical Research Support Grants □ финансирование научно-исследовательских работ по биологии и медицине грантами

BRSI Bureau of Retirement and Survivors Insurance □ бюро страхования пенсионеров и участников войны

BRSM British Royal Society of Medicine □ Королевское медицинское общество Великобритании

brst burst □ 1. взрыв 2. разрыв *(органа)*

Br Std British Standard □ Британский стандарт

BRT basic research tasks □ задачи фундаментальных научных исследований

BRT breakthrough □ важное (научно-техническое) открытие, прорыв в науке

brt bright □ яркий *(об освещении)*

brth breath □ дыхание

BrUrd bromuridme □ бромуридин

BS Bachelor of Science □ бакалавр естественных наук

BS Bachelor of Surgery □ бакалавр хирургии

bs base □ база; основание

BS beam splitter □ *радиол.* расщепитель луча

BS benzyl salicylate □ бензил салицилат

BS binary scale □ двоичная шкала, двоичный масштаб

BS Biological Sciences □ биологические науки

BS Biological Standardization □ биологическая стандартизация

BS Biometrical Society □ Биометрическое общество

BS blood-sugar □ сахар крови

BS boredom susceptibility □ устойчивость к монотонии *(субшкала психологического теста)*

b.s. both sides □ с обеих сторон; двусторонний

b.s. bottom sediment □ отстой, донный осадок

BS bowel sounds □ кишечные шумы, звуки перистальтики кишечника

BS breaking strength □ разрушающая сила

BS breath sounds □ дыхательные [респираторные] шумы *(выслушиваемые при аускультации здорового человека)*

BS British Standard □ Британский стандарт

BSA benzenesulphonic acid □ бензолсульфоновая кислота

BSA bismuth-sulphite agar □ висмут-сульфит агар

BSA body surface area □ площадь [участок, область] поверхности тела

BSA bovine serum albumin □ бычий сывороточный альбумин *(антиген, часто применяемый в экспериментальной иммунологии)*

BSB body surface burned □ обожжённая поверхность тела

BSB Bushbush □ Бушбуш *(арбовирус)*

BSc Bachelor of Science □ бакалавр наук

bsc basic □ основной, начальный

BSC basophilic stippling of red cells □ базофильная зернистость эритроцитов

BSC best supportive care □ эффективная симптоматическая терапия

BSC Blue Shield of California □ «Синий щит Калифорнии» *(страховое общество)*

BSCC British Society for Clinical Cytology □ Британское общество клинической цитологии

BSD British Standard Dimension □ размер по британскому стандарту

BSDMR British Society of Dental and Maxillofacial Radiology □ Британское общество челюстно-лицевой рентгенологии

BSE 1. bovine spongiform encephalitis □ губчатый энцефалит **2.** bovine spongiform encephalopathy □ губчатая [губчатообразная] энцефалопатия крупного рогатого скота, коровье бешенство

BSE breast self-examination □ самообследование молочной железы

BSERA brain stem electric response audiometry □ аудиометрия электрических реакций ствола мозга

BSF backscatter factor □ фактор обратного рассеяния *(ионизирующего излучения)*

BSF B-cell stimulatory factor □ фактор, стимулирующий B-клетки

BSF-2 B-cell stimulatory factor 2 □ интерлейкин 6, ИЛ-6, *уст.* фактор 2 стимуляции B-клеток

BSHC British Social Hygiene Council □ Британский совет социальной гигиены

BSI brief symptom inventory □ *псих.* краткий симптоматический опросник

BSI British Standards Institution □ Британский институт стандартов

BSIE biosciences information exchange □ обмен биологической научной информацией

BSIRA British Scientific Instruments Research Association □ Британская научно-исследовательская ассоциация по научным приборам

BSM bile salt metabolism □ метаболизм жёлчных солей

BSM bronchial smooth muscle □ гладкие мышцы бронхов

BSN Bachelor of Science in Nursing □ бакалавр наук по сестринскому делу

BSN bowel sounds normal □ нормальные кишечные шумы, звуки перистальтики кишечника

BSO bilateral salpingo-oophorectomy □ двусторонняя сальпингоовариоэктомия

BSP Blackwell Scientific Publications □ наименование издательства научной литературы *(включая медицинскую)*

BSP, Bsp bromosulphophthalein, sulfobromophthalein □ бромсульфофталеин, сульфобромфталеин; сульфобромфталеиновая проба *(определение продолжительности задержки в крови бромсульфофталеина после его внутривенного введения)*

B'sp bronchospasm □ бронхоспазм

BSPS brief social phobia scale □ краткая шкала для оценки социальной фобии

BSR basal skin resistance □ резистентность базальной мембраны кожи

BSR blood sedimentation rate □ скорость оседания эритроцитов, СОЭ

BSR British Society of Rheumatology □ Британское ревматологическое общество

BSRD British Society for Restorative Dentistry □ Британское общество восстановительной стоматологии

BSS Beck Scale for Suicide Ideation □ опросник Бека для выявления суицидальных мыслей

BSS balanced salt solution □ сбалансированный солевой раствор

BSS black silk suture □ шов чёрным шёлком

BSS British Standard Specification □ 1. технические условия по Британскому стандарту 2. Британский ведомственный стандарт

BSS buffered salt [saline] solution □ буферный солевой раствор

BST blood serological test □ серологический тест, исследование сыворотки крови

BST brief stimulus therapy □ короткоимпульсная терапия

BST British Summer Time □ Британское летнее время

bstd bastard □ 1. внебрачный ребёнок 2. гибрид; метис; помесь

BT basal temperature □ температура в условиях основного обмена

bt bedtime □ время ложиться спать

BT bitemporal □ малый поперечный размер головки плода (расстояние между наиболее отдалёнными точками венечного шва)

BT bladder tumor □ опухоль мочевого пузыря

BT bleeding time □ время кровотечения

BT blue tetrazolium □ синий тетразолий (краситель)

BT body temperature □ температура тела

BT borderline tuberculoid □ пограничный туберкулоид

BT bowel tone □ кишечные шумы, звуки перистальтики кишечника; кишечный тонус

BT амер. Brains Trust □ «мозговой трест»

BT brain tumor □ опухоль мозга

BTA Blood Transfusion Association □ Ассоциация переливания крови

BTA brief tone audiometry □ аудиометрия короткими тональными стимулами

BTA v-benzoyl, l-tyrosine amide □ v-бензоил-l-тирозинамид

BTAO Bureau of Technical Assistance Operations □ бюро операций технической помощи, БОТП (ВОЗ)

BTB breakthrough bleeding □ кровотечение при разрыве органа

BTB bromthymol blue □ бромтимоловый синий (краситель)

BTD brief task description □ краткое описание задачи

BTDEC binary-to-decimal conversion □ выч. тех. преобразование из двоичной системы (счисления) в десятичную

BTE better than expected □ лучше, чем ожидалось

B-test В-тест (определение содержания алкоголя в крови)

BTG beta-tromboglobulin □ бета-тромбоглобулин, β-тромбоглобулин

BThU British thermal unit □ британская тепловая единица (0,252 ккал), БТЕ

B. timori Brugia timori □ возбудитель бругиоза с развитием слоновости

Btl, btls bottle, bottles □ бутылка, бутылки

BTLV biological threshold limit value □ биологическая величина порогового предела (пороговая концентрация вещества, определяемая в тканях, биологических жидкостях или вдыхаемом воздухе)

BT malaria benign tertian malaria □ трёхдневная малярия

BTMMD Bayley test of mental and motor development □ тест Бейли для определения умственного и двигательного развития

btn button □ кнопка; включатель/выключатель

BTPD body temperature, ambient pressure, dry □ температура тела при давлении окружающей среды в сухом воздухе

BTPS body temperature, pressure, saturation with water vapor □ система BTPS, альвеолярные условия (температура 37 °С, окружающее атмосферное давление в момент измерения, полное насыщение водяными парами – стандартные условия физиологических измерений)

b.tr. лат. bene tritum □ grind well □ хорошо растереть

BTR Bezold-type reflex □ рефлекс Бецольда

BTR broad temperature range □ широкий диапазон температуры

BTS Blood Transfusion Service □ служба переливания крови

BTSH bovine stimulating thyrotropin hormone □ бычий тиреотропинстимулирующий гормон

BTU, btu British thermal unit □ британская тепловая единица (0,252 ккал), БТЕ

Btuft British thermal units per cubic foot □ (столько-то) британских тепловых единиц на кубический фут

Btuh British thermal units per hour □ (столько-то) британских тепловых единиц в час

Btu/sq ft British thermal units per square foot □ (столько-то) британских тепловых единиц на квадратный фут

Btu/sq ft/°td/hr British thermal units per square, foot per degree of temperature difference per hour □ (столько-то) британских тепловых единиц на квадратный фут и градус температурной разницы в час

BTV blue tongue virus □ вирус африканской катаральной лихорадки

BTX benzene, toluene, xylene □ смесь: бензол, толуол, ксилон

BU, B/U back-up □ резервный; дублирующий

BU bath unit □ дезинфекционно-банное подразделение

BU biologic unit □ биологическая единица

BU Bodansky unit □ единица Боданского

BU bromouracil □ бромурацил

Bu bureau □ бюро; отдел; управление

BU bum unit □ ожоговое отделение

BUA blood uric acid □ мочевая кислота в крови

BUA bovine urinary antigens □ антигены бычьей мочи

BUA broadband ultrasonic attention □ узи широкополосное рассеивание

Bu ale. butyl alcohol □ бутиловый спирт

BUDD Bureau of Devices and Diagnostics (FDA) □ бюро аппаратуры и функциональной диагностики, отдел диагностической аппаратуры (Департамента здравоохранения США)

BUDR bromodeoxyuracil □ бромдезоксиурацил

BUDU bromodeoxyuridine □ бромдезоксиуридин

BUL bulbar palsy □ бульбарный паралич

bul. bulletin □ бюллетень; официальное сообщение

bull. лат. bulliat □ let it boil □ вскипяти (назначение)

Bu Med амер. Bureau of Medicine and Surgery □ Главное медицинское управление военно-морских сил

BUN blood urea nitrogen □ азот мочевины крови

BUN Bunyamwera □ Буньямвера (арбовирус)

BUPA British United Patient Association □ Британская объединённая ассоциация пациентов

BUS bartholin, ureteral and Skene's glands □ бартолиновы, уретральные и параауретральные (Скина) железы

BUSM Boston University School of Medicine □ медицинский факультет Бостонского университета

but. button □ кнопка; включатель/выключатель

BUT Buttonwillow □ Баттонвиллоу *(арбовирус)*

but. *лат.* butyrum □ butter □ масло *(твёрдое)*

BV bacterial vaginosis □ бактериальный вагиноз

b.v. *лат.* balneum vaporis □ a vapor bath □ паровая [баня] ванна

BV basilic vein □ основная вена

BV biological value □ биологическая ценность

BV blood vessel □ кровеносный сосуд

BV blood volume □ объём крови

BV bronchovesicular □ бронховезикулярный

b.v. by volume □ по объёму

BVA British Veterinary Association □ Британская ветеринарная ассоциация

BVD bovine viral diarrhea □ вирусная диарея крупного рогатого скота, бычья вирусная диарея, БВД

BVDT brief vestibular disorientation test □ испытание на кратковременное нарушение вестибулярного аппарата

BVH biventricular hypertrophy □ гипертрофия обоих желудочков

BVI blood vessel invasion □ прорастание кровеносных сосудов

B virus герпесвирус обезьян *(вызывающий тяжёлое, обычно летальное заболевание у человека)*

BVM bag-valve-mask device □ мешок-клапан-маска *(устройство для искусственной вентиляции лёгких)*

BVM bronchovascular markings □ бронхососудистые тени, бронхососудистый рисунок *(рентгенологический симптом)*

BVM Bureau of Veterinary Medicine □ бюро [отдел, управление] ветеринарной медицины

BVMS Bachelor of Veterinary Medicine and Surgery □ бакалавр ветеринарии

BVMT brief visuospatial memory test □ краткий тест визуально-пространственной памяти

BW bacteriological weapon □ бактериологическое оружие

BW bandwidth □ ширина полосы *(спектра)*

BW biological warfare □ биологическая война

BW birth weight □ масса тела при рождении

BW blood Wasserman □ кровь на реакцию Вассермана

BW body water □ 1. биологическая жидкость 2. водное пространство тела

BW body weight □ масса тела

BWD bacillary white diarrhea □ бациллярная водянистая диарея

BWP Biotechnology Working Party □ рабочая группа по оценке безопасности биотехнологических лекарственных средств

BWR boiling water moderated and cooled reactor □ реактор с замедлением и охлаждением кипящей водой, «кипящий реактор»

BWSQ benzodiazepine withdrawal symptoms questionnaire □ опросник проявлений синдрома отмены бензодиазепиновых транквилизаторов

BWt birth weight □ масса тела при рождении

BWT British Winter Time □ Британское зимнее время

BWW'S biological warfare weapons □ средства ведения бактериологической войны, бактериологическое оружие

Bx *усл.* непригоден; не действует

BX biopsy □ биопсия

bx box □ ящик, коробка

BY butter yellow □ Р-диметиламиноазобензол *(канцерогенное вещество)*

BYP bypass □ шунт; обход; обходной анастомоз

Bz 1. benzene □ бензол **2.** benzoyl □ бензоил **3.** benzyl □ бензил

Bz alc benzyl alcohol □ бензиловый спирт

C

Cibi, potus, somni, venus omnia moderata sint
Пища, питьё, сон, любовь – пусть всё будет умеренным

C уровень надёжности, фактор C *(в классификации злокачественных опухолей по системе TNM)*

c albino □ альбинизм *(о генах лабораторных мышей)*

c calculus □ камень *(почечный, жёлчный)*

c calibration □ калибровка

c. calorie □ калория

C calyx □ чашечка; чашевидная структура

c. canine tooth □ *анат.* клык

C, c canned □ 1. закупоренный 2. консервированный

C, c capacitance □ 1. ёмкость 2. производительность 3. пропускная способность

c capacitor □ конденсатор; искусственная ёмкость

C, c capacity □ 1. ёмкость 2. производительность 3. пропускная способность

c capillary □ капиллярный

c carat □ метрический карат *(200 миллиграммов)*, кар

C carbon □ углерод

c case □ 1. ящик 2. *суд. мед.* судебное дело; случай 3. больной

c castrated □ кастрированный; лишённый репродуктивных органов

C cathode || cathodic □ катод || катодный

C Caucasian □ 1. кавказец, житель Кавказа || кавказский 2. относящийся к кавказской расе, белый *(расистский термин)*

C cause □ 1. причина, основание, повод 2. фактор

C cell □ 1. клетка 2. ячейка 3. элемент

C Celsius □ шкала Цельсия; температура по Цельсию

C center □ центр

C centigrade □ стоградусный по шкале Цельсия

c centimetre □ сантиметр, см

c centrifugal □ центробежный

c *лат.* centum □ hundred □ сто

c century □ столетие, век

C certificate □ свидетельство, удостоверение, сертификат, лицензия

c certified □ 1. доброкачественный; заверенный, проверенный лабораторией 2. обладающий сертификатом или лицензией

C cervical □ 1. шейный позвонок; шейный отдел позвоночника 2. шейный нерв 3. шейный, цервикальный

c change □ изменение, перемена; замена

c chest □ грудь, грудная клетка

c chest circumference □ *усл.* окружность груди

C chest [precordial] lead □ *усл.* грудное [прекордиальное] отведение

C chief □ начальник, руководитель, шеф || главный

c child □ ребёнок

C cholera □ холера

C cholesterol □ холестерин

c chord □ 1. связка 2. спинная струна; хорда

C chronological age □ хронологический возраст

c *лат.* circa □ about □ приблизительно, около

C circle □ круг; окружность

C circulation □ 1. кровообращение 2. поддержание кровообращения массажем сердца *(принцип и метод реанимации)*

C circumference □ 1. окружность 2. периметр

C clearance □ 1. клиренс; очищение 2. почечное очищение

C_{alb} albumin clearance □ клиренс альбумина

C_{am} amylase clearance □ клиренс амилазы

C_{cr} creatinine clearance □ клиренс креатинина

C_{in} inulin clearance □ клиренс инулина

C_R, C_r renal clearance □ почечный клиренс

C_s standard clearance □ стандартный клиренс

C_{T-1824} clearance of Evans blue, or T-1824 □ клиренс эвансовой сини, клиренс T-1824

C clonus □ клонус

C Clostridium □ клостридии *(род бактерий)*

c closure □ шов; закрытие, смыкание

C cocaine □ кокаин

c codex □ кодекс

C co-educational □ относящийся к системе совместного обучения *(лиц обоего пола)*

C coefficient □ 1. коэффициент 2. фактор

c cognate □ родственный по женской линии

c cold □ холодный

C color □ 1. цвет, окраска 2. цветовая чувствительность 3. аллель нормального цветового восприятия/цветовой слепоты

C, C1, C2, C3 complement □ система комплемента; компоненты комплемента *(группа белков, связанных с формированием комплекса «антиген – антитело»)*

C compliance □ растяжимость, комплаенс

C_{dyn} dynamic compliances □ *см.* C_L

C_L compliance of lungs □ динамическая растяжимость [эластичность, податливость] лёгких, комплаенс *(не путать с эластическим сопротивлением дыханию, эластансом)*

C_{st} static compliance □ статическая растяжимость лёгких

C complete □ полное описание патента *(аббревиатура Official Journal of Patents ставится перед номером заявки в журнале)*

c compound □ соединение, смесь

c compression □ 1. сжатие, компрессия 2. набивка, прокладка; уплотнение

c computer □ 1. компьютер; счётное устройство 2. вычислитель

C, c concentration □ 1. сосредоточение, концентрация 2. сгущение, выпаривание

C_H □ концентрация Н-ионов

$C_{max/min}$ maximum/minimum concentration □ максимальная/минимальная концентрация

C_0 initial concentration □ начальная [исходная] концентрация

C_p pressure concentration □ концентрация при постоянном давлении

C_v volume concentration □ концентрация при постоянном объёме

c conductance □ электропроводность; проводимость

C, c condyle □ *анат.* мыщелок

c conference □ конференция, совещание

c confidential □ конфиденциальный, тайный, секретный

C congius [gallon] □ *фарм.* галлон *(3,7854 литра)*

c congress □ конгресс, съезд

C conjunctival □ конъюнктивальный *(напр. способ введения медикамента)*

C, c constant □ 1. константа, постоянная ‖ константный *(напр. о С-части цепи иммуноглобулина)* 2. константа активности *(напр. препарата)*

c consultation □ консультация

c contact □ контакт

c continuity □ 1. продолжение; непрерывность 2. продолжающиеся патологические потери *(жидкости)*

c *лат.* contra □ против

c contraction □ сокращение; сжатие; уплотнение; укорочение

C, c control □ 1. управление, регулирование 2. контроль

© copyright □ авторское право

c core □ ядро, сердцевина; внутренность; стержень

c *лат.* corpus luteum □ жёлтое тело

c **1.** correct □ правильный, верный, точный **2.** correction □ исправление, поправка

c cortex □ 1. кора головного мозга 2. кора, поверхностный слой органа

C Corynebacterium □ коринебактерии *(группа бактерий)*

C coulomb □ *элек.* кулон, Кл

C council □ совет, комитет, комиссия

C *лат.* cranium □ head presentation □ головное предлежание *(плода)*

c crosscut □ поперечный разрез; сечение

C Cryptococcus □ криптококк

c cubic □ кубический

C culture medium □ среда роста, среда культивирования, питательная среда *(клеток, микробов)*

c *лат.* cum □ with □ c

c cup □ чаша, банка

C curie □ кюри 1. количество радона, находящееся в равновесии с одним граммом радия 2. единица радиоактивности, равная $3,7 \times 10^{10}$ распадам в секунду, Ки *(Ки = $3,7 \times 10^{10}$ беккерелей)*

c current □ 1. электрический ток; сила тока 2. течение, поток ‖ текущий; современный

c cuspid □ зуб, клык

c cycle ‖ cyclic □ 1. цикл, оборот ‖ циклический 2. период пульсации 3. кругооборот

C cylinder □ цилиндр

C cylindrical lens □ цилиндрическая линза

C cystein □ цистеин, ЦИС

C cytochrome □ цитохром

C cytosin □ цитозин

c velocity of electromagnetic radiation in vacuum □ скорость электромагнитных волн в вакууме *(2,99792456 × 10^8 м/с)*

c velocity of light □ *усл.* скорость света

C_H *усл.* постоянная часть тяжёлой цепи иммуноглобулина

C1, C2, etc cervical vertebrae □ шейные позвонки C_1, C_2 и т.д.

C_1 atlant □ атлант, первый шейный позвонок

C_2 axis □ осевой позвонок, второй шейный позвонок

C_{VII} *лат.* vertebra prominens □ выступающий [седьмой шейный] позвонок

C1, C4, C13 intermediate certificate for 1, 4, 13 weeks □ этапные эпикризы по прошествии 1, 4, 13 недель наблюдения за беременной

Cl, C2, C3 & C_1, C_2, C_3 complement components □ компоненты комплемента C_1, C_2, C_3 и пр.

C_3 *усл.* третьестепенный, плохой *(о здоровье)*; негодный к военной службе *(военно-учётная категория)*

C_5 pentamethonium □ пентаметоний

C_6 hexamethonium □ гексаметоний

C_7 decamethonium □ декаметоний

ca alternating current □ переменный ток

Ca calcium □ кальций

Ca cancer □ рак

CA Candida albicans □ дрожжеподобный гриб

CA carbohydrate antigen □ углеводный антиген

CA carbonic anhydrase □ угольная ангидраза

Ca carcinoma □ карцинома, рак

CA cardiac arrest □ остановка сердца

CA carotid artery □ сонная артерия

Ca Carter □ сублиния инбредных животных Картера

ca case □ 1. случай 2. больной

CA catecholamine □ катехоламин

Ca cathode ‖ cathodic □ катод ‖ катодный

CA central arteriole □ центральная артериола

CA chicken adenovirus □ аденовирус птиц

CA cholic acid □ холевая кислота

CA chronologic(al) age □ 1. хронологический [паспортный] возраст 2. хронологическая дата

ca *лат.* circa □ about, approximately □ приблизительно, около

CA cold agglutinin □ холодовый агглютинин

CA common antigen □ общий антиген

CA compressed air □ сжатый воздух

C – a concentration – action □ «концентрация – действие», «эффект – доза» *(о действии препарата)*

CA conditioned abstinence □ условно-рефлекторная абстиненция, псевдоабстиненция

CA contractile activity □ сократительная активность

CA controlled atmosphere □ регулируемая газовая среда

CA coronary artery □ коронарная [венечная] артерия

CA *лат.* corpora amylacea □ амилоидные [крахмалоподобные] тельца

CA cortisone acetate □ ацетат кортизона

CA Council-accepted □ принятый Советом *(AMA)*

CA croup-associated *(virus)* □ круп-вызывающий [круп-ассоциированный] *(вирус)*

CA Cyclophosphanum, Adriamycinum □ циклофосфан, адриамицин (*программа химиотерапии онкологических больных*)

CA cytosine arabinoside □ цитозина арабинозид

CA cytotoxic antibodies □ цитотоксические антитела

cab calibration □ калибровка

C&B clothing and bath □ банно-прачечный

CAB coronary artery bypass □ аортокоронарный шунт

CABBS computer assisted blood background renography □ компьютерная радиоизотопная ренография

CABG coronary artery bypass graft □ 1. аортокоронарное шунтирование, АКШ 2. трансплантат для аортокоронарного шунтирования

CaBP Ca-binding protein □ кальцийсвязывающий белок

CAC copper-arsenic complex □ медно-мышьяковое соединение

CAC&IC Current Abstracts of Chemistry & Index Chemicus □ рефераты современной литературы по химии и указатель литературы по химии

CACC cathodal closure contraction □ сокращение при катодном замыкании, КЗС

CaCx carcinoma of the uterine cervix □ карцинома шейки матки

cad cadaver □ труп

CAD computer-assisted diagnosis □ диагностика при помощи компьютера, компьютерная диагностика

CAD coronary artery disease □ ишемическая [коронарная] болезнь сердца, ИБС

C&D cystoscopy and dilatation □ цистоскопия и расширение (*уретры*)

CADA cerebral autosomal dominant artheriopathy □ церебральная аутосомно-доминантная артериопатия

CADASIL cerebral autosomal dominant arteriopathy with subcortical infarcts and leukoencephalopathy □ церебральная аутосомно-доминантная артериопатия с подкорковыми инфарктами и лейкоэнцефалопатией

CADC Canadian Army Dental Corps □ зубоврачебная [стоматологическая] служба Канадской армии

CADD Committee on Alcoholism and Drug Dependence □ Комитет по борьбе с алкоголизмом и наркоманией

CADS computer-assisted diagnostic system □ компьютерно-вспомогательная диагностическая система

CaDTe cathodal duration tetanus □ катодзамыкательное сокращение, КЗС (*при замыкании цепи постоянного тока*)

CAE cellulose acetate electrophoresis □ электрофорез на плёнке из ацетата целлюлозы

cae computer-aided electrocardiography □ компьютеризированная электрокардиография

C&E consultation and examination □ консультация и обследование

CAEU *англ.* Casualty Air Evacuation Unit □ подразделение эвакуации раненых по воздуху

CAF Charities Aid Foundation □ благотворительный фонд помощи

CAF Cyclophosphanum, Adriamycinum, Phtoruracilum [Fluorouracil] □ циклофосфан, адриамицин, фторурацил (*программа химиотерапии онкологических больных*) Fluorouracil

CAFP California Academy of Family Physicians □ Академия семейных врачей штата Калифорния

CAG chronic atrophic gastritis □ хронический атрофический гастрит

CAGE cut down, annoyed, guilty, eye-opener □ необходимость уменьшить выпивку и раздражение на критикующих пьянство, вина за пьянство, принятие алкоголя «едва открыв глаза» – утром (*тест на злоупотребление алкоголем*)

CAH chronic active [aggressive] hepatitis □ хронический активный [агрессивный] гепатит

C&H cocaine and heroin □ кокаин и героин

CAH congenital adrenal hyperplasia □ врождённая гиперплазия надпочечников

CAH cyanacetic acid hydrazine □ гидразин циануксусной кислоты

CAHD coronary atherosclerotic heart disease □ атеросклероз коронарных сосудов сердца, атеросклеротический коронаро-кардиосклероз

CAHEA Council on Allied Health Education and Accreditation of AMA □ Совет по обучению смежным с медициной дисциплинам и аттестации Американской медицинской ассоциации (*AMA*)

CAHPS Council on Allied Health Professions and Services □ Совет по смежным с медициной профессиям и службам (*AMA*)

CAI computer-assisted instruction □ инструктаж [обучение] с помощью ЭВМ, машинное обучение

cal calcareous □ известковый; окостеневший

cal calculate □ вычислять, рассчитывать; подсчитывать

cal calendar □ календарь

cal calibrate || calibration □ калибровать; проверять || проверка; калибровка, градуировка

Cal calomel □ каломель

CAL Calorie □ большая калория, килограмм-калория, ккал

cal calorie □ (малая) калория, грамм-калория, кал (*4,1868 Дж*)

CAL computer-assisted learning □ компьютерное обучение

Calc calcium □ *фарм.* кальций

CALC, calc calculate □ вычислять, рассчитывать; подсчитывать

CALC calculator □ вычислительное [счётно-решающее] устройство

calef *лат.* calefactus □ warmed □ нагретый, в нагретом состоянии

CALGB Cancer and Leukemia Group B □ рак и лейкоз группы B

CALLA common acute lymphoblastic leukemia antigen □ антиген острого лимфобластного лейкоза «общего» [ни B-, ни T-клеточного] типа, калла-антиген

Cal Lab Calibration Laboratory □ поверочная лаборатория

CAM chloramphenicol □ хлорамфеникол, левомицетин

CAM chorioallantoic membrane □ хорион-аллантоисная оболочка

CAM contralateral axillary metastasis □ контралатеральный подмышечный метастаз

CAM Cyclophosphanum, Adriamycinum, Methotrexatum □ циклофосфан, адриамицин, метотрексат (*программа химиотерапии онкологических больных*)

CAM cystic adenomatous malformation □ кистозно-аденоматозная трансформация, кистозно-аденоматозный порок развития

CAMI Civil Aeromedical Institute □ Гражданский институт авиационной медицины *(США)*

CAMP computer-assisted menu planning □ составление меню с помощью ЭВМ, машинное составление меню

cAMP cyclic adenosine monophosphate □ циклический аденозинмонофосфат, цАМФ

CAMP Cyclophosphanum, Adriamycinum, Methotrexatum, Phtoruracilum □ циклофосфан, адриамицин, метотрексат, фторурацил *(программа химиотерапии онкологических больных)*

CAMP Cyclophosphanum, Methotrexatum [Amethopterin], Mercaptopurinum, Prednisolonum □ циклофосфан, метотрексат [аметоптерин], меркаптопурин, преднизолон *(программа химиотерапии онкологических больных)*

camph camphorated □ *фарм.* камфорный

CAMP method Christie, Atkins, Munch, Peterson method □ гемолитическая САМР-проба, проба Кристи – Аткинса – Мюнха – Петерсона *(для выявления стрептококков группы B и клостридий перфрингенс)*

CAMR Centre for Applied Microbiology and Research □ Научно-производственный центр микробиологии

CAMS computer-assisted monitoring system □ компьютер-мониторная система

CaMV cauliflower mosaic virus □ вирус мозаики цветной капусты

can cancellation || canceled □ отмена, аннулирование || аннулированный

Can cancer □ рак

Can cannabis □ (индийская) конопля, марихуана, гашиш, анаша

canc cancellation || canceled □ отмена, аннулирование || аннулированный

CANCERLINE on-line cancer bibliography □ «Канцерлайн» *(библиография по онкологии)*

canclg cancelling □ отмена, аннулирование

Cand Sc Candidate of Science □ кандидат естественных наук

CANMAT Canadian Network for Mood and Anxiety Treatments □ Канадская сеть по проблемам лечения расстройств настроения и тревоги

Can. P. Canadian patent □ Канадский патент

C-antigen С-антиген *(клеточной стенки стрептококка и пневмококка)*

CAO chronic airway obstruction □ хроническая обструкция воздухоносных путей, хроническое обструктивное заболевание лёгких

C_aO_2 arterial oxygen capacity □ кислородная ёмкость артериальной крови

CaOC cathodal-opening contraction □ сокращение при катодном размыкании, катодразмыкательное сокращение, КРС

$C_aO_2 - C_vC_2$ артериовенозная разница объёмного содержания кислорода

Cap S-aminocaproic acid □ эпсилон-аминокапроновая кислота, S-АКК

cap capacitor □ *выч. тех.* конденсатор

cap capacity □ 1. ёмкость, вместимость 2. производительность, пропускная способность

cap *лат.* capiat □ let him take □ принимать *(внутрь)*

cap capsule □ капсула

cap *лат.* caput □ 1. head □ голова 2. head presentation □ головное предлежание *(плода)*

CAP catabolic activator protein □ белковый активатор катаболизма, БАК

CAP cellulose acetate phthalate □ ацефталат целлюлозы

CAP chloracetophenone □ хлорацетофенон *(слезоточивый газ)*

CAP College of American Pathologists □ Американский институт патологоанатомов

CAP community acquired pneumonia □ внебольничная пневмония

C&P compensation and pension □ компенсация и пенсия

CAP coronary artery pressure □ давление в коронарной артерии

CAP cyclic alternating pattern □ цикличный альтернирующий паттерн *(последовательность электрокортикальной активности во сне в фазе медленных движений глаз)*

CAP Cyclophosphanum, Adriamycinum, Cisplatin [Platinol] □ циклофосфан, адриамицин, цисплатин [платинол] *(программа химиотерапии онкологических больных)*

CAP cystine aminopeptidase □ цистинаминопептидаза

C&P cystoscopy with pyelography □ цистоскопия с пиелографией

CAPD chronic [continuous] ambulatory peritoneal dialysis □ постоянный [хронический] перитонеальный диализ в поликлинических [амбулаторных] условиях

CAPE capability and proficiency evaluation □ оценка способностей и квалификации

cap moll *лат.* capsula mollis □ soft capsule □ мягкая капсула; в мягкой капсуле

caps capsule □ 1. *фарм.* капсула 2. оболочка

CAPS clinician-administered PTSD scale □ клиническая шкала оценки симптомов посттравматического стрессового расстройства

caps gel *лат.* capsula gelatinosa □ gelatinous capsule □ желатиновая капсула

capt *лат.* caput □ 1. head □ голова 2. head presentation □ головное предлежание *(плода)*

CAR Canadian Association of Radiologists □ Канадская ассоциация радиологов

CAR computer assisted radiology □ вспомогательная компьютерная радиология

CAR conditioned avoidance response □ условный рефлекс избегания

C&R convalescence and rehabilitation □ выздоровление и реабилитация

Car-1 carbonic anhydrase-1 □ угольная ангидраза-1

Car-2 carbonic anhydrase-2 □ угольная ангидраза-2

Carb carbenicillin □ карбенициллин

card cardinal □ главный, кардинальный

Cardiol cardiology □ кардиология

CARE cholesterol and recurrent events (trial) □ исследование пациентов по программе «Холестерин и повторный инфаркт миокарда»

CAREC Carribbean Epidemiology Centre □ Эпидемиологический центр стран Карибского региона (ВОЗ)

CARI Civil Aeromedical Research Institute □ Гражданский научно-исследовательский институт авиационной медицины

carr carriage □ 1. тележка 2. карета (скорой помощи) 3. перевозка

CARRF combined acute respiratory and renal failure □ сочетанная острая дыхательная и почечная недостаточность

CARS compensatory antiinflammatory response syndrome □ синдром компенсаторного противовоспалительного ответа

CARS-M clinician-administered rating scale for mania □ клиническая шкала оценки мании и психотических симптомов

CARW civil air raid warning □ оповещение органов гражданской обороны и населения о воздушном нападении

CAS California Academy of Sciences □ Калифорнийский институт естественных наук

CAS cardiac arrhythmia suppression □ купирование аритмии сердца

cas casual □ случайный

cas casualties □ 1. несчастные случаи 2. потери в людях и материальной части

CAS clinical activity score □ оценка клинической активности

CAS Commission for Atmospheric Science □ Комиссия по атмосферным наукам (США)

C&S culture and sensibility (bacteriology) □ исследование на микрофлору и чувствительность микробов к антибиотикам

CASE computer-assisted system for exercise □ компьютерная система оценки [анализа] проб с физической нагрузкой

CASEVAC casualty evacuation □ эвакуация раненых

CASH Commission for Administrative Services in Hospitals □ Комиссия по административной службе в больницах, КАСБ

CASPIA centrifugation-augmented solid phase immunoassay □ твёрдофазный иммуноанализ со вспомогательным центрифугированием

CAST competitive antigen spot test □ реакция конкурентного связывания иммобилизованного антигена

CAT capillary agglutination test □ тест агглютинации в капиллярах

cat catalase □ каталаза

cat catalogue □ каталог

CAT child's apperception test □ детский апперцепционный тест

CAT cholineacetyltransferase □ холинацетилтрансфераза

CAT chronic abdominal tympany □ хроническое вздутие живота

CAT cognitive abilities test □ оценка когнитивных способностей

CAT college ability test □ тест на способность обучаться в колледже

CAT computer-aided testing □ выч. тех. испытания с применением вычислительной машины; автоматизированный контроль

CAT computerized axial tomography □ (транс)аксиальная компьютерная томография

Cat Fr dominant cataract Fr □ доминантный ген, вызывающий катаракту

cath cathartic □ слабительное средство

cath catheter ‖ catheterization ‖ catheterize □ катетер ‖ катетеризация ‖ катетеризировать

CATIE Clinical Antipsychotic Trials of Intervention Effectiveness □ клиническое исследование эффективности назначения антипсихотиков (финансировавшееся NIMH сравнительное двойное слепое исследование четырёх атипичных и одного типичного нейролептика)

Ca-Tot total calcium □ общее содержание кальция

caus causation □ суд. мед. причинение (напр. повреждения)

cav cavity □ 1. полость 2. каверна

CAV congenital absence of vagina □ врождённая аплазия влагалища

CAV congenital adrenal virilism □ врождённый адреналовый вирилизм

CAV Cyclophosphanum, Adriamycinum, Vincristinum □ циклофосфан, адриамицин, винкристин (программа химиотерапии онкологических больных)

CAV Cyclophosphanum, Cytarabinum [Alexan], Vincristinum □ циклофосфан, цитарабин [алексан], винкристин (программа химиотерапии онкологических больных)

CAVG coronary artery venous graft □ шунтирование коронарной артерии аутовеной

CAVH continuous arteriovenous hemofiltration □ постоянная артериовенозная гемофильтрация

CA virus croup-associated virus □ круп-вызывающий [круп-ассоциированный] вирус

CB Chemical and Biological □ химический и биологический (обычно об оружии)

CB лат. Chirurgiae Baccalaureus □ Bachelor of Surgery □ бакалавр хирургии

CB chlorbrommethane □ хлорбромметан

CB chronic bronchitis □ хронический бронхит

CB clothing and bath □ банно-прачечный

Cb columbium □ колумбий, ниобий, Nb

CB control button □ кнопка управления

CB culture of bladder (through cystoscope) □ взятие пробы на микрофлору из мочевого пузыря (через цистоскоп)

CBA chronic bronchitis with asthma □ хронический астматический бронхит (аллергической природы)

CBA cost-benefit analysis □ анализ «стоимость – польза»

CBC child-behavior characteristics □ поведенческая характеристика ребёнка

CBC complete blood count □ 1. полный клинический анализ крови 2. подсчёт форменных элементов крови

CBCG Cooperative Breast Cancer Group □ кооперированная группа по изучению и лечению рака молочной железы

CBD cash before delivery □ оплата до родов

CBD closed-bladder drainage □ закрытое дренирование мочевого пузыря

CBD common bile duct □ общий жёлчный проток

CBE chemical, biological and environmental □ химический, биологический и метеорологический

CBE clinical breast examination □ клиническое исследование молочной железы *(на предмет новообразований)*

CBF cerebral blood flow □ мозговой кровоток

CBF coronary blood flow □ коронарный [венечный] кровоток

CBFI color blood flow imaging □ цветное изображение кровотока *(ультразвуковой метод)*

CBG corticosteroid-binding globulin □ транскортин, кортикостероидсвязывающий глобулин

CBH cardiosteril [dopamine]-β-hydroxylase □ допамин-β-гидроксилаза

CBH cutaneous basophil hypersensitivity □ кожная базофильная гиперчувствительность

CBI computer based information □ информация, полученная с помощью компьютера

C bile hepatic bile □ печёночная жёлчь, порция С жёлчи

CBL circulating-blood lymphocytes □ циркулирующие в крови лимфоциты

CBM capillary basement membrane □ базальная мембрана капилляра

CBMT capillary basement membrane thickness □ толщина базальной мембраны капилляра

CBN Commission on Biological Nomenclature □ Комиссия по биологической номенклатуре

CBOC complete bed occupancy care □ строгий постельный режим

CBP chlorobiphenyls □ хлорбифенилы

CBR Center for Blood Research □ научно-исследовательский гематологический центр

CBR chemical, biological and radiological □ химический, биологический и радиоактивный; ХБР-оружие

CBR complete bed rest □ строгий постельный режим

CBR crude birth rate □ общий коэффициент рождаемости

CBR agents, CBR contaminants □ отравляющие вещества, бактериальные возбудители болезней и радиоактивные вещества, ОВ, БВБ и РВ

CBR exposed casualty □ поражённый ХБР-оружием

CBR first-aid supplies □ средства первой помощи при поражении ХБР-оружием

CBR mask chemical, biological and radiological mask □ противогаз, обеспечивающий защиту при поражении ХБР-оружием

CBS Charles – Bonnet syndrome □ синдром Шарля – Бонне

CBS chronic brain syndrome □ синдром хронического нарушения мозгового кровообращения

CBS communication behavior scale □ шкала коммуникабельности

CBT cognitive behavioral therapy □ когнитивно-бихевиоральная терапия *(психотерапия, ориентированная на достижение структурных изменений в личности, исходя из сознательного жизненного опыта)*

CBV central blood volume □ объём центрального кровотока

CBV circulating blood volume □ объём циркулирующей крови, ОЦК

CBV corrected blood volume □ скорректированный объём циркулирующей крови

CBW chemical and biological warfare □ химическая и биологическая война

CC cardiac cycle □ сердечный цикл

CC cathodal closure □ замыкание катода

CC chest clinic □ торакальное отделение

cc chemical compound □ химическое соединение

CC chief complaint □ основная жалоба

CC circuit course □ кругооборот

CC clinical course □ курс стационарного лечения

CC coefficient of correlation □ коэффициент корреляции

CC column chromatography □ колоночная хроматография

CC commission certified □ обладающий сертификатом на право самостоятельной работы

CC compound cathartic □ слабительный сбор

cc concave □ вогнутый

c/c concentric □ концентрический

CC consumption coagulopathy □ коагулопатия потребления

CC continuous cooling □ непрерывное охлаждение

CC continuous current □ постоянный поток *(жидкости)*

CC cord compression □ сдавление спинного мозга

CC coronary collaterals □ коллатерали коронарных сосудов

CC corpus callosum □ мозолистое тело

CC costochondral □ костохондральный

CC creatinine clearance □ клиренс креатинина

CC cross correlation □ взаимная корреляция

cc cubic centimeter □ кубический сантиметр, см³

cc cubic contents □ содержание в кубических единицах

CC current complaints □ жалобы на данный момент

CCA cephalin cholesterol antigen □ цефалин-холестериновый антиген

CCA chick-cell agglutinating □ агглютинирующий клетки цыплёнка

CCA chimpanzee coryza agent □ вирус острого ринита шимпанзе

CCA choriocarcinoma □ хорионкарцинома, хориокарцинома, злокачественная плацентома

cca *лат.* circa □ приблизительно, около

CCA colon carcinoma antigen □ антиген рака толстой кишки

CCA common carotid artery □ общая сонная артерия

CCAM congenital cystic adenomatoid malformation □ врожденное кистозно-аденоматозное перерождение

CCAQ Consultative Committee on Administrative Questions □ Консультативный комитет по административным вопросам, ККАВ *(ВОЗ)*

CCAT conglutinating complement absorption test □ тест конглютинации абсорбированного комплемента

CCBB clinical-center blood bank □ отделение [банк] переливания крови при клиническом центре

CCBC Council of Community Blood Centers □ Совет региональных банков крови

CCBV central circulating blood volume □ объём циркулирующей крови, ОЦК

CCC cathodal closure contraction □ катодзамыкательное сокращение, КЗС

CCC chronic calculus cholecystitis □ хронический калькулёзный холецистит

CCC comprehensive cancer center ◻ многопрофильный онкологический центр

CCC comprehensive care clinic ◻ многопрофильная клиника

CCC Council on Clinical Cardiology ◻ Совет по клинической кардиологии

CCC critical care complex ◻ 1. реанимационное отделение 2. комплекс лечения критических состояний

cccDNA covalently closed circular DNA ◻ замкнутая ковалентно-непрерывная цепь ДНК

CCCI cathodal closure clonus ◻ клонус при катодном замыкании, длительное катодзамыкательное сокращение мышцы

CCCM Central Committee for Community Medicine (BMA) ◻ Центральный комитет по общинной медицине (Великобритания)

CCCR closed chest cardiac resuscitation ◻ закрытый массаж сердца

CCD chemical composition distribution ◻ распределение по химическому составу

CCD cleidocranial dysplasia ◻ черепно-ключичный дизостоз

CCD computer controlled display ◻ дисплей с управлением от ЭВМ; управление с помощью ЭВМ

CCD Convergent Color Doppler ◻ узи конвергентный цветовой допплер

CCDEP Central Clinical Drug Evaluation Program ◻ Основная программа клинической оценки лекарственных средств

CCE countercurrent electrophoresis ◻ противоточный электрофорез

CCF cephalin-cholesterol flocculation ◻ кефалин-холестериновая коагуляционная [флоккуляционная] проба

CCF chronic cardiac failure ◻ хроническая сердечная недостаточность

CCF compound comminuted fracture ◻ открытый оскольчатый перелом

CCF congestive cardiac failure ◻ застойная недостаточность кровообращения или сердца

CCFA Center for Craniofacial Anomalies (University of Illinois) ◻ Центр черепно-лицевых пороков развития Иллинойского университета

CCFMG Cooperative Committee of Foreign Medical Graduates ◻ Объединённый комитет врачей-иностранцев

Cch chinchilla ◻ шиншилла (о генах лабораторных мышей)

CCH Cook County Hospital ◻ окружной ожоговый госпиталь

CCHA Canadian Council on Hospital Accreditation ◻ Канадский совет аккредитации лечебных учреждений

CCHD Committee to Combat Huntington's Disease ◻ Комитет борьбы против хореи Гентингтона

CCHD cyanotic congenital heart disease ◻ синюшный [цианотичный] врождённый порок сердца

CCHE Central Council Health Education ◻ Центральный совет санитарного просвещения (Великобритания)

CCHF Crimean-Congo hemorrhagic fever ◻ крымская [конго-крымская] геморрагическая лихорадка, острый инфекционный капилляротоксикоз

CCHMS Central Committee for Hospital Medical Services ◻ Центральный комитет по обследованию лечебных учреждений

CCHPA California Council for Health Plan Alternatives ◻ Калифорнийский совет по планированию альтернативных служб здравоохранения

CCI Center for Citizen Initiatives ◻ Центр гражданских инициатив

CCI chronic coronary insufficiency ◻ хроническая коронарная недостаточность

CCI фр. Commission Climatologique Internationale ◻ Международная климатологическая комиссия

CCICMS Council for the Coordination of International Congresses of Medical Sciences ◻ Координационный совет по организации международных медицинских конгрессов

CCID 50 cell culture infective dose (dose of the microorganism that infects 50 % of the cell cultures inoculated) ◻ средняя инфицирующая доза микроорганизмов

CCID$_{50/ml}$ 50 % cell culture infective dose per 1 ml of eluate ◻ 50%-ная культуральная инфекционная доза на 1 мл элюата

CCK cholecystokinin ◻ холецистокинин

CCK-Cg cholecystokinin cholecystography ◻ холецистография с применением холецистокинина

CCK-PZ cholecystokinin-pancreozymin ◻ холецистокинин-панкреозимин

CCKW, cckw counterclockwise ◻ (в направлении) против часовой стрелки (напр. заворот кишечника)

CCL carcinoma cell line ◻ линия раковых клеток

CCM California College of Medicine ◻ Калифорнийский медицинский колледж

CCM complete culture medium ◻ полная культуральная среда

CCM Country Coordinational Mechanism ◻ Национальный координационный механизм (по ВИЧ/СПИДу)

CCM critical care medicine ◻ лечение критических состояний, интенсивная терапия и реанимация

c cm cubic centimeter ◻ кубический сантиметр, см³

CCME Coordinating Council on Medical Education ◻ Координационный совет по медицинскому образованию

CC/MIN cubic centimeter per minute ◻ кубический сантиметр в минуту

CCMS Committee on Challenges of Modem Society ◻ Комитет социологических исследований современного общества (США)

CCMS Congress of County Medical Societies ◻ конгресс окружных [муниципальных] медицинских обществ

CCN coronary care nursing ◻ сестринское наблюдение [уход] за больными с ишемической болезнью сердца

CCNU chloroethyl-cyclohexyl-nitrosourea ◻ хлорэтил-циклогексил-нитрозомочевина

CCNU code designation for lomustine ◻ ломустин (антинеопластический препарат)

CCOM Chicago College of Osteopathic Medicine ◻ Чикагский колледж остеопатической медицины

CCP Cancer Cure Program ◻ программа лечения рака

CCP casualty collecting point ◻ пункт сбора пострадавших

CCP chronic cancer pain □ хроническая онкологическая боль

CCP critical closing pressure □ критическое давление закрытия

CCPD continuous cycling peritoneal dialysis □ хронический периодический перитонеальный диализ

CCPI Consultative Committee on Public Information □ Консультативный комитет по вопросам общественной информации, ККВОИ *(ВОЗ)*

Ccr creatinine clearance □ *см.* C clearance

CCRF Children's Cancer Research Foundation □ Фонд по исследованию рака у детей

CCS casualty clearing station □ 1. эвакуационный пункт, полевой перевязочный пункт 2. аварийная станция

CCS control computer system □ компьютерная управляющая система

CCS Crippled Children Services □ обслуживание детей-инвалидов

CCSG childrens cancer study group □ группа по изучению рака у детей *(США)*

CCSM Consultative Committee on Statistical Matters □ Консультативный комитет по вопросам статистики, ККВС *(ВОЗ)*

CCT cerebral computed tomography □ компьютерная томография мозга

CCT chocolate-covered tablet □ таблетка, покрытая шоколадной оболочкой

CCT composite cyclic therapy □ комплексная терапия циклами

CCT compressed-coated tablet □ прессованная таблетка с покрытием

cct correct □ верно, правильно

CCTCC cortico-cerebellar-thalamic-cortical circuit □ *анат.* кортико-церебелло-таламо-кортикальная петля

CCTe cathodal closure tetanus □ тетаническое сокращение при замыкании катода

CCTG Coccidiomycosis Cooperative Treatment Group □ кооперированная группа по лечению кокцидиомикоза

CCU Cardio Care Unit □ кардиологическое отделение

CCU Community Care Unit □ пансионат по уходу (для престарелых и инвалидов), дом для престарелых и инвалидов

CCU Comprehensive Cardiovascular Care Unit □ многопрофильное сердечно-сосудистое отделение

CCU Coronary Care Unit □ коронарное отделение

CCV Canine coronavirus □ коронавирус собак, КВС

CCV channel catfish virus □ вирус кошачьего сомика

CCVPP CCNU [Lomustine], Rosevinum [Vincristin], Procarbazinum, Prednisolonum □ CCNU [ломустин], розевин [винкристин], прокарбазин, преднизолон *(программа химиотерапии онкологических больных)*

ccw counterclockwise □ против часовой стрелки *(напр. о завороте кишечника, распространении волны деполяризации в предсердиях и т.д.)*

CD cadaver donor □ кадаверный [трупный] донор

Cd cadmium □ кадмий

CD Caesarian-delivered □ рождённый с помощью кесарева сечения

CD calendar day □ календарный день

cd candela □ кандела, кд *(единица силы света. В СССР была введена в 1970 г. вместо наименования «свеча»)*

cd canned □ 1. закупоренный 2. консервированный

CD cardiac disease □ заболевание сердца

CD cardiac dullness □ сердечная тупость

CD cardiovascular disease □ поражение сердечно-сосудистой системы, сердечно-сосудистое заболевание

CD casualty department □ травматологическое отделение

cd catalogued □ каталогизированный

cd caudal □ каудальный, хвостовой

CD celiac disease □ целиакия; спру

CD childhood disease □ детская болезнь

C/D cigarettes per day □ сигарет в день

CD circular dichroism □ круговой дихроизм

CD civil defense □ гражданская оборона

CD cluster of designation, cluster of differentiation* □ кластер дифференцировки *(обозначение мембранных маркёров лейкоцитов, выявляемых группой [кластером] моноклональных антител)*

cd code □ код

CD common duct □ общий жёлчный проток

CD communicable diseases □ инфекционные болезни

CD compact disk □ компакт-диск

cd conductance □ 1. проводимость *(напр. костная)* 2. электропроводимость

CD *лат.* conjugata diagonalis □ диагональная конъюгата

CD conjugate diameter of pelvic inlet □ акушерская [истинная] конъюгата

CD consanguineous donor □ совместимый (с реципиентом) донор

CD contagious disease □ инфекционное заболевание

CD controlled drug □ испытуемое лекарственное средство

CD Crohn's disease □ терминальный илеит, болезнь Крона

CD *лат.* curative dose □ лечебная доза

CD cystic duct □ пузырный проток

CD division of communicable disease □ отдел инфекционных болезней *(ООН)*

CD preparation subject to prescription requirement under the Misuse of Drugs Act □ приготовление лекарственных средств в соответствии с требованиями Положения о выписывании сильнодействующих и наркотических средств и о профилактике злоупотребления ими

CD$_{50}$ median curative dose □ средняя лечебная [терапевтическая] доза

CD4 антигенный маркёр хелперных Т-лимфоцитов

CD8 антигенный маркёр супрессорных и цитотоксических Т-лимфоцитов

CDA Canadian Dental Association □ Канадская зубоврачебная ассоциация

CDA chenodeoxycholic acid □ хенодезоксихолевая кислота

CDA complement-dependent antibody □ комплементзависимое антитело

CDA congenital dyserythropoietic anemia □ врождённая дизэритропоэтическая анемия *(обусловленная нарушением эритропоэза)*

---

* CD с номером CD + N используют и как названия лейкоцитарных антигенов человека и животных.

CDAA chlorodiallylacetamide □ хлородиаллилацетамид

CDAP continuous distending airway pressure □ постоянное повышенное давление в воздухоносных путях, ведущее к их растяжению

CDC California Dialysis Council □ Медицинский совет по диализу штата Калифорния

CDC Canadian Dental Corps □ зубоврачебная служба канадской армии

CDC cancer detection center □ онкологический диагностический центр

CDC capillary diffusion capacity □ объём капиллярной перфузии или диффузии

CDC Cardiac Diagnostic Center □ кардиологический диагностический центр

CDC Center for Disease Control and Prevention □ Центр по контролю и профилактике заболеваемости *(США)*

CDC 1. chenodeoxycholat □ хенодезоксихолат **2.** chenodeoxycholic acid □ хенодезоксихолевая кислота

CDC Child Development Clinic □ клиника по изучению развития ребёнка

CDC Communicable Disease Controle (Center) □ Центр по борьбе с инфекционными заболеваниями, *см. тж.* **CDP**

CDC complement-dependent cytotoxicity □ комплемент-зависимая цитотоксичность

CDD certificate of disability for discharge □ свидетельство об увольнении с военной службы по болезни

CDE canine distemper encephalitis □ собачий энцефалит; энцефалит, вызванный собачьей чумой

CDE chlordiazepoxide □ хлордиазэпоксид

CDE common duct exploration □ ревизия [исследование] общего жёлчного протока

CDG chinic granulomatous disease □ гранулёмы подбородка

CDH chronic-disease hospital □ больница для хронических больных

CDH Commonwealth Department of Health □ Департамент [Министерство] здравоохранения *(Австралии)*

CDH congenital diaphragmatic hernia □ врождённая диафрагмальная грыжа

CDH congenital disease of the heart □ врождённый порок сердца

CDH congenital dislocation of the hip □ врождённый вывих бедра

CDH congenital dysplasia [dislocation] of the hip □ врождённая дисплазия [врождённый вывих] тазобедренного сустава

CDI children's depression inventory □ опросник для выявления депрессии у детей и подростков 7–17 лет

CDK cyclin-dependent kinase □ циклинзависимая киназа

cdl cardinal □ главный, кардинальный

CDL chlorodeoxylincomycin □ хлордезоксилинкомицин

CDL complement-dependent lymphocytotoxicity □ комплементзависимая цитотоксичность лимфоцитов

cd/m² candela per square meter □ кандела на квадратный метр *(единица яркости)*, кд/м²

cdm cubic decimeter □ кубический дециметр, дм³

cDNA complementary deoxyribonucleic acid □ комплементарная дезоксирибонуклеиновая кислота, комплементарная ДНК

CDP Committee for Development Planning of the Economic and Social Council □ Комитет ЭКОСОС по планированию развития, КПР *(ВОЗ)*

CDP Communicable Diseases Prevention (Center) □ Центр по профилактике инфекционных заболеваний, *см. тж.* **CDC**

CDP coronary drug project □ программа лекарственной терапии коронарной болезни

CDP cytidine diphosphate □ цитидиндифосфат, ЦДФ

CDPC cytidine diphosphate choline □ цитидиндифосфатхолин

CDR crude death rate □ общий коэффициент смертности

CD-ROM compact disk read only memory □ компакт-диск с записью только для чтения *(не для перезаписи)*

CDRS Cornell Dysthymia Rating Scale □ Корнелльская шкала оценки дистимии

CDRS-R children's depression rating scale – revised □ шкала депрессии у детей (6–12 лет), пересмотренная

CD-RW compact disk rewritable □ перезаписываемый компакт-диск

CDS cardiovascular surgery □ сердечно-сосудистая хирургия

CDS Carroll Depression Scale □ опросник Кэрролла для оценки депрессии

CDS Chicago Dental Society □ Чикагское зубоврачебное общество

CDSM Committee on Dental and Surgical Materials □ Комитет по стоматологическим и хирургическим материалам

CDSR Cochrane Database of Systematic Reviews □ Кокрановская база данных из систематических обзоров

CDSS Calgary depression scale for schizophrenia □ шкала для оценки депрессии у пациентов с шизофренией, разработанная в Калгари

CDSS Clinical Decision Support System □ система поддержки и принятия клинического решения

CDT central daylight time □ период максимальной освещённости за день

CDT Certified Dental Technician □ зубной техник, обладающий сертификатом па право самостоятельной работы

CDU central display unit □ *выч. тех.* центральный дисплей

CDV Cyclophosphanum, DTIC, Vincristinum □ циклофосфан, ДТИК, винкристин *(программа химиотерапии онкологических больных)*

CDW chilled drinking water □ охлаждённая питьевая вода

CD-WORM compact disk – write once, read many times □ компакт-диск: однажды записан для многократного считывания

CDyn dynamic compliance □ динамическая растяжимость лёгких

CE California encephalitis □ 1. калифорнийский энцефалит 2. арбовирус калифорнийского энцефалита

CE cardiac enlargement □ расширение [увеличение] размеров сердца

Ce centriole □ центриоли *(хромофильные тельца, образующие клеточный центр)*

Ce cerium □ церий

CE chick embryo □ куриный эмбрион

CE chloroform and ether mixture □ смесь эфира и хлороформа

CE cholesterol esters □ эфиры холестерина

CE closed end □ слепой конец *(напр. катетера)*

CE common era □ наша эра

CE constant error □ *стат.* постоянная ошибка

CE contractile element □ контрактильный [сократительный] элемент

CE cytopathic effect □ повреждающее действие на клетку, цитопатическое действие

Ce extreme dilution □ крайне разбавленные; выраженное осветление *(о генах лабораторных мышей)*

Ce-1 liver catalase □ печёночная каталаза

Ce-2 kidney catalase □ почечная каталаза

CE$_{50}$ median effective concentration □ средняя эффективная концентрация *(ВОЗ)*

CEA Atomic Energy Commission □ Комиссия по атомной энергии

CEA carcino-embryonic antigen □ карциноэмбриональный [альфафетопротеиновый, раковоэмбриональный или эмбриоспецифический опухолевый] антиген, КЭА, РЭА

CEA cholesterol esterifying activity □ активность эстерификации холестерина

CEA continuous electric activity □ постоянная электрическая активность

CEA cost-effectiveness analysis □ анализ эффективности затрат; анализ экономической эффективности

CEA crystalline egg albumin □ кристаллический яичный альбумин

CEAR Congress of the European Association of Radiology □ Конгресс европейской ассоциации радиологов

CEBD controlled extrahepatic biliary drainage □ управляемый внепечёночный дренаж жёлчных путей

CEC Central Ethical Committee *(BMA)* □ Центральный комитет по вопросам этики *(Британской медицинской ассоциации)*

CEC Commission of the European Communities *(ICRP)* □ Комиссия европейских обществ *(Международной комиссии по радиационной защите)*

CEC contractile electric complex □ комплекс волн электрической активности при сокращении

CEEB College Entrance Examination Board □ приёмная комиссия колледжа

CEEV Central European encephalitis virus □ вирус центрально-европейского энцефалита

CEF chick embryo fibroblast □ фибробласт куриного эмбриона

CEH cystic endometrial hyperplasia □ кистозная гиперплазия эндометрия

CEH environmental health chief □ руководитель отдела гигиены окружающей среды

CEI Committee for Environmental Information □ Комитет по информации об экологической обстановке

CEJ cement enamel junction □ соединение цемента с эмалью *(зуба)*

cel cellulose □ клетчатка, целлюлоза

Cel Celsius □ температурная шкала Цельсия

CEL cytotoxic effector lymphocytes □ цитотоксические эффекторные лимфоциты

CELADE Latin American Demographic Center □ Латиноамериканский центр демографических исследований

CELISA enzyme-linked immunosorbent assay on cells □ твёрдофазный иммуносорбентный анализ с использованием меченых клеток, ЦЕЛАЙЗА

CELO (viruses) chicken-embryo lethal orphan (viruses) □ ECHO-вирусы, летальные для куриного эмбриона

Cels Celsius □ температурная шкала Цельсия

CELSS controlled ecological life support system □ регулируемая экологическая система жизнеобеспечения

CEMS Commission of Emergency Medical Services □ комиссия по неотложной медицинской помощи

cen centromere □ центромера, кинетохор

Cen A central area □ центральный участок или район

Cent centigrade □ стоградусная температурная шкала *(Цельсия)*

cent centrifugal □ центробежный

Centig centigrade □ стоградусная температурная шкала *(Цельсия)*

CEO chick-embryo origin □ зачаток куриного эмбриона

CEOT calcifying epithelial odontogenic tumor □ кальцифицирующая эпителиальная одонтогенная опухоль

CEP cortical evoked potential *(EEG)* □ корковый вызванный потенциал *(на ЭЭГ)*

CEP counterimmunoelectrophoresis □ встречный иммуноэлектрофорез

CEPH Center for Human Polymorphism □ Центр по изучению (генетического) полиморфизма у человека *(Франция)*

Ceph floc cephalin flocculation □ коагуляционная [флоккуляционная] проба, осадочная реакция

cer ceramic □ керамический, фарфоровый

CER conditioned emotional response □ ситуационная эмоциональная реакция

CERA cortical-evoked response audiometry □ компьютерная аудиометрия

C/E ratio 1. collagen/elastin ratio □ соотношение коллагена к эластину **2.** cost/effectiveness ratio □ соотношение цена/качество

CERD chronic end-stage renal disease □ терминальная стадия хронической почечной недостаточности, терминальная стадия ХПН

CERN European Nuclear Research Centre □ Европейский Совет по ядерным исследованиям

cert 1. certificate □ 1. выдача или получение сертификата, сертификация ‖ выдавать или получать сертификат; подтверждать, удостоверять 2. сертификат, удостоверение, свидетельство **2.** certificated □ 1. имеющий сертификат *(напр. на право самостоятельной медицинской практики)* 2. доброкачественный *(о продукте)*

cerv cervix ‖ cervical □ шея; шейка ‖ шейный; затылочный; цервикальный

CES California Epilepsy Society □ Калифорнийское общество по эпилепсии

CES Central Excitatory Scale □ шкала центрогенного возбуждения

CES Center for Epidemiologic Studies □ Центр эпидемиологических исследований

CES central excitatory state □ состояние возбуждения центральной нервной системы

CES Conference of European Statisticians □ Конференция европейских статистиков

CES content evaluation study □ *стат.* контрольная проверка после проведения переписи; повторное обследование

CES cranial electrostimulation □ электростимуляция мозга, электроакупунктура, электроанестезия

CESD Center for Epidemiologic Studies (NIMH, USA) Depression Scale □ шкала Центра по изучению эпидемиологии депрессий Национального института психического здоровья США

CESD cholesterol ester storage disease □ болезнь накопления эфиров холестерина, болезнь Вольмана

CET cerebral electrotherapy □ электротерапия заболеваний мозга

CET controlled environment treatment □ лечение в абактериальной среде *(напр. в гнотобиологическом изоляторе)*, лечение в контролируемой [управляемой] среде

CET education and training chief □ заведующий отделом обучения и подготовки кадров

CETEX contamination by extraterrestrial exploration □ загрязнение внеземного пространства при проведении космических исследований

CF calibration factor □ калибровочный фактор

Cf californium □ калифорний

Cf carbolfuchsin □ карболовый фуксин *(краситель)*

CF cardiac failure □ сердечная недостаточность, недостаточность кровообращения

CF cardiac floating □ флотация сердца *(маятникообразные движения синхронно с дыханием, возникающие при открытом пневмотораксе)*

CF, cf carrier-free □ свободный от бациллоносительства, не выделяющий бацилл

CF centrifugal force □ центробежная сила

CF chemotactic factor □ фактор хемотаксиса

CF chest and left foot □ грудное отведение ЭКГ «грудь – левая нога»

CF Chiari – Frommel syndrome □ синдром Киари [Хиари, Чиари] – Фроммеля

CF Christmas factor □ фактор IX *(свёртывания крови)*, антигемофильный глобулин B, кристмас-фактор[*]

CF citrovorum factor [folinic acid] □ фолиновая кислота, цитроворовый фактор *(выделенный из бактерий Leuconostoc citrovorum)*

CF clumping factor □ фактор склеивания, фактор образования групп

Cf colicinogenic factor □ фактор колициногенности, колициногенный фактор, Col-фактор *(плазмида, контролирующая синтез колицина)*

CF collagen fibril □ коллагеновое волокно

CF colonofiberscope □ фиброколоноскоп

cf colored female □ цветная женщина

CF complement fixation (test) □ (реакция) связывания комплемента, РСК

_____

[*] Термин по имени ребёнка, больного гемофилией.

cf confer, compare □ сравни, сличи, сопоставь

CF contractile force □ сократительная сила или способность

CF controlled feedback □ контролируемая [управляемая] обратная связь

CF correction factor □ поправочный множитель

CF count fingers □ счёт пальцев *(при проверке остроты зрения)*

CF Cyclophosphanum, Phthoruracilum □ циклофосфан, фторурацил *(программа химиотерапии онкологических больных)*

CF cystic fibrosis □ муковисцидоз, кистозный фиброз *(поджелудочной железы)*

CF cytotoxic factor □ цитотоксический фактор *(моноцитов)*

Cf first certificate □ первое освидетельствование

CFA complement-fixing antibody □ комплементфиксирующие антитела

CFA complete Freund's adjuvant □ *иммун.* полный адъювант Фрейнда

CFA Consumer Federation of America □ Американская потребительская федерация

C-factor cleverness factor □ фактор одарённости

c-factor crossingover factor □ К-фактор *(общее название генных факторов, подавляющих кроссинговер)*

CFC capillary filtration coefficient □ коэффициент капиллярной фильтрации

CFC colony-forming capacity □ колониеобразующее свойство

CFC colony-forming cells □ колониеобразующие клетки, или единицы, КОЕ

CFC$_{mix}$ mixed colony-forming cells □ колониеобразующая единица смешанного типа, КОЕ$_{микст}$

CFC-E erythroid colony-forming cells □ эритроидные колониеобразующие клетки

CFD cephalofacial deformity □ порок развития костей лицевого черепа

CFD Canadian Food and Drug Directorate □ Директорат пищевых продуктов и лекарственных препаратов Канады

CFE chlorotrifluoroethylene □ хлортрифторэтилен

CFF critical fusion frequency of flicker □ критическая частота слияния мельканий *(при зрительном восприятии)*

CFI chemotactic factor inactivator □ инактиватор хемотаксиса

CFI chest lead with indifferent electrode on left leg [ECG] □ грудное отведение ЭКГ с индифферентным электродом от левой ноги

cfm cubic feet per minute □ кубических футов в минуту

CFMG Commission on Foreign Medical Graduates □ Комиссия по делам лиц, окончивших медицинские вузы за рубежом *(США)*

cfmn confirmation □ подтверждение

CFP chronic false-positive □ хронический ложноположительный тест

CFP College of Family Physicians *(Canada)* □ Коллегия семейных врачей *(Канада)*

CFP cystic fibrosis (pancreas) □ муковисцидоз, кистознофиброзная дегенерация поджелудочной железы

CFPI Central Family Planning Institute □ Центральный институт внутрисемейного планирования рождаемости *(Индия)*

CFR cardiac flow rate □ ударный объём сердца

CFR case-fatality rate □ летальность, показатель летальности

CFR complement-fixation reaction □ реакция связывания комплемента, РСК

cfr confer □ сравни

CFR cumulative fertility rate □ суммарный коэффициент фертильности

CFRF Cystic Fibrosis Research Foundation □ Фонд научных исследований по муковисцидозу

CFS Child and Family Services □ Служба семьи и ребёнка

cfs, cf/s cubic feet per second □ фут³/сек

CFT clinical full-time □ полный рабочий день в клинике

CFT complement fixation test □ реакция связывания комплемента, РСК

CFTR cystic fibrosis transmembrane regulator □ мем-мембранный регулятор при муковисцидозе

CFU colony-forming unit □ колониеобразующая единица, или клетка, КОЕ

CFU color-forming unit □ цветообразующая единица

CFU-C cell-forming unit in culture □ моноклональная клетка в культуре

CFU-E colony-forming unit-erythropoid □ колониеобразующая эритроидная клетка

CFU-F fibroblast colony-forming cells □ моноклональный фибробласт

CFU-GEMM colony-forming unit of granulocyte – erythroid – macrophage – megakaryocyte lineage □ колониеобразующая единица гранулоцитов – эритроцитов – макрофагов – мегакариоцитов, КОЕ-ГЭММ

CFU-GM colony-forming unit of granulocytic-monocytic lineage □ гранулоцитарно-макрофагальная колониеобразующая единица макрофагов, КОЕ-ГМ

CFU-L colony-forming unit of lymphocytes □ колониеобразующая единица лимфоцитов, КОЕ-Л

CFU-M colony-forming unit of macrophage lineage □ колониеобразующая единица макрофагов, КОЕ-М

CFU-S culture-forming unit-spleen □ моноклональная клетка селезенки

CFWM cancer-free white mouse □ не поражённая раком белая мышь

CG cardio-green □ кардиогрин *(краситель)*

CG center of gravity □ центр тяжести

cg centigram □ сантиграм, 0,01 г

cg choky gas (phosgene) □ газ удушающего действия *(напр. фосген)*

CG chorionic gonadotropin □ хорионический [хориальный] гонадотропин

CG chronic glomerulonephritis □ хронический гломерулонефрит

CG colloidal gold □ коллоидное золото

CG control group □ контрольная группа

CG controlled gavage □ искусственное питание жидкой пищей *(напр. через гастростому)*

CGC child guidance center □ пункт медико-санитарного обучения детей

CGD chronic granulomatous disease □ хронический гранулёматоз

C genes C-гены *(кодирующие константные участки полипептидных цепей иммуноглобулинов)*

CGH chorionic gonadotropic hormone □ хорионический гонадотропный гормон, хорионический гонадотропин

cgh cough □ кашель

CGI computer generated imagery *(system)* □ система отображения с использованием ЭВМ

CGI global clinical impression *(scale)* □ *псих.* шкала общего клинического впечатления *(о больном)*

CGl cephaloglycin □ цефалоглицин

CGL Changuinola □ Чангинола *(арбовирус)*

CGL chronic granulocytic leukemia □ хронический гранулоцитарный лейкоз

cgm centigram □ сантиграмм, 0,01 г

CGM central grey matter □ центральное серое вещество

cGMP cyclic guanosine monophosphate, cyclic GMP □ циклический гуанозинмонофосфат, цГМФ

CGN chronic glomerulonephritis □ хронический гломерулонефрит

CGO chief gas officer □ *амер.* начальник химической службы

CG/OQ cerebral glucose oxygen quotient □ церебральный глюкозо-кислородный коэффициент

CGP N-carbobenzoxyglycyl-L-phenylalanine □ N-карбобензоксиглицил-L-фенилаланин

CGP choline glycerophosphatide □ холинглицерофосфатид

CGP chorionic-growth-hormone prolactin □ хорионический лактосоматотропный гормон

CGP circulating granulocyte pool □ циркулирующий гранулоцитарный пул

CGRP calcitonin gene related protein □ протеин, связанный с геном кальцитонина

CGS catgut suture □ кетгутовый шов

CGS, cgs centimeter – gram – second system □ СГС система единиц *(сантиметр – грамм –секунда)*, СГС

CGSS cryogenic gas storage system □ система хранения криогенного газа

CGT chorionic gonadotropin □ хорионический гонадотропин

CGTT cortisone glucose tolerance test(s) □ кортизоновый глюкозотолерантный тест, кортизоновый тест толерантности к глюкозе

ch. chain □ цепь

ch change □ изменение

ch channel □ канал

Ch Charriere □ *фр.* шкала калибров по Шарьеру

ch check □ проверка, контроль

ch cheilion □ хейлион *(точка угла рта: переход красной каймы верхней губы в нижнюю)*

ch chest □ грудная клетка

ch chief □ руководитель, начальник ‖ главный, старший

Ch *лат.* chirurgia □ surgery □ хирургия

CH chloral hydrate □ хлоралгидрат

ch choking □ 1. удушье; удушение 2. закупорка

Ch cholesterol □ холестерин

ch chronic □ хронический

CH classic viral hepatitis □ классический вирусный гепатит

CH communicating hydrocele □ сообщающаяся водянка яичка

CH Convalescent Hospital □ госпиталь для выздоравливающих; реабилитационная больница

CH crown-heel (length of fetus) □ длина плода (макушка – пятка)

CH hemolytic complement □ гемолитический комплемент

ch wheelchair □ больничная коляска, кресло на колёсах

Ch¹ Christchurch chromosome □ хромосома Кристчарч

CH₅₀ total serum hemolytic complement □ титр комплемента, обусловливающий 50%-ный гемолиз

CHA California Hospital Association □ Калифорнийская больничная ассоциация

CHA Catholic Health Association □ Католическая ассоциация охраны здоровья (США)

CHA Catholic Hospital Association □ Католическая больничная ассоциация (США)

ChA choline acetylase □ холинацетилаза

CHA chronic hemolytic anemia □ хроническая гемолитическая анемия

CHA congenital hypoplastic anemia □ врождённая гипопластическая анемия

CHA cyclohexylamine □ циклогексиламин

CHABA Committee on Hearing and Bioacoustics □ Комитет по изучению слуха и биоакустики

ChAc choline acetyltransferase □ ацетилхолинтрансфераза

CHAD control and treatment of hypertension, atherosclerosis and diabetes □ профилактика и лечение гипертензии, атеросклероза и диабета

CHAMP Certified Hospital Admission Monitoring Program □ Утверждённая программа мониторинга госпитализации больных

CHAMPUS Civilian Health and Medical Program of the Uniformed Services □ охрана здоровья населения и медицинская программа ведомственных служб (США)

CHAMPVA Civilian Health and Medical Program – Veterans Administration □ охрана здоровья населения и медицинская программа администрации ветеранов (США)

chap chapter □ глава

CHAP Children's Health Assurance Program (New York) □ программа страхования здоровья детей (Нью-Йорк)

CHAP Corporate Headquarters Alcoholism Program □ программа Объединённого центра по борьбе с алкоголизмом

char character ‖ characteristic □ 1. признак ‖ характерный, типичный 2. выч. тех. знак, символ, цифра, буква

CHARGE association coloboma, heart disease, atresia choane, retarded growth and development, genital hypoplasia, ear anomalies □ Ассоциация CHARGE: колобома глаза, порок сердца, атрезия хоан, задержка физического и психомоторного развития, гипоплазия половых органов, аномалии ушных раковин и/или глухота

ChAT choline acetyl transferase □ ацетилхолинтрансфераза

Ch B лат. Chirurgiae Baccalaureus □ Bachelor of Surgery □ бакалавр хирургии

CHB complete heart block □ полная атриовентрикулярная блокада, полный сердечный блок

CHBPR Council for High Blood Pressure Research □ Совет по исследованию гипертонии

CHC Community Health Council □ муниципальный совет здравоохранения

CHCP Comprehensive Health Care Program (SSA) □ Всеобъемлющая программа охраны здоровья (Управления социального обеспечения, США)

CHCP Coordinated Home Care Program □ координированная программа охраны семьи

CHD Chediak – Higashi disease □ болезнь [синдром] Чедиака – Хигаси

Ch D лат. Chirurgiae Doctor □ Doctor of Surgery □ доктор наук по хирургической специальности

chd chord □ 1. связка 2. спинная струна; хорда

CHD congenital heart disease □ врождённый порок сердца

CHD congestive heart disease □ застойная недостаточность сердца, застойная недостаточность кровообращения

CHD coronary heart disease □ ишемическая [коронарная] болезнь сердца, ИБС

CHD cyanotic heart disease □ врождённый порок сердца синего типа, цианотический порок сердца

CHD Health Development Chief □ заведующий отделом развития здравоохранения (ВОЗ)

CHDC California Health Data Corporration □ корпорация [группа] по изучению здоровья

C-HDL alpha-lipoprotein high density □ а-липопротеин высокой плотности

ChE cholinesterase □ холинэстераза

CHE chronic hepatic encephalopathy □ хроническая печёночная энцефалопатия

CHEC Commonwelth Human Ecology Council □ Совет содружества наций по вопросам экологии

CHEC Community Hypertension Evaluation Clinic □ общинная клиника для наблюдения за больными с гипертензией

Chem chemistry □ химия

chempure chemically pure □ химически чистый, х.ч.; реактив марки х.ч.

Chem Warf chemical warfare □ химическая война

Cheno chenodeoxycholic acid □ хенодезоксихолевая кислота

CHES Community Health Education Services □ общинная служба санитарного просвещения

CHESS Community Health and Environmental Surveillance System □ система контроля за состоянием здоровья населения и окружающей среды

CHF chronic heart failure □ хроническая сердечная недостаточность

CHF congenital hepatic fibrosis □ врождённый фиброз печени

CHF congestive heart failure □ застойная недостаточность сердца, застойная недостаточность кровообращения

CHG Chagres □ Чагрес (арбовирус)

CHH cartilage-hair hypoplasia □ волосатая хрящевидная гипоплазия

ChH chronic hepatitis □ хронический гепатит

CHIK Chikungunya □ Чикунгунья *(арбовирус)*

CHIP Catastrophic Health Insurance Plan □ программа [план] страхования жизни

CHIP Comprehensive Health Insurance Plan □ Всеобщий [всеобъемлющий] план страхования жизни

CHIP County Health Improvement Program □ программа улучшения здоровья населения округа

chir *лат.* chirurgia □ surgery □ хирургия

Chir Doc Chirurgiae Doctor now/Doctor of Surgery □ доктор наук по хирургической специальности

chk check □ проверка, контроль, сличение ‖ проверять, контролировать, сличать

CHLA Children's Hospital of Los Angeles □ детская больница г. Лос-Анджелеса

chlb chlorbutanol □ хлорбутанол

chlf chloroform □ хлороформ

chlor chloride □ *фарм.* хлорид ‖ хлористый

CHM chemical assay □ химический анализ или метод

ChM *лат.* Chirurgiac Magister □ Master of Surgery □ магистр хирургии

CHM College of Human Medicine □ медицинский колледж или вуз

CHM community health medic □ медицинский работник общественного здравоохранения

CHM complex harmonic motion □ сложное гармоничное движение

CHM consistent, hierarchical, arbitrary and monothetic □ стойкий, иерархичный, критичный и монотеический *(характеристики психических состояний)*

CHM Council on Health Manpower □ Совет по кадрам здравоохранения

CHMC Children's Hospital Medical Center *(Boston)* □ Детский медицинский центр *(Бостон)*

CHMD clinical hyaline membrane disease □ болезнь гиалиновых мембран, респираторный дистресс-синдром

ChN Child Neurology □ детская неврология

CHNMC Children's Hospital National Medical Center *(Washington)* □ Национальный детский медицинский центр *(штата Вашингтон)*

CHO Chinese hamster ovary □ яичник китайского хомячка

Cho cholesterol □ холестерин

cho chorea □ хорея

Chol est cholesterol esters □ эфиры холестерина

CHOP (program) Cyclophosphamide, Dexorubicin, Vincristine (Oncovin), Prednisone (program) □ циклофосфамид, дексорубицин, винкристин [онковин], преднизон *(программа химиотерапии онкологических больных)*

cho/vac cholera vaccine □ холерная вакцина

CHP Castle House Publication □ Дом печати Кастла *(издательство медицинской литературы)*

CHP Chandipura □ Чандипура *(арбовирус)*

ChP child psychiatry □ детская психиатрия

CHP Coalition for Health Planning □ Союз по планированию здравоохранения

CHP Comprehensive Health Planning □ всеобъемлющее планирование здравоохранения

CHPP Comprehensive Health Planning Program □ комплексная программа планирования здоровья

CHPP continuous hyperthermic peritoneal perfusion □ продолжительная гипертермическая перфузия брюшной полости *(растворами цитостатиков)*

CHPP Health Protection and Promotion Chief □ заведующий отделом охраны и укрепления здоровья

CHPSA Comprehensive Health and Planning Services Act □ Закон о всеобщем здоровье и службе планирования

chpx chickenpox □ ветряная оспа

c hr candle/hour □ кандела/час

Chr Chromobacterium □ хромогенная [пигментобразующая] бактерия

chr chronic □ хронический

CHR Community Health Representative □ инспектор общественного здравоохранения

ChrCF chronic cardiac failure □ хроническая сердечная недостаточность

ChrD chronic diseases □ хронические болезни

CHRIS cancer hazard ranking and information system □ система оценки и информирования о заболеваемости раком

chron, chronol chronology ‖ chronologic(al) □ хронология ‖ хронологический

CHRONIC chronic disease, rheumatoid arthritis and others, neoplasms, infections, crioglobulinemia □ обозначение хронической иммунной стимуляции: хроническое заболевание, особенно печени и лёгких; ревматоидный артрит и другие ревматические болезни; новообразования; инфекции; криоглобулинемия

CHRS cerebro-hepato-renal syndrome □ печёночно-почечно-мозговой синдром, синдром Целлвегера

CHS Chediak – Higashi syndrome □ синдром Чедиака – Хигаси

CHS Community Health Services □ службы здравоохранения

CHSA Chest, Heart and Stroke Association □ Ассоциация по изучению болезней лёгких, сердца и инсульта

CHSS comprehensive health statistics system □ единая система санитарной статистики

CHU centigrade heat unit □ (британская) стоградусная тепловая единица, фунт-калория (1899,1 Дж)

ChW chilled water □ охлаждённая вода

CI cardiac index □ сердечный индекс *(минутный объём кровообращения на 1 м² площади тела)*

CI cardiac insufficiency □ сердечная недостаточность

CI caries incidence □ распространённость кариеса

CI cell inhibition □ клеточная ингибиция

CI cell interaction □ взаимодействие клеток *(Т- и В-клеток)*

CI cerebral infarction □ инфаркт мозга

C/I Certificate of Insurance □ страховое свидетельство, страховой сертификат или полис

CI chemotactic index □ хемотаксический индекс

CI chemotherapeutic index □ химиотерапевтический индекс

CI chronically infected □ хронически инфицированный

CI citation index □ 1. алфавитный указатель цитированных работ 2. индекс цитирования

CI clearing index □ коэффициент очистки

CI clinical investigator □ клинический исследователь

CI coefficient of intelligence □ коэффициент умственного [интеллектуального] развития

CI colloidal iron □ коллоидное железо

CI color index □ цветовой показатель *(крови)*

CI confidence interval □ доверительный интервал

CI Consumers' International □ Международная потребительская организация

CI contamination index □ индекс [показатель] загрязнённости

CI contraindication □ противопоказание

CI coronary insufficiency □ коронарная [ишемическая] недостаточность

CI crystalline insulin □ (чистый) кристаллический инсулин

Ci Curie □ кюри, Ки *(символ рекомендован Международной комиссией по радиационным единицам и измерениям), см. тж.* **C** curie

C'IA (serum) complement immune adherence □ комплемент сыворотки, обусловливающий иммунное прилипание

CIA *фр.* Conseil Internationale d'Alimentation □ Международный консультативный совет по вопросам питания

CIAE crossed immunoaffinoelectrophoresis □ перекрёстный иммуноаффинный электрофорез

CIAP Climate Impact Assessment Program □ программа оценки влияния климата

cib *лат.* cibus □ food, meal □ пища, еда

CIBHA congenital-inclusion-body hemolytic anemia □ врождённая гемолитическая анемия, сопровождающаяся включениями *(в эритроцитах)*

CIC cardioinhibitor center □ центр, тормозящий сердечную деятельность

CIC circulating immune complex □ циркулирующие иммунные комплексы, ЦИК

CIC clean intermittent catheterization □ периодическая катетеризация мочевого пузыря в стерильных условиях

CICD *лат.* Collegium Internationale Chirurgiae Digestivae □ Международная коллегия хирургической гастроэнтерологии

CICRED Committee for International Coordination of National Research in Demography □ Комитет международной координации национальных демографических исследований

CICU Cardiac Intensive Care Unit □ отделение интенсивного наблюдения за кардиологическими больными; кардиологическое реанимационное отделение

CID cardiac iron deposit □ гемохроматоз сердца

CID Central Institute for the Deaf □ Центральный институт по изучению глухоты или неслышащих

CID chick infective dose □ минимальная инфицирующая доза для цыплёнка

CID combined immunodeficiency disease □ комбинированное иммунодефицитное состояние, иммунная недостаточность

CID Criminal Investigation Department □ Департамент криминологических исследований *(Скотланд-Ярд)*

CID cytomegalic inclusion disease □ цитомегалия, инклюзионная болезнь

CIDA Canadian International Development Agency □ Канадское агентство международного развития

CIDF Congress of the International Diabetes Federation □ Конгресс Международной федерации по диабету

CIDIE Committee of International Development Institutions on the Environment □ Комитет международного развития институтов экологии

CIDS cellular immunity deficiency syndrome □ синдром дефицита клеточного иммунитета

CIE *фр.* Commission Internationale de l'Éclairage □ Международная комиссия по освещению, МКО

CIE counterimmunoelectrophoresis □ перекрёстный [встречный] иммуноэлектрофорез

CIEP counterimmunoelectrophoresis □ перекрёстный [встречный, противоточный] иммуноэлектрофорез, иммуноэлектроосмоферез, электросинерез

CIF clone-inhibiting factor □ фактор, ингибирующий клонирование, клонингибирующий фактор, КИФ

CIFC Council for Investigation of Fertility Controls □ Научно-исследовательский совет по регуляции рождаемости

CIH carbohydrate-induced hyperglyceridemia □ гиперглицеридемия, вызванная углеводами

CIH Certificate in Industrial Health □ сертификат, разрешающий работать в отрасли промышленной гигиены

CIHDM Committee for the Improvement of Hereditary Disease Management □ Комитет по улучшению лечения наследственных болезней

CIIP chronic idiopathic intestinal pseudoobstruction □ хроническая идиопатическая псевдообструкция кишечника

CIM Cumulated Index Medicus □ сводный библиографический указатель медицинской литературы «Индекс медикус» *(США)*

CIMO Commission for Instruments and Methods of Observation □ Комиссия по приборам и методам наблюдения *(Всемирной метрологической организации)*

CIN cerebriform intradermal nevus □ складчатый интрадермальный невус

CIN cervical intraepithelial neoplasia □ интраэпителиальный рак шейки матки *(I, II, III – лёгкой, умеренной и выраженной степени)*

CINJ Cancer Institute of New Jersy □ Онкологический институт в Нью-Джерси

CINP Collegium International Neuro-Psychopharmacologium □ Международная коллегия по нейропсихофармакологии

CINS children in need of supervision □ дети, нуждающиеся в наблюдении

CIOMS Council for International Organizations of Medical Sciences □ Совет международных медицинских научных организаций, СММНО

CIP chloroform-isoamyl-alcohol-phenol □ смесь из хлороформа, изоамилового спирта и фенола

CIP Clinical Investigator Program □ программа клинического исследователя

CIP *фр.* Collection de l'Institut Pasteur □ коллекция культур микроорганизмов Пастеровского института *(Париж)*

CIP cystic intestinal pneumatosis □ кистозный пневматоз кишечника

CIP-F chronic interstitial pneumonitis and fibrosis □ хроническая интерстициальная пневмония и фиброз лёгкого

CIPM *фр.* Comité Internationale des Poids et Mesures □ Международный комитет мер и весов, МКМВ

cir circuit □ схема, цепь, контур

cir circulation □ 1. циркуляция, круговорот 2. кровообращение; круг кровообращения 3. распространение

CIR Committee of Interns and Residents *(New York State)* □ Комитет врачей-интернов и резидентов *(штата Нью-Йорк)*

circ *лат.* circa □ about □ приблизительно, около

circ circulation □ 1. циркуляция, круговорот 2. кровообращение; круг кровообращения 3. распространение

circ circumcision □ обрезание, круговое иссечение

circ circumference □ 1. окружность 2. периметр

circ artery circumflex coronary artery □ огибающая коронарная артерия

circum circumference □ 1. окружность 2. периметр

CIRM *фр.* Centre-Internationale Radio-Médico □ Международный медицинский центр радиологии

cirr cirrhosis □ цирроз

CIRSE Cardiovascular Interventional Radiology Society Europe □ Европейское общество по интервенционной радиологии

CIS *лат.* carcinoma in situ □ преинвазивный [внутриэпителиальный] рак, рак «на своём месте» *(начальная стадия рака, не прорастающего базальную мембрану эпителия)*

CIS Center for International Occupational Safety □ Международный центр по технике безопасности

CIS central inhibitory state □ состояние торможения центральной нервной системы

CIS Chemical Information System □ электронно-информационная система поиска работ по химии

CISM *фр.* Conseil Internationale du Sport Militaire □ International Military Sports Council □ Совет по развитию международного спорта среди военных

CIRS Committee for International Rotation of Surgeons-in-training □ Комитет периодического повышения квалификации хирургов-иностранцев

Cit citrate, citric acid □ цитрат, лимонная кислота

CIT cold ischaemia time □ длительность холодовой ишемии

cito disp *лат.* cito dispensetur □ *фарм.* приготовить срочно

civ civil □ гражданский; относящийся к мирному населению

CJD Creutzfeldt – Jacob disease □ кортикостриоспинальная дегенерация, болезнь Крейтцфельдта – Якоба

CK creatine kinase □ креатинкиназа

C/kg, C • kg⁻¹ coulomb per kilogram □ кулон на килограмм, К/кг, К • кг⁻¹

ckt circuit □ схема, цепь, контур

ckw clockwise □ по часовой стрелке *(напр. о завороте кишечника)*

CL capillary lumen □ просвет капилляра

CL caution light □ световая сигнализация

cl centiliter □ сантилитр *(10 мл, 0,01 л)*

cl chlorine □ хлор

cl class □ класс; тип; разряд

cl classification □ классификация; систематизация

cl clause □ статья; параграф; пункт

cl clavicle □ ключица

Cl, cl clearance □ 1. устранение препятствия 2. клиренс *(объём крови или плазмы в мл, полностью освобождаемой от какого-либо метаболита за 1 мин)*, очистка

Cl$_{cr}$ creatinine clearance □ клиренс креатинина

Cl$_{er}$ extrarenal clearance □ внепочечный [экстраренальный] клиренс *(препарата)*

Cl$_{nr}$ nonrenal clearance □ *см.* **Cl$_{er}$**

Cl$_t$ total clearance □ общий клиренс *(препарата, мг/мин)*

Cl$_{ur}$ clearance of the urea □ клиренс мочевины

CL Clearing Station □ эвакуационный пункт *(медицинский)*

cl clone □ клон *(группа генетически идентичных клеток или микроорганизмов, образовавшихся из одной клетки)*

CL Clostridium □ род клостридии *(спорообразующие анаэробные бактерии)*

CL component life □ период жизни компонента

CL confidence limits □ доверительные границы

cl *лат.* corpus luteum □ жёлтое тело

CL criterion level □ уровень значимости

cl *лат.* cutis laxa □ вялая [дряблая] кожа

cl cylinder □ цилиндр *(элемент осадка мочи)*

CL$_1$ chest lead with indifferent electrode on left arm (ECG) □ грудное отведение ЭКГ с индифферентным электродом на левой руке

CL lethal concentration □ смертельная концентрация *(концентрация яда в объекте окружающей среды, воздействие которой вызывает смерть)*

CL$_{min}$ minimal lethal concentration □ минимальная смертельная концентрация

CL$_0$ maximum tolerable concentration □ максимально переносимая, или предельно допустимая, концентрация *(наибольшая концентрация яда в объектах окружающей среды, не вызывающая гибели подопытных животных)*

CL$_{50}$ median lethal concentration □ средняя смертельная концентрация

CL$_{100}$ absolute lethal concentration □ абсолютно смертельная концентрация

CL$_q$, CL$_r$, CL$_s$ subcomponent q (r, s) of complement □ субкомпонент q (r, s) комплемента

CLA certified laboratory assistant □ помощник лаборанта, обладающий сертификатом – допуском к практической деятельности

CLA common leukocyte antigens □ общие лейкоцитарные антигены

CLAc chloroacetyl □ хлорацетил

CLAH congenital lipoid adrenal hyperplasia □ врождённая липоидная гиперплазия надпочечников

CLAO Contact Lens Association of Ophthalmologists □ Общество офтальмологов по контактным линзам

CLAS cholesterol lowering atherosclerosis study □ исследование влияния снижения холестерина на атерогенез

CLAS congenital localized absence of skin □ врождённое локальное отсутствие кожи

CLASP Committee on Laboratory Standard and Practices □ Комитет по лабораторным стандартам и лабораторной работе

class, classif classification □ классификация

CLBBB complete left bundle branch block □ полная блокада левой ножки пучка Гиса

CLC Cost of Living Council □ Совет по изучению стоимости жизни (США)

cld cancelled □ отменённый, аннулированный

CLD cephaloridine □ цефалоридин (антибиотик)

CLD chick lethal dose □ летальная доза для цыплёнка

CLD chronic liver disease □ хроническое заболевание печени

CLD chronic lung disease □ хроническое заболевание лёгких

cld colored □ цветной, окрашенный

cld cooled □ охлаждённый

CLE 1. centrilobular emphyseme □ центриацинозная [центрилобулярная] эмфизема лёгкого **2.** congenital lobar emphysema □ врождённая лобарная эмфизема

CLED cystine-lactose-electrolyte-deficient □ дефицит [недостаточность] цистина, лактозы и электролитов

Clex cephalexin □ цефалексин (антибиотик)

clg cooling □ охлаждение

CLIA Clinical Laboratories Improvement Act □ инструкция по улучшению клинико-лабораторных методов

clin clinic || clinical □ клиника || клинический

Clin C clinical conference □ клиническая конференция

clkw clockwise □ по часовой стрелке (напр. о завороте кишечника)

CLL center lights lost □ выключение [потеря] центрального зрения, чёрная пелена перед глазами

CLL cholesterol lowering lipid □ липиды, снижающие уровень холестерина

CLL chronic lymphocytic leukemia □ хронический лимфолейкоз, лимфоидный лейкоз

CLL chronic lymphoproliferative disease □ хронический лимфопролиферативный процесс

Clm clindamycin □ клиндамицин (антибиотик)

CLML Clinical List of Medical Literature □ Список [перечень] медицинской литературы для клинических учреждений

clnt coolant □ хладагент (охлаждающая жидкость или охлаждающий газ)

CLO Campylobacter-like organism □ кампилобактероподобный (спиралевидный) микроорганизм (выделенный из слизистой желудка)

CLO cod liver oil □ жир печени трески; рыбий жир

CLP cleft lip and palate □ расщеплённые губа и нёбо (нрк. «заячья губа» и «волчья пасть»)

Clr chloride □ хлорид

clr clearance □ 1. устранение препятствия 2. клиренс, очистка

clr color □ цвет, окраска

CLR comparative leukemia research □ сравнительное изучение лейкоза

Clr C амер. Clearing Company □ эвакуационная рота

Clr Sta Clearing Station □ эвакуационный пункт

cls class □ класс, группа

CLS clear screen □ выч. тех. очистить экран

CLS cold light supply □ источник холодного света

CLS confused-language syndrome □ синдром речевого возбуждения; синдром бессвязной речи

CLSH corpus lutein-stimulating hormone □ лютеинизирующий гормон, ЛГ (аденогипофиза, стимулирующий образование жёлтого тела яичников)

CLT chronic lymphocytic thyroiditis □ хронический лимфоцитарный тиреоидит, зоб Хасимото

CLT clot-lysis [clotting] time □ время лизиса сгустка (крови); время свёртывания крови

Clt complement □ комплемент

CM carboxymethyl group □ карбоксиметильная группа

CM cardiomyopathy □ кардиомиопатия

c.m. лат. causa mortis □ cause of death □ причина смерти

CM cell mass □ объём форменных элементов

CM cellulose ester membrane □ целлюлозная мембрана

CM centimorgan □ сантиморган (мера расстояния в единицах кроссинговера)

CM cerebral mantle □ мантия головного мозга

CM лат. Chirurgiae Magister □ Master of Surgery □ магистр хирургии

Cm chloramphenicol □ хлорамфеникол, левомицетин

CM chylomicron □ хиломикрон, ХМ (частица нейтрального жира диаметром около 1 мкм)

CM circular muscle □ круговая мышца

CM clinical medicine □ клиническая медицина

CM cochlear microphonies □ микрофонный эффект улитки, микрофонная роль улитки

Cm coloboma □ мутантный ген, обусловливающий колобому радужной оболочки глаз

CM colored male □ цветной мужчина (неевропеоидной расы)

cm complication □ осложнение

CM contrast medium □ контрастное вещество

CM core memory □ память [запоминающее устройство] на магнитных сердечниках

CM corresponding member □ член-корреспондент

CM costal margin □ рёберный край, рёберная дуга

CM cow's milk □ коровье молоко

CM, cm лат. cras mane □ tomorrow morning □ завтра утром

Cm curium □ кюрий

Cm maximum compliance □ комплаенс (лёгких), максимальная податливость (лёгких)

Cm⁻² coloumb/metre² □ кулон/метр², кл/м²

Cmʳ chloramphenicol resistant □ устойчивый к хлорамфениколу

Cmˢ chloramphenicol susceptible □ чувствительный к хлорамфениколу

CMA California Medical Association □ Калифорнийская медицинская ассоциация

CMA Canadian Medical Association □ Канадская медицинская ассоциация

CMA Certified Medical Assistant □ помощник врача, имеющий сертификат-допуск к самостоятельной работе

CMA Chilean Medical Association □ Чилийская медицинская ассоциация

CMA Chinese Medical Association □ Китайская медицинская ассоциация

CMA cingulated motor area □ *анат.* поясная двигательная область

CMA cost-minimization analysis □ анализ минимизации затрат

CMAA California Medical Assistants Association □ Калифорнийская ассоциация помощников врачей

CMAAO Confederation of Medical Associations in Asia and Oceania □ Конфедерация медицинских ассоциаций Азии и Океании

CMAP compound muscle action potential □ мышечный потенциал действия *(при стимуляции невра)*

CMB carbolic methylene blue □ карбоксильный метиленовый синий *(краситель)*

CMB Central Midwives' Board □ Центральный совет акушерок

CMB chloromercuribenzoate □ хлормеркуробензоат

CMC carboxymethyl cellulose □ карбоксиметилцеллюлоза

CMC carpometacarpal □ кистевой, запястно-пястный *(сустав)*

CMC cell-mediated cytotoxicity □ клеточно-обусловленная [клеточно-опосредованная] цитотоксичность

CMC chemical mismatch cleavage □ метод химического расщепления некомплементарных сайтов, основанный на способности некоторых химических агентов разрывать нить ДНК в месте локализации неспаренного основания

CMC chronic mucocutaneous candidiasis □ хронический кандидоз [кандидомикоз] кожи и слизистых

CMC closed mitral comissurotomy □ закрытая митральная комиссуротомия

CMC Cornell Medical Center □ Корнелльский медицинский центр

CMC critical micelle concentration □ критическая концентрация мицелл *(комплексов липидных молекул)*

CMC-VAP Cyclophosphanum, Methotrexatum, CCNU, Vincristinum, Adriamycinum, Procarbazinum □ циклофосфан, метотрексат, CCNU, винкристин, адриамицин, прокарбазин *(программа химиотерапии онкологических больных)*

CMD childhood muscular dystrophy □ детская мышечная дистрофия

CMD corticomedullary differentiation □ дифференциация коркового и мозгового слоев *(почки)*

CMD County Medical Director □ руководитель муниципального [окружного] здравоохранения

CME Commission on Medical Education *(AMA)* □ комиссия по медицинскому образованию *(Американской медицинской ассоциации)*

CME continuing medical education *(US program)* □ непрерывное [постоянное] медицинское образование или повышение квалификации врачей *(программа США)*

CMF chondromyxoid fibroma □ хондромиксоидная фиброма

CMF comparative mortality factor, comparative mortality figure □ сравнительный показатель смертности

CMF Cyclophosphanum, Methotrexatum, Phtoruracilum □ циклофосфан, метотрексат, фторурацил *(программа химиотерапии онкологических больных)*

CMFP Cyclophosphamide, Methotrexatum, 5-Fluorouracil, Prednisone □ циклофосфамид, метотрексат, 5-фторурацил, преднизон *(программа химиотерапии онкологических больных)*

CMFVP Cyclophosphanum, Methotrexatum, Phtoruracilum, Vincristinum, Prednizolonum □ циклофосфан, метотрексат, фторурацил, винкристин, преднизолон *(программа химиотерапии онкологических больных)*

CMG California Medical Group □ Калифорнийская медицинская группа

CMG chopped meat glucose *(agar)* □ мясо-пептонный агар с глюкозой

CMG cystometrogram □ кривая регистрации внутрипузырного давления, цистоманометрия

CMGN chronic membranous glomerulonephritis □ хронический мембранозный гломерулонефрит

CMH congenital malformation of the heart □ врождённый порок сердца

CMHC Community Mental Health Center □ общинная психиатрическая больница

CMHD community mental health department □ общинный отдел психического здоровья

cm Hg centimeter of mercury □ сантиметров ртутного столба, см рт. ст.

cm H$_2$O centimeters of water □ сантиметры водного столба, *см.* **H$_2$O**

CMI carbohydrate metabolism index □ индекс метаболизма углеводов

CMI cell-mediated immunity □ клеточный иммунитет, клеточно-опосредованный иммунитет

CMI Commonwealth Mycological Institute □ Государственный [федеративный] микологический институт

CMI Cornell medical index □ Корнельский медицинский индекс

CMID cytomegalic inclusion disease □ цитомегалия, инклюзионная болезнь

CMIIP complement-mediated inhibition of immune precipitation □ комплементзависимое подавление (реакции) иммунопреципитации

c/min cycles per minute □ циклов в минуту

CMIR cell-mediated immune response □ клеточно-опосредованный иммунный ответ

CMIT Current Medical Information and Terminology □ текущая медицинская информация и терминология

CML cell-mediated lympholysis □ *иммун.* лимфоцитозависимая цитотоксичность, клеточно-опосредованный лимфолиз *(разрушение аллогенных клеток-мишеней лимфоцитами)*

cml chemical □ химический

CML chronic myelogenous [myelocytic] leukemia □ хронический миелолейкоз

Cml C *амер.* Chemical Corps □ химические войска

Cml Decon Co *амер.* Chemical Decontamination Company □ дегазационная рота

cmm cubic millimeter □ кубический миллиметр, мм³

CMM cutaneous malignant melanoma □ злокачественная меланома кожи

CMMB Catholic Medical Mission Board *(New York City)* □ Совет католической медицинской миссии *(Нью-Йорк)*

CMME chloromethyl methyl ether □ хлорметилметиловый эфир

CMMS Columbia Mental Maturity Scale □ Колумбийская шкала интеллектуальной [психической] зрелости

CMMT cell-mediated microcytotoxicity test □ клеточно-опосредованный микроцитотоксический тест

CMO cardiac minute output □ минутный объём сердца или крови

CMO Central Meteorological Office □ Центральное метеорологическое управление

CMO Chief Medical Officer □ 1. руководитель лечебного учреждения; главный врач 2. начальник медицинской службы

CMO craniomandibular osteopathy □ краниомандибулярная остеопатия

C-MOPP Cyclophosphamide-MOPP □ циклофосфамид-МОПП *(программа химиотерапии онкологических больных)*, см. **MOPP**

CMP Chief Military Physician □ главный терапевт армии

cmp compare □ сравнивать, сличать

cmp computer □ компьютер; вычислительная машина, ЭВМ

CMP Cyclophosphamide, Methotrexatum, Phtoruracilum □ циклофосфамид, метотрексат, фторурацил *(программа химиотерапии онкологических больных)*

CMP cytidine monophosphate □ цитидин монофосфат, ЦМФ

CMPA Canadian Medical Protective Association □ Канадская ассоциация защиты медицинских работников

CMPt Cyclophosphanum, Methotrexatum, Phtorafurum □ циклофосфан, метотрексат, фторафур *(программа химиотерапии онкологических больных)*

cmplx complex □ комплекс

cmps centimeter per second □ сантиметров в секунду, см/сек

cmpt compartment □ кабина; помещение; отсек

cmpt component □ 1. компонент, составная часть 2. узел; деталь

cmpt(r) computer □ компьютер; вычислительная машина, ЭВМ

CMR cerebral metabolic rate □ обмен веществ в головном мозге

CMRgluc cerebral glucose uptake □ усвоение [поглощение] глюкозы мозговой тканью, скорость метаболизма глюкозы в мозговой ткани

CMRlact cerebral lactate uptake □ усвоение [поглощение] лактата мозговой тканью

CMR crude mortality ratio □ общая летальность

CMRI Children's Medical Relief International *(Center)* □ Международный медицинский центр помощи детям

CMRO₂ cerebral metabolic rate of oxygen □ скорость метаболизма кислорода в мозговой ткани

CMRT Certified Medical Records Technician □ медицинский лаборант, имеющий сертификат-допуск к самостоятельной работе

CMS Candidate of Medical Sciences □ кандидат медицинских наук

Cm/s, Cm • s⁻¹ centimeter per second □ сантиметров в секунду, см/с, см • с⁻¹

CMS Colorado Medical Society □ Колорадское медицинское общество

CMS Connecticut Medical Service □ Медицинская служба штата Коннектикут *(США)*

CMS corn, powdered milk, soybean (high-protein mixture) □ высокобелковая питательная смесь из кукурузы, соевых бобов, сухого молока

CMS 1. Council of Medical Service *(AMA)* □ Управление медицинской службы 2. Council of Medical Staffs *(AMA)* □ Управление медицинских кадров *(Американской медицинской ассоциации)*

CMS County Medical Society □ Медицинское общество округа

cms *лат.* cras mane sumendus □ to be taken tomorrow □ принять завтра утром

CMSA Coal Mine Safety Act □ правила по технике безопасности на каменноугольной шахте

CMSS Center for Marital and Sexual Studies □ Центр сексологии

CMSS Cooperative Medical Service System □ кооперативная система медицинского обслуживания

CMSS Council of Medical Speciality Societies □ Комитет [Совет] специализированных медицинских обществ

CMT California mastitis test □ калифорнийский тест с молоком на наличие мастита у дойных коров

CMT corrected mean temperature □ скорректированная средняя температура

CMT Current Medical Terminology □ «Современная медицинская терминология» *(словарь-справочник)*

CMTD Charcot – Mane – Tooth disease □ наследственная невральная амиотрофия, болезнь Шарко – Мари – Тута

CMU chlorophenyldimethylurea □ хлорфенилдиметилмочевина

CMV controlled mechanical ventilation □ искусственная вентиляция *(лёгких)*, ИВЛ

CMV cucumber mosaic virus □ вирус огуречной мозаики

CMV cytomegalovirus □ цитомегаловирус, вирус цитомегалии

Cn centurium □ центурий

CN charge nurse □ палатная медицинская сестра

CN clinical nursing □ сестринский уход

CN cochlear nucleus □ улитковое ядро

CN code name □ кодированное название

CN congenital nephrosis □ врождённый нефроз

CN congenital nystagmus □ врождённый нистагм

CN control number □ контрольное число

cn *лат.* cras nocte □ tomorrow night □ завтра ночью

CN cranial nerve □ черепной нерв

Cn cyanogen □ цианоген *(адсорбент)*

CN$_{50}$ median narcotic concentration □ средняя наркотическая концентрация *(вызывающая наркоз у 50 % подопытных животных)*

CN$_2$ nitrogen concentration □ концентрация азота

CNA Canadian Nurses' Association □ Ассоциация медицинских сестёр Канады

CNAA Council for Nations Academic Awards □ Комитет [Совет] по присуждению национальных академических премий

CNBr cyanogen bromide □ цианогенбромид

CNC Clinical Nursing Conference □ клиническая конференция по уходу за больными

CNCM *фр.* Collection Nationale de Cultures de Microorganismes □ национальная коллекция культур микроорганизмов *(Пастеровского института, Париж)*

CNCMH Canadian National Committee for Mental Hygiene □ Канадский национальный комитет по психогигиене

cnd condition □ 1. условие 2. состояние 3. ситуация

CNE chronic nervous exhaustion □ хроническое невротическое истощение

CNE Clinical Neuroendocrinology □ клиническая нейроэндокринология

C$_3$NeF C$_3$ (complement component) nephritic factor □ третий компонент комплемента *(нефротический фактор)*

CNegP continuous negative pressure □ постоянное отрицательное давление *(метод вентиляции лёгких)*

CNH community nursing home □ интернат [дом] инвалидов и престарелых

CNHD congenital nonspherocytic hemolytic disease □ макроцитарная анемия, врождённая (несфероцитарная) гемолитическая анемия Дайка – Янга

CNHI Committee for National Health Insurance □ Комитет государственного страхования здоровья

CNM Certified Nurse Midwife □ акушерка, имеющая сертификат-допуск к самостоятельной работе

CN-met-Hb cyanmethemoglobin □ цианметгемоглобин

CNMS Cooperative Neonatal Meningitis Study □ кооперированное изучение менингита новорождённых

CNP circulating neutrophil pool □ циркулирующий пул нейтрофилов

CNP continuous negative external (pressure) □ постоянное отрицательное (наружное) давление *(метод вентиляции лёгких)*

CNPV continuous negative pressure ventilation □ постоянная вытяжная вентиляция

CNR civil nursing reserve □ резерв гражданских медицинских сестёр и сиделок

CNR composite noise rating □ общий коэффициент шума

CNRD chronic non-specific respiratory disease □ хроническое неспецифическое заболевание лёгких

CNS central nervous system □ центральная нервная система, ЦНС

CNS Congress of Neurological Surgery □ конгресс нейрохирургов

cns continuous □ постоянный, непрерывный

cns *лат.* cras nocte sumendus □ to be taken tomorrow night □ принять на ночь

CNSHA congenital nonspherocytic hemolytic anemia □ макроцитарная анемия, врожденная (несфероцитарная) гемолитическая анемия Дайка – Янга

cnt count □ 1. счёт; подсчёт; отсчёт ‖ считать; подсчитывать; отсчитывать 2. анализ *(напр. форменных элементов крови)*

cnti control □ управление; регулирование

CNU Chenuda □ Ченуда *(арбовирус)*

CNV contingent negative variation □ случайные [возможные] отрицательные факторы

cnv converse □ обратный, противоположный

CNW Certified Nurse Midwife □ акушерка, имеющая сертификат-допуск к самостоятельной работе

CNYRMP Central New York Regional Medical Program □ Центральная региональная медицинская программа штата Нью-Йорк

CO carbon monoxide (instrument) □ прибор для измерения концентрации окиси углерода

CO cardiac output □ 1. систолический [ударный] объём сердца 2. минутный объём крови

CO-1 cardiac output at one minute □ минутный объём сердца, сердечный выброс в 1 минуту

CO$_F$ cardiac output Fick technique □ метод определения минутного объёма крови по Фику

CO castor oil □ касторовое масло

CO *англ.* casualty officer □ врач неотложной помощи; врач приёмного отделения *(обычно соответствующий врачу-интерну в России)*

CO cervioaxial □ пришеечная поверхность зуба, относящаяся к его продольной оси

CO checkout □ проверка; выверка; контроль

Co cobalt □ кобальт

^{60}Co radioactive cobalt □ радиоактивный кобальт

Co cocaine □ кокаин

Co coenzyme □ кофермент, коэнзим

CO community organizer □ организатор общины

Co company □ компания, Ко

c/o complains of □ жалобы на

Co, co *лат.* compositus □ compound □ *фарм.* 1. соединение; смесь 2. состав, структура

co concentration □ концентрация

co coordination □ координация

CO corneal opacity □ помутнение роговицы

CO crossover (drug study) □ перекрёстное изучение действия лекарства

COA Canadian Orthopedic Association □ Канадская ассоциация ортопедов

COA children of alcoholics □ дети алкоголиков

COA coarctation of aorta □ коарктация аорты

CoA coenzyme A □ кофермент А, коэнзим А, КоА

COA condition on admittance □ состояние при поступлении

COAD chronic obstructive airway disease □ хроническая обструктивная пневмония, хроническая обструкция бронхов

coag coagulation □ коагуляция

COAP Cyclophosphanum, Vincristinum, Cytarabinum [Alexan], Prednisolonum □ циклофосфан, винкристин, цитарабин [алексан], преднизолон *(программа химиотерапии онкологических больных)*

coarct coarctation □ коарктация аорты

CoA reductase coenzyme A reductase □ кофермент-А редуктаза, КоА-редуктаза

COBS Cesarean-obtained barrier sustained □ рождённый методом кесарева сечения

COBS chronic organic brain syndrome □ синдром хронического органического поражения головного мозга

COBT chronic obstruction of the biliary tract □ хроническая обтурация общего жёлчного протока; хроническая обтурация жёлчных путей

COC cathodal opening contraction □ катодно-размыкательное сокращение *(мышц)*, КРС

coc cocaine □ кокаин

COC Cocal □ Кокал *(арбовирус)*

coc coccygeal □ копчиковый

COC combined oral contraceptive □ комбинированное пероральное противозачаточное средство

coch. *лат.* cochleare □ spoon □ *фарм.* ложка

coch. amp. *лат.* cochleare amplum □ table spoonful □ *фарм.* по столовой ложке

coch. infant. *лат.* cochleare infantis □ child's spoonful □ *фарм.* по детской ложке

coch. mag. *лат.* cochleare magnum □ table spoonful □ *фарм.* по столовой ложке

coch. med. *лат.* cochleare medium □ dessert spoonful □ *фарм.* по десертной ложке

coch. parv. *лат.* cochleare parvum □ tea spoonful □ *фарм.* по чайной ложке

COCl cathodal opening clonus □ клонус при катодном размыкании

CoCM congestive cardiomyopathy □ застойная кардиомиопатия

coct. *лат.* coctio □ boiling □ кипячение

COD cause of death □ причина смерти

COD chemical oxygen demand □ химическая потребность в кислороде, ХПК

COD Concise Oxford Dictionary □ Краткий Оксфордский словарь

COD condition on discharge □ состояние при выписке

COD Cytosinum, Arabinoside, Vincristinum [Oncovin], Daunorubicinum □ цитозин, арабинозид, винкристин [онковин], даунорубицин *(программа химиотерапии онкологических больных)*

codepid epidemic code □ «Кодэпид» *(эпидемиологический код ВОЗ)*

CODYE cardiac output by dye dilution technique □ определение ударного объёма сердца методом разведения красителя

COED computer-operated electronic display □ дисплей, управляемый ЭВМ

coeff coefficient □ коэффициент

COEPS cortically originating extrapyramidal system □ корковое начало экстрапирамидальной системы

COESH Center for Occupational Environmental Safety and Health *(Stanford University)* □ Центр профпатологии и охраны окружающей среды *(Станфордского университета)*

COF cobra venom factor □ действующее начало яда кобры

CoFA common fetal antigen □ общий фетальный антиген

C of H circumference of head □ окружность головы

C of N certificate of need □ сертификат о бедности

COFS syndrome cerebrum, oculus, facies, skeleton syndrome □ церебро-окуло-фацио-скелетный синдром, COFS-синдром

COG Central Oncology Group □ главная онкологическая группа

COG clinical obstetrics and gynecology □ (клиническое) акушерство и гинекология

cog. *лат.* cogue □ boil □ *фарм.* вскипяти

COGENE Scientific Committee on Genetic Experimentation □ Научный комитет по генетическому экспериментированию, КОГЕНЭ

COGTT cortisone-promoted oral glucose tolerance test □ пероральная кортизон-глюкозная проба на диабет, пероральный кортизоновый тест толерантности к глюкозе

CoH coefficient of haze □ коэффициент запылённости или мутности

COH hand coordination □ координация движений рук

CoHA coumarin hydroxylase activity □ активность кумарингидроксилазы

CoHb carboxyhemoglobin □ карбоксигемоглобин

COHR Center for Oral Health Research □ Научно-исследовательский стоматологический центр

COHSE Confederation of Health Service Employees □ Конфедерация служащих службы здравоохранения

CoI coenzyme I □ кофермент I, коэнзим I

COI community onset infection □ начало инфицирования

COI constant oxygen insufflation □ постоянная инсуффляция кислорода

COI cost of illnes □ «бремя» болезни

COIF congenital onychodysplasia of the index fingers □ врождённая ониходисплазия указательного пальца

col. *лат.* cola □ strain □ 1. напряжение, нагрузка 2. переутомление

col colony □ колония

col color || colored □ цвет; окраска || окрашенный

colat. *лат.* colatus □ профильтрованный, процеженный

COLD chronic obstructive lung disease □ хроническая обструктивная пневмония, хроническое обструктивное заболевание лёгких

Col factor colicinogenic factor □ колициногенный фактор, Col-фактор *(плазмида, контролирующая синтез колицина)*

Coli colistin (sulfate) □ колистин *(сульфат)*

coll collateral □ 1. совместный 2. коллатеральный

coll collection □ 1. коллекция, совокупность 2. сбор материала

coll college □ 1. колледж, вуз 2. средняя школа 3. корпорация; общество; коллегия 4. *спец.* курс лекций для получения степени

coll colloidal □ коллоидный

Coll Bn *амер.* Collecting Battalion □ медицинский эвакуационный батальон

collm collimator □ коллиматор

Coll Sta *амер.* Collection Station □ медицинский эвакуационный пункт, сборно-сортировочный пункт

collun *лат.* collunarium □ nose wash □ промывание носа; для промывания носа

collut *лат.* collutorium □ mouth wash □ промывание полости рта [зева]

collyr *лат.* collyrium □ an eye wash □ 1. промывание глаз 2. глазная примочка

Color *лат.* coloretur □ let it be colored □ пусть будет окрашено

COLT Contrast Optical Laser Tracking (*System*) □ система с видеоконтрастным оптическим лазерным следящим устройством

COM chronic otitis media □ хронический средний отит

com commercial □ 1. коммерческий 2. серийный; доступный для приобретения

com commissioner □ 1. член правительственной комиссии 2. комиссионер, специальный уполномоченный комисcap

com common □ общий

com communication □ 1. коммуникация, связь 2. сообщение, передача

COM Cyclophosphamide, Oncovin, Methotrexatum □ циклофосфамид, онковин, метотрексат (*программа химиотерапии онкологических больных*)

COMA Committee on Medical Aspects of Food Policy □ Комитет по медицинским аспектам продовольственной политики

COMARE Committee on Medical Aspects of Radiation in the Environment □ Комитет по медицинским аспектам влияния радиации на окружающую среду

comb combination □ комбинация, сочетание; соединение

coml commercial □ 1. коммерческий 2. серийный, доступный для приобретения

comp comparison □ сравнение, сличение

comp compensation □ компенсация

comp compilation □ компиляция (*собирание фактов, статистических данных*)

comp complaint □ жалоба

comp complemented □ комплементарный; совпадающий, соответствующий

comp complete □ полный

comp complication □ осложнение

comp component □ компонент; составляющая

comp *лат.* compositus □ compound □ соединение; смесь; состав || составной, сложный

comp compression □ сжатие, компрессия

Comp A compressed air □ сжатый воздух

CompADe computer-aided design □ моделирование условий окружающей среды с помощью ЭВМ

compar comparison □ сравнение, сличение

compd compound □ соединение, смесь

compl complete □ полный

compl complex □ комплекс || комплексный, сложный

compilc complication □ осложнение

Compound F Kendall's hydrocortisone □ соединение Ф, фактор Кендалла, гидрокортизон

Compound G-11 hexachlorophene G-11 □ соединение G-11, гексахлорофен

compr compression □ сжатие

Compr Care Comprehensive Health Care Program □ Всеобъемлющая программа обеспечения здоровья детей

ComProg computer program □ машинная программа

compt compartment □ помещение; отсек

COMT catechol-O-methyl transferase □ катехол-О-метилтрансфераза

con concentration □ концентрация

con conclusion □ заключение

con connection □ соединение, сцепление

con continuous □ 1. непрерывный, продолжающийся 2. длительный

con control □ 1. контроль 2. управление, регулирование

CON Cyclopropane, oxygen, and nitrogen □ циклопропан, кислород и азот (*невоспламеняющаяся анестетическая смесь*)

ConA concanavalin A □ конканавалин A (*митоген для оценки активности Т-системы*)

conc concentrate; concentration || concentrated □ концентрат; концентрация || концентрированный

concis *лат.* concisus □ cut □ отрежь

concn concentration □ концентрация

cond condenser □ конденсатор

cond condition || conditional □ условие || условный (*напр. рефлекс*)

cond conditioning □ кондиционирование

cond conductivity □ проводимость

cong *лат.* congius □ gallon □ галлон (*в Великобритании 1 Г. = 4,54609 дм³, в США для жидкостей – 3,78543 л, для сыпучих тел – 4,405 дм³*)

cong congress □ конгресс; съезд

congen congenital □ 1. наследственный; врождённый 2. близкий

congr congress □ конгресс; съезд

conj conjugation □ 1. конъюгация 2. соединение; слияние

conj conjunction □ соединение, связь

conj conjunctivitis □ конъюнктивит

conn connect || connected □ соединять; связывать || соединённый

conn connector □ коннектор, штуцер; штеккер, соединительный разъём

Con-PAdr, CONPADRI Cyclophosphanum, Vincristinum [Oncovin], Sarcolysin [Phenylalanine], Adriamycinum □ циклофосфан, винкристин [онковин], сарколизин [фенилаланин], адриамицин (*программа химиотерапии онкологических больных*)

cons consequence || consecutive □ результат, последствие || последовательный

cons conservation □ 1. сохранение 2. консервирование (*плодов и т.п.*)

cons construction □ 1. конструкция 2. структура

conserv nomen conservantum □ сохранённое название (*термина*)

consperg *лат.* conspergere □ to dust or sprinkle □ присыпать, припудрить (*порошком*); распылять (*аэрозоли*); разбрызгивать

const constant □ константа, постоянная

cont contact □ контакт

cont containing □ содержащий, вмещающий

cont contents □ содержание, объём

cont continued, continuous □ непрерывный, длительный; продолжающийся

cont control □ *выч. тех.* 1. контроль 2. управление, регулирование

cont *лат.* contunde □ pound □ истолки (в порошок)

cont *лат.* contusus □ bruised □ 1. контуженный 2. размозжённый, раздавленный, ушибленный

contag contagious □ контагиозный, заразный, инфекционный

contag containing □ содержащий, вмещающий

contam(d) contaminated □ загрязнённый, заражённый

contd contained □ содержащийся

contd continued □ непрерывный; длительный; продолжающийся

contemp contemporary □ современный

conter *лат.* contere □ rub together □ растереть; растирать, натирать

contg containing □ содержащий, вмещающий

contin *лат.* continuetur □ let it be continued □ продолжайте (напр. принимать лекарство)

contr contraction □ 1. сокращение 2. сужение

contr contrast ‖ contrasting □ контраст ‖ контрастный

contr control □ контроль, управление

cont. rem. *лат.* continuentur remedia □ let the medicine be continued □ продолжать приём лекарств

Cont Surg *амер.* Contract Surgeon □ вольнонаёмый хирург

conv convergence □ 1. сходимость, схождение 2. конвергенция 3. затухание (колебаний)

convn conversion □ 1. конверсия 2. превращение, трансформация

cool coolant □ охладитель; хладагент (охлаждающая жидкость или газ)

coop cooperative □ совместный, объединённый, кооперированный

coord coordinator □ координатор; координирующий орган

COP capillary osmotic pressure □ капиллярное осмотическое давление

COP change of plaster □ смена гипсовой повязки

COP colloid osmotic pressure □ коллоидное осмотическое давление

cop copulative □ 1. соединительный; связующий 2. копулятивный

COP Cyclophosphanum, Vincristinum [Oncovin], Prednisolonum □ циклофосфан, винкристин [онковин], преднизолон (программа химиотерапии онкологических больных)

COPAP Committee Opposing Psychic Abuse of Prisoners □ Комитет борьбы со злоупотреблением над психикой заключённых

COP-Bleo Cyclophosphanum, Vincristinum [Oncovin], Prednisolonum, Bleomycinum □ циклофосфан, винкристин [онковин], преднизолон, блеомицин (программа химиотерапии онкологических больных)

COPD chronic obstructive pulmonary disease □ хроническая обструктивная пневмония, хроническое обструктивное заболевание лёгких, ХОЗЛ

COPE carbon (mon)oxide pollution equipment □ аппаратура для определения окиси углерода в атмосфере

COPE chronic obstructive pulmonary emphysema □ хроническая обструктивная эмфизема лёгких

COPP Cyclophosphanum, Vincristinum [Oncovin], Procarbazinum, Prednisolonum □ циклофосфан, винкристин [онковин], прокарбазин, преднизолон (программа химиотерапии онкологических больных)

copr copyright □ авторское право, право издания

COPS Committee on Population Statistics □ Комитет по статистике народонаселения (США)

CoQ coenzyme Q □ кофермент Q, убихинон, KoQ

coq *лат.* coque □ boil □ вскипяти

coq. in s. a. *лат.* coque in sufficiente aqua □ boil in sufficient water □ вскипяти в достаточном количестве воды

coq. s. a. *лат.* coque secundum artem □ boil properly □ тщательно вскипяти

COR conditioned orientation reflex (audiometry) □ условный рефлекс ориентации (при аудиометрии)

CoR Congo red □ конго красный (краситель)

Cor Corinbacterium □ коринебактерии (группа бактерий)

COR coronary observation radio □ радиоизотопное исследование коронарного кровообращения

cor correction □ поправка, коррекция, исправление

cor correlative □ коррелятивный; соответствующий, сходный

COR Corriparta □ Коррипарта (арбовирус)

cor corruption □ порча; искажение

CORA conditioned orientation [reflex] audiometry □ объективная [рефлекторная] аудиометрия

CORE common operational research equipment □ лабораторный комплекс исследовательского оборудования для медико-биологических экспериментов в блоке «Скайлаб»

CORH Council on Rural Health (AMA) □ Комитет сельского здравоохранения (Американской медицинской ассоциации)

Corp, Corpn corporation □ корпорация, объединение

corr correction □ 1. исправление, корректирование 2. поправка

Corr Mem corresponding member □ (при фамилии) член-корреспондент

cort *лат.* cortex □ bark □ 1. кора, корковый ‖ сдирать кору 2. кортекс

COS Canadian Ophthalmological Society □ Канадское офтальмологическое общество

COS Clinical Orthopedic Society □ Общество ортопедов, работающих в клиниках

COSHH control of substances hazardous to health □ учёт опасных для здоровья человека веществ

CoSpaR Committee of Space Research □ Комитет космических исследований, КОСПАР

COT cardiac output by thermodilution □ определение минутного объёма сердца методом термодилюции

COT critical off-time □ критическое время

COTA certified occupational therapy assistant □ ассистент [помощник] врача профпатологии, имеющий сертификат-допуск к самостоятельной работе

COTe cathodal opening tetanus □ тетаническое сокращение при размыкании на катоде

CoTH Council of Teaching Hospitals □ Совет клинических лечебных учреждений

CoTran code transformation □ выч. тех. преобразование кода

CoTS checkout test set □ контрольно-испытательная установка

CoV coronavirus □ коронавирус

cov crossover □ перекрёстный (напр. об изучении действия медикаментов)

COWS Commission on World Standards □ Комиссия по мировым стандартам

CP calorific power □ теплотворная способность, теплопроизводность

CP Campilobacter pyloridis □ кампилобактер пилорический

CP, cp candle, power □ 1. сила света в канделах 2. британская стандартная свеча (1,02 кд)

CP capillary pressure □ капиллярное давление

CP cardiac pool □ объём сердца

cp centipoise □ сантипуаз (единица вязкости)

cp (angle) cerebellopontine (angle) □ мостомозжечковый (треугольник или угол)

CP, cp cerebral palsy □ (детский) церебральный паралич, ДЦП

CP chemically pure □ химически чистый

C'p chickenpox □ ветряная оспа

CP chloropurine □ хлорпурин

CP cholecystopancreatitis □ холецистопанкреатит

C/P cholesterol/phospholipid ratio □ соотношение холестерина и фосфолипидов, Х/Ф

CP chronic pyelonephritis □ хронический пиелонефрит

CP cleft palate □ расщеплённое нёбо (нрк. «волчья пасть»)

CP Clinical Pharmacology □ клиническая фармакология

CP clock pulse □ тактовый импульс, синхронизирующий импульс

CP closing pressure □ давление закрытия

CP лат. clostridium perfringens □ возбудитель газовой гангрены

CP cochlear potential □ кохлеарный потенциал

CP color perception □ восприятие [ощущение] цвета

CP communication processor □ мед. тех. связной процессор, процессор передачи данных

cp compressed (tablet) □ 1. таблетка 2. сжатый, спрессованный (напр. о таблетке)

cp computer □ вычислительная машина, компьютер; вычислительное устройство, ЭВМ; вычислитель

CP constant power □ постоянная мощность

CP constant pressure □ постоянное давление

CP control panel □ пульт [щиток, панель] управления

CP coproporphyrin □ копропорфирин

CP coronary perfusion □ 1. коронарная перфузия 2. коронарное кровообращение

CP лат. cor pulmonale □ лёгочное сердце

CP creatine phosphate □ креатинфосфат

CP crude protein □ общее количество белка

CP current problems □ текущие [современные] проблемы, современное состояние

cp cyclophosphamide □ фарм. циклофосфамид

CP cystoscopy and panendoscopy □ цистоскопия и тотальная эндоскопия (мочевыводящих органов)

Cp phosphate clearance □ клиренс фосфатов; очищение организма от фосфатов

CP plasma concentration □ концентрация в плазме

CP private certificate □ удостоверение личности

CPA cerebellopontine angle □ мостомозжечковый треугольник или угол

CPA Child Protection Act □ закон охраны [защиты] прав детей

CPA chlorophenylalanine □ хлорфенилаланин

CPA chronic progressive polyarthritis □ хронический прогрессирующий полиартрит

CPA colony-promoting activity □ колониестимулирующая активность, КСА

Cpah para-aminohippurate clearance □ клиренс парааминогиппуровой кислоты

CPAP continuous [chronic] positive airway pressure □ постоянное положительное давление в дыхательных путях (1. при ИВЛ 2. методика лечения больных, страдающих от апноэ во сне)

CPB cardiopulmonary bypass □ сердечно-лёгочный шунт

CPB cetyl pyridinium bromide □ цетилпиридиния бромид

CPB charged particle beam □ пучок заряженных частиц (напр. о лучевом оружии)

CPB competitive protein binding assay □ метод [способ] избирательного связывания белка

CPBV cardiopulmonary blood volume □ сердечно-лёгочный объём крови

CPC card-programmed calculator [computer] □ ЭВМ с программой на перфокартах

CPC chronic passive congestion □ хроническая застойная недостаточность кровообращения или сердца

CPC clinicopathological conference □ клинико-(патолого)анатомическая конференция

CPCa current problems in cancer □ современные проблемы рака

CP/CD cardiac pool/transverse cardiac diameter □ соотношение объёма сердца к его поперечному диаметру

CPD cephalopelvic disproportion □ несоответствие головки плода с тазом матери; анатомически узкий таз

CPD chronic peritoneal dialysis □ хронический перитонеальный диализ

CPD citrate phosphate dextrose □ цитроглюкофосфат (гемоконсервант)

cpd compound ‖ compounded □ соединение; состав, смесь ‖ составной, сложный, смешанный

CPD contagious pustular dermatitis □ контагиозный пустулёзный дерматит

CPD cooperative programmes for development □ кооперированные программы развития

CPD₅₀ cytopathology dose □ 50%-ная цитопатическая доза

Cpd E compound E [cortisone] □ соединение Е, кортизон

Cpd F compound F [cortisol] □ соединение F, кортизол

Cpd S compound S [11-deoxycortisol] □ соединение S, 11-дезоксикортизол

CPDR current problems in diagnostic radiology □ современные проблемы рентгенодиагностики

CPE central processing element □ выч. тех. центральное устройство обработки данных

CPE chronic pulmonary emphysema □ хроническая эмфизема лёгких

CPE compensation, pension, and education □ компенсация, пенсия и обучение *(инвалидов)*

CPE cytopathogenic effect □ цитопатическое [цитопатогенное] действие, ЦПД

CPE effective compliance □ эффективная податливость, комплаенс *(лёгких)*

CPEAP Committee on Prototype Explicit Analysis for Pesticides □ Комитет по идентификации [анализу] пестицидов

CPECS Consumer Protection and Environment Service □ Служба промышленных предприятий по охране окружающей среды

CPF Cyclophosphanum, Prednisolonum, Phtoruracil □ циклофосфан, преднизолон, фторурацил *(программа химиотерапии онкологических больных)*

CPG controlled pore glass □ стекло с контролируемым размером пор

CPH Certificate in Public Health □ сертификат общественного здравоохранения

Cph Cyclophosphanum □ циклофосфан

CPHA Commission on Professional and Hospital Activities □ Комиссия по анализу деятельности больниц

CPHD California Public Health Department □ Калифорнийский департамент общественного здравоохранения

CPI California Psychological Inventory □ Калифорнийский перечень [набор] психологических тестов; психологическое тестирование по Калифорнийской шкале

~**-SO** Socialization subscale □ подшкала социализации

CPI Cellular Products Incorporation □ корпорация [фирма] по получению производных клетки

CPI congenital palatopharyngeal incompetence □ врождённая нёбоглоточная недостаточность

CPI constitutional psychopathic inferiority □ комплекс неполноценности

CPI coronary prognostic index □ прогностический индекс при коронарной болезни

CPIB chlorophenoxyisobutyric □ хлорфеноксиизобутират

CPK creatinine phosphokinase □ креатининфосфокиназа

CPK creatine kinase (phosphokinase) □ креатинкиназа

CPKD childhood polycystic kidney disease □ поликистоз почек у ребёнка

CPL a-ceruloplasmin □ a-церулоплазмин, альфа-церулоплазмин

C/PL cholesterol/phospholipid □ холестерин/фосфолипиды, Х/Ф

CPL congenital pulmonary □ врождённый порок развития лёгких

cplg coupling □ *мед. тех.* 1. связь 2. соединение 3. связывание, увязка

cpm cards per minute □ *выч. тех.* (число) карт в минуту *(единица скорости считывания, записи или передачи информации)*

cpm centimeters per minute □ сантиметров в минуту, см/мин

CPM continuous passive motion □ длительные пассивные движения *(при разработке сустава)*

cpm counts per minute □ число в минуту *(напр. клеток, импульсов)*

CPM cycles per minute □ циклов в минуту

CPMC Columbia Presbyterian Medical Center □ Колумбийский пресвитерианский медицинский центр

CPME Council for Postgraduate Medical Education □ Совет по постдипломному медицинскому образованию

CPMP European Committee for Proprietary Medicinal Products □ Европейский комитет по патентованным лекарственным препаратам

Cpn cephapirin □ цефапирин

CPN chronic polyneuropathies □ хронический полиневрит, хроническая полиневропатия

CPN chronic pyelonephritis □ хронический пиелонефрит

CPOPCS circadian pattern of plasma corticosteroid (levels) □ циркадианные колебания содержания кортикостероидов в плазме

CPP cerebral perfusion pressure □ церебральное перфузионное давление

CPP Committee on Private Practice *(AMA)* □ Комитет по частной практике *(Американской медицинской ассоциации)*

CPP cyclopentan phenanthrene □ циклопентанфенантрен

CPPB constant [continuous] positive pressure breathing □ дыхание под постоянным положительным давлением

CPPB-5 continuous positive pressure breathing with 5 cm H_2O end expired pressure □ дыхание под постоянным положительным давлением в 5 см водного столба в конце выдоха

CPPD calcium pyrophosphate dihydrate □ водный пирофосфат кальция

CPPt Cyclophosphanum, Prednisolonum, Phthorafurum □ циклофосфан, преднизолон, фторафур *(программа химиотерапии онкологических больных)*

CPPV continuous positive pressure ventilation □ искусственная вентиляция лёгких под постоянным положительным давлением

CPQ Child Personality Questionnaire □ личностный опросник детей

CPR cardiopulmonary resuscitation □ сердечно-лёгочная реанимация

CPR cerebral-cortex perfusion rate □ скорость перфузии [кровотока] через кору головного мозга

CPR chlorpromazine hydrochloride □ хлорпромазина гидрохлорид

CPR clinical predictor rules □ правила клинического прогнозирования *(развития болезни в баллах)*

CPR Committee on Patient's Rights □ Комитет защиты прав пациентов

CPR computerized patient record □ компьютеризированная [электронная] история болезни

CPR cortisone production rate □ интенсивность продукции кортизона

CPR current population report □ отчёт о текущем обследовании населения

CPRG Coronary Project Research Group □ научно-исследовательская группа планирования лечения больных с ишемической болезнью сердца

CPS California Physicians Service □ Калифорнийская служба врачей

CPS Canadian Pediatric Society □ Канадское общество педиатров

CPS Central Prescription Services □ Центральная рецептурная служба

CPS clinical performance score □ клиническая шкала оценки *(напр. состояния больного)*

CPS coagulase-positive staphylococcus □ плазмокоагулирующий стафилококк

cps *лат.* compositus □ compound □ соединение, смесь || сложный

CPS C-polysaccharide □ С-полисахарид

CPS current population survey □ текущее обследование населения

cps cycles per second □ циклов в секунду

CPSC Consumer Product Safety Commission □ Комиссия по безопасности потребления продуктов питания

CPSS continuous patient surveillance system □ система непрерывного слежения за состоянием пациента

CPT chest physiotherapy □ физиотерапевтическое воздействие на грудную клетку, физиотерапия грудной клетки

CPT combining power test □ комбинированный силовой тест

CPT-IP continuous performance test – identical pairs □ *псих.* тест на длительное поддержание функции с поиском идентичных пар

cpty capacity □ 1. ёмкость; объём 2. производительность

cpy copy □ *мед. тех.* 1. экземпляр 2. копия, оттиск; отпечаток; печатный документ

CPZ chlorpromazine □ хлорпромазин, аминазин *(первый нейролептик, с силой действия которого – хлорпромазиновым эквивалентом – сравнивают вновь синтезируемые антипсихотики)*

CQ chloroquine, quinine □ хлорохин, хинин

CQ circadian quotient □ циркадианное соотношение

CQM chloroquine mustard □ иприт

CR calculus removed □ камень удалён *(напр. из почки)*

cr cancer □ рак, карцинома

CR cardiorespiratory □ сердечно-лёгочный

CR, CR₁ chest lead with indifferent electrode on right arm □ грудь – правая рука *(грудное отведение ЭКГ с индифферентным электродом на правой руке)*

Cr chromium □ хром

CR clinical research □ клиническое исследование

CR clot retraction □ ретракция сгустка

CR coefficient of fat retention □ коэффициент ретенции жира

CR coefficient of retraction □ коэффициент ретракции *(лёгких)*

CR colon resection □ резекция толстой кишки

CR complement receptor □ рецептор комплемента

CR₁, CR₂ complement receptor type 1, 2 □ рецепторы активированного комплемента 1, 2

CR complete remission □ полная ремиссия

CR conception rate □ показатель оплодотворения, оплодотворяемость

CR conditioned reflex (response) □ условный рефлекс

CR Consumer Reports □ данные о потреблении *(напр. продуктов питания)*

CR continuous reinforcement □ длительное воздействие

cr. *лат.* contra □ against □ против

CR cooling rate □ скорость охлаждения

CR Cowbone Ridge □ Каубон-Ридж *(арбовирус)*

Cr_s creatinine in serum of the blood □ содержание креатинина в сыворотке крови

Cr_u creatinine in urine □ содержание креатинина в моче

CR cresyl red □ красный крезоловый *(краситель)*

cr critical □ 1. критический 2. дефицитный

CR critical response □ критическая реакция

CR crown rump □ длина тела плода *(темя – крестец)*

⁶¹Cr radioactive sodium chromate □ радиоактивный хромат натрия

CRA central retinal artery □ центральная артерия сетчатки

CRA chromium release assay □ тест на хром; метод определения освобождения хрома

Cr&Br crown and bridge □ наличие во рту коронок и мостовидного протеза

Cran Craniology □ краниометрия

CRAO central retinal artery occlusion □ окклюзия центральной артерии сетчатки; тромбоз центральной артерии сетчатки

crast *лат.* crastinus □ of tomorrow □ по утрам, утром

CRBBB complete right bundle brunch block □ полная блокада правой ножки пучка Гиса

CRBC chicken red blood cells □ эритроциты цыплёнка

CRBP Chicago Regional Blood Program □ Чикагская региональная программа службы крови

CRC Cancer Research Campaign □ научно-исследовательские работы [мероприятия] по онкологии

CRC Clinical Research Center □ клинический научно-исследовательский центр

CRC Collaborative Research Center □ Центр совместных исследований *(ВОЗ)*

CRC colorectal cancer □ колоректальный рак

CrCl creatinine clearance □ клиренс креатинина

CRCP(C) Certificant Royal College of Physicians of Canada □ обладатель сертификата (на право практики) Королевского колледжа врачей Канады

CRCS Certificant Royal College of Surgeons □ обладатель сертификата (на право практики) Королевского колледжа хирургов

C-RCU cardiac-respiratory care unit □ центр [отделение] сердечно-лёгочной реанимации

CRD chronic renal disease □ хроническое заболевание почек

CRD chronic respiratory disease □ хроническое респираторное заболевание

CRD complete reaction of degeneration □ полная [завершённая] реакция дегенерации

cre corrosion resistant □ нержавеющий, антикоррозионный

CRE cumulative radiation effect □ кумулятивный радиационный эффект

Creat creatinine □ креатинин

CREG cross-reactive groups □ кросс-реагирующие группы, крег

C-region константный участок, С-участок *(С-терминальный участок Н- и L-цепей, характеризующийся относительно постоянным аминокислотным составом иммуноглобулинов)*

creps crepitations (UK), rales (US) □ крепитация, крепитирующие звуки

cres crescent □ 1. серп 2. серповидное тело, серповидная структура

CREST syndrome calcinosis, Raynaud syndrome, esophagitis, sclerodactylia, teleangiectasia □ CREST-синдром *(кальциноз, синдром Рейно, эзофагит, склеродактилия, телеангиэктазия)*

CRF case report form □ карта больного, участвующего в исследовании лекарственного препарата

CRF chronic renal failure □ хроническая почечная недостаточность, ХПН

CRF coagulase reacting factor □ активатор коагулазы; фактор, реагирующий с коагулазой, коагулазоглобулин

CRF corticotropin-releasing factor □ кортиколиберин, кортикотропин-рилизинг-гормон или

CRH corticotropin-releasing hormone □ кортиколиберин, кортикотропин-рилизинг-фактор или гормон, КРФ

CRH Council of Rural Health □ Отдел [Совет] по сельскому здравоохранению

CRI chronic renal insufficiency □ хроническая почечная недостаточность, ХПН

CRI cold running intelligibility □ *псих.* холодная рассудочность

CRIB cellular replacement by immunoisolatory biocapsule □ замещение дефектных клеток здоровыми посредством введения последних в организм в полупроницаемых биокапсулах

CRIE crossed radio immunoelectrophoresis □ перекрёстный (кросс)радиоиммунный электрофорез

crit critical □ критический

CRL Cambridge Research Laboratory □ Кембриджская научно-исследовательская лаборатория

CRL complement receptor locations (sites) □ локализация клеточных рецепторов комплемента

CRL complement receptor lymphocytes □ лимфоциты, несущие рецептор для комплемента

CRL crown-rump length *(fetal measurement)* □ длина тела плода *(темя – крестец)*

CRM Committee on the Review of Medicines □ Комитет по апробации *(лекарственных средств)*

CRM cross-reacting material □ перекрёстно-реагирующий материал *(напр. антигены)*

CRNA Certified Registered Nurse Anesthetist □ медсестра-анестезист, имеющая сертификат на право самостоятельной работы

cRNA complementary RNA □ комплементарная РНК, кРНК

CRNI crude rate of natural increase □ общий коэффициент естественного прироста населения

CRO cathode-ray oscilloscope □ катодный осциллоскоп

CRO contract research organization □ организация, осуществляющая исследовательские работы по контрактам с крупнейшими фармацевтическими компаниями

CROS contralateral routing of signals □ контралатеральные пути сигналов

CRP corneal-retinal potential □ роговично-сетчаточный потенциал

CRP C-reactive protein □ С-реактивный белок, СРБ, С-РБ

CrP creatine phosphate □ креатинфосфат

CRPF contralateral renal plasma flow □ ток плазмы (крови) в противоположной [контрлатеральной] почке

CRR Center for Radiation Research □ Центр радиационных исследований *(США)*

CRS Chinese restaurant syndrome □ синдром китайского ресторана *(возникающий при приёме с пищей большого количества глутамата натрия, применяемого в качестве приправы, и проявляющийся чувством жжения в области желудка, болями в груди, гиперемией лица, головокружением, тахикардией)*

CRS colon-rectal surgery □ хирургия толстой и прямой кишки; операция на прямой и толстой кишке

CRs conditional reflexes □ условные рефлексы

CRS congenital rubella syndrome □ синдром врождённой краснухи

CRS contamination reduction system □ система снижения инфицирования или заражения

CRSD circadian rhythm sleep disorder □ нарушения циркадианных ритмов сна

CRST calcinosis cutis, Raynaud's phenomenon, sclerodactyly, teleangiectasia □ синдром CRST *(характеризующийся кальцинозом кожи – C, синдромом Рейно – R, склеродактилией – S и телеангиэктазией – T)*

CRT cathode-ray tube □ катодная [электронно-лучевая] трубка

CRT choice reaction time □ время реакции на различные стимулы *(тест из 96 жёлтых, красных или зелёных сигналов с инструкцией к определённому действию в зависимости от цвета), см. тж.* **SRT** single reaction time

crt circuit □ *мед. тех.* схема; цепь; контур

CRT complement receptor type 1 □ рецептор 1 типа комплемента *(эритроцитов)*

CRT complex reaction timer □ таймер [отметчик времени] для комплексных исследований

CRU clinical research unit □ клиническая научно-исследовательская группа

CRV central retinal vein □ центральная вена сетчатки

cr. vesp. *лат.* eras vespere □ tomorrow evening □ *фарм.* завтра вечером

CRVF congestive right ventricular failure □ застойная недостаточность правого желудочка

CRVS civil registration and vital statistics □ учёт и статистика естественного движения населения

cryst crystalline □ *фарм.* кристаллический

CS cardiogenic shock □ кардиогенный шок

CS central service □ центральная служба

CS central supply □ центральное (водо)снабжение

CS centromere spreading □ распространение центромеры

CS Cesarean section □ кесарево сечение

Cs cesium □ цезий

CS Chief Surgeon □ 1. главный врач, руководитель медицинской службы 2. главный хирург

CS chondroitin sulfate □ хондроитина сульфат

CS chronic schizophrenia □ хроническая шизофрения

CS clinical staging □ клиническая классификация *(злокачественных опухолей)*; стадийность развития *(напр. лимфогранулематоза)*

CS coagulating shears □ коагуляционные ножницы, коагулятор

CS computer simulation □ *мед. тех.* моделирование на ЭВМ

CS conditioned stimulus □ условный рефлекс

cs consciousness □ сознание

CS *амер.* contract surgeon □ вольнонаёмный хирург

CS control serum □ контрольная сыворотка

CS coolant supply □ *мед. тех.* подача хладагента

CS coronary sinus □ коронарный синус

CS corticosteroid □ кортикостероид

CS current science □ современное состояние науки

CS current strength □ сила тока

c/s cycles per second □ число оборотов в секунду, число циклов в секунду *(сердца)*

Cs cycloserine □ циклосерин *(противоопухолевый препарат)*

CS sinus caroticus □ сонный [каротидный] синус

Cs sporozoite □ спорозоит

Cs-1 catalase □ каталаза

C1S fragment of the first component of serum complement □ фрагмент первого компонента сывороточного комплемента

CSA Canadian Standards Association □ Канадская ассоциация стандартов

CSA chicken serum albumin □ сывороточный альбумин цыплят, САЦ

CSA clinical skills assessment □ оценка клинических навыков

CSA colony-stimulating activity □ действие, стимулирующее рост колоний

CSA Common Services Agency □ агентство по общему обслуживанию населения

CSA Controlled Substances Act □ Закон о контролируемых средствах

CSA cross section area □ площадь поперечного сечения

CsA cyclosporine A □ циклоспорин А

CSAA Child Study Association of America □ Американская ассоциация по изучению детей

CSB cerebrospinal barrier □ гематоэнцефалический барьер, ГЭБ

CSC Civil Service Commission □ Комиссия по гражданской службе

CSC *фр.* coup sur coup □ назначение лекарственного средства в малых дозах, с короткими интервалами *(чтобы обеспечить быстрое, полное и постоянное действие)*

CSCR Central Society for Clinical Research □ Центральный институт клинических исследований

CSD cat-scratch disease □ болезнь кошачьих царапин, лихорадка кошачьих царапин

CSD conditionally streptomycin-dependent □ условно стрептомицинзависимый *(штамм микроорганизмов)*

CSDD Cornell scale for depression in dementia □ Корнельская шкала депрессии при деменции

CSE core storage element □ *выч. тех.* элемент запоминающего устройства на (магнитных) сердечниках

C-section *амер.* Cesarean section □ кесарево сечение

CSF cerebrospinal fever □ менингококковая инфекция, эпидемический цереброспинальный менингит

CSF cerebrospinal fluid □ спинномозговая жидкость

CSF certain safety factor □ *фарм.* надёжный фактор безвредности

CSF colony stimulating factor □ колониестимулирующий фактор, КСФ

CSF cortisone secretion flow [rate] □ секреция кортизона *(объёмная скорость)*

CSF-GOT cerebrospinal fluid glutamic oxaloacetic transaminase □ активность аспартатаминотрансферазы в спинномозговой жидкости

CSFP cerebrospinal fluid pressure □ давление спинномозговой жидкости

CSFQ Changes in Sexual Functionig Questionnaire □ опросник выявления изменений в сексуальном функционировании

CSF-WR cerebrospinal fluid-Wasserman reaction □ реакция Вассермана со спинномозговой жидкостью

CSGBI Cardiac Society of Great Britain and Ireland □ Кардиологическое общество Великобритании и Ирландии

CSGUS Clinical Society of Genito-Urinary Surgeons □ клиническое общество урогенитальных хирургов

CSH chronic subdural hematoma □ хроническая субдуральная гематома

CSH cortical stromal hyperplasia □ гиперплазия стромы коры надпочечников

CSI cholesterol saturation index □ индекс насыщения холестерина

CSI consumer sentiment index □ индекс потребительских настроений, ИПН

CSI contrasuppression □ контрасупрессия *(феномен отмены иммуносупрессивного эффекта Т-клеток-супрессоров)*

CSII continuous subcutaneous insulin infusions □ постоянное подкожное введение инсулина

CSL (test) cardiolipin-synthetic lecithin (test) □ тест [проба] на уровень синтеза кардиолипина

CSL computer sensitive language □ *выч. тех.* машинно-ориентированный язык

csl console □ *мед. тех.* пульт управления

CSLU chronic stasis leg ulcer □ трофическая язва голени, хроническая застойная язва голени

CSM cation selective membrane □ катионообменная мембрана

CSM cerebrospinal meningitis □ цереброспинальный менингит

CSM Committee of Safety of Medicines □ Комитет по изучению безопасности [побочного действия] медикаментов

CSM com-soy milk □ кукурузно-соевое молоко

CSM mixture of cornflour, soyas and skimmed milk □ питательная смесь из пшеничной и соевой муки и порошкового обезжиренного [снятого] молока

CSMS Connecticut State Medical Society □ Медицинское общество штата Коннектикут

CSN carotid sinus nerve □ нерв сонного [каротидного] синуса

CSO Central Statistical Office □ Центральное статистическое бюро

CSOM chronic suppurative otitis media □ хронический гнойный средний отит

CSP Chartered Society of Physiotherapy □ Почётное физиотерапевтическое общество

CS pathways cerebrospinal pathways □ спинномозговые проводящие пути

CSR Center for Space Research □ Центр космических исследований

CSR Cheyne – Stokes respiration □ дыхание Чейна – Стокса

CSR corrected sedimentation rate □ корректированная скорость оседания *(эритроцитов)*, корректированная СОЭ

CSR cortisol secretion rate □ скорость секреции кортизола

CSR cumulative survival rate □ накопленный опыт выживаемости

CSRS Cooperative State Research Service □ Кооперированная государственная служба научных исследований

CSS carotid sinus stimulation □ стимуляция [раздражение] каротидного синуса

CSS chronic subclinical scurvy □ бессимптомная хроническая цинга

CSS cryogenic storage system □ криогенная система хранения

CSSD Central Sterile Supply Department □ Централизованное стерилизационное отделение, ЦСО

CSSD Central Sterile Supply Depot *(UK)* □ Склад централизованного стерилизационного отделения *(Великобритания)*

CSSDC Canadian Society for the Study of Diseases of Children □ Канадское общество по изучению заболеваний детей

CST cavernous sinus thrombosis □ тромбоз кавернозного [пещеристого] синуса

CST central system test □ *мед. тех.* испытание [проверка] системы управления

CST certified surgical technologist □ помощник хирурга, имеющий сертификат-допуск к самостоятельной работе

CST convulsive shock therapy □ судорожно-шоковая терапия, электросудорожная терапия, ЭСТ

CSTG Children's Solid Tumor Group □ Научно-исследовательская группа по изучению солидных опухолей у детей

CSU casualty staging unit □ единица градации [тяжести] повреждений

CSU catheter specimen of urine □ порция мочи, взятой катетером

CSU central statistical unit □ генеральная статистическая совокупность

CSW Certified Social Worker □ социальный работник, обладающий сертификатом на право самостоятельной работы

CSWS continuous spike-wave during slow sleep □ эпилепсия с продолжительными комплексами «спайк-волна» во время медленного сна

Ct calcitonin □ кальцитонин

ct carat □ карат *(единица массы, равная 0,2 г)*, кар

CT cardiothoracic □ кардиоторакальный *(индекс)*; сердечно-грудное соотношение

CT carotid tracing □ запись пульсации сонной артерии; кривая пульсации сонной артерии

CT carpal tunnel □ запястный туннельный синдром

CT cellular therapy □ тканевая терапия

ct *лат.* centum □ hundred □ сто

CT cerebral thrombosis □ тромбоз мозговых сосудов

CT cerebral tumor □ опухоль головного мозга

CT chemotaxin □ хемотаксический фактор, хемотаксин

CT chemotherapy □ химиотерапия

Ct chlorothiazide □ хлортиазид

CT chronometer time □ время по хронометру, точное время

CT circulation time □ время кровотока, скорость циркуляции крови, СЦК

CT classic technique □ классическая методика

CT clotting time □ время свёртываемости [свёртывания] *(крови)*

CT coated tablet □ таблетка, покрытая оболочкой

CT collecting tubule □ собирательный каналец *(почки)*

CT compressed tablet □ прессованная таблетка

C/T compression-traction ratio □ соотношение сжатие/вытяжение *(о действии компрессионно-дистракционного аппарата)*

CT computerized tomography □ компьютерная томография, КТ

C – T, c – t concentration – time □ *фарм.* «концентрация – время» *(о действии препарата)*

CT connective tissue □ соединительная ткань

CT constant temperature □ постоянная температура

CT contraction time □ время сокращения

CT Coomb's test □ реакция Кумбса

CT corneal transplant □ корнеальный [роговичный] трансплантат

CT 1. coronary thrombosis □ тромбоз венечных сосудов, коронарный тромбоз **2.** coronary thrombolysis □ коронарный тромболизис

CT corrected transposition □ корригированная [выправленная] транспозиция *(сосудов)*

CT corrective therapist □ врач-ортопед

CT corrective therapy □ 1. ортопедическое лечение 2. корригирующая терапия

ct count □ счёт; отсчёт

ct counter □ счётчик

CT crash time □ критическое время; минимально необходимое время

CT critical temperature □ критическая температура

CT cytotechnologist □ лаборант-цитолог; лаборант-гистолог

CT cytotrophoblast □ цитотрофобласт

CTA Canadian Tuberculosis Association □ Канадская ассоциация фтизиатров

cta catamenia □ менструация

CTA Committee on Thrombolytic Agents □ Комитет по тромболитическим препаратам

CTA cyano-trimethyl-androsterone □ циано-триметил-андростерон

CTA cytoplasmic tubular aggregate(s) □ цитоплазматические канальцевые агрегаты

CTAB cetyltrimethyl-ammonium bromide (cetrimide) □ цетилтриметиламмония бромид, цетримид

CTC Clinical Trial Certificate □ сертификат на клинические испытания

CTC comprehensive trauma center □ комплексный центр реабилитации больных, перенёсших травмы

ctc contact □ 1. контакт 2. соприкосновение; сцепление; связь

CTCL cutaneous T-cell lymphoma □ Т-клеточная лимфома кожи

CTD carpal tunnel decompression □ устранение сдавления при запястном туннельном синдроме

CTD congenital thymic dysplasia □ врождённая дисплазия вилочковой железы

CTDF cytotoxic T-cell differentiation factor □ фактор дифференцировки цитотоксических Т-клеток

C terminal carboxy terminal □ С-терминальный [карбокситерминальный] концевой участок молекулы иммуноглобулина

CTF chlorine trifluoride □ трёхфтористый хлор

CTF Colorado tick fever □ 1. клещевая лихорадка Колорадо 2. арбовирус колорадской клещевой лихорадки

CTF cytotoxic factor □ цитотоксический фактор *(выделяемый при аллергических реакциях большими мононуклеарными клетками)*

CTFA Cosmetic, Toiletry and Fragrance Association □ Ассоциация производителей косметических, парфюмерных и туалетных изделий

CTFE chlorotrifluoroethylene □ хлортрифторэтилен

CTG cardiotocography □ кардиотокография *(мониторинг деятельности сердца плода в процессе родов)*

C/Tg cholesterol/triglyceride □ соотношение холестерин/триглицериды

ctg coating □ покрытие *(напр. таблеток)*

CTGA complete transposition of the great arteries □ полная транспозиция магистральных артерий

CTh ceramide trihexoside □ церамид тригексозид

CTH Council of Teaching Hospitals □ Комитет [Совет] клинических больниц

ctl central □ центральный

CTL constant time, local □ местное поясное время

ctl control □ 1. контроль; управление 2. регулирование

CTL cytotoxic lymphokines □ цитотоксические лимфокины

CTL-P cytotoxic T-lymphocyte precursor □ предшественник цитотоксических Т-лимфоцитов

CTLS cytolytic T-lymphocytes □ цитолитические Т-лимфоциты

CTMC connective tissue mast cell □ тучная клетка соединительной ткани

ct/min counts per minute □ число в минуту *(напр. импульсов)*

Ctn cephalothin □ цефалотин

CTNs cold tumor nodules □ «холодные» узлы щитовидной железы

C to C center to center □ межцентровой, между центрами

CTP California test of Personality □ калифорнийский личностный тест

CTP cytidine triphosphate □ цитидин трифосфат, ЦТФ

CTR cardiothoracic ratio □ кардиоторакальный индекс, сердечно-грудное соотношение

ctr center ‖ central □ центр ‖ центральный

CT-recognition computer tomography recognition □ компьютерная диагностика, компьютерное выявление или распознавание *(напр. разрыва аорты)*

ctrs contrast □ контраст

CTS carpal tunnel syndrome □ запястный туннельный синдром

CTS circadian timing system □ циркадианная система времени

CTS contractual technical services □ *мед. тех.* техническое обслуживание по контрактам

Ct scan computerized scan □ компьютерное сканирование, сцинтиграфия на γ-камере

CTT computerized transaxial tomography □ компьютерная томография, КТ

CTTT carotid-thyroid transit time □ время прохождения (изотопа) «сонная артерия – щитовидная железа»

CTU centigrade thermal unit □ (британская) стоградусная тепловая единица, фунт-калория *(1899,1 Дж)*

CTU component test unit □ *мед. тех.* блок проверки компонентов [деталей и узлов]

CTV cervical and thoracic vertebrae □ шейные и грудные позвонки

Ctx cytoxan □ циклофосфан, цитоксан

CTZ chemoreceptor trigger zone □ пусковая [триггерная] хеморецепторная зона, ПХЗ

Ctz chlorothiazide □ хлортиазид

CU clinical unit □ клиническое отделение

CU color unit □ цветовая единица

CU computer unit □ *выч. тех.* вычислительный блок

CU control unit □ *выч. тех.* блок управления

CU convalescent unit □ палата выздоравливающих; палата реабилитации

cu cubic(al) □ кубический

Cu *лат.* cuprum □ copper □ медь

CU ileal-conduit urine *(after cystectomy)* □ отведение мочи через подвздошную кишку *(после цистэктомии)*

CUA cost–utility analysis □ анализ «затраты–польза, или утилитарность»

CuB copper band □ спектр меди, Cu-линия спектра

CUC chronic ulcerative colitis □ хронический язвенный колит

cu cm cubic centimeter □ кубический сантиметр, см³

CUCPS Columbia University College of Physicians and Surgeons □ Медицинский колледж Колумбийского университета

cu ft cubic foot □ кубический фут, фут³

CUG cystourethrogram □ цистоуретрограмма

cu in cubic inch □ кубический дюйм *(= 27 кубическим футам = 764 553 см³)*

Cuj lib *лат.* cujus libet □ of any you desire □ *фарм.* сколько хотите, сколько пожелаете

cult cultivation □ культивирование *(напр. микроорганизмов)*; выращивание, разведение

cultivar cultivated variety □ культивар, сорт растений

CuM cumulative score □ совокупный показатель *(общее количество баллов, напр. для определения степени воздействия загрязнителя)*

cUMP cyclic uridine-3',5'-monophosphate □ циклический 3',5'-уридинмонофосфат

CUMS Corneal University Medical College □ Медицинский колледж Корнелльского университета

cu mm cubic millimeter □ кубический миллиметр, мм³

cur curettage □ кюретаж, выскабливание

curat *лат.* curatio □ dressing □ повязка

Curea urea clearance □ клиренс мочевины

CV Cach Valley □ Каш-Валли *(арбовирус)*

CV calorific value □ теплотворная способность

CV cardiovascular □ сердечно-сосудистый

CV cell volume □ клеточный объём, объём клеток *(обычно форменных элементов крови)*

CV central venous □ центральное венозное *(давление)*

CV cerebrovascular □ цереброваскулярный, относящийся к сосудам головного мозга

CV cervical vertebrae □ шейный позвонок

CV, cv coefficient of variability [variation] □ коэффициент вариации или изменчивости

CV color vision □ цветное зрение

CV conduction velocity □ скорость проводимости *(напр. звука)*

CV *лат.* conjugata vera □ true conjugate □ истинная конъюгата *(таза)*

CV constant voltage □ *мед. тех.* постоянное напряжение

CV controlled ventilation □ искусственная [управляемая] вентиляция лёгких, ИВЛ

cv converter □ *мед. тех.* конвертер, преобразователь

CV corpuscular volume □ клеточный объём; объём форменных элементов крови

cv *лат.* cras vespere □ tomorrow evening □ *фарм.* завтра вечером

CV cresyl violet □ крезиловый фиолетовый *(краситель)*

cv *лат.* curriculum vitae □ biography □ жизненный путь, жизнеописание, автобиография

CVA cardiovascular accident □ приступ ишемической болезни сердца; инфаркт миокарда

CVA cerebrovascular accident □ нарушение мозгового кровообращения; инсульт

CVA costovertebral angle □ рёберно-позвоночный угол

CVAMP Cyclophosphanum, Vincristinum, Methotrexatum [Amethopterin], Mercaptopurinum, Prednisolonum □ циклофосфан, винкристин, метотрексат [аметоптерин], меркаптопурин, преднизолон *(программа химиотерапии онкологических больных)*

CVAT costovertebral-angle tenderness □ болезненность в рёберно-позвоночном углу

CVC crying vital capacity □ форсированная жизненная емкость лёгких, ФЖЕЛ

CVD cardiovascular disease □ сердечно-сосудистое заболевание

CVD cerebrovascular disease □ органическое поражение сосудов головного мозга

CVD collagen vascular disease □ узелковый периартериит

CVD color vision deviant □ 1. аномалия цветового зрения 2. пациент с нарушением цветового зрения

cvd curved □ изогнутый

CVF cobra venom factor □ яд кобры; фактор яда кобры

CVFM Cyclophosphanum, Vincristinum, Fluoruracyl, Methotrexatum □ циклофосфан, винкристин, фторурацил, метотрексат *(программа химиотерапии онкологических больных)*

CVH combined ventricular hypertrophy □ комбинированная гипертрофия желудочков

CVH common variable hypogammaglobulinemia □ общая преходящая гипогаммаглобулинемия

CVI cerebrovascular insufficiency □ цереброваскулярная недостаточность, недостаточность мозгового кровообращения

CVI chronic venous insufficiency □ хроническая венозная недостаточность

CVI common variable immunodeficiency □ общий вариабельный иммунодефицит

CVI common viral infections □ распространённые вирусные инфекции

CVID common variable immunodeficiency □ вариабельный неклассифицируемый иммунодефицит

C-viruses Coxsackie viruses □ вирусы Коксаки *(род энтеровирусов)*

CVO central venous oxygen □ содержание кислорода в центральной венозной крови

CVO Chief Veterinary Officer □ руководитель [начальник] ветеринарной службы

CVO *лат.* conjugata vera obstetrica □ conjugate diameter of pelvic inlet □ акушерская [истинная] конъюгата

CvO₂ venous oxygen capacity □ кислородная ёмкость венозной крови *(13–15 мл/100 мл)*

CVP cardioventricular pacing □ желудочковая кардиостимуляция, искусственное навязывание ритма желудочкам сердца

CVP cell volume profile □ форма [очертание] объёма клетки

CVP central venous pressure □ центральное венозное давление, ЦВД

CVP Cytoxan [Cyclophosphanum], Vincristinum, Prednisone □ цитоксан [циклофосфан], винкристин, преднизон *(программа химиотерапии онкологических больных)*

CVP catheter central venous polyethylene catheter □ центральный венозный полиэтиленовый катетер

CVP-index индекс биологической продуктивности, индекс Петерсена

CVPP Cytoxan, Vinblastine [Rosevinum], Procarbazinum, Prednisolonum □ цитоксан, винбластин [розевин], прокарбазин, преднизолон *(программа химиотерапии онкологических больных)*

CVR cardiovascular-renal □ относящийся к почкам и сердечно-сосудистой системе

CVR cardiovascular-respiratory □ относящийся к органам дыхания и сердечно-сосудистой системе

CVR cerebrovascular resistance □ сопротивление сосудов головного мозга

CVR coronary vascular resistance □ сопротивление коронарных сосудов

CVRD cardiovascular renal disease □ поражение почек и сердечно-сосудистой системы

CVS cardiovascular surgery □ сердечно-сосудистая хирургия

CVS cardiovascular system □ сердечно-сосудистая система

CVS cerebrovascular system □ сосудистая система головного мозга, цереброваскулярная система

CVS chorionic villous sampling □ взятие ворсинок хориона для гистологического исследования; биопсийный материал из ворсинок хориона

CVS clean-voided specimen □ проба [образец] свежевыделенной мочи

CVS O₂ central venous oxygen saturation □ насыщение кислородом центральной венозной крови

CVVH continuous veno-venous hemofiltration □ постоянная вено-венозная гемофильтрация

CW cardiac work □ работа [производительность] сердца

CW caseworker □ 1. патронажная сестра 2. санитарный активист

CW cell wall □ клеточная стенка

CW chemical warfare □ химическая война, война с применением отравляющих веществ (ОВ)

CW chest wall □ грудная стенка

CW children's ward □ детская палата

CW clockwise □ 1. циферблат часов *(для обозначения точек или направлений на теле)* 2. по часовой стрелке

CW cold water □ холодная вода

CW colored woman □ цветная женщина

c/w consistent with □ совместимо с…

CW crutch walking □ хождение на костылях

CW cubic weight □ объёмный вес

C-W worst case (damage) □ тяжелейший случай *(о травме)*

CW agent chemical weapon agent □ боевое химическое вещество, БХВ

CWBTS capillary whole blood true sugar □ содержание сахара в капиллярной крови

CWDF cell wall-deficient (bacterial) forms □ 1. порозность [дефект, отсутствие] клеточной стенки *(бактерий)* 2. бактериальные формы с дефектом/отсутствием клеточной стенки

CW-Doppler continuous wave Doppler □ *узи* непрерывноволновой допплер

CWI cardiac work index □ сердечный индекс

CW Laby chemical warfare laboratory □ военно-химическая лаборатория

CWOIH Conference of World Organization Interested in the Handicapped □ Конференция международных организаций помощи нетрудоспособным и инвалидам

CWP childbirth without pain □ роды без болей

CWP coal workers' pneumoconiosis [anthracosis] □ антракоз *(пневмокониоз, обусловленный воздействием угольной пыли)*

CWPE chemical war protective equipment □ средства противохимической защиты

CWR cardiolipin Wasserman reaction □ реакция Вассермана с кардиолипиновым антигеном *(на сифилис)*

CWR child-woman ratio □ отношение числа детей к числу матерей

CWR cold water rinse □ промывка в холодной воде

CWS cell wall skeleton □ препарат из клеточных оболочек микобактерий *(сохраняющий антигенные свойства и применяемый для иммуностимуляции)*

CWS central warning system □ центральная [централизованная] система оповещения

CWS cold water-soluble □ растворимый в холодной воде

CWSch *амер.* Chemical Warfare School □ военно-химическая школа

CWSS Community Water Supply and Sanitation □ коммунальное водоснабжение и коммунальная гигиена

Cwt hundredweight □ 100 фунтов = 45,36 кг *(США)*; 112 фунтов = 50,802 кг *(Великобритания)*

cx cervix □ 1. шея 2. шейка *(какого-либо органа)*

CX chest X-ray □ рентгенологическое исследование органов грудной клетки; рентгенография грудной клетки

cx convex □ выпуклая линза ‖ выпуклый, выгнутый

CXR chest X-ray □ рентгенологическое исследование органов грудной клетки, рентгенография грудной клетки

Cy cyan ‖ cyanic □ циан ‖ циановый

CY calendar year □ календарный год

cy capacity □ 1. объём; ёмкость 2. мощность, производительность

Cy cyanogen □ цианоген *(адсорбент)*

cy cycle □ 1. цикл; период 2. кругооборот

Cy cytoplasm □ цитоплазма

Cy A cyclosporin A □ циклоспорин А

Cya cysteic acid □ цистеиновая кислота

cyath *лат.* cyathus □ glassful □ *фарм.* по стакану

cycl cyclic □ циклический

CyclA cyclacyllin anhydrous □ циклациллин безводный

cyclic AMP adenosine 3',5'-cyclic monophosphate □ аденозин 3',5'-цикломонофосфат, цАМФ

cyclo cyclophosphamide □ циклофосфамид

cyclo cyclopropane □ циклопропан

Cyd cytidine □ цитидин, Ц

CYL Changuinola □ Чангинола *(арбовирус)*

cyl cylinder ‖ cylindrical □ цилиндр *(мочевой)* ‖ цилиндрический

cyl cylindrical lens □ цилиндрические линзы

CYNAP cytotoxicity-negative absorption-positive phenomenon □ цитотоксичность в отрицательном контроле

Cys cysteine □ цистеин, Цис

cys cystoscope □ цистоскоп

Cys-Cys cystine □ цистин, Цис-Цис

Cyt cytosine □ цитозин

cytol cytology ‖ cytological □ цитология ‖ цитологический

cyt system cytochrome system □ система цитохромов

CyVADact Cyclophosphamide, Vincristine, Adriamycin, Dactinomycin □ циклофосфамид, винкристин, адриамицин, дактиномицин *(программа химиотерапии онкологических больных)*

CyVADTIC Cyclophosphamide, Vincristine, Adriamycin, DTIC □ циклофосфамид, винкристин, адриамицин, ДТИК *(программа химиотерапии онкологических больных)*

cz cefazolin □ цефазолин *(антибиотик)*

cz coryza □ насморк

CZI crystalline zinc insulin □ кристаллический цинк-инсулин

czx ceftizoxime □ цефтизоксим *(антибиотик)*

D

D *усл.* клетка, выделяющая соматостатин

D- *усл.* обозначение конфигурации соединений в сочетании с формулой или названием соединения *(напр. D-glyceraldehyde)*

D *усл.* обозначение активности витамина D *(напр. 5 D, 100 D)*

D+ *усл., метео.* плотная пыль

D– *усл., метео.* слабая пыль

D angle of deviation ☐ *усл.* угол отклонения *(электрической оси сердца на ЭКГ)*

D asparatic acid ☐ *усл.* аспарагиновая кислота

D *лат.* da ☐ give ☐ *фарм.* дай

D/– daily total in divided doses ☐ суточная доза, разделённая на равные части

D dalton ☐ дальтон

d danger ‖ dangerous ☐ опасность ‖ опасный

d darkness ☐ темнота

D, d date ☐ срок, период *(напр. беременности)*

d daughter ☐ дочь

D, d day ☐ 1. сутки 2. день ‖ дневной

d dead ☐ 1. мёртвый, умерший 2. выключенный

D dead space ☐ мёртвое пространство *(лёгочный объём)*

D debit ☐ дебит *(напр. соляной кислоты, ммоль/ч.л.)*

D decayed ☐ кариозный; разрушенный

d deceased ☐ умерший, мёртвый, скончавшийся

D deciduous ☐ молочный *(напр, зуб)*; выпадающий; отпадающий

D Decimal Day ☐ День введения десятичной монетной системы в Англии *(15 февраля 1971 г.)*

d decomposition ☐ разложение

d decreased ☐ сниженный, ниже нормы

D decree ☐ декрет

d deep ☐ глубокий

D deficit ☐ дефицит *(напр. жидкости)*

d deformation ☐ деформация

d degree ☐ 1. градус 2. степень 3. степень родства 4. качество

D dehydroepiandrosteron ☐ дегидроэпиандростерон

D demal ☐ демальный *(концентрация 1 гмоль вещества в 1 дм³ раствора)*

D, d density ☐ 1. плотность, густота 2. оптическая плотность

D Dental Branch ☐ стоматология; зубоврачебная служба

D department ☐ 1. управление; отдел; департамент 2. министерство; ведомство 3. отделение

d depression ☐ 1. депрессия, угнетённое состояние 2. вакуум

d depth ‖ deep ☐ глубина ‖ глубокий

d derivative ☐ производное (вещество)

D 1. dermatology ☐ дерматология 2. dermatologist ☐ дерматолог

d descendant ☐ потомок

d design ☐ проект

d desirable ☐ желательный

d *лат.* detur ☐ let it be given ☐ пусть будет дано

D deuterium ☐ дейтерий, тяжёлый водород

d development ☐ 1. развитие 2. разработка; доводка

d *лат.* dexter ☐ right ☐ правый

d dextrorotatory ☐ правовращающий *(о плоскости поляризации)*

d diameter ☐ диаметр

d died ☐ умерший, скончавшийся, мёртвый

d *лат.* dies ☐ a day ☐ ежедневно, каждый день

d differential ☐ дифференциал; разность; перепад *(напр. давления)* ‖ дифференциальный

d diffusion ☐ диффузия, рассеяние, распространение

D diffusion ability ☐ диффузионная способность, способность к диффузии

D diffusion coefficient ☐ коэффициент диффузии

d digital ☐ цифровой

D dihydrouridine ☐ дигидроуридин

d dilution ☐ разбавление

D diopter ☐ диоптрия, D

d direct ☐ прямой

D director ☐ директор *(напр. клиники)*; начальник *(госпиталя)*

D directorate ☐ управление

d discharge ☐ увольнение *(в отставку, со службы)*; демобилизация

D dispensing patient ☐ выписываемый больной

d displacement ☐ смещение

D display ☐ 1. индикатор; дисплей 2. индикация

d distal ☐ дистальный

D, d distance ☐ расстояние; дальность, дистанция

d district ☐ район, административный округ

d diversity ☐ разнообразие

d division ☐ 1. отдел, отделение 2. разделение

D doctor ☐ доктор, врач

d dominant ☐ доминирующий [господствующий] вид ‖ доминантный

D, d dorsal ☐ 1. спинной, дорсальный, тыльный 2. грудной *(напр. позвонок)*

D, d dose ☐ 1. доза 2. количество; приём *(лекарственного средства)*

d double, dual ☐ двойной режим *(об электростимуляции обоих желудочков сердца)* ‖ двойной, парный; дублированный

d drain ☐ дренаж; слив

d draft ☐ 1. набросок; схема; чертёж 2. проект *(напр. документа)*

D duration of current flowing ☐ продолжительность [длительность] пропускания электрического тока

d dyspnea ☐ одышка, диспноэ

d mean absolute between co-twins ☐ *стат.* средняя абсолютная величина между соблизнецами *(близнецами одной пары)*

D potency of vitamin D □ активность витамина D

d$_c$ critical density □ критическая плотность

d$_{Ca}$ dialysate calcium □ диализированный кальций

D$_{CO}$ diffusing capacity for carbon monoxide □ диффу-зионная способность окиси углерода

D$_{HCl}$ debit of hydrochloric acid □ дебит соляной кислоты в каждой порции желудочного сока

D$_R$ difference between rates of inflow and outflow □ градиент скорости притока и оттока

D$_1$ усл. клетка, выделяющая вазоактивный интестинальный полипептид, ВИП

D-l, 1-D амер. 1. состоящий в резерве воинской части (военно-учётная категория) 2. учащийся, проходящий военную подготовку (военно-учётная категория)

D$_2$ daunomycin metabolite □ метаболит дауномицина

D$_2$ ergocalciferol □ эргокальциферол, витамин D$_2$

D$_3$ cholecalciferol □ холекальциферол, витамин D$_3$

2-D two-dimensional □ двумерный; в двух проекциях или измерениях

3-D three-dimensional □ трёхмерный; в трёх проекциях или измерениях; объёмный, стереоскопический, пространственный

3D diarrhea-dementia-dermatitis □ диарея, деменция, дерматит, ДДД (клиника пеллагры)

D40 uroselectan B □ уроселектан B

da date □ 1. дата, число 2. срок; период

DA data acquisition □ сбор [накопление] данных

da daughter □ дочь

DA decimal-to-analog (conversion) □ преобразование десятичного кода в аналоговую форму

DA degenerative arthritis □ дегенеративный артрит

DA delayed action □ 1. затяжное [хроническое] действие 2. длительное [пролонгированное] действие (медикамента)

DA dental assistant □ зубной техник, помощник [ассистент] стоматолога

DA development age □ период развития

D/A digital-to-analog □ цифроаналоговый

DA diphenyl-arsine chloride □ дифениларсин хлорид, дифенилхлорарсин (боевое отравляющее вещество)

DA Diploma in Anesthetics □ диплом по анестезиологии

DA, da direct-acting □ прямого действия (напр. антикоагулянт)

DA 1. direct agglutination □ прямая агглютинация 2. direct acting □ прямого действия

DA disaggregated □ дезагрегированный

DA dispensing agent □ диспергатор, диспергирующий агент

DA donor-acceptor □ донорно-акцепторный

DA dopamine □ дофамин, допамин

DA, da double-acting □ двойного действия

DA drug addict □ наркоман; токсикоман

DA ductus arteriosus □ (открытый) артериальный проток

DAAO D-amino acid oxidase □ оксидаза D-аминокислот

DA&P data analysis and processing □ мед. тех. анализ и обработка данных

DAB diamino benzidine □ диаминобензидин

DAB 4-dimethylaminoazobenzene □ 4-диметиламиноазобензол (индикатор)

DABR Diplomate of the American Board of Radiology □ дипломированный член Американского радиологического общества

DAC derived air concentration □ условная допустимая концентрация в воздухе (напр. радионуклидов)

DAC digital-to-analog converter □ цифроаналоговый преобразователь, ЦАП

D&C dilatation and curettage □ расширение шейки матки и кюретаж

DACA dissecting aneurysms of the coronary artery □ расслаивающая аневризма коронарной артерии

DACS director of the ambulatory care services □ заведующий амбулаторией

DAD Dial-a-Diagnosis □ классификация диагнозов

DADAH Deputy Assistant Director of Army Health □ помощник начальника медицинской службы дивизии

DADAVS Deputy Assistant Director of Army Veterinary Services □ помощник начальника ветеринарной службы

DADDS 4,4-diacetyl-diaminodiphenyl-sulfone □ 4,4-диацетилдиаминодифенилсульфон

DADGMS Deputy Assistant Director-General of Medical Services □ помощник начальника отдела медицинского управления

DADH Deputy Assistant Director of Hygiene □ помощник начальника санитарно-эпидемиологической службы (дивизии)

DADMS англ. Deputy Assistant Director of Medical Services □ помощник начальника медицинской службы (дивизии или корпуса)

dADP deoxyadenosine diphosphate □ дезоксиаденозиндифосфат, дАДФ

DADPS Dapsone (4,4-diaminodiphenyl-sulphone) □ дапсон, 4,4-диаминодифенилсульфон (препарат для лечения лепры)

DADS Director of Army Dental Service □ начальник армейской стоматологической службы

D&E dilatation and evacuation □ расширение шейки матки и выскабливание (эвакуация плода)

DAF decay accelerating factor □ фактор, ускоряющий распад

DAF delayed auditory feedback □ запоздалая обратная слуховая связь, замедленная слуховая реакция

DAFt Diiodbenzotephum, Adriamycinum, Phtorafurum □ дийодбензотэф, адриамицин, фторафур (программа химиотерапии онкологических больных)

DAGT direct antiglobulin test □ прямой антиглобулиновый тест, прямая реакция (проба) Кумбса

DAH disordered action of heart □ нарушение сердечной деятельности, невроз сердца

DAI death from accident injuries □ смерть в результате травмы, смерть от несчастного случая

DALA delta-aminolevulinic acid □ дельта-аминолевулиновая кислота

da lgt daylight □ дневной свет; дневное время

DALT duct-associated lymphoid tissue □ связанная с выводным протоком лимфоидная ткань

DALY disability adjusted life years □ годы жизни, скорректированные на инвалидность (ВОЗ)

dam damage □ повреждение

DAM degraded amyloid □ амилоидное перерождение, амилоидная дегенерация

DAM diacetyl monoxide □ диацетилмоноксид

dAMP deoxyadenosine monophosphate □ дезоксиаденозинмонофосфат, дАМФ

D&NBI disease and non-battle injuries □ болезни и ранения, полученные в небоевых условиях

DANC decontaminating agent, non-corrosive □ дегазационное [дезактивационное] средство, не вызывающее коррозии металлов

DANS 1-dimethylaminonaphthalene-5-sulphonyl chloride □ 1-диметил-аминонафтален-5-сульфонил хлорид

DAO diamine oxidase □ диаминоксидаза, ДАО

DAO duly authorized officer □ работник с определёнными полномочиями [правами]

DAP data acquisition and processing □ *мед. тех.* получение и обработка данных

DAP data analysis program □ *мед. тех.* программа анализа данных

D&P development and printing □ проявление и печатание

DAP diaminopimelic acid □ диаминопимелиновая кислота

DAP dihydroxy-acetone phosphate □ дигидроксиацетон фосфат

DAP direct agglutination pregnancy (test) □ реакция прямой агглютинации *(при беременности)*

DAP dose area product □ уровень облучения *(Гр × см²)*

DAP drug abuse program □ программа борьбы с наркоманией

DAPC Division of Air Pollution Control □ отдел по борьбе с загрязнением воздушной среды

DAPRU Drug Abuse Prevention Resource Unit (NIAAA) □ отделение по профилактике наркомании

DAPST Denver auditory phonemic sequencing test □ Денверское аудиофонетическое тестирование

DAPT 2,4-diamino-5-phenylthiazole □ амифеназол, 2,4-диамино-5-фенилтиазол

DAPT direct agglutination pregnancy test □ реакция прямой агглютинации при беременности

DAP Test Draw-a-Person Test (Psychology) □ *псих.* графический личностный тест

DARE doppler automatic reduction equipment □ *мед. тех.* допплеровский [ультразвуковой] аппарат автоматической обработки данных

DARE drug abuse research and education □ изучение наркомании и санитарное просвещение в целях её профилактики

DAReS data analysis and reduction system □ *выч. тех.* система обработки и анализа данных

DARPP-32 dopamine- and cyclic AMP-regulated phosphoprotein-32 □ дофамин- и цАМФ-регулируемый фосфопротеин-32 *(вероятный маркёр шизофрении)*

DARR direct antiglobulin rosetting reaction □ спонтанное розеткообразование *(клеток)*

DAS data acquisition system □ *выч. тех.* автоматическая система сбора [накопления] и регистрация данных

D&S Dermatology and Syphilology □ дерматология и сифилидология

DAS Disability Assessment Schedule □ схема оценки инвалидности *(у психически больных)*

D&S display and storage □ *выч. тех.* индикация и накопление *(данных)*

DAS drug addiction service □ наркологическая служба, обслуживание больных наркоманией

DASA Dental Association of South Africa □ Зубоврачебная ассоциация Южной Африки

DASC Diabetic Association of Southern California □ Ассоциация больных диабетом Южной Калифорнии

DASS defined antigen substrate sphere □ антигенспецифический гранулосубстрат

DASS depression anxiety stress scale □ *псих.* шкала для выявления симптомов депрессии, тревоги и стресса

DASS Diploma in Applied Social Studies □ диплом по изучению общественного мнения или социологическим исследованиям

DAT delayed action tablet □ таблетка замедленного действия

DAT dementia of Alzheimer type □ деменция Альцгеймеровского типа

DAT diet as tolerated □ диета по переносимости

DAT differential agglutination titer □ дифференциально-диагностический титр агглютинации

DAT differential aptitude test □ дифференциально-диагностический тест

DAT diphtheria antitoxin □ дифтерийный антитоксин, дифтерийная антитоксическая сыворотка

DAT direct antiglobulin test □ прямая антиглобулиновая реакция

DAT dopamine transporter □ дофаминовый транспортер

DAT Doxorubicin, Cytosine, Arabinoside, 6-Thioguanine (chemotherapy regimen) □ доксорубицин, цитозин, арабинозид, 6-тиогуанозин *(программа химиотерапии онкологических больных)*

DATAS differential analysis of transcripts with alternative splicing □ дифференциальный анализ копий альтернативным сплайсингом

DATA-STOR data storage □ *выч. тех.* накопление и хранение данных

dATP deoxyadenosin triphosphate □ дезоксиаденозинтрифосфат, дАТФ

DATRC Drug Addict Treatment and Rehabilitation Center □ Центр лечения и реабилитации наркоманов

DATTA diagnostic and therapeutic technology assessment □ оценка диагностической и лечебной тактики

Daun daunorubicin □ даунорубицин

D&V diarrhea and vomiting □ диарея и рвота

DAvMed Diploma in Aviation Medicine □ диплом по авиационной медицине

DAW dispense as written □ *фарм.* приготовить, как написано

DAWN Drug Abuse Warning Network □ сеть учреждений по профилактике наркомании

DB body density □ плотность вещества

DB database □ *выч. тех.* банк [база] данных

DB date of birth □ дата рождения

DB day-book □ дневник, журнал

dB, db decibel □ децибел *(уровень звукового давления),* дБ *(0,1 Б = 0,115 Нп)*

DB dextran blue □ голубой декстран

db diabetes □ диабет, сахарный диабет

DB direct bilirubin □ прямой [связанный] конъюгированный билирубин крови

DB disability □ инвалидность

DB distobuccal □ заднещёчный, дистобуккальный

DB double blind □ двойной слепой *(метод)*

DB dry bulb □ 1. сухой шарик гигрометра, сухой термометр 2. сухой баллон или сосуд

DBA Dolichos biflorus agglutinin □ агглютинин из долихоса двухцветного

DBC differential blood count □ 1. развёрнутый анализ крови, формула крови, гемограмма 2. подсчёт форменных элементов крови

DBC digital-to-binary converter □ *выч. тех.* преобразователь цифровых данных в двоичный код

DBC dye binding capacity □ способность связывать краситель

DBCL dilute blood clot lysis (method) □ лизис сгустка разбавленной крови

DBG dextrose-barbital-gelatin *(buffer)* □ декстрозо-барбитало-желатиновый *(буфер)*

DBH, DβH dopamine beta hydroxylase □ допамингидроксилаза *(фермент, превращающий допамин в орадреналин)*

DBI development-birth index □ показатель развития родов

DBil direct bilirubin □ прямой билирубин

DBL disability benefit law □ закон о пособии по инвалидности

dbl, dble double □ двойной, парный; дублированный, сдвоенный

DbM diabetic management □ лечение диабета

DBM dibromomannitol □ дибромоманнитол

DBO Diploma of the British Orthoptic Board □ диплом Британского ортооптического общества

DBO distobucco-occlusal □ относящийся к дистально-щёчно-окклюзионной поверхности зуба

DBO divisional burials officer □ офицер похоронной команды дивизии

D-Book Discharge Book □ книга выбывших по болезни; книга регистрации демобилизованных по болезни

DBP diastolic blood pressure □ *(среднее)* диастолическое давление крови

DBP dibutylphthalate (insect repellent) □ дибутилфталат *(репеллент)*

DBP distobuccopulpal □ дистально-щёчно-пульпарный *(о стенке полости зуба)*

DBP drugs and biologicals procurement □ приобретение медикаментов и биологических продуктов

DBS deep brain stimulation □ глубокая стимуляция мозга

DBS despeciated bovine serum □ неспецифическая бычья сыворотка

DBS dibromosalicylanilide □ дибромсалициланилид

DBS diffuse brain stimulation □ диффузная стимуляция мозга

DBS Division of Biological Standards □ отдел биологической стандартизации, *см. тж.* **FDA** Food and Drug Administration

DBSP Drug Bioequivalence Study Panel □ панель по определению биологической эквивалентности лекарственных средств

DBST double British summer time □ британское двойное летнее время

DBT dry bulb temperature □ показания температуры сухого термометра

dbtf doubtful □ сомнительный; неясный; неопределённый

DBW desirable body weight □ идеальная [нормальная] масса тела

DC daily census □ ежедневный учёт населения

DC damage control □ борьба с авариями

DC data collection □ *мед. тех.* сбор данных

DC *англ.* death certificate □ свидетельство о смерти

DC decontamination □ обеззараживание, деконтаминация; дегазация; дезактивация

DC defibrillator □ дефибриллятор постоянного тока

DC Dental Corps □ зубоврачебная служба *(армии США)*

DC deoxycholate □ дезоксихолат

DC diagnostic code □ принципы диагностики

DC, D/C digital computer □ *выч. тех.* цифровая вычислительная машина

DC diphenylarsine cyanide □ дифениларсина цианид

DC direct cost □ прямые расходы *(на лечение)*

DC direct current □ постоянный ток

DC discontinue □ прерывать(ся), прекращать(ся) *(напр. патологический процесс)*; отменять *(лекарство)*

DC display console □ *мед. тех.* пульт индикации; приборная доска

DC distocervical □ относящийся к дистально-пришеечной поверхности *(зуба)*

DC Doctor of Chiropractic □ доктор хиромантии [хиропрактики]

DC donor's cells □ донорские клетки

DC double contact □ двойной контакт

DC dust collector □ пылесборник, пылевая камера, пылеуловитель

DCA deoxycholate-citrate agar □ агар с добавлением дезоксихолатцитрата

DCA desoxycorticosterone acetate □ дезоксикортикостерона ацетат, ДОКА

DCA directional coronary atherectomy □ прямая коронарная атеромэктомия

DC&B dilatation, curettage and biopsy □ расширение, кюретаж и биопсия

DCB dilutional cardiopulmonary bypass □ сердечно-лёгочный шунт, через который происходит разбавление крови

DCC dicyclohexylcarbodiimide □ дициклогексилкарбодиимид

DCc double concave □ двояковогнутая линза ‖ двояковогнутый

DCCH Diploma in Child and Community Health □ диплом участкового врача-педиатра

DCCN dimensions of critical care nursing □ диапазон интенсивной терапии критических состояний, проводимый медицинскими сёстрами

DCCT Diabetes Control and Complication Trial □ исследование по изучению контроля сахарного диабета и частоты его осложнений

DCD Diploma in Chest Diseases □ диплом врача по заболеваниям органов грудной клетки

DCD direct current dialing □ передача импульсов постоянным током

dCDP deoxycytidine diphosphate □ дезоксицитидиндифосфат, дЦДФ

D-cell delta cell, Δ-cell □ Д-клетка, дельта-клетка, дефинитивный инсулоцит

DCF direct centrifugal flotation □ прямая флотация с помощью центрифугирования

DCFL direct-coupled field-effect transistor logic □ логические схемы на канальных транзисторах с непосредственными связями

DCG dacryocystografy □ дакриоцистография

DCG disodium chromogluconate □ двунатриевая соль хромглюконата

DCGH District of Columbia General Hospital □ Центральная больница [главный госпиталь] Колумбийского округа

DCH delayed cutaneous hypersensitivity □ реакция замедленной кожной гиперчувствительности

DCH Department of Child Health (Kings-College Hospital, London) □ отдел охраны здоровья детей (*Больница Королевского колледжа*)

DCH Diploma in Child Health (English Conjoint Board) □ диплом врача-педиатра (*Английский объединённый орган здравоохранения*)

DCH Diploma of Clinical Health □ диплом специалиста-терапевта

D Ch *лат.* Doctor Chirurgiae □ Doctor of Surgery □ доктор хирургии; врач-хирург

DCHFB dichlorohexafluorobutane □ дихлорогексофторбутан

DCI dichloroisoprenaline □ дихлороизопреналин

DCI dichloroisoproterenol □ дихлороизопротеренол

DCIS ductal carcinoma in situ □ протоковая карцинома in situ

DCL, dcl *лат.* dosis certe letalis □ (минимальная) доза исследуемого агента (*бактерий, вирусов, токсинов и др.*), вызывающая летальность всех экспериментальных систем (*животных, культур клеток и пр.*)

DCLO dicloxacillin □ диклоксациллин

DCLS agar deoxycholate citrate lactose saccharose agar □ среда для идентификации шигелл и сальмонелл (*содержащая дезоксихолата цитрат, лактозу и сахарозу*)

dcm direct current main □ линия постоянного тока

DCMHE Diploma of Contents and Methods of Health Education □ диплом по санитарному просвещению

D-CML direct cell mediated lympholysis □ прямая реакция клеточно-опосредованного лимфолиза

dCMP deoxycytidine monophosphate □ дезоксицитидинмонофосфат, дЦМФ

DCMT Diploma in Clinical Medicine of the Tropics □ диплом врача по тропической медицине

DCN delayed conditioned necrosis □ реакция гиперчувствительности замедленного типа, завершающаяся местным некрозом

DCNA 2,6-dichloro-4-nitroaniline □ 2,6-дихлор-4-нитроанилин

DCNB 2,4-dinitrochlorobenzene □ 2,4-динитрохлорбензол

DCOG Diploma of the College of Obstetricians and Gynecologists □ диплом колледжа [курсов] акушерства и гинекологии (*Великобритания*)

D-colony dwarf colony □ карликовая колония (*бактерий*)

DCP dicalcium phosphate □ двузамещённый фосфат кальция

DCP differential computing potentiometer □ *мед. тех.* дифференциальный решающий потенциометр

DCP Diploma in Clinical Pathology □ диплом по клинической патологии

DCP Display Control Panel □ *мед. тех.* 1. щиток индикации и управления 2. панель управления дисплеем

DCP dynamic compression plate □ функциональная компрессионная пластинка для соединения костных отломков

DCPA dimethyl-1,2,3,5,6-tetrachloroterephthalate □ диметил-1,2,3,5,6-тетрахлортерефталат

DCPA phenoxildichlorophenoxy acetic acid □ феноксилдихлорфеноксиуксусная кислота (*стимулятор роста растений*)

DCPIP 2,4-dichlorophenolindophenol □ 2,4-дихлорфенолиндофенол

DCR dacryocystorhinostomy □ дакриоцисториностомия

DCR direct cortical response □ прямая реакция коры головного мозга

DCR Division of Clinical Research □ отдел клинических научных исследований, *см. тж.* **FDA** Food and Drug Administration

DCR(R) Diploma of the College of Radiographers (Diagnostic Radiology) □ диплом колледжа [курсов] рентгенлаборантов по диагностике

DCR(T) Diploma of the College of Radiographers (Radiotherapy) □ диплом колледжа [курсов] рентгенлаборантов по лучевой терапии

DCS dorsal column stimulation □ дорсальная стимуляция позвоночника

DCT direct Coomb's test □ прямая реакция Кумбса

DCT distal convoluted tubules □ дистальные извитые канальцы (*почки*)

DCTMA deoxycortine trimethyl acetate □ дезоксикортинтриметилацетат

dCTP deoxycytidine triphosphate □ дезоксицитидинтрифосфат, дЦТФ

DCTPA deoxycorticosterone triphenylacetate □ дезоксикортикостерон трифенилацетат

DCU dental care unit □ зубоврачебная установка

DCV direct current volts □ напряжение постоянного тока

DCVO Deputy Chief Veterinary Officer □ заместитель директора ветеринарной службы

DCW dry cell weight □ масса клеток, измеренная в граммах

DCx double convex □ двояковыпуклый

DD dangerous drug □ опасное [сильнодействующее; наркотическое] лекарственное средство

D/D, dd 1. dated □ датированный 2. days after date □ через (столько-то) дней от данного числа 3. *лат.* de dato □ *фарм.* начиная с (такого-то) числа 4. *лат.* de die □ daily □ *фарм.* ежедневно

dd deadline □ крайний [предельный] срок

DD died of disease □ скончавшийся от болезни

DD differential diagnosis □ дифференциальная диагностика

DD digital data □ *мед. тех.* цифровые данные

DD digital display □ *мед. тех.* цифровой дисплей, цифровой индикатор

DD Di Guglielmo's disease □ эритромиелоз, синдром Ди Гульельмо

DD, dd discharged, dead □ убит и подлежит исключению из списков

DD disk diameter □ 1. диаметр диска 2. диаметр сосочка зрительного нерва

DD Doctor of Divinity □ доктор богословия

dd doubled □ удвоенный, сдвоенный

DD dry dressing □ сухая повязка

DD Dupuytren's disease □ 1. контрактура Дюпюитрена 2. двухкамерное фуникулоцеле

DDA Dangerous Drugs Act □ Закон об опасных (сильнодействующих и наркотических) лекарственных средствах *(Великобритания)*

DDA dichlorodiphenyl acetic acid □ дихлордифенилуксусная кислота

DDA drug dependence and alcoholism □ наркомания [лекарственная зависимость] и алкоголизм

DDC diethyldithiocarbamate, diethyldithiocarbamic acid □ диэтилдитиокарбаминовая кислота, диэтилдитиокарбомат

DDD dichlorodiphenyldichloroethane □ дихлородифенилдихлорэтан *(продукт распада, WT)*

DDH developmental dysplasia of the hip □ дисплазия тазобедренного сустава

DDH Division of Dental Health □ отдел стоматологической помощи

DDM Diploma in Dermatological Medicine □ диплом по дерматологии

DDM dry matter digestibility □ переваримость сухого вещества

DDMS *англ.* Deputy Director of Medical Services □ заместитель начальника медицинского управления; начальник медицинской службы армии или округа, корпусный врач

dDNA denatured deoxyribonucleic acid □ денатурированная форма ДНК

DDO Diploma in Dental Orthopedics □ диплом по ортопедической стоматологии

DDP platinum diaminodichloridecisplatin □ цисплатин, платидиам, платинол *(противоопухолевое средство, включающее платину)*

DDPH Diploma in Dental Public Health □ диплом специалиста по гигиене полости рта

DDR Diploma in Diagnostic Radiology □ диплом по рентгенодиагностике

DDR Doctor of Dental Radiology □ доктор стоматологической рентгенологии

ddr *лат.* doctores □ доктора, имеющие учёные степени двух и более наук

DDR doctor of dental radiology □ доктор стоматологической рентгенологии

DDR Donor Deferral Register □ регистр [список] резервных доноров

DDRB Doctors' and Dentists' Review Body □ реферативный обзор для стоматологов и зубных врачей

DDS dapsone (diamino-diphenyl-sulphone) □ дапсон (диамино-дифенил-сульфон)

Dd/s, dd/s delivered sound □ рождён здоровым

DDS digital data system □ *выч. тех.* система приёма, распределения и обработки цифровых данных

DDS digital display system □ *выч. тех.* цифровая система отображения

DDS distrophy dystocia syndrome □ патологические роды, обусловленные дистрофией

DDS Doctor of Dental Surgery □ доктор хирургической стоматологии

DDS Doppler detection system □ ультразвуковой аппарат, допплеровская система обнаружения

DDSA Developmentally Disabled Society of America □ Американское общество помощи инвалидам

DDSc Doctor of Dental Science □ доктор наук по специальности «стоматология»

DDSO diamino-diphenyl sulphoxide □ диамино-дифенил-сульфоксид

DDST Denver development screening test □ денверский скрининговый тест развития

DDT dichlorodiphenyltrichloroethane □ дихлордифенилтрихлорэтан, дикофан, ДДТ

DDT-dusting обработка дустом [ДДТ]

DDW digestive diseases week □ неделя болезней пищеварения

DE defecate hope □ позыв на дефекацию

DE dentinoenamel junction □ соединение дентина с эмалью

DE Department of the Environment □ 1. Департамент охраны окружающей среды *(Великобритания)* 2. отдел охраны окружающей среды *(местн., Канада)*

D/E dermal/epidermal □ кожно-эпидермальный

DE diabetic extremity □ диабетическое поражение конечности; диабетическая гангрена (нижней) конечности

DE digestive energy □ энергия пищевых продуктов

DE display element □ *мед. тех.* модуль индикаторов

DE display equipment □ *мед. тех.* аппаратура системы индикации

DE Doctor of Entomology □ доктор энтомологии

DE dose equivalent □ дозовый эквивалент, эквивалентная доза

DE dream elements □ элементы сна

DE duck embryo □ утиный зародыш

DE duration of ejection □ продолжительность выделения или извержения

DE$_{50}$ median effective dose □ средняя эффективная доза *(вызывающая эффект у 50 % подопытных животных)*

DEA dehydroepiandrosterone □ дегидроэпиандростерон

DEA dihydrogenated ergot alkaloid □ дегидрированный алкалоид спорыньи

DEA Drug Enforcement Administration □ Управление по испытанию [апробации] лекарственных препаратов и борьбе с распространением наркотиков

DEAC Dental Education Advisory Council □ Консультативный совет по образованию в области стоматологии

DEAE 1. diethyl-aminoethanol □ диэтиламиноэтанол **2.** *иммун.* diethylaminoethyl (cellulose) □ DEAE-целлюлоза

DEAE-D diethylaminoethyl dextran □ диэтиламиноэтил-декстран

DEB Dental Examining Board □ военно-зубоврачебная комиссия

DEBA diethylbarbituric acid □ диэтилбарбитуровая кислота

DEBQ Dutch eating behavior questionnaire □ датский опросник оценки пищевого поведения

deb. spis. *лат.* debita spissitudine □ of the proper consistency □ необходимой [нужной] консистенции

dec *лат.* decanta □ pour off □ *фарм.* слить (с осадка), декантировать

dec decayed □ разлагающийся, гниющий; кариозный

dec deceased □ скончавшийся, умерший

dec deciduous □ периодически выпадающий, молочный (о зубах); временный

dec decimeter □ дециметр, дм *(10⁻¹ м)*

dec decomposition □ разложение; распад

dec decrease □ уменьшать, понижать

DEC dendritic epidermal cell □ дендритная клетка эпидермиса

DEC diethylcarbamazine □ диэтилкарбамазин

decaf decaffeinated □ не содержащий кофеин

decd deceased □ скончавшийся, умерший

decn decontamination □ деконтаминация; специальная обработка (обеззараживание; дегазация; дезактивация)

decoct *лат.* decoctum □ decoction □ *фарм.* отвар

decomp decomposition □ расщепление, распад, гниение

decompr decompression □ декомпрессия

dccontn decontamination □ деконтаминация; специальная обработка (обеззараживание; дегазация; дезактивация)

decr decrease □ 1. уменьшать(ся) 2. понижать(ся)

decub *лат.* decubitus □ 1. лежащее положение; лежащий навзничь 2. пролежень

DED date of expected delivery □ ожидаемые [предполагаемые] сроки родов

DeD declared dead □ объявлен умершим

DED delayed erythema dose □ продлённая эритемная доза

DED Demographic Encyclopedic Dictionary □ Демографический энциклопедический словарь

de d. in d. *лат.* de die in dem □ from day to day □ *фарм.* изо дня в день, ежедневно

DEF decayed, indicated for extraction, filled teeth □ зубы: кариозные, требующие удаления и запломбированные

def. deferred □ 1. отсроченный 2. пользующийся отсрочкой от призыва в армию

def deficit □ дефицит, недостаточность

def definition □ дефиниция, определение

defic deficiency □ отсутствие, нехватка, дефицит

defl deflection □ отклонение

deg degeneration □ дегенерация

deg degree □ 1. степень 2. градус 3. качество

 ~C, ~ cent degrees [Celsius] centigrade □ температура [градусы] по Цельсию, °C

 ~ F degrees Fahrenheit □ температура [градусы] по Фаренгейту

 ~ K degrees Kelvin □ градус по Кельвину

deglut *лат.* deglutiatur □ let it be swallowed □ *фарм.* одним глотком, в один глоток; проглоти разом

DEH diethylhexyl □ диэтилгексил

DEHS Division of Emergency Health Service □ отдел службы скорой медицинской помощи

dehyd dehydrate || dehydrated □ обезвоживать || обезвоженный, дегидратированный

DEIA dot enzyme immunoassay □ точечный энзим-иммунологический метод

DEJ 1. dentinoenamel junction □ дентино-эмалевое соединение **2.** dermal-epidermal junction □ дермоэпидермальная связь

del deletion □ делеция; выпадение; растворение (фрагмента хромосомы)

del delivery □ 1. роды, родоразрешение 2. доставка 3. *мед. тех.* нагнетание

DEL *см.* **DLE** discoid lupus erythematosis

deliq deliquescent □ 1. гигроскопическое вещество 2. смягчающее средство

DeLPS deesterified lipopolysaccharide(s) □ деэстерифицированный липополисахарид

dem demand □ *мед. тех.* запрос, требование; команда (напр. о работе кардиостимулятора)

DEN, den dengue □ денге (лихорадка)

den density □ 1. плотность 2. концентрация

D en M *фр.* Docteur en Medicine □ доктор медицины

denom denomination □ класс, категория

dens density □ 1. плотность 2. концентрация

dent 1. dentist □ зубной врач **2.** dentistry □ зубоврачевание

Dent Res Dental Corps Reserve □ резерв кадров зубоврачебной службы

DENTS Dental Examiners National Testing Service □ Служба государственной экзаменационной комиссии по тестированию стоматологов (США)

DEP data entry panel □ *мед. тех.* панель [пульт] ввода данных

dep department □ 1. департамент; отдел; управление; отделение 2. министерство; ведомство 3. кафедра

dep dependence □ зависимость

dep deposit □ отложение, налёт, осадок, отстой

dep *лат.* depuratus □ purified □ *фарм.* очищенный

DEP diethylpropanediol □ диэтилпропандиол

DEP diethylpyrocarbonate □ диэтилпирокарбонат

DEPS distal effective secretion of potassium □ эффективная секреция калия в дистальных канальцах (почек)

dept department □ 1. департамент; отдел; управление 2. министерство; ведомство 3. отделение (напр. клиники)

der derivation; derivative □ 1. деривация; отведение; отвлечение 2. производное (химическое соединение); производная (функция)

DeR reaction of degeneration □ реакция перерождения

DERA discrete electric response activity □ периодическая электрическая активность

deriv derivation □ деривация; отведение; отвлечение

Derm dermatology □ дерматология

DES Data Encryption Standard □ *комп.* стандарт шифрования данных (США)

DES *англ.* Department of Education and Science □ Министерство [Департамент] образования и науки (*ведает школьным образованием и государственными библиотеками*)

des design □ 1. проект; конструкция 2. дизайн

DES diethylstilboestrol □ диэтилстилбоэстрол (*канцерогенный препарат*)

DES diffuse endocrine system □ диффузная эндокринная система, ДЭС

desc descendant □ 1. потомок || происходящий, ведущий происхождение 2. нисходящий

descr description □ описание

DESI Drug Efficiency Study and Implementation □ изучение эффективности и применения лекарственных препаратов

DESS discontinuation-emergent signs and symptoms (checklist) □ *псих.* (шкала) признаков и симптомов синдрома отмены (*антидепрессантов*)

dest *лат.* destillatus □ distilled □ дистиллированный

dest destroy □ разрушать; уничтожать

det detector □ *мед. тех.* детектор; датчик-измеритель; чувствительный элемент

det 1. determinant □ детерминант; определитель **2.** determine □ определять; устанавливать

det *лат.* detur □ let it be given □ *фарм.* пусть будет дано, выдайте

DET diethyltryptamine □ диэтилтриптамин

DETI Daily Epidemiological Telex Information □ Служба ежедневной телексной эпидемиологической информации (*ВОЗ*)

det. in dup. *лат.* detur in dupio □ let twice as much be given □ *фарм.* дайте двойную дозу

detn 1. detection □ обнаружение **2.** detention □ *суд. мед.* задержание, арест

detox detoxification □ 1. обезвреживание яда 2. устранение токсического действия яда

d. et s. *лат.* detur et signetur □ let it be given and labeled □ *фарм.* выдай и обозначь

dev development □ 1. развитие; разработка; (у)совершенствование 2. *мед. тех.* развёртывание, разложение (*в ряд*)

dev deviation □ отклонение (*от нормы*); девиация; отведение (*напр. мочи*)

dev. device □ прибор, устройство

DEV duck-embryo/rabies vaccine □ утиная антирабическая вакцина

devel development □ 1. развитие; разработка; (у)совершенствование 2. *мед. тех.* развёртывание, разложение (*в ряд*)

dev w developed width □ фактическая ширина

dewat dewatering □ сгущение; обезвоживание, дегидратация

dex dexamethasone □ дексаметазон

dext *лат.* dexter □ right □ справа; правый

dextro dextrorotatory □ правовращающий

DF daily faeces □ суточный стул

DF decontamination factor □ коэффициент очистки или деконтаминации

DF degree of freedom □ *стат.* степень свободы

DF dengue fever □ лихорадка денге, денге; суставная [классическая, костоломная] лихорадка

DF diabetic father □ отец, страдающий сахарным диабетом

DF dilution factor □ фактор разведения

DF disseminated foci □ очаги диссеминации, диссеминированные очаги (*напр. гнойников*)

DF drinking fountain □ питьевая колонка

DFC deflavacort □ дефлавакорт (*глюкокортикоид*)

DFDT difluorodiphenyltrichloroethane □ дифтор-дифенил-трихлорэтан (*инсектицид*)

dflt difficult □ трудный, затруднённый

DFO defroxamine □ дефроксамин

DFP diisopropylfluorophosphate □ диизопропилфторфосфат

DFP³² 32 labeled diisopropylfluorophosphate □ меченый P^{32} диизопропилфторфосфат

DFR dihydrofolate reductase □ дигидрофолатредуктаза

DFS decayed filled surfaces □ индекс КПП (*кариес, пломба по поверхностям*)

DFS dental fear survey □ *псих.* Исследование страха зубной боли (*тест для оценки стоматофобии*)

dft definite □ определённый, дефинитивный

DFU dead fetus in utero □ мёртвый плод в матке

DFU dideoxyfluorouridine □ дидезоксифторуридин

DG darkground □ тёмная основа или подложка

dg decigram □ дециграмм (*0,1 г*)

dg decimal gauge □ десятичный калибр

dg degree □ 1. градус 2. степень

DG deoxyglucose □ дезоксиглюкоза

dg diagnosis □ 1. диагноз 2. диагностика

DG diastolic gallop □ диастолический ритм галопа

DG diglyceride(s) □ диглицерид(ы)

DG distogingival □ относящийся к дистально-десневой поверхности зуба

DG double glass □ с двойным остеклением

2DG 2 desoxy-d-glucose □ 2-дезокси-D-глюкоза

DGAMS Director-General of Army Medical Service □ военно-санитарный инспектор

dGDP deoxyguanosine diphosphate □ дезоксигуанозин-дифосфат, дГДФ

DGF delayed graft function □ отсроченная функция трансплантата

DGGE denaturation gradient gel electrophoresis □ метод денатурирующего градиентного гель-электрофореза

DGI disseminated gonococcal infection □ диссеминированная гонококковая инфекция

dgm decigram □ дециграмм (*0,1 г*)

dGMP deoxyguanosine monophosphate □ дезоксигуанозинмонофосфат, дГМФ

DGMS Director-General of Medical Service □ генеральный директор [руководитель] медицинской службы

DGN diffuse proliferative glomerulonephritis □ диффузный пролиферативный гломерулонефрит

DGO Diploma in Gynecology and Obstetrics □ диплом по акушерству и гинекологии

DGO *амер.* divisional gas officer □ начальник химической службы дивизии

DGPPN *нем.* Deutsche Gesellschaft für Psychiatrie, Psychotherapie und Nervenheilkunde □ немецкое объединение психиатров, психотерапевтов и невропатологов

dgr danger || dangerous □ опасность, угроза || опасный, угрожающий

DGS diabetic glomerulosclerosis □ диабетический гломерулосклероз

DGS *англ.* Director of Gas Services □ начальник военно-химической службы

dGTP deoxyguanosine triphosphate □ дезоксигуанозинтрифосфат, дГТФ

DGV dextrose-gelatin veronal buffer □ глюкозо-желатиновероналовый буфер

DGVS Director-General of Veterinary Services □ генеральный директор [начальник] ветеринарной службы

DH dehydrogenase □ дегидрогеназа

DH delayed hypersensitivity □ гиперчувствительность замедленного типа, ГЧЗТ

DH dental health □ стоматологическая помощь

DH dental hygienist □ специалист по гигиене зубов

DH dermatitis herpetiformis □ герпетиформный дерматит

DH development history □ история развития

DH Director of Hygiene □ главный гигиенист

DH disseminated histoplasmosis □ диссеминированный гистоплазмоз

DH dominant hand □ доминантная рука *(правая – у правшей, левая – у левшей)*

DHA dehydroascorbic acid □ дегидроаскорбиновая кислота

DHA dehydroepiandrosterone □ дегидроэпиандростерон

DHA dehydroisoandrosterone □ дегидроизоандростерон

DHA dihydroxyacetone □ дигидроксиацетон

DHA District Health Authority □ районный отдел здравоохранения

DHAE dihydrogenated alkaloids of ergotamine □ дигидрированный алкалоид эрготамина

DHAP dihydroxyacetone phosphate □ дигидроксиацетонфосфат

DHAS dehydroepiandrosterone sulfate □ дегидроэпиандростерон сульфат

2-4-DHBA 2-4-dihydroxybenzoic acid □ 2-4-дигидроксибензойиая кислота

3-4-DHBA 3-4-dihydroxybenzoic acid □ 3-4-дигидроксибензойная кислота

DHC dehydrocholesterol □ дегидрохолестерин

1,25 DHCC 1,25 dihydroxycholecalciferol □ 1,25-дигидроксихолекальциферол

D$_{HCl}$ debit of hydrochloric acid □ дебит соляной кислоты *(в каждой порции желудочного сока)*

DHCS Department of Health Care Service □ отдел службы здравоохранения

DHE data handling equipment □ *выч. тех.* оборудование для обработки данных

DHE Defense of Health Environment □ защита окружающей среды, экологическая защита

DHE dehydroemetine □ дегидроэметин

DHE dihydroergotamine □ дигидроэрготамин

DHEA dehydroepiandrosterone □ дегидроэпиандростерон

DHEAS dehydroepiandrosterone sulfate □ дегидроэпиандростерона сульфат

DHEW Department of Health, Education and Welfare □ Департамент [Министерство] здравоохранения, образования и социального обеспечения *(США)*

DHF dengue hemorrhagic fever □ геморрагическая лихорадка денге

DHFR dihydrofolate reductase □ дигидрофолат-редуктаза

DHg Doctor of Hygiene □ доктор гигиены

DHHS Department of Health and Human Service □ Департамент здравоохранения и обслуживания

DHIA dehydro-isoandrosterol □ дегидроизоандростерол

DHIC dihydro-isocodeine □ дигидроизокодеин

DHL diffuse histiocytic lymphoma □ диффузная гистиоцитарная лимфома

DHM development of health manpower □ развитие кадров здравоохранения

DHM minimal hemolytic dose □ минимальная гемолитическая доза *(напр. токсина)*

DHMA dehydroxymandelic acid □ дегидроксиминдальная кислота

DHMSA Diploma in the History of Medicine (Society of Apothecaries) □ диплом по истории медицины общества фармацевтов

DHO deuterium hydrogen oxide □ дейтериевая [тяжёлая] вода

DHO Dhori □ Дхори *(арбовирус)*

DHO-180 dihydroergocornine □ дигидроэргокорнин

DHPR dihydropteridine reductase □ дигидроптеридин-редуктаза

DHR delayed hypersensitivity reaction □ гиперчувствительность замедленного типа, ГЧЗТ

DHS data handling system □ *выч. тех.* система обработки данных

DHS (reactions) delayed hypersensitivity (reactions) □ гиперчувствительность замедленного типа, ГЧЗТ

DHS dihydrostreptomycin □ дигидрострептомицин

DHS Director of Health Services □ директор служб здравоохранения *(ООН)*

D-5-HS dextrose (5 %) in Hartman's solution □ 5%-ный раствор декстрозы в растворе Хартмана

DHSM dihydrostreptomycin □ дигидрострептомицин

DHSS Department of Health and Social Security □ Департамент здравоохранения и социального обеспечения *(США, в Великобритании образован в 1968 г.)*

DHSS Development of Health Statistical Services □ развитие служб санитарной статистики *(ООН)*

DHT dihydrotachysterol □ дигидротахистерол

DHT dihydrotestosterone □ дигидротестостерон

DHT dihydrothymine □ дигидротимин

DHWU Drug and Hospital Workers Union □ Союз больничных и аптечных работников

DHy, DHyg Doctor of Hygiene □ доктор гигиены

DI, d/i dangerously ill □ тяжело [опасно] болен

DI *лат.* diabetes insipidus □ несахарный диабет

di diameter □ диаметр

di diatomite □ диатомий

Di didymium □ дидимий *(соединение неодима и празеодима)*

Di Diego blood group □ группа крови по Диего

DI digital input □ *выч. тех.* 1. цифровое устройство ввода *(данных)* 2. цифровые входные данные

DI donor insemination □ искусственное оплодотворение спермой донора

DI dry ice □ сухой лёд

dia diabetes □ диабет

dia diameter □ диаметр

DiA Diego antigen *(blood group)* □ антиген Диего *(группа крови)*

DIAC di-iodothyroacetic acid □ дийодтироуксусная кислота

diag, diagn diagnosis □ 1. диагноз 2. диагностика

diag diagram □ диаграмма

DIAGNO differential diagnosis *(by computer)* □ дифференциальная диагностика *(компьютерная)*

diam diameter □ диаметр

diaph diaphragm □ 1. диафрагма 2. мембрана

DIB disability insurance benefit □ выплата страховой суммы по нетрудоспособности

dibas dibasic □ *биохим.* двуосновный

DIB-B diffuse immunoblastic B-cell lymphoma □ диффузная иммунобластная В-клеточная лимфома

DIB-T diffuse immunoblastic T-cell lymphoma □ диффузная иммунобластная Т-клеточная лимфома

DIC Adriamycin, Cyclophosphamide, Imidazole carboxamide □ адриамицин, циклофосфамид, имидазольный карбоксамид *(программа химиотерапии онкологических больных)*

dic dicentric chromosome □ дицентрическая хромосома

DIC diffuse intravascular coagulation □ *см.* **DIC** disseminated intravascular coagulation

DIC dimethyl triazeno imidazole carboxamide □ диметил-триазино-имидазол-карбоксамид

DIC Diploma of the Imperial College □ диплом Имперского колледжа *(Великобритания)*

DIC disseminated intravascular coagulation □ диссеминированное внутрисосудистое свёртывание крови, ДВС-синдром

DIC drunk in charge □ быть пьяным при исполнении служебных обязанностей

DICOM digital imaging and communication in medicine □ цифровая визуализация и взаимосвязь лечебных учреждений

DID diagnostic inventory of depression □ опросник для выявления депрессии *(в соответствии с критериями DSM-IV)*

Did didactics □ дидактика

DID digital information display □ *выч. тех.* индикатор цифровых данных

DID double immunodiffusion □ двойная иммунодиффузия

DIDMOAD diabetes insipidus, diabetes mellitus, optic atrophy and deafness □ комплекс [синдром] DIDMOAD *(включающий несахарный и сахарный диабет, атрофию зрительных нервов и нейросенсорную глухоту)*

dieb alt *лат.* diebus alternis □ on alternate days □ *фарм.* через день

dieb tert *лат.* diebus tertius □ every third day □ *фарм.* через три дня

diet dietetics || dietetical □ диетология, диететика || диетический

dif difference || different; differential □ различие, разница; разность || разный, различный; дифференциальный, отличительный

DIF differentiation-inducing factor □ индуктор дифференцировки

DIF diffuse interstitial fibrosis □ диффузный интерстициальный фиброз

DIF direct immunofluorescence □ реакция прямой иммунофлуоресценции

difclt difficult □ трудный, затруднительный

DIFP diisopropyl fluorophosphonate □ диизопропил-фторфосфонат

dig digest □ 1. продукт пищеварения 2. реферат, краткое изложение

DIH Diploma in Industrial Health □ диплом по промышленной гигиене

dihydrochlor dihydrochloride □ *фарм.* дигидрохлорид

dil dilute || diluted □ разводить || разбавленный, разведённый *(напр. раствор)*

dilat dilated □ расширенный, дилатированный

dild soln diluted solution □ разбавленный раствор

DI-list dangerously ill list □ список тяжело больных

diln dilution || diluted □ разбавление || разбавленный, разведённый

diluc. *лат.* diluculoat □ daybreak □ на рассвете

dilut. *лат.* dilutur □ diluted □ разбавленный, разведённый

dim dimension □ 1. размер, величина, объём 2. измерение 3. размерность

dim *лат.* dimidius □ one half □ половина

dim diminution || diminutive □ уменьшение || уменьшительный

D-IM Diplomate-American Board of Internal Medicine □ Член Американского совета по внутренней медицине

DIM divalent ion metabolism □ метаболизм двухвалентного иона

DIMA device for multi-analysis □ *мед. тех.* устройство для комплексного [множественного] анализа

d in dup *лат.* detur in dup □ give twice as □ *фарм.* дать [давать] дважды

d. in p. aeq. *лат.* divide in partes aequales □ divide into equal parts □ *фарм.* раздели на равные части; поровну

DIP desquamative interstitial pneumonia □ десквамативная интерстициальная пневмония

dip diploma □ диплом

DIP distal interphalangeal *(joint)* □ дистальный межфаланговый *(сустав)*

DIP drip infusion pyelogram (pyelography) □ инфузионная капельная пиелограмма или пиелография

Dip Bact Diploma in Bacteriology □ диплом по бактериологии

Dip BMS Diploma in Basic Medical Science □ диплом по теоретическим медицинским наукам

diph diphtheria □ дифтерия

Dip Microbiol Diploma in Microbiology □ диплом по микробиологии

DIPC diffuse interstitial pulmonary calcification □ диффузная интерстициальная кальцификация лёгких

dipso dipsomaniac □ *sl.* алкоголик

Dip Ven Diploma in Venereology □ диплом по венерологии

dir direct □ 1. прямой; непосредственный *(напр. о действии травмы)* 2. постоянный *(ток)*

Dir Directorate □ управление, директорат

DirAc direct action □ прямое [непосредственное] воздействие

DIRD drug-induced renal disease □ медикаментозное поражение почек

DIRF double coating indirect rosette-forming reaction □ непрямая реакция двойного розеткообразования

dir. prop. *лат.* directione propria □ with one's own direction □ *фарм.* в соответствии с собственным назначением

DIS Diagnostic Imaging Services □ служба диагностической визуализации

dis disconnect || disconnected □ 1. разъединять, разобщать || сбивчивый, отрывистый, бессвязный 2. отключать; выключать || изолированный, отдельный

dis disease □ болезнь, заболевание; поражение

dis disinhibition □ растормаживание; стремление к развлечениям *(субшкала психологического теста)*

dis display □ дисплей; индикатор, индикация

dis distance || distant □ дальность; дистанция, расстояние || отдалённый; дистанционный

dis disturbance □ 1. помеха; неисправность 2. повреждение; расстройство

DIS Doppler Inertial System □ допплеровско-инерциальная система, инерциальная система с допплеровской коррекцией

DIS Draft International Standards □ проект международного стандарта

disab disability □ непригодность; инвалидность, нетрудоспособность

disc disconnect □ *мед. тех.* разъединить; размыкать, отключать

disc discontinue □ прекращать, прерывать

disc discover || discovered □ обнаруживать || обнаруженный; открытый

disce disturbance □ 1. помеха; неисправность 2. повреждение; расстройство

disch discharge □ 1. отделяемое; выделения *(напр. раны)* 2. выписка || выписывать *(напр. больного)*

discon disconnection □ разъединение; выключение

DISH diffuse idiopathic skeletal hyperostosis □ диффузный идиопатический скелетный гиперостоз, ДИСГ

DISI dorsi-flexed intercalated segment instability □ тыльная нестабильность кистевого сустава

dismd dismissed □ 1. смещенный, отставленный 2. отпущенный

disord disorder □ нарушение порядка

disp dispensary □ 1. аптека 2. *амер.* амбулатория, диспансер

disp dispensatory □ фармакопея

disp dispense □ готовить и отпускать *(лекарства)*

displ displacement □ перемещение

Dis Pt dismission point □ демобилизационный пункт

diss dissociation □ 1. диссоциация, распад, разложение 2. разъединение

diss dissolve || dissolved □ растворять; разжижать || растворённый, разбавленный

diss dissolvent □ растворитель

dissem dissemination □ рассеивание, диссеминация *(инфекции)*

Dis Sig distress signal □ сигнал бедствия

dissoc dissociation □ диссоциация; распад; разложение

dist distance || distant □ дальность; дистанция || дальний, отдалённый

dist distil || distilled □ перегонять; дистиллировать; очищать || дистиллированный

dist distribution || distributed □ распределение || распределённый, размещённый

dist district □ 1. район; округ; область 2. участок; территория

distg distilling □ 1. перегонка; дистиллирование 2. перегонный, дистилляционный, очищенный

distr distribution □ распределение, распространение

distr district □ 1. район; округ, область 2. участок; территория

DIT diiodtyrosine □ дийодтирозин

div divide □ *фарм.* раздели

div division □ отдел; отделение

div in p aeq *лат.* divide in partes aequales □ divide into equal parts □ *фарм.* раздели на равные части

Div Surg divisional surgeon □ дивизионный врач; начальник медицинской службы дивизии

DJD degenerative joint disease □ дегенеративное заболевание [поражение] сустава

dk dark □ тёмное время суток

DK diseased kidney □ поражённая почка; поражение [болезнь] почек

DKA diabetic ketoacidosis □ диабетический кетоацидоз *(обусловленный накоплением в крови кетоновых тел)*

DL *усл.* обозначение конфигурации соединений *(в сочетании с формулой или названием соединения, напр. DL-alanine)*

DL danger list □ список [перечень] опасных веществ *(напр. лекарств)*

DL daylight □ светлое время суток

dl decilitre □ децилитр, 0,1 л

dl delay □ *мед. тех.* 1. задержка, запаздывание, отсрочка 2. выдержка времени

DL description list □ аннотация

DL developed length □ фактическая длина

DL diffusing capacity of the lung □ диффузионная способность лёгких

DL$_{CO}$ diffusing capacity of the lung for carbon monoxide □ диффузионная способность лёгких по окиси углерода

DL$_{sb}$ diffusing capacity of the lung with single breath □ диффузионная способность лёгких, измеренная методом одиночного вдоха

DL$_{ss}$ diffusing capacity of the lung in steady state □ диффузионная способность лёгких, измеренная методом устойчивого состояния

DL distolingual □ относящийся к дистально-язычной поверхности зуба

DL Donath – Landsteiner (test) □ реакция гемагглютинации Доната – Ландштейнера

DL lethal dose □ смертельная доза

DL$_{min}$ minimum lethal dose □ минимальная смертельная доза

DL$_0$ maximum tolerable dose □ максимальная переносимая доза *(введение которой в организм не вызывает его гибели, хотя и сопровождается симптомами отравления)*

DL$_{50}$ median lethal dose □ средняя смертельная доза

DL$_{100}$ absolute lethal dose □ абсолютно смертельная доза

DLA distolabial □ относящийся к дистально-губной поверхности зуба

DLA dog-leukocyte antigens □ главная генетическая система гистосовместимости собаки

DLAI distolabioincisal □ дистально-губно-режущий *(о поверхности зуба)*

DL antibodies Donath – Landsteiner antibodies □ Доната – Ландштейнера гемолизины или антитела, аутоиммунные комплементсвязывающие антитела, DL-антитела *(холодовые антитела, направленные против собственных эритроцитов)*

DLBD 1. Diffuse Lewy Body Disease □ диффузные болезни, связанные с тельцами Леви *(нейроповеденческий синдром, деменция)* **2.** Dementia with Levi bodies □ деменция с тельцами Леви

DLC diffuse large-cleaved cell B-cell lymphoma □ диффузная дифференцированная В-крупноклеточная лимфома

DLCOSB diffusing capacity of the lung for carbon monoxide with single breath □ диффузионная способность лёгких для CO методом однократного вдоха

DLCOSS diffusing capacity of the lung for carbon monoxide in steady state □ диффузионная способность лёгких для CO методом устойчивого состояния

DLE discoid lupus erythematosis □ дискоидная красная волчанка, атрофическая эритема, эритематоз

DLE disseminated lupus erythematosis □ диссеминированная [системная] красная волчанка

DLE drug related lupus erythematosus □ медикаментозная красная волчанка

D leprosy dimorphous leprosy □ пограничная [диморфная] лепра

DLF Disabled Living Foundation □ Фонд помощи инвалидам

DLI distolinguoincisal □ дистально-язычно-режущий *(о поверхности зуба)*

DLM, DLm, DL$_{min}$ minimum lethal dose □ минимальная смертельная [летальная] доза, МЛД

DLMO dim light melatonin onset □ начало выработки [секреции] мелатонина в ответ на слабый свет

DLNC diffuse large-noncleaved-cell lymphoma □ диффузная недифференцированная крупноклеточная лимфома

DLO Diploma in Laryngology and Otology □ диплом по отоларингологии

DLO distolinguoocclusal □ дистально-язычно-окклюзионный *(о поверхности зуба)*

DLP distolinguopulpal □ дистально-язычно-пульпарный *(о поверхности зуба)*

DLPFC dorsolateral prefrontal cortex □ дорсолатеральный префронтальный участок коры головного мозга *(отвечает за когнитивное обеспечение действий)*

dly delay □ 1. задержка; отставание; запаздывание 2. выдержка времени

d/m date [day] and month □ дата [день] и месяц

DM data management □ *выч. тех.* обработка, анализ и распределение данных

dm decimeter □ дециметр, дм *(10^{-1} м)*

DM demographic model □ демографическая модель

DM diabetes mellitus □ сахарный диабет

DM diabetic mother □ сахарный диабет матери

DM diastolic murmur □ диастолический шум

DM diphenylamine arsine chloride □ дифениламинарсина хлорид

Dm diuresis/minute □ диурез в минуту

DM Doctor of Medicine □ 1. врач, доктор *(США)* 2. доктор медицины *(высшая учёная степень)*

Dm dopamine □ дофамин, допамин

DM double minutes □ двойные мелкие хромосомы

DM dry matter □ сухое вещество

DMA dimethyladenosine □ диметиладенозин

DMA dimethyladipimidate □ диметиладипимидат

DMA direct memory access □ *выч. тех.* прямой [непосредственный] доступ к памяти

DMA disordered motor activity □ расстройство моторики *(напр. желудка)*, нарушение моторной [двигательной] функции

DMAB dimethylaminobenzaldehyde □ диметиламинобензальдегид *(индикатор)*

DMAC dimethylacetamide □ диметилацетамид

DMAE dimethylaminoethanol □ диметиламиноэтанол

4-DMAP 4-dimethylaminophenol □ 4-диметиламинофенол

DMARD disease-modifying antirheumatic drugs □ модифицирующие болезнь антиревматические препараты, МБАРП

DM&S Department of Medicine and Surgery □ отдел терапии и хирургии

D-max maximum density □ максимальная плотность, максимум плотности

DMBA 7,12-dimethylbenz(a)anthracene □ 7,12-диметилбенз(а)антрацен *(канцероген)*

DMC diffuse mixed-cell (lymphoma) □ диффузная смешанно-клеточная (лимфома)

DMC digital microcircuit □ *выч. тех.* цифровая микросхема

DMC dimethylcarbinol □ диметилкарбинол

DMCL N-dimethylclindamycin □ N-диметилклиндамицин

DMCP dimethylcyclopentene □ *хим.* диметилциклопентен

DMCT dimethylchlortetracycline □ диметилхлортетрациклин

DMD Diploma in Medical Dentistry □ диплом врача-стоматолога

DMD Director of Dental Medicine □ руководитель стоматологической службы

DMD Doctor of Dental Medicine □ доктор стоматологии

DMD Duchennel's muscular dystrophy □ наследственная мышечная дистрофия Дюшенна

DMDGN Deputy Medical Director-General of the Navy □ заместитель начальника медицинского департамента или управления Адмиралтейства

DME dimethyl ether of d-tubocurarine □ диметиловый эфир тубокурарина

DME Director of Medical Education □ директор [руководитель] медицинских курсов

DME durable medical equipment □ медицинское оборудование длительного пользования

DMEM Dullbecco modified Eagle's medium □ модифицированная Дульбекко среда Игла

DMF decayed-missing-filled, DMF-index □ кариозный, отсутствующий, пломбированный (о состоянии зубов)

DMF dimethylformamide □ иммун. диметилформамид

DMFS decayed, missing, filled tooth surfaces см. **DMF** decayed-missing-filled

DMFT decayed, missing, filled teeth см. **DMF** decayed-missing-filled

DMG 6-dimethyl griseofulvin □ 6-диметилгризеофульвин

dmg damage □ повреждение

DMH dimethylhydrazine □ диметилгидразин

DMH dorsomedial hypothalamus □ дорсомедиальные ядра гипоталамуса

DMHA directional microphone hearing aid □ прямой микрофонный слуховой аппарат

DMHS Diploma in Medical and Health Services □ диплом работника медико-санитарной службы

DMI diaphragmatic myocardial infarction □ инфаркт межжелудочковой перегородки

DMI direct migration inhibition □ прямое торможение миграции (лейкоцитов)

DMJ Diploma in Medical Jurisprudence □ диплом по судебной медицине

DMM dimethylmyleran □ диметилмилеран

DMN dimension □ размер

DMN dimethylnitrosamine □ диметилнитрозамин

DMO debarcadian medical officer □ морской карантинный врач

DMO District Medical Officer □ начальник [инспектор] медицинского управления округа

DMo drug monitoring □ контроль за лекарственными средствами

DMP dimethylphthalate □ диметилфталат

DMPA depot medroxyprogesterone acetate □ депо-медроксипрогестерона ацетат (гормональный контрацептив)

DMPEA dimethoxyphenylethylamine □ диметоксифенилэтиламин

DMPP dimethylphenylpiperazinum □ диметилфенилпиперазин

dmpr damper □ 1. мед. тех. демпфер 2. увлажнитель

DMR detailed maintenance report □ подробный отчёт о результатах технического осмотра

DMR Diploma in Medical Radiology □ диплом по медицинской радиологии

DMRD Diploma in Medical Radio Diagnosis □ диплом по медицинской радиодиагностике (Великобритания)

DMRE Diploma in Medical Radiology and Electrology □ диплом по медицинской радиологии и электротерапии

DMRT Diploma in Medical Radiotherapy □ диплом по медицинской радиотерапии (Великобритания)

DMS data management system □ выч. тех. система управления данными

DMS dermatomyositis □ дерматомиозит

DMS deviation, mean standard □ среднее стандартное отклонение

DMS, DMS-70 dimethylsulfoxide □ димексид, диметилсульфоксид, ДМС

DMS Director of Medical Services □ начальник [руководитель] медицинской службы

DMS Doctor of Medical Science □ доктор медицинских наук

DMS dynamic mapping system □ выч. тех. система динамического отображения [распределения]

DMSA dimercaptosuccinic acid □ димеркаптоянтарная кислота

DMSA Diploma in Medical Service Administration □ диплом по организации здравоохранения

DMSc Doctor of Medical Science □ доктор медицинских наук

DMSO dimethylsulfoxide □ димексид, диметилсульфоксид, ДМСО

DMSS Director of Medical and Sanitary Services □ начальник медико-санитарной службы

dmst demonstration □ показ, демонстрация

DMT dimethyltryptamine □ диметилтриптамин

DMT district management team □ участковая [районная] лечебная бригада

DMTA drug-mediated tumor antigen □ антигенная детерминанта, модифицированная химиопрепаратом

DMUC decision making under certainty □ принятие решения в условиях определённости

DMUR decision making under risk □ принятие решения в условиях риска

DMUU decision making under uncertainty □ принятие решения в условиях неопределённости

DMV Doctor of Veterinary Medicine □ доктор ветеринарной медицины

DMW demineralized water □ деминерализованная вода

D:N (quotient) development age: actual chronological age □ возрастной коэффициент (Бине – Симона психический возраст: календарный возраст)

D/N dextrose/nitrogen ratio (urine) □ соотношение декстрозы и азота (в моче)

DN diabetic neuropathy □ диабетическая невропатия

DN dibucaine number □ фарм. дибукаиновое число

DN dicrotic Botch □ дикротическая вырезка или выемка (пульсовой волны)

DN Diploma of Nursing □ диплом по сестринскому делу

DN district nurse □ районная [участковая] медицинская сестра

DN$_{50}$ median narcotic dose □ средняя наркотическая доза (вызывающая наркоз у 50 % подопытных животных)

DNA deoxyribonucleic acid □ дезоксирибонуклеиновая кислота, ДНК

cDNA complementary deoxyribonucleic acid □ комплементарная дезоксирибонуклеиновая кислота [ДНК], к-ДНК

dsDNA double-stranded deoxyribonucleic acid □ двухцепочечная [двухнитевая] дезоксирибонуклеиновая кислота [ДНК], дц-ДНК

nDNA native deoxyribonucleic acid □ нативная дезоксирибонуклеиновая кислота [ДНК], н-ДНК

rDNA ribosomal deoxyribonucleic acid □ рибосомальная дезоксирибонуклеиновая кислота [ДНК], р-ДНК

tDNA transfer deoxyribonucleic acid □ транспортная дезоксирибонуклеиновая кислота [ДНК], т-ДНК

DNA did not attend □ не посещал, не обращался

DNAase deoxyribonuclease □ дезоксирибонуклеаза, ДНК-аза

~ B d deoxyribonuclease B □ дезоксирибонуклеаза B, ДНК-аза B

~ sign deoxyribonuclease sign □ ДНК-аза-признак *(способность вируса индуцировать образование дезоксирибонуклеазы)*

DNA-ligase deoxyribonucleic acid ligase □ ДНК-лигаза

DNA-nucleotidyltransferase *см.* **DNA-polymerase**

DNA phage deoxyribonucleic acid phage □ ДНК-содержащий фаг

DNA-polymerase deoxyribonucleic acid polymerase □ ДНК-полимераза, ДНК-нуклеотидилтрансфераза

DNA replicase *см.* **DNA-polymerase**

DNB dinitrobenzene □ динитробензол

DNB Diplomate of the National Board of Medical Examiners □ член Государственной экзаменационной комиссии по медицинским специальностям *(США)*

DNC dinitrocarbonilide □ динитрокарбонилид

DNCB dilutrochlorbenzene □ динитрохлорбензол *(диагностический антиген)*

DND died a natural death □ умерший естественной смертью

DNFB dinitrofluorobenzene □ динитрофторбензол *(диагностический антиген)*

dnge drainage □ 1. дренаж 2. водоотвод

DNHW Department of National Health and Welfare □ Министерство здравоохранения и социального обеспечения

DNMS Director of Naval Medical Services □ начальник медицинской службы ВМФ

DNO District Nursing Officer □ руководитель районной участковой службы медицинских сестёр

DNOC dinitro-ortho-cresol □ динитроортокрезол

DNP desoxyribonucleoprotein □ дезоксирибонуклеопротеин

DNP dinitrophenol □ *иммун.* динитрофенол

DNP dinitrophenyl □ динитрофенил

DNP-CAB-PE dinitrophenylamino-caproylpho phatidylethanol amine □ динитрофениламино-капроилфосфатидилэтанол-амин

DNPH dinitrophenylhydrazine □ динитрофенилгидразин

DNP-KLH dinitrophenylated keyhole limpet hemocyanin □ *иммун.* динитрофенилированный гемоцианин лимфы улитки

DNPM dinitrophenylmorphine □ динитрофенилморфин

DNR do not resuscitate □ не подлежит реанимированию

DNREC Department of Natural Resources and Environmental Control □ Департамент природных ресурсов и контроля окружающей среды

D/NS dextrose in normal saline □ глюкоза в физиологическом растворе

D-NS Diplomate-American Board of Neurosurgery □ член Американского совета по нейрохирургии

DNS, DNSc Doctor of Nursing Science □ доктор наук по специальности «сестринское дело»

DNT dermonecrotic toxin □ фактор некроза кожи, дермонекротоксин

DNT dinitrotoluene □ *хим.* динитротолуол

dnt do not □ не подлежит исполнению; отменить

DNT do not test □ нетестируемый

DNTP dinitrothiophosphate □ динитротиофосфат

DO Dental Office □ зубоврачебное управление

DO diamine oxidase □ диаминоксидаза

DO digital output □ *выч. тех.* 1. цифровое устройство вывода *(данных)* 2. цифровые выходные данные

DO Diploma in Ophthalmology □ диплом по офтальмологии

D-O Diplomate of the American Board of Ophthalmology □ член Американского совета по офтальмологии

DO dissolved oxygen □ растворённый кислород

DO distocclusal □ дистально-окклюзионный *(о поверхности зуба)*

do ditto □ то же

DO Doctor of Optometry □ врач-оптометрист *(определяющий рефракцию глаз)*

DO Doctor of Osteopathy □ 1. врач-остеопатолог; врач-ортопед *(США)* 2. доктор наук по специальности «остеология»

DO₂ oxygen delivery □ 1. потребление кислорода 2. снабжение кислородом; доставка кислорода

DOA dead on [admission] arrival □ доставлен мёртвым, мёртв при поступлении

DOB, dob date of birth □ дата рождения

DOB doctor's order book □ книга для записи назначений врача

DObstRCOG Diploma in the Obstetrics of the Royal College of Obstetrics and Gynecology □ диплом по акушерству Королевской коллегии акушерства и гинекологии

DOC date of change □ дата изменения

DOC deoxycholate □ дезоксихолат

DOC deoxycorticosterone □ дезоксикортикостерон

DOC died of other causes □ умерший от других причин

doc doctor □ доктор, врач

doc document □ документ, документальный источник

DOCA deoxycorticosterone acetate □ дезоксикортикостерона ацетат, ДОКА

DOCG deoxycorticosterone glicoside □ дезоксикортикостерона гликозид

DOCS deoxycorticoides □ дезоксикортикостероиды, дезоксикортикоиды

DOD date of death □ дата смерти

DOD dead of disease □ умерший от болезни

DOE Department of the Environment □ Департамент охраны окружающей среды

DOE desoxyephedrone hydrochloride □ дезоксиэфедрона гидрохлорид

DOE 2,5-dimethoxy-4-ethyl amphetamine □ 2,5-диметокси-4-этиламфетамин

DOE (test) direct observation evaluation (test) □ 1. непосредственное наблюдение 2. тестирование

DOE dyspnea on exertion □ одышка при напряжении, одышка при физической нагрузке

DOF degree of freedom □ степень свободы

D of H and R Director of Hygiene and Research □ начальник отдела санитарии и санитарно-эпидемиологических исследований

D of W died of wounds □ умерший от ран

D-OG Diplomate-American Board of Obstetrics and Gynecology □ член Американского совета по акушерству и гинекологии

DOH Department of Health □ Департамент [министерство] здравоохранения

D-OL Diplomate-American Board of Otolaryngology □ член Американского совета по отоларингологии

DOL dissolved oxygen level □ содержание растворённого кислорода

dol *лат.* dolor □ pain (a unit of pain intensity) □ дол *(единица интенсивности боли)*

DOM date of marriage □ дата вступления в брак

DOM decomposable organic matter □ нестойкое органическое соединение, НОС

DOM digestible organic matter □ перевариваемое органическое вещество

DOMA dihydroxymandelic acid □ дигидроксиминдальная кислота

Dom Anim domestic animals □ домашние животные

DOMS delayed onset muscle soreness □ мышечная дистрофия с поздним началом

DOMS Diploma in Ophthalmic Medicine and Surgery □ диплом по глазным болезням и офтальмохирургии

DON diazo-oxo-norleucine □ диазооксонорлейцин

donec alv sol fuerit *лат.* donec alvus solute fuerit □ until the bowels are open □ пока кишечник не будет очищен

DOPAC dihydroxyphenylacetic acid □ дигидроксифенилуксусная кислота

DOPAD L-dopa decarboxylase □ L-допа декарбоксилаза

DOPAmine dihydroxyphenylethylamine □ допамин, дигидроксифенилэтиламин

DOPP Dopanum, Oncovin [Vincristine], Procarbazinum, Prednisolonum □ допан, онковин [винкристин], прокарбазин, преднизолон *(программа химиотерапии онкологических больных)*

DOPS diffuse obstructive pulmonary syndrome □ диффузный обструктивный лёгочный синдром

DOrth Diploma in Orthodontics □ диплом по ортодонтии [зубопротезированию]

DORV double outlet of right ventricle □ удвоение выходного отдела правого желудочка *(сердца)*, УВОПЖ

D-OS Diplomate-American Board of Orthopedic Surgery □ член Американского совета по ортопедической хирургии

dos 1. dosage □ дозировка **2.** dosimetric □ дозиметрический

DOT death on the (operating) table □ смерть на (операционном) столе

DOT directly observed treatment □ непосредственно наблюдаемое лечение *(туберкулёза)*

dot-ELISA dot enzyme-linked immunosorbent assay □ капельный иммуноферментный анализ

DOTS directly observed treatment short-course □ строго контролируемое амбулаторное лечение короткими курсами *(химиотерапия туберкулёза до абациллирования)*

doub double ‖ doubled □ 1. двойной, парный; дублированный 2. удвоенный; сдвоенный

DOV double oil vitriol □ серная кислота

DoW died of wounds □ умер от ран

DOXY doxycycline □ доксициклин

doz dozen □ дюжина

DP data processing □ *мед. тех.* обработка данных

DP *лат.* dementia praecox □ 1. юношеское слабоумие *(общее название психоза юношеского возраста)* 2. шизофрения

DP deep penetration □ глубокая пенетрация, глубокое проникновение

DP deep pulse □ полный пульс, пульс хорошего наполнения и напряжения

dp dew point □ точка росы

DP diastolic blood pressure □ диастолическое (кровяное) давление

d/p differential pressure □ разность давлений, перепад давления

DP diffusion pressure □ осмотическое давление

DP digestible protein □ перевариваемый белок

DP Diploma in Pathology □ диплом по патологии

DP disability pension □ пенсия по инвалидности

DP displaced person □ перемещённое лицо

DP disrhythmic phonation □ дизритмия фонации

DP distal pancreatectomy □ дистальная резекция поджелудочной железы, дистальная панкреатэктомия

DP distopulpal □ относящийся к дистальной поверхности пульповой камеры

DP Doctor of Pharmacy □ доктор фармации

DP Doctor of Podiatry □ врач-специалист по заболеваниям и повреждениям стоп

DP doctor practitioner □ врач общей практики

d.p. double-ply □ двухслойный

DP D-penicillamine □ D-пеницилламин

DP draft proposal □ проект предложения

DPA dihydroxyprogesterone acetate □ дигидроксипрогестерона ацетат

DPA diphenylamine □ дифениламин

D-PA Diplomate-American Board of Pathology □ член Американского совета по патологии

DPA dipropilacetic acid □ дипропилуксусная [вальпроевая] кислота, дипропилацетат, конвулекс *(противосудорожное средство)*

D-PA D-penicillamme □ D-пеницилламин

DPAG Dangerous Pathogenes Advisory Group □ консультативная группа по особо опасным инфекциям

DPB diphenylbenzene acid □ дифенилбензойная кислота

DPC data processing center □ *выч. тех.* центр обработки данных

DPC delayed primary closure □ отсроченный первичный шов раны

DPC diethylpyrocarbonate □ диэтилпирокарбонат

DPD Department of Public Dispensary □ отделение государственного диспансера

DPD diffuse pulmonary disease □ диффузное заболевание лёгких

DPD diffusion pressure deficit □ дефицит давления диффузии

DPD Diploma in Public Dentistry □ диплом зубного врача

DPD distal phalangeal depth □ толщина дистальной фаланги

dp/dt left ventricular stroke work □ работа изгнания левого желудочка

dp/dt/p/max peak first derivative of pressure □ вершина [пик] первой производной давления

DPE data processing equipment □ *выч. тех.* оборудование (для) обработки данных

DPF Dental Practitioner's Formulary □ Справочник практикующего врача-стоматолога

DPG diffuse proliferative glomerulonephritis □ диффузный пролиферативный гломерулонефрит

2,3-DPG 2,3-diphosphoglycerate □ 2,3-дифосфоглицерат

DPG displacement placentogram □ низкое расположение или предлежание плаценты *(по данным рентгенограммы)*

DPGM diphosphoglyceromutase □ дифосфоглицеромутаза

DPH Department of Public Health □ Департамент здравоохранения *(США)*

DPH diphenylhydantoin [Dilantin] □ дилантин, дифенилгидантоин

DPH Diploma in Public Health □ диплом по организации здравоохранения

DPH Doctor of Public Health □ доктор наук по организации здравоохранения или социальной гигиене

DPHW Department of Public Health and Welfare □ Министерство здравоохранения и социального обеспечения *(США)*

DPhys Med Diploma in Physical Medicine □ диплом по физиотерапии

DPI daily permissible intake □ допустимое суточное потребление

DPI days post inoculation □ дни после инокуляции

DPI drug prescribing index □ индекс лекарственных средств

DPIC drug and poison information center □ Информационный центр по изучению побочного действия медикаментов *(США)*

DPL diagnostic peritoneal lavage □ диагностический перитонеальный лаваж

DPL dipalmitoyl lecithin □ дипалмитоил лецитин

DPL dissolved phosphate level □ содержание растворённых фосфатов

DPL distopulpolingual □ относящийся к дистально-язычной поверхности зуба и стенке пульповой камеры

dplx duplex □ дуплекс || дуплексный

dpm decays per minute □ *мед. тех.* число распадов в минуту

DPM Diploma in Psychological Medicine □ диплом по медицинской психологии

D-PM Diplomate-American Board of Physical Medicine □ член Американского совета по физиотерапии

dpm disintegrations per minute □ *мед. тех.* число распадов в минуту

DPM Doctor of Podiatric Medicine □ врач-специалист по заболеваниям и повреждениям стоп

DPN diphosphopyridine nucleotide, nicotinamideadenine dinucleotide NAD □ никотинамидаденин динуклеотид, НАД, *уст.* дифосфопиридин нуклеотид

D-PN Diplomate-American Board of Psychiatry and Neurology □ член Американского совета по психиатрии и неврологии

dpn dispersion □ 1. рассеивание 2. рассредоточение; расчленение

DPNase diphosphopyridine nucleotidase □ дифосфопиридиновая нуклеотидаза

DPO dimethoxyphenyl penicillin □ феноксиметилпенициллин, диметоксифенилпенициллин

DPPH diphenylpicryl hydrate □ дифенилпикрилгидрат

dpr depress □ подавлять; понижать; ослаблять

D-PR Diplomate-American Board of Proctology □ член Американского совета по проктологии

DPS data processing system □ *выч. тех.* система обработки данных

dps delayed primary suture □ поздний первичный шов

DPS dimethylpolysiloxane □ диметилполисилоксан

dps disintegrations per second □ *мед. тех.* число распадов в секунду

DP's displaced persons □ перемещённые лица

DPsych Diploma in Psychiatry □ диплом по психиатрии

DPT dental pantomogram □ пантомограмма зубов

dpt department □ 1. управление; отдел; департамент 2. министерство; ведомство; военный округ

DPT dipropyltryptamine □ дипропилтриптамин

DPT polio vaccine *см.* **DPT vaccine**

DPTA diethylenetriamine pentaacetic acid □ диэтилентриаминпентауксусная кислота

dpth depth □ 1. глубина || глубинный 2. ширина

DPTI diastolic pressure time index □ временной индекс диастолического давления

DPTS *англ.* Director of Physical Training and Sports □ начальник управления физической подготовки и спорта

DPT vaccine diphtheria-pertusis-tetanus vaccine □ поливакцина от дифтерии, коклюша и столбняка *(в России применяется адсорбированная коклюшно-дифтерийно-столбнячная вакцина, АКДС-вакцина)*

DPW distal phalangeal width □ толщина дистальной фаланги

DQ development quotient □ коэффициент [показатель] развития

DR daily relay □ дневная смена

dr degree □ 1. степень; градус; качество; ранг 2. степень родства

DR degree of resilience □ степень упругости

DR delivery room □ родовой зал, родовой блок

DR diabetic retinopathy □ диабетическая ретинопатия

DR diagnostic radiology □ 1. диагностическая радиология 2. лучевая диагностика, рентгенодиагностика

DR Diploma in Radiology □ диплом по радиологии

D-R Diplomate-American Board of Radiology □ член Американского совета по радиологии

DR distillate rate □ *хим.* степень очистки

DR District Registry □ районный отдел записи актов гражданского состояния

Dr doctor □ 1. доктор, врач 2. доктор (учёная степень)

dr dorsal root □ задний корешок (спинномозгового нерва)

dr drachm □ драхма (единица веса = 1,772 г; аптекарская единица веса = 3,73 г)

Dr, dr drowsiness □ сонливость

DR reaction of degeneration □ реакция дегенерации или перерождения

DRA dialysis-related amyloidosis □ диализный амилоидоз, связанный с диализом амилоидоз

DR&A data reduction and analysis □ выч. тех. обработка, отбор и анализ данных

dram drachm □ драхма (единица веса = 1,772 г; аптекарская единица веса = 3,73 г)

DRAT differential rheumatoid agglutination test □ тест агглютинации при дифференциальной диагностике ревматоидного артрита

draw drawing □ рисунок; чертёж; схема

Dr Bot Doctor of Botany □ доктор ботаники (учёная степень)

DRC damage risk criteria □ критерии риска повреждения

DRCOG Diploma of the Royal College of Obstetricians and Gynecologists □ диплом Королевской коллегии акушеров и гинекологов

DRCPath Diploma of the Royal College of Pathologists □ диплом Королевской коллегии патологов

DRD Diploma in Restorative Dentistry □ диплом по восстановительной стоматологии

DRD drug dependence □ нарко- и токсикомания, лекарственная зависимость

DRD лат. dystrophia retinae pigmentosa, dysacusis syndrome □ синдром Ушера, пигментный ретинит и врождённая глухота

Dr des лат. doctor designatus □ лицо, защитившее докторскую диссертацию, но ещё не утверждённое в степени

Dr. Dr. лат. doctor, doctor □ лицо, имеющее две и более степени доктора наук

DRE digital rectal examination □ пальцевое ректальное исследование

DRF нем. Deutsche Reseptformelb □ немецкая фармакопея

DRF dose reduction factor □ коэффициент уменьшения дозы

DRG diagnosis-related group □ диагностическая группа

DRG diseases of related groups □ клинико-диагностические группы болезней

DRH Detroit Receiving Hospital □ Детройтский приёмно-сортировочный госпиталь

Dr.h.c. лат. doctor honoris causa □ почётный доктор (получивший учёную степень без защиты диссертации)

Dr Hg Doctor of Hygiene □ доктор гигиены

dRib deoxyribose □ дезоксирибоза

drig drilling □ сверление; высверливание

DRM Diploma in Radiation Medicine □ диплом по радиационной медицине

Dr. med. dent. лат. doctor medicinae dentariae □ доктор стоматологии

DRMS drug reaction monitoring system □ система сбора и распространения информации о побочных реакциях лекарственных средств

D-RNA, DRNA DNA-like ribonucleic acid □ ДНК-подобная РНК, Д-РНК

Dr. Nat. His. Doctor of Natural History □ доктор истории естественных наук

Dr. Nat. Sc. Doctor of Natural Science □ доктор естественных наук

D-ration амер. аварийный паёк

DRO Disablement Resettlement Office □ учреждение, занимающееся заселением инвалидов в интернаты (Великобритания)

Dr. P. H. Doctor of Public Health □ врач общественного здравоохранения, доктор социальной гигиены

DRPLA dentatorubro-pallidoluysian atrophy □ дентаторубро-паллидо-льюисова атрофия (миоклонус-эпилепсия, наследуемая по аутосомно-доминантному типу)

DRR Division of Research Resources (NIH) □ научно-исследовательский отдел

Drs doctors □ доктора, врачи

Dr. Sc. Nat. лат. doctor scientiae naturalis □ доктор естественных наук

DRUJ distal radioulnar joint □ дистальный радиоульнарный сустав

dry wt dry weight □ сухой вес, масса сухого вещества

D/S data set □ выч. тех. набор данных

ds days □ дни

DS dead space □ мёртвое пространство

DS define symbol □ выч. тех. определяющий символ

DS degree of saturation □ степень насыщенности

DS degree of substitution □ хим. степень замещения

DS dehydroepiandrosterone sulfate □ дегидроэпиандростерона сульфат

DS delayed sensitivity □ гиперчувствительность замедленного типа, ГЗТ

DS density standard □ стандарт плотности

DS dental surgeon □ стоматолог-хирург

DS desynchronized sleep □ десинхронизированный сон

D/S, DS dextrose-saline □ декстрозо-солевой раствор

D/S dial system □ система с индикаторной шкалой

DS diastolic murmur □ диастолический шум

DS diffuse surface □ диффузионная поверхность

DS digit span □ длина пальца; измерение пальцем

DS dilute strength □ разведённая концентрация

DT diphtheria tetanus □ дифтерийно-столбнячный анатоксин, АДС

D-S Diplomate-American Board of Surgery □ член Американского совета по хирургии

DS discrimination score □ 1. разрешающая способность 2. ограничивающая метка или черта

DS disseminated [multiple] sclerosis □ рассеянный [множественный] склероз

ds distant □ дальний, отдалённый

D.S. Doctor of Science □ доктор естественных наук

DS Doctor of Surgery □ доктор хирургии

D-S (test) Doerfler – Stewart (test for hearing) □ тест Дефлер – Стюарта (на остроту слуха)

DS donor's serum □ донорская плазма; донорская сыворотка

DS Down's syndrome □ синдром Дауна

DS Dressing Station □ перевязочный пункт

DS dry swallow □ еда всухомятку

D-5-S dextrose (5 %) in saline □ 5%-ная глюкоза в физиологическом растворе

DSA digital subtraction angiography □ компьютерная серийная [автоматизированная] ангиография

DSAP disseminated superficial actinic porokeratosis □ диссеминированный поверхностный актинический порокератоз

DSB Drug Supervisory Body □ отдел контроля за производством лекарственных наркотических средств

DSC differential scanning calorimeter □ дифференциальный сканирующий калориметр

DSc Doctor of Science □ доктор естественных наук

DSC Doctor of Surgical Chiropody □ врач-специалист по хирургическим заболеваниям стоп

DSD лат. depression sine depression □ «депрессия без депрессии»

DSD detrusor-sphincteric dyssynergia □ детрузорно-сфинктерная диссинергия (нарушение взаимодействия детрузора и сфинктера мочевого пузыря)

DSD dry sterile dressing □ сухая стерильная повязка

dsDNA double-stranded DNA □ двухцепочечная ДНК

d. seq. лат. die sequente □ on the following day □ фарм. на следующий день

dsgnt designation □ назначение; обозначение

DSI depression status inventory □ описание депрессивного статуса

DSI drug-seeking index □ индекс поиска лекарственных средств

DSM degradable starch microspheres □ способные к распаду микросферы крахмала (кровоостанавливающее средство)

DSM dextrose solution mixture □ смешанный раствор декстрозы

DSMB data safety monitoring boards □ комитет мониторинга данных клинических исследований лекарственных препаратов

DSM-IV-TR Diagnostic and Statistical Manual of Mental Disorders, fourth edition, text revision □ «Руководство по диагностике и статистике психических расстройств» (IV издание, пересмотренное – действует в настоящее время в США)

DSM Diploma in Social Medicine □ диплом по социальной медицине

DSN Doctor of Science of Nursing □ доктор наук по сестринскому делу

DSph diopter spherical □ сферическая диоптрия

DSPS delayed sleep phase syndrome □ синдром задержки фазы сна

DSQ амер. discharged to sick quarters □ направлен в госпиталь для выздоравливающих

DSRNA double-stranded ribonucleic acid □ двухцепочечная рибонуклеиновая кислота

DSRS distal splenorenal shunt □ дистальный спленоренальный анастомоз, или шунт

DSS dengue shock syndrome □ шоковый синдром при лихорадке денге

DSS Department of Social Services □ Управление [отдел] социальной службы

DSS dioctyl sodium sulphosuccinate □ диоктил натрия сульфосукцинат

DSS double simultaneous stimulation □ двойная одновременная стимуляция

DSSc Diploma in Sanitary Science □ диплом санитарного врача или врача-гигиениста; диплом по гигиеническим наукам

DSSNY Dental Society of the State of New York □ Стоматологическое общество штата Нью-Йорк

DST daylight saving time □ скорректированное летнее время (устанавливаемое для рационального использования светлой части суток)

DST desensitization test □ тест невосприимчивости

DST dexamethasone suppression test □ тест на подавление (функции коры надпочечников) дексаметазоном

DST dihydrostreptomycin □ дигидрострептомицин

DST (quantitative) distillation □ (количественная) дистилляция

DST donor-specific transfusion □ донорспецифическая гемотрансфузия, переливание донорской крови

D. Stn Dressing Station □ перевязочный пункт

DSU digital storage unit □ выч. тех. цифровое запоминающее устройство

DSUH direct suggestion under hypnosis □ непосредственное внушение под гипнозом

DSy digit symbol □ псих. символ пальца

DT data transmission □ выч. тех. передача данных

DT daylight time □ дневное время

D/T deaths: total ratio □ общая смертность

DT deceleration [delay] time □ узи время замедления потока (от пика скорости до базовой линии)

DT лат. delirium tremens □ trembling delirium □ алкогольный делирий, уст. белая горячка (острый алкогольный психоз)

DT dental technician □ зубной техник

DT difference threshold □ порог различимости

DT digital technique □ выч. тех. цифровой метод, цифровая техника

DT diphtheria tetanus □ судороги при дифтерийном крупе

DT dispensing tablet □ 1. приготовление таблеток 2. назначение [прописывание] таблеток

DT distance test □ дистантный тест

DT doubling time □ двойное время; повторное время

DT drill template □ шаблон для сверления

DT duration tetany □ 1. продолжительные судороги, судорожный синдром 2. тетаническое сокращение (обычно при дегенерации мышцы)

DT dye test □ проба с красителем или окрашиванием, красочный тест

DTBC d-tubocurarine □ d-тубокурарин

DTCD Diploma in Tuberculous and Chest Diseases □ диплом по фтизиатрии и заболеваниям органов грудной полости

DTCH Diploma in Tropical Child Health □ диплом по тропической гигиене детей

D.t.d. лат. da tales doses □ give such doses □ фарм. выдай такие дозы

DTD Diploma in Tuberculous Disease □ диплом по фтизиатрии

DTH delayed-type hypersensitivity □ реакция гиперчувствительности замедленного типа, РГЗТ

DTH Diploma in Tropical Hygiene □ диплом по тропической гигиене

DTI diffusion tensor imaging □ отображение тензора диффузии, тензорная диффузионная церебрография

DTIC dacarbazine □ *усл.* имидазолкарбоксамид, ДТИК, дакарбазин *(противоопухолевый препарат)*

D time dream time □ время сна

DTM Diploma in Tropical Medicine □ диплом по тропической медицине

DTM Doctor of Tropical Medicine □ доктор тропической медицины

DTMA deoxycorticosterone trimethyl-acetate □ дезоксикортикостерона триметилацетат

DTMH Doctor in Tropical Medicine and Hygiene □ доктор тропической медицины и гигиены

DTMP deoxythymidine monophosphate □ дезокситимидинмонофосфат

dtn detection □ обнаружение; выявление

DTN diphtheria toxin, normal □ нормальный раствор дифтерийного токсина

dtn dystonia □ дистония

DTNB dithiobisnitrobenzoic acid □ дитиобиснитробензойная кислота

DTP diphtheria, tetanus and pertussis □ коклюшно-дифтерийно-столбнячная вакцина

DTP distal tingling on percussion □ чувство покалывания [чувство ползания мурашек] дистальнее места перкуссии, производимой в зоне проекции поражённого нерва *(признак начавшейся регенерации нерва)*

DTPA diethylenetriaminepentacetic acid □ диэтилентриаминпентауксусная кислота, ДТПК

DTPH Diploma in Tropical Public Health □ диплом по здравоохранению тропических стран

DTPS diffuse thalamic projection system □ диффузная проекционная система таламуса

DTR deep tendon reflexes □ глубокие сухожильные рефлексы

DTS Davidson trauma scale □ *псих.* шкала Дэвидсона для оценки выраженности симптомов посттравматического стрессового расстройства

DTs delirium tremens □ алкогольный делирий *(белая горячка)*

D-TS Diplomate-American Board of Thoracic Surgery □ член Американского совета по торакальной хирургии

DTT diagnostic and therapeutic team □ диагностическая и лечебная бригада

DTT diphtheria tetanus toxoid □ дифтерийно-столбнячный анатоксин

DTT dithiothreitol □ дитиотрейтол

DTU data transfer unit □ *выч. тех.* блок передачи данных

DTVM Diploma in Tropical Veterinary Medicine □ диплом по тропической ветеринарии

DTVP development tests of visual perception □ усложнённые тесты зрительного восприятия или остроты зрения

DTX detoxification □ детоксикация, дезинтоксикация

DTZ diatrizoate □ диатризоат

DU daily urine □ суточная моча *(за 24 ч)*; суточный диурез

DU density unknown □ плотность неизвестна

DU deoxyuridine □ дезоксиуридин

DU disinfection unit □ дезинфекционное отделение, блок дезинфекции

DU diagnosis undetermined □ неясный [неустановленный] диагноз

Du, du dog unit □ собачья единица *(напр. активности гликозидов)*

DU duodenal ulcer □ язва двенадцатиперстной кишки, дуоденальная язва

DUB dysfunctional uterine bleeding □ дисфункциональное маточное кровотечение, ДМК

dUDP deoxyuridine diphosphate □ дезоксиуридиндифосфат, дУДФ

DUG Dugbe □ Дугбе *(арбовирус)*

DUI driving under the influence □ управление под воздействием

dUMP deoxyuridine monophosphate □ дезоксиуридинмонофосфат, дУМФ

duod duodenum □ двенадцатиперстная кишка

dup duplication □ удвоение, дупликация *(напр. хромосомы)*

DUR drug utilization review □ анализ объёма использованных лекарственных средств

dur *лат.* durus □ hard □ *фарм.* твёрдый

dur dolor *лат.* durante dolore □ while the pain lasts □ *фарм.* пока продолжается боль

durn duration □ длительность, продолжительность

DUSN diffuse unilateral subacute neuroretinitis □ диффузный унилатеральный подострый нейроретинит

DUT device under test □ *мед. тех.* испытываемый прибор

dUTP deoxyuridine triphosphate □ дезоксиуридинтрифосфат, дУТФ

DV dependent variable □ зависимая переменная

DV dilute volume □ объем разведения

D-V Diplomate-American Board of Virology □ член Американского совета по вирусологии

DV *амер.* discharged veteran □ демобилизованный участник войны

DV distemper virus □ вирус собачьей чумы

DV 1. double vibration □ двойная вибрация *(единица для измерения частоты звуковых волн)* 2. double vision □ двойное зрение *(диплопия)*

DVA 1. distance visual acuity □ острота зрения вдаль 2. dynamic visual acuity □ динамическая острота зрения

DVA duration of voluntary apnea □ длительность произвольного апноэ *(тест)*

D-vac pollen depot pollen vaccine □ депонированная вакцина от поллинозов

DV&D Diploma in Venereology and Dermatology □ диплом по венерологии и дерматологии

DVD 1. digital video disk □ цифровой видеодиск 2. digital versatile disk □ цифровой универсальный диск

DVD-RAM digital versatile disk random access memory □ перезаписываемый цифровой универсальный диск

DVH – DZ

DVH Diploma in Veterinary Hygiene ☐ диплом по ветеринарной гигиене

DVM Doctor in Veterinary Medicine ☐ доктор ветеринарии; врач-ветеринар

DVMS Doctor of Veterinary Medicine and Surgery ☐ доктор ветеринарии и ветеринарной хирургии

dvn division ☐ 1. отдел 2. деление, разделение

DVPP Dopanum, Rosevinum, Procarbazinum, Prednisolonum ☐ допан, розевин, прокарбазин, преднизолон *(программа химиотерапии онкологических больных)*

DVR Division of Vocational Rehabilitation ☐ отделение профессиональной реабилитации

DVS Director of Veterinary Services ☐ начальник ветеринарного управления *(штаба генерального квартирмейстера)*

DVS Doctor of Veterinary Surgery ☐ доктор ветеринарной хирургии

DVSc Doctor of Veterinary Science ☐ доктор ветеринарных наук

DVT deep venous thrombosis ☐ тромбоз глубоких вен, ТГВ

dw dead weight ☐ собственная масса

DW deionized water ☐ деионизированная вода

D/W dextrose in water ☐ водный раствор декстрозы

DW distilled water ☐ дистиллированная вода

DW dry weight ☐ сухая масса, сухой вес

dw dwarf ☐ мутантный ген, определяющий карликовость

D$_5$W, D$_{10}$W 5 % dextrose in water solution, 10 % dextrose in water solution ☐ 5%-ный водный раствор декстрозы, 10%-ный водный раствор глюкозы

D-wave detonation wave ☐ взрывная волна

DwPt dew point ☐ точка росы *(температура конденсации, температура таяния)*

DWR Department of Water Resources ☐ Департамент по делам водных ресурсов *(США)*

Dx dextran ☐ декстран

dx diagnosis ☐ диагноз

dx duplex ☐ дуплекс ‖ дуплексный; двойной; двусторонний

DXA dual-energy X-ray absorbtion ☐ двухэнергетическая рентгеновская абсорбциометрия

DXM dexamethasone ☐ дексаметазон

DXR deep X-ray ☐ жёсткие рентгеновские лучи, жёсткое рентгеновское излучение

DX suppression test dexamethasone suppression test ☐ проба на подавление функции коры надпочечников дексаметазоном

DXT deep X-ray therapy ☐ глубокая рентгенотерапия

dy day ☐ день

dy duty ☐ 1. служебные обязанности 2. военная служба

Dy dysprosium ☐ диспрозий

dy dystrophia muscularis ☐ мышечная дистрофия *(о генах лабораторных мышей)*

dyg dying ☐ окрашивание, прокрашивание

dyn dyne ☐ дина, дин *(10^{-5} Н)*

dys days ☐ дни

dyslex dyslexia ☐ дислексия

dysmen dysmenorrhea ☐ дисменорея

DZ dizygotic, dizygous ☐ дизиготный, разнояйцевой

DZ Doctor of Zoology ☐ доктор наук по специальности «зоология»

dz dozen ☐ дюжина

E

E *англ., усл.* не годен к военной службе со снятием с учёта *(военно-учётная категория)*

E *усл.* обозначение пищевых добавок

E *метео.* влажный воздух без осадков

E± *метео.* сильный дождь со снегом

E– *метео.* слабый дождь со снегом

E, e coefficient of elasticity □ коэффициент [упругости] эластичности

e early □ 1. ранний; преждевременный 2. скороспелый, раннеспелый

E earth □ 1. земля 2. заземление

E East □ восток || восточный

E *амер.* Eastern Standard Time □ восточное поясное время

e eccentricity □ эксцентричность

E, e edge □ 1. кромка, край 2. ребро

e effect □ эффект || эффективный

e efficiency □ 1. эффективность; производительность; продуктивность; отдача 2. коэффициент полезного действия, КПД

e egg □ линия мышей, в которой произведена пересадка яйцеклеток или яичников

E einstein *(unit of energy)* □ эйнштейн *(единица энергии)*

E ejection □ период изгнания крови

E elastance □ эластанс, эластическое сопротивление дыханию

e elasticity □ упругость, эластичность

E electric charge □ электрический заряд

E electric field strength □ напряжённость электрического поля

E, e electrode □ электрод

E electrolytes □ электролиты *(напр. в биологических жидкостях)*

E electromotive force □ электродвижущая сила, ЭДС

E, e electron □ электрон

e elementary charge □ элементарный заряд

e elongation □ 1. удлинение; вытяжение; растяжение *(напр. связки)* 2. элонгация

e emergency □ 1. чрезвычайное положение; авария 2. несчастный случай; травма 3. острое [экстренное, ургентное] заболевание; острый живот

e emitter □ 1. эмиттер; источник *(излучения)* 2. генератор

E emmetropia □ эмметропия; эмметропическая [соразмерная] рефракция глаза

E emmetropic □ 1. человек с нормальным зрением 2. здоровый глаз

e endurance □ 1. выносливость; стойкость; прочность 2. продолжительность

E energy □ энергия

E$_{dis}$ disintegration energy □ энергия распада

E$_b$ energy of b ray □ энергия бета-частиц

E$_g$ energy of g ray □ энергия гамма-лучей

E entamoeba □ амёба, энтамёба

E enteric □ кишечный, энтеральный, интестинальный *(напр. о питании)*

E enzyme □ фермент, энзим

E$_a$ active enzyme □ активный фермент

E, e epicondyle □ надмыщелок

E epinephrine □ адреналин

e equilibrium □ равновесие, баланс

E, e equivalent □ эквивалент || эквивалентный; соответствующий

e erg □ эрг *(единица работы)*

e error □ ошибка, отклонение, погрешность

E erythrocyte □ эритроцит

E Escherichia □ эшерихия

E ester □ эфир

e estimate □ оценка

E estrone □ фолликулин, эстрон

e evaporativity □ испаряемость

E experimental design □ экспериментальная модель

e experimenter □ экспериментатор

E expiration □ выдох || относящийся к выдоху

e external □ наружный, внешний; наружно управляемый *(об электрокардиостимуляции)*

E extinction coefficient □ коэффициент экстинкции *(света)*, коэффициент погашения

E extra-lymphatics □ экстралимфатические органы или ткани *(в классификации злокачественных опухолей по системе TNM)*

e eye □ глаз

E glutamic acid □ *усл.* глутаминовая кислота

E hydrocortisone [compound E] □ гидрокортизон, соединение E *(термин Кендалла)*

E potential □ электрический заряд, потенциал

E$_c$ critical potential □ критический потенциал

E$_h$ oxidation-reduction potential □ окислительно-восстановительный потенциал

E$_0$ resting potential □ потенциал покоя

E vitamin E [tocopherol] □ витамин E [токоферол]

E$_2$ estradiol □ эстрадиол

E$_3$ estriol □ эстриол

E$_{100}$ extinction □ экстинкция контрольного образца

EA early antigens □ ранние антигены

EA educational age □ возраст обучения

EA effort angina □ стенокардия напряжения

EA elbow aspiration □ вдыхание через коническую трубку

EA electric activity □ электрическая активность *(напр. кишечника)*

EA electroanesthesia □ электронаркоз, электроанестезия

EA endemic areas □ эндемические области

EA endocrine adenomatosis □ эндокринный аденоматоз

EA *лат.* enuresis acqusitus □ приобретённый энурез

EA environmental analysis □ анализ окружающей среды

EA Epileptics Anonymous □ 1. общество «Безымянные больные эпилепсией» 2. член названного общества

EA esophageal atresia □ атрезия пищевода

EA ethacrynic acid □ этакриновая кислота

EA exchange acidity □ обменная кислотность

EA expectancy age □ вероятная продолжительность жизни, время дожития

EA complex of antibody and sheep erythrocytes □ эритроциты барана, нагруженные антителами *(клеточный маркер)*

Ea-1 erythrocyte antigen-1 □ антиген-1 эритроцитов

Ea-2 erythrocyte antigen-2 □ антиген-2 эритроцитов

Ea-3 erythrocyte antigen-3 □ антиген-3 [лямбда] эритроцитов

Ea-4 erythrocyte antigen-4 □ антиген-4 [D] эритроцитов

Ea-5 erythrocyte antigen-5 □ антиген-5 [H-5] эритроцитов

Ea-6 erythrocyte antigen-6 □ антиген-6 [H-6] эритроцитов

Ea-7 erythrocyte antigen-7 □ антиген-7 [T] эритроцитов

Ea-8 erythrocyte antigen-8 □ антиген-8 эритроцитов

EAA essential amino acid □ основная аминокислота

EAA exogenous allergic alveolitis □ экзогенно-аллергический альвеолит

EAACI European Academy of Allergy and Clinical Immunology □ Европейская академия аллергологии и клинической иммунологии

EAAETP The Eastern Area Alcohol Education and Training Program □ Программа подготовки и санитарного просвещения восточного региона по профилактике алкоголизма

EAC eluvial accumulative coefficient □ элювиально-аккумулятивный коэффициент

EAC erythrocyte with antibody and complement □ *см.* **EAC-cells**

EAC essential amino acids □ эссенциальные [незаменимые] аминокислоты

EAC external auditory canal □ наружный слуховой проход

EACA Epsilon-aminocaproic acid □ эпсилон-аминокапроновая [S-аминокапроновая] кислота, Э-АКК

EAC-cells erythrocyte-antibody-complement rosette □ розетки «эритроцит-антитело-комплемент» *(образуемые В-лимфоцитами с эритроцитами барана, сенсибилизированными антителами и комплементом)*, ЕА-розетки

EACD eczematous allergic contact dermatitis □ экзематозный аллергический контактный дерматит

EACHR European Advisory Committee on Health Research □ Европейский консультативный научно-исследовательский комитет по здравоохранению

EACR European Association for Cancer Research □ Европейская ассоциация по изучению рака

EAC-RFC EAC-rosette-forming cell □ ЕАС-розеткообразующая клетка, ЕАС-РОК

EAC-rosette, Eac-test ЕАС-розетки, тест ЕАС-розеток, *см.* **EAC-cells**

EACTS European Association of Cardiothoracic Surgeons □ Европейская ассоциация кардиоторакальных хирургов

ead *лат.* eadem □ the same □ тот же самый

EAE experimental allergic encephalomyelitis □ экспериментальный аллергический энцефаломиелит

EAE experimental autoimmune encephalomyelitis □ экспериментальный аутоиммунный энцефаломиелит

EAEC European Atomic Energy Community □ Европейское общество по атомной энергии, ЕВРАТОМ

EAES European Association of Endoscopic Surgery □ Европейская ассоциация эндоскопической хирургии

EAES European Atomic Energy Society, *см.* **EAEC**

EAF emergency assistance to families □ неотложная помощь семьям

EAGE European Association for Gastroenterology and Endoscopy □ Европейская ассоциация гастроэнтерологии и эндоскопии

E&H environment and heredity □ окружающая среда и наследственность

EAHF eczema, asthma and hay fever □ экзема, бронхиальная астма и сенная лихорадка *(классическая триада аллергических заболеваний)*

EAHLG equine antihuman lymphoblast globulin □ лошадиный глобулин против лимфобластов человека

EAHLS equine antihuman lymphoblast serum □ лошадиная сыворотка против лимфобластов человека

EAK electronic acupuncture kit □ набор для электронной акупунктуры

E&M endocrine and metabolism □ эндокринная система и метаболизм

EAMFS European Association for Maxillo-Facial Surgery □ Европейская ассоциация челюстно-лицевой хирургии

EAMG experimental autoimmune myasthenia gravis □ экспериментальная аутоиммунная миастения

EAN European Aeroallergen Network □ Европейское общество по изучению аэроаллергенов

EAN experimental allergic neuritis □ экспериментальный аллергический неврит

E-antigen Е-антиген *(содержащийся в траве амброзии и используемый в качестве аллергена-маркёра)*

e-antigen hepatitis B e-antigen □ е-антиген гепатита В, *см. тж.* **HBe**

EAON except as otherwise noted □ за исключением тех случаев, когда указано иначе

EAP *лат.* ejaculatio ante portas □ преждевременное наступление семяизвержения

EAP employee assistance program □ программа помощи в трудоустройстве *(больным алкоголизмом или наркоманией)*

EAP epiallopregnanolone □ эпиаллопрегнанолон

EAR electroencephalographic audiometry □ электроэнцефалографическая аудиометрия

EaR *нем.* Entartungsreaction □ reaction of degeneration □ 1. реакция дегенерации 2. симптом вырождения

EAR European Association of Radiology □ Европейская ассоциация радиологов

EA-RFC EA-rosette-forming cell □ ЕА-розеткообразующая клетка, ЕА-РОК, *см. тж.* **EAC-RFC**

EARN European Academic Research Network □ Европейская сеть научно-исследовательских институтов

EA-rosette erythrocyte with antibody, *см.* **EAC-cells**

EAS endotoxin-activated serum □ сыворотка, активированная эндотоксином

EAS European Atomic (Energy) Society □ Европейское общество по атомной энергии

EASL European Association for Study of Liver □ Европейская ассоциация по изучению печени

EAT 2-ethylamino-l,3,4-thiadiazole □ 2-этиламино-1,3,4-тиадиазол

EAT experimental autoimmune thyroiditis □ экспериментальный аутоиммунный тиреоидит

EA/TEF esophageal atresia and tracheoesophageal fistula □ атрезия пищевода и трахеопищеводный свищ

EAU experimental autoimmune uveoretinitis □ экспериментальный аутоиммунный увеоретинит

EAVs extra-alveolar vessels □ внеальвеолярные сосуды

EB elementary body □ вирион, *уст.* элементарное тельце *(вируса)*

EB *лат.* Encyclopaedia Britannica □ Британская энциклопедия, БЭ

EB endometrical biopsy □ биопсия эндометрия

EB energy balance □ энергетический баланс

Eb enterobacteria □ семейство энтеробактерий

EB epidermolysis bullosa □ буллёзный эпидермолиз

EB estradiol benzoate □ эстрадиола бензоат

EB Executive Board □ исполнительный совет, исполнительное правление

EB Executive Bureau □ исполнительное бюро

EBA epidermolysis bullosa acquisita □ приобретённый буллёзный эпидермолиз

EBA extrastriate body area □ *анат.* экстрастриарная область, ответственная за зрительное восприятие частей тела

EBD epidermolysis bullosa dystrophica □ буллёзный дистрофический эпидермолиз

EBD eyeball-down □ глазное яблоко смещено вниз

EBDC ethylene bisdithiocarbonate □ этиленбисдитиокарбонат

EBF erythroblastosis fetalis □ эритробластоз плода

EBI emetine bismuth iodide □ эметина йодид висмутовая соль

EBI estradiol-binding index □ индекс связанного эстрадиола

EBI eyeball-in □ глазное яблоко смещено внутрь [назад]

EBL estimated blood loss □ определённая [вычисленная, ожидаемая] кровопотеря

EBM evidence based medicine □ медицина, основанная на доказательствах, доказательная медицина

EBM expressed breast milk □ сцеженное грудное молоко

EBNA Epstein – Barr virus nuclear antigen □ ядерный антиген вируса Эпштейна – Барр или вируса инфекционного мононуклеоза

EBO Ebola virus disease □ вирусная (геморрагическая) лихорадка Эбола, вирусная болезнь Эбола

EBO eyeball-out □ глазное яблоко смещено наружу [вперёд]

EBP epidural blood patch □ эпидуральное кровоизлияние

EBR electron beam recording □ *мед. тех.* запись электронным лучом

E.Br. *лат.* Encyclopaedia Britannica □ Британская энциклопедия, БЭ

EBRT external beam radiotherapy □ наружная лучевая терапия пучком

EBS electric brain stimulation □ электрическая стимуляция мозга

EBS Emergency Bed Service □ служба [отдел] неотложной госпитализации

EBT electron beam tomography □ электронно-пучковая томография

EBV, EBv Epstein – Barr virus □ вирус Эпштейна – Барр или инфекционного мононуклеоза

EBV estimated blood volume □ вычисленный объём циркулирующей крови

EBV-Ag Epstein – Barr virus antigen □ антиген вируса Эпштейна – Барр, EBV-Аг

EBYC European Bureau for Youth and Childhood □ Европейское бюро по делам молодёжи и детей

Ec ecology □ экология

EC electrochemical □ электрохимический

EC electron capture □ *мед. тех.* захват электрона

EC embryonal carcinoma □ эмбриональная карцинома

EC endothelial cell □ эндотелиоцит, эндотелиальная клетка

e/c enteric-coated □ кишечнорастворимая таблетка; лекарственное средство с защитным покрытием, растворимым в кишечнике

EC entrance complaint □ жалобы (больного) при поступлении

EC Enzyme Commission □ Комиссия по ферментам

EC epithelial cell □ эпителиальная клетка

EC error correction □ исправление ошибки

EC Escherichia coli □ кишечная палочка

E/C (ratio) estrogen/creatinine □ эстроген/креатинин *(отношение)*

E-C ether-chloroform mixture □ эфирно-хлороформная смесь

EC ethyle chlorohydrin □ этилхлоргидрин

EC European Council □ Европейский союз, Евросоюз, ЕС

EC exchange capacity □ обменная способность

EC excitation – contraction □ возбуждение – сокращение

EC exclusion chromatography □ вытеснительная хроматография

e.c. *лат.* exempli causa □ for example □ например, напр., *см. тж.* **e.g.**

EC expiratory center □ центр выдоха

EC extracellular *(fluid)* □ внеклеточный *(о жидкости)*

EC eyes closed □ с закрытыми глазами

EC$_{50}$ median effective concentration □ средняя эффективная концентрация

ECA electric control activity □ исходная электрическая активность

ECA electrocardioanalyzer □ электрокардиоанализатор

ECA enterobacterial common antigens □ энтеробактериальные видоспецифические антигены

ECA Environmental Control Administration □ Управление по охране окружающей среды

ECA Epidemiologic Catchment Area □ область эпидемиологических исследований

ECA ethacrynic acid □ этакриновая кислота

ECA external carotid artery □ наружная сонная артерия

ECAT emission computerized [computed] axial tomography □ аксиальная [поперечная] компьютерная томография

ECBF effective capillary blood flow □ эффективный капиллярный кровоток

ECBO European Cell Biology Organization □ Европейская организация по изучению биологии клетки

ECBO virus, ecbovirus enteric cytopathogenic bovine orphan virus □ энтероцитопатогенные орфан-вирусы [вирусы-сиротки] крупного рогатого скота, ECBO-вирусы

ECBV effective circulating blood volume □ эффективный объём циркулирующей крови

ECC early childhood caries □ кариес в раннем детском возрасте

ECC earth continuity conductor □ *мед. тех.* заземление

ECC elderly citizen club □ клуб пожилых людей

ECC electrocorticogram □ электрокортикограмма

ECC electron coupling control □ *мед. тех.* стабилизация при помощи электронной связи

ECC embryonal cell carcinoma □ эмбрионально-клеточная карцинома

ECC emergency cardiac care □ оказание экстренной кардиологической помощи, неотложная кардиологическая помощь

ECC extracorporeal circulation □ экстракорпоральное [искусственное] кровообращение

ECCDS European Cooperative Crohn's Disease Study □ кооперативное изучение болезни Крона в Европе

ECCS epidermal cell culture supernatants □ супернатантная жидкость культуры клеток эпидермиса

ECDO virus, ecdovirus enteric cytopathogenic dog orphan virus □ энтероцитопатогенные орфан-вирусы [вирусы-сиротки] собак, ECDO-вирусы

ECE endotheline converter enzyme □ эндотелинпревращающий фермент

ECE-ISO UN Economic Commission for Europe and International Organization for Standardization □ Европейская экономическая комиссия ООН (ЕЭК) и Международная организация по стандартизации, ЕЭК-МОС

ECF effective capillary flow □ эффективный капиллярный кровоток

ECF eosinophil chemotactic factor □ фактор хемотаксиса эозинофилов

ECF extended care facility □ длительное облегчение

ECF extracellular fluid □ внеклеточная [экстрацеллюлярная] жидкость *(составляет 20 % массы тела)*

ECF-A eosinophil chemotactic factor of anaphylaxis □ фактор хемотаксиса эозинофилов при анафилаксии

ECF-C eosinophil chemotactic factor-C □ комплементзависимый фактор хемотаксиса эозинофилов

ECFMG Educational Commission for Foreign Medical Graduates □ Аттестационная комиссия для врачей, окончивших иностранные вузы

ECFMS Educational Council for Foreign Medical Students □ Совет по образованию иностранных студентов-медиков

ECFV extracellular fluid volume □ объём внеклеточной жидкости

ECG 1. echocardiogram □ эхокардиограмма **2.** echocardiograph □ эхокардиограф **3.** echocardiography □ эхокардиография

ECG 1. electrocardiogram □ электрокардиограмма, ЭКГ **2.** electrocardiograph □ электрокардиограф **3.** electrocardiography □ электрокардиография[1]

ECG memory scope □ электрокардиоскоп с компьютерной системой или памятью

ECHO (virus) enteric cytopathic human orphan (virus) □ энтероцитопатогенные орфан-вирусы [вирусы-сиротки] человека, ECHO-вирусы

ECHO Equipment for Charity Hospital Overseas □ оборудование для благотворительных больниц за рубежом

ECHO Evidence for Community Health Organization □ свидетельство специалиста по организации общественного здравоохранения

Echo-EG 1. echoencephalogram □ эхоэнцефалограмма **2.** echoencephalograph □ эхоэнцефалограф **3.** echo-encephalography □ эхоэнцефалография

echovirus *см.* ECHO (virus)

ECI extracorporeal irradiation □ экстракорпоральное облучение *(напр. биологической жидкости)*

ECI B extracorporeal irradiation of the blood □ экстракорпоральное облучение крови

ECIL extracorporeal irradiation of lymph □ экстракорпоральное облучение лимфы

ECL, ECLT euglobulin clot lysis time □ эуглобулиновое время лизиса сгустка

ECM external cardiac massage □ наружный массаж сердца

ECM extracellular [matrix] material □ внеклеточный материал

ECMA embryonal carcinoma monoclonal antibody □ моноклональное антитело против эмбриональной карциномы

ECME entire-cell microelectrophoresis □ микроэлектрофорез клеток

ECMM European Confederation of Medical Mycology □ Европейская конфедерация медицинской микологии

ECMO extracorporeal membrane oxygenation □ экстракорпоральная мембранная оксигенация

ECMO virus, ecmovirus enteric cytopathogenic monkeys orphan virus □ энтероцитопатогенные орфан-вирусы [вирусы-сиротки] обезьян, ECMO-вирус

ECochG electrocochleography □ электрокохлеография

Eco-City ecological city □ экогород *(теоретический образец города, в котором все бытовые и производственные отходы предполагается перерабатывать по безотходному методу)*

ECOG Eastern Cooperative Oncology Group □ Западная кооперированная онкологическая научно-исследовательская группа

ECOG 1. electrocorticogram □ электрокортикограмма **2.** electrocorticography □ электрокортикография

ecol 1. ecology ‖ ecologic(al) □ экология ‖ экологический

E coli Escherichia coli □ кишечная палочка

ECOS Extracorporeal oxygenator support □ обеспечение (дыхания) экстракорпоральной оксигенацией (крови)

ECP electroacupuncture □ электроакупунктура

---

[1] В настоящее время эта аббревиатура практически полностью вытеснена **EKG** в связи с тем, что при написании от руки она может быть легко перепутана с **EEG** из-за сходного написания «с» и «e»

ECP endocardial potential □ потенциал с эндокарда

ECP eosinophil cationic protein □ катионный белок эозинофилов

ECP external cardiac pressure □ наружное сдавление сердца

ECPMP European Committee for Proprietary Medicinal Products □ Европейский комитет по лекарственным средствам

ECPO (virus) enteric cytopathogenic porcine orphan (virus) □ энтероцитопатогенные орфан-вирусы [вирусы-сиротки] свиней, ECPO-вирусы

ECPoG electrochemical potential gradient □ градиент [различие] электрохимического потенциала

ecpovirus *см.* **ECPO (virus)**

ECRI Emergency Care Research Institute □ Научно-исследовательский институт неотложной помощи

ECRO European Chemoreception Research Organization □ Европейская научно-исследовательская организация по изучению хеморецепции

ECS electrocerebral silence □ электромозговая тишина

ECS electroconvulsive shock □ электросудорожная [электроконвульсивная] терапия, электрошок *(психически больных)*

ECS environmental control system □ 1. система регулирования окружающей среды 2. система жизнеобеспечения; система искусственного климата

ECSO virus, ecsovirus enteric cytopathogenic swine orphan virus □ энтероцитопатогенные орфан-вирусы [вирусы-сиротки] свиней, ECSO-вирусы

ECT electroconvulsive therapy □ электросудорожная [электроконвульсивная, электрошоковая] терапия *(психически больных)*, ЭСТ

ECT enteric coated tablet □ капсула [таблетка] с энтеросолюбильным покрытием *(распадающаяся в кишечнике)*

ECU emergency care unit □ блок [интенсивной] неотложной терапии, *см. тж.* **ICU**

ECU environmental control unit □ установка для контроля за окружающей средой

ECU extensor carpi ulnaris □ локтевой разгибатель запястья

ECV extracellular volume □ объём внеклеточной *(воды или жидкости)*

ECW extracellular water □ внеклеточная вода

ED economically deprived □ бедный, неимущий

ED effective dose □ эффективная доза

ED Ehlers-Danlos syndrome □ синдром Элерса – Данлоса, несовершенный десмогенез *(врождённая мезенхимальная дисплазия мышц, кожи и связочного аппарата суставов)*

ED electronic device □ электронный прибор

ED emergency department □ отделение неотложной помощи

ED emotionally disturbed □ психически неуравновешенный

ED endothelial dysfunction □ эндотелиальная дисфункция

ED enuresis diurnal □ дневной энурез, дневное недержание мочи

ED epidural □ эпидуральный, расположенный над твёрдой мозговой оболочкой

ED epileptiform discharge □ эпилептиформный приступ [припадок]

ED erythema dose □ биодоза, эритемная доза

ED$_{50}$ 50 % egg infective dose □ средняя эффективная инфицирующая доза *(вызывающая инфицирование 50 % куриных эмбрионов)*

ED$_{50}$ expected death rate of 50 % □ 50%-ный ожидаемый уровень смертности

ED$_{50}$ median effective dose □ средняя эффективная доза, ЭД$_{50}$ *(вызывающая определённый фармакологический эффект у 50 % особей)*

EDA 1. electrodermal audiometry □ электрокожная аудиометрия *(у детей)* **2.** electrodermal activity □ электрокожная активность

EDA electronic dental anesthesia □ электронная стоматологическая анестезия

EDA ethylenediamine □ этилендиамин

ED&C electrodesiccation and curettage □ фульгурация и кюретаж

EDC estimated dare of confinement □ вычисленный [определённый] риск в родах

EDC expected date of confinement □ ожидаемые сроки родов

EDCC early detection coronary care □ раннее наблюдение за выявленными коронарными больными

edcn education □ 1. образование; (санитарное) просвещение 2. воспитание

EdD Doctor of Education □ врач, занимающийся санитарно-просветительской деятельностью

EDD effective drug duration □ продолжительность действия лекарственного средства

EDD end-diastolic diameter □ конечный диастолический диаметр

EDD expected date of delivery □ ожидаемые сроки родов

EDEC effective dose equivalent commitment □ назначение эквивалента эффективной дозы

EDF Environment Defense Fund □ Фонд защиты окружающей среды

EDF eosinophil differentiation factor □ фактор дифференцировки эозинофилов

EDF European Data Format □ Европейский информационный формат *(полисомнографических исследований)*

EDF European Development Fund □ Европейский фонд развития *(ВОЗ)*

EDRF endothelium derived relaxation factor □ высвобождаемый эндотелиальными клетками релаксирующий фактор

EDI electronic data interchange □ *выч. тех.* электронный обмен информацией между лечебными учреждениями

EDI eosinophil-derived inhibitor □ ингибитор эозинофильного происхождения *(высвобождающийся из эозинофильных гранулоцитов и ингибирующий выделение гистамина)*

EDIM epizootic diarrhea of infant mice □ возбудитель диареи молодых белых мышей

EDL end diastolic load □ конечное диастолическое давление

EDM early diastolic murmur □ предиастолический шум сердца

EDM multiple epiphyseal dysplasia □ множественная эпифизарная дисплазия

EDN electrodesiccation □ фульгурация

edn education □ 1. образование, (санитарное) просвещение 2. воспитание

EDN eosinophil-derived neurotoxin □ нейротоксин эозинофилов

EDNA Emergency Department Nurses Association □ Ассоциация медицинских сестёр отделения неотложной помощи

EDP electron-dense particles □ электронно-плотные частицы

EDP electronic data processing □ *выч. тех.* электронная обработка данных *(на ЭВМ)*

EDP end diastolic pressure □ конечное диастолическое давление

EDR effective direct radiation □ эффективное прямое облучение

EDR electrodermal response □ кожно-гальваническая [электрокожная] реакция

EDR equivalent direct radiation □ эквивалент прямого облучения

EDR estimated daily requirement □ расчётная дневная потребность *(напр. в витаминах)*

EDR audiometry electrodermal response audiometry □ аудиометрия с кожно-гальванической регистрацией

EDRF endothelium derived relaxing factor □ фактор релаксации, вырабатываемый эндотелием

EDs ectodermal dysplasia □ эктодермальная дисплазия

EDS Ehlers – Danlos syndrome □ синдром Элерса – Данлоса, несовершенный десмогенез *(врождённая мезенхимальная дисплазия мышц, кожи и связочного аппарата суставов)*

EDS emergency department study □ изучение деятельности экстренного отделения

EDS excessive daytime somnolence □ чрезмерная дневная сонливость, гиперсомния

EDT ethylene diisothiocyanate □ этилендиизотиоцианат

EDTA ethylenediamine tetraacetic acid, edetic acid, edetate □ этилендиамин-тетрауксусная кислота, этилендиамин-тетраацетат, ЭДТА *(комплексообразующее средство, применяемое при лечении отравлений)*

EDTA European Dialysis and Transplant Association □ Европейская ассоциация диализа и трансплантации

EDU electronic display unit □ электронный дисплей; электронное устройство отображения данных

edu, educ education □ 1. образование, (санитарное) просвещение 2. воспитание

EDV end-diastolic volume □ объём (крови) в конце диастолы

EDx electrodiagnosis □ электродиагностика

EE eastern equine encephalitis □ восточный лошадиный энцефалит

EE ecological efficiency □ экологическая эффективность

EE embryo extract □ экстракт тканей эмбриона

EE end to end □ конец в конец *(анастомоз)*

ee errors excepted □ 1. исключая ошибки 2. ошибки в пределах допустимости

EE ethinyl estradiol □ этинилэстрадиол

EE external ear □ наружное ухо

EE external environment □ окружающая среда; внешнее окружение

EE exudative enteropathy □ экссудативная энтеропатия

EE eye and ear □ зрение и слух, глаза и уши

EEA electroencephalic audiometry □ электроэнцефалографическая аудиометрия

EEA end-to-end anastomosis □ анастомоз конец в конец

EEA stapler anastomotic end-to-end stapler □ сшивающий аппарат для наложения анастомоза конец в конец

EEC ectrodactyly, ectodermal dysplasia and cleft palate *см.* **EEC-syndrome**

EEC enteropathogenic Escherichia coli □ энтеропатогенная кишечная палочка

EEC European Economic Community □ Европейское экономическое сообщество, ЕЭС

EEC-syndrome ectrodactyly, ectodermal dysplasia, cleft lip-palate syndrome □ синдром ЕЕС *(эктродактилия, эктодермальная дисплазия и расщепление верхней губы и нёба)*

EEE eastern equine encephalomyelitis □ восточный лошадиный [энцефалит] энцефаломиелит

EEF exoerythrocytic forms □ экзоэритроцитарные формы *(малярийных паразитов)*

EEG 1. electroencephalogram □ электроэнцефалограмма, ЭЭГ **2.** electroencephalography □ электроэнцефалография, ЭЭГ

EEG A electroencephalographic audiometry □ электроэнцефалографическая аудиометрия

EEH effective emission height □ высота эффективного выброса

EEI endoecological intoxication □ эндоэкологическая интоксикация, эндотоксемия *(токсикоз, обусловленный бурным развитием патогенной микрофлоры в организме)*

EELIA enzyme-enhanced luminescence immunoassay □ иммунолюминесцентный анализ с ферментативным усилением

EEME ethinyl estradiol methyl ether □ этинилэстрадиол-метиловый эфир

EEMG evoked electromyogram □ вызванная электромиограмма; индуцированные биопотенциалы с мышцы

EEnGs electroenterograms □ электроэнтерограммы

EENT eyes, ears, nose and throat □ офтальмология и оториноларингология *(глаза, уши, нос и горло)*

EEP end expiratory pressure □ конечное давление выдоха

EER electroencephalographic response □ электроэнцефалографическая реакция

EES ethyl etane sulfate □ этил-этан-сульфат

EESG evoked electrospinogram □ индуцированные биопотенциалы спинного мозга

EET East European time □ восточноевропейское поясное время

EF ectopic focus □ эктопический фокус

EF edema factor □ фактор отёка

EF ejection fraction □ выбрасываемая фракция *(крови)*, фракция [выброса] изгнания

EF elastic fibril □ эластическое волокно

EF elongation factor (in protein synthesis) □ фактор элонгации

EF emotional factor □ эмоциональный фактор

EF encephalitogenic factor □ энцефалитогенный фактор

EF equivalent focus ☐ эквивалентный [очаг] фокус

EF erythroblastosis fetalis ☐ эритробластоз плода

EF erythrocytic fragmentation ☐ фрагментация эритроцитов

EF esophagofibroscope ☐ фиброэзофагоскоп

EF extra fine ☐ очень мелкий; тонкий (об обработке)

EF extrinsic factor ☐ внешний фактор

EFA enhancing factor of allergy ☐ фактор, стимулирующий аллергическую реакцию

EFA Epilepsy Foundation of America ☐ Американский фонд по изучению эпилепсии

EFA essential fatty acid ☐ эссенциальная [незаменимая] жирная кислота

EFBT European Federation of Biotechnology ☐ Европейская федерация по биотехнологии, ЕФБТ

EFC endogenous fecal calcium ☐ эндогенный кальций в фекалиях

EFE endocardial fibroelastosis ☐ фиброэластоз эндокарда

eff 1. effect ☐ (воз)действие; результат **2.** effective ☐ эффективный, действенный

eff efferent ☐ эфферентный, выносящий (о кровеносных сосудах); центробежный (о нервах)

eff efficiency ☐ 1. эффективность 2. коэффициент полезного действия, КПД; производительность

efferv effervescent ☐ фарм. выделяющий газ; шипучий

efft effort ☐ усилие

EFH education in family health ☐ просвещение по вопросам охраны здоровья семьи

EFIS European Federation of Immunological Societies ☐ Европейская федерация иммунологических обществ

EFL external fluid loss ☐ наружная потеря жидкости

EFP effective filtration pressure ☐ эффективное давление фильтрации

EFPW European Federation for the Protection of Water ☐ Европейская федерация по охране водоёмов (МНПО)

EFR effective filtration rate ☐ эффективная скорость фильтрации

EFR$_{max}$ maximum expiratory flow rate ☐ скорость максимального выдоха

EFV extracellular fluid volume ☐ объём внеклеточной жидкости

EFVC expiratory flow-volume curve ☐ кривая [спирограмма] выдоха

E-G elated-grandiose (manic symptom) ☐ мания величия

Eg endoplasmic beta-glucoronidase ☐ эндоплазматическая бета-глюкоронидаза

EG esophagogastrectomy ☐ резекция пищевода и кардиального отдела желудка

EG ethylene glycol ☐ этиленгликоль

e.g. лат. exempli gratia ☐ for example ☐ например, напр., см. тж. **e.c.**

EGA European Gnotobiotics Association ☐ Европейская гнотобиологическая ассоциация

EGA evolved gas analysis ☐ анализ выделяемых газов

EGC eosinophilic granuloma complex ☐ эозинофильный гранулёмный комплекс

EGC epithelioid-globoid cells ☐ эпителиоидные шаровидные клетки

EGD esophagogastroduodenoscopy ☐ эзофагогастродуоденоскопия, ЭГДС

EGDF embryonic growth and development factor ☐ развитие эмбриона и фактор роста

EGF epidermal growth factor ☐ фактор роста эпидермиса

EGFR endodermal growth factor receptor ☐ рецептор эндодермального фактора роста

EGG electrogastrogram ☐ электрогастрограмма

EGID European Group for Immunodeficiencies ☐ Европейская комиссия по иммунодефицитам

EGL eosinophilic granuloma of the lung ☐ эозинофильная гранулёма лёгкого

EGM electrogram ☐ электрограмма

EGOT erythrocyte glutamic oxaloacetic transaminase ☐ активность аспартат-аминотрансферазы [глутамат-оксалоацетат трансаминазы] эритроцитов

EGR erythrocyte glutathione reductase ☐ глутатион-редуктаза эритроцитов

EGT exhaust gas temperature ☐ температура выхлопных газов

EGTA ethyleneglycol tetraacetic acid ☐ этиленгликолевая тетраацетиловая кислота

EH easily hydrolyzable ☐ легко гидролизуемый

EH Edge Hill ☐ Эдж-Хилл (арбовирус)

EH elimination half-life ☐ период полураспада

EH environment health ☐ гигиена окружающей среды

EH essential hypertension ☐ эссенциальная [первичная] гипертония

EH evacuation hospital ☐ эвакуационный госпиталь

Eh, eH oxidation-reduction potential ☐ окислительно-восстановительный потенциал

EHAA epidemic hepatitis-associated antigen ☐ антиген эпидемического гепатита, антиген гепатита А

EHBA extrahepatic biliary atresia ☐ атрезия внепечёночных жёлчных протоков

EHBD extrahepatic bile ducts ☐ внепечёночные жёлчные протоки

EHBF estimated hepatic blood flow ☐ вычисляемый кровоток через печень

EHBF exercise hyperemia blood flow ☐ рабочая [нагрузочная] гиперемия

EHBF extrahepatic blood flow ☐ внепечёночный кровоток

EHC enterohepatic clearance ☐ тонкокишечно-печёночный клиренс

EHC essential hypercholesterolemia ☐ эссенциальная [первичная, истинная] гиперхолестеринемия

EHD epizootic hemorrhagic disease ☐ 1. эпизоотическая геморрагическая болезнь оленей 2. арбовирус вышеуказанной болезни

EHDP ethane hydroxydiphosphate ☐ этана гидроксидифосфат

EHEC enterohemorrhagic Escherichia coli ☐ энтерогеморрагическая кишечная палочка

EHF European Headache Federation ☐ Европейская федерация головной боли

EHF exophthalmos-hyperthyroid factor ☐ тиреотоксический фактор, вызывающий экзофтальм

EHF extremely high frequency ☐ сверхвысокая [ультравысокая] частота (30–300 ГГц)

EHL effective half-life □ эффективный период полураспада

EHL electrohydraulic lithotripsy □ электрогидравлическая литотрипсия

EHL endogenous hyperlipidemia □ эндогенная гиперлипидемия

EHO *англ.* environmental health officer □ специалист по вопросам гигиены окружающей среды

EHO extrahepatic obstruction □ внепечёночная обструкция

E Hosp Evacuation Hospital □ эвакуационный госпиталь, эвакогоспиталь, ЭГ

EHP excessive heat production □ чрезмерная теплопродукция

EHP extra high potency □ чрезмерно высокая сила

EHPT Eddy hot plate test □ Эдди тест с горячей пластинкой

EHS Environmental Health Service (HEW) □ Служба охраны окружающей среды *(Департамента здравоохранения, образования и социального обеспечения)*

EHS epidemiology and health statistics □ эпидемиология и санитарная статистика

EHSD Emergency Health Services Digest □ Сборник службы неотложной помощи

EHSDS Experimental Health Services Development System □ экспериментальная система развития здравоохранения

EHT extra-high tension □ сверхвысокое напряжение

EHV-1 equine herpesvirus 1 □ вирус лошадиного герпеса-1

EI electron ionization □ электронная ионизация

EI enzyme inhibitor □ ингибитор фермента

E/I expiration-inspiration ratio □ соотношение выдох – вдох; экспираторно-инспираторный коэффициент

EI inhibitory enzyme □ ингибирующий фермент

EIA Environment Impact Assessment □ 1. оценка воздействия на окружающую среду 2. оценка воздействия окружающей среды *(на человека)*

EIA enzymoimmunoassay □ иммуноферментный анализ, ИФА

EIA exercise-induced asthma □ приступ бронхиальной астмы, вызванный физической нагрузкой

EIB Environmental Information Bureau □ Информационное бюро по проблемам окружающей среды

EIB exercise-induced bronchoconstriction □ бронхоспазм, вызванный физической нагрузкой

EID egg infective dose □ инфицирующая доза для куриного эмбриона

EID electroimmunodiffusion □ электроиммунодиффузия

EID$_{50}$ egg embryo infective dose □ средняя инфицирующая доза для куриного эмбриона *(вызывающая инфицирование 50 % взятых в опыт куриных эмбрионов)*, ИД$_{50}$

EIEC enteroinvasive Escherichia coli □ энтероинвазивная кишечная палочка

EIF erythropoiesis inhibiting factor □ фактор, ингибирующий эритропоэз

EIF evaluation scale for intellectual functions □ шкала оценки интеллекта *(в гериатрии)*

EIO European Institute of Oncology □ Европейский институт онкологии

EIP extensor indicis proprius □ собственный разгибатель указательного пальца

EIRv extra incidence rate in vaccinated groups □ наибольшая частота встречаемости в вакцинированных группах

EIS *амер.* environmental impact statement □ заявление о воздействии на окружающую среду

EIS Epidemic Intelligence Service □ противоэпидемическая служба

EJ elbow jerk □ хрустящий локтевой сустав, щёлкающий локоть

ejusd *лат.* ejusdem □ of the same □ того же *(напр. медикамента)*

EKC epidemic keratoconjunctivitis □ эпидемический кератоконъюнктивит

EKG 1. electrocardiogram □ электрокардиограмма, ЭКГ 2. electrocardiograph □ электрокардиограф 3. electrocardiography □ электрокардиография

EKHSC East Kentucky Health Services Center □ Восточный центр здравоохранения штата Кентукки

EKY 1. electrokymogram □ электрокимограмма, ЭКГ 2. electrokymograph □ электрокимограф 3. electrokymography □ электрокимография, ЭКГ

el elastic □ эластичный

EL elastic limit □ предел упругости

El electricity □ электричество

EL electric light □ электрическое освещение

EL electronics laboratory □ лаборатория электроники

el element □ 1. элемент 2. подразделение

el elevation □ 1. поднятие; повышение *(напр. температуры)* 2. возвышение 3. отметка высоты над уровнем

el elongation □ 1. удлинение; вытяжение; растяжение *(напр. связок)* 2. элонгация

ELA endotoxin-like activity □ эндотоксиноподобное действие

ELA equine leukocyte antigen □ главный комплекс гистосовместимости лошадей

elab elaboration □ 1. разработка; совершенствование 2. *физиол.* выработка; переработка

ELAV equine infectious anemia virus □ вирус инфекционной анемии лошадей

elb elbow □ 1. локоть; локтевой сустав 2. *мед. тех.* изгиб; угольник

ELCA enzyme-linked coagulation assay □ иммуноферментный анализ факторов свёртывания крови

ELD embryo lethal doze □ летальная доза для эмбриона

ele elephantiasis □ слоновость

elec electric □ электрический

elect electrolyte □ электролит

elect electuary □ лекарственная кашка

electrogr 1. electrographic □ электрографический 2. electrography □ электрография

elem element □ 1. элемент 2. подразделение

elem elementary □ 1. первоначальный 2. элементарный; основной, примитивный

elev elevator □ элеватор, подъёмник

ELF extremely low frequency □ ультранизкая частота *(электрического тока)*

ELICOS English Language Intensive Courses to Overseas Students □ интенсивные курсы английского языка для иностранных студентов

ELIEDA enzyme-linked immunoelectrodiffusion assay □ электроиммунодиффузный метод с ферментативным усилением

elim eliminate □ 1. исключать; выделять; элиминировать 2. очищать; удалять из органа

ELISA enzyme-linked immunosorbent assay □ иммуноферментный (твёрдофазный) анализ, ИФА, реакция энзим-меченых антител, РЭМА

ELISPOTA enzyme-linked immunospot assay □ иммуноферментный спот-анализ

ELITE Evaluation of Losartan in the Elderly □ оценка лозартана у пожилых больных

elix elixir □ эликсир (вытяжка; настой; сироп или спиртовой раствор с добавками для нейтрализации неприятного вкуса)

el lt electric light □ электрическое освещение

elm element □ 1. элемент 2. подразделение

ELM external limiting membrane □ наружная ограничивающая мембрана

elms elements □ 1. элементы 2. подразделения

ELO earlobe oximetry □ оксиметрия с мочки уха

ELS Emergency Life System □ экстренная [аварийная] система жизнеобеспечения

ELS extralobar sequestration □ внедолевая лёгочная секвестрация

ELT electroanesthesia and electrolytic therapy □ электроанестезия [электронаркоз] и электротерапия

ELT euglobulin lysis time □ время лизиса эуглобулинов, ВЛЭ

EM ejection murmur □ шум изгнания [выброса] крови

EM electromagnetic □ электромагнитный

EM electromechanical □ электромеханический

EM 1. electron microscopy □ электронная микроскопия, ЭМ 2. electron micrography □ микрорадиография

EM electrophoretic mobility □ электрофоретическая подвижность

em emanation □ 1. эманация, выделение; истечение 2. радиоактивный газ

em emission □ эмиссия

EM emmetropia □ эмметропия, эмметропическая [соразмерная] рефракция глаза

em лат. emulsio □ эмульсия

EM erythema multiformis □ лат. полиморфная эритема

EM erythrocyte mass □ эритроцитная [эритроцитарная] масса

EM erythromycin □ эритромицин

EM ethyl methacrylate □ этилметакрилат

EM Excerpta Medica □ «Эксерпта медика» (библиографический указатель работ по медицине, США)

EM eyelid movement □ движение век

EM membrane potential difference □ разность потенциалов мембраны (клетки)

EM mouse erythrocytes □ эритроциты мыши (клеточный маркёр)

EMA early morning awakening □ раннее утреннее пробуждение (вариант диссомнии)

EMA electrophoretic mobility and agglutinability □ электрофоретическая подвижность и способность к агглютинации

EMA emergency medical assistance □ служба экстренной медицинской помощи (США)

EMA epithelial membrane antigen □ поверхностный антиген эпителиоцитов

e-mail electronic mail □ электронная почта

eman emanation □ 1. эманация; выделение; истечение 2. радиоактивный газ

EMAS Employment Medical Advisory Service □ служба по трудоустройству медицинских работников

Emb, emb 1. embryologic(al) □ эмбриологический 2. embryology □ эмбриология

Emb ethambutol □ этамбутол

EMB ethambutol (Myambutol) □ этамбутол (Миамбутол) (противотуберкулёзное средство)

EMB (agar) eosin methylene blue (agar) □ эозин метиленовый синий (агаровая цветная индикаторная среда)

EMBL European Molecular Biology Laboratory □ Европейская лаборатория молекулярной биологии

EMBO European Molecular Biology Organization □ Европейская организация по молекулярной биологии

EMC electromagnetic compatibility □ выч. тех. электромагнитная совместимость (способность электронного оборудования правильно работать в окружении других приборов)

EMC 1. electron microscope □ электронный микроскоп 2. electron microscopy □ электронная микроскопия

EMC encephalomyocarditis □ энцефаломиокардит

EMC equilibrium moisture content □ устойчивое содержание влажности; постоянная влажность

EMC essential mixed cryoglobulinemia □ эссенциальная смешанная криоглобулинемия, ЭСК

EMC European medical center □ Европейский медицинский центр

EMC event mean concentration □ средняя концентрация (загрязнителя)

EMD electromechanical dissociation □ электромеханическая диссоциация (сердца)

EMDP electromotive difference of potential □ электродвижущая сила, разность электрических потенциалов

EMEA European Medicines Evaluation Agency □ Европейское агентство по стандартизации и контролю за лекарственными средствами

emend. лат. emendatus □ изменённый, улучшенный (в отношении описания термина)

emer emergency □ 1. экстренное заболевание || экстренный, срочный, ургентный 2. чрезвычайное положение; авария || чрезвычайный, аварийный, запасный

Emer лат. emeritus □ заслуженный (особенно о профессоре в отставке)

EMEA European Medicines Agency □ Европейское медицинское агентство (по контролю качества медицинской продукции)

EMF фирм. белковый модуль (пищевой ингредиент, содержащий гидролизованный коллаген)

EMF electromagnetic flowmeter □ электромагнитный флоуметр, электромагнитный измеритель кровотока

EMF, emf electromotive force □ электродвижущая сила, ЭДС

EMF endomyocardial fibrosis □ эндомиокардиальный фиброз

EMF erythrocyte maturation factor □ цианокобаламин, витамин B$_{12}$, внешний фактор Касла, фактор созревания эритроцитов

EMF evaporated milk formula □ состав сухого молока

EMG 1. electromyogram □ электромиограмма, ЭМГ **2.** electromyograph □ электромиограф **3.** electromyography □ электромиография, ЭМГ

emg emergency □ 1. экстренное заболевание ‖ экстренный, срочный, ургентный 2. чрезвычайное положение; авария ‖ аварийный, чрезвычайный, запасный

EMG exophthalmos, macroglossia, gigantism □ синдром, сочетающий экзофтальм, макроглоссию, гигантизм

emgcy см. **emg**

EMGdi diaphragmatic electromyogram □ электромиограмма с диафрагмы

EMGgg ginioglossal electromyogram □ электромиограмма с подбородочно-язычной мышцы

EMGN extramembranous glomerulonephritis □ экстрамембранозный гломерулонефрит

EMI electromagnetic interference □ электромагнитная интерференция; электромагнитные помехи

EMIC emergency maternity and infant care □ охрана матери и младенца при родах

EMIF erythrocyte membrane immunofluorescence □ метод флуоресцирующих антител к мембране эритроцитов

EMIT enzyme multiplied immunoassay technique □ гомогенный иммуноферментный анализ, ИФА

EML electromechanic latent □ электромеханический латентный интервал

EMMA eye-movement measuring apparatus □ аппарат для измерения скорости движения глазного яблока

EMMIA enzyme modulator-mediated immunoassay □ иммуноферментный анализ с модулятором, иммуноанализ с энзимомодуляцией, ИФАМ

EMN emergency measures notification □ уведомление о чрезвычайных мерах

EMO Embarcation Medical Officer □ офицер медицинской службы, контролирующий посадку войск на суда

EMO Epstein and Macintosh, Oxford (ether inhaler) □ ингалятор эфира (наркозного аппарата) Эпштейна и Макинтоша (Оксфорд)

EMO Examining Medical Officer □ офицер медицинской службы, производящий медицинский осмотр

emp лат. emplastrum □ plaster □ пластырь

Emp лат. ex modo praescripto □ as directed □ фарм. как указано (обозначение в рецепте)

empl. см. **emp**

empl employment □ 1. применение, использование 2. работа, служба; занятие 3. занятость

emp vesic лат. emplastrum vesicularis □ blistering plaster □ раздражающий [перцовый] пластырь

EMR educable mentally retarded □ умственно отсталый, способный к обучению

EMR 1. electromagnetic radiation □ электромагнитное излучение **2.** electromagnetic resonance □ электромагнитный резонанс

EMR electronic medical record □ электронная история болезни

EMR endoscopic mucosal resection □ эндоскопическая резекция слизистой

EMR excess mortality ratio □ соотношение повышенной смертности (напр. в возрастных группах)

EMRC European Medical Research Council □ Европейский медицинский научно-исследовательский совет

EMS Emergency Medical Service □ 1. экстренная [неотложная] медицинская помощь 2. аварийно-спасательная медицинская служба

EMS Environmental Mutagen Society □ Общество по изучению мутагенов в окружающей среде

EMS erythropoietic marrow scanning □ сканирование костного мозга в процессе эритропоэза

EMS ethyl methane sulfonate □ этилметансульфонат

EMSCS Emergency Medical Services Communications System □ система связи между службами срочной медицинской помощи

EMSSA Emergency Medical Service Systems Act □ Положение о службе срочной медицинской помощи

EMT electron microscopy technician □ техник по электронной микроскопии

EMT emergency medical tag □ первичная медицинская карточка (военнослужащего)

EMT emergency medical team □ бригада неотложной медицинской помощи

EMT emergency medical technician □ медицинский техник по оказанию аварийной помощи

EmT emergency treatment □ экстренная [срочная, ургентная] медицинская помощь

EMT European meantime □ среднее европейское поясное время

EMU early morning urine □ моча ранней утренней порции

emu electromotive unit □ единица электродвижущей силы

emul emulsion □ эмульсия

emulsif emulsifying □ эмульгирование

EMV electromagnetic volume □ электромагнитная ёмкость

EN endothelial cell nucleus □ ядро эндотелиальной клетки

en enema □ клизма

EN Enzyme Nomenclature □ номенклатура ферментов

EN лат. enuresis nocturna □ (ночной) энурез, (ночное) недержание мочи

EN лат. erythema nodosum □ узловая эритема

ENA Emergency Nurses Association □ Ассоциация медицинских сестёр неотложной помощи

ENA European Neuroscience Association □ Европейская ассоциация по нейронаукам

ENA extractable nuclear antigen □ экстрагируемый ядерный антиген

enc encyclop(a)edia ‖ encyclop(a)edic(al) □ энциклопедия ‖ энциклопедический

encl enclosed □ 1. окружённый 2. инкапсулированный

ency см. **enc**

Ency Amer лат. Encyclop(a)edia Americana □ Американская энциклопедия

Ency Brit лат. Encyclop(a)edia Britannica □ Британская энциклопедия

encycl encyclop(a)edia □ энциклопедия

End Endocrinology □ эндокринология

end endoreduplication □ внутренняя редупликация

END exaltation of Newcastle disease virus □ суперинфицирование культур вирусом болезни Ньюкасла

enem enema □ клизма

ENF ear, nose fibroscope □ фиброоторриноскоп

ENG 1. electronystagmogram □ электронистагмограмма **2.** electronystagmography □ электронистагмография

EN-KAF epidermal (cell-derived) natural killer cell-activating factor □ эпидермальный фактор активации естественных клеток-киллеров

enl enlarged □ увеличенный

ENL *лат.* erythema nodosum leprosum □ узловатая эритема при лепре

ENR extrathyroidal neck radioactivity □ радиоактивность шеи вне щитовидной железы

ENT ear, nose and throat □ 1. состояние ушей, носа и горла *(при обследовании больного)* 2. оториноларингология

Ent Entomology □ энтомология

ent entry □ 1. ввод, вход 2. вхождение

ENT extranodular tissue □ внеузловая ткань

ENT enteral nutrients □ энтеральные [пероральные] нутриенты

enterosub obd enterosoluble obducent □ энтеросолюбильное покрытие таблеток *(растворимое в кишечнике)*

Entom Entomology □ энтомология

ENuWar environmental consequences of nuclear war □ последствия ядерной войны для окружающей среды

env environmental □ окружающий, внешний *(о среде, воздействии)*; связанный с окружающей средой

EO Emergency Office □ 1. учреждение по оказанию экстренной помощи 2. спасательная станция

Eo 1. eosinophil(e) □ эозинофил **2.** eosinophilia □ эозинофилия

EO ethylene oxide □ окись этилена

EO eyes open □ с открытыми глазами

EOA esophageal obturator airway □ пищеводный обтуратор, обеспечивающий проведение ИВЛ

EOA examination, opinion, advice □ обследование (больного), заключение и рекомендация

Eo-CSA eosinophil(e) colony-stimulating activity □ колониестимулирующая активность эозинофилов

EOD entry on duty □ приступить к дежурству ‖ начало дежурства

e.o.d. every other day □ *фарм.* через день, раз в два дня *(напр. приём процедур)*

E/OE errors and omissions excepted □ исключая ошибки и пропуски

E of M error of measurement □ ошибка измерения

EOG electro-oculogram □ электроокулограмма *(кривая биопотенциалов глаза при его движениях)*

EOG electro-olfactogram □ электроольфактограмма *(запись биотоков со слизистой носа при вдыхании различных запахов)*

EOH environmental and occupational health □ окружающая среда и гигиена труда

EOL end of life □ смерть

e.o.m. every other month □ через месяц, раз в два месяца

EOM external ocular muscle □ наружная мышца глаза

EOM extra ocular movement □ движение глаз кнаружи

EOM extraocular myositis □ миозит [миопатия] глазодвигательных мышц

EO-3-ME erythropoetic stimulating factor □ эритропоэтинстимулирующий фактор

EOP early onset periodontitis □ ранний периодонтит

EOP end of program □ конец программы, завершение программы

EOP endogenous opiate peptides □ эндогенные опиоидные [эндогенные опиатные] пептиды

EOPH Examining Officer of Public Health □ инспектор общественного здравоохранения

EORTC European Organization on Research and Treatment of Cancer □ Европейская организация по исследованию и лечению рака

EOS early onset schizophrenia □ шизофрения с ранним началом

EOS electrooptical system □ электрооптическая система

EOS emergency oxygen system □ аварийная система подачи кислорода

eos eosinophil(e) □ эозинофил, эозинофильный лейкоцит

EOT effective oxygen transport □ эффективный транспорт кислорода

EP earth plate □ заземляющая пластина

EP ectopic pregnancy □ внематочная беременность

EP electroprecipitin □ электропреципитин

EP emergency physician □ врач неотложной помощи

EP endogenous pyrogen □ эндогенный пироген

EP end point □ 1. конечная точка 2. конец кипения 3. конечный момент титрования

EP *лат.* enuresis primaria □ первичный [генуинный] энурез, (ночное) недержание мочи

EP environmental pollution □ загрязнение окружающей среды

EP enzyme-product □ комплекс «фермент – продукт»

EP epicardial electrocardiogram □ электрокардиограмма с эпикарда

EP erythrocyte protoporphyrin □ эритроцитарный протопорфирин

EP (test) erythrocyte protoporphyrin (test) □ эритроцитарно-протопорфириновый (тест)

EP erythropoietic porphyria □ эритропоэтическая порфирия

EP erythropoietin □ эритропоэтин

EP European Pharmacopeia □ Европейская фармакопея

EP evoked potential □ вызванный [индуцированный] потенциал

EP Extra Pharmacopoeia □ Дополнение к фармакопее *(периодическое издание, включающее информацию об используемых лекарственных средствах, выпускаемое через 4–5 лет)*

EP potential energy □ потенциальная энергия

EPA *лат.* ejaculatio praecox absoluta □ абсолютное ускорение эякуляции

EPA Environmental Protection Agency □ Агентство по защите окружающей среды

EPAP expiratory positive airway pressure □ положительное давление на выдохе *(в дыхательных путях)*

EPB *лат.* extensor pollicis brevis □ короткий разгибатель большого пальца кисти

EPBRP European Pharmacopoeia Biological Reference of Preparation □ Европейская фармакопея. Справочная таблица биологических препаратов

EPC *лат.* epilepsy partialis continua □ кожевниковская эпилепсия, континуальная [корковая] эпилепсия

EPC Evidence-Based Practice Center □ Центр доказательной медицины

EPCG endoscopic pancreatocholangiography □ эндоскопическая панкреатохолангиография

EPCRS European Pharmacopoeia. Chemical Reference of Substances □ Европейская фармакопея. Справочная таблица химических веществ

EPD earth potential difference □ разность потенциалов по отношению к земле, разность потенциалов заземлений

EPD electrocardiographic potential distribution(s) □ электрокардиографическое распределение биотоков сердца

EPDS Edinburgh postnatal depression scale □ Эдинбургская шкала послеродовой депрессии

EPEC enteropathogenic Escherichia coli □ энтеропатогенная кишечная палочка

EPEnG electropolyenterography □ электрополиэнтерография

EPESE Established populations for epidemiological studies of the elderly □ эпидемиологические исследования пожилых людей из различных групп населения

EPF early pregnancy factor □ фактор ранней беременности

EPF exophtalmos-producing factor □ фактор, вызывающий экзофтальм

EPG eggs per gram □ число яиц (гельминтов) на 1 г (фекалий)

EPG electronic pupillography □ электронная пупиллография

EPhMRA European pharmaceutical marketing research association □ Европейская фармацевтическая ассоциация по маркетинговым исследованиям

EPI echo planar imaging □ эхопланарное представление *(получение изображения посредством ядерного магнитного резонанса)*

Epi epicardial □ эпикардиальный

Epi epicillin □ эпициллин

Epi epinephrine □ адреналин, эпинефрин

EPI exocrine pancreatic insufficiency □ внешнесекреторная недостаточность поджелудочной железы

EPI Expanded Programme on Immunization □ Расширенная программа иммунизации *(ВОЗ)*

EPI Eysenck Personality Inventory □ личностный опросник Айзенка, набор личностных тестов Айзенка

epistom *лат.* epistomium □ stopper □ *фарм.* пробка

epith epithelium □ эпителий

EPL essential phospholipids □ эссенциальные [жизненно важные] фосфолипиды

EPMR epilepsy progressive with mental retardation □ прогрессирующая эпилепсия с умственной отсталостью

epndb effective perceived noise decibels □ уровень шума в эффективных физиологических децибелах

Epo erythropoietin □ эритропоэтин

EPP equal-pressure point □ точка эквивалентного давления

EPP erythropoietic protoporphyria □ эритропоэтическая протопорфирия

EPPO European Plant Protection Organization □ Европейская организация «зелёных» [защиты флоры] *(филиал «Гринписа»)*

EPPs end-plate potentials □ потенциал концевой пластинки

EPR *лат.* ejaculatio praecox relativa □ относительное ускорение эякуляции *(до появления оргазма у женщин)*

EPR electron paramagnetic resonance □ электронный парамагнитный резонанс

EPR electrophrenic respiration □ электрическая стимуляция диафрагмального дыхания

EPR estradiol production rate □ скорость синтеза [образования] эстрадиола

EPS *лат.* elastosis perforans serpiginosa □ фолликулярный серпигинозный кератоз, перфорирующая бородавчатая эластома Мишера

EPS emergency power supply □ аварийный источник питания

EPS exophthalmos-producing substance □ вещество, вызывающее экзофтальм

EPS expressed prostatic secretion □ ускоренное получение простатического секрета, секреция предстательной железы после массажа

EPS 1. extrapyramidal [side effects] symptoms □ экстрапирамидные [побочные эффекты] симптомы 2. extrapyramidal system □ экстрапирамидная система

EPSDT (Program) Early and Periodic Screening, Diagnosis and Treatment (Program) □ программа периодического скрининга, ранней диагностики и лечения

EPSP expiratory postsynaptic potential □ постсинаптический потенциал возбуждения

eps tm elapsed time □ пройденное время

EPT early pregnancy time □ тест на наличие беременности в ранних сроках

EPTA Expanded Programme of Technical Assistance □ расширенная программа технической помощи *(ВОЗ)*

EPTE existed prior to enlistment □ предшествующий службе *(в армии)*

EPTS existed prior to service □ предшествующий службе *(в армии)*

EPU electrical power unit □ *мед. тех.* блок электропитания

EPU electronic processor unit □ *мед. тех.* электронный блок обработки данных [сигналов]

E/PUFA vitamin E/polyunsaturated fatty acid ratio □ соотношение витамина Е и полиненасыщенных жирных кислот

EQ educational quotient □ коэффициент образованности

eq equal □ равный

eq equipment □ оборудование

EQ emotion quotient □ коэффициент эмоциональности

eq equivalent □ эквивалент || эквивалентный; соответствующий

eq concn equilibrium concentration □ равновесная концентрация

EQI environmental quality index □ шкала качества окружающей среды (*выражается в ед. от 1 до 100 в сторону ухудшения*)

equil equilibrium □ равновесие; равновесное состояние

equip equipment □ оборудование, аппаратура

equiv equivalent □ эквивалент ‖ эквивалентный; соответствующий

equiv concn equivalent concentration □ *хим.* эквивалентная концентрация; концентрация, выраженная в эквивалентах

ER efficiency rating □ эффективная мощность

ER ejection rate □ скорость [выброса] изгнания (*напр. крови*)

ER electrical resistance □ электрическое сопротивление

ER emergency rescue □ неотложная помощь

ER emergency room □ кабинет первой помощи; отделение неотложной помощи

ER endoplasmic reticulum □ эндоплазматическая сеть, эндоплазматический ретикулум

ER endurance ratio □ *мед. тех.* коэффициент усталости

ER equivalent roentgen □ рентген-эквивалент, эквивалент рентгена

Er erbium □ эрбий

er error □ ошибка

er erythrocyte □ эритроцит

ER estradiol receptor □ рецептор эстрадиола

ER estrogen receptor □ рецептор эстрогена

ER evaporation rate □ 1. скорость [интенсивность] испарения 2. коэффициент испарения

ER evoked response □ вызванная [индуцированная] реакция

ER extended resistance □ повышенная резистентность

ER external resistance □ наружное сопротивление

ERA effective radiative area □ эффективная площадь облучения

ERA elective response audiometry □ специфические [избирательные] ответы при аудиометрии

ERA electric response audiometry □ компьютерная аудиометрия

ERA electroencephalic response audiometry □ электроэнцефалографические показатели при аудиометрии

ERA Electroshock Research Association □ Ассоциация по исследованию [электросудорожной терапии] электрошока

ERA estrogen [oestrogen] receptor assay □ определение рецептора эстрогена

ERA evoked response audiometry □ корковые потенциалы при аудиометрии, ответная аудиометрическая реакция

ERAMS Environmental Radiation Ambient Monitoring System □ система мониторинга радиационного фона окружающей среды

ERASS European Rheumatoid Arthritis Surgical Society □ Европейское общество по хирургическому лечению ревматоидного артрита

ERBF effective renal blood flow □ эффективный почечный кровоток

ERC ECHO-rhinovirus-coryzavirus group □ ECHO-риновирусы насморка (*возбудители ОРВИ*), см. **ECHO (virus)**

ERC endoscopic retrograde cholangiography □ эндоскопическая ретроградная холангиография

ERC English Red Cross □ Английский Красный Крест

ERC erythropoietin-responsive cell □ эритропоэтинзависимая колониеобразующая клетка, эритропоэтинчувствительная клетка

ERCA European Renal Care Association □ Европейская нефрологическая ассоциация

ERCP endoscopic retrograde cholangiopancreatography □ эндоскопическая ретроградная холангиопанкреатография, РХПГ

ERD equivalent residual dose □ эквивалентная остаточная доза

ER doc emergency room doctor □ врач [доктор] кабинета неотложной помощи; врач скорой медицинской помощи

E-RFC E-rosette-forming cell □ E-розеткообразующая клетка, E-РОК

ERG electron radiography □ рентгенография

ERG 1. electroretinogram □ электроретинограмма 2. electroretinography □ электроретинография, ЭРГ

ERI early recognition inventory □ опросник раннего выявления (*для исследования групп риска*)

ERICHD Enhancing Recovery in Coronary Heart Disease □ улучшенное выздоровление при ишемической болезни (*исследование положительного влияния психотерапии на течение ИБС*)

ERISA The Employee Retirement Income Security Act □ Закон о пенсионном обеспечении (*США*)

ERL emergency reference levels □ контрольные уровни (радионуклидов) на случай аварии

ERO effective regurgitant office area □ эффективная площадь отверстия регургитации

Ero erythrocyte □ эритроцит

E-rosette erythrocyte-rosette □ E-розетки, неиммунные клетки (*формируемые лимфоцитами человека и прилипающими к ним эритроцитами барана*)

ERP effective radiated power □ *мед. тех.* эффективная мощность излучения

ERP equine rhinopneumonitis □ ринопневмония лошадей

ERP event-related potential □ потенциал, относящийся к событию

Erp-1 erythrocytic protein-1 □ белок-1 эритроцитов

ERPC endoscopic retrograde pancreatocholangiography □ эндоскопическая ретроградная панкреатохолангиография

ERPC evacuation of retained products of conception □ выскабливание после неполного аборта

ERPF effective renal plasma flow □ эффективный почечный плазмоток

err *лат.* errata □ error □ ошибка; опечатка

erron erroneous □ ошибочный

ERS Ergonomics Research Society □ научное эргономическое общество (*по изучению влияния окружающей среды на работоспособность человека, Великобритания*)

ERT enzyme replacement therapy □ ферментзаместительная терапия, ФЗТ

ERT estrogen [oestrogen] replacement therapy □ заместительная терапия эстрогенами

ERT external radiation therapy □ наружная лучевая терапия

ER unit equivalent roentgen unit □ рентген-эквивалент *(единица)*

ERV expiratory reserve volume □ резервный объём выдоха, РО выд.

ES earth switch □ заземляющий выключатель

Es einsteinium □ эйнштейний

ES electrical system □ электрическая система

ES electronic switch □ *мед. тех.* электронный переключатель *(коммутатор)*

ES end to side, end-to-side □ анастомоз конец в бок

ES *лат.* enema saponis □ мыльная клизма

ES Entomological Society □ энтомологическое общество

ES enzyme substrate □ субстрат фермента

Es esterase □ эстераза

ES expectation score □ вероятная [ожидаемая] черта

ES experience seeking □ стремление к новым ощущениям *(субшкала психологического теста)*

ES exportation score □ экспертная оценка

ES exterior surface □ наружная поверхность

ES extracellular space □ внеклеточное пространство

Es-1 serum esterase-1 □ сывороточная эстераза-1

Es-3 kidney esterase-3 □ почечная эстераза-3

ESA embolization of systemic arteries □ эмболизация системных артерий

ESACT European Society of Animal Cell Technology □ Европейское общество по генной инженерии

ESAO European Society for Artificial Organs □ Европейское общество по искусственным органам

ESB electrical stimulation to the brain □ электрическая стимуляция головного мозга

ESBL extended spectrum beta-lactamases □ бета-лактамазы расширенного спектра

ESC embryonic stem cell □ эмбриональная стволовая клетка

esc escape □ аварийный выход

ESCA X-ray photoelectron spectroscopy □ электронная спектроскопия *(химического анализа)*, ЭСХА

ESCD epidemiological surveillance of communicable disease □ эпидемиологический надзор за инфекционными болезнями

ES-cell ЕС-клетка *(клетка, продуцирующая серотонин)*

Esch Escherichia □ род микроорганизмов Эшерихия

ESCMID European Society of Clinical Microbiology and Infective Diseases □ Европейское общество клинической микробиологии и инфекционных болезней

ESD electronic summation device □ *выч. тех.* электронный сумматор

ESD end-systolic diameter □ конечный систолический диаметр

ESES epidural spinal electrostimulation □ эпидуральная электростимуляция спинного мозга

ESES electrical status epilepticus during slow sleep □ электрический эпилептический статус во время медленного сна

ESF erythropoietic stimulating factor □ фактор, стимулирующий эритропоэз; гемостимулирующий фактор

ESF European Science Foundation □ Европейский фонд научно-исследовательских работ

ESH European Society of Hypertension □ Европейское общество по изучению гипертонии

ESI employee state insurance □ государственное страхование занятого населения

ESICM European Society of Intensive Care Medicine □ Европейское общество интенсивной терапии

E sign elution sign □ E-признак *(степень адсорбции и элюции вируса на ионообменниках и сорбентах)*

Esk Eskimo □ эскимос ‖ эскимосский

ESL end-systolic length □ конечный систолический размер

ESM ejection systolic murmur □ систолический шум изгнания

ESN educationally subnormal □ умственно неполноценный, необучаемый

eso 1. esophagoscopy □ эзофагоскопия **2.** esophagus □ пищевод

ESO European School of Oncology □ Европейская школа онкологии

ESOL English for speakers of other languages □ экзамен по английскому языку для иностранцев *(имеет 5 уровней – basic, elementary, intermediate, higher, advanced)*

ESP end-systolic pressure □ конечное систолическое давление

ESP environmental supplies procurement □ приобретение материалов для экологических целей

ESP eosinophil simulation promotor □ фактор, стимулирующий подвижность эозинофилов

ESP extrasensory perception □ сверхчувственное [экстрасенсорное] восприятие; телепатия

ESPE European Society for Pediatric Endocrinology □ Европейское общество детских эндокринологов

ESPEN European Society of Parenteral and Enteral Nutrition □ Европейское общество по парэнтеральному и энтеральному питанию

ESPG European Society of Pediatric Gastroenterology □ Европейское общество педиатров-гастроэнтерологов

ESP system electrically susceptible patient system □ электрическая система контроля за пациентом

ESPRIT European study of the prevention of reocclusion after initial thrombolysis □ Европейское (многоцентровое) исследование профилактики повторной окклюзии после первоначальной тромболитической терапии

ESR electron spin resonance □ электронный спин, электронный парамагнитный резонанс, ЭПР

ESR erythrocyte sedimentation rate □ скорость оседания эритроцитов, СОЭ

ESRD end-stage renal disease □ терминальная стадия заболевания почек; терминальная почечная недостаточность

ESRS extrapyramidal symptom rating scale □ *псих.* шкала оценки экстрапирамидной симптоматики *(как нежелательного явления нейролептической терапии)*

ESS Epworth sleepiness scale □ Эпвортская шкала для выявления дневной сонливости

ESS erythrocyte-sensitizing substance □ вещество, сенсибилизирующее эритроциты

ess essence □ 1. экстракт; эссенция 2. эфирное масло

ess essential □ 1. эссенциальный, жизненно необходимый, ценный 2. специфический; идиопатический

ESSA Environmental Science Service Administration □ Управление научных служб охраны окружающей среды *(США)*

ESSM European Society for Sexual Medicine □ Европейское общество медицины сексуальных дисфункций

ESSR European Society of Surgical Research □ Европейское общество по научным исследованиям в области хирургии

EST electroshock therapy □ электросудорожная [электроконвульсивная, электрошоковая] терапия, ЭСТ, ЭШТ

EST Erhard Seminar Training □ система групповой психотерапии Эрхарда, «Эст»

EST expressed sequence tag □ короткие секвестрированные последовательности ДНК, изолированные из библиотек ДНК генов

estn estimation □ вычисление, подсчёт; оценка; статистическое предположение

est wt estimated weight □ должная масса (тела)

esu electrostatic unit □ электростатическая единица

ESU evolutionary significant unit □ *биол.* эволюционно значимая единица

E substance exciter substance □ Е-фактор, возбуждающий фактор

ESV end-systolic volume □ конечный систолический объём

ESWL extracorporeal shock wave lithotripsy □ экстракорпоральная ударно-волновая литотрипсия

ET early treatment □ раннее [своевременное] лечение

ET Eastern time □ восточное поясное время

ET effective temperature □ эффективная температура

ET *лат.* ejaculatio tarda □ задержка эякуляции, поздняя эякуляция

ET ejection time □ время [изгнания] выброса *(крови из сердца)*

ET elapsed time □ истекшее время

ET electrical transcription □ *мед. тех.* электрическая запись

ET electrotherapy □ электротерапия

ET elementary training □ 1. начальная подготовка 2. начальное (профессиональное) обучение

ET endotracheal □ эндотрахеальный, интратрахеальный

ET environmental test □ испытание на воздействие окружающей среды

E/T essential/total □ коэффициент соотношения незаменимых аминокислот к общему содержанию аминокислот

et estimated □ вычисленный, расчётный; предполагаемый

Et estradiol-17 В □ эстрадиол-17 В

Et ethyl group □ *хим.* этиловый радикал

Et etiology □ этиология; причина заболевания

ET eustachian tube □ слуховая [евстахиева] труба

ET express transportation □ экстренная [срочная] перевозка

Eta ethionamide □ этионамид

ETAF epidermal thymocyte-activating factor □ эпидермальный фактор активации тимоцитов, ЭФАТ

et al *лат.* et alii □ and other people □ и другие, и др. *(об авторстве в списках литературы)*

Et alc ethyl alcohol □ этиловый спирт, этанол

ETC estimated time of conception □ расчётные [предполагаемые] сроки зачатия

etc *лат.* et cetera □ и так далее, и т.д.

ETC European Transplant Service □ Европейская служба трансплантации, Евротрансплантат

Etd ethionamide □ этионамид

ETD ethylene bisthiuram disulfide □ этилен-бис-тиурам дисульфид

ETEC enterotoxigenic Escherichia coli □ энтеропатогенная кишечная палочка

ETH elixir of terpin hydrate □ раствор [эликсир] терпингидрата

Eth, eth ether □ эфир

Eth acet ethyl-acetate □ этилацетат

ETH/C elixir terpin hydrate with codeine □ раствор [эликсир] терпингидрата с кодеином

Ethn Ethnology □ этнология, этнография *(наука, изучающая происхождение, расселение, духовную и материальную культуру народов)*

EthnS Ethnological Society □ этнологическое общество

Etiol etiology □ этиология; причина заболевания

ETM ethylenethiuram monosulfide □ этилентиурама моносульфид

ETO estimated time of ovulation □ расчётные [предполагаемые] сроки овуляции

EtO ethylene oxide □ окись этилена

E to E end to end, end-to-end □ конец в конец *(анастомоз)*

EtOx ethylene oxide □ окись этилена

ETP entire treatment period □ полный курс лечения; собственно период лечения

ETP eustachian tube pressure □ давление в слуховой трубе

ETR effective thyroxine ratio □ эффективное тироксиновое соотношение

ETS Educational Testing Service □ *псих.* Служба тестирования уровня знаний *(Принстонского университета, США)*

ETS environmental tobacco smoke □ табачный дым в окружающей среде *(воздействие пассивного курения)*

et seq, et sek *лат.* et sequens □ and the following □ и следующий; и последующий; и отдалённый

ETT exercise tolerance test □ тест [проба] с физической нагрузкой, нагрузочная проба

ETT extrathyroidal thyroxine □ экстратиреоидный тироксин

ETU emergency treatment unit □ отделение неотложной терапии

ETU erythron transferrin uptake □ поглощение [использование] трансферрина эритрона

ETU ethylenethiourea □ этилентиомочевина

ETVC Environmental Test Vacuum Center □ центр испытаний в барокамере на воздействие окружающих условий

ETYA *усл.* инбредный возраст линии лабораторных животных *(количество поколений братско-сестринского инбридинга)*

EU Ehrlich units □ единицы Эрлиха

EU endotoxin unit □ эндотоксиновая единица

EU enzyme units ☐ энзимные единицы, единицы активности фермента

EU ethyleneurea ☐ этиленмочевина

Eu europium ☐ европий

eu euryon ☐ эурион (латерально выступающая точка на голове)

EUA examination under anesthesia ☐ обследование под наркозом

EUB Eubenange ☐ Юбинанги (арбовирус)

EUFEST European First Episode Schizophrenia Trial ☐ Европейское исследование первого эпизода шизофрении

EULAR European League Against Rheumatism ☐ Европейская лига ревматологов

EUP English Universities Press ☐ Издательство английских университетов

EURO European Regional Organization (office) ☐ Европейская региональная организация (бюро ВОЗ)

EuroPACS European picture archiving and communication system ☐ комп. Европейская система архивирования и передачи цифровых изображений

EUS endoscopic [ultrasound] ultrasonography ☐ эндоскопическое ультразвуковое исследование

EUV extreme ultra-violet ☐ крайний диапазон ультрафиолетовой части спектра

eV, ev electron volt ☐ электрон-вольт (эВ, $1,6021 \times 10^{-19}$ Дж)

ev eversion ☐ 1. выворот 2. разрушение

EV evoked response ☐ индуцированная реакция

EV expected value ☐ ожидаемое [предполагаемое] значение

EV exposure value ☐ величина [продолжительность] экспозиции

EV extravascular ☐ находящийся вне сосуда

Evac Hosp evacuation hospital ☐ эвакуационный госпиталь

eval 1. evaluate || evaluation ☐ оценивать || оценка

evap 1. evaporation ☐ испарение; выпаривание 2. evaporator ☐ испаритель, выпариватель

evctd evacuated ☐ эвакуированный

EVI extreme value index ☐ индекс качества (воздуха), основанный на оценке крайних значений

evid evidence ☐ 1. основание; данные, факты 2. суд. мед. доказательство; улика; свидетельское показание

evin evolution ☐ 1. эволюция; развитие 2. выделение газа

EVM evacuation mission ☐ задача на эвакуацию (раненых и т. п.)

evol evolution ☐ 1. эволюция; развитие 2. выделение (газа, теплоты)

evpn evaporation ☐ испарение; выпаривание

EVROTOXNET Европейская коммуникационная сеть по обмену информацией в области токсикологии

evu evaporation unit ☐ скрытая теплота испарения

EW emergency ward ☐ палата интенсивной терапии, ПИТ

EW extensive wound ☐ обширная рана

EWB estrogen withdrawal bleeding ☐ кровотечение, обусловленное отменой эстрогенов (менструальноподобная реакция)

EWL egg-white lysozyme ☐ лизоцим яичного белка

EWL evaporative water loss ☐ потеря воды испарением, неучитываемые водные потери

EWT амер. Eastern winter time ☐ восточное зимнее время (поясное)

ex examined ☐ проверенный, осмотренный

ex example ☐ пример; образец; экземпляр

ex exception ☐ исключение

ex excess ☐ избыток, излишек

ex exchange ☐ обмен; замена; смена

ex excision ☐ иссечение; ампутация

ex execution ☐ 1. выполнение, исполнение 2. суд. мед. приведение в исполнение

ex exercise ☐ упражнение; занятия; учение

Ex exophthalmos ☐ экзофтальм, пучеглазие

ex 1. experiment ☐ опыт, эксперимент || экспериментировать 2. experimentation ☐ экспериментирование

ex extra ☐ 1. особый; высокого класса, экстра 2. добавочный 3. вне, снаружи

ex extract ☐ экстракт; выдержка, извлечение || извлекать; экстрагировать

exag exaggeration ☐ преувеличение

exam examination ☐ проверка, осмотр, обследование

examd examined ☐ обследованный; проверенный, осмотренный

ex aq лат. ex aqua ☐ из воды

EXBF exercise blood flow [hyperemia] ☐ рабочая [нагрузочная] гиперемия

exc excellent ☐ отличный

exc except || exception ☐ исключать || исключение

exc excision ☐ иссечение, ампутация

exc excitation ☐ 1. возбуждение, волнение 2. раздражение; стимуляция

exc exciter ☐ возбудитель; стимулятор

exch exchange ☐ обмен; замена; смена

excl exclusion ☐ исключение

excp except ☐ за исключением

exd examined ☐ обследованный; проверенный; осмотренный

exec execution ☐ 1. выполнение, исполнение 2. суд. мед. приведение в исполнение

ex g, ex gr лат. exempli gratia ☐ for example ☐ например, напр.

exh 1. exhibit ☐ экспонат 2. exhibition ☐ выставка

exhib лат. exhibeatur ☐ let it be given ☐ выдай, пусть будет дано

exp expansion ☐ расширение, распространение

exp experiment || experimental ☐ опыт, эксперимент || подопытный; опытный, экспериментальный, исследуемый

exp expired ☐ 1. выдыхаемый; выдохнутый 2. умерший

exp exposure ☐ экспозиция

exp express ☐ экспресс (метод), срочное исполнение

exp expression ☐ выражение

exper experiment || experimental ☐ опыт, эксперимент || подопытный; опытный, экспериментальный, исследуемый

expir expiration ☐ 1. выдыхание, выдох 2. конец

expir expiratory ☐ дыхательный

expl explanation ☐ объяснение

expl exploration ☐ 1. (поисковое) исследование 2. диагностическая операция

expn exposition □ экспозиция

exp/o experimental order □ порядок эксперимента

expos exposition □ 1. экспозиция, выдержка (продолжительность действия какого-либо фактора) 2. выделение, обнажение (напр. сосуда)

expos exposure □ 1. экспозиция 2. воздействие; выдержка

expr experiment □ опыт, эксперимент ‖ экспериментировать, проводить опыт

expr express □ экспресс (метод); срочное исполнение

expr expression □ выражение

expt experimental □ подопытный, опытный, экспериментальный

ext лат. extende □ spread □ фарм. намажь

ext extension □ расширение, добавление

ext exterior □ 1. внешний, наружный 2. внешняя [наружная] сторона; внешность

ext external □ внешний, наружный

ext extra □ 1. высокого класса, экстра 2. добавочный 3. вне, снаружи

ext extract □ экстракт; вытяжка ‖ извлекать, экстрагировать

ext extreme □ 1. крайний; последний 2. терминальный, предельный

ext extremity □ конечность

extd extracted □ извлечённый; экстрагированный

EXTEND Exercise Training for the Elderly and/or Disabled □ физические упражнения для пожилых и/или инвалидов

extn extraction □ 1. экстракция; извлечение, экстрагирование 2. вытяжение; растяжение

extr extreme □ экстремальный, предельный

exx examples □ примеры

ey emergency □ 1. чрезвычайное положение, авария ‖ чрезвычайный; аварийный; запасный 2. экстренное заболевание

ey-1, ey-2 eyeless □ «безглазые» (рецессивные гены, обусловливающие анофтальмию и микрофтальмию)

ez eczema □ экзема

E/Z equal zero □ равно нулю

F

Facile omnes, cum valemus, recta consilia aegrotis damus
Когда мы здоровы, то легко даём больным хорошие советы

f activity coefficient for molar concentration ☐ *усл.* коэффициент активности молярной концентрации

f face ☐ 1. лицо 2. поверхность

F factor ☐ 1. фактор; причина 2. коэффициент; показатель 3. ген 4. гормон 5. витамин 6. катафактор *(величина охлаждения на кататермометре)*

F factor of blood coagulation ☐ фактор свёртывания крови

F I factor I ☐ фактор I, фибриноген*

F II factor II ☐ фактор II, протромбин

F III factor III ☐ фактор III, тканевый тромбопластин, тканевая тромбокиназа *(катализатор превращения протромбина в тромбин)*

F IV factor IV ☐ фактор IV, ионы кальция

F V factor V ☐ фактор V, *нрк.* акцелератор-глобулин

F VI factor VI ☐ *(термин в настоящее время не применяется для обозначения вещества, участвующего в свёртывании крови)*

F VII factor VII ☐ фактор VII, антифибринолизин, проконвертин *(глобулин, обеспечивающий образование активной формы фактора III из его неактивной формы)*

F VIII factor VIII ☐ фактор VIII, антигемофильный глобулин A, антигемофильный фактор, тромбопластический фактор плазмы *(участвует в активации фактора X)*

F IX factor IX ☐ фактор IX, антигемофильный глобулин B, кристмас-фактор** *(участвует в образовании фактора 3 тромбоцитов)*

F X factor X ☐ фактор X, *нрк.* активированный фактор Стюарта – Пауэра *(белок плазмы крови, участвующий в образовании фактора III и фактора 3 тромбоцитов)*

F XI factor XI ☐ фактор XI, плазменный предшественник тромбопластина, ППТ, антигемофильный глобулин C *(участвующий в образовании фактора 3 тромбоцитов)*

F XII factor XII ☐ фактор XII, контактный фактор, Хагемана фактор *(инициирующий процессы свёртывания и фибринолиза крови при взаимодействии с чужеродной поверхностью)*

F XIII factor XIII ☐ фактор XIII, фибринстабилизирующий фактор *(катализирующий превращение растворимого фибрина в нерастворимый)*

F VIII RAg factor VIII related antigen ☐ антиген фактора VIII

F factor of safety ☐ коэффициент надёжности; запас прочности

---

* Термины-аббревиатуры F I – F XIII приведены в соответствии с Международной номенклатурой факторов свёртывания крови.
** Термин-эпоним образован по фамилии мальчика Christmas, больного гемофилией B, у которого данное заболевание было диагностировано и описано впервые.

F Fahrenheit ☐ температурная шкала Фаренгейта; температура по Фаренгейту

f failure ☐ 1. недостаточность, декомпенсация 2. *мед. тех.* отказ

f falsification ☐ фальсификация; подделка

f family ☐ 1. семья 2. семейство *(напр. животных)*

F farad ☐ фарад, Ф *(единица электрической ёмкости)*

F faraday ☐ постоянная Фарадея *(96484,5 Кл/моль)*

F, f fascia ☐ фасция

F fasting ☐ лечебное голодание; пост

f fat ☐ жир

f father ☐ отец

f fatigue ☐ утомление, усталость

f feedback ☐ обратная связь

f fellow ☐ 1. (действительный) член научно-практического общества, коллегии 2. стипендиат *(занимающийся научной деятельностью)* 3. научный работник

f felon ☐ *суд. мед.* уголовный преступник

f female ☐ особь женского рода, самка ‖ женский (пол)

5F female, fat, fair, fertile, forty ☐ 5Ф – риск-ситуация по жёлчно-каменной болезни *(тучная, малоподвижная женщина, у которой было несколько родов и которой уже за 40)*

f feminine ☐ женского пола; женского рода; женский

F fetal ☐ плодный, относящийся к плоду, фетальный *(напр. гемоглобин)*

F *лат.* fiat ☐ *фарм.* сделай, приготовь, пусть будет сделано

F field of vision ☐ поле зрения

f figure ☐ рисунок, схема

F Filaria ☐ подотряд нематод Филярии *(вызывающих вухерериоз, онхоцеркоз и др.)*

f filial ☐ родственное отношение потомства к родителям *(дочерний, сыновний)*

f *лат.* filius ☐ дети, потомство

F filling ☐ фаза наполнения *(желудочков кровью)*

F$_r$ rapid filling ☐ фаза быстрого наполнения желудочков

f film ☐ 1. плёнка 2. рентгенограмма

f 1. filter ☐ фильтр ‖ фильтровать **2.** filtration ☐ фильтрация, фильтрование

f fine ☐ тонкий; мелкий; мелкозернистый

f finger ☐ 1. палец 2. указатель 3. палочка лекарственного растения

f finish ☐ окончание; финиш

f firm ☐ твёрдый; прочный; жёсткий

f first ☐ первый

F fission ☐ 1. деление *(клеток)* 2. деление; сегментация; расщепление

f fixed ☐ 1. фиксированный; закреплённый 2. стационарный, постоянный

f flap ☐ кожный лоскут

f flexed tale □ изогнутый хвост *(мутантный ген)*

f flow □ поток, течение

f flower □ цветок; цветущее растение

f fluid □ жидкость, жидкая среда ǁ жидкий, жидкостный; тягучий

f fluid ounce □ жидкостная унция *(в Англии = 0,02841 л, в США = 0,02957 л)*

F fluorine □ фтор

F flux luminous □ световой поток

f focal length □ фокусное расстояние

F, f fontanelle □ родничок

f foot □ 1. нога 2. левая нога *(отведение ЭКГ)* 3. фут *(0,3048 м, Великобритания)*

f foramen □ отверстие

f force □ сила

f forked □ ген, определяющий вилкообразную форму щетинки *(дрозофилы)*

f form □ бланк; формуляр; форма

F formula □ пропись, состав *(лекарственного средства)*

F *лат.* forte □ *фарм.* пролонгированный, продлённый, форте *(напр. сустак, инсулин)*

f fossa □ ямка

f fostered □ сублиния мышей, выделенная при вскармливании кормилицами

f fragmentation □ фрагментация, расщепление на мелкие части ǁ осколочный; оскольчатый *(напр. перелом)*

f frequency □ частота ǁ частотный

f frequency of breathing □ частота дыхания, ЧД

F frequency meter □ частотомер

f frequent □ частый, часто встречаемый *(о распространении вида, рода)*; обычный

F function □ функция

F$_A$ alveolar fraction □ концентрация газа в альвеолярном воздухе

F$_E$ expired fraction □ концентрация газа в выдыхаемом воздухе

F$_I$ inspired fraction □ концентрация газа во вдыхаемом воздухе

F$_P$ partition function □ раздельная [отдельная] функция

F$_1$ first generation, the offspring of the parental generation □ первое поколение, гибриды первого поколения

F$_2$ second filial generation □ второе поколение, гибриды второго поколения

F-1 Flory factor-1 □ фактор-1, Флори фактор-1

F-4, 4-F *амер., усл.* не годен к военной службе по физическому, психическому или моральному состоянию *(военно-учётная категория)*

F. phenylalanine □ *усл.* фенилаланин

F test of significance □ *усл.* критерий значимости Фишера

F variance ratio □ *усл.* отношение дисперсий

F *усл.* калибр катетеров по Шарьеру *(Франция)*

FA Fanconi's anemia □ семейная детская гиперхромная анемия, анемия Фанкони

FA fatty acid □ жирная кислота

FA femoral artery □ бедренная артерия

FA ferritin-agglutinin □ ферритин-агглютинин

FA fibroadenoma □ фиброаденома

FA *англ.* field ambulance □ 1. полевой подвижной госпиталь, ППГ 2. автомобиль скорой медицинской помощи, санитарная машина

FA filterable agent □ фильтрующийся вирус

FA filtered air □ очищенный воздух

FA first aid □ первая помощь

FA flight accident □ воздушная катастрофа, несчастный случай в полёте

FA fluorescent antibodies □ флуоресцентные [флуоресцирующие] антитела

FA fluorescent assay □ флуоресцентный анализ

FA fluoroacetate □ флюорид ацетат

FA folic acid □ фолиевая кислота

FA forearm □ предплечье

FA fractional anisotropy □ фракционная анизотропия

FA free acid □ свободная кислота

FA Phtoruracilum [Fluorouracil], Adriamycinum □ фторурацил, адриамицин *(программа химиотерапии онкологических больных)*

FAAFP Fellow of the American Academy of Family Physicians □ член Американской академии семейных врачей

FAAN Fellow of the American Academy of Nursing □ член Американской академии по сестринскому делу

Fab antigen-binding fragment □ антиген-связывающий фрагмент, Fab-фрагмент *(молекулы IgG)*

fab fabric □ 1. ткань, материал 2. строение, структура

FAB first-aid box □ аптечка первой помощи

FAB functional arm brace □ функциональный бандаж для рук

F&BC Fumigation and Bath Company □ дезинфекционно-банная рота

FAB classification French-American-British classification □ франко-американо-британская классификация *(лейкозов)*

FAB group French, American, British group □ FAB-группа специалистов – исследователей лейкоза *(из Франции, Америки, Великобритании)*

FABS fresh AB serum □ свежезаготовленная AB сыворотка крови

FAB test fluorescent antibody test □ иммунофлуоресцентный метод анализа

FAC fast as can □ как можно скорее

FAC Phtoruracilum [Fluoruracil], Adriamycinum, Cyclophosphanum □ фторурацил, адриамицин, циклофосфан *(программа химиотерапии онкологических больных)*

FACA Fellow of the American College of Anesthetists □ член Американской коллегии анестезистов

FACC Fellow of the American College of Cardiology □ член Американского колледжа кардиологии

FACCP Fellow of the American College of Chest Physicians □ член Американской коллегии врачей по заболеваниям органов грудной полости

FACD Fellow of the American College of Dentists □ член Американской коллегии зубных врачей

FACDS Fellow of the Australian College of Dental Surgeons □ член Австралийской коллегии стоматологов-хирургов

FACFP Fellow of the American College of Family Practice □ член Американского колледжа семейных врачей

FACG Fellow of the American College of Gastroenterology □ член Американского колледжа гастроэнтерологии

FACMA Fellow of the American College of Medical Administrators □ член Американской коллегии руководителей лечебных учреждений

FACN Fellow of the American College of Nutrition □ член Американского колледжа диетологии

FACO Fellow of the American College of Otolaryngology □ член Американского колледжа отоларингологии

FACOG Fellow of the American College of Obstetricians and Gynecologists □ член Американской коллегии акушеров-гинекологов

FACP Fellow of the American College of Physicians □ член Американской коллегии терапевтов

FACPM Fellow of the American College of Preventive Medicine □ член Американской коллегии превентивной [профилактической] медицины

FACR Fellow of the American College of Radiology □ член Американского колледжа радиологии

FACS facial action coding system □ система кодирования активности лицевых мышц

FACS Fellow of the American College of Surgeons □ член Американской коллегии хирургов

FACS 1. fluorescence-activated cell sorter □ лазерный анализатор [«сортировщик»] клеток по интенсивности флуоресценции 2. fluorescent activated cell sorting □ флуоресцентный метод разделения клеток лимфоцитов

FACSM Fellow of the American College of Sports Medicine □ член Американского колледжа спортивной медицины

FACTM Fellow of the American College of Tropical Medicine □ член Американского колледжа тропической медицины

FAD familial autonomic dysfunction □ наследственное расстройство вегетативной нервной системы

FAD flavin adenine dinucleotide □ флавинадениндинуклеотид, ФАД (кофермент, участвующий во многих окислительно-восстановительных реакциях)

FAD food additives □ пищевые добавки

FADC First Aid and Decontamination Centre □ пункт первой медицинской помощи и дезактивации

FADE fluorescent antibody darkfield □ флуоресценция антител в тёмном поле

FAD • H₂ flavin adenine dinucleotide H₂ □ восстановленная форма флавинадениндинуклеотида, ФАД • H₂

FAEF fibril derived amyloid enhancing factor □ интерстициально-склерозирующий фактор, способствующий развитию амилоидоза

F&F furniture and fixture □ мед. тех. оборудование и арматура

FAFol fractional absorption of folic acid □ фракционная абсорбция фолиевой кислоты

FAGO Fellowship in Australia in Obstetrics and Gynecology □ Австралийское общество акушеров и гинекологов

Fah Fahrenheit □ температурная шкала Фаренгейта; температура по Фаренгейту

FAH Federation of American Hospitals □ Федерация американских госпиталей

Fahr Fahrenheit □ температурная шкала Фаренгейта; температура по Фаренгейту

FAI fresh air inlet □ 1. впуск свежего воздуха 2. входное вентиляционное отверстие

FAIDS feline AIDS □ синдром приобретённого иммунодефицита кошек, СПИД кошек

FAK fucose-activated killer □ активированная фукозой киллерная клетка

fam family □ 1. семейство (таксономическая единица) 2. семья

FAM fast auxiliary memory □ мед. тех. быстродействующая вспомогательная память

FAM 5-Fluorouracil, Adriamycin and Mitomycin □ 5-фторурацил, адриамицин и метацин с ФАМ (схема химиотерапии онкологических больных)

FAMA Fellow of the American Medical Association □ член Американской медицинской ассоциации

FAMA fluorescent antibody to membrane antigen □ флуоресцентные антитела к мембранным антигенам

FAmb англ. field ambulance □ 1. полевой подвижной госпиталь, ППГ 2. автомобиль скорой медицинской помощи, санитарная автомашина

Fam doc family doctor □ семейный врач

FAN fuchsin, amido black, and naphthol yellow □ фуксин, амидовый чёрный и жёлтый нафтол (индикаторные красители)

FANA fluorescent antinuclear antibody □ антиядерные флуоресцентные антитела

FANYs first aid nursing yeomanry □ член корпуса медсестёр первой помощи

FAO Food and Agricultural Organization of the United Nations □ Продовольственная и сельскохозяйственная организация Объединённых Наций, ФАО

FAP familial amyloid polyneuropathies □ семейная амилоидная полинейропатия

FAP амер. family assistance plan □ план помощи (многодетным) семьям

FAP First Aid Party □ отряд первой медицинской помощи (пострадавшим от воздушного налёта)

FAP First Aid Post □ пункт первой медицинской помощи

FAPA Fellow of the American Psychiatric Association □ член Американской психиатрической ассоциации

FAPHA Fellow of the American Public Health Association □ член Американской ассоциации общественного здравоохранения

Far faradic □ индукционный (ток)

F&R force and rhythm □ сила и ритм

FAR photosynthetic active radiation □ фотосинтетически активная радиация

FARAMC Field Ambulance Royal Army Medical Corps □ полевой подвижной медицинский отряд Королевской армии (Великобритания)

FAS Fellow of the Anthropological Society □ член антропологического общества

FAS fetal alcohol syndrome □ алкогольный синдром у плода (множественные пороки развития, обусловленные алкоголизмом родителей)

FAS англ. Field Ambulance Service □ служба оказания врачебной помощи на поле боя; полевые подвижные госпитали

FASA Fellow of the Acoustical Society of America □ член Американского акустического общества

fasc *лат.* fasciculus □ bundle □ пучок

FASE Foundation for Advancements in Science and Education □ Фонд развития науки и образования

FASEB Federation of American Societies for Experimental Biology □ Американская федерация обществ экспериментальной биологии

FAST facial affect scoring technique □ техника идентификации эмоций по выражению лица

FAST fluoroallergosorbent test □ флуоресцентный аллергосорбентный тест

FAT fluorescent antibody technique [test] □ реакция иммунной флуоресценции, РИФ

fav favourable □ благоприятный

FAV feline ataxia virus □ вирус кошачьей атаксии

FB Family Bureau □ бюро по вопросам семьи

f/b feed back □ обратная связь, ответная реакция

FB fingerbreadth □ шириной в палец; ширина пальца

FB foreign body □ инородное тело

FB *амер.* Fumigation and Bath □ санитарный пропускник, банно-дегазационный пункт

FBA Fellow of the British Academy □ член Британской академии наук

FBAl 2-fluoro-B-alanine □ 2-фтор-B-аланин

FBC full blood count □ общий [развёрнутый] анализ крови

FBCP familial benign chronic pemphigus □ наследственный доброкачественный хронический пемфигус

FBD functional bowel distress □ функциональное расстройство кишечника, дискинезия кишечника

FBG fasting blood glucose □ содержание сахара [глюкозы] в крови натощак

FBOA Fellow of the British Optical Association □ член Британской оптической ассоциации

FBP femoral blood pressure □ давление в бедренной артерии

FBP fibrinogen breakdown products □ продукты деградации фибриногена

FBPsS Fellow of the British Psychological Society □ член Британского общества психологов

fbr fiber □ 1. нить; волокно; клетчатка 2. волосок

FBS fasting blood sugar □ содержание сахара в крови натощак

FBS fetal bovine serum □ сыворотка плода коровы

FBSS failed back surgery syndrome □ синдром рецидивирующих болей после операций на позвоночнике

FBT feedback technique □ метод обратной связи

Fc crystallizable fragment □ кристаллизующийся фрагмент, Fc-фрагмент *(тяжёлых цепей иммуноглобулина G, взаимодействующий с комплементом)*

FC fasciculus cuneatus □ клиновидный пучок, пучок Бурдаха

FC febrile convulsions □ гипертермические судороги

Fc fibrocyte □ фироцит

f/c film-coated □ покрытый оболочкой или плёнкой *(о таблетке)*

FC finger clubbing □ пальцы в виде барабанных палочек

FC finger counting □ счёт пальцев у лица *(проверка зрения)*

fc foot candles □ фут-свечи *(единица освещённости)*

fc forecast □ предсказание, прогноз

FC foster care □ воспитание и уход

FC functional capabilities □ функциональные возможности

FC functional class □ функциональный класс

FCA ferritin-conjugated antibodies □ ферритин-конъюгирующие антитела

FCA Freund's complete adjuvant □ полный адъювант [стимулятор] Фрейнда *(масляная эмульсия, содержащая дериваты ланолина и вакцину БЦЖ)*

FCAP Fellow of the College of American Pathologists □ член коллегии Американских патологов

FCC First Class Certificate □ сертификат [свидетельство] 1-го класса; диплом 1-й степени

FCC follicle centre cell □ клетка центрального фолликула

FCCP Fellow of the American College of Chest Physicians □ член Американской коллегии врачей по заболеваниям органов грудной полости

FCD fibrocystic dysplasia □ фиброзно-кистозная дисплазия (кости)

FCDB fibrocystic disease of breast □ фиброзно-кистозная мастопатия

FCDR failure cause data report □ сводка о диагностических ошибках

F + cell бактериальная клетка, содержащая F-фактор, *см.* **F-factor**

F – cell бактериальная клетка, лишённая F-фактора

FCF fibroblast chemotactic factor □ фактор хемотаксиса фибробластов

Fch French □ французский язык || французский

FCHL familial combined hyperlipidemia □ семейная комбинированная гиперлипидемия, СКГЛП

FChS Fellow of the Society of Chiropodists □ член общества по заболеваниям стоп

FCM fat content of milk □ содержание жира в молоке

FCM fat corrected milk □ стандартное (скорректированное] по жиру молоко *(4 % жирности)*

FCMS Fellow of the College of Medicine and Surgery □ член колледжа терапии и хирургии

FCO Fick cardiac output □ минутный объём сердца по Фику

fco franco □ франко, свободно от расходов; бесплатно

FCOG(SA) Fellow of the South African College of Obstetricians and Gynecologists □ член Южноафриканской коллегии акушеров и гинекологов

FCO Foreign and Commonwealth Office □ Министерство [Департамент] иностранных дел и по делам содружества *(Великобритания)*

FCP (SoAf) Fellow of the College of Physicians (South Africa) □ член коллегии врачей *(Южной Африки)*

FCP final common pathway □ двигательный нейрон, обслуживающий несколько различных афферентных дуг

FCPath Fellow of the College of Pathologists □ член коллегии патологов

FCPS Fellow of the College of Physicians and Surgeons □ член коллегии терапевтов и хирургов

FcR Fc receptor □ рецептор для Fc-фрагмента *(иммуноглобулина)*, Fc-рецептор

FcRv Fcv receptor □ Fcv-рецептор, Fc-рецептор для IgG

FcRµ Fcµ receptor □ Fcµ-рецептор, Fc-рецептор для IgG

FCR flexor carpi radialis □ мышца, сгибающая большой палец руки

FCR fractional catabolic rate □ степень фракционного разложения *(химических соединений в организме)*

FCRA Fellow of the College of Radiologists, Australasia □ член коллегии радиологов Австрало-Азиатского региона

FCS Fellow of the Chemical Society □ член химического общества *(США)*

FCS fetal calf serum □ фетальная телячья сыворотка

FCSP Fellow of the Chartered Society of Physiotherapists □ член почетного общества физиотерапевтов

FCSSA Fellow of the College of Surgeons (South Africa) □ член коллегии хирургов *(Южной Африки)*

FCST Fellow of the College of Speech Therapists □ член коллегии врачей-логопедов

fcst, fct forecast □ 1. предсказание; прогноз 2. предварительный расчёт

FCU flexor carpi ulnaris (tendon) □ сухожилие локтевого сгибателя кисти

FCV forced vital capacity □ форсированная жизненная ёмкость лёгких, ФЖЕЛ

Fd difficult fragment □ Fd-фрагмент, «трудный» фрагмент *(участок H-цепи Fab-фрагмента, участвующего в построении антидетерминантных антител)*

FD fan douche □ веерный душ

FD fatal dose □ летальная доза

fd feed □ питание; кормление

FD fibrinogen derivatives □ дериваты фибриногена

FD field dressing □ оказание медицинской помощи на поле боя; наложение повязки на поле боя

FD focal distance □ фокусное расстояние

FD forced draft □ принудительная [приточно-вытяжная] вентиляция

FD forceps delivery □ родоразрешение с помощью щипцов; наложение акушерских щипцов

FD fourth dimension □ четвёртое измерение *(время)*

FD functional disease □ функциональное заболевание

FD$_{50}$ median fatal dose □ средняя смертельная доза, доза половинной выживаемости

FDA fluorescein diacetate □ флуоресцеиндиацетат

FDA Food and Drug Administration □ Департамент [Управление] по контролю за качеством пищевых продуктов, медикаментов и косметических средств *(США)*

FDA medium Food and Drug Administration medium □ среда FDA *(для выращивания типовых культур микроорганизмов)*, см. тж. **FDA** Food and Drug Administration

FDA frontodextra anterior (position of the fetus) □ передний вид, лобное предлежание, правая [вторая] позиция *(плода в матке)*

FDAC, FD&C Food, Drug and Cosmetic Act □ Закон о производстве и продаже качественных пищевых продуктов, лекарственных и косметических средств *(США)*

Fd Amb *англ.* field ambulance □ 1. полевой подвижной госпиталь 2. автомобиль скорой медицинской помощи; санитарная автомашина

FDC follicular dendritic cells □ фолликулярные дендритные клетки

FDE final drug evaluation □ окончательная оценка действия медикамента

FDH focal dermal hypoplasia □ фокальная гипоплазия дермы, ФГД

Fd Hosp field hospital □ полевой подвижной госпиталь

FDI *фр.* Federation Dentaire Internationale □ Federation Dentistry International □ Международная федерация зубных врачей

FDIU *лат.* fetal death in utero □ внутриутробная смерть плода

fdn foundation □ 1. основы 2. основание; фундамент; база 3. фонд

FDNB fluorodinitrobenzene □ фтординитробензол

FDO Fleet Dental Office □ Управление флагманского стоматолога флота; Зубоврачебное управление военно-морского флота

FDP fibrinogen degradation products □ 1. продукты распада [деградации] фибриногена 2. скрининг для обнаружения продуктов распада фибриногена

FDP flexor digitorum profundus □ глубокий сгибатель пальцев *(кисти)*

FDP frontodextra posterior (position of the fetus) □ задний вид, лобное предлежание, правая [вторая] позиция *(плода в матке)*

FDP fructose 1,6-diphosphate □ фруктозо-1,6-дифосфат

FDS Fellow in Dental Surgery □ член общества стоматологов-хирургов

FDS fiberduodenoscope □ фибродуоденоскоп

FDS Field Dental Section □ полевое подвижное зубоврачебное отделение

FDS Field Dressing Station □ полевой передвижной перевязочный пункт

FDS flexor digitorum superfacialis □ поверхностный сгибатель пальцев *(кисти)*

FDSRCPS (Glasgow) Fellow in Dental Surgery, Royal College of Physicians and Surgeons of Glasgow □ член секции хирургической стоматологии Королевской коллегии терапевтов и хирургов Глазго

FDSRCS (Ed.) Fellow in Dental Surgery, Royal College of Surgeons of Edinburgh □ член секции хирургической стоматологии Королевской коллегии терапевтов и хирургов Эдинбурга

FDT frontodextra transversa (position of the fetus) □ лобный шов в правом косом размере *(позиция плода в матке)*

FE fatty ester □ сложный эфир жирной кислоты

Fe *лат.* Ferrum □ iron □ железо

FE fetal erythrocytes □ эмбриональные эритроциты; фетальный гемоглобин

FE fixed equipment □ стационарное оборудование

FE food engineering □ технология приготовления пищи

f.e. for example □ например, напр.

FE fractional excretion □ порционное выделение, фракционная экскреция *(напр. мочи)*

Fe^{50} radioactive iron □ радиоактивное железо

feb *лат.* febris □ fever □ повышенная температура; лихорадка

FEBA factor eight bypassing activity □ активность фактора VIII, антигемофильного фактора *(дефицит которого обусловливает гемофилию А)*

feb. dur. *лат.* febris durante □ during fever □ во время лихорадки

FEBS Federation of European Biochemical Societies □ Федерация европейских биохимических обществ, ФЕБО

FEC free erythrocyte coproporphyrin □ свободный копропорфирин эритроцитов

PECG fetal electrocardiogram □ электрокардиограмма плода

FECP free erythrocyte coproporphyria □ эритропоэтическая копропорфирия

FECS Federation of European Cancer Societies □ Федерация европейских онкологических обществ

FECV functional extracellular fluid volume □ функциональный внеклеточный [экстрацеллюлярный] объём жидкости

FEDT facial emotion discrimination test □ тест различения эмоций на лице

FEF forced expiratory flow □ форсированный поток выдоха

FEF frontal eye field □ лобное глазодвигательное поле *(головного мозга)*

FEF$_{25-75}$ mid-maximal forced expired flow □ средняя максимальная форсированная скорость выдоха

FEIT facial emotion identification test □ тест идентификации эмоций на лице

FEL familial erythrophagocytic lymphohistiocytosis □ семейный эритрофагоцитарный лимфогистиоцитоз

FEL free electron laser □ лазер на свободных электронах, ЛСЭ

F element *см.* **F-factor**

fell fellow □ 1. член *(общества, коллегии)* 2. стипендиат *(занимающийся научной деятельностью)*

FeLV feline leukemia virus □ вирус лейкоза кошек

fem female □ женский, относящийся к женскому полу

FEM *фр.* force electromotrice □ электродвижущая сила, ЭДС

FEMA Federal Emergency Management Agency □ Федеральное агентство по управлению страной в чрезвычайных ситуациях *(США)*

FEMS Federation of European Microbiological Societies □ Федерация европейских микробиологических обществ

FENa excreted fraction of filtered sodium □ показатель [фракция] выводимого с мочой натрия

FEP free erythrocyte protoporphyrin □ свободный [несвязанный] эритроцитарный протопорфирин

ferr ferrous □ железный *(содержащий двухвалентное железо)*

ferv *лат.* fervens □ hot □ жар

FES forced expiratory spirogram □ спирограмма форсированной жизненной ёмкости лёгких, ФЖЕЛ

FeSFV feline syncytium-forming virus □ кошачий синцитиальный вирус

FET forced expiratory time □ время форсированного выдоха

FET frozen embryo transfer □ перенос замороженного эмбриона

FETI fluorescense excitation transfer immunoassay □ иммуноанализ с переносом возбуждённой флуоресценции

Fetr feline (viral) rhinotracheitis □ (вирусный) ринотрахеит кошек

FETS forced expiratory time, in seconds □ время форсированного выдоха в секундах

FEV forced expiratory volume □ объём воздуха при форсированном выдохе в единицу времени

FEV$_{0,75sec}$ FEV$_{0,75}$ forced expiratory volume per 3/4 second □ объём воздуха при форсированном выдохе за 3/4 с, форсированная жизненная ёмкость лёгких за первые 3/4 с, ФЖЕЛ$_{0,75}$

FEV1 forced expiratory volume in 1 second □ односекундный объём воздуха при форсированном выдохе, ОФВ$_1$, форсированная жизненная ёмкость лёгких за 1 с, ФЖЕЛ$_{1c}$

FEV2sec forced expiratory volume in 2 seconds □ форсированная жизненная ёмкость лёгких за первые 2 секунды, проба Вотчала, ФЖЕЛ$_{2c}$

FEV3sec forced expiratory volume in 3 seconds □ форсированная жизненная ёмкость лёгких за первые 3 секунды, проба Комро, ФЖЕЛ$_{3c}$

FEV peak flow □ максимальный поток *(воздуха при фиксированном выдохе)*

FEV % percentage expired (forced expiratory volume/vital capacity) □ коэффициент [индекс] Тиффно *(отношение в % объёма воздуха, выдыхаемого за первую секунду форсированного выдоха к жизненной ёмкости лёгких)*

FEUO for external use only □ только для наружного использования, «наружное»

FF fat-free □ обезжиренный; не содержащий жира

FF father factor □ отцовский фактор

FF fecal frequency □ частота стула

FF filtration fraction □ фильтрационное фракционирование

FF fixing fluid □ фиксирующая жидкость

FF flip-flop □ триггер, триггерная схема

FF force fluids □ нагнетать жидкость

FF forearm flow □ кровоток в предплечье

FF foster father □ приёмный отец

FF$_{1/2}$ one-half filling fraction □ *узи* фракция одной второй наполнения

FF$_{1/3}$ one-third filling fraction □ *узи* фракция одной трети наполнения *(кровью желудочка сердца)*

FFA false food allergy □ псевдоаллергия на пищу

FFA free fatty acids □ свободные жирные кислоты

FFA fusiform face area □ *анат.* область веретеновидной извилины, в которой происходит распознавание лиц

F-factor fertility factor □ секс-фактор, половой фактор, фактор фертильности, F-фактор *(бактерий)*

FFARACS Fellow of the Faculty of Anesthetists, Royal Australasian College of Surgeons □ член секции анестезиологов Королевской коллегии хирургов Австрало-Азиатского региона

FFARCS (Eng.) Fellow of the Faculty of Anesthetists, Royal College of Surgeons of England □ член секции анестезиологов Королевской коллегии хирургов Англии

FFARCS (Irel.) Fellow of the Faculty of Anesthetists, Royal College of Surgeons in Ireland □ член секции анестезиологов Королевской коллегии хирургов Ирландии

FFCM Fellow of the Faculty of Community Medicine □ член общества [факультета] общественной медицины

FFD fat-free dry □ сухое обезжиренное вещество

FFD Fellow of the Faculty of Dental Surgeons □ член общества [факультета] хирургов-стоматологов

FFD focus-film distance □ расстояние «рентгеновская трубка – плёнка» *(с которого производится рентгеновский снимок)*

FFDRSC (Irel.) Fellow of the Faculty of Dentistry, Royal College of Surgeons in Ireland □ член стоматологической секции Королевской коллегии хирургов Ирландии

FFDW fat-free dry weight □ масса сухого обезжиренного вещества

FFF flicker fusion frequency □ (критическая) частота слияния мельканий

FFFP Foreign Faculty Fellowship Program □ программа усовершенствования врачей-иностранцев

FFHom Fellow of the Faculty of Homeopathy □ член гомеопатического факультета

FFI fetal family insomnia □ врождённая наследственная инсомния

FFI fit and free from infection □ здоров, инфекционных заболеваний не обнаружено

FFM fat-free mass □ обезжиренная масса

FFOM Fellow of the Faculty of Occupational Medicine □ член факультета [профессиональных заболеваний] профессиональной медицины

FFP fresh frozen plasma □ свежезамороженная (в первые 6 часов после забора) [лиофилизированная] плазма

FFR Fellow of the Faculty of Radiologists □ член факультета радиологов

FFS Family Formation Survey □ служба формирования семьи; служба знакомств

FFS fee for service □ плата за обслуживание

FFSc Fellow of the Faculty of Sciences □ член факультета естественных наук

FFT flicker fusion threshold □ порог слияния мельканий

FFU focus-forming unit □ 1. бляшкообразующая единица, БОЕ 2. инфекционный центр

FFU complex femur-fibula-ulna complex □ синдром FFU *(врождённое укорочение бедренной, малоберцовой и локтевой костей)*

FFV fractional free volume □ доля свободного объёма

FFW fat-free weight □ обезжиренная масса

FFWW fat-free wet weight □ масса тела, свободного от жира

FG fasciculus gracilis □ нежный пучок

Fg fibrinogen □ фибриноген

FGA first generation antipsychotics □ антипсихотики первого поколения *(типичные нейролептики)*

Fg catheter Fogarty catheter □ катетер Фогарти

FGD fatal granulomatous disease □ лимфогранулематоз, болезнь Ходжкина

FGDS fibergastro-duodenoscope □ фиброгастродуоденоскоп

FGF father's grandfather □ прадед

FGF fibroblast growth factor □ фактор роста фибробластов

FGF fresh gas flow □ подача свежего воздуха *(во время наркоза по методу Айра)*

FGG fowl gamma globulin □ куриный g-глобулин

FGIMA Family Growth in Metropolitan America □ рост числа семей в континентальной Америке

FGM father's grandmother □ прабабушка

FGM female genital mutilation □ иссечение без медицинских показаний *(клитора и/или наружных половых органов)*

FGN focal glomerulonephritis □ очаговый гломерулонефрит

fgn foreign □ 1. иностранный, зарубежный 2. инородный; чужеродный

FGP functional group pair □ пара функциональных групп *(в методе оценки активности лекарственных средств)*

fgr finger □ 1. палец 2. штифт 3. указатель

FGS fibergastroscope □ фиброгастроскоп

FGT female genital tract □ женские половые пути

FGX fructose, glucose, xylitol □ фруктоза, глюкоза, ксилит

FH familial hypercholesterolemia □ наследственная [семейная] гиперхолестеринемия

FH Family Health, Division of □ отдел охраны здоровья семьи

FH family history □ семейный анамнез

FH favourable histology □ благоприятная гистологическая картина

FH fetal head □ голова плода

FH fetal heart □ сердце плода

f.h. *лат.* fiat haustus □ make a drink □ *фарм.* приготовить напиток

FH field hospital □ полевой подвижной госпиталь

FHA Fellow of the Institute of Health Service Administrators □ член института руководителей [администраторов] здравоохранения

FHA filamentous hemagglutinin □ филаментный [фимбриальный] гемагглютинин

FHH familial hypocalciuric hypercalcemia □ семейная гипокальциурическая гиперкальциемия

FHH fetal heart heard □ тоны сердца плода прослушиваются

FHI Family Health International □ Международная программа охраны здоровья семьи *(США)*

FHNH fetal heart not heard □ тоны сердца плода не прослушиваются

FHR fetal heart rate □ частота сердечных сокращений плода

FHR frequency of heart rate □ частота сердечных сокращений, ЧСС

FHS family health survey □ обследование состояния здоровья семей

FHS fetal heart sound(s) □ звуки сердца плода

FHT fetal heart tone □ 1. тоны сердца плода 2. эмбриокардия

FHV feline herpes virus □ вирус герпеса кошек

FHVDRR familial hypophosphatemic vitamin-D resistant rickets □ семейный гипофосфатемический резистентный к витамину D рахит

FI immersion face □ иммерсионная поверхность

fi fertility inhibition □ ген, подавляющий фертильность

FI fever caused by infection □ лихорадка инфекционной природы

Fi fibrinogen □ фибриноген

fi fidget □ «суетливые» *(мутантный ген)*

fi *лат.* filtrum □ фильтрум *(точка боковой границы желобка верхней губы у красной каймы)*

f.i. for instance □ например, напр.

FIA feline infectious anemia □ инфекционная анемия кошек

FIA fluorescence immunoassay □ иммунофлуоресцентный анализ, ИФА

FIA Freund's incomplete adjuvant □ неполный адъювант Фрейнда *(не содержащий вакцину БЦЖ, или фракции микобактерий)*

fib fibrillation □ фибрилляция

Fib fibrinogen □ фибриноген

fib fibrositis □ фиброзит

fib fibula □ малоберцовая кость

FIBiol Fellow of the Institute of Biology □ стипендиат Института биологии

Fibro-AHF fibrinogen (and) antihemophilic globulin □ фибриноген (и) антигемофильный глобулин [фактор]

FIC Fellow of the Institute of Chemistry □ стипендиат Института химии

FICA Federal Insurance Contribution Act □ Федеральный закон содействия страхованию *(США)*

FICCPM Fogarty International Center Conference on Preventive Medicine □ Конференция по профилактической медицине в международном центре Фогарти

FICD Fellow of the International College of Dentists □ член Международной коллегии дантистов

FICS Fellow of the International College of Surgeons □ член Международной коллегии хирургов

fict fictitious □ фиктивный, ложный

FICU fetal intensive care unit □ блок интенсивного лечения недоношенных детей

fid field □ поле || полевой; походный

FID flame ionization detector □ пламенный ионизационный детектор *(хроматографа)*

FIDE Foundation for International Dermatologic Education □ Фонд международного усовершенствования по дерматологии

FIF fibroblast interferon □ фибробластный интерферон

FIF forced inspiratory flow □ форсированная скорость вдоха

FIFE Financial Instrument for the Environment □ финансовый договор по окружающей среде

Fig, fig figure □ диаграмма; рисунок; вид; схема

FIGATOM *усл.* программа ЭВМ для получения стереоскопического изображения кристаллических структур

FIGE field inversion gel electrophoresis □ гель-электрофорез с инверсией полюсов

FIGlu formiminoglutamic acid □ формиминоглутаминовая кислота

FIGO International Federation of Gynecology and Obstetrics □ Международная федерация гинекологов и акушеров

FIH fat-induced hyperglycemia □ гипергликемия, индуцированная жиром

FIH Fellow of the Institute of Hygiene □ сотрудник Института гигиены

FIHE Fellow of the Institute of Health Education □ сотрудник Института санитарного просвещения

FIHospE Fellow of the Institute of Hospital Engineers □ сотрудник Института инженеров лечебных учреждений

fil *лат.* filius □ дети; потомство

fil filling □ 1. наполнение; заполнение; набивка 2. пломбирование

fil 1. filter □ фильтр || фильтровать 2. filtration □ фильтрация, фильтрование

fil *лат.* filtra □ *фарм.* профильтруй

filn filtration □ фильтрация, фильтрование

filt 1. filter □ фильтр 2. filtrate □ фильтрат

FIM functional independence measure □ шкала функциональной независимости *(оценка качества жизни, включающая двигательные и интеллектуальные функции)*

FIMLS Fellow of the Institute of Medical Laboratory Sciences □ сотрудник Института медико-лабораторных исследований

FIMM International Federation of Manual Medicine □ Международная федерация мануальной медицины

FIN fine intestinal needle □ тонкая кишечная игла

fin *лат.* finis □ конец, окончание

F-in-L father-in-law □ свёкор, тесть

FIO *лат.* fibrogenesis imperfecta ossium □ несовершенный остеогенез

FIO *англ.* Food Investigation Organization □ Организация по изучению качества пищевых продуктов

FiO₂ inspired oxygen fraction □ содержание кислорода во вдыхаемом воздухе

FIP *фр.* Fédération Internationale Pharmaceutique □ Международная фармацевтическая федерация

FIPV feline infections peritonitis virus □ коронавирус инфекционного перитонита кошек, КИПК

FIRDA frontal intermittent rhythmic delta activity □ лобная перемежающаяся ритмическая дельта-активность

FISH fluorescin in situ hybridization □ вариант метода, при котором в качестве зондов используются препараты ДНК, меченные флуорохромами

fist fistula □ свищ, фистула

fit fitting □ *мед. тех.* 1. сборка, монтаж; пригонка, подгонка 2. оборудование; установка; приспособление

FITC fluorescein isothiocyanate □ *иммун.* флуоресцеин-изотиоцианат

FITEC *фр.* Fédération Internationale du Thermalisme et du Climatisme □ Международная федерация курортологии и климатологии

FIUO for internal use only □ *фарм.* только для внутреннего употребления, «внутреннее»

FIV feline immunodeficiency virus □ вирус иммунодефицита кошек

FJN familial juvenile nephronophthisis □ семейный юношеский нефронофтиз или туберкулёз почек

F-K Fermi – Kurie (energy distribution plot) □ кривая Ферми – Кюри *(распределения энергии бета-частиц)*

FK506 □ ФК506 *(сильнодействующий иммунодепрессант, применяемый для предотвращения отторжения трансплантированных органов)*

FKA formally known as □ официально известно

FL fatty liver □ жировое перерождение печени

fL, fl femtolitre □ фемтолитр $(10^{-15}$ л)

fl flakes □ хлопья, флоккулянты

fl flammable □ воспламеняющийся, огнеопасный

fl floor □ 1. пол 2. дно

fl flower □ *фарм.* цветок

fl fluid □ жидкость ‖ жидкий

Fl fluorine □ фтор

FL focal length □ фокусное расстояние

FLA *лат.* fiat lege artis □ according to rule □ *фарм.* приготовить согласно правилам

F Lab field laboratory □ полевая передвижная лаборатория

Fl-Abs fluorescein-antibodies (labelled) □ антитела, меченные флуоресцеином

FLAIR Fluid Attenuated Inversion Recovery □ *рентг.* подавление сигнала свободной воды

flam flammable □ воспламеняющийся, огнеопасный

flav flavus □ жёлтый

FLC follicular large-cell lymphoma □ фолликулярная крупноклеточная лимфома

fld field □ сфера; поле; пространство; область, зона

fld fluid □ жидкость ‖ жидкий

FLD full lower denture □ полный протез нижней челюсти

flex flexible □ гибкий, эластичный

flext fluid extract □ жидкий экстракт *(раствор органического лекарственного вещества)*

FlF flip-flop □ *мед. тех.* триггер; триггерная схема

FlmPrf flameproof □ невоспламеняющийся, огнестойкий

FlMtr flow meter □ флоуметр, расходомер

floc 1. flocculation □ 1. флоккуляция 2. хлопья; лёгкие осадки; флоккулянты **2.** flocculent □ хлопьевидный

flor flowers □ *фарм.* цветы

fl oz fluid ounce □ жидкая унция *(29,6 мл)*

fl pr, fl prf flame-proof □ *мед. тех.* огнестойкий, огнеупорный, невоспламеняющийся

fls false □ ложный, фальшивый; неверный

FLS Fellow of the Linnean Society □ член Линнеевского общества

FLS fiberoptic light source □ *мед. тех.* стекловолоконный источник света

FLS fibrous long-spacing (collagen) □ исчерченность коллагенового волокна

FLSA follicular lymphosarcoma □ гигантофолликулярная лимфома, фолликулярная [модулярная] лимфосаркома

flt 1. filter □ фильтр ‖ фильтровать **2.** filtration □ фильтрация, фильтрование

flt flat □ *мед. тех.* плоский, ненаполненный *(напр. надувной матрац пневматика)*

Flt Surg flight surgeon □ врач санитарной авиации

flu influenza □ *sl.* грипп; респираторное вирусное заболевание

flug fluctuating □ флюктуирующий; пульсирующий

Fluor 1. fluorescence □ флуоресценция **2.** fluorescent □ флуоресцирующий; флуоресцентный *(напр. анализ)*

Fluor fluoride □ фторид, фтористое соединение

fl up flare-up □ *мед. тех.* вспыхивать, загораться

fl up follow-up □ отдалённый результат *(лечения)*

Flury LEP Flury low embryo passages □ штамм вируса бешенства Flury *(полученный 40–50-кратным пассивированием на куриных эмбрионах)*

FLV feline leukemia virus □ вирус кошачьего лейкоза

FM⁻¹ farad/meter □ фарад/метр, Ф/м

FM feedback mechanism □ механизм обратной связи

Fm Fermium □ фермий

FM *лат.* fiat mistura □ make a mixture □ *фарм.* приготовить микстуру

FM fibromuscular □ фиброзно-мышечный, фибромускулярный

FM flowmeter □ флоуметр, расходомер

FM foot-and-mouth disease □ ящур, афтозная лихорадка

fm form □ форма, вид, разновидность, тип

FM frequency modulated/modulation □ частотная модуляция

FM fulminate of mercury □ гремучая ртуть

FM maximal isometric force □ максимальное изометрическое напряжение

FM muscular fatigue □ мышечное утомление

FMA Florida Medical Association □ Медицинская ассоциация Флориды

FMC Federal Maritime Commission □ Федеральная морская комиссия

FMC Fellow of the Medical Council □ член медицинского совета

FMC follicular mixed small-cell lymphoma □ фолликулярная смешанная мелкоклеточная лимфома

FMC Foundations for Medical Care □ основы медицинского ухода

FM Card field medical card □ первичная медицинская карточка *(регистрации факта поражения или заболевания и оказанной помощи)*

FMD fibromuscular dysplasia □ фиброзно-мышечная дисплазия

FMD flow-mediated dilatation □ эндотелийзависимая вазодилатация

FMD, fmd foot-and-mouth disease □ ящур, афтозная лихорадка

FMDV foot-and-mouth disease vaccine □ вакцина против ящура

FMDV foot-and-mouth disease virus □ вирус ящура

FME full-mouth extraction □ удаление всех зубов

FmetHb фракция метгемоглобина

FMF familial Mediterranean fever □ периодическая болезнь, семейная средиземноморская лихорадка

FMF flow microfluorometry analysis □ проточный микрофлуорометрический анализ

FMF fetal movement felt □ движения плода ощущаются

FMG foreign medical graduate □ врач, окончивший вуз за рубежом

FMGEMS Foreign Medical Graduate Examination in the Medical Sciences □ Аттестация по медицинским наукам врачей, окончивших иностранные вузы

FMH fat-mobilizing hormone □ жиромобилизующий [жиросвязывающий] гормон

FMH fibromuscular hyperplasia □ фиброзно-мышечная гиперплазия

FMIA Frankfurt-mandibular incisor angle □ резцово-нижнечелюстной угол к франкфуртской горизонтали

FML fluoromethalone □ флюорометалон

FMLH familial hemophagocytic lymphohistiocytosis □ семейный гемофагоцитарный лимфогистиоцитоз

FMLP N-formil, L-methionyl, L-leucyl, L-phenylalanine □ N-формил, L-метионил, L-лейцил, L-фенилаланин

FMN flavin mononucleotide □ флавинмононуклеотид, ФМН *(рибофлавин-5-монофосфат)*

fmn formation □ 1. формация; образование 2. строение; структура

FMO Fleet Medical Officer □ флагманский врач флота

FMO Flying Medical Officer □ врач санитарной авиации; авиационный бортврач

FMP first menstrual period □ первый период [первая фаза] менструации

FMR female to male ratio □ численное соотношение самок и самцов

fMRI functional magnetic resonance imaging □ функциональная магнитно-резонансная томография

FMS fat-mobilizing substance □ жиромобилизующая субстанция

FMS Frankfurt – Marburg syndrome □ синдром Франкфурт – Марбурга

FMS full-mouth series □ укомплектованные зубные ряды

FMSM *фр.* Féderation Mondiale pour la Sante Mentale □ Всемирная федерация борьбы с психическими заболеваниями

FMX full mouth X-ray □ ортопантомограмма

FN false-negative □ ложноотрицательный *(о реакции)*

Fn fibronectin □ фибронектин

FN finger to nose □ пальценосовая проба

FN flight nurse □ медицинская сестра санитарной авиации; медицинская бортсестра

FN fracture with nonunion □ несросшийся перелом

FNA, FNAB fine-needle aspiration (biopsy) □ аспирационная биопсия тонкой иглой, тонкоигольная пункционно-аспирационная биопсия

FNAO Fellow of the National Association of Opticians □ член национальной ассоциации оптиков

FNC fatty nutritional cirrhosis □ жировой алиментарный цирроз

fndn foundation □ 1. основание 2. фонд; учреждение, существующее на фонд пожертвований

FNDS French National Dermatological Society □ Французское национальное общество дерматологов

FNE fear of negative evaluation scale □ шкала для выявления социофобии *(в частности, страха негативной общественной оценки)*

FNH flashless, non-hydroscopic □ беспламенный и негигроскопический

FNH focal nodular hyperplasia □ очаговая узловая гиперплазия

FNP family nurse practitioner □ семейная практикующая медсестра

fn.p. fusion point □ точка плавления

FNS Food and Nutrition Service □ служба питания и снабжения продуктами

FNT false adrenergic neurochemical transmitter □ ложный адренергический нейротрансмиттер

FO *лат.* foramen ovale □ овальное отверстие

FO *лат.* fossa ovalis □ овальная ямка

FO fronto-occipital □ лобно-затылочный

FOAM Phtururacilum [Fluorouracil], Vincristinum [Oncovin], Adriamycinum, Mitomycinum C □ фторурацил, винкристин [онковин], адриамицин, митомицин C *(программа химиотерапии онкологических больных)*

FOAVF failure of all vital forces □ полиорганная недостаточность; декомпенсация (всех) жизненно важных функций

FOB fetal occult blood □ скрытое кровотечение у плода

FOB fiberoptic bronchoscopy □ фибробронхоскопия

foc focus □ фокус ‖ фокусировать

FOC free of charge □ бесплатно, безвозмездно

FOC frontal-occipital circumference □ окружность [размер] головы

FOCMA feline oncornavirus cell membrane antigen □ антиген, локализованный на клеточной мембране у кошек, инфицированных вирусом лейкоза

FOD free of damage □ не имеет повреждений

FOD free of disease □ здоров

FO₂Hb фракция оксигемоглобина

fol *лат.* folia □ leaves □ *фарм.* листья

FOLA Latin American Odontological Federation □ Латиноамериканская федерация стоматологов

follow following □ следующий

FOM Faculty of Occupational Medicine □ факультет [профессиональных заболеваний] профессиональной медицины

FOM fecal organic matter □ органическое вещество фекалий

FOP *лат.* fibrodysplasia ossificans progressiva □ прогрессирующая фиброзная остеодисплазия, болезнь Лихтенстайна – Брайцева

FOP forensic pathology □ судебная медицина, судебная патология

FOPT fiber optic photo transfer □ *мед. тех.* передача фотоизображения с помощью волоконной оптики

for foramen □ *анат.* отверстие

for foreign □ 1. чужеродный; инородный 2. иностранный

For-1 formamidase-1 □ формамидаза-1

for former □ 1. прежний, бывший 2. предшествующий

for formula □ 1. формула 2. пропись лекарства

form formation □ 1. формация, образование 2. строение; структура

form formic □ *хим.* 1. муравьинокислый 2. муравьиный

for. med. forensic medicine □ судебная медицина

formn formation □ 1. формация; образование 2. строение; структура

fornn forenoon □ время до полудня; утро

forr *лат.* foramina □ отверстие

fort fortis; forte □ 1. замедленный, пролонгированный *(о действии препарата)* 2. депонированный

FORTRAN formula translation *(the most popular high-level scientific programming language designed for problems expressed in algebraic notation)* □ ФОРТРАН *(алгоритмический язык)*

found foundation □ 1. основание 2. фонд; учреждение, существующее на фонд пожертвований

FP false-positive □ ложноположительный

FP family physician/practitioner □ семейный врач; врач общей практики

FP family planning □ планирование семьи; регулирование рождаемости

FP family practice □ семейная психотерапия

FP feline panleukopenia □ панлейкопения кошек

FP *лат.* fiat potio □ let a potion be made □ *фарм.* приготовь микстуру

FP fission product □ продукт деления или расщепления

FP flameproof □ 1. огнестойкий 2. взрывобезопасный

FP flat plate □ плоская пластинка

FP food poisoning □ пищевое отравление

FP freezing point □ точка замерзания

FP French Patent □ французский патент

FP frontoparietal □ лобно-теменной

FP frozen plasma □ замороженная плазма

FP properdin □ *усл.* пропердин

F$_6$P fructose-6-phosphate □ фруктоза-6-фосфат

FPA Family Planning Association □ Ассоциация планирования семьи

FPA fibrinopeptide-A □ фибринопептид А

FPA filter paper degrading activity □ гидролизующая активность по фильтровальной бумаге

FPA fluorophenylalanine □ фторфенилаланин

FPA Flying Physicians Association □ Ассоциация авиационных врачей

FPB femoropopliteal bypass □ бедренно-подколенный шунт или обходной анастомоз

FPC family planning clinic □ клиника планирования семьи

FPC Family Practitioner Committee □ Комитет семейных врачей

FPC fish protein concentrate □ концентрация рыбного белка, КРБ

FPF Family Practitioner Formulary □ справочник (особенно рецептурный) семейного врача

FPG fasting plasma glucose □ уровень глюкозы натощак

FPG focal proliferative glomerulonephritis □ очаговый пролиферативный гломерулонефрит

FPH female pseudohermaphroditism □ женский псевдогермафродитизм

FPHA Florida Public Health Association □ Ассоциация здравоохранения штата Флорида

FPIA Family Planning International Assistance □ Международная помощь планированию семьи *(США)*

FPIA fluorescence polarization immunoassay □ флуоресцентный поляризационный иммуноанализ

f. pil. *лат.* fiant pilulae □ let pills be made □ *фарм.* изготовь пилюли

FPIS Family Planning Information Service □ Информационная служба планирования семьи

FPLC fast-protein liquid chromatography □ жидкостная экспресс-хроматография белков

FPM test filter paper microscopic test □ метод микродиагностики на фильтровальной бумаге *(сифилиса)*

FPS Fauna Preservation Society □ Общество охраны фауны

FPS Fellow of the Pharmaceutical Society □ член фармацевтического общества

FPS fertility planning status □ регулирование рождаемости

f.p.s. foot-pound-second system □ система фут – фунт – секунда

fps frames per second □ *мед. тех.* количество ударов в секунду

FPt fasting patient □ больной, не принимавший пищи

FPV feline panleukopenia virus; feline parvovirus □ вирус панлейкопении кошек; парвовирус кошек

FQ fear questionnaire □ опросник для выявления наиболее распространённых фобий и ассоциированных с ними депрессии и тревоги

F-Q fibrinogen qualitative test □ качественный тест на фибриноген или на фибринолиз

fqcy frequency □ частота

fqt frequent □ частый, часто повторяющийся или встречающийся; обычный

Fr *усл.* фактор разрешения или разделения *(разрешающая способность ультрацентрифуги)*

Fr father □ отец

FR fixed ratio □ фиксированное соотношение; постоянный коэффициент

FR flocculation reaction □ реакция флоккуляции

fr fragment □ фрагмент; осколок; отломок *(кости)*

FR framework region □ остовная [каркасная, скелетная] область *(иммуноглобулина)*

Fr Francium □ франций

Fr *лат.* frater □ brother □ брат

FR free radical □ *хим.* свободный радикал

Fr French □ 1. французский 2. относящийся к шкале Шарьера бужей и катетеров *(3 Fr = 1 мм)*

fr friction □ 1. трение 2. растирание; обтирание

fr front □ фронтальный, передний

FR fundamental research □ фундаментальное исследование

FRA Food Research Association □ Ассоциация по исследованию продовольственных продуктов

FRACDS Fellow of the Royal Australian College of Dental Surgery □ член Королевского общества хирургической стоматологии Австралии

FRACGP Fellow of the Royal Australian College of General Practitioners □ член Королевской коллегии общепрактикующих врачей Австралии

FRACGS Fellow of the Royal Australian College of General Surgery □ член Королевского колледжа общей хирургии Австралии

FRACO Fellow of the Royal Australian College of Ophthalmologists □ член Королевской коллегии офтальмологов Австралии

FRACOG Fellow of the Royal Australasian College of Obstetricians and Gynecologists □ член Королевской коллегии акушеров и гинекологов Австралазии

FRACP Fellow of the Royal Australian College of Physicians □ член Королевской коллегии врачей-терапевтов Австралии

FRACP Fellow of the Royal Australasian College of Physicians □ член Королевской коллегии врачей-терапевтов Австралазии

FRACR Fellow of the Royal Australasian College of Radiologists □ член Королевской коллегии радиологов Австралазии

FRACS Fellow of the Royal Australian College of Surgeons □ член Королевской коллегии хирургов Австралии

fract fracture □ перелом (кости)

Fract. dos. лат. fracta dosi □ in divided doses □ фарм. в равных дозах

frag fragility ‖ fragile □ хрупкость, ломкость ‖ хрупкий, ломкий

frag, fragm fragment □ фрагмент; осколок; отломок (кости)

FRAI Fellow of the Royal Anthropological Institute □ член Королевского антропологического института

FRANZCP Fellow of the Royal Australian and New Zealand College of Psychiatrists □ член Королевской коллегии психиатров Австралии и Новой Зеландии

Fr BB fracture of both bones □ перелом обеих костей

FRC Federal Radiation Council □ Федеральный комитет по радиации

FRC frozen red cells □ замороженные эритроциты

FRC functional residual capacity □ функциональная остаточная ёмкость лёгких (резервный и остаточный объёмы), ФОЕЛ

FRCA Fellow of the Royal College of Anesthesiologists □ член Королевской коллегии анестезиологов

FRCAS Fellow of the Royal College of Australian Surgeons □ член Королевской коллегии хирургов Австралии

FRCD Fellow of the Royal College of Dentists □ член Королевской коллегии зубных врачей

FRCGP Fellow of the Royal College of General Practitioners □ член Королевской коллегии общепрактикующих врачей

FRCN Fellow of the Royal College of Nursing □ член Королевского колледжа сестринского дела

FRCOG Fellow of the Royal College of Obstetricians and Gynecologists □ член Королевской коллегии акушеров и гинекологов

FRCP Fellow of the Royal College of Physicians □ член Королевской коллегии врачей-терапевтов (Англия)

FRCPA Fellow of the Royal College of Pathologists of Australia □ член Королевской коллегии патологов Австралии

FRCP&S Fellow of the Royal College of Physicians and Surgeons of Canada □ член Королевского колледжа терапевтов и хирургов Канады

FRCPath Fellow of the Royal College of Pathologists □ член Королевской коллегии патологов

FRCPC Fellow of the Royal College of Physicians of Canada □ член Королевской коллегии терапевтов Канады

FRCPE Fellow of the Royal College of Physicians of Edinburgh □ член Королевской коллегии врачей-терапевтов Эдинбурга

FRCP Glasg Fellow of the Royal College of Physicians of Glasgow □ член Королевской коллегии врачей-терапевтов Глазго

FRCPI Fellow of the Royal College of Physicians of Ireland □ член Королевской коллегии врачей-терапевтов Ирландии

FRCPsych Fellow of the Royal College of Psychiatrists □ член Королевской коллегии психиатров

FRCR Fellow of the Royal College of Radiology □ член Королевского колледжа радиологии

FRCS Fellow of the Royal College of Surgeons □ член Королевской коллегии хирургов (Англия)

FRCSC Fellow of the Royal College of Surgeons of Canada □ член Королевской коллегии хирургов Канады

FRCS Ed [Edin] Fellow of the Royal College of Surgeons of Edinburgh □ член Королевской коллегии хирургов Эдинбурга

FRCSI Fellow of the Royal College of Surgeons of Ireland □ член Королевской коллегии хирургов Ирландии

frcst forecast □ 1. предсказание, прогноз 2. предварительный расчёт

FRCVS Fellow of the Royal College of Veterinary Science □ член Королевского колледжа ветеринарии

FRCVS Fellow of the Royal College of Veterinary Surgeons □ член Королевской коллегии ветеринарных хирургов

freq 1. frequency □ частота ‖ частотный 2. frequently □ часто, многократно

FRES Fellow of the Royal Entomological Society □ член Королевского энтомологического общества

FRF follicle-releasing factor □ фоллиберин, (гипоталамический) рилизинг-фактор фолликулостимулирующего гормона (гипофиза), ФСГ-РФ, см. тж. **FSHRF**

FRFPS Fellow of the Royal Faculty of Physicians and Surgeons □ член Королевского факультета [профессорско-преподавательского состава] терапевтов и хирургов (Великобритания)

FRFPSG Fellow of the Royal Faculty of Physicians and Surgeons of Glasgow □ член Королевского факультета [профессорско-преподавательского состава] терапевтов и хирургов Глазго

FRH follicle-stimulating hormone-releasing hormone □ рилизинг-фактор фолликулостимулирующего гормона (гипофиза), ФСГ-РФ

FRI Food Research Institute □ Научно-исследовательский институт пищевой промышленности

FRIC Fellow of the Royal Institute of Chemistry □ член Королевского института химии

frict friction □ 1. трение ‖ фрикционный, относящийся к трению 2. растирание, обтирание

FRIE fused rocket immunoelectrophoresis □ слитный ракетный иммуноэлектрофорез, иммуноэлектрофорез по Свендсену

FRIPHH Fellow of the Royal Institute of Public Health and Hygiene □ член Королевского института общественного здравоохранения и гигиены

FRJM full-range joint movement □ полный объём движений в суставе

frmn formation □ 1. формирование 2. строение, структура

frmntn fermentation □ ферментация, брожение

FRMP Florida Regional Medical Program □ региональная медицинская программа штата Флорида

FRMS Fellow of the Royal Microscopical Society □ член Королевского общества микроскопистов

FROM full range of movement □ полный объём движений

FrP French Patent □ французский патент

FRP functional refractory period □ функциональный рефракторный период

FRPV Full-Range Picture Vocabulary (test) □ словарь картинок широкого диапазона *(тест)*

FRS Fellow of the Royal Society □ член Королевского общества *(Британской академии наук)*

FRS first-rank symptoms □ патогномоничные [наиболее информативные] симптомы, первый ряд симптомов

Frs furosemide □ фуросемид

FRSC Fellow of the Royal Society of Canada □ член Королевского общества Канады

FRSE Fellow of the Royal Society of Edinburgh □ член Королевского общества Эдинбурга

FRSH Fellow of the Royal Society of Health □ член Королевского общества здравоохранения

FRSM Fellow of the Royal Society of Medicine □ член Королевского медицинского общества

FRSP FACScan research software program □ программное обеспечение оценки (результатов) сортировки клеток методом возбуждённой флуоресценции, программное обеспечение FACS-экспериментов

FRSTM&H Fellow of the Royal Society of Tropical Medicine and Hygiene □ член Королевского общества тропической медицины и гигиены

Fru fructose □ фруктоза, левулёза

frust. *лат.* frustillatum □ in small pieces □ *фарм.* маленькими кусочками

frz freeze □ 1. замерзать 2. замораживать

FS factor of safety □ фактор безопасности

FS family stability □ стабильность [прочность] семьи

FS *амер.* Federal Specifications □ федеральные технические условия

FS fracture simple □ неосложнённый [простой] перелом

FS frozen section □ замороженный срез

FS full scale □ высокий коэффициент, высокий уровень

FS function study □ функциональное исследование

FSA Family Service Association □ Ассоциация служб семьи

FSA fetal sulfoglycoprotein antigen □ эмбриональный [фетальный] сульфогликопротеиновый антиген

FSAP formol stable acid phosphatase □ формолстабильная кислая фосфатаза

FSC field staff and consultants □ полевой штат и консультанты

FSC free secretory component □ свободный секреторный компонент

FSCL follicular small-cleaved lymphoma □ фолликулярная мелкоклеточная лимфома

FSD focus-skin distance □ расстояние источник – кожа, РИК, *уст.* кожно-фокусное расстояние

fsd full-scale deflection □ диапазон показаний (стрелки) прибора *(ширина записи канала регистрирующего прибора)*

FSE fast spic echo (sequence) □ (последовательность) быстрое спин-эхо *(позволяет получать данные МРТ в 2- и 3-мерном режимах)*

FSEB Federation of Societies for Experimental Biology □ Федерация обществ экспериментальной биологии

FS-ELISA fluorescence sandwich enzymelinked immunosorbent assay □ твёрдофазный иммуноферментный анализ с флуоресцентным усилением

FSF fibrin-stabilizing factor [factor XIII] □ фибрин-стабилизирующий фактор, фактор XIII *(свёртывания крови)*

FSG fasting serum glucose □ глюкоза сыворотки крови натощак

FSGA small for gestational age □ пренатальная [врождённая] гипотрофия, маловесный для гестационного возраста *(ребёнок)*

FSGN focal sclerosing glomerulonephritis □ очаговый склерозирующий гломерулонефрит

FSGS focal and segmental glomerulosclerosis □ фокально-сегментарный гломерулосклероз

FSH follicle-stimulating hormone □ фоллитропин, фолликулостимулирующий гормон *(гипофиза)*, ФСГ

FSH-RF, FSHRF follicle-stimulating hormone-releasing factor □ фоллиберин, (гипоталамический) рилизинг-фактор фолликулостимулирующего гормона *(гипофиза)*, ФСГ-РФ, *см. тж.* **FRF**

FSID Fellow of the Society of Investigative Dermatology □ член научно-исследовательского дерматологического общества

FSIQ full-scale intelligence quotient □ высокий коэффициент интеллектуальности

FSMB Federation of State Medical Boards (of the US) □ Федерация государственных медицинских отделов *(США)*

FSP familial spastic paraplegia □ семейная спастическая параплегия

FSP 1. fibrinogen-split products □ продукты деградации [расщепления] фибриногена 2. fibrinolytic split products □ продукты фибринолитического расщепления

FSQS Food Safety and Quality Service □ служба по обеспечению качества и безопасности пищи

FSR Fellow of the Society of Radiographers □ член общества рентгенлаборантов

FSR-3 isoniazid □ изониазид

FSRBC formalinized sheep red blood cells □ эритроциты барана, обработанные формалином

FSS fatigue severity scale □ шкала оценки выраженности утомляемости *(была разработана для работы с больными множественным склерозом с целью дифференциации от депрессии)*

FSS fear survey scale (test) □ тест исследования на испуг; шкала оценки уровня страха

FSS Fellow of the Royal Statistical Society □ член Королевского статистического общества

FSS fermentation stimulating substance □ вещества, способствующие ферментации и брожению

FSU family service unit □ отделение семейного обслуживания

FSU field surgical unit □ полевой подвижной хирургический отряд

FSVC first-second vital capacity □ форсированная жизненная ёмкость лёгких за первую секунду, ФЖЕЛ$_{1c}$

FT family therapy □ семейная психотерапия

ft *лат.* fiat □ make □ *фарм.* сделай, приготовь

FT fibrous tissue □ фиброзная ткань

FT field tests □ полевые испытания

FT finger tip □ кончик пальца

FT firing temperature □ температура вспышки

FT flame-tight □ огнестойкий, огнеупорный; жароупорный

FT flight test □ *псих.* лётное испытание, испытание в полёте

ft foot □ 1. стопа 2. шаг 3. фут *(12 дюймов = 0,3048 м, Великобритания)* 4. основание

FT formol toxoid □ анатоксин *(токсин, нейтрализованный формалином)*

ft frontotemporal □ *кр. метр.* фронтотемпоралис *(лобно-височная точка боковой границы волосистой части лба)*

FT full-term □ доношенный *(о новорождённом)*, рождённый в срок

FT₄ free thyroxine □ свободный тироксин

F₃T trifluorothymidin □ трифтортимидин

FTA, FTA-ABS test fluorescent treponemal antibody absorption test □ флуоресцентный тест определения антител к бледной трепонеме

F-TAG fast-binding target-attaching globulin □ прочно связанный меченый глобулин

FTA-200 test *см.* **FTA-ABC test**

FTAT fluorescent treponemal antibody test □ *см.* **FTA-ABS test**

FTB finger tip blood □ кровь из кончика пальца

FTBD fit to be detained □ приступ, который необходимо купировать

FTBD full-term born dead □ доношенный мертворождённый

ft.c. foot-candle □ кандела-дюйм

FTD frontotemporal dementia □ фронтотемпоральная деменция

FTE fritted trace elements □ *мед. тех.* фритированные микроэлементы

FTE full-time equivalent (scientist) □ работающий полную неделю *(напр. учёный)*

ftg filtering □ фильтрация, фильтрование || фильтрующий(ся); фильтровальный

ftg fitting □ *мед. тех.* 1. установка, сборка, монтаж, пригонка 2. оборудование, приспособление; арматура

ft. garg *лат.* fiat gargarisma □ make a gargle □ *фарм.* приготовь [сделай] полоскание

ft. haust. *лат.* fiat haustus □ make a drink □ *фарм.* изготовь напиток

FTI, FT₄I free thyroxine index □ индекс свободного тироксина *(отношение количества свободного тироксина к связанному)*

ft. infus. *лат.* fiat infusum □ make an infusion □ *фарм.* приготовь [сделай] настой

FTLB full-term living birth □ роды доношенным новорождённым

FTLV feline T-cell lymphotropic lentivirus □ кошачий Т-лимфотропный лентивирус

FTM fractional test meal □ фракционный пробный «завтрак»

ft. mas. div. in pil. *лат.* fiat massa dividenda in pilulae □ make a mass and divide into pills □ *фарм.* сделай массу и раздели на пилюли

ft/min feet per minute □ шагов в минуту *(напр. при пробе с нагрузкой)*

ft. mist. *лат.* fiat mistura □ make a mixture □ *фарм.* приготовь [сделай] микстуру

FTND full-term normal delivery □ нормальные роды, роды в срок

FTOC fallopian tube organ culture □ органная культура маточных [фаллопиевых] труб

FTP field test program □ программа полевых испытаний

FTP file transfer protocol □ *комп.* протокол передачи файлов

ft. pulv. *лат.* fiat pulvis □ make a powder □ *фарм.* приготовь [сделай] порошок

FTR fractional turnover rates □ скорость кругооборота фракций

FTS factor thymique serique, serum thymic factor [thymulin]· □ сывороточный тимический фактор, тималин, тимулин, СТФ

FTS feminizing tests syndrome □ феминизирующий гипогенитальный синдром

ft/sec feet per second □ шагов в секунду

FTSG full-thickness skin graft □ полнослойный кожный [лоскут] трансплантат

FTT failure to thrive □ недостаточное развитие, отставание в развитии

ft. troch. *лат.* fiat trochisci □ make lozenges □ *фарм.* приготовь [сделай] таблетки

FTU field transfusion unit □ полевой подвижной трансфузиологический пункт

ft. ung. *лат.* fiat unguentum □ make an ointment □ *фарм.* сделай мазь

FU fecal urobilinogen □ стеркобилин *(уробилиноген фекалий)*

FU fluorouracil □ фторурацил

5-FU 5-fluorouracil □ 5-фторурацил

FU follow-up □ отдалённые результаты, катамнез

FU fracture with union □ сросшийся перелом

fu fused □ «сплавленный, искривлённый хвост» *(о лабораторных мышах)*

FUB functional uterine bleeding □ функциональное маточное кровотечение

FUCG fetal ultrasonic cardiography □ ультразвуковая кардиография плода

FUD full upper denture □ полный верхнечелюстной протез

FUDR fluorodesoxyuridine □ фтордезоксиуридин

Fumar fumarate □ *фарм.* фумарат

func function □ функция || функциональный

FUO fever of unknown origin □ лихорадка [температура] неизвестного происхождения

FUR fluorouracil riboside □ фторурацила рибозид

fus fusion □ 1. плавление || расплавленный 2. сращение

FUSE Far Ultraviolet Spectroscopic Explorer □ дальний ультрафиолетовый спектроскопический исследователь

FV fluid volume □ объём жидкости

f.v. *лат.* folio verso □ on the other side, on the next page □ на оборотной стороне, на следующей странице

FV front view □ вид спереди

Fv-2 Friend virus susceptibility-2 □ восприимчивость к вирусу-2 Фрейнда *(возбудителя лейкоза у мышей)*

FVC forced vital capacity □ форсированная жизненная ёмкость лёгких, ФЖЕЛ

FVC₁ mean forced vital capacity (expiratory volume) □ средняя форсированная жизненная ёмкость лёгких

FVL – FZS

FVL femoral vein ligation ☐ перевязка бедренной вены

FVR feline rhinotracheitis virus ☐ вирус ринотрахеита кошек

FVR force-velocity relation ☐ зависимость сила – скорость *(сократительных элементов мышцы)*

f.vs. *лат.* fiat venaesectio ☐ let the patient be bled ☐ сделай больному кровопускание

FW Felix – Weil (reaction) ☐ реакция Феликса – Вейля

FW fragment wound ☐ рваная рана

FW 1. fresh water ☐ пресная вода, неминерализованная вода; свежая вода, чистая вида **2.** fresh water table ☐ уровень пресных вод

FW full weight ☐ общая масса; полная масса

fwd forward ☐ **1.** передний **2.** ранний; рано развившийся

fwd fresh water damage ☐ загрязнение пресной воды

FWPCA Federal Water Pollution Control Administration ☐ Федеральное управление по борьбе с загрязнением водоёмов *(США)*

FWPCA Federal Water Pollution Control Agency ☐ Федеральное агентство по контролю за качеством воды *(США)*

FWR Felix – Weil reaction ☐ реакция Феликса – Вейля

fx fracture ☐ перелом

fxd fixed ☐ **1.** *мед. тех.* фиксированный, закреплённый; неподвижный **2.** химически связанный, нелетучий

FXR flash X-ray ☐ импульсное рентгеновское излучение

Fyᵃ, Fyᵇ Duffy blood group ☐ группа крови по системе Даффи

fz fuzzy ☐ пушистые *(о генах лабораторных мышей)*

FZS Fellow of the Zoological Society ☐ член зоологического общества

G

g acceleration ☐ *усл.* ускорение свободного падения

G conductance ☐ *усл.* проводимость

g electrical conductivity ☐ *усл.* электрическая проводимость

G gap ☐ 1. интервал 2. период синтеза РНК, следующий непосредственно после деления клетки

G gas alert line ☐ рубеж химической готовности

g (lethal) gases ☐ боевые отравляющие вещества, БОВ

G gauge ☐ 1. калибр; шаблон; масштаб; стандарт 2. манометр ‖ манометрический; по манометру *(о давлении)*

G gauss ☐ гаусс *(единица магнитной индукции)*

G Geiger counter ☐ счётчик Гейгера

G gel ☐ гель

g gender ☐ 1. род 2. пол

g general ☐ 1. главный *(напр. хирург)* 2. (все)общий

g general intelligence ☐ общее умственное развитие, интеллектуальные способности

g gingival ☐ относящийся к дёснам, десневой

g glabella ☐ *кр. метр.* глабелла *(наиболее выступающая точка на нижней части лба выше корня носа и между бровями)*

G glucose ☐ глюкоза

G glycine ☐ глицин, Гли

G gonidial colony ☐ колония гонидий

g gradient ☐ градиент; различие; перепад *(давления)*

g *амер.* **graduate** ☐ окончивший *(обычно высшее)* учебное заведение

G gradus ☐ степень гистологической дифференцировки злокачественных опухолей *(G_x – степень не может быть оценена, G_1 – высоко-, G_2 – умеренно-, G_3 – низкодифференцированная, G_4 – недифференцированная опухоль)*

g grain ☐ зёрнышко; гранула

g gram, gramme ☐ грамм, г

G–, G+ gram-negative, gram-positive ☐ грамотрицательный, грамположительный *(о микрофлоре)*

g gravida ☐ беременная

g.I (I) *лат.* **primigravida** ☐ первая беременность

g.II (2) *лат.* **secundigravida** ☐ вторая беременность

g.III (3) *лат.* **tertigravida** ☐ третья беременность

G, g gravitation ☐ перегрузка; ускорение силы тяжести; единица ускорения; земное притяжение

G gravitation constant ☐ гравитационная постоянная

G Greek ☐ греческий язык

G Greenwich ☐ 1. Гринвич *(Великобритания)*; гринвичский меридиан 2. среднее время по гринвичскому меридиану

g grid ☐ *мед. тех.* 1. решётка 2. сетка 3. координационная сетка

g grimace ☐ гримаса *(напр. больного)*

g group ☐ группа

G growth ☐ степень дифференцировки опухолевых клеток, *см. тж.* **G gradus**

G guanine ☐ гуанин

G guanosine ☐ гуанозин

g guide ☐ путеводитель; указатель

g osmotic coefficient ☐ *усл.* осмотический коэффициент

g weight ☐ *усл.* масса тела, вес

G_0 phase of cell cycle ☐ *усл.* фаза покоя клетки

G_1 germination-1 ☐ пресинтетическая фаза *(развития клетки)*

G_2 germination-2 ☐ постсинтетическая фаза *(развития клетки)*

GA airway conductance ☐ воздушная проводимость

GA antigen-antibody reaction ☐ реакция антиген – антитело

Ga Gallium ☐ галлий

^{67}Ga ^{67}Gallium citrate ☐ радиоактивный цитрат галлия

GA gas alarm ☐ химическая тревога

GA gastric analysis ☐ исследование [анализ] желудочного сока

ga gauge ☐ *мед. тех.* 1. калибр 2. шаблона масштаб; стандарт 3. манометр

GA 1. general anesthesia ☐ наркоз, общее обезболивание, общая анестезия **2. general anesthetic** ☐ общий анестетик

GA, G/A general average ☐ *страх.* общая авария

GA gestational age ☐ срок беременности; гестационный возраст *(плода от момента зачатия до рождения ребёнка)*

GA, GA₃ gibberellic acid, gibberellin A₃ ☐ гиббереллловая кислота, гиббереллин A_3

GA gingivoaxial ☐ десневая поверхность зуба, относящаяся к его продольной оси

GA glucuronic acid ☐ глюкуроновая кислота

GA glutaric aciduria ☐ глютаровая ацидурия

GA Golgi apparatus ☐ пластинчатый аппарат, комплекс Гольджи

GA guessed average ☐ *стат.* приближённая средняя

GA gut-associated ☐ связанный с кишечником; обусловленный заболеванием кишечника

GABA γ-aminobutyric acid ☐ гамма-аминомасляная кислота, ГАМК, аминалон, гаммалон

GABAR g-aminobutyric acid receptor ☐ рецепторы гамма-аминомасляной кислоты

GAC streptococcal group A carbohydrate ☐ углеводы стрептококков группы A

GAD general anxiety disorder ☐ генерализованное тревожное расстройство, ГТР

GAD glutamic acid decarboxylase ☐ декарбоксилаза глутаминовой кислоты

GADH glutamic acid dehydrogenase ☐ дегидрогеназа глутаминовой кислоты

GADS gonococcal arthritis/dermatitis syndrome ☐ синдром гонококкового артрита и дерматита

GAF global assessment of functioning ☐ *псих.* глобальная оценка функционирования *(пациента)*

GAF growth of American families □ рост числа американских семей

GAG glycosaminoglucans □ гликозаминоглюканы, ГАГ

gag group specific antigens □ группоспецифические антигены

GAI guided affective imagery □ управляемое аффективное воображение (психотерапевтическая методика)

Gal galactose □ галактоза

GAL b-galactosidase □ b-галактозидаза

gal gallon □ галлон (мера вместимости жидких и сыпучих тел = 4 квартам = 4,546 л)

gal/min gallons per minute □ галлонов в минуту

GALT gut-associated lymphoid tissue □ лимфоидная ткань, ассоциированная с кишечником (скопления лимфоидных элементов в кишечнике)

Galv, galv 1. galvanometer □ гальванометр **2.** galvanic □ гальванический

GALV gibbon ape leukemia virus □ вирус лейкоза обезьян-гиббонов

GAML Gesell adaptive maturity level □ уровень адаптационной зрелости по Гезеллу

GAN Ganjam □ Ганджам (арбовирус)

GAN gastrointestinal autonomic nerves □ автономные желудочно-кишечные нервы

gangl ganglion □ узел

GAP Government-Assured Program □ правительственная программа страхования жизни

GAP Group for the Advancement of Psychiatry □ группа повышения квалификации по психиатрии

GAPD, GAPDH glyceraldehyde phosphate dehydrogenase □ глицеральдегидфосфатдегидрогеназа

garg лат. gargarisma □ gargle □ полоскание (зева)

GAS general adaptation syndrome □ общий адаптационный синдром

GAS generalized arteriosclerosis □ генерализованный артериосклероз

GAS global assessment scale □ шкала глобальной оценки

G&S Grune & Straton □ наименование издательства, выпускающего медицинскую литературу

gas & sc general average, salvage and special charges □ страх. общие расходы в связи с аварией и спасением

GASP Group Against Smoking Pollution □ группа по борьбе с курением

GAT gelatin agglutination test □ реакция агглютинации в желатине

G&T gowns and towels □ халаты и полотенца

GAT L-glutamic acid^{60}-L-alanine^{30}-L-tyrosine^{10} □ L-глутаминовая кислота^{60}-L-аланин^{30}-L-тирозин^{10}

GAT Greenwich apparent time □ гринвичское истинное время, время по Гринвичу

GATB General Aptitude Test Battery-1 □ набор тестов-1 на общее развитие

GAY good as you □ такой же, как и вы (обозначение гомосексуалистов)

GB gallbladder □ жёлчный пузырь

GB goofball [barbiturate] □ жарг. таблетка наркотика или снотворного

GB Great Britain □ Великобритания

GBA ganglionic-blocking agent □ ганглиоблокирующее средство

GBA gingivobuccoaxial □ щёчно-десневая поверхность зуба, относящаяся к его продольной оси

GB Exam gallbladder examination □ исследование жёлчного пузыря

GBH grievous bodily harm □ опасное телесное повреждение

GBL glycine-rich betaglycoprotein □ β-гликопротеид, богатый глицином

GBM glomerular basement membrane □ базальная мембрана клубочка (почки)

GBMC Greater Baltimore Medical Center □ Главный [Центральный] балтиморский медицинский центр

GBI Group for Biology Information □ группа биологической информации

GBS gallbladder series □ сериограмма [серия рентгеновских снимков] жёлчного пузыря

GBS group B streptococcus □ стрептококк группы B

GBS Guillain – Barre syndrome □ синдром Гийена – Барре

GC ganglion cell □ ганглиозная клетка

GC gas chromatography □ газовая хроматография

GC general condition □ общее состояние

GC glucocorticoid □ глюкокортикоид

GC 1. gonococcal culture □ культура гонококков

2. gonococcus ‖ gonococcal □ гонококк ‖ гонококковый

GC granular casts □ зернистые цилиндры (в анализе мочи)

GC granulomatous colitis □ гранулёматозный колит

Gc group-specific component □ группоспецифический компонент (белок)

GC guanine cytosine □ гуанин-цитозин

GC guanyl cyclase □ гуанилциклаза

GCA Geneva Convention Act □ Женевские конвенции 1949 г. (об улучшении участи раненых и больных в действующих армиях, военнопленных, защите прав гражданского населения)

g-cal gram-calorie □ калория, малая калория, грамм-калория, кал

GC bomb ground contamination bomb □ бомба со стойкими отравляющими веществами

g/cc grams per cubic centimetre □ (столько-то) граммов на кубический сантиметр или на миллилитр, г/см^3, г/мл

GCE glassy-carbon electrode □ стеклографитовый электрод

GCE/AL General Certificate of Education Advanced Level □ сертификат об окончании шестого класса и углублённом уровне образования (для поступления в вуз)

G cells, g cells g-клетки (клетки слизистой желудка или гастриномы, продуцирующие гастрин)

GCF Genetics citation factor □ генетический фактор считывания

GCFT gonococcal complement fixation test □ реакция связывания комплемента с гонококковым антигеном, реакция связывания комплемента при гонорее, РСК

g-cm gram(me)-centimetre □ грамм-сантиметр

GCMS gas chromatography with mass spectrometry □ газовая хроматография с масс-спектрометрией

GCP genetic counseling program □ программа генетического консультирования

GCP good clinical practice □ добротная клиническая практика (*международные правила и принципы клинических исследований лекарственных средств, ВОЗ*)

GCR gas cooled rector □ газоохлаждаемый реактор

GCRC General Clinical Research Center □ клинический исследовательский центр

GCRG Gelladam Cancer Research Group □ группа Гелладама по исследованию рака (*Венгрия*)

GCS General Clearing Station □ главный медицинский эвакуационный пункт

GCS General Clinical Service □ общее клиническое обслуживание; общее клиническое обследование

GCS Glasgow Coma Scale □ шкала ком Глазго (*балльная система оценки состояния больного после черепно-мозговой травмы*)

GCS a-glutamyl-cysteine-synthetase □ α-глутамилцистеинсинтетаза

GCSA Gross cell-surface antigens □ поверхностные антигены клетки, инфицированной вирусом Гросса

GCSE general certificate of secondary education □ сертификат о среднем образовании (*даёт право на начало трудовой деятельности, но недостаточен для поступления в вуз*), см. тж. **GCE/AL**

GCSF granulocyte colony-stimulating factor □ гранулоцитарный колониестимулирующий фактор

GCT glucose challenge test □ тест с нагрузкой глюкозой

GCT giant cell tumor □ гигантоклеточная опухоль

GCW glomerular capillary walls □ стенки капилляров гломерул

GD dentate gyrus □ зубчатая извилина

Gd Gadolinium □ гадолиний

GD general discomfort □ общий дискомфорт

GD General Dispensary □ поликлиника; центральная амбулатория

GD gonadal dysgenesis □ дисгенезия гонад

gd granddaughter □ внучка

GDC General Dental Council □ Высший стоматологический совет (*Великобритания, аналогичен отделу Высшей аттестационной комиссии в России*)

GDH glucose dehydrogenase □ глюкозодегидрогеназа

GDH glutamate dehydrogenase □ глутаматдегидрогеназа

GDH glycerophosphate dehydrogenase □ глицерофосфатдегидрогеназа

GDH growth and development hormone □ гормон роста и развития

g/dl gram/decilitre □ грамм/децилитр, г/100 мл

GDMO general duties medical officer □ медицинский работник, выполняющий административные обязанности

gdn graduation □ деление; градуировка

GDP good distribution practice □ добротная дилерская практика (*международные правила и принципы оптовой торговли лекарственными средствами*)

GDP guanosine diphosphate □ гуанозиндифосфат, ГДФ

GDPase guanosine diphosphatàse □ гуанозиндифосфатаза

GDR glucose disposal rate □ скорость усвоения глюкозы

GDS geriatric depression scale □ гериатрическая шкала депрессии

GDS Gradual Dosage Schedule □ последовательная таблица дозировок

GE gastroenterology □ 1. гастроэнтерология 2. желудочно-кишечный тракт

GE gastroenterostomy □ гастроэнтероанастомоз

ge gauge □ 1. калибр 2. шаблон; масштаб; стандарт 3. манометр

Ge Germanium □ германий

GE glucose-electrolyte □ глюкозоионный раствор

G/E granulocyte-erythroid ratio □ отношение гранулоциты/эритроциты

GE guanethidine □ гуанетидин

GEC galactose elimination capacity □ галактозовыделяющее свойство

GEF gonadotropin enhancing factor □ гонадотропный стимулирующий [гормон] фактор

gel, gelat gelatin || gelatinous □ желатин || 1. студенистый, желатиновый 2. глутиновый

gel quav *лат.* gelatine quavis □ in any kind of jelly □ *фарм.* в желе любого вида

GEMS General Electric Medical Systems □ *комп.* медицинские системы, производимые компанией «Дженерал Электрик»

GEMS good emergency mother substitute □ замена матери в экстренных [случаях] условиях

gen genealogy || genealogic(al) □ родословная, генеалогия || генеалогический

gen general □ 1. главный; центральный (*напр. госпиталь*) 2. всеобщий

gen generation □ 1. генерация, поколение 2. род, потомство 3. размножение

gen generic □ родовой

Gen Genetics □ генетика

gen genital □ 1. генеративный, относящийся к размножению, производящий, образующий 2. генитальный, половой

gen genus □ род

gen con general control □ общий контроль

Gen Disp General Dispensary □ поликлиника; центральная амбулатория

geneal genealogy || genealogic(al) □ родословная, генеалогия || генеалогический

Gen Hosp General Hospital □ 1. больница общего типа 2. центральный военный госпиталь

genl general □ главный; всеобщий

GEO gene expression omnibus □ омнибус экспрессии генов (*база данных по экспрессии генов*)

GEP gastroenteropancreatic □ относящийся к пищеварительной системе и поджелудочной железе

GER gastroesophageal reflux □ гастроэзофагеальный рефлюкс

Ger geriatrics □ гериатрия

GER Germiston □ Джермистон (*арбовирус*)

GER granular endoplastic reticulum □ зернистый [гранулярный] эндоплазматический ретикулум

GERD gastroesophageal reflux disease □ гастроэзофагеальная рефлюксная болезнь, ГЭРБ; *уст.* рефлюкс-эзофагит

GERL Goldgi-endoplasmic reticulum-lysosome □ система Гольджи – эндоплазматическая сеть – лизосомы (*структуры, содержащие кислую фосфатазу*)

GESAMP Joint Group of Experts on the Scientific Aspects of Marine Pollution □ объединённая группа экспертов по научным аспектам загрязнения морской среды

GET gastric emptying time □ время опорожнения желудка

GET general endotracheal □ эндотрахеальный наркоз

GET Getah □ Гета (арбовирус)

GF gastrofiberscope □ фиброгастроскоп

GF general factor (in intelligence tests) □ ведущий [главный] критерий (при определении коэффициента интеллектуальности)

GF germ-free animals □ гнотобионты, стерильные [безмикробные] животные (выращенные в асептических условиях)

G-F globular-fibrous transformation □ обратимое изменение глобулярного актина в фибриллярный (в процессе сокращения и расслабления мышцы)

GF globule-fibril □ глобулярный-фибриллярный

GF 1. glomerular filtrate □ первичная моча **2.** glomerular filtration □ клубочковая фильтрация

GF gluten-free □ аглютеновый, не содержащий глютен (напр. продукт питания)

gf gram/force □ грамм-сила, гс

GF grandfather □ дедушка

GF growth factor □ соматотропин, соматотропный [ростовой] гормон [фактор], СТГ, РГ

GF growth fraction □ фракция роста (клеток)

G-factor gemelli-factor □ близнецовый фактор, G-фактор

GFAP glial fibrillar acid protein □ глиальный фибриллярный кислый белок

GFB gastroscope for biopsy □ биопсийный гастроскоп

GFD gluten-free diet □ аглютеновая диета

GFFS glycogen-and fat-free solids □ лишенные гликогена и жира твёрдые пищевые продукты

GFI glucagon-free insulin □ очищенный от глюкагона инсулин

G-forces acceleration forces □ сила ускорения или притяжения

GFP gamma-fetoprotein □ γ-фетопротеин, гамма-фетопротеин

GFR general fertility rate □ общий коэффициент фертильности

GFR glomerular filtration rate □ скорость клубочковой фильтрации

GG gamma globulin □ гаммаглобулин

GG glycylglycine □ глицилглицин

GGA general gonadotropic activity □ общая гонадотропная активность (гормонов передней доли гипофиза)

ggd great granddaughter □ праправнучка

GGE generalized glandular enlargement □ генерализованное увеличение лимфатических узлов или желёз

GG or S glands, goitre, or stiffness (the neck) □ лимфоузлы, зоб или уплотнение (при исследовании шеи)

ggs great grandson □ праправнук

GGT, GGTP gamma-glutamyl transpeptidase □ гамма-глутамилтрансфераза, гамма-глутамилтранспептидаза, γ-ГТ

GGU giant gastric ulcers □ гигантские язвы желудка

GH general hospital □ 1. больница общего типа 2. центральный [главный] госпиталь

G/H graft-versus-host □ гомологическая болезнь, болезнь рант, «трансплантат против хозяина» (реакция на пересадку органа)

GH growth hormone □ соматотропин, ростовой [соматотропный] гормон, (гипофизарный) гормон роста, СТГ, РГ

GHA growth hormone activity □ активность гормона роста

GHA, GHAA Group Health Association of America □ Ассоциация американских врачей, ведущих групповую медицинскую практику

GHb glycosylated hemoglobin □ гликозилированный гемоглобин

GHB γ-hydroxybutyrate □ γ-гидроксибутират

GHC Group Health Cooperative □ объединение [кооператив] врачей групповой медицинской практики

GHD growth hormone deficiency □ недостаточность [дефицит] гормона роста

GHe gaseous helium □ газообразный гелий

GHI Group Health Insurance □ страхование, связанное с групповой медицинской практикой

GHI Group Hospitalization Incorporation □ корпорация [объединение] больниц по госпитализации пациентов

GH-IF growth hormone-inhibiting factor □ соматостатин, соматотропин-рилизинг-ингибирующий фактор (тормозящий высвобождение гормона роста из гипофиза)*

GHIH growth hormone inhibiting hormone □ соматостатин, соматотропин-рилизинг-ингибирующий [фактор] гормон

GHQ General Health Questionnaire □ псих. опросник общей оценки здоровья

GHRF growth hormone releasing factor □ см. **GH-RH**

GH-RH growth hormone releasing hormone □ соматолиберин, соматотропин-рилизинг-фактор [гормон], рилизинг-фактор ростового гормона

GHRIH growth hormone release inhibiting hormone □ см. **GHIH**

GHS General Household Survey □ общая служба по обслуживанию семей

GHTF Global Harmonization Task Force □ целевая рабочая группа глобальной гармонизации (в сфере обращения медицинских изделий)

GI gas instructor □ инструктор химической службы

GI gastroenterological, gastrointestinal □ желудочно-кишечный, гастроэнтерологический, гастроинтестинальный (напр. гормон)

GI 1. gingival index □ десневой индекс **2.** glomerular index □ клубочковый индекс

G/I glucose/insulin ratio □ соотношение глюкоза/инсулин

GI growth-inhibiting □ тормозящий [ингибирующий] рост

---

* По рекомендации Комиссии по биохимической номенклатуре Международного общества чистой и прикладной химии и Международного биохимического общества (1974) гипоталамические рилизинг-факторы (гормоны) имеют окончание «либерин», гипоталамические рилизинг-ингибирующие факторы – окончание «статин».

GI examination gastrointestinal examination □ исследование желудочно-кишечного тракта (рентгенологическое)

GIF 1. gastric intrinsic factor □ наследственный желудочный фактор **2.** gastrointestinal fiberscope □ желудочно-кишечный [гастроинтестинальный] фиброскоп

GIF glycosylation inhibition factor □ фактор, ингибирующий гликозилирование (иммуноглобулинов)

GIF growth hormone-inhibiting factor □ соматостатин, соматотропин-рилизинг-ингибирующий фактор (гипоталамический фактор, тормозящий высвобождение гормона роста гипофизом)

GIFR general illegitimate fertility rate □ общий коэффициент внебрачной фертильности

GIFT gamete intra-fallopian transfer □ перенос гаметы в трубу

GIK glucose, insulin, potassium □ глюкоза, инсулин, калия хлорид (антиаритмическая поляризующая смесь)

ging. 1. gingiva □ десна **2.** gingivectomy □ гингивэктомия

g-ion gram-ion □ грамм-ион

GIP gastric inhibitory polypeptide □ полипептид, угнетающий секрецию желудка

GIP glucose-dependent insulinotropic peptide □ глюкозо-зависимый инсулинотропный пептид

GIP gonorrheal invasive peritonitis □ гонорейный восходящий перитонит

GIQLI gastrointestinal quality of life index □ индекс качества жизни при заболеваниях органов желудочно-кишечного тракта

GIS gas in stomach □ наличие газа в желудке

GIS gastrointestinal system □ пищеварительная система, желудочно-кишечный тракт

GIs gastronomic insurrections □ разг. расстройство желудка

GIS gonadotropin-inhibiting substance □ вещество, угнетающее высвобождение гонадотропина

GI series gastrointestinal series □ серийное (рентгенологическое) исследование желудочно-кишечного тракта

GIST galactosidase immunosorbent test □ твёрдофазный иммуногалактозидазный тест

GIT, GI tract gastrointestinal tract □ желудочно-кишечный тракт

GITS gastrointestinal therapeutic system □ гастроинтестинальная терапевтическая система (лекарственная форма, обеспечивающая пролонгированное действие препарата за счёт его медленного, постепенного высвобождения в желудочно-кишечном тракте)

GITSG Gastrointestinal Tumor Study Group □ группа по изучению рака желудочно-кишечного тракта

GITT glucose-insulin tolerance test □ тест толерантности глюкозы к инсулину

GIX difluoro-diphenyl-trichloroethane □ фирм. дифтордифенилтрихлорэтан (инсектицид)

GK glucokinase activity □ активность глюкокиназы

GK glycerol kinase □ глицеролкиназа

GL General (Medical) Laboratory □ Центральная медицинская лаборатория

gl gill □ жабры (напр. эмбриона)

gl gland □ лимфоузел; уст. железа

Gl Glucinium [Beryllium] □ бериллий

g/l gram/litre □ грамм/литр, г/л

GL greatest length □ наибольшая длина (напр. эмбриона)

GL ground lamp □ указатель заземления

GL Gumbo Limbo □ Гумбо-Лимбо (арбовирус)

Gla carboxyglutamic acid □ карбоксиглутаминовая кислота

GLA gingivolinguoaxial □ язычно-десневая поверхность зуба, относящаяся к его продольной оси

GLA goat leukocyte antigen □ главный комплекс гистосовместимости коз

GLADD Gay and Lesbian Association of Doctors and Dantists □ Ассоциация врачей и дантистов геев и лесбиянок

GLAT glutamic acid, lysine, alanine, tyrosine □ глутаминовая кислота, лизин, аланин, тирозин (смесь аминокислот)

GLC gas-liquid chromatography □ газожидкостная хроматография

glc glaucoma □ глаукома

Glc glucose □ глюкоза

GLC Green Light Committee □ Комитет зелёного света (при рабочей группе ВОЗ для борьбы с множественной лекарственной устойчивостью)

GlcA 1. glucuronic acid □ глюкуроновая кислота **2.** gluconic acid □ глюконовая кислота

GLcn glucosamine □ глюкозамин

GlcNAc N-acetylglucosamine □ N-ацетилглюкозамин

GLD globoid leukodystrophy □ глобоидно-клеточная лейкодистрофия, болезнь Краббе

GlDh glutamate dehydrogenase □ глутамат дегидрогеназа

GLI glucagon-like immunoreactivity □ глюкагоноподобная иммунореактивность

Glk galactokinase □ галактокиназа

gll лат. glandulae □ glands □ железы

glm gallons per minute □ галлонов в минуту

Gln glutamine □ глутамин, Глн

Gln-Ser glutamine-serine □ глутамин-серин

Glo-1 glyoxylase-1 □ глиоксилаза-1

Glob globulin □ глобулин

GLP glucose-1-phosphate □ глюкозо-1-фосфат

GLP good laboratory practice □ добротная лабораторная практика (международные правила и принципы лабораторной [доклинической] апробации качества лекарственных средств, ВОЗ)

GLR graphic level recorder □ графический регистр уровня

GITN glomerulo-tubulo-nephritis □ гломерулотубулонефрит

Glu glucose □ глюкоза

Glu b-glucuronidase □ b-глюкуронидаза

Glu glutamic acid □ глутаминовая кислота, Глу

Gluc glucose □ глюкоза

Gl v globe valve □ мед. тех. шаровой клапан

GLV Gross leukemia virus □ вирус лейкоза Гросса

Glx glutamine and glutamic acid □ глутамин и глутаминовая кислота

GLX pesticide □ фирм. пестицид

Gly glycine □ глицин, гликокол, Гли

Glyc glycerin □ глицерин

GM gamma marker ☐ гамма-маркер (*обозначение алло-типа человеческого иммуноглобулина*)

GM gastric mucosa ☐ слизистая желудка

G – M Geiger – Muller counter ☐ счётчик Гейгера – Мюллера

GM general medical ☐ 1. общий медицинский 2. тера-певтический, консервативный или медикаментозный (*напр. о воздействии на больного*)

GM gentamicin sulfate ☐ гентамицина сульфат

gm gram(me) ☐ грамм, г (*10^{-3} кг*)

GM grand mal ☐ большой эпилептический припадок

gm grandmother ☐ бабушка

GM (grand) multiparity ☐ 1. многоплодие, многоплод-ная беременность 2. многоплодные роды (*двойней, тройней и т.д.*)

GMAG Genetic Manipulation Advisory Group ☐ медико-генетическая консультативная группа

GM&S general medical and surgical ☐ основные тера-певтические [медикаментозные] и хирургические (*ме-тоды воздействия*)

GMAT Graduate Management Admission Test ☐ экзамен для проверки аналитических способностей, коммуни-кабельности и знаний английского языка абитуриентом

GMB gastric mucosal barrier ☐ барьер слизистой желудка

GMC General Medical Council ☐ Высшая (врачебная) аттестационная комиссия, Высший медицинский совет[*]

GM-CFC granulocyte-macrophage colony-forming cells ☐ клетки, образующие колонии гранулоцитов и макрофа-гов (*в культуре*)

GM-CFU granulocyte-macrophage colony-forming unit ☐ см. **GM-CFC**

GM-CSF granulocyte-macrophage colony stimulating factor ☐ колониестимулирующий фактор гранулоцитов и макрофагов (*обладающих противоопухолевыми и ан-тибактериальными свойствами*)

GME graduate medical education ☐ высшее медицин-ское образование

GM-FTA gamma-M fluorescent treponemal antibody ☐ гамма-М-флуоресцентный метод определения антител к бледной трепонеме

GMH General Military Hospital ☐ 1. общий военный гос-питаль 2. главный [центральный] военный госпиталь

GMK green monkey kidney ☐ почка зелёной мартышки

gm/l grams per liter ☐ граммов на литр, г/л

GMO General Medical Officer ☐ главный санитарный инспектор

g-mol gram-molecule ☐ грамм-молекула, г/моль

GMP 1. good manufactory practice ☐ добротная произ-водственная практика (*международные правила и прин-ципы производства и контроля качества лекарствен-ных препаратов, ВОЗ*) **2.** good medical practice ☐ доброт-ная медицинская практика (*стандартизованные между-народные требования к качеству лечебного процесса*)

GMP guanosine monophosphate ☐ гуанозинмонофос-фат, ГМФ

GMR general marriage rate ☐ общий коэффициент брачности

GMS General Medical Services ☐ общее медицинское обслуживание

GMSC General Medical Services Committee ☐ Комитет общих медицинских служб

GMT geometric mean titers ☐ среднегеометрические титры (*напр. антител*)

GMT Greenwich mean time ☐ время по Гринвичу

gmv gram(me)-molecular volume ☐ молярный объём

GMW, gmw gram-molecular weight ☐ молярная масса (*выраженная в грамм-молекулах или молях*)

GN, GN₂ gaseous nitrogen ☐ газообразный азот

GN glomerulonephritis ☐ гломерулонефрит

G:N glucose : nitrogen ratio ☐ глюкозоазотный коэффи-циент (*определяемый в моче больного сахарным диа-бетом*)

gn gnathion ☐ гнатион (*нижняя точка подбородка*)

gn grain ☐ 1. зерно, гранула; крупинка 2. гран (*наи-меньшая единица аптекарского веса = 64,8 мг*)

GN, gn gram-negative ☐ грамотрицательный, Г–

GN, Gn ground ☐ 1. земля ‖ наземный, сухопутный 2. основание; грунт; фон

GNB gram-negative bacilli ☐ грамотрицательные бактерии

GNC General Nursing Council ☐ Высший совет меди-цинских сестёр (*Великобритания*)

GND gram-negative diplococci ☐ грамотрицательные диплококки

gnd ground ☐ 1. земля; грунт; заземление ‖ наземный, сухопутный 2. основание; фон

GNID gram-negative intracellular diplococci ☐ грамот-рицательные внутриклеточные диплококки

G-NP *амер.* not persistent gas ☐ нестойкое отравляющее вещество

GnRF gonadotropin-releasing factor ☐ (гипоталамичес-кий) гонадолиберин, гонадотропин-рилизинг-фактор, гонадотропин-рилизинг-гормон, ЛГ/ФСГ-РФ[**]

GnRH gonadotropin-releasing hormone ☐ см. **GnRF**

GO₂ gaseous oxygen ☐ газообразный кислород

go gonion ☐ *кр. метр.* гонион (*наиболее выступающая кнаружи и кзади точка угла нижней челюсти*)

GO gene ontology ☐ онтология генов (*база данных обо всех известных в настоящее время генах человека*)

GOAL go on and live ☐ «Будь собой и живи» (*нацио-нальная обучающая программа для больных тревогой и депрессией, США*)

GOD generation of diversity ☐ происхождение разнооб-разия иммунокомпетентных клеток

GOE gas, oxygen, ether (anesthesia) ☐ воздушно-кисло-родно-эфирная смесь (*применяемая при анестезии*)

GOMER get out of my emergency room ☐ *sl.* выйди из приёмной для неотложных больных (*жаргонное обо-значение пациентов с синдромом госпитализма, от-влекающих внимание врачей*)

GOR general operating room ☐ операционная, опера-ционный зал

GORD gastroesophageal reflux disease ☐ рефлюкс-эзо-фагит, гастроэзофагеальная рефлюксная болезнь, ГЭРБ

---

* Ведающий аттестацией врачей и выдачей лицензий [серти-фикатов] на право самостоятельной работы после успешного прохождения интернатуры в течение 1 года (*Великобритания*).
** См. примечание на с. (там где GH-IF).

GORT Gilmore oral reading test □ тест Гилмора на устное чтение

GOT glutamine-oxaloacetic [aspartate] transaminase □ аспартатаминотрансфераза, глутамат-оксалоацетат трансаминаза, АСТ, АсАТ

GoV, Govt government □ 1. правительство ‖ правительственный; государственный 2. провинция; управление

GOX, gox □ *см.* **GO₂**

GP gastroplasty □ гастропластика, пластическая операция на желудке

GP gauge pressure □ манометрическое давление

GP general paralysis □ общий паралич

GP general paresis □ генерализованный [тотальный] парез

GP 1. general practice □ общая практика **2.** general practitioner □ врач общей практики, практикующий [семейный, лечащий] врач

GP German Patent □ немецкий патент

GP *лат.* globus pallidus □ *анат.* бледный шар

G-6-P glucose-6-phosphate □ глюкозо-6-фосфат

GP₁ glycopeptide-1 □ гликопептид-1

GP glycoprotein □ гликопротеид, *уст.* гликопротеин

GP, gp gram-positive □ грамположительный, Г+

gp group □ 1. группа 2. *хим.* радикал

GP group *(muscle)* □ группа *(мышц)*; слой *(мышц)*

GP guinea pig □ морская свинка

GP gutta-percha □ гуттаперча

gp gypsum □ гипс

G-P *амер.* persistent gas □ стойкое отравляющее вещество

GPA grade-point average □ средняя точка шкалы

GPAIS guinea pig anti-insulin serum □ антиинсулиновая сыворотка морской свинки

GPANA glutaryl-1-phenylalanine-p-nitroanilide □ глютарил-1-фенилаланин-π-нитроанилид

GPB gram-positive bacilli □ грамположительные бациллы

GPC gel permeation chromatography □ гельпроникающая хроматография

GPC general physical condition □ общее физическое состояние

GPC granular progenitor cells □ клетки – предшественники гранулоцитов

GPC guinea pig complement □ иммунный комплемент сыворотки крови морской свинки

GPCRs G-protein coupled receptors □ G-белок-сопряжённые рецепторы

GPC-S granular progenitor cells in DNA synthesis □ клетки – предшественники гранулоцитов в фазе синтеза ДНК

Gpd-1 glucose phosphate dehydrogenase-1 □ глюкозо-фосфат-дегидрогеназа-1

G5PD glucose-5-phosphate dehydrogenase □ глюкозо-5-фосфат-дегидрогеназа

G6PD, G-6-PD glucose-6-phosphate dehydrogenase □ глюкозо-6-фосфат-дегидрогеназа, Г6ФД

GPDH glycerol phosphate dehydrogenase □ глицерол-фосфат-дегидрогеназа

GPE guinea pig embryo □ эмбрион морской свинки

G-Pf gas-proof □ газонепроницаемый; герметичный

GPI general paralysis of the insane □ прогрессивный паралич, поздний сифилитический психоз

GPI gingival periodontal index □ дёсенно-периодонтальный индекс

GPI glucose phosphate isomerase □ глюкозофосфатизомераза

GPIPID guinea pig intraperitoneal infectious dose □ интраперитонеальная доза, инфицирующая морскую свинку

GPK guinea-pig kidney (antigen) □ антигены почек морской свинки

GPKA guinea-pig kidney absorption test □ определение абсорбционной способности почек морской свинки

GPM general preventive medicine □ общее превентивное лечение

gpm grams per minute □ *(столько-то)* граммов в минуту

GPP good pharmacy practice □ Международные правила и принципы фармацевтической практики

GPP good publication practice □ добротная публикационная практика

GPRA General Practice Reform Association □ Реформистская ассоциация врачей общей практики

GPS guinea pig serum □ сыворотка морской свинки

GPS guinea pig spleen □ селезёнка морской свинки

GPT glutamic pyruvic transaminase □ аланинаминотрансфераза, АлАТ, глутаматпируваттрансаминаза, ГПТ

GpTh group therapy □ групповая (психо)терапия; групповое лечение

GPUT galactose phosphate uridyl transferase □ галактозофосфатуридилтрансфераза

GPV gross protein value □ общая белковая ценность

GR gastric resection □ резекция желудка

GR glutathione reductase □ глутатион-редуктаза

gr grade □ 1. степень; категория 2. звание, ранг 3. градус

GR grade reagent □ реактив марки «чистый», беспримесный

gr grain □ 1. зерно; гранула; крупинка 2. гран *(наименьшая единица аптекарского веса = 64,8 мг)*

Gr gravity (unit) □ сила тяжести *(единица)*

gr group □ группа ‖ групповой

GRA gonadotropin-releasing agent □ гонадолиберин, гонадотропный рилизинг-[гормон] фактор, ЛТ/ФСГ-РФ

grad *лат.* gradatim □ gradually □ *фарм.* постепенно, поэтапно

grad gradient □ градиент; различие; перепад *(давления)*

grad *амер.* graduate □ окончивший учебное заведение *(особенно высшее)*

grad graduated □ градуированный

GRAS generally recognized as safe (food additives) □ общепризнано безопасным *(о пищевых добавках)*

Grav 1, 2, 3 *лат.* gravida □ first, second, third and so on pregnancy □ первая, вторая, третья беременность и т.д.

grav gravity □ сила тяжести, гравитация

GRE glucocorticoid response element □ фактор [элемент] глюкокортикоидной реакции

GRE gradient echo imaging □ градиент эхо последовательность *(МРТ)*

GRF genetically related restricting factor □ генетически ограничивающий фактор *(обеспечивает дифференциацию зрелых Т-лимфоцитов-хелперов)*

GRF glomerular filtration rate □ скорость клубочковой фильтрации

GRF gonadotropin-releasing factor □ гонадолиберин, гонадотропин-рилизинг-фактор *(фактор гипоталамуса, активирующий выделение гонадотропина гипофизом)*

GRF growth hormone releasing factor □ соматолиберин, соматотропин-рилизинг-фактор, рилизинг-фактор ростового гормона, СРФ

GRF-oma growth hormone releasing factor-secreting tumor □ опухоль из клеток, продуцирующих рилизинг-фактор гормона роста

GRH growth hormone releasing hormone □ *см.* **GRF** growth hormone releasing factor

GRID gay-related immune deficiency □ иммунодефицит гомосексуалистов

GR-IH growth hormone-release-inhibiting hormone □ соматостатин, соматотропин-рилизинг-ингибирующий фактор *(тормозящий высвобождение гормона роста из гипофиза)*

gr n gram-negative □ грамотрицательный

grn green □ зелёный

GRNS German Research Network on Schizophrenia □ германская сеть по исследованию шизофрении *(одна из 17 программ улучшения помощи больным, страдающим от тяжёлых и смертельных заболеваний)*

GRO General Register Office □ Управление записи актов гражданского состояния *(Великобритания)*

GroPIns glycerophosphoinositol □ глицерофосфоинозитол

GRP gastrin-releasing peptide □ гастрин-высвобождающий пептид

gr p gram-positive □ грамположительный

grp group □ группа

gr wt gross weight □ брутто-масса, масса брутто с упаковкой

GS gas signal □ сигнал химической тревоги

Gs gauss □ гаусс *(единица магнитной индукции = 1 × 10⁻⁴ T)* $= 1 \times 10^{-4}\,T$

GS General Secretary □ генеральный секретарь *(ВОЗ)*

GS general support □ общее обеспечение

GS General Surgery □ общая хирургия

GS Gerontological Society □ геронтологическое общество

G/S glucose and saline □ глюкоза и физиологический раствор

GS glutamine synthetase □ глутаминсинтетаза

gs group specific □ группоспецифический *(напр. антиген)*

GSA General Services Administration □ администрация общей медицинской службы

GSA Genetics Society of America □ Американское общество генетики

GSA Greiner Selective Analyzer □ избирательный анализатор Грейнера

GSA Gross virus antigen □ антиген вируса Гросса

GSA guanidinosuccinic acid □ гуанидин-янтарная кислота

GSA guinea-pig serum albumin □ сывороточный альбумин морской свинки

GS antigen group-specific antigen □ группоспецифический антиген

GSC gas-solid chromatography □ газотвёрдая хроматография

G, scarlet □ судан III *(краситель)*

GSD genetically significant dose □ генетически значимая доза

GSD glycogen storage disease □ гликогеноз, гликогеновая болезнь

GSD II glycogenose type II □ гликогеноз II типа

GSE gluten-sensitive enteropathy □ глютеновая болезнь, глютеновая энтеропатия, нетропический спру

GSH glomerular-stimulating hormone □ гломерулостимулирующий гормон

GSH reduced glutathione □ восстановленный глутатион

GSK glycogen synthase kinase □ гликоген-синтаза-киназа *(фермент)*

GSM Global System for Mobile Communications □ глобальная система мобильной связи

GSR galvanic skin response □ кожно-гальваническая реакция, кожно-гальванический рефлекс, КГР

GSR generalized Schwartzman reaction □ генерализованная реакция (Санарелли –) Шварцмана

GSSG oxidized glutathione □ окисленный глутатион

GSSR generalized Sanarelli – Schwartzman reaction □ генерализованная реакция Санарелли – Шварцмана

GSTP Georgia Statewide Telemedicine Program □ *комп.* телемедицинская программа штата Джорджия

G-suit gravity suit □ *ав. мед.* противоперегрузочный костюм

GSW, gsw gun-shot wound □ огнестрельная рана; огнестрельное ранение

GT game theory □ *стат.* теория игр *(напр. в эпидемиологии)*

gt gastight □ газонепроницаемый

GT gastric tube □ желудочный зонд

G/50 T germ-cell per 50 tubules □ число половых клеток в 50 семенных протоках

GT glucose tolerance □ толерантность в глюкозе

GT glutamyl transpeptidase □ глутамилтранспептидаза

gt good till cancelled □ действительно до отмены

gt *лат.* gutta □ drop □ капля

GT treatment of gingiva □ лечение дёсен

GTA gastrointestinal anastomosis □ желудочно-кишечный анастомоз

GtB, Gt Br, Gt Brit Great Britain □ Великобритания

GTC guanidinium thiocyanate □ гуанидин тиоцианат

gtd guaranteed □ гарантированный

GTF glucose tolerance factor □ фактор толерантности к глюкозе

GTF gross total fertility □ суммарная плодовитость

GTH gonadotropic hormone □ гонадотропный гормон, гонадотропин

GTHR generalized thyroid hormone resistance □ генерализованная резистентность к тиреоидным гормонам

GTN gestational trophoblastic neoplasia □ трофобластическая опухоль беременных

GTN glomerulo-tubulo-nephritis □ гломерулотубулярный нефрит

GTN glycerol trinitrate □ нитроглицерин, глицеринтринитрат

GTP glutamyl transpeptidase □ глутамилтранспептидаза

GTP guanosine 5-triphosphate □ гуанозин-5-трифосфат

GTS getting to sleep □ засыпание

GTT glucose tolerance test □ тест толерантности к глюкозе, ТТГ

gtt *лат.* guttae □ drops □ капли

gtw good till week □ действительно в течение недели

GU gastric ulcer □ язва желудка

GU genitourinary □ мочеполовой *(о тракте или органах)*

GU gonococcal urethritis □ гонококковый уретрит

GU gravitational ulcer □ пролежень

Gua guanine □ гуанин, Г

GUMC Georgetown University Medical Center □ Медицинский центр Джорджтаунского университета

Guo guanosine □ гуанозин

GUS genito-urinary system □ мочеполовая система

GUSM Georgetown University School of Medicine □ медицинский факультет Джорджтаунского университета

gut catgut □ кетгут

guttat *лат.* guttation □ drop by drop □ капельно

GV gentian violet □ генциан фиолетовый *(краситель)*

GV gravimetric volume □ гравиметрический объём

GVA general visceral afferent □ главный висцеральный афферентный путь

GVE general visceral efferent □ главный висцеральный эфферентный путь

GVH graft versus host, graft-versus-host □ гомологическая (трансплантационная) болезнь, рант-болезнь, «трансплантат против хозяина» *(реакция на пересадку органа)*, РТПХ

GvHD graft-versus-host disease □ *см.* **GVH**

GvHR graft-versus-host reaction □ *см.* **GVH**

GVHS graft versus host syndrome □ *см.* **GVH**

GVL graft-versus-leukemia □ антилейкозный трансплантат

GvsH graft-versus-host □ *см.* **GVH**

Gvty gingivectomy □ удаление десны

GW general ward □ общая палата

GW gross weight □ масса брутто *(с упаковкой)*, брутто-масса

GW group work □ групповая [бригадная] работа

GWBQ General Well-Being Questionnaire □ опросник оценки общего благополучия

GWU George Washington University □ Университет Джорджа Вашингтона *(Вашингтон, США)*

GWUSM George Washington University School of Medicine □ медицинский факультет Университета Джорджа Вашингтона

GXT graded exercise test □ тест, измеряемый дозированной физической нагрузкой

Gy gray □ грэй, Гй *(единица поглощённой дозы излучения, равная энергии в 1 джоуль, переданной массе тела в 1 кг, 1 Дж/кг)**

gy greasy □ необезжиренный; жирный

gy gray □ серый

Gyn, gynecol 1. gynecology || gynecologic(al) □ гинекология || гинекологический 2. gynecologist □ гинеколог

gyp gypsum □ гипс; сернокислая известь

GZ ground zero point □ эпицентр *(ядерного взрыва, землетрясения)*

---

* 1 Гй = 100 рад. Смертельная доза для человека – 5 грей.

H

H *усл.* линия инбредных мышей Харуэл

H *усл.* напряжённость магнитного поля

h *усл.* толщина, плотность

H halothane □ фторотан, галотан

h hardness □ твёрдость

H *лат.* haustus □ draft □ схема, чертёж; план

H Health □ 1. уровень здоровья населения страны в целом (*определяется путём расчёта средней ожидаемой продолжительности активной жизни человека*) 2. индивидуальный уровень здоровья

h heat □ теплота

H heat content □ теплосодержание

h heavy □ тяжёлый

h height □ рост; высота

h hemophilia □ гемофилия

H Hemophilus □ класс малярийных комаров

H henry □ генри, Гн (*индуктивность*)

h heredity □ 1. наследственность 2. коэффициент наследственности

H heroin □ героин

h high □ высокий

H hinge region □ гибкий участок (*в молекуле иммуноглобулина*)

H₁, H₂, H₃ histamine receptors □ гистаминовые рецепторы

H histidine □ гистидин, Гис

H-1 histocompatibility-1 □ гистосовместимость-1 (*локус*)

H history □ история (*болезни*), анамнез заболевания

H Holzknecht (unit) □ единица Гольцкнехта (*ионизирующего излучения, равная 1/5 эритемной зоны*)

H 1. horizontal □ горизонтальный 2. horizontal line □ горизонтальная линия

H hormone □ гормон

H hospital □ 1. больница 2. госпиталь

h hot □ горячий

h hour □ час, ч

h human □ человеческий

h humidity □ 1. влажность, сырость 2. степень влажности

h husband □ муж, супруг

H hyaluronidase □ гиалуронидаза

H hydrogen □ водород

H⁺ hydrogen ion □ ион водорода

[H⁺] hydrogen ion concentration □ концентрация водородных ионов, кислотность

H hydrolysis □ гидролиз; степень гидролиза

H hygiene ‖ hygienic □ гигиена ‖ гигиенический

H hyoscine □ гиосцин, скополамин

H hypermetropia □ дальнозоркость, гиперметропия

H hyperplasia □ гиперплазия

H hypodermic □ подкожный, гиподермальный

H hypothermy □ (краниоцеребральная) гипотермия (*принцип и метод реанимации*)

H--minutes past the hour □ *усл.* часы с минутами (*о времени*)

H rate of heat removal □ *усл.* интенсивность [скорость] отвода тепла

h Plank's constant □ *усл.* постоянная Планка

¹H, H1, H₁ protium, light hydrogen, hydrogen-1 □ протий, лёгкий водород (*изотоп-1 водорода*)

²H, H2, H₂ deuterium, heavy hydrogen, hydrogen-2 □ дейтерий, тяжёлый водород (*изотоп-2 водорода*)

³H, H3, H₃ tritium, hydrogen-3 □ тритий, сверхтяжёлый водород (*изотоп-3 радиоактивного водорода*)

H-3 fumagillin □ *усл.* фумагиллин (*антибиотик, обладающий высокой активностью при кишечном амебиазе*)

H-2 histocompatibility □ главный комплекс гистосовместимости мыши

H3 procaine hydrochloride □ *усл.* новокаин

Ha absolute hypermetropia □ абсолютная дальнозоркость

НА, На *см.* **H antigen**

Ha Haphnium □ гафний

HA headache □ головная боль

HA Health Authority □ служба здравоохранения

HA hemadsorbent □ гемосорбент, гемадсорбент

HA (test) hemadsorption (test) □ гемадсорбция, гемосорбция (*тест*)

HA1 hemadsorption virus, type 1 □ гемадсорбирующий вирус, тип 1

HA hemagglutinating antibodies □ гемагглютинины, гемагглютинирующие антитела

HA hemagglutination □ гемагглютинации, агглютинация эритроцитов

HA hemolytic anemia □ гемолитическая анемия

HA hepatitis A □ инфекционный гепатит, гепатит A

HA heteroduplex analysis □ анализ гетеродуплексов

ha high altitude □ высотный

HA high anxiety □ выраженный страх

ha home adress □ домашний адрес

HA hospital admission □ поступление [госпитализация] в больницу

HA hospital apprentice □ санитар 2-го класса

HA hospital attendant □ санитар госпиталя, сиделка; ухаживающий персонал

HA hyaluronic acid □ гиалуроновая кислота

HA hypersensitivity alveolitis □ гиперчувствительный альвеолит

HAA 1. hemolytic anemia antigen □ антиген гемолитической анемии 2. hepatitis-associated antigen □ поверхностный антиген гепатита B; австралийский антиген; антиген сывороточного гепатита; антиген, ассоциированный с гепатитом

HAA hospital activity analysis □ анализ деятельности больницы

HAB antiheart antibody □ антитела к сердечной мышце

hab habitat □ 1. место обитания, место распространения (растений, животных) 2. естественная среда

hab habitation □ жилище

HABA hydroxybenzeneazobenzoic acid □ гидроксибензолазобензойная кислота

HAc hemagglutinin activity of chick □ активность гемагглютининов цыплёнка

HACEK a group of gram-negative bacteria □ группа Грам-негативных бактерий – Haemophilus spp., Actinobacillus actinomycetemcomitans, Cardiobacterium hominis, Eikenella corrodens, Kingella kingae

HACCP hazard analysis of critical control points □ анализ критических контрольных показателей опасностей (напр. предельно допустимого уровня пестицидов)

HAd hemadsorption □ гемосорбция, гемадсорбция

HAd hospital administration □ больничная администрация

HADEN hemadsorbing enteric virus □ гемадсорбирующий кишечный вирус

HADS 1. Hamilton Anxiety Depression Scale □ шкала оценки тревоги и депрессии Гамильтона **2.** hospital anxiety and depression scale □ госпитальная шкала оценки тревоги и депрессии

H&E hemorrhage and exudates □ кровотечение и экссудат

H&E hematoxylin and eosin stain ▯ окраска гематоксилином-эозином

HAE hereditary angioedema □ наследственный ангионевротический отёк

H&E heredity and environment □ наследственность и окружающая среда

HAF human antitumor factor □ человеческий противоопухолевый фактор

HAFMC Haight-Asburg Free Medical Clinic □ Гейт-Асбургская бесплатная медицинская клиника

HAFP human alpha-fetoprotein □ человеческий альфа-фетопротеин

HAgg hemagglutination □ гемагглютинация, агглютинация эритроцитов

HAGG hyperimmune antivariola gamma globulin □ гипериммунный противооспенный гаммаглобулин

HAGL humeral avulsion of glenohumeral ligament □ разрыв гленогумеральной связки

H&H hematocrit and hemoglobin □ гематокрит и гемоглобин

HAHTG horse antihuman thymus globulin □ лошадиный глобулин к тимоцитам человека

HAI hemagglutination inhibition □ (непрямое) ингибирование гемагглютинации

HAIR-AN hyperandrogenizm, insulin resistance and acanthosis nigricans syndrome □ синдром гиперандрогенизма, инсулиновой резистентности и чёрного акантоза

Hal halogen □ 1. галоген 2. галоид

Hal halothane □ фторотан, галотан, флюотан

H&L heart and lungs □ сердце и лёгкие

hallu 1. hallucinate □ галлюцинировать **2.** hallucination □ галлюцинация **3.** hallucinogen □ галлюциноген

HAM high-speed automatic monitor □ быстродействующее автоматическое контрольное устройство

HAM histocompatibility associated membrane □ мембранная ассоциированная гистосовместимость; гисто-совместимость, обусловленная антигенами мембраны клеток

HAM-A Hamilton anxiety rating scale □ шкала тревоги Гамильтона

HAM-D см. **HDRS**

handb handbook □ справочник; указатель; руководство

HANDS Harvard National Depression Screening Scale □ (краткая) Гарвардская национальная шкала скрининга депрессий

HANE hereditary angioneurotic edema □ наследственный ангионевротический отёк

HANES Health and Nutrition Education Survey □ Национальная служба по здравоохранению и питанию

H antigen нем. Hauch antigen (Hauch – дыхание), flagella antigen □ Н-антиген, жгутиковый антиген бактерий (сохранивших жгутики и способность к движению – «дыханию» в отличие от О-антигена), см. **O-antigen**

HANYS Hospital Association of New York State □ Больничная ассоциация штата Нью-Йорк

HAP лат. heredopathia atactica polyneuritiformis □ наследственный полиневрит с сенсорной атаксией

HAP histamine phosphate acid □ гистаминфосфат

H&P history and physical examination □ анамнез и данные физического исследования

HAP humoral antibody production □ гуморальное образование антител

HAPA hemagglutinating antipenicillin antibody □ гемагглютинирующие антитела к пенициллину

HAPE high-altitude pulmonary edema □ высотный отёк лёгких (при высотной болезни)

HAPP heart attack prevention program □ программа профилактики ишемической болезни сердца (ИБС); программа профилактики инфаркта миокарда

HAPPAs high-air-pollution-potential advisories □ экстренное извещение о высоком загрязнении воздуха

H-Ar см. **H antigen**

HAR hemagglutination reaction □ реакция гемагглютинации, РГА

HAR hyperacute rejection □ сверхострое отторжение (трансплантата)

H&R hysterectomy and radiation □ экстирпация матки и радиотерапия

HARC Human Affairs Research Center □ Научно-исследовательский центр по изучению деятельности человека

HAREM heparin assay rapid easy method □ быстрый и лёгкий метод определения гепарина

HAS Health Application Systems □ система прикладного здравоохранения

HAS (dose) highest asymptomatic (dose) □ подпороговая доза

HAS hospital administration services □ служба госпитальной администрации

HAS Albert Schweitzer Hospital (Haiti) □ Госпиталь Альберта Швейцера (Гаити)

HAS hyperalimentation solution □ гипералиментарная питательная смесь

HASHD hypertensive arteriosclerotic heart disease □ коронаросклероз с гипертензией

HAT heterophil antibody titer □ титр гетерофильных антител

HAT hospital arrival time □ время поступления в больницу

HAT hypoxanthine-aminopterin-thymidine □ *иммун.* гипоксантин-аминоптерин-тимидин, ГАТ(-среда)

HATG horse antihuman thymocyte globulin □ лошадиный глобулин к тимоцитам человека

HAU hemagglutinating units □ *иммун.* гемагглютинирующие единицы *(комплемента)*

haust *лат.* haustus □ draught □ *фарм.* доза жидкого лекарства

H&V hemigasterectomy and vagotomy □ резекция 1/2 желудка с ваготомией

HAV hepatitis A virus □ вирус инфекционного [эпидемического] гепатита, вирус гепатита А

HAV homovanillic acid □ гомованилиновая кислота

HA viruses hemadsorption viruses □ гемадсорбирующие вирусы

HAZ Hazara □ Хазара *(арбовирус)*

HB heart block □ блокада сердца

Hb hemoglobin □ гемоглобин *(крови)*, *см. тж.* **Hg** hemoglobin, **Hgb**

  ~ **A1** glycosylated hemoglobin □ гликозилированный гемоглобин

  ~ **F** fetal hemoglobin □ фетальный [эмбриональный] гемоглобин, гемоглобин плода, гемоглобин F *(преобладающий до 18 недель развития)*

  ~ **H** hemoglobin H □ гемоглобин H

  ~ **O**$_2$ oxygenated hemoglobin □ оксигемоглобин, насыщенный кислородом гемоглобин

  ~ **P** primitive hemoglobin □ первичный [примитивный] гемоглобин, гемоглобин P *(в первые 7–12 недель развития зародыша)*

Hb$_a$ hemoglobin alpha-chain □ альфа-цепь гемоглобина

Hb$_b$ hemoglobin beta-chain □ бета-цепь гемоглобина

HB hepatitis B □ сывороточный [парентеральный, инокуляционный] гепатит, гепатит В

Hb *лат.* herba □ grass □ *фарм.* трава

HB His bundle □ пучок Гиса, предсердно-желудочковый (атриовентрикулярный) пучок

HB housebound □ домашний

Hb hydrogen bomb □ водородная бомба

HbA adult hemoglobin □ гемоглобин взрослого человека, нормальный гемоглобин

HbA x-hydroxybutyrate □ x-гидроксибутират

HBAb hepatitis B antibody □ антитела гепатита В

HBAg hepatitis B antigen □ антиген(ы) вируса гепатита В

HbAS sickle cell trait □ серповидно-клеточное носительство, гемоглобинопатия А

HbB *см.* **HbS**

HbB hemoglobin concentration in the blood □ концентрация гемоглобина в крови

HBB hydroxybenzyl benzimidasole □ гидроксибензилбензимидазол

HbBC hemoglobin binding capacity □ гемоглобинсвязывающая способность

HBc, HBcAg hepatitis B virus core antigen □ ядерный антиген, корантиген, с-антиген гепатита В, глубинный [сердцевинный] антиген гепатита В

HbCO carboxyhemoglobin □ карбоксигемоглобин

HBD has been drinking □ в состоянии опьянения, будучи пьяным

HBD hydroxybutirate dehydrogenase □ гидроксибутират дегидрогеназа

HBe, HBeAg hepatitis B virus ε antigen □ ε-антиген вирусного гепатита В

HBE His bundle electrogram □ потенциалы пучка Гиса, ППГ

HBF, HbF hemispheric blood flow □ кровоток [кровоснабжение] полушария мозга

HBF hepatic blood flow □ печёночный кровоток

HBFP hematoxylin-basic fuchsin-picric acid *(stain)* □ гематоксилиносновная фуксинпикриновая кислота, ГОФП *(краситель)*

HBI high serum-bound iron □ высокий уровень связанного сывороточного железа

HBI hyperbasophilic immunoblast □ гипербазофильный иммунобласт

HBIG hepatitis B immune globulin □ иммуноглобулин гепатита В

HBJ Harcourt Brace Jovanovich Ltd □ *издательство медицинской литературы*

HBLA human B lymphocyte antigen □ маркёр [антиген] В-лимфоцитов

HBLV human B-cell lymphotropic virus □ В-лимфотропный вирус человека

HBO hyperbaric oxygen □ гипербарическая оксигенация, оксигенобаротерапия, ГБО, ОБГ

H-bomb hydrogen bomb □ водородная бомба

HBP high blood pressure □ артериальная [гипертония] гипертензия

HBS serum hepatitis (B) □ сывороточный гепатит, гепатит В

HBs, HBsAg hepatitis B surface antigen □ поверхностный антиген гепатита В, австралийский антиген

HbS sickle-cell hemoglobin, hemoglobin S □ серповидно-клеточный гемоглобин, гемоглобин S

HBSS Hanks balanced salt solution □ сбалансированный солевой раствор Хенка, среда Хенка

HBTRC Harvard Brain Tissue Resource Center □ Гарвардский центр исследований ткани мозга

HBV hepatitis B virus □ вирус [сывороточного гепатита] гепатита В

HBVD hepatitis B virus antigen D □ антиген D вируса гепатита В

HBVG hepatitis B virus antigen G □ антиген G вируса гепатита В

HBVL hepatitis B virus antigen L □ антиген L вируса гепатита В

HBVY hepatitis B virus antigen Y □ антиген Y вируса гепатита В

HBW heat to keep body warm □ теплота для согревания организма

HBW high birth weight □ чрезмерно крупный ребёнок, высокая масса тела новорождённого

HC habitual criminal □ *суд. мед.* 1. профессиональный преступник 2. рецидивист

HC head circumference □ окружность головы

HC head compression □ сдавление головного мозга

HC health certificate □ сертификат о здоровье

HC heat coil □ нагревательная спираль

HC heat conductivity □ теплопроводность

HC heel-crown □ длина новорождённого *(темя – пятка)*

HC hemolytic complement □ гемолитический комплемент

HC hemorrhagic colitis □ геморрагический колит

HC hepatic catalase □ печёночная каталаза

HC hereditary coproporphyria □ наследственная копропорфирия

HC hexachlorethane □ гексахлорэтан

HC high capacity □ 1. большая ёмкость или вместительность 2. высокая производительность; большая мощность

HC home care □ домашний уход, уход на дому

HC *лат.* honoris causa □ за заслуги *(учёная степень, присуждаемая без защиты диссертации)*

HC Hospital Company □ госпитальная рота обслуживания

HC hospital corps □ больничный персонал

HC hospital course □ госпитальный курс *(лечение)*, больничное лечение

HC Huntington's chorea □ наследственная [хроническая прогрессирующая] хорея, хорея Гентингтона

HC hyaline casts □ гиалиновые цилиндры или слепки *(в осадке мочи)*

HC hydraulic conductivity □ коэффициент фильтрации

HC hydrocarbon □ углеводород

HC hydrocortisone, hydroxycorticoid □ гидрокортизон, гидроксикортикоид

HCA Health Care Association □ Ассоциация учреждений здравоохранения

HCB hexachlorobenzene □ гексахлорбензол

HCC Health Care Corporation □ Объединение [Корпорация] лечебных учреждений

HCC *лат.* hepatitis contagiosa canis □ инфекционный гепатит собак

HCC hepatocellular carcinoma □ гепатоцеллюлярный рак; гепатоцеллюлярная карцинома

HCC hydroxycholecalciferol (metabolite of vitamin D₃) □ гидроксихолекальциферол *(метаболит витамина Д₃)*

25-HCC 25-hydroxycholecalciferol □ 25-гидроксихолекальциферол

HCD health care delivery □ обеспечение охраны здоровья

HCD heavy chain disease □ поражение тяжёлых цепей иммуноглобулина

HCD (antiserum) homologous canine distemper (antiserum) □ гомологичная антисыворотка собачьей чумы

HCFA Health Care Financing Administration □ Администрация финансирования здравоохранения *(США)*

HCG human chorionic gonadotropin □ человеческий хорионический гонадотропин *(вырабатывается в плаценте на ранних стадиях беременности, а также при трофобластических опухолях)*, ХГ

HCGN hypocomplementemic glomerulonephritis □ гломерулонефрит с гипокомплементемией

HCH hexachlorocyclohexane □ гексахлороциклогексан, ГХЦГ

H-chain heavy chain □ тяжёлая цепь *(тяжёлая полипептидная цепь молекулы иммуноглобулина)*

HCI human-computer interaction □ взаимодействие человека с компьютером, взаимодействие системы человек – компьютер

HCIB Health Computer Information Bureau (Canada) □ Компьютерный информационный центр здравоохранения *(Канада)*

HCL hairy cell leukemia □ волосато-клеточный лейкоз

HCN hydrocyanic acid □ синильная кислота

HCN canister hydrocyanic acid canister □ противогазная коробка для защиты от синильной кислоты

H colony *нем.* Hauch film □ H-форма колонии *(с наличием тонкой плёнки над средой, образованной жгутиковыми микробами)*

HCP hepatocatalase peroxidase □ печёночная восстановленная каталаза

HCP hereditary coproporphyria □ наследственная копропорфирия

HCP hexachlorophene □ гексахлорофен

HCr Hospital Centre □ Госпитальный центр

HCS Harvey Cushing Society □ Общество Харви Кушинга

HCs healthy controls □ контрольная группа из здоровых лиц

HCS hospital computer system □ больничная компьютерная система

HCS human chorionic somatomammotropin □ хорионический соматомаммотропный гормон, соматомаммотропин

H-c-sis oncogene human cell simian sarcoma virus oncogene □ человеческий клеточный онкоген вируса саркомы обезьян

HCSM human chorionic somatomammotropin □ человеческий хорионический соматомаммотропный гормон, соматомаммотропин

Hct hematocrit □ гематокрит *(1. прибор для определения гематокритного числа 2. соотношение форменных элементов и плазмы крови)*

HCT homocytotrophic □ гомоцитотрофический

HCT homocytotropic □ гомоцитотропный, имеющий сродство к аналогичным видам *(об антителах)*

HCT human calcitonin □ человеческий кальцитонин

HCT hydrochlorothiazide □ гидрохлоротиазид

HCV hepatitis C virus □ вирус гепатита C

HCVD hypertensive cardiovascular disease □ сердечно-сосудистое заболевание, сопровождающееся гипертензией

HCWs Healthcare Workers □ сотрудники службы здравоохранения

HD Hansen's disease □ лепра, проказа, болезнь Хансена

hd 1. hand □ рука 2. head □ голова

HD health development □ развитие здравоохранения

HD hearing distance □ расстояние ясного слышания, расстояние слышимости

HD heart disease □ заболевание сердца

HD hemodialysis □ гемодиализ

HD high density □ высокая плотность

HD high dose □ большая доза

HD Hodgkin's disease □ лимфогранулематоз, болезнь Ходжкина

hd *лат.* hora decubitus □ **1.** in a recumbent position □ в положении лёжа **2.** before sleep □ перед тем, как лечь спать; перед сном

HD hourly difference □ часовая разность

HD Huntington's disease □ болезнь Гентингтона, хроническая прогрессирующая хорея

HD hydatid disease □ 1. эхинококкоз 2. заболевание гидатид [придатков] яичка

HD hydroxydopamine □ гидроксидопамин

HD₅₀ hemolyzing, hemolytic dose of complement that lyses 50 % of sensitized red blood cells □ гемолизирующая доза комплемента *(лизирующая 50 % сенсибилизированных эритроцитов)*

HDA Hospital Doctors' Association □ Ассоциация больничных врачей

HDBH hydroxybutyric dehydrogenase □ гидроксибутиратдегидрогеназа

hdbk handbook □ руководство; справочник

HDC histidine decarboxylase □ гистидиндекарбоксилаза

HDCT high-dose chemotherapy □ высокодозная химиотерапия

HDD Higher Dental Diploma □ диплом о высшем стоматологическом образовании

HDDST high dose dexamethasone suppression test □ большая дексаметазоновая проба

HDH heart disease history □ история [анамнез] заболевания сердца

HDI Hamilton depression inventory □ опросник депрессии Гамильтона

HDI Human Development Institute □ Институт развития человека

H disease Hart's disease □ болезнь Харта

HDL high density lipoproteins □ липопротеиды высокой плотности, ЛПВП

hdlg handling □ обращение; обслуживание

HDLW hearing distance by left ear for watch □ расстояние ясного слышания тикания часов левым ухом, практический слух на левое ухо

HDN hemolytic disease of the newborn □ гемолитическая болезнь новорождённых, эритробластоз новорождённых

HDP hexose diphosphate □ гексозодифосфат

HDP hydroxydimethylpyrimidine □ гидроксидиметилпиримидин

HDR heart disease resources □ факторы, провоцирующие заболевание сердца; причины заболеваний сердца

HDR-AL high dose rate afterloading brachytherapy □ высокая доза облучения внутриполостной близкофокусной лучевой терапии

HDRS Hamilton depression rating scale □ шкала оценки депрессии Гамильтона

HDRW hearing distance by right ear for a watch □ расстояние ясного слышания тикания часов правым ухом, практический слух на правое ухо

HDS health delivery system □ система здравоохранения

HDT head-down tilt bed rest □ постельный режим в антиортостатическом положении

³H-dTHd tritiated thymidine □ тимидин, меченный радиоактивным водородом

HDU hemodialysis unit □ отделение гемодиализа

HDV hepatitis D virus □ вирус гепатита Д

hdw hardware □ 1. аппаратура, оборудование 2. технические средства, техническое обеспечение

HE hematoxylin and eosin □ окраска гематоксилин-эозином

HE health education □ санитарное просвещение

he heart □ сердце

He Helium □ гелий

HE hemagglutination enhancement □ усиление гемагглютинации

HE hemoglobin electrophoresis □ электрофорез гемоглобина

HE hereditary elliptocytosis □ наследственный эллиптоцитоз

HE hernia equivalent □ экспериментальная модель грыжи

He Heston □ линия инбредных мышей Хестона

HE human engineering □ эргономическая техника

HE human enteric □ относящийся к тонкой кишке человека

HEAR hospital emergency ambulance radio □ рация больничной кареты неотложной медицинской помощи

HEAST Health Effects Assessment Summary Tables □ таблицы оценки воздействий на здоровье

HEAT human erythrocyte agglutination test □ реакция агглютинации человеческих эритроцитов

HEC Health Education Council □ Совет по санитарному просвещению

HEC hydroxyergocalciferol □ гидроксиэргокальциферол

HECV human enteric coronavirus □ энтеральные коронавирусы человека, ЭКВЧ

HEENT head, ears, eyes, nose and throat □ голова, уши, глаза, нос и горло

HEG hemorrhagic erosive gastritis □ геморрагический эрозивный гастрит

HEK human embryo kidney □ почка человеческого эмбриона; культура клеток почки человеческого эмбриона

HEL hen egg white lysozyme □ лизоцим яичного белка

HEL high energy laser □ высокоэнергетический лазер

HEL human embryo lung □ лёгкое человеческого эмбриона; культура клеток лёгкого человеческого эмбриона

HeLa Helene Lake cell culture □ культура опухолевых клеток Элен Лейк*

HELP human embryonic lung diploid fibroblast □ диплоидные фибробласты лёгких эмбриона человека

HELLIS health literature, library and information services □ медицинская литература, библиотеки и информационные службы

HELLP hemolysis, elevated liver, enzymes, low platelets □ синдром, характеризующийся гемолизом, повышенной активностью печёночных ферментов и снижением числа тромбоцитов *(вариант гестоза в III триместре беременности)*

HELP heat escape lessening posture □ (постуральное) положение тела, уменьшающее теплопотерю [теплоотдачу]

---

* Названа по имени умершей пациентки, на основе клеток которой созданы банки генов человека.

Hem Hematology □ 1. гематология 2. форменные элементы *(крови)*

hem hemorrhage □ кровотечение; кровоизлияние

HEMA Health Education Media Association □ Ассоциация лиц со средним медицинским образованием

HEMA hydroxyethylmethacrylate □ гидроксиэтилметакрилат

Hematol *см.* **Hem**

hemorrh hemorrhage □ кровотечение; кровоизлияние

HEMPAS hereditary erythroblastic multinuclearity with positive acid-serum □ наследственная гемолитическая анемия с наличием в костном мозге обилия многоядерных эритробластов

He-Ne (laser radiation) helium-neon (laser radiation) □ гелий-неоновое (лазерное излучение); гелий-неоновый лазер

HEP hearing evoked potential □ вызванный потенциал слухового нерва

Hep heparin □ гепарин

HEP (virus) high egg passage (virus) □ длительное пассивирование (вирусов) на куриных эмбрионах

HEP high energy phosphate □ макроэргическая фосфатная связь

HEP human encephalitogenic protein □ энцефалитогенный протеин человека

HEPA high efficiency particulate air (filter) □ высокоэффективный воздушный фильтр, бактериальный фильтр

Hepes N-2-hydroxyethylpiperazine-N-2-ethanesulphonic acid □ N-2-гидроксиэтилпиперазин-N-2-этансульфоновая кислота

hered hereditary ‖ heredity □ наследственный; наследованный ‖ наследственность

herp, herpet herpetology □ герпетология *(раздел зоологии, изучающий пресмыкающихся)*

HERP human exposure dose/rodent potency dose □ воздействующая доза на человека/эффективная доза для животных *(индекс возможной опасности, обычно канцерогенной)*

HES Health Education Service □ отдел [служба] санитарного просвещения

HES hospital episode statistical □ больничная оперативная статистика

HES hydroxyethyl starch solution □ раствор гидроксиэтилированного крахмала *(плазмозаменитель)*

HeSCA Health Science Communications Association □ Ассоциация научных медицинских связей

HESH human estrogen-stimulating hormone □ человеческий эстрогенстимулирующий гормон

HET helium equilibration time □ время разведения гелия

HETE hydroxyeicosatetraenoic acid □ гидроксиэйкозатетраеновая кислота

hetero heterosexual □ гетеросексуальный

HETP hexaethyltetraphosphate □ гексаэтилтетрафосфат

HEV hepatitis E virus □ вирус гепатита E

HEV porcine hemagglutinating encephalomyelitis virus □ гемагглютинирующий вирус энцефаломиелита свиней, ГВЭС

HEW Department of Health, Education and Welfare □ Департамент здравоохранения, образования и социального обеспечения *(США)*

HEX hexan extraction □ экстракция с помощью гексана

Hexa Caf Hexamethylmelamine, Cyclophosphanum, Methotrexatum [Ametopterine], Phtoruracilum [Fluorouracil] □ гексаметилмеламин, циклофосфан, метотрексат [аметоптерин], фторурацил *(программа химиотерапии онкологических больных)*

Hex-B hexosaminidase-B □ гексозаминидаза-B

Hey homocysteine □ гомоцистеин

Hf facultative hypermetropia □ скрытая [относительная] дальнозоркость

HF fetal hemoglobin □ фетальный [эмбриональный] гемоглобин, гемоглобин F

Hf Hafnium □ гафний

HF Hageman factor □ фактор XII *(свёртывания крови)*, фактор Хагемана

HF (capsule) hard filled (capsule) □ туго наполненная (капсула)

HF hay fever □ поллиноз, сенная лихорадка

HF healthy female □ здоровая женщина *(категория при страховании жизни)*

HF heart failure □ недостаточность сердца, недостаточность кровообращения

HF heat of fermentation □ теплота ферментации

HF helper T cell factor □ T-хелперный фактор

HF hemofiltration □ гемофильтрация

HF hemorrhagic fever □ геморрагическая лихорадка

HF high flow □ быстрый ток *(напр. крови)*

HF high frequency □ высокая частота

H-F (of Lewis) histamine-like factor (of Lewis) □ гистаминоподобный фактор (Левиса)

HF hydrogen fluoride □ фтористый водород

HFA health for all □ «Здоровье – для всех» *(европейская база данных)*

HFC hard filled capsule □ *см.* **HF (capsule)**

HFC high frequency current □ высокочастотный ток, ток высокой частотности

HFC histamine-forming capacity □ способность вызывать выработку гистамина

HFI hereditary fructose intolerance □ наследственная непереносимость фруктозы

HFIF human fibroblast interferon □ интерферон фибробластов человека

HFJV high frequency jet ventilation □ высокочастотная струйная вентиляция *(лёгких)*, ВСВ

HFPPV high-frequency positive pressure ventilation □ высокочастотная вентиляция лёгких под положительным давлением *(на выдохе)*

HFPW high frequency pulsed wave □ импульсный высокочастотный допплер

HFr high frequency of recombination □ высокая частота рекомбинации *(штаммов микроорганизмов)*

HFRA Honorary Foreign Member of the Royal Academy □ почётный иностранный член Королевской академии

HFRS hemorrhagic fever with renal syndrome □ геморрагическая лихорадка с почечным синдромом

HFS hemifacial spasm □ спазм мышц одной половины лица

HFS human factor system □ система, включающая человека в соответствии с его психологическими характеристиками

HFS, hfs hyperfine structure □ ультраструктура, сверхтонкая структура

HFT, Hft high-frequency transduction (denoting certain strains of bacteriophage) □ высокочастотная трансдукция

HFT high-frequency transfer □ дерепрессивный половой фактор бактерий

HFUPR hourly fetal urine production rate □ скорость образования мочи у плода в час

HFUS hand-foot-uterus syndrome □ синдром «кисть – стопа – матка»

HFV hepatitis F virus □ вирус гепатита F

HFV high frequency ventilation □ вентиляция высокой частоты

Hg hectogram (100 grams) □ гектограмм

Hg hemoglobin □ гемоглобин, *см. тж.* **Hgb**

HG human genetics □ генетика человека

Hg *лат.* hydrargyrum □ mercury □ ртуть

HG hypoglycemia □ гипогликемия

Hgb hemoglobin □ гемоглобин, *см. тж.* **Hb** hemoglobin, **Hg** hemoglobin

~ **A/S, Hgb AS** sickle cell trait □ гемоглобин серповидно-клеточный, гемоглобин S или AS

~ **-CO** hemoglobin-carbon monoxide saturation □ насыщенность гемоглобина окисью углерода; карбоксигемоглобин

~ **CS** hemoglobin constant Spring □ гемоглобин констант Спринг *(аномальный гемоглобин)*

~ **D Punjab** hemoglobin D Punjab □ гемоглобин Д Пенджаб

~ **F** fetal hemoglobin □ фетальный [эмбриональный] гемоглобин, гемоглобин плода, гемоглобин F

~ **S, ~ SC** hemoglobin S, sickle cell hemoglobin, *см.* ~ A/S

HGCSF human granulocyte colony-simulating factor □ человеческий гранулоцитарный колониестимулирующий фактор

HGE hemorrhagic gastroenteritis □ геморрагический гастроэнтерит

H genes histocompatibility genes □ гены гистосовместимости, Н-гены *(гены локусов, кодирующих антигены гистосовместимости)*

HGF 1. hematopoietic growth factor □ гематопоэтиновый фактор роста 2. hepatocyte growth factor □ фактор роста гепатоцитов

HGF, HG factor hyperglycemic-glycogenolytic factor (glucagon) □ гипергликемическо-гликогенолитический фактор, глюкагон

HGG human gamma globulin □ человеческий гаммаглобулин

HGGM human gastric gel mucin □ муцин слизистой желудка человека

HGH human growth hormone □ соматотропин, человеческий соматотропный [ростовый] гормон, СТГ, РГ

HGI hepatic granulomatous inflammation □ пролиферативный (аутоиммунный) гепатит

HGN hypocomplementic glomerulonephritis □ гипокомплементарный (персистирующий) гломерулонефрит

HGO human glucose output □ образование глюкозы у человека

HGPRT hypoxanthineguanine phosphoribosyltransferase □ гипоксантингуанинфосфорибозилтрансфераза

HGRC Human Genetics Research Center □ Научно-исследовательский центр генетики человека *(США)*

HGSIL high grade squamous intraepithelial lesion □ высокое внутриэпителиальное повреждение чешуйчатых клеток

hgt height □ высота

HGV hepatitis G virus □ вирус гепатита G

HH hard of hearing □ тугоухий; тугоухость

HH heavy hydrogen □ дейтерий, тяжёлый водород *(изотоп-2 водорода)*, ^{2}Н или Д

HH histocompatibility hemopoietic □ гистосовместимость стволовых кроветворных клеток

h/h house to house □ проводимый с обходом всех домов [квартир], поголовный

HH hydroxyhexamide □ гидроксигексамид

HHA health hazard appraisal [health risk appraisal] □ угрозометрия, оценка факторов риска, оценка угрозы здоровью

HHA hereditary hemolytic anemia □ наследственная гемолитическая анемия, семейная гемолитическая анемия Минковского – Шоффара

HHC Harlem Hospital Center □ Гарлемский медицинский центр

HHC Health and Hospitals Corporation (New York City) □ Корпорация больнично-профилактических учреждений *(Нью-Йорк)*

HHD hypertensive heart disease □ болезнь сердца, сопровождаемая артериальной гипертензией

HHH high, hot and a helluva lot (enema) □ высокая эффективная клизма

HHHO hypotonia, hipomentia, hypogonadism, obesity (Prader – Wili syndrome) □ синдром Прадера – Виле *(гипотония, слабоумие, гипогонадизм, ожирение)*

HHIE hearing handicap inventory for elderly □ слуховое оборудование для пожилых

H + Hm compound hypermetropic astigmatism □ сложный гиперметропический астигматизм

HHM humoral hypercalcemia of malignancy □ синдром гуморальной гиперкальциемии вследствие злокачественного роста, ГГЗ

HHS Department of Health and Human Services □ Департамент здравоохранения и социальной службы

HHT hereditary hemorrhagic telangiectasia □ наследственная геморрагическая телеангиэктазия, Ослера – Рандю синдром

HHV-6 human herpes virus 6 □ герпес-вирус человека, тип 6

HI health information □ медико-санитарная [санитарно-просветительская] информация

HI hemagglutination inhibition □ реакция торможения гемагглютинации, РТГ

HI 1. high impulsiveness □ высокая импульсивность 2. hyperactivity – impulsivity □ гиперактивность – импульсивность

Hi histidine □ гистидин, Гис

Hi histone □ гистон (белок клеточного ядра)

HI hospital-induced □ внутрибольничный, вызванный в стационаре

HI hospital insurance (program) □ программа страхования от болезней

HI hydroxyindole □ гидроксииндол

HI hypothermic ischemia □ гипотермическая ишемия

HIA hemagglutination inhibition antibody □ антитела, ингибирующие гемагглютинацию

HIAA Health Insurance Association of America □ Американская ассоциация компаний по страхованию здоровья

5-HIAA 5-hydroxyindolacetic acid □ 5-гидроксииндол-уксусная кислота

Hib vaccine Hemophilus influenzae vaccine, type B □ вакцина против возбудителя бактериального менингита

HIBAC Health Insurance Benefits Advisory Council □ Консультативный совет по страховым пособиям

HIC health insurance claim □ иск по страхованию здоровья (сумма компенсации)

HIC Health Insurance Council □ Комитет [совет] по страхованию здоровья

HIC Heart Information Center □ Кардиологический информационный центр

HIC hydrogen ion concentration □ концентрация водородных ионов, кислотность, pH

HID headache, insomnia, depression □ головная боль, бессонница, депрессия

HID hyperkinetic impulse disorder □ непроизвольный гиперкинез

HID$_{50\%}$ 50 % human infectious dose □ средняя инфицирующая человека доза

HIDA Health Industry Distributors Association □ Ассоциация распространителей [поставщиков] медицинского оборудования и аппаратуры

HiDAC high dose cytosine arabinoside □ высокая доза цитозинарабинозида

HIFU high intensity focused ultrasound □ ультразвуковой аппарат высокой интенсивности с фокусированным пучком

HIg human immunoglobulin □ человеческий иммуноглобулин

HIHA high impulsiveness, high anxiety □ псих. высокая импульсивность, состояние повышенной тревоги

HIHS heat-inactivated horse serum □ термоинактивированная лошадиная сыворотка

HiHum high humidity □ высокая влажность

HII Health Insurance Institute □ Агентство [Институт] страхования здоровья

HILA high impulsiveness, low anxiety □ псих. высокая импульсивность, состояние беззаботности

HILS High-Intensity Learning Systems □ интенсифицированные системы обучения

HIM (test) hemagglutination inhibition morphine (test) □ реакция торможения гемагглютинации (РТГ) морфином

HIM hematopoietic inductive microenvironment □ кроветворное микроокружение с индуцирующими свойствами

HIM hepatitis-infectious mononucleosis □ гепатит при инфекционном мононуклеозе

HIMA Health Industry Manufacturers Association □ Ассоциация производителей медицинской аппаратуры и диагностических средств

HIMC hepatic intramitochondrial crystalloids □ печёночные интрамитохондриальные кристаллоиды

HIMSS Healthcare Information and Management Systems Society □ Общество по использованию информационных и управленческих систем в медицине

H inf hypodermoclysis infusion □ подкожное введение жидкости

Hint Hinton test (for syphilis) □ реакция Хинтона (на сифилис)

HIO hypoiodite □ гипоиодит

HIOMT hydroxyindole-0-methyl transferase □ гидроксииндол-0-метилтрансфераза

HIP health insurance plan □ план страхования здоровья

HIP hydrostatic indifference point □ точка гидростатической индифферентности

Hipp Hippocrates □ Гиппократ

hipri high priority □ высокая приоритетность, первоочерёдность

Hi-Q high quality □ высокое качество || высококачественный, высокого качества

hirel high reliability □ высокая надёжность

His, his histidine □ гистидин, Гис

HIS hospital information systems □ комп. информационные системы лечебных учреждений

Hist 1. histology || histologic(al) □ гистология || гистологический 2. histologist □ гистолог

Histo histoplasmosis □ гистоплазмоз

HIT, HI test hemagglutination inhibition test □ реакция торможения гемагглютинации, РТГ

HIT hypertrophic infiltrative tendinitis □ гипертрофический инфильтративный тендинит

HITB Hemophilus influenza type B □ гемофильная инфлюэнца типа B

hi-tech high technology || high technological □ высокая [передовая] технология || высокотехнологичный

HIV human immunodeficiency virus □ вирус иммунодефицита человека, ВИЧ (возбудитель СПИДа)

~~**G** HIV gingivitis □ гингивит вследствие ВИЧ-инфекции

~~**P** HIV parodontitis □ пародонтоз вследствие ВИЧ-инфекции

~**related diseases** □ болезни, обусловленные ВИЧ

~ **seropositivity/seroprevalence** □ положительная серологическая реакция на ВИЧ, ВИЧ-серопозитивность

HIVAN human immunodeficiency virus-associated nephropathy □ ВИЧ-ассоциированная нефропатия

HJDMC Hospital for Joint Diseases and Medical Center □ артрологическая больница с консультативным центром

HJR hepatojugular reflex □ печёночно-ярёмный рефлекс

HJSC Hospital Junior Staff Council (BMA) □ Совет младшего медицинского персонала больницы (Британской медицинской ассоциации)

H-K hands to knee □ руки на колени

HK heat-killed □ инактивированный [убитый, умерщвлённый] высокой температурой

HK heel to knee □ приведение пятки к колену

HK Hefner candle □ свеча Гефнера *(= 0,9 международной свечи)*

HK hexokinase □ гексокиназа

HK high potassium ion □ активный ион калия

HK cells human kidney cells □ клетки человеческой почки

HKLM heat-killed Listeria monocytogenes □ термо-инактивированные листерии, вызывающие менингоэнцефалит

HL half-life □ 1. период [полужизни] полураспада 2. период полувыведения *(напр. медикамента)*

HL Health Legislation □ санитарное законодательство

HL 1. hearing level □ острота слуха **2.** hearing limit □ слуховой порог

HL hearing loss □ потеря слуха; снижение остроты слуха

HL histocompatibility locus □ локус тканевой совместимости, локус совместимости

HL hygienic laboratory □ гигиеническая лаборатория

HL hypermetropia [hyperopia] latent □ латентная гиперметропия

HL *лат.* hypertrichosis lanuginosa □ пушковый гипертрихоз

HL hypertriglyceridemia □ гипертриглицеридемия

HLA human leukocyte antigen, histocompatibility locus A □ HLA-антигены, генетический комплекс главной системы гистосовместимости человека, антигены главного локуса гистосовместимости, система лейкоцитарных антигенов человека

HLA-B8 антигены больных юношеским сахарным диабетом

HLA-B27 локус антигена анкилозирующего спондилоартрита

HLA-DR антигены B-популяции лимфоцитов главного локуса гистосовместимости

HLA haplotype HLA-гаплотип, *см.* **HLA**

HLA Nomenclature Committee Комитет по номенклатуре антигенов главного комплекса гистосовместимости у человека

HLB hydrophilic-lipophilic balance □ гидрофильно-липофильный баланс *(напр. эмульсии)*

HLCL human lymphoblastoid cell lines □ линии лимфобластоидных клеток человека

HLD hepatolenticular degeneration (Wilson's disease) □ гепатолентикулярная дегенерация, болезнь Вильсона

H-LD hyperkinesis and learning difficulties □ гиперкинез и трудности при обучении

HLF Human Life Foundation □ Фонд изучения жизнеспособности человека

H-LG heptadecapeptidelike gastrin □ гептадекапептидоподобный гастрин

HLGF hemolymphopoietic growth factor □ гемолимфопоэтический фактор роста

HLH human luteinizing hormone □ лютеинизирующий гормон человека, пролан Б *(гонадотропный гормон аденогипофиза, вызывающий образование жёлтого тела)*

H-L-K heart, liver, kidney □ сердце, печень, почка

HLMC human lung mast cells □ альвеолярные тучные клетки человека

HLN hyperplastic liver nodules □ гиперпластические узелки в печени

H/L Number hydrophile/lipophile number □ соотношение гидрофильность/липофильность

H locus hystocompatibility locus □ локус гистосовместимости *(контролирующий синтез трансплантационных антигенов)*

HLP hyperlipoproteinemia □ гиперлипопротеинемия

HLR heart-lung resuscitator □ сердечно-лёгочный «реаниматор» *(массажёр сердца и аппарат искусственной вентиляции легких)*

HLS Health Laboratory Services □ санитарная лабораторная служба здравоохранения

HLT heat labile toxin □ термолабильный токсин

HLT human lymphocyte transformation □ трансформация лимфоцитов человека

hlth health □ здоровье

HLV herpes-like virus □ герпесоподобный вирус

HL-X human lymphocyte X □ человеческий лимфоцит X

HM hand movements □ движение руки

HM head movement □ движения головы

Hm, hm healthy male □ здоровый мужчина *(категория при страховании жизни)*

HM heavy metals □ тяжёлые металлы

H/m henry/meter □ генри/метр, Г/м

HM homozygotes □ гомозиготные [однояйцовые] близнецы

HM human milk □ женское молоко

HM hydatidiform mole □ пузырный занос

Hm manifest hyperopia □ явная дальнозоркость, явная гиперметропия

HMA Hawaii Medical Association □ Гавайская медицинская ассоциация

HMA Health Manpower Act □ Положение о кадрах здравоохранения

HMB homatropine methylbromide □ гоматропина метилбромид

HMBA hexamethylene bisacetamide □ гексаметиленбисацетамид *(индуктор дифференцировки клеток)*

HMC hydroxymethyl cytosine □ гидроксиметилцитозин

HMC syndrome hypertelorism, microtia and facial clefting □ синдром HMC, синдром Бикслера *(гипертелоризм, микротия и расщелина губы и нёба)*

hmd humid □ влажный, сырой

HMD hyaline membrane disease □ болезнь гиалиновых мембран

HMD L-α-hydrazine-α-methyl dopa [or methyldopa hydrazine] □ L-α-гидразин-α-метил ДОПА, метилдопагидразин

HMDP Health Manpower Development Program □ программа развития кадров здравоохранения

HME heat and moisture exchanger □ тепло- и влагообменник

HMF Health Maintenance Foundation □ Фонд поддержки здравоохранения

HMF hydromethylfurfural □ гидрометилфурфурал

HMG human menopausal gonadotropin □ человеческий [хорионический] гонадотропин, обнаруживаемый в период менопаузы *(при возникновении хорионэпителиомы, пузырного заноса)*

HMG hydroxymethylglutaryl □ гидроксиметилглутарил

HML human milk lysozyme □ лизоцим женского молока

HMM hexamethylmelanine □ гексаметилмеланин

HMMA 4-hydroxy-3-methoxymandelic acid □ 4-гидрокси-3-метоксиминдальная кислота

HMO Health Maintenance Organization □ организация [система] общественного здравоохранения, организация охраны здоровья населения

HMO heart minute output □ минутный объём [кровообращения] сердца

HMOSC Health Maintenance Organization of South Carolina □ Организация здравоохранения штата Южная Каролина

HMP hexose monophosphate □ гексозомонофосфат

HMP hot moist pack □ горячий влажный компресс

HMPA hexamethyl phosphoramide □ гексаметилфосфорамид

HMPS hexose monophosphate shunt □ гексозомонофосфатный шунт

HMR histiocytic medullary reticulosis □ гистиоцитарный костно-мозговой ретикулёз

HMS Harvard Medical School □ Гарвардская медицинская школа; медицинский факультет Гарвардского университета

HMS *см.* **HMPS**

HMSAS hypertrophic muscular subaortic stenosis □ субаортальный гипертрофический мышечный стеноз

Hmt hematocrit □ 1. гематокритное число 2. прибор для определения гематокритного числа

HMU head mounted unit □ надеваемое на голову устройство, шлем *(напр. с источником света для лечения зимних депрессий)*

HMU hydroxymethyluracil □ гидроксиметилурацил

HMW high molecular weight □ высокая молекулярная масса

HMW Ig high-molecular weight immunoglobulin □ высокомолекулярный иммуноглобулин

HMWK high molecular weight kininogen □ высокомолекулярный кининоген, ВМК

hmw RNA high-molecular weight ribonucleic acid □ высокомолекулярная рибонуклеиновая кислота, РНК с высоким молекулярным весом

HN head nurse □ главная медицинская сестра

HN hereditary nephritis □ наследственный нефрит

HN high nitrogen □ высокое содержание азота

HN hiler node □ лимфоузел у ворот органа; регионарный лимфоузел

hn *лат.* hoc nocte □ tonight □ сегодня вечером, ночью

H3N2 Hong Kong virus □ гонконгский вирус

HNA health network architecture □ *комп.* архитектура медицинской сети *(клиент – сервер)*

HNA heparin neutralizing activity □ гепариннейтрализующая активность *(напр. при тромбозе)*

HNA heparin-neutralizing antibody □ гепариннейтрализующее антитело

HNA higher nervous activity □ активность высшей нервной деятельности

HNL hypothalamic norepinephrine level □ уровень гипоталамического норадреналина

HNM heat of nutrient metabolism □ теплота обмена питательных веществ

HNP herniated nucleus pulposus □ грыжа межпозвоночного диска, грыжа Шморля

hn RNA heterogenous nuclear ribonucleic acid □ гетерогенная ядерная рибонуклеиновая кислота

hn RNP heterogenous nuclear ribonucleoprotein □ гетерогенный ядерный рибонуклеопротеид

HNS head/neck surgery □ хирургия головы и шеи; операция на голове и шее

HNSHA hereditary nonspherocytic hemolytic anemias □ наследственные несфероцитарные гемолитические анемии

HNT habitus of nervous tension □ состояние нервного напряжения

HO high oxygen □ высокая концентрация кислорода

H/O history of □ анамнез; история *(напр. заболевания)*

Ho Holmium □ гольмий

ho hostility □ паразитирование

HO hyperbaric oxygen □ гипербарическая оксигенация, ГБО

3-HOA 3-hydroxyanthranilic acid □ 3-гидроксиантраниловая кислота

HOA hypertrophic osteoarthropathy □ гипертрофическая остеоартропатия

HOC hydroxycorticoid □ гидроксикортикоид

HOCM hypertrophic obstructive cardiomyopathy □ гипертрофическая обструктивная кардиомиопатия

hoc vesp *лат.* hoc vespere □ вечером

HOD (score) Hoffer – Osmond diagnostic (score) □ диагностическая шкала Хоффера – Осмонда

HOD hyperbaric oxygen drenching □ гипербарическая оксигенация, ГБО

HOD hypertrophic osteodystrophy □ гипертрофическая остеодистрофия

H of F height of fundus □ высота фундального отдела желудка

Hoff Hoffman reflex □ рефлекс Гоффмана

HOG hepatic output of glucose □ высвобождение [выброс] глюкозы печенью

HOI hospital onset infection □ исходная внутрибольничная [госпитальная] инфекция

hol hologram □ голограмма

HoLRP holmium laser resection of the prostate □ резекция предстательной железы с помощью гольмиевого лазера

HOMC hypertrophic obstructive cardiomyopathy □

homeo 1. homeopath □ гомеопат 2. homeopathy || homeopathic □ гомеопатия || гомеопатический

homo 1. homogenous □ гомогенный, однородный 2. homosexual □ гомосексуалист || гомосексуальный

HOOD hereditary osteoonychodysplasia □ наследственная остеоониходисплазия

HOP high oxygen pressure □ гипербарооксигенотерапия, лечение гипербарической оксигенацией, ГБО

HOP hydroxyproline □ гидроксипролин

HOPA homopantotenic acid □ (гомо)пантотеновая кислота

HOPE health and optimum physical education □ здоровье и оптимальное физическое воспитание

HOPE *амер.* Health Opportunities to People Everywhere □ благотворительная программа по оказанию медицинской помощи развивающимся странам

HOPE Highly Instrumented Orbiting Primate Experiment □ программа проведения технически высокооснащённых орбитальных биологических экспериментов с приматами *(США)*

Hor. decub. *лат.* hora decubitus □ at bedtime □ в ночное время, во время сна

Hor. interm. *лат.* horis intermediis □ in the intermediate hours □ в промежутках, в промежуточное время

Hor. som. *лат.* hora somni □ at bedtime □ в ночное время, во время сна

Hor. un spat. *лат.* hora unius spatio □ в конце каждого часа

hosp hospital □ 1. больница ‖ больничный 2. госпиталь ‖ госпитальный

Hosp Bn Hospital Battalion □ батальон обслуживания госпиталей

Hosp C Hospital Corps □ госпитальный персонал; больничные кадры

HOT human old tuberculin □ *уст.* старый туберкулин Коха, полный туберкулин, *см. тж.* **ATK**

HOT hyperbaric oxygenation therapy □ гипербарооксигенотерапия, лечение гипербарической оксигенацией, ГБО

H-O variation H-O вариации *(переход из жгутиковой H-формы в безжгутиковую O-форму антигена)*, см. *тж.* **H-antigen, O-antigen**

HOW hours of work □ часы работы, рабочее время

Ho-YAG holmium yttrium-aluminum-garnet □ гольмиевый лазер

Hp haptoglobin □ гаптоглобин

HP Health Protection □ охрана здоровья

HP heat production □ теплопродукция

HP Helicobacter Pylori □ пилорический геликобактер *(этиологический фактор язвенной болезни)*

HP high potency □ 1. высокая потенция, высокая способность *(к чему-либо)* 2. *гомеоп.* высокая степень разведения лекарственного средства

HP high power □ высокая способность *(к чему-либо)*; высокая [продуктивность] производительность

HP high pressure □ 1. высокое давление 2. рассчитанный на высокое давление

HP high protein □ высокое содержание белка

HP horizontal plane □ горизонтальная плоскость

hp hospital □ 1. госпиталь ‖ госпитальный 2. больница ‖ больничный

HP hospital practice □ больничная практика

HP house physician □ семейный врач

HP human pituitary □ гипофиз человека

HP hydrostatic pressure □ гидростатическое давление

hp hyperphoria □ гиперфория *(тенденция к отклонению глаз кверху)*

HP hypersensitivity pneumonitis □ гиперчувствительный пневмонит

HP hypertension and proteinuria □ гипертензия и протеинурия

HPA hemagglutinating penicillin antibody □ гемагглютинирующие антитела к пенициллину

HPA high pressure area □ область повышенного давления

HPA human plasma albumin □ альбумин плазмы человека

HPA human platelet antigens □ тромбоспецифические антигены

HPA hypothalamic-pituitary-adrenal □ гипоталамо-гипофизарно-адреналовая система; взаимосвязь гипоталамуса, гипофиза и надпочечников

HPAA hydroxyphenylacetic acid □ гидроксифенилуксусная кислота

HPB Health Protection Branch (Canada) □ отдел охраны здоровья *(Канада)*

HPB high blood pressure □ высокое кровяное давление

HPBF hepatotrophic portal blood factor □ гепатотрофический фактор крови воротной вены

HPC Human Prostate Cancer gene □ ген восприимчивости к раку предстательной железы человека *(локализуется на 1 хромосоме)*

HPCM human placental-conditioned medium □ кондиционированная клетками человеческой плаценты среда

HpD hematoporphyrin derivative □ дериват [производное] гематопорфирина

HPD hysterical personality disorder □ истерическое расстройство личности

HPE history and physical examination □ анамнез и данные объективного исследования

HPEC high performance electrophoresis □ электрофорез высокого разрешения

HPF heparin-precipitable fraction □ фракция, осаждаемая гепарином

HPF high power field □ поле зрения в большом увеличении *(микроскопа)*

HPF human plasma fibronectin □ фибронектин человеческой плазмы, ФЧП

HPFH hereditary persistence of fetal hemoglobin □ наследственное персистирование фетального гемоглобина, наличие гемоглобина F

HPFN high-pass filtered noise □ высокочастотный (отфильтрованный) шум

HPFSH human pituitary follicle-stimulating hormone □ человеческий фолликулостимулирующий гормон гипофиза

2HPG 2 hours (after meals) plasma glucose □ уровень глюкозы плазмы через 2 часа после еды

HPG human pituitary gonadotropin □ гипофизарный гонадотропин человека

HPGF hybridoma-plasmacytoma growth factor □ фактор роста гибридомы и плазмоцитомы

Hp-Hb haptoglobin-hemoglobin □ гаптоглобин-гемоглобиновый комплекс

HPI history of present illness □ анамнез настоящего заболевания

HPL habitual pitch level □ общепринятый уровень пункции

hpl hospital □ 1. больница ‖ больничный 2. госпиталь ‖ госпитальный

HPL human parotid lysozyme □ лизоцим околоушной железы человека

HPL, hPL human placental lactogen □ человеческий пролактин или плацентарный лактогенный гормон

HPLA hydroxyphenyllactic acid □ гидроксифенилмолочная кислота

HPLAC high performance liquid affinity chromatography □ высокоэффективная [высокочувствительная] жидкостная аффинная хроматография

HPLC high-performance liquid chromatography □ *см.* **HPLAC**

HPLC high-pressure liquid chromatography □ жидкостная хроматография высокого давления, ЖХВД

HPN home parenteral nutrition □ парентеральное питание в домашних условиях

HPN hypertension □ 1. гипертензия *(повышенное гидростатическое давление в сосудах, полых органах или полостях организма)* 2. гипертония *(увеличенный тонус мышцы или мышечного слоя полого органа)*

HPO high pressure oxygen □ высокое давление кислорода, гипербарооксигенация, ГБО

HPO hypertrophic pulmonary osteoarthropathy □ лёгочная гипертрофическая остеоартропатия

HPOA hypothalamus and preoptic area □ гипоталамус и преоптическая зона

HPO axis hypothalamic-pituitary-ovarian axis □ взаимосвязь гипоталамуса, гипофиза и яичников

HPOU hypothalamic, pituitary, ovarian, uterine axis □ взаимосвязь яичников и матки с гипоталамусом и шишковидной железой

HPP Health Promotion and Protection □ укрепление и охрана здоровья

HPP hydroxypyrazolopyrimidine □ гидроксипиразолпиримидин

HPP-CFC high proliferative potential colony-forming cell □ колониеобразующая клетка с высоким пролиферативным потенциалом

HPPD hallucinogen persisting perception disorder □ расстройство восприятия, вызванное употреблением галлюциногенов

HPPL human pituitary prolactin □ лактоген, человеческий гипофизарный пролактин

HPPQ Heart Patients Psychological Questionnaire □ психологический опросник для кардиологических больных

HPr heat-stable protein □ термостабильный белок

h-press high pressure □ высокое давление

hp RNA high-polymeric ribonucleic acid □ высокополимерная РНК, впРНК

HPS Health Physics Society □ общество медицинской физики

HPS hematoxylin – phloxine – saffron □ гематоксилин – флоксин – шафран

HPS high-protein supplement □ высокомолекулярные белковые добавки

HPS hypertrophic pyloric stenosis □ гипертрофический пилоростеноз

HPSAP Health Professions Student Assistance Program □ программа подготовительного обучения студентов медицинской специальности

HPSSE Health and Personal Social Service Statistics for England □ Служба социальной и медицинской статистики Англии

HPSSW Health and Personal Social Services Statistics for Wales □ Служба социальной и медицинской статистики Уэльса

HPT hyperparathyroidism □ гиперпаратиреоз, гиперпаратиреоидизм

HPT hypothalamo-pituitary-thyroid □ гипоталамо-гипофизарно-тиреоидная система; взаимосвязь гипоталамуса, гипофиза и щитовидной железы

H₄Pte-Glu tetrahydrofolate □ тетрагидрофолат

HPTH hyperparathyroid hormone □ гиперпаратиреоидный гормон

HPV hemophilus pertussis vaccine □ противококлюшная вакцина, вакцина против гемофильной коклюшной палочки

HPV human papilloma virus □ вирус папилломы человека

HPVD hypertensive pulmonary vascular disease □ лёгочная гипертензия, обусловленная сосудистым компонентом

HPVG hepatic portal venous gas □ газы в воротной вене (печени)

HPZ high-pressure zone □ зона высокого давления

HQ high quality □ высокое качество ‖ высококачественный; высшего качества

Hr₀, hr', hr" *усл.* антигены системы Rh-Hr крови

hr hairless □ безволосые *(о лабораторных мышах)*

HR heart rate □ пульс, частота сердечных сокращений

hr 1. high resistance □ высокое сопротивление; большая устойчивость **2.** high resolution □ высокое разрешение

HR high responders □ животные, отвечающие выраженной иммунной реакцией на определённый антиген

HR high risk □ высокого риска *(пробанд или группа)*

HR hospital record □ карта стационарного больного, история болезни

hr, hrs hour, hours □ час; часы, ч

HR human reproduction □ воспроизводство населения

HR humidity relative □ относительная влажность

HR Rockwell hardness □ твёрдость по Роквеллу [Рокуэллу]

HRA Health Resources Administration □ отдел резервов [ресурсов] здравоохранения

HRA health risk appraisal □ оценка факторов риска

HRA high radiation area □ район высокой радиоактивности

HRA histamine-releasing activity □ высвобождающая гистамин активность

HRAE high right atrial electrogram □ усиленное отведение ЭКГ правого предсердия

HRBS horse red blood cells □ *иммун.* лошадиные эритроциты

HRBC human red blood cells □ эритроциты человека

HRCT high-resolution computerized tomography □ компьютерная томография с высоким разрешением

HRCV human respiratory coronavirus □ респираторные коронавирусы человека, РКВЧ

HRE high-resolution electrocardiography □ высокочувствительная [высокоразрешающая] электрокардиография

HRF Health Resources Fund □ фонд резервов [ресурсов] здравоохранения

HRF homologous restriction factor □ гомологичный фактор рестрикции

HRF human rheumatoid factor □ ревматоидный фактор человека

HRF humoral recognition factors □ гуморальные диагностические [критерии] факторы

HRH hypothalamic releasing hormone □ гипоталамический [гормон] рилизинг-фактор

HRIG human rabies immune globulin □ антирабический иммуноглобулин

HRM human resources management □ управление персоналом

HRO health resources opportunity (HRA) □ резервные возможности здравоохранения

HRP(O) horseradish peroxidase □ пероксидаза из хрена

HRPP health resources planning program □ программа планирования резервов [ресурсов] здравоохранения

HRR heart rate range □ диапазон частоты сердечных [пульса] сокращений

hr RNA heavy ribosomal ribonucleic acid □ тяжёлая рибосомальная РНК

hrs hairless □ безволосый, бесшёрстный; голый *(о линии мышей)*

HRS Hamilton rating scale □ оценочная шкала депрессии Гамильтона, Гамильтона рейтинг *(депрессии)*

HRS hepatorenal syndrome □ гепаторенальный синдром, острая печёночно-почечная недостаточность

hrs hours □ часы

HRSA Health Resources and Services Administration □ Администрация служб и ресурсов здравоохранения *(США)*

HRT heart rate □ частота сердечных сокращений, пульс

HRT hemolysis resistance test □ определение осмотической резистентности эритроцитов *(тест к гемолизу)*

HRT hormone replacement therapy □ заместительная гормональная терапия

HRV Heart Rate Variability □ вариабельность частоты сердечных сокращений

HS half-strength □ вполсилы

HS hand surgery □ 1. хирургия верхней конечности 2. операция на кисти

HS heart sounds □ тоны сердца

HS heat stable □ жаростойкий, термостабильный

HS heme synthetase □ гемсинтетаза

HS hereditary spherocytosis □ наследственный сфероцитоз

HS hermetically sealed □ герметизированный, герметичный

HS herpes simplex □ простой герпес

HS higher standard □ высший стандарт

HS high security □ высокая [эффективная] безопасность

HS homologous serum □ гомологичная сыворотка

h.s. *лат.* hora somni □ at bedtime □ 1. время сна; в часы сна 2. снотворное *(о медикаменте)*

HS horse serum □ *иммун.* лошадиная сыворотка крови

hs hospital □ 1. больница ‖ больничный 2. госпиталь ‖ госпитальный

HS hospital ship □ госпитальное судно

HS house surgeon □ хирург, проходящий специализацию в больнице; врач-хирург интерн

HS Hurler's syndrome □ мукополисахаридоз I типа, синдром Гурлера

HS serum hepatitis □ сывороточный гепатит, гепатит В

h.S sickle-cell hemoglobin □ серповидно-клеточный гемоглобин, гемоглобин S

HSA Health Services Act □ Положение о медицинском обслуживании

HSA Health Services Administration (HEW), Health Services Agencies (HEW) □ Администрация здравоохранения *(Департамента здравоохранения, образования и социального обеспечения, США)*

HSA human serum albumin □ сывороточный альбумин человека

HSAC Health Security Action Council □ Комитет содействия здравоохранению

HSAP heat-stable alkaline phosphatase □ термостабильная щелочная фосфатаза

HSA/s health service area/s □ сфера/сферы службы здравоохранения

HSAs Health Systems Agencies □ органы системы здравоохранения

HSB hot sitting-bath □ горячая сидячая ванна

HSC Health Science Center □ медицинский научный центр

HSC Health Screening Center □ медицинский диагностический центр

HSC hemopoietic stem cell □ гемопоэтическая стволовая клетка

HSC hepar star cell □ звёздчатая клетка печени

HSC hospital for sick children □ детская больница

HSCA Health Sciences Communication Association □ Ассоциация объединений медицинских наук

HSCD Hand-Schuller-Christian disease □ гистиоцитоз Х, липоидный гранулематоз, болезнь Хенда – Шюллера – Кристчена

HSCRC Health Services Cost Review Commission □ Финансовая комиссия служб здравоохранения

HSD Hamilton scale of depression □ Гамильтона шкала [рейтинг] депрессий

HSE homoserine □ гомосерин

HSG hysterosalpingogram □ гистеросальпингограмма

HSI heat stress index □ показатель теплового стресса

HSI human seminal plasma inhibitor □ плазменный ингибитор сперматогенеза человека

HSIF hemoglobin synthesis inhibiting factor □ фактор, ингибирующий синтез гемоглобина

H sign human sign □ Н-признак *(способность вируса образовывать бляшки на культуре ткани эмбриона человека)*

HSIs health service indicators □ показатели [индикаторы] службы здоровья

HSL *лат.* herpes simplex labialis □ простой герпес губ

HSM Health Statistical Methodology □ основы [методология] санитарной статистики

HSM high-speed memory □ *выч. тех.* быстродействующая память, быстродействующее запоминающее устройство

HSMD health services and manpower development □ подготовка медицинских кадров

HSMHA Health Services and Mental Health Administration □ администрация служб здравоохранения и психического здоровья

HSO Health Service Organization(s) □ Организация служб здравоохранения

HSP Health System Planning □ планирование системы здравоохранения

HSP heat-stress proteins □ термолабильные белки

HSP Henoch – Schönlein purpura □ пурпура Шенлейна – Геноха

H-space Holzknecht space □ ретрокардиальное пространство, пространство Гольцкнехта

HSPGs heparin sulfate proteoglycans □ гепарин-сульфат протеогликаны

HSPP Health Services Planning Program □ программа планирования служб здравоохранения

HSR Health Services Research □ исследование [изучение] служб здравоохранения

HSR homogeneously staining region □ однородно окрашивающаяся область *(хромосомы)*

HSRB Health Services Research Board □ Совет по изучению служб здравоохранения

HSS Hallervorden – Spatz syndrome □ синдром Галлервордена – Спатса

HSS Hospital for Special Surgery (New York) □ Специализированный центр хирургии *(Нью-Йорк)*

H-substance □ выделенное вещество

HSV herpes simplex virus □ вирус простого герпеса

 ~1, ~2 herpes simplex virus type 1, 2 □ вирус простого герпеса, тип 1, 2; ВПГ-1, ВПГ-2

HSV highly selective vagotomy □ высокая селективная ваготомия

HSV horse sickness virus □ вирус болезни лошадей

HSV hyperviscosity syndrome □ синдром повышенной вязкости

HT hare tail □ «заячий хвост» *(линия лабораторных мышей)*

HT Hashimoto's thyroiditis □ тиреоидит Хасимото [Хашимото], аутоиммунный лимфоматозный тиреоидит

ht heart □ сердце

ht heat □ теплота

HT heat transfer □ теплопередача, теплообмен

HT heat treatment □ 1. термическая обработка, тепловая обработка 2. лечение теплом

ht height □ рост; высота

HT hemagglutination liter □ титр гемагглютинации

Ht heterozygote □ гетерозигота *(клетка или организм, имеющий разные аллели по данному гену)*

HT, ht high temperature □ высокая температура

HT high-tensile □ высокопрочный на разрыв

HT high tension □ высокое напряжение ‖ высоковольтный; высокое давление

HT histologic technician □ лаборант-гистолог

HT hospital train □ санитарный поезд

HT hydrotherapy □ гидротерапия, водолечение

---

* Впоследствии назван human immunodeficiency virus (HIV), возбудитель СПИДа.

HT hydroxytryptamine □ гидрокситриптамин, серотонин

HT hypermetropia, total □ полная [истинная] дальнозоркость

HT hypertension □ 1. гипертензия *(повышенное гидростатическое давление в сосудах, полых органах или полостях организма)* 2. гипертония *(увеличенный тонус мышцы или мышечного слоя стенки полого органа)*

HT hypodermic tablet □ подкожно имплантируемая таблетка

HT hypoxanthine-thymidine □ *иммун.* гипоксантин-тимидин

HT temporary hospital □ временный госпиталь

Ht total hyperopia *см.* **HT** hypermetropia, total

5-HT serotinin □ *усл.* серотонин

HTA health technology assessment □ оценка медицинских технологий

HT-A heterophil transplantation antigen □ антиген гетеротрансплантата

HTC homozygous typing cells □ гомозиготные типирующие клетки

HT-CM human thymus-conditioned medium □ среда, кондиционированная клетками тимуса человека

HTDC high tension direct current □ постоянный ток высокого напряжения

HTHD hypertensive heart disease □ заболевание сердца, сопровождающееся гипертензией

HTIG homologous tetanus immune globulin □ противостолбнячный иммуноглобулин

HTL hearing threshold level □ порог слышимости

HTL helper T-lymphocyte □ Т-клетка-хелпер, T_H-клетка

HTLA human T-lymphocyte antigen □ антиген Т-лимфоцитов человека

HTLV human T-cell leukemia virus □ Т-лимфотропный вирус человека, вирус Т-клеточного лейкоза

 ~I human T-lymphotropic virus, type I □ Т-лимфотропный вирус человека, тип I *(возбудитель Т-клеточного лейкоза человека, избирательно поражающий популяцию Т-хелперов)*

 ~II human T-lymphotropic virus, type II □ Т-лимфотропный вирус человека, тип II *(вызывающий Т-клеточный и волосатоклеточный лейкозы и лимфомы с более хроническим течением, чем СПИД)*

 ~III human T-lymphotropic virus, type III □ Т-лимфотропный вирус человека, тип III *(отличающийся от двух предыдущих выраженными инфекционными, онкогенными и иммунодепрессивными свойствами)**

HTMA Hawaii Territorial Medical Association □ Гавайская медицинская ассоциация

HTN hypertensive nephropathy □ нефропатия беременных с артериальной гипертензией

HTP hydroxytryptophan □ гидрокситриптофан

5-HTP 5-hydroxytryptophan □ 5-гидрокситриптофан

Htr heat treatment □ 1. термическая обработка, тепловая обработка 2. лечение теплом

HTS, HTSH human thyroid-stimulating hormone □ человеческий тиреотропный [тиреостимулирующий] гормон (гипофиза), ТТГ

HTSCA human tumor stem cell assay ☐ метод определения стволовых опухолевых клеток человека

HTST high-temperature short-time sterilization ☐ краткосрочная стерилизация при высокой температуре

5-HTT serotonin transporter ☐ переносчик серотонина

5-HTTLPR serotonin transporter-linked promoter region ☐ локус гена переносчика серотонина

http hypertext transfer protocol ☐ *комп.* протокол передачи гипертекстов *(в Интернете)*

HtTr heat treatment ☐ 1. термообработка, тепловая обработка 2. лечение теплом

HTV herpes-type virus ☐ вирус герпеса

HU H$_2$Urd dihydrouridine ☐ дигидроуридин

HU hemolytic unit ☐ гемолитическая единица, ГЕ *(1. количество комплемента в 1 мл раствора, вызывающее гемолиз 5×10^8 сенсибилизированных эритроцитов 2. количество гемолизина, вызывающее 90%-ный гемолиз 5% суспензий эритроцитов)*

HU Hounsfield Units ☐ единицы Хаунсфилда *(условная шкала определения плотности ткани в единицах прохождения рентгеновского излучения от –1000 до +1000 при нулевом значении воды)*

hu 1. human ☐ человеческий, относящийся к человеку; свойственный человеку; гуманный 2. humanity ☐ человечество

HU hydroxyurea ☐ гидроксимочевина

HU hyperemia unit ☐ эритемная доза, биодоза

HUG Hughes ☐ Хьюз *(арбовирус)*

HUGO Human Union of Genome Organizations ☐ Международное объединение организаций по изучению генома человека

HuIFN human interferon ☐ человеческий интерферон

HuINF-α(Le) human leukocyte alpha-interferon ☐ человеческий лейкоцитарный α-интерферон

HuINF-α(Ly) human lymphoblastic alpha-interferon ☐ человеческий лимфобластный α-интерферон

HuINF-γ human gamma-interferon ☐ человеческий γ-интерферон

hum 1. human ☐ человеческий, гуманный 2. humanity ☐ человечество

hum humeral ☐ плечевой

hum humoral ☐ гуморальный, относящийся к жидкостям тела

HUMEGON human menopausal gonadotropin ☐ гонадотропин человека, появляющийся в период менопаузы

humid humidity ☐ влажность

HUP Hospital of the University of Pennsylvania ☐ клиника Пенсильванского университета

HUP hospital utilization project ☐ проектирование работы больницы

HUPO Human Proteome Organization ☐ организация «Протеом человека»

HUS hemolytic-uremic syndrome ☐ гемолитико-уремический синдром

HUS hyaluronidase unit for semen ☐ гиалуронидазная единица семенной жидкости

HUTHAS human thymus antiserum ☐ человеческая вилочковая антисыворотка

HUVEC human umbilical vein endothelial cells ☐ эндотелиальные клетки пупочной вены человека

HV health visitor ☐ сотрудник социальной помощи, социальный работник, санитарный активист

HV heating and ventilation ☐ отопление и вентиляция

HV hepatic vein ☐ печёночная вена

HV herpes virus, herpesvirus ☐ вирус герпеса, герпесвирус

HV high voltage ☐ высокое напряжение ‖ высоковольтный

HV His-ventricular conduction time ☐ время предсердно-желудочковой проводимости

HV hospital visit ☐ посещение больницы

HV hypervariable region ☐ гипервариабельный участок, HV-участок

HV hyperventilation ☐ гипервентиляция

HVA herpesvirus Atteles ☐ герпес-вирус Atteles *(обезьян)*

HVA homovanillic acid ☐ гомованилиновая кислота

HVAC heating, ventilating, air conditioning ☐ отопление, вентиляция и кондиционирование воздуха

HV&C heating, ventilating and cooling ☐ отопление, вентиляция и охлаждение

HVD hypertensive vascular disease ☐ гипертоническая болезнь

HVE high-voltage electrophoresis ☐ высоковольтный электрофорез

HVG host-versus-graft *см.* **GVH**

HVH herpesvirus hominis ☐ вирус герпеса человека

HVJ hemagglutinating virus of Japan ☐ вирус (Сендай), гемагглютинирующий японский вирус мышей

HVL half-value layer ☐ слой половинного ослабления, слой половинной дозы, СПД *(толщина алюминиевой пластины, пропускающей половинную дозу облучения)*

HVLT Hopkins verbal learning test ☐ тест вербального запоминания Хопкинса

HVM hilum vascular marking ☐ рисунок корня лёгкого

hvRNA heavy ribosomal ribonucleic acid ☐ тяжелоцепная рибосомальная РНК

HVS herpesvirus saimiri ☐ герпетический вирус [герпес-вирус] обезьян-капуцинов

HVSD hydrogen-detected ventricular septal defects ☐ дефект межжелудочковой перегородки, определяемый введением водорода

HVT half-value thickness *см.* **HVL**

HW hardware ☐ 1. аппаратура, оборудование, аппаратные средства 2. технические средства; техническое обеспечение

HW hot water ☐ горячая вода

HWD height, width, depth ☐ высота, ширина, длина *(напр. бокса)*

HWR heavy water moderated and cooled reactor ☐ реактор с замедлением и охлаждением тяжёлой водой

HWS hot water soluble ☐ растворимый в горячей воде

Hx hemopexin ☐ гемопексин

Hx history ☐ история *(напр. заболевания)*; анамнез

HXM hexamethylmelanine ☐ гексаметилмеланин

H-Y histocompatibility ☐ тканевая совместимость, гистосовместимость

hy hypermetropia ‖ hypermetropic ☐ гиперметропия, дальнозоркость ‖ дальнозоркий

hy hysteria ☐ истерия

hyb hybrid □ гибрид ‖ гибридный

hyd hydrocortisone □ гидрокортизон

hyd hydrolyzate ‖ hydrolyzed □ гидролизат ‖ гидролизованный

hydro hydropathy ‖ hydropathic □ водолечение ‖ водолечебный

hydrobrom hydrobromide □ гидробромид, бромгидрат

hydrochlor hydrochloride □ гидрохлорид, хлоргидрат

hydrox hydroxide □ гидроокись

Hyg hygiene ‖ hygienic □ гигиена ‖ гигиенический

hygr hygroscopic(al) □ гигроскопический

Hyl hydroxylysine □ гидроксилизин

hyp hypnosis □ гипноз

hyp hypochondria □ ипохондрия

Hyp hypoxanthine □ гипоксантин

Hys hyaluronidase □ гиалуронидаза; активность гиалуронидазы

hys hysteria ‖ hysterical □ истерия ‖ истерический

hz hazard □ опасность

Hz hertz □ герц, Гц

HZT high zone tolerance □ высокодозная толерантность

I

Invia est in medicina via sine lingua latina
Непроходим в медицине путь без латинского языка

I_1, I_2, I_3 **etc.** *усл.* 1, 2, 3 и т.д. поколения, полученные инбридингом

I^A, I^B, i *усл.* аллельные гены, определяющие A, B, 0 группы крови

I *усл.* electric current □ электрический ток

I ice, refrigerator □ 1. лёд; ледник 2. холодильник, рефрижератор

i *лат.* idem □ the same □ то же самое

i inch □ дюйм *(2,54 см)*

i incisor (deciduous) □ резец, передний зуб *(молочный)*

i incisor (permanent) □ резец, передний зуб *(постоянный)*

i inclination □ 1. отклонение 2. магнитное отклонение

I, i incomplete □ неполный, незавершенный

i increased □ повышенный, выше нормы

i independence ‖ independent □ независимость ‖ независимый, самостоятельный, отдельно действующий

I index □ индекс; указатель; показатель; коэффициент

i indication □ индикация

i indicator □ индикатор; указатель

i induction □ индукция *(1. функциональное взаимодействие нервных центров, характеризующееся изменением их возбудимости 2. псих. внушение своих взглядов, убеждений, стремлений другому лицу)*

i industrial □ промышленный, индустриальный

i inertness □ инертность, вялость

i inhibitory □ ингибирующий, тормозящий, задерживающий; подавляющий, угнетающий

i initial □ начальный, первоначальный, первичный; исходный

i inner □ внутренний

I inosine □ инозин

i input □ входной сигнал; вход; входной

i insect □ насекомое

i insoluble □ нерастворимый *(напр. фибрин)*; неразложимый

i inspection □ 1. осмотр; ревизия 2. инспекция

i inspiratory □ относящийся к вдоху, инспираторный

i instantaneous □ мгновенный; быстрорастворимый

I institute □ 1. институт 2. учреждение

I institution □ 1. общество 2. институт 3. учреждение

I instruction □ инструктаж; инструкция; команда

I insulin □ инсулин

I intelligence □ интеллект, ум; умственные способности

I intensity □ сила тока *(в амперах)*

I intensity of magnetism □ интенсивность магнетизма

I iodamoeba □ йодамёба

I iodine □ йод ‖ йодистый

i isochromosome □ изохромосома

I isoleucine □ изолейцин

I isospora □ изоспора

I ixodes □ иксодовые *(клещи)*

I luminous intensity □ освещённость; сила света

i optically inactive □ оптически неактивный

I sound intensity □ интенсивность [сила] звука *(ватт на квадратный метр, Вт/м²)*

i Van't Hoff's factor □ *усл.* фактор Ван-Гоффа

¹³¹**I, I**¹³¹ radioactive iodine □ радиоактивный йод, ¹³¹I

¹³¹**I therapy** radioactive therapy □ терапия радиоактивным йодом

IA immediate action □ немедленного действия *(напр. о реакции)*

IA (test) immune adherence (test) □ реакция иммунного прилипания

Ia immune region associated antigen □ антигены, ассоциированные с I-областью *(в основном на B-лимфоцитах)*

IA impedance angle □ угол сопротивления

IA infected area □ инфицированный [заражённый] участок

IA infra-audible □ инфразвуковой

IA interaural attenuation □ ослабление [понижение] слуха, обусловленное поражением внутреннего уха

IA internal auditory □ относящийся к внутреннему уху

IA intra-aortic □ внутриаортальный

IA intra-arterial □ внутриартериальный

IA isonicotinic acid □ изоникотиновая кислота

IAA immunoadsorption-amidolytic assay □ иммуноадсорбционный амидолитический тест

IAA indole-3-acetic acid □ индол-3-уксусная кислота

IAA infections agent arthritis □ инфекционный артрит

IAA iodoacetic acid □ йодуксусная кислота

IAAA Intergroup Association of Anonymous Alcoholics □ Ассоциация групп безымянных [анонимных] алкоголиков

IAACI International Academy of Allergy and Clinical Immunology □ Международная академия аллергологии и клинической иммунологии

IAAM International Academy of Aerospace Medicine □ Международная академия космической медицины

IAAP International Association of Applied Psychology □ Международная ассоциация по прикладной психологии

IABO International Association of Biological Oceanography □ Международная ассоциация по биологической океанографии

IABP intra-aortic balloon pumping □ внутриаортальное баллонное нагнетание, внутриаортальное вспомогательное кровообращение, интрааортальная контрпульсация

IABPA intra-aortic balloon-pump assistance □ *см.* **IABP**

IABS Institute for Applied Behavioral Sciences □ Институт прикладных поведенческих наук

IABS International Association of Biological Standardization □ Международная ассоциация по биологической стандартизации

IAC Ia-antigen complex □ комплекс антигена с Ia-белком

IAC internal auditory canal □ внутренний слуховой [проход] канал

IAC International Advisory Council □ Международный консультативный совет

IACL Interpersonal Adjective Checklist (Leary) ☐ *псих.* межличностный дополнительный опросник

IACOMS International Advisory Committee on Marine Sciences ☐ *экол.* Международный консультативный комитет ЮНЕСКО по морским наукам

IACP International Association for Child Psychiatry ☐ Международная ассоциация детских психиатров

IACP intra-aortic counterpulsation ☐ *см.* **IABP**

I&D incision and drainage ☐ вскрытие и дренирование

IADC International Association of Dentistry for Children ☐ Международная ассоциация детской стоматологии

IADFA International Association of Dento-Facial Abnormalities ☐ Международное общество по изучению челюстно-лицевых пороков развития

IADH inappropriate antidiuretic hormone ☐ неадекватная секреция антидиуретического гормона

IADH International Association of Dentistry for the Handicapped ☐ Международная ассоциация по стоматологической помощи инвалидам

IADHS inappropriate antidiuretic hormone syndrome ☐ *см.* **IADH** inappropriate antidiuretic hormone

IADR International Association for Dental Research ☐ Международная ассоциация учёных-стоматологов

IAEA International Atomic Energy Agency ☐ Международное агентство по атомной энергии, МАГАТЭ

IAES International Association for the Exchange of Students ☐ Международная ассоциация по обмену студентов

IAES International Association of Endocrine Surgeons ☐ Международная ассоциация хирургов-эндокринологов

IAFD International Association of Food Distribution ☐ Международная ассоциация по распределению продуктов питания

IAFI infantile amaurotic-familial idiocy ☐ ранняя детская (семейная, наследственная) амавротическая идиотия, болезнь Тея-Сакса

IAG International Association of Gerontologists ☐ Международная ассоциация геронтологов

IAGP International Association of Geographic Pathology ☐ Международная ассоциация по изучению географической патологии

IAGT indirect antiglobulin test ☐ непрямой антиглобулиновый тест, непрямая проба Кумбса

IAGUS International Association of Genito-Urinary Surgeons ☐ Международная ассоциация хирургов-урологов

IAHA immune adherence hemagglutination ☐ реакция иммунной гемагглютинации, РГА

IAHT immune adherence hemagglutination technique ☐ метод иммунной адгезии – гемагглютинации

IAIABC International Association of Industrial Accident Boards and Commissions ☐ Международная ассоциация комитетов и комиссий по технике безопасности на промышленных предприятиях

IAIS International Association of Immunological Societies ☐ Международная ассоциация иммунологических обществ

IAL International Algorithmic Language ☐ международный алгоритмический язык

IAL International Association of Limnology ☐ Международная ассоциация по лимнологии

IALP International Association of Logopedics and Phoniatrics ☐ Международная ассоциация логопедов и фониатров

IAM immunization action month ☐ месяц [вакцинации] прививок

IAM Institute of Aviation Medicine ☐ Институт авиационной медицины

IAM internal auditory meatus ☐ внутреннее отверстие слухового прохода

IAM International Association of Meteorology ☐ *экол.* Международная метеорологическая ассоциация

IAMAP International Association of Meteorology and Atmospheric Physics ☐ *экол.* Международная ассоциация по метеорологии и физике атмосферы

IAMB International Association of Microbiologists ☐ Международная ассоциация микробиологов

IAMM International Association of Medical Museums ☐ Международная ассоциация медицинских музеев

IAMS International Association of Microbiological Societies ☐ Международная ассоциация микробиологических обществ

IANC International Anatomical Nomenclature Committee ☐ Международный анатомический номенклатурный комитет

IANC-BR International Anatomical Nomenclature Committee, Birmingham Revision ☐ Международный анатомический номенклатурный комитет, Бирмингемский пересмотр

I&O intake and output ☐ 1. пуск-выпуск; приём и выброс 2. всасывание и экскреция *(напр. калия)*

IAO intermittent aortic occlusion ☐ перемежающаяся окклюзия аорты, синдром Лериша

IAP inosinic acid pyrophosphorylase ☐ пирофосфорилаза инозиновой кислоты

IAP intermittent acute porphyria ☐ рецидивирующая острая порфирия

IAP International Academy of Pathology ☐ Международная академия патологии

IAP International Academy of Proctology ☐ Международная академия проктологии

IAPB International Association for Prevention of Blindness ☐ Международная ассоциация по профилактике слепоты

IAPP International Association for Preventive Pediatrics ☐ Международная ассоциация по превентивной [профилактической] педиатрии

IAPS International Affective Picture System ☐ международная тест-система, состоящая из ряда эмоционально стимулирующих изображений

IAPSO International Association for the Physical Sciences of the Ocean ☐ Международная ассоциация учёных, изучающих физические явления в океане

IAPT International Association for Plant Taxonomy ☐ Международная ассоциация по таксономии растений

IAR Institute for Atomic Research ☐ *экол.* Научно-исследовательский институт атома

IAR iodine-azide reaction ☐ йодиназидная реакция

IARC International Agency for Research of Cancer ☐ Международное агентство по изучению рака, МАИР

IAREP International Association for Research in Economic Psychology □ Международная ассоциация по исследованиям в области экономической психологии

IARR indirect antiglobulin rosetting reaction □ непрямая реакция (пассивного) розеткообразования

IARS International Anesthesia Research Society □ Международное научно-исследовательское анестезиологическое общество

IAS interatrial septum □ межпредсердная перегородка, МПП

IAS intra-amniotic saline infusion □ внутриамниотическая инфузия солевого раствора

IASD interatrial septal defect □ дефект межпредсердной перегородки, ДМПП

IASH International Association of Scientific Hydrology □ Международная ассоциация по научной гидрологии

IASI Inter-American Statistical Institute □ Межамериканский статистический институт

IASP International Association for the Study of Pair □ Международная ассоциация по изучению супружеских пар

IASP International Association of Social Psychiatry □ Международная ассоциация по социальной психиатрии

IAT International Atomic Time □ международное атомное время

IAT intraoperative autohemotransfusion □ интраоперационная аутогемотрансфузия, аутогемотрансфузия во время операции

IAT invasive activity test □ тест на инвазивность

IATME International Association of Terrestrial Magnetism and Electricity □ Международная ассоциация по изучению земного магнетизма и электричества

IATS International Antigenic Typing Scheme □ Международная система серотипирования антигенов

IATSIC International Association for the Surgery of Trauma and Surgical Intensive Care □ Международная ассоциация травматологов и врачей-интенсивистов хирургического профиля

IAU International Association of Universities □ Международная ассоциация университетов

IAV intermittent assisted ventilation □ перемежающаяся вспомогательная вентиляция (лёгких)

IAW in accordance with □ в соответствии с…

IAWPR International Association on Water Pollution Research □ Международная ассоциация по исследованию загрязнения воды

ib лат. ibidem □ in the same place □ фарм. в то же место, в том же месте, там же

IB immune body □ иммунное тело; антитело

IB inclusion body □ 1. вирусные включения, тельца включений 2. способность вируса образовывать включения

IB index of body-built □ индекс телосложения

IB indirect bilirubin □ непрямой [свободный, неконъюгированный] билирубин (крови)

IB infectious bronchitis □ инфекционный бронхит

IBA indolebutyric acid □ индолмасляная кислота

IBB intestinal brush border □ щёточная кайма тонкой кишки

IBC International Biotoxicological Center □ Международный центр биотоксикологии

IBC iron-binding capacity □ железосвязывающая способность

IBC isobutyl-2-cyanacrylate □ изобутил-2-цианакрилат

IBD inflammatory bowel disease □ воспалительное заболевание кишечника

IBD Institute of Birth Defects □ Институт по изучению родовой травмы

IBE Institute of Biomedical Engineering □ Институт биомедицинской технологии

IBG insoluble bone gelatin □ нерастворимый желатин кости

IBI intermittent bladder irrigation □ периодическое промывание мочевого пузыря

ibid лат. ibidem □ in the same place □ фарм. в то же место, в том же месте, там же

IBL B-cell immunoblastic lymphoma □ В-клеточная иммунобластная лимфома

IBM Institute of Biological Medicine □ Институт биологической медицины

IBM International Business Machines (Corporation) □ Корпорация по производству электронно-вычислительных машин (США)

IBP initial boiling point □ начальная точка кипения, начало кипения

IBP International Biological Programme □ Международная биологическая программа, МБП

IBP iron-binding protein □ железосвязывающий белок

IBPCS International Bureau for Physico-Chemical Standards □ Международное бюро физико-химических стандартов

IBR infectious bovine rhinotracheitis □ инфекционный ринотрахеит крупного рогатого скота

IBR intrinsic birth rate □ истинный коэффициент рождаемости

IBRO International Brain Research Organization □ Международная организация по изучению мозга

IBS immunologic burst size □ индекс дифференцировки лимфоцитов

IBS Institute for Basic Standards □ Институт основных эталонов (США)

IBS irritable bowel syndrome □ синдром раздражения [раздражённой] толстой кишки; гиперперистальтика толстой кишки

IBV infectious bronchitis vaccine □ вакцина против инфекционного бронхита

IBV infectious bronchitis virus □ вирус инфекционного бронхита (птиц)

IBW ideal body weight □ идеальная [нормальная] масса тела

IBWM International Bureau of Weights and Measures □ Международное метрологическое бюро; Международная палата мер и весов

IC immune complexes □ иммунные комплексы

IC indirect cost □ непрямые затраты (на лечение)

IC initial conditions □ начальные [исходные] условия

IC input circuit □ входная схема

ic inspected □ проверено, просмотрено

IC inspiratory capacity □ ёмкость [объём] вдоха, $E_{вд}$

IC intensive care □ интенсивная терапия

IC intercostal □ межрёберный

IC interior communication □ внутренняя связь

IC intermediate care □ вспомогательное лечение

IC intermittent claudication □ перемежающаяся хромота

IC internal conversion □ *биохим.* внутренняя конверсия

IC International Certificate □ международный сертификат *(о состоянии здоровья)*

IC International Classification (of Diseases) □ Международная классификация болезней, МКБ, *см.* ICD, ICDA

IC intracardiac □ внутрисердечный ‖ внутрисердечно

IC intracavitary □ внутриполостной

IC intracellular □ внутриклеточный

IC, i/c intracerebral □ внутримозговой

IC, ic intracranial □ внутричерепной

IC, ic intracutaneous ‖ intracutaneously □ внутрикожный ‖ внутрикожно

IC ionization chamber □ ионизационная камера

IC irritable colon □ синдром раздражения [раздражённой] толстой кишки; гиперперистальтика толстой кишки

IC isovolumic contraction □ изоволюмическое сокращение *(сердца)*

ICA internal carotid artery □ внутренняя сонная артерия

ICA intracranial aneurysm □ внутричерепная аневризма

ICA islet cell antibodies □ (ауто)антитела к островковым клеткам, (ауто)антитела к клеткам островков Лангерганса поджелудочной железы

ICAA International Committee on Antinuclear Antibodies □ Международный комитет по антиядерным антителам

ICAF mean carotid artery flow □ среднее значение кровотока через сонную артерию

ICAM-1 intercellular adhesion molecule-1 □ фактор межклеточной адгезии-1 *(клеток надсемейства иммуноглобулинов)*

ICAN International College of Applied Nutrition □ Международный институт питания

ICAS International Committee for Atmospheric Sciences □ *экол.* Международный комитет, координирующий научные исследования атмосферы

ICav intracavity □ внутриполостной

ICBN International Code of Botanical Nomenclature □ Международный кодекс ботанической номенклатуры

ICBP intracellular binding protein □ внутриклеточный связующий белок

ICC immunocompetent cell □ иммунокомпетентная клетка

ICC Indian childhood cirrhosis □ индийский цирроз у детей

ICC infectious cell center □ инфицированный клеточный очаг

ICC intensive coronary care □ 1. интенсивное лечение коронарных больных 2. блок [палата] интенсивной терапии коронарных больных

ICC International Children's Centre □ Международный центр [помощи детям] защиты детей

ICC International Computing Centre □ Международный вычислительный центр

ICCU intensive coronary care unit □ коронарное отделение интенсивной терапии

ICD immune complex disease □ болезнь иммунокомплексов

ICD implantable cardioverter defibrillator □ имплантируемый кардиовертердефибриллятор

ICD Institute for Chest Disease □ Институт заболеваний органов грудной клетки *(США)*

ICD intercostal disease □ межрёберная невралгия

ICD International Classification of Diseases (of the Word Health Organization) □ Международная классификация болезней, МКБ *(ВОЗ; в настоящее время готовится 11-й пересмотр)*

ICD International College of Dentists □ Международная коллегия дантистов

ICD intrauterine contraceptive disease □ заболевание, обусловленное применением внутриматочного средства

ICD irritant contact dermatitis □ простой контактный дерматит

ICD ischemic coronary disease □ ишемическая болезнь сердца, ИБС

ICD isocitric dehydrogenase □ изоцитратдегидрогеназа

ICD International Classification of Diseases □ Международная классификация болезней

ICDA International Classification of Diseases, adopted for use in the United States □ Международная классификация болезней, адаптированная для использования в США; адаптация МКБ *(США)*

ICD-DA International Classification of Diseases in Dentistry and Stomatology □ Международная классификация болезней в одонтологии и стоматологии *(США)*

ICD-R&O International Classification of Diseases in Rheumatology and Orthopedics □ Международная классификация болезней в ревматологии и ортопедии

ICDRG International Contact Dermatitis Research Group □ Международная рабочая группа по контактным дерматитам

ICEA International Childbirth Education Association □ Международная ассоциация по обучению психопрофилактике родов

ICEF International Conference on Environmental Future □ Международная конференция защиты окружающей среды

I-cell inclusionness in cell □ клеточные включения, относящиеся к цитомегалии

ICER incremental cost-effectiveness ratio □ коэффициент приращения экономической эффективности *(напр. антидепрессантов)*

ICES International Council for the Exploration of the Sea □ Международный совет по исследованию моря

ICF intensive care facility □ средства [аппаратура] интенсивной терапии

ICF intercellular fluorescence □ межклеточная флуоресценция

ICF intermediate care facility □ промежуточный ухода *(за инвалидами)*

ICF intracellular fluid □ внутриклеточная [интрацеллюлярная] жидкость

ICF intravascular coagulation fibrinolysis □ внутрисосудистый тромбогеморрагическмй синдром, ТГС, ДВС-синдром

ICFTU international complement-fixation test units □ международные единицы реакции связывания комплемента

ICGH integrated concentration of growth hormone □ общая концентрация гормона роста

ICH infectious canine hepatitis □ инфекционный гепатит собак

ICH intracerebral hematoma □ внутримозговая гематома

ICH intracranial hemorrhage □ кровоизлияние в мозг; внутричерепная гематома

ICHDR Inter-Society Commission for Heart Disease Researches □ Междисциплинарная комиссия по изучению болезней сердца

ICHG International Congress on Human Genetics □ Международный конгресс по генетике человека

ICHHD Institute of Child Health and Human Development □ Институт здоровья детей и развития человека

ICHS interstitial cell stimulating hormone □ гормон, стимулирующий интерстициальные клетки

Ichth ichthyology ‖ ichthyological □ ихтиология ‖ ихтиологический

ICIG *фр.* Institut de Cancerologie et d'Immunogenetique □ Институт онкологии и иммуногенетики

ICLA International Council on Laboratory Animals □ Международный совет по лабораторным животным

ICM intercostal margin □ рёберная дуга

ICMA immunochemiluminometric assay □ количественный иммунолюминесцентный анализ, иммунохемилюминометрический анализ

ICMMP International Committee of Military Medicine and Pharmacy □ Международный комитет по военной медицине и фармации

ICMSD International Classification of Musculosceletal Disorders □ Международная классификация нервно-мышечных расстройств

ICN intensive care nursery □ отделение интенсивной терапии новорождённых

ICN International Council of Nurse □ Международный совет медицинских сестёр

ICNB International Code of Nomenclature of Bacteria □ Международный кодекс номенклатуры бактерий

ICO impedance cardiac output □ импеданс в период сердечного выброса

ICO International Congress of Ophthalmology □ Международный конгресс офтальмологов

ICOH International Commission on Occupational Health □ Международная комиссия по профилактике профессиональных заболеваний

ICP (test) imitation, comprehension, production (test) □ *псих.* имитация, понимание, воспроизведение *(тест)*

ICP incubation period □ инкубационный период

ICP infected cell protein □ белок инфицированной [заражённой] клетки

ICP intercuspal position □ позиция бугорково-фиссурного контакта зубов-антагонистов

ICP International Congress of Pediatrics □ Международный конгресс педиатров

ICP International Counsil of Psychologists □ Международный совет психологов

ICP intracranial pressure □ внутричерепное давление

ICPE Institute for Continuing Physician Education □ Институт [факультет] повышения квалификации врачей

ICPE International Consorcium in Psychiatric Epidemiology □ Международный консорциум по психиатрической эпидемиологии

ICPEMC International Commission for Protection against Environmental Mutagens and Cancerogens □ Международная комиссия по защите окружающей среды от мутагенов и канцерогенов

ICPM International Classification of Procedures in Medicine □ Международная классификация процедур в медицине

ICPM International College of Psychosomatic Medicine □ Международный институт по изучению психосоматических заболеваний

ICPO infected-cell protein number zero □ предшественник белка, протеин № 0 инфицированной клетки, ПИК

ICr (distance between) iliac crests □ межгребешковое расстояние

ICR Institute for Cancer Research □ Научно-исследовательский онкологический институт

ICRC International Committee of the Red Cross □ Международный Комитет Красного Креста, МККК

ICRF Imperial Cancer Research Fund (Britain) □ Государственный фонд для изучения онкологических заболеваний *(Великобритания)*

ICRO International Cell Research Organization □ Международное объединение по цитологическим исследованиям

ICRP International Commission on Radiological Protection □ Международная комиссия по защите от радиоактивного излучения

ICRR International Congress of Radiation Research □ Международный конгресс по вопросам радиации

ICRS Index Chemicus Registry System □ автоматизированная информационно-поисковая система (ИПС) по химическим соединениям, включающая информацию, опубликованную в Index Chemicus

ICRU International Commission on Radiological Units (and Measurements) □ Международная комиссия по радиационным единицам (и измерениям), МКРЕ

ICS impulse conducting system □ проводящая система

ICS intercostal space □ межреберье, межрёберный промежуток

ICS International Cardiovascular Society □ Международное сердечно-сосудистое общество

ICS International College of Surgeons (Geneva) □ Международная коллегия хирургов *(Женева)*

ICS intracranial space □ внутричерепное пространство, полость черепа

ICS ischemic cerebral stroke □ ишемический церебральный инсульт

ICSA islet cell-surface-antibodies □ поверхностные антитела к клеткам островков Лангерганса

ICSC immune complex solubilizing capacity □ иммунокомплексная диссоциирующая активность

ICSC intermittent clean self-catheterization □ периодическая аутокатетеризация мочевого пузыря в стерильных условиях

ICSD International Classification of Sleep Disorders □ Международная классификация расстройств сна

ICSEM International Commission for the Scientific Exploration of the Mediterranean Sea □ Международная комиссия по научным исследованиям Средиземного моря

ICSH International Committee for Standardization on Hematology □ Международный комитет стандартизации в гематологии

ICSH interstitial cell-stimulating hormone □ лютеотропин, лютеинизирующий гормон *(гипофиза, стимулирующий клетки интерстициальной ткани яичка, клетки Лейдига)*

ICSI intracytoplasmic spermatozoon injection □ интрацитоплазматическая инъекция яйцеклетки сперматозоидом

ICSP International Congress on Social Psychiatry □ Международный конгресс по социальной психиатрии

ICSP International Council of Societies of Pathology □ Международный совет обществ патологов

ICSPRO Interagency Committee on Scientific Problems Relating to Oceanography □ Межучрежденческий комитет ООН и её специализированных организаций по научным проблемам океанографии

ICSU International Council of Scientific Unions □ Международный совет научных союзов, МСНС *(ВОЗ)*

ict 1. icteric □ желтушный **2.** icterus □ желтушность, иктеричность; желтуха

ICT image-converter tube □ электронно-оптический преобразователь, ЭОП

ICT immunoreactive (human) calcitonin □ (человеческий) иммунореактивный кальцитонин

ICT indirect Coombs' test □ непрямая реакция Кумбса

ICT indirect Coombs' titer □ титр антител при непрямой реакции Кумбса

ICT inflammation of connective tissue □ воспаление соединительной ткани

ICT insulin coma therapy □ *псих.* инсулиношоковая терапия, лечение инсулиновым шоком

ICT International Critical Tables □ Международные таблицы физических констант

ICT isovolumic contraction time □ время [фаза] изометрического сокращения

ict ind icterus index □ показатель [степень] желтушности

ICTRO International Clinical Trials in Radiation Oncology □ Международные клинические испытания по радиационной онкологии

ICTS idiopathic carpal tunnel syndrome □ идиопатический запястный туннельный синдром

ICTV International Committee on Taxonomy of Viruses □ Международный комитет по таксономии вирусов

ICU intensive care unit □ отделение интенсивной терапии

ICU International chicken unit □ международная цыплячья единица

ICU psychosis intensive care unit psychosis □ постреанимационный психоз

ICW intensive care ward □ палата интенсивной терапии, ПИТ

ICW intracellular water □ внутриклеточная вода

ICWH International Conference of Women in Health □ Международная конференция по охране здоровья женщины

id *лат.* idem □ the same □ то же самое

id identification □ 1. идентификация, отождествление 2. определение, распознавание 3. обозначение

ID identification, donor □ подбор [идентификация] донора

id idiotype □ генотип, идиотип, генетическая конституция

ID immunediffusion (test) □ тест иммунодиффузии

ID immunodiffusion □ иммунодиффузия

id independent □ независимый

ID *лат.* Index Medicus □ «Индекс медикус» *(библиографический указатель, издаваемый Национальной библиотекой США на основе информационно-поисковой системы MEDLARS)*

ID infant death □ младенческая [детская] смертность *(смертность детей первого года жизни)*

ID infectious diseases □ инфекционные болезни

ID infective dose □ инфицирующая доза *(наименьшее количество патогенных микроорганизмов, способное вызвать инфекционный процесс)*

ID$_{50}$ median infective dose □ средняя инфицирующая доза *(наименьшее количество микроорганизмов, вызывающее заражение 50 % испытуемых объектов)*

ID inside diameter □ внутренний диаметр

ID insufficient data □ неполные [недостаточные] сведения

ID internal diameter □ внутренний диаметр

ID, id intradermal || intradermally □ внутрикожный, интрадермальный || внутрикожно

IDA image display and analysis □ отображение и результат [анализ] на дисплее

IDA iminodiacetic acid □ иминодвууксусная кислота *(препарат для радионуклидной холеграфии)*

IDA International Development Association □ Международная ассоциация развития

IDA iron deficiency anemia □ железодефицитная анемия, ЖДА

IDAA International Doctors in Alcoholic Anonymous □ Международный союз врачей обществ безымянных алкоголиков

IDAMS Integrated Drug Abuse Management System (NIAAA) □ комплексная система лечения наркомании

IDAP Illinois Drug Abuse Program □ Иллинойская программа лечения наркомании

IDAV immune deficiency-associated virus □ вирус иммунодефицита, ВИД

IDB inferior dental block □ нижнечелюстная [мандибулярная] анестезия

IDC Infectious Disease Committee □ Комитет по изучению инфекционных заболеваний

IDC interdigitating cells □ переплетающие интердигитальные клетки

id card identity card □ 1. удостоверение личности, (служебный) пропуск 2. жетон, значок *(напр. с именем врача)*

IDD insulin-dependent diabetes □ инсулинзависимый диабет, ИЗД

IDDD International Demographic Data Directory □ Международный демографический справочник

IDDM infants born to drug-dependent mothers □ дети матерей, страдающих наркоманией

IDDM insulin-dependent diabetes mellitus □ инсулинзависимый сахарный диабет

ident 1. identity □ тождество **2.** identify □ устанавливать тождество **3.** identical □ одинаковый, тождественный, идентичный

IDEX International Development Exchange □ развитие международного обмена

IDF indirect plaque developing factor □ косвенный фактор развития бляшек *(выделяемых макрофагами)*

IDK internal derangement of knee □ нарушение [поражение] коленного сустава

IDL intermediate-density lipoproteins □ липопротеиды средней плотности

IDL International Date Line □ Международная демаркационная линия суточного времени

IDLA Illinois Dental Laboratory Association □ Иллинойская ассоциация зубных техников

IDM idiopathic disease of the myocardium □ миокардиопатия, идиопатическое заболевание миокарда

IDM infant of the diabetic mother □ ребёнок матери, больной диабетом

IDMB International Dictionary of Medicine and Biology □ Международный медико-биологический словарь

IDMC immune defense mechanism □ механизм иммунной защиты

IDMC interdigestive motility complex □ перистальтика [двигательная активность] (кишки) в процессе пищеварения

IDMEC interdigestive myoelectric complex □ комплекс миоэлектрической активности (кишки) в процессе пищеварения

Idnfcn identification □ 1. идентификация *(напр. группы крови)* 2. распознавание; определение; опознание *(напр. личности)* 3.обозначение

IDP initial dose period □ время [период] действия первоначальной дозы

IDP inosine-5'-diphosphate □ инозин-5'-дифосфат

IDP integrated data processing □ *выч. тех.* интегрированная обработка данных

IDPH Illinois Department of Public Health □ Иллинойский департамент общественного здравоохранения

IDPN β-iminodiproprionitrile □ β-иминодипроприонитрил

IDR intradermal reaction □ внутриклеточная реакция

IDR intrinsic death rate □ истинный коэффициент смертности

IDS immunity deficiency state □ иммунодефицитное состояние, иммунодефицит

IDS inhibitor of DNA synthesis □ ингибитор синтеза ДНК

IDS inventory of depressive symptomatology □ опросник для выявления депрессивной симптоматики

IDS integral diagnostic system □ интегральная диагностическая система

IDS International Dental Show □ международная стоматологическая выставка

IDS Investigative Dermatological Society □ Научно-исследовательское общество дерматологов

IDSA Infectious Disease Society of America □ Американское общество инфекционистов

IDST intradermal skin testing □ проведение внутрикожной пробы

IDT intradermal test □ внутрикожная проба

IDTP immunodeficiency-associated thrombocytopenic purpura □ тромбоцитопеническая пурпура, обусловленная иммунодефицитом

IDU 5-iodo-2-desoxyuridine □ 5-йодо-2-деоксиуридин

IDV intermittent demand ventilation □ перемежающаяся деманд-вентиляция лёгких *(вентиляция по «запросу» организма)*

IDVC indwelling venous catheter □ постоянный венозный катетер

i.e. *лат.* id est □ that is, namely □ то есть, именно

IE *нем.* Immunitas Einheit □ иммунизирующая единица *(напр. для антитоксической сыворотки)*

IE immunizing unit □ единица иммунизации

IE immunoelectrophoresis □ иммуноэлектрофорез

IE index error □ погрешность инструмента или прибора

IE infective endocarditis □ бактериальный эндокардит

I:E inspiratory/expiratory ratio □ соотношение вдоха и выдоха, вдох/выдох

IEA immunoelectrophoretic analysis □ иммуноэлектрофоретический анализ *(метод идентификации антигенов)*

IEA instruments, electronics and automation □ *мед. тех.* приборы, электроника и автоматика

IEA International Epidemiological Association □ Международная ассоциация эпидемиологов

IEA intravascular erythrocyte aggregation □ внутрисосудистая агрегация эритроцитов, «сладж» эритроцитов

IEC injection electrode catheter □ катетер-электрод *(вводимый в полости или ткани)*

IEC Independent Ethics Committee □ независимый этический комитет

IEC intraepithelial carcinoma □ внутриэпителиальный [преинвазивный] рак

IEC ion exchange capacity □ ёмкость ионного обмена

IEC ion exchange chromatography □ ионообменная хроматография

IECM induced environment contamination monitor □ экологический монитор *(для контроля за загрязнением окружающей среды)*

IECO Institute of Experimental and Clinical Oncology □ Институт экспериментальной и клинической онкологии

IEE inner-enamel epithelium □ покровный эпителий эмали

IEED involuntary emotion expression disorder □ расстройство непроизвольного выражения эмоций *(неадекватный смех или плач; обычно после инсульта)*

IEF isoelectric focusing □ *биохим.* электрофокусирование, изоэлектрическое фокусирование

IEFC International Emergency Food Council □ Всемирный продовольственный совет *(ООН)*

IEL internal elastic lamine □ внутренняя эластичная [мембрана] пластинка

IEL intestinal intraepithelial lymphocyte □ внутриэпителиальный лимфоцит тонкой кишки

IEL intraepithelial leukocyte □ интраэпителиальный лейкоцит, ИЭЛ

IEL intraepithelial lymphocytes □ интраэпителиальные лимфоциты, ИЭЛ

IELTS International English Language Testing System ◻ Международная система тестирования по английскому языку

IEM immune electron microscopy ◻ иммунно-электронная микроскопия

IEM inborn error of metabolism ◻ врождённое [наследственное] нарушение метаболизма

IEM Institute for Environmental Medicine ◻ Институт по изучению влияния окружающей среды на человека

IEM ion-exchange membrane ◻ ионообменная мембрана

IEMG integrated electromyography ◻ интегральная электромиография

IEMS Institute of Epidemiologic Medicine and Surgery ◻ Институт экспериментальной эпидемиологии и медицины

IEOP immune-electro-osmophoresis ◻ иммуноэлектроосмофорез

IEP immunoelectrophoresis ◻ иммуноэлектрофорез

IEP isoelectric point ◻ изоэлектрическая точка, pI

IEP isoelectric precipitation ◻ изоэлектрическое осаждение

IES impact of event scale ◻ шкала оценки влияния (стрессового) события

IF *усл., экол.* умеренный ледовый туман

IF– *усл., экол.* незначительный ледовый туман

IF+ *усл., экол.* сильный ледовый туман

IF immunofluorescence ◻ иммунофлуоресценция, ИФ *(метод визуального наблюдения реакции антиген – антитело)*

IF infrared ◻ инфракрасный

IF inhibiting factor ◻ ингибирующий [подавляющий, тормозящий] фактор

IF initiation factor ◻ белковый фактор инициации, инициирующий фактор

IF inspiratory force ◻ форсированный вдох

IF interferon ◻ интерферон

IF intermediate frequency ◻ промежуточная частота

IF interstitial fluid ◻ интерстициальная [межклеточная] жидкость

IF intrinsic factor ◻ внутренний фактор

IF involved field (radiotherapy) ◻ *радиол.* облучаемое поле

i.f. *лат.* ipse fecit ◻ has done with one's hands ◻ сделал собственноручно

IFA indirect immunofluorescent antibody, indirect immunofluorescent assay ◻ иммунофлуоресцентный анализ, ИФА; метод непрямой иммунофлуоресценции *(антител)*

IF-A inflammatory factor of anaphylaxis ◻ фактор воспаления при анафилаксии, ФВ-А

IFA International Fertility Association ◻ Международная ассоциация по изучению причин бесплодия

IFA International Filariasis Association ◻ Международная ассоциация по филяриатозу

IFAD International Fund for Agricultural Development ◻ Международный фонд сельскохозяйственного развития, ИФАД

IFAP International Federation of Agricultural Producers ◻ *экол.* Международная федерация производителей сельскохозяйственной продукции

IFAT indirect fluorescent antibody test ◻ *см.* **IFA** indirect immunofluorescent assay

IFC intrinsic factor concentrate ◻ концентрат внутреннего фактора

IFCC International Federation of Clinical Chemistry ◻ Международная федерация по клинической химии

IFCC, IFCCM International Federation of Culture Collections of Microorganisms ◻ Международная федерация по хранению коллекций культур микроорганизмов

IFCS inactivated fetal calf serum ◻ инактивированная фетальная сыворотка телёнка

IFDR International Federation of Dental Research ◻ Международная федерация стоматологических исследований

IFE immunofixation electrophoresis ◻ электроиммунофиксация, электрофорез иммунофиксацией

IFF inner fracture face ◻ закрытый перелом костей лицевого черепа

IFIP International Federation of Information Processing ◻ Международная федерация по информатике *(обработке информации)*

IFIPD International Federation of Infectious and Parasit Diseases ◻ Международная федерация специалистов по инфекционным и паразитарным заболеваниям

IFM Institute of Forensic Medicine ◻ Институт судебной медицины

IFMA immunofluorometric assay ◻ количественный иммунофлуоресцентный анализ

IFMHN International Foundation for Mental Health and Neurosciences ◻ Международный фонд по психическому здоровью и нейропсихиатрии

ifn information ◻ информация, сведения

IFN, ifn interferon ◻ интерферон

IFN-alpha, IFN-α α-interferon ◻ альфа-интерферон, α-интерферон

IFN-gamma, IFN-γ γ-interferon ◻ гамма-интерферон, γ-интерферон

IFPMA International Federation of Pharmaceutical Manufacturers Associations ◻ Международная федерация ассоциаций фармацевтических фирм-изготовителей

IFPRA International Family Planning Research Association ◻ Международная ассоциация по исследованию планирования семьи

IFR infrared ◻ инфракрасный

IFR inspiratory flow rate ◻ скорость вдоха

IFRA indirect fluorescent rabies antibody (test) ◻ непрямая иммунофлуоресценция антирабических антител *(метод)*

IFSC International Federation of Surgical Colleges ◻ Международная федерация хирургических колледжей

IFSP index of family size preference ◻ показатель предпочтительного размера семьи

IFSSH International Federation of Societies for Surgery of the Hand ◻ Международная федерация обществ хирургии кисти

IFT immunofluorescence technique, immunofluorescent test ◻ иммунофлуоресцентный [метод] тест

IFT inflight test ◻ испытание в полёте

IFT Institute for Food Technologists ☐ Институт пищевой технологии

IFV intracellular fluid volume ☐ объём внутриклеточной жидкости

Ig immunoglobulin ☐ иммуноглобулин; гамма-глобулин *(группа родственных гликопротеидов, продуцируемых В-лимфоцитами, плазматическими клетками и ответственных за гуморальный иммунный ответ)*

 ~A, ~α immunoglobulin A ☐ иммуноглобулин А, *уст.* альфа-глобулин

 ~D immunoglobulin Δ ☐ иммуноглобулин Д, *уст.* дельта-глобулин

 ~E immunoglobulin E ☐ иммуноглобулин Е, *уст.* Е-глобулин

 ~G immunoglobulin G ☐ иммуноглобулин G, *уст.* γ-глобулин, γ-G-глобулин, 7S-γ-глобулин

 ~M immunoglobulin M ☐ иммуноглобулин М, *уст.* мю-иммуноглобулин, макроглобулин

 (75)~M low molecular weight immunoglobulin M ☐ низкомолекулярный иммуноглобулин М

 ~T immunoglobulin T ☐ иммуноглобулин Т *(1. сходный с иммуноглобулином рецептор Т-лимфоцитов 2. фактор, высвобождающийся из Т-лимфоцитов и представляющий собой комплекс антиген – рецептор)*

IG intragastric ☐ внутрижелудочный

IGA infantile genetic agranulocytosis ☐ детский наследственный [врождённый] агранулоцитоз *(синдром, характеризующийся уменьшением гранулоцитов в периферической крови ниже 750 в 1 мкл)*

IGA International Gay Association ☐ Международная ассоциация гомосексуалистов

IGC intellectually gifted children ☐ интеллектуально одарённые дети

IGDM infant of gestational diabetic mother ☐ новорождённый [ребёнок] от матери, больной сахарным диабетом

IgF immediate graft function ☐ функция трансплантата в ближайшем послеоперационном [восстановительном] периоде

IGF insulin-like growth factor ☐ инсулиноподобный фактор роста

IGF International Genetics Federation ☐ Международная генетическая федерация, МГФ

IgG-STS short-term sensitizing immunoglobulin G ☐ гомоцитотропные антитела класса IgG с коротким латентным периодом *(кратковременно сенсибилизирующие организм)*

IGH Inspector-General of Hospitals ☐ главный инспектор военных госпиталей

IgIV intravenous preparation immunoglobulin ☐ иммуноглобулин для внутривенного введения

IGMD infants of gestational diabetic mothers ☐ дети матерей, больных сахарным диабетом

IGR insectgrowth regulator ☐ регулятор роста насекомых

IGR immediate generalized reaction ☐ генерализованная реакция немедленного типа, ГНТ

IGT impaired glucose tolerance ☐ нарушение толерантности к глюкозе

IGV intrathoracic gas volume ☐ объём внутригрудного газа

Ih immune hyperresponse ☐ гипериммунный ответ

IH infectious hepatitis ☐ (эпидемический) инфекционный гепатит, гепатит А

IH inhibiting hormone ☐ ингибирующий [тормозящий] гормон [фактор]

IH in hospital ☐ в больнице; госпитализированный

IH inner half ☐ внутренняя половина

IH Institute of Hygiene ☐ Институт гигиены

IHA idiopathic hyperaldosteronism ☐ первичный [идиопатический] гипердальдостеронизм

IHA Illinois Hospital Association ☐ Ассоциация больниц штата Иллинойс

IHA indirect hemagglutination test ☐ реакция пассивной [непрямой] гемагглютинации, РПГА *(агглютинация эритроцитов)*

IHA Institute of Hospital Administrators ☐ Институт больничных администраторов

IHA International Health Activities ☐ международная деятельность по здравоохранению

IHB Industrial Home for the Blind ☐ механическая мастерская для слепых

IHB International Hydrographic Bureau ☐ Международное гидрографическое бюро

IHBD intrahepatic bile ducts ☐ внутрипечёночные жёлчные протоки

IHBPA International Hepato-Biliary-Pancreatic Association ☐ Международная ассоциация по изучению гепато-билиарно-панкреатической зоны

IHBTD incompatible hemolytic blood transfusion disease ☐ синдром несовместимости перелитой крови; гемолитическая болезнь, обусловленная трансфузией несовместимой крови

IHC idiopathic hemochromatosis ☐ идиопатический гемохроматоз

IHC idiopathic hypercalciuria ☐ идиопатическая гиперкальциурия

IHD ischemic heart disease ☐ ишемическая болезнь сердца, ИБС

IHE International Hospital Equipment ☐ международные стандарты оборудования для лечебных учреждений

IHF Industrial Health Foundation ☐ учреждения здравоохранения на промышленных предприятиях; фонд здравоохранения на промышленных предприятиях

IHG International Hospitals Group ☐ Международное объединение госпиталей

IHN infectious hematopoietic necrosis ☐ воспалительный [инфекционный] некроз гемопоэтической ткани

IHN Institute of Human Nutrition ☐ Институт питания человека

IHO idiopathic hypertrophic osteoarthropathy ☐ идиопатическая гипертрофическая остеоартропатия

IHP idiopathic hypoparathyroidism ☐ идиопатический гипопаратиреоз

IHP idiopathic hypopituitarism ☐ идиопатический гипопитуитаризм

IHPS idiopathic hypertrophic pyloric stenosis ☐ идиопатический [врожденный] гипертрофический пилоростеноз

IHR International Health Regulations □ международное регулирование в сфере здравоохранения

IHR intrinsic heart rate □ внутрисердечная скорость кровотока

IHS Indian Health Service □ служба [система] здравоохранения Индии

IHSA iodinated human serum albumin □ йодированный альбумин человеческой сыворотки крови

¹³¹I-HSA ¹³¹I-human serum albumin □ радиоактивный йодированный альбумин сыворотки крови

IHSS idiopathic hypertrophic subaortic stenosis □ идиопатический гипертрофический субаортальный стеноз

IH virus infectious hepatitis, viral hepatitis, type A □ вирусный эпидемический [инфекционный] гепатит, гепатит А

IHW International Histocompatibility Workshop □ Международное рабочее совещание по (антигенам) гистосовместимости *(в рамках программы ВОЗ)*

I-i a blood group system □ система групп крови I-i

II icterus index □ показатель концентрации жёлчного пигмента в крови

IIA International Institute of Anthropology □ Международный институт антропологии

IIASA International Institute of Applied Systems Analysis □ *экол.* Международный институт прикладного системного анализа

IIE idiopathic ineffective erythropoiesis □ идиопатическая эритропатия, идиопатическое нарушение эритропоэза

IIE Institute of International Education □ Институт международного образования

IIE International Institute of Embryology □ Международный институт эмбриологии

IIE intrapulmonary interstitial emphysema □ внутрилёгочная интерстициальная эмфизема

IIEF International Index of Erectile Function □ Международный индекс эректильной функции, МИЭФ

IIF imprint immunofixation □ метод иммунофиксированных отпечатков, иммуноимпринтинг

IIF indirect immunofluorescent (technique) □ реакция непрямой иммунофлуоресценции

IIIVC infrahepatic interruption of the inferior vena cava □ подпечёночный блок нижней полой вены

IIP idiopathic interstitial pneumonia □ идиопатическая интерстициальная пневмония

IIS Institute for Interdisciplinary Studies □ Институт междисциплинарных [смежных] наук

IJD inflammatory joint disease □ артрит, воспалительное заболевание сустава

IJP inhibitory junction potential □ тормозящий синаптический потенциал

IJP internal jugular pressure □ давление во внутренней ярёмной вене

IK *нем.* Immunekorper □ immune bodies □ иммунные тела, туберкулин Шпенглера

IK (unit) infusoria killing (unit) □ летальная доза вещества для инфузорий

Il illinium □ *хим.* иллиний *(одно из прежних названий прометия, Pt)*

I/L Import License □ лицензия на импорт

IL independent laboratory □ самостоятельная лаборатория

IL infectious laryngotracheitis □ инфекционный ларинготрахеит

IL insensible weight loss □ неощутимая потеря массы (тела)

IL Interleukin □ интерлейкин *(фактор активации лимфоцитов)*

IL-1 Interleukin-1 □ интерлейкин-1

IL-2 Interleukin-2 □ интерлейкин-2

IL intralingual □ внутриязычный

ILA insulin-like activity □ инсулиноподобная активность

ILA International Leprosy Association □ Международная ассоциация лепрологов

ILA inverting linear anastomosis □ инвертированный линейный кишечный анастомоз

ILAE International League Against Epilepsy □ Международная лига по изучению эпилепсии

ILAR *лат.* International Liga Antirheumatica □ Международная антиревматическая лига

ILB, ILBW infant with low birth weight □ новорождённый с малой [низкой] массой тела, «маловесный» для срока плод

ILD interstitial lung disease □ интерстициальная болезнь лёгких

ILD ischemic leg disease, ischemic limb disease □ ишемическая болезнь конечностей; нарушение кровоснабжения конечностей

ILD isolated lactase deficiency □ гиполактаземия

ILE Ilesha □ Илеша *(арбовирус)*

Ile, Ileu isoleucine □ изолейцин, Иле

illegit illegitimate □ 1. незаконный 2. незаконнорождённый; внебрачный

illic leg obturat *лат.* illico legena obturatur □ stopper the bottle at once □ *фарм.* немедленно закрыть (герметизировать) бутыль

ILM internal limiting membrane □ внутренняя ограничивающая мембрана

ILMA immunoluminometric assay □ количественный иммунолюминесцентный анализ

ILO International Labour Organization □ Международная организация *(по изучению условий)* труда, МОТ

ILO/WHO Committee International Labour Organization WHO Committee □ Комитет Международной организации по изучению условий труда ВОЗ

ILO iodine lotion □ йодная примочка

ILS intralobar sequestration □ внутридолевая [интралобарная] секвестрация *(лёгочной ткани)*

ILSA immunoluminometric labeled second-antibody assay □ количественный сэндвич-иммунолюминесцентный анализ

ILSI International Life Sciences Institute □ Международный институт естественных наук

ILSS integrated life support system □ комплексная система жизнеобеспечения

ILT infectious laryngotracheitis □ инфекционный ларинготрахеит, ложный круп

IM *англ.* Imperial Measure □ имперская мера *(веса, объема, длины)*

IM Index Medicus □ «Индекс медикус» *(свободный библиографический указатель медицинской литературы, США)*

IM infectious mononucleosis □ инфекционный мононуклеоз

IM inner membrane □ внутренняя мембрана

IM intermediate megaloblast □ промежуточный мегалобласт

IM Internal Medicine □ внутренние болезни, терапия

IM intramedullary □ внутримозговой

IM, im intramuscular || intramuscularly □ внутримышечный || внутримышечно

IMA Indian Medical Association □ Индийская медицинская ассоциация

IMA Industrial Medical Association □ Медицинская ассоциация промышленных предприятий

IMA inferior mesenteric artery □ нижняя брыжеечная артерия

IMA internal mammary artery □ внутренняя грудная артерия

IMA Irish Medical Association □ Ирландская медицинская ассоциация

IMA Israel Medical Association □ Израильская медицинская ассоциация

IMAA iodinated macroaggregated albumin □ йодированный крупнодисперсный [макроагрегатный] альбумин

IMAB International Medical Advisory Bureau □ Международное медицинское консультативное бюро

IMAC image management and communication □ система управления и передачи изображений *(напр. рентгенографических)*

im act immediate action □ немедленного действия *(о реакции)*

IMAI internal mammary artery implantat □ имплантат из внутренней грудной артерии

IMAP International Medical Advisory Panel □ Международный медицинский [круглый стол] консультативный совет

IMASLCH International Medical Association for the Study of Living Conditions and Health □ Международная медицинская ассоциация по изучению условий жизни и здоровья

IMB interaction of man and biosphere □ взаимодействие человека и биосферы

IMB intermenstrual bleeding □ менструальное кровотечение

IMBC indirect maximum breathing capacity □ косвенное [непрямое] определение максимальной вентиляции лёгких

IMCU intermediate care unit □ промежуточный блок интенсивной терапии

imd, imdt immediate □ немедленный

ImD$_{50}$ immunizing dose □ иммунизирующая доза *(обеспечивающая защиту 50 % животных)*

IMDM Iscove modified Dulbecco's medium □ среда Дульбекко, модифицированная по способу Исков

IME Institute of Medical Ethics □ Институт медицинской этики

IMER Institute for Medical Education and Research □ Медицинский научно-исследовательский институт

IMF intermaxillary fixation □ внутриверхнечелюстная фиксация

IMG International Medical Graduates □ Международное объединение выпускников медицинских вузов

IMGS International Medical Guide for Ships □ «Международное руководство по оказанию медицинской помощи на кораблях»

IMGT International Medical Graduates Testing □ Международная программа тестирования окончивших медицинские вузы

IMH idiopathic myocardial hypertrophy □ идиопатическая гипертрофия миокарда

IMHA immune-mediated hemolytic anemia □ аутоиммунная гемолитическая анемия

IMI Commonwealth [Imperial] Mycological Institute □ Британский микологический институт

IMI immunologically measurable insulin □ иммунореактивный инсулин

IMI indirect membrane immunofluorescence □ непрямая мембраноассоциированная иммунофлуоресценция

IMI inferior myocardial infarction □ задне-базальный [задне-нижний] инфаркт миокарда

IMI intramuscular injection □ внутримышечная инъекция

imit imitation || imitative □ имитация, подражание; симуляция || подражательный

IMLS Institute of Medical Laboratory Science □ Институт медико-лабораторных исследований

IMM intercellular macromolecular matrix □ межклеточный макромолекулярный матрикс

immun immunology || immunological □ иммунология || иммунологический

immy immediately □ немедленно

IMNS *англ.* Imperial Military Nursing Service □ имперская служба медицинских сестёр армии

IMOS inadvertent modification of the stratosphere □ *экол.* необратимое изменение стратосферы

IMP idiopathic myeloid proliferation □ идиопатическая миелоидная пролиферация

imp impedance □ импеданс

imp implement □ орудие; инструмент; прибор

imp important □ важный, значительный

imp impregnate || impregnated □ импрегнировать; пропитывать, насыщать || импрегнированный; пропитанный, насыщенный

imp impression □ 1. вдавление 2. оттиск, отпечаток 3. впечатление *(раздел протокола о рентгенологическом исследовании, в котором врач высказывает своё мнение об имеющемся патологическом процессе, в то время как в других разделах описываются объективные критерии и показатели, но не их трактовка)*

imp imprint □ отпечаток; штамп; оттиск

imp improper □ ложный, неправильный

imp improvement || improved □ улучшение, усовершенствование || улучшенный, усовершенствованный

imp impulse □ импульс

IMP inosine monophosphate □ инозинмонофосфат, инозин-5-фосфат, инозиновая кислота, ИМФ

IMP intramembranous particles □ внутримембранные частицы

impce importance □ важность, значительность

imperf imperforated □ не имеющий отверстия, неперфорированный *(напр. о прямой кишке)*

impg impregnate □ 1. импрегнированный; насыщенный; пропитанный 2. оплодотворённый; осеменённый

impl implement □ орудие, инструмент; прибор

impr imprint □ отпечаток; штамп; оттиск

impr, improv improved □ улучшенный, усовершенствованный

IMPS Inpatient Multidimensional Psychiatric Scale □ *см.* **IMP Scale**

IMP Scale Inpatient Multidimensional Psychiatric Scale □ многоаспектная психиатрическая шкала для (исследования) стационарных больных

impt imperfect □ несовершенный, недоразвитый

IMR infant mortality rate □ младенческая [детская] смертность, показатель младенческой смертности *(на 1000 детей первого года жизни)*

IMR infectious mononucleosis receptors □ рецепторы, восприимчивые к инфекционному мононуклеозу

IMRAD introduction, methods, results and discussion □ введение, методы, результаты и обсуждение *(алгоритм научной статьи)*

IMS incurred in military service □ получивший инвалидность на военной службе

IMS Indian Medical Service □ здравоохранение Индии

IMS industrial methylated spirit □ промышленный метилированный [денатурированный] спирт, денатурат

IMS information management system □ информационно-управляющая система

IMS Inspector of Medical Services □ инспектор медицинской службы

IMS Institutes of Medical Services □ лечебные учреждения; учреждения [медицинской службы] здравоохранения

IMS International Medical Systems Ltd □ Международная медицинская система с ограниченной ответственностью

IMS isopropyl methane sulphonate □ изопропилметансульфонат, ИМС

IMU Irish Medical Union □ Ирландский медицинский союз

IMV inferior mesenteric vein □ нижняя брыжеечная вена

IMV intermittent mandatory ventilation □ перемежающаяся принудительная вентиляция (лёгких), ППВЛ

IMViC, imvic character 4 important tests used to distinguish coliform organisms: Indole production, Methyl-red test, Voges-Proskauer reaction and the ability to utilize Citrate □ 4 важных теста идентификации видов кишечной палочки с применением проб на: индол, метиленовый красный, реакцию Фогеса – Проскауэра и на утилизацию цитрата

IN icterus neonatorum □ желтуха новорождённых

in inch □ дюйм *(25,4 см)* || измерять в дюймах

in incidence □ частота *(заболеваемости, поражения и т.п.)*

In Indium □ индий

IN initial dose □ начальная [исходная] доза

in input □ *мед. тех.* 1. вход, ввод 2. входное устройство 3. входной сигнал 4. входные данные

in inside □ внутренняя сторона; внутрь; внутренний

IN insoluble nitrogen □ нерастворимый азот

in instruments □ (измерительные) приборы

IN intranasal □ внутриносовой; интраназальный

IN neutralization index □ индекс нейтрализации *(отношение дозы вируса, вызывающего смерть 50 % животных, к дозе вируса, которая в смеси с иммунной сывороткой вызывает ту же летальность)*

IN number of incompatibilities □ множество несовместимостей

¹¹¹In radioactive Indium □ радиоактивный индий

INA Ienar Nomina Anatomica (1935) □ Йенская анатомическая номенклатура (1935)

INA International Neurological Association □ Международная неврологическая ассоциация

INA international normal atmosphere □ международная физическая [стандартная] атмосфера *(101 325 ПА)*, атм

inac inaccurate □ неточный; неправильный

inact inactive □ неактивный, недеятельный

INAD infantile neuroaxonal dystrophy □ дистрофия нервных волокон у детей

INAH isonicotinic acid hydrazide □ гидразид изоникотиновой кислоты, ГИНК

INAHTA International Alliance of Health Technology Assessment Organization □ Международный союз организаций, занимающихся оценкой медицинских технологий

in amp in ampullis □ в ампулах

inc incisor || incisal, incisive □ резец || резцовый

inc incoming □ 1. входящий 2. выступающий 3. наступающий

Inc incorporated □ 1. включённый, входящий в состав 2. зарегистрированный как корпорация *(отвечающая по обязательствам всем своим имуществом)* 3. *мед. тех.* встроенный, вмонтированный

inc increase || increasing □ увеличение || увеличивающийся

inc incubation □ 1. инкубация 2. инкубационный период *(в днях)*

INCAP Institute of Nutrition of Central America and Panama □ Институт питания Центральной Америки и Панамы

IncB inclusion body □ клеточные [цитоплазматические] включения *(при вирусной инфекции)*; элементарные тельца

INCB International Narcotics Control Board □ Международный совет по контролю за наркотиками

incd incident □ инцидент; происшествие с благополучным исходом

incd included □ включенный, входящий в...

ince insurance □ страхование

incid *лат.* incide □ cut *фарм.* разрежь *(о лекарственном сырье)*

incl including □ включая, включительно, в том числе, в т.ч.

incompl incomplete □ неполный, незавершённый

incorr incorrect □ неправильный, ошибочный

incr increase || increasing □ увеличение, прирост || увеличивающийся

ind independent □ 1. независимый; самостоятельный 2. отдельно действующий

ind index □ индекс; указатель; показатель; коэффициент

ind 1. indication □ указание, обозначение; показание **2.** indicate □ указывать, означать; снимать индикаторную диаграмму **3.** indicator □ индикатор, указатель; отметчик; контрольно-измерительный прибор

in d *лат.* in dies □ daily □ *фарм.* ежедневно, каждый день

ind indirect □ непрямой, косвенный

IND International Nomenclature of Diseases □ Международная номенклатура заболеваний

IND Investigation of New Drug (PDA) □ отдел исследования новых лекарств *(США)*

INDC International Nuclear Data' Committee □ Международный комитет по данным ядерных исследований

Ind-HA indeterminate hyperaldosteronism □ идиопатический гиперальдостеронизм

indic indicator □ индикатор, указатель; отметчик; контрольно-измерительный прибор

indiv individual □ 1. особь; индивид || индивидуальный; единичный, отдельный 2. характерный, особенный

INDM infant of nondiabetic mother □ ребёнок с отсутствием потенциального диабета

Ind-Med Industrial Medicine □ промышленная медицина *(промышленная гигиена и профессиональные заболевания)*

indn indication □ указание, обозначение; показание

IND-NDA Investigation of New Drug – New Drug Application □ исследование новых лекарственных средств, внедрение [применение] новых лекарственных средств

indust industry || industrial □ промышленность || промышленный

indvdl individual □ *см.* **indiv**

INDY I'm not dead yet □ «я ещё не умер» *(название гена, контролирующего обмен в цитоплазме и потребление ею калорий, мутация которого приводит к резкому увеличению продолжительности жизни)*

INED International Network for Educational Information □ Международная сеть педагогической информации *(при ЮНЕСКО)*

In ex *лат.* in extenso □ довольно; полностью

inf inferior □ 1. низкий 2. худший; низкого качества

inf infirmary □ больница; лазарет

inf information □ сведения; информация; данные

inf infuse □ 1. вливать 2. настаивать (отравы), готовить настой

inf infusion □ 1. инфузия, вливание 2. ректальное введение

infect infection || infectious □ инфекция || инфекционный

infer inference □ вывод, умозаключение; следствие

INFIS intracranial fluid infusion supplement □ дополнительное интракраниальное введение жидкости

infl inflammable □ воспламеняющийся; горючий

infl inflorescence □ *фарм.* 1. соцветие 2. цветение

infl influence □ влияние; действие

inflamm inflammation □ 1. воспаление 2. воспламенение

infm, info information □ сведения; информация; данные

Infy RM Royal Marine Infirmary □ лазарет морской пехоты

ING Ingwavuma □ Ингвавума *(арбовирус)*

inh inhalation □ ингаляция

INH isoniazid, isonicotinic acid hydrazide □ изониазид, гидразид изоникотиновой кислоты, ГИНК

inHG conventional inch of mercury □ единица измерения в мм ртутного столба, мм рт. ст.

inhib inhibition || inhibitory □ ингибирование, ингибиция, торможение || ингибирующий, тормозящий

in H₂O inch of water □ единица измерения в мм водяного столба, мм вод. ст.

INI intranuclear inclusion □ внутриядерные включения

in/in between inside walls □ между внутренними стенками

INIS International Nuclear Information System □ Международная система по ядерной информации

init initial □ 1. инициал 2. (перво)начальный, исходный

inj injection □ 1. инъекция, впрыскивание, введение жидкости в организм *(особенно иглой)* 2. инъекция, переполнение *(капилляров, напр. конъюнктивы)*

inj injury □ травма

inj enem *лат.* injiciatur enem □ let an enema be injected □ *фарм.* назначь клизму

inl inlay □ 1. инкрустация 2. вкладывать; накладывать; вставлять

INM Institute of Naval Medicine □ Институт морской медицины

INN International Nonproprietary Name □ 1. Международное (непатентованное) название *(фармацевтического препарата)* 2. перечень вышеуказанных препаратов

Ino inosine □ инозин

INO internuclear ophthalmoplegia □ интернуклеарная офтальмоплегия

inoc inoculate □ прививать; вакцинировать

inopv inoperative □ бездействующий

inorg inorganic □ неорганический

INPADOC International Patent Documents □ Международный патентный фонд *(информационно-поисковая система)*, ИНПАДОК

in pr *лат.* in principio □ в начале

INPS National Institute of Social Providence □ Национальный институт социального обеспечения *(США)*

INPV intermittent negative-pressure assisted ventilation □ перемежающаяся вспомогательная вентиляция (лёгких) с отрицательным давлением *(на выдохе)*

INR International Normalized Ratio □ Международное нормализованное отношение, МНО; Международный нормализованный коэффициент *(напр. протромбинового времени)*

InREM internal radiation dose □ глубинная [внутренняя] доза облучения

INROFM International Reference Organization in Forensic Medicine and Sciences □ Международная справочная организация по вопросам судебной медицины и криминалистики

INS idiopathic nephrotic syndrome □ идиопатический нефротический синдром

Ins inositol □ инозитол

INS International Numbering System □ Международная цифровая система *(кодирования пищевых добавок)*

ins insertion □ 1. включение; введение 2. вставка *(напр. в хромосоме)*

ins 1. insulation || insulated □ изоляция || изолированный **2.** insulator □ изолятор

ins insurance □ страхование

insc inscription || inscribed □ надпись || надписанный

InsC insurance contract □ *страх.* соглашение о страховании

Ins. Co. insurance company □ страховая компания

insol insolubility || insoluble □ нерастворимость || нерастворимый; неразложимый

insp inspiration □ 1. вдох; вдыхание 2. поглощение кислорода растениями

InsP₁ inositol monophosphate □ инозитолмонофосфат

InsP₂ inositol biphosphate □ инозитолдифосфат

Insp-Gen of Hosp Inspector-General of Hospitals □ главный инспектор военных госпиталей

inspir inspiration □ *см.* **insp**

insrt insertion □ *мед. тех.* ввод *(данных)*

inst installation □ 1. установка; монтаж 2. устройство

inst instant □ 1. текущего месяца 2. мгновение || мгновенный; немедленный; быстрорастворимый

inst instantaneous □ 1. мгновенный; немедленный 2. быстрорастворимый

inst institute □ научное учреждение; институт

inst institution □ 1. общество 2. институт 3. учреждение

inst instruction || instruct □ инструкция; методические рекомендации; обучение || обучать, инструктировать

inst instrument □ 1. инструмент; приспособление 2. прибор; аппарат

instab instability □ неустойчивость

instit institute □ научное учреждение; институт

instl installation □ 1. установка, монтаж 2. устройство

instn instrumentation □ контрольно-записывающая аппаратура; измерительное оборудование

instr 1. instruction □ инструкция, методические рекомендации; обучение **2.** instructor □ инструктор

insuff insufficiency || insufficient □ недостаточность || недостаточный

insul insulation □ изоляция

insur insurance □ страхование

int initial □ (перво)начальный; исходный

int integrating □ интегрирование; объединение; комплексирование

int interior □ внутренний

int intermediate □ промежуточный

int intermittent □ 1. прерывистый, перемежающийся, интермиттирующий 2. пульсирующий

int internal □ внутренний

int international □ международный, интернациональный

int interrupt □ 1. прерывать; разрывать 2. преграждать, препятствовать

int interval □ интервал

INT p-iodonitrotetrazolium violet □ p-йодонитротетразолий фиолетовый *(краситель)*

in tab *лат.* in tabulettis □ *фарм.* в таблетках

int cib *лат.* inter cibos □ between meals □ *фарм.* между приёмами пищи

intel intelligence □ 1. ум, интеллект; умственные способности 2. сведения, информация

intens intensive □ интенсивный

inter intermediate □ полупродукт; промежуточный

inter intermittent □ 1. прерывистый; перемежающийся; интермиттирующий 2. пульсирующий

inter interrogation □ судебно-медицинский допрос, выяснение обстоятельств судебно-медицинского дела

inter interrupt □ 1. прерывать; разрывать 2. преграждать, препятствовать

interch interchangeable □ взаимозаменяемый

intermol intermolecular □ межмолекулярный

intern international □ международный, интернациональный

INTERPOL International Criminal Police Organization □ Международная криминальная полиция, Интерпол

intest intestinal □ кишечный, относящийся к кишечнику

intl initial □ (перво)начальный, исходный

intl international □ международный, интернациональный

intmd intermediate □ полупродукт; промежуточный

Int Med Internal Medicine □ терапия, пропедевтика внутренних болезней

IN/TN insoluble nitrogen to total nitrogen □ отношение нерастворимого азота к его общему содержанию

intn intention □ намерение

intn international □ международный, интернациональный

int noct *лат.* inter noctem □ during the night □ *фарм.* на ночь

intox intoxication || intoxicate || intoxicated □ интоксикация || вызывать интоксикацию, отравлять || в состоянии опьянения

intra cath intravenous catheter placement unit □ набор для катетеризации вены

intramol intramolecular □ внутримолекулярный

intro introduced □ введённый

introd introduction □ введение

INTRON, intron препарат рекомбинантного α-интерферона

intrp interrupt □ 1. прерывать, разрывать 2. преграждать, препятствовать

intsv intensive □ интенсивный

intvl interval □ интервал

InU international milli units □ интернациональные миллиединицы

InV inhibitory virm □ InV-система, система аллотипических маркёров иммуноглобулинов человека

inv 1. inverse □ обратный, противоположный **2.** inverted □ перевёрнутый; инвертированный

inv inversion □ инверсия *(результат двух поломок в одной хромосоме с последующим поворотом участка между ними на 180°)*; нарушение, извращение

inv investigation □ исследование; изучение; изыскание

inval invalid □ 1. инвалид; неработоспособный 2. недействительный 3. неисправный; неверный, неправильный

invar invariant □ инвариант

invert invertebrate □ беспозвоночное

inves investigate □ исследовать; изучать

invt inventory □ опись, инвентарный список

in w inches of water □ столько-то дюймов водного столба

inx index □ индекс, показатель; коэффициент

IO, io in order □ по порядку

I/O input/output □ 1. ввод-вывод; всасывание – экскреция 2. устройство ввода-вывода

i/o ins and outs □ введено внутрь и выведено (о жидкости)

Io ionium □ ист. ионий (Торий-230)

IOBB International Organization for Biotechnology and Bioengineering □ Международная организация по биотехнологии и биоинженерии

IOD injured on duty □ получивший травму на работе

Iod iodide □ йодид

IOE International Office of Epizootics □ Международное бюро по борьбе с эпизоотиями

IOF International Oceanographic Foundation □ экол. Международный океанографический фонд

IOFB intraocular foreign body □ инородное тело глаза, внутриглазное инородное тело

IOH idiopathic orthostatic hypotension □ идиопатическая ортостатическая гипотония

IOM inert organic matter □ инертное органическое соединение, ИОС

IOM Institute of Medicine □ институт медицины, медицинский институт

IOMP International Organization of Medical Physics □ Международная организация специалистов по медицинской физике

IOOL International Optical and Optometric League □ Международная лига оптики и оптометрии

IOP intraocular pressure □ внутриглазное давление, ВГД

IOPAB International Organization for Pure and Applied Biophysics □ Международная организация по теоретической и прикладной биофизике

IOPH International Office of Public Hygiene □ Международное бюро общественной гигиены

IOVP intravascular oesophageal variceal pressure □ (внутрисосудистое) давление в варикозно расширенных венах пищевода

IP ignition point □ температура воспламенения

IP incisoproximal □ резцовопроксимальный (о поверхности зуба)

IP in-patient □ стационарный больной

IP intercuspal position □ межбугорковое положение

IP International Pharmacopoeia □ Международная фармакопея

IP interphalangeal □ межфаланговый

IP, ip, i/p intraperitoneal □ внутрибрюшинный, интраперитонеальный

IP isoelectric point □ изоэлектрическая точка

IPA International Pediatric Association □ Международная педиатрическая ассоциация

IPA Interaction Process Analysis □ псих. методика анализа интеракционного процесса

IPA International Psychogeriatric Association □ Международная психогериатрическая ассоциация

IPAA International Psychoanalytical Association □ Международная психоаналитическая ассоциация

IPAP inspiratory positive airway pressure □ положительное давление в дыхательных путях на вдохе

IPC industrial process control □ управление производственным процессом

IPC intermittent pneumatic compression □ перемежающаяся пневматическая компрессия (ног)

IPCS International Programme of Chemical Safety □ Международная программа химической безопасности

IPD individual protective device □ средство индивидуальной защиты

IPD intermittent peritoneal dialysis □ прерывистый [перемежающийся] перитонеальный диализ

IPDE International Personality Disorders Examination □ международный опросник для оценки расстройств личности

IPEG International Pediatric Endossurgery Group □ Международная группа по детской эндохирургии

IPEP International Pollution Eradication Program □ Международная программа по борьбе с загрязнением

IPF idiopathic pulmonary fibrosis □ идиопатический [склероз лёгких] пневмосклероз

IPG impedance plethysmography □ импедансная плетизмография

IPJ interphalangeal joint □ межфаланговый сустав

IPK reaction inverse Prausnitz – Kustner reaction □ обратная реакция Праусница – Кюстнера, обратная РК-реакция, РК-реакция

IPL Indian Pharmacopoeial List □ Индийская номенклатура лекарственных средств, перечень индийских фармакопейных препаратов

IPL information processing language □ выч. тех. язык обработки информации

IPL initial program loader □ выч. тех. начальный загрузчик программы

ipm interruptions per minute □ выч. тех. (количество) прерываний в минуту

IPPA inspection, palpation, percussion, auscultation □ осмотр, пальпация, перкуссия, аускультация

IPPB intermittent positive pressure breathing □ дыхание с перемежающимся положительным давлением (на выдохе), см. **IPPV**

IPPB/E intermittent positive pressure breathing during exhalation □ перемежающееся положительное давление на выдохе во время ингаляции

IPPB/I intermittent positive pressure breathing during inhalation □ перемежающееся положительное давление на вдохе во время ингаляции

IPPF International Planned Parenthood Federation □ Международная федерация обществ регулирования численности населения

IPNA International Pediatric Nephrology Association □ Международная педиатрическая ассоциация педиатров

IPPNW International Physicians for the Prevention of Nuclear War □ международное движение «Врачи за предотвращение ядерной войны»

IPPR intermittent positive pressure respiration □ см. **IPPV**

IPPV intermittent positive pressure ventilation □ искусственная вентиляция лёгких с перемежающимся положительным давлением

IPR interpersonal process recall □ процесс межличностного общения *(больного с врачом)*

IPRMS International Confederation of Plastic and Reconstructive Microsurgery □ Международная конфедерация по пластической и реконструктивной микрохирургии

IPRS International Confederation for Plastic and Reconstructive Surgery □ Международная конфедерация по пластической и реконструктивной хирургии

IPS information processing system □ *выч. тех.* система обработки информации

IPS intraparietal sulcus □ *анат.* внутритеменная борозда

IPSID immunoproliferative small intestinal disease □ иммунопролиферативное заболевание тонкой кишки, болезнь α-цепей

IPSP inhibitory postsynaptic potential □ тормозящий постсинаптический потенциал

IPSS international prostate symptom score □ система суммарной оценки симптомов при заболеваниях простаты

IPT interpersonal therapy □ *псих.* интерперсональная [межличностная] терапия

IPTG isopropylthiogalactoside □ изопропилтиогалактозид

IPTS International Practical Temperature Scale □ международная практическая температурная шкала

IPV inactivated poliovaccine □ убитая инактивированная поливакцина

IQ intelligence quotient □ показатель умственных способностей, показатель умственного развития, коэффициент интеллектуальности*

IQOLA international quality of life assessment □ международная шкала оценки качества жизни

Ir immune response □ 1. иммунный ответ 2. соответствующий ген

IR information retrieval □ *выч. тех.* поиск информации

IR, ir infrared □ инфракрасное излучение, ИК-излучение, инфракрасные лучи, ИК-лучи

Ir Iridium □ иридий

IRA Indirect Radioactive Iodine □ метод непрямого лечения радиоактивным йодом

IRALF International Radionuclide Action Levels for Food □ международные нормы действия радионуклидов на продукты

IRB Independent Review Board □ независимый проверяющий орган *(утверждающий наряду с этическим комитетом протоколы клинических испытаний)*

IR band infrared band □ полоса [ИК-спектра] инфракрасного спектра

IRC inspiratory reserve capacity □ резервный объём вдоха, РОВд

IRC International Red Cross □ Международный Красный Крест

IRC International Reference Center *(e.g. on air pollution control)* □ Международный справочный центр *(напр. по борьбе с загрязнением воздуха)*, МСЦ

IRDA intermittent rhythmic delta activity □ перемежающаяся ритмическая дельта-активность *(на ЭЭГ)*

IRDS idiopathic respiratory distress syndrome □ идиопатический респираторный дистресс-синдром

IRE interferon regulatory element □ элемент, регулирующий синтез интерферона или его высвобождение

IRFAA International Rescue and First Aid Association □ Международная ассоциация спасательных работ и первой помощи

IRG immunoreactive glucagon □ иммунореактивный глюкагон

Ir genes immune response genes □ гены иммунного ответа, Ir-гены *(определяющие степень иммунного ответа на тот или иной раздражитель)*

IRI immunoreactive insulin □ иммунореактивный инсулин

IRICP International Research Institute for Climate Prediction □ Международный исследовательский институт по прогнозированию климата

irid iridescent □ 1. радужный 2. флуоресцирующий

IRIS Integrated Risk Information System □ интегрированная информационная система оценки рисков

IRL information retrieval language □ *выч. тех.* информационно-поисковый язык

IRL Information Retrieval Limited □ издательство с ограниченной ответственностью по выпуску обзора (медицинской) литературы

IRMA immunoradiometric assay □ иммунорадиометрический анализ, количественный радиоиммунный анализ

IRMA infrared milk analyzer □ инфракрасный анализатор молока

IRMA International Rehabilitation Medicine Association □ Международная ассоциация по реабилитационной медицине

IRMA intraretinal microvascular abnormalities □ микрососудистые нарушения сетчатки

I-RNA immune ribonucleic acid [RNA] □ иммунная рибонуклеиновая кислота, иммунная РНК

IRP international reference preparation □ международный эталон [стандарт] препарата

IRPA International Radiation Protection Association □ Международная ассоциация по радиационной защите

IRPTC International Register of Potentially Toxic Chemicals □ Международный регистр потенциально токсических химических веществ, МРПТХВ

Irreg. irregular □ 1. неправильный; нерегулярный; беспорядочный 2. аритмичный

IRS information retrieval system □ информационно-поисковая система, ИПС

IRS insulin resistance syndrome □ синдром инсулинорезистентности, метаболический синдром, синдром Х

IRS Intergroup Rhabdomyosarcoma Study □ междисциплинарная группа по изучению рабдомиосаркомы

IRS International Referral System for Sources of Environmental Information □ Международная справочная система по источникам информации об окружающей среде

IRSA idiopathic refractory sideroblastic anemia □ идиопатическая рефрактерная сидеробластная анемия

IRT immunoreactive tripsin □ иммунореактивный трипсин

IRV inspiratory reserve volume □ резервный объём вдоха, РОВд

IS information science □ информатика

IS insertion sequence □ инсерция, IS-элемент

IS intercostal space □ межрёберный промежуток, межреберье

IS safety index □ коэффициент [индекс] запаса *(санитарный стандарт)*

ISA International Standard Atmosphere □ международная физическая [нормальная] атмосфера, атм *(101 325 Па)*

ISA intrinsic sympathomimetic activity □ внутренняя симпатомиметическая активность

ISABS International Standard Anti-Brucella Serum □ международная стандартная антибруцеллёзная сыворотка

ISAO International Society for Artificial Organs □ Международное общество по проблеме искусственных органов

ISBI International Society for Bum Injuries □ Международное общество комбустиологов *(по термическим ожогам)*

ISBN International Standard Book Number □ международный стандартный номер книги *(с 01.01.07 введён 13-цифровой код идентификации, совпадающий с штрих-кодом; кодируются страна, издательство, порядковый номер издания)*

ISBT International Society of Blood Transfusion □ Международное общество по переливанию крови

ISCB International Society for Cell Biology □ Международное общество по изучению биологии клетки

ISCN International System for Human Cytogenetic Nomenclature □ Международная система цитогенетической номенклатуры человека

ISCOM, iscom immunostimulating complex □ (молекулярный) иммуностимулирующий комплекс; иском(-вакцина)

ISCP International Society of Comparative Pathology □ Международное общество по сравнительной патологии

ISCSCI International Standards for Neurological Functional Classification of Spinal Cord Injury □ Международные стандарты классификации неврологических нарушений при повреждении спинного мозга

ISD Information Services Division □ отдел информационной службы

ISD inhibited sexual desire □ ингибированное половое влечение

ISDA isosorbide dinitrate □ динитроизосорбид

ISDE International Society for Diseases of the Esophagus □ Международное общество по заболеваниям пищевода

ISE iron-sensitive electrode □ железочувствительный электрод

ISF Immunoglobulin San Francisco □ иммуноглобулин Сан-Франциско

ISF interstitial fluid □ интерстициальная [межклеточная] жидкость

ISG immune serum globulin □ сывороточный иммуноглобулин, глобулин иммунной сыворотки

ISGE International Society of Gastroenterology □ Международное гастроэнтерологическое общество

ISH International Society of Hematology □ Международное гематологическое общество

ISI Institute for Scientific Information □ Институт научной информации, институт Гарфильда *(Филадельфия, США)*

ISI International Sensitivity Index □ международный индекс чувствительности *(для характеристики активности тромбопластина)*

ISI International Statistical Institute □ Международный статистический институт

ISI interstimulus interval □ интервал между стимулами

ISIAH inherited stress-induced arterial hypertension □ наследственная стресс-индуцированная артериальная гипертензия *(у крыс)*

ISIM International Society of Internal Medicine □ Международное общество внутренней медицины

ISIS International Study of Infarct Survival □ международное исследование выживаемости больных инфарктом миокарда

ISM International Society of Microbiologists □ Международное общество микробиологов

ism ion-selective membrane □ ионоизбирательная мембрана

ISMC Institute for Studies in Medical Care □ Институт по изучению ухода за больными

ISMISS International Society for Minimal Intervention in Spinal Surgery □ Международное общество по минимально инвазивным вмешательствам на спинном мозге

ISO International Standards Organization □ Международная организация по стандартизации, ИСО *(основана в 1946 г. в Лондоне с целью расширения сотрудничества в интеллектуальной, научной, технической и экономической деятельности)*

Iso isoleucine □ изолейцин

isom isometric □ изометрический

ISORID International Information System on Research in Documentation □ Международная информационная система по исследованиям в области документалистики

ISP Institute of Social Psychiatry □ Институт социальной психиатрии

ISP International Society for Pathophysiology □ Международное общество по патофизиологии

ISPD International Society for Peritoneal Dialysis □ Международное общество по перитонеальному диализу

ISPE International Society for Pharmacoepidemiology □ Международное общество по фармакоэпидемиологии

ISQ, isq *лат.* in status quo □ the existing condition □ состояние без изменений

ISRD International Society for Rehabilitation of Disabled □ Международное общество по реабилитации инвалидов

ISRM International Society of Reconstructive Microsurgery □ Международное общество восстановительной [реконструктивной] микрохирургии

ISS Injury Severity Score □ шкала тяжести повреждений

ISS International Society of Surgery □ Международное хирургическое общество

iss issue □ 1. спорный вопрос 2. издание; выпуск 3. выделение

ISSN International Standard Serial Number □ номер международной регистрации серийных [периодических] изданий

ISSS International Society of Soil Science ▢ Международное общество по почвоведению

ISS/SIC International Society of Surgery [Societe Internationale de Chirurgie] ▢ Международное хирургическое общество

IST insulin shock therapy ▢ инсулиношоковая терапия

ISTAHC International Society of Technology Assessment in Health Care ▢ Международное общество по оценке медицинских технологий

ISTP Index to Scientific Technical Proceedings ▢ Указатель научно-технических конференций

ISU International Society of Urology ▢ Международное урологическое общество

ISWCC International Surgical Week Coordinating Council ▢ Международный координационный совет [комитет] по проведению хирургической недели

IT immunotherapy ▢ иммунотерапия

IT information theory ▢ теория информации

IT intermediate trophoblast ▢ промежуточный [периферический] трофобласт

IT intrathecal ▢ в полость позвоночного канала

IT intratracheal ▢ внутритрахеальный ‖ внутритрахеально

IT isometric transition ▢ изомерный переход

IT trauma index ▢ индекс травмы

ITA International Tuberculosis Association ▢ Международная фтизиатрическая ассоциация

ITB iliotibial band ▢ подвздошно-большеберцовый тракт

ITC international table calorie ▢ международная калория *(4,1868 Дж)*

ITOH idiopathic transient osteoporosis of the hip ▢ идиопатический транзиторный остеопороз бедренной кости

ITP idiopathic thrombocytopenic purpura ▢ идиопатическая тромбоцитопеническая пурпура, идиопатическая тромбоцитопения

ITP immune thrombocytopenic purpura ▢ аутоиммунная тромбоцитопеническая пурпура, ИТП

ITP inosine triphosphate ▢ инозинтрифосфат

ITP isotachophoresis ▢ *иммун.* изотахофорез

ITPA Illinois test of psycholinguistic learning disabilities ▢ иллинойский тест определения психолингвистических способностей к обучению

ITS initial treatment survey ▢ первоначальное обследование и лечение

ITSC International Tuberculosis Surveillance Center ▢ Международный центр эпидемиологического надзора за туберкулёзом, МЦЭНТ

ITT insulin tolerance test ▢ тест толерантности к глюкозе, реакция на инсулин

IU immunizing unit ▢ иммунизирующая единица

IU Intelligent Ultrasound ▢ интеллектуальный ультразвуковой аппарат *(максимально автоматизированный)*

IU, iu international unit ▢ международная единица *(действия лекарственного средства)*, МЕ

IU intrauterine ▢ внутриматочный

IUAC International Union Against Cancer ▢ Международный противораковый союз

IUAT International Union Against Tuberculosis ▢ Международный союз борьбы с туберкулёзом

IUB International Union of Biochemistry ▢ Международный биохимический союз

IUBS International Union of Biological Sciences ▢ Международный союз по биологическим наукам

IUCD intrauterine contraceptive device ▢ внутриматочное противозачаточное [контрацептивное] средство, ВМС

IUCN International Union for the Conservation of Nature and Natural Resources ▢ Международный союз охраны природы и природных ресурсов

IUD intrauterine (contraceptive) device ▢ внутриматочное противозачаточное [контрацептивное] средство, ВМС

IUD intrauterine death ▢ внутриутробная смерть

IUG International Union of Geography ▢ Международный географический союз

IUGR intrauterine growth retardation ▢ внутриутробная задержка роста

IUHE International Union for Health Education ▢ Международный союз санитарно-гигиенического просвещения

IUI intrauterine insemination ▢ внутриматочное оплодотворение

IUIS International Union of Immunology Societies ▢ Международный союз иммунологических обществ

IUMS International Union of Microbiological Societies ▢ Международная ассоциация микробиологических обществ, МАМО

IUNS International Union of Nutrition Scientists ▢ Международный союз научных работников по питанию

IUP intrauterine pressure ▢ внутриматочное давление

IUPAC International Union of Pure and Applied Chemistry ▢ Международный союз по теоретической [чистой] и прикладной химии

IUPS International Union of Physiological Sciences ▢ Международный научно-физиологический союз

IV independent variable ▢ независимая переменная

IV, iv intravenous ‖ intravenously ▢ внутривенный ‖ внутривенно

I-V intraventricular ▢ внутрижелудочковый, интравентрикулярный

IV intravertebral ▢ внутрипозвоночный, внутрипозвонковый

iv iodine value ▢ йодное число

IVALC in vitro activated lymphoid cells ▢ активированные в пробирке лимфоциты

IVATLD International Union Against Tuberculosis and Lung Diseases ▢ Международный союз по борьбе с туберкулёзом и болезнями лёгких

IVC inferior vena cava ▢ нижняя полая вена

IVC intravenous cholangiogram ▢ внутривенная холангиограмма

IVCD intraventricular conduction defect ▢ нарушение внутрижелудочковой проводимости

IVCT isovolumetric contracting time ▢ время изоволюметрического сокращения

IVD intervertebral disc ▢ межпозвоночный [межпозвонковый] диск

IVF in vitro fertilization ▢ экстракорпоральное оплодотворение, ЭКО; оплодотворение «в пробирке»

IVG – IZS

IVGTT intravenous glucose tolerance test □ внутривенный тест толерантности к глюкозе

IVH intraventricular hemorrhage □ (внутри)желудочковое кровоизлияние

IVN inferior vestibular nerve □ нижний слуховой нерв

IVP, ivp 1. intravenous pyelogram □ внутривенная [экскреторная] пиелограмма **2.** intravenous pyelography □ внутривенная [экскреторная] пиелография [урография]

IVP intraventricular pressure □ внутрижелудочковое давление, давление в желудочках (мозга)

IVPB intravenous per bolus □ внутривенно струйно

IVRT isovolumetric relaxation time □ время изоволюметрического сокращения

IVS intervening sequence □ интрон

IVS interventricular septum □ межжелудочковая перегородка, МЖП

IVSD interventricular septal defect □ дефект межжелудочковой перегородки, ДМЖП

IVT intravenous transfusion □ внутривенное вливание

IVU 1. intravenous urogram □ экскреторная [внутривенная] урограмма **2.** intravenous urography □ экскреторная [внутривенная] урография

IW inside width □ внутренняя ширина

IW isotopic (atomic) weight □ атомная масса изотопа, изотопная атомная масса

IWP International Working Party □ Международная рабочая группа

IWS individual with schizophrenia □ больной шизофренией

IWSA, IWSp International Water-Supply Association □ Международная ассоциация по водоснабжению

IX ion exchange □ ионный обмен

IZS insulin zink suspension □ суспензия цинк-инсулина *(инсулин пролонгированного действия)*

J

Justum et tenacem propositi virum!
Кто прав и твёрдо к цели идёт!

j *усл.* излучение

J *усл.* electric current density ☐ плотность электрического тока *(А/м²)*

J Jackson ☐ 1. Джексоновская лаборатория по разведению инбредных животных 2. линия инбредных животных Джексоновской лаборатории

j joint ☐ 1. сустав, диартроз; синовиальное соединение 2. соединение; место соединения 3. совместный, объединённый

J Joule ☐ джоуль *(единица работы, энергии, количества теплоты)*, Дж

J journal ☐ журнал; дневник

J 1. judge ☐ *суд. мед.* судья 2. judgement ☐ *суд. мед.* приговор; решение

J junction ☐ 1. соединение; место соединения *(органов)* 2. синапс 3. J-ген, соединительный ген

J junior ☐ младший

J, j Kidd blood factors ☐ *усл.* изоантигены [антигены] системы Кидд *(групповые антигены эритроцитов)*

J magnetic polarization ☐ *усл.* магнитная поляризация

J sound intensity ☐ *усл.* интенсивность звука *(Вт/м²)*

J-A Johnston Atoll ☐ Джонстон Атолл *(арбовирус)*

JACNE Joint Advisory Committee of Nutrition Education ☐ Объединённый консультативный комитет по повышению знаний в сфере питания

JAI juvenile amaurotic idiocy ☐ ювенильная амавротическая идиотия

Jax Jackson ☐ 1. Джексоновская лаборатория по разведению инбредных линий животных 2. линия инбредных животных Джексоновской лаборатории

JC Jamestone Canyon ☐ Джеймстоун-Каньон *(арбовирус)*

JC– Jones criteria negative ☐ отрицательные критерии Джонса

JC+ Jones criteria positive ☐ положительные критерии Джонса

JCAED Joint Committee on Audiology and Education of the Deaf ☐ Объединённый комитет по аудиологии и обучению глухих

JCAHO Joint Commission on Accreditation of Health Organizations ☐ Объединённая комиссия по аккредитации учреждений здравоохранения

JCAP Joint Committee on Aviation Pathology ☐ Объединённый комитет по авиационной патологии

JCAR Joint Commission of Applied Radioactivity ☐ Объединённая комиссия по практическому использованию радиоактивных материалов

JCC Joint Consultants Committee ☐ Объединённый комитет консультантов

J chain joining chain ☐ J-цепь, соединительная цепь *(связывающая две молекулы иммуноглобулина между собой)*

JCHMT Joint Committee on Higher Medical Training ☐ Объединённый комитет по повышению квалификации врачей-терапевтов

JCHP UNICEF/WHO Joint Committee on Health Policy ☐ Объединённый комитет ЮНИСЕФ/ВОЗ по вопросам политики в области здравоохранения, ОКПЗ

JCHST Joint Committee on Higher Surgical Training ☐ Объединённый комитет по повышению квалификации врачей-хирургов

JCP juvenile chronic polyarthritis ☐ ювенильный хронический [ревматоидный] полиартрит

JCPD Joint Commission on Prescription of Drugs ☐ Объединённая комиссия по контролю за выписанными медикаментами

JCQA Joint Committee on Quality Assurance ☐ Объединённый страховой комитет

JCSC Joint Conference of Surgical Colleges ☐ Объединённая конференция хирургических колледжей

JCSEA Joint Council of Socioeconomics of Allergy ☐ Объединённый совет по социально-экономическим аспектам аллергии

jct junction ☐ 1. соединение, место соединения 2. сустав, диартроз, сочленение 3. переход

JDF Juvenile Diabetes Foundation ☐ Фонд по проблемам юношеского диабета

JDM juvenile diabetes mellitus ☐ юношеский сахарный диабет

JE Japanese encephalitis ☐ японский (комариный) энцефалит

JE junctional escape ☐ *мед. тех.* утечка в месте соединения

JEE Japanese equine encephalitis ☐ японский лошадиный энцефа(ломие)лит

jentac *лат.* jentaculum ☐ breakfast ☐ завтрак

JESAMP Joint Group of Experts on the Scientific Aspects of Marine Pollution ☐ Объединённая группа экспертов по научным аспектам загрязнения морской среды, ГЕСАМП

JG juxtaglomerular ☐ юкстагломерулярный

JGA juxtaglomerular apparatus ☐ юкстагломерулярный аппарат (почки), ЮГА

J-gene joining gene ☐ J-ген, соединительный ген

JGI juxtaglomerular index ☐ юкстагломерулярный индекс

JH juvenile hormone ☐ юношеский [ювенильный] гормон

JHCC Joint Health Care Committee ☐ Объединённый комитет по уходу за больными

JHDA Junior Hospital Doctors Association ☐ Ассоциация младших больничных врачей

JHF Junin hemorrhagic fever ☐ аргентинская геморрагическая лихорадка, лихорадка Хунин

JHH Johns Hopkins Hospital ☐ больница [госпиталь] Джона Гопкинса

JHMO *англ.* junior hospital medical officer ☐ младший врач госпиталя (больницы)

JHU, JHUnvt Johns Hopkins University ☐ Университет Джона Гопкинса

JH virus *см.* ECHO (virus)

JIB jejunoileal bypass □ тоще-подвздошное шунтирование *(напр. при ожирении)*

JIH joint interval histogram □ объединённая интервальная гистограмма

JIS Joint Information Service □ Объединённая информационная служба

JIT just-in-time □ точно в срок *(о поставках медикаментов)*

JJ jaw jerk □ челюстной рефлекс

Jkᵃ, Jkᵇ Kidd изоантигены [антигены] системы Кидд *(групповые антигены эритроцитов)*

J/kg joule per kilogram □ джоуль на килограмм, Дж/кг

J/kg • K joule per kilogram kelvin □ джоуль на килограмм-кельвин *(единица удельной теплоёмкости)*, Дж/кг • К

JM jaw movement □ движение челюстью

JM Junior Member □ младший член

JMA Japanese Medical Association □ Японская медицинская ассоциация

JMC Jefferson Medical College □ Медицинский колледж Джефферсона

JME juvenile myoclonic epilepsy □ ювенильная миоклоническая эпилепсия

JMHI Johns Hopkins Medical Institutions □ лечебные учреждения Джона Гопкинса

JMPR Joint Meeting of Experts on Pesticide Residues □ объединённое совещание экспертов по изучению остатков пестицидов

JMRO Joint Medical Regulating Office □ Объединённый медицинский распределительный пункт

JMS Joint Medical Service □ Объединённая медицинская служба

JND just noticeable difference □ едва различимое отличие

JNIH Japanese National Institute of Health □ Японский национальный институт здоровья

jnt joint □ 1. сустав, диартроз; синовиальное соединение 2. соединение; место соединения 3. совместный, объединённый

JP juvenile periodontitis □ юношеский перидонтит

JPSA Joint Program for the Study of Abortion □ Совместная программа изучения проблемы абортов

Jr journal □ журнал; дневник

jr junior □ младший

JRA juvenile rheumatoid arthritis □ ювенильный [хронический] ревматоидный артрит

jrnl journal □ журнал; дневник

JS Jerry Slough □ Джерри-Слаф *(арбовирус)*

J/s, J • s⁻¹ joule per second □ джоуль в секунду, Дж/с, Дж • с⁻¹

JS junctional slowing □ замедление [ослабление] синаптической передачи

JSPB Joint Staff Pension Board □ Правление объединённого пенсионного фонда персонала

JSPF Joint Staff Pension Fund □ Объединённый пенсионный фонд персонала

JT, jt joint □ 1. сустав, диартроз; синовиальное соединение 2. соединение, место соединения 3. совместный, объединённый

JUA Joint Underwriting Association □ Объединённая страховая ассоциация

judgt judgement □ *суд. мед.* приговор; решение

jun junior □ младший

jur juridical □ юридический, законный

juv juvenile □ 1. малолетний 2. несовершеннолетний; юношеский, ювенильный

jv jugular vein □ яремная вена

JVD jugular venous distention □ аневризма [расширение] яремной вены

JVP jugular venous pressure □ давление в яремной вене

JVP jugular venous pulse □ пульсация яремной вены

J-wire flexible angiographic wire catheter guide □ гибкий проводник катетера для ангиографии

K

K *усл., экол.* умеренный сухой [дымовой] туман

K- *усл., экол.* незначительный сухой [дымовой] туман

K⁻¹ *усл.* температурный коэффициент

K absolute zero □ 1. абсолютный ноль по Кельвину *(-273 °C)* 2. температурная шкала Кельвина*

K *нем.* katode □ cathode □ катод

K coefficient □ коэффициент

K_CO pulmonary diffusion coefficient □ коэффициент лёгочной диффузии

k- compressibility □ сжимаемость

K, k constant □ 1. Константа 2. постоянный

K_a specificity constant □ константа специфичности

K_b dissociation constant of a base □ константа диссоциации основания

K_d dissociation constant □ константа диссоциации

K_e equilibrium constant □ константа равновесия

K_e exchangeable body potassium [kalium] □ метаболический калий *(участвующий в обмене веществ)*

K_i inhibition constant □ константа ингибирования

K_i ionization constant □ константа ионизации

K_m Michaelis constant □ константа Михаэлиса

K- electrolytic conductivity □ проводимость электролита

K electrostatic capacity □ электростатическая ёмкость

K *лат.* kalium □ potassium □ калий

K, k Kell □ изоантигены системы Келл *(групп крови)*

K Kelvin □ кельвин *(единица термодинамической температуры и температурного интервала*)*, К

K, k key □ 1. ключ 2. код

K, k killed (in battle) □ убит *(в бою)*; погибший *(на войне)*

K killer □ *см.* **K-lymphocyte**

K kinesthetic □ кинестетический; управляемый по мышечным ощущениям

K kinetic energy □ кинетическая энергия *(джоуль, Дж)*

K Klebsiella □ клебсиелла, род бактерий

k knot(s) □ узел, узлы

k magnetic susceptibility □ магнитная восприимчивость

⁴²K radioactive potassium □ радиоактивный калий

K_s solubility product □ константа растворимости вещества

K velocity constant of chemical reaction □ константа скорости химической реакции

K_a dissociation constant of an acid □ константа диссоциации кислоты

Ka kathode [cathode] □ катод

Ka Kell antigen (blood group) □ изоантигены системы Келл *(групп крови)*

KA ketoacidosis ‖ ketoacidosal □ кетоацидоз ‖ кетоацидозный

KA King-Armstrong (units of alkaline phosphatase) □ активность щелочной фосфатазы в единицах Кинг-Армстронга

---

* «Абсолютная температура», «градус Кельвина» – устаревшие термины.

KAB knowledge, attitude and behavior □ знания, участие и поведение

KADS Kutcher adolescent depression scale □ Кютчера шкала депрессии у подростков

KAF conglutinogen activated factor □ конглютиногенный активирующий фактор

KAF killer cell-activating factor □ фактор, активирующий клетки-киллеры

KAM Kamese □ Камесе *(арбовирус)*

KAN Kannamangalam □ Каннамангалам *(арбовирус)*

K antigen *нем.* Kapse antigen □ capsular antigen □ К-антиген, капсульный антиген

KAR Karimabad □ Каримабад *(арбовирус)*

kat katal □ катал *(единица выраженности катализа)*

kat/L katal per liter □ катал/литр, кат/л, кат • л⁻¹ *(единица активности фермента)*

KB ketone body □ кетоновые тела

kb kilobase □ единица измерения длины молекулы ДНК, равная 1000 пар оснований – нуклеотидов

Kb Klebsiella □ клебсиелла, род бактерий

kbp kilobase pairs □ тысяча пар оснований

kBq kilobequerel □ килобеккерель, кБк

KC kathodal [cathodal] closing □ катодное замыкание

kC kilocoulomb □ килокулон, кКл

kc kilocycle □ килогерц, кГц

KC knuckle cracking □ внутрисуставной перелом

kcal kilocalorie (1000 calories or 1 Calorie) □ килокалория, большая калория, ккал

KCC kathodal [cathodal] closing contraction □ катодзамыкательное сокращение

K cell killer cell □ клетка-киллер, клетка-«убийца», *см.* **K-lymphocyte**

KCH Kings College Hospital (London) □ Клиника Королевского колледжа *(Лондон)*

KCHC Kings County Hospital Center (New York) □ Королевский окружной медицинский центр *(Нью-Йорк)*

kCi kilocurie □ килокюри, кКи

KCIL killer-cell-independent lysis □ лизис (мишени), независимый от клетки-киллера

kcps kilocycles per second □ килогерц

KCS *лат.* keratoconjunctivitis sicca □ сухой кератоконъюнктивит

Kc/s, kc/sec kilocycles per second □ килогерц

KCT kathodal [cathodal] closing tetanus □ тетанус при катодном замыкании

KD kathodal [cathodal] duration □ продолжительность катодного замыкания

kd killed (in battle) □ убит *(в бою)*; погибший *(на войне)*

KD, k-D kilodalton □ килодальтон

KD knock-down □ 1. разъёмный, разборно-переносный 2. падение от удара

kDa kilodalton □ килодальтон

KDT kathodal [cathodal] duration tetanus □ продолжительный тетанус при катодном замыкании

kdyn kilodyne □ килодина

KE Kendall's compound E (cortisone) □ кортизон, фактор Е Кендалла

KE kinetic energy □ кинетическая энергия

KEC kation exchange capacity □ катионообменная ёмкость поглощения

KEGG Kyoto Encyclopedia of Genes and Genomes □ Киотская энциклопедия генов и геномов

KELISA kinetic bond enzyme-linked immunosorbent assay □ кинетический твёрдофазный иммуноферментный анализ

KES Klebsiella – Enterobacter – Serratia □ группа микробов: клебсиелла – энтеробактер – серрацин, КЭС-микробы

KET Ketapang □ Кетапанг (арбовирус)

keV kiloelectron-volt □ килоэлектрон-вольт, кэВ

KEY Keystone □ Кейстон (арбовирус)

Kf, kf flocculation speed in antigen – antibody reactions □ скорость флоккуляции [осаждения] в реакции антиген – антитело

KFD Kyasanur Forest disease □ болезнь Кьясанурского леса, кьясанурская лесная болезнь

KFPRA Kamden Food Preservation Research Association □ Кэмденское научно-исследовательское объединение по изучению консервации пищевых продуктов

Kg-cal, kg-kal kilogram-calorie, large calorie □ килокалория, большая калория, ккал

kg-f kilogram-force □ килограмм-сила, кгс

kg-m kilogram-meter □ килограмм-метр

kg pm kilograms per minute □ килограммов в минуту

kg ps kilograms per second □ килограммов в секунду

17 KGS 17-ketogenic steroids □ 17-кетогенные стероиды, 17-кетостероиды, 17-КС

K-GSADS-A Kutcher generalized social anxiety disorder scale for adolescents □ Кютчера шкала генерализованного социофобического расстройства у подростков (11–17 лет)

KHb potassium hemoglobinate □ гемоглобинат калия

KHD kinky hair disease □ болезнь курчавых волос, синдром Менкеса

KHN Knoop hardness number □ мед. тех. твёрдость по Кноопу

KHP англ. King's Honorary Physician □ лейб-медик короля

KHS англ. King's Honorary Surgeon □ лейб-хирург короля

kHz kilohertz □ килогерц, кГц

KI chronic kidney disease [illness] □ хроническое заболевание почек

KIA, kia killed in action □ убит в бою, погибший на войне

KIA Kliger iron agar (culture medium) □ железо-агаровая среда Клигера (для выращивания культур микроорганизмов)

KICB killed intracellular bacteria □ убитые внутриклеточные бактерии

KIMSV Kirsten murine sarcoma virus □ вирус мышиной саркомы Кирстена

k in a killed in action □ убит в бою; погибший на войне

KIT Exp Kahn intelligence tests (experimental form) □ тесты Кана на интеллектуальность (экспериментальное исследование)

KIU kallikrein-inhibiting unit □ калликреин-ингибирующая единица, КИЕ

KIU Krein inactivator unit □ инактивирующая единица Крейна

KJ kilojoule □ килоджоуль, кДж

kj knee jerk □ коленный рефлекс

kk knee kick □ см. kj

KKK three doses of killed vaccine □ тройная доза убитой вакцины

KKL two doses killed followed by one dose of alive vaccine □ одна доза живой вакцины, вводимая вслед за двумя дозами убитой вакцины

kl klang □ тембр

Kl Klebsiella □ клебсиелла, род бактерий

KL bac Klebs – Loeffler bacillus □ бацилла Клебса – Леффлера

Klebs Klebsiella □ см. Kl

KLH, KLHC key hole limpet haemocyanin □ хромопротеид, получаемый из моллюска Megathura crenulata (сильный иммуноген, применяемый в качестве антигена)

KLIPS kilo logical inferences per second □ мед. тех. килолипс, тысяча логических выводов в секунду

KLS kidney, liver, spleen □ почка, печень, селезёнка

K-lymphocyte killer lymphocyte □ К-лимфоцит, киллер-лимфоцит, клетка-«убийца» (разновидность нулевых лимфоцитов)

Km kanamycin □ канамицин

K-m kappa-marker □ иммун. каппа-маркёр

KM Kato – Muira (thick smear) □ толстый мазок Като – Муира

Km Kingdom □ царство (животных, растений и др.)

KM Michaelis constant □ константа Михаэлиса

KMA Kentucky Medical Association □ Медицинская ассоциация штата Кентукки

Kmol kilomole □ киломоль, кмоль

KMP Kammavanpettai □ Каммаванпеттаи (арбовирус)

KMPAC Kansas Medical Political Action Committee □ Канзасский медицинский политический комитет

KMV killer measles vaccine □ убитая противокоревая вакцина

kN kilonewton □ килоньютон, кН

KN test Kissmeyer – Nielsen test □ метод Киссмейера – Нельсона (инкубация лимфоцитов с комплементом и антисывороткой)

KO keep off □ не принимать к страхованию

kO kiloohm □ килоом, кОм

KOC kathodal [cathodal] opening contraction □ сокращение при катодном размыкании

KOK Kokabera □ Кокабера (арбовирус)

Kon-A conkanavalin A □ конканавалин А, КонА

KOO Koongol □ Кунгол (арбовирус)

KOW Kowanyama □ Кованьяма (арбовирус)

KP keratitis precipitates □ помутнение роговицы

KP keratitis punctata □ точечный кератит

KPa kilopascal □ килопаскаль, кПа

KPa • s/L, kPa • sL⁻¹ kilopascal second per liter □ кило-паскаль в секунду на литр, кПа • с/л, кПа • с • л⁻¹

KP bivalent vaccine killed parenteral, bivalent vaccine □ уби-тая бивалентная вакцина для парентерального введения

KP(Pri) primary hypokaliemic periodic paralysis □ первич-ный гипокалиемический периодический паралич

kR kiloroentgen □ килорентген

Kr Krypton □ криптон

"K"-ration *нем.* Konserven □ паёк [рацион], состоящий из консервов

KRI Kairi □ Каири *(арбовирус)*

KRIS Kaunas-Rotterdam Intervention Study □ Каунасско-Роттердамское исследование лиц с риском ИБС

KRP Kolmer test with Reiter protein □ проба Колмера с протеином Рейтера

KRT kathode [cathode]-ray tube □ электронно-лучевая трубка

KS Kaposi's sarcoma □ саркома Капоши

17 KS 17-ketosteroids □ 17-кетостероиды, 17-КС

ks kilosecond □ килосекунда *(1000 секунд)*

KSC kathodal [cathodal] closing contraction □ катодза-мыкательное сокращение, КЗС

KSO Kaisodi □ Кайсоди *(арбовирус)*

KST kathodal [cathodal] closing tetanus □ тетанус при катодном замыкания

KT/DA Kidney Transplant/Dialysis Association □ Ассо-циация по диализу и трансплантации почки

KTGF keratinocyte-derived T-cell growth factor □ кера-тиноцитный фактор роста Т-клеток

KU Kimbrel unit (transaminase level) □ единица Ким-брела *(активности трансаминаз)*

Ku Kurie, curie □ кюри, Ки, С, *см. тж.* **C** curie

Ku Rutherfordium [kurchatovium] □ резерфордий [кур-чатовий]

KUB kidney, ureter and bladder □ почки, мочеточники и мочевой пузырь *(органы мочевой системы на рентге-нограмме)*

KUMC Kansas University Medical Centre □ Медицин-ский центр Канзасского университета

KUN Kunjin □ Кунджин *(арбовирус)*

kV kilovolt □ киловольт

Kv линии лабораторных животных, разводимых в отделении «Крюково» Центрального питомника РАМН

kVA kilovoltampere □ киловольтампер, кВА

kvar kilovar □ киловар *(реактивная мощность)*

KVCP kilovolt constant potential □ постоянное напря-жение в киловольтах

KVO keep vein open □ поддержание вены открытой *(для инфузии)*

kvp kilovolt peak □ пиковое значение киловольта

kW kilowatt □ киловатт, кВт

KWA Kwatta □ Кватта *(арбовирус)*

kW • h kilowatt-hour □ киловатт-час, кВт • ч

KWMS killed, wounded, missing, sick □ убитые, раненые, пропавшие без вести и больные *(боевые потери)*

K-WS Kimmelstiel – Wilson syndrome □ синдром Киммелстила – Вильсона

KYN kynurenin □ кинуренин

L

L *усл.* левое плечо политенной хромосомы

L *усл.* теплота испарения при постоянном давлении

L, L_v brightness □ яркость *(кандела/м², Ка/м²)*

L coefficient of induction □ коэффициент индукции

L diffusion length □ протяжённость диффузии

l label □ 1. этикетка, наклейка 2. метка *(напр. радиоактивная)* || метить *(атом)*

L Lactobacillus □ молочнокислая палочка, лактобацилла

L-, l- laevo-rotatory □ *биохим.* левовращающий *(обозначение конфигурации соединения)*

λ **1.** lambda □ одиннадцатая буква греческого алфавита **2.** symbol for decay constant □ константа распада

L Lambert □ шов по Ламберу

L, l late □ умерший, покойный

L, l latent heat □ скрытая теплота *(Дж/кг)*

l lateral □ латеральный, боковой

L Latin □ латинский язык

l launching □ *мед. тех.* пуск, запуск

l law □ закон

l leaf □ *фарм.* лист

L left □ 1. левый 2. отведение от левой руки *(ЭКГ)*

l legal □ законный; юридический; официальный

L legionella □ легионелла

L leishmania □ лейшмания

L, l length □ 1. длина; рост *(в формуле Брока)* 2. размерность длины в СИ *(= 1 м)*

L leptomonas □ лептомонадная форма *(лейшманий)*

L Leptospira □ лептоспира

L lethal □ летальный, смертельный

L leucine □ лейцин, Лей

l level □ уровень

L licensed to practice □ разрешённый для практического применения

l ligament □ связка

L, l light □ 1. огонь; свет 2. лёгкий

L, l light sense □ световое чувство

L lime □ известь || известковый

L *лат.* limes **1.** boundary □ граница; рубеж; лимит; предел **2.** Ehrlich's symbol for lethal [fatal] □ знак летальности, предложенный Эрлихом, *см. тж.* **Lr** limes

L_0 symbol used by Ehrlich to represent a toxin – antitoxin mixture that is neutralized and nonfatal □ нулевая летальность *(для смеси токсин – антитоксин, которая нейт-рализовалась и стала при введении животным несмертельной), см.* **L** limes **2**

L+ fatal dose □ летальная доза, *см.* **L** limes **2**

l line □ 1. линия 2. линия животных

l lingual □ язычный, относящийся к языку

l liquid □ жидкость

l liter □ литр, л

L liver □ печень

L load □ груз; нагрузка

l local □ местный, локальный

l long □ длинный

L, l loop □ петля *(1. петлеобразная анатомическая структура 2. тип кожного рельефа на кончиках пальцев)*

L^r radial loop □ радиальная петля *(пальцевого узора)*

L^u ulnaris loop □ ульнарная петля *(пальцевого узора)*

l low □ 1. низкий; нижний 2. слабый

L lumbar □ поясничный, люмбальный *(напр. о пункции)*

L1, L_1, L2, L_2 first, second vertebra, etc. □ первый, второй поясничные позвонки и т.д.

L lumbar spinal nerve □ поясничный [спинномозговой] нерв

l lumen □ *физ.* люмен

L lung □ лёгкое || лёгочный

L lysine □ лизин, Лиз

L lysosome □ лизосома *(органоид цитоплазмы, содержащий в высоких концентрациях гидролитические ферменты для разрушения макромолекул)*

L **1.** inductance □ *усл.* индуктивность электрической цепи **2.** self-inductance □ *усл.* самоиндукция

La (blood) lactate □ лактат *(крови)*

LA lactic acid □ молочная кислота

La, la lambert □ *уст.* ламберт

La lanthanum □ лантан

LA latex agglutination □ реакция [тест] латекс-агглютинации

LA **1.** left angle □ левый угол **2.** left atrium □ левое предсердие **3.** left auricle □ ушко левого предсердия

LA, la *лат.* lege artis □ according to the art □ по правилам искусства; мастерски

LA length average □ средняя длина

LA leucine aminopeptidase □ лейцин-аминопептидаза

LA leukemia antigen □ антигены, обнаруживаемые при лейкозе

LA local anesthetic □ местный анестетик

LA local authority □ местное управление, местный орган управления

LA long-acting □ продолжительного действия, пролонгированный

LA lupus anticoagulant □ люпусный антикоагулянт

LA50 the total body surface size of a burn that will kill 50 percent of the patients □ площадь ожога поверхности тела, приводящая к гибели 50 % больных (или подопытных животных)

LAA Legal Assistance Association □ Ассоциация помощников судебных медиков

LAA leukemia-associated antigens □ антигены, ассоциированные с лейкозом

LAA leukocyte ascorbic acid □ содержание аскорбиновой кислоты в лейкоцитах

L&A light and accommodation □ реакция зрачков на свет и аккомодацию

LAA lymphocyte activating antigen □ лимфоцитарный активирующий антиген

LAAO L-amino acid oxidase □ оксидаза L-аминокислоты

LA/Ao left atrial to aortic root ratio □ *рентг.* соотношение левого предсердия и корня аорты

Lab, lab laboratory □ лаборатория || лабораторный

LABAD Laboratory Based Automated Diagnosis □ автоматизированная лабораторная диагностика

LAC Laboratory Animals Center □ центр лабораторных животных

lac laceration □ разрыв; рваная рана

LAC La Crosse □ Ла-Кросс *(арбовирус)*

lac *лат.* lacta □ milk □ 1. молоко 2. лекарство, напоминающее молоко

LACC lupus activity criteria count □ число критериев активности красной волчанки

LACI lecithin:cholesterol acyltransferase deficiency □ недостаточность лецитин-холестерин-ацилтрансферазы

LACMA Los Angeles County Medical Association □ Медицинская ассоциация округа Лос-Анджелес

lact lactate □ *фарм.* лактат

LAD lactic acid dehydrogenase □ лактатдегидрогеназа, ЛДГ

LAD left anterior descending □ левое переднее нисходящее

LAD left axis deviation □ отклонение (электрической) оси сердца влево

LAD$_{50}$ lethal aerosol dose, 50 % end point □ аэрозольная доза 50%-ной летальности

LAD leukocyte adhesion deficiency □ недостаточность адгезии лейкоцитов

L&D loss and damage □ *стат.* потеря и повреждение

LAD lymphocyte-activating determinant □ LD-антиген, LD-детерминанта, лимфоцитактивирующая детерминанта

LADD syndrome lacrimo-auriculo-dento-digital syndrome □ лакримо-аурикуло-денто-дигитальный синдром

LADP left atrial diastolic pressure □ диастолическое давление в левом предсердии

LAE left atrial enlargement □ увеличение левого предсердия

LAF laminar air flow □ ламинарный поток воздуха

LAF lymphocyte activating factor □ интерлейкин-1; фактор, активирующий [стимулирующий] лимфоциты, фактор активации лимфоцитов

LAFR laminar air flow (hospital) room □ ламинарный поток воздуха в больничном помещении

Lag *лат.* lagena □ a flask □ бутылка; склянка; колба

LAH Lahore □ Лахор *(арбовирус)*

LAH left atrial hypertrophy □ гипертрофия левого предсердия

LAH Licentiate of Apothecaries Hall, Dublin □ лиценциат по фармацевтике *(обладатель лицензии на право практики)*

LAH lyophylised antihemophilic plasma □ антигемофильный криопреципитат; лиофилизированная антигемофильная плазма

LAHB left anterior hemiblock □ блокада передней ветви левой ножки пучка Гиса

LAHV leukocyte-associated herpes virus □ вирус герпеса, ассоциированный с лейкоцитами

LAI latex agglutination inhibition □ ингибирование реакции латекс-агглютинации

LAI leukocyte adherence inhibition □ подавление [торможение] адгезии лейкоцитов

LAIBC locally advanced inoperable breast cancer □ местнораспространённый неоперабельный рак молочной железы

LAIT leukocyte adherence inhibition test □ тест ингибиции прилипания лейкоцитов, ТИПЛ

LAK lymphokine-activated killers □ лимфокинактивированные (клетки-)киллеры, ЛАК-клетки

LAL Lymulus amebocyte lysate (assay) □ проба с лизатом амёбоцитов *(мечехвоста)*, лимулюс-тест

LALI lymphocyte antibody lympholytic interaction □ антителообусловленная клеточно-зависимая цитотоксичность, антителообусловленный клеточно-зависимый лизис лимфоцитами

LAM Laboratory Animal Medicine □ медицина лабораторных животных, МЛЖ

Lam *лат.* lamina □ пластинка, пластина

LAM (pressure) left atrial mean (pressure) □ среднее давление в левом предсердии

LAMax (volume) left atrial maximal (volume) □ максимальный объём левого предсердия

Lamin *лат.* laminae □ пластинки

LAMMA laser microprobe mass analyser □ микрозондовый лазерный масс-анализатор

LAMP left atrial mean pressure □ среднее давление в левом предсердии

Lanimology laboratory + animal + logos □ ланимология *(разведение и использование лабораторных животных для исследований)*

LAO left anterior oblique *(position)* □ *рентг.* левое переднее косое *(положение)*

LAO left atrial overloading □ перегрузка левого предсердия

LAO Licentiate in the Art of Obstetrics □ лиценциат акушерства *(обладатель лицензии на право практики)*

lap laparotomy □ лапаротомия

LAP left atrial pressure □ давление в левом предсердии

LAP leucine aminopeptidase □ лейцинаминопептидаза

LAP leukocyte alkaline phosphatase □ щелочная фосфатаза лейкоцитов

LAP lyophilized anterior pituitary (tissue) □ лиофилизированный порошок аденогипофиза

LAPW lateral aspect of the pharyngeal wall □ боковая стенка глотки

LAR late asthmatic response □ поздняя астматическая реакция

LAR leaf area ratio □ отношение листовой поверхности к общему весу растения

LARC leukocyte automatic recognition computer (Coming Glass Company) □ автоматический (опознавательный) счётчик лейкоцитов *(Корнинг)*

laryngol 1. laryngology □ ларингология 2. laryngologist □ ларинголог

LAS Lassa □ Ласса *(арбовирус)*

LAS left anterior-superior □ *рентг.* левый передне-верхний

LAS local adaptation syndrome □ синдром местной адаптации

LAS low amplitude signals □ низкоамплитудные сигналы *(напр. ЭКГ)*

LAS *см.* **LASER**

LAS lymphadenopathy syndrome □ синдром лимфаденопатии, СЛАП

LASA Laboratory Animal Science Association □ Ассоциация учёных, работающих с лабораторными животными

LASER light amplification by stimulated emission of radiation □ лазер *(усиление света посредством стимулированного излучения)*, оптический квантовый генератор света, ОКГ

Laser Com, laser com laser communications □ лазерная связь

LASP left atrial systolic pressure □ систолическое давление в левом предсердии

LAST latex allergosorbent test □ латексный аллергосорбентный тест, аллергосорбентный тест на частицах латекса

LAT late asthmatic responses □ поздние последствия бронхиальной астмы

lat latent □ 1. латентный; скрытый 2. покоящийся, недеятельный

lat lateral □ латеральный; боковой

Lat Latin □ латинский язык

lat def latent defect □ скрытый недостаток, дефект

lat dol *лат.* lateral dolenti □ to the painful side □ на стороне поражения

LATS long-acting thyroid stimulator □ длительно действующий стимулятор щитовидной железы, LATS-фактор

LAV lymphadenopathy-associated virus □ вирус, вызывающий лимфаденопатию; вирус иммунодефицита человека, *см.* **HIV**

L&W living and well □ живой, здоровый

lb laboratory □ 1. лаборатория 2. лабораторные данные

lb labor □ 1. труд; работа 2. роды; сократительная деятельность матки

LB Lagos (Bat) □ (арбовирус) летучих мышей Лагоса

LB large bowel □ толстая кишка

lb *лат.* libra □ pound □ фунт *(453,595 г)*

lb ap *лат.* apothecaries' pound □ аптекарский фунт *(0,373 кг)*

LBB left bundle branch □ левая ножка пучка Гиса

LBBB left bundle branch block □ блокада левой ножки пучка Гиса

lb-calorie *лат.* libra-calorie □ pound-calorie □ фунт-калория

LBCD left border of cardiac dullness □ левая граница сердечной тупости

LBCF Laboratory Branch of Complement Fixation □ лабораторная группа по изучению реакции связывания комплемента

LBD left border of dullness □ левая граница (сердечной) тупости

LBF Lactobacillus bulgaricus factor □ фактор [фермент] болгарской палочки

LBF limb blood flow □ кровоток в конечности

lbf pound-force □ фунт-сила *(4,448 Н)*

LBG loss of bowel gas □ отхождение кишечных газов

LBIR laser beam image reproducer □ система отображения лазерным лучом

LBL B-cell lymphoblastic lymphoma □ В-клеточная лимфобластная лимфома

lbl label □ 1. этикетка, наклейка; обозначение 2. метка *(напр. радиоактивная)* || метить *(напр. атом)*

LBL lymphoblastic lymphoma □ лимфобластная [лимфоцитарная] лимфома

LBM laser beam machining □ обработка лучом лазера

LBM lean body mass □ безжировая масса тела

LBNP lower-body negative pressure □ отрицательное давление на нижнюю часть тела

LBNPD lower-body negative pressure device □ вакуумное устройство на нижнюю часть тела

LBP low back pain □ острая поясничная боль

LBP low blood pressure □ низкое кровяное давление, артериальная гипотония

lbr laboratory □ 1. лаборатория || лабораторный 2. лабораторные данные

LBRF louse-borne relapsing fever □ эпидемический возвратный тиф, вшиный возвратный тиф, эпидемический возвратный спирохетоз

LBT lupus band test □ феномен волчаночных клеток

lb tr *лат.* troy pound □ тройский фунт *(0,373 кг)*

LBW lean body weight □ безжировая масса тела

LBW low birth-weight □ низкая масса тела [малый вес] при рождении

lc lead-covered □ *радиол.* со свинцовым покрытием, со свинцовой оболочкой; освинцованный

LC life cycle □ жизненный [биологический] цикл

LC liquid crystal □ жидкие кристаллы

LC live clinic □ клиника с пансионатом

LC locus ceruleus □ *анат.* голубое [синее] пятно

LC loud and clear □ громко и разборчиво

LC$_{50}$ lethal concentration □ 50%-ная летальная концентрация

LCA left circumflex coronary artery □ левая огибающая венечная артерия

LCA, LC artery left coronary artery □ левая венечная артерия сердца; главный ствол левой коронарной артерии

LCAT lecithin cholesterol acyltransferase □ лецитин-холестерин-ацилтрансфераза

LCC liquid column chromatography □ жидкостная колоночная хроматография

LCCS low cervical cesarean section □ низкое [истмическое, перешеечное] кесарево сечение

LCD liquid-crystal display □ *мед. тех.* жидкокристаллический индикатор, индикатор на жидких кристаллах

LCD liquor carbonic detergents □ жидкие угольные [углеродистые] детергенты

LCDD light chain deposition disease □ болезнь депозиции лёгких цепей *(иммуноглобулинов)*

LCEF lymphocyte colony-enhancing factor □ колоние-стимулирующий фактор лимфоцитов

LCF lymphocyte chemotactic factor □ хемотаксический фактор лимфоцитов

LCFUc leukemic colony-forming unit cells □ лейкозные клетки, происходящие из клетки – предшественницы миелопоэза

LCFUs leukemic colony-forming unit spleen □ лейкозные клетки, происходящие из клетки селезёнки

LCGME Liaison Committee on Graduate Medical Education □ Комитет по связям с лицами, получившими высшее медицинское образование

L Ch Licentiate in Chirurgiae □ лиценциат хирургии *(обладатель лицензии на право практики)*

L-chain light chain □ L-цепь *(лёгкая полипептидная цепь молекулы иммуноглобулина)*

L-CHF left-sided congestive heart failure □ застойная левожелудочковая сердечная недостаточность

LCIF lymphocyte colony inhibitory factor □ фактор, подавляющий колониеобразование лимфоцитов

LCL large cell lymphoma □ крупноклеточная [лимфосаркома] лимфома

LCL lateral collateral ligament □ латеральная коллатеральная связка

LCL lower confidence limit □ нижний предел достоверности

LCL lymphoid cell line(s) □ линия лимфоидных клеток

LCM left costal margin □ левый рёберный край

LCM leukocyte-conditioned medium □ соответствующая среда для лейкоцитов

LCM lymphocytic choriomeningitis □ 1. лимфоцитарный хориоменингит 2. вирус вышеуказанного заболевания

LCME Liaison Committee on Medical Education □ Комитет по связям с лицами, получившими медицинское образование

LCMV lymphocyte choriomeningitis virus □ вирус лимфоцитарного хориоменингита

LCP disease Legg – Calve – Perthes disease □ остеохондропатия головки бедра, болезнь Легга – Кальве – Пертеса

LCPF lymphocyte colony promoting factor □ кофактор колониеобразования лимфоцитов

LCPS Licentiate of the College of Physicians and Surgeons □ лиценциат *(обладатель лицензии на право практики)* по терапевтической и хирургической специальностям

LCST low critical solution temperature □ нижняя критическая температура растворения

LCT long-chain triglyceride □ длинноцепочечные триглицериды

LCT lymphocytotoxin [lymphocytotoxicity] test □ лимфоцитотоксический тест

lctn location □ 1. (рас)положение; местонахождение 2. размещение

LD lactate dehydrogenase □ лактатдегидрогеназа, ЛДГ

ld laevo- and dextrorotatory □ *хим.* лево- и правовращающий

LD learning disorder(s) □ *псих.* расстройство [нарушение] обучения

LD lethal dose □ смертельная [летальная] доза

LD50, LD₅₀ median lethal dose □ средняя смертельная [летальная] доза *(при которой погибает 50 % подвергшихся воздействию)*

LD50 time median lethal lime □ среднее время жизни *(по истечении которого погибает 50 % подвергшихся облучению)*

LD100 lethal dose 100 □ абсолютно смертельная доза *(вызывающая за фиксированный период времени гибель 100 % облучённых)*

LD 50/30 lethal dose 50/30 □ доза облучения, приводящая через 30 дней к смерти 50 % облучённых

L:D light/dark □ свет/темнота *(в течение суток – синхронизатор биоритмов человека и животных)*

LD light difference □ различие в восприятии света между двумя глазами

Ld Limited □ (компания) с ограниченной ответственностью

LD 1. line of duty □ служебные обязанности **2.** in line of duty □ во время исполнения служебных обязанностей

ld load □ нагрузка

LD low density □ низкая плотность

LD low dose □ малая [низкая] доза

LD lumbodorsal □ заднепоясничный *(доступ)*

LD lymphocyte-deplete □ истощение лимфоцитов

LD lymphocyte determined □ антигены HLA-D локуса, определяемые лимфоцитами

LD lymphocytes differentiation □ дифференциация лимфоцитов

LDA *см.* **LD antigens**

LDA left dorso-anterior (position of the fetus) □ передний вид, поперечное положение, первая позиция *(плода)*

LDA localized delta activity □ локализованная [местная] дельта [Δ]-активность

LDA lymphocyte-dependent antibody □ лимфоцитзависимое антитело

LD antigens lymphocyte-defined [determined] antigens □ антигены [детерминанты] гистосовместимости HLA-D локуса, определяемые с помощью реакции смешанной культуры лимфоцитов

LDb lamb dysentery bacillus □ бацилла дизентерии ягнят

LD body Leishman – Donovan body □ бугорки Лейшмана – Донована *(при кожном люпоидном лейшманиозе)*

LDCC lectin-dependent cellular cytotoxicity □ лектинзависимая цитотоксичность

LDCF lymphocyte-derived chemotactic factor □ лимфоцитзависимый хемотаксический фактор

LD determinants *см.* **LD antigens**

LDDST low-dose dexamethasone suppression test □ малая дексаметазоновая проба

LDE lauric diethylamide □ диэтиламид лауриновой кислоты

L/Def latent defect □ скрытый [латентный] дефект

LDG lactate [lactic] dehydrogenase □ лактатдегидрогеназа, ЛДГ

ldg lodging □ жилище; квартира

LDH lactate [lactic] dehydrogenase □ лактатдегидрогеназа, ЛДГ

LDH-X sperm lactate dehydrogenase □ лактатдегидрогеназа спермы

LDL loudness discomfort level □ уровень звукового дискомфорта

LDL low-density lipoprotein □ липопротеид [липопротеин] низкой плотности, ЛПНП

LDL T-cell-mediated lectin-dependent lysis □ опосредованный Т-клетками лектинзависимый лизис

LD$_m$ minimum lethal dose □ минимальная летальная доза

ld lmt load limit □ предельная нагрузка

L-DOPA, L-dopa levodopa L-3, 4-dihydroxyphenyl-alanine □ леводопа, L-допа, L-дофа, диоксифенил-L-аланин

L-dose smallest amount of diphtheria toxin which will kill a 250 gm guinea pig □ минимальная летальная доза дифтерийного токсина, убивающая морскую свинку 250 г

LDP left dorso-posterior (position of the fetus) □ задний вид, поперечное положение, первая позиция (плода)

LDR light-dependent resistor □ фоторезистор

L/D ratio length/diameter ratio □ отношение длины к диаметру

LDS (Hospital) Latter Day Saints (Hospital) □ госпиталь религиозной секты мормонов «Святые наших дней»

LDS Licentiate in Dental Surgery □ лиценциат по хирургической стоматологии (обладатель лицензии на право практики)

LDS line of duty status □ круг служебных обязанностей

LDSc Licentiate in Dental Science □ лиценциат по стоматологии (обладатель лицензии на право практики)

LDT laterodorsal tegmental (nuclei) □ латеродорсальные (ядра) покрышки среднего мозга

LDV laser Doppler velocimetry □ лазерная допплерофлоуметрия

le laboratory equipment □ лабораторное оборудование

LE left ear □ левое ухо

LE left eye □ левый глаз

Le^a, Le^b, Le^c, Le^d Levis □ изоантигены [антигены] системы Льюис (групп крови)

LE Long-Evans □ линия инбредных крыс Лонг-Эванса

LE lower extremity □ нижняя конечность

LE lupus erythematosus □ красная волчанка

leaf leaflet □ 1. листочек; молодой лист 2. створка (напр. клапана сердца)

LEb lupus erythematosus body □ волчаночные тельца, см. тж. **LEF**

LEC load-extension curve □ кривая нагрузка – растяжение (мышцы)

LEC, LE-cell lupus erythematosus cell □ волчаночная клетка, LE-клетка, клетка красной волчанки, фагоцитарная клетка Харгрейвса

LE-cell prep lupus erythematosus cell preparation □ препарат волчаночных клеток

LED lupus erythematosus disseminatus □ диссеминированная красная волчанка

LEF lupus erythematosus factor □ волчаночный [антинуклеарный] фактор, LE-фактор (аутоантитела, направленные против ядер клеток собственного организма), см. тж. **LE phenomenon**

leg legal □ 1. законный, легальный 2. юридический; судебный (о медицине)

legis legislation ‖ legislative □ законодательство; законы ‖ законодательный; относящийся к законам

LEGS Legislative Effort Group System (AMA) □ Группа комитета по правам членов Американской медицинской ассоциации

LEM leukocytic endogenous mediator □ эндогенный медиатор лейкоцитов

LEMS Lambert – Eaton myasthenic syndrome □ миастенический синдром Ламберта – Итона

lenit *лат.* leniter □ gently ‖ *фарм.* осторожно

LEOPARD lentigines, electrocardiographic abnormalities, ocular hypertelorism, pulmonary stenosis, abnormalities of genitalia, retardation of growth and deafness □ лентиго, аномалии ЭКГ, глазной гипертелоризм, стеноз лёгочной артерии, аномалии гениталий, задержка развития, глухота (синдром *LEOPARD*)

lep leprosy □ проказа, лепра

LEP low egg passage (a form of Flury vaccine for rabies) □ кратковременное пассивирование штамма вируса бешенства на (куриных) эмбрионах

LE phenomenon lupus erythematosus phenomenon □ Е-феномен, Харгрейвса феномен (фагоцитоз лейкоцитами клеточных ядер, разрушенных антинуклеарными антителами, с формированием клеток красной волчанки); см. тж. **LEC, LE-cell**

LEPN effective perceived noise level □ эффективно ощутимый уровень шума

LER load-extension relation □ зависимость нагрузка – растяжение (мышцы)

LES local excitatory state □ состояние локального возбуждения

LES lower esophageal segment □ нижний сегмент пищевода

LES lower esophageal sphincter □ сфинктер нижней трети пищевода

LES lupus erythematosus systemic □ системная [генерализованная] красная волчанка

LESA liposomally entrapped second antibody □ «второе» антитело, заключённое в липосому

LET leukocyte esterase test □ тест на лейкоцитарную эстеразу

LET linear energy transfer □ линейная передача энергии

LET live environmental testing □ испытания воздействия окружающей среды на организм

LE-test lupus erythematosus-test □ LE-тест (метод диагностики красной волчанки с сывороткой больного и лейкоцитами донора с образованием волчаночных клеток)

leth lethal □ летальный ген, летальный фактор, леталь ‖ летальный, смертельный

Leu leucine □ лейцин, Лей

lev level □ 1. уровень, 2. степень

LEV lupus erythematosus visceral □ висцеральная красная волчанка

LF labile factor □ лабильный фактор

LF Lassa fever □ 1. (геморрагическая) лихорадка Ласса 2. возбудитель вышеназванного заболевания

lf leaf □ лист

LF lethal factor □ летальный фактор (напр. цинкзависимая протеаза)

Lf *лат.* Limes flocculation □ единица флоккуляции (минимальное количество токсина, которое быстрее

*всего флоккулирует с одной антитоксической едини-
цей лошадиной сыворотки)*

Lf limit flocculation □ начало флоккуляции *(появление опалесценции или мелкодисперсного осадка при титровании дифтерийного токсина антитоксической сывороткой)*

lf load factor □ фактор нагрузки

LF, lf low frequency □ *мед. тех.* низкая частота *(от 30 до 3000 килоциклов в секунду)*; низкочастотный

LFA left fronto-anterior (position of the fetus) □ передний вид, ягодичное предлежание, первая позиция *(плода)*

LFAF lymphocyte function-associated factor □ фактор, связанный с функцией лимфоцитов *(напр. антиген)*

LFC left frontal craniotomy □ лобная краниотомия слева

LFC low fat and cholesterol □ низкомолекулярный жир и холестерин

lfc low-frequency current □ ток низкой частоты

LFD least fatal dose □ минимальная смертельная доза

LFD low-fat diet □ диета с низким содержанием жира

LFH left femoral hernia □ левосторонняя бедренная грыжа

LFH lower face height □ высота нижней части лица

L-form L-phase variant □ L-форма бактерий *(характеризующаяся осмотической ломкостью, но сохраняющая способность размножаться)*

LFP left frontoposterior position (position of the fetus) □ задний вид, лобное предлежание, первая позиция *(плода)*

LFPS Licentiate of the Faculty of Physicians and Surgeons □ лиценциат терапевтического и хирургического факультетов *(обладатель лицензии на право практики)*

lft leaflet □ 1. листочек *(сложного листа)*; молодой лист 2. створка *(клапана сердца)*

LFT left frontotransverse (position of the fetus) □ лобное предлежание *(плода)*, лобный шов в левом косом размере

LFT liver function test □ функциональная проба печени

LFTs lung function tests □ тесты внешнего дыхания

Lf unit Loffler's unit □ единица Лефлёра

LG large-grain □ крупнозернистый

LG leucylglycine □ лейцилглицин

lg length ‖ lengthy □ длина ‖ удлинённый

LGA large for gestational age □ большой [крупный] для гестационного возраста *(о новорождённом)*

LGB lateral geniculate body □ латеральное коленчатое тело

LGBT lesbian, gay, bisexual, transgendered □ лесбиянки, геи, би- и транссексуалы *(об объединениях)*

LGH lactogenic hormone □ пролактин, лактогенный гормон

LGL large granular lymphocytes □ большие зернистые лимфоциты

LGSIL low grade squamous intraepithelial lesion □ низкое внутриэпителиальное повреждение чешуйчатых клеток

LGT Langat □ Лангат *(арбовирус)*

lgt length ‖ lengthy □ длина ‖ удлинённый

LGV lymphogranuloma venereum □ паховый лимфогранулематоз, венерическая лимфогранулёма, четвёртая венерическая болезнь

LH lactogenic hormone □ пролактин, лактогенный гормон

LH latent heat of vaporization □ скрытая теплота парообразования

LH, lh left hand □ левая рука

LH left horn □ левый боковой рог *(спинного мозга)*

Lh *лат.* limes hemolyticus □ порог гемолитической реакции *(наименьшее количество токсина, которое, будучи смешано с единицей антитоксина и добавлено к суспензии эритроцитов, вызывает их лизис)*

LH$_2$ liquid hydrogen □ жидкий водород

LH *лат.* lues hereditaria □ врождённый сифилис

LH luteinizing hormone □ лютеотропин, лютеинизирующий [фактор] гормон, ЛГ

LHA Local Health Authority □ местный орган здравоохранения *(Великобритания)*

LHA/D liters of hyperalimentation solution per day □ литров в день раствора для гипералиментации

LHASA *усл.* программа ЭВМ для анализа органического синтеза сложных (и комплексных) молекул

LHBV left heart blood volume □ объём крови в левой половине сердца

LHC London Hospital Catgut □ английский (хромированный) кетгут

LHCP Less Hazardous Cigarette Program □ программа «За безопасные сигареты»

LHD luetic heart disease □ сифилитическое поражение сердца

LHe liquid helium □ жидкий гелий

LHG localized hemolysis in gel □ локальный гемолиз в геле

LHON Leber's hereditary optic neuroretinopathy □ Лебера наследственная нейроретинопатия

LHPR Laboratory for Human Performance Research □ лаборатория по исследованию человеческой деятельности

LHPZ lower esophageal high-pressure zone □ зона высокого давления в нижнем сегменте пищевода

lhr lumen-hour □ люмен/час

LH-RF, LHRF luteinizing hormone-releasing factor □ люлиберин, рилизинг-фактор лютеинизирующего гормона (гипофиза), ЛГ-рилизинг-фактор, ЛГ-РФ, ЛРФ

LHRH luteinizing hormone-releasing hormone, *см.* **LH-RF, LHRF**

LHS left-hand side □ с левой стороны

LHS left heart strain □ напряжение левого сердца *(левой половины сердца)*

L-5-HTP L-5-hydroxytryptophan □ L-5-гидрокситриптофан

LI labelling index □ 1. индекс мечения *(радиоактивным изотопом)* 2. меченый показатель

LI *лат.* labiale inferius □ *кр. метр.* лабиале инфериус *(наиболее выступающая точка нижней губы)*

LI large intestine □ толстая [ободочная] кишка

LI linguoincisal □ язычно-резцовый *(о поверхности зуба)*

Li Lithium □ литий

LIA leukemia-associated inhibitory activity □ ингибирующее действие лейкозных клеток *(на формирование колоний из гранулоцитов или макрофагов донора)*

LIA luminescence immunoassay □ иммунолюминесцентный анализ

LIAA Life Insurance Association of America □ Американская ассоциация компаний по страхованию жизни

lib *лат.* libra □ pound □ фунт

LIBC latent iron-binding capacity □ латентная способность связывания железа

lic licence □ разрешение; лицензия *(напр. на право практики)*; патент

LIC limiting isorrheic concentration □ максимальная концентрация мочи, при которой обеспечивается эффективное выделение воды и солей

LICA left internal carotid artery □ левая внутренняя сонная артерия

LICM left intercostal margin □ левый рёберный край

Lic Med Licentiate in Medicine □ лиценциат терапии *(обладатель лицензии на право практики)*

LICo Life Insurance Company □ страховая компания

LICS left intercostal space □ левое подреберное пространство

LICS lobular carcinoma in situ □ преинвазивный [внутриэпителиальный] рак дольки *(напр. молочной железы)*

LID late-onset immunoglobulin deficiency □ поздняя гипогаммаглобулинемия, позднее развитие [синдрома дефицита антител] иммунодефицита

LIDAR, lidar light detecting and ranging □ лазерный локатор, лидар *(прибор, напр. для определения загрязнения воздуха)*

LIF left iliac fossa □ левая подвздошная ямка

LIF leukemia inhibitory activity factor □ фактор, ингибирующий активность лейкозных клеток

LIF leukocyte migration inhibitory factor □ фактор, ингибирующий миграцию лейкоцитов

lig, ligg ligament(s) □ связка, связки

LIH left inguinal hernia □ левосторонняя паховая грыжа

LILA liposome immune lysis assay □ цитолитический анализ с использованием иммунолипосом

LILI *усл.* программа ЭВМ для автоматической ядерной спектроскопии

LIM, lim limit □ 1. граница; предел; лимит 2. порог *(напр. действия медикамента)*

Lim$_{ac}$ threshold acute effect □ порог острого действия

Lim$_{ch}$ threshold chronic effect □ порог хронического действия

Lim$_{sp}$ threshold special effect □ порог специфического [избирательного] действия

Lim *лат.* linimentum □ жидкая мазь, линимент

LIMA left internal mammary artery □ левая внутренняя грудная артерия

lin liniment □ жидкая мазь

Linn Linnaean □ линнеевский, относящийся к учению Линнея

LIP Life Insurance Policy □ полис страхования жизни

LIP lymphoid interstitial pneumonitis □ лимфоидный интерстициальный пневмонит

liq liquor □ жидкость; отвар; раствор ‖ растворённый

LIRBM liver, iron, red bone marrow □ печень, железо, красный костный мозг *(взаимосвязь с гемопоэзом)*

LIS lobular in situ (mammary carcinoma) □ преинвазивный [внутриэпителиальный] рак дольки *(молочной железы), см. тж.* **LICS** lobular carcinoma in situ

lit litre □ литр, л

LIV law of initial value □ *физиол.* закон первоначального объёма

LLV lymphatic leukemia virus □ вирус лимфолейкоза

LIVIM lethal intestinal virus infection of mice □ летальная вирусная кишечная инфекция у мышей

LIW loss in weight □ потеря в весе

lj life jacket □ спасательный жилет

LJM limited joint mobility □ ограниченная подвижность сустава

LJN Lanjan □ Ланджан *(арбовирус)*

LK left kidney □ левая почка

lk link □ 1. звено, связь 2. соединение

LK$^+$ low potassium ion □ низкое содержание иона калия *(напр. в крови – гипокалиемия)*

LKM liver-kidney microsomal antibody □ печёночные и почечные микросомальные антитела

LKQCPI Licentiate of the King and Queen's College of Physicians of Ireland □ лиценциат Королевской коллегии врачей Ирландии *(обладатель лицензии на право практики)*

LKS liver, kidney, spleen □ *рентг.* печень, почка, селезёнка

LL laws □ законы

LL lepromatous leprosy □ лепроматозная [бугорковая] лепра

L:L light/light □ свет/свет *(экспериментальная модель с продолжительным освещением в течение суток без наступления темноты), см. тж.* **L:D**

LL loudness level □ уровень громкости

LL lower lid □ нижнее веко

LL lower limit □ нижний предел

LLA lipid lowering agent □ средство, снижающее содержание липидов в крови

LLA L-lysergic acid □ L-лизергиновая кислота

LLC liquid level controller □ регулятор уровня жидкости

LLC liquid-liquid chromatography □ жидкость-жидкостная хроматография

LLCO Licentiate of the London College of Osteopathy □ лиценциат Лондонского колледжа остеопатии *(обладатель лицензии на право практики)*

LLD left lateral decubitus □ пролежень на боковой поверхности слева

LLE left lower extremity □ левая нижняя конечность

L-L factor □ фактор XIII, фибриназа, фибринстабилизирующий фактор

LLL left lower lobe □ левая нижняя доля *(лёгкого)*

LLLNR left lower lobe no rales □ отсутствие хрипов в левой нижней доле

LLM localized leukocyte mobilization □ мобилизация местных лейкоцитов

LLP late luteal phase □ поздняя лютеиновая фаза

LLQ left lower quadrant □ нижний левый квадрант *(живота)*

LLR line of least resistance □ линия наименьшего сопротивления

LLR lower loop reentry □ нижнепетлевое трепетание предсердий

LLS linear least-squares rhythmometry □ линейная ритмометрия по методу наименьших квадратов *(для оценки характеристик ритма с фиксированной частотой)*

LLS lower labial segment □ нижний губной сегмент

LM lactose malabsorption □ нарушение всасывания лактозы

LM Legal Medicine □ судебная медицина

LM Licentiate in Medicine □ лиценциат медицины *(обладатель лицензии, удостоверения или сертификата на право самостоятельной практики)*

LM Licentiate in Midwifery □ лиценциат акушерства *(обладатель лицензии на право практики)*

LM light microscopy □ оптическая [световая] микроскопия

LM light minimum □ минимальная освещённость

LM lime mortar □ известковый раствор

lm 1. limit □ предел, лимит 2. Limited □ (компания) с ограниченной ответственностью

LM lincomycin □ линкомицин

LM linguomesial □ язычно-десневой *(о поверхности зуба)*

LM liquid membrane □ жидкая мембрана

LM longitudinal muscle □ продольная мышца *(языка)*

LM low-molecular □ низкомолекулярный

LM (neuron) lower motor (neuron) □ нижний моторный нейрон

lm lumen □ люмен *(световой поток)*, лм

LMA laryngeal mask airway □ ларингеальный воздуховод

LMA left mentoanterior (position of the fetus) □ передний вид, лицевое предлежание, первая позиция *(плода)*

LMB syndrome Laurence – Moon – Biedl syndrome □ см. **LMBB syndrome**

LMBB syndrome Laurence – Moon – Bardet – Biedl syndrome □ синдром Лоуренса – Муна – Барде – Бидля

LMC large cells of the Malpighian bodies □ большие клетки мальпигиевых телец

LMC (artery) left middle cerebral (artery) □ левая средняя мозговая артерия

LMC Local Medical Committee □ местный медицинский комитет

LMC lymphocyte-mediated cytotoxicity □ лимфоцит-зависимая цитотоксичность *(разрушение клеток-мишеней лимфоцитами)*

LMCC Licentiate of the Medical Council of Canada □ лиценциат Медицинского совета Канады *(обладатель лицензии на право практики)*

LMD local medical doctor □ участковый врач

LMD low molecular weight dextran □ низкомолекулярный декстран

LMF Chlorbutanum [Leuceran], Methotrexatum, Phtoruracilum □ хлорбутан [лейкеран], метотрексат, фторурацил *(программа химиотерапии онкологических больных)*

LMF leukocyte mitogenic factor □ митогенный фактор лейкоцитов *(стимулирующий деление клеток)*

LMF lipid-mobilizing fraction □ фракция, мобилизующая липиды

LMF lymphocyte mitogenic factor □ индуктор пролиферации лимфоцитов, лимфоцит-митогенный фактор

lm/ft², lm · ft⁻² lumen per square foot □ люмен на квадратный фут, лм/фт², лм · фт⁻²

lm · h lumen-hour □ люмен в час, лм · ч

LM hormone lipid-mobilizing hormone □ жиромобилизующий гормон

LMI leukocyte migration inhibition □ реакция торможения миграции лейкоцитов

l/min liters per minute □ литров в минуту, л/мин

lm/m², lm · m⁻² lumen per square meter □ люмен на квадратный метр, лм/м², лм · м⁻² *(единица светимости)*

LMN lower motor neuron □ нижний моторный [двигательный] нейрон

LMP last menstrual period □ последняя фаза менструального цикла

LMP left mentoposterior (position of the fetus) □ задний вид, лицевое предлежание, первая позиция *(плода)*

LMP lumbar puncture □ люмбальная [поясничная] пункция

LMRCP Licentiate in Midwifery of the Royal College of Physicians □ лиценциат акушерства Королевской коллегии врачей *(обладатель лицензии на право практики)*

LMS Licentiate in Medicine and Surgery □ лиценциат терапии и хирургии *(обладатель лицензии на право практики по терапевтической и хирургической специальностям)*

lm · s lumen-second □ люмен в секунду, лм · с *(единица световой энергии)*

LMSSA Licentiate in Medicine and Surgery of the Society of Apothecaries □ лиценциат терапии и хирургии фармацевтического общества *(обладатель лицензии на право практики)*

LMSV left maximal spatial voltage □ максимальный вольтаж векторограммы левого желудочка

LMT left mentotransverse (position of the fetus) □ лицевое предлежание, низкое поперечное стояние *(позиция плода)*

LMT length, mass, time □ длина, масса и время *(размерности в Международной системе единиц)*

LMT leukocyte migration test □ реакция миграции лейкоцитов

lmt limited □ ограниченный

LMT local mean time □ местное среднее время

LMTA language modalities test for aphasia □ языковый модальный тест при афазии

LMW low molecular weight □ низкая молекулярная масса

lm/W, lm · W⁻¹ lumen per watt □ люмен на ватт, лм/Вт, лм · Вт⁻¹ *(единица световой эффективности потока излучения)*

LMW-CSA low molecular weight – colony-stimulating activity □ колониестимулирующая активность, обусловленная низкомолекулярным фактором *(роста)*

LMWD low molecular weight dextran □ низкомолекулярный декстран

LMWH low molecular weight heparin □ низкомолекулярный гепарин

ln leaden □ 1. свинцовый *(мутантный ген окраски лабораторных мышей)* 2. тяжёлый

ln line □ линия

LN lipoid nephrosis □ липоидный нефроз

LN liquid nitrogen □ жидкий азот

LN lymph node □ лимфатический узел, лимфоузел

LNC lymph node cell □ клетка лимфоузла

LNE *лат.* Leningrad Nomenclature Embryologica □ Ленинградская эмбриологическая номенклатура

L-NE L-norepinephrine □ L-норадреналин

lng length □ длина, протяжённость

LNG liquefied natural gas □ сжиженный природный газ

LNH *лат.* Leningrad Nomenclature Histologica □ Ленинградская гистологическая номенклатура

lnkg linkage □ связь, соединение

L-NLLS linear-nonlinear least-squares rhythmometry □ линейно-нелинейная ритмометрия по методу наименьших квадратов *(метод с использованием двух отдельных шагов для оценки набора характеристик ритма разной частоты)*

LNMP last normal menstrual period □ последняя фаза нормального менструального цикла

LNPF lymphatic node permeability factor □ фактор проницаемости лимфоузлов, ФПЛ

LO linguo-occlusal □ язычное смещение *(зуба)*

LO₂ liquid oxygen □ жидкий кислород

lo local □ местный

LOA left occipitoanterior (position of the fetus) □ передний вид, затылочное предлежание, первая позиция *(плода)*

LOC level of consciousness □ уровень сознания

loc local □ местный, локальный

loc location □ 1. место расположения, локализация 2. местожительство

loc. cit. *лат.* loco citato □ in the place cited □ в цитируемом месте

loc. dol. *лат.* loco dolenti □ to the painful spot □ к больному месту

LOCM low osmolar contrast medium □ низкоосмолярное (рентгено)контрастное средство

LOD line of duty □ служебные обязанности

LOD logarithm of the odds ratio score □ логарифм величины отношения вероятностей *(напр. сцепления и несцепления генов)*

LoDAC lower doses of cytosine arabinoside □ низкая доза цитозинарабинозида

log logarithm □ логарифм

LOH late onset hypogammaglobulinemia □ гипогамма-глобулинемия взрослых

LOI level of incompetence □ 1. уровень некомпетентности *(исследуемого)* 2. стадия [декомпенсации] недостаточности *(органа)*

LOK Lokern □ Локерн *(арбовирус)*

LOL left occipitolateral □ левая латерально-затылочная позиция

LOM Laboratory of Oral Medicine (NIDR) □ стоматологическая лаборатория; лаборатория стоматологического отделения

LOM limitation of motion [movement] □ ограничение движений

LOMA Life Office Management Association □ Ассоциация специалистов по изучению и усовершенствованию методов работы агентств по страхованию жизни *(США)*

Lon London □ Лондон || лондонский

long longitude □ долгота

longl longitudinal □ продольный

longv longevity □ долголетие, долговечность

LOP left occipitoposterior (position of the fetus) □ задний вид, затылочное предлежание, первая позиция *(плода)*

LORCS League of Red Cross and Red Crescent Societies □ Лига обществ Красного Креста и Красного Полумесяца

LoR dosimeter low radiation dosimeter □ карманный дозиметр *(для измерения низких доз радиации)*

LOS length of stay □ продолжительность госпитализации; число койко-дней

LOS loss of signal □ *мед. тех.* исчезновение [потеря] сигнала

LOS lower oesophageal sphincter □ нижний сфинктер пищевода

LOS low output syndrome □ синдром низкого систолического выброса *(крови)*

LOT left occipitotransverse (position of the fetus) □ средний вид, головное предлежание, первая позиция *(плода)*

lot lotion □ 1. примочка; раствор *(для наружного применения)* 2. лосьон

lov limit of visibility □ граница видимости

LOx, lox liquid oxygen □ жидкий кислород

LOz liquid ozone □ жидкий озон

L/P lactate/pyruvate ratio □ отношение лактат/пируват

LP latency period □ латентный период

LP life policy □ полис страхования жизни

LP life preserver □ надувной спасательный жилет

LP light perception □ светоощущение, восприятие света

lp limp □ хромота

LP lipid proteinosis □ гиалиноз кожи и слизистых оболочек, липоидный протеиноз

LP lipoprotein □ липопротеид, липопротеин

lp loop-tail □ «петлевидный хвост» *(мутантный ген лабораторных животных)*

LP low potency □ слабая действенность, низкая потенция

LP low power (microscopy) □ малое увеличение *(микроскопа)*, слабая (разрешающая) способность

Lp, lp low pressure □ низкое давление

LP lumbar puncture □ поясничная [люмбальная] пункция

LP lumboperitoneal □ люмбоперитонеальный, брюшно-поясничный

LP lymphocyte predominant □ превалирование [преобладание] лимфоцитов

LP lysate pellet □ 1. пилюля с лизатом 2. проба с лизатом

Lp sound pressure [power] level □ звуковое давление

LPA latex particle agglutination □ латекс-агглютинация

LPA left pulmonary artery □ левая лёгочная артерия, реакция латекс-агглютинации

LP-B lipoprotein-B □ липопротеид-B

LP-C lipoprotein-C □ липопротеид-C

LPD luteal phase defect □ недостаточность лютеиновой фазы *(жёлтого тела)*

LPEP left ventricular pre-ejection period □ период предызгнания из левого желудочка *(по данным ЭхоКГ)*, ПЛЖ

LPF leukocyte-promoting factor □ фактор, потенцирующий лейкоциты, ПФ

LPF low-power field □ поле зрения при малом увеличении

LPF lymphocytosis-promoting factor ☐ фактор, стимулирующий лимфоцитоз

LPH left posterior hemiblock ☐ неполная блокада задней ветви левой ножки пучка Гиса

LPH lipolytic hormone ☐ липолитический гормон

LPH lipotrophic hormone ☐ липотропный гормон

LPHB left posterior hemiblock ☐ блокада задней ветви левой ножки пучка Гиса

LPI left posterior-inferior ☐ левый задне-нижний

LPL lipoprotein lipase ☐ липопротеид-липаза

LPL low density lipoprotein ☐ липопротеид низкой плотности, ЛПНП

LPM, lpm liters per minute ☐ литров в минуту, л/мин

LPN licensed practical nurse ☐ дипломированная практикующая медицинская сестра *(обладающая лицензией на право практики)*

LPO left posterior oblique (position) ☐ *рентг.* левое переднее косое (положение)

LPPH late postpartum hemorrhage ☐ позднее послеродовое кровотечение

LPR late phase reaction ☐ поздняя фаза атопической реакции, ПФР

LPR lymphoproliferation (gene) ☐ лимфопролиферативный (ген)

LPS levator palpebrae superioris ☐ мышца, поднимающая верхнее веко

LPS linear profile scan ☐ линейное очертание [контуры] органа на сканограмме

LPS lipopolysaccharides ☐ липополисахариды

LPS, lps liters per second ☐ литров в секунду, л/с

LPT low-pressure test ☐ испытание низким давлением

LPU life preserver unit ☐ надувной спасательный жилет

LPV live attenuated poliovaccine ☐ живая ослабленная [аттенуированная] поливакцина

LPW lateral pharyngeal wall ☐ боковая стенка глотки

LPW, lpw lumen per watt ☐ (столько-то) люменов на ватт, лм • Вт

LP-X lyproprotein X ☐ липопротеин X *(аномальный)*

lq liquid ☐ жидкость; раствор ‖ жидкий

LQ lowest quadrant ☐ нижний квадрант

LQTS long QT syndrome ☐ синдром удлинения интервала QT *(на ЭКГ)*

LR latency reaction ☐ латентная реакция

Lr Lawrencium ☐ лоуренсий

L-R left-to-right (shunt) ☐ (шунт) слева-направо

LR lepromatous reaction ☐ лепроматозная реакция

Lr *лат.* limes reaction-toxin ☐ порог токсической реакции *(наименьшее количество токсина, которое, будучи смешано с единицей антитоксина и введено внутрикожно подопытному животному, вызывает эритему диаметром 10 мм через 24–29 часов наблюдения)*

L-r, Lr lower ☐ нижний

LR low resistance ☐ незначительное сопротивление; слабое противодействие

LR low responder ☐ *иммун.* особь, слабо реагирующая на определённый антиген

LRA Labor Research Association ☐ Научно-исследовательская ассоциация по вопросам труда *(США)*

LRCP Licentiate of the Royal College of Physicians ☐ лиценциат Королевской коллегии врачей *(обладатель лицензии на право практики)*

LRCP&S Licentiate of the Royal College of Physicians and Surgeons ☐ лиценциат Королевской коллегии врачей-терапевтов и хирургов Ирландии *(обладатель лицензии на право практики)*

LRCPEd Licentiate of the Royal College of Physicians, Edinburgh ☐ лиценциат Королевской коллегии терапевтов Эдинбурга *(обладатель лицензии на право практики)*

LRCPS (Glasgow) Licentiate of the Royal College of Physicians and Surgeons of Glasgow ☐ лиценциат Королевской коллегии врачей-терапевтов и хирургов *(Глазго) (обладатель лицензии на право практики)*

LRCS League of Red Cross and Red Crescent Societies ☐ Лига Красного Креста и Красного Полумесяца

LRCS Licentiate of the Royal College of Surgeons (England) ☐ лиценциат Королевской коллегии хирургов *(Англия) (обладатель лицензии на право практики)*

LRCSE Licentiate of Royal College of Surgeons of Edinburgh ☐ лиценциат Королевской коллегии хирургов Эдинбурга *(обладатель лицензии на право практики)*

LRCSI Licentiate of the Royal College of Surgeons of Ireland ☐ лиценциат Королевской коллегии хирургов Ирландии *(обладатель лицензии на право практики)*

LRD living related donor ☐ живой донор-родственник

L-RE lymphoreticuloendothelial ☐ лимфоретикулоэндотелиальный

LRE lymphosarcoma leukemic reticulo-endotheliosis ☐ лимфосаркоматозный лейкемический ретикулоэндотелиоз

LRF latex and resorcinal formaldehyde ☐ латекс-резорциновый формальдегид

LRF liver residue factor ☐ остаточный печёночный фактор

LRF luteinizing hormone-releasing factor ☐ люлиберин, рилизинг-фактор лютеинизирующего гормона, ЛГ-РФ, ЛРФ

LRF lysosomal-releasing factor ☐ фактор, освобождающий лизосомальные ферменты

LRFPS Licentiate of the Royal Faculty of Physicians and Surgeons ☐ лиценциат Королевского общества терапевтов и хирургов *(обладатель лицензии на право практики)*

LRH luteinizing hormone-releasing hormone ☐ *см.* **LRF** luteinizing hormone-releasing factor

LRI lower respiratory infection ☐ инфекция нижних дыхательных путей

LRI lymphocyte reactivity index ☐ индекс реактивности лимфоцитов

LRIR limb radiance inversion radiometer ☐ многоспектральный сканирующий радиометр

LRNA low-rennin, normal or near-normal aldosterone ☐ недостаток ренина, нормальное или близкое к нормальному содержание альдостерона

LRNL low residue non-laxative ☐ бесшлаковая диета, не вызывающая послабления кишечника

LRP lower respiratory parasites ☐ паразитоз нижних дыхательных путей

lrRNA light ribosomal ribonucleic acid □ легкоцепная рибосомальная РНК

LRS laser raman spectroscopy □ лазерная спектроскопия комбинационного рассеяния

LRS lethality rating scale □ шкала оценки летальности

LRSF liver regenerating serum factor □ сывороточный фактор, способствующий регенерации печени

LRSP Long-Range Systems Planning □ система долгосрочного многоцелевого планирования

LRTI lower respiratory tract infections □ инфекции нижних дыхательных путей

LRV left renal vein □ левая почечная вена, вена левой почки

ls *лат.* labiale superius □ *кр. метр.* лабиале супериус *(наиболее выступающая точка верхней губы)*

L/S lecithin/sphingomyelin ratio □ лецитин-сфингомиелиновый коэффициент

LS, ls left side □ левая сторона

LS Licentiate in Surgery □ лиценциат хирургии *(обладатель сертификата или лицензии на право практики)*

LS life system □ система жизнеобеспечения, СЖО

LS liminal sensitivity □ пороговая чувствительность

ls(o, c) limit switch (open, close) □ положение выключателя *(включено, выключено)*

LS Linnaean Society □ Линнеевское общество

l/s liter per second □ литров в секунду, л/с

L.S. *лат.* locus sigilli □ stamp place □ место печати

LS Lone Star □ Лоун-Стар *(арбовирус)*

LS longitudinal section □ продольный разрез или срез

L-S lumbosacral □ пояснично-крестцовый

LS lymphosarcoma □ лимфосаркома

LS lysate supernatant □ надосадочный лизат

LSA D-lysergic acid □ Д-лизергиновая кислота

LSA left sacroanterior (position of the fetus) □ передний вид, ягодичное предлежание, первая позиция *(плода)*

LSA Leukemia Society of America □ Американское общество по изучению лейкоза

LSA leukocyte specific activity □ специфическая активность лейкоцитов

LSA Licentiate of the Society of Apothecaries □ лиценциат фармацевтического общества *(обладатель лицензии на право практики)*

LSAS Liebowitz social anxiety scale □ *см.* **LSPS**

LSB left sternal border □ левый край грудины

LSC late systolic click □ поздний систолический щелчок, тон [щелчок] открытия митрального клапана, тон OS *(обусловленный запаздыванием раскрытия деформированных створок митрального клапана)*

LSC liquid scintillation counting □ жидкостное сцинтилляционное [исследование] считывание

LSC liquid-solid chromatography □ жидкостно-твёрдая хроматография

LSC lymphoid stem cell □ лимфоидная стволовая клетка *(предшественник Т- и В-лимфоцитов)*

LScA left scapuloanterior (position of the fetus) □ передний вид, поперечное положение, первая позиция *(плода)*

LScP left scapuloposterior (position of the fetus) □ задний вид, поперечное положение плода, первая позиция *(плода)*

LSCS lower segment caesarean section □ низкое [истмическое, перешеечное, ретровезикальное] кесарево сечение

LSD least significant difference □ минимальная существенная [значимая] разница

LSD Life Systems Division □ отдел систем жизнеобеспечения

LSD lysergic acid diethylamide □ диэтиламид лизергиновой кислоты, ЛСД *(психотомиметическое средство, являющееся галлюциногеном; признано наркотиком)*

LSE life support equipment □ оборудование системы жизнеобеспечения

LSECS Life Support and Environmental Control System □ система жизнеобеспечения и контроля условий окружающей среды

LSEQ Leeds sleep evaluation questionnaire □ опросник оценки качества сна и раннего утра *(разработан в городе Лидс, Великобритания)*

LSF lymphocytosis stimulating factor □ фактор, стимулирующий лимфоцитоз

LSH lutein-stimulating hormone □ лютеотропин, лютеинизирующий гормон *(стимулирующий интерстициальные клетки)*

LSK liver, spleen, kidney □ печень, селезёнка, почка

LSL left sacrolateral □ левое крестцово-боковое положение *(плода)*

LSL Life Sciences Laboratory □ биологическая научная лаборатория

LSM long saltatory movements □ длительные колебательные движения

LSM lysergic acid morpholide □ морфолид лизергиновой кислоты

LSMS Louisiana State Medical Society □ Медицинское общество штата Луизиана

LSMTM London School of Medicine and Tropical Medicine □ Лондонская школа общей и тропической медицины

LSO Life Systems Officer □ специалист по системам жизнеобеспечения

LSP left sacroposterior (position of the fetus) □ задний вид, ягодичное предлежание, первая позиция *(плода)*

LSp life-span □ 1. период [продолжительность] жизни 2. период полураспада *(напр. радиоактивного вещества)* 3. срок службы *(напр. прибора)*

LSPF life sciences payload facility □ стенд для испытаний медико-биологической аппаратуры

LSPS Liebowitz social phobia scale □ шкала оценки социальной фобии Лейбовица

LSRO Life Sciences Research Office (FASEB) □ Служба научных исследований жизни

LSS Life-Saving Station □ спасательная [служба] станция

LSS Life Support System □ система жизнеобеспечения, СЖО

LSSc Licentiate in Sanitary Sciences □ лиценциат по санитарии *(обладатель сертификата или лицензии на право практики)*

LSSE Life Support System Evaluator □ установка для испытания и оценки систем жизнеобеспечения

LST left sacrotransverse (position of the fetus) □ межъягодичная линия в левом косом размере *(позиция плода)*

LST line scan tube □ электронно-лучевая трубка с линейной развёрткой

LSU medium lactose-saccharose-urea agar buffered medium □ забуференная среда с лактозой, сахарозой и мочевиной

LSW large stomach worm □ большой желудочный гельминт

LT labile toxin □ нестойкий токсин

lt laboratory test □ лабораторные исследования

LT laryngotracheitis □ ларинготрахеит

Lt, lt left □ 1. левый 2. налево, слева 3. левая сторона

LT lethal time □ смертельное время (напр. облучения)

LT$_{50}$ lethal time for 50 % of the population □ смертельное время для 50 % популяции, Т$_{50}$

LT leukotrien □ лейкотриен (медиатор воспаления)

LT$_3$ levotriiodthyronine □ левотрийодтиронин

LT лат. limes tod toxin □ минимальная летальная доза токсина (наименьшее количество токсина, которое, будучи смешано с единицей антитоксина и введено под кожу животному, убивает его в течение 4 дней)

LT (level) lower tertile (level) □ нижняя треть, нижний уровень

LT, lt low temperature □ низкая температура ‖ низкотемпературный

LT, lt low tension □ 1. низкое давление 2. низкое напряжение

lt lung-tissue □ лёгочно-тканевый

LT lymphocyte transfer reaction □ тест [реакция] переноса лимфоцитов (оценка совместимости тканей донора и реципиента)

LT lymphocyte transformation □ трансформация лимфоцитов

LT lymphotoxin □ лимфотоксин

L/T median values of Leydig cells per tubules □ среднее число лейдиговских клеток в семенных протоках

LT tuberculoid leprosy □ туберкулоидная лепра

LT-1 усл. система электронной [компьютерной] диагностики СПИДа

LTA lighter than air □ легче воздуха

LTAS lead tetra-acetate Schiff □ реактив Шиффа с применением тетраацетата свинца

LTB laryngotracheobronchitis □ ларинготрахеобронхит

LTB$_4$ leucotrien B$_4$ □ лейкотриен B$_4$

LTC$_4$ leucotrien C$_4$ □ лейкотриен C$_4$

LTC long-term care □ долговременный уход; реабилитация в отдалённые сроки

ltc low tension current □ ток низкого напряжения

Ltd, L'td, Lt'd Limited (limited liability company) □ (компания) с ограниченной ответственностью

LTE lime thermal exposition □ коэффициент предельной термической экспозиции (напр. микроорганизмов)

LTER long-term ecological research □ долгосрочная программа экологических исследований

LTF lipotropic factor □ липотропный гормон (передней доли гипофиза)

LTF 1. lymphocyte transformation □ реакция бласттрансформации лимфоцитов, РБЛ, трансформации лимфоцитов **2.** lymphocyte transforming factors □ факторы, трансформирующие лимфоциты

LT factor luteotropic factor □ пролактин, лютеотропный [лактотропный] гормон (стимулирующий лактацию)

LTH luteotropic hormone □ см. **LT factor**

LTI lupus-type inclusions □ волчаночно-подобные включения

LTM long-term memory □ выч. тех. долговременная память

L to R left to right □ слева направо

LTOT long-term oxygen therapy □ продолжительная оксигенотерапия

LTP long-term preceptorship □ долгосрочное наставничество

ltr letter □ буква; символ; знак

LTR long terminal repeats □ длинные повторы РНК на концах генома (активирующие онкогены вирусов)

LTS long term survivor □ sl. долгожитель (о больном СПИДом, прожившем более трёх лет)

LTT lymphoblastic transformation test □ реакция бласттрансформации лимфобластов, РБЛ

LTT lymphocyte transformation test □ тест трансформации лимфоцитов

l-type RNA large-size RNA molecule □ длинноцепочечная РНК

LU laboratory unit □ лабораторная единица

Lu, lu lung □ лёгкое

Lu Lutecium □ лютеций

Lu^a, Lu^b Lutheran □ изоантигены системы Лютеран (групп крови человека)

LU lytic unit □ единица лизиса, литический эквивалент

LUA left upper arm □ левая верхняя конечность

lub 1. lubrication ‖ lubricate □ смазка ‖ смазывать **2.** lubricant □ смазочный материал

LUCIA luminescent cofactor immunoassay □ иммунолюминесцентный анализ с (меченым) фактором, ЛЮЧИЯ

LUE left upper extremity □ см. **LUA**

LUK Lukuni □ Лукуни (арбовирус)

LUL left upper lobe □ левая верхняя доля (лёгкого)

lum lumbago □ люмбаго

LUM Lumbo □ Лумбо (арбовирус)

lum luminous □ светящийся

Lung Vol. lung volume □ объём легких (лёгкого)

LUQ left upper quadrant □ левый верхний квадрант (живота)

LURD living-unrelated donor □ нежизнеспособный донор

LV drug-related □ вызванный [обусловленный] лекарственным средством

LV left ventricle □ левый желудочек (сердца)

lv live vaccine □ живая вакцина

LV low-viscosity □ с низкой вязкостью

LV lumbar vertebra □ поясничный позвонок

LVA left vertebral artery □ левая позвоночная артерия

LVA left visual acuity □ острота зрения левого глаза

LVAD left ventricular assist device □ вспомогательный левый желудочек (внутриаортальный баллончик)

LVCF left ventricular contractile force □ сократительная способность левого желудочка

LVD low-viscosity dextran □ декстран с низкой вязкостью

LVDP left ventricular diastolic pressure □ диастолическое давление в левом желудочке

LVE left ventricular enlargement □ увеличение левого желудочка; гипертрофия левого желудочка

LVED left ventricular end diastolic dimension □ конечный диастолический размер левого желудочка *(по данным ЭхоКГ)*, КДРЛЖ

LVEDP left ventricular end diastolic pressure □ конечное диастолическое давление в левом желудочке, КДД

LVEDV left ventricular volumes in end diastole □ объём левого желудочка в конце диастолы *(по данным ЭхоКГ)*, ОЛЖКД

LVEF left ventricular ejection fraction □ фракция выброса крови левым желудочком

LVES left ventricular end systolic dimension □ конечный систолический размер левого желудочка *(по данным ЭхоКГ)*, КСРЛЖ

LVESV left ventricular volumes in end systole □ объём левого желудочка в конце систолы *(по данным ЭхоКГ)*, ОЛЖКС

LVET left ventricular ejection time period □ период [время] изгнания крови из левого желудочка *(по данным ЭхоКГ)*, ВИЛЖ

LVF left ventricular failure □ недостаточность левого желудочка

LVF left ventricular function □ функция левого желудочка

LVFC left ventricular function curve □ кривая функции левого желудочка

LVFP left ventricular power failure □ левожелудочковая недостаточность *(сердца)*

LVH left ventricular hypertrophy □ гипертрофия левого желудочка

LVI left ventricular ischemia □ ишемия левого желудочка

LVID left ventricular internal dimension □ объём левого желудочка; внутренние размеры левого желудочка

LVIDP left ventricular initial diastolic pressure □ начальное диастолическое давление в левом желудочке

lvl level □ уровень

LVM left ventricular mass □ масса левого желудочка

LVMF left ventricular minute flow □ минутный кровоток левого желудочка

LVMP left (intra)ventricular mean pressure □ среднее давление в левом желудочке

LVMW left ventricular minute work □ минутная работа левого желудочка

LVOT left ventricular outflow tract □ выходной [выносящий] тракт левого желудочка

LVN Licensed Visiting Nurse □ лицензированная медицинская сестра помощи на дому, участковая медицинская сестра

LVN Licensed Vocational Nurse □ дипломированная практикующая медицинская сестра *(имеющая сертификат на право практики)*

LVP left (intra)ventricular pressure □ давление в левом желудочке

LVP lysine vasopressin □ лизин-вазопрессин

Lvp-1 major liver protein-1 □ основной белок-1 печени

LVPP Chlorbutinum [Leuceran], Rosevinum [Vinblastin], Procarbazinum, Prednisolonum □ хлорбутин [лейкеран], розевин [винбластин], прокарбазин, преднизолон *(программа химиотерапии онкологических больных)*

LVR limb vascular resistance □ сосудистое сопротивление конечности

LVR low voltage release □ низковольтный выключающий механизм

lvs leaves □ *фарм.* листья

LVSP left ventricular systolic pressure □ систолическое давление в левом желудочке

LVSW left ventricular stroke work □ систолическая работа левого желудочка

LW lacerated wound □ рваная рана

Lw Lawrentium □ лауренсий

lw lime white □ известковый раствор

lw low □ 1. низкий 2. слабый

l/w lumen per watt □ (столько-то) люменов на ватт, лм/Вт

LW antigen Landsteiner, Winer antigen □ Ландштейнера – Винера антиген, LW-антиген *(изоантиген групп крови человека)*

LWCP Light Wounded Collecting Post □ пункт сбора легкораненых

lwst lowest □ самый низкий

lx lux □ люкс *(единица освещённости)*, лк

Ly lymphocyte □ лимфоцит

Ly antigens Ly-антигены, Ly-аллоантигены *(дифференцированные антигены, локализованные на мембране лимфоцитов мышей различных инбредных линий, напр. Ly-1, Ly-2 и т.д.)*

LyB-2 B-lymphocyte alloantigene-2 □ аллоантиген-2 В-лимфоцитов

Lymph lymphocyte □ лимфоцит

lyr layer □ слой

Lys lysine □ лизин, Лиз

LyT-antigens LyT-антигены, Ly-антигены Т-лимфоцитов

Lyx lyxose □ ликсоза

LZM lysozyme □ лизоцим

LZT low zone tolerance □ низкодозовая толерантность

M

Memento mori
Помни о смерти

m *усл.* мгновенное значение

m⁻ мутанты, образующие мелкие бляшки

m⁺ мутанты, образующие крупные бляшки

M amount of substance (mole) □ *усл.* количество вещества *(напр. кг/моль, м³/моль)*

M bending moment (newton • meter) □ *усл.* поверхностное натяжение *(ньютон • метр, Н • м)*

m electromagnetic moment □ *усл.* электромагнитный момент

M luminous emittance (lumens per square meter) □ *усл.* светимость *(люмен на квадратный метр, лм/м²)*

M maceratio □ 1. истощение 2. мацерация; размягчение 3. *фарм.* вытяжка

M, m magnet ‖ magnetic □ магнит ‖ магнитный

μ [Muon] magnetic permeability □ магнитная проницаемость

m main □ главный, основной

m maintenance □ *мед. тех.* техническое обслуживание; содержание в исправности

M, m male □ 1. мужчина ‖ мужской 2. мужская особь; самец ‖ относящийся к мужской особи

m malfunction □ 1. нарушение функции, дисфункция 2. *мед. тех.* неисправность

m malignant □ злокачественный

m manpower □ численность персонала *(личного состава)*

m manual □ 1. руководство; инструкция; описание 2. ручной, с ручным управлением; мануальный *(напр. навык)*

M, m *лат.* margo □ border □ край

m mark □ 1. знак; метка; клеймо 2. след; маркировка; пятно; отметина 3. черта; свойство; признак 4. тип

m married □ женатый; замужняя

m masculine □ мужской

M, m mask □ 1. противогаз 2. маска *(наркозного аппарата)*

M mass □ 1. масса; большое количество 2. масса, *уст.* вес

m mass of an atom or nuclidic mass (unified atomic mass units) □ 1. масса атома, нуклидная масса *(унифицированные атомные единицы массы)* 2. размерность массы в Международной системе единиц (= 1 килограмму)

M Master, master □ магистр *(1. учёная степень, присуждаемая в Великобритании лицам через год или более успешной научно-исследовательской работы после окончания университета 2. декан некоторых коллежей университетов)*

M maximal □ максимальный

M mean □ среднее арифметическое

m measure □ 1. мероприятие 2. мера ‖ измерять 3. дозировать

M media □ средняя оболочка стенки кровеносного сосуда

M medical □ медицинский; врачебный; медико-санитарный

M Medical Service □ медицинская служба

M medicine □ 1. медицина 2. лекарство, медикамент 3. лечение

m medium □ 1. середина ‖ средний 2. средство, способ 3. среда; среда роста, среда культивирования *(напр. клеток)*

M medullary □ медуллярный, относящийся к мозгу, мозговой

m melts at, melting at □ точка плавления

m member □ член *(общества)*

m membrane □ 1. мембрана, оболочка 2. плёнка; перепонка

M memory □ *выч. тех.* память; регистр памяти

M mesophragm □ мезофрагма, линия [полоска] М *(тонкая перегородка, пересекающая в поперечном направлении анизотропный диск миофибриллы)*

M mesor □ мезор *(средний уровень значений)*

M, m message □ 1. сообщение, донесение 2. передача

m metal □ металл ‖ металлический *(об изделии)*

M metastases □ метастазы *(обозначение в Международной классификации злокачественных новообразований TNM)*

~₀ отдалённые метастазы не определяются, *см. тж.* **TNM**

~₁ наличие отдалённых метастазов

~ₓ данных для констатации отдалённых метастазов недостаточно

M meteorology ‖ meteorological □ метеорология ‖ метеорологический

m meter □ 1. метр, м ‖ метрический 2. счётчик, измерительный прибор 3. дозатор

M methionine □ метионин, Мет

m metopion □ *кр. метр.* метопион *(точка пересечения срединно-сагиттальной плоскости с линией, соединяющий лобные бугры)*

m metronome □ метроном

M metropolitan □ житель столицы; столичный

M *лат.* mezzo □ half □ половина

M micrococcus □ микрококк

M, μ 1. мю *(двенадцатая буква греческого алфавита)* **2.** micrometer, micron □ микрометр, *уст.* микрон *(10⁻⁶ м)*

M midnight □ полночь

m military □ военный

m *лат.* mille □ thousand □ 1. тысяча 2. тысячная доля

m milk □ 1. молоко ‖ молочный 2. объём молока или молочной смеси для питания ребёнка через рот

m minim(s) □ 1. мельчайшая частица, очень маленькая доля; капля 2. 1/60 часть жидкой драхмы

m minimum ‖ minimal □ минимум ‖ минимальный

m minor □ 1. второстепенный 2. младший

m minute □ минута, мин

M *лат.* misce □ mix □ *фарм.* смешай, пусть будет смешано

m miscellaneous □ смешанный, разнообразный

m mistake □ ошибка, погрешность

m misty □ «туманные» (о генах лабораторных мышей)

M mitosis □ митоз, деление клетки; фаза [стадия] митоза, М-фаза

M mitral □ митральный (1. клапан 2. звук митрального клапана)

M₁ mitral first sound □ митральный компонент первого тона (сердца)

M₂ mitral second sound □ митральный компонент второго тона (сердца)

M mix □ фарм. смешать; смешай

M mixture □ 1. смесь 2. микстура

m mobile □ подвижный; передвижной; портативный

m mode □ режим работы

m model □ образец; модель

m moderate □ умеренный

M лат. modus □ mode □ установленный порядок, способ

M moisture loss □ 1. потери воды 2. усушка

m molality □ моляльность, моляльный раствор (в котором 1 моль вещества растворён в 1000 г воды)

m molar □ 1. жевательный [коренной] зуб, моляр 2. молярный (раствор)

M molarity, molar solution □ молярность, молярный раствор (в котором 1 моль вещества растворён в 1000 мл раствора)

M mole □ моль

M % mole percent □ молярный процент, мол. %

M molecular weight □ молекулярная масса

M moment of force (newton • meter) □ усл. момент силы (ньютон • метр, Н • м)

M monoclonal □ моноклональный

M, m month ‖ monthly □ месяц ‖ ежемесячно; раз в месяц

M Moraxella □ род бактерий Моракселлы

m morning □ утро

m mother □ мать

m movement □ движение, передвижение

M, m 1. mucoid □ мукоид ‖ мукоидный, слизеподобный 2. mucoid colony □ слизистая колония (микробов)

M multiprogrammable □ многопрограммируемый (об электрокардиостимуляции)

M municipal □ муниципальный, городской

m murmur □ шум

M Musca □ 1. муха 2. мушка 3. двукрылое (насекомое)

M 1. muscle □ мышца 2. muscularity □ мускулатура

m mutual □ взаимный

M mutual inductance (henry) □ усл. (взаимная) индуктивность (генри, Гн)

M Mycobacteria □ микобактерии (неподвижные грамположительные палочки, способные к образованию нитчатых форм)

M mycoplasm □ микоплазма, плевропневмониеподобный микроорганизм (возбудитель микоплазменной пневмонии)

M, m myopia □ близорукость, миопия

M radiant existence (watts per square meter) □ усл. поверхностная плотность теплового потока (ватт на квадратный метр, Вт/м²)

M radiation □ усл. рентгеновское излучение

Mr relative molecular mass □ относительная молекулярная масса

m standard error □ усл. стандартная ошибка

M thioinosine □ усл. тиоинозин

M/10 tenth molar □ децимолярный (раствор)

M/100 hundredth molar □ сантимолярный (раствор)

M₁, M₂ ... обозначение поколений при экспериментальном мутагенезе

M0, M1, M2, ... M7 acute myelogenous leukemia □ стадии острой миелоидной лейкемии

mₐ absolute atomic mass □ абсолютная атомная масса

m_M absolute molecular mass □ абсолютная молекулярная масса

MA angle meter □ угломер

ma macrophages □ макрофаги

MA marketing authorization □ маркетинговая авторизация (Европейская процедура внедрения на рынок новых лекарственных средств)

Ma Masurium [Technetium] □ технеций, Тс, мазурий

MA Medical Adviser □ медицинский консультант

MA Medical Assistant □ фельдшер, помощник врача

MA membrane antigen □ мембранный антиген

MA menstrual age □ менструальный возраст

MA 1. mental age □ психический возраст 2. mental abilities □ умственные способности 3. mental addition □ сложение в уме

MA milliampere □ миллиампер, мА

MA modified atmosphere □ регулируемый состав воздуха

MA moist air □ влажный воздух

MAA medical assistance for the aged □ медицинская помощь престарелым

MAAC Maximum Allowable Actual Charge □ максимальная допустимая фактическая оплата (врачей)

M&Am compound myopic astigmatism □ сложный миопический [миопомиопический] астигматизм

MAB Man and Biosphere □ «Человек и биосфера» (программа ЮНЕСКО)

MAB англ. Metropolitan Asylums Board □ Совет домов милосердия столицы

MAb monoclonal antibodies □ моноклональные антитела

MABOP Embichinum [Mustargenum], Adriamycinum, Bleomycinum, Vincristinum [Oncovin], Prednisolonum □ эмбихин [мустарген], адриамицин, блеомицин, винкристин [онковин], преднизолон (программа химиотерапии онкологических больных)

MABP mean arterial blood pressure □ среднее артериальное [кровяное] давление

mac macerating □ мацерация; вымачивание

MAC machine-aided cognition □ обучение с помощью компьютера, компьютерное [машинное] обучение

MAC maximum allowable concentration □ предельно допустимая концентрация, ПДК

MAC Medical Administrative Corps □ администрация [руководство] медицинской службы

MAC membrane attack complex □ мембраноатакующий комплекс

MAC minimal alveolar concentration □ минимальная альвеолярная концентрация

MAC minimal antibiotic concentration □ минимальная подавляющая концентрация антибиотика, МПК

MAC monitor and control □ контроль и управление; мониторинг

MAC motor ambulance convoy □ автомобильный транспорт полевого госпиталя

MAC Mycobacterium avium complex □ комплекс Mycobacterium avium, *см. тж.* **MAI**

MACC Methotrexatum, Adriamycinum, Cyclophosphanum, CCNU □ метотрексат, адриамицин, циклофосфан, CCNU *(программа химиотерапии онкологических больных)*

MACD Member of the Australian College of Dermatology □ член Австралийского дерматологического колледжа

MACGP Member of the Australian College of General Practitioners □ член Австралийской коллегии общих практикующих врачей

mach machine □ машина; механизм; устройство

MAChR muscarinic acetylcholine receptor □ мускарин-чувствительный холинорецептор

MACO Member of the Australian College of Ophthalmologists □ член Австралийской коллегии офтальмологов

MACR Member of the American College of Radiology □ член Американского радиологического колледжа

MADE maximum value of dose equivalent in the body □ максимальное значение эквивалентной дозы в теле

MADRS Montgomery – Asberg Depression Rating Scale □ шкала оценки депрессии Монтгомери – Асберга

MAE Medical Air Evacuation □ эвакуация больных и раненых по воздуху

MAE Medical Association of Eire □ Медицинская ассоциация Эйре *(Ирландская Республика)*

MAF macrophage activating factor □ фактор активации макрофагов, ФАМ

MAF macrophage aggregation factor □ фактор, агрегирующий [склеивающий] макрофаги

mag magazine □ журнал

Mag magnesium □ магний

mag magnet □ магнит ∥ магнитный

mag magnitude □ величина, мощность

mag *лат.* magnus □ large □ большой

MAG Minnesota antilymphoblast globulin □ миннесотский антилимфобластный глобулин, МАГ

MAG myelin-associated glycoprotein □ миелин-ассоциированный гликопротеид

mag amp magnetic amplifier □ магнитный усилитель

MAGPI Meatoplasty and Glanuloplasty □ операция, заключающаяся в увеличении наружного отверстия мочеиспускательного канала и выполнении глануло-пластики

MAHA microangiopathic hemolytic anemia □ микроангиопатическая гемолитическая анемия

MAI Mycobacterium avium intracellulare □ комплекс Mycobacterium avium *см. тж.* **MAC** Mycobacterium avium complex

maint maintenance □ 1. *мед. тех.* техническое обслуживание; эксплуатация; сопровождение 2. ведение *(больного)*; уход; жизнеобеспечение

MAIPA monoclonal antibody-specific immobilization of platelet antigens □ специфическая иммобилизация моноклональных антител антигенами тромбоцитов

MAK macrophage activated killer cells □ макрофаг, активизирующий клетки-киллеры

MAK methylated albumin-kieselgur □ метилированный альбумин на кизельгуре

mal malaria □ малярия

mal maleate □ *фарм.* малеат

MAL maximum allowable limit □ максимально допустимый уровень

MAL mid-axillary line □ средняя подмышечная линия

MALA-2 murine lymphocyte activation antigen □ мышиный антиген, вызывающий активацию лимфоцитов

malf malfunction □ 1. *мед. тех.* неисправность 2. нарушение функции, дисфункция

MALT mucosa-associated lymphoid tissue □ лимфоидная ткань слизистых оболочек

M + Am compound myopic astigmatism □ сложный миопический [миопо-миопический] астигматизм

MAMBO Mediterranean Association for Marine Biology and Oceanography □ Средиземноморская ассоциация обществ морской биологии и океанологии

mamp milliampere □ миллиампер, мА

man 1. management □ 1. управление; руководство; заведование 2. ведение *(больного)*; уход *(за больным)*
2. manager □ управляющий, заведующий

man *лат.* mane □ in the morning □ *фарм.* утром

Man mannose □ манноза

man manual □ 1. руководство; инструкция; описание
2. ручной, с ручным управлением; мануальный *(напр. навык)*

MAN Manzanilla □ Манзанилла *(арбовирус)*

M and CW Maternity and Child Welfare □ охрана материнства и детства

manifest manifestation □ проявление, манифестация *(признаков болезни)*

manom manometer □ манометр

Man Op Manual of Operations □ руководство, справочник

Man pr *лат.* mane primo □ early in the morning □ *фарм.* рано утром утром

MANS Member of the Academy of Natural Sciences □ член Академии естественных наук

MAO Master of the Art of Obstetrics □ магистр акушерства и гинекологии

MAO maximal acid output □ максимальная секреция (соляной) кислоты *(желудочного сока)*

MAO monoamine oxidase □ моноаминоксидаза, МАО

MAOI(s) monoamine oxidase inhibitor(s) □ ингибитор(ы) моноаминоксидазы, ИМАО

MAP Mapputta □ Маппутта *(арбовирус)*

MAP M-associated protein □ М-ассоциированный протеин, нетипоспецифический М-белок, МАП *(антиген стрептококков)*

MAP mean arterial pressure □ среднее артериальное давление

MAP measurement assurance program □ программа обеспечения единства [единообразия] измерений; программа метрологического обеспечения

MAP Medical Aid Post □ пункт медицинской помощи

MAP monophasic action potential □ монофазный силовой потенциал

MAPW Medical Association for Prevention of War □ Медицинская ассоциация за предотвращение войны

MAQI Miter Air Quality Index □ индекс качества воздуха, разработанный корпорацией «Майтер» *(США)*

M&R maintenance and repairs □ *мед. тех.* техническое обслуживание и ремонт

mar marker chromosome □ маркёрная хромосома

mar married □ женатый; замужняя

MAR microanalytical reagent □ реактив для микроанализа; микроаналитический реактив

MAR mixed antiglobulin reaction □ смешанная антиглобулиновая реакция

marg margin □ 1. *мед. тех.* запас; пределы рабочего режима 2. край *(напр. рёберный)*; грань

marg marginal □ предельный, крайний, краевой, маргинальный

MARR mixed antiglobulin rosetting reaction □ микстреакция розеткообразования с антиглобулином

MARS monitored atherosclerosis regression study □ мониторинговое ультразвуковое исследование состояния сонных артерий

MAS Bech – Rafaelsen Mania Scale □ шкала оценки мании Бека – Рафаэльсена

M&S maintenance and supply □ *мед. тех.* техническое обслуживание и снабжение

mas masculine □ мужской; относящийся к мужской особи

MAS meconium aspiration syndrome □ синдром мекониевой аспирации

mAs milliampere-second □ миллиампер-секунда, мАс

M&S model and series □ *мед. тех.* модель [тип] и серия *(аппарата)*

MAS modified activated sludge process □ модифицированная очистка сточных вод в аэротенке, очистка контактной аэрацией

masc masculine □ мужской; относящийся к мужской особи

MASC Medical Academic Staff Council (BMA) □ Совет преподавательских кадров вузов *(Британской медицинской ассоциации)*

MASELA microculture antibody synthesis enzyme-linked assay □ иммуноферментный анализ в микрокультуре антителообразующих клеток

MASER microwave amplification by stimulated emission of radiation □ квантово-механический усилитель миллиметровых радиоволн, мазер

MaSF macrophage migration stimulating factor □ фактор, стимулирующий миграцию макрофагов

MaSF 2-mercaptoethanol activated serum factor □ фактор сыворотки крови, активируемый 2-меркаптоэтанолом

MASH Mobile Army Surgical Hospital □ армейский полевой подвижной хирургический госпиталь

MASIS Management Scientific Information System □ система научной информации для руководства

mass *лат.* massa □ mass □ масса, *уст.* вес *(тела)*

MASS mitral valve prolapse, aortic anomalies, skeletal and skin changes □ проапс митрального клапана, аномалии аорты, изменения скелета и кожи

MAST Michigan Anonyme Screening Test □ мичиганский скрининговый тест по выявлению алкоголизма

MAST military anti-shock trousers □ боевые противошоковые (пневматические) брюки *(обеспечивающие приоритетное кровоснабжение жизненно важных органов при шоке)*

MAT machine-aided translation □ *выч. тех.* машинный перевод

M&T maintenance and test □ *мед. тех.* техническое обслуживание и испытание

mat maternal origin □ материнское происхождение

mat matter □ 1. вещество *(напр. мозга)* 2. гной 3. возбудитель *(напр. инфекции)*

mat maturity □ зрелость; спелость *(напр. ягод лекарственных растений)*

MAT microagglutination technique □ микроагглютинация

MAT microscopic agglutination test □ реакция микроагглютинации

MAT multi-focal atrial tachycardia □ мультифокальная предсердная тахикардия

MATRICS Measurement and Treatment Research to Improve Cognition in Schizophrenia □ исследование методов оценки и лечения шизофрении с целью улучшения познавательных способностей больных

M&V meat and vegetable ration □ мясо-овощной рацион

MAVIS mobile artery and vein imaging system □ система визуализации функционирования артериальной и венозной сетей

max maximum || maximal □ максимум || максимальный

max cap maximum capacity □ 1. максимальная ёмкость или вместимость 2. максимальная производительность или мощность

MAX mobile automatic X-ray □ передвижная рентгеновская установка

MAY Mayaro □ Майяро *(арбовирус)*

MAZER microwave amplification by stimulated emission of radiation □ усиление микроволн СВЧ в результате вынужденного излучения *(название квантового усилителя и генератора)*

MB Bachelor of Medicine □ бакалавр медицины *(обладатель диплома об окончании медицинского колледжа)*

MB malpighian body □ 1. почечное [мальпигиево] тельце 2. лимфатический фолликул *(селезёнки)*

MB Medical Board □ медицинский комитет или совет

MB Medical Branch □ медицинская служба; медицинский отдел; медицинское ведомство; по линии медицинской службы

Mb megabase □ единица измерения длины молекулы ДНК, равная миллиону пар оснований – нуклеотидов

mb millibar □ миллибар, мбар *(единица давления = 10^5 Па)*

mb *лат.* misce bene □ mix well □ *фарм.* хорошо смешать

MB multibacillary □ относящийся к множественной или сочетанной микрофлоре

Mb myoglobin □ миоглобин

MBA Master of Business Administration □ магистр делового администрирования

mbar *см.* **mb** millibar

MBC maximal breathing capacity □ максимальная вентиляция *(лёгких)*, МВЛ; максимальная дыхательная способность

MBC metastatic breast cancer □ рак молочной железы с метастазами

MBC Methotrexatum, Bleomycinum, Cisplatin □ метотрексат, блеомицин, цисплатин [ДДП] *(программа химиотерапии онкологических больных)*

MbCO carboxymyoglobin □ карбоксимиоглобин, *см.* **MgbCO**

MBCs minimal bactericidal concentrations □ минимальная бактерицидная концентрация, МБК

MBD minimal brain [damage] dysfunction □ минимальная мозговая дисфункция

MBF myocardial blood flow □ кровоток в миокарде, коронарный кровоток

MBF muscle blood flow □ кровоток через мышцу

MBK missing, believed killed □ пропавший без вести; вероятно убитый

MBL menstrual blood loss □ кровопотеря при менструации

mbl mobile □ подвижный, мобильный; передвижной; портативный *(напр. электрокардиограф)*

MBLA mouse-specific B lymphocyte antigen □ мышиный специфический антиген В-лимфоцитов, маркёр В-лимфоцитов мышей

MbO₂ *см.* **MgbO₂**

MBP Brucella melitensis, Br. bovis, Br. suis porcine □ бруцеллин *(диагностикум, изготовленный из трёх основных возбудителей бруцеллёза)*

MBP mean blood pressure □ среднее систолическое давление крови

MBP myelin basic protein □ базальный белок миелина

MBRF midbrain reticular formation □ ретикулярная формация среднего мозга

MBS mass blood survey □ массовое исследование крови

MBSA methylated bovine serum albumin □ метилированный бычий альбумин *(сыворотки)*

MBT mean body temperature □ средняя температура тела

MBT minimum blood test □ минимальный анализ крови

MC *лат.* Magister Chirurgiae □ Master of Surgery □ магистр хирургии

MC maximum concentration □ 1. максимальная концентрация 2. наибольшая плотность микроорганизмов, обеспечивающая возможность их развития в жидкой питательной среде

MC medical certificate □ медицинское свидетельство; медицинский сертификат *(справка о состоянии здоровья)*

MC Medical Corps □ 1. медицинская служба *(армии США)*; корпус медицинской службы 2. медицинские кадры

MC medico-chirurgical □ медико-хирургический

MC medium capacity □ 1. средняя ёмкость 2. средняя производительность

MC megacurie □ мегакюри, МКи

Mc megacycle □ мегагерц, МГц

MC metacarpal (joint) □ пястно-фаланговое *(сочленение)*

MC microcomputer □ микрокомпьютер, микроЭВМ

mC, mc microcurie □ микрокюри, мкКи

mC millicurie □ милликюри, мКи

MC mnemonic code □ мнемонический код

MC moisture content □ содержание влаги, влажность

MC (insulin) monocomponent insulin □ монокомпонентный инсулин

~, lente lente monocomponent insulin □ монокомпонентный инсулин средней продолжительности действия

~, ultralente ultralente monocomponent insulin □ монокомпонентный инсулин длительного действия

MC mononuclear cells □ мононуклеары периферической крови *(лимфоциты и моноциты)*, МПК

MCA Medicines Control Agency □ Медицинское контролирующее агентство *(за соблюдением законодательства о пищевых продуктах, медикаментах, косметике и пр.; Великобритания)*

MCA middle cerebral artery □ средняя мозговая артерия

MCA multichannel analyzer □ многоканальный анализатор

MCAT mean corpuscular average thickness □ средняя толщина клеток

MCAT medical college admission test □ система вступительных экзаменов в медицинский колледж *(США)*

MCB Master of Clinical Biochemistry □ магистр клинической биохимии

McB Mc Burney's point □ точка Мак Бурнея

MCC man-computer communication □ взаимодействие [связь] человека с машиной [компьютером], человек – компьютер

MCC mixed cell culture □ смешанная культура клеток

MCCH macrocrystalline collagen hemostat □ микрокристаллическое коллагеновое гемостатическое средство *(авитен)*

MCCU mobile coronary care unit □ кардиологическая бригада скорой медицинской помощи

MCD mean cell [corpuscular] diameter □ средний диаметр эритроцитов

MCD medullary cystic disease □ медуллярная кистозная болезнь

MCD mild sickle cell disease □ умеренно выраженная серповидно-клеточная анемия

MCD minimal change disease □ болезнь минимальных изменений

MCDet Malaria Control Detachment □ противомалярийное подразделение

MCE medical care evaluation □ оценка качества медицинской помощи

MCF macrophage chemotactic factor □ фактор хемотаксиса макрофагов *(усиливающий хемотаксис макрофагов в очаге воспаления)*, МФХТ

MCF macrophage cytotoxic factor □ фактор цитотоксичности макрофагов; фактор, вооружающий макрофаги *(растворимый медиатор клеточно-зависимого иммунитета, высвобождаемый Т-лимфоцитами)*

MCFP Member of the College of Family Physicians □ член Коллегии семейных врачей

MCG myocardiography □ миокардиография

MCGF mast cell growth factor □ фактор роста тучных клеток

MCh *лат.* Magister Chirurgiae □ Master of Surgery □ магистр хирургии

MCH Maternal and Child Health □ охрана материнства и детства, ОМД; охрана здоровья матери и ребёнка, ОЗМР

MCH mean cell [corpuscular] hemoglobin □ среднее содержание гемоглобина в эритроците *(24–33 пг)*

MCH Medical College and Hospital □ медицинский колледж и больница

mC • h microcurie-hour □ микрокюри в час, мкКи • ч

MCH microfibrillar collagen hemostatics □ микрофибриллярные коллагеновые гемостатические средства

mC • h, mC-h millicurie-hour □ милликюри в час, мКи • ч

MCH Mother and Child Health □ охрана материнства и детства, ОМД

MCHC mean corpuscular hemoglobin concentration □ средняя концентрация гемоглобина в эритроците *(30–38 %)*

M Ch D Master of Dental Surgery □ магистр хирургической стоматологии

MCHg mean corpuscular hemoglobin □ среднее содержание гемоглобина в эритроците *(мкг)*

M Chir *лат.* Magister Chirurgiae □ Master of Surgery □ магистр хирургии хирургии

M Ch Orth Master of Orthopedic Surgery □ магистр ортопедической хирургии

M Ch Otol Master of Otology □ магистр отологии или оториноларингологии

MCHR Medical Committee for Human Rights □ Медицинский комитет по правам человека

μC-hr microcurie-hour □ микрокюри/час, мкКи • ч

mC-hr millicurie-hour □ милликюри/час, мКи • ч

MCHS Maternal and Child Health Service □ служба здоровья матери и ребёнка

M Ch S Member of the Society of Chiropodists □ член общества хиропрактиков-педикюрш

μCi microcurie(s) □ микрокюри, мкКи

MCI mild cognitive impairment □ лёгкий когнитивный дефицит

mCi millicurie □ милликюри, мКи

μCi • h microcurie • hour □ микрокюри в час, мкКи • ч

mCi • h millicurie • hour □ милликюри в час, мКи • ч

MCKD multicystic kidney disease □ мультикистозная дисплазия почки

MCL maximum contaminant level □ максимальный уровень контаминанта, в отношении которого неизвестны или не обнаруживаются неблагоприятные эффекты на здоровье

MCL medial collateral ligament □ медиальная коллатеральная связка

MCL mid-clavicular line □ средняя ключичная линия

MCLG maximum contaminant level goal □ достижение максимального уровня загрязняющего вещества

MClSc Master of Clinical Science □ магистр клинических наук

MCM microcircuit module □ микромодульная схема

MCMI Millon Clinical Multiaxial Inventory □ клиническая многосторонняя [многофакторная] психологическая оценка личности по опроснику Миллона

M Comm H Master of Community Health □ магистр здравоохранения

mcop microscopy □ микроскопия

mCoul millicoulomb □ милликулон, мКл

MCP membrane cofactor protein □ белок кофактора мембраны

MCP metacarpophalangeal □ пястно-фаланговый *(сустав)*

MCP monocyte chemotactic protein □ моноцитный хемотаксический белок

MCPA Member of the College of Pathologists, Australasia □ член Коллегии патологов Австралазии

MCPA, MCP 4-chloro-methylphenoxyacetic acid, methoxone □ 4-хлор-2-метилфеноксиуксусная кислота, метоксон

MCPath Member of the College of Pathologists □ член Коллегии патологов

Mc p s megacycles per second □ мегагерц в секунду

MCPS Member of the College of Physicians and Surgeons □ член Коллегии терапевтов и хирургов

MCQ multiple-choice question □ выбор правильного ответа из нескольких вопросов

MCR metabolic clearance rate □ скорость метаболического клиренса или очищения

MCR(R) Member of the College of Radiographers (Diagnostic Radiography) □ член Коллегии рентгенлаборантов

MCR(T) Member of the College of Radiographers (Radiotherapy) □ член Коллегии рентгенологов

MCRA Member of the College of Radiologists, Australasia □ член Коллегии радиологов Австралазии

MCSP Member of the Chartered Society of Physiotherapists □ член Почётного общества физиотерапевтов

MCT medium chain triglycerides □ промежуточные триглицериды *(1. триглицериды со средней длиной углеводородной цепи 2. жировой модуль, или пищевой ингредиент, содержащий в основном среднецепочечные триглицериды)*

MCT medullary carcinoma of the thyroid □ мозговидный рак щитовидной железы

MCT muscle tone □ мышечный тонус

MCTD mixed connective tissue disease □ смешанное заболевание соединительной ткани

MCU Malaria Control Unit □ противомалярийный отряд

MCUG micturating cystourethrography □ микционная цистоуретрография

MCV mean clinical value □ средний показатель эффективности лечения

MCV mean [cell] corpuscular volume □ средний объём эритроцитов *(75–95 мкм³)*

MCV Molluscum contagiosum virus □ вирус контагиозного моллюска

MCV voluntary muscle contraction □ произвольное мышечное сокращение

MCW Maternity and Child Welfare □ охрана материнства и детства, ОМД

MD Main Drain □ Мейн-Дрейн *(арбовирус)*

MD malic dehydrogenase □ дегидрогеназа яблочной кислоты

MD malrotation duodenum □ мальротация двенадцатиперстной кишки; незавершённый поворот кишечника

MD maniac-depressive □ маниакально-депрессивный

MD mean deviation □ средняя величина отклонения

MD *амер.* Medical Department □ департамент здравоохранения, медицинское управление

MD *лат.* Medicinae Doctor □ Doctor of Medicine □ доктор медицины *(высшая учёная степень по медицине. Ставится после фамилии)*

MD medicine and duty □ (проходит) лечение без освобождения от исполнения служебных обязанностей

Md Mendelevium □ менделеевий

MD mentally deficient □ умственная отсталость

MD microdilution □ микроразведение

md middle □ середина || средний

MD miners' disease □ анкилостомидоз кожи, анкилостомная анемия горняков

MD mitral disease □ патология митрального клапана

md *лат.* more dicto □ as directed □ *фарм.* как указано (в рецепте)

MD muscular degeneration □ дегенерация мышц

MD muscular dystrophy □ мышечная дистрофия

MDA malondialdehyde □ малоновый альдегид

MDA maternally derived antibodies □ материнские антитела

mDa megadalton □ мегадальтон

MDA motor discriminative acuity □ острое нарушение двигательной активности

MDA Muscular Dystrophy Association □ 1. Ассоциация по изучению мышечной дистрофии 2. Ассоциация больных мышечной дистрофией

MDAC marrow-derived adherent cell □ костномозговая адгезивная клетка

MdC Medical Corps □ медицинская служба; медицинские кадры

MDD major depressive disorder □ большая депрессия, депрессивный эпизод тяжёлой степени

MDEL medical decision concerning end of life □ медицинское заключение относительно эвтаназии

M Dent Sc Master in Dental Science □ магистр стоматологии

MDF macrophage disappearance factor □ фактор «исчезновения» макрофагов, ФИМ

MDF myocardial depressant factor □ фактор угнетения миокарда, депрессантный фактор миокарда

MDG malate dehydrogenase □ малатдегидрогеназа

MDG Medical Director-General of the Navy □ начальник медицинского управления военно-морских сил

MDG Mental Disorders Glossary □ глоссарий по психическим заболеваниям

MDH malic dehydrogenase □ дегидрогеназа яблочной кислоты

MDH melanin-dispersing hormone □ гормон, вызывающий дисперсию меланина

MDI mental development index □ индекс [показатель] умственного развития

MDI metered dose inhaler □ ингалятор с дозировочной шкалой

m. dict *лат.* more dicto □ as directed □ *фарм.* как указано утром

MDII multiple daily insulin injections □ многократные ежедневные инъекции инсулина

mdl model □ образец, модель

MDM mechanism of drug multiresistance □ механизм лекарственной полирезистентности

MDM mid-diastolic murmur □ мезодиастолический шум (сердца)

M-dopa methyl-dopa □ метилдопа

MDP malaria detection post □ станция обнаружения малярии

MDP myocardial depressant protein □ депрессорный белок миокарда, фактор угнетения миокарда

MDQ minimum detectable quantity □ минимальное определяемое количество, следовое количество, следы (вещества)

MDQ mood disorders questionnaire □ опросник для выявления расстройств настроения (особенно биполярных)

MDR macrophage disappearance reaction □ реакция элиминации макрофагов

MDR minimum daily requirement □ минимальная суточная потребность в пищевых веществах (белках, жирах, углеводах, витаминах и пр.)

MDR multidrug resistance □ резистентность ко многим лекарствам, полирезистентность

MDRD modification of diet in renal disease □ модификация диеты при заболеваниях почек

MDS Main Dressing Station □ главный перевязочный пункт

MDS Marine Distress Signals □ морские сигналы бедствия

MDS Master of Dental Surgery □ магистр хирургической стоматологии

MDS medical data system □ система медицинских данных

MDS medical dental service □ стоматологическая служба

MDS Minnesota Dermatological Society □ Дерматологическое общество штата Миннесота

MDS *лат.* misceatur, detur, signetur □ *фарм.* пусть будет смешано, отпущено и обозначено; смешай, отпусти и обозначь

MDS Mobile Dental Section □ подвижное зубоврачебное отделение

MDS non-metric multidimensional scaling □ психологическое неметрическое многомерное шкалирование (моделирование реальных процессов с помощью числовых систем)

MDT merito-dextra transversa (position of the fetus) □ лицевая линия в правом косом размере (позиция плода)

MDU Medical Defense Union □ Союз защиты медицинских работников

ME mature equivalent □ возрастной эквивалент

ME Medical Examiner □ судебно-медицинский эксперт

ME metabolizable energy □ метаболическая энергия

me milliequivalent □ *уст.* миллиэквивалент, мэкв (заменён на ммоль)

ME myalgic encephalomyelitis □ миалгический энцефаломиелит

MEA multiple endocrine adenomatosis □ множественный эндокринный аденоматоз, полигландулярная эндокринопатия, МЭА (аденоматоз нескольких эндокринных желёз)

me alc methyl alcohol □ метиловый [древесный] спирт, метанол

meas 1. measure □ мера 2. measurement □ 1. измерение 2. размеры

MEB Medical Examining Board □ постоянная врачебная комиссия, врачебная контрольная комиссия, ВКК

MEB Mount Elgon Bat □ Летучих мышей Маунт – Элгона (арбовирус)

Me Br methyl bromide □ метиловый бромид

MEC minimum effective concentration □ минимальная эффективная концентрация

med medialis □ медиальный *(ближе к срединной линии)*

med median □ 1. *стат.* медиана, среднее значение выборки 2. средний, срединный

med medical □ медицинский; врачебный; медико-санитарный

MED *амер.* Medical Department □ медицинский департамент, медицинское управление

MED medical electronic desk-top □ ЭВМ с медицинской программой

MED, med medicine □ 1. медицина 2. лекарственное средство, медикамент 3. лечение

med medium □ 1. середина, средний 2. питательная среда, среда роста; субстрат

MED minimal effective dose □ минимальная эффективная доза

MED minimal erythema dose □ минимальная эритемная доза

Med Bn Medical Battalion □ медицинский батальон, медико-санитарный батальон

Med Co Medical Company □ медицинская рота, медико-санитарная рота

Med Dep Medical Depot □ базовый склад медико-санитарного имущества

Med Dep Co Medical Depot Company □ рота обслуживания складов медико-санитарного имущества

Med Dept *амер.* Medical Department □ медицинский департамент, медицинское управление

Med Det Div Hq Medical Detachment Divisional Headquarters □ медицинский отряд штаба дивизии

Med Dis medical discharge □ увольнение из армии по состоянию здоровья

Medex *фр.* médecin ex ension □ extension of the physician □ программа подготовки врачей в интернатуре

MEDICARE Medical Care □ программа государственного медицинского обслуживания *(особенно неимущих престарелых)*, «Медикэр» *(США)*

MEDIS Medical Service □ медицинская служба

MEDISPA Medical Sterile Products Association □ Ассоциация по производству медицинских стерильных изделий

Med Jur Medical Jurisprudence □ судебная медицина, медицинская юриспруденция

med lab, medlab medical laboratory □ медицинская лаборатория

MEDLARS Medical Literature Analysis and Retrieval System □ система поиска и анализа медицинской литературы, МЕДЛАРС

MEDLINE MEDLARS on-line □ МЕДЛАРС он-лайн *(система МЕДЛАРС в интерактивном режиме)*

Med Off Medical Officer □ офицер медицинской службы; военный врач

Med(O)RC Medical (Officers) Reserve Corps □ резерв офицерского состава медицинской службы

Med RC(E) *амер.* Medical (Enlisted) Reserve Corps □ резерв рядового и сержантского состава медицинской службы

Med Res Medical Reserve Corps □ резерв медицинской службы

Med Rgt *амер.* Medical Regiment □ медицинский полк

Med Sch Medical School □ военно-медицинская школа

Med Sec Medical Section □ медицинская секция; медицинское отделение

MEDSERSON *амер.* Medical Service Squadron □ эскадрилья медицинского обслуживания

Med Sp Dep, Med Sup Dep Medical Supply Depot □ базовый склад медико-санитарного имущества

MED system microendoscopic diskectomy system □ микроэндоскопическая система для дискэктомии

meet meeting □ собрание; совещание

MEF maximum expiratory flow □ максимальная скорость выдоха

MEF mean expiratory flow rate □ средняя скорость выдоха

MeF methyl fluoride □ *хим.* фтористый метил

MEG magnetoencephalogram □ магнитоэнцефалограмма

MEG magnetoencephalograph □ магнитоэнцефалограф

MEI Medicare Economic Index □ экономический индекс «Медикэра»

MEK methyl ethyl ketone (butan-2-one) □ метилэтилкетон

mekv milliequivalent □ *уст.* миллиэквивалент, мэкв *(заменён на ммоль)*

MEL Melao □ Мелао *(арбовирус)*

MELAS mitochondrial encephalomyopathy, lactic acidosis and stroke-like episodes □ митохондриальная энцефалопатия, молочный ацидоз и нарушения мозгового кровообращения

MEM macrophage electrophoretic mobility (test) □ электрофоретическая подвижность макрофагов; тест определения электрофоретической подвижности макрофагов, ЭПМ

mem member □ член *(общества)*

mem memory □ 1. память 2. *выч. тех.* запоминающее устройство

MEM minimal essential medium □ минимальная незаменимая среда

memb membrane □ мембрана; диафрагма

MEMS Medication Event Monitoring System □ мониторная система приёма лекарств *(устройство, регистрирующее приём лекарств)*

MEN multiple endocrine neoplasia □ множественный эндокринный аденоматоз, полигландулярная эндокринопатия, множественная неоплазия эндокринных желёз, МЭА

meno menopausal □ относящийся к менопаузе

ment mental □ умственный, ментальный

mentd mentioned □ упомянутый

MeOH methyl alcohol □ метиловый [древесный] спирт, метанол

MEP maximum expiratory pressure □ максимальное давление на выдохе

MEP motor end-plate □ нервно-мышечный синапс или аппарат, моторная бляшка

MEPP miniature end-plate potential □ микропотенциал с концевой пластинки

μeq microequivalent □ *уст.* микроэквивалент *(заменён на микромоль, мкмоль)*

mEq, meq milliequivalent ☐ *уст.* миллиэквивалент, мэкв *(заменён на миллимоль, ммоль)*

mEq/L milliequivalent/litre ☐ миллиэквивалент [миллимоль]/литр, ммоль/л, ммоль • л⁻¹

MER Mermet ☐ Мермет *(арбовирус)*

MER methanol extract residue ☐ субклеточный препарат [дериват] из вакцины БЦЖ

M/E ratio myeloid/erythroid ratio ☐ миелоидно-эритроидный коэффициент

MERLIN Medical Emergency Relief International ☐ Скорая международная медицинская помощь *(негосударственная благотворительная организация, Великобритания)*

MERRF myoclonal epilepsy and ragged-red fider disease ☐ миоклонус-эпилепсия в сочетании с рваными красными мышечными волокнами

MES Bech – Rafaelsen Melancholia Rating Scale ☐ шкала оценки депрессии Бека – Рафаэльсена

MESA malaria eradication special account ☐ специальный счёт для ликвидации малярии, МЕСА

MeSH Medical Subject Headings ☐ «Указатель предметных заголовков» *(библиографический указатель Национальной медицинской библиотеки США)*

MeSoReP Medical Social Research Project ☐ программа медицинских и социальных исследований

MET metabolic equivalent ☐ метаболический эквивалент *(соответствует потреблению кислорода мужчиной 40 лет, весом 70 кг, в состоянии покоя, что соответствует 3,5 мл/кг/мин)*

Met methionine ☐ метионин, Мет

met metronome ☐ метроном

metab. 1. metabolism ☐ метаболизм, обмен веществ **2.** metabolites ☐ метаболиты

meteor, meteorol 1. meteorology ‖ meteorologic(al) ☐ метеорология ‖ метеорологический **2.** meteorologist ☐ метеоролог

Meteo S meteorology station ☐ метеорологическая станция, метеостанция

meth method ‖ methodical ☐ метод ‖ методический

meth methylated ☐ метилированный, денатурированный

meth alc methyl alcohol ☐ метиловый [древесный] спирт, метанол

Met Hb methemoglobin ☐ метгемоглобин

methonit methonitrate ☐ *фарм.* метонитрат

meths methylated spirit ☐ метилированный [денатурированный] спирт

Methyl Sulph methylsulphate ☐ метилсульфат

MetMg, MetMgb metmyoglobin ☐ метмиоглобин

m. et n. *лат.* mane et nocte ☐ in the morning and at night ☐ *фарм.* утром и ночью

met rep meteorological report ☐ метеорологическая сводка

mets metastases ☐ метастазы

M et sig *лат.* misce et signa ☐ mix and write a label ☐ *фарм.* смешай и обозначь

m et v *лат.* mane et vespera ☐ morning and evening ☐ *фарм.* утром и вечером

MEV Methotrexatum, Cyclophosphanum [Endoxan], Vincristinum ☐ метотрексат, циклофосфан [эндоксан], винкристин *(программа химиотерапии онкологических больных)*

MeV million electron volts (= 10⁶ eV) ☐ мегаэлектрон-вольт, миллион электрон-вольт, МэВ

M/F man/woman, male/female ☐ соотношение мужчин и женщин; соотношение особей мужского и женского пола

MF Mediterranean fever ☐ средиземноморская лихорадка

MF megafarad ☐ мегафарад *(10⁶ фарад)*

mf microfarad ☐ микрофарад *(10⁻⁶ фарад)*

Mf microfilaria ☐ микрофилярия

mf microfilm ☐ микрофильм

MF microscopic factor ☐ микроскопический фактор

Mf *лат.* misceatur, fiat ☐ *фарм.* смешай, сделай или приготовь

MF mitogenic factor ☐ митогенный [бластогенный] фактор

MF mitotic figures ☐ фигуры митоза

MF mycosis fungoides ☐ грибовидный микоз, грибовидная фунгоидная гранулёма, Алибера – Базена микоз

MF myelofibrosis ☐ миелофиброз

MFA methyl fluoroacetate ☐ метилфторацетат

MFB Medical Field Book ☐ полевое наставление по военно-медицинской службе

MFB metallic foreign body ☐ металлическое инородное тело

MFCM Member of the Faculty of Community Medicine ☐ член Общества [факультета] общественной медицины

mfd manufactured ☐ изготовленный

MFD minimum fatal dose ☐ минимальная смертельная [летальная] доза

MFF macrophage fusion factor ☐ фактор слияния макрофагов

MFH malignant fibrous histiocytoma ☐ злокачественная фиброзная гистиоцитома

MFH Military Field Hospital ☐ полевой военный госпиталь

MFHom Member of the Faculty of Homeopathy ☐ член Гомеопатического общества

MFI mean fold increase ☐ среднекратный прирост

MFM *амер.* Medical Field Manual ☐ наставление [руководство] по военно-медицинской службе

M.f.m. et qua form *лат.* misce, fiat massa et qua formentur ☐ *фарм.* смешай, сделай массу и приготовь лекарственную форму *(пилюли, свечи)*

MF/MWS male/female; married/widow(er)/single ☐ соотношение мужчин и женщин; соотношение женатых, вдовых и одиночек

MFOM Member of the Faculty of Occupational Medicine ☐ член Общества профилактики профессиональных заболеваний

M.f.p. *лат.* misce, fiat pulvis ☐ *фарм.* смешай, сделай порошок

MFPIA monoclonal antibody fluorescence polarization immunoassay ☐ флуоресцентно-поляризационный иммуноанализ моноклональных антител

M.f.pil. *лат.* misce fiat pilulae ☐ *фарм.* смешай, сделай пилюли

MFR, mfr 1. manufacture ☐ производство; изделие **2.** manufacturer ☐ производитель

MFR marital fertility rate □ коэффициент брачной фертильности

M/F/S married/widow(er)/single □ замужняя (женатый)/вдова (вдовец)/холостая (холостой)

M. f. supp. *лат.* misce, fiat suppositoria □ *фарм.* смешай, сделай свечи

M. ft. *лат.* mistura fiat □ let a mixture be made □ *фарм.* сделай микстуру

MFT muscle function test □ исследование мышечной функции

mg % concentration of a solution, milligrams per 100 milliliters □ концентрация раствора в мг %

MG macroglobulinemia □ макроглобулинемия

mg agazine □ журнал

Mg Magnezium □ магний

mg marginal □ 1. предельный 2. краевой

MG medical gymnastics □ лечебная гимнастика

mg microgram □ микрограмм, мкг *(10⁻⁶ г)*

mg milligamma, nanogram □ нанограмм *(10⁻⁹ г)*

mg milligram □ миллиграмм, мг *(10⁻³ г)*

MG monoglyceride □ моноглицерид

MG myastenia gravis □ миастения, болезнь Эрба – Гольдфлама

MGA medical gas analyzer □ медицинский газоанализатор

MG agglutinin agglutinin against Streptococcus MG □ агглютинины [антитела] к стрептококку MG

MgbCO carboxymyoglobin □ карбоксимиоглобин

MgbO₂ oxymyoglobin □ оксимиоглобин

mg/dl milligram/deciliter □ миллиграмм на децилитр, миллиграмм/100 мл, мг/дл

MGH Massachusetts General Hospital □ больница общего профиля штата Массачусетс

mgh milligram hour □ миллиграмм-час, мг • ч *(единица дозы лучевой терапии)*

mg/l milligram/liter □ миллиграмм-литр, мг/л

mgm milligram(me) □ миллиграмм, мг

MGN membranous glomerulonephritis □ мембранозный гломерулонефрит

MGS metric gravitational system □ метрическая гравитационная система

MGUS monoclonal gammapathy of undetermined [unknown] significance □ моноклональная гаммапатия неустановленной этиологии

mGy microgray □ микрогрэй, мкГр *(поглощённая доза излучения, керма = 10⁻⁶ Гр)*

mGy milligray □ миллигрэй, мГр *(10⁻³ Гр)*

MH Mahogany Hammock □ Махогани – Хаммок *(арбовирус)*

MH maleic hydrazide □ гидразид малеиновой кислоты

MH malignant hyperthermia □ злокачественная гипертермия

MH mammotropic hormone □ пролактин, лютеотропный гормон, ЛТГ, *уст.* маммотропный гормон

MH D-mannoheptulose □ Д-манногептулёза

MH marital history □ брачный [семейный] анамнез

MH melanophore hormone □ меланоформный [меланоцитостимулирующий] гормон, МСГ

MH menstrual history □ менструальный анамнез; менструальная функция

MH mental health □ психическое здоровье

mH microhenry □ микрогенри, мкГ *(10⁻⁶ Г)*

mH millihenry □ миллигенри, млГ *(10⁻³ Г)*

MH *англ.* Ministry of Health □ Министерство здравоохранения

MH mutant hybrid □ мутантный гибрид

MHA Maryland Hospital Association □ Мэрилендская больничная ассоциация

MHA Massachusetts Hospital Association □ Массачусеттская больничная ассоциация

MHA methemalbumin □ метгемальбумин

MHA microangiopathic hemolytic anemia □ микроангиопатическая гемолитическая анемия

MHA microhemagglutination □ микрогемагглютинация

MHA Minnesota Heart Association □ Миннесотская кардиологическая ассоциация

MHA-TP microhemagglutination test for Treponema pallidum □ реакция микрогемагглютинации при сифилисе

MHB maximum hospital benefits □ максимум больничных удобств

Mhb methemoglobin □ метгемоглобин

Mhb myohemoglobin □ миогемоглобин

MHC major histocompatibility complex □ главный комплекс гистосовместимости; ГКГ *(генная область, кодирующая антигены гистосовместимости и играющая главную роль в реакции донор – реципиент)*

MHC mental health clinic □ психиатрическая клиника

MHC multiphasic health check up □ многоступенчатое исследование состояния здоровья

MHCA major histocompatibility antigens □ антигены главного комплекса гистосовместимости, *см. тж.* **MHC** major histocompatibility complex

mhcp mean horizontal candlepower □ средняя горизонтальная сила света

MHD magnetohydrodynamic □ магнито-гидродинамический, гидромагнитный

MHD maintenance hemodialysis □ поддерживающий гемодиализ; хронический гемодиализ

MHD minimum hemolytic dose □ минимальная гемолитическая доза

MHE mass health examination □ массовое обследование состояния здоровья населения

MHEC multiphasic health examination clinic □ (диагностический) центр многоступенчатого исследования состояния здоровья

MHF Machupo hemorrhagic fever □ боливийская геморрагическая лихорадка, лихорадка Мачупо

mHg millimeters of mercury □ миллиметры ртутного столба, мм рт. ст.

MHI malignant histiocytosis of the intestine □ злокачественный гистиоцитоз кишечника

MHI Montreal Heart Institute □ Монреальский институт кардиологии

MHLW Ministry of Health, Labour and Wellfare □ Министерство здравоохранения, труда и социального обеспечения *(Япония)*

MHM maximum hygroscopic moisture □ максимальная гигроскопичность или влажность

MHO Medical Health Officer □ работник общественного здравоохранения

MHO microsomal heme oxygenase □ микросомальная гемоксигеназа

MHP Maternal Health Program □ программа охраны материнства

MHP Migrant Health Program □ программа охраны здоровья переселенцев или мигрантов

MHR major histocompatibility region □ главный [большой] локус гистосовместимости

MHR methemoglobin reductase □ метгемоглобин-редуктаза

MHRI Mental Health Research Institute □ Научно-исследовательский институт психического здоровья

MHS major histocompatibility system □ главная система тканевой совместимости

MHS medical history sheet □ история болезни; медицинская карта

MHSP mitochondrial heat shock protein □ митохондриальный белок теплового шока

MHT multiphasic health testing □ многоступенчатое исследование состояния здоровья

MH test Mantel – Haenzel test □ тест МН [Мантеля – Хензеля] для определения выживаемости

MHV Murine hepatitis virus □ вирус гепатита мышей, ВГМ

MHyg Master of Hygiene □ магистр гигиены

MHz megahertz □ мегагерц, МГц $(10^6\ \textit{Гц})$

MI maturation index □ индекс созревания

MI Medical Inspection □ врачебная инспекция, медицинский надзор

Mi microophthalmia □ 1. микроофтальмия 2. мутантный ген, определяющий микроофтальмию

MI migration index □ индекс миграции

mi mile □ миля *(сухопутная – 1,609 м, США; морская – 1,852 м, Великобритания)*

mi milliampere □ миллиампер, мА

Mi mitochondria □ митохондрия

MI mitral incompetence [insufficiency] □ недостаточность митрального клапана

MI mobility inventory for agoraphobia □ опросник для выявления выраженности агорафобического избегания и частоты панических атак

MI mortality index □ смертность, коэффициент смертности

MI myocardial infarction □ инфаркт миокарда

MI myocardial ischemia □ ишемия миокарда

MIA missing in action □ пропавший без вести в бою

MIAP modified innervated antral pouch □ видоизменённый иннервированный малый желудочек в антральном отделе *(желудка)*

MIBG meta-iodo-benzyl-guanidine □ мета-йод-бензил-гуанидин

MIBiol Member of the Institute of Biology □ член института биологии или биологического общества

mic microhenry (a popular usage) □ микрогенри, мкГ $(10^{-6}\ \textit{Г})$

mic 1. micrometer □ микрометр 2. micrometry □ микрометрия

mic 1. microscope ‖ microscopic □ микроскоп ‖ микроскопический 2. microscopy □ микроскопия

mic microwave □ микроволна ‖ микроволновый

MIC(s) minimal inhibitory concentration(s) □ минимальная подавляющая концентрация или доза *(обычно антибиотика)*, МПК

MIC minimal isorrheic concentration □ минимальная концентрация выделяемой мочи при нормальном объёме её выделения

MIC mitomycin, ifosfamid, cisplastin □ митомицин, ифосфамид, циспластин *(программа химиотерапии онкологических больных)*

MICLD mouse intracerebral lethal dose □ летальная внутримозговая доза для мышей

MICID$_{50}$ mouse intracerebral lethal dose □ 50%-ная мышиная внутримозговая культуральная летальная доза

MICP Maternity and Infant Care Project □ проект охраны детства и материнства

MICR magnetic ink character recognition □ *мед. тех.* распознавание магнитных знаков, написанных магнитными чернилами

micr microscopic □ микроскопический

microbar microbarograph □ микробарограф

microm 1. micrometer □ микрометр $(10^{-6}\ \textit{м})$ 2. micrometry □ микрометрия

MICU mobile intensive care unit □ реанимационный автомобиль, реанимобиль

MID Middelburg □ Миддельбург *(арбовирус)*

MID minimal immunizing dose □ минимальная иммунизирующая доза или концентрация, МИД

MID minimal infective dose □ минимальная инфицирующая доза

MID minimal inhibitory dilution □ минимальное ингибирующее разведение

MID minimal inhibitory dose □ минимальная подавляющая доза или концентрация, МПК *(обычно антибиотика)*

MIE Medical Informatics in Europe □ медицинская информатика в Европе

MIEMSS Maryland Institute for Emergency Medical Service Systems □ Система скорой медицинской помощи Мерилендского института

MIF macrophage migration inhibitory factor □ фактор, угнетающий [ингибирующий] миграцию макрофагов, ФУМ

MIF maximal inspiratory force □ максимальная скорость вдоха

MIF melanocyte-stimulating hormone [releasing] inhibiting factor □ меланостатин, меланотропин-рилизинг-ингибирующий фактор

MIF merthiolate-iodine-formaldehyde technique □ метод диагностики простейших кишечника с помощью мертиолят-йод-формалина

MIF meteorological information □ метеорологическая сводка

MIF migration inhibiting factor □ фактор подавления миграции *(напр. лейкоцитов)*

MIF Mullerian inhibitory factor □ фактор, ингибирующий развитие мюллеровых протоков

MIFR maximum inspiratory flow rate □ максимальная скорость вдоха

mIg membrane immunoglobulin □ мембранный иммуноглобулин

MIGW maximum increment in growth and in weight □ максимальный прирост в росте и массе тела

MIH Master of Industrial Health □ магистр промышленной гигиены

MILA macrophage insulin-like activity □ инсулиноподобная активность макрофагов

millirem milliroentgen-equivalent-man □ *уст.* миллирем *(биологический эквивалент миллирентгена), см.* **REM** roentgen-equivalent-man

MIM Mendelian Inheritance in Man □ каталог наследственных заболеваний человека

MIMyCa maternally inherited myopathia and cardiopathia □ заболевание, наследуемое по материнской линии и проявляющееся миопатией и кардиопатией, возникающими во взрослом возрасте

min minim □ мельчайшая частица

min minimum □ минимум, минимальное количество

MIN Minnal □ Миннал *(арбовирус)*

min minor □ умеренный; небольшой

MINA monoisonitrosoacetone □ моноизонитрозоацетон

M-in-L mother-in-law □ тёща

MIO minimal identifiable odor □ минимальный запах, поддающийся определению; наименьший обнаруживаемый запах

MIP maximum inspiratory pressure □ максимальное давление на вдохе

MIP maximum intensity projection □ *рентг.* проекция максимальной интенсивности

MIP, mip mean indicated pressure □ среднее индикаторное давление

MIP Missouri Institute of Psychiatry □ Институт психиатрии штата Миссури

MIPR Member of the Institute of Public Relations □ член Института социологических исследований

MIRD medium internal radiation dose □ средняя доза внутреннего облучения

MIRF macrophage Ia recruiting factor □ фактор рекрутинга макрофагальных Ia-антигенов

MIRU Myocardial Infarction Research Units (NHLI) □ научная группа по изучению больных инфарктом миокарда

MIS Mullerian inhibiting substance □ субстанция, вызывающая регрессию мюллеровых протоков

misc miscarriage □ самопроизвольный аборт, выкидыш *(при сроке беременности до 20 недель)*

misc miscellaneous □ разнообразный, разный

MISP Man in Space Program □ Программа освоения космоса человеком

MISS Modified Inventory Severity Scale □ модифицированная шкала оценки тяжести травм

MIST Medical Information Service via Telephone (Alabama) □ Медицинская информационная телефонная служба *(штата Алабама)*

mist *лат.* mistura □ mixture □ 1. смесь 2. микстура

MIT metabolic inhibition test □ реакция угнетения метаболизма

MIT methylisothiocarbamate □ метилизотиокарбамат

MIT miracidial immobilization test □ реакция иммобилизации мирацидий

MIT monoiodotyrosine □ монойодтирозин

mit. insuf. mitral insufficiency □ недостаточность митрального клапана

MITU mobile inflatable treatment unit □ мобильная [портативная] раздуваемая барокамера

MIU Myocardial Infarction (Research) Unit(s) □ группа по изучению больных инфарктом миокарда

mixt mixture □ *фарм.* микстура

MJ marijuanna, marihuanna □ марихуана, план; анаша

MJA mechanical joint apparatus □ аппарат для механического сочленения

mk mark □ 1. метка; маркёр; отметка 2. знак 3. модель, образец

MK monkey kidney □ почка обезьяны; культура клеток из почки обезьяны

μkat microkatal □ микрокатал *(активность фермента, обусловливающая превращение 1 микромоля субстрата в 1 сек)*

mkg marking □ обозначение, маркировка; отметка; разметка

mks marks □ знаки, пометы

MKS, mks meter – kilogram – second system □ система «метр – килограмм – секунда», МКС

MKS(A) meter – kilogram – second (ampere) □ метр – килограмм – секунда (ампер) *(основные и дополнительные единицы в системе МКС)*

MKTC monkey kidney tissue culture □ культура клеток из почки обезьяны

mku millicurie □ милликюри, мКи

ML Licentiate in Medicine □ лиценциат медицины *(обладатель лицензии на право самостоятельной медицинской практики)*

ML Licentiate in Midwifery □ лиценциат акушерства *(обладатель лицензии на право самостоятельной акушерской практики)*

ML machine language □ *выч. тех.* машинный язык

ML malignant lymphoma □ злокачественная лимфома

ML mean level □ средний уровень

ML Medical Laboratory □ медицинская лаборатория

mL, ml microliter □ микролитр, мкл $(10^{-6}$ л)

ML midline □ средняя линия

ml milliliter □ миллилитр, мл $(10^{-3}$ л)

ML mucolipidosis □ муколипидоз

MLA left mentoanterior □ левая подбородочно-передняя *(позиция плода)*

MLA Medical Library Association □ Ассоциация медицинских библиотек *(США)*

MLAFDU Mobile Laundry and Forward Decontamination Unit □ полевое подвижное прачечное подразделение и передовой дезинфекционный отряд

MLAP mean left atrial pressure □ среднее давление в левом предсердии

MLB macrolymphoblast □ макролимфобласт

MLC minimal lethal concentration □ минимальная смертельная концентрация

MLC mixed lymphocyte culture □ смешанная культура лимфоцитов, СКЛ *(для определения реакции на трансплантат)*

MLC antigens mixed lymphocyte culture antigens □ MLC-антигены, LD-антигены, LD-детерминанты, антигены гистосовместимости

MLCK myosin light chain kinase □ киназа лёгкой цепи миозина

MLD masking level difference □ разница в уровне маскирующего шума

MLD, MLD$_{50}$, mld$_{50}$ median lethal dose □ средняя смертельная [летальная] доза *(приводящая к гибели 50 % подвергнутых воздействию особей)*

MLD metachromatic leukodystrophy □ метахроматическая лейкодистрофия, болезнь Шольца – Гринфилда *(наследственное демиелинизирующее заболевание ЦНС)*

MLD minimal lethal dose □ минимальная смертельная [летальная] доза, МЛД

MLF medium low temperature freezer □ рефрижератор с умеренно низкой температурой

ml/h milliliter/hour □ миллилитров в час, мл/ч

MLHFQ Minnesota Living with Heart Failure Questionnaire □ миннестотский опросник индекса качества жизни больных с хронической сердечной недостаточностью

MLN mesenteric lymph nodes □ лимфатические узлы брыжейки кишечника, мезентериальные лимфатические узлы

MLNS mucocutaneous lymph nodes syndrome □ синдром вовлечения в воспалительный процесс кожи, слизистой оболочки и лимфатических узлов; болезнь Кавасаки

MLP left mentoposterior □ левая подбородочно-задняя *(позиция плода)*

MLR mean length of response □ средняя продолжительность реакции

MLR mixed leukocyte [lymphocyte] reaction □ *иммун.* реакция лимфоцитов в смешанной культуре

MLS mean (red cell) lifespan □ средняя продолжительность жизни *(эритроцитов)*

MLS median longitudinal section □ продольный срез в срединной плоскости

MLs minor lymphocytes □ малые лимфоциты

MLSO Medical Laboratory Scientific Officer □ научный сотрудник медицинской лаборатории

MLT left mentotransverse (position of the fetus) □ лицевая линия в левом косом размере *(позиция плода)*

MLT median lethal time □ среднее время жизни *(время, по истечении которого погибает 50 % подопытных животных)*

MLTI mixed lymphocyte target interaction □ взаимодействие смешанных лейкоцитарных клеток-мишеней

MLV modified live virus □ модифицированный [ослабленный] живой вирус *(применяется для вакцинации)*

MLV murine leukemia virus □ вирус мышиного лейкоза

mlx millilux □ миллилюкс, млк

MM *усл.* нормальный генотип a$_1$-антитрипсина

MM malignant melanoma □ злокачественная меланома

mm matrimony □ супружество, брак

M/M maximum and minimum □ максимум и минимум

MM medical management □ консервативное [медикаментозное] лечение

MM methacryl methylate □ метакрила метилат

MM methadon maintenance □ поддерживающее лечение фенадоном или метадоном

μm micrometer □ микрометр, мкм, *уст.* микрон *(10^{-6} м)*

mm micromicron, picometer □ пикометр, пм, *уст.* микромикрон *(миллионная доля микрона, 10^{-12} м)*

μM micromole □ микромоль, мкмоль *(10^{-6} моля)*

mm millimeter □ миллиметр, мм *(10^{-3} м)*

mμ millimicrometer, millimicron □ нанометр, нм, *уст.* миллимикрон *(10^{-9} м)*

mM millimole □ миллимоль, ммоль *(0,001 моля)*

MM mucous membrane □ слизистая оболочка

MM multiple myeloma □ миеломная болезнь, миеломатоз, множественная миелома

mm muscles □ мышцы

mm *лат.* mutatis mutandis □ with necessary changes □ с необходимыми изменениями

MM myeloid metaplasia □ миелоидная метаплазия

MMA methylmalonic acid □ метилмалоновая кислота

MMA Montana Medical Association □ Медицинская ассоциация штата Монтана *(США)*

MMAS Massachussets Male Aging Study □ массачуссетское исследование старения мужчин

MMC Metropolitan Medical Center (New York City) □ Главный медицинский центр *(Нью-Йорк)*

μμC micromicrocurie, picocurie □ пикокюри, пКи *(10^{-12} кюри)*

mμC millimicrocurie, nanocurie □ нанокюри, нКи *(10^{-9} кюри)*

MMC mucosal mast cell □ тучные клетки слизистых оболочек

MMD myotonic muscular dystrophy □ атрофическая миотония, миотоническая дистрофия

M Med, M Med Sc Master of Medical Science □ магистр медицины или медицинских наук

MMEF (rate) maximum midexpiratory flow (rate) □ максимальная скорость потока воздуха в середине выдоха

MMF macrophage mitogenic factor □ индуктор пролиферации макрофагов, макрофаг-митогенный фактор

MMF *см.* **MMEF (rate)**

μμF micromicrofarad, picofarad, pF □ пикофарад *(10^{-12} фарад)*

MMF Member of the Medical Faculty □ член совета медицинского факультета

MMFR maximal midexpiratory flow rate □ максимальная объёмная скорость выдоха, МОСВ

MMFV maximum midexpiratory flow volume □ максимальная величина среднего объёма воздуха

μμg micromicrogram, picogram, pg □ пикограмм, пг, *уст.* микромикрограмм *(10^{-12} г)*

μmg micromilligram, nanogram, ng □ нанограмм, нг *(10^{-9} г)*

mμg millimicrogram, nanogram, ng □ нанограмм, нг *(10^{-9} г)*

mm/h millimeter per hour □ миллиметров в час, мм/ч

mmHg millimeters of mercury □ миллиметров ртутного столба, мм рт. ст.

mm H$_2$O millimeter of water □ в миллиметрах водяного столба, мм водн. ст.

MMI macrophage migration inhibition □ ингибирование миграции макрофагов

MMI methylmercaptoimidasole □ метилмеркаптоимидазол

MMIA Medical Malpractice Insurance Association □ Ассоциация по страхованию от врачебных ошибок

MMIH syndrome megacystis-microcolon-intestinal hypoperistaltis syndrome □ синдром увеличенного мочевого пузыря, укороченной толстой кишки и недостаточной перистальтики тонкой кишки

MMIS Medical Management Information Systems (HEW) □ Информационная служба медицинского управления (*Департамента здравоохранения, образования и социального обеспечения, США*)

mM/L millimoles per liter □ миллимоль/литр, ммоль/л

MML myelomonocytic leukemia □ миеломоноцитарный лейкоз

MMM masticatory muscle myositis □ 1. миозит жевательных мышц 2. миопатия жевательных мышц

MMM 1. Military Medical Manual □ военно-медицинский справочник (*армии США*) **2.** military medical mobilization □ военно-медицинская мобилизация

MMM myelofibroplasia □ миелофиброплазия

MMM myelofibrosis and myeloid metaplasia □ миелофиброз и миелоидная метаплазия

MMO Main Meteorological Office □ 1. Главное метеорологическое управление 2. основная метеорологическая станция

μmole micromole □ микромоль, мкмоль

mmol millimole □ миллимоль, ммоль

mmol/l millimole/liter □ миллимоль/литр, ммоль/л, ммоль • л⁻¹

MMP macrophage membrane potential □ трансмембранный потенциал макрофагов

MMPA maxillary mandibular planes angle □ угол плоскости верхней и нижней челюсти

MMPB Michigan Medical Practice Board □ Мичиганское общество практикующих врачей

MMPI Minnesota Multiphasic Personality Inventory □ миннесотский многофазный опросник тестирования личности, миннесотская многофазная психофизиологическая оценка личности

mmpp millimeters partial pressure □ миллиметры парциального давления

MMR mass miniature radiography □ масс-микрорадиография

MMR (vaccine) measles-mumps-rubella (vaccine) □ ассоциированная паротидно-краснухо-коревая вакцина

MMR monomethylrutin □ монометилрутин

MMS Massachusetts Medical Society □ Массачусетское медицинское общество

MMS Master of Medical Science □ магистр медицинских наук (*учёная степень*)

MMS microplate information management system □ компьютерная программа для обработки иммунологических тестов на планшетах

MMS middle molecular weight substances □ вещества со среднемолекулярной массой

MMSA Master of Midwifery of the Society of Apothecaries □ магистр акушерства общества фармацевтов

MMSE mini mental state examination □ краткая шкала оценки психического состояния человека

mmst muscle strength □ мышечная сила

MMTP Methadone Maintenance Treatment Program □ программа поддерживающего лечения фенадоном [метадоном]

MMTV mouse mammary tumor virus □ вирус [фактор] опухоли молочных желёз мышей, Биттнера вирус (*вирус рода лейковирусов, подрода D*)

MMU mercaptomethyl uracil □ меркаптометилурацил

MMV mandatory minute volume □ стабильный [заданный] минутный объём (*дыхания*)

MM virus encephalomyocarditis virus □ вирус энцефаломиокардита или параполиомиелита

MMW middle molecular weight □ средней молекулярной массы (*о веществах, соединениях*)

MN malignant nephrosclerosis □ злокачественный нефросклероз

Mn manganese □ марганец

μN micronewton □ микроньютон, мкН (*10⁻⁶ ньютон*)

mN millinewton □ миллиньютон, мН (*10⁻³ ньютон*)

MN mononuclear □ мононуклеарный, одноядерный (*лейкоцит*)

MN motor neuron □ мотонейрон

MNAS Member of the National Academy of Sciences □ член Национальной академии наук (*США*)

MNCs mononuclear cells □ мононуклеарные клетки

MNCV motor nerve conduction velocities □ скорость проведения (импульса) по двигательному нерву

MND minimum necrosing dose □ минимальная доза, вызывающая некроз

MND motor neuron disease □ поражение мотонейрона

mngmt management □ 1. управление; руководство 2. лечение

mnm minimum □ минимум

MNP marginal neutrophil pool □ краевой пул нейтрофилов (*в сосудистом русле*)

MNP medical nurse practitioner □ практикующая медицинская сестра

MNSs Blood Group MNSs □ *усл.* изоантигены [антигены] системы MNSs (*групп крови человека*)

mntr monitor □ монитор; контрольное устройство

MO Medical Officer □ 1. офицер медицинской службы; военный врач 2. руководитель лечебного учреждения или подразделения 3. *англ.* врач-ординатор

MO medical orderly □ санитар

MΩ Megaohm □ мегаом, МОм

MO melatonin onset □ начало выработки [секреции] мелатонина

MO mesial, occlusal surfaces of a tooth □ мезиально-окклюзионная поверхность зуба; мезиальная и окклюзионная поверхность зуба

μΩ Microohm □ микроом, мкОм

mO milliosmol □ миллиосмол (*0,001 осмола*)

MO mineral oil □ 1. минеральное масло 2. нефть; нефтепродукт

MO minute output (of heart) □ минутный объём крови или сердца

mo mode □ 1. образ 2. способ, метод

m.o. *лат.* modus operandi □ manner, method of operating □ способ действия, план

Mo Molybdenum □ молибден

mo month □ месяц

MoAb monoclonal antibodies □ моноклональные антитела

MO&G Master of Obstetrics and Gynecology □ магистр акушерства и гинекологии

Mob Hosp Mobile Hospital □ полевой подвижной госпиталь

Mob Vet H, Mob VH Mobile Veterinary Hospital □ полевой подвижной ветеринарный лазарет

MOC magnetic optic converter □ магнитооптический преобразователь

MOC 1. maximum oxygen consumption □ максимальное насыщение кислородом 2. myocardial oxygen consumption □ потребление кислорода миокардом

MOCI Maudsley obsessional compulsive inventory □ опросник для выявления обсессивно-компульсивных симптомов [навязчивостей] Моудсли

Mod-2 malic enzyme, mitochondrial □ митохондриальная декарбоксилирующая малатдегидрогеназа

MOD maturity-onset diabetes □ диабет взрослых, инсулин-независимый [стабильный] диабет

MOD medical officer of the day □ 1. дежурный офицер медицинской службы 2. дневной дежурный врач

MOD Medicine, Osteopathy, and Dentistry □ терапия, остеопатия и зубоврачебное дело

MOD mesial, occlusal and distal surfaces of a tooth □ мезио-дистально-окклюзионная поверхность зуба

mod model □ модель

mod moderate □ 1. умеренный 2. средний

mod modernization □ модернизация

mod modification || modified □ модификация || модифицированный, усовершенствованный, видоизменённый

MOD Modoc □ Модок *(арбовирус)*

mod modulator □ модулятор

Mod L Modern Latin □ современный латинский язык

mod pres *лат.* modo praescriptio □ in the manner prescribed □ *фарм.* как предписано

MODS Multiorgan Dysfunction Score □ шкала оценки полиорганной недостаточности

MODY maturity-onset diabetes of the young □ поздний сахарный диабет молодых; инсулин-независимый сахарный диабет молодых

MOE measure of effectiveness □ критерий эффективности

MOF methoxyflurane □ метоксифлюран

MOF multiorgan [multiple organ] failure □ полиорганная недостаточность

MOH Medical Officer of Health □ санитарный врач; государственный инспектор здравоохранения

MOH Ministry of Health □ Министерство здравоохранения *(Великобритания)*[*]

MOI maximum oxygen intake □ максимальное потребление кислорода

[*] С 1968 г. объединено с Министерством социального обеспечения и названо Department of Health and Social Security.

MOI multiplicity of infection □ множественность заражения

MOIC Medical Officer-in-Charge □ 1. дежурный офицер медицинской службы 2. дежурный врач

mol % molar percent □ молярный процент, мол. %

mol 1. mole □ моль 2. molecule || molecular □ молекула || молекулярный

molc molar concentration □ молярная концентрация

MOLGEN экспертная система, выступающая в роли ассистента при планировании экспериментов в генетике

mol/kg, mol • kg⁻¹ mole per kilogram □ моль на килограмм, моль/кг, моль • кг⁻¹

mol/l mole per liter □ моль на литр, моль/л, моль • л⁻¹

moll *лат.* mollis □ soft □ мягкий

mol/m³, mol • m⁻³ mole per cubic meter □ моль на кубический метр, моль/м³, моль • м⁻³

mol/s mole per second □ моль в секунду, моль/с, моль • с⁻¹

mol/(s • l) mole per second liter □ моль в секунду на литр, моль/с • л

mol wt molecular weight □ молекулярная масса, молекулярный вес

MOM milk of magnesia □ гидроокись магния

MOMA methoxyhydroxymandelic acid □ метокси-гидрокси-миндальная кислота

MoMLV Moloney murine leukemia virus □ вирус мышиного лейкоза Молони

mon 1. monitor □ контрольное устройство, монитор 2. monitoring □ мониторинг, автоматический контроль

MONAP monocyte-derived neutrophil-activating peptide □ моноцитарный пептид, активирующий нейтрофилы

Mono monocyte □ моноцит

MONO mononucleosis □ мононуклеоз

MOP major organ profile □ основная характеристика органа

MOP medical outpatient □ терапевтический амбулаторный больной

8-MOP 8-methoxypsoralen □ 8-метоксипсорален, 8-MOP *(антипсориатическое средство с иммуномодулирующими свойствами)*

MOPP Mustargen [Embichinum], Vincristinum [Oncovin], Procarbazinum, Prednizolonum □ мустарген [эмбихин], винкристин [онковин], прокарбазин, преднизолон *(программа химиотерапии онкологических больных)*

MOPS 3-(N-morpholino)propanesulphonic acid □ 3-(N-морфолино)пропансульфоновая кислота

MOPV monovalent oral polio vaccine □ моновалентная вакцина для перорального применения против полиомиелита

MOR Moriche □ Морич *(арбовирус)*

MORC Medical Officer Reserve Corps □ врач запаса

m or l more or less □ более или менее

mor dict *лат.* moro dicto □ as directed □ *фарм.* как указано *(в рецепте)*

MORLOC identification system of Enterobacteriaceae □ система идентификации энтеробактерий *(с использованием в качестве субстратов мелибиозы, О-нитрофенила-В-Д-галактозида, рамнозы, лизина, орнитона и цитрата)*

morph, morphol 1. morphology □ морфология; морфологические изменения **2.** morphologist □ морфолог

mor sol *лат.* moro solito □ in the usual way □ *фарм.* обычным [путём] способом

mort mortality ‖ mortal □ смертность ‖ смертный

MOS Mossuril □ Моссурил *(арбовирус)*

MOSAIC Medical Outpatient Services Adapted in Child Care □ медицинская служба амбулаторного обследования детей

MOSL Manned Orbital Space Laboratory □ обитаемая орбитальная космическая лаборатория «МОСЛ» *(США)*

mOsm milliosmole(s) □ миллиосмоль

mOsm/liter milliosmols per liter □ миллиосмоль/л

MOSS manned orbital [orbiting] space station □ обитаемая орбитальная космическая станция

MOS syndrome myelofibrosis-osteosclerosis syndrome □ синдром миелофиброза-остеосклероза

MOTNAC Manual of Tumor Nomenclature and Coding □ «Руководство по номенклатуре и кодированию опухолей»

MOUS multiple occurrence of unexplained symptoms □ многократное возникновение необъяснимых симптомов

mo wt molecular weight □ молекулярная масса, *уст.* молекулярный вес

MP man power □ рабочая сила, людские резервы; численность персонала или личного состава

m.p. *лат.* manu proprio □ with one's one hand □ собственноручно

MP 1. manufacturing and production □ изготовление и производство **2.** mass production □ серийное производство

MP, mp medium pressure □ среднее давление

MP melting point □ точка плавления

MP menstrual period □ период менструации

MP mentoposterior (position of the fetus) □ задний вид, лицевое предлежание *(плода)*

MP mentum posterior □ подбородок, смещённый кзади

6-MP 6-mercaptopurine □ 6-меркаптопурин

MP mesiopulpal □ мезиопульпарный *(о поверхности зуба)*

MP metacarpophalangeal □ пястно-фаланговый *(сустав)*

mP microprocessor □ микропроцессор

MP multipurpose □ многоцелевой

MPA acid mucopolysaccharides □ кислые мукополисахариды

MPa main pulmonary artery □ (основной) ствол лёгочной артерии

MPA maximum permissible amount □ максимально допустимое количество

MPA Medical Practice Act (Michigan) □ Закон о медицинской практике *(штата Мичиган)*

MPA medroxyprogesterone acetate □ медроксипрогестерона ацетат, МПА

MPa megapascal □ мегапаскаль, МПа *(10^6 паскаль)*

MPA myocophenolic acid □ миокофеноловая кислота

MPAP mean pulmonary arterial pressure □ среднее давление в лёгочной артерии

MPB male pattern baldness □ мужской тип облысения

MPC maximum permissible concentration □ предельно допустимая концентрация, ПДК

MPC Medical Pharmaceutical Committee □ медико-фармацевтический комитет

MPC Medical Policy Committee (United Medical Service) □ медицинский полицейский комитет *(объединённой медицинской службы)*

MPC microprogrammable computer □ вычислительная машина с микропрограммным управлением

MPC mucopurulent cervicitis □ мукопурулентный цервицит

MPCN microscopically positive but culturally negative □ микроскопически выделяемая флора при отсутствии её роста

MPCU maximum permissible concentration of unidentified radionuclides in water □ максимально допустимая концентрация неидентифицированных радионуклидов в воде

MPD maximum permissible dose □ предельно допустимая доза, ПДД *(напр. ионизирующего излучения, получаемая за год на работе)*

MPD multipurpose display □ многофункциональный индикатор

MPD myeloproliferative disorder □ миелопролиферативное заболевание

MPD (syndrome) myofascial pain-dysfunction (syndrome) □ миофасциальный болевой синдром

MPDW mean percent desirable weight □ идеальная масса тела *(процентное значение желаемой массы тела)*

MPE maximum permissible exposure □ предельно допустимое время облучения

MPFLH multiple pulmonary fibroleiomyomatous hamartoma □ множественная фибролейомиоматозная гамартома лёгких

MPG, MPGN membranoproliferative glomerulonephritis □ мембранозно-пролиферативный гломерулонефрит

Mph-1 macrophage antigen-1 □ антиген-1 макрофагов

MPH male pseudohermaphroditism □ ложный мужской гермафродитизм

MPH Master of Public Health □ магистр общественного здравоохранения

MPharm Master of Pharmacy □ магистр фармации

MPhysA Member of the Physiotherapists' Association □ член Ассоциации физиотерапевтов *(Великобритания)*

MPI mannose phosphate isomerase □ маннозофосфат-изомераза

MPI Maudsley Personality Inventory □ опросник для измерения интраэкстраверсии и нейротицизма

MPI maximum permissible intake □ максимальное допустимое потребление

MPI maximum point of impulse □ наивысшая точка импульса

MPI multiphasic personality inventory □ многофакторный опросник тестирования личности

MPIF macrophage procoagulant-inducing factor □ макрофагальный индуктор прокоагулирующей активности

M. pil. *лат.* massa pilularum □ пилюльная масса

MP joint metacarpophalangeal joint □ пястно-фаланговый сустав

MPL maximum permissible level □ максимально допустимый уровень, допустимое остаточное количество *(напр. содержания пестицидов в продуктах)*

MPN most probable number □ наиболее вероятное количество

MPNI Ministry of Pensions and National Insurance □ Министерство по делам пенсий и государственного страхования*

MPO maximum power output □ максимальная мощность

MPO minimum perceptible odor □ минимально ощутимый запах

MPO myeloperoxidase □ миелопероксидаза

MPP maximum perfusion pressure □ максимальное перфузионное давление

MPP most probable position □ наиболее вероятное положение или позиция

MPPA most probable producing ability □ наиболее вероятная продуктивная способность

MPPV mechanical positive pressure ventilation □ положительное давление при механической вентиляции *(лёгких)*

MPQ McGill Pain Questionnaire □ опросник Мак-Гилла по установлению интенсивности боли

MPR massive preretinal retraction □ рубцовое перерождение сетчатки и стекловидного тела, (массивная) преретинальная ретракция

MPR maximum pulse rate □ максимальная величина пульса

MPR multiplanar reconstruction □ мультипланарная реконструкция *(рентгеновского изображения)*

MPS macrophage phagocytic system □ макрофагально-фагоцитарная система

MPS Medical Protection Society □ Общество защиты медицинских работников *(Великобритания)*

MPS Member of the Pharmaceutical Society □ член фармацевтического общества

MPS microprocessor system □ микропроцессорная система

MPS mononuclear phagocyte system □ мононуклеарная фагоцитарная система, МФС

MPS movement-produced stimuli □ раздражения, вызывающие движение

MPS 1. mucopolysaccharide □ мукополисахарид **2.** mucopolysaccharidosis □ мукополисахаридоз

~ **I – H** mucopolysaccharidosis type I, Hurler's syndrome □ мукополисахаридоз I типа, болезнь [синдром] Гурлера, гаргоилизм

~ **II** mucopolysaccharidosis type II, Hunter's syndrome □ мукополисахаридоз II типа, болезнь [синдром] Гунтера

~ **III** mucopolysaccharidosis type III, Sanfilippo's syndrome □ мукополисахаридоз III типа, синдром Санфилиппо

~ **IV** mucopolysaccharidosis type IV, Morquio – Ulrich syndrome □ мукополисахаридоз IV типа, болезнь [синдром] Моркио – Ульриха

~ **V** mucopolysaccharidosis type V, Scheie's syndrome □ мукополисахаридоз V типа, болезнь [синдром] Шейе или поздний синдром Гурлера

~ **VI** mucopolysaccharidosis type VI, Maroteaux – Lamy syndrome □ мукополисахаридоз VI типа, болезнь [синдром] Марото – Лами, пикнодизостоз

~ **VII** mucopolysaccharidosis type VII □ мукополисахаридоз VII типа *(напоминает мукополисахаридоз I типа, но без помутнения роговицы)*

MPS multiphasic screening □ многофазный [многоэтапный] скрининг

MPSI Member of the Pharmaceutical Society of the Ireland □ член Фармацевтического общества Ирландии

MPSI-H/S mucopolysaccharidosis intermediate between the Hurler and Scheie syndromes □ мукополисахаридоз промежуточного типа между синдромами Гурлера и Шейе

MPSNI Member of the Pharmaceutical Society of Northern Ireland □ член Фармацевтического общества Северной Ирландии

MPSS methylprednisolone sodium succinate □ метилпреднизолона сукцинат натрия

MPsy Med Master of Psychological Medicine □ магистр медицинской психологии

MPT maximum phonation time □ максимально предполагаемое время фонации

MPt melting point □ точка плавления

MPT multidimensional pursuit test □ тест на прослеживание в (трёхмерном) пространстве

MPTP analog of meperidine (used by drug addicts) □ аналог меперидина *(используемый наркоманами)*

MPU Medical Practitioners Union □ Союз практикующих врачей *(Великобритания)*

MPU Medical Protection Union (British Malpractice Union) □ Профессиональный союз защиты врачей *(Британского союза по исследованию врачебных ошибок)*

MPU microprocessor unit □ *выч. тех.* блок микропроцессора

MPV mean platelet volume □ средний объём тромбоцитов

mpxr multiplexer □ *выч. тех.* мультиплексор

MQ metol-quinol developer, metol-hydroquinone developer □ метол-гидрохиноновый проявитель

MR magnetic resonance □ магнитный резонанс

M/R maintenance and repair □ *мед. тех.* техническое обслуживание и ремонт

MR manual removal □ ручное выделение [удаление] *(напр. плаценты)*

MR medical rehabilitation □ медицинская реабилитация

MR megaroentgen □ *уст.* мегарентген, МР *(10^6 рентген)*

MR memory recall □ *выч. тех.* вызов регистра памяти

MR memory register □ *выч. тех.* регистр памяти

MR menstrual regulation □ регуляция менструации

MR mental retardation || mentally retarded □ умственная отсталость || умственно отсталый

MR metabolic rate □ интенсивность [величина] обмена веществ

MR methemoglobin reductase □ редуктаза метгемоглобина

MR methyl red □ 1. метиловый красный *(краситель)* 2. реакция экспресс-индикации сахаролитической активности микробов с метиловым красным

μR, μr microroentgen □ *уст.* микрорентген *(10^{-6} рентгена)*

---

* В Великобритании существовало в 1944–1966 гг., *см.* **МОН** Ministry of Health.

mR, mr milliroentgen □ *уст.* миллирентген *(10⁻³ рентгена)*

MR minor regression □ невыраженная регрессия *(опухоли; ≥ 25–30 %)*

MR mitral regurgitation □ регургитация митрального клапана

MR moisture resistant □ влагостойкий, влагонепроницаемый

MR monitor recorder □ контрольный самописец

MR multiplicity reactivation □ множественная реактивация

Mr relative molecular mass □ (относительная) молекулярная масса

MR reticular reaction in the Malpighian bodies □ ретикулярная реакция *(в почечных тельцах)*

MRA magnetic resonance angiography □ магнитно-резонансная ангиография *(визуализация кровотока)*

MRA main renal artery □ основная почечная артерия

MRA medical record administrator □ медицинский регистратор

MRACGP Member of the Royal Australasian College of General Practitioners □ член Королевской коллегии общепрактикующих врачей Австралазии

MRACP Member of the Royal Australasian College of Physicians □ член Королевской коллегии терапевтов Австралазии

MRACS Member of the Royal Australasian College of Surgeons □ член Королевской коллегии хирургов Австралазии

MRad Master of Radiology □ магистр рентгенорадиологии

mrad millirad □ *уст.* миллирад *(1 рад = 0,01 грея)*

MRAS main renal artery stenosis □ стеноз (основной) почечной артерии

MRBC mouse red blood cells, murine red blood cells □ мышиные эритроциты

MRC Medical Registration Council □ комиссия по аттестации врачей

MRC Medical Research Council □ научно-исследовательский медицинский совет *(Британской медицинской ассоциации)*

MRC Medical Reserve Corps □ резервные кадры медицинских работников

MRCAR Member of the Royal Australasian College of Radiologists □ член Королевской коллегии радиологов Австралазии

MRCGP Member of the Royal College of General Practitioners □ член Королевской коллегии общепрактикующих врачей

MRCI Medical Research Council of Ireland □ Ирландский научно-исследовательский медицинский совет

MRCOG Member of the Royal College of Obstetricians and Gynecologists □ член Королевской коллегии акушеров и гинекологов *(Великобритания)*

MRCP Member of the Royal College of Physicians □ член Королевской коллегии терапевтов

MRCPA Member of the Royal College of Pathologists of Australia □ член Королевской коллегии патологов Австралии

MRCPath Member of the Royal College of Pathologists □ член Королевской коллегии патологов

MRCPE Member of the Royal College of Pathologists of Edinburgh □ член Королевской коллегии патологов Эдинбурга

MRCPE Member of the Royal College of Physicians of Edinburgh □ член Королевской коллегии терапевтов Эдинбурга

MRCPI Member of the Royal College of Physicians of Ireland □ член Королевской коллегии врачей-терапевтов Ирландии

MRCPS Glasg Member of the Royal College of Physicians and Surgeons of Glasgow □ член Королевской коллегии терапевтов и хирургов Глазго

MRCR Member of the Royal College of Radiologists □ член Королевской коллегии радиологов

MRCS Member of the Royal College of Surgeons *(England)* □ член Королевской коллегии хирургов *(Англия)*

MRCSE, MRS Ed Member of the Royal College of Surgeons of Edinburgh □ член Королевской коллегии хирургов Эдинбурга

MRCSI, MRCS Irel Member of the Royal College of Surgeons of Ireland □ член Королевской коллегии хирургов Ирландии

MRCU Medical Research Council Units □ (условные) единицы действия MRC, MRC ЕД

MRCVS Member of the Royal College of Veterinary Surgeons □ член Королевской коллегии ветеринарных хирургов

MRD minimal reacting dose □ минимальная действующая доза *(лекарства)*

MRD minimal residual disease □ остаточные явления *(болезни)*

MRDC Medical Research and Development Committee □ Комитет по науке и развитию научных исследований в области медицины

mrem millirem, milliroentgen-equivalent-man □ *уст.* миллирем *(биологический эквивалент миллирентгена)*, *см.* **REM** roentgen-equivalent-man

mrep milliroentgen-equivalent-physical □ *уст.* физический миллирентген-эквивалент, *см.* **REP** roentgen-equivalent physical

MRF medical record form □ медицинская карта; форма медицинской записи

MRF melanocyte stimulating hormone releasing factor □ меланолиберин, меланотропин-рилизинг-фактор, МРФ

MRF midbrain reticular formation □ ретикулярная формация среднего мозга

MR factor Mullerian regression factor □ фактор регрессии мюллеровых протоков и каналов

MR features magnetic resonance features □ магнитно-резонансные данные

MRFIT Multiple Risk Factor Intervention Trials □ 1. многофакторная оценка риска (оперативного) вмешательства 2. инвазивные методы исследования (сердца) с повышенным фактором риска

mrhm milliroentgen per hour at 1 meter □ *уст.* миллирентген в час на метр

mr/hr meter milliroentgen/hour meter □ *уст.* дозиметр для измерения уровня радиации в миллирентгенах в час на метр

MRHT modified rhyme hearing test □ модифицированный рифмованный слуховой тест

MRI magnetic resonance imaging □ визуализация методом ядерно-магнитного резонанса; ЯМР-томография

MRI Medical Research Institute □ Клинический научно-исследовательский институт

MRI Member of the Royal Institution □ член Королевского института (Великобритания)

MRIH melanocyte-stimulating-hormone-release-inhibiting hormone □ меланостатин, меланотропин-рилизинг-ингибирующий фактор, фактор [гормон], угнетающий высвобождение меланоцитстимулирующего гормона

MRL Medical Record Librarian; now called Medical Record Administrator □ сотрудник медицинского архива

MRL Medical Research Laboratory □ медицинская научно-исследовательская лаборатория

mRNA messenger ribonucleic acid [RNA] □ информационная [матричная] рибонуклеиновая кислота [РНК], иРНК, мРНК, РНК-мессенджер (переносящая информацию о синтезе белков с ДНК на рибосомы клетки)

MRO maintenance, repair, operating □ профилактика [обслуживание], ремонт, эксплуатация

MRO minimum recognizable odor (minimal identifiable odor) □ минимальный определяемый запах; нижний порог обоняния

MRP Medical Rehabilitation Program (New York) □ программа медицинской реабилитации (Нью-Йорк)

MRP multiple resistance-associated protein □ белок, ассоциированный с множественной лекарственной устойчивостью

MRS magnetic resonance spectroscopy □ магнитно-резонансная спектроскопия

MRS malfunction reporting system □ система сигнализации о неисправности

MRS Medical Receiving Station □ приёмное отделение

MRSA methicillin-resistant Staphylococcus aureus □ золотистый стафилококк, резистентный к метициллину

MRSH Member of the Royal Society for the Promotion of Health □ член Королевского общества содействия здравоохранению (Великобритания)

MRT magnetic resonance tomography □ магнитно-резонансная томография, МРТ

MRT major role therapy (psychiatry) □ основной метод лечения (в психиатрии)

MRT milk-ring test □ агглютинационный тест (с молоком коров) на бруцеллёз

MRTC Medical Replacement Training Center □ учебный центр подготовки кадров для медицинской службы

MRU minimal reproductive unit □ минимальная репродуктивная единица

MRUS maximal rate of urea synthesis □ максимальная скорость образования мочи

MRV minute respiratory volume □ минимальный дыхательный объём

MRVI mixed vaccine respiratory infection(s) □ комбинированная вакцина против респираторных инфекций

MR-VP broth methyl red and Voges – Proskauer broth □ реакция экспресс-индикации сахаролитической активности микробов с метиловым красным и реакция Фогеса – Проскауэра (при идентификации микроорганизмов)

MS magnetic storage □ выч. тех. магнитная память

MS Main Scale (Psychology) □ псих. основная шкала (тестирования)

MS Marfan syndrome □ синдром Марфана

MS margin of safety □ коэффициент безопасности [надёжности]; запас прочности

MS mass spectrometry □ масс-спектрометрия

MS Master of Science □ магистр (естественных) наук (в Великобритании вторая учёная степень после бакалавра)

MS Master of Surgery □ магистр хирургии

MS material security □ мед. тех. материальное обеспечение (напр. электроэнцефалографа)

MS Medical Staff □ медицинский персонал, медицинские кадры

MS medium size □ средний размер

MS mental status □ психический статус

MS Mercalli scale of earthquake intensities □ Меркалли шкала интенсивности землетрясения

m/s, m • s⁻¹ meter per second □ метр в секунду, м/с, м • с⁻¹

m/s², m • s⁻² meter per square second □ метр в секунду в квадрате, м/с², м • с⁻²

m³/s, m³ • s⁻¹ cubic meter per second □ кубический метр в секунду, м³/с, м³ • с⁻¹

MS Metric System □ метрическая система

MS Microbiological System □ автоматизированная система для бактериологических исследований (напр. для выявления бактериоурии)

μs microsecond □ микросекунда, мкс (10⁻⁶ с)

ms millisecond □ миллисекунда, мс (10⁻³ с)

MS mitral stenosis □ стеноз левого атриовентрикулярного отверстия, митральный стеноз

MS molar solution □ молярный раствор

MS morphine sulfate □ морфина сульфат

MS multiple sclerosis □ рассеянный [множественный] склероз

MS muscle strength □ мышечное напряжение

MS musculoskeletal □ костно-мышечный (о системе)

MSA mannitol salt agar (culture plate) □ солевой агар маннитола

MSA mass spectrometric analysis □ масс-спектрометрический анализ

MSA Medical Services Administration (HEW) □ медицинское управление Министерства здравоохранения, образования и социального обеспечения

MSA melanocyte-stimulating activity □ меланоцитстимулирующая активность

MSA Member of the Society of Apothecaries □ член фармацевтического общества

MSA multidimensional scalogram analysis □ психологическое многомерное шкалирование

MSA multiple system atrophy □ мудьтисистемная атрофия, множественная системная атрофия, МСА

MS&FA Military Sanitation and First Aid □ военно-медицинская подготовка и первая медицинская помощь

MSAFP maternal serum alpha-fetoprotein □ альфа-фетопротеин сыворотки материнской крови

MSc Master of Science □ магистр (естественных) наук *(в Великобритании вторая учёная степень после бакалавра)*

MSC Medical Staff Corps □ медицинский персонал, личный состав медицинской службы

msc 1. miscellaneous □ 1. смешанный 2. различный, разный **2.** miscellany □ смесь

MScD Master of Dental Science □ магистр стоматологии, *см. тж.* **MSc**

MSCEIT Mayer – Salovey – Caruso Emotional Intelligence Test □ Майера – Саловей – Карузо тест эмоциональной устойчивости

mscl muscle □ мышца, мускул

MSCP mean spherical candlepower □ средняя сферическая сила света в канделах

MSCU medical special care unit □ специализированное отделение лечебного учреждения

MSD mean square deviation □ среднеквадратическое отклонение

MSD Medical Supply Depot □ базовый склад медико-санитарного имущества

MSD Merck Sharp Donme □ название фирмы, производящей медикаменты

MSDA monorythmic sinusoidal delta activity □ моноритмическая синусоидальная дельта-[Δ]-активность

MSDC Mass Spectrometry Data Center □ центр масс-спектрометрических исследований

MSDC Medical Society of the District of Columbia □ Медицинское общество Колумбийского округа *(США)*

MSDS material safety data sheet □ перечень данных по безопасности химических веществ

MSE, mse mean square error □ среднеквадратическая ошибка, средняя квадратичная погрешность

μsec microsecond □ микросекунда, мкс *(10^{-6} с)*

msec millisecond □ миллисекунда, мс *(10^{-3} с)*

MSER Mental Status Examination Report □ описание психического статуса

MSF macrophage slowing factor □ фактор, замедляющий движение макрофагов; ФЗМ

MSF macrophage soluble factor □ растворимый фактор макрофагов

MSF *фр.* Medicins Sans Frontieres □ «Врачи без границ» *(международная общественная организация)*

MSG monosodium glutamate □ однозамещённый глутамат натрия

MSGP Morbidity Statistics from General Practice □ статистика заболеваемости в общей практике

MSH melanocyte-stimulating [melanophore-stimulating] hormone □ меланотропин, меланоцитстимулирующий гормон, МСГ

MSH-IF melanocyte-stimulating hormone-inhibiting factor □ меланостатин, меланотропин-рилизинг-ингибирующий фактор *(тормозящий регуляторный гормон меланоцитстимулирующего гормона)*

MSHRF, MSHRH melanocyte-stimulating hormone-releasing factor [hormone] □ меланолиберин, меланотропин-рилизинг-фактор, МРФ

MSIF macrophage spreading inhibitory factor □ фактор, ингибирующий распластование макрофагов

M-sign М-признак *(способность вируса вызывать морфологическое поражение)*

MSK medullary sponge kidney □ губчатая почка *(кистозное поражение медуллярного слоя почки)*

MSKP medical sciences knowledge profile □ профиль знаний по медицинским дисциплинам

MSL manned space laboratory □ обитаемая космическая лаборатория

MSL midsternal line □ срединная линия

MSL miles above sea level □ столько-то миль над уровнем моря

MSLA mouse-specific lymphocyte antigen □ мышиный специфический антиген лимфоцитов

MSLR mixed skin cell-leukocyte reaction □ кожная реакция со смешанной культурой лейкоцитов

MSLT multiple sleep latency test □ многофакторный тест для верифицирования нарушений сна

MSMA Minnesota State Medical Association □ Медицинская ассоциация штата Миннесота

MSMA Missouri State Medical Association □ Медицинская ассоциация штата Миссури

MSMS Mount Sinai Medical Society □ Медицинское общество Синайских высот

MSN Master of Science in Nursing □ магистр наук по сестринскому делу

MSN medical-surgical-neurological □ терапевтический-хирургический-неврологический

MSOF multiple organ systems failure □ полиорганная недостаточность

MSP moisture saturation percentage □ влажность *(насыщение влагой в процентах)*

MSPCA mouse-specific plasma cell antigen □ мышиный специфический антиген плазматических клеток

MSPH Master of Science in Public Health □ магистр (общественного) здравоохранения

MSP Inc Medical Services Partners Incorporation □ Объединение [Корпорация] по производству и обслуживанию медицинской аппаратуры *(США)*

MSR Manual of Statistical Requirements □ «Руководство по требованиям к статистике»

MSR Member of Society of Radiographers □ член Общества рентген- и радиолаборантов

MSRPP Multidimensional Scale for Rating Psychiatric Patients □ многофакторная шкала для оценки психически больных

MSRC Medical Society Reference Committee □ справочный комитет медицинского общества

MSRS manic state rating scale □ шкала для оценки выраженности состояний мании

MSRT Minnesota Spatial Relations Test □ Миннесотский тест на пространственную координацию

MSS mass storage system □ *выч. тех.* массовое запоминающее устройство

MSS Medical Superintendents' Society □ Общество руководителей медицинских учреждений

MSSD Model Secondary School for the Deaf □ образцовая [показательная] средняя школа для глухих

MSSE Master of Science in Sanitary Engineering □ магистр наук в области санитарии или промышленной гигиены

MSSM Mount Sinai School of Medicine (New York City) □ Медицинская школа на Синайских высотах *(Нью-Йорк)*

MSSNY Medical Society of the State of New York □ Медицинское общество штата Нью-Йорк

MSSQ medical services satisfaction quotient □ показатель удовлетворённости медицинским обслуживанием

MSSU mid-stream specimen of urine □ средняя порция мочи; анализ средней порции мочи

MSSVD Medical Society for the Study of Venereal Diseases □ Медицинское общество по изучению венерических болезней

MST magnetic stimulation therapy □ магнитоконвульсивная терапия *(индуцирование генерализованных терапевтических припадков с целью лечения депрессии)*

MST mean survival time □ 1. продолжительность средней выживаемости *(напр. онкологических больных)* 2. среднее время приживления *(трансплантата)*

MST medial superior temporal area □ *анат.* медиальная верхняя височная область

MST microscopic slide test □ микроскопия в раздавленной капле

MSTh mesothorium □ мезоторий

mstk mistake □ ошибка, погрешность

mstr moisture □ влага; влажность

M-Strep microaerophilic streptococcus □ микроаэрофильный стрептококк

MSU mid-stream urine □ средняя порция мочи

MSU monosodium urate □ ураты, содержащие соли натрия

MSUD maple syrup urine disease □ болезнь кленового сиропа, валин-лейцинурия

MSUM monosodium urate monohydrate □ однозамещённая натриевая соль мочевой кислоты с одной молекулой воды *(кристаллы уратов, выпадающие в суставах при подагре)*

MSV mean scale value □ средний уровень значения

MSV Medical Society of Virginia □ Медицинское общество штата Вирджиния

mSv (1 rem) millisievert □ миллизиверт *(= 0,1 рем = 0,1 бэр), см. тж.* **BER** biological equivalent of Roentgen

MSV Moloney sarcoma virus □ вирус саркомы Молони

MSV murine sarcoma virus □ вирус мышиной саркомы

MSW Master of Social Work □ магистр сферы социальных проблем

MSW Medical Social Worker □ работник, оказывающий медико-санитарную помощь; санитарный активист *(в учреждениях здравоохранения, социального обеспечения и т. п.)*

MT magnetization transfer □ эффект переноса намагниченности

MT medical technologist □ медицинский лаборант

MT medical training □ медицинская [медико-санитарная] подготовка

MT metatarsal □ метатарзальный, плюсневый

MT microtubules □ микроканальцы

MT middle temporal (area) □ *анат.* средняя височная (область)

MT mirror tracking □ слежение за зеркальным изображением или отображением

mt mitochondrial □ митохондриальный

M-T mitral and tricuspid □ двух- и трёхстворчатый клапаны; митральный и трикуспидальный клапаны сердца

MT serum melatonin □ мелатонин сыворотки

MT tympanic membrane (eardrum) □ барабанная перепонка

MTA malignant teratoma anaplastic □ тератобластома, анапластическая злокачественная тератома

MTA medical technologist assistant □ помощник врача, медицинский лаборант

MTA motion time analysis □ хронометрирование (трудовых) движений

MTBE methyl tert-butyl ether □ четвертичный метилбутиловый эфир

MTBF mean time between (or before) failure □ *психол.* среднее время между (или перед) неудачами

MTC mass transfer coefficient □ коэффициент массопередачи

MTC medullary thyroid carcinoma □ медуллярный [мозговидный] рак щитовидной железы

MTC methacycline hydrochloride □ метациклина гидрохлорид

MTD maximal tolerated dose □ максимальная переносимая [толерантная] доза *(введение которой в организм сопровождается изменениями, но не вызывает его гибели)*

MTD mean temperature difference □ средняя разность температуры

MTD metastatic trophoblastic disease □ трофобластическая опухоль с метастазами

MTD Midwife Teachers Diploma □ диплом преподавателя акушерства

MTDDA Minnesota Test of Differential Diagnosis of Aphasia □ миннесотский тест дифференциальной диагностики афазии

mtDNA mitochondrial DNA □ митохондриальная ДНК, мтДНК

MTF modulation transfer function □ модулированная передача

MtHb methemoglobin □ метгемоглобин

mthd method □ метод; способ

MTI magnetization transfer imaging □ визуализация на основе эффекта переноса намагниченности, визуализация передачей намагниченности

MTI mammary tumor inciter □ вирус рака молочных желёз мышей, вирус Биттнера, «фактор молока» мышей

MTM Manual of Tropical Medicine □ «Руководство по тропической медицине»

MTM motion-time measurements □ хронометраж, хронометрирование

MTM medium modified Thayer – Martin medium □ модифицированная среда Тейера – Мартина

MTN medical television network □ сеть медицинского телевидения

MTOp maximal time to open □ максимальное время открытия *(напр. клапана сердца)*

MTP, MTPJ metatarsophalangeal joint □ плюснефаланговый сустав

MTR magnetization transfer ratio □ степень переноса намагниченности

mtr material □ материал, вещество

MTR Matruh □ Матрух *(арбовирус)*

MTR Meinicke turbidity reaction □ реакция помутнения Мейнике

MTS minced tissue smear □ мазок из измельчённой ткани

MTT 3-(4,5-dimethylthiazol-2-yl)-2,5-diphenyl tetrazolium bromide 3-4,5 □ 3-(4,5-диметилтиазол-2-ил)-2,5-дифенилтетразолия бромид

MTT malignant teratoma trophoblastic □ трофобластическая тератобластома

MTT mean transit time □ среднее время прохождения *(напр. импульса)*

MTU magnetic tape unit □ *мед. тех.* блок магнитной ленты

MTU methylthiouracil □ метилтиоурацил

MTV mouse mammary tumor virus □ вирус рака молочных желёз мышей, вирус Биттнера, «фактор молока» мышей

MTX methotrexate □ метотрексат

MTY Matariya □ Матария *(арбовирус)*

Mu Mache unit □ единица измерения концентрации эманации радия, единица Маха *(эквивалентная 3,64 эман.)*, M, Mx, ME

MU marihuana user □ потребитель марихуаны

MU megaunit □ 1 000 000 (10⁶) стандартных единиц

MU microunit □ 0,000001 (10⁻⁶) стандартной единицы

MU micturate urge □ настойчивый позыв на мочеиспускание

mU milliunit □ 0,001 (10⁻³) стандартной единицы

mu mouse unit □ мышиная единица, ME

MUC maximum urinary concentration □ максимальная концентрация [плотность] мочи

muc *лат.* mucilago □ mucilage □ слизь

MUD minimal urticarial reaction-producing dose □ *ист.* кожно-эритемная доза, минимальная эритемная доза *(рентгеновского излучения)*

MUDR 5-mercapto, 2-deoxyuridine □ 5-меркапто, 2-дезоксиуридин

MUGA multiple-gated arteriography □ многовходная артериография *(радионуклидное исследование функции левого желудочка сердца)*

MuIfn mouse interferon □ мышиный интерферон

mul multiple □ 1. кратное *(число)* ‖ кратный 2. многократный, множественный; многочисленный

MuLV murine leukemia virus □ вирус мышиного лейкоза

mU/ml milliunit/millilitre □ миллиединиц на миллилитр, мЕД/мл, мЕД • мл⁻¹

MuMTV murine mammary tumor virus □ вирус рака молочных желёз мышей, вирус Биттнера, «фактор молока» мышей

Mun, munic municipal □ муниципальный, городской

MUO myocardiopathy of unknown origin □ миокардиопатия неизвестной этиологии

MUP motor unit potential □ потенциал мотонейрона

MUPS multiple unit pellet system □ около 1000 микрокапсул активного вещества, покрытых кислотоустойчивой оболочкой

Mur muramic acid □ мурамовая кислота

MUSC Medical University of South Carolina □ Медицинский институт университета штата Южная Каролина

musc 1. muscles □ мышцы, мускулатура 2. muscular □ мышечный

MUSE medicated urethral system for erection □ трансуретральное введение лекарственных препаратов для восстановления эрекции

MUSE Minimum Uniform Standards for Education □ унифицированный минимум стандартов для обучения

Mus Nat Hist Museum of Natural History □ Музей естественной истории *(США)*

MUST management of uniform sanitation training □ проведение унифицированной гигиенической подготовки

mut mutation □ мутация

mut mutual □ взаимный

mutil mutilation □ увечье, повреждение

MUW mouse uterine weight □ масса матки у мыши

MV mean value □ среднее значение

MV mechanical ventilation □ механическая [искусственная] вентиляция *(лёгких)*

MV *лат.* medicus veterinarius □ veterinary physician □ ветеринарный врач

MV megavolt □ мегавольт, MB *(10⁶ В)*

Mv Mendelevium □ менделеевий

MV microvilli □ микроворсинки

μV microvolt □ микровольт, μВ *(10⁻⁶ В)*

mV millivolt □ милливольт, мВ *(10⁻³ В)*

MV minute ventilation, minute volume □ минутный объём дыхания, МОД

MV mitral valve □ двухстворчатый [митральный] клапан

MV multivesicular body □ многопузырчатое тело, вакуольная дистрофия, вакуольные тельца

MVA mechanical ventricular assistance □ механическое поддержание левого желудочка; внутриаортальная баллонная контрпульсация

MV • A megavolt-ampere □ мегавольт-ампер, MB • A *(10⁶ В • A)*

mV • A millivolt-ampere □ милливольт-ампер, мВ • A *(10⁻³ В • A)*

MVA mitral valve area □ площадь митрального отверстия

MVA motor-vehicle accident □ дорожно-транспортное происшествие, ДТП

MVC maximal voluntary contraction □ максимальное произвольное сокращение

MVC Methotrexatum, Vincristinum, Cyclophosphanum □ метотрексат, винкристин, циклофосфан *(программа химиотерапии онкологических больных)*

MVD Marburg virus disease □ геморрагическая церкопитековая лихорадка, марбург-вирусная болезнь

MVD Medicine Veterinariae Doctor □ доктор ветеринарии

MVD microvessel density □ плотность микрососудов *(напр. в ткани предстательной железы)*

MVD mitral valve defect □ порок митрального клапана

MVE murray valley encephalitis □ 1. энцефалит долины Муррея, австралийский энцефалит, австралийская X-болезнь 2. вирус, вызывающий данное заболевание

MVES multiple ventricular extrasystoles □ множественные желудочковые экстрасистолы

MVI multivalvular involvement □ сочетанный [многоклапанный] порок сердца, поражение нескольких клапанов сердца

MVI multivitamin injection □ введение [инфузия] поливитаминов

MVO₂ 1. minute oxygen consumption myocardial □ минутное потребление кислорода миокардом **2.** mixed venous oxygen tension □ напряжение кислорода в смешанной венозной крови

MVOS mixed venous oxygen saturation(s) □ насыщение кислородом смешанной венозной крови

MVP(s) mitral valve prolapse (syndrome) □ пролабирование [пролапс] створок митрального клапана

MVPP Embichinum [Mustargen], Rosevinum [Vinblastin], Procarbazinum, Prednizolonum □ эмбихин [мустарген], розевин [винбластин], прокарбазин, преднизолон *(программа химиотерапии онкологических больных)*

MVR mitral valve replacement □ замещение [протезирование] митрального клапана

MVS microvideo system □ микротелевизионная система, микровидеосистема

mV-sec millivolt-second □ милливольт-секунда, мВ • с

MVV maximum voluntary ventilation □ максимальная вентиляция лёгких, МВЛ

MW megawatt □ мегаватт, МВт *(10⁶ Вт)*

μW microwatt □ микроватт, мкВт *(10⁻⁶ Вт)*

μW microwave □ микроволна

mW milliwatt □ милливатт, мВ *(10⁻³ Вт)*

MW molecular weight □ молекулярная масса, *уст.* молекулярный вес

MWA Manawa □ Манава *(арбовирус)*

mWb milliweber □ милливебер, мВб *(10⁻³ Вб)*

MWCB manufacturer's working cell bank □ банк культивируемых репродуктивных клеток

MWF Medical Women's Federation □ федерация женщин медицинских работников

MWO Mental Welfare Officer □ работник по опеке психически больных

M/W/S married/widow(er)/single □ соотношение людей, состоящих в браке, к вдовым и одиноким

MWT maintenance wakefulness test □ тест верификации бессонницы – вариант **MSLT** *(см.)*

Mx Maxwell □ *ист.* максвелл, Мкс *(магнитный поток = 1 • 10⁻⁸ Вб)*

mx Medex □ программа военной подготовки врачей

mxd mixed □ смешанный

my mayer □ майер *(единица теплоёмкости)*

My myopia □ близорукость, миопия

myb myeloblastoma □ 1. миелобластома 2. ген миелобластомы

myc mycology □ 1. микология 2. спектр грибов 3. исследование на грибы

myc myelocytomatosis □ ген миелоцитоматоза

Myco mycobacterium □ микобактерия

MYCTN *усл.* экспериментальная система диагностики инфекционных заболеваний

myop myopia □ близорукость, миопия

myxo myxomatosis □ миксоматоз

MZ marginal zone □ краевая зона

MZ monozygote ‖ monozygotic □ монозигота ‖ однояйцовый, монозиготный

N

n *усл.* число единичных субстратсвязывающих участков в олигомерном ферменте

N asparagine □ *усл.* аспарагин

N, N$_a$ Avogadro number □ *усл.* число Авогадро

n chromosome set, haploid number of chromosomes □ *усл.* хромосомный набор, гаплоидное число хромосом

2n diploid number of chromosomes □ *усл.* диплоидное число хромосом

N index of refraction □ *усл.* показатель преломления оптических сред глаза

N loudness □ *усл.* громкость

N radiance □ *усл.* светимость

n nail □ 1. ноготь 2. коготь

N naked □ голый; бесшерстный; бестимусный *(о линии лабораторных мышей)*

N, n name □ 1. имя, фамилия 2. название

n nasal □ носовой, назальный

n nasion □ *кр. метр.* назион *(наиболее выраженное углубление между лбом и носом)*

N national □ 1. национальный *(напр. об ассоциации, союзе)* 2. государственный *(напр. о здравоохранении, пособии по инвалидности, сертификате)*

n *лат.* natus □ born □ рождён, урожденный(-ая)

N negative □ отрицательный

N Negro □ негр

N Neisseria □ нейссерии *(род бактерий)*

N nerve □ нерв

n net □ сеть, сетка; сеткообразная структура

n net weight □ чистый вес, вес нетто, вес без упаковки

N neuroaminidase □ нейроаминидаза

N neurotensin □ 1. нейротензин 2. клетка, выделяющая нейротензин

N neutralization □ нейтрализация

N neutron □ 1. нейтрон 2. нейтронная бомба; нейтронное оружие

N newton □ ньютон, Н

N nitrogen □ азот

^{15}N radioactive nitrogen □ радиоактивный азот

n. *лат.* nocte □ at night □ ночью

N nodes, lymph □ лимфатические узлы

n normal □ 1. нормальный; обыкновенный; стандартный 2. здоровый, естественный

n– normal □ *хим.* нормальный *(о соединении, содержащем неразветвлённый углеводородный радикал, напр. нормальный бутан)*

N, N/1 normal solution □ нормальный раствор *(содержащий в 1 л раствора 1 моль растворённого вещества)*

N/10, 0,1N; N/100, 0,01N деци- и сантинормальные растворы

n normalization □ нормализация

n note □ заметка, примечание

N nucleotide □ нуклеотид

N nucleus □ ядро

N number □ 1. порядковый номер; число 2. количество 3. физиологические потребности в жидкости по дням жизни *(у новорождённого)*

N, n nurse □ медицинская сестра, сиделка

N Nursing Service □ служба медицинских сестёр

n refractive index □ индекс рефрактерности

N$_{0-4}$ категория поражения злокачественной опухолью регионарных лимфатических узлов – от отсутствия до регионарных и отдалённых, *см. тж.* **TNM**

NA nalidixic acid □ налидиксовая кислота

nA nanoampere □ наноампер, нА *(10^{-9} ампер)*

NA *лат.* narcotica anonymous □ анонимный наркоман

Na *лат.* natrium □ sodium □ натрий

^{24}Na radioactive natrium □ радиоактивный натрий

NA neuropathology □ невропатология

NA neutralizing antibodies □ нейтрализующие антитела

NA neutrophil-specific antigen □ специфический нейтрофильный антиген

NA nicotinic acid □ никотиновая кислота, витамин PP

NA nitric acid □ азотная кислота

N/A no/action □ неактивный

NA Nomina Anatomica □ Анатомическая номенклатура

NA nonadrenergic □ неадренергический *(напр. механизм действия)*

NA noradrenaline □ норадреналин, НА

NA not accepted □ неприемлемо; не принято

NA not applicable □ несоответствующий, неприемлемый; непригодный

NA not authorized □ не разрешено

NA not available □ недоступный

NA nucleic acid □ нуклеиновая кислота

NA numerical aperture □ числовая апертура *(объектив микроскопа)*

NA nurse's aid, nursing auxiliary □ младшая медицинская сестра *(по уходу за больными)*

NA naphthaleneacetic acid, naphthylacetic acid □ нафтилуксусная кислота

NAA National Arthritis Act (1974) □ Национальный акт по артриту *(1974)*

NAA nicotinic acid amide/analogue □ амид никотиновой кислоты/его аналог

NAA no apparent abnormalities □ явных признаков патологии не обнаружено

NAA nuclear activation analysis □ ядерный активационный анализ, (радио)активационный анализ

NAAF National Alopecia Areata Foundation □ Национальный фонд по изучению гнёздного облысения

NAALS National Association of American Laboratory Services □ Национальная ассоциация работников американской лабораторной службы

NAAP N-acetyl-4-amino-phenazone □ N-ацетил-4-аминофеназон

NAB neuropsychological assessment battery ☐ батарея (тестов) нейропсихологической оценки

NAB novarsenobenzol ☐ новарсенобензол

NABSP National Association of Blue Shield Plans ☐ Национальная ассоциация по программе «Голубой щит» (*медицинское страховое общество*)

NAC N-acetyl-L-cysteine ☐ N-ацетил-L-цистеин

NAC National Asthma Center ☐ Национальный центр по бронхиальной астме

NACA National Advisory Committee for Aeronautics ☐ Национальный консультативный комитет по аэронавтике

NACC National Advisory Cancer Council ☐ Национальный консультативный комитет по раку

NACDG North American Contact Dermatitis Group ☐ Североамериканская (рабочая) группа по контактным дерматитам

NACDS North American Clinical Dermatological Society ☐ Североамериканское дерматологическое общество

NACGN National Association of Colored Graduate Nurses ☐ Национальная ассоциация цветных дипломированных медицинских сестёр (*США*)

NACHM National Advisory Commission on Health Manpower ☐ Национальная консультативная комиссия по кадрам здравоохранения

nAchR nicotinic acetylcholine receptor ☐ никотин-чувствительный холинорецептор

NACL National Association of Clinical Laboratories ☐ Национальная ассоциация работников клинических лабораторий

NACOR National Advisory Committee on Radiation ☐ Национальный консультативный комитет по радиации

NAD National Association of the Deaf ☐ Национальная ассоциация глухих

NAD, NAD⁺, NADH nicotinamide adenine dinucleotide, its acidized and reduced forms ☐ никотинамид-адениндинуклеотид, НАД, его окисленная и восстановленная формы

NAD nicotinic acid dehydrogenase ☐ дегидрогеназа никотиновой кислоты (витамина PP)

NAD nil abnormal discovered, no abnormality detected ☐ патологических изменений не обнаружено

NAD 1. no appreciable difference ☐ без заметных различий **2.** no appreciable disease ☐ заболевание не выявляется

NAD nothing abnormal [detected] discovered ☐ патологических изменений не обнаружено

NAD novel antigenic determinant ☐ (клеточная) антигенная неодетерминанта

NADG nicotinamide-adenine dinucleotide glycohydrolase ☐ гликогидролаза никотинамид-аденин динуклеотида

NADG North American Dermatitis Group ☐ Североамериканская группа по изучению дерматита

nadide nicotinamide adenine dinucleotide ☐ никотинамид-адениндинуклеотид, НАД

NADP, NADP⁺, NADPH nicotinamide adenine dinucleotide phosphate, its acidized and reduced forms ☐ никотинамид-аденин-динуклеотидфосфат, НАДФ, его окисленная и восстановленная формы

NADs new antigenic determinants ☐ новые антигенные детерминанты

NAE, Na_e, Na^E exchangeable sodium ☐ обмениваемый натрий (*в организме*)

NAEC National Advisory Eye Council (NIH) ☐ Национальный консультативный совет по офтальмологии (*Национального института здравоохранения, США*)

NAEP National Assessment of Educational Progress ☐ национальная аттестация развития образования

NAF National Alcoholism Forum ☐ Национальный форум по изучению алкоголизма

NAF natural activating factor ☐ природный активирующий фактор

NAFPD National Association of Family Planning Doctors ☐ Национальная ассоциация врачей по планированию семьи

NAG N-acetyl-β-glucosaminidase ☐ N-ацетил-β-глюкозоаминидаза

NAG nonagglutinating ☐ неагглютинирующий

NAGM normal appearing grey matter ☐ выглядящее (при МРТ) нормальным серое вещество головного мозга (*при наличии патологии, выявляемой лишь магнитно-резонансной спектроскопией*)

NAG vibrions nonagglutinating vibrions ☐ холероподобные [неагглютинирующиеся] вибрионы

NAH not at home ☐ вне дома

NAHC National Advisory Heart Council ☐ Национальный консультативный совет по кардиологии

NAHC National Association for Home Care ☐ Национальная ассоциация по лечению на дому

NAHSA National Association for Hearing and Speech Action ☐ Национальная ассоциация по изучению слуха и речи

NAI Nomina Anatomica de Iena ☐ Йенская анатомическая номенклатура (*1937*)

NAI nonaccidental injury ☐ повреждение, не связанное с несчастным случаем; умышленная травма

NAIC National Association of Insurance Commissioners ☐ Национальная ассоциация страховых уполномоченных

Na⁺-K⁺-ATPhase sodium-potassium-adenosinetriphosphatase (sodium pump) ☐ натрий-калий-аденозинтрифосфатаза («натриевый насос»)

NAL nonadherent lymphocytes ☐ неадгезивные лимфоциты

NALP neuroadenolysis of the pituitary ☐ разрушение [лизис] нейро- и аденогипофиза

NAM normal adult male ☐ здоровый взрослый мужчина

NAMC nonadherent mononuclear cells ☐ неадгезивные мононуклеары или мононуклеарные клетки

NAME National Association of Medical Examiners ☐ Национальная ассоциация экзаменаторов медицинских дисциплин (*аттестационных комиссий*)

NAMES National Association of Medical Equipment Suppliers ☐ Национальная ассоциация поставщиков медицинского оборудования

NAMH National Association for Mental Health ☐ Национальная ассоциация борьбы за психическое здоровье

NAMRU Naval American Medical Research Unit ☐ медицинское научно-исследовательское подразделение американских военно-морских сил

NAMSA National Ambulance Medical Suppliers Association ☐ Национальная ассоциация работников поликлинического обеспечения

n.a.n. *лат.* nisi aliter notetur ☐ unless otherwise specified ☐ если не указано иное

NANA N-acetylneuraminic acid ☐ N-ацетил-нейраминовая кислота

NANB, NANBH non A, non B hepatitis ☐ вирусный гепатит ни А, ни В, ВГНАНВ

NANC nonadrenergic, noncholinergic ☐ не адренергические, не холинергические *(рецепторы)*

NANHC National Association of Neighborhood Health Centers ☐ Национальная ассоциация межрайонных центров здравоохранения

NANT National Association of Nephrology Technologists ☐ Национальная нефрологическая ассоциация технических работников *(инженеров и техников)* по диализу

NAP angle of convexity, cephalometric measurement formed by connecting the nasion, point A and pogonion ☐ угол вогнутости *(о профиле лица)*

NAP neutrophil alkaline phosphatase ☐ щелочная фосфатаза нейтрофилов

NAP Nomina Anatomica Parisiensia ☐ Парижская анатомическая номенклатура *(1955)*

NAP not at present ☐ не в настоящее время

NAP nucleic acid phosphorus ☐ фосфор нуклеиновой кислоты

NAPA 1. N-acetyl-procainamide ☐ N-ацетилпрокаинамид **2.** N-acetyl-p-aminophenol ☐ N-ацетил-р-аминофенол

NAPCA National Air Pollution Control Association ☐ Национальная ассоциация по борьбе с загрязнением воздуха *(США)*

NAPCC National Association for Poison Control Centers ☐ Национальная ассоциация токсикологических центров

NAPHT National Association of Patients on Hemodialysis and Transportation ☐ Национальная ассоциация пациентов, нуждающихся в гемодиализе и транспортировке

NAPNES National Association for Practical Nurse Education and Services ☐ Национальная ассоциация практикующих медсестёр по воспитанию и обслуживанию

NAPPH National Association of Private Psychiatric Hospitals ☐ Национальная ассоциация частных психиатрических больниц

NAPT National Association for the Prevention of Tuberculosis ☐ Национальная ассоциация по профилактике туберкулёза *(Великобритания)*

N&Q Nostrums and Quackery (book) ☐ «Панацея и знахарство» *(книга)*

NAR Nariva ☐ Нарива *(арбовирус)*

NAR nasal airway resistance ☐ сопротивление носовому дыханию

NAR National Amniocentesis Registry ☐ Национальный регистр по амниоцентезу

NARAL National Abortion Rights Action League ☐ Национальная лига действий за право на аборт

NARC narcotic officer ☐ инспектор по борьбе с наркоманией

NARC Narcotics Addiction Rehabilitation Center ☐ Центр реабилитации наркоманов

NARC National Association for Retarded Children ☐ Национальная ассоциация помощи умственно отсталым детям

NARI National Association of Residents and Interns ☐ Национальная ассоциация врачей-резидентов и интернов

NARI noradrenalin reuptake inhibitors ☐ ингибиторы обратного захвата норадреналина *(класс антидепрессантов)*

NARP neuropathy-ataxia-retinitis pigmentosa ☐ нейропатия с атаксией и пигментозным ретинитом

NARS National Acupuncture Research Society ☐ Национальное научно-исследовательское общество по акупунктуре

NAS National Academy of Sciences ☐ Национальная академия наук *(США)*

NAS neuroallergic syndrome ☐ нейроаллергический синдром

NAS no added [salt] sodium ☐ без добавления соли; не содержащий соли

NASA National Aeronautics and Space Administration ☐ Национальное управление по аэронавтике и исследованию космического пространства, НАСА *(США)*

NASAHP National Association of Schools of Allied Health Professions ☐ Национальная ассоциация школ по смежным со здравоохранением профессиям

NASBM National Academy of Sciences' Board on Medicine ☐ Национальная академия научно-медицинских советов

NASCAC National Society for Crippled Adults and Children ☐ Национальное общество инвалидов *(взрослых и детей)*

NASCD National Association of Sickle Cell Diseases ☐ Национальная ассоциация по оказанию помощи больным серповидно-клеточной анемией и её изучению

NASCO National Academy of Sciences Committee on Oceanography ☐ Океанографический комитет Национальной академии наук

NASDAD National Academy of Seventy Day Adventist Dentists ☐ Национальная ассоциация дантистов адвентистов-семидесятников

NASE National Association for the Study of Epilepsy ☐ Национальная ассоциация по изучению эпилепсии

NASE neuraminidase ☐ нейраминидаза

NASEAN National Association for State Enrolled Assistant Nurses ☐ Национальная ассоциация аттестованных помощниц медицинских сестёр *(имеющих право на практическую деятельность)*

NASIR nuclear amplification by stimulated isomer radiation ☐ ядерный усилитель, использующий энергию индуцированного изомерного излучения

NASN National Air Sampling Network ☐ Национальная сеть станций по отбору воздуха

NaSSA noradrenergic and specific serotonergic antidepressant ☐ норадренергический и селективный серотонинергический антидепрессант *(миртазапин)*

NASW National Association of Social Workers ☐ Национальная ассоциация работников социальной службы

NAWM normal appearing white matter □ выглядящее (при МРТ) нормальным белое вещество головного мозга *(при наличии патологии, выявляемой лишь магнитно-резонансной спектроскопией)*

nat native □ 1. врождённый 2. природный; некультивированный; дикий; естественный 3. местный, аборигенный

nat natural □ 1. природный 2. натуральный, настоящий 3. дикий, некультивированный

N&T nose and throat □ нос и гортань [горло]

NAT nucleic acid amplification technologies □ генамплификационная технология нуклеиновых кислот

NATCO North American Transplant Coordinators Organization □ Североамериканская организация координаторов по трансплантации

Nat Hist, nat hist natural history □ естествознание; естественная история, биология

natn naturalization □ натурализация

nat ord natural order □ естественный порядок

Nat Sc Natural Science □ естествознание; естественные науки

Nat Sc D Doctor of Natural Sciences □ доктор естественных наук

NaV, N&V nausea and vomiting □ тошнота и рвота

Nav BH Naval Base Hospital □ госпиталь военно-морской базы, гарнизонный военно-морской госпиталь

NAWAC National Weather Analysis Center □ Национальный центр по анализу метеорологических данных

NAWCH National Association for the Welfare of Children in Hospital □ Национальная ассоциация по благотворительной деятельности в пользу детей, находящихся в больницах

NB Negri bodies □ тельца Негри

NB₁ neutrophil specific antigen □ специфический антиген нейтрофилов

NB newborn □ новорождённый

Nb Niobium [Columbium] □ ниобий

NB nitrogen balance □ азотистый баланс *(разница между количеством азота, попадающего в организм с пищей, и количеством азота, выводимого из организма)*

NB *лат.* nota bene □ note well □ обрати внимание! *(примечание, акцент на важную мысль)*

Nb number □ 1. порядковый номер; число 2. количество 3. физиологические потребности в жидкости по дням жизни *(у новорождённого)*

NBBP National Blood Bank Program □ Национальная программа банков крови

NBC nuclear, bacteriological and chemical □ ядерный, бактериологический и химический

NBCA National Birth Control Association □ Национальная ассоциация по контролю за рождаемостью

NBD neurological bladder dysfunction □ нейрогенный мочевой пузырь; дисфункция мочевого пузыря

NBI no bone injury □ без повреждения костей; повреждений костей не обнаружено

NBI nonbattle injuries □ небоевые ранения, повреждения в мирное время

---

* Проводит аттестацию врачей на право самостоятельной практической деятельности *(США)*

NBM National Bureau of Metrology □ Национальное бюро метрологии *(Франция)*

NBM nil by mouth, nothing by mouth □ пероральный приём исключается; приём через рот *(воды и пищи)* запрещён

NBME * National Board of Medical Examination □ Государственная экзаменационная комиссия по медицинским дисциплинам

NBN narrow-band noise □ шум узкого спектра

NBP normal boiling point □ точка [температура] кипения при нормальных условиях

NBRA National Biomedical Research Association □ Национальная ассоциация по биомедицинским исследованиям

NBRF National Biomedical Research Foundation □ Национальный фонд по биомедицинским исследованиям

NBRP National Blood Resource Program □ государственная программа развития ресурсов донорской крови

NBS National Bureau of Standards □ Национальное бюро стандартов *(США)*

NBS New British Standard □ Новый британский стандарт

NBS unit New British Standard unit □ значение единицы, поддерживаемое с помощью эталонов Национального бюро стандартов *(США)*

NBT nitroblue tetrazolium □ нитросиний тетразолий *(краситель)*

NBTE nonbacterial thrombotic endocarditis □ абактериальный [асептический] пристеночный тромбоэндокардит

NBTG p-nitrobenzylthioguanosine □ p-нитробензилтиогуанозин

NBTS National Blood Transfusion Service □ государственная служба переливания крови

NBT-test nitroblue tetrazolium-test □ тест с нитросиним тетразолием

nC nanocoulomb □ нанокулон, нКл *(10^{-9} кулон)*

nC nanocurie □ нанокюри, нКи *(10^{-9} кюри)*

nc nasal cannula □ носовая канюля

NC natural cell □ естественная (цитотоксическая) клетка *(в отличие от клетки-киллера)*

NC neurological controls □ неврологический контроль, нервная регуляция

nc no change □ без изменений

NC noise criterion □ критерий шума

NC noncholinergic □ нехолинергический *(напр. рецептор)*

NC noncontributory □ не способствующий, не играющий роли *(напр. о факторе)*

NC not classified □ неклассифицируемый *(напр. о комплексе врождённых пороков развития)*

NC Nurse Corps □ служба медицинских сестёр; кадры медицинских сестёр

NCA National Clearinghouse on Alcoholism □ Национальный центр информации по изучению алкоголизма *(США)*

NCA National Council on Aging □ Национальный геронтологический комитет

NCA neurocirculatory asthenia □ нейроциркуляторная дистония, НЦД

NCA neutrophil chemotactic activity □ хемотаксическая активность нейтрофилов

NCA nonspecific crossreacting antigen □ неспецифический перекрёстно-реагирующий антиген

NCA nuclear cerebral angiogram [angiography] □ радиоизотопная [радионуклидная] ангиограмма или ангиография головного мозга

NCAB National Cancer Advisory Board □ Национальный онкологический консультативный совет

NCAE National Center for Alcohol Education □ Национальный центр антиалкогольного просвещения

NCAL National Clearinghouse for Alcohol and Drug Abuse □ Национальный центр информации по изучению алкоголизма и наркомании

NCAM National Committee Against Mental Illness □ Национальный комитет по профилактике психических заболеваний

NCAM neural cell adhesion molecule □ молекула адгезии нервных клеток

N-CAP Nurses Coalition for Action in Politics □ Ассоциация [объединение] медицинских сестёр по общественно-политической деятельности

NCAPC National Center for Air Pollution Control □ Национальный центр контроля за загрязнением атмосферы

NCAR National Center for Atmospheric Research □ Национальный центр по исследованию атмосферы

NCB Narcotic Control Board □ Наркологический комитет по борьбе с наркоманией

NCBA not cell-bound complement-fixing antigen □ антиген, фиксирующий гуморальный [неклеточный] комплемент

NCCA National Center for Child Abuse □ Национальный центр по борьбе с жестоким обращением с детьми

NCCC National Cancer Cytology Center □ Национальный онкологический центр цитологических исследований

NCCDC National Center for Chronic Disease Control □ Национальный центр по предупреждению хронических болезней

NCCHS National Commission of Community Health Services □ Национальная комиссия при службе общественного здравоохранения

NCCLS National Committee for Clinical Laboratory Standards □ Национальный комитет по клинико-лабораторным стандартам

NCCVD National Council for Combating Venereal Disease □ Национальный совет по борьбе с венерическими заболеваниями

NCD Non-Communicable Diseases Prevention and Control □ программа «Профилактика и борьба с неинфекционными заболеваниями» (ВОЗ)

NCD normal childhood disorders □ дисфункции при нормальном развитии ребёнка; диспропорция роста ребёнка

NCDAI National Clearinghouse for Drug Abuse Information □ Национальный центр информации [клирингхаус] по нарко- и токсикомании

NCDC National Communicable Disease Center □ Национальный центр инфекционных болезней

NCDCV Neonatal calf diarrhea coronavirus □ коронавирус диареи новорождённых телят, КДНТ

NCDHW National Children's Dental Health Week □ Национальная неделя стоматологической помощи детям

NCDV Nebraska calf diarrhea virus □ возбудитель [вирус] гастроэнтерита телят

NCECC National Committee on Early Coronary Care □ Национальный комитет по раннему лечению коронарных больных

NCEP National Cholesterol Education Program □ Национальная программа просвещения о холестерине

NCF National Cancer Foundation □ Национальный фонд по изучению онкологических заболеваний

ncf nerve cell food □ питание для нервной клетки

NCF neutrophil chemotactic factor □ фактор хемотаксиса нейтрофилов

NCF noncomplement-fixing □ не связывающий комплемент (об антителах)

NCFRF National Cystic Fibrosis Research Foundation □ Национальный фонд по изучению фиброза мочевого пузыря

NCH National Children's Home □ национальный детский дом (благотворительная организация)

NCH Northwest Community Hospital □ Региональная больница Северо-Запада (штата Айова)

NCHCS National Council of Health Care Services □ Национальный совет служб здравоохранения

NCHD National Council of Health and Development □ Национальный совет по развитию здравоохранения

NCHE National Center for Health Education □ Национальный центр по санитарному просвещению

NCHS National Center for Health Statistics □ Национальный центр санитарной статистики

NCHSRD National Center for Health Services Research and Development □ Национальный центр по научным исследованиям и развитию здравоохранения

nCi nanocurie □ нанокюри, нКи (10^{-9} кюри)

NCI National Cancer Institute □ Национальный онкологический институт

NCIB National Collection of Industrial Bacteria □ Национальная коллекция промышленных бактерий (используемых в биотехнологии, Шотландия)

NCIH National Council for International Health □ Национальный совет по международному здравоохранению

NCL National Chemical Laboratory □ Государственная химическая лаборатория

NCL no cautionary labels □ фарм. нет предупреждающей этикетки

NCMC natural cell-mediated cytotoxicity □ естественная [природная] клеточно-опосредованная цитотоксичность, ЕЦТ

NCMDA National Commission on Marijuana and Drug Abuse □ Национальная комиссия по профилактике нарко- и токсикомании

NCMH National Committee for Mental Health □ Национальный комитет по психиатрической службе

NCMM National Council on Medical Malpractice □ Национальный комитет по врачебным ошибкам и противоправным действиям медицинских работников

NCMS North Carolina Medical Society □ Медицинское общество штата Северная Каролина

NCN National Council of Nurses □ Национальный совет медицинских сестёр

NCP National Cancer Program □ Национальная онкологическая программа

NCPCC National Clearinghouse for Poison Control Centers □ Национальный центр информации по отравлениям *(Департамента здравоохранения, США)*

NCPF National Collection of Pathogenic Fungi □ Национальная коллекция патогенных грибов *(Англия)*

NCP-NIDR National Caries Program of the National Institute of Dental Research □ Национальная программа по кариесу научно-исследовательского стоматологического института

NCPP National Cancer Program Plan □ Национальная онкологическая программа

NCR National Cancer Registry □ Национальный онкологический регистр

ncr nuclear □ ядерный

NCRH National Center for Radiological Health □ Национальный центр радиологической службы

NCRH National Conference of Rural Health □ Национальная конференция по сельскому здравоохранению

NCRP National Committee on Radiation Protection □ Национальный комитет по радиационной защите *(США)*

NCRPM National Committee on Radiation Protection and Measurements □ Национальный комитет по радиационной защите и стандартам

NCS nonpatient comparison subject □ здоровый человек из группы сравнения

NCSC National Council for Senior Citizens □ Национальный комитет пожилых граждан

NCSH National Clearinghouse for Smoking and Health (HEW) □ Национальный центр информации [клирингхаус] по курению и охране здоровья

NCSR National Center for Scientific Research □ Национальный центр по развитию научных исследований

NCSS National Center for Social Statistics □ Национальный центр социальной статистики

NCTC National Collection of Type Cultures □ Национальная коллекция типовых культур микроорганизмов *(Лондон, Великобритания)*

NCTC natural cytotoxic T-cell □ естественная цитотоксическая клетка

NCV nerve conduction velocity □ скорость нервной проводимости

NCV noncholera vibrions □ холероподобный вибрион

NCV noncirculating red cell volume □ объём депонированных [нециркулирующих] эритроцитов

NCVA National Center for Voluntary Action □ Национальный институт добровольных действий по отвыканию от вредных привычек *(США)*

NCYC National Collection of Yeast Cultures □ Национальная коллекция дрожжевых культур *(Англия)*

ND Doctor of Naturopathy (proponent of unproven methods) □ доктор натуропатии *(придерживающийся нетрадиционных методов)*

ND Doctor of Nursing □ 1. доктор наук по сестринскому делу *(учёная степень)* 2. преподаватель сестринского дела

ND national diary products □ продукты государственной молочной промышленности

ND natural death □ естественная смерть

Nd neodymium □ неодим

ND neoplastic diseases □ опухоль, новообразование

ND nervous debility □ неврастения

ND Newcastle disease □ ньюкаслская болезнь, псевдочума, пневмоэнцефалит птиц

ND next day □ на следующий день

ND no date □ без даты

ND no decision □ решение не принято

N.D. no delay □ срочно, без задержки

ND no delivery □ не вручено, не доставлено

n/d non drying □ не высыхающий

ND normal delivery □ нормальные роды

ND not detected □ не обнаружено

ND not determined □ неопределённый; недетерминирующий

ND not diagnosed □ не диагностированный, нераспознанный

ND not done □ не сделано

Nd number of dissimilar (matches) □ число разновидностей

Nd, ⁿD refractive index ·□ *усл.* индекс рефракции

NDA National Dental Association □ Национальная ассоциация зубных врачей *(США)*

NDA National Dialysis Association □ Национальная ассоциация лечебных учреждений, занимающихся диализом

NDA 1. new drug approval □ утверждение новых лекарственных средств **2.** New Drug Application (FDA) □ Применение новых лекарственных средств *(положение Департамента по контролю за качеством пищевых продуктов, лекарственных и косметических средств)*

NDA no detectable activity □ скрытая активность

nda not dated at all □ без (какой-либо) даты

NDC National Disease Control □ Национальный центр контроля за инфекционными заболеваниями *(США)*

NDC National drug code □ Национальный цифровой код лекарственных средств

NDDF National Digestive Disease Foundation □ Национальный гастроэнтерологический фонд

NDE near death experience □ предсмертное состояние

NDE no delay expected □ задержки не предвидится

NDE nondiabetic extremity □ конечность, не поражённая диабетом

NDF no disease found □ заболевания [патологии] не обнаружено

NDH nondominant hand □ недоминантная рука *(левая у правшей, правая у левшей)*

NDI nephrogenic diabetes insipidus □ нефрогенный несахарный диабет

NDI neutrophil damage index □ индекс разрушения нейтрофилов

NDM nonfat dry milk □ обезжиренное сухое молоко

NDMA nitrosodimethylalanine □ нитрозодиметилаланин

NDMHA nondirectional microphone hearing aid □ слуховой аппарат с косвенным [костным] проведением звука

NDMS National Disaster Medical System □ система медицинской помощи пострадавшим в результате стихийных бедствий

NDMS National Drug Monitoring System (FDA) □ национальная служба контроля за медикаментами *(США)*

NDNA native double-strand deoxyribonucleic acid □ нативная двухцепочечная дезоксирибонуклеиновая кислота

NDO neurodevelopmental observation □ наблюдение за развитием нервной системы

NDO Nyando □ Ньяндо *(арбовирус)*

NDP nucleotide-5'-diphosphate □ нуклеотид-5'-дифосфат

NDR National Dialysis Registry □ Национальный регистр по диализу

NDR neonatal death rate □ неонатальная смертность *(смертность детей в возрасте до 1 месяца)* на 1000 родившихся

NDT nondestructive testing □ неразрушающее тестирование

NDU Ndumu □ Ндуму *(арбовирус)*

NDV Newcastle disease virus □ вирус ньюкаслской болезни, вирус псевдочумы птиц

NDVuv ultraviolet-irradiated Newcastle disease virus □ вирус ньюкаслской болезни, подвергнутый ультрафиолетовому облучению

NDW number of different words □ число различимых слов *(тест)*

Nd-YAG laser Yttrium-Aluminium-Garnet-Neodim Laser □ иттрий-алюмо-гранато-неодимовый лазер, Nd-YAG лазер *(с длиной волны 1064 нм; вызывает фотокоагуляцию и термонекроз)*

Ne Neon □ неон

NE nephropathia epidemica □ эпидемическая нефропатия

NE net energy □ чистая энергия, нетто-энергия

NE neurological examination □ неврологический осмотр

NE new edition □ новое издание

N/E, NE noneffective □ недействительный; непригодный

NE norepinephrine □ норэпинефрин, норадреналин, НА

NE not engaged □ незанятый

NE not enlarged □ неувеличенный

NE not evaluated □ не поддающийся оценке

NE not examined □ 1. неосвидетельствованный 2. необследованный

NEAR National Emergency Alarm Reporter System □ Национальная система оповещения о чрезвычайном положении

neb *лат.* nebula □ spray □ *фарм.* распылитель, пульверизатор

NEB nuclear, electronic, biological □ ядерный, электронный, биологический

nec necessary □ необходимый

NEC (neonatal) necrotizing enterocolitis □ некротический энтероколит *(новорождённых)*

NEC not elsewhere classified □ нигде больше не классифицировано

NEC Nuclear Energy Committee (International) □ Международный комитет по ядерной энергии

NECTAR Network of European CNS Transplantation and Restoration □ Европейская программа трансплантации нервной ткани

NED no evidence of disease □ признаков болезни не обнаружено

NED normal equivalent deviation □ нормальный квантиль

NEEP negative end-expiratory pressure □ отрицательное концевое давление выдоха

NeF negative-regulatory factor □ негативно-регуляторный фактор *(ВИЧ-репликации)*

NeF, NeFa nephritic factor □ нефритический фактор

NEFA nonesterified fatty acids □ неэстерифицированные жирные кислоты

neg negative □ отрицательный, негативный; безрезультатный

NEG Negishi □ Негиш *(арбовирус)*

negl negligence || negligible □ небрежность || незначительный, не принимаемый в расчёт

Neg PB negative pressure breathing □ дыхание под отрицательным давлением

NEI National Eye Institute (HEW) □ Национальный институт глазных болезней *(Департамента здравоохранения, образования и социального обеспечения, США)*

NEI not elsewhere indicated □ нигде не указано, не упомянуто

NEM, nem *нем.* Nahrungs Einheit Milck □ *нем.* питательная единица молока, эквивалентная 1 г грудного молока

NEM no evidence of malignancy □ без признаков малигнизации

NEMA National Eclectic Medical Association □ Национальная эклектическая медицинская ассоциация *(объединяющая различные, противоположные направления)*

nema nematode □ нематода *(круглый червь)*

NEMCH New England Medical Center Hospital □ Госпиталь медицинского центра Новой Англии

NEOB New England Organ Bank □ Банк органов Новой Англии

Neo Cath catheter for neonate □ катетер для новорождённых

neopl neoplasma □ новообразование, опухоль

Nep nephrology □ нефрология

NEP Nepuyo □ Непуйо *(арбовирус)*

NEPA National Environmental Policy Act □ Национальный закон об охране окружающей среды

NERC Natural Environment Research Council □ Научно-исследовательский совет по экологии

NES noise exposure forecast □ прогноз воздействия шума

NES not elsewhere specified □ нигде не уточнено

NET nasoendotracheal tube □ назоэндотрахеальная трубка

NET not earlier than □ не раньше чем

NE test nerve excitability test □ тест на возбудимость нерва; нервная возбудимость

n et m *лат.* nocte et mane □ night and morning □ ночью и утром

Neu neuraminic acid □ нейраминовая кислота

neur 1. neuralgia □ невралгия 2. neurology || neurological □ неврология || неврологический

neurs neurosis □ невроз

neut, neutr neutralization □ нейтрализация

nex not exceeding □ не превышающий

nF nanofarad □ нанофарад, нФ *(10⁻⁹ фарад)*

NF National Formulary □ Национальный (фармацевтический) формуляр *(перечень регистрированных лекарственных форм, издаваемый Американской фармацевтической ассоциацией, добавление к Американской фармакопее)*

NF National Foundation □ Национальный фонд

NF nephritic factor □ нефритический фактор

NF neutral fraction □ нейтральная фракция

NF nitrofurantoin □ нитрофурантоин

NF noise factor □ коэффициент шума, шум-фактор

NF nonfunction (transplanted organ) □ нефункционирующий *(напр. трансплантат)*

NF nuclear factor □ ядерный фактор

NF Recklinghausen neurofibromatosis type 1 □ нейрофиброматоз 1-го типа Реклингхаузена, НФ-1

nfa no further action □ не предпринимать дальнейших действий

NFCPG National Federation of Catholic Physicians Guilds □ Национальная федерация обществ католиков-врачей

NFDS nonflying duty status □ состояние [период] отстранения от полётов

nfdm nonfat dry milk □ обезжиренное сухое молоко

NFE nitrogen-free extract □ безазотистое экстрактивное вещество

NFGND National Foundation for Genetics and Neuromuscular Diseases □ Национальный фонд (пожертвований) для изучения генетики нервно-мышечных болезней

NFIP National Foundation for Infantile Paralysis □ Национальный фонд по изучению и лечению детского церебрального паралича

NFKPA National Federation of Kidney Patients' Associations □ Национальная федерация ассоциаций почечных больных

NFLPN National Federation for Licensed Practical Nurses □ Национальная федерация практикующих медицинских сестёр, имеющих лицензию

NFME National Foundation for Medical Education □ Национальный фонд медицинского образования

NFSID National Foundation for Sudden Infant Death □ Национальный фонд по изучению детей, умерших внезапной смертью

NFTD normal full-term delivery □ нормальные роды доношенным ребёнком, нормальные роды в срок

NFV no further visit □ без последующей явки *(к врачу)*

ng nanogram □ нанограмм, нг *(10⁻⁹ г)*

NG natural gas □ природный газ

NG nasogastric □ назогастральный

ng new genus □ новый род

NG new growth □ новообразование, опухоль

Ng nitroglycerin □ нитроглицерин

NG no goes □ не годен

NG no good □ не пригоден; не здоров

NG no growth □ 1. нет роста 2. новообразование исключено

NGF National Genetics Foundation □ Национальный генетический фонд

NGF nerve growth factor □ фактор роста нервной ткани

ng/kg nanogram/kilogram □ нанограмм/килограмм, нг/кг

ng/ml nanogram/milliliter □ нанограмм/миллилитр, нг/мл

NGOs nongovernment organizations □ негосударственные [неправительственные] организации

NGP normal glycoprotein □ нормальный гликопротеид *(крови)*

NGR narrow gauze roll □ узкий марлевый рулон: марлевый бинт

NGR nuclear gamma resonance □ ядерный гамма-резонанс, НГР

NGS normal goat serum □ нормальная козья сыворотка

NGU nongonococcal urethritis □ уретрит негонококкового происхождения

NH native hapten □ нативный гаптен

NH nonhydroscopic □ негигроскопический

NH nursing home □ интернат *(напр. для престарелых)*, обслуживаемый медицинскими сёстрами

NHA human nuclear antigens □ ядерные антигены человека

NHA National Heart Act □ государственное постановление по кардиологии

NHANES National Health and Nutrition Examination Survey □ Национальное исследование здоровья и питания

NHAS National Hearing Aid Society □ Государственное объединение по производству слуховых аппаратов

NHBPEP National High Blood Pressure Education Program □ Национальная санитарно-просветительная программа по сосудистой гипертензии

NHC National Health Council □ Государственный совет по здравоохранению

NHC Neighborhood Health Center for Neonatal Hypocalcemia □ Окружной центр по оказанию помощи новорождённым с гипокальциемией

NHC neonatal hypocalcemia □ неонатальная гипокальциемия

NHC nursing home care □ интернат [дом] для престарелых

NHDU National Hospital Doctors Union □ Объединение врачей государственных лечебных учреждений

NHES National Health Examination Survey □ государственная служба инспекции здравоохранения

NHF National Hemophilia Foundation □ Государственный фонд по гемофилии

NHI National Health Insurance □ Государственное страхование на случай болезни *(США)*

NHI National Heart Institute □ Национальный институт сердца *(США)*

NHIP National Health Insurance Plan □ Национальная программа страхования на случай болезни *(США)*

NHL non-Hodgkin's lymphoma □ неходжкинская лимфома

NHLBI National Heart, Lung and Blood Institute □ Национальный институт сердца, лёгких и крови *(США)*

NHLI National Heart and Lung Institute □ Национальный институт сердца и лёгких *(США)*

NHMRC National Health and Medical Research Council □ Государственное здравоохранение и научно-исследовательский медицинский комитет

NHP neo health practitioner □ новый врач общей практики

NHP nonhistone (acidic) protein □ негистоновый [неядерный] белок

NHP nursing home patients □ больные дома престарелых

NHR net histocompatibility ratio □ степень [индекс] гистосовместимости, трансплантационный индекс, индекс чистой тканевой совместимости

NHS National Health Service □ национальная служба здравоохранения, НСЗ (Великобритания, создана в 1948 г.)

NHS normal horse serum □ нормальная лошадиная сыворотка

NHS normal human serum □ нормальная человеческая сыворотка

NHS not prescribable under National Health Service □ не прописываемый в системе государственного здравоохранения (о медикаменте)

NHW National Health and Welfare □ Национальное здравоохранение и социальное обеспечение (Канада)

NI National Insurance □ государственное страхование

NI natural increase □ естественный прирост

NI neuraminidase inhibition □ ингибиция нейраминидазы

NI neutralization index □ индекс нейтрализации

Ni Nickel □ никель

NI nitrogen intake □ потребление азота

NI no information □ нет информации

NI noisiness index □ шумовой индекс

NIA National Institute of Allergy □ Национальный институт аллергологии (США)

NIA National Institute of Aging (HEW) □ Национальный институт геронтологии (Департамента здравоохранения и социального обеспечения)

NIAA National Institute on Alcohol Abuse and Alcoholism □ Национальный институт по профилактике злоупотреблений алкоголем

NIAAA National Institute on Alcohol and Drug Abuse and Alcoholism □ Национальный институт по изучению потребления алкоголя и профилактике наркомании и алкоголизма

NIAID National Institute of Allergy and Infectious Diseases □ Национальный институт аллергии и инфекционных заболеваний (США)

NIAID National Institute of Arthritis and Infectious Disease □ Национальный институт артрита и инфекционных заболеваний (особенно СПИДа, США)

NIAMD National Institute of Arthritis and Metabolic Diseases □ Национальный институт артрита и обменных нарушений (США)

NIB National Institute for the Blind □ Национальный институт по исследованию слепоты

NIBSC National Institute for Biological Standards and Control □ Национальный институт по биологическим стандартам и контролю

NIC National Insurance Certificate □ государственное страховое свидетельство, государственный страховой полис (Великобритания)

NIC National Insurance Contributions □ государственный фонд для страхового пособия

NIC nurse interim care □ медсестра по временному уходу (за больными)

NICE National Institute of Clinical Excellence □ Национальный институт здоровья и качества медицинской помощи

NICHHD National Institute of Child Health and Human Development □ Национальный институт охраны здоровья ребёнка и развития человека (США)

NICM National Institute of Comparative Medicine □ Национальный институт эволюционной медицины (США)

NICU neonatal intensive care unit □ отделение интенсивной терапии новорождённых

NIDA National Institute on Drug Abuse □ Национальный институт по профилактике злоупотреблений лекарственными средствами (США)

NIDD(M) noninsulin-dependent diabetes (mellitus) □ инсулин-независимый (сахарный) диабет, ИНСД, диабет взрослых

NIDR National Institute of Dental Research □ Государственный научно-исследовательский стоматологический институт

NIDS neuroleptic induces deficiency syndrome □ синдром дефицита, вызванного нейролептиком (общетоксическое, неврологическое, экстрапирамидное побочное действие)

NIEHS National Institute of Environmental Health Sciences □ Национальный институт по изучению влияния экологических факторов на здоровье человека (США)

NIF neutrophil-immobilizing factor □ фактор иммобилизации нейтрофилов, ФИН

nig лат. niger □ black □ чёрный (ген чёрной окраски линии животных)

NIGMS National Institute of General Medical Sciences □ Национальный институт теоретических медицинских дисциплин (США)

NIH National Institutes of Health □ Национальные институты здравоохранения (США)

~ **agar medium** National Institute of Health agar medium □ питательный агар, отвечающий требованиям Национального института здравоохранения (США)

~ **unit** National Institute of Health unit □ единица Национального института здравоохранения (США)

NIH&SS Northern Ireland Health and Social Services □ служба здравоохранения и социального обеспечения Северной Ирландии

NIHCC National Institutes of Health Clinical Center □ государственные институты клинического центра здравоохранения

NIHCD National Institute of Health Care Delivery □ Государственный институт родовспоможения

NIHF nonimmune hydrops fetalis □ неиммунный отёк плода

NIHL noise-induced hearing loss □ потеря слуха, обусловленная шумом

NII National Information Infrastructure □ Национальная информационная инфраструктура

NIIP National Institute of Industrial Psychology □ Национальный институт промышленной психологии

NIL nothing in light (microscope) □ в световом микроскопе не выявляется

NIL not in labor □ не в работе; не функционирующий

NIM National Institute of Medicine □ Национальный институт медицины *(США)*

NIMH National Institute of Mental Health □ Национальный институт психического здоровья *(США)*

NIMR National Institute of Medical Research □ Национальный научно-исследовательский клинический институт *(США)*

NIND National Institute of Neurological Diseases □ Национальный институт неврологии *(США)*

NINDB National Institute of Neurological Diseases and Blindness □ Национальный институт по исследованию нервных заболеваний и слепоты *(США)*

NIOSH National Institute of Occupational Safety and Health □ Национальный институт проблем профессиональной безопасности и здравоохранения *(США)*

NIP mononitroiodophenyl □ мононитройодфенил

NIP neuroleptic induced parkinsonism □ паркинсонизм, вызванный нейролептиками

NIPCC National Industrial Pollution Control Council □ Национальный совет по борьбе с промышленными загрязнениями

niphl noise-induced permanent hearing loss □ вызванная шумом постоянная утрата слуха

ni pri *лат.* nisi prius □ unless before □ если не ранее

NIPTS noise-induced permanent threshold shift □ постоянное смещение порога слуха

NIRL negligible individual risk levels □ незначительный уровень индивидуального риска

NIST National Institute of Standards and Technology □ Государственный институт метрологических стандартов и технологий *(бывшее Национальное бюро стандартов, США)*

NIT National Intelligence Test □ государственные тесты по определению интеллектуальности

nit nitrate □ нитрат

NITA viruses nuclear inclusion type A viruses □ NITA-вирусы, НИТА-вирусы *(ДНК-вирусы, имеющие ядерные включения типа A)*

NITTS noise-induced temporary threshold shift □ временное смещение порога слуха; временная потеря слуха

NJ feeding nasojejunal feeding □ назоэнтеральное [зондовое] питание

NJH National Jewish Hospital, Denver, Colorado □ Национальная еврейская больница *(штата Колорадо)*

NJHRC National Jewish Hospital and Research Center □ Национальный еврейский научно-исследовательский медицинский центр

NJPC National Joint Practice Commission □ Национальная артрологическая комиссия *(США)*

NK natural killer (cell) □ естественный [натуральный] киллер, К-клетка, NK-клетка

NK neurokinin □ нейрокинин

NK *нем.* Nomenklatur Kommission □ Номенклатурная комиссия *(по анатомической терминологии)*

NK not known □ неизвестный

NKA neurokinin A □ нейрокинин A

NKA no known allergies □ отсутствие известных аллергических реакций

NKAF natural killer activating factor □ фактор активации естественных клеток-киллеров

NKB neurokinin B □ нейрокинин B

NK-cells natural killers □ естественные [натуральные] киллеры, клетки-«убийцы», К-клетки, NK-клетки

NKCF natural killer cytotoxic factor □ цитотоксический фактор естественных клеток-киллеров

NKF National Kidney Foundation □ Национальный нефрологический фонд *(США)*

NK-mediated natural killer mediated □ обусловленный естественными клетками-киллерами

nl nanolitre □ нанолитр, нл $(10^{-9}$ л)

NL National Laboratory □ государственная лаборатория

NL neutral lipids □ нейтральные жиры

nl *лат.* non licet □ it is not allowed □ не разрешено

nl non liquet □ it is not clear □ не ясно

NL normal □ 1. нормальный; обыкновенный; стандартный 2. здоровый, естественный

n normal □ 1. нормальный; обыкновенный; стандартный 2. здоровый

NLA neuroleptanalgesia □ нейролептаналгезия, НЛА

NLA normal lactase activity □ нормальная активность лактазы

NLB needle liver biopsy □ пункционная биопсия печени

NLC National League of Cities □ Национальная лига городов *(США)*

NLD *лат.* necrobiosis lipoidica diabeticorum □ диабетический липоидный некроз

Nle norleucine □ норлейцин

NLM National Library of Medicine □ Национальная медицинская библиотека *(США)*

NLM noise level monitor □ монитор-шумомер

NLN National League for Nursing □ Национальная лига медицинских сестёр *(по уходу)*

NLN no longer needed □ больше не нужно

NLNE National League of Nursing Education □ Национальная лига подготовки медицинских сестер *(США)*

NLP no light perception □ отсутствие световосприятия, потеря зрения

NLPHD nodular, lymphocyte predominant Hodgkin's disease □ болезнь Ходжкина [лимфогранулематоз], смешанно-клеточный вариант

NLS Neighborhood Legal Services □ окружная судебно-медицинская служба

NLT 1. no later than □ не позже чем **2.** no less than □ не меньше чем

NLT normal lymphocyte transfer □ перенос нормальных лимфоцитов

NLT-test normal lymphocyte transfer test □ тест переноса нормальных лимфоцитов *(для оценки совместимости тканей донора и реципиента)*

nm nanometer □ нанометр, нм $(10^{-9}$ м)

Nm neomycin □ неомицин

NM neoplastic meningitis □ неопластический менингит

NM neuromuscular □ нервно-мышечный, нейромышечный

N/m, Nm^{-1} Newton/meter □ ньютон на метр, Н/м, Н • м$^{-1}$

N/m², Nm^{-2} Newton/meter² □ ньютон на квадратный метр, Н/м², Н • м$^{-2}$

NM Noise meter □ шумомер

N/m no marks □ без помет, без (товарных) знаков

NM nonmotile □ неподвижный

NM normethanephrine □ норметанефрин

nm nothing more □ больше ничего, всё

NM not measurable □ не поддающийся измерению

NM Nuclear Medicine □ нуклидная [ядерная] медицина

NM nut moschata (nutmeg) □ мускатный орех

NMA National Malaria Association □ Национальная ассоциация по борьбе с малярией (США)

NMA National Medical Association □ Национальная медицинская ассоциация (США)

nma negative mental attitude □ отрицательная психологическая установка

NMA neurogenic muscular atrophy □ нейрогенная мышечная атрофия

NMA nutritional megaloblastic anemia □ алиментарная мегалобластическая анемия

NMAF National Medical Association Foundation □ Фонд Национальной медицинской ассоциации (США)

NMC National Medical Care □ корпорация «Национальная медицинская помощь» (США)

NMC neuromuscular control □ нервно-мышечный блок, нервно-мышечная блокада

NMD nutritional muscular dystrophy □ алиментарная мышечная дистрофия

NMDA N-methyl-D-aspartate □ N-метил-D-аспартат (рецепторы)

nme noise-measuring equipment □ оборудование для измерения уровня шума

NMF National Medical Fellowship □ Национальное медицинское товарищество или объединение (США)

NMI no middle initial □ нет среднего исходного

NMI nonmyelomatous monoclonal immunoglobulinemia □ немиеломатозная моноклональная иммуноглобулинемия

NML National Measurement Laboratory □ Национальная метрологическая лаборатория (Австралия)

nml normal □ 1. нормальный; обыкновенный; стандартный 2. здоровый; естественный

NMN nicotinamide mononucleotide □ никотинамид-мононуклеотид

nmol nanomol □ наномоль, нмоль

NMP normal melting point □ точка [температура] плавления при нормальных условиях

NMP normal menstrual period □ нормальный менструальный период

NMP nucleoside-5'-monophosphate □ нуклеозид-5-монофосфат

NMR nuclear magnetic resonance □ ядерно-магнитный резонанс, ЯМР

NMRI Naval Medical Research Institute □ Военно-морской научно-исследовательский клинический институт

NMRS numerous □ многочисленный

NMR imaging nuclear magnetic resonance imaging □ изображение с помощью ядерно-магнитного резонанса, ЯМР-визуализация

NMS neuroleptic malignant syndrome □ злокачественный нейролептический синдром, ЗНС (гипертермия, потливость, сердечно-сосудистые нарушения и пр.)

NMS neuromuscular spindle □ нервно-мышечное веретено

N • m/s, N • m • s⁻¹ newton-meter per second □ ньютон на метр в секунду (Н • м/с, Н • м • с⁻¹)

NMSS National Multiple Sclerosis Society □ Национальное общество по рассеянному [множественному] склерозу

NMT neuromuscular tension □ нервно-мышечное напряжение

NMT N-methyltransferase □ N-метилтрансфераза

NMT nuclear medicine technician □ техник-лаборант по ядерной медицине

NMTS National Milk Testing Service □ национальная служба контроля молока (США)

NMU noise monitoring unit □ монитор-шумомер

N-Multistix фирм. индикаторная (бумажная) полоска (для определения белка, глюкозы, билирубина, скрытой крови и др.)

nn names □ 1. имена; фамилии 2. название

n.n. лат. nemini notus □ known to anyone □ никому не известно

nn лат. nervi □ nerves □ нервы

N:N the azo group □ азогруппа

NN agar nonnutrient agar □ «голодный» агар (среда для выращивания амёб и подавления роста бактерий)

NNCB Nephrology Nursing Certification Board □ Совет по аттестации медицинских сестёр нефрологического профиля (США)

NND neonatal death □ 1. неонатальная смерть 2. неонатальная смертность (смертность детей на первом месяце жизни на 1000 родившихся)

NND New and Nonofficial Drugs □ «Новые и неофициальные лекарственные средства» (ежегодник Американской медицинской ассоциации)

NNE neonatal necrotizing enterocolitis □ некротический энтероколит новорождённых

NNEB National Nursery Examination Board □ Национальный экзаменационный совет по аттестации медицинских сестёр (на право самостоятельной практики)

NNIP dinitroiodophenyl □ динитройодфенил

NNIS National Nasocomial Infection Study □ государственное изучение проблемы внутрибольничных [назокомиальных] инфекций

NNMC National Naval Medical Center □ Национальный военно-морской медицинский центр (США)

NNN Novy – Nicolle – McNeal (culture medium) □ кровяной агар (среда Нови – Николя – МакНила для культивирования лейшманий)

n.nov. лат. nomen novum □ new name □ новое название

NNR New and Nonofficial Remedies □ «Новые и неофициальные лекарственные средства» (ежегодник Американской медицинской ассоциации)

NNS National Natality Survey □ Национальная программа обследования рождаемости

NNSA National Nurses Society on Alcoholism □ Национальное общество медицинских сестёр по борьбе с алкоголизмом (США)

NNT number needed to treat □ число больных, подлежащих лечению (для предотвращения осложнений, напр. гипертензии)

NO nitric oxide □ оксид азота

No Nobelium □ нобелий

NO normally opened □ обычно открыто

NO not obtained □ не принятый

NO not operational □ не работает, не действует

No, no number □ 1. порядковый номер; число 2. количество 3. физиологические потребности в жидкости по дням жизни *(у новорождённого)*

NOA not otherwise authorized □ в других случаях не санкционировано

NOAA National Oceanic and Atmospheric Administration □ Национальное управление по исследованию атмосферы и океана

Noc, Noct *лат.* nocte □ at night □ ночью, в ночное время

noct. mane *лат.* nocte et mane □ at night and in the morning □ ночью и утром

NOD nonobese diabetic □ больной диабетом без ожирения

NOI not otherwise identified □ иным образом не идентифицировано

NOIBN not otherwise indexed by name □ другое наименование не указано

NOK next of kin □ ближайший родственник; член семьи

Nom, nom nomenclature □ номенклатура

nom nominal □ номинальный

NOMI nonocclusive mesenteric infarction □ неокклюзионный [ишемический] инфаркт брыжейки

nom std nominal standard □ номинальный стандарт

non rep do not repeat □ не повторяй

non-res non resident □ нерезидент *(не проживающий постоянно)*

non seq. *лат.* non sequitur □ it does not follow □ из этого не следует

non SI unit non in the International System of Units □ единица, не входящая в Международную систему единиц, СИ

non-T-all non-T-acute lymphoblastic leukemia □ острый не-Т-клеточный лимфобластный лейкоз

no op no opinion □ мнения нет

NOP not open to the public □ для служебного пользования, закрытая информация

NOPHN National Organization for Public Health Nursing □ Национальная организация по подготовке младших медицинских сестёр *(США)*

NOPP National Organization for Planned Parenthood □ Национальная организация планирования семьи *(США)*

NOPWC National Old People's Welfare Council □ Национальный совет по обеспечению лиц пожилого возраста *(США)*

NOR nucleolar-organizing region □ ядрышкообразующая область

NORC National Oceanographic Research Center □ Национальный научно-исследовательский океанографический центр

n/ord nursing orderly □ санитар, санитарка

Norepi norepinephrine □ норадреналин, НА

NORIS normal range information system □ (нормальный) диапазон информационной системы

norm normal □ 1. нормальный; обыкновенный; стандартный 2. здоровый, естественный

norst no restrictions □ без ограничения; ограничений нет

NOS not otherwise specified □ иначе не указано; без других [уточнений] указаний, БДУ *(в Международной классификации болезней)*

NOSKP National Organization for State Kidney Programs □ Национальная организация по составлению государственных программ лечения нефрологических больных

NOTA National Organ Transplantation Act □ Национальный законодательный акт по трансплантации органов

NOTB National Ophthalmic Treatment Board □ Национальный совет по лечению глазных болезней *(Великобритания)*

NOVS National Office of Vital Statistics □ Национальное бюро демографической статистики *(США)*

nov sp new species □ новый вид

NP nasopharynx || nasopharyngeal □ носоглотка, назофаринкс || носоглоточный, назофарингеальный

NP near point □ ближайшая точка *(ясного видения)*

Np neper □ непер, Нп *(логарифмическая единица измерения усиления или ослабления сигналов, равная 6,68 дБ)*

Np Neptunium □ нептуний

NP neuropsychiatric □ нервно-психический

NP *лат.* nomen proprium □ имя собственное

NP nonpersistent □ нестойкий *(о химических отравляющих веществах)*

NP normal plasma □ нативная плазма; плазма здоровой особи

NP normal pressure □ нормальное давление

NP not performed □ невыполненный

NP not palpable □ непальпируемый, непрощупываемый *(напр. об органе)*

NP nucleoplasmic index □ ядерно-плазматический индекс

NP nucleoprotein □ ядерный белок, гистон

Np-1 nucleoside phosphorylase-1 □ нуклеозидфосфорилаза-1

NP nurse practitioner □ практикующая медицинская сестра

NP nursing procedure □ сестринская процедура

NP Proper Name □ *фарм.* патентованное [коммерческое, фирменное] название *(лекарственного средства)*

NPA National Perinatal Association □ Национальная ассоциация перинатологов *(США)*

NPA National Pituitary Agency □ Национальное агентство по изучению гипофиза *(США)*

NPA National Planning Association □ Национальная планирующая ассоциация

NPB negative pressure breathing □ искусственное дыхание под отрицательным давлением

NPB nodal premature beat □ узловая экстрасистола

NPB nonprotein bound □ безбелковое соединение

NPC nasopharyngeal cancer [carcinoma] □ рак носоглотки

NPC near point convergence □ ближайшая точка конвергенции

NPC no previous complaints □ жалоб ранее не отмечалось

NPCC National Program for Cancer Chemotherapy □ Национальная программа химиотерапии рака *(США)*

NPCP National Prostatic Cancer Project □ Национальная программа по раку предстательной железы *(США)*

NPD National Program for Dermatology □ Национальная программа по кожным заболеваниям *(США)*

NPD Niemann – Pick disease □ липоидный гистиоцитоз, болезнь Ниманна – Пика

NPF 1. National Pain Foundation □ Национальный фонд по изучению боли **2.** National Paraplegia Foundation □ Национальный фонд по изучению параплегии **3.** National Parkinson Foundation □ Национальный фонд по изучению паркинсонизма **4.** National Psoriasis Foundation □ Национальный фонд по изучению псориаза

NP-G nurse practitioner generalist □ медицинская сестра общей практики

NPH neutral protamine Hagedorn *см.* **NPHi**

NPH no previous history □ ранее не отмечалось, нет в анамнезе

NPH normal pressure hydrocephalus □ больной гидроцефалией с нормальным внутричерепным давлением

NPhD *англ.* Doctor of Natural Philosophy □ доктор натурофилософии

NPHi neutral protamine Hagedorn insulin □ нейтральный протамин-инсулин Хагедорна

NPI 1. Neuropsychiatric Institute □ Нейропсихиатрический институт **2.** neuropsychiatric inventory □ нейропсихиатрический опросник

NPI nonprecision instrument □ неточный *(измерительный)* прибор

NPL National Physical Laboratory □ Национальная физическая лаборатория *(Великобритания)*

NPN nonprotein nitrogen □ остаточный [безбелковый] азот *(небелковых азотистых веществ крови)*

NPO *лат.* nil per os □ don't take orally, nothing by mouth □ *фарм.* для наружного применения; не применять внутрь (!)

NPO/HS *лат.* nulla per os hora somni □ nothing by mouth at bedtime □ ничего не принимать через рот ночью

N-pros nervous prostration □ (нервная) прострация

NPRQ nonprotein respiratory quotient □ безбелковый дыхательный коэффициент

NPS, Nps N-o-nitrophenylsulfonyl □ N-о-нитрофенилсульфонил

NPT neoprecipitin test □ проба [тест] с неопреципитином

NPT nocturnal penile tumescence □ ночная эрекция

NPT normal pressure and temperature (usually 1 standard atmosphere and 0 °C) □ нормальные давление и температура *(обычно 1 физическая атмосфера = 101 325 Па, или 760 мм рт. ст., и 0 °C)*

NPU *англ.* National Pharmaceutical Union □ Национальный фармацевтический союз

NPU net protein utilization □ количество усвоенного белка

NPU not passed urine □ обструкция мочевых путей; острая задержка мочи

NR neutralization reaction □ реакция нейтрализации, РН

NR neutral red □ нейтральный красный *(краситель)*

NR nodal rhythm □ атриовентрикулярный [узловой] ритм *(сердца)*

NR 1. noise rating □ определение уровня шума **2.** noise reduction □ снижение уровня шума

NR nonreactive □ нереактивный, не реагирующий

n.r. *лат.* non repetatur □ do not repeat □ *фарм.* не повторять; не выдавать повторно

NR no radiation □ радиоактивность [радиация] не обнаруживается

NR no response □ реакция не отмечается

NR normal range □ нормальный диапазон

NR not recommended □ нерекомендованный

NR not recorded □ не записанный

nr number □ **1.** порядковый номер; число **2.** количество **3.** физиологические потребности в жидкости по дням жизни *(у новорождённого)*

NR nutritive ratio □ соотношение пищевых веществ

NRA nonregenerative anemia □ гипопластическая [арегенераторная] анемия

NRAA National Renal Administrators Association □ Национальная ассоциация административных работников нефрологических лечебных учреждений

NRBC nucleated red blood cell □ ядерный эритроцит

NRC National Research Council (NAS) □ Национальный научно-исследовательский совет *(Национальной академии наук США)*

NRC Netherlands Red Cross □ Голландский Красный Крест

NRC normal retinal correspondence □ нормальная корреспонденция сетчатки

NRE negative-regulatory element □ негативный регуляторный элемент

NREM nonrapid eye movements □ медленные движения глаз *(фаза сна)*

NRI National Rehabilitation Institute □ Национальный институт реабилитации *(США)*

NRI neutral regular insulin □ неактивный [аномальный] инсулин

NRIC National Rehabilitation Information Center □ Национальный центр информации по реабилитации *(США)*

NRL Naval Research Laboratory □ Морская научно-исследовательская лаборатория

NRMC Naval Regional Medical Center □ Морской региональный медицинский центр

nrml normal □ **1.** нормальный; обыкновенный; стандартный **2.** здоровый, естественный

nRNA nuclear ribonucleic acid □ ядерная рибонуклеиновая кислота

nRNP nuclear ribonucleoprotein □ ядерный рибонуклеопротеид

NRPB National Radiological Protection Board □ Национальный совет по радиационной защите, НСРЗ

NRR net reproduction rate □ чистый коэффициент воспроизводства населения; коэффициент Кучинского

NRS normal rabbit serum □ интактная кроличья сыворотка, сыворотка крови здорового кролика

NRS normal reference serum □ нормальная стандартная сыворотка

ns nanosecond □ наносекунда, нс *(10^{-9} с)*

NS *англ.* National Service □ воинская или трудовая повинность

NS National Standard □ национальный стандарт

NS nephrosclerosis □ нефросклероз

NS nephrotic syndrome □ нефротический синдром

NS nervous system □ нервная система

NS neurological survey □ неврологическое обследование

NS neurosurgery □ нейрохирургия

NS 1. new series □ новая серия 2. new system □ новая система

N • s newton • second □ ньютон • секунда, Н • с

NS 1. nonspecific □ неспецифический 2. nonstandard □ нестандартный

NS nonstutterer □ незаикающийся

NS, N/S normal saline □ физиологический раствор *(близкий по электролитному составу к таковому плазмы крови)*

NS normal saliva □ интактная слюна; слюна здоровой особи

NS normal serum □ интактная сыворотка; сыворотка здоровой особи

NS no sample □ без анализа

NS no sequelae □ без последствий

NS no side ports □ без боковых отверстий *(о катетере)*

NS no (added) sugar □ без (добавления) сахара

NS not seen □ невидимый

NS not signed □ необозначенный

NS not significant □ *стат.* несущественный, статистически недостоверный *(о различии сопоставляемых показателей)*

NS not stated □ незаявленный, нерегистрированный

NS not sufficient □ неудовлетворительный; неприемлемый; не соответствующий требованиям

NS number of developing symptoms □ число развивающихся [проявляющихся] симптомов

NS Nursing Service □ служба медицинских сестёр по уходу

NS nursing sister □ медицинская сестра по уходу

NS nylon suture □ нейлоновый шов

NSA Neurosurgical Society of America □ Американское нейрохирургическое общество

NSA no serious abnormality □ без серьёзных нарушений, без тяжёлых расстройств

NSA no significant abnormality □ нерезко выраженный порок развития

NSA not sufficient amount □ недостаточное количество

NSABP National Surgical Adjuvant Breast Project □ Национальная программа вспомогательного хирургического лечения рака молочной железы

NSAID nonsteroidal antiinflammatory drugs □ нестероидные противовоспалительные средства, НПВС

NSC no significant change □ несущественные [незначительные] изменения

NSC not service-connected □ не требующий постоянного ухода

NSCC National Society for Crippled Children □ Национальное общество детей-инвалидов *(США)*

NSCD nonservice-connected disability □ инвалидность, не требующая постоянного ухода

NSCLC nonsmall-cell lung cancer □ немелкоклеточный рак лёгкого

N Score neuroticism score □ невротическая метка; дермографизм

NSD neonatal staphylococcal disease □ стафилококковая инфекция новорождённых

NSD noise suppression device □ шумоподавляющее устройство

NSD 1. nominal single dose □ номинальная разовая доза 2. nominal standard dose □ номинальная стандартная доза

NSD normal spontaneous delivery □ нормальные самопроизвольные роды

NSD 1. no significant defect □ без существенных дефектов 2. no significant deviation □ без существенных отклонений 3. no significant difference □ несущественное различие *(P ≥ 0,05)* 4. no significant disease □ без серьёзных заболеваний

NSDP National Society of Denture Prosthetists □ Национальное общество зубных протезистов

NSE neuron-specific [enolase] enzyme □ нейрон-специфический [энолаза] энзим [фермент]

NSF 1. National Sanitation Foundation □ Национальный санитарный фонд *(США)* 2. National Science Foundation □ Национальный научный фонд *(США)*

NSF National Sex Forum □ Национальная конференция по сексопатологии

NSFTD normal spontaneous full-term delivery □ нормальные самопроизвольные роды доношенным ребёнком

NSG neurosecretory granules □ нейросекреторные гранулы

NSGCTT nonseminomatous germ cell tumors of the testis □ несеминоматозные эмбрионально-клеточные опухоли яичек

NSHD nodular sclerosing Hodgkin's disease □ болезнь Ходжкина [лимфогранулематоз] с нодулярным склерозом

NSILA nonsuppressible insulin-like activity □ неподавляемая инсулиноподобная активность

NSM *англ.* National Service Man □ призванный по закону о воинской и трудовой повинности

NSM neurosecretory material □ нейросекреторный материал

N • s/m², Ns • m⁻² newton-second per square metre □ ньютон-секунд на квадратный метр, Н • с/м²; Н • с • м⁻²

NSM nonspecific mediator □ неспецифический медиатор

NSMR National Society for Medical Research □ Национальное общество по проблемам медицины *(США)*

NSNA National Student Nurse Association □ Национальная ассоциация обучающихся медицинских сестёр *(США)*

NSND nonsymptomatic, nondisabling □ бессимптомный, без признаков заболевания

NSP Neurological Society of Paris □ Парижское неврологическое общество

n. sp. new species □ новый вид

NSPB National Society for the Prevention of Blindness □ Национальное общество по профилактике слепоты

NSPCC National Society for the Prevention of Cruelty to Children □ Национальное общество защиты детей от жестокого обращения *(Великобритания)*

NSQ neuroticism scale questionnaire □ опросник для определения степени невротичности

NSR normal sinus rhythm □ нормальный синусовый ритм

NSRDS National Standard Reference Data System □ Национальная система стандартных справочных данных, НССД *(США)*

NSS neurosecretory substance □ нейросекреторное вещество

NSS normal saline solution □ физиологический раствор *(близкий по электролитному составу к составу плазмы крови)*

NSS not statistically significant □ статистически недостоверно

NST not sooner than □ не раньше чем

NSU nonspecific urethritis □ неспецифический уретрит

Nt (test) cross neutralization □ перекрёстная нейтрализация *(тест)*

NT nasotracheal □ назотрахеальный *(напр. об интубации)*

NT neotetrazolium (stain) □ неотетразолий *(краситель)*

NT neutralization technique □ техника нейтрализации; реакция нейтрализации

NT neutralization test □ реакция нейтрализации *(напр. вирусов)*

Nt, nt nontight □ неплотный; негерметичный

NT nontypical □ нетипичный, атипичный

NT normal temperature □ нормальная температура

NT not tested □ не апробированный; не прошедший тестирование

NTA National Tuberculosis Association □ Национальная противотуберкулёзная ассоциация *(США)*

NTA Nursery Training Association □ Ассоциация по подготовке медсестёр

NTAB nephrotoxic antibody □ нефротоксические антитела

NT Act Nurse Training Act □ Положение о подготовке медицинских сестёр

NTCC 10406 National Type Culture Collection Pseudomonas aeruginosa [Bacterium aerugenosum, bacterium ryocyaneum] □ культура синегнойной палочки [палочки сине-зелёного гноя] из Национальной коллекции типовых культур микроорганизмов *(Великобритания)*

NTD neural tube defects □ порог развития нервной трубки

NTD nitroblue tetrasolium dye □ нитросиний тетразолиевый *(краситель)*

NTE nontest ear □ неисследованное ухо

NTE not to exceed □ не превышать

NTF National Therapeutic Formulary □ Национальный терапевтический формуляр

NTG nephrotoxic globulin □ нефротоксический глобулин

NTG nitroglycerine □ нитроглицерин

NTG nontoxic goiter □ нетоксический зоб

NTHI native tissue harmonic imaging □ *узи* визуализация нативной тканевой гармоники *(метод, позволяющий обнаруживать слабые гармонические эхосигналы, образующиеся в тканях, и полностью исключать эхосигналы на основной частоте)*

NTMI nontransmural myocardial infarction □ нетрансмуральный инфаркт миокарда

NTP 1. normal temperature and pressure (usually 0 °C and 1 standard atmosphere) □ нормальные температура и давление *(обычно 0 °C и 1 физическая атмосфера = 101 325 Па, или 760 мм рт. ст.)* **2.** normal temperature and pulse □ нормальные температура (тела) и пульс

NTP nucleoside-5'-triphosphate □ нуклеозид-5'-трифосфат

NTR normalized thyroxine ratio □ нормализованное тироксиновое соотношение

ntr nutrition □ питание

NTRDA National Tuberculosis and Respiratory Disease Association □ Национальная ассоциация по туберкулёзу и болезням органов дыхания

NTSB National Transportation Safety Board □ Национальный совет по безопасности движения

NTTL National Tissue Typing Reference Laboratory □ Национальная информационная лаборатория по типированию тканей

NTU nephelometric turbidity units □ нефелометрические стандарты мутности

NTV nervous tissue vaccine □ вакцина из нервной ткани

nt wt net weight □ вес нетто *(чистая масса тела)*

NU name unknown □ 1. фамилия (автора) неизвестна 2. наименование не установлено

nU nanounit □ наноединица *(10^{-9} единиц)*

Nu nucleus □ ядро

nu nude □ 1. голый, обнажённый; безволосый 2. бестимусный *(напр. о мышах)*

nuc def nuclear defense □ противоатомная защита; радиационная защита

nucl nucleus □ ядро

nucll nuclei □ ядра

NUD non-ulcer dyspepsia □ неязвенная диспепсия

nu det nuclear detonation □ ядерный взрыв

NUG necrotizing ulcerative gingivitis □ некротизирующий язвенный гингивит

nul null □ 1. ноль ‖ нулевой 2. отсутствие информации; неопределённое значение

num number □ 1. порядковый номер; число 2. количество 3. физиологические потребности в жидкости по дням жизни *(у новорождённого)*

num numerator □ *мед. тех.* 1. нумератор 2. числитель, счётчик

nu ma r nuclear magnetic resonance □ ядерно-магнитный резонанс, ЯМР

NUMS Northwestern University Medical School □ Северо-Западная университетская медицинская школа

N-Uri-stix *фирм.* обозначение тест-полоски для выявления азота, глюкозы и белка в моче

nutr nutrition □ питание

NUV (light) near ultraviolet □ пограничный с ультрафиолетовым спектром *(об излучении)*

NV naked vision □ невооружённым глазом

NV nausea and vomiting □ тошнота и рвота

NV neurovascular □ нейроваскулярный

NV nonvaccinated □ невакцинированный

nv nonvolatile □ нелетучий; неулетучивающийся, неиспаряющийся

Nv norvaline □ норвалин

NVA near visual acuity □ острота зрения для близи

NVB neurovascular bundle □ нервно-сосудистый пучок

NVD nausea, vomiting and diarrhea □ тошнота, рвота и диарея

NVI nutritive value index □ индекс питательной ценности

nvm nonvolatile matter □ неулетучивающееся [нелетучее] вещество

NVMA National Veterinary Medicine Association □ Национальная ассоциация работающих в сфере ветеринарной медицины

nvol nonvolatile □ нелетучий; неулетучивающийся, неиспаряющийся

NVSD National Vital Statistics Division □ Отдел статистики актов гражданского состояния *(США)*

NW nasal wash □ орошение [промывание] носа

NWB nonweight-bearing □ невесомый

n.wt., nt.wt. net weight □ вес нетто *(чистая масса тела)*

NWTSG National Wilms' Tumor Study Group □ Национальная научно-исследовательская группа по изучению опухоли Вильмса

nx nonexpendable □ многократного применения

NXM nonexistent memory □ *выч. тех.* несуществующая область памяти

NYA Nyamanini □ Ньяманини *(арбовирус)*

NYAM New York Academy of Medicine □ Нью-Йоркская медицинская академия

NYAS New York Allergy Society □ Нью-Йоркское аллергологическое общество

NYBC New York Blood Center □ Нью-Йоркский центр [банк] крови

NYCDH New York City Department of Health □ Нью-Йоркский городской департамент здравоохранения

NYD not yet diagnosed □ диагноз (ещё) не установлен

NYEEI New York Eye and Ear Institute □ Нью-Йоркский институт офтальмологии и отологии

NYHA New York Heart Association □ Нью-Йоркская ассоциация кардиологов

NYHA class New York Heart Association classification □ классификация сердечной недостаточности Нью-Йоркской ассоциации кардиологов

NYMC New York Medical College □ Нью-Йоркский медицинский колледж

NYMH New York Memorial Hospital □ Нью-Йоркский мемориальный госпиталь

NYNF New York Nephrology Foundation □ Нью-Йоркский нефрологический фонд

NYPI New York Psychiatric Institute □ Нью-Йоркский психиатрический институт

NYUHF New York United Hospital Fund □ Нью-Йоркский объединённый фонд лечебных учреждений

NYUSM New York University School of Medicine □ Нью-Йоркская университетская медицинская школа

NYZS New York Zoological Society □ Нью-Йоркское зоологическое общество

NZB New Zealand black mouse □ новозеландская чёрная мышь *(инбредная линия, используемая в качестве модели аутоиммунной гемолитической анемии)*

NZDA New Zealand Dental Association □ Стоматологическая ассоциация Новой Зеландии

NZW (mouse) New Zealand white mouse □ новозеландская белая мышь *(инбредная линия, используемая в качестве модели системной красной волчанки)*

O

Omnium profecto artium medicina nobilissim
*Из всех наук, безусловно, медицина самая
благородная*

O *усл.* 0(I) группа крови

O *усл.* без функции детекции, синхронизации или программирования *(об электрокардиостимуляции)*

O *усл.* клетки-киллеры, нулевые клетки *(малые лимфоциты, не обладающие маркёрами T- и B-лимфоцитов)*

O none □ нет, ноль

O nonmotile strain of an organism □ O-штамм, неподвижный штамм микроорганизмов; штамм бактерий, не обладающих способностью к движению *(в отличие от подвижного H-штамма)*

o observation □ наблюдение; исследование; изучение

O obstetrics □ акушерство, родовспоможение

o occasion || occasional □ случай; обстоятельство || случайный *(напр. о возникновении или редкой встречаемости видов)*

O occiput □ затылок

O *лат.* octarius □ pint □ *фарм.* пинта *(восьмая часть галлона: амер. = 0,47312 л, англ. = 0,56825 л)*

O ocular □ 1. окуляр, линза 2. глазной

O oculist □ окулист, офтальмолог

O *лат.* oculus □ eye □ глаз

Ω, O ohm □ Ом *(единица электрического сопротивления)*, Ом

O Onchocerca □ возбудитель онхоцеркоза

O opacity □ *рентг.* тень; затемнение, непрозрачность

O opening □ 1. отверстие 2. размыкание

O, o operation □ операция

O operator □ оператор

O operon □ *ген.* оперон *(последовательность тесно сплетённых и совместно регулируемых генов, контролирующих синтез каких-либо ферментов)*

O opium □ опий

O 1. optimal □ оптимальный **2.** optimum □ оптимум

O oral □ 1. ротовой, относящийся ко рту 2. пероральный *(напр. приём лекарств)*

o ordinary □ обычный, ординарный

o origin □ 1. происхождение; источник, начало 2. род 3. начало *(напр. нерва, сосуда); место прикрепления мышцы*

O orotidine □ оротидин

O osteocyte □ остеоцит

o *лат.* ova □ линия мышей, в которой произведена пересадка яйцеклеток

O oxygen □ кислород

O$_R$ rate of outflow □ скорость оттока

O$_2$ both eyes □ оба глаза *(напр. поражены)*

^{15}**O** radioactive oxygen □ радиоактивный кислород

OA, Oa *см.* **O antigen**

OA object assembly □ *психол.* совокупность предметов

OA occipitoanterior *(position of the fetus)* □ передний вид, затылочное предлежание *(плода)*

OA old age □ пожилой [старческий] возраст

OA on admission □ при поступлении

OA orthopedic assistant □ помощник ортопеда

OA osteoarthropathy (osteoarthritis, osteoarthrosis) □ остеоартропатия *(остеоартрит; остеоартроз)*

OA oxalic acid □ щавелевая кислота

O$_2$**a** oxygen availability □ усвояемость кислорода

OAA old-age assistance □ пособие престарелым

OAA oxaloacetic acid □ щавелевоуксусная кислота

OAAD ovarian ascorbic acid depletion assay □ определение лютеинизирующего гормона, основанное на снижении уровня аскорбиновой кислоты в яичниках

O&C onset and course □ начало и течение *(болезни)*

OAD obstructive airways disease □ обструктивное заболевание лёгких, обструкция воздухоносных путей

O&E observation and examination □ наблюдение и обследование

OAE otoacoustic emission □ отоакустическая эмиссия

OAF open air factor □ фактор свежего воздуха

OAF osteoclast activating factor □ фактор активации остеокластов, ФАО

OAFP Oregon Academy of Family Physicians □ Академия семейных врачей штата Орегон

O&G obstetrics and gynecology □ акушерство и гинекология

OAH ovarian androgenic hyperfunction □ андрогенная гиперфункция яичников

oah overall height □ общая высота

oal overall length □ общая длина

OALF organic acid-labile fluoride □ соединение фтора, нестойкое в органических кислотах

o.alt.hor. *лат.* omnibus alternis horis □ every other hour □ *фарм.* через час

OAM Office of Aerospace Medicine □ отдел авиационной и космической медицины

O&M operation and maintenance □ *мед. тех.* эксплуатация и техническое обслуживание

O and M organization and methods □ организация и методы

O antigen *нем.* ohne Hauch □ («без дыхания, без движения») O-антиген, соматический антиген бактерий *(утерявших жгутики и способность к движению, в отличие от жгутикового антигена – H-антигена), см. тж.* **H-antigen**

OAP 1. old-age pension □ пенсия по старости **2.** old-age pensioner □ пенсионер по возрасту

OAP ophthalmic artery pressure □ давление в глазной артерии

OAP osteoarthropathy □ остеоартропатия

O&P ova and parasites □ паразиты и их яйца

O-Ag *см.* **O-antigen**

1516

O&S operating and support □ *мед. тех.* эксплуатация и техническое обеспечение

OAS oral allergy syndrome □ синдром пищевой [оральной] аллергии

OAS Organization of American States □ Организация американских штатов

OASI Old Age and Survivors Insurance □ страхование по старости и от несчастных случаев

OASM Office of Aerospace Medicine □ отдел авиационно-космической медицины

OASP organic acid soluble phosphorus □ фосфор, растворимый в органических кислотах

OAT, oat one at a time □ по одному, за один раз

OAT outside air temperature □ температура наружного воздуха

OATP organic anion transporting peptide □ пептид транспортировки органических анионов

OAV dysplasia, OAV syndrome oculoauriculovertebral syndrome □ окулоаурикуловертебральная дисплазия, синдром Гольденхара

ob. 1. *лат.* obit □ сообщение о смерти; скончался, умер **2.** obitual, obituary □ некролог

OB objective benefit □ объективное преимущество; явная польза

ob observation || observe □ наблюдение || наблюдать

OB 1. obstetrics □ акушерство, родовспоможение **2.** obstetrician □ акушер, акушерка

OB occult blood □ скрытая кровь; наличие скрытой крови

OBA oxygen breathing apparatus □ кислородный респиратор

OBD organic brain disease □ органическое поражение мозга

OBG, OB/Gyn obstetrics and gynecology □ акушерство и гинекология

obl 1. oblique □ косая (мышца); искривлённый **2.** oblong □ продолговатый, удлинённый

OBLA onset of blood lactate accumulation □ начало накопления молочной кислоты крови, ННМК

obs observation □ 1. наблюдение 2. измерение

obs obsolete □ устаревший, уст.; вышедший из употребления

ObS obstetrical service □ акушерская служба; акушерская помощь

OBS organic brain syndrome □ синдром органического поражения головного мозга

obsc obscure □ неясный

obst 1. obstetrics □ акушерство, родовспоможение **2.** obstetrician □ акушер, акушерка

obst, obstn, obstr obstruction □ 1. препятствие 2. обструкция; непроходимость, обтурация *(напр. кишечника)*

obstet 1. obstetrics □ акушерство, родовспоможение **2.** obstetrician □ акушер, акушерка

OC occlusocervical □ относящийся к глубокой (пришеечной) окклюзии

o/c, o'c o'clock □ во столько-то часов

OC odor control □ борьба с запахом

OC official classification □ официальная классификация

oc open circuit □ *мед. тех.* разомкнутая цепь, открытый контур

OC operation characteristic □ *мед. тех.* рабочая характеристика; эксплуатационная характеристика

oc *лат.* opero citato □ в цитированной работе

OC oral contraceptive □ пероральное противозачаточное средство, пероральный контрацептив, ППЗС

OC organochlorine compound □ хлорорганическое соединение, ХОС

OC outer canthus □ наружный угол глазной щели

OC oxygen consumed □ поглощенный кислород

OC⁴³ strain of coronavirus □ штамм-43 коронавирусов

occ occasion || occasional □ случай; обстоятельство || случайный *(напр. о возникновении или редкой встречаемости вида)*

OCCC Ontario Crippled Children's Center *(Canada)* □ Центр детей-инвалидов в Онтарио *(Канада)*

OCCCE Organization for Coordination and Cooperation in the Control of Major Epidemic Diseases □ Организация по координации и сотрудничеству в борьбе с основными эпидемическими болезнями

occup occupation || occupational □ профессия || профессиональный

OCD obsessive-compulsive disorder □ обсессивно-компульсивное расстройство, ОКР

OCD Office of Civil Defense □ Министерство [отдел] гражданской обороны

OCD osteochondritis dissecans □ рассекающий остеохондрит, болезнь Кёнига

OCD ovarian cholesterol depletion (test) □ тест с определением дефицита [истощения] холестерина в яичниках

OCEAC Organization for Coordination in the Control of Epidemic Diseases in Central Africa □ Организация по координации борьбы с эпидемическими болезнями в Центральной Африке

OCG occupational changes in a generation □ изменение профессиональной структуры поколения

OCG omnicardiogram □ общая кардиограмма

OCH oral contraceptive hormone □ пероральный контрацептивный гормональный препарат, пероральный контрацептив

OCI obsessive compulsive inventory □ опросник для выявления выраженности [навязчивостей] обсессивно-компульсивных симптомов

OCMH Officer Commanding Military Hospital □ начальник военного госпиталя

OCMH Oklahoma Children's Memorial Hospital □ Оклахомский детский мемориальный госпиталь

O colony *нем.* ohne Hauch □ («без дыхания, без движения») О-форма колонии безжгутиковых микробов *(потерявших способность к движению, «дыханию»), см. тж.* **O-antigen**

OCP oral contraceptive pill □ пероральная контрацептивная таблетка, пероральный контрацептив

OCPL Office of Communications and Public Liaisons □ Управление по коммуникациям и связям с общественностью

ocr occur □ встречаться, наблюдаться

OCR ocular countertorsion reflex □ глазной противовращательный рефлекс

OCR oculocerebrorenal □ окулоцереброренальный *(напр. синдром)*

OCS, OC Surg Office, Chief Surgeon □ канцелярия начальника медицинского управления

OCS open canalicular system □ открытая канальцевая система

OCT o-chlorotoluen □ орто-хлортолуол

oct. *лат.* octarius □ pint □ *фарм.* пинта *(восьмая часть галлона: амер. = 0,47312 л, англ. = 0,56825 л)*

OCT organic cation transporter □ переносчик [транспортер] органических катионов

OCT ornithine carbamyl transferase □ орнитинкарбамилтрансфераза

OCT oxytocin challenge test □ окситоциновый тест

OCV ordinary conversational voice □ разговорная речь *(тест при определении слуха)*

OD Doctor of Optometry □ врач-оптометрист *(специалист по подбору очков)*

OD observation data □ данные наблюдения

OD occupational disease □ профессиональное заболевание

OD *лат.* oculus dexter □ right eye □ правый глаз

OD Odmann □ калибр катетеров по Одману

Od odour □ запах

o.d. *лат.* omni die □ every day □ ежедневно

od once a day □ один раз в день

OD, O/D on demand □ по запросу, по требованию *(напр. о кардиостимуляции)*

OD optical density □ оптическая плотность

OD organizational development □ организационное развитие

OD 1. outside diameter □ внешний диаметр 2. outside dimension □ внешний размер

OD overdose □ 1. передозировка *(напр. наркотика)* ∥ отравиться вследствие передозировки медикамента 2. человек, принявший смертельную дозу наркотика *(часто самоубийца)*

OD outside diameter □ наружный диаметр, калибр *(напр. иглы)*

ODA Ontario Dental Association □ Ассоциация стоматологов штата Онтарио

ODA Overseas Development Administration □ Администрация по развитию зарубежных стран

ODA Overseas Doctors' Association □ Ассоциация иностранных врачей *(США)*

ODC oral disease control □ контроль за стоматологическими заболеваниями

ODD oculodentodigital dysplasia □ окулодентодигитальная дисплазия, синдром Мейер – Швикерата – Вейера *(микроофтальмия, синдактилия и гипоплазия зубной эмали)*

ODM ophthalmodynamometry □ офтальмодинамометрия

odorl odorless □ без запаха, непахнущий

ods octadecyl silicate □ октадецила силикат

ODS Office of Demographic Studies □ Ведомство [бюро] демографических исследований

ODT occipito-dextra transverse □ правая позиция, затылочное предлежание при поперечном положении плода

ODTS organic dust toxic syndrome □ токсический синдром, вызванный органической пылью

OD unit(s) optical density unit(s) □ единица (единицы) оптической плотности

Oe oersted □ *уст.* эрстед *(напряжённость магнитного поля)*, Э

OE, O/E on examination □ при обследовании, в процессе диагностики

OE, O/E *лат.* otitis externa □ наружный отит

oed oedema □ отёк, отёчность

OED Oxford English Dictionary □ «Оксфордский словарь английского языка»

OEE Outer enamel epithelium □ наружный эпителий эмалевого органа

OEF oxygen extraction fraction □ выделяемая фракция кислорода

OEP original endotoxin protein □ белковый компонент эндотоксина

OER oxygen enhancement ratio □ увеличение содержания кислорода в газовой смеси

OER oxygen extraction ratio □ коэффициент выделения кислорода

OES Olympus endoscopy system □ эндоскопическая система фирмы «Олимпас»

oesop oesophagus □ пищевод

OF occipitofrontal (diameter of head) □ затылочно-лобный *(размер головы)*

of official □ официальный

O/F oxidation/fermentation (ratio) □ окисление/брожение, отношение окисления к брожению

OFAGE orthogonal field alternating gel electrophoresis □ гельэлектрофорез в ортогональном пульсирующем (электрическом поле)

OFC *лат.* osteitis fibrosa cystica □ фиброзно-кистозный остит

OFD *лат.* orodigitofacial dysostosis □ ротопальцелицевой дизостоз, Папийон – Леаж – Псома синдром

off official □ официальный

off officinal □ официнальный *(1. лекарственный 2. принятый в медицине, включённый в государственную фармакопею)*

Off Abr official abbreviation □ официальное сокращение, официально принятая аббревиатура

Off Nom Official Nomenclature □ официальная номенклатура

OFHR Office of Federal Health Relation □ Управление [Ведомство] по вопросам федерального здравоохранения

OF test oxidation-fermentation test □ ферментационно-окислительный тест

OG occlusogingival □ окклюзионно-десневой, при глубокой десневой (травматической) окклюзии

OG operated group □ оперированная группа *(больных)*

OG (stain) orange-green (stain) □ оранжево-зелёный *(об окраске)*

OGA observational gait analysis □ *травм.* анализ наблюдения походки

ogn origin □ происхождение; начало; источник

OGTT oral glucose tolerance test □ определение толерантности к глюкозе при пероральном приёме

OH occupational health □ профессиональная гигиена, гигиена труда

OH occupational history □ профессиональный анамнез

OH oral hygiene □ гигиена полости рта

OH orthostatic hypotension □ ортостатическая гипотензия, ортостатический коллапс

OH out of hospital (outpatient) □ амбулаторный больной; выписанный больной

11-OH 11-beta-hydroxylase □ 11-β-гидроксилаза

17-OH 17-alpha-hydroxylase □ 17-α-гидроксилаза

18-OH 18-hydroxylase □ 18-гидроксилаза

OHb oxyhemoglobin □ оксигемоглобин, оксигенированный гемоглобин

OHC outer hair cell □ наружная ресничная эпителиальная клетка

25-OHC 25-hydroxycalciferol □ 25-гидроксикальциферол

25-OHCC 25-hydroxycholecalciferol □ 25-гидроксихолекальциферол

17-OHCS 17-hydroxycorticosteroids □ 17-гидроксикортикостероиды, 17-ОКС

OHD Office of Human Development □ отдел развития человека *(напр. в НИИ)*

OHD organic heart disease □ органическое заболевание [поражение] сердца

1-α-OH-D₃ 1-α-hydroxyvitamin D₃ □ 1-α-гидроксиэргокальциферол, витамин Д₃

OHE Office of Health Economics (Britain) □ отдел экономики здравоохранения *(Великобритания)*

OHE ovariohysterectomy □ овариогистерэктомия

OHF Omsk hemorrhagic fever □ омская геморрагическая лихорадка

OHFA hydroxy fatty acid(s) □ гидроксижирные кислоты

OHI ocular hypertension indication □ показатель внутриглазной гипертензии

OHMS on His (or Her) Majesty's Service □ состоящий на королевской (государственной или военной) службе

OHNC Occupational Health Nursing Certificate □ сертификат медицинской сестры в области профессиональной гигиены или патологии

OHP hydroxyproline excretion □ экскреция гидроксипролина

OHP oxygen under high pressure □ гипербарическая оксигенация, ГБО

17-OHP hydroxyprogesterone □ 17-гидроксипрогестерон

OHS obesity hypoventilation syndrome □ синдром одышки при ожирении

OHS Occupational Health Service □ служба профпатологии или профессиональной гигиены, гигиена труда

17-OHS 17-hydroxycorticosteroid □ 17-гидроксикортикостероид, 17-ОКС

OHSS Ovarian Hyper Stimulation Syndrome □ синдром гиперстимуляции яичников

OHT occupational health technician □ специалист по профессиональной патологии или профессиональной гигиене

OHU hydroxyurea (aka hydrea) □ гидроксимочевина

OI opsonic index □ опсонический индекс или показатель

OI osteogenesis imperfecta □ несовершенный остеогенез, остеопсатироз

OI ouabain-insensitive □ нечувствительный к строфантину

OIC *фр.* Office Internationale de Chimie □ Международное химическое бюро

OIE *фр.* Office International des Epizooties □ Международное бюро по борьбе с эпизоотиями

OIH orthoiodohippurate □ ортойодгиппурат, о-йодгиппурат

OIH ovulation-inducing hormone □ гормон, стимулирующий овуляцию

OIHP *фр.* Office Internationale d'Hygiène Publique □ Международный отдел общественной гигиены

oint ointment □ *фарм.* мазь

OIR International Organization for Refugees □ Международная организация помощи перемещённым лицам *(иммигрантам)*

OIRDA occipital intermittent rhythmic delta activity □ затылочная перемежающаяся ритмическая дельта-[Δ]-активность

OK all right, correct □ «всё в порядке» – знак успешности, исправности, удовлетворения, согласия

OKB7 антигенный маркёр зрелых B-лимфоцитов человека, OKB7

OKM1 антигенный маркёр зрелых перитонеальных макрофагов человека, OKM1

OKN optokinetic nystagmus □ оптокинетический нистагм

OKT₃, OKT₄, … OKT₈ monoclonal antibodies □ моноклональные антитела OKT₃, OKT₄, … OKT₈

OL *лат.* oculus laevus □ left eye □ левый глаз

ol 1. *лат.* oleum □ oil □ масло **2.** olive oil □ оливковое масло

OL overload □ 1. перегрузка, перенапряжение 2. передозировка; медикаментозное отравление

OLA left occipitoanterior position of the fetus □ левая затылочно-передняя позиция плода

OLA oligonucleotide ligation assay □ метод детекции точечных мутаций, основанный на миграции синтетических олигонуклеотидных зондов, способных примыкать к мутантному сайту

OLA ovine [sheep] lymphocyte antigens □ *иммун.* антигены лимфоцитов овцы

OLB open-liver biopsy □ операционная [открытая] биопсия печени

OLH ovine lactogenic hormone □ овечий пролактин *(гормон передней доли гипофиза, стимулирующий лактацию)*

oliv olive oil □ оливковое масло

OLP left occipitoposterior position of the fetus □ левая затылочно-задняя позиция плода

OM occipitomental (diameter of head) □ затылочно-подбородочный *(размер головы)*

OM occupational medicine □ гигиена труда и профессиональные заболевания, профессиональная медицина

Om, om *лат.* omni mane □ every morning □ каждое утро, по утрам

OM organic matter □ органическое вещество

OM osteomalacia □ остеомаляция, размягчение костей

OM osteomyelitis □ остеомиелит

OM otitis media □ средний отит, воспаление среднего уха

OM outer membrane □ наружная мембрана

OMA Ontario Medical Association (Canada) □ Медицинская ассоциация штата Онтарио *(Канада)*

OMA Oregon Medical Association □ Медицинская ассоциация штата Орегон

OMC optimum moisture content □ оптимальная влажность

OMC Organization of Medical Care □ Организация медицинской помощи

OMD ocular muscle dystrophy □ дистрофия глазных мышц

OMD omphalomesenteric duct □ рудимент пуповинно-брыжеечных сосудов; персистирующий желточный проток, врождённый кишечный свищ пупка

OMD organic matter digestibility □ переваримость органического вещества

3-OMD 3-O-methyldopa □ 3-О-метилдопа

OMED *фр.* Organization Mondiale d'Endoscopie Digestive □ Всемирная организация эндоскопистов пищеварительного тракта

OMI old myocardial infarction □ старый инфаркт миокарда

omn. bid. *лат.* omni biduo □ every two days □ каждые два дня

omn. bih. *лат.* omni bihora □ every two hours □ каждые два часа

omn. hor. *лат.* omni hora □ every hour □ каждый час

omn. man. *лат.* omni mane □ every morning □ каждое утро

omn. noct. *лат.* omni nocte □ every night □ каждую ночь

OMP organo-metallic polymer □ органометаллический полимер

OMP outer membrane proteins □ белки наружной мембраны *(напр. бактерий)*

OMPA octamethylpyrophosphoramide □ октаметилпирофосфамид, антихолинэстераза *(используемая при лечении миастении)*

om. quar. hor. *лат.* omni quadrante hora □ every quarter of an hour □ каждые четверть часа

OMRF Oklahoma Medical Research Foundation □ Фонд медицинских исследований штата Оклахома

OMS Office of Medical Services □ Управление [ведомство] медицинской службы

OMS *фр.* Organization Mondiale de la Santé □ Всемирная организация здравоохранения, ВОЗ

OMV Oxford Miniature Vaporizer □ миниатюрный оксфордский испаритель наркозного аппарата

ON, o.n. *лат.* omni nocte □ every night □ каждый вечер

on ophryon □ *кр. метр.* офрион *(точка пересечения срединно-сагиттальной плоскости с линией, соединяющей брови)*

ON orthopedic nurse □ медицинская сестра ортопедического профиля

ONC Orthopedic Nursing Certificate □ сертификат [лицензия] медицинской сестры ортопедического профиля *(на право практической деятельности)*

Oncorna oncogenic ribonucleic acid □ онкогенная рибонуклеиновая кислота, ОНКОРНА

OND Ophthalmic Nursing Diploma □ диплом медицинской сестры офтальмологического профиля *(Великобритания)*

OND other neurological disorders □ другие неврологические нарушения

ONI original noninterview □ семья или лицо, не охваченные первоначальным обследованием

ONN O'nyong-nyong □ лихорадка О'ньонг-ньонг *(вызываемая одноимённым арбовирусом)*

ONS open negative syndrome □ абациллированная каверна, «открыто-отрицательный синдром»

ONTR orders not to resuscitate □ разрешение к прекращению реанимации

oo operations □ операции; боевые действия

ooo out of order □ неисправный, вышедший из строя

oou out of use □ вышедший из употребления, неиспользуемый

OP occipitoposterior *(position of the fetus)* □ задний вид затылочного предлежания *(плода)*

op open □ открыто

OP opening pressure □ давление открытия *(клапана)*

Op operation □ 1. работа, действие 2. оперативное вмешательство, в т.ч. в анамнезе

OP operational phase □ период эксплуатации; этап использования

OP operative procedure □ операция, оперативное вмешательство

OP ophthalmoplegia □ офтальмоплегия, паралич глазных мышц

op opistocranion □ *кр. метр.* опистокранион *(наиболее выступающая кзади точка затылка)*

op opposite □ противоположный

OP optical equipment □ оптическое оборудование

op *лат.* optimus □ best □ лучший, оптимальный

OP 1. organophosphate □ органический фосфат **2.** organophosphorus □ фосфорорганический

OP osmotic pressure □ осмотическое давление

op other than psychotic □ соматический, телесный

OP outpatient □ амбулаторный больной

op overproof □ выше крепости в 57,10 объёмных % *(о спирте)*

OPA Organ Procurement Agency □ Агентство по заготовке, хранению и продаже органов

OPC outpatient clinic □ поликлиника; амбулатория

OPCA olivopontocerebellar atrophy □ оливомостомозжечковая атрофия

op. cit. *лат.* opus citatum □ cited work □ цитируемое произведение

OPCS Office of Population Censuses and Surveys □ Бюро [отдел] по изучению населения, его переписи и обслуживанию

OPD obstetrics prediabetes □ преддиабет беременных; преддиабет в акушерстве

OPD oto-palato-digital syndrome □ ухо-нёбно-пальцевой синдром *(кондуктивная глухота, расщепление нёба и генерализованная костная дисплазия)*

OPD outpatient department □ поликлиника, поликлиническое отделение; амбулатория

OPD outpatient dispensary □ диспансер

OPDG ocular plethysmodynamography □ окулоплетизмодинамография

oper operation □ 1. работа; операция; действие 2. операция, оперативное вмешательство

OPG oculoplethysmography □ окулоплетизмография

OPG oxypolygelatin □ полиоксижелатин

OPH ovulation-producing hormone □ гормон, вызывающий овуляцию

OPHE Office of Public Health Education (New York State) □ Бюро по медико-санитарному просвещению населения *(штата Нью-Йорк)*

OPHs Ordinary Psychiatric Hospitals □ психиатрические больницы общего типа, ОПБ

ophth 1. ophthalmologist □ офтальмолог **2.** ophthalmology □ офтальмология

OPIM other potentially infectious materials □ другие потенциально опасные вещества

OPK optokinetic □ оптокинетический

OPLL ossification of posterior longitudinal ligament □ оссификация задней продольной связки *(позвоночника)*

opm operations per minute □ (число) операций в минуту

opn operation □ **1.** работа; действие, операция **2.** оперативное вмешательство

opng opening □ **1.** отверстие **2.** открывание; размыкание

opp opposite □ противоположный

opq opaque □ непрозрачный, светонепроницаемый

OPS outpatient service □ амбулаторная служба

OPSC Osteopathic Physicians and Surgeons of California □ Общество остеопатологов-терапевтов и хирургов штата Калифорния

OPSI overwhelming postsplenectomy infection □ синдром генерализованной инфекции после спленэктомии

OPSR Office of Professional Standards Review (HEW) □ Бюро проверки профессиональных стандартов *(Департамента здравоохранения США)*

opt 1. optics ‖ optical □ оптика ‖ оптический, глазной **2.** optician □ оптик; оптометрист ‖ оптометрический

opt optimal □ лучший, оптимальный

opt optimum □ оптимум, оптимальные условия

opt option ‖ optional □ выбор; право замены ‖ необязательный, факультативный

OPTI oral provocation test for idiosyncrasy □ пероральная проба с аллергеном для диагностики идиосинкразии

OPV 1. oral poliovaccine □ пероральная (живая) ослабленная вакцина полиомиелита, вакцина Сэйбина *(из 1 или 3 серотипов аттенуированного вируса)* **2.** oral poliomyelitis [polymyelitis] vaccine □ пероральная убитая вакцина полиомиелита, поливалентная вакцина Солка *(из трёх серотипов вируса)*

OPWL opiate withdrawal □ синдром отмены опиатов

OR ocular retardation □ рецессивный ген, обусловливающий микроофтальмию без колобомы

O/R on request □ *мед. тех.* по требованию или запросу

OR operating range □ *мед. тех.* рабочий диапазон *(прибора)*

OR operating room □ операционный зал; операционная

OR operations research □ исследование операций

or orbitale □ *кр. метр.* орбитале *(нижний край глазницы ниже зрачка при смотрящих вперёд глазах)*

OR original respondent □ **1.** лицо, охваченное первоначальным обследованием **2.** первичный больной

O-R oxidation-reduction □ **1.** окислительно-восстановительная реакция **2.** окислительно-восстановительный потенциал

ORAQI Oak Ridge Air Quality Index □ индекс качества воздуха, разработанный Оук-Риджской национальной лабораторией *(США)*

ORBC ox red blood cells □ бычьи эритроциты

ORC Order of the Red Cross □ первичная организация Общества Красного Креста

ORD optical rotatory dispersion □ дисперсия оптического вращения *(метод исследования белков)*

ord order □ **1.** распоряжение; назначение *(напр. медикамента)* **2.** порядок, упорядоченность, последовательность, очерёдность, степень **3.** слой общества, социальная группа

ord ordinary □ обычный; стандартный; ординарный

OREF Orthopedic Research Education Foundation □ Фонд научно-исследовательских работ по ортопедии

ORG Office of the Registrar General □ Управление записи актов гражданского состояния *(Великобритания)*

org organic □ органический; органическое удобрение

org 1. organ □ орган *(1. часть тела 2. учреждение)* **2.** organism □ **1.** организм **2.** микроорганизм; микрофлора

org organization □ **1.** организм **2.** структура; устройство **3.** организация

org chem organic chemistry □ органическая химия

ori origin □ начало; происхождение

ORIF open reduction with internal fixation □ интрамедулярный остеосинтез, открытое вправление отломков кости с их внутренней фиксацией

orig origin □ **1.** происхождение **2.** начало; исходная точка

orig original □ **1.** оригинал, подлинник **2.** первоначальный, исконный

ORL oto-rhino-laryngology □ оториноларингология

Orn ornithine □ орнитин

orn, ornith ornithologist □ орнитолог

ORNL Oak Ridge National Laboratory □ Оук-Риджская национальная лаборатория *(США)*

Oro orotic acid, orotate □ оротовая кислота, оротат

OROS optical, read only storage □ *выч. тех.* оптическое постоянное запоминающее устройство, оптическое ПЗУ, ОПЗУ

ORP oxidation-reduction potential □ окислительно-восстановительный потенциал

orph orphanage □ детский дом, детдом

ORPM orthorhythmic pacemaker □ водитель ритма; ритмоводитель, пейсмекер

ORS Office of Research and Statistics □ Управление [бюро] исследований и статистики

ORS oral rehydration salts □ пероральная регидратация солевыми растворами, пероральная регидратационная терапия

ORS oral surgeon □ хирург-стоматолог

ORS Orthopedic Research Society □ Научно-исследовательское ортопедическое общество

ORS orthopedic surgery □ ортопедическая хирургия

ORSA oxacyllin-resistant staphylococcus aureus □ золотистый стафилококк, резистентный к оксациллину

ORT operating room technician □ санитар операционного блока

ORT oral rehydration therapy ◻ пероральная регидратационная терапия

Orth, ortho, orthop 1. orthopedy || orthopedic(al) ◻ ортопедия || ортопедический **2.** orthopedist ◻ ортопед

OS, os *лат.* oculus sinister ◻ left eye ◻ левый глаз

OS opening snap ◻ тон [щелчок, звук] открытия митрального клапана

OS operating system ◻ 1. действующая система 2. *выч. тех.* операционная система

Os Osmium ◻ осмий

OS osteogenic sarcoma ◻ остеогенная саркома

OS ovabain-sensitive ◻ строфантинчувствительный *(рецептор)*

O/S, o/s oversight ◻ недосмотр, оплошность

OS 1. oxygen saturation ◻ насыщение кислородом **2.** oxygen service ◻ снабжение кислородом

OSA Optical Society of America ◻ Американское оптическое общество

OSAS obstructive sleep apnea/hypopnea syndrome ◻ синдром обструктивного апноэ/гипопноэ во сне

osc oscillation || oscillating ◻ 1. колебание; осцилляция 2. вибрация || вибрирующий, качающийся, колебательный

osc oscillograph ◻ осциллограф

OSE Office of Scientific Evaluation ◻ Управление научной экспертизы *(США)*

OSF overgrowth stimulating factor ◻ стимулирующий фактор избыточного роста

OSG Office of Surgeon General ◻ управление [отдел] начальника медицинской службы

OSHA 1. Occupational Safety and Health Administration ◻ Управление по профессиональной безопасности и охране здоровья **2.** Occupational Safety and Health Association ◻ Ассоциация по профессиональной безопасности и охране здоровья

OSM 1. osmol, osmole ◻ осмол *(единица осмотического давления)* **2.** osmolar, osmotic ◻ осмолярный, осмотический **3.** osmolality ◻ осмоляльность

OSM oxygen saturation meter ◻ измеритель насыщения кислорода

OSMA Ohio State Medical Association ◻ Медицинская ассоциация штата Огайо *(США)*

o.s.p. *лат.* obit sine prole ◻ died without issue ◻ умер, не оставив потомства

OSPAC Oral Surgery Political Action Committee ◻ Политический комитет ассоциации хирургической стоматологии

OSR Office of Scientific Research ◻ научно-исследовательское управление, научно-исследовательский отдел

OSR operation, service and repair ◻ *мед. тех.* эксплуатация, обслуживание и ремонт

OSRD Office of Scientific Research and Development ◻ Управление научных исследований и технического развития *(США)*

OSS Office of Special Services ◻ Управление [ведомство] специализированной службы

OST Office of Science and Technology ◻ Управление науки и технологии *(США)*

osteo 1. osteologic(al) ◻ остеологический **2.** osteologist ◻ остеолог **3.** osteology ◻ остеология

osteo 1. osteopath ◻ остеопатолог *(специалист по заболеваниям костей)* **2.** osteopathy || osteopathic ◻ остеопатия || остеопатический

OSUK Ophthalmological Society of the United Kingdom ◻ Офтальмологическое общество Великобритании

OT occlusion time ◻ время закрытия или окклюзии *(бронха)*

OT occupational therapist ◻ профпатолог *(специалист по профессиональным заболеваниям)*

OT occupational therapy ◻ 1. трудотерапия, лечение трудом 2. вид реабилитационной медицинской помощи в США, сочетающей физические упражнения, массаж, кинезо- и психотерапию, проводимой специальным персоналом – не врачами и не медсёстрами

OT old term (in anatomy) ◻ устаревший термин, уст. *(напр. в анатомии)*

OT old tuberculin ◻ старый туберкулин *(Коха)*, альт-туберкулин *(Коха)*, АТК

OT operating theatre ◻ операционная; операционный зал или театр *(Великобритания)*

OT operating time ◻ время работы

OT original tuberculin (new tuberculin) ◻ оригинальный [новый] туберкулин *(очищенный от белка туберкулин, ППД), см. тж.* **PPD** purified protein derivative

OT orotrachea || orotracheal ◻ ротоглотка || относящийся к ротоглотке

OT otology ◻ отология

OT overtime ◻ сверхурочное время *(работы)*

OTA Office of Technology Assessment (US Congress) ◻ Управление технологической экспертизы *(конгресса США)*

OTA Orthodontic Technicians Association ◻ Ассоциация ортодонтических техников

OTC ornithine transcarbamylase ◻ орнитин транскарбамилаза

OTC over the counter (designating drugs that may be purchased from stores without a prescription of a physician) ◻ лекарственные средства, отпускаемые без рецепта врача

OTD organ tolerance dose ◻ предельно допустимая доза толерантности *(ионизирующего облучения всего тела человека или отдельных органов, получаемая за год)*

OTM Oxford Textbook of Medicine ◻ «Оксфордский учебник по медицине»

otol 1. Otology ◻ отиатрия, отология **2.** otologist ◻ отиатр

OTR Organ Transplant Registry ◻ регистр трансплантации органов

OTR Ovarian Tumor Registry ◻ регистр новообразований яичника

OTR Registered, Occupational Therapist ◻ состоящий в регистре профпатолог *(имеющий лицензию или сертификат на право заниматься лечебной практикой)*

OTS out of service ◻ нерабочий, непригодный к эксплуатации

OTU operational taxonomic unit ◻ операционная таксономическая единица

OU 1. *лат.* oculi unitas ◻ both eyes ◻ оба глаза; для обоих глаз **2.** *лат.* oculus uterque ◻ each eye ◻ каждый глаз; для каждого глаза

OUO official use only □ для служебного пользования

OURQ outer upper right quadrant □ правый наружный верхний квадрант

OV office visit □ посещение врача

Ov outflow volume □ объём оттока

ov 1. *лат.* ovum □ egg □ яйцо **2.** ovary □ яичник

OVD occlusal vertical dimension □ высота прикуса

ovd overdue □ запоздалый; просроченный

ovht overheat □ перегрев || перегревать(ся)

ovl overlap □ 1. перекрытие, совмещение 2. пластика с закрытием одной ткани другой

ovld overload □ перегрузка || перегружать

OVR Office of Vocational Rehabilitation □ учреждение *(отделение, диспансер, санаторий)* профессиональной реабилитации

OVS Oxford vole strain □ оксфордский штамм возбудителя туберкулёза полевых мышей

OVX ovariectomized □ подвергшаяся овариоэктомии, овариоэктомированная

O/W oil in water (emulsion) □ водно-масляная эмульсия

OW once weekly □ один раз в неделю

OW open wound □ открытая рана

OW out of wedlock □ вне супружества; внебрачный

OW oval window □ *анат.* овальное окно

OWR ovarian wedge resection □ клиновидная резекция яичника

ox 1. oxidation □ окисление **2.** oxide □ оксид, окись **3.** oxidizer □ окислитель, окисляющий компонент

OX$_2$ a strain of Proteus used in the diagnosis of tick-borne typhus □ штамм протея OX$_2$ *(антиген)* для серодиаг-ностики клещевой лихорадки

OX$_{19}$ a strain of Proteus agglutinated by the blood of patients with classical louse-borne typhus □ штамм протея OX$_{19}$ (антиген) для серодиагностики сыпного тифа

OXALAC Oxford Artificial Limb and Appliance Centre □ Оксфордская искусственная конечность и протезный центр

Oxy oxygen □ кислород || кислородный

oxycel oxydized cellulose □ целлюлоза, обработанная перекисью водорода

oxy reg oxygen regulator □ *мед. тех.* регулятор подачи кислорода *(ресивер)*

OZ ounce □ (торговая) унция *(= 28,35 г)*

Oz ozone □ озон

oz fl ounce fluid □ жидкостная унция *(29,57 мл, США; 28,41 мл, Великобритания)*

OZ t, OZ tr ounce troy □ тройская унция *(= 31,1035 г)*

P

P *усл., стат.* достоверность различий в группах

P *усл.* нормальная [идеальная] масса тела *(в формуле Брока)*

P *усл.* плотность воздуха

P *усл.* частота «нормального» гена; нормальный аллель

P$_b$ *усл.* атмосферное давление

P$_1$, P$_2$ *усл.* антигены P$_1$, P$_2$

P^2 *усл.* нормальные гомозиготы

P electric polarization □ электрическая поляризация *(кулон/метр^2, Кл/м^2)*

P inorganic phosphate □ неорганический фосфат

P momentum □ момент сил *(килограмм-метров в секунду, кг • м/с)*

P near point □ ближайшая точка *(ясного зрения)*

p optic papilla □ сосок зрительного нерва

p page □ страница

P panel □ 1. дисплей, панель, приборная доска; пульт 2. секция 3. щиток

p papilla □ сосок *(зрительного нерва)*

P parent ‖ parental □ родитель, родительница ‖ родительский

P$_1$ parental generation □ родители; родительское [исходное] поколение

P$_2$ прародители потомства *(родители родителей)*

P parenteral □ парентеральный *(способ введения)*

p part ‖ partly □ часть; доля; сегмент; отдел ‖ частично

P Pasteurella □ пастерелла *(род бактерий)*

P patent □ 1. патент ‖ патентованный 2. предварительное описание патента *(в журнале Office Journal Patents аббревиатура ставится перед номером заявки)*

P *лат.* pater □ father □ отец

P patient □ больной, пациент

P pattern □ 1. паттерн *(характер, особенность, шаблон поведения)* 2. структура; схема; конфигурация, диаграмма 3. образец, модель, шаблон

P pectoral □ грудной, пекторальный

P pelvis □ 1. таз 2. лоханка почки

P penetration □ пенетрация *(прорастание опухоли в стенку полого органа: Р$_1$ – в слизистую оболочку, Р$_2$ – в подслизистую, Р$_3$ – в субсерозный слой, Р$_4$ – в серозный покров и за пределы стенки)*

P Peptococcus □ пептококки *(род бактерий)*

P percentile □ *стат.* процентиль

P period ‖ periodical □ период ‖ периодический; фаза; стадия

P permeability □ проницаемость

P persistent □ 1. стойкий, устойчивый, постоянный 2. персистирующий *(напр. артериальный проток)*

P personnel □ личный состав, персонал, кадры

p *фр.* petit □ короткое плечо хромосомы

P Pharmacop(o)eia □ фармакопея *(сборник стандартов и положений, нормирующих качество лекарственных средств)*

P phonogram □ фонограмма

P phosphoric acid (ester) or phosphate in polynucleotide symbolism □ эфир фосфорной кислоты или фосфат в нуклеиновой кислоте

P phosphorus □ фосфор

^{32}P, P32, P^{32} radioactive phosphorus □ радиоактивный фосфор

P pink-eyed-dilution □ розовоглазые, осветлённые *(о генах лабораторных мышей)*

P plaque □ 1. чума 2. эпидемия, эпидемическое заболевание с высокой летальностью 3. вспышка массового размножения вредных животных

p plasma □ плазма

P plastic □ 1. пластиковый, пластмассовый *(напр. об изделии)* 2. пластический, восстановительный *(об операции)*

P poison □ яд, токсин; отравляющее вещество

P *лат.* pondere □ by weight □ от массы; взвешиванием

P population □ 1. популяция 2. население

P porcelain □ фарфор

P portable □ переносный, портативный

p position □ положение, поза; позиция

p posterior □ 1. задний 2. последующий

p *лат.* post meridiem □ (во столько-то) часов пополудни

P *лат.* post partum □ после родов; послеродовой

P Pott's shunt □ анастомоз [шунт] Потта

P, p power □ сила

p practice □ практика, обучение

P practitioner □ практикующий врач *(имеющий сертификат-допуск или лицензию на право самостоятельной деятельности)*; практический врач

P premolar □ малый коренной зуб, премоляр ‖ премолярный

P presbyopia □ (старческая) пресбиопия, старческая дальнозоркость

P Presbyterian □ 1. пресвитерианский *(напр. о больнице)* 2. пресвитерианец

P preservation □ 1. сохранение; презервирование, консервирование 2. сохранение линии *(напр. мышей в замороженном состоянии)*

P, p pressure, absolute pressure □ давление; абсолютное давление *(паскаль, Па)*

Δ~ 1. chest differential pressure □ дифференциальное давление в грудной клетке *(различие между внутригрудным и наружным давлениями)* **2.** suit-to-ambient differential pressure □ дифференциальное давление в скафандре *(различие между давлением внутри скафандра и в окружающей среде)*

~$_{(A-a)O2}$ alveolar-arterial oxygen tension difference □ альвеолярно-артериальный градиент напряжения кислорода

~$_{ACO2}$ partial pressure of alveolar carbon dioxide □ парциальное давление [напряжение] двуокиси углерода в альвеолярном воздухе

$\sim_{aCO2}$ partial pressure of arterial carbon dioxide □ парциальное давление [напряжение] двуокиси углерода в артериальной крови *(в норме 38–42 мм рт. ст.)*

$\sim_{aCO2}$(s) carbon dioxide tension in arterial blood (steady state) □ напряжение углекислоты в артериальной крови при устойчивом состоянии

$\sim_{AN2}$ alveolar nitrogen partial pressure □ парциальное давление [напряжение] азота в альвеолярном воздухе

$\sim_{aN2}$ nitrogen tension in arterial blood □ парциальное давление [напряжение] азота в артериальной крови

$\sim_{AO2}$ alveolar oxygen tension □ парциальное давление [напряжение] кислорода в альвеолярном воздухе

$\sim_{aO2}$ partial pressure of arterial oxygen □ парциальное давление [напряжение] кислорода в артериальной крови *(90–100 мм рт. ст.)*

$\sim_{aO2}$(s) oxygen tension in arterial blood (steady state) □ напряжение кислорода в артериальной крови при устойчивом состоянии

$\sim_{aw}$ airway pressure □ внутрибронхиальное давление, давление в воздухоносных путях

$\sim_{cab}$ cabin pressure □ (барометрическое) давление в кабине

$\sim_{cap}$ capillary hydrostatic pressure □ капиллярное гидростатическое давление

$\sim_{cCO2}$ partial pressure of carbon dioxide □ парциальное давление [напряжение] углекислоты в капиллярной крови

$\sim_{cO2}$ partial pressure of oxygen □ парциальное давление [напряжение] кислорода в капиллярной крови

$\sim_{ip}$ intrapleural pressure □ внутриплевральное давление

$\sim_{pa}$ pulmonary arterial blood pressure □ давление (крови) в лёгочной артерии

$\sim_{sa}$ systemic arterial blood pressure □ системное среднее артериальное давление

$\sim_{stmax}$ static maximum transpulmonary pressure □ максимальное статическое транспульмональное давление

$\sim_{tp}$ transpulmonary pressure □ транспульмональное давление

$\sim_{vO2}$ partial pressure of oxygen in mixed venous blood □ парциальное давление кислорода в смешанной венозной крови

$\sim_{50}$ partial pressure of oxygen at which hemoglobin is 50 % saturated □ величина парциального давления кислорода, при которой гемоглобин насыщается кислородом на 50 %

P_1, P_2, P_3, P_4 penetration □ глубина инвазии [прорастания] злокачественной опухолью стенки полого органа

P_1* platelet factor 1 □ фактор 1 тромбоцитов, тромбоцитарный акцелератор-глобулин *(идентичен плазменному фактору* V, *ускоряет превращение протромбина в тромбин)*

P_2 platelet factor 2 □ фактор 2 тромбоцитов, акцелератор тромбина, фибринопластический фактор *(ускоряет превращение фибриногена в фибрин)*

P_3 platelet factor 3 □ фактор 3 тромбоцитов, тромбоцитарный тромбопластин, предшественник тромбопластина плазмы

---

* Термины-аббревиатуры P_1–P_{11} приведены в соответствии с Международной номенклатурой факторов свёртывания крови.
** В настоящее время обозначается FP.

P_4 platelet factor 4 □ фактор 4 тромбоцитов, антигепариновый фактор

P_5 platelet factor 5 □ фактор 5 тромбоцитов, тромбоцитарный фибриноген *(идентичен плазменному фибриногену)*

P_6 platelet factor 6 □ фактор 6 тромбоцитов, тромбостенин *(активный антифибринолитический фактор)*

P_9 platelet factor 9 □ фактор 9 тромбоцитов, фибринстабилизирующий фактор *(соответствует по действию фактору XIII, связывает между собой частицы фибрина)*

P_{10} platelet factor 10 □ фактор 10 тромбоцитов, 5-гидрокситриптамин серотонин *(способствует стабилизации акцелератора-глобулина)*

P_{11} platelet factor 11 □ фактор 11 тромбоцитов, аденозиндифосфат, АДФ *(ускоряет превращение протромбина в тромбин)*

P_{660} phytochrom 660 □ фитохром-660 *(неактивная форма с максимумом поглощения в области 660 нм)*

P_{730} phytochrom 730 □ фитохром-730 *(активная форма с максимумом поглощения в области 730 нм)*

P presbyopia □ пресбиопия, (старческая) дальнозоркость

p primary □ 1. первичный, первоначальный 2. основной, главный

P *лат.* primipara □ первородящая

p priority □ 1. приоритет, первенство 2. порядок срочности; очерёдность

p private □ 1. частный; личный; приватный; негосударственный 2. частнопрактикующий 3. рядовой *(о военнослужащем)*

P, p probability □ вероятность, возможность

p probation □ испытание; стажирование

P proceedings □ труды, записки, материалы *(напр. научного общества)*

P prolactin □ пролактин *(гормон передней доли гипофиза)*

P proline □ пролин, Про

P properdin □ пропердин** *(защитные белки крови)*

P propranolol □ пропранолол

p protection □ защита; охрана

P protein □ белок, протеин

P Proteus □ протей *(род бактерий)*

p prototype □ прототип, предшествующий образец

p provisional □ временный, провизорный *(напр. шов)*

p proximum □ проксимальный

P Pseudomonas □ псевдомонас *(род бактерий)*

P pulmonale □ 1. лёгочный 2. высокий, заострённый зубец P электрокардиограммы *(указывающий на гипертрофию правого желудочка и повышение давления в лёгочной артерии)*

P_1 pulmonary first sound □ лёгочный компонент первого тона *(открытия створок лёгочной артерии)*

P_2 pulmonary second sound □ лёгочный компонент второго тона *(закрытия створок лёгочной артерии)*

P pulse □ пульс

p pump □ насос

P, p punch □ *мед. тех.* 1. пробивка; перфорация 2. перфорированное отверстие

P pupil □ 1. ученик; воспитанник 2. зрачок глаза

P – PAF

P short arm of a chromosome □ *усл.* короткое плечо хромосомы

PA conduction time through atrium □ время проводимости через предсердия

PA panic attack □ паническая атака, ПА

PA paralysis agitans □ дрожательный паралич, болезнь Паркинсона

Pa pascal □ паскаль, Па *(единица давления, равная 1 ньютону на квадратный метр)*

Pa pathology □ 1. патология; патологическая анатомия 2. патологические изменения

p.a. *лат.* per anum □ per year □ в год

PA periarteritis □ периартериит

PA pernicious anemia □ пернициозная анемия, злокачественное малокровие, болезнь Аддисона – Бирмера

PA personnel and administration □ личный состав и администрация

PA pharmacologic activity □ фармакологическая активность, фармакологическое действие

PA phenylalanine □ фенилаланин, Фен

PA phosphoarginine □ фосфоаргинин

PA physician assistant □ помощник врача-терапевта, врач интерн-терапевт

PA physiotherapy aid □ физиотерапевтическое лечение

PA plasminogen activator □ активатор плазминогена

PA platelet aggregation □ агрегация тромбоцитов

PA posterior-anterior, posteroanterior □ задне-передний *(о проекции тела)*

PA power amplification □ *мед. тех.* усиление мощности

P/A pressure-activated □ *мед. тех.* приводимый в действие давлением *(жидкости, сжатого газа, воздуха)*; гидравлический; пневматический

PA pressure area □ высотная [высокогорная] местность или область

PA proactivator □ проактиватор, предшественник-активатор

PA prolonged action □ длительное [пролонгированное] действие

PA prophylactic antibiotics □ профилактическое применение антибиотиков, профилактическая антибиотикотерапия

Pa Protactinium □ протактиний

PA protective agent □ защитное [протективное] вещество

PA Pseudomonas aeruginosa □ синегнойная палочка

PA psychoanalyst □ психоаналитик

PA pulmonary artery □ лёгочная артерия

PA pulpoaxial □ пульпарная поверхность зуба, относящаяся к его продольной оси

PA pulse amplifier □ *мед. тех.* импульсный усилитель

PAA abdominal pain □ боль в животе

P&A percussion and auscultation □ выстукивание и выслушивание, перкуссия и аускультация

PAA phosphoroacetic acid □ фосфорно-уксусная кислота

PAA plasma angiotensinase activity □ активность ангиотензиназы плазмы

PAA Population Association of America □ Американская ассоциация по изучению народонаселения

3PAA 3-pyridine-acetic acid □ 3-пиридин-уксусная кислота

PA&F percussion, auscultation, and fremitus □ перкуссия, аускультация и сотрясение

PA and lateral posterioanterior and lateral □ передне-задняя и боковая проекции *(о рентгенограммах)*

PAB buttock pain □ боль в ягодице

PAB para-aminobenzoic acid □ парааминобензойная кислота, ПАБК

P&B phenobarbital and belladonna □ фенобарбитал и белладонна

PAB premature atrial beats □ предсердная экстрасистола

PAB specific antibody for pemphigus □ специфические антитела к межклеточным пространствам *(при пузырчатке)*

PABA para-aminobenzoic acid □ парааминобензойная кислота, ПАБК

PAC aspirin, phenacetin, caffeine □ аспирин, фенацетин, кофеин

PAC chest pain □ боль в груди

PAC premature atrial contraction □ предсердная экстрасистола *(о локализации очага возбуждения в ушке предсердия)*

PACAP Pituitary Adenylate Cyclase Activating Polypeptide □ гипофизарный полипептид, активирующий аденилатциклазу

PACIA particle counting immunoassay □ иммуноанализ с подсчётом *(агглютинировавших)* частиц

PACS picture archiving and communications □ *комп.* система архивирования и передачи цифровых изображений

PACU postanesthesia care unit □ послеоперационное отделение

PAD public access defibrillation □ возможность (портативной) дефибрилляции в публичных местах

PAD pre aid to the disabled □ предварительная помощь для инвалидов

PADAM partial androgen deficiency in aging male □ частичный андрогенодефицит у пожилых мужчин, *уст.* мужской климакс

PADP pulmonary artery diastolic pressure □ диастолическое давление в лёгочной артерии

p. ae. *лат.* partes aequales □ equal parts □ *фарм.* равные части, равными частями

PAE post-antibiotic effect □ побочное действие антибиотиков; постантибиотический эффект

P. aeruginosa Pseudomonas aeruginosa □ синегнойная палочка, палочка сине-зелёного гноя

PAF platelet activating [aggregating] factor □ фактор активации [агрегации] тромбоцитов, ФАТ

PAF pollen adherence factor □ адгеренс-фактор пыльцы, фактор скопления пыльцы

PAF pulmonary arteriovenous fistula □ лёгочный артериовенозный свищ

PAFAMS Pan-American Federation of Association of Medical Schools □ Панамериканская федерация ассоциаций медицинских факультетов

PAFib paroxysmal atrial fibrillation □ пароксизмальная фибрилляция предсердий

PA film posterioanterior film □ рентгенограмма в передне-задней проекции

PAG 1. anti-gas protection □ противохимическая защита **2.** *англ.* pamphlet anti-gas □ памятка по противохимической защите

PAG periaqueductal grey matter □ серое вещество области водопровода среднего мозга

PAG polyacrilamid gel □ полиакриламидный гель

PAG pregnancy-associated a-glycoproteid □ α-гликопротеид, ассоциированный с беременностью (гликопротеид, выявляемый у беременных); альфа-фетопротеин

PAG protective actions guide □ уровень (*напр. радионуклидов*), требующий принятия защитных мер

PAG protective antigen □ защитный [протективный] антиген

PAG Protein Advisory Group □ Группа консультантов по белку, ГКБ (*ВОЗ*)

PAGE polyacrylamide-gel electrophoresis □ электрофорез в полиакриламидном геле

PAGIF polyacrylamide-gel isoelectric focusing □ изоэлектрическое фокусирование в полиакриламидном геле

PAH *см.* **PAHA**

PAH Pahayokee □ Пахайоки (*арбовирус*)

PAH polycyclic [polynuclear] aromatic hydrocarbons □ полициклические [многоядерные] углеводороды ароматического ряда

PAH primary alveolar hypoventilation □ первичная альвеолярная гиповентиляция

PAH pulmonary arterial hypertension □ лёгочная гипертензия

PAHA para-aminohippuric acid □ парааминогиппуровая кислота

PAH clearance para-aminohippurate clearance □ клиренс парааминогиппуровой кислоты

PAHEF Pan-American Health and Education Foundation □ Панамериканский фонд здравоохранения и просвещения

PAHMC Pan-American Homeopathic Medical Congress □ Панамериканский медицинский гомеопатический конгресс

PAHO Pan-American Health Organization □ Панамериканская организация здравоохранения (*ВОЗ*), ПАОЗ

PAH sodium para-aminohippurate sodium □ парааминогиппурат натрия

PAI plasminogen activator inhibitor □ ингибитор активатора плазминогена

PAIA Parents of Apneic Infants Association □ Ассоциация родителей детей с парализованным дыханием

PAIDS pediatric AIDS □ СПИД у детей

PAL lumbosacral pain □ боль в пояснично-крестцовой области, люмбаго

Pal paleontology || paleontological □ палеонтология || палеонтологический

PAL Palyam □ Пальям (*арбовирус*)

PAL posterior axillary line □ задняя подмышечная линия

PAL products of activated lymphocytes □ продукты активации лимфоцитов

PAL psychoacoustical laboratory □ психоакустическая лаборатория

PAL pyogenic abscess of the liver □ гнойный абсцесс печени

PALD percutaneous arthroscopic lumbar discectomy □ чрескожная артроскопическая поясничная дискэктомия

palp palpable □ пальпируемый, прощупываемый

palpi palpitation □ дрожание

PALS periarteriolar lymphocyte sheaths □ периартериолярные лимфоцитарные оболочки

PAlv alveolar pressure □ альвеолярное давление

pam pamphlet □ 1. брошюра 2. *англ.* наставление, памятка, инструкция, методические рекомендации

PAM Perinatal Association of Michigan □ Мичиганская ассоциация перинатологов

P&M philosophy and medicine □ философия и медицина

PAM pregnancy-associated alpha-macroglobulinemia □ беременность, сопровождающаяся альфа-макроглобулинемией

PAM pulmonary alveolar macrophage(s) □ альвеолярные макрофаги

PAMA Pan-American Medical Association □ Панамериканская медицинская ассоциация

PAMA post-amputation mobility aid □ протез для ноги после ампутации

PAMBA para-aminobenzoic acid □ парааминобензойная кислота, ПАМБА

PAMGK primary African Green monkey kidney □ первичная почка африканской зелёной мартышки

pamph pamphlet □ 1. брошюра 2. *англ.* наставление, памятка, инструкция, методические рекомендации

PAN periodic alternating nystagmus □ альтернирующий нистагм

PAN peroxyacetyl nitrate □ пероксиацетила нитрат

PAN polyarteritis nodosa □ узелковый полиартерит

P&N psychiatry and neurology □ психиатрия и неврология

PANDAS pediatric autoimmune neuropsychiatric disorder associated with streptococcal infection □ детское аутоиммунное нейропсихическое расстройство, ассоциированное со стрептококковой инфекцией

PANLAR Pan-American League Against Rheumatism □ Панамериканская лига против ревматизма

PANSS positive and negative symptoms scale □ шкала оценки позитивных и негативных симптомов (*психических расстройств*)

PAO peak acid output □ пиковая секреция кислоты (*желудочного сока*)

PAO psychiatric admitting office □ приёмное отделение психиатрической больницы

PAOA Pan-American Odontological Association □ Панамериканская одонтологическая ассоциация

PAOD peripheral arterial occlusive disease □ окклюзионное заболевание периферических артерий

PAOD peripheral arteriosclerotic occulsive disease □ артериосклеротическое окклюзионное заболевание периферических артерий

PAOIF polyacrylamid-gel isoelectric focusing □ изоэлектрическое фокусирование в полиакриламидном геле

PAOO Pennsylvania Academy of Ophthalmology and Otolaryngology □ Пенсильванская академия офтальмологии и отоларингологии

PAP Papanicolau smear □ окраска мазка по Папаниколау

pap papilla □ сосок

Pap *лат.* papillae mammae ▫ nipple ▫ сосок молочной железы

PAP peak airway pressure ▫ пик [максимум] давления в воздухоносных путях

PAP peroxidase-antiperoxidase ▫ пероксидаза-антипероксидаза

PAP phenolphthalein and paraffin ▫ *гист.* фенолфталеин в парафине

PAP Physician Augmentation Program ▫ программа увеличения числа врачей-терапевтов

PAP Physician's Assistant Program ▫ программа подготовки помощников врачей

PAP placental alkaline phosphatase ▫ плацентарная щелочная фосфатаза

α-PAP a-pregnancy-associated protein ▫ альфа-фетопротеин; связанный с беременностью α-протеин

PAP primary atypical pneumonia ▫ первичная атипичная пневмония

P&P prothrombin and proconvertin ▫ протромбин и проконвертин

PAP pulmonary alveolar proteinosis ▫ альвеолярный протеиноз лёгких

PAP pulmonary artery pressure ▫ давление в лёгочной артерии

PAPd diastolic pulmonary artery pressure ▫ диастолическое давление в лёгочной артерии

PAPF platelet adhesiveness plasma factor ▫ плазменный фактор, связывающий тромбоциты; фактор агрегации тромбоцитов

PAPm mean pulmonary artery pressure ▫ среднее давление в лёгочной артерии

Papovaviridae papilloma, polyoma, vacuolating agents ▫ паповавирусы *(группа вирусов папилломы, полиомы и вакуолизирующего вируса обезьян, индуцирующих новообразования)*

PAPP pregnancy-associated plasma protein ▫ белок плазмы крови при беременности; фетопротеин

PAPs peak [systolic] pulmonary artery pressure ▫ пиковое давление в лёгочной артерии

Pap smear Papanicolaou smear ▫ метод Папаниколау, кольпоцитодиагностика *(исследование клеточного состава влагалищного мазка)*

PAPVD partial anomalous pulmonary venous drain ▫ частичный аномальный дренаж лёгочных вен, частичное аномальное впадение лёгочных вен

PAPVR partial anomalous pulmonary venous return ▫ частичный аномальный венозный лёгочный возврат

PAPW posterior aspect of the pharyngeal wall ▫ задняя поверхность стенки глотки

par parameter ▫ параметр

PAR performance and reliability ▫ *мед. тех.* рабочие характеристики и надёжность

PAR postanesthesia room ▫ постнаркозная комната

PAR postanesthetic recovery ▫ пробуждение после наркоза

PAR product of antigenic recognition ▫ продукт антигенного распознавания

PAR Program for Alcoholic Recovery ▫ программа реабилитации больных алкоголизмом

PAR pseudoallergic reaction ▫ псевдоаллергическая реакция

PAR pulmonary arteriolar resistance ▫ сопротивление лёгочных артериол

Para formula designating: P – number of pregnancies, a – number of abortions or miscarriages, ra – number of living children ▫ аббревиатура означает: P – число беременностей, a – число абортов или выкидышей, ra – число живорождённых детей

~ **I** primipara ▫ родившая одного (жизнеспособного) ребёнка

~ **II** secundipara ▫ родившая двух (жизнеспособных) детей

~ **2 + 1** full-term pregnancies 2, abortions 1 ▫ 2 доношенные беременности и 1 аборт *(в анамнезе)*

~ **III** tertipara ▫ родившая трёх (жизнеспособных) детей

par. aff. *лат.* pars affecta ▫ the part affected ▫ поражённая часть

parent parenteral ▫ парентеральный

part *лат.* pars, parties ▫ a part ▫ часть

part particular ▫ особый, особенный

part. aeq. *лат.* partes aequales ▫ equal parts ▫ *фарм.* равные части, равными частями

part. dolent. *лат.* partes dolentes ▫ painful parts ▫ болезненные части *(тела)*

part. vic. *лат.* partitis vicibus ▫ in divided doses ▫ *фарм.* разделёнными дозами

PARU postanesthetic recovery unit ▫ постнаркозная палата

PAS panic and agoraphobia scale ▫ шкала для определения выраженности паники и агорафобии

PAS, PASA para-aminosalicylic acid ▫ парааминосалициловая кислота, ПАСК

P&S paracentesis and suction ▫ парацентез и аспирация

PAS patient absorbed serum ▫ абсорбированная сыворотка больного

PAS Patients' Aid Society ▫ Общество помощи больным

PAS periodic acid Schiff reaction ▫ PAS-реакция, Шифф-реакция, Шик-реакция *(перйодная кислота для выявления гликогена, мукопротеидов и др.)*

PAS physical anhedonia scale ▫ шкала физической ангедонии, *см. тж.* SAS social anhedonia scale

PAS physician's assistant-specialist ▫ ассистент [помощник] специалиста-терапевта *(обычно врач-интерн)*

PAS physician assisted suicide ▫ суицид, ассистируемый врачом

PAS Physicians for Automobile Safety ▫ врачи, оказывающие медицинскую помощь при автодорожных происшествиях

PAS polyadenopathy syndrome ▫ синдром полиаденопатии

PAS Pregnancy Advisory Service ▫ женская консультация

P&S proctosigmoid ▫ прямая и сигмовидная кишка

PAS Production Advisory Service ▫ производственно-консультативная служба

PAS professional activity study ▫ изучение профессиональной деятельности

PAS pulmonary artery stenosis ▫ стеноз лёгочной артерии

PASA Commission on Professional and Hospital Activities ▫ Комиссия по изучению компетентности врачей и активности лечебного учреждения больницы *(США)*, *см. тж.* **PAS** professional activity study

PASA para-aminosalicylic acid □ парааминосалициловая кислота, ПАСК

PASB Pan-American Sanitary Bureau □ Панамериканское санитарное бюро

PAS-C para-aminosalicylic acid (with vitamin C) □ парааминосалициловая кислота, ПАСК (с витамином С)

Pase alkaline phosphatase □ щелочная фосфатаза

PASO Pan-American Sanitary Organization □ Панамериканская санитарная организация

PASP pulmonary artery systolic pressure □ систолическое давление в лёгочной артерии

pass passage □ 1. проход 2. прохождение; транзит; пассаж *(напр. пищи)*

pass passive □ бездеятельный, пассивный; инертный

past pasta □ паста

Past Pasteurella □ пастерелла *(род бактерий)*

PAST periodic acid Schiff technique *см.* **PAS** periodic acid Schiff reaction

PAT paroxysmal atrial tachycardia □ пароксизмальная суправентрикулярная [предсердная] тахикардия

pat patent || patented □ патент || запатентованный; имеющий патент

pat paternal origin □ отцовского происхождения

pat paternity □ отцовство, происхождение по отцу

pat pattern □ образец, модель, шаблон

PAT platelet aggregation time □ время агрегации тромбоцитов

PAT preadmission testing □ обследование перед поступлением *(напр. в больницу)*

PAT testicular pain □ боль в яичке или яичниках

PATCO Prednisone, Cytosine Arabinoside, 6-Thioquinine, Cyclophosphamide and Oncovin □ преднизон, цитозина арабинозид, 6-тиохинин, циклофосфамид, онковин *(программа химиотерапии онкологических больных)*

Path pathology || pathological □ 1. патология || патологический 2. патологические изменения

PATH pituitary adrenotrophic hormone □ адренокортикотропный гормон гипофиза, АКТГ

Patho Tec *фирм.* экспресс-диагностика энтеробактерий с помощью индикаторной бумаги

~**C** cytrate test □ *фирм.* экспресс-диагностика микроорганизмов с помощью индикаторной бумаги и цитрата

~**CO** cytochrom oxydase □ *фирм.* экспресс-диагностика микроорганизмов с помощью индикаторной бумаги и цитохромоксидазы

~**I** indol □ *фирм.* экспресс-диагностика энтеробактерий с помощью индикаторной бумаги и индола

~**LD** lysin decarboxylase □ *фирм.* экспресс-диагностика микроорганизмов с помощью индикаторной бумаги и лизиндекарбоксилазы

~**PD** phenylalanin-desaminase □ *фирм.* экспресс-диагностика микроорганизмов с помощью индикаторной бумаги и фенилаланиндезаминазы

~**U** urease □ *фирм.* экспресс-диагностика микроорганизмов с помощью индикаторной бумаги и уреазы

~**VP** Voges – Proskauer test □ *фирм.* экспресс-диагностика микроорганизмов с помощью индикаторной бумаги и реакции Фогеса – Проскауэра

PATTERN Planning Assistance Through Technical Evaluation of Relevance Numbers □ обеспечение планирования на основе технической оценки относительной влажности, метод ПАТТЕРН

PAV(canal) partial atrio-ventricular canal □ неполный атриовентрикулярный канал

PAV proportional assist ventilation □ пропорциональная вспомогательная вентиляция

PAW, PAWP pulmonary artery wedge pressure □ давление заклинивания в лёгочной артерии

PAZC Pan-American Zoonoses Center □ Панамериканский центр зоонозов *(ВОЗ)*

PB blood pressure □ артериальное давление; давление крови

PB peripheral blood □ периферическая кровь

PB *лат.* Pharmacopoeia Britannica □ British Pharmacopoeia □ Британская фармакопея

PB phenobarbital □ фенобарбитал

PB, Pb Plumbum, lead □ свинец

^{210}**Pb** radioactive lead □ радиоактивный свинец

PB premature beats □ экстрасистолы

PB pressure breathing □ дыхание под (положительным) давлением

Pb presbyopia □ пресбиопия, старческая дальнозоркость

PB pure bred □ чистая порода

PBA polyclonal activator of B-cell □ поликлональный активатор В-клеток

PBA pressure breathing assister □ аппарат вспомогательного дыхания

Pb-B lead (level) in blood □ содержание свинца в крови

PBC point of basal convergence □ точка базальной конвергенции

PBC precursor B-cell □ предшественник В-клеток

PBC primary biliary cirrhosis □ первичный билиарный цирроз *(печени)*

PBCM particulate bone and cancellous marrow grafts □ трансплантаты твёрдокостного и губчатого вещества костного мозга

PBCs pregnancy and birth complications □ беременность и осложнения родов

PBD percutaneous biliary decompression □ чрескожная декомпрессия жёлчных путей

PBE *нем.* Perlsucht Bacillen-emulsion □ очищенный туберкулин, приготовленный из микобактерий крупного рогатого скота

PBF plasmatic binding factor □ плазматический связывающий фактор, фактор связывания плазмы

PBF pulmonary blood flow □ лёгочный кровоток

PBG porphobilinogen □ порфобилиноген

PBG-D porphobilinogen diaminase □ порфобилиногендиаминаза

PbI Plumbum [lead] intoxication □ свинцовая интоксикация

PBI protein-bound iodine □ йод, связанный с белком; йодированный белок

PB^{127}I protein-bound radioactive iodine □ радиоактивный йод, связанный с белком

PBL(s) peripheral blood lymphocytes □ лимфоциты периферической крови

pbl probable □ вероятный

PBMCs peripheral blood mononuclear cells □ мононуклеарные клетки периферической крови

PBo pathogenicity for bovine □ патогенность (вируса) для крупного рогатого скота

PBo sign pathogenicity bovine sign □ патогенные проявления (вируса) у крупного рогатого скота

PBP progressive bulbar palsy □ прогрессивный бульбарный паралич, болезнь Бейля

PBP pseudobulbar palsy □ псевдобульбарный паралич

PBS phosphate-buffered saline □ иммун. фосфатно-буферный раствор

PBs premature beats □ экстрасистолы

PBSA phosphate buffered saline A □ фосфатно-буферный раствор Дюльбекко А (без ионов Ca^{2+} и Mg^{2+})

PBSAB phosphate buffered saline with Ca^{2+} and Mg^{2+} □ фосфатно-буферный раствор Дюльбекко АВ (с ионами Ca^{2+} и Mg^{2+})

PBV pulmonary blood volume □ объём крови в лёгких, ёмкость сосудов лёгких

PBZ phenylbutazone □ фенилбутазон

PC near point of convergence □ ближайшая точка конвергенции

PC (scanner) paper-chromatogram □ сканнер для бумажной хроматографии

PC palmitoyl carnitine □ пальмитоилкарнитин

PC parent to child □ от родителя ребёнку

PC partition coefficient □ коэффициент распределения (напр. медикамента в крови)

p.c. лат. per centum □ per cent □ процент; в процентах

PC personal computer □ персональный компьютер

PC Pharmacy Corps □ военно-фармацевтическая служба (США)

PC phosphatidyl choline □ фосфатидилхолин

PC phosphocreatine □ фосфокреатин

PC phosphoryl choline □ фосфорилхолин

PC photocell □ фотоэлемент

PC plasma cell □ плазматическая клетка, плазмоцит

PC pneumotaxic center □ пневмотаксический центр

PC point of contact □ точка соприкосновения или контакта

PC portal cirrhosis □ портальный цирроз

PC post challenge □ после проверочного [контрольного] заражения

p.c. лат. post cibum [cibos] □ after meals □ фарм. после еды

PC pressure coefficient □ коэффициент давления

PC pressure controller □ мед. тех. регулятор давления

PC programmed check □ программированный контроль

PC pulmonary contusion □ ушиб лёгкого

PCA passive cutaneous anaphylaxis □ пассивная кожная анафилаксия

PCA patient care audit □ контроль [проверка] лечения больного

PCA patient controlled analgesia □ аутоаналгезия (аналгезия, контролируемая больным)

PCA perchloric acid □ перхлорная кислота

PCA portal caval anastomosis □ портокавальный анастомоз

PCA posterior cricoarytenoid □ задняя перстнечерпаловидная мышца (открывающая вход в гортань)

PCA-1 plasma cell antigen-1 □ антиген-1 плазматических клеток

PCAE post-circulatory arrest encephalopathy □ энцефалопатия, вызванная прекращением мозгового кровотока

PC antigen plasma cell antigen □ антиген плазматических клеток

PCB near point of convergence □ ближайшая точка конвергенции

PCB paracervical block □ парацервикальная блокада

PCB, PCBs polychlorinated biphenyl □ полихлорированный бифенил, ПХБ

PCB post-coital bleeding □ посткоитусное кровотечение

PCB лат. punctum convergens basalin □ point of basal convergence □ точка базальной конвергенции

PCBS Permanent Committee on Biological Standards □ Постоянный комитет по биологическим стандартам

PCc periscopic concave □ перископическая вогнутая [рассеивающая] линза

PCC pheochromocytoma □ феохромоцитома

PCC potential comparison circuit □ потенциометрическая схема

PCC precoronary care □ лечение предынфарктного состояния

PCC Professional Conduct Committee (GMC) □ Комитет по профессиональной этике (Высшего медицинского совета, Великобритания)

PCD polycystic disease □ поликистоз; поликистозное заболевание (почек)

PCE pseudocholinesterase □ псевдохолинэстераза

p. cent. лат. per centum □ per cent □ процент; в процентах

PCF pharyngoconjunctival fever □ фарингоконъюнктивальная лихорадка, аденовирусная ангина

PCF precooked frozen □ предварительно приготовленный и замороженный (о пищевых продуктах)

PCF prothrombin conversion factor □ фактор превращения протромбина

PCFIA particle concentration fluorescence immunoassay □ латекссвязывающий иммунофлуоресцентный анализ

PCG phonocardiogram □ фонокардиограмма, ФКГ

PCH paroxysmal cold hemoglobinuria □ пароксизмальная холодовая гемоглобинурия

PChE pathogenicity for chicken embryos □ патогенность (вируса) для куриных эмбрионов

pCi picocurie □ пикокюри, пКи

PCI prothrombin consumption index □ протромбиновый индекс

PCK, PCKD polycystic kidney disease □ поликистоз почек, поликистозное заболевание почек

PCL persistent corpus luteum □ персистирующее жёлтое тело

PCL posterior cruciate ligament of the knee □ задняя крестообразная связка коленного сустава

PC line pubococcygeal line □ лобково-копчиковая линия

pcm percentage of moisture □ влажность, содержание влаги в процентах

PCM protein-calorie malnutrition □ белково-калорийная недостаточность (пищи), БКН

PCMB, pCMB p-chloromercuribenzoic acid □ p-хлормеркурийбензоат *(ингибитор тиоловых ферментов)*

PCNA Pediatric Cardiology Nurse Associate □ член Педиатрической кардиологической ассоциации медицинских сестёр

PCNA proliferating cell nuclear antigen □ ядерный антиген пролиферирующих клеток, циклин

P-CNS primary central nervous system □ первичная (центральная) нервная система

PCO Pest Control Organization □ Организация по борьбе с вредными насекомыми

PCO polycystic ovaries □ поликистозные яичники

PCO predicted cardiac output □ вычисленный сердечный выброс *(крови)*

PCOB Permanent Central Opium Board □ Постоянный центральный комитет по борьбе с распространением опиума *(ООН)*

PCOD, PCO disease polycystic ovarian disease □ поликистоз яичников

PCOS polycystic ovarian syndrome □ синдром, обусловленный поликистозом яичников

PCP parachlorophenylalanine □ парахлорфениланин

PCP peace pill □ психотропное средство, «успокаивающая» таблетка

PCP pentachlorphenol □ пентахлорфенол, ПФ

PCP phencyclidine □ фенциклидин

PCP pneumocystic carinii pneumonia □ пневмоцистная пневмония

PCP primary care physician □ врач общей практики, врач первичного звена

PCP pulmonary capillary pressure □ лёгочно-капиллярное давление

PCPA parachlorophenylalanine □ парахлорфениланин

PCP activity psychotropic activity □ психотропная активность

pcpn precipitation □ 1. преципитация *(1. хим. выпадение в осадок 2. иммун. образование комплекса антиген – антитело)* 2. *метео.* выпадение осадков

PCr, PCR phosphocreatine □ фосфокреатин

PCR photoconvulsive response □ фотоконвульсивная [фотопароксизмальная] реакция

PCR polymerase chain reaction □ полимеразная реакция синтеза цепи, полимеразная цепная реакция, ПЦР

PCS pneumatic control system □ пневматическая контролирующая система

PCS postcardiotomy syndrome □ посткардиотомный синдром

PCS postconcussive syndrome □ посткоммоционный синдром

pcs preconscious □ подсознательный

PC shunt portocaval shunt □ портокавальный анастомоз [шунт]

pct per cent □ процент; в процентах

PCT plasma clotting time □ время свёртывания плазмы

PCT plasmacrit test □ определение объёма плазмы в крови (%%)

PCT plateletcrit volume (percentage of platelets in whole blood) □ объём тромбоцитов в цельной крови (%%)

PCT porphyria cutanea tarda □ поздняя порфирия кожи, буллёзный порфирический эпидермолиз

PCT postcoital test □ посткоитальный тест

PCTS porphyria cutanea tarda symptomatica *см.* **PCT** porphyria cutanea tarda

PCU programmable calculating unit □ *выч. тех.* программируемое вычислительное устройство

PCV packed cell volume □ объём форменных элементов *(крови)*

PCV pressure control valve □ *мед. тех.* клапан регулирования давления; контрольный клапан давления

PCWP pulmonary capillary wedge pressure □ давление заклинивания в лёгочных капиллярах

PCx periscopic convex □ перископическая выпуклая линза

PD Doctor of Pharmacy □ доктор фармации

PD interpupillary distance □ межзрачковое расстояние

Pd Palladium □ палладий

PD panic disorder □ паническое расстройство

PD paralytic dose □ паралитическая доза

P-D paranoid-destructive □ параноидно-деструктивный

PD parasitic disease □ паразитарные болезни

PD 1. Parkinson's disease □ дрожательный паралич, болезнь Паркинсона 2. Parkinsonism dementia □ деменция при паркинсонизме

PD pathogenicity for dog □ патогенность (вируса) для собак

Pd pediatrics □ педиатрия

p.d. *лат.* per diem □ per day □ *фарм.* (столько-то) на день, в день; дневной *(напр. расход; норма)*

pd period □ период

PD 1. peritoneal dialyser □ перитонеальный диализатор 2. peritoneal dialysis □ перитонеальный диализ

PD, pd potential difference □ разность (электрических) потенциалов, напряжение

PD power Doppler □ *узи* энергетический Доплер

PD preliminary data □ предварительные данные

PD pressor dose □ прессорная доза

PD pressure differential □ градиент [разность] давлений

PD pressure drop □ падение давления

pd prism diopter (dioptre) □ преломляющая сила призмы *(в диоптриях)*

PD probability of detection □ вероятность обнаружения

PD problem of drinker □ проблема алкоголизма

PD provisional diagnosis □ предположительный диагноз

PD psychopathic deviate □ психопатическая личность; психопатическое отклонение

PD pulse duration □ длительность [продолжительность] импульса

pd pupilla diameter □ диаметр зрачка

PD pupillary difference □ различие в величине зрачков

PD pupillary distance □ межцентровое [межзрачковое] расстояние

PD pyrimidine degrading □ деградация [распад] пиримидинов

PD$_{50}$ 50 % protective dose □ защитная доза препарата *(защищающая от гибели 50 % животных)*

PDA Pacific Dermatologic Association □ Тихоокеанская дерматологическая ассоциация

PDA paraphenylamine diamine □ парафениламиндиамид

PDA *лат.* patentes ductus arteriosus □ patent ductus arteriosus □ открытый [персистирующий, функционирующий] артериальный проток, ОАП

PDA 1. pediatric allergy □ детская аллергия **2.** pediatric allergist □ детский аллерголог

PDA persistent ductus arteriosus □ персистирующий [открытый, функционирующий] артериальный проток, ОАП

PDA *лат.* pollutio diurna adaequata □ адекватные дневные поллюции

PDA polymorphic delta activity □ полиморфная дельта [Δ]-активность, полиморфный дельта [Δ]-ритм

PDA postdeflection acceleration □ ускорение пучка электронов после отключения

PDB paradichlorobenzene □ парадихлорбензол

PDC pentadecylcatechol □ пентадецилкатехол

PDC phase distribution chromatography □ фазораспределительная хроматография

PDC preliminary diagnostic clinic □ (клиническое) отделение предварительной диагностики

PDC private diagnostic clinic □ частная диагностическая клиника

PDC pyridinolcarbamate □ пиридинолкарбамат

PDE paroxysmal dyspnea on exertion □ пароксизмальная одышка во время физической нагрузки

PDF probability density function □ плотность распределения вероятностей, плотность вероятности

PDGA pteryldiglutamic acid □ птерилдиглутаминовая кислота

PDGF platelet-derived growth factor □ фактор роста, полученный из тромбоцитов; тромбоцитарный фактор роста

PDH Packaged Disaster Hospital □ передвижной госпиталь быстрого развёртывания *(для оказания экстренной помощи при массовых катастрофах)*

PDH past dental history □ одонтологический анамнез, сведения о прежних заболеваниях зубов

PDI periodontal disease index □ периодонтальный индекс Рамфьорда

PDI *лат.* pollutio diurna inadaequata □ неадекватные дневные поллюции

PDI protodiastolic interval □ протодиастолический интервал

P-diol pregnanediol □ прегнандиол

PDL periodontal ligament □ периодонтальная связка

PDL poorly differentiated lymphoma □ низкодифференцированная лимфома

PDLL poorly differentiated lymphocytic lymphoma □ низкодифференцированная лимфоцитарная лимфома

PDN private duty nurse □ частнопрактикующая дежурная медсестра

pdn production □ производство; воспроизводство

PDP programmed data processor □ *выч. тех.* программно-управляемый процессор для обработки данных

PDR pancreatoduodenal resection □ панкреатодуоденальная резекция

PDR physician's desk reference □ настольный справочник врача

pdr powder □ порошок

PDR preliminary data report □ предварительный отчёт

PDS paroxysmal depolarization shift □ сдвиг периодической деполяризации

PDS pediatric surgery □ детская хирургия

PDS polydimethyl siloxane □ полидиметилсилоксан

PDS polydioxane suture □ полидиоксановый шов

PDS posttraumatic stress diagnostic scale □ *псих.* диагностическая шкала для выявления посттравматического стресса

PD-sign pathogenicity dog sign □ признак патогенности (вируса) для собак

PDSS panic disorder severity scale □ шкала определения выраженности панического расстройства

PDT photodynamic therapy □ фотодинамическая терапия, светолечение

PDV porcine diarrhea virus □ коронавирус диареи поросят, КДП

PDx physical diagnosis □ физикальная диагностика

p.e. *фр.* par exempli □ for example □ например, напр.

PE pericardial effusion □ перикардиальный выпот, выпот в перикард

pe periodic □ периодический

PE permissible error □ допустимая ошибка

PE personnel error □ ошибка персонала; субъективная ошибка

PE phosphatidyl ethanolamine □ фосфатидилэтаноламин

PE photoelectric □ фотоэлектрический

PE physical education □ физическое воспитание

PE physical examination □ врачебное обследование; объективное [физикальное] исследование

PE pleural effusion □ плевральный выпот

PE polyethylene □ полиэтилен

PE potential energy □ потенциальная энергия

PE powdered extract □ порошковый экстракт

PE practical exercise □ практическое занятие

PE pressure of expiration □ давление на выдохе

PE probable error □ вероятная ошибка или погрешность; вероятное отклонение

PE protein equivalent □ белковый эквивалент

PE pulmonary edema □ отёк лёгких

PE pulmonary embolism □ эмболия лёгочной артерии; эмболия лёгких

PE$_{CO2}$ pressure of carbon dioxide in expired gas □ (парциальное) давление углекислоты в выдыхаемом воздухе

PEA pulseless electric activity □ электрическая активность без пульса

PEARL pupils equal and reactive to light □ зрачки равные и реагирующие на свет

PEAS production engineering advisory service □ производственно-техническая консультативная служба

PEC peritoneal exudate cell □ клетки перитонеального экссудата

PEC, pec photoelectric cell □ фотоэлемент

PEC polyelectrolyte complex □ полиэлектролитный комплекс

PEC production equipment code □ *мед. тех.* код [обозначение] серийного оборудования

PECAM Platelet-Endothelial Cell Adhesion Molecule □ молекула адгезии тромбоцитов и эндотелия

PECS portable environmental control system □ ранцевая система жизнеобеспечения

PECT positron emission computerized [computer] tomography □ позитронная эмиссионная компьютерная томография

Ped pediatrics □ педиатрия; детские болезни

PEd physical education □ врачебное образование; подготовка врачей

PEEP positive end-expiratory pressure □ искусственная вентиляция лёгких с положительным давлением в конце выдоха

PEF peak expiratory flow *см.* **PEFR**

PEF pulmonary edema fluid □ выпот при отёке лёгких

PEFR peak expiratory flow rate □ максимальная скорость выдоха, тест Тиффно

PEG percutaneous endoscopic controlled gastrostomy □ чрескожная эндоскопическая контролируемая гастростомия

PEG 1. pneumoencephalogram □ пневмоэнцефалограмма **2.** pneumoencephalography □ пневмоэнцефалография

PEG polyethyleneglycol □ полиэтиленгликоль

PEI phosphate excretion index □ показатель экскреции фосфатов

PELD percutaneous endoscopic laser discectomy □ чрескожная эндоскопическая лазерная дискэктомия

PEM proportional excess mortality □ экстенсивный показатель смертности

PEM protein-energy malnutrition □ белково-энергетическая недостаточность, БЭН

pen penetrate □ проникать

Pen penicillin □ пенициллин

PenW penetrating wound □ проникающая рана

peo people □ народ; люди

Pep-3 peptidase-3 □ пептидаза-3

Pep Peptococcus □ пептококки *(род бактерий)*

PEP phosphoenole pyruvate □ фосфоэнолпируват

PEP physiological evaluation of primates □ физиологическая оценка приматов

PEP polyestradiolphosphate □ полиэстрадиолфосфат

PEP positive expiratory pressure □ положительное давление на выдохе

PEP preejection period □ период, предшествующий изгнанию *(крови)*

PEP Program Evaluation Procedure □ методика оценки программы *(напр. лечения)*

PEP Public Education Program □ программа санитарного просвещения

PER pediatric emergency room □ кабинет неотложной помощи детям

per perennial □ многолетнее растение, многолетник ‖ многолетний; сохраняющийся круглый год

per period ‖ periodical □ период ‖ периодический

per, pers person □ человек, личность

PER protein efficiency ratio □ показатель использования белка

per cap. *лат.* per capita □ на душу населения, на человека

perf perforation ‖ perforated □ перфорация, разрыв ‖ перфорированный

PERLA pupils equal and reactive to light and accommodation □ зрачки одинакового размера, реакция их на свет и аккомодацию равномерна

PERRLA pupils equal, round, react to light and accommodation *см.* **PERLA**

perm permanent □ постоянный, перманентный

per. op. emet. *лат.* peracta operatione emetici □ when the action of the emetic is over □ *фарм.* когда закончилось действие рвотного средства

pers 1. person ‖ personal □ личность, лицо ‖ личный, персональный **2.** personnel □ кадры, персонал, личный состав

PERT Program Evaluation and Review Technique □ система планирования и руководства разработками, ПЕРТ *(ВОЗ)*

perv 1. perversion □ перверсия, извращение; искажение, отклонение от нормы **2.** pervert □ человек, страдающий перверсиями; извращенец

PEs esophageal pressure □ внутрипищеводное давление

PES percutaneous electrical stimulation □ чрескожная электростимуляция

PES photoelectric scanner □ фотоэлектрическое сканирующее устройство

PES postenumeration survey □ (контрольное) обследование после переписи *(населения)*

pess pessus □ пессарий *(1. вагинальный суппозиторий 2. маточное кольцо)*

pest pesticide □ пестицид

PET parent effectiveness training □ обучение [подготовка] родителей

PET positron emission tomography □ позитронно-эмиссионная томография, ПЭТ

PET preeclamptic toxemia □ преэклампсия, выраженный токсикоз второй половины беременности

PETIA particle-enhanced turbidimetric immunoassay □ турбидиметрический иммуноанализ с латексным усилением

PETS Perinatal Emergency Transport System □ система экстренной перинатальной транспортировки

PETT positron emission transaxial tomography *см.* **PET** positron emission tomography

PEV peak expiratory volume □ максимальный объём выдоха

PF pathogen free animals □ гнотобионты, свободные от патогенных микробов животные

PF peak flow □ максимальная величина [пик] потока *(крови, воздуха)*

PF pemphigus foliaceus □ листообразная пузырчатка

PF pericardial fluid □ перикардиальная жидкость; выпот в перикард

PF permeability factor □ фактор проницаемости *(медиатор)*

PF (Questionnaire) Personality Factor (Questionnaire) □ данные анкетирования или опроса; личностные данные

PF phenol formaldehyde, methanal □ фенолформальдегид, метаналь

pF picofarad □ пикофарада, пФ *(10^{-12} фарад)*

PF plane film □ обзорная рентгенограмма

PF₃ platelet factor 3 □ фактор 3 тромбоцитов, тромбоцитарный тромбопластин*

PF power factor □ коэффициент мощности

PF protection factor □ фактор защиты

PF pulse frequency □ *мед. тех.* частота посылки импульсов

PF purpura fulminans □ молниеносная [злокачественная] пурпура

PFA parafluorophenylalanine □ парафторфенилаланин

PFA passive foot anaphylaxis □ пассивная анафилаксия при инъекции в лапку

PFA platelet function analyzer □ анализатор функции тромбоцитов

PFC pericardial fluid culture □ культура (микробов) из перикардиальной жидкости

PFC persistence of the fetal circulation □ синдром фетального кровообращения *(напр. при открытом артериальном протоке)*

PFC plaque-forming cells □ бляшкообразующие клетки

PFCA prophylactic percutaneous transluminal coronary angioplasty □ профилактическая чрескожная транслюминальная коронарная ангиопластика

pfd preferred □ предпочтительный

PFGCs pseudofollicular growth centers □ псевдофолликулярные центры роста *(новообразования)*

PFGE pulse field gel electrophoresis □ гель-электрофорез в пульсирующем (электрическом) поле

PFi physical fitness □ показатель [индекс] годности по состоянию здоровья

PFK phosphofructokinase □ фосфофруктокиназа

PFO patent foramen ovale □ открытое овальное окно (сердца)

PFP platelet-free plasma □ плазма крови, отделённая от тромбоцитов

Pf/Phag phlogistic phagocytosis □ воспалительный фагоцитоз

PFP pore-forming proteins □ каналообразующие [порообразующие] белки, перфорины

PFR peak flow rate □ максимальная скорость потока *(крови, воздуха)*

PFR peak frequency ratio □ индекс отношения пика частот *(ультразвука)*

PFRI plaque formation rate index □ индекс скорости образования налёта

PFS panview fiberscope □ панэндоскоп *(эндоскоп, позволяющий произвести осмотр желудка и двенадцатиперстной кишки)*

PFS present family size □ существующий размер семьи

PFS Princeton Fertility Study □ программа Принстонского университета по изучению рождаемости

PFT₄ proportion free thyroxine □ содержание [соотношение] свободного тироксина

PFT pulmonary function test □ тест на функциональную способность лёгких

PFU plaque-forming unit □ *иммун.* бляшкообразующая единица или клетка

PFU pock-forming unit □ оспенный рубец, оспинка

PFU prepared for use □ готово к употреблению *(надпись на флаконе с лекарством)*

PG glycerate-3-phosphate □ глицерат-3-фосфат

pg page □ страница

PG partial gastrectomy □ частичное иссечение желудка; резекция желудка

PG pemphigoid gestationis □ гестационный пемфигоид

PG pentagastrin □ пентагастрин

PG pepsinogen □ пепсиноген

PG peptidoglycan □ пептидогликан

PG persistent gas □ стойкое отравляющее вещество

PG *лат.* Pharmacopoeia Germanica □ German Pharmacopoeia □ Германская фармакопея, фармакопея

PG phosphoglycerate □ фосфоглицерат

pg picogram □ пикограмм, пг *(10^{-12} г)*

PG plasma gastrin □ плазменный гастрин

pg pogonion □ погонион *(наиболее выступающая точка подбородка)*

PG postgraduate □ 1. врач, повышающий квалификацию после окончания вуза 2. аспирант; клинический ординатор

pg pregnant □ беременная

PG prepare for gas □ подготовиться к работе с ядовитыми газами

PG pressure gauge □ *мед. тех.* манометр

Pg progesterone □ прогестерон

PG, PGA, PGB… prostaglandin(s) □ простагландин(ы) A, B и др.

PG pulse generator □ импульсный генератор

PGA polyglycolic acid □ полигликолевая кислота

PGA Pongola □ Понгола *(арбовирус)*

PGA pteroylglutamic acid (folic acid) □ птероилглутаминовая (синтетическая фолиевая) кислота, фолацин

PGAL phosphoglyceraldehyde □ фосфоглицеральдегид

PGC percentage of goblet cells □ процент содержания бокаловидных клеток

PGC primary gepatocellular carcinoma □ первичный гепатоцеллюлярный рак

PGC primordial germ cell □ примордиальная [первичная] зародышевая клетка

(6)PGD (6)phosphogluconate dehydrogenase □ 6-фосфоглюконат-дегидрогеназа

PGD₂ prostaglandin D₂ □ простагландин D₂

PGE population growth estimation □ оценка роста численности населения

PGE postgraduate education □ 1. последипломное усовершенствование 2. аспирантура, клиническая ординатура

PGE prostaglandin E □ простагландин E

PGE₁ prostaglandin E₁ □ простагландин E₁

PGF pediatric fibrogastroscope □ детский фиброгастроскоп

PGF plerocercoid growth factor □ плероцеркоидный фактор роста *(аналог человеческого гормона роста)*

PGF₄ prostaglandin F₄ □ простагландин F₄

PGF-A prostaglandin-generating factor of anaphylaxis □ фактор генерации простагландинов анафилаксии

PGH Philadelphia General Hospital □ Филадельфийский центральный госпиталь

---

* Другие факторы тромбоцитов *см.* выше на P₁, P₂, …

PGH pituitary growth hormone □ гипофизарный гормон роста

PGH porcine growth hormone □ свиной гормон роста

PGI₂ prostaglandin I₂ □ простагландин I₂

PGL persistent generalized lymphadenopathy □ устойчивая генерализованная лимфаденопатия

PGM phosphoglucomutase □ фосфоглюкомутаза

PGM₁ phosphoglucomutase-1 □ фосфоглюкомутаза-1

PGN proliferative glomerulonephritis □ пролиферативный гломерулонефрит

PGR population growth rate □ темпы роста населения

PGR psychogalvanic reflex □ психогальванический рефлекс, кожно-гальваническая реакция, КГР

PGs prostaglandins □ простагландины

PGU postgonococcal urethritis □ (пост)гонококковый уретрит

PGV proximal gastric vagotomy □ селективная проксимальная ваготомия, СПВ *(желудка)*

PGV-AP proximal gastric vagotomy with adrenergic preservation □ проксимальная ваготомия желудка с адренергической защитой

PGWBI Psychological General Well-Being Index □ опросник по оценке общего психологического благополучия

PGX prostaglandin X □ простагландин X

PH past history □ катамнез

PH pathogenicity for hamster □ патогенность (вируса) для хомяков

p.h. per hour □ в час

Ph Pharmacop(o)eia □ фармакопея *(сборник стандартов и положений, нормирующих качество лекарственных средств)*

ph phase □ фаза; этап; стадия

Ph Philadelphia chromosome □ филадельфийская хромосома

p.h. pill hourly □ по таблетке каждый час

pH potential of hydrogen ions □ водородный показатель *(мера концентрации ионов водорода в жидкостях тела, отражающая нормальное 7,40, кислое < 7,40 или щелочное > 7,40 состояние)*

ΔpH transmembrane pH gradient □ трансмембранный градиент pH

pH$_a$ acid pH □ кислое значение pH

pH$_m$ muscle surface pH □ pH мышечной поверхности

PH prehospital □ догоспитальный

PH previous history □ предшествующий анамнез

PH pseudohypoparathyroidism □ псевдогипопаратиреоз, псевдогипопаратиреоидизм

PH Public Health □ общественное здравоохранение

PHA inhibition of passive hemagglutination □ ингибирование пассивной гемагглютинации

PHA phytohemagglutinin □ фитогемагглютинин, ФГА

PHA Public Health Administration □ орган управления общественным здравоохранением

---

* Научная степень, соответствующая кандидатской степени в РФ.

** Доза ионизирующего излучения, создающего в измеряемом объёме количество пар ионов, равное экспозиционной дозе в 1 рентген рентгеновского излучения. Определение дозы в ФЭР позволяет сравнивать ионизирующий эффект различных видов излучений.

phage bacteriophage □ бактериофаг, фаг

PHA-L phytohemagglutinin-L □ фитогемагглютинин-L

PHA-P phytohemagglutinin-P □ фитогемагглютинин-P

phar, pharm 1. pharmacology □ фармакология **2.** pharmacologist □ фармаколог **3.** pharmacop(o)eia □ фармакопея **4.** pharmacy □ фармация, лекарствоведение

Phar B *лат.* Pharmaciae Baccalaureus □ Bachelor of Pharmacy □ бакалавр фармации *(выпускник фармацевтического вуза)*; фармацевт

Phar C Pharmaceutical Chemist □ химик-фармацевт; фармацевт-аналитик

Phar D *лат.* Pharmaciae Doctor □ Doctor of Pharmacy □ доктор фармации *(высшая учёная степень)*

Phar G graduate in Pharmacy □ выпускник фармацевтического вуза, фармацевт

Phar M *лат.* Pharmaciae Magister □ Master of Pharmacy □ магистр фармации

pharm pharmaceuticals □ лекарственные средства, фармацевтические препараты

pharmac 1. pharmacology □ фармакология **2.** pharmacologist □ фармаколог; фармацевт

Pharm D *см.* **Phar D**

Ph-ase phosphorylase □ фосфорилаза

PhB British Pharmacopoeia □ Британская фармакопея

PHC People's Health Center □ Общественный центр здоровья

PhC Pharmaceutical Chemist □ химик-фармацевт, фармацевт-аналитик

PHC planning for health care □ планирование оздоровительных мероприятий

PHC premolar aplasia, hyperhydrosis, premature canities □ синдром аплазии передних коренных зубов, гипергидроза и преждевременного поседения

PHC primary health care □ первичная медико-санитарная помощь

PHC primary hepatic carcinoma □ первичный рак печени

PHCC primary hepatocellular carcinoma □ первичный печёночно-клеточный [гепатоцеллюлярный] рак, злокачественная аденома печени

PhD Philosophic Doctor, Doctor of Philosophy □ доктор философии*

PHDAN physically dangerous □ опасно для здоровья

PHE periodic health exam □ периодическое медицинское обследование

Phe phenylalanine □ фенилаланин, Фен

Phenylprop phenylpropionate □ фенилпропионат

PhER physical equivalent of roentgen □ физический эквивалент рентгена, фэр**

Ph G graduate in Pharmacy □ выпускник фармацевтического вуза; фармацевт

PhG *лат.* Pharmacopoeia Germanica □ German Pharmacopoeia □ Германская фармакопея, фармакопея

Phgly phenylglycine □ фенилглицин

PHI peptide histidile isoleucine □ пептид гистидил-изолейцин

PHI permanent health insurance □ пожизненное страхование здоровья

PhI *лат.* Pharmacopoeia Internationalis □ Международная фармакопея

PHI phosphohexosa isomerase □ фосфогексозаизомераза

PHI Public Health Inspector □ инспектор общественного здравоохранения

PhK phosphorylase kinase □ киназа фосфорилазы

PHK post-mortem human kidney □ кадаверная [трупная] почка человека

PHLS Public Health Laboratory Service □ лабораторная служба общественного здравоохранения (*Великобритания*)

PHN Public Health Nurse □ медицинская сестра общественного здравоохранения (*Великобритания*)

PHO Public Health Official □ представитель службы общественного здравоохранения

Phos phosphate □ фосфат

P Hosp Post Hospital □ гарнизонный госпиталь

photom photometry || photometric(al) □ фотометрия || фотометрический

PHP panhypopituitarism □ пангипопитуитаризм

PHP prehospital program □ программа догоспитальной помощи

PHP 1. (hypercalcemic) primary hyperparathyroidism □ первичный гиперпаратиреоз (*с гиперкальциемией*) **2.** pseudohypoparathyroidism □ псевдогипопаратиреоидизм

pHPPA p-hydroxyphenylpyruvic acid □ p-гидроксифенилпировиноградная кислота

PHQ patient health questionnaire □ опросник для выявления психических расстройств, функциональных нарушений и психосоциальных стрессов

PHR peak heart rate □ максимальная частота сердечных сокращений

PHRI Public Health Research Institute □ Научно-исследовательский институт [НИИ] общественного здравоохранения

PhRMA Pharmaceutical Research and Manufacturers Association □ Ассоциация фармацевтических исследований и производителей

PHS patient-heated serum □ перегретая сыворотка крови больного

PHS Public Health Service □ служба здравоохранения

PHT portal hypertension □ портальная гипертензия

PHT pressure half time □ время полураспада градиента давления

Ph Tr physical training □ физическая подготовка

PHTS psychiatric home treatment service □ служба оказания психиатрической помощи на дому

PH US Pharmacopoeia of the United States □ Фармакопея США

phy pharyngitis □ фарингит

Phys physician || physical □ врач-терапевт; врач, доктор || врачебный

phys physics || physical □ физика || физический

phys 1. physiologist □ физиолог **2.** physiology || physiological □ физиология || физиологический

phys chem physiological chemistry □ физиологическая химия

phys. dis. physical disability □ инвалидность вследствие соматических нарушений

Phys. Ed. physical education □ обучение [подготовка] врача

Phys. Exam. physical examination □ медицинский осмотр

Physiol physiology || physiological □ физиология || физиологический

Phys. Med. physical medicine □ физиотерапия, лечение физическими методами

Phys. Surg. physicians and surgeons □ терапевты и хирурги

Phys. Ther. physical therapy □ физиотерапия, лечение физическими методами

Phys. Tr. physical training □ физическая подготовка, физкультура

phytogeog phytogeography □ фитогеография, география растений

Pi inorganic phosphate □ неорганический фосфат

pi isoelectric point □ изоэлектрическая точка (*pH раствора, в котором белок находится в изоэлектрическом состоянии*), ИЭТ

PI paradoxal incontinence □ парадоксальная ишурия (*постоянное выделение мочи каплями при переполненном мочевом пузыре*)

PI parainfluenza □ парагрипп

PI patient insurance □ страховое обеспечение пациентов

PI Pearl index □ индекс Перла (*оценка надёжности противозачаточных средств*)

PI penetration index □ индекс пенетрации или инвазии (*опухоли*)

PI performance intensity □ производительность, производительная способность

PI peridontal index □ перидонтальный [парадонтальный] индекс, индекс Русселя

PI *лат.* Pharmacopoeia Internationalis □ Международная фармакопея

PI postinfection □ инкубационный период, период после заражения

PI precision instrument □ точный измерительный прибор

PI present illness □ настоящее заболевание

PI pressure indicator □ *мед. тех.* указатель давления

Pi pressure of inspiration □ давление на вдохе

PI priority index □ показатель приоритета

PI productivity index □ коэффициент продуктивности

PI protamine insulin □ протамин-инсулин

PI protease inhibitor □ ингибитор протеолитических ферментов или протеаз

PI pulmonary [incompetence] insufficiency □ лёгочная недостаточность

PIA preinfarct angina □ предынфарктное состояние

PIA primary insurance amount □ первичный страховой взнос

PIACT Programme for the Improvement of Working Conditions and Environment □ программа улучшения условий труда и окружающей среды

PIAPACS Psycho-Physical Information Acquisition Processing and Control System □ система определения психофизического состояния космонавта и передачи информации на землю

PIC Population Investigation Committee □ Комитет по исследованию населения

PICGenC Permanent International Committee for Genetics Congresses □ Постоянный международный комитет по проведению конгрессов по генетике

pict picture □ картина

PICU pediatric intensive care unit □ детское отделение интенсивной терапии; отделение детской реанимации

PID pain intensity difference □ различие интенсивности болезненности

PID pelvic inflammatory disease □ воспалительные заболевания тазовых органов *(у женщин)*; пельвиоперитонит; воспаление почечной лоханки

PID prolapsed intervertebral disc □ грыжа [выпадение] межпозвонкового диска, грыжа Шморля

PIDS personal inventory for depression and SAD □ личностный опросник для выявления депрессий и сезонных аффективных расстройств

PIE pulmonary infiltration with eosinophilia (the Loffler syndrome) □ эозинофильная гранулёма лёгкого, синдром Лёффлера

PIE pulmonary interstitial emphysema □ интерстициальная эмфизема лёгких

PIF phagocytosis-inducing factor □ фактор, индуцирующий фагоцитоз

PIF prolactin-inhibiting [prolactin inhibitory] factor □ фактор, тормозящий лактацию

PIF proliferation-inhibiting factor □ фактор, ингибирующий пролиферацию

PIFR peak inspiratory flow rate □ пик [максимум] воздушной струи при вдохе

PIFS post infection fatigue syndrome □ синдром постинфекционной хронической усталости

pig, pigm pigment □ пигмент

PIH pregnancy-induced hypertension □ гипертензия, обусловленная беременностью

PIH prolactin-inhibiting hormone □ пролактин-ингибирующий гормон

PII plasma inorganic iodine □ неорганический йод плазмы

PIL pest infection laboratory □ лаборатория по борьбе с насекомыми-вредителями

pil *лат.* pilula □ pill □ *фарм.* пилюля

PIN personal identification number □ персональный идентификационный номер, PIN-код

PIN postinfectious neuropathy □ постинфекционная невропатия, ПИН

PIN 1. prostatic intraepithelial neoplasia □ интраэпителиальная неоплазия простаты **2.** prosthetic intraepithelial neoplasia □ интраэпителиальная неоплазия при протезировании

PINS person in need of supervision □ лицо, нуждающееся в наблюдении

PIO₂ partial intraalveolar oxygen tension □ парциальное альвеолярное напряжение кислорода

PIOG Parent-Infant Observation Guide □ Руководство по наблюдению за взаимоотношением детей и родителей

PIOPED prospective investigation of pulmonary embolism diagnosis □ перспективные исследования диагностики лёгочной эмболии

PIP proximal interphalangeal (joint) □ проксимальный межфаланговый (сустав)

PIPES piperazine-N, N-bis (2-ethane sulfonic acid) □ пиперазин-N, N-бис-2-этансульфоновая кислота

PIQ performance intelligence quotient □ коэффициент интеллектуальности или умственных способностей

PIRS programme information retrieval system □ информационно-поисковая система программы *(ВОЗ)*

PISA proximal isovelocity surface area □ площадь проксимальной струи регургитации

PISCES percutaneously implanted spinal cord epidural stimulation □ чрескожная эпидуральная имплантационная стимуляция спинного мозга

Pi-system protease inhibitors system □ система ингибиторов протеолитических ферментов

PIT pacing-induced tachycardia □ тахикардия, вызванная навязанным ритмом *(пейсмекером)*

PIT platelet inositol triphosphate □ трифосфат инозитола тромбоцитов

PITC phenylisothiocyanate □ фенилизотиоцианат

PITN periodontal index of treatment needs □ индес необходимости лечения парадонта

PITR plasma iron turnover rate □ скорость обмена железа в плазме

Pi type phenotype □ фенотип

PIV parainfluenza virus □ парагриппозный вирус

PI-WSUR Padua inventory – Washington State University revision □ падуанский опросник для определения выраженности обсессивно-компульсивных расстройств [навязчивостей] в пересмотре Вашингтонского государственного университета

PIXE proton-induced X-ray emission □ индуцируемое протонами рентгеновское излучение

PJC porcelain jacket crown □ фарфоровая жакетная коронка

PK dissociation constant □ *усл.* константа диссоциации

pK negative logarithm of the constant □ отрицательный логарифм константы *(напр. ионизации, равновесия и т. д.)*

pk peak □ пик, высшая точка; максимум

PK pericardial knock □ перикардиальный шум

PK pharmacokinetic □ фармакокинетика

PK Prausnitz – Kustner (reaction, test) □ прямая реакция Праусница – Кюстнера *(кожная проба для выявления реагинов в крови больных при атопии)*

~ antibody Prausnitz – Kustner antibody □ Праусница – Кюстнера антитела *(обычно IgE, которые при повторном контакте с антигеном индуцируют высвобождение вазоактивных субстанций)*

PK protein kinase □ протеинкиназа

PK psychokinesis □ психогенный гиперкинез

Pk pyruvate kinase □ пируваткиназа

PKA prekallikrein activator □ активатор прекалликреина

PKD polycystic kidney disease □ поликистоз почек, поликистозное заболевание почек

PKF phagocytosis and killing function □ фагоцитоз и киллерная функция

pkg package □ *мед. тех.* 1. блок, модуль 2. корпус 3. пакет 4. агрегат

PKG phonocardiogram □ фонокардиограмма, ФКГ

PKN parkinsonism □ паркинсонизм

PKRF Polycystic Kidney Research Foundation □ Научно-исследовательский фонд по проблемам поликистоза почек *(США)*

PKU phenylketonuria □ фенилкетонурия, ФКУ, фенилпировиноградная олигофрения, болезнь Феллинга

PL lung pressure □ внутрилёгочное давление

PL palmaris longus tendon □ сухожилие длинной ладонной мышцы

PL perception of light □ восприятие света, свето-ощущение

PL phospholipid □ фосфолипид, фосфатид

pl picoliter(s) □ пиколитр, пл *(10^{-12} л)*

Pl plaque □ *ген.* мутные бляшки *(о бактериальных колониях чумы)*

~$_c$ clear plaque □ *ген.* прозрачные бляшки

~$_{che}$ plaque on chicken embryo □ образует бляшки на культуре ткани фибробластов куриного эмбриона

~$_r$ red plaque □ образует красные бляшки *(о бактериальных колониях чумы)*

~$_0$ no plaque □ не образует бляшки *(о бактериальных колониях чумы)*

pl plasma □ 1. плазма *(крови)*; гемолимфа 2. протоплазма

Pl plasmodium □ плазмодий *(малярии)*

PL plastic limit □ предел пластичности

PL 1. plastic surgeon □ специалист по пластической хирургии 2. plastic surgery □ пластическая хирургия

pl plate □ 1. пластина, пластинка 2. чашка Петри || высеивать на чашки Петри

pl plexus □ *анат.* сплетение

pl plus □ сверх, кроме; плюс

Pl preleukemia □ прелейкоз, начальные признаки лейкоза

PL Public Law □ 1. право 2. государственный [национальный] закон

PL pulse length □ продолжительность [длина] импульса

PLA$_2$ phospholipase A$_2$ □ фосфолипаза A$_2$

PlA plasminogen activator □ активатор плазминогена

PlA platelet antigen □ тромбоцитарный антиген, антиген тромбоцитов

PLA procaine and lactic acid □ прокаин и молочная кислота

PlAP placental-alkaline phosphatase □ плацентарная щелочная фосфатаза

PLB Poor Law Board □ Комитет попечения бедных

plbo placebo □ плацебо *(индифферентное лекарство)*

PL-C phospholipase C □ фосфолипаза C

PLC preparative layer chromatography □ подготовительная послойная хроматография

PLC proinsulin-like component □ преинсулиноподобный компонент

PLD percutaneous lumbar discectomy □ чрескожная поясничная дискэктомия

PLDH plasma lactic dehydrogenase □ лактатдегидрогеназа плазмы

PLE protein-losing enteropathy □ экссудативная энтеропатия, белоктеряющая энтеропатия

PLED periodic lateralized epileptiform discharge □ периодическая латерализация эпилептиформной электрической активности

PLF polymorphonuclear leukocyte inhibitory factor □ фактор, ингибирующий активность полиморфноядерных лейкоцитов

Plg plasminogen □ плазминоген

PLHCO$_3$ plasma bicarbonate □ гидрокарбонат [бикарбонат] плазмы

PLL peripheral lights lost □ выключение [потеря] периферического зрения, «серая пелена»

PLM polarized light microscopy □ поляризующая световая микроскопия

PLMD periodic limb movement disorder □ синдром периодических движений конечностей

PLME polymorphous light eruption(s) □ полиморфная сыпь, светлая [бледно-розовая] сыпь

PLMS periodic leg movement during sleep □ периодические движения ног во сне

PLMV posterior leaf mitral valve □ задняя створка митрального клапана

PLP pyridoxal-5'-phosphate □ пиридоксаль-5'-фосфат

PLR psychological laboratories □ лаборатории психологических исследований

PLR pupillary light reflex □ реакция зрачков на свет

PLS primary lateral sclerosis □ первичный латеральный склероз, ПЛС

PLS prostaglandin-like substance □ простагландиноподобная субстанция

PLSS personal life-support system □ индивидуальная система жизнеобеспечения

PLSS portable life-support system □ портативная система жизнеобеспечения

Plt, plts platelets □ тромбоциты

PLT primed lymphocyte test □ первичный лимфоцитарный тест

PLT primed lymphocyte typing □ типирование посредством примированных лимфоцитов

Plumb *лат.* Plumbum □ lead □ свинец

pm micromicron, picometre □ пикометр, пм, микромикрон *(миллионная доля микрона, 10^{-12}м)*

pm pamphlet □ 1. брошюра 2. *англ.* наставление; памятка; инструкция, методические рекомендации

PM papular mucinosis □ папулёзный [узелковый] муциноз кожи

PM passed motion □ отхождение кала, испражнения

PM pathogenicity for monkey □ патогенность (вируса) для обезьян

PM periodus morbi □ период болезни *(напр. месяцы начала и окончания поллиноза)*

p.m. 1. per minute □ в минуту 2. per month □ в месяц

PM *фр.* petit mal □ малый эпилептический припадок

Pm 1. pharmacist □ фармацевт 2. pharmacy □ фармация

PM photomultiplier □ фотоумножитель

PM physical medicine □ физиотерапия

PM plasma membrane □ плазматическая мембрана

PM polymyositis □ полимиозит

p.m. *лат.* post meridiem □ in the afternoon □ *фарм.* после полудня

p.m. *лат.* post mortem □ after death □ 1. после смерти; посмертный 2. вскрытие *(трупа)*

pm premolar □ малый коренной зуб, премоляр

PM presystolic murmur □ пресистолический шум

PM preventive maintenance □ *мед. тех.* профилактический ремонт

Pm Prometium □ прометий

PMA papillary-marginal attached portions of gingivae □ пародонтоз с вовлечением в воспалительный процесс сосочковой и краевой частей десны

PMA Pharmaceutical Manufacturers Association □ Ассоциация руководителей фармацевтических предприятий – производителей лекарственных средств

PMA Philippine Medical Association □ Филиппинская медицинская ассоциация

PMA phorbolmeristat acetate □ форболмеристатацетат

PMA polymethacrylate □ полиметакрилат

PMA progressive muscular atrophy □ (ювенильная) прогрессирующая мышечная атрофия, Кугельберга – Веландера болезнь

PM&R Physical Medicine and Rehabilitation □ физические методы лечения и реабилитации; физиотерапия и реабилитация

PMA test Primary Mental Abilities test □ первичный тест для проверки умственных способностей

PMB polymorphonuclear basophil leukocytes □ полиморфно-ядерные базофилы

PMB postmenopausal bleeding □ (маточное) кровотечение в менопаузе, постклимактерическое кровотечение

P-M-C pollen mother-cell □ пыльца материнской клетки

PMC premature mitral closure □ преждевременное закрытие митрального клапана

PMC premix molding compound □ премикс, предварительно смешанная композиция

PMC premotor cortex □ *анат.* премоторная область коры *(головного мозга)*

PMC pseudomembraneous colitis □ псевдомембранозный колит

PMCF Private Medical Care Foundation □ Фонд частной медицинской помощи

PMD Doctor of Primary Medicine □ доктор первичной медицинской помощи

PMD primary myocardial disease □ первичное заболевание миокарда

PMD private medical doctor □ частнопрактикующий врач

PMD psychotic major depression □ большая психотическая депрессия, депрессивный эпизод тяжёлой степени с психотическими симптомами

PME polymorphonuclear eosinophil leukocytes □ полиморфно-ядерные эозинофилы

PMF progressive massive fibrosis □ прогрессирующий массивный фиброз

pmf proton motive force □ протондвижущая сила

PMG primary medical group □ первичная медицинская группа *(врачей общего профиля)*

PMH post morbid history □ катамнез

PMH programmed medical history □ программированное изучение анамнеза болезни; программированная история болезни

PMH Public Mental Hospital □ общественная психиатрическая больница

PMI past [previous] medical illness □ перенесённое заболевание

PMI point of maximal impulse □ верхушечный толчок *(сердца)*

PML posterior mitral leaflet □ задняя створка митрального клапана

PML progressive multifocal leucoencephalopathy □ острый геморрагический лейкоэнцефалит *(с множественными очагами поражения)*

PMLE polymorphous light eruptions □ полиморфная бледно-розовая сыпь

PMMA polymethylmethacrylate □ полиметилметакрилат

PMMP permissible mean maximum pressure □ допустимое среднее значение максимального давления

PMN polymorphonuclear leukocyte □ полиморфно-ядерный нейтрофил

PMNC percentage of multinucleated cells □ процент полинуклеарных [многоядерных] клеток

PMNL(s) polymorphonuclear leucocytes □ полиморфно-ядерные лейкоциты

PMNS *англ.* Princess Mary's Nursing Service □ Служба медицинских сестёр принцессы Марии

PMNT phenylethanolamine-N-methyltransferase □ фенилэтаноламин-N-метилтрансфераза

PMO phenylmethyloxadiazole □ фенилметилоксадиазол

PMO Port Medical Officer □ медицинский инспектор порта

PMO Principal Medical Officer □ старший офицер медицинской службы *(Великобритания)*

pmol picomole □ пикомоль (10^{-12} *моль*) ‖ пикомолярный

PMP phenoxymethyl penicillin □ феноксиметилпенициллин

PMP postmenstrual period □ менопауза, постменструальный период

PMP previous menstrual period □ предменструальный период

PMP projected-moving pointer □ *мед. тех.* оптически проецируемый подвижный указатель

PMR perinatal mortality rate □ перинатальная смертность *(смертность на 1000 детей, родившихся живыми и мёртвыми после 28 недель внутриутробного развития и в первую неделю жизни)*

PMR periodic medical review □ периодический медицинский обзор

PMR *лат.* polymyalgia rheumatica □ ревматическая полимиалгия

PMR progressive muscle relaxation □ прогрессивное расслабление мышц

PMR prophylactic mediastinal radiotherapy □ профилактическая радиотерапия средостения

PMR proportional mortality ratio □ относительный показатель смертности

PMR proton magnetic resonance □ протонный [ядерный] магнитный резонанс

PMRAFNS Princess Mary's Royal Air Force Nursing Service □ Служба медицинских сестёр принцессы Марии в военно-воздушных силах *(Великобритания)*

PMS Pennsylvania Medical Society □ Пенсильванское медицинское общество

PMS physiological monitoring system □ система физиологического контроля

PMS postgraduate medical services □ 1. постдипломное медицинское образование 2. аспирантура по медицинским специальностям

PMS postmenopausal syndrome □ постклимактерический синдром

PMS pregnant mare's serum □ сыворотка жерёбой кобылы, СЖК

PMS premenstrual syndrome □ предменструальный синдром, синдром предменструального напряжения

PMS probability of mission success □ вероятность успешного выполнения задания

PMSF phenylmethylsulphonyl fluoride □ фенилметилсульфонилфторид

PMSG pregnant mare's serum gonadotropin □ гонадотропин сыворотки жерёбой кобылы

PMT premenstrual tension □ предменструальное напряжение

PMTC professional mechanical toth cleaning □ профессиональная механическая чистка зубов

PMU portable memory unit □ портативное запоминающее устройство, портативный блок памяти

PN percussion notes □ данные перкуссии

PN peripheral nerve □ периферический нерв

PN please note □ принять к сведению

pn pneumatic □ пневматический

PN polyneuritis □ полиневрит

PN postnatal □ послеродовый, постнатальный

PN practical nurse □ практикующая медицинская сестра

PN protein nitrogen □ белковый азот

PN psychiatry and neurology □ психиатрия и неврология

PN psychoneurotic individual □ человек, страдающий психическим расстройством

PN pyelonephritis □ пиелонефрит

PN pyridine nucleotide □ пиридиннуклеотид

PNA *лат.* Nomina Anatomica Parisiensia □ Paris Nomina Anatomica □ Парижская анатомическая номенклатура *(1955)*

PNA peanut agglutinin □ *иммун.* агглютинин из земляных орехов, арахисовый агглютинин

PNA pediatric nurse associate □ медсестра по уходу за детьми

PNA pentose nucleic acid □ пентозонуклеиновая кислота

PNBA para-nitrobenzoic acid □ паранитробензойная кислота

PNBT paranitroblue tetrazoleum □ паранитросиний тетразолий

PN practical nurse □ практикующая медсестра

PNC postnecrotic cirrhosis □ постнекротический цирроз *(печени)*

PND paroxysmal nocturnal dyspnea □ пароксизмальная ночная одышка

PND postnatal depression □ послеродовая депрессия

PND postnatal drip □ капельное введение (медикамента) новорождённому

PNdB perseived noise in decibel units □ интенсивность воспринимаемого шума в децибелах

PNE practical nurse's education □ обучение [подготовка] практикующей медицинской сестры

PNed Nederlandische Pharmacopoeia □ Нидерландская фармакопея

PNET peripheral primitive neuroectodermal tumor □ периферическая примитивная нейроэктодермальная опухоль *(саркома Юинга)*

pneu, pneum pneumatics || pneumatic □ пневматика || пневматический; приводимый в движение воздухом; воздушный

PNF proprioceptive neuromuscular facilitation □ проприоцептивная нейромышечная передача

PNF purine nucleoside phosphorylase □ пурин-нуклеозидфосфорилаза *(фермент-маркёр дифференцированных Т-клеток)*

PNH paroxysmal nocturnal hemoglobinuria □ пароксизмальная ночная гемоглобинурия, Маркиафавы – Микели болезнь

PNHA Physicians National Housestaff Association □ Национальная ассоциация врачей больничных учреждений *(США)*

PNHS pooled normal human serum □ смешанная сыворотка крови здоровых лиц

PNI peripheral nerve injury □ повреждение периферического невра

PNI postnatal infection □ постнатальная инфекция

PNIM postneonatal infant mortality □ постнеонатальная смертность *(детей в возрасте от 1 месяца до 1 года)*

pnl panel □ *мед. тех.* 1. панель; щит управления; распределительный щит 2. плата, панель 3. табло

PNL perceived noise level □ воспринимаемый уровень шума, ВУШ

PNL percutaneous nephrolithotomy □ чрескожная нефролитотомия или литотрипсия

PNMR perinatal mortality rate □ перинатальная смертность *(высчитывают на 1000 родившихся после 28 недель внутриутробного развития и умерших до начала родов, в родах и в первую неделю после родов)*

PNP para-nitrophenol □ паранитрофенол

PNP pediatric nurse practitioner □ детская медсестра общей практики

PNP platelet neutralization procedure □ процедура нейтрализации тромбоцитов, ПНТ

PNP pneumoperitoneum □ пневмоперитонеум

PNP purine nucleoside phosphorylase □ пуриннуклеозидфосфорилаза

PNPB positive-negative pressure breathing □ дыхание с перемежающимся положительным и отрицательным давлением

PNPR positive-negative pressure respiration □ искусственная вентиляция лёгких под перемежающимся давлением

P-NPS p-nitrophenylsulfate □ р-нитрофенилсульфат

PNRP Pulmonary Neoplasm Research Project □ программа научных исследований новообразований лёгких

PNS parasympathetic nervous system □ парасимпатическая нервная система

PNS peripheral nervous system □ периферическая нервная система

pnt patient □ больной, пациент

PNTX pneumothorax □ пневмоторакс

PNU protein nitrogen unit □ 1. единица белкового азота 2. активность аллергена в единицах белкового азота *(1 PNU = 2,6 T = 10⁻⁸ белка в 1 мл экстракта азота)*

Pnx pneumothorax □ пневмоторакс

PO₂, pO₂ oxygen partial pressure [tension] □ парциальное давление кислорода

↓pO2 hypoxemia □ гипоксемия *(сниженное содержание кислорода в крови)*

PO parietal operculum □ париетальная оболочка

P.O., PO *лат.* per os □ by mouth, orally □ *фарм.* внутрь, перорально

Po Polonium □ полоний

²¹⁰Po Polonium radioactive □ радиоактивный полоний

PO postoperative □ послеоперационный; после операция

PO pressure oscillation □ колебания давления

PO professor ordmarius □ профессор кафедры, ординарный профессор

P/O protein/osmolar ratio □ белково-осмотический коэффициент

POA primary optic atrophy □ первичная атрофия зрительного нерва

POB phenoxybenzamine □ феноксибензамин

POB place of birth □ место рождения

POB prevention of blindness □ предупреждение слепоты

POCD polycystic ovary disease □ поликистозная болезнь яичников

POCD postoperative cognitive dysfunction □ послеоперационная когнитивная дисфункция

pocul *лат.* poculum □ cup □ *анат.* чашка; чашеобразная структура

POD polycystic ovarium disease □ поликистоз яичников

POD 1, 2, 3… postoperative day □ послеоперационный день 1-, 2-, 3-й и т.д.

POE port of entry □ входные ворота *(инфекции)*

POF pyruvate oxidation factor □ фактор, окисляющий пируват

POH personal oral hygiene □ личная гигиена полости рта

pois poison ‖ poisonous □ яд ‖ ядовитый; отравляющий

POISE Panel of Inflight Scientific Experiment □ группа по проведению научного эксперимента в полёте

POL peroxidation of lipids □ перекисное окисление липидов, ПОЛ

pol polymer □ полимер ‖ полимерный

pol polymerized flagellin □ полимеризованный флагеллин сальмонелл

Pol I, II, III ribonucleic acid [RNA] polymerase I, II, III □ РНК-полимераза I, II, III

polio poliomyelitis □ полиомиелит

poly polymorphonuclear □ сегментоядерный [полиморфно-ядерный] лейкоцит

Poly polyvinyl alcohol □ поливиниловый спирт

poly A polyadenylic acid □ полиадениловая кислота

poly B B polysaccharide □ В-полисахарид

poly(dt) polydeoxythymidylic acid □ полидезокситимидиловая кислота

PoM prescription-only medicine □ предписание «только для медицинских целей»; «только по назначению врача»

Pom(ol) pomology □ помология

POMC proopiomelanocortin □ проопиомеланокортин

POMP Prednisone, Oncovin [Vincristine], Methotrexate, Purinithol [Mercaptopurine] □ преднизон, онковин [винкристин], метотрексат, пуринитол [меркаптопурин] *(программа химиотерапии онкологических больных)*

POMP principal outer membrane protein □ основной белок наружной клеточной мембраны *(гонококка)*

POMR problem-oriented medical records □ проблемно-ориентированные медицинские записи *(построенные по принципу разделения объективных и субъективных данных и содержащие краткое изложение активных и неактивных проблем)*

POMS profile of mood states □ опросник профиля настроений

pond *лат.* pondere □ by weight □ по массе, по весу

POP pituitary opioid peptide □ гипофизарный опиоидный пептид

POP plasma oncotic pressure □ онкотическое давление плазмы

POP plasma osmotic pressure □ осмотическое давление плазмы

POP plaster of Paris □ гипс

pop population □ 1. популяция *(группа особей одного биологического вида)* 2. (народо)население; группа людей, объединённая биологической общностью

pop postoperative □ послеоперационный; после операции

POR problem-oriented record □ план обследования и лечения больного

PORN progressive outer retinal sclerosis □ прогрессирующий наружный некроз сетчатки

PORP partial ossicular replacement prosthesis □ частичное протезирование слуховых косточек

PORT patient outcome research team □ исследование исходов заболеваний

port portable □ *мед. тех.* портативный, переносной

POS polycystic ovary syndrome □ синдром поликистозных яичников

pos position □ положение; место

pos positive □ положительный, позитивный

POS probability of survival □ вероятность выживания

POSCH Program on Surgical Control of Hyperlipidemia □ программа хирургического контроля гиперлипидемии

POSE Parents Opposed to Sex Education □ движение «Родители против полового воспитания»

POsm plasma osmolarity □ осмолярность плазмы *(в мосм/л)*

Pos PB positive-pressure breathing □ дыхание под повышенным [избыточным] давлением

poss possible □ возможный ‖ возможно

post posterior □ задний

post postmortem □ посмертный

post inoc postinoculation □ после прививки; поствакцинальный

post-op, postop post-operative, postoperative □ послеоперационный; после операции

post prand *лат.* post prandium ‖ post prandial □ after meals □ *фарм.* после еды ‖ послеобеденный

POSTS positive occipital sharp transient of sleep □ быстро преходящие приступы сна

Pot potassium □ *фарм.* калий

pot potential □ потенциал, биотоки

pot potentiometer □ потенциометр

pot *лат.* potus □ a drink □ питьё

POTWs publicity owned treatment works □ коммунальные очистные сооружения

POW Powassan □ Повассан *(арбовирус)*

pow powder ‖ powdered □ порошок ‖ порошковый; пылевидный

pow power □ сила, мощность; способность; производительность

POW prisoner of war □ военнопленный

PP, pp *лат.* post prandium ‖ post prandial □ after meals □ *фарм.* после еды ‖ послеобеденный

pp pages □ страницы

PP pancreatic polypeptide □ панкреатический полипептид

PP-oma pancreatic polypeptoma □ панкреатическая полипептома *(эндокринная опухоль островков поджелудочной железы, продуцирующая панкреатический полипептид)*

PP partial pressure □ 1. парциальное давление 2. высотный компенсирующий *(костюм)*

Pp passive performance □ пассивное исполнение, пассивная деятельность

p-P pellagra-preventing □ предупреждающий пеллагру, противопеллагрический *(напр. никотинамид, витамин B$_3$)*

PP phosphoprotein □ фосфопротеид

pp physical properties □ физические свойства

pp placenta praevia □ предлежание плаценты

PP planned parenthood □ планирование рождаемости

PP plasma protein □ белок плазмы *(крови)*

p.p. *лат.* post partum □ послеродовой период; после родов

PP power package □ *мед. тех.* блок питания

PP preprogrammed □ *мед. тех.* запрограммированный, с заранее заданной программой

PP pressure-proof □ герметический, герметичный

PP private patient □ больной, лечащийся в частном лечебном учреждении

PP *лат.* punctum proximum □ near point of accommodation □ ближайшая точка зрения

PP pyrophosphate □ пирофосфат, соль пирофосфорной кислоты

PPA parahippocampal place area □ *анат.* парагиппокампальная область

p.p.a. *лат.* phiala prius agitata □ having first shaken the bottle □ *фарм.* перед употреблением взболтать

PPA *нем.* Präphasen-Akzelerator □ X-фактор, предфазовый ускоритель *(свёртывания крови)*

PPA primary progressive aphasia □ первичная прогрессивная афазия

ppb parts per billion □ (столько-то) частей на миллиард [биллион], 10^{-9}

PPB positive-pressure breathing □ дыхание под повышенным [избыточным] давлением

PPBS planning-programming-budgeting system □ система планирования – программирования – финансирования, СППФ *(ВОЗ)*

PPBS postprandial blood sugar □ уровень сахара после приёма пищи

PPCA proserum prothrombin conversion accelerator □ фактор V *(свёртывания крови)*, *нрк.* проакцелерин

PPCF plasmin prothrombin converting factor □ плазменный фактор, способствующий превращению протромбина в тромбин

ppd precipitated □ *хим.* осаждённый

PPD progressive perceptive deafness □ прогрессирующая глухота, обусловленная поражением звуковоспринимающей системы

PPD purified protein derivative □ очищенный от белка туберкулин, очищенный туберкулопротеид, ППД

PPDA persistent polymorphic delta activity □ постоянная полиморфная дельта [Δ]-активность *(на ЭЭГ)*

PPD-BGG purified protein derivative-Bacille Galmette-Guerin □ туберкулин из штамма БЦЖ

PPD-L purified protein derivative Linnikova □ стандартный [очищенный] туберкулин Линниковой

PPD-S 1. purified protein derivative-sicca (Seibert) □ Международный стандарт сухого туберкулина *(очищенный туберкулин Зайберта)*, очищенный туберкулопротеид **2.** purified protein derivative-standard solution □ очищенный туберкулин в стандартном разведении

PPE personal protective equipment □ личное защитное оборудование

PPE programmed physical examination □ программированное физическое исследование

PPEP positive expiratory pressure plateau □ плато на кривой положительного давления на выдохе

PPF pellagra-preventive factor □ фактор, предупреждающий пеллагру *(никотинамид, витамин B$_3$)*

PPF plasma protein fraction □ плазменно-белковый консервант

ppg precipitating □ *хим.* осаждённый; осаждающий; осаждающийся

pph pamphlet □ 1. брошюра 2. *англ.* наставление, памятка; инструкция, методические рекомендации

PPH postpartum hemorrhage □ послеродовое кровотечение

PPH protocollagen proline hydroxylase □ протоколлаген пролин-гидроксилаза

PPHN persistent pulmonary hypertension of the newborn □ персистирующая лёгочная гипертензия у новорождённого

PPHP pseudo-pseudohypoparathyroidism □ псевдо-псевдогипопаратиреоз

PPi inorganic pyrophosphate □ неорганический пирофосфат

PPI Physician Performance Index □ показатель врачебной деятельности

PPI prepulse inhibition □ преимпульсное ингибирование *(обычно рефлекса вздрагивания – снижается при шизофрении)*

PPL Planned Parenthood League □ Лига планирования рождаемости

PPLF postperfusion low flow □ постперфузионный низкий кровоток, низкий кровоток после перфузии

PPLO pleuropneumonia-like organism □ микоплазма, возбудитель заболевания типа плевропневмонии

ppm parts per million □ частей [долей] на миллион, 10⁻⁶ (*напр. о степени очистки препарата инсулина*)

PPM posterior papillary muscle □ задняя сосочковая мышца

ppm pulses per minute □ пульс, частота сердечных сокращений (*в минуту*)

ppn precipitation □ 1. преципитация (*1. хим. выпадение в осадок 2. иммун. образование комплекса антиген – антитело*) 2. *метео.* выпадение осадков

PPNG penicillinase-producing Neisseria gonorrhoeae □ пенициллиназапродуцирующая Нейссерия гонореи

PPO 2,5-diphenyloxazole □ 2,5-дифенилоксазол

PPO pleuropneumonia organism □ микоплазма, возбудитель заболевания типа плевропневмонии

PPO pluripoietin □ плюрипоэтин

PPP permanent positive pressure □ постоянное положительное давление

PPP platelet-poor plasma □ тромбоцитопения

PPP Psychology, Philosophy, and Physiology □ психология, философия и физиология (*1. курс в Оксфордском университете 2. выпускной экзамен на степень бакалавра искусств*)

(p)ppGpp guanosine tetra(penta)phosphate □ гуанозинтетра(пента)фосфат

PPP(H) purified placental protein (human) □ очищенный плацентарный (человеческий) белок

PPPPPP pain, pallor, paresthesia, pulselessness, paralysis, prostration □ боль, бледность, парестезия, отсутствие пульса, паралич, прострация (*симптомокомплекс острой артериальной окклюзии*)

PPR parity progression ratio □ коэффициент рождаемости в пределах порядковой группы по числу детей

PPR Price's precipitation reaction □ реакция преципитации Прайса

ppr proper □ соответствующий

PPRF postpartum renal failure □ послеродовая почечная недостаточность

PPS pain producing substance □ субстанция, вызывающая боль

PPS postperfusion syndrome □ постперфузионный синдром

PPS pulses per second □ импульсов в секунду

ppt parts per trillion □ часть [доля] на триллион, 10⁻¹²

PPT pedunculopontine tegmental (nuclei) □ (ядра) ножек моста среднего мозга

ppt precipitate □ осадок, преципитат || осаждать

ppt prompt □ срочный

PPTA Plasma Protein Therapeutics Association □ Ассоциация производителей препаратов плазмы

pptd precipitated □ преципитированный; осаждённый

pptn precipitation □ 1. преципитация (*1. хим. выпадение в осадок 2. иммун. образование комплекса антиген – антитело*) 2. *метео.* выпадение осадков

PPV positive pressure ventilation □ искусственная вентиляция лёгких (ИВЛ) с положительным давлением на выдохе

PpvO₂ oxygenating ability □ насыщаемость кислородом

PPWG Programme Planning Working Group □ Рабочая группа планирования программ (*ВОЗ*)

PQ permeability quotient □ коэффициент проницаемости

PQ-9 plastoquinone-9 □ пластохинон-9 (*фактор роста*)

PQE Post Qualification Education □ постдипломное образование

PQI protein quality index □ показатель качества белка

PQQ pyrroloquinolinequinone □ пирролохинолинхинон

pr pair □ пара

PR partial regression □ частичная регрессия (*напр. опухоли*)

PR partial remission □ частичная ремиссия

PR pathogenicity for rabbit □ патогенность (вируса) для кроликов

PR patient relations □ взаимоотношения больных

PR pen record □ *мед. тех.* перьевая запись (*напр. биопотенциалов*)

PR peripheral resistance □ периферическое сопротивление

p.r. *лат.* per rectum □ ректально, через прямую кишку

PR phenol red □ феноловый красный (*краситель*)

PR photoroentgenography □ флюорография

Pr phytochrome □ фитохром

PR potential relation □ возможная связь

pr power □ сила, мощность, энергия; производительность

Pr Praseodymium □ празеодимий

pr premature □ 1. незрелый 2. преждевременный (*о родах*); недоношенный (*ребёнок*)

pr presbyopia □ пресбиопия, старческая дальнозоркость

PR pressoreceptor □ прессорецептор, барорецептор

pr pressure □ давление

pr previously □ заранее, предварительно

pr primary □ 1. первичный; первоначальный 2. основной, главный

pr primitive □ 1. зародышевый, примитивный 2. первобытный

pr prior □ предшествующий

pr prism || prismatic □ призма || призматический

Pr proceedings □ труды, записки (*научного общества*)

Pr proctologist □ проктолог

PR production rate □ продукция чего-либо в количественном выражении (*скорость, частота*)

PR progesteron receptor □ рецептор прогестерона

Pr (serum) prolactin □ (сывороточный) пролактин

Pr *лат.* prosthion □ *кр. метр.* простион (*самая передняя точка альвеолярного края верхней челюсти по срединной линии*)

Pr protein □ белок, протеин

Pr Proteus □ 1. *греч. миф.* Протей (*многоликое существо*) 2. человек, быстро меняющий взгляды, облик и т.п. 3. *бакт.* протей, вульгарный протей

PR public relations □ связь с общественностью, «пиар» (*системный подход к воздействию на общественное мнение с использованием технических достижений и психологии*)

PR pulmonic regurgitation □ лёгочная регургитация, недостаточность клапана лёгочной артерии

PR pulse rate □ пульс, частота сердечных сокращений (*в минуту*)

PR *лат.* punctum remotum □ far point of accommodation □ дальняя точка ясного зрения

PRA panel-reactive antibodies □ тест-антигеновые [панелированные] антитела

PRA plasma renin activity □ активность ренина в плазме *(крови)*

PRA progressive retinal atrophy □ прогрессирующая атрофия сетчатки

Pra right atrial mean blood pressure □ среднее кровяное давление в правом предсердии

prac practice □ практика, практическая деятельность

praep *лат.* praeparatus □ препарат

Pr alc propyl alcohol □ пропиловый спирт

prand *лат.* prandium □ dinner □ обед

P. rat. aetat. *лат.*proportione aetatis □ in proportion to age □ пропорционально возрасту

PRC packed red cells □ эритроцитарная масса

PRC phase-response curve □ кривая реагирования фаз *(эндогенных биоритмов на свет)*

PRC plasma renin concentration □ концентрация ренина в плазме

PRC primed responder cells □ примированные клетки иммунного ответа

PRCA pure red cells aplasia □ эссенциальная апластическая анемия

PRCOG President of the Royal College of Obstetricians and Gynecologists □ президент Королевской коллегии акушеров и гинекологов

PRCP President of the Royal College of Physicians of London □ президент Королевской коллегии терапевтов Лондона

PRCP (Ed. or Edin.) President of the Royal College of Physicians, Edinburgh □ президент Королевской коллегии терапевтов Эдинбурга

PRCS President of the Royal College of Surgeons of England □ президент Королевской коллегии хирургов Англии

PRCS (Ed. or Edin.) President of the Royal College of Surgeons of Edinburgh □ президент Королевской коллегии хирургов Эдинбурга

pr.ct. *лат.* per centum □ per cent □ процент; в процентах

PRD partial reaction of degeneration □ частичная реакция дегенерации

PRD polycystic renal disease □ поликистоз почек

prd probability density □ плотность вероятности

PRE progressive-resistance exercise □ упражнение с прогрессивно возрастающим [увеличивающимся] сопротивлением

Pre-1 prealbumin component-1 □ компонент-1 преальбумина

p. rec. per rectum □ ректально, через прямую кишку

prec precision □ прецизионность, точность

precd precede □ предшествовать

pred predicted □ расчётный, предвычисленный; прогнозируемый

pred prediction □ предсказание, прогноз

pregn pregnancy ‖ pregnant □ беременность ‖ беременная

prelim preliminary □ предварительный

prelim. diag. preliminary diagnosis □ предварительный диагноз

prem premature □ 1. незрелый; недоразвитый *(напр. орган)*; несозревший 2. недоношенный *(ребёнок)*

pre-op, preop, prep preoperative □ предоперационный; до операции, перед операцией

prep preparation □ 1. препарат 2. препарирование 3. приготовление; подготовка

prep preparatory □ подготовительный; предварительный

prepd prepared □ подготовленный, приготовленный

prepn preparation □ 1. препарат 2. препарирование 3. приготовление; подготовка

pres presence □ присутствие

pres pressure □ давление

Presb, Presbyn Presbyterian □ пресвитерианин ‖ пресвитерианский

presc prescription □ рецепт, предписание

press pressure □ давление

presv preservation ‖ preserve □ сохранение, консервирование ‖ сохранять, поддерживать

prev prevent ‖ prevention □ предотвратить ‖ предотвращение, профилактика

PRF prolactin-releasing factor □ пролактолиберин, пролактин-рилизинг-фактор *(гипоталамуса)*

prf proof □ доказательство

PRF pulse repetition frequency □ *узи* частота повторения импульсов

PRH prolactin-releasing hormone □ пролактолиберин, пролактин-рилизинг-фактор *(гипофиза)*

PRIH prolactin-releasing inhibiting hormone □ пролактостатин, пролактин-рилизинг-ингибирующий гормон или фактор

prim primary □ 1. первичный, первоначальный 2. основной, главный

prim primitive □ примитивный, первобытный

prione proteinaceous infections particle □ прион *(возбудитель некоторых «медленных инфекций», содержащий только белок. Нуклеиновые кислоты в составе прионов пока не обнаружены)*

P – R interval *усл.* интервал PR на ЭКГ *(время от начала возбуждения предсердий до возбуждения желудочков)*

PRISM pediatric risk of mortality □ угрозометрическая шкала детской летальности

PRIST paper radioimmunosorbent test □ радиоиммунологический сорбентный тест на бумаге

priv private □ 1. частный; личный; приватный; негосударственный 2. частнопрактикующий 3. рядовой *(о военнослужащем)*

Prl prolactin □ пролактин, лактогенный гормон

PRM premature rupture of the membranes □ преждевременный разрыв плодных оболочек

prn *лат.* pronasale □ *кр. метр.* проназале *(наиболее выступающая точка кончика носа при ориентировании головы во франкфуртской горизонтали)*

p.r.n. *лат.* pro re nata □ as needed, may require □ *фарм.* по мере надобности, по показаниям

PRO peer review organization □ организация по коллегиальному обсуждению, организация экспертной оценки

pro procedure □ 1. процедура, процесс 2. методика; метод; приём 3. операция 4. ход анализа или обобщения

pro professional □ профессиональный

Pro proline ☐ пролин, Про

Pro-1 proline oxidase-1 ☐ пролин-оксидаза-1

pro prophylactic ☐ профилактическое средство; профилактическая мера ‖ профилактический, предохранительный, предупредительный

prob probability ☐ вероятность

probl problem ‖ problematic ☐ проблема ‖ проблематичный; сложный

proc procedure ☐ 1. процедура, процесс 2. методика; метод, приём 3. операция 4. ход анализа или обобщения

Proc proceedings ☐ 1. труды, записки; протоколы *(напр. научного общества)* 2. работа; процесс 3. судебная процедура

proc process ☐ 1. процесс; технологический процесс 2. приём; способ 3. состояние; стадия 4. отросток; придаток

ProCOP Prospidinum, Cyclophosphanum, Vincristinum [Oncovin], Prednisolonum ☐ проспидин, циклофосфан, винкристин [онковин], преднизолон *(программа химиотерапии онкологических больных)*

Procs proceedings ☐ 1. труды, записки, протоколы *(напр. научного общества)* 2. работа; процесс 3. судебная процедура

prod production ☐ производство

pro dos. *лат.* pro dose ☐ for a dose ☐ *фарм.* на дозу, на приём

pro et con *лат.* pro et contra ☐ за и против *(напр. о достоинствах и недостатках метода)*

prof profession ‖ professional ☐ профессия ‖ профессиональный

Prof professor ☐ 1. профессор 2. *амер.* преподаватель вуза

prof proficiency check ☐ аттестация, проверка уровня квалификации

prog prognosis ☐ прогноз

prog progress ☐ прогресс

progr program ☐ программа

PROGRESS Perindopril pROtection aGainst REcurrent Stroke Study ☐ исследование эффективности профилактики повторного инсульта при использовании периндоприла

proh prohibit ☐ запрещать, препятствовать

proj project ☐ 1. проект; план; тема 2. программа

PROM premature rupture of membranes ☐ преждевременный разрыв плодных оболочек

prom prominent ☐ 1. выпуклый 2. выступающий

prom, promy promontory ☐ мыс *(крестцовой кости)*

PROMM proximal myotonic myopathy ☐ проксимальная миотоническая миопатия, ПММ

pron pronunciation ☐ произношение

prop propagation ☐ 1. размножение 2. разведение 3. распространение

prop property ☐ свойство

Prop propionate ☐ *фарм.* пропионат

propl proportional ☐ пропорциональный

propn proportion ☐ 1. пропорция 2. часть, доля

pro rat act *лат.* pro ratione actatis ☐ according to age ☐ соответственно возрасту

pro-SPCA precursor of serum prothrombin conversion accelerator ☐ фактор VII *(свёртывания крови)*, анти-фибринолизин, сывороточный ускоритель превращения протромбина

prosth prosthesis ☐ 1. протез 2. протезирование

prot protected ☐ защищённый, предохранённый

Pro time prothrombin time ☐ протромбиновое время

pro us. ext. *лат.* pro usu externo ☐ for external use ☐ *фарм.* для наружного употребления

prox proximal ☐ проксимальный

PRP penicillinase-resistant penicillin ☐ пенициллин, резистентный к пенициллиназе

PRP platelet-rich plasma ☐ тромбоцитемия

PRP polyribophosphate ☐ полирибофосфат

PRPP phosphoribosylpyrophosphate ☐ фосфорибозилпирофосфат

PRR preventive resin restoration ☐ профилактическое восстановление с использованием пластмасс

PRS plasma renin substrate ☐ плазменный субстрат ренина

PRS President of the Royal Society ☐ президент Королевского общества

PRSE President of the Royal Society of Edinburgh ☐ президент Королевского общества Эдинбурга

PRSP penicillinase-resistant synthetic penicillin ☐ пенициллиназоустойчивый (полу)синтетический пенициллин

Prt-1 pancreatic proteinase-1 ☐ протеиназа-1 поджелудочной железы

prt part ☐ 1. деталь 2. часть, доля

PRT Personnel Research Test ☐ психофизические исследования личного состава

PRT physical and recreational training ☐ физическая подготовка и организация досуга

prt priority ☐ 1. приоритет 2. порядок срочности; очерёдность

PRT program reference table ☐ программная справочная таблица, программный справочник

PRU peripheric resistance units ☐ единицы периферического сопротивления

PRU pneumatic regulation unit ☐ пневморегулятор

PRV *лат.* polycythaemia rubra vera ☐ истинная полицитемия, эритремия

PRV pressure reducing valve ☐ редукционный клапан, редуктор

PRV pseudorabies virus ☐ вирус псевдобешенства

PS paired electric stimulation ☐ парная (электрическая) стимуляция

P-S pancreozymin-secretin ☐ панкреозимин-секретин *(тест желудочной секреции)*

PS paper speed ☐ скорость протяжки регистрирующей бумаги *(напр. электрокардиограммы)*

PS paradoxical sleep ☐ парадоксальная стадия сна

PS partially soluble ☐ частично растворимый; малорастворимый

PS, pS pathomorphological ☐ 1. патогистологическая стадия рака; патоморфологическая классификация злокачественных опухолей, ПС *(в международной классификации злокачественных опухолей)* 2. патоморфологический

PS patient serum ☐ сыворотка крови больного

p.s. 1. per sample □ в образце **2.** per second □ в секунду

PS *лат.* per speculum □ с помощью или посредством зеркала [рефлектора]

PS physical status □ состояние больного, физический статус

PS physicians and surgeons □ терапевты и хирурги

PS pigeon serum □ сыворотка крови голубя

PS plastic surgery □ пластическая хирургия

PS point of symmetry □ центр [точка] симметрии

P.S. *лат.* post scriptum □ постскриптум, приписка после написанного

PS power supply □ *мед. тех.* источник питания

Ps prescription □ предписание фармацевту (о лекарственной форме, упаковке, общем количестве отпускаемых доз)

PS proof stress □ максимальное напряжение

Ps Pseudomonas □ псевдомонас (род бактерий), см. тж. **Pseud aer**

PS pulmonary stenosis □ стеноз [сужение] лёгочной артерии

P:S ratio polyunsaturated to saturated fatty acids □ соотношение полиненасыщенных и насыщенных жирных кислот, П:Н

PS serum from a pregnant woman □ сыворотка крови беременной женщины

PSA phase solubility analysis □ анализ методом фазовой растворимости

PSA prostatic-specific antigen □ антиген предстательной железы, простат-специфический антиген, ПСА (гликопротеин, вырабатываемый секреторным эпителием; пороговый уровень = 4 нг/мл, при раке возрастает в 10 раз, что используется в качестве биологического маркёра)

PsA psoriatic arthritis □ псориатический артрит

PsAn 1. psychoanalysis □ психоанализ **2.** psychoanalyst □ психоаналитик

PSARVUP posterior-sagittal-anorectovagino-urethroplasty □ восстановительная операция на влагалище, прямой кишке и уретре задне-сагиттальным доступом

PSAV prostatic-specific antigen velocity □ скорость прироста простат-специфического антигена

PSB protected double-sheathed brush □ защищённые щётки

PSC pluripotent stem cell □ полипотентная стволовая клетка

PSC posterior subcapsular cataract □ задняя подкапсульная катаракта

PSC primary sclerosing cholangitis □ первичный склерозирующий холангит

PSC Psychopharmacology Service Center □ Центр психофармакологических исследований

PSD partial sleep deprivation □ частичная депривация сна

PSD poststroke depression □ постинсультная депрессия

PSD power supply diathermy □ блок питания для диатермии

PSE portal systemic encephalopathy □ портальная энцефалопатия (обусловленная шунтированием крови из воротной вены в нижнюю полую)

PSE present state examination □ (нейропсихиатрический) опросник исследования настоящего состояния (больного)

psec picosecond □ пикосекунда, пс $(10^{-12}\ с)$

Pseud aer Pseudomonas aeruginosa □ синегнойная палочка

PSF persisting-cell stimulating factor □ фактор, стимулирующий персистирующие клетки (напр. Т-лимфоциты)

psg passing □ прохождение; продвижение; пассаж

PSG polysomnogram □ полисомнограмма

PSGN post-streptococcal glomerulonephritis □ пост-стрептококковый гломерулонефрит

PSI Physical Sport Instructor □ инструктор физической подготовки

PSI posterior sagittal index □ задний сагиттальный индекс

PSI, psi pounds per square inch □ фунт/дюйм² (единица давления)

PSI psychic phenomenon □ психическое явление (не имеющее психиатрического объяснения)

P-sign pathogenicity sign □ признак патогенности (вируса), Р-признак

PSM postsynaptic membrane □ постсинаптическая мембрана

PSMSL Permanent Service for Mean Sea Level □ постоянная служба по наблюдению за уровнем моря

PSN photosynthesis □ фотосинтез

psn position □ позиция (напр. плода в матке)

psnal, psnl personal □ личный состав ‖ личный; индивидуальный

p sol partly soluble □ частично растворимый, малорастворимый

PSP paralytic shellfish poisoning □ ботулизм

PSP personal and social performance scale □ шкала оценки персонального и социального функционирования

PSP phenolsulfonphthalein □ 1. фенолсульфонфталеин 2. фенолсульфонфталеиновая проба

PSP plasma skin perfusion □ определение кожной перфузии на ладони

PSP postsynaptic potential □ постсинаптический потенциал

PSPI Psychosocial Personality Inventory (Heaton) □ психосоциальный опросник тестирования [определения] интенсивности боли

PSQI Pittsburgh sleep quality index □ питтсбургский опросник качества сна

PSR paternal sex ratio □ отцовское соотношение полов

P₄SR predicted four-hour sweat rate □ расчётная интенсивность потения в течение 4 часов

PSR proliferative sickle retinopathy □ пролиферативная ретинопатия при серповидно-клеточной анемии

PSRO Professional Services Review Organization □ Организация по контролю за деятельностью профессиональной службы (в больнице)

PSRO Professional Standards Review Organization □ Организация по контролю за соблюдением профессиональных стандартов в медицинских учреждениях

PSS painful shoulder syndrome □ болезненный плечевой синдром, синдром плеча

PSS portal-systemic shunt □ портокавальный анастомоз или шунт

PSS progressive systemic sclerosis □ системная склеродермия, прогрессирующий системный склероз

PSS psychiatric status schedule □ перечень [номенклатура] психических состояний

PSST Pan-American Society for the Surgery of Trauma □ Панамериканское общество хирургии травматических повреждений

PST Pacific Standard Time □ тихоокеанское поясное время *(США)*

PST palmar skin temperature □ кожная температура ладони

PST pancreatic suppression test □ тест на угнетение панкреатической секреции

P-S test patient self test □ аутотест *(проба, проводимая больным на себе)*

PS test protamine sulfate test □ протаминсульфатный тест

PSTT placental site trophoblastic tumor □ трофобластическая опухоль плацентарной площадки

PSU power supply unit □ *мед. тех.* блок питания

P-substance, P substance protein substance (antigen) □ 1. белковый фактор *(антиген)* 2. субстанция P *(пептид, вырабатываемый в кишечнике и играющий роль медиатора и модулятора боли)*

P surg 1. plastic surgeon □ пластический хирург 2. plastic surgery □ пластическая хирургия

PSV pressure support ventilation □ (искусственная) вентиляция с поддерживаемым давлением

PSVT paroxysmal supraventricular tachycardia □ пароксизмальная суправентрикулярная тахикардия

PSW protective service worker □ работник службы профилактики

PSW psychiatric social worker □ социальный работник психиатрической службы

PSWQ Penn state worry questionnaire □ опросник для выявления беспокойства Пенсильваннского университета

psy psychological □ психологический

Psych 1. psychiatry □ психиатрия 2. psychopathology □ психопатология 3. psychiatrist □ психиатр

psycho psychiatric □ *sl.* психический; психованный

psychoan 1. psychoanalysis ‖ psychoanalytical □ психоанализ ‖ психоаналитический 2. psychoanalyst □ психоаналитик

Psychol 1. psychology □ психология 2. psychologist □ психолог

Psychol W, PSYWAR Psychological War(fare) □ психологическая война

psychot psychotic □ психотический

psychother 1. psychotherapist □ психотерапевт 2. psychotherapy □ психотерапия

Psy.D. doctor of psychology □ учёная степень доктора клинической психологии

PT Pacific time □ тихоокеанское поясное время

PT paper tape □ бумажная лента

pt part □ часть, доля

pt patient □ пациент, больной

pt *лат.* perstetur □ let it be continued □ продолжать, продолжить

PT phonation time □ время фонации

PT photophobia □ фотофобия, светобоязнь

PT 1. physical therapist □ физиотерапевт 2. physical therapy □ физиотерапия

PT physical training □ физическая подготовка, физкультура

pt pint □ пинта *(0,568 дм, Великобритания)*

Pt Platinum □ платина

PT pneumothorax □ пневмоторакс

pt point □ точка

PT posttransplant □ состояние после трансплантации

pt prompt □ быстрый, немедленный, срочный

PT propagation time □ время продолжительности *(напр. систолы)*

PT protease □ протеаза, протеолитический фермент

p.t. *лат.* pro tempore □ for the time □ временно

PT prothrombin time □ протромбиновое время, время Квика

Pt psychoasthenia □ психастения

PT pulmonary tuberculosis □ лёгочный туберкулёз

PT punched tape □ перфолента

PTA parathyroid antigen □ антиген паращитовидных желёз

PTA percutaneous transluminal angioplasty □ чрескожная внутрипросветная ангиопластика

PTA persistent truncus arteriosus □ персистирующий [открытый, функционирующий] артериальный проток, ОАП

PTA plasma tromboplastin antecedent, factor XI □ фактор XI *(свёртывания крови)*, плазменный предшественник тромбопластина, ППТ, антигемофильный фактор С

PTA posttraumatic amnesia □ посттравматическая амнезия, потеря сознания после травмы

PTA prior to admission □ до поступления *(в стационар)*

PTA pure-tone acuity □ интенсивность [сила] чистого тона

PTA deficiency plasma thromboplastin antecedent deficiency □ дефицит активности предвестника плазменного тромбопластина

PTAH method phosphotungstic acid-hematoxylin method □ метод окраски фосфорновольфрамовой кислотой и гематоксилином *(по Маллори)*

PTAP purified diphtheria toxoid precipitated by aluminium phosphate □ очищенный дифтерийный анатоксин [токсоид], осаждённый фосфатом алюминия

PT&S Physical Training and Sports □ физическая подготовка и спорт

ptbl portable □ *мед. тех.* портативный, переносной, передвижной

PTBD percutaneous transhepatic biliary drainage □ чрескожное чреспечёночное дренирование жёлчных путей

pt BP paratertiary butylphenol □ третичный парабутилфенол

PTC papillary thyroid carcinoma □ сосочковый рак щитовидной железы

PTC 1. percutaneous transhepatic catheterization □ чрескожная чреспечёночная катетеризация 2. percutaneous transhepatic cholangiography □ чрескожная чреспечёночная холангиография

PTC phenylthiocarbamide □ фенилтиокарбамид

PTC – PUD

PTC plasma thromboplastin component □ плазменный компонент тромбопластина, фактор IX *(свёртывания крови)*, антигемофильный глобулин B, кристмас-фактор

PTC precursor T-cell □ предшественник Т-клеток

PTC pseudotumor cerebri □ псевдоопухоль мозга, «воспалительная» опухоль мозга

PTCA percutaneous transluminal coronary angioplasty □ чрескожная катетерная коронаропластика

PTCL percutaneous transhepatic cholangioscopic lithotripsy □ чрескожная чреспечёночная холангиоскопическая литотрипсия

PTC protein phenylthiocarbamoyl protein □ фенилтиокарбамоил-протеин

PTC-PTP percutaneous transhepatic cholangiography-portography □ чрескожная транспечёночная холангио- и портография

ptd painted □ окрашенный

PtdCho phosphatidylcholine □ фосфатидилхолин

PtdEth phosphatidylethanolamine □ фосфатидилэтаноламин

PtdIns phosphatidylinositol □ фосфатидилинозитол

PtdSer phosphatidylserine □ фосфатидилсерин

PTE parathyroid extract □ экстракт околощитовидных [паратиреоидных] желёз

PTE pulmonary thromboembolism □ тромбоэмболия лёгочной артерии, ТЭЛА

pte private □ 1. частный; личный; приватный; негосударственный 2. частнопрактикующий 3. рядовой *(о военнослужащем)*

PTF plasma thromboplastin factor X □ фактор X свёртывания крови, плазменный тромбопластиновый фактор, Стюарта – Прауэр фактор

PTFE polytetrafluorethylene □ политетрафторэтилен

PTG parathyroid glands □ околощитовидные [паратиреоидные] железы

PTH 1. parathyroid hormone □ гормон околощитовидных желёз **2.** parathormone □ паратгормон

Pth pathology □ 1. патология 2. заболевание; повреждение; патофизиологические изменения; патоморфологические изменения

PTH phenylthiohydantoin □ фенилтиогидантоин

PTHC percutaneous transhepatic cholangiography □ чрескожная чреспечёночная холангиография

PTI pancreatic trypsin inhibitor □ ингибитор трипсина поджелудочной железы

PTI pressure-time index □ индекс время – давление *(при вдохе)*

PTI-HSA p-tolyl-isocyanate-human serum albumin □ конъюгат сывороточного альбумина человека с р-толил-изоцианатом

PTK phototherapeutic keratectomy □ фототерапевтическая кератэктомия

PTLD posttransplant lymphoproliferative disorder □ посттрансплантационный лимфопролиферативный синдром

pTNM postsurgical tumor, lymph nodes, metastases □ послеоперационная патогистологическая классификация опухолей по системе TNM

PTO *нем.* Perlsucht-tuberculin original □ бычий альт-туберкулин, бычий старый туберкулин

PTO please, turn over □ смотри на обороте *(напр. рецепта)*

PTP postthymic precursor cells □ посттимусные клетки-предшественники *(популяции лимфоцитов, которые после освобождения из тимуса являются иммунологически некомпетентными, а на периферии превращаются в иммунокомпетентные Т-лимфоциты)*

Ptp transpulmonary pressure □ транспульмональное давление

PTPI posttraumatic pulmonary insufficiency □ посттравматическая лёгочная недостаточность

PTR paper tape recorder □ записывающее устройство на бумажной ленте

PTR *нем.* Perlsucht Tuberculin Rest □ туберкулин из штамма микобактерий крупного рогатого скота, новый туберкулин

PTRA percutaneous transluminal renal arterial angioplasty □ чрескожная чреспросветная пластика почечной артерии

PTRBP pulse, temperature, respiration and blood pressure □ пульс, температура, дыхание и артериальное давление

PTS painful tonic seizure □ болезненные тонические судороги

pts parts □ части, доли

pts patients □ больные

PTS permanent threshold shift □ стойкий постоянный порог изменения

PTSD post-traumatic stress disorder □ посттравматическое стрессовое расстройство, ПТСР

Pt system posttransferrine system □ посттрансферриновая система, Pt-система

PTT (test) partial thromboplastin time (test) □ частичное тромбопластиновое время *(тест)*

PTT posterior tibial transfer □ пересадка задней большеберцовой мышцы

PTT pulse transmission time □ скорость передачи [распространения] пульсовой волны

PTU propylenethyourea □ пропилентиомочевина

PTU propylthiouracil □ пропилтиоурацил

PTX phototaxic reaction □ реакция фототаксиса

pty proprietary □ частный; принадлежащий частному лицу или фирме *(напр. о наименовании медикамента)*

PU passed urine □ выпущенная моча

PU peptic ulcer □ пептическая язва

PU pick up □ датчик-измеритель

PU plant unit □ растительная единица

Pu Plutonium □ плутоний

PU power unit □ блок питания

PU pregnancy urine □ 1. моча беременных 2. гормон, содержащийся в моче беременных

pu pupil □ пупилла *(точка центра зрачка при смотрящих вперёд глазах)*

Pu purine □ пурин

pub pubic □ лобковый

publ public □ общественный

publ 1. publisher □ издатель **2.** publication □ публикация

PUD partial upper denture □ частичный [неполный] верхнечелюстной протез

1548

PUD peptic ulcer disease □ язвенная болезнь, пептическая язва

PuD pulmonary disease □ болезнь лёгких

PUH pregnancy urine hormone □ хорионический гонадотропин, обнаруживаемый в моче беременных

PUJ pelviureteric junction □ пельвеоуретральный сегмент, лоханочно-мочеточниковое соустье

Pul pulmonary disease □ заболевание лёгких

pulv 1. pulverization □ распыление, пульверизация **2.** pulverize □ растереть, размельчить в порошок; распылить **3.** pulverized □ порошкообразный; размельчённый **4.** *лат.* pulvis □ powder □ порошок

pulv. inj. powder for injection □ порошок для приготовления раствора для инъекций

pulv. susp. powder for suspension □ порошок для приготовления суспензии

PUN plasma-urea-nitrogen □ азот мочевины плазмы *(крови)*

PUNS permanently unfit for Naval Service □ не годен к службе в военно-морском флоте со снятием с учёта *(бессрочно)*

pun w punctured wound □ колотая рана

Puo purine nucleoside □ пуриновый нуклеозид

PUO put under observation □ находящийся под наблюдением, наблюдаемый

PUO pyrexia of unknown origin □ лихорадка неизвестного происхождения

PU/PD polyuria and polydipsia □ полиурия и полидипсия

PUPOR population size of the usual place of residence □ численность постоянно проживающего населения

PUPPP pruritic urticarial papules and plaques □ пруритические уртикарные папулы и бляшки при беременности

pur purifier || purified □ очиститель; фильтр || очищенный, рафинированный

Pur purine □ пурин

purg *лат.* purgattivum □ purgative □ слабительное

PUS Pharmacopoeia of the United States □ Фармакопея США

PUU Puumala (virus) □ Пуумала *(вирус)*

PUVA psoralen plus ultraviolet A irradiation □ псорален плюс длинноволновое ультрафиолетовое излучение

PUVS unplasticated polyvinylchloride □ непластифицированный поливинилхлорид

PV parainfluenza virus □ вирус парагриппа

PV paraventricular □ околожелудочковый

PV pemphigus vulgaris □ простая пузырчатка

PV peripheral vascular □ относящийся к периферическому сосуду

p.v. *лат.* per vaginam □ через влагалище, вагинально *(об исследовании)*

PV phonation volume □ уровень фонации

PV plasma volume □ объём плазмы

PV polycythemia vera □ истинная полицитемия, эритремия

PV polyoma-virus □ вирус полиомы

PV portal vein □ воротная вена

PV postvasectomy □ состояние после вазэктомии

P – V pressure – volume □ соотношение давление – объём

PVA polyvinyl alcohol □ поливиниловый спирт

PVB Cisplatin, Rosevinum [Vinblastine], Bleomycinum □ цисплатин, розевин [винбластин], блеомицин *(программа химиотерапии онкологических больных)*

PVC, pvc polyvinyl chloride □ полихлорвинил, поливинилхлорид

PVC predicted vital capacity □ должная жизненная ёмкость лёгких

PVCs premature ventricular contractions □ желудочковая экстрасистолия; преждевременное сокращение желудочков *(сердца)*

PVD peripheral vascular disease □ заболевание периферических сосудов

PVD pulmonary vascular disease □ заболевание лёгочных сосудов

PVE prosthetic valve endocarditis □ эндокардит после протезирования клапана *(сердца)*

PVF polyvinyl fluoride □ полифторвинил, поливинилфторид

PVF portal venous blood flow □ портальный кровоток *(кровоток в системе воротной вены)*

PVF primary ventricular fibrillation □ первичная желудочковая фибрилляция

PVFS postviral fatigue syndrome □ синдром постинфекционного истощения, синдром постинфекционной хронической усталости

PVM peripheral vascular markings □ сосудистые знаки, сосудистые звёздочки

PVM pneumonia virus of mice □ вирус пневмонии мышей

PVN postvaccinal neuropathy □ поствакцинальная невропатия, ПВН

PVNS pigmented villonodular synovitis □ пигментный виллонодулярный синовит

Pvnt prevent || preventive □ предотвращать || превентивный, предупреждающий

P$_{VO2}$ partial pressure of oxygen in mixed venous blood □ парциальное давление кислорода в смешанной венозной крови

PVOD pulmonary vascular obstructive disease □ тромбоз лёгочных сосудов

PVP peripheral venous pressure □ периферическое венозное давление

PVP polyvinylpyrrolidone □ поливинилпирролидон

PVP pulmonary venous pressure □ давление в лёгочной вене

PVP-I povidone-iodine □ повидон-йодин

PVR peripheral vascular resistance □ периферическое сосудистое сопротивление

PVR pulmonary vascular resistance □ лёгочное сосудистое сопротивление, резистентность лёгочных сосудов

PVS persistent vegetative state □ длительное [хроническое] вегетативное состояние

PVS pulmonary vein stenosis □ стеноз устьев лёгочных вен

PVT paroxysmal ventricular tachycardia □ пароксизмальная желудочковая тахикардия

PVT pressure, volume, temperature □ давление, объём, температура

PW-8 Corynebacterium diphteriae-8 □ штамм-8 дифтерийной коринебактерии

PW peptone water □ пептонная вода

p.w. per week □ в неделю

PW prisoner of war □ военнопленный

PW pulsed wave □ 1. пульсирующая волна 2. импульсный допплер

PWA Public Works Administration □ Ведомство общественных работ

PWC physical working capacity □ физическая работоспособность

PWC power working capacity □ мощность физической нагрузки

PWCP Pfeifer – Weber – Christian panniculitis □ лихорадящий рецидивирующий ненагнаивающийся панникулит, Пфейфера – Вебера – Крисчена синдром

pwd powder □ порошок

PWD Public Welfare Department □ Департамент социального страхования (США)

PWE posterior wall excursion □ движение задней стенки (митрального клапана)

PWM pokeweed mitogen □ экстракт корня лаконоса (митоген для оценки активности Т-лимфоцитов)

PWP pulmonary wedge pressure □ лёгочное давление заклинивания

pwr power □ мощность, энергия

pwr ampl power amplifier □ усилитель мощности

PWT posterior wall thickness □ толщина задней стенки (левого желудочка)

PWV posterior wall velocity □ скорость нисходящей волны (пульса)

PWV pulse wave velocity □ скорость пульсовой волны

Px past history □ анамнез перенесённых заболеваний; катамнез

Px peroxidase □ пероксидаза

PX physical examination □ 1. физическое исследование 2. обследование больного; врачебное обследование

Px pneumothorax □ пневмоторакс

Px prognosis □ прогноз

PXE pseudoxanthoma elasticum □ эластическая псевдоксантома

Py phosphopyridoxal □ фосфопиридоксаль

Py 1. pyridine □ пиридин 2. pyridine nucleus □ пиридиновое кольцо

PYA psychoanalysis □ психоанализ

PyC pyrogenic culture □ пирогенная культура

Pyd pyrimidine nucleoside □ пиримидиновый нуклеозид

PYM psychosomatic medicine □ психосоматическая медицина

PYP pyrophosphate □ пирофосфат

Pyr pyrimidine □ пиримидин

PZ pancreozymin □ панкреозимин

PZA pyrazinamide □ пиразинамид

PZD Partial Zona Dissection □ частичное рассечение блестящей оболочки

PZI protamine zinc insulin □ протамин-цинк инсулин

Q

Quilibet fortunae suae faber
Каждый сам кузнец своего счастья

Q cardiac output □ *усл.* минутный объём крови или сердца, сердечный выброс *(объём крови, выбрасывае-мой желудочком за 1 мин, л/мин, мл/мин)*

Q$_b$ blood flow, milliliters per minute □ *усл.* кровоток, мл/мин

$\dfrac{Q}{m^2}$, **Q/m²** heart index □ *усл.* сердечный индекс *(отношение минутного объёма сердца к площади поверхности тела, л/мин • м²)*

Q$_s$, systolic cardiac output □ *усл.* ударный объём сердца

Q$_{CO_2}$ carbon dioxide evolution by a tissue (microliters of carbon dioxide produced per hour, per milligram of tissue mass determined after drying) □ *усл.* количество микролитров углекислоты *(выделяемой в час одним миллиграммом высушенной ткани)*

Q$_{O_2}$ oxygen consumption by a tissue (microliters of oxygen consumed per hour, per milligram of tissue mass determined after drying) □ насыщение ткани кислородом *(количество микролитров кислорода, поглощаемого в час на миллиграмм высушенной ткани)*

q^s body heat storage rate □ *усл.* скорость [интенсивность] накопления тепла в организме

q$_s$ convective heat removal □ *усл.* конвекционное удаление [отведение, съём] тепла

Q, q dynamic pressure □ *усл.* скоростной напор *(на тело человека)*, полное [динамическое] давление

Q electric quantity (coulomb) □ *усл.* количество электричества *(кулон)*

Q exerted fraction □ *усл.* выделяемая фракция *(напр. креатинина)*

Q flow rate □ *усл.* объёмный кровоток

q frequency of the rarer allele of a pair □ *усл.* частота встречаемости редкого аллеля

Q gradient □ *усл.* 1. градиент 2. разница между средней температурой кататермометра и окружающего воздуха

q long arm of a chromosome □ *усл.* длинное плечо хромосомы

Q perfusion □ *усл.* перфузия

Q, q quality □ 1. качество; качественный фактор; свойство 2. характерная черта

Q, q quantity □ количество; величина

Q *лат.* quaque □ every □ каждый

Q quarantine □ карантин, изоляция

Q, q quarter ‖ quarterly □ 1. четверть, четвёртая часть 2. квартал *(года)* ‖ поквартально, раз в три месяца

Q quartile □ (по)квартальный, трёхмесячный

Q, q *лат.* quasi □ ostensible □ мнимый; якобы

Q query □ неопределённый, неясный *(напр. о лихорадке неизвестной этиологии – Ку-лихорадка, риккетсиоз Q, болезнь Деррика – Бернета, пневмориккетсиоз)*

q question □ 1. вопрос; проблема; сомнение 2. исследовать

q quiet □ нешумный, с низким уровнем шума

Q transfer function □ передаточная функция *(человека в системе «человек – машина»)*

Q$_1$, **Q**$_2$, **Q**$_3$ first or lowest quartile, second quartile, third quartile □ первый [нижний] квартиль, второй квартиль, третий квартиль

Q$_{10}$ temperature coefficient □ температурный коэффициент

QA quality assurance □ гарантия качества, обеспечение качества

QA question and answer □ вопрос и ответ

QA quick-acting □ быстродействующий

QAC quaternary ammonium compounds □ четвертичные аммониевые соединения *(дезинфектанты)*

QAIMNS Queen Alexandra's Imperial Military Nursing Service □ Имперская служба военно-медицинских сестёр королевы Александры *(Великобритания)*

QALY quality-adjust life-years □ число сохранённых лет жизни с учётом её качества

QAM quality assurance monitor □ монитор с гарантийным качеством

QAMFNS Queen Alexandra's Military Families Nursing Service □ Имперская служба медицинских сестёр королевы Александры, ведающая попечением семей военнослужащих *(Великобритания)*

QAR quick access recorder □ самописец данных для экспресс-анализа

Q&RA quality and reliability assurance □ гарантия качества и надёжности

QARANC Queen Alexandra's Royal Army Nursing Corps □ Имперская служба медицинских сестёр королевы Александры в сухопутных войсках *(Великобритания)*

QARNNS Queen Alexandra's Royal Naval Nursing Service □ Имперская служба медицинских сестёр королевы Александры в военно-морских силах *(Великобритания)*

QC quality control □ контроль качества

QC&T quality control and test □ *мед. тех.* испытание и контроль качества изделий

QCD quality control division □ отдел контроля качества

QCIM Quarterly Cumulative Index Medicus (Index Medicus) □ «Индекс медикус» *(поквартальная сводная медицинская библиография)*

Q-CU carotid upstroke □ пульсация сонных артерий, пульсация каротид

QD, q.d. *лат.* quaque die □ every day □ *фарм.* каждый день, ежедневно

Qd, q.d. *лат.* quarter in die □ *фарм.* четыре раза в день

q.dx. *лат.* quantilas duplex □ *фарм.* двойное количество

QED *лат.* quod erat demonstrandum □ which was to be proved □ что и требовалось доказать

QEF *лат.* quod erat faciendum □ which was to be done □ что и требовалось сделать

QEI *лат.* quod erat inveniendum □ which was to be found out □ что и следовало выяснить

QF quality factor □ фактор качества

Q-F 1. quick-freezing □ быстрое замораживание *(продуктов)* **2.** quick-frozen □ быстрозамороженный *(о продуктах)*

Q fever Ку-лихорадка, риккетсиоз Q, болезнь Деррика – Бернета, пневмориккетсиоз

QFF quick-frozen foods □ быстрозамороженные продукты

Qh., q.h. *лат.* quaque hora □ every hour □ *фарм.* каждый час

QHP Queen's Honorary Physician □ лейб-медик *(лечащий врач)* королевы

QHS Queen's Honorary Surgeon □ лейб-хирург королевы

QI intelligence quotient □ коэффициент интеллектуальности

QI quiet ionosphere □ спокойная ионосфера

Q.i.d., q.i.d. *лат.* quarter in die □ four times a day □ *фарм.* четыре раза в день

QIDS quick inventory of depressive symptomatology □ краткий опросник для выявления депрессивной симптоматики

QIDN Queen's Institute of District Nursing □ Королевский институт медсестёр, обслуживающих больных на дому

QL quality of life □ качество жизни

Q.L., q.l. *лат.* quantum libet □ as much as desired □ столько, сколько желаете

QLESQ quality of life enjoyment and satisfaction questionnaire □ опросник удовлетворённости качеством жизни

qlfd qualified □ 1. квалифицированный 2. окончивший специальные курсы; прошедший аттестацию

QLISP – QLISP язык программирования, используемый для решения общих проблем

q.m. quadratic mean □ среднее квадратическое

q.m. *лат.* quaque matin □ every morning □ *фарм.* каждое утро

q.n. *лат.* quaque nocte □ every night □ *фарм.* каждую ночь

QNS, q.n.s. *лат.* quantum non satis □ quantity not sufficient □ недостаточное количество

QNS Queen's Nursing Sister of Queen's Institute of District Nursing □ Служба медицинских сестёр по уходу Королевской службы окружного дома престарелых

Qv volume velocity (cubic meters per second, m^3/s) □ объёмный расход, объёмная скорость *(кубический метр в секунду, $м^3/с$)*

qnty quantity □ количество; величина

Q_{O2} oxygen quotient □ кислородный коэффициент

Q.o.d. *лат.* quaque [other] die □ every other day □ *фарм.* через день

QOL quality of life □ качество жизни

QoLI quality of life interview □ опросник для оценки качества жизни

QOS quality of sleep □ качество сна

Qp pulmonary blood flow □ лёгочный кровоток

Q_p/Q_s pulmonary to systemic flow ratio in ventricular septal defect □ отношение лёгочного кровотока к системному кровотоку при дефекте межжелудочковой перегородки

QP quality products □ качественные продукты

QP Quanti-Pirquet □ количественная оценка реакции Пирке

q.p. *лат.* quantum placet □ as much as you please □ столько, сколько необходимо

qpm *лат.* quaque post meridium □ every evening □ *фарм.* каждый вечер, каждый день на ночь

QPP quality of plasma program □ программа по качеству плазмы

q.q. *лат.* quaque □ also □ также, каждый

qq questions □ вопросы

q.q.h. *лат.* quaque quarta hora □ every four hours □ *фарм.* через 4 часа

Qq. hor., qq. hor. *лат.* quaque hora □ every hour □ *фарм.* каждый час

QR quality-reliability assurance □ гарантия качества и надёжности

qr quarter □ четверть, четвёртая часть

QRA quality reaction alert □ быстродействующий сигнал тревоги

QRC quick reaction capability □ быстрота реакции, способность к быстрой реакции

QRL Quick Reference List □ опросный лист [анкета] Квика

QRS интервал кардиограммы

Q.s., q.s. *лат.* quantum satis □ sufficient quantity □ достаточное количество, сколько требуется

Qs systemic blood flow □ системный [общий] кровоток

QSAR quantitative structure-activity relationship □ количественная взаимосвязь строения и активности

QSE qualified scientist and engineer □ 1. высококвалифицированный учёный или инженер 2. прошедший аттестацию учёный или инженер

q-sort technique of personality assessment □ методика личностной оценки

Qs/Qt, Qs:Qt right/left shunt □ внутрилёгочный шунт справа налево

q. suff. *лат.* quantum sufficit □ as much as will suffice □ столько, сколько потребуется

QT cardiac output □ *усл.* минутный объём сердца, минутный объём крови, сердечный выброс в минуту

QT qualification test □ квалификационная проверка

qt quantity □ количество; величина

QT, qt quart □ 1. кварта *(1,136 дм³, Великобритания)* 2. сухая кварта *(1,1 дм³, США)* 3. жидкостная кварта *(0,946 дм³, США)*

qt quarter □ 1. четверть 2. квартал *(года)*

QT Quick's test for pregnancy or for prothrombin □ проба [тест] Квика *(1. на беременность 2. протромбиновый индекс)*

qt quiet □ спокойно, тихо

qtr quarter □ 1. четверть 2. квартал *(года)*

qty quality □ 1. качество; качественный фактор; свойство 2. характерная черта

qty quantity □ количество; величина

qn question □ 1. вопрос; проблема; сомнение 2. исследовать

Qu quinine □ хинин

quad quadrant ⎯ квадрант

qual qualification ⎯ 1. квалификация 2. сертификация

qual quality || qualitative ⎯ качество || качественный

QUAL Quality and Reliability Assurance Laboratory ⎯ Лаборатория гарантии качества и надёжности

quant quantity || quantitative ⎯ количество || количественный

quar, quarant quarantine ⎯ карантин

quar quarter ⎯ 1. четверть 2. квартал *(года)*

QU.A.RT quadrantectomy, axillary node dissection, and breast irradiation ⎯ секторальная резекция молочной железы, иссечение подмышечных лимфоузлов и лучевая терапия *(объём лечения)*

quart *лат.* quartus ⎯ fourth ⎯ четвёртый *(о части)*

QUASER quantum amplification by stimulated emission of radiation ⎯ квазер, квантово-механический генератор

quat *лат.* quarter ⎯ four times ⎯ четыре раза

quats quaternary ammonium compounds ⎯ четвертичные аммониевые соединения

QUELS quasi-elastic light-scattering immunoassay ⎯ иммунонефелометрический анализ в кварцевых эластичных кюветах

QUEST Quantitative Utility Estimates for Science and Technology ⎯ количественные оценки полезности науки и техники

quest question ⎯ 1. вопрос; проблема; сомнение 2. исследовать

quor. *лат.* quorum ⎯ of which ⎯ из которых

quot quotient ⎯ 1. частное 2. коэффициент

quot *лат.* quoties ⎯ as often as needed ⎯ так часто, как необходимо по показаниям

quotid. *лат.* quotidie ⎯ daily ⎯ *фарм.* ежедневно

qnty quantity ⎯ количество; величина

qv *лат.* quantum vis ⎯ as much as you wish ⎯ сколько требуется, по желанию

q.v. *лат.* quod vide ⎯ which see ⎯ что увидишь, смотри

QVT quality verification test ⎯ испытание [проба] на подтверждение качества

q2wk через 2 недели

QWQ quantity with quality ⎯ количество и качество

QYB Qualyab ⎯ Кальяб *(арбовирус)*

R

Radices litterarum amarae sunt, fructus dulces
Корни наук горьки, плоды сладки

R *усл.* генетический эффект отбора

R *усл.* дыхательный коэффициент

R *усл.* обозначение собственности фирмы *(ставится после названия продукта)*, издательства, автора

R *усл.* одно из конформационных состояний фермента

R *усл.* правое плечо политенной хромосомы

R, r *усл.* символ устойчивости к чему-либо

R *усл.* умеренный дождь

R− *усл.* слабый дождь

R+ *усл.* сильный дождь

R arginine □ *усл.* аргинин, Арг

r correlation coefficient □ *усл.* коэффициент корреляции

R electrical resistance □ электрическое сопротивление

R far point of vision □ *усл.* дальнейшая точка ясного зрения

R gas constant □ *усл.* универсальная (молярная) газовая постоянная (= 8,31 Дж/моль • К)

r instantaneous population growth □ *усл.* демографический взрыв

[R] molecular refraction □ молекулярная рефракция

R ohm □ *усл.* Ом

R pulmonary resistance □ лёгочное сопротивление

r racemic □ рацемический *(напр. рацемический аланин, рацемат аланина)*

R rad □ *уст.* рад *(поглощённая доза радиации, 1 рад = 0,01 грея)*

r radial □ радиальный, лучевой

R (organic) radical □ *хим.* (органический моновалентный) радикал

R radioactive □ радиоактивный

R radium □ радий

R, r radius □ радиус

R, r ramus □ ветвь

R rate □ 1. скорость, быстрота, темп, интенсивность 2. доза

R_F ratio of the distance moved by a particular solute to that moved by the solvent front □ отношение расстояния положения вещества на хроматограмме к расстоянию фронта растворителя

R ratio □ 1. степень, коэффициент 2. пропорция, соотношение, отношение

R reaction || reactive □ реакция, противодействие || реактивный

−R negative reaction □ отрицательная реакция

+R positive reaction □ положительная реакция

R *фр.* Réaumur □ температурная шкала Реомюра

R receptor □ рецептор

R *лат.* recipe □ take □ *фарм.* возьми *(предписание в рецепте, указывающее на наименование лекарственного средства)*

---

* Поглощение 1 Р 1 см³ воздуха при 0°C и 760 мм рт. ст. вызывает образование в воздухе 2 × 10⁹ пар ионов; 1 Р = 2,58 × 10⁻⁴ Кл/кг.

R rectal □ ректальный

R refraction □ рефракция, преломление

R refrigerator □ рефрижератор, холодильник

R register □ 1. журнал записей, список 2. регистр 3. регистрирующий прибор

R registered □ 1. зарегистрированный, записанный, взятый на учёт 2. прошедший аттестацию, включённый в регистр *(напр. врач)*

R registrar □ 1. архивариус; регистратор 2. врач-стажёр

R registration □ учёт, регистрация

R registry □ регистратура

R regular □ 1. постоянный, регулярный, кадровый 2. правильный *(напр. ритм)*

R regulator gene □ ген-регулятор

R rejection factor □ фактор отторжения

r relapse □ рецидив опухоли *(в классификации по системе TNM)*

R, r relative □ относительный

R relaxation □ 1. расслабление 2. период расслабления

r reliability □ надёжность

R remotum □ дальнейшая точка ясного зрения

r replaceability □ заменяемость, сменность

r report □ доклад; отчёт; сообщение; утверждение

R reproduction □ 1. воспроизведение, репродукция 2. степень репродукции вируса

R rescue party □ спасательный отряд

R resection □ резекция *(напр. желудка)*

R reset □ *выч. тех.* восстановление; возврат в исходное положение или состояние; сброс показаний

R resistance □ 1. устойчивость, резистентность, сопротивляемость 2. стойкость; невосприимчивость

R resistant □ 1. устойчивый, стойкий, резистентный 2. нечувствительный *(напр. к антибиотикам микроорганизм)*

R respiration □ дыхание

R respiratory exchange ratio □ дыхательный коэффициент (O_2/CO_2)

R, r response □ реакция, ответ

R Restricted □ 1. ограниченный 2. для служебного пользования

R retarder □ замедлитель

r revised □ переработанный *(напр. о переиздании книги)*

R rib □ ребро

R Rickettsia □ риккетсия

R right □ 1. правый *(напр. об отведении ЭКГ)* 2. правильный

r ring chromosome □ кольцевая хромосома

−R Rinne's test negative (hearing test result) □ тест Ринна отрицательный *(контроль слуха)*

+R Rinne's test positive (hearing test result) □ тест Ринна положительный *(контроль слуха)*

R, r Roentgen unit □ *уст.* рентген *(единица экспозиционной дозы ионизирующей радиации)*, Р*

R *лат.* rota dexterior ▢ по часовой стрелке

R rough variant ▢ грубая [шероховатая] форма *(о колонии микробов, поверхности клетки)*

Ra airflow (airway) resistance ▢ (нормальное) бронхиальное [неэластическое, аэродинамическое] сопротивление воздухоносных путей

RA, ra, r/a radioactivity || radioactive ▢ радиоактивность || радиоактивный

RA radionuclide angiography ▢ радионуклидная [радиоизотопная] ангиография

Ra Radium ▢ радий

  ~A Radium A Polonium 218 ▢ радиоактивный изотоп полония, ^{218}Po

  ~B Radium B lead 214 ▢ радиоактивный изотоп свинца, ^{214}Pb

  ~C Radium C bismuth 214 ▢ радиоактивный изотоп висмута, ^{214}Bi

  ~D Radium D lead 210 ▢ радиоактивный изотоп свинца, ^{210}Pb

  ~E Radium E bismuth 210 ▢ радиоактивный изотоп висмута, ^{210}Bi

  ~F Radium F Polonium 210 ▢ радиоактивный изотоп полония, ^{210}Po

  ~G Radium G lead 206 ▢ радиоактивный изотоп свинца, ^{206}Pb

R&A research and analysis ▢ исследование и анализ

Ra 5 ragweed pollen antigen ▢ антиген пыльцы амброзии высокой

Ra ragged ▢ «оборванный» *(о мутантном гене)*

RA reabsorption rate ▢ скорость реабсорбции

RA repeat action ▢ повторное действие

RA residual air ▢ остаточный воздух

RA rheumatoid antibody ▢ антитела при ревматоидном артрите

RA rheumatoid arthritis ▢ ревматоидный артрит

RA right atrium ▢ правое предсердие

RA right auricle ▢ правая ушная раковина

RA Royal Academician ▢ член Королевской академии наук *(ставится после фамилии)*

RAA renin angiotensin aldosterone ▢ ренин-ангиотензин-альдостерон

Ra-Ac radioactinium ▢ радиоактиний

RABA radioactive antigen-binding assay ▢ метод меченых радиоактивных антигенов

RAC NIH's Recombinant DNA Advisory Committee ▢ Консультативный совет по рекомбинантным ДНК при Национальном институте здоровья США

RaC' Radium C' ▢ радий C' *(радиоактивный изотоп полония, ^{214}Po)*

RaC" Radium C" ▢ радий C" *(радиоактивный изотоп таллия, ^{210}Tl)*

RAC rectified alternating current ▢ выпрямленный переменный ток

RACC radiation and contamination control ▢ контроль уровня адаптации и степени заражённости

RACGP Royal Australian College of General Practitioners ▢ Королевская коллегия врачей общей практики Австралии

RACP Royal Australasian College of Physicians ▢ Королевская коллегия терапевтов Австралазии

RACS Royal Australasian College of Surgeons ▢ Королевская коллегия хирургов Австралазии

rad radian ▢ *офт.* радиан (57,295°)

rad 1. radiation ▢ излучение; радиация **2.** radioactivity || radioactive ▢ радиоактивность || радиоактивный **3.** radiant ▢ источник ионизирующего излучения *(света или тепла)* || излучающий, лучистый

rad radiation absorbed dose ▢ *уст.* рад *(поглощённая доза радиации, 1 рад = 0,01 грея)*

rad radiator ▢ радиатор, теплообменник

rad radioactivity || radioactive ▢ радиоактивность || радиоактивный

Rad Radium ▢ радий

rad radix ▢ корень *(напр. зуба)*

R&D research and development ▢ научные исследования и развитие

RAD radiation absorbed dose ▢ доза полученного облучения

RAD released from active duty ▢ уволен с военной службы

RAD right axis deviation ▢ отклонение электрической оси сердца вправо

rada radioactive ▢ радиоактивный

RADAR Radio Detecting and Ranging ▢ радар *(устройство для радиообнаружения и измерения)*

RADAR Royal Association for Disability and Rehabilitation ▢ Королевская ассоциация по реабилитации инвалидов

RADC Royal Army Dental Corps ▢ зубоврачебная служба сухопутных войск *(Великобритания)*

Ra Def, Radef radiological defense ▢ радиационная защита

Rad FO radiological fallout ▢ радиоактивные осадки, выпадение радиоактивных осадков

Rad Haz radiation hazard ▢ радиационная опасность

Rad IAC radioactivity detection, identification and computation set ▢ установка для обнаружения радиоактивности, её идентификации и вычисления величины

Radiac radioactive detection and measurement ▢ программа обнаружения и измерения уровня радиоактивности

radl radiological ▢ радиологический; радиоактивный

Radl War radiological warfare ▢ военные действия с применением радиоактивного оружия

radn radiation ▢ радиация, излучение

Radn Press radiation pressure ▢ давление излучения

RADP right atrial diastolic pressure ▢ диастолическое давление в правом предсердии

RADS-2 Reynolds adolescent depression scale, 2nd edition ▢ Рейнольдса шкала депрессии у подростков, 2-е издание

Rad Safe radiological safety ▢ радиационная [радиологическая] безопасность

Rad War radiological warfare ▢ военные действия с применением радиоактивного оружия

RAEB refractory anemia with excess of blasts ▢ рефрактерная анемия с избытком бластов *(в костном мозгу)*

Ra-Em radium emanation ▢ радон, эманация радия

RAEM refractory anemia with excess of myeloblasts □ рефрактерная анемия с избытком миелобластов *(в костном мозгу)*

RAF regulator of a-fetoprotein □ белок-регулятор (экспрессии) α-фетопротеина

RAFMS Royal Air Force Medical Service □ Медицинская служба Королевских военно-воздушных сил *(Великобритания)*

RAFNS Royal Air Force Nursing Service □ Служба медицинских сестёр Королевских военно-воздушных сил *(Великобритания)*

RAgg rheumatoid agglutinin □ ревматоидный агглютинин, РАГ

RAH right atrial hypertrophy □ гипертрофия правого предсердия

RAI radioactive iodine □ радиоактивный йод *(напр. ^{123}I)*

RAI Royal Anthropological Institute □ Королевский антропологический институт

RaIm radioimmunoassay □ радиоиммунный метод [анализ], РИА

RAIU radioactive iodine uptake □ поглощение радиоактивного йода

RaM reports and memoranda □ доклады и отчёты

RAMA radioiodine albumin macroaggregates □ макроагрегаты альбумина, меченного радиоактивным йодом

RAMC Royal Army Medical Corps □ Медицинская служба Королевских сухопутных войск *(Великобритания)*

RAMP right atrial mean pressure □ среднее давление в правом предсердии

RANA rheumatoid arthritis nuclear antigen □ ядерный антиген при ревматоидном артрите

RANZ Psych Royal Australian and New Zealand College of Psychiatrists □ Королевская коллегия психиатров Австралии и Новой Зеландии

RAO right anterior oblique □ правое передне-косое положение *(плода)*

Rap Rappolovo □ сублинейный символ линий лабораторных животных, разводимых в питомнике «Рапполово» РАМН

RAP *англ.* Regimental Aid Post □ полковой пункт медицинской помощи

RAP rheumatoid arthritis precipitin □ *уст.* преципитин при ревматоидном артрите, *см.* **RANA**

RAP right atrial pressure □ давление в правом предсердии

RAPD random amplified polymorphic DNA □ произвольно амплифицированная полиморфная ДНК *(используется как генетический маркёр для конструирования генетических карт)*

RAPM refractory anemia with partial myeloblastosis □ рефрактерная анемия и миелобластоз

R&QC reliability and quality control □ контроль надёжности и качества

R&R rate and rhythm □ скорость и ритм

R&R rest and recreation □ отдых и развлечение

RARB radioactive Rose Bengal □ радиоактивный розовый бенгальский *(краситель)*

RARD recurrent acute respiratory disease □ острое рецидивирующее респираторное заболевание, ОРЗ

RARS refractory anemia with ringed sideroblasts □ рефрактерная к лечению анемия с кольцевидными сидеробластами

RAS recurrent aphthous stomatitis □ рецидивирующий афтозный стоматит

RAS reflex-activating stimulus □ рефлекторно действующий раздражитель

RAS reticular activating system □ ретикулярная активирующая система

RAS Royal Academy of Science □ Королевская академия наук *(Великобритания)*

RASER radio frequency amplification by stimulated emission of radiation □ лазер *(квантовый генератор радиодиапазона)*

RASP right atrial systolic pressure □ систолическое давление в правом предсердии

RASP test rapidly alternating speech perception test □ тест восприятия быстро перемежающейся речи *(для исследования слуха)*

RAST radioallergosorbent test □ радиоаллергосорбентный тест

rat ratio □ (со)отношение; коэффициент

RAT reliability assurance test □ испытание на надёжность

R&T research and technology □ научные исследования и технология

RATG rabbit antithymocyte globulin □ кроличий антитимоцитарный глобулин

RaTh radiothorium □ *хим.* радиоторий

RATS rabbit antihuman thymocyte serum □ кроличья сыворотка против тимоцитов человека

RAU recurrent aphthous ulceration □ рецидивирующий афтозно-язвенный стоматит

RAV Rous associated virus □ вирус саркомы Рауса *(вызывающий саркому у кур)*

RAVC Royal Army Veterinary Corps □ Ветеринарная служба Королевских сухопутных сил *(Великобритания)*

RAW resistance of airway □ (нормальное) бронхиальное [неэластическое, аэродинамическое] сопротивление [резистентность] воздухоносных путей

RB retinoblastoma □ ретинобластома

RB Rio Bravo □ Рио-Браво *(арбовирус)*

RB round bodies □ круглые тельца

Rb Rubidium □ рубидий

RBA Rescue Breathing Apparatus □ дыхательный аппарат спасателей

RBAF rheumatoid biologically active factor □ ревматоидный биологически активный фактор

RBB right bundle branch □ правая ножка пучка Гиса

RBBB right bundle branch block □ блокада правой ножки пучка Гиса

RBC red blood cell □ эритроцит, *уст.* красная кровяная клетка

RBC red blood (cell) count □ подсчёт эритроцитов

RBC red blood (cell) corpuscle □ эритроцит

~ **nucleated** □ ядерный эритроцит

~ **packed** □ эритроцитная масса

RBC risk-based concentration □ концентрации, основанные на риске

RBC:P red blood cell plasma ratio □ гематокрит *(отношение форменных элементов крови к плазме)*

RBD REM behavior sleep disorder □ расстройство поведения в стадии сна быстрых движений глаз

RBD right border of dullness □ правая граница приглушения *(при перкуссии сердца)*

RBE relative biological effectiveness □ 1. относительная биологическая эффективность *(излучения)*, ОБЭ 2. относительная биологическая продуктивность

RBE dose relative biological efficiency dose □ биологическая доза облучения, ОБЭ-доза

RBF renal blood flow □ почечный кровоток

RBL rat basophil leukemia □ крысиный базофильный лейкоз

RBMLA rat bone marrow lymphocyte antigen □ антиген крысиных костномозговых лимфоцитов

RBNA Royal British Nurses' Association □ Королевская ассоциация медицинских сестёр Великобритании

RBP retinal-binding protein □ ретинолсвязывающий белок

RBS random blood sugar □ произвольно взятый анализ крови на сахар

RBS Royal Botanic Society (London) □ Королевское ботаническое общество *(Лондон)*

rc recovery □ 1. восстановление; спасение 2. выздоровление

RC red cell □ эритроцит, *уст.* красная кровяная клетка

RC Red Cross □ Красный Крест *(общество)*

RC remote control □ дистанционное управление

RC 1. respiration ceases □ остановка дыхания 2. respiratory care □ искусственная вентиляция лёгких, ИВЛ

RC root canal □ канал корня *(зуба)*, корневой канал

RCA red cell agglutination □ агглютинация эритроцитов

RCA right coronary artery □ правая венечная [коронарная] артерия

RCAMC Royal Canadian Army Medical Corps □ Медицинская служба Королевских сухопутных войск Канады

RCAVC Royal Canadian Army Veterinary Corps □ Ветеринарная служба Королевских сухопутных войск Канады

RCB respiratory cell biology □ биология респираторных клеток

rCBF regional cerebral blood flow □ регионарный мозговой кровоток

rCBV regional cerebral blood volume □ регионарный объёмный мозговой кровоток

RCC Read Clinical Codes □ система клинических терминологических кодов Рида *(Великобритания)*

RCD red cell size distribution □ распределение эритроцитов по размеру

RCD relative cardiac dullness □ относительная сердечная тупость

RCE relative cloning efficiency □ относительная эффективность клонирования

RCGP Royal College of General Practitioners □ Королевская коллегия врачей общего профиля

R-CHF right-sided congestive heart failure □ правожелудочковая застойная сердечная недостаточность

RCL radial collateral ligament □ лучевая коллатеральная связка *(локтя)*

RCL Radiation Counter Laboratories □ лаборатория по определению уровня радиации

rcl recall □ *выч. тех.* вызов *n*-го регистра памяти

RCLAAR red-cell-linked antigen-antiglobulin reaction □ реакция антиген – антиглобулин на эритроцитах

RCM right costal margin □ правый рёберный край

RCM Royal College of Midwives □ Королевское общество медсестёр-акушерок

RCN Royal College of Nursing □ Королевский колледж медицинских сестёр *(Великобритания)*

RCNT Registered Clinical Nurse Teacher □ преподаватель сестринского дела, имеющий лицензию на право самостоятельной работы в клинике

RC of S Royal College of Surgeons □ Королевская коллегия хирургов *(Великобритания)*

RCOG Royal College of Obstetricians and Gynecologists □ Королевская коллегия акушеров и гинекологов

RCP Royal College of Physicians □ Королевская коллегия терапевтов *(Великобритания)*

RCP (Ed, Edin) Royal College of Physicians (Edinburgh) □ Королевская коллегия терапевтов *(Эдинбург)*

RCP&S Royal College of Physicians and Surgeons □ Королевская коллегия терапевтов и хирургов

RCPath Royal College of Pathologists □ Королевская коллегия патологов *(Великобритания)*

RCPE Royal College of Physicians, Edinburgh □ Королевская коллегия терапевтов Эдинбурга

RCPI Royal College of Physicians of Ireland □ Королевская коллегия терапевтов Ирландии

RC-Prep root canal preparation □ подготовка канала корня зуба

RCPSC Royal College of Physicians and Surgeons of Canada □ Королевская коллегия терапевтов и хирургов Канады

RCPS Glasg Royal College of Physicians and Surgeons of Glasgow □ Королевская коллегия терапевтов и хирургов Глазго

RCPsych Royal College of Psychiatrists □ Королевская коллегия психиатров

RCR Royal College of Radiologists □ Королевская коллегия радиологов

rcrd record □ запись ‖ записывать; регистрация ‖ регистрировать

RCS rabbit aorta contracting substance □ фактор, вызывающий сокращение аорты кролика *(медиатор)*

RCS reticulum cell sarcoma □ ретикулосаркома, ретикулоклеточная саркома

RCS Royal College of Surgeons □ Королевская коллегия хирургов *(Великобритания)*

RCSB Royal Commonwealth Society for the Blind □ Британское королевское общество слепых

RCSE Royal College of Surgeons of Edinburgh □ Королевская коллегия хирургов Эдинбурга

RCSI, RCS Irel Royal College of Surgeons in Ireland □ Королевская коллегия хирургов Ирландии

RCT randomized clinical trail □ рандомизированное клиническое испытание

RCT Registered Clinical Teacher □ преподаватель клинической дисциплины, имеющий лицензию на право практической деятельности

RCT Rorschach Content Test □ *псих.* Роршаха тест [проба], метод чернильных пятен

1557

RCTA rat cortical thymocyte antigen ◻ антиген крысиных кортикальных тимоцитов

RCT sign reproductive capacity temperature sign ◻ способность вируса размножаться при температуре, RCT-признак

RCU respiratory care unit ◻ аппарат искусственной вентиляции лёгких, дыхательный [респираторный] аппарат

RCV rapidly circulating red cell volume ◻ объём быстро циркулирующих эритроцитов

RCV Rat coronavirus ◻ пневмотропный коронавирус крыс, ПКК

rcv receive ◻ принять, принимать

RCV red cell volume ◻ объём эритроцитов

rcvr receiver ◻ приёмник; ресивер

RCVS Royal College of Veterinary Surgeons (Britain) ◻ Королевская коллегия ветеринарных хирургов (Великобритания)

RD reaction of degeneration ◻ реакция дегенерации или перерождения

rd reduce ◻ 1. снижать, редуцировать, уменьшать 2. восстанавливать, раскислять

RD relative density ◻ относительная плотность

RD respiration depth ◻ глубина дыхания

RD 1. respiratory disease ◻ заболевание дыхательных путей **2.** respiratory distress ◻ дыхательные расстройства; респираторный дистресс-синдром

RD 1. retinal degeneration ◻ дегенерация сетчатки **2.** retinal detachment ◻ отслойка сетчатки

RD rubber dam ◻ резиновая плёнка (для защиты операционного поля)

Rd rutherford (kurchatovium) ◻ курчатовий, ист. резерфорд $(1 \times 10^6 \, c^{-1})$

RdA reading age ◻ читающий возраст

RDA recommended dietary allowances ◻ рекомендованные стандартные диеты

RdAc radioactinium ◻ радиоактиний (радиоактивный изотоп тория)

RDE receptor destroying enzyme ◻ энзим, разрушающий рецептор; рецептор-разрушающий фермент (напр. мукопротеиназа вируса, разрушающая клеточную стенку), ЭРР, РРЭ

rdg reading ◻ 1. отчёт; показания; показатели; данные 2. считывание

rdg reducing ◻ уменьшение, сокращение

rdgl radiology ◻ 1. радиология; рентгенология 2. радионуклидные или рентгенологические исследования

RDI recommended daily intake ◻ рекомендуемый ежедневный приём

RDI respiratory disturbance index ◻ индекс нестабильности дыхания

RDL radiological defense laboratory ◻ лаборатория радиационной [радиоактивной] защиты

rDNA recombinant DNA (deoxyribonucleic acid) ◻ рекомбинантная ДНК

rDNA ribosomal DNA (deoxyribonucleic acid) ◻ рибосомальная ДНК

RDP research and development project ◻ научно-исследовательская программа

RDPA right descending pulmonary artery ◻ правая нисходящая лёгочная артерия

RdQ reading quotient ◻ коэффициент начитанности

RdRp RNA-dependent RNA-polymerase ◻ РНК-зависимая РНК-полимераза

RDS removable disk storage ◻ выч. тех. запоминающее устройство [накопитель] на съёмных дисках

RDS respiratory distress syndrome ◻ респираторный дистресс-синдром, болезнь гиалиновых мембран

RDS reticuloendothelial depressing substance ◻ депрессантный фактор ретикулоэндотелиальной системы

RDSG Rheumatic Diseases Study Group ◻ группа по изучению ревматических заболеваний

RDSI respiratory distress syndrome of infants ◻ респираторный дистресс-синдром [болезнь гиалиновых мембран] новорождённых

RdTh radiothorium ◻ радиоторий (радиоактивный изотоп тория), ^{288}Th

RDU recorder drive unit ◻ преобразователь сигналов для регистрации самописцем

RDW red cell distribution width ◻ ширина распределения красных клеток

rdy ready ◻ готово; годный

RE radium emanation ◻ эманация радия, радон, Rn (изотоп ^{222}Rn, используемый в общей альфа-терапии)

RE random error ◻ случайная ошибка

Re фр. Réaumur scale ◻ температурная шкала Реомюра

RE research effort ◻ научно-исследовательская работа

RE reticuloendothelium ◻ ретикулоэндотелиальная система, РЭС

Re Rhenium ◻ рений

RE right ear ◻ правое ухо

RE right eye ◻ правый глаз

REAL Revised European-American classification of lymphoid neoplasms ◻ Пересмотренная Евро-Американская классификация лимфом

react reactance ◻ реактивное сопротивление

react reaction ◻ 1. реакция; противодействие; реактивное действие 2. обратная связь

reas reason ‖ reasonable ◻ 1. причина; основание 2. разум, интеллект; здравый смысл ‖ разумный; приемлемый

reassce reassurance ◻ повторное страхование, перестрахование

REAST reverse enzyme allergosorbent test ◻ энзимоаллергосорбентный тест с инвертированной последовательностью добавления реагентов

rec 1. receive ◻ принимать **2.** receiver ◻ приёмник; ресивер

Rec, rec лат. recens ◻ fresh ◻ свежий

Rec лат. recipe ◻ фарм. 1. возьми (наименование лекарственных средств) 2. рецепт, предписание фармацевту (о лекарственной форме, упаковке, дозировке)

ReC recombinant chromosome ◻ рекомбинантная хромосома

rec 1. record ◻ 1. запись; протокол; учёт; отчётность 2. учётная карточка **2.** recorder ◻ 1. регистрирующий или записывающий прибор 2. самопишущий [регистрирующий] прибор, самописец

rec recovery ◻ 1. восстановление, регенерация 2. восстановление сознания; пробуждение (после наркоза)

3. выздоровление, реконвалесценция 4. выделение (*микроорганизмов*)

rec recreation □ отдых и развлечение

rec recurrent □ возвратный; рецидивирующий, рецидивный

recd received □ получено, принято

RE cells reticulo-endothelial cells □ ретикулоэндотелиальные клетки

RECG radioelectrocardiograph □ радиоэлектрокардиограф

recip recipient □ реципиент, получатель (*при переливании крови, трансплантации органа*)

recirc recirculation || recirculate □ рециркуляция, циркуляция в замкнутом цикле || рециркулировать

recog recognition □ опознание

rect 1. *лат.* rectificatus □ rectified □ очищенный, ректифицированный 2. rectifier □ 1. выпрямитель тока 2. ректификатор; аппарат для очищения; газоотделитель

rect. p. rectangular pulse □ *элек.* прямоугольный импульс

red record □ запись || записывать; регистрация || регистрировать

red reducing □ уменьшение, сокращение

red reduction □ восстановление

RED reverse electrodialysis □ обратный электродиализ

Red in pulv *лат.* reductus in pulverem □ reduced to a powder □ *фарм.* растолочь в порошок

red ox oxidation-reduction □ 1. окислительно-восстановительный процесс 2. редокс-потенциал

REE resting energy expenditure □ энергетические затраты в покое

ref refer □ 1. наводить справку, справляться 2. ссылаться (*на кого-либо, на что-либо*) 3. относить (*к классу, периоду*)

ref reference □ 1. эталон, стандарт || эталонный 2. система отсчёта, ориентир 3. ссылка (*на кого-либо, на что-либо*); справка

ref refugee □ беженец, иммигрант

REF renal erythropoetic factor □ почечный эритропоэтический фактор

ref doc referring doctor □ доверенный врач

refl reflex □ 1. отражение; отсвет; отблеск 2. рефлекс

ref. phys. referring physician □ врач-консультант

refr refraction □ рефракция, преломление

refr refrigeration □ замораживание; охлаждение

REG radioencephalogram □ радиоэнцефалограмма, РЭГ

reg regeneration □ регенерация, восстановление

reg region □ район; область; зона; регион

Reg, reg register || registered □ 1. журнал записей; список 2. регистр || зарегистрированный; взятый на учёт; включённый в регистр (*напр. врачей, имеющих право на самостоятельную практику*) 3. регистрирующий прибор

reg registration □ учёт, регистрация

reg 1. regular □ постоянный, регулярный, кадровый 2. regulation □ регулирование, регуляция

REG rheoencephalograph □ реоэнцефалограф, РЭГ

regd registered □ 1. зарегистрированный; дипломированный; имеющий лицензию [сертификат, разрешение] на практическую деятельность 2. имеющий родословную

regen regeneration □ регенерация, восстановление

regg regions □ районы; области; регионы

Reg Med Det *амер.* Regimental Medical Detachment □ полковое медицинское подразделение

Regns, Regs regulations □ 1. правила; инструкция; методические указания 2. устав; наставление

Regr registrar □ 1. архивариус 2. регистратор 3. *англ.* врач, проходящий специализацию

Reg. T.M. registered trade mark □ заявленный торговый знак; фирменная торговая марка

Regt MO Regimental Medical Officer □ начальник медицинской службы полка

rehab, rehabil rehabilitation □ 1. реабилитация 2. реконструкция, восстановление

REIC Radiation Effects Information Center □ Центр сбора и распределения информации о поражающих факторах радиоактивного излучения

reinf reinforce □ усиливать; уточнять; подкреплять

reinf reinforcement || reinforcing □ усиление, пополнение || усиливающий

rej *лат.* nomen rejiciendum □ отвергнутое название (*термина*)

rel. relative □ относительный

rel release || released □ 1. освобождение || освобождённый 2. выпуск 3. увольнение || уволенный (*с военной службы*)

rel reliability □ надёжность

rel relief □ облегчение; освобождение

REL resting expiratory level (pulmonary) □ объём выдоха в покое

rel. am. s. relative amount of substance □ относительное количество вещества

REM, rem rapid eye movements □ быстрые движения глаз (*фаза сна*), парадоксальный [быстрый] сон

REM raster electron microscopy □ растровая [сканирующая] электронная микроскопия, РЭМ

rem remark □ замечание

rem remedy □ лекарственное средство

REM, rem roentgen-equivalent-man □ биологический эквивалент рентгена, бэр (*заменён на Зиверт*)[*]

REMD rapid eye movement sleep deprivation □ лишение фазы быстрого сна

remg radioelectromyograph □ радиоэлектромиограф

REMS rapid eye movements sleep □ сон фазы быстрых движений глаз

re-op reoperation □ повторная операция

REO, Reoviruses respiratory enteric orphan viruses □ реовирусы, респираторно-энтеро(цито)патогенные орфан-вирусы [вирусы-сиротки] (*поражающие главным образом носоглотку*)

REP patellar reflex □ коленный рефлекс

rep reciprocal translation □ реципрокная трансляция

Rep *лат.* repetatur □ let it be repeated □ *фарм.* повторить, пусть будет повторено

---

[*] Доза ионизирующего излучения, эквивалентная по своему биологическому действию дозе в 0,01 Дж/кг. Лучевая болезнь возникает при воздействии на организм излучения в дозах 100 бэр (1 Зв) и более.

rep report □ доклад; отчёт; сообщение; утверждение

REP retrograde pyelogram □ ретроградная пиелограмма

REP, rep roentgen-equivalent-physical □ физический эквивалент рентгена, ФЭР, *см.* **PhER**

repl replacement □ замена; замещение

reprod reproduction □ 1. воспроизведение 2. размножение

req request □ запрос, заявка

reqmts requirements □ 1. требования 2. потребности

RER renal excretion rate □ процент выделения с мочой радиоактивного йода в час

RER respiratory exchange ratio □ коэффициент дыхательного обмена

RER rough endoplasmic reticulum □ зернистая эндоплазматическая сеть

RERF Radiation Effects Research Foundation □ Фонд исследований действия радиоактивности

res research □ исследование; научно-практическая работа

res reserve □ 1. запас, резерв 2. резерват

Res 1. resident □ врач-резидент **2.** residence □ резидентура *(соответствует клинической ординатуре в РФ)*

res residue □ 1. остаток; отход 2. осадок; отстой

res, resis resistance □ 1. устойчивость, резистентность, сопротивляемость 2. стойкость, невосприимчивость

res resistor □ резистор

res resort □ курорт

RES Restan □ Рестан *(арбовирус)*

res resume □ резюме; конспект

RES reticuloendothelial system □ система макрофагов, система мононуклеарных фагоцитов, ретикулоэндотелиальная система, СМФ, РЭС

RESA ring-infected erythrocyte surface antigen □ поверхностный антиген эритроцитов, инфицированных кольцевидным трофозоитом

resid residual □ остаточный, резидуальный

resis resistance □ 1. устойчивость, резистентность, сопротивляемость 2. стойкость; невосприимчивость

resp respiration || respiratory □ дыхание || дыхательный, респираторный

Res Phys *амер.* resident physician □ врач-стажёр, врач-резидент *(живущий при больнице)*

resp/m respiration/minute □ (число) дыханий в минуту

REST representative scientific test □ показательный научный эксперимент

rest restriction □ ограничение; сужение

RE system reticuloendothelial system □ ретикулоэндотелиальная система, система мононуклеарных фагоцитов, РЭС, СМФ

RET rad equivalent therapy □ радиотерапия в 1 рад

RAT rational-emotive (psycho)therapy □ рационально-эмотивная (психо)терапия

ret retard □ 1. замедлять, тормозить, задерживать 2. пролонгировать

retrog retrogression □ регрессия, снижение уровня; дегенерация

rev regulator of vibrion protein expression □ регулятор экспрессии белков вибриона

REV reticuloendotheliosis virus □ вирус ретикулоэндотелиоза *(птиц)*

rev review □ рецензия; обзор

rev revise(d) □ проверять; просматривать

rev/min revolution/minute □ (число) оборотов в минуту

revs revolutions □ обороты, число оборотов *(в минуту)*

Rf *усл.* скорость движения вещества по хроматографической бумаге

RF, rf radio frequency □ *мед. тех.* радиочастота

Rf rate of flow (chromatography) □ скорость течения; подвижные фракции *(при хроматографии)*

RF recognition factor □ диагностический критерий

RF regurgitation fraction □ фракция регургитирующего объёма

RF releasing factor (releasing hormone) □ либерин, рилизинг-фактор, рилизинг-гормон *(нейрогормон, стимулирующий выделение тропного гормона)*.

RF replicative form □ репродуктивная форма

RF respiratory failure □ дыхательная недостаточность

Rf, R$_F$ retention factor □ значение R_F *(при хроматографии)*

Rf reticular formation □ ретикулярная формация

RF rheumatic fever □ ревматическая атака; ревматическая лихорадка

RF rheumatoid factor □ ревматоидный фактор, РФ *(антитела к Fc-фрагменту иммуноглобулина G)*

Rf rutherford (kurchatovium) □ курчатовий, *ист.* резерфорд *(1 × 10^6 с$^{-1}$)*

RFA right frontoanterior □ вторая [правая] лобно-передняя позиция *(плода)*

R factor resistance factor □ фактор резистентности *(микробов к антибиотикам)*, R-фактор, r-фактор

RfC reference concentration □ референтная концентрация

RFC retrograde femoral catheter □ ретроградный бедренный катетер

RFC rosette-forming cell □ розеткообразующие клетки, РОК

RfD referent dose □ референтная доза

RFDS Royal Flying Doctor Service of Australia □ служба срочной медико-санитарной авиации Австралии

RFFIT rapid, fluorescent, focus-inhibition test □ *иммун.* метод торможения флуоресценции

RFL restriction fragment length □ *иммун.* длина рестрикционного фрагмента

RFLPs restriction-fragment-length polymorphisms □ полиморфизм длины рестрикционных фрагментов, ПДРФ

RFN Registered Fever Nurse □ медицинская сестра по уходу за лихорадящими [инфекционными] больными, включённая в регистр *(получившая сертификат на право лечебной практики)*

RFN rosette-forming neutrophils □ розеткообразующие нейтрофилы

R-forme rough forme □ шероховатая форма *(клетки, штамма микроорганизмов)*; R-форма [R-тип] колонии бактерий

RFP restriction fragment pattern □ рестрикционная карта

RFP right frontoposterior (position of the fetus) □ правая лобно-задняя позиция *(плода)*

RFPS Glasgow Royal Faculty of Physicians and Surgeons of Glasgow □ королевский факультет терапевтов и хирургов Глазго *(Великобритания)*

RFPTC Regional Family Planning Training Center □ Ре-гиональный консультативный центр по вопросам регулирования рождаемости или планирования семьи *(Индия)*

rfr refraction □ рефракция

RFP right frontotransverse position *(of the fetus)* □ правая лобно-поперечная позиция *(плода)*

RFU ready for use □ готовый к употреблению

rg range □ 1. область; диапазон; интервал 2. амплитуда

Rg, rg register || registered □ 1. журнал записей; список 2. регистр || зарегистрированный; взятый на учёт; включённый в регистр *(напр. врачей, имеющих право на самостоятельную практику)* 3. регистрирующий прибор

Rg Roentgen □ 1. рентген *(единица ионизирующего из-лучения)* 2. лучевая терапия, рентгенотерапия

Rg^a Rodgers antigen □ антигены Роджерс

RGD Radio Gas Dispenser □ сосуд с радиоактивным газом

RGE relative gas expansion □ относительное расшире-ние газа

RGG rabbit gamma globulin □ кроличий g-глобулин

RGM-CSF recombinant granulocyte macrophage colony-stimulating factor □ рекомбинантный гранулоцитарно-макрофагальный колониестимулирующий фактор

rgn region □ район; область; зона; регион

RGN Registered General Nurse □ медицинская сестра общего профиля, включённая в регистр *(получившая сертификат на право лечебной практики)*

RGO Regimental Gas Officer □ начальник химической службы полка

RGP rural general practitioner □ сельский врач общего профиля

RGS reduced glycogen stores □ сниженное содержание гликогена

RGS regulator of G protein signaling □ регулятор сиг-   . нальной активности G-белков

RGS reticulohistiocytic system □ ретикулогистиоцитар-ная система

Rgs MSA Regulations for Medical Services of the Army □ наставление по медицинской службе сухопутных войск *(Великобритания)*

Rgtd registered □ 1. зарегистрированный, записанный; взятый на учёт 2. включённый в регистр *(получивший лицензию или сертификат на право лечебной практи-ки)* 3. заказной

rH logarithm of the reciprocal of the pressure of reduc-ing hydrogen □ логарифм обратной величины дав-ления восстанавливающего водорода *(показатель окислительно-восстановительного потенциала)*

RH, rh relative humidity □ относительная влажность

RH releasing hormone □ либерин, рилизинг-гормон, рилизинг-фактор, *см.* **RF** releasing factor

Rh₀, rh', rh" rhesus blood factor □ система резус-факто-ра крови *(антигены системы Rh-Hr)*

Rh– rhesus negative □ резус-отрицательный *(у 15 % людей)*

Rh+ rhesus positive □ резус-положительный *(у 85 % людей)*

RH_null, Rh_null, Rh₀ (редкая) группа крови, в которой от-сутствуют все резус-факторы

rh rheumatism □ ревматизм

Rh Rhodium □ родий

¹⁰⁶Rh radioactive rhodium □ радиоактивный родий

RH, rh right hand □ 1. правая рука, праворукий, право-сторонний 2. правого вращения

RHA Regional Health Authority □ Региональный отдел здравоохранения

Rha rhamnose □ рамноза

RHA Rural Health Association □ Ассоциация сельского здравоохранения

RHb reduced hemoglobin □ восстановленный гемоглобин

RHB Regional Hospital Board □ региональный госпи-тальный [больничный] совет

RHC respirations have closed □ остановка дыхания

RHD relative hepatic dullness □ относительная печёноч-ная тупость *(при перкуссии)*

RhD Rhesus hemolytic disease □ резус-гемолитическая болезнь; резус-конфликт, резус-несовместимость

RHD rheumatic heart disease □ ревматическое пораже-ние сердца, ревмокардит

rheum 1. rheumatism □ ревматизм **2.** rheumatoid □ рев-матоидный; напоминающий ревматизм

RHF right-heart failure □ правожелудочковая недоста-точность сердца

Rh-Hr Rhesus syllabus □ группы крови по системе резус-фактора, антигены системы Rh-Hr

Rhi, Rhin rhinology □ ринология

Rhiz rhizobium □ микориза *(симбиотическое обитание грибов на корнях растений)*

Rhiz *лат.* rhizoma □ *фарм.* корневище

RHL Radiation Health □ радиационная гигиена

RhL-A rhesus leukocyte antigens □ главная (генетичес-кая) система гистосовместимости макак-резусов

RHM, rhm roentgen-per-hour at one meter □ доза 1 рент-ген/час на расстоянии 1 метра от источника излучения

RHN Rochester Health Network (New York) □ Рочестер-ская сеть здравоохранения *(штата Нью-Йорк)*

Rhod Rhodococcus □ родококк, коккобактерия

RhoGAM Rho immune globulin □ *фарм.* препарат для приготовления резус-иммунного глобулина

r/hr roentgens per hour □ количество рентген в час, Р/ч

r.h.s. right-hand side □ правая сторона

RHT renal homotransplantation □ аллотрансплантация [*уст.* гомотрансплантация] почки

Rhu rheumatology □ ревматология

r-HuEPo recombinant human erythropoetin □ рекомби-нантный человеческий эритропоэтин

RHV registered health visitor □ социальный работник, имеющий лицензию на право самостоятельной работы

Ri inhibitory receptors □ ингибирующие рецепторы

RI reaction index □ показатель [индекс] реакции

RI refractive index □ показатель преломления

RI relative intake □ относительное потребление

RI reproducibility index □ коэффициент воспроизводи-мости

RI 1. respiratory illness □ респираторное заболевание, ОРЗ **2.** respiratory infection □ инфекция дыхательных путей, респираторная инфекция

RI retroactive inhibition ☐ ретроингибирование, ингибирование по принципу обратной связи

RI rubber insulation ☐ резиновая изоляция

RIA radioimmunoassay ☐ радиоиммунологический метод, радиоиммунное исследование, радиоиммунный анализ, РИА

RIA Research Institute on Alcoholism ☐ Институт по изучению алкоголизма

Rib ribose ☐ рибоза

RIC renomedullary interstitial cells ☐ интерстициальные клетки мозгового слоя почки

RIC Royal Institute of Chemistry ☐ Королевский институт химии *(Великобритания)*

RICM right intercostal margin ☐ правый рёберный край

RICS right intercostal space ☐ межреберье справа

RID radial immunodiffusion, radioimmunodiffusion ☐ радиальная иммунодиффузия, радиоиммунодиффузия

RIDDOR A guide to the reporting of injuries, diseases and dangerous occurrences regulations ☐ информация о повреждениях, заболеваниях и рекомендации по их профилактике

RIF receptor-inducing factor ☐ фактор, индуцирующий экспрессию рецепторов

Rif rifampicin ☐ рифампицин

RIF right iliac fossa ☐ правая подвздошная ямка

RIF rosette inhibitory factor ☐ фактор подавления розеткообразования

rIFN recombinant interferon ☐ рекомбинантный интерферон

rIFNa$_{2a}$ recombinant interferon a$_{2a}$ ☐ рекомбинантный интерферон a$_{2a}$

RIH right inguinal hernia ☐ правосторонняя паховая грыжа

rIL-2 recombinant interleukin-2 ☐ рекомбинантный интерлейкин-2, РИЛ-2

RIMA right internal mammary artery ☐ правая внутренняя грудная артерия

RIMR Rockefeller Institute of Medical Research ☐ Рокфеллеровский медицинский научно-исследовательский институт

RIND reversible ischemic neurological deficiency ☐ обратимое ишемическое повреждение нерва

R. in pulv. *лат.* reductum in pulverem ☐ reduced to powder ☐ *фарм.* измельчённый до порошкообразного состояния

RIP radioimmunoprecipitation ☐ радиоиммунопреципитация

RIP ribosome-inactivating protein ☐ белок, инактивирующий рибосому; рибосомотоксин

RIPA radioimmunoprecipitation assay ☐ радиоиммунологический метод с осаждением комплексов антиген – антитело путём преципитации

RIPH Royal Institute of Public Health ☐ Королевский институт здравоохранения *(Великобритания)*

RIPHH Royal Institute of Public Health and Hygiene ☐ Королевский институт здравоохранения и гигиены *(Великобритания)*

RIPS radio isotope power system ☐ *мед. тех.* радиоизотопная система питания

RIRB radioiodinated rose bengal ☐ бенгальский розовый, меченный радиоактивным йодом *(краситель)*

RIS radioimmunoscintigraphy ☐ радиоиммунная сцинтиграфия

RISA^{131} radioiodinated serum albuminum ☐ меченный радиоактивным йодом альбумин сыворотки крови

RIST radioimmunosorbent test ☐ радиоиммуносорбентный тест, РИСТ

RIT immobilization reaction of treponema ☐ реакция иммобилизации бледных трепонем, РИБТ

RIT radiojodinated triolein ☐ триолеин, меченный радиоактивным йодом *(^{131}I)*

RITC rhodamine isothiocyanate ☐ родаминизотиоцианат, РИТЦ

RITE Rapid Information Technique for Evaluation ☐ система оперативно-справочной информации

RK 13 cell line ☐ клеточный клон РК-13

RK rabbit kidney (tissue culture) ☐ почка кролика *(культура ткани)*

RK right kidney ☐ правая почка

RKY roentgenokymography ☐ рентгенокимография

RL coarse rales ☐ крупнопузырчатые хрипы

rl fine rales ☐ мелкопузырчатые хрипы

Rl medium rales ☐ среднепузырчатые хрипы

RL reduction level ☐ степень восстановления

RL Reference Library ☐ справочная библиотека

RL REM sleep latency ☐ продолжительность фазы сна быстрых движений глаз

R → L right-to-left shunt ☐ сброс [шунт] справа налево

RL Ringer's lactate ☐ Рингер-лактат

RL-A rabbit leukocyte antigens ☐ главная (генетическая) система гистосовместимости кролика

RLAI risperidone long-acting injectable ☐ пролонгированная инъекционная форма рисперидона

rlb reliability ☐ надёжность

RLBCD right lower border of cardiac dullness ☐ нижний край сердечной тупости справа

RLE right lower extremity ☐ правая нижняя конечность

RLF retrolental fibroplasia ☐ ретролентальная фиброплазия, синдром Терри

RLL right lower lobe of lung ☐ правая нижняя доля лёгкого

RLO residual lymphocyte output ☐ остаточный лимфоцитарный выброс

RLP recirculating lymphocyte pool ☐ рециркулирующий пул лимфоцитов

R-LPS rough lipopolysaccharides ☐ липополисахариды шероховатых колоний бактерий

RLQ right lower quadrant ☐ правый нижний квадрант *(напр. живота)*

RLS person a person who stammers having difficulty in enunciating *r*, *l* and *s* ☐ картавый человек; человек, неправильно произносящий звуки *р, л, с*

RLS restless legs syndrome ☐ синдром беспокойных ног

RLTA rat low electrophoretic mobility thymocyte antigen ☐ антиген крысиных кортикальных тимоцитов с низкой электрофоретической подвижностью

RLV Rauscher leukemia virus □ вирус (лейкоза) Раушера *(вызывающий у мышей гемоцитобластоз)*

RM radical mastectomy □ радикальная мастэктомия

RM range of movement □ диапазон движений

RM recall memory □ *выч. тех.* вызов регистра памяти

RM record mark □ метка записи

RM reference manual □ справочник, справочное руководство

RM reflectance meter/dextrostix □ правовращающий изомер

RM Registered Midwife □ акушерка, имеющая сертификат на право самостоятельной работы

RM resistive movement □ сопротивление движению

RM respiratory movement □ дыхательное движение

rm ring micrometer □ кольцевой микрометр

rm room □ комната; помещение

RMA right mentoanterior position (of the fetus) □ передний вид, лицевое предлежание, вторая позиция *(плода)*

RMA Royal Military Asylum □ дом инвалидов-военнослужащих *(Великобритания)*

rmc remote control □ 1. дистанционное управление, управление на расстоянии 2. выносной пульт управления

RMC Royal-Medical Corps □ медико-санитарная служба сухопутных войск *(Великобритания)*

RMC Rush Medical College □ медицинский колледж с ускоренным обучением

RMD Doctor of Research Medicine □ доктор медицинских наук; доктор экспериментальной медицины

RMD retromanubrial dullness □ притупление (тупость) позади рукоятки грудины

R meter radiation meter □ радиометр

rmks remarks □ замечания; примечания

RML right middle lobe of lung □ средняя доля правого лёгкого

RMLV Rauscher Murine Leukemia Virus □ вирус лейкоза мышей Раушера

RMM relative molecular mass □ относительная молекулярная масса

RMN Registered Mental Nurse (Britain) □ медицинская сестра психиатрического профиля, получившая сертификат на право лечебной работы *(Великобритания)*

RMO Regional Medical Officer □ руководитель лечебного учреждения района или округа

RMP Regimental Medical Post □ полковой медицинский пункт

RMP Regional Medical Program □ региональная медицинская программа

RMP right mentoposterior position (of the fetus) □ задний вид, лицевое предлежание, вторая позиция *(плода)*

RMPA Royal Medico-Psychological Association □ Королевская медико-психологическая ассоциация

RMPS Regional Medical Programs Service □ служба региональной медицинской программы

RMS rheumatic mitral stenosis □ ревматический митральный стеноз

RMS, rms root-mean-square □ среднеквадратичный, среднеквадратический

RMSE root-mean-square error □ среднеквадратичная ошибка

RMSF Rocky Mountain Spotted Fever □ пятнистая лихорадка Скалистых гор

RMT right mentotransverse position (of the fetus) □ лицевая линия в правом косом размере

RMU Russian Medical Union □ Российский медицинский союз

RMV respiratory minute volume □ минутный объём дыхания, МОД

RN radionuclide □ радионуклид, радиоактивный изотоп

Rn Radon [niton] □ радон *(тяжёлый инертный газ, выделяемый при распаде радиоактивных элементов)*

RN Registered Nurse □ медицинская сестра, включённая в регистр *(получившая сертификат на право лечебной работы)*

RN 16 rhinovirus type 16 □ риновирус тип 16

RN running nose □ насморк

RNA ribonucleic acid □ рибонуклеиновая кислота, РНК

   complementary ~ □ комплементарная РНК

   informational [messenger] ~ □ информационная [матричная] РНК

   nuclear ~ □ ядерная РНК

   nucleolar [nucleosus] ~ □ ядрышковая РНК

   oncogenic ~ □ онкогенная РНК

   primer ~ □ РНК-затравка

   self-splicing ~ □ самосплайсирующая РНК *(способная подвергаться аутосплайсингу)*

   soluble [transfer] ~ □ транспортная РНК, тРНК

   translational ~ *см.* **informational ~**

RNA rough, noncapsulated, avirulent □ грубая, некапсулированная, авирулентная *(бактериальная культура)*

RNA polymerase ribonucleic acid polymerase □ полимераза рибонуклеиновой кислоты, РНК-полимераза

RNA replicase *см.* **RNA polymerase**

RNase ribonuclease □ рибонуклеаза, РНКаза

RNAH Royal Naval Auxiliary Hospital □ временный (вспомогательный) военно-морской госпиталь *(Великобритания)*

RNA-virus РНК-вирус

RNC radionuclide cystography □ радионуклидная цистография

RND reflex neurovascular dystrophy □ рефлекторная нейроваскулярная дистрофия

RNH Royal Navy Hospital □ военно-морской госпиталь

RNIB Royal National Institute for the Blind □ Королевский национальный институт по изучению слепоты

RNICU Regional Newborn Intensive Care Unit □ региональное отделение интенсивной терапии новорождённых

RNID Royal National Institute for the Deaf □ Королевский национальный институт по изучению глухоты

RNMD Registered Nurse for Mental Defectives □ медицинская сестра по обслуживанию психически больных, включённая в регистр *(получившая сертификат на право лечебной работы)*

RNMH Registered Nurse for the Mentally Handicapped □ медицинская сестра, имеющая лицензию на право самостоятельной работы с психически больными-инвалидами

RNMS Registered Nurse for the Mentally Subnormal □ медицинская сестра по обслуживанию больных с психическими расстройствами

RNNS Royal Naval Nursing Service □ служба медицинских сестёр военно-морских сил (*Великобритания*)

RNP ribonucleoprotein □ рибонуклеопротеид, рибонуклеопротеин, РНП

Rnr renin regulator □ ренин-регулятор (*артериального давления*)

RNT Registered Nurse Teacher □ преподаватель сестринского дела, имеющий лицензию на право практической деятельности

RNV radionuclide venography □ радионуклидная [изотопная] венография

RNV relative nutritive value □ относительная питательная ценность

RNZAMC Royal New Zealand Army Medical Corps □ медицинская служба сухопутных войск Новой Зеландии

RO, R/O readout □ *выч. тех.* выборка информации; считывание; отсчёт (*показаний*), воспроизведение (*записи*)

RO reverse osmosis □ обратный осмос

RO routine order □ обычный [заведённый] порядок

RO rule out □ исключение; дифференциальная диагностика методом исключения

ROA radio operator's aptitude test □ психотехнические испытания радистов

ROA right occipitoanterior position of the fetus □ передний вид, затылочное предлежание, вторая позиция (*плода*)

Rob Robertsonian translocation □ робертсоновская транслокация (*хромосомная перестройка*)

ROC receiver-operating characteristic curve □ анализ с помощью построения характеристической кривой

ROCs receptor-operated calcium channels □ рецепторы действующих кальциевых каналов

roentg 1. roentgenologist □ рентгенолог 2. roentgenology □ рентгенология

ROI region of interest □ поражённая область

ROLL Replication of Lessons Learned □ программа «Распространение опыта и результатов» (*Института устойчивых сообществ, США*)

ROM range of motion □ диапазон движений (*напр. в суставе*)

ROM read-only memory □ *комп.* постоянная память; постоянное запоминающее устройство

ROM resistant organic matter □ стойкое органическое соединение, СОС

Rom Romberg test □ проба Ромберга

ROM rupture of membranes □ разрыв плодных оболочек

ROP record of performance □ учёт продуктивности

ROP reduction-oxidation potential □ окислительно-восстановительный потенциал, редокс-потенциал

ROP retinopathy of prematurity □ ретинопатия недоношенных

ROP right occipitoposterior □ задний вид, затылочное предлежание, вторая позиция (*плода*)

Ror Rorschach test □ *псих.* тест [метод] Роршаха, тест чернильных пятен

ROS review of systems □ обследование больного по системам

ROSC Reserve Officers Sanitary Corps □ резерв офицеров медико-санитарной службы (*Канада*)

RoSPA Royal Society for the Prevention of Accidents □ Королевское общество по предотвращению несчастных случаев (*Великобритания*)

ROT remedial occupational therapy □ лекарственно-производственная терапия, лечение профессиональных заболеваний

ROT right occipitotransverse position of the fetus □ затылочное предлежание, вторая позиция (*плода*)

rot rotation □ 1. вращение 2. чередование

ROTC Reserve Officer Training Corps □ служба подготовки резервных кадров

Roy Royal □ королевский (*напр. об обществах врачей*)

Rp population risk □ популяционный риск

Rp. *лат.* recipe □ *фарм.* 1. возьми (*наименование лекарственных средств*) 2. рецепт, предписание фармацевту (*о лекарственной форме, упаковке, дозировке*)

RP red pulp □ красная пульпа

RP referring physician □ врач-консультант

RP refractory period □ рефрактерный период

RP removed properdin □ реагент для определения пропердина

RP resting potential □ потенциал покоя

RP 1. retinitis pigmentosa □ пигментный ретинит 2. retinitis proliferans □ пролиферирующий ретинит

RP retrograde pyelogram □ ухудшающаяся пиелограмма

R-5-P ribose-5-phosphate □ рибозо-5-фосфат

RPA Renal Physicians Association □ Ассоциация врачей-нефрологов

RPA right pulmonary artery □ правая лёгочная артерия

RPB Research to Prevent Blindness □ исследование по предупреждению слепоты

RPC reversed-phase chromatography □ хроматография с обращённой фазой

RPCA reverse passive cutaneous anaphylaxis □ обратная пассивная кожная анафилаксия

RPCF Reiter protein complement-fixation □ реакция связывания комплемента с протеиновым антигеном Рейтера (*на сифилис*)

RPE relative plating efficiency □ относительная эффективность выращивания, относительная эффективность культивирования

RPEP/RVET right preejection period/right ventricular ejection time □ период предызгнания крови правым желудочком (*сердца*), время изгнания крови правым желудочком (*сердца*), Т/Е

RPF relaxed pelvic floor □ расслабление [опущение] тазового дна

RPF renal plasma flow □ почечный плазмоток

RPF retroperitoneal fibrosis □ забрюшинный [ретроперитонеальный] фиброз, болезнь Ормонда

RPG rheoplethysmography □ реоплетизмография

RPGN rapidly progressive glomerulonephritis □ быстропрогрессирующий гломерулонефрит

RPh Registered Pharmacist □ включённый в регистр (*получивший лицензию на право практики*) фармацевт

RPHA reverse passive hemagglutination □ реакция обратной пассивной гемагглютинации, РОПГА

RPI relative percentage index □ относительный процентный индекс

RPI reticulocyte production index □ индекс продукции ретикулоцитов

RPKD recessive polycystic kidney disease □ поликистоз почек, передающийся по рецессивному типу

RPL Radio Physics Laboratory □ радиофизическая лаборатория

rpl., rplc replace □ заменить, замещать

rpm revolutions per minute □ число оборотов в минуту

RPMC rat peritoneal mast cells □ перитонеальные тучные клетки крысы

RPMI revolutions per minute indicator □ указатель числа оборотов в минуту

RRMS relapsing-remitting multiple sclerosis □ рассеянный склероз ремитирующего течения

RPMS Royal Postgraduate Medical School □ Королевская медицинская школа последипломного образования

RPN Registered Practical Nurse □ включённая в регистр медицинская сестра общей практики *(получившая лицензию на право практики)*

RPO right posterior oblique □ *рентг.* правая задняя косая *(проекция)*

RPP relapse prevention program □ программа по предотвращению обострений *(напр. у больных шизофренией)*

RPP retropubic prostatectomy □ позадилобковая простатэктомия

RPR rapid plasma reagins □ тест быстрых плазменных реагинов

RPRF rapidly progressive renal failure □ быстро прогрессирующая почечная недостаточность

rprt, rpt report □ доклад; отчёт; сообщение; утверждение

RPS renal pressure substance □ почечный фактор гипертонии

rps revolutions per second □ число оборотов в секунду

R+PSV resection/proximal selective vagotomy □ резекция (желудка) и проксимальная селективная ваготомия, СПВ

RPT Registered Physical Therapist □ включённый в регистр физиотерапевт *(получивший лицензию на право лечебной практики)*

rpt repeat □ *выч. тех.* повторить

RPV right portal vein □ правая ветвь воротной вены

RPV rinder pest virus □ вирус чумы

RPW repatriated prisoners of war □ репатриированные военнопленные

PQ recovery quotient □ коэффициент восстановления

rq request □ запрос, заявка

RQ respiratory quotient □ дыхательный коэффициент, ДК

rqmts requirements □ 1. требования; потребности 2. необходимые условия

rqr requirement □ 1. требование; потребность 2. необходимое условие

RR radiation response □ реакция на облучение

Rr, rr *лат.* rami □ ветви *(напр. о нервах)*

RR recovery room □ посленаркозная палата; палата интенсивного наблюдения

RR relative risk □ относительный риск; показатель относительного риска *(напр. заболевания туберкулёзом)*

RR respiration rate □ частота дыхания

RR rheumatoid rosettes □ ревматоидные розеткообразующие клетки

RR Riva-Rocci (sphygmomanometer) □ сфигмоманометр Рива-Роччи

RR Ross River □ Росс-Ривер *(арбовирус)*

RRA registered records administrator □ дипломированный регистратор

RR&E *см.* **RRE**

RRBC rat red blood cells □ крысиные эритроциты

RRC Royal Red Cross □ Английский Красный Крест

RR cells radiation reaction cells □ реакция клеток на облучение

RRE regular, round and equal pupils □ зрачки равномерные, круглые, реакция их на свет одинакова

rRNA ribosomal ribonucleic acid □ рибосомальная рибонуклеиновая кислота, рибосомальная РНК, рРНК

RRP relative refractory period □ скрытый рефрактерный период

RRR *нем.* Ratten-Reticulocyten-Reaction □ реакция ретикулоцитов крысы, КРР

RRS Radiation Research Society □ Общество по исследованию радиации *(США)*

RRS rectoromanoscopy □ ректороманоскопия

RRS respiratory system resistance □ общее неэлектрическое [фрикционное] сопротивление дыхательных путей

RRT Registered Respiratory Therapist □ включённый в регистр врач-пульмонолог *(получивший лицензию на право лечебной практики)*

RRU Radiotherapeutic Research Unit □ научно-исследовательская радиотерапевтическая группа

RRV rapidly circulating red cell volume □ объём быстро циркулирующих эритроцитов

RRV Ross River virus □ 1. вирус Росс-Ривер 2. болезнь, вызываемая данным вирусом

rs rain with snow □ снег с дождём

RS Rauwalfia serpentina □ раувольфия змеиная

RS record separator □ *выч. тех.* разделитель записей

RS reinforcing stimulus □ подкрепляющий стимул или раздражитель

rs research □ исследование; научно-практическая работа

RS respiratory syncytial □ респираторно-синцитиальный *(вирус)*, РСВ

Rs, rs respiratory system □ респираторная система, органы [система] дыхания

RS resurveys □ повторное обследование

RS review of systems □ обследование по системам

RS, rs right side □ правая сторона

RS Ringer's solution □ раствор Рингера

R/s, R • s⁻¹ roentgen per second □ рентген в секунду, Р/с, Р • с⁻¹

r/s, r/min rotational frequency (reciprocal revolutions per minute) □ *усл.* частота вращения *(оборот в секунду, об/с; оборот в минуту, об/мин)*

RS Rous sarcoma virus □ вирус саркомы (кур) Рауса

RS Royal Society □ Королевское общество естественных наук *(Великобритания)*

Rs systemic vascular resistance □ общее сосудистое сопротивление

RSA rabbit serum albumin □ альбумин [белок] сыворотки (крови) кролика

RSA rabbit serum autoantigen □ кроличий спермальный аутоантиген

RSA rabbit sialoglycoprotein antigen □ кроличий сиалогликопротеиновый антиген *(мембраны сперматозоидов)*

RSA Rehabilitation Services Administration □ Управление службами реабилитации

RSA right sacroanterior position of the breech □ передний вид, тазовое предлежание, вторая позиция *(плода)*

RSA right subclavian artery □ правая подключичная артерия

RSAT rapid slide agglutination test □ быстрый тест агглютинации на стекле

RSB Regimental Stretcher Bearer □ полковой носилочный санитар

RSC Royal Society of Chemistry □ Королевское химическое общество

RSCN Registered Sick Children's Nurse □ медицинская сестра по уходу за больными детьми, включённая в регистр *(получившая сертификат на право самостоятельной работы)*

rSCU recombinant single-chain urokinase □ рекомбинантная одноцепочечная урокиназа

RSD relative standard deviation □ стандартное отклонение

RSD reflex sympathetic dystrophy □ рефлекторная симпатическая дистрофия

RSD Rochester School for the Deaf □ Рочестерская школа глухонемых

rset reset □ *выч. тех.* восстановление; возврат в исходное положение или состояние; сброс показаний

RSF respiratory structure and function □ структура и функция органов дыхания

RSG rabbit serum globulin □ глобулин сыворотки (крови) кролика

RSG rhythmic sportive gymnastics □ ритмическая [спортивная] гимнастика, аэробика

RSH Royal Society of Health □ Королевское общество здравоохранения *(Великобритания)*

RSI repetitive strain injury □ травма, возникающая из-за постоянной нагрузки *(хронический крепитирующий тендовагинит, писчий спазм и пр.)*

RSI Royal Sanitary Institute □ Королевский институт санитарии *(Великобритания)*

R-SICU respiratory-surgical intensive care unit □ отделение [блок] интенсивной терапии хирургических больных с заболеваниями лёгких

RSIVP rapid-sequence intravenous pyelogram □ серийная внутривенная пиелограмма

RSL Returned Soldiers League □ Лига демобилизованных солдат *(Австралия)*

rslt result □ результат, исход

RSM Royal School of Medicine □ Королевская медицинская школа *(вуз, Великобритания)*

RSM Royal Society of Medicine □ Королевское медицинское общество *(Великобритания)*

RSNA Radiological Society of North America □ Радиологическое [рентгенологическое] общество Северной Америки

RSP right sacroposterior position of the fetus □ задний вид, тазовое предлежание, вторая позиция *(плода)*

RSPCA Royal Society for the Prevention of Cruelty to Animals □ Королевское общество защиты животных от жестокого обращения

RSPH Royal Society for the Promotion of Health □ Королевское общество содействия здравоохранению *(Великобритания)*

RSR regular sinus rhythm □ правильный синусовый ритм

RSSE Rating Scale for Side Effects □ шкала оценки побочных эффектов

RSSE Russian spring-summer encephalitis □ 1. арбовирус клещевого (русского) весенне-летнего энцефалита 2. заболевание, вызываемое вышеуказанным вирусом

rst reset □ *выч. тех.* восстановление; возврат в исходное положение или состояние; сброс показаний

RST right sacro-transverse position (of the fetus) □ межъягодичная линия в правом косом размере *(позиция плода)*

RSTMH Royal Society of Tropical Medicine and Hygiene □ Королевское общество тропической медицины и гигиены *(Великобритания)*

RSV respiratory syncytial virus □ респираторно-синцитиальный вирус, РСВ

RSV Rous sarcoma virus □ вирус саркомы кур, вирус саркомы Рауса

RT radiologic technologist □ специалист по радиологии

RT radiotherapy □ рентгенотерапия; радиотерапия, лучевая терапия

RT reaction time □ время [длительность] реакции

RT reading test □ тест [проба, испытание] на чтение

RT real time □ 1. реальное время 2. истинное время, истинный масштаб времени

R/T receive/transmit □ *мед. тех.* приёмно-передающий

RT recreational therapy □ восстановительная терапия

RT registered X-ray technician □ рентгенотехник, включённый в регистр *(получивший сертификат на право самостоятельной работы, США)*

RT₃ resin triiodothyronine □ синтетический трийодтиронин

RT resistance thermometer □ термометр сопротивления, резистор

RT resistance transfer □ передача резистентности; фактор переноса устойчивости *(напр. микроорганизмов к антибиотикам)*

rt right □ 1. правый *(напр. об отведении ЭКГ)* 2. правильный

RT room temperature □ комнатная температура

RTA renal tubular acidosis □ почечный тубулярный ацидоз, метаболический [почечный] ацидоз

RTA ricin toxin A □ А-субъединица рицина, рициновый А-токсин

RTA road traffic accident □ дорожно-транспортное происшествие, ДТП

RTC renal tubular cell □ клетка канальцев почки

RTC Research and Training Centre □ Центр научных исследований и подготовки кадров *(ВОЗ)*

RTC return to clinic □ повторное поступление в клинику

RTD residual trophoblastic disease □ трофобластическая болезнь *(пузырный занос, хорионэпителиома и др.)*

RTD routine test dose □ обычная тест-доза; стандартная пробная доза

RTD routine testing dilutions □ обычные пробные разведения

R test reductase test □ редуктазный тест

RTF foot reaction time □ время реакции [рефлекса] стопы

RTF resistance transfer factor □ передача резистентности; фактор переноса устойчивости *(напр. бактерий к антибиотикам)*

RTG rheotesticulography □ реотестикулография

RTH hand reaction time □ время реакции [рефлекса] кисти

RTI respiratory tract infection □ респираторная инфекция, инфекция дыхательных путей

rtn ration □ паёк, рацион

rtn routine □ *выч. тех.* (стандартная) программа *(ЭВМ)*

rTNF recombinant tumor necrosis factor □ рекомбинантный фактор некроза опухоли

RTOG Radiation Therapy Oncology Group □ группа по радиационной [лучевой] терапии онкологических больных

R to L right to left □ справа налево *(напр. сброс крови)*

RTP real-time processing □ *выч. тех.* обработка (данных) в реальном (масштабе) времени; обработка данных в темпе их поступления

RTP Regional Transplantant Program □ региональная программа по трансплантации органов *(Европа)*

rTMS repetitive transcranial magnetic stimulation □ многократная транскраниальная магнитная стимуляция

rt-PA recombinant tissue plasminogen activator □ рекомбинантный тканевый активатор плазминогена, ртАП

RT-PCR reverse transcriptase polymerase chain reaction □ обратная транскрипция - полимеразная цепная реакция, ОТ-ПЦР

RTR red cell turnover rate □ скорость оборота [смены] эритроцитов

RTS revised trauma score □ переработанный индекс травмы

RTT radiation therapy technician □ техник по лучевой [радиационной] терапии; лаборант по лучевой терапии

RTU relative time units □ относительные единицы времени

R-TVP resection-truncus vagotomy and pyloroplasty □ резекция *(желудка)*, стволовая ваготомия и пилоропластика

R-type rough □ шероховатая форма, R-тип, R-форма *(о колониях бактерий)*

RU rat unit □ крысиная единица, КЕ

RU reading of unknown □ *псих.* чтение неизвестного текста

RU reproducing unit □ *мед. тех.* блок воспроизведения, воспроизводящее устройство

RU Roentgen unit □ рентгеновский аппарат

ru ruby-eye □ рубиновый глаз *(о генах лабораторных мышей)*

Ru Ruthenium □ рутений

RUA right upper arm □ правая верхняя конечность

rub rubber □ резина ‖ резиновый

Rub, rub *лат.* rubber □ red □ красный

RUDS reflectance unit of dirt shade □ единица отражательной способности тёмного пятна *(единица измерения загрязняющей способности воздуха, США)*

RUE right upper extremity □ правая верхняя конечность

RUI Royal University of Ireland □ Королевский ирландский университет

RUL right upper lobe of a lung □ верхняя доля правого лёгкого

R-unit Roentgen unit □ *уст.* рентген, Р *(единица экспозиционной дозы ионизирующей радиации, 2,28 • 10⁻⁴ Кл/кг)*

RUQ right upper quadrant □ правый верхний квадрант *(напр. живота)*

RUS radioulnar synostosis □ радиоульнарный синостоз, сращение лучевой и локтевой костей

RUV residual urine volume □ объём остаточной мочи

RV rabies virus □ вирус бешенства

RV, rv random variable □ случайная величина

RV relative viscosity □ относительная вязкость

rv relief valve □ *мед. тех.* предохранительный клапан

RV residual volume □ остаточный объём, ОО

RV respiratory volume □ дыхательный объём, ДО

RV retroversion □ ретроверсия *(отклонение органа назад)*

RV rhinovirus □ риновирус

RV right ventricle □ правый желудочек *(сердца)*

RV rubella vaccine □ вакцина против краснухи

RV rubella virus □ вирус краснухи

RVA right vertebral artery □ правая позвоночная артерия

RVH 1. renovascular hypertension □ реноваскулярная гипертензия **2.** right ventricular hypertrophy □ гипертрофия правого желудочка *(сердца)*

RVD right ventricular internal dimension □ ёмкость правого желудочка *(сердца)*

RVDP right ventricular diastolic pressure □ диастолическое давление в правом желудочке *(сердца)*

RVE right ventricular enlargement □ увеличение правого желудочка *(сердца)*

RVEDP right ventricular end-diastolic pressure □ конечное диастолическое давление в правом желудочке *(сердца)*, КДД

RVEP right ventricular ejection period □ период выброса крови правым желудочком *(сердца)*

RVET right ventricular ejection time □ время изгнания крови из правого желудочка *(сердца)*

RVF Rift Valley fever □ лихорадка долины Рифт, лихорадка Рифт-Валли

RVF right ventricular failure □ правожелудочковая недостаточность

RVH right ventricular hypertrophy □ гипертрофия правого желудочка *(сердца)*

RVMP right ventricular mean pressure □ среднее давление в правом желудочке *(сердца)*

RVO relaxed vaginal outlet □ релаксация преддверия влагалища

RVOT right ventricle outflow tract □ выходной тракт правого желудочка

RVP – RZ

RVP respiratory vascular parasites □ паразитоз сосудов лёгочного кровообращения

RVP resting venous pressure □ венозное давление в покое

RVP right ventricular pressure □ давление в правом желудочке *(сердца)*

RVR renal vascular resistance □ сопротивление почечных сосудов

RVR renin activity in renal veins □ активность ренина в крови из почечной вены

RVR repetitive ventricular response □ повторный желудочковый ответ

RVS relative value scale □ относительная шкала ценностей

RVS strain of rabies vaccine (attenuated) □ (ослабленный, аттенуированный) штамм вакцины бешенства

RVSP right ventricular systolic pressure □ пиковое давление в правом желудочке *(сердца)*

RVSTI right ventricular systolic time intervals □ время интервала систолы правого желудочка *(сердца)*, E

RVT renal vein thrombosis □ тромбоз почечной вены

RVW right ventricular wall □ стенка правого желудочка *(сердца)*

RW radiation weapon □ радиационное [радиоактивное, ядерное] оружие

RW radiological warfare □ боевые действия с применением радиоактивных веществ

RW ragweed □ крестовник луговой, амброзия полыннолистная

R/W read/write □ *выч. тех.* чтение/запись

RW relative weight □ относительная молекулярная масса, *уст.* молекулярный вес

RW round window □ *анат.* круглое окно

RWT relative wall thickness □ *узи* относительная толщина стенки *(левого желудочка)*

Rx 1. prescription □ предписание фармацевту *(о лекарственной форме, упаковке, общем количестве отпускаемых доз)* **2.** терапия, лечение

Rx *лат.* recipe □ take □ *фарм.* возьми

RX Red Cross □ Красный Крест

RY relay □ реле

RZ return-to-zero □ *выч. тех.* с возвращением к нулю

S

S *усл.* константа седиментации

S *усл.* коэффициент отбора

S *усл.* перед названием журналов означает выборочную роспись *(журналы пограничных дисциплин)*

S *усл.* седиментационная единица Сведберга

s *усл.* символ чувствительности

S area ☐ *усл.* область; участок

S entropion, entropium ☐ *усл.* заворот века внутрь

S entropy ☐ *усл.* энтропия

S piebald ☐ *усл.* пегие, пегой окраски *(о генах лабораторных мышей)*

S sacral ☐ крестцовый *(напр. позвонок)*

S saline ☐ физиологический раствор

S Salmonella ☐ сальмонеллы *(род бактерий)*

S Sandoz ☐ наименование издательства, выпускающего медицинскую литературу

s satellite ☐ 1. спутник, сателлит *(отделяемый участок хромосомы)* 2. дочерний абсцесс

S *лат.* **satis** ☐ **enough** ☐ *фарм.* достаточно, довольно

S saturation ☐ насыщение, сатурация *(напр. крови газом)*

S 1. science || **scientific** ☐ наука || научный *(напр. эксперимент)* **2. scientist** ☐ учёный

s search ☐ поиск || поисковый

s 1. second ☐ 1. секунда, с 2. второй **2. secondary** ☐ вторичный, дополнительный; вспомогательный

s section ☐ 1. отдел; раздел; отделение; секция 2. срез; профиль 3. рассечение, разрез 4. препарирование; вскрытие

s sediment ☐ осадок

S, s sedimentation coefficient ☐ коэффициент седиментации

S self ☐ свой *(собственная ткань; антигены собственной ткани, напр. реципиента)*

s *лат.* **semi** ☐ **half** ☐ половина

S senior ☐ старший

S sensation ☐ чувство; ощущение

S sensitive ☐ чувствительный

S series || **serial** ☐ 1. серия || серийный 2. порядок; группа 3. последовательность

S, s serine ☐ серин, Сер

s serovare ☐ серовар

S Serratia ☐ серрации *(род бактерий)*

s serum ☐ сыворотка

S service ☐ 1. служба || служебный 2. повинность 3. обслуживание; материально-техническое обеспечение, сервис

s set ☐ 1. комплект; набор; укладка 2. *мед. тех.* агрегат

s shell ☐ 1. раковина; раковинка 2. панцирь, щит, капсула 3. оболочка, скорлупа; кожура 4. моллюск

S Shigella ☐ шигеллы *(род бактерий)*

s shock ☐ 1. удар, толчок 2. шок

s sick ☐ больной

S sickle-cell ☐ серповидно-клеточный *(напр. гемоглобин, об анемии)*

s side ☐ боковой

S side ports ☐ боковые отверстия *(напр. катетера)*

S Siemens ☐ сименс, См *(электрическая проводимость)*

S sigma ☐ сигмовидная кишка

S *лат.* **signa** ☐ *фарм.* обозначь, укажи; пусть будет обозначено, указано

S *лат.* **signature** ☐ **label in prescriptions** ☐ *фарм.* 1. подпись 2. сигнатура *(предписание больному о способе применения лекарственного средства)*

S silver ☐ серебро || серебряный

s simultaneous ☐ одновременный, симультантный *(напр. об операции)*

s *лат.* **sine** ☐ **without** ☐ без

s single ☐ 1. единственный; единичный 2. один || одинокий *(не состоящий в браке)*

S *лат.* **sinister** ☐ **left** ☐ левый

s *лат.* **sire** ☐ предок; *биол.* производитель

s sitting ☐ положение сидя, сидячий

s *лат.* **sive** ☐ или

s size ☐ 1. размер; длина 2. объём выборки 3. ёмкость запоминающего устройства

s slow ☐ медленный *(о коррекции)*

s smallpox ☐ оспа

S, s smooth variant ☐ гладкая форма *(о колонии микробов)* || гладкий *(о поверхности клетки)*, S-вариант, S-тип, S-форма

S society ☐ 1. общество 2. сообщество

s soft ☐ 1. мягкий, пластичный 2. слабопроникающий *(об ионизирующем излучении)* 3. слабый, вялый, дряблый 4. диетический, относящийся к легкоусвояемой пище

s solid ☐ 1. твёрдое тело; твёрдая частица || твёрдый, плотный 2. цельный, сплошной 3. чистый, беспримесный

s solubility || **soluble** ☐ растворимость || растворимый *(напр. фибрин)*

s son ☐ сын

s sound ☐ звук || звуковой

S_1, S_2, S_3 first, second, third heart sound ☐ первый, второй, третий тон сердца

S sound ranging ☐ звукометрия || звукометрический

S space ☐ 1. пространство 2. космос

s species ☐ вид

s spectrometer method ☐ спектрометрический метод

s 1. spherical ☐ сферический **2. spherical lens** ☐ сферическая линза

s spine ☐ 1. позвоночник, позвоночный столб 2. остистый отросток 3. ость

S spleen ☐ поражение селезёнки *(в классификации злокачественных опухолей по системе TNM)*

s staff ☐ штат; личный состав

s standard ☐ 1. стандарт; норма, норматив 2. эталон; образец

S – SAD

S Staphylococcus ☐ стафилококки *(род бактерий)*

s statics ‖ static(al) ☐ статика ‖ статический

s steady state ☐ устойчивое состояние

s stem ☐ 1. стебелёк; ножка; ствол; стебель 2. цветонос, цветоножка; плодоножка

s stimulus ☐ 1. стимул 2. раздражение

S sterility gene ☐ ген стерильности

S₁, S₂, S₃, … Sₙ allelic sterility genes ☐ аллели гена стерильности

S stimulus ☐ 1. стимул 2. раздражение

Sᵈ stimulus discriminative ☐ специфическое раздражение

S Streptococcus ☐ стрептококки *(род бактерий)*

S subject ☐ 1. предмет; тело 2. субъект, человек 3. труп *(при вскрытии)*

S *лат.* substratum ☐ субстрат

S sulfur ☐ сера

³⁵~ radioactive sulfur ☐ радиоактивная сера

s supply ☐ снабжение; поставка; подача

S supravergence, sursumvergence ☐ косоглазие кверху, суправергирующее косоглазие, суправергенция

s surface ☐ поверхность

S surgeon ☐ 1. хирург 2. военный врач 3. главный врач

S surgery ‖ surgical ☐ 1. хирургия ‖ хирургический 2. операция

S, s survey ☐ осмотр; обследование; освидетельствование

S, s suture ☐ 1. шов, хирургический шов 2. шовный материал 3. зашивание раны

S Svedberg unit ☐ *иммун.* единица Сведберга *(константа седиментации = 10⁻¹³ с)*

S symbol ☐ символ, обозначение

s symmetric(al) ☐ симметричный

s synchronizer ☐ синхронизатор

S synopsis ☐ *уст.* синопсис *(сводное изложение различных взглядов по какому-либо вопросу)*

S synthesis ☐ 1. синтез 2. фаза синтеза *(ДНК, гистонов, хроматиновой субстанции в процессе деления клетки)*, S-фаза

S, s system ☐ 1. система; организация; порядок 2. устройство

S thiouridine ☐ тиоуридин

Sa Samarium ☐ самарий

SA San Angelo ☐ Сан-Анджело *(арбовирус)*

Sa sarcoma ☐ саркома

SA satellite association ☐ ассоциация спутников *(хромосомы)*

s.a. *лат.* secundum artem ☐ according to art ☐ по законам [правилам] искусства

s-a self-acting ☐ автоматический

sa semiannual ☐ полугодовой, полугодичный

SA semiautomatic ☐ полуавтоматический

SA serum albumins ☐ белки [альбумины] сыворотки крови; сывороточный альбумин

SA serum aldolase ☐ активность альдолазы сыворотки крови

SA sex appeal ☐ физическая привлекательность; сексуальность

SA sieve analysis ☐ ситовый анализ

SA sinoatrial ☐ синоатриальный *(узел)*

SA sinus arrest ☐ блокада синусно-предсердного узла

SA specific activity ☐ специфическая активность

SA spectrum analyzer ☐ анализатор спектра

SA stability augmentation ☐ повышение устойчивости; автостабилизация

SA Staphylococcus aureus ☐ золотистый стафилококк

SA structured analysis ☐ *стат.* структурный анализ

S/A sugar and acetone ☐ сахар и ацетон

sa *лат.* superaurale ☐ супераурале *(наиболее верхняя точка ушной раковины)*

SA, Sa (body) surface area ☐ участок поверхности тела

SA sustained action ☐ непрерывная активность *(напр. на ЭЭГ)*

SA systole of the atrium ☐ сокращение [систола] предсердия

SAA serum amyloid albumin ☐ сывороточный предшественник амилоидного белка; белок амилоида сыворотки крови

SAA severe aplastic anemia ☐ тяжёлая апластическая анемия

S&A sugar and acetone ☐ сахар и ацетон

SAA surface active agent ☐ поверхностно-активное вещество, ПАВ

SAABR sex-age-adjusted birth rate ☐ коэффициент рождаемости по возрастно-половым группам

SAAD Society for the Advancement of Anesthesia in Dentistry ☐ Общество содействия развитию использования анестезии в стоматологии

SAAM synthetic aminoacid medium ☐ синтетическая аминокислотная среда

SAAVE supplemental amino acid vitamin enteral ☐ витаминизированный напиток из аминокислот

SAB Scientific Advisory Board ☐ научно-консультативный совет

SAb serum albumin ☐ сывороточный альбумин; белки сыворотки крови

SAB Society of American Bacteriologists ☐ Общество американских бактериологов

S&B sterilization and bath ☐ дезинфекция и баня ‖ дезинфекционно-банный *(напр. отряд)*

SAC Scientific Advisory Committee ☐ научно-консультативный комитет

SAC screening and acute care ☐ скрининг и оказание неотложной помощи

SAC semiautomatic coding ☐ полуавтоматическое кодирование

SAC splenic accessory cells ☐ селезёночные А-клетки

SAC splenic adherent cells ☐ адгезивные клетки селезёнки

SACE serum angiotensin-converting enzyme ☐ ангиотензинпревращающий фермент сыворотки, сывороточная ангиотензинконвертаза

SACS secondary anticoagulation system ☐ вторичная антикоагулянтная система

SAD seasonal affective disorder ☐ сезонное аффективное расстройство

SAD Street-Alabama-Dufferin ☐ антирабическая вакцина SAD *(полученная после 130 церебральных пассажей)*

SAD sugar and acetone determination ☐ определение сахара и ацетона

SADD short alcohol dependence data ☐ краткий опросник для выявления алкогольной зависимости

SADS seasonal affective disorder syndrome ☐ синдром сезонного аффективного расстройства

SADS social avoidance and distress scale ☐ шкала оценки социального избегания и дистресса

SAF *амер.* Air Force Surgeon ☐ начальник медицинской службы военно-воздушных сил

saf safety ☐ безопасность

SAF simultaneous auditory feedback ☐ одновременная слуховая обратная связь

SAF stem cell-activating factor ☐ фактор активации стволовой клетки

SAFTEE systematic assessment for treatment emergent events ☐ шкала систематизированной оценки нежелательных явлений терапии *(напр. при клинических исследованиях)*

~**GI** general inquiry ☐ вариант шкалы с общим расспросом и детализацией только выявленных при нём нежелательных явлений

~**SI** special inquiry ☐ вариант шкалы с развёрнутым расспросом по всем органам и системам

SAG Sagiyama ☐ Сагияма *(арбовирус)*

S-Ag soluble antigens ☐ растворимые антигены *(остающиеся после ультрацентрифугирования в надосадочной жидкости)*

SAG structured analysis of goals ☐ *стат.* метод структурного анализа целей

SAGE Serial Analysis of Gene Expression ☐ серийный анализ экспрессии генов

SAGES Society of American Gastrointestinal Endoscopic Surgeons ☐ Американское общество эндоскопических хирургов-гастроэнтерологов

SAH subarachnoidal hemorrhage ☐ субарахноидальное кровоизлияние, кровоизлияние под паутинной оболочкой

S&I surveillance and inspection ☐ наблюдение и инспекция

SAI social adequacy index ☐ индекс социальной адекватности

SAIDS simian AIDS ☐ синдром приобретённого иммунодефицита у обезьян, обезьяний СПИД

SAL Salehabad ☐ Салехабад *(арбовирус)*

Sal Salmonella ☐ сальмонелла *(род бактерий)*

SAL *лат.* secundum artis leges ☐ according to the rules of art ☐ согласно законам искусства, по правилам искусства

SAL sensorineural acuity level ☐ уровень восприятия

S-ALAT serum alanin aminotransferase ☐ аланинаминотрансфераза сыворотки крови, АЛаТ сыворотки крови

Salm Salmonella ☐ сальмонелла *(род бактерий)*

SALT skin-associated lymphoid tissue ☐ подкожная лимфоидная ткань

S&M sadism and masochism ☐ садомазохизм

SAM S-adenosyl-L-methionine ☐ S-аденозил-L-метионин

SAM School of Aerospace Medicine ☐ школа авиационно-космической медицины

SAM Society for Adolescent Medicine ☐ Общество подростковой медицины

SAM substrate-adhesion molecules ☐ (макро)молекулы, прилипающие к субстрату

SAMA Scientific Apparatus Makers Association ☐ Ассоциация изготовителей научных приборов *(США)*

SAMA South Africa Medical Association ☐ Южноафриканская медицинская ассоциация

SAMM safety assessment of marketed medicines ☐ оценка безопасности продаваемых медикаментов

samp sampling ☐ 1. отбор пробы, взятие пробы 2. апробирование

san sanatorium ☐ санаторий

SAN Sango ☐ Санго *(арбовирус)*

san sanitary ☐ санитарный; медико-санитарный

San C Sanitary Corps ☐ (медико-)санитарная служба; кадры (медико-)санитарной службы

S-A node sino-atrial node ☐ синусно-предсердный [синоатриальный, синоаурикулярный] узел, Киса – Флека узел

San Sect Sanitary Section ☐ (медико-)санитарная секция, (медико-)санитарное отделение

S-antibody smooth antibody ☐ S-антитела *(к «гладким», инкапсулированным формам бактерий)*

S-antigen soluble antigen ☐ растворимый (комплемент-связывающий) антиген, S-антиген

San Tn, San Tr Sanitary Train ☐ 1. санитарный транспорт 2. *амер.* санитарно-профилактический отряд

SA$_{O2}$ arterial oxygen saturation ☐ насыщение (гемоглобина) артериальной крови

SAO splanchnic artery occlusion ☐ окклюзия чревной артерии

SAO submaximal acid output ☐ часовая субмаксимальная продукция *(напр. соляной кислоты)*

SAP serum amyloid protein ☐ амилоидный белок сыворотки крови

SAP supressive active peptide ☐ супрессорно-активный пептид

SAP surfactant-associated protein ☐ сурфактантный белок

SAPHO synovitis, acne, pustulosis, hyperostosis, osteitis ☐ синовит, акне, пустулез, гиперостоз, остеит *(синдром)*

S-APhos serum alkaline phosphatase ☐ щелочная фосфатаза сыворотки крови

sapon saponification ☐ омыление

SAPP sodium acid pyrophosphate ☐ натриевая соль пирофосфорной кислоты

SAPS Scandinavian Association of Pediatric Surgeons ☐ Скандинавская ассоциация детских хирургов

SAPS Simplified Acute Physiological Score ☐ *анест.* упрощённая оценка тяжести состояния больного и прогноза *(учитывает возраст, пульс, артериальное давление, температуру тела, частоту дыхания и др. показатели)*

Sar sarcosine ☐ саркозин

SAR search and rescue ☐ поиск и спасание *(аварийных судов и самолётов)*

SAR sexual attitude restricting ☐ ограничение половых сношений

SAR specific absorption rate ☐ удельная поглощённая мощность *(ионизирующего излучения)*

SAR standard absorption ratio ☐ *мед. тех.* стандарт распределения частот

SAR structure-activity relationship □ зависимость активности лекарственного средства от его структуры

SARA sexually acquired reactive arthritis □ реактивный артрит, передаваемый половым путём

SARC sexual assault referral center □ центр консультативной помощи жертвам насилия

SARCC search and rescue control center □ центр управления поисково-спасательными операциями

SARDS sudden acquired retinal degeneration syndrome □ синдром внезапной приобретённой дегенерации сетчатки

SARS severe acute respiration syndrome □ тяжёлый острый респираторный синдром, ТОРС, атипичная пневмония

SARS Structured Adverse Effects Rating Scale □ шкала оценки побочных эффектов (лекарств)

SARSAT Search and Rescue Satellite-Aided Tracing □ спутниковая система поиска аварийных судов и самолётов, САРСАТ

Sart$_{O2}$ oxygen saturation systemic artery □ насыщение артериальной крови кислородом

SAS social anhedonia scale □ шкала социальной ангедонии, см. тж. **PAS** physical anhedonia scale

SAS subaortic stenosis □ субаортальный стеноз, подклапанный стеноз аорты

SAS sub-assistant surgeon □ лекарственный помощник; фельдшер

SAS surface-active substance □ поверхностно-активное вещество, ПАВ

S-ASAT serum aspartate aminotransferase □ аспартатаминотрансфераза сыворотки крови

SAST serum agglutination slide test □ реакция агглютинации на предметном стекле

SAT Sathuperi □ Сатхупери (арбовирус)

sat saturate ‖ saturated □ насыщать ‖ насыщенный

SAT амер. scholastic aptitude test □ тест на выявление способности [пригодности] к научной деятельности

SAT School Ability Test □ тест на выявление способности [пригодности] к обучению в школе

SAT serum agglutination test □ реакция агглютинации

SAT speech awareness threshold □ порог восприятия речи

SAT spontaneous autoimmune thyroiditis □ спонтанный аутоиммунный тиреоидит, зоб Хашимото

SAT Stanford Achievement Test □ стэнфордский тест интеллектуального развития

SAT subacute thyroiditis □ подострый тиреоидит

sat, satd saturated □ насыщенный; сатурированный

SAT-chromosome chromosome with a satellite □ хромосома с сателлитом

satn saturation □ хим. насыщение, сатурация

sat press saturation pressure □ давление насыщения

sat sol saturated solution □ насыщенный раствор

SAV strong avoidance group □ здоровая контрольная группа

S-A-V-E sugar-ammo acid-vitamin-electrolyte solution □ раствор, содержащий сахар, аминокислоты, витамины и электролиты

SAW Sawgrass □ Соуграсс (арбовирус)

SB лат. Scientiae Baccalaureus □ амер. Bachelor of Science □ бакалавр наук

SB Selection Board □ аттестационная комиссия

SB serum bilirubin □ билирубин сыворотки крови

SB shell bullet □ разрывная пуля

SB shortness of breath □ одышка

SB single-breath □ однократный вдох; тест с однократным вдохом

SB sinus bradycardia □ синусовая брадикардия

SB sister – brother □ сибсы (сестра – брат; сёстры – братья)

SB standard bicarbonate □ стандартный гидрокарбонат или бикарбонат, СБ

S/B stand-by □ запасный, резервный, аварийный

Sb лат. stibium □ antimony □ сурьма

SB stillbirth □ рождение мёртвого плода, мёртворождение

SB stretcher-bearer □ санитар-носильщик

SB sub-brunch □ филиал, отделение

SBA sick bay attendant □ санитар корабельного лазарета

SBA soybean agglutinin □ агглютинин соевых бобов

sba лат. subaurale □ субаурале (самая нижняя точка ушной раковины)

SBC secondary biliary cirrhosis □ вторичный билиарный цирроз

SBCPO sick berth chief petty officer □ старший унтер-офицер корабельного лазарета

SBE shortness of breath on exertion □ одышка при нагрузке

SBE subacute bacterial endocarditis □ подострый бактериальный эндокардит

SBF serum blocking factors □ сывороточный блокирующий фактор

SBF skin blister fluid □ содержимое ожогового пузыря или волдыря

SBF skin blood flow □ кровоток через кожу

SBF systemic blood flow □ общее кровообращение, системный кровоток

SBFS Special Board of Flight Surgeons □ специальный совет [комитет] авиационных врачей

SBI soybean trypsin inhibitor □ ингибитор трипсина, выделенный из соевых бобов

SBNS Society of British Neurological Surgeons □ Общество нейрохирургов Великобритании

SBOM soybean oil meal □ масло из соевой муки

SBP spontaneous bacterial peritonitis □ спонтанный бактериальный перитонит

SBP systolic blood pressure □ систолическое кровяное давление

SBPO sick berth petty officer □ унтер-офицер корабельного лазарета

SBR Society of Biological Rhythm □ общество биоритмов

SBR standard box respirator □ стандартный противогаз

SBR strict bed rest □ строгий постельный режим

SBS shaken baby syndrome □ синдром встряхнутого ребёнка (нанесение родителем травм ребёнку неосторожной игрой)

SBT screening breath test □ респираторная проверка на содержание алкоголя

SBT serum bactericide test □ метод определения бактерицидной активности сыворотки

SBT single-breath test □ тест с однократным вдохом

SBTI soybean trypsin inhibitor □ ингибитор трипсина, выделенный из соевых бобов

SC closure of the semilunar valves □ закрытие полулунных клапанов аорты

SC sacrococcygeal □ крестцово-копчиковый

SC saliva component □ компонент слюны

SC Sanitary Corps □ (медико-)санитарная служба

SC satellite cell □ клетка-сателлит

sc scale □ шкала

Sc Scandium □ скандий

sc scapula □ лопатка

sc 1. science ‖ scientific □ наука ‖ научный *(напр. эксперимент)* **2.** scientist □ учёный

SC secretory component □ секреторный компонент, S-компонент *(молекулы антигена)*

s.c. see copy □ смотри копию

SC self check □ самоконтроль

SC self-contained □ автономный, независимый

SC sickle cell □ серповидно-клеточный *(об анемии)*

Sc sieving coefficient □ коэффициент просеивания

SC signal conditioning □ *мед. тех.* преобразование сигнала

SC splenic capsule □ капсула селезёнки

SC, sc standard conditions □ стандартные [нормальные] условия, н.у.

SC *лат.* stratum corneum □ роговой слой кожи

SC subcorneal □ субкорнеальный, подроговичный

S/c, s/c, sc subcutaneous □ подкожный, п/к

S/C sugar-coated □ покрытый [облитый] сахарным сиропом *(напр. о таблетке)*

SC surgical closure □ хирургическое [оперативное] закрытие *(напр. открытого артериального протока)*

SC symbolic code □ символика; символическое обозначение

SCa serum calcium □ кальций сыворотки (крови)

SCA severe congenital anomaly □ тяжёлая врождённая аномалия развития

SCA sickle cell anemia □ серповидно-клеточная анемия

SCA single-channel analyzer □ одноканальный анализатор

SCA spinocerebral ataxia □ цереброспинальная атаксия

SCA subclavian artery □ подключичная артерия

SCA&I Society for Cardiac Angiography and Interventions □ Общество интервенционной ангиографии сердца

scan scanning □ сканирование

SCAN Schedules for Clinical Assessment in Neuropsychiatry □ опросник для клинической оценки состояния больных в неврологии и психиатрии

SCANO automatic scanning unit inoperative □ *мед. тех.* автоматическое сканирующее устройство не работает

SCAOU automatic scanning unit operative □ *мед. тех.* автоматическое сканирующее устройство работает

SCAPF simultaneous combined anterior and posterior fusion □ одновременно выполняемый комбинированный передний и задний спондилодез

SCAR Scientific Committee on Antarctic Research □ Научный комитет по исследованиям Антарктиды

scat *лат.* scatula □ *фарм.* коробка

SCAT School and College Ability Test □ тест на выявление способности [пригодности] обучению в школе и колледже

SCAT sheep cell agglutination test □ реакция агглютинации с эритроцитами барана

SCAT sickle cell anemia testing □ тест на выявление серповидно-клеточной анемии

SCA tests School and College Ability Tests (psychology) □ тесты на выявление способности [пригодности] обучению в школе и колледже

SCB strictly confined to bed □ строгий постельный режим

SCBU special care baby unit □ отделение интенсивной терапии новорождённых

SCC Society of Cosmetic Chemists □ Общество химиков-косметологов

SCCD subacute cortical cerebellar degeneration □ подострая дегенерация коры мозжечка

SCCE squamous cell carcinoma of the esophagus □ плоскоклеточный рак пищевода

SCCM Society for Critical Care Medicine □ Общество медицинской помощи при критических состояниях

Sc.D. Doctor of Science □ доктор естественных наук

scd scheduled □ запланированный; программируемый; программный

SCD sickle cell disease □ серповидно-клеточная анемия

SCD subacute combined degeneration of the cord □ подострая комбинированная дегенерация *(спинного мозга)*

SCD sudden cardiac death □ внезапная смерть от сердечного заболевания

SCD Surgeon's Certificate of Disability □ медицинское свидетельство о непригодности к военной службе *(США)*

SCE sister chromatid exchanges □ сестринские хроматидные обмены, СХО *(взаимный обмен хромосомным материалом между двумя хроматидами)*

SCEP Study of Critical Environmental Problems □ программа изучения критических экологических проблем

SCF Save the Children Fund □ Фонд спасения детей

SCF stem cell factor □ фактор стволовых клеток

SCFA serum short-chain fatty acid □ короткоцепочечные жирные кислоты сыворотки крови

SCFE slipped capital femoral epiphysis □ соскользнувший эпифиз головки бедренной кости

sch schedule □ расписание; график; план

Sch schizophrenia □ шизофрения

Sch succinylcholine □ сукцинилхолин

Sch Av Med School of Aviation Medicine □ школа авиационной медицины

schem schematic □ схематический

sci 1. science ‖ scientific □ наука ‖ научный *(напр. эксперимент)* **2.** scientist □ учёный

SCI Science Citation Index □ «Индекс научных ссылок» [«Индекс цитирования»] *(указатель цитированной литературы по естественным и прикладным наукам, США)*

SCI spinal cord injury □ повреждение спинного мозга

SCI suppressor cell index □ индекс супрессии *(иммунного ответа)*

SCID severe combined immunodeficiency disorder □ тяжёлый комбинированный иммунодефицит *(швейцарский тип гипогаммаглобулинемии)*

SCID-PD Structured Clinical Interview for DSM, Psychotic Disorders □ структурированный клинический вопросник по DSM, психотические расстройства

SCIS severe congenital immunodeficiency syndrome □ синдром тяжёлого врождённого иммунодефицитного состояния

SCJ squamocolumnar junction □ чешуйчато-цилиндрическое соединение

SCL serum copper level □ содержание меди в сыворотке

SCL skin conductance level □ уровень проводимости кожи

SCL symptom checklist □ (контрольный) перечень симптомов *(опросник для скрининга психологического дистресса и психопатологии)*

ScLA left scapulo-anterior (a presentation of the fetus) □ левая лопаточно-передняя *(позиция плода)*

SCLC small-cell lung cancer □ мелкоклеточный рак лёгкого

SCLE subacute cutaneous lupus erythematosus □ подострая кожная красная волчанка

sclt scarlet □ алый *(цвет)*

Sc M Master of Science □ магистр (естественных) наук

SCM spleen-conditioned medium □ среда, кондиционированная клетками селезёнки

SCM State Certified Midwife □ акушерка, имеющая сертификат на право лечебной практики

SCM sternocleidomastoid muscle □ грудино-ключично-сосцевидная мышца

SCMBP Saratoga Conference on Molecular Biology and Pathology □ Саратогская конференция по вопросам молекулярной биологии и патологии

SCMC Senior Citizen's Medical Clinic □ медицинская клиника для пожилых

SCN suprachiasmatic nucleus □ супрахиазматическое ядро *(среднего мозга)*

SCO Society for Contemporary Ophthalmology □ Общество современной офтальмологии

SCO Society for Cryo-Ophthalmology □ Общество криоофтальмологии

S-component secretory component □ секреторный компонент, S-компонент *(в молекуле иммуноглобулина)*

SCOPE Scientific Committee on Problems of the Environment □ Научный комитет по экологическим проблемам

SCOPE Study on Cognition and Prognosis in Elderly □ исследование когнитивных функций и прогноза у пожилых

SCOR Scientific Committee on Oceanic Research □ Научный комитет по исследованиям океана

SCORAD scoring of atopic dermatitis □ оценка тяжести атопического дерматита

scp script □ 1. рукопись 2. подлинник, оригинал

SCP single cell protein □ белок одноклеточных (организмов)

SCP special care physician □ врач-специалист *(в отличие от врача общей практики)*

SCP spherical candle-power □ сферическая сила света

SCPA serum prothrombin conversion accelerator □ фактор VII свёртывания крови, антифибринолизин

SCPK serum creatine phosphokinase □ креатинфосфокиназа сыворотки крови

SCR Sanitary Custom-House Regulations □ санитарные таможенные правила

SCR skin conductance response □ реакция проводимости кожи

SCR strip chart recorder □ ленточный самописец

scrn screen □ экран; защита *(от ионизирующего излучения)*

SCS Society of Clinical Surgery □ Общество клинической хирургии

SCT salmon calcitonin □ кальцитонин лосося

SCT sickle cell trait □ особенности серповидно-клеточной анемии

SCT sugar-coated tablet □ таблетка в сахарной оболочке

sctr sector □ сектор

SCU special care unit □ специализированное отделение

SCUBA self-contained under water breathing apparatus □ акваланг, автономный подводный дыхательный аппарат

SCUF slow continuous ultrafiltration □ постоянная медленная ультрафильтрация

SCV slowly circulating red cell volume □ объём медленно циркулирующих эритроцитов

SCV smooth, capsulated, virulent (with reference to bacteria) □ гладкий, капсульный, вирулентный *(о форме и свойствах бактерии)*

SCV subclavian vein □ подключичная вена

SD Danforth's short tail □ «короткий хвост» Данфорта *(о генах лабораторных мышей)*

SD Doctor of Science □ доктор естественных наук

SD Sanitary Department □ (медико-)санитарное управление

SD Sanitary Depot □ склад (медико-)санитарного имущества

SD segregation distorter □ *иммун.* исказитель сегрегации

SD self-destroying □ саморазрушающийся

SD 1. semantic dementia □ семантическая деменция 2. senile dementia □ старческая деменция

SD serologically defined □ серологически выявляемые *(трансплантационные антигены)*

sd several dates □ различные сроки или даты

SD shoulder dislocation □ вывих плеча

SD sickle cell hemoglobin D □ серповидно-клеточный гемоглобин Д

SD sleep deprivation □ депривация сна

SD standard deviation □ 1. среднеквадратическое отклонение, стандартное отклонение 2. обычное статистическое колебание

SD sterile dressing □ наложение стерильной повязки

SD streptodornase □ стрептодорназа

SD sudden death □ внезапная смерть

SD systolic discharge □ систолическая разгрузка

SDA Sabouraud dextrose agar □ декстрозный агар Сабуро

SDA sacrodextra anterior (position of the fetus) □ передний вид, ягодичное предлежание, вторая позиция *(плода)*

SDA serum-dextrose agar □ сывороточный декстрозный агар

SDA specific dynamic action of protein ☐ специфическое динамическое действие белка

SDA succinic dehydrogenase activity ☐ активность сукцинилдегидрогеназы

SDACV Sialodacryoadenitis coronavirus ☐ возбудитель сиалодакриоаденита крыс, ВСДАК

SD antigens serologically determined or defined antigens ☐ антигены [детерминанты] гистосовместимости (HLA), кодируемые у человека 4 локусами (A, B, C, D) и определяемые серологическими реакциями

SDAT senile dementia of the Alzheimer type ☐ сенильная деменция альцгеймеровского типа

SDC succinyldicholine ☐ сукцинилдихолин

SDCL symptom distress check list ☐ симптоматика дистресс-синдрома

SD determinants *см.* **SD antigens**

SDE specific dynamic effect action ☐ специфическое динамическое действие *(белка)*

SDH sorbitol dehydrogenase ☐ сорбитолдегидрогеназа

SDH subdural hemorrhage ☐ субдуральная гематома, субдуральное кровоизлияние

SDH succinic dehydrogenase ☐ сукцинилдегидрогеназа

SDI selective dissemination of information ☐ избирательное распространение информации, ИРИ

SDI serological differentiation index ☐ индекс серологической вариации, серодифференциальный индекс

SDIF schistosome-derived immunosuppressive factor ☐ иммуносупрессивный фактор шистосом

SDL speech discrimination loss ☐ утрата различения речи

SDM streptomycin dependent shigella mutant ☐ стрептомицинозависимая мутантная шигелла

SDNA single-strand deoxyribonucleic acid ☐ одноцепочечная дезоксирибонуклеиновая кислота

SDO Squadron Dental Officer ☐ флагманский зубной врач эскадры *(Великобритания)*

SDP right sacroposterior position of the fetus ☐ правое крестцово-заднее положение плода

SDP statistical data processing ☐ обработка статистических данных

SDP systemic development project ☐ программа системы развития

SDQ Strength and Difficulties Questionnaire ☐ *псих.* опросник «Сильные стороны и трудности»

SDR scientific data recording ☐ регистрация научных данных

SDRT Stanford Diagnostic Reading Test ☐ станфордский диагностический тест на чтение

SDS Self-Rating Depression Scale ☐ шкала самооценки депрессии

Zung ~ шкала самооценки депрессии Цунга

SDS sodium dodecylsulfate ☐ додецилсульфат натрия

SDS Specific Diagnostic Service ☐ служба специфической диагностики

SDS speech discrimination score ☐ шкала речевого различения

SDS Severity of Dependence Scale ☐ шкала оценки выраженности явлений зависимости

SDS Sleep Dysfunction Scale ☐ опросник «Шкала для оценки нарушений сна»

SDS sudden death syndrome ☐ синдром внезапной смерти

SDS sulfadiozine silver ☐ сульфадиозиновое серебро

SDT spondyloepiphyseal dysplasia tarda ☐ поздняя спондилоэпифизарная дисплазия

SDU standard deviation unit ☐ величина стандартного [нормального] отклонения

SE saline enema ☐ гипертоническая клизма

SE sanitary engineer ☐ инженер по санитарной технике

Se secretor ☐ секретор, ген секреции *(группа специфических антигенов)*

se selection ‖ select ☐ отбор; селекция ‖ подбирать, отбирать

Se Selenium ☐ селен

⁷⁵SE selenomethionine-75 ☐ селенметионин-75

SE self-explanatory ☐ самоочевидный, ясный

SE short-ear ☐ «короткие уши» *(о генах лабораторных мышей)*

SE sphenoethmoidal suture ☐ клиновидно-решётчатый шов

SE spin echo ☐ спин-эхо *(последовательность МРТ)*

SE standard error ☐ средняя квадратическая ошибка

SE sterol ester ☐ стероловый эфир

SE storage element ☐ *выч. тех.* модуль запоминающего устройства

SE substratum-enzyme ☐ субстрат-энзимный комплекс

SEA soluble egg antigens ☐ растворимые [солюбилизированные] антигены яйцеклетки

SEA spontaneous electrical activity ☐ спонтанная электрическая активность, спонтанные биотоки

SEA staphylococcal enterotoxin A ☐ стафилококковый энтеротоксин A

SeaLab Sea Laboratory ☐ морская [подводная] лаборатория

SEAMHO Southeast Asia Medical and Health Organization ☐ Организация медицины и здравоохранения стран Юго-Восточной Азии

SEA test sheep erythrocyte agglutination test ☐ *иммун.* реакция агглютинации эритроцитов барана

SEB staphylococcal enterotoxin B ☐ стафилококковый энтеротоксин B

SEBM Society for Experimental Biology and Medicine ☐ Общество экспериментальной биологии и медицины

sec 1. second ☐ 1. секунда, с 2. второй **2.** secondary ☐ вторичный, дополнительный; вспомогательный

sec section ☐ 1. отдел; раздел; отделение; секция 2. рассечение, разрез; срез; профиль 3. часть; отрезок; участок *(кишечника)* 4. препарирование; вскрытие

SEC single-error correction ☐ *мед. тех.* исправление одиночных ошибок

SEC soft elastic capsule ☐ мягкая эластичная капсула

SEC staphylococcal enterotoxin C ☐ стафилококковый энтеротоксин C

SECA spontaneous eosinophil chemotactic activity ☐ спонтанная хемотаксическая активность эозинофилов

Sec Fd Amb Section of Field Ambulance ☐ секция [подразделение] медицинского отряда

sect section □ 1. отдел; раздел; отделение; секция 2. рассечение, разрез; срез; профиль 3. часть; отрезок; участок *(кишечника)* 4. препарирование; вскрытие

Sed, sed *лат.* sedes □ stool □ стул, испражнения

sed sedimentation □ седиментация; оседание *(эритроцитов)*

SED single radial enzyme immunodiffusion □ простая радиальная иммунодиффузия с антителами, меченными ферментом

SED skin erythema dose □ кожно-эритемная доза

SED spondyloepiphyseal dysplasia □ спондилоэпифизарная дисплазия

SED standard error of difference □ стандартная ошибка различия

SED staphylococcal enterotoxin D □ стафилококковый энтеротоксин D

SEDC spondyloepiphyseal dysplasia congenital □ врождённая спондилоэпифизарная дисплазия

sed. rate sedimentation rate □ скорость оседания *(эритроцитов)*, СОЭ

sed time sedimentation time □ время осаждения

SEER Surveillance, Epidemiology, and End Results Program of NCI □ программа наблюдения, эпидемиологии и оценки отдалённых результатов лечения, проводимая Национальным противораковым институтом *(США)*

SEER System for Events Evaluation and Review □ система оценки и обзора событий

SEF supplementary eye field □ *анат.* дополнительное глазодвигательное поле

SEG sonoencephalogram □ эхоэнцефалограмма

segm segment || segmental □ сегмент || сегментарный, сегментный

segs segmented neutrophils □ сегментированные нейтрофилы, полиморфно-ядерные лейкоциты

SEIF sandwich electroimmunofixation □ двойная электроиммунофиксация, иммуноэлектрофорез с двойной фиксацией

sel selection || select □ отбор; селекция || подбирать, отбирать

selr selector □ 1. переключатель 2. селектор || селекторный; селективный; выборочный

SEM, sem scanning electron microscopy □ сканирующая [растровая] электронная микроскопия

SEM Sembalam □ Сембалам *(арбовирус)*

sem *лат.* semen □ 1. семя 2. сперма

sem *лат.* semi, semis □ one-half □ половина

SEM serum methylguanidine □ метилгуанидин сыворотки *(крови)*

SEM slow eye movement □ медленные движения глаз во сне

SEM smooth endoplasmic reticulum □ гладкий эндоплазматический ретикулум

SEM standard electronic module □ *мед. тех.* стандартный электронный модуль

SEM standard error of the mean □ средняя квадратичная ошибка, стандартная ошибка

semih *лат.* semihora □ half an hour □ полчаса

Sem ves seminal vesicle □ семенной пузырёк

sen senior □ старший

SEN State Enrolled Nurse □ дипломированная медицинская сестра, состоящая на государственной службе *(Великобритания)*

SENIC Study on the Efficiency of Nosocomial Infection Control □ изучение эффективности контроля внутрибольничных инфекций *(программа)*

senul in d. *лат.* senul in die □ once a day □ *фарм.* один раз в день

SEOG South-Eastern Oncology Group □ Юго-восточная онкологическая группа

SEOPF South-Eastern Organ Procurement Foundation □ Юго-восточный фонд по обеспечению донорскими органами

SEP European Society of Pulmonology □ Европейское пульмонологическое общество

sep sepal □ чашелистник

sep separate □ 1. отделять, разделять 2. разобщать, изолировать

sep separation || separated □ разделение, отделение; интервал || разделённый

SEP somatosensory evoked potential □ соматосенсорный вызванный потенциал

Sep-1 serum protein-1 □ белок-1 сыворотки *(крови)*

seq sequel □ последствие; результат

seq sequence □ 1. последовательность; ряд; чередование; порядок следования 2. последствие, остаточное явление

Seq. luce *лат.* sequent luce □ the following day □ *фарм.* на следующий день

SER sebum excretion rate □ скорость выделения секрета сальных желёз

sen series || serial □ 1. серия || серийный 2. порядок; группа 3. последовательность

Ser serine □ серин, Сер

ser serotype □ серотип

Ser Serratia □ серрации *(род бактерий)*

ser service □ 1. служба || служебный 2. повинность 3. обслуживание, материально-техническое обеспечение, сервис

SER smooth endoplasmic reticulum □ гладкий эндоплазматический ретикулум

SER somatosensory evoked response □ соматосенсорный вызванный ответ

serovar serological variant □ серологический вариант, серовар

ser. sect. serial sections □ серийные срезы

serv *лат.* serva □ keep, preserve □ 1. сохранять; предохранять; оберегать 2. консервировать

SES sick euthyroid syndrome □ синдром эутиреоидной [патологии] слабости (СЭП)

SES sodium dichlorophenoxyethyl sulfate □ дихлорфеноксиэтилсуфальт натрия

SET serial endosymbiotic theory □ теория последовательных эндосимбиозов

SET throat sensation □ ощущение (боли) в горле *(глотке, зеве)*

sett settlement □ 1. поселение; колония; посёлок *(напр. для туберкулёзных больных)* 2. благотворительное учреждение

SeXO serum xanthine oxidase □ ксантиноксидаза сыворотки

SF safety factor □ 1. коэффициент надёжности; запас прочности 2. коэффициент безопасности

SF 1. salt free □ без соли, бессолевой **2.** salt fluoridation □ фторирование соли

SF Semliki forest □ арбовирус леса Семлики

SF serum ferritin □ сывороточный ферритин

SF shunt flow arteriovenous □ 1. шунтирование крови 2. артериовенозный шунт

SF spinal fluid □ спинномозговая жидкость

SF sulfonamide □ сульфонамид

SF, sf supplement factor □ добавки, добавочный ингредиент

SF suppressor factor □ супрессорный [подавляющий] фактор

SF synovial fluid (synovia) □ синовиальная жидкость

SFA saturated fatty acid □ насыщенные жирные кислоты

SFA superficial femoral artery □ поверхностная бедренная артерия

SFA suppressor factor of allergy □ супрессорный фактор аллергии

SFC spinal fluid count □ подсчёт форменных элементов крови в спинномозговой жидкости

SFC spot-forming cell □ клетка, образующая ореол

sfc surface □ 1. поверхность ‖ поверхностный 2. внешность, наружность

SFD single radial fluorescent immunodiffusion □ простая радиальная иммунодиффузия с флуоресцирующими антителами

SFD small for date □ маловесный для гестационного возраста; низкая масса тела новорождённого *(ниже должной на 2 сигмы или ниже 10 центилей)*

SFFF salt free, fat free □ бессолевая и обезжиренная диета

SFFV spleen focus-forming virus □ вирус некроза селезёнки

SFI standardized fertility index □ стандартизованный коэффициент плодовитости

SFM serum-free basal medium □ бессывороточная основная среда

SF-MPQ short form of McGill Pain Questionnaire □ краткая форма анкеты [опросника] Мак-Гилла по установлению интенсивности боли

SFN Sandfly F Naples □ 1. неаполитанская флеботомная лихорадка 2. возбудитель этого заболевания *(арбовирус)*

S-form smooth form □ гладкая форма *(клетки, штамма микроорганизмов)*

SFP screen filtration pressure □ фильтрационное давление очищения

SFP Supplementary Feeding Program □ программа дополнительного питания

SFR screen filtration resistance □ фильтрационное сопротивление очищения

SFT serum-free thyroxine □ свободный тироксин [тетрайодтиронин] сыворотки (крови)

SFU syncytium-forming unit □ синцитийобразующая единица; COE

SG Sacks – Georgi test □ Закса – Георги реакция *(метод серодиагностики сифилиса)*

SG *лат.* salutis gratia □ для безопасности

SG serum globulins □ глобулины сыворотки крови

SG Service Group □ группа материально-технического обслуживания

sg sign □ объективный признак или симптом *(в отличие от субъективного признака или жалобы больного symptom)*

Sg *лат.* signature □ label in prescriptions □ *фарм.* 1. подпись 2. сигнатура *(предписание больному о способе применения лекарственного средства)*

SG skin graft □ кожный трансплантат

SG specific gravity □ относительная плотность, удельный вес

SG standard gauge □ стандартный калибр или размер

s-g subgenus □ подвид *(таксономическая единица)*

SG substantia gelatinosa □ желатиновая субстанция

Sg surgeon □ 1. хирург 2. военный врач 3. главный врач

SG Surgeon General □ 1. руководитель медицинской службы вооружённых сил *(США)* 2. руководитель отдела здравоохранения *(США)* 3. офицер медицинской службы *(Англия)*

SGA small for gestational age □ маловесный для гестационного возраста; низкая масса тела у новорождённого *(ниже должной на 2 сигмы или ниже 10 центилей)*

SGAs second generation antipsychotics □ антипсихотики второго поколения *(атипичные нейролептики)*

SGaw specific guidance of airway □ специфическая проводимость дыхательных путей

SgCr Surgeon Commander □ капитан 3-го ранга медицинской службы *(Великобритания)*

SgCrD Surgeon Commander Dental Branch □ капитан 3-го ранга зубоврачебной службы *(Великобритания)*

SGFP silica gel-filtered plasma □ силикагелевая плазма

SgGr (auxiliary) Surgical Group (auxiliary) □ группа медицинского усиления

S-γ-GT serum-γ-glutamyl transpeptidase □ γ-глутамилтранспептидаза сыворотки крови

SGH Station General Hospital □ общий гарнизонный госпиталь

SgH Surgical Hospital □ хирургический госпиталь

sgl signal □ сигнал

sgl single □ 1. единственный *(напр. орган)* 2. одиночка, одинокий человек *(не состоящий в браке)*

SGO Surgeon-General's Office □ Управление медицинской службы армии *(США)*

SGO surgery, gynecology and obstetrics □ хирургия, гинекология и акушерство

SGOT serum glutamic oxaloacetic transaminase □ глутамат-оксалоацетат аминотрансфераза [трансаминаза] сыворотки крови

SGP sialoglycoprotein □ сиалогликопротеид, сиалогликопротеин

SGP Society of General Physiologists □ Общество физиологов

SGPT serum glutamic-pyruvic transaminase □ глутаматпируват аминотрансфераза [трансаминаза] сыворотки крови

SGTT standard glucose tolerance test □ стандартный тест толерантности к глюкозе

SGV selective gastric vagotomy □ селективная (проксимальная) ваготомия желудка, СПВ

SH serum hepatitis □ сывороточный гепатит, гепатит В

Sh Shigella □ шигеллы *(род бактерий)*

SH social history □ социальный анамнез

SH somatotrophic growth hormone □ соматолиберин, соматотропин-рилизинг-фактор, рилизинг-фактор ростового гормона

SH special history □ нетипичный анамнез

SH sulfhydryl □ сульфгидрильная группа, SH-группа

SH surgical history □ анамнез перенесённых операций, хирургический анамнез

SHA Shamonda □ Шамонда *(арбовирус)*

SH antigen serum hepatitis antigen □ антиген сывороточного гепатита или гепатита В, австралийский антиген

SHb hemoglobin (oxygen) saturation □ насыщение гемоглобина кислородом

SHBG sex hormone binding globulin □ глобулин, связывающий половые гормоны

SHC state health commissioner □ уполномоченный [представитель] государственного здравоохранения

SHCs state health corporations □ государственные корпорации здравоохранения

shd schedule □ расписание; график; план; программа *(напр. лечения)*

SHEP Systolic Hypertension in the Elderly Program □ программа исследования систолической гипертензии у пожилых

SHEEP superhigh end expiratory pressure □ избыточное давление в конце выдоха

SHF superhigh frequency □ сверхвысокая частота *(3÷30 ГГц)*

SHHD Scottish Home and Health Department □ Шотландский департамент по вопросам семьи и здоровья

SHIPS Scottish Hospital In-Patient Statistics □ шотландская статистика стационарных больных

SHM simple harmonic motion □ простое гармоническое движение

SHMO Senior Hospital Medical Officer □ старший врач госпиталя

SHN subacute hepatic necrosis □ подострый некроз печени

SHNS Society of Head and Neck Surgeons □ Общество хирургов по заболеваниям головы и шеи

SHO Senior House Officer □ старший больничный ординатор *(Великобритания)*

SHO Student Health Organization □ Организация по медико-санитарному просвещению

SHR spontaneously hypertensive rat □ крыса со спонтанной гипертензией

SHS Scottish Health Statistics □ шотландская санитарная статистика

SHS short hemodialysis schedule □ программа [схема] кратковременного гемодиализа; гемодиализ в коротком режиме

SHU Shuni □ Шуни *(арбовирус)*

---

* СИ следует произносить раздельно: «эс-и», а не слитно «си».

SH virus serum hepatitis virus □ вирус сывороточного гепатита, вирус гепатита В

SHW safety, health and welfare □ безопасность, здоровье и благосостояние

SHyp mercaptopurine □ меркаптопурин

SI International System of Units □ Международная [Интернациональная] система единиц, СИ*

SI sacro-iliac □ седалищно-подвздошный

SI saturation index □ индекс насыщения

SI seriously ill □ серьёзно болен

SI serum insulin □ инсулин сыворотки *(крови)*

SI serum iron □ железо сыворотки *(крови)*

SI silent ischemia □ «немая» [безболевая] ишемия *(миокарда)*

Si silicon □ 1. кремний 2. силикон

SI social introversion □ социальная самоизоляция, уход от общественной жизни

SI soluble insulin □ растворимый инсулин

SI stimulation index □ индекс [показатель] стимуляции

SI stress incontinence □ недержание мочи, обусловленное стрессом

SI stroke index □ ударный индекс

Si venous sinus □ венозный синус

SIA slide immunoenzymatic assay □ иммуноферментный анализ на стекле, иммуноферментный слайд-анализ

SIADH inappropriate antidiuretic hormone secretion □ несоответственная секреция антидиуретического гормона

SIADH syndrome of inappropriate antidiuretic hormone secretion, Schwartz – Bartter syndrome □ синдром неадекватной секреции антидиуретического гормона, синдром Шварц – Барттера

SIAS social interaction anxiety scale □ шкала оценки страха перед социальными взаимодействиями

SIB selfinflating bag □ саморасправляющийся [самораздувающийся] дыхательный мешок *(напр. Амбу)*

sib, sibs siblings □ сиблинги, сибсы *(родные дети родителей, кровные братья и сестры)*

SIC serum insulin concentration □ содержание [концентрация] инсулина в сыворотке (крови)

SIC *фр.* Société Internationale de Chirurgie □ Международное общество хирургов

SIC specific inductive capacity □ относительная диэлектрическая проницаемость

SICOT *фр.* Société Internationale de Chirurgie, Orthopedic et Traumatologie □ Международное общество хирургов, ортопедов и травматологов

SICU spinal intensive care unit □ отделение интенсивной терапии спинальных больных

SICU surgical intensive care unit □ хирургический блок интенсивной терапии

SID simple immunodiffusion □ простая иммунодиффузия

SID Society for Investigative Dermatology □ Научно-исследовательское дерматологическое общество

SID sudden infant death □ внезапная смерть ребёнка *(обычно младенца)*

SID sudden ionospheric disturbances □ внезапные возмущения ионосферы

SIDS sudden infant death syndrome □ синдром внезапной смерти младенца, «смерть в колыбели» *(от неустановленной причины)*

SIED Society of Digestive Endoscopy □ общество гастроэнтерологов-эндоскопистов

SIF somatotropin releasing hormone inhibiting factor □ соматостатин, соматотропин-рилизинг-ингибирующий фактор

SIg, sIg secretory immunoglobulin □ секреторный иммуноглобулин

SIg A secretory immunoglobulin A □ секреторный иммуноглобулин A

sig *лат.* signature □ label in prescriptions □ *фарм.* 1. подпись 2. сигнатура *(предписание больному о способе применения лекарственного средства)*

SIg surface immunoglobulin □ поверхностный иммуноглобулин

SIgA surface immunoglobulin A □ поверхностный иммуноглобулин A

SIGART Special Interest Group on Artificial (Intelligence) □ специальная группа по проблемам искусственного интеллекта

SIGEMCAPS sleep, interest, guilt, energy, mood, concentration, appetite, psychomotor agitation or retardation, suicide ideation □ мнемоническая аббревиатура для запоминания критериев большой депрессии: сон, интересы, чувство вины, энергичность, настроение, концентрация, аппетит, психомоторное возбуждение или торможение, суицидальные мысли

SIGH-ADS structured interview guide for Hamilton depression rating scale with atypical depression supplement □ руководство по структурированному интервьюированию по шкале депрессии Гамильтона с дополнением по атипичной депрессии

SIGH-SAD structured interview guide for the Hamilton depression rating scale – seasonal affective disorder version □ руководство по структурированному интервьюированию по шкале депрессии Гамильтона – версии оценки сезонных депрессий

Sig Met significant meteorological information □ сообщение об опасных метеорологических явлениях

SIH semi-starvation induced hyperactivity □ гиперактивность, предопределённая страданием *(экспериментальная модель с лишением мышей пищи)*

SIH sick in hospital □ (находиться) на излечении в госпитале

SIH somatotropin release-inhibiting hormone □ соматотропин-рилизингингибирующий гормон, соматостатин

SIL seriously ill list □ список тяжелобольных

SIL Silverwater □ Сильверуотер *(арбовирус)*

SIL squamous intraepithelial lesions □ плоскоклеточное интраэпителиальное поражение

SIM Simbes □ Симбу *(арбовирус)*

sim similar □ подобный, аналогичный

sim simulate □ 1. моделировать; имитировать 2. воспроизводить в лабораторных условиях

sim simulator □ 1. установка, стенд 2. тренажёр; имитатор

SIM Society of Industrial Medicine □ Общество промышленной медицины

Sim Fac simulation facility □ моделирующее оборудование

SIMFU scanned intensity modulated focused ultrasound □ ультразвуковая система с множественными датчиками

siml similar □ подобный, аналогичный

simp *лат.* simplex □ simple □ *фарм.* простой

SIMV sensitivity [synchronized] intermittent mandatory ventilation □ перемежающаяся [синхронизированная] принудительная вентиляция лёгких *(к концу операции)*

SIMV spontaneous-synchronized intermittent mandatory ventilation □ перемежающаяся принудительная вентиляция лёгких, синхронизируемая с дыхательным ритмом больного

SIMV synchronized intermittent mandatory ventilation □ синхронизированная перемежающаяся с принудительной (искусственная) вентиляция

SIN Sinbis □ Синбис *(арбовирус)*

SINE short interspersed nucleotide elements □ короткие нуклеотидные последовательности, рассеянные по геному

sing. aur. *лат.* singulis auroris □ every morning □ *фарм.* по утрам, каждое утро

sing. hor. quad. *лат.* singulis horae quadrantibus □ every quarter of an hour □ *фарм.* каждые 15 минут

SIno thioinosine □ тиоинозин

si non val. *лат.* si non valeat □ if it is not enough □ *фарм.* если недостаточно

SIOP *фр.* Société Internationale d'Oncologie Pediatrique □ Международное общество педиатрической онкологии

si op. sit *лат.* si opus sit □ if it is necessary □ *фарм.* если необходимо

SIP sickness impact profile □ опросник «Профиль влияния болезни» *(оценивает 12 поведенческих параметров – сон, отдых, питание, работу, домашние хлопоты, социальные взаимодействия и пр.)*

sip *лат.* sirupus □ *фарм.* сироп

SIQ *амер.* sick in quarters □ лечение на дому

SIR selective information retrieval □ избирательный поиск информации, упрощённый поиск информации

SIR specific immune release □ проявление специфического иммунитета

SIRC Science Information Resource Center □ Центр научной информации

SIRS soluble immune response suppressor □ растворимый фактор подавления иммунного ответа

SIRS systemic inflammation response syndrome □ синдром системной [генерализованной] воспалительной реакции [ответа] *(напр. при сепсисе)*

SIS skin immune system □ иммунная система кожи

SIS sterile injectable suspension □ стерильная суспензия для инъекций

SIS Surgical Infection Society □ Общество по изучению хирургической инфекции

SISI short increment sensitivity index □ многократно повторяющиеся короткие приращения интенсивности звукового сигнала *(определение слуха)*

sist sister □ сестра

SIU *фр.* Société Internationale d'Urologie □ Международное общество урологов

SI Units System of International Units □ единицы Международной системы единиц, единицы СИ

SIV simian immunodeficiency virus □ вирус иммунодефицита обезьян *(аналогичен возбудителю СПИДа у людей)*

SIVI simultaneous in vitro insemination □ одновременное оплодотворение в пробирке

SIW, siw self-infected wound □ самозаражение раны *(членовредительство)*

sk sick □ больной, больная

SK streptokinase □ стрептокиназа

skel skeleton □ 1. каркас, остов 2. скелет

SL scapholunate □ ладьевидно-полулунная связка

sl seal □ 1. уплотнение, герметизация 2. уплотнитель; изолирующий слой; герметик

SL sea level □ уровень моря

SL sensation level □ уровень [порог] чувствительности

SL *лат.* sine loco □ без места *(об отсутствии указания на место издания произведения)*

sl sluggishness □ вялость; инертность; бездеятельность; слабость; медлительность

SL small lymphocytes □ малые лимфоциты

SL sodium lactate □ натрия лактат

sl special □ специальный, особый

sl sublingual □ подъязычный, сублингвальный

SLA left sacroanterior, a presentation of the fetus □ левая крестцово-передняя позиция плода

SLA soluble liver antigens □ растворимые печёночные антигены

SLA swine leukocyte antigens □ система антигенов лейкоцитов свиньи, главная генетическая система гистосовместимости свиньи, SLA-система, SLA-антигены

SLAM scanning laser acoustic microscope □ сканирующий [растровый] лазерный акустический микроскоп

SLC status at last contact □ состояние при последнем обследовании

SLC system life cycle □ жизненный цикл системы

SLCS small left colon syndrome □ синдром малой нисходящей ободочной кишки

sld sealed □ уплотнённый; герметизированный, герметичный

SLDS scanning laser doppler system □ лазерная допплеровская система со сканирующим лучом

SLE St. Louis encephalitis □ энцефалит Сент-Луис, американский энцефалит

SLE systemic lupus erythematosus □ системная красная волчанка, СКВ

SLM sound-level meter □ шумомер

SLN sentinel lymph node □ «сторожевой» лимфоузел

SLO streptolysin-O □ стрептолизин-O

SLOP smog, litter, overpopulation, pollution □ слоп *(смог, мусор, перенаселение, загрязнение)*

SLP left sacroposterior, a presentation of the fetus □ левая крестцово-задняя позиция плода

SLP sex limited protein □ белок, ограниченный полом

S-LPS smooth lipopolysaccharides □ липополисахариды гладких колоний бактерий

SLR single lens reflex □ рефлекс с передней [задней] поверхности хрусталика

SLS sodium lauryl sulphate □ лаурилсульфат натрия

SLS Stein – Leventhal syndrome □ синдром Штейна – Левенталя

si sol slightly soluble □ малорастворимый

S.M. Master of Science □ магистр (естественных) наук *(обладатель второй учёной степени)*

Sm Samarium □ самарий

SM sensory-motor task □ сенсорно-моторный тест, сенсорно-моторная проба

sM sentymorganide □ сантиморган, сантиморганида *(единица измерения генетического расстояния)*

SM shigella mutant □ мутантная шигелла

SM simple mastectomy □ простая мастэктомия

sm small □ небольшой, малый, маленький

SM smooth muscle □ гладкая мышца

SM somatomedin □ соматомедин *(соматотропный гормон)*

SM Space Medicine □ космическая медицина

sm symptom □ субъективный симптом, жалоба больного *(в отличие от объективного признака sign)*

SM systolic murmur □ систолический шум

SMA sequential multiple analysis □ последовательный многофазный анализ

SMA smooth muscle antibody □ антитела против гладких мышц, антитела к гладкомышечным волокнам

SMA Southern Medical Association □ Медицинская ассоциация южных штатов *(США)*

SMA spinomuscular atrophy □ атрофия поясничных мышц

SMA superior mesenteric artery □ верхняя брыжеечная артерия, ВБА

SMA supplementary motor area □ дополнительная моторная область *(головного мозга)*

SMA 12/60 *фирм.* наименование биохимического автоанализатора

SMAF smooth muscle-acting factor □ фактор, действующий на гладкую мышцу

SMAF specific macrophage arming factor □ фактор, вооружающий макрофаги *(растворимый медиатор клеточнозависимого иммунитета, высвобождаемый T-лимфоцитами)*

SMAF superior mesenteric arterial flow □ кровоток в верхней брыжеечной артерии

SMAL serum methyl alcohol level □ уровень метилового спирта в сыворотке *(крови)*

SMAM Singulate Mean Age at Marriage □ расчётный средний возраст вступления в брак

SM-antibodies smooth muscle antibodies □ антитела против гладких мышц, антитела к гладким мышцам

SMC Scottish Medical Council □ Шотландский медицинский совет

S-M-C sperm of spore mother-cell □ 1. *биол.* сперма, семенная жидкость 2. *бот.* материнская клетка спора

SMC spleen mononuclear cells □ мононуклеарные клетки селезёнки

SMC succinylmonochlorine □ сукцинилмонохлорин

SMD sterile medical disposables □ стерильные медицинские средства разового применения

SMD submanubrial dullness □ тупость ниже рукоятки грудины *(при перкуссии)*

SMDA State Medicaid Directors' Association □ Ассоциация директоров государственных лечебных учреждении «Медикайд»

SME standard medical examination □ регулярный медицинский осмотр

SMF Streptozotocin, Mitomycin C, and 5-Fluorouracil □ стрептозотоцин, митомицин C и 5-фторурацил (*программа химиотерапии онкологических больных*)

SMH Soviet Ministry of Health □ *уст.* Министерство здравоохранения СССР, МЗ СССР

SMH state mental hospital □ государственная психиатрическая больница

SMI senior medical investigator □ старший научный сотрудник-медик

SMI supplementary medical insurance □ дополнительное медицинское страхование

SMJ Society of Medical Jurisprudence □ Общество судебной медицины (*США*)

smk smoke □ дым ‖ дымовой

sml small □ небольшой, малый, маленький

SML symbolic machine language □ *выч. тех.* символический машинный язык

SM Lond Soc *лат.* Societatis Medicae Londiniensis Socius □ член Лондонского медицинского общества

smls seamless □ бесшовный

SM/mls streptococcus mutants/milliliters of saliva □ стрептококковых мутантов на единицу слюны

SMO Medical Officer of Schools □ школьный врач

SMO Senior Medical Officer □ старший офицер медицинской службы военно-морского флота

SMO Squadron Medical Officer □ флагманский врач эскадры военно-морского флота (*Великобритания*)

smog smoke-fog □ смог (*густой туман с дымом и копотью*)

SMOH Society of Medical Officers of Health □ Общество военных организаторов здравоохранения (*Великобритания*)

SMP slowest moving protease □ медленно движущаяся протеаза (*при электрофорезе*)

SMP standard medical procedure/practice □ обычная медицинская процедура или практика

SMR sensorimotor rhythm □ сенсорно-моторный ритм

SMR sex maturity ratings □ оценка половой зрелости

SMR somnolent metabolic rate □ уровень метаболизма [основного обмена] в состоянии сна

SMR standardized mortality ratio □ стандартизованный показатель смертности (*напр. по роду занятий*)

SMR submucous resection □ подслизистое иссечение; иссечение подслизистой

smRNP small nuclear ribonucleoprotein □ малый ядерный рибонуклеопротеид или рибонуклеопротеин

smry summary □ 1. краткое изложение, резюме, реферат 2. сводка

SMS short message service □ служба коротких сообщений (*мобильных телефонов*)

SMS somatostatin □ соматостатин

SMS stiff-man syndrome □ синдром оцепеневшего человека

SMSW State Medical Society of Wisconsin □ Государственное медицинское общество штата Висконсин (*США*)

SMV superior mesenteric vein □ верхняя брыжеечная вена

SMWDSep single, married, widowed, divorced, separated □ одиночка (холостой, незамужняя), в браке (женатый, замужняя), разведённый (разведённая), разлучённый (разлучённая)

Sn sanitary □ гигиенический, санитарный; медико-санитарный

SN *лат.* secundum naturam □ according to nature □ соответственно естественному течению

SN, S/N serial number □ 1. *мед. тех.* серийный номер (*изделия*) 2. личный номер

SN serum-neutralization □ нейтрализация сыворотки

SN-50 serum neutralizing dose 50 □ антитоксическая сыворотка (количество), предохраняющая от гибели 50 % заражённых куриных эмбрионов

sn sign □ 1. знак, обозначение, символ 2. объективный признак или симптом (*в отличие от субъективного признака symptom*)

S/N signal-to-noise □ отношение сигнал – шум

SN sinus node □ синусный узел

Sn Snell □ линия инбредных мышей Снелла

SN staff nurse □ штат [кадры] медицинских сестёр

SN Standard Nomenclature of Diseases and Operations □ «Стандартная номенклатура болезней и операций», *см.* **SNDO**

Sn *лат.* starmum □ tin □ олово

SN student nurse □ учащаяся медицинского училища

sn subnasale □ субназале (*точка соединения кожной перегородки носа с верхней губой*)

SN *лат.* substantia nigra □ *анат.* чёрное вещество (*головного мозга*)

SN supernormal □ превышающий норму, дополнительный, добавочный (*напр. орган*)

SnC Sanitary Cops □ (медико-)санитарная служба

SNCS Second National Cancer Survey □ Второе национальное обследование онкологических больных (*программа*)

snd sound □ звук ‖ звуковой

SNDO Standard Nomenclature of Diseases and Operations □ «Стандартная номенклатура болезней и операций» (*руководство, США*)

sndpr, sndprf soundproof □ звуконепроницаемый; звукоизолирующий

SNEPCO selective neuronal potassium channel opener □ селективный активатор калиевых каналов нейронов

SNF skilled nursing facility □ квалифицированное и чуткое сестринское обслуживание

sngl single □ 1. единственный (*напр. орган*) 2. одиночка, одинокий человек (*не состоящий в браке*)

SNM Society of Nuclear Medicine □ Общество медицинской радиологии или ядерной медицины

SNMT Society of Nuclear Medical Technologists □ Общество специалистов по ядерной медицине

Sno thioinosine □ тиоинозин

SNOMed Systematized Nomenclature of Medicine □ «Систематизированная медицинская номенклатура» (*Чикаго, 1976*)

SNOP Systematized Nomenclature of Pathology □ «Систематизированная номенклатура патоморфологических изменений» *(Чикаго, 1965)*

SNP single nucleotide polymorphism □ изменение [полиморфизм] одного нуклеотида в ДНК

S(N/P) Specialist in Neuropathology □ невропатолог

SNR signal-to-noise ratio □ отношение сигнал/шум, ОСШ

Sn-Res Sanitary Corps Reserve □ резерв (медико-)санитарной службы

SNRI 1. selective noradrenalin reuptake inhibitor □ селективный ингибитор обратного захвата норадреналина **2.** serotonin and norepinephrine reuptake inhibitor □ ингибитор обратного захвата серотонина и норадреналина *(венлифаксин)*

snRNA small nuclear RNA □ малая ядерная рибонуклеиновая кислота

snRNP small nuclear RNP □ малые ядерные нуклеопротеиды

SNS Society of Neurological Surgeons □ Общество нейрохирургов

SNS sympathetic nervous system □ симпатическая нервная система

SNTB size of family now thought best □ размер семьи, признаваемый наилучшим в настоящее время

Sn Tn Sanitary Train □ 1. санитарный транспорт 2. *амер.* санитарно-профилактический отряд

S$_{O2}$, s$_{O2}$ oxygen saturation □ насыщение (крови) кислородом

S(O) specialist in Ophthalmology □ офтальмолог, окулист

SO spheno-occipital synchondrosis □ клиновидно-затылочный синхондроз *(хрящевое соединение)*

SO standing order □ правила внутреннего распорядка

SOAP symptoms, objective data, assessment of the patient's status, the plan for patient care □ план [программа] ведения больного: субъективные, объективные данные, настоящее состояние, тактика лечения

SOB short(ness) of breath □ одышка, затруднение дыхания

SOBOE short of breath on exertion □ одышка при нагрузке

SOC sequential oral contraceptive □ последовательный пероральный приём контрацептивов

soc society □ общество

SOC state of consciousness □ уровень [состояние] сознания

socecon socioeconomic □ социально-экономический

Social sociology || sociologic(al) □ социология || социологический

Soc. Sec. Social Security □ социальное обеспечение

socy society □ общество

Sod sodium □ *фарм.* натрий

SOD superoxide dismutase □ супероксиддисмутаза *(фермент-антиоксидант)*

   Mn~ magnesium SOD □ магниевая супероксиддисмутаза

   rh~ recombinant human SOD □ рекомбинантная супероксиддисмутаза человека

SOD surgical officer of the day □ военный дежурный хирург

SOFA Sepsis-related Organ Failure Assessment □ (балльная) оценка тяжести и нарушений функций органов и систем [полиорганной недостаточности] при сепсисе

SOFAS social and occupational functioning assessment scale □ шкала оценки социального и профессионального функционирования

SOHO Schizophrenia Outpatient Health Outcomes study □ исследование течения шизофрении у амбулаторных пациентов

SOL sleep-onset latency □ продолжительность засыпания

SOL Soldado □ Сольдадо *(арбовирус)*

sol. 1. soluble □ растворимый **2.** solution □ раствор

sol. aq. aqueous solution □ водный раствор

solidif solidification □ затвердение, отвердение

soln solution □ раствор

solv solvent □ растворитель

soly solubility □ растворимость

Sonoan sonic noise analyzer □ анализатор акустических шумов

SO nucleus supraoptic nucleus □ супраоптическое ядро

SOP standard operating procedure □ *выч. тех.* стандартная операционная процедура

SOP surgical outpatient □ хирургический амбулаторный больной

S.op.s. *лат.* si opus sit □ if it is necessary □ в случае необходимости

SOQ Sick Officer's Quarters □ офицерский лазарет

SOR start of record □ *выч. тех.* начало записи

S-O-R stimulus – organism – response □ раздражение – организм – реакция

SOREMP sleep-onset REM periods □ периоды быстрых движений глаз в начале сна

SOS Save Our Shores □ *экол.* организация «Спасите наши побережья»

SOS Save Our Souls □ «Спасите наши души» *(международный сигнал бедствия || подавать сигнал бедствия; просить о помощи)*

SOS-answer SOS-ответ *(серия репарационных процессов у E. coli, возникающая в ответ на повреждающий стимул)*

SOS, sos *лат.* si opus sit □ if needed □ в случае необходимости

SOX, sox solid oxygen □ твёрдый кислород

Sp cerebrospinal liquor □ спинномозговая жидкость

SP sacrum to pubis □ крестцово-лобковая линия; прямой размер таза

sp sample □ 1. образец 2. выборка

SP secretory piece □ секреторная часть, секреторный отдел *(напр. железы)*

SP serum phosphorus □ фосфор сыворотки *(крови)*

SP serum protein □ белок сыворотки *(крови)*

SP short photoperiod □ короткий фотопериод

s.p. *лат.* sine prole □ without descendants □ без потомства

sp single-phase □ однофазный *(ток)*

sp single-pole □ однополюсный *(напр. отведение ЭКГ)*

sp space □ 1. пространство; область 2. расстояние, интервал, промежуток 3. космос

sp 1. special □ специальный; особый **2.** specialist □ специалист **3.** specialty □ специальность

Sp, sp *лат.* species □ 1. набор трав 2. вид; род; порода

sp specific □ особый; специфический

sp specification □ 1. технические условия, спецификация 2. *суд. мед.* изложение состава преступления

sp specimen □ 1. образец; экземпляр 2. особь; вид; род

sp speech □ речь

sp spine ‖ spinal □ 1. позвоночник ‖ позвоночный 2. спинномозговой; спинальный

Sp, sp spirit □ 1. спирт, алкоголь 2. настроение, дух

Sp splotch □ «клякса»; грязное пятно *(о генах лабораторных мышей)*

SP, sp spontaneous polarization □ спонтанная [самопроизвольная] поляризация

SP standard pressure □ нормальное [стандартное] давление

SP standard procedure □ стандартная методика, общепринятый порядок действия

SP start point □ начальная точка *(напр. плавления, закипания)*

SP static pressure □ статическое давление

S/P status post □ состояние после *(болезни, операции)*

sP substance P □ субстанция P

sp supply □ 1. снабжение; подача; питание 2. источник питания

SP suprapubic puncture □ надлобковая пункция *(мочевого пузыря)*

SP systolic blood pressure □ систолическое давление *(крови)*

SPA protein A form of Staphylococcus aureus □ протеин A золотистого стафилококка

SPA Southern Perinatal Association □ Ассоциация врачей-перинатологов южных штатов США

SpA spectrum analyzer □ анализатор спектра

SPA sperm penetration assay □ определение проницаемости сперматозоидов

SPA spontaneous platelet aggregation □ спонтанная агрегация тромбоцитов

SPA stromata-protective antigen complex □ антигенный комплекс, защищающий строму

SPA suprapubic aspiration bladder, supra-pubic urine aspiration □ надлобковая аспирация мочи

sp act specific activity □ специфическая активность

spACT spontaneous allergic autocytotoxicity □ спонтанная аллергическая аутоцитотоксичность

SPADE soil, plant, animal dynamic evaluation □ динамическая оценка действия радиации на почву, растения, животных

SPAI social phobia and anxiety inventory □ опросник для выявления социофобии и тревоги

SPALT solid-phase antigen luminescence technique □ твердофазный люминесцентный анализ с (меченым) антигеном

SPAN solar particle alert network □ сеть оповещения о солнечной радиации

SPAQ seasonal pattern assessment questionnaire □ опросник для оценки сезонных колебаний сна, аппетита, веса, настроения, социальной активности и энергичности

SPARMO Solar Particles and Radiations Monitoring Organization □ Организация по контролю солнечных час-тиц и радиации

SPBCC Society for the Provision of Birth Control Clinics □ Общество по обеспечению клиник, регулирующих рождаемость

SPC sickle-shaped particle cell □ серповидная клетка

SPC single palmar crease □ отдельная ладонная складка

spc special □ специальный, особый

SPC survey of population change □ обследование изменений численности и структуры населения

SPCA serum prothrombin conversion accelerator □ фактор VII свёртывания крови, антифибринолизин, проконвертин *(ускоритель превращения протромбина)*

SPCA Society for the Prevention of Cruelty to Animals □ Общество защиты животных от жестокого обращения

SPCC Society for the Prevention of Cruelty to Children □ Общество защиты детей от жестокого обращения

SpCd , sp cd spinal cord □ спинной мозг

spd speed □ скорость

SPE streptococcal pyrogenic exotoxin □ стрептококковый пирогенный экзотоксин

spec specification □ 1. технические условия, спецификация 2. *суд. мед.* изложение состава преступления

spec specimen □ 1. образец; экземпляр 2. особь; вид; род

spec spectrum □ спектр

spec speculation □ предположение

spec. gr. specific gravity □ относительная плотность, удельная масса

specif, specn specification □ 1. технические условия, спецификация 2. *суд. мед.* изложение состава преступления

SPECT single-photon emission computer tomography □ однофотонная эмиссионная компьютерная томография

spectr spectroscopic(al) □ спектроскопический

SPEP serum protein electrophoresis □ электрофорез сывороточных белков

SPEQ special equipment □ специальное оборудование [аппаратура]

SPF specified pathogen-free animal □ экспериментальное животное, свободное от патогенных микробов; гнотобионт

spg sponge □ губка ‖ губчатый

sp g(r) specific gravity □ относительная плотность, удельный вес

SPH School of Public Health □ Школа общественного здравоохранения

sph 1. sphere □ сфера; шар **2.** spherical lens □ сферическая линза

SPH State of the Public Health □ состояние общественного здравоохранения

spher spherical □ сферическая линза ‖ сферический

SPHs Special Psychiatric Hospitals □ специальные психиатрические больницы, СПБ

sp ht specific heat □ удельная теплоёмкость

SPHT super pressure – high temperature □ избыточное давление и высокая температура

SPIN social phobia inventory □ опросник для выявления социофобии

sp. indet. species indeterminate □ неопределённый [неустановленный] вид

spir, spt spirit □ 1. спирт, алкоголь 2. настроение, дух

SPIRMA solid-phase immunoradiometric assay □ твердофазный иммунорадиометрический анализ

SPK serum pyruvate kinase □ пируваткиназа сыворотки *(крови)*

SPL plasma serotonin level □ уровень серотонина плазмы *(крови)*

SPL skin potential level □ величина потенциала кожи

SPL sound pressure level □ уровень звукового давления

spl special □ специальный, особый

spl supplement ‖ supplementary □ дополнение ‖ дополнительный

SPL staphylococcal phagolysate □ стафилококковый фаголизат

SPMA spinal progressive muscular atrophy □ спинальная прогрессирующая мышечная атрофия, болезнь Кугельберга – Веландер

SPMS secondary progressive multiple sclerosis □ вторичный прогрессирующий множественный склероз

sp. n. *лат.* species novum □ новый вид

spn supramental □ *кр. метр.* супраментале *(самая глубокая точка подбородочно-губной борозды)*

SPNM standardized perinatal mortality □ стандартизированная перинатальная смертность

SPO Spondweni □ Спондвени *(арбовирус)*

spon, spont spontaneous □ 1. самопроизвольный, спонтанный 2. сплошной

spp species □ вид(ы); род(ы); порода(ы) *(ед. и мн. ч.)*

spp suppuration □ нагноение

SPP suprapubic prostatectomy □ надлобковая простатэктомия

SPPS stable plasma protein solution □ стабилизированный раствор плазменных белков

spr pair spectrometer □ парный спектрометр

SPR skin potential response □ реакция кожного потенциала

SPR Society for Pediatric Research □ Общество исследования детей

SPR Society for Physical Research □ Общество физического исследования *(больных)*

SPRIA solid-phase radioimmunoassay □ твердофазный радиоиммуноанализ

SPS salmon-poisoning disease □ пищевое отравление, вызванное употреблением сёмги; ботулизм

SPS (agar) sulfite, polymyxin, sulfadiazine □ агаровая среда, содержащая пептон, полимиксин, сульфадиазин *(для выращивания клостридий)*

SPS special Papanicolaou smear □ цитологическое исследование мазка, окрашенного по методу Папаниколау

SPS social phobia scale □ шкала оценки социофобии, в т.ч. страха перед окружающими во время рутинных действий

SPS suicide probability scale □ шкала оценки вероятности самоубийства

SPS systemic progressive sclerosis □ системный прогрессирующий склероз

SPS test sound-production sample test □ тест с воспроизведением звука

S/P surgery status post surgery □ состояние после операции

SPT sound-production task(s) □ испытание [тест] с воспроизведением звука

Spt, spt *лат.* spiritus □ spirit □ 1. спирт, алкоголь 2. настроение, дух

spt support □ поддержка; опора; обеспечение

SPV selective proximal vagotomy □ селективная проксимальная ваготомия, СПВ

SPV Shope papilloma virus □ вирус папилломы кроликов, вирус папилломы Шоупа

Sp vac smallpox vaccination □ противооспенная вакцинация

SPVD Society for the Prevention of Venereal Diseases □ Общество борьбы с венерическими болезнями

spvn supervision □ контроль, наблюдение; надзор

sp vol specific volume □ плотность, удельный вес

spzd specialized □ специализированный

sq sequence □ последовательность

SQ sick quarters □ лазарет; амбулатория

sq square □ 1. квадрат ‖ квадратный 2. площадь

SQ subcutaneous □ подкожный, п/к

SQC statistical quality control □ статистический контроль качества

Sq cell ca squamous cell carcinoma □ плоскоклеточный [чешуйчато-клеточный] рак

SQL Structured Query Language □ структурированный язык запросов *(медицинских терминов)*

SQLS schizophrenia quality of life scale □ шкала оценки качества жизни при шизофрении

SQT skill qualification test □ квалификационный тест

SR sarcoplasmic reticulum □ саркоплазматическая сеть, саркоплазматический ретикулум

SR secretion rate □ уровень секреции

SR sedimentation rate □ 1. скорость оседания [седиментации] эритроцитов, СОЭ 2. скорость осаждения [седиментации]

Sr senior □ старший

SR senior registrar □ старший ординатор

SR sensitization response □ сенсибилизация *(повышение чувствительности организма)*

SR sex ratio □ половое соотношение, распределение по полу

SR Shark River □ Шарк-Ривер *(арбовирус)*

SR sinus rhythm □ синусовый [синусный] ритм

sr sister □ сестра

SR slow release □ медленно высвобождающийся *(в названии лекарственного препарата)*

SR solar radiation □ солнечная радиация

SR specific response □ специфический ответ, специфическая реакция

SR speed recorder □ самописец скорости

S – R stimulus – response □ связь стимул – реакция

SR stomach rumble □ урчанье в желудке

Sr Strontium □ стронций

⁹⁰Sr, Sr90 radioactive Strontium □ радиоактивный стронций, радиоактивный изотоп стронция

SR supplementary reinterview □ дополнительный сбор анамнеза у больного

s/r sustained-release □ пролонгированного действия, длительно выделяемый (напр. о медикаменте)

SR systemic review □ системное обследование

SRA Science Research Association □ Ассоциация научных работников

SRA skin reactive antigen □ кожно-реактивный антиген

SRaw specific resistance of airway □ специфическое сопротивление дыхательных путей

SRBC sheep red blood cells □ эритроциты барана

SRCA specific red cell adherence □ специфическая агрегация эритроцитов, сладж эритроцитов

SRD standard reference data □ стандартные справочные данные

Srd усл. thiouridine □ тиоуридин

SRE sleep related eating □ приём пищи, связанный со сном (вариант парасомнии, при котором пациент 1–6 раз за ночь ест во время пробуждений)

SRE sleep related erections □ эрекции во сне

SREDA subclinical rhythmic EEC discharge of adults □ субклинические регулярные [ритмические] разряды электрической активности головного мозга у взрослых (на ЭЭГ)

SREM sleep with rapid eye movements □ фаза сна с быстрыми движениями глазных яблок

SRF skin reactive factor □ иммун. кожно-реактивный фактор, КРФ

SRF somatotropin releasing factor □ соматолиберин, соматотропин рилизинг-фактор [гормон], рилизинг-фактор гормона роста

SRF subretinal fluid □ субретинальная жидкость

SRFS split renal function study □ раздельное исследование функции почек

SRG second reference group □ вторичный групповой эталон

SRH single-serum radial hemolysis □ радиальный гемолиз с использованием индивидуальной сыворотки

SRH somatotropin releasing hormone □ соматолиберин, соматотропин рилизинг-фактор [гормон], рилизинг-фактор гормона роста

SRH stigmata of recent hemorrhage □ морфологические признаки свежего кровотечения (во время эндоскопии)

SRI scientific research institute □ научно-исследовательский институт, НИИ

SRID single radial immunodiffusion □ простая (одномерная) радиальная иммунодиффузия

SRL scientific research laboratory □ научно-исследовательская лаборатория

SRN англ. State Registered Nurse □ медицинская сестра, состоящая в государственном регистре (имеющая сертификат на право практики)

sRNA soluble ribonucleic acid □ транспортная [растворимая, адаптивная] рибонуклеиновая кислота, тРНК

SRO Senior Rescue Officer □ старший офицер спасательной службы

SROM spontaneous rupture of membranes □ спонтанный разрыв плодных оболочек

SRR skin resistance response □ реакция сопротивления кожи

SRR slow rotation room □ медленно вращающаяся камера или кабина

SRRS Social Readjustment Rating Scale □ шкала оценки общественной приспособленности

SRS sample registration scheme □ схема [программа] выборочного обследования

SRS slow-reacting substance □ медленно реагирующая субстанция (выделяемая при анафилактическом шоке), МРС

SRS лат. Societatis Regiae Socius □ член Королевского общества (содействия развитию естествознания)

SRS Statistical Reporting Service □ служба статистических обследований (США)

SRS-A slow-reacting substance of anaphylaxis or allergy □ медленно реагирующая субстанция анафилаксии или аллергии, МРС-А (образуется при стимуляции тучных клеток)

SRT sedimentation rate test □ проба [тест] на скорость осаждения

SRT single reaction time □ время реакции на единственный стимул (тест из 32 сигналов жёлтого цвета, в ответ на которые испытуемый должен выполнять одно и то же действие), см. тж. **CRT** choice reaction time

SRT speech reception threshold □ порог восприятия речи

S – R theory stimulus – response theory □ теория «стимул – ответ»

SRU self-recording unit □ самописец

SRV slowly circulating red cell volume □ объём медленно циркулирующих эритроцитов

S – R variation S-smooth variant – R-rough variant □ S – R-вариации (переход от гладкой S-формы антигена к шероховатой R-форме антигена)

SRY sex-region Y □ ген, ответственный за мужской пол в Y-хромосоме

–S–S– interchain disulfide bridge □ межцепочечный дисульфидный мостик

SS saline soak □ замачивание в солевом [физиологическом] растворе

SS saliva sample □ проба слюны (для анализа)

SS second stage □ вторая ступень

SS Selective Service □ воинская повинность (США)

ss лат. semis □ one half □ половина

SS servosystem □ следящая система

SS siblings □ сиблинги, сибсы, кровные братья и сестры

ss side to side □ бок-в-бок (анастомоз)

SS single-shot □ одноразовый ‖ одноразового применения (напр. шприц)

SS Sjogren's syndrome □ синдром Шегрена

ss solid state □ твёрдое состояние

SS stable state □ устойчивое состояние (напр. лёгких)

SS staccato syndrome □ синдром стаккато

SS Staff Surgeon □ штабной врач

SS standard score □ псих. стандартная оценка

SS standard specification □ стандартная спецификация

SS static stability □ статическая устойчивость

SS, ss sterile solution □ стерильный раствор

SS substernal □ находящийся под грудиной

SS superscription □ 1. надпись 2. адрес

SS supersensitive □ сверхчувствительный, с повышенной чувствительностью

s.s. *лат.* supra scriptum □ written above □ написано выше, сверху

SS suspended solids □ взвешенные твёрдые частицы; грубодисперсные примеси, ГДП

SSA sickle cell anemia □ серповидно-клеточная анемия

SSA similarity structure analysis □ анализ сходных структур

SSA skin sensitizing antibodies □ антитела к коже

SSA Smith surface antigen □ поверхностный антиген Смита

SSA Social Security Administration □ Управление социального обеспечения (*Департамента здравоохранения, просвещения и социального обеспечения США*)

SSA Southern Surgical Association □ Ассоциация хирургов южных штатов США

SSA sulfosalicylic acid □ сульфосалициловая кислота

SS agar Shigella and Salmonella agar □ агаровая среда для (культивирования) шигелл и сальмонелл

SSAT Society for Surgery of the Alimentary Tract □ Общество хирургов-гастроэнтерологов

SSc systemic sclerosis □ системный склероз

SSCR spontaneous skin conductance response □ спонтанная реакция проводимости кожи

SSCr stainless steel crown □ зубная коронка из нержавеющей стали

SSD Social Services Department □ Департамент [отдел] социальной службы

SSD source – skin distance □ расстояние источник – кожа

SSD speech sound discrimination □ различие речевых звуков

SSE soap-suds enema □ мыльная клизма

SSE special support equipment □ специальное вспомогательное оборудование

SSEA stage-specific embryonic antigen □ стадиеспецифический эмбриональный антиген

SSHb homozygous for sickle hemoglobin □ гомозиготная гемоглобинопатия (*серповидно-клеточная анемия*)

SSI segmental sequestral irradiation □ посегментное поле облучения

SSI somatic symptom inventory □ опросник для выявления соматических симптомов

SSKI supersaturated solution of potassium iodine □ (пере)насыщенный раствор йодистого калия

ssp subspecies □ подвид

SSPE subacute sclerosing panencephalitis □ подострый склерозирующий панэнцефалит

SSPR spontaneous skin potential response □ спонтанная реакция кожного потенциала

SSPS Swedish Society of Plastic Surgery □ Шведское общество пластической хирургии

SSQ station sick quarters □ гарнизонный лазарет

SSRC Social Science Research Council □ Совет социологических исследований (*США*)

SSRI selective serotonin reuptake inhibitor □ селективный ингибитор обратного захвата серотонина, СИОЗС (*антидепрессант*)

SSRR spontaneous skin resistance response □ спонтанная реакция сопротивления кожи

SSS Scandinavian Surgical Society □ Скандинавское хирургическое общество

SSS Sensation Seeking Scale □ опросник [шкала] оценки стремления субъекта к стимуляции

SSS sick sinus syndrome □ синдром слабости синусового узла, СССУ

SSS soluble specific substances □ растворимые специфические вещества (*напр. полисахариды пневмококков*)

SSS sterile saline soak □ замачивание в стерильном физиологическом растворе

s.s.s. *лат.* stratum super stratum □ layer on layer □ послойно

SSSH Swedish Society for Surgery of the Hand □ Шведское общество хирургии кисти

SSSS Society for the Scientific Study of Sex □ Общество научных исследований по сексо(пато)логии

SSSS staphylococcal scalded skin syndrome □ синдром ошпаренной кожи, вызванный стафилококком

SSSV superior sagittal sinus velocity □ скорость кровотока в верхнем сагиттальном синусе

SST secondary stimulation test □ вторичная смешанная культура лимфоцитов; тест вторичной стимуляции (*лимфоцитов*)

SSV simian sarcoma virus □ вирус саркомы обезьян

SSV *лат.* sub signa veneni □ under a poison label □ *фарм.* с этикеткой «яд»

SsvcO$_2$ oxygen saturation superior vena cava □ насыщение кислородом крови в верхней полой вене

ST heat-stable bacterial toxin □ термостабильный (бактериальный) токсин

St Saint □ святой (*в названиях лечебных учреждений*); терминоэлемент сент- (*напр. энцефалит Сент-Луис*)

ST scala tympani □ *анат.* барабанная лестница

ST scapulothoracic □ лопаточно-грудной

ST sedimentation time □ время [седиментации] осаждения

ST self-testing □ самопроверка, самотестирование

ST sensation threshold □ порог чувствительности

ST skin testing □ кожная проба; кожное тестирование

ST speech therapy □ терапия речи

ST stable toxin □ 1. стабильный [стойкий] токсин 2. бактерии, продуцирующие стабильный токсин

ST staff training □ подготовка кадров

st standard □ 1. стандарт; норма, норматив 2. эталон; образец

ST standardized test □ стандартизированный тест

ST standard temperature □ нормальная температура

ST Standard Time □ поясное время

st stationary □ стационарный; постоянный

st 1. statute □ статус, положение 2. statutory □ установленный законом

st sterilization □ 1. *бакт.* стерилизация 2. кастрация, стерилизация

st stimulus □ 1. стимул 2. раздражение

st stitch □ 1. стежок, отдельный шов 2. хирургический шов

St Stocks □ стокс, Ст (*единица кинетической вязкости*)

St, st stomach □ желудок

st store □ *выч. тех.* запоминающее устройство

St Strong □ линия инбредных мышей Стронга

st subtype □ подтип

ST surface tension □ поверхностное натяжение

ST survival time □ время переживания или выживаемости органов

ST syncytiotrophoblast □ синцитиотрофобласт

ST systemic test □ испытание системы

ST tactile sense □ чувство осязания

S-Ta atrial ST segment change □ изменение сегмента ST предсердия

sta stamen □ тычинка

sta stationary □ стационарный; постоянный

stab stable □ стабильный; стойкий; прочный

S-TAG slow-binding target-attaching globulin □ слабосвязанный меченый глобулин

Sta Hosp Station Hospital □ гарнизонный госпиталь

STAI state-trait anxiety inventory □ опросник для определения настоящей (в данный момент времени) и текущей тревоги

Sta Med Grp Station Medical Group □ гарнизонная медицинская группа

Stan Dev standard deviation □ стандартное отклонение

Stan Psych (Nomenclature) Standard Psychiatric Nomenclature □ стандартная психиатрическая номенклатура *(нормативные психиатрические термины)*

Staph Staphylococcus □ стафилококки *(род бактерий)*

STAT short-term-around-time analysis □ экспресс-диагностика по ряду параметров

stat statics || static(al) □ статика || статический

stat *лат.* statim □ immediately □ немедленно, сразу

stat stationary □ стационарный; постоянный

Stat statistics || statistic(al) □ статистика || статистический

stat statute □ положение, статус

stat statutory □ установленный законом

Stat S, Stat Serv Statistical Service □ статистическая служба

staty stationary □ стационарный; постоянный

stb stable □ устойчивый, стабильный

STD, STDs sexually transmitted diseases □ венерическое заболевание; болезнь, передаваемая половым путём, БППП

STD skin test dose □ кожная тест-доза; иммунная стандартная кожная доза *(токсина)*

std standard □ 1. стандарт; норма, норматив 2. эталон; образец

STD standard density reference □ стандартный эталон плотности

STD standard test dose □ стандартная тест-доза

std dev standard deviation □ стандартное отклонение

STDs sexually transmitted diseases □ болезни, передаваемые половым путём

STEL short-term exposure limit □ предельная концентрация для кратковременной экспозиции *(не причиняющей вреда работнику)*

STEM scanning transmission electron microscopy □ сканирующая просвечивающая электронная микроскопия

ster sterilization □ 1. *бакт.* стерилизация 2. кастрация, стерилизация

STET submaximal treadmill exercise test □ субмаксимальный нагрузочный тест на тредмиле

stg storage □ хранение; хранилище; память *(ЭВМ)*

stg strong □ сильный,

STH somatotropic [growth] hormone □ соматотропный гормон, гормон роста, СТГ

STH supplement thyroid hormone □ добавочный тиреоидный гормон

S-Thal sickle cell thalassemia □ большая талассемия, средиземноморская анемия, анемия Кули

STI serum trypsin inhibitor □ ингибитор трипсина сыворотки *(крови)*

STI skin test index □ индекс кожной пробы *(на аллергию)*

STI soybean trypsin inhibitor □ соевый ингибитор трипсина

STI systolic time interval(s) □ продолжительность систолического интервала

STIC serum trypsin inhibition capacity □ активность ингибитора трипсина сыворотки

stillat *лат.* stillatim □ by drops, in small quantities □ *фарм.* по каплям, малыми дозами

STIR short tau inversion recovery imaging □ краткое восстановление инверсии тау *(режим визуализации МРТ)*

stk, stky sticky □ клейкий, липкий, вязкий

STL suppressor T lymphocyte □ Т-клетка-супрессор, T_s-клетка

ST/LT stable toxin, labile toxin □ штаммы бактерий, продуцирующих одновременно стабильный и лабильный токсины

STLV simian T-lymphotropic virus □ обезьяний Т-лимфотропный вирус

STM short-term memory □ кратковременная [краткосрочная, оперативная, рабочая] память

STN *лат.* subthalamic nucleus □ *анат.* субталамическое ядро

stnd stained □ окрашенный

Sto Stolbovaya □ сублинейный символ линии лабораторных животных, разводимых в питомнике «Столбовая» РАМН

sto stomion □ *кр. метр.* стомион *(точка пересечения линий смыкания губ со срединно-сагиттальной плоскостью)*

stom stomach □ желудок

sto n storage n □ клавиша *n*-го регистра памяти

stor storage □ *выч. тех.* хранение; хранилище; память *(ЭВМ)*

STORCH syphilis, toxoplasmosis, other infections, rubella, cytomegalovirus infection, herpes simplex □ сифилис, токсоплазмоз, другие инфекции, цитомегаловирусная инфекция, герпес *(инфекции, которые могут вызвать врождённые мальформации плода)*

STP standard temperature and pressure □ стандартные [нормальные] температура и давление

STPD standard temperature, pressure, dry □ система STPD, нормальные [стандартные] условия *(сухой воздух при 0 °C и 760 мм рт. ст.)*

STR Society of Therapeutic Radiologists □ Общество врачей-радиологов

STR short tandem repeats ☐ короткие тандемные повторы ДНК

STR Stratford ☐ Стратфорд *(арбовирус)*

Str Streptococcus ☐ стрептококки *(род бактерий)*

str structural ☐ структурный, конструктивный

strn strainer ☐ фильтр

struct structure ☐ конструкция, структура

STs sanitary (women's) towels ☐ гигиеническая подушечка или салфетка *(для женщин)*

STS sequence tagged site ☐ короткая последовательность ДНК (100–1000 пар нуклеотидов), которая может быть идентифицирована полимеразной цепной реакцией

STS serologic [serum] test for syphilis ☐ серологическая [сывороточная] реакция на сифилис

STS short-term sensitizing ☐ кратковременная сенсибилизация

STS Society of Thoracic Surgeons ☐ Общество торакальных хирургов

STS standard test for syphilis ☐ стандартная реакция на сифилис

sts stitches ☐ 1. стежки 2. хирургические швы

STT sensitization test ☐ тест на чувствительность

STT serial thrombin time ☐ частичное тромбиновое время

STU skin test unit ☐ 1. единица измерения реакции кожи 2. степень выраженности лучевой реакции кожи

STWL swelling tenderness, warmth, limitation of motion ☐ синдром, проявляющийся отёком, болезненностью, повышением температуры и ограничением движений

sty stationary ☐ стационарный; постоянный

S-type smooth type ☐ гладкая форма *(о колониях бактерий)* ‖ гладкий *(о поверхности клетки)*

stzn sterilization ☐ 1. *бакт.* стерилизация 2. кастрация, стерилизация

SU sensation unit ☐ единица громкости, фон

SU sterile unit ☐ 1. стерильный блок; стерильный отсек 2. гнотобиологический изолятор

Su sulfonamide ☐ сульфонамид

SU sulfonyl urea ☐ сульфонилмочевина

Su 1. *лат.* sumat ☐ let him take ☐ пусть примет *(лекарство)* 2. *лат.* sumendum ☐ to be taken ☐ лекарство для приёма

SUA serum uric acid ☐ мочевая кислота сыворотки *(крови)*

sub sublimation ‖ sublime ☐ возгонка, сублимация ‖ возгонять

sub, subs subsistence ☐ 1. продовольствие 2. довольствие

sub substitute ☐ 1. замена 2. заменитель

subac subacute ☐ подострый

subcrep subcrepitant ☐ незначительно крепитирующий *(о хрипах, переломе)*

subgen sybgenus ☐ подвид

subj subject ☐ субъект

subl, subm sublimation ‖ sublime ☐ возгонка, сублимация ‖ возгонять

subling sublingual ☐ подъязычный

subq subcutaiieously ☐ (вводить лекарство) подкожно, п/к

subq subsequent ☐ последующий

subs subsidiary ☐ вспомогательный, дополнительный

sub-sec sub-section ☐ подотдел, подсекция

subsp subspecies ☐ подвид

subst substance ☐ вещество

subst substitute ☐ заменитель; суррогат

subsys subsystem ☐ подсистема, часть системы

subtr(op) subtropical ☐ субтропический

subvar subvariant ☐ подразновидность

suc *лат.* succus ☐ сок

suc suction ☐ всасывание, отсасывание, аспирация

succ success ‖ successful ☐ успех ‖ успешный

succin succinate ☐ *фарм.* сукцинат

suct suction ☐ всасывание, отсасывание, аспирация

SUD skin unit dose ☐ биодоза, эритемная доза

SUD substance use disorder ☐ наркомания; лекарственная зависимость

SUD sudden unexpected death ☐ внезапная необъяснимая смерть

suff sufficient ☐ достаточно

sug suggest ☐ предполагать

SUI stress urinary incontinence ☐ стрессовое недержание мочи

Sul sulcus ☐ борозда

sulfa sulfonamide ☐ сульфонамид, сульфаниламид

Sull sulci ☐ борозды

sulph sulphate ☐ *фарм.* сульфат

sum 1. *лат.* sumat ☐ let him take ☐ пусть примет *(лекарство)* 2. *лат.* sumendum ☐ to be taken ☐ лекарство для приёма

SUN serum urea nitrogen ☐ азот мочевины сыворотки *(крови)*

SUNCI shortlasting unilateral neuralgiform headache with conjunctival injection ☐ невралгическая боль в области орбиты с гиперемией конъюнктивы, синдром иглы в глазу

SUNFED Special United National Fund for Economic Development ☐ специальный фонд ООН для экономического развития

sup superior ☐ 1. превосходящий, лучший; высшего качества 2. старший 3. верхний

sup supination ☐ супинация

sup supplement ☐ приложение; дополнение

sup supply ☐ 1. питание 2. снабжение

super superficies ‖ superficial ☐ поверхность ‖ поверхностный

super superior ☐ 1. превосходящий, лучший; высшего качества 2. старший 3. верхний

supers supersaturated ☐ перенасыщенный, сверхнасыщенный

supp support ☐ поддержка; опора; обеспечение

supp *лат.* suppositorium ☐ suppository ☐ *фарм.* суппозиторий, свеча

suppl supplement ☐ приложение; дополнение

suppos suppositories ☐ *фарм.* суппозитории, свечи

suprv 1. supervision ☐ надзор, контроль 2. supervisor ☐ руководство; контролёр

sur surface ☐ поверхность

Sur, SUra thiouracil ☐ тиоурацил

SURELISA super rapid enzyme-linked immunosorbent assay ☐ сверхбыстрый твердофазный иммуноферментный анализ

surf act ant, surfactant surface active agent □ сурфактант, поверхностно-активное вещество, ПАВ

surg 1. surgeon ‖ surgical □ хирург; *амер.* военный врач ‖ хирургический **2.** surgery □ 1. хирургия 2. операция, оперативное [хирургическое] вмешательство 3. кабинет [приёмная] врача 4. операционная, операционный блок

Surg Col Surgeon Colonel □ полковник медицинской службы

Surg Gen Surgeon General □ 1. начальник медицинского управления армии 2. руководитель службы здравоохранения США или отдельного штата

Surg Hosp Surgical Hospital □ хирургический госпиталь

surgl surgical □ 1. хирургический 2. военно-медицинский

surr surrogate □ заменитель; суррогат

surv survey □ осмотр, обследование; инспектирование; исследование

surv survive □ выживать

survr survivor □ выживший, спасшийся; переживший катастрофу

SUS Society of University Surgeons □ Общество университетских [клинических] хирургов

SUS suppressor sensitive □ чувствительный к действию супрессора *(подавляющего агента)*

SUSM Stanford University School of Medicine □ Станфордская университетская медицинская школа

susp suspension □ суспензия

susp suspicion ‖ suspicious □ подозрение ‖ подозрительный

sut suture □ 1. шов, хирургический шов 2. шовный материал 3. зашивание раны

SUT system under test □ испытуемая система

SUZI Sub-Zonal Insemination □ инсеминация под блестящую оболочку

SV safety valve □ предохранительный клапан

SV saponification value □ число омыления

SV sarcoma virus □ вирус саркомы

SV satellite virus □ вирус-спутник, вирус-сателлит

SV secretory vesicles □ секреторные пузырьки

sv service □ 1. служба ‖ служебный 2. повинность 3. обслуживание; материально-техническое обеспечение, сервис

SV short of breath □ одышка

SV side view □ вид сбоку

SV simian virus □ вирус обезьян

SV 40 simian virus 40 □ обезьяний (вакуолизирующий) вирус 40, ОВ-40

SV sinus venosus □ венозный синус

Sv sivert □ зиверт, Зв *(единица эквивалентной дозы излучения, равная единице поглощённой дозы, умноженной на коэффициент, учитывающий неодинаковую радиационную опасность для организма разных видов ионизирующего излучения – альфа-, бета-частиц, гаммаквантов или нейтронов. 1 Зв = 100 бэр), см.* **REM** roentgen-equivalent-man

SV, sv specific volume □ удельный объём

sv *лат.* spiritus vini □ alcoholic spirit □ этиловый [винный] спирт

SV splenic vein □ селезёночная вена

SV stroke volume □ ударный [систолический] объём сердца

SV synaptic vesicle □ синаптический пузырёк

SV systolic volume □ систолический [ударный] объём сердца

SVA selective visceral angiography □ селективная ангиография внутренних органов

SVAS supravalvular aortic stenosis □ надклапанный аортальный стеноз

svble serviceable □ годный, исправный

svc service □ 1. служба ‖ служебный 2. повинность 3. обслуживание; материально-техническое обеспечение, сервис

SVC superior vena cava □ верхняя полая вена

SVC suprahepatic vena cava □ надпечёночный отдел нижней полой вены

Sv$_{co}$ carbon oxide saturation of hemoglobin □ насыщение гемоглобина венозной крови окисью углерода

SVCP Special Virus Cancer Program □ специальная программа по изучению вируса рака

SVCS superior vena cava syndrome □ синдром верхней полой вены

SVD Saint-Winsent Declaration □ Сент-Винсентская декларация *(принята на общеевропейском форуме, посвящённом совершенствованию всеобъемлющей помощи больным сахарным диабетом)*

SVD Salvage Department □ Морское аварийно-спасательное управление *(США)*

SVD spontaneous vertex delivery □ самопроизвольные роды при теменном предлежании

SVG saphenous vein grafts □ трансплантат из подкожной вены

SVI stroke volume index □ систолический индекс [показатель] *(отношение минутного объёма сердца к поверхности тела, мл/м^2)*

SVN superior vestibular nerve □ верхний слуховой нерв

Sv$_{O2}$ oxygen saturation of hemoglobin □ насыщение гемоглобина венозной крови кислородом

SVP protein of seminal vesicles □ белок семенных пузырьков

SVP standing venous pressure □ постоянное венозное давление

SVR sequential vascular response □ последовательная сосудистая реакция

SVR *лат.* spiritus vini rectificatus □ rectified spirit of wine □ *фарм.* очищенный этиловый [винный] спирт

SVR systemic vascular resistance □ сосудистое системное сопротивление

SVS Society for Vascular Surgery □ Общество сосудистых хирургов

SVT sinoventricular tachycardia □ синусовая тахикардия

SVT, svt *лат.* spiritus vini tenius □ proof spirit □ *фарм.* 50 % этиловый спирт

SVT supraventricular tachycardia □ суправентрикулярная тахикардия

SW salt water □ солёная вода

SW shock wave □ ударная волна

SW short waves □ короткие волны

SW social work □ социальная работа

SW specific weight □ относительная плотность, удельная масса

SW, S-W spike-wave □ спайковая волна

SW stroke work □ ударный [систолический] объём сердца или крови

SW subjective well-being □ субъективное (само)ощущение, самочувствие *(больного)*

sw switch □ *мед. тех.* переключатель; коммутатор; ключ; выключатель

SWAP complex soluble worm antigen □ суммарный экстракт растворимых глистных антигенов

SWD short wave diathermy □ коротковолновая диатермия

SWG, swg standard British wire gauge □ 1. британский стандартный калибровочный буж 2. британский стандартный калибр *(для определения диаметра канюли, просвета сосуда)*

SWI stroke work index □ систолический [показатель] индекс, *см.* **SVI**

SWN subjective well-being under neuroleptic treatment scale □ шкала субъективной оценки самочувствия пациентов, принимающих нейролептики

SWOG Southwest Oncology Group □ Онкологическая группа юго-западных штатов *(США)*

SWOT strength, weakness, opportunities and threats □ преимущества, недостатки, возможности и опасности *(анализ управления здравоохранением)*

swp sweep □ развёртка, сканирование

SWR serum Wassermann reaction □ реакция Вассермана *(серодиагностика сифилиса на основе реакции связывания комплемента)*

SWS slow wave sleep (synchronized sleep) □ медленный сон

SWS spike wave stupor □ стабильная спайковая волна

SX simplex □ симплекс || симплексный

Sx symptoms/signs □ жалобы больного и объективные [признаки] симптомы, *см. тж.* **Sm** symptom, **sg** sign

sy synchronized □ синхронизированный; синхронный *(совпадающий по времени)*

sym symbol □ символ, обозначение

sym symbology □ символика, система символов

sym symmetry || symmetrical □ симметрия || симметричный

sym symptoms □ субъективные [признаки] симптомы

sym system □ 1. система; организация; порядок 2. устройство

symp. symposium □ симпозиум

syn synchondrosis □ синхондроз *(хрящевое соединение костей)*

syn synchronization || synchronous □ синхронизация || синхронный

syn synthetic □ синтетический, искусственно созданный

sync, syncr synchronizer □ синхронизатор

synd syndrome □ синдром

syn det synthetic detergents □ синтетические детергенты, синтетические поверхностно-активные вещества, ПАВ

syns synopsis □ синопсис *(сводное, суммарное изложение различных взглядов по какому-либо вопросу)*; обзор; реферат; конспект

synth synthetic □ синтетический, искусственно созданный

Syp mercaptopurine □ меркаптопурин

syph 1. syphilis □ сифилис **2.** syphilology □ сифилидология **3.** syphilologist □ сифилидолог

syr *лат.* syrupus □ *фарм.* сироп

sys, syst system □ 1. система; организация; порядок 2. устройство

syst systole □ систола, сокращение мышцы сердца

Sz, sz schizophrenia □ шизофрения

Sz, sz seizure □ припадок; приступ

sz size □ 1. размер; длина 2. объём выборки 3. ёмкость запоминающего устройства

T

t *усл., стат.* критерий Стьюдента

T absolute temperature, Kelvin scale □ *усл.* абсолютная температура, температура по Кельвину

t° 1. body temperature □ температура тела 2. Celsius scale temperature □ температура по Цельсию, °C

T T-cell, T-lymphocyte □ Т-лимфоцит, Т-клетка, тимус-зависимый лимфоцит

T$_a$ amplify T-cell □ Т-лимфоциты-амплификаторы, Т-лимфоциты-усилители, Т$_a$-клетки *(ответственные за усиление дифференцировки и пролиферации клеток-киллеров)*

T$_c$ cytotoxic T-cell □ цитотоксическая Т-клетка, цитотоксический Т-лимфоцит, ЦТЛ

T$_{c/s}$(Ly-2+3+) cell mouse T-suppressor lymphocytes □ Т-лимфоциты-супрессоры мыши

T$_d$ delayed T-cell □ Т$_d$-клетки *(ответственные за гиперчувствительность замедленного типа)*

T$_e$ effector T-cells □ Т-эффекторы *(клетки, осуществляющие иммунный ответ)*

T$_h$ helper T-cell □ Т-лимфоциты-хелперы, Т-клетки, Т-клетки-помощники *(ответственные за помощь В-лимфоцитам, осуществляющие иммунный ответ)*

T$_h$(Ly-1+ cell) mouse T helper lymphocytes □ Т-лимфоциты-хелперы мыши

T$_{is}$ cancer [tumor] in situ □ преинвазивный [внутриэпителиальный] рак

T$_p$ T precursor cell □ Т-клетка-предшественник

T$_s$ T suppressor cell □ Т-клетка-супрессор, супрессорный Т-лимфоцит, Т$_s$-клетка

T$_s$F1 T suppressor factor 1 □ Т-супрессорный фактор 1

T$_s$F2 T suppressor factor 2 □ Т-супрессорный фактор 2

T-1824 Evans blue □ синий Эванса *(краситель)*

T$_{1/2}$, t$_{1/2}$ 1. half time of elimination □ период [полувыведения] полуэлиминации *(препарата)*, время полуочищения крови на 50 %, время полуабсорбции 2. half-life □ период полураспада, время полураспределения *(напр. релаксанта)*, полупериод жизни

T$_{1/2\,eff}$ effective half-life □ эффективный период полураспада

t *лат.* tabula □ таблица; карта

T Taenia □ класс «Ленточные черви»

T tailless locus □ «бесхвостые», Т-локус *(о генах инбредной линии мышей)*

T Tantalum □ тантал

t target □ цель; мишень *(орган, тропный по отношению к чему-л.)*

T taurocholate □ таурохолат

T T-bandage □ Т-образная повязка

T T-bar (orthodontics) □ ортодонтическая Т-образная пластинка, Т-образная дуга

T 1. technical □ технический 2. technician □ техник

T teeth □ зубы

T telemetering □ телеметрия, телеметрирование

T temperature □ температура

t temporal □ височный

T, t temporary □ временный, преходящий; сезонный

T, t tension □ 1. натяжение; растяжение; напряжённое состояние 2. давление 3. период напряжения *(желудочков сердца)*

T -1, T -2, etc. stages of decreased intraocular tension □ понижение внутриглазного давления 1, 2, ... стадии

T +1, T +2, etc. stages of increased intraocular tension □ повышение внутриглазного давления 1, 2 и т.д. стадии

T$_s$ surface tension □ поверхностное натяжение

t *лат.* ter □ three times □ *фарм.* три раза, трижды

T, t terminal □ конечная часть, окончание; терминал || концевой, конечный, терминальный

t termination □ окончание

t territory || territorial □ участок обитания, территория || территориальный, имеющий индивидуальный участок

T tertiary □ третичный

T tesla □ тесла, Т *(единица магнитной индукции)*

T 1. test □ 1. тест; проба; испытание, проверка || испытательный, проверочный 2. анализ, исследование, реакция 3. реактив 4. критерий **2.** testing □ тестирование; апробация, испытание || испытательный

T 1. test □ 1. тест; проба; испытание, проверка || испытательный, проверочный 2. анализ, исследование реакция 3. реактив 4. критерий **2.** testing □ тестирование; апробация, испытание || испытательный

T tester □ ген ощущения вкуса *(напр. фенилтиомочевины)* || ощущающий вкус

T test of significance □ смысловой тест

T testosterone □ тестостерон

T testosterone-binding affinity □ тестостеронсвязывающее средство

T tetrachlorosalicylanilide □ тетрахлорсалициланилид

T therapeutic abortion □ аборт по медицинским показаниям, медицинский аборт

T therapy □ терапия, лечение

T thermometer □ термометр

T thinking □ мышление, размышление; «думание» *(И. П. Павлов)*

T thorax || thoracic □ грудь || грудной, торакальный, относящийся к грудной клетке

T$_1$, T$_2$, etc. 1. thoracic vertebrae 1, 2, etc. □ грудные позвонки 1, 2 и т.д. 2. thoracic nerves 1, 2, etc. □ грудные спинномозговые нервы 1, 2 и т.д.

t three times □ трижды

T threonine □ треонин

T thymidine □ тимидин

T thymine □ тимин

T$_2$, T$_3$, T$_4$ thyroid hormones □ гормоны щитовидной железы, йодтиронины: T$_2$ (3'3-дийодтиронин), T$_3$ (3,5,3'-трийодтиронин), T$_4$ (3,5,3',5-тетрайодтиронин, или тироксин)

T, t time □ 1. время, срок 2. период времени, продолжительность жизни *(напр. изотопа)*

T_max 1. время максимального выведения препарата *(напр. из почечной паренхимы)* 2. время достижения максимальной концентрации, ч *(в крови или тканях)*

t toe □ палец ноги; передняя часть копыта

T toggle □ триггер; переключатель

T tooth, *pl.* **teeth** □ 1. зуб; зубы 2. зубец; зубцы

t top □ верх; верхушка; вершина; верхняя часть

T topical □ топический, местный

T, t total □ полный, суммарный; общий

T total graft area rejected □ полностью отторгнувшийся трансплантат

T total L-chain concentration □ общая концентрация L-цепей

T tourniquet □ жгут, турникет

T, t toxicity □ токсичность

t trace □ 1. след; следы 2. ничтожное [следовое] содержание *(напр. препарата в крови)*

T tracer □ радиоактивный индикатор

t tragus □ *кр. метр.* трагус *(точка на верхнем крае наружного слухового прохода)*

T, t training □ подготовка; обучение; тренировка

T, t transformer □ трансформатор, преобразователь

t 1. transition □ 1. переход, перемещение 2. превращение 3. *ген.* транспозиция **2. transitory** □ преходящий, кратковременный, транзиторный

T transition point □ переходная точка

t translocation □ *ген.* транслокация, перемещение *(фрагмента хромосомы)*

T transverse □ поперечный

T Treponema □ трепонема, спирохета

T tribromosalicylanilide □ трибромсалициланилид

2,4,5-T 2,4,5-trichlorophenoxyacetic □ 2,4,5-трихлорфеноксиуксусная кислота

T Trichophyton □ трихофитон *(род паразитических грибов)*

t trill □ 1. дрожащий звук, жужжание 2. произносить звук [р] с вибрацией

t trine □ 1. триада *(напр. симптомов)* ǁ тройной 2. *pl.* тройня

t triple □ тройной

T tripyridyltriazine □ трипиридилтриазин

T trismethylaminoethanesulfonic acid □ трисметиламинэтанолсульфоновая кислота, трисбуфер

T tropical □ тропический

T, t true □ истинный

T Trypanosoma □ трипаносома

T tryptophan □ триптофан, Три

T tuberculum □ бугорок

T tumor □ опухоль; первичная опухоль *(по классификации TNM)*

T_{1-4} tumor 1–4 □ 1–4 категории первичной опухоли *(объём, площадь или глубина поражения органа)*

T_0 первичная опухоль не обнаружена при наличии метастазов рака

T_x недостаточно данных для оценки первичной опухоли

t twin □ 1. близнец 2. двойной, сдвоенный, спаренный

T type of T phage □ тип T-фага *(типы 7 фагов: T_1, T_2 и т. д., лизирующие некоторые кишечные бактерии)*

T_{90} время, за которое погибает 90 % микроорганизмов в данных неблагоприятных условиях

TA alkaline tuberculin □ щелочной туберкулин

Ta ambient temperature □ температура окружающей среды

Ta tabby □ «муаровые» *(о генах лабораторных мышей)*

Ta tantalum □ тантал

ta tape □ лента

TA tape advance □ *мед. тех.* продвижение ленты

TA technical assistant □ помощник по технической части

TA temperature, axillary □ подмышечная температура

TA test age □ определяемый возраст

TA titratable acid □ титруемая кислота

T + A 1. tonsils and adenoids □ нёбные и нёбоглоточные миндалины [аденоиды] **2. tonsillectomy and adenoidectomy** □ тонзиллэктомия и аденоидэктомия

TA toxin-antitoxin □ токсин-антитоксин *(смесь дифтерийного токсина и антитоксической сыворотки)*

TA transactional analysis □ трансактный анализ *(психотерапевтическая техника, в которой личность рассматривается с позиции трёх составляющих: родителя, взрослого и ребёнка)*

TA transaldolase □ трансальдолаза

TA transantral □ проходящий через антральную часть желудка

TA triple antigen □ тройной антиген

TA tryptophane acid (reaction) □ триптофановая кислота

TA tube agglutination □ агглютинация в пробирке

T&A 1. tonsils and adenoids □ нёбные и нёбоглоточные миндалины [аденоиды] **2. tonsillectomy and adenoidectomy** □ тонзиллэктомия и аденоидэктомия (добавила, как выше)

TAA tumor-associated antigens □ опухолевые [опухолеассоциированные] антигены, ассоциированные с опухолью антигена

TA-Ab teichoic acid antibody □ антитела к тейхоевой кислоте

tab *лат.* tabuletta □ a tablet □ *фарм.* таблетка

tab table □ таблица

TAB Technical Assistance Board □ Совет технической помощи *(ВОЗ)*

TAB typhoid, paratyphoid A and paratyphoid B inoculation □ ТАВ-вакцина, тривакцина *(против брюшного тифа и паратифов A и B)*

tabl, tabs, tablet tablet (s) □ таблетка (-и)

TABT typhoid-paratyphoid-tetanus vaccine □ тетравакцина *(против брюшного тифа, паратифов A и B, столбняка)*

TABTD combined TAB vaccine, tetanus toxoid, and diphtheria toxoid □ ассоциированная пентавакцина *(вакцина против брюшного тифа, паратифов A и B, столбнячный и дифтерийный анатоксины)*, ТАВ + АДС-вакцины

TAC Therapeutic Abortion Committee □ Комиссия по определению медицинских показаний к аборту

TAC total aganglionosis coli □ тотальный аганглиоз толстой кишки

TAC transistorized automatic control □ *мед. тех.* автоматическое устройство управления на транзисторах

TACA tumor-associated surface antigen □ опухолеассо-циированный цитоплазматический антиген

TAD transient acantholytic dermatosis □ транзиторный акантолитический дерматоз

T&E testing and evaluation □ тестирование [испытание] и оценка

T&E training and experience □ обучение и опыт

TaF T amplifying factor □ фактор усиления Т-клеток

TAF T-cell activating factor □ фактор активации Т-клеток *(фактор, высвобождаемый активированны-ми макрофагами)*

TAF T-cell amplifying factor □ фактор усиления Т-клеток *(стимулирует дифференциацию T_E-клеток в Т-лимфоциты-хелперы)*

TAF toxoid-antitoxin floccules □ реакция флоккуляции анатоксина с антитоксической сывороткой *(применя-ется для титрования анатоксина по стандартной иммунной сыворотке)*

TAF trypsin-aldehyde-fuchsin □ трипсин-альдегид-фуксин

TAF *нем.* Tuberculin Albumose Frei □ albumose-free tuberculin □ очищенный от белка туберкулин

TAF tumor angiogenic factor □ опухолевый фактор со-судистого происхождения

TAG target-attaching globulin □ меченый глобулин

TAH total abdominal hysterectomy □ чрезбрюшинная экстирпация матки

TAH total artificial heart □ полное искусственное сердце

tal *лат.* talis □ such □ такой

TAL tendo Achilles lengthening □ 1. удлинение ахилло-ва сухожилия 2. растяжение ахиллова сухожилия

TAL thymic alymphoplasia □ алимфоплазия, аплазия вилочковой железы *(часто в сочетании с гипоплазией лимфоидной ткани)*

tal total □ целое, сумма, итог ‖ общий, суммарный, итоговый

TAM Tamiami □ Тамайями *(арбовирус)*

TAM toluene-sulphonyl-L-arginin methyl □ толуолсульфонил-L-аргинин-метил

TAM toxoid-antitoxoid mixture □ смесь анатоксина с антитоксической сывороткой

TAME toluene-sulpho-trypsin arginine methyl ester □ толуолсульфотрипсин-аргинин-метиловый эфир

tan tandem translocation □ двойная [тандемная] транс-локация

TAN total ammonia nitrogen □ общий азот аммиака

TANS Territorial Army Nursing Service □ служба меди-цинских сестёр вооружённых сил округа

TANS(R) Territorial Army Nursing Service (Reserve) □ служба медицинских сестёр вооружённых сил округа *(резерв)*

T antigen tumor antigen □ опухолевый антиген

TAO thromboangiitis obliterans □ облитерирующий тромбоангиит

TAO triacetyloleandomycin □ триацетилолеандомицин

TAP thermostable alkaline phosphatase □ термостабиль-ная щелочная фосфатаза, ТЩФ

TAP tissue activator plasminogen □ тканевой активатор плазминогена

TAP tripsinogen activation peptide □ пептид, активиру-ющий трипсиноген

TAPVC totally anomalous pulmonary venous connection □ тотальный аномальный дренаж лёгочных вен

TAPVR totally anomalous pulmonary venous return □ тотальный аномальный дренаж лёгочных вен

TAR thrombocytopenia-absent radius □ тромбоцитопе-ния в сочетании с отсутствием лучевой кости

TAR total abortion rate □ суммарный коэффициент абортов *(число абортов, которые были произведены в расчёте на 1000 новорождённых девочек за весь их ре-продуктивный период)*

TAR trans-acting response sequence □ короткая нуклео-тидная последовательность

T&R transmitter and receiver □ приёмно-передаточное устройство

TARS antigen reactive T lymphocytes □ антигенреак-тивные Т-лимфоциты *(связывающие антигены)*

Tart tartrate □ тартрат

Tart a tartaric acid □ винная кислота

TAS thrill and adventure seeking □ стремление к риску и приключениям *(субшкала психологического теста)*

T'ASE tryptophane synthetase □ триптофансинтетаза

TASP template-assembled synthetic protein □ собранный [синтезированный] матричным способом белок, тем-платный протеин

TAT tetanus antitoxin □ противостолбнячная сыворотка

TAT thematic apperception test □ тематический аппер-цепционный тест *(исследования личности)*

TAT thromboplastin activation test □ тест активации тромбопластина

TAT tirosine aminotransferase □ тирозинаминотранс-фераза

TAT total antitryptic activity □ общая антитрипсиновая активность

TAT toxin-antitoxin □ токсин-антитоксин *(смесь бак-териального токсина и токсиннейтрализующих анти-тел, используемая с целью иммунизации)*

TAT, tat trans-activator of transcription □ активатор транскрипции передачи информации от ДНК к РНК

TAT true air temperature □ истинная температура воз-духа

TAT tumor activity test □ тест, выявляющий активность опухоли

TATA tumor-associated transplantation antigens □ транс-плантационные опухолеассоциированные антигены

TAU treatment as usual □ обычное [традиционное] ле-чение *(о поддерживающей терапии)*

TAV trapped air volume □ объём замкнутого воздуха

taw twice a week □ два раза в неделю

T-b тройник, Т-образная трубка

Tb body temperature □ температура тела

TB telemeter band □ телеметрическая полоса частот

Tb Terbium □ тербий

TB thymol blue □ тимоловый синий *(краситель)*

TB toluidine blue □ толуидиновый синий *(краситель)*

TB total base □ общая концентрация оснований

TB total bilirubin □ общий билирубин *(сыворотки крови)*

TB total body □ общая масса тела

TB tracheobronchitis □ трахеобронхит

TB, tb 1. tubercle bacillus □ микобактерия туберкулёза, туберкулёзная [палочка] бацилла, бактерия Коха **2.** tuberculosis □ туберкулёз

TBA tertiary butyl acetate □ третичный бутиловый ацетат

TBA thiobarbituric acid □ тиобарбитуровая кислота

TBB transbronchial biopsy □ чрезбронхиальная биопсия

TBC target-binding cell □ клетка, связывающая мишень

Tbc 1. tubercle bacillus □ микобактерия туберкулёза, туберкулёзная [палочка] бацилла, бактерия Коха **2.** tuberculosis □ туберкулёз

TBD to be determined □ подлежит определению

TBD to be done □ подлежит исполнению

TBD total body density □ общая плотность тела

TBE bacillar emulsion tuberculin □ туберкулин из фильтрата [экстракта] микобактерий туберкулёза

TBE tick-borne encephalitis □ клещевой весенне-летний энцефалит, таёжный энцефалит

TBF total body fat □ общее количество жира *(в организме)*

TBG thyroxine-binding globulin □ тироксинсвязывающий глобулин

TBGP total blood granulocyte pool □ общий пул гранулоцитов крови

TBI thyroid-binding index □ индекс связывания гормонов щитовидной железы

TBI tooth-brushing instruction □ инструкция к зубной щётке

TBI total body irradiation □ тотальное облучение тела

TBI traumatic brain injury □ черепно-мозговая травма, ЧМТ

TBil total bilirubin □ общий билирубин

TBK total body potassium □ общий калий организма

tbl table □ таблица

TBLC term birth, living child □ рождение в срок живого ребёнка

TBM thin basement membrane disease □ болезнь тонких базальных мембран

TBM tuberculous meningitis □ туберкулёзный менингит

TBP testosterone-binding protein □ тестостеронсвязывающий белок *(сыворотки крови)*

TBP thyroxine-binding protein □ белок сыворотки, связывающий тироксин

TBP total body perfusion □ 1. экстракорпоральное кровообращение 2. тотальная перфузия тела

TBP tributyl phosphate □ трибутилфосфат

TBPA thyroxine-binding prealbumin □ тироксинсвязывающий преальбумин

TBPS T-butylbicyclophosphorothionate □ Т-бутилбициклофосфоротионат

TBR tracheobronchial resistance □ сопротивление воздухоносных путей, резистентность трахеобронхиального дерева

TB-RD tuberculosis-respiratory disease □ туберкулёз органов дыхания

TBRF tick-born relapsing fever □ иксодовый клещевой боррелиоз

tbs tablespoon □ *фарм.* столовая ложка

TBS total body surface □ общая поверхность тела

TBS triethanolamine buffered saline □ буферный раствор триэтаноламина

TBS Tris-buffered saline □ забуференный трисом изотонический раствор хлористого натрия

TBSA total body surface area □ общая поверхность тела

tbsp tablespoon □ *фарм.* столовая ложка

TBT tolbutamide test □ реакция [тест] с толбутамидом

TBT tracheobronchial toilet □ санация трахеобронхиального дерева

TBV total blood volume □ общий объём циркулирующей крови

TB-Vis isoniazid □ изониазид

TBW total body wash-out □ общий туалет тела; общая ванна

TBW total body water □ общая вода организма

TBW total body weight □ общая масса тела

TBX whole [total] body irradiation □ тотальное облучение тела

tc critical temperature centigrade □ критическая температура по стоградусной шкале (Цельсия)

Tc cytotoxic T-cell □ цитотоксические клетки, Т-клетки-киллеры

Tc helper cells □ Т-клетки-хелперы, Т-клетки-помощники

Tc Technetium □ технеций

TC telemeter channel □ *мед. тех.* телеметрический канал

TC temperature coefficient □ температурный коэффициент

TC temperature compensation □ уравновешивание температуры

TC tetracycline □ тетрациклин

TC thermal conductivity □ теплопроводность

TC thermocouple □ термопара, термоэлемент

TC tissue culture □ культура ткани, тканевая культура *(ткань, выросшая вне организма)*

TC to contain □ содержать

TC total capacity □ общая ёмкость лёгких, ОЁЛ

TC total cholesterol □ общий холестерин *(сыворотки крови)*

TC total correction □ полная коррекция

TC Trusteeship Council □ Совет по опеке *(ООН)*

TC tumor cell □ опухолевая клетка

TC type certificate □ типовое свидетельство или удостоверение

TCA Telemetering Control Assembly □ *мед. тех.* блок управления телеметрической системой

TCA total circulating albumin □ общее содержание циркулирующего альбумина *(в крови)*

TCA tricarboxylic acid □ трикарбоновая кислота

TCA trichloracetic acid □ трихлоруксусная кислота

TCA tricyclic antidepressant □ трициклический антидепрессант, ТЦА

TCAC tricarboxylic acid cycle □ цикл трикарбоновых кислот, ЦТК

TCAD tetracyclic antidepressant □ тетрациклический антидепрессант

TCBS thiosulfate, citrate, bile salt, sucrose □ среда роста, содержащая тиосульфат, цитрат, соли жёлчных кислот и сахарозу, ТСВ-среда *(для выделения холерных вибрионов)*

TCC terminal complement complex □ терминальный каскад комплемента, мембраноатакующий комплекс комплемента

TCC thromboplastic cellular component □ фактор III тромбоцитов, тромбопластический фактор тромбоцитов

TCC transitional cell carcinoma □ переходно-клеточный рак

TCC trichlorocarbanilide □ трихлоркарбанилид

TCD$_{50}$ median tissue culture (infective) dose □ средняя инфицирующая доза *(культуры вируса, вызывающая цитопатогенный эффект у 50 % заражённых клеток)*

TCD tentative classification of defects □ рабочая классификация дефектов

TCD tissue culture dose □ доза культуры ткани

TCD tissue cytopathogenic dose □ тканевая цитопатогенная доза *(вируса)*

TCD$_{50}$ 50 % tissue cytopathogenic dose □ 50%-я тканевая цитопатогенная доза *(вируса)*

TCD transcranial Doppler □ транскраниальная допплерография

TCD tumor control dose □ доза, необходимая для уничтожения определённой части опухоли

⁹⁹ᵐTc-DTPA ⁹⁹ᵐtechnetium diethylene-triaminepentaacetic acid □ ⁹⁹ᵐтехнеций-диэтилен-триамин-пентауксусная кислота

TCE trichloroethylene □ трихлорэтилен

T-cell, amplify Т-лимфоциты-амплификаторы, Т$_A$-клетки *(ответственные за усиление дифференцировки и пролиферации клеток-киллеров)*

T-cell, cytotoxic Т-лимфоциты-киллеры, Т$_C$-клетки-киллеры цитотоксические

T-cell, delayed Т$_D$-клетки *(ответственные за гиперчувствительность замедленного типа)*

TCF-1 T-cell, cytotoxic factor-1 □ Т-клеточный фактор, индуцирующий цитотоксичность

T-CFC T-lymphocyte colony-forming cell □ Т-лимфоцитарная колониеобразующая клетка, КОК$_т$, Т-КОК

TCF time comparability factor □ поправочный коэффициент для показателей смертности, вычисленных без учёта различий во времени

TCF tissue coding factor □ тканевый кодирующий фактор

TCF total coronary flow □ общий коронарный кровоток

TCF triceps skin fold □ кожная складка на уровне трёхглавой мышцы

TCF tumor cytotoxicity factor □ опухолевый цитотоксический фактор

TCGF T-cell growth factor □ фактор роста Т-клеток, ростовой фактор Т-клеток

TCH total circulating hemoglobin □ общее содержание циркулирующего гемоглобина

TCI transient cerebral ischemia □ преходящая ишемия головного мозга

TCID tissue culture infectious dose □ доза, инфицирующая культуру ткани

TCID$_{50}$ median tissue culture infective dose □ средняя цитопатогенная доза *(инфицирующая 50 % клеток)*

TCIE transient cerebral ischemic episode □ преходящее нарушение мозгового кровообращения

T-CLL T-cell chronic lymphatic leukemia □ Т-клеточный хронический лимфолейкоз

TCM thymocyte-conditioned medium □ кондиционированная тимоцитами среда

TCM tissue culture medium □ среда культивирования, среда роста

TCO carbon monoxide transfer factor □ фактор переноса окиси углерода

TCO Trinity College, Oxford □ Оксфордский колледж «Тринити» *(Великобритания)*

TCP T-cell precursor □ Т-клетка-предшественник

TCP t-complex polypeptide □ t-комплексный полипептид

TCP therapeutic class profile □ профиль [специализация] лечения

TCP therapeutic continuous penicillin □ продолжительная терапевтическая концентрация пенициллина

TCP total circulating protein □ общее содержание циркулирующего белка *(в крови)*

TCP trichlorphenol □ трихлорфенол *(антисептик)*

TcPO$_2$ transcutaneous oxygen tension □ чрескожное определение парциального давления кислорода

TCR Tacaribe □ Такариб *(арбовирус)*

TCR T-cell receptor □ Т-клеточный рецептор

TCR total change rate □ общий коэффициент измерения *(численности населения)*

TCRT Tripartite Committee on Radiation Tolerances □ Комитет Трёх *(США, Великобритания, Канада)* по установлению допустимых доз излучения

TCS thermal control system □ система терморегуляции

TCS total cellular score □ общий объём клеточных элементов; гематокрит

TCT thrombin clotting time □ время образования тромбина

TCT thyrocalcitonin □ тирокальцитонин

TCT tracheal cytotoxin □ трахеальный (коклюшный) цитотоксический фактор

TCW total cardiac work □ общая работа сердца

TD drainage tube □ дренажная [дренирующая] трубка

TD$_{50}$ median toxic dose □ средняя токсическая доза

T$_4$**D** serum thyroxin □ сывороточный тироксин

TD tardive dyskinesia □ поздняя дискинезия

T/D telemetered data □ телеметрические данные

TD teratoma differentiated □ дифференцированная тератома

TD testing device □ испытательный стенд или прибор

TD tetanus-diphtheria □ столбнячно-дифтерийный анатоксин

TD therapy discontinued □ прерванное лечение

TD thoracic duct □ грудной лимфатический проток

TD three times a day □ трижды в день

TD threshold of discomfort □ продрома, продромальные явления

TD thymus-dependent □ тимусзависимый *(напр. о лимфоците)*

TD time disintegration □ время [распада] разрушения

TD tone decay □ расщепление тона *(сердца)*

TD torsion dystonia □ торсионная дистония; торсионный спазм

TD total disability □ полная нетрудоспособность

TD track display □ *мед. тех.* устройство отображения данных слежения

TD transdermal □ чрескожный

TD transverse diameter □ поперечный диаметр

TD treatment discontinued □ прерванное лечение

TD typhoid □ 1. напоминающий тиф, тифоподобный 2. брюшной тиф ‖ брюшнотифозный

TD typhoid dysentery □ тифоподобная дизентерия

TDA thymus-dependent area □ тимусзависимая зона

TDC temporary duty certificate □ удостоверение [сертификат] на право временного исполнения обязанностей

tdd *лат.* ter de die □ thrice a day □ *фарм.* (принимать) три раза в день

TDD thoracic duct drainage □ дренирование грудного лимфатического протока

TDD total digitalizing dose □ доза насыщения гликозидами

TDD Tuberculous Diseases Diploma □ диплом по фтизиатрии

TDF thoracic duct fistula □ свищ грудного лимфатического протока

TDF thoracic duct flow □ ток лимфы по грудному лимфатическому протоку

TDF thymic-differentiating factor □ дифференцирующий фактор тимуса

TDF tolerance dose factor □ фактор толерантной дозы

TDF tumor degeneration factor □ фактор дегенерации опухоли

TDI toluene diisocyanate □ толуол диизоцианат

TDI total-dose infusion □ общий объём инфузии

TDL thoracic duct lymph □ лимфа грудного лимфатического протока

TDL thoracic duct lymphocytes □ лимфоциты грудного протока

TDM telemetric data monitor □ *мед. тех.* устройство постоянного контроля телеметрических данных, телеметрический монитор

TDN, tdn total digestible nutrients □ полностью усваиваемые питательные вещества

TDO syndrome trichodentoosseous syndrome □ волосо-зубокостный синдром

TDP teledata processing □ *мед. тех.* обработка телеметрических данных

TDP thermal death-point □ температурная точка наступления смерти

TDP thoracic duct pressure □ давление в грудном лимфатическом протоке

TDP thymidine-(5')-diphosphate □ тимидин-(5')-дифосфат, ТДФ

t.d.s. *лат.* ter die sumendum □ to be taken three times a day □ *фарм.* (принимать) три раза вдень

TDS total dissolved solids □ общее содержание растворимых твёрдых веществ

TDT terminal desoxynucleotid transferase □ терминальная дезоксинуклеотид-трансфераза *(фермент-маркёр незрелых и пролиферирующих Т-популяций)*

TDTA Templin-Darley test of articulation □ артикуляционный тест Темплина-Дарли

TE alpha-tocopherol equivalent □ эквивалент α-[альфа]-токоферола

TE echo time □ время эхо *(последовательность МРТ)*

TE technical evaluation □ оценка технических характеристик

Te tellurium □ теллур

TE test ear □ тест на слух

TE test equipment □ испытательная аппаратура

te testing □ тестирование, апробация, испытание

Te 1. tetanus □ столбняк 2. tetanic contraction □ тетаническое сокращение; судороги при столбняке

TE thermal element □ нагревательный элемент

TE thermoelectric □ термоэлектрический

TE threshold energy □ порог силы

TE tooth, extracted □ удалённый зуб

TE total estrogen □ общая экскреция эстрогенов, общее содержание эстрогенов

TE transverse □ 1. поперечный 2. пересекать

TEA T early alpha □ эмбриональный α-ген Т-клеточного рецептора

TEA tetraethylammonium □ тетраэтиламмоний

TEA thromboendarterectomy □ тромбэндартерэктомия

TEAB tetraethylammonium bromide □ тетраэтиламмония бромид

TEAC tetraethylammonium chloride □ тетраэтиламмония хлорид

TEC total blood eosinophil count □ 1. подсчёт общего числа эозинофилов крови 2. общее число эозинофилов

tech, technol technology □ техника; технология

TED threshold erythema dose □ пороговая (кожно-)эритемная доза

TED thromboembolic disease □ тромбоэмболическая болезнь

TEE tyrosine ethyl ester □ этиловый эфир тирозина

TEEP tetraethyl pyrophosphate □ тетраэтилпирофосфат

TEF tracheoesophageal fistula □ трахеопищеводный свищ

Teff effective half-life □ эффективный период полураспада

TEG tetraethylene glycol □ тетраэтиленгликоль

TEG thrombelastograms □ тромбоэластограмма

TEL tetraethyl lead □ тетраэтилсвинец

teledac telemetric data converter □ *выч. тех.* преобразователь телеметрических данных

TEM transmission electron microscopy □ электронная микроскопия

TEM triethylenemelamine □ триэтиленмеламин *(противораковый препарат)*

TEMED tetramethylethylene-diamine □ тетраметилендиамин

temp temperance □ 1. воздержание; сдержанность 2. трезвость; воздержание от спиртных напитков

temp temperature □ температура

temp 1. temporal □ височный 2. temporary □ временный, преходящий; сезонный

temp bulb temperature bulb □ *мед. тех.* датчик температуры; шарик [резервуар] термометра

temp co temperature coefficient □ температурный коэффициент

temp dext *лат.* tempori dextro □ to the right temple □ к правому виску

temp diff temperature difference □ разность температур

temp ind temperature indicator □ указатель температуры; термометр

tempo temporary ☐ временный, преходящий

temps temperatures ☐ температуры

temp sinist *лат.* tempori sinistro ☐ to the left temple ☐ к левому виску

TEN Tensaw ☐ Тенсо *(арбовирус)*

TEN total excretory nitrogen ☐ общая экскреция азота

TEN toxic epidermal necrolysis ☐ токсический эпидермальный некролиз

tens tension ☐ 1. напряжение; натяжение 2. вытяжение 3. растяжение

TENS transcutaneous electrical nerve stimulation ☐ чрескожная электростимуляция нерва

ten str tensile strength ☐ предел прочности на растяжение

TEP thromboendophlebectomy ☐ тромбэндофлебэктомия

TEPA thiophosphamidum ☐ тиофосфамид, Тио-Тэф

TEPP tetraethylpyrophosphate ☐ тетраэтилпирофосфат

TEQ toxic equivalency ☐ токсическая эквивалентность

ter terminal part of a chromosome arm ☐ концевая часть плеча хромосомы

TER thermal enhancement ratio ☐ коэффициент усиления теплового действия

ter *лат.* tere ☐ rub ☐ натирать, растирать

TERA Tools for Environment Risk Assessment ☐ методы оценки риска воздействия факторов окружающей среды

Ter Leu tertiary leucine ☐ третичный лейцин

term terminal ☐ 1. оконечное устройство; терминал ‖ конечный, концевой 2. зажим; клемма; ввод; вывод 3. терминальный, критический *(о состоянии больного)*

term termination ☐ 1. завершение; окончание 2. конец; предел

tert tertiary ☐ третичный, третий *(напр. этап лечения)*

TES transcutaneous electrical stimulation ☐ чрескожная электростимуляция

TET teacher effective training ☐ тренинг учительской эффективности

Tet, tet tetanus ☐ столбняк

TET total exchangeable thyroxine ☐ общее количество обменивающегося тироксина

TETD tetramethylthiuram disulfide ☐ тетраметилтиурама дисульфид

TEV talipes equenovarus ☐ эквиноварусная стопа

TF biological half-life ☐ период биологического полураспада *(напр. лекарственного препарата)*

Tf free thyroxin ☐ свободный тироксин

TF tactile fremitus ☐ тактильное восприятие дрожания

TF tetralogy of Fallot ☐ тетрада Фалло

T$_s$F *см.* **THF**

TF thymic humoral factor ☐ тимический гуморальный фактор, гуморальный фактор вилочковой железы

TF thymol flocculation ☐ (осадочная) тимоловая проба

TF, tf time factor ☐ фактор времени, временной фактор

TF tissue-damaging factor ☐ тканеповреждающий фактор

TF total fertility ☐ общая фертильность, общая плодовитость

TF total flow ☐ общий ток, суммарный ток *(напр. крови)*

TF transcription factor ☐ *ген.* фактор транскрипции

TF, tf transfer factor ☐ фактор переноса *(гиперчувствительности замедленного типа, ГЗТ)*, хемотаксический фактор, фактор кожной реактивности *(вещество,*

секретируемое сенсибилизированными лимфоцитами при инкубации их с аллергеном)*

Tf transferrin ☐ трансферрин *(b-глобулин сыворотки, переносящий железо из мест разрушения эритроцитов в костный мозг для синтеза гемоглобина)*

TF transfrontal ☐ трансфронтальный; через лобную долю мозга

T$_s$F *см.* **TsF**

TF tuberculin filtrate ☐ старый туберкулин Коха *(фильтрат 6–8-недельной культуры микобактерий туберкулёза), см. тж.* **АТК**

TF tubular fluid ☐ канальцевая жидкость *(первичная моча)*

TFA total fatty acids ☐ общее содержание жирных кислот

tFab trypsin digestion product of IgA ☐ продукт расщепления иммуноглобулина A (IgA) трипсином

TFCC triangular fibrocartilage complex ☐ единый треугольный фиброзно-хрящевой комплекс *(кисти)*

TFD target – film distance ☐ *рентг.* расстояние объект – плёнка

TFE tetrafluoroethylene ☐ тетрафторэтилен

TFI testosterone free index ☐ индекс свободного тестостерона *(отношение количества свободного тестостерона к связанному)*

TFN total fecal nitrogen ☐ общий фекальный азот

TFNS Territorial Force Nursing Service ☐ служба медицинских сестёр вооружённых сил округа

TFP treponemal false-positive ☐ ложноположительная реакция на наличие бледных трепонем *(на сифилис)*

TFR total fertility rate ☐ общий коэффициент фертильности

TFS testicular feminization syndrome ☐ синдром тестикулярной феминизации, ТФ

TFT transfer factor test ☐ тест с фактором переноса *(передача интактному реципиенту повышенной чувствительности к соответствующему аллергену введением фактора переноса), см. тж.* **TF, tf** transfer factor

TFT trifluorindin ☐ трифлуориндин *(антивирусный препарат)*

β-Tg beta-thromboglobulin ☐ бета-тромбоглобулин, β-тромбоглобулин

TG tetraglycine ☐ тетраглицин

TG thioguanine ☐ тиогуанин

TG thyroglobulin ☐ тиреоглобулин

TG toxic goiter ☐ токсический зоб

TG transmissible gastroenteritis ☐ инфекционный гастроэнтерит

TG, tg triglyceride ☐ триглицерид

Tg, tg type genus ☐ генотип, идиотип *(совокупность всех генов, присущих данной особи)*

TGA thermogravimetric analysis ☐ термогравиметрический анализ

TGA transposition of great arteries ☐ транспозиция магистральных артерий

TGB thyroid-binding globulin ☐ тиреоглобулин *(комплекс гормона щитовидной железы с белком)*

TGDC thyroglossal duct cyst ☐ киста щитовидноподъязычного протока

TGE transmissible gastroenteritis ☐ инфекционный гастроэнтерит

TGEV Porcine transmissible gastroenteric virus ☐ вирус инфекционного [заразного] гастроэнтерита свиней, ВЗГЭС

TGF T-cell growth factor (interleukin-2) ☐ фактор роста Т-клеток, интерлейкин-2

TGF transforming growth factor ☐ трансформирующий фактор роста

TGFA triglyceride fatty acids ☐ триглицериды жирных кислот

TGL triglyceride lipase ☐ триглицериды липазы

TGP thymocyte growth peptide ☐ пептидный индуктор пролиферации тимоцитов

T group training group ☐ группа тренинга

TGP tobacco glycoprotein ☐ гликопротеид табака

TGT thromboplastin generation test ☐ тест генерации тромбопластина, ТГТ

TGV thoracic gas volume ☐ объём газа в грудной клетке

TGV transposition of great vessels ☐ транспозиция магистральных сосудов *(сердца)*

Th helper T lymphocytes ☐ Т-лимфоциты-хелперы, Т-хелперы *(лимфоциты, обеспечивающие гуморальный иммунный ответ)*

TH tetrahydrocortisol ☐ тетрагидрокортизол

th thermal ☐ термический, тепловой

Th, th thorax || thoracic ☐ грудная клетка || относящийся к грудной клетке, грудной, торакальный

Th T helper ☐ Т-хелпер *(лимфоцит)*

Th *лат.* thorax ☐ chest ☐ грудная клетка

Th Thorium ☐ торий

~ A Thorium A ☐ торий A *(радиоактивный изотоп полония, ^{216}Po)*

~ B Thorium B ☐ торий B *(радиоактивный изотоп свинца, ^{212}Pb)*

~ C Thorium C ☐ торий C *(радиоактивный изотоп висмута, ^{212}Bi)*

~ C' Thorium C' ☐ торий C' *(радиоактивный изотоп полония, ^{212}Po)*

~ C'' Thorium C'' ☐ торий C'' *(радиоактивный изотоп таллия, ^{208}Ta)*

~ D Thorium D ☐ торий Д *(стабильный изотоп свинца, ^{208}Pb)*

~ X Thorium X ☐ торий X *(радиоактивный изотоп радия, ^{224}Ra)*

TH thyrohyoid ☐ щитоподъязычный *(о мышце)*

TH thyroid hormone ☐ тиреоидный гормон, гормон щитовидной железы

TH tyrosinehydroxylase ☐ тирозингидроксилаза

THA tetrahydroaminoacrine ☐ тетрагидроаминакрин

TH-ALDO tetrahydroaldosterone ☐ тетрагидроальдостерон

THAM trihydroxymethylaminomethane, *син.* tris hydroxymethyl aminomethane ☐ тригидроксиметиламинометан, трисамин, трисбуфер, Tris-аминометан

THb total hemoglobin amount ☐ общее содержание гемоглобина, общий гемоглобин

THC tetrahydrocannabinol ☐ тетрагидроканнабинол

THC T helper cell ☐ Т-клетка-хелпер, $Т_н$-клетка

THC transhepatic cholangiography ☐ чреспечёночная холангиография

ThD *лат.* Theologiae Doctor ☐ доктор богословия

ther therapy ☐ терапия; лечение

ther thermometer ☐ термометр

therap therapeutics || therapeutic ☐ терапия || терапевтический

therm thermister ☐ терморезистор

therm thermometer || thermometric (al) ☐ термометр || термометрический

thermo thermodynamics ☐ термодинамика

thermo thermostat ☐ *мед. тех.* термостат

thermochem thermochemistry ☐ термохимия

THERP Technique for Human Error Rate Production ☐ методика прогнозирования ошибок человека

ThF T helper factor ☐ Т-хелперный фактор *(активирует В-лимфоциты на выработку гуморальных антител)*

THF thymic humoral factor ☐ тимический гуморальный фактор, гуморальный фактор вилочковой железы, ТГФ

THFA tetrahydrofolic acid ☐ тетрагидрофолиевая кислота, ТГФК

THFA tetrahydrofurfurol alcohol ☐ тетрагидрофурфуроловый спирт

THI temperature-humidity index ☐ показатель температуры и влажности

THI Texas Heart Institute (Houston) ☐ Техасский кардиологический институт *(Хьюстон)*

THI Thimiri ☐ Тхимири *(арбовирус)*

THI transient hypogammaglobulinemia of infancy ☐ транзиторная гипогаммаглобулинемия новорождённых

THI trihydroxindole ☐ тригидрооксиндол

T-1-HI type 1 humoral immunity ☐ гуморальный иммунитет, тип 1

Thio-TEPA triethylenethiophosphoramide ☐ триэтилентиофосфорамид, ТиО-ТЭФ

THM total heme mass ☐ общее количество гема

THO Thogoto ☐ Тогото *(арбовирус)*

THP theoretical hydrostatic blood pressure ☐ теоретическое гидростатическое давление *(крови)*

THP thrombohemorrhagic phenomenon ☐ тромбогеморрагический синдром, диссеминированное внутрисосудистое свёртывание крови, ДВС-синдром

THPA tetrahydropteric acid ☐ тетрагидроптериковая кислота

Thr threonine ☐ треонин, Тре

thrm thermal ☐ термический, тепловой

THU tetrahydrouridine ☐ тетрагидроуридин

THUG thyroid uptake gradient ☐ градиент поглощения гормонов щитовидной железы

Thy-1 antigen thymocyte-1 antigen ☐ Thy-1-антиген *(дифференцировочный антиген, локализованный на мембране тимоцитов и Т-лимфоцитов мыши)*

TI thoracic index ☐ грудной индекс

TI threshold of intelligibility ☐ порог восприятия

TI thyroxine iodine ☐ йодтироксин

TI time index ☐ указатель времени

TI time interval ☐ временной интервал

Ti Titanium ☐ титан

TI transverse diameter between ischias □ поперечный размер выхода из малого таза

TI tricuspid incompetence □ недостаточность трёх-створчатого клапана *(сердца)*

TIA thin-layer immunoassay □ иммунологический ана-лиз в тонком слое *(геля)*

TIA transient ischemic attack □ преходящее нарушение кровообращения, приступ транзиторной ишемии

TIA transient isothermic attack □ преходящий приступ (болезни) при нормальной температуре

Tia tumor of the larynx with involvement of the anterior comissure □ опухоль гортани с поражением передней комиссуры

TIAs transient (cerebral) ischemic attacks □ преходящие нарушения (мозгового) кровообращения

Tib tumor of the larynx with involvement of both vocal cords □ опухоль гортани с поражением обеих голосо-вых складок

TIBA 2,3,5-triiodobenzoic acid □ 2,3,5-трийодобензой-ная кислота

TIBC total iron-binding capacity □ общая железосвязы-вающая способность

TIC trypsin-inhibitory capacity □ трипсинингибирую-щая активность

t.i.d. *лат.* ter in die □ three times a day □ трижды в сут-ки, три раза в день

TIE transient ischemic episode □ преходящее наруше-ние кровообращения, приступ транзиторной ишемии

TIF face tingle □ пощипывание [покалывание] в облас-ти лица *(приём массажа)*

TIF tumor-inducing factor □ опухолеиндуцирующий фактор

TIG tetanus immune globulin □ противостолбнячный иммуноглобулин

TIL tumor-infiltrating lymphocyte □ опухолеинфильтри-рующий лимфоцит, ОИЛ

TIME Techniques to Improve Management Efficiency □ техника, улучшающая эффективность управления

TIMI thrombolysis in myocardial infarction □ растворе-ние [лизис] тромбов при инфаркте миокарда

TIMS transplant information management system □ сис-тема обработки данных по трансплантации

tinc, tinct tincture □ 1. тинктура; настойка; раствор 2. оттенок; примесь *(какого-л. цвета)*

tinc B B-цвет *(указывающий на дозу радиации, необхо-димой для депиляции)*

Ti-Ni nickel-titanium □ *мед. тех.* никелид титана *(сплав)*

TIP translation-inhibiting protein □ *ген.* белок, ингиби-рующий трансляцию

TIPS transjugular intrahepatic portosystemic shunt □ трансюгулярный внутрипечёночный портосистемный шунт, ТВПШ

TIQ tetrahydroquinoline □ тетрагидрохинолин

TIR (insulin) total immunoreactive (insulin) □ общий иммунореактивный *(инсулин)*

TIRR Texas Institute of Rehabilitation and Research □ Техасский научно-исследовательский институт реаби-литации

TIS, T_is cancer [tumor] in situ □ преинвазивный [внутри-эпителиальный] рак, «рак на месте»

TIS scalp tingle □ пощипывание в области волосистой части головы *(приём массажа)*

TISS therapeutic intervention scoring system □ шкала оценки лечебных мероприятий

TIT treponemal immobilization test □ реакция иммоби-лизации трепонем, РИТ

tI/tE inspiration/expiration time ratio □ отношение про-должительности вдоха к продолжительности выдоха

TITh triiodothyronine □ тироксин, трийодтиронин

TIVC thoracic inferior vena cava □ грудной отдел ниж-ней полой вены

TJ triceps jerk □ рефлекс с трёхглавой мышцы

Tk killer T-cells □ Т-лимфоциты-киллеры, клетки-киллеры, клетки-убийцы

TK thymidine kinase □ *иммун.* тимидинкиназа

TK transketolase □ транскетолаза

TKA transketolase activity □ активность транскетолазы

TKD tokodynamometer □ токодинамометр

TKG tokodynamograph □ токодинамограф, гистерограф

TL_{50} median lethal time □ среднее время гибели *(время, прошедшее от момента экспериментального воздейст-вия, в течение которого погибает 50 % подопытных животных)*

TL temporal lobe □ височная доля

TL terminal limen □ критический [предел] порог

Tl Thallium □ таллий

TL threat to life □ угроза жизни

TL thymus leukemia □ тимусзависимый лейкоз

TL, Tl thymus leukemia (antigen), *см.* **TL antigens**

TL time lapse □ с течением времени

TL time length □ промежуток времени, временной интервал

TL time limit □ 1. временной предел 2. выдержка времени

TL total lipids □ общие липиды; общее содержание липидов

TL total load □ полная нагрузка

TL tubal ligation □ перевязка (маточной) трубы

Tla thymus-leukemia antigens □ TL-антигены, тимус-лейкемические антигены *(аллоантигены, встречаю-щиеся на тимоцитах лейкозных мышей различных ин-бредных линий)*

TLA translaryngeal aspiration □ чрезгортанная аспира-ция *(напр. мокроты)*

TLA translumbar aortogram □ транслюмбальная [чрес-поясничная] аортограмма

TLA, Tla tumor of the larynx with involvement of the anterior comissure □ опухоль гортани с поражением пе-редней комиссуры

TL antigens thymus-leukemia antigens □ TL-антигены, тимус-лейкемические антигены *(аллоантигены, встре-чающиеся на тимоцитах лейкозных мышей различных инбредных линий)*

TLAP tartratic labile acid phosphatase □ лабильная кис-лая тартратфосфатаза

TLB, Tlb tumor of the larynx with involvement of both vocal cords □ опухоль гортани с поражением обеих голосовых складок

TLC Teenage Living Center □ Центр по изучению жизни подростков

TLC tender loving care □ внимательное, заботливое лечение

TLC 1. thin-layer chromatogram □ тонкослойная хроматограмма **2.** thin-layer chromatography □ тонкослойная хроматография

TLC total lung capacity □ общая [полная] ёмкость лёгких, ОЁЛ

TLC total lung compliance □ общая растяжимость лёгких, комплаенс лёгких

T/LD₁₀₀ minimum dose causing death or malformation of 100 % of feti □ минимальная доза, вызывающая 100 % смерть плода или врождённые аномалии развития

TLD 1. thermoluminescent dosimeter or detector □ термолюминесцентный дозиметр или детектор, ТЛД **2.** thermoluminescent dosimetry □ термолюминесцентная дозиметрия

TLD thoracic lymph duct □ грудной лимфатический проток

TLE thin-layer electrophoresis □ тонкослойный электрофорез

TLFB time line followback □ тест для оценки (потребления алкоголя) на протяжении времени

TLI total lymphoid irradiation □ тотальное облучение лимфатической системы

TLM, tlm 1. telemetry □ телеметрия; телеметрическая система **2.** telemetering □ телеметрирование, телеизмерение || телеизмерительный

TLO total loss only □ *страх.* только в случае полной гибели, пришествия в негодность *(напр. партии медикаментов)*

T locus tailless □ «бесхвостые» *(локус экспериментальных мышей)*, Т-локус

Tlp thymolip □ тимолип

TLS testing for limits of sex (psychology) □ *псих.* тестирование [определение] сексуальных возможностей

TLV threshold limit value □ величина порогового предела или пороговой концентрации, пороговое значение

TLV total lung volume □ общая [полная] ёмкость лёгких, ОЁЛ

TLV-C threshold limit value-ceiling □ «потолочная» [предельная] величина порогового предела, «потолочная» концентрация

TM maximal tubular excretory capacity of the kidneys □ максимальный объём канальцевой экскреции почек

Tm melting temperature □ температура плавления

Tm muscle temperature □ мышечная температура

TM tape mark □ *мед. тех.* метка [маркёр] конца ленты; метка [маркёр] для разделения записей на ленте

TM, T/M 1. telemetry □ телеметрия; телеметрическая система **2.** telemetering □ телеметрирование, телеизмерение || телеизмерительный

TM temperature meter □ термометр, измеритель температуры

TM temporomandibular □ височно-нижнечелюстной *(сустав)*

TM test model □ модель [образец] для испытания

Tm Thulium □ тулий

tm time □ время; срок

TM time meter □ таймер, счётчик времени

TM trade mark □ торговый знак; фабричная марка

TM Transcendental Meditation □ трансцендентальная медитация

TM transmediastinal □ трансмедиастинальный *(напр. доступ)*

Tm tubular maximum □ максимальная канальцевая реабсорбция

Tm_{PAH} tubular maximum for paraaminohippuric acid □ максимальный объём канальцевой экскреции почек по парааминогиппуровой кислоте

Tm tumor-bearing mice □ инбредная линия мышей с высокой частотой новообразований

TM tympanic membrane □ барабанная перепонка

TMA trimethoxyamphetamine □ триметоксиамфетамин

TMA trimethylamine □ триметиламин

TMAO trimethylamine oxide □ окисленный триметиламин

TMB tetramethylbenzidine □ тетраметилбензидин

TMB transient monocular blindness □ преходящая слепота одного глаза

TMC Texas Medical Center (Houston) □ Техасский медицинский центр (Хьюстон)

TMCA trimethylcolchine acid □ триметилколхиновая кислота

TMD telemetered data □ телеметрированные данные

tmd timed □ синхронизированный; с выдержкой времени

TMD transmissible mink disease □ заболевание, передаваемое норкой

TMDE test, measurement and diagnostic equipment □ аппаратура для испытаний, измерений и диагностики

TME Teacher of Medical Electricity □ инструктор по медицинской электроаппаратуре

TMEV Theiler's murine encephalomyelitis virus □ *иммун.* вирус энцефаломиелита мышей Тейлера

TMG maximal tubular reabsorption of glucose □ максимальная канальцевая реабсорбция глюкозы

tmg timing □ система отсчёта времени

TMH Taylor Manor Hospital □ местный госпиталь Тейлора *(штат Мериленд, США)*

TMI transmural infarction □ трансмуральный инфаркт миокарда

TMIF tumor cell migration inhibition factor □ фактор торможения миграции опухолевых клеток

TMJ temporomandibular joint □ височно-нижнечелюстной сустав

TMJ-PDS temporomandibular joint-pain dysfunction syndrome □ синдром боли и дисфункции височно-нижнечелюстного сустава

TML tetramethyl lead □ тетраметиловый свинец

Tm-Ly T memory lymphocytes □ Т-лимфоциты памяти

tmn transmission □ передача

TMN tuberomammillary nucleus □ туберомаммиллярное ядро *(среднего мозга)*

tmp temperature □ температура

TMP thymidine monophosphate □ тимидинмонофосфат, ТМФ

TMP thymocyte mitogenic protein ☐ белок тимоцитов с митогенными свойствами

TMP trimethoprim ☐ триметоприм

tmprly temporarily ☐ временно

tmprog telemetry processing ☐ обработка телеметрических данных

TMP-SMZ trimethoprim plus sulfamethoxazole ☐ триметоприм + сульфаметоксазол (сочетание)

tmr timer ☐ таймер; счётчик времени

tmr tomorrow ☐ 1. завтра 2. завтрашний

TMR trainable mentally retarded ☐ воспитуемый умственно отсталый (ребёнок)

TMTD tetramethylthiuram disulfide ☐ тетраметилтиурама дисульфид

TMTD true mean temperature difference ☐ фактическая средняя разность температур

TMTM tetramethylthiuram ☐ тетраметилтиурам

tmtr thermistor ☐ термистор

tmtr transmitter ☐ 1. (нейро)трансмиттер 2. передатчик; преобразователь; датчик

TMU Tembusu ☐ Тембусу (арбовирус)

TMU Tropical Medicine Unit ☐ отдел тропической медицины

TMV tobacco mosaic virus ☐ вирус табачной мозаики, ВТМ

Tn normal intraocular tension ☐ нормальное внутриглазное давление

TN test number ☐ номер эксперимента

TN thermonuclear ☐ термоядерный

Tn thoron ☐ торон

TN total negatives ☐ абсолютно отрицательный

tn train ☐ 1. цепь; передача; серия 2. обучать; подготавливать

TN true-negative ☐ истинно-отрицательный (напр. об иммунной реакции)

T₁N₀ tumor (earliest clinical phase), nodes (no positive disease) ☐ опухоль малых размеров, регионарные лимфоузлы не поражены, см. тж. TNM

TN turnover number ☐ число оборотов (напр. фермента, действующих в минуту при данной температуре)

TNA total nucleic acid content ☐ общее содержание нуклеиновых кислот

TNC thymic nurse cells ☐ тимические клетки-«няни»

TNCS Third National Cancer Survey ☐ Третье национальное обследование онкологических больных (США)

TND term normal delivery ☐ нормальные роды в срок

TNEE titrated norepinephrine excretion ☐ титруемая экскреция норадреналина

TNF tumor necrosis factor ☐ фактор, вызывающий некроз [лизис, распад] опухолевых клеток

tng training ☐ обучение, тренировка

TNI total nodal irradiation ☐ общее облучение лимфатических узлов

TNI traffic noise index ☐ индекс транспортных шумов, ИТШ

TNM tumor, lymph nodes, metastases ☐ Международная классификация злокачественных опухолей (первичная опухоль, регионарные лимфоузлы, метастазы)

TNP trinitrophenol ☐ тринитрофенол, пикриновая кислота

tnr trainer ☐ тренажёр

TNS transcutaneous nerve stimulator ☐ чрескожная стимуляция нерва

TNT Triniti ☐ Тринити (арбовирус)

TNT trinitrotoluene ☐ тринитротолуол

TNT tumor necrosis therapy ☐ лечение некроза опухоли

TNTC too numerous to count ☐ не поддающийся подсчёту (о клетках в моче)

tntv tentative ☐ пробный, временный (о стандарте или нормах)

TNU total nitrogen unit ☐ единица общего азота (= 0,38 PNU)

TNW tactical nuclear weapons ☐ тактическое ядерное оружие

TO old tuberculin ☐ старый [исходный] туберкулин (Коха), альт-туберкулин Коха, АТК

TO target organ ☐ орган-мишень

TO temperature oral ☐ оральная [внутриротовая] температура

TO Theiler's Original ☐ штамм вируса Тейлера

TO, To, to tincture of opium ☐ фарм. настойка опия

To total estrogens ☐ общее количество эстрогенов

to turn over ☐ переверни; смотри на обороте

To A амер. Tables of Allowances ☐ нормы снабжения

TOA tubo-ovarian abscess ☐ трубно-яичниковый абсцесс

TOAT true outside air temperature ☐ истинная температура наружного воздуха

Tob tobramycin ☐ тобрамицин

TOCP triorthocresyl phosphate ☐ триортокрезилфосфат

TOEFL test of English as a foreign language ☐ тест по английскому языку для иноязычных лиц (используемый при аттестации врачей в англоязычных странах)

TofM theory of mind ☐ теория мышления

TOF, T of F tetralogy of Fallot ☐ тетрада Фалло

TOM Medical Training Officer ☐ офицер, ведающий подготовкой медицинского персонала

TO number turnover number ☐ число оборотов (напр. фермента)

TOP termination of pregnancy ☐ окончание беременности; срок родов

TOPV trivalent oral poliovirus vaccine ☐ поливалентная [трёхкомпонентная] пероральная вакцина против полиомиелита, вакцина Солка (из 3 типов инактивированных вирусов)

TORCH toxoplasmosis, rubella, cytomegalic inclusion disease, Herpes virus hominis ☐ токсоплазмоз, краснуха, инклюзионная цитомегалия, герпетическая инфекция

TORCHS toxoplasmosis, rubella, cytomegalovirus, herpes, syphilis ☐ токсоплазмоз, краснуха, цитомегаловирусная инфекция, герпес, сифилис

TORP total ossicular replacement prosthesis ☐ полный протез слуховых косточек

tort tuberculum; tuberosity ☐ бугорок; бугристость

TOS thoracic outlet syndrome ☐ синдром грудного выхода, СГВ

tot total ☐ (итоговая) сумма; контрольная сумма; итог || тотальный, общий

Tot prot total protein ☐ общий белок, общее содержание белка (в крови)

TOVA test of variables of attention □ тест на внимание и импульсивность

tox 1. toxic □ токсическое вещество ‖ ядовитый, токсический **2.** toxicology □ токсикология

tox⁺ toxin □ токсический ген (определяющий способность бактериальной клетки к выработке токсина)

ToxLine Токслайн (библиографическая база данных по токсикологии в Интернете)

Toxnet Токснет (интернет-ресурс токсикологов)

TP temperature and pressure □ температура и давление

TP testosterone propionate □ тестостерона пропионат, тестостерон-пропионат (половой гормон)

TP threshold potential □ пороговый потенциал

TP thrombocytopenic purpura □ тромбоцитопеническая пурпура

TP total protein □ общее содержание белка, общий белок

TP total pancreatectomy □ тотальная панкреатэктомия

TP 1. total positives □ абсолютно положительный **2.** total protein □ общий белок

Tp Treponema pallidum □ бледная [спирохета] трепонема

TP triphosphate □ трифосфат

TP true-positive □ истинно-положительный (напр. об иммунной реакции)

TP tube precipitin □ столбик преципитации

TP tuberculin precipitation (Calmette's tuberculin) □ туберкулин, очищенный осаждением, туберкулин Кальметта

TPA 12-0-tetradecanoylphorbol-13-acetate □ 12-0-тетрадеканоилфорбол-13-ацетат

TPA tissue plasminogen activator □ тканевой активатор плазминогена

TPA tumor-derived polypeptide antigen □ полипептидный антиген опухолевого происхождения

TPBF total pulmonary blood flow □ общий лёгочный кровоток

TPC thromboplastic plasma component □ фактор IX, плазменный тромбопластический компонент, кристмас-фактор

TP cells third-population cells □ клетки третьей популяции

TPC, TPCF Treponema pallidum complement fixation □ реакция Вассермана (реакция связывания комплемента с антигеном бледных трепонем), РСК в диагностике сифилиса

TPCFt Treponema pallidum cryolysis complement fixation test □ реакция Вассермана, проводимая в условиях холода (при температуре +4 °C)

TPD thiamine propyl disulphide □ тиамина пропилдисульфид

TPG transplacental gradient □ трансплацентарный градиент

TPH transplacental hemorrhage □ 1. трансплацентарное смешение крови 2. кровоизлияние в плаценту

TPHA Treponema pallidum hemagglutination assay □ реакция пассивной гемагглютинации бледных трепонем, РПГА

TPHAt, TPI Treponema pallidum hemagglutination test, Treponema pallidum immobilization test □ реакция иммобилизации бледных трепонем, РИБТ

TPI triphosphate isomerase □ трифосфатизомераза

TPIA (test) Treponema pallidum immune adherence test □ иммунное склеивание [прилипание] бледных трепонем, см. **TPHA**

TPJ temporoparietal junction □ анат. область височно-теменного стыка

TPM Thottapalayam □ Тхоттапалаям (арбовирус)

TPM triphenylmethane □ трифенилметан

TPN total parenteral nutrition □ полное парентеральное питание, ППП

TPN triphosphopyridine nucleotide □ никотинамиддинуклеотидфосфат (окисленная форма)

TPNH reduced triphosphopyridine nucleotide □ трифосфопиридиннуклеотид, никотинамиддинуклеотид фосфат (восстановленная форма)

TPO tryptophan peroxidase □ триптофанпероксидаза

TPP thiamine pyrophosphate □ тиаминпирофосфат, ТПФ

TTP total plasma protein □ общее содержание белка в плазме

TPR, tpr temperature, pulse, respiration □ температура, пульс, дыхание

TPR testosterone production rate □ скорость продукции тестостерона

TPR total peripheral resistance □ общее сопротивление периферических сосудов, общее периферическое сопротивление сосудов, ОПС

TPR total pulmonary resistance □ общее лёгочное сопротивление

Tpr transpiration □ перспирация, потоотделение

TPS tumor polysaccharide substance □ полисахариды опухоли

TPT tetraphenyl tetrazolium □ тетрафенилтетразолий

TPT total protein tuberculin □ не очищенный от белка туберкулин

TPT typhoid-paratyphoid vaccine □ тифопаратифозная вакцина

TP vaccine 1. tetanus-pertussis vaccine □ столбнячно-коклюшная вакцина **2.** triple polio vaccine □ тройная вакцина против полиомиелита

TPVR total pulmonary vascular resistance □ общее лёгочное сосудистое сопротивление

tpwr typewriter □ мед. тех. печатающее устройство; пишущая машинка

TQ, t.q. лат. tale quale □ такой, какой есть (условие продажи без гарантии качества)

TQ time questionnaire □ временное анкетирование

TQ tocopherolquinone, tocopherylquinone □ токоферолхинон

TQM total quality management □ система полного управления качеством

TR repetition time □ время повторения (последовательность МРТ)

TR residual [residue] tuberculin □ новый туберкулин

TR temperature, rectal □ ректальная температура

TR temporary resident □ временный бактерионоситель (Великобритания)

Tr Terbium □ тербий

TR tetrazolium reduction □ восстановление тетразолия

TR therapeutic radiology □ радиационная терапия, терапевтическая радиология

TR, tr thermoresistant □ терморезистентный, термо-стойкий, температуроустойчивый *(напр. штамм микробов)*

tr tincture □ 1. тинктура; настойка; раствор 2. оттенок; примесь *(какого-л. цвета)*

TR total radioactivity □ общая радиоактивность

TR total resistance □ общее сопротивление

TR total response □ общая реакция

tr trace □ 1. след 2. следовое количество; следы *(какого-л. элемента)* 3. радиоактивный индикатор

tr tracer □ 1. метка 2. меченый атом, радиоактивный [изотопный] индикатор

Tr, tr tract □ *анат.* путь, тракт

Tr, tr traction □ тяга; вытяжение

Tr transactions □ труды или протоколы *(напр. научных обществ)*

tr transsection □ поперечный разрез, поперечное сечение

tr transfer □ 1. передача, перемещение; перенос 2. переход 3. пассаж; пересадка

tr transistor □ транзистор

tr transmitter □ 1. (нейро)трансмиттер 2. передатчик; преобразователь; датчик

Tr, tr treatment □ 1. лечение 2. обработка

Tr, tr tremor □ тремор

tr trichion □ трихион *(краниометрическая точка на передней границе волосистой части лба)*

TR tricuspid regurgitation □ трикуспидальная регургитация

Tr tropism □ тканевый тропизм *(избирательность поражения тканей)*

tr trustee □ опекун, попечитель

TR tuberculin R (new tuberculin) □ туберкулин R, новый туберкулин

TR turbidity reducing □ снижение мутности

TRA Texas-red conjugated avidin □ конъюгированный с техасовым красным авидин

t-ra *лат.* tinctura □ tincture □ 1. тинктура; настойка; раствор 2. оттенок; примесь *(какого-л. цвета)*

TRA transaldolase □ трансальдолаза

TRA tumor rejection antigen □ опухолевый трансплантационный антиген

trac tracer □ 1. метка 2. меченый атом, радиоактивный [изотопный] индикатор

TRACE Tape-Controlled Recording Checkout Equipment □ *мед. тех.* оборудование для автоматического контроля с записью данных на ленте

Trach, trach 1. trachea □ трахея 2. tracheotomy □ трахеотомия

trad tradition □ традиция; обычай || традиционный, общепринятый, обычный, рутинный *(напр. метод)*

train training □ 1. тренировка 2. подготовка

TRAM Treatment Response Assessment Method □ метод оценки результатов лечения

TRAMPCOL Tioguaninum, Rubomycinum, Cytarabinum [Alexan], Methotrexatum, Prednizolonum, Cyclophosphanum, Vincristinum [Oncovin], L-Asparaginasum □ тиогуанин, рубомицин, цитарабин [алексан], метотрексат, преднизолон, циклофосфан, винкристин [онковин], L-аспарагиназа *(программа химиотерапии онкологических больных)*

trans transactions □ труды или протоколы *(напр. научных обществ)*

trans transient □ временный, преходящий; транзиторный; динамический

trans transit □ 1. прохождение, перемещение; транзит 2. перемена, превращение

trans transition □ 1. переход; перемещение 2. превращение 3. *ген.* транспозиция

trans transmittance □ 1. прозрачность 2. коэффициент пропускания

trans transmitter □ 1. (нейро)трансмиттер 2. передатчик; преобразователь; датчик

trans transparent □ 1. прозрачный, проницаемый 2. ясный, явный

trans transverse □ поперечный

transf transformation □ превращение; трансформация; преобразование

transl translation □ 1. перевод; перемещение, смещение 2. *ген.* трансляция

transm transmission □ передача

transpl transplant(ation) □ 1. трансплантат 2. трансплантация

trans. sect. transverse section □ поперечное сечение; срез

trau trauma || traumatic □ травма || травматический

TRB body tremor □ тремор [дрожание] тела

TRBF total renal blood flow □ общий почечный кровоток

trbl trouble □ неисправность; повреждение; расстройство

TRC tanned red cells □ эритроциты, обработанные танином; типизированные эритроциты

TRC total ridge count □ общий гребневый счёт *(характеристика пальцевого узора)*

TRCH tanned red cell hemagglutination □ гемагглютинация эритроцитов, обработанных танином

Trche chicken tropism □ тканевой тропизм при заражении куриных эмбрионов

TRCV total red blood cell volume □ объём циркулирующих эритроцитов

Trep treponema □ трепонема, спирохета

TRF T-cell replacing factor □ фактор, замещающий Т-клетки, ФЗТ

TRF thyrotropin-releasing factor, *см.* **TRH** thyrotropin-releasing hormone

Trf transferrin □ трансферрин

TRFC sheep erythrocyte rosette-forming cells □ клетки, образующие розетки с эритроцитами барана

trg training □ 1. тренировка 2. подготовка

TRH hand tremor □ тремор [дрожание] рук

TRH thyrotropin-releasing hormone □ тиреолиберин, (гипоталамический) рилизинг-гормон [фактор] тиреотропина, тиреотропин-рилизинг фактор, ТРФ

TRIAC triiodoacetic acid □ трийодуксусная кислота

TRIC trachoma inclusion conjunctivitis □ конъюнктивит с включениями при трахоме

trig triglycerides □ триглицериды

TRIPS Trade Related Aspects of the Intellectual Property Rights □ торговые аспекты прав интеллектуальной собственности

TRIS tris-(hydroxymethyl)-aminomethane; *syn.* trihydroxymethylaminomethane, THAM □ тригидрооксиметиламинометан, трисамин, трис-буфер, tris-аминометан

TRIT triiodothyronine □ трийодтиронин

Trit *лат.* triturate □ растереть в порошок

TRITC tetramethylrhodamine isothiocyanate □ *иммун.* тетраметилродаминизотиоцианат, ТРИТЦ

TRK, trk transketolase □ транскетолаза

trk trunk □ 1. туловище, торс 2. ствол *(нерва, сосуда)*

TRM total range of motion □ полный объём движения *(напр. кисти)*

TRMC *см.* **TRTTC**

trml terminal □ 1. терминал, оконечное устройство 2. зажим; клемма; ввод; вывод

trn transfer □ 1. передача; перемещение; перенос 2. переход, превращение

tRNA transfer-RNA □ транспортная [растворимая, адаптивная] РНК, т-РНК, t-РНК

trng training □ 1. обучение, подготовка; тренировка 2. учебный; тренировочный

TRO Tuberculosis Research Office □ Научно-исследовательское бюро по туберкулёзу (ВОЗ)

troch *лат.* trochiscus □ *фарм.* таблетка

trop tropical □ тропический

Trop. Med. tropical medicine □ тропическая медицина

TRP transpiration □ транспирация *(1. выделение из организма жидкости при дыхании 2. перспирация, потоотделение)*

TrP treatment plan □ план [программа] лечения

Trp tryptophan □ триптофан, Три

TRP tubular reabsorption of phosphate □ канальцевая реабсорбция фосфата

TRPT theoretical renal phosphorus threshold □ рассчитанный почечный порог для фосфора

trs transistor □ транзистор

TrS traumatic surgery □ травматология

TRT total reading time □ итоговое хронометрирование показателей прибора

TRU Trubanaman □ Трубанаман *(арбовирус)*

trus trustee □ опекун, попечитель; доверенное лицо

TRUST Toluidin Red Unheated Serum Test □ тест с толуидиновым красным и непрогретой сывороткой

TRV total circulating red cell volume □ общий объём циркулирующих эритроцитов

Try tryptophan □ триптофан, Три

Ts skin temperature □ кожная температура

Ts suppressor T-cells □ Т-супрессоры, супрессорные Т-лимфоциты *(ответственные за подавление иммунного ответа)*

TS telemetry system □ телеметрическая система

TS temperature-sensitive □ чувствительный к температуре, термолабильный

TS temporary shelter □ временное убежище, временное жилище *(на период массовых катастроф)*

TS, ts tensile strength □ прочность на разрыв или растяжение, разрывающее усилие

TS test solution □ 1. испытуемый раствор 2. тест-раствор, стандартный раствор

Ts, ts thermosensitive □ термочувствительный, термолабильный *(штамм)*

TS thoracic surgery □ 1. торакальная хирургия 2. операция на органах грудной полости

TS total solids □ (общее) количество твёрдого остатка

TS Tourette's syndrome □ синдром Туретта

TS toxic substance □ токсическое вещество

TS trauma scale □ шкала тяжести травмы

TS trauma score □ оценка тяжести травмы

TS tricuspid stenosis □ стеноз трёхстворчатого клапана *(сердца)*

TS tropical sprue □ спру, злокачественные [тропические] афты

TS truncus sympathicus □ симпатический ствол

TS tubular/tracheal sound □ трахеальные звуки

Tsa virus mutant □ вирус-мутант *(обусловливающий малигнизацию клетки)*

TSA technical surgical assistance □ техническая помощь хирургу

TSA thyroid stimulating antibodies □ тиреоидстимулирующие антитела

T₄SA thyroxine-specific activity □ специфическая активность тироксина

TSA tryptic soy agar □ трипсинизированный соевый агар

TSA tumor-specific antigen □ опухолевый [опухолеспецифический] антиген

TSAb thyroid-stimulating antibody □ антитела, стимулирующие щитовидную железу

TSB total serum bilirubin □ общий билирубин сыворотки *(крови)*

TSB tryptic soy broth □ трипсинизированный соевый бульон

TSC thiosemicarbozide □ тиосемикарбозид

TSC total static compliance □ общая статическая растяжимость *(лёгких)*, общий комплаенс *(лёгких)*

TSCSA tumor-specific cell-surface antigen □ поверхностный опухолеспецифический антиген

TSD target – skin distance □ *рентг.* расстояние мишень – кожа *(от анода рентгеновской трубки до поверхности тела)*

TSD Tay – Sachs disease, Tay disease □ ранняя детская амавротическая идиотия, болезнь Тея – Сакса, детская форма сфинголипидоза мозга

TSD Tennessee School of the Deaf □ школа глухих в штате Теннесси

TSD theory of signal detectability □ теория распознавания сигналов

TSD total sleep deprivation □ тотальная [полная] депривация сна

TSE trisodium edetate of EDTA □ трёхнатриевая соль ЭДТА

T sect transverse or cross section □ поперечное сечение; срез

T segment transport segment □ секреторный компонент, транспортный сегмент, Т-сегмент *(иммуноглобулина А)*

TSEL tentative safe exposure level □ ориентировочный безопасный уровень воздействия, ОБУВ

tsf tablespoonful □ *фарм.* столовая ложка

TSF triceps skin-fold thickness □ толщина кожной складки над трёхглавой мышцей

TsF T suppressor factor □ Т-супрессорный фактор *(подавляет иммунный ответ)*

Ts-H₄₃ mutant strain Mycoplasma pneumoniae □ мутантный штамм микоплазмы пневмонии или плевропневмониеподобных микроорганизмов

TSH thyroid-stimulating hormone, thyrotrophin, thyrotropin □ тиреотропин, тиреотропный гормон, ТТГ

~**I** thyrotropin inhibitor □ ингибитор тиреотропина, тиреостатин

~**rebound phenomenon** thyroid-stimulating hormone-rebound phenomenon □ явление рикошета тиреотропной функции

~**RF** thyroid-stimulating hormone-releasing factor, thyrotropin-releasing factor □ тиреолиберин, рилизинг-фактор тиреотропного гормона *(гипоталамуса)*

~ **testing** thyroid-stimulating hormone testing □ проба с тиреотропином

TSI thyroid-stimulating immunoglobulin □ антитела, стимулирующие щитовидную железу

TSIF T-cell suppressor inducer factor □ супрессорно-индуцирующий фактор Т-клеток

T sign temperature resistance sign □ терморезистентность штамма вируса, Т-признак

TSL T-cell-mediated specific lysis □ опосредованный Т-клетками специфический лизис

TSP T-cell-specific serine proteinase □ Т-клеточная сериновая протеаза

tsp teaspoon □ *фарм.* чайная ложка

TSP thyroid-stimulating hormone of prepituitary □ тиреотропный гормон передней доли гипофиза

TSP total serum protein □ общий белок сыворотки *(крови)*

TSP transferred solid phase □ перенесённая фаза с иммобилизованными антителами

TSPA triethylenethiophosphoramide □ триэтилентиофосфорамид, тиофосфамид, Тио-ТЭФ

TSPAP total serum prosthetic acid phosphatase □ общая кислая фосфатаза простетических кислот

TSPV transgastric selective proximal vagotomy □ трансгастральная селективная проксимальная ваготомия

TSR thymidine suicide rate □ интенсивность [скорость] тимидинового самоубийства

TSR thyroid hormone secretion rate □ скорость секреции тиреоидного гормона

TSR transient situation reaction □ транзиторная [быстропреходящая] реакция

TSS toxic shock syndrome □ синдром токсического шока, СТШ

TSS tropical splenomegaly syndrome □ синдром спленомегалии при тропических заболеваниях

TSSC Toxic Substances Strategy Committee □ Комитет по использованию токсических веществ *(ВОЗ)*

tst test □ 1. тест, проба; испытание, проверка || испытательный, проверочный 2. анализ, исследование, реакция 3. реактив 4. критерий

TST total sleep time □ общее время сна

TST treadmill stress test □ нагрузочный тест на тредмиле

TSTA tumor-specific transplantation antigens □ трансплантационные опухолеспецифические антигены *(появляющиеся на мембране опухолевых клеток)*

TSV total stroke volume □ *узи* полный ударный объём сердца *(с учётом регургитации)*

TSY trypticase soy yeast □ трипсинизированные соевые дрожжи

TT technical term □ технические условия

TT technical test □ технические испытания

TT teetotaller □ трезвенник

TT tetanus toxoid □ столбнячный [анатоксин] токсоид

Tt tetrazol □ тетразолий

TT thrombin time □ тромбиновое время

TT thymol turbidity □ тимоловая проба *(проявляющаяся помутнением сыворотки)*

TT token test □ тест с символами

TT₄ total thyroxine □ общий тироксин, общее содержание тироксина

TT total time □ общее время

TT transit time □ переходное время

TT transthoracic □ чресплевральный, трансторакальный

TT treatment of tooth □ лечение зуба

TT thrombin time □ тромбиновое время

TT tuberculin tested □ тестированный туберкулиновой пробой; испытуемый на туберкулиновую реакцию

TTA transtracheal aspiration □ чрезтрахеальная аспирация

TTC transdermal therapeutic system □ чрескожная терапевтическая система *(напр. пластырь с нитроглицерином)*

TTC triphenyltetrazolium chloride □ хлористый трифенилтетразолий

t.t.d. *лат.* three times daily □ *фарм.* три раза в день

T-TDL thoracic duct T lymphoblasts □ Т-лимфобласты грудного протока

t test Student's test □ критерий Стьюдента

TTF time to treatment failure □ временной интервал, по прошествии которого лечение становится неэффективным

TTH thyreotropin, thyrotrophic hormone □ тиреотропин, тиреотропный [тиреостимулирующий] гормон, ТТГ

TTH tritiated thymidine □ тритийрованный тимидин

TTLC true total lung capacity □ истинная общая ёмкость лёгких

TTP thrombocytopenic and thrombotic purpura □ 1. тромбоцитопеническая пурпура, болезнь Верльгофа 2. тромботическая пурпура, болезнь Мошковича

TTP thymidine triphosphate □ тимидинтрифосфат, ТТФ

TTP time to progression □ время для прогрессии *(по его прошествии судят о прогрессе терапии)*

TT-PTA percutaneous transluminal angioplasty □ чрескожная [чрескатетерная] баллонная ангиопластика

TTS temporary threshold shift □ временный сдвиг [изменение] порога

TTS thermodynamic temperature scale □ термодинамическая температурная шкала, абсолютная шкала температур, шкала Кельвина

TTT tolbutamide tolerance test □ тест толерантности к толбутамиду

TTX tetrodotoxin □ тетродотоксин

TU thiouracil □ тиоурацил

Tu Thulium □ тулий

TU – TYR

TU timing unit □ 1. реле времени 2. программное устройство 3. блок синхронизации, синхронизатор

TU toxic unit □ токсическая единица

TU transmission unit □ передающее устройство

tu *лат.* tuberculare □ туберкуларе *(наиболее задняя точка ушной раковины)*

TU tuberculin unit □ (международная) туберкулиновая единица, ТЕ

Tu tungsten □ вольфрам

TU turbidity unit □ единица мутности

TU universal time □ поясное время

tuberc tuberculosis □ туберкулёз

TUC time of useful consciousness □ (резервное) время активного сознания *(при внезапной гипоксии)*

TUG total urinary gonadotropin □ общее содержание гонадотропина мочи

TUI transurethral incision □ трансуретральное иссечение, трансуретральная резекция *(обычно предстательной железы)*

Tun tunica □ оболочка

TUR transurethral resection □ трансуретральная резекция *(предстательной железы)*, ТУР

TUR Turlock □ Тюрлок *(арбовирус)*

TURB transurethral resection of the bladder □ трансуретральная резекция мочевого пузыря

turb turbid ‖ turbidity □ мутный ‖ мутность

TURP transurethral resection of the prostate □ трансуретральная резекция предстательной железы, ТУР

turp turpentine □ 1. скипидар 2. натирать, растирать скипидаром

tus, tuss *лат.* tussis □ cough □ кашель

tuss. arg. *лат.* when the cough is troublesome □ мучительный кашель

TV television □ телевидение, ТВ

TV tetrazolium violet □ фиолетовый тетразолий

TV thoracic vertebrae □ грудные позвонки

TV tidal volume □ дыхательный объём, ДО

TV total volume □ общий объём

TV Trichomonas vaginalis □ мочеполовая трихомонада

TV tricuspid valve □ трёхстворчатый клапан

TV tuberculin volution □ туберкулиновый вираж

TV&P truncal vagotomy and pyloroplasty □ стволовая ваготомия и пилоропластика

TVC thermal voltage converter □ термоэлектрический преобразователь напряжения

TVC timed vital capacity □ форсированная жизненная ёмкость лёгких, ФЖЕЛ

TVC total volume capacity □ общая ёмкость лёгких, ОЕЛ

TVC true vomiting center □ истинный рвотный центр

TVH total vaginal hysterectomy □ полная влагалищная экстирпация матки

TVL tenth-value layer □ слой десятикратного ослабления, толщина десятикратного ослабления *(ионизирующего излучения)*

T$_v$-Ly T$_v$-lymphocytes □ некоммитированные [девственные] Т-лимфоциты

TVP texturized vegetable protein □ текстуризованный растительный белок, ТРБ

TVSS tactile vision substitution system □ тактильная система зрения; тактильное световосприятие

TVT tension free vaginal tape □ рыхлая тампонада влагалища

TVT tenth-value thickness □ толщина (слоя) десятикратного ослабления *(ионизирующего излучения)*

TVT transmissible venereal tumor □ заразная венерическая гранулёма

TVT Trivittatus □ Тривиттатус *(арбовирус)*

TW total weight □ общая масса тела

tw twin □ 1. близнец 2. двойной; сдвоенный; спаренный

tw typewriter □ *мед. тех.* печатающее устройство; пишущая машинка

TWA time-weighted average □ средневзвешенная во времени величина *(выражение допустимого уровня профессионального воздействия)*

Twb wet bulb temperature □ температура влажного термометра

TWL transepidermal water loss □ чрескожная потеря воды, потеря воды с потом

TX thromboxane □ тромбоксан

TX traction □ 1. напряжение; растяжение 2. вытяжение *(напр. скелетное)*

TX treatment □ 1. лечение, терапия 2. обработка

TX Triton X-100 □ тритон Х-100

TxB$_2$ thromboxane B$_2$ □ тромбоксан В$_2$

Tx B-M thromboxane B metabolites □ метаболиты В тромбоксана

Ty territory □ территория, участок обитания

Ty type □ тип; вид

Ty typhoid □ 1. напоминающий брюшной тиф

tymp. memb. tympanic membrane □ барабанная перепонка

typ typical □ типичный

Tyr tyrosine □ тирозин, Тир

U

Ut quisque est doctissimus, ita est modestissimus
Кто умнее, тот скромнее

U *усл.* 1. напряжение 2. электрическое напряжение

U *усл.* подвижность ионов

U$_{24}$ 24-hour uptake □ поглощение [потребление] за 24 часа

U *усл.* internal energy *(joules)* □ внутренняя энергия *(джоуль, Дж)*

U potential deficiency □ разность потенциалов

U radiant energy □ энергия излучения, лучистая энергия

U reaction velocity □ скорость реакции

U ulcus □ 1. язва 2. противоязвенный витамин

u ultimate □ 1. краткий, последний, конечный 2. предельный, максимальный 3. *хим.* элементарный, основной

U ultra-high frequency □ ультравысокая частота *(300 МГц – 3 ГГц)*

u unified □ объединённый; унифицированный

u uniform □ 1. форменная одежда, униформа 2. единообразный, однородный; унифицированный

u unit □ 1. единица; единица измерения 2. единица активности фермента *(количество фермента, которое катализирует превращение 1 микромоля субстрата в мин),* Е 3. атомная единица массы, а. е. м. 4. блок; агрегат 5. отсек; отделение *(напр. диагностическое)*

U universal □ 1. всеобщий, универсальный 2. унифицированный 3. всемирный

U university □ университет ‖ университетский

U unknown □ неизвестный

U, u upper □ верхний

U/3 upper (third long) bones □ верхняя часть *(напр. длинной кости)*

U uracil □ урацил

U Uranium □ уран

U II Uranium II □ уран II *(изотоп урана с атомной массой 234)*

^{235}U Uranium isotope □ изотоп урана с атомной массой 235

U urea □ мочевина

U uridine □ уридин

U uridylic acid □ уридиловая кислота

U urology □ урология

UA microampere □ микроампер, мкА

UA umbilical artery □ пупочная артерия

UA unaggregated □ неагрегированный

UA upper arm □ верхняя конечность

UA uric acid □ мочевая кислота

UA urinary albumin □ белок в моче

UA urine aliquot □ кратное количество мочи

UA urine analysis □ анализ мочи

UA uterine aspiration □ аспирация содержимого матки

UAC umbilical arterial catheter □ катетер пупочной артерии

U&C usual and customary □ обычный и привычный *(напр. метод)*

U&E urea and electrolytes □ мочевина и электролиты *(о субстратах исследования)*

UAG uracil-adenine-guanine □ кодон урацил-аденин-гуанин

U/Air ultrasonic nebulization therapy □ ультразвуковая аэрозольтерапия

UAL upper acceptance limit □ верхний допустимый предел

U&L upper and lower □ высокий и низкий; верхний и нижний

UAN uric acid nitrogen □ азот мочевой кислоты

UAP Union of American Physicians □ Союз американских врачей

UARS upper airway resistance syndrome □ синдром повышенного сопротивления в верхних дыхательных путях

UAU uterine activity unit □ родовые схватки; интенсивность сокращений матки

UBA undenatured bacterial antigen □ нативный бактериальный антиген

UBBC unsaturated vitamin B$_{12}$-binding capacity □ объём ненасыщенного белково-связанного витамина B$_{12}$

UBF uterine blood flow □ кровоток через матку *(в единицу времени)*

UBI ultraviolet blood irradiation □ ультрафиолетовое облучение крови, УФО

UC ulcerative colitis □ язвенный колит

UC ultracentrifugation □ ультрацентрифугирование

uc unchanged □ неизменяющийся

UC, u/c unclassifiable □ 1. неклассифицируемый *(напр. о врождённом пороке)* 2. беспорядочный

UC urea clearance □ клиренс мочевины

UC ureteral catheterization □ катетеризация мочеточника

UC 1. urinary catheter □ мочеточниковый катетер 2. urine culture □ микрофлора мочи

UC uterine contraction □ сокращение матки, маточное сокращение

UCA unexpected cardiac arrest □ внезапная остановка сердца

UCAIR University of California Association of Interns and Residents □ Ассоциация интернов, резидентов и преподавателей медицинского факультета Калифорнийского университета

UCB University of California at Berkeley □ Калифорнийский университет в Беркли

UCD usual childhood diseases □ распространённые детские болезни

UCG ultrasonic cardiography □ ультразвуковая кардиография

UCG urinary chorionic gonadotropin □ хорионический гонадотропин мочи

UCH University College Hospital □ клиническая [университетская] больница, университетская клиника

UChD usual childhood diseases □ распространённые детские болезни

UCHL University College Hospital (London) □ клиническая [университетская] больница, университетская клиника

UCP urinary coproporphyrin □ копропорфирин мочи

UCR unconditioned reflex □ безусловный рефлекс

UCS unconditioned stimulus □ безусловный раздражитель

UCS, ucs unconscious □ бессознательный

UCS universal classification system □ универсальная классификационная система

UCR usual, customary or reasonable □ обычный, привычный или допустимый, приемлемый

UD ulnar deviation □ локтевое отклонение

UD urethral discharge □ выделения из уретры

UD uridine diphosphate □ уридин дифосфат

UD uroporphyrinogen decarboxylase □ уропорфириногендекарбоксилаза

UDA urtica dioca agglutinin □ агглютинин из крапивы двудомной

UDC unindirectional current □ ток постоянного направления, однонаправленный ток

UDC Universal Decimal Classification □ универсальная десятичная классификация, УДК

UDC usual diseases of childhood □ распространённые заболевания детского возраста

UDDA Uniform Definition of Death Act □ Закон об унифицированной дефиниции смерти

UDP uridine diphosphate □ уридиндифосфат, УДФ

UDPG uridine diphosphoglucose □ уридиндифосфоглюкоза, УДФ-глюкоза

UDPG uridine diphosphoglucuronic acid □ уридиндифосфоглюкуроновая кислота, УДФ-глюкуроновая кислота

UDPGal uridine diphosphogalactose □ уридиндифосфат-галактоза, УДФ-галактоза

UDP-GlcUA uridine diphosphoglucuronic acid □ уридинфосфоглюкуроновая кислота, УДФ-глюкуроновая кислота

UDP-glucose uridine diphosphoglucose □ уридинодифосфоглюкоза

UDP-glucuronate uridine diphosphoglucuronate □ уридиндифосфоглкюкуронат

UDPGT uridine diphosphoglucuronyl transferase □ уридиндифосфоглюкуронилтрансфераза

UDP-muramic acid uridine diphosphomuramic acid □ уридиндифосфатмурамовая кислота

UDT undescended testis □ крипторхизм, неопущенное яичко

UE upper extremity □ верхняя конечность

UF ultrafiltration □ ультрафильтрация

UF ultrafine □ сверхтонкий; непроницаемый для бактерий (фильтр)

UF ultrasonic frequency □ ультразвуковая частота

UF Uncertainity Factor □ фактор неопределённости

UFA unesterified fatty acid □ неэстерифицированная жирная кислота

UFC ultrafast ceramic □ ультраскоростной детектор на керамических композитах

UFI urofloumetric index □ урофлоуметрический индекс

UG upper gastrointestinal □ верхний отдел желудочно-кишечного [пищеварительного] тракта || относящийся к верхнему отделу желудочно-кишечного тракта

UG urogenital □ мочеполовой, урогенитальный

UGA under general anesthesia □ под общим наркозом

UGIS upper gastrointestinal series □ сериограмма (серия рентгенограмм) верхнего отдела желудочно-кишечного тракта

UGS Uganda S □ Уганда S (арбовирус)

UGS urogenital system □ мочеполовая система

UGT urogenital tract □ мочеполовые пути

UH unfavourable histology □ неблагоприятная гистологическая картина

UH upper half □ верхняя половина

UHb unionized hemoglobin □ неионизированный гемоглобин

UHDRS Unified Huntington's Disease Rating Scale □ унифицированная шкала оценки болезни Гентингтона

UHF ultrahigh frequency □ ультравысокая частота (300 МГц – 3 ГГц)

UHHA unstable hemoglobin hemolytic anemia □ гемолитическая анемия, обусловленная низкой осмотической резистентностью эритроцитов или нестабильным гемоглобином

UHT ultraheat tested □ пастеризованный

UHT ultrahigh temperature □ сверхвысокая температура

UHV ultrahigh vacuum □ сверхвысокий вакуум

U/I unidentified □ неопознанный, невыявленный, неидентифицированный

UI urgent incontinence □ недержание мочи

UI uroporphyrin isomerase □ уропорфириноизомераза

UIBC unsaturated iron-binding capacity □ объём ненасыщенного белковосвязанного железа

UICC *фр.* Union Internationale Contre la Cancer □ International Union Against Cancer □ Международный противораковый союз

UICT *фр.* Union Internationale Contre la Tuberculose □ Международный союз борьбы с туберкулёзом

UId universal identifier □ *выч. тех.* универсальный идентификатор; универсальное имя

UIF undergraded insulin factor □ неопределяемая величина инсулина

UIPV *фр.* Union Internationale Contre la Péril Vénérien □ Международный союз борьбы с венерическими заболеваниями

UIQ upper inner quadrant □ верхний внутренний квадрант

UIR unit impulse response □ единица импульсной реакции

UK United Kingdom □ Соединённое Королевство (Великобритании и Северной Ирландии)

UK, U/k unknown □ неизвестный

UK urokinase □ урокиназа

U/kg unit/kilogram □ единица на килограмм, ЕД/кг

UKTS United Kingdom Transplant Service □ трансплантационная служба Соединённого Королевства

U/I unit/litre □ единица на литр, ЕД/л

U/L, u/l unlimited □ неограниченный

UL upper lobe □ верхняя доля (напр. лёгкого)

ULF ultralow frequency □ ультранизкая частота (3 – 30 кГц)

ULN upper limit of normal □ верхняя граница нормы

ULO trademark of clophedianol hydrochloride □ *фарм.* клофедианола гидрохлорид

ULPA ultra low particulate air □ ультраэффективная очистка воздуха от аэрозольных частиц

ULQ upper left quadrant □ верхний левый квадрант

ULS upper labial segment □ верхний губной сегмент

ult ultimate □ 1. крайний, конечный; предельный, максимальный 2. элементарный, основной

ult an ultimate analysis □ *хим.* элементарный анализ

um unmarried □ неженатый, холостой; незамужняя

UM upper motor □ верхний двигательный нейрон, верхний мотонейрон

umb umbilicus □ пупок

UMB Umbre □ Умбре *(арбовирус)*

UMLS unified medical language system □ *комп.* система унифицированной медицинской терминологии

UMM units of metabolic mass □ единицы метаболической массы

UMN upper motor neuron □ верхний мотонейрон, верхний двигательный нейрон

UMP uracil monophosphate □ урацил монофосфат

UMP uridine monophosphate uridylic acid □ уридин-5'-монофосфат, УМФ

UMS United Medical Service □ «Голубой крест» *(объединённая страховая медицинская служба)*

Un, un undulated □ «волнистый» [извитой] хвост *(о генах лабораторных мышей)*

un unified □ унифицированный

UN United Nations □ Организация Объединённых Наций, ООН

UN urea nitrogen □ азот мочи

UNAC United Nations Appeal for Children □ призыв Организации Объединённых Наций о помощи детям

unasgd unassigned □ сверхштатный, не имеющий назначения, не приписанный

unatt unattached □ неприданный, не входящий в (штатный) состав

UNCED United Nations Conference on the Environment and Development □ конференция Организации Объединённых Наций по охране и развитию окружающей среды

unc(ert) uncertain □ сомнительный; неясный, неопределённый

uncomp uncompensated □ декомпенсированный, некомпенсированный

uncond. ref. unconditioned reflex □ безусловный рефлекс

uncor uncorrected □ некорригируемый; некорригированный

UnCS unconditioned stimulus □ безусловный раздражитель; безусловный стимул

undecomp undecomposed □ неразложившийся

undef undefended □ незащищаемый; незащищённый

undet. ori. undetermined origin □ неизвестного происхождения, неизвестной этиологии

UNDP United Nations Development Programme □ программа развития Организации Объединённых Наций, ПРООН

undr undrilled □ необученный, не прошедший подготовки

UNDRO Office of the United Nations Disaster Relief Coordinator □ Бюро координатора Организации Объединённых Наций по оказанию помощи в случае стихийных бедствий, ЮНДРО

UNDSA United Nations Division for Social Affairs □ Бюро Организации Объединённых Наций по социальным вопросам, ЮНДСА

UNEP United Nations Environmental Programme □ программа Организации Объединённых Наций по охране окружающей среды, ЮНЕП

UNEPSA Union of National European Pediatric Societies and Associations □ Союз национальных европейских педиатрических обществ и ассоциаций

UNESCO United Nations Educational, Scientific and Cultural Organization □ Организация Объединённых Наций по вопросам образования, науки и культуры, ЮНЕСКО

unexpl unexplained □ необъяснённый

unexpl unexplored □ неисследованный

UNFDAC United Nations Fund for Drug Abuse Control □ Фонд Организации Объединённых Наций по борьбе с наркоманией, ЮНФДАК

UNFPA United Nations Fund for Population Activities □ Фонд Организации Объединённых Наций для деятельности в области народонаселения, ФДНООН

Ung *лат.* unguentum □ ointment □ мазь

UNICEF United Nations International Children's Emergency Fund □ Чрезвычайный фонд помощи детям при Организации Объединённых Наций, ЮНИСЕФ

UNIDO United Nations Industrial Development Organization □ Организация Объединённых Наций по промышленному развитию, ЮНИДО

unimol unimolecular □ мономолекулярный

UNISAST World Universal Science Information System □ Всемирная система научной информации

UNICEF United Nations International Children's Emergency Fund □ Фонд Организации Объединённых Наций интернациональной помощи детям, ЮНИСЕФ

univ universal □ 1. всеобщий; универсальный 2. унифицированный 3. всемирный

Univ university □ университет ‖ университетский

unkn unknown □ неизвестный

UNODIR until otherwise directed □ пока не будет других указаний

UNOS United Network of Organ Sharing □ Объединённая служба обеспечения донорскими органами

UNRF United Nations Refugee Fund □ Фонд помощи беженцам при ООН

UNRISD United Nations Research Institute for Social Development □ Научно-исследовательский институт социального развития при Организации Объединённых Наций, НИИСР

UnS unconditioned stimulus □ безусловный раздражитель; безусловный стимул

uns unsymmetrical □ асимметричный, несимметричный

unsat unsaturated □ ненасыщенный

UNSDRI United Nations Social Defense Research Institute □ Научно-исследовательский институт социальной защиты Организации Объединённых Наций, ЮНСДРИ

unst unstable □ неустойчивый, нестабильный

unsuc unsuccessful □ с неблагополучным исходом; безуспешный

unsv unserviceable □ неисправный; непригодный

unsym unsymmetrical □ несимметричный

UO urine output □ диурез, количество выделенной мочи

UOQ upper outer quadrant □ верхний наружный квадрант

UOsm urea osmolarity □ осмолярность мочи

U/P concentration in urine and plasma □ концентрация в моче и плазме *(напр. глюкозы)*

up underproof □ не имеющий должной крепости *(ниже крепости спирта, в 57,10 об.%)*

UP upright posture □ вертикальная поза

UP ureteropelvic □ лоханочно-мочеточниковое соустье, пельвиоуретральный сегмент

UP urinary potassium □ содержание калия в моче

U/P urine-plasma ratio □ коэффициент моча/плазма

UP uroporphyrin □ уропорфирин

UPAA Ulster Pregnancy Advisory Association □ Ольстерская ассоциация женских консультаций

UPC universal production code □ универсальный товарный код

UP/C urine protein/creatinine ratio □ соотношение белка мочи к креатинину

UPD uniparental disomy □ однородительская дисомия

UPF uvulopalatal flap □ операция на нёбном язычке с целью лечения апноэ во сне

UPG uroporphyrinogen □ уропорфириноген

UPI uteroplacental insufficiency □ плацентарно-маточная недостаточность

UPJ ureteropelvic junction □ лоханочно-мочеточниковое соустье, пельвиоуретральный сегмент

UPOR usual place of residence □ обычная [типичная] локализация, обычное место расположения

UPPP uvulopalatopharyngoplasty □ увулопалатофарингопластика

UQ upper quadrile □ верхний квадриль

UR unconditioned response □ безусловный рефлекс

UR unregistered □ незарегистрированный; не включённый в регистр *(напр. врачей)*, не имеющий лицензии или сертификата

UR upper respiratory □ верхние дыхательные пути

Ur Uranium □ уран

Ur urea □ мочевина

Ur$_s$ urea in serum of the blood □ содержание мочевины в крови

Ur$_u$ urea in urine □ содержание мочевины в моче

ur urinal □ мочеприёмник

ur urine □ моча

URA unilateral renal agenesis □ односторонняя агенезия почки

URA upper removable appliance □ верхний ортодонтический съёмный аппарат *(для верхней челюсти)*

Ura uracil □ урацил

URAC uric acid □ мочевая кислота

ur. anal. urine analysis □ анализ мочи

URD upper respiratory infection disease □ инфекция верхних дыхательных путей

Urd uridine □ уридин

urgt urgent □ экстренный, ургентный; срочный

URI upper respiratory infection □ острая респираторно-вирусная инфекция, ОРВИ; острое респираторное заболевание, ОРЗ

URL uniform resource location □ *комп.* унифицированный определитель информации

urnl urinal □ мочеприёмник

uro-gen urogenital □ мочеполовой, урогенитальный

urol 1. urology ǁ urological □ урология ǁ урологический **2.** urologist □ уролог

URP upper respiratory parasites □ паразитоз верхних дыхательных путей

URQ upper right quadrant □ правый верхний квадрант *(брюшной стенки)*

URR urea reduction rate □ уровень снижения мочевины *(при гемодиализе)*

Urs *см.* **Ur$_s$**

URTI 1. upper respiratory tract infection □ инфекция верхних дыхательных путей **2.** upper respiratory tract irradiation □ синдром раздражения верхних дыхательных путей

uru *см.* **Ur$_u$**

URU Uruma □ Урума *(арбовирус)*

US ultimate strength □ предел прочности

US ultrasonography, ultrasonic scanning □ ультразвуковое исследование, ультразвуковое сканирование

US ultrasound □ ультразвук, ультразвуковые волны

US unconditioned stimulus □ безусловный раздражитель, безусловный стимул

US undistorted signal □ неискажённый сигнал или импульс

u/s unsatisfactory □ неудовлетворительный

us unserviceable □ *мед. тех.* неисправный, непригодный

US urinary sodium □ содержание натрия в моче

u.s. *лат.* ut supra □ как указано выше

USAFAMRL United States Air Force Aerospace Medical Research Laboratory □ лаборатория авиационно-космических медицинских исследований ВВС США

USAFH United States Air Forces Hospital □ Госпиталь военно-воздушных сил США

USAFSAM United States Air Force School of Aerospace Medicine □ Институт авиационно-космической медицины ВВС США

USAH United States Army Hospital □ Госпиталь сухопутных войск США

USAID US Agency for International Development □ Агентство США по международному развитию, АМР

USAN United States Adopted Names □ Номенклатура лекарственных средств, принятых в США

USC United States Code □ Свод законов США

USCI United States Catheter and Instrument Corporation □ Корпорация по производству катетеров и инструментов *(США)*

US Customary System United States Customary System □ традиционная Американская система единиц

USD United States Dispensatory □ Фармакопея США, Американская фармакопея *(синоним NSP)*

USDHEW US Department of Health, Education and Welfare □ Департамент [Министерство] здравоохранения, образования и социального обеспечения США

USDY United States Demographic Yearbook □ Демографический ежегодник США

USHL United States Hygienic Laboratory □ лаборатория гигиенических исследований США

USEPA United States Environmental Protection Agency □ Агентство защиты окружающей среды США

USERIA ultrasensitive enzymatic radioimmunoassay □ высокочувствительный радиоиммуноферментный анализ

U-sign ulser sign □ U-признак (*язвенное поражение хорионаллантоисной оболочки куриного эмбриона*)

USL ultrasound lithotripsy □ ультразвуковая литотрипсия

USMH United States Marine Hospital □ Военно-морской госпиталь США

USMLE United States Medical Licensing Examination □ медицинское лицензирование США

USN ultrasonic nebulizer □ ультразвуковой ингалятор

USNAMI United States Naval Aerospace Medical Institute □ Институт авиационно-космической медицины ВМС США

USNM United States National Museum □ Национальный музей США

USO unilateral salpingoophorectomy □ односторонняя сальпингоофорэктомия (*удаление яичника с придатками*)

USP Unites States Patent □ патент США, американский патент

USP, USPhar United States Pharmacopoeia □ Фармакопея США, Американская фармакопея

USPHS United States Public Health Service □ служба здравоохранения США

USPTO United States Patent and Trademark Office □ Бюро регистрации патентов и товарных знаков США

USR unheated serum reagin (test) □ не подвергнутый термической обработке сывороточный реагин (*тест*)

US Std United States Standard □ стандарт США, американский стандарт

US Surgeon General United States Surgeon General □ начальник медицинской службы армии США

usu usual □ обыкновенный, обычный

USU Usutu □ Усуту (*арбовирус*)

USVB United States Veterans' Bureau □ Бюро ветеранов (войны) США

USVH United States Veterans' Hospital □ Госпиталь ветеранов войны США

USW ultra short waves □ ультракороткие волны

UT Universal Time □ всемирное время, мировое время

UTBG unbound thyroxine-binding globulin □ отношение свободного тироксина к тироксину, связанному глобулином

ut dict *лат.* ut dictum □ as directed □ как указано

utend *лат.* utendus □ to be used □ *фарм.* к использованию, пусть будет использовано

UTI urinary tract infection □ инфекция мочевых путей, мочевая инфекция

UTP uridine triphosphate □ уридинтрифосфат, УТФ

ut supr *лат.* ut supra □ as above □ *фарм.* как указано выше

UU urine urobilinogen □ уробилиноген мочи

UUN urine urea nitrogen □ азот мочевины мочи

UUT unit under test □ 1. проверяемый прибор; испытываемое устройство 2. объект испытания

UV microvolt, *уст.* ultravolt □ микровольт

UV 1. ultraviolet □ ультрафиолетовое излучение; ультра-фиолетовые лучи **2.** ultraviolet spectroscopy □ ультра-фиолетовая спектроскопия

UV umbilical vein □ пупочная вена

UV ureterovesical □ пузырно-мочеточниковый (*напр. рефлюкс*)

UV urinary volume □ объём мочи

UVA ultraviolet activity □ активность ультрафиолетовых лучей

UVB ultraviolet burn □ солнечный ожог

UVC umbilical venous catheter □ катетер пупочной вены

UV-DST ultraviolet-irradiated donor-specific transfusion □ переливание облучённой УФ-лучами донорской крови, донор-специфическая пост-УФ-гемотрансфузия

U virus Uppsala virus □ Уппсала вирус (*возбудитель подскладочного ларингита*)

UVJ ureterovesical junction □ пузырно-мочеточниковое соустье, пузырно-мочеточниковый сегмент

UVL ultraviolet light □ ультрафиолетовое облучение

UV oscillograph ultraviolet oscillograph □ ультрафиолетовый осциллограф

UV/P U – concentration of solute in urine; V – quantity of urine excreted in a unit of time; P – concentration of substance in plasma (ratio – clearance of the substance) □ U – концентрация растворённого вещества в моче; V – количество экскретируемой мочи в единицу времени; P – концентрация вышеназванного вещества в плазм крови (их отношение – клиренс исследуемого вещества)

UV-rays ultraviolet rays □ ультрафиолетовые лучи

UW ultrasonic wave □ ультразвуковая волна

UX uranium X □ уран X

UX$_1$ uranium X$_1$ □ уран X$_1$ (*радиоактивный изотоп тория, ^{234}T*)

UY uranium Y □ уран Y (*радиоактивный изотоп тория, ^{231}T*)

UZ uranium Z □ уран Z (*радиоактивный изотоп урана X$_2$*)

Vis medicatrix naturae
Целебная сила природы

v *усл.* скорость катализируемой ферментом реакции

V *усл.* скорость реакции при насыщении фермента субстратом *(согласно уравнению Михаэлиса)*

V_{max} *усл.* максимальная скорость потока

V_h *усл.* переменная часть тяжёлой цепи иммуноглобулина

V_0 *усл.* начальная скорость реакции в стационарной фазе

V *усл.* action potential □ потенциал действия, пиковый потенциал, спайковая активность

V *усл.* electromotive force □ электродвижущая сила, ЭДС

V *усл.* potential difference □ разность потенциалов

V luminous efficiency □ *усл.* световая эффективность потока излучения *(люмен/ватт, лм/Вт)*

V_1, V_2, V_3 **et al** unipolar chest electrocardiogram leads □ *усл.* униполярные грудные отведения ЭКГ по Вильсону

v vacuum □ вакуум

V valine □ валин, Ba

v value □ 1. значение, число; величина 2. ценность

v valve □ клапан

V Vanadium □ ванадий

V, v vapor □ пар

V vapor rate □ скорость испарения; скорость парообразования пар

v variable □ 1. вариабельный *(напр. участок в молекуле антигена)* 2. переменная (величина) 3. изменяемый; регулируемый

V_H variable region of the immunoglobulin heavy chain □ вариабельный участок тяжёлой (полипептидной) цепи молекулы иммуноглобулина

V variant □ вариант ‖ вариантный; вариабельный

v variation □ 1. вариация; колебание, отклонение 2. генетическая аберрация, мутация 3. коэффициент вариации

v velocity □ скорость

V, v vena *лат.*, vein ‖ venous □ вена ‖ венозный

V *усл.* инвазия вен опухолевыми клетками *(обозначение в Международной классификации злокачественных опухолей)*

V_0 инвазии опухолью вен нет

V_1 инвазия опухоли в почечную вену

V_2 инвазия опухоли в полую вену

V_x инвазия опухолью вены не установлена

V respiratory ventilation rate □ интенсивность [скорость, объём] лёгочной вентиляции, дыхательный объём, ДО

V total ventilation, respiratory minute volume □ минутный объём дыхания, МОД

v vent □ 1. отверстие, сообщающееся с атмосферой; дренажное [вентиляционное] отверстие 2. выходное [выпускное] отверстие

V ventral □ вентральный, брюшной

V verbal □ вербальный, словесный *(напр. тест)*

v *лат.* versus □ против, в сравнении с … *см. напр.* **GVH**

v vertex □ 1. верхушка, вершина 2. *кр. метр.* макушка, вертекс *(наиболее высоко расположенная точка головы, ориентированной во франкфуртской горизонтали)*

v vertical, vertical line □ вертикальный, вертикальная линия

V 1. veterinarian □ ветеринар 2. veterinary □ ветеринария ‖ ветеринарный

V, v vibrio □ вибрион

v *лат.* vide □ see □ смотри

v video □ *мед. тех.* видеоаппаратура, видео

v viremia □ 1. вир(ус)емия *(наличие вируса в крови)* 2. способность вируса вызывать вирусемию

v virgin □ 1. девственный; первобытный, целинный 2. неоплодотворённый

V virulence □ вирулентность

V vision □ 1. видимость, обзор 2. зрение

V 1. visual □ зрительный, визуальный **2.** visual acuity □ острота зрения

v voice □ голос

v volt □ вольт *(единица электрического напряжения)*, В

v voltampermeter □ вольтамперметр, ВА

V, v volume □ 1. объём; величина *(напр. диуреза)* 2. сила звука, громкость

V_A alveolar volume □ альвеолярная часть дыхательного объёма

V_D dead volume □ объём мёртвого пространства

V_E expiratory volume □ объём выдоха

V_I inspiratory volume □ объём вдоха

V_T, **VT** tidal volume □ дыхательный объём, ДО

VA alveolar ventilation □ альвеолярная вентиляция

VA vacuum aspiration □ 1. вакуумная аспирация 2. вакуумэкстракция *(плода)*

va value □ 1. значение, величина 2. оценка

va variance □ варианс, дисперсия

VA ventriculoatrial □ желудочно-предсердный, атриовентрикулярный

VA vertebral artery □ позвоночная артерия

VA Veterans Administration □ Управление [Администрация] союза ветеранов *(США)*

VA video amplifier □ видеоусилитель

VA, va visual acuity, acuity of vision □ острота зрения

VA, va volt-ampere □ вольт-ампер, ВА

VAB venoarterial bypass □ артериовенозный шунт

VAB-6 Rosevinum [Vinblastine], Dactinomycinum [Actinomycin D], Bleomycinum, Cisplatin, Cyclophosphanum □ розевин [винбластин], дактиномицин [актиномицин Д], блеомицин, цисплатин, циклофосфан *(программа химиотерапии онкологических больных)*

vac vaccine □ вакцина

vac vacuum □ вакуум

VAC Vincristinum, Dactinomycinum [Actinomycin D], Cyclophosphanum ☐ винкристин, дактиномицин [актиномицин Д], циклофосфан *(программа химиотерапии онкологических больных)*

VAC-II Vincristinum, Adriamycinum, Cyclophosphanum ☐ винкристин, адриамицин, циклофосфан *(программа химиотерапии онкологических больных)*

VACA Vincristinum, Actinomycinum D, Cyclophosphanum, Adriamycinum ☐ винкристин, актиномицин Д, циклофосфан, адриамицин *(программа химиотерапии онкологических больных)*

vacc vaccination ☐ вакцинация

VACTERL vertebral, anal, cardiac, tracheal, esophageal, renal, limb ☐ VACTERL-синдром, VACTERL-ассоциация *(пороки развития позвоночника, сердца, почек, конечностей, трахеопищеводный свищ и атрезия заднего прохода, вызванные тератогенным влиянием стероидов на ранних сроках беременности)*

VACURG Veterans Administration Cooperative Urological Research Group ☐ Кооперированная научно-исследовательская урологическая группа правления союза ветеранов *(США)*

VAD ventricular assist device ☐ механический вспомогательный желудочек *(сердца)*

vag vagina || vaginal ☐ влагалище || влагалищный

Vag Hyst vaginal hysterectomy ☐ чрезвлагалищная экстирпация матки, чрезвлагалищная гистерэктомия

V&H vertical and horizontal ☐ вертикальная и горизонтальная линии

VAH Veterans Administration Hospital ☐ Госпиталь администрации ветеранов

VAI variable air inlet (intake) ☐ регулируемый воздухозаборник

Val valine ☐ Валин, Вал

VAL Valsalva maneuver ☐ проба Вальсальвы *(сильный выдох при закрытом рте и зажатом носе)*

val value ☐ 1. величина, значение; число 2. ценность || оценивать

val valve || valvular ☐ клапан || клапанный, имеющий клапан, относящийся к клапанам; створчатый

VALE visual acuity, left eye ☐ острота зрения левого глаза

valn valuation ☐ таксация

VAM vinesthen anesthetic mixture ☐ винестеновая смесь для инъекционной анестезии

VAMLA video-assisted mediastinoscopic lymphadenectomy ☐ видеоассистированная медиастинальная лимфатическая диссекция

VAMP Vincristinum, Methotrexatum [Amethopterin], Mercaptopurinum, Prednisolonum ☐ винкристин, метотрексат [аметоптерин], меркаптопурин, преднизолон *(программа химиотерапии онкологических больных)*

V&P vagotomy and pyloroplasty ☐ ваготомия и пилоропластика

vap vapor ☐ пар

Va/Q alveolar ventilation/lung perfusion ☐ отношение альвеолярной вентиляции к лёгочной перфузии

var variable, variety ☐ 1. переменная *(величина)* 2. изменение 3. разновидность; разнообразие

var variance ☐ расхождение; несоответствие

var variant ☐ 1. вариант 2. переменная величина

var variation ☐ 1. вариация; изменение; отклонение 2. разновидность, вариант

var varying ☐ 1. меняющийся; изменяющийся 2. различный

VAR visual-aural range ☐ диапазон видимости и слышимости

VARAD varying radiation ☐ изменяющаяся радиация

VARE visual acuity, right eye ☐ острота зрения правого глаза

varistor variable resistor ☐ *мед. тех.* регулируемое сопротивление

VAS visual analog scale ☐ визуальная аналоговая шкала *(напр. самооценки качества жизни)*

VASAG Veterans Administration Surgical Adjuvant Group ☐ Вспомогательная хирургическая группа администрации ветеранов *(США)*

vasc vascular ☐ сосудистый

VASC verbal auditory screen for children ☐ исследование детей по вербально-слуховым тестам

vas vitr *лат.* vas vitreum ☐ glass vessel ☐ стеклянный сосуд

V&T volume and tension of pulse ☐ наполнение и напряжение *(пульса)*

VATC video-assisted thoracoscopic surgery ☐ торакоскопическая хирургия с видеосопровождением

VATER vertebral defects, imperforate anus, tracheoesophageal fistula, radial and renal dysplasia ☐ Vater-синдром, Vater-ассоциация *(дефект развития позвоночника, атрезия заднего прохода, трахеопищеводный свищ, дисплазия лучевой кости и почек)*

VB1 first voided ☐ начальная порция мочи

VB2 midstream ☐ средняя порция *(струи мочи)*

VB3 prostatic massage ☐ третья порция мочи, взятая после массажа предстательной железы

VB viable birth ☐ роды жизнеспособным плодом, живорождение

VBAP Vincristinum, BCNU [Carmustine], Adriamycinum, Prednisolonum ☐ винкристин, BCNU [кармустин], адриамицин, преднизолон *(программа химиотерапии онкологических больных)*

VBC vector biology and control ☐ биология переносчиков и борьба с ними

V blood intracranial blood volume ☐ внутричерепной объём крови

VBS veronal buffered saline ☐ буферный раствор с вероналом

Vc capillaries blood volume ☐ объём крови в лёгочных капиллярах

VC color vision ☐ 1. цветовое зрение, цветоощущение 2. острота цветового зрения

VC vaginal candidosis ☐ вагинальный кандидоз

VC vena cava ☐ полая вена

VC ventilatory capacity ☐ объём вентиляции лёгких

VC Veterinary Corps ☐ Ветеринарная служба армии

vc vincristine ☐ винкристин

VC Vincristinum, Cyclophosphanum ☐ винкристин, циклофосфан *(программа химиотерапии онкологических больных)*

VC vital capacity □ жизненная ёмкость лёгких, ЖЕЛ

VCA viral [virus] capsid antigen □ вирусный капсидный антиген, капсидный антиген вируса

VCAM vascular cell adhesion molecule □ молекула сосудистой адгезии клеток, продуцируемой активированными эндотелиоцитами

VCC vasoconstrictor center □ констрикторный центр

VCE vagina, ectocervix and endocervix (smear) □ взятие мазков из влагалища, шейки и канала шейки матки

VCF velocity of circular force □ скорость циркулярного сокращения [укорочения волокон] миокарда; скорость сокращения циркулярных волокон миокарда

VCG vectorcardiogram □ векторкардиограмма, ВКГ

VCH Veterinary Convalescent Hospital □ ветлечебница для выздоравливающих животных

VCI vena cava inferior □ нижняя полая вена

vcm vacuum □ вакуум

VCMFt Vincristinum, Cyclophosphanum, Methotrexatum, Phtorafurum [Futroful] □ винкристин, циклофосфан, метотрексат, фторафур (программа химиотерапии онкологических больных)

VCO₂ carbon dioxide production □ выделение углекислого газа

VCR vincristine sulfate □ винкристина сульфат, онковин

VCS vasoconstrictor substance □ сосудосуживающая субстанция, сосудосуживающее средство, вазопрессор

VCUG voiding cystourethrography □ микционная цистоуретрография

VC/VCpr vital capacity/project vital capacity □ отношение жизненной ёмкости лёгких к должной величине

VD dead volume □ объём мёртвого пространства, (функциональное) мёртвое пространство

VD depth perception □ восприятие глубины; глубинное [пространственное] зрение

Vd distribution volume □ объём распределения (препарата)

VD vapor density □ плотность [упругость] водяных паров

VD venereal disease □ венерическая болезнь

VD vent duct □ вентиляционный канал

VD virus diarrhea □ вирусная диарея

VD voltage detector □ детектор напряжения

VDA visual discriminatory acuity □ острота зрения; способность глаза различать мелкие объекты

VDBR volume of distribution of bilirubin □ объём распределения билирубина

VDC vasodilator center □ сосудорасширяющий центр

VDEL Venereal Disease Experimental Laboratory □ экспериментальная лаборатория по изучению венерических заболеваний

VDEM vasodepressor material □ вазодепрессорное средство, вазодепрессант

VDG venereal disease – gonorrhea □ венерическое заболевание – гонорея

Vdg, vdg voiding □ освобождение, опорожнение (кишечника, мочевого пузыря)

VDH valvular disease of heart □ клапанный порок сердца; поражение клапана сердца

VDL visual detection level □ уровень зрительного восприятия

VDM vasodepressor material □ вазодепрессорное средство, сосудорасширяющий препарат

VDP Vincristinum, Daunorubicinum, Prednisone □ винкристин, даунорубицин, предиизон (программа химиотерапии онкологических больных)

VDRL Venereal Disease Research Laboratory □ 1. научно-исследовательская лаборатория венерических болезней (США) 2. тест научно-исследовательской лаборатории на сифилис, реакция Вассермана

VDRT veneral disease reference test □ стандартный тест на венерическое заболевание

VDS vasodilator substance □ сосудорасширяющая субстанция, вазодилататор

VDS venereal disease – syphilis □ венерическое заболевание – сифилис

VDT venereal diseases and treponematoses □ венерические болезни и трепонематозы

VDT visual display terminals □ видеодисплейные терминалы

VDU visual display unit □ мед. тех. устройство визуального отображения; дисплей

VDuct ventilation duct □ вентиляционный канал

VDUs visual display units □ видеодисплейные установки

VE esophageal lead □ пищеводное отведение (ЭКГ)

ve expiratory volume □ объём выдоха

VE vaginal examination □ влагалищное исследование

VE varicose eczema □ варикозная экзема

VE ventilation equivalent □ вентиляционный эквивалент, удельная вентиляция

VE ventilatory equipment □ вентиляционное оборудование

VE vesicular exanthema □ везикулярная сыпь

VE visual efficiency □ эффективность зрительного восприятия

VE volumic ejection □ ударный [систолический] объём, объём изгнания или выброса

VE voluntary effort □ произвольное усилие или действие

VEA viral envelope antigen □ вирусный оболочечный антиген, env-антиген

VEC ventricular ectopic complex □ желудочковый эктопический комплекс

VECP visual evoked cortical potentials □ зрительные вызванные корковые потенциалы

VEGF vascular endothelial growth factor □ фактор роста сосудистой эндотелиальной ткани

VEE vagina, ectocervix, endocervix □ исследование мазков из влагалища, шейки и канала матки при проведении скрининга

VEE Venezuelan equine encephalomyelitis □ венесуэльский лошадиный энцефаломиелит или энцефалит

veg vegetables □ овощи

veh vehicle □ транспортное средство; автомобиль

VEH Veterinary Evacuation Hospital □ эвакуационная ветлечебница

vehs vehicles □ транспортные средства; автомобили

VEL Vellore □ Веллур (арбовирус)

vel, veloc velocity □ скорость; быстрота

VEM vasoexitor material □ вазопрессорное вещество, тонизирующее сосуды средство || тонизирующий сосуды

ven vein □ 1. вена; кровеносный сосуд 2. жилка листа растения

VENG vector nystagmography □ векторная нистагмография

VENT 1. ventilation ‖ ventilating □ вентиляция ‖ вентилирующий **2.** ventilator □ вентилятор

vent ventricular □ желудочковый

vent. fib. ventricular fibrillation □ фибрилляция желудочков

ventr ventral □ вентральный, брюшной

VEP visual evoked potential □ зрительно вызванный потенциал

ver version □ 1. (новый) вариант 2. версия

ver vertex □ верхушка; вершина

VER visual evoked response □ зрительно вызванная реакция

verd verdict □ *суд. мед.* 1. приговор суда; решение суда 2. суждение, заключение, мнение

vers versus □ против, в сравнении с …, в зависимости от …, или

vert vertebra □ позвонок

vert vertebrate □ позвоночное животное ‖ позвоночный

vert vertical □ вертикальный; отвесный

ves versus *см.* vers

ves *лат.* vesica □ bladder □ 1. пузырь 2. мочевой пузырь

ves vesicle ‖ vesicular □ пузырёк; булла ‖ везикулярный; пузырчатый; ячеистый

vesic *лат.* vesicula □ blister □ пузырёк

vesp. *лат.* vespere □ in the evening □ вечером

ves. ur. *лат.* vesica urinaria □ urinary bladder □ мочевой пузырь

VET Venkatapuram □ Венкатапурам *(арбовирус)*

vet veteran □ ветеран войны; участник войны

vet, veter veterinarian ‖ veterinary □ ветеринар ‖ ветеринарный

v.et. *лат.* vide etiam □ see also □ смотри также, см. тж.

Vet Admin Veterans Administration □ Администрация ветеранов войны *(США)*

Vet Evac Hosp Veterinary Evacuation Hospital □ эвакуационная ветлечебница

vets veterans □ ветераны войны; участники войны

Vet Sci veterinary science □ ветеринария

Vet Serv Veterinary Service □ ветеринарная служба

Vet Surg Veterinary Surgeon □ ветеринарный хирург; военный ветеринарный врач

VEV Venezuelan encephalitis virus □ вирус венесуэльского энцефалита

Vex flow rate of expiratory volume □ объёмная скорость выдоха

V ext extrapolation volume □ экстраполированный объём *(напр. распределения медикамента)*

Vf field of vision □ поле зрения

VF ventricular fibrillation □ фибрилляция желудочков

VF viscosity factor □ коэффициент вязкости

VF visual field □ поле зрения

VF vocal fremitus □ голосовое дрожание

VF voltage-foot □ однополюсное отведение от левой ноги *(ЭКГ)*

VFC voice-frequency channel □ канал речевой частоты, речевой канал

VFHP Voluntary Fund for Health Promotion □ Добровольный фонд укрепления здоровья, ДФУЗ

VFP ventricular fluid pressure □ внутрижелудочковое давление

VFR vestibular functions research satellite □ исследование функции вестибулярного аппарата на спутнике

VFW Veterans of Foreign Wars □ ветераны войны в чужих странах

vfy verify □ 1. исследовать, уточнять; верифицировать 2. удостоверять

VG velocity gravity □ перегрузка; сила, возникающая при воздействии ускорения

VG ventricular gallop □ желудочковый ритм галопа

v.g. *лат.* verbi gratia □ for example □ например, напр.

vg vestigial □ ген, определяющий редукцию крыльев *(дрозофилы)*

VGH very good health □ очень хорошее здоровье

VGH Veterinary General Hospital □ Центральная ветлечебница

VH vaginal hysterectomy □ чрезвлагалищная [влагалищная] экстирпация матки или гистерэктомия

VH venous hematocrit □ гематокрит венозной крови

VH Veterans' Hospital □ госпиталь ветеранов

VH Veterinary Hospital □ ветлечебница

VH viral hepatitis □ вирусный гепатит

VHD viral hematodepressive disease □ вирусное подавление гемопоэза

VHDL very high density lipoproteins □ липопротеиды очень высокой плотности

VHF very high frequency □ очень высокая частота звука *(30–300 МГц)*

VHF visual half-field □ полусфера, соединяющая точки воспринимаемого глазом пространства

VHG village health guide □ руководство по сельскому здравоохранению

VHP very high performances □ очень высокая производительность; очень высокие характеристики

VHR very high resolution □ очень высокая разрешающая способность

VHRR very high resolution radiometer □ радиометр с очень высокой разрешающей способностью

VHS very high sensitivity □ очень высокая чувствительность

VHT very high temperature □ очень высокая температура

VI vaginal irritation □ влагалищное раздражение

Vi virginium □ вирджиний

VI *лат.* virgo intacta □ virgin □ 1. девственница 2. девственная плева не нарушена

Vi virulence ‖ virulent □ вирулентность ‖ вирулентный

VI viscosity index □ индекс вязкости

vi visual indicator □ оптический [визуальный] индикатор

VI volume index □ объёмный индекс

VI volume indicator □ индикатор громкости

VIA virus inactivating agent □ антивирусное средство; вирусинактивирующий агент

Vi antigen virulence antigen □ Vi-антиген, антиген вирулентности *(поверхностный антиген, ответственный за вирулентность бактерий)*

vib vibration □ колебание, вибрация

vib m vibration meter □ виброизмеритель, вибромер

Vic intracranial volume □ внутричерепной объём

VIC vaporizer in circuit □ испаритель (внутри)циркуляционного контура *(наркозного аппарата)*

VIC vasoinhibitory center □ вазодилятационный [вазодепрессорный] центр

vic victualling □ продовольственный

vid. *лат.* vide □ see □ смотри, см.

vid video (signal) □ видеосигнал, видео

VID visible iris diameter □ видимый диаметр радужной оболочки

VIF virion infectivity factor □ фактор инфекционности вириона

VIG vaccinia immunoglobulin □ иммуноглобулин коровьей оспы

vin *лат.* vinum □ wine □ вино

Vin vinyl □ винил, винилопласт

VIP vasoactive intestinal peptide □ вазоактивный интестинальный пептид, ВИП

~oma syndrome □ синдром гиперсекреции опухолью вазоактивного интестинального пептида

VIP ventilate, infuse and pump □ вентиляция *(лёгких)*, (внутривенное) вливание и восстановление сократительной способности сердца *(приём реанимации)*

VIP versatile information processor □ универсальная радиотелеметрическая система

VIP very important [patient] person □ 1. очень важная персона 2. больной, требующий интенсивного наблюдения и лечения

VIS vaginal irrigation smear □ влагалищный мазок после спринцевания

vis vision □ зрение

vis visiting, visitor □ посещающий *(врача)*

vise visceral □ висцеральный, относящийся к органам симпатической иннервации

vise viscous, viscosity □ вязкий; вязкость

VISI volar intercalary segment instability □ ладонная нестабильность, обусловленная интерпозицией сегмента

vis viscosity || viscous □ вязкость || вязкий, тягучий, густой

vis visible □ видимый

vis vision || visual □ 1. видимость, обзор 2. зрение || зрительный, визуальный

vit vital □ жизненно важный *(напр. орган)*, витальный

Vit vitamin □ витамин

~ **A₁** retinol □ ретинол, витамин А

~ **A₂** dehydroretinol □ дегидроретинол, витамин А₂

~ **B₁** thiamine □ тиамин, витамин В₁

~ **B₂** riboflavin □ рибофлавин

~ **B₃** nicotinamide □ никотинамид, витамин В₃

~ **B₄** choline □ холин, витамин В₄

~ **B₆** pyridoxine □ пиридоксин, витамин В₆

~ **B₈** inositol; inosite □ инозит, В₈

~ **B₉** folic acid □ фолиевая кислота, витамин В₉, витамин М

~ **B₁₂** cyanocobalamin □ цианокобаламин, витамин В₁₂

~ **B₁₂ᵦ** hydroxycobalamine □ гидроксикобаламин, витамин В₁₂ᵦ

~ **B₁₃** orotic acid □ *уст.* оротовая кислота, витамин В₁₃

~ **Bₑ** folic acid □ фолиевая кислота, витамин Вₑ, витамин В₉, витамин М

~ **Bₓ** para-aminobenzoic acid □ парааминобензойная кислота, витамин Вₓ

~ **C** ascorbic acid □ аскорбиновая кислота, витамин С

~ **D** calciferol □ кальциферол(ы), витамин Д

~ **D₂** ergocalciferol □ эргокальциферол, витамин Д₂

~ **D₃** cholecalciferol □ холекальциферол, витамин Д₃

~ **E** tocopherol (alpha, beta, gamma) □ токоферолы, витамин Е

~ **F** essential fatty acids □ незаменимые жирные кислоты, витамин F

~ **H** biotin □ биотин, витамин Н

~ **K₁** phylloquinone □ филлохинон, витамин К₁

~ **K₂** menaquinone □ менахинон, витамин К₂

~ **K₃** menadione □ менадион, витамин К₃

~ **M** folic acid □ фолиевая кислота, витамин М, витамин В₉, витамин Вₑ

~ **P** bioflavonoides □ биофлавоноиды, витамин Р

~ **PP** nicotinic acid □ никотиновая кислота, витамин РР

~ **U** S-methylmethyonine □ S-метилметионин, витамин U *(ulcus – противоязвенный витамин)*

vit *лат.* vitellus □ yolk □ желток яйца

vit *лат.* vitreous □ 1. стеклянный 2. стекловидный *(о теле глазного яблока)*

Vit Cap vital capacity □ жизненная ёмкость лёгких, ЖЕЛ

vitel *лат.* vitellus □ yolk □ желток яйца

vitr *лат.* vitrum □ стеклянная ёмкость, сосуд

viz, vizc. *лат.* videlicet **1.** namely □ то есть; а именно **2.** evidently □ очевидно

VL vision, left □ зрение левого глаза

VL voltage, left arm □ однополюсное отведение от левой руки *(ЭКГ)*

VLAP very late activation protein □ очень поздно активируемый белок

VLBW very low birth weight □ новорождённый с очень низкой массой тела *(400–1500 г)*

VLDL, VLDLP very low-density lipoproteins □ липопротеиды очень низкой плотности, ЛОНП

VLF very low frequency □ очень низкая частота звука *(3–30 кГц)*

VLM visceral larva migrans □ 1. мигрирующие во внутренних органах личинки гельминтов 2. общее название болезней, вызываемых этими возбудителями

VLP virus-like particles □ вирусоподобные частицы

VLPA viral-latex particle agglutination □ латекс-агглютинация вирусных частиц

VLPO ventrolateral preoptic nucleus □ вентролатеральное преоптическое ядро *(среднего мозга)*

VLS vapor – liquid – solid □ парообразный – жидкий – твёрдый

vltg voltage □ напряжение

vlv valve □ 1. клапан, вентиль 2. лампа *(электронная)*

Vm monkey viremia □ способность вируса вызывать вирусемию у обезьян

VM vasomotor □ сосудодвигательный, вазомоторный

VM ventilatory muscle □ дыхательная мышца

VM volatile matter □ летучее вещество

VM voltmeter □ вольтметр

Vm⁻¹ volt/meter ☐ вольт/метр, В/м

VMA vanillylmandelic acid ☐ ванилилминдальная кислота, ВМК

Vmax, Vmax(l) maximal ventilation of lungs ☐ максимальная вентиляция лёгких, МВЛ

VMC vasomotor centre ☐ сосудодвигательный [вазомоторный] центр

VMC visual meteorological condition ☐ простые [визуальные] метеоусловия

VMD Doctor of Veterinary Medicine ☐ доктор ветеринарии

VN virus neutralizing ☐ нейтрализация вируса

VNA virus-neutralizing antibodies ☐ вируснейтрализующие антитела, ВНА

VNA Visiting Nurse Association ☐ Ассоциация патронажных медицинских сестёр

VNS vagus nerve stimulation ☐ стимуляция вагуса

VO verbal order ☐ устное распоряжение

v/o volume per cent ☐ объёмный процент

VO₂ rates of oxygen consumption ☐ величина потребления кислорода *(в норме 200–300 мл/мин)*

VO₂max rates of maximal oxygen consumption ☐ максимальное потребление кислорода

VOC vaporizer outside circuit ☐ испаритель внециркуляционного контура *(наркозного аппарата)*

VOCP Rosevinum [Vinblastine], Olivomycinum, Cyclophosphanum, Prednizolonum ☐ розевин [винбластин], оливомицин, циклофосфан, преднизолон *(программа химиотерапии онкологических больных)*

VOD venous occlusive disease ☐ посттромбофлебитический синдром, ПТС; окклюзионное заболевание вен

VOD vision, right eye ☐ острота зрения правого глаза

vol volar ☐ ладонный, волярный

vol volume ☐ 1. объём 2. том 3. сила звука, громкость

vol 1. voluntary ☐ 1. добровольный; безвозмездный *(напр. донор)* 2. сознательный; умышленный 3. произвольный *(напр. о мышце)* **2.** volunteer ☐ доброволец

volat volatilize ☐ улетучиваться

Vols volunteers ☐ добровольцы *(напр. участвующие в медицинских экспериментах)*

volt volatile ☐ летучий, испаряющийся *(напр. о наркотическом веществе)*

VOM volt-ohmmeter ☐ вольтомметр

VON Victorian Order of Nurses (Canada) ☐ Викторианский орден медицинских сестёр *(Канада)*

VOR vestibulo-ocular [reflex] response ☐ вестибулоокулярный [реакция] рефлекс

VOS vision, left eye ☐ острота зрения левого глаза

v.o.s. *лат.* vitello ovi solutus ☐ dissolved in yolk of egg ☐ растворимый в желтке яйца

Vo Sim, VOSIM voice simulator ☐ моделирующее устройство для имитации речи, имитатор речи

VOT voice onset time ☐ начальное время голосования

VP vacuum pump ☐ вакуумный насос

VP, vp vapor pressure ☐ давление водяных паров *(напр. в бронхах)*

VP variegate porphyria ☐ полиморфная порфирия

VP vasopressin ☐ антидиуретический гормон, АДГ, вазопрессин, адиуретин

VP venipuncture ☐ венепункция

VP venous pressure ☐ венозное давление

VP vent pipe ☐ вентиляционный трубопровод

VP ventriculoperitoneal ☐ относящийся к желудку и брюшине

VP veterinary physician ☐ ветеринарный врач

VP (test) Voges – Proskauer (test) ☐ реакция Фогеса – Проскауэра *(на выявление энтеробактерий и спорообразующих анаэробов)*

VP volume – pressure ☐ объём – давление

VP vulnerable period ☐ уязвимый период

VPA valproate ☐ вальпроат *(препарат вальпроевой кислоты – антиконвульсант)*

VPB ventricular premature beat ☐ желудочковая экстрасистола

VPC vapor chromatography ☐ газовая хроматография

VPC ventricular premature [beats] contraction [complexes] ☐ желудочковые экстрасистолы, желудочковая экстрасистолия

VPC vibrocardiography ☐ виброкардиография

VPC volume-packed cell(s) ☐ объём форменных элементов *(после центрифугирования крови)*

VPC volume per cent ☐ объёмный процент, об.%

VPF vascular permeability factor ☐ фактор сосудистой проницаемости

VPG velopharyngeal gap ☐ вход в глотку

VPH Veterinary Public Health ☐ ветеринарная санитария *(ветеринария в общественном здравоохранении)*

VPI vapor phase inhibitor ☐ парообразная форма ингибитора

VPM (nucleus) ventromedial (nucleus) ☐ вентромедиальный *(о ядре таламуса)*

VPO velopharyngeal opening ☐ вход в глотку

VPP viral porcine pneumonia ☐ вирусная пневмония свиней

vpr vapor ☐ пар

VPRBC volume of packed red blood cells ☐ объём эритроцитов *(после центрифугирования крови)*

VPRC volume of packed red cells *см.* **VPRBC**

VPS, vps vibrations per second ☐ вибрационных колебаний в секунду

VP test Voges – Proskauer test ☐ реакция Фогеса – Проскауэра

V/Q ventilation/perfusion ☐ вентиляционно-перфузионное соотношение

VR rabbit viremia ☐ вир(ус)емия у кроликов

V-R vagotomy and antrumectomy ☐ ваготомия и антрумэктомия *(резекция антрального отдела желудка)*

VR valve replacement ☐ замещение [протезирование] клапана

VR vascular resistance ☐ сосудистое сопротивление

VR *лат.* vedi retro ☐ смотри на обороте

VR venous return ☐ венозный возврат

VR ventilation ratio ☐ вентиляционный коэффициент

VR vision, right ☐ зрение правого глаза

VR vocal resonance ☐ голосовой [вокальный] резонанс; звуковой резонанс

VR vocational rehabilitation ☐ профессиональная реабилитация

VR voltage regulator □ *мед. тех.* регулятор напряжения; стабилизатор напряжения

VR voltage-right □ однополюсное отведение от правой руки *(ЭКГ)*

VR&E vocational rehabilitation and education □ профессиональная реабилитация и обучение

VRBC red blood cell volume □ объём эритроцитов

VRC visible record computer □ вычислительная машина с визуальным отображением записей

V-region вариабельный участок, V-участок, V-регион *(N-терминальный отрезок H- и L-цепей, относящийся к Fab-фрагменту)*

VRI viral respiratory infection □ (острая) вирусная респираторная инфекция, ОРВИ

VR/min ventricular rate per minute □ частота сокращений желудочка в минуту

VRP Vincristinum, Rubomycinum, Prednizolonum □ винкристин, рубомицин, преднизолон *(программа химиотерапии онкологических больных)*

VRS Video Recording System □ система видеозаписи

VRV ventricular residual volume □ остаточное давление в желудке

VS vaccination scar □ рубец после вакцинации

VS venesectio-bleeding □ веносекция [венесекция] и кровопускание

VS venesection □ веносекция, венесекция

VS ventricular septum □ межжелудочковая перегородка, МЖП

VS verbal scale (IQ) □ вербальная шкала тестирования умственных способностей *(коэффициента интеллекта)*

vs, v-s versus □ против *(напр. graft-versus-host – «трансплантат против хозяина»)*, в сравнении с …, в зависимости от …, или

VS very sensitive □ очень чувствительный *(напр. к антибиотикам)*

VS vesicular sounds □ везикулярное дыхание

VS vesicular stomatitis □ везикулярный стоматит

VS Veterinary Service □ ветеринарная служба

VS veterinary surgeon □ военный ветеринарный врач

vs vibration seconds □ период колебаний или вибраций, в секундах *(звуковых волн)*

v.s. *лат.* vide supra □ see above □ смотри выше

vs visit □ визит

V/S visual signalling □ зрительная сигнализация, светосигнализация

VS vital signs □ признаки жизни; показатели жизнедеятельности *(частота сердечных сокращений, частота дыхания, артериальное давление, температура тела, сатурация кислорода)*

VS vital statistics □ статистика естественного движения населения

V-s volt-second □ вольт-секунда, В • с

VS volumetric solution □ волюметрический раствор

VSB *лат.* venaesectio brachii □ bleeding in the arm □ 1. кровопускание с помощью венесекции на руке 2. венесекция на плечевой вене

vsb visible □ видимый

VSD ventricular septal defect □ дефект межжелудочковой перегородки *(сердца)*, ДМЖП

VSG variable surface glycoprotein □ вариабельный поверхностный гликопротеид

VSH Veterinary Station Hospital □ гарнизонная ветлечебница

VSI VSV-Indiana □ арбовирус [лихорадки Индианы] везикулярного стоматита

VSM virtual storage management □ *мед. тех.* управление виртуальной памятью

VSN Van Slyke – Neill assay □ определение (газов) по методу Ван Слайка – Нейла

vsn vision □ зрение

VSNJ VSV-New Jersey □ арбовирус везикулярного стоматита Нью-Джерси

VSS vital signs stable □ показатели жизненно важных функций стабильны

VSV vesicular stomatitis virus □ вирус [лихорадки Индианы] везикулярного стоматита

VSW ventricular stroke work □ систолическая работа желудочков *(сердца)*

VT tetrazolium violet (a histological stain) □ тетразолий фиолетовый *(краситель)*

VT, Vt tidal volume □ 1. объём, связанный с поступлением и эвакуацией *(напр. жидкости при промывно-проточном дренировании)* 2. объём вдоха, дыхательный объём, ДО

VT total ventilation □ минутный объём дыхания, МОД

VT vacuum tube □ 1. электровакуумный прибор 2. электронная лампа

VT vacuum tuberculin □ старый туберкулин *(полученный путём вакуумирования)*, см. тж. **АТК**

VT ventricular tachycardia □ желудочковая тахикардия

VT visual task □ зрительная задача, зрительный тест

VT visual training □ обучение наблюдению; тренировка в наблюдении

VTC vacuum thermal chamber □ термобарокамера

VTE venous thromboembolism □ венозная тромбоэмболия, ВТЭ

Vtg thoracic gas volume □ объём газа в грудной полости

VTR Video Tape Recorder □ видеокамера

VTR Video Tape Recording □ *мед. тех.* видеозапись

VT/VF ventricular tachycardia/fibrillation □ желудочковая тахикардия/фибрилляция

VU vaccinal units □ единица вакцинации

VU varicose ulcer □ язва при варикозном расширении вен, варикозная язва

VU very urgent □ очень срочный, крайне необходимый

VU, vu volume unit □ объёмная единица

VUC vacuum – uterine – cannula □ наконечник вакуум-экстрактора

VUR vesicoureteric reflux □ пузырно-мочеточниковый рефлюкс

v/v percent volume in volume □ в объёмных процентах, в объёмном отношении, об.%

VV vaccine virus □ вирус вакцины

VV varicose vein(s) □ варикозное расширение вен

vv *лат.* venae (NA) □ veins □ вены

VV vent valve □ *мед. тех.* дренажный клапан *(напр. применяемый при гидроцефалии)*

VV, vv *лат.* vice versa □ наоборот; на другой стороне

VV viper venom □ змеиный яд; яд гадюки

vv volumes □ тома

VV vulva and vagina □ женские наружные половые органы и влагалище

VVD vegetovessel dystonia □ вегетососудистая дистония, ВСД

VW vessel wall □ сосудистая стенка, стенка кровеносного сосуда

vW, VWD von Willebrand disease □ ангиогемофилия, болезнь Виллебранда

vWF, VWF von Willebrand factor □ фактор Виллебранда

Vx vertex □ 1. верхушка; верхняя часть 2. темя, вертекс

V-Z, V-ZV Varicella-zoster virus □ вирусы ветряной оспы и опоясывающего лишая

VZIG Varicella-zoster immunoglobulin □ иммуноглобулин для серотерапии ветряной оспы

VZV Varicella-Zoster virus □ вирус Varicella-Zoster

W

W *усл.* мутантный ген, обусловливающий дефект кроветворения

W^I dominant spotting ▢ *усл.* доминантная пятнистость *(о генах лабораторных мышей)*

W^v dominant spotting viable ▢ *усл.* жизнеспособный ген доминантной пятнистости

W energy (joule) ▢ *усл.* энергия *(джоуль, Дж)*

W tungsten [wolfram] ▢ вольфрам

W, w war ▢ война || военный; военного времени

W, w warm ▢ тёплый

w waste ▢ 1. пустыня; пустошь || пустынный 2. отходы, отбросы

W water ▢ вода

w watt ▢ ватт, Вт

W waveform ▢ волнообразность *(форма биопериодичности)*

W waveguide ▢ волновод || волноводный

W+ weakly positive ▢ слабоположительный

w weather ▢ погода || погодный, метеорологический

W Weber test ▢ проба Вебера *(при исследовании слуха)*

w week ▢ неделя

W, w weight ▢ масса тела; вес

w specific weight ▢ относительная плотность, удельная масса

w white ▢ ген, определяющий белый цвет тела *(дрозофилы)*

W whorl ▢ завиток; завитковый пальцевой узор *(на кончиках пальцев)*

W widow/widower ▢ соотношение вдовых мужчин и женщин

w width ▢ ширина; длительность *(импульса)*

w wife ▢ жена

w wire ▢ проволока

W wolfram ▢ вольфрам

W woman ▢ женщина || женский

W, w 1. work ▢ работа 2. work of breathing ▢ работа дыхания)

W Workshop ▢ 1. Международное рабочее совещание *(напр. по гистосовместимости)* 2. (Международная) рабочая группа экспертов *(по изучению какой-либо проблемы)* 3. антиген гистосовместимости, нуждающийся в дальнейшем подтверждении

w wound || wounded ▢ рана || раненый

w wrong ▢ неправильный, ошибочный, неверный

WA when awake ▢ проснувшись, после пробуждения

WAAC Women's Army Auxiliary Corps ▢ Женская вспомогательная служба сухопутных войск *(Великобритания)*

WAAF Women's Auxiliary Air Force ▢ Женская вспомогательная служба ВВС *(Великобритания)*

WADA World Antidoping Agency ▢ Всемирное антидопинговое агентство

WADEM World Association of Disaster and Emergency Medicine ▢ Всемирная ассоциация медицины катастроф и чрезвычайных ситуаций

WADEX Words and Author Index ▢ «Указатель (ключевых) слов и авторов» *(библиографический указатель)*

WAE when actually employed ▢ продолжительность службы

W&F water and feed ▢ вода и питание

WAG Wistar albino Glaxo ▢ инбредная линия крыс-альбиносов института Уистера [*трад.* Вистара]

WAIS Wechsler Adult Intelligence Scale ▢ Векслера шкала интеллектуальности для взрослых, Векслера шкала *(для тестирования общего интеллекта)*

Wal waved alopecia ▢ волнистые облысевшие *(о линии лабораторных мышей)*

warn warning ▢ 1. предупреждение, профилактика 2. (аварийная) сигнализация; оповещение

WAS weekly activity summary ▢ суммарная активность за неделю

WAS, WA-syndrome Wiskott-Aldrich syndrome ▢ синдром Вискотта – Олдрича *(характеризующийся тромбоцитопенией и иммунодефицитом)*

WASO wakefulness after sleep onset ▢ пробуждения после начала сна

WASP World Association of Societies of Anatomic and Clinical Pathology ▢ Всемирная ассоциация обществ по анатомической и клинической патологии

Wass (test) Wasserman test ▢ реакция Вассермана *(на сифилис)*

WB washable base ▢ вымываемые основания

WB washed bladder ▢ промываемый мочевой пузырь

WB Weather Bureau ▢ бюро погоды

Wb weber ▢ вебер *(единица магнитного потока)*, Вб

WB weight bearing ▢ масса тела (ребёнка) при рождении

WB wet bulb ▢ влажный термометр

WB whole blood ▢ цельная кровь

WB whole body ▢ целостный организм

WBA whole body activity ▢ активность организма

W bancrofti Wuchereria bancrofti ▢ вид нематод, паразитирующих в лимфатических сосудах и узлах *(возбудитель вухерериоза)*

WBC white blood cell ▢ лейкоцит

WBCC white blood cell count ▢ лейкоцитарная формула; количество лейкоцитов

WBCT whole-blood coagulation time ▢ время свёртываемости цельной крови

WBGT wet bulb globe temperature ▢ температура увлажнённого термометра *(психрометра)*

WBH whole blood hematocrit ▢ гематокрит *(цельной крови)*

WBR whole body radiation ▢ тотальное облучение организма

WBS whole body scan □ сканограмма всего тела

WBT wet bulb temperature *см.* **WBGT**

WC water-closet □ уборная, туалет, ватерклозет

W/C, WC wheel chair □ кресло-каталка

WC white cells □ лейкоциты

WC white cell casts □ слепки лейкоцитов *(в моче)*

WC whole complement □ полный комплемент

WC whooping-cough □ коклюш

WC work capacity □ объём работы

WCC white cell count □ 1. подсчёт лейкоцитов 2. число лейкоцитов; лейкоцитарная формула

WCG World Congress of Gastroenterology □ Всемирный конгресс по гастроэнтерологии

WCL whole cell lysate □ цельный клеточный лизат

WCO World Council of Optometry □ Всемирный совет по оптометрии

WCSG Western Cancer Study Group □ Западная группа по изучению рака

WCST Wisconsin Card Sorting Test □ Висконсинский тест сортировки карточек *(для оценки когнитивных функций)*

WD Wallerian degeneration □ Валлеровское перерождение; вторичная дегенерация нервных волокон *(при повреждении нейронов или пересечении нерва)*

wd ward □ палата

w/d well-developed □ хорошо развитый

WD well-differentiated □ отличительный, достаточно дифференцированный

WD wet dressing □ влажное обёртывание; влажная повязка

WD Wilson's disease □ болезнь Вильсона

WD with disease □ с наличием заболевания

WD withdrawn or specially imported drugs □ препараты с ограниченным применением

wd wound ‖ wounded □ рана ‖ раненый

WDHA syndrome syndrome of watery diarrhea, hypokalemia and achlorhydria □ синдром водянистой диареи, гипокалиемии и ахлоргидрии

WDLL well-differentiated lymphatic lymphoma □ хорошо дифференцированная лимфатическая лимфома

WDP wettable powder □ гигроскопический порошок

wds wounds □ раны

WDWN well-developed, well-nourished □ хорошо развитый, упитанный

WE Western encephalomyelitis □ западный энцефаломиелит, западный энцефалит

wea weather □ 1. погода 2. метеорологический

WEE Western equine encephalomyelitis □ 1. западный лошадиный [энцефалит] энцефаломиелит 2. возбудитель [арбовирус] данного заболевания

wef with effect from □ вступающий в силу *(с такого-то времени)*

Wel elastic work of breathing □ эластическая фракция общей работы дыхания

WER Weekly Epidemiological Record □ еженедельное сообщение об эпидемиологических заболеваниях, еженедельный отчёт об эпидобстановке

WERC World Environmental and Resources Council □ Всемирный совет по защите окружающей среды и природных источников *(Великобритания)*

WF water fluoridation □ фторирование воды

W/F weather forecast □ прогноз погоды

W/F, w/f white female □ белая женщина

WF working formulation □ рабочее определение *(напр. термина)*

WF work of flexion □ работа на сгибание *(напр. сустава)*

WFCC World Federation for Culture Collections □ Всемирная федерация коллекций культур микроорганизмов, ВФККМ

WFME World Federation for Medical Education □ Всемирная федерация по медицинскому образованию

WFN World Federation of Neurology □ Всемирная неврологическая федерация

WFP World Food Program □ Всемирная продовольственная программа, ВПП

WFPMM World Federation of Proprietary Medicines Manufacturers □ Всемирная федерация производителей патентованных лекарственных средств

WFR Weil – Felix reaction □ *уст.* реакция Вейля – Феликса

WFSA World Federation of Societies of Anesthesiologists □ Международная федерация обществ анестезиологов

WFSBP World Federation of Societies of Biological Psychiatry □ Всемирная федерация обществ биологической психиатрии

WFSW World Federation of Scientific Workers □ Всемирная федерация научных работников

WFUNA World Federation of United Nations Associations □ Всемирная федерация ассоциаций содействия Организации Объединённых Наций

Wg waveguide □ волновод ‖ волноводный

WG Wegener's granulomatosis □ гранулематоз Вегенера, неинфекционный некротический гранулематоз

WGA wheat germ agglutinin □ агглютинины пшеничного зародыша

WGID wireless genome information database □ база данных геномной информации

WGT Western Greenwich Time □ западное гринвичское время

Wh watt-hour □ ватт-час, Вт • ч *(3 600 Дж)*

wh white □ белый

WHA Whataroa □ Ватароа *(арбовирус)*

WHML Wellcome Historical Medical Library □ Историческая медицинская библиотека Уэллкома

WHO World Health Organization □ Всемирная организация здравоохранения, ВОЗ *(Женева; занимается вопросами общественного здравоохранения в мире)*

WHO-BRS World Health Organization Basic Radiological System □ система рентгенологической службы ВОЗ

WHO Term, WHO TERM World Health Organization Terminology □ информационная система ВОЗ по вопросам терминологии

whr watt-hour □ ватт-час, Вт • ч *(3 600 Дж)*

WHVP wedged hepatic vein pressure □ давление заклинивания в печёночной вене

WI water ingestion □ потребление воды

WI Wistar-stamm □ штамм Вистара *(вирус, культивированный на диплоидных клетках)*

WIA wounded in action □ ранен в бою

WIAB Wistar Institute of Anatomy and Biology □ Институт анатомии и биологии Вистара

wid 1. widow □ вдова **2.** widower □ вдовец

WIE with immediate effect □ немедленного действия

WIO Wright Institute of Otology □ Институт отиатрии Райта

WIPO World Intellectual Property Organization □ Всемирная организация интеллектуальной собственности, ВОИС

WIS Wechsler Intelligence Scale □ Векслера шкала интеллектуального [умственного] развития; Векслера коэффициент интеллектуальности

WISC Wechsler Intelligence Scale for Children □ адаптированные интеллектуальные детские тесты Векслера; Векслера шкала для определения интеллектуальных способностей у детей

WISCI walking index for spinal cord injury □ индекс ходьбы при спинальной травме

WIT warm ischemia time □ длительность тепловой ишемии

WIT Witwaters-rand □ Уитуотерс-ранд *(арбовирус)*

wk week □ неделя

W/K, wk well-known □ (хорошо) известный; изученный

WK Wernicke – Korsakoff (syndrome) □ Вернике – Корсакова синдром

wk 1. work □ работа **2.** working □ 1. работающий 2. действующий, эксплуатационный

WKC whole killed cells □ цельные [неразрушенные] убитые клетки

W/kg, W • kg⁻¹ watt per kilogram □ ватт на килограмм, Вт/кг, Вт • кг⁻¹

WKT word knowledge test □ *псих.* тест на знание слов

WL, W/L warning light □ сигнальная лампа

WL wave length □ длина волны

WL working level □ рабочий уровень *(напр. радиации)*

WL work load □ рабочая нагрузка

WL medium Wallenstein Laboratory medium □ бактериальная среда Валленштейна

WLN within the limits of normal □ в пределах нормы

W/m², W • m⁻² watt per square meter □ ватт на квадратный метр, Вт/м², Вт • м⁻²

WM Wed Medani □ Бад-Медани *(арбовирус)*

WM white male □ белый мужчина

WM white matter □ белое вещество *(головного мозга)*

WM whole milk □ цельное молоко

WMA World Medical Association □ Всемирная медицинская ассоциация, ВМА

WMD weapon of mass destruction □ оружие массового поражения

WME William's medium E □ среда Уильяма E [*трад.* Вильяма]

WMF white middle-aged female □ белая женщина средних лет

W/m-K, W/(m • K) watt per meter-Kelvin □ ватт на метр-Кельвин *(единица теплопроводности)*, Вт/м • К

WML white matter lesions □ поражения белого вещества головного мозга

WMO World Meteorological Organization □ Всемирная метеорологическая организация, ВМО

WMR work metabolic rate □ скорость метаболизма

WMRG water management research group □ исследовательская группа по вопросам управления водными ресурсами

WMS Wechsler Memory Scale □ шкала памяти Векслера

WMSC Women's Medical Specialists Corps □ женский медицинский специализированный корпус

w/n well-nourished □ упитанный, хорошего питания

WN West Nile □ арбовирус лихорадки Западного Нила

WNF well-nourished female □ упитанная женщина

wng warning □ 1. предупреждение; профилактика 2. оповещение; сигнализация ‖ сигнальный

WNL within normal limits □ в пределах нормы

WNM well-nourished male □ упитанный мужчина

WO wash out □ вымывать

w/o (emulsion) water-in-oil (emulsion) □ «вода в масле» *(эмульсия)*

WO written order □ предписание

WOFAPS World Federation of Associations of Pediatric Surgeons □ Всемирная федерация обществ детских хирургов

WOMAN World Organization of Mothers of All Nations □ Всемирная организация матерей всех наций

WON Wongal □ Вонгал *(арбовирус)*

WORM wriht once, read many times □ *комп.* однократно записанный для многократного считывания

wp, w'proof waterproof □ водонепроницаемый, герметичный; непромокаемый

wp weakly positive □ слабоположительный

WP wet pack □ влажное обёртывание; влажный компресс

WPA World Psychiatric Association □ Всемирная психиатрическая ассоциация, ВПА

wping waterproofing □ 1. герметизация 2. водонепроницаемая упаковка

WPRL Water Pollution Research Laboratory □ лаборатория по исследованию загрязнения воды *(Великобритания)*

WPRS Wittenborn Psychiatric Rating Scale □ Виттенборна психиатрическая шкала

WPW syndrome Wolff – Parkinson – White syndrome □ синдром преждевременного возбуждения желудочков, синдром Вольфа – Паркинсона – Уайта, WPW-синдром

W-QOL Wisconsin Quality of Life Questionnaire □ Висконсинский опросник качества жизни

WR Wasserman reaction □ реакция Вассермана *(на сифилис)*

WR water reserve □ водяные ресурсы

WR weakly reactive □ слабореагирующий

WR weather report □ сводка погоды

WR WHO representative □ представитель ВОЗ

WR work rate □ эффективность работы

wr wrist □ запястье

WRAT Wide Range Achievement Test □ широкий диапазон тестирования способностей

WRC washed red cells □ отмытые эритроциты

WRC water-retention coefficient □ коэффициент задержки воды

WRE whole ragweed extract ☐ экстракт истинной полыннолистной амброзии

W-response whole response ☐ реакция целостного организма

wrk work ☐ работа; действие

wrnt, wt warrant ☐ 1. ордер 2. свидетельство, сертификат; гарантия

WS water-soluble ☐ водорастворимый

WS water supply ☐ водоснабжение

WS water swallow ☐ глоток воды

ws watts second ☐ ватт в секунду, Вт/с, Вт • с⁻¹

WS Weather Station ☐ метеорологическая станция

WS wind speed ☐ скорость ветра; скорость воздушного потока

WS worry scale for older adults ☐ шкала оценки беспокойства (по поводу здоровья, социальных и финансовых вопросов) пожилых пациентов

WSD Water Supply Division EPA ☐ отдел водоснабжения

WSDA World Storage, Documentation and Abstracting Service ☐ Всемирная служба документалистики, регулирования и хранения научно-технической информации

WSL Wesselsbrom ☐ Уэсселсбром (арбовирус)

W/sm² weight/sm² ☐ масса на квадратный сантиметр, масса/см²

WSMS Wyoming State Medical Society ☐ Медицинское общество штата Вайоминг

WSP water sterilization powder ☐ реактив [порошок] для обеззараживания воды

WSP, W Sup water supply ☐ водоснабжение

W/sr, W • sr⁻¹ watt per steradian ☐ ватт на стерадиан, Вт/ср, Вт • ср⁻¹

W Stn Weather Station ☐ метеорологическая станция

Wt total work of breathing ☐ общая работа дыхания за 1 мин

WT watertight ☐ водонепроницаемый, герметичный, герметический

wt weight ☐ масса (тела), вес

wt white ☐ белый

wt wild type ☐ дикий тип

wu warm up ☐ прогревать

W/U, w/u work-up ☐ 1. разрабатывать; отделывать (напр. протез) 2. возбуждать, индуцировать

Wuch Wucheria ☐ род гельминтов Вухерии (поражающих лимфатическую систему с развитием слоновости)

W/V, w/v per cent of weight in volume ☐ в отношении массы к объёму, масса/объём (напр. мг/м³)

Wv mass flow ventilating air ☐ величина [интенсивность] потока вентилируемого воздуха

WV whispered voice ☐ шепчущая речь

W/V wind vector ☐ вектор скорости ветра

WVS Women's Voluntary Service ☐ женская добровольная служба

w/w per cent of weight in weight ☐ в весовом отношении (напр. о растворе, г%, кг%)

WW I(II) World War I(II) ☐ Первая (Вторая) мировая война

WWF World Wildlife Fund ☐ Всемирный фонд дикой природы

WWW, www world wide web ☐ Всемирная паутина (глобальная компьютерная сеть Интернет)

WxP wax pattern ☐ восковая модель

Wy Wyllie ☐ линия инбредных мышей Уайлли

X

X *усл.* икс-единица, икс-ед.

X *усл.* неизвестное *(1. количество, соединение, напр. об аминокислоте 2. некто, нечто)*

X axis (of cylindrical lens) □ *усл.* ось *(цилиндрических стёкол)*

X cross □ *усл.* 1. крест; *анат.* крестообразная структура 2. поперечный срез

X decimal scale of potencies □ *усл.* гомеопатический символ для обозначения десятичной шкалы «потенций»

x descent in the venous pulse occurring after the A wave □ *усл.* нисходящее колено венозной пульсовой волны A

X, x experimental □ *усл.* пробный; экспериментальный, исследуемый

X extra □ *усл.* 1. добавочный, дополнительный, особый 2. высшего качества 3. особо, особенно, дополнительно

x haploid generation □ *усл.* гаплоидный набор хромосом

2x diploid generation □ *усл.* диплоидный набор хромосом

X ionization exposure (coulombs per kilogram) □ *усл.* экспозиционная доза рентгеновского и гамма-излучений *(кулон на килограмм, Кл/кг, Кл • кг⁻¹)*

X magnification □ *усл.* увеличение

X mean mathematics □ *усл.* средняя математическая *(величина)*

X₂ a Proteus antigen that reacts with the serum in tickborne typhus □ *усл.* антиген вульгарного протея, дающий агглютинацию с сывороткой больного клещевой лихорадкой *(диагностикум)*

X removal □ *усл.* удаление

X research □ *усл.* 1. исследование; научно-исследовательская работа 2. экспериментальный; поисковый

X respiration, anesthesia chart □ *усл.* дыхание *(обозначение на анестезиологической карте)*

X sex chromosome □ *усл.* Х-хромосома *(в паре обусловливает развитие женского пола, XX)*

X space axis □ *усл.* пространственная ось координат X

X start of anesthesia □ *усл.* введение [индукция] в наркоз

X time □ *фарм.* кратность назначения *(напр. 2 раза в сутки)*

X xanthosine □ ксантозин

X xenon □ ксенон

X₁₉ *усл.* бацилла Вейля – Феликса

Xa chiasma □ хиазма; перекрёст *(напр. зрительных нервов)*

Xan xanthine □ ксантин

Xao xanthosine □ ксантозин

Xb bacillus X □ *усл.* бацилла X

X-cell иммунокомпетентная некоммитированная клетка

xch, xchg exchange □ обмен

xcit excitation □ возбуждение

xclv exclusive □ исключительный

xcvr transreceiver □ приёмопередатчик

X-d X-dimension □ в направлении оси X; по абсциссе

XDH xanthine dehydrogenase □ ксантиндегидрогеназа

XDP xeroderma pigmentosum □ пигментная ксеродермия

Xe xenon □ ксенон

x factor heme □ гем

xid x-linked immunodeficiency □ x-сцепленный [сцепленный с полом] иммунодефицит

x-ing radiography □ 1. радиография 2. рентгенография

XK a Proteus antigen that reacts with the serum in scrub typhus □ антиген вульгарного протея OX₁₉ *(дающий агглютинацию с сывороткой больного сыпным тифом)*

XL excess lactate □ избыток лактатов

XL extra large □ очень большой *(размер одежды)*

XLD xylolysindeoxycholate agar □ ксилолизиндезоксихолатный агар

Xld-1 xylose dehydrogenase-1 □ ксилозодегидрогеназа-1

XLHED X-linked recessive hypohydrotic ectodermal dysplasia □ сцепленная с Х-хромосомой рецессивная гипогидротическая эктодермальная дисплазия

XLP X-linked lymphoproliferative syndrome □ Х-сцепленный [сцепленный с полом] лимфопролиферативный синдром

XLRP X-linked retinitis pigmentosa □ Х-наследуемый пигментозный ретинит

XLSA X-linked sideroblastic anemia □ Х-наследуемая сидеробластная анемия

XM crossmatch □ 1. перекрёстный контроль, перекрёстное определение *(напр. групп крови)* 2. прямое определение совместимости донора и реципиента

X-matching cross matching □ перекрёстное определение *(напр. групп крови)*

xmit transmitter □ 1. (нейро)трансмиттер 2. передатчик; преобразователь; датчик

XMM xeromammography □ ксеромаммография

XMP xanthosine monophosphate □ ксантозинмонофосфат

XO presence of only one sex chromosome □ синдром Тернера *(наследственное заболевание, характеризующееся наличием одной половой хромосомы)*

XO xanthine oxidase □ ксантиноксидаза

XP xeroderma pigmentosum □ пигментная ксеродермия

xpl explanation □ пояснение, объяснение

XR, xr, X-ray roentgen ray □ 1. рентгеновские [рентгеновы] лучи 2. рентгенодиагностика 3. рентгенография || проводить рентгенологическое исследование

XRD X-ray diffraction □ дифракция рентгеновских лучей; рентгенография

XRP X-ray pattern □ рентгенограмма

XRT X-ray therapy □ рентгенотерапия

XS cross section □ поперечное сечение

xs excess □ избыток *(напр. оснований)*

XSect, xsect cross section □ поперечное сечение; срез

XStr extra strong □ особо прочный

X-substance раково-эмбриональный х-антиген (Дарси)

Xta chiasmata □ хиазма; перекрёст *(напр. зрительных нервов)*

X² table хи-квадрат, критерий Пирсона

xtrm extreme □ 1. крайний 2. чрезвычайный; экстремальный

XU excretory urogram □ экскреторная урограмма

XU X-unit □ X-единица (*единица длины волны 10^{-10} мм*)

xvers transverse □ поперечный

xw without warrants □ без гарантии

XX sex chromosomes of normal female □ половые хромосомы женщины или женской особи (*нормальный женский кариотип*)

XXY syndrome Klinefelter's syndrome □ синдром Клайнфельтера, XXY-синдром

XX(XY) syndrome синдром трисомии аутосомы 21 (*кариотип с двумя дополнительными X-хромосомами, типичный для синдрома или болезни Дауна*)

XY sex chromosomes of normal male □ половые хромосомы мужчины или мужской особи (*нормальный мужской кариотип*)

Xyl xylose □ ксилоза

XYY syndrome синдром Y-дисомии (*организм мужского пола с дополнительной Y-хромосомой, характеризующийся несколько высоким ростом и некоторым отклонением в поведении*)

Y

Y *усл.* линия лабораторных животных, разводимых в НИИ лаборатории экспериментально-биологических моделей РАМН

y *усл.* операция проведена после других методов лечения (*в Международной классификации злокачественных опухолей по системе TNM*)

Y *усл.* при кодировании заболеваний означает неполный диагноз

Y *усл.* Y-хромосома, обусловливающая в сочетании с X-хромосомой развитие мужского пола, XY

Y *усл.* функция насыщения

y, yd yard □ ярд *(0,914 м)*

Y year □ год

Y Yersinia □ йерсинии *(род бактерий)*

Y yield □ выход; производительность

y young □ 1. относящийся к детям или детёнышам (*животных*) 2. молодой, юный; младший *(напр. возраст)*

Y Yttrium □ иттрий

⁹⁰Y radioactive Yttrium □ радиоактивный иттрий

YAC yest artificial chromosomes □ искусственные хромосомы дрожжей (*используются в качестве векторов для клонирования ДНК высших эукариот и, в частности, для получения геномных библиотек*)

YADH yeast alcohol dehydrogenase □ дрожжевая алкогольдегидрогеназа

YAG yttrium-aluminum-garnet-erbium laser □ иттрий-алюминиево-гранатово-эрбиевый лазер

YAN Yanjam □ Ганджам *(арбовирус)*

YB yearbook □ ежегодник

Yb Ytterbium □ иттербий

Y bacillus дизентерийная палочка

Y-BOCS Yale – Brown Obsessive Compulsive Scale □ шкала Йеле – Брауна для определения выраженности обсессивно-компульсивных симптомов [навязчивостей]

YBSLS Yearbook of Scientific and Learned Societies □ Ежегодный справочник научных и учебных обществ

Y-cell иммунокомпетентная коммитированная клетка

yd yard □ ярд *(0,914 м)*

Y-d Y-dimension □ в направлении оси Y, по ординате Y

YE yellow enzyme □ жёлтый фермент

Ye Yersinia enterocolitica □ йерсиния кишечная (*возбудитель йерсиниоза*)

YER Yermiston □ Джермистон *(арбовирус)*

YET Yetah □ Гета *(арбовирус)*

YF yellow fever □ 1. жёлтая лихорадка, амариллёз 2. арбовирус жёлтой лихорадки

YLA yeast lysate antigen □ антиген дрожжевого лизата

YMRS young mania rating scale □ шкала раннего выявления мании

Y/O, y/o years old □ о возрасте *(столько-то лет)*

YOB year of birth □ год рождения

YOD 1. year of death □ год смерти 2. years of discretion □ возраст, с которого человек несёт ответственность за поступки (*в Англии с 14 лет*)

YOM year of marriage □ год вступления в брак

yr year □ год

YS, ys yellow spot □ жёлтое пятно *(сетчатки глаза)*

YS yolk sac □ желточный мешок

YSSP Young Scientists' Program □ Международная школа молодых учёных

Z

Z *усл.* телофрагма, линия [полоска] Т *(тонкая перегородка, пересекающая в поперечном направлении изотропный диск миофибриллы)*

Z atomic number □ *усл.* атомный номер; заряд ядра атома, число протонов *(в нуклиде)*

Z glutamine and glutamic acid □ глутамин и глутаминовая кислота

Z impedance □ *усл.* импеданс, полное сопротивление

Z *sl.* унция наркотика

Z, z zero □ нуль

Z zone □ пояс; зона; область

Z$_{ac}$ zone of acute effect □ зона острого действия *(яда)*

Z$_{b\ ef}$ zone of biological effect □ зона биологического действия *(яда)*

Z$_{ch}$ zone of chronic effect □ зона хронического действия *(яда)*

Z$_{sp}$ zone of specific effect □ зона специфического [избирательного] действия *(яда)*

Z$_{t\ ef}$ zone of one time effect □ зона однократного воздействия *(яда)*

Z zoogenic □ зоогенный; вызванный животным; животного происхождения

Z *нем.* Zuckung □ contraction □ сокращение

Z zymosan □ зимозан

Zap-1 leucine aminopeptidase-1 □ лейцин-амимопептидаза-1

ZARS zymosan-activated rabbit serum □ активированная зимозаном кроличья сыворотка

ZAS zymosan-activated serum □ активированная зимозаном сыворотка

Z.b.ef. zone of biological effect □ зона биологического действия

Z-cell иммунокомпетентная плазматическая клетка, продуцирующая антитела

Z/D zero defects □ отсутствие дефекта ‖ бездефектный

ZE Zollinger – Ellinson syndrome □ *см.* **ZES**

ZEEP zero and expiratory pressure □ нулевое давление в конце выдоха

ZEG Zegla □ Зегла *(арбовирус)*

ZEG zero economic growth □ нулевой прирост экономических показателей

ZES Zollinger – Ellison syndrome □ синдром Золлингера – Эллисона, ульцерогенная аденома поджелудочной железы, гастринома

ZF *лат.* zona fasciculate □ пучковая зона *(коры надпочечников)*

ZG *лат.* zona glomerulosa □ клубочковая зона *(коры надпочечников)*

ZG zymogen granules □ гранулы зимогена

ZIFT Zigote Intra-Fallopian Transfer □ перенос зиготы в трубу

ZIG, Z/G zoster immimoglobulin □ антигерпетический иммуноглобулин

ZIPP zones of inhibited phage plaques □ зоны ингибирования размножения фага, зоны ингибирования реакции нейтрализации вируса

ZM cell membrane □ клеточная мембрана

ZN Ziehl – Neelsen □ *микр.* окраска по Цилю – Нильсену *(кислотоустойчивых бактерий)*

Zn zinc □ цинк ‖ цинковый, оцинкованный

zn zone □ зона; область; регион

^{65}ZnDTPA radioactive zinc-diethylenetriamine pentacetate □ радиоактивный цинкдиэтилентриаминпентацетат

ZOE zone of one time effect □ зона однократного действия

Zoochem zoochemistry ‖ zoochemic(al) □ зоохимия ‖ зоохимический

Zoogeog. zoogeography ‖ zoogeographic(al) □ зоогеография ‖ зоогеографический

zool zoologist □ зоолог

Zool zoology □ зоология

ZPG zero population growth □ нулевой прирост населения

Z potential Z-потенциал *(различие потенциалов между сосудистой стенкой и белками плазмы крови)*

Zr Zirconium □ цирконий

^{91}Zr radioactive zirconium □ радиоактивный изотоп циркония

ZR *лат.* zona reticularis □ сетчатая зона *(коры надпочечников)*

ZS Zoological Society □ зоологическое общество

ZSL Zoological Society, London □ Зоологическое общество Лондона

ZSR zeta sedimentation rate □ зета-потенциал осаждения

ZST Zone Standard Time □ поясное стандартное время

ZT Zone Time □ поясное время

Zw cell wall □ оболочка клетки, клеточная оболочка

Zy Zygion □ зигион *(наиболее выступающая кнаружи точка скуловой дуги)*

ZZ генотип дефицита а-антитрипсина

Zz *лат.* zingiber □ ginger □ *фарм.* имбирь; корневище имбиря

Z, Z', Z" increasing degrees of contraction □ степень увеличения сокращения

МЕДИЦИНСКАЯ ЭТИМОЛОГИЯ ▯ MEDICAL ETYMOLOGY

A

a- (*гр.* a- приставка, означающая отрицание) относящийся к отрицательному значению или потере функции. В рус. яз. *-а-, не-*:
abarognosis абарогнозия;
achromous 1. непигментированный **2.** ахроматический, бесцветный;
avirulent авирулентный, невирулентный.

ab- (*гр.* предлог и приставка ab со значением от, из) относящийся к 1) отсутствию, отрицанию, противоположному значению; 2) удалению, расположению вне органа. В рус. яз. *аб-, а-, вне-*:
abarticular 1. внесуставной **2.** вывихнутый;
abnormal аномальный, атипичный, не соответствующий норме;
abenteric внекишечный.

abdomin-o- (*лат.* abdomen живот, брюшная полость) относящийся к брюшной полости, животу. Син. celi-o-, lapar-o-. В рус. яз. *абдомин-о-, лапар-о-, цел-о-*:
abdominalgia абдоминалгия *(боль в животе)*;
abdominocentesis лапароцентез;
abdominoperineal брюшно-промежностный.

acanth-o- (*гр.* akanta шип) относящийся к шиповидным структурам. В рус. яз. *акант-*:
acantha остистый отросток позвонка;
acantholysis акантолиз;
acanthosis акантоз.

acar-i- (*гр.* akari клещ) относящийся к клещам. В рус. яз. *акар-*:
acariasis акариаз, акародерматит;
acaricide акарицид;
acarophobia акарофобия, скабиофобия.

acet-i- (*лат.* acetum уксус) относящийся к уксусной кислоте или ацетиловой группе. В рус. яз. *ацет-*:
acetat ацетат *(соль уксусной кислоты)*;
acetification ацетификация, образование уксуса;
acetosoluble растворимый в уксусной кислоте.

acid- (*лат.* acidus кислый) относящийся к кислоте. В рус. яз. *ацид-о-, кисл(от)-о-*:
acidemia ацидемия;
acidogenic кислотопродуцирующий;
acidproof, acid-resistant кислотоустойчивый.

-ac(o)u- (*гр.* akuo слышать, akusis слух; лат. acus игла) относящийся к 1) слуху. (син. audio-); 2) к игле. В рус. яз. *ако-, аку-*:
acousma акоазмы, слуховые галлюцинации;
acupuncture акупунктура, иглоукалывание;
dysacusis дизакузия *(расстройство слуха)*.

-acr-o- (гр. akron край, конечность) относящийся к 1) конечностям, дистальным отделам тела; 2) высоте. В рус. яз. *акр-о-*:
acroanesthesia акроанестезия;
acromicria акромикрия;
acrophobia акрофобия.

-actin-o- (*гр.* aktis луч) относящийся к 1) любой форме лучистой энергии, свету, лучам; 2) лучистой форме предмета. В рус. яз. *актино-*:
actinometer актинометр;
actinomycosis актиномикоз;
actinoneuritis актиноневрит *(лучевой [радиационный] неврит)*.

-active (*лат.* activus действенный, деятельный) указывает на активность в отношении чего-либо, тропность, сродство к какому-либо веществу или органу. В рус. яз. *-активный, -тропный*:
cardioactive кардиотонический, стимулирующий работу сердца;
radioactive радиоактивный;
vasoactive вазоактивный, влияющий на сосуды.

acu- (*лат.* acus игла) относящийся к чему-либо 1) острому; 2) острому колющему предмету; его действию. В рус. яз. *аку-, игл-о-*:
aculosure прошивание кровоточащего участка;
acupuncture акупунктура, иглоукалывание;
acusector электронож в виде иглы.

ad- (*лат.* предлог и приставка ad со значением к, при) относящийся к 1) пристрастию, тяге к чему-либо; 2) расположению около чего-либо, движению к чему-либо. В рус. яз. *ад-*:
addiction патологическое пристрастие к какому-либо веществу или деятельности;
adoral адоральный;
adrectal параректальный, прилегающий к прямой кишке.

-ad (*лат.* предлог и приставка ad со значением к, при) употребляется в анатомии со значением направления к чему-либо.
basilad по направлению к основанию;
cephalad идущий, направленный к голове;
distad по направлению к периферии, дистальному концу.

-aden-o- (*гр.* aden железа) относящийся к 1) железе; 2) лимфатическому узлу. В рус. яз. *аден-о-*:
adenocyst(oma) цистаденома;
adenopathy аденопатия;
dacryadenitis дакриоаденит *(воспаление слёзной железы)*.

-adip-o- (*лат.* adeps, adipis жир) относящийся к жиру, жировой клетчатке, ожирению. Син. lip-o-. В рус. яз. *адип-о-, стеат-о-, себо-*:
adipectomy удаление жировой ткани;
adipopexia отложение [накопление] жира;
hyperadiposity избыточная полнота, ожирение.

-adren(al)-o- (*лат.* adrenalis надпочечный, от ad- при + ren почка) относящийся к надпочечнику. В рус. яз. *адрен(ал)-о-*:
adrenalectomy адреналэктомия *(удаление надпочечника)*;
adrenocortical адренокортикальный, относящийся к коре надпочечника;
hyperadrenalcorticalism гиперкортицизм.

-aemia (*гр.* haima кровь) относящийся к специфическому биохимическому составу крови. В рус. яз. *-емия*:
hyperglycaemia гипергликемия;
hypernatremia гипернатриемия.

aer-o- (*гр.* aer воздух) относящийся к воздуху, газу. В рус. яз. *аэр-о-, воздух-о-*:

aeriferous воздухоносный;

aeroembolism аэроэмболия, воздушная (газовая) эмболия;

hemataerometer прибор для измерения газов крови.

after- (*англ.* after после, за) относящийся к 1) расположению после, за чем-либо (*во времени или в пространстве*); 2) вторичному характеру:

afterbrain задний мозг;

aftercataract вторичная катаракта;

aftertreatment 1. последующее лечение, долечивание 2. реабилитация.

-agogue (*гр.* agogos приводящий к) указывает на средство, усиливающее действие чего-либо. В рус. яз. *-агог*:

copragogue слабительное;

dacryagogue дакриагог;

uragogue урагог, мочегонное средство.

-agra (*гр.* agra добыча, трофеи, приступ боли) относящийся к приступу острой боли. Син. -algia, -dynia. В рус. яз. *-агра*:

podagra подагра.

alb- (*лат.* albus белый) относящийся к белому цвету. В рус. яз. *альб-*:

albication побеление, приобретение белой окраски;

albinism альбинизм;

albinuria альбинурия (*белое окрашивание мочи*).

-albumin-o- (*лат.* albumen белок) относящийся к белку (*альбумину*). В рус. яз. *альбумин-о-*:

albuminiferous 1. содержащий белок 2. образующий белок;

albuminolysis альбуминолиз, протеолиз;

albuminuria альбуминурия, протеинурия.

alcohol- (*арабск.* al-kohl нечто тонкое) относящийся к спирту, этиловому спирту, алкоголю. В рус. яз. *алкогол-, спирт-о-*:

alcoholemia наличие алкоголя в крови;

alcoholometer спиртомер;

alcoholysis алкоголиз, спиртовой гидролиз.

-alg(es)-i/o- (*гр.* algos боль) относящийся к боли. Син. -agra, -dynia. В рус. яз. *-алгия*:

algesimeter алгезиметр;

alginuresis болезненное мочеиспускание;

arthralgia артралгия, боль в суставе.

alkal-i- (*арабск.* al-quali щёлочь) относящийся к щёлочи, щелочной соли. Син. баз-о-. В рус. яз. *алкал-*:

alkalemia, alkalosis алкалоз;

alkalotherapy алкалотерапия (*лечение растворами щелочей*);

superalkalinity повышенная щёлочность.

allerg-i/o- (*гр.* allos другой + ergon действие) относящийся к аллергии. В рус. яз. *аллерг-и/о-*:

allergen аллерген;

allergodermia аллергический дерматит;

allergometry аллергометрия (*количественная оценка выраженности аллергической реакции*).

-all-o- (*гр.* allos другой) указывает на другой вариант, отличный от нормального или обычного. В рус. яз. *алло-*:

allogenic аллогенный;

alloplasty аллопластика;

allotopia аллотопия, дистопия.

alve(ol)-o- (*лат.* alveus полость, впадина, пустой мешок) относящийся к альвеоле, ямке, ячейке, альвеолярному отростку. В рус. яз. *альве(ол)-о-*:

alveolitis альвеолит;

alveolectomy альвеолэктомия;

alveoloclasia резорбция кости альвеолы зуба.

amb-i/o- (*лат.* ambo оба) относящийся к двум сторонам. Син. amph-i-/-o-. В рус. яз. *амб-о-, дву(х)-*:

ambidexter амбидекстер (*владеющий одинаково свободно обеими руками*);

ambilateral двусторонний;

ambivalence 1. хим. амбивалентность, двухвалентность 2. псих. склонность к резко противоположным эмоциям.

ambly-o- (*гр.* amblys слабый) относящийся к слабости, нарушению функции. В рус. яз. *амбли-о-*:

amblyacousia ослабление слуха, тугоухость;

amblyopia амблиопия;

amblyoscope амблиоскоп.

ameb-i/o- (*гр.* amoibe изменение) относящийся к амёбе. В рус. яз. *амёб-о-*:

amebiasis амебиаз, амёбная дизентерия;

amebicide амебицид (*средство, убивающее амёб*);

amebiform амёбоподобный.

amel-o- (*старофр.* amel эмаль) относящийся к зубной эмали. В рус. яз. *амел-о-, эмал-е-*:

ameloblastoma амелобластома;

amelodentinal эмалево-дентинный;

amelogenesis амелогенез.

amid-o- (*новолат.* ammonia аммиак +суфф. -in-) указывает на наличие амидного производного R-CO-NH или R-SO$_2$-NH. В рус. яз. *амид-о-*:

amidopyrin амидопирин;

amido-aso-compound амидоазосоединение;

amidogen радикал NH$_2$ в аминогруппах.

-amin-o- (*новолат.* ammonia аммиак + суфф. -in-) указывает на наличие аминогруппы -NH$_2$. В рус. яз. *амин-о-*:

aminuria аминурия;

aminogenesis аминогенез;

paraaminobensoic парааминобензойный.

ammon-i-/-o- (*лат.* ammonium аммоний) указывает на содержание аммиака или аммония. В рус. яз. *аммон-и-/-о-*:

ammoniemia гипераммониемия;

ammoniogenesis аммониогенез (*образование аммония*).

amni-o- (*гр.* amnion водная оболочка) относящийся к амниону (*водной оболочке плода*), амниотической жидкости. В рус. яз. *амнио-*:

amnionitis амнионит (*воспаление амниона*);

amniorrhea амниорея (*излитие [отхождение] околоплодных вод*);

amniotomy амниотомия.

amph-i/o- (*гр.* ampho/amphi оба, двусторонний) относящийся к двум сторонам. Син. amb-i/o-. В рус. яз. *двояк-о-, дву(х)-, амф-и/о-*:

amphicelous двояковогнутый;

amphibolic двусмысленный, неопределённый;

amphoteric 1. амфотерный 2. двусторонний, двойственный.

amygdal-o- (*лат.* amygdala миндалина, от гр. amygdale миндаль) относящийся к миндалине. Син. тонзилл-о-. В рус. яз. *миндал-, тонзилл-*:

amygdalectomy тонзиллэктомия;

amygdalitis тонзиллит;

amygdalopathy болезнь миндалин.

amyl-(oid)-o- (*гр.* amylon крахмал) относящийся к крахмалу, амилоиду. В рус. яз. *амил(оид)-о-*:

amylodyspepsia неспособность к перевариванию крахмалсодержащей пищи;

amyloidosis амилоидоз;

amylolysis амилолизис (*расщепление крахмала*).

an- (*гр.* приставка an- со значением отрицания, отсутствия) указывает на отсутствие или недостаточность чего-либо. В рус. яз. *ан-, а-*:

anodontia адентия, аноdonтия;

anosmia аносмия (*отсутствие обоняния*);

anoxia аноксия, гипоксия (*кислородное голодание*).

andr-o- (*гр.* aner, andros мужчина) относящийся к мужскому полу. В рус. яз. *андр-о-, муж-*:

andromorphous мужеподобный;

andrology андрология;

androgen андроген.

-anesth-e- (*гр.* an отсутствие + aisthesis чувствительность) указывает на отношение к 1) отсутствию чувствительности; 2) обезболиванию. В рус. яз. *-анестези-о-*:

anesthekinesia паралич в сочетании с потерей чувствительности;

anesthesiologist анестезиолог;

postanesthetic посленаркозный.

-angi-o- (*гр.* angeion сосуд) относящийся к кровеносному или лимфатическому сосуду. Син. vascul-o-, vas-o-, lymph-. В рус. яз. *-анги-о-*:

angioclast кровоостанавливающий зажим;

angiogenesis ангиогенез;

angiospasm ангиоспазм (*повышение тонуса сосудов*).

anhydr-o- (*гр.* an отсутствие + hydro вода) относящийся к отсутствию воды, уменьшению её количества. В рус. яз. *ангидр-о-*:

anhydration обезвоживание, дегидратация;

anhydride ангидрид;

anhydrosis ангидроз (*отсутствие потоотделения*).

anis-o- (*гр.* anisos неравный) относящийся к неравному, несимметричному соотношению. В рус. яз. *аниз-о-*:

anisocoria анизокория;

anisomastia анизомастия (*асимметричность грудных желёз*);

anisodactyly анизодактилия.

ankyl-o- (*гр.* ankilosis сращение, отсутствие подвижности) указывает на сращение, неподвижность. В рус. яз. *анкил-о-*:

ankylocolpos сращение стенок влагалища, атрезия влагалища;

ankylosis анкилоз;

ankylotia анкилотия.

ant(i)- (*гр.* приставка anti со значением против) указывает на противодействие чему-либо. В рус. яз. *анти-, противо-*:

antacid антацид;

antibacterial антибактериальный;

anticarious противокариозный, препятствующий развитию кариеса.

ante- (*лат.* ante до) указывает на предшествование во времени или пространстве. В рус. яз. *анте-, пред-*:

antecubital находящийся кпереди от локтевого сустава;

antevesical (hernia) предпузырная (*грыжа*);

antehypophysis аденогипофиз (*передняя доля гипофиза*);

anteversion 1. смещение (*органа*) кпереди 2. антеверсия матки.

-anter(i)-o- (*лат.* anterior перед) указывает на расположение перед чем-либо, впереди. В рус. яз. *передне-*:

anteriors передняя группа зубов (*резцы и клыки*);

anteroposterior переднезадний;

anteroclusion прогения.

-anthrop-o- (*гр.* anthropos человек) относящийся к человеку. В рус. яз. *человек-о-, антроп-о-*:

anthropogenic антропогенный;

anthropoid антропоид, человекообразная обезьяна;

anthropophagy каннибализм, людоедство.

antr-o- (*гр.* atron полость) относящийся к полости, пазухе. В рус. яз. *антр-о-*:

antrocele антроцеле;

antrodynia боль в околоносовых пазухах;

antrotomy антротомия.

-aort-o- (*гр.* aorte аорта) относящийся к аорте. В рус. яз. *-аорт-о-*:

aortography аортография;

endaortitis эндаортит;

preaortic преаортальный, расположенный кпереди от аорты.

api(c)-o- (*лат.* арех верхушка) указывает на положение вверху, на верхушке. В рус. яз. *апик-о-*:

apicitis околоверхушечный периодонтит;

apiectomy апикэктомия;

apicolysis апиколиз.

apo- (*гр.* предлог и приставка apo со значением без, из) указывает на прекращение действия, отрицание, удаление чего-либо. В рус. яз. *апо-*:

apobiosis 1. смерть 2. некроз, омертвение;

apoplasmia уменьшение объема циркулирующей плазмы;

apoptosis апоптоз.

append(ic)-o- (*лат.* appendix придаток) относящийся к 1) червеобразному отростку; 2) отростку, придатку. В рус. яз. *аппенд-*:

appendagitis 1. воспаление придатка 2. воспаление жирового привеска;

appendectomy аппендэктомия;

appendicitis аппендицит.

aqu-e/o- (*лат.* aqua вода) относящийся к воде. Син. hydr-o-. В рус. яз. *вод-о-*:

aqueduct канал, проток, водопровод;

aquosity водянистость.

arachn-o- (*гр.* arachne паук) относящийся к 1) паутинной оболочке; 2) паукам. В рус. яз. *арахн-о-*:

arachnodactylia арахнодактилия, долихостеномелия;

arachnoid паутинная оболочка ‖ паутинообразный;

arachnoiditis арахноидит.

arch(e)-/-i-/-o- (*гр.* arche происхождение, начало) указывает на 1) примитивность, первичность; 2) отношение к прямой кишке или анусу (син. proct-o-, rect-o).

archenteron архэнтерон (*первичная кишка*);

archocystosyrinx пузырно-прямокишечный свищ;

archorrhea жидкие выделения из прямой кишки.

argent-o-, argyr-o- (*лат.* argentum серебро) относящийся к серебру. В рус. яз. *аргент-о-, аргир-о-*:

argentaffinoma аргентаффинома, карциноид;

argyrophil аргирофильный;

argyrosiderosis пневмокониоз, вызываемый железом в смеси с серебром.

arsen-i- (*гр.* arsenikon мышьяк) относящийся к мышьяку. В рус. яз. *арсен-о-, мышьяк-о-*:

arseniasis, arsenicalism хроническое отравление мышьяком;

arsenic-fast мышьякрезистентный, устойчивый к препаратам мышьяка;

arsenization арсенотерапия (*лечение препаратами мышьяка*).

arteri-o- (*гр.* arteria артерия) относящийся к артерии. В рус. яз. *артери-о-*:

arteriolosclerosis артериолосклероз;

arteriorrhaphy артериальный шов;

arteritis артериит (*воспаление артерий*).

-arthr-o- (*гр.* arthron сустав) относящийся к суставу. В рус. яз. *артр-о-*:

arthritis артрит (*воспаление сустава*);

arthrocentesis артроцентез (*пункция сустава*);

arthrotomy артротомия (*вскрытие полости сустава*).

-ase (*лат.* суффикс) относящийся к ферменту. В рус. яз. *-аза*:

amylase амилаза;

catalase каталаза;

oxidase оксидаза.

-asthen- (*гр.* astheneia бессилие, слабость) относящийся к слабости, снижению тонуса. В рус. яз. *астен-*:

angiasthenia ломкость [хрупкость] сосудов;

antasthenic укрепляющее средство;

neurasthenia неврастения.

astr-o- (*гр.* astron звезда) относящийся к звезде, звёздчатой форме. В рус. яз. *астр-о-*:

astrocyte астроцит;

astrocytoma астроцитома;

astrophobia астрофобия.

-ate (*лат.* суффикс) относящийся к соли какой-либо кислоты. В рус. яз. *-ат*:

acetate ацетат;

carbonate карбонат;

oxalate оксалат.

atel-o- (*гр.* ateles несовершившийся, неполный) относящийся к недостаточности, дефекту, неполноте. В рус. яз. *ател-о-*:

atelectasis ателектаз;

ateleiosis гипофизарная карликовость;

atelomyelia ателомиелия.

ather-o- (*гр.* athere каша) указывает на отложение кашицеподобного мягкого вещества, атеросклеротическую бляшку. В рус. яз. *атер-о-*:

atheroma 1. атерома **2.** атеросклеротическая бляшка;

atherosclerosis атеросклероз;

atherogenic атерогенный.

atm-o- (*гр.* atmos пар) относящийся к воздуху, пару. В рус. яз. *атм-о-*:

atmograph пневмограф;

atmospheric атмосферный;

atmotherapy аэрозольтерапия.

-atrics/-atry (*гр.* iatrike терапия, лечение) относящийся к лечению. Син. -therapy, -iatrics. В рус. яз. *-атрия, -терапия*:

atmiatrics аэрозольтерапия;

otiatrics отиатрия;

podiatry лечение заболеваний стоп.

atri-o- (*лат.* atrium преддверие, предсердие) относящийся к предсердию. В рус. яз. *атри-о-*:

atriomegaly атриомегалия (*увеличение предсердия*);

atrioseptopexy атриосептопексия;

atrioventricular атриовентрикулярный, предсердно-желудочковый.

-atroph-o- (*гр.* atrophia отсутствие питания, увядание) относящийся к атрофии, нарушенному питанию ткани или органа. В рус. яз. *-атрофия, атроф-о-*:

encephalatrophy атрофия головного мозга;

hemiatrophy гемиатрофия.

audi-o- (*лат.* audio слышать) относящийся к слуху. Син. -ас(о)u-. В рус. яз. *ауди-о-*:

audiogramm аудиограмма;

audiology аудиология;

audiometer аудиометр.

-aur(icul)-o- (*лат.* auris ухо) относящийся к уху, ушку. В рус. яз. *аурикул-о-*:

aurilave аппарат для промывания уха;

auriscope отоскоп, ушное зеркало;

retroauricular ретроаурикулярный, позадиушной.

-aut-o- (*гр.* autos сам) относящийся к себе самому, самостоятельное действие. В рус. яз. *сам-о-, аут-о-*:

autodigestion самопереваривание;

autolysis аутолиз, саморастворение, самопереваривание;

heteroautoplasty гетероаутопластика.

aux(an)-o- (*гр.* auxano увеличивать) относящийся к росту, увеличению чего-либо. В рус. яз. *аукс(ан)-о-*:

auxanometer прибор для изучения роста микроорганизмов;

auxesis 1. увеличение размера или массы **2.** гипертрофия;

auxocardia 1. диастола сердца **2.** дилатация сердца.

azot-o- (*гр.* ázōos безжизненный) указывает на наличие азота. В рус. яз. *азот-*:

azotemia гиперазотемия;

azotorrhea азоторея;

azoturia гиперазотурия.

B

-bacill-o- (*лат.* bacillus палочка) относящийся к 1) бактериям; 2) бациллам. В рус. яз. *бацилл-о-, бактери-о-*:
bacillemia бактериемия;
bacillicidal бактерицидный, убивающий бактерий;
bacilluria бактериурия, бациллурия.

back- (*англ.* back спина, задняя часть, движение назад) относящийся к 1) спине, спинке; 2) движению назад.
backache боль в спине;
backbone позвоночник;
backcross обратное [возвратное] скрещивание.

bacteri-o- (*гр.* bactron палка) относящийся к бактериям, микроорганизмам. В рус. яз. *бактери-о-, микробио-*:
bacteriogenic бактериогенный, вызванный бактериями, бактериального происхождения;
bacteriologist бактериолог, микробиолог;
bacterioscopy бактериоскопия (*выявление бактерий при помощи микроскопа*).

balan-o- (*гр.* balanos желудь) относящийся к головке полового члена. В рус. яз. *балан-о-*:
balanitis баланит;
balanoblennorrhea баланобленнорея;
balanoplasty баланопластика.

-bar-o- (*гр.* baros вес) относящийся к весу, давлению. В рус. яз. *бар-о-*:
barognosis барогнозия;
dysbarism 1. баротравма **2.** декомпрессионная болезнь;
pedobarometer детские весы.

bary-o- (*гр.* barys тяжёлый) указывает на тяжесть, затруднение чего-либо. В рус. яз. *бари-*:
baryencephalia деменция, слабоумие;
baryglossia барилалия (*неразборчивое произнесение слов*);
baryphonia глубокий низкий голос.

bas- (*гр.* basis основа) относящийся к 1) основанию, основе, нижней части; 2) ходьбе. В рус. яз. *баз-*:
basiotic относящийся к основанию уха;
basophilic базофильный;
dysbasia дисбазия (*расстройство ходьбы*).

bath-y- (*гр.* bathys глубокий) относящийся к глубине, смещению вниз. В рус. яз. *бат-и-*:
bathyanesthesia батианестезия;
bathygastry гастроптоз (*опущение желудка*);
bathypnea батипноэ (*глубокое дыхание*).

bed- (*англ.* bed кровать) относящийся к кровати, постели.
bedfast прикованный к постели, лежачий больной;
bedsore пролежень;
bedspace коечный фонд (*в больнице*).

benz- (benzene бензол) указывает на наличие бензола, C_6H_6. В рус. яз. *бенз-*:
benzaldehyde бензальдегид;
benzolism отравление бензолом.

bi-, bin-, bis- (*лат.* bi два) указывает на число два, удвоение. Син. di-. В рус. яз. *би-, бин-, бис-, дву-*:
bifurcation бифуркация (*раздвоение*);
bilateral билатеральный, двусторонний, относящийся к двум сторонам;
binotic бинауральный.

bil-i- (*лат.* bilis жёлчь) относящийся к жёлчи. Син. chol-e-. В рус. яз. *били-*:
bilicyanin билицианин, жёлчный синий пигмент;
biligenesis жёлчеобразование, жёлчеотделение;
bilitherapy билитерапия (*лечение жёлчью или солями жёлчных кислот*).

bio- (*гр.* bios жизнь) относящийся к живой природе, органическим веществам. В рус. яз. *био-*:
biopotential биопотенциал;
biostatic биостатический;
endobiotic эндобиотический.

bite- (*англ.* bite укус, прикус) относящийся к прикусу, кусанию.
bite-block прикусной валик;
biteboard загубник;
biteplate ортодонтическая нёбная накусочная пластинка.

-blast-o- (*гр.* blastos зачаток, зародыш) относящийся к 1) зародышу, эмбриону; 2) незрелости. В рус. яз. *-бласт-о-*:
blastocyte бластоцит;
blastoderm бластодерма, зародышевая оболочка;
entoblast энтобласт, энтодерма, внутренний зародышевый листок.

-blenn-o- (*гр.* blennos слизь) относящийся к 1) слизи; 2) слизистым железам и оболочкам. В рус. яз. *-бленн-о-*:
blennenteritis катаральный энтерит;
blennorhagia, blennorhea 1. бленнорея (*острое гнойное воспаление слизистой оболочки [конъюнктивы] глаз*) **2.** гонорея;
blennostasis задержка отделения слизи.

blephar-o- (*гр.* blepharon веко) относящийся к веку. В рус. яз. *блефар-о-*:
blepharadenitis блефараденит;
blepharectomy удаление века;
blepharoptosis блефароптоз (*опущение верхнего века*).

blood- (*англ.* blood кровь) относящийся к крови. Син. hem(at)-o-, sangu-i-. В рус. яз. *кров-е/о-*:
blood-forming кроветворный, кровообразующий;
bloodletting кровопускание;
bloodstream 1. кровоток **2.** кровяное русло.

brachi-o- (*гр.* brachion плечо, рука, верхняя конечность) относящийся к плечу, руке. Син. humer-o-. В рус. яз. *брахи-, плече-*:
brachialgia брахиалгия;
brachiform имеющий форму руки;
brachiocephalic брахиоцефальный, плечеголовной.

brach-y- (*гр.* brachys короткий) указывает на нечто короткое, укорочение. В рус. яз. *брахи-, коротк-о-*:
brachydactylia брахидактилия, короткопалость;
brachycheilia, brachychily брахихейлия;
brachygnathia брахигнатия.

brad-y- (*гр.* bradys медленный) указывает на медленное действие, замедление, затруднение. В рус. яз. *бради-*:
bradyacusia брадиакузия, тугоухость;
bradycardia брадикардия;

bradygenesis замедленное развитие в онто- и филогенезе.

brain- (*англ.* brain головной мозг) относящийся к головному мозгу, нервной деятельности. Син. cerebr-i/o-, cephal-o-:

brainpower умственные способности;

brainsick психически больной, душевнобольной;

brainstem ствол головного мозга.

brom-o- (*гр.* bromos зловонный, brom бром) относящийся к 1) брому; 2) неприятному, зловонному запаху. В рус. яз. *бром-о-*:

bromhidrosis бромидроз *(зловонный пот)*;

bromism бромизм;

bromopnea неприятный запах изо рта.

bronch(i)-o- (*лат.* bronchus бронх) относящийся к бронху. В рус. яз. *бронх(и)-о-*:

bronchitis бронхит, воспаление бронхов;

bronchodilatation бронходилатация *(расширение бронхов)*;

bronchography бронхография.

-bucc-o- (*лат.* bucca щека) относящийся к щеке или рту. В рус. яз. *щёчно-*:

buccinator щёчная мышца;

buccogingival щёчно-десневой;

buccoversion щёчное положение зуба.

-bulb-o- (*лат.* bulbus луковица) относящийся к 1) луковице, форме луковицы; 2) продолговатому мозгу; 3) глазному яблоку. В рус. яз. *бульб-о-*:

bulboid луковицеобразный, напоминающий луковицу;

retrobulbar ретробульбарный;

spinobulbar относящийся к спинному и продолговатому мозгу.

-burs-o- (*гр.* bursa снятая кожа, шкура; анат. bursa сумка, мешок) относящийся к синовиальной сумке. В рус. яз. *бурс-о-*:

bursectomy бурсэктомия;

bursitis бурсит;

bursolith бурсолит.

C

cac-o-, kak-o- (*гр.* kakos плохой, дурной) указывает на нечто плохое, неприятное, патологическое. В рус. яз. *как-о-*:

cacorhytmic аритмичный;

cacosmia какосмия *(субъективное ощущение дурного запаха, отсутствующего в действительности)*;

cacogenesis какогенез *(патологический рост или развитие)*.

-calc-i- (*лат.* calx, calcis известь; calcium кальций) относящийся к кальцию, его солям, извести. В рус. яз. *кальц-и-*:

calcergen кальцерген;

calciphylaxis кальцифилаксия;

hypercalcemia гиперкальциемия.

calor-i- (*лат.* calor тепло, жар) относящийся к теплу, нагреванию. Син. heat-, term-o-. В рус. яз. *калор-и-, терм-о-*:

calorimeter калориметр;

caloripuncture точечная термокоагуляция, прижигание;

calorstat термостат.

-canc(e)r-o/i- (*лат.* cancer рак) относящийся к раку, злокачественной опухоли. Син. carcin-o-. В рус. яз. *-рако-, канкр-, канцер-о-*:

cancriform, cancroid канкроид, канцероподобный, напоминающий рак;

cancerophobia канцерофобия;

cancerigenic канцерогенный.

-canth-o- (*гр.* kanthos угол глазной щели) указывает на отношение к углу глазной щели. В рус. яз. *-кант-о-*:

canthoplasty кантопластика;

epicanthus эпикантус.

-capn-o- (*гр.* kapnos дым) относящийся к углекислому газу, углекислоте. Син. -carb-o-. В рус. яз. *-капн-о-*:

capnometry, carbonometry капнометрия;

eucapnia нормокапния;

hypercapnia гиперкапния.

capsul-i/o- (*лат.* capsula коробочка) относящийся к капсуле, оболочке. В рус. яз. *капсул-о-*:

capsuliferous имеющий капсулу, заключенный в капсулу;

capsuloplasty капсулопластика *(пластическое восстановление суставной капсулы)*;

capsulorrhaphy ушивание капсулы органа.

-carb-o- (*лат.* carbo уголь) относящийся к углероду, углю, углекислому газу. Син. -capn-o-. В рус. яз. *угле-, карб-*:

carbohydrate углевод;

carbonaceous 1. углеродный, углеродистый **2.** содержащий уголь;

carbonometry, capnometry капнометрия.

carcin-o- (*гр.* karkinos краб, рак) относящийся к раку, злокачественной опухоли. Син. cancer-o-. В рус. яз. *карцин-о-, канцер-о-*:

carcinogenesis канцерогенез *(образование и развитие раковой опухоли)*;

carcinolytic канцеролитический, разрушающий раковые клетки;

carcinoma рак, карцинома.

-card(i)-o- (*гр.* kardia сердце) относящийся к сердцу. Син. heart-. В рус. яз. *-карди-о-*:

cardiogenic кардиогенный, сердечного происхождения;

cardiograph электрокардиограф;

hypercardia кардиомегалия, гипертрофия сердца.

cari-o- (*лат.* caries гниение) относящийся к кариесу. В рус. яз. *кари-о-*:

cariogenesis патогенез кариеса;

cariogenic кариесогенный, способствующий развитию кариеса;

cariostatic кариостатический, препятствующий развитию кариеса.

-carp-o- (*лат.* carpus запястье) относящийся к кисти, запястью. В рус. яз. *-пяст-*:
carpoptosia «свисающая кисть» *(при параличе лучевого нерва)*;
metacarpophalangeal пястно-фаланговый.

cartilag- (*лат.* cartilago хрящ) относящийся к хрящу. Син. chondr-o-. В рус. яз. *хрящ-е-*:
cartilaginification образование хряща;
cartilaginoid хрящевидный, напоминающий хрящ.

-cata- (*гр.* kata вниз) указывает на 1) движение вниз; 2) распад, разрушение. В рус. яз. *ката-*:
catabolism катаболизм, разложение;
catagenesis катагенез, инволюция;
cataplasia катаплазия, анаплазия.

-cauter- (*гр.* kauter раскалённое железо) указывает на отношение к прижиганию. В рус. яз. *-каутер*:
cauterodyne электронож;
cauterization каутеризация, прижигание;
chemicocautery прижигание химическим веществом;

cavern-o- (*лат.* caverna пещера, полость) относящийся к пещере, полости. Син. cav-o-. В рус. яз. *каверн-о-*:
cavernoma кавернома, кавернозная [пещеристая] гемангиома;
cavernitis кавернит;
cavernostomy дренирование каверны.

cav-o- (*лат.* cavitas углубление, полость) относящийся к полости, углублению, полому предмету. Син. cavern-o-. В рус. яз. *кав-о-*:
cavascope эндоскоп;
cavitation 1. образование полости 2. препарирование кариозной полости;
cavogram кавограмма.

-cec-o- (*лат.* caecus слепой, caecum слепая кишка) относящийся к слепой кишке. Син. typhl-o-. В рус. яз. *цек-о-*:
cecitis тифлит;
cecostomy цекостомия;
pericecal перицекальный *(окружающий слепую кишку)*.

-cel(e)-o- (*гр.* kele выпячивание, грыжа) указывает на 1) отношение к грыже; 2) выпячиванию, опуханию. Син. herni-o-. В рус. яз. *-целе*:
celology герниология *(учение о грыжах)*;
celotomy грыжесечение;
varicocele варикоцеле *(варикозное расширение вен семенного канатика)*.

celi-o- (*гр.* koilia полость) относящийся к брюшной полости, животу. Син. abdomin-o-, lapar-o-. В рус. яз. *цели-о-, абдомин-о-, лапар-о-*:
celialgia боль в животе;
celiocentesis лапароцентез;
celiomyositis миозит брюшной стенки.

cement-o- (*лат.* cementum цемент) относящийся к цементу. В рус. яз. *цемент-о-*:
cementoblast цементобласт;
cementopathia цементопатия;
cementosis гиперцементоз, оссифицирующий периодонтит.

-centesis (*гр.* kentesis укол, прокол) относящийся к проколу, пункции. В рус. яз. *-центез*:
cardiocentesis пункция сердца;
paracentesis парацентез, прокол, пункция;
thoracocentesis торакоцентез.

centi- (*лат.* centum) указывает на количество сто:
centigrade стоградусный, разделенный на сто градусов;
centimetre сантиметр.

centr-o- (*лат.* centrum центр) относящийся к центру. В рус. яз. *центр-*:
centrifugal 1. эфферентный, выносящий, центробежный 2. относящийся к центрифуге;
centrokinesia центрокинезия;
centrosome центросома, центральное тельце.

-cephal-o- (*гр.* kephale голова) относящийся к голове, головному мозгу. Син. brain-, -cerebr-o-, head-. В рус. яз. *-цефал-о-, кефал-о-*:
cephalitis энцефалит *(воспаление головного мозга)*;
cephalohematoma кефалогематома;
hydrocephalus гидроцефалия, водянка головного мозга.

cerebell-o- (*лат.* cerebellum мозжечок) относящийся к мозжечку. В рус. яз. *церебелл(ярн)-о-*:
cerebellar мозжечковый;
cerebellopontine мостомозжечковый.

-cerebr-i/o- (*лат.* cerebrum головной мозг) относящийся к головному мозгу. Син. brain-, cephal-o-. В рус. яз. *-церебр(альн)-о-, -цефал-о-*:
cerebromeningitis менингоэнцефалит;
cerebrospinal цереброспинальный;
decerebrate животное, у которого удалены полушария головного мозга || децеребрировать, удалять головной мозг *(в эксперименте на животном)*.

-cervic-o/i (*лат.* cervix шея, шейка) относящийся к шейке какого-либо органа *(как правило, матки)*. Син. trachel-. В рус. яз. *-церви(к/ц)-о-*:
cervicitis цервицит;
cervicoplasty цервикопластика;
endocervical эндоцервикальный.

-ch(e)il-o- (*гр.* cheilos губа) относящийся к губе. В рус. яз. *хейл-о-*:
cheilectropion выворот губы;
cheilitis хейлит *(воспаление губы)*;
ch(e)iloplasty хейлопластика.

ch(e)ir-o- (*гр.* cheir рука) относящийся к руке (кисти). Син. hand-. В рус. яз. *хейр-о-*:
cheirarthritis воспаление суставов кисти;
ch(e)iromegaly хейромегалия;
ch(e)irospasm писчий спазм, судорога кисти.

-chem-o- (*гр.* chymeia искусство плавления металлов) относящийся к химии, химическим элементам и соединениям. В рус. яз. *-хими(к)-о-*:
chemoceptor хеморецептор;
chemosynthesis хемосинтез, химический синтез;
chemotherapy химиотерапия.

-chlor(id)-o- (*гр.* chloros зелёный; chlorum хлор) указывает на 1) зелёный цвет; 2) наличие хлора или хлоридов. В рус. яз. *хлор-о-*:
chloridometer хлоридометр;
chloropenia гипохлоремия;
chloropsia хлоропсия.

cholangi-o- (*гр.* chole жёлчь + angeion сосуд) относящийся к жёлчным протокам. В рус. яз. *холанги-о-*:
cholangiocarcinoma холангиокарцинома *(холангиоцеллюлярный рак)*;
cholangiography холангиография;
cholangitis холангит.

chol-e- (*гр.* chole жёлчь) относящийся к жёлчи. Син. bil-i-. В рус. яз. *хол-е-*:
cholelithiasis холелитиаз, желчнокаменная болезнь;
cholemia холемия;
cholepoiesis холерез, желчеобразование, желчеотделение.

cholecyst-o- (*гр.* chole жёлчь + kystis пузырь, мешок) относящийся к жёлчному пузырю. В рус. яз. *холецист-о-*:
cholecystectomy холецистэктомия;
cholecystic относящийся к жёлчному пузырю;
cholecystitis холецистит.

choledoch-o- (*гр.* choledochus принимающий, вмещающий жёлчь, от chole жёлчь + doche вместилище, сосуд) относящийся к холедоху, общему жёлчному протоку. В рус. яз. *холедох-о-*:
choledochoduodenostomy холедоходуоденостомия *(формирование анастомоза между общим жёлчным протоком и двенадцатиперстной кишкой)*;
choledocholithiasis холедохолитиаз;
choledochotomy холедохотомия.

cholester-in/ol- (*гр.* chole жёлчь + stereos твёрдый) относящийся к холестерину. В рус. яз. *холестер-ин/о-*:
cholester(ol)emia гиперхолестеринемия;
cholesteroleresis повышенное выведение холестерина с жёлчью;
cholesterosis холестероз.

chondr-i/o- (*гр.* chondros зерно, хрящ) относящийся к хрящу. Син. cartilag-. В рус. яз. *хондр-о-, хрящ-е-*:
chondroblast хондробласт;
chondrogenic хондрогенный, хрящеобразующий;
chondrosarcoma хондросаркома.

chord-o-, cord-o- (*гр.* chorde струна) относящийся к 1) хорде, спинной струне; 2) сухожилию, связке; 3) клеточному тяжу, канатику. В рус. яз. *хорд-о-*:
chorditis, corditis 1. воспаление связок семенного канатика **2.** воспаление голосовых складок;
chordoma хордома;
cordotomy хордотомия.

chori-o- (*гр.* chorion оболочка, хорион) относящийся к 1) хориону *(наружной ворсинчатой оболочке зародыша)*; 2) собственно сосудистой оболочке глаза; 3) сосудистым сплетениям желудочков мозга. В рус. яз. *хорио(н)-*:
chorionepithelioma хорионэпителиома, хориокарцинома;
choriomeningitis хориоменингит;
chorioretinitis хориоретинит.

chor(i)oid-o- (*гр.* chorion оболочка, хорион + eides подобный) относящийся к 1) собственно сосудистой оболочке глаза; 2) сосудистым сплетениям желудочков мозга. В рус. яз. *хориоид-*:
chorioidcarcinoma хориоидкарцинома;
choroiditis хориоидит;

choroidal хориоидальный.

chrom(at)-o- (*гр.* chroma, chromatos окраска, цвет; chromium хром) указывает на 1) цвет, пигментацию; 2) хром. В рус. яз. *хром(ат)-о-*:
chromatogenous хроматогенный *(вызывающий окрашивание или пигментацию)*;
chromicize хромировать;
hyperchromatic гиперхроматический, интенсивно окрашенный.

chron-o- (*гр.* chronos время) относящийся к времени, продолжительности чего-либо. В рус. яз. *хрон-*:
chronaxy хронаксия;
chronicity хроническое состояние, хронический характер *(болезни)*;
chronotropism хронотропизм *(хронотропное действие)*.

chrys-o- (*гр.* chrysos золото) относящийся к золоту. В рус. яз. *хризо-*:
chrysiasis патологическая пигментация тканей при лечении солями золота;
chrysotherapy хризотерапия *(лечение солями золота)*.

chyl-o/i- (*гр.* chylos сок, лимфа) относящийся к 1) лимфе; 2) желудочному соку. В рус. яз. *хил-о-*:
chylifaction хилопоэз *(образование лимфы)*;
chylorrhea лимфорея *(истечение лимфы)*;
chylothorax хилоторакс.

-cidal, -cide (*гр.* caedo бить, убивать) указывает на убийство, уничтожение. В рус. яз. *-цид-*:
bacteriocidal бактерицидный, убивающий бактерии, дезинфицирующий;
spermatozoicide средство, разрушающее сперматозоидов;

-cine-, -kine- (*гр.* kineo приводить в движение, двигать) относящийся к движению. В рус. яз. *кине-*:
cardiocinetic кардиотонический *(влияющий на деятельность сердца)*;
cinesiology, kinesiology кинезиология *(физиология движений)*;
dyskinesia дискинезия.

cion-o-, kion-o- (*гр.* kion язычок) относящийся к язычку. В рус. яз. *кион-о-*:
cionectomy, kionectomy кионэктомия, удаление нёбного язычка;
cionitis, kionitis воспаление нёбного язычка;
cionotomy, kionotomy рассечение нёбного язычка.

circum- (*лат.* circum вокруг) указывает на 1) круговое движение; 2) место вокруг той части, которая обозначена последующей морфемой. Син. peri-. В рус. яз. *циркум-*:
circumcision циркумцизия *(обрезание крайней плоти)*;
circumflex огибающий;
circumrenal околопочечный.

cirs-o- (*гр.* cirsos опухоль от расширения вен) относящийся к варикозно расширенной вене. В рус. яз. *цирс-, вен-о-*:
cirsectomy цирсэктомия;
cirsodesis перевязка варикозно расширенной вены;
cirsotomy венотомия.

-clas-t/i- (*гр.* klasis ломка, разрушение) указывает на разрушение. В рус. яз. *-клаз-, -класт-*:

lipoclastic расщепляющий жир;

osteoclasis остеоклазия *(хирургический перелом кости для исправления её деформации)*;

osteoclast 1. остеокласт 2. инструмент для остеоклазии.

clavi(cul)- *(лат.* clavicula ключица) относящийся к ключице. Син. cleid-o-. В рус. яз. *ключичн-о-*:

clavicotomy рассечение ключицы;

clavicular ключичный;

clavisternomastoid грудино-ключично-сосцевидный.

cleid-o- *(гр.* kleis засов; ключица) относящийся к ключице; имеющий клювовидную форму. Син. clavi(cul)-. В рус. яз. *клейд-о-*:

cleidocostal ключично-рёберный;

cleidotomy клейдотомия *(пересечение ключицы)*;

cleoid клювовидный экскаватор.

clim(at)-o- *(гр.* klima климат) относящийся к климату. В рус. яз. *климат-о-*:

bioclimatology биоклиматология *(изучение влияние климата на жизнь)*;

climatotherapy климатотерапия;

climograph климаграмма *(диаграмма, показывающая влияние климата на здоровье)*.

clitor- *(гр.* kleitoris) относящийся к клитору:

clitorism 1. гипертрофия клитора 2. длительная болезненная эрекция клитора;

clitoritis воспаление клитора;

clitoromania нимфомания, андромания.

clon- *(гр.* klon побег, отпрыск) указывает на клон, клонирование. В рус. яз. *клон-*:

clonal клональный, относящийся к клону;

clone клон *(совокупность клеток, возникших в результате вегетативного размножения одной исходной)*;

cloning клонирование.

clon-o-, -clonus *(гр.* klonos суматоха, толкотня) относящийся к 1) судорогам, клонусу; 2) мышечным сокращениям. В рус. яз. *-клон-о-*:

blepharoclonus блефароклонус;

clonospasm клоноспазм, клоническая судорога;

clonism длительные клонические судороги.

-clysis *(гр.* klysis выливание) относящийся к клизме, вливанию жидкости. В рус. яз. *-клиз-*:

proctoclysis капельная клизма, протоклизис;

venoclysis внутривенное вливание.

-coagul-o- *(лат.* coagulatio свёртывание, сгущение) относящийся к свёртыванию, коагуляции. В рус. яз. *-коагул-о-*:

coagulable коагулирующийся, способный к свёртыванию;

coagulogram коагулограмма;

coagulopathy коагулопатия.

-cocc(al/ic/us)- *(гр.* kokkos ягода, косточка) относящийся к коккам (бактериям *шарообразной формы)*. В рус. яз. *-кокк(овый)*:

coccogenic вызванный кокками;

gonococcal, gonococcic гонококковый;

staphylococcus стафилококк.

-coccy(g)-o- *(гр.* kokkyx кукушка; копчик) относящийся к копчику. В рус. яз. *кокциг-о-*:

coccygeal копчиковый;

coccy(g)algia кокцигодиния;

coccygectomy кокцигэктомия.

-coct-o- *(лат.* coctus сваренный) относящийся к нагреванию, кипящей воде. В рус. яз. *терм-о-*:

coctolabile термолабильный, изменяющийся при нагревании;

coctostabile термостабильный, термостойкий.

coli- *(лат.* Escherihia coli кишечная палочка) относящийся к кишечной палочке. В рус. яз. *кол-и-*:

colibacillus колибактерия, кишечная палочка;

coliform колиформный, относящийся к бактериям кишечной группы;

coli-index коли-индекс *(количество кишечных палочек в 1 л жидкости или 1 кг сухого вещества)*.

-col(ic/on)- *(гр.* kolon толстая кишка) относящийся к толстой кишке, ободочной кишке. Син. proct-o-, rect-o-. В рус. яз. *кол(он)-о-*:

colonoscope колоноскоп;

colostomy колостомия;

pericolic околотолстокишечный, окружающий толстую кишку.

-colp-o- *(гр.* kolpos углубление, пазуха, влагалище) относящийся к влагалищу. Син. elytr-o-, kysth-o-, vagin-o-. В рус. яз. *кольп-о-, вагин-о-*:

colpitis кольпит, вагинит;

colporrhaphy кольпорафия;

encolpism лечение влагалищными лекарственными формами.

coni-o- *(гр.* konis пыль) относящийся к пыли. В рус. яз. *-кони-о-*:

conifibrosis пылевой фиброз *(обычно при пневмокониозе)*;

coniophage кониофаг, пылевая клетка;

pneumoconiosis пневмокониоз.

conjunctiv-o- *(лат.* conjunctiva конъюнктива, слизистая оболочка глаза, от conjugere соединять) относящийся к конъюнктиве. В рус. яз. *конъюнктив-о-*:

conjunctival конъюнктивальный, относящийся к конъюнктиве;

conjunctivitis конъюнктивит *(воспаление конъюнктивы)*.

contra- *(лат.* contra против) указывает на противоположное действие, противопоставление тому, что выражено в последующей части слова. Син. counter-. В рус. яз. *против-о-, контр(а)-*:

contrapertura (counteropening) противоотверстие, контрапертура;

contraindication противопоказание;

contralateral контралатеральный, противоположный.

copr-o- *(гр.* kopros навоз, помет, кал) относящийся к калу. Син. fec(al)-. В рус. яз. *копр-о-*:

copremesis копремезис, каловая рвота;

coprophil(ic) копрофильный, обитающий в кале *(о микроорганизмах)*;

coprostasia копростаз, запор.

cor(e)-o- *(гр.* kore зрачок) относящийся к 1) зрачку; 2) радужке. Син. irido-. В рус. яз. *ирид-о-*:

corectasia мидриаз *(расширение зрачка)*;

corectomy иридэктомия;

coreoplasty пластическая операция на радужке.

corn(e)-o- *(лат.* cornea роговица) относящийся к 1) ороговению, роговому веществу; 2) роговице. Син. kerat-o-. В рус. яз. *корне-о-, -рог-о-:*

corneal корнеальный, роговичный;

corneoscleral корнеосклеральный;

cornification ороговение, кератинизация.

-cortic-o- *(лат.* cortex кора) относящийся к коре органа. В рус. яз. *кортик-о-:*

corticifugal кортикофугальный;

corticoafferent кортикопетальный;

corticosteroid кортикостероид.

-cost-i/o- *(гр.* kosta ребро) относящийся к ребру. В рус. яз. *кост-о-, рёберн-о-:*

costicartilage рёберный хрящ;

costoclavicular рёберно-ключичный;

costosternoplasty костостернопластика.

counter- *(лат.* contra против) указывает на противоположность, противопоставление. Син. contra-. В рус. яз. *против-о-, анти-:*

counterdepressant антидепрессант;

counterinhibition расторможение;

counterpoison противоядие.

cox-o- *(лат.* coxa тазобедренный сустав) относящийся к тазобедренному суставу. В рус. яз. *кокс-о-:*

coxalgia коксалгия;

coxarthritis коксартрит;

coxofemoral коксофеморальный, тазобедренный.

-crani-al/o- *(гр.* kranion череп) относящийся к черепу. В рус. яз. *-крани-о-, черепн-о-:*

craniofacial черепно-лицевой;

craniostenosis краниостеноз;

endocranial внутричерепной.

-crin-i/o-, -crit- *(гр.* krino отделять, выделять, kritos отделённый, определённый) относящийся к отделению, выделению какого-либо секрета. В рус. яз. *крин(н)-и/о-, -крит:*

endocrinology эндокринология;

hematocrit гематокрит *(1. объёмное соотношение форменных элементов крови и плазмы 2. прибор для определения гематокритного числа).*

cross- *(англ.* cross пересекать, переходить) указывает на перекрёст, схождение чего-либо.

crossbite перекрёстный прикус;

cross-eye сходящееся косоглазие;

crossway перекрёст нервных путей.

-cry-o/mo- *(гр.* kryos холод, лёд) относящийся к холоду, низкой температуре, замораживанию. В рус. яз. *кри-о-:*

cryanesthesia анестезия охлаждением;

crymodynia криоалгезия;

cryometer криометр.

crypt-o- *(гр.* kryptos скрытый, тайный) указывает на 1) скрытый характер процесса; 2) отношение к крипте *(1. углублению, ямке 2. железистой полости).* В рус. яз. *крипт-о-:*

cryptogenic криптогенный, неизвестного происхождения;

cryptolith конкремент, образующийся в крипте;

cryptopyic сопровождающийся скрытым нагноением.

-culture *(лат.* cultura подготовка почвы, возделывание) указывает на рост, выращивание. В рус. яз. *-культура:*

hemoculture гемокультура;

seroculture серокультура;

subculture субкультура, пассивная [пересаженная] культура.

cut-i/ane-o- *(лат.* cutis кожа) относящийся к коже. Син. derm-. В рус. яз. *-кож-, дерм-:*

cutireaction кожная реакция;

cutisector дерматом;

subcutaneous подкожный.

-cyan-o- *(гр.* kyanos тёмно-синий) указывает на 1) тёмно-синюю, синюшную окраску; 2) производное синильной кислоты. В рус. яз. *циан-о-:*

cyanide цианид;

cyanosis цианоз, синюшность;

cyanuria цианурия.

cycl-o- *(гр.* kyklos круг, окружность) указывает на 1) отношение к ресничному (цилиарному) телу глаза; 2) цикличность; 3) наличие цикла в составе вещества. В рус. яз. *цикл-о-:*

cyclobarbital циклобарбитал;

cyclitis циклит *(воспаление ресничного тела глаза);*

cyclothymia циклотимия.

cyn-o- *(гр.* kyon, kynos собака) относящийся к собакам. В рус. яз. *кин-о-:*

cynology кинология;

cynophobia кинофобия.

-cyst-i/o- *(гр.* kystis пузырь, мешок) относящийся к пузырю или кисте. В рус. яз. *-цист-о-:*

blastocyst бластоциста, бластодермический [зародышевый] пузырёк;

cystitis цистит;

pericystic окружающий кисту или пузырь.

-cyt-o/e- *(гр.* kytos вместилище, клетка) относящийся к клетке. В рус. яз. *цит-о-:*

cytoanalyzer цитоанализатор;

cytolytic цитолитический, разрушающий клетки;

thrombocyte тромбоцит, кровяная пластинка.

D

dacry-o- *(гр.* dakryon слеза) относящийся к слезам или слёзному органу. В рус. яз. *дакри-о-:*

dacryoadenitis дакриоаденит;

dacryocystocele дакриоцистоцеле;

dacryolith дакриолит, слезный конкремент.

dactyl-o- *(гр.* daktylos палец) относящийся к пальцам. В рус. яз. *дактил-о-:*

dactylocampsis сгибательная контрактура пальцев;

dactylomegaly дактиломегалия;

dactyloscopy дактилоскопия.

de- (*лат.* de от, прочь) указывает на лишение, удаление чего-либо, ухудшение. В рус. яз. *де-, дез-*:

deactivation дезактивация;

dearticulation 1. вывих **2.** нарушение артикуляции, неправильная артикуляция;

decalcify декальцинировать.

deca- (*гр.* deka десять) указывает на число десять. В рус. яз. *дека-, десяти-*:

decangular десятиугольный;

decanormal раствор, содержащий в 10 раз больше растворённого вещества.

deci- (*лат.* decimus десятый) указывает на десятую часть чего-либо. В рус. яз. *деци-, десяти-*:

decimal десятичный, десятичная дробь;

decilitre децилитр (*одна десятая часть литра*).

demi- (из *фр.* от *лат.* demidius половина от; di- помимо, отдельно; medius середина) указывает на часть, половину чего-либо. Син. half-, hemi-, semi-. В рус. яз. *полу-*:

demicircular полукружный;

demilune полулуние, полулунная форма (*напр. клетки*);

demimonstrosity частичное уродство (*порок развития без нарушения функций*).

-dent-i/o- (*лат.* dens зуб) относящийся к зубу. Син. odont-o-.

dentiform имеющий форму зуба;

dentalgia зубная боль;

interdental находящийся между зубами, межзубный.

dentin-o- (*лат.* dens зуб, анат. dentin(e) твёрдая ткань зуба) указывает на отношение к дентину – твёрдой ткани зуба. В рус. яз. *дентин-о-*:

dentinogenesis дентиногенез;

dentinoid дентинообразный, напоминающий дентин.

-derm(at)-o- (*гр.* derma кожа) указывает на отношение к коже. В рус. яз. *-дерм(ат)-о-*:

dermatitis дерматит (*воспаление кожи*);

dermatorrhagia кровоизлияние в кожу;

hypodermic гиподермальный, подкожный.

-desis (*гр.* desis связывание, скрепление) указывает на отношение к фиксации в заданном состоянии, созданию неподвижности, укреплению органа. В рус. яз. *-дез*:

arthrodesis артродез (*фиксация сустава*);

spondylosyndesis спондилодез;

tenodesis тенодез (*перемещение сухожилия к новой точке прикрепления*).

desm-o- (*гр.* desmos связка) относящийся к фиброзной связке, спайке, соединительной ткани. В рус. яз. *десм-о-*:

desmogenous соединительнотканного происхождения;

desmopathy десмопатия (*поражение связок*);

desmotomy десмотомия (*рассечение связок*).

deute(ro)- (*гр.* deuteros второй) указывает на 1) число два; 2) восприятие зелёного цвета (*второго из трёх основных цветов*). В рус. яз. *дейтер-о-*:

deuteranopia дейтеранопия (*слепота на зелёный цвет*);

deuterium-labelled меченный дейтерием;

deuteropathy дейтеропатия (*вторичное заболевание*).

dextr-o- (*лат.* dexter правый) указывает на направление вправо, правую сторону. В рус. яз. *декстр-о-*:

dextrocerebral функциональное преобладание правого полушария головного мозга;

dextroposition декстропозиция (*смещение вправо*);

dextrotropic направленный вправо.

di- (*гр.* dis два) указывает на число два, удвоение. Син. bi(s)-. В рус. яз. *ди-, дву(х)-, би(с)-*:

dicyclic двухцикличный, бицикличный;

didactylism бидактилия, двупалость;

digenic дигенный.

-dia- (*гр.* предлог и приставка dia со значением через) указывает на 1) проникновение через что-либо; 2) промежуточное положение. В рус. яз. *диа-, транс-*:

dialysis диализ;

diaphysis диафиз;

diaplacental трансплацентарный.

didym-o- (*гр.* didymoi яички, от didymos двойной) указывает на отношение к яичку. Син. orch(e/i)-o-. В рус. яз. *дидим-о-, орх-и-*:

didymitis орхит (*воспаление яичка*);

epididymitis эпидидимит;

epididymotomy эпидидимотомия (*рассечение придатка яичка*).

dipl-o- (*гр.* diplos двойной) указывает на удвоение, двойной предмет. Син. double-. В рус. яз. *дипл-о-*:

diploblastic диплобластический, имеющий два зародышевых листка;

diplomyelia дипломиелия (*удвоение спинного мозга*);

diplopia диплопия, двоение (*в глазах*).

dips-o- (*гр.* dipsa жажда) указывает на 1) жажду; 2) тягу к спиртному. В рус. яз. *дипс-о-*:

dipsomania дипсомания, хронический алкоголизм;

dipsotherapy ограничение приёма жидкости в лечебных целях;

polydipsia полидипсия.

dis- (*лат.* префикс, означающий отделение, сепарацию) указывает на 1) разделение, удаление; 2) противоположное действие, качество или его отсутствие. Син. un-. В рус. яз. *дис-*:

disability 1. неспособность, бессилие **2.** потеря трудоспособности, инвалидность;

disarticulation экзартикуляция, вычленение;

discomfort дискомфорт, неприятные ощущения;

dislocation 1. вывих, смещение **2.** дислокация (*гена*)

disc-i/o-, disk-i/o- (*гр.* diskos круг, диск) указывает на отношение к диску. В рус. яз. *диск-о-*:

discitis (diskitis) дисцит;

discogenic дискогенный;

discography (diskography) дискография.

diverticul-o- (*лат.* diverticulum дорога в сторону, отклонение) указывает на отношение к дивертикулу. В рус. яз. *дивертикул-о-*:

diverticulitis дивертикулит (*воспаление дивертикула*);

diverticulogram дивертикулограмма (*рентгеновский снимок дивертикула*);

diverticulosis дивертикулёз (*наличие множественных дивертикулов*).

dolich-o- (*гр.* dolichos длинный) относящийся к чему-либо длинному. В рус. яз. *долих-о-*, *длинн-о-*:

dolichocephalic долихоцефалический, длинноголовый;

dolichocolon долихоколон (*чрезмерно длинная ободочная кишка*);

dolichouranic имеющий высокое нёбо.

dors-i/o- (*лат.* dorsum спина) относящийся к спине, задней части чего-либо. В рус. яз. *дорс-о-*:

dorsad дорсально (*по направлению к дорсальной [задней] поверхности*);

dorsiflexion сгибание или изгиб назад;

dorsoventrad по направлению от спины к животу.

double- (*англ.*) указывает на удвоение, двойной предмет. Син. dipl-o-. В рус. яз. *двух-*:

double-barreled двухпросветный (*напр. о катетере*);

double-stranded двухспиральный;

double-walled с двойной оболочкой.

drom-o- (*гр.* dromos бег) относящийся к 1) перемещению, передвижению; 2) проводимости; 3) скорости. В рус. яз. *дром-о-*:

dromograph дромограф (*аппарат для измерения скорости кровотока*);

dromophobia дромофобия (*патологическая боязнь уличного движения*);

dromotropic дромотропный, влияющий на проводимость.

duct-o- (*лат.* ductio введение) указывает на 1) проток, канал, ход; 2) переведение, перемещение. В рус. яз. *дукт-о-*, *-дукция*, *-дуктор*:

abductor абдуктор, отводящая мышца;

ductless не имеющий выводного протока;

ductography дуктография (*рентгенологическое исследование протоков молочной железы*).

-duoden-o- (*лат.* duodenum двенадцатиперстная кишка) указывает на отношение к двенадцатиперстной кишке. В рус. яз. *дуоден-о-*:

duodenitis дуоденит (*воспаление двенадцатиперстной кишки*);

gastroduodenal гастродуоденальный (*относящийся к желудку и двенадцатиперстной кишке*);

pancreatoduodenectomy панкреатодуоденэктомия, панкреатодуоденальная резекция (*удаление части или всей поджелудочной железы с двенадцатиперстной кишкой*).

dur-a/o- (*лат.* durus твёрдый) относящийся к твёрдой мозговой оболочке. В рус. яз. *дур(аль)-*:

duraplasty пластическая операция на твёрдой мозговой оболочке;

duroarachnitis воспаление твёрдой и паутинной оболочек головного мозга;

subdural субдуральный (*находящийся под твёрдой мозговой оболочкой*).

-dynam- (*гр.* dynamis сила) относящийся к силе, функции. В рус. яз. *динам-о-*:

adynamia адинамия, слабость;

dynamometer динамометр (*прибор для определения мышечной силы*);

dynamopathic нарушающий функцию (*какого-либо органа*).

-o-dynia (*гр.* odyne боль) относящийся к боли. Син. -agra, -alg(es)-i/o-.

dorsodynia боль в спине;

glossodynia глоссалгия, глоссодиния;

pleurodynia плевралгия, плевродиния (*боль, обусловленная раздражением плевры*).

dys- (*гр.* dys плохой) указывает на недостаточность, нарушения, расстройства. В рус. яз. *дис-*, *диз-*:

dysesthesia дизестезия (*извращение чувствительности*);

dysmaturity нарушение созревания;

dysmenorrhea дисменорея (*расстройство менструального цикла*).

Е

ear- (*англ.* ear ухо) относящийся к уху. Син. ot-o-

earache отталгия (*боль в области ушной раковины или наружного слухового прохода*);

eardrum 1. барабанная перепонка 2. среднее ухо;

earwax ушная сера, серная пробка.

ec- (*гр.* ec- из, далеко от) указывает на направление наружу (от предмета), расположение снаружи. Син. ect-o-, ex-, exo-, extra-. В рус. яз. *эк-*, *экз-о-*, *экс-*:

eccentric эксцентрический, направленный от центра;

ecchondrosis экхондроз (*1. опухолевидное разрастание хряща 2. образование хрящевой ткани вне её обычной локализации*);

eccrine экзокринный (*относящийся к железам внешней секреции*).

echin-o- (*гр.* echinos ёж) относящийся к шипу, имеющий шиповидную форму. В рус. яз. *эхин-о-*:

echinodermes иглокожие животные;

Echinococcus эхинококк;

echinocyte эхиноцит (*вариант эритроцита с шиповидными выростами*).

ech-o- (*гр.* echo эхо) указывает на эхо, возвращение (*напр. звуковой волны*), повторение. В рус. яз. *эхо-*:

echolalia эхолалия (*повторение услышанных слов*);

echocardiography эхокардиография (*ультразвуковое исследование сердца*);

echopraxia эхопраксия (*повторение движений окружающих*), эхокинезия.

-ectasi-a/s- (*гр.* ekstasis растягивание) указывает на расширение, увеличение диаметра. В рус. яз. *-эктазия*:

bronchiectasis бронхоэктазия (*расширение бронхов*);

corectasia мидриаз (*расширение зрачка*);

gastrectasis гастрэктазия, расширение желудка.

ect-o- (*гр.* ektos снаружи) указывает на расположение снаружи, вне. Син. ec-, ex-, exo-, extra-. В рус. яз.

экт-о-:

ectocytic внеклеточный;

ectoderm эктодерма *(наружный зародышевый листок)*;

ectoparasite эктопаразит *(паразит, живущий на поверхности тела хозяина).*

-ectomy *(гр.* ektome вырезание, отрезание) указывает на удаление или разрушение какого-либо органа или его части. В рус. яз. -эктомия:

electrocryptectomy электрокоагуляция крипт миндалин;

gastrectomy гастрэктомия *(удаление всего желудка или его части)*;

pneum(on)ectomy пневм(он)эктомия *(удаление лёгкого).*

ectr-о- *(гр.* ektroma преждевременное рождение) относящийся к врождённому отсутствию чего-либо. В рус. яз. эктр-о-:

ectrodactylia эктродактилия *(врождённое отсутствие одного или нескольких пальцев)*;

ectrogeny потеря или врождённое отсутствие какого-либо органа;

ectromelia эктромелия *(врождённое отсутствие или значительное недоразвитие всей нижней конечности).*

electr-о- *(гр.* elektron янтарь) относящийся к электричеству. Син. galvan-о-. В рус. яз. электр-о-:

electroanesthesia электроанестезия *(местное обезболивание электричеством)*;

electrocardiogram электрокардиограмма;

electrocoagulation электрокоагуляция, диатермокоагуляция.

ele-о- *(гр.* elaion масло, жир) относящийся к маслу, жиру. Син. ole-о-. В рус. яз. эле-о-:

eleometer бутирометр, элеометр, жирометр *(прибор для определения качества и удельного веса масла)*;

eleopathy элеопатия *(утолщение сустава вследствие отложения жира)*;

eleotherapy олеотерапия *(лечебное применение масла).*

elytr-о- *(гр.* elytron ножны, оболочка) указывает на отношение к влагалищу. Син. colp-о-, kysth-о-, vagin-о-. В рус. яз. *вагин-о-, кольп-о-*:

elytritis кольпит, вагинит *(воспаление влагалища)*;

elytrocele грыжа влагалища;

elytroclasia кольпорексис, разрыв влагалища.

embry-о- *(гр.* embryon зародыш, эмбрион) указывает на отношение к зародышу, эмбриону. Син. fet-о-. В рус. яз. эмбри-о-:

embryocardia эмбриокардия *(эмбриональный [маятникообразный] ритм сердца)*;

embryopathy эмбриопатия *(заболевание эмбриона)*;

embryotrophy эмбриотрофия, питание эмбриона.

-emesis, -emetic *(гр.* emetos рвота) относящийся к рвоте. В рус. яз. *-емезис*:

antiemetic противорвотное средство;

hematemesis гематемезис, рвота кровью;

hyperemesis гиперемезис, неукротимая рвота.

-emia *(гр.* haima кровь) относящийся к крови. В рус. яз. *-емия*:

hypercalcemia гиперкальциемия *(повышенное содержание кальция в крови)*;

hyperemia гиперемия, полнокровие *(покраснение вследствие притока крови)*;

uratemia уратемия *(повышение содержания мочевой кислоты в крови).*

encephal-о- *(гр.* enkephalos мозг) относящийся к головному мозгу. Син. brain-, -cerebr-о-. В рус. яз. энцефал-о-, церебр-о-:

electroencephalography электроэнцефалография;

encephalosclerosis энцефалосклероз, церебросклероз;

encephalopathy энцефалопатия, церебропатия *(заболевание головного мозга).*

end-о- *(гр.* endon внутри) указывает на расположение внутри, движение внутрь. Син. ent-о-. В рус. яз. -энд-о-, внутри-:

endoaneurysmorrhaphy эндоаневризморафия *(ушивание стенки аневризмы изнутри)*;

endocarditis эндокардит *(воспаление внутренней оболочки сердца)*;

endocavitary внутриполостной.

ent-о- *(гр.* entos внутри) указывает на расположение внутри, движение внутрь. Син. end-о-. В рус. яз. энт-о-, внутри-:

entad идущий по направлению вовнутрь;

entocele внутренняя грыжа;

entotic внутриушной.

-enter-о- *(гр.* enteron кишечник) относящийся к 1) кишечнику; 2) тонкой кишке. В рус. яз. энтер-о-:

enteritis энтерит *(воспаление тонкой кишки)*;

enteropexy энтеропексия *(фиксация тонкой кишки к брюшной стенке)*;

gastroenterology гастроэнтерология *(раздел медицины, изучающий заболевания желудочно-кишечного тракта).*

enzym-о- *(гр.* en в, внутри + zýme закваска) относящийся к ферментам. Син. ferment-. В рус. яз. энзим-о-, фермент-о-:

enzymoid ферментоподобное вещество;

enzymology энзимология, ферментология *(раздел биохимии, изучающий структуру и действие ферментов)*;

enzymotherapy энзимотерапия, ферментотерапия *(лечение ферментами).*

eosin-о- *(гр.* ēōs утренняя заря) указывает на отношение к эозину *(органическому красителю).* В рус. яз. эозин-о-:

eosinocyte эозинофил *(лейкоцит, окрашивающийся эозином)*;

eosinopenia эозинопения *(пониженное содержание эозинофилов в крови)*;

eosinophile 1. эозинофил **2.** эозинофильный *(окрашивающийся эозином).*

epi- *(гр.* предлог и приставка epi- со значением на, поверх) указывает на расположение над чем-либо. Син. hyper-. В рус. яз. эпи-, над-:

epibulbar эпибульбарный *(лежащий над глазным яблоком)*;

epicardium эпикард *(наружная оболочка сердца)*;

epicostal расположенный над ребром.

epilept-i/o- *(гр.* epilepsia схватывание, эпилепсия) указывает на отношение к эпилепсии. В рус. яз. *эпилепт-и/о-*:

epileptic 1. больной эпилепсией **2.** эпилептический;

epileptiform, epileptoid эпилептиформный, напоминающий эпилепсию;

epileptosis психические расстройства у больного эпилепсией.

epipl-o- *(англ.* epiploic сальниковый) относящийся к сальнику. Син. oment-o-. В рус. яз. *омент-о-*:

epiplocele эпиплоцеле *(грыжа, содержащая сальник)*;

epiplomphalocele пупочная грыжа, содержащая сальник;

epiploplasty оментопластика, пластика сальником.

episi-o- *(гр.* epision наружные женские половые органы, лобковая область) относящийся к промежности, наружным женским половым органам. В рус. яз. *эпизи-о-*:

episioplasty пластика вульвы;

episiostenosis стеноз отверстия влагалища;

episiotomy эпизиотомия *(рассечение промежности с целью облегчения родов)*.

epitheli-o- *(гр.* epi- на, поверх thele слой, покров) относящийся к эпителию *(покровной ткани)*. В рус. яз. *эпители-о-*:

epithelioid эпителиоидный, подобный эпителию;

epitheliolysis разрушение эпителия;

epithelioma эпителиома *(доброкачественная опухоль из эпителиальной ткани)*.

equi- *(лат.* aequus равный, соразмерный) относящийся к равенству, эквивалентности. В рус. яз. *равн-о-*:

equicellular состоящий из одинаковых клеток;

equilibrium равновесие, равновесное состояние;

equivalent равносильный, равнозначный.

-erg-o- *(гр.* ergasis работа, действие) относящийся к какой-либо работе. В рус. яз. *-эрг-о-*:

synergism синергизм, совместное действие;

ergogenic повышающий работоспособность;

ergotherapy эрготерапия, трудотерапия.

erythr-o- *(гр.* erythros красный) относящийся к 1) красному цвету; 2) эритроцитам. В рус. яз. *эритр-о-, гем(ат)-о-*:

erythrocytolysis гемолиз, эритроцитолиз;

erythrocytometer эритроцитометр *(счётная камера для эритроцитов)*;

erythrogenic 1. вызывающий покраснение **2.** относящийся к образованию эритроцитов.

-(o)esophag- *(гр.* oisophagos пищевод) указывает на отношение к пищеводу. В рус. яз. *эзофаг-*:

esophagectomy эзофагэктомия, резекция пищевода *(удаление всего пищевода или его части)*;

esophagitis эзофагит *(воспаление пищевода)*;

retroesophageal ретроэзофагеальный, расположенный позади пищевода.

-esthesi-o- *(гр.* aisthesis чувствительность) указывает на отношение к чувствительности. Син. sens-i/o-. В рус. яз. *эстези-о-, -естез-и-*:

anesthesia анестезия *(1. отсутствие чувствительности 2. обезболивание)*;

esthesiography 1. описание органов чувств и их функций **2.** определение зон чувствительности на коже;

esthesiometer эстезиометр *(прибор для определения порога чувствительности)*;

esthesiophysiology физиология органов чувств.

ether- *(лат.* ether эфир) относящийся к 1) простому эфиру; 2) диэтиловому эфиру. В рус. яз. *этер-и-, эфир-о-*:

etherification этерификация *(образование простого эфира)*;

etheromania эфиромания, эфирная наркомания;

ether-soluble растворимый в эфире, эфирорастворимый.

ethm-o- *(гр.* ethmos сито) относящийся к решётчатой кости. В рус. яз. *этмоид-*:

ethmofrontal относящийся к решётчатой и лобной костям;

ethmoidectomy этмоидэктомия *(резекция решётчатой кости)*;

ethmoiditis этмоидит *(воспаление ячеек решётчатой кости)*.

eti-o- *(гр.* aitia причина) относящийся к причине чего-либо. В рус. яз. *эти-о-*:

etiology этиология *(1. учение о причинах и условиях возникновения болезней 2. причина возникновения отдельной болезни или патологического состояния)*;

etiotropic этиотропный *(воздействующий на причину заболевания)*.

eu- *(гр.* eu хорошо) относящийся к норме, нормальному состоянию. Син. norm-o-. В рус. яз. *эу-*:

eugnathic характеризующийся нормально развитыми челюстями;

eupnea нормальное [спокойное, равномерное] дыхание;

euosmia нормальное обоняние.

ex- *(лат.* предлог и приставка ex-, означающая отделение) указывает на 1) отделение; 2) расположение извне, снаружи. Син. ec-, ect-o-, exo-, extra-. В рус. яз. *экз-, экс-*:

exanthropic экзогенный, возникший вне организма;

exfetation эктопическая [внематочная] беременность;

extubation экстубация *(удаление интубационной трубки)*.

exo- *(гр.* exo вне, снаружи) указывает на внешнюю часть, расположение извне, направление кнаружи. Син. ec-, ect-o-, ex-, extra-. В рус. яз. *экзо-, вне-*:

exocardiac внесердечный;

exoenzyme экзоэнзим *(внеклеточный фермент)*;

exotropia экзотропия, расходящееся косоглазие.

extra- *(лат.* extra вне, снаружи) указывает на расположение снаружи, вне чего-либо. Син. ec-, ect-o-, ex-, exo-. В рус. яз. *экстра-, вне-*:

extracapsular внекапсулярный, экстракапсулярный;

extraenteric внекишечный;

extravascular внесосудистый, экстраваскулярный.

F

-fac-i- (*лат.* facies лицо) относящийся к 1) лицу;
2) лицевому нерву:
basifacial базифациальный, относящийся к нижней
части лица;
facioplasty пластическая операция на лице, пластика лица;
facioplegia паралич лицевого нерва.

-facient (*лат.* facio создавать, исполнять) указывает на
объект, вызывающий определённое действие *(появление какого-либо признака)*. В рус. яз. *-творный,
-образующий*:
absorbefacient вызывающий абсорбцию;
calorifacient теплообразующий, теплотворный;
sanguifacient кроветворный.

falc- (*лат.* falx серп, полулунное образование) указывает на серп, серповидную форму. В рус. яз.
серп-о-:
falcography рентгенография серпа большого мозга;
falcula серп мозжечка;
falcular 1. серповидный 2. относящийся к серпу
мозжечка.

fasci-o- (*лат.* fascia оболочка, повязка) указывает на
отношение к фасции. В рус. яз. *фасци-о-*:
fascioplasty фасциопластика, пластика фасцией;
fasciorrhaphy шов (ушивание) фасции;
fasciotomy фасциотомия *(рассечение фасции)*.

-fast- (*англ.* fast 1. твёрдый, стойкий 2. пост, голодание
и др.) указывает на 1) прочность, стойкость; 2) голодание. В рус. яз. *-упорный, -устойчивый*:
acid-fast кислотоупорный, кислотоустойчивый;
fastidium отвращение к пище;
fastness устойчивость, резистентность.

fat- (*англ.* fat жир) относящийся к жиру. В рус. яз.
-жир-о-:
fat-extracted, fat-free обезжиренный;
fatness ожирение;
fat-splitting жирорасщепляющий.

febr-i- (*лат.* febris лихорадка) относящийся к лихорадке, повышению температуры тела. Син. pyr-o-.
В рус. яз. *-фебр(ил)-, пир-о-*:
febricide жаропонижающий;
febrifacient пирогенный, вызывающий лихорадку;
subfebrile субфебрильный *(указывающий на незначительное повышение температуры тела)*.

fec(al)- (*лат.* faeces, фекалии, экскременты) относящийся к испражнениям, калу. Син. copr-o-. В рус.
яз. *фекал-о-, кал-о-, копр-о-*:
fecalith копролит, каловый конкремент;
fecaloid фекалоидный, напоминающий испражнения.

femin-o- (*лат.* femina женщина) относящийся к женщине, женским признакам. Син. gyn(ec)-o-. В рус.
яз. *фемин-, жен-о-*:
femininity женственность;
feminization феминизация *(развитие соматических и психических признаков, присущих женскому
полу)*;
feminonucleus яйцо оплодотворённой яйцеклетки.

femor-o- (*лат.* femur бедро) относящийся к 1) бедру;
2) бедренной кости. В рус. яз. *бедр-о-*:
femorocele бедренная грыжа;
femorotibial бедренно-большеберцовый, относящийся к бедренной и большеберцовой костям.

ferment-o- (*лат.* fermentum брожение) указывает
на отношение к ферменту. Син. enzym-o-. В рус.
яз. *фермент-о-, энзим-о-*:
fermentable 1. поддающийся ферментации 2. производящий брожение;
fermentation ферментация, брожение;
fermenter ферментёр, бродильный аппарат.

-ferous (*лат.* fero нести) указывает на объект, несущий,
производящий или содержащий что-либо. В рус.
яз. *-производящий, -содержащий*:
lipoferous переносящий жир;
oleiferous маслянистый, маслопроизводящий;
oviferous 1. содержащий яйца 2. несущий или содержащий яйцеклетки

ferr-i/o- (*лат.* ferrum железо) относящийся к железу,
наличие железа. В рус. яз. *ферр-и/о-, желез-о-*:
ferrochrome феррохром *(сплав железа с хромом)*;
ferrometer прибор для определения содержания
железа в крови;
ferroprotein ферропротеид, железосодержащий
белок.

fertil- (*лат.* fero приносить, рождать) указывает на
оплодотворение, плодовитость. В рус. яз. *фертил-*:
fertility плодовитость, фертильность *(способность
приносить потомство)*;
fertilization оплодотворение.

fet-o- (*лат.* fetus порождение, потомство) указывает
на отношение к плоду, зародышу, эмбриону. Син.
embry-o-. В рус. яз. *фет-о-, эмбри-о-, плод-о-*:
fetography рентгенография плода *(в матке)*;
fetology эмбриология;
fetoplacental фетоплацентарный *(относящийся к
плоду и плаценте)*.

fib(e)r(ill)-o- (*лат.* fibra волокно, нить) указывает на
отношение 1) к волокну, волокнистой структуре;
2) фиброзной ткани. В рус. яз. *фибр-о-, волоконн-о-*:
fiberoptic волоконно-оптический;
fibrillolysis фибриллолиз *(расплавление фибрилл
коллагена, преколлагена, ретикулина, миофибрилл
или нейрофибрилл при каком-либо патологическом
процессе)*;
fibroma фиброма *(опухоль из фиброзной ткани)*.

fibrin-o- (*лат.* fibra волокно, нить) относящийся к фибрину *(белку, участвующему в процессе свёртывания крови)*. В рус. яз. *фибрин-о-*:
fibrinogen фибриноген *(белок, превращающийся в
фибрин)*;
fibrinolysis фибринолиз *(растворение фибринового сгустка)*;
fibrinopenia гипофибриногенемия *(пониженное
содержание фибриногена в крови)*.

finger- (*англ.* finger палец *(на руке)*) относящийся к
пальцу:

fingerbreadth поперечник [ширина] пальца;

fingernail ноготь *(пальца руки)*;

fingerprints отпечатки пальцев, снимать отпечатки пальцев.

fistul-o- *(лат.* fistula свищ) относящийся к свищу, фистуле. В рус. яз. *свищ-е-, фистул-о-*:

fistulectomy фистулэктомия *(иссечение свища)*;

fistulization 1. вскрытие полого органа 2. формирование анастомоза 3. образование свища или стомы;

fistulotomy фистулотомия *(рассечение свища)*.

-flex- *(лат.* flexio сгибание) указывает на сгибание, изгиб. В рус. яз. *флекс-*:

fleximeter угломер для измерения амплитуды движения в суставах;

retroflexion ретрофлексия, загиб или перегиб кзади *(органа)*;

semiflexion полусгибание, неполное сгибание.

fluor-o- *(лат.* fluorum фтор, fluor течение, поток) указывает на отношение к 1) фтору; 2) флуоресценции. В рус. яз. *фтор-и-, флуор-о-*:

fluoridation фторирование;

fluoroimmunoassay иммунофлуоресцентный анализ;

fluorosis флюороз *(хроническая интоксикация фтором)*.

follic(u)l-i/o- *(лат.* folliculus мешочек, пузырёк, фолликул) указывает на отношение к пузырьку, мешочку, фолликулу. В рус. яз. *фолликул-о-*:

follicle-stimulating фолликулостимулирующий *(гормон)*;

folliculitis фолликулит *(воспаление волосяного фолликула)*;

folliculoma фолликулома *(опухоль яичника, исходящая из клеток стромы полового тяжа)*.

foot- *(англ.* foot стопа) относящийся к 1) стопе; 2) основанию, опоре:

footdrop отвислая [свисающая] стопа *(при поражении малоберцового нерва)*;

footplate 1. основание стремени 2. опорная поверхность;

footswitch ножной (педальный) выключатель.

fore- *(англ.* fore впереди, передний) относящийся к передней части чего-либо, положению впереди:

forearm предплечье;

foreskin крайняя плоть;

forestomach кардиальный отдел желудка.

-form- *(лат.* forma образ, форма) указывает на какую-либо форму, вид. Син. morph-. В рус. яз. *-форм-, -вид-*:

disciform дисковидный, имеющий форму диска;

sacciform мешковидный, в форме мешка.

forni- *(лат.* fornix свод) относящийся к своду, сводчатому образованию:

fornicolumn столб свода *(головного мозга)*;

fornicommissure спайка свода *(головного мозга)*.

fren- *(лат.* fren(ul)um уздечка) относящийся к складке кожи – уздечке. В рус. яз. *френ-о-*:

frenectomy френэктомия *(иссечение уздечки языка или губы)*;

frenotomy рассечение уздечки.

frig- *(лат.* frigus холод, озноб) относящийся к холоду, низкой температуре. Син. cryo-. В рус. яз. *фриг-, крио-*:

frigidity фригидность, половая холодность *(у женщин)*;

frigorism переохлаждение;

frigotherapy криотерапия *(лечение холодом)*.

front- *(лат.* frons 1. лоб 2. передняя, лицевая сторона) указывает на отношение к 1) лбу; 2) передней части, фронтальной плоскости:

frontal фронтальный, передний, лобный;

frontonasal фронтоназальный, лобно-носовой;

frontotemporal лобно-височный.

-fug-al/ous *(лат.* fuga бег) указывает на 1) летучесть, нестойкость; 2) движение *(от предмета)*:

fugacity фугитивность, летучесть;

somnifugous прогоняющий сон, препятствующий сну;

vermifuge глистогонный.

fund(us)-o- *(лат.* fundus дно) относящийся к дну. В рус. яз. *фунд-о-*:

fundoplication фундопликация, операция Ниссена *(подшивание желудка к диафрагме вокруг пищеводного отверстия)*;

fund(us)ectomy 1. резекция кардиального отдела желудка 2. иссечение дна *(какого-либо органа)*;

funduscopy офтальмоскопия *(осмотр глазного дна)*.

fung-i/o- *(лат.* fungus гриб) относящийся к грибам, грибовидной формы. В рус. яз. *фунг-и-*:

fungemia фунгемия *(гематогенная грибковая инфекция)*;

fungistasis фунгистатическое действие *(задержка роста грибков)*;

fungoid 1. напоминающий гриб, грибковый 2. губчатый, ноздреватый.

fus-i/o- *(лат.* fusio истечение, литьё) указывает на 1) отношение к веретену; 2) слияние, сращение. В рус. яз. *веретен-о-, фуз-о-*:

fusiform веретенообразный;

fusobacterium фузобактерии *(веретенообразные бактерии)*;

fusogen вещество, способствующее слиянию клеток *(при образовании гибридов)*.

G

-galact-o- *(гр.* gala, galact[os] молоко) указывает на отношение к молоку. Син. лакто-. В рус. яз. *-галакт-о-*:

dysgalactia дизгалактия *(нарушение секреции молока)*;

galactocele галактоцеле *(1. ретенционная киста молочной железы 2. кистозная полость, заполненная молочной жидкостью)*;

galactogenic способствующий образованию молока.

galvan-o- (от имени Л. Гальвани (1737–1798), итальянского физиолога) указывает на отношение к электричеству, постоянному току. Син. electr-o-. В рус. яз. *гальван-о-, электр-о-*:

galvanization гальванизация *(применение с лечебной целью постоянного электрического тока)*;

galvanochemistry электрохимия;

galvanosurgery электрокоагуляция, электрохирургический метод.

gamet-o- (*гр.* gametes муж, супруг) относящийся к гамете, половой клетке. В рус. яз. *гамет-о-*:

gametocide гаметоцид *(вещество, разрушающее гаметы)*;

gametogenesis гаметогенез *(образование гамет)*;

gametonucleus ядро гаметы.

gangli-o- (*гр.* ganglion узел) относящийся к 1) узлу; 2) нервному узлу *(ганглию)*. В рус. яз. *гангли-о-*:

ganglioneuroma ганглионеврома *(опухоль из элементов нервных ганглиев)*;

gangli(on)itis ганглионит *(воспаление нервного узла)*;

gangli(on)ectomy ганглиэктомия *(удаление симпатических ганглиев)*.

-gastr-o- (*гр.* gaster желудок, живот) относящийся к 1) желудку; 2) области живота; 3) брюшку *(напр. мышцы)*. В рус. яз. *гастр-о-, чревн-*:

epigastric эпигастральный, надчревный *(расположенный в верхних отделах живота)*;

digastric двубрюшный *(о мышце)*;

gastrectomy гастрэктомия, резекция желудка *(удаление части или всего желудка)*;

gastrocolpotomy чрезбрюшинное вскрытие влагалища.

gelatin-o- (*лат.* gelare застывать) относящийся к желатину:

gelatiniferous продуцирующий или содержащий желатин;

gelatinolytic разжижающий желатин.

-gen(es)-o- (*гр.* genos род, порода, происхождение) указывает на отношение к 1) образованию, развитию чего-либо; 2) гену. В рус. яз. *-ген(ез)-*:

chondrogenic хондрогенный, образующий хрящ;

citogeny цитогенез *(происхождение и развитие клетки)*;

gene therapy генотерапия *(лечение болезни путём воздействия на геном)*.

geni-o- (*гр.* geneion подбородок) относящийся к подбородку. В рус. яз. *-ген-*:

genioglossal подбородочно-язычный;

genioplasty пластика подбородка;

progeny прогения *(выступание нижней челюсти вперёд)*.

-genit(al)-o- (*лат.* gigno, genui, genitum рождать) указывает на отношение к полу, половым органам. В рус. яз. *-половой, -генит(ал)-*:

extragenital экстрагенитальный, внеполовой;

genitoplasty пластика половых органов;

rectogenital относящийся к прямой кишке и половым органам.

gen-i/u- (*лат.* genu колено, изгиб) относящийся к колену. В рус. яз. *колен(н)-о-*:

geniculate коленчатый, коленовидный;

genucalcaneal коленно-пяточный;

genucubital коленно-локтевой.

geny- (*лат.* gena верхняя часть щеки, щека) относящийся к щеке:

genyantralgia боль в области верхнечелюстной пазухи;

genyantritis гайморит *(воспаление верхнечелюстной пазухи)*;

genychiloplasty пластика губы и щеки.

geo- (*гр.* ge земля) относящийся к земле, почве. В рус. яз. *ге-о-*:

geohelminth геогельминт *(паразитические черви, развивающиеся в окружающей среде без участия промежуточных хозяев)*;

geophagia геофагия, землеедство *(патологическое влечение к поеданию земли)*;

geotrichosis геотрихоз *(заболевание, вызываемое дрожжеподобными организмами рода Geotrichum)*.

-ger(at/ont)-i/o- (*гр.* geron старец) относящийся к старому возрасту, старости. В рус. яз. *гер(онт)-о-*:

geroderma геродермия *(атрофия кожи, напоминающая старческую)*;

gerontology геронтология *(раздел биологии и медицины, изучающий процессы старения)*;

progeria прогерия *(патологическое преждевременное старение организма)*.

germ-i- (*лат.* germen росток, зародыш) указывает на отношение к 1) зарождению, зародышу; 2) возбудителю, патогенному микроорганизму. В рус. яз. *-герм-, -микробный*:

germfree безмикробный, стерильный;

germicide антимикробный;

germination зарождение, развитие.

gigant-i/o- (*гр.* gigas, gigant(os) гигант) указывает на гигантские размеры чего-либо. В рус. яз. *гигант-о-*:

gigantism гигантизм, макросомия *(заболевание, характеризующееся чрезмерным ростом)*;

gigantocyte 1. гигантская клетка 2. макроцит, крупный эритроцит;

gigantomastia гигантомастия, макромастия *(патологическое увеличение молочных желёз)*.

gingiv-o- (*лат.* gingiva десна) относящийся к десне. В рус. яз. *гингив-о-*:

gingivitis гингивит *(воспаление тканей десны)*;

gingivoplasty гингивопластика *(пластика дёсен)*;

gingivectomy гингивэктомия *(удаление нежизнеспособных тканей десны)*.

gli-a/o- (*гр.* glia клей) относящийся к нейроглии, глиальным клеткам. В рус. яз. *гли-о-*:

gliacyte глиоцит, нейроглиальная клетка;

glioblastoma глиобластома *(злокачественная опухоль ЦНС, происходящая из клеток нейроглии)*;

gliomatosis глиоматоз *(прогрессирующее разрастание макроглии)*.

-glob- (*лат.* globus шар) относящийся к 1) гемоглобину; 2) форменным элементам крови; 3) глобулинам *(белкам крови)*. В рус. яз. *-глоб-*:

globinometer гемо(глобино)метр *(прибор для колориметрического определения количества гемоглобина в крови)*;

globulolytic гемолитический;

immunoglobulin иммуноглобулин.

-glom(erul)-o- *(лат.* glomus клубок) относящийся к клубочку, гломусу. В рус. яз. *глом(ерул)-о-*:

glomangioma гломангиома *(гломусная опухоль)*;

glomectomy гломэктомия *(удаление гломуса)*;

glomerulonephritis гломерулонефрит *(воспалительное заболевание почек с преимущественным поражением клубочков)*.

-gloss-o- *(гр.* glossa язык) относящийся к языку. В рус. яз. *-глосс-о-*:

glossectomy глоссэктомия *(ампутация или резекция языка)*;

glossitis глоссит *(воспаление языка)*;

glossoplasty пластика языка.

-glott- *(гр.* glottis голосовая щель) относящийся к голосовой щели, гортани. В рус. яз. (эпи)-*глотт-*:

epiglottis надгортанник;

epiglottiditis эпиглоттит *(воспаление надгортанника)*;

glossoepiglottidean язычно-надгортанный.

gluc-o-, -glyc-o- *(гр.* glykys сладкий) относящийся к глюкозе, углеводам. В рус. яз. *глюк-о-, -глик-о-*:

glucagon глюкагон *(гормон, участвующий в регуляции углеводного обмена)*;

glycoptyalism, glycosialia наличие сахара в слюне;

hypoglycemia, glucopenia гипогликемия *(пониженное содержание глюкозы в крови)*.

-gnath-o- *(гр.* gnathos челюсть) относящийся к челюсти. В рус. яз. *гнат-о-*:

gnathalgia гнаталгия *(боль в челюсти)*;

gnathodynamometer гнатодинамометр *(прибор для измерения силы жевательной мускулатуры)*;

perignathic перигнатический, расположенный около челюсти.

gon-a/e/y- (1. *гр.* gone рождение, семя 2. *гр.* gony колено) указывает на отношение к 1) семенным канальцам, семявыносящим путям; 2) колену. В рус. яз. *гон-*:

gonalgia гоналгия *(боль в коленном суставе)*;

gonangiectomy вазэктомия *(резекция семявыносящего протока)*;

gonecystopyosis нагноение семенного пузырька;

gonitis гонит *(воспаление коленного сустава)*;

gonyoncus опухание коленного сустава.

-gonad-o- *(гр.* gone рождение, семя + aden железа) указывает на отношение к половым железам *(гонадам)*. В рус. яз. *-гонад-о-*:

gonadectomy гонадэктомия *(удаление яичка или яичника)*;

gonadopathy гонадопатия *(заболевание гонад)*;

gonadotropic гонадотропный, влияющий на половые железы.

gonio- *(гр.* gonia угол) относящийся к какому-либо анатомическому углу. В рус. яз. *гонио-*:

goniometer гониометр, угломер *(инструмент для измерения амплитуды движений суставов конечностей и подвижности позвоночника)*;

gonioscope гониоскоп *(прибор для исследования радужно-роговичного угла глаза)*;

goniotomy гониотомия *(рассечение сращений в области радужно-роговичного угла)*.

gon-o- (1. *гр.* gone рождение, семя 2. *лат.* gonococcus гонококк) указывает на отношение к 1) полу, рождению; 2) гонококкам *(см. тж.* gonococc-o-). В рус. яз. *гон-о-*:

gonoblast 1. зародышевая клетка, гонобласт **2.** половая клетка;

gonophage гонококковый бактериофаг;

gonosome гоносома *(половая хромосома)*.

gonococc-o- *(лат.* gonococcus гонококк) указывает на отношение к гонококкам *(см. тж.* gon-o-). В рус. яз. *гонококк-о-*:

gonococcemia гонококкемия *(наличие гонококков в крови)*;

gonococcide гонококкцид *(средство, убивающее гонококков)*.

-gram *(гр.* gramma нечто написанное, буква, запись) указывающий на запись, фиксацию, снимок. В рус. яз. *-грамма*:

bronchogram бронхограмма *(рентгенограмма лёгких и бронхов)*;

echoencephalogram эхоэнцефалограмма *(снимок при ультразвуковом исследовании головного мозга)*;

urogram урограмма *(рентгенограмма почки)*.

-granul-o- *(лат.* granulum уменьшительное от granum зерно) указывает на наличие гранул, зернистую структуру. В рус. яз. *гранул-о-*:

granulocyte гранулоцит, зернистый лейкоцит;

granulocytopenia гранулоцитопения *(пониженное содержание гранулоцитов в крови)*.

graph-o-, -graph(y) *(гр.* grapho писать) указывает на 1) отношение к письму, почерку; 2) исследование, описание с записью аппаратом; 3) аппарат для записи. В рус. яз. *-граф-о-, - граф(ия)*:

cholecystography холецистография *(контрастное рентгеновское исследование жёлчного пузыря)*;

electrocardiograph электрокардиограф *(аппарат для записи электрокардиограмм)*;

graphopathology интерпретация психических расстройств путём изучения почерка;

graphospasm графоспазм, писчий спазм.

gyn(ec)-o- *(гр.* gyne женщина) относящийся к женскому организму или женским репродуктивным органам. Син. femin-o-. В рус. яз. *гинек-о-*:

gynecology гинекология

gynecomastia гинекомастия *(увеличение молочных желёз у мужчин)*;

gynecophobia гинекофобия *(патологическая неприязнь к женщинам)*;

gynoplastics гинопластика *(пластическая операция на женских половых органах)*.

-gyr(ic)- *(гр.* gyros круг, круговой, извилина) указывает на 1) поворот; 2) извилину. В рус. яз. *-гир-*:

agyria агирия *(врождённое отсутствие извилин коры больших полушарий мозга)*;

cephalogyric относящийся к поворотам головы;

ophthalmogyric цефалогирический, относящийся к движениям глазного яблока.

H

haem-o- (*гр.* hiama кровь) относящийся к крови. В рус. яз. *гем-о-*:
haemagglutination склеивание эритроцитов;
haematogenesis кроветворение, образование крови в организме;
haemophobia гемофобия (*болезненный страх крови*).

hair- (*англ.* hair волосы, волос) относящийся к волосам. Син. trich-o-. В рус. яз. *волос-о-, трих-о-*:
hairball трихобезоар (*волосяная опухоль, образование волосяных конкрементов в желудке*), волосяной шар;
hair-covering волосяной покров;
hairiness гипертрихоз, волосистость.

half- (*англ.* half половина) указывает на половину чего-либо. Син. demi-, hemi-, semi-. В рус. яз. *полу-*:
half-blood 1. родство по одному из родителей **2.** человек смешанной расы;
half-life период полураспада или полувыведения;
half-permeable полупроницаемый.

hallucin-o- (*лат.* hallucinatio бред, видения) указывает на отношение к галлюцинациям, видениям. В рус. яз. *галлюцин-о-*:
hallucinogen галлюциноген (*вещество, вызывающее галлюцинации*);
hallucinosis галлюциноз, галлюцинаторный синдром.

hamart-o- (*гр.* hamartia ошибка, изъян) указывает на 1) отношение к аномалии развития; 2) неправильное действие. В рус. яз. *гамарт-о-*:
hamartoblastoma гамартобластома, злокачественная гамартома (*дизонтогенетическая злокачественная опухоль, развивающаяся на основе гамартомы*);
hamartoma гамартома (*опухолевидное образование, представляющее собой тканевую аномалию развития*);
hamartophobia гамартофобия (*патологическая боязнь совершения недостойного поступка*).

hand- (*англ.* hand рука [кисть]) относящийся к руке, кисти руки. Син. ch(e)ir-o-:
handbarrow носилки, носилки-каталка;
handbath ручная ванна;
handwash 1. обработка рук (*хирурга*) **2.** средство для обработки рук (*хирурга*).

hapt-o- (*гр.* hapto прикасаться) относящийся к прикосновению. В рус. яз. *гапт-о-*:
haptometer прибор для измерения тактильной чувствительности;
haphephobia гаптофобия (*патологическая боязнь прикосновения*).

head- (*англ.* head голова) относящийся к 1) голове; 2) головке, наконечнику. Син. -cephal-o-. В рус. яз. *голов-о-*:
headache цефалгия (*головная боль*);
headholder головодержатель (*у операционного стола*);
headlight налобный (головной) осветитель.

heart- (*англ.* heart сердце) относящийся к 1) сердцу; 2) сердцевине, центральной части. Син. card(i)-o-:
heartbeat, heart-throb сердечное сокращение;
heartmobile автомобиль скорой кардиологической помощи;
heartstone остановка сердца в систоле, «каменное сердце».

heat- (*англ.* heat тепло) относящийся к теплу. Син. calor-i-, term-o-. В рус. яз. *тепл-о-*:
heatproof теплостойкий;
heat-sensitive чувствительный к высокой температуре;
heatstroke тепловой удар.

heb-e/i- (*гр.* hebe юность, половое созревание) указывает на отношение к 1) юношескому возрасту; 2) половому созреванию. В рус. яз. *гебе-*:
hebephrenia гебефрения (*форма шизофрении, развивающаяся в юношеском возрасте*);
hebetic относящийся к пубертатному периоду;
hebiatrics подростковая медицина.

hel- (*древнегр.* Ἕλκος язва, рана, нарыв) относящийся к язве. Син. ulcer-o-:
helcology гелькология (*учение о язвенных процессах*);
helcoma язва роговицы, язвенный кератит;
helcoplasty пластическое замещение язвенного дефекта.

heli-o- (*гр.* helios солнце) относящийся к солнцу, солнечному свету. В рус. яз. *гели-о-*:
heliotherapy гелиотерапия, солнцелечение;
heliopathy гелиопатия (*патологическое состояние, вызванное солнечным облучением*);
heliophobia гелиофобия (*светобоязнь*).

helminth-o- (*гр.* helmins, helminth[os] червь, глист) указывает на отношение к гельминтам, червям-паразитам. В рус. яз. *гельминт-о-*:
helminthicide противоглистное средство;
helminthism гельминтоз (*поражение организма человека [глистами] гельминтами*);
helminthology гельминтология (*раздел медицины, изучающий болезни, вызванные гельминтами*).

hem(at)-o- (*гр.* haima кровь) относящийся к крови. Син. blood-, sangu-i-, -emia. В рус. яз. *гем-о-*:
hemafacient гемопоэтический, кроветворный;
hem(at)oblast гемоцитобласт (*стволовая клетка крови*);
hemocytolysis гемолиз, эритроцитолиз (*процесс разрушения эритроцитов с выделением из них в окружающую среду гемоглобина*).

hemi- (*гр.* hemi- полу) указывает на половину чего-либо. Син. demi-, half-, semi-. В рус. яз. *полу-*:
hemialgia гемиалгия (*боли в одной половине тела*);
hemianacusia гемианакузия (*односторонняя глухота*);
hemihypertrophy гемигипертрофия (*гипертрофия мышц одной половины лица или тела*).

hepat(ic)-o- (*лат.* hepar печень) указывает на отношение к печени. В рус. яз. *гепат(ик)-о-*:

hepatectomy гепатэктомия *(удаление или резекция печени)*;

hepaticolithotomy гепатиколитотомия *(удаление конкремента из печёночного протока)*;

hepatocellular гепатоцеллюлярный, печёночно-клеточный.

hered-o- *(лат.* heres, heredis наследник; hereditas наследство, наследие) относящийся к наследственности:

heredoimmunity наследственный иммунитет;

heredomacular относящийся к наследственным дегенерациям жёлтого пятна сетчатки.

herni-o- *(лат.* hernia грыжа) относящийся к грыже. Син. cel(e)-o-. В рус. яз. *герни-о-*:

herniology герниология *(учение о грыжах)*;

hernioplasty герниопластика *(пластика грыжевых)*;

herniotomy гарниотомия *(грыжесечение)*.

herp(es/et)-i- *(гр.* herpo ползти) относящийся к герпесу. В рус. яз. *герпет-и-*:

herpesvirus вирус герпеса;

herpetiform герпетиформный, сходный с герпесом.

heter-o- *(гр.* heteros другой, иной) указывает на различие; отклонение, иное происхождение. В рус. яз. *гетер-о-*:

heterobrachial гетеробрахиальный, разноплечий *(о хромосомах)*;

heteroinfection экзогенная инфекция, гетероинфекция;

heterostoma асимметрия рта.

hex(a)- *(древнегр.* ἑξάμετρον, от ἕξ шесть) относящийся к цифре шесть:

hexavaccine поливалентная вакцина, содержащая шесть антигенов;

hexameter шестистопный стих, гекзаметр.

hidr-o-, hydr-o- *(гр.* hidros пот) относящийся к поту, потоотделению. В рус. яз. *гидр-о-, пот-о-*:

hidrocystoma, hydrocystoma гидрокистома *(киста потовой железы)*;

hidropoiesis потоотделение;

hidrosadenitis гидраденит *(гнойное воспаление апокринных потовых желёз)*.

high- *(англ.* high высокий) указывает на нечто высокое. В рус. яз. *высок-о-*:

high-activity высокоактивный;

high-caloric высококалорийный;

high-toxic высокотоксичный.

hist-o- *(гр.* histos столб, ткань) относящийся к ткани. В рус. яз. *гист-о-*:

histoclastic разрушающий ткань *(о клетках)*;

histocompatibility гистосовместимость, тканевая совместимость;

histotropic гистотропный *(обладающий сродством к какой-либо ткани)*.

hol-o- *(гр.* holos весь, полный) указывает на весь предмет, полноту действия. В рус. яз. *гол-л-, полн-о-*:

holodiastolic голодиастолический *(сердечный шум, выслушиваемый в течение всей диастолы)*;

holoenzyme полный фермент, голофермент *(апофермент в комплексе с коферментом)*;

holotonia общие (генерализованные) судороги.

hom(e)o- *(гр.* homoios подобный) указывает на похожесть, аналогичность чего-либо. В рус. яз. *гом(е)о-*:

homeoplasia новообразование ткани, сходное по свойствам с нормальной тканью;

homeosynapsis гомеосинапсис *(конъюгация гомологичных хромосом в мейозе)*;

homeotherapy гомеотерапия *(предупреждение и лечение болезни веществом, подобным, но не идентичным активному агенту, вызывающему болезнь)*;

homogametic гомогаметный, образующий зародышевые клетки с одинаковым набором половых хромосом.

hormon-o- *(гр.* hormaino приводить в движение, побуждать) указывает на отношение к гормонам. В рус. яз. *гормон-о-*:

hormonogenic гормонообразующий;

hormonotherapy гормонотерапия *(лечение гормонами)*.

humer-o- *(лат.* humerus плечо) относящийся к плечевой кости. Син. brachi-o-. В рус. яз. *плеч-е-*:

humeroradial плечелучевой;

humeroscapular плечелопаточный;

humeroulnar плечелоктевой.

hyal-o- *(гр.* hyalos стекло) относящийся к 1) стекловидному телу глаза; 2) гиалину. В рус. яз. *гиал-о-*:

hyalinosis гиалиновое перерождение, гиалиновая дистрофия, гиалиноз *(вид белковой дистрофии)*;

hyaloplasm основная цитоплазма, цитоплазматический матрикс, гиалоплазма *(жидкость, находящаяся внутри клеток)*.

hydr-o- *(гр.* hydōr вода) относящийся к 1) воде, жидкости; 2) поту, потоотделению *(см.* hidr-o-). Син. aqu-e/o-. В рус. яз. *вод-о-, гидр-о-*:

hydriatrics гидротерапия *(водолечение)*;

hydrometra гидрометра *(скопление жидкости в полости матки)*;

hydrophtalmos гидрофтальм *(водянка глаза)*.

hygr-o- *(гр.* hygros влажный) относящийся к влаге, влажности, жидкости. В рус. яз. *гигр-о-*:

hygroma гигрома *(киста, содержащая жидкость)*;

hygroscopic гигроскопичный;

hygrostomia гиперсаливация, сиалорея *(повышенное слюноотделение)*.

hymen-o- *(гр.* hymen кожица, пленка) указывает на отношение к девственной плеве, гимену. В рус. яз. *гимен-о-*:

hymenitis гименит *(воспаление девственной плевы)*;

hymenotomy гименотомия *(рассечение девственной плевы)*.

hyo- *(гр.* hyoideus свиноподобный; os hyoideum подъязычная кость) относящийся к подъязычной кости. В рус. яз. *подъязычн-о-*:

infrahyoid подподъязычный;

hyoepiglottic подъязычно-надгортанный;

hyoglossal подъязычно-язычный.

hyper- *(гр.* предлог и приставка hyper со значением над, сверх) указывает на 1) повышенное количество чего-либо; 2) расположение над, выше чего-либо. Син. epi-. В рус. яз. *гипер-*:

hyperchlorhydria гиперхлоргидрия *(повышенная кислотность желудочного сока)*;

hyperenzymemia гиперферментемия *(повышенное содержание какого-либо фермента в крови)*;

hyperpelvic расположенный над тазом.

hypn-o- *(гр. hypnos сон)* относящийся к 1) сну; 2) гипнозу. В рус. яз. *гипн-о-*:

hypnalgia гипналгия *(боль, возникающая только во сне)*;

hypnoidization гипнотизация *(введение в гипноз)*;

hypnologist 1. гипнолог *(лицо, проводящее гипноз)* 2. специалист в области изучения механизмов сна.

hyp(o)- *(гр.предлог и приставка hypo- со значением под, ниже)* указывает на 1) пониженное количество чего-либо; 2) расположение ниже, под чем-либо. Син. infra-, sub-, under. В рус. яз. *гипо-*:

hyparterial расположенный под артерией;

hypoactivity гипофункция *(пониженная функция)*;

hypotonia гипотония *(сниженный тонус мыши)*.

hyster-o- *(гр. hystera матка)* относящийся к 1) матке; 2) истерии. Син. metr-o-. В рус. яз. *гистер-о-, истер-о-, метр-о-*:

hysterectomy гистерэктомия *(удаление матки)*;

hysteritis метрит *(воспаление матки)*;

hysterogenic истерогенный, вызванный истерией.

I

-ia *(лат. -ia суффикс существительных)* относящийся к заболеванию. В рус. яз. *-ия*:

anemia анемия, малокровие;

neuralgia невралгия;

pneumonia пневмония.

-iasis *(гр. -iasis суффикс существительных)* указывает на патологическое состояние или заболевание. В рус. яз. *-иаз(ис)*:

hypochondriasis гипохондрия, ипохондрия *(болезненное, угнетённое состояние, вызванное мнительностью)*;

mydriasis мидриаз *(расширение зрачка)*;

psoriasis псориаз, чешуйчатый лишай *(заболевание кожи человека)*.

-iatr-i/o-, -iatry *(гр. iatros врач)* относящийся к лечению, медицине. В рус. яз. *-ятро-, -атрия*:

geriatrics гериатрия *(раздел медицины, изучающий болезни людей пожилого и старческого возраста)*;

iatrogenic ятрогенный *(вызванный врачебным вмешательством)*;

pediatrics, pediatry педиатрия.

ichthy-o- *(гр. ichthys рыба)* относящийся к 1) рыбе; 2) чему-либо, напоминающему рыбью чешую. В рус. яз. *ихти-о-*:

ichthyology ихтиология *(раздел биологии, занимающийся изучением рыб и рыбообразных)*;

ichthyosis ихтиоз, рыбья кожа *(разновидность кератоза, характеризующаяся генерализованным нарушением орговения кожи)*;

ichthyotoxin ихтиотоксин *(токсин некоторых рыб)*.

ide-o- *(лат. idea замысел, понятие)* относящийся к мышлению, психической деятельности. В рус. яз. *идео-*:

ideoglandular относящийся к условно-рефлекторному механизму секреции;

ideomotion идеомоторный акт, идеомоторная реакция, идеомоторика *(представление о выполнявшемся движении, которое ведёт к реальному воспроизведению этого действия)*;

ideomotor идеомоторный.

idi-o- *(гр. idios собственный, своеобразный, необычный)* указывает на отношение к 1) чему-либо особенному, необычному, неясного происхождения; 2) собственному. В рус. яз. *иди-о-*:

idiogenesis идиогенез, неизвестное происхождение, неустановленная природа *(заболевания)*;

idioglossia идиоглоссия *(непонятная речь вследствие дефектов произношения)*;

idioventricular идиовентрикулярный, собственно желудочковый, относящийся к желудочку сердца.

ile-o- *(лат. ilia самая нижняя часть живота, подвздошная область)* относящийся к подвздошной кишке. В рус. яз. *илео-, подвздошн-о-*:

ileocecal илеоцекальный, подвздошно-слепокишечный;

ileoentropy выворачивание сегмента подвздошной кишки;

ileotransversostomy илеотрансверзоанастомоз *(анастомоз между подвздошной и поперечно-ободочной кишкой)*.

ili-o- *(лат. os ilium подвздошная кость)* указывает на отношение к 1) подвздошной кости; 2) подвздошной мышце. В рус. яз. *или-о-, подвздошн-о-*:

iliolumbar подвздошно-поясничный;

iliosciatic подвздошно-седалищный;

iliospinal илиоспинальный, подвздошно-позвоночный.

immun-i/o- *(лат. immunis избавленный от чего-либо, не подверженный чему-либо)* относящийся к иммунитету. В рус. яз. *иммун-о-*:

immunoreconstitution восстановление иммунной реактивности *(организма)*;

immunosurgery иммунохирургия *(применение специфических иммунных сывороток в хирургии)*;

immunotransfusion иммунотрансфузия *(метод пассивной иммунизации)*.

in-, im- *(лат. предлог и приставка in со значением в, лат. отрицательная приставка in- со значением не)* указывает на 1) расположение внутри чего-либо; 2) отрицание. В рус. яз. *ин-, им-, не-, без-*:

imbalance нарушение равновесия, несоответствие, дисбаланс;

immedicable неизлечимый, не поддающийся лечению, инкурабельный;

immobile неподвижный;

inalbuminate безбелковый;

inpatient стационарный больной.

incud-o- (*лат.* in-cūdo ковать, выковывать, отделывать) относящийся к наковальне. В рус. яз. *наковальн-*:

incudectomy удаление наковальни;

incudomalleal наковальне-молоточковый;

incudostapedial наковальне-стременной.

infra- (*лат.* infra под, ниже) относящийся к расположению ниже чего-либо. В рус. яз. *инфра-, под-*:

infracostal подреберный;

inframaxillary подчелюстной;

infraphysiologic относящийся к гипофункции.

ino- (*гр.* is, inos мышца) относящийся к волокнам, мышцам. В рус. яз. *ино-, -ин-*:

inoscopy микроскопия фибриллярных структур;

inotropic инотропный, изменяющий силу мышечного сокращения.

inter- (*лат.* inter между) относящийся к расположению между структурами. В рус. яз. *интер-, меж-*:

interarticular межсуставной;

interdentium межзубный промежуток, межзубное пространство;

interlobar интерлобарный, междолевой.

intra-, intro- (*лат.* intra, intro внутри) относящийся к расположению внутри чего-либо. В рус. яз. *интра-, внутри-, интро-*:

intraarterial внутриартериальный;

intracardiac внутрисердечный, интракардиальный;

intracranial внутричерепной, интракраниальный;

introverted интровертированный (*о складе личности*).

iod-o- (относящийся к йоду. В рус. яз. *йод(н)-о-*:

iodism йодизм (*интоксикация йодом*);

iododerma йододерма, йодный дерматит;

iodophilic йодофильный, окрашиваемый йодом.

irid-o- (*гр.* iris, iridos ярко окрашенный кружок, радужка) указывает на отношение к радужной оболочке глаза. В рус. яз. *ирид-о-*:

iridectomy иридэктомия (*иссечение части радужки*);

iridocyclitis иридоциклит (*воспаление радужки и ресничного тела*);

iridotomy иридотомия (*рассечение радужки*).

ir- (от *лат.* in не) относящийся к отрицанию. В рус. яз. *не-*:

irreducible невправимый (*о грыже*), не поддающийся лечению;

irregular имеющий неправильную форму, несимметричный, неровный;

irreversible необратимый (*о процессе*).

is(ch)- (*гр.* ischo препятствовать) относящийся к недостаточности, задержке чего-либо. В рус. яз. *иш-*:

ischemia ишемия (*местная [малокровие] анемия*);

ischolia недостаточное поступление жёлчи в кишечник;

ischuria ишурия (*задержка мочи*).

ischi-o- (*гр.* ischion тазобедренный сустав, седалище) указывает на отношение к седалищной кости, седалищному нерву. В рус. яз. *иши-о-, седалищн-о-*:

iscialgia ишиалгия (*боль по ходу седалищного нерва*);

ischiococcygeal седалищно-копчиковый;

ischiopubic седалищно-лобковый, ишиопубикальный.

is-o- (*гр.* isos равный) указывает на равенство, постоянство. В рус. яз. *изо-, равно-*:

isodactylism изодактилия (*равнопалость*);

isohypercytosis изогиперлейкоцитоз (*лейкоцитоз без изменения лейкоцитарной формулы*);

isopia изопия (*одинаковая острота зрения в обоих глазах*).

-itis (*гр.* -itis имеющий значение, относящийся к чему-либо) относящийся к воспалительным процессам и болезням. В рус. яз. *-ит*:

gastritis гастрит (*поражение оболочки желудка с преимущественно воспалительными изменениями при остром развитии процесса*);

ligamentitis лигаментит (*воспаление связки*);

pancreatitis панкреатит (*воспалительно-некротическое поражение поджелудочной железы*).

J

jejun-o- (*лат.* jejunus ничего не евший, тощий) указывает на отношение к тощей кишке. В рус. яз. *еюн-о-*:

jejunectomy еюнэктомия (*резекция тощей кишки*);

jejunitis еюнит (*воспаление тощей кишки*);

jejunotomy еюнотомия (*разрез тощей кишки*).

juxta- (*лат.* juxta возле, вблизи) указывает на расположение около чего-либо. В рус. яз. *юкста-, около-, пара-*:

juxtaglomerular околоклубочковый, юкстагломерулярный;

juxtapyloric околопривратниковый;

juxtaspinal околопозвоночный, паравертебральный.

K

kak-o- (*гр.* kakos плохой) относящийся к чему-либо плохому, неприятному, противоположному. В рус. яз. *-как-о-*:

kakergasia какергазия (*парциальное расстройство поведения*);

kakesthesia расстройство чувствительности, недомогание;

kakosmia какосмия, обонятельная дизестезия (*расстройство функции обонятельного анализатора*).

-kali-o- (*лат.* kalium калий) относящийся к калию. В рус. яз. *-кали-о-*:

kaligenous образующий калий, калигенозный;

kaliopenia гипокалиемия (*пониженное содержание калия в крови*).

-kary-o- (*гр.* karyon ядро ореха) относящийся к ядру клетки. В рус. яз. *-кари-о-, нукле-о-*:

heterocaryon гетерокарион *(клетка, содержащая генетически различные ядра)*;

karyogamy кариогамия *(слияние ядер двух гамет при оплодотворении)*;

karyolemma кариолемма, нуклеомембрана, ядерная оболочка.

kel-o- (*гр.* kele опухоль) относящийся к 1) келоиду; 2) грыже. В рус. яз. *келоид-о-, герни-о-*:

keloplasty иссечение келоида, пластика рубцовых деформаций;

kelotomy герниотомия *(грыжесечение)*.

ken-o- (*гр.* kenoo опустошаю, лишаю; kenos пустой) указывает на отсутствие чего-либо. В рус. яз. *кен-о-*:

kenogenesis отклонение от нормального хода развития;

kenophobia кенофобия *(патологическая боязнь открытой местности)*;

kenotoxin кенотоксин, токсин утомления *(при мышечном напряжении)*.

-kerat-o- (*гр.* keras рог, вещество рога) указывает на отношение к 1) ороговению; 2) роговице. В рус. яз. *-керат-о-, рог-о-*:

keratogenous 1. образующий роговое вещество **2.** вызывающий ороговение;

keratoplasty кератопластика *(пересадка роговицы вместо удалённого мутного участка роговицы)*;

parakeratosis паракератоз *(нарушение процесса ороговения эпидермиса)*.

-kin(e/et)-o- (*гр.* kineo приводить в движение, двигать) указывает на отношение к движению. В рус. яз. *-кин-о-, кинез-и/о-*:

dyskinesia дискинезия *(расстройство координированных двигательных актов)*;

kinesialgia боль, связанная с движениями;

kinomometer киномометр *(прибор для измерения степени подвижности пальцев рук и запястья)*.

-koni-o- (*гр.* konia пыль) относящийся к пыли. В рус. яз. *-кони-о-, пыл-е-*:

konimeter кониметр *(прибор для измерения количества пыли в воздухе)*;

koniocortex кониокортекс, пылевидная кора *(в чувствительных областях коры большого мозга)*.

-kym-i/o- (*гр.* kyma волна, волнение) указывает на отношение к волнам, движениям. В рус. яз. *-ким-и/о-*:

kymography кимография *(метод регистрации изменений физиологического параметра во времени путём его автоматической записи на равномерно движущуюся ленту)*;

kymoscope кимоскоп *(аппарат для измерения пульсовой волны или измерений кровяного давления)*;

myokymia миокимия, псевдофасцикуляция *(преходящее подёргивание круговой мышцы глаз)*.

kyph-o- (*гр.* kyphos согнувшийся, кривой) указывает на отношение к искривлению позвоночника. В рус. яз. *киф-о-*:

kyphoscoliosis кифосколиоз *(сочетание кифоза со сколиозом)*;

kyphosis кифоз *(искривление позвоночника в сагиттальной плоскости выпуклостью кзади)*, горб;

kyphotone корсет, используемый при туберкулёзе позвоночника.

kysth-i/o- (*гр.* kysthos влагалище) относящийся к влагалищу. В рус. яз. *вагин-и/о-, кольп-и/о-*:

kysthitis кольпит, вагинит *(воспаление слизистой оболочки влагалища)*;

kysthoptosia выпадение [выворот] влагалища.

L

-labi-o- (*лат.* labium губа) относящийся к губе. В рус. яз. *-губ(н)-о-*:

dentilabial зубогубной, дентолабиальный;

labiograph прибор для регистрации движений губ *(во время речи)*;

labiopalatine губно-нёбный.

labyrinth-i/o- (*гр.* labyrinthos лабиринт) указывает на отношение к ушному лабиринту. В рус. яз. *лабиринт-и/о-*:

labyrinthectomy лабиринтэктомия *(удаление костного и перепончатого лабиринта)*;

labyrinthitis лабиринтит, внутренний отит *(воспаление внутреннего уха)*;

labyrinthotomy лабиринтотомия *(вскрытие полости костного лабиринта)*.

-lacrim-o- (*лат.* lacrima слеза) относящийся к слезам. В рус. яз. *-слёз(н)-о-*:

nasolacrimal носослёзный;

lacrimonasal носослёзный, слёзно-носовой;

lacrimotomy вскрытие слёзного мешка или слёзного протока.

-lact(at)-i/o- (*лат.* lac, lactis молоко) относящийся к 1) молоку; 2) молочной кислоте. В рус. яз. *лакт-о-*:

lactigenic лактогенный, вырабатывающий молоко;

lactobacillus лактобацилла, молочно-кислая бактерия;

prolactin пролактин, лактогенный гормон.

-lal-i/o- (*гр.* lalia речь) относящийся к речи. В рус. яз. *-лал-и/о-*:

dyslalia дислалия, косноязычие *(расстройство артикуляции, обусловленное структурными аномалиями или связанное с нарушением слуха)*;

lalopathology логопатология *(раздел медицины, посвящённый расстройствам речи)*;

lalorrhea логорея *(речевое недержание)*.

lamin-o- (*лат.* lamina пластина) указывает на отношение к 1) слою, пластине; 2) пластинке дуги позвонка. В рус. яз. *ламин-о-, том-о-*:

laminagraphy томография, ламинография *(послойное рентгенологическое исследование)*;

laminectomy ламинэктомия *(вскрытие позвоночного канала удалением дуг позвонков)*;

laminotomy ламинотомия, рахиотомия *(рассечение одной или нескольких дуг позвонков)*.

lapar-o- *(гр.* lapara живот, чрево*)* относящийся к 1) животу; 2) брюшной полости. Син. abdomin-o-. В рус. яз. *лапар-о-, брюшн-о-:*

laparocele брюшная грыжа, грыжа живота;

laparonephrectomy чрезбрюшинная нефрэктомия *(удаление почки через брюшную полость)*;

laparotomy лапаротомия, чревосечение *(рассечение брюшной стенки)*.

laryng-i/o- *(гр.* larynx гортань*)* относящийся к гортани. В рус. яз. *ларинг-о-:*

laryngitis ларингит *(воспаление гортани)*;

laryngopharyngectomy ларингофарингэктомия *(резекция гортани и глотки)*;

laryngiplasty ларингопластика *(пластическая операция на гортани)*.

later-o- *(лат.* latus, lateris бок*)* относящийся к боковой поверхности чего-либо, отклонению в сторону. В рус. яз. *латер-о-:*

laterodeviation латеродевиация *(отклонение [смещение] в сторону)*;

lateroflexion латерофлексия *(боковое сгибание)*;

lateroposition 1. латеропозиция, положение на боку 2. смещение в сторону.

lei-o- *(гр.* leios гладкий*)* относящийся к чему-либо гладкому *(ткани, волокну)*. В рус. яз. *лей-о-:*

leiodermia лейодермия *(аномальная гладкость кожи)*;

leiomyoma лейомиома *(доброкачественная опухоль, развивающаяся из гладкой мышечной ткани)*;

leiomyosarcoma лейомиосаркома *(злокачественная опухоль, развивающаяся из гладкой мышечной ткани)*.

lepr-o- *(гр.* lepra проказа*)* относящийся к лепре *(проказе)*. В рус. яз. *лепр-о-:*

leprology лепрология *(раздел медицины, изучающий лепру)*;

leproma лепрома, лепрозный бугорок, лепроматозная гранулёма;

leprostatic лепростатический *(тормозящий рост палочек лепры)*.

-lepto- *(гр.* leptos тонкий, нежный*)* указывает на отношение к чему-либо тонкому, нежному, слабому. В рус. яз. *лепто-:*

leptomeninges лептоменинкс *(мягкая и паутинная оболочки мозга)*;

leptophonia слабость голоса;

leptotrichosis лептотрихоз *(патологическое истончение волос)*.

-leuk(em)-o- *(гр.* leukos белый*)* относящийся к 1) лейкоцитам; 2) белому веществу головного мозга; 3) белому цвету. В рус. яз. *-лейк-о-:*

aleukemia алейкемия, алейкемический лейкоз *(заболевание, при котором в крови содержится недостаточное количество лейкоцитов)*;

leukocytopenia лейко(цито)пения *(пониженное содержание лейкоцитов в крови)*;

leukodystrophy лейкодистрофия *(нарушение процесса миелинизации в белом веществе головного и спинного мозга)*;

leukonecrosis форма гангрены с образованием струпа серовато-белого цвета.

lev-o- *(лат.* laevus левый*)* относящийся к чему-либо левостороннему. Син. sinistr-o-. В рус. яз. *лев-о-:*

levocardia нормальное положение сердца *(обычно при обратном расположении других органов)*;

levoduction отведение глаза влево;

levogyration левое вращение *(плоскости поляризации)*.

-lien-o- *(лат.* lien селезёнка*)* относящийся к селезёнке. Син. splen-o-. В рус. яз. *лиен-о-, селезёночн-о-:*

gastrolienal относящийся к желудку и селезёнке, желудочно-селезёночный;

lienocele лиеноцеле *(грыжа селезёнки)*;

lienography лиенография, спленография *(селективная ангиография селезёночной артерии)*.

ligament-i/o- *(лат.* ligamentum связка*)* указывает на отношение к связкам. В рус. яз. *лигамент-и/о-:*

ligamentitis лигаментит *(воспаление связки)*;

ligamentopexy фиксация матки путём укорочения её связок.

-lingu(l)-o- *(лат.* lingua язык*)* указывает на отношение к языку, язычку. В рус. яз. *язычн-о-:*

lingulectomy 1. удаление язычка 2. удаление язычкового сегмента лёгкого;

linguocervical язычно-пришеечный;

linguopapillitis язвенное поражение сосочков языка.

-lip-o- *(гр.* lipos жир*)* относящийся к жиру, к липидам. Син. adip-o-, seb-o-, steat-o-. В рус. яз. *-лип-о-:*

hyperlipemia (гипер)липемия *(повышенное содержание жира в крови)*;

lipogenesis липогенез *(образование жира)*;

lipovaccine липовакцина *(вакцина, содержащая растительное масло)*.

liqu-e/o- *(лат.* liquor жидкость, раствор*)* указывает на отношение к жидкости. В рус. яз. *ликв-о-, жиж-:*

liquefacient разжижающий;

liquorrhea ликворея *(истечение цереброспинальной жидкости)*.

-lith-o- *(гр.* lithos камень*)* относящийся к конкременту, плотному образованию. В рус. яз. *-лит-и/о-, камн-е-:*

lithogenesis литогенез, камнеобразование, калькулёз;

lithotony выведение конкремента из мочевого пузыря через растянутый небольшой разрез;

phlebolith венный конкремент, флеболит *(венный камень, образующийся при тромбофлебите)*.

lob-o- *(гр.* lobos доля*)* относящийся к доле, сегменту. В рус. яз. *лоб-о-:*

lobectomy лобэктомия *(удаление доли органа)*;

lobocyte лобоцит *(сегментированная клетка)*.

lochi-o- *(гр.* lochia разрешение от бремени, роды*)* указывает на отношение к послеродовому периоду. В рус. яз. *лохи-о-:*

lochioperitonitis послеродовой перитонит;

lochiometra лохиометра *(задержка послеродовых выделений в полости матки)*.

log-o/y- *(гр.* logos слово*)* относящийся к 1) речи; 2) учению о чём-либо, науке. В рус. яз. *лог-о-:*

logopathy логопатия *(расстройство речи)*;

logorrhea логорея *(речевое недержание)*;

histology гистология (*учение о строении, функциях, развитии и взаимодействии тканей*).

lumb-o-, -lumbar- (*лат.* lumbar поясница) указывает на отношение к пояснице. В рус. яз. *люмб-о-*:
lumbocostal пояснично-рёберный;
lumbago люмбаго, прострел (*приступообразная интенсивная боль в поясничной области*).

lut- (*лат.* luteus желтый) относящийся к жёлтому телу. В рус. яз. *лют-*:
luteoma лютеома (*гормонально-активная опухоль яичника*);
luteectomy удаление жёлтого тела.

-lymph-o- (*лат.* lympha светлая вода) указывает на отношение к 1) лимфе; 2) лимфатической системе.
В рус. яз. *лимф-о-*:
lymphocyte лимфоцит;
lymphoduct лимфатический сосуд;
lymphoma лимфома (*опухоль лимфатической ткани*).

-lys-i/o- (*гр.* lysis разложение, ослабление) указывает на отношение к распаду, разрушению, растворению. В рус. яз. *-лиз-о-*:
lysogenesis лизогенез (*образование лизинов — веществ, способствующих растворению*);
lysimeter лизиметр (*прибор для определения растворимости вещества*);
osteolysis остеолиз (*размягчение, рассасывание и разрушение костной ткани*).

M

macr-o- (*гр.* makros большой, длинный) указывает на большую, длинную величину. В рус. яз. *-макр-о-*:
macrocardia макрокардия (*сердце чрезмерно большого размера*);
macrobiosis долголетие, долгожительство;
macrotomography макротомография (*томография с увеличением изображения*).

maieu(s/t)-i/o- (*гр.* tokos роды) относящийся к родам, акушерству:
maieusiomania послеродовой психоз;
maieusiophobia токофобия (*патологическая боязнь родов*);
maieutologist акушерка, акушер.

mal- (*лат.* malus зло) приставка, указывающая на неправильность, недостаток чего-либо, болезнь.
В рус. яз. *маль-*:
malabsorption малабсорбция, синдром недостаточности всасывания, мальабсорбция;
malreduction неправильная репозиция (*перелома*);
maltreatment ошибки в лечебной практике, неправильное лечение.

-malac-i/o- (*гр.* malakos мягкий) относящийся к 1) размягчению; 2) чему-либо мягкому. В рус. яз. *-маляц-*:
keratomalacia кератомаляция (*размягчения роговицы глаза*);
malacosteon остеомаляция (*размягчение кости*);
malacotomy разрез мягких тканей.

-mamm-i/o- (*лат.* mamma женская грудь) указывает на отношение к 1) молочной железе; 2) секреции молока. В рус. яз. *-мамм-о-, маст-*:
mammectomy маммэктомия, мастэктомия (*ампутация молочной железы*);
mammography маммография, мастография (*рентгенография молочной железы*);
mammotrop(h)in пролактин (*лактогенный гормон*).

-man-ia- (*гр.* mania сумасшествие, душевная болезнь) указывает на отношение к 1) какому-либо бреду;
2) болезненному влечению к чему-либо — мании.
В рус. яз. *-ман-ия-*:
maniacal относящийся к мании, маниакальный;
megalomaniac мегаломан (*человек, страдающий манией величия*);

narcomania наркомания (*токсикомания, возникающая в результате злоупотребления наркотическими средствами*).

man-i/u- (*лат.* manus кисть, рука) относящийся к кисти, руке. В рус. яз. *ман-и/у-*:
maniphalanx фаланга пальца;
manipulation манипуляция, ручной прием;
manual мануальный, ручной.

maschal- относящийся к 1) подмышечной ямке; 2) потовым железам:
maschaladenitis гидраденит, сучье вымя (*воспаление апокринных потовых желёз*);
maschalephidrosis потоотделение в подмышечных ямках;
maschaloncus опухоль в подмышечной ямке.

-mast-o- (*гр.* mastos грудь) указывает на отношение к 1) молочной железе; 2) чему-либо сосцевидному.
В рус. яз. *-маст-о-*:
mastoparietal относящийся к сосцевидному отростку и теменной кости;
mastopathy мастопатия (*заболевание молочных желёз*);
mastoplasia гипертрофия молочной железы.

mazo- (*гр.* mazos грудь) относящийся к 1) молочной железе; 2) плаценте:
mazocacothesis предлежание плаценты;
mazolysis отслойка [отделение] плаценты;
mazorexy коррекция и фиксация отвисшей молочной железы.

meat-o- (*лат.* meatus выход, устье) относящийся к какому-либо проходу, отверстию. В рус. яз. *меат-о-*:
meatometer меатометр (*прибор для измерения диаметра отверстия*);
meatotomy меатотомия (*рассечение наружного отверстия мочеиспускательного канала с целью его расширения*).

mediastin-o- (*лат.* mediastinum средостение) указывает на отношение к средостению. В рус. яз. *-медиастин-о-*:
mediastinitis медиастинит (*воспаление клетчатки средостения*);

mediastinoscopy медиастиноскопия *(метод эндоскопического исследования средостения)*;

mediastinotomy медиастинотомия *(вскрытие средостения)*.

medic-o- *(лат.* medicina врачебная наука, медицина, лекарство)* указывает на отношение к медицине, лечению. В рус. яз. *-медик-, -медиц-*:

medicable излечимый, поддающийся лечению;

medicolegal судебно-медицинский;

medicopsychology медицинская психология.

medull-o- *(лат.* medulla мозг [спинной, костный])* указывает на отношение к 1) костному мозгу; 2) спинному мозгу; 3) мозговому слою надпочечников. В рус. яз. *-медулл-о-, -миел-о-*:

medullocell миелоцит *(незрелая форма гранулоцита)*;

medulloepithelioma медуллоэпителиома, диктиома *(1. редкая опухоль глаза, поражающая ресничное тело или сетчатку 2. редкая злокачественная опухоль нервной системы)*;

medullosuprarenoma феохромоцитома, феохромобластома *(опухоль из хромаффинной ткани мозгового вещества надпочечников)*.

-megal-o/i- *(гр.* megas большой)* указывает на большой размер чего-либо. В рус. яз. *-мега-л-о/и-*:

acromegalia акромегалия, синдром Мари–Лери *(заболевание, проявляющееся увеличением размеров кистей, стоп, лицевого скелета и внутренних органов)*;

megalocephaly мегацефалия, макроцефалия *(голова чрезмерно большого размера)*;

megalospore гигантская спора, макроспора;

megaloureter мега(ло)уретер *(чрезмерное расширение мочеточника)*.

-melan-i/o- *(гр.* melas, melanos чёрный, тёмный)* указывает на отношение к 1) меланинам *(аморфным пигментам чёрного или тёмно-коричневого цвета)*; 2) пигментообразующим клеткам; 3) тёмной, чёрной окраске чего-либо. В рус. яз. *-мелан-и/о-, -мелен-*:

melanonychia меланонихия *(отложение меланина в ногтях)*;

melanorrhagia, melanorrhea мелена, дёгтеобразный стул

melanosarcoma меланома, меланобластома, меланоцитома *(злокачественная опухоль, развивающаяся из пигментных клеток)*.

-mening-i/o- *(гр.* meninx, meningos мозговая оболочка)* указывает на отношение к оболочкам головного или спинного мозга. В рус. яз. *-менинг-и/о* :

meningioma менингиома, менингобластома, менинготелиома *(опухоль, исходящая из мозговой оболочки)*;

meningocele менингоцеле *(грыжа мозговых оболочек)*;

meningomyelitis менингомиелит *(воспаление оболочек и вещества спинного мозга)*.

-men-o- *(лат.* menstrualis месячный)* относящийся к менструальному кровотечению. В рус. яз. *-мен-о-*:

menalgia альго(дис)менорея *(болезненная менструация)*;

menopause менопауза, климактерический период, климакс;

menophania менархе *(первая менструация)*.

ment-o- *(лат.* mentalis подбородочный)* указывает на отношение к подбородку. В рус. яз. *подбород(очн)-о-*:

mentofrontal лобно-подбородочный *(о рентгенографической проекции)*;

mentohyoid подбородочно-подъязычный.

-mer-o- *(гр.* meros часть)* указывает на часть чего-либо, сегмент. В рус. яз. *-мер-о-*:

meromicrosomia патологическое уменьшение какой-либо части тела;

meroscopy выслушивание отдельных компонентов сердечного цикла;

merotomy меротомия *(разделение на сегменты)*.

mes-o- *(гр.* mesos средний)* указывает на 1) среднюю часть, середину чего-либо; 2) брыжейку. В рус. яз. *мез-о-*:

mesaortitis мезаортит *(воспаление средней оболочки аорты)*;

mesocolon мезоколон *(брыжейка ободочной кишки)*;

mesorrhaphy мезорафия *(шов (ушивание) брыжейки)*;

mesosomia средний уровень физического развития.

metabol-i/o- *(гр.* metabole перемена, превращение)* указывает на отношение к обмену веществ. В рус. яз. *метабол-и-*:

metabolimeter метаболиметр, метаболограф *(прибор для определения основного обмена)*;

metabolizable преобразующийся [трансформируемый] в ходе обмена *(веществ)*;

metabolopathy нарушение обмена веществ.

meta- *(гр.* meta между, после, через)* приставка со значением 1) перехода из одного состояния в другое; 2) чередования чего-либо. В рус. яз. *мет-а-*:

metamorphosis метаморфоз, трансформация, перерождение *(изменение формы, строения или функции)*;

metagrippal постгриппозный;

metaplasia метаплазия *(превращение одного типа ткани в другой)*.

metall-o- *(лат.* metallum шахта, рудник)* относящийся к металлам. В рус. яз. *металл-о-*:

metallophilic металлофильный;

metallophobia металлофобия *(патологическая боязнь металлических предметов)*;

metallotherapy металлотерапия *(лечение прикладыванием металлических дисков к коже)*.

meteor-o- *(гр.* meteor(a) небесные явления)* указывает на отношение к климатическим условиям, погоде. В рус. яз. *метео-*:

meteoropathology метеопатология *(раздел климатопатологии, изучающий метеопатии)*;

meteoropathy метеопатия *(изменение состояния организма, обусловленное сменой погоды)*;

meteorotropic метеотропный, метеопатический *(о болезнях, обусловленных погодными условиями)*.

-meter- (*гр.* metreo измерять) относящийся к 1) измерительному прибору; 2) дозированию чего-либо. В рус. яз. *-метр-*:

tonometer тонометр *(прибор для измерения внутриглазного давления)*;

metrodynamometer метродинамометр *(прибор для измерения силы маточных сокращений)*;

microrespirometer аппарат для измерения утилизации кислорода малыми частицами.

metr-o- (*гр.* metra матка) указывает на отношение к матке. В рус. яз. *метр-о-, гистер-*:

metranemia ишемия матки;

metrostaxis кровоточивость матки;

metrectomy метрэктомия, экстирпация матки, гистерэктомия *(удаление матки)*.

micr-o- (*гр.* mikros малый) указывает на 1) малый размер чего-либо; 2) отношение к гистологии. В рус. яз. *микро-, гисто-*:

microangiopathy микроангиопатия *(поражение мелких кровеносных сосудов)*;

microanatomical гистологический;

microcoria микрокория *(зрачок чрезмерно малого размера)*;

microtomy микротомия *(изготовление гистологических срезов)*.

mid- (*лат.* medius средний) указывает на отношение к средней части чего-либо:

midesophageal относящийся к среднему отделу пищевода;

midsection срединный разрез;

midureter средний отдел мочеточника.

mio- (*лат.* mio мышца) относящийся к 1) уменьшению или сокращению чего-либо; 2) рудиментарности, зачаточности. В рус. яз. *мио-*:

miocardia систола *(сокращение сердца)*;

miosphygmia дефицит пульса, симптом Джексона.

mog-i- (*древнегр.* δυσ- приставка, означающая затруднённость, расстройство) указывает на затруднение чего-либо. В рус. яз. *мог-и-*:

mogiarthria дизартрия *(расстройство артикуляции)*;

mogilalia могилалия *(разновидность заикания, при котором затруднено произношение отдельных слогов)*;

mogitocia трудные роды, патологические роды.

mis-o- (*гр.* misos ненависть) относящийся к ненависти, отвращению. В рус. яз. *миз-о-*:

misogamy мизогамия *(патологическое отвращение к браку)*;

misogyny мизогиния *(женоненавистничество)*;

misopedia мизопедия *(ненависть по отношению к детям)*.

mon-o- (*гр.* monos один) указывает на число один. В рус. яз. *мон-о-, одно-*:

monarthric односуставный, монартикулярный, односуставной;

monocular одноглазый, монокулярный;

monomania мономания *(психоз, проявляющийся одним видом психического расстройства)*.

morph-o- (*гр.* morphe образ) указывает на форму, состояние. В рус. яз. *морф-о-*:

morphogenesis морфогенез *(формообразование, совокупность процессов, результатом которых является образование формы, структуры, организации живых тел)*;

morphometry морфометрия *(измерение размеров различных органов тела)*;

morphostasis морфостаз *(устойчивое состояние дифференцированных тканей)*.

morti- (*лат.* mors смерть) относящийся к смерти. В рус. яз. *-мерт(в)-о-*:

mortiferous летальный, смертельный;

mortification гангрена, некроз, омертвение;

mortinatus мертворождённый.

mot(il)-o- (*лат.* motus движение) относящийся к движению. В рус. яз. *мото-, механо-*:

motilogram графическое изображение движений органа;

motoceptor механо(ре)цептор, рецептор мышечного чувства;

motoneuron мотонейрон, двигательный нейрон.

muc-i/o- (*лат.* mucus слизь) относящийся к слизи. В рус. яз. *мук-о-*:

mucigenous слизеобразующий;

mucocele мукоцеле, слизистая киста *(ретенционная киста, заполненная муцином)*;

mucolytic муколитический, растворяющий или разжижающий слизь;

mucopurulent слизисто-гнойный.

multi- (*лат.* multum много) указывает на многочисленность чего-либо. В рус. яз. *мульти-, много-, поли-*:

multiarticular многосуставной;

multicystic поликистозный;

multigesta женщина, имевшая несколько беременностей;

multivitamins поливитамины.

muscul-o- (*лат.* musculus мышца) относящийся к мышцам. В рус. яз. *мышечн-о-, мио-*:

musculocutaneous кожно-мышечный;

musculophrenic относящийся к мышечной части диафрагмы;

musculoplasty миопластика *(мышечная пластика)*.

mut-a- (*лат.* mutatio изменение, перемена) указывает на отношение к изменению, мутации, повреждению. В рус. яз. *мут-а-*:

mutagenesis мутагенез *(процесс возникновения мутаций)*;

mutafacient мутагенный, вызывающий мутацию.

my-o- (*гр.* mys мышца) указывает на отношение к мышечной ткани. В рус. яз. *ми-о-, - мышечн-о-, мускул-о-*:

myalgia миалгия *(боль в мышцах)*;

myasthenic миастенический;

myocele миоцеле *(мышечная грыжа)*;

myoneural мионевральный, нейромышечный.

-myc(et)-o- (*гр.* mykes гриб) относящийся к грибам. В рус. яз. *-мик-о-, мицет-о-*:

mycethemia наличие грибков в циркулирующей крови;

mycotoxin микотоксин *(токсин, продуцируемый грибками)*;

onychomycosis онихомикоз, грибковая онихия *(поражения ногтей, вызванные различными паразитическими грибками)*.

myel-o- *(гр.* myelos костный мозг) относящийся к 1) спинному мозгу; 2) костному мозгу. В рус. яз. *миел-о-*:

myeloma миелома *(заболевание, в основе которого лежит неопластическая пролиферация в костном мозге)*;

myelopathy миелопатия *(невоспалительное поражение спинного мозга)*;

myelotoxic миелотоксический, поражающий или угнетающий костный мозг.

-myring-o- *(гр.* myrinx кожа, барабанная перепонка) указывает на отношение к барабанной перепонке. В рус. яз. *миринг-о-, -ото-*:

mycomyringitis микомирингит *(микоз барабанной перепонки)*;

myringoscope отоскоп *(разновидность ушного зеркала)*;

myringotomy миринготомия *(рассечение барабанной перепонки)*.

-myx-o- *(лат.* mucus слизь) относящийся к слизи. В рус. яз. *-мик-о-*:

myxadenitis воспаление слизистых желёз;

myxocyte микоцит *(слизистая клетка)*;

myxorrhea обильное отделение слизи.

N

nano- *(гр.* nanos карлик) приставка, указывающая на малые размеры чего-либо. В рус. яз. *нано-, микро-*:

nanocephalia микроцефалия *(голова чрезмерно малых размеров)*;

nanosoma карликовость, нанизм, микросомия, наносомия;

nanous низкорослый, карликовый.

narco- *(гр.* narke оцепенение, онемение) указывает на отношение к помрачению сознания, потере чувствительности, наркозу. В рус. яз. *нарко-*:

narcomaniac наркоман;

narcosynthesis наркосинтез *(психотерапевтическое воздействие)*;

narcotherapy наркопсихотерапия.

nas-o- *(лат.* nasus нос) относящийся к носу. В рус. яз. *нос-о-, рин-о-*:

nasolabial носогубной, назолабиальный;

nasopharyngitis ринофарингит, назофарингит, эпифарингит *(воспаление носоглотки)*;

nasoscopy исследование полости носа.

necr-o- *(гр.* nekros мёртвый) относящийся к омертвению чего-либо. В рус. яз. *некр-о-*:

necrocytosis некроцитоз *(дистрофия и гибель клеток)*;

necrophage некрофаг *(клетка, фагоцитирующая остатки отмирающих тканей)*;

necropneumonia гангрена лёгкого, гангренозная пневмония;

necrosteon некроз кости.

neo- *(гр.* neos новый) указывает на 1) новые свойства чего-либо; 2) опухоль; 3) что-либо незрелое, раннее. В рус. яз. *нео-, ново-*:

neoantigen опухолевый антиген;

neocortex новая (гомогенетическая) кора *(головного мозга)*, изокортекс, неокортекс;

neonatology неонатология *(раздел педиатрии, изучающий физиологию и патологию новорождённых)*;

neoplasia неоплазия *(возникновение и развитие новой, обычно опухолевой, ткани)*.

-nephr-i/o- *(гр.* nephros почка) относящийся к почке. В рус. яз. *-нефр-и/о-, почечн-о-*:

glomerulonephritis гломерулонефрит *(заболевание почек, характеризующееся воспалением гломерул)*;

nephrectomy нефрэктомия *(удаление почки)*;

nephredema почечные отеки, застойная почка;

nephrocardiac почечно-сердечный, нефрокардиальный, кардиоренальный, ренокардиальный.

nerv-i/o- *(лат.* nervus нерв) указывает на отношение к нерву. В рус. яз. *нерв-и/о-*:

nervimotility способность к сокращению при раздражении нерва;

nervimuscular нервно-мышечный, относящийся к иннервации мышцы, нейромускульный.

nesidi-o- *(гр.* nesidion островок) относящийся к поджелудочной железе. В рус. яз. *незиди-о-, инсул-о-*:

nesidiectomy иссечение [удаление] островковой ткани поджелудочной железы;

nesidioblast незидиобласт *(клетка-предшественник инсулоцита)*;

nesidioblastoma инсулома, незидиобластома *(аденома островковой ткани)*.

nesti-o- *(гр.* nestis голодный) относящийся к 1) тощей кишке; 2) голоданию. В рус. яз. *еюно-*:

nestiostomy еюностомия *(наложение наружного свища тощей кишки)*;

nestis тощая кишка;

nestitherapy нестиатрия, нестИтерапия *(лечебное голодание)*.

neur-i/o- *(гр.* neuron нерв) относящийся к 1) нерву; 2) нервной системе. В рус. яз. *невр-и/о, нейро*:

neuroanatomy нейроанатомия, анатомия нервной системы;

neurocirculatory нейроциркуляторный, нейроциркулярный;

neurologist невропаталог, невролог;

neuropath невропат *(человек, подверженный нервному заболеванию)*;

neurosecretion нейросекреция *(образование и выделение нейрогормонов)*.

neutr-o- *(лат.* neutrum ни то, ни другое) указывает на нормальность, нейтральность чего-либо. В рус. яз. *нейтр-о-*:

neutroclusion нормальный [физиологический] прикус;

neutrocyte нейтрофильный гранулоцит, нейтрофильный лейкоцит, нейтрофил;

neutropenia нейтропения *(уменьшение содержания нейтрофилов в крови).*

nitro- *(лат.* nitrosus азотистый) относящийся к азоту. В рус. яз. *нитро-, азото-:*
nitrogenous азотный, азотистый, азотсодержащий;
nitroglycerine нитроглицерин;
nitrometer нитрометр *(прибор для измерения концентрации закиси азота в газовых смесях).*

noci- *(лат.* nocere причинять вред, препятствовать) указывает на отношение к боли, повреждениям. В рус. яз. *ноци-:*
nociassociation ноцицептивная [повреждающая] связь патологического очага с центральной нервной системой;
nociceptor ноци(ре)цептор *(болевой рецептор);*
nociperception ноцицепция, восприятие повреждающих влияний *(восприятие боли).*

noct- *(гр.* nyx, nyktos ночь) относящийся к ночному времени суток. В рус. яз. *ночн-, никт-:*
noctambulism снохождение, сомнамбулизм, лунатизм;
nocturia никтурия, ноктурия, ночная полиурия *(мочеиспускание более двух раз за ночь).*

non-i- *(лат.* non не, нет) указывает на 1) отрицание чего-либо; 2) цифру девять. В рус. яз. *не-, а-, без-:*
nonbacterial безмикробный, стерильный;
nonchromaffinic ахромаффинный;
noncontagious неконтагиозный, незаразный;
nonigravida женщина, беременная в девятый раз.

norm-o- *(лат.* normalis нормальный, правильный) указывает на отношение к нормальному состоянию. В рус. яз. *норм-о-:*
normoglycemia нормогликемия *(нормальное содержание сахара в крови);*
normoorthocytosis лейкоцитоз без изменения лейкоцитарной формулы;
normotensive имеющий нормальное артериальное давление.

nos-o- *(гр.* nosos болезнь) относящийся к болезни. В рус. яз. *ноз-о-, пат-о-:*
nosogenic патогенный, болезнетворный;
nosophilia нозофилия *(желание заболеть);*

nosotrophy уход за больным.

not-o- *(гр.* notos, notes спина) относящийся к 1) спине; 2) задней, тыльной части чего-либо:
notalgia ноталгия *(боль в спине);*
notancephalia нотанцефалия *(отсутствие затылочной части черепа);*
notochord нотохорд, спинная струна, хорда.

nucle-o- *(лат.* nucleus ядро) относящийся к ядру. В рус. яз. *нукле-о-, карио-:*
nucleofugal движущийся в направлении от 1) ядра клетки; 2) ядра центральной нервной системы;
nucleonemata ядрышковые нити;
nucleorrhexis кариорексис *(распад ядра клетки).*

null-i- *(лат.* nullus никакой) указывает на 1) нуль; 2) невозможность чего-либо. В рус. яз. *нуль-:*
nulligravida женщина, не имевшая беременности;
nullipara нерожавшая;
nullipotent нуль-потенциальный *(о клетке, о линии).*

nuct-o- *(гр.* nyx, nyktos ночь) относящийся к ночи. В рус. яз. *никт-:*
nyctalgia никталгия *(ночная боль);*
nyctalopia никталопия, куриная [ночная] слепота, гемералопия;
nycturia никтурия, ночная полиурия *(преобладание ночной части диуреза над дневной).*

nymph-o- *(гр.* nýmphe невеста, молодая женщина) относящийся к 1) малым половым губам; 2) женщине. В рус. яз. *нимф-о-:*
nymphectomy иссечение малых половых губ;
nymphomania нимфомания, андромания *(повышенное половое влечение у женщины);*
nymphoncus отёк или гипертрофия малой половой губы.

nystagm-i/o- *(гр.* nystagmos дремота) указывает на отношение к нистагму *(быстро повторяющимся движениям глазных яблок).* В рус. яз. *нистагм-и/о-:*
nystagmiform нистагмоидный, нистагмоподобный;
nystagmograph нистагмограф *(прибор для регистрации движений глаз);*
nystagmography нистагмография *(графическая регистрация движений глаз).*

O

occipit-o- *(лат.* occipitalis затылочный) относящийся к затылку. В рус. яз. *затыл(очн)-о-:*
fronto-occipital лобно-затылочный;
occipitocervica затылочно-шейный;
temporo-occipital височно-затылочный.

oct-i- *(гр.* okto восемь) относящийся к цифре восемь:
octigravida женщина, беременная в восьмой раз;
octipara женщина, родившая восемь детей.

ocul-o- *(лат.* oculus глаз) относящийся к глазам. В рус. яз. *глаз-о-, окул-о-, офтальм-о-:*
oculoglandular глазожелезистый;
oculogyric относящийся к движениям глазного яблока, окулогирный *(о кризе),* глазовращающий;
oculopathy окулопатия, офтальмопатия *(патологический процесс невоспалительного характера в глазу).*

odont-o- *(гр.* odus, odontos зуб) относящийся к зубам. В рус. яз. *одонт-о-:*
odontodynia одонталгия, одонтодиния *(зубная боль);*
odontogram одонтограмма *(зубная диаграмма);*
odontoma одонтома, дентома *(доброкачественная опухоль, состоящая из различных зубных тканей).*

-oid *(гр.* -oid подобный) относящийся к подобию, сходству с чем-либо. В рус. яз. *-оид:*
fibromatoid напоминающий фиброму;
pemphigoid пемфигоид *(напоминающий пузырчатку).*

olecran- *(гр.* olecranon локтевой отросток) указывает на отношение к локтю:
olecranarthritis воспаление локтевого сустава;
olecranarthrocace туберкулез локтевого сустава;
olecranarthropathy заболевание локтевого сустава.

ole-o- (*лат.* oleum масло) относящийся к маслу. В рус. яз. *оле-о-*, *стеат-о-*, *жир-о-*:

oleoarthrosis введение масла в сустав в лечебных целях;

oleocyst стеатома (*жировая киста*);

oleometer бутирометр, жиромер (*прибор для определения содержания жира в молоке*).

olig-o- (*гр.* oligos малый) указывает на 1) небольшое количество чего-либо; 2) недостаточность, дефицит. В рус. яз. *гипо-*, *мало-*, *олиго-*:

oligonatality низкий коэффициент рождаемости;

oligosymptomatic малосимптомный;

oligotrophy гипотрофия (*хроническое расстройство питания*);

oliguria олигурия, олигогидрурия (*выделение малого количества мочи*).

-oma (*древнегр.* суффикс -oma означал патологическое состояние, опухоль) относящийся к новообразованию, опухоли. В рус. яз. *-ома*:

adenoma аденома (*доброкачественная опухоль, возникающая из железистого эпителия*);

hepatoma гепатома, гепатоаденома, печёночно-клеточная аденома (*термин, применявшийся для обозначения первичных новообразований из клеток печени*);

lymphoma лимфома (*собирательное понятие для обозначения всех нелейкемических опухолей кроветворной и лимфоидной ткани*).

om-o- (*гр.* omos плечо) относящийся к плечевому суставу. В рус. яз. *ом-о-*:

omagra подагра с поражением плечевого сустава, омагра;

omarthritis омартрит (*воспаление плечевого сустава*);

omodynia боль в плечевом суставе.

oment-o- (*лат.* omentum сальник) относящийся к сальнику. В рус. яз. *омент-о-*:

omentocele сальниковая грыжа;

omentoplasty оментопластика (*использование большого сальника при реконструктивных операциях*);

omentovolvulus перекрут сальника.

omphal-o- (*гр.* omphalos пупок) указывает на отношение к пупку. В рус. яз. *омфал-о-*:

omphalorrhagia омфалорагия (*пупочное кровотечение*);

omphalotaxis вправление выпавшей пуповины;

omphalotripsy омфалотрипсия (*раздавливание пуповины после рождения ребёнка*).

onc-o- (*гр.* onkos масса, опухоль) относящийся к опухоли. В рус. яз. *онко-*, *канцер-о-*:

mastoncus опухоль молочной железы;

oncolytic онколитический, разрушающий опухолевую ткань;

oncotherapy онкотерапия (*лечение опухолевых заболеваний*).

oneir-o- (*гр.* oneiros сновидение) относящийся к сну. В рус. яз. *онир-о-*, *онейр-о-*:

oneirodynia ониродиния (*расстройство сна с обилием неприятных сновидений*), мучительные сновидения;

oneirogmus ночная поллюция;

oneiroscopy онейроскопия (*анализ сновидений в целях психиатрической диагностики*).

onych-o- (*гр.* onyx, onychos ноготь) указывает на отношение к ногтям. В рус. яз. *оних-о-*, *ногте-*:

onychoclasis онихоклазия, онихорексис (*ломкость ногтевых пластинок*);

onychogenic относящийся к развитию ногтя;

onychophagy онихофагия (*навязчивое обкусывание ногтей*).

-oo- (*гр.* оoп яйцо) относящийся к 1) яйцеклетке; 2) яичнику. В рус. яз. *-оо-*, *-ово-*:

oogenesis овогенез, оогенез (*процесс развития женских половых клеток*);

oolemma оволемма, оолемма (*оболочка яйцеклетки*);

oothecoma киста или опухоль яичника.

-oophor-o- (*гр.* oophoros несущий яйцо) указывает на отношение к яичнику. В рус. яз. *оофор-о-*, *овари-о-*:

oophorectomy овариэктомия (*удаление яичника*);

oophorrhagia оофорорагия (*кровоизлияние в яичник*);

salpingo-oophoritis аднексит, тубоовариит, сальпингооофорит (*воспаление придатков матки*).

ophtalm-o- (*гр.* ophtalmos глаз) относящийся к глазу. В рус. яз. *-офтальм-о-*, *-глаз-о-*:

exophthalmometer экзофтальмометр (*прибор для измерения выстояния глазных яблок*);

ophthalmiatrics лечение болезней глаз;

ophthalmoplasty пластика глаза;

ophthalmotonus внутриглазное давление, офтальмотонус.

opisth-o- (*гр.* opisthen назад) указывает на расположение сзади. В рус. яз. *опист-о-*:

opisthocranion опистокранион (*антропометрическая точка: точка затылочной кости, наиболее удаленная от глабеллы*);

opisthogenia опистогения (*аномалия прикуса, характеризующаяся задним положением нижней челюсти*);

opisthotonos, opisthotonus опистотонус (*судорожная поза, вызванная тоническим сокращением мышц спины и шеи с запрокидыванием головы, вытягиванием конечностей*).

opt(ic)-o-, -op(s)ia (*гр.* optice наука о зрительном восприятии, opsis зрение) относящийся к зрению, глазу. В рус. яз. *глаз(н)-о-*, *зрительн-о-*, *опто-*, *-оп(с)ия*:

amblyopia амблиопия (*ослабление зрения*);

erythropsia эритропсия (*состояние, при котором все окружающие человека предметы кажутся красноватого цвета*);

opticociliary отосящийся к зрительному и ресничному нервам;

opticokinetic глазодвигательный, оптокинетический;

optoelectronics лазерная техника;

optotypes оптотипы (*однотипные знаки, напр. буквы различной величины, для определения остроты зрения*).

orchi(e)-o- (*гр.* orhis яичко) относящийся к яичку. В рус. яз. *орхи-*:

orchiepididymitis орхиэпидидимит *(сочетанное воспаление яичка и его придатка)*;

orchioncus опухоль яичка;

orchiopexy орхи(до)пексия *(фиксация яичка к соседним тканям)*.

organ-o- *(гр. organon часть тела, орган)* указывает на отношение к 1) органу; 2) организму. В рус. яз. *орган-о-*:

organogenesis органогенез *(совокупность процессов формирования и развития органов)*;

organoleptic органолептический;

organonymy номенклатура органов тела.

-or-o- *(лат. os, oris рот)* относящийся ко рту. В рус. яз. *-рот-о-*:

orolingual относящийся ко рту и языку;

oropharynx ротовая часть глотки, мезофаринкс, ротоглотка;

perioral околоротовой, периоральный, перистоматический.

orrh-o- *(гр. orrhos сыворотка)* относящийся к 1) серологическим реакциям, иммунитету; 2) серозной оболочке. В рус. яз. *серо-*:

orrhoimmunity пассивный иммунитет;

orrhology серология *(раздел иммунологии, изучающий механизмы серологических реакций)*;

orrhomeningitis серозит *(воспаление серозной оболочки)*.

orth-o- *(гр. orthos прямой)* указывает на нормальные, правильные свойства чего-либо. В рус. яз. *норм-о-, орто*:

orthoarteriotony нормальное артериальное давление;

orthochromatic нормохроматический, нормально окрашенный;

orthophrenia ортофрения, психическое здоровье *(нормальная реакция на социальное окружение)*;

orthoterapy лечебное исправление осанки.

osche-o- *(гр. osche мошонка)* относящийся к мошонке:

oschelephantiasis слоновость мошонки;

oscheocele 1. пахово-мошоночная грыжа **2.** опухоль мошонки;

oscheoma, oscheoncus опухоль мошонки.

-osis *(гр. -osis суффикс существительных, образованных от глаголов на -оо)* относящийся к 1) патологическому состоянию; 2) какому-либо процессу; 3) увеличению содержания чего-либо. В рус. яз. *-оз*:

leukocytosis лейкоцитоз *(повышенное содержание лейкоцитов крови)*;

liposis 1. липоматоз *(патологическое разрастание жировой ткани)* **2.** жировая инфильтрация;

pyknosis пикноз *(процесс сморщивания клеточного ядра или всей клетки)*.

-osmo- *(гр. osmos толчок, давление)* указывает на отношение к 1) давлению; 2) обонянию. В рус. яз. *-осмо-*:

osmology 1. осмология *(изучение механизма образования запахов)* **2.** раздел физиологии, изучающий функцию обоняния;

osmophobia осмофобия *(патологическая боязнь некоторых запахов)*;

osmoreceptor осморецептор.

ossicul-o- *(лат. os, ossis кость)* относящийся к слуховым косточкам. В рус. яз. *оссикул-о-*:

ossiculectomy оссикулэктомия *(удаление слуховой косточки)*;

ossiculoplasty оссикулопластика *(пластика слуховых косточек)*;

ossiculotomy рассечение отростков слуховых косточек или спаек между ними.

oste-o- *(гр. osteon кость)* относящийся к кости. В рус. яз. *костн-о-, осте-о-*:

ostempyesis нагноение кости;

osteochondral остеохондральный, костно-хрящевой;

osteoma остеома *(доброкачественное опухолеподобное костное образование)*;

osteomalacia остеомаляция *(размягчение костей)*.

-ot-o- *(гр. us, ot[os] ухо)* относящийся к уху. В рус. яз. *-от-о-, стат-о-*:

othematoma гематома наружного уха, от(г)ематома *(расположенная между хрящом и надхрящницей ушной раковины)*;

otolith отолит, статолит *(микроскопические кристаллические образования, входящие в отолитовый аппарат – один из рецепторов равновесия и пространственного чувства)*;

otoscope отоскоп *(1. приспособление для контрольной аускультации при продувании ушей 2. ушная воронка)*;

pachyotia утолщение ушной раковины.

ovari-o- *(лат. ovarium яичник)* указывает на отношение к яичникам. В рус. яз. *овари-о-, яичник-о-*:

ovariocyesis яичниковая [внематочная] беременность;

ovariorrhexis разрыв яичника;

ovariprival овариопривный *(обусловленный отсутствием яичника)*.

ov(i)-o- *(лат. ovum яйцо)* относящийся к яичникам. В рус. яз. *ов-о-, яичник-о-*:

oviduct яйцевод, маточная [фаллопиева] труба;

ovigerm овоцит *(клетка из которой развивается яйцо)*;

ovisac яичниковый фолликул, граафов пузырёк.

ox-i/y-o *(лат. oxy[genium] кислород, гр. oxys резкий)* указывает на 1) отношение к кислороду; 2) резкость, усиление чего-либо, обострение чувствительности. В рус. яз. *окси-, гипер-*:

oxigram оксиграмма *(кривая, отражающая изменение содержания кислорода в исследуемой среде)*;

oxyesthesia гиперестезия, оксиэстезия *(повышенная чувствительность к раздражителям)*;

oxygeusia гипергевзия, вкусовая гиперестезия, оксигевзия;

oxyhemoglobin оксигемоглобин, оксигенированный гемоглобин;

oxyphonia оксифония *(резкий, пронзительный голос)*.

pachy- (*гр.* pachys толстый, плотный) указывает на толщину чего-либо. В рус. яз. *пахи-*:

pachydactylous имеющий утолщённые пальцы;

pachydermia пахидермия (*гипертрофия кожи, выражающаяся в резком утолщении и уплотнении в результате гиперплазии соединительной ткани дермы и эпидермиса*);

pachymeningitis пахименингит (*воспаление твёрдой оболочки головного и спинного мозга*);

pachyvaginitis пахивагинит (*хронический кольпит с утолщением и уплотнением стенок влагалища*).

-palat-o- (*лат.* palatinus нёбный) указывает на отношение к нёбу. В рус. яз. *-нёбн-о-*:

palatoglossus нёбно-язычная мышца;

palatoplegia палатоплегия (*паралич мягкого нёба*);

palatoschisis палатосхизис (*расщелина мягкого нёба*);

salpingopalatine относящийся к слуховой трубе и нёбу.

pale-o- (*гр.* palaios древний) указывает на древность чего-либо. В рус. яз. *палео-*:

paleocerebellum древняя часть мозжечка;

paleocortex палеокортекс, древняя кора (*большого мозга*);

paleopathology палеопатология (*раздел палеонтологии, изучающий болезни ископаемых организмов*).

pali(n)- (*гр.* palin снова, повторно) указывает на повторение, возвращение чего-либо. В рус. яз. *пали-*:

palikinesia паликинезия (*двигательное расстройство в виде многократного повторения одного и того же движения*);

palindromic рецидивирующий, повторяющийся, палиндромный;

palinesthesia восстановление чувствительности (*после комы или обезболивания*).

pan(to)- (*гр.* pan, pantos все) указывает на полную, всецелую охваченность. В рус. яз. *пан-, все-*:

panangiitis панангит, панваскулит (*воспаление всех слоёв стенки кровеносного сосуда*);

panatrophy панатрофия, генерализованная атрофия, универсальная атрофия (*очаговые атрофии кожи, подкожной клетчатки и глубжележащих тканей за счёт неврогенных нарушений*);

pancarditis панкардит (*диффузный воспалительный процесс, захватывающий все оболочки сердца*);

pantophagous всеядный.

-pancre(at)-o- (*гр.* pancreatos поджелудочная железа) указывает на отношение к поджелудочной железе. В рус. яз. *панкре(ат)-о-*:

dyspancreatism диспанкреатизм (*нарушение экскреторной функции поджелудочной железы*);

pancreatemphraxis закупорка выводного протока поджелудочной железы;

pancreatogenic панкреатогенный (*обусловленный деятельностью или поражением поджелудочной железы*).

papill-i/o- (*лат.* papilla сосок) относящийся к соску, сосочковидной форме. В рус. яз. *папилл-о-*:

papillectomy папиллэктомия (*иссечение сосочка, напр. почечного*);

papilliform сосочкообразный, сосочковидный;

papilloma папиллома (*доброкачественная опухоль, развивающаяся из плоского или переходного эпителия, имеющая вид сосочкового разрастания, выступающего над поверхностью окружающего эпителия*).

papul-i/o- (*лат.* papula узелок) относящийся к папуле (*первичному морфологическому элементу кожной сыпи*). В рус. яз. *папул-о-*:

papulation образование [появление] папул;

papuliferous, papulopustslar характеризующийся наличием папул;

papulosis папулёз.

-par-a- (*гр.* para около) указывает на 1) расположение вблизи, около; 2) изменение каких-либо характеристик. В рус. яз. *-пар-а-, около-*:

hyperparathyroidism гиперпаратиреоз;

parachroma патологическая окраска кожи;

parametrium параметрий (*околоматочная клетчатка*);

paratyphoid паратиф (*напоминающий брюшной тиф*).

-pariet-o- (*лат.* paries стенка) относящийся к 1) стенке какого-либо органа; 2) темени. В рус. яз. *-париет-о-, -теменн-о-*:

frontoparietal лобно-теменной;

parietography париетография (*метод рентгенологического исследования полых органов при помощи введённого газа, окаймляющего поверхности их стенок*);

parietosphenoid относящийся к теменной и клиновидной костям.

parthen-o- (*гр.* parthenos девушка) указывает на отношение к девочке, девушке. В рус. яз. *партен-о-*:

parthenogenesis партеногенез (*форма полового размножения, при котором развитие организма происходит из женской половой клетки без оплодотворения её мужской половой клеткой*);

parthenology детская гинекология, гинекология детского возраста;

parthenophobia партенофобия (*патологическая боязнь девочек или девушек*).

-path-i/o- (*гр.* pathos страдание, болезнь) указывает на отношение к 1) болезни; 2) отклонению от нормы. В рус. яз. *-пат-о-, ноз-о-*:

embryopathy эмбриопатия;

pathocrinia нарушение функций эндокриной системы;

pathoformic относящийся к начальным проявлениям болезни;

pathogenesis патогенез (*учение о механизмах развития, течения и исходах болезней*).

ped-i/o- (*гр.* pais, paidos ребёнок) указывает на отношение к детям. В рус. яз. *пед-и/о-*:

pedatrophia 1. дистрофия *(у детей)* **2.** туберкулёз брыжеечных лимфатических узлов у детей;

pedicterus желтуха новорождённых, физиологическая желтуха, физиологическая гипербилирубинемия;

pedobarometer детские весы.

-ped-i/o- (*лат.* pes, pedis стопа) относящийся к 1) нижней конечности; 2) опорно-двигательному аппарату. В рус. яз. *-пед-и-*:

orthopedist врач-ортопед;

pedodynamometer динамометр для измерения силы мышц ног;

pediluvium ножная ванна.

pedicul-i/o- (*лат.* pediculus вошь) указывает на отношение к вшам. В рус. яз. *вшив-*, *педикул-и/о-*:

pedicular вшивый, вызванный вшами;

pediculicide педикулицид *(препарат для уничтожения вшей)*;

pediculosis вшивость, педикулёз, завшивленность.

-pel(l)vi-o- (*лат.* pelvis таз (часть скелета), лоханка) указывает на отношение к 1) тазу; 2) почечной лоханке. В рус. яз. *-пельви-о-*; *таз-о-*:

pelvimeter тазомер, пельвиметр *(инструмент для определения размеров женского таза)*;

pelvioperitonitis пельвиоперитонит, тазовый перитонит *(воспаление брюшины малого таза)*;

pelviureterography пиелоуретерография, уретеропиелография, пиелография *(рентгенологическое исследование почки после заполнения мочеточника и чашечно-лоханочной системы контрастным веществом)*;

renipelvic относящийся к почечной лоханке.

pelyc-o- (*лат.* pelvis таз (посуда), *анат.* pelvis таз) указывает на отношение к тазу. В рус. яз. *пельви-о-*:

pelycochirometresis вагинальная пельвиметрия *(установление размеров таза с помощью методов акушерского исследования)*;

pelycography пельвиграфия *(рентгенография органов малого таза в условиях пневмоперитонеума)*;

pelycometry пельвиметрия *(установление размеров женского таза)*.

-penia- (*гр.* penia бедность, недостаток) указывает на недостаток чего-либо. В рус. яз. *-пения, пениа-*:

leukopenia лейко(цито)пения *(понижение содержания лейкоцитов в крови)*;

neutropenia нейтропения *(уменьшение содержания нейтрофилов в крови)*;

peniaphobia пениафобия *(патологическая боязнь обнищания)*.

pent-a- (*гр.* pente пять) относящийся к цифре пять. В рус. яз. *-пент-а-*:

pentadactyl пятипалый;

pentalogy пентада *(совокупность пяти клинических признаков)*;

pentamerous пятичленный, состоящий из пяти сегментов.

peri- (*гр.* peri вокруг) указывает на расположение чего-либо вокруг, около основного объекта. В рус. яз. *около-, пери-, пара-*:

periatrial околопредсердный, расположенный вокруг предсердия;

perifistular окружающий свищ;

perihepatitis перигепатит *(воспаление капсулы печени)*;

perirenal околопочечный, паранефральный, перинефральный.

peritone-o- (*гр.* peritonaion брюшина) указывает на отношение к 1) брюшине; 2) брюшной полости. В рус. яз. *перитоне-о-, лапаро-, абдомин-о-*:

peritoneoclysis перитонеальный диализ *(метод внепочечного очищения организма посредством диффузии и осмоса через брюшину как естественную полупроницаемую мембрану)*;

peritoneography перитонеография *(рентгенологическое исследование брюшной полости после введения в неё контрастного вещества)*;

perineotomy перинеотомия *(рассечение промежности, производимое в родах при угрозе её разрыва)*.

per-o- (*лат.* pereo гибнуть, умирать) указывает на отношение к порокам развития. В рус. яз. *пер-о-*:

perobrachius больной с пороком развития руки;

peromelia перомелия *(порок развития конечностей)*;

perosplanchnia порок развития внутренних органов.

per- (*лат.* per через) со значением через. В рус. яз. *пер-о-, чрес-*:

peroral пероральный, принимаемый внутрь через рот;

perosseous чрескостный;

pertubation пертубация, продувание маточных труб *(метод исследования проходимости маточных труб путём введения газа в полость матки и маточные трубы)*.

petr-i/o- (*гр.* petra скала, камень) относящийся к камню. В рус. яз. *петр-и/о-, каменист-о-*:

petrification петрификация *(очаговое отложение солей кальция в участках выраженных дистрофических изменений и некротических массах)*, известковая [кальцинозная] дистрофия, дистрофическое обызвествление;

petromastoid каменисто-сосцевидный, относящийся к каменистой и сосцевидной частям височной кости;

petrositis петрозит *(воспаление участков пирамиды височной кости, не занятых костным лабиринтом)*.

-pex-ia/y (*гр.* pexîs прикрепление) относящийся к прикреплению, хирургической фиксации какого-либо органа. В рус. яз. *-пексия*:

colopexia колопексия *(фиксация ободочной кишки)*;

enteropexy энтеропексия *(фиксация тонкой кишки к брюшной стенке)*;

hepatopexy гепатопексия, подшивание [фиксирование] печени *(к диафрагме, к брюшной стенке)*.

phac-o- (*гр.* phakos чечевица) относящийся к хрусталику. В рус. яз. *хрусталик-о-, фак-о-*:

phacocele грыжа [выпадение] хрусталика;

phacocyst капсула хрусталика;

phacomatosis факоматоз *(наследственное прогрессирующее заболевание, характеризующееся сочетанным поражением кожи, глаз, нервной системы и внутренних органов).*

-phag-o- *(гр.* phagos пожирающий*)* указывает на отношение к питанию, глотанию. В рус. яз. *-фаг-о-:*
necrophage некрофаг *(клетка, фагоцитирующая остатки отмирающих тканей);*
phagocytic фагоцитарный;
phagodynamometer фагодинамометр *(прибор для измерения нагрузок на челюсти при пережёвывании пищи);*
phagophobia фагофобия *(патологическая боязнь проглотить пищу).*

phall-o- *(гр.* phallos половой член*)* указывает на отношение к половому члену. В рус. яз. *фалл-о-:*
phallodynia боль в половом члене;
phalloplasty фаллопластика *(хирургическая операция создания полового члена с восстановлением половой функции и реконструкцией мочеиспускательного канала);*
phallorrhea выделения из мужского мочеиспускательного канала.

-pharmac-o- *(гр.* pharmakon лекарство*)* указывает на отношение к лекарственным средствам. В рус. яз. *-фармак-о-:*
pharmacology фармакология *(наука о действии на организм химических соединений, применяемых для лечения, профилактики и диагностики болезней человека);*
pharmacomania фармакомания *(пристрастие к лекарственным средствам);*
polypharmacy 1. одновременное назначение нескольких лекарственных средств 2. избыточное применение лекарственных средств.

-pharyn(g)-i/o- *(гр.* pharynx глотка*)* указывает на отношение к глотке. В рус. яз. *глоточн-о-, -фаринг-и/о-:*
oropharynx ротовая часть глотки, мезофаринкс, ротоглотка;
pharyngemphraxis заращение или закупорка глотки;
pharyngomycosis фарингомикоз *(разновидность микоза, протекающего с преимущественным поражением глотки).*

-phil-o- *(гр.* philia склонность*)* относящийся к склонности. В рус. яз. *-фил-и/о-:*
basophilic базофильный, окрашивающийся основными красителями;
hemophiliac больной гемофилией;
philopatridomania ностальгия *(в психиатрии).*

-phleb-i/o- *(гр.* phleps, phlebos вена*)* указывает на отношение к вене. В рус. яз. *-вен-о-, -флеб-и/о-:*
endophlebitis эндофлебит *(воспаление внутренней оболочки вены);*
phleboclysis внутривенное вливание;
phlebotome инструмент для рассечения вены.

-phob-i/o- *(гр.* phobos страх*)* относящийся к страху. В рус. яз. *боязнь, -фоб-и/о-:*
cynophobia кинофобия *(патологическая боязнь собак);*

phobophobia фобофобия *(патологическая боязнь появления навязчивого страха);*
photophobia светобоязнь, фотофобия.

-phon-o- *(гр.* phone голос*)* относящийся к голосу. В рус. яз. *-фон-о-:*
phonasthenia фонастения *(слабость голоса);*
phonocatheter микрофонный катетер, фонокатетер;
phonoreceptor фонорецептор *(слуховой рецептор).*

-phor-i(a) *(гр.* phoreo переносить*)* относящийся к отклонению, переносу. В рус. яз. *-фор-ия:*
heterophoria гетерофория, скрытое косоглазие *(тенденция к отклонению глазных яблок от параллельных осей);*
phorometer форометр *(прибор для определения характера и степени гетерофории);*
psychrophore психрофор *(устройство для воздействия холодом на область предстательной части уретры).*

-phot-o- *(гр.* phos, photos свет*)* указывает на отношене к свету, зрению. В рус. яз. *свет-о-, -фот-о-:*
photodermatosis фотодерматоз, актинодерматоз, световой дерматоз *(болезнь кожи, обусловленная повышенной чувствительностью её к солнечному излучению);*
photoesthetic чувствительный к свету;
photoreceptor зрительный рецептор, фоторецептор *(клетка, специфически реагирующая на свет).*

-phren-i(c)/o- *(гр.* phren диафрагма; сосредоточие чувств, душа, разум*)* относящийся к 1) диафрагме; 2) уму, психике человека. В рус. яз. *диафрагмальн-о-, -френ-и(к)/о-:*
oligophrenia олигофрения, врождённое слабоумие, олигопсихия;
phrenasthenia 1. релаксация диафрагмы 2. психастения *(тип астенической психопатии с преобладанием в психическом складе личности черт тревожной мнительности);*
phrenocolic диафрагмально-ободочно-кишечный, диафрагмально-толстокишечный.

-phtis-io- *(гр.* phtisis истощение, чахотка*)* указывает на отношение к 1) туберкулёзу; 2) разрушению чего-либо. В рус. яз. *-фтиз-ио-, туберкул-о-:*
myelophthisis 1. миелофтиз, миелопарез 2. сухотка спинного мозга;
phthisiology фтизиатрия *(раздел клинической медицины, посвящённый изучению туберкулёза);*
phthisiotherapist фтизиатр.

-phyma *(гр.* phyma опухоль*)* относящийся к опухоли:
thyrophyma опухоль щитовидной железы.

-phys-i/o- *(гр.* physis природа*)* указывает на отношение к 1) каким-либо природным свойствам, физическим факторам; 2) воздуху. В рус. яз. *-физ-ио-:*
physiatrics 1. физиотерапия, физикальная терапия, физиатрия *(область медицины, изучающая действие на организм человека природных и искусственно создаваемых физических факторов и использующая это с лечебными или профилактическими целями)* 2. реабилитация, восстановительное лечение;
physionosis заболевание, вызванное физическими факторами;

physiology физиология *(наука о закономерностях функционирования живых организмов, их отдельных систем органов и тканей)*;

physometra растяжение полости матки воздухом или газом.

-phyt-o- *(гр. phyton нечто вырастающее, растение)* указывает на отношение к растениям, грибам. В рус. яз. *-фит-о-*:

dermatophytosis дерматофития, дерматомикоз, грибковая болезнь кожи, дерматофитоз, микотический дерматит;

phytalbumin растительный альбумин;

phytobesoar фитобезоар, растительный безоар *(инородное тело, образующееся в желудке из проглоченных неперевариваемых растительных волокон или косточек плодов)*.

-pil-i/o- *(лат. pilus волос)* относящийся к волосу. В рус. яз. *-пил-о-, трих-о-*:

depilator(y) депилятор *(средство, удаляющее или разрушающее волосы)*;

pilobezoar трихобезоар *(инородное тело, образующееся в желудке из проглоченных шерсти и волос)*, волосяной шар;

piloerection пилоаррекция, пилоэрекция *(сокращение мышц, поднимающих волосы)*.

pimel-o- *(гр. pimelos жир)* относящийся к жиру. В рус. яз. *лип-о-, стеат-о-*:

pimeloma липома *(доброкачественная опухоль, развивающаяся из жировой ткани)*, жировик;

pimelorrhea стеаторея *(повышенное выделение с калом жировых веществ)*;

pimelorthopnea одышка, обусловленная ожирением.

pine(al)-o- *(лат. pinea сосновая шишка)* указывает на отношение к шишковидной железе. В рус. яз. *пине(ал)-о-*:

pinealocyte пинеалоцит *(полигональная паренхиматозная клетка шишковидного тела)*;

pinealoma пинеалома, аденома шишковидного тела, пинеоцитома *(опухоль, исходящая из паренхиматозных клеток шишковидного тела [пинеалоцитов])*;

pinealopathy пинеалопатия *(заболевание шишковидного тела)*.

pi-o- *(гр. pimele жир)* относящийся к жиру. В рус. яз. *-лип-и/о-*:

pionemia липемия *(повышенное содержание жира в крови)*;

piorthopnea одышка, обусловленная ожирением;

pioscope пиоскоп, колориметр для определения жира в молоке.

-pitui(t)- *(лат. pituita слизь, glandula pituitaria гипофиз)* указывает на отношение к гипофизу. В рус. яз. *-питуи-*:

hypopituitarism гипопитуитаризм *(гипофункция гипофиза)*;

pituicyte питуицит *(веретеновидная глиальная клетка задней доли гипофиза)*;

pituicytoma питуицитома *(опухоль задней доли гипофиза)*.

placent-o- *(лат. placenta от гр. placus лепёшка)* указывает на отношение к плаценте. В рус. яз. *плацент-о-*:

placentography плацентография *(обнаружение места прикрепления, размеров и структуры плаценты с помощью методов рентгенологической, радиоизотопной и ультразвуковой диагностики)*;

placentoma плацентома, хорионкарцинома, хорионэпителиома *(злокачественная опухоль, исходящая из клеток трофобласта)*;

placentotherapy плацентотерапия *(лечебное применение экстракта из плаценты)*.

plan-i/o- *(лат. planum поверхность, плоскость)* указывает на отношение к чему-либо плоскому. В рус. яз. *плоск-о-*:

planigraphy томография, планиграфия *(метод рентгенологического исследования, заключающийся в изучении теневого изображения отдельных слоёв исследуемого объекта, лежащих на разной глубине)*;

planoconcave плосковогнутый;

planoconvex плосковыпуклый.

-plas(m)(a)-i/o- *(гр. plasma вылепленное, оформленное)* указывает на отношение к 1) формированию, образованию чего-либо; 2) плазме крови; 3) протоплазме. В рус. яз. *плазм-, -плазия*:

hypoplasia гипоплазия, гипогенезия *(порок развития, заключающийся в недоразвитии ткани, органа, части тела или целого организма)*;

plasmacrit доля плазмы в общем объёме крови *(в процентах)*;

plasmacyte плазмацит, плазматическая [антителообразующая] клетка;

plasmorrhexis плазморексис *(распад протоплазмы клетки при некрозе)*.

-plast- *(гр. plastike ваяние, пластика)* указывает на отношение к пластической хирургии. В рус. яз. *-пластика*:

gingivoplasty гингивопластика *(пластическая операция на десне)*;

laryngiplasty ларингопластика *(пластическая операция на гортани)*.

platy- *(гр. platys плоский, широкий)* указывает на отношение к чему-либо плоскому. В рус. яз. *плати-, плоск-о-*:

platycephaly платицефалия, платикрания, плоскоголовость *(малое развитие черепа и именно мозговой его части в высоту)*;

platyonychia платионихия *(уплощение ногтей)*;

platypodia платиподия, плоскостопие.

ple(i)-o- *(гр. pleion больше)* указывает на большое количество чего-либо, множество. В рус. яз. *плейо-, плео-*:

pleiotropy плейотропия, плеотропия *(влияние одного гена на формирование различных признаков организма)*;

pleioxeny многохозяйность паразита;

pleocytosis плеоцитоз *(повышенное содержание клеточных элементов в цереброспинальной жидкости)*.

-pleur-i/o- *(гр. pleura ребро, бок)* указывает на отношение к плевре, плевральной полости. В рус. яз. *-плевр-и/о-*:

pleuralgia плевралгия *(боль, обусловленная раздражением плевры)*;

pleuroclysis лаваж (промывание) плевральной полости;

pleuropulmonary плевролёгочный.

plex-i/o- *(лат.* plexus сплетение) относящийся к 1) чему-либо переплетённому; 2) нервному сплетению. В рус. яз. *плекс-и/о-*:

plexectomy плексэктомия *(удаление нервного сплетения)*;

plexiform плексиформный, переплетённый, сплетённый, сетчатый;

plexitis плексит *(заболевание, в основе которого лежит поражение сплетений, образованных передними ветвями спинномозговых нервов).*

pluri- *(лат.* plurimum очень много) указывает на множественность чего-либо. В рус. яз. *плюри-, много-, поли-*:

pluricausal многопричинный, полиэтиологический;

pluriglandular плюригландулярный, полигландулярный *(относящийся ко многим железам)*;

plurigravida женщина, имевшая несколько беременностей.

-pnea *(гр.* pnoe дыхание) относящийся к дыханию. В рус. яз. *-пное*:

apnea 1. апноэ *(остановка дыхания)* **2.** асфиксия, удушье;

dyspnea одышка, диспноэ *(затруднённое дыхание)*;

tachypnea тахипное, полипноэ *(учащённое дыхание без его углубления).*

-pneum-on/at- *(гр.* pneuma дыхание, воздух) указывает на отношение к 1) дыханию, лёгким; 2) воздуху. В рус. яз. *-пневм(он)-, аэро-*:

pleuropneumonia плевропневмония;

pneumarthrosis пневмартроз *(наличие газа в полости сустава)*;

pneumonectomy пневмонэктомия, пульмонэктомия *(операция полного удаления лёгкого)*;

pneumophagia аэрофагия *(заглатывание избыточного количества воздуха).*

-pod-i/o- *(гр.* pus, podos нога, стопа) указывает на отношение к ноге, стопе. В рус. яз. *-под-и/о-*:

macropodia макроподия, мегалоподия *(нижние конечности чрезмерной длины)*;

podarthritis подартрит *(воспаление суставов стопы)*;

podomechanotherapy подомеханотерапия *(лечение болезней стоп ортопедическими средствами).*

-poies(is) *(гр.* poiesis выработка, образование) указывает на отношение к образованию, выработке чего-либо. В рус. яз. *-поэз*:

chylopoiesis хилопоэз *(образование лимфы)*;

erythropoiesis эритро(цито)поэз *(процесс образования эритроцитов)*;

hemopoiesis кроветворение, гемопоэз *(процесс образования клеток крови).*

poikil-o- *(гр.* poikilos пёстрый, разнообразный) указывает на многообразие, пестроту чего-либо. В рус. яз. *-пойкил-о-*:

poikiloderma пойкилодермия *(комплекс дистрофических изменений кожи, характеризующийся* сетчатой гиперпигментацией, чередующейся с рассеянными участками атрофии кожи, и телеангиэктазиями)*;

poikilothrombocyte пойкилотромбоцит, тромбоцит патологической формы;

poikilothymia пойкилотимия, реактивно-лабильная психопатия.

polio- *(гр.* polios серый) относящийся к 1) серому веществу головного или спинного мозга; 2) чему-либо серому. В рус. яз. *полио-*:

polioclastic полиокластический, разрушающий серое вещество головного или спинного мозга;

polioencephalitis полиоэнцефалит *(энцефалит, характеризующийся преимущественным поражением серого вещества головного мозга)*;

poliosis полиоз, поседение, преждевременное поседение.

pollak-i- *(гр.* pollakis часто) относящийся к увеличению частоты чего-либо. В рус. яз. *поллаки-, поли-*:

pollakidipsia поллакидипсия, полидипсия *(патологически усиленная жажда и связанное с ней употребление чрезмерно большого количества воды)*;

pollakiuria поллакиурия *(учащённое мочеиспускание).*

-poly-o- *(гр.* poly много) указывает на отношение к множественности. В рус. яз. *поли-, много-, гипер-, плюри-*:

polycyesis многоплодная беременность, многоплодие;

polyglandular плюригландулярный, полигландулярный *(относящийся к нескольким железам)*;

polyhidrosis гипергидроз *(повышенное потоотделение).*

polyp-i/o- *(гр.* poly много, p[us] нога) указывает на отношение к полипу. В рус. яз. *полип-*:

polypiform полипоидный;

polypotome полипотом *(инструмент для иссечения полипов).*

pon-o- *(гр.* kopos усталость) относящийся к утомлению:

ponograph понограф *(прибор для регистрации процесса утомления сокращающейся мышцы; разновидность миографа)*;

ponophobia копофобия *(патологическая боязнь переутомления).*

por-i/o- *(гр.* poros отверстие, пора) указывает на отношение к отверстию, проходу, поре. В рус. яз. *пор-*:

porencephalia порэнцефалия *(патологические кистозные полости, располагающиеся в полости головного мозга)*;

poriferous пористый, порозный, имеющий много пор;

porocele грыжа со склерозированными оболочками.

post- *(лат.* post после) относящийся к 1) чему-либо, находящемуся позади; 2) следующему за чем-либо, чему-либо вторичному. В рус. яз. *пост-, после-*:

postacetabular расположенный позади вертлужной впадины;

postfixation вторичная фиксация;

postnatal постнатальный *(после рождения)*, послеродовой.

poster-o- *(лат. posterior задний)* относящийся к чему-либо расположенному сзади. В рус. яз. *задне-*:

posteroanterior заднепередний;

posteromedial задневнутренний, заднемедиальный.

pre- *(лат. приставка prae со значением до)* указывает на отношение к 1) расположенному впереди чего-либо; 2) предшествующему чему-либо *(во времени или пространстве)*. В рус. яз. *пре-, пред-, до-*:

preagonal преагональный, предагональный, предсмертный;

precancer предрак, предопухолевое состояние *(заболевания и патологические процессы, на фоне которых возможно развитие злокачественных опухолей)*;

precostal предрёберный;

preoperative дооперационный, предоперационный, предоперативный, предшествующий операции.

presby-o- *(гр. presbys старый)* относящийся к старческому возрасту. В рус. яз. *пресби-, гери-*:

presbyacusis пресбиакузис, старческая тугоухость *(частное проявление старения организма, заключающееся в возрастном снижении слуха)*;

presbyatrics пресбиатрия, гериатрия *(область клинической медицины, изучающая болезни людей пожилого и старческого возраста)*;

presbyophrenia пресбиофрения, конфабуляторное старческое слабоумие *(форм старческого слабоумия с преобладанием обильных конфабуляций, эйфорического настроения и суетливой деловитости)*.

prim-i- *(лат. primo впервые)* относящийся к чему-либо первичному. В рус. яз. *перв-о-*:

primigravida женщина, имеющая первую беременность;

primipara 1. первородящая 2. женщина, имевшая единственные роды.

pro- *(лат. приставка pro со значением до)* указывает на отношение к чему-либо предшествующему во времени или в пространстве. В рус. яз. *пре-, пред-, про-*:

prochondral прехондральный [предхондральный], предшествующий стадии образования хряща;

proleptic преждевременный, возникающий ранее ожидаемого срока *(о приступе болезни)*;

prootic предушной.

-proct-o- *(гр. proctos задний проход)* указывает на отношение к заднему проходу, прямой кишке. В рус. яз. *прокт-о-, рект-о-*:

enteroproctia наличие противоестественного заднего прохода;

proctatresia анальная атрезия, неперфорированный анус;

proctopolypus проктополип, полип прямой кишки.

-prosop-o- *(гр. prosopon лицо)* относящийся к лицу. В рус. яз. *-прозоп-о-*:

diprosopus дипрозоп *(сросшиеся близнецы, имеющие на одной общей голове два лица)*;

prosopagnosia прозопагнозия, агнозия на лица *(расстройство восприятия лица, при котором*

способность узнавать лица потеряна, но при этом способность узнавать предметы в целом сохранена)*;

prosoposchisis врождённая расщелина лица.

-prostat-o- *(гр. prostates стоящий впереди)* указывает на отношение к предстательной железе. В рус. яз. *простат-*:

prostatolith простатолит *(конкремент предстательной железы)*;

prostatorrhea простаторея *(выделение секрета предстательной железы в мочеиспускательный канал, не связанное с половым возбуждением и оргазмом)*.

prostatography простатография *(рентгенография предстательной железы с помощью искусственного контрастирования окружающих её органов и тканей)*.

protan-o- *(гр. protos первый)* относящийся к восприятию красного цвета *(первого из трёх основных цветов)*. В рус. яз. *протан-о-*:

protanomaly протаномалия *(слабость восприятия красного цвета)*;

protanopia протанопия *(отсутствие восприятия красного цвета)*, слепота к красному цвету.

prote(in)-o- *(гр. protos первый)* относящийся к белкам. В рус. яз. *-протеин-о-*:

hypoproteinosis гипопротеинемия *(пониженное содержание белка в крови)*;

proteinuria протеинурия;

proteolysis протеолиз *(расщепление белков)*.

prot(o)- *(гр. protos первый)* относящийся к первичному, предшествующему. В рус. яз. *прот-о-*:

protodiastolic протодиастолический, относящийся к началу диастолы сердца;

protoduodenum верхняя часть двенадцатиперстной кишки;

protoleukocyte протолейкоцит, клетка-предшественник лейкоцита.

psamm-o- *(гр. psammos песок)* относящийся к песку. В рус. яз. *псамм-о-*:

psammoma псаммома, ацервулома *(название опухолей, в ткани которых обнаруживают псаммозные тельца)*;

psammotherapy псаммотерапия *(лечение песочными ваннами)*;

psammous псаммозный, псаммомный *(песчаный, напоминающий песок)*.

pseud-o- *(гр. pseudes ложный)* относящийся к ложному, мнимому. В рус. яз. *псевдо-*:

pseudarthrosis ложный сустав, псевдоартроз *(патологическое состояние, выражающееся в стойком нарушении непрерывности и в подвижности кости, не свойственной данному её отделу)*;

pseudoglioma псевдоглиома, псевдоретинобластома, поражение глаза, симулирующее ретинобластому;

pseudoluxation подвывих, неполный вывих.

-psych-o- *(гр. psyche душа)* относящийся к психике. В рус. яз. *-псих-о-*:

neuropsychopathy неврологическое заболевание с нарушением психики, нейропсихопатия, психоневроз;

psycheclampsia острое психическое расстройство;

psychogen(et)ic психогенный, обусловленный психической травмой.

psychr-o- (*гр.* psychros холодный) указывает на отношение к холоду. В рус. яз. *прихр-о-, холод-о-:*

psychroalgia психроалгия (*возникновение боли при холодовом раздражении*);

psychrophilic психрофильный, холодолюбивый;

psychrotherapy криотерапия, психротерапия (*лечение холодом*).

pteryg-o- (*гр.* pterygon крыло) относящийся к крыловидной форме. В рус. яз. *крыловидн-о-, птериг-о-:*

pterygomaxillary птеригомаксиллярный, крыловидно-верхнечелюстной;

pterygopalatine крылонёбный.

-ptos-is/ia (*гр.* ptosis падение) относящийся к опущению чего-либо. В рус. яз. *-птоз:*

blepharoptosis (блефаро)птоз (*опущение верхнего века, обусловленное нарушением функции мышц*);

coloptosia, coloptosis колоптоз (*опущение ободочной кишки*);

colpoptosis кольпоптоз (*выпадение стенок влагалища*).

-ptyal-o- (*гр.* ptyalon слюна) относящийся к слюне. В рус. яз. *птиал-о-, сиал-о-, слюнн-о-:*

oligoptyalism гипосаливация, олигоптиализм, олигосиалия (*пониженная секреция слюны*);

ptyalectasis птиалэктазия (*расширение протока слюнной железы*);

ptyalolithiasis слюнно-каменная болезнь, сиалолитиаз, птиалолитиаз.

pub-i/o- (*лат.* pubes лобок) относящийся к 1) лобковой (лонной) кости; 2) лобковому возвышению. В рус. яз. *лонн-о-, лобков-о-:*

pubococcygeal лонно-копчиковый;

pubofemoral лонно-бедренный;

pubomadesis выпадение лобковых волос.

-pulm(on)-o- (*лат.* pulmo лёгкое) относящийся к лёгкому. В рус. яз. *пневм(он)-о-, пульм-о-, лёгочн-о-, спир-о-:*

pulmoaortic относящийся к лёгочной артерии и аорте, лёгочно-аортальный;

pulmometer пульмометр, спирометр (*прибор для измерения жизненной ёмкости лёгких*);

pulmonectomy пульмо(н)эктомия, пневмо(н)эктомия (*операция полного удаления лёгкого*).

pulp-i/o- (*лат.* pulpa мясистая часть, мякоть) указывает на отношение к пульпе зуба. В рус. яз. *пульп-и/о-:*

pulpectomy пульпэктомия, экстирпация пульпы, пульпэктомия;

pulpiform пульповидный, имеющий форму пульпы, напоминающий пульпу;

pulpodontia, pulpodontics раздел стоматологии, изучающий заболевания пульпы и разрабатывающий методы лечения пульпитов.

pupill-o- (*лат.* pupilla зрачок) относящийся к зрачку. В рус. яз. *пупилл-о-:*

pupillography пупиллография (*метод исследования зрачковых реакций*)

pupillometer пупиллометр (*прибор для измерения диаметра зрачка*);

pupilloplegia пупиллоплегия, неподвижность зрачков, отсутствие зрачковых реакций.

-pur-i/o- (*лат.* pus, puris гной) относящийся к гною. В рус. яз. *-гнойн-:*

mucopurulent слизисто-гнойный;

puriform гноевидный;

puromucous слизисто-гнойный.

pustul-i/o- (*лат.* pustula гнойник) относящийся к пустуле. В рус. яз. *пустул-о-:*

pustuliform пустуловидный, напоминающий пустулу;

pustulosis пустулёзное [гнойничковое] заболевание.

py-o- (*гр.* pyon гной) относящийся к гною. В рус. яз. *гнойн-, пи-о-:*

pyarthrosis гнойный артрит;

pyemesis рвота гнойным содержимым;

pyometra пиометра (*скопление гноя в полости матки*).

pyel-o- (*гр.* pyelos корыто, лохань) указывает на отношение к почечной лоханке. В рус. яз. *пиел-и/о-, чашечн-о-:*

pyelocaliceal чашечно-лоханочный;

pyelolymphatic пиелолимфатический, относящийся к лимфатической системе почечной лоханки;

pyelography пиелография, пиелоуретерография (*рентгенологическое исследование почки после заполнения чашечно-лоханочной системы контрастным веществом*).

pykn-o- (*гр.* pyknos плотный, частый) указывает на отношение к 1) уплотнению чего-либо; 2) частоте повторяющегося действия. В рус. яз. *пикн-о-:*

pyknocardia, pyknosphygmia тахикардия

pyknosis пикноз (*сморщивание клеточного ядра или всей клетки*).

pyle- (*гр.* pyle ворота) относящийся к воротной вене. В рус. яз. *пиле-:*

pylephlebitis пилефлебит (*гнойный тромбофлебит воротной вены и её ветвей*);

pylethrombophlebitis пилетромбофлебит (тромбофлебит воротной вены);

pylethrombosis пилетромбоз (*тромбоз воротной вены*).

-pylor-i/o- (*гр.* pyloros привратник) указывает на отношение к привратнику желудка. В рус. яз. *-пилор-и/о-:*

gastropyloric гастропилорический, относящийся к пилорическому отделу желудка

pylorostenosis пилоростеноз (*сужение привратника*);

pyloroplasty пилоропластика (*операция рассечения или иссечения участка привратника с последующим ушиванием образовавшегося в пилорическом канале дефекта*).

-pyr-et/ex-i/o- (*гр.* pyr огонь, жар) указывает на отношение к лихорадочному состоянию. В рус. яз. *пир(ет)-о-:*

hyperpyrexia гиперпирексия, гипертермия (*крайне высокая температура тела*);

pyretogenesis пиретогенез (*механизм развития гипертермии*);

pyrexiophobia пирексиофобия (*патологическая боязнь повышения температуры*).

Q

quadr-i/o- (*лат.* quadratus квадратный) указывает на отношение к цифре четыре. В рус. яз. *квадр-и-*, *четырёх-*:

quadrangular четырёхугольный, четырёхгранный;

quadripara женщина, рожавшая четыре раза;

quadritubercular имеющий четыре бугорка (*о большом коренном зубе*).

R

-rach-i/o- (*гр.* rhachis спина, позвоночник) указывает на отношение к позвоночнику, спинному мозгу. В рус. яз. *-рах-и/о-*:

bilirachia наличие жёлчных пигментов в цереброспинальной жидкости;

rachianesthesia спинномозговая [спинальная, субарахноидальная] анестезия;

rachiometer рахиометр (*инструмент для измерения степени искривления позвоночника*).

rad(ic)(ul)-o- (*лат.* radix корень, radicula корешок) указывает на отношение к 1) корешкам спинномозговых или черепных нервов; 2) корню зуба. В рус. яз. *радикул-и/о-*:

radectomy резекция верхушки корня зуба;

radiculalgia радикулалгия (*боль в зоне иннервации корешка спинномозгового нерва*), корешковая невралгия;

radiculoneuritis радикулоневрит (*сочетанное воспаление спинномозговых нервов и их корешков*), корешковый неврит.

-radi-o- (*лат.* radio излучать, испускать лучи, radius луч) указывает на отношение к 1) излучению; 2) радиоактивности; 3) лучевой кости. В рус. яз. *-луче-*, *радио-*:

radiocarpal лучезапястный, радиокарпальный;

radiocystitis лучевой [радиационный] цистит;

radiosurgery радиохирургия (*применение лучевой терапии в сочетании с оперативным вмешательством*).

ram(ic)-o- (*лат.* ramus ветвь) относящийся к ветвям периферических нервов. В рус. яз. *рамико-*, *рами-*:

ramicotomy, ramisection рамикотомия (*рассечение ветвей периферических нервов*), рамисекция.

re- (*лат.* re приставка, означающая повторение) указывает на отношение к 1) повторению; 2) противодействию. В рус. яз. *ре-*, *пере-*:

reamputation реампутация, повторная ампутация;

recanalization реканализация (*восстановление просвета сосуда*);

revaccination ревакцинация, повторная вакцинация.

-rect-o- (*лат.* rectus прямой) относящийся к прямой кишке. В рус. яз. *-рект-о-*, *-прямокишечно-*, *-прокт-о-*:

anorectal аноректальный (*относящийся к заднему проходу и прямой кишке*);

rectocele ректоцеле (*заболевание, обусловленное выпячиванием передней стенки прямой кишки во влагалище*), проктоцеле;

rectostenosis стриктура [стеноз] прямой кишки;

rectouterine прямокишечно-маточный.

reflex-o- (*лат.* reflexus повёрнутый назад, отражённый) указывает на отношение к рефлексу. В рус. яз. *рефлекс-о-*:

reflexogenic рефлексогенный, вызывающий рефлекс;

reflexometer рефлексометр (*прибор для измерения силы и [или] скорости рефлекторной реакции*);

reflexotherapy рефлексотерапия (*лечебное воздействие рефлекторным путём*).

refract-i/o- (*лат.* refractio преломление) указывает на отношение к рефракции глаза. В рус. яз. *рефракт-о-*, *рефракц-и/о-*:

refractionist оптометрист (*специалист в определении недостатков рефракции глаз и подборе очков*);

refractometer рефрактометр (*оптический прибор для определения рефракции глаза*).

-ren-o- (*лат.* ren почка) относящийся к почке. В рус. яз. *-рен-о-*, *нефр-и/о-*, *почечн-о-*, *почк-о-*:

renicapsule капсула почки;

renotrophic нефротропный, ренотропный;

suprarenal надпочечный, расположенный над почкой.

respir(at)-o- (*лат.* respiratio дыхание) указывает на отношение к дыханию. В рус. яз. *респир(ат)-о-*, *дыхательн-о-*:

respiratory дыхательный, респираторный;

respirogenesis восстановление дыхания;

respirometer респирометр (*прибор для измерения параметров дыхания*).

reticul-o- (*лат.* reticulum, уменьшительное от rete сеть) указывает на отношение к 1) ретикулярной ткани; 2) чему-либо сетчатому. В рус. яз. *ретикул-о-*:

reticulocyte ретикулоцит (*эритроцит с базофильной сеточкой*);

reticuloendotheliosis ретикулез, ретикулоэндотелиоз, злокачественный гистиоцитоз (*группа заболеваний, характеризующихся разрастанием в кроветворных и других органах т. н. ретикулярных клеток*).

-retin-i/o- (*лат.* retina сетчатка глаза) указывает на отношение к сетчатке глаза. В рус. яз. *-ретин-и/о-*:

vitreoretinal витреоретинальный (*относящийся к стекловидному телу и сетчатке*);

retinoblastoma ретинобластома, злокачественная нейроэпителиома сетчатки, глиома сетчатки;

retinopathy ретинопатия (*поражение сетчатки невоспалительного характера*), дегенерация сетчатки, перерождение сетчатки.

retro- (*лат.* retro наречие, предлог и приставка со значением назад, сзади) относящийся к 1) чему-либо, расположенному позади; 2) обратному действию. В рус. яз. *ретро-, позади-, за-*:

retroauricular позадиушной;

retroinjection рефлюкс, регургитация *(обратный ток жидкости по сравнению с нормальным её движением)*;

retroperitoneal забрюшинный, ретроперитонеальный.

rhabd-o- *(гр.* rhabdos палка, полоса) указывает на отношение к чему-либо 1) палочкообразному; 2) поперечнополосатому. В рус. яз. *рабдо-*:

rhabdomyoma рабдомиома *(зрелая доброкачественная опухоль, развивающаяся из поперечнополосатой мышечной ткани)*, миома из гладких мышечных волокон;

rhabdo(myo)sarcoma рабдомиосаркома, рабдомиобластома, злокачественная рабдомиома *(злокачественная опухоль, развивающаяся из поперечнополосатых мышц)*;

rhabdosphincter рабдосфинктер *(сфинктер, образованный поперечно-полосатой мышечной тканью)*.

rhe-o- *(гр.* rheos ток, поток) относящийся к течению, току чего-либо. В рус. яз. *ре-о-*:

rheocardiography реокардиография;

rheoencephalography реоэнцефалография, РЭГ *(метод исследования функционального состояния сосудов головного мозга)*;

rheometer реометр *(прибор для измерения расхода газа, протекающего по трубопроводу [каналу] в единицу времени)*.

rheum(at)-o- *(гр.* rheumatismos течение, патологическое выделение) относящийся к ревматизму. В рус. яз. *ревмо-, ревмато-*:

rheumarthritis острый суставной ревматизм, ревматический артрит;

rheumatologist ревматолог;

rheumatopyra ревматизм; ревматическая атака.

-rhin-o- *(гр.* rhis нос) относящийся к носу, к полости носа. В рус. яз. *-рин-о-*:

otorhinolaryngology оториноларингология

rhinedema отёк слизистой оболочки носа;

rhinolith ринолит *(носовой камень)*, носовой конкремент.

-rhiz-o- *(гр.* rhiza корень, начало, основание) указывает на отношение к 1) корню; 2) основанию чего-либо. В рус. яз. *ризо-, радик-о-*:

rhizodontropy фиксация искусственной коронки к корню зуба;

rhizodontrypy вскрытие корневого канала зуба;

rhizotomy радикотомия, ризотомия, радикулэктомия *(перерезка корешков спинномозговых или черепных нервов)*.

rhyp-o- *(гр.* κόπρος навоз, фекалии) относящийся к фекалиям. В рус. яз. *копро-, рипо-, скато-*:

rhypophagy копрофагия, скатофагия *(патологическое стремление поедать кал)*;

rhypophobia рипофобия *(патологическая боязнь грязи, нечистот)*.

rhytid-o- *(гр.* rhytis морщина) относящийся к сморщиванию чего-либо:

rhytidectomy, rhytidoplasty ретидэктомия *(косметическая операция по удалению морщин)*;

rhytidosis 1. преждевременное появление морщин на лице **2.** сморщивание роговицы.

roentgen-o- *(по имени* В. К. Рентгена, немецкого физика, открывшего Х-лучи) относящийся к рентгеновскому излучению. В рус. яз. *рентген-о-*:

roentgenogram рентгенограмма, рентгеновский снимок;

roentgenologist рентгенолог;

roentgenotherapy рентгенотерапия *(лучевая терапия с использованием рентгеновского излучения)*.

rota- *(лат.* rota колесо) относящийся к 1) округлой форме чего-либо; 2) вращению, ротации. В рус. яз. *рота-*:

rotoscoliosis сколиоз с ротацией позвонков;

rotavirus ротавирус *(вирус из семейства Reoviridae рода Rotavirus)*.

-rrhagia *(гр.* rhagos разорванный, прорванный) указывает на отношение к кровотечению из какого-либо органа. В рус. яз. *-рагия*:

gastrorrhagia гастроррагия *(желудочное кровотечение)*;

menorrhagia меноррагия, гиперменорея *(обильные и длительные менструации)*;

otorrhagia оторрагия *(кровотечение из уха)*.

-rrh(o)-ea *(гр.* rheo течь) относящийся к выделению, течению чего-либо. В рус. яз. *-рея*:

leukorrhea бели *(патологические выделения из половых органов женщины)*;

menorrhea менструация;

rhinorrhea ринорея *(повышенное выделение секрета слизистой оболочки носа)*.

-rrhexis *(гр.* rhexis ломка, разрыв) указывает на отношение к разрыву, распаду чего-либо. В рус. яз. *-рексис*:

arteriorrhexis артериорексис *(разрыв артерии)*;

cardiorrhexis разрыв сердца;

karyorrhexis кариорексис *(фрагментация ядра клетки)*.

rub(e)- *(лат.* ruber красный) относящийся к красному цвету:

rubefacient 1. вызывающий гиперемию кожи **2.** местнораздражающее средство;

rubeosis краснота, покраснение радужки;

rubriblast эритробласт, проэритробласт, нормобласт *(название малодифференцированных клеток эритроидного ряда)*.

S

sacchar-i/o- (*гр.* glykys сладкий) относящийся к сахарам. В рус. яз. *сахар-и/о-, глик-:*

saccharimeter сахариметр *(прибор для определения концентрации сахаров в растворе);*

saccharolytic сахаролитический, расщепляющий сахар;

saccharuria гликозурия, гликурия, мелитурия *(повышенное содержание сахара в моче).*

sacr-i/o- (*лат.* sacer священный, os sacrum крестец. В древности его называли «священным» как самую большую кость позвоночника) относящийся к крестцу. В рус. яз. *сакро-, крестцов-о-:*

sacriplex крестцовое сплетение;

sacroiliitis сакроилеит *(воспаление крестцово-подвздошного сустава);*

sacrouterine крестцово-маточный.

saliv-o- (*лат.* saliva слюна) указывает на отношение к слюне. Синонимы: *птиал-, сиал-.* В рус. яз. *слюно-, сиало-:*

salivator средство, стимулирующее слюноотделение;

salivolithiasis сиалолитиаз, слюнно-каменная болезнь.

-salping-i/o- (*гр.* salpinx труба) относящийся к 1) маточной трубе; 2) слуховой трубе. В рус. яз. *-сальпинго-, туб-о-:*

salpingectomy сальпингэктомия *(операция удаления маточной трубы);*

salpingocatheterism катетеризация слуховой трубы;

salpingoscopy сальпингоскопия *(метод исследования слуховой трубы);*

uterosalpingography гистеросальпингография, метросальпингография *(рентгенологическое исследование матки и фаллопиевых труб).*

-sangui(n)-o- (*лат.* sanguis кровь) относящийся к крови. В рус. яз. *гем-о-, -кров-о-, сангвин-о-:*

mucosanguineous слизисто-кровянистый;

sanguimotion движение [циркуляция] крови, кровоток;

sanguinopoietic кроветворный, гемопоэтический.

sapr-o- (*гр.* sapros гнилой) относящийся к гниению. В рус. яз. *сапр-о-:*

saprodontia кариес зуба;

saprogenic сапрогенный, гнилостный, вызывающий гниение или образующийся в результате гниения;

saprophytic сапрофитный, относящийся к сапрофитам — микроорганизмам, питающимся органическими веществами отмерших организмов.

sarc-o- (*гр.* sarx, sarkos мясо; sarkoma мясистый нарост, опухоль) относящийся к 1) мышечной ткани; 2) саркоме. В рус. яз. *сарк-о-, ми-о-:*

sarcogenic образующий мышечную ткань;

sarcoma саркома *(злокачественная опухоль);*

sarcostosis оссификация мышечной ткани.

scalen-o- (*лат.* scalenus неровный, лестничный) указывает на отношение к лестничной мышце. В рус. яз. *скален-о-, лестничн-о-:*

scalenectomy резекция [удаление] лестничной мышцы;

scalenotomy скаленотомия *(пересечение лестничной мышцы).*

scapul-o- (*лат.* scapula лопатка) относящийся к лопатке. В рус. яз. *скапул-о-, лопаточн-о-:*

scapulalgia боль в лопаточной области;

scapuloclavicular лопаточно-ключичный.

scat-o-, skat-o- (*гр.* scor, scatos помет, фекалии) указывает на отношение к фекалиям. В рус. яз. *скат-о-, копр-о-:*

scatacratia энкопрез *(недержание кала);*

scatology, skatology копрология, скатология *(раздел диагностики, относящийся к исследованию кала);*

scatophagy, skatophagy скатофагия, копрофагия *(стремление поедать кал).*

scel-o- (*гр.* sceleton скелет) относящийся к нижним конечностям:

scelalgia боль в ноге;

scelotyrbe спастический паралич ног.

schis(t)-o-, schizont-o- (*гр.* schisis расщепление, разделение) указывает на отношение к 1) разделению, расщеплению чего-либо; 2) нарушению психики, к шизофрении; 3) шизонтам. В рус. яз. *шиз(он)(т)-о-:*

schistoglossia врождённая расщелина языка;

schistoprosopia врождённое расщепление лица;

schizontocide (гемато)шизонтоцидное [противомалярийное] средство;

schizophrenia шизофрения.

-sciat(ic)- (*гр.* ischion седалище, бедро) указывает на отношение к 1) седалищной кости; 2) седалищному нерву. В рус. яз. *-ишиo-, седалищн-о-:*

sacrosciatic крестцово-седалищный;

sciatica ишиас, ишиалгия *(боль по ходу седалищного нерва),* люмбо-сакральный радикулит.

scint-i- (*лат.* scintibla искра) относящийся к визуализации свечения некоторых веществ. В рус. яз. *скан-о-, сцинт-и-:*

scintigram сцинтиграмма, сканограмма *(диаграмма, отражающая распределение радиоактивного индикатора в какой-либо части тела человека);*

scintigraphy сцинтиграфия *(радиоизотопный метод визуализации распределения радиофармацевтического препарата в организме, органе или ткани);*

scintillascope сцинтиллятор *(вещество, обладающее способностью излучать свет при поглощении ионизирующего излучения),* сцинтилляционный счётчик.

scirrh- (*гр.* skirrhos твёрдый, жёсткий) указывает на отношение к чему-либо твёрдому. В рус. яз. *скирр-:*

scirrhencanthis плотная опухоль слёзной железы;

scirrhoma фиброзный рак, скирр.

-scler-o- (*гр.* scleros плотный, *анат.* sclera склера) указывает на отношение к 1) уплотнению чего-либо; 2) склере. В рус. яз. *-склер-о-:*

scleredema склередема взрослых, доброкачественная апоневротическая склерема, отёчная склеродермия;

sclerectomy 1. склерэктомия *(иссечение участка склеры)* **2.** удаление спаек при хроническом среднем отите;

sclerogenic вызывающий склероз, склерозирующий.

scol(ec)-i/o- *(гр. scolex червь)* относящийся к червям. В рус. яз. *гельминт-о-*:

scolecology гельминтология

scolecoid похожий на червя, напоминающий червя.

-scoli-o- *(гр. skoliosis искривление)* указывает на отношение к искривлению. В рус. яз. *сколи-о-*:

kyphoscoliosis кифосколиоз *(аномальное искривление позвоночника вперед и вбок: кифоз в сочетании со сколиозом)*;

scoliometer сколиограф, сколиозометр *(прибор для измерения боковых искривлений позвоночника)*;

scoliotone аппарат для лечения сколиоза методом вытяжения.

-scop-i/o- *(гр. skopeo смотреть, исследовать)* указывает на отношение к рассматриванию, исследованию чего-либо. В рус. яз. *скопо-, -скопия*:

laryngoscope ларингоскоп *(инструмент для осмотра гортани)*;

rhinoscopy риноскопия, риносопия *(инструментальный диагностический метод осмотра полости носа)*;

scopophobia скопофобия *(патологическая боязнь обращать на себя внимание)*.

scot-o- *(гр. scotos темнота)* указывает на 1) потемнение чего-либо, темноту; 2) скотому. В рус. яз. *скот-о-, никт-о-*:

scotochromogen скотохромоген *(пигмент образующийся в колониях бактерий в темноте)*;

scotometry скотометрия *(выявление и измерение очаговых дефектов поля зрения – скотом)*;

scotophobia скотофобия, никтофобия *(патологическая боязнь темноты)*.

scrot-i/o- *(лат. scrotum мошонка)* относящийся к мошонке. В рус. яз. *скрот-о-, мошоночн-о-*:

scrotitis воспаление мошонки;

scrotocele мошоночная грыжа;

scrotoplasty скротопластика *(пластическая операция на мошонке)*.

seb-i/o- *(лат. sebum сало)* относящийся к 1) жиру, кожному салу; 2) сальной железе. В рус. яз. *себ-о-, стеат-о-, лип-о-*:

sebocystoma киста сальной железы;

sebolith себолит, конкремент сальной железы;

seborrhea себорея, (гипер)стеатоз.

-secret-i/o- *(лат. secretio выделение, отделение)* указывает на отношение к выделению, секреции чего-либо. В рус. яз. *-секрец-и-, -секрет-о-*:

hypersecretion гиперсекреция, повышенная секреция;

secretomotor возбуждающий секрецию, вызывающий выделение.

-sect-or, -secti-o(n)- *(лат. sectio разрезание, сечение)* указывает на отношение к рассечению. В рус. яз. *-сектор, -секция, -сечение*:

dissector 1. прозектор **2.** диссектор *(мед. тех.)*;

sentisection вивисекция без обезболивания *(в эксперименте)*;

vivisection вивисекция *(вскрытие живого животного в целях изучения его организма)*.

secund-i/o- *(лат. secundus второй)* относящийся к цифре два. В рус. яз. *повторн-о-*:

secundigravida женщина, имеющая вторую беременность;

secundipara повторнородящая; женщина, рожавшая дважды.

sediment-o- *(лат. sedimentum оседание)* относящийся к выпадению в осадок, осаждению чего-либо. В рус. яз. *седимент-о-*:

sedimentator центрифуга *(напр. для отделения мочевого осадка)*;

sedimentometer седиментометр *(автоматический прибор для определения скорости оседания эритроцитов)*.

seism-o- *(гр. seimos колебание, землетрясение)* указывает на отношение к механическим колебаниям, вибрации. В рус. яз. *сейсм-о-, вибр-о-*:

seismocardiography сейсмическая баллистокардиография, сейсмокардиография *(метод графической регистрации механических проявлений сердечной деятельности)*;

seismotherapy вибротерапия, вибромассаж.

semei-o-, -semia *(гр. sema, semeion знак, признак)* указывает на отношение к признаку, симптому. В рус. яз. *семи-о-, -семия*:

semeiography описание симптомов *(болезни)*;

semeiology семиотика, семиология *(наука об общих свойствах знаковых систем)*.

semi- *(лат. semi со значением половины чего-либо)* указывает на половину, часть чего-либо. В рус. яз. *полу-, под-*:

semidecussation частичный перекрёст *(напр. нервных волокон)*;

semiflexion неполное сгибание *(напр. конечности)*;

semifluid полужидкий, вязкий.

semin-o- *(лат. semen семя)* относящийся к семени. В рус. яз. *семя-, семин-, спермат-о-*:

seminiferous семявыносящий;

seminoma семинома, сперматогониома, сперматоцитома *(злокачественная опухоль яичка)*;

seminuria сперматурия *(наличие спермы в моче)*.

-sens-i/o-, sensibil-i/o- *(лат. sensus чувство, ощущение, восприятие)* относящийся к чувствам, восприятию. В рус. яз. *-сенси-, -сенсибил-и/о-, экстези-о-*:

sensibilization сенсибилизация *(повышение чувствительности организма к воздействию какого-либо фактора)*;

sensiferous передающий ощущение, чувствительный;

sensimeter эстезиометр *(прибор для определения порога чувствительности, напр. болевой, температурной и др.)*;

sensomobile отвечающий движением на раздражение.

sensor-i/o- *(лат. sensorius относящийся к чувствам)* указывает на отношение к чувствительности. В рус. яз. *сенсор(н)-о-*:

sensorimotor сенсорно-двигательный *(о нерве)*;

sensorineural нейросенсорный, относящийся к чувствительному нерву;

sensorivascular относящийся к вазомоторным рефлексам.

sept-i/o- *(лат.* septum перегородка) указывает на отношение к перегородке. В рус. яз. *септ-*:

septectomy септэктомия, резекция перегородки *(напр. носовой)*;

septomarginal септомаргинальный, относящийся к краю перегородки;

septoplasty септопластика *(пластика носовой перегородки)*.

seps-o-, -septic-o-, -septic- *(гр.* sepsis гниение, septicos гнилостный, вызывающий гниение) относящийся к гниению; гнойной инфекции. В рус. яз. *-септ(ик)-о-, септиц-*:

aseptic асептический, стерильный, обеззараженный, безгнилостный;

sepsometer прибор для обнаружения органических загрязнений воздуха;

septicophlebitis септический флебит;

septicemia септицемия, сепсис, общее заражение, общая гнойная инфекция.

septi- *(лат.* septem семь) относящийся к цифре семь. В рус. яз. *семь*:

septigravida женщина, беременная в седьмой раз;

septipara женщина, рожавшая семь раз.

sequestr-o- *(лат.* sequestrare отделять) указывает на отношение к секвестру. В рус. яз. *секвестр-о-*:

sequestrectomy, sequestrotomy секвестрэктомия *(удаление секвестра)*;

ser-o- *(лат.* serum сыворотка) относящийся к 1) сыворотке крови; 2) чему-либо серозному *(жидкости, оболочке)*. В рус. яз. *серо-, пери-*:

seralbumin сывороточный альбумин;

seroenteritis воспаление серозной оболочки кишки;

seropurulent серозно-гнойный.

-sex(ual)-o- *(лат.* sexus пол) относящийся к полу. В рус. яз. *-секс-о-, -сексуал-*:

heterosexuality гетеросексуальность *(нормальное половое влечение к лицу противоположного пола)*;

sexology сексология, изучение половой жизни.

sex(t)-i- *(лат.* sex шесть) относящийся к цифре шесть. В рус. яз. *шесть*:

sexdigital имеющий шесть пальцев на руке или ноге;

sextigravida женщина, беременная в шестой раз;

sextipara женщина, рожавшая шесть раз.

-sial-i/o- *(гр.* sialon слюна) относящийся к слюне, слюнной железе. В рус. яз. *-сиал-и/о-, -слюнн-о-, -салив-о-*:

oligosialia олигосиалия, гипосаливация *(понижение секреции слюны)*;

sialadenitis сиаладенит *(воспаление слюнной железы)*;

sialogenous слюнообразующий, вырабатывающий слюну.

-sider-o- *(гр.* sideros железо) относящийся к железу. В рус. яз. *-сидер-о-, желез-о-*:

hemosiderosis гемосидероз, гемохроматоз *(отложение гемосидерина в тканях)*;

sideropenia сидеропения *(пониженное содержание железа в крови)*;

siderogenous железообразующий *(напр. о микроорганизме)*.

-sigm(oid)-o- *(лат.* sigma Romanum буква "s", *анат.* colon sigmoideum сигмоидная кишка) указывает на отношение к сигмовидной ободочной кишке. В рус. яз. *-сигм(оид)-о-*:

rectosigmoid ректосигмовидный отдел *(ободочной кишки)*;

sigmoiditis сигмоидит *(воспаление сигмовидной ободочной кишки)*;

sigmoidostomy сигмостомия *(создание наружного свища сигмовидной ободочной кишки)*.

silic-o- *(лат.* silex кремень) относящийся к кремнию. В рус. яз. *силик-о-*:

silicosis силикоз *(форма пневмокониоза, возникающая вследствие вдыхания силикатной пыли)*;

silicotuberculosis силикотуберкулёз, чёрная чахотка *(силикоз, осложнённый туберкулёзом)*.

sinistr-o- *(лат.* sinister левый) относящийся к левой стороне. В рус. яз. *лев-о-, синистр-о-*:

sinistrocardia синистрокардия *(смещение сердца влево)*;

sinistrogyration поворот влево, левовращение;

sinistromanual леворукий, с функциональным преобладанием левой руки.

sin(u)-i/o- *(лат.* sinus пазуха) относящийся к синусу. В рус. яз. *сину(с)(н)-и/о-*:

sinoatrial синусовый, синоатриальный, синусно-предсердный;

sinography рентгенологическое исследование венозных синусов;

sinuotomy синусотомия *(рассечение синуса)*.

sit-o- *(гр.* sitos пища) относящийся к пище. В рус. яз. *сит-о-, диет-о-*:

sitophobia ситофобия *(патологическая боязнь приёма пищи)*;

sitotherapy диетотерапия, лечебное питание;

sitotoxin ситотоксин *(пищевой токсин)*.

skel(et)-o- *(гр.* skeletos высушенный) указывает на отношение к скелету. В рус. яз. *скелет-о-*:

skelalgia боль в ноге;

skeletogenous образующий скелет;

skeletopia скелетотопия *(расположение органов в теле человека относительно элементов скелета)*.

skia- *(гр.* skia тень) относящийся к тени, теневому изображению. В рус. яз. *скиа-, рентген-о-*:

skiagram скиаграмма, рентгенограмма;

skiascopy 1. скиаскопия, пупиллоскопия, теневая проба 2. рентгеноскопия;

skiatherapy рентгенотерапия *(лучевая терапия)*.

smegm-o- *(гр.* smegma мыло, мазь; *син.* препуциальный жир) указывает на отношение к смегме. В рус. яз. *смегм-о-*:

smegma смегма, препуциальная смазка;

smegmolith смегмолит, препуциальный конкремент, постолит.

soci-o- (*лат.* societas общество) относящийся к группе людей, обществу. В рус. яз. *соци-о-*:

sociometry социометрия *(изучение межличностных отношений в группе)*;

sociotherapy социотерапия, социальная терапия *(комплекс мероприятий, проводимых с целью повышения эффективности лечения психически больных)*.

-som(at)-i/o- (*гр.* soma тело) относящийся к телу. В рус. яз. *-сома-, сомат-о-, -сомия*:

microsomia микросомия, карликовость, нанизм;

somatology соматология *(раздел антропологии, изучающий вариации человеческого тела в целом: пропорции, рост, массу и т.п.)*;

somatopagus близнецы, сросшиеся туловищем; близнецы-соматопаги;

somatotrophic соматотропный, стимулирующий рост тела.

-somn-i/o- (*лат.* somnus сон) относящийся ко сну. В рус. яз. *сомн-*:

hypersomnia гиперсомния *(патологическая сонливость)*;

somnambulism сомнамбулизм, лунатизм, снохождение;

somniferous снотворный, гипнотический.

-son-o- (*лат.* sonus звук) относящийся к звуку. В рус. яз. *-сон-о-, -звук-о-, -ауди-о-*:

sonogram сонограмма, эхограмма;

sonometer аудиометр *(прибор для определения остроты слуха)*;

supersonic сверхзвуковой, ультразвуковой.

-spasm-o- (*гр.* spasmos судорога) указывает на отношение к спазму. В рус. яз. *-спазм-о-*:

laryngospasm ларингоспазм, спазм гортани;

spasmodermia спазм сосудов кожи;

spasmogenic спазмогенный, вызывающий спазм.

spectr-o- (*лат.* spectrum представление, видение) указывает на спектр. В рус. яз. *спектр-о-*:

spectrophotometry спектрофотометрия *(метод качественного и количественного анализа веществ, основанный на измерении их спектров поглощения или излучения)*;

spectroscopy спектроскопия *(исследование спектров при помощи спектроскопа)*.

-sperm(at)-o- (*гр.* sperma семя, сперма) указывает на отношение к сперме, сперматозоидам. В рус. яз. *-сперм(ат)-о-*:

aspermatism аспубрматизм *(полное отсутствие эякулята при половом акте)*;

spermatogenous сперматогенный;

spermatorrhea сперматорея *(истечение семени)*.

-sphen-o- (*гр.* sphenoidalis клиновидный) указывает на отношение к клиновидной [основной] кости. В рус. яз. *-сфен-о-, -клиновидн-о-*:

sphenoiditis сфеноидит *(1. воспаление слизистой оболочки клиновидной пазухи 2. некроз клиновидной кости)*

sphenoidostomy создание наружного искусственного свища клиновидной пазухи;

sphenoparietal клиновидно-теменной;

temporosphenoid височно-клиновидный.

spher-o- (*гр.* sphaira шар) относящийся к чему-либо шаровидному, имеющему сферическую поверхность. В рус. яз. *сфер-о-, шар-о-*:

spheresthesia истерический комок;

spheroma опухоль шаровидной формы;

spherometer сферометр *(прибор для измерения кривизны поверхности)*.

sphincter-i/o- (*гр.* sphinkter смыкающая мышца) указывает на отношение к сфинктеру. В рус. яз. *сфинктер-о-*:

sphincteritis сфинктерит *(воспаление сфинктера)*;

sphincteroscopy визуальное исследование сфинктера;

sphincterotomy сфинктеротомия *(рассечение сфинктера при его рубцовом сужении)*.

sphygm-o- (*гр.* sphygmos пульс) указывает на отношение к пульсу. В рус. яз. *сфигм-о-, пульс-о-*:

sphygmograph сфигмограф *(прибор для регистрации пульсовых колебаний)*;

sphygmomanometer сфигмоманометр *(прибор для измерения кровяного давления)*;

sphygmoscopy сфигмоскопия *(исследование пульса)*.

-spin-o- (*лат.* spina шип, хребет, позвоночник) указывает на отношение к 1) позвоночнику; 2) спинному мозгу. В рус. яз. *-спин-о-*:

cerebrospinal цереброспинальный, спинномозговой;

craniospinal краниоспинальный, относящийся к черепу и позвоночнику, черепно-спинномозговой;

spinobulbar относящийся к спинному и продолговатому мозгу.

-spir-o- (*гр.* speira извилина, завиток) указывает на отношение к чему-либо спирально изогнутому. В рус. яз. *-спир-о-*:

Leptospira лептоспиры *(род микроорганизмов)*;

spiradenoma спираденома [узловатая аденома], аденома потовых желёз;

spirillicide спириллицидный препарат.

-spiro- (*лат.* spiro дуть, дышать, вдыхать) указывает на отношение к дыханию. В рус. яз. *-спиро-*:

respirogenesis восстановление дыхания;

spirogram спирограмма *(запись изменений во времени объёмов вдыхаемого и выдыхаемого воздуха)*;

spirometry спирометрия *(измерение жизненной ёмкости лёгких)*.

splanchn-i/o- (*гр.* splanchna внутренности) указывает на отношение к 1) внутренним органам; 2) чревному нерву. В рус. яз. спланхн-о-, висцер-о-:

splanchnicectomy спланхнэктомия *(иссечение чревного нерва)*;

splanchnomegaly спланхномегалия, гигантизм внутренних органов;

splanchnoptosis спланхноптоз, висцероптоз, симптомокомплекс Гленара *(опущение внутренних органов)*.

-splen-i/o- (*гр.* splen селезёнка) относящийся к селезёнке. В рус. яз. *-сплен-и/о-, -селезёночн-о-*:

hepatosplenography спленопортография, гепатоспленография;

splenomegaly спленомегалия, мегалоспления;

splenomyelogenous образующийся в селезёнке и костном мозге *(о клетках)*.

-spondyl-i/o- *(гр.* spondylos позвонок*)* указывает на отношение к позвоночнику. В рус. яз. *-спондил-и/о-, -вертебральн-о-, -позвоночн-о-:*

perispondylic перивертебральный, вокругпозвоночный, околопозвоночный;

spondylarthritis спондилоартрит *(воспаление межпозвоночных суставов)*;

spondylolisthesis спондилолистез *(смещение позвонка кпереди относительно нижележащего позвонка)*.

-spongi-o- *(гр.* spongia губка*)* указывает на что-либо пористое, напоминающее губку. В рус. яз. *-спонги-о-, губк-о-:*

spongiform губкообразный, губковидный, губчатый, спонгиозный;

spongioblastoma спонгиобластома *(нейроэктодермальная опухоль центральной нервной системы)*;

spongiosis спонгиоз *(межклеточный отёк)*.

-spor-i/o- *(гр.* spora посев, семя*)* указывает на отношение к спорам. В рус. яз. *-спор-и/о-:*

sporicide спорицид *(средство для уничтожения спор микроорганизмов)*;

sporoderm спородерма *(оболочка споры)*;

sporogony спорогония *(1. размножение спорами 2. спорообразование)*.

squam-o- *(лат.* squama чешуя*)* относящийся к чешуе. В рус. яз. *чешуйчат-о-, сквам(озн)-о-:*

squamatization чешуйчатая метаплазия;

squamoglandular чешуйчато-железистый.

staped-i/o- *(лат.* stapes стремя*)* относящийся к стремени *(одной из слуховых косточек)*. В рус. яз. *стапед-о-, стремян-:*

stapedectomy стапедэктомия *(удаление стремени или его части)*;

stapediotenotomy рассечение сухожилия мышцы стремени.

-staphyl-i/o- *(гр.* staphyle виноградная гроздь, набухший нёбный язычок*)* относящийся к 1) стафилококкам *(образуют скопления, напоминающие гроздья)*; 2) мягкому нёбу; 3) чему-либо похожему на виноград. В рус. яз. *-стафил-и/о-:*

hypsistaphylia гипсистафилия, высокое узкое нёбо;

staphylolytic стафилолитический, лизирующий стафилококки *(о ферменте)*;

staphyloma стафилома *(выпячивание патологически изменённой роговицы или склеры)*;

staphyloschisis врождённая расщелина мягкого нёба и язычка.

-stas-ia, stas-i- *(гр.* stasis стояние, неподвижность*)* указывает на отношение к остановке, застою, равновесию. В рус. яз. *-стаз-и/ия:*

astasia астазия *(невозможность стоять без поддержки)*;

hemostasis 1. гемостаз, остановка кровотечения 2. кровяной стаз;

cholestasis холестаз, жёлчный стаз

stasiphobia стазифобия *(патологическая боязнь стояния)*.

-stat-o/ic *(гр.* statos установленный, неподвижный*)* указывает на отношение к 1) чему-либо стоящему, установленному, неподвижному, относящемуся к равновесию; 2) какому-либо прибору. В рус. яз. *-стат-о/ик-:*

cytostatic цитостатический, подавляющий размножение клеток *(особ. раковых)*;

statoliths статолиты, отолиты *(кристаллы углекислого кальция)*;

thermostat термостат, терморегулятор.

stear-o- *(гр.* stear жир, сало*)* относящийся к жирам. В рус. яз. *стеар-о-, адип-о-, лип-о-, стеат-о-:*

stearodermia поражение сальных желёз кожи;

stearrhea стеаторея, жировые испражнения.

-steat-o- *(гр.* stear, steatos жир*)* относящийся к жирам. В рус. яз. *-стеат-о-, адип-о-, лип-о-, себо-:*

cholesteatoma холестеатома *(жемчужная опухоль)*;

steatogenesis липогенез *(образование жира)*;

steatonecrosis жировой некроз, адипонекроз.

-sten-o- *(гр.* stenos узкий, тесный*)* указывает на отношение к сужению. В рус. яз. *-стен-о-, узк-о-:*

laryngostenosis ларингостеноз, стеноз гортани

stenocardia стенокардия, *уст.* грудная жаба;

stenocephalous узкоголовый.

sterc-o- *(лат.* stercus кал*)* относящийся к калу. В рус. яз. *стерк-о-, копр-о-, (фе)кал-о-:*

stercolith каловый конкремент, копролит;

stercoraceous каловый, фекальный.

stere-o- *(гр.* stereos твёрдый, прочный, объёмный, пространственный*)* относящийся к 1) чему-либо постоянному, устойчивому; 2) пространственный. В рус. яз. *стерео-:*

stereognosis стереогноз, пространственная чувствительность;

stereoskiagraphy стереорентгенография;

stereotypy стереотипия *(1. сохранение определённого положения в течение длительного времени 2. непроизвольное повторение слов, движений и т.п.)*.

-stern-o- *(гр.* sternon грудь, грудная клетка, грудина*)* указывает на отношение к грудине, грудной клетке. В рус. яз. *стерн-о-, грудин-о-:*

chonechondrosternon воронкообразная грудная клетка, «грудь сапожника»;

schistosternia врождённое расщепление грудины;

sternomastoid грудино-сосцевидный;

sternotome стернотом *(нож-долото для рассечения грудины в поперечном направлении)*.

steth-o- *(гр.* stethos грудь*)* относящийся к грудной клетке. В рус. яз. *стет-о-:*

stethalgia сталгия *(боль в груди)*;

stethometer стетометр *(прибор для измерения окружности грудной клетки и её изменений при дыхании)*;

stethoscope стетоскоп *(прибор для аускультации)*.

-stom(at)-i/o- *(гр.* stoma рот, отверстие*)* указывает на отношение к 1) ротовой полости; 2) какому-либо отверстию. В рус. яз. *-стом(ат)-и/о-, рот-о-:*

sigmoidostomy сигмостомия *(создание наружного свища сигмовидной ободочной кишки)*;

stomatitis стоматит;

stomatogastric ротожелудочный.

-sthen- (*гр.* sthenos сила) относящийся к 1) силе, состоянию активности; 2) плотности. В рус. яз. *-стен-*:

asthenia астения, астенический синдром, бессилие, слабость;

zymosthenic повышающий активность фермента;

hyposthenuria гипостенурия (*низкая плотность мочи*).

strab-o- (*гр.* strabos кривой, косящий) относящийся к косоглазию. В рус. яз. *страб-о-*:

strabometer страбометр (*устройство для определения положения зрительных осей при косоглазии*);

strabometry страбометрия (*метод измерения угла косоглазия*);

strabotomy стработомия (*операция коррекции косоглазия*).

strang-o- (*гр.* strangos капля) относящийся к 1) небольшому количеству чего-либо; 2) сдавливанию. В рус. яз. *странг-*:

strangalesthesia зонестезия (*парестезия в виде ощущения давящего пояса*);

stranguria странгурия (*мочеиспускание небольшими порциями вследствие резкого его затруднения*).

strat-i/o- (*лат.* stratum покрывало, слой) указывает на отношение к каким-либо слоям. В рус. яз. *-томо-*:

stratigram томограмма;

stratigraphy томография;

stratochamber барокамера.

-strept-o- (*гр.* streptos скрученный, витой, цепочка) указывает на отношение к 1) чему-либо имеющему форму цепочки; 2) стрептококкам (*шаровидные или овальные клетки этих бактерии образуют цепи различной длины*). В рус. яз. *-стрепт-о-*:

streptococcus стрептококк;

streptoderma стрептодермия, стрептококковая пиодермия;

streptotrichosis стрептотрихоз, атипический актиномикоз, кладотрихоз, нокардиоз.

strictur-o- (*лат.* stringere стягивать, сжимать) указывает на отношение к сужению. В рус. яз. *стриктур-*:

stricture стриктура (*органическое сужение полого органа, сосуда, протока или канала, сопровождающееся частичным или полным нарушением его проходимости*), стеноз;

stricturotome нож для рассечения стриктуры;

stricturotomy стриктуротомия (*устранение стеноза путём рассечения ткани*).

strum-i/o- (*лат.* struma припухлость, опухоль желёз) указывает на отношение к 1) щитовидной железе; 2) припухлости. В рус. яз. *струм-и/о-*:

strumectomy струмэктомия (*удаление патологически увеличенной щитовидной железы*);

strumitis 1. струмит (*воспаление ткани узловатого эутиреоидного зоба*) **2.** тиреоидит (*воспаление щитовидной железы*);

strumoderma колликвативный туберкулёз кожи, скрофулодерма.

-styl-i/o- (*лат.* styloideus шиловидный) указывает на отношение к 1) шиловидной форме чего-либо;

игле; 2) шиловидному отростку. В рус. яз. *стил-о-, шил-о-*:

styliform шиловидный, шилообразный;

stylomaxillary шиловидно-верхнечелюстной;

stylostixis иглоукалывание, иглотерапия, акупунктура.

sub- (*лат.* sub предлог и приставка со значением под, во время, при) относящийся к 1) расположению ниже чего-либо; 2) неполноте качества. В рус. яз. *суб-, под-, слабо-, мало-, гипо-*:

subaural субаурикулярный, расположенный под ушной раковиной;

sublingual подъязычный, сублингвальный;

subinflammation слабовыраженное воспаление;

subpituitarism гипопитуитаризм (*недостаточность функции гипофиза*).

super- (*лат.* super предлог и приставка со значением вверху, над) относящийся к 1) нахождению сверху; 2) превышению чего-либо. В рус. яз. *супер-, гипер-, сверх-, пере-*:

superabduction чрезмерное отведение (*конечности*);

supercallosal расположенный над мозолистым телом;

superdistension перерастяжение, чрезмерное растяжение;

superinfection суперинфекция (*повторное заражение в условиях незавершившегося инфекционного заболевания*).

supra- (*лат.* supra предлог и приставка со значением над, раньше) относящийся к 1) чему либо, расположенному сверху; 2) повышению. В рус. яз. *супра-, над-, верхне-, гипер-*:

supraduction поворот одного глаза кверху;

supraorbital супраорбитальный, надглазничный;

suprarenalism гиперадренализм, гиперфункция надпочечников.

sursum- (*лат.* sursum вверх) относящийся к чему-либо, расположенному вверху. В рус. яз. *супра-*:

sursumduction поворот одного глаза (глаз) кверху;

sursumvergence суправергенция, косоглазие кверху, суправергирующее косоглазие;

sursumversion поворот обоих глаз кверху.

sym- (*гр.* syn вместе) относящийся к 1) сходству чего-либо; 2) совместному действию. В рус. яз. *сим-, син-*:

symbiosis симбиоз (*совместное существование разных организмов*);

symplast симпласт (*многоядерная клетка, образовавшаяся в результате слияния клеток*);

sympodia сращение стоп.

-sympath(ic)-o- (*гр.* sympathes испытывающий сходное чувство, страдание) относящийся к 1) симпатической части вегетативной нервной системы; 2) отражённому возникновению в другом месте, внушаемости. В рус. яз. *-симпат(ик)-о-* :

sympathectomy симпатэктомия, десимпатизация (*удаление образований симпатической нервной системы*);

sympathicopathy поражение симпатической нервной системы;

sympathism внушаемость;

sympatholytic симпатолитическое средство.

-symptom(at)-o- (*гр.* symptoma признак) указывает на отношение к признаку чего-либо, симптому. В рус. яз. *симптом(ат)-и/о-, семи-о-*:

asymptomatic бессимптомный;

symptomatology семиотика, семиология, симптоматология (*наука об общих свойствах знаковых систем*);

symptomatolytic вызывающий исчезновение каких-либо симптомов.

syn- (*гр.* syn предлог и приставка со значением одновременности действия, взаимодействия) указывает на отношение к соединению чего-либо, одновременности. В рус. яз. *син-, сим-*:

syndactylia синдактилия (*полное или частичное сращение соседних пальцев кисти или стопы*);

syndesmology синдесмология (*раздел анатомии, изучающий соединения костей*);

synkinesis синкинезия (*содружественное рефлекторное движение*).

-syndes- (*гр.* syndesis связывание, сжатие) указывает на отношение к связыванию, соединению чего-либо. В рус. яз. *-синдес-*:

syndesmology синдесмология (*учение о соединении костей*);

syndesmoplasty синдесмопластика (*пластическая операция на суставных связках*).

synov-i/o- (*лат.* membrana synovialis синовиальная оболочка) указывает на отношение к суставным полостям, а также синовиальным сумкам и синовиальным влагалищам сухожилий. В рус. яз. *-синов-и/о-*:

parasynovitis периартрит (*воспаление мягких тканей, окружающих фиброзную капсулу сустава*), парасиновит;

synovectomy синовэктомия (*иссечение синовиальной оболочки сустава*);

synovioma синовиома, синовиальная эндотелиома, лизотелиома сустава (*опухоль, исходящая из синовиальной оболочки суставов, синовиальных влагалищ и синовиальных сумок*).

-syphil-i/o- (*лат.* syphilis от имени литературного героя Сифилуса – Syphilus) относящийся к сифилису. В рус. яз. *-сифил-и/о-*:

parasyphilitic парасифилитический;

protosyphilis первичный сифилис;

syphilophobia сифилофобия (*патологическая боязнь заболеть сифилисом*).

syring-i/o-, -syrinx (*гр.* syringx трубка, трубчатая полость) указывает на отношение к какому-либо полому образованию (*свищу, каналу*). В рус. яз. *сиринг-и/о-*:

dacryosyrinx 1. свищ слёзной железы **2.** шприц для промывания слёзных путей;

syringectomy иссечение свища, фистулэктомия;

syringoadenoma сирингоаденома, сирингоцистаденоматозный невус, невиформная сирингоцистаденома, сирингоцистома (*аденома выводного протока потовой железы*).

Т

tach(y)-o- (*гр.* tachys скорый, быстрый) указывает на отношение к чему-либо быстрому, частому. В рус. яз. *тах-и/о-, поли-*:

tachography тахография (*совокупность методов графической регистрации скорости движения жидкостей или газов*);

tachycrotic относящийся к частому пульсу;

tachyphylaxis тахифилаксия (*1. быстрое снижение лечебного эффекта при повторном применении лекарственного средства 2. снижение способности организма отвечать развитием анафилактических реакций на повторное введение веществ*)

-tal-i/o- (*лат.* talus таранная или надпяточная кость) указывает на отношение к 1) таранной кости; 2) стопе. В рус. яз. *стопн-, таранн-о-*:

talipes изуродованная стопа, стойкая деформация стопы (*напр. конская стопа, полая стопа и др.*), платиподия;

talocrural голеностопный;

talotibial относящийся к большеберцовой и таранной костям.

-tars-o- (*гр.* tarsos плоская поверхность, подошвенная поверхность стопы, край века) относящийся к 1) предплюсне; 2) хрящу века. В рус. яз. *-тарз-, предплюсн-*:

tarsectopia подвывих костей предплюсны;

tarsophalangeal предплюсне-фаланговый;

epitarsus эпитарзус (*дупликатура слизистой оболочки века между сводом конъюнктивы и хрящом верхнего века*).

tect-o- (*лат.* tectum крышка, потолок) указывает на отношение к какой-либо покровной структуре. В рус. яз. *текст-о-, покровн-о-, покрышечн-о-*:

tectocephaly ладьевидный череп, скаф(ал)оцефалия;

tectospinal тектоспинальный, покрышечно-спинномозговой.

tel-e/o- (*гр.* tele далеко) относящийся к 1) чему-либо отдалённому, связанному с передачей на расстояние; 2) чему-либо конечному, завершённому. В рус. яз. *тел-е/о-*:

telalgia телалгия (*возникновение болевого ощущения вдали от истинного источника боли*), иррадиирующая боль;

telangiectasia телеангиэктазия (*локальное чрезмерное расширение капилляров и мелких сосудов*);

telemetry 1. телеметрия, дистанционное измерение **2.** телеметрическая аппаратура, аппаратура для дистанционных измерений;

teleneurite концевое разветвление аксона.

tempor-o- (*лат.* tempus время, *анат.* висок) указывает на отношение к 1) виску; 2) времени. В рус. яз. *височн-о-, временн-о-*:

tempolabile изменяющийся с течением времени;

temporo-occipital височно-затылочный;

temporosphenoid височно-клиновидный.

tend(in)-o- (*лат.* tendo сухожилие) указывает на отношение к сухожилию. В рус. яз. *тенд(ин)-и/о-*:

tendonitis тендинит (*воспаление ткани сухожилия*);

tendosynovitis тендосиновит, тендовагинит (*воспаление синовиальной оболочки сухожильного влагалища*);

tendovaginitis тендовагинит, тендосиновит (*воспаление синовиальной оболочки сухожильного влагалища*).

-ten-o- (*гр.* tenon сухожилие) относящийся к сухожилию. В рус. яз. *тен(дин)-о-, сухожилищ(н)-о-*:

myotenotomy миотенотомия, теномиотомия (*рассечение сухожилия и мышцы*);

tenalgia теналгия (*боль в сухожилиях*);

tenostosis оссификация сухожилия.

terat-o- (*гр.* teras, teratos чудовище, уродство) указывает на отношение к уродствам, аномалиям развития. В рус. яз. *терат-о-*:

teratogenesis тератогенез (*механизм возникновения аномалий развития*);

teratology тератология (*раздел эмбриологии, изучающий аномалии развития*);

teratoma тератома, эмбриоцитома (*опухоль, образующаяся из гоноцитов*).

tert-i- (*лат.* tertius третий) относящийся к цифре три. В рус. яз. *трё(х)-*:

tertiarism симптомокомплекс третичного сифилиса;

tertigravida женщина, беременная в третий раз;

tertipara женщина, рожавшая три раза.

test-i/o- (*лат.* testis яичко, семенник) указывает на отношение к мужским половым железам. В рус. яз. *тест-и-, орхи-*:

testalgia орхиалгия, болезнь Купера (*ощущение напряжения и боли в яичке, придатке и семенном канатике при отсутствии воспалительных изменений или травмы*);

testectomy орхиэктомия, орхидэктомия (*удаление одного или обоих яичек*);

testitis орхит, тестит (*воспаление яичка*).

tetan-i/o- (*гр.* tetanos судорожное напряжение, столбняк) указывает на отношение к столбняку, судорожному сокращению мышц. В рус. яз. *тетан-о-, столбнячн-о-, спазм-о-*:

tetaniform напоминающий столбняк;

tetanophilic имеющий сродство к токсину столбняка;

tetanotoxin тетанотоксин, столбнячный токсин.

tetra- (*гр.* tetra четыре) относящийся к цифре четыре. В рус. яз. *тетра-, четыре-, четверн-, квадри-*:

tetradactyl четырёхпалый;

tetraploid тетраплоид (*клетка с четырьмя наборами хромосом*);

tetravaccine тетравакцина (*комбинация брюшнотифозной, паратифозных А и Б и холерной вакцин*).

thalam-o- (*гр.* thalamos комната, внутренние покои, *анат.* thalamus таламус) относящийся к таламусу (зрительному бугру). В рус. яз. *талам-и/о-*:

thalamencephalon 1. промежуточный мозг **2.** таламус, зрительный бугор;

thalamocele третий желудочек головного мозга;

thalamotomy таламотомия (*стереотаксическая операция, проводимая с целью деструкции ядер и проводящих путей таламуса*).

thalass-o- (*гр.* thalassa море) относящийся к чему-либо морскому. В рус. яз. *таласс-о-, море-*:

thalass(an)emia талассемия, гемолитическая средиземноморская анемия;

thalassophobia талассофобия (*патологическая боязнь моря*);

thalassotherapy талассотерапия, морелечение.

thanat-o- (*гр.* thanatos смерть) относящийся к смерти. В рус. яз. *танат-о-, смерт-, летальн-*:

thanatogenesis танатогенез (*причины и механизмы наступления смерти*);

thanatognomonic свидетельствующий о приближении смерти (*о симптоме*);

thanatophobia танатофобия (*патологическая боязнь смерти*).

-thec-a/o- (*гр.* theke вместилище, коробка, оболочка) указывает на отношение к полому образованию, оболочке. В рус. яз. *-тек-а/о-*:

karyotheca кариолемма, нуклеомембрана, ядерная оболочка;

thecoma текома (*гормонально-активная опухоль яичника*), текаклеточная опухоль, ксантоматозная текаклеточная фиброма;

thecomatosis гиперплазия стромы яичника, текоматоз.

-thel-i/o- (*гр.* thele грудной сосок) указывает на отношение к 1) соску молочной железы; 2) слою клеток, покрову. В рус. яз. *-тел-и/о-*:

endothelium эндотелий (*клеточная выстилка внутренней поверхности кровеносных, лимфатических сосудов и эндокарда*);

hyperthelia гипертелия (*увеличенное число сосков молочной железы*);

theleplasty пластика грудного соска.

-therm-i/o- (*гр.* therme теплота, жар) указывает на отношение к теплу, температуре. В рус. яз. *-терм-и/о-, тепло-*:

hypothermal гипотермический, относящийся к пониженной температуре;

thermoreceptor терморецептор, температурный рецептор (*нервные образования, специфически чувствительные к изменениям температуры окружающей среды*);

thermotherapy термотерапия, теплолечение (*тепловое воздействие на организм с лечебной целью*).

-thorac(ic)-o- (*гр.* thorax грудь, грудная клетка) указывающий на отношение к грудной клетке, грудной полости, плевре. В рус. яз. *-торак-о-, грудн-о-, плевр-о-*:

pneumothorax пневмоторакс (*наличие воздуха или газа в плевральной полости*);

thoracicoabdominal торакоабдоминальный, относящийся к грудной и брюшной полости;

thoracoplasty торакопластика (*удаление или резекция рёбер в определённом участке грудной стенки с целью создания условий для спадения поражённых отделов лёгкого*).

-t(h)romb-o- (*гр.* thrombos сгусток) указывает на отношение к тромбообразованию. В рус. яз. *-тромб-о-*:

hyperthrombinemia гипертромбинемия *(повышенное содержание в крови протромбина и тромбина – факторов свёртываемости крови)*;

thrombembolia тромбэмболия *(закупорка сосуда оторвавшимися частями тромба)*;

thrombocyte тромбоцит, кровяная пластинка, бляшка Биццоцеро;

trombogenicity тромбогенность, способность к тромбообразованию.

-thym-i/o- (*гр.* thymos вилочковая железа) указывает на отношение к вилочковой железе. В рус. яз. *-тим-о-*:

hyperthymism гиперфункция вилочковой железы;

thymectomy тимэктомия *(операция удаления вилочковой железы)*;

thymolytic разрушающий ткань вилочковой железы.

-thym-i/o- (*гр.* thymos душа, чувство) указывает на отношение к настроению, чувству. В рус. яз. *-тим-*:

hyperthymia гипертимия *(повышенное настроение, сопровождающееся усиленной двигательной и психической активностью)*;

dysthymia дистимия *(депрессия с хроническим – не менее 2 лет – течением)*

thymoleptic тимолептик, тимолептическое средство, антидепрессант.

-thyr(oid)-o- (*лат.* glandula thyreoidea щитовидная железа) указывает на отношение к 1) щитовидной железе; 2) щитовидному хрящу. В рус. яз. *-тирео-, щитовидн-о-*:

hyperthyroidism гипертиреоз, гипертиреоидизм, гипертиреоидоз;

thyroadenitis тиреоидит *(воспаление щитовидной железы)*;

thyroglossal щитовидно-язычный.

-toc-i/o- (*гр.* tokos роды), относящийся к родовой деятельности. В рус. яз. *токо-*:

xerotocia роды, осложнённые дородовым излитием околоплодных вод, «сухие роды»;

tocolytic токолитический, снижающий родовую деятельность;

tocophobia токофобия *(патологическая боязнь родов)*.

-tom-o/y (*гр.* tomos слой, tome разрез) указывает на отношение к 1) чему-либо послойному; 2) рассечению. В рус. яз. *-том-о/и-*:

laparotomy лапаротомия, чревосечение *(вскрытие брюшной полости при операции)*;

laryngotomy ларинготомия *(рассечение гортани)*;

tomography томография, стратиграфия *(послойное рентгенологическое исследование)*.

-ton-o/i- (*гр.* tonos напряжение, натяжение) указывает на отношение к напряжению, давлению. В рус. яз. *-тон-о/и-*:

angiotonic повышающий тонус сосудов, вазопрессорный;

dystonia дистония, нарушение тонуса;

tonometer тонометр *(прибор для измерения внутриглазного давления)*.

tonsil(l)-o- (*лат.* tonsilla миндалина) указывает на отношение к миндалинам. Син. амигдал-о-. В рус. яз. *тонзилл-и/о-*:

tonsillectomy тонзилэктомия *(удаление миндалин)*;

tonsillith тонзиллолит, конкремент в нёбной миндалине;

tonsillitis тонзиллит *(воспаление нёбных миндалин)*, ангина, амигдалит.

-top-i/o- (*гр.* topos место, положение) указывает на отношение к определенному положению, локализации. В рус. яз. *-топ-и/о-*:

dystopia дистопия, атопия, аллотопия *(расположение органа, ткани или отдельных клеток в необычном для них месте)*;

topectomy топэктомия *(удаление определённой цитоархитектонической зоны коры полушарий большого мозга)*;

topology топографическая анатомия, топология.

-torsi(on)-o-, tort-i/o- (*лат.* torsio вращение, tortilis кручёный) указывает на отношение к вращению, повороту. В рус. яз. *-торси(он)-о-, торт-о-*:

extorsion поворот органа кнаружи;

torsionometer торсионометр *(прибор для измерения угла поворота позвоночника по его вертикальной оси)*;

torticollar относящийся к кривошее.

-tox(ic)-o- (*гр.* toxicon служащий для смазывания стрел, ядовитый) относящийся к ядам, токсическим, отравляющим веществам. В рус. яз. *-токс(ик)-о-*:

sitotoxin пищевой токсин, ситотоксин;

toxemia токсемия, токсикоз, токсинемия *(циркуляция в крови токсических веществ различного происхождения)*;

toxicopathic относящийся к интоксикации.

-trache-i/o- (*гр.* tracheia дыхательное горло, трахея) указывает на отношение к трахее. В рус. яз. *-трахе-и/о-*:

tracheitis трахеит *(воспаление слизистой оболочки трахеи)*;

tracheoesophageal трахеоэзофагеальный, трахеопищеводный, пищеводно-трахеальный;

tracheostomy трахеостомия *(вскрытие просвета трахеи с подшиванием краёв разреза трахеи к краям разреза кожи для образования трахеостомы)*.

-trachel-o- (*гр.* trachelos шея, шейка) указывает на отношение к 1) шейке матки; 2) шейке мочевого пузыря. В рус. яз. *трахел-о-, цервик-о-*:

hematotrachelos гематотрахелометра *(растяжение шейки матки скопившейся кровью)*;

trachelocystitis трахелоцистит *(воспаление шейки мочевого пузыря)*;

trachelorrhaphy трахелорафия *(восстановление формы шейки матки после её разрыва)*.

trans- (*лат.* предлог и приставка trans со значением через, сквозь) относящийся к движению через, сквозь что-либо. В рус. яз. *транс-, пере-, чрез-, чрес-*:

transcutaneous чрескожный;

translocation транслокация *(структурное изменение хромосом в результате перемещения генетического материала)*;

transection пересечение, рассечение, поперечный разрез.

-traum(at)-o- (*гр.* trauma рана, повреждение) указывает на отношение к травме, ранению. В рус. яз. *-травмат-*:

posttraumatic посттравматический, возникший после травмы;

traumatology травматология;

traumatosepsis раневой сепсис.

tremo(r)-o-, trom-o- (*лат.* tremor дрожание) указывает на отношение к дрожанию, тремору. В рус. яз. *трем-о-, тром-о-*:

tremogram тремограмма (*графическое изображение тремора*);

tremostable стабильный [устойчивый] к встряхиванию;

tromophobia тромофобия, тремофобия (*патологическая боязнь появления дрожания при посторонних лицах*).

-tres-i/o- (*гр.* tresis отверстие) относящийся к какому-либо отверстию. В рус. яз. *-трез-и-, -трема*:

atresia атрезия (*отсутствие естественного отверстия или канала*);

helicotrema геликотрема (*отверстие в области верхушки улитки костного лабиринта*).

tri- (*лат.* tres три) относящийся к цифре три. В рус. яз. *три-, трёх-*:

triatrial имеющий три предсердия (*о плоде*);

tripara трижды рожавшая женщина;

trilateral трёхсторонний.

-trich-i/o- (*гр.* thrix волос) относящийся к 1) волосам; 2) жгутикам. В рус. яз. *-трих-и/о-, -трикс*:

oligotrichia олиготрихия, гипотрихоз, олиготрихоз (*недостаточное развитие волосяного покрова*);

trichosporosis трихоспория, пьедра, узловатый трихомикоз (*грибковое заболевание волос, вызываемое многими разновидностями грибов рода трихоспорона*);

trichotillomania трихотилломания, трихокриптомания (*психопатологический симптом, проявляющийся непреодолимым влечением к выдёргиванию своих волос*).

-tripsy (*гр.* tripso давить, дробить) указывает на отношение к раздавливанию, раздроблению. В рус. яз. *-трипсия*:

angiotripsy ангиотрипсия (*способ остановки кровотечения с помощью раздавливающего зажима*);

lithotripsy литотрипсия, камнедробление, цистолитотрипсия.

troch-o- (*гр.* trochos колесо, круг) указывает на отношение к чему-либо 1) вращающемуся; 2) имеющему округлую форму. В рус. яз. *трох-о-*:

trochocardia вращение сердца вокруг (*продольной*) оси;

trochocephaly трохоцефалия (*округлая форма головы*);

trochoscopy трохоскопия (*рентгенологическое исследование в положении лежа, при котором пучок рентгеновского излучения направлен вертикально снизу вверх*).

-trop-i/o- (*гр.* tropos направление) указывает на отношение к направленности или способу действия. В рус. яз. *-троп-и/о-*:

heterotropia гетеротропия, гетеротропность, косоглазие, страбизм;

inotropic инотропный, изменяющий силу мышечного сокращения;

lymphotropic лимфотропный (*о вирусе*).

-troph-i/o (*гр.* trophe питание) относящийся к питанию. В рус. яз. *-троф-и/о-*:

dystrophy дистрофия, гипобиоз, дегенерация, перерождение;

embryotrophy эмбриотрофия, питание эмбриона;

trophocyte трофоцит (*клетка, выполняющая трофическую функцию*).

-tub-o- (*лат.* tuba труба) относящийся к 1) маточной трубе; 2) слуховой трубе. В рус. яз. *туб-о-, сальпинг-о-*:

ovariotubal относящийся к яичнику и маточной трубе;

tubectomy сальпингэктомия (*удаление маточной трубы*);

tuborrhea выделения из слуховой трубы.

-tubercul-i/o- (*лат.* tuberculum бугорок) указывает на отношение к туберкулёзу. В рус. яз. *-туберкул-и/о-, бугорк-о-, фтиз-*:

silicotuberculosis силикотуберкулёз, «чёрная чахотка» (*силикоз, осложнённый туберкулёзом*);

tuberculigenous вызывающий туберкулёз;

tuberculotherapist врач-фтизиатр.

-tubul-o- (*лат.* tubulus трубочка) относящийся к трубкам, канальцам. В рус. яз. *-тубул-о-, трубчат-о-*:

myotubule *гист.* мышечная трубочка;

tubulocyst трубчатая киста, канальцевая киста;

tubulopathy тубулопатия (*большая группа заболеваний, протекающих с нарушением канальцевого транспорта органических веществ и электролитов*).

-tumor-i/o- (*лат.* tumor опухоль, вздутие) указывает на отношение к опухоли. В рус. яз. *онк-о-, опухолев-о-*:

antitumorigenesis ингибирование [угнетение, подавление] роста опухоли;

tumoricidal уничтожающий опухолевые клетки (*об агенте*);

tumorigenic онкогенный, канцерогенный.

turbin-o- (*гр.* konchē раковина) относящийся к носовой раковине. В рус. яз. *конх-о-*:

turbinectomy конхэктомия (*удаление носовой раковины*);

turbinotomy конхотомия (*резекция носовой раковины*).

-tussic-o- (*лат.* tussis кашель) относящийся к кашлю. В рус. яз. *кашлев-о-*:

antitussic противокашлевое средство, противокашлевой.

tympan-i/o- (*гр.* tympanon барабан) указывает на отношение к 1) барабанной перепонке; 2) среднему уху. В рус. яз. *тимпан-о-, миринг-о-*:

tympanichord барабанная струна;

tympanoplasty тимпанопластика (*пластика звукопроводящего аппарата среднего уха*);

tympanosclerosis тимпаносклероз, псевдоотосклероз, склероотит *(разрастание соединительной ткани в каких-либо участках среднего уха с последующим их гиалинозом).*

-typh-o- *(лат.* typhus тиф) относящийся к тифу. В рус. яз. *тиф(озн)-о-:*

pneumotyphus пневмотиф, брюшнотифозная пневмония;

typhogenic вызывающий тиф;

typhosepsis брюшнотифозная септицемия.

-typhl-i/o- *(гр.* typhlos слепой) относящийся к 1) слепой кишке; 2) слепоте. В рус. яз. *-тифл-и/о-, слеп-о-, цек-о-:*

typhlocele киста слепой кишки;

typhlology раздел офтальмологии, посвящённый проблемам слепоты;

typhlostomy цекостомия, тифлостомия *(наложение наружного свища на слепую кишку).*

U

-ulcer-o- *(лат.* ulcus язва) относящийся к язве. В рус. яз. *ульцер-о-, язв-о-:*

ulcerogenic ульцерогенный, вызывающий язву.

ul-i/o- *(гр.* ulon десна) относящийся к десне. В рус. яз. *гингив-и/о-, десн-:*

ulitis гингивит *(воспаление слизистой оболочки дёсен);*

ulocarcinoma рак десны;

ulorrhagia десневое кровотечение.

-uln-o- *(лат.* ulna локтевая кость) относящийся к локтю. В рус. яз. *локтев-о-:*

ulnocarpal запястно-локтевой.

ultra- *(лат.* ultra позади, с другой стороны) указывает на отношение к чему-либо, расположенному за пределами, превышению чего-либо. В рус. яз. *ультра-, сверх-, инфра-:*

ultraligation перевязка артерии выше места ветвления;

ultramicroscope ультрамикроскоп;

ultramicrotome ультрамикротом *(аппарат для автоматизированного приготовления сверхтонких срезов тканей).*

un- *(лат.* приставка со значением отрицания) указывает на отношение к отрицанию чего-либо, чему-либо противоположному. В рус. яз. *не-, анти-, бес-:*

unaffected непоражённый, незатронутый, неповреждённый;

unhygienic антисанитарный;

uninfected незаражённый, неинфицированный.

uni- *(лат.* unus один) указывает на отношение к цифре один. В рус. яз. *одно-, моно-:*

uninuclear одноядерный, мононуклеарный;

uniovular однояйцовый, монозиготный *(о близнецах);*

uniseptal имеющий одну перегородку.

uran(isc)-o- *(гр.* uranos небо, нёбо) указывает на отношение к мягкому или твёрдому нёбу. В рус. яз. *уран-о-, палат-о-, стафил-о-:*

uraniscoplasty уранопластика, палатопластика *(устранение дефектов твёрдого нёба);*

uranoplegia паралич мышц мягкого нёба;

uranorrhaphy стафилорафия, палаторафия *(ушивание расщелины мягкого нёба).*

-ure-a/o-, ur(ic)-o-, ur(in)-i/o- *(гр.* uron моча) указывает на отношение к моче, мочевой кислоте. В рус. яз. *-ур-и/о-, моче-:*

dysuria дизурия *(затруднение или боль при мочеиспускании);*

ureapoiesis образование [синтез] мочевины;

uricolysis разложение мочевой кислоты, растворение уратных конкрементов;

urinogenital мочеполовой, урогенитальный, уриногенитальный;

uroschesis задержка мочи.

-ureter-o- *(гр.* ureter мочеточник) указывает на отношение к мочеточнику. В рус. яз. *-уретер-о-:*

megaloureter мега(ло)уретер *(чрезмерное расширение мочеточника);*

ureterocystostomy уретероцистонеостомия, уретеровезикостомия *(создание искусственного устья мочеточника в мочевом пузыре);*

ureteroplasty уретеропластика *(пластическая операция на мочеточнике).*

-urethr-i/o- *(гр.* urethra мочеиспускательный канал) указывает на отношение к мочеиспускательному каналу. В рус. яз. *-уретр-и/о-, моче-:*

urethritis уретрит *(воспаление мочеиспускательного канала);*

urethrography уретрография *(рентгенологическое исследование мочеиспускательного канала после наполнения его рентгеноконтрастным веществом);*

urethrorrhea выделения из мочеиспускательного канала.

-uter-i/o- *(лат.* uterus матка) относящийся к матке. В рус. яз. *утер-о-, маточн-о-, метр-о-, гистер-о-:*

rectouterine прямокишечно-маточный;

uterolith обызвествлённая миома матки;

uteropexy гистеропексия *(фиксация патологически подвижной матки).*

uve-o- *(лат.* uva виноград, uvea сосудистая оболочка глаза) указывает на отношение к сосудистой оболочке глаза. В рус. яз. *уве-о-:*

uveitis увеит *(воспаление сосудистой оболочки глазного яблока);*

uveomeningitis увеоменингеальный синдром *(общее название различных синдромов, характеризующихся сочетанием менингеального синдрома с увеитом);*

uveoparotitis увеопаротит, увеопаротидная лихорадка, синдром Хеерфордта.

uvul-i/o- *(лат.* uvula, язычок) относящийся к нёбному язычку:

uvulitis увулит, воспаление нёбного язычка;

uvuloptosis опущение нёбного язычка.

V

-vaccin-o- (*лат.* vaccinus коровий) относящийся к
1) вакцине; 2) коровьей оспе. В рус. яз. -вакцин-и/о-:
vacciniform напоминающий коровью оспу, вакци-
ниформный;
vaccinotherapy вакцинотерапия;
rhinovaccination вакцинация через слизистую
оболочку носа.

-vagin-i/o- (*лат.* vagina футляр, оболочка, влагалище)
указывает на отношение к влагалищу. В рус. яз.
-влагалищн-о-, вагин-и-, кольп-о-:
rectovaginal прямокишечно-влагалищный, ректовагинальный;
vaginography (рентгено)кольпография, вагинография;
vaginomycosis микоз влагалища, вагиномикоз.

vag-o-, vagus (*лат.* vagus бродячий, блуждающий, указывающий на блуждающий нерв) относящийся к
блуждающему нерву. В рус. яз. ваг-о-:
vagolytic ваголитический, подавляющий функцию
блуждающего нерва (*напр. о лекарственном средстве*);
vagotomy ваготомия (*пересечение блуждающего
нерва или его ветвей*);
vagotropic ваготропный, действующий на блуждающий нерв.

-valv(ul)-o- (*лат.* valvula заслонка, створка, клапан)
указывает на отношение к клапанам (*преимущественно сердца*). В рус. яз. вальвул-и/о-, клапанн-о-:
cardiovalvulotomy хирургическая коррекция клапана сердца;
valvulitis вальвулит (*воспаление тканей, образующих клапаны сердца*);
valvuloplasty вальвулопластика, пластика клапанов сердца (*восстановление функции какого-либо
клапана сердца*).

vap-o- (*лат.* vapor пар) относящийся к пару, его использованию с лечебной целью. В рус. яз. вап-о-,
пар-о-:
vapocauterization каутеризация паром;
vapotester прибор для измерения минимальной
взрывоопасной концентрации анестетика в газовой смеси;
vapotherapy лечение ингаляциями.

-varic-i/o- (*лат.* varix вздутие на венах) указывает на
отношение к расширению вен. В рус. яз. варик-о-:
variciform напоминающий варикозно расширенную вену;
varicocele варикоцеле (*варикозное расширение вен
семенного канатика*);
varicography варикография (*рентгенограмма варикозно расширенных вен*).

-vascul-i/o- (*лат.* vasculum уменьшительное от vas сосуд) указывает на отношение к сосудам. Син.:
angi-o-, vas-o-. В рус. яз. васкул-и/о-, сосудист-о-:
cardiovascular сердечно-сосудистый, кардиовас-
кулярный;
vasculitis васкулит, ангиит (*воспаление стенок
кровеносных сосудов*);

vasculogenesis васкулогенез (*образование и развитие сосудов*).

-vas-o- (*лат.* vas сосуд) относящийся к 1) кровеносным
сосудам; 2) семявыносящему протоку. В рус. яз.
ваз-о-, сосуд-о-, анги-о-:
vasohypertonic сосудосуживающий, гипертензивный;
vasoligation 1. вазолигатура (*1. перевязка кровеносных сосудов 2. перевязка семявыносящего протока*) **2.** вазорафия (*ушивание сосуда или концов
семявыносящего протока*);
vasoresection вазорезекция (*иссечение семявыносящего протока*).

vector- (*лат.* vector несущий) относящийся к перенесе-
нию чего-либо. В рус. яз. вектор-:
vectorcardiogram вектор(электро)кардиограмма
(*проекция на плоскость кривой, описываемой в
пространстве концом суммарного вектора элек-
тродвижущих сил, возникающих при деполяризации и реполяризации миокарда в процессе сердечного цикла*);
vectorcardiography векторкардиография (*метод
исследования сердечной деятельности путем графической регистрации и анализа векторкардиограммы*);
vectorcardiograph векторкардиограф.

-ven-i/o- (*лат.* vena вена) относящийся к вене. Син.:
флеб-о-. В рус. яз. -вен-о-:
intravenous внутривенный;
venesection венесекция, веносекция;
venipuncture венопункция, венепункция, прокол
вены.

venere-o- (*лат.* Venus, Veneris богиня любви) указывает на отношение к венерическому заболеванию.
В рус. яз. венер-о-:
venereologist (врач-)венеролог;
venereology венерология (*область медицины, изучающая инфекции, передающиеся половым путём*).

-ventricul-o- (*лат.* ventriculus брюшко, желудок, желудочек) указывает на отношение к желудочку сердца или головного мозга. В рус. яз. -вентрикул-о-,
-желудочк-о-:
atrioventricular атриовентрикулярный, предсердно-
желудочковый;
ventriculography вентрикулография, вентрикуло-
цистернография, кардиовентрикулография (*рентгенологическое исследование головного мозга и его
желудочковой системы после контрастирования
желудочков*);
ventriculostomy вентрикулостомия (*хирургическая
операция, заключающаяся во введении полой иглы
[канюли] в один из боковых желудочков головного
мозга*).

ventr-o- (*лат.* venter живот) относящийся к животу,
брюшной стенке. В рус. яз. вентр-о-, перитоне-о-,
абдомин-о-, лапар-о-:
ventrodorsal вентродорсальный (*в направлении от
живота к спине*);

ventroscopy вентроскопия, лапароскопия, абдоминоскопия, перитонеоскопия, органоскопия *(обследование расположенных в брюшной полости органов с помощью лапароскопа через небольшой разрез в брюшной стенке)*;

ventrosuspension вентрофиксация *(подшивание опущенного органа к брюшной стенке)*.

verm-i- *(лат.* vermis червь) относящийся к гельминтам. В рус. яз. *глистн-, гельминтн-*:

antivermicular противоглистный, антигельминтный;

vermicide противоглистное, антигельминтное средство;

vermifugal противоглистный, антигельминтный.

-vertebr-o- *(лат.* vertebra позвонок) указывает на отношение к 1) позвоночному столбу; 2) рёбрам. В рус. яз. *-позвоночн-о-, -вертебр-о-*:

costovertebral рёберно-позвоночный;

vertebrochondral относящийся к ложным рёбрам, позвоночно-хрящевой;

vertebrosternal относящийся к истинным рёбрам, позвоночно-грудинный.

-vert-i/o, -versia *(лат.* verto, versum вращать, поворачивать)* указывает на отношение к повороту, вращению в какую-либо сторону. В рус. яз. *-верт-и-, -версия*:

introvert интровертированная личность *(человек, сосредоточенный на своём внутреннем мире)*;

retroversion ретроверсия, отклонение кзади;

vertigraphy томография.

-vesic-o- *(лат.* vesica пузырь) относящийся к мочевому пузырю. Син.: *цист-*. В рус. яз. *-везик-о-, -пузырн-о*:

intravesical внутрипузырный, интравезикальный;

vesicocele грыжа мочевого пузыря;

vesicorectostomy везикоректостомия *(наложение соустья между мочевым пузырём и прямой кишкой)*.

vesicul-i/o- *(лат.* vesicula пузырёк) указывает на отношение к 1) пузырьку, везикуле; 2) семенному пузырьку. В. рус. яз. *везикул-и/о*:

vesiculectomy везикулэктомия *(удаление семенного пузырька)*;

vesiculiform напоминающий пузырёк, похожий на пузырёк;

vesiculitis везикулит, сперматоцистит *(воспаление пузырька)*.

-vestibul-o- *(лат.* vestibulum преддверие) указывает на отношение к 1) преддверию *(влагалища, полости носа и др.)*; 2) вестибулярному анализатору. В рус. яз. *вестибул-о-*:

vestibuloplasty пластика свода полости рта;

vestibulotomy вестибулотомия, фенестрация преддверия *(костного лабиринта)*.

vibr-o- *(лат.* vibro качать, колебать) указывает на отношение к колебаниям, вибрации. В рус. яз. *вибр-о-*:

vibrocardiograph виброкардиограф *(прибор для регистрации низкочастотных колебаний грудной клетки, вызванных сердечными сокращениями)*;

vibrotherapeutics вибромассаж.

-vir(ul)-i/o- *(лат.* virus яд, возбудитель болезни, вирус) указывает на отношение к вирусам. В рус. яз. *-вир(ус)-и/о-*:

rhinovirus риновирус *(род мелких РНК-содержащих вирусов семейства пикорнавирусов)*;

virulicides вирулициды *(вещества, инактивирующие вирусы)*;

viruria вирусурия *(наличие вируса в моче)*.

-viscer-o- *(лат.* viscera внутренности) указывает на отношение к внутренним органам. Син.: *спланхн-о-*. В рус. яз. *висцер-о-, спланхн-о-*:

visceromegaly спланхномегалия, спланхиомегалия, висцеромегалия, органомегалия *(гигантизм внутренних органов)*;

visceroptosis висцероптоз, спланхноптоз, симптомокомплекс Гленара *(опущение внутренних органов)*;

viscerotropic висцеротропный, воздействующий на внутренние органы.

-visu-o- *(лат.* visus зрение) относящийся к зрению. В рус. яз. *-визу-, -визор*:

visuognosis зрительное восприятие;

visuscope визускоп *(прибор для исследования глазного дна)*.

vit(a)(l)-o- *(лат.* vita жизнь) относящийся к жизни, чему-либо жизненно важному. В рус. яз. *вита-, жизне-*:

intravital витальный, жизненный, прижизненный, интравитальный;

vitalometer аппарат для электроодонтодиагностики;

vitamer витамер *(одна из нескольких химических форм витамина)*.

vitr(e)-o- *(лат.* vitrum стекло) относящийся к чему-либо стеклянному, стекловидному. В рус. яз. *витр(е)-о-*:

vitreodentin витреодентин, «стеклянный» дентин;

vitreoretinal витреоретинальный, относящийся к стекловидному телу и сетчатке;

vitropression витропрессия, диаскопия *(метод диагностики кожных болезней)*.

viv-i- *(лат.* vivus живой) относящийся к живому организму. В рус. яз. *вив-и/о-, жив-о-*:

vividialysis виводиализ *(прижизненное очищение крови от экзогенных и эндогенных веществ с помощью диализа)*;

viviperception наблюдение за жизненными процессами в организме;

vivisection вивисекция, живосечение.

-vulv-i/o- *(лат.* vulva оболочка, матка, *анат.* vulva вульва) указывает на отношение к наружным женским половым органам, к вульве. Син.: *эпизио-*. В рус. яз. *вульв-и/о-*:

vulvitis вульвит *(воспаление наружных женских половых органов)*;

vulvovaginitis вульвовагинит *(воспаление наружных женских половых органов и влагалища)*.

X

-xanth-i/o- (*гр.* xanthos жёлтый) относящийся к жёлтому цвету. В рус. яз. *ксант-о-*:

xanthelasma ксантелазма, плоская ксантома;

xanthopsia ксантопсия (*видение в жёлтом цвете*).

xen-o- (*гр.* xenos чужой) относящийся к 1) чему-либо чужеродному; 2) происходящему от животного другого вида. В рус. яз. *ксен-о-*:

xenogenic 1. экзогенный, чужеродный **2.** ксеногенный (*относящийся к другому биологическому виду*);

xenophobia ксенофобия (*патологическая боязнь незнакомых лиц*);

xenotransplantation ксенотрансплантация, ксенопластика (*пересадка чужеродной ткани*).

-xer-o- (*гр.* xeros сухой) относящийся к чему-либо сухому. В рус. яз. *ксер-о-*:

pharyngoxerosis ощущение сухости в глотке;

xerophthalmia ксерофтальмия (*высыхание конъюнктивы и роговицы*), офтальмосклероз;

xerostomia ксеростомия (*сухость во рту*).

xiph-i/o- (*гр.* xyphos меч) относящийся к мечевидному отростку (*грудины*). В рус. яз. *ксиф-о-*, *мече-*:

xiphocostal относящийся к мечевидному отростку (*грудины*) и рёбрам;

xiphoiditis воспаление мечевидного отростка (*грудины*);

xiphopagus ксифопаг (*близнецы, сросшиеся в области мечевидного отростка*).

Z

-zo-o-, -zoon- (*гр.* zoon живое существо) указывает на отношение к животным, живым существам. В рус. яз. *-зо-о-, -зоон-*:

protozoophage фагоцит, поглощающий простейших; протозоофаг;

zoacanthosis дерматит, обусловленный раздражением кожи частицами животного происхождения (*напр. волосками гусениц*);

zoanthropy зооантропия (*бред превращения в животное*);

zoonosis зооноз (*общее название инфекционных и инвазионных болезней животных и человека*).

zon(ul)-o- (*гр.* zonula уменьшительное от zone пояс) указывает на отношение к 1) чему-либо опоясывающему; 2) ресничному пояску (*глаза*). В рус. яз. *зон(ул)-о-*:

zonesthesia зонестезия (*ощущение давящего пояса*);

zonulitis воспаление ресничного пояска;

zonulolysis зонулолиз, метод Барракера (*расплавление волокон цинновой связки с целью облегчения процесса удаления хрусталика глаза при катаракте*).

zyg-o- (*гр.* zygotos соединённый) указывает на отношение к чему-либо парному, соединённому. В рус. яз. *-зиг-о-*:

zygodactyly синдактилия, зигодактилия (*сращение пальцев*);

zygosis зигозис (*слияние двух гамет*).

-zym-o- (*гр.* zyme закваска, дрожжи) указывает на отношение к биологически активным веществам (*ферментам, токсинам*). В рус. яз. *-(эн)зим-о-, -фермент-о-*:

proenzyme профермент, проэнзим;

zymogenic вызывающий брожение, ферментативный, зимогенный;

zymolysis зимолиз, ферментативное расщепление (*распад тканей или органических веществ, вызываемый ферментами*).

МЕЖДУНАРОДНЫЕ И НАЦИОНАЛЬНЫЕ ОРГАНИЗАЦИИ □ INTERNATIONAL AND NATIONAL ORGANIZATIONS

Academy:

~ **of Occupational Medicine** Институт профессиональной патологии, или профессиональных болезней

International ~ of Legal Medicine and of Social Medicine Международная академия судебной и социальной медицины

National ~ Национальная академия наук *(США)*

Administration:

Alcohol, Drug Abuse and Mental Health ~ Управление по вопросам злоупотребления алкоголем, наркотиками и психического здоровья

Environmental Control ~ Управление по охране окружающей среды

Federal Water Pollution Control ~ Федеральное управление по предупреждению загрязнения вод

Food and Drug ~ Управление по контролю за качеством пищевых продуктов, медикаментов и косметических средств *(США)*

Health Care Financing ~ Финансовое управление здравоохранения *(ведает финансированием программы Медикэр, США)*

Occupational Safety and Health ~ Управление по технике безопасности и гигиене труда *(США)*

National Air Pollution Control ~ Национальное управление по борьбе с загрязнением воздушной среды *(США)*

Social Security ~ Управление социального обеспечения *(здравоохранение, просвещение, социальная служба, США)*

Veterans ~ Управление по делам ветеранов войн

Agency:

~ **for Health Care Policy and Research** Агентство по определению политики здравоохранения и проведению исследований

Child Support ~ агентство по поддержке детей

Environmental Improvement ~ Управление по проблемам улучшения качества окружающей среды *(США)*

Environmental Protection ~ Агентство по защите окружающей среды

European Medicines Evaluation ~ Европейское агентство по стандартизации и контролю лекарственных препаратов

Federal Emergency Management ~ Федеральное агентство по управлению страной в чрезвычайных ситуациях *(США)*

International ~ for Research on Cancer Международное агентство по изучению рака

Medical Devices ~ Агентство по контролю за медицинским оборудованием *(Великобритания)*

Medicines Control ~ Агентство по контролю за лекарственными средствами *(Великобритания)*

Organ Procurement ~ Агентство по заготовке, хранению и доставке органов *(США)*

Pollution Control ~ Управление по борьбе с загрязнением окружающей среды *(США)*

United States ~ for International Development Агентство США по международному развитию

World Antidoping ~ Всемирное антидопинговое агентство

Alliance:

International ~ of Health Technology Международный союз организаций, занимающихся оценкой медицинских технологий

Association:

~ **for the Study of Human Infertility** Ассоциация по изучению инфертильности человека

~ **of American Medical Colleges** Ассоциация американских медицинских колледжей

~ **of European Pediatric Cardiology** Европейская ассоциация кардиологов-педиатров

Air and Waste Management ~ Ассоциация по проблемам очистки воздуха и отходов

Air Pollution Control ~ of America Американская ассоциация по борьбе с загрязнением воздуха

American ~ for Health Plans Американская ассоциация страховых медицинских организаций

American ~ of Physicists Американская ассоциация медицинских физиков

American ~ of Preferred Provider Organizations Американская ассоциация предпочтительных ЛПУ

American ~ of Tissue Banks Американская ассоциация банков тканей

American Blood Resources ~ Американская ассоциация ресурсов крови

American Industrial Hygiene ~ Американская ассоциация промышленной санитарии

American Managed Care and Review ~ Американская ассоциация организаций управляемой медицинской помощи и аудита

American Medical ~ Американская медицинская ассоциация *(включает 26 специальностей)*

American Occupational Therapy ~ Американская ассоциация по лечению профессиональных заболеваний

American Public Health ~ Американская ассоциация здравоохранения

American Psychiatric ~ Американская психиатрическая ассоциация

American Spine Injury ~ Американская ассоциация по спинальной травме

British ~ Британская ассоциация *(по распространению научных знаний)*

British Medical ~ Британская ассоциация врачей

British Water and Effluent Treatment Plant ~ Британская ассоциация по установкам водоподготовки и очистки сточных вод

Catholic Health ~ Католическая ассоциация здравоохранения *(США)*

European ~ for Cancer Research Европейская ассоциация по изучению рака

European ~ of Cardio-thoracic Surgeons Европейская ассоциация кардиоторакальных хирургов

European ~ of Endoscopic Surgery Европейская ассоциация по эндоскопической хирургии

European Neuroscience ~ Европейское общество неврологов

European Pharmaceutical Marketing Research ~ Евро-пейская фармацевтическая ассоциация исследования маркетинга

European Water Pollution Control ~ Европейская ассоциация по контролю за загрязнением вод

Family Planning ~ Ассоциация сторонников планирования семьи *(Великобритания)*

Gay and Lesbian ~ of Doctors and Dentists Ассоциация врачей и дантистов нетрадиционной половой ориентации

Health Insurance ~ of America Американская ассоциация страховых компаний

International ~ for Accident and Traffic Medicine Международная ассоциация медицинской помощи при несчастных случаях и дорожных происшествиях

International ~ for Child Psychiatry and Allied Professions Международная ассоциация специалистов по детской психиатрии и представителей смежных профессий

International ~ for Prevention of Blindness Международная ассоциация по профилактике слепоты

International ~ of Allergology Международная ассоциация по аллергологии

International ~ of Food Distribution Международная ассоциация по распределению продуктов питания

International ~ of Immunological Societies Международная ассоциация иммунологических обществ

International Emission Trade ~ Международная ассоциация по торговле выбросами, МАТВ

International Gay ~ Международная ассоциация гомосексуалистов

International Medical ~ for the Study of Living Conditions and Health Международная медицинская ассоциация по изучению условий жизни и здоровья

International Transpersonal ~ Международная трансперсональная ассоциация

International Water Supply ~ Международная ассоциация по проблемам водоснабжения

Life Insurance ~ of America Американская ассоциация страхования жизни

National ~ for Retarded Children Национальная ассоциация помощи умственно отсталым детям

National ~ of Environmental Professionals Национальная ассоциация специалистов по охране окружающей среды *(США)*

Population ~ of America Американская ассоциация по изучению народонаселения

World ~ for Gynecological Cancer Prevention Всемирная федерация по предупреждению рака женской половой сферы

World ~ for the Struggle Against Hunger Всемирная ассоциация по борьбе с голодом

World Medical ~ Всемирная медицинская ассоциация

World Psychiatric ~ Всемирная психиатрическая ассоциация, ВПА

Board:

~ of Auditors совет аудиторов, ревизионная комиссия

~ of Governors of League of Red Cross Societies Совет управляющих Лиги обществ Красного Креста

~ of Water and Natural Resources Управление по ресурсам воды и полезных ископаемых *(США)*

American ~ of Internal Medicine Американский совет по внутренним болезням

Associated Examining ~ Объединённая экзаменационная комиссия

Data Safety Monitoring ~s Комитет мониторинга данных, получаемых при клинических исследованиях лекарственных препаратов

Drug Supervisory ~ Отдел контроля за лекарственными средствами

Environmental Coordination ~ 1. Управление по координации охраны окружающей среды *(США)* **2.** Координационный совет по окружающей среде *(ООН)*

Executive ~ 1. Административный совет *(ЮНИСЕФ)* **2.** Исполнительный комитет *(ВОЗ)* **3.** Исполнительный совет *(ЮНЕСКО)*

International Narcotics Control ~ Международный совет по контролю за наркотиками, МСКН

Joint Staff Pension ~ правление Объединённого пенсионного фонда персонала

Medical ~ медицинская комиссия, медицинский [больничный] совет

Medical licensing ~ медицинская аттестационная комиссия *(организуемая местными органами здравоохранения для определения соответствия квалификации врачей для самостоятельной деятельности после завершения резидентуры в течение 1–7 лет, США)*

National ~ of Health Национальный совет по здравоохранению *(США)*

National ~ of Medical Examiners Национальный совет экзаменаторов по медицинским специальностям

National Radiological Protection ~ Национальный совет по радиационной защите

Permanent Central Narcotics ~ Постоянный центральный совет по наркотическим средствам *(ВОЗ)*

Review ~ Информационный совет *(по клиническим исследованиям)*

Sanitary Water ~ Санитарный совет по проблемам водных ресурсов *(США)*

Water Resource ~ 1. Управление по водным ресурсам *(США)* **2.** Управление водных ресурсов *(Великобритания)*

Bureau:

~ of Air Pollution Control and Solid Waste Disposal Бюро по борьбе с загрязнением воздушной среды и удалению твёрдых отходов *(отделения Агентства по защите окружающей среды, США)*

~ of Air Quality and Noise Control Бюро по контролю качества воздушной среды и борьбе с шумом *(отделения Агентства по защите окружающей среды, США)*

~ of Census Управление демографической статистики

~ of Chemical Safety Бюро химической безопасности

~ of Employees Compensation Управление выплаты компенсации за потерю трудоспособности

~ of Environmental Health Бюро по оздоровлению окружающей среды *(отделения Агентства по защите окружающей среды, США)*

~ of Medicine and Surgery Главное медицинское управление военно-морских сил

~ of Social Affairs Бюро по социальным вопросам *(ВОЗ)*

International Catholic Child ~ Международное католическое бюро по проблемам детей

National ~ of Standards Национальное бюро стандартов *(США)*

Pan-American Sanitary ~ Панамериканское бюро здравоохранения

Pharmaceutical and Food Safety ~ Бюро по фармпрепаратам и продуктам питания *(Япония)*

Center:

~s for Disease Control and Prevention центры по контролю заболеваемости *(федеральная служба США по заболеваемости, эпидемиологии и образованию, включающая Центр инфекционных болезней, Центр по изучению влияния окружающей среды на здоровье, Центр обучения здоровому образу жизни, Центр профилактической помощи, Центр профессиональной подготовки и Центр производственной безопасности и здоровья)*

~ for Drug Evolution and Research Центр оценки и исследования лекарственных средств *(США)*

~ for Food Safety and Applied Nutrition Центр безопасности продуктов питания и практического питания *(США)*

~ for Reviews and Dissemination Центр обзора и распространения информации *(среди медработников)*

~ for Science in the Public Interest Центр научных исследований населения *(по охране здоровья)*

~ for the Study of Drug Development Центр по разработке лекарственных средств

Allergic Disease ~ Центр по изучению аллергических заболеваний *(США)*

Chicago ~ for Clinical Research Чикагский центр клинических исследований лекарственных препаратов

Communicable Disease ~ Центр инфекционных заболеваний *(США)*

European Nuclear Research ~ Европейский совет по ядерным исследованиям

Human Genetics Research ~ Научно-исследовательский центр генетики человека

International Children's ~ Международный центр помощи детям

International Occupational Safety and Health Information ~ Международный информационный центр промышленной гигиены и безопасности

International Reference ~ Международный справочный центр

International Salmonella and Escherichia ~ Международный центр по изучению сальмонелл и эшерихий *(ВОЗ)*

International Tuberculosis Surveillance ~ Международный центр эпидемиологического надзора за туберкулёзом *(ВОЗ)*

Medical Resource ~ Центр медицинских ресурсов

National ~ for Health Education *амер.* Национальный центр санитарного просвещения

National ~ of Clinical and Laboratory Standards Национальный комитет США по клиническим и лабораторным стандартам

National Rehabilitation Information ~ Национальный центр информации по реабилитации *(США)*

Regional Family Planning Training ~ Региональный консультационный центр по вопросам регулирования рождаемости *(Индия)*

Tele-Health ~ Центр телемедицины

World Influenza ~ Всемирный центр по гриппу

Center:

~ d'Etude de Polymorphisme Humain *фр.* Центр по изучению полиморфизма у человека *(занимающийся изучением молекулярно-генетической изменчивости популяций человека из различных регионов Земли)*

College:

~ of American pathologists Американская коллегия патологов

American ~ of Physicians Американская коллегия [общество] терапевтов

American ~ of Sport Medicine Американская коллегия спортивной медицины

American ~ of Surgeons Американская коллегия [корпорация] хирургов

European ~ of Neuropsychopharmacology Европейская коллегия по нейропсихофармакологии

Royal ~ of Physicians Королевская коллегия терапевтов

Royal ~ of Surgeons Королевская коллегия хирургов

Collegium:

~ Internationale Neuro-Psychopharmacologicum *фр.* Международная коллегия по нейропсихофармакологии

Commission:

~ for Health Audit and Inspection Комиссия по аудиту и инспекции в здравоохранении

~ for Health Improvement Комиссия по улучшению здоровья

Citizens ~ on Human Rights Гражданская комиссия по правам человека

Code ~ on Foods for Special Dietary Uses Кодексный комитет по диетическим продуктам

Codex Alimentarius ~ Международная комиссия по контролю качества пищевых продуктов *(ВОЗ)*

Educational ~ for Foreign Medical Graduates Аттестационная комиссия для иностранных врачей *(в англо-язычных странах)*

Human Genetics ~ Комиссия по генетике человека

International ~ on Microbiological Specifications for Food Международная комиссия по микробиологическим спецификациям пищевых продуктов

International ~ on Occupational Health Международная комиссия по профпатологии и технике безопасности

International ~ on Radiation Units and Measurements Международная комиссия по радиологическим единицам и измерениям

International ~ on Radiological Protection Международная комиссия по радиационной защите

Joint ~ for Accreditation of Health Organizations Объединённая комиссия по аккредитации лечебных учреждений

Joint ~ on International Aspects of Mental Retardation Объединённая комиссия по международным аспектам проблемы умственной отсталости

Joint ~ on Mental Health of Children Объединённая комиссия по психическому здоровью детей

Utilization Review Accreditation ~ Комиссия по аккредитации организаций, осуществляющих аудит объёмов медицинской помощи

Committee:

~ for Proprietary Medicine Products Комитет по патентованным лекарственным препаратам

~ in Child Health Services Комитет охраны здоровья детей

~ on Education Standards Комитет по стандартам высшего образования *(в подготовке врача)*

~ on Elimination of Tuberculosis Комитет по ликвидации туберкулёза

~ on Infectious Diseases of American Academy of Pediatrics Комитет по инфекционным заболеваниям Американской академии педиатрии

~ on International Surveillance of Communicable Diseases Комитет по международному эпидемиологическому надзору за инфекционными болезнями

~ on Medical Aspects of Automotive Safety Комитет по медицинским аспектам автодорожной безопасности

~ on the Hygiene of Housing Комитет по гигиене жилых помещений

~ on Population Statistics Комитет по статистике народонаселения *(США)*

~ on Water Problems of the ECE Комитет по водным проблемам Европейской экономической комиссии ООН

Advisory ~ on Immunization Practices Комитет советников по иммунизации

Bioethics ~ of the American College of Emergency Physicians Комитет по биоэтике Американской коллегии врачей скорой медицинской помощи

Birth Control Investigation ~ Комитет по исследованию проблем регулирования рождаемости *(Великобритания)*

Citizen's Advisory ~ on Environmental Quality Гражданский консультативный комитет по охране качества окружающей среды

Codex ~ on Dietetic Foods Кодексный комитет по диетическим продуктам

Codex ~ on Food Additives and Contaminants Кодексный комитет по пищевым добавкам и контаминантам

Feasibility ~ on Priorities of Chemical Carcinogens Комитет по изучению очерёдности испытания химических веществ на канцерогенность

Green Light ~ Комитет «Зелёный свет» *(рабочая группа ВОЗ для борьбы с множественной лекарственной устойчивостью)*

Impaired-physicians ~ Комитет [Комиссия] по делам провинившихся врачей

Independent Ethics ~ Независимый комитет по этике

International Internet Research Ethics ~ Международный этический комитет по программе «Геном человека» на базе компьютерной сети Интернет

Joint ~ on Postgraduate for General Practice Объединённый комитет последипломного образования врачей общей практики

Joint ~ on Vaccination and Immunization Объединённый комитет по вакцинации и серопрофилактике

National ~ for Clinical Laboratory Standards Национальный комитет по клинико-лабораторным стандартам *(США)*

National ~ on Quality Assurance Национальный комитет по обеспечению качества медицинской помощи

Nomenclature ~ of the Fleischner Society Номенклатурный комитет Флейшнеровского общества

Permanent ~ on Biological Standards Постоянный комитет по биологическим стандартам

President's Science Advisory ~ Консультативный комитет по науке при президенте *(США)*

Regional Advisory ~ on Health Statistics Региональный консультативный комитет по санитарной статистике

Research Ethics ~ Научно-исследовательский этический комитет

Scientific ~ on the Effects of Atomic Radiation Научный комитет по действию атомной радиации

Staff Pension ~ Комитет пенсионного фонда *(ВОЗ)*

Supreme Certifying ~ Высший аттестационный комитет

Toxic Substances Strategy ~ Комитет по использованию токсических веществ

Tripartite ~ on Radiation Tolerances Комитет трёх по установлению допустимых доз излучения *(США, Великобритания, Канада)*

United Nations Scientific ~ on the Effects of Atomic Radiation Научный комитет по воздействию атомной радиации *(ООН)*

United States Interdepartmental ~ on Nutrition and National Defense Межведомственный комитет США по питанию и национальной обороне

WHO Expert ~ on Specifications for Pharmaceutical Preparations Комитет экспертов ВОЗ по спецификации фармацевтических препаратов

Community:

European ~ Европейский союз

Company:

International Insurance ~ Международная страховая компания

Confederation:

International ~ of Midwives Международная конфедерация акушерок

International ~ of Plastic and Reconstructive Surgery Международная конфедерация пластической и реконструктивной хирургии

World ~ of Physical Therapy Всемирная конфедерация физиотерапевтов

Council:

~ for International Organizations of Medical Sciences Совет международных организаций по медицинским наукам

~ on Chiropractic Education Совет по подготовке хиропрактиков *(специалистов по мануальной терапии)*

Accreditation ~ for Graduate Medical Education Совет по аккредитации врачей *(США)*

Central ~ for Education and Training in Social Work Центральный совет по обучению и повышению квалификации социальных работников

European ~ Европейский союз

General Medical ~ Главный медицинский совет *(по сертификации врачей, Великобритания)*

International ~ of Scientific Unions Международный совет научных союзов

Medical Research ~ Медицинский учёный совет *(Великобритания)*

National ~ for Combating Venereal Disease Национальный совет по борьбе с венерическими заболеваниями

National Industrial Pollution Control ~ Национальный совет по борьбе с загрязнением среды промышленными отходами

Swedish ~ on Technology Assessment in Health Care Шведское агентство по оценке медицинских технологий

Trusteeship ~ Совет по опеке *(ООН)*

Department:

~ of the Environment министерство [департамент] охраны окружающей среды

~ of Forensic Medicine кафедра судебной медицины *(университета)*

~ of Health and Human Services департамент здравоохранения и социальных служб *(США)*

~ of Health министерство здравоохранения

~ of Social Security министерство социального обеспечения *(Великобритания; образовано в 1988 г., после разделения министерства здравоохранения и социального обеспечения)*

~ of Veterans Affairs департамент по делам ветеранов

Federation:

~ Dentistry International Международная федерация стоматологов

~ of Ambulatory Surgery Associations Федерация обществ амбулаторных хирургов

~ of American Societies for Experimental Biology Американская федерация обществ экспериментальной биологии

~ of European Cancer Societies Федерация европейских онкологических обществ

~ of World Health Foundations Федерация всемирных фондов здравоохранения

British Postgraduate Medical ~ Британская федерация членов постдипломного медицинского образования

European ~ of Societies for Ultrasound in Medicine and Biology Европейская федерация обществ по применению ультразвука в медицине и биологии

International Dental ~ Международная стоматологическая федерация

International Diabetes ~ Международная диабетическая федерация

International ~ for Parent Education Международная федерация специалистов по вопросам воспитания в семье

International ~ of Fertility Societies Международная федерация обществ по изучению причин бесплодия

International ~ of Medical Students Association Международная федерация ассоциаций студентов-медиков

International ~ of Multiple Sclerosis Societies Международная федерация обществ по изучению множественного склероза

International ~ of Surgical Colleges Международная федерация коллегий хирургов

International Hospital ~ Международная федерация больничных учреждений

International Planned Parenthood ~ Международная федерация планирования семьи

World ~ for Culture Collection Всемирная федерация по коллекциям микробиологических культур

World ~ of Neurology Всемирная федерация неврологов

World ~ of Occupational Therapists Всемирная федерация специалистов по профпатологии

World ~ of the Deaf Всемирная федерация глухих

Force:

Canadian Task ~ on the Periodic Health Examination Канадская рабочая группа по периодическим профилактическим обследованиям

Foundation:

~ for Advancements in Science and Education Фонд развития науки и образования

~ for International Dermatological Education Фонд международного усовершенствования по дерматологии

American ~ for the Blind Американский фонд слепых

British Heart ~ Британский фонд по изучению сердечно-сосудистых болезней

Charity and Health ~ Фонд милосердия и здоровья

International Hippocratic ~ of Cos Международный фонд Гиппократа в Косе

International Nutrition Research ~ Международная организация по изучению проблем питания *(США)*

National Alopecia Areata ~ Национальный фонд изучения гнёздного облысения

National Digestive Disease ~ Национальный гастроэнтерологический фонд

National Kidney ~ Национальный нефрологический фонд *(США)*

Pan American Health and Education ~ Панамериканский фонд здравоохранения и просвещения

Fund:

Disability Trust ~ Фонд поддержки инвалидов

Know How ~ Фонд «Ноу-хау»

Malaria Special ~ специальный фонд ликвидации малярии

Royal National Pension ~ for Nurses Королевский национальный пенсионный фонд медицинских сестёр

Samaritan ~ благотворительный фонд помощи бедным

Special United National ~ for Economic Development специальный фонд ООН для экономического развития

United Nations ~ for Drug Abuse Control Фонд ООН для борьбы с токсикоманией и наркоманией

United Nations International Children's Emergency ~ Чрезвычайный фонд помощи детям при ООН, ЮНИСЕФ

Voluntary ~ for Health Promotion Добровольный фонд укрепления здоровья

Group:

Bombay blood ~s группы крови Бомбей *(характеризующиеся отсутствием AB0-антигенов вследствие мутантной аутосомной рецессивной гомозиготы h/h и угнетения выработки H)*

European Bone Marrow Transplantation ~ Европейская группа по трансплантации костного мозга

International Pediatric Endosurgery ~ Международная группа по детской эндохирургии

Joint OIHP/WHO Study ~ on African Ricketsioses Объединённая исследовательская группа МБОГ/ВОЗ по африканским риккетсиозам

Joint OIHP/WHO Study ~ on Cholera Объединённая исследовательская группа МБОГ/ВОЗ по холере

Pompidou ~ Помпиду группа *(по проблемам наркоманий и зависимостей)*

Scientific ~ on Prevention of Rh Sensitization научная группа по профилактике Rh-сенсибилизации

Station Medical ~ *амер.* гарнизонная медицинская группа

Institute:

~ for Research and Development in Health Care Научно-исследовательский институт здоровья

American ~ of Health Survey Американский исследовательский институт здоровья

British Standard ~ Британский институт стандартов

Central Public Health Engineering Research ~ Центральный научно-исследовательский институт санитарной техники

Earthwatch ~ Институт «Мониторинг Земли» *(проводящий экологические исследования)*

European ~ of Oncology Европейский институт онкологии

Food-Research ~ Научно-исследовательский институт пищевой промышленности *(США)*

High ~ of Public Health Высший институт общественного здравоохранения

National ~ of Allergy and Infectious Diseases Национальный институт аллергических и инфекционных заболеваний *(США)*

National ~ of Child Health and Human Department Национальный институт здоровья ребёнка и развития человека

National ~ of Clinical Evidence Национальный институт доказательной медицины

National ~ of Clinical Excellence Национальный институт клинического совершенствования

National ~ of Drug Abuse Национальный институт по изучению наркомании *(США)*

National ~ of Health Национальный институт здоровья США *(аналог РАМН)*

National ~ of Standard and Technology Государственный метрологический институт *(бывшее Национальное бюро стандартов США)*

National ~ on Alcohol Abuse and Alcoholism Национальный институт по злоупотреблению алкоголем и алкоголизму *(США)*

Population Growth Action Research ~ Институт по изучению последствий роста народонаселения

Public Health Research ~ Научно-исследовательский институт здравоохранения *(Нью-Йорк)*

Royal ~ Королевская ассоциация *(организация, проводящая научные исследования и распространяющая знания в области естественных наук, 1799 г.)*

Internalization:

Family Health ~ Международная программа охраны здоровья семьи *(ВОЗ)*

Mobility ~ Международная организация инвалидов и лиц, содействующих облегчению их жизни *(ВОЗ)*

Federation Dentair ~ *фр.* Международная федерация зубных врачей

League:

~ of National Health Organization Организация здравоохранения Лиги Наций

~ of Red Cross Societies Лига обществ Красного Креста

International ~ Against Epilepsy Международная лига борьбы с эпилепсией

International ~ of Dermatological Societies Международная лига дерматологических обществ

International ~ of Societies for the Mentally Handicapped Международная лига обществ защиты интересов умственно неполноценных

National Abortions Rights Action ~ Национальная лига действий за право на аборт

National ~ for Nursing Национальная лига медицинских сестёр

Office:

~ of Consumer Affairs Комитет по делам потребителей

~ of Technology Assessment Департамент по оценке технологий *(США)*

~ of the Registrar General Управление записи актов гражданского состояния *(Великобритания)*

Army and Navy Medical Procurement ~ Управление медицинского снабжения армии и флота

Disaster Relief ~ отдел ООН по оказанию помощи в чрезвычайных ситуациях

Federal ~ of Public Health Федеральное управление здравоохранения

International ~ for Audiophonology Международное бюро по аудиофонологии

Record ~ Государственный архив *(Англия)*

Regional ~ for Europe Европейское региональное бюро *(ВОЗ)*

State ~ of Mental Health Государственный центр психического здоровья

United States Patent and Trademark ~ Бюро регистрации патентов и товарных знаков США

Order:

~ of Blue Band «Орден синей ленты» *(общество трезвости, Англия, Скандинавия)*

~ **of Blue Cross** «Орден синего креста» *(общество трезвости, Швейцария)*

~ **of Malta** орден Мальты, Мальтийский орден

~ **of Red Cross** Общество Красного Креста

Organization:

~ **for Coordination in the Control of Endemic Diseases in Central Africa** Организация по координации борьбы с эндемическими болезнями в Центральной Африке

~ **for European Economic Cooperation** Организация европейского экономического сотрудничества

~ **Mondiale d'Endoscopie Digestive** *фр.* Всемирная организация эндоскопистов пищеварительного тракта

East Mediterranean Regional ~ Восточно-средиземноморская региональная организация *(ВОЗ)*

European ~ **for Research on Treatment of Cancer** Европейская организация по изучению лечения рака

Health Maintenance ~ Общество поддержания здоровья, ОПЗ *(США)*

Human Genome ~ Организация по расшифровке генома

Human Proteome ~ Организация «Протеом человека»

International Brain Research ~ Международная организация по изучению головного мозга

International Labor ~ Международная организация по изучению условий труда *(ООН)*

International ~ **of Good Templars** Интернациональная организация гуманизма и трезвости *(США, прежнее название – Независимый орден добрых храмовников)*

International ~ **of Medical Physics** Международная организация медицинских физиков

International Standards ~ Международная организация по стандартам, ИСО

Pan-American Sanitary ~ Панамериканская организация здравоохранения

United Nations Educational, Scientific and Cultural ~ Организация по вопросам образования, науки и культуры при ООН, ЮНИСЕФ

World Health ~ Всемирная организация здравоохранения, ВОЗ

World ~ **of Gastroenterology** Всемирная организация гастроэнтерологов

Program:

12-steps ~ «Программа 12 шагов» *(избавления от наркотической зависимости)*

Breast Screening ~ Национальная программа по обследованию молочной железы *(США)*

Civilian Health and Medical ~ **of the Uniformed Forces** Гражданская программа здравоохранения для военнослужащих

Earthwatch ~ экологическая программа «Зелёный патруль»

Expanded ~ **of immunization** расширенная программа иммунизации *(ВОЗ)*

FAO/WHO food standard ~ Программа ФАО по пищевым стандартам *(ВОЗ)*

Foreign Faculty Fellowship ~ Программа усовершенствования врачей-иностранцев *(ВОЗ)*

Health Manpower Development ~ Программа развития кадров здравоохранения

International Drug Control ~ Международная программа ООН по контролю над наркотиками

International Quality Plasma ~ Международная программа качества плазмы

Joint UN ~ **on HIV/AIDS** Объединённая программа ООН по ВИЧ/СПИДу

National Cholesterol Education ~ Национальная программа по «холестериновому образованию»

National High Blood Pressure Education ~ Национальная образовательная программа по артериальной гипертензии *(США)*

National Residency Matching ~ Национальная программа по распределению в резидентуре

Service:

All-Russia catastrophe medical ~ Всероссийская служба медицины катастроф

Army Medical ~ Военно-медицинская служба

Army Nurse ~ Служба медицинских сестёр сухопутных войск

European Transplant ~ Европейская служба трансплантации, Евротрансплантат

Joint Medical ~ Объединённая медицинская служба международных организаций *(США)*

National Health ~ Национальная [государственная] служба здравоохранения *(Англия)*

Public Health ~ департамент [министерство] здравоохранения *(США)*

Royal Air Force Medical ~ Медицинская служба королевских военно-воздушных сил *(Великобритания)*

United States Public Health ~ Служба здравоохранения США

Women's Royal Voluntary ~ Королевская женская добровольная служба *(благотворительная организация, помогающая больным и нуждающимся)*

Society:

~ **for Cardiac Angiography and Interventions** Общество ангиографии и интервенционных процедур на сосудах сердца

~ **of American Gastrointestinal Endoscopic Surgeons** Американское общество гастроэнтерологических эндоскопических хирургов

~ **of Cardiovascular & Interventional Radiology** Общество сердечно-сосудистой и интервенционной радиологии

~ **of Critical Care Medicine** Общество по интенсивной терапии, Общество реаниматологов

~ **of General Physiologists** Общество общих физиологов

American ~ **for Prevention of Cruelty to Animals** Американское общество по предотвращению жестокости в отношении животных

American ~ **of Hospital Pharmacists** Американское общество клинических фармацевтов

American ~ **of Internal Medicine** Американское терапевтическое общество

Canadian Cardiovascular ~ Канадское сердечно-сосудистое общество

Cardiovascular Interventional Radiology ~, **Europe** Международное европейское общество кардиоваскулярной интервенционной радиологии

European ~ for Endocrinology Европейское общество эндокринологов

European ~ for Sexual Medicine Европейское общество медицины сексуальных расстройств

European ~ of Cardiology Европейское общество кардиологов

European ~ of Intensive Care Medicine Европейское общество интенсивной терапии

European ~ of Clinical Microbiology and Infective Diseases Европейское общество клинической макробиологии и инфекционных болезней

European ~ of Hypertension Европейское общество изучения гипертонии

International Continence ~ Международное общество по удержанию мочи

International Intradiscal Therapy ~ Международное общество по лечению межпозвонковых дисков

International ~ for Dermatological Surgery Международное общество хирургов-дерматологов

International ~ for Pharmacoepidemiology Международное общество фармакоэпидемиологии

International ~ for Minimal Intervention in Spinal Surgery Международное общество по минимально инвазивным вмешательствам на спинном мозге

International ~ for Pediatric Neurosurgery Международное общество детской нейрохирургии

International ~ of Blood Transfusion Международное общество по переливанию крови

International ~ of Internal Medicine Международное общество внутренней медицины

International ~ of Psychoneuroendocrinology Международное общество психонейроэндокринологов

International ~ of Technology Assessment in Health Care Международное общество по оценке медицинских технологий

Neurological ~ of America Американское неврологическое общество

Royal Commonwealth ~ for the Blind Британское королевское общество слепых

Royal Pharmaceutical ~ of Great Britain Королевское фармацевтическое общество Великобритании

Royal ~ for Prevention of Accidents Королевское общество по профилактике несчастных случаев (*Великобритания*)

Union:

~ Internationale Coutre le Peril Venerien *фр.* Международный союз борьбы с венерическими болезнями

International ~ Against Cancer Международный противораковый союз *(ВОЗ)*

International ~ Against Tuberculosis Международный союз борьбы с туберкулёзом *(ВОЗ)*

International ~ Against the Venereal Diseases and the Treponematoses Международный союз борьбы с венерическими болезнями и трепонематозами *(ВОЗ)*

International ~ for Children Welfare Международный союз защиты детей *(ВОЗ)*

International ~ for Conservation of Nature and Natural Resources Международный союз по охране природы и естественных ресурсов

International ~ for Health Education Международный союз санитарного просвещения *(ВОЗ)*

International ~ of Air Pollution Prevention Association Международный союз ассоциаций по борьбе с загрязнением воздуха

International ~ of Angiology Международный союз по ангиологии *(США)*

International ~ of Biochemistry Международный биохимический союз

International ~ of Biological Sciences Международный союз по биологическим наукам *(ВОЗ)*

International ~ of Family Organizations Международный союз организаций по проблемам семьи

International ~ of Immunological Societies Международный союз иммунологических обществ *(ВОЗ)*

International ~ of Local Authorities Международный союз местных органов управления

International ~ of the Medical Press Международный союз медицинских журналистов

International ~ of Nutritional Sciences Международный союз (научных обществ) по вопросам питания *(ВОЗ)*

International ~ of Pharmacology Международный фармакологический союз *(ВОЗ)*

International ~ of Physiologic Sciences Международный союз по проблемам физиологии

International ~ of Pure and Applied Chemistry Международный союз по проблемам теоретической и прикладной химии

International ~ of School and University Health and Medicine Международный союз по школьной гигиене и охране здоровья студентов

International ~ of Therapeutists Международный терапевтический союз

Medical Defense ~ Союз защиты прав врачей

National Pharmaceutical ~ Национальный фармацевтический союз *(Англия)*

National ~ of Students Национальный союз студентов *(объединяет преимущественно студенческие союзы колледжей и университетов на правах федерации, Англия)*

Russian Medical ~ Российский медицинский союз, РМС

АНГЛОЯЗЫЧНЫЕ МЕДИЦИНСКИЕ ЖУРНАЛЫ □
ENGLISH MEDICAL MAGAZINES

Alcohol

Ambulatory Surgery *(USA)*

American Heart Journal

American Journal of Clinic Pathology

American Journal of Digestive Diseases

American Journal of Gastroenterology

American Journal of Hygiene

American Journal of Mental Deficiency

American Journal of Obstetrics and Gynecology

American Journal of Occupational Therapy

American Journal of Ophthalmology

American Journal of Pathology

American Journal of Physiology

American Journal of Preventive Medicine

American Journal of Psychiatry

American Journal of Public Health and Nation's Health

American Journal of Respiratory and critical care Medicine

American Journal of Roentgenology, Radium Therapy and Nuclear Medicine

American Journal of Surgery

American Journal of the Medical Sciences

American Journal of Tropical Medicine and Hygiene

American Review of Tuberculosis and Pulmonary Diseases

American Surgeon

Anatomy and Embryology

Anesthesiology

Annales paediatrici

Annals of Epidemiology *(USA)*

Annals of Otology, Rhinology and Laryngology

Annals of Surgery

Annals of the ICRP

Annals of the Rheumatic Diseases

Annals of Tropical Medicine and Parasitology

Antibiotics and Chemotherapy

Applied & Preventive Psychology

Applied Psycholinguistics

Archives of Diseases in Childhood

Archives of Microbiology

Archives of Otolaryngology

Archives of Pathology

Archives of Pediatrics

Archives of Surgery

Artificial Intelligence in Medicine *(Germany)*

Atherosclerosis *(UK)*

BBA – Molecular Basis of Disease *(USA)*

Biological Cybernetics

Biological Psychiatry

Biomechanics and Modeling in Mechanobiology

Biomedicine & Pharmacotherapy

Biosystems

Blood

Blut

Bone

Brain

Brain & Development *(Japan)*

British Heart Journal

British Journal of Tuberculosis and Diseases of the Chest

British Journal of Cancer

British Journal of Experimental Pathology

British Journal of Nutrition

British Journal of Ophthalmology

British Journal of Pharmacology and Chemotherapy

British Journal of Radiology

British Journal of Rheumatology

British Journal of Surgery

British medical Journal

Canadian Studies in Population

Cancer

Cancer Epidemiology, Biomarkers and Prevention

Cancer Genetics and Cytogenetics *(USA)*

Cancer Research

Cardiovascular Pathology *(USA)*

Cardiovascular Radiation Medicine

Cardiovascular Surgery *(USA)*

Cell & Tissue Research

Chromosoma

Circulation

Clinical Biomechanics *(UK)*

Clinical Eye and Vision Care

Clinical Imaging

Clinical Neurology and Neurosurgery

Clinical Neurophysiology *(Italy)*

Clinical Positron Imaging

Computer Methods and Programs in Biomedicine

Computerized Medical Imaging and Graphics *(USA)*

Computers in Biology and Medicine *(USA)*

Contraception *(USA)*

Controlled Clinical Trials

Critical Reviews in Oncology/Hematology

Dental Materials *(UK)*

Development Genes and Evolution

Developmental Medicine and Child Neurology

Diabetes Research and Clinical Practice

Digestion

Disease Management and Clinical Outcomes *(USA)*

Diseases of the Chest

Diseases of the Nervous System

Drug and Alcohol Dependence

Drug and Therapeutics Bulletin

Drug Information (WHO)

Drugs

Electroencephalography and Clinical Neurophysiology

Endocrinology

Epidemiology and Infection

Epilepsy Research

European Biophysics journal

European Food Research & Technology A

European Journal of Cancer *(Switzerland)*

European Journal of Cardio-Thoracic Surgery *(Switzerland)*

European Journal of Clinical Pharmacology

European Journal of Gastroenterological Hepatology

European Journal of Heart Failure

European Journal of Internal Medicine

European Journal of Obstetrics & Gynecology and Reproductive Biology

European Journal of Obstetrics & Gynecology and Reproductive Biology *(The Netherlands)*

European Journal of Psychology

European Journal of Radiology

European Journal of Ultrasound *(Netherlands)*

European Psychiatry

Evolution and Human Behavior

Experimental Hematology

Extremophiles *(Life under Extreme Conditions)*

Fertility and Sterility *(USA)*

Fetal and Maternal Medicine Review

Functional and Integrative Genomics

Gait & Posture

Gait & Posture

General Hospital Psychiatry

Gynaecologia

Hearing Research

Histochemistry and Cell Biology

Infection and Immunity

Infection and Immunity

Injury

Injury

Integrating Conventional and Alternative Medicine *(USA)*

Integrative Medicine

International Contact Lens Clinic

International Journal of Cardiology *(Japan)*

International Journal of Drug Policy

International Journal of Gynecology and Obstetrics *(USA)*

International Journal of Law and Psychiatry

International Journal of Medical Informatics *(USA)*

International Journal of Pediatric Otorhinolaryngology

International Journal of Radiation Oncology • Biology • Physics *(USA)*

International Journal of Technology Assessment in Health Care

International Medical Journal

Journal of Adolescent Health

Journal of Adolescent Health *(USA)*

Journal of Affective Disorders

Journal of Analytical Toxicology

Journal of Applied Physiology

Journal of Bacteriology

Journal of Biochemistry and Molecular Biology

Journal of Biomechanics

Journal of Bone and Joint Surgery

Journal of Clinical Anesthesia

Journal of Clinical Investigation

Journal of Clinical Investigation

Journal of Comparative Physiology *(Sensory, Neural, and Behavioral Physiology)*

Journal of Dentistry *(UK)*

Journal of Dermatological Science

Journal of Diabetes and its Complications

Journal of Electromyography & Kinesiology

Journal of Endocrinology

Journal of Experimental Medicine

Journal of Hygiene

Journal of Hypertension

Journal of Immunology

Journal of Infectious Diseases

Journal of Inorganic Chemistry, JBIC

Journal of Laboratory and Clinical Medicine

Journal of Laryngology and Otology

Journal of Molecular Evolution

Journal of Molecular Modeling

Journal of Nervous and Mental Disease

Journal of Neurology, Neurosurgery and Psychiatry

Journal of Neuropathology and Experimental Neurology

Journal of Neurophysiology

Journal of Neurosurgery

Journal of Nutrition

Journal of Pain and Symptom Management *(USA)*

Journal of Parasitology

Journal of Pathology and Bacteriology

Journal of Pharmacology ant Experimental Therapeutics

Journal of Pharmacy ant Pharmacology

Journal of Physiology and Pharmacology

Journal of Physiology and Pharmacology

Journal of Plant Growth Regulation

Journal of Psychiatric Research

Journal of Psychosomatic Research

Journal of Reproductive Immunology *(USA)*

Journal of Substance Abuse Treatment

Journal of the American College of Cardiology

Journal of the American College of Surgeons

Journal of the American Geriatrics Society

Journal of the American Medical Association

Journal of the Autonomic Nervous System *(UK)*

Journal of the European Academy of Dermatology and Venereology

Journal of the Neurological Sciences *(USA)*

Journal of Thoracic Surgery

Journal of Tropical Medicine and Hygiene

Journal of Urology

Lancet

Leukemia Research *(UK)*

Magnetic Resonance Imaging *(USA)*

Magnetic Resonance Materials in Physics, Biology and Medicine (MAGMA) *(Germany)*

Mammalian Genome

Manuelle Medicine *(Germany)*

Mathematical and Computer Modeling

Mathematical Biosciences

Maturitas *(The Netherlands)*

Medical Dosimetry *(USA)*

Medical Engineering & Physics

Medicine

Microscopy and Microanalysis

Military Medicine

Military Surgeon

Molecular Aspects of Medicine *(Switzerland)*

Molecular Genetics and Genomics, MGG

Molecules and Cells

Mycological Research

Mycological Research

Neuromuscular Disorders *(UK)*

Neuropsychobiology

New England Journal of Medicine

Nuclear Medicine and Biology *(USA)*

Nutrition

Nutrition *(USA)*

Nutrition Research

Nutrition Research Reviews

Obstetrics & Gynecology *(USA)*

Obstetrics and Gynecology

Ophthalmic and Physiological Optics

Oral Oncology *(UK)*

Pain *(UK)*

Pancreas

Pediatric Neurology

Plant Cell Reports

Psychoneuroendocrinology *(USA)*

Postgraduate Medical Journal

Primary Care Update for OB/GYNS

Proceedings of the Royal Society of Medicine

Proceedings of the Society for Experimental Biology and Medicine (New York)

Proceedings of the Staff Meetings of the Mayo Clinic

Progress in Pediatric Cardiology

Protein Science

Protoplasma

Psychiatry

Psychiatry Research

Psychiatry Research: Neuroimaging

Psychological

Psychological Medicine

Psychological Medicine

Psychological Science

Psychological Science

Psychophysiology

Radiation and Environmental Biophysics

Radiology

Radiotherapy and Oncology *(Denmark)*

Radiotherapy and Oncology *(Denmark)*

Recent Progress in Hormone Research

Resuscitation

Schizophrenia Research

Science & Sports

Surgery

Surgery, Gynecology and Obstetrics

Surgical Neurology *(USA)*

Surgical Oncology *(USA)*

Survey of Ophthalmology

The American Journal of Cardiology *(USA)*

The American Journal of Gastroenterology

The American Journal of Surgery *(USA)*

The Annals of Occupational Hygiene *(UK)*

The Annals of Thoracic Surgery *(USA)*

The European Physical Journal E: Soft Matter

The Journal of Emergency Medicine

The Journal of Heart and Lung Transplantation

The Journal of Membrane Biology

The Journal of Nutritional Biochemistry *(USA)*

The Knee *(UK)*

The Mycologist

The respiratory diseases and intensive care

The respiratory diseases and intensive care *(USA)*

Thrombosis Research *(USA)*

Transfusion Science *(Canada)*

Trends in Cardiovascular Medicine *(USA)*

Ultrasound in Medicine & Biology *(UK)*

United States Armed Forces Medical Journal

Urologic Oncology

Urology *(USA)*

Vision Research

Women's Health Issues *(USA)*

РЕЦЕПТУРНЫЕ СОКРАЩЕНИЯ □ PRESCRIPTION ABBREVIATIONS

Сокращение	Полное написание	Перевод
aa	ana	по, поровну
ac., acid.	acidum	кислота
amp.	ampulla	ампула
aq.	aqua	вода
aq. destill.	aqua destillata	дистиллированная вода
but.	butyrum	масло *(твёрдое)*
comp., cps.	compositus	сложный
D.	Da [Detur, Dentur]	Выдай [Пусть будет выдано, Пусть будут выданы]
D. S.	Da. Singa: Detur Signetur	Выдай, обозначь [Пусть будет выдано, обозначено]
D. t. d.	Da [Detur] tales doses	Выдай [Пусть будут выданы] такие дозы
dil.	dilutus	разведённый
div. in p. aeq.	divide in partes aequales	раздели на равные части
extr.	extractum	экстракт, вытяжка
f.	fiat (fiant)	пусть образуется (образуются)
gtt.	gutta, guttae	капля, капли
int.	intusum	настой
in amp.	in apullis	в ампулах
in tabl.	in tab(u)lettis	в таблетках
lin.	linimentum	жидкая мазь
liq.	liquor	жидкость
M.	Misce [Misceatur]	Смешай [Пусть будет смешано]
m. pil.	massa pilularum	пилюльная масса
N., n.	numero	числом
ol.	oleum	масло *(жидкое)*
past.	pasta	паста
pil.	pilula	пилюля
p. aeq.	partes aequales	равные части
ppt., praec.	praecipitatus	осаждённый
pulv.	pulvis	порошок
q. s.	quantum satis	сколько потребуется, сколько надо
r., rad.	radix	корень
Rp.	Recipe	Возьми
Rep.	Repete [Repetatur]	Повтори [Пусть будет повторено]
rhiz.	rhizoma	корневище
S.	Signa [Signetur]	Обозначь [Пусть будет обозначено]
sem.	semen	семя
simpt.	simplex	простой
sir.	sirupus	сироп
sol.	solutio	раствор
supp.	suppositorium	свеча
tabt.	tab(u)letta	таблетка
t-ra, tinct.	tinctura	настойка
ung.	unguentum	мазь
vitr.	vitrum	склянка

ЗНАКИ И СИМВОЛЫ, ИСПОЛЬЗУЕМЫЕ В МЕДИЦИНЕ □ SIGNS AND SYMBOLS, USED IN MEDICINE

□ ○ здоровые мужчина и женщина

■ ● больные наследственными заболеваниями мужчина и женщина

◨ ◐ клинически здоровые лица-носители наследственных заболеваний

◇ пол не известен

⟡ беременность

⬕ пробанд *(больной, с которого начинают генетическое исследование семьи и состояние родословной)*

□̄ ○̄ исследуемые мужчина и женщина

∗ рождение; год рождения *(в родословной)*

† **1.** основное заболевание класса **2.** смерть; год смерти *(в схеме родословной)*

⊠ ⊗ умершие от наследственных болезней

⊠ ⊗ умершие от других болезней

⬛ ● мертворождённые

③ три здоровых индивидуума мужского пола

□ лично обследованный индивид

⊥ человек, не имеющий потомства

□○ брак

○□○ повторный брак

□/○ развод

□○ кровно-родственный брак

двуяйцовые [дизиготные] близнецы

однояйцовые [монозиготные] близнецы

внебрачное потомство

сиблинги, сибсы (дети одной родительской пары); родные братья и сёстры

▲ выкидыш

↓ аборт

× перекрёстное скрещивание *(гибридизация)*

⊙ гетерозигота *(организм, имеющий разные аллели по данному гену)*

☿ гермафродит

♂ сперматозоид

♀ яйцеклетка

Д/- суточная доза, разделённая на равные части

+ **1.** положительная реакция ‖ положительный **2.** вместе, совместный **3.** дополнительно **4.** стимулирующее действие

++ **1.** значительное количество **2.** выраженная реакция

+++ резко выраженная реакция

± **1.** сомнительная [неопределённая] реакция **2.** отклонение от экспериментально получен-ного значения в ту или иную сторону

-/+ конверсия [превращение] серонегативной реакции, напр. на СПИД, в серопозитивную

≡ идентично

∞ **1.** бесчисленное количество **2.** бесконечность

! внимание

? **1.** подозрение на инфекцию **2.** сомнительный диагноз

калибр, число, масса

[…] общая концентрация

V систолическое давление

Λ диастолическое давление

⊗ окончание операции

☢ радиация; радиоактивность

© авторское право

🄛 левый

® правый

™ торговая марка, торговый знак

↑ увеличение, возрастание

↓ **1.** снижение, уменьшение *(напр. количества продукта реакции)* **2.** депрессия

‰ промилле, одна тысячная доля, 10^{-3}

♃ многолетнее растение

A доминантный аллель

a рецессивный аллель

& -и *(соединительный союз)*

℃ градус Цельсия

F температура по шкале Фаренгейта

K температура по шкале Кельвина

T **1.** период жизни; продолжительность жизни **2.** период распада радиоактивного вещества **3.** время полного выведения вещества из организма

$T_{1/2}$ **1.** полупериод **2.** период полураспада **3.** время полувыведения вещества из организма

U, T символы Марса и Венеры, соответственно здоровые мужчина и женщина

X женская половая хромосома

Y мужская половая хромосома

α альфа-частица *(ядро атома гелия)*; альфа-излучение

β бета-частица *(электрон)*; бета-излучение

γ гамма-частица *(фотон)*; гамма-излучение *(свет, рентгеновское излучение)*

Δ **1.** диагноз **2.** разница между величинами

ε коэффициент диэлектрической проницаемости

λ **1.** длина волны **2.** атомная энергия

μ коэффициент магнитной проницаемости

ξ коэффициент Шези

Σ знак суммы

σ модуль стока

ψ психиатрия, психология

1929	**Christiaan Eijkman** Христиан Эйкман *(Нидерланды)*	за открытие антиневритического витамина
	Sir Frederick Gowland Hopkins Фредерик Гоуленд Хопкинс *(Великобритания)*	за открытие витамина роста
1930	**Karl Landsteiner** Карл Ландштейнер *(Австрия)*	за открытие групп крови человека
1931	**Otto Heinrich Warburg** Отто Генрих Варбург *(Германия)*	за открытие природы и функции дыхательного фермента
1932	**Sir Charles Scott Sherrington** Чарлз Скотт Шеррингтон, **Edgar Douglas Adrian** Эдгар Дуглас Эдриан *(Великобритания)*	за открытие функций нейронов
1933	**Thomas Hunt Morgan** Томас Хант Морган *(США)*	за открытие функции хромосом как носителей наследственности
1934	**George Hoyt Whipple** Джордж Уипл, **George Richards Minot** Джордж Майнот, **William Parry Murphy** Уильям Мёрфи *(США)*	за открытие методов лечения анемии введением печёночных экстрактов
1935	**Hans Spemann** Ханс Шпеман *(Германия)*	за открытие «организационного эффекта» в процессе эмбрионального развития
1936	**Sir Henry Hallett Dale** Генри Дейл *(Великобритания)*, **Otto Loewi** Отто Лёви *(Австрия)*	за открытие химической природы нервной реакции
1937	**Albert von Szent-Gyorgyi Nagyrapolt** Альберт Сент-Дьёрди *(США)*	за открытия, связанные с биологическим окислением, прежде всего за исследование витамина С и катализ фумаровой кислоты
1938	**Corneille Jean Francois Heymans** Корнель Хейманс *(Бельгия)*	за открытие роли синусового и аортального механизмов в регуляции дыхания
1939	**Gerhard Domagk** Герхард Домагк *(Германия)*	за открытие терапевтического действия пронтозила при некоторых инфекциях
1940 — 1942	Премия не присуждалась	
1943	**Henrik Carl Peter Dam** Хенрик Дам *(Дания)*, **Edward Adelbert Doisy** Эдуард Дойзи *(США)*	за открытие витамина К за открытие химической природы витамина К
1944	**Joseph Erlanger** Джозеф Эрлангер, **Herbert Spencer Gasser** Герберт Гассер *(США)*	за открытия, касающиеся многочисленных функциональных различий между отдельными нервными волокнами
1945	**Sir Alexander Fleming** Александер Флеминг, **Ernst Boris Chain** Эрнст Борис Чейн, **Sir Howard Walter Florey** Хоуард Флори *(Великобритания)*	за открытие пенициллина и его терапевтического эффекта при лечении различных инфекционных заболеваний
1946	**Hermann Joseph Muller** Герман Мёллер *(США)*	за открытие возникновения мутаций под воздействием рентгеновских лучей
1947	**Carl Ferdinand Cori** Карл Кори, **Gerty Theresa Cori** Герти Кори *(США)* **Bernardo Alberto Houssay** Бернардо Усай *(Аргентина)*	за открытие процессов каталитического обмена гликогена за открытие действия гормона, вырабатываемого передней долей гипофиза, на обмен сахара
1948	**Paul Hermann Muller** Пауль Мюллер *(Швейцария)*	за открытие действия ДДТ как сильного яда для большинства членистоногих
1949	**Walter Rudolf Hess** Уолтер Гесс *(Швейцария)* **Antonio Caetano de Abreu Freire Egas Moniz** Эгаш Мониш *(Португалия)*	за открытие функциональной организации промежуточного мозга и его связи с деятельностью внутренних органов за открытие терапевтического действия префронтальной лейкотомии при некоторых психических заболеваниях
1950	**Edward Calvin Kendall** Эдуард Кендалл, **Philip Showalter Hench** Филип Хенч *(США)*, **Tadeus Reichstein** Тадеуш Рейхштейн *(Швейцария)*	за исследования гормонов коры надпочечников, их структуры и биологического действия
1951	**Max Theiler** Макс Тейлер *(США)*	за открытия, связанные с жёлтой лихорадкой и борьбой против этой болезни
1952	**Selman Abraham Waksman** Зельман Ваксман *(США)*	за открытие стрептомицина – первого антибиотика, эффективно действующего против туберкулёза

1953	Hans Adolf Krebs Ханс Кребс (Великобритания) Fritz Albert Lipmann Фриц Липман (США)	за открытие цикла трикарбоновой кислоты за открытие кофермента А и его роли в промежуточном обмене веществ
1954	John Franklin Enders Джон Эндерс, Thomas Huckle Weller Томас Уэллер, Frederick Chapman Robbins Фредерик Роббинс (США)	за открытие способности вируса полиомиелита размножаться в культурах различных тканей
1955	Axel Hugo Theodor Theorell Аксель Хуго, Теодор Теорелль (Швеция)	за исследование природы и способов действия окислительных ферментов
1956	Andre Frederic Cournand Андре Курнанд (США), Werner Forssmann Вернер Форсман (Германия), Dickinson W. Richards Дикинсон Ричардс (США)	за открытия, связанные с катетеризацией сердца и патологическими изменениями в системе кровообращения
1957	Daniele Bovet Даниеле Бове (Италия)	за открытия синтетических веществ, способных блокировать действие некоторых образующихся в организме соединений, в особенности влияющих на кровеносные сосуды и поперечно-полосатые мышцы
1958	George Wells Beadle Джордж Бидл (США), Edward Lawrie Tatum Эдуард Тейтем Joshua Lederberg Джошуа Ледерберг (США)	за открытие способности генов регулировать определённые химические процессы («один ген – один фермент») за открытия, касающиеся генетической рекомбинации у бактерий и структуры генетического аппарата
1959	Severo Ochoa Северо Очоа, Arthur Kornberg Артур Корнберг (США)	за исследование механизма биологического синтеза рибонуклеиновой и дезоксирибонуклеиновой кислот
1960	Sir Frank Macfarlane Burnet Макфарлейн Бёрнет (Австралия), Peter Brian Medawar Питер Брайан Медавар (Великобритания)	за исследования приобретённой иммунологической толерантности
1961	Georg von Bekesy Дьёрдь Бекеши (Венгрия, США)	за открытие физического механизма возбуждения в улитке внутреннего уха
1962	Francis Harry Compton Crick Фрэнсис Крик (Великобритания), James Dewey Watson Джеймс Уотсон (США), Maurice Hugh Frederick Wilkins Морис Уилкинс (Великобритания)	за установление молекулярной структуры нуклеиновых кислот и её роли в передаче информации в живой материи
1963	Sir John Carew Eccles Джон Эклс (Австралия), Alan Lloyd Hodgkin Алан Ходжкин (Великобритания), Andrew Fielding Huxley Эндрю Филдинг Хаксли (Великобритания)	за исследования ионных механизмов возбуждения и торможения в периферических и центральных частях оболочек нервных клеток
1964	Konrad Bloch Конрад Блох (США), Feodor Lynen Феодор Линеен (Германия)	за исследования механизма регуляции обмена холестерина и жирных кислот
1965	Francois Jacob Франсуа Жакоб, Andre Lwoff Андре Львов, Jacques Monod Жак Моно (Франция)	за открытие генетической регуляции синтеза ферментов и вирусов
1966	Peyton Rous Пейтон Роус (США) Charles Brenton Huggins Чарлз Хаггинс (США)	за открытие опухолеродных вирусов за разработку методов лечения рака предстательной железы с помощью гормонов
1967	Ragnar Granit Рагнар Гранит (Швеция), Haldan Keffer Hartline Кеффер Хартлайн, George Wald Джордж Уолд (США)	за исследование зрительного процесса
1968	Robert W. Holley Роберт Холли, Har Gobind Khorana Хар Гобинд Корана, Marshall W. Nirenberg Маршалл Ниренберг (США)	за расшифровку генетического кода и его функции в синтезе белков
1969	Max Delbruck Макс Дельбрюк, Alfred D. Hershey Алфред Херши, Salvador E. Luria Сальвадор Лурия (США)	за открытие цикла репродукции вирусов и развитие генетики бактерий и вирусов
1970	Sir Bernard Katz Бернард Кац (Великобритания), Ulf von Euler Ульф фон Ойлер (Швеция), Julius Axelrod Джулиус Аксельрод (США)	за открытие сигнальных веществ в контактных органах нервных клеток и механизмов их накопления, освобождения и дезактивации
1971	Earl W.Sutherland, Jr. Эрл Сазерленд мл. (США)	за исследования, касающиеся механизма действия гормонов

1972	**Gerald M. Edelman** Джералд Эдельман *(США)*, **Rodney R. Porter** Родни Портер *(Великобритания)*	за установление химического строения антител
1973	**Karl von Frisch** Карл фон Фриш *(Германия)*, **Konrad Lorenz** Конрад Лоренц *(Австрия)*, **Nikolaas Tinbergen** Николаас Тинберген *(Нидерланды, Великобритания)*	за создание и использование на практике моделей индивидуального и группового поведения
1974	**Albert Claude** Альбер Клод, **Christian de Duve** Кристиан де Дюв *(Бельгия)*, **George E. Palade** Джордж Палладе *(США)*	за исследования структурной и функциональной организации клетки
1975	**Renato Dulbecco** Ренато Дульбекко *(США)* **Howard Martin Temin** Хоуард Темин, **David Baltimore** Дейвид Балтимор *(США)*	за исследование механизма действия онкогенных вирусов за открытие обратной транскриптазы
1976	**Baruch S. Blumberg** Барух Бламберг, **D. Carleton Gajdusek** Карлтон Гайдузек *(США)*	за открытие новых механизмов возникновения и распространения инфекционных заболеваний
1977	**Roger Guillemin** Роже Гиймен, **Andrew V. Schally** Эндрю Шалли, **Rosalyn Yalow** Розалин Ялоу *(США)*	за открытия, связанные с секрецией пептидных гормонов мозга
1978	**Werner Arber** Вернер Арбер *(Швейцария)*, **Daniel Nathans** Даниел Натанс, **Hamilton O. Smith** Хамилтон Смит *(США)*	за открытие ферментов рестрикции и работы по использованию этих ферментов в молекулярной генетике
1979	**Allan M. Cormack** Аллан Кормак *(США)*, **Godfrey N. Hounsfield** Годфри Хаунсфилд *(Великобритания)*	за разработку метода осевой томографии
1980	**Baruj Benacerraf** Барух Бенасерраф, **George D.Snell** Джордж Снелл *(США)*, **Jean Dausset** Жан Доссе *(Франция)*	за открытия генетически детерминированных структур поверхностей клеток, регулирующих иммунологические реакции
1981	**Roger W. Sperry** Роджер Сперри *(США)* **David H.Hubel** Дэвид Хьюбел, **Torsten N. Wiesel** Торстен Визел *(США)*	за открытие функциональной специализации полушарий мозга за открытия, касающиеся обработки информации в зрительной системе
1982	**Sune K.Bergstrom** Суне Бергстрём, **Bengt L. Samuelsson** Бенгт Самуэльсон *(Швеция)*, **John R. Vane** Джон Вейн *(Великобритания)*	за работу по выделению и изучению простагландинов и родственных биологически активных веществ
1983	**Barbara McClintock** Барбара Мак-Клинток *(США)*	за открытие мигрирующих элементов (мобильных генов) генома
1984	**Niels K. Jerne** Нильс Ерне *(Великобритания)* **Georges J. F. Kohler** Георг Кёлер *(Германия)*, **Cesar Milstein** Сезар Мильштейн *(Аргентина)*	за разработку теории идиотипической сети за разработку техники получения гибридом
1985	**Michael S. Brown** Майкл Браун, **Joseph L. Goldstein** Джозеф Голдстайн *(США)*	за раскрытие механизма регуляции холестеринового обмена в организме животных и человека
1986	**Stanley Cohen** Стэнли Коэн *(США)*, **Rita Levi-Montalcini** Рита Леви-Монтальчини *(Италия)*	за исследования факторов и механизмов регуляции роста клеток и организмов животных
1987	**Susumu Tonegawa** Судзуми Тонегава *(Япония)*	за открытие генетической основы для образования вариационного богатства антител
1988	**Sir James W. Black** Джеймс Блэк, **Gertrude B. Elion** Гертруда Элайон, **George H. Hitchings** Джордж Хитчингс *(США)*	за разработку новых принципов создания и применения ряда лекарственных средств *(противовирусных и противоопухолевых)*
1989	**J. Michael Bishop** Джон Майкл Бишоп, **Harold E. Varmus** Харолд Вармус *(США)*	за фундаментальные исследование канцерогенных генов опухоли
1990	**Joseph E. Murray** Джозеф Мари, **E. Donnall Thomas** Эдуард Донналл Томас *(США)*	за вклад в развитие трансплантационной хирургии как метода лечения заболеваний *(трансплантация костного мозга и подавление иммунитета реципиента для предотвращения отторжения трансплантата)*
1991	**Erwin Neher** Эрвин Неэр, **Bert Sakmann** Берт Закман *(Германия)*	за работы в области цитологии, открывающие новые возможности для изучения функции клетки, познания механизмов ряда заболеваний и разработки специальных лекарственных препаратов

1992	**Edmond H. Fischer** Эдмонд Фишер, **Edwin G. Krebs** Эдвин Кребс *(США)*	за открытие обратимого фосфорилирования белков как регулирующего механизма клеточного метаболизма
1993	**Richard J. Roberts** Ричард Робертс, **Philip A.Sharp** Филлип Шарп *(США)*	за открытие прерывистой структуры гена
1994	**Alfred G. Gilman** Альфред Гилман (Джилман), **Martin Rodbell** Мартин Родбелл *(США)*	за открытие белков-посредников (G-белков), участвующих в передаче сигналов между клетками и внутри клеток, и выяснение их роли в молекулярных механизмах возникновения ряда инфекционных болезней *(холера, коклюш и др.)*
1995	**Edward B. Lewis** Эдвард Льюис, **Eric F. Wieschaus** Эрик Вишаус *(США)*, **Christiane Nusslein-Volhard** Христиан Нюсляйн-Фольхард *(Германия)*	за исследование генетической регуляции ранних стадий эмбрионального развития
1996	**Peter C. Doherty** Питер Доэрти *(Австралия)*, **Rolf M. Zinkernagel** Рольф Цинкернагель *(Швейцария)*	за открытие механизма распознавания клетками иммунной системы организма (Т-лимфоцитами) клеток, инфицированных вирусом
1997	**Stanley B. Prusiner** Стенли Прузинер *(США)*	за вклад в изучение болезнетворного агента, вызывающего губчатую энцефалопатию, или «коровье бешенство», у крупного рогатого скота
1998	**Robert F. Furchgott** Роберт Ферчготт, **Louis J. Ignarro** Луис Игнарро, **Ferid Murad** Ферид Мурад *(США)*	за открытие «окиси азота как сигнальной молекулы в кардиоваскулярной системе»
1999	**Gunter Blobel** Гюнтер Блобель *(Германия)*	за обнаружение в белковых молекулах сигнальных аминокислот последовательностей, ответственных за адресный транспорт белков в клетке
2000	**Arvid Carlsson** Арвид Карлссон *(Швеция)*, **Paul Greengard** Пол Грингард, **Eric R. Kandel** Эрик Кандел *(США)*	за исследования нервной системы человека, позволившие понять механизм возникновения неврологических и психических заболеваний и создать новые эффективные лекарственные средства
2001	**Leland H. Hartwell** Леланд Хартвелл, **R. Timothy (Tim) Hunt** Тимоти Хант *(США)*, **Paul M. Nurse** Пол Нерс *(Великобритания)*	за исследования клеток, которые могут открыть дорогу к созданию новых лекарств от рака
2002	**Sydney Brenner** Сидней Бреннер, **John E. Sulston** Джон Салстон *(Великобритания)*, **H. Robert Horvitz** Роберт Хорвиц *(США)*	за открытия, сделанные в области генетического регулирования развития органов и программирования клеточной смерти
2003	**Paul C. Lauterbur** Пол Лотербур *(США)*, **Sir Peter Mansfield** Питер Мансфилд *(Великобритания)*	за создание магнитно-резонансного метода исследования, используемого для диагностики, лечения и контроля различных заболеваний
2004	**Richard Axel** Ричард Аксел, **Linda B. Buck** Линда Бак *(США)*	за исследования в области изучения обонятельных рецепторов и организации системы органов обоняния
2005	**Barry J. Marshall** Барри Маршалл, **Robin Warren** Робин Уоррен *(Австралия)*	за исследования в области изучения влияния бактерии Helicobacter pylori на возникновение гастрита и язвы желудка и двенадцатиперстной кишки
2006	**Andrew Z. Fire** Эндрю Фаер, **Craig C. Mello** Крейг Мелло *(США)*	за открытие РНК-интерференции – специфического подавления экспрессии генов при введении двухцепочечной РНК
2007	**Mario R. Capecchi** Марио Капекки, **Sir Martin J. Evans** сэр Мартин Эванс, **Oliver Smithies** Оливер Смитис *(США)*	за открытие принципов направленной специфической модификации генов у мышей с помощью эмбриональных стволовых клеток
2008	**Harald zur Hausen** Харальд цур Хаузен *(Германия)* **Françoise Barré-Sinoussi** Франсуаза Барре-Синусси, **Luc Montagnier** Люк Монтанье *(Франция)*	за открытие вирусов папилломы человека, вызывающих рак шейки матки за открытие вируса иммунодефицита человека *(ВИЧ)*
2009	**Elizabeth H. Blackburn** Элизабет Блэкберн, **Carol W. Greider** Кэрол Грейдер, **Jack W. Szostak** Джек Шостак *(США)*	за открытие того, как теломеры и фермент теломераза защищают хромосомы
2010	**Robert G. Edwards** Роберт Эдвардс	за разработку метода искусственного оплодотворения
2011	**Bruce A. Beutler** and **Jules A. Hoffmann** Брюс А. Бетлер и Жюль А. Хоффман **Ralph M. Steinman** Ральф М. Стейнмен	за вклад в исследования врожденного иммунитета и дендритных клеток и их роли в приобретенном иммунитете

ЕДИНИЦЫ ИЗМЕРЕНИЙ И ЛАБОРАТОРНЫЕ ПОКАЗАТЕЛИ □

REFERENCE INTERVALS & LABORATORY TESTS

НАИМЕНОВАНИЯ И ОБОЗНАЧЕНИЯ ПРИСТАВОК СИ ДЛЯ ОБРАЗОВАНИЯ ДЕСЯТИЧНЫХ КРАТНЫХ И ДОЛЬНЫХ ЕДИНИЦ И ИХ МНОЖИТЕЛИ □ MULTIPLES AND SUBMULTIPLES OF THE METRIC SYSTEM

Наименование приставки		Обозначение приставки		Множитель	Примеры	
Между-народное	Русское	Между-народное	Русское		Между-народный	Русский
tera	тера	T	Т	$1\,000\,000\,000\,000 = 10^{12}$	teraherz	терагерц
giga	гига	G	Г	$1\,000\,000\,000 = 10^{9}$	gigawatt	гигаватт
mega	мега	M	М	$1\,000\,000 = 10^{6}$	megaohm	мегаом
kilo	кило	k	к	$1\,000 = 10^{3}$	kilometer	километр
hecto	гекто	h	г	$100 = 10$	hectoliter	гектолитр
deka	дека	da	да	10	dekaliter	декалитр
deci	деци	d	д	$0{,}1 = 10^{-1}$	decimeter	дециметр
centi	санти	c	с	$0{,}01 = 10^{-2}$	centimeter	сантиметр
milli	милли	m	м	$0{,}001 = 10^{-3}$	millivolt	милливольт
micro	микро	mc	мк	$0{,}000\,001 = 10^{-6}$	microamper	микроампер
nano	нано	n	н	$0{,}000\,000\,001 = 10^{-9}$	nanosecond	наносекунда
pico	пико	p	п	$0{,}000\,000\,000\,001 = 10^{-12}$	picofarad	пикофарад
femto	фемто	f	ф	$0{,}000\,000\,000\,000\,001 = 10^{-15}$	femtocoulomb	фемтокулон
atto	атто	a	а	$0{,}000\,000\,000\,000\,000\,001 = 10^{-18}$	attogram	аттограмм

Приставки «гекто-», «дека-», «деци-» и «санти-» допускается применять только для единиц, получивших широкое распространение, например: дециметр, сантиметр, декалитр, гектолитр.

Приставки «фемто-» и «атто-» – от датского femten (пятнадцать) и датского atten (восемнадцать).

ТАБЛИЦА РИМСКИХ ЦИФР □ TABLE OF ROMAN FIGURES

I 1	XIX 19	LV 55	XC 90		DCCC 800	
II 2	XX 20	LIX 59	XCV 95		CM 900	
III 3	XXV 25	LX 60	XCIX 99		M 1000	
IV 4	XXIX 29	LXV 65	C 100		MD 1500	
V 5	XXX 30	LXIX 69	CL 150		MM 2000	
VI 6	XXXV 35	LXX 70	CC 200		MMM 3000	
VII 7	XXXIX 39	LXXV 75	CCC 300		MMMM или MV 4000	
VIII 8	XL 40	LXXDC 79	CD 400		V 5000	
IX 9	XLV 45	LXXX 80	D 500		M 1 000 000	
X 10	XLIX 49	LXXXV 85	DC 600			
XV 15	L 50	LXXXIX 89	DCC 700			

ТАБЛИЦА МЕР И ВЕСОВ □ TABLES OF WEIGHTS AND MEASURES

1. Единицы массы □ Measures of Mass
1.1 Вес Авердюпойс[1] □ Avoirdupois Weight

Grains	Граны	Drams	Драхмы	Ounces	Унции	Pounds	Фунты	Metric equivalents (grams)	Метрические эквиваленты (граммы)
1		0,0366		0,0023		0,00014		0,0647989	
27,34		1		0,0625		0,0039		1,772	
437,5		16		1		0,0625		28,250	
7000		256		16		1		453,5924277	

1.2 Британская аптечная система □ Apothecaries' Weight

Grains (gr)	Граны	Scruples (scr)	Скру-пулы	Drams (dr)	Драхмы	Ounces (oz)	Унции	Pounds (lb)[2]	Фунты	Metric equivalents (grams)	Метри-ческие эквиваленты (граммы)
1		0,05		0,0167		0,0021		0,00017		0,0647989	
20		1		0,333		0,042		0,0035		1,296	
60		3		1		0,125		0,0104		3,888	
480		24		8		1		0,0833		31,103	
5760		288		96		12		1		373,24177	

1.3 Тройская система □ Troy Weight

Grains	Граны	Pennyweights	Пеннивейты	Ounces	Унции	Pounds	Фунты	Metric equivalents (grams)	Метрические эквиваленты (граммы)
1		0,042		0,002		0,00017		0,0647989	
24		1		0,05		0,0042		1,555	
480		20		1		0,083		31,103	
5760		240		12		1		373,24177	

2. Единицы объёма □ Measures of Capacity

Британская аптечная (винная) система □ Apothecaries' (Wine) Measure

Minims	Fluid drams	Fluid ounces	Gills	Pints	Quarts	Gallons	Cubic inches	Equivalents Эквиваленты		
Мельчайшие частицы	Жидкие драхмы	Жидкие унции	Джили	Пинты	Кварты	Галлоны	Кубические дюймы	Милли-литры	Кубические сантиметры
1	0,0166	0,002	0,0005	0,00013	–	–	0,00376	0,06161	0,06161
60	1	1,125	0,0312	0,0078	0,0039	–	0,22558	3,6967	3,6967
480	8	1	0,25	0,0625	0,0312	0,0078	1,80468	29,5737	29,5737
1920	32	4	1	0,25	0,125	0,0312	7,21875	118,2948	118,2948
7680	128	16	4	1	0,5	0,125	28,875	473,179	473,179
15 360	256	32	8	2	1	0,25	57,75	946,358	946,358
61 440	1024	128	32	8	4	1	231	3785,434	3785,434

[1] Ист. Английская система мер веса. Встречаются также написания «эвердюпойс» и «эвердюпейс».

[2] От лат. libra – фунт.

3. Меры длины ❑ Measures of length

Inches	Дюймы	Feet	Футы	Yards	Ярды	Rods	Роды	Miles	Мили	Meters	Метры
1		0,08333		0,028		–		–		0,0254	
12		1		0,333		0,0605		–		0,3048	
36		3		1		0,182		0,000568		0,9144	
198		16,5		5,5		1		0,00312		5,03	
63360		5280		1760		320		1		1609	

ЭКВИВАЛЕНТЫ ТЕМПЕРАТУР ЦЕЛЬСИЯ И ФАРЕНГЕЙТА[3] ❑ CELSIUS AND FAHRENHEIT TEMPERATURE EQUIVALENTS

°C	°F	°C	°F	°C	°F	°C	°F	°C	°F	°C	°F
−40	−40,0	−16	3,2	8	46,4	32	89,6	56	132,8	80	176,0
−39	−38,2	−15	5,0	9	48,2	33	91,4	57	134,6	81	177,8
−38	−36,4	−14	6,8	10	50,0	34	93,2	58	136,4	82	179,6
−37	−34,6	−13	8,6	11	51,8	35	95,0	59	138,2	83	181,4
−36	−32,8	−12	10,4	12	53,6	36	96,8	60	140,0	84	183,2
−35	−31,0	−11	12,2	13	55,4	37	98,6	61	141,8	85	185,0
−34	−29,2	−10	14,0	14	57,2	38	100,4	62	143,6	86	186,8
−33	−27,4	−9	15,8	15	59,0	39	102,2	63	145,4	87	188.6
−32	−25,6	−8	17,6	16	60,8	40	104,0	64	147,2	88	190,4
−31	−23,8	−7	19,4	17	62,6	41	105,8	65	149,0	89	192,2
−30	−22,0	−6	21,2	18	64,4	42	107,6	66	150,8	90	194,0
−29	−20,2	−5	23,0	19	66,2	43	109,4	67	152,6	91	195,8
−28	−18,4	−4	24,8	20	68,0	44	111,2	68	154,4	92	197,6
−27	−16,6	−3	26,6	21	69,8	45	113,0	69	156,2	93	199,4
−26	−14,8	−2	28,4	22	71,6	46	114,8	70	158,0	94	201,2
−25	−13,0	−1	30,2	23	73,4	47	116,6	71	159,8	95	203,0
−24	−11,2	0	32,0	24	75,2	48	118,4	72	161,6	96	204,8
−23	−9,4	+1	33,8	25	77,0	49	120,2	73	163,4	97	206,6
−22	−7,6	2	35,6	26	78,8	50	122,0	74	165,2	98	208,4
−21	−5,8	3	37,4	27	80,6	51	123,8	75	167,0	99	210.2
−20	−4,0	4	39,2	28	82,4	52	125,6	76	168,8	100	212,0
−19	−2,2	5	41,0	29	84,2	53	127,4	77	170,6	101	213,8
−18	−0,4	6	42,8	30	86,0	54	129,2	78	172,4	102	215,6
−17	+1,4	7	44,6	31	87,8	55	131,0	79	174,2	103	217,4

[3] Для перевода температуры по Цельсию (°C) в температуру по Фаренгейту (°F) существует формула °F = (9/5)°C + 32, а для обратного перевода – формула °C = (5/9)(°F–32). Кроме указанных, существуют также абсолютные шкалы температур. Градусы Цельсия переводятся в кельвины по формуле K = °C + 273,16, а градусы Фаренгейта – в градусы Ранкина по формуле °R = °F + 459,7.

ИНТЕРВАЛЫ НОРМЫ ПРИ ИНТЕРПРЕТАЦИИ ЛАБОРАТОРНЫХ ТЕСТОВ □ REFERENCE INTERVALS FOR THE INTERPRETATION OF LABORATORY TESTS

1. Общий анализ крови □ Hematology

Test	Анализ	Традиционные единицы	Единицы СИ
Cell counts	Количество клеток		
Erythrocytes	Эритроциты		
Males	Мужчины	4,6–6,2 млн/мм³	$4,6–6,2 \times 10^{12}$ л
Females	Женщины	4,2–5,4 млн/мм³	$4,2–5,4 \times 10^{12}$ л
Children	Дети	4,5–5,1 млн/мм³	$4,5–5,1 \times 10^{12}$ л
Leukocytes, total	Лейкоциты	4500–11000/мм³	$4,5–11 \times 10^{9}$ л
Myelocytes	Миелоциты	0	0
Band neutrophils	Палочкоядерные нейтрофилы	3–5 %	$0,15–0,40 \times 10^{9}$ л
Segmented neutrophils	Сегментоядерные нейтрофилы	54–62 %	$3,0–5,8 \times 10^{9}$ л
Lymphocytes	Лимфоциты	25–33 %	$1,5–3,0 \times 10^{9}$ л
Monocytes	Моноциты	3–7 %	$0,3–0,5 \times 10^{9}$ л
Eosinophiis	Эозинофилы	1–3 %	$0,05–0,25 \times 10^{9}$ л
Basophils	Базофилы	0–1 %	$0,015–0,050 \times 10^{6}$ л
Platelets	Тромбоциты	150 000–400 000/мм³	$150–400 \times 10^{9}$ л
Reticulocytes	Ретикулоциты	25 000–75 000/мм³	$25–75 \times 10^{9}$ л
Coagulation tests	Тесты на свёртываемость		
Bleeding time (template)	Время кровотечения	2,75–8,0 мин	2,75–8,0 мин
Coagulation time (glass tube)	Время свёртывания крови (в пробирке)	5–15 мин	5–15 мин
Fibrinogen	Фибриноген	200–400 мг/дл	2,0–4,0 г/л
Partial thromboplastin time, activated	Частичное тромбопластиновое время, активированное	20–35 с	20–35 с
Prothrombin time	Протромбиновое время	12–14 с	12–14 с
Coombs' test	Реакция Кумбса		
Direct	Прямая	Отрицательная	Отрицательная
Indirect	Непрямая	Отрицательная	Отрицательная
Haptoglobin	Гаптоглобин	20–165 мг/дл	0,20–1,65 г/л
Hematocrit	Гематокрит		
Males	Мужчины	40–54 мл/дл	0,40–0,54
Females	Женщины	37–47 мл/дл	0,37–0,47
Newborns	Новорождённые	49–54 мл/дл	0,49–0,54
Children (varies with age)	Дети (варьирует с возрастом)	35–49 мл/дл	0,35–0,49
Hemoglobin	Гемоглобин		
Males	Мужчины	13,0–18,0 г/дл	8,1–11,2 ммоль/л
Females	Женщины	12,0–16,0 г/дл	7,4–9,9 ммоль/л
Newborns	Новорождённые	16,5–19,5 г/дл	10,2–12,1 ммоль/л
Children (varies with age)	Дети (варьирует с возрастом)	11,2–16,5 мл/дл	7,0–10,2 ммоль/л
Methemoglobin	Метгемоглобин	30–130 мг/дл	19–80 мкмоль/л
Sedimentation rate Wintrobe[4]	Скорость оседания эритроцитов Метод Панченкова		
Males	Мужчины	0–5 мм/ч	0–5 мм/ч
Females	Женщины	0–15 мм/ч	0–15 мм/ч
Westergren	Метод Вестергрена		
Males	Мужчины	0–25 мм/ч	0–25 мм/ч
Females	Женщины	0–30 мм/ч	0–30 мм/ч

[4] В отечественной литературе принято обозначать как метод Панченкова.

2. Биохимический анализ крови □ Clinical Chemistry

Test	Анализ	Традиционные единицы	Единицы СИ
Acid phosphatase, serum	Щелочная фосфатаза сыворотки	0,1–0,6 Е/л	0,1–0,6 Е/л
Alanine aminotransferase, ALT	Аланин аминотраснфераза, АЛТ	1–45 Е/л	1–45 Е/л
Albumin, serum	Белок сыворотки	3,3–5,2 г/дл	33–52 г/л
Aldolase, serum	Альдолаза сыворотки	0,0–7,0 Е/л	0,0–7,0 Е/л
Aldosteron, plasma Standing Recumbent	Альдостерон плазмы Стоя Лёжа	 5–30 нг/дл 3–10 нг/дл	 140–830 пмоль/л 80–275 пмоль/л
Alkaline phosphatase, serum, ALP Adults Adolescents Children	Щелочная фосфатаза сыворотки Взрослые Подростки Дети	 35–150 Е/л 100–500 Е/л 100–350 Е/л	 35–150 Е/л 100–500 Е/л 100–350 Е/л
Ammonia nitrogen, plasma	Нитрат аммония	10–50 мкмоль/л	10–50 мкмоль/л
Amylase, serum	Амилаза сыворотки	25–125 Е/л	25–125 Е/л
Ascorbic acid, blood	Аскорбиновая кислота крови	0,4–1,5 мг/дл	23–85 мкмоль/л
Aspartate aminotransferase (AST), serum	Аспартатаминотрансфераза сыворотки, АСТ	1–36 Е/л	1–36 Е/л
Bicarbonate Venous plasma Arterial blood	Бикарбонат Венозная плазма Артериальная кровь	 23–29 мЭк/л 21–27мЭк/л	 23–29 ммоль/л 21–27 ммоль/л
Bile acids, serum	Жёлчные кислоты сыворотки	0,3–3,0 мг/дл	0,8–7,6 мкмоль/л
Bilirubin, serum Conjugated Total	Билирубин сыворотки Конъюгированный Общий	 0,1–0,4 мг/дл 0,3–1,1 мг/дл	 1,7–6,8 мкмоль/л 5,1–19,0 мкмоль/л
Calcium, serum	Кальций сыворотки	8,4–10,6 мг/дл	2,10–2,65 ммоль/л
Ceruloplasmin, serum	Церулоплазмин сыворотки	23–44 мг/дл	230–440 мг/л
Cholesterol, serum or EDTA plasma Desirable range LDL cholesterol HDL cholesterol	Холестерин общий в сыворотке или плазме Желаемый диапазон Холестерин ЛПНП («плохой») Холестерин ЛПВП («хороший»)	 < 200 мг/дл 60–180 мг/дл 30–80 мг/дл	 < 5,20 ммоль/л 1,55–4,65 ммоль/л 0,80–2,05 ммоль/л
Corticotropin (ACTH), plasma, 8 AM	Кортикотропин плазмы, АКТГ, 8.00	10–80 пг/мл	2–18 пмоль/л
Cortisol, plasma 8:00 AM 4:00 PM 10:00 PM	Кортизол плазмы 8.00 16.00 22.00	 6–23 мкг/дл 3–15 мкг/дл < 50 % от уровня 8.00	 170–630 нмоль/л 80–410 нмоль/л < 50 % от уровня 8.00
Creatine, serum Males Females	Креатин сыворотки Мужчины Женщины	 0,2–0,5 мг/дл 0,3–0,9 мг/дл	 15–40 мкмоль/л 25–70 мкмоль/л
Creatine kinase (CK), serum Males Females	Креатининкиназа сыворотки, КК Мужчины Женщины	 55–170 Е/л 30–135 Е/л	 55–170 Е/л 30–135 Е/л
Creatinine, serum	Креатинин сыворотки	0,6–1,2 мг/дл	50–110 мкмоль/л

Test	Анализ	Традиционные единицы	Единицы СИ

Estradiol-17β, adult
  Males
  Females
    Follicular
    Ovulatory
    Luteal
	Эстрадиол-17β, взрослые
	  Мужчины
	  Женщины
	    Фолликулярный
	    Овуляторный
	    Лютеиновый
		10–65 пг/мл
		
		30–100 пг/мл
		200–400 пг/мл
		50–140 пг/мл
			35–240 пмоль/л
			
			110–370 пмоль/л
			730–1470 пмоль/л
			180–510 пмоль/л

Ferritin, serum	Ферритин сыворотки	20–200 нг/мл	20–200 мкг/л
Fibrinogen, plasma	Фибриноген плазмы	200–400 мг/дл	2,0–4,0 г/л

Follicle-stimulating hormone (FSH), plasma
  Males
  Females, premenopausal
  Females, postmenopausal
	Фолликулостимулирующий гормон плазмы (ФСГ)
	  Мужчины
	  Женщины в пременопаузе
	  Женщины в постменопаузе
		
		4–25 мЕ/мл
		4–30 мЕ/мл
		40–250 мЕ/мл
			
			4–25 Е/л
			4–30 Е/л
			40–250 Е/л

Gamma-glutamyltransferase (GGT), serum	Гамма-глутамилтрансфераза сыворотки, ГГТ	5–40 Е/л	5–40 Е/л
Gastrin, fasting, serum	Гастрин сыворотки натощак	0–100 пг/мл	0–100 мг/л
Glucose, fasting, plasma or serum	Глюкоза плазмы или сыворотки натощак	70–115 мг/дл	3,9–6,4 нмоль/л
Growth hormone (hGH), plasma, adult, fasting	Гормон роста плазмы у взрослых натощак	0–6 нг/мл	0–6 мкг/л
Haptoglobin, serum	Гаптоглобин сыворотки	20–165 мг/дл	0,20–1,65 г/л
Iron, serum	Железо сыворотки	75–175 мкг/дл	13–31 мкмоль/л

Iron-binding capacity, serum
 	
  Total
  Saturation
	Железосвязывающая способность сыворотки
	  Общая
	  % насыщения трансферрина
		
		250–410 мкг/дл
		20–55 %
			
			45–73 мкмоль/л
			0,20–0,55 %

Lactate
  Venous whole blood
  Arterial whole blood
	Лактат
	  Цельная венозная кровь
	  Цельная артериальная кровь
		
		5,0–20,0 мг/дл
		5,0–15,0 мг/дл
			
			0,6–2,2 ммоль/л
			0,6–1,7 ммоль/л

Lactate dehydrogenase (LD), serum	Лактатдегидрогеназа сыворотки	110–220 Е/л	110–220 Е/л
Lipase, serum	Липаза сыворотки	10–140 Е/л	10–140 Е/л
pH, arterial blood	pH артериальной крови	7,35–7,45	7,35–7,45

Protein, serum, electrophoresis
 	
  Total
  Albumin
  Globulins
  Alpha1
  Alpha2
  Beta
  Gamma
	Электрофорез белковых фракций сыворотки, белковый состав
	  Общий
	  Альбумин: 50,0–60,0 %
	  Глобулины: 40,0–50,0 %
	  Альфа1: 3,7–6,8 %
	  Альфа2: 6,8–8,0 %
	  Бета: 12,0–13,3 %
	  Гамма: 16,5–21,9 %
		
		6,0–8,0 г/дл
		3,5–5,5 г/дл
		
		0,2–0,4 г/дл
		0,5–0,9 г/дл
		0,6–1,1 г/дл
		0,7–1,7 г/дл
			
			60–80 г/л
			35–55 г/л
			
			2,0–4,0 г/л
			5,0–9,0 г/л
			6,0–11,0 г/л
			7,0–17,0 г/л

Rheumatoid factor	Ревматоидный фактор	0,0–30,0 МЕ/мл	0,0–30,0 кМЕ/л
Transferrin	Трансферрин	250–430 мг/дл	2,5–4,3 г/л
Urea, serum or plasma	Мочевина сыворотки или плазмы	24–49 мг/дл	4,0–8,2 нмоль/л

3. Интервалы нормы для токсических субстанций ▢
Reference Intervals for Toxic Substances

Test	Анализ	Традиционные единицы	Единицы СИ
Arsenic, urine	Мышьяк в моче	< 130 мкг/24ч	< 1,7 мкмоль/день
Bromides, serum, inorganic	Неорганические бромиды в сыворотке	< 100 мг/дл	< 10 ммоль/л
Toxic symptoms	Симптомы интоксикации	140–1000 мг/дл	14–100 ммоль/л
Carboxyhemoglobin, blood	Карбоксигемоглобин в крови	% насыщения от общего гемоглобина	
Urban environment	Городская среда		< 0,05
Smokers	Курильщики	< 5 %	< 0,12
Symptoms	Симптоматика	< 12 %	
Headache	Головная боль		> 0,15
Nausea and vomiting	Тошнота и рвота	> 15 %	> 0,25
Potentially lethal	Потенциальная летальность	> 25 %	> 0,50
		> 50 %	
Ethanol, blood	Этиловый спирт в крови	< 0,05 мг/дл < 0,005 %	< 1,0 ммоль/л
Intoxication	Интоксикация	> 100 мг/дл > 0,1 %	> 22 ммоль/л
Marked intoxication	Выраженная интоксикация	300–400 мг/дл 0,3–0,4 %	65–87 ммоль/л
Alcoholic stupor	Алкогольный ступор	400–500 мг/мл 0,4–0,5 %	87–109 ммоль/л
Coma	Кома	> 500 мг/дл > 0,5 %	> 109 ммоль/л
Lead, blood	Свинец в крови		
Adults	Взрослые	< 25 мкг/дл	< 1,2 мкмоль/л
Children	Дети	< 15 мкг/дл	< 0,7 мкмоль/л
Lead, urine	Свинец в моче	< 80 мкг/24 ч	< 0,4 мкмоль/день
Mercury, urine	Ртуть в моче	< 30 мкг/24 ч	< 150 нмоль/день

4. Интервалы нормы для иммунологических исследований ▢
Reference Intervals for Tests of Immunologic Function

Complement, serum	Комплемент сыворотки		
C3	C3	85–175 мг/дл	0,85–1,75 г/л
C4	C4	15–45 мг/дл	0,15–0,45 г/л
Total hemolytic (CH$_{50}$)	Гемолитическая активность комплемента	150–250 Е/мл	150–250 Е/мл
Immunoglobulins, serum, adults	Иммуноглобулины сыворотки у взрослых		
IgG	IgG	640–1350 мг/дл	6,4–13,5 г/л
IgA	IgA	70–310 мг/дл	0,7–3,1 г/л
IgM	IgM	90–350 мг/дл	0,9–3,5 г/л
IgD	IgD	0,0–6,0 мг/дл	0,0–60 мг/л
IgE	IgE	0,0–430 нг/дл	0,0–430 мкг/л

5. Интервалы нормы для анализа семенной жидкости ☐
Reference Values for Semen Analysis

Test	Анализ	Традиционные единицы	Единицы СИ
Volume	Объём	2–5 мл	2–5 мл
Liquefaction	Разжижение эякулята	Полностью за 15 мин	Полностью за 15 мин
pH	pH	7,2–8,0	7,2–8,0
Leukocytes	Лейкоциты	Единичные или отсутствуют	Единичные или отсутствуют

Spermatozoa
  Count
  Motility
  Morphology
	Сперматозоиды
	  Количество
	  Подвижность
	  Морфология
		$60 - 150 \times 10^6$ мл
		> 80 % подвижных
		80–90 % нормальной формы
			$60 - 150 \times 10^6$ мл
			> 0,80 подвижных
			> 0,80–0,90 нормальной формы

Fructose	Фруктоза	> 150 мг/дл	> 8,33 ммоль/л

6. Интервалы нормы для тестов по желудочно-кишечной функции ☐
Reference Intervals for Tests of Gastrointestinal Function

Test	Анализ	Традиционные единицы
Bentiromide	Функциональный тест с бентиромидом	6-часовая секреция ариламина свыше 57 % исключает панкреатическую недостаточность
B-Carotene, serum	β-каротин сыворотки	60–250 нг/дл

Fecal fat estimation
  Qualitative
  Quantitative
	Экскреция жиров с калом
	  Качественная
	  Количественная
		Частицы жира не видны при микроскопии
		< 6 г/24ч (коэффициент абсорбции жира > 95 %)

Gastric acid output
  Basal
    Males
    Females
  Maximum (after hista-mine or pentagastrine)
    Males
    Females
  Ratio:
  basal/maximum
    Males
    Females
  Secretin test, pancreatic fluid
      Volume
      Bicarbonate
  D-Xylose absorption test, urine
	Кислотообразующая функция желудка
	  Базальная
	    Мужчины
	    Женщины
	  Стимулированная (после гистамина или пентагастрина)
	    Мужчины
	    Женщины
	  Соотношение:
	  базальная/стимулированная
	    Мужчины
	    Женщины
	  Секреция поджелудочной железы
	
	    Объём
	    Бикарбонат
	  Тест абсорбции D-ксилозы в моче
		
		0,0–10,5 ммоль/ч
		0,0–5,6 ммоль/ч
		
		9,0–48,0 ммоль/ч
		6,0–31,0 ммоль/ч
		
		0,0–0,31 ммоль/ч
		0,0–0,29 ммоль/ч
		
		> 1,8 мл/кг/ч
		> 80 мЭк/л
		> 20 % потреблённой дозы выводится за 5 ч

ФОБИИ ☐ PHOBIAS

Fear of	Боязнь	Phobia	Название
air	воздуха	aerophobia	аэрофобия
amphibians	земноводных	herpetophobia	герпетофобия
animals	животных	zoophobia	зоофобия
bacilli	бактерий	bacillophobia	бациллофобия, бактериофобия
bad men	воров	scelerophobia	сцелерофобия
barren space	пустых комнат	cenophobia, kenophobia	ценофобия
bearing of deformed child	выносить уродливого ребёнка	teratophobia	тератофобия
beating	наказания, порки	mastigophobia, rhabdophobia	мастигофобия, рабдофобия
bees	пчёл, ос	apiphobia, melissophobia	апифобия, мелиссофобия
being alone	безлюдных мест, одиночества	autophobia, eremophobia, monophobia	аутофобия, эремофобия, монофобия
being beaten	наказания, порки	mastigophobia, rhabdophobia	мастигофобия, рабдофобия
being buried alive	быть похороненным заживо	taphephobia	тафефобия
being enclosed	замкнутых пространств, душных помещений	claustrophobia, clithrophobia	клаустрофобия, клитрофобия
being laughed at	быть осмеянным, насмешек	catagelophobia, katagelophobia	катагелофобия
being locked in	быть запертым	clithrophobia	клитрофобия
being looked at	пристального разглядывания другими	scopophobia. scoptophobia	скоптофобия
being scratched	царапин, повреждения кожи	amychophobia	амихофобия
being touched	прикосновения	aphephobia, haphephobia, haptephobia	афефобия, гафефобия. гаптефобия
being unclean	загрязнения	automysophobia	аутомизофобия
being unclothed	наготы	gymnophobia, nudophobia	гимнофобия, нудофобия
birds	птиц	ornithophobia	орнитофобия
blood	крови	hematophobia, hemophobia	гематофобия, гемофобия
blushing	покраснения	ereitophobia, erythrophobia	эрейтофобия, эритрофобия
body defect	физического недостатка	dysmorphophobia	дисморфофобия
brain disease	заболеваний мозга	meningitophobia	менингитофобия
bridge	мостов	gephyrophobia	гефирофобия
buildings	зданий	domatophobia	доматофобия
burglars	воров	scelerophobia	сцелерофобия
cancer	рака, онкологии	cancerophobia, carcinophobia	канцерофобия, карцинофобия
cats	кошек	ailurophobia, galeophobia	айлурофобия, галеофобия
changes	новизны	kainophobia, neophobia	кайнофобия, неофобия
childbirth	родов	maleusiophobia, tocophobia	малевзиофобия, токофобия
children	детей	pedophobia	педофобия
choking	задохнуться, оказаться задушенным	anginophobia, pnigophobia	ангинофобия, пнигофобия
climbing	ходьбы по лестнице	climacophobia	климакофобия
coitus	полового акта	coitophobia	коитофобия
cold	холода	cheimaphobia, cryophobia, psychrophobia	криофобия, психрофобия
colors	цвета, окарски	chromatophobia, chromophobia	хромофобия, хроматофобия
comets	комет	cometophobia	кометофобия
confinement	тюремного заключения	claustrophobia	клаустрофобия
contamination	загрязнения	molysmophobia, mysophobia	молизмофобия, мизофобия
corpses	трупов	necrophobia	некрофобия

crossing a street	пересечения улиц	dromophobia	дромофобия
crowds	толпы	demophobia, ochlophobia	демофобия, охлофобия
dampness	сырости, влажности	hygrophobia	гигрофобия
darkness	темноты, ночи	achluphobia, noctiphobia, nyctophobia, scotophobia	ахлуфобия, ноктифобия, никтофобия, скотофобия
dawn	рассвета, дня	eosophobia	эозофобия
daylight	солнечного света	phengophobia	фенгофобия
death	смерти	thanatophobia	танатофобия
defecation	испражнений	coprophobia	копрофобия
demons	демонов	demonophobia	демонофобия
dental operations	стоматологических процедур	odontophobia	одонтофобия
depths	глубины (водоёма)	bathophobia	батофобия
devils	сатаны, нечистой силы	satanophobia	сатанофобия
dirt	грязи, нечистот	mysophobia, rhypophobia, rupophobia	мизофобия, рипофобия, рупофобия
disease	заболеть	nosophobia, pathophobia	нозофобия, патофобия
disorder	нарушения координации движений	ataxiophobia, ataxophobia	атаксиофобия, атаксофобия
dogs	собак, укуса бешеной собаки	cynophobia	кинофобия
dolls	кукол	pediophobia	педиофобия
Drafts	Сквозняков, быть застигнутым ветром, бурей	aerophobia, anemophobia	аэрофобия,анемофобия
drugs	лекарств	pharmacophobia	фармакофобия
dust	пыли	amathophobia	аматофобия
eating	еды, глотания, приёма пищи	cibophobia, phagophobia, sitophobia	цибофобия, фагофобия, ситофобия
electricity	электричества	electrophobia	электрофобия
emptiness	пустых комнат, безлюдных площадей	cenophobia, kenophobia	ценофобия, кенофобия
enclosed spaces	замкнутых пространств	claustrophobia	клаустрофобия
endlessness	бесконечности	apeirophobia	апейрофобия
error	совершения греха, недостой-ного поступка	hamartophobia	гамартофобия
everything	всего окружающего	panphobia, panophobia, pantophobia	панфобия, панофобия, пантофобия
excrement	экскрементов	coprophobia, scatophobia	копрофобия, скатофобия
eyes	глаз	ommatophobia	омматофобия
fatigue	переутомления	kopophobia	копофобия
fears	появления страха	phobophobia	фобофобия
female genitals	женских половых органов	eurotophobia	эуротофобия
fever	лихорадки, гриппа	febriphobia, pyrexiophobia	фебрифобия
fire	огня	pyrophobia	пирофобия
fish	рыб	ichthyophobia	ихтиофобия
flogging	порки	mastigophobia	мастигофобия
forests	леса, заблудиться в лесу	hylophobia	хилофобия
frogs	лягушек	batrachophobia	батрахофобия
functioning	совершения действий или движений	ergasiophobia	эргазиофобия
fur	обрасти волосами после при-косновения к шерсти или меху животного	doraphobia	дорафобия
germs	микробов, бактериального инфицирования	microbiophobia, microphobia	микробофобия, микрофобия

ghosts	привидений, домовых, призраков	phasmophobia	фазмофобия
girls	девственниц	parthenophobia	партенофобия
glare	яркого света	photoaugliaphobia	фотоауглиафобия
glass	стекла	crystallophobia, hyalophobia	кристаллофобия, гиалофобия, гиелофобия
god	бога, божьей кары	theophobia	теофобия
gravity	гравитации, силы тяжести	barophobia	барофобия
hair	попадания волос в пищу или на поверхность тела	trichopathophobia	трихопатофобия, трихофобия
heart disease	сердечно-сосудистого заболевания	cardiophobia	кардиофобия
heat	жары, тёплых помещений	thermophobia	термофобия
heaven	небес, смотреть в небо	uranophobia	уранофобия
heights	высоты	acrophobia	акрофобия
hell	ада	hadephobia, stygiophobia	гадефобия, стигиофобия
hereditary disease	наследственного заболевания, плохой наследственности	patroiophobia, patriophobia	патриофобия, патройофобия
high objects	высоких зданий	batophobia	батофобия
home	возвращения домой	nostophobia	ностофобия
horses	лошадей	equinophobia, hippophobia	эквинофобия, гиппофобия
houses	домов	domatophobia, oikophobia	доматофобия, ойкофобия[5]
human society	общества	anthropophobia	антропофобия
ideas	идей	ideophobia	идеофобия
injury	травм	traumatophobia	травматофобия
innovation	всего нового, перемен	neophobia	неофобия
insanity	психического расстройства, помешательства	lyssophobia, maniaphobia	лиссофобия, маниофобия
insects	насекомых	acarophobia, entomophobia	акарофобия, энтомофобия
jealousy	ревности	zelophobia	зелофобия
justice	справедливости	dikephobia	дикефобия
knives	ножей, острых предметов	aichmophobia	айхмофобия
large objects	больших предметов	megalophobia	мегалофобия
left or objects to the left	всего, что находится слева	levophobia	левофобия
light	света	photohobia	светофобия
lightning	молний	astraphobia, astrapophobia, keraunophobia	астрафобия, астрапофобия, кераунофобия
loneliness	безлюдных мест, одиночества	eremophobia, monophobia	эремофобия, монофобия
love	быть любимым	erotophobia	эротофобия
machinery	машин	mechanohobia	механофобия
many things	многих [нескольких] вещей	polyphobia	полифобия
marriage	женитьбы, брака	gamophobia	гамофобия
men	мужчин	androphobia	андрофобия, мужененавистничество
messiness	нарушения координации движений	ataxiophobia, ataxophobia	атаксиофобия, атаксофобия
metals	металлов	metallophobia	металлофобия
meteors	метеоров, метиоритов	meteorophobia	метеорофобия
mice	мышей	musophobia	музофобия
mind	разума, души, духа	psychophobia	психофобия

[5] В отечественной литературе используется для обозначения страха возвращения домой после выписки из психиатрической больницы.

mirrors	зеркал	eisoptrophobia, spectrophobia	эйзоптрофобия, спектрофобия
missiles	поражения ракетой, бомбой, снарядом, пулей	ballistophobia	баллистофобия
money	денег	atophobia	атофобия
motion	движения	kinesophobia	кинезофобия
myths	неправильного или искажённого изложения фактов	mythophobia	мифофобия
needles	игл, острых и колющих предметов	belonephobia	белонефобия
neglecting duty	не выполнить свой долг или обязанности	paralipophobia	паралипофобия
night	темноты, ночи	achluphobia, noctiphobia, nyctophobia	ахлуфобия, ноктифобия, никтофобия
northern lights	северного сияния	auroraphobia	аврорафобия
ocean, sea	океана, моря	nautophobia, thalassophobia	наутофобия, талассофобия
odors	запахов, запаха тела	olfactophobia, osmophobia, osphresiophobia	ольфактофобия, осмофобия, осфрезиофобия
one's own voice	собственного голоса	phonophobia	фонофобия
oneself	одиночества	autophobia, monophobia	аутофобия
open spaces	открытых пространств	agoraphobia	агорафобия
overwork	переработать	ponohobia	понофобия
pain	боли	algophobia, odynophobia	алгофобия, одинофобия
places	определённого места или помещения	topophobia	топофобия
pleasure	удовольствий	hedonophobia	гедонофобия
poison	ядов	iophobia, toxiphobia, toxicophobia	иофобия, токсифобия, токсикофобия
poverty	нищеты, обнищания	peniaphobia	пениафобия
precipices	пропастей	cremnophobia	кремнофобия
punishment	наказания	poinephobia	пойнефобия
radiation	радиации	radiophobia	радиофобия
railroads	железнодорожного транспорта	siderodromophobia	сидеродромофобия
rain or rainstorms	дождей, штормов	ombrophobia	омброфобия
rectum	геморроя	proctophobia	проктофобия
red	красного цвета	erythrophobia	эритрофобия
reptiles	рептилий	herpetophobia	герпетофобия
responsibility	ответственности	hypengyophobia	гипенгиофобия
right or objects to the right	всего, что находится справа	dextrophobia	декстрофобия
rivers	рек, движения воды, водоворотов	potamophobia	потамофобия
rivers, crossing	перехода по мосту	gephyrophobia	гефирофобия
robbers	стать жертвой ограбления	harpaxophobia	гарпаксофобия
ruin	руин, развалин	atephobia	атефобия
sacred objects	предметов религиозного культа	hierophobia	иерофобия
scabies	чесотки	scabiophobia	скабиофобия
semen	спермы	spermatophobia	сперматофобия
sex	сексуальных отношений	genophobia	генофобия
ships	кораблей	nautophobia	наутофобия
shock	шока	hormephobia	гормефобия
sin or sinning	согрешить	enosiophobia, hamartophobia	энозиофобия, гамартофобия
sitting	сидеть	thaasophobia	тазофобия
sitting down	садиться	cathisophobia, kathisophobia	катизофобия

skin disease	кожных болезней	dermatosiophobia	дерматозиофобия
skin lesion	повреждений кожи	dermatophobia	дерматофобия
sleep	сна	hypnohobia	гипнофобия
smothering	удушения, удушья	pnigerophobia	пнигерофобия
snakes	змей	ophidiophobia	офидиофобия
snow	снега	chionophobia	хионофобия
sounds	звуков	acousticophobia, phonophobia	акустикофобия, фонофобия
sourness	кислого вкуса, кислот	acerophobia	ацерофобия
speaking	публичных выступлений, произнесения слов	glossophobia, laliophobia, lalophobia	глоссофобия, лалифобия, лалофобия
specific word	определённых слов или имён	onomatophobia	ономатофобия
spiders	пауков, членистоногих	arachnephobia, arachnophobia	арахнефобия, арахнофобия
standing up and walking	вертикального положения и ходьбы	stasibasiphobia	стазибазифобия
stars	звёзд	siderophobia	сидерофобия
stealing	совершить кражу	kleptophobia	клептофобия
strangers	чужаков, иностранцев	xenophobia	ксенофобия
string	верёвок, шнуров	linonohobia	линонофобия
sunlight	солнечного света	heliophobia	гелиофобия
symbolism	символизма	symbolophobia	символофобия
syphilis	сифилиса	syphilophobia	сифилофобия
tapeworms	гельминтов	taeniophobia	тениофобия
taste or tasting	новых вкусов	geumaphobia	гемафобия
teeth	зубов	odontophobia	одонтофобия
thinking	думать	phronemophobia, psychophobia	фронемофобия, психофобия
thirteen	числа тринадцать	triskaidekaphobia	трискайдекафобия
time	времени	chronophobia	хронофобия
travel	путешествий	hodophobia, dromophobia	ходофобия, дромофобия
trembling	дрожания	tremophobia	тремофобия
trichinosis	трихинеллёза	trichinophobia	трихинофобия
tuberculosis	туберкулёза	phthisiophobia, tuberculophobia	фтизиофобия, туберкулофобия
vaccination	вакцинации	vaccinophobia	вакцинофобия
vehicles	колёсного транспорта	amaxophobia	амаксофобия
venereal disease	венерических заболеваний	cypridophobia, cypriphobia	кипридофобия, кипрофобия
voices	голосов	phonophobia	фонофобия
vomiting	тошноты, рвоты	emetophobia	эметофобия
walking	пешей ходьбы	basiphobia	базифобия
water	воды	aquaphobia, hydrophobia	аквафобия, гидрофобия
weakness	слабости	asthenophobia	астенофобия
wind	ветра	anemophobia	анемофобия
wind instruments	флейты, духовых инструментов	aulophobia	аулофобия
women	женщин	gynephobia	гинефобия
writing	письма, письменных принадлежностей	graphophobia	графофобия
word, specific	определённых слов или имён	onomatophobia	ономатофобия
work	работы, переработки	ponophobia	понофобия
writing	письма	graphophobia	графофобия
x-rays	облучения	radiophobia	радиофобия

Мой отец Гайяс Насибуллович Акжигитов

Per aspera ad astra
Через тернии к звёздам!

Feci, quod potui, faciant meliora potentes

Я сделал всё, что мог;
кто может, пусть сделает лучше
I have made everything that I could;
who can, you are welcome to make better

...Мне часто вспоминается картинка из детства: мы с отцом едем в вагоне метро и играем в его любимую игру – в определения. Он говорит слово, а я, семилетний ребёнок, даю этому слову определение. Слова были самые разные, и порой, мне было достаточно сложно. В этих случаях он приходил мне на помощь. Причём это не были прямые подсказки, скорее наводящие пояснения, облегчавшие подбор необходимых словесных эквивалентов... Ещё мы часто играли с ним в шахматы: я приходил в его кабинет – он не переставал работать – устанавливал на столе доску, расставлял на ней фигуры, и мы начинали играть. При этом он параллельно говорил по телефону, писал статьи, выписывал на карточки новые термины для словаря. Последний начинался как хобби, некий вспомогательный инструмент для собственного пользования, однако, когда терминов набралось очень много, возникла идея создать книгу... Отец очень много и неустанно работал. Не знаю автора нижеследующего изречения, но оно как нельзя точно характеризует атмосферу в нашей семье: нас с братом воспитывала полоска света под дверью кабинета отца. Его никогда нельзя было застать без дела: даже приехав на отдых в Крым, он набрал с собой кучу материалов, с которыми с удовольствием работал на террасе под шум морского прибоя. Он очень любил афоризм Юрия Олеши: «ни дня без строчки» и методично его реализовывал...

Гайяс Насибуллович Акжигитов родился 04 января 1929 года в селе Маляевка Ленинского района Волгоградской области. Его детство и юность пришлись на трудные пред- и послевоенные годы. Будучи старшим из пятерых детей в семье ему с ранних лет пришлось заниматься физическим трудом – заботиться о хлебе насущном. В годы Великой отечественной войны, несмотря на подростковый возраст, являлся тружеником тыла. Его отец воевал на фронте, четверо родных дядей с войны не вернулись. Сам отец вспоминал, как впервые увидел знаменитые «катюши», которые наводили ужас на врага, ведя обстрел его позиций с левого берега Волги. «За Волгой для нас земли нет», – говорили наши полководцы. «Здесь стояли насмерть гвардейцы Родимцева», – высечено на современной набережной. «Выстояв, они победили смерть», – гласит надпись на Мамаевом кургане. Советский народ победил в Сталинградской битве, а затем и в Великой отечественной войне.

В 1949 году Гайяс Насибуллович поступил в Сталинградский медицинский институт и в 1955 году окончил его с отличием. После окончания клинической ординатуры работал в практическом здравоохранении – хирургом, а затем заведующим хирургическим отделением в Камышинской районной больнице в Волгоградской области. Будучи очень любознательным и активным человеком, в 1959 году он приехал в Москву и поступил в аспирантуру при 1 Московском медицинском институте. После её окончания, в 1962 году, защитил кандидатскую диссертацию по теме «Состояние гемодинамики у больных хирургическими заболеваниями лёгких в пред- и послеоперационном периодах». Впоследствии работал младшим, затем старшим научным сотрудником и ассистентом кафедры госпитальной хирургии 1 Московского медицинского института, возглавляемой академиком Б.В. Петровским. Отец восхищался Учителем и всегда старался следовать девизу его школы: «Лечить, учить и продвигать науку». Коллеги отмечали, что «у Акжигитова атомная энергия» – так неустанно и самозабвенно он отдавался работе. В 1970 году он защитил докторскую диссертацию по теме «Клиника, диагностика и лечение острого панкреатита», а в 1975 году был утверждён в ученом звании профессора.

В Москве отец встретил маму – Шамилю Хисамовну, с которой они прожили 44 года. Во многом именно благодаря ей – преподавателю английского языка в высшей школе – им были задуманы и созданы 4 англо-русских словаря. Да и вообще маме удалось обеспечить для отца обстановку, максимально способствовавшую раскрытию всех его талантов. В её лице он всегда ощущал «надёжный тыл», находил понимание и поддержку в трудные минуты, имел безукоризненного помощника. В свою очередь и он сам был необыкновенно отзывчивым и светлым человеком, принимавшим деятельное участие в судьбах окружавших его людей. Коллеги, знакомые, родственники шли к нему со своими горестями и проблемами: для всех у него хватало времени и сил, многим людям он оказал не только медицинскую, но и человеческую помощь. Врачами стали его средний брат и младшие сёстры, врачами стали и мы с братом.

В 1973 году Гайяс Насибуллович возглавил кафедру детской хирургии Волгоградского медицинского института. Фактически он являлся организатором всей детской хирургической службы и на протяжении 20 лет был главным детским хирургом Волгограда, области и республики Калмыкия. Все это время он успешно совмещал научную, преподавательскую и врачебную работу – читал лекции, вёл семинары, участвовал в работе съездов, симпозиумов, конференций, много оперировал и консультировал, выезжал в районные центры. Рядовым событием в доме был ночной звонок из больницы о сложном случае. За отцом приезжала машина, и он ехал на операцию. Сотни маленьких пациентов обязаны ему своими жизнями, сотни студентов и учеников – своей профессиональной подготовкой.

Учитель и ученик
(академик Б. В. Петровский и профессор Г. Н. Акжигитов)
The teacher and the pupil
(academician B. V. Petrovsky and professor G. N. Akzhiguitov)

Отец любил чередовать интеллектуальный труд с физическим, считая такую форму активности оптимальной. Во дворе построенного им дома по сей день растут и плодоносят свыше 50 фруктовых кустарников и деревьев. Из собственного винограда он делал восхитительное вино. В сельской местности Гайяс Насибуллович имел обыкновение передвигаться на велосипеде, хотя всегда имел автомашину.

Для отца было неприемлемо понятие пенсии. С 1994 года он со свойственным ему энтузиазмом занялся редактированием медицинской литературы. Под редакцией Гайяса Насибулловича в издательстве «Гэотармедицина» переведены и увидели свет несколько книг иностранных авторов, издан ряд монографий и руководств российских учёных. До последнего дня своей жизни он являлся научным редактором и обозревателем «Медицинской газеты». С большой теплотой и воодушевлением Гайяс Насибуллович подбирал материалы для профессионального издания медиков, писал сам и способствовал публикациям ведущих отраслевых специалистов. В целом, им самим опубликовано около 200 научных статей, несколько методических рекомендаций, 6 монографий, 4 словаря. Ряд его трудов неоднократно переиздавался. Он всегда был полон новых замыслов и идей, не всем из которых, к сожалению, суждено было воплотиться.

Осенью 2004 года его серьёзно стало беспокоить сердце. Однако, продолжая работать над данным словарём, статьями для газеты, он не придавал этому должного внимания. Даже госпитализировавшись в кардиологическое отделение, Гайяс Насибуллович продолжал писать и редактировать. 3 февраля 2005 года отца пригласили на встречу Волгоградского землячества в храме Христа Спасителя, посвящённую очередной годовщине победы в Сталинградской битве. «Может не пойдёшь? – спросила мама, – ведь только что из больницы». После некоторого колебания он всё же решил идти, и домой уже не вернулся. На обратной дороге его сердце остановилось…

…Жизнь Гайяса Насибулловича являет собой образец беззаветного и неустанного служения науке, здравоохранению, высшей школе, интересам больных. Память о нём навсегда сохранится в сердцах его коллег, пациентов, друзей, родных и будет жить в его трудах, которые и после его смерти продолжают служить людям…

Р.Г. Акжигитов

Работы профессора Г. Н. Акжигитова:

Монографии:

1. Острый панкреатит. М.: Медицина, 1974.
2. Острые хирургические заболевания органов брюшной полости. М.: Медицина, 1976.
3. Организация и работа хирургического стационара. М.: Медицина, 1979.
4. Остеомиелит. М.: Медицина, 1979. (В соавт. с М. А. Галеевым, В. Г. Сахаутдиновым, Я. Б. Юдиным).
5. Организация детской анестезиолого-реанимационной службы. М.: Медицина, 1983. (В соавт. с К. К. Квартовкиным).
6. Гематогенный остеомиелит. М.: Медицина, 1998. (В соавт. С Я. Б. Юдиным).

Словари:

1. Англо-русский медицинский словарь. М.: Русский язык, 1988, 1992; Руссо 1996, 2000. (В соавт. с коллективом авторов).
2. Англо-русский словарь медико-биологических сокращений. М.: Наука, 1998, 2002. (В соавт. с Р. Г. Акжигитовым).
3. Англо-русский экологический словарь. М.: Русский язык, 1999, 2001. (В соавт. с коллективом авторов).
4. Большой англо-русский медицинский словарь. М., 2005, 2007. (В соавт. с Р. Г. Акжигитовым).

My father G. N. Akzhiguitov

Per aspera ad astra!
Through thorns to stars!

...I often recollect the scene of my childhood: my father and I are going by the underground and we are playing his favorite game – definitions. He says a word, and I, a seven-year old child, give definition to this word. Words were different and sometimes they were quite difficult. In such cases he helped me. These were not just direct prompts but directing explanations which made the selection of the proper word equivalents easier... And we used to play chess with him; I came to his cabinet and he, without interrupting his work, placed chess on board and we started playing. At the same time he could also talk on the phone, write articles, note down new terms for the dictionary. The dictionary was started as a hobby, an additional tool for father's own needs, but when he had collected a huge amount of terms, there appeared the idea of releasing a book... Father was working hard without any sign of tiredness. I don't know the author of the following statement but it describes the atmosphere in our family as well as possible: My brother and I were brought up by the strip of light under the door of the cabinet. He could never be seen without any work: even going on vacation to the Crimea he took a huge pile of materials with him, and worked on them with pleasure on the terrace listening to the sound of surf. He loved the line that he read once in one of books by Yury Olesha: "not a single day without a line", and he was methodically bringing it to life.

Gayas Nasibullovich Akzhiguitov was born on January 04, 1929 in the village of Malyaevka, Leninski district, Volgogradskaya area. He spent his childhood and youth in difficult pre- and after the World War II years. Being the elderest of the five children in his family from the early ages he had to work physically, to earn money. In the years of the Great Patriotic War, notwithstanding his adolescence age, he was a front worker. His father war at the front, four of his uncles didn't return from the war. Father remembered the day when he saw the famous "Katyusha", which brought fear to enemies, shooting from the left shore of the Volga. "There is no land behind the Volga for us" – defenders' commanders were saying. "Here Rodimtsev army guardsmen stayed to death" – is written on the quay today. "Having stand out they won the death" – is written on Mamai kurgan. The Soviet people survived and won the Stalingrad battle and then Great Patriotic War.

In 1949 Gayas Nasiboullovich entered the Stalingrad Medical Institute and in 1955 graduated from it with distinction. After termination of the clinical internship training he worked in practical public health service as a surgeon, and then as a chief of the department of surgery in Kamyshinski regional hospital, Volgogradskaya area. Being an inquisitive and active person, in 1959 he came to Moscow and became a postgraduate of the First Moscow Medical Institute. After its termination in 1962, he defended the master's thesis on topic «The condition of hemodynamics of patients with surgical disorders in pre- and post-operation periods». Subsequently he worked as a junior and then senior researcher and as an assistant at the faculty of Hospital Surgery of the first Moscow Medical Institute headed by the academician B.V. Petrovsky. My father admired the teacher and always tried to follow his motto: "To cure, learn and advance the science". His colleagues marked that Akzhiguitov had an atomic energy – so indefatigably he devoted himself to the work. In 1970 he supported his doctor's theses on topic "Clinic, diagnostics and treatment of sharp pancreatitis", and in 1975 he was approved in the academic status of a professor.

In Moscow my father met my mother – Shamilya Hisamovna, with who he lived 44 years. In many respects owing to her – a teacher of the English language in a higher school – he conceived and created 4 English-Russian dictionaries. And in general my mother managed to provide my father with conditions as much as possible disclosing all his talents. In her person he always felt «reliable rear behind his back», found understanding and support in difficult minutes and also had an irreproachable assistant. In turn, he was unusually a nice and outgoing person who took an active part in lives of people surrounding him. The colleagues, friends and relatives went to him with their sorrows and problems: for all of them he had enough time and forces, he rendered many people not only with medical, but also with human help. His younger brother became a doctor. And younger sisters as well, and I and my brother are doctors, too.

In 1973 Gayas Nasiboullovich became the Head of the children surgery faculty of the Volgograd Medical Institute. Actually he was the organizer of all surgical services for children, and during 20 years was the main children surgeon in Volgograd, Volgogradskaya area and republic Kalmykia. All this time he successfully combined scientific, teaching and medical work – read lectures, conducted seminars, took part in work of congresses, symposiums, conferences, made a lot of operations and gave advice to the regional centers. A night call from hospital about difficult case was an ordinary event in our house. And then my father went to the hospital by car to do an operation. Hundreds small patients are obliged to him for their lives, hundreds students and pupils for vocational training.

My father liked to alternate intellectual work with physical, considering such form of activity to be the optimum. In the court yard near the house, which he built himself, he planted more than 50 fruit bushes and trees that grow there till today. He made a delightful wine of his own grapes; when in countryside Gayas Nasiboullovich used to moving on a bicycle though he had a car.

To go into retirement was unacceptable for my father. In 1994 with enthusiasm peculiar to him he began editing medical literature. Publishing house "Geotar Medicine" issued several books of foreign authors, a number of monographies and achievements of Russian scientists under the editorship of Gayas Nasibullovich. Up to the last day of his life he was the scientific editor and the observer of the Meditsinskaya Gazeta. With great enthusiasm Gayas Nasibullovich selected materials of physicians for publishing, wrote himself and promoted publications of leading branch experts. As a whole he published about 200 scientific articles, several guidelines, 6 monographies, 4 dictionaries. A number of his works were republished. He was always full of new plans and ideas, but unfortunately, not all of them were realized.

In the autumn of 2004 he began to feel heartaches. However, he continued working on the given dictionary, clauses for the newspaper, he did not pay due attention to the disease. Even being hospitalized into heart disease department Gayas Nasibullovich continued writing and editing. On February 3, 2005 my father was invited for the meeting of Volgograd citizens which was arranged in the Cathedral of Christ the Saviour and devoted to the anniversary of the Victory in Stalingrad battle. Maybe you won't go? my mother asked him. You're just from the hospital. After some hesitation he decided to go, and didn't return home any more. On the way home his heart stopped...

Life of Gayas Nasiboullovich is shown as the sample of selfless and indefatigable devotion to the science, public health services, the higher school, interests of the patients. Memory of him will for ever be kept in the hearts of his colleagues, patients, friends, relatives and will live in his works which continue to serve people even after his death...

R. G. Akzhiguitov

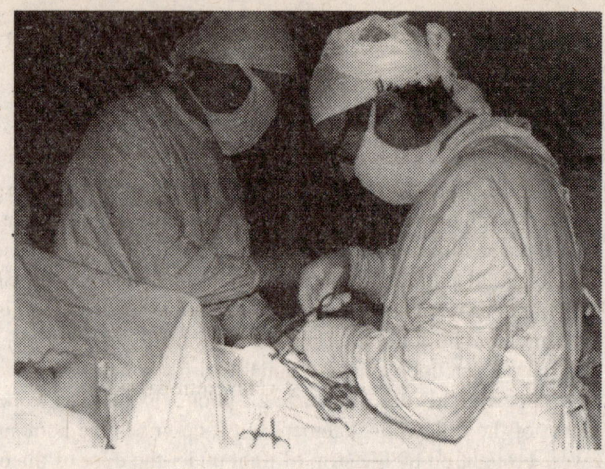

Ещё одна спасённая детская жизнь
One more saved child life

На обходе со студентами
On round with students

The publications of professor G. N. Akzhiguitov

Monographies:
1. Sharp pancreatitis, Moscow, "Medicine", 1974.
2. Sharp surgical diseases of abdominal cavity organs, Moscow, "Medicine" 1976.
3. The organization and work of a surgical hospital, Moscow, "Medicine" 1979.
4. The organization of anesthetico-reanimational services for children, Moscow, "Medicine", 1983 (in co-authorship with K. K. Kvartovkin).
5. Osteomyelitis, Moscow, "Medicine", 1979 (in co-authorship with Y. B. Yudin, M. A. Galeev, V. G. Sahaoutdinov).
6. Hematogenic osteomyelitis, Moscow, "Medicine", 1998 (in co-authorship with Y. B. Yudin).

Dictionaries:
1. English-Russian medical dictionary, Moscow, "The Russian Language", 1988, 1992; "Russo", 1996, 2002 (in co-authorship with a group of authors).
2. English-Russian dictionary of medicobiologic abbreviations, Moscow, "Science", 1998, 2002 (in co-authorship with R. G. Akzhiguitov).
3. English-Russian ecological dictionary, Moscow, "The Russian Language", 1999, 2001 (in co-authorship with a group of authors).
4. Comprehensive English-Russian medical dictionary, Moscow, 2005, 2007 (in co-authorship with R. G. Akzhiguitov).

ИЗДАТЕЛЬСКАЯ ГРУППА
«ГЭОТАР-Медиа»

Книги издательской группы «ГЭОТАР-Медиа» и издательства «Литтерра»
УЧЕБНАЯ И СПРАВОЧНАЯ ЛИТЕРАТУРА
НА ИНОСТРАННЫХ ЯЗЫКАХ

№	Наименование	Цена, руб.*	Цена с учетом доставки (предоплата), руб.*	Цена с учетом доставки (наложенный платеж), руб.*
1.	**Англо-русский кардиологический словарь.** Берзегова Л.Ю., Рудин-ская Л.С., Смирнова Е.В., Носовицкая Д.А., Суслова А.А. / Под ред. Л.С. Рудинской. 2009. — 176 с., обложка, издательство «ГЭОТАР-Медиа»	325	363	444
2.	**Англо-русский медицинский словарь** / Под ред. И.Ю. Марковиной, Э.Г. Улумбекова. 2010. — 496 с., переплет, издательство «ГЭОТАР-Медиа»	650	716	875
3.	**Английский язык. English in dentistry: учебник для студентов стоматологических факультетов медицинских вузов.** Берзегова Л.Ю., Ковшило Д.Ф., Кузнецова О.В. и др. / Под ред. Л.Ю. Берзеговой. 2008. — 272 с., обложка, издательство «ГЭОТАР-Медиа»	455	520	547
4.	**Английский язык. Грамматический практикум для фармацевтов. Рабочая тетрадь: учебное пособие.** Марковина И.Ю., Громова Г.Е. / Под ред. И.Ю. Марковиной. 2010. — 288 с., обложка, издательство «ГЭОТАР-Медиа»	715	781	954
5.	**Английский язык. Грамматический практикум для медиков. Часть 1. Употребление личных форм глагола в научном тексте. Рабочая тетрадь: учебное пособие.** Марковина И.Ю., Громова Г.Е. 2010. — 200 с., обложка, издательство «ГЭОТАР-Медиа»	507	544	665
6.	**Английский язык: учебник.** Марковина И.Ю., Максимова З.К., Вайнштейн М.Б. / Под общей ред. И.Ю. Марковиной. 4-е изд., испр. 2010. — 368 с., переплет, издательство «ГЭОТАР-Медиа»	689	726	887
7.	**Новый англо-русский словарь для стоматологов: учебное пособие.** Берзегова Л.Ю., Ковшило Д.Ф., Кузнецова О.В., Соломенцева Л.Н. 2009. — 400 с., переплет, издательство «ГЭОТАР-Медиа»	975	1040	1271
8.	**Толковый латинско-русский словарь кардиологических терминов: учебное пособие.** Кочкарева А.Г., Новодранова В.Ф. 2008. — 144 с., обложка, издательство «ГЭОТАР-Медиа»	130	169	207
9.	**Латинский язык и фармацевтическая терминология: учебное пособие.** Зуева Н.И., Зуева И.В., Семенченко В.Ф. 2008. — 286 с., обложка, издательство «ГЭОТАР-Медиа»	403	465	490
10.	**Латинско-русский и русско-латинский словарь наиболее употребительных анатомических терминов: учебное пособие.** Бахрушина Л.А. / Под ред. В.Ф. Новодрановой. 2010. — 288 с., обложка, издательство «ГЭОТАР-Медиа»	429	467	571
11.	**Немецкий язык для студентов стоматологических факультетов медицинских вузов: учебное пособие** / Под ред. В.А. Кондратьевой, Э.З. Петрова, А.К. Курьянова. 2006. — 280 с., переплет, издательство «ГЭОТАР-Медиа»	130	169	207

* Цена указана по состоянию на 16.03.2011 г. В дальнейшем возможно изменение цен с учётом инфляции.

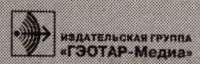

№	Наименование	Цена, руб.*	Цена с учетом доставки (предоплата), руб.*	Цена с учетом доставки (наложенный платеж), руб.*
12.	**Немецкий язык для студентов-медиков: учебник.** Кондратьева В.А., Григорьева Л.Н. 2-е изд., испр. 2010. — 392 с., переплет, издательство «ГЭОТАР-Медиа»	598	664	812
13.	**Мудрые мысли о медицине и врачевании = Sententie de medicina. Изречения, афоризмы, цитаты.** Циммерман Я.С. 3-е изд., перераб. и доп. 2010. — 288 с., переплет, издательство «ГЭОТАР-Медиа»	325	363	444

Для приобретения книг необходимо:

— заполнить бланк заказа разборчивым почерком и отправить его:
- по факсу: (495) 228-09-74, (499) 246-39-47 или
- по электронной почте: bookpost@geotar.ru;
- по почте: 119021, г. Москва, ул. Россолимо, д. 4, ТД «Медкнигасервис».

Заказ можно сделать также по телефонам: (495) 228-09-74, 921-39-07 или в интернет-магазине: www.medknigaservis.ru.

Полный ассортимент книг ИГ «ГЭОТАР-Медиа» и издательства «Литтерра» на сайте: www.medknigaservis.ru.

БЛАНК ЗАКАЗА

Плательщик: юридическое лицо ☐ физическое лицо ☐

Выберите способ оплаты: наложенный платёж ☐ предоплата ☐ наличными ☐ (по Москве)

Ф.И.О. Полное название организации: _____

Ф.И.О. и должность руководителя для оформления договора (заполняется юридическими лицами): _____

ИНН/КПП (заполняется юридическими лицами): _____

Почтовый адрес с индексом для доставки: _____

Телефон с кодом города: _____ факс: _____

Адрес электронной почты (e-mail): _____

Заказ: _____

Книги издательской группы «ГЭОТАР-Медиа»
Вы можете приобрести у следующих региональных представителей:

Нижний Новгород. Магазин «Дом книги»: ул. Советская, 14; тел.: 8(831)246-22-92; kniga@kis.ru

Нижний Новгород. ЧП Г.А. Толстопятова: а/я 101; тел.: 8(831)239-11-33

Новокузнецк. Магазин «Планета»: ул. Кирова, 94; тел.: 8(3843)70-35-83, 70-38-83; noskova@rdtc.ru, planeta@rdtc.ru

Новосибирск. «Спецкнига и К»: ул. Тихая, 3; тел.: 8(383)334-53-75, 263-66-88

Новосибирск. «Спецкнига»: ул. Арбузова, 1/1; тел.: 8(383)336-10-26; 336-10-27; 336-10-32

Новосибирск. Магазин «Академкнига»: Красный пр-т, 52; тел.: 8(383)221-15-60; akademkniga@mail.ru

Одесса, Украина. «Дом книги»: ул. Дерибасовская, 27; тел.: 8(0428)22-74-50

Омск. Магазин «Центркнига»: ул. Ленина, 19; тел.: 8(3812)23-64-98, 23-64-67; delit@omskbook.ru

Омск. ЧП В.Г. Хорошавин: ул. Ленина, 19; тел.: 8(3812)23-23-55, 24-65-35, 24-68-73

Орел. Магазин «Александровский мост»: ул. Ленина, 6; тел.: 8(4862)76-28-60, 49-83-19; ruslru@yandex.ru

Оренбург. ООО «Внешторгсервис» (возможность поставки книг в страны СНГ): ул. Липовая, 9-252; тел.: 8(3532)63-06-35, 8(903)360-23-19

Пенза. Магазин «Текст»: ул. Циолковского, 20; тел.: 8(8412)49-84-80; tekst@sura.ru

Пермь. ООО «Лира-2»: ул. Леонова, 10А; тел.: 8(3422)26-66-91, 26-44-10, ф.: 26-20-91

Пятигорск. Магазин «Твоя книга»: ул. Береговая, 14; тел.: 8(8793)39-02-54, 39-02-53

Ростов-на-Дону. «Азбука+»: ул. Социалистическая, 58; тел.: 8(8632)63-63-88, 99-90-66

Ростов-на-Дону. Магазин «Дом книги»: ул. Большая Садовая, 41; тел.: 8(8632)78-36-23; rstkniga@aaanet.ru

Рязань. Супермаркет «Книги»: Московское ш., 5А, ТД «БАРС-1»; тел.: 8(4912)93-29-54

Санкт-Петербург. «Санкт-Петербургский дом книги»: Невский пр-т, 28; тел.: 8(812)318-49-15, 312-01-84

Санкт-Петербург. Магазин «Медицинская книга»: ул. Лебедева, 10; тел.: 8(812)542-66-10

Санкт-Петербург. МАПО. Книжный киоск: ул. Кирочная, 41

Санкт-Петербург. СПбГМА им. И.И. Мечникова. Книжный киоск: Пискаревский пр-т, 47/1; тел.: 8(901)310-31-48

Санкт-Петербург. ИП И.В. Кузьменок. Медицинская и ветеринарная литература. ДК им. Н.К. Крупской, 2-й этаж, места 54, 80; тел.: 8(962)708-77-64 (место 54), 8(911)124-22-54 (место 80); http://krupaspb.ru/uchastniki/, personal/medkniga.html

Саратов. «Полиграфист»: ул. Чернышевского, 184; тел.: 8(8452)292-292; alla-poligr@yandex.ru

Саратов. ООО «Читающий Саратов плюс»: ул. Московская, 157; тел.: 8(8452)51-87-62, ф.: 51-66-34, 52-49-59

Смоленск. ООО «Кругозор»: ул. Октябрьской революции, 13; тел.: 8(4812)65-86-65

Сочи. Магазин «Книги»: ул. Навагинская, 12; тел.: 8(8622)64-14-61, 64-69-28; knigi@sochi.com

Ставрополь. «Книжный остров»: ул. 50 лет ВЛКСМ, 18Б; тел.: 8(8652)55-14-18, 55-06-32

Ставрополь. Магазин «Мир знаний»: ул. Лермонтова, 191, кор. 43; тел.: 8(8652)24-28-77; mz@kavkazinterpress.ru

Томск. «Книжный бизнес»: ул. Белинского, 55, офис 10 (НТБ ТПУ): тел.: 8(3822)56-37-72

Томск. Магазин «Академкнига»: наб. р. Ушайки, 18А; тел.: 8(3822)51-60-36; akademkniga@mail.tomsknet.ru; пн—пт с 10 до 19, сб и вс с 11 до 18 без перерыва

Тула. Магазин «Знание»: Красноармейский пр-т, 34; тел.: 8(4872)56-96-52; znanie-tula@mail.ru

Тюмень. Магазин «Знание»: ул. Володарского, 34; тел.: 8(3452)46-28-70, 46-28-70, 46-83-84; znanietm@mail.ru; пн—пт с 9 до 19, сб и вс с 10 до 18

Улан-Удэ. Киоск «Медицинская книга»: ул. Каландаришвили, 27; тел.: +7(902)166-17-78, +7(902)562-92-82, ф.: 8(3012)219229

Ульяновск. Магазин «Медицинская литература». ИП Р.А. Крикова: ул. 3-го Интернационала, 7 (областная больница, здание столовой), пн—пт с 8 до 16; тел.: 8(927)800-77-33; e-mail: 73_medlit.kra@mail.ru

Ульяновск. Магазин «Книжкин дом»: ул. Богдана Хмельницкого, 1; тел.: 8(8422)65-13-76; domknig.gv@mail.ru; пн—пт с 9 до 18

Уфа. Магазин «Азия»: ул. Гоголя, 36; тел.: 8(3472)50-39-00; rinagrinberg@gmail.com

Уфа. Сахаутдинов Р.Г.: ул. Рязанская, 66; тел.: 8(3472)37-87-93, 56-29-06, 56-53-23, 56-52-86, 8(917)342-51-63

Хабаровск. ООО «Деловая книга»: ул. Путёвая, 1А (район Института культуры); тел.: 8(4212)36-06-65, 33-95-31, 30-65-66

Харьков, Украина. «Медицинская академическая книга», Голов Е.А. (Харьковский ГМУ): пр-т Ленина, 4; тел.: 8-10(38067)579-45-01

Чебоксары, Республика Чувашия. Библиотечный коллектор: ул. Петрова, 7; тел.: 8(8352)62-15-67, 62-03-70

Челябинск. Магазин «Челябинский дом книги»: пр-т Ленина, 68; тел.: 8(351)263-22-78; cheldk@yandex.ru

Челябинск. Челябинская ГМА, главный корпус, 1-й этаж, ЧП А.Ю. Луговых: ул. Воровского, 64; тел.: 8(351)775-77-47, 8(912)895-26-36

Якутск, Республика Саха. ООО «Книжный маркет»: ул. Ярославского, 16/1; тел.: 8(4112)36-62-47, 49-12-69

Книги издательской группы «ГЭОТАР-Медиа»
Вы можете приобрести у следующих региональных представителей:

Архангельск. «Медицинская книга»: Троицкий пр-т, 51, СГМУ; тел.: 8(8182)20-61-90, 8(902)285-14-64

Астрахань. «Медицинская книга»: ул. Бакинская, 121 / ул. Кирова, 51, около Медицинской академии; тел.: 8(8512)60-87-06, 8(917)170-25-22, ф.: 25-87-06

Астана, Республика Казахстан. ТОО «ГЭОТАР-МЕДИА–КАЗАХСТАН»: район Сарыарка, ул. Бейбитшилик, 47/1, офис 304; тел.: 8(7172)28-01-39

Астрахань. Магазин «Астраханькнига»: ул. Нариманова, 2 Е; тел.: 8(8512)36-04-22; astrkniga@mail.ru

Барнаул. ИП Сидоренко П.А.: ул. Новоугольная, 24; тел.: 8(902)999-22-22

Барнаул. Магазин «Книжный мир»: Социалистический пр-т, 117 А; тел.: 8(3852)62-82-60, 36-66-10; nata@salesbook.ru

Брянск. Магазин «Дом книги»: ул. Фокина, 31; тел.: 8(4832)74-22-84, 74-14-94; kniga@oline.brk.ru

Винница, Украина. ЧП Максименко Е.В.: ул. Блока, 14; книга-почтой на Украине: а/я 4539; тел.: 8(3804)326-605-10, 8(3806)883-473-89; maxbooks@svitonline.com

Владивосток. «Медицинская книга»: Партизанский пр-т, 62 А, ДКЖД (Дворец культуры железнодорожников); тел.: 8(914)792-11-26

Владивосток. ООО «Фирма Илита»: ул. Адмирала Юмашева, 14Б-90; тел.: 8(4232)44-12-37

Владикавказ. Магазин «Книги»: ул. Маркуса, 26; тел.: 8(8672)45-16-08, 50-56-63

Владимир. ООО «Книга»: ул. Горького, 44; тел.: 8(4922)33-22-09

Волгоград. Книжный магазин «Современник»: пр-т Ленина, 2; тел.: 8(8442)38-33-94, 38-33-96

Волгоград. Сеть магазинов «Либрис»: ул. Казахская, 11; тел.: 8(8442)47-88-77; librisvolga@mail.ru

Воронеж. ИП Собацкий Б.Н., магазин «Медицинская книга»: ул. Кольцовская, 6; тел.: 8(4732)40-59-56 (моб.)

Днепропетровск, Украина. Тел.: +(380)50-453-66-44, 56-778-34-39; e-mail: bolotnikov68@mail.ru

Екатеринбург. ООО «Дом книги» КТК: ул. А. Валека, 12; тел.: 8(343)358-12-00, 358-18-98, 359-41-04

Ессентуки, Ставропольский край. ООО «РОССЫ»: ул. Октябрьская, 424; тел.: 8(8793)46-93-09

Иваново. ООО «Новая мысль»: пр-т Ленина, 5; тел.: 8(4932)41-64-16

Иркутск. Магазин «Медкнига»: ул. 3-го июля, 8, ИГМУ; м/р Юбилейный, 100, ИИУВ; тел.: 8(914)901-91-17

Казань, Республика Татарстан. ООО «Медлитература» (ЧП Мухаммадиев), а/я 73; тел.: 8(843)236-32-29, 247-82-72

Калуга. Магазин «Кругозор»: ул. Ленина, 68; тел.: 8(4842)57-60-60; oookrugozor@post.ru

Кемерово. Магазин «Кузбасская книга»: ул. Наградская, 5; тел.: 8(3842)75-76-98, 75-46-46; kniga-x@kuzbass.net

Киев, Украина. ЧП Л.С. Сниткина; тел.: 8-10(38044)274-49-79

Кострома. ООО «Леонардо»: Табачные ряды, 1; тел.: 8(4942)31-53-76

Краснодар. ГУП «Краснодарский краевой государственный дом»: ул. Красная, 43; тел.: 8(8612)62-31-19

Краснодар. Киоск на территории КГМУ, ИП Белик Е.Н.: ул. Седина, 4; тел.: 8(918)330-08-73

Краснодар. «Медицинская литература» ИП Кривоносов С.А.: ул. Седина, 15; ул. 40 лет Победы, 5/1; тел.: 8(918)485-00-41

Красноярск. «Книжный мир»: пр. Мира, 86; тел.: 8(3912)27-39-71

Красноярск. Магазин «Академкнига»: ул. Сурикова, 45; тел.: 8(3912)27-03-90, 27-34-26; akademkniga@bk.ru

Красноярск. ЧП С.А. Войда: ул. Гусарова, 27-26; тел.: 8(3912)58-52-66, 8(902)925-20-36

Курган. Магазин «Книга и Курган»: ул. Куйбышева, 87; тел.: 8(3522)41-90-56, 46-36-23; kurgbook@orbitel.ru; пн–пт с 9 до 19, сб с 10 до 18, вс с 10 до 16, без перерыва

Курск. Волокитин С.Т.: ул. Павлуновского, 7, кв. 89; тел.: 8(4712)55-45-38, 8(910)313-44-19, booksvol@sovtest.ru

Махачкала, Республика Дагестан. Магазин «АРБАТ-МЕДИА»: ул. Толстого, 9; ул. А. Акушинского, 11М (напротив старой автостанции); тел.: 8(8722)78-06-38; arbat@td-arbat.ru

Махачкала, Республика Дагестан. ЧП З.С. Хаджалиев: пр-т Имама Шамиля, 55-201; тел.: 8(8722)67-87-92

Минск, Республика Беларусь. Магазин по продаже медицинской литературы ООО «ГЭОТАР-БелМедиа»: пр-т Дзержинского, 83, главный корпус БГМУ; тел.: +(375)17-298-42-51, 29-750-88-36

Москва. «Дом медицинской книги»: Комсомольский пр-т, 25; тел.: 8(495)245-39-27

Москва. ООО «Дом книги «Молодая гвардия»: ул. Б. Полянка, 28, стр. 1; тел.: 8(495)780-33-70, 238-50-01

Москва. ООО «Торговый дом «Библио-Глобус»: ул. Мясницкая, 6/3, стр. 1; тел.: 8(495)781-19-00, ф.: 628-87-58

Нальчик, Кабардино-Балкарская Республика. «Дом книги»: пр-т Ленина, 10; 8(662)42-39-53, 42-33-71

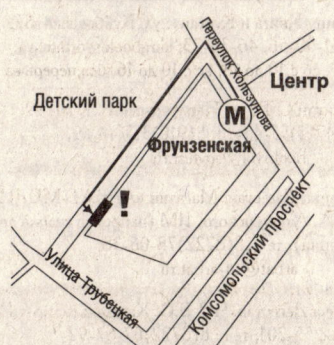
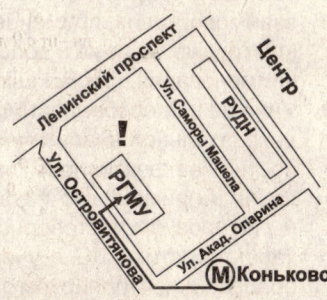
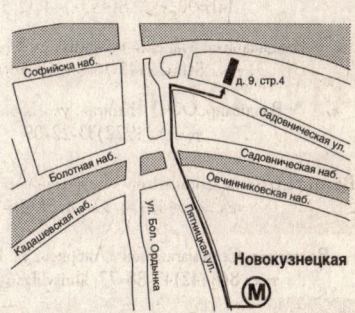

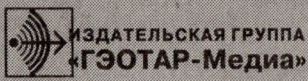
Большой справочник лекарственных средств

3344 с., 2011 г.

Под ред. Л.Е. Зиганшиной, В.К. Лепахина, В.И. Петрова, Р.У. Хабриева

- Справочник включает современную, достоверную и независимую информацию о лекарственных средствах (ЛС). Представлены сведения как о пользе лекарств (эффективность), так и о рисках, связанных с их применением (безопасность). Включены описания (клинико-фармакологические статьи) на ЛС, зарегистрированные в Российской Федерации. Информация по каждому ЛС представлена в форме подробной лекарственной монографии и включает классификацию, механизмы действия, фармакологические эффекты, спектр антимикробной активности (для противомикробных ЛС), фармакокинетику, показания к применению, применение у детей, противопоказания, побочные эффекты, передозировку, клинически значимые взаимодействия, применение при беременности и кормлении грудью, резюме и дополнительные сведения, торговые наименования, формы выпуска и производителей и др.
- Уникальная особенность справочника — предоставление доказательной аналитической информации об эффективности/неэффективности и безопасности лекарств. Показания к применению лекарственных средств ранжированы по уровням достоверности. Приведены сравнительные характеристики ЛС с учетом сведений систематических обзоров и контролируемых клинических испытаний.
- Печатная версия справочника дополнена возможностью онлайн-доступа — доступа к электронной версии с удобной системой поиска и регулярными обновлениями. Онлайн-версия справочника входит в состав электронной медицинской библиотеки «Консультант врача», предназначенной для информационной поддержки врачей и непрерывного медицинского образования (адрес в Интернете — www.rosmedlib.ru).
- Издание адресовано практикующим врачам всех специальностей, фармакологам и клиническим фармакологам, организаторам здравоохранения, главным врачам, начмедам, специалистам, ответственным за создание формулярных перечней и стандартов, интернам, ординаторам, врачам-исследователям, студентам старших курсов медицинских вузов.

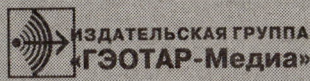

ИЗДАТЕЛЬСКАЯ ГРУППА
«ГЭОТАР-Медиа»

Российский терапевтический справочник

Второе издание

**Под редакцией академика РАМН
А.Г. Чучалина**

- Справочник содержит информацию примерно о 700 заболеваниях, в том числе клинические рекомендации по наиболее распространенным заболеваниям и синдромам. Дополнен информационными приложениями (лабораторные нормативы, обзор российского законодательства в области охраны здоровья). В конце книги имеется предметный указатель заболеваний и синдромов.

- Издание подготовлено при участии профессиональных врачебных обществ, ведущих научно-исследовательских институтов Министерства здравоохранения и социального развития РФ и РАМН, медицинских вузов.

- Предназначен врачам всех специальностей, научным работникам, организаторам здравоохранения, интернам, ординаторам, студентам медицинских вузов.

976 с., 2008 г.

**Прилагается
компакт-диск**

На компакт-диске содержатся:

- атлас цветных иллюстраций по группам заболеваний (болезни крови, глазные, инфекционные заболевания, болезни, передающиеся половым путем);

- справочник лекарственных средств, отпускаемых по рецептам врача (фельдшера) при оказании дополнительной бесплатной медицинской помощи отдельным категориям граждан, имеющим право на получение государственной социальной помощи;

- обзор российского законодательства в области охраны здоровья граждан.

Учебно-справочное издание

Акжигитов Гайяс Насибуллович,
доктор медицинских наук, профессор
Акжигитов Ренат Гайясович,
кандидат медицинских наук

БОЛЬШОЙ АНГЛО-РУССКИЙ МЕДИЦИНСКИЙ СЛОВАРЬ

3-е издание, исправленное и дополненное

Выпускающие редакторы – *О. В. Свитова, Л.П. Пискунова*
Редактор – *И. Э. Лалаянц*, кандидат биологических наук
Корректоры – *И. О. Ильинская, Л. А. Агадулина*
Транскрипция – *Ш. Х. Акжигитова, А. И. Василенко*
Компьютерная вёрстка – *Е. И. Сапожникова*
Дизайн обложки – *И. Е. Сорокин*

Подписано в печать 15.11.2011.
Формат 84×108 $^1/_{16}$. Бумага газетная. Гарнитура «Таймс».
Печать офсетная.
Объём 108 п.л. Тираж 1500 экз. Заказ № 8942.

Издательская группа «ГЭОТАР-Медиа».
119021, Москва, ул. Россолимо, д. 4,
тел. (495) 921-39-07, факс: (499) 246-39-47.
E-mail: info@geotar.ru, http://www.geotar.ru

Отпечатано с электронных носителей издательства.
ОАО "Тверской полиграфический комбинат". 170024, г. Тверь, пр-т Ленина, 5.
Телефон: (4822) 44-52-03, 44-50-34, Телефон/факс: (4822)44-42-15
Home page - www.tverpk.ru Электронная почта (E-mail) - sales@tverpk.ru

ISBN 978-5-9704-2005-8